Frankfurter Kommentar

Frankfurter Kommentar

EU-ProspektVO 2017 und WpPG

Herausgegeben von

Dr. Carsten Berrar, LL.M.; Dr. Andreas Meyer;
Dr. York Schnorbus, LL.M.; Dr. Bernd Singhof, LL.M.;
Dr. Christoph Wolf, LL.M.

Bearbeitet von

Richard Bauer, LL.M.; Okko Hendrik Behrends; Dr. Carsten Berrar, LL.M.;
Dr. Felix Biedermann; MMMag. Pascal Hartmann, BA BA BA; Andreas Heinzmann, LL.M.;
Dr. Johannes Hieronymi, LL.M.; Nadine Kämper; Manuel Metzner, LL.M.;
Dr. Andreas Meyer; Cornelia Naumann; Dr. Mark K. Oulds; Dr. Valentin C. Pfisterer, LL.M.;
Nadja Picard; Thomas B. Poss; MMag.a Dr. Julia Lemonia Raptis-Saleh, LL.M. LL.M.;
Dr. York Schnorbus, LL.M.; Katharina Schramm; Dr. Oliver Seiler, LL.M.;
Dr. Mirko Sickinger, LL.M.; Dr. Bernd Singhof, LL.M.; Dr. Christoph Wolf, LL.M.;
Stephan Wyrobisch

3., komplett überarbeitete und erweiterte Auflage 2024

Fachmedien Recht und Wirtschaft | dfv Mediengruppe | Frankfurt am Main

Zitiervorschlag: *Bearbeiter*, in: Frankfurter Kommentar
ProspektVO 2017/WpPG, § ... Rn. ...

Alle im Buch verwendeten Begriffe verstehen sich geschlechterneutral. Aus Gründen der besseren Lesbarkeit wird auf eine geschlechtsspezifische Differenzierung verzichtet – entsprechende Begriffe gelten im Sinne der Gleichbehandlung grundsätzlich für alle Geschlechter. Die verkürzte Sprachform hat lediglich redaktionelle Gründe und beinhaltet keine Wertung.

Bibliografische Information der Deutschen Nationalbibliothek

Die Deutsche Nationalbibliothek verzeichnet diese Publikation in der Deutschen Nationalbibliografie; detaillierte bibliografische Daten sind im Internet über http://dnb.de abrufbar.

ISBN 978-3-8005-1717-6

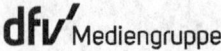

© 2024 Deutscher Fachverlag GmbH, Fachmedien Recht und Wirtschaft, Frankfurt am Main

Das Werk einschließlich aller seiner Teile ist urheberrechtlich geschützt. Jede Verwertung außerhalb der engen Grenzen des Urheberrechtsgesetzes ist ohne Zustimmung des Verlages unzulässig und strafbar. Das gilt insbesondere für Vervielfältigungen, Bearbeitungen, Übersetzungen, Mikroverfilmungen und die Einspeicherung und Verarbeitung in elektronischen Systemen.

Satzkonvertierung: Lichtsatz Michael Glaese GmbH, 69502 Hemsbach

Druck und Verarbeitung: CPI books, 25917 Leck

Printed in Germany

Vorwort

Mit Inkrafttreten der EU-Prospektverordnung 2017/1129 ist Mitte 2019 eine weitere Wegmarke des europäischen Prospektrechts erreicht worden, die auch erhebliche Änderungen im Wertpapierprospektgesetz (WpPG) mit sich gebracht hat. Die maßgeblichen Regelungen zum Prospektrecht finden sich nunmehr in der unmittelbar geltenden EU-Prospektverordnung 2017/1129 und den Delegierten Verordnungen 2019/979 und 2019/980. Das WpPG enthält nur noch wenige materielle Regelungen und dient im Wesentlichen der Ausführung des europäischen Verordnungsrechts.

Dass diese Änderungen eine erhebliche Herausforderung für Herausgeber und Autoren bei der Erstellung der dritten Auflage dieses Kommentars darstellten, bedarf keiner näheren Erläuterung. Dies schlägt sich nicht nur in einem entsprechend geänderten Titel – Frankfurter Kommentar zur EU-ProspektVO 2017 und WpPG – nieder, sondern machte abermals Ergänzungen im Autorenteam erforderlich. Wir sind dankbar, hier erneut namhafte Autorinnen und Autoren aus der Praxis gewonnen zu haben, die für eine exzellente Darstellung dieses vor allem durch die Praxis geprägten Rechtsgebiets stehen.

Ein früherer Abschluss der Neuauflage des Kommentars war dennoch nicht möglich, weil die COVID-19-Pandemie unseren Planungen einen Strich durch die Rechnung machte. Der erhebliche Kapitalbedarf der Unternehmen während dieser Zeit führte zu zusätzlichen beruflichen Belastungen aller Autorinnen und Autoren, die ein früheres Erscheinen des Kommentars neben der täglichen Arbeit vereitelten.

Auch bei dieser dritten Auflage gebührt der Dank neben dem Autorenteam einigen helfenden Köpfen, insbesondere Daniel Kornack, Daniel Roggenkemper, Katharina Leonhardt, Isabelle de Lange, Ben Fuhrmann, Ozan Yildirim, Max Rust, Shajan Kreuter und Lea Detambel. Großen Anteil am Gelingen haben auch Tanja Brücker und Nadine Grüttner von Verlagsseite. Danken möchten wir schließlich auch den ausgeschiedenen Autorinnen und Autoren der Vorauflage sowie insbesondere unserer bisherigen Mitherausgeberin Cordula Müller, die aufgrund ihrer neuen beruflichen Aufgaben leider darum gebeten hatte, von ihrer Herausgeber- und Autorentätigkeit entbunden zu werden.

Der Kommentar reflektiert Literatur, Rechtsprechung und Praxis bis Oktober 2023. Dadurch konnte in den Kommentierungen auch bereits die bis dahin absehbare Weiterentwicklung des europäischen Prospektrechts durch den EU Listing Act berücksichtigt werden.

Herausgeber und Autoren freuen sich über Hinweise, Anregungen und Verbesserungsvorschläge zu dieser Auflage.

Die Herausgeber, im Januar 2024

Vorwort zur 1. Auflage

Einen Kommentar zum Wertpapierprospektgesetz und der EU-Prospektverordnung zu schreiben, ist spannend, herausfordernd und undankbar zugleich. Spannend, weil es sich entgegen mancher Unkenrufe durchaus lohnt, an ein praxisorientiertes Rechtsgebiet wie das Kapitalmarktrecht auch von der akademisch-wissenschaftlichen Seite heranzutreten. Herausfordernd, weil die Rechtsmaterie weit verzweigt ist, oftmals wenig Literatur zur Verfügung steht und juristische wie praktische Gesichtspunkte mit nationalen und europäischen Rechtsnormen in Einklang gebracht werden müssen. Diese gesetzlichen Regelungen sind oft wenig aufeinander abgestimmt, geschweige denn mit Liebe zum Detail und Präzision entworfen. Undankbar ist diese Aufgabe, weil es wohl kaum eine Rechtsmaterie gibt, die in den letzten zehn Jahren – auch aufgrund der Rechtsentwicklungen auf europäischer Ebene – derartigen grundlegenden Änderungen unterworfen gewesen wäre. Der oftmals zitierte Begriff der „Aktienrechtsreform in Permanenz" könnte nicht besser auf das Kapitalmarktrecht in Deutschland passen. Zudem ist kaum ein Rechtsgebiet durch eine vergleichbare Vielschichtigkeit der einzelnen Rechtssetzungsakte (EU-Prospektrichtlinie, EU-Prospektverordnung und weitere relevante EU-Verordnungen, Wertpapierprospektgesetz, CESR-Empfehlungen, CESR-Frequently Asked Questions etc.) gekennzeichnet.

Trotz dieses kritischen Befundes verfügt Deutschland über ein Kapitalmarktumfeld, das auch im Hinblick auf die rechtlichen Rahmenbedingungen so gut ausgestaltet ist, dass Unternehmen rechtssicher und im Großen und Ganzen effizient an den Kapitalmarkt treten können. Nach dem fundamentalen Wechsel der rechtlichen Basis durch EU-Prospektrichtlinie und Wertpapierprospektgesetz zwischen 2003 und 2005 ist es aus Sicht der Autoren den neu geschaffenen Prospektreferaten der Bundesanstalt für Finanzdienstleistungsaufsicht und der die Unternehmen begleitenden Banken- und Anwaltspraxis in ausgesprochen guter Kooperation gelungen, Standards (z.B. im Hinblick auf den Inhalt von Wertpapierprospekten) und rechtliche Auslegungen zu entwickeln, die auch verworrene oder widersprüchliche Rechtsnormen und schwierige Probleme in der Praxis einer vernünftigen Lösung zuführen.

Vor diesem Hintergrund fanden sich bereits im Jahr 2007 die Herausgeber dieses Kommentars zusammen, um ihre vielfältigen praktischen Erfahrungen mit Kapitalmarkttransaktionen und den einschlägigen Vorschriften zu Papier zu bringen. Allerdings war es genau diese tagtägliche umfangreiche Befassung mit der Materie, die es den Herausgebern schlicht nicht erlaubte, die Arbeiten früher abzuschließen. Dadurch wurde es aber wiederum möglich, nicht nur die einzelnen Vorschriften des Wertpapierprospektgesetzes und wesentliche Vorschriften der EU-Prospektverordnung, teilweise einschließlich der betreffenden Annexe, zu kommentieren, sondern auch mehrere im Laufe der letzten Jahre erschienene Kommentare, Monographien und Aufsätze einzuarbeiten und die Überarbeitung der EU-Prospektrichtlinie in Form der sog. Änderungsrichtlinie jedenfalls zu berücksichtigen. Die Kommentierung ist auf dem Stand von Januar 2011.

Wir danken dem Verlag Recht und Wirtschaft, der sein Vertrauen in uns über den langen Zeitraum zwischen Beginn des Projekts und dessen Umsetzung nicht aufgegeben hat. Durch die sehr zügige und professionelle Umsetzung der Manuskripte seitens des Verlages wurde das kurzfristige Erscheinen dieses Werkes erst ermöglicht. Dank gebührt zudem all den helfenden Händen (und Köpfen), insbesondere aber Daniela Helbig und Tatiana Marzoli, die sich undankbaren Aufgaben mit großem Engagement und Verstand gewidmet haben. Last but not least sei den Familien und Lebenspartnern der Herausgeber und Autoren gedankt, die es an unzähligen Wochenenden und Urlaubstagen geduldig ertragen haben, hinter wissenschaftlichem Ehrgeiz zurückstehen zu müssen.

Wie oben gesagt, lebt dieser Kommentar vom Anspruch, eine Verbindung zwischen Wissenschaft und Praxis herzustellen. Die Autoren freuen sich über Hinweise, Anregungen und Verbesserungsvorschläge zu diesem Werk.

Die Verfasser, im Februar 2011

Bearbeiterverzeichnis

Richard Bauer, LL.M. (University of Pennsylvania)	Art. 8 ProspektVO; Art. 25, 26, Anh. 28 VO (EU) 2019/980
Okko Hendrik Behrends	Art. 20, Anh. 17 VO (EU) 2019/980
Dr. Carsten Berrar, LL.M. (Harvard), Lic. en Droit (Paris II Panthéon-Assas)	Art. 14, 20–23 ProspektVO; § 22 WpPG; Art. 10, 13–16, 18 VO (EU) 2019/979; Art. 4, 14, 35, Anh. 3, 12 VO (EU) 2019/980
Dr. Felix Biedermann	Art. 7–9, 15–17, 22, Anh. 6–8, 14–16, 21 VO (EU) 2019/980
MMMag. Pascal Hartmann, BA BA BA	Art. 30–45 ProspektVO
Andreas Heinzmann, LL.M.	Art. 15 ProspektVO; Art. 28–34, Anh. 23–27 VO (EU) 2019/980
Dr. Johannes Hieronymi, LL.M. (Columbia)	Art. 14, 20–23 ProspektVO; § 22 WpPG; Art. 10, 13–16, 18 VO (EU) 2019/979; Art. 4, 14, 35, Anh. 1 Absch. 7, 10, Anh. 3, 12 VO (EU) 2019/980
Nadine Kämper	Art. 9 ProspektVO; Art. 3, Anh. 2 VO (EU) 2019/980
Manuel Metzner, LL.M. (Brigham Young University)	Art. 16 ProspektVO; Art. 2, 6, 14, Anh. 1 Absch. 3–6, 8, 9, 12–17, 18 Punkt 18.5, 18.6, 18.7, 19–21, Anh. 5, 13 VO (EU) 2019/980
Dr. Andreas Meyer	Art. 6 Abs. 1, 2, Art. 7, 13, 17, 18 ProspektVO; Art. 18, 27, Anh. 1 Absch. 1, 7, 10, 11, 18 Punkt 18.2, 18.4, Anh. 20 VO (EU) 2019/980
Cornelia Naumann	§§ 17–20, 23, 25, 32 WpPG; Art. 17, 19–21, 23, Anh. VII VO (EU) 2019/979; Art. 36–38, 40, 42, 44, 46–47 VO (EU) 2019/980
Dr. Mark K. Oulds	Art. 11, 23, Anh. 10, 22 VO (EU) 2019/980
Dr. Valentin M. Pfisterer, LL.M. (NYU)	Art. 16 ProspektVO; Art. 2, 6, 14, Anh. 1 Absch. 3–6, 8, 9, 12–17, 18 Punkt 18.5, 18.6, 18.7, 19–21, Anh. 5, 13 VO (EU) 2019/980
Nadja Picard	Anh. 1 Abschn. 18 Punkt 18.1, 18.2, 18.3 VO (EU) 2019/980
Thomas B. Poss	Art. 1–9 VO (EU) 2019/979; Anh. 1 Absch. 2, 18 Punkt 18.1, 18.2, 18.3 VO (EU) 2019/980
MMag.a Dr. Julia Lemonia Raptis-Saleh, LL.M. LL.M.	Art. 30–45 ProspektVO
Dr. York Schnorbus, LL.M. (University of Pennsylvania)	Vor Art. 1 ff., Art. 1–5 ProspektVO; §§ 1–3, 27, 28 WpPG; Art. 39 VO (EU) 2019/980

Katharina Schramm	Art. 15 ProspektVO; Art. 28–34, Anh. 23–27 VO (EU) 2019/980
Dr. Oliver Seiler, LL.M. (Cornell)	Art. 11 ProspektVO; Vor §§ 8ff., 8–16 WpPG; Art. 12, 19, Anh. 11, 18 VO (EU) 2019/980
Dr. Mirko Sickinger, LL.M. (Columbia University)	§§ 4–7 WpPG
Dr. Bernd Singhof, LL.M. (Cornell)	Art. 6 Abs. 3, Art. 10–12, 19 ProspektVO; Vor §§ 8ff., 8–16 WpPG; Art. 24 VO (EU) 2019/980
Dr. Christoph Wolf, LL.M. (LSE), Maître en Droit (Montpellier)	Art. 24–29 ProspektVO; §§ 21, 24 WpPG; Art. 1 VO (EU) 2019/980
Stephan Wyrobisch	Art. 18; Anh. 1 Abschn. 11, 18 Punkt 18.4, Anh. 20 VO (EU) 2019/980

Inhaltsverzeichnis

Vorwort V
Vorwort zur 1. Auflage VII
Bearbeiterverzeichnis IX
Abkürzungsverzeichnis XXV
Literaturverzeichnis XXXVII

1. Teil
Verordnung (EU) 2017/1129 des Europäischen Parlaments und des Rates vom 14. Juni 2017

Kapitel I
Allgemeine Bestimmungen

Vor Art. 1 ff. *(Schnorbus)* 1
Art. 1 Gegenstand, Anwendungsbereich und Ausnahmen *(Schnorbus)* 31
Art. 2 Begriffsbestimmungen *(Schnorbus)* 147
Art. 3 Pflicht zur Veröffentlichung eines Prospekts und Ausnahmen *(Schnorbus)* . 226
Art. 4 Erstellung eines Prospekts auf freiwilliger Basis *(Schnorbus)* 234
Art. 5 Spätere Weiterveräußerung von Wertpapieren *(Schnorbus)* 239

Kapitel II
Erstellung des Prospekts

Art. 6 Der Prospekt *(Abs. 1, 2: Meyer; Abs. 3: Singhof)* 255
Art. 7 Die Prospektzusammenfassung *(Meyer)* 293
Art. 8 Der Basisprospekt *(Bauer)* 325
Art. 9 Das einheitliche Registrierungsformular *(Kämper)* 348
Art. 10 Aus mehreren Einzeldokumenten bestehende Prospekte *(Singhof)* 372
Art. 11 Prospekthaftung *(Seiler/Singhof)* 384
Art. 12 Gültigkeit des Prospekts, des Registrierungsformulars und des einheitlichen Registrierungsformulars *(Singhof)* 386

Kapitel III
Inhalt und Aufmachung des Prospekts

Art. 13 Mindestangaben und Aufmachung *(Meyer)* 400

Art. 14	Vereinfachte Offenlegungsregelung für Sekundäremissionen *(Berrar/Hieronymi)*	419
Art. 14a	EU-Wiederaufbauprospekt *(nicht kommentiert)*	449
Art. 15	EU-Wachstumsprospekt *(Heinzmann/Schramm)*	451
Art. 16	Risikofaktoren *(Metzner/Pfisterer)*	462
Art. 17	Endgültiger Emissionskurs und endgültiges Emissionsvolumen der Wertpapiere *(Meyer)*	497
Art. 18	Nichtaufnahme von Informationen *(Meyer)*	517
Art. 19	Angaben von Informationen mittels Verweises *(Singhof)*	525

Kapitel IV
Regeln für die Billigung und die Veröffentlichung des Prospekts

Art. 20	Prüfung und Billigung des Prospekts *(Berrar/Hieronymi)*	553
Art. 21	Veröffentlichung des Prospekts *(Berrar/Hieronymi)*	596
Art. 22	Werbung *(Berrar/Hieronymi)*	622
Art. 23	Nachträge zum Prospekt *(Berrar/Hieronymi)*	648

Kapitel V
Grenzüberschreitende Angebote, Zulassungen zum Handel an einem geregelten Markt und Sprachenregelung

Art. 24	Unionsweite Geltung gebilligter Prospekte *(Wolf)*	743
Art. 25	Notifizierung von Prospekten und Nachträgen und Mitteilung der endgültigen Bedingungen *(Wolf)*	755
Art. 26	Notifizierung von Registrierungsformularen oder einheitlichen Registrierungsformularen *(Wolf)*	768
Art. 27	Sprachenregelung *(Wolf)*	772

Kapitel VI
Besondere Vorschriften für in Drittländern niedergelassene Emittenten

Art. 28	Öffentliches Angebot eines nach Maßgabe dieser Verordnung erstellten Prospektes *(Wolf)*	787
Art. 29	Öffentliches Angebot von Wertpapieren oder Zulassung zum Handel an einem geregelten Markt mittels eines nach Maßgabe des Rechts eines Drittlands erstellten Prospekts *(Wolf)*	789
Art. 30	Zusammenarbeit mit Drittländern *(Hartmann/Raptis-Saleh)*	798

Kapitel VII
ESMA und zuständige Behörden

Art. 31	Zuständige Behörden *(Hartmann/Raptis-Saleh)*	808
Art. 32	Befugnisse der zuständigen Behörden *(Hartmann/Raptis-Saleh)*	815

Art. 33   Zusammenarbeit zwischen zuständigen Behörden
          (Hartmann/Raptis-Sahleh) 829
Art. 34   Zusammenarbeit mit der ESMA *(Hartmann/Raptis-Saleh)* 839
Art. 35   Berufsgeheimnis *(Hartmann/Raptis-Saleh)* 844
Art. 36   Datenschutz *(Hartmann/Raptis-Saleh)* 852
Art. 37   Vorsichtsmaßnahmen *(Hartmann/Raptis-Saleh)* 855

Kapitel VIII
Verwaltungsrechtliche Sanktionen und andere verwaltungsrechtliche Maßnahmen

Art. 38   Verwaltungsrechtliche Sanktionen und andere verwaltungsrechtliche
          Maßnahmen *(Hartmann/Raptis-Saleh)* 860
Art. 39   Wahrnehmung der Aufsichts- und Sanktionsbefugnisse
          (Hartmann/Raptis-Saleh) 865
Art. 40   Rechtsmittel *(Hartmann/Raptis-Saleh)* 869
Art. 41   Meldung von Verstößen *(Hartmann/Raptis-Saleh)* 871
Art. 42   Veröffentlichung von Entscheidungen *(Hartmann/Raptis-Saleh)* 875
Art. 43   Meldung von Sanktionen an die ESMA *(Hartmann/Raptis-Saleh)* 879

Kapitel IX
Delegierte Rechtsakte und Durchführungsakte

Art. 44   Wahrnehmung der Befugnisübertragung *(Hartmann/Raptis-Saleh)* 881
Art. 45   Ausschussverfahren *(Hartmann/Raptis-Saleh)* 885

Kapitel X
Schlussbestimmungen

Art. 46   Aufhebung *(Hartmann/Raptis-Saleh)* 886
Art. 47   ESMA-Bericht über Prospekte *(Hartmann/Raptis-Saleh)* 889
Art. 47a Zeitliche Begrenzung der Regelung für den EU-Wiederaufbauprospekt
          (Hartmann/Raptis-Saleh) 891
Art. 48   Überprüfung *(Hartmann/Raptis-Saleh)* 893
Art. 49   Inkrafttreten und Geltung *(Hartmann/Raptis-Saleh)* 896
Anhänge I–VI (nicht abgedruckt)

2. Teil
WpPG

Abschnitt 1
Anwendungsbereich und Begriffsbestimmungen

§ 1	Anwendungsbereich *(Schnorbus)*	897
§ 2	Begriffsbestimmungen *(Schnorbus)*	900

Abschnitt 2
Ausnahmen von der Prospektpflicht und Regelungen zum Wertpapier-Informationsblatt

§ 3	Ausnahmen von der Verpflichtung zur Veröffentlichung eines Prospekts *(Schnorbus)*	907
§ 4	Wertpapier-Informationsblatt; Verordnungsermächtigung *(Sickinger)*	916
§ 5	Übermittlung des Wertpapier-Informationsblatts an die Bundesanstalt; Frist und Form der Veröffentlichung; Veröffentlichung durch die Bundesanstalt *(Sickinger)*	937
§ 6	Einzelanlageschwellen für nicht qualifizierte Anleger *(Sickinger)*	940
§ 7	Werbung für Angebote, für die ein Wertpapier-Informationsblatt zu veröffentlichen ist *(Sickinger)*	945

Abschnitt 3
Prospekthaftung und Haftung bei Wertpapier-Informationsblättern

Vor §§ 8 ff. *(Seiler/Singhof)*		951
§ 8	Prospektverantwortliche *(Seiler/Singhof)*	965
§ 9	Haftung bei fehlerhaftem Börsenzulassungsprospekt *(Seiler/Singhof)*	971
§ 10	Haftung bei sonstigem fehlerhaften Prospekt *(Seiler/Singhof)*	1020
§ 11	Haftung bei fehlerhaftem Wertpapier-Informationsblatt *(Seiler/Singhof)*	1023
§ 12	Haftungsausschluss bei fehlerhaftem Prospekt *(Seiler/Singhof)*	1030
§ 13	Haftungsausschluss bei fehlerhaftem Wertpapier-Informationsblatt *(Seiler/Singhof)*	1051
§ 14	Haftung bei fehlendem Prospekt *(Seiler/Singhof)*	1057
§ 15	Haftung bei fehlendem Wertpapier-Informationsblatt *(Seiler/Singhof)*	1065
§ 16	Unwirksame Haftungsbeschränkung; sonstige Ansprüche *(Seiler/Singhof)*	1069

Abschnitt 4
Zuständige Behörde und Verfahren

§ 17	Zuständige Behörde *(Naumann)*	1082
§ 18	Befugnisse der Bundesanstalt *(Naumann)*	1084

§ 19	Verschwiegenheitspflicht *(Naumann)*	1128
§ 20	Sofortige Vollziehung *(Naumann)*	1142

Abschnitt 5
Sonstige Vorschriften

§ 21	Anerkannte Sprache *(Wolf)*	1146
§ 22	Elektronische Einreichung, Aufbewahrung *(Berrar/Hieronymi)*	1148
§ 23	Gebühren und Auslagen (weggefallen) *(Naumann)*	1150
§ 24	Bußgeldvorschriften *(Wolf)*	1153
§ 25	Maßnahmen bei Verstößen *(Naumann)*	1201
§ 26	Datenschutz *(nicht kommentiert)*	1204
§ 27	Übergangsbestimmungen zur Aufhebung des Verkaufsprospektgesetzes *(Schnorbus)*	1205
§ 28	Übergangsbestimmungen zum Gesetz zur weiteren Ausführung der EU-Prospektverordnung und zur Änderung von Finanzmarktgesetzen *(Schnorbus)*	1208
§§ 28a–30	(weggefallen)	
§ 31	(jetzt § 20)	
§ 32	Auskunftspflicht von Wertpapierdienstleistungsunternehmen (weggefallen) *(Naumann)*	1212

3. Teil
Delegierte Verordnung (EU) 2019/979 der Kommission
vom 14. März 2019

Kapitel I
Wesentliche Finanzinformationen in der Prospektzusammenfassung

Abschnitt 1
Inhalt der wesentlichen Finanzinformationen in der Prospektzusammenfassung

Art. 1	Mindestinhalt der wesentlichen Finanzinformationen in der Zusammenfassung des Prospekts *(Poss)*	1213
Art. 2	Wesentliche Finanzinformationen für Nichtfinanzunternehmen, die Dividendenwerte emittieren *(Poss)*	1220
Art. 3	Wesentliche Finanzinformationen für Nichtfinanzunternehmen, die Nichtdividendenwerte emittieren *(Poss)*	1220
Art. 4	Wesentliche Finanzinformationen für Kreditinstitute *(Poss)*	1220
Art. 5	Wesentliche Finanzinformationen für Versicherungsgesellschaften *(Poss)*	1221

Art. 6	Wesentliche Finanzinformationen für Zweckgesellschaften, die forderungsbesicherte Wertpapiere emittieren *(Poss)*	1221
Art. 7	Wesentliche Finanzinformationen für geschlossene Fonds *(Poss)*	1221
Art. 8	Wesentliche Finanzinformationen für Garantiegeber *(Poss)*	1221

Abschnitt 2
Aufmachung der wesentlichen Finanzinformationen in der Prospektzusammenfassung

Art. 9	Aufmachung der wesentlichen Finanzinformationen in der Zusammenfassung des Prospekts *(Poss)*	1222

Kapitel II
Veröffentlichung des Prospekts

Art. 10	Veröffentlichung des Prospekts *(Berrar/Hieronymi)*	1223

Kapitel III
Maschinenlesbare Daten für die Klassifizierung von Prospekten

Art. 11	Daten für die Klassifizierung von Prospekten *(nicht kommentiert)*	1226
Art. 12	Praktische Modalitäten zur Gewährleistung der Maschinenlesbarkeit der Daten *(nicht kommentiert)*	1226

Kapitel IV
Werbung

Art. 13	Kennzeichnung des Prospekts *(Berrar/Hieronymi)*	1227
Art. 14	Inhalt *(Berrar/Hieronymi)*	1228
Art. 15	Verbreitung der Werbung *(Berrar/Hieronymi)*	1229
Art. 16	Informationen über Angebote von Wertpapieren *(Berrar/Hieronymi)*	1232
Art. 17	Verfahren für die Zusammenarbeit zwischen den zuständigen Behörden *(Naumann)*	1235

Kapitel V
Nachträge zum Prospekt

Art. 18	Veröffentlichung eines Nachtrags zum Prospekt *(Berrar/Hieronymi)*	1238

Kapitel VI
Technische Modalitäten für den Betrieb des Notifizierungsportals

Art. 19	Hochladen von Unterlagen und begleitenden Daten *(Naumann)*	1240
Art. 20	Verarbeitung und Meldung von Unterlagen und begleitenden Daten *(Naumann)*	1242
Art. 21	Herunterladen von Unterlagen und begleitenden Daten *(Naumann)*	1243

Kapitel VII
Schlussbestimmungen

Art. 22	Aufhebung *(nicht kommentiert)*	1244
Art. 22a	Zusammenfassungen von Prospekten für Dividendenwerte emittierende Nichtfinanzunternehmen, die im Zeitraum vom 21. Juli 2019 bis zum 16. September 2020 gebilligt wurden *(nicht kommentiert)*	1244
Art. 23	Inkrafttreten *(Naumann)*	1245

Anhänge

Anhang I	Nichtfinanzunternehmen (Dividendenwerte) *(nicht kommentiert)*	1246
Anhang II	Nichtfinanzunternehmen (Nichtdividendenwerte) *(nicht kommentiert)*	1248
Anhang III	Kreditinstitute (Dividendenwerte und Nichtdividendenwerte) *(nicht kommentiert)*	1250
Anhang IV	Versicherungsunternehmen (Dividendenwerte und Nichtdividendenwerte) *(nicht kommentiert)*	1252
Anhang V	Zweckgesellschaften, die forderungsbesicherte Wertpapiere emittieren *(nicht kommentiert)*	1254
Anhang VI	Geschlossene Fonds *(nicht kommentiert)*	1255
Anhang VII	An die ESMA zu übermittelnde maschinenlesbare Daten *(Naumann)*	1257

4. Teil
Delegierte Verordnung (EU) 2019/980 der Kommission vom 14. März 2019

Kapitel I
Begriffsbestimmung

Art. 1	Begriffsbestimmungen *(Wolf)*	1271

Kapitel II
Inhalt des Prospekts

Abschnitt 1
Mindestangaben in den Registrierungsformularen

Art. 2	Registrierungsformular für Dividendenwerte *(Metzner/Pfisterer)*	1273
Art. 3	Einheitliches Registrierungsformular *(Kämper)*	1278
Art. 4	Registrierungsformular für Sekundäremissionen von Dividendenwerten *(Berrar/Hieronymi)*	1279
Art. 5	Registrierungsformular für Anteilsscheine von Organismen für gemeinsame Anlagen des geschlossenen Typs *(nicht kommentiert)*	1280

Art. 6	Registrierungsformular für Zertifikate, die Aktien vertreten *(Metzner/Pfisterer)*	1281
Art. 7	Registrierungsformular für Nichtdividendenwerte für Kleinanleger *(Biedermann)*	1292
Art. 8	Registrierungsformular für Nichtdividendenwerte für Großanleger *(Biedermann)*	1295
Art. 9	Registrierungsformular für Sekundäremissionen von Nichtdividendenwerten *(Biedermann)*	1297
Art. 10	Registrierungsformular für forderungsbesicherte Wertpapiere („Asset backed securities/ABS") *(nicht kommentiert)*	1299
Art. 11	Registrierungsformular für Nichtdividendenwerte, die von Drittländern und deren regionalen und lokalen Gebietskörperschaften begeben werden *(Oulds)*	1300

Abschnitt 2
Mindestangaben in der Wertpapierbeschreibung

Art. 12	Wertpapierbeschreibung für Dividendenwerte oder von Organismen für gemeinsame Anlagen des geschlossenen Typs ausgegebene Anteilsscheine *(Seiler)*	1308
Art. 13	Wertpapierbeschreibung für Sekundäremissionen von Dividendenwerten oder Anteilsscheinen, die von Organismen für gemeinsame Anlagen des geschlossenen Typs ausgegeben werden *(Berrar/Hieronymi)*	1311
Art. 14	Wertpapierbeschreibung für Zertifikate, die Aktien vertreten *(Metzner/Pfisterer)*	1312
Art. 15	Wertpapierbeschreibung für Nichtdividendenwerte für Kleinanleger *(Biedermann)*	1313
Art. 16	Wertpapierbeschreibung für Nichtdividendenwerte für Großanleger *(Biedermann)*	1316
Art. 17	Wertpapierbeschreibung für Sekundäremissionen von Nichtdividendenwerten *(Biedermann)*	1318

Abschnitt 3
Im Prospekt zu liefernde zusätzliche Angaben

Art. 18	Komplexe finanztechnische Vorgeschichte und bedeutende finanzielle Verpflichtungen von Dividendenwertemittenten *(Meyer/Wyrobisch)*	1319
Art. 19	Wertpapiere, die in Aktien wandel- oder umtauschbar sind *(Seiler)*	1334
Art. 20	Wertpapiere, die zu an einen Basiswert gekoppelten Zahlungs- oder Lieferverpflichtungen führen *(Behrends)*	1336
Art. 21	Forderungsbesicherte Wertpapiere („Asset backed securities/ABS") *(nicht kommentiert)*	1348
Art. 22	Garantien *(Biedermann)*	1349
Art. 23	Zustimmung *(Oulds)*	1350

Kapitel III
Aufmachung des Prospekts

Art. 24	Aufmachung eines Prospekts *(Singhof)*	1363
Art. 25	Aufmachung eines Basisprospekts *(Bauer)*	1377
Art. 26	Im Basisprospekt und in den endgültigen Bedingungen zu liefernde Angaben *(Bauer)*	1383
Art. 27	Prospektzusammenfassung *(Meyer)*	1389

Kapitel IV
Der EU-Wachstumsprospekt

Art. 28	Registrierungsformular beim EU-Wachstumsprospekt für Dividendenwerte *(Heinzmann/Schramm)*	1391
Art. 29	Registrierungsformular beim EU-Wachstumsprospekt für Nichtdividendenwerte *(Heinzmann/Schramm)*	1391
Art. 30	Wertpapierbeschreibung beim EU-Wachstumsprospekt für Dividendenwerte *(Heinzmann/Schramm)*	1392
Art. 31	Wertpapierbeschreibung beim EU-Wachstumsprospekt für Nichtdividendenwerte *(Heinzmann/Schramm)*	1392
Art. 32	Aufmachung des EU-Wachstumsprospekts *(Heinzmann/Schramm)*	1393
Art. 33	Spezielle Zusammenfassung für den EU-Wachstumsprospekt *(Heinzmann/Schramm)*	1397
Art. 34	Nachträge zur speziellen Zusammenfassung des EU-Wachstumsprospekts *(Heinzmann/Schramm)*	1401

Kapitel V
Prüfung und Billigung des Prospekts und Überprüfung des einheitlichen Registrierungsformulars

Art. 35	Umfang der Prüfung *(Berrar/Hieronymi)*	1403
Art. 36	Kriterien für die Prüfung der Vollständigkeit der im Prospekt enthaltenen Angaben *(Naumann)*	1404
Art. 37	Kriterien für die Prüfung der Verständlichkeit der im Prospekt enthaltenen Angaben *(Naumann)*	1408
Art. 38	Kriterien für die Prüfung der Kohärenz der im Prospekt enthaltenen Angaben *(Naumann)*	1413
Art. 39	Prüfung der im Prospekt bestimmter Kategorien von Emittenten enthaltenen Angaben *(Schnorbus)*	1416
Art. 40	Zusätzliche Kriterien für die Prüfung der Vollständigkeit, Kohärenz und Verständlichkeit der im Prospekt enthaltenen Angaben *(Naumann)*	1450

Art. 41	Verhältnismäßiger Ansatz bei der Prüfung von Prospektentwürfen und der Überprüfung des einheitlichen Registrierungsformulars *(nicht kommentiert)*	1452
Art. 42	Einreichung eines Antrags auf Billigung eines Prospektentwurfs oder Hinterlegung eines einheitlichen Registrierungsformulars oder diesbezüglicher Änderungen *(Naumann)*	1453
Art. 43	Änderungen an einem Prospektentwurf während des Billigungsverfahrens *(nicht kommentiert)*	1459
Art. 44	Antrag auf Billigung des endgültigen Prospektentwurfs *(Naumann)*	1460
Art. 45	Bestätigung des Eingangs eines Antrags auf Billigung eines Prospektentwurfs oder der Hinterlegung eines einheitlichen Registrierungsformulars oder einer diesbezüglichen Änderung und Bearbeitung eines Antrags auf Billigung eines Prospektentwurfs *(nicht kommentiert)*	1461

Kapitel VI
Schlussbestimmungen

Art. 46	Aufhebung *(Naumann)*	1462
Art. 46a	Im Zeitraum 21. Juli 2019 bis 16. September 2020 gebilligte Prospekte *(Naumann)*	1463
Art. 47	Inkrafttreten und Anwendung *(Naumann)*	1464

Anhänge

Teil A
Registrierungsformulare

Anhang 1		Registrierungsformular für Dividendenwerte	1465
	Abschnitt 1	Verantwortliche Personen, Angaben von Seiten Dritter, Sachverständigenberichte und Billigung durch die zuständige Behörde *(Meyer)*	1465
	Abschnitt 2	Abschlussprüfer *(Poss)*	1474
	Abschnitt 3	Risikofaktoren *(Metzner/Pfisterer)*	1478
	Abschnitt 4	Angaben zum Emittenten *(Metzner/Pfisterer)*	1480
	Abschnitt 5	Überblick über die Geschäftstätigkeit *(Metzner/Pfisterer)*	1484
	Abschnitt 6	Organisationsstruktur *(Metzner/Pfisterer)*	1504
	Abschnitt 7	Angaben zur Geschäfts- und Finanzlage *(Meyer/Hieronymi)*	1509
	Abschnitt 8	Eigenkapitalausstattung *(Metzner/Pfisterer)*	1519
	Abschnitt 9	Regelungsumfeld *(Metzner/Pfisterer)*	1529
	Abschnitt 10	Trendinformationen *(Meyer/Hieronymi)*	1533

	Abschnitt 11	Gewinnprognosen oder Schätzungen *(Meyer/Wyrobisch)* 1537
	Abschnitt 12	Verwaltungs-, Leitungs- und Aufsichtsorgan und oberes Management *(Metzner/Pfisterer)* 1555
	Abschnitt 13	Vergütungen und sonstige Leistungen *(Metzner/Pfisterer)* 1569
	Abschnitt 14	Praktiken des Leitungsorgans *(Metzner/Pfisterer)* 1573
	Abschnitt 15	Beschäftigte *(Metzner/Pfisterer)* 1579
	Abschnitt 16	Hauptaktionäre *(Metzner/Pfisterer)* 1584
	Abschnitt 17	Geschäfte mit verbundenen Parteien *(Metzner/Pfisterer)* . 1592
	Abschnitt 18	Finanzinformationen über die Vermögens-, Finanz- und Ertragslage des Emittenten
		Punkt 18.1 Historische Finanzinformationen *(Picard/Poss)* 1599
		Punkt 18.2 Zwischenfinanzinformationen und sonstige Finanzinformationen *(Meyer/Picard/Poss)* .. 1621
		Punkt 18.3 Prüfung der historischen jährlichen Finanzinformationen *(Picard/Poss)* 1631
		Punkt 18.4 Pro-forma-Finanzinformationen *(Meyer/Wyrobisch)* 1641
		Punkt 18.5 Dividendenpolitik *(Metzner/Pfisterer)* 1652
		Punkt 18.6 Gerichts- und Schiedsgerichtsverfahren *(Metzner/Pfisterer)* 1655
		Punkt 18.7 Wesentliche Veränderungen in der Finanzlage des Emittenten *(Metzner/Pfisterer)* 1658
	Abschnitt 19	Weitere Angaben *(Metzner/Pfisterer)* 1661
	Abschnitt 20	Wesentliche Verträge *(Metzner/Pfisterer)* 1673
	Abschnitt 21	Verfügbare Dokumente *(Metzner/Pfisterer)* 1679
Anhang 2	Einheitliches Registrierungsformular *(Kämper)* 1682	
Anhang 3	Registrierungsformular für Sekundäremissionen von Dividendenwerten *(Berrar/Hieronymi)* 1688	
Anhang 4	Registrierungsformular für die Anteilsscheine von Organismen für gemeinsame Anlagen des geschlossenen Typs *(nicht kommentiert)* 1697	
Anhang 5	Registrierungsformular für Zertifikate, die Aktien vertreten *(Metzner/Pfisterer)* 1702	
Anhang 6	Registrierungsformular für Nichtdividendenwerte für Kleinanleger *(Biedermann)* 1706	
Anhang 7	Registrierungsformular für Nichtdividendenwerte für Großanleger *(Biedermann)* 1730	
Anhang 8	Registrierungsformular für Sekundäremissionen von Nichtdividendenwerten *(Biedermann)* 1741	

Anhang 9	Registrierungsformular für forderungsbesicherte Wertpapiere („ASSET-BACKED SECURITIES/ABS") *(nicht kommentiert)*	1751
Anhang 10	Registrierungsformular für Nichtdividendenwerte, die von Drittländern und deren regionalen und lokalen Gebietskörperschaften begeben werden (Schema) *(Oulds)*	1757

Teil B
Wertpapierbeschreibungen

Anhang 11	Wertpapierbeschreibung für Dividendenwerte oder von Organismen für gemeinsame Anlagen des geschlossenen Typs ausgegebene Anteilsscheine Anwendungsbereich *(Seiler)*	1774
Anhang 12	Wertpapierbeschreibung für Sekundäremissionen von Dividendenwerten oder Anteilsscheinen, die von Organismen für gemeinsame Anlagen des geschlossenen Typs ausgegeben werden *(Berrar/Hieronymi)*	1830
Anhang 13	Wertpapierbeschreibung für Zertifikate, die Aktien vertreten *(Metzner/Pfisterer)*	1838
Anhang 14	Wertpapierbeschreibung für Nichtdividendenwerte für Kleinanleger *(Biedermann)*	1856
Anhang 15	Wertpapierbeschreibung für Nichtdividendenwerte für Großanleger *(Biedermann)*	1880
Anhang 16	Wertpapierbeschreibung für Sekundäremissionen von Nichtdividendenwerten *(Biedermann)*	1888

Teil C
In einen Prospekt aufzunehmende weitere Angaben

Anhang 17	Wertpapiere, die zu an einen Basiswert gekoppelten Zahlungs- und Lieferverpflichtungen führen *(Behrends)*	1901
Anhang 18	Zugrunde liegende Aktie *(Seiler)*	1913
Anhang 19	Forderungsbesicherte Wertpapiere *(nicht kommentiert)*	1915
Anhang 20	Pro-Forma-Informationen *(Meyer/Wyrobisch)*	1921
Anhang 21	Garantien *(Biedermann)*	1940
Anhang 22	Zustimmung *(Oulds)*	1945

Teil D
EU-Wachstumsprospekt

Anhang 23	Spezielle Zusammenfassung für den EU-Wachstumsprospekt *(Heinzmann/Schramm)*	1949
Anhang 24	Registrierungsformular beim EU-Wachstumsprospekt für Dividendenwerte *(Heinzmann/Schramm)*	1955
Anhang 25	Registrierungsformular beim EU-Wachstumsprospekt für Nichtdividendenwerte *(Heinzmann/Schramm)*	1973

Anhang 26	Wertpapierbeschreibung beim EU-Wachstumsprospekt für Dividendenwerte *(Heinzmann/Schramm)*	1984
Anhang 27	Wertpapierbeschreibung beim EU-Wachstumsprospekt für Nichtdividendenwerte *(Heinzmann/Schramm)*	1995

Teil E
Andere Angabekategorien

Anhang 28	Weitere Angaben in den endgültigen Bedingungen *(Bauer)*	2004
Anhang 29	Verzeichnis bestimmer Kategorien von Emittenten *(nicht kommentiert)*	2006

Sachregister 2007

Abkürzungsverzeichnis

a.A.	anderer Ansicht
a.a.O.	am angegebenen Ort
a.E.	am Ende
a.F.	alte Fassung
ABl. EG	Amtsblatt der Europäischen Gemeinschaft
ABl. EU	Amtsblatt der Europäischen Union
Abs.	Absatz
AcP	Archiv für die civilistische Praxis (Zeitschrift)
ADR	American Depositary Receipts
AEUV	Vertrag über die Arbeitsweise der Europäischen Union
AG	Aktiengesellschaft; Die Aktiengesellschaft (Zeitschrift); Amtsgericht
AGB	Allgemeine Geschäftsbedingungen
AIFM-RL	Richtlinie 2011/61/EU des Europäischen Parlaments und des Rates vom 8.6.2011 über die Verwalter alternativer Investments und zur Änderungen der Richtlinien 2003/41/EG und 2009/65/EG und der Verordnungen (EG) Nr. 1060/2009 und (EU) Nr. 1095/2010, ABl. L 174 v. 1.7.2011, 1.
AktG	Aktiengesetz
Alt.	Alternative
ÄnderungsRL	Richtlinie 2010/73/EU des Europäischen Parlaments und des Rates vom 24. November 2010 zur Änderung der Richtlinie 2003/71/EG betreffend den Prospekt, der beim öffentlichen Angebot von Wertpapieren oder bei deren Zulassung zum Handel zu veröffentlichen ist, und der Richtlinie 2004/109/EG zur Harmonisierung der Transparenzanforderungen in Bezug auf Informationen über Emittenten, deren Wertpapiere zum Handel auf einen geregelten Markt zugelassen sind, ABl. Nr. L 327 vom 11.12.2010, S. 1 („Änderungsrichtlinie")
Anh.	Anhang
Anm.	Anmerkung
AnSVG	Gesetz zur Verbesserung des Anlegerschutzes (Anlegerschutzverbesserungsgesetz – AnSVG) vom 28.10.2004, BGBl. I 2004, S. 2630, 2649
AO	Abgabenordnung
APM	Alternative Leistungsmessgrößen (Alternative Performance Measures)
AR	Aufsichtsrat
Art.	Artikel
Aufl.	Auflage
Az.	Aktenzeichen
BaFin/Bundesanstalt	Bundesanstalt für Finanzdienstleistungsaufsicht
BAnz	Bundesanzeiger
BAWe	Bundesaufsichtsamt für den Wertpapierhandel

BB	Betriebs-Berater (Zeitschrift)
Bd.	Band
BDSG	Bundesdatenschutzgesetz
BeckOKG	beck-online Großkommentar
BeckRS	Beck online Rechtsprechung
Begr.	Begründung
betr.	betrifft
BFH	Bundesfinanzhof
BGB	Bürgerliches Gesetzbuch
BGBl.	Bundesgesetzblatt
BGH	Bundesgerichtshof
BGHZ	Entscheidungen des Bundesgerichtshofs in Zivilsachen
BIB	Basisinformationsblatt
BilMoG	Bilanzrechtsmodernisierungsgesetz
BKR	Zeitschrift für Bank- und Kapitalmarktrecht
BMF-Schreiben	Schreiben des Bundesministeriums der Finanzen
BMJ	Bundesministerium der Justiz
Börsenzulassungs-prospektrichtlinie	Richtlinie 2001/34/EG des Europäischen Parlaments und des Rates vom 28.5.2001 über die Zulassung von Wertpapieren zur amtlichen Börsennotierung und über die hinsichtlich dieser Wertpapiere zu veröffentlichenden Informationen, ABl. EG Nr. L 184 vom 6.7.2001, S. 1, zuletzt geändert durch Richtlinie 2005/1/EG des Europäischen Parlaments und des Rates vom 9. März 2005 zur Änderung der Richtlinien 73/239/EWG, 85/611/EWG, 91/675/EWG, 92/49/EWG und 93/6/EWG des Rates sowie der Richtlinien 94/19/EG, 98/78/EG, 2000/12/EG, 2001/34/EG, 2002/83/EG und 2002/87/EG des Europäischen Parlaments und des Rates zur Schaffung einer neuen Ausschussstruktur im Finanzdienstleistungsbereich
BörsG	Börsengesetz
BörsO FWB	Börsenordnung der Frankfurter Wertpapierbörse
BörsZulV	Börsenzulassungs-Verordnung (BörsZulV) in der Fassung der Bekanntmachung vom 9.9.1998, BGBl. I 1998, S. 2832
BRDD	Richtlinie 2014/59/EU des Europäischen Parlaments und des Rates vom 15.5.2014 zur Festlegung eines Rahmens für die Sanierung und Abwicklung von Kreditinstituten und Wertpapierfirmen (Bank Recovery and Resolution Directive)
BR-Drucks.	Bundesrats-Drucksache
Brüssel I-VO	Verordnung (EG) Nr. 44/2001 des Rates vom 22.12.2000 über die gerichtliche Zuständigkeit und die Anerkennung und Vollstreckung von Entscheidungen in Zivil- und Handelssachen, ABl. Nr. L 12 vom 16.1.2001, S. 1
Brüssel Ia-VO	Verordnung (EU) Nr. 1215/2012 des europäischen Parlaments und des Rates vom 12.12.2012 über die gerichtliche Zuständigkeit und die Anerkennung und Vollstreckung von Entscheidungen in Zivil- und Handelssachen (Neufassung), ABl. Nr. L 351 vom 20.12.2012, S. 1
bspw.	beispielsweise
BT-Drucks.	Bundestags-Drucksache

BuB	Bankrecht und Bankpraxis
BVerfG	Bundesverfassungsgericht
BVerfGE	Entscheidungssammlung des Bundesverfassungsgerichts
BVerwG	Bundesverwaltungsgericht
BVerwGE	Entscheidungssammlung des Bundesverwaltungsgerichts
bzgl.	bezüglich
bzw.	beziehungsweise
ca.	circa
CESE	Centre for Strategy and Evaluation
CESR	Committee of European Securities Regulators, www.esma.europa.eu
CESR's Advice	CESR's Advice on Level 2 Implementing Measures for the Prospectus Directive July 2003, Ref. CESR/03-208 CESR's Advice on Level 2 Implementing Measures for the Prospectus Directive December 2003, Ref. CESR/03-399 CESR's Advice to the European Commission on a possible amendment to Regulation (EC) 809/2004 regarding the historical financial information which must be included in a prospectus, October 2005, Ref. CESR/05-582, erhältlich unter www. esma.europa.eu
CRD IV	Richtlinie 2013/36/EU des Europäischen Parlaments und des Rates v. 26.6.2013 über den Zugang zur Tätigkeit von Kreditinstituten und die Beaufsichtigung von Kreditinstituten, zur Änderung der Richtlinie 2002/87/EG und zur Aufhebung der Richtlinien 2006/48/EG und 2006/49/EG, ABl. EU Nr. L 176, S. 338 v. 27.6.2013, zuletzt geändert durch RL (EU) 2021/338 v. 16.2.2021, ABl. EU Nr. L 68 v. 26.2.2021 (Capital Requirements Directive IV)
Crowdfunding-VO	Verordnung (EU) 2020/1503 des Europäischen Parlaments und des Rates vom 7.10.2020 über Europäische Schwarmfinanzierungsdienstleister für Unternehmen und zur Änderung der Verordnung (EU) 2017/1129 und der Richtlinie (EU) 2019/1937
CRR	Capital Requirements Regulation
CSES	Centre for Strategy and Evaluation, www.cses.co.uk
CSRD	Richtlinie (EU) 2022/2464 v. 14.12.2022 hinsichtlich der Nachhaltigkeitsberichterstattung von Unternehmen, ABl.EU Nr. L 322 v. 16.12.2022, S. 15 (Corporate Sustainability Reporting Directive)
CSR-Richtlinie	Richtlinie 2014/95/EU v. 22.10.2014 zur Änderung der Richtlinie 2013/34/EU im Hinblick auf die Angabe nichtfinanzieller und die Diversität betreffender Informationen durch bestimmte große Unternehmen und Gruppen, ABL.EU Nr. L 330 v. 15.11.2014, S. 1.
DB	Der Betrieb (Zeitschrift)
d.h.	das heißt
D&O	Directors & Officers
DAI	Deutsches Aktieninstitut
DBAG	Deutsche Börse AG

DCGK	Deutscher Corporate Governance Kodex
DelVO	Delegierte Veordnung
DepotG	Depotgesetz
DiskE	Diskussionsentwurf
DSGVO	Datenschutz-Grundverordnung
DRS	Deutsche Rechnungslegungs Standards
DRSC	Deutsche Rechnungslegungs Standards Commitee e. V.
DStR	Deutsches Steuerrecht (Zeitschrift)
DSW	Deutsche Schutzvereinigung für Wertpapierbesitz
DZWir	Deutsche Zeitschrift für Wirtschaftsrecht
E	Entwurf
EBIT	Earnings Before Interest and Taxes
EBITDA	Earnings Before Interest, Taxes, Depreciation and Amortization
EBT	Earnings Before Taxes
ECSP-VO	Verordnung (EU) 2020/1503 (European Crowdfunding Service Provider Regulation, siehe Crowdfunding-VO)
EGAktG	Einführungsgesetz zum Aktiengesetz
EGBGB	Einführungsgesetz zum Bürgerlichen Gesetzbuch
EGM	Europäischer Gerichtshof für Menschenrechte
EMRK	Europäische Menschenrechtskonvention
ESG	Environmental Social Governance
ESMA	European Securities and Markets Authority, Europäische Wertpapieraufsichtsbehörde
ESMA-Empfehlungen/ ESMA Recommendations	ESMA update of the CESR recommendations – The consistent implementation of Commission Regulation (EC) No 809/2004 implementing the Prospectus Directive
ESMA-VO	Verordnung (EU) Nr. 1095/2010 des Europäischen Parlaments und des Rates vom 24.11.2010 zur Errichtung einer Europäischen Aufsichtsbehörde (Europäische Wertpapier- und Marktaufsichtsbehörde), zur Änderung des Beschlusses Nr. 716/2009/EG und zur Aufhebung des Beschlusses 2009/77/EG der Kommission, ABl. Nr. L 331vom 15.12.2010, S. 84
ESME	European Securities Markets Expert Group, http://ec.europa.eu/internal_market/securities/esme/index_de.htm
EStG	Einkommensteuergesetz
EStR	Einkommensteuerrichtlinien
etc.	et cetera
EU	Europäische Union
EuGH	Europäischer Gerichtshof
EU IFRS	IAS/IFRS und damit verbundenen Auslegungen, die die Europäische Kommission im Verfahren nach Art. 3 der Verordnung 1602/2002 ins europäische Recht übernommen hat
EU-Prospektrichtlinie	EU-Prospektrichtlinie (s. u. „ProspektRL")
EU-Prospektverordnung/ ProspV	EU-Prospektverordnung (s. u. „ProspektVO")
EuZW	Europäische Zeitschrift für Wirtschaftsrecht
EWiR	Entscheidungen zum Wirtschaftsrecht (Zeitschrift)

EWIV	Europäische wirtschaftliche Interessenvereinigung
eWpG	Gesetz über elektronische Wertpapiere
EWR	Europäischer Wirtschaftsraum
EWS	Europäisches Wirtschafts- und Steuerrecht (Zeitschrift)
f., ff.	folgende, fortfolgende
FamFG	Gesetz über das Verfahren in Familiensachen und in den Angelegenheiten der freiwilligen Gerichtsbarkeit
FAZ	Frankfurter Allgemeine Zeitung
FCA	Financial Conduct Authority
FFG	Finanzmarktförderungsgesetz
FinDAG	Finanzdienstleistungsaufsichtsgesetz – FinDAG vom 22.4.2002, BGBl. I 2002, S. 1310, zuletzt geändert durch Art. 4 des Gesetzes v. 22.12.2023, BGBl. I 2023, Nr. 411
Fn.	Fußnote
Fristen-VO	Verordnung (EWG, Euratom) Nr. 1182/71 des Rates vom 3. Juni 1971 zur Festlegung der Regeln für die Fristen, Daten und Termine
FRUG	Gesetz zur Umsetzung der Richtlinie über Märkte für Finanzinstrumente (RL 2004/39/EG, MiFID) und der Durchführungsrichtlinie (RL 2006/73/EG) der Kommission vom 16.7.2007, BGBl. I 2007, S. 1330
FS	Festschrift
FSAP	Financial Services Action Plan
FWB	Frankfurter Wertpapierbörse
GAAP	Generally Accepted Accounting Principles
GbR	Gesellschaft bürgerlichen Rechts
gem.	gemäß
GesR	Gesellschaftsrecht
GG	Grundgesetz
ggf.	gegebenenfalls
GmbH	Gesellschaft mit beschränkter Haftung
GmbHG	Gesetz betreffend die Gesellschaften mit beschränkter Haftung
GmbHR	GmbH-Rundschau
GPR	Zeitschrift für Gemeinschaftsprivatrecht
GoB	Grundsätze ordnungsmäßiger Buchführung
GRCh	Charta der Grundrechte der Europäischen Union
GVG	Gerichtsverfassungsgesetz
HFA	Hauptfachausschuss des IDW
HGB	Handelsgesetzbuch
HGBEG	Einführungsgesetz zum Handelsgesetzbuch
h.L.	herrschende Lehre
h.M.	herrschende Meinung
Hrsg.	Herausgeber
Hs.	Halbsatz
HV	Hauptversammlung

IAASB	International Auditing and Assurance Standards Board
IAS	International Accounting Standards
IASB	International Accounting Standards Board
IAS-Verordnung	Verordnung (EG) Nr. 1606/2002 des Europäischen Parlaments und des Rates vom 19. Juli 2002 betreffend die Anwendung internationaler Rechnungslegungsstandards, ABl. EG Nr. L 243 vom 11.9.2002, S. 1
ICO	Initial Coin Offering
i.d.F.	in der Fassung
i.d.R.	in der Regel
IDW	Institut der Wirtschaftsprüfer
IDW PH	IDW Prüfungshinweis
IDW PS	IDW Prüfungsstandard
IDW RH	IDW Rechnungslegungshinweis
i.E.	im Ergebnis
i.e.S.	im engeren Sinne
IFRIC	International Financial Reporting Interpretations Committee
IFRS	International Financial Reporting Standards
IFRS-Verordnung	Verordnung (EG) 1606/2002 betreffend die Anwendung internationaler Rechnungslegungsstandards
InsO	Insolvenzordnung
InstitutsVergV	Institutsvergütungsverordnung
InvG	Investmentgesetz
IOSCO	International Organization of Securities Commissions, www.iosco.org
IOSCO Disclosure Standards 1998	International Disclosure Standards for Cross-Border Offerings and Initial Listings by Foreign Issuers, Report of IOSCO, September 2008
IPO	Initial Public Offering
i.R.d.	im Rahmen der
i.S.d.	im Sinne des
ISIN	International Securities Identification Number
IStR	Internationales Steuerrecht (Zeitschrift)
i.V.m.	in Verbindung mit
JR	Juristische Rundschau (Zeitschrift)
JZ	Juristenzeitung
KapMuG	Gesetz über Musterverfahren in kapitalmarktrechtlichen Streitigkeiten (Kapitalanleger-Musterverfahrensgesetz) vom 16.8.2005, BGBl. I 2005, S. 2437
KG	Kommanditgesellschaft
KGaA	Kommanditgesellschaft auf Aktien
KG Berlin	Kammergericht Berlin
KID	Key Information Documents (Basisinformationsblatt)
KMG	Kapitalmarktgesetz
KMRK	Kaptalmarktrechts-Kommentzar (hrsg. von Schwark/Zimmer)
KMU	Kleine und mittlere Unternehmen
Komm.	Kommentar

KoR	Kapitalmarktorientierte Rechnungslegung
KPI	Key Performance Indicator
KSchG	Kündigungsschutzgesetz
KStG	Körperschaftsteuergesetz
KWG	Gesetz über das Kreditwesen (Kreditwesengesetz)
LG	Landgericht
lit.	litera
MAR	Marktmissbrauchsverordnung
Marktmissbrauchs-richtlinie	Richtlinie 2003/6/EG des Europäischen Parlaments und des Rates vom 28. Januar 2003 über Insider-Geschäfte und Marktmanipulation (Marktmissbrauch), ABl. EG Nr. 96 vom 12.4.2003, S. 16
Marktmissbrauchs-verordnung	Verordnung 596/2014 des Europäischen Parlaments und des Rates vom 16.4.2014 über Marktmissbrauch (Marktmissbrauchsverordnung) und zur Aufhebung der Richtlinie 2003/6/EG des Europäischen Parlaments und des Rates und der Richtlinien 2003/124/EG, 2003/125/EG und 2004/72/EG der Kommission, ABl. EU L 173 vom 12.6.2014, S. 1
MiCA-VO	Verordnung über Märkte für Kryptowerte
MiFID	Richtlinie 2004/39/EG des Europäischen Parlaments und des Rates vom 21.4.2004 über Märkte für Finanzinstrumente, zur Änderung der Richtlinien 85/611/EWG und 93/6/EWG des Rates und der Richtlinie 2000/12/EG des Europäischen Parlaments und des Rates und zur Aufhebung der Richtlinie 93/22/EWG des Rates, ABl. EU Nr. L 145 vom 30/04/2004, S. 1
MiFID II	Richtlinie 2014/65/EU des Europäischen Parlaments und des Rates vom 15.5.2014 über Märkte für Finanzinstrumente sowie zur Änderung der Richtlinien 2002/92/EG und 2011/61/EU, ABl. EU L 173, S. 349
MD&A	Management's Discussion and Analysis
MDR	Monatsschrift für Deutsches Recht (Zeitschrift)
Mio.	Millionen
MMR	MultiMedia und Recht (Zeitschrift)
MoMiG	Gesetz zur Modernisierung des GmbH-Rechts und zur Bekämpfung von Missbräuchen
Mrd.	Milliarden
MTF	Multilateral Trading Facility (Multilaterales Handelssystem)
MVP	Melde- und Veröffentlichungsplattform
m.w.N.	mit weiteren Nachweisen
NASDAQ	National Association of Securities Dealers Automated Quotation
n.F.	neue Fassung
NJW	Neue Juristische Wochenschrift
NJW-RR	NJW-Rechtsprechungs-Report
Nr.	Nummer
NYSE	New York Stock Exchange
NZA	Neue Zeitschrift für Arbeitsrecht

NZG	Neue Zeitschrift für Gesellschaftsrecht
o.Ä.	oder Ähnliches
OECD	Organisation for Economic Cooperation and Development
OFR	Operating and Financial Review
OGAW	Organismen für gemeinsame Anlagen eines anderen als des geschlossenen Typs
oHG	Offene Handelsgesellschaft
OLG	Oberlandesgericht
OTC	Over the counter
OTF	Organized Trading Facility (Organisiertes Handelssystem)
OWiG	Gesetz über Ordnungswidrigkeiten
PRIIP	Packaged Retail and Insurance-based Investment Products (verpackte Anlageprodukte für Kleinanleger und Versicherungsanlageprodukte)
PRIIPS-KID	Basisinformationsblatt (Key Indication Document) für Packaged Retail and Insurance-Based Investment Products (verpackte Anlageprodukte für Kleinanleger und Versicherungsanlageprodukte)
PRIIP-VO	Verordnung (EU) Nr. 1286/2014 des Europäischen Parlaments und UND DES RATES vom 26.11.2014 über Basisinformationsblätter für verpackte Anlageprodukte für Kleinanleger und Versicherungsanlageprodukte, ABl. EU L 352, S. 1
ProspektRL/ EU-Prospektrichtlinie	Richtlinie 2003/71/EG des Europäischen Parlaments und des Rates vom 4.11.2003 betreffend den Prospekt, der beim öffentlichen Angebot von Wertpapieren oder bei deren Zulassung zum Handel zu veröffentlichen ist, und zur Änderung der Richtlinie 2001/34/EG, ABl. EU Nr. L 345 vom 31.12.2003, S. 64
Prospektrichtlinie-Umsetzungsgesetz	Gesetz zur Umsetzung der Richtlinie 2003/71/EG des Europäischen Parlaments und des Rates vom 4.11.2003 betreffend den Prospekt, der beim öffentlichen Angebot von Wertpapieren oder bei deren Zulassung zum Handel zu veröffentlichen ist, und zur Änderung der Richtlinie 2001/34/EG vom 22.6.2005, BGBl. I 2005, S. 1698
ProspektVO/EU-Prospektverordnung	Verordnung (EU) 2017/1129 des Europäischen Parlaments und des Rates vom 14.6.2017 über den Prospekt, der beim öffentlichen Angebot von Wertpapieren oder bei deren Zulassung zum Handel an einem geregelten Markt zu veröffentlichen ist und zur Aufhebung der Richtlinie 2003/71/EG
RabelsZ	Rabels Zeitschrift für ausländisches und internationales Privatrecht
RefE	Referentenentwurf
RegBegr	Regierungsbegründung
RegE	Regierungsentwurf
REIT	Real Estate Investment Trust
REITG	Gesetz über deutsche Immobilien-Aktiengesellschaften mit börsennotierten Anteilen

RG	Reichsgericht
RGZ	Entscheidungssammlung des Reichsgerichts in Zivilsachen
RIW	Recht der Internationalen Wirtschaft (Zeitschrift)
Rom I-VO	Verordnung (EG) Nr. 593/2008 des Europäischen Parlaments und des Rates vom 17.6.2008 über das auf vertragliche Schuldverhältnisse anzuwendende Recht, ABl. EU L 177. S. 6
Rom II-VO	Verordnung (EG) Nr. 864/2007 des Europäischen Parlaments und des Rates vom 11.7.2007 über das auf außervertragliche Schuldverhältnisse anzuwendende Recht
Rn.	Randnummer
Rspr.	Rechtsprechung
S.	Seite; Satz
s.	siehe
SE	Societas Europaea; Europäische Gesellschaft
SEC	Securities and Exchange Commission
SIC	Standing Interpretation Committee
s.o.	siehe oben
sog.	sogenannte (-r, -s)
s.u.	siehe unten
SPACs	Special Purpose Acquisition Companies
StGB	Strafgesetzbuch
Transparenzrichtlinie/ TransparenzRL	Richtlinie 2004/109/EG des Europäischen Parlaments und des Rates vom 15. Dezember 2004 zur Harmonisierung der Transparenzanforderungen in Bezug auf Informationen über Emittenten, deren Wertpapiere zum Handel auf einem geregelten Markt zugelassen sind, und zur Änderung der Richtlinie 2001/34/EG, ABl. EG Nr. L 390, S. 38 vom 31.12.2004, zuletzt geändert durch Richtlinie 2013/50/EU des Europäischen Parlaments und des Rates vom 22. Oktober 2013 zur Änderung der Richtlinie 2004/109/EG des Europäischen Parlaments und des Rates zur Harmonisierung der Transparenzanforderungen in Bezug auf Informationen über Emittenten, deren Wertpapiere zum Handel auf einem geregelten Markt zugelassen sind, der Richtlinie 2003/71/EG des Europäischen Parlaments und des Rates betreffend den Prospekt, der beim öffentlichen Angebot von Wertpapieren oder bei deren Zulassung zum Handel zu veröffentlichen ist, sowie der Richtlinie 2007/14/EG der Kommission mit Durchführungsbestimmungen zu bestimmten Vorschriften der Richtlinie 2004/109/EG, ABl. L 294 vom 6.11.2013, S. 13
TranspRLDV	Verordnung zur Umsetzung der Richtlinie 2007/14/EG der Kommission vom 8. März 2007 mit Durchführungsbestimmungen zu bestimmten Vorschriften der Richtlinie 2004/109/EG zur Harmonisierung der Transparenzanforderungen in Bezug auf Informationen über Emittenten, deren Wertpapiere zum Handel an einem geregelten Markt zugelassen sind (Transparenzrichtlinie-Durchführungsverordnung)

TransPuG	Transparenz- und Publizitätsgesetz vom 19.7.2002, BGBl. I 2002, S. 2681
TRS	Delegierte Verordnung (EU) 2016/301 vom 30.11.2015 zur Ergänzung der Richtlinie 2003/71/EG des Europäischen Parlaments und des Rates durch technische Regulierungsstandards für die Billigung und Veröffentlichung des Prospekts und die Verbreitung von Werbung und zur Änderung der Verordnung (EG) Nr. 809/2004 der Kommission
Tz.	Textziffer
UAbs.	Unterabsatz
u. a.	unter anderem
u. Ä.	und Ähnliches
u. E.	unseres Erachtens
UMAG	Gesetz zur Unternehmensintegrität und Modernisierung des Anfechtungsrechts
UmwG	Umwandlungsgesetz
Urt.	Urteil
USA	United States of America
US GAAP	US Generally Accepted Accounting Principles
usw.	und so weiter
u. U.	unter Umständen
v. a.	vor allem
VerkProspG	Wertpapier-Verkaufsprospektgesetz (Verkaufsprospektgesetz)
VermAnlG	Vermögensanlagengesetz v. 6.12.2011, (BGBl. I S. 2481), zuletzt geändert durch Art. 12 G v. 11.12.2023 (BGBl. I 2023 Nr. 354)
VermVerkProspV	Verordnung über Vermögensanlagen-Verkaufsprospekte (Vermögensanlagen-Verkaufsprospektverordnung – VermVerkProspV) vom 16.12.2004, BGBl. I 2004, S. 3464
VermVerkProspGebV	Vermögensanlagen-Verkaufsprospektgebührenverordnung (Verordnung über die Gebühren für Amtshandlungen betreffend Verkaufsprospekt) vom 29.6.2005, BGBl. I 2005, S. 1873
VerwArch	Verwaltungsarchiv (Zeitschrift)
VG	Verwaltungsgericht
VGH	Verwaltungsgerichtshof
vgl.	vergleiche
VGR	Gesellschaftsrechtliche Vereinigung
VO	Verordnung
VO 211/2007	Verordnung (EG) Nr. 211/2007 der Kommission vom 27. Februar 2007 zur Änderung der Verordnung (EG) Nr. 809/2004 zur Umsetzung der Richtlinie 2003/71/EG des Europäischen Parlaments und des Rates in Bezug auf die Finanzinformationen, die bei Emittenten mit komplexer finanztechnischer Vorgeschichte oder bedeutenden finanziellen Verpflichtungen im Prospekt enthalten sein müssen, ABl. EU Nr. 61 vom 28.2.2007 S. 24 ff.

VO 1569/2007	Verordnung (EG) Nr. 1569/2007 der Kommission vom 21. Dezember 2007 über die Einrichtung eines Mechanismus zur Festlegung der Gleichwertigkeit der von Drittstaatemittenten angewandten Rechnungslegungsgrundsätze gemäß den Richtlinien 2003/71/EG und 2004/109/EG des Europäischen Parlaments und des Rates, ABl. EU Nr. L 340 vom 22.12.2007 S. 66 ff.
VO (EU) 2019/979	Delegierte Verordnung (EU) 2019/979 der Kommission vom 14. März 2019 zur Ergänzung der Verordnung (EU) 2017/1129 des Europäischen Parlaments und des Rates durch technische Regulierungsstandards für wesentliche Finanzinformationen in der Zusammenfassung des Prospekts, die Veröffentlichung und Klassifizierung von Prospekten, die Werbung für Wertpapiere, Nachträge zum Prospekt und das Notifizierungsportal und zur Aufhebung der Delegierten Verordnung (EU) Nr. 382/2014 der Kommission und der Delegierten Verordnung (EU) 2016/301 der Kommission
VO (EU) 2019/980	Delegierte Verordnung der 2019/980 der Kommission vom 14. März 2019 zur Ergänzung der Verordnung (EU) 2017/1129 des Europäischen Parlaments und des Rates hinsichtlich der Aufmachung, des Inhalts, der Prüfung und der Billigung des Prospekts, der beim öffentlichen Angebot von Wertpapieren oder bei deren Zulassung zum Handel an einem geregelten Markt zu veröffentlichen ist, und zur Aufhebung der Verordnung (EG) Nr. 809/2004 der Kommission
VuR	Verbraucher und Recht (Zeitschrift)
VwGO	Verwaltungsgerichtsordnung
VwVfG	Verwaltungsverfahrensgesetz
VwVG	Verwaltungs-Vollstreckungsgesetz
WKN	Wertpapier-Kennnummer
WM	Wertpapier-Mitteilungen (Zeitschrift)
WpDVerOV	Verordnung zur Konkretisierung der Verhaltensregeln und Organisationsanforderungen für Wertpapierdienstleistungsunternehmen (Wertpapierdienstleistungs-Verhaltens- und -Organisationsverordnung) vom 17.10.2017 (BGBl. I S. 3566), die zuletzt durch Artikel 1 der Verordnung vom 30.9.2022 (BGBl. I S. 1603) geändert worden ist
WPg	Die Wirtschaftsprüfung (Zeitschrift)
WpHG	Wertpapierhandelsgesetz
WpPG	Gesetz über die Erstellung, Billigung und Veröffentlichung des Prospekts, der beim öffentlichen Angebot von Wertpapieren oder bei der Zulassung von Wertpapieren zum Handel an einem organisierten Markt zu veröffentlichen ist (Wertpapierprospektgesetz) vom 22.6.2005, BGBl. I 2005, S. 1698, zuletzt geändert durch Art. 10 G v. 11.12.2023 (BGBl. 2023 I Nr. 354)

WpPGebV	Verordnung über die Erhebung von Gebühren nach dem Wertpapierprospektgesetz (Wertpapierprospektgebührenverordnung – WpPGebV) vom 29.6.2005, BGBl. I 2005, S. 1875, zuletzt geändert durch Art. 4 des Gesetzes zur Strukturreform des Gebührenrechts des Bundes vom 7.8.2013, BGBl. I 2013, S. 3154
WPO	Wirtschaftsprüferordnung
WpÜG	Wertpapiererwerbs- und Übernahmegesetz
WpÜG-AngVO	WpÜG-Angebotsverordnung
WuB	Entscheidungssammlung zum Wirtschafts- und Bankrecht (Zeitschrift)
z.B.	zum Beispiel
ZBB	Zeitschrift für Bankrecht und Bankwirtschaft
ZfgK	Zeitschrift für das gesamte Kreditwesen
ZfIR	Zeitschrift für Immobilienrecht
ZGR	Zeitschrift für Unternehmens- und Gesellschaftsrecht
ZHR	Zeitschrift für das gesamte Handels- und Wirtschaftsrecht
Ziff.	Ziffer
ZIP	Zeitschrift für Wirtschaftsrecht
zit.	zitiert
ZPO	Zivilprozessordnung
ZRP	Zeitschrift für Rechtspolitik
zzgl.	zuzüglich

Literaturverzeichnis

Soweit in den Kommentierungen Vorauflagen zitiert werden, die die Rechtslage vor Inkrafttreten der EU-ProspektVO 2017 darstellen, bezieht sich die Abkürzung „ProspektVO" in den jeweiligen Zitaten auf die Verordnung (EG) Nr. 809/2004 vom 29. April 2004.

Anders/Gehle	(vormals Baumbach/Lauterbach/Hartmann/Anders/Gehle), ZPO, 81. Aufl. 2023 (zit.: *Anders/Gehle*, ZPO)
Angerer/Geibel/ Süßmann	Wertpapiererwerbs- und Übernahmegesetz, 4. Aufl. 2023 (zit.: *Bearbeiter*, in: Angerer/Geibel/Süßmann)
Arndt/Voß (Hrsg.)	Verkaufsprospektgesetz und Vermögensanlagen-Verkaufsprospektverordnung, 2008 (zit.: *Bearbeiter*, in: Arndt/Voß, VerkProspG)
Assies/Beule/Heise/ Strube (Hrsg.)	Handbuch des Fachanwalts, Bank- und Kapitalmarktrecht, 5. Aufl. 2019 (zit.: *Bearbeiter*, in: Assies/Beule/Heise/Strube, Bank- und Kapitalmarktrecht)
Assmann/Lenz/Ritz	Verkaufsprospektgesetz, Verkaufsprospekt-Verordnung und Verkaufsprospektgebührenverordnung, 2001 mit Nachtrag (Stand: September 2002) (zit.: *Bearbeiter*, in: Assmann/Lenz/Ritz, VerkProspG); in 2. Aufl. als Assmann/Schlitt/von Kopp-Colomb (siehe dort)
Assmann/Pötzsch/ Uwe H. Schneider	Wertpapiererwerbs- und Übernahmegesetz, 3. Aufl. 2020 (zit.: *Bearbeiter*, in: Assmann/Pötzsch/Uwe H. Schneider, WpÜG); 2. Aufl. 2013 (zit.: *Bearbeiter*, in: Assmann/Pötzsch/Uwe H. Schneider, WpÜG, 2. Aufl. 2013)
Assmann/Schlitt/ von Kopp-Colomb	Prospektrecht Kommentar, 4. Aufl. 2022 (zit.: *Bearbeiter*, in: Assmann/Schlitt/von Kopp-Colomb, Prospektrecht Kommentar)
Assmann/Schlitt/ von Kopp-Colomb	Wertpapierprospektgesetz Vermögensanlagengesetz, 3. Aufl. 2017 (zit.: *Bearbeiter*, in: Assmann/Schlitt/von Kopp-Colomb, WpPG/VermAnlG, 3. Aufl. 2017)
Assmann/Schlitt/ von Kopp-Colomb	Wertpapierprospektgesetz Verkaufsprospektgesetz, 2. Aufl. 2010 (zit.: *Bearbeiter*, in: Assmann/Schlitt/von Kopp-Colomb, WpPG/VerkProspG, 2. Aufl. 2010)
Assmann/ Uwe H. Schneider	Wertpapierhandelsgesetz, 6. Aufl. 2012 (zit.: *Bearbeiter*, in: Assmann/Uwe H. Schneider, WpHG)
Assmann/ Uwe H. Schneider/ Mülbert	Wertpapierhandelsrecht, 8. Aufl. 2023 (zit.: *Bearbeiter*, in: Assmann/Uwe H. Schneider/Mülbert, Wertpapierhandelsrecht, 8. Aufl. 2023); 7. Aufl. 2019 (zit.: *Bearbeiter*, in: Assmann/Uwe H. Schneider/Mülbert, Wertpapierhandelsrecht, 7. Aufl. 2019)

Assmann/Schütze	Handbuch des Kapitalanlagerechts, 4. Aufl. 2015 (zit.: *Bearbeiter*, in: Assmann/Schütze, Handbuch des Kapitalanlagerechts)
Assmann/Schütze/ Buck-Heeb	Handbuch des Kapitalanlagerechts, 5. Aufl. 2020 (zit.: *Bearbeiter*, in: Assmann/Schütze/Buck-Heeb, Handbuch des Kapitalanlagerechts)
Assmann/Wallach/ Zetzsche	Kapitalanlagegesetzbuch, 2. Aufl. 2022 (zit.: *Bearbeiter*, in: Assmann/Wallach/Zetsche, KAGB); 1. Aufl. 2019 (zit.: *Bearbeiter*, in: Assmann/Wallach/Zetsche, KAGB, 2019)
Baetge/Kirsch/Thiele	Bilanzen, 16. Aufl. 2021
Baetge/Wollmert/ Kirsch/Oser/Bischof	Rechnungslegung nach IFRS, 48. Aktualisierung, 2022
Baumbach/Hopt	Handelsgesetzbuch, 39. Aufl. 2020 (zit.: *Bearbeiter*, in: Baumbach/Hopt, HGB, 39. Aufl. 2020)
Baums	Recht der Unternehmensfinanzierung, München 2017
Baums/Thoma	Wertpapiererwerbs- und Übernahmegesetz, Loseblatt-Sammlung, Stand: Dezember 2011 (zit.: *Bearbeiter*, in: Baums/Thoma, WpÜG, Stand: Dezember 2011); 3. Lieferung November 2008 (zit.: *Bearbeiter*, in: Baums/Thoma, WpÜG, Stand: November 2008)
BeckOGK	beck-online Großkommentar zum Zivilrecht, hrsg. v. Gsell/Krüger/Lorenz/Reymann (zit.: Bearbeiter, in: BeckOGK)
Bosch/Groß	Emissionsgeschäft, 2. Aufl. 2000 (aus Bankrecht und Bankpraxis [BuB] 12.97) (zit.: *Bearbeiter*, in: Bosch/Groß, Emissionsgeschäft)
Brune/Driesch/ Schulz-Danso/Senger	Beck'sches IFRS-Handbuch, 6. Aufl. 2020
Calliess/Ruffert	EUV/AEUV, Kommentar, 6. Aufl. 2022
Carl/Machunsky	Der Wertpapier-Verkaufsprospekt, 1992
Canaris	Bankvertragsrecht, 3. Aufl. 1988; zugleich 10. Lieferung zu: Großkommentar zum HGB, 4. Aufl.
Claussen	Bank- und Börsenrecht, 5. Aufl. 2014
Denninger	Grenzüberschreitende Prospekthaftung und Internationales Privatrecht, 2015
Derleder/Knops/ Bamberger	Handbuch zum deutschen und europäischen Bankrecht, 2. Aufl. 2009, 1. Aufl. 2004
Deubert/Förschle/ Störk	Sonderbilanzen 6. Aufl. 2021 (zit.: *Bearbeiter*, in: Deubert/Förschle/Störk, Sonderbilanzen)
Drinhausen/Eckstein	Beck'sches Handbuch der AG, 3. Aufl. 2018 (zit.: *Bearbeiter*, in: Drinhausen/Eckstein, Beck'sches Handbuch der AG)

Dittrich	Die Privatplatzierung im deutschen Kapitalmarktrecht, 1998
Doblinger	Prospekthaftung, 2019
Driesch/Riese/Schlüter/ Senger (Hrsg.)	Beck'sches IFRS-Handbuch, 5. Aufl. 2016 (zit.: *Bearbeiter*, in: Driesch/Riese/Schlüter/Senger, Beck'sches IFRS-Handbuch)
Ebenroth/Boujong/ Joost/Strohn (Hrsg.)	Handelsgesetzbuch, Band 1 und Band 2, 4. Aufl. 2020 (zit.: *Bearbeiter*, in: Ebenroth/Boujong/Joost/Strohn, HGB); 2. Aufl. 2008 (zit.: *Bearbeiter*, in: Ebenroth/Boujong/Joost/Strohn, HGB, 2. Aufl. 2008)
Eilers/Rödding/ Schmalenbach	Unternehmensfinanzierung, 2. Aufl. 2014
Einsele	Bank- und Kapitalmarktrecht, 4. Aufl. 2018
Ekkenga	Handbuch der AG-Finanzierung, 2. Aufl. 2019
Ekkenga/Maas	Das Recht der Wertpapieremissionen, 2006
Ellenberger	Prospekthaftung im Wertpapierhandel, 2001
Ellenberger/Bunte	Bankrechts-Handbuch, 6. Aufl. 2022
Emde/Dornseifer/Dreibus	KAGB, 3. Aufl. 2023 (zit.: *Bearbeiter*, in: Emde/Dornseifer/Dreibus, KAGB)
Engel	Internationales Kapitalmarktdeliktsrecht, 2019
Engisch	Einführung in das juristische Denken, 12. Aufl. 2018; 11. Aufl. 2010
Erbs/Kohlhaas	Strafrechtliche Nebengesetze, 241. Aufl. 2022
Fischer	Strafgesetzbuch: StGB und Nebengesetze, 70. Aufl. 2023 (zit.: *Fischer*, StGB)
Franzen	Privatrechtsangleichung durch die Europäische Gemeinschaft, 1999
Friedl/Hartwig-Jacob (Hrsg.)	Schuldverschreibungsgesetz, Kommentar, 2013 (zit.: *Bearbeiter*, in: Friedl/Hartwig-Jacob, SchVG)
Fuchs	Wertpapierhandelsgesetz, Kommentar, 2. Aufl. 2016 (zit.: *Fuchs*, WpHG)
Göhler	Gesetz über Ordnungswidrigkeiten: OWiG, 18. Aufl. 2021 (zit.: *Bearbeiter*, in: Göhler, OWiG)
Grabitz/Hilf/Nettesheim	Das Recht der Europäischen Union: EUV/AEUV, Loseblattausgabe, 77. Aufl. 2022 (zit.: *Bearbeiter*, in: Grabitz/Hilf/Nettesheim, Recht der EU)
Green/Beller	U.S. Regulation of the International Securities and Derivatives Markets, IIth edition, New York, 2015

Groß	Kommentar zum Börsengesetz, zur Börsenzulassungs-Verordnung, zum Wertpapierprospektgesetz und zur Prospektverordnung 8. Aufl. 2022 (zit.: *Groß*, Kapitalmarktrecht); 6. Aufl., München 2016 (zit.: *Groß*, Kapitalmarktrecht, 6. Aufl. 2016)
Grottel/Schmidt/ Schubert/Winkeljohann (Hrsg.)	Beck'scher Bilanz-Kommentar, Handelsbilanz, Steuerbilanz, 13. Aufl. 2022 (zit.: *Bearbeiter*, in: Beck'scher Bilanz-Kommentar); 10. Aufl. 2016 und 11. Aufl. 2018 (zit.: *Bearbeiter*, in: Beck'scher Bilanz-Kommentar, 10. Aufl. 2016 bzw. 11. Aufl. 2018)
Grundmann	Europäisches Gesellschaftsrecht, 3. Aufl. 2024
Grundmann	Bankvertragsrecht, Investmentbanking Band II, 2021
Grundmann/Schwintowski/ Singer/Weber (Hrsg.)	Anleger- und Funktionsschutz durch Kapitalmarktrecht, 2006
Grüneberg	Bürgerliches Gesetzbuch, 82. Aufl. 2023 (zit.: *Bearbeiter*, in: Grüneberg, BGB)
Grunewald/Schlitt	Einführung in das Kapitalmarktrecht, 4. Aufl. 2020; 3. Aufl. 2014
Gsell/Krüger/Lorenz/ Reymann (Hrsg.)	beck-online Großkommentar zum Zivilrecht (zit.: *Bearbeiter*, in: BeckOGK)
Haarmann/Schüppen (Hrsg.)	Frankfurter Kommentar zum Wertpapiererwerbs- und Übernahmegesetz, 4. Aufl. 2020 (zit.: *Bearbeiter*, in: Haarmann/ Schüppen, Frankfurter Kommentar zum WpÜG); 3. Aufl. 2008 (zit.: *Bearbeiter*, in: Haarmann/Schüppen, 3. Aufl. 2008)
Habersack/Mülbert/Schlitt (Hrsg.)	Handbuch der Kapitalmarktinformation, 3. Aufl. 2020 (zit.: *Bearbeiter*, in: Habersack/Mülbert/Schlitt, Kapitalmarktinformation); 2. Aufl. 2013 (zit.: *Bearbeiter*, in: Habersack/ Mülbert/Schlitt, Kapitalmarktinformation, 2. Aufl. 2013)
Habersack/Mülbert/Schlitt (Hrsg.)	Unternehmensfinanzierung am Kapitalmarkt, 4. Aufl. 2019 (zit.: *Bearbeiter*, in: Habersack/Mülbert/Schlitt, Unternehmensfinanzierung); 3. Aufl. 2013 und 2. Aufl. 20008 (zit.: *Bearbeiter*, in: Habersack/Mülbert/Schlitt, Unternehmensfinanzierung, 3. Aufl. 2013 bzw. 2. Aufl. 2008)
Happ (Hrsg.)	Aktienrecht – Handbuch – Mustertexte – Kommentar, 5. Aufl. 2019 (zit.: *Bearbeiter*, in: Happ, Aktienrecht); 4. Aufl. 2015 (zit.: *Bearbeiter*, in: Happ, Aktienrecht, 4. Aufl. 2015)
Hau/Poseck	Beck'scher OnlineKommentar BGB, Stand: 63. Edition 2022 (zit.: *Bearbeiter*, in: BeckOK-BGB)

Heidel	Aktienrecht und Kapitalmarktrecht, 5. Aufl. 2019 (zit.: *Bearbeiter*, in: Heidel, Aktienrecht und Kapitalmarktrecht); 4. Aufl. 2014 (zit.: *Bearbeiter*, in: Heidel, Aktienrecht und Kapitalmarktrecht, 4. Aufl. 2014)
Heiden	Pro-forma-Berichterstattung, 2006
Hirte/Möllers (Hrsg.)	Kölner Kommentar zum Wertpapierhandelsgesetz, 2. Aufl. 2014 (zit.: *Bearbeiter*, in: Hirte/Möllers, Kölner Kommentar zum WpHG)
Hirte/von Bülow (Hrsg.)	Kölner Kommentar zum Wertpapiererwerbs- und Übernahmegesetz, 2. Aufl. 2010 (zit.: *Bearbeiter*, in: Hirte/von Bülow, Kölner Kommentar zum WpÜG); in 3. Aufl. fortgeführt als Hirte/Mock/Schwarz/Seibt, Kölner Kommentar zum WpÜG (siehe dort)
Hirte/Mock/Schwarz/Seibt (Hrsg.)	Kölner Kommentar zum Wertpapiererwerbs- und Übernahmegesetz, 3. Aufl. 2022 (zit.: *Bearbeiter*, in: Hirte/Mock/Schwarz/Seibt, Kölner Kommentar zum WpÜG)
Hoffmann-Becking	Münchener Handbuch des Gesellschaftsrechts, 5. Aufl. 2020 (zit.: *Bearbeiter*, in: Münchener Handbuch des Gesellschaftsrechts); 4. Aufl. 2015 (zit.: *Bearbeiter*, in: Münchener Handbuch des Gesellschaftsrechts, 4. Aufl. 2015)
Hölters/Weber (Hrsg.)	AktG, 4. Aufl. 2022 (zit.: *Bearbeiter*, in Hölters/Weber, AktG)
Holzborn (Hrsg.)	Wertpapierprospektgesetz mit EU-Prospektverordnung und weiterführenden Vorschriften, 2. Aufl. 2014 (zit.: *Bearbeiter*, in: Holzborn, WpPG)
Hopt	Die Verantwortlichkeit der Banken bei Emissionen, 1991
Hopt	Handelsgesetzbuch, 42. Aufl. 2023 (zit.: *Hopt*, HGB)
Hopt/Merkt	Bilanzrecht, Kommentar, 2010 (zit.: *Bearbeiter*, in: Hopt/Merkt, Bilanzrecht)
Hopt/Seibt	Schuldverschreibungsrecht, 2. Aufl. 2023 (zit.: *Bearbeiter*, in: Hopt/Seibt, Schuldverschreibungsrecht, 2023); 1. Aufl. 2017 (zit.: *Bearbeiter*, in: Hopt/Seibt, Schuldverschreibungsrecht, 2017)
Hopt/Voigt (Hrsg.)	Prospekt- und Kapitalmarktinformationshaftung, Recht und Reform in der Europäischen Union, der Schweiz und den USA, 2005
Hüffer	Das Wertpapier-Verkaufsprospektgesetz, 1996
Hüffer	Aktiengesetz, 12. Aufl. 2016 (zit.: *Hüffer*, AktG); fortgeführt als *Koch*, AktG (siehe dort)

IDW (Hrsg.)	WP Handbuch 2021 Wirtschaftsprüfung, Rechnungslegung, 17. Aufl. 2021 (zit.: *Bearbeiter*, in: WP Handbuch 2021); 14. Aufl. 2012 (zit.: *Bearbeiter*, in: WP Handbuch 2006)
Jarass/Pieroth	Grundgesetz für die Bundesrepublik Deutschland, 17. Aufl. 2022
Jauernig (Hrsg.)	Bürgerliches Gesetzbuch, 19. Aufl. 2023 (zit.: *Jauernig*, BGB); 18. Aufl. 2021 (zit.: *Jauernig*, BGB, 18. Aufl. 2023)
Just/Voß/Ritz/Zeising (Hrsg.)	Wertpapierprospektgesetz und EU-Prospektverordnung, 2009 (zit.: *Bearbeiter*, in: Just/Voß/Ritz/Zeising, WpPG, 2009); fortgeführt als Just/Voß/Ritz/Zeising, Wertpapierprospektrecht (siehe dort)
Just/Voß/Ritz/Zeising (Hrsg.)	Wertpapierprospektrecht, 2. Aufl. 2023 (zit.: *Bearbeiter*, in: Just/Voß/Ritz/Zeising, Wertpapierprospektrecht, 2. Aufl. 2023)
Kallmeyer	Umwandlungsgesetz, 7. Aufl. 2020 (zit.: *Bearbeiter*, in: Kallmeyer, UmwG)
Kalss/Oppitz/Torggler/Winner (Hrsg.)	BörseG/MAR, Börsegesetz 2018 und Marktmissbrauchsverordnung, Kommentar, 2019 (zit.: *Bearbeiter*, in: Kalss/Oppitz/Torggler/Winner, BörseG/MAR)
Karlsruher Kommentar zum Gesetz über Ordnungswidrigkeiten	(Hrsg. Lothar Senge), 5. Aufl. 2018 (zit.: *Bearbeiter*, in: Karlsruher Kommentar OWiG)
Klöhn (Hrsg.)	MAR, Marktmissbrauchsverordnung: MAR, Verordnung (EU) Nr. 596/2014 über Marktmissbrauch, Kommentar, 2. Aufl. 2023 (zit.: *Bearbeiter*, in: *Klöhn*, MAR)
Krenberger/Krumm	Ordnungswidrigkeitengesetz, Kommentar, 7. Aufl. 2022 (zit.: *Krenberger/Krumm*, OWiG)
Keunecke	Prospekte im Kapitalmarkt, 2. Aufl. 2009
Koch	Aktiengesetz, 17. Aufl. 2023 (zit.: *Koch*, AktG); 16. Aufl. 2022 (zit.: *Koch*, AktG, 16. Aufl. 2022)
Koch/Rüßmann	Juristische Begründungslehre, 1982
Kopp/Ramsauer	Verwaltungsverfahrensgesetz, 23. Aufl. 2022 (zit.: *Kopp/Ramsauer*, VwVfG)
Kopp/Schenke	Verwaltungsgerichtsordnung, 28. Aufl. 2022 (zit.: *Kopp/Schenke*, VwGO)
Kremer/Bachmann/Lutter/v. Werder	Deutscher Corporate Governance Kodex: Kodex-Kommentar, 8. Aufl. 2021 (zit.: *Bearbeiter*, in: Kremer u.a., Deutscher Corporate Governance Kodex)

Krumnow/Sprißler/ Bellavite-Hövermann/ Kemmer/Alves/Brütting/ Lauinger/Löw/Naumann/ Paul/Pfitzer/Scharpf	Rechnungslegung der Kreditinstitute, 2. Aufl. 2004 (zit.: *Krumnow/Sprißler/Bellavite-Hövermann* et al., Rechnungslegung der Kreditinstitute)
Kümpel/Hammen/Ekkenga (Hrsg.)	Kapitalmarktrecht – Handbuch für die Praxis, Loseblatt-Werk, Stand: 2019
Kümpel/Mülbert/Früh/ Seyfried (Hrsg.)	Bankrecht und Kapitalmarktrecht, 6. Aufl. 2022 (zit.: *Bearbeiter*, in: Kümpel/Mülbert/Früh/Seyfried, Bankrecht und Kapitalmarktrecht)
Langenbucher/Bliesener/ Spindler	Bankrechts-Kommentar, 3. Aufl. 2020
Larenz/Canaris	Methodenlehre der Rechtswissenschaften, 3. Aufl. 1995
Lehmann	Finanzinstrumente, 2009
Lehmkuhl/Meyer (Hrsg.)	Das Unternehmen im Brennpunkt nationaler und internationaler Strafverfahren, 2020
Lenenbach	Kapitalmarkt- und Börsenrecht, 2. Aufl. 2010
Lenenbach	Kapitalmarktrecht und kapitalmarktrelevantes Gesellschaftsrecht, 2. Aufl. 2010
Lüdenbach/Hoffmann/ Freiberg	IFRS-Kommentar, 20. Aufl. 2022
Maloney	EU Securities and Financial Markets Regulation, 3rd edition, Oxford, 2014
Marsch-Barner/Schäfer (Hrsg.)	Handbuch börsennotierte AG, 5. Aufl. 2022 (zit.: *Bearbeiter*, in: Marsch-Barner/Schäfer, Handbuch börsennotierte AG)
Medicus	Allgemeiner Teil des BGB, 10. Aufl. 2010 (als Medicus/Petersen fortgeführt (siehe dort)
Medicus/Petersen	Allgemeiner Teil des BGB, 11. Aufl. 2016
Meyer/Veil/Rönnau	Handbuch zum Marktmissbrauchsrecht, 2. Aufl. 2023
Mock	Finanzverfassung der Kapitalgesellschaften und internationale Rechnungslegung, Köln 2008 Möslein/Omlor Fin Tech Handbuch, 2. Aufl. 2021
Müller	Wertpapierprospektgesetz, Baden-Baden 2012 (zitiert: *Müller*, WpPG)
Müller-Geggenberger/ Bieneck	Handbuch des Wirtschaftsstrafrechts, 7. Aufl., 2020 (zit.: *Bearbeiter*, in: Müller-Guggenberger/Bieneck, Hdb. des Wirtschaftsstrafrechts)
MünchKomm-AktG	Münchener Kommentar zum Aktiengesetz (Hrsg. Goette/Habersack), Gesamtwerk in sieben Bänden, 6. Aufl. 2023 ff. (zit.: *Bearbeiter*, in: MünchKomm-AktG)

Literaturverzeichnis

MünchKomm-BGB	Münchener Kommentar zum BGB (Hrsg. Oetker/Säcker/Rixecker/Limperg), Gesamtwerk in 14 Bänden, 9. Aufl. 2022 (zit.: *Bearbeiter*, in: MünchKomm-BGB)
MünchKomm-BilR	Münchener Kommentar Bilanzrecht (Hrsg. Hennrichs/Kleindiek/Watrin), Band 1: IFRS, Stand: 5. EL 2014 (zit.: *Bearbeiter*, in: MünchKomm-BilR)
MünchKomm-HGB	Münchener Kommentar zum HGB (Hrsg. Karsten Schmidt), 5. Aufl. 2023 (zit.: *Bearbeiter*, in: MünchKomm-HGB)
MünchKomm-ZPO	Münchener Kommentar zur ZPO (Hrsg. Krüger/Rauscher), 6. Aufl. 2020 (zit.: *Bearbeiter*, in: MünchKomm-ZPO)
Neuner	Die Rechtsfindung contra legem, 2. Aufl. 2005
Omlor/Link	Kryptowährungen und Token, 2021
Oppermann/Classen/Nettesheim	Europarecht, 6. Aufl. 2014
Prölss/Martin (Hrsg.)	Versicherungsvertragsgesetz: VVG, 31. Aufl. 2021 (zit.: *Bearbeiter*, in: Prölss/Martin, VVG)
Reinhard/Schall	SchVG, 2020
Reithmann/Martiny	Internationales Vertragsrecht, 9. Aufl. 2022
Risse/Kästle/Engelstädter/Gebler/Lorenz	M&A und Corporate Finance von A–Z, 3. Aufl. 2018
Rosa	Prospektpflicht und Prospekthaftung für geschlossene Fonds, 2009
von Rosen/Seifert (Hrsg.)	Zugang zum US-Kapitalmarkt für deutsche Aktiengesellschaften, 1998 (zit.: *Bearbeiter*, in: von Rosen/Seifert, Zugang zum US-Kapitalmarkt für deutsche Aktiengesellschaften)
Schäfer (Hrsg.)	Wertpapierhandelsgesetz, Börsengesetz mit Börsenzulassungsverordnung, Verkaufsprospektgesetz mit VerkProspV, 1999 (zit.: *Bearbeiter*, in: Schäfer, WpHG/BörsG/VerkProspG)
Schäfer/Hamann	Kapitalmarktgesetze, Loseblattsammlung, 2011
Schanz	Börseneinführung Recht und Praxis des Börsengangs, 4. Aufl. 2012
Schmidt/Lutter (Hrsg.)	Aktiengesetz, 4. Aufl. 2020 (zit.: *Bearbeiter*, in: Schmidt/Lutter, AktG)
Schmitt/Hörtnagl	Umwandlungsgesetz – Umwandlungssteuergesetz, Kommentar, 9. Aufl. 2020 (zit.: *Bearbeiter*, in: Schmitt/Hörtnagl, UmwG)
Schnorbus	Gestaltungsfreiheit im Umwandlungsrecht, 2001

Schönke-Schröder	Strafgesetzbuch: StGB, Kommentar, 30. Aufl. 2019 (zit.: *Bearbeiter*, in: Schönke-Schröder, StGB)
Schwark (Hrsg.)	Kapitalmarktrechts-Kommentar, 3. Aufl. 2004 (zit.: *Bearbeiter*, in: Schwark, KMRK); in 4. Aufl. als Schwark/Zimmer, Kapitalmarktrechts-Kommentar (siehe dort)
Schwark/Zimmer (Hrsg.)	Kapitalmarktrechts-Kommentar, 5. Aufl. 2020 (zit.: *Bearbeiter*, in: Schwark/Zimmer, KMRK)
Seibt/Konradi	Handbuch REIT-Aktiengesellschaft, 2008 (zit.: *Bearbeiter*, in: Seibt/Konradi, Handbuch REIT-Aktiengesellschaft)
Semler/Stengel/Leonard	Umwandlungsgesetz mit internationalem Umwandlungsrecht und Umwandlungssteuerrecht, Kommentar, 5. Aufl. 2021
Semler/v. Schenck/Wilsing	Arbeitshandbuch für Aufsichtsratsmitglieder, 5. Aufl. 2021
Spindler/Schuster	Recht der elektronischen Medien, 4. Aufl. 2019
Stelkens/Bonk/Sachs	Verwaltungsverfahrensrecht, 10. Aufl. 2023 (zit.: *Bearbeiter*, in: Stelkens/Bonk/Sachs, VwVfG)
Toman/Frössel (Hrsg.)	KMG, Kommentar, 2021 (zit.: *Bearbeiter*, in: Toman/Frössel, KMG)
von der Groeben/ Schwarze/Hatje	Europäisches Unionsrecht, 7. Aufl. 2015 (zit.: *Bearbeiter*, in: von der Groeben/Schwarze/Hatje, Europäisches Unionsrecht) Veranneman SchVG, 2. Aufl. 2016 (zit.: *Bearbeiter*, in: Veranneman, SchVG)
Vortmann	Prospekthaftung und Anlageberatung, 2000
Wiedmann	Bilanzrecht, 2. Aufl. 2003
Wiegel	Die Prospektrichtlinie und Prospektverordnung – eine dogmatische, ökonomische und rechtsvergleichende Analyse, 2008
Winnefeld	Bilanzhandbuch. Handels- und Steuerbilanz, Rechtsformspezifisches Bilanzrecht, Bilanzelle Sonderfragen, Sonderbilanzen, IAS/US-GAAP, 5. Aufl. 2015
Zerey	Finanzderivate, 5. Aufl. 2023
Zivny/Mock	EU-ProspektVO/KMG 2019, 3. Aufl. 2022 (zit.: *Zivny / Mock*, EU-ProspektVO/KMG 2019)
Zöller	Zivilprozessordnung: ZPO, 34. Aufl. 2022 (zit.: *Bearbeiter*, in: Zöller, ZPO)

1. Teil
Verordnung (EU) 2017/1129 des Europäischen Parlaments und des Raters

Kapitel I
Allgemeine Bestimmungen

Vor Art. 1 ff. ProspektVO

Übersicht

	Rn.		Rn.

I. Der rechtliche Rahmen für das öffentliche Angebot und die Zulassung von Wertpapieren in der Europäischen Union und Deutschland 1
1. ProspektVO 1
2. Delegierte Verordnung (EU) 2019/980, Technische Regulierungsstandards (Delegierte Verordnung (EU) 2019/979), Delegierte Verordnung (EU) 2021/528 und Verordnung (EU) 2021/337 3
3. WpPG 4
4. Weiterer Regelungsrahmen und Auslegung 6
5. Regelungsspielraum nationaler Gesetzgeber 7
6. Rechtsentwicklungen 8
   a) Die Entwicklung der europäischen Vorgaben vor Erlass der ProspektVO 8
   b) Gesetzgebungsprozess und Änderungen der ProspektVO 11
   c) Vergleich zur ProspektRL 16
   d) Delegierte Verordnung (EU) 2019/980, Technische Regulierungsstandards (Delegierte Verordnung (EU) 2019/979) und Delegierte Verordnung (EU) 2021/528 17
   e) Änderungen des WpPG 18
   f) Ausblick 26

II. Grundlagen zu den Ausnahmen von der Prospektpflicht 29
1. Tatbestände 29
2. Wertpapier-Informationsblatt 32
3. Gestaltungsmöglichkeiten (kombinierte und freiwillige Anwendbarkeit). 33
4. Kompetenz zur Prüfung der Ausnahmeregelungen 35
   a) Grundlagen 35
   b) Abgrenzung der Kompetenzen bei der Entscheidung über Ausnahmetatbestände 38
      aa) BaFin 39
      bb) Geschäftsführung der Börse ... 41
5. Zivilrechtliche Aspekte von prospektfreien öffentlichen Angeboten und Börsenzulassungen 43
   a) Rechtsfolgen der Verletzung der Prospektpflicht nach Art. 3 Abs. 1 ProspektVO 43
      aa) Grundlagen 43
      bb) Auswirkung auf Kaufverträge .. 44
   b) Haftung für fehlerhafte Angaben bei bestehender Prospektbefreiung . 45
      aa) Zulassung ohne Prospekt 45
      bb) Öffentliches Angebot ohne Prospekt 46
      cc) Haftungsmaßstab 49

I. Der rechtliche Rahmen für das öffentliche Angebot und die Zulassung von Wertpapieren in der Europäischen Union und Deutschland

1. ProspektVO

1 Die Verordnung (EU) 2017/1129 des Europäischen Parlaments und des Rates vom 14.6.2017 über den Prospekt, der beim öffentlichen Angebot von Wertpapieren oder bei deren Zulassung zum Handel an einem geregelten Markt zu veröffentlichen ist und zur Aufhebung der Richtlinie 2003/71/EG („**ProspektVO**")[1] trat am 20.7.2017 in Kraft und gilt mit wenigen Ausnahmen seit dem 21.7.2019. Seit ihrem Inkrafttreten hat das Europäische Parlament die Prospektverordnung das erste Mal durch Art. 2 der Verordnung (EU) 2019/2115 des Europäischen Parlaments und des Rates vom 27.11.2019 zur Änderung der Richtlinie 2014/65/EU und der Verordnungen (EU) Nr. 596/2014 und (EU) 2017/1129 zur Förderung der Nutzung von KMU-Wachstumsmärkten[2] geändert. Zuletzt wurde sie durch Art. 1 der Verordnung (EU) 2021/337 des Europäischen Parlaments und des Rates vom 16.2.2021 zur Änderung der Verordnung (EU) 2017/1129 im Hinblick auf den EU-Wiederaufbauprospekt und gezielte Anpassungen für Finanzintermediäre und der Richtlinie 2004/109/EG im Hinblick auf das einheitliche elektronische Berichtsformat für Jahresfinanzberichte zur Unterstützung der wirtschaftlichen Erholung von der COVID-19-Krise[3] erneut geändert.

2 Die ProspektVO ersetzt die Richtlinie 2003/71/EG[4] („**ProspektRL**")[5] und bildet gemeinsam mit der Delegierten Verordnung (EU) 2019/980 („**VO (EU) 2019/980**") (dazu unten → Rn. 3) nunmehr den **zentralen rechtlichen Rahmen** für die Erstellung, Billigung und Veröffentlichung von Prospekten für Wertpapiere, die öffentlich angeboten und/oder zum Handel an einem geregelten Markt zugelassen werden sollen. Die ProspektVO ist in zehn Kapitel unterteilt. Sie enthält neben Vorschriften zum Anwendungsbereich (Art. 1–5) Vorgaben zur Erstellung des Prospekts (Art. 6–12) sowie zu dessen Inhalt und Aufmachung (Art. 13–19), Regeln für die Prospektbilligung und -veröffentlichung (Art. 20–23), zu grenzüberschreitenden Angeboten (Art. 24–27), für Angebote von Emittenten aus Drittstaaten (Art. 28–30), zu ESMA und den national zuständigen Behörden (Art. 31–37) und Vorgaben zu den von den Mitgliedstaaten zu erlassenden Sanktionen (Art. 38–43). Daneben enthält die ProspektVO Vorschriften zum Erlass delegierter Rechtsakte (Art. 44–45) sowie Schlussbestimmungen (Art. 46–49).

---

1 ABl. L 168 vom 30.6.2017, S. 12.
2 ABl. L 320 vom 11.12.2019, S. 1.
3 ABl. L 68 vom 26.2.2021, S. 5.
4 Richtlinie 2003/71/EG des Europäischen Parlaments und des Rats vom 4.11.2003 betreffend den Prospekt, der beim öffentlichen Angebot von Wertpapieren oder bei deren Zulassung zum Handel zu veröffentlichen ist, und zur Änderung der Richtlinie 2001/34/EG, ABl. L 345, vom 31.12.2003, S. 64.
5 Aus der Literatur zur ProspektRL vgl. *Fürsthoff/Ritz*, WM 2001, 2280 ff.; *von Kopp-Colomb/Lenz*, AG 2002, 24 ff.; *Crüwell*, AG 2003, 243 ff.; *Holzborn/Schwarz-Gondek*, BKR 2003, 927 ff.; *Kunold/Schlitt*, BB 2004, 501 ff.; *Weber*, NZG 2004, 360 ff.; umfassend *Wiegel*, Die Prospektrichtlinie und Prospektverordnung, passim.

2. Delegierte Verordnung (EU) 2019/980, Technische Regulierungsstandards (Delegierte Verordnung (EU) 2019/979), Delegierte Verordnung (EU) 2021/528 und Verordnung (EU) 2021/337

Die ProspektVO wird insbesondere durch die VO (EU) 2019/980 und die Delegierte Verordnung (EU) 2019/979 („**VO (EU) 2019/979**") konkretisiert, welche die alte Prospektverordnung, Verordnung (EG) Nr. 809/2004, ersetzen. Eine weitere Konkretisierung in Bezug auf prospektbefreiende Dokumente wird durch die Delegierte Verordnung (EU) 2021/528 vorgenommen. 3

– *Delegierte Verordnung (EU) 2019/980.* Von besonderer Bedeutung für die Praxis ist die Delegierte Verordnung (EU) 2019/980 der Kommission vom 14.3.2019 zur Ergänzung der Verordnung (EU) 2017/1129 des Europäischen Parlaments und des Rates hinsichtlich der Aufmachung, des Inhalts, der Prüfung und der Billigung des Prospekts, der beim öffentlichen Angebot von Wertpapieren oder bei deren Zulassung zum Handel an einem geregelten Markt zu veröffentlichen ist, und zur Aufhebung der Verordnung (EG) Nr. 809/2004 der Kommission.[6] Die Anhänge der Delegierten Verordnung enthalten **detaillierte Vorgaben zum Aufbau und der Struktur der verschiedenen Prospekttypen**.[7] Die Verordnung gilt seit dem 21.7.2019 und wurde zuletzt durch Art. 1 Delegierte Verordnung (EU) 2020/1273[8] geändert. Bei Erlass dieser Durchführungsbestimmungen wendet die Kommission das **Lamfalussy-Verfahren** bzw. das **Komitologieverfahren** an.[9] Zusätzliche inhaltliche Anforderungen an den Prospekt ergeben sich – für Zwecke der Zulassung von Wertpapieren an einem organisierten Markt in Deutschland – in eingeschränktem Maße aus der BörsZulV.[10]

– *Technische Regulierungsstandards.* Die ebenfalls seit dem 21.7.2019 geltende Delegierte Verordnung (EU) 2019/979 der Kommission vom 14.3.2019 zur Ergänzung der Verordnung (EU) 2017/1129 des Europäischen Parlaments und des Rates durch technische Regulierungsstandards für wesentliche Finanzinformationen in der Zusammenfassung des Prospekts, die Veröffentlichung und Klassifizierung von Prospekten, die Werbung für Wertpapiere, Nachträge zum Prospekt und das Notifizierungsportal und zur

---

6 ABl. L 166 vom 21.6.2019, S. 26.
7 Näher dazu *Fuhrmann*, ZBB 2021, 390, 395; *Groß*, Kapitalmarktrecht, Art. 6 ProspektVO Rn. 3.
8 Delegierte Verordnung (EU) 2020/1273 der Kommission vom 4.6.2020 zur Änderung und Berichtigung der Delegierten Verordnung (EU) 2019/980 zur Ergänzung der Verordnung (EU) 2017/1129 des Europäischen Parlaments und des Rates hinsichtlich der Aufmachung, des Inhalts, der Prüfung und der Billigung des Prospekts, der beim öffentlichen Angebot von Wertpapieren oder bei deren Zulassung zum Handel an einem geregelten Markt zu veröffentlichen ist, ABl. L 300 vom 14.9.2020, S. 6.
9 Näher dazu *Wiegel*, Die Prospektrichtlinie und Prospektverordnung, S. 91 ff.; *Groß*, Kapitalmarktrecht, Vorbem. BörsG Rn. 17 ff.; *Klöhn*, in: Langenbucher, Europäisches Privat- und Wirtschaftsrecht, § 6 Rn. 20 ff.; *Kolassa*, in: Schimansky/Bunte/Lwowski, Bankrechts-Handbuch, § 135 Rn. 45 ff.; *Fuhrmann*, ZBB 2021, 390, 392; *Zivny/Mock*, EU-ProspektVO/KMG 2019, Vor ProspektVO Rn. 15.
10 Danach prüft die Geschäftsführung der jeweiligen Börse im Rahmen des Zulassungsverfahrens, ob die Vorgaben nach § 2 (Mindestbetrag der Wertpapiere), § 3 (Dauer des Bestehens des Emittenten), § 4 (Rechtsgrundlage der Wertpapiere), § 5 Abs. 2 Nr. 1 u. Nr. 2 (Zulassung von nicht voll eingezahlten Wertpapieren oder vinkulierter Aktien), § 7 (Antrag auf Teilzulassung), § 8 Abs. 2 (Druckausstattung von Wertpapieren) sowie § 9 BörsZulV (Streuung der Aktien) beachtet wurden; vgl. ebenso *Groß*, Kapitalmarktrecht, Vorbem. BörsZulV Rn. 9.

Aufhebung der Delegierten Verordnung (EU) Nr. 382/2014 der Kommission und der Delegierten Verordnung (EU) 2016/301 der Kommission[11] enthält Regelungen zu den wesentlichen Finanzinformationen in der Prospektzusammenfassung, zur Veröffentlichung des Prospekts, maschinenlesbaren Daten, zur Verbreitung von Werbung, Nachträgen und zum Betrieb des Notifizierungsportals. Sie wurde zuletzt durch Art. 1, 2 Delegierte Verordnung (EU) 2020/1272[12] geändert.

– *Delegierte Verordnung (EU) 2021/528.* Die Delegierte Verordnung (EU) 2021/528 der Kommission vom 16.12.2020 zur Ergänzung der Verordnung (EU) 2017/1129 des Europäischen Parlaments und des Rates im Hinblick auf die Mindestinformationen des Dokuments, das der Öffentlichkeit bei einer Ausnahme von der Prospektpflicht im Zusammenhang mit einer Übernahme im Wege eines Tauschangebots, einer Verschmelzung oder einer Spaltung zur Verfügung zu stellen ist,[13] gilt seit dem 16.4.2021. Sie gibt die Mindestinformationen des Dokuments vor, das bei Inanspruchnahme einer Ausnahme von der Prospektpflicht in den genannten Fällen zu veröffentlichen ist. In ihrem Anhang enthält sie eine detaillierte Darstellung der Struktur und des Aufbaus des prospektbefreienden Dokuments (zu Einzelheiten s. unten → Art. 1).

– *Verordnung (EU) 2021/337.* Im Zuge der COVID-19-Pandemie wurde die **Verordnung (EU) 2021/337** zur Änderung der Verordnung (EU) 2017/1129 im Hinblick auf den EU-Wiederaufbauprospekt und gezielte Anpassungen für Finanzintermediäre und der Richtlinie 2004/109/EG im Hinblick auf das einheitliche elektronische Berichtsformat für Jahresfinanzberichte zur Unterstützung der wirtschaftlichen Erholung von der COVID-19-Krise verabschiedet, die am 18.3.2021 in Kraft getreten ist. Die Geltung war auf den Zeitraum bis zum 31.12.2022 beschränkt. Sie ergänzte die ProspektVO durch Einfügung eines neuen Art. 14a. Dieser führte eine neue Art Kurzprospekt ein, den sog. EU-Wiederaufbauprospekt.[14] Ein solcher konnte von Emittenten genutzt werden, deren Aktien bereits mindestens 18 Monate lang an einem geregelten Markt zugelassen waren (Art. 14a Abs. 1 UAbs. 1 lit. a ProspektVO). Dieser war im Umfang auf 30 Seiten beschränkt (Art. 14a Abs. 4 ProspektVO) und unterlag einer verkürzten Prüfungsfrist von sieben Tagen (Art. 20 Abs. 6a ProspektVO). In der Praxis wurde der EU-Wiederaufbauprospekt von zahlreichen Emittenten genutzt.[15]

---

11 ABl. L 166 vom 21.6.2019, S. 1.
12 Delegierte Verordnung (EU) 2020/1272 der Kommission vom 4.6.2020 zur Änderung und Berichtigung der Delegierten Verordnung (EU) 2019/979 zur Ergänzung der Verordnung (EU) 2017/1129 des Europäischen Parlaments und des Rates durch technische Regulierungsstandards für wesentliche Finanzinformationen in der Zusammenfassung des Prospekts, die Veröffentlichung und Klassifizierung von Prospekten, die Werbung für Wertpapiere, Nachträge zum Prospekt und das Notifizierungsportal, ABl. L 300 vom 14.9.2020, S. 1.
13 ABl. L 106 vom 26.3.2021, S. 32.
14 Vgl. zum EU-Wiederaufbauprospekt *Buck-Heeb*, BKR 2021, 317, 323.
15 Vgl. für Praxisbeispiele z. B. den EU-Wiederaufbauprospekt vom 12.8.2022, den die Heidelberg Pharma AG für ihre Bezugsrechtskapitalerhöhung 2022 nutzte, oder den Wiederaufbauprospekt vom 23.6.2021, den die Medios AG für ihre Kapitalerhöhung unter Ausschluss des Bezugsrechts 2021 nutzte.

3. WpPG

Das „Gesetz über die Erstellung, Billigung und Veröffentlichung des Prospekts, der beim öffentlichen Angebot von Wertpapieren oder bei der Zulassung von Wertpapieren zum Handel an einem organisierten Markt zu veröffentlichen ist (Wertpapierprospektgesetz – WpPG)" trat als Art. 1 und Hauptbestandteil des **Prospektrichtlinie-Umsetzungsgesetzes** am 1.7.2005 in Kraft.[16] Es wurde zuletzt durch Art. 3 des Gesetzes zur weiteren Stärkung des Anlegerschutzes vom 9.7.2021 geändert.[17]

4

Angesichts der unmittelbar anwendbaren ProspektVO (vgl. → Rn. 1) hat das **Gesetz zur Ausübung von Optionen der EU-Prospektverordnung und zur Anpassung weiterer Finanzmarktgesetze** vom 10.7.2018[18] das WpPG umfassend geändert. Seitdem enthält das WpPG nur noch **ergänzende Vorschriften** zu den von der ProspektVO eingeräumten Optionen für nationale Gesetzgeber und damit insbesondere Ausnahmen von der Pflicht zur Erstellung, Billigung und Veröffentlichung von Prospekten für Wertpapiere, die öffentlich angeboten und/oder zum Handel an einem organisierten Markt zugelassen werden sollen. Das reformierte WpPG ist nunmehr in fünf Abschnitte unterteilt. Im Einzelnen regelt es neben Vorschriften zum Anwendungsbereich (§§ 1–2) insbesondere die Ausnahmen von der Pflicht zur Erstellung eines Wertpapierprospekts nach der ProspektVO sowie die Voraussetzungen, unter denen ein Wertpapier-Informationsblatt zu veröffentlichen ist (§§ 3–7). Weiter umfasst das WpPG wie bisher Bestimmungen zur Prospekthaftung (§§ 8–16), zu den Zuständigkeiten und Befugnissen der BaFin (§§ 17–20) sowie allgemeine Aspekte eines aufsichtsrechtlichen Gesetzes (§§ 21–28).

5

4. Weiterer Regelungsrahmen und Auslegung

Da es sich bei der ProspektVO um europäisches Recht handelt, ist diese autonom auszulegen, also ohne Rückgriff auf nationales Recht und nationale Rechtsprechung.[19] Gesetzesgeschichte,[20] Systematik, Zweck und damit Interpretation und Anwendung der ProspektVO sowie des WpPG sind maßgeblich durch weitere europarechtliche Vorgaben geprägt:

6

---

16 Prospektrichtlinie-Umsetzungsgesetz v. 22.6.2005, BGBl. I 2005, S. 1698. Zur Gesetzeshistorie vgl. Diskussionsentwurf vom 26.11.2004; Regierungsentwurf vom 4.2.2005, BT-Drucks. 15/4999; Stellungnahme Bundesrat vom 18.3.2005, BR-Drucks. 85/05 und BT-Drucks. 15/5219, S. 1–7; Gegenäußerung der Bundesregierung, BT-Drucks. 15/5219, S. 7 ff.; Beschlussempfehlung und Bericht des Finanzausschusses vom 20.4.2005, BT-Drucks. 15/5373; Beschluss des Bundesrates, BR-Drucks. 304/05.
17 BGBl. I, S. 2570.
18 BGBl. I, S. 1102.
19 *Groß*, Kapitalmarktrecht, Vor Art. 1 ProspektVO Rn. 7; *Zivny/Mock*, EU-ProspektVO/KMG 2019, Vor ProspektVO Rn. 31.
20 Zu dem Rückgriff auf die für die ProspektRL gewonnenen Erkenntnisse für die Auslegung der ProspektVO *Groß*, Kapitalmarktrecht, Vor Art. 1 ProspektVO Rn. 5; skeptischer *Zivny/Mock*, EU-ProspektVO/KMG 2019, Vor ProspektVO Rn. 32.

– *Weitere Verordnungen zu Finanzinformationen.* Als weitere Rechtsgrundlage ist für die in den Prospekt aufzunehmenden historischen Finanzinformationen die Verordnung (EG) 1606/2002[21] betreffend die Anwendung internationaler Rechnungslegungsstandards („**IFRS-Verordnung**") (vgl. → Anhang I Ziff. 18.1 VO (EU) 2019/980) zu beachten. Dagegen wurden die Vorgaben für Emittenten mit einer komplexen finanztechnischen Vorgeschichte (ehemals Verordnung (EG) Nr. 211/2007[22]) nunmehr direkt in Art. 18 VO (EU) 2019/980 integriert. Hinsichtlich der Angaben über Beziehungen zu nahe stehenden Unternehmen und Personen enthält IAS 24[23] weitere Erläuterungen.

– *CESR* und *ESMA*.[24] Wesentlicher Bestandteil der Aufsichtspraxis der BaFin und damit der Prospektpraxis der Emittenten und Anbieter sind die Vorgaben des ehemaligen Ausschusses der Europäischen Wertpapierbehörden **CESR** (Committee of European Securities Regulators)[25] und seiner Nachfolgeinstitution **ESMA** (European Securities and Markets Authority).[26] Die ESMA hat mit Wirkung zum 1.1.2011 sämtliche Kompetenzen von CESR übernommen. Die Vorgaben des CESR bleiben zwar in Kraft. Die Aktualisierung übernimmt jetzt die ESMA. So hat zwischenzeitlich die ESMA etwa die Empfehlungen von CESR für eine europaweite konsistente Umsetzung der Prospektverordnung aus dem Jahre 2005,[27] die im Jahr 2013 durch die Empfehlungen

---

21 Verordnung (EG) Nr. 1606/2002 des Europäischen Parlaments und des Rats vom 19.7.2002 betreffend die Anwendung internationaler Rechnungslegungsstandards, ABl. L 243 vom 11.9.2002, S. 1.
22 Verordnung (EG) Nr. 211/2007 der Kommission vom 27.2.2007 zur Änderung der Verordnung (EG) Nr. 809/2004 zur Umsetzung der Richtlinie 2003/71/EG des Europäischen Parlaments und des Rats in Bezug auf die Finanzinformationen, die bei Emittenten mit komplexer finanztechnischer Vorgeschichte oder bedeutenden finanziellen Verpflichtungen im Prospekt enthalten sein müssen, ABl. L. 61 vom 28.2.2007, S. 24. Dazu gibt es auch Vorarbeiten durch CESR; vgl. CESR's technical advice to the European Commission on a possible amendment to Regulation (EC) 809/2004 regarding the historical financial information which must be included in a prospectus (CESR/05-528). Vgl. ferner *Schlitt/Schäfer*, AG 2008, 525, 530 f.
23 International Accounting Standard IAS 24, übernommen in VO (EG) 1126/2008 der Kommission vom 3.11.2008, ABl. L 320, S. 1, zuletzt geändert durch VO (EU) 2021/1421 vom 30.8.2021, ABl. L 305, S. 17.
24 Eingehend und sehr instruktiv zu den europäischen Behörden, insbesondere zur Organisation und zu den Aufgaben von ESMA: *Spindler*, in: Holzborn, WpPG, Einl. Rn. 18 ff.
25 Die EU-Kommission gründete im Juni 2001 das „Committee of European Securities Regulators" (CESR), einen unabhängigen europäischen Ausschuss. CESR ist als Ausschuss der Europäischen Wertpapierregulierungsbehörden Nachfolger des Forum of European Securities Commissions (FESCO); näher dazu *Spindler*, in: Holzborn, WpPG, Einl. Rn. 18.
26 Die ESMA ist nach Art. 8 Abs. 1 und Art. 76 Abs. 4 der VO (EU) Nr. 1095/2010 mit Wirkung zum 1.1.2011 errichtet worden. Auch wenn sie als Nachfolgeeinrichtung von CESR gilt, gehen ihre Aufgaben und Befugnisse weit über die von CESR hinaus. ESMA ist Bestandteil des Europäischen Finanzaufsichtssystems (ESFS). Aufgabe der Behörde mit Sitz in Paris ist es, das öffentliche Interesse zu schützen, indem sie für die Wirtschaft der Union, ihre Bürger und Unternehmen zur kurz-, mittel- und langfristigen Stabilität und Effektivität des Finanzsystems beiträgt. Sie ist insbesondere befugt, der Kommission Vorschläge für Verordnungen vorzulegen; ferner kann sie gegenüber nationalen Behörden sowie in besonderen Fällen gegenüber einzelnen Marktteilnehmern direkt aktiv werden.
27 CESR's recommendations for the consistent implementation of the European Commission's Regulation on Prospectuses n° 809/2004 (CESR/05-054b).

I. Der rechtl. Rahmen für das öffentl. Angebot **Vor Art. 1 ff. ProspektVO**

der ESMA aktualisiert und fortentwickelt wurden,[28] aufgehoben. Sie wurden zum 15.7.2020 durch neue Empfehlungen der ESMA ersetzt (**ESMA-Empfehlungen**).[29]

– Weiter zu beachten ist in der Anwendungspraxis des WpPG sowie bei der Auslegung der ProspektVO durch die nationalen Behörden und Gerichte die gemeinsame Position der Mitgliedstaaten zu ausgewählten Fragen des Prospektrechts, die zunächst in den **CESR-Frequently Asked Questions**[30] und sodann in den **ESMA-Questions and Answers** die – weitgehend abgestimmte – Aufsichtspraxis der ESMA-Mitglieder zu bestimmten Zweifelsfragen zusammenfasst.[31] ESMA-Empfehlungen und ESMA-Questions and Answers haben keine rechtliche Bindungswirkung,[32] weder für die Kommission noch für nationale Aufsichtsbehörden. Bindende Entscheidungen könnten nur durch die nationalen Gerichte und letztendlich durch den Gerichtshof der Europäischen Union im Rahmen des Vorabentscheidungsverfahrens nach Art. 267 AEUV erzielt werden. Da sich die BaFin im Rahmen ihrer Aufsichtspraxis jedoch grundsätzlich nach der Interpretation der ESMA richtet, kommt dieser gleichwohl eine gewisse faktische Bindungswirkung zu.[33] Dies erklärt die BaFin auch ausdrücklich auf ihrer Website und führt dort eine Liste von Questions and Answers auf, die sie nicht in ihre Aufsichtspraxis übernommen hat.[34]

– Davon abgesehen sind andere Verlautbarungen des CESR bereits höchstrichterlich zur Auslegung nationaler Bestimmungen herangezogen worden.[35] Neben den Empfehlungen und Leitlinien äußert sich die ESMA in den letzten Jahren auch zunehmend in öffentlichen Äußerungen (Public Statements).[36] Diese sind rechtlich ebenfalls nicht verbindlich und werden von der ESMA oft für grundsätzliche oder strategische Äußerungen zu einem bestimmten Themenkomplex genutzt.[37] Im Vergleich zu den Questions and Answers sowie den Empfehlungen und Leitlinien der ESMA handelt es sich um weicheres Konvergenzinstrument, das die ESMA mittlerweile aber öfter einsetzt als Questions and Answers oder Empfehlungen und Leitlinien.[38] In einem viel beachteten

---

28 ESMA, ESMA update of the CESR recommendations – The consistent implementation of Commission Regulation (EC) No 809/2004 implementing the Prospectus Directive, 20.3.2013, ESMA/2013/319, https://www.esma.europa.eu/sites/default/files/library/2015/11/2013-319.pdf (zuletzt abgerufen am 27.3.2023).
29 ESMA, Final Report – ESMA Guidelines on disclosure requirements under the Prospectus Regulation, 15.7.2020, ESMA31-62-1426.
30 Vgl. zuletzt CESR, Frequently Asked Questions regarding Prospectuses: Common positions agreed by CESR Members, 12th Updated Version – November 2010, Ref. CESR/10-1337.
31 Vgl. zuletzt ESMA, Questions and Answers on the Prospectus Regulation, ESMA31-62-1258 (Version 12, last updated on 3 February 2023); näher dazu *Ritz*, in: Just/Voß/Ritz/Zeising, Wertpapierprospektrecht, 2. Aufl. 2023, Einl. Rn. 38 f.
32 *Ritz*, in: Just/Voß/Ritz/Zeising, Wertpapierprospektrecht, 2. Aufl. 2023, Einleitung Rn. 34, 38; *Fuhrmann*, ZBB 2021, 390, 393; *Schnorbus/Kornack*, BB 2022, 1668.
33 *Fuhrmann*, ZBB 2021, 390, 393; *Schnorbus/Kornack*, BB 2022, 1667 ff.; *Ritz*, in: Just/Voß/Ritz/Zeising, Wertpapierprospektrecht, 2. Aufl. 2023, Einl. Rn. 35 ff.; eingehend zu den Rechtswirkungen der Empfehlungen von CESR *Hupka*, WM 2009, 1351 ff.
34 https://www.bafin.de/DE/RechtRegelungen/Leitlinien_und_Q_and_A_der_ESAs/Leitlinien_und_Q_and_A_der_ESAs_artikel.html.
35 BVerwG, Urt. v. 24.5.2011 – 7 C 6.10 Rn. 26, NVwZ 2011, 1012, 1015.
36 Umfassend zu dieser bisher wenig beleuchteten Kategorie von Level-3-Konvergenzinstrumenten *Fuhrmann*, ZBB 2021, 390, 393.
37 *Fuhrmann*, ZBB 2021, 390, 393.
38 *Fuhrmann*, ZBB 2021, 390, 393.

Public Statement hat sich die ESMA im Juli 2021 etwa zur Anwendung der ProspektVO auf SPACs geäußert.[39] Dieses Public Statement hat auch Bedeutung für andere Specialist Issuer (→ Anhang 29 VO(EU) 2019/980).[40]

– *Verordnungskonforme Auslegung und praktische Anwendung.* Beruht eine Vorschrift des WpPG ganz oder teilweise auf einer Vorgabe der ProspektVO oder sonstigem europäischen Recht, ist davon auszugehen, dass der deutsche Gesetzgeber diesen Verordnungsbefehl vollständig und korrekt in deutsches Recht umsetzen wollte. So ist dieser Wille auch in der Regierungsbegründung zum Gesetz zur Ausübung von Optionen der ProspektVO und zur Anpassung weiterer Finanzmarktgesetze zum Ausdruck gekommen.[41] Für die konkrete Anwendung bedeutet dies, dass das WpPG **europarechtskonform und damit verordnungskonform auszulegen** ist.[42] Im Übrigen ist bei der Arbeit mit der ProspektVO und den delegierten Rechtsakten zu beachten, dass die deutsche Übersetzung teilweise Ungenauigkeiten aufweist; in Zweifelsfällen ist die maßgebliche Bedeutung grundsätzlich einer vergleichenden Betrachtung der Fassungen in allen Amtssprachen der EU zu entnehmen,[43] wobei in der Praxis vor allem der englischen und französischen sowie der spanischen und italienischen Fassung besondere Bedeutung zukommen dürfte.[44]

5. Regelungsspielraum nationaler Gesetzgeber

7   Das reformierte WpPG bewegt sich innerhalb der europarechtlich eng gezogenen Grenzen. Die ProspektVO enthält nur noch wenige Optionen und Gestaltungsspielräume für die nationalen Gesetzgeber:

– *Prospektfreies Emissionsvolumen.* Nach Art. 1 Abs. 3 UAbs. 1 gilt die ProspektVO und damit die Prospektpflicht gem. Art. 3 Abs. 1 ab jährlichen Emissionsvolumina von 1 Mio. EUR (→ Art. 1). Die Mitgliedstaaten dürfen die Prospektpflicht gem. Art. 1 Abs. 3 UAbs. 2 Satz 1 auch nicht auf kleinere Volumina erstrecken. Allerdings erlaubt Art. 3 Abs. 2 UAbs. 1 es den nationalen Gesetzgebern, Emissionsvolumina bis zu einem jährlichen Volumen von 8 Mio. EUR auf Kosten der Möglichkeit des Passportings (Art. 24)[45] von der Prospektpflicht auszunehmen. Der europäische Gesetzgeber hielt diese Möglichkeit divergierender Regelungen in Anbetracht der unterschiedlichen Grö-

---

39 Dazu umfassend *Fuhrmann*, ZBB 2021, 390, 394.
40 Dazu *Schnorbus/Kornack*, BB 2022, 1667 ff.
41 Vgl. BT-Drucks. 19/2435, S. 2 ff.
42 *Preuße*, in: Schwark/Zimmer, KMRK, § 1 WpPG Rn. 25; *Groß*, Kapitalmarktrecht, Vor § 1 WpPG Rn. 5; vgl. allgemein zum Einfluss europäischen Rechts auf die Rechtsfortbildung des nationalen Rechts und die richtlinienkonforme Auslegung *Schnorbus*, AcP 201 (2001), 860 ff.; *ders.*, RabelsZ 65 (2001), 654 ff.; zum Einfluss der ProspektRL auf die Auslegung des WpPG vgl. auch *Kullmann/Sester*, WM 2005, 1068, 1068.
43 BVerwG, Urt. v. 24.5.2011 – 7 C 6.10 Rn. 25, NVwZ 2011, 1012, 1015; *Weiler*, ZEuP 2010, 861, 866 f.; so zum WpPG auch *Schnorbus*, in: Berrar/Meyer/Müller et al., WpPG/EU-ProspektVO, 2. Aufl. 2017, Vor §§ 1 ff. WpPG Rn. 3 a. E.; nicht richtig ist daher, dass im Zweifel nur die englische Übersetzung maßgebend sein soll; so aber *Preuße*, in: Schwark/Zimmer, KMRK, § 1 WpPG Rn. 25.
44 Vgl. die Handhabung bei BVerwG, Urt. v. 24.5.2011 – 7 C 6.10 Rn. 25, NVwZ 2011, 1012, 1015.
45 Vgl. Erwägungsgrund 13 ProspektVO.

ße der Finanzmärkte in der Union für notwendig.⁴⁶ Diese Option hat der deutsche Gesetzgeber in § 3 WpPG voll ausgeschöpft (→ Art. 1). Auch Frankreich, Italien und Luxemburg haben diese Option voll genutzt, nicht aber die Niederlande und Österreich.⁴⁷
- *Offenlegungspflichten.* Mitgliedstaaten dürfen gem. Art. 1 Abs. 3 UAbs. 2 Satz 2 auch für die zwingend prospektfreien Angebote unterhalb der Grenze von 1 Mio. EUR nach nationalem Recht Offenlegungspflichten aufstellen, solange sie „keine unverhältnismäßige oder unnötige Belastung darstellen". Der deutsche Gesetzgeber hat in § 4 WpPG mit der Pflicht zur Veröffentlichung eines Wertpapier-Informationsblattes von dieser Möglichkeit Gebrauch gemacht. Diese Pflicht gilt ab einem Emissionsvolumen von 100.000 EUR. In den anderen Mitgliedstaaten reicht das Spektrum der Offenlegungspflichten bei prospektfreien Angeboten vom Verzicht auf zusätzliche Offenlegungen über Notifizierungspflichten bis hin zur Veröffentlichung vereinfachter Prospekte.⁴⁸
- *Prospekthaftung.* Ebenso wie die ProspektRL enthält auch die ProspektVO keine direkt geltenden Vorschriften zur Prospekthaftung. Art. 11 statuiert einzelne Vorgaben zur Prospekthaftung, überlässt den Mitgliedstaaten aber die genaue Ausgestaltung. Dabei stimmt die Norm weitgehend mit Art. 6 der ProspektRL überein. Im WpPG ist die Prospekthaftung in §§ 8–16 geregelt.
- *Zuständige Behörde.* Gem. Art. 31 Abs. 1 benennt jeder Mitgliedstaat eine einzige zuständige Verwaltungsbehörde, die für die Erfüllung der aus der ProspektVO erwachsenden Pflichten und für die Anwendung der Bestimmungen der ProspektVO zuständig ist. Die Mitgliedstaaten können gem. Art. 31 Abs. 2 UAbs. 1 ihrer zuständigen Behörde auch gestatten, die Aufgaben im Zusammenhang mit der elektronischen Veröffentlichung der gebilligten Prospekte und der zugehörigen Dokumente an Dritte zu delegieren, solange die Behörde letztverantwortlich bleibt. Die BaFin wird in § 17 WpPG als national zuständige Behörde benannt.
- *Sanktionsregime.* Art. 38 enthält sanktionsrechtliche Vorgaben und verpflichtet die Mitgliedstaaten, wirksame, verhältnismäßige und abschreckende verwaltungsrechtliche Sanktionen und geeignete andere Verwaltungsmaßnahmen zu verhängen. Art. 38 Abs. 1 UAbs. 1 Satz 2 enthält einen Katalog der mindestens zu ahndenden Verstöße. Daneben dürfen die Mitgliedstaaten auch strafrechtliche Sanktionen verhängen. Anders als im WpHG hat der deutsche Gesetzgeber sich gegen strafrechtliche Sanktionen entschieden. § 24 WpPG regelt den Ordnungswidrigkeitenkatalog und geht über die Mindestvorgaben der ProspektVO hinaus.⁴⁹

---

46 Erwägungsgrund 13 ProspektVO.
47 Vollständiger Überblick: ESMA, National thresholds below which the obligation to publish a prospectus does not apply, 2.3.2020, ESMA 31-62-1193.
48 Vgl. *Prescher*, in: Schwark/Zimmer, KMRK, § 4 WpPG Rn. 4; vollständiger Überblick: ESMA, National thresholds below which the obligation to publish a prospectus does not apply, 2.3.2020, ESMA 31-62-1193.
49 *Groß*, Kapitalmarktrecht, § 24 WpPG Rn. 1.

6. Rechtsentwicklungen

a) Die Entwicklung der europäischen Vorgaben vor Erlass der ProspektVO

8 Die ProspektRL trat am 1.1.2004 in Kraft. Seit Juni 2007 wurde auf europäischer Ebene über die Änderung der ProspektRL diskutiert. Diese Diskussion erfolgte vor dem Hintergrund der **Revisionsklausel aus Art. 31** der ProspektRL, nach welcher die Kommission fünf Jahre nach Inkrafttreten der Richtlinie deren Anwendung überprüfen und gegebenenfalls dem Europäischen Parlament und dem Rat Änderungsvorschläge vorlegen soll. Die Revisionsklausel sollte gewährleisten, dass das Prospektrecht mit den Marktentwicklungen Schritt hält.[50] Die ÄnderungsRL (siehe → Rn. 6) sah ebenfalls eine Revisionsklausel mit einer Frist von fünf Jahren vor.

9 Dass die ProspektRL verbesserungsbedürftig und eine Änderung notwendig war, zeigten die zahlreichen Erläuterungen auf Stufe 3 des Komitologieverfahrens (Empfehlungen der CESR zur einheitlichen Anwendung) und der von europäischen Aufsichtsvertretern zu aktuellen Fragen und Auslegungsproblemen in regelmäßigen Abständen ergänzte Katalog der CESR-Frequently Asked Questions.[51] Diese Auslegungshilfen gewährleisteten zwar eine flexible Anwendung des Prospektrechts. Sie konnten jedoch naturgemäß nur in dem von der Richtlinie und der Verordnung vorgegebenen Rahmen erfolgen, selbst wenn diese sich als unzweckmäßig erwiesen.

10 Basierend auf Berichten[52] des CESR,[53] der European Securities Markets Expert Group (ESME)[54] und des Centre for Strategy and Evaluation (CESE)[55] veröffentlichte die Kommission gem. Art. 31 der ProspektRL im September 2009 einen Vorschlag zur Änderung der ProspektRL („ÄnderungsRL").[56] Der Rat übernahm in seinem Entwurf einer ÄnderungsRL zur ProspektRL[57] vom Februar 2010 die Vorschläge der Kommission überwiegend, wenngleich er vereinzelt erheblich und in Detailfragen gar häufig von ihnen abwich. Das Europäische Parlament brachte anschließend weitere Änderungsvorschläge ein.[58] Im Einklang mit Art. 294 AEUV (ex-Art. 251 EGV) und mit der gemeinsamen Erklärung zu den praktischen Modalitäten des Mitentscheidungsverfahrens[59] führten der Rat, das Europäische Parlament und die Kommission informelle Gespräche, um in erster Lesung zu einer Einigung über den Inhalt der ÄnderungsRL zu gelangen. Das Europäische Parlament stimmte dem zwischen den drei Organen gefundenen Kompromiss am 17.6.2010 zu. Am 29.9.2010 erfolgte die förmliche Zustimmung durch den Rat. Die verbindliche Fassung wurde am 11.12.2010 im Amtsblatt der Europäischen Union veröffent-

---

50 *Elsen/Jäger*, BKR 2008, 459, 460.
51 Vgl. *Ritz/Voß*, in: Just/Voß/Ritz/Zeising, WpPG, 2009, Einl. WpPG Rn. 46.
52 Ausführliche Darstellung zum Inhalt der Berichte der CESR, der ESME und des CESE bei *Ritz/Voß*, in: Just/Voß/Ritz/Zeising, WpPG, 2009, Einl. WpPG Rn. 47 ff.
53 CESR/07-225, June 2007.
54 ESME-Berichte vom 5.9.2007 und 4.6.2008.
55 CSES Final Report, Studie über die Auswirkungen des Prospekt Regimes auf die Finanzmärkte der EU, Juni 2008.
56 Kommissionsentwurf 2009/491 zur Änderung der ProspektRL vom 23.9.2009.
57 Entwurf des Rats 17451/1/09 REV 1, 4.2.2010.
58 Entwurf einer legislativen Entschließung des Europäischen Parlaments vom 26.3.2010.
59 ABl. C 145 vom 30.6.2007, S. 5.

licht.⁶⁰ Bis zum 1.7.2012 hatte der deutsche Gesetzgeber Zeit, die Vorgaben der ÄnderungsRL umzusetzen, im Wesentlichen durch entsprechende Anpassungen des WpPG (vgl. → Rn. 8).

b) Gesetzgebungsprozess und Änderungen der ProspektVO

Im Rahmen des Aktionsplans zur Schaffung einer Kapitalmarktunion legte die Europäische Kommission unter Leitung von EU-Kommissar Jonathan Hill am 30.11.2015 den Vorschlag COM (2015) 583 zur Überarbeitung der ProspektRL vor, der die Rückmeldungen zu einer im Jahr 2015 von der Kommission durchgeführten Konsultation berücksichtigte.⁶¹ Die Kapitalmarktunion sollte einen echten Binnenmarkt für Kapital in der EU bewirken und dadurch Finanzmittel für Unternehmen erschließen und mehr Möglichkeiten für Anleger in der EU schaffen.⁶² Dazu sollten alle bisherigen Prospektvorgaben (also die Richtlinie und die damit in Verbindung stehenden Verordnungen, ESMA-Leitlinien und -Empfehlungen) überprüft und gegebenenfalls geändert werden. Die Überarbeitung der ProspektRL als ein Element des Aktionsplans sollte einerseits insbesondere kleinen und mittleren Unternehmen (KMU) erleichtern, Kapital aufzunehmen, und grenzüberschreitende Investitionen im Binnenmarkt fördern und andererseits den Anlegern fundierte Anlageentscheidungen erlauben.⁶³ Zu diesem Zweck zielte der Vorschlag neben der Harmonisierung der Prospektvorschriften der EU vor allem auf eine Reduzierung des Umfangs von Wertpapierprospekten auf „angemessene Offenlegungsregelungen (für KMU und Small Caps sowie bei Bezugsrechtsemissionen)"⁶⁴ ab.

11

Nach Stellungnahmen des Wirtschafts- und Sozialausschusses⁶⁵ und der Europäischen Zentralbank⁶⁶ und weiteren Überarbeitungen nach der ersten Lesung im Europäischen

12

---

60 Richtlinie 2010/73/EU des Europäischen Parlaments und des Rates vom 24.11.2010 zur Änderung der Richtlinie 2003/71/EG betreffend den Prospekt, der beim öffentlichen Angebot von Wertpapieren oder bei deren Zulassung zum Handel zu veröffentlichen ist, und der Richtlinie 2004/109/EG zur Harmonisierung der Transparenzanforderungen in Bezug auf Informationen über Emittenten, deren Wertpapiere zum Handel auf einem geregelten Markt zugelassen sind (ABl. 327 vom 11.12.2010, S. 1).
61 Vorschlag für eine Verordnung des Europäischen Parlaments und des Rates über den Prospekt, der beim öffentlichen Angebot von Wertpapieren oder bei deren Zulassung zum Handel zu veröffentlichen ist, 30.11.2015, COM/2015/0583.
62 Vgl. hierzu den Aktionsplan der EU-Kommission zur Schaffung einer Kapitalmarktunion, https://eur-lex.europa.eu/legal-content/DE/TXT/PDF/?uri=CELEX:52015DC0468 (zuletzt abgerufen am 27.3.2023).
63 Vorschlag für eine Verordnung des Europäischen Parlaments und des Rates über den Prospekt, der beim öffentlichen Angebot von Wertpapieren oder bei deren Zulassung zum Handel zu veröffentlichen ist, 30.11.2015, COM/2015/0583, S. 4 ff.
64 Vorschlag für eine Verordnung des Europäischen Parlaments und des Rates über den Prospekt, der beim öffentlichen Angebot von Wertpapieren oder bei deren Zulassung zum Handel zu veröffentlichen ist, 30.11.2015, COM/2015/0583, S. 12.
65 Stellungnahme des Europäischen Wirtschafts- und Sozialausschusses zu dem Vorschlag für eine Verordnung des Europäischen Parlaments und des Rates betreffend den Prospekt, der beim öffentlichen Angebot von Wertpapieren oder bei deren Zulassung zum Handel zu veröffentlichen ist, vom 16.3.2016, ABl. EU 2016 C 177 vom 18.5.2016, S. 9.
66 Stellungnahme der Europäischen Zentralbank vom 17.3.2016 zu einem Vorschlag für eine Verordnung des Europäischen Parlaments und des Rates über den Prospekt, der beim öffentlichen

Parlament[67] wurde die ProspektVO am 14.6.2017 vom Präsidenten des Europäischen Parlaments und dem Präsidenten des Rates unterzeichnet und am 30.6.2017 im Amtsblatt verkündet.[68]

13 Durch Art. 2 der Verordnung (EU) 2019/2115 des Europäischen Parlaments und des Rates vom 27.11.2019 zur Änderung der Richtlinie 2014/65/EU und der Verordnungen (EU) Nr. 596/2014 und (EU) 2017/1129 zur Förderung der Nutzung von KMU-Wachstumsmärkten[69] wurde die ProspektVO durch Einfügen eines neuen Art. 1 Abs. 6a und 6b geändert, um die Erleichterungen gem. Art. 1 Abs. 4 lit. f und g sowie Abs. 5 lit. e und f insbesondere bei Tauschangeboten zu beschränken.[70] Gleichzeitig wurden der Anwendungsbereich des Art. 14[71] sowie die Definition des KMU in Art. 15 erweitert.

14 Art. 46 der Verordnung (EU) 2020/1503 des Europäischen Parlaments und des Rates vom 7.10.2020 über Europäische Schwarmfinanzierungsdienstleister für Unternehmen und zur Änderung der Verordnung (EU) 2017/1129 und der Richtlinie (EU) 2019/1937 („Crowdfunding-VO")[72] hat die ProspektVO um Art. 1 Abs. 4 lit. k ergänzt, der die Pflicht zur Veröffentlichung eines Prospekts gem. Art. 3 Abs. 1 für öffentliche Angebote von Wertpapieren durch ein im Rahmen der Crowdfunding-VO zugelassenen Schwarmfinanzierungsdienstleister entfallen lässt, soweit der Schwellenwert in Höhe von 5 Mio. EUR gem. Art. 1 Abs. 2 lit. c Crowdfunding-VO nicht überschritten wird. Ein Schwarmfinanzierungsdienstleister ist eine juristische Person, die Schwarmfinanzierungsdienstleistungen erbringt, vgl. Art. 2 Abs. 1 lit. e Crowdfunding-VO. Schwarmfinanzierungsdienstleistungen zeichnen sich durch die Zusammenführung von Geschäftsfinanzierungsinteressen von Anlegern und Projektträgern mithilfe einer Schwarmfinanzierungsplattform durch die Vermittlung von Krediten oder die Platzierung von übertragbaren Wertpapieren und für Schwarmfinanzierungszwecke zugelassenen Instrumenten, die von Projektträgern oder einer Zweckgesellschaft ausgegeben wurden, sowie die Annahme und Übermittlung von Kundenaufträgen im Sinne von Nr. 1 jenes Abschnitts in Bezug auf diese übertragbaren Wertpapiere und für Schwarmfinanzierungszwecke zugelassenen Instrumente aus, vgl. Art. 2 Abs. 1 lit. a Crowdfunding-VO.[73] Im Ergebnis besteht eine Prospektpflicht dann nicht, wenn das öffentliche Angebot von Wertpapieren in den Anwendungsbereich der Crowdfunding-VO fällt.[74] Der Crowdfunding-VO vorausgegangen war der „FinTech-Aktionsplan: Für einen wettbewerbsfähigen und innovativeren EU-Finanzsektor"[75] der Euro-

---

Angebot von Wertpapieren oder bei deren Zulassung zum Handel zu veröffentlichen ist, ABl. EU 2016 C 195 vom 2.6.2016, S. 1.
67 Überblick der Änderungen bei *Bronger/Scherer*, WM 2017, 460.
68 Vgl. *Groß*, Kapitalmarktrecht, Vor Art. 1 ProspektVO Rn. 2.
69 ABl. L 320 vom 11.12.2019, S. 1.
70 Vgl. Erwägungsgrund 13 Verordnung (EU) 2019/2115.
71 Dazu *Groß*, Kapitalmarktrecht, Art. 1 ProspektVO Rn. 64 f.
72 Vgl. zur Crowdfunding-VO *Renner/Faller/Walter*, BKR 2021, 394.
73 *Fuhrmann*, EWiR 2023, 169, 169; zur volkswirtschaftlichen Bedeutung von Crowdfunding siehe *Buck-Heeb/Omlor*, BKR 2022, 137, 137.
74 Siehe zum Hintergrund des Schwellenwerts von 5 Mio. EUR Erwägungsgrund 16 der Crowdfunding-VO, wonach dies der Höchstbetrag ist, bis zu dem die meisten Mitgliedstaaten nach der ProspektVO eine Ausnahme von der Verpflichtung vorsehen, bei öffentlichen Wertpapierangeboten einen Prospekt zu veröffentlichen.
75 Europäische Kommission, FinTech-Aktionsplan: Für einen wettbewerbsfähigeren und innovativeren EU-Finanzsektor, 8.3.2018, COM (2018) 109.

päischen Kommission vom 8.3.2018, die „FinTech Roadmap"[76] der Europäischen Bankenaufsicht vom 15.3.2018 sowie der Vorschlag einer Crowdfunding-VO[77] durch die Europäische Kommission vom 8.3.2018.

Durch Art. 2 der Verordnung (EU) 2021/337 des Europäischen Parlaments und des Rates vom 16.2.2021 zur Änderung der Verordnung (EU) 2017/1129 im Hinblick auf den EU-Wiederaufbauprospekt und gezielte Anpassungen für Finanzintermediäre und der Richtlinie 2004/109/EG im Hinblick auf das einheitliche elektronische Berichtsformat für Jahresfinanzberichte zur Unterstützung der wirtschaftlichen Erholung von der COVID-19-Krise wurde zeitlich bis zum 31.12.2022 befristet der EU-Wiederaufbauprospekt in Art. 14a ProspektVO eingefügt (vgl. → Rn. 3). 15

c) Vergleich zur ProspektRL

Die ProspektVO enthält gegenüber der ProspektRL die folgenden wesentlichen Änderungen: 16

– *Verordnung statt Richtlinie.* Die Ersetzung der Richtlinie durch eine unmittelbar anwendbare Verordnung bezweckt, die Rechtslage in der gesamten EU weiter zu harmonisieren, Rechtssicherheit zu schaffen und somit die Fragmentierung des Marktes zu verhindern.[78] Die bloße Vollharmonisierung des Prospektinhalts nach der alten ProspektRL war nach Ansicht der Europäischen Kommission nicht ausreichend, um eine wirkliche Kapitalmarktunion zu schaffen, da Prospektausnahmen sowie das Prospektbilligungsverfahren noch der nationalen Umsetzung vorbehalten waren.[79]
– *Veröffentlichungsregime für Angebote von kleineren und mittleren Unternehmen, Art. 15.* Über einen Verweis in Art. 2 Abs. 1 lit. f Ziff. ii werden nunmehr Unternehmen mit einer Marktkapitalisierung von bis zu 200 Mio. EUR, statt bislang 100 Mio. EUR, von der Definition der kleinen und mittleren Unternehmen (KMU) erfasst. Im Rahmen von Art. 15 wurde ein vereinfachtes Veröffentlichungsregime (sog. EU-Wachstumsprospekt), das eine starke Beschränkung der zu veröffentlichenden Informationen beinhaltet, für Angebote von KMU und gleichgestellten Unternehmen geschaffen, deren Wertpapiere nicht zum Handel an einem regulierten Markt zugelassen sind. Die nähere Ausgestaltung hat die EU-Kommission in Art. 28–34 sowie den Anhängen 23–27 der VO (EU) 2019/980 geregelt. Ziel der Neuerungen ist, dass die Größe des Unternehmens und sein Finanzierungsbedarf auf der einen Seite und die Kosten für die Erstellung eines Prospekts auf der anderen Seite zueinander in einem angemessenen Verhältnis stehen.[80]

---

76 European Banking Authority, FinTech-Roadmap: Conclusions from the Consultation on the EBA's approach to financial technology (FinTech), vom 15.3.2018, https://www.eba.europa.eu/documents/10180/1919160/EBA+FinTech+Roadmap.pdf (zuletzt abgerufen am 27.3.2023).
77 Vorschlag für eine Verordnung des Europäischen Parlaments und des Rates über Europäische Crowdfunding-Dienstleister für Unternehmen, 8.3.2018, COM/2018/0113; siehe zum Vorschlag – insbesondere zum Passporting – *Möslein/Omlor*, BKR 2018, 236, 237 f.
78 Vgl. dazu Erwägungsgründe 3 ff. und 27 der ProspektVO.
79 Vgl. *Groß*, Kapitalmarktrecht, Vor Art. 1 ProspektVO Rn. 3; *Zivny/Mock*, EU-ProspektVO/KMG 2019, Vor ProspektVO Rn. 15.
80 Vgl. dazu Erwägungsgrund 51 ff. der ProspektVO; insgesamt zum EU-Wachstumsprospekt *Möller/Ziegltrum*, BKR 2020, 161 ff.

Vor Art. 1 ff. ProspektVO

– *Betragsschwelle für die Prospektpflicht mindestens 1 Mio. EUR, Art. 1 Abs. 3 UAbs. 1.* Nach alter Rechtslage (Art. 3 Abs. 2 lit. e der ProspektRL; § 3 Abs. 2 Satz 1 Nr. 5 WpPG a. F.) musste bis zu einem Gesamtvolumen von 100.000 EUR innerhalb von zwölf Monaten kein Prospekt erstellt werden. Gem. Art. 1 Abs. 3 UAbs. 1 liegt der Wert nunmehr grundsätzlich bei 1 Mio. EUR. Mitgliedstaaten dürften den Wert für Angebote, die sich bloß auf diesen Mitgliedstaat beziehen, gem. Art. 3 Abs. 2 UAbs. 1 auf bis zu 8 Mio. EUR statt bislang 5 Mio. EUR festlegen.[81] Die im Kommissionsvorschlag enthaltene Obergrenze von 10 Mio. EUR konnte sich nicht durchsetzen.
– *Anhebung prozentualer Jahresgrenze auf 20%, Art. 1 Abs. 5 UAbs. 1 lit. a.* Nach alter Rechtslage war die Zulassung eines Wertpapiers gem. Art. 4 Abs. 2 lit. a der ProspektRL nicht prospektpflichtig, wenn über einen Zeitraum von zwölf Monaten weniger als 10% der Aktien derselben Gattung zugelassen wurden, die bereits am selben regulierten Markt zugelassen sind. Dieser Wert wurde nach Art. 1 Abs. 5 UAbs. 1 lit. a auf 20% erhöht. Ziel dieser Änderung sind gesteigerte Sekundäremissionenen, die die „Eigenkapitalbeschaffung im Einklang mit der Kapitalmarktunion" erleichtern.[82]
– *Verringerung des Umfangs von Wertpapierprospekten.* Wertpapierprospekte sollen im Vergleich zum Regelungsregime der ProspektRL kürzer sein und sich auf die wesentlichen Informationen konzentrieren:
– *Prospektzusammenfassung auf sieben Seiten, Art. 7 Abs. 3, 4.* Die Zusammenfassung wird von bisher sieben Prozent des Gesamtprospekts oder fünfzehn Seiten auf sieben lesbare DIN A4-Seiten verkürzt[83] und in vier definierte Abschnitte eingeteilt. Verweise sind nach wie vor nicht zulässig, Art. 7 Abs. 11.
– *Maximal insgesamt fünfzehn der wesentlichsten Risikofaktoren für Emittent, Garantiegeber und Wertpapier in der Zusammenfassung, Art. 7 Abs. 10.* Nur maximal insgesamt fünfzehn der wesentlichsten (most material) Risikofaktoren für Emittent und Wertpapier dürfen in der Zusammenfassung dargestellt werden.[84]
– *Einteilung der Risikofaktoren, Art. 16.* Es dürfen nur die Risiken dargestellt werden, die spezifisch für die Situation des Emittenten und/oder des Wertpapiers und wesentlich für die Anlageentscheidung sind. Die Risiken müssen gem. Art. 16 Abs. 1 UAbs. 4 Satz 1 in „eine begrenzte Anzahl" von Kategorien eingeteilt werden, die die Risikofaktoren nach Wesentlichkeit sortieren. Der ursprüngliche Kommissionsvorschlag mit maximal drei Kategorien konnte sich nicht durchsetzen. Für die Frage der Wesentlichkeit ist die Einschätzung des Emittenten bezüglich der Wahrscheinlichkeit ihres Auftretens und des erwarteten Ausmaßes der negativen Folgen im Falle ihres Eintritts maßgeblich. Die ESMA hat am 1.10.2019 genauere Leitlinien zu den Risikofaktoren veröffentlicht.[85]
– *Aufnahme von Informationen mittels Verweis („Incorporation by reference"), Art. 19.* Die Möglichkeit, auf Informationen, die bereits veröffentlicht wurden oder parallel veröffentlicht werden, per Verweis Bezug zu nehmen („Incorporation by Reference"), statt

---

81 Dazu *Klöhn*, ZIP 2018, 1713 ff.
82 Vorschlag für eine Verordnung des Europäischen Parlaments und des Rates über den Prospekt, der beim öffentlichen Angebot von Wertpapieren oder bei deren Zulassung zum Handel zu veröffentlichen ist, 30.11.2015, COM/2015/0583, S. 9.
83 Kritisch (noch zum Kommissionsvorschlag) *Schulz*, WM 2016, 1417, 1421.
84 Auch hierzu kritisch (noch zum Kommissionsvorschlag) *Schulz*, WM 2016, 1417, 1421.
85 ESMA, Guidelines on Risk factors under the Prospectus Regulation, 1.10.2019, ESMA 31-62-1293.

diese im Wertpapierprospekt zu wiederholen, wird stark ausgeweitet, insbesondere für Unternehmen, die nicht der Transparenzrichtlinie unterfallen.[86]
- *Zentrale Veröffentlichung aller EU-Prospekte, Art. 21 Abs. 6.* Alle Wertpapierprospekte der EU sind nunmehr nach ihrer Billigung über eine zentrale Stelle verfügbar. Die ESMA hat dafür eine öffentlich zugängliche Datenbank entwickelt.[87]
- *Veröffentlichungsregime für Sekundäremissionen, Art. 14.* Auch bezüglich Sekundäremissionen wurde ein vereinfachtes Veröffentlichungsregime (sog. Mindestoffenlegungsregelung) geschaffen, im Wesentlichen für Unternehmen, die seit mindestens 18 Monaten zum Handel in einem regulierten Markt oder einem KMU-Wachstumsmarkt zugelassen sind. Der Umfang der jeweiligen Wertpapierprospekte ist insbesondere bezüglich der Informationen reduziert worden, die schon allgemeinen Offenlegungsregelungen (etwa aufgrund der Marktmissbrauchsverordnung und der Transparenzrichtlinie) unterfallen. Die nähere Ausgestaltung für Dividendenwerte regeln Art. 4, 13 und Anh. 3 VO (EU) 2019/980 sowie für Nichtdividendenwerte Art. 9, 17 und Anh. 8 VO (EU) 2019/980.
- *Status des Daueremittenten ("Frequent Issuer Regime"), Art. 9.* Emittenten können nun jährlich ein sogenanntes „einheitliches Registrierungsformular" veröffentlichen; in diesem Falle werden sie nach Art. 9 Abs. 11 als „Daueremittent" („Frequent Issuer") qualifiziert. Damit kommen sie in den Genuss des beschleunigten Billigungsverfahrens nach Art. 20 Abs. 6, wodurch sich die Frist zur Billigung von Prospekten auf fünf Arbeitstage verkürzt. Gem. Art. 9 Abs. 12 UAbs. 1 ist es nicht mehr notwendig, einen Jahresfinanzbericht zu veröffentlichen, wenn der Emittent das einheitliche Registrierungsformular in den ersten vier Monaten des Geschäftsjahres veröffentlicht.

d) Delegierte Verordnung (EU) 2019/980, Technische Regulierungsstandards (Delegierte Verordnung (EU) 2019/979) und Delegierte Verordnung (EU) 2021/528

Zur Ergänzung der Art. 9 Abs. 14, Art. 13 Abs. 1, 2, Art. 14 Abs. 3, Art. 15 Abs. 2 und Art. 20 Abs. 11 hat die Europäischen Kommission die Befugnis, **delegierte Rechtsakte** zu Aufmachung, Inhalt, Prüfung und Billigung des Prospekts zu erlassen. Zur Ergänzung der Art. 7 Abs. 13, Art. 21 Abs. 12, 13, Art. 22 Abs. 9, Art. 23 Abs. 7 und Art. 25 Abs. 7 ist die Europäischen Kommission ferner befugt, **technische Regulierungsstandards** zu wesentlichen Finanzinformationen in der Zusammenfassung des Prospekts, Veröffentlichung und Klassifizierung von Prospekten, Werbung für Wertpapiere, Nachträgen zum Prospekt und zum Notifizierungsportal zu erlassen. Die ESMA leistete umfangreiche Vorarbeiten zu dem als VO (EU) 2019/980 erlassenen delegierten Rechtsakt[88] sowie den als VO (EU) 2019/979 erlassenen Technischen Regulierungsstandards.[89] Diese Vorarbeiten der ESMA sollten zur Auslegung der delegierten Verordnungen herangezogen werden.[90]

17

---

86 Vgl. dazu *Lenz/Heine*, NZG 2019, 766 ff.
87 https://registers.esma.europa.eu/publication/searchRegister?core=esma_registers_priii_documents (zuletzt abgerufen am 27.3.2023).
88 Vgl. ESMA, Final Report Technical advice under the Prospectus Regulation, 28.3.2018, ESMA 31-62-800.
89 Vgl. ESMA, Final Report Draft regulatory technical standards under the Prospectus Regulation, 17.7.2018, ESMA 31-62-1002.
90 *Groß*, Kapitalmarktrecht, Vor Art. 1 ProspektVO Rn. 2.

Vor Art. 1 ff. ProspektVO

In Art. 1 Abs. 7 wurde der Europäischen Kommission weiter die Befugnis übertragen, delegierte Rechtsakte zu erlassen, in denen die Mindestinformationen der in Abs. 4 lit. f und g und in Abs. 5 UAbs. 1 lit. e und f genannten Dokumente festgelegt werden. Dieser als Delegierte Verordnung (EU) 2021/528 erlassene Rechtsakt wurde ebenfalls durch detaillierte Vorarbeiten der ESMA[91] unterstützt, die bei der Auslegung berücksichtigt werden sollten. Aufgrund ihrer Ausgestaltung als delegierte Verordnung im Sinne von Art. 290 AEUV entfalten die Rechtsakte unmittelbare Geltung und bedürfen keiner Umsetzung in deutsches Recht.

e) Änderungen des WpPG

18 Seit seiner Einführung ist das WpPG vielfach geändert worden. Bei der Mehrzahl der Änderungen handelte es sich in erster Linie um Folgeänderungen aufgrund der Überarbeitung anderer Gesetze.[92]

19 Durch das Gesetz zur Umsetzung der Richtlinie 2010/73/EU und zur Änderung des Börsengesetzes vom 26.6.2012 trug der Gesetzgeber im Wesentlichen der **Überarbeitung der ProspektRL** Rechnung und setzte die ÄnderungsRL „eins zu eins" um.[93] Die wesentlichen Änderungen betrafen:[94]

- die weitere Privilegierung kleinvolumiger Wertpapierangebote sowie von Kreditinstituten begebenen Angeboten von Nichtdividendenwerten;
- die Angleichung der Definition **des qualifizierten Anlegers** an die Definition des professionellen Kunden und der geeigneten Gegenpartei;
- den **Wegfall** der früheren ständigen deutschen Verwaltungspraxis, bei reinen **Bezugsrechtsemissionen keinen Prospekt** zu fordern, dafür aber eine Vereinfachung der Angabepflichten bei Bezugsrechtsemissionen börsennotierter Gesellschaften;
- die Regelung zur Ausnahme von der Prospektpflicht bei bereits vorliegendem Prospekt und Verwendung durch Finanzintermediäre;
- eine Ausweitung der Ausnahme von der Prospektpflicht im Rahmen von **Wertpapierangeboten an Beschäftige**;
- veränderte Regelungen für die Zusammenfassung;
- die Zulassung von dreiteiligen Basisprospekten sowie des Registrierungsformulars als unmittelbarer Gegenstand eines Nachtrags;
- die **Aufhebung der Pflicht zur Erstellung des jährlichen Dokuments** sowie
- eine Klarstellung bezüglich des Zeitpunkts, an dem die Pflicht zur Veröffentlichung eines Prospekts oder von **Prospektnachträgen** endete.

20 Durch das Gesetz zur Novellierung des Finanzanlagevermittler- und Vermögensanlagerechts vom 6.12.2011[95] wurden die früheren **Prospekthaftungsregeln** im Börsen- und Verkaufsprospektgesetz, namentlich §§ 44 ff. BörsG a.F. bzw. § 13 VerkProspG i.V.m. §§ 44 ff. BörsG a.F. (bei unrichtigen und unvollständigen Prospekten) sowie § 13a Verk-

---

[91] Vgl. ESMA, Final Report Technical advice on Minimum Information Content for Prospectus Exemption, 29.3.2019, ESMA 31-62-1207.
[92] Überblick in der 1. Auflage, Vor §§ 1 ff. WpPG Rn. 7.
[93] Vgl. BT-Drucks. 17/8684, S. 13; *Müller*, WpPG, Einl. Rn. 3; *Groß*, Kapitalmarktrecht, Vorb. zum WpPG Rn. 8; eingehend *Lawall/Maier*, DB 2012, 2443 ff.; und *dies.*, DB 2012, 2503 ff.
[94] Detaillierter Überblick in der 1. Auflage, Vor §§ 1 ff. WpPG Rn. 8.
[95] BGBl. I 2011, S. 2481.

ProspG (bei fehlenden Prospekten), zusammengefasst und einheitlich in den §§ 8–16 n.F. geregelt. Die durch die Übernahme der bis dahin im Börsengesetz und im Verkaufsprospektgesetz enthaltenen Haftungsbestimmungen erreichte Konzentration sämtlicher Haftungsregeln für fehlerhafte oder fehlende Wertpapierprospekte überzeugt.[96] Das Prospektrichtlinie-Umsetzungsgesetz hatte es zum Bedauern der Praxis noch versäumt, für eine einheitliche Regelung zu sorgen.

Das **Gesetz zur Ausübung von Optionen der EU-Prospektverordnung und zur Anpassung weiterer Finanzmarktgesetze** vom 10.7.2018[97] sowie das ihm nachfolgende **Gesetz zur weiteren Ausführung der EU-Prospektverordnung und zur Änderung von Finanzmarktgesetzen** vom 8.7.2019[98] trugen den weitgehenden Änderungen der ProspektVO Rechnung und fassten das WpPG in einer stark verkürzten Form neu, welche die verbleibenden Optionen und Regelungsmöglichkeiten für nationale Gesetzgeber (→ Rn. 7) umsetzte.

Durch Art. 60 des Zweiten Datenschutz-Anpassungs- und Umsetzungsgesetz EU vom 20.11.2019,[99] welches der Umsetzung der Richtlinie (EU) 2016/680 des Europäischen Parlaments und des Rates[100] dient, wurden §§ 26, 28 des WpPG geändert.

Durch Art. 3 des Gesetzes zur Einführung von elektronischen Wertpapieren wurde der den Inhalt des Wertpapier-Informationsblattes regelnde § 4 Abs. 3 WpPG um für elektronische Wertpapiere erforderliche Angaben wie technische Gestaltung und Übertragbarkeit ergänzt.

Art. 5 des Gesetzes zur begleitenden Ausführung der Verordnung (EU) 2020/1503 und der Umsetzung der Richtlinie EU 2020/1504 zur Regelung von Schwarmfinanzierungsdienstleistern (Schwarmfinanzierung-Begleitgesetz) und anderer europarechtlicher Finanzmarktvorschriften vom 3.6.2021[101] vollzieht das Inkrafttreten der Crowdfunding-VO und der damit einhergehenden Änderung der ProspektVO (vgl. → Rn. 14) im nationalen Recht nach, indem es § 1 WpPG um einen Satz 2 ergänzt, wonach das WpPG nicht für ein öffentliches Angebot der in Art. 1 Abs. 4 lit. k bezeichneten Artikel gilt, d. h. letztlich für unter die Crowdfunding-VO fallende öffentliche Angebote.

Durch Art. 3 des Gesetzes zur weiteren Stärkung des Anlegerschutzes vom 9.7.2021[102] wurde unter anderem § 5 WpPG um einen Abs. 5 ergänzt, wonach die Bundesanstalt für Finanzdienstleistungsaufsicht die nach § 4 WpPG gestatteten Wertpapier-Informationsblätter auf ihrer Website zu veröffentlichen und für zehn Jahre öffentlich zugänglich zu halten hat.

---

96 Vgl. *Groß*, Kapitalmarktrecht, Vorb. zum WpPG Rn. 7.
97 BGBl. I, S. 1102.
98 BGBl. I, S. 1002.
99 BGBl. I, S. 1626.
100 Richtlinie (EU) 2016/680 des Europäischen Parlaments und des Rates vom 27.4.2016 zum Schutz natürlicher Personen bei der Verarbeitung personenbezogener Daten durch die zuständigen Behörden zum Zwecke der Verhütung, Ermittlung, Aufdeckung oder Verfolgung von Straftaten oder der Strafvollstreckung sowie zum freien Datenverkehr und zur Aufhebung des Rahmenbeschlusses 2008/977/JI des Rates, ABl. L 119 vom 4.5.2016, S. 89.
101 BGBl. I, S. 1568.
102 BGBl. I, S. 2570.

f) Ausblick

26 Am 7.12.2022 legte die Europäische Kommission einen Vorschlag für einen **EU Listing Act** vor, bestehend aus (i) einer Richtlinie „amending Directive 2014/65/EU to make public capital markets in the Union more attractive for companies and to facilitate access to capital for small and medium-sized enterprises and repealing Directive 2001/34/EC",[103] (ii) einer Richtlinie „on multiple-vote share structures in companies that seek the admission to trading of their shares on an SME growth market"[104] und (iii) einer Verordnung „amending Regulations (EU) 2017/1129, (EU) No 596/2014 and (EU) No 600/2014 to make public capital markets in the Union more attractive for companies and to facilitate access to capital for small and medium-sized enterprises".[105] Der Verordnungsvorschlag sieht zahlreiche Änderungen der ProspektVO vor und würde eine der weitreichendsten Änderungen der Prospektverordnung darstellen.[106] Dabei hatte die Europäische Kommission im Rahmen des Entwurfes gemäß der Revisionsklausel des Art. 48 die Wirksamkeit, Effizienz und Kohärenz der Anforderungen der Prospektverordnung bewertet und ihre Ergebnisse in der Folgenabschätzung detailliert dargelegt.[107] Der EU Listing Act soll ein entscheidender Schritt zur Steigerung der Attraktivität der europäischen Kapitalmärkte sein und insbesondere für KMU den Zugang zu diesen erleichtern.[108] Damit will die EU auch dem bedenklichen Trend der Abwanderung europäischer Wachstumsunternehmen an die Kapitalmärkte in den USA entgegenwirken.[109]

27 Der Vorschlag der Europäischen Kommission für einen **EU Listing Act** sieht für die ProspektVO im Wesentlichen eine Erweiterung der Prospektausnahmen, eine Prospektstandardisierung sowie neue Prospektformate vor:

– *Erweiterung der Prospektausnahmen.* **Sekundäremissionen** sollen dahingehend **erleichtert** werden, dass Unternehmen innerhalb von zwölf Monaten eine oder mehrere Kapitalerhöhungen prospektfrei durchführen können sollen, sofern die angebotenen

---

103 Europäische Kommission, Proposal for a Directive of the European Parliament and of the Council amending Directive 2014/65/EU to make public capital markets in the Union more attractive for companies and to facilitate access to capital for small and medium-sized enterprises and repealing Directive 2001/34/EC, 7.12.2022, COM(2022) 760.
104 Europäische Kommission, Proposal for a Directive of the European Parliament and of the Council on multiple-vote share structures in companies that seek the admission to trading of their shares on an SME growth market, 7.12.2022, COM(2022) 761.
105 Europäische Kommission, Proposal for a Regulation of the European Parliament and of the Council amending Regulations (EU) 2017/1129, (EU) No 596/2014 and (EU) No 600/2014 to make public capital markets in the Union more attractive for companies and to facilitate access to capital for small and medium-sized enterprises, 7.12.2022, COM(2022) 762.
106 So auch *Kuthe*, AG 2023, R28, R28 ff.
107 Siehe Impact Assessment Report v. 7.12.2022, SWD(2022) 762, Annex 6, S. 152 ff.; dem vorausgegangen war zudem der Bericht „Empowering EU Capital Markets for SMEs – Making listing cool again" einer Gruppe sachverständiger Interessenträger vom 11.6.2021 auf Grundlage von Art. 33 Abs. 9 MiFID II über das Funktionieren und den Erfolg der KMU Wachstumsmärkte, https://papers.ssrn.com/sol3/papers.cfm?abstract_id=3858732 (zuletzt abgerufen am 27.3.2023).
108 Siehe zu dem Kommissionsvorschlag auch *Kuthe*, AG 2023, R28, R28 ff.
109 Zu dieser siehe auch *Fuhrmann*, ZBB 2021, 390, 411.

oder zuzulassenden Wertpapiere insgesamt **weniger als 40 %** der bereits zugelassenen Aktien ausmachen (Art. 1 Abs. 1 lit. b Ziff. i EU Listing Act). Bisher war lediglich die Zulassung von angebotenen Aktien für bis zu 20 % des bereits zugelassenen Kapitals in diesem Zeitraum möglich. Bei Überschreitung der vorgeschlagenen 40 %-Grenze soll Emittenten bereits 18 Monate nach der Aufnahme ihrer Notierung ermöglicht werden, Wertpapiere bei Veröffentlichung eines lediglich zusammenfassenden zehnseitigen Dokuments anzubieten oder zuzulassen. Hier bestehen bereits für einen hinreichend langen Zeitraum die kapitalmarktrechtlichen Publizitätspflichten, sodass Anleger keine zusätzlichen umfangreichen Informationen benötigen. Eine Obergrenze ist für diese Prospektbefreiung nicht vorgesehen. Ausnahmsweise nicht gelten soll diese allerdings in Sanierungssituationen oder anderen Sondersituationen, wie etwa einer Übernahme mittels eines Umtauschangebots. Auch Primäremissionen mit geringerem Volumen sollen gefördert werden, indem der Höchstbetrag, für den die Mitgliedstaaten Angebote von der Prospektpflicht ausnehmen können, von derzeit auf 8 Mio. EUR (vgl. Art. 3 Abs. 2) **auf 12 Mio. EUR erhöht** wird (Art. 1 Abs. 3 EU Listing Act). Mitgliedstaaten sollen aber weiterhin eigene Offenlegungsdokumente einführen dürfen, solange diese keine unverhältnismäßige Belastung darstellen. Bisher ist ein solches Dokument in Deutschland mit dem Wertpapier-Informationsblatt für Emissionen ab einem Volumen von 100.000 EUR vorgesehen (§ 4 WpPG, dazu näher unten → Rn. 32). Darüber hinaus soll auch die Zulassung von Aktien erleichtert werden, die bei der Ausübung von Wandel- oder Optionsrechten entstehen (Art. 1 Abs. 1 lit. c EU Listing Act). Diese sollen in Zukunft bis zu einem Volumen von unter 40 % über einen 12-Monatszeitraum prospektfrei zugelassen werden können. Schließlich sieht der Kommissionsentwurf eine Verdopplung des Schwellenwerts für das prospektfreie Angebot bzw. die Zulassung von **Nichtdividendenwerten** vor, die **von einem Kreditinstitut** dauernd oder wiederholt begeben werden (Art. 1 Abs. 1 lit. b Ziff. ii EU Listing Act).

– *Prospektstandardisierung.* Für das **Format eines Wertpapierprospekts** sollen zukünftig **konkrete Vorgaben** bestehen, um die bisher innerhalb der EU unterschiedlichen Prospektformate zu vereinheitlichen. Dadurch soll der Kostenaufwand für die Prospekterstellung verringert und zugleich die Vergleichbarkeit erhöht werden. Die Länge jedes Prospekts soll nur noch 300 DIN A4-Seiten betragen. Die Zusammenfassung sowie mittels Verweis aufgenommene Informationen sind von der Begrenzung allerdings ausgenommen.

– *Neue Prospektformate.* Der Kommissionsvorschlag sieht auch die Einführung zweier neuer Prospektformate vor. So soll erstens der **EU Follow-On Prospectus** Emittenten, deren Wertpapiere bereits ununterbrochen seit mindestens 18 Monaten zum Handel am regulierten Markt zugelassen sind, bei der Prospekterstellung bestimmte Erleichterungen (etwa in Bezug auf die erforderlichen historischen Finanzinformationen) einräumen. Dieses Prospektformat ersetzt dabei den bisherigen vereinfachten Prospekt für Sekundäremissionen (Art. 14). Mit dem **EU Growth Issuance Document** sollen auch KMU und KMU-ähnlichen Emittenten ähnliche Erleichterungen eingeräumt werden, wodurch wiederum der bisherige EU-Wachstumsprospekt weiterentwickelt wird (Art. 15).

28 Darüber hinaus befinden sich gegenwärtig Regulierungsvorhaben zu folgenden Themen im europäischen Gesetzgebungsprozess:

– *Europäische Grüne Anleihen.* Der EU-Aktionsplan „Finanzierung nachhaltigen Wachstums"[110] sowie der darauf aufbauende „Investitionsplan für den europäischen Grünen Deal"[111] sehen auf Grundlage der Kriterien der Taxonomie-VO[112] die Einführung eines freiwilligen „EU Green Bond Standard"[113] vor. Die geschützte Bezeichnung „EU Green Bond" soll die Befolgung gewisser „Best Practices" durch den Emittenten signalisieren. Durch zusätzliche Offenlegungspflichten des Emittenten im Hinblick auf die Mittelverwendung soll Transparenz geschaffen werden und dadurch der Markt für grüne Anleihen gestärkt werden.[114] Die Europäische Kommission hat am 6.7.2021 einen Vorschlag für eine Verordnung über europäische grüne Anleihen („**Green Bonds-VO**")[115] veröffentlicht,[116] der durch den Rat der Europäischen Union im April 2022 und durch den Rat für Wirtschaft und Finanzen des Europäischen Parlaments (ECOFIN) im Mai 2022 kommentiert wurde.[117] Die Positionen der drei Institutionen liegen teilweise weit auseinander, so z. B. hinsichtlich einer etwaigen zivilrechtlichen Schadensersatzpflicht aufgrund Verstoßes gegen die durch die Taxonomie vorgegebenen Mittelverwendung, die im Vorschlag der Kommission noch nicht vorgesehen war, aber von ECOFIN gefordert wird, vgl. Erwägungsgrund 12a des Vorschlags von ECOFIN. Dementsprechend bleibt abzuwarten, wie das Trilogverfahren ausgehen wird. Schon absehbar ist unter anderem, dass im Anwendungsbereich der noch zu verabschiedenden Green Bonds-VO ein Green Bond Factsheet in den Prospekt i. S. d. ProspektVO integriert werden wird, vgl. Art. 12 Abs. 2 des Vorschlags der Kommission.

– *Kryptotoken.* Auf Grundlage des „FinTech-Aktionsplan: Für einen wettbewerbsfähigen und innovativeren EU-Finanzsektor"[118] plant die Europäische Kommission eine Verordnung über Märkte in Krypto-Assets.[119] Sowohl der Ausschuss der Ständigen Vertreter der Mitgliedstaaten (COREPER) als auch der Rat für Wirtschaft und Finanzen des Eu-

---

110 Europäische Kommission, Aktionsplan: Finanzierung nachhaltigen Wachstums, 8.3.2018, KOM (2018) 97.
111 Europäische Kommission, Investitionsplan für ein zukunftsfähiges Europa, Investitionsplan für den europäischen Grünen Deal, 14.1.2020, COM (2020) 21.
112 Verordnung (EU) 2020/852 des Europäischen Parlaments und des Rates vom 18.6.2020 über die Einrichtung eines Rahmens zur Erleichterung nachhaltiger Investitionen und zur Änderung der Verordnung (EU) 2019/2088, ABl. EU Nr. L 198 v. 22.6.2020, S. 13, dazu *Bueren*, WM 2020, 1611; *Bueren*, WM 2020, 1659.
113 EU Technical Expert Group on Sustainable Finance, Report on EU Green Bond Standard, June 2019 und EU Technical Expert Group on Sustainable Finance, Usability Guide EU Green Bond Standard, March 2020.
114 Dazu ausführlich *Veil*, WM 2020, 1093; siehe auch *Lanfermann*, BB 2019, 2219, 2220 f.
115 Europäische Kommission, Vorschlag für eine Verordnung des Europäischen Parlaments und des Rates über europäische grüne Anleihen vom 6.7.2021, COM(2021) 391 final.
116 Siehe zum Vorschlag der Kommission *Wellerdt*, EuZW 2021, 834.
117 Eine Übersicht über die unterschiedlichen Vorschläge, die durch den Rat für das Trilogverfahren veröffentlicht worden ist, ist abrufbar unter: https://data.consilium.europa.eu/doc/document/ST-9834-2022-INIT/en/pdf (zuletzt abgerufen am 27.3.2023).
118 Europäische Kommission, FinTech-Aktionsplan: Für einen wettbewerbsfähigeren und innovativeren EU-Finanzsektor, 8.3.2018, COM (2018) 109.
119 Proposal for a Regulation of the European Parliament and of the Council on Markets in Crypto-assets, and amending Directive (EU) 2019/1937, COM (2020) 593/3, veröffentlicht am 24.9.2020.

ropäischen Parlaments (ECOFIN) haben einer abgestimmten Fassung[120] des Vorschlags der Europäischen Kommission im Oktober 2022 zugestimmt, sodass es noch der Annahme durch das Europäischen Parlaments und den Europäischen Rat bedarf. Der Anwendungsbereich dieser Verordnung soll gem. Art. 2 Abs. 3 lit. a der abgestimmten Fassung aber nur auf Kryptotoken Anwendung finden, die keine Finanzinstrumente i. S. d. Art. 4 Abs. 1 Nr. 15 MiFID II sind und auf die daher die ProspektVO keine Anwendung findet.

II. Grundlagen zu den Ausnahmen von der Prospektpflicht

1. Tatbestände

Wie zuvor §§ 2–4 VerkProspG a. F. sowie §§ 1, 3, 4 WpPG a. F. sieht auch die ProspektVO Ausnahmen von dieser Prospektpflicht vor. Die Ausnahmetatbestände unterscheiden sich zum einen hinsichtlich des Anwendungsbereiches:

– Art. 1 Abs. 2 stellt gewisse Arten von Wertpapieren **vollständig** von dem Anwendungsbereich der ProspektVO frei;
– Art. 1 Abs. 3 (i.V.m. nationaler Gesetzgebung auf Grundlage des Art. 3 Abs. 2) nimmt **volumensbezogen bestimmte Angebote vollständig** von dem Anwendungsbereich der ProspektVO frei;
– Art. 1 Abs. 4 nimmt **bestimmte öffentliche Angebotsformen** von der grundsätzlichen Prospektpflicht aus;
– Art. 1 Abs. 5 UAbs. 1 befreit unter bestimmten Umständen von der Pflicht zur Veröffentlichung eines Prospekts für die **Zulassung von Wertpapieren zum Handel** an einem geregelten Markt.

Zum anderen unterscheiden sich die Ausnahmetatbestände auch auf der Rechtsfolgenseite. Während Art. 1 Abs. 2, 3 von der Anwendung der ProspektVO insgesamt befreien, ist ein Emittent nach Art. 1 Abs. 4, 5 UAbs. 1 lediglich von der Pflicht zur Veröffentlichung eines Prospekts befreit.

Insgesamt handelt es sich bei den Art. 1 Abs. 2, 3, 4, 5 UAbs. 1 um **echte gesetzliche Ausnahmen** von der Prospektpflicht nach der ProspektVO. Diese gesetzlichen Ausnahmen unterstellen, dass die beschriebenen Fälle grundsätzlich jeweils eine prospektpflichtige Handlung i. S. d. Art. 3 Abs. 1 darstellen.[121] Gerade die in Art. 1 Abs. 3, 4, 5 UAbs. 1 aufgeführten Tatbestände beruhen auf dem Verständnis, dass sie im Grundfall ein öffentliches Angebot darstellen können, wenn auch nicht immer müssen.[122] Durch die Ausgestal-

---

120 https://data.consilium.europa.eu/doc/document/ST-13198-2022-INIT/en/pdf (zuletzt abgerufen am 27.3.2023).
121 Zum WpPG a. F.: *Schnorbus*, AG 2008, 389, 399; vgl. zu dieser Diskussion auf Grundlage des VerkProspG (allerdings mit entgegengesetzter Auffassung) *Ritz*, in: Assmann/Lenz/Ritz, VerkProspG, § 2 Rn. 3.
122 *Oulds*, in: Kümpel/Mülbert/Früh/Seyfried, Bankrecht und Kapitalmarktrecht, Kapitel 15 Rn. 15.711; zum WpPG a. F.: *Grundmann*, Europäisches Gesellschaftsrecht, 2005, Rn. 662; *Wiegel*, Die Prospektrichtlinie und Prospektverordnung, S. 153 f.; wohl auch *Leuering*, Der Konzern 2006, 4, 6; vgl. *Schnorbus*, AG 2008, 389, 399; **a. A.** *Fürhoff/Ritz*, WM 2001, 2280, 2283 f.; *Holzborn/Schwarz-Gondek*, BKR 2003, 927, 929 f.; wohl auch *Hopt/Voigt*, in: Hopt/Voigt, Prospekt- und Kapitalmarktinformationshaftung, S. 9, 20.

tung der Art. 1 Abs. 2, 3, 4, 5 UAbs. 1 als gesetzliche Ausnahmen von der Prospektpflicht wurde klargestellt, dass diese Regelungen nicht lediglich „Safe Harbor"-Regeln oder Richtlinien darstellen, die die Interpretation bestimmter Gesetzesbegriffe – insbesondere des öffentlichen Angebots nach Art. 2 lit. d – für die Praxis erleichtern sollen.[123]

2. Wertpapier-Informationsblatt

32 Bei Inanspruchnahme der volumensbezogenen Ausnahme nach Art. 1 Abs. 3 (i.V.m. § 3 WpPG) ist die ProspektVO zwar nicht anwendbar, insbesondere greift auch nicht die Möglichkeit zum sog. Passporting gem. Art. 24. Das WpPG ordnet aber – als nicht unverhältnismäßige oder unnötige Belastung gem. Art. 1 Abs. 3 UAbs. 2 Satz 2 – ab einem Emissionsvolumen von 100.000 EUR die Erstellung eines Wertpapier-Informationsblattes an (§ 4 WpPG). Das Wertpapier-Informationsblatt entstand nach dem Vorbild der Regelungen zum Vermögensanlagen-Informationsblatt gem. §§ 13 ff. VermAnlG, welche für bestimmte Vermögensanlagen (§ 1 Abs. 2 VermAnlG) bis zu einem Emissionsvolumen von ursprünglich 2,5 Mio EUR (nunmehr 6 Mio. EUR) nur ein dreiseitiges Offenlegungsdokument erfordern. Ebenso wie sein regulatorisches Vorbild geht das neue Regelungsregime im WpPG aber mit weiteren Voraussetzungen einher, § 6 WpPG: So müssen Angebote im Wege der Anlageberatung oder Anlagevermittlung über ein Wertpapierdienstleistungsunternehmen vermittelt werden (Mediatisierungserfordernis) und nicht qualifizierte Anleger müssen bestimmte Einzelanlageschwellen einhalten.[124]

3. Gestaltungsmöglichkeiten (kombinierte und freiwillige Anwendbarkeit)

33 Die Ausnahmetatbestände nach Art. 1 Abs. 4 und 5 sind innerhalb ihres Anwendungsbereiches grundsätzlich **nebeneinander anwendbar** und **schließen sich nicht gegenseitig aus**, wie Art. 1 Abs. 6 Satz 1 ausdrücklich klarstellt sowie Erwägungsgrund Nr. 20 weiter verdeutlicht.[125]

– Die Ausnahmetatbestände des Art. 1 Abs. 4 und 5 können zeitgleich nebeneinander in Anspruch genommen und auch untereinander kombiniert werden (vgl. → Art. 1 Rn. 293 ff.). Nach dem Beispiel des Erwägungsgrundes Nr. 20 kann sich daher ein Angebot gleichzeitig an qualifizierte Anleger (Art. 1 Abs. 4 lit. a), nicht qualifizierte Anleger, die sich verpflichten, jeweils mindestens 100.000 EUR zu investieren (Art. 1 Abs. 4 lit. d), die Beschäftigten des Emittenten (Art. 1 Abs. 4 lit. i, Art. 1 Abs. 5 UAbs. 1 lit. h) und außerdem eine begrenzte Zahl nicht qualifizierter Anleger richten (Art. 1 Abs. 4 lit. b), ohne der Pflicht zur Veröffentlichung eines Prospekts zu unterfallen.[126]

– Die Befreiungstatbestände des Art. 1 Abs. 5 im Hinblick auf bestimmte Instrumente sind wahlweise anwendbar, sofern die jeweiligen Tatbestandsvoraussetzungen vorliegen (vgl. Art. 1 Abs. 6 Satz 2). Eine Exklusivität für den jeweils sachnäheren Tatbestand besteht nicht. So können Aktien aus einer 20%-Kapitalerhöhung auch dann auf Grundlage des Art. 1 Abs. 5 UAbs. 1 lit. a prospektfrei zugelassen werden, wenn die

---

123 Zum WpPG a. F.: *Schnorbus*, AG 2008, 389, 399.
124 Vgl. umfassend *Klöhn*, ZIP 2018, 1713; *Poelzig*, BKR 2018, 357.
125 Vgl. *Groß*, Kapitalmarktrecht, Art. 1 ProspektVO Rn. 60.
126 Zum WpPG a. F. insofern anders *Heidelbach/Preuße*, BKR 2006, 316, 319 f.

Aktien im Rahmen eines Umtauschangebots (Art. 1 Abs. 5 UAbs. 1 lit. b) oder Mitarbeitern angeboten wurden (Art. 1 Abs. 5 UAbs. 1 lit. h).
- Allerdings sind nach Art. 1 Abs. 6 Satz 2 die Befreiungsmöglichkeiten nach Art. 1 Abs. 5 UAbs. 1 lit. a und b zusammenzurechnen, um zu verhindern, dass insgesamt 20% der Aktien derselben Gattung, die bereits zum Handel an einem geregelten Markt zugelassen sind, überschritten werden.[127] Die Wertpapiere, die unter Ausnutzung anderer Ausnahmen angeboten werden, werden jedoch nicht hinzugerechnet.[128]

Gem. Art. 4 Abs. 1 kann der Emittent, der Anbieter oder die die Zulassung zum Handel an einem geregelten Markt beantragende Person bei Ausnahmen von der Prospektpflicht gem. Art. 1 Abs. 3, 4, 5 oder Art. 3 Abs. 2 i.V.m. nationaler Gesetzgebung auf freiwilliger Basis einen Prospekt im Einklang mit der ProspektVO erstellen. Auch diese Regelungen[129] entsprechen somit der in Art. 17 Abs. 4 MAR vorgesehenen Konzeption der **Selbstbefreiung** durch gesetzmäßiges (Entscheidungs-)Verhalten.[130] Emittent bzw. Anbieter können von den Ausnahmen Gebrauch machen, müssen es aber – mit Ausnahme des Art. 1 Abs. 2 – nicht, wenn sie die Veröffentlichung eines Prospekts nach Maßgabe der ProspektVO vorziehen. 34

4. Kompetenz zur Prüfung der Ausnahmeregelungen

a) Grundlagen

Anders als nach den bis zum 1.7.2005 geltenden Vorschriften des VerkProspG (hinsichtlich des öffentlichen Angebots von Wertpapieren) und der BörsZulV (hinsichtlich der Zulassung von Wertpapieren zum Handel für die Prospektbilligung) ist für das **Prospektbilligungsverfahren ausschließlich die BaFin zuständig**. Die frühere Differenzierung der Prospekte danach, ob ein öffentliches Angebot von Wertpapieren oder eine Börsenzulassung erfolgen soll, ist entfallen.[131] Erst auf Grundlage eines von der BaFin gebilligten Prospekts kann ein separates Börsenzulassungsverfahren bei der Geschäftsführung der jeweiligen Börse betrieben werden. Demgegenüber ist die Geschäftsführung der Börse ausschließlich zuständig, wenn der Zulassungsantragsteller (§ 2 Nr. 7 WpPG) eine Börsenzulassung ohne Prospekt – und damit ohne vorangegangenes Billigungsverfahren der BaFin – begehrt. 35

Die Tatbestände der Art. 1 Abs. 2, 3, 4, 5 UAbs. 1 stellen **Legalausnahmen** von der Anwendbarkeit der Prospekt-VO bzw. der Prospektpflicht dar; ein Ermessen der BaFin bzw. 36

---

127 Ausführlich *Groß*, Kapitalmarktrecht, Art. 1 ProspektVO Rn. 61 f.
128 ESMA, Questions and Answers on the Prospectus Regulation, ESMA31-62-1258 (Version 12, last updated on 3 February 2023), S. 73; missverständlich *Groß*, Kapitalmarktrecht, Art. 1 ProspektVO Rn. 46.
129 Vgl. in der 1. Auflage Rn. 18.
130 Zum WpPG a.F.: *Mülbert/Steup*, WM 2005, 1633, 1643; *Heidelbach*, in: Schwark/Zimmer, KMRK, 4. Aufl. 2010, § 4 WpPG Rn. 60.
131 Vor diesem Hintergrund ist die Verkaufsprospekt-Verordnung (VerkProspV) in der Fassung der Bekanntmachung vom 9.9.1989 (BGBl. I, S. 2853), zuletzt geändert durch Art. 21 des Gesetzes vom 21.6.2002 (BGBl. I, S. 2010) vollständig (Art. 9 Prospektrichtlinie-Umsetzungsgesetz) sowie das VerkProspG und die Börsenzulassungsverordnung (BörsZulV) in weiten Teilen (Art. 2 und 4 Prospektrichtlinie-Umsetzungsgesetz) geändert worden.

der Zulassungsbehörden im Rahmen ihrer Zuständigkeiten besteht nicht.[132] Die Prüfungskompetenz der BaFin nach Art. 1 Abs. 2, 3, 4 und der Geschäftsführung der Börse nach Art. 1 Abs. 5 UAbs. 1 beschränkt sich jeweils darauf, ob die Voraussetzungen des jeweiligen Befreiungstatbestandes vorliegen. Dazu gehört bei den prospektbefreienden Dokumenten nach z. B. Art. 1 Abs. 4 lit. f–i und Art. 1 Abs. 5 UAbs. 1 lit. e–h, j Ziff. v, vi, ob die inhaltlichen Vorgaben des jeweiligen Befreiungstatbestandes erfüllt sind. Dagegen umfasst die Prüfungskompetenz nach Abschaffung des Gleichwertigkeitskriteriums[133] nicht mehr die Frage, ob die Angaben in dem jeweiligen Dokument denen eines Prospekts gleichwertig sind.

37 In diesem beschränkten Rahmen kann in der Tat von einer gewissen materiellen Prüfungskompetenz der BaFin bzw. der Geschäftsführung der Börse gesprochen werden.[134] Allerdings ist diese materielle Prüfungskompetenz nicht vergleichbar mit der **materiellen Prüfungspflicht** der BaFin als zuständiger Behörde nach Maßgabe des Art. 20 Abs. 1, 4 bei Vollprospekten, die eine Vollständigkeitsprüfung einschließlich einer Prüfung der Kohärenz und Verständlichkeit umfasst.[135] Insbesondere besteht keine gesetzliche Grundlage für eine Prüfungskompetenz dahingehend, ob die prospektbefreienden Dokumente vollständig und inhaltlich richtig sind.[136] Auch nach Erlass der in Art. 1 Abs. 7 vorgesehenen Delegierten Verordnung (EU) 2021/528 dürfte dies uneingeschränkt weitergelten (siehe aber zur Haftung für fehlerhafte Angaben in dem prospektbefreienden Dokument unten → Rn. 43). Zwar soll auch dieses funktionell wie ein Prospekt hinreichende, objektive und verständliche Informationen enthalten, um den Anlegern eine fundierte Anlageentscheidung zu ermöglichen.[137] Allerdings handelt es sich bei dem Dokument für die Inanspruchnahme einer Ausnahme von der Prospektpflicht gerade nicht um einen Prospekt, auf den sich die Prüfpflicht nach Art. 20 ausdrücklich nur bezieht. In der Delegierten Verordnung (EU) 2021/528 selbst ist auch keine zusätzliche Prüfungspflicht der national zuständigen Behörde vorgesehen. Vielmehr muss das Befreiungsdokument gerade den ausdrücklichen abschließenden Hinweis enthalten, dass es von der jeweiligen zuständigen Behörde nicht gem. Art. 20 der Verordnung (EU) 2017/1129 geprüft und gebilligt wurde.[138]

---

132 *Groß*, Kapitalmarktrecht, Art. 1 ProspektVO Rn. 9; vgl. zum WpPG a. F. *Schnorbus*, in: Berrar/Meyer/Müller et al., WpPG/EU-ProspektVO, 2. Aufl. 2017, Vor §§ 1 ff. WpPG Rn. 20; *Mülbert/Steup*, WM 2005, 1633, 1640 f.; *Holzborn/Israel*, ZIP 2005, 1668, 1670; *Heidelbach/Preuße*, BKR 2006, 316, 316; *Veil/Wundenberg*, WM 2008, 1285, 1286.
133 Dazu *Groß*, Kapitalmarktrecht, Art. 1 ProspektVO Rn. 22 f.
134 Zum WpPG a. F.: *Wiegel*, Die Prospektrichtlinie und Prospektverordnung, S. 180 f.; *Mülbert/Steup*, WM 2005, 1633, 1641, 1643; *Seibt/von Bonin/Isenberg*, AG 2008, 565, 566 f.; *Grosjean*, in: Heidel, Aktienrecht und Kapitalmarktrecht, 4. Aufl. 2014, § 4 WpPG Rn. 12.
135 *Groß*, Kapitalmarktrecht, Art. 20 ProspektVO Rn. 9; *Heidelbach*, in: Schwark/Zimmer, KMRK, § 18 WpPG Rn. 7, 8; zum WpPG a. F.: *Seibt/von Bonin/Isenberg*, AG 2008, 565, 566 f.; **anders** wohl – die Prüfungspflicht im Rahmen der Prospektbefreiungen könne nicht weiter gehen als die Prüfungspflicht der BaFin nach § 13 Abs. 1 Satz 2 – *Mülbert/Steup*, WM 2005, 1633, 1641.
136 So noch zum alten Recht auch unter Verweis auf die grundsätzliche Unmöglichkeit einer Vollständigkeitsprüfung bei nicht exakt definierten Mindestangaben des Dokuments *Wiegel*, Die Prospektrichtlinie und Prospektverordnung, S. 180; a. A. wohl *Mülbert/Steup*, WM 2005, 1633, 1641.
137 Siehe Erwägungsgrund 1 der Delegierten Verordnung 2021/528.
138 Delegierte Verordnung 2021/528, Anhang 1, Abschnitt 1, Punkt 1.5 b).

b) Abgrenzung der Kompetenzen bei der Entscheidung über Ausnahmetatbestände

Auf dieser Grundlage sind nach der gesetzlichen Konzeption von WpPG und BörsG die 38
BaFin und die Geschäftsführung der Börse wie folgt für die Prüfung der Voraussetzungen der Ausnahmetatbestände der Art. 1 Abs. 2, 3, 4, 5 UAbs. 1 zuständig:

aa) BaFin

Die BaFin entscheidet in der Praxis in erster Linie über die **Billigung eines Prospekts** 39
(Art. 20), der für ein öffentliches Angebot und/oder die Zulassung von Aktien zum Handel an einem regulierten Markt erforderlich ist.[139] In diesen Fällen beruft sich der Rechtsanwender gerade nicht auf die Anwendbarkeit einer Ausnahme von der Prospektpflicht, sodass sich insofern die Frage der Anwendbarkeit der Ausnahmetatbestände der Art. 1 Abs. 2, 3, 4, 5 UAbs. 1 nicht stellt. Für die Durchführung eines öffentlichen Angebots nach Art. 1 Abs. 2, 3, 4, 5 UAbs. 1 besteht – sofern kein Wertpapier-Informationsblatt nach § 4 WpPG zu veröffentlichen ist – kein Genehmigungserfordernis. Ebenso wenig sehen ProspektVO oder WpPG die Möglichkeit eines **Negativtestats** über das Vorliegen der Ausnahme vor.[140] Zwar zeigt die BaFin sich in der Praxis grundsätzlich konstruktiv im Zusammenhang mit der Diskussion über die Anwendbarkeit dieser Befreiungstatbestände, und eine solche vorherige Abstimmung ist im Zweifelsfalle dringend zu raten; die Verantwortung hierfür liegt jedoch (insbesondere im Hinblick auf die Haftung nach § 14 WpPG, vgl. → § 14 WpPG) letztendlich bei dem Emittenten und den sonstigen Verantwortlichen (Anbieter).

Vor Erlass der ProspektVO vertrat die BaFin die Auffassung, dass die Billigung eines 40
Prospekts für Zwecke eines öffentlichen Angebots von Wertpapieren dann nicht zulässig sei, wenn der Emittent auch ein prospektfreies öffentliches Angebot auf Grundlage einer Ausnahme nach §§ 3 Abs. 2, 4 Abs. 1 WpPG a. F. durchführen könnte, sodass für diese Fälle eine **vorgelagerte Prüfungskompetenz** der BaFin in Betracht kam.[141] Aufgrund des Rechts zur freiwilligen Erstellung eines Prospekts gem. Art. 4 ist diese Auffassung hinfällig. Schließlich prüft die BaFin die Voraussetzungen der Art. 1 Abs. 2, 3, 4, 5 UAbs. 1 im Rahmen der **repressiven Eingriffsverwaltung**, insbesondere auf Grundlage des § 18 Abs. 4 WpPG bei der Untersagung eines öffentlichen Angebots, für das entgegen Art. 3 Abs. 1 kein Prospekt veröffentlicht wurde.[142]

---

139 Zum Begriff des „öffentlichen Angebots" siehe auch die Entscheidung des EFTA-Gerichtshofes, Urt. v. 18.6.2021 – E-10/20, dazu *Fuhrmann*, EWiR 2021, 621.
140 *Groß*, Kapitalmarktrecht, Art. 1 ProspektVO Rn. 9; bereits zum alten Recht BaFin, Ausgewählte Rechtsfragen in der Aufsichtspraxis, Präsentation vom 4.9.2007, S. 6; *Schnorbus*, AG 2008, 389, 400; *Heidelbach*, in: Schwark/Zimmer, KMRK, 4. Aufl. 2010, § 4 WpPG Rn. 63; näher auch *von Rosen*, in: Assmann/Schütze, Handbuch des Kapitalanlagerechts, 3. Aufl. 2007, § 2 Rn. 162; **anders** wohl *Schanz/Schalast*, Wertpapierprospekte – Markteinführungspublizität nach EU-Prospektverordnung und Wertpapierprospektgesetz 2005, HfB – Working Paper Series No. 74, S. 11.
141 Vgl. 1. Auflage, Vor §§ 1 WpPG Rn. 24.
142 *Schnorbus*, AG 2008, 389, 400; *von Rosen*, in: Assmann/Schütze, Handbuch des Kapitalanlagerechts, 3. Aufl. 2007, § 2 Rn. 162; vgl. auch *Mülbert/Steup*, WM 2005, 1633, 1640, 1643.

bb) Geschäftsführung der Börse

41 Die Geschäftsführung der Börse hat nach § 32 Abs. 3 Nr. 2 BörsG als Bestandteil ihrer Zulassungsentscheidung umfassend die Voraussetzungen des Art. 1 Abs. 2 sowie des Art. 1 Abs. 5 zu prüfen, soweit es um die **Zulassung von Wertpapieren zum Börsenhandel** ohne vorangegangene Billigung und Veröffentlichung eines Prospekts geht.[143] Eine Prüfungskompetenz der BaFin besteht nach der Konzeption des Gesetzes nicht.[144]

42 Auch für die Geschäftsführung der Börse besteht nach Abschaffung des Gleichwertigkeitskriteriums[145] **keine materielle Prüfungskompetenz** im Hinblick auf die Gleichwertigkeit bzw. Verfügbarkeit der Dokumente. Auch zuvor nahm die Frankfurter Wertpapierbörse allerdings für den in § 4 Abs. 2 Nr. 4 WpPG a. F. geregelten Fall der Verschmelzung lediglich eine formelle Prüfung vor, d. h. eine inhaltliche Prüfung, ob die Gleichwertigkeit eines Verschmelzungsberichts tatsächlich gegeben ist, erfolgte nicht.[146] Soweit die Voraussetzungen eines Ausnahmetatbestandes vorliegen, hat die Geschäftsführung – vorbehaltlich der übrigen Anforderungen – zwingend die Wertpapiere prospektfrei zum Börsenhandel zuzulassen. Insbesondere liegt es anders als nach den früheren Regelungen der §§ 45, 45a BörsZulV a. F. nicht mehr im pflichtgemäßen Ermessen der Börsen, eine Befreiung von der Prospektpflicht für die Zulassung von Wertpapieren zum Börsenhandel zu erteilen.

5. Zivilrechtliche Aspekte von prospektfreien öffentlichen Angeboten und Börsenzulassungen

a) Rechtsfolgen der Verletzung der Prospektpflicht nach Art. 3 Abs. 1 ProspektVO

aa) Grundlagen

43 Die Rechtsfolgen der Verletzung der Prospektpflicht beurteilen sich zunächst danach, ob sich die Prospektpflicht aus Art. 3 Abs. 1 (öffentliches Angebot) oder Art. 3 Abs. 3 (Zulassung) ergibt. Im Fall des Art. 3 Abs. 3 ist Rechtsfolge, dass eine Zulassung aufgrund der nicht erfüllten Zulassungsvoraussetzung „Prospekt" (§ 32 Abs. 3 Nr. 2 BörsG) nicht erteilt wird. Fehlt im Falle des § 3 Abs. 1 ein Prospekt gänzlich,[147] obwohl ein prospektpflichtiges öffentliches Angebot vorliegt, greift die Haftung nach **§ 14 WpPG** wegen fehlenden Prospekts (§ 13a VerkProspG a. F., § 24 WpPG a. F.). Im Übrigen handelt nach § 24 Abs. 3 Nr. 1 WpPG ordnungswidrig, wer vorsätzlich oder leichtfertig entgegen Art. 3 Abs. 1 in der Union[148] Wertpapiere anbietet, ohne dass ein Prospekt nach den Vorschriften

---

143 *Heidelbach*, in: Schwark/Zimmer, KMRK, § 32 BörsG Rn. 57; zuvor Frankfurter Wertpapierbörse, Rundschreiben Listing 01/2005 zur Umsetzung der ProspektRL v. 2.6.2005, S. 3 unter 7; *Schnorbus*, AG 2008, 389, 400; *Ritz/Zeising*, in: Just/Voß/Ritz/Zeising, Wertpapierprospektrecht, 2. Aufl. 2023, Art. 1 ProspektVO Rn. 162 f.
144 Zum WpPG a. F.: *Schnorbus*, AG 2008, 389, 400; **a. A.** *Gebhardt*, in: Schäfer/Hamann, Kapitalmarktgesetze, § 4 WpPG Rn. 20.
145 Dazu *Groß*, Kapitalmarktrecht, Art. 1 ProspektVO Rn. 22 f.
146 Nach *Grosjean*, in: Heidel, Aktienrecht und Kapitalmarktrecht, 4. Aufl. 2014, § 4 WpPG Rn. 12 (dort Fn. 34).
147 Zur problematischen Abgrenzung zwischen gänzlich fehlendem Prospekt und lediglich fehlerhaften Prospekt vgl. *Fleischer*, BKR 2004, 339, 347; *Barta*, NZG 2005, 305, 307 ff.
148 Vgl. *Böse/Jansen*, in: Schwark/Zimmer, KMRK, § 24 WpPG Rn. 14.

der ProspektVO veröffentlicht worden ist. Die BaFin kann nach § 18 Abs. 4 WpPG das Angebot untersagen. Für den **Investor**, der ein entsprechendes fehlerhaftes Angebot ohne Prospekt annimmt, ergeben sich keine Konsequenzen (dazu auch sogleich → Rn. 44 ff.).

bb) Auswirkung auf Kaufverträge

Sofern infolge eines öffentlichen Angebots Kaufverträge oder sonstige Verträge über Wertpapiere geschlossen werden, ohne dass die Prospektpflicht des Art. 3 Abs. 1 beachtet wird, hat dies **keine Auswirkungen auf die zivilrechtliche Wirksamkeit** der Verträge.[149] Das folgt bereits aus § 14 WpPG (§ 13a VerkProspG a. F., § 24 WpPG a. F.), der explizit die Haftung bei einem fehlenden Prospekt regelt.[150] Rechtsfolge der Verletzung der Prospektpflicht ist der gesetzlich vorgesehene Anspruch des Erwerbers gegen den Emittenten bzw. Anbieter auf Übernahme der Wertpapiere (wirtschaftlich betrachtet eine Put-Option). Wäre das Erwerbsgeschäft aufgrund des Verstoßes gegen die Prospektpflicht des Art. 3 Abs. 1 bereits unwirksam, dann bedürfte es der Haftungsregelung des § 14 WpPG nicht.[151] Im Übrigen stellen die eine Prospektpflicht anordnenden Bestimmungen nach Art. 3 Abs. 1 und Abs. 3 **keine Verbotsgesetze i. S. des § 134 BGB** dar.[152] Sie verbieten nicht direkt ein Rechtsgeschäft, den Kaufvertrag über die Wertpapiere, sondern nur ein öffentliches Angebot der Wertpapiere. Sie richten sich auch nur an den Anbieter und nicht an den Vertragspartner.

44

b) Haftung für fehlerhafte Angaben bei bestehender Prospektbefreiung

aa) Zulassung ohne Prospekt

Bei der **bloßen prospektfreien Zulassung** von Wertpapieren zum Handel an einem regulierten Markt scheidet eine Haftung nach § 9 (§§ 44, 45 BörsG a. F., § 21 WpPG a. F.) mangels eines Prospekts als Anknüpfungspunkt für eine Haftung grundsätzlich aus. Eine Ausnahme gilt gem. § 11 WpPG, wenn zwar kein Prospekt, aber ein Wertpapier-Informationsblatt veröffentlicht wurde. Allerdings setzen die Ausnahmen nach Art. 1 Abs. 5 UAbs. 1 lit. e–h, j Ziff. v, vi gewissermaßen als Ersatz von der Prospektbefreiung ein **prospektbefreiendes Dokument** voraus. Diese Ausnahmen enthalten einige wenige spezifische inhaltliche Vorgaben für dieses Dokument, die ProspektVO verlangt aber nicht mehr, dass die Angaben denen eines Prospekts gleichwertig sind. Für die Haftung aufgrund eines prospektbefreienden Dokuments stellt sich die Frage nach der Anspruchsgrundlage für fehlerhafte Darstellungen. Für prospektbefreiende Dokumente nach Art. 1 Abs. 5 UAbs. 1 lit. e–h, j Ziff. v, vi ergibt sich die Anspruchsgrundlage **unmittelbar aus § 9 Abs. 4 WpPG** (§ 44 Abs. 4 BörsG a. F., § 21 Abs. 4 WpPG a. F.),[153] wonach ein solches

45

---

149 *Groß*, Kapitalmarktrecht, § 14 WpPG Rn. 4; *Poelzig*, in: Assmann/Schlitt/von Kopp-Colomb, Prospektrecht Kommentar, Art. 3 ProspektVO Rn. 41; *Kumpan*, in: Baumbach/Hopt, HGB, 39. Aufl. 2020, § 14 WpPG Rn. 1.
150 *Kumpan*, in: Baumbach/Hopt, HGB, 39. Aufl. 2020, § 14 WpPG Rn. 1; *Groß*, Kapitalmarktrecht, § 14 WpPG Rn. 4.
151 *Groß*, Kapitalmarktrecht, § 14 WpPG Rn. 4.
152 *Groß*, Kapitalmarktrecht, § 3 WpPG Rn. 10; zum WpPG a. F. *von Kopp-Colomb/Mollner*, in: Assmann/Schlitt/von Kopp-Colomb, WpPG/VerkProspG, 3. Aufl. 2017, § 3 WpPG Rn. 22.
153 Vgl. *Mülbert/Steup*, WM 2005, 1633, 1641 f.; *Grosjean*, in: Heidel, Aktienrecht und Kapitalmarktrecht, 4. Aufl. 2014, § 4 WpPG Rn. 12.

Dokument, aufgrund dessen Veröffentlichung der Emittent von der Pflicht zur Veröffentlichung eines Prospekts befreit wurde, einem Prospekt für Zwecke der Haftung nach § 9 Abs. 1 WpPG gleichsteht. Für die Haftung im Falle der Prospektbefreiung nach Art. 1 Abs. 5 UAbs. 1 lit. b im Falle eines Umtauschangebots vgl. → Art. 1 Rn. 251 ff. Zu prüfen ist im Einzelfall stets, ob eine **teleologische Reduktion des § 9 Abs. 4 WpPG** im Hinblick auf die Befreiungstatbestände des Art. 1 Abs. 5 UAbs. 1 lit. g und h in Betracht kommt. Denn es ist zweifelhaft, ob die in den Ausnahmetatbeständen erwähnten Informationen zur „Anzahl und Art der Wertpapiere" sowie über die „Gründe und Einzelheiten des Angebots oder der Zuteilung" wesentliche Angaben i. S. d. § 9 Abs. 1 WpPG darstellen können. In der Regel ist daher für ein prospektersetzendes Dokument nach Art. 1 Abs. 5 UAbs. 1 lit. g und h die Haftung nach § 9 Abs. 1 und 4 WpPG nicht relevant.[154] Für den Fall, dass ein **prospektersetzendes Dokument gänzlich fehlt**, greift die Haftung nach § 14 WpPG nicht, da die Vorschrift nur für fehlende Angebotsprospekte gilt und es für fehlende Börsenzulassungsprospekte bzw. prospektersetzende Dokumente nach Art. 1 Abs. 5 UAbs. 1 e, f, g, h und j Ziff. v und iv keine entsprechende Regelung gibt.[155]

bb) Öffentliches Angebot ohne Prospekt

46 Soweit Wertpapiere auf Grundlage des Art. 1 Abs. 2, 3, 4, 5 UAbs. 1 **ohne Prospekt und ohne Wertpapier-Informationsblatt angeboten und veräußert werden**, greift zunächst die vorvertragliche Haftung nach **§ 311 Abs. 2, 3 BGB** und/oder die Haftung nach dem **zugrunde liegenden schuldrechtlichen Geschäft** (in der Regel nach Kaufrecht). Soweit die Veräußerung auf Grundlage eines **Vermarktungsdokuments** erfolgt (z. B. sog. Informationsmemorandum bei Aktienumplatzierungen), kommt die zivilrechtliche Prospekthaftung[156] und ggf. auch eine Prospekthaftung nach § 10 WpPG (§ 13 VerkProspG a. F., § 22 WpPG a. F.) in Betracht, und zwar – wie § 10 klarstellt – unabhängig davon, ob die angebotenen Aktien zugelassen sind oder nicht.

47 Besonderheiten bestehen für die prospektbefreienden Dokumente im Falle eines öffentlichen Angebots. Der ProspektVO selbst ist keine Regelung bezüglich der Rechtsfolgen bei **unterlassener** oder **fehlerhafter** Erstellung eines prospektersetzenden Dokuments nach Art. 1 Abs. 4 lit. f–i zu entnehmen. Nicht überzeugend ist die Auffassung in der Literatur, dass für deutsche Emittenten der Haftungstatbestand des § 14 WpPG (Haftung bei fehlendem Prospekt) gelten soll, wenn das jeweilige prospektersetzende Dokument nicht die inhaltlichen Vorgaben des Art. 1 Abs. 4 lit. f–i erfüllt und somit fehlerhaft ist.[157] Das gilt je-

---

154 Vgl. zur teleologischen Reduktion des § 21 Abs. 4 WpPG a. F. im Hinblick auf den § 4 Abs. 2 Nr. 6 WpPG a. F. *Schnorbus*, in: Berrar/Meyer/Müller et al., WpPG/EU-ProspektVO, 2. Aufl. 2017, Vor §§ 1 ff. WpPG Rn. 34; *Groß*, Kapitalmarktrecht, § 9 WpPG Rn. 39; *Mülbert/Steup*, in: Habersack/Mülbert/Schlitt, Unternehmensfinanzierung, § 41 Rn. 31.
155 *Schnorbus*, in: Berrar/Meyer/Müller et al., WpPG/EU-ProspektVO, 2. Aufl. 2017, Vor §§ 1 ff. WpPG Rn. 27; *Groß*, Kapitalmarktrecht, § 14 WpPG Rn. 1; *Heidelbach*, in: Schwark/Zimmer, KMRK, § 14 WpPG Rn. 4; *Assmann*, in: Assmann/Schlitt/von Kopp-Colomb, Prospektrecht Kommentar, § 14 WpPG Rn. 6.
156 Näher zur Diskussion *Gillessen/Krämer*, in: Marsch-Barner/Schäfer, Handbuch börsennotierte AG, § 10 Rn. 495 ff.
157 Vgl. zu § 24 WpPG a. F. *Seiler/Singhof*, in: Berrar/Meyer/Müller et al., WpPG/EU-ProspektVO, 2. Aufl. 2017, § 24 WpPG a. F. Rn. 31; a. A. *Mülbert/Steup*, in: Habersack/Mülbert/Schlitt, Unternehmensfinanzierung, § 41 Rn. 29; *Heidelbach*, in: Schwark/Zimmer, KMRK, § 14 WpPG Rn. 6.

denfalls, solange der Fehler im prospektbefreienden Dokument nichts an der Prospektbefreiung gem. Art. 1 Abs. 4 lit. f–i ändert.[158] Richtigerweise gilt das **Haftungsregime des § 10 WpPG i.V.m. § 9 Abs. 1 und Abs. 4 WpPG (Haftung bei fehlerhaftem Prospekt)** auch für Fehler in prospektbefreienden Dokumenten nach § 4 Abs. 1.[159] § 9 WpPG regelt die Haftung bei fehlerhaftem Börsenzulassungsprospekt bzw. diesen nach § 9 Abs. 4 WpPG gleichzusetzenden Dokumenten nach Art. 1 Abs. 5 lit. e, f, g, h oder j Ziff. v und vi. Über den Verweis in § 10 WpPG gilt die Haftung nach § 9 WpPG auch bei einem sonstigen fehlerhaften Prospekt, d. h. bei einem nach Art. 3 Abs. 1 veröffentlichten Prospekt, der nicht Grundlage für die Zulassung von Wertpapieren zum Handel an einer inländischen Börse ist. Eine Fehlinformation in einem prospektersetzenden Dokument kann nicht einer schärferen Haftung unterliegen als ein fehlerhafter Prospekt i. S. d. § 10 WpPG. Maßgeblich für die Haftung nach § 9 Abs. 4 WpPG i.V.m. § 10 WpPG ist, ob ein Dokument nach Inhalt und Zielrichtung in Erfüllung der jeweils in § 4 Abs. 1 vorgesehenen Angaben erstellt worden ist, auch wenn die gesetzlichen Anforderungen letztlich nicht erfüllt worden sind.[160] Anders als § 9 WpPG enthält § 10 WpPG zwar keine § 9 Abs. 4 WpPG vergleichbare Regelung zur Gleichstellung von Prospekten und prospektersetzenden Dokumente nach Art. 1 Abs. 4. § 10 WpPG verweist jedoch umfassend mit den in Nr. 1 und Nr. 2 vorgesehenen Modifikationen auf § 9 WpPG und erklärt diesen für entsprechend anwendbar, sodass die Haftung nach § 10 WpPG den gleichen Regelungsumfang aufweist wie § 9 WpPG.[161] Auch dem Wortlaut des § 10 WpPG ist nicht zu entnehmen, dass der Verweis auf § 9 WpPG die Regelung für gleichgestellte prospektersetzende Dokumente in § 9 Abs. 4 WpPG ausnehmen soll.

Im Übrigen ist es wertungsmäßig gerade in den Fällen des Art. 1 Abs. 4 lit. f und g nicht überzeugend, Investoren in jedem Fall eine Verkaufsoption – auf die § 14 WpPG (§ 13a VerkProspG a. F., § 24 WpPG a. F.) letztlich hinausläuft – einzuräumen, nur weil das prospektbefreiende Dokument – z. B. wegen des Fehlens formaler Pflichtbestandteile – nicht regelkonform ist, obwohl insgesamt das Dokument ein zutreffendes Urteil über die Investitionsentscheidung erlaubt. Vielmehr findet das **Haftungsregime des § 10 WpPG i.V.m. § 9 Abs. 4 WpPG** Anwendung, wenn Fehler in dem prospektersetzenden Dokument dazu führen, dass für die Beurteilung der Wertpapiere wesentliche Angaben unrichtig oder unvollständig sind. Für die Prospektbefreiung im Zusammenhang mit einem Umtauschangebot nach dem WpÜG gelten ohnehin spezialgesetzliche, der Prospekthaftung entsprechende Regelungen (vgl. → Art. 1 Rn. 200).

48

---

158 Ebenso *Groß*, Kapitalmarktrecht, § 10 WpPG Rn. 6.
159 *Groß*, Kapitalmarktrecht, § 10 WpPG Rn. 6; zum WpPG a. F.: *Grosjean*, in: Heidel, Aktienrecht und Kapitalmarktrecht, 4. Aufl. 2014, § 4 WpPG Rn. 8. **A. A.** (noch zur Anwendbarkeit des § 44 Abs. 4 BörsG): *Mülbert/Steup*, WM 2005, 1633, 1644.
160 So auch für die Abgrenzung zwischen § 13 VerkProspG a. F. (Haftung für fehlerhaften Prospekt) und § 13a VerkProspG a. F. (Haftung für fehlenden Prospekt) *Fleischer*, BKR 2004, 339, 347; **anders** *Barta*, NZG 2005, 305, 308 f. (Garantiehaftung des § 13a VerkProspG a. F. greift bereits bei fehlender Billigung).
161 Vgl. *Assmann*, in: Assmann/Schlitt/von Kopp-Colomb, Prospektrecht Kommentar, § 9 WpPG Rn. 26; *Assmann/Kumpan*, in: Assmann/Schütze/Buck-Heeb, Handbuch des Kapitalanlagerechts, § 5 Rn. 133; *Straßner/Grosjean*, in: Heidel, Aktienrecht und Kapitalmarktrecht, § 4 WpPG Rn. 8.

cc) Haftungsmaßstab

49 Erfüllt das jeweilige befreiende Dokument nicht die formalen Vorgaben des Art. 1 Abs. 2, 3, 4, greift der herkömmliche Haftungsmaßstab der Prospekthaftung nach Maßgabe der §§ 9 ff. WpPG (§ 13 VerkProspG i.V.m. § 44 ff. BörsG a. F., §§ 21 ff. WpPG a. F.). Sind die formalen Voraussetzungen des § 4 Abs. 1 oder § 4 Abs. 2 gegeben und greift deshalb eine Befreiung von der Prospektpflicht, dann gelten als Haftungsmaßstab für die **Vollständigkeit nur die diesem Dokument jeweils zugrunde liegenden formellen und materiellen Anforderungen**,[162] z. B. bei einem Verschmelzungsbericht nach Art. 1 Abs. 5 UAbs. 1 lit. g die umwandlungsrechtlichen Anforderungen an den Inhalt nach § 8 UmwG, bei einem Dokument zur Zulassung von Aktien aus einer Sachdividende die Angaben nach Art. 1 Abs. 5 UAbs. 1 lit. h (gegebenenfalls zusammen mit den Vorgaben der ESMA-Empfehlungen[163]) oder die Vorgaben einer noch zu erlassenden Delegierten Verordnung nach Art. 1 Abs. 7 (näher zur Haftung bei Umtauschangeboten → Art. 1 Rn. 273 ff.). Hinsichtlich Art. 1 Abs. 4 lit. f und g sind aufgrund des enthaltenen Verweises zudem die formellen Anforderungen des Art. 21 Abs. 2 einzuhalten. Nicht Haftungsmaßstab für die Vollständigkeit und Richtigkeit des jeweils prospektbefreienden Dokuments sind dagegen die Vorgaben für einen Prospekt nach dem WpPG, insbesondere nicht §§ 5 und 7, was sich insbesondere auch aus der Abschaffung des Gleichwertigkeitskriteriums ergibt.[164]

50 Bei den Befreiungstatbeständen nach Art. 1 Abs. 4 lit. h und i bzw. Art. 1 Abs. 5 UAbs. 1 lit. g und h ist im Übrigen zu prüfen, ob eine Prospekthaftung gegebenenfalls aus anderen Gründen ausscheidet, etwa weil die Voraussetzungen des § 9 WpPG (§ 44 Abs. 1 BörsG a. F., § 21 WpPG a. F.) nicht vorliegen oder wegen einer gebotenen **teleologischen Reduktion des § 9 Abs. 4 WpPG** (§ 44 Abs. 4 BörsG a. F., § 21 Abs. 4 WpPG a. F.).[165] So bedarf etwa der in Art. 1 Abs. 4 lit. i genannte Personenkreis aufgrund des besonderen Rechts- und Näheverhältnisses zur Gesellschaft keines speziellen prospekthaftungsrechtlichen Schutzes.[166] Im Ergebnis ist nur unstreitig, dass **prospektbefreiende Dokumente nach Art. 1 Abs. 4 lit. f und g sowie Art. 1 Abs. 5 UAbs. 1 lit. e und f haftungsrelevant** sind.[167]

51 **Fehlt das prospektersetzende Dokument** ganz, sind die Voraussetzungen für das Eingreifen des Ausnahmetatbestands nach Art. 1 Abs. 4 lit. f–i nicht erfüllt, sodass die Prospektpflicht nach Art. 3 Abs. 1 ProspektVO greift. Die Haftung für den fehlenden Prospekt folgt in diesem Fall aus § 14 WpPG.[168]

---

162 *Groß*, Kapitalmarktrecht, § 9 WpPG Rn. 40.
163 Vgl. ESMA, Final Report Technical advice on Minimum Information Content for Prospectus Exemption, 29.3.2019, ESMA 31-62-1207.
164 Näher dazu *Groß*, Kapitalmarktrecht, § 9 WpPG Rn. 40.
165 Eingehend dazu *Mülbert/Steup*, WM 2005, 1633, 1641 ff., 1644; *Groß*, Kapitalmarktrecht, § 9 WpPG Rn. 39.
166 Vgl. zur teleologischen Reduktion des § 21 Abs. 4 WpPG a. F. im Hinblick auf den § 4 Abs. 1 Nr. 5 WpPG a. F. *Mülbert/Steup*, in: Habersack/Mülbert/Schlitt, Unternehmensfinanzierung, § 41 Rn. 31.
167 *Groß*, Kapitalmarktrecht, § 9 WpPG Rn. 39 a. E.
168 *Heidelbach*, in: Schwark/Zimmer, KMRK, § 14 WpPG Rn. 4; vgl. *Groß*, Kapitalmarktrecht, § 14 WpPG Rn. 5; a. A. *Assmann*, in: Assmann/Schlitt/von Kopp-Colomb, Prospektrecht Kommentar, § 14 WpPG Rn. 6.

Art. 1 ProspektVO
Gegenstand, Anwendungsbereich und Ausnahmen

(1) Diese Verordnung legt die Anforderungen an die Erstellung, Billigung und Verbreitung des Prospekts, der beim öffentlichen Angebot von Wertpapieren oder bei der Zulassung von Wertpapieren zum Handel an einem geregelten Markt, der sich in einem Mitgliedstaat befindet oder dort betrieben wird, zu veröffentlichen ist, fest.

(2) Diese Verordnung findet keine Anwendung auf folgende Arten von Wertpapieren:

a) Anteilscheine, die von Organismen für gemeinsame Anlagen eines anderen als des geschlossenen Typs ausgegeben werden;

b) Nichtdividendenwerte, die von einem Mitgliedstaat oder einer Gebietskörperschaft eines Mitgliedstaats, von internationalen Organismen öffentlich-rechtlicher Art, denen ein oder mehrere Mitgliedstaaten angehören, von der Europäischen Zentralbank oder von den Zentralbanken der Mitgliedstaaten ausgegeben werden;

c) Anteile am Kapital der Zentralbanken der Mitgliedstaaten;

d) Wertpapiere, die uneingeschränkt und unwiderruflich von einem Mitgliedstaat oder einer Gebietskörperschaft eines Mitgliedstaats garantiert werden;

e) Wertpapiere, die von Vereinigungen mit Rechtspersönlichkeit oder von einem Mitgliedstaat anerkannten Einrichtungen ohne Erwerbscharakter zum Zweck der Mittelbeschaffung für ihre nicht erwerbsorientierten Zwecke ausgegeben werden;

f) nichtfungible Kapitalanteile, deren Hauptzweck darin besteht, dem Inhaber das Recht auf die Nutzung einer Wohnung oder anderen Art von Immobilie oder eines Teils hiervon zu verleihen, wenn diese Anteile ohne Aufgabe des genannten Rechts nicht weiterveräußert werden können.

(3) Unbeschadet des Unterabsatzes 2 dieses Absatzes und des Artikels 4 findet diese Verordnung keine Anwendung auf öffentliche Angebote von Wertpapieren mit einem Gesamtgegenwert in der Union von weniger als 1 000 000 EUR, wobei diese Obergrenze über einen Zeitraum von 12 Monaten zu berechnen ist.

Die Mitgliedstaaten dehnen die Pflicht zur Erstellung eines Prospekts aufgrund dieser Verordnung nicht auf die in Unterabsatz 1 dieses Absatzes genannten öffentlichen Angebote von Wertpapieren aus. Sie können in diesen Fällen jedoch auf nationaler Ebene andere Offenlegungspflichten vorsehen, sofern diese keine unverhältnismäßige oder unnötige Belastung darstellen.

(4) Die Pflicht zur Veröffentlichung eines Prospekts gemäß Arikel 3 Absatz 1 findet keine Anwendung auf folgende Arten öffentlicher Angebote von Wertpapieren:

a) ein Wertpapierangebot, das sich ausschließlich an qualifizierte Anleger richtet;

b) ein Wertpapierangebot, das sich an weniger als 150 natürliche oder juristische Personen pro Mitgliedstaat richtet, bei denen es sich nicht um qualifizierte Anleger handelt;

c) ein Wertpapierangebot mit einer Mindeststückelung von 100 000 EUR;

Art. 1 ProspektVO Gegenstand, Anwendungsbereich und Ausnahmen

d) ein Wertpapierangebot, das sich an Anleger richtet, die bei jedem gesonderten Angebot Wertpapiere ab einem Mindestbetrag von 100 000 EUR pro Anleger erwerben;

e) Aktien, die im Austausch für bereits ausgegebene Aktien derselben Gattung ausgegeben werden, sofern mit der Emission dieser neuen Aktien keine Kapitalerhöhung des Emittenten verbunden ist;

f) Wertpapiere, die anlässlich einer Übernahme im Wege eines Tauschangebots angeboten werden, sofern ein Dokument gemäß den Bestimmungen des Artkels 21 Absatz 2 der Öffentlichkeit zur Verfügung gestellt wurde, das Informationen zu der Transaktion und ihren Auswirkungen auf den Emittenten enthält;

g) Wertpapiere, die anlässlich einer Verschmelzung oder Spaltung angeboten oder zugeteilt werden bzw. zugeteilt werden sollen, sofern ein Dokument gemäß den Bestimmungen des Artikels 21 Absatz 2 der Öffentlichkeit zur Verfügung gestellt wurde, das Informationen zu der Transaktion und ihren Auswirkungen auf den Emittenten enthält;

h) an die vorhandenen Aktieninhaber ausgeschüttete Dividenden in Form von Aktien derselben Gattung wie die Aktien, für die solche Dividenden ausgeschüttet werden, sofern ein Dokument zur Verfügung gestellt wird, das Informationen über Anzahl und Art der Aktien enthält und in dem die Gründe und Einzelheiten des Angebots dargelegt werden;

i) Wertpapiere, die derzeitigen oder ehemaligen Führungskräften oder Beschäftigten von ihrem Arbeitgeber oder von einem verbundenen Unternehmen angeboten oder zugeteilt werden bzw. zugeteilt werden sollen, sofern ein Dokument zur Verfügung gestellt wird, das Informationen über Anzahl und Art der Wertpapiere enthält und in dem die Gründe und Einzelheiten des Angebots oder der Zuteilung dargelegt werden;

j) Nichtdividendenwerte, die von einem Kreditinstitut dauernd oder wiederholt begeben werden, wobei der aggregierte Gesamtgegenwert der angebotenen Wertpapiere in der Union weniger als 75 000 000 EUR pro Kreditinstitut über einen Zeitraum von 12 Monaten beträgt, sofern diese Wertpapiere

　　i) nicht nachrangig, konvertibel oder austauschbar sind und
　　ii) nicht zur Zeichnung oder zum Erwerb anderer Arten von Wertpapieren berechtigen und nicht an ein Derivat gebunden sind;

k) ein von einem im Rahmen der Verordnung (EU) 2020/1503 des Europäischen Parlaments und des Rates zugelassenen Schwarmfinanzierungsdienstleister unterbreitetes öffentliches Angebot von Wertpapieren, sofern es nicht den in Artikel 1 Absatz 2 Buchstabe c jener Verordnung genannten Schwellenwert übersteigt;

l) vom 18. März 2021 bis zum 31. Dezember 2022, Nichtdividendenwerte, die von einem Kreditinstitut dauernd oder wiederholt begeben werden, wobei der aggregierte Gesamtgegenwert der angebotenen Wertpapiere in der Union weniger als 150 000 000 EUR pro Kreditinstitut über einen Zeitraum von 12 Monaten beträgt, sofern diese Wertpapiere

　　i) nicht nachrangig, konvertibel oder austauschbar sind, und

ii) nicht zur Zeichnung oder zum Erwerb anderer Arten von Wertpapieren berechtigen und nicht an ein Derivat gebunden sind.

(5) Die Pflicht zur Veröffentlichung eines Prospekts gemäß Artikel 3 Absatz 3 findet keine Anwendung auf die Zulassung folgender Instrumente zum Handel an einem geregelten Markt:

a) Wertpapiere, die mit bereits zum Handel am selben geregelten Markt zugelassenen Wertpapieren fungibel sind, sofern sie über einen Zeitraum von 12 Monaten weniger als 20 % der Zahl der Wertpapiere ausmachen, die bereits zum Handel am selben geregelten Markt zugelassen sind;

b) Aktien, die aus der Umwandlung oder dem Eintausch anderer Wertpapiere oder aus der Ausübung der mit anderen Wertpapieren verbundenen Rechte resultieren, sofern es sich dabei um Aktien derselben Gattung wie die bereits zum Handel am selben geregelten Markt zugelassenen Aktien handelt und sofern sie über einen Zeitraum von 12 Monaten weniger als 20 % der Zahl der Aktien derselben Gattung ausmachen, die bereits zum Handel am selben geregelten Markt zugelassen sind, vorbehaltlich Unterabsatz 2 dieses Absatzes.

c) Wertpapiere, die aus der Umwandlung oder dem Tausch anderer Wertpapiere, Eigenmittel oder anrechnungsfähiger Verbindlichkeiten durch eine Abwicklungsbehörde aufgrund der Ausübung einer Befugnis gemäß Artikel 53 Absatz 2, Artikel 59 Absatz 2 oder Artikel 63 Absatz 1 oder 2 der Richtlinie 2014/59/EU resultieren;

d) Aktien, die im Austausch für bereits am selben geregelten Markt zum Handel zugelassene Aktien derselben Gattung ausgegeben werden, sofern mit der Emission dieser Aktien keine Kapitalerhöhung des Emittenten verbunden ist;

e) Wertpapiere, die anlässlich einer Übernahme im Wege eines Tauschangebots angeboten werden, sofern ein Dokument gemäß den Bestimmungen des Artikels 21 Absatz 2 der Öffentlichkeit zur Verfügung gestellt wurde, das Informationen zu der Transaktion und ihren Auswirkungen auf den Emittenten enthält;

f) Wertpapiere, die anlässlich einer Verschmelzung oder Spaltung angeboten oder zugeteilt werden bzw. zugeteilt werden sollen, sofern ein Dokument gemäß den Bestimmungen des Artikels 21 Absatz 2 der Öffentlichkeit zur Verfügung gestellt wurde, das Informationen zu der Transaktion und ihren Auswirkungen auf den Emittenten enthält;

g) Aktien, die den vorhandenen Aktieninhabern unentgeltlich angeboten oder zugeteilt werden bzw. zugeteilt werden sollen, sowie Dividenden in Form von Aktien derselben Gattung wie die Aktien, für die die Dividenden ausgeschüttet werden, sofern es sich dabei um Aktien derselben Gattung handelt wie die Aktien, die bereits zum Handel am selben geregelten Markt zugelassen sind, und sofern ein Dokument zur Verfügung gestellt wird, das Informationen über Anzahl und Art der Aktien enthält und in dem die Gründe und Einzelheiten des Angebots oder der Zuteilung dargelegt werden;

h) Wertpapiere, die derzeitigen oder ehemaligen Führungskräften oder Beschäftigten von ihrem Arbeitgeber oder von einem verbundenen Unternehmen angeboten oder zugeteilt werden bzw. zugeteilt werden sollen, sofern es sich dabei um Wertpapiere derselben Gattung handelt wie die Wertpapiere, die bereits zum Handel am selben geregelten Markt zugelassen sind, und sofern ein Dokument zur Verfügung gestellt wird, das Informationen über Anzahl und Art der Wertpapiere enthält und in dem die Gründe und Einzelheiten des Angebots oder der Zuteilung dargelegt werden;

i) Nichtdividendenwerte, die von einem Kreditinstitut dauernd oder wiederholt begeben werden, wobei der aggregierte Gesamtgegenwert der angebotenen Wertpapiere in der Union weniger als 75 000 000 EUR pro Kreditinstitut über einen Zeitraum von 12 Monaten beträgt, sofern diese Wertpapiere

  i) nicht nachrangig, konvertibel oder austauschbar sind und
  ii) nicht zur Zeichnung oder zum Erwerb anderer Arten von Wertpapieren berechtigen und nicht an ein Derivat gebunden sind;

j) Wertpapiere, die bereits zum Handel an einem anderen geregelten Markt zugelassen sind, sofern sie folgende Bedingungen erfüllen:

  i) Jene Wertpapiere oder Wertpapiere derselben Gattung sind bereits länger als 18 Monate zum Handel an dem anderen geregelten Markt zugelassen;
  ii) bei Wertpapieren, die nach dem 1. Juli 2005 erstmalig zum Handel an einem geregelten Markt zugelassen wurden, ging die Zulassung zum Handel an dem anderen geregelten Markt mit der Billigung und Veröffentlichung eines Prospekts im Einklang mit der Richtlinie 2003/71/EG einher;
  iii) bei Wertpapieren, die nach dem 30. Juni 1983 erstmalig zur Börsennotierung zugelassen wurden, mit Ausnahme der unter Ziffer ii geregelten Fälle, wurden Prospekte entsprechend den Vorschriften der Richtlinie 80/390/EWG des Rates oder der Richtlinie 2001/34/EG des Europäischen Parlaments und des Rates gebilligt;
  iv) die laufenden Pflichten betreffend den Handel an dem anderen geregelten Markt werden eingehalten;
  v) die Person, die die Zulassung eines Wertpapiers zum Handel an einem geregelten Markt nach der Ausnahmeregelung gemäß Buchstabe j beantragt, stellt der Öffentlichkeit in dem Mitgliedstaat, in dem sich der geregelte Markt befindet, für den die Zulassung zum Handel angestrebt wird, gemäß den Bestimmungen des Artikels 21 Absatz 2 ein den inhaltlichen Anforderungen des Artikels 7 genügendes Dokument, mit der Ausnahme, dass die in Artikel 7 Absatz 3 festgelegte maximale Länge um zwei weitere DIN-A4-Seiten erhöht wird, in einer von der zuständigen Behörde des Mitgliedstaats, in dem sich der geregelte Markt befindet, für den die Zulassung angestrebt wird, anerkannten Sprache zur Verfügung; und
  vi) in dem Dokument gemäß Buchstabe v wird angegeben, wo der neueste Prospekt erhältlich ist und wo die Finanzinformationen, die vom Emittenten entsprechend der geltenden Publizitätsvorschriften offen gelegt werden.

k) vom 18. März 2021 bis zum 31. Dezember 2022, Nichtdividendenwerte, die von einem Kreditinstitut dauernd oder wiederholt begeben werden, wobei der aggregierte Gesamtgegenwert der angebotenen Wertpapiere in der Union weniger als 150 000 000 EUR pro Kreditinstitut über einen Zeitraum von 12 Monaten beträgt, sofern diese Wertpapiere

i) nicht nachrangig, konvertibel oder austauschbar sind, und
ii) nicht zur Zeichnung oder zum Erwerb anderer Arten von Wertpapieren berechtigen und nicht an ein Derivat gebunden sind.

Die Bedingung, wonach die resultierenden Aktien gemäß Unterabsatz 1 Buchstabe b über einen Zeitraum von 12 Monaten weniger als 20 % der Zahl der Aktien derselben Gattung ausmachen müssen, die bereits zum Handel am selben geregelten Markt zugelassen sind, gilt nicht in folgenden Fällen:

a) Wenn im Einklang mit dieser Verordnung oder der Richtlinie 2003/71/EG beim öffentlichen Angebot oder bei der Zulassung zum Handel der Wertpapiere an einem geregelten Markt, die Zugang zu Aktien verschaffen, ein Prospekt erstellt wurde;

b) wenn die Wertpapiere, die Zugang zu Aktien verschaffen, vor dem 20. Juli 2017 begeben wurden;

c) wenn die Aktien gemäß Artikel 26 der Verordnung (EU) Nr. 575/2013 des Europäischen Parlaments und des Rates zu den Posten des harten Kernkapitals eines Instituts im Sinne des Artikels 4 Absatz 1 Nummer 3 der genannten Verordnung gerechnet werden können und aus der Umwandlung von Instrumenten des zusätzlichen Kernkapitals durch dieses Institut aufgrund des Eintretens eines Auslöseereignisses gemäß Artikel 54 Absatz 1 Buchstabe a der genannten Verordnung resultieren;

d) wenn die Aktien zu den anrechnungsfähigen Eigenmitteln oder den anrechnungsfähigen Basiseigenmitteln im Sinne des Titels I Kapitel VI Abschnitt 3 der Richtlinie 2009/138/EG des Europäischen Parlaments und des Rates gerechnet werden können und aus der Umwandlung anderer Wertpapiere resultieren, die zur Erfüllung der Solvenzkapitalanforderung oder der Mindestkapitalanforderung im Sinne des Titels I Kapitel VI Abschnitte 4 und 5 der Richtlinie 2009/138/EG oder der Solvenzanforderung der Gruppe gemäß Titel III der Richtlinie 2009/138/EG ausgelöst wurde.

(6) Die in den Absätzen 4 und 5 genannten Ausnahmen von der Pflicht zur Veröffentlichung eines Prospekts können miteinander kombiniert werden. Eine Kombination der Ausnahmen nach Absatz 5 Unterabsatz 1 Buchstaben a und b ist jedoch nicht zulässig, wenn dies dazu führen könnte, dass über einen Zeitraum von 12 Monaten mehr als 20 % der Zahl der Aktien derselben Gattung, die bereits zum Handel an einem geregelten Markt zugelassen sind, sofort oder zu einem späteren Zeitpunkt zum Handel am selben geregelten Markt zugelassen werden, ohne dass ein Prospekt veröffentlicht wird.

(6a) Die in Absatz 4 Buchstabe f und Absatz 5 Buchstabe e genannten Ausnahmen gelten nur für Dividendenwerte, und nur in den folgenden Fällen:

a) die angebotenen Dividendenwerte sind bereits vor der Übernahme und der damit verbundenen Transaktion mit den vorhandenen bereits zum Handel zugelassenen Dividendenwerten des Emittenten fungibel und die Übernahme gilt nicht als umgekehrter Unternehmenserwerb im Sinne des mit der Verordnung (EG) Nr. 1126/2008 der Kommission übernommenen internationalen Rechnungslegungsstandards IFRS 3, Paragraph B19, „Unternehmenszusammenschlüsse", oder

b) die Aufsichtsstelle, die, sofern sie zur Prüfung der Angebotsunterlage gemäß der Richtlinie 2004/25/EG des Europäischen Parlaments und des Rates befugt ist, eine vorherige Billigung des in Absatz 4 Buchstabe f oder Absatz 5 Buchstabe e genannten Dokuments erteilt hat.

(6b) Die Ausnahmen gemäß Absatz 4 Buchstabe g und Absatz 5 Buchstabe f gelten nur für Dividendenwerte, bezüglich derer die Transaktion nicht als umgekehrter Unternehmenserwerb im Sinne des internationalen Rechnungslegungsstandards IFRS 3, Paragraph B19, Unternehmenszusammenschlüsse, gilt, und nur in folgenden Fällen:

a) Die Dividendenwerte der übernehmenden Einrichtung waren bereits vor der Transaktion zum Handel an einem geregelten Markt zugelassen; oder

b) die Dividendenwerte der Einrichtungen, die Gegenstand der Spaltung ist, waren bereits vor der Transaktion zum Handel an einem geregelten Markt zugelassen.

(7) Der Kommission wird die Befugnis übertragen, gemäß Artikel 44 delegierte Rechtsakte zur Ergänzung dieser Verordnung zu erlassen, in denen die Mindestinformationen der in Absatz 4 Buchstaben f und g und in Absatz 5 Unterabsatz 1 Buchstaben e und f genannten Dokumente festgelegt werden.

Übersicht

	Rn.
I. Grundlagen	1
1. Historie und Änderungen	2
2. Regelungsgegenstand	5
3. Systematik der Ausnahmevorschriften (Abs. 2 bis Abs. 5)	6
a) Ausnahmen vom Anwendungsbereich	9
b) Ausnahmen für öffentliche Angebote	10
c) Ausnahmen für die Zulassung zum Handel am geregelten Markt	11
4. Ausblick auf den Listing Act	13
II. Anwendungsbereich (Abs. 1)	14
1. Sachlicher Anwendungsbereich	15
2. Persönlicher Anwendungsbereich	18
3. Internationaler Anwendungsbereich	19
III. Ausnahmekatalog im Hinblick auf den Anwendungsbereich für bestimmte Arten von Wertpapieren (Abs. 2)	20
1. Grundlagen	20
a) Befreiung von der Prospektpflicht	21
b) Keine freiwillige Erstellung eines Prospekts („Opt-in")	24
aa) Keine „Opt-in"-Regelung	25
bb) Kein Europäischer Pass	34
2. Anteilscheine von Organismen für gemeinsame Anlagen eines anderen als des geschlossenen Typs (Abs. 2 lit. a)	36

	Rn.
3. Nichtdividendenwerte hoheitlicher Emittenten (Abs. 2 lit. b)	40
4. Anteile am Kapital der Zentralbanken der Mitgliedstaaten (Abs. 2 lit. c)	43
5. Durch hoheitliche Emittenten garantierte Wertpapiere (Abs. 2 lit. d)	46
a) Grundlagen	46
b) Ausgestaltung der Garantie	48
6. Durch Vereinigungen mit Rechtspersönlichkeit oder anerkannte Einrichtungen ohne Erwerbscharakter für nicht erwerbsorientierte Zwecke ausgegebene Wertpapiere (Abs. 2 lit. e)	52
a) Grundlagen	52
b) Organisation ohne Erwerbscharakter	54
7. Nichtfungible Kapitalanteile mit Recht zur Immobiliennutzung (Abs. 2 lit. f)	59
IV. Ausnahme vom Anwendungsbereich für öffentliche Angebote nach Schwellenwert(en)/Kleinstemissionen (Abs. 3)	61
1. Grundlagen	61
2. Zusammenspiel mit Art. 3 Abs. 2	66
3. Freiwilliger Prospekt	67
4. Schwellenwert von 1 Mio. EUR (Abs. 3 UAbs. 1)	68
a) Gesamtgegenwert	69
b) Referenzperiode	71

V. **Ausnahmekatalog im Hinblick auf die Prospektpflicht für öffentliche Angebote (Abs. 4)** 73
1. Grundlagen 73
   a) Überblick zum Ausnahmekatalog .. 75
   b) Rechtsfolgen bei Einschlägigkeit einer Ausnahme 81
2. Ausnahmen für bestimmte Arten von Angeboten (Abs. 4 lit. a bis d) 85
   a) Grundlagen 85
   b) Angebote an ausschließlich qualifizierte Anleger (Abs. 4 lit. a) . 88
      aa) Grundlagen................ 88
      bb) Ausgestaltung des Angebots ... 91
   c) Angebote an weniger als 150 nicht qualifizierte Anleger (Abs. 4 lit. b) . 93
      aa) Grundlagen................ 93
      bb) Ausgestaltung des Angebots ... 96
      cc) Bestimmung des Grenzwertes . 100
   d) Angebote mit Mindeststückelung von 100.000 EUR (Abs. 4 lit. c)... 105
   e) Angebote mit Mindestbetrag von 100.000 EUR (Abs. 4 lit. d) 110
3. Ausnahmen für bestimmte Arten von Wertpapieren bzw. Transaktionen (Abs. 4 lit. e bis i) 114
   a) Grundlagen................... 114
   b) Austausch bereits ausgegebener Aktien derselben Gattung (Abs. 4 lit. e)................... 116
   c) Tauschangebot (Abs. 4 lit. f) 119
      aa) Grundlagen................ 119
      bb) Tauschangebote nach Maßgabe des WpÜG 122
      cc) Tauschangebote außerhalb des WpÜG 131
      dd) Befreiungsdokument 133
   d) Verschmelzungen und Spaltungen (Abs. 4 lit. g).................. 157
      aa) Grundlagen................ 157
      bb) Scheme of Arrangement 167
      cc) Befreiungsdokument 173
   e) Sachdividenden (Abs. 4 lit. h) 175
      aa) Grundlagen................ 175
      bb) Praxisrelevanz nach deutschem Recht 177
   f) Ausgabe von Aktien an Mitarbeiter (Abs. 4 lit. i).................. 182
      aa) Grundlagen................ 182
      bb) Voraussetzungen im Einzelnen 185
      cc) Prospektbefreiung aufgrund anderer Ausnahmevorschriften 197
      dd) Rechtsfolgen............... 199

4. Ausnahme für Daueremissionen von Kreditinstituten mit Gesamtgegenwert unter 75 Mio. EUR (Abs. 4 lit. j) 202
   a) Grundlagen................... 202
   b) Privilegierte Emittenten......... 205
   c) Privilegierte Wertpapiere........ 207
      aa) Nichtdividendenwerte 209
      bb) Dauernde oder wiederholte Begebung 210
      cc) Keine nachrangigen, konvertiblen oder austauschbaren Wertpapiere 214
      dd) Keine zur Zeichnung oder zum Erwerb anderer Arten von Wertpapieren berechtigenden und keine an Derivate gebundenen Wertpapiere 216
   d) Schwellenwert von 75 Mio. EUR . 219
5. Ausnahme für Schwarmfinanzierungsangebote (Crowdfunding) (Abs. 4 lit. k) 221
   a) Grundlagen................... 221
   b) Anwendungsbereich der ECSP-VO 222
   c) Informationspflichten nach ECSP-VO, ProspektVO und WpPG 226
6. Zeitlich befristete Ausnahme für Daueremissionen von Kreditinstituten von Kreditinstituten mit Gesamtgegenwert unter 150 Mio. EUR (Abs. 4 lit. l)..................... 232

VI. **Ausnahmekatalog im Hinblick auf die Prospektpflicht für die Zulassung von Wertpapieren (Abs. 5)**.............. 236
1. Grundlagen 236
2. Ausnahmen von der Prospektpflicht bei der Zulassung im Einzelnen 238
   a) 20% der zugelassenen Wertpapiere (UAbs. 1 lit. a) 238
      aa) Wertpapiere 241
      bb) Fungibilität mit bereits zum Handel am selben geregelten Markt zugelassenen Wertpapieren 242
      cc) Zeitraum von zwölf Monaten . 243
      dd) Zulassung an einem geregelten Markt 244
      ee) Maßgeblicher Zeitpunkt für die Ermittlung der bereits zugelassenen Wertpapiere 245
      ff) Kapitalerhöhungen mit Volumen über 20% des Grundkapitals 247

- gg) Zusammenspiel mit § 186 Abs. 3 Satz 4 AktG 249
- b) 20% Aktien aus Umwandlung, Eintausch oder Ausübung von Bezugsrechten (UAbs. 1 lit. b) 251
  - aa) Regelungsgegenstand 251
  - bb) Zugrunde liegende Aktien 255
  - cc) Zeitpunkt und Umfang der Zulassung von Aktien 257
  - dd) Ausnahmen von der 20%-Regelung gemäß Art. 1 Abs. 5 UAbs. 2 260
  - ee) Zusammenhang mit § 11 Abs. 1 BörsZulV 261
  - ff) Platzierung und Zulassung der Schuldverschreibungen ohne Prospekt 265
  - gg) Keine prospektfreie Zulassung von Bezugsaktien ohne Volumenbegrenzung 266
  - hh) Ausgabe von Aktien beim Eintausch anderer Wertpapiere 267
- c) Wertpapiere aus der Bankenabwicklung nach BRRD (UAbs. 1 lit. c) 269
- d) Austausch bereits ausgegebener Aktien derselben Gattung (UAbs. 1 lit. d) 271
- e) Umtauschangebote (UAbs. 1 lit. e) 273
- f) Verschmelzungen und Spaltungen (UAbs. 1 lit. f) 276
- g) Kapitalerhöhung aus Gesellschaftsmitteln und Sachdividenden (UAbs. 1 lit. g) 277
- h) Mitarbeiterbeteiligungsprogramme (UAbs. 1 lit. h) 279
- i) Ausnahme für Daueremissionen von Kreditinstituten mit Gesamtgegenwert unter 75 Mio. EUR (UAbs. 1 lit. i) 282
- j) Ausnahme für bereits an anderem geregelten Markt zugelassene Wertpapiere (UAbs. 1 lit. j) 284
  - aa) Grundlagen 284
  - bb) Voraussetzungen im Einzelnen 286
- k) Zeitlich befristete Ausnahme für Daueremissionen von Kreditinstituten mit Gesamtgegenwert unter 150 Mio. EUR (UAbs. 1 lit. k) 287
- 3. Ausnahmen von der 20%-Regelung des Art. 1 Abs. 5 UAbs. 1 lit. b (UAbs. 2) 289

VII. Kombination von Ausnahmen (Abs. 6) 290
1. Grundlagen 290
2. Kombinationsmöglichkeiten (Abs. 6 Satz 1) 293
   a) Art. 1 Abs. 4 und Abs. 5 293
   b) Nationale Regelungen in Umsetzung des Art. 3 Abs. 2 298
3. Sonderregelung bzgl. Art. 1 Abs. 5 UAbs. 1 lit. a und b (Abs. 6 Satz 2) .. 301

VIII. Einschränkung der Prospektbefreiung für bestimmte Transaktionen (Abs. 6a und 6b) 303
1. Sonderregelung für Tauschangebote (Abs. 6a) 304
2. Sonderregelung für Verschmelzung und Spaltung (Abs. 6b) 307

IX. Verordnungsermächtigung (Abs. 7) 308

I. Grundlagen

1 Die Vorschrift entspricht einer Zusammenfassung der Vorgängernormen Art. 1, 3 und 4 der ProspektRL. Das Ergebnis ist ein (weitgefasster)[1] Anwendungsbereich in Abs. 1, Ausnahmen von diesem Anwendungsbereich in Abs. 2 und Abs. 3, daran anschließend Ausnahmen von der Prospektpflicht für öffentliche Angebote (Abs. 4) sowie für die Zulassung von Wertpapieren zum Handel an einem geregelten Markt (Abs. 5).

---

1 So auch *Ritz*, in: Just/Voß/Ritz/Zeising, Wertpapierprospektrecht, 2. Aufl. 2023, Art. 1 ProspektVO Rn. 8.

1. Historie und Änderungen

Die Vorschrift des Art. 1 wurde im Laufe des Gesetzgebungsverfahrens mehrfach angepasst und geändert.² Dennoch entsprechen weite Teile – teilweise wörtlich – dem vorherigen und bis zum 21.7.2019 gültigen Art. 1 ProspektRL.³ Größere inhaltliche Änderungen zu den Vorgängerregelungen sind dadurch ausgeblieben.⁴ Dies bedeutet, dass die Ausnahmeregelungen des Art. 1 im Wesentlichen den bisherigen Regelungen in der ProspektRL und den korrespondierenden Umsetzungsvorschriften im WpPG a.F. entsprechen. Dabei ist darauf hinzuweisen, dass dies nicht zwingend eine inhaltlich identische Entsprechung bedeutet. Vielmehr wird die materiellrechtlich geregelte Materie in den jeweiligen Vorschriften widergespiegelt.⁵ Hinsichtlich der einzelnen Ergebnisse der Umsetzung wird vergleichend auf die Entsprechungstabelle in → Rn. 4 hingewiesen.

2

Art. 1 hat seit dem Verordnungsdatum der ProspektVO vom 14.6.2017 insgesamt drei Änderungen erfahren.⁶ Zunächst wurden Art. 1 Abs. 6a und 6b nachträglich durch die Verordnung (EU) 2019/2115⁷ eingefügt und schließen im Hinblick auf Übernahmen im Wege eines Tauschangebots eine Lücke im Ausnahmeregime.⁸ Es bestand zuvor die Problematik, dass ein nicht börsennotierter Emittent unter bestimmten Umständen die erstmalige Zulassung seiner Aktien zum Handel auf einem geregelten Markt ohne Erstellung eines Prospekts vornehmen konnte (dazu später unter → Rn. 303 ff.).⁹ Des Weiteren wurde Art. 1 Abs. 4 lit. k mit Wirkung vom 10.11.2021 durch die Verordnung (EU) 2020/1503¹⁰ in den Katalog des Abs. 4 eingefügt. Durch diese Vorschrift entfällt die Prospektpflicht bei öffentlichen Angeboten von sog. Schwarmfinanzierungsdienstleistern. Dies soll insbesondere KMU den Zugang zum Kapitalmarkt erleichtern (vgl. → Rn. 221). Abschließend wurden Art. 1 Abs. 4 lit. l sowie Art. 1 Abs. 5 UAbs. 1 lit. k durch die Verordnung (EU) 2021/337¹¹ mit Wirkung vom 18.3.2021 eingefügt. Es handelte sich um zeitlich begrenzte Ausnahmen für den Zeitraum vom 18.3.2021 bis zum 31.12.2022 und war Teil

3

---

2 Hierzu umfassend *Bauerschmidt*, in: Assmann/Schlitt/von Kopp-Colomb, Prospektrecht Kommentar, Art. 1 ProspektVO Rn. 6.
3 Hierzu umfassend *Ritz*, in: Just/Voß/Ritz/Zeising, Wertpapierprospektrecht, 2. Aufl. 2023, Art. 1 ProspektVO Rn. 1 ff.
4 *Zivny/Mock*, EU-ProspektVO/KMG 2019, Art. 1 ProspektVO Rn. 2.
5 So auch zutreffend *Groß*, Kapitalmarktrecht, Art. 1 ProspektVO Rn. 1.
6 Hierzu auch *Bauerschmidt*, in: Assmann/Schlitt/von Kopp-Colomb, Prospektrecht Kommentar, Art. 1 ProspektVO Rn. 12 ff.; *Zivny/Mock*, EU-ProspektVO/KMG 2019, Art. 1 ProspektVO Rn. 3.
7 VO (EU) 2019/2115 des Europäischen Parlaments und des Rates vom 27.11.2019 zur Änderung der Richtlinie 2014/65/EU und der Verordnungen (EU) 596/2014 und (EU) 2017/1129 zur Förderung der Nutzung von KMU-Wachstumsmärkten, ABl. EU v. 11.12.2019, L 320/1.
8 *Bauerschmidt*, AG 2022, 57, 58; *Zivny/Mock*, EU-ProspektVO/KMG 2019, Art. 1 ProspektVO Rn. 126.
9 Erwägungsgrund 13 der Verordnung (EU) 2019/2115; *Bauerschmidt*, AG 2022, 57, 58.
10 Verordnung (EU) 2020/1503 des Europäischen Parlaments und des Rates vom 7.10.2020 über Europäische Schwarmfinanzierungsdienstleister für Unternehmen und zur Änderung der Verordnung (EU) 2017/1129 und der Richtlinie (EU) 2019/1937, ABl. L 347 v. 20.10.2020. Siehe für einen Überblick zum Regelungsgehalt der ECSP-VO *Riethmüller*, BKR 2022, 149, 149 ff.
11 Verordnung (EU) 2021/337 des Europäischen Parlaments und des Rates vom 16.2.2021 zur Änderung der Verordnung (EU) 2017/1129 im Hinblick auf den EU-Wiederaufbauprospekt und gezielte Anpassungen für Finanzintermediäre und der Richtlinie 2004/109/EG im Hinblick auf das einheitliche elektronische Berichtsformat für Jahresfinanzberichte zur Unterstützung der wirtschaftlichen Erholung von der COVID-19-Krise, ABl. L 68 v. 26.2.2021, 1.

Art. 1 ProspektVO Gegenstand, Anwendungsbereich und Ausnahmen

der „Erholung von dem schweren wirtschaftlichen Schock" infolge der COVID-19-Pandemie (vgl. Erwägungsgründe 1, 2 der Verordnung (EU) 2021/337). Mit Ablauf des 31.12.2022 entfalten diese Normen nunmehr keine Gültigkeit. Der Inhalt dieser ehemaligen Ausnahmen wird gleichermaßen zukünftig durch den EU Listing Act in Art. 1 Abs. 4 lit. j sowie Art. 1 Abs. 5 UAbs. 1 lit. i umgesetzt (siehe unten → Rn. 13).

4 Aus dem Vergleich zu den Vorgängerregelungen der ProspektRL sowie des WpPG a. F. resultiert daher folgende Entsprechungstabelle:

ProspektVO	ProspektRL	WpPG a. F.
Art. 1 Abs. 1	Art. 1 Abs. 1	§ 1 Abs. 1
Art. 1 Abs. 2 lit. a	Art. 1 Abs. 2 lit. a	§ 1 Abs. 2 Nr. 1
Art. 1 Abs. 2 lit. b	Art. 1 Abs. 2 lit. b	§ 1 Abs. 2 Nr. 2
Art. 1 Abs. 2 lit. c	Art. 1 Abs. 2 lit. c	–
Art. 1 Abs. 2 lit. d	Art. 1 Abs. 2 lit. d	§ 1 Abs. 2 Nr. 3
Art. 1 Abs. 2 lit. e	Art. 1 Abs. 2 lit. e	–
Art. 1 Abs. 2 lit. f	Art. 1 Abs. 2 lit. g	–
–	Art. 1 Abs. 2 lit. f	–
Art. 1 Abs. 3	Art. 1 Abs. 2 lit. h	§ 1 Abs. 2 Nr. 4
–	Art. 1 Abs. 2 lit. i	–
Art. 1 Abs. 4 lit. a	Art. 3 Abs. 2 lit. a	§ 3 Abs. 2 Nr. 1
Art. 1 Abs. 4 lit. b	Art. 3 Abs. 2 lit. b	§ 3 Abs. 2 Nr. 2
Art. 1 Abs. 4 lit. d	Art. 3 Abs. 2 lit. c	§ 3 Abs. 2 Nr. 3
Art. 1 Abs. 4 lit. c	Art. 3 Abs. 2 lit. d	§ 3 Abs. 2 Nr. 4
Art. 1 Abs. 4 lit. e	Art. 4 Abs. 1 lit. a	§ 4 Abs. 1 Nr. 1
Art. 1 Abs. 4 lit. f	Art. 4 Abs. 1 lit. b	§ 4 Abs. 1 Nr. 2
Art. 1 Abs. 4 lit. g	Art. 4 Abs. 1 lit. c	§ 4 Abs. 1 Nr. 3
Art. 1 Abs. 4 lit. h	Art. 4 Abs. 1 lit. d	§ 4 Abs. 1 Nr. 4
Art. 1 Abs. 4 lit. i	Art. 4 Abs. 1 lit. e	§ 4 Abs. 1 Nr. 5
Art. 1 Abs. 4 lit. j	Art. 1 Abs. 2 lit. j	§ 1 Abs. 2 Nr. 5
Art. 1 Abs. 4 lit. k	–	–
Art. 1 Abs. 4 lit. l	–	–
Art. 1 Abs. 5 UAbs. 1 lit. a	Art. 4 Abs. 2 lit. a	§ 4 Abs. 2 Nr. 1
Art. 1 Abs. 5 UAbs. 1 lit. b und lit. c	Art. 4 Abs. 2 lit. g	§ 4 Abs. 2 Nr. 7
Art. 1 Abs. 5 UAbs. 1 lit. d	Art. 4 Abs. 2 lit. b	§ 4 Abs. 2 Nr. 7
Art. 1 Abs. 5 UAbs. 1 lit. e	Art. 4 Abs. 2 lit. c	§ 4 Abs. 2 Nr. 3

Art. 1 Abs. 5 UAbs. 1 lit. f	Art. 4 Abs. 2 lit. d	§ 4 Abs. 2 Nr. 2
Art. 1 Abs. 5 UAbs. 1 lit. g	Art. 4 Abs. 2 lit. e	§ 4 Abs. 2 Nr. 5
Art. 1 Abs. 5 UAbs. 1 lit. h	Art. 4 Abs. 2 lit. f	§ 4 Abs. 2 Nr. 6
Art. 1 Abs. 5 UAbs. 1 lit. i	Art. 1 Abs. 2 lit. j	§ 1 Abs. 2 Nr. 5
Art. 1 Abs. 5 UAbs. 1 lit. j	Art. 4 Abs. 2 lit. h	§ 4 Abs. 2 Nr. 8
Art. 1 Abs. 5 UAbs. 1 lit. k	–	–
Art. 1 Abs. 5 UAbs. 2 lit. a–d	–	–
Art. 1 Abs. 6	–	–
Art. 1 Abs. 6a	–	–
Art. 1 Abs. b	–	–
Art. 1 Abs. 7	Art. 4 Abs. 3	§ 4 Abs. 3

2. Regelungsgegenstand

Überblicksartig lässt sich die Regelungsmaterie des Art. 1 wie folgt darstellen: 5
- **Abs. 1** beschreibt den Anwendungsbereich der Verordnung. Die Verordnung regelt die Anforderungen an die Erstellung, Billigung und Verbreitung des Prospekts sowohl für das öffentliche Angebot von Wertpapieren (sog. **Angebotsprospekt**) als auch für die Zulassung von Wertpapieren zum Handel an einem geregelten Markt (sog. **Zulassungsprospekt**).
- Gemäß **Abs. 2** werden verschiedene Arten von Wertpapieren vom Anwendungsbereich der ProspektVO ausgenommen. Die Norm unterscheidet sich damit strukturell von Abs. 4 und Abs. 5, welche entweder an die Art des Angebots (Abs. 4) oder an die Zulassung der Instrumente (Abs. 5) anknüpfen und damit prüfungstechnisch erst nach Abs. 1 Anwendung finden.
- **Abs. 3** regelt die Ausnahme vom Anwendungsbereich der Verordnung für Kleinstemissionen und dem damit verbundenen mitgliedstaatlichen Entscheidungsspielraum. Ausdruck ist die Öffnungsklausel in Art. 1 Abs. 3 UAbs. 2, nach welcher andere Offenlegungspflichten für einen Umfang von bis zu 1 Mio. EUR möglich sind. Die Vorschrift wird durch den EU Listing Act gestrichen (dazu später → Rn. 13).
- **Abs. 4** und **Abs. 5** normieren Ausnahmen von der grundsätzlich bestehenden Prospektpflicht. Abs. 4 gilt für Angebotsprospekte und Abs. 5 für Zulassungsprospekte. Ergänzend finden die Absätze 6a und 6b Anwendung.
- **Abs. 6** statuiert erstmals ausdrücklich im europäischen Prospektrecht eine Regelung zur Kombination von Ausnahmevorschriften. Die Norm ist gesetzliche Kodifizierung der bisweilen gängigen Praxis.[12]
- **Abs. 7** gibt der Kommission die Befugnis, delegierte Rechtsakte gemäß Art. 44 zur Ergänzung der ProspektVO zu erlassen, in denen die Mindestinformationen der in Abs. 4 lit. f und g und in Abs. 5 UAbs. 1 lit. e und f genannten Dokumente festgelegt werden.

---

12 Zur alten Rechtslage vgl. *Schnorbus*, in: Berrar/Meyer/Müller et al., WpPG/EU-ProspektVO, 2. Aufl. 2017, § 3 WpPG Rn. 15.

3. Systematik der Ausnahmevorschriften (Abs. 2 bis Abs. 5)

6 Die in der ProspektVO niedergelegten Ausnahmetatbestände sind aus kapitalmarktrechtlicher Sicht von besonderer Bedeutung: Eine Prospekterstellung ist stets kosten- und zeitintensiv.[13] Es bedarf daher eines Abwägungsmechanismus zwischen der Effizienzsteigerung von Kapitalmärkten durch eine Prospekterstellung und der einhergehenden Kosten- und Zeitbarriere für den Zugang zum Kapitalmarkt.[14] Inhalt der Abwägung ist die Frage der Verhältnismäßigkeit und die damit verbundene Grenzziehung zwischen Anlegerschutz, Markteffizienz und Stärkung des Kapitalbinnenmarktes auf der einen Seite und der Gefahr einer unnötigen Belastung für die Emittenten auf der anderen Seite (vgl. Erwägungsgrund 8 und Erwägungsgrund 12). Ergebnis der Abwägung im Rahmen der ProspektVO ist, dass die Hürden für prospektfreie Emissionen und der Verwaltungsaufwand im Vergleich zu den Vorgängerregelungen gesenkt wurden.[15] Dadurch soll die kapitalmarktgestützte Finanzierung der europäischen Wirtschaft, insbesondere der kleineren und mittleren Unternehmen, gestärkt werden.[16]

7 Im Vergleich zur ProspektRL (vgl. Art. 1 und Art. 4 ProspektRL) sind die Ausnahmen nunmehr umfassend in den Absätzen 2 bis 5 des Art. 1 geregelt und damit nicht mehr über mehrere Artikel verteilt. Da jedoch Art. 1 bestimmte Sachverhalte zum Teil insgesamt vom Anwendungsbereich der ProspektVO ausnimmt (Art. 1 Abs. 2 und 3), zum Teil hingegen lediglich von der Prospektpflicht nach Art. 3 Abs. 1 bzw. Abs. 3 befreit (Art. 1 Abs. 4 und 5), ist das gegenwärtige Ausnahmeregime komplex und scheint auf den ersten Blick unsystematisch.

8 Übergreifendes Regelungsprinzip der Ausnahmevorschriften ist, dass Art. 1 Abs. 2 und Abs. 3 den Anwendungsbereich der ProspektVO einschränken, während Art. 1 Abs. 4 und Abs. 5 die Prospektpflicht in Art. 3 zum Inhalt haben. Demnach können die Ausnahmeregelungen im Wesentlichen in drei Kategorien unterteilt werden:[17]

a) Ausnahmen vom Anwendungsbereich

9 Der Anwendungsbereich der ProspektVO wird durch die Absätze 2 und 3 wieder eingeschränkt. Dies ist auch zwingend notwendig, da der Anwendungsbereich grundlegend weitgefasst ist.[18] Die Ausnahmeregelungen des Abs. 2 entsprechen dabei im Wesentlichen denen des Art. 1 Abs. 2 ProspektRL,[19] übernehmen jedoch gleichzeitig nicht alle Regelun-

---

13 *Schmitt/Bhatti/Storck*, ZEuP 2019, 287, 296.
14 Vgl. *Schlitt/Ries*, in: Assmann/Schlitt/von Kopp-Colomb, Prospektrecht Kommentar, § 3 WpPG Rn. 2.
15 *Geyer/Schelm*, BB 2019, 1731.
16 *Scherer/Bronger*, AG 2017, R10.
17 So bereits *Bauerschmidt*, BKR 2019, 324, 326; *ders.*, in: Assmann/Schlitt/von Kopp-Colomb, Prospektrecht Kommentar, Art. 1 ProspektVO Rn. 9.
18 Vgl. *Ritz*, in: Just/Voß/Ritz/Zeising, Wertpapierprospektrecht, 2. Aufl. 2023, Art. 1 ProspektVO Rn. 8.
19 Vgl. Europäische Kommission, Vorschlag für eine Verordnung des Europäischen Parlaments und des Rates über den Prospekt, der beim öffentlichen Angebot von Wertpapieren oder bei deren Zulassung zum Handel zu veröffentlichen ist v. 30.11.2015, COM(2015) 583 final, S. 14.

gen dieser (hierzu die Entsprechungstabelle unter → Rn. 4).[20] Auch Abs. 3 normiert eine **Ausnahme vom Anwendungsbereich** der ProspektVO. Im Unterschied zur Regelung des Art. 1 Abs. 2 bezieht sich diese jedoch zum einen nur auf das öffentliche Angebot von Wertpapieren und stellt zum anderen nicht auf die Art der Wertpapiere, sondern allein auf den Umfang des Angebots ab. Selbstverständlich kommt es auf das Vorliegen dieser Ausnahmen bereits dann nicht an, wenn einer der drei wesentlichen Begriffe des Abs. 1 – **öffentliches Angebot, Wertpapier** oder **geregelter Markt** – nicht vorliegt. Diese entscheidenden Begriffe sind in Art. 2 definiert, sodass auf die dortige Kommentierunge verwiesen wird.

b) Ausnahmen für öffentliche Angebote

Art. 1 Abs. 4 sieht für bestimmte Formen von öffentlichen Angeboten bzw. Arten von Wertpapieren und Transaktionen Ausnahmen von dem Grundsatz der Prospektpflicht des Art. 3 Abs. 1 vor. Regelungstechnisch erfolgt die Ausnahme vor dem eigentlichen Grundsatz. Dabei werden Ausnahmeregelungen, wie etwa im deutschen Recht üblich, gerade nicht vor die Klammer gezogen. Im Gegensatz zu Art. 1 Abs. 2 und Abs. 3 normiert Art. 1 Abs. 4 keinen Ausschluss vom gesamten Anwendungsbereich der ProspektVO, sondern im Konkreten eine **Ausnahme von der Prospektpflicht** für öffentliche Angebote. 10

c) Ausnahmen für die Zulassung zum Handel am geregelten Markt

Spiegelbildlich zu Abs. 4 betrifft die Regelung des Art. 1 Abs. 5 ausschließlich **Fälle der Befreiung von der Prospektpflicht des Art. 3 Abs. 3** bei beantragter Zulassung der dort genannten Instrumente zum Handel an einem geregelten Markt. Die Norm kann als Ergänzung zu § 32 Abs. 3 BörsG verstanden werden.[21] 11

Es ergibt sich damit das folgende Bild: 12

Regelung	Inhalt
Art. 1 **Abs. 2** ProspektVO	Ausnahme vom Anwendungsbereich der ProspektVO für **bestimmte Arten von Wertpapieren**
Art. 1 **Abs. 3** ProspektVO	**Schwellenwert** für Anwendbarkeit der ProspektVO für **öffentliche Angebote von Wertpapieren**/Ausnahme vom Anwendungsbereich für Kleinstemissionen
Art. 1 **Abs. 4** ProspektVO	Befreiung von Prospektpflicht für **öffentliche Angebote** von Wertpapieren
Art. 1 **Abs. 5** ProspektVO	Befreiung von Prospektpflicht für die **Zulassung** von Wertpapieren

---

20 Vgl. *Ritz*, in: Just/Voß/Ritz/Zeising, Wertpapierprospektrecht, 2. Aufl. 2023, Art. 1 ProspektVO Rn. 19.
21 Vgl. *Ritz/Zeising*, in: Just/Voß/Ritz/Zeising, Wertpapierprospektrecht, 2. Aufl. 2023, Art. 1 ProspektVO Rn. 158.

4. Ausblick auf den Listing Act

13 Der Vorschlag der Europäischen Kommission für einen **EU Listing Act** sieht insbesondere für Art. 1 der ProspektVO eine Erweiterung der Prospektausnahmen vor (zum EU Listing Act siehe → Vor Art. 1 ff. Rn. 26 f.). Die folgenden Punkte sind bei dieser Erweiterung maßgeblich:

– **Art. 1 Abs. 3** wird gestrichen. Die volumenmäßige Nichtanwendbarkeit der ProspektVO gemäß Art. 1 Abs. 3 wird zugunsten einer EU-weit einheitlich geltenden Ausnahme von der Prospektpflicht für Emissionen von weniger als 12 Mio. EUR über zwölf Monate hinweg aufgegeben.[22]
– **Art. 1 Abs. 4** wird um weitere Buchstaben erweitert. Dadurch sollen Sekundäremissionen erleichtert werden.[23] Zum einen können Unternehmen innerhalb von zwölf Monaten eine oder mehrere Kapitalerhöhungen prospektfrei durchführen, sofern die angebotenen oder zuzulassenden Wertpapiere insgesamt weniger als 40 % der bereits zugelassenen Aktien ausmachen (Art. 1 Abs. 4 lit. da) ProspektVO i.F. des EU Listing Act). Zum anderen soll keine Prospektpflicht für solche Sekundäremissionen bestehen, die zwar die 40 %-Schwelle überschreiten oder erreichen, die neu emittierten Wertpapiere jedoch mit solchen Wertpapieren fungibel sind, die bereits während der letzten 18 Monate am geregelten oder KMU-Wachstumsmarkt ununterbrochen zugelassen waren (vgl. Art. 1 Abs. 4 lit. db) ProspektVO i.F. des EU Listing Act). Stattdessen ist ein zusammenfassendes Dokument mit den im neuen Anhang IX geregelten Informationen zu hinterlegen und zu veröffentlichen.
– In **Art. 1 Abs. 5** werden die Buchstaben a (20 % Emissionen, sieht unten → Rn. 238 ff.) sowie b (20 % Aktien aus Umwandlung, Eintausch oder Ausübung von Bezugsrechten, siehe unten → Rn. 251 ff.) hinsichtlich der bisherigen Schwellenwerte jeweils auf 40 % angehoben.[24]
– Die Schwellenwerte für das prospektfreie Angebot bzw. die Zulassung von Nichtdividendenwerten, die von einem Kreditinstitut dauernd oder wiederholt begeben werden gemäß Art. 1 Abs. 4 lit. j bzw. Art. 1 Abs. 5 UAbs. 1 lit. i, werden auf **150 Mio. EUR** verdoppelt. Das entspricht damit in Zukunft den ehemals zeitlich befristeten Ausnahmen durch Art. 1 Abs. 4 lit. l sowie Art. 1 Abs. 5 UAbs. 1 lit. k durch die Verordnung (EU) 2021/337.

II. Anwendungsbereich (Abs. 1)

14 Abs. 1 normiert den Anwendungsbereich der ProspektVO. Danach regelt die ProspektVO die Anforderungen an die Erstellung, Billigung und Verbreitung des Prospekts sowohl für das öffentliche Angebot von Wertpapieren (sog. **Angebotsprospekt**) als auch für die Zulassung von Wertpapieren zum Handel an einem geregelten Markt (sog. **Zulassungsprospekt**). Systematisch kann in einen sachlichen, persönlichen und internationalen Anwendungsbereich unterteilt werden.[25]

---

22 *Ritz*, in: Just/Voß/Ritz/Zeising, Wertpapierprospektrecht, 2. Aufl. 2023, Einleitung ProspektVO Rn. 28; sowie weiter auch *Gumpp*, BKR 2023, 82, 84.
23 *Kumpan/Pauschinger*, EuZW 2023, 446, 450.
24 *Gumpp*, BKR 2023, 82, 84.
25 So zutreffend *Zivny/Mock*, EU-ProspektVO/KMG 2019, Art. 1 ProspektVO Rn. 4 ff.

1. Sachlicher Anwendungsbereich

Der sachliche und vordergründig maßgebliche Anwendungsbereich wird durch die zentralen Begrifflichkeiten – öffentliches Angebot, Wertpapier oder geregelter Markt – bestimmt. Diesbezüglich ist auf Art. 2 zurückzugreifen. Art. 2 lit. a verweist dabei für die Legaldefinition des Begriffs „Wertpapiere" auf Art. 4 der Richtlinie 2014/65/EU („**MiFID II**") (siehe → Art. 2 Rn. 4). Gleiches gilt nach Art. 2 lit. j für den „geregelten Markt" (siehe → Art. 2 Rn. 145). Welche Märkte in der EU als geregelte Märkte gelten, wird regelmäßig auf der Website der ESMA unter dem Suchbegriff „List of regulated markets" veröffentlicht.[26] Für den wesentlichen Begriff des „öffentlichen Angebots" enthält Art. 2 lit. d hingegen eine eigenständige Legaldefinition (siehe → Art. 2 Rn. 43).[27]

15

Neben den oben genannten Begrifflichkeiten ist aus sachlicher Perspektive eine Anknüpfung an die in Abs. 1 angelegten Verfahrensschritte – Erstellung, Billigung und Verbreitung des Prospekts – denkbar. Gemäß **Art. 3 Abs. 1** dürfen Wertpapiere, sofern keine Ausnahme nach Art. 1 Abs. 4 greift, nur öffentlich angeboten werden, wenn im Einklang mit der ProspektVO ein Prospekt veröffentlicht wurde (siehe näher dazu → Art. 3 Rn. 4ff.). Die zu beachtenden Bestimmungen ergeben sich für die Erstellung des Prospekts aus Art. 6 bis Art. 12, für den Inhalt und die Aufmachung des Prospekts aus Art. 13 bis Art. 19 und für die Billigung und Veröffentlichung des Prospekts aus Art. 20 bis Art. 23.

16

Nicht anwendbar ist die ProspektVO auf öffentliche Angebote, die keine Wertpapiere i. S. d. Art. 2 lit. a (siehe → Art. 2 Rn. 26ff.) zum Gegenstand haben. Für öffentliche Angebote von **Vermögensanlagen**, die nicht in Wertpapieren verbrieft sind und keine Anteile an Investmentvermögen i. S. d. § 1 Abs. 1 KAGB darstellen, gilt das Vermögensanlagengesetz, vgl. § 1 VermAnlG.[28] In Deutschland findet die ProspektVO zudem keine Anwendung auf den Freiverkehr i. S. d. § 48 BörsG, da es sich dabei nicht um einen geregelten Markt i. S. d. Art. 2 lit. j handelt (siehe → Art. 2 Rn. 147).[29] Auch wenn in der neuen ProspektVO nicht mehr vom „organisierten Markt", sondern vom „geregelten Markt" gesprochen wird, sollte sich an dem Anwendungsbereich im Vergleich zur Definition in § 2 Nr. 16 WpPG a. F. inhaltlich nichts ändern.[30]

17

2. Persönlicher Anwendungsbereich

Der persönliche Anwendungsbereich der ProspektVO ist weitgefasst und nicht explizit geregelt. Der Anwendungsbereich umfasst alle natürlichen und juristischen Personen sowie rechtsfähige Personenvereinigungen, sobald die in Abs. 1 genannten Tatbestandsvoraussetzungen erfüllt sind.[31] Gleichwohl sind Teile der Verordnung – wie sich etwa aus

18

---

26 Hierzu auch *Ritz*, in: Just/Voß/Ritz/Zeising, Wertpapierprospektrecht, 2. Aufl. 2023, Art. 1 ProspektVO Rn. 16.
27 *Bauerschmidt*, BKR 2019, 324, 325.
28 Hier auch bereits zum Anwendungsbereich des eWpG a. F. *Schnorbus*, in: Berrar/Meyer/Müller et al., WpPG/EU-ProspektVO, 2. Aufl. 2017, § 1 WpPG Rn. 2.
29 *Groß*, Kapitalmarktrecht, § 2 WpPG Rn. 37.
30 Vgl. RegBegr. Entwurf eines Gesetzes zur weiteren Ausführung der EU-Prospektverordnung und zur Änderung von Finanzmarktgesetzen, BT-Drucks. 19/8005, 44; *Groß*, Kapitalmarktrecht, § 2 WpPG Rn. 37.
31 *Zivny/Mock*, EU-ProspektVO/KMG 2019, Art. 1 ProspektVO Rn. 6.

Art. 1 Abs. 4 lit. j ergibt – explizit nur für bestimmte Gruppen anwendbar, wie die beispielhaft in Art. 1 Abs. 4 lit. j genannten Kreditinstitute.

3. Internationaler Anwendungsbereich

19 Während noch im Rahmen des eWpG unter dem Stichwort des „Inlandbezuges" erforderlich war, dass das Angebot in der Bundesrepublik Deutschland erfolgt,[32] stellt sich im Rahmen der ProspektVO die Frage nach dem Vorliegen eines internationalen Anwendungsbereiches. Dieses ergibt sich, mangels ausdrücklicher Regelung in Abs. 1, zumindest systematisch aus Art. 2 lit. j. Dieser hat durch den Verweis zu Art. 4 Abs. 1 Nr. 21 MiFID II nur geregelte Märkte innerhalb der europäischen Union zum Gegenstand.[33]

III. Ausnahmekatalog im Hinblick auf den Anwendungsbereich für bestimmte Arten von Wertpapieren (Abs. 2)

1. Grundlagen

20 Art. 1 Abs. 2 sieht für verschiedene Arten von Wertpapieren Ausnahmen vom Anwendungsbereich der ProspektVO vor. Die Ausnahmeregelungen entsprechen dabei im Wesentlichen denen des Art. 1 Abs. 2 ProspektRL,[34] der wiederum zum Teil in § 1 Abs. 2 WpPG a. F. umgesetzt worden war (siehe → Rn. 4).[35]

a) Befreiung von der Prospektpflicht

21 In den in Abs. 2 vorgesehenen Fällen können **sowohl öffentliche Angebote als auch die Zulassung** von Wertpapieren stets **ohne Veröffentlichung eines Prospekts** erfolgen, da insbesondere Art. 3 Abs. 1 sowie Abs. 3 nicht anwendbar sind (siehe zur Prospektpflicht → Art. 3 Rn. 3 ff.). Überdies finden – anders als im Falle der dem Anwendungsbereich der ProspektVO zwar generell unterliegenden, aber explizit von der Prospektpflicht befreiten Emissionen nach Art. 1 Abs. 4 und Abs. 5 – auch sämtliche sonstige Vorschriften der ProspektVO keine Anwendung, z. B. Vorgaben zur Werbung nach Art. 22.[36]

22 Um dem abschließenden Harmonisierungsanspruch der ProspektVO gerecht zu werden, ist es den Mitgliedstaaten nicht freigestellt, die von Art. 1 Abs. 2 erfassten Wertpapiere auf nationaler Ebene einer Prospektpflicht zu unterwerfen.[37] Nach altem Recht stand es

---

32 Hierzu allein *Schnorbus*, in: Berrar/Meyer/Müller et al., WpPG/EU-ProspektVO, 2. Aufl. 2017, § 3 WpPG Rn. 5 ff.
33 So auch *Zivny/Mock*, EU-ProspektVO/KMG 2019, Art. 1 ProspektVO Rn. 8.
34 Vgl. Europäische Kommission, Vorschlag für eine Verordnung des Europäischen Parlaments und des Rates über den Prospekt, der beim öffentlichen Angebot von Wertpapieren oder bei deren Zulassung zum Handel zu veröffentlichen ist v. 30.11.2015, COM(2015) 583 final, S. 14.
35 Siehe zu § 1 Abs. 2 WpPG a. F. *Schnorbus*, in: Berrar/Meyer/Müller et al., WpPG/EU-ProspektVO, 2. Aufl. 2017, § 1 WpPG Rn. 3 ff.
36 Vgl. *Groß*, Kapitalmarktrecht, Art. 1 ProspektVO Rn. 3; siehe zu § 3 WpPG a. F. *von Kopp-Colomb/Mollner*, in: Assmann/Schlitt/von Kopp-Colomb, WpPG/VermAnlG, 3. Aufl. 2017, § 3 WpPG Rn. 27.
37 Vgl. bezüglich der Ausnahmen vom Anwendungsbereich der ProspektRL *Holzborn/Schwarz-Gondek*, BKR 2003, 927, 928; *Kunold/Schlitt*, BB 2004, 501, 503.

den Mitgliedstaaten frei, im Rahmen ihrer nationalen Umsetzungsrechtsakte eine Prospektpflicht auch für Wertpapiere, die nach Art. 1 Abs. 2 vom Anwendungsbereich der ProspektRL ausgenommen waren, vorzusehen.[38] Dies ist im Beziehungsgefüge der ProspektVO abweichend zu beurteilen, da die ProspektVO richtigerweise einen abschließenden, unionsweiten Harmonisierungsanspruch im Bereich der Prospektrechtveröffentlichung erhebt.[39] Dafür spricht zunächst, dass der europäische Gesetzgeber eine Harmonisierung des Prospektrechts im Wege unterschiedlicher und nationaler Umsetzungsakte der ProspektRL für nicht ausreichend erachtet und deshalb auf das Instrument der Verordnung zurückgegriffen hat.[40] Darüber hinaus betont der europäische Gesetzgeber in Erwägungsgrund 4 und 5 der ProspektVO mehrmals die Notwendigkeit einer einheitlichen und unionsweiten Regelung der Prospektveröffentlichungspflichten.

Insbesondere, weil für Wertpapiere nach Art. 1 Abs. 2 auch kein Prospekt auf freiwilliger Basis erstellt werden kann, um eine unionsweite Anerkennung nach Art. 24 Abs. 1 (siehe → Art. 24 Rn. 9 ff.) zu garantieren (siehe dazu sogleich → Rn. 24), bestünde die Gefahr, dass Emittenten der in Art. 1 Abs. 2 genannten Wertpapiere unterschiedlichen Regelungen in Bezug auf die Prospektveröffentlichung innerhalb der Union unterliegen würden. Das wäre bspw. auch nicht mit dem Regelungszweck des Ausnahmetatbestands in Art. 1 Abs. 2 lit. b vereinbar.[41] Eine „reibungslose Durchführung der geldpolitischen Operationen des Eurosystems" ist nicht gewährleistet, wenn die dafür maßgebliche Prospektpflicht unionsweit unterschiedlichen Anforderungen unterliegt. Zwar hat der europäische Gesetzgeber eine entsprechende negative Sperrwirkung nur für öffentliche Angebote von Wertpapieren nach Art. 1 Abs. 3 ausdrücklich angeordnet (siehe → Rn. 65).[42] Daraus folgt jedoch nicht im Umkehrschluss, dass es den Mitgliedstaaten grds. erlaubt sein muss, eine Prospektpflicht für die in Art. 1 Abs. 2 genannten Wertpapiere vorzusehen. 23

b) Keine freiwillige Erstellung eines Prospekts („Opt-in")

Emittenten von Wertpapieren, die nach Art. 1 Abs. 2 vom Anwendungsbereich der ProspektVO ausgenommen sind, steht es **nicht** frei, einen **Prospekt auf freiwilliger Basis** zu erstellen, um in den Genuss des Europäischen Passes nach Art. 24 zu kommen.[43] Dies legt die nachfolgende Wortlautbetrachtung von Art. 4 Abs. 1 (siehe → Art. 4 Rn. 10) in Zusammenschau mit dem Willen des Verordnungsgebers nahe. 24

---

38 So entsprach es bspw. der Umsetzung des deutschen Gesetzgebers in § 1 Abs. 2 WpPG a.F., der nur einzelne in der ProspektRL vorgesehene Ausnahmetatbestände übernommen und von der Prospektpflicht ausgenommen hat, vgl. dazu *Holzborn/Schwarz-Gondek*, BKR 2003, 927, 928; *Kunold/Schlitt*, BB 2004, 501, 503; ebenso zu § 1 WpPG a.F. *Schnorbus*, in: Berrar/Meyer/Müller et al., WpPG/EU-ProspektVO, 2. Aufl. 2017, § 1 WpPG Rn. 3 ff.
39 Vgl. zur Sperrwirkung des Sekundärrechts für einen gesamten Regelungsbereich *Bauerschmidt*, EUR 2014, 277, 291 ff.
40 Vgl. Erwägungsgrund 2 der ProspektVO.
41 Zum Hintergrund des Ausnahmetatbestands in Art. 1 Abs. 2 lit. b, *Groß*, Kapitalmarktrecht, Art. 1 ProspektVO Rn. 5.
42 *Bauerschmidt*, BKR 2019, 324, 326.
43 Vgl. zu den Vorteilen der Opt-in-Option nach Art. 4 Abs. 1 ProspektVO den Erwägungsgrund 23 der ProspektVO sowie die Begründung zum Kommissionsvorschlag COM (2015) 583 final, S. 15; siehe auch *Zivny/Mock*, EU-ProspektVO/KMG 2019, Art. 4 ProspektVO Rn. 6; *Poelzig*, in: Assmann/Schlitt/von Kopp-Colomb, Prospektrecht Kommentar, Art. 4 ProspektVO Rn. 2.

Art. 1 ProspektVO Gegenstand, Anwendungsbereich und Ausnahmen

aa) Keine „Opt-in"-Regelung

25 Die Möglichkeit, einen freiwilligen Prospekt im Einklang mit der ProspektVO zu erstellen, ist nach ausdrücklichem Wortlaut des **Art. 4 Abs. 1** (siehe → Art. 4 Rn. 4 f.) nur für die Ausnahmetatbestände des Art. 1 Abs. 3 bzw. Art. 1 Abs. 3–5 und Art. 3 Abs. 2 vorgesehen (dazu → Art. 4 Rn. 4 f.). Obwohl der Befreiungstatbestand des Art. 1 Abs. 2 – wie auch Art. 1 Abs. 3 (siehe → Rn. 61) – eine Ausnahme vom Anwendungsbereich der ProspektVO vorsieht, wird Art. 1 Abs. 2 in Art. 4 Abs. 1 nicht erwähnt.

26 Unklar ist, ob nur bei den in Art. 4 Abs. 1 ausdrücklich genannten Befreiungstatbeständen ein freiwilliger Prospekt erstellt werden darf oder, ob Art. 4 Abs. 1 diese Möglichkeit für Fälle des Art. 1 Abs. 2 zumindest nicht ausschließen wollte. Zumindest der Wortlaut des Art. 4 Abs. 1 schließt die Möglichkeit der Erstellung eines freiwilligen Prospekts für den Befreiungstatbestand des Art. 1 Abs. 2 nicht explizit aus. Eine Auslegung des Art. 4 Abs. 1 sowie der Vergleich mit der vorherigen Rechtslage zu Zeiten der ProspektRL sprechen im Ergebnis gegen eine Ausweitung des Wortlautes von Art. 4 Abs. 1 auch auf den Art. 1 Abs. 2.

27 Der **Wortlaut** des Art. 4 Abs. 1 (siehe → Art. 4 Rn. 4) lässt isoliert betrachtet keine hinreichend konkreten Rückschlüsse bezüglich einer möglichen Anwendung auf den Befreiungstatbestand des Art. 1 Abs. 2 zu. Art. 4 Abs. 1 sieht unter anderem die freiwillige Erstellung eines Prospekts für öffentliche Angebote von Wertpapieren oder deren Zulassung, welche „*nicht in den Anwendungsbereich*" der ProspektVO fallen, vor. Dies trifft grundsätzlich auch auf den Art. 1 Abs. 2 zu. Art. 4 Abs. 1 scheint jedoch die Möglichkeit, einen Prospekt auf freiwilliger Basis zu erstellen, wieder einzuschränken, indem sich dieser ausschließlich auf Art. 1 Abs. 3 bezieht, ohne zugleich auch auf Art. 1 Abs. 2 zu verweisen.

28 Im Vergleich zu der finalen Fassung der ProspektVO verweist Art. 4 Abs. 1 des **Kommissionsvorschlags** hinsichtlich des Anwendungsbereichs noch auf den gesamten Befreiungstatbestand des Art. 1.[44] Ursprünglich sollte daher ausdrücklich eine freiwillige Prospekterstellung auch für den Befreiungstatbestand des Art. 1 Abs. 2 ermöglicht werden. Nach dem **Vorschlag des Rates der Europäischen Union vom 3.6.2016**,[45] welcher den weiten Anwendungsbereich des Art. 4 Abs. 1 beibehielt, sollte die freiwillige Erstellung eines Prospekts möglich sein, „wenn ein Prospekt gemäß dieser Verordnung nicht erforderlich ist". Auch der **Bericht des Europäischen Parlaments für die ProspektVO vom 19.7.2016**[46] sah einen umfassenderen Wortlaut hinsichtlich des Anwendungsbereiches von Art. 4 Abs. 1 vor. Zugleich war in Art. 1 Abs. 2 des Parlamentsentwurfs klarstellend

---

44 Siehe Art. 4 Abs. 1 des Kommissionsvorschlags: „Fällt ein öffentliches Wertpapierangebot oder eine Zulassung von Wertpapieren zum Handel an einem geregelten Markt nicht in den Anwendungsbereich dieser Verordnung gemäß Artikel 1, kann der Emittent, der Anbieter oder die Person, die die Zulassung zum Handel an einem geregelten Markt beantragt, auf freiwilliger Basis einen Prospekt im Einklang mit dieser Verordnung erstellen."
45 Vorschlag 9801/16 des Rates der Europäischen Union, Vorschlag für eine Verordnung des Europäischen Parlaments und des Rates über den Prospekt, der beim öffentlichen Angebot von Wertpapieren oder bei deren Zulassung zum Handel zu veröffentlichen ist, v. 3.6.2016, S. 41.
46 Bericht A8-0238/2016 des Europäischen Parlaments vom 19.7.2016 über den Vorschlag für eine Verordnung des Europäischen Parlaments und des Rates über den Prospekt, der beim öffentlichen Angebot von Wertpapieren oder bei deren Zulassung zum Handel zu veröffentlichen ist (COM(2015)0583 – C8-0375/2015 – 2015/0268(COD)), S. 29 f.

geregelt, dass die ProspektVO „mit Ausnahme des Art. 4" keine Anwendung auf die in Art. 1 Abs. 2 genannten Wertpapiere findet.

Mit dem **Vorschlag des Rates der Europäischen Union vom 16.12.2016**[47] wurde der Wortlaut des Art. 4 Abs. 1 ohne Angabe der hierfür maßgeblichen Gründe erstmals eingeschränkt. Art. 4 Abs. 1 des Vorschlags des Rates verwies nun für die Möglichkeit der freiwilligen Erstellung eines Prospekts nicht mehr auf den Art. 1 in seiner Gesamtheit, sondern – wie auch in der finalen Fassung des Art. 4 Abs. 1 – lediglich auf den Befreiungstatbestand des Art. 1 Abs. 3. Diese Fassung des Art. 4 Abs. 1 hat das Europäische Parlament als Ergebnis der 1. Lesung in seiner Stellungnahme vom 5.4.2017 angenommen.[48] Aus dem Umstand, dass Art. 1 Abs. 2 im ursprünglichen Kommissionsvorschlag und in den genannten Dokumenten des Entstehungsprozesses der ProspektVO noch vom Wortlaut des Art. 4 Abs. 1 umfasst war, kann der Schluss gezogen werden, dass mit der finalen Fassung der ProspektVO eine derart weitreichende Regelung nicht beabsichtigt war. 29

Auch der Vergleich mit der **bisherigen Rechtslage zu Zeiten der ProspektRL** lässt ein solches Verständnis des Art. 4 Abs. 1 zu. Die ProspektRL in der Fassung der ÄnderungsRL sah in Art. 1 Abs. 3 für die Befreiungstatbestände Art. 1 Abs. 2 lit. b, d, h, i und j ProspektRL, welche im Wesentlichen Art. 1 Abs. 2 entsprechen, die Möglichkeit vor, einen freiwilligen Prospekt zu erstellen.[49] Für Nichtdividendenwerte hoheitlicher Emittenten nach Art. 1 Abs. 2 lit. b ProspektRL und Anteile am Kapital der Zentralbanken nach Art. 1 Abs. 2 lit. c ProspektRL stellte Erwägungsgrund 11 der ProspektRL klar, dass eine Möglichkeit zum „Opt-in" besteht. § 1 Abs. 3 WpPG a.F. setzte Art. 1 Abs. 3 ProspektRL im Wesentlichen um. Dem Wortlaut der Gesetzesbegründung zum WpPG a.F. lässt sich entnehmen, dass nur für bestimmte Befreiungstatbestände die Möglichkeit besteht, einen Prospekt zu erstellen und den Vorteil des Europäischen Passes nutzen zu können.[50] 30

Die Möglichkeit einer freiwilligen Prospekterstellung für den Ausnahmetatbestand des Art. 1 Abs. 2 lässt sich auch nicht aus dem **Sinn und Zweck** von Art. 4 herleiten. Zu Zeiten der ProspektRL war streitig, ob § 1 Abs. 3 WpPG a.F. zwingend erfordert, dass der Anwendungsbereich des WpPG a.F. wegen des Vorliegens eines Tatbestandes nach § 1 Abs. 2 Nr. 2–5 WpPG a.F. nicht eröffnet ist. Entgegen einer insbesondere von der BaFin 31

---

47 Vorschlag 15574/2016 ADD 1 des Rates der Europäischen Union, für eine Verordnung des Europäischen Parlaments und des Rates über den Prospekt, der beim öffentlichen Angebot von Wertpapieren oder bei deren Zulassung zum Handel zu veröffentlichen ist, v. 16.12.2016, S. 69.
48 Position of the European Parliament, from 4.5.2017, adopted at first reading on 5 April 2017 with a view to the adoption of Regulation (EU) 2017/... of the European Parliament and of the Council on the prospectus to be published when securities are offered to the public or admitted to trading on a regulated market, and repealing Directive 2003/71/EC (EP-PE_TC1-COD(2015)0268), p. 68.
49 Für Art. 1 Abs. 3 (entspricht Art. 1 Abs. 2 lit. h ProspektRL in der Fassung der ÄnderungsRL) und Art. 1 Abs. 4 lit. j (entspricht Art. 1 Abs. 2 lit. j ProspektRL in der Fassung der ÄnderungsRL) besteht auch weiterhin die Möglichkeit zum „Opt-in".
50 BT-Drucks. 15/4999, 25 („Teilweise besteht jedoch auch die Möglichkeit, für die Wertpapiere freiwillig einen Prospekt gemäß den Bestimmungen dieses Gesetzes und der Verordnung zur Durchführung der Prospektrichtlinie zu erstellen. Dadurch wird insoweit die Möglichkeit eröffnet, die Wertpapiere grenzüberschreitend öffentlich anzubieten oder zum Handel an einem organisierten Markt zuzulassen.") und 27 („Absatz 3 eröffnet den in Absatz 2 Nr. 2, 3, 4 und 5 genannten Emittenten die Möglichkeit, einen Wertpapierprospekt zu erstellen").

vertretenen Auffassung war dies nicht erforderlich. Vielmehr war eine freiwillige Erstellung nach Maßgabe des WpPG a. F. auch dann zulässig, wenn aufgrund anderer Ausnahmetatbestände der §§ 3, 4 WpPG a. F. ein Prospekt nicht erforderlich wäre.[51] Gegen dieses Verständnis sprachen zwar auf den ersten Blick der Wortlaut des § 1 Abs. 3 WpPG a. F. und Ausführungen in der Gesetzesbegründung.[52] Allerdings bezog sich § 1 Abs. 3 WpPG a. F. explizit nur auf die Fälle des § 1 Abs. 2 WpPG a. F., ohne einen Grundsatz für die sonstigen Befreiungstatbestände zu etablieren.

32 § 1 Abs. 2 WpPG a. F. auf der einen Seite und §§ 3, 4 WpPG a. F. auf der anderen Seite unterschieden sich ebenfalls deutlich in Anwendungsbereich und Rechtsfolgen. Auch die Systematik des WpPG a. F. sprach für eine derartige Auslegung. So etablierten die §§ 3, 4 WpPG a. F. nur Tatbestände, nach denen unter bestimmten Voraussetzungen keine Verpflichtung zu der Veröffentlichung eines Prospekts besteht, nicht aber umgekehrt eine Verpflichtung zu der Inanspruchnahme dieser Tatbestände, wenn deren jeweilige Voraussetzungen vorliegen. Funktional entsprechen die §§ 3, 4 WpPG a. F. der in § 15 Abs. 3 WpHG a. F. vorgesehenen Konzeption der Selbstbefreiung durch gesetzmäßiges (Entscheidungs-)Verhalten.[53] Zudem war die Anwendbarkeit der §§ 3, 4 WpPG a. F. nicht immer zweifelsfrei. Da der Emittent und/oder Antragsteller das Risiko trug, bei einer (fehlerhaften) Inanspruchnahme der §§ 3, 4 WpPG a. F. der scharfen Haftung nach § 24 WpPG a. F. zu unterfallen, musste sich der Emittent/Anbieter durch (vorsorgliche) Veröffentlichung eines Prospekts vor den einschneidenden Rechtsfolgen schützen können.[54]

33 Die in Bezug auf §§ 3, 4 WpPG a. F. angeführten **Argumente können nicht für** eine freiwillige Prospekterstellung in den **Fällen des Art. 1 Abs. 2 herangezogen werden**. Die Anwendung des § 1 Abs. 3 WpPG a. F. auf die Ausnahmetatbestände nach den §§ 3, 4 WpPG a. F. wurde damit begründet, dass die Möglichkeit, einen freiwilligen Prospekt zu erstellen, erst recht für öffentliche Angebote gelten muss, die dem Anwendungsbereich des WpPG grundsätzlich unterliegen, wenn schon § 1 Abs. 3 WpPG a. F. eine solche Möglichkeit für öffentliche Angebote vorsieht, die dem Anwendungsbereich des WpPG a. F.

---

51 Vgl. zu § 1 Abs. 3 WpPG a. F. *Seitz*, AG 2005, 678, 684 („aufgrund der Natur der Sache"); *Mülbert/Steup*, WM 2005, 1633, 1639 Fn. 74 („Prospekte i. S. des WpPG können auch freiwillige, nicht in Erfüllung einer Prospektpflicht aus § 3 WpPG erstellte Dokumente sein. § 1 Abs. 3 WpPG eröffnet diese Möglichkeit ausdrücklich in Bezug auf solche Wertpapiere, die § 1 Abs. 2 Nr. 2–5 WpPG aus dem Anwendungsbereich des WpPG an sich ausklammert."); *Keunecke*, Prospekte im Kapitalmarkt, Rn. 175; *Schnorbus*, AG 2008, 389, 401; *Heidelbach*, in: Schwark/Zimmer, KMRK, 4. Aufl. 2010, § 1 WpPG Rn. 30; wohl auch *Fleischer*, ZIP 2007, 1969, 1971 („Für bestimmte Fälle hebt § 1 Abs. 3 WpPG die Möglichkeit einer freiwilligen Prospekterstellung sogar ausdrücklich hervor"); *Spindler*, in: Holzborn, WpPG, § 1 Rn. 34 mit der Einschränkung, dass die BaFin zur Durchführung der Billigung eines solchen Prospekts nicht verpflichtet sei; **a. A.** *Grosjean*, in: Heidel, Aktienrecht und Kapitalmarktrecht, 2. Aufl. 2017, § 1 WpPG Rn. 9; *Hamann*, in: Schäfer/Hamann, Kapitalmarktgesetze, § 1 WpPG Rn. 30; vgl. auch *Ritz/Zeising*, in: Just/Voß/Ritz/Zeising, WpPG, 2009, § 1 Rn. 52; *von Kopp-Colomb/Witte*, in: Assmann/Schlitt/von Kopp-Colomb, WpPG/VerkProspG, 2. Aufl. 2010, § 1 WpPG Rn. 65; *Groß*, Kapitalmarktrecht, § 1 WpPG Rn. 10; wohl auch *Klöhn*, FS Hoffmann-Becking, 2013, S. 679, 686.
52 Vgl. BT-Drucks. 15/4999, 25 und 27.
53 Siehe zu § 1 Abs. 3 WpPG a. F. *Schnorbus*, in: Berrar/Meyer/Müller et al., WpPG/EU-ProspektVO, 2. Aufl. 2017, § 1 WpPG Rn. 42.
54 Siehe zu § 1 Abs. 3 WpPG a. F. *Schnorbus*, in: Berrar/Meyer/Müller et al., WpPG/EU-ProspektVO, 2. Aufl. 2017, § 1 WpPG Rn. 42.

nicht unterliegen.⁵⁵ Anders als nach §§ 3, 4 WpPG a. F. unterliegen öffentliche Angebote nach Art. 1 Abs. 2 – wie auch solche nach Art. 1 Abs. 3 – bereits nicht dem Anwendungsbereich der ProspektVO. Da sich Art. 1 Abs. 2 und Abs. 3 daher nicht in ihren Rechtsfolgen unterscheiden, ist nicht ersichtlich, warum der Verordnungsgeber nur für Art. 1 Abs. 3 ausdrücklich die Möglichkeit zum „Opt-in" vorgesehen hat, gleichzeitig aber beabsichtigt haben soll, dass auch für Wertpapiere nach Art. 1 Abs. 2 von dieser Möglichkeit Gebrauch gemacht werden kann. Überzeugende Argumente dafür, dass der Verordnungsgeber den Verweis auf Art. 1 Abs. 2 in Art. 4 Abs. 1 schlicht „vergessen" haben soll, lassen sich nicht finden.

bb) Kein Europäischer Pass

Entscheidet sich ein Emittent/Anbieter für die freiwillige Erstellung eines Prospekts, finden nach Art. 4 Abs. 2 die Vorschriften der **ProspektVO** sowie die mitgliedstaatlichen Regelungen nach Billigung seitens der BaFin in ihrer **Gesamtheit Anwendung**. Der Emittent/Anbieter kann daher auch die Vorteile des Europäischen Passes gemäß Art. 24 (siehe → Art. 24 Rn. 1 ff.) und Art. 25 (siehe → Art. 25 Rn. 1 ff.) nutzen.⁵⁶ Auf die umfassende Kommentierung zum Europäischen Pass für den freiwillig erstellten Prospekt in Art. 4 wird verwiesen (siehe → Art. 4 Rn. 7 ff.). 34

Aus einem Umkehrschluss zu Art. 4 Abs. 2 ergibt sich, dass für Wertpapiere nach Art. 1 Abs. 2 mangels ausdrücklicher Erwähnung in Art. 4 Abs. 1 nicht die Möglichkeit eröffnet ist, einen freiwilligen Prospekt zu erstellen und so in den Genuss der Vorteile eines „Europäischen Passes" zu kommen.⁵⁷ Vielmehr bleibt es bei der in Art. 1 Abs. 2 enthaltenen Anordnung, dass die ProspektVO insgesamt keine Anwendung findet. 35

2. Anteilscheine von Organismen für gemeinsame Anlagen eines anderen als des geschlossenen Typs (Abs. 2 lit. a)

Die Ausnahme des Art. 1 Abs. 2 lit. a, wonach die ProspektVO keine Anwendung auf Anteilscheine findet, die von Organismen für gemeinsame Anlagen eines anderen als des geschlossenen Typs ausgegeben werden, wurde wortgleich aus Art. 1 Abs. 2 lit. a ProspektRL übernommen. Im nationalen Recht fand sie Niederschlag in § 1 Abs. 2 Nr. 1 WpPG a. F.,⁵⁸ der zuletzt im Zuge der Umsetzung der Richtlinie 2011/61/EU⁵⁹ („**AIFM-** 36

---

55 Siehe zu § 1 Abs. 3 WpPG a. F. *Schnorbus*, in: Berrar/Meyer/Müller et al., WpPG/EU-Prospekt-VO, 2. Aufl. 2017, § 1 WpPG Rn. 41.
56 Siehe zu § 1 Abs. 3 WpPG a. F. *Schnorbus*, in: Berrar/Meyer/Müller et al., WpPG/EU-Prospekt-VO, 2. Aufl. 2017, § 1 WpPG Rn. 37; *Ritz/Zeising*, in: Just/Voß/Ritz/Zeising, WpPG, 2009, § 1 WpPG Rn. 53; *von Kopp-Colomb/Witte*, in: Assmann/Schlitt/von Kopp-Colomb, WpPG/VerkProspG, 2. Aufl. 2010, § 1 WpPG Rn. 68.
57 Vgl. zu Art. 1 Abs. 3 ProspektRL *Kunold/Schlitt*, BB 2004, 501, 503.
58 BT-Drucks. 15/4999, 25.
59 Richtlinie 2011/61/EU des Europäischen Parlaments und des Rates vom 8.6.2011 über die Verwalter alternativer Investments und zur Änderungen der Richtlinien 2003/41/EG und 2009/65/EG und der Verordnungen (EG) Nr. 1060/2009 und (EU) Nr. 1095/2010, ABl. L 174 v. 1.7.2011, 1.

Art. 1 ProspektVO   Gegenstand, Anwendungsbereich und Ausnahmen

Richtlinie") geändert[60] und an die Terminologie des zeitgleich eingeführten § 1 Abs. 4 des Kapitalanlagegesetzbuchs (KAGB)[61] angepasst wurde.[62]

37   Nach der **Legaldefinition des Art. 2 lit. p** für „Organismen für gemeinsame Anlagen eines anderen als des geschlossenen Typs" (**OGAW**) werden Anteilscheine von Investmentfonds und Investmentgesellschaften erfasst, die i) Kapital von einer Vielzahl von Anlegern einsammeln, um es gemäß einer festgelegten Anlagestrategie zum Nutzen dieser Anleger zu investieren, und ii) ihre Anteile auf Verlangen des Anteilsinhabers unmittelbar oder mittelbar zulasten ihres Vermögens zurückkaufen oder ablösen (siehe → Art. 2 Rn. 168).

38   Die Nichteröffnung des Anwendungsbereichs für OGAW-Anteilscheine beruht darauf, dass diese Wertpapiere **gesonderten prospektrechtlichen Regelungen** unterliegen.[63] So enthält insbesondere **Art. 23 AIFM-Richtlinie** eine Vielzahl von anlegerschützenden Informationspflichten, die der deutsche Gesetzgeber unter anderem in § 164 KAGB umgesetzt hat.[64] Hiernach hat die Kapitalverwaltungsgesellschaft bzw. EU-OGAW-Verwaltungsgesellschaft für das verwaltete offene Publikumsinvestmentvermögen[65] gemäß **§ 164 Abs. 1 Satz 1 KAGB** einen Verkaufsprospekt und die sog. „**wesentlichen Anlegerinformationen**" zu erstellen. Weitere anlegerschützende Vorschriften finden sich z. B. in der sog. OGAW-Richtlinie[66] (vgl. Erwägungsgrund 59 OGAW-Richtlinie), die in § 297 KAGB umgesetzt wurden.[67]

39   Eine Prospektpflicht nach Art. 3 Abs. 1 bzw. Abs. 3 kommt demnach nur für geschlossene Investmentvermögen, namentlich der geschlossenen AIF-Publikumsinvestmentaktiengesellschaften, in Betracht.[68] Angesichts der Prospektpflicht nach der ProspektVO entfällt in diesem Fall gemäß § 268 Abs. 1 Satz 3 KAGB die Pflicht zur Erstellung eines Verkaufsprospekts, sofern in den zu veröffentlichenden Prospekt zusätzlich die Mindestangaben nach § 269 KAGB als ergänzende Informationen aufgenommen werden.[69]

---

60 Gesetz zur Umsetzung der Richtlinie 2011/61/EU über die Verwalter alternativer Investmentfonds (AIFM-Umsetzungsgesetz – AIFM-UmsG) v. 4.7.2013, BGBl. I 2013, S. 1981.
61 Kapitalanlagegesetzbuch v. 4.7.2013, BGBl. I 2013, S. 1981.
62 BT-Drucks. 17/12294, 309 f.; siehe zu § 1 Abs. 2 Nr. 1 WpPG a. F. *Schnorbus*, in: Berrar/Meyer/Müller et al., WpPG/EU-ProspektVO, 2. Aufl. 2017, § 1 WpPG Rn. 7.
63 Vgl. *Groß*, Kapitalmarktrecht, Art. 1 ProspektVO Rn. 4; siehe zu § 1 Abs. 2 Nr. 1 WpPG a. F. *Schnorbus*, in: Berrar/Meyer/Müller et al., WpPG/EU-ProspektVO, 2. Aufl. 2017, § 1 WpPG Rn. 7a.
64 BT-Drucks. 17/12294, 254; siehe ausführlich *Kloyer/Seidenschwann*, in: Assmann/Wallach/Zetzsche, KAGB, § 164 Rn. 1 ff.
65 Dabei handelt sich gem. § 1 Abs. 4 Nr. 2, Abs. 5 Satz 2 KAGB um offene Investmentvermögen, die nicht nur professionellen und semiprofessionellen Anbietern i. S. v. § 1 Abs. 19 Nr. 32 und § 33 KAGB angeboten werden.
66 Richtlinie 2009/65/EG des Europäischen Parlaments und des Rates vom 13.7.2009 zur Koordinierung der Rechts- und Verwaltungsvorschriften betreffend bestimmte Organismen für gemeinsame Anlagen in Wertpapieren (OGAW), ABl. L 302 v. 27.11.2009, 32, zuletzt geändert durch die Richtlinie (EU) 2019/2162 des Europäischen Parlaments und des Rates vom 27.11.2019, ABl. L 328 v. 18.12.2019, 29.
67 Vgl. *Kloyer/Seidenschwann*, in: Assmann/Wallach/Zetzsche, KAGB, § 297 Rn. 2.
68 Vgl. BT-Drucks. 19/8005, 68.
69 Siehe zu § 1 Abs. 2 Nr. 1 WpPG a. F. *Schnorbus*, in: Berrar/Meyer/Müller et al., WpPG/EU-ProspektVO, 2. Aufl. 2017, § 1 WpPG Rn. 7a; vgl. *Kloyer/Seidenschwann*, in: Assmann/Wallach/Zetzsche, KAGB, § 268 Rn. 19 f.

3. Nichtdividendenwerte hoheitlicher Emittenten (Abs. 2 lit. b)

Gemäß Art. 1 Abs. 2 lit. b sind Nichtdividendenwerte, die von einem Mitgliedstaat oder einer Gebietskörperschaft eines Mitgliedstaats, von internationalen Organismen öffentlich-rechtlicher Art, denen ein oder mehrere Mitgliedstaaten angehören, von der Europäischen Zentralbank oder von den Zentralbanken der Mitgliedstaaten ausgegeben werden, vom Anwendungsbereich der ProspektVO ausgeschlossen. Die Regelung des Art. 1 Abs. 2 lit. b ProspektRL, die der deutsche Gesetzgeber bisweilen durch § 1 Abs. 2 Nr. 2 WpPG a. F. in nationales Recht umgesetzt hatte,[70] wurde dabei wortgetreu übernommen. 40

Unter den Begriff der **Nichtdividendenwerte** fallen gemäß der **Legaldefinition des Art. 2 lit. c** alle Wertpapiere i. S. d. Art. 2 lit. a, die keine Dividendenwerte i. S. d. Art. 2 lit. b sind. Dazu gehören insbesondere alle Arten von Schuldanleihen, einschließlich Umtausch- sowie Optionsanleihen (siehe → Art. 2 Rn. 40). Der Regelungsbereich des Art. 1 Abs. 2 lit. b erfasst daher etwa Staatsanleihen der Mitgliedstaaten oder von der Europäischen Zentralbank bzw. mitgliedstaatlichen Zentralbanken emittierte Schuldtitel.[71] 41

Die Privilegierung der in Art. 1 Abs. 2 lit. b aufgeführten hoheitlichen Emittenten wurde im Kontext des Art. 1 Abs. 2 lit. b ProspektRL noch mit deren Transparenz, Bonität und Seriosität begründet, aufgrund dessen ein Prospekt zum Zwecke des Anlegerschutzes für nicht erforderlich gehalten wurde (vgl. Erwägungsgründe 10 und 11 ProspektRL).[72] Infolge der Staatsschuldenkrise erweisen sich diese Erwägungen jedenfalls im Hinblick auf einige Mitgliedstaaten und deren Gebietskörperschaften inzwischen als nicht mehr gänzlich überzeugend.[73] Vielmehr lässt sich die Ausnahme nunmehr insoweit auch mit dem in Erwägungsgrund 7 genannten, zum Anlegerschutz und der Markteffizienz (neu) hinzutretenden Ziel der **Stärkung des Kapitalbinnenmarktes** rechtfertigen.[74] So begründet auch die Europäische Zentralbank die Zweckmäßigkeit der Ausnahme mit deren Unerlässlichkeit für die „reibungslose Durchführung der geldpolitischen Operationen des Eurosystems".[75] 42

---

70 Siehe zu § 1 Abs. 2 Satz 1 Nr. 2 WpPG a. F. *Schnorbus*, in: Berrar/Meyer/Müller et al., WpPG/EU-ProspektVO, 2. Aufl. 2017, § 1 WpPG Rn. 8.
71 Vgl. Stellungnahme der Europäischen Zentralbank vom 17.3.2016 zu einem Vorschlag für eine Verordnung des Europäischen Parlaments und des Rates über den Prospekt, der beim öffentlichen Angebot von Wertpapieren oder bei deren Zulassung zum Handel zu veröffentlichen ist, ABl. C 195/1 v. 2.6.2016, 1.
72 Siehe hierzu ausführlich *Schnorbus*, in: Berrar/Meyer/Müller et al., WpPG/EU-ProspektVO, 2. Aufl. 2017, § 1 WpPG Rn. 8.
73 So auch *Groß*, Kapitalmarktrecht, Art. 1 ProspektVO Rn. 5; siehe ausführlich zur Staatsschuldenkrise *Herrmann*, EuZW 2012, 805 ff.; *Zeitler*, WM 2012, 673 ff.; sowie *Forkel*, ZRP 2012, 240 ff.
74 Siehe zu den Zielen der ProspektVO *Bauerschmidt*, BKR 2019, 324 f.
75 Stellungnahme der Europäischen Zentralbank vom 17.3.2016 zu einem Vorschlag für eine Verordnung des Europäischen Parlaments und des Rates über den Prospekt, der beim öffentlichen Angebot von Wertpapieren oder bei deren Zulassung zum Handel zu veröffentlichen ist, ABl. C 195/1 v. 2.6.2016, 1.

4. Anteile am Kapital der Zentralbanken der Mitgliedstaaten (Abs. 2 lit. c)

43 Vom Anwendungsbereich der ProspektVO sind nach Art. 1 Abs. 2 lit. c Anteile am Kapital der Zentralbanken der Mitgliedstaaten ausgenommen. Auch diese Regelung wurde, wie bereits Art. 1 Abs. 2 lit. a und b (siehe → Rn. 36 bzw. Rn. 40), wortgleich aus Art. 1 Abs. 2 lit. c ProspektRL übernommen. Von seinem Ermessen, eine entsprechende Regelung in den Ausnahmekatalog des § 1 Abs. 2 WpPG a. F. aufzunehmen,[76] hatte der deutsche Gesetzgeber keinen Gebrauch gemacht. Der Umstand, dass das **Grundkapital der Deutschen Bundesbank** in Höhe von 2,5 Mrd. EUR gemäß § 2 Satz 2 des Bundesbankgesetzes (BBankG)[77] ausschließlich dem Bund zusteht, hat die **Unzulässigkeit der** (teilweisen oder vollständigen) **Veräußerung** von Anteilen an Privatpersonen oder andere Träger des öffentlichen Rechts zur Folge.[78] Somit scheitert(e) die Eröffnung des Anwendungsbereichs der prospektrechtlichen Regelungen für Anteile am Kapital der Deutschen Bundesbank bereits an § 1 Abs. 1 WpPG a. F.[79] bzw. nunmehr an Art. 1 Abs. 1, da es sich mangels Übertragbarkeit **nicht** um **Wertpapiere i. S. d. Art. 2 lit. a** handelt (siehe → Art. 2 Rn. 10).

44 Die Ausnahme ist nach der Europäischen Zentralbank für diejenigen nationalen Zentralbanken von Bedeutung, deren **Anteile von privaten Anlegern** gehalten werden oder an einem geregelten Markt zugelassen sind.[80] Dies ist inzwischen nur noch für **Griechenland und Belgien** der Fall, die als einzige Mitgliedstaaten der Europäischen Union – und neben Japan, der Schweiz, Südafrika und der Türkei als einige der wenigen Staaten weltweit[81] – den öffentlichen Handel mit Kapitalanteilen ihrer Nationalbanken zulassen.[82] Die Kapitalanteile der italienischen Zentralbank befinden sich zwar im Eigentum privater Rechtsträger, können jedoch ausschließlich von Banken und (Rück-)Versicherungsunternehmen mit Sitz in Italien gehalten werden und sind nicht an einem geregelten Markt zugelassen.[83]

---

76 Vgl. BT-Drucks. 15/4999, 27; siehe auch *Schnorbus*, in: Berrar/Meyer/Müller et al., WpPG/EU-ProspektVO, 2. Aufl. 2017, § 1 WpPG Rn. 3 f.
77 Gesetz über die Deutsche Bundesbank v. 22.10.1992, BGBl. I 1992, S. 1782, zuletzt geändert durch Art. 14 Abs. 3 des Gesetzes zur Regelung des Erscheinungsbildes von Beamtinnen und Beamten sowie zur Änderung weiterer dienstrechtlicher Vorschriften v. 28.6.2021, BGBl. I 2021, S. 2250.
78 *Berger/Rübsamen*, BBankG, § 2 Rn. 7.
79 Siehe hierzu *Schnorbus*, in: Berrar/Meyer/Müller et al., WpPG/EU-ProspektVO, 2. Aufl. 2017, § 1 WpPG Rn. 2.
80 Stellungnahme der Europäischen Zentralbank vom 17.3.2016 zu einem Vorschlag für eine Verordnung des Europäischen Parlaments und des Rates über den Prospekt, der beim öffentlichen Angebot von Wertpapieren oder bei deren Zulassung zum Handel zu veröffentlichen ist, ABl. C 195/1 v. 2.6.2016, 1.
81 *Rossouw*, South African Journal of Economic and Management Sciences 2016, http://www.scielo.org.za/scielo.php?script=sci_arttext&pid=S2222-34362016000100010#:~:text=Remaining%20central%20banks%20with%20private,Reserve%20Banks%20in%20the%20US (zuletzt abgerufen am 29.9.2023).
82 Siehe für Griechenland https://www.bankofgreece.gr/en/news-and-media/shareholders-information (zuletzt abgerufen am 28.9.2023); für Belgien https://www.nbb.be/en/about-national-bank/information-investors/share-and-dividend (zuletzt abgerufen am 28.9.2023).
83 Siehe Banca D'Italia, https://www.bancaditalia.it/chi-siamo/funzioni-governance/partecipanti-capitale/index.html?com.dotmarketing.htmlpage.language=1 (zuletzt abgerufen am 28.9.2023); für die Liste der Anteilseigner zum Download (Stand: 16.8.2023) unter https://www.bancaditalia.it/chi-siamo/funzioni-governance/partecipanti-capitale/index.html?com.dotmarketing.htmlpage.language=1 (zuletzt abgerufen am 28.9.2023).

Die Ausnahme vom Anwendungsbereich der ProspektVO für Anteile am Kapital der na- 45
tionalen Zentralbanken lässt sich grundsätzlich, wie Art. 1 Abs. 2 lit. b, ebenfalls mit der
Bonität der Zentralbanken rechtfertigen. Gleichwohl mag auch hier die Staatsschuldenkrise die Stichhaltigkeit dieser Begründung jedenfalls in Hinblick auf die griechische Na-
tionalbank schwächen (siehe insgesamt → Rn. 40 ff.).

5. Durch hoheitliche Emittenten garantierte Wertpapiere (Abs. 2 lit. d)

a) Grundlagen

Nach Art. 1 Abs. 2 lit. d findet die ProspektVO keine Anwendung auf Wertpapiere, die 46
uneingeschränkt und unwiderruflich von einem Mitgliedstaat oder einer Gebietskörperschaft eines Mitgliedstaates garantiert werden, und bezieht sich damit, im Gegensatz zu
Art. 1 Abs. 2 lit. a bis c, auf **alle Arten von Wertpapieren** i. S. v. Art. 2 lit. a (siehe
→ Art. 2 Rn. 4 ff.). Als Garanten kommen in Deutschland etwa der Bund, die Länder oder
die Kommunen in Betracht.

Die Regelung war wortgleich in Art. 1 Abs. 2 lit. d ProspektRL enthalten und wurde vom 47
deutschen Gesetzgeber seinerzeit in § 1 Abs. 2 Nr. 3 WpPG a. F. umgesetzt.[84] Die Ausnahmeregelung rechtfertigt sich – entsprechend der Begründung zu Art. 1 Abs. 2 lit. b – mit
der **besonderen Bonität der hoheitlichen Garantiegeber**.[85] Zu beachten ist indes, dass
sich die Bonität einiger Mitgliedstaaten seit Inkrafttreten der ProspektRL im Jahre 2003
erheblich verschlechtert hat (siehe insgesamt → Rn. 42).

b) Ausgestaltung der Garantie

Während sich bei der Auslegung des Begriffs „**Garantie**" in § 1 Abs. 2 Nr. 3 WpPG a. F. 48
noch an der Legaldefinition des § 1 Abs. 1 Satz 2 Nr. 8 Kreditwesengesetz (KWG)[86] orientiert werden konnte,[87] die unter einem Garantiegeschäft „die Übernahme von Bürgschaften, Garantien und sonstigen Gewährleistungen für andere" versteht, findet sich auf
Unionsebene derzeit keine vergleichbare Regelung. Vieles spricht jedoch dafür, dass der
europäische Gesetzgeber an das **weite Verständnis** anknüpfen möchte, das er für den in
Anhang VI Ziff. 1 Abs. 1 der VO (EG) Nr. 809/2004,[88] der „alten Prospektverordnung",

---

84 Vgl. hierzu ausführlich *Schnorbus*, in: Berrar/Meyer/Müller et al., WpPG/EU-ProspektVO,
2. Aufl. 2017, § 1 WpPG Rn. 9 ff.
85 *Bauerschmidt*, in: Assmann/Schlitt/von Kopp-Colomb, Prospektrecht Kommentar, Art. 1 ProspektVO Rn. 34; vgl. zu § 1 Abs. 2 Nr. 3 WpPG a. F. auch *von Kopp-Colomb/Witte*, in: WpPG/
VerkProspG, 2. Aufl. 2010, § 1 WpPG Rn. 32; *Ritz/Zeising*, in: Just/Voß/Ritz/Zeising, WpPG,
2009, § 1 WpPG Rn. 20.
86 Gesetz über das Kreditwesen v. 9.9.1998, BGBl. I 1998, S. 2777, zuletzt geändert durch Art. 90
des Gesetzes zur Modernisierung des Personengesellschaftsrechts v. 10.8.2021, BGBl. I 2021,
S. 3436.
87 Vgl. hierzu ausführlich *Schnorbus*, in: Berrar/Meyer/Müller et al., WpPG/EU-ProspektVO,
2. Aufl. 2017, § 1 WpPG Rn. 10 f.; *Spindler*, in: Holzborn, WpPG, § 1 WpPG Rn. 18.
88 Verordnung (EG) Nr. 809/2004 der Kommission vom 29.4.2004 zur Umsetzung der Richtlinie
2003/71/EG des Europäischen Parlaments und des Rates betreffend die in Prospekten enthaltenen
Angaben sowie die Aufmachung, die Aufnahme von Angaben in Form eines Verweises und die
Veröffentlichung solcher Prospekte sowie die Verbreitung von Werbung, ABl. L 149 v. 30.4.2004,
3.

Art. 1 ProspektVO Gegenstand, Anwendungsbereich und Ausnahmen

enthaltenen Garantiebegriff anlegte. Danach fällt unter den Oberbegriff Garantie jede Vereinbarung, „mit der sichergestellt werden soll, dass jeder Verpflichtung, die für die Emission von großer Bedeutung ist, angemessen nachgekommen wird".[89] Neben Garantien im engeren Sinne waren so auch mit einer Garantie vergleichbare Verpflichtungen, z. B. Bürgschaften und Schuldbeitritte, umfasst.[90]

49 Auch aus dem Zweck des Art. 1 Abs. 2 lit. d, wonach solche Emissionen vom Anwendungsbereich der ProspektVO ausgenommen werden sollen, denen ein nur zu vernachlässigendes Kreditrisiko innewohnt, lässt sich kein wörtliches, sondern vielmehr ein **funktionales Begriffsverständnis** herleiten.[91] Es kann daher keinen Unterschied machen, ob die Sicherheit mittels einer Garantie im engeren Sinne oder mittels einer Bürgschaft, einem Schuldbeitritt oder einer vergleichbaren Gewährleistung erfolgt.

50 Gleichwohl ist dem einschränkenden Wortlaut des Art. 1 Abs. 2 lit. d Rechnung zu tragen, demgemäß die Garantie „**uneingeschränkt und unwiderruflich**" übernommen werden muss. Das Versprechen des hoheitlichen Garanten muss dazu sämtliche Zahlungsansprüche der Wertpapierinhaber nach Maßgabe der Wertpapierbedingungen sichern, wobei direkte, vom Verhalten des Emittenten unabhängige Zahlungsansprüche notwendig sind.[92] In der Konsequenz muss das Zahlungsversprechen daher als Vertrag zugunsten Dritter ausgestaltet sein, der Einwendungen aus dem Verhältnis zwischen Emittenten und Garanten ausschließt. Ferner gebietet die Unwiderruflichkeit, dass die Sicherheit – auch bei Vorliegen eines wichtigen Grundes – bedingungsfrei und unkündbar gewährleistet wird. Richtigerweise verlangt Art. 1 Abs. 2 lit. d aber keine abstrakte Garantie, sodass eine Akzessorietät von der Hauptschuld unschädlich ist.[93] Wenn bereits kein Anspruch gegen den Emittenten besteht, verlangt der Anlegerschutz auch keine subsidiäre Haftung des Garanten.

51 Dem funktionalen Verständnis folgend ist die **vertragliche Ausgestaltung** ansonsten Emittenten und Garantiegeber überlassen. So kommen nach deutschem Recht insbesondere herkömmliche Sicherungsmittel wie die Bankgarantie, die (selbstschuldnerische) Bürgschaft (§ 765 BGB, unter Ausschluss der Einrede der Vorausklage des § 771 BGB entsprechend § 239 Abs. 2 BGB),[94] der Schuldbeitritt (§ 311 Abs. 1 BGB) und das abstrakte Schuldversprechen (§ 780 BGB) in Betracht. Untauglich sind demgegenüber we-

---

89 Vgl. zu Anhang VI Nr. 1 Abs. 1 der Verordnung (EG) Nr. 809/2004 *Wolf/Wink*, in: Berrar/Meyer/Müller et al., WpPG/EU-ProspektVO, 2. Aufl. 2017, Anhang VI Rn. 2 ff. Siehe auch Committee of European Securities Regulators, CESR Prospectus Consultation, Feedback Statement, July 2003, CESR/03-301, Rn. 367 f.
90 Vgl. ausführlich *Holzborn*, in: Holzborn, WpPG, Anhang VI Verordnung (EG) Nr. 809/2004 Rn. 5 ff.
91 Vgl. zu § 1 Abs. 2 Nr. 3 WpPG a. F. *Schnorbus*, in: Berrar/Meyer/Müller et al., WpPG/EU-ProspektVO, 2. Aufl. 2017, § 1 WpPG Rn. 10; *Spindler*, in: Holzborn, WpPG, § 1 Rn. 18; *Ritz/Zeising*, in: Just/Voß/Ritz/Zeising, WpPG, 2009, § 1 WpPG Rn. 21.
92 Vgl. zu § 1 Abs. 2 Nr. 3 WpPG a. F. *Ritz/Zeising*, in: Just/Voß/Ritz/Zeising, WpPG, 2009, § 1 WpPG Rn. 21.
93 *Bauerschmidt*, in: Assmann/Schlitt/von Kopp-Colomb, Prospektrecht Kommentar, Art. 1 ProspektVO Rn. 36; **a. A.** noch zu § 1 Abs. 2 Nr. 3 WpPG a. F. *Spindler*, in: Holzborn, WpPG, § 1 Rn. 18, nach dem die Gewährleistung so ausgestaltet sein müsse, dass sie einer abstrakten Garantie zumindest nahekommt.
94 **A. A.** noch zu § 1 Abs. 2 Nr. 3 WpPG a. F. *von Kopp-Colomb/Witte*, in: WpPG/VerkProspG, 2. Aufl. 2010, § 1 WpPG Rn. 36, nach denen sowohl der Wortlaut als auch das Anlegerschutzinteresse der Qualifizierung einer Bürgschaft als Garantie widersprächen.

gen des Bewertungs- und Verwertungsrisikos die in § 232 Abs. 1 BGB aufgeführten Sicherheiten sowie Patronatserklärungen. Anders verhält es sich mit **Garantien kraft Gesetzes**, die unter den Ausnahmetatbestand des Art. 1 Abs. 2 lit. d fallen können. Hierzu zählen in Deutschland die gesetzliche Haftung des Bundes für bestimmte von der Kreditanstalt für Wiederaufbau (KfW) ausgegebene Wertpapiere sowie die gesetzliche Haftung der Länder für ihre verschiedenen Spezialbanken.[95]

6. Durch Vereinigungen mit Rechtspersönlichkeit oder anerkannte Einrichtungen ohne Erwerbscharakter für nicht erwerbsorientierte Zwecke ausgegebene Wertpapiere (Abs. 2 lit. e)

a) Grundlagen

Gemäß Art. 1 Abs. 2 lit. e ist die ProspektVO nicht anwendbar auf Wertpapiere, die von Vereinigungen mit Rechtspersönlichkeit oder von einem Mitgliedstaat anerkannten Einrichtungen ohne Erwerbscharakter zum Zweck der Mittelbeschaffung für ihre nicht erwerbsorientierten Zwecke ausgegeben werden. Die Vorschrift wurde wortgleich aus Art. 1 Abs. 2 lit. e ProspektRL übernommen. Von einer Aufnahme einer entsprechenden Ausnahmeregelung im Katalog des § 1 Abs. 2 WpPG a. F. hatte der deutsche Gesetzgeber seinerzeit abgesehen.[96]

52

Die Ausnahmevorschrift, die Emissionen von Wertpapieren erfasst, die von „Organismen ohne Erwerbszweck"[97] ausgegeben werden, war im ursprünglichen Kommissionsvorschlag für die ProspektRL vom 1.6.2001 noch nicht vorgesehen[98] und wurde erst im geänderten Vorschlag vom 9.8.2002[99] durch die Europäische Kommission in Abs. 2 integriert, allerdings ohne nähere Erläuterung.[100] Diese Regelung lässt sich wohl damit begründen, dass Organismen ohne Erwerbscharakter einen wichtigen Beitrag zur Verwirklichung **von im öffentlichen Interesse liegenden Zielen** leisten.[101] Die mit einer Prospektpflicht ver-

53

---

95 Vgl. ausführlich zu § 1 Abs. 2 Nr. 3 WpPG a. F. *Ritz/Zeising*, in: Just/Voß/Ritz/Zeising, WpPG, 2009, § 1 WpPG Rn. 22 ff.
96 Siehe zum Ausnahmekatalog des § 1 Abs. 2 WpPG a. F. BT-Drucks. 15/4999, 27.
97 Geänderter Vorschlag für eine Richtlinie des Europäischen Parlaments und des Rates betreffend den Prospekt, der beim öffentlichen Angebot von Wertpapieren oder bei deren Zulassung zum Handel zu veröffentlichen ist und zur Änderung der Richtlinie 2001/34/EG (2003/C 20 E/14), C 20 E/122, E/127.
98 Vorschlag für eine Richtlinie des Europäischen Parlaments und des Rates über den Prospekt, der beim öffentlichen Angebot von Wertpapieren oder bei deren Zulassung zum Handel zu veröffentlichen ist, C 240 E/272, E/275 (siehe Art. 1 Abs. 3).
99 Geänderter Vorschlag für eine Richtlinie des Europäischen Parlaments und des Rates betreffend den Prospekt, der beim öffentlichen Angebot von Wertpapieren oder bei deren Zulassung zum Handel zu veröffentlichen ist und zur Änderung der Richtlinie 2001/34/EG (2003/C 20 E/14), C 20 E/122 (dort Art. 1 Abs. 2 lit. d).
100 Geänderter Vorschlag für eine Richtlinie des Europäischen Parlaments und des Rates betreffend den Prospekt, der beim öffentlichen Angebot von Wertpapieren oder bei deren Zulassung zum Handel zu veröffentlichen ist und zur Änderung der Richtlinie 2001/34/EG (2003/C 20 E/14), C 20 E/122, E/127.
101 Vgl. Entschließung des Europäischen Parlaments vom 17.2.2022 mit Empfehlungen an die Kommission zu einem Statut für länderübergreifende Europäische Vereine und Organisationen ohne Erwerbszweck (2020/2026(INL)), P9_TA(2022)0044 (Erwägung D., H. sowie T.), https://www.europarl.europa.eu/doceo/document/TA-9-2022-0044_DE.pdf (zuletzt abgerufen am 28.9.2023).

bundenen Kosten würden die Verwirklichung dieser Ziele erschweren, zumal solche Organisationen oft in unrentablen Bereichen des Sozialwesens tätig sind.[102] Entsprechend sieht der europäische Gesetzgeber eine Privilegierung für die Emissionen von Wertpapieren vor, die von Organismen ohne Erwerbscharakter ausgegeben werden, „um Mittel zu erhalten, die zur Bewerkstelligung ihrer **uneigennützigen Zielsetzungen** erforderlich sind".[103]

b) Organisation ohne Erwerbscharakter

54 Die ProspektVO beinhaltet, wie zuvor auch die ProspektRL, keine Bestimmungen zu der Frage, unter welchen Voraussetzungen eine Vereinigung mit Rechtspersönlichkeit oder eine von einem Mitgliedstaat anerkannte Einrichtung als ein Organismus „**ohne Erwerbscharakter**" zu qualifizieren ist.

55 Anhaltspunkte dafür, welche Organisationen der europäische Gesetzgeber im Konkreten darunter versteht, liefert die Entschließung des Europäischen Parlaments vom 17.2.2022 mit Empfehlungen an die Kommission zu einem „Statut für länderübergreifende Europäische Vereine und Organisationen ohne Erwerbszweck"[104] im Rahmen der **Gesetzgebungsinitiative** für die Einführung des sog. „**Europäischen Vereins**". Für Organisationen ohne Erwerbszweck, die in der EU immer größere Verbreitung finden und zunehmend auch andere Rechtsformen als Vereine und Stiftungen umfassen, bisher aber keinen eigenen Status auf Unionsebene besitzen, sollen nunmehr eine Organisationsform auf Unionsebene und ein harmonisierter Rechtsrahmen geschaffen werden.[105] Einen entsprechenden Vorschlag für eine Verordnung „über ein Statut für einen Europäischen Verein" sowie für eine Richtlinie „über gemeinsame Mindeststandards für Organisationen ohne Erwerbszweck in der Union" hat das Europäische Parlament bereits beschlossen.[106]

56 Der Begriff „**Organisation ohne Erwerbszweck**" soll die Vielfalt der Organisationsformen widerspiegeln und sowohl „mitgliedschaftsbasierte als auch nicht mitgliedschaftsbasierte Organisationen, z.B. Vereine, philanthropische Organisationen und Organisationen,

---

102 Siehe Entschließung des Europäischen Parlaments vom 17.2.2022 mit Empfehlungen an die Kommission zu einem Statut für länderübergreifende Europäische Vereine und Organisationen ohne Erwerbszweck (2020/2026(INL)), P9_TA(2022)0044 (Erwägung D.).

103 So der – im Vergleich zu Art. 1 Abs. 2 lit. e ProspektRL bzw. ProspektVO geringfügig abweichende – Wortlaut im geänderten Vorschlag für eine Richtlinie des Europäischen Parlaments und des Rates betreffend den Prospekt, der beim öffentlichen Angebot von Wertpapieren oder bei deren Zulassung zum Handel zu veröffentlichen ist und zur Änderung der Richtlinie 2001/34/EG (2003/C 20 E/14), C 20 E/122 (dort Art. 1 Abs. 2 lit. d).

104 Entschließung des Europäischen Parlaments vom 17.2.2022 mit Empfehlungen an die Kommission zu einem Statut für länderübergreifende Europäische Vereine und Organisationen ohne Erwerbszweck (2020/2026(INL)), P9_TA(2022)0044.

105 Vgl. Erwägungsgrund 7, 12, 21 des Vorschlags für eine Verordnung des Rates über ein Statut für einen Europäischen Verein, Entschließung des Europäischen Parlaments vom 17.2.2022 mit Empfehlungen an die Kommission zu einem Statut für länderübergreifende Europäische Vereine und Organisationen ohne Erwerbszweck (2020/2026(INL)), P9_TA(2022)0044.

106 Entschließung des Europäischen Parlaments vom 17.2.2022 mit Empfehlungen an die Kommission zu einem Statut für länderübergreifende Europäische Vereine und Organisationen ohne Erwerbszweck (2020/2026(INL)), P9_TA(2022)0044.

deren Vermögenswerte zur Verfolgung bestimmter Zwecke eingesetzt werden, wie Stiftungen und andere ähnliche Organisationen"[107] umfassen. Um eine Organisation ohne Erwerbszweck soll es sich nach dem Verordnungsvorschlag handeln, wenn „das **Hauptziel nicht in der Erzielung eines Gewinns** besteht, auch wenn wirtschaftliche Tätigkeiten ausgeübt werden können" (siehe Art. 2 lit. a des Verordnungsvorschlags).[108]

Der Verordnungsvorschlag sieht, vergleichbar mit entsprechenden Regelungen auf nationaler Ebene, auch die Zuerkennung des „**Status der Gemeinnützigkeit**" für den Europäischen Verein vor (siehe Art. 20 des Verordnungsvorschlags). Die Anerkennung soll insbesondere das Verfolgen eines gemeinnützigen Ziels, das dem Wohl der Gesellschaft dient und somit dem Gemeinwohl förderlich ist, erfordern, was u.a. bei Zwecken wie Kunst, Kultur und Denkmalschutz, soziale Gerechtigkeit oder Tierschutz gelten soll (siehe Art. 20 Nr. 1 lit. a Ziff. i, ii bzw. viii des Verordnungsvorschlags). Ein Europäischer Verein, dem der Status der Gemeinnützigkeit zuerkannt wurde, soll von den Mitgliedstaaten in gleicher Weise behandelt werden wie Rechtspersonen, denen ein entsprechender Status auf nationaler Ebene zuerkannt wurde (siehe Art. 20 Nr. 4 des Verordnungsvorschlags). 57

Der nationale Status einer „gemeinnützigen Organisation" hat in der Regel eine bevorzugte steuerliche Behandlung zur Folge.[109] So sind z.B. in Deutschland **Steuervergünstigungen** für Körperschaften, Personenvereinigungen oder Vermögensmassen vorgesehen, die gemeinnützigen Zwecken im Sinne der §§ 51 ff. Abgabenordnung (AO)[110] dienen. Nach § 52 Abs. 1 AO verfolgt eine Körperschaft gemeinnützige Zwecke, „wenn ihre Tätigkeit darauf gerichtet ist, die Allgemeinheit auf materiellem, geistigem oder sittlichem Gebiet selbstlos zu fördern". Nach der umfassenden und abschließenden Enumeration in § 52 Abs. 2 AO[111] werden u.a. die Förderung von Wissenschaft und Forschung, Religion, Kunst und Kultur, Natur- sowie Tierschutz als Förderung der Allgemeinheit anerkannt (§ 52 Abs. 2 Nr. 1, 2, 5, 8 bzw. 14 AO). Auf entsprechenden Antrag der gemeinnützigen Organisation (§ 60a Abs. 2 Nr. 1 AO) erfolgt dann u.a. die Befreiung von der Körper- 58

---

107 Entschließung des Europäischen Parlaments vom 17.2.2022 mit Empfehlungen an die Kommission zu einem Statut für länderübergreifende Europäische Vereine und Organisationen ohne Erwerbszweck (2020/2026(INL)), P9_TA(2022)0044 (Erwägung B.).
108 Siehe Art. 2 lit. a des Vorschlags für eine Verordnung des Rates über ein Statut für einen Europäischen Verein, Entschließung des Europäischen Parlaments vom 17.2.2022 mit Empfehlungen an die Kommission zu einem Statut für länderübergreifende Europäische Vereine und Organisationen ohne Erwerbszweck (2020/2026(INL)), P9_TA(2022)0044.
109 Europäisches Parlament, Zusammenfassung, Ein Statut für länderübergreifend tätige Vereinigungen und Organisationen ohne Erwerbszweck in der EU, September 2021, PE 693.439, S. 2, englischer Volltext der Studie „A statute for European cross-border associations and non-profit organizations – Potential benefits in the current situation", May 2021, PE 693.439 https://www.europarl.europa.eu/RegData/etudes/STUD/2021/693439/IPOL_STU(2021)693439_EN.pdf (zuletzt abgerufen am 29.9.2023).
110 Abgabenordnung v. 16.3.1976, BGBl. I, S. 613, zuletzt geändert durch Art. 34 des Gesetzes zum Ausbau des elektronischen Rechtsverkehrs mit den Gerichten und zur Änderung weiterer Vorschriften v. 5.10.2021, BGBl. I, S. 4607.
111 *Klein*, Abgabenordnung, § 52 Rn. 1.

schaftsteuer (§ 5 Abs. 1 Nr. 9 Körperschaftsteuergesetz)[112] oder der Gewerbesteuer (§ 3 Abs. 1 Nr. 6 Gewerbesteuergesetz).[113]

7. Nichtfungible Kapitalanteile mit Recht zur Immobiliennutzung (Abs. 2 lit. f)

59 Nach Art. 1 Abs. 2 lit. f, dem letzten Buchstaben des Ausnahmekatalogs in Abs. 2, ist die ProspektVO nicht anwendbar auf **nichtfungible Kapitalanteile**, deren Hauptzweck darin besteht, dem Inhaber das Recht auf die Nutzung einer Wohnung oder anderen Art von Immobilie oder eines Teils hiervon zu verleihen, wenn diese Anteile ohne Aufgabe des genannten Rechts nicht weiterveräußert werden können. Die Regelung, die wörtlich aus Art. 2 lit. g ProspektRL übernommen wurde, hat rein **deklaratorischen** Charakter. Da es sich bei nichtfungiblen Kapitalanteilen mangels Übertragbarkeit nicht um Wertpapiere i. S. d. Art. 2 lit. a handelt (siehe → Art. 2 Rn. 10), fallen solche Anteile bereits aus dem allgemeinen Anwendungsbereich der ProspektVO nach Art. 1 Abs. 1 (siehe → Rn. 17).

60 Der europäische Gesetzgeber hat sich aus **Klarstellungsgründen** für die Aufnahme der Regelung entschieden, die im ursprünglichen Kommissionsvorschlag für die ProspektRL vom 1.6.2001 noch nicht enthalten war[114] und erst im Rahmen des Gemeinsamen Standpunkts vom 24.3.2003 durch den Rat in den Ausnahmekatalog des Abs. 2 integriert wurde.[115] Der Rat führte dazu aus, dass in einigen Mitgliedstaaten, insbesondere Finnland, das Recht auf die Nutzung einer Wohnung oder einer Immobilie mit dem Besitz von Anteilen an einer Wohnungsbaugenossenschaft verknüpft ist und solche Anteile aufgrund der damit verbundenen unterschiedlichen Rechte nicht fungibel seien und daher nicht als Wertpapiere im Sinne der ProspektRL betrachtet werden sollten. „Um zu verdeutlichen, dass sie nicht von der Richtlinie [ProspektRL] erfasst werden", wurden diese Anteile dennoch „im Einklang mit anderen Richtlinien ausdrücklich" vom Anwendungsbereich der ProspektRL ausgenommen.[116]

---

112 Körperschaftsteuergesetz v. 15.10.2002, BGBl. I, S. 4144, zuletzt geändert durch Art. 3 des Gesetzes zur Abwehr von Steuervermeidung und unfairem Steuerwettbewerb und zur Änderung weiterer Gesetze v. 25.6.2021, BGBl. I, S. 2056.
113 Gewerbesteuergesetz v. 15.10.2002, BGBl. I, S. 4167, zuletzt geändert durch Art. 2 des Gesetzes zur Modernisierung des Körperschaftsteuerrechts v. 25.6.2021, BGBl. I, S. 2050.
114 Vorschlag für eine Richtlinie des Europäischen Parlaments und des Rates über den Prospekt, der beim öffentlichen Angebot von Wertpapieren oder bei deren Zulassung zum Handel zu veröffentlichen ist, C 240 E/272, E/275 (siehe Art. 1 Abs. 3).
115 Gemeinsamer Standpunkt (EG) Nr. 25/2003 vom Rat festgelegt am 24.3.2003 im Hinblick auf den Erlass der Richtlinie […] betreffend den Prospekt, der beim öffentlichen Angebot von Wertpapieren oder bei deren Zulassung zum Handel zu veröffentlichen ist, und zur Änderung der Richtlinie 2001/34/EG (2003/C 125 E/02), C 125 E/21, E/26 (dort Art. 1 Abs. 2 lit. g).
116 Gemeinsamer Standpunkt (EG) Nr. 25/2003 vom Rat festgelegt am 24.3.2003 im Hinblick auf den Erlass der Richtlinie […] betreffend den Prospekt, der beim öffentlichen Angebot von Wertpapieren oder bei deren Zulassung zum Handel zu veröffentlichen ist, und zur Änderung der Richtlinie 2001/34/EG (2003/C 125 E/02), C 125 E/21, E/26 (dort Art. 1 Abs. 2 lit. g).

IV. Ausnahme vom Anwendungsbereich für öffentliche Angebote nach Schwellenwert(en)/Kleinstemissionen (Abs. 3)

1. Grundlagen

Durch Art. 1 Abs. 3 UAbs. 1 gilt die ProspektVO nicht für öffentliche Angebote von Wertpapieren mit einem Gesamtgegenwert in der Union von weniger als 1 Mio. EUR, wobei diese Obergrenze über einen Zeitraum von zwölf Monaten zu berechnen ist. Art. 1 Abs. 3 normiert damit ebenso wie Art. 1 Abs. 2 eine **Ausnahme vom Anwendungsbereich** der ProspektVO. Im Unterschied zur Regelung des Art. 1 Abs. 2 bezieht sich diese jedoch zum einen nur auf das öffentliche Angebot von Wertpapieren, also nicht auf deren Zulassung, und stellt zum anderen nicht auf die Art der Wertpapiere, sondern auf den Umfang des Angebots ab.[117]

61

Die Regelung dient der **Reduzierung von Marktzugangsbarrieren für Kleinstemissionen**. Die Prospektpflicht des Art. 3 Abs. 1 steigert zwar grundsätzlich die Markteffizienz von Kapitalmärkten, indem sie die Summe der den Marktteilnehmern verfügbaren Informationen erhöht. Da die Prospekterstellung erhebliche Kosten für den Emittenten verursacht, schafft die Prospektpflicht aber gleichzeitig eine Barriere für den Zugang zum Kapitalmarkt.[118] Für die von Art. 1 Abs. 3 erfassten Kleinstemissionen wirkt diese Marktzugangsbarriere potenziell prohibitiv, d.h. die Kosten für den Marktzugang übersteigen den sich daraus ergebenden Nutzen, sie stehen – mit den Worten des Verordnungsgebers – „*in keinem Verhältnis*".[119] Der Ausschluss von Emissionen mit einem Volumen von weniger als 1 Mio. EUR durch Art. 1 Abs. 3 aus dem Anwendungsbereich der Prospektpflicht schafft hier Abhilfe.

62

Die Befreiung von der Prospektpflicht steht indes im Konflikt mit jedenfalls zwei von drei Hauptzielen, nämlich der Stärkung des **Anlegerschutzes** und der Steigerung der **Markteffizienz** (vgl. Erwägungsgrund 7 der ProspektVO). Ob die Befreiung der Kleinstemissionen von der Prospektpflicht zumindest dem dritten Hauptziel dient und damit zu einer **Stärkung des Kapitalmarkts** führt, darf bezweifelt werden.

63

Im Vergleich zur Vorgängerregelung in der ProspektRL ist vor allem das Absenken des Schwellenwerts von 2,5 Mio. EUR auf 1 Mio. EUR zu beachten. In der Zusammenschau mit der Regelung des Art. 3 Abs. 2 ergibt sich somit ein erheblich größerer Regelungsspielraum für die Mitgliedstaaten. Dies dürfte – wie sich in Erwägungsgrund 13 der ProspektVO andeutet – der Erkenntnis geschuldet sein, dass die Bedürfnisse an die Kapitalmarkttransparenz und -regulierung in 27 unterschiedlich großen Mitgliedstaaten verschiedentlich ausgeprägt sind.

64

Bei Unterschreiten („*weniger als*") des Schwellenwerts von 1 Mio. EUR entfaltet Art. 1 Abs. 3 UAbs. 1 Sperrwirkung.[120] Mitgliedstaatlichen Entscheidungsspielraum eröffnet indes Art. 1 Abs. 3 **UAbs. 2**: Die Vorschrift erlaubt es den Mitgliedstaaten, für diese –

65

---

117 *Bauerschmidt*, in: Assmann/Schlitt/von Kopp-Colomb, Prospektrecht Kommentar, Art. 1 ProspektVO Rn. 41.
118 Vgl. *Schlitt/Ries*, in: Assmann/Schlitt/von Kopp-Colomb, Prospektrecht Kommentar, § 3 WpPG Rn. 2.
119 Erwägungsgrund 12 ProspektVO.
120 Zutreffend *Bauerschmidt*, in: Assmann/Schlitt/von Kopp-Colomb, Prospektrecht Kommentar, Art. 1 ProspektVO Rn. 44.

zwingend von der Prospektpflicht befreiten – Emissionen mit einem Volumen von weniger als 1 Mio. EUR andere mitgliedstaatliche Offenlegungspflichten zu begründen. Von dieser Möglichkeit hat der deutsche Gesetzgeber in der Form des sog. **Wertpapier-Informationsblattes** (§ 4 WpPG) Gebrauch gemacht.

2. Zusammenspiel mit Art. 3 Abs. 2

66 Die Regelungen in Art. 1 Abs. 3 und Art. 3 im Zusammenhang betrachtet, zeigen folgendes Bild: Emissionen mit einem Volumen von weniger als 1 Mio. EUR sind zwingend von der Prospektpflicht befreit. Für Emissionen mit einem Volumen von mehr als 8 Mio. EUR besteht ebenso zwingend wie ausnahmslos die Prospektpflicht gemäß Art. 3 Abs. 1 (i.V.m. § 3 WpPG). Für Emissionen mit einem Volumen zwischen (jeweils einschließlich) 1 Mio. EUR und 8 Mio. EUR gilt grundsätzlich die Prospektpflicht des Art. 3 Abs. 1, von der allerdings mitgliedstaatliches Recht gemäß Art. 3 Abs. 2 befreien kann (siehe → Art. 3 Rn. 7). Soweit für Emissionen aufgrund von Art. 1 Abs. 3 UAbs. 1 oder Art. 3 Abs. 2 (i.V.m. mit mitgliedstaatlichem Recht) von der Prospektpflicht befreit sind, kann das mitgliedstaatliche Recht **anderweitige Offenlegungspflichten** begründen.

3. Freiwilliger Prospekt

67 Sperrwirkung entfaltet Art. 1 Abs. 3 UAbs. 1 nur für die Mitgliedstaaten, nicht dagegen für die Emittenten. Diesen steht es gemäß Art. 4 Abs. 1 offen, freiwillig einen Wertpapierprospekt zu erstellen und zu veröffentlichen (siehe dazu → Art. 4 Rn. 3).

4. Schwellenwert von 1 Mio. EUR (Abs. 3 UAbs. 1)

68 Der Ausnahmetatbestand ist einschlägig, wenn der (lit. a) Gesamtgegenwert für alle in der Union angebotenen Wertpapiere nicht mehr als 1 Mio. EUR, (lit. b) berechnet über einen Zeitraum von zwölf Monaten, beträgt.

a) Gesamtgegenwert

69 Der Begriff des „Gesamtgegenwertes" ist der ProspektVO entnommen und wird dort an verschiedenen Stellen verwendet (Art. 1 Abs. 3, Abs. 4 lit. j, l, Abs. 5 UAbs. 1 lit. i, k, Art. 15 Abs. 1 lit. c, Art. 47 Abs. 1 lit. b, c). Denkbare Anknüpfungspunkte für die Bestimmung des Gesamtgegenwerts des Angebots sind der Nominalwert (bzw. der rechnerische Anteil am Grundkapital bei Stückaktien), der erste Börsenkurs und der Ausgabebetrag. Der **Nominalwert** scheidet als tauglicher Anknüpfungspunkt aus, weil Emissionen regelmäßig *über pari* (Aktien) oder *unter pari* (Schuldtitel) erfolgen. Der Nominalwert reflektiert also regelmäßig nicht den Gegenwert der Emission. Auch der **erste Börsenkurs** ist kein geeigneter Anknüpfungspunkt für die Bestimmung des Gesamtgegenwertes: Zum einen bildet ein Börsenkurs begrifflich keinen (subjektiven) Wert, sondern einen (objektiven) Preis ab. Zum anderen ist der erste Börsenkurs erst feststellbar, wenn die Emission bereits erfolgt ist. Ob die Emission von der Prospektpflicht befreit ist, ließe sich dementsprechend erst *ex post* feststellen. Richtigerweise ist daher auf den **Emissions- bzw. Ausgabepreis** abzustellen.[121]

---

[121] So auch *Bauerschmidt*, in: Assmann/Schlitt/von Kopp-Colomb, Prospektrecht Kommentar, Art. 1 ProspektVO Rn. 42, *Groß*, Kapitalmarktrecht, § 3 WpPG Rn. 4.

Wie sich aus dem Begriff des „*Gesamtgegenwertes*" ergibt, erfasst Art. 1 Abs. 3 auch Angebote von Wertpapieren, die keine Barangebote sind oder in Fremdwährungen begeben werden. Denkbar ist es also z.B., dass die angesprochenen Investoren die angebotenen **Wertpapiere gegen andere Wertpapiere tauschen**; so können z.B. Aktionäre oder Inhaber einer Wandelanleihe ihre Wertpapiere gegen Wertpapiere prospektfrei tauschen, wenn die Voraussetzungen eines Ausnahmetatbestandes des § 3 Nr. 1 und 2 WpPG erfüllt sind (vgl. dazu → § 3 WpPG Rn. 4 ff.).

70

b) Referenzperiode

Maßgeblich für die Berechnung des **Schwellenwertes von 1 Mio. EUR** ist das Volumen der während des Zeitraums **von zwölf Monaten** emittierten Wertpapiere. Für den Beginn der Frist von zwölf Monaten ist der Tag maßgeblich, an dem der Anbieter erstmals einen Ausgabepreis öffentlich bekannt gibt;[122] bei Schuldverschreibungen also z.B. mit Veröffentlichung der vollständigen Angebotsbedingungen (der Erstemission).[123] Für die Fristberechnung selbst sind zwölf Monate vom Tag, an dem das Angebot (einschließlich des Ausgabepreises) bekannt gegeben wird, **zurückzurechnen**;[124] Wenn eine Emission zu einer Überschreitung des Schwellenwerts innerhalb des Referenzzeitraums führen würde, ist diese Emissionen nicht von der Prospektpflicht befreit, soweit kein aufgrund von Art. 3 Abs. 2 geschaffener mitgliedstaatlicher Befreiungstatbestand einschlägig ist. Die Prospektpflicht des Art. 3 Abs. 1 gilt in diesem Fall für die gesamte Emission und nicht für den Teil, der den Schwellenwert überschreitet (vgl. dazu → § 3 WpPG Rn. 10).

71

Die Bestimmung des Schwellenwerts im Wege der **Rückrechnung** führt zu einer Vergangenheitsbezogenheit **der Vorschrift**, die eine **Rückwirkung ausschließt**: Ob in den zwölf Monaten vor einer Emission der Schwellenwert überschritten wurde, kann sich (durch Folgeemissionen) nicht nachträglich ändern: **Erst die erste Platzierung, die den Schwellenwert überschreitet, ist prospektpflichtig**; vorherige Emissionen unter Beachtung des Schwellenwerts bleiben aber ohne Prospekt zulässig (vgl. näher dazu → § 3 WpPG Rn. 10).[125] Der Schwellenwert gilt für das Gesamtangebot aller in der Union innerhalb von zwölf Monaten angebotenen Wertpapiere.[126]

72

---

122 *Groß*, Kapitalmarktrecht, § 3 WpPG Rn. 5; *Schlitt/Ries*, in: Assmann/Schlitt/von Kopp-Colomb, Prospektrecht Kommentar, § 3 WpPG Rn. 12; zur alten Rechtslage BT-Drucks. 15/4999, 27; *Heidelbach/Preuße*, BKR 2006, 316; *Spindler*, in: Holzborn, WpPG, § 1 Rn. 20.
123 *Heidelbach/Preuße*, BKR 2006, 316; *Heidelbach*, in: Schwark/Zimmer, KMRK, 4. Aufl. 2010, § 1 WpPG Rn. 18.
124 *Groß*, Kapitalmarktrecht, § 3 WpPG Rn. 5; *Schlitt/Ries*, in: Assmann/Schlitt/von Kopp-Colomb, Prospektrecht Kommentar, § 3 WpPG Rn. 12.
125 *Schlitt/Ries*, in: Assmann/Schlitt/von Kopp-Colomb, Prospektrecht Kommentar, § 3 WpPG Rn. 11; *Preuße*, in: Schwark/Zimmer, KMRK, § 3 WpPG Rn. 7; sowie bereits zur alten Rechtslage *Schnorbus*, in: Frankfurter Kommentar zum WpPG und EU-Prospekt-VO, 2. Aufl. 2017, § 1 WpPG Rn. 19; *Ritz/Zeising*, in: Just/Voß/Ritz/Zeising, WpPG, 2009, § 1 WpPG Rn. 30.
126 *Straßner/Grosjean*, in: Heidel, Aktienrecht und Kapitalmarktrecht, 5. Aufl. 2019, § 3 WpPG Rn. 11; *Preuße*, in: Schwark/Zimmer, KMRK, § 3 WpPG Rn. 4.

V. Ausnahmekatalog im Hinblick auf die Prospektpflicht für öffentliche Angebote (Abs. 4)

1. Grundlagen

73 Für öffentliche Angebote i. S. d. Art. 2 lit. d (siehe → Art. 2 Rn. 42 ff.) von Wertpapieren i. S. d. Art. 2 lit. a (siehe → Art. 2 Rn. 4 ff.) besteht nach Art. 3 Abs. 1 grundsätzlich eine Prospektpflicht (siehe → Art. 3 Rn. 3 ff.). Allerdings sieht Art. 1 Abs. 4 für bestimmte Formen von öffentlichen Angeboten bzw. Arten von Wertpapieren und Transaktionen Ausnahmen von diesem Grundsatz vor. Im Gegensatz zu Art. 1 Abs. 2 und Abs. 3 normiert Art. 1 Abs. 4 – ebenso wie Art. 1 Abs. 5 für die prospektfreie Zulassung von Wertpapieren (siehe → Rn. 236 ff.) – keinen Ausschluss vom gesamten Anwendungsbereich der ProspektVO, sondern im Konkreten eine **Ausnahme von der Prospektpflicht**.

74 Die Ausnahmetatbestände des Art. 1 Abs. 4 sind nach **Art. 1 Abs. 6** untereinander, aber auch mit anderen Befreiungsregelungen, **kombinierbar** (siehe → Rn. 290).

a) Überblick zum Ausnahmekatalog

75 Die Regelungen des Art. 1 Abs. 4 beruhen im Wesentlichen auf bisher in der ProspektRL zwar vorhandenen, aber auf mehrere Artikel verstreuten Vorschriften. Abs. 4 führt die in Art. 1, Art. 3 und Art. 4 ProspektRL normierten Ausnahmetatbestände im Hinblick auf die Prospektpflicht für öffentliche Angebote von Wertpapieren zusammen.

76 Der Katalog nimmt in **Abs. 4 lit. a bis d**, wie schon zuvor Art. 3 Abs. 2 lit. a bis d ProspektRL und § 3 Abs. 2 Satz 1 Nr. 1–4 WpPG a. F., zunächst bestimmte **Formen von öffentlichen Angeboten** von Wertpapieren von der Prospektpflicht aus (siehe → Rn. 85 ff.).

77 Darüber hinaus normieren **Abs. 4 lit. e bis i**, entsprechend Art. 4 Abs. 1 lit. a bis e ProspektRL bzw. § 4 Abs. 1 Nr. 1–5 WpPG a. F., Befreiungen von der Prospektpflicht für **spezielle Arten von Wertpapieren bzw. Transaktionen**, u. a. ein Tauschangebot (Abs. 4 lit. f) oder eine Verschmelzung (Abs. 4 lit. g) (siehe → Rn. 114 ff.).

78 Die Regelung in **Abs. 4 lit. j** für **Daueremissionen von Kreditinstituten** war zuvor in Art. 1 Abs. 2 lit. j ProspektRL bzw. § 1 Abs. 2 Nr. 5 WpPG a. F. als Ausnahme vom Anwendungsbereich festgelegt. Insofern hat der europäische Gesetzgeber sich durch die Integration dieser Ausnahmevorschrift in Abs. 4 nunmehr für die Einbeziehung in den Anwendungsbereich der ProspektVO und damit für eine abschließende, harmonisierte Regelung entschieden (siehe → Rn. 202 ff.).

79 Bei den Regelungen in **Abs. 4 lit. k und l** handelt es sich um im Zusammenhang mit der Verordnung (EU) 2020/1503 (ECSP-VO zur Schwarmfinanzierung/Crowdfunding)[127] bzw. der Verordnung (EU) 2021/337 (zum EU-Wiederaufbauprospekt)[128] nachträglich an

---

[127] Verordnung (EU) 2020/1503 des Europäischen Parlaments und des Rates vom 7.10.2020 über Europäische Schwarmfinanzierungsdienstleister für Unternehmen und zur Änderung der Verordnung (EU) 2017/1129 und der Richtlinie (EU) 2019/1937, ABl. L 347 v. 20.10.2020.

[128] Verordnung (EU) 2021/337 des Europäischen Parlaments und des Rates vom 16.2.2021 zur Änderung der Verordnung (EU) 2017/1129 im Hinblick auf den EU-Wiederaufbauprospekt und gezielte Anpassungen für Finanzintermediäre und der Richtlinie 2004/109/EG im Hinblick auf das

den Ausnahmekatalog des Art. 1 Abs. 4 angefügte Vorschriften, die kein Vorbild in der ProspektRL haben.

Hinsichtlich der entsprechenden Vorgängerregelungen in ProspektRL und WpPG a. F. wird auf die Entsprechungstabelle in → Rn. 4 verwiesen. 80

b) Rechtsfolgen bei Einschlägigkeit einer Ausnahme

Bei Vorliegen der Voraussetzungen des Art. 1 Abs. 4 **entfällt die Prospektpflicht kraft Gesetzes (ipso iure).** Einer Befreiung von der Prospektpflicht durch mitgliedstaatliche Behörden bedarf es – wie zuvor im Rahmen des § 3 Abs. 2 WpPG a. F.[129] – nicht.[130] Angesichts des abschließenden und zwingenden Charakters des Abs. 4 ist es den nationalen Gesetzgebern auch verwehrt, eine Pflicht für einen Antrag auf Befreiung von der Prospektpflicht einzuführen.[131] 81

Wie schon unter der alten Rechtslage verbleibt für den Rechtsanwender eine Restunsicherheit hinsichtlich des „Ob" der Prospektpflicht bzw. Prospektbefreiung.[132] Für eine diesbezügliche Zusicherung der BaFin (§ 38 VwVfG) fehlt es am erforderlichen Sachbescheidungsinteresse (§ 9 VwVfG).[133] Ein solches Negativtestat würde im Zivilprozess zu potenziellen Prospekthaftungsansprüchen (insbesondere nach § 14 WpPG) aber ohnehin keine Bindungswirkung entfalten.[134] Daher bliebe selbst bei einer Zusicherung der BaFin, dass keine Prospektpflicht bestehe, die Entscheidung des Emittenten, keinen Prospekt zu veröffentlichen, mit einer gewissen Restunsicherheit behaftet. 82

Weitergehende Hinweise zum Umgang mit Art. 1 Abs. 4 (sowie Abs. 5) hat die BaFin bislang nicht erlassen, obwohl sie hierzu im Rahmen der gemäß Art. 20 Abs. 7 zu erlassenden Hinweise zum Prüfungs- und Billigungsverfahren angehalten ist.[135] Das Fehlen von Hinweisen ist angesichts der mit der Veröffentlichung eines Prospekts verbundenen Kosten, der potenziellen Prospekthaftung im Falle eines trotz Prospektpflicht nicht veröffentlichten Prospekts und den hiermit verbundenen Reputationsschäden misslich.[136] In praxi relativiert sich die Problematik dadurch, dass sich die BaFin kooperativ bei der münd- 83

---

einheitliche elektronische Berichtsformat für Jahresfinanzberichte zur Unterstützung der wirtschaftlichen Erholung von der COVID-19-Krise, ABl. L 68 v. 26.2.2021, 1.
129 Siehe zu § 3 WpPG a. F. *Schnorbus*, in: Berrar/Meyer/Müller et al., WpPG/EU-ProspektVO, 2. Aufl. 2017, § 3 WpPG Rn. 13; *Zeising*, in: Just/Voß/Ritz/Zeising, WpPG, 2009, § 3 WpPG Rn. 31; *von Kopp-Colomb/Gajdos*, in: Assmann/Schlitt/von Kopp-Colomb, WpPG/VerkProspG, 2. Aufl. 2010, § 3 WpPG Rn. 22.
130 *Bauerschmidt*, in: Assmann/Schlitt/von Kopp-Colomb, Prospektrecht Kommentar, Art. 1 ProspektVO Rn. 49; *Groß*, Kapitalmarktrecht, Art. 1 ProspektVO Rn. 9; *Zivny/Mock*, EU-ProspektVO/KMG 2019, Art. 1 ProspektVO Rn. 31.
131 *Groß*, Kapitalmarktrecht, Art. 1 ProspektVO Rn. 9.
132 *Groß*, Kapitalmarktrecht, Art. 1 ProspektVO Rn. 10.
133 *Bauerschmidt*, in: Assmann/Schlitt/von Kopp-Colomb, Prospektrecht Kommentar, Art. 1 ProspektVO Rn. 49.
134 *Groß*, Kapitalmarktrecht, Art. 1 ProspektVO Rn. 10; *Zivny/Mock*, EU-ProspektVO/KMG 2019, Art. 1 ProspektVO Rn. 31; vgl. auch OLG München, 2.11.2011 – 20 U 2289/11, GWR 2011, 326070 (bei mündlicher Auskunft der BaFin zu fehlender Prospektpflicht).
135 *Groß*, Kapitalmarktrecht, Art. 1 ProspektVO Rn. 9.
136 So auch *Groß*, Kapitalmarktrecht, Art. 1 ProspektVO Rn. 10.

lichen Klärung von Fragen im Hinblick auf die Prospektpflicht zeigt.[137] Eine **rein informelle Abstimmung** mit der BaFin ist möglich und bei Zweifeln über das Vorliegen der Voraussetzungen des jeweiligen Ausnahmetatbestandes empfehlenswert.[138] Nichtsdestotrotz liegt die Letztverantwortlichkeit dafür, ob eine Prospektpflicht besteht oder ein Befreiungstatbestand eingreift, beim Emittenten und den sonstigen Verantwortlichen (Anbieter).[139]

84 Der Ausnahmetatbestand schließt allerdings nicht aus, dass Emittenten, Anbieter oder die Zulassung zum Handel an einem geregelten Markt beantragende Personen **auf freiwilliger Basis einen Prospekt** im Einklang mit der ProspektVO erstellen. Dies ist ausdrücklich in **Art. 4 Abs. 1** normiert (siehe → Art. 4 Rn. 1 ff.). Aus einem freiwilligen Prospekt ergeben sich nach dessen Billigung i. S. d. Art. 2 lit. r (siehe → Art. 2 Rn. 176) gemäß Art. 4 Abs. 2 dieselben Rechte und Pflichten wie aus einem Prospekt, der aufgrund einer Pflicht zur Veröffentlichung eingereicht wurde (siehe → Art. 4 Rn. 7 ff.). Außerdem unterliegt der freiwillig erstellte Prospekt allen Bestimmungen der Prospektverordnung und unterfällt der Aufsicht der BaFin (siehe → Art. 4 Rn. 2). Anders als noch unter altem Recht ist die freiwillige Prospekterstellung in allen Ausnahmekonstellationen möglich.[140] Denn Art. 4 erfasst – anders als die Vorgängerregelung – alle Prospektbefreiungen des Art. 1 Abs. 4 und Abs. 5 (siehe → Art. 4 Rn. 5).[141]

2. Ausnahmen für bestimmte Arten von Angeboten (Abs. 4 lit. a bis d)

a) Grundlagen

85 Der Ausnahmekatalog des Art. 1 Abs. 4 lit. a bis d gilt für **alle Arten von Wertpapieren** und normiert, wörtlich der Systematik des Art. 3 Abs. 2 lit. a bis d ProspektRL folgend, Ausnahmen von der Prospektpflicht für bestimmte Angebotsformen. Dabei handelt es sich um Fälle eines Angebots an professionelle Anleger (Abs. 4 lit. a) oder einen beschränkten Personenkreis (Abs. 4 lit. b) bzw. um Angebote mit einer Mindeststückelung (Abs. 4 lit. c) oder einem Mindesterwerbspreis (Abs. 4 lit. d). Bei diesen Sachverhalten unterstellt der europäische Gesetzgeber, dass die Anleger keines Schutzes mittels eines

---

137 *Groß*, Kapitalmarktrecht, Art. 1 ProspektVO Rn. 10.
138 Vgl. zu § 3 WpPG a. F. *Schnorbus*, AG 2008, 389, 400; *Schnorbus*, in: Berrar/Meyer/Müller et al., WpPG/EU-ProspektVO, 2. Aufl. 2017, § 3 WpPG Rn. 23.
139 *Bauerschmidt*, in: Assmann/Schlitt/von Kopp-Colomb, Prospektrecht Kommentar, Art. 1 ProspektVO Rn. 50; vgl. zu § 3 WpPG a. F. *Schnorbus*, in: Berrar/Meyer/Müller et al., WpPG/EU-ProspektVO, 2. Aufl. 2017, Vor §§ 1 ff. WpPG Rn. 23.
140 Siehe BaFin, Prospektpflicht – Rechtslage seit dem 21.7.2019 (abrufbar unter: https://www.bafin.de/DE/Aufsicht/Prospekte/Wertpapiere/Prospektpflicht/prospektpflicht_node.html) unter „VI." (zuletzt abgerufen am 29.9.2023); siehe zur alten Auffassung der BaFin *Schnorbus*, in: Berrar/Meyer/Müller et al., WpPG/EU-ProspektVO, 2. Aufl. 2017, Vor §§ 1 ff. WpPG Rn. 24; § 1 Rn. 39 ff.
141 Siehe Europäische Kommission, Vorschlag für eine Verordnung des Europäischen Parlaments und des Rates über den Prospekt, der beim öffentlichen Angebot von Wertpapieren oder bei deren Zulassung zum Handel zu veröffentlichen ist v. 30.11.2015, COM(2015) 583 final, S. 10, 18 f. sowie Erwägungsgrund 47, S. 16; *Groß*, in: Ebenroth/Boujong/Joost/Strohn, HGB, Art. 4 ProspektVO Rn. 2.

Prospektes bedürfen[142] bzw. die Erstellung eines solchen aufgrund der lediglich geringen Adressatenanzahl unverhältnismäßig wäre (vgl. Erwägungsgrund 15).

Die Ausnahmen des Art. 1 Abs. 4 lit. a bis d gelten jeweils für **ein Angebot**. Für verschiedene Angebote muss folglich jeweils erneut eine Befreiung von der Prospektpflicht in Anspruch genommen werden. Dies ist im Hinblick auf Abs. 4 lit. d auch ausdrücklich so normiert („... bei jedem gesonderten Angebot Wertpapiere ab einem Mindestbetrag von 100.000 EUR pro Anleger erwerben"). Ein neues Angebot ist generell eine Emission, die sich hinsichtlich der Wertpapiermerkmale (wie Dividendenwert/Nichtdividendenwert, Laufzeit, Valuta, Rückzahlungstag, WKN/ISIN, Verzinsung oder Stückelung) von der vorhergehenden unterscheidet.[143] Ein größerer zeitlicher Abstand zwischen den Emissionen oder die Veränderung des Sachverhalts (z.B. neuer Verwendungszweck, der bisher noch nicht vorgesehen war) sprechen ebenfalls für gesonderte Angebote. Entscheidend für die Frage, ob mehrere Emissionen als ein Angebot oder mehrere Angebote zu behandeln sind, ist allerdings der jeweilige Einzelfall. 86

Die **Gegenleistung der Anleger** hat keine Auswirkungen auf die Frage der Befreiung von der Prospektpflicht nach Art. 1 Abs. 4 lit. a bis d. Denn eine Beschränkung dahingehend, dass der Emittent die Wertpapiere – wie im Normalfall – gegen einen Barbetrag in Euro anbietet und veräußert, ist nicht vorgesehen.[144] Entsprechend ist es ebenso denkbar, dass die Investoren die angebotenen **Wertpapiere gegen andere Wertpapiere tauschen**. Dies gilt auch hinsichtlich Abs. 4 lit. c, der auf eine Mindeststückelung der angebotenen Wertpapiere in Höhe von 100.000 EUR abstellt (siehe → Rn. 105 ff.) und Abs. 4 lit. d, der einen Mindestbetrag von 100.000 EUR voraussetzt (siehe → Rn. 110 ff.). Mindeststückelung und Mindestbetrag betreffen allein die Ausstattung bzw. den vom Anbieter verlangten Preis der angebotenen Wertpapiere. Es steht den Parteien aber frei, diesen Betrag im Hinblick auf die Gegenleistung des jeweiligen Anlegers umzurechnen. Diese Grundsätze gelten gleichermaßen, wenn die Investoren nicht in Euro zahlen, sondern in einer anderen Währung, was unproblematisch zulässig ist. 87

b) Angebote an ausschließlich qualifizierte Anleger (Abs. 4 lit. a)

aa) Grundlagen

Nach Art. 1 Abs. 4 lit. a unterfallen Wertpapierangebote, die sich ausschließlich an qualifizierte Anleger richten, nicht der Prospektpflicht des Art. 3 Abs. 1 (siehe → Art. 3 Rn. 4 ff.). Die Vorschrift, die von besonderer praktischer Bedeutung ist, entspricht wortwörtlich Art. 3 Abs. 2 lit. a ProspektRL und der nationalen Umsetzungsvorschrift § 3 Abs. 2 Satz 1 Nr. 1 WpPG a.F.[145] Der Begriff des „qualifizierten Anlegers" ist in **Art. 2 lit. e legaldefiniert** und erfasst insbesondere klassische **institutionelle Anleger** wie Kre- 88

---

142 *Zivny/Mock*, EU-ProspektVO/KMG 2019, Art. 1 ProspektVO Rn. 35, 46, 49; vgl. zur Vorgängerregelung in der ProspektRL *Kunold/Schlitt*, BB 2004, 501, 504.
143 Vgl. zu § 3 Abs. 2 WpPG a.F. *Schnorbus*, AG 2008, 389, 402; *ders.*, in: Berrar/Meyer/Müller et al., WpPG/EU-ProspektVO, 2. Aufl. 2017, § 3 WpPG Rn. 14; *Heidelbach/Preuße*, BKR 2006, 316, 319 (allerdings explizit nur zu § 3 Abs. 2 Satz 1 Nr. 2 WpPG a.F.).
144 Vgl. zu § 3 Abs. 2 WpPG a.F. *Schnorbus*, in: Berrar/Meyer/Müller et al., WpPG/EU-ProspektVO, 2. Aufl. 2017, § 3 WpPG Rn. 19.
145 Siehe dazu *Schnorbus*, in: Berrar/Meyer/Müller et al., WpPG/EU-ProspektVO, 2. Aufl. 2017, § 3 WpPG Rn. 20 f.

ditinstitute, Wertpapierfirmen oder Versicherungsgesellschaften (siehe → Art. 2 Rn. 109 ff.).

89 Hintergrund für die Ausnahmevorschrift ist, dass qualifizierte Anleger aufgrund ausreichender Erfahrung und Sachverstand **weniger schutzwürdig** sind als nichtprofessionelle Anleger. Da bei institutionellen Anlegern die Annahme gerechtfertigt ist, dass sie bereits über ausreichend anderweitige Informationsquellen verfügen, um auf Basis dieser Erkenntnisgrundlage eine fundierte Anlageentscheidung treffen zu können, bedarf es keiner darüber hinausgehenden Informationen in Form eines Prospekts (vgl. Erwägungsgrund 7).[146] Davon abgesehen bleibt es qualifizierten Anlegern unbenommen, im Einzelfall die Behandlung als nichtprofessionelle Anleger zu beantragen, sofern sie der Meinung sind, die mit der Anlage verbundenen Risiken nicht korrekt beurteilen zu können (vgl. Anhang II Abschnitt I Abs. 2 MiFID II, siehe → Art. 2 Rn. 111).

90 Aus dem Wortlaut („**ausschließlich an** ... richtet") und aus dem Sinn und Zweck der ProspektVO folgt, dass für Angebote, die sich sowohl an qualifizierte als auch an nicht-qualifizierte Anleger richten, keine Ausnahme von der Prospektpflicht gilt – jedenfalls nicht nach Art. 1 Abs. 4 lit. a. Für Angebote, die sich nur teilweise an qualifizierte Anleger und im Übrigen an das Publikum richten, kommt aber dennoch eine Befreiung von der Prospektpflicht in Betracht, sofern zusätzlich zu Art. 1 Abs. 4 lit. a noch eine andere Ausnahmeregelung einschlägig ist.[147] Die Zulässigkeit einer solchen **Kombination von Ausnahmetatbeständen** ist nun ausdrücklich in **Art. 1 Abs. 6** normiert. Damit hat der europäische Gesetzgeber die bislang im Zusammenhang mit § 3 Abs. 2 WpPG a. F. umstrittene Frage geklärt, ob ein gleichzeitiges Angebot an qualifizierte Anleger und an weniger als 150 nicht-qualifizierte Anleger ohne Veröffentlichung eines Prospekts möglich ist.[148] Dazu ist vereinzelt vertreten worden, dass das Tatbestandsmerkmal „ausschließlich" in Art. 3 Abs. 2 lit. a ProspektRL bzw. § 3 Abs. 2 Satz 1 Nr. 1 WpPG a. F. restriktiv dahingehend auszulegen sei, dass solche gemischten Angebote unzulässig seien.[149] Ein Angebot, das sich an qualifizierte Anleger und gleichzeitig an nicht mehr als 149 nicht-qualifizierte Anleger richtet, ist nunmehr bei Vorliegen der entsprechenden Voraussetzungen nach Art. 1 Abs. 6 i.V.m. Art. 1 Abs. 4 lit. a und b von der Prospektpflicht befreit (vgl. Erwägungsgrund 20; siehe insgesamt → Rn. 290 ff.).

bb) Ausgestaltung des Angebots

91 Die Ausnahmeregelung setzt voraus, dass der Anbieter sein Angebot ausschließlich an qualifizierte Anbieter „**richtet**". Für die Klassifizierung als ein ausschließlich an qualifizierte Anleger gerichtetes Angebot ist folglich die **Zielrichtung des Angebots** entschei-

---

146 *Bauerschmidt*, in: Assmann/Schlitt/von Kopp-Colomb, Prospektrecht Kommentar, Art. 1 ProspektVO Rn. 51; *Groß*, Kapitalmarktrecht, Art. 1 ProspektVO Rn. 13; vgl. zu § 3 WpPG Abs. 2 Nr. 1 a. F. BT-Drucks. 15/4999, 29.
147 *Bauerschmidt*, in: Assmann/Schlitt/von Kopp-Colomb, Prospektrecht Kommentar, Art. 1 ProspektVO Rn. 52; *Groß*, Kapitalmarktrecht, Art. 1 ProspektVO Rn. 13 f.
148 *Bauerschmidt*, BKR 2019, 324, 326; siehe zu § 3 Abs. 2 Satz 1 Nr. 1 WpPG a. F. *Schnorbus*, AG 2008, 389, 403 f.; *Schnorbus*, in: Berrar/Meyer/Müller et al., WpPG/EU-ProspektVO, 2. Aufl. 2017, § 3 WpPG Rn. 21; *von Kopp-Colomb/Mollner*, in: Assmann/Schlitt/von Kopp-Colomb, WpPG/VerkProspG, 3. Aufl. 2017, § 3 WpPG Rn. 25.
149 *Heidelbach/Preuße*, BKR 2006, 316, 319 f. (S. 320: „tatbestandlich ausgeschlossen").

dend.¹⁵⁰ Es kommt hingegen nicht darauf an, dass die Wertpapiere tatsächlich nur von qualifizierten Anlegern erworben werden. Sofern es sich um ein ausschließlich an qualifizierte Anleger gerichtetes Angebot handelt, ist es demnach unschädlich, wenn unbeabsichtigt auch nicht-qualifizierte Anleger die angebotenen Wertpapiere erwerben.¹⁵¹ Entsprechend greift im Falle eines **grenzüberschreitenden Angebots**, das sich nur an qualifizierte Anleger im Inland richtet, auch dann keine Prospektpflicht, wenn ein ausländischer, nicht-qualifizierter Anleger investiert.¹⁵²

Die Beschränkung des Angebots auf einen bestimmten Personenkreis ist durch **gestalterische Maßnahmen** möglich, insbesondere mittels eines entsprechenden Hinweises im Angebotstext (sog. **Disclaimer**).¹⁵³ Sofern der Emittent im Angebotstext explizit hervorhebt, dass nur qualifizierte Anleger das Angebot annehmen können, hat er grundsätzlich angemessene Vorkehrungen für die Annahme des Angebots durch diesen Personenkreis getroffen.¹⁵⁴ Der Begriff des qualifizierten Anlegers sollte an dieser Stelle auch erläutert werden.¹⁵⁵ Darüber hinausgehende Maßnahmen, wie z.B. die Einholung (schriftlicher) Versicherungen des jeweiligen Anlegers, qualifizierter Anleger zu sein, um sicherzustellen, dass das Angebot im Endergebnis tatsächlich nur von qualifizierten Anlegern angenommen wird, sind nicht erforderlich.¹⁵⁶ Notwendig ist aber eine Gesamtschau der Umstände aus der Perspektive der potenziellen Anleger.¹⁵⁷ So reicht ein Disclaimer allein nicht aus, sofern Anhaltspunkte gegen die Beschränkung auf rein professionelle Anleger sprechen (z.B. eine Ansprache natürlicher Personen durch die Emissionsbegleiter).¹⁵⁸

92

---

150 *Groß*, Kapitalmarktrecht, Art. 1 ProspektVO Rn. 13; *Zivny/Mock*, EU-ProspektVO/KMG 2019, Art. 1 ProspektVO Rn. 36.
151 *Groß*, Kapitalmarktrecht, Art. 1 ProspektVO Rn. 13; *Zivny/Mock*, EU-ProspektVO/KMG 2019, Art. 1 ProspektVO Rn. 36; *Bauerschmidt*, in: Assmann/Schlitt/von Kopp-Colomb, Prospektrecht Kommentar, Art. 1 ProspektVO Rn. 53.
152 ESMA, Questions and Answers on the Prospectus Regulation, ESMA31-62-1258 (Version 12, last updated on 3 February 2023), Nr. 4.4 (Subscription of securities by residents of a country where the public offer is not taking place), S. 35 f.
153 Siehe zu § 3 Abs. 2 Satz 1 Nr. 1 WpPG a. F. *Schnorbus*, in: Berrar/Meyer/Müller et al., WpPG/EU-ProspektVO, 2. Aufl. 2017, § 3 WpPG Rn. 16 f.; *von Kopp-Colomb/Mollner*, in: Assmann/Schlitt/von Kopp-Colomb, WpPG/VerkProspG, 3. Aufl. 2017, § 3 WpPG Rn. 28; siehe z.B. Prospekt der UBM Development AG vom 15.6.2021 mit entsprechendem Disclaimer auf der Website („[…] Die auf dieser Internetseite enthaltenen Informationen sind nur an Personen in den Mitgliedstaaten des Europäischen Wirtschaftsraumes („EWR"), die „Qualifizierte Anleger" gemäß Art. 2 lit e der Prospektverordnung sind, gerichtet und dürfen nicht an andere Personen verbreitet werden, […]. Die Informationen dürfen weder von nicht berechtigten Personen eingesehen noch an diese verteilt werden, weil die auf dieser Internetseite genannten Wertpapiere (die „Wertpapiere" oder „Schuldverschreibungen") nur an bestimmte Qualifizierte Anleger gerichtet sind und diesen angeboten werden."), https://www.ubm-development.com/de/disclaimer/?dis=8897&plng=de (zuletzt abgerufen am 29.9.2023).
154 *Schnorbus*, AG 2008, 389, 402.
155 *Bauerschmidt*, in: Assmann/Schlitt/von Kopp-Colomb, Prospektrecht Kommentar, Art. 1 ProspektVO Rn. 53.
156 *Groß*, Kapitalmarktrecht, Art. 1 ProspektVO Rn. 13 Fn. 28.
157 *Bauerschmidt*, in: Assmann/Schlitt/von Kopp-Colomb, Prospektrecht Kommentar, Art. 1 ProspektVO Rn. 53.
158 Vgl. zu § 3 Abs. 2 Satz 1 Nr. 1 WpPG a.F *von Kopp-Colomb/Mollner*, in: Assmann/Schlitt/von Kopp-Colomb, WpPG/VerkProspG, 3. Aufl. 2017, § 3 WpPG Rn. 28.

c) Angebote an weniger als 150 nicht qualifizierte Anleger (Abs. 4 lit. b)

aa) Grundlagen

93 Die Ausnahme des Art. 1 Abs. 4 lit. b, wonach die Prospektpflicht bei Angeboten entfällt, die sich an weniger als 150 natürliche oder juristische Personen pro Mitgliedstaat richten, bei denen es sich nicht um qualifizierte Anleger handelt, wurde wortgleich aus Art. 3 Abs. 2 lit. b ProspektRL übernommen. Eine entsprechende Umsetzungsvorschrift fand sich auch in § 3 Abs. 2 Satz 1 Nr. 2 WpPG a. F. Der ursprünglich maßgebliche Schwellenwert von weniger als 100 Anlegern wurde durch die ÄnderungsRL 2010/73 auf weniger als 150 angehoben und blieb seitdem unverändert. Im Änderungsvorschlag des Ausschusses für Wirtschaft und Währung (Economic and Monetary Affairs Committee – ECON) zum Kommissionsentwurf der ProspektVO war eine Anhebung der Grenze auf 350 pro Mitgliedstaat und insgesamt höchstens 4.000 natürliche oder juristische Personen in der EU vorgesehen.[159] Dieser Vorschlag hat sich jedoch – ohne dass den Materialien zur Entstehung der ProspektVO ein Hinweis zum Hintergrund zu entnehmen ist – im Rahmen der Trilog-Verhandlungen nicht durchgesetzt.[160] Entsprechend ist die aus der ProspektRL zuletzt bekannte quantitative Grenze von weniger als 150 Anlegern beibehalten worden.

94 Nach Erwägungsgrund 15 ist diese Ausnahme von der Prospektpflicht von dem Gedanken getragen, dass die Erstellung eines Prospekts für die lediglich geringe Anzahl der Adressaten des Angebots eine „unverhältnismäßige Belastung" darstellen würde. Exemplarisch nennt der Verordnungsgeber Angebote, die sich an eine „begrenzte Anzahl von Familienangehörigen oder persönlichen Bekannten der Geschäftsführer eines Unternehmens" richten.

95 Ein Angebot, das sich an weniger als 150 nicht-qualifizierte Anleger und gleichzeitig auch an qualifizierte Anleger richtet, ist ebenfalls von der Prospektpflicht befreit. Insofern können die **Ausnahmetatbestände** des Art. 1 Abs. 4 lit. b und des Abs. 4 lit. a miteinander **kombiniert** werden. Dass eine solche Kombination von Ausnahmetatbeständen generell möglich ist, normiert **Art. 1 Abs. 6** nunmehr ausdrücklich. Damit ist die bislang im Zusammenhang mit § 3 Abs. 2 WpPG a. F. umstrittene Frage geklärt, ob ein gleichzeitiges Angebot an qualifizierte Anleger und an weniger als 150 nicht-qualifizierte Anleger ohne Veröffentlichung eines Prospekts zulässig ist (siehe → Rn. 90).

bb) Ausgestaltung des Angebots

96 Das Angebot muss sich an weniger als 150 – also **149**, nicht 150 – **nicht-qualifizierte Anleger** „richten". Wie bei Art. 1 Abs. 4 lit. a ist auch hier entscheidend, wie viele Anle-

---

159 Bericht A8-0238/2016 des Europäischen Parlaments vom 19.7.2016 über den Vorschlag für eine Verordnung des Europäischen Parlaments und des Rates über den Prospekt, der beim öffentlichen Angebot von Wertpapieren oder bei deren Zulassung zum Handel zu veröffentlichen ist (COM(2015)0583 – C8-0375/2015 – 2015/0268(COD)), S. 30 (Art. 1 Abs. 3 lit. b).

160 Im informatorischen Vermerk zum Ergebnis der ersten Lesung des Europäischen Parlaments findet sich ohne Erläuterung wieder der Wortlaut des Kommissionsvorschlags, der auf weniger als 150 Personen abstellt, siehe Informatorischer Vermerk 7976/17 vom 10.4.2017 zum Vorschlag für eine Verordnung des Europäischen Parlaments und des Rates über den Prospekt, der beim öffentlichen Angebot von Wertpapieren oder bei deren Zulassung zum Handel zu veröffentlichen ist – Ergebnis der ersten Lesung des Europäischen Parlaments (Straßburg, 3. bis 6.4.2017), S. 54 (Art. 1 Abs. 4 lit. b).

ger angesprochen werden; auf die tatsächliche Anzahl der zeichnenden Investoren, den Erfolg des Angebots, kommt es hingegen nicht an (siehe → Rn. 91).[161] Die Frage, ob das Angebot einen Prospekt erfordert oder eine Befreiung von der Prospektpflicht nach Art. 1 Abs. 4 lit. b greift, ist somit vor Beginn des Angebots zu klären. Ein unbeabsichtigtes Überschreiten des Grenzwertes ist unschädlich, sofern die **Zielrichtung des Angebots** ausdrücklich auf maximal 149 Personen beschränkt war.[162] Die Feststellung, wie viele Anleger im Zuge eines Angebots tatsächlich angesprochen werden, mag im Einzelfall Schwierigkeiten bereiten.[163] Die Ausnahme ist aber insbesondere in Fällen relevant, in denen der Adressatenkreis quantitativ von vornherein feststeht (z. B. besondere Kunden, leitende Mitarbeiter oder Gesellschafter).[164]

Umgekehrt ist ein hinsichtlich des Adressatenkreises von vornherein **uneingeschränktes Angebot prospektpflichtig**, auch wenn es am Ende tatsächlich nur von 149 Anlegern angenommen wird.[165] In diesem Fall kann ein Angebot, das unter Verstoß gegen die Prospektpflicht nach Art. 3 Abs. 1 ohne Veröffentlichung eines Prospektes erfolgt ist (siehe → Art. 3 Rn. 18 f.), im Nachhinein nicht nach Art. 1 Abs. 4 lit. b legitimiert werden.[166] Da der Wortlaut ausdrücklich auf die Ansprache von weniger als 150 Anlegern und nicht auf die Zeichnungsmöglichkeit abstellt, gilt dies gleichermaßen für ein Angebot, das sich an das Publikum richtet, tatsächlich aber nur von den ersten 149 Zeichnern angenommen werden kann.[167] 97

Die Begrenzung des Adressatenkreises kann durch **gestalterische oder technische Maßnahmen** umgesetzt werden.[168] Im Gegensatz zu Art. 1 Abs. 4 lit. a ist ein bloßer Disclaimer im Angebotstext dahingehend, dass das z. B. im Internet oder in einem Werbeaushang veröffentlichte Angebot sich nur an maximal 149 Anleger richten soll, grundsätzlich nicht ausreichend (siehe → Rn. 92). Denn jeder Anleger, der Kenntnis vom Angebot erlangt, kann sich trotz des Hinweises berechtigterweise zum Kreis der 149 Personen zählen. Etwas anderes gilt, wenn der Adressatenkreis nur weniger als 150 Personen umfassen kann, 98

---

161 *Bauerschmidt*, in: Assmann/Schlitt/von Kopp-Colomb, Prospektrecht Kommentar, Art. 1 ProspektVO Rn. 56; *Groß*, Kapitalmarktrecht, Art. 1 ProspektVO Rn. 15; *Zivny/Mock*, EU-ProspektVO/KMG 2019, Art. 1 ProspektVO Rn. 38.
162 *Groß*, Kapitalmarktrecht, Art. 1 ProspektVO Rn. 15.
163 Vgl. zur Vorgängerregelung *Kunold/Schlitt*, BB 2004, 501, 504; *Schlitt/Schäfer*, AG 2005, 498, 500.
164 Vgl. zu § 3 Abs. 2 Satz 1 Nr. 2 WpPG a. F. *Schnorbus*, in: Berrar/Meyer/Müller et al., WpPG/EU-ProspektVO, 2. Aufl. 2017, § 3 WpPG Rn. 23.
165 *Bauerschmidt*, in: Assmann/Schlitt/von Kopp-Colomb, Prospektrecht Kommentar, Art. 1 ProspektVO Rn. 56; *Singhof*, Recht der Finanzinstrumente, 3.2021, 226, 227; vgl. EFTA-Gerichtshof, 18.6.2021 – E-10/20, ADCADA Immobilien AG PCC in Konkurs gegen Finanzmarktaufsicht, BKR 2021, 442, 444 Rn. 49 f.
166 Vgl. zu § 3 Abs. 2 Satz 1 Nr. 2 WpPG a. F. *von Kopp-Colomb/Mollner*, in: Assmann/Schlitt/von Kopp-Colomb, WpPG/VerkProspG, 3. Aufl. 2017, § 3 WpPG Rn. 31.
167 Vgl. zu § 3 Abs. 2 Satz 1 Nr. 2 WpPG a. F. *Hamann*, in: Schäfer/Hamann, Kapitalmarktgesetze, § 3 WpPG Rn. 18; *von Kopp-Colomb/Gajdos*, in: Assmann/Schlitt/von Kopp-Colomb, WpPG/VerkProspG, § 3 WpPG Rn. 27.
168 *Singhof*, Recht der Finanzinstrumente, 3.2021, 226, 227; vgl. *Fuhrmann*, EWiR 2021, 620, 622; zu § 3 Abs. 2 Satz 1 Nr. 2 WpPG a. F. *Schnorbus*, in: Berrar/Meyer/Müller et al., WpPG/EU-ProspektVO, 2. Aufl. 2017, § 3 WpPG Rn. 24.

weil es sich an einen bestimmten, von vornherein feststehenden Personenkreis richtet.[169] In diesem Fall ist durch einen Disclaimer, wie etwa „das Angebot richtet sich nur an die Arbeitnehmer der Gesellschaft" oder „das Angebot richtet sich nur an die Aktionäre der Gesellschaft", sichergestellt, dass das Angebot von nur max. 149 Personen angenommen wird – vorausgesetzt der Anbieter hat Kenntnis davon, dass die Anzahl der Arbeitnehmer bzw. Gesellschafter unter 150 Personen liegt.[170]

99 In allen anderen Fällen muss sichergestellt werden, dass bereits die **Möglichkeit zur Kenntnisnahme** vom Angebot **auf maximal 149 Anleger begrenzt** ist, z. B. durch eine rein individuelle Ansprache von Anlegern oder eine technische Zugriffsbeschränkung auf die Angebotsbedingungen im Falle von Internetangeboten.[171] Zu beachten ist dabei jedoch, dass die Angaben auf einer frei zugänglichen Website – und nicht erst weitergehende Informationen bei Weiterleitung auf eine entsprechend zugangsbeschränkte Website – nicht bereits für sich genommen ein öffentliches Angebot i. S. d. Art. 2 lit. d (siehe → Art. 2 Rn. 72) darstellen.[172] In diese Richtung geht auch die Entscheidung des **EFTA-Gerichtshofs**, wonach eine Befreiung von der Prospektpflicht Art. 1 Abs. 4 lit. b einschlägig ist, wenn ein Angebot nur über Anfrage an Interessenten übermittelt und zugleich sichergestellt wird, dass die Übermittlung nur an max. 149 Anleger erfolgt.[173] Der EFTA-Gerichtshof hat zudem klargestellt, dass dieser Grenzwert nicht umgangen werden kann, indem das Angebot in einem Mitgliedstaat im Wege verschiedenartiger Medien, die sich jeweils an weniger als 150 Personen richten, verbreitet wird.

cc) Bestimmung des Grenzwertes

100 Das Angebot darf sich an maximal 149 Anleger richten, wobei **qualifizierte Anleger nicht berücksichtigt** werden. Folglich ist ein Angebot, dass sich an mehr als 149 „Personen" richtet, prospektfrei zulässig, sofern die Schwelle von 149 Personen im Hinblick auf nicht-qualifizierte Anleger eingehalten wird.

101 Die quantitative Betrachtung ist nach dem ausdrücklichen Wortlaut („pro Mitgliedstaat") für jeden Mitgliedstaat gesondert vorzunehmen.[174] Das Angebot kann sich demnach in der Summe an mehr als 149 Personen richten, sofern diese **Grenze pro Mitgliedstaat** nicht überschritten wird. Richtet sich ein Angebot z. B. an maximal 149 Personen in Deutschland und zugleich an maximal 149 Personen in Österreich, ist es nach Art. 1 Abs. 4 lit. b von der Prospektpflicht befreit. Der Schwellenwert von maximal 149 Personen bezieht sich dabei explizit nur auf Wertpapierangebote innerhalb der EU. Die Befrei-

---

169 Vgl. zu § 3 Abs. 2 Satz 1 Nr. 2 WpPG a. F. *Schnorbus*, in: Berrar/Meyer/Müller et al., WpPG/EU-ProspektVO, 2. Aufl. 2017, § 3 WpPG Rn. 24.
170 Vgl. zu § 3 Abs. 2 Satz 1 Nr. 2 WpPG a. F. *Schnorbus*, in: Berrar/Meyer/Müller et al., WpPG/EU-ProspektVO, 2. Aufl. 2017, § 3 WpPG Rn. 24; *von Kopp-Colomb/Gajdos*, in: Assmann/Schlitt/von Kopp-Colomb, WpPG/VerkProspG, § 3 WpPG Rn. 27.
171 Vgl. zu § 3 Abs. 2 Satz 1 Nr. 2 WpPG a. F. *von Kopp-Colomb/Mollner*, in: Assmann/Schlitt/von Kopp-Colomb, 3. Aufl. 2017, § 3 WpPG Rn. 33.
172 Vgl. *Fuhrmann*, EWiR 2021, 620, 622; EFTA-Gerichtshof, Urteil v. 18.6.2021 – E-10/20, AD-CADA Immobilien AG PCC in Konkurs gegen Finanzmarktaufsicht, BKR 2021, 442, 444.
173 EFTA-Gerichtshof, Urteil v. 18.6.2021 – E-10/20, ADCADA Immobilien AG PCC in Konkurs gegen Finanzmarktaufsicht, BKR 2021, 442, 444.
174 *Groß*, Kapitalmarktrecht, Art. 1 ProspektVO Rn. 15; *Zivny/Mock*, EU-ProspektVO/KMG 2019, Art. 1 ProspektVO Rn. 40.

ung von der Prospektpflicht greift somit auch dann ein, wenn das Angebot in **anderen Jurisdiktionen** (z.B. USA, Kanada oder Japan) an mehr als 149 Adressaten gerichtet ist, die Grenze aber innerhalb der EU-Mitgliedstaaten eingehalten wird.[175]

Gleichzeitig ist die Ausnahmeregelung **europaweit** zu verstehen. Ein Angebot, das sich **in einem Mitgliedstaat an mehr als 149 Personen richtet** und somit prospektpflichtig ist, unterliegt in **anderen Mitgliedstaaten** automatisch ebenfalls der **Prospektpflicht**, auch wenn sich das Angebot dort jeweils an weniger als 150 Personen richtet.[176] Allein das Überschreiten des Schwellenwertes in einem Mitgliedstaat führt also grundsätzlich dazu, dass nicht mehr auf die Ausnahmevorschrift des Art. 1 Abs. 4 lit. b zurückgegriffen werden kann (wohl aber auf andere Ausnahmeregelungen). Sofern jedoch in dem betreffenden Mitgliedstaat ein gebilligter Prospekt veröffentlicht wurde, sind die Angebote in anderen Mitgliedstaaten, die sich an maximal 149 Anleger richten, wiederum nach Art. 1 Abs. 4 lit. b von der Prospektpflicht befreit.[177] In einem solchen Fall kommt den Emittenten aber ohnehin das Notifizierungsverfahren nach Art. 25 zugute (siehe dazu → Art. 25 Rn. 3ff.). 102

Prospektfrei möglich sind sog. **Kettenemissionen**, d.h. mehrere aufeinanderfolgende Angebote an weniger als 150 Personen, soweit darin keine Umgehung der Prospektpflicht liegt.[178] Eine solche Umgehung wäre z.B. im Falle mehrere Emissionen derselben Wertpapiere in kurzer zeitlicher Abfolge denkbar.[179] Diese könnten in der Gesamtbetrachtung als ein öffentliches Angebot zu werten sein mit der Folge, dass die Grenze des Art. 1 Abs. 4 lit. c überschritten sein würde.[180] Bei der Betrachtung, ob eine Berufung auf Art. 1 Abs. 4 lit. c bei einer Kettenemission zulässig ist, kommt es dabei auf den jeweiligen Einzelfall an. 103

Von der Prospektpflicht nicht befreit sind hingegen Angebote von **Vertriebsketten**, also zeitgleiche Angebote mehrerer Kreditinstitute (sog. Retail Cascades) an jeweils weniger als 150 Personen (siehe → Art. 5 Rn. 32ff.). Die Prospektbefreiung kann nur greifen, sofern es sich jeweils um gesonderte Angebote handelt.[181] Andernfalls könnte der Emittent 104

---

175 *Groß*, in: Kapitalmarktrecht, Art. 1 ProspektVO Rn. 17; *Zivny/Mock*, EU-ProspektVO/KMG 2019, Art. 1 ProspektVO Rn. 42; vgl. zu § 3 Abs. 2 Satz 1 Nr. 2 WpPG a.F. *Schnorbus*, in: Berrar/Meyer/Müller et al., WpPG/EU-ProspektVO, 2. Aufl. 2017, § 3 WpPG Rn. 25.
176 *Groß*, in: Kapitalmarktrecht, Art. 1 ProspektVO Rn. 17; **a.A.** *Zivny/Mock*, EU-ProspektVO/KMG 2019, Art. 1 ProspektVO Rn. 41; vgl. zu § 3 Abs. 2 Satz 1 Nr. 2 WpPG a.F. *Schnorbus*, in: Berrar/Meyer/Müller et al., WpPG/EU-ProspektVO, 2. Aufl. 2017, § 3 WpPG Rn. 25 m.w.N.
177 *Groß*, Kapitalmarktrecht, Art. 1 ProspektVO Rn. 17; *Singhof*, Recht der Finanzinstrumente, 3.2021, 226, 227.
178 *Bauerschmidt*, in: Assmann/Schlitt/von Kopp-Colomb, Prospektrecht Kommentar, Art. 1 ProspektVO Rn. 58; *Groß*, Kapitalmarktrecht, Art. 1 ProspektVO Rn. 18; so bereits zu § 3 Abs. 2 Satz 1 Nr. 2 WpPG a.F. *Schnorbus*, in: Berrar/Meyer/Müller et al., WpPG/EU-ProspektVO, 2. Aufl. 2017, § 3 WpPG Rn. 26, 27.
179 *Zivny/Mock*, EU-ProspektVO/KMG 2019, Art. 1 ProspektVO Rn. 43.
180 *Bauerschmidt*, in: Assmann/Schlitt/von Kopp-Colomb, Prospektrecht Kommentar, Art. 1 ProspektVO Rn. 58.
181 *Bauerschmidt*, in: Assmann/Schlitt/von Kopp-Colomb, Prospektrecht Kommentar, Art. 1 ProspektVO Rn. 59; *Groß*, Kapitalmarktrecht, Art. 1 ProspektVO Rn. 18; *Zivny/Mock*, EU-ProspektVO/KMG 2019, Art. 1 ProspektVO Rn. 44.

Art. 1 ProspektVO Gegenstand, Anwendungsbereich und Ausnahmen

durch Einbeziehung zahlreicher Finanzintermediäre die Ausnahme des Art. 1 Abs. 4 lit. b auf einen unbegrenzten Kreis nicht-qualifizierter Anleger erweitern.[182]

d) Angebote mit Mindeststückelung von 100.000 EUR (Abs. 4 lit. c)

105 Im Einklang mit Art. 3 Abs. 2 lit. d ProspektRL bzw. § 3 Abs. 2 Satz 1 Nr. 4 WpPG a. F. unterliegen Wertpapierangebote mit einer **Mindeststückelung** von 100.000 EUR gemäß Art. 1 Abs. 4 lit. c keiner Prospektpflicht. Die Ausnahmevorschrift beruht auf dem Gedanken, dass Anleger, die in dieser Größenordnung investieren, sich als **(quasi-)professionelle Anleger** anderweitig hinreichend über die angebotenen Wertpapiere informieren können.[183] Eine Unterscheidung zwischen qualifizierten und nicht-qualifizierten Anlegern ist nach dem Wortlaut der Norm nicht vorgesehen. In der Praxis sind Angebote mit einer Mindeststückelung von 100.000 EUR aber vor allem für die Platzierung von Schuldverschreibungen an institutionelle Anleger relevant.[184] Der ursprünglich maßgebliche Schwellenwert von 50.000 EUR wurde durch die ÄnderungsRL 2010/73 auf 100.000 EUR angehoben, da sich die ursprüngliche Schwelle „nicht mehr zur Unterscheidung zwischen Kleinanlegern und beruflichen Anlegern unter dem Aspekt der Anlagekapazität" eignete, weil vermehrt auch Kleinanleger Investitionen von über 50.000 EUR in einer Transaktion tätigen (Erwägungsgrund 9 der ÄnderungsRL 2010/73).

106 Die Vorschrift gilt als der **meistgenutzte Ausnahmetatbestand**.[185] Hintergrund ist, dass mit der Berücksichtigung der Mindeststückelung als quantitativer, klar abgrenzbarer Anknüpfungspunkt eine aus Sicht der Anbieter rechtssichere Einschätzung dahingehend möglich ist, ob das geplante Angebot prospektpflichtig ist.[186] Bei den übrigen Fallgruppen, wie z. B. einem ausschließlich an qualifizierte Anleger nach Art. 1 Abs. 4 lit. a oder an weniger als 150 Anleger gerichteten Angebot nach Art. 1 Abs. 4 lit. b stellen sich meist Auslegungsfragen, insbesondere im Hinblick auf die Ausgestaltung des Angebots (siehe → Rn. 91 f. und Rn. 96 ff.).

107 Im ursprünglichen **Kommissionsvorschlag** war zunächst eine **Abschaffung** der aus Art. 3 Abs. 2 lit. a ProspektRL bekannten Ausnahme für den „Handel mit Großkunden" **vorgesehen**.[187] Als Begründung führte die Kommission an, dass infolge der Prospektbefreiung wenig Anreize bestünden, Anleihen in kleiner Stückelung zu begeben, „da Emittenten in der Regel die kostengünstigere Variante der Offenlegung anstreben". Aufgrund der Vorzugsbehandlung von Angeboten mit einer Stückelung von 100.000 EUR seien

---

182 *Bauerschmidt*, in: Assmann/Schlitt/von Kopp-Colomb, Prospektrecht Kommentar, Art. 1 ProspektVO Rn. 59.
183 *Bauerschmidt*, in: Assmann/Schlitt/von Kopp-Colomb, Prospektrecht Kommentar, Art. 1 ProspektVO Rn. 60; *Groß*, Kapitalmarktrecht, Art. 1 ProspektVO Rn. 19.
184 *Bauerschmidt*, in: Assmann/Schlitt/von Kopp-Colomb, Prospektrecht Kommentar, Art. 1 ProspektVO Rn. 60; *Schmitt/Bhatti/Storck*, ZEuP 2019, 287, 297.
185 Deutsches Aktieninstitut, Stellungnahme, S. 10 f.
186 Deutsches Aktieninstitut, Stellungnahme, S. 11, 16.
187 Siehe Europäische Kommission, Vorschlag für eine Verordnung des Europäischen Parlaments und des Rates über den Prospekt, der beim öffentlichen Angebot von Wertpapieren oder bei deren Zulassung zum Handel zu veröffentlichen ist v. 30.11.2015, COM(2015) 583 final, S. 10, 18 f. sowie Erwägungsgrund 47, S. 31.

"Verzerrungen auf den europäischen Anleihemärkten eingetreten".[188] Die intendierte ersatzlose Streichung der Norm ist in der Praxis auf erhebliche Kritik gestoßen.[189] Im Vorschlag des Rates wurde die aus der ProspektRL bekannte Vorschrift dann wieder in den Ausnahmekatalog integriert[190] und letztlich auch beibehalten. Nach der Ansicht des Verordnungsgebers wird durch die Befreiung von der Prospektpflicht die ordnungsgemäße Funktionsweise des Großkundenmarkts für Nichtdividendenwerte gewährleistet und die Liquidität am Markt erhöht (Erwägungsgrund 21). Bei einem Wegfall der Regelung hätten sich Emittenten voraussichtlich vermehrt auf Abs. 4 lit. d gestützt und einen Mindestbetrag vorgesehen.[191]

Die Norm setzt voraus, dass die angebotenen Wertpapiere einen Nennbetrag/Nominalwert von mindestens 100.000 EUR aufweisen. Bei einer Emission in einer **Fremdwährung** muss die Mindeststückelung nach Umrechnung 100.000 EUR betragen. Nach dem klaren Wortlaut kommt es nicht darauf an, zu welchem Kurs die Wertpapiere erworben werden. Ein **Erwerb zu einem Kurs von unter 100 % des Nominalwertes** ist demnach prospektfrei möglich, sofern die Mindeststückelung bei mindestens 100.000 EUR lag. Dass der Verkaufspreis im Rahmen des Abs. 4 lit. c keine Rolle spielt, folgt auch daraus, dass andernfalls die auf den Mindestbetrag abstellende Ausnahme des Art. 1 Abs. 4 lit. d (siehe → Rn. 110 ff.) obsolet wäre.[192]

108

Bei einer Mindeststückelung von 100.000 EUR kann aufgrund des in Deutschland zu beachtenden sachenrechtlichen Bestimmtheitsgrundsatzes jeweils nur ein **Vielfaches dieser Stückelung** übertragen werden.[193] Danach ist eine Übertragung des (Mit-)Eigentums an einem Wertpapier nur möglich, wenn jedes übertragene Wertpapier die gleichen Rechte verkörpert. Entsprechend muss die Stückelung der Wertpapiere identisch sein, sodass das nächstmögliche Anlagevolumen bei 200.000 EUR liegt.[194] Sofern aus Sicht des Emittenten das Bedürfnis besteht, oberhalb des Mindestbetrages von 100.000 EUR gebrochene Nennbeträge anzubieten (z. B. 150.000 EUR), kann alternativ von der Regelung des Art. 1 Abs. 4 lit. d Gebrauch gemacht werden (siehe → Rn. 112).

109

---

188 Europäische Kommission, Vorschlag für eine Verordnung des Europäischen Parlaments und des Rates über den Prospekt, der beim öffentlichen Angebot von Wertpapieren oder bei deren Zulassung zum Handel zu veröffentlichen ist v. 30.11.2015, COM(2015) 583 final, S. 4. Die „Beseitigung von Anreizen zur Begebung von Schuldverschreibungen in großer Stückelung, d. h. über 100.000 EUR" wurde auch von der EZB begrüßt, siehe Stellungnahme, ABl. C 195 vom 2.6.2016, S. 3 unter 2.4.
189 *Bronger/Scherer*, WM 2017, 460, 462; siehe Die Deutsche Kreditwirtschaft, Comments Commission proposal for a Prospectus Regulation, S. 8; Deutsches Aktieninstitut, Stellungnahme, S. 3, 10 ff.
190 Rat der Europäischen Union, Vorschlag für eine Verordnung des Europäischen Parlaments und des Rates über den Prospekt, der beim öffentlichen Angebot von Wertpapieren oder bei deren Zulassung zum Handel zu veröffentlichen ist v. 3.6.2016, 2015/0268 (COD), S. 32 (Art. 1 Abs. 3 ba).
191 *Schmitt/Bhatti/Storck*, ZEuP 2019, 287, 297.
192 *Bauerschmidt*, in: Assmann/Schlitt/von Kopp-Colomb, Prospektrecht Kommentar, Art. 1 ProspektVO Rn. 61; vgl. zu § 3 Abs. 2 Satz 1 Nr. 2 WpPG a. F. *von Kopp-Colomb/Mollner*, in: Assmann/Schlitt/von Kopp-Colomb, WpPG/VerkProspG, 3. Aufl. 2017, § 3 WpPG Rn. 39.
193 Vgl. zu § 3 Abs. 2 Satz 1 Nr. 2 WpPG a. F. *Schnorbus*, in: Berrar/Meyer/Müller et al., WpPG/EU-ProspektVO, 2. Aufl. 2017, § 3 WpPG Rn. 31; *Heidelbach/Preuße*, BKR 2006, 316, 319.
194 Vgl. zu § 3 Abs. 2 Satz 1 Nr. 2 WpPG a. F. *von Kopp-Colomb/Mollner*, in: Assmann/Schlitt/von Kopp-Colomb, WpPG/VerkProspG, 3. Aufl. 2017, § 3 WpPG Rn. 39.

e) Angebote mit Mindestbetrag von 100.000 EUR (Abs. 4 lit. d)

110 Für Angebote, welche sich an Anleger richten, die bei jedem gesonderten Angebot Wertpapiere ab einem Mindestbetrag von 100.000 EUR pro Anleger erwerben, gilt nach Art. 1 Abs. 4 lit. d ebenfalls keine Prospektpflicht. Die Ausnahmeregelung, die somit einen **Mindestkaufpreis**[195] von 100.000 EUR verlangt, entspricht Art. 3 Abs. 2 lit. c Prospekt-RL bzw. § 3 Abs. 2 Satz 1 Nr. 3 WpPG a. F. Der ursprünglich maßgebliche Schwellenwert von 50.000 EUR wurde durch die ÄnderungsRL 2010/73 – aus den gleichen Erwägungen wie bei Abs. 4 lit. c – ebenfalls auf 100.000 EUR verdoppelt (siehe → Rn. 105).

111 Die Ausnahmevorschrift beruht wie Art. 1 Abs. 4 lit. c auf der Erwägung, dass der jeweilige Erwerber über ausreichende Kenntnisse verfügt, sodass ein Prospekt nicht erforderlich ist.[196] Im Gegensatz zu Art. 1 Abs. 4 lit. c stand eine Streichung dieses Ausnahmetatbestandes im Zuge des Entstehungsprozesses der ProspektVO jedoch nicht zur Debatte (siehe → Rn. 107).

112 Art. 1 Abs. 4 lit. d setzt voraus, dass pro Anleger Wertpapiere ab einem Mindestbetrag von 100.000 EUR erworben werden. Diese Regelung ermöglicht im Vergleich zu Art. 1 Abs. 4 lit. c, der eine Mindeststückelung von 100.000 EUR erfordert und damit nur Angebote in Höhe von 100.000 EUR, 200.000 EUR, 300.000 EUR usw. erfasst (siehe → Rn. 108 f.), das Anbieten von Wertpapieren in kleinerer Stückelung. Dabei muss aber sichergestellt sein, dass **je Angebot und je Anleger** jeweils Wertpapiere mit einem **Gesamtgegenwert** von min. 100.000 EUR erworben werden.[197] Vorgaben zur Höhe der Stückelung lassen sich der Norm nicht entnehmen. So wäre z.B. eine Stückelung von 1.000 EUR möglich, sofern der jeweilige Anleger Wertpapiere im Gesamtnennbetrag von z. B. 105.000 EUR erwirbt. Relevant ist die Ausnahmevorschrift für Fälle, in denen keine ausreichende Akzeptanz des Marktes für eine höhe Stückelung von 100.000 EUR vorliegt oder oberhalb des Mindestbetrages von 100.000 EUR gebrochene Nennbeträge angeboten werden sollen.[198]

113 Bei der **Berechnung** des Mindestbetrages von 100.000 EUR werden Gebühren nicht berücksichtigt.[199] Wie schon bei der alten Regelung ist bei Options-, Umtausch- oder Wandelanleihen die Gegenleistung für die jeweilige Anleihe entscheidend, nicht die Gegenleistung bei Ausübung des zugrunde liegenden Rechts (Strike Price).[200]

---

[195] *Groß*, Kapitalmarktrecht, Art. 1 ProspektVO Rn. 20.
[196] *Groß*, Kapitalmarktrecht, Art. 1 ProspektVO Rn. 20; *Zivny/Mock*, EU-ProspektVO/KMG 2019, Art. 1 ProspektVO Rn. 49.
[197] *Bauerschmidt*, in: Assmann/Schlitt/von Kopp-Colomb, Prospektrecht Kommentar, Art. 1 ProspektVO Rn. 64; *Groß*, Kapitalmarktrecht, Art. 1 ProspektVO Rn. 20; vgl. zu § 3 Abs. 2 Nr. 3 WpPG a. F. *Heidelbach/Preuße*, BKR 2006, 316, 319; *Zeising*, in: Just/Voß/Ritz/Zeising, WpPG, 2009, § 3 WpPG Rn. 50.
[198] Vgl. *Müller/Oulds*, WM 2007, 573 f.; *Heidelbach/Preuße*, BKR 2006, 316, 319.
[199] *Bauerschmidt*, in: Assmann/Schlitt/von Kopp-Colomb, Prospektrecht Kommentar, Art. 1 ProspektVO Rn. 65; *Groß*, Kapitalmarktrecht, § 3 WpPG Rn. 8; **a. A.** *Zivny/Mock*, EU-ProspektVO/KMG 2019, Art. 1 ProspektVO Rn. 51; vgl. zu § 3 WpPG a. F. *Zeising*, in: Just/Voß/Ritz/Zeising, WpPG, 2009, § 3 WpPG Rn. 52 und zu § 2 Nr. 4 VerkProspG a. F. BAWe, Bekanntmachung zum Wertpapier-Verkaufsprospektgesetz, unter II. 3, S. 5.
[200] ESMA, Questions and Answers on the Prospectus Regulation, ESMA31-62-1258 (Version 12, last updated on 3 February 2023), Nr. 15.7 (Offer of Warants – Answer provided by the European Commission in accordance with Article 16b(5) of the ESMA Regulation), S. 77 f.; *Groß*,

3. Ausnahmen für bestimmte Arten von Wertpapieren bzw. Transaktionen (Abs. 4 lit. e bis i)

a) Grundlagen

Im Vergleich zu den Ausnahmeregelungen in Art. 1 Abs. 4 lit. a bis d beziehen sich die Vorschriften in Abs. 4 lit. e bis i nicht auf die Angebotsform, sondern auf die Art der Wertpapiere bzw. spezielle Transaktionsformen. Dabei erfassen Abs. 4 lit. e bis g Aktien, die im Austausch für bereits ausgegebene Aktien angeboten werden (Abs. 4 lit. e) bzw. Wertpapiere, die anlässlich eines Tauschangebotes bei Übernahme (Abs. 4 lit. f) bzw. einer Verschmelzung oder Spaltung (Abs. 4 lit. g) angeboten oder zugeteilt werden (sollen). Abs. 4 lit. h widmet sich Sachdividenden und Abs. 4 lit. i sieht eine Befreiung von der Prospektpflicht im Falle der Aktienausgabe an Mitarbeiter vor.

114

In allen Fällen des Art. 1 Abs. 4 lit. e bis i besteht bei Vorliegen der Voraussetzungen keine Prospektpflicht für die angebotenen Wertpapiere. Im Falle von Tauschangeboten bzw. Umwandlungsvorgängen nach **Abs. 4 lit. f bzw. g** gilt dies allerdings nur unter der **einschränkenden Voraussetzung**, dass der Öffentlichkeit ein Dokument gemäß den Bestimmungen des Art. 21 Abs. 2 zur Verfügung gestellt wurde, das Informationen zu der Transaktion und ihren Auswirkungen auf den Emittenten enthält (sog. **Befreiungsdokument**). Die entsprechenden Regelungen basieren im Wesentlichen auf Art. 4 Abs. 1 lit. b bzw. c ProspektRL, die jedoch noch ein Dokument mit Angaben, die „nach Ansicht der zuständigen Behörde denen des Prospekts gleichwertig sind", voraussetzten. In Ausübung der Verordnungsermächtigung des Art. 1 Abs. 7 (siehe → Rn. 308) hat die Kommission die **Delegierte Verordnung (EU) 2021/528** erlassen, in der die Anforderungen an das Befreiungsdokument detailliert geregelt sind (siehe ausführlich → Rn. 133 ff.).

115

b) Austausch bereits ausgegebener Aktien derselben Gattung (Abs. 4 lit. e)

Die Vorschrift des Art. 1 Abs. 4 lit. e sieht für Aktien, die im Tausch für bereits ausgegebene Aktien angeboten werden, eine Befreiung von der Prospektpflicht vor. Entscheidend ist, dass die Aktien derselben Gattung angehören und die Emission der angebotenen Aktien nicht mit einer Kapitalerhöhung beim Emittenten einhergeht. Abs. 4 lit. e übernimmt damit die Vorgängerregelung des Art. 4 Abs. 1 lit. a ProspektRL, welche durch § 4 Abs. 1 Nr. 1 WpPG a. F. ins deutsche Recht umgesetzt worden war. Gegenstück zu Abs. 4 lit. e bildet **Abs. 5 UAbs. 1 lit. d**, welcher eine entsprechende Ausnahme für die Zulassung von Aktien regelt (siehe → Rn. 271 f.).

116

Die Norm gilt nur für Aktien und regelt den Fall, dass – ohne Änderung der Höhe des gezeichneten Kapitals – Aktien im **Umtausch für bereits ausgegebene Aktien derselben Gattung** ausgegeben werden. Aktien gehören derselben Gattung an, wenn die durch sie verbrieften Rechte – einschließlich der Gewinnberechtigung – identisch sind (vgl. § 11 AktG). Von gleicher Gattung sind Aktien, die sich nur hinsichtlich des Beginns der Dividendenberechtigung unterscheiden.[201] Hierfür sprach sich bereits die Regierungsbegrün-

117

Kapitalmarktrecht, Art. 1 ProspektVO Rn. 20; vgl. zu § 3 WpPG Abs. 2 Satz 1 Nr. 3, 4 a. F. *Schnorbus*, in: Berrar/Meyer/Müller et al., WpPG/EU-ProspektVO, 2. Aufl. 2017, § 3 WpPG Rn. 30.

201 *Groß*, Kapitalmarktrecht, Art. 1 ProspektVO Rn. 11.

dung zum Umsetzungsgesetz der ProspektRL aus.[202] Es ist nicht ersichtlich, dass der Verordnungsgeber von diesem Verständnis abrücken wollte. Die Regelung betrifft beispielsweise die **Neustückelung des Kapitals** nach Nennwertveränderungen (wie bei einer Aktienzusammenlegung oder einem Aktiensplit) oder die **Umstellung von Nennwertaktien auf nennwertlose Stückaktien** (oder umgekehrt).[203] Eine Kapitalerhöhung darf zu diesem Zwecke allerdings nicht durchgeführt werden, sodass es sich um keine eigenständige Emission handelt.

118 **Vorzugs- und Stammaktien** bilden hingegen **nicht** dieselbe Gattung, sodass auf Grundlage des Art. 1 Abs. 4 lit. e kein prospektfreier Umtausch von Vorzügen gegen Stämme (oder umgekehrt) möglich ist. Darauf kommt es allerdings dann nicht an, wenn bereits die Voraussetzungen eines öffentlichen Angebots nicht gegeben sind. Ein öffentliches Angebot liegt z. B. insbesondere dann nicht vor, wenn Gattungen lediglich kraft Satzungsänderung ausgetauscht werden (vgl. → Art. 2 Rn. 67).[204] Rückhalt findet dies auch in Erwägungsgrund 22, wonach bei Fehlen einer individuellen Entscheidungsmöglichkeit beim Empfänger nicht von einem öffentlichen Angebot auszugehen ist. In einem solchen Fall ist bereits der Anwendungsbereich der Prospektpflicht nach Art. 3 Abs. 1 (siehe → Art. 3 Rn. 4 ff.) nicht eröffnet. In diesem Fall können die kraft Satzung umgetauschten Aktien – durch die nunmehr direkte Anwendung des Art. 1 Abs. 5 UAbs. 1 lit. b[205] – auch prospektfrei zugelassen werden (siehe hierzu → Rn. 268).

c) Tauschangebot (Abs. 4 lit. f)

aa) Grundlagen

119 Nach Art. 1 Abs. 4 lit. f besteht für Wertpapiere, die anlässlich einer Übernahme im Wege eines Tauschangebots angeboten werden, keine Prospektpflicht, sofern ein Dokument gemäß den Bestimmungen des Art. 21 Abs. 2 der Öffentlichkeit zur Verfügung gestellt wurde, das Informationen zu der Transaktion und ihren Auswirkungen auf den Emittenten enthält (sog. „**Befreiungsdokument**"). Die Mindestinformationen, die das Befreiungsdokument enthalten muss, sind in der **Delegierten Verordnung (EU) 2021/528 vom 16.12.2020** (die „**DelVO 2021/528**") detailliert geregelt (vgl. sogleich → Rn. 133 ff.). Die Vorschrift geht auf Art. 1 Abs. 4 lit. c ProspektRL zurück, der allerdings ein Dokument mit Angaben voraussetzte, die „nach Ansicht der zuständigen Behörde denen des Prospekts gleichwertig sind".

120 Eingeschränkt wird der Anwendungsbereich des Art. 1 Abs. 4 lit. f durch Art. 1 Abs. 6a. Danach gelten die in Art. 1 Abs. 4 lit. f (und Abs. 5 UAbs. 1 lit. e) genannten Ausnahmen nur für Dividendenwerte und nur wenn (i) die angebotenen Dividendenwerte bereits vor

---

202 BT-Drucks. 15/4999, 30.
203 Vgl. *Straßner/Grosjean*, in: Heidel, Aktienrecht und Kapitalmarktrecht, 5. Aufl. 2019, § 4 WpPG Rn. 3; *Schlitt/Schäfer*, in: Assmann/Schlitt/von Kopp-Colomb, WpPG/VerkProspG, 2. Aufl. 2010, § 4 WpPG Rn. 7; *Heidelbach*, in: Schwark/Zimmer, KMRK, 4. Aufl. 2010, § 4 WpPG Rn. 6.
204 So auch *Groß*, Kapitalmarktrecht, Art. 1 ProspektVO Rn. 21; ebenso zum alten Recht *Schnorbus*, in: Berrar/Meyer/Müller et al., WpPG/EU-ProspektVO, 2. Aufl. 2017, § 4 WpPG Rn. 4.
205 Vgl. noch zur europarechtlich bedingten analogen Anwendung im Kontext des § 4 Abs. 2 Nr. 7 WpPG a. F. *Schnorbus*, in: Berrar/Meyer/Müller et al., WpPG/EU-ProspektVO, 2. Aufl. 2017, § 4 WpPG Rn. 109 f.

der Übernahme und der damit verbundenen Transaktion mit den vorhandenen bereits zum Handel zugelassenen **Dividendenwerten** des Emittenten fungibel sind und die Übernahme nicht als **umgekehrter Unternehmenserwerb** gilt, oder (ii) die Aufsichtsstelle, sofern sie zur Prüfung der Angebotsunterlage befugt ist, eine vorherige Billigung des Befreiungsdokuments erteilt hat. Der Begriff der Dividendenwerte ist definiert in Art. 2 lit. b und erfasst insbesondere Aktien und andere, Aktien gleichzustellende übertragbare Wertpapiere. Der Begriff des umgekehrten Unternehmenserwerbs meint umgekehrte Unternehmenserwerbe im Sinne der Verordnung (EG) Nr. 1126/2008 der Kommission[206] und den internationalen Rechnungslegungsstandards IFRS 3, Paragraph B19. Erfasst ist beispielsweise der Fall, dass ein nicht börsennotiertes Unternehmen sich von einem kleineren börsennotierten Unternehmen „erwerben" lässt mit dem Ziel, infolge des „Erwerbs" selbst eine Börsennotierung zu erlangen.[207] Möglich wird das, wenn das nicht börsennotierte Unternehmen veranlasst, Eigenkapitalanteile mit dem börsennotierten Unternehmen auszutauschen.[208]

Art. 1 Abs. 6a wurde nachträglich durch die **Verordnung (EU) 2019/2115** des Europäischen Parlaments und des Rates vom 27.11.2019 zur Änderung der Richtlinie 2014/65/EU und der Verordnungen (EU) Nr. 596/2014 und (EU) 2017/1129 zur Förderung der Nutzung von KMU-Wachstumsmärkten (die „**VO 2019/2115**") eingefügt. Hintergrund dieser Regelung war, die durch den Erlass der ProspektVO versehentlich geschaffene Möglichkeit eines „Börsengangs durch die Hintertür" (sog. **Backdoor Listing** oder **Reverse Takeover**) auszuräumen.[209] So bestand nach Erlass der ProspektVO die Befürchtung, dass als unbeabsichtigte Folge der in Art. 1 Abs. 4 lit. f (sowie Abs. 4 lit. g) vorgesehenen Ausnahmeregelung sich für einen nicht börsennotierten Emittenten die Möglichkeit ergibt, unter bestimmten Umständen die erstmalige Zulassung seiner Aktien zum Handel auf einem geregelten Markt ohne vorherige Erstellung eines Prospekts vorzunehmen (vgl. Erwägungsgrund 13 der VO 2019/2115).

121

bb) Tauschangebote nach Maßgabe des WpÜG

aaa) Beschreibung der angebotenen Wertpapiere in der Angebotsunterlage

Die Ausnahme des Art. 1 Abs. 4 lit. f betrifft in erster Linie die Konstellation eines Übernahmeangebots nach dem WpÜG, bei dem der Bieter als Gegenleistung (i) liquide, an einem organisierten Markt gehandelte Aktien nach Maßgabe des § 31 Abs. 2 Satz 1 WpÜG oder (ii) – zusätzlich zu Bargeld oder Aktien nach Maßgabe des § 31 Abs. 2 Satz 1 WpÜG – sonstige Wertpapiere (freiwillig) anbietet.

122

---

[206] Verordung (EG) Nr. 1126/2008 der Kommission vom 3.11.2008 zur Übernahme bestimmter internationaler Rechnungslegungsstandards gemäß der Verordnung (EG) Nr. 1606/2002 des Europäischen Parlaments und des Rates.
[207] Siehe hierzu *Bauerschmidt*, in: Assmann/Schlitt/von Kopp-Colomb, Prospektrecht Kommentar, Art. 1 ProspektVO Rn. 70.
[208] Siehe hierzu *Bauerschmidt*, in: Assmann/Schlitt/von Kopp-Colomb, Prospektrecht Kommentar, Art. 1 ProspektVO Rn. 70.
[209] Vgl. ESMA, Questions Final Report, Technical advice on Minimum Information Content for Prospectus Exemption, ESMA31-62-1207 (last updated on 29 March 2019), Rn. 12 (General remarks), S. 9.

123 Als Folge der Änderung im Prospektrecht ist im Hinblick auf Übernahmeangebote nach dem WpÜG auch die WpÜG-Angebotsverordnung durch den deutschen Gesetzgeber angepasst worden. Nunmehr sind auf Basis des § 11 Abs. 4 WpÜG i.V.m. § 2 Nr. 2 lit. a WpÜG-Angebotsverordnung in die Angebotsunterlage Angaben nach der DelVO 2021/528 aufzunehmen. Soweit es sich bei der Gegenleistung also um Wertpapiere handelt, bedeutet dies, dass die Angebotsunterlage sich gemäß § 11 WpÜG i.V.m. der WpÜG-Angebotsverordnung nicht auf eine Kurzbeschreibung des Bieters beschränken kann, sondern wie bereits vor Geltung der Prospektverordnung eine umfassende Beschreibung des Bieters und der als Gegenleistung angebotenen Aktien enthalten muss. An dieser Stelle findet eine Verzahnung zwischen Übernahme- und Prospektrecht statt, indem übernahmerechtlich sichergestellt wird, dass die Angebotsunterlage sämtliche Informationen enthält, die ein Befreiungsdokument nach Maßgabe der DelVO 2021/528 enthalten muss. Eine zusätzliche Prospekterstellung im Hinblick auf das Tauschangebot nach dem WpÜG, das regelmäßig ein die Prospektpflicht auslösendes öffentliches Angebot im Sinne des Art. 3 Abs. 1 in Bezug auf die seitens des Bieters angebotenen Wertpapiere darstellt, ist dann nach Art. 1 Abs. 4 lit. f nicht mehr nötig. Auf diesem Weg wird, wie bereits zuvor nach alter Rechtslage, eine **Doppelpublizität** vermieden.

124 Erforderlich ist von Rechts wegen aber nicht der Aufwand einer Veröffentlichung eines umfassenden „Disclosure Documents", das zur Vermarktung einer Transaktion (etwa bei einem IPO oder einer Bezugsrechtsemission) eingesetzt wird und/oder den Anforderungen einer Platzierung in den USA nach Rule 144A des U.S. Securities Act of 1933 entspricht.[210] Die „Abarbeitung" der formellen Vorgaben der Prospektverordnung i.V.m. der DelVO 2021/528 genügt. Zu beachten ist dabei, dass gemäß § 11 Abs. 1 Satz 4 WpÜG sämtliche Angaben in der Angebotsunterlage in deutscher Sprache abgefasst werden müssen. Dies betrifft auch die ergänzenden Angaben nach der WpÜG-Angebotsverordnung.[211] Die Verwendung eines englischen Dokuments kommt mithin nicht in Betracht. Insbesondere enthält auch die DelVO 2021/528 keine vorrangige Sprachenregelung. Stattdessen verweist Art. 5 der DelVO 2021/528 praktisch auf nationales Recht und bestimmt lediglich, dass ein Befreiungsdokument in einer von der zuständigen Behörde im Sinne des Art. 2 lit. o anerkannten Sprache abzufassen ist. Für den Zuständigkeitsbereich der BaFin ist das (jedenfalls auch) die deutsche Sprache.

125 Tauschangebote im Sinne des § 2 Abs. 1 WpÜG kommen in der deutschen Praxis nur selten vor. Von den in den Jahren 2021, 2022 und 2023 veröffentlichten Übernahmeangeboten beinhalteten nur zwei eine Aktiengegenleistung (vgl. sogleich → Rn. 146 ff.).[212]

---

210 So bereits *Schnorbus*, in: Berrar/Meyer/Müller et al., WpPG/EU-ProspektVO, 2. Aufl. 2017, § 4 WpPG Rn. 8.
211 *Meyer*, in: Assmann/Pötzsch/Uwe H. Schneider, WpÜG, § 11 Rn. 53; *Beurskens*, in: Beurskens/Ehricke/Ekkenga, § 11 Rn. 9.
212 Vgl. Angebotsunterlage zum freiwilligen öffentlichen Übernahmeangebot der Acorn HoldCo, Inc. an die Aktionäre der ADVA Optical Networking SE vom 11.11.2021; sowie Angebotsunterlage zum freiwilligen öffentlichen Übernahme- und Delisting-Angebot der CTP N.V. an die Aktionäre der Deutsche Industrie REIT-AG vom 7.12.2021.

bbb) Anforderungen an den bestehenden Prospekt
(§ 2 Satz 1 Nr. 2, Satz 2 WpÜG-Angebotsverordnung)

Hat der Bieter für die als Gegenleistung angebotenen Wertpapiere vor Veröffentlichung der Angebotsunterlage einen Prospekt veröffentlicht, aufgrund dessen die Wertpapiere öffentlich angeboten oder zum Handel an einem organisierten Markt zugelassen worden sind, genügt die Angabe, dass ein Prospekt veröffentlicht wurde und wo dieser jeweils erhältlich ist (§ 2 Satz 2 WpÜG-Angebotsverordnung). Dieser bereits veröffentlichte Prospekt muss verschiedene Kriterien erfüllen. Voraussetzung ist – ausweislich des Wortlauts der Norm – zunächst, dass der betreffende Prospekt „im Inland in deutscher Sprache" veröffentlicht wurde. Aufgrund der insoweit eindeutigen Regelung des § 2 Satz 2 WpÜG-Angebotsverordnung genügt also die Veröffentlichung eines englischsprachigen Prospekts nicht. 126

Weiter muss „**während der gesamten Laufzeit des Angebots ein gültiger Prospekt**" veröffentlicht sein. Gültigkeit in diesem Sinne ist dann gegeben, wenn der bereits veröffentlichte Prospekt nicht älter als zwölf Monate ist (Art. 12 Abs. 1) und erforderlichenfalls durch Nachträge ergänzt wurde (Art. 23).[213] Zu berücksichtigen ist dabei jedoch, dass – auch nach der Verwaltungspraxis der BaFin – die Gültigkeit eines Prospekts der Nachtragspflicht folgt, sodass die Gültigkeit eines Prospekts mit dem Ende der Nachtragspflicht erlischt.[214] In der Folge erreicht die Gültigkeitsdauer eines Prospekts für Aktien die in Art. 12 Abs. 1 normierten zwölf Monate regelmäßig nicht. Diese Konsequenz der Verknüpfung aus Gültigkeitsdauer und Nachtragspflicht lässt die Anzahl möglicher Anwendungsfälle eines aus anderem Anlass erstellten Prospekts sehr gering erscheinen. 127

Der zum Zeitpunkt des Angebotsbeginns gültige Prospekt muss für die Laufzeit des Tauschangebots nicht nur für die Wertpapierinhaber verfügbar sein, sondern nach Maßgabe des Art. 12 Abs. 1 auch weiter gültig und erforderlichenfalls durch Nachträge ergänzt worden sein. Dies betrifft aber nur den Zeitraum der Annahmefrist nach § 16 Abs. 1 WpÜG und ggf. den Zeitraum der weiteren Annahmefrist nach § 16 Abs. 2 WpÜG.[215] Dagegen bedarf es keiner Gültigkeit für den Zeitraum, in welchem etwaige Andienungsrechte nach § 39c WpÜG (oder etwaige vergleichbare Andienungsrechte anderer Jurisdiktionen im Falle von europäischen Angeboten nach § 2 Abs. 1a WpÜG) geltend gemacht werden können.[216] Das gilt auch dann, wenn das Angebot noch von Angebotsbedingungen i. S. d. § 18 WpÜG abhängt, die nach Ablauf der Annahmefrist erfüllt werden können (in aller Regel regulatorische Auflagen und Vollzugsverbote). In diesem Fall ist es nicht erforderlich, dass ein bereits veröffentlichter Prospekt bis zum Eintritt aller Angebotsbedingungen gültig ist. 128

Diese Vorgaben hinsichtlich der Gültigkeit des Dokuments führen (neben dem Erfordernis, dass es in deutscher Sprache veröffentlicht sein muss) dazu, dass die Regelung des 129

---

213 *Meyer*, in: Assmann/Pötzsch/Uwe H. Schneider, WpÜG, § 2 Rn. 9 WpÜG-AngVO; *Groß*, Kapitalmarktrecht, Art. 23 ProspektVO Rn. 13 ff.
214 *Ritz*, in: Just/Voß/Ritz/Zeising, Wertpapierprospektrecht, 2. Aufl. 2023, Art. 12 ProspektVO Rn. 10 ff.; *Groß*, Kapitalmarktrecht, Art. 12 ProspektVO Rn. 5.
215 So bereits *Schnorbus*, in: Berrar/Meyer/Müller et al., WpPG/EU-ProspektVO, 2. Aufl. 2017, § 4 WpPG Rn. 10.
216 So bereits *Schnorbus*, in: Berrar/Meyer/Müller et al., WpPG/EU-ProspektVO, 2. Aufl. 2017, § 4 WpPG Rn. 10.

§ 2 Satz 2 WpÜG-Angebotsverordnung in der – ohnehin nur auf Einzelfälle beschränkten – deutschen Praxis der Umtauschangebote einen geringen Anwendungsbereich hat.[217] Selbst wenn ein noch relativ „frischer" Prospekt des Bieters (z. B. ein Zulassungsprospekt im Zusammenhang mit einer Kapitalerhöhung oder ein ausschließlich für das Umtauschangebot erstellter Angebotsprospekt, der tagggleich mit der Gestattung der Angebotsunterlage gebilligt wurde) zur Verfügung steht, muss der Bieter berücksichtigen, dass das Übernahmeangebot auch bei der gesetzlichen Mindestfrist von vier Wochen (§ 16 Abs. 1 Satz 1 WpÜG) zuzüglich zwei Wochen für die weitere Annahmefrist nach § 16 Abs. 2 WpÜG so lange offen ist, dass seit Gestattung der Angebotsunterlage wesentliche neue Informationen verfügbar werden könnten (z. B. ein neuer (Zwischen-)Abschluss). Das bereits veröffentlichte, in Bezug genommene Dokument müsste um diese Information durch einen **Nachtrag nach Art. 23** aktualisiert werden, was sich bei neuen Finanzinformationen aufgrund der vielfältigen Auswirkungen auf das bestehende Dokument nur unter gesteigerten Anforderungen darstellen lässt und das Risiko der Prospekthaftung erhöht. Zu berücksichtigen ist in diesem Zusammenhang weiter das **prospektrechtliche Widerrufsrecht**: So können nach Art. 23 Abs. 2 die Aktionäre, die vor der Veröffentlichung des Nachtrags eine auf den Erwerb oder die Zeichnung der Angebotsaktien gerichtete Willenserklärung abgegeben haben, diese innerhalb einer Frist von zwei Arbeitstagen nach Veröffentlichung des Nachtrags widerrufen, sofern der wichtige neue Umstand, die wesentliche Unrichtigkeit oder die wesentliche Ungenauigkeit gemäß Art. 23 Abs. 1 vor dem endgültigen Auslaufen des öffentlichen Angebots oder – falls früher – vor der Lieferung der Wertpapiere eingetreten ist oder festgestellt wurde.[218] Für die Praxis bedeutet das, dass die andienenden Aktionäre von ihrer Annahmeerklärung und damit von dem Tauschangebot wohl auch noch nach Ablauf der Annahmefrist und Eintritt der Angebotsbedingungen, wie z. B. der Mindestannahmequote, faktisch zurücktreten können – ein Umstand, den jeder Bieter zu vermeiden sucht. Der Bieter kommt daher bei konservativer Herangehensweise nicht umhin, in seine Angebotsunterlage zusätzlich die nach § 11 Abs. 4 WpÜG i.V.m. § 2 Nr. 2 lit. a WpÜG-Angebotsverordnung geforderten Mindestangaben aufzunehmen und wird in den meisten Fällen nicht von der Möglichkeit des Verweises nach § 2 Satz 2 WpÜG-Angebotsverordnung Gebrauch machen können.

ccc) Prüfungskompetenz der BaFin

130 Die Befreiung des Art. 1 Abs. 4 lit. f greift **kraft Gesetzes**, sodass es keiner weiteren Prüfung durch die BaFin bedarf.[219] Insbesondere ist keine Billigung des zu veröffentlichenden Befreiungsdokuments nach der ProspektVO erforderlich. Allerdings ist für ein Tauschangebot, das dem WpÜG unterliegt, nach § 14 WpÜG vorgeschrieben, dass die Veröffentlichung der Angebotsunterlage nur nach vorheriger Gestattung durch die BaFin

---

217 Vgl. aber Umtauschangebot der Aroundtown SA an die Aktionäre der TLG Immobilien AG vom 18.12.2019, wo vorab ein Prospekt zur Zulassung der Angebotsaktien veröffentlicht und darauf in der Angebotsunterlage verwiesen wurde. Vgl. unter dem alten Prospektregime außerdem das Umtauschangebot der ADLER Real Estate AG an die Aktionäre der ESTAVIS AG vom 25.4.2014, wo ebenfalls vorab ein Prospekt zur Zulassung der Angebotsaktien veröffentlicht und darauf in der Angebotsunterlage verwiesen wurde.
218 Die Veröffentlichung nachtragspflichtiger Finanzberichte während der Laufzeit eines Tauschangebots ist ohnehin zu vermeiden. Erfolgt der Nachtrag bereits mit Veröffentlichung der Angebotsunterlage, ist das Widerrufsrecht gegenstandslos.
219 Vgl. auch *Groß*, Kapitalmarktrecht, Art. 1 ProspektVO Rn. 9.

erfolgen darf. Sofern dieses Tauschangebot auf Grundlage des § 2 Nr. 2 lit. a WpÜG-Angebotsverordnung ergänzende Informationen über den Bieter und die angebotenen Wertpapiere enthält, sind diese Angaben vollständiger Bestandteil der Angebotsunterlage. Sie unterliegen damit vollumfänglich der formellen Vollständigkeitsprüfung nach dem WpÜG, die durch Elemente einer materiellen Richtigkeitsprüfung ergänzt wird (§§ 11, 14, 15 WpÜG).[220] Die Gestattung der Angebotsunterlage ist zwar formal unabhängig von der Befreiungswirkung des Art. 1 Abs. 4 lit. f, wenn anlässlich eines Tauschangebots Wertpapiere angeboten werden, solange nur ein Befreiungsdokument nach Maßgabe der Delegierten Verordnung (EU) 2021/528 vorliegt; in einem ordnungsgemäßen Verfahren kommt es zu einem solchen Angebot aber nur nach Gestattung und Veröffentlichung der Angebotsunterlage nach § 14 WpÜG.

cc) Tauschangebote außerhalb des WpÜG

Der unter der alten Rechtslage im Hinblick auf das Erfordernis der „Gleichwertigkeit" des veröffentlichten Dokuments diskutierten Frage, was für (regulierte) Tauschangebote gilt, die nicht nach dem WpÜG, sondern unter anderen Rechtsordnungen durchgeführt werden, kommt – im Hinblick auf Angebote nach dem Recht der Mitgliedstaaten – keine Relevanz mehr zu.[221] Denn für die Einschlägigkeit der Ausnahme des Art. 1 Abs. 4 lit. f kommt es nun allein darauf an, dass das veröffentlichte Dokument den Anforderungen an das Befreiungsdokument genügt. Das gilt für Tauschangebote nach Maßgabe des WpÜG gleichermaßen wie für solche, die nicht nach dem WpÜG, sondern nach anderen Rechtsordnungen durchgeführt werden.

131

Daneben stellt sich die praktisch relevantere Frage, was für **Angebote innerhalb Deutschlands gilt, auf die jedoch das WpÜG keine Anwendung findet**. Zu denken ist dabei an öffentliche Tauschangebote zum Erwerb von Aktien einer Zielgesellschaft, die im Freiverkehr gehandelt werden und gerade nicht zum Handel an einem organisierten Markt zugelassen sind. Es erscheint fraglich, ob auf solche Angebote die Ausnahme des Art. 1 Abs. 4 lit. f Anwendung findet. Die besseren Argumente sprechen gegen eine Anwendbarkeit der Ausnahme des Art. 1 Abs. 4 lit. f in diesen Fällen. So besteht auch in dieser Konstellation die Gefahr eines Backdoor Listings. Lässt sich die Zielgesellschaft, deren Aktien nicht zum Handel an einem organisierten Markt zugelassen sind, von einer Bietergesellschaft erwerben, deren Aktien zum Handel an einem organisierten Markt zugelassen sind, kann dies mit dem Ziel erfolgen, infolge des „Erwerbs" selbst eine Börsennotierung zu erhalten. Möglich wird das – wie zuvor unter → Rn. 120 beschrieben –, wenn anschließend ein Austausch von Eigenkapitalanteilen veranlasst wird. Diese Möglichkeit soll verhindert werden (vgl. Art. 1 Abs. 6a, sowie Erwägungsgrund 13 der VO (EU) 2019/2115). Auch eine Anwendbarkeit der Ausnahme des Art. 1 Abs. 4 lit. f im Hinblick auf Art. 1 Abs. 6b scheidet aus, da die dort in Bezug genommene Richt-

132

---

220 Näher *Lenz/Linke*, AG 2002, 361, 362 f.; *Mülbert/Steup*, WM 2005, 1633, 1642; *Meyer*, in: Assmann/Pötzsch/Uwe H. Schneider, WpÜG, § 15 Rn. 11; *Assmann*, ebenda, § 14 Rn. 20.
221 Vgl. auch *Groß*, Kapitalmarktrecht, Art. 1 ProspektVO Rn. 23 f.

linie 2004/25/EG des Europäischen Parlamentes und des Rates[222] nur Anwendung findet, wenn die Aktien der Zielgesellschaft im organisierten Markt gelistet sind. Für die Bietergesellschaft bedeutet dies, dass sie – mangels Einschlägigkeit der Ausnahme des Art. 1 Abs. 4 lit. f – für die von ihr angebotenen Aktien einen Prospekt nach den allgemeinen Regeln veröffentlichen muss.

dd) Befreiungsdokument

aaa) Grundlagen

133   Nach **Art. 1 Abs. 7** hat die Kommission die Befugnis, gemäß Art. 44 delegierte Rechtsakte zur Ergänzung der ProspektVO zu erlassen, in denen die Mindestinformationen der in Abs. 4 lit. f und g und in Abs. 5 UAbs. 1 lit. e und f genannten Dokumente festgelegt werden (siehe → Rn. 308). Diese Befugnis ist der Kommission nach Art. 44 Abs. 2 auf unbestimmte Zeit übertragen.

134   In Ausübung dieser Ermächtigung hat die Kommission die **DelVO 2021/528** erlassen, in der die Mindestinformationen, die das Befreiungsdokument enthalten muss, detailliert geregelt sind. Die DelVO 2021/528 ist am 15.4.2021 in Kraft getreten.

135   Dabei wird angesichts des Detailgrads der Regelungen vermutet, dass Emittenten – trotz Befreiung von der Prospektpflicht – eher auf freiwilliger Basis einen Prospekt nach Art. 4 Abs. 1 veröffentlichen werden (siehe → Art. 4 Rn. 1 ff.), als das durch die Delegierte Verordnung vorgegebene Format für das Befreiungsdokument zu nutzen.[223] Bereits im Anhörungsverfahren der ESMA in Vorbereitung der Delegierten Verordnung wurden Bedenken dahingehend geäußert, dass der Inhalt des Dokuments im Vergleich zu einem Prospekt nicht wesentlich erleichtert werde.[224] Weiterhin wurde die Befürchtung geäußert, dass sich Emittenten angesichts der Unsicherheit im Zusammenhang mit dem Befreiungsdokument immer für einen (freiwilligen) Prospekt entscheiden würden.[225] Im Übrigen wird – im Hinblick darauf, dass die Befreiungswirkung des Art. 1 Abs. 4 lit. f kraft Gesetzes greift und das Befreiungsdokument nicht nach Art. 20 durch die zuständige nationale Behörde zu prüfen und zu billigen ist (siehe hierzu auch → Rn. 130) – angeführt, dass es für einen Anbieter nicht ohne Weiteres zu beurteilen sei, inwieweit eine Prospektpflicht beziehungsweise die Möglichkeit besteht, sich durch die Veröffentlichung eines Befreiungsdokuments nach Maßgabe der DelVO 2021/528 von dieser zu befreien.[226] Weiterhin könne

---

222 Richtlinie 2004/25/EG des Europäischen Parlaments und des Rates vom 21.4.2004 betreffend Übernahmeangebote.
223 *Groß*, Kapitalmarktrecht, Art. 1 ProspektVO Rn. 66; ESMA, Questions Final Report, Technical advice on Minimum Information Content for Prospectus Exemption, ESMA31-62-1207 (last updated on 29 March 2019), Rn. 23, 25 (Summary of feedback and amendments to the technical advice), S. 11.
224 ESMA, Questions Final Report, Technical advice on Minimum Information Content for Prospectus Exemption, ESMA31-62-1207 (last updated on 29 March 2019), Rn. 23, 25 (Summary of feedback and amendments to the technical advice), S. 11.
225 ESMA, Questions Final Report, Technical advice on Minimum Information Content for Prospectus Exemption, ESMA31-62-1207 (last updated on 29 March 2019), Rn. 25 (Summary of feedback and amendments to the technical advice), S. 11.
226 So *Groß*, Kapitalmarktrecht, Art. 1 ProspektVO Rn. 9.

es für einen Anbieter schwer nachvollziehbar sein, inwieweit das von ihm veröffentlichte Dokument tatsächlich den Anforderungen der DelVO 2021/528 genügt.[227]

Gegen diese Bedenken lässt sich anführen, dass es bereits unter alter Rechtslage der Marktpraxis entsprach, die erforderlichen Prospektangaben als Anhang in die Angebotsunterlage aufzunehmen. Die Befürchtung, dass das neue Befreiungsregime unter der DelVO 2021/528 weniger genutzt werden wird, erscheint insofern unplausibel, als doch die DelVO 2021/528 jedenfalls gewisse Erleichterungen gegenüber den Erfordernissen nach alter Rechtslage mit sich bringt. Im Übrigen besteht die Möglichkeit, bei der BaFin ein einheitliches Verfahren statt zwei verschiedener Verfahren zu führen, was zu weiteren Erleichterungen führt. 136

Auch die Befürchtung von Unsicherheiten auf Anbieter-Seite als Konsequenz des fehlenden Prüfungserfordernisses durch die BaFin kann letztlich nicht überzeugen. So ist es zwar zutreffend, dass eine prospektrechtliche Prüfung des Befreiungsdokuments durch die BaFin nicht erforderlich ist. Allerdings prüft die BaFin das Befreiungsdokument im Rahmen der übernahmerechtlichen Prüfung als Teil der Angebotsunterlage. Im Ergebnis dürfte es also kein Befreiungsdokument ohne die übernahmerechtlich begründete BaFin-Prüfung geben. In diesem Zusammenhang legte die ESMA dar, dass nach ihrer Ansicht die Tatsache, dass das Befreiungsdokument nicht der Prüfung und Billigung der zuständigen nationalen Behörde bedarf, eine Erleichterung im Vergleich zur vorherigen Rechtslage darstelle.[228] 137

bbb) Anforderungen an das Befreiungsdokument

Ausweislich der Erwägungsgründe der DelVO 2021/528 soll das Befreiungsdokument hinreichende, objektive und verständliche Informationen über die an der Transaktion beteiligten Unternehmen, die mit den Dividendenwerten verbundenen Rechte sowie die Aussichten des Emittenten und ggf. auch der Zielgesellschaft enthalten (vgl. Erwägungsgrund 1 der DelVO 2021/528). Art. 2 Abs. 1 der DelVO 2021/528 regelt, dass das Befreiungsdokument schriftlich und in leicht zu analysierender, knapper und verständlicher Form sämtliche einschlägigen Informationen präsentieren soll, die nötig sind, um den Anlegern eine fundierte Anlageentscheidung zu ermöglichen. 138

Welche Mindestinformationen das Befreiungsdokument im Einzelnen enthalten muss, bestimmt sich nach Maßgabe des Art. 2 der DelVO 2021/528 in Verbindung mit den Anhängen der Delegierten Verordnung. Unterschieden wird dabei zwischen dem Fall einer Primäremission, dem Fall einer Sekundäremission und dem Ausnahmefall der Sekundäremission in Höhe von weniger als 10 % der bereits zugelassenen Aktien des Bieters.[229] 139

In Anhang II der DelVO 2021/528 sind die Mindestinformationen aufgeführt, die das Befreiungsdokument im Falle des Vorliegens der Voraussetzungen des Art. 2 Abs. 1 UAbs. 4 der DelVO 2021/528 enthalten muss. Dabei erfasst Art. 2 Abs. 1 UAbs. 4 der DelVO 2021/528 die Fälle einer **Primäremission**, bei der die Aktien des Bieters vor dem Tauschangebot noch nicht zum Handel an einem geregelten Markt zugelassen sind oder 140

---

227 Vgl. hierzu auch *Groß*, Kapitalmarktrecht, Art. 1 ProspektVO Rn. 9.
228 ESMA, Questions Consultation Paper, Draft technical advice on Minimum Information Content for Prospectus Exemption, ESMA31-62-962 (last updated on 13 July 2018), Rn. 12, S. 11.
229 Vgl. deskriptiv hierzu *Schulze De la Cruz/Schmoll/Thies*, WM 2022, 1817, 1820 ff.

die Übernahme als sogenannter „umgekehrter Unternehmenserwerb" gilt. Bei einer solchen Emission gelten hinsichtlich der Mindestinformationen, die das Befreiungsdokument enthalten muss, die strengsten Anforderungen. So sind diese im Wesentlichen deckungsgleich zu den Anforderungen an einen regulären Prospekt, ohne dass eine wesentliche Erleichterung zu den Anforderungen nach alter Rechtslage besteht. Insbesondere wird in Anhang II der DelVO 2021/528 hinsichtlich der Mindestinformationen, die ein Befreiungsdokument im Falle einer Primäremission enthalten muss, überwiegend auf die prospektrechtlichen Mindestangaben der Anhänge 1 und 11 der Delegierten Verordnung (EU) 2019/980 der Kommission vom 14.3.2019[230] (die „**VO (EU) 2019/980**") verwiesen. Im Ergebnis stellt sich also der Aufwand des Bieters, der zur Erstellung des Befreiungsdokuments erforderlich ist, nicht geringer dar als der Aufwand, der zur Erstellung eines Prospekts erforderlich wäre.

141 In Anhang I der DelVO 2021/528 (i.V.m. Art. 2 Abs. 1 UAbs. 3 der DelVO 2021/528) sind die Mindestinformationen aufgeführt, die das Befreiungsdokument im Falle einer **Sekundäremission** enthalten muss. Das sind unter anderem Informationen betreffend die Personen, die für die Erstellung des Befreiungsdokuments verantwortlich sind, sowie Informationen über den Emittenten und die Zielgesellschaft. Hinzu kommen eine Beschreibung der Transaktion, Informationen über die für die Zwecke der Transaktion öffentlich angebotenen oder zum Handel an einem geregelten Markt zuzulassenden Dividendenwerte sowie Informationen über die Auswirkungen der Transaktion auf den Emittenten. Dabei lassen sich Erleichterungen im Vergleich zu den Mindestinformationen feststellen, die ein Prospekt im Falle einer Sekundäremission von Dividendenwerten enthalten muss und die im Wesentlichen in den Anhängen 3 und 12 der VO (EU) 2019/980 dargestellt sind. So bedarf es unter anderem bei einem Befreiungsdokument nach der DelVO 2021/528 **keiner Darstellung** von **Risikofaktoren**, die dem Emittenten bzw. der Zielgesellschaft immanent sind, keiner Darstellung von **Gewinnprognosen oder -schätzungen**, **Geschäften mit verbundenen Parteien und Dividendenpolitik**. Weiterhin sind **keine Tabellen zur Kapitalausstattung und Verschuldung** erforderlich.[231] Erfasst werden von dem Begriff der Sekundäremission nach der DelVO 2021/528 alle Fälle, bei denen die Aktien des Bieters vor dem Tauschangebot bereits zum Handel an einem geregelten Markt zugelassen sind und bei denen die Übernahme nicht als sogenannter „umgekehrter Unternehmenserwerb" gilt. Dabei fällt auf, dass der Anwendungsbereich für Sekundäremissionen nach der DelVO 2021/528 weiter ist als der Anwendungsbereich für die Erstellung eines vereinfachten Prospekts bei Sekundäremissionen nach Art. 14. So verlangt Art. 2 Abs. 1 UAbs. 3 der DelVO 2021/528 – anders als Art. 14 – nicht, dass die Aktien des Emittenten während der letzten 18 Monate ununterbrochen am geregelten Markt zugelassen waren.[232]

---

230 Delegierte Verordnung (EU) 2019/980 der Kommission vom 14.3.2019 zur Ergänzung der Verordnung (EU) 2017/1129 des Europäischen Parlaments und des Rates hinsichtlich der Aufmachung, des Inhalts, der Prüfung und der Billigung des Prospekts, der beim öffentlichen Angebot von Wertpapieren oder bei deren Zulassung zum Handel an einem geregelten Markt zu veröffentlichen ist, und zur Aufhebung der Verordnung (EG) Nr. 809/2004 der Kommission.
231 Vgl. deskriptiv zu den inhaltlichen Unterschieden zwischen einem Befreiungsdokument und einem (vereinfachten) Prospekt bei Sekundäremissionen *Schulze De la Cruz/Schmoll/Thies*, WM 2022, 1817, 1821 ff.
232 Vgl. auch *Schulze De la Cruz/Schmoll/Thies*, WM 2022, 1817, 1820.

Im Übrigen ermöglicht die DelVO 2021/528 unter den Voraussetzungen des **Art. 2 Abs. 2 der DelVO 2021/528** die Veröffentlichung eines **vereinfachten Befreiungsdokuments**, das nur Teile der in Anhang I der DelVO 2021/528 aufgeführten Mindestinformationen enthalten muss, um unnötige Kosten zu vermeiden (vgl. Erwägungsgrund 3 der DelVO 2021/528). Das betrifft die Fälle, in denen die im Rahmen der Transaktion auszugebenden und zum Handel am geregelten Markt zuzulassenden Dividendenwerte mit bereits zum Handel an einem geregelten Markt zugelassenen Dividendenwerten fungibel sind und nicht mehr als 10 % dieser Dividendenwerte ausmachen. So muss auch ein vereinfachtes Befreiungsdokument zwar u. a. eine Beschreibung der Transaktion sowie deren Auswirkungen auf den Bieter, jedoch keine Finanzinformationen und keine wertpapierbezogenen Risikofaktoren beinhalten. Dies stellt eine erhebliche Erleichterung dar.

142

Nach Art. 3 der DelVO 2021/528 besteht die Möglichkeit, Informationen in das Befreiungsdokument durch Verweis aufzunehmen. Diese wurde eröffnet, um die Abfassung eines Befreiungsdokuments zu erleichtern und die hierfür erforderlichen Kosten zu senken (vgl. Erwägungsgrund 4 der DelVO 2021/528). Dabei ist ein solcher Verweis jedoch nur auf in Art. 3 Abs. 1 der DelVO 2021/528 ausdrücklich genannte Dokumente zulässig. Für Tauschangebote bedeutet das, dass ein Verweis auf den Hauptteil der Angebotsunterlage möglich ist.

143

Für den Fall, dass der Emittent eine komplexe finanzielle Vorgeschichte aufweist oder eine bedeutende finanzielle Verpflichtung eingegangen ist, muss das Befreiungsdokument ausweislich Art. 4 der DelVO 2021/528 alle in Anhang I beziehungsweise Anhang II aufgeführten Mindestinformationen auch für das Unternehmen enthalten, bei dem es sich nicht um den Emittenten handelt, also für die Zielgesellschaft, als würden die Dividendenwerte von diesem Unternehmen begeben. Dies jedoch nur, soweit die Anleger diese Informationen benötigen, um eine fundierte Anlageentscheidung zu treffen. Im Hinblick auf Tauschangebote ist dabei zu berücksichtigen, dass eine bedeutende finanzielle Verpflichtung des Bieters insbesondere dann vorliegen kann, wenn dieser die Entscheidung zur Abgabe eines Tauschangebots nach § 10 Abs. 1 WpÜG veröffentlicht hat.[233] Im Hinblick auf die in Art. 18 Abs. 4 der VO (EU) 2019/980 enthaltene Definition des Begriffs der „bedeutenden finanziellen Verpflichtung" ist dabei jedoch weiter Voraussetzung, dass der Vollzug der Übernahme bei einem oder mehreren Indikatoren für den Umfang der Geschäftstätigkeiten des Bieters voraussichtlich eine mehr als 25 %ige Schwankung bewirkt.

144

Das Befreiungsdokument ist gemäß Art. 5 der DelVO 2021/528 in einer von der zuständigen Behörde (im Sinne des Art. 2 lit. o) anerkannten Sprache abzufassen. Für den Zuständigkeitsbereich der BaFin ist das (jedenfalls auch) die deutsche Sprache. Dabei verbietet sich ein direkter Rückgriff auf § 21 WpPG, da die Norm ihrem Wortlaut nach lediglich die Sprachenregelung für Prospekte enthält.[234] Bei öffentlichen Tauschangeboten nach dem WpÜG ist die Angebotsunterlage (einschließlich der ergänzenden Angaben nach § 2 Nr. 2 WpÜG-Angebotsverordnung) nach § 11 WpÜG in deutscher Sprache zu verfassen.

145

---

233 So auch *Schulze De la Cruz/Schmoll/Thies*, WM 2022, 1817, 1819.
234 So auch *Groß*, Kapitalmarktrecht, Art. 1 ProspektVO Rn. 24; **a. A.** *Bauerschmidt*, in: Assmann/Schlitt/von Kopp-Colomb, Prospektrecht Kommentar, Art. 1 ProspektVO Rn. 71.

Die Veröffentlichung einer unverbindlichen englischen Übersetzung der Angebotsunterlage ist dabei ab einer bestimmten Transaktionsgröße möglich und üblich.[235]

ccc) Blick in die Praxis

146 Seit dem Inkrafttreten der DelVO 2021/528 haben zwei Bieter öffentliche Angebote unter dem WpÜG in Form von Tauschangeboten unterbreitet. Beide Bieter haben dabei von der Möglichkeit zur Befreiung von der Prospektpflicht durch Veröffentlichung eines Befreiungsdokuments Gebrauch gemacht.

147 Zu nennen ist hier einerseits das freiwillige öffentliche Übernahmeangebot der **Acorn HoldCo, Inc. an die Aktionäre der ADVA Optical Networking SE vom 11.11.2021**, bei dem es sich um ein reines Tauschangebot handelte, in dem als Gegenleistung für eine Aktie der ADVA Optical Networking SE 0,8244 Aktien der Acorn HoldCo, Inc. angeboten wurden („**öffentliches Übernahmeangebot Acorn/ADVA**").[236] Andererseits ist auf das freiwillige öffentliche Übernahme- und Delisting-Angebot der **CTP N.V. an die Aktionäre der Deutsche Industrie REIT-AG vom 7.12.2021** zu verweisen, bei dem es sich um ein Barangebot mit alternativer Aktiengegenleistung handelte („**öffentliches Übernahme- und Delisting-Angebot CTP/Deutsche Industrie**"). Bei diesem wurde als Gegenleistung die Zahlung eines Geldbetrages von 17,12 EUR je zur Annahme eingereichter Aktie der Deutsche Industrie REIT-AG angeboten oder alternativ, nach Wahl des jeweiligen Aktionärs, ein Tausch von jeweils fünf Aktien der CTP N.V. gegen vier Aktien der Deutsche Industrie REIT-AG.[237]

(1) Öffentliches Übernahmeangebot Acorn/ADVA

148 Das öffentliche Übernahmeangebot Acorn/ADVA erstreckte sich auf sämtliche nicht unmittelbar von der Acorn HoldCo, Inc. gehaltenen Aktien der ADVA Optical Networking SE. Es richtete sich ausschließlich nach dem deutschen Übernahmerecht sowie nach den maßgeblichen Bestimmungen der Wertpapierhandelsgesetze der Vereinigten Staaten einschließlich des U.S. Securities Exchange Act von 1934 in jeweils gültiger Fassung mit den dazu ergangenen Vorschriften und Rechtsverordnungen sowie des U.S. Securities Act von 1933 in jeweils gültiger Fassung mit den dazu ergangenen Vorschriften und Rechtsverordnungen. Die Acorn HoldCo, Inc. veröffentlichte am 30.8.2021 ihre Entscheidung zur Abgabe des Angebots nach § 10 Abs. 1 Satz 1, Abs. 3 WpÜG. Die BaFin genehmigte die deutsche Fassung der Angebotsunterlage am 11.11.2021.

149 Die Angebotsunterlage enthält in Anlage 3 Angaben nach § 2 Nr. 2 WpÜG-Angebotsverordnung (a.F.) in Verbindung mit Art. 1 Abs. 4 lit. f und den Regelungen der DelVO 2021/528, sodass es der Veröffentlichung eines gesonderten Wertpapierprospekts für das öffentliche Angebot der Aktien der Acorn HoldCo, Inc. nach Art. 1 Abs. 4 lit. f nicht bedurfte.

150 Zu berücksichtigen ist in diesem Zusammenhang, dass eine Anpassung der WpÜG-Angebotsverordnung durch den deutschen Gesetzgeber an die DelVO 2021/528 zum Zeitpunkt

---

235 So auch *Schulze De la Cruz/Schmoll/Thies*, WM 2022, 1817, 1819.
236 Vgl. im Einzelnen: Angebotsunterlage zum freiwilligen öffentlichen Übernahmeangebot der Acorn HoldCo, Inc. an die Aktionäre der ADVA Optical Networking SE vom 11.11.2021.
237 Vgl. im Einzelnen: Angebotsunterlage zum freiwilligen öffentlichen Übernahme- und Delisting-Angebot der CTP N.V. an die Aktionäre der Deutsche Industrie REIT-AG vom 7.12.2021.

der Veröffentlichung der Angebotsunterlage noch ausstand. Nach Neuregelung des Prospektregimes war eine Anpassung der WpÜG-Angebotsverordnung als „Übergangslösung" an dieses erfolgt, ohne dabei jedoch bereits die DelVO 2021/528 in Bezug zu nehmen. Denn die Kommission hatte zum Zeitpunkt der übergangsweisen Anpassung der WpÜG-Angebotsverordnung von ihrer Befugnis, die Mindestinformationen, die ein Befreiungsdokument enthalten muss, durch delegierte Rechtsakte näher zu regeln, zunächst noch keinen Gebrauch gemacht. Eine Anpassung der WpÜG-Angebotsverordnung an die DelVO 2021/528 durch den deutschen Gesetzgeber erfolgte erst mit Wirkung ab dem 7.10.2022. Demnach bezog sich die Angebotsunterlage für das öffentliche Übernahmeangebot Acorn/ADVA auf § 2 Nr. 2 WpÜG-Angebotsverordnung a. F., nach der in die Angebotsunterlage die Angaben nach Art. 13 Abs. 1, Art. 14 Abs. 1, 2 oder Art. 15 Abs. 1 aufgenommen werden mussten. Danach musste die Angebotsunterlage sämtliche Mindestangaben eines Prospekts als ergänzende Angaben enthalten. Dies spiegelt sich auch in dem Umfang des Anhangs 3 der Angebotsunterlage für das öffentliche Übernahmeangebot Acorn/ADVA wieder, der allein 233 DIN-A4-Seiten zuzüglich beigefügter Finanzinformationen und Darstellungen jüngster Entwicklungen umfasst. Die Angebotsunterlage ist, einschließlich sämtlicher Anhänge, vollständig in deutscher Sprache verfasst.

(2) Öffentliches Übernahme- und Delisting-Angebot CTP/Deutsche Industrie

151 Anders stellte sich dies bei dem öffentlichen Übernahme- und Delisting-Angebot CTP/Deutsche Industrie dar. Bei diesem handelte es sich um ein Barangebot mit alternativem Tauschangebot der CTP N.V. an die Aktionäre der Deutsche Industrie REIT-AG, das zugleich ein öffentliches Delisting-Angebot darstellte. Das Angebot wurde ausschließlich nach deutschem Recht unterbreitet. Die CTP N.V. veröffentlichte am 21.10.2021 ihre Entscheidung zur Abgabe des Angebots gemäß § 10 Abs. 1 Satz 1, Abs. 3 WpÜG i.V.m. §§ 29 Abs. 1, 34 WpÜG i.V.m. § 39 Abs. 2 Satz 3 Nr. 1 BörsG. Die BaFin gestattete die Angebotsunterlage am 7.12.2021.

152 Hervorzuheben ist dabei, dass im Rahmen des öffentlichen Übernahme- und Delisting-Angebots CTP/Deutsche Industrie die Voraussetzungen des Art. 2 Abs. 2 der DelVO 2021/528 erfüllt waren, sodass die Veröffentlichung eines **vereinfachten Befreiungsdokuments** für die Inanspruchnahme der Ausnahme der Prospektpflicht des Art. 1 Abs. 4 lit. f genügte (vgl. zu den Einzelheiten → Rn. 142).

153 Die nach Art. 2 Abs. 2 der DelVO 2021/528 i.V.m. Anhang I der DelVO 2021/528 zu veröffentlichenden Informationen wurden in Anhang 7 der Angebotsunterlage dargestellt. Dabei wurde gleichzeitig von der zulässigen Verweismöglichkeit des Art. 3 der DelVO 2021/528 Gebrauch gemacht, sodass sich Teile der in einem vereinfachten Befreiungsdokument zu veröffentlichenden Informationen in Anhang 7 der Angebotsunterlage finden und im Übrigen auf den sonstigen Inhalt der Angebotsunterlage verwiesen wurde. Zu unterstreichen ist, dass – auch ausweislich der Angebotsunterlage – Anhang 7 integrativer Bestandteil der Angebotsunterlage ist, es sich also nicht um zwei Dokumente handelt.[238]

154 Die Möglichkeit, lediglich ein vereinfachtes Befreiungsdokument zu veröffentlichen, schlug sich in erheblichem Ausmaß im Umfang der Angebotsunterlage nieder. Während

---

238 Vgl. Angebotsunterlage zum freiwilligen öffentlichen Übernahme- und Delisting-Angebot der CTP N.V. an die Aktionäre der Deutsche Industrie REIT-AG vom 7.12.2021, S. 3.

bei dem öffentlichen Übernahmeangebot Acorn/ADVA, wie zuvor bereits dargestellt, allein der entsprechende Anhang mehr als 233 Seiten umfasst, beträgt der Gesamtumfang der Angebotsunterlage für das öffentliche Übernahme- und Delisting-Angebot CTP/Deutsche Industrie lediglich 157 DIN-A4-Seiten. Anhang 7 der Angebotsunterlage umfasst bloße 27 DIN-A4-Seiten. Es zeigt sich also, dass die Möglichkeit der Inanspruchnahme der Sonderregelung des Art. 2 Abs. 2 der DelVO 2021/528 für einen Bieter eine echte Erleichterung darstellt, da sich der Aufwand zur Erstellung des für die Inanspruchnahme der Ausnahme von der Prospektpflicht des Art. 1 Abs. 4 lit. f erforderlichen Befreiungsdokuments erheblich reduziert. Die Angebotsunterlage ist, einschließlich sämtlicher Anhänge, vollständig in deutscher Sprache verfasst.

ddd) Haftung

155 Die Haftung für das Befreiungsdokument richtet sich danach, ob es sich um ein Tauschangebot unter dem Regime des WpÜG handelt.[239] Ist dies der Fall und sind ergänzende Angaben zu den als Gegenleistung angebotenen Wertpapieren nach § 2 Nr. 2 WpÜG-Angebotsverordnung in der Angebotsunterlage enthalten, bestimmt sich die Haftung nach § 12 WpÜG.[240] Denn insofern liegt eine einheitliche Angebotsunterlage nach dem WpÜG vor und nicht zwei separate, unterschiedlichen Haftungsmaßstäben unterliegende Dokumente.[241] Dabei handelt es sich bei § 12 WpÜG um eine spezialgesetzliche Haftung, jedenfalls soweit eine Haftung für fehlerhafte Kapitalmarktinformation betroffen ist. In der Konsequenz scheidet eine Haftung gemäß § 9 f. WpPG (§ 21 WpPG a. F.; §§ 44 ff. BörsG a. F.) (bei fehlerhaftem Prospekt) sowie § 14 WpPG (bei fehlendem Prospekt) aus.[242] Dasselbe soll nach überwiegender Meinung für die zivilrechtliche Prospekthaftung gelten.[243] Unberührt bleibt neben der Haftung gemäß § 12 WpÜG lediglich eine Haftung nach Vertragsrecht und/oder wegen vorsätzlicher unerlaubter Handlungen (vgl. § 12 Abs. 6 WpÜG).[244]

156 Im Falle eines Verweises nach § 2 Satz 2 WpÜG-Angebotsverordnung ist hinsichtlich der Haftung für die Angebotsunterlage und der Haftung für den in Bezug genommenen Prospekt zu unterscheiden. Für die Haftung für die Angebotsunterlage gilt § 12 WpÜG, während für den Prospekt die prospektrechtliche Haftung des § 9 WpPG heranzuziehen ist.[245]

---

239 So bereits *Schnorbus*, in: Berrar/Meyer/Müller et al., WpPG/EU-ProspektVO, 2. Aufl. 2017, § 4 WpPG Rn. 22.
240 So auch *Ritz/Zeising*, in: Just/Voß/Ritz/Zeising, Wertpapierprospektrecht, 2. Aufl. 2023, Art. 1 ProspektVO Rn. 92.
241 So bereits *Schnorbus*, in: Berrar/Meyer/Müller et al., WpPG/EU-ProspektVO, 2. Aufl. 2017, § 4 WpPG Rn. 22.
242 *Thoma*, in: Baums/Thoma, WpÜG, Stand: Dez. 2020, § 12 Rn. 2; *Louven*, in: Angerer/Brandi/Süßmann, WpÜG, § 12 Rn. 1; anders – § 44 Abs. 4 BörsG nicht von vornherein ausgeschlossen – *Mülbert/Steup*, WM 2005, 1633, 1642.
243 *Thoma*, in: Baums/Thoma, WpÜG, Stand: Dez. 2020, § 12 Rn. 163; *Louven*, in: Angerer/Brandi/Süßmann, WpÜG, § 12 Rn. 1; *Assmann*, in: Assmann/Pötzsch/Uwe H. Schneider, WpÜG, § 12 Rn. 68; *Möllers*, in: Hirte/Mock/Schwarz/Seibt, Kölner Kommentar zum WpÜG, § 12 Rn. 163; anders: *Wackerbarth*, in: MünchKomm-AktG, § 11 WpÜG Rn. 113 f.
244 *Assmann*, in: Assmann/Pötzsch/Uwe H. Schneider, WpÜG, § 12 Rn. 68; *Möllers*, in: Hirte/Mock/Schwarz/Seibt, Kölner Kommentar zum WpÜG, § 12 Rn. 162, 165.
245 So *Groß*, Kapitalmarktrecht, Art. 1 ProspektVO Rn. 25.

d) Verschmelzungen und Spaltungen (Abs. 4 lit. g)

aa) Grundlagen

Nach Art. 1 Abs. 4 lit. g besteht auch für Wertpapiere, die anlässlich einer Verschmelzung oder Spaltung angeboten oder zugeteilt werden (sollen), keine Prospektpflicht – allerdings, wie auch bei Art. 1 Abs. 4 lit. f, unter der Voraussetzung, dass ein Befreiungsdokument veröffentlicht wird (dazu → Rn. 133 ff.). Die Regelung, die im Wesentlichen Art. 4 Abs. 1 lit. c ProspektRL entspricht, umfasst grundsätzlich die Ausgabe von Aktien bei Verschmelzungen (§§ 2 ff. Umwandlungsgesetz (UmwG)), Spaltungen (§§ 123 ff. UmwG) sowie im Rahmen von grenzüberschreitenden Verschmelzungen (§§ 305 ff. UmwG) und grenzüberschreitenden Spaltungen (§§ 320 ff. UmwG). Darüber hinaus erstreckt sich der Anwendungsbereich auch auf die Ausgabe von Wertpapieren nach § 23 UmwG. 157

Der Anwendungsbereich des Art. 1 Abs. 4 lit. g wird durch Art. 1 Abs. 6b eingeschränkt. Nach diesem gelten die in Art. 1 Abs. 4 lit. g (und Abs. 5 UAbs. 1 lit. f) genannten Ausnahmen nur für Dividendenwerte, bezüglich derer die Transaktion nicht als umgekehrter Unternehmenserwerb[246] gilt, und nur, wenn (i) die Dividendenwerte der übernehmenden Einheit bereits vor der Transaktion zum Handel an einem geregelten Markt zugelassen waren, oder (ii) die Dividendenwerte der Einheiten, die Gegenstand der Spaltung sind, bereits vor der Transaktion zum Handel an einem geregelten Markt zugelassen waren. Der Begriff der Dividendenwerte ist definiert in Art. 2 lit. b und erfasst insbesondere Aktien und andere, Aktien gleichzustellende übertragbare Wertpapiere. Der Begriff des umgekehrten Unternehmenserwerbs meint umgekehrte Unternehmenserwerbe im Sinne der Verordnung (EG) Nr. 1126/2008 der Kommission[247] und der internationalen Rechnungslegungsstandards IFRS 3, Paragraph B19. Erfasst ist von dem Begriff des umgekehrten Unternehmenserwerbs beispielsweise der Fall, dass ein nicht börsennotiertes Unternehmen sich von einem kleineren börsennotierten Unternehmen „erwerben" lässt mit dem Ziel, infolge des „Erwerbs" selbst eine Börsennotierung zu erlangen (dazu → Rn. 120).[248] 158

Art. 1 Abs. 6b wurde nachträglich durch die **Verordnung (EU) 2019/2115** des Europäischen Parlaments und des Rates vom 27.11.2019 zur Änderung der Richtlinie 2014/65/EU und der Verordnungen (EU) Nr. 596/2014 und (EU) 2017/1129 zur Förderung der Nutzung von KMU-Wachstumsmärkten eingefügt. Hintergrund dieser Regelung war, die durch den Erlass der ProspektVO versehentlich geschaffene Möglichkeit eines „Börsengangs durch die Hintertür" auszuräumen.[249] So bestand nach Erlass der ProspektVO die Befürchtung, dass als unbeabsichtigte Folge der in Art. 1 Abs. 4 lit. g (sowie f) geschaffenen Ausnahmeregelung für einen nicht börsennotierten Emittenten die Möglichkeit geschaffen wurde, unter bestimmten Umständen die erstmalige Zulassung seiner Aktien 159

---

246 Im Sinne des internationalen Rechnungslegungsstandards IFRS 3, Paragraph B19.
247 Verordung (EG) Nr. 1126/2008 der Kommission vom 3.11.2008 zur Übernahme bestimmter internationaler Rechnungslegungsstandards gemäß der Verordnung (EG) Nr. 1606/2002 des Europäischen Parlaments und des Rates.
248 Siehe hierzu *Bauerschmidt*, in: Assmann/Schlitt/von Kopp-Colomb, Prospektrecht Kommentar, Art. 1 ProspektVO Rn. 70.
249 Vgl. ESMA, Questions Final Report, Technical advice on Minimum Information Content for Prospectus Exemption, ESMA31-62-1207 (last updated on 29 March 2019), Rn. 12 (General remarks), S. 9.

zum Handel auf einem geregelten Markt ohne vorherige Erstellung eines Prospekts vorzunehmen (vgl. Erwägungsgrund 13 der VO 2019/2115).

160 Die in Art. 1 Abs. 6b genannten Voraussetzungen bedürfen einer einschränkenden Auslegung. So kann nicht erforderlich sein, dass die tatsächlich angebotenen Dividendenwerte zum Handel an einem geregelten Markt zugelassen sein müssen. Stattdessen muss es genügen, wenn überhaupt Dividendenwerte des Anbieters zum Handel an einem geregelten Markt zugelassen sind. Das ergibt sich aus Erwägungsgrund 13 der Verordnung (EU) 2019/2115, wonach die neu eingefügte Anforderung sicherstellen soll, dass „ein nicht börsennotierter Emittent, der im Anschluss an ein Tauschangebot, eine Verschmelzung oder eine Spaltung eine Zulassung zum Handel anstrebt, einen Prospekt erstellen muss" (vgl. Erwägungsgrund 13 der VO 2019/2115).[250]

161 Die Relevanz dieser Ausnahmeregelung für Verschmelzungen nach deutschem Recht bleibt jedoch insgesamt fraglich, da schon der **Anwendungsbereich der Prospektpflicht nach Art. 3 Abs. 1** (siehe → Art. 3 Rn. 4 ff.) mangels Vorliegens eines öffentlichen Angebots i. S. d. Art. 2 Abs. 1 lit. d **nicht eröffnet** ist. Aus der Tatsache, dass der Unionsgesetzgeber einen Ausnahmetatbestand geschaffen hat, kann nicht geschlossen werden, dass er für die enthaltenen Fälle von einem öffentlichen Angebot ausgeht.[251] Bereits zur Vorgängerregelung in Art. 4 Abs. 1 lit. c ProspektRL und der entsprechenden nationalen Umsetzungsvorschrift § 4 Abs. 1 Nr. 3 WpPG a. F. entsprach es der h. M. in der Literatur, dass Verschmelzungen nach dem Umwandlungsgesetz nicht unter Art. 3 Abs. 1 fallen.[252] Denn die Aktionäre des übertragenden Rechtsträgers werden durch die Eintragung der Verschmelzung im Handelsregister kraft Gesetzes Anteilsinhaber des übernehmenden Rechtsträgers (§ 20 Abs. 1 Nr. 3 Satz 1 UmwG) und treffen somit **keine Investitionsentscheidung**. Ohne eine solche liegt jedoch auch **kein öffentliches Angebot** i. S. d. Art. 2 Abs. 1 lit. d vor (siehe → Art. 2 Rn. 66).[253]

162 Auch der europäische Gesetzgeber scheint Fälle **automatischer Zuteilung** vom Begriff des öffentlichen Angebots ausnehmen zu wollen. Nach **Erwägungsgrund 22** soll kein öffentliches Angebot vorliegen, wenn Wertpapiere zugeteilt werden, „ohne dass auf Seiten des Empfängers die Möglichkeit einer individuellen Entscheidung gegeben ist, einschließlich bei Wertpapierzuteilungen ohne Recht auf Ablehnung der Zuteilung oder bei automatischer Zuteilung nach der Entscheidung eines Gerichts, wie etwa einer Wertpapierzuteilung an bestehende Gläubiger im Zuge eines gerichtlichen Insolvenzverfahrens". Die **ESMA** vertritt in ihren Q&As ebenfalls die Ansicht, dass kein öffentliches Angebot gegeben ist, wenn Wertpapiere kostenlos zugeteilt werden und der Empfänger keine Entscheidung für den Erwerb trifft.[254]

163 Vollends überzeugend ist der Verweis auf Erwägungsgrund 22 und die ESMA-Q&As aber nicht, da dort jeweils darauf abgestellt wird, dass kein „Recht auf Ablehnung der Zutei-

---

250 In diesem Sinne auch *Groß*, Kapitalmarktrecht, Art. 1 ProspektVO Rn. 65; *Bauerschmidt*, in: Assmann/Schlitt/von Kopp-Colomb, Prospektrecht Kommentar, Art. 1 ProspektVO Rn. 77.
251 *Groß*, Kapitalmarktrecht, § 2 WpPG Rn. 12.
252 *Schnorbus*, in: Berrar/Meyer/Müller et al., WpPG/EU-ProspektVO, 2. Aufl. 2017, § 4 WpPG Rn. 26 f.
253 So auch *Groß*, Kapitalmarktrecht, Art. 1 ProspektVO Rn. 27.
254 ESMA, Questions and Answers on the Prospectus Regulation, ESMA31-62-1258 (Version 12, last updated on 3 February 2023), Nr. 4.2 (Free Offers), S. 34 f.

lung" besteht. Ein solches könnte bei Umwandlungsvorgängen nach deutschem Recht aber ggf. in der möglichen Entscheidung der Aktionäre des übertragenden Rechtsträgers für die im Rahmen der Verschmelzung angebotene Barabfindung (§§ 29, 125 UmwG) gesehen werden. Zu berücksichtigen ist jedoch, dass der Begriff des öffentlichen Angebots des Art. 2 Abs. 1 lit. d eine Investitionsentscheidung, also eine Entscheidung „für den Kauf oder die Zeichnung jener Wertpapiere" verlangt. Die Entscheidung für die Annahme der Barabfindung (§§ 29, 125 UmwG) beinhaltet keine solche Investitionsentscheidung. Stattdessen trifft der Aktionär mit der Annahme der Barabfindung die Entscheidung, die Gesellschafterstellung aufzugeben, sodass vielmehr von einer Desinvestitionsentscheidung auszugehen ist.[255]

Gleiches gilt auch bei einer sog. **Mischverschmelzung** durch Wechsel der Rechtsform zwischen übertragendem und übernehmendem Rechtsträger sowie dem Verlust der Börsennotierung durch Verschmelzung einer börsennotierten auf eine nicht-börsennotierte Aktiengesellschaft (kaltes Delisting), jeweils nach § 29 UmwG.[256] Die Wahlmöglichkeit, in den aufnehmenden Rechtsträger zu wechseln oder im Wege einer Barabfindung endgültig auszuscheiden, stellt lediglich eine zwingende gesetzliche Regelung zum Schutz der Minderheitsaktionäre vor einer Beteiligung an einer ungewünschten neu strukturierten Gesellschaft dar. 164

Auch nach Sinn und Zweck des europäischen Prospektrechts, das vor allem den Anlegerschutz im Blick hat, ist es nicht geboten, den Anlegern im Falle von Verschmelzungen Informationen durch die Annahme einer Prospektpflicht zur Verfügung zu stellen. Die Aktionäre werden bereits im Rahmen des gesetzlich geregelten Umwandlungsverfahrens mit Verschmelzungsvertrag bzw. -plan (§ 5 UmwG bzw. § 307 UmwG) und Verschmelzungsbericht (§ 8 UmwG) sowie Verschmelzungsprüfungsbericht (§ 12 UmwG) umfassend informiert.[257] Der deutsche Gesetzgeber hat an dieser Stelle bereits im UmwG den Anlegerschutz berücksichtigt. Ein darüber hinausgehendes Informationsbedürfnis besteht nicht. Der deutsche Gesetzgeber hatte bei der Umsetzung der ProspektRL ebenfalls ausdrücklich erwähnt, dass Umwandlungsvorgänge kein öffentliches Angebot darstellen, es sei denn es erfolge eine Zuzahlung für den Erwerb der Wertpapiere.[258] 165

Nach einer **anderen Ansicht** sind auch Umwandlungsvorgänge nach deutschem Recht als öffentliches Angebot zu werten, da es der Regelung in Art. 1 Abs. 4 lit. g andernfalls nicht bedurft hätte.[259] Wenn die Prospektpflicht nach Art. 3 Abs. 1 nicht greift, sei auch keine entsprechende Befreiung notwendig. Diese Sicht überzeugt allerdings nicht, da es in anderen Mitgliedstaaten je nach Ausgestaltung des Umwandlungsvorgangs durchaus eine Investitionsentscheidung der Aktionäre des übertragenden Rechtsträgers geben kann, sodass die Ausnahmeregelung von der dann nach Art. 3 Abs. 1 greifenden Prospektpflicht 166

---

255 *Groß*, Kapitalmarktrecht, § 2 WpPG Rn. 12; *Schnorbus*, in: Berrar/Meyer/Müller et al., WpPG/EU-ProspektVO, 2. Aufl. 2017, § 4 WpPG Rn. 27.
256 *Groß*, Kapitalmarktrecht, Art. 1 ProspektVO Rn. 29 (zu Mischverschmelzungen); *Schnorbus*, in: Berrar/Meyer/Müller et al., WpPG/EU-ProspektVO, 2. Aufl. 2017, § 4 WpPG Rn. 29.
257 *Groß*, Kapitalmarktrecht, Art. 1 ProspektVO Rn. 30; *Zivny/Mock*, EU-ProspektVO/KMG 2019, Art. 1 ProspektVO Rn. 61.
258 BT-Drucks. 15/4999, 28, 30.
259 Zumindest zur alten Rechtslage *Ritz/Zeising*, in: Just/Voß/Ritz/Zeising, WpPG, 2009, § 2 WpPG Rn. 140.

Sinn macht.²⁶⁰ Sind also Verschmelzungsvorgänge nach ausländischem Recht als öffentliches Angebot strukturiert, verbleibt sehr wohl ein Anwendungsbereich der Norm.²⁶¹

bb) Scheme of Arrangement

167 Aus denselben Gründen stellt ein unter einem **Scheme of Arrangement** durchgeführter Aktientausch kein öffentliches Angebot im Sinne der ProspektVO dar.²⁶² Bei einem Scheme of Arrangement handelt es sich um eine Restrukturierungsmaßnahme oft nach englischem Recht, die eine Veränderung von Forderungen aufgrund eines Mehrheitsbeschlusses der Gläubiger bzw. Gesellschafter einer Gesellschaft und einer gerichtlichen Bestätigung zur Folge hat.²⁶³ Dies kann Veränderungen in der Gesellschafter- und/oder Gläubigerstruktur einer Gesellschaft nach sich ziehen. Ein Scheme of Arrangement ist eine privatautonome Vereinbarung, die zwischen der Gesellschaft und ihren Gesellschaftern und/oder Gläubigern getroffen wird.²⁶⁴ Schemes of Arrangements sind vielseitig einsetzbar, insbesondere für Übernahmen und Verschmelzungen, daneben aber auch im Rahmen von Sanierungen und Restrukturierungen.²⁶⁵ Das Verfahren nach Part 26, Companies Act 2006 wird aufgrund seines vor-insolvenzrechtlichen Status nicht vom Anwendungsbereich der Europäischen Insolvenzverordnung erfasst. Eine unionsrechtliche Relevanz ergibt sich aus dem Umstand, dass ein „Scheme of Arrangement"-Verfahren auch dann durchgeführt werden kann, wenn das Unternehmen seinen Sitz außerhalb von Großbritannien hat.²⁶⁶

168 Hinsichtlich der inhaltlichen Ausgestaltung eines Scheme of Arrangement sieht das Gesetz keine Einschränkungen vor.²⁶⁷ Ein Scheme of Arrangement kann jede Maßnahme vorsehen, die in rechtlich zulässiger Weise zwischen den Beteiligten vereinbart werden kann.²⁶⁸ Möglich sind beispielsweise die Vereinbarung einer einfachen Laufzeitverlängerung, die Vereinbarung einer Stundung oder eines Forderungsverzichts.²⁶⁹ Auch die Durchführung eines Aktientauschs ist im Rahmen eines Scheme of Arrangement möglich. Bei einem solchen liefern Altgesellschafter Anteile und erhalten im Gegenzug Anteile an der neuen, restrukturierten Gesellschaft. Für die Annahme des Scheme of Arrangement

---

260 So auch *Groß*, Kapitalmarktrecht, Art. 1 ProspektVO Rn. 28, 30; *Zivny/Mock*, EU-ProspektVO/KMG 2019, Art. 1 ProspektVO Rn. 61.
261 So auch *Groß*, Kapitalmarktrecht, Art. 1 ProspektVO Rn. 30.
262 *Cahn/Hutter/Kaulamo/Meyer/Weiß*, WM 2014, 1309, 1314; *Boardman*, in: Who's Who Legal, March 2012 mit der Einschränkung, dass dies nicht gilt, wenn dem Anleger die Wahl zwischen mehreren alternativen Gegenleistungen angeboten wird; **a.A.** *Ritz*, in: Just/Voß/Ritz/Zeising, Wertpapierprospektrecht, 2. Aufl. 2023, Art. 2 ProspektVO Rn. 153
263 *Schilling*, in: Fridgen/Geiwitz/Göpfert, BeckOK Insolvenzrecht, Länderberichte, Internationales Insolvenzrecht – England, B, II., Rn. 29 ff.; *Sax*, in: Flöther, StaRUG, Anhang F, I., 2., Rn. 5 ff.
264 *Sax*, in: Flöther, StaRUG, Anhang F, I., 2., Rn. 26; *Westpfahl/Knapp*, ZIP 2011, 2033, 2037.
265 *Schilling*, in: Fridgen/Geiwitz/Göpfert, BeckOK Insolvenzrecht, Länderberichte, Internationales Insolvenzrecht – England, B, II., Rn. 29; *Paulus*, ZIP 2011, 1077, 1077 f.
266 *Schilling*, in: Fridgen/Geiwitz/Göpfert, BeckOK Insolvenzrecht, Länderberichte, Internationales Insolvenzrecht – England, B, II., Rn. 31; *Brinkmann*, in: Schmidt, InsO, § 335 Rn. 9 m.w.N.
267 *Sax*, in: Flöther, StaRUG, Anhang F, I., 2., Rn. 26.
268 *Sax*, in: Flöther, StaRUG, Anhang F, I., 2., Rn. 26; *Paulus*, ZIP 2011, 1077, 1078.
269 *Sax*, in: Flöther, StaRUG, Anhang F, I., 2., Rn. 26; siehe auch *Paulus*, ZIP 2011, 1077, 1078.

bedarf es der Zustimmung innerhalb jeder gebildeten (Gläubiger-)Klasse mit einfacher Kopf- sowie 75%iger Summenmehrheit.[270]

Im Hinblick auf die ProspektVO stellt sich dabei die Frage, ob ein unter einem Scheme of Arrangement durchgeführter Aktientausch ein öffentliches Angebot darstellt und, für den Fall, dass dies zu bejahen ist, inwieweit ein solcher von der Ausnahme des Art. 1 Abs. 4 lit. g erfasst ist. Entscheidend für die Qualifikation als öffentliches Angebot bleibt jedoch, inwieweit das Individuum im Einzelfall eine Investitionsentscheidung trifft. Da es sich bei dem Scheme of Arrangement strukturell aber um eine **Kollektiventscheidung** handelt, bei der eine 75%-Mehrheit eine Rechtsfolge herbeiführen kann, die auch gegenüber opponierenden Parteien verbindlich ist, kann von einer individuellen Investitionsentscheidung nicht ausgegangen werden (siehe zum Begriff Investitionsentscheidung → Art. 2 Rn. 66).[271] Ein individuelles Recht auf Ablehnung besteht im Rahmen eines Scheme of Arrangement nicht.[272] Entsprechendes gilt, wenn der Aktientausch die Möglichkeit einer Barabfindung vorsieht, da es sich in diesem Fall lediglich um eine Desinvestitionsentscheidung handelt und gerade nicht um eine für eine Qualifizierung als öffentliches Angebot erforderliche Investitionsentscheidung.

169

Dieser Ansicht folgt auch die **Financial Conduct Authority** (die „**FCA**"). So vertritt die FCA die Auffassung, dass ein öffentliches Angebot nicht vorliegt, wenn nicht der Einzelne selbst über den Erwerb oder die Zeichnung der Aktien entscheidet, sondern aufgrund einer Kollektiventscheidung im Rahmen des Scheme of Arrangements Aktien automatisch zugeteilt werden.[273] Anderes soll nur gelten, wenn dem Einzelnen eine Wahl zwischen verschiedenen Gegenleistungen zukommt, wie beispielsweise bei einem sog. „mix and match" von Aktien und Barleistung.[274]

170

Nach einer **anderen Ansicht** soll auch in den Fällen eines Aktientauschs im Rahmen eines Scheme of Arrangement von dem Vorliegen eines die Prospektpflicht auslösenden öffentlichen Angebots auszugehen sein.[275] Es wird vertreten, dass bereits die Möglichkeit, im Rahmen eines Scheme of Arrangement abstimmen zu können, den Anteilsinhabern eine Entscheidungsmöglichkeit einräume, die es rechtfertige, eine solche Transaktionsstruktur als öffentliches Angebot zu qualifizieren.[276] Der Umstand, dass die im Rahmen eines Scheme of Arrangement getroffene Entscheidung auch für all jene Gesellschafter

171

---

270 *Schillig*, in: Fridgen/Geiwitz/Göpfert, BeckOK Insolvenzrecht, Länderberichte, Internationales Insolvenzrecht – England, B, II., Rn. 33; *Sax*, in: Flöther, StaRUG, Anhang F, I., 2., Rn. 19; *Paulus*, ZIP 2011, 1077, 1078; *Westpfahl/Knapp*, ZIP 2011, 2033, 2037.
271 *Cahn/Hutter/Kaulamo/Meyer/Weiß*, WM 2014, 1309, 1314; *Boardman*, in: Who's Who Legal, March 2012 mit der Einschränkung, dass dies nicht gilt, wenn dem Anleger die Wahl zwischen mehreren alternativen Gegenleistungen angeboten wird; **a. A.** *Ritz*, in: Just/Voß/Ritz/Zeising, Wertpapierprospektrecht, 2. Aufl. 2023, Art. 2 ProspektVO Rn. 153.
272 *Sax*, in: Flöther, StaRUG, Anhang F, I., 2., Rn. 29; *Paulus*, ZIP 2011, 1077, 1078; *Westpfahl/Knapp*, ZIP 2011, 2033, 2037.
273 Financial Conduct Authority, Primary Market Technical Note 606.1, August 2020, S. 1.
274 Financial Conduct Authority, Primary Market Technical Note 606.1, August 2020, S. 2.
275 *Ritz*, in: Just/Voß/Ritz/Zeising, Wertpapierprospektrecht, 2. Aufl. 2023, Art. 2 ProspektVO Rn. 153.
276 *Ritz*, in: Just/Voß/Ritz/Zeising, Wertpapierprospektrecht, 2. Aufl. 2023, Art. 2 ProspektVO Rn. 153.

172 Diese Argumentation überzeugt nicht, liefert sie doch keine Begründung dafür, sich über das für eine Qualifizierung als öffentliches Angebot nötige Erfordernis der individuellen Investitionsentscheidung hinwegzusetzen. Stattdessen fehlt es bei einem Aktientausch im Rahmen eines Scheme of Arrangement gerade an einer Investitionsentscheidung in Form der *Möglichkeit einer individuellen Entscheidung* (vgl. Erwägungsgrund 22 der Prospekt-VO). Zwar kommt jedem Gesellschafter die Möglichkeit zu, seine Stimme für oder gegen den unter dem Scheme of Arrangement durchzuführenden Aktientausch abzugeben. Stimmt ein Gesellschafter jedoch dagegen, wird aber dennoch das nötige 75%-Quorum erreicht, wird der Aktientausch durchgeführt, ohne dass der individuellen Ablehnungsentscheidung des Einzelnen eine Bedeutung zukäme. Von einer Möglichkeit, individuell über den Tausch der eigenen Anteile zu entscheiden, kann insofern keine Rede sein. Stattdessen zeichnet sich das Scheme of Arrangement gerade durch das Ausreichen von Mehrheitsentscheidungen aus.[278]

cc) Befreiungsdokument

173 Auch die in Art. 1 Abs. 4 lit. g normierte Ausnahme von der Prospektpflicht des Art. 3 Abs. 1 verlangt, dass ein Dokument gemäß den Bestimmungen des Art. 21 Abs. 2 der Öffentlichkeit zur Verfügung gestellt wurde, das Informationen zu der Transaktion und ihren Auswirkungen auf den Emittenten enthält (sog. Befreiungsdokument). Die Mindestinformationen, die ein solches Befreiungsdokument enthalten muss, sind in der **Delegierten Verordnung (EU) 2021/528 vom 16.12.2020**, in Kraft getreten am 15.4.2021, detailliert geregelt.

174 Für Umwandlungsvorgänge nach deutschem Recht ist ein solches Befreiungsdokument jedoch ohne Relevanz, da schon keine Prospektpflicht nach Art. 3 Abs. 1 besteht, von der Art. 1 Abs. 4 lit. g befreien könnte (vgl. → Rn. 161 f.). In der Folge bedarf es auch keiner Veröffentlichung eines Befreiungsdokuments. Im Übrigen wird hinsichtlich der Anforderungen an ein Befreiungsdokument auf die Ausführungen unter → Rn. 133 ff. verwiesen.

e) Sachdividenden (Abs. 4 lit. h)

aa) Grundlagen

175 Nach Art. 1 Abs. 4 lit. h entfällt die Prospektpflicht für Sachdividenden **in Form von Aktien derselben Gattung**. Diese Ausnahme wurde wortgleich aus Art. 4 Abs. 1 lit. d ProspektRL übernommen, der in § 4 Abs. 1 Nr. 4 WpPG a. F. in das nationale Recht umgesetzt worden war.[279] Die Beschränkung auf Aktien derselben Gattung führt dazu, dass eine aktienrechtlich zulässige **Ausschüttung von Aktien einer Tochtergesellschaft** (vgl. § 58 Abs. 5 AktG) **nicht** vom Anwendungsbereich des Art. 1 Abs. 4 lit. h erfasst ist. Dies bedeutet aber nicht zwingend, dass eine solche Ausschüttung einer Prospektpflicht unter-

---

277 *Ritz*, in: Just/Voß/Ritz/Zeising, Wertpapierprospektrecht, 2. Aufl. 2023, Art. 2 ProspektVO Rn. 153.
278 Vgl. insofern *Westpfahl/Knapp*, ZIP 2011, 2033, 2037; *Paulus*, ZIP 2011, 1077, 1078.
279 BT-Drucks. 15/4999, 30; *Bauerschmidt*, in: Assmann/Schlitt/von Kopp-Colomb, Prospektrecht Kommentar, Art. 1 ProspektVO Rn. 79.

liegt, da der Vorgang in aller Regel kein öffentliches Angebot begründet. Die Zulassung der Aktien zum Börsenhandel kann jedoch ggf. eine Prospektpflicht auslösen, da die entsprechende Prospektbefreiung des Art. 1 Abs. 5 UAbs. 1 lit. g gleichermaßen nur für Aktien derselben Gattung, für die Dividenden ausgeschüttet werden sollen, gilt. Ebenfalls **nicht** erfasst sind **Kapitalerhöhungen aus Gesellschaftsmitteln**, da nach Art. 1 Abs. 3 UAbs. 1 Angebote über einen Gesamtgegenwert von weniger als 1 Mio. EUR vollständig von der Verpflichtung zur Veröffentlichung eines Prospekts befreit sind (siehe → Rn. 61 ff.), worunter auch ein unentgeltliches Angebot von Wertpapieren in Rahmen einer Kapitalerhöhung aus Gesellschaftsmitteln fällt.[280] Für deutsche Aktiengesellschaften liegt zudem schon kein öffentliches Angebot im Sinne des Art. 2 lit. d vor (siehe → Art. 2 Rn. 67), da die Aktien bei einer Kapitalerhöhung aus Gesellschaftsmitteln direkt eingebucht werden bzw. dem Altaktionär direkt zustehen (§ 212 AktG).

Damit auf die Veröffentlichung eines Prospekts im Rahmen des Abs. 4 lit. h verzichtet werden kann, ist ein **prospektersetzendes Dokument** zur Verfügung zu stellen. Das Dokument muss Informationen über Anzahl und Art der Aktien enthalten und die Gründe und Einzelheiten des Angebots darlegen. Mangels weiterer Konkretisierung gelten weiterhin die Vorgaben der Rn. 173 ff. der **ESMA-Empfehlungen** zur ProspektRL[281] auch für das prospektersetzende Dokument nach Abs. 4 lit. h (siehe dazu → Rn. 191 ff.).[282] **176**

bb) Praxisrelevanz nach deutschem Recht

aaa) Grundlagen

Eine Sachdividende stellt nach deutschem Recht **kein öffentliches Angebot** im Sinne des Art. 2 lit. a dar (siehe → Art. 2 Rn. 67), sodass die Regelung des Abs. 4 lit. h insofern leerläuft. Aktien im Rahmen einer Sachdividende werden nicht angeboten, sondern eingebucht oder übertragen.[283] Die Übertragung erfolgt auf Grundlage des **Gewinnverwendungsbeschlusses** nach § 58 Abs. 5 AktG – und zwar im Falle von sammelverwahrten Aktien zum Tag der Einbuchung der Dividende (auch Ex-Tag) oder bei effektiven Stücken **177**

---

280 So wurde deshalb durch die ÄnderungsRL 2010/73/EU der Wortlaut des Art. 4 Abs. 1 lit. d der Richtlinie 2003/71/EG geändert, der ursprünglich vorsah, dass die Verpflichtung zur Veröffentlichung eines Prospekts nicht für Aktien gilt, die den vorhandenen Aktieninhabern unentgeltlich angeboten oder zugeteilt werden bzw. zugeteilt werden sollen (Erwägungsgrund 13 der ÄnderungsRL; für die Änderung des § 4 Abs. 1 Nr. 4 WpPG a. F.: BT-Drucks. 17/8684, 17).
281 ESMA, Questions Update of the CESR recommendations – The consistent implementation Commission Regulation (EC) No 809/2004 implementing the Prospectus Directive, ESMA/2011/81 (last updated on 23 March 2011).
282 Siehe zur Fortgeltung der Q&A ESMA, Questions and Answers on the Prospectus Regulation, ESMA31-62-1258 (Version 12, last updated on 3 February 2023), Nr. 2.1 (Applicability of the Level 3 guidance relating to the Prospectus Directive after the entry into application of the Prospectus Regulation), S. 25. So auch *Bauerschmidt*, in: Assmann/Schlitt/von Kopp-Colomb, Prospektrecht Kommentar, Art. 1 ProspektVO Rn. 81; *Groß*, Kapitalmarktrecht, Art. 1 ProspektVO Rn. 34; *Zivny/Mock*, EU-ProspektVO/KMG 2019, Art. 1 ProspektVO Rn. 61.
283 *Groß*, Kapitalmarktrecht, Art. 1 ProspektVO Rn. 34; zum alten Recht *Schnorbus*, in: Berrar/Meyer/Müller et al., WpPG/EU-ProspektVO, 2. Aufl. 2017, § 4 WpPG Rn. 35; *Zeising*, in: Just/Voß/Ritz/Zeising, WpPG, 2009, § 4 WpPG Rn. 19; *Schlitt/Schäfer*, in: Assmann/Schlitt/von Kopp-Colomb, WpPG/VerkProspG, 2. Aufl. 2010, § 4 WpPG Rn. 21; *Heidelbach*, in: Schwark/Zimmer, KMRK, 4. Aufl. 2010, § 4 WpPG Rn. 17.

gegen Vorlage des Gewinnberechtigungsscheins. Solche Beschlussfassungen einer Hauptversammlung begründen kein öffentliches Angebot (ausführlich dazu → Art. 2 Rn. 67).

178 Selbst bei nicht-börsennotierten Gesellschaften, bei denen die technische Abwicklung der Ausschüttung der Sachdividende in Form von Aktien nicht über das Clearingsystem erfolgt, liegt kein Angebot im Sinne der ProspektVO vor, da es keiner Handlung und damit auch **keiner Willenserklärung** des Aktionärs bedarf, um das Verpflichtungsgeschäft abzuschließen.[284] Der Emittent ist bereits ipso iure verpflichtet, dem Aktionär die Aktien zu übertragen. Nur für das sachenrechtliche Übereignungsgeschäft ist eine Annahmeerklärung des Aktionärs erforderlich – eine solche allein ist aber nicht konstitutiv für ein öffentliches Angebot.

179 Im Übrigen werden die Aktien den Investoren **ohne eine Gegenleistung** zugeteilt, sodass auch aus diesem Grund derartige Emissionen von der Prospektpflicht nach Art. 1 Abs. 3 UAbs. 1 ausgenommen sind (siehe → Rn. 61 ff.).[285] Relevant wird die Ausnahmevorschrift des Abs. 4 lit. h daher nur dann, wenn über eine bloße Zuteilung hinaus eine Investitionsentscheidung des Anlegers gegeben ist. Dies mag **bei ausländischen Emittenten** von Bedeutung sein.[286]

bbb) Scrip Dividends

180 Einen originären und wirklich praxisrelevanten Anwendungsbereich des Abs. 4 lit. h (und des Abs. 5 UAbs. 1 lit. g) hat die BaFin dagegen im Fall sog. Aktiendividenden (**Scrip Dividends**) etabliert. In dieser Struktur räumt die Gesellschaft ihren Aktionären die Möglichkeit ein, ihren Dividendenanspruch als Sacheinlage gegen die Gewährung neuer Aktien einzubringen. Nach dem Vorbild solcher Transaktionen etwa in Großbritannien und Spanien[287] erfreut sich dieses Modell inzwischen auch in Deutschland zunehmender Beliebtheit.[288] Eine Vorreiterrolle kommt der Deutsche Telekom AG zu, die ihren Aktionären bereits im Jahr 2013 ein entsprechendes Angebot unterbreitete. In diesem Fall beschloss die Hauptversammlung eine Dividende, die nach Wahl der Aktionäre in bar oder in Form von Aktien der Deutsche Telekom AG geleistet wird, und Vorstand und Aufsichtsrat schufen die dafür benötigten Aktien durch teilweise Ausnutzung des genehmigten Kapitals. Dabei kann das Bezugsrecht ausgeschlossen werden, was aber nicht zwingend ist.[289] Aktionäre, die von dem Angebot durch Erklärung gegenüber ihrer jeweiligen Depotbank Gebrauch machten, erhielten die neuen Aktien (zu einem Abschlag gegenüber dem Referenzpreis der Aktien) und ihr Dividendenanspruch wurde als Sacheinlage eingebracht; anderenfalls erhielten sie die Bardividende. Denkbar sind auch andere Ausgestaltungsvarianten, wie etwa ein Tausch des Dividendenanspruchs gegen eigene Aktien der

---

284 Zum alten Recht *Schnorbus*, in: Berrar/Meyer/Müller et al., WpPG/EU-ProspektVO, 2. Aufl. 2017, § 4 WpPG Rn. 36.
285 *Bauerschmidt*, in: Assmann/Schlitt/von Kopp-Colomb, Prospektrecht Kommentar, Art. 1 ProspektVO Rn. 80; *Wiegel*, Prospektrichtlinie und Prospektverordnung, S. 181.
286 *Groß*, Kapitalmarktrecht, Art. 1 ProspektVO Rn. 34.
287 *Wettich*, AG 2014, 534, 535, auch zu den teilweise abweichenden Strukturvarianten.
288 Beispiele zu Gesellschaften, die mindestens bereits einen entsprechenden Hauptversammlungsbeschluss gefasst haben, finden sich bei *Mense/Klie*, GWR 2015, 45, 47 sowie *Krämer/Sitter*, Börsenzeitung v. 30.5.2015, S. B3.
289 *Krämer/Sitter*, Börsenzeitung v. 30.5.2015, S. B3.

Gesellschaft i. S. v. § 71 AktG.²⁹⁰ In beiden Fällen ergibt sich für die Gesellschaft der Vorteil, eine Dividende unter Schonung ihrer Liquidität ausgeben zu können.

Die Behandlung von Scrip Dividends nach Abs. 4 lit. h ist **nicht unproblematisch**, da der Wortlaut offensichtlich von einer durch die Gesellschaft direkt an die Aktionäre ausgeschütteten Sachdividende (etwa im Zuge einer Sachausschüttung nach Maßgabe des § 58 Abs. 5 AktG) ausgeht und nicht von der Einbringung eines Dividendenanspruchs im Rahmen einer Sachkapitalerhöhung. Dass solche Scrip Dividends der Ausnahme von Abs. 4 lit. h unterfallen und daher lediglich ein prospektersetzendes Dokument nach dieser Vorschrift zu erstellen ist, entspricht seit den Scrip Dividends der Deutschen Telekom AG²⁹¹ der Marktpraxis in Deutschland und zudem der allgemeinen Auffassung in der Literatur.²⁹² 181

f) Ausgabe von Aktien an Mitarbeiter (Abs. 4 lit. i)

aa) Grundlagen

Die Ausnahmeregelung in Art. 1 Abs. 4 lit. i für **sog. Mitarbeiter- und Managementbeteiligungsprogramme** entspricht im Wesentlichen der bisherigen Regelung in Art. 4 Abs. 1 lit. e ProspektRL sowie der korrespondierenden Umsetzungsvorschrift in § 4 Abs. 1 Nr. 5 WpPG a. F. Der Befreiungstatbestand greift ein, wenn derzeitigen oder ehemaligen Führungskräften oder Beschäftigten von ihrem Arbeitgeber oder einem verbundenen Unternehmen Wertpapiere angeboten oder zugeteilt werden (sollen), sofern ein den Anforderungen des Art. 1 Abs. 4 lit. i genügendes Dokument zur Verfügung gestellt wird. Wie schon bei der Vorgängerregelung Art. 4 Abs. 1 lit. e ProspektRL in der Fassung der ÄnderungsRL sieht Art. 1 Abs. 4 lit. i nicht vor, dass bestimmte Wertpapiere des Emittenten bereits an einem organisierten Markt zum Handel zugelassen sein müssen.²⁹³ Mit der Neuregelung geht im Gegensatz zu den bisherigen Regelungen in der ProspektRL und dem WpPG a. F. eine **Erleichterung** für Mitarbeiterbeteiligungsprogramme einher.²⁹⁴ Die Erfordernisse, dass der Emittent seine Hauptverwaltung oder seinen Sitz in einem Staat des Europäischen Wirtschaftsraums haben muss oder dass Wertpapiere des Emittenten be- 182

---

290 So praktiziert etwa von der E.ON SE, siehe *Mense/Klie*, GWR 2015, 45, 47; *Wettich*, AG 2014, 534, 536.
291 Laut ihrer Website hat die Deutsche Telekom AG auch für das Geschäftsjahr 2022 eine Aktiendividende ausgeschüttet, https://www.telekom.com/de/investor-relations/aktie/dividende (zuletzt abgerufen am 29.9.2023).
292 *Bauerschmidt*, in: Assmann/Schlitt/von Kopp-Colomb, Prospektrecht Kommentar, Art. 1 ProspVO Rn. 80; *Groß*, Kapitalmarktrecht, Art. 1 ProspektVO Rn. 34; *Mense/Klie*, GWR 2015, 45, 47; *Wettich*, AG 2014, 534, 535; *Krämer/Sitter*, Börsenzeitung v. 30.5.2015, S. B3.
293 Die ProspektRL und das WpPG sahen diese Voraussetzung ursprünglich als Verschärfung vor; aufgrund zahlreicher Kritik aus der Praxis ist diese Verschärfung im Rahmen der ÄnderungsRL und ihrer Umsetzung in das deutsche Recht wieder aufgehoben worden, vgl. zu § 4 Abs. 1 Nr. 5 WpPG a. F. *Schnorbus*, in: Berrar/Meyer/Müller et al., WpPG/EU-ProspektVO, 2. Aufl. 2017, § 4 WpPG Rn. 40 Fn. 75.
294 Vgl. auch *Groß*, Kapitalmarktrecht, Art. 1 ProspektVO Rn. 35.

reits an einem organisierten Markt oder einem Markt eines Drittlandes zugelassen sind,[295] wurden mit der ProspektVO aufgegeben.

183 Aus der gesetzlichen Wertung des Art. 1 Abs. 4 lit. i folgt, dass allein die vertragliche Beziehung zwischen Beschäftigten und Arbeitgeber sowie die Fürsorgepflicht des Arbeitgebers nicht per se zu der Verneinung eines öffentlichen Angebots nach Art. 2 lit. d (→ Art. 2 Rn. 99) führen, da auch Mitarbeiter prinzipiell als „Publikum" anzusehen sind. Anderenfalls wäre die Ausnahmeregelung in Art. 1 Abs. 4 lit. i überflüssig. Zudem folgt daraus, dass auch die Stellung des Beschäftigten als eine Art Primärinsider nicht ausreichend ist, um davon absehen zu können, den potenziellen Investor zu informieren. Dies ist schon deswegen der Fall, weil der einzelne Mitarbeiter eines börsennotierten Unternehmens tatsächlich nur sehr wenige Einblicke in die Geschäftstätigkeit erlangt.[296] Vielmehr rechtfertigt sich der Verzicht auf die Erstellung eines Prospekts bei einem Angebot oder einer Zuteilung von Wertpapieren an Beschäftigte oder Führungskräfte dadurch, dass (i) die Anleger durch ihr Rechtsverhältnis zum Anbieter, insbesondere dessen Fürsorgepflichten, geschützt sind, (ii) die Kapitalbeteiligung von Führungskräften und Beschäftigten gefördert werden soll, und – im Falle von Auslandsemittenten – (iii) durch die bestehende Kapitalmarktpublizität schon ein weitergehender Anlegerschutz gewährleistet wird. Die kapitalmarktmäßige Information verbunden mit der Notierung stellt sicher, dass die publizierten Informationen durch den Kurs des Wertpapiers reflektiert werden und insoweit eine vom Emittenten unabhängige Bewertung des Unternehmenswertes erfolgt.

184 Weitere verfolgte Regelungszwecke lassen sich aus Erwägungsgrund 17 der ProspektVO entnehmen. Danach sieht der Verordnungsgeber die Regelung des Art. 1 Abs. 4 lit. i als ein Mittel, um **Anreize für Führungskräfte und Beschäftigte** zu schaffen, Wertpapiere des eigenen Unternehmens zu halten und dadurch sowohl zu einer positiven Entwicklung im Hinblick auf die Unternehmensführung als auch zu einer langfristigen Wertschöpfung beizutragen. Gleichzeitig werden das Engagement der Arbeitnehmer sowie die Angleichung der Interessen letzterer mit denen der Aktionäre gefördert. In den Vordergrund der vom Verordnungsgeber verfolgten Ziele rückt insbesondere auch die Unterstützung kleinerer und mittlerer Unternehmen (KMU), welche von der Beteiligung ihrer Arbeitnehmer am Unternehmen ohne Prospektpflicht profitieren sollen.[297] Dem Anlegerschutz wird ausreichend dadurch entsprochen, dass trotz Ausnahme von der Pflicht zur Veröffentlichung eines Prospekts ein prospektersetzendes Dokument zur Verfügung zu stellen ist. Die Streichung der zusätzlichen Voraussetzung in § 4 Abs. 1 Nr. 5 WpG a. F., wonach ein Beschluss zur Feststellung der Gleichwertigkeit von Drittlandsmärkten erforderlich war, verfolgt den Zweck, einen gleichberechtigten Zugang zu Mitarbeiterbeteiligungsprogram-

---

[295] Durch die ÄnderungsRL 2010/73/EU wurde der Wortlaut des Art. 4 Abs. 1 lit. e ProspektRL entsprechend erweitert und in § 4 Abs. 1 Nr. 5 WpG a. F. umgesetzt; vgl. hierzu *Schnorbus*, in: Berrar/Meyer/Müller et al., WpPG/EU-ProspektVO, 2. Aufl. 2017, § 4 WpPG Rn. 50 ff.

[296] So auch *Holzborn/Mayston*, in: Holzborn, WpPG, § 4 Rn. 10.

[297] Vgl. ÄnderungsRL 2010/73/EU des Europäischen Parlaments und des Rates vom 24.11.2010 zur Änderung der Richtlinie 2003/71/EG betreffend den Prospekt, der beim öffentlichen Angebot von Wertpapieren oder bei deren Zulassung zum Handel zu veröffentlichen ist, und der Richtlinie 2004/109/EG zur Harmonisierung der Transparenzanforderungen in Bezug auf Informationen über Emittenten, deren Wertpapiere zum Handel auf einem geregelten Markt zugelassen sind (ABl. L 327 vom 11.12.2010, 1.), Erwägungsgrund 14.

men zu schaffen, unabhängig davon, ob der Arbeitgeber innerhalb oder außerhalb der Union ansässig ist.[298]

bb) Voraussetzungen im Einzelnen

Voraussetzung für eine Befreiung ist, dass 185

(i) derzeitigen oder ehemaligen Führungskräften oder Beschäftigten
(ii) von ihrem Arbeitgeber oder von einem verbundenen Unternehmen
(iii) Wertpapiere angeboten oder zugeteilt werden bzw. zugeteilt werden sollen
(iv) und ein Dokument zur Verfügung gestellt wird, das Informationen über Anzahl und Art der Wertpapiere enthält und in dem die Gründe und Einzelheiten des Angebots oder der Zuteilung geregelt werden.

aaa) Privilegierter Personenkreis

Die ProspektVO erfasst, wie auch bereits die ProspektRL und die entsprechend umsetzende Vorschrift des WpPG a. F., neben den derzeitigen auch die **ehemaligen** Beschäftigten und Führungskräfte. Hingegen gehören **Aufsichts- und Verwaltungsräte** nicht zum privilegierten Personenkreis. Die Wertpapiere müssen von dem Arbeitgeber oder einem verbundenen Unternehmen angeboten bzw. zugeteilt werden. Der Arbeitgeberbegriff ist in diesem Zusammenhang untechnisch in dem Sinne zu verstehen, dass ein arbeits- oder dienstvertragliches Rechtsverhältnis bestehen muss; bei Organmitgliedern werden die Wertpapiere daher durch die jeweilige Gesellschaft angeboten. Da sich mit der ProspektVO weder Wortlaut noch Sinn und Zweck des privilegierten Personenkreises geändert hat, ist ein abweichendes Verständnis der Begriffe der beteiligten Personen nicht geboten. 186

Bei einem klassischen Mitarbeiterbeteiligungsprogramm durch die (ggf. börsennotierte) Konzernspitze erhalten also die privilegierten Personen der Konzernspitze von ihrem Arbeitgeber bzw. ihrer Gesellschaft und privilegierte Personen der Tochterunternehmen von einem herrschenden Unternehmen i. S. d. § 17 AktG das Angebot. Mitarbeiter und Mitglieder von Geschäftsführungsorganen eines Aktionärs der Konzernspitze gehören auch zum privilegierten Personenkreis, soweit die Konzernspitze gegenüber dem Aktionär abhängiges Unternehmen i. S. d. § 17 AktG ist. Diese Überlegungen gelten ebenfalls für sonstige Konzernunternehmen (§ 18 AktG), insbesondere Schwesterunternehmen. 187

bbb) Emittent der angebotenen oder zugeteilten Wertpapiere

Hinsichtlich des tauglichen Emittenten der angebotenen oder zugeteilten Wertpapiere ist der Wortlaut des Art. 1 Abs. 4 lit. i dahingehend eindeutig, dass als Emittent entweder der **Arbeitgeber** oder ein **verbundenes Unternehmen** in Betracht kommt. Der Wortlaut entspricht insoweit demjenigen des Art. 4 Abs. 1 lit. e ProspektRL in der Fassung der ÄnderungsRL. In der Zeit vor der ÄnderungsRL war noch unklar, ob als tauglicher Emittent i. S. d. § 4 Abs. 1 Nr. 5 WpPG a. F. nur der Arbeitgeber[299] in Betracht kam oder die Wertpapiere auch von einem nach § 15 AktG verbundenen Unternehmen[300] ausgegeben werden 188

---

298 Vgl. Erwägungsgrund 17 der ProspektVO.
299 So *Zeising*, in: Just/Voß/Ritz/Zeising, WpPG, 2009, § 4 WpPG Rn. 23.
300 *Leuring*, Der Konzern 2006, 4, 9; *Grosjean*, in: Heidel, Aktienrecht und Kapitalmarktrecht, 4. Aufl. 2017, § 4 WpPG Rn. 11; *Schlitt/Schäfer*, in: Assmann/Schlitt/von Kopp-Colomb,

konnten. Die Unsicherheit wurde durch das ProspektRL-Umsetzungsgesetz mit der Änderung des § 4 Abs. 1 Nr. 5 WpPG a. F. durch Einfügen des Wortes „als Emittent" behoben. Damit wurde klargestellt, dass entweder der anbietende Arbeitgeber oder das anbietende verbundene Unternehmen Emittent der als Mitarbeiterbeteiligung auszugebenden Wertpapiere sein musste. Wie auch schon zu Zeiten der ProspektRL kommen als angebotene oder zugeteilte Wertpapiere auch solche in Betracht, deren Basiswert Aktien des Arbeitgebers sind (z.B. bei Wandelanleihen von Finanztöchtern, die zur Wandelung in Aktien des Arbeitgebers berechtigen).[301]

ccc) Angebot oder Zuteilung von Wertpapieren

189 Der Anwendungsbereich der ProspektVO ist bereits nicht gegeben, wenn sich das Angebot oder die Zuteilung auf Rechte bezieht, welche den **Wertpapierbegriff nicht erfüllen**, beispielsweise GmbH-Anteile, KG-Anteile oder nicht übertragbare Optionen (→ Art. 2 Rn. 26). Für Gesellschaftsanteile, die den §§ 1 ff., 6 ff. VermAnlG unterfallen, besteht mit § 2 Abs. 1 Nr. 6 VermAnlG eine umfassende Ausnahme für Mitarbeiterbeteiligungsprogramme von der Prospektpflicht.

190 Die Regelung in Art. 1 Abs. 4 lit. i erfasst neben dem Angebot von Wertpapieren auch Fälle einer „**Zuteilung**" von Wertpapieren an Führungskräfte oder Arbeitnehmer. Hierbei erfolgt die Ausgabe von Wertpapieren ohne Angebot, zum Beispiel durch Zubuchung nach Fälligwerden von Optionen.[302] Während die Zuteilung von Wertpapieren ebenfalls in Art. 4 Abs. 1 lit. e ProspektRL verortet war, umfasste der umsetzende Ausnahmetatbestand des WpPG a. F. nicht die Zuteilung von Wertpapieren. Lediglich in der parallelen Vorschrift des § 4 Abs. 2 Nr. 6 WpPG a. F. für die Zulassung von Wertpapieren zum Handel an einem organisierten Markt war auch eine Zuteilung von Wertpapieren umfasst. Die Regelung in § 4 Abs. 2 Nr. 6 WpPG a. F. verlangte zusätzlich, dass es sich bei den Wertpapieren um dieselbe Gattung handelt wie bei den Wertpapieren, die bereits zum Handeln an demselben organisierten Markt zugelassen sind, an dem die Zulassung prospektfrei erfolgen soll. So mussten bei der Ausgabe von Aktien an Mitarbeiter auch bereits andere Aktien desselben Emittenten an einem organisierten Markt zugelassen sein, damit die Ausnahme eingriff.[303] Diese einschränkende Voraussetzung war im Kommissionsvorschlag für die ProspektVO zunächst auch noch enthalten, wurde in die finale Fassung aber nicht mit aufgenommen.[304]

ddd) Prospektersetzendes Dokument

191 Für die Befreiung von der Pflicht zur Veröffentlichung eines Prospekts erfordert Art. 1 Abs. 4 lit. i zudem, dass ein **prospektersetzendes Dokument** zur Verfügung gestellt wird.

WpPG/VerkProspG, 2. Aufl. 2010, § 4 WpPG Rn. 27; *Heidelbach*, in: Schwark/Zimmer, KMRK, 4. Aufl. 2010, § 4 WpPG Rn. 24; zum alten Recht *Heidelbach*, in: Schwark, KMRK, 3. Aufl. 2004, § 4 VerkProspG Rn. 12.
301 *Leuering*, Der Konzern 2006, 4, 9; *Schlitt/Schäfer*, in: Assmann/Schlitt/von Kopp-Colomb, WpPG/VerkProspG, 2. Aufl. 2010, § 4 WpPG Rn. 27.
302 Vgl. zu § 4 Abs. 1 Nr. 5 WpPG a. F. *Schnorbus*, in: Berrar/Meyer/Müller et al., WpPG/EU-ProspektVO, 2. Aufl. 2017, § 4 WpPG Rn. 89.
303 Vgl. zu § 4 Abs. 1 Nr. 5 WpPG a. F. *Schnorbus*, in: Berrar/Meyer/Müller et al., WpPG/EU-ProspektVO, 2. Aufl. 2017, § 4 WpPG Rn. 89.
304 Vgl. Kommissionsvorschlag, COM/2015/583/final, Art. 1 Abs. 4 lit. g, S. 42.

Dieses Dokument muss Informationen über Anzahl und Art der Wertpapiere enthalten und die Gründe und Einzelheiten des Angebots oder der Zuteilung darlegen. Der Wortlaut ist bis auf die weitere Voraussetzung der Einzelheiten der Zuteilung mit demjenigen der ProspektRL identisch. Die Vorgaben der **ESMA-Empfehlungen** zum Inhalt des prospektersetzenden Dokuments für die ProspektRL gelten aufgrund bisher noch fehlender neuer Konkretisierungen auch für das prospektersetzende Dokument des Art. 1 Abs. 4 lit. i weiter.[305] Nach den ESMA-Empfehlungen ist anzugeben, wer der **Emittent** ist und wo über ihn weitere Informationen eingeholt werden können. Zudem soll der Emittent die Gründe für die Emission zusammen mit einer Angabe des jeweiligen Ausnahmetatbestands schildern. Anzugeben sind zudem **Details über das Angebot** (Adressaten des Angebots, Anzahl und Art der anzugebenden Aktien, Angebotszeitraum, Ordermöglichkeiten, Maximal- und Minimalorder, Angabe, ob die Wertpapiere zum Handel an einem organisierten Markt zugelassen werden sollen) sowie eine kurze Beschreibung der mit den Wertpapieren **verbundenen Rechte und Pflichten**. Das Dokument sollte auch bekannte Risikofaktoren sowie sonstige wesentliche, bereits veröffentlichte Informationen zum Emittenten enthalten.[306] Abschließend sollte das Dokument mit dem Hinweis versehen werden, dass es sich bei dem Dokument **nicht um ein Wertpapierprospekt handelt**, und eine Erläuterung enthalten, warum ein Prospekt nicht zwingend erstellt werden muss.[307] Das Dokument wird teilweise auch als „kleiner Prospekt" bezeichnet. Dies ist jedoch irreführend, da das prospektersetzende Dokument nicht wie der Prospekt gebilligt werden muss.[308]

Im Vergleich zu den für Art. 1 Abs. 4 lit. f und g erforderlichen Befreiungsdokumenten, deren inhaltliche Anforderungen aufgrund der in Art. 1 Abs. 7 der Kommission eingeräumten Ermächtigung durch die Delegierten Verordnung (EU) 2021/528 eine sehr umfangreiche und detaillierte Regelung erfahren haben,[309] sind somit bei dem nach Art. 1 Abs. 4 lit. i erforderlichen prospektersetzenden Dokument **deutliche Erleichterungen gegenüber** einem zu veröffentlichenden **Befreiungsdokument** erkennbar (siehe zum Inhalt eines Befreiungsdokuments → Rn. 133 ff.).

192

Hinsichtlich der zu **verwendenden Sprache** für das prospektersetzende Dokument äußern sich weder Art. 1 Abs. 4 lit. i noch die Erwägungsgründe der ProspektVO. Auch Art. 4 Abs. 1 lit. e der ÄnderungsRL sowie § 4 Abs. 1 Nr. 5 lit. c WpG a. F. schrieben lediglich für das prospektersetzende Dokument eines Drittstaatenemittenten mit außerhalb eines organisierten Marktes zugelassenen Wertpapieren die Verwendung einer der in der

193

---

305 ESMA, Questions and Answers on the Prospectus Regulation, ESMA31-62-1258 (Version 12, last updated on 3 February 2023), Nr. 2.1 (Applicability of the Level 3 guidance relating to the Prospectus Directive after the entry into application of the Prospctus Regulation), S. 25; ESMA, Questions Update of the CESR recommendations – The consistent implementation Commission Regulation (EC) No 809/2004 implementing the Prospectus Directive, ESMA/2013/319 (last updated on 20 March 2013), Rn. 173–176 (3. Recommendation on issues not related to the schedules), S. 45.
306 Vgl. zu § 4 Abs. 1 Nr. 5 WpG a. F. *Schnorbus*, in: Berrar/Meyer/Müller et al., WpPG/EU-ProspektVO, 2. Aufl. 2017, § 4 WpPG Rn. 47.
307 Siehe z. B. prospektersetzendes Dokument nach Art. 1 Abs. 4 lit. a ProspektVO der Airbus SE v. 18.11.2020: https://www.airbus.com/sites/g/files/jlcbta136/files/2021-07/SIP%202020%20-%20EU-Information%20Note-UK-SIP-2020-GERMAN.pdf (zuletzt abgerufen am 24.10.2023).
308 So auch *Groß*, Kapitalmarktrecht, Art. 1 ProspektVO Rn. 36; vgl. zu § 4 Abs. 1 Nr. 5 WpG a. F. *Heidelbach*, in: Schwark/Zimmer, KMRK, 4. Aufl. 2010, § 4 WpPG Rn. 29.
309 Kritisch hierzu *Groß*, Kapitalmarktrecht, Art. 1 ProspektVO Rn. 22.

internationalen Finanzwelt üblichen Sprache vor, was nur Englisch sein konnte.[310] Für prospektersetzende Dokumente nach § 4 Abs. 1 Nr. 5 lit. a und b WpPG a. F. war dies hingegen nicht vorgesehen. Näher lag hier vielmehr der Umkehrschluss, dass wegen der expliziten Anordnung in § 4 Abs. 1 Nr. 5 lit. c WpPG a. F. für den Normalfall in § 4 Abs. 1 Nr. 5 lit. a und b WpPG a. F. ein prospektersetzendes Dokument gerade nicht in Englisch abgefasst werden durfte. Denn ansonsten wäre dieser Zusatz überflüssig.[311] Andererseits sprach vieles dafür, dass das Sprachregime des § 4 Abs. 1 Nr. 5 lit. c WpPG a. F. keine verbindliche Aussage für das Sprachregime nach § 4 Abs. 1 Nr. 5 lit. a und b WpPG a. F., sondern lediglich einen Mindeststandard bezwecken sollte.[312]

194 Für die Ausnahmetatbestände der Art. 1 Abs. 4 lit. f und g konkretisiert Art. 5 der Delegierten Verordnung (EU) 2021/528 die Sprachanforderungen des Befreiungsdokuments. Danach ist das Dokument in einer von der zuständigen Behörde i. S. d. Art. 2 lit. o (siehe → Art. 2 Rn. 167) anerkannten Sprache abzufassen. Nach § 21 WpPG ist anerkannte Sprache i. S. d. Art. 27 (siehe → Art. 27 Rn. 6) die deutsche Sprache. Auch hieraus lässt sich keine abschließende Aussage über das Sprachregime für das prospektersetzende Dokument treffen, denn Art. 27 enthält lediglich eine Sprachenregelung für den Prospekt. Entscheidend werden letztlich der **Empfängerhorizont** und das **Informationsbedürfnis** sein. Dazu muss das Dokument in einer für die Mitarbeiter verständlichen Sprache verfasst sein. Wenn die Wertpapiere in Deutschland angeboten oder zugeteilt werden, so wird das Dokument auf Deutsch zur Verfügung zu stellen sein. Handelt es sich hingegen um einen internationalen Konzern, in welchem Englisch die gebräuchliche Sprache ist und/oder nur Arbeitnehmer angesprochen werden, die (nur) über ausreichende Englischkenntnisse verfügen, kann im Einzelfall das prospektersetzende Dokument auf Englisch abzufassen sein.

195 Art. 1 Abs. 4 lit. i enthält keine Informationen zur **Art und Weise**, wie das Dokument **zur Verfügung zu stellen** ist. Der Vergleich mit Art. 1 Abs. 4 lit. f und g legt nahe, dass hier andere Anforderungen an das zur Verfügung zu stellende Dokument gelten. Während Art. 1 Abs. 4 lit. f und g verlangen, dass „ein Dokument gemäß den Bestimmungen des Artikels 21 Absatz 2 *der Öffentlichkeit* zur Verfügung gestellt" werden muss, fehlt es in Art. 1 Abs. 4 lit. i an einem derartigen Hinweis. Für Befreiungsdokumente nach Art. 1 Abs. 4 lit. f und g ist ein Dokument bereits dann gemäß Art. 21 Abs. 2 der Öffentlichkeit zur Verfügung gestellt, wenn es beispielsweise auf der Internetseite des Emittenten oder Anbieters veröffentlicht ist (siehe → Art. 21 Rn. 25 ff.). Aus der fehlenden Verweisung in Art. 1 Abs. 4 lit. i auf eine Zurverfügungstellung an die Öffentlichkeit lässt sich, wie auch schon zu Zeiten der ProspektRL, die Schlussfolgerung ziehen, dass eine Veröffentlichung im Internet/Intranet ohne weitere Hinweise hierauf oder Benachrichtigungen des Adressaten vom Angebot oder der Zuteilung den Anforderungen an eine Befreiung nicht genü-

---

310 Vgl. zu § 4 WpPG a. F. *Schnorbus*, in: Berrar/Meyer/Müller et al., WpPG/EU-ProspektVO, 2. Aufl. 2017, § 4 WpPG Rn. 48; *Holzborn/Mayston*, in: Holzborn, WpPG, § 4 Rn. 10.
311 Art. 4 Abs. 1 lit. e ProspektRL regelte die Ausnahme von der Prospektpflicht bei einem Mitarbeiterprogramm, wenn ein Informationsdokument zur Verfügung gestellt wird, ohne jedoch ausdrücklich die Sprache festzulegen, obwohl in Art. 19 eine (auf Art. 4 nicht anwendbare) Sprachregel enthalten war. Durch die ÄnderungsRL wurde dann an Art. 4 Abs. 1 lit. e ein Unterabsatz angefügt, der § 4 Abs. 1 Nr. 5 lit. c WpPG a. F. entsprach, sodass auch hier der Umkehrschluss naheliegt.
312 Vgl. *Zivny/Mock*, EU-ProspektVO/KMG 2019, Art. 1 ProspektVO Rn. 70, der die Verwendung der englischen Sprache für das prospektersetzende Dokument als ausreichend ansieht.

gen.³¹³ Vielmehr muss das Dokument mangels anderweitiger Angaben in der ProspektVO oder den Questions-And-Answers der ESMA aktiv **übermittelt werden**, sei es durch Versendung per Post, Hauspost oder E-Mail.³¹⁴

eee) Privilegierte Emittenten

Der in § 4 Abs. 1 Nr. 5 WpPG a. F. in Umsetzung der ÄnderungsRL enthaltene Privilegierungstatbestand wurde im Rahmen des Rechtssetzungsverfahrens nicht in die ProspektVO aufgenommen. Die bisher enthaltenen **einschränkenden Voraussetzungen** hinsichtlich privilegierter Emittenten sind **weggefallen**, sodass der Ausnahmetatbestand in Art. 1 Abs. 4 lit. i umfassender gestaltet ist als die Vorgängerregelung in der ProspektRL und im WpPG a. F. Die Regelung in § 4 Abs. 1 Nr. 5 WpPG a. F. erforderte, dass (i) der Emittent seine Hauptverwaltung oder seinen Sitz in einem Staat des Europäischen Wirtschaftsraums haben musste, (ii) Wertpapiere des Emittenten bereits an einem organisierten Markt zugelassen waren oder (iii) Wertpapiere des Emittenten bereits an dem Markt eines Drittlands zugelassen waren, die Europäische Kommission für diesen Markt einen Beschluss über die Gleichwertigkeit erlassen hat und ausreichende Informationen einschließlich des genannten Dokuments in einer in der internationalen Finanzwelt üblichen Sprache vorlagen.³¹⁵ Als Gründe für die Erweiterung der Ausnahmen für EWR-Emittenten führt die ÄnderungsRL Erwägungen an (siehe Erwägungsgrund 14 der ÄnderungsRL), die auch im Rahmen der Erwägungsgründe für die ProspektVO aufgegriffen werden (siehe Erwägungsgrund 17). Bereits der Richtliniengeber hatte erkannt, dass die bestehenden Befreiungen insbesondere für kleine und mittlere Unternehmen zu restriktiv waren (siehe Erwägungsgrund 14 der ÄnderungsRL). Diesen Aspekt greift auch Erwägungsgrund 17 der ProspektVO auf. Darüber hinaus soll im Gegensatz zur ProspektRL und der jeweils umsetzenden Vorschrift im WpPG a. F. für Unternehmensleitung und Mitarbeiter ein gleichberechtigter Zugang zu Mitarbeiterprogrammen geschaffen werden, unabhängig davon, ob der Arbeitgeber innerhalb und außerhalb der Union seinen Sitz hat. Für Drittstaatenemittenten mit außerhalb eines organisierten Marktes zugelassenen Wertpapieren führt dies daher zu wesentlichen Erleichterungen.³¹⁶

196

cc) Prospektbefreiung aufgrund anderer Ausnahmevorschriften

Die Ausnahmevorschrift des Art. 1 Abs. 4 lit. i gelangt, wie auch bereits die Vorgängerregelung des § 4 Abs. 1 Nr. 5 WpPG a. F., erst zur Anwendung, wenn die Prospektpflicht nicht bereits aufgrund anderer Vorschriften entfällt. Eine Prospektpflicht besteht schon dann nicht, wenn Aktien an die Mitarbeiter automatisch, d. h. **unabhängig von dem Willen der Mitarbeiter** ohne ein Recht zur Ablehnung abgegeben werden. Eine solche automatische Zuteilung erfüllte bereits nicht die Voraussetzungen eines öffentlichen Angebots

197

---

313 Vgl. zu § 4 Abs. 1 Nr. 5 WpPG a. F. *Zeising*, in: Just/Voß/Ritz/Zeising, WpPG, 2009, § 4 WpPG Rn. 22; wohl **a. A.** für Aushänge am Schwarzen Brett *Heidelbach*, in: Schwark/Zimmer, KMRK, 4. Aufl. 2010, § 4 WpPG Rn. 31.
314 Vgl. zu § 4 Abs. 1 Nr. 5 WpPG a. F. *Zeising*, in: Just/Voß/Ritz/Zeising, WpPG, 2009, § 4 WpPG Rn. 22; *Heidelbach*, in: Schwark/Zimmer, KMRK, 4. Aufl. 2010, § 4 WpPG Rn. 31.
315 Vgl. zum WpPG a. F. *Schnorbus*, in: Berrar/Meyer/Müller et al., WpPG/EU-ProspektVO, 2. Aufl. 2017, § 4 WpPG Rn. 50 ff.
316 Siehe zu den bisherigen Voraussetzungen für einen Gleichwertigkeitsbeschluss *Schnorbus*, in: Berrar/Meyer/Müller et al., WpPG/EU-ProspektVO, 2. Aufl. 2017, § 4 WpPG Rn. 55 ff.

nach der Art. 2 Abs. 1 lit. d ProspektRL umsetzenden Legaldefinition in § 2 Nr. 4 WpPG a. F., denn in diesem Fall fehlt es an der erforderlichen „Investitionsentscheidung".[317] Die Definition des öffentlichen Angebots in Art. 2 lit. d stimmt im Wesentlichen mit der früheren Definition in § 2 Nr. 4 WpPG a. F. überein, sodass grundsätzlich keine andere Auslegung angezeigt ist. Erwägungsgrund 22 der ProspektVO bestätigt dies ausdrücklich (siehe → Art. 2 Rn. 66), da eine Zuteilung dann nicht als öffentliches Angebot von Wertpapieren gelten soll, wenn die Empfängerseite keine Entscheidungsmöglichkeit oder kein Recht auf Ablehnung der Zuteilung hat. Eine Prospektpflicht besteht zudem dann nicht, wenn zunächst lediglich **nicht übertragbare Anrechte** auf Aktien zugeteilt werden, die erst nach Ablauf eines Zeitraums (vesting period) in Aktien umgewandelt werden. Mangels Übertragbarkeit stellen die Anrechte schon keine Wertpapiere dar.[318] Die spätere Umwandlung in übertragbare Aktien erfolgt ohne aktives Tun des Mitarbeiters (siehe insgesamt → Art. 2 Rn. 102). Für **unentgeltliche Angebote** (free offers) von Aktien an Mitarbeiter besteht ebenfalls eine Ausnahme von der Prospektpflicht (näher dazu → Art. 2 Rn. 104 ff.).[319] Ein prospektpflichtiges öffentliches Angebot liegt nach Art. 1 Abs. 4 lit. b auch nicht vor, wenn die Wertpapiere **maximal 149 Mitarbeitern** in jedem Mitgliedstaat offeriert werden.

198 Die Ausnahmen von der Pflicht zur Veröffentlichung eines Prospekts aus Art. 1 Abs. 4 und Abs. 5 können **miteinander kombiniert** werden (siehe → Rn. 290 ff.). Dies ergibt sich aus Art. 1 Abs. 6 (siehe hierzu Erwägungsgrund 20). Die entsprechenden Ausnahmetatbestände für Angebots- und Zulassungsprospekte, beispielsweise für Mitarbeiterbeteiligungsprogramme in Art. 1 Abs. 4 lit. i und Abs. 5 UAbs. 1 lit. h, sind schon zu Zeiten der ProspektRL und der sie umsetzenden Vorschriften des WpPG kombiniert worden. Bislang fehlte es allerdings an einer klarstellenden Vorschrift (siehe → Rn. 290 ff.).[320]

dd) Rechtsfolgen

199 Sind alle Voraussetzungen des Befreiungstatbestands des Art. 1 Abs. 4 lit. i erfüllt, so entfällt die Prospektpflicht **kraft Gesetzes** ohne ein der BaFin zustehendes Ermessen. Unklar ist, welche Folgen es nach sich zieht, wenn trotz Eingreifen des Ausnahmetatbestands ein Prospekt bei der BaFin zur Billigung eingereicht wird (siehe → Rn. 82 ff.). Zu Zeiten der ProspektRL sollte ein derartiger Antrag aufgrund fehlenden Sachentscheidungsinteresses nach § 9 VwVfG unzulässig sein.[321] Nach Ansicht der BaFin habe sie nicht die Befugnis, eine Bescheinigung über das Vorliegen einer Ausnahme (sog. „Negativattest") oder eine Unbedenklichkeitsbescheinigung zu erteilen (siehe → Rn. 82).[322]

---

317 Vgl. zu § 4 Abs. 1 Nr. 5 WpPG a. F. *Holzborn/Mayston*, in: Holzborn, WpPG, § 4 Rn. 10; *Schnorbus*, in: Berrar/Meyer/Müller et al., WpPG/EU-ProspektVO, 2. Aufl. 2017, § 4 Rn. 58.
318 ESMA, Questions and Answers on the Prospectus Regulation (Version 12, last updated on 3 February 2023), Nr. 4.1 (Share option schemes), S. 33 f.
319 Vgl. auch ESMA, Questions and Answers on the Prospectus Regulation (Version 12, last updated on 3 February 2023), Nr. 4.2 (Free offers), S. 34 f.; *Bauerschmidt*, in: Assmann/Schlitt/von Kopp-Colomb, Prospektrecht Kommentar, Art. 1 ProspektVO Rn. 87.
320 Vgl. zu § 3 Abs. 2 WpPG a. F. *Schnorbus*, in: Berrar/Meyer/Müller et al., WpPG/EU-ProspektVO, 2. Aufl. 2017, § 3 WpPG Rn. 15.
321 *Groß*, Kapitalmarktrecht, Art. 1 ProspektVO Rn. 9.
322 *Groß*, Kapitalmarktrecht, Art. 1 ProspektVO Rn. 9; *Zivny/Mock*, EU-ProspektVO/KMG 2019, Art. 1 ProspektVO Rn. 32; vgl. zur Vorgängerregelung in der ProspektRL *Kunold/Schlitt*,

Der ProspektVO selbst ist keine Regelung bezüglich der **Rechtsfolgen** bei **unterlassener** 200
oder **fehlerhafter Erstellung** eines prospektersetzenden Dokuments zu entnehmen. Für
deutsche Emittenten greift im Fall der fehlerhaften Erstellung eines prospektersetzenden
Dokuments die Haftung aus § 10 i.V.m. § 9 Abs. 1 und Abs. 4 WpPG (siehe → § 9 WpPG
Rn. 8 ff. und → § 10 WpPG Rn. 1 ff.) und nicht die scharfe Haftung nach § 14 WpPG (Haftung bei fehlendem Prospekt).[323] Im Übrigen wird hinsichtlich der Anspruchsgrundlage
und des Haftungsmaßstabs wegen eines fehlerhaften prospektersetzenden Dokuments auf
die umfassenden Ausführungen in den Vorbemerkungen zu Art. 1 ff. (siehe → Vor
Art. 1 ff. Rn. 45) verwiesen.

Fehlt das prospektersetzende Dokument ganz, sind die Voraussetzungen für das Eingreifen 201
des Ausnahmetatbestands nach Art. 1 Abs. 4 lit. i nicht erfüllt, sodass die Prospektpflicht nach Art. 3 Abs. 1 (siehe → Art. 3 Rn. 3 ff.) greift. Die Haftung für den fehlenden
Prospekt folgt in diesem Fall aus § 14 WpPG (siehe → § 9 WpPG Rn. 8).[324]

4. Ausnahme für Daueremissionen von Kreditinstituten mit Gesamtgegenwert unter 75 Mio. EUR (Abs. 4 lit. j)

a) Grundlagen

Die Ausnahme des Art. 1 Abs. 4 lit. j erfasst „**Daueremissionen**"[325] bestimmter Nichtdividendenwerte von Kreditinstituten, deren Gesamtgegenwert **75 Mio. EUR** über einen Zeitraum von zwölf Monaten nicht übersteigt. Diesen Schwellenwert hatte der europäische 202
Gesetzgeber vor dem Hintergrund der COVID-19-Pandemie zur Förderung der wirtschaftlichen Erholung in **Art. 1 Abs. 4 lit. l** – zeitlich befristet bis zum 31.12.2022 – auf
150 Mio. EUR verdoppelt (siehe → Rn. 232 ff.). Insofern hatte Art. 1 Abs. 4 lit. j bis zum
Auslaufen der Übergangsvorschrift keine Relevanz. Eine entsprechende Parallelregelung
für die prospektfreie Zulassung solcher Nichtdividendenwerte mit einem Schwellenwert
von 75 Mio. EUR bzw. temporär 150 Mio. EUR ist in Art. 1 Abs. 5 UAbs. 1 lit. i bzw. k
normiert (siehe → Rn. 282 ff. bzw. Rn. 287 f.). Durch den **EU Listing Act** werden die
Schwellenwerte für das prospektfreie Angebot von Nichtdividendenwerten, die von einem
Kreditinstitut dauernd oder wiederholt gemäß Art. 1 Abs. 4 lit. j begeben werden, auf
150 Mio. EUR verdoppelt (siehe → Rn. 13). Das entspricht damit in Zukunft der ehemals
zeitlich befristeten Ausnahme durch Art. 1 Abs. 4 lit. l. Die dortige Kommentierung entfaltet daher auch zukünftig Relevanz (siehe → Rn. 232 ff.).

BB 2004, 501, 505; vgl. zu § 4 WpPG a. F. *Straßner/Grosjean*, in: Heidel, Aktienrecht und Kapitalmarktrecht, 5. Aufl. 2019, § 4 WpPG Rn. 1.
323 Vgl. zu Vor §§ 1 ff. WpPG a. F. *Schnorbus*, in: Berrar/Meyer/Müller et al., WpPG/EU-Prospekt-VO, 2. Aufl. 2017, Vor §§ 1 ff. WpPG Rn. 31; *Straßner/Grosjean*, in: Heidel, Aktienrecht und Kapitalmarktrecht, 5. Aufl. 2019, § 4 WpPG Rn. 8; vgl. für die Konstellation, in der Fehler im prospektbefreienden Dokument nichts an der Prospektbefreiung ändern, *Groß*, Kapitalmarktrecht, § 10 WpPG Rn. 6; *Heidelbach*, in: Schwark/Zimmer, KMRK, § 14 WpPG Rn. 4.
324 *Heidelbach*, in: Schwark/Zimmer, KMRK, § 14 WpPG Rn. 4; vgl. *Groß*, Kapitalmarktrecht, § 14 WpPG Rn. 5; *Assmann*, in: Assmann/Schlitt/von Kopp-Colomb, Prospektrecht Kommentar, § 14 WpPG Rn. 6.
325 Vgl. zu § 1 Abs. 2 Nr. 5 WpPG a. F. BT-Drucks. 17/8684, 16.

Art. 1 ProspektVO Gegenstand, Anwendungsbereich und Ausnahmen

203 Das sog. **Daueremittentenprivileg**[326] war bereits – mit etwas abweichendem Wortlaut (siehe → Rn. 4) – in **Art. 1 Abs. 2 lit. j ProspektRL** enthalten und vom deutschen Gesetzgeber in § 1 Abs. 2 Nr. 5 WpPG a. F. umgesetzt worden.[327] Im Unterschied zur Vorgängerregelung, die Dauereremissionen von Kreditinstituten gänzlich vom *Anwendungsbereich* der ProspektRL ausgeschlossen hat,[328] handelt es sich bei der Regelung in Art. 1 Abs. 4 lit. j lediglich um eine Ausnahme von der *Prospektpflicht* (zu den Konsequenzen siehe → Rn. 24 ff.). Den Materialien zum Entstehungsprozess der ProspektVO lässt sich nicht entnehmen, warum sich der Verordnungsgeber für diese Änderung entschieden hat.[329] Daueremissionen von Kreditinstituten fallen demnach nunmehr zwar in den Anwendungsbereich der ProspektVO, können aber unter den (engen) Voraussetzungen des Art. 1 Abs. 4 lit. j prospektfrei angeboten werden. Der Befreiung von der Prospektpflicht dürfte aber nur eine **sehr geringe praktische Relevanz** zukommen, da Wertpapiere kaum sämtliche Anforderungen der Norm kumulativ erfüllen können.[330]

204 Wie schon bei Art. 1 Abs. 2 lit. j ProspektRL sollen Kreditinstitute, deren **Bonität** vermutet werden kann und die fortlaufend den Kapitalmarkt in Anspruch nehmen, nicht mit der wiederholten Erstellung von Prospekten für eine Vielzahl vergleichbar ausgestalteter Wertpapiere belastet werden.[331] Da die Kreditinstitute zudem der Aufsicht durch die BaFin unterliegen, sind Anleger bereits ausreichend geschützt. Somit ist die Prospektbefreiung nach Art. 1 Abs. 4 lit. j auch unter Anlegerschutzgesichtspunkten gerechtfertigt.[332]

---

326 *Ritz/Zeising*, in: Just/Voß/Ritz/Zeising, WpPG, 2009, § 1 WpPG Rn. 33; *Seitz*, AG 2005, 678, 682.
327 Siehe dazu *Schnorbus*, in: Berrar/Meyer/Müller et al., WpPG/EU-ProspektVO, 2. Aufl. 2017, § 1 WpPG Rn. 21 ff.; *Ritz/Zeising*, in: Just/Voß/Ritz/Zeising, WpPG, 2009, § 1 WpPG Rn. 28 ff.
328 Hintergrund für die Ausnahme vom Anwendungsbereich in Art. 1 Abs. 2 lit. j ProspektRL war, dass von Kreditinstituten begebene Emissionen „aufgrund ihres inlandsbezogenen Wesens am besten auf nationaler Ebene geregelt werden" (siehe Gemeinsamer Standpunkt (EG) Nr. 25/2003 vom Rat festgelegt am 24.3.2003, 2003/C 125 E/02, C 125 E/21, S. E/49).
329 Der ursprüngliche Kommissionsvorschlag hatte die Regelung – mit gleichem Wortlaut – noch als Ausnahme vom Anwendungsbereich vorgesehen (siehe Europäische Kommission, Vorschlag für eine Verordnung des Europäischen Parlaments und des Rates über den Prospekt, der beim öffentlichen Angebot von Wertpapieren oder bei deren Zulassung zum Handel zu veröffentlichen ist v. 30.11.2015, COM(2015) 583 final, S. 40, dort Art. 1 Abs. 2 i). Der Änderungsvorschlag des Rates integrierte die Vorschrift dann ohne Begründung in den jeweiligen Ausnahmekatalog zur Prospektpflicht (siehe Rat der Europäischen Union, Vorschlag für eine Verordnung des Europäischen Parlaments und des Rates über den Prospekt, der beim öffentlichen Angebot von Wertpapieren oder bei deren Zulassung zum Handel zu veröffentlichen ist v. 3.6.2016, 2015/0268 (COD), S. 32, dort Art. 1 Abs. 3 lit. j und Abs. 4 lit. h.
330 Vgl. zu § 1 Abs. 2 Nr. 5 WpPG a. F. *Schnorbus*, in: Berrar/Meyer/Müller et al., WpPG/EU-ProspektVO, 2. Aufl. 2017, § 1 WpPG Rn. 26; *Hamann*, in: Schäfer/Hamann, Kapitalmarktgesetze, § 1 WpPG Rn. 21 („Alle diese Fälle [in Nr. 5] hätten daher durch ein „oder" verknüpft sein müssen. Dies ergibt sich schon daraus, dass diese Fälle nicht alle in einem Wertpapier kumuliert vorkommen können. Richtigerweise hat der Gesetzgeber daher die lit. a und b mit „oder" verbunden); *von Kopp-Colomb/Sargut*, in: Assmann/Schlitt/von Kopp-Colomb, WpPG/VermAnlG, 3. Aufl. 2017, § 1 WpPG Rn. 78; a. A. *Heidelbach/Preuße*, BKR 2006, 316, 317 in Fn. 16 unter Berufung auf die RegBegr. BT-Drucks. 15/4999, 27 und die Prospektrichtlinie.
331 Vgl. zu § 1 Abs. 2 Nr. 5 WpPG a. F. *Schnorbus*, in: Berrar/Meyer/Müller et al., WpPG/EU-ProspektVO, 2. Aufl. 2017, § 1 WpPG Rn. 22.
332 Vgl. zu § 1 Abs. 2 Nr. 5 WpPG a. F. *Seitz*, AG 2005, 678, 682; *Spindler*, in: Holzborn, WpPG, § 1 Rn. 23; *Heidelbach*, in: Schwark/Zimmer, KMRK, 4. Aufl. 2010, § 1 WpPG Rn. 20.

b) Privilegierte Emittenten

Die Privilegierung erfasst ausschließlich Emissionen von **Kreditinstituten**. Der Begriff des Kreditinstituts ist in **Art. 2 lit. g** legaldefiniert, wobei dieser wiederum auf die Definition des Art. 4 Abs. 1 Nr. 1 der Verordnung (EU) Nr. 575/2013[333] verweist. Danach ist ein Kreditinstitut „ein Unternehmen, dessen Tätigkeit darin besteht, Einlagen oder andere rückzahlbare Gelder des Publikums entgegenzunehmen und Kredite für eigene Rechnung zu gewähren" (siehe ausführlich → Art. 2 Rn. 116 ff.). 205

Im Falle der **Verschmelzung** durch Aufnahme zweier Kreditinstitute (§§ 2 Nr. 1, 4 ff. UmwG) sowie der Verschmelzung durch Neugründung (§§ 2 Nr. 2, 36 ff. UmwG) behält der übernehmende Rechtsträger den Status als Daueremittent. Für die Berechnung des maximalen Angebotsvolumens von 75 Mio. EUR (siehe dazu → Rn. 219 f.) sind dann allerdings die bisherigen Emissionsvolumina beider Unternehmen zu addieren. Hat beispielsweise eines der Kreditinstitute innerhalb der letzten zwölf Monate Wertpapiere im Wert von 25 Mio. EUR nach Art. 1 Abs. 4 lit. j prospektfrei ausgegeben und das andere im Wert von 50 Mio. EUR, kann das Daueremittentenprivileg nach der Verschmelzung generell nicht mehr in Anspruch genommen werden (lediglich bis zum 31.12.2022 galt nach Art. 1 Abs. 4 lit. l ein Schwellenwert von 150 Mio. EUR, siehe → Rn. 232 ff.). Sofern keine andere Ausnahmeregelung einschlägig ist, greift dann für weitere Emissionen die Prospektpflicht nach Art. 3 Abs. 1 (siehe → Art. 3 Rn. 3 ff.). Handelt es sich bei einer Verschmelzung durch Aufnahme beim übernehmenden Rechtsträger nicht um ein Kreditinstitut, entfällt die für das Daueremittentenprivileg konstitutive Voraussetzung mit Eintragung der Verschmelzung im Handelsregister (§§ 19 f. UmwG).[334] 206

c) Privilegierte Wertpapiere

Die Ausnahme von der Prospektpflicht erfasst Nichtdividendenwerte, die von einem Kreditinstitut dauernd oder wiederholt begeben werden, sofern diese Wertpapiere i) nicht nachrangig, konvertibel oder austauschbar sind *und* ii) nicht zur Zeichnung oder zum Erwerb anderer Arten von Wertpapieren berechtigen und nicht an ein Derivat gebunden sind. Hintergrund für diese beiden Rückausnahmen vom Daueremittentenprivileg ist, dass die in Art. 1 Abs. 4 lit. j Ziff. i und ii genannten Wertpapiere – trotz guter Bonität des Emittenten (vgl. → Rn. 204) – mit einem gesteigerten Risiko verbunden sind.[335] Entsprechend gebietet der Anlegerschutz in diesen Fällen die Erstellung eines Prospekts. 207

Nach dem nunmehr dahingehend eindeutigen Wortlaut müssen die beiden einschränkenden Voraussetzungen des Art. 1 Abs. 4 lit. j Ziff. **i und ii kumulativ** vorliegen. Durch die Klarstellung, dass die Wertpapiere i) nicht nachrangig, konvertibel oder austauschbar sein „*und*" ii) nicht zur Zeichnung oder zum Erwerb anderer Arten von Wertpapieren berechti- 208

---

333 Verordnung (EU) Nr. 575/2013 des Europäischen Parlaments und des Rates vom 26.6.2013 über Aufsichtsanforderungen an Kreditinstitute und Wertpapierfirmen und zur Änderung der Verordnung (EU) Nr. 646/2012, ABl. L 176/1 v. 27.6.2013.
334 Vgl. insgesamt zu § 1 Abs. 2 Nr. 5 WpPG a.F. *Schnorbus*, in: Berrar/Meyer/Müller et al., WpPG/EU-ProspektVO, 2. Aufl. 2017, § 1 WpPG Rn. 23; *Ritz/Zeising*, in: Just/Voß/Ritz/Zeising, WpPG, 2009, § 1 WpPG Rn. 37 f.; *Heidelbach/Preuße*, BKR 2006, 316, 318 f.
335 *Mayston*, in: Heidel, Aktienrecht und Kapitalmarktrecht, 5. Aufl. 2019, § 1 WpPG Rn. 8. Vgl. zu § 1 Abs. 2 Nr. 5 WpPG a.F. *Schnorbus*, in: Berrar/Meyer/Müller et al., WpPG/EU-ProspektVO, 2. Aufl. 2017, § 1 WpPG Rn. 24, 27.

gen und nicht an ein Derivat gebunden sein dürfen, hat der europäische Gesetzgeber den vor Erlass der ProspektVO im Hinblick auf **§ 1 Abs. 2 Nr. 5 WpPG a. F.** darüber herrschenden **Streit**, ob die Voraussetzungen alternativ oder kumulativ vorliegen müssen,[336] wohl entschieden. Während der Wortlaut des Art. 1 Abs. 2 lit. j ProspektRL die einschränkenden Merkmale lediglich mit „i), ii)" aufzählte ohne zwischen diesen beiden eine alternative („oder") oder kumulative Verknüpfung („und") vorzusehen, wählte der deutsche Gesetzgeber seinerzeit eine alternative Verbindung.[337] Entsprechend ist – zu Recht – vertreten worden, dass nur eines der beiden Tatbestandsmerkmale des § 1 Abs. 2 Nr. 5 WpPG a. F. vorliegen müsse.[338] Dafür sprach insbesondere auch, dass Wertpapiere, die alle Anforderungen kumulativ erfüllen, bereits in der Theorie schwer vorstellbar und in der Praxis nicht vorhanden sein dürften.[339] Angesichts des klaren Wortlauts des Art. 1 Abs. 4 lit. j verlangt der europäische Verordnungsgeber nunmehr wohl aber, ohne Begründung in den Materialien zur Entstehung der ProspektVO,[340] dass sämtliche Merkmale der Rückausnahmen gleichzeitig erfüllt sein müssen. Vor diesem Hintergrund dürfte das **Daueremittentenprivileg** nur einen **sehr engen Anwendungsbereich** haben.

aa) Nichtdividendenwerte

209 Die Privilegierung von der Prospektpflicht setzt zunächst voraus, dass es sich um dauernd oder wiederholt begebene Nichtdividendenwerte handelt. Der Begriff der **Nichtdividendenwerte** ist in **Art. 2 lit. c** legaldefiniert und danach negativ von den Dividendenwerten

---

336 Siehe ausführlich m. w. N. *Schnorbus*, in: Berrar/Meyer/Müller et al., WpPG/EU-ProspektVO, 2. Aufl. 2017, § 1 WpPG Rn. 25 f.; *Ritz/Zeising*, in: Just/Voß/Ritz/Zeising, WpPG, 2009, § 1 WpPG Rn. 40 f.

337 Allerdings weicht die Gesetzesbegründung ohne nähere Begründung vom Wortlaut der Norm („*oder*") ab, siehe BT-Drucks. 15/4999, 27 (Nr. 5: „Nichtdividendenwerte, [...], sofern diese Wertpapiere nicht nachrangig, konvertibel oder austauschbar sind *und* nicht zur Zeichnung oder zum Erwerb anderer Wertpapiere berechtigen und nicht an ein Derivat gebunden sind."). Insofern wird die „oder"-Verknüpfung z. T. als Redaktionsversehen bezeichnet, *Spindler*, in: Holzborn, WpPG, § 1 Rn. 29; vgl. *Seitz*, AG 2005, 678, 682 (ggf. „Übersetzungsfehler").

338 Siehe insgesamt *Schnorbus*, in: Berrar/Meyer/Müller et al., WpPG/EU-ProspektVO, 2. Aufl. 2017, § 1 WpPG Rn. 26 ff.; *Ritz/Zeising*, in: Just/Voß/Ritz/Zeising, WpPG, 2009, § 1 WpPG Rn. 40 ff.; *von Kopp-Colomb/Sargut*, in: Assmann/Schlitt/von Kopp-Colomb, WpPG/VermAnlG, 3. Aufl. 2017, § 1 WpPG Rn. 78; *Hamann*, in: Schäfer/Hamann, Kapitalmarktgesetze, § 1 WpPG Rn. 21; **a. A.** *Seitz*, AG 2005, 678, 682; *Heidelbach/Preuße*, BKR 2006, 316, 317 Fn. 16; *Heidelbach*, in: Schwark/Zimmer, KMRK, 4. Aufl. 2010, § 1 WpPG Rn. 22 Fn. 3; *Spindler*, in: Holzborn, WpPG, § 1 Rn. 29.

339 *Schnorbus*, in: Berrar/Meyer/Müller et al., WpPG/EU-ProspektVO, 2. Aufl. 2017, § 1 WpPG Rn. 26; *von Kopp-Colomb/Sargut*, in: Assmann/Schlitt/von Kopp-Colomb, WpPG/VermAnlG, 3. Aufl. 2017, § 1 WpPG Rn. 78.

340 Der Wortlaut der Norm im ursprünglichen Kommissionsvorschlag hatte noch kein „und" vorgesehen (siehe Europäische Kommission, Vorschlag für eine Verordnung des Europäischen Parlaments und Rates über Europäische Crowdfunding-Dienstleister für Unternehmen v. 8.3.2018, COM(2018) 113 final, S. 40, dort Art. 1 Abs. 2 i). Die kumulative Verknüpfung ist dann – ohne Begründung – vom Rat der Europäischen Union in dessen Änderungsvorschlag aufgenommen worden (siehe Rat der Europäischen Union, Vorschlag für eine Verordnung des Europäischen Parlaments und des Rates über den Prospekt, der beim öffentlichen Angebot von Wertpapieren oder bei deren Zulassung zum Handel zu veröffentlichen ist v. 3.6.2016, 2015/0268 (COD), S. 32 f., dort Art. 1 Abs. 3 lit. j.

i. S. d. Art. 2 lit. b abzugrenzen. Zu den Nichtdividendenwerten zählen insbesondere alle Arten von Schuldanleihen (siehe → Art. 2 Rn. 40).

bb) Dauernde oder wiederholte Begebung

Es muss sich außerdem um eine **dauernde oder wiederholte Ausgabe** von Wertpapieren handeln. Art. 2 Abs. 1 lit. l ProspektRL definierte „dauernd oder wiederholt begebene Wertpapiere" als „Daueremissionen oder zumindest zwei gesonderte Emissionen von Wertpapieren ähnlicher Art und/oder Gattung während eines Zeitraums von zwölf Monaten". Die ProspektVO sieht keine dahingehende Begriffsbestimmung vor. Insofern wird man für die Auslegung des Art. 1 Abs. 4 lit. j auf das Verständnis von **Art. 2 Abs. 1 lit. l ProspektRL** bzw. der umsetzenden Vorschrift **§ 2 Nr. 12 WpPG a. F.**[341] zurückgreifen können.[342]

210

Die Definitionen in Art. 2 Abs. 1 lit. l ProspektRL sowie § 2 Nr. 12 WpPG a. F.[343] enthalten keine Anhaltspunkte dafür, wann eine „**dauernde**" Ausgabe gegeben sein soll. Nach der gängigen Praxis ist darunter ein fortlaufendes, ohne Unterbrechung erfolgendes Angebot zu verstehen (so bereits das Verständnis zu Zeiten des § 3 Nr. 2 lit. b VerkProspG a. F.,[344] an dem sich § 2 Nr. 12 WpPG a. F. orientierte[345]). Dies setzt voraus, dass die Wertpapiere – ggf. zu unterschiedlichen Kursen – für **mindestens vier Wochen** angeboten werden. Sofern von Anfang an sichergestellt ist, dass für diesen Zeitraum eine Erwerbsmöglichkeit besteht, kann bereits die erste Emission des jeweiligen Kreditinstituts „dauernd" sein.[346]

211

Für die Konkretisierung des Begriffes der „**wiederholten**" Ausgabe kann sich an der diesbezüglichen Begriffsbestimmung des Art. 2 Abs. 1 lit. l ProspektRL bzw. § 2 Nr. 12 WpPG a. F. orientiert werden. Danach setzt eine wiederholte Ausgabe **mindestens zwei Emissionen von Wertpapieren ähnlicher Art oder Gattung** während eines Zeitraums von zwölf Monaten voraus. Auch hier ist bereits die erste Emission prospektfrei zulässig, wenn eine zweite Emission ähnlicher Wertpapiere binnen zwölf Monaten folgt und die Durchführung dieser Folgetransaktion sichergestellt ist.[347] Eine wiederholte Ausgabe liegt auch dann vor, wenn die erste Emission aufgrund eines anderen einschlägigen Ausnahmetatbestandes prospektfrei erfolgt.[348]

212

---

341 Siehe zu § 2 Nr. 12 WpPG a. F. *Schnorbus*, in: Berrar/Meyer/Müller et al., WpPG/EU-ProspektVO, 2. Aufl. 2017, § 2 WpPG Rn. 130 f.
342 So auch *Groß*, Kapitalmarktrecht, Art. 1 ProspektVO Rn. 37.
343 *Heidelbach/Preuße*, BKR 2006, 316, 317.
344 BT-Drucks. 13/8933, 84: „Von einer Daueremission ist nun auszugehen, wenn Schuldverschreibungen entweder dauernd oder wiederholt angeboten werden. Ein dauerndes Angebot liegt vor, wenn Schuldverschreibungen fortlaufend ohne Unterbrechung angeboten werden. Ein wiederholtes Angebot ist nun bereits dann gegeben, wenn in den letzten zwölf Kalendermonaten vor dem Angebot mindestens eine Emission begeben wurde."
345 BT-Drucks. 15/4999, 27.
346 *Heidelbach/Preuße*, BKR 2006, 316, 317; siehe insgesamt zu § 1 Abs. 2 Nr. 5 bzw. § 2 Nr. 12 WpPG a. F. *Schnorbus*, in: Berrar/Meyer/Müller et al., WpPG/EU-ProspektVO, 2. Aufl. 2017, § 1 WpPG Rn. 33 und § 2 WpPG Rn. 131.
347 *Heidelbach/Preuße*, BKR 2006, 316, 317; siehe insgesamt zu § 1 Abs. 2 Nr. 5 bzw. § 2 Nr. 12 WpPG a. F. *Schnorbus*, in: Berrar/Meyer/Müller et al., WpPG/EU-ProspektVO, 2. Aufl. 2017, § 1 WpPG Rn. 34 und § 2 WpPG Rn. 132.
348 Siehe zu § 2 Nr. 12 WpPG a. F. *Schnorbus*, in: Berrar/Meyer/Müller et al., WpPG/EU-ProspektVO, 2. Aufl. 2017, § 2 WpPG Rn. 132.

213 Angesicht der zulässigen zukunftsbezogenen Betrachtung der dauernden sowie wiederholten Ausgabe kann die **Befreiung von der Prospektpflicht** jeweils **nachträglich entfallen**.[349] Ist es dem Emittenten nicht möglich, das Angebot über mindestens vier Wochen ununterbrochen aufrechtzuerhalten (etwa aufgrund eines überraschend schnellen Abverkaufs der Wertpapiere und nicht möglicher Aufstockung), entfällt die Privilegierung des Art. 1 Abs. 4 lit. j mangels dauernder Ausgabe und die zuvor prospektfreie Emission wird unzulässig. Gleiches gilt für den Fall der wiederholten Ausgabe, sofern die ursprünglich geplante zweite Emission nicht durchgeführt werden sollte. In diesem Fall wird die prospektfreie Erstemission mit Ablauf der Zwölfmonatsfrist unzulässig – unabhängig davon, ob der Emittent die Nichtdurchführung der Folgebegebung zu vertreten hat. Neben den **verwaltungsrechtlichen Konsequenzen** der ProspektVO ist dann insbesondere die zivilrechtliche **Haftung** bei fehlendem Prospekt nach § 14 WpPG zu beachten (siehe zu den Rechtsfolgen bei Verletzung der Prospektpflicht Art. 4 Rn. 7 ff.). Von der Befreiung des Art. 1 Abs. 4 lit. j sollte daher nur dann Gebrauch gemacht werden, wenn mit hinreichender Sicherheit das Angebot über mindestens vier Wochen aufrechterhalten bzw. die Zweitemission zeitnah durchgeführt werden kann.[350]

cc) Keine nachrangigen, konvertiblen oder austauschbaren Wertpapiere

214 Der Befreiungstatbestand des Art. 1 Abs. 4 lit. j Ziff. i setzt ferner voraus, dass es sich bei den angebotenen Nichtdividendenwerten nicht um **nachrangige, konvertible oder austauschbare Wertpapiere** handeln darf. Somit sind nachrangige Schuldverschreibungen, Genussscheine und ähnliche Produkte sowie Wandel-, Umtausch-, Bezugs- oder sonstige Optionsrechte nicht von der Privilegierung umfasst.[351] Wertpapiere, die sich in Aktien oder sonstige Anteilsrechte konvertieren lassen, fallen als Dividendenwerte bereits von vornherein nicht in den Anwendungsbereich von Art. 1 Abs. 4 lit. j.

215 Das Daueremittentenprivileg gilt für Nichtdividendenwerte mit Kündigungsrecht des Schuldners sowie alle Garantieprodukte (bei denen ungeachtet der Verzinsungsgestaltung die Rückzahlung des Nennbetrages garantiert ist), fest- und variabel verzinsliche Anleihen sowie Null-Kupon-Anleihen, sofern der Anleger im Falle einer Kündigung – durch den Anleger selbst oder den Emittenten – 100 % des Nominalwertes zurückerhält. Andernfalls würden solche Wertpapier entsprechen der von der CESR vorgenommen Negativabgrenzung[352] als Derivat anzusehen sein (siehe sogleich → Rn. 217).[353]

---

349 *Heidelbach/Preuße*, BKR 2006, 316, 317.
350 Siehe insgesamt zu § 1 Abs. 2 Nr. 5 bzw. § 2 Nr. 12 WpPG a.F. *Schnorbus*, in: Berrar/Meyer/Müller et al., WpPG/EU-ProspektVO, 2. Aufl. 2017, § 1 WpPG Rn. 33 f. und § 2 WpPG Rn. 131 f.
351 *Bauerschmidt*, in: Assmann/Schlitt/von Kopp-Colomb, Prospektrecht Kommentar, Art. 1 ProspektVO Rn. 84.
352 Vgl. CESR, Feedback Statement, CESR/03-301, S. 11, Nr. 59 („[…] change the definition of debt, and treat derivatives as instruments that do not fall within another specific disclosure regime").
353 *Heidelbach/Preuße*, BKR 2006, 316, 317; siehe insgesamt zu § 1 Abs. 2 Nr. 5 WpPG a.F. *Schnorbus*, in: Berrar/Meyer/Müller et al., WpPG/EU-ProspektVO, 2. Aufl. 2017, § 1 WpPG Rn. 28 f.

dd) Keine zur Zeichnung oder zum Erwerb anderer Arten von Wertpapieren berechtigenden und keine an Derivate gebundenen Wertpapiere

Als weitere negative Voraussetzung der Privilegierung von Daueremittenten sieht Art. 1 Abs. 4 lit. j vor, dass die angebotenen Wertpapiere nicht **zur Zeichnung oder zum Erwerb anderer Arten von Wertpapieren berechtigen** dürfen. Darunter fallen z. B. Optionsscheine und Aktienanleihen. Optionswerte, die auf andere Basiswerte als Wertpapiere gerichtet sind, werden hingegen von der Prospektbefreiung erfasst. Dazu gehören namentlich Gestaltungen, bei denen die Wertpapiere nur zu einer Zahlung berechtigen, nicht aber zur Lieferung anderer Wertpapieren (sog. „cash settlement" anstatt „physical delivery").[354] 216

Zuletzt setzt Art. 1 Abs. 4 lit. j voraus, dass die Wertpapiere nicht an ein Derivat gebunden sein dürfen. Die ProspektVO enthält, ebenso wie zuvor die ProspektRL, keine Legaldefinition für die Bestimmung des Begriffs „**Derivat**" (lat. für „das Abgeleitete"). Anhaltspunkte dafür, was der europäische Gesetzgeber aus prospektrechtlicher Sicht unter einem Derivat versteht, bietet allerdings die „alte Prospektverordnung".[355] Nach Art. 15 Abs. 2 der VO (EG) Nr. 809/2004 erfasst der Begriff „derivative Wertpapiere" solche Wertpapiere, deren **Zahlungs- und/oder Lieferungsverpflichtungen** an ein zugrunde liegendes Wertpapier als **Basiswert gekoppelt** sind (sog. *Underlying*, vgl. für sonstige Finanzinstrumente die Legaldefinitionen in § 2 Abs. 3 WpHG und § 1 Abs. 11 Satz 4 KWG). In Abgrenzung dazu definiert Art. 8 Abs. 2 VO (EG) Nr. 809/2004 Schuldtitel als Wertpapiere, bei denen der Emittent aufgrund der Emissionsbedingungen verpflichtet ist, dem Anleger 100 % des Nominalwertes zu zahlen, wobei zusätzlich noch eine Zinszahlung erfolgen kann. 217

Entsprechend handelt es sich um Derivate, sofern die **Rückzahlung des Nennbetrages** eines Wertpapieres an einen Index, eine Währung oder an ein bzw. mehrere andere(s) Wertpapiere gebunden ist. Auf solche „strukturierten" Schuldverschreibungen ist das Daueremittentenprivileg nicht anwendbar. Beschränkt sich die derivative Komponente hingegen auf die **Verzinsung**, insbesondere im Falle der garantierten Rückzahlung des Nennbetrages, ist die Rückausnahme des Art. 1 Abs. 4 lit. j Ziff. ii nicht einschlägig.[356] Nach anderer – nicht überzeugender, da rechtlich nicht ableitbarer – Auffassung sollen diese Erwägungen nur gelten, wenn der Zins in Abhängigkeit des allgemeinen Zinsniveaus variabel ausgestaltet ist.[357] Im Übrigen ist das Merkmal „an ein Derivat gebunden" auch dann nicht erfüllt und eine Befreiung von der Prospektpflicht möglich, wenn der Emittent derivative Geschäfte zum Zweck der Absicherung seiner **eigenen Risiken** eingeht.[358] 218

---

354 Vgl. zu § 1 Abs. 2 Nr. 5 WpPG a.F. *Hamann*, in: Schäfer/Hamann, Kapitalmarktgesetze, § 1 WpPG Rn. 23; *Schnorbus*, in: Berrar/Meyer/Müller et al., WpPG/EU-ProspektVO, 2. Aufl. 2017, § 1 WpPG Rn. 30.
355 Vgl. zu § 1 Abs. 2 Nr. 5 WpPG a.F. *Ritz/Zeising*, in: Just/Voß/Ritz/Zeising, WpPG, 2009, § 1 WpPG Rn. 49; *Heidelbach*, in: Schwark/Zimmer, KMRK, 4. Aufl. 2010, § 1 WpPG Rn. 24.
356 Vgl. zu § 1 Abs. 2 Nr. 5 WpPG a.F. *Ritz/Zeising*, in: Just/Voß/Ritz/Zeising, WpPG, 2009, § 1 WpPG Rn. 45 ff.; *Heidelbach*, in: Schwark/Zimmer, KMRK, 4. Aufl. 2010, § 1 WpPG Rn. 24; *Heidelbach/Preuße*, BKR 2006, 316, 317; *Seitz*, AG 2005, 678, 682.
357 *Hamann*, in: Schäfer/Hamann, Kapitalmarktgesetze, § 1 WpPG Rn. 28.
358 Siehe ESMA, Questions and Answers on the Prospectus Regulation, ESMA31-62-1258 (Version 12, last updated on 3 February 2023), Nr. 15.8 (Redeemable debt securities), S. 78 f. Vgl. zu

d) Schwellenwert von 75 Mio. EUR

219 Die Befreiung von der Prospektpflicht setzt weiterhin voraus, dass der aggregierte Gesamtgegenwert der angebotenen Wertpapiere in der Union pro Kreditinstitut über einen Zeitraum von zwölf Monaten weniger als **75 Mio. EUR** beträgt. Art. 1 Abs. 4 lit. j folgt hinsichtlich des Schwellenwertes damit der Vorgängerregelung **Art. 1 Abs. 2 lit. j ProspektRL**. Während die Obergrenze bei Erlass der ProspektRL noch 50 Mio. EUR betrug, fand 2010 im Rahmen der Neufassung des Art. 1 Abs. 2 lit. j ProspektRL eine Anhebung auf den heutzutage noch maßgeblichen Wert von 75 Mio. EUR statt.[359] Vor dem Hintergrund der COVID-19-Pandemie betrug der maßgebliche Schwellenwert vorübergehend **150 Mio. EUR**. Die **bis zum 31.12.2022** befristete Verdoppelung des Grenzwertes ist in **Art. 1 Abs. 4 lit. l** normiert (siehe ausführlich → Rn. 232 ff.) bzw. – im Hinblick auf die spiegelbildliche Regelung für die Zulassung der Wertpapiere Art. 1 Abs. 5 UAbs. 1 lit. i – in Art. 1 Abs. 5 UAbs. 1 lit. k (siehe → Rn. 287 f.).

220 Die **Berechnung des Angebotsvolumens** von 75 Mio. EUR sowie der zwölfmonatigen **Frist** ab der Erstemission richten sich nach denselben Kriterien, die für **Art. 1 Abs. 3 UAbs. 1** gelten,[360] sodass für Details auf die entsprechende Kommentierung verwiesen wird (siehe ausführlich → Rn. 69 ff.). Bei der Berechnung sind in jedem Fall alle ausgegebenen Wertpapiere des jeweiligen Emittenten zu berücksichtigen. Der europäische Gesetzgeber hat sich insofern im Vergleich zur Vorgängerregelung Art. 1 Abs. 2 lit. j ProspektRL für eine Klarstellung im Wortlaut entschieden („pro Kreditinstitut"). Emissionen, für die sonstige Befreiungen von der Prospektpflicht greifen, sind dabei nicht anzurechnen.[361]

5. Ausnahme für Schwarmfinanzierungsangebote (Crowdfunding) (Abs. 4 lit. k)

a) Grundlagen

221 Die Ausnahmeregelung Art. 1 Abs. 4 lit. k ist mit Wirkung vom 10.11.2021 durch die Verordnung (EU) 2020/1503 (European Crowdfunding Service Provider Regulation – **ECSP-**

Art. 1 Abs. 2 lit. j ProspektRL ESMA, Questions and Answers – Prospectuses, ESMA31-62-780 (Version 30, last updated on 8 April 2019), Nr. 38 (Scope of Article 1.2 j) Directive), S. 34; vgl. zu § 1 Abs. 2 Nr. 5 WpPG a. F. *Ritz/Zeising*, in: Just/Voß/Ritz/Zeising, WpPG, 2009, § 1 WpPG Rn. 49; *von Kopp-Colomb/Sargut*, in: Assmann/Schlitt/von Kopp-Colomb, WpPG/VermAnlG, 3. Aufl. 2017, § 1 WpPG Rn. 83.

359 Siehe Neufassung des Art. 1 Abs. 2 lit. j ProspektRL in Art. 1 Nr. 1 lit. a Ziff. ii der Richtlinie 2010/73/EU des Europäischen Parlaments und des Rates vom 24.11.2010 zur Änderung der Richtlinie 2003/71/EG betreffend den Prospekt, der beim öffentlichen Angebot von Wertpapieren oder bei deren Zulassung zum Handel zu veröffentlichen ist, und der Richtlinie 2004/109/EG zur Harmonisierung der Transparenzanforderungen in Bezug auf Informationen über Emittenten, deren Wertpapiere zum Handel auf einem geregelten Markt zugelassen sind (ABl. L 327 vom 11.12.2010, 1).

360 Vgl. *Groß*, Kapitalmarktrecht, Art. 1 ProspektVO Rn. 38; vgl. zu § 1 Abs. 2 Nr. 5 WpPG a. F. BT-Drucks. 15/4999, 27; *Schnorbus*, in: Berrar/Meyer/Müller et al., WpPG/EU-ProspektVO, 2. Aufl. 2017, § 1 WpPG Rn. 21.

361 Vgl. zu § 1 Abs. 2 Nr. 5 WpPG a. F. *Schnorbus*, in: Berrar/Meyer/Müller et al., WpPG/EU-ProspektVO, 2. Aufl. 2017, § 1 WpPG Rn. 21.

VO)³⁶² in den Katalog des Abs. 4 eingefügt worden. Sie betrifft das in den letzten Jahren insbesondere für Start-Ups und KMU zunehmend an Bedeutung gewinnende sog. **Crowdfunding** (vgl. Erwägungsgrund 1 und 3 der ECSP-VO).³⁶³ Dieser bisher nicht legaldefinierte Terminus dient als Oberbegriff für neuartige Formen der **Eigen- sowie Fremdkapitalfinanzierung über Online-Plattformen**,³⁶⁴ die ein „banking without banks"³⁶⁵ ermöglichen, da der direkte Kontakt zwischen Investoren und Unternehmen die Involvierung von Banken als Intermediär entbehrlich macht.³⁶⁶ Für diese alternativen, technologiegestützten Finanzierungsformen hat sich in Deutschland auch der Begriff **Schwarmfinanzierung** etabliert,³⁶⁷ der 2015 in § 2a VermAnlG integriert wurde.³⁶⁸ In Umsetzung der sich auch schon in der ProspektVO niedergeschlagenen Priorität des europäischen Gesetzgebers, eine Kapitalmarktunion zu errichten, um insbesondere KMU den Zugang zum Kapitalmarkt zu erleichtern (siehe → Vor Art. 1 ff. Rn. 11), ist mit der unmittelbar geltenden ECSP-VO nunmehr (erstmals) ein **einheitlicher Regelungsrahmen** für Crowdfunding-Finanzierungen auf Unionsebene geschaffen worden (vgl. Erwägungsgrund 3, 7 der ECSP-VO).³⁶⁹

b) Anwendungsbereich der ECSP-VO

Die ECSP-VO widmet sich im Wesentlichen der Festlegung einheitlicher Anforderungen für Schwarmfinanzierungsdienstleistungen (siehe Art. 1 Abs. 1 ECSP-VO).³⁷⁰ Nach der Legaldefinition des Art. 2 Abs. 1 lit. a ECSP-VO versteht der europäische Gesetzgeber

222

---

362 Verordnung (EU) 2020/1503 des Europäischen Parlaments und des Rates vom 7.10.2020 über Europäische Schwarmfinanzierungsdienstleister für Unternehmen und zur Änderung der Verordnung (EU) 2017/1129 und der Richtlinie (EU) 2019/1937, ABl. L 347 v. 20.10.2020. Siehe für einen Überblick zum Regelungsgehalt der ECSP-VO *Riethmüller*, BKR 2022, 149 ff.
363 Vgl. Europäische Kommission, Vorschlag für eine Verordnung des Europäischen Parlaments und Rates über Europäische Crowdfunding-Dienstleister für Unternehmen v. 8.3.2018, COM(2018) 113 final, S. 1 sowie BT-Drucks. 18/3994, 64 zur Einführung des § 2a VermAnlG für Schwarmfinanzierungen. Siehe die Statistik für deutsche Crowdfunding-Projekte im Zeitraum 2011–2020 in Crowdinvest, Marktreport 2020 – Deutschland, S. 6.
364 BaFin, Crowdfunding, https://www.bafin.de/DE/Verbraucher/Finanzwissen/Fintech/Crowdfunding/crowdfunding_node.html (zuletzt abgerufen am 29.8.2023).
365 *Renner/Faller/Walter*, BKR 2021, 394; *Woesch*, BKR 2022, 200. Der Begriff beruht auf dem Artikel „Banking without banks", The Economist v. 28.2.2014, www.economist.com/news/finance-and-economics/21597932-offering-both-borrowers-and-lenders-better-deal-websites-put-two (zuletzt abgerufen am 29.9.2023).
366 So *Renner/Böhle*, JuS 2019, 316 („überflüssig"); vgl. auch Europäische Kommission, Vorschlag für eine Verordnung des Europäischen Parlaments und Rates über Europäische Crowdfunding-Dienstleister für Unternehmen v. 8.3.2018, COM(2018) 113 final, S. 1.
367 BT-Drucks. 18/3994, 64; BaFin, Crowdfunding, https://www.bafin.de/DE/Verbraucher/Finanzwissen/Fintech/Crowdfunding/crowdfunding_node.html (zuletzt abgerufen am 29.8.2023); siehe auch *Klesen*, BKR 2021, 32; sowie BT-Drucks. 19/27410, 1.
368 Kleinanlegerschutzgesetz v. 3.7.2015, BGBl. I, S. 1114.
369 Vgl. Europäische Kommission, Vorschlag für eine Verordnung des Europäischen Parlaments und Rates über Europäische Crowdfunding-Dienstleister für Unternehmen v. 8.3.2018, COM(2018) 113 final, S. 1 f.; BT-Drucks. 19/27410, 2 sowie *Engelmann-Pilger*, BKR 2022, 144.
370 Siehe ausführlich zum Anwendungsbereich der ECSP-VO, nicht erfassten Gestaltungen und offenen Fragen *Engelmann-Pilger*, BKR 2022, 144 f.; *Woesch*, BKR 2022, 199, 200 f.; *Riethmüller*, BKR 2022, 149 ff.; siehe auch *Rotter/Ertl*, BKR 2022, 184 f., insbesondere im Hinblick auf das

darunter die „**Zusammenführung** von Geschäftsfinanzierungsinteressen **von Anlegern und Projektträgern mithilfe einer Schwarmfinanzierungsplattform**" durch die Vermittlung von Krediten bzw. die Platzierung von übertragbaren Wertpapieren ohne Übernahmeverpflichtung sowie die Vermittlung von Kundenaufträgen. Die ECSP-VO erfasst somit sowohl kreditbasierte („**Crowdlending**")[371] als auch anlagebasierte („**Crowdinvesting**") Formen der Schwarmfinanzierung (vgl. Erwägungsgrund 1 ECSP-VO).

223 Die Vermittlung zwischen Investoren und Projektträgern, d. h. natürlichen oder juristischen Personen, die eine Finanzierung anstreben (siehe Legaldefinition in Art. 2 Abs. 1 lit. h ECSP-VO), hat dabei über eine **öffentlich zugängliche, digitale Plattform** zu erfolgen, die von einem Schwarmfinanzierungsdienstleister betrieben oder verwaltet wird (siehe Legaldefinition für Schwarmfinanzierungsplattform in Art. 2 Abs. 1 lit. d ECSP-VO). Als Schwarmfinanzierungsdienstleister kommen nur juristische Personen in Betracht (siehe Legaldefinition in Art. 2 Abs. 1 lit. e ECSP-VO).

224 Im Hinblick auf das Angebot von Wertpapieren setzt der Anwendungsbereich der ECSP-VO, wie die ProspektVO, deren kapitalmarktrechtliche Fungibilität voraus (vgl. Art. 1 Abs. 2 lit. c Ziff. ii und Art. 2 Abs. 1 lit. i ECSP-VO). Die Legaldefinition für **übertragbare Wertpapiere** in Art. 2 Abs. 1 lit. m ECSP-VO verweist insofern, vergleichbar mit Art. 2 lit. a, auf Art. 4 Abs. 1 Nr. 44 der Richtlinie 2014/65/EU (siehe → Art. 2 Rn. 4). Allerdings hat der europäische Gesetzgeber den Mitgliedstaaten freigestellt, die ECSP-VO im Falle der Gestattung der zuständigen Behörde auch auf Anteile einer Gesellschaft mit beschränkter Haftung als sog. „für Schwarmfinanzierungszwecke zugelassene Instrumente" anzuwenden (Art. 2 Abs. 2 ECSP-VO).[372] Voraussetzung dafür ist, dass die Anteile keinen Beschränkungen unterliegen, die ihre Übertragung effektiv verhindern würden (Art. 2 Abs. 2 i.V.m. Abs. 1 lit. n ECSP-VO). Angesichts der notariellen Beurkundungspflicht für die Übertragung von GmbH-Geschäftsanteilen gemäß § 15 Abs. 3 GmbHG, die eine solche Übertragungsbeschränkung darstellt, kommt eine entsprechende Erweiterung des Anwendungsbereichs in Deutschland nicht in Betracht.[373]

225 Nach Art. 1 Abs. 2 ECSP-VO, der **Ausnahmen vom Anwendungsbereich** enthält, gilt die ECSP-VO nicht für Verbraucherfinanzierungen (Abs. 2 lit. a) sowie Dienstleistungen, die mit Schwarmfinanzierungsdienstleistungen verbunden sind und nach nationalem Recht erbracht werden (Abs. 2 lit. b). Zudem sieht **Art. 1 Abs. 2 lit. c ECSP-VO** die – auch für die Frage der Befreiung von der Prospektpflicht nach Art. 1 Abs. 4 lit. k – relevante Ausnahme für Schwarmfinanzierungsangebote eines Projektträgers vor, die im Zeitraum von zwölf Monaten ein Volumen von **5 Mio. EUR** übersteigen. Während im Kommissionsvorschlag im Einklang mit der für die Prospektpflicht nach Art. 1 Abs. 3 generell maßgeblichen Grenze (siehe → Rn. 61 ff.) noch ein Schwellenwert von 1 Mio. EUR vorgesehen

---

nicht erfasste Nachrangdarlehen. Siehe allgemein zum Nachrangdarlehen auch *Klesen*, BKR 2021, 32, 34 f.

371 Siehe ausführlich zum Crowdlending sowie zur aufsichtsrechtlichen Regulierung *Renner/Faller/Walter*, BKR 2021, 394 ff.; *Renner/Böhle*, JuS 2019, 316 ff.; *Hartmann*, EuCML 2017, 245 ff. sowie *Veith*, BKR 2016, 184 ff.

372 *Engelmann-Pilger*, BKR 2022, 144, 145.

373 Siehe BT-Drucks. 19/27410, 55.

war,³⁷⁴ forderte das Europäische Parlament entsprechend dem Höchstbetrag für die Zulässigkeit nationaler Ausnahmen von der Prospektpflicht nach Art. 3 Abs. 2 (siehe → Art. 3 Rn. 7) eine Obergrenze von 8 Mio. EUR.³⁷⁵ Der insofern gefundene Kompromiss für einen **Schwellenwert in Höhe von 5 Mio. EUR** beruht nach Erwägungsgrund 16 der ECSP-VO darauf, dass die meisten Mitgliedstaaten eine Befreiung von der Prospektpflicht für Emissionsvolumen von maximal 5 Mio. EUR normiert haben (siehe dazu → Art. 3 Rn. 7.³⁷⁶

c) Informationspflichten nach ECSP-VO, ProspektVO und WpPG

Art. 1 Abs. 4 lit. k befreit ein von einem zugelassenen Schwarmfinanzierungsdienstleister unterbreitetes öffentliches Angebot von Wertpapieren von der **Prospektpflicht**, sofern das Angebot nicht den in **Art. 1 Abs. 2 lit. c ECSP-VO** genannten **Schwellenwert** übersteigt. Danach sind Schwarmfinanzierungsangebote prospektfrei möglich, sofern der Gesamtgegenwert der Schwarmfinanzierungsangebote über einen Zeitraum von zwölf Monaten weniger als **5 Mio. EUR** beträgt (Art. 1 Abs. 4 lit. k i.V.m. Art. 1 Abs. 2 lit. c ECSP-VO). **226**

Hintergrund für die Ausnahmeregelung in Art. 1 Abs. 4 lit. k ist der sich überschneidende Regelungsrahmen von ProspektVO und ECSP-VO (vgl. Erwägungsgrund 17 der ECSP-VO). Aufgrund der weiten Auslegung des Begriffs des öffentlichen Angebots i.S.d. Art. 2 lit. d (siehe → Art. 2 Rn. 42 ff.) drohten für das Crowdfunding Publizitätspflichten nach der ProspektVO einerseits und der ECSP-VO andererseits.³⁷⁷ Art. 1 Abs. 4 lit. k stellt insofern klar, dass sich die Informationspflichten für **Schwarmfinanzierungsangebote bis einschließlich 5 Mio. EUR** allein aus **Art. 23 ECSP-VO** ergeben. Danach muss der Schwarmfinanzierungsdienstleister, als Hauptadressat der Regelungen der ECSP-VO,³⁷⁸ unter anderem ein sog. **Anlagebasisinformationsblatt** veröffentlichen, das insbesondere fair, klar und nicht irreführend ist (siehe Art. 23 Abs. 1, Abs. 2 und Abs. 7 ECSP-VO).³⁷⁹ Der Inhalt des vom Projektträger bzw. Schwarmfinanzierungsdienstleister zu erstellenden Anlagebasisinformationsblattes (siehe Art. 23 Abs. 2 bzw. Art. 24 Abs. 1 ECSP-VO) ist dezidiert in Anhang I der ECSP-VO geregelt. **227**

---

374 Siehe Europäische Kommission, Vorschlag für eine Verordnung des Europäischen Parlaments und Rates über Europäische Crowdfunding-Dienstleister für Unternehmen v. 8.3.2018, COM(2018) 113 final, dort Art. 2 Nr. 1 lit. d (S. 21) sowie Erwägungsgrund 12 (S. 15).
375 Legislative Entschließung des Europäischen Parlaments vom 27.3.2019 zu dem Vorschlag für eine Verordnung des Europäischen Parlaments und des Rates über Europäische Crowdfunding-Dienstleister für Unternehmen (COM(2018)0133 – C8-0103/2018 – 2018/0048(COD)), P8_TA-PROV(2019)0301, dort Art. 2 Nr. 1 lit. d (S. 16) sowie Erwägungsgrund 12 (S. 6).
376 So bereits die Fassung von Erwägungsgrund 16 (S. 9) sowie Art. 1 Abs. 2 lit. c (S. 35) im Standpunkt des Rates in erster Lesung im Hinblick auf den Erlass einer Verordnung des Europäischen Parlaments und des Rates über Europäische Schwarmfinanzierungsdienstleister für Unternehmen und zur Änderung der Verordnung (EU) 2017/1129 und der Richtlinie (EU) 2019/1937 v. 22.7.2020, 2018/0048 (COD). Kritisch zum gewählten Schwellenwert *Rotter/Ertl*, BKR 2022, 184.
377 *Bauerschmidt*, AG 2022, 57, 58f.
378 *Renner/Faller/Walter*, BKR 2021, 394, 398.
379 Siehe zum Anlagebasisinformationsblatt *Rotter/Ertl*, BKR 2022, 184, 188f.; *Renner/Faller/Walter*, BKR 2021, 394, 399 sowie *Riethmüller*, BKR 2022, 149, 153f. Siehe ausführlich zur Haftung für fehlerhafte Anlagebasisinformationsblätter *Rusch*, BKR 2022, 192 ff.

228 Dagegen bleibt für Crowdfunding-Angebote mit einem Emissionsvolumen **über 5 Mio. EUR** eine Prospektpflicht nach der **ProspektVO** möglich, sofern deren Anwendungsbereich eröffnet ist. Dies ist in der Regel nicht bereits aufgrund des Umstandes ausgeschlossen, dass Crowdlending Darlehensforderungen per Abtretung nach §§ 398 ff. BGB übertragen werden, da dies dem erforderlichen Merkmal der Handelbarkeit am Kapitalmarkt nicht entgegensteht (siehe → Art. 2 Rn. 12 f.).[380]

229 Hintergrund für den in Art. 1 Abs. 2 lit. c ECSP-VO maßgeblichen **Schwellenwert** von 5 Mio. EUR ist, dass es sich dabei um den Höchstbetrag handelt, für den die Mehrheit der Mitgliedstaaten unter Inanspruchnahme der Öffnungsklausel des Art. 3 Abs. 2 auf nationaler Ebene Ausnahmen von der Prospektpflicht vorsieht (siehe oben → Rn. 225).[381] Der deutsche Gesetzgeber hat den Gestaltungsspielraum des Art. 3 Abs. 2, der den Mitgliedstaaten eine Prospektbefreiung für ein maximales Emissionsvolumen von 8 Mio. EUR zugesteht, hingegen vollumfänglich genutzt und in **§ 3 Nr. 2 WpPG** öffentliche Angebote mit einem Gesamtgegenwert von nicht mehr als **8 Mio. EUR** von der Prospektpflicht nach Art. 3 Abs. 1 ausgenommen (siehe dazu → § 3 WpPG Rn. 18). Insofern kommt Crowdfunding-Finanzierungen mit einem Volumen zwischen 5 Mio. EUR und 8 Mio. EUR in Deutschland (theoretisch) die über Art. 1 Abs. 4 lit. k i.V.m. Art. 1 Abs. 2 lit. c ECSP-VO hinausgehende Prospektprivilegierung des § 3 Nr. 2 WpPG zugute. In der Praxis dürfte dies kaum von Relevanz sein, da Crowdfunding-Projekte auf dem deutschen Markt in der Regel ein Volumen unter 1 Mio. EUR aufweisen.[382]

230 Trotz der unmittelbaren Geltung der ProspektVO hat der deutsche Gesetzgeber den Anwendungsbereich des WpPG durch das sog. „Schwarmfinanzierung-Begleitgesetz"[383] in **§ 1 Satz 2 WpPG** eingeschränkt und Schwarmfinanzierungsangebote bis 5 Mio. EUR zur Klarstellung explizit davon ausgenommen. Durch die abdrängende Sonderzuweisung[384] auf Art. 1 Abs. 4 lit. k i.V.m. Art. 1 Abs. 2 lit. c ECSP-VO ist insbesondere sichergestellt, dass für Crowdfunding-Angebote bis 5 Mio. EUR auch keine Pflicht zur Veröffentlichung eines Wertpapier-Informationsblattes nach § 4 WpPG besteht.

231 In Umsetzung der Vorgaben der ECSP-VO sind durch das Schwarmfinanzierung-Begleitgesetz zudem noch weitere Vorschriften eingeführt worden, insbesondere **zivilrechtliche Haftungsregeln** in **§§ 32c, d WpHG**.[385] Die ECSP-VO regelt zwar das „Ob" der Haftung des Projektträgers bzw. Schwarmfinanzierungsdienstleisters *oder* dessen Leitungsorgane für die im Anlagebasisinformationsblatt angegebenen Informationen (siehe Art. 23 Abs. 9 sowie Art. 24 Abs. 4 ECSP-VO), überlässt das „Wie" aber den Mitgliedstaaten (siehe Art. 23 Abs. 10 sowie Art. 24 Abs. 5 ECSP-VO).[386] Insofern sehen §§ 32c, d WpHG vor

---

380 *F. Schäfer/Eckhold*, in: Assmann/Schütze/Buck-Heeb, Handbuch des Kapitalanlagerechts, § 16a Rn. 11; **a. A.** *Renner/Faller/Walter*, BKR 2021, 394, 397.
381 Kritisch zum Schwellenwert *Rotter/Ertl*, BKR 2022, 184.
382 Siehe Statistiken für 2019 und 2020 in Crowdinvest, Marktreport 2020 – Deutschland, S. 10, 19, 34; vgl. *Renner/Seidel*, BKR 2022, 176.
383 Gesetz zur begleitenden Ausführung der Verordnung (EU) 2020/1503 und der Umsetzung der Richtlinie EU 2020/1504 zur Regelung von Schwarmfinanzierungsdienstleistern (Schwarmfinanzierung-Begleitgesetz) und anderer europarechtlicher Finanzmarktvorschriften v. 3.6.2021, BGBl. I, S. 1568.
384 BT-Drucks. 19/27410, 56.
385 BT-Drucks. 19/27410, 41, 54 f.
386 *Buck-Heeb*, BKR 2022, 169, 174; *Renner/Seidel*, BKR 2022, 176.

allem eine Haftung des Projektträgers bzw. Schwarmfinanzierungsdienstleisters für die vorsätzliche oder (auch leicht) fahrlässige Angabe irreführender oder unrichtiger Informationen bzw. Nichtangabe wichtiger, für die Anlageentscheidung erforderlicher Informationen vor (§ 32c Abs. 1 bzw. § 32d Abs. 1 WpHG). Insbesondere dieser strenge Verschuldensmaßstab, der einen „Fremdkörper" im Rahmen der sonst auf grobe Fahrlässigkeit abstellenden spezialgesetzlichen Prospekthaftung darstellt,[387] hat zu massiver **Kritik am neuen Haftungsregime der §§ 32c, d WpHG**[388] geführt. Weiterer Kritikpunkt ist die – im Hinblick auf die Vorgaben des Verordnungsgebers überschießend umgesetzte – persönliche Haftung der verantwortlichen Organmitglieder des Projektträgers bzw. Schwarmfinanzierungsdienstleisters (für Vorsatz und grobe Fahrlässigkeit, siehe § 32c Abs. 2 bzw. § 32d Abs. 2 WpHG).[389]

6. Zeitlich befristete Ausnahme für Daueremissionen von Kreditinstituten von Kreditinstituten mit Gesamtgegenwert unter 150 Mio. EUR (Abs. 4 lit. l)

Art. 1 Abs. 4 lit. l, der – wie **Art. 1 Abs. 5 UAbs. 1 lit. k** – eine Ausnahme von der Prospektpflicht für Daueremissionen von Kreditinstituten normierte, ist durch die Verordnung (EU) 2021/337[390] mit Wirkung vom 18.3.2021 neu eingefügt worden. Es handelte sich dabei im Gegensatz zu den übrigen Fällen des Ausnahmekatalogs in Art. 1 Abs. 4 um eine **zeitlich begrenzte Ausnahme** für den Zeitraum vom 18.3.2021 **bis zum 31.12.2022**. Hinsichtlich dieses Übergangszeitraums hatte sich der europäische Gesetzgeber für die **Verdoppelung** des nach Art. 1 Abs. 4 lit. j dauerhaft geltenden **Schwellenwertes** für Daueremissionen von Kreditinstituten im Wege eines öffentlichen Angebots von 75 Mio. EUR **auf 150 Mio. EUR** entschieden (siehe → Rn. 202 ff.). Eine identische Regelung gilt nach Art. 1 Abs. 5 UAbs. 1 lit. k für die Zulassung entsprechender Wertpapiere (siehe → Rn. 287 f.). Die Normen sind mit Ablauf der zeitlichen Befristung nun Rechtsgeschichte.

232

Die temporäre Norm war Teil des **Maßnahmenpakets** der Europäische Union zur Unterstützung von Emittenten bei der „Erholung von dem schweren wirtschaftlichen Schock"

233

---

387 So *Buck-Heeb*, BKR 2022, 169, 174 („Fremdkörper"); siehe auch *Riethmüller*, BKR 2022, 149, 153 f.; *Renner/Seidel*, BKR 2022, 176, 182 f.; siehe ausführlich zur Prospekthaftung *Koch*, BKR 2022, 271 ff.

388 Siehe ausführlich – und **kritisch** – zum Haftungsregime der §§ 32c, d WpHG *Buck-Heeb*, BKR 2022, 169 ff. (S. 175: „Nachbesserung geboten"); sowie *Renner/Seidel*, BKR 2022, 176, 176 ff. (S. 179: „haftungsrechtlicher Sonderweg", S. 182: „wenig sachgerecht"); siehe auch *Riethmüller*, BKR 2022, 149, 153 f. (S. 155: „dringender Nachbesserungsbedarf"); *Rusch*, BKR 2022, 192, 198 (§ 32c als „verunglückte Haftungsnorm") sowie *Renner/Faller/Walter*, BKR 2021, 394, 400 f. (S. 402: „problematisch"); **a.A.** *Rotter/Ertl*, BKR 2022, 184, 189 f. (S. 190: kein „dringender Nachbesserungsbedarf"; S. 191: „begrüßenswert").

389 *Renner/Faller/Walter*, BKR 2021, 394, 400; *Renner/Seidel*, BKR 2022, 176, 180 f.; *Riethmüller*, BKR 2022, 149, 154; *Rusch*, BKR 2022, 192 f. (S. 192: „ohne Vorbild" und „rechtspolitisch verfehlt").

390 Verordnung (EU) 2021/337 des Europäischen Parlaments und des Rates vom 16.2.2021 zur Änderung der Verordnung (EU) 2017/1129 im Hinblick auf den EU-Wiederaufbauprospekt und gezielte Anpassungen für Finanzintermediäre und der Richtlinie 2004/109/EG im Hinblick auf das einheitliche elektronische Berichtsformat für Jahresfinanzberichte zur Unterstützung der wirtschaftlichen Erholung von der COVID-19-Krise, ABl. L 68 v. 26.2.2021, 1.

infolge der **COVID-19-Pandemie** (Erwägungsgrund 1, 2 der Verordnung (EU) 2021/337). Die prospektrechtlichen Änderungen sollten Emittenten und Finanzintermediären ermöglichen, Kosten zu senken und Ressourcen für die wirtschaftliche Erholung freizusetzen (Erwägungsgrund 2 der Verordnung (EU) 2021/337). Zudem sollten Finanzierungsquellen insbesondere für KMU leichter zugänglich werden.

234 Hintergrund für Art. 1 Abs. 4 lit. l war, dass **Kreditinstitute** von **zentraler Bedeutung für die wirtschaftliche Erholung** sind, da sie Unternehmen aktiv bei der Finanzmittelbeschaffung unterstützen. Entsprechend sollte durch die Erhöhung des Schwellenwertes auf 150 Mio. EUR die Mittelbeschaffung für Kreditinstitute gefördert werden, damit diese wiederum ihre Kunden dabei unterstützen können. Angesichts des Sinn und Zwecks war die Befreiung von der Prospektpflicht zeitlich auf die Phase der wirtschaftlichen Erholung beschränkt (Erwägungsgrund 4 der Verordnung (EU) 2021/337) und aus diesem Grund bis zum 31.12.2022 befristet.

235 Abgesehen von der zeitlichen Befristung und der Höhe des Schwellenwertes entsprach Art. 1 Abs. 4 lit. l wortwörtlich der Regelung in Art. 1 Abs. 4 lit. j. Für die Prospektfreiheit galten demnach die gleichen (engen) **Voraussetzungen wie bei Art. 1 Abs. 4 lit. j**, sodass für Details auf die entsprechende Kommentierung verwiesen wird (siehe → Rn. 202 ff.). Erfasst wurden Nichtdividendenwerte, die von Kreditinstituten dauernd oder wiederholt begeben werden, sofern diese Wertpapiere i) nicht nachrangig, konvertibel oder austauschbar *und* ii) nicht zur Zeichnung oder zum Erwerb anderer Arten von Wertpapieren berechtigen und nicht an Derivat gebunden sind. Zukünftig werden durch den **EU Listing Act** die Schwellenwerte für das prospektfreie Angebot, die von einem Kreditinstitut dauernd oder wiederholt gemäß Art. 1 Abs. 4 lit. j begeben werden, auf 150 Mio. EUR verdoppelt (siehe → Rn. 13). Die zeitlich begrenzte Schwellenwertregelung des ehemaligen Art. 1 Abs. 4 lit. l wird daher zur gesetzlichen Grundlage. Inwiefern dies Auswirkungen haben wird, bleibt abzuwarten. Da die Voraussetzungen des Art. 1 Abs. 4 lit. j Ziff. i und ii nach dem Wortlaut **kumulativ** vorliegen müssen, dürfte die Regelung **in der Praxis auch zukünftig kaum von Relevanz** sein (siehe → Rn. 203).

VI. Ausnahmekatalog im Hinblick auf die Prospektpflicht für die Zulassung von Wertpapieren (Abs. 5)

1. Grundlagen

236 Eine prospektfreie Platzierung macht häufig nur dann Sinn, wenn nicht nur das Angebot, sondern auch die spätere Zulassung nicht der Prospektpflicht unterliegt.[391] Die Regelung des Art. 1 Abs. 5 betrifft ausschließlich **Fälle der Befreiung von der Prospektpflicht des Art. 3 Abs. 3** bei der beantragten Zulassung der dort genannten Instrumente zum Handel an einem geregelten Markt. Die Ausnahmetatbestände des Abs. 5 sind, wie auch die Ausnahmen nach Abs. 4, Legalausnahmen und wirken damit *ipso iure*. Ein Negativattest der zuständigen Behörde ist nicht vorgesehen.[392] Dennoch ist eine Zulassung nur möglich, wenn tatsächlich ein Ausnahmetatbestand des Abs. 5 vorliegt. Daher hat die Geschäfts-

---

391 *Schnorbus*, AG 2008, 389, 390.
392 *Bauerschmidt*, in: Assmann/Schlitt/von Kopp-Colomb, Prospektrecht Kommentar, Art. 5 ProspektVO Rn. 99; *Groß*, Kapitalmarktrecht, Art. 1 ProspektVO Rn. 40.

führung der jeweiligen Börse im Rahmen des Zulassungsverfahrens eine „Vorprüfung" dahingehend vorzunehmen, ob einer der Ausnahmetatbestände einschlägig ist.[393] Anders als Art. 31 Abs. 1 i.V.m. § 17 WpPG vorsieht, wird durch die „Vorprüfung" der Börsengeschäftsführung die alleinige Zuständigkeit der BaFin durchbrochen.

Zur alten Rechtslage tendierte die Frankfurter Wertpapierbörse bei den prospektersetzenden Dokumenten nach § 4 Abs. 2 Nr. 3 WpPG a. F. (Umtauschangebot) und § 4 Abs. 2 Nr. 4 WpPG a. F. (Verschmelzungen und Spaltungen) dazu, keine materielle Prüfung der Gleichwertigkeit vorzunehmen, sondern von der die Börsenzulassung begleitenden Bank (ggf. alternativ von den begleitenden Rechtsanwälten oder der Emittentin selbst) eine vom Gesetz nicht vorgesehene Bestätigung einzuholen, dass das entsprechende prospektersetzende Dokument als Dokument angesehen werden kann, dessen Angaben denen eines Prospekts gleichwertig sind.[394] Es ist anzunehmen, dass die Frankfurter Wertpapierbörse nunmehr bei denjenigen Ausnahmetatbeständen, bei denen bestimmte Informationen in einem anderen Dokument zur Verfügung gestellt werden (Art. 1 Abs. 5 UAbs. 1 lit. e bis h), ähnlich wie zur alten Rechtslage verfahren und keine materielle Prüfung vornehmen wird.

237

2. Ausnahmen von der Prospektpflicht bei der Zulassung im Einzelnen

a) 20% der zugelassenen Wertpapiere (UAbs. 1 lit. a)

Die Ausnahme in Art. 1 Abs. 5 UAbs. 1 lit. a entspricht weitestgehend der Vorgängerregelung in Art. 4 Abs. 2 lit. g ProspektRL, welche durch § 4 Abs. 2 Nr. 1 WpPG a. F. in deutsches Recht umgesetzt wurde. Größter Unterschied zur Vorgängerregelung ist, dass die ehemalige 10%-Schwelle auf 20% angehoben wurde. Legitimation für die Ausnahme ist, dass bei relativ kleinen Emissionen von Aktien eines börsennotierten Emittenten der Aufwand der Prospekterstellung höher wiegt als das grundsätzlich bestehende Informationsbedürfnis der Anleger,[395] zumal im Zusammenhang mit der Börsenzulassung der bereits ausgegebenen Aktien ein kapitalmarktgerechtes Informationsniveau hergestellt wurde.[396] Die Regelung war bereits nach alter Rechtslage von herausragender Bedeutung – und hat mit der Anhebung des jährlichen Schwellenwerts von 10% auf 20% nochmals an Wichtigkeit gewonnen.

238

Gegenstand des Zulassungsantrags dürfen **höchstens 20% minus ein Wertpapier** („weniger als 20%") der Gesamtzahl der bereits am selben geregelten Markt zugelassenen fungiblen Wertpapiere des Emittenten sein. Da nach alter Rechtslage gemäß § 4 Abs. 2 Nr. 1 WpPG a. F. nur die Zulassung von „weniger als zehn Prozent der Aktien derselben Gattung" prospektfrei möglich war, konnte faktisch keine Kapitalerhöhung von genau 10% des Grundkapitals unter Ausschluss des Bezugsangebots nach § 186 Abs. 3 Satz 4

239

---

393 Vgl. hierzu BaFin, Prospektpflicht, https://www.bafin.de/dok/19644878 (zuletzt abgerufen am 29.9.2023).
394 *Schnorbus*, in: Berrar/Meyer/Müller et al., WpPG/EU-ProspektVO, 2. Aufl. 2017, § 4 WpPG Rn. 59.
395 So z.B bei einer „kleinen" Equity-Line-Finanzierung; siehe dazu zur alten Rechtslage *Schlitt/Ponick/Gottmann*, FB 2005, 635, 636.
396 Näher zur alten Rechtslage *Lachner/v. Heppe*, WM 2008, 576, 577; *Schnorbus*, AG 2008, 389, 406; BT-Drucks. 15/4999, 30; vgl. auch *Holzborn/Schwarz-Gondek*, BKR 2003, 927, 930.

AktG durchgeführt werden (dies war nur unter den engen Voraussetzungen des § 4 Abs. 2 Nr. 7 WpPG a.F. denkbar). Nach neuer Rechtslage ist dies nunmehr möglich. Art. 1 Abs. 5 UAbs. 1 lit. a ist unter seinen Voraussetzungen (weniger als 20% der Wertpapiere über einen Zeitraum von zwölf Monaten) auch dann anwendbar, wenn ein an sich sachverhaltsnäherer Tatbestand (z. B. Umtauschangebot, Angebot an Beschäftigte, Zulassung von Aktien einer Wandelanleihe) gegeben ist.[397]

240 Die Ausnahme findet im Einzelnen Anwendung

(i) auf Wertpapiere,
(ii) die mit bereits zum Handel am selben geregelten Markt zugelassenen Wertpapieren fungibel sind,
(iii) soweit sie über einen Zeitraum von zwölf Monaten
(iv) weniger als 20%
(v) der Zahl der Wertpapiere ausmachen, die
(vi) bereits zum Handel am selben geregelten Markt zugelassen sind.

aa) Wertpapiere

241 Anders als noch in § 4 Abs. 2 Nr. 1 WpPG a.F. gilt die Ausnahme nach ihrem Wortlaut nicht mehr nur für die Zulassung von Aktien, sondern für die Zulassung von Wertpapieren. Aufgrund der Ausweitung auf andere Wertpapiere als Aktien ist davon auszugehen, dass die Regelung auch bei Fremdkapitalinstrumenten an Bedeutung gewinnen wird.[398] Nichtsdestotrotz hat die Regelung nach wie vor ihre größte praktische Relevanz bei Kapitalerhöhungen aus genehmigtem Kapital mit vereinfachtem Bezugsrechtsausschluss sowie bei Kapitalerhöhungen ausländischer Emittenten mit Börsennotierung in Deutschland, bei denen keine 10%-Schwelle für bezugsrechtsfreie Kapitalerhöhungen gilt, oder bei Sachkapitalerhöhungen.[399]

bb) Fungibilität mit bereits zum Handel am selben geregelten Markt zugelassenen Wertpapieren

242 Die zuzulassenden Wertpapiere müssen mit den bereits am selben geregelten Markt zugelassenen Wertpapieren fungibel sein. Aktien derselben Gattung erfüllen das Merkmal der Fungibilität.[400] Aktien gehören derselben **Gattung** an, wenn die durch sie verbrieften Rechte – einschließlich der Gewinn- und Stimmberechtigung – identisch sind (vgl. § 11 AktG). Bereits zur alten Rechtslage stellte die Gesetzesbegründung zu § 4 Abs. 2 Nr. 1 WpPG a.F. klar, dass Aktien, die sich nur in Bezug auf den **Beginn der Dividendenberechtigung** unterscheiden, derselben Gattung angehören.[401] Daran hat sich durch die neue Regelung des Art. 1 Abs. 5 UAbs. 1 lit. a nichts geändert. Bei der Äußerung in der Geset-

---

[397] ESMA, Questions and Answers on the Prospectus Regulation, ESMA31-62-1258 (Version 12, last updated on 3rd of February 2023), S. 75 (A15.3).
[398] *Zivny/Mock*, EU-ProspektVO/KMG 2019, Art. 1 ProspektVO Rn. 87; *Wöckener/Kutzbach*, RdF 2018, 276, 281.
[399] *Schulz*, WM 2018, 212, 214 f.
[400] Deutsche Börse AG, Listing-Rundschreiben 03/17, 2.
[401] BT-Drucks. 15/4999, 30; *Schnorbus*, AG 2008, 389, 407; *Gebhardt*, in: Schäfer/Hamann, Kapitalmarktgesetze, § 4 WpPG Rn. 25; *Grosjean*, in: Heidel, Aktienrecht und Kapitalmarktrecht, 4. Aufl. 2014, § 4 WpPG Rn. 13; *Groß*, Kapitalmarktrecht, 6. Aufl. 2016, § 4 WpPG Rn. 10;

zesbegründung zum alten WpPG handelte es sich überdies nicht um eine gesetzgeberische Anordnung, die zu einer Abweichung von der aktienrechtlichen Rechtslage führt, sondern um eine reine Klarstellung des einheitlichen Verständnisses des Gattungsbegriffs nach dem WpPG und dem AktG, zumal der Gesetzgeber durch bloße Äußerungen in der Gesetzesbegründung zu einem Gesetz keine materiellen Änderungen anderer Gesetze vornimmt.[402]

cc) Zeitraum von zwölf Monaten

Art. 1 Abs. 5 UAbs. 1 lit. a sieht – wie bereits § 4 Abs. 2 Nr. 1 WpPG a.F. – einen zeitlichen Rahmen von **zwölf Monaten** vor, innerhalb dessen die 20%-Grenze nicht erreicht oder überschritten werden darf. Die Frist von zwölf Monaten soll verhindern, dass Emittenten schrittweise binnen kurzer Zeit kleine Tranchen unter 20% des Grundkapitals zulassen (sog. Daueremissionen), ohne jemals einen Prospekt veröffentlichen zu müssen.[403] Die Frist berechnet sich gemäß Art. 3 Verordnung (EWG, Euratom) Nr. 1182/71 und damit ähnlich der §§ 187 ff. BGB.[404] Aufgrund des klaren Wortlauts der Ausnahme („zugelassen sind") **beginnt die Frist mit dem Zeitpunkt des Zulassungsbeschlusses** der aktuellen Anzahl aller bereits am selben geregelten Markt zugelassenen Wertpapiere.[405] Zwar wird teilweise vertreten, dass die Einführung der Wertpapiere maßgeblich sei (vgl. § 38 BörsG);[406] diese Interpretation lässt sich jedoch nicht mit dem Wortlaut der Norm vereinbaren. Dementsprechend sieht auch die Zulassungspraxis der Geschäftsführung der Frankfurter Wertpapierbörse den Zeitpunkt des Zulassungsbeschlusses als maßgeblich an.

243

Schlitt/Schäfer, in: Assmann/Schlitt/von Kopp-Colomb, WpPG/VerkProspG, 2. Aufl. 2010, § 4 WpPG Rn. 41.
402 Auch im Aktienrecht führt die bloße vorübergehende zeitliche Abweichung der Dividendenberechtigung von Aktien nach richtiger Auffassung nicht zu unterschiedlichen Gattungen (ebenso *Butzke*, in: Marsch-Barner/Schäfer, Handbuch börsennotierte AG, 5. Aufl. 2022, § 6 Rn. 6; *Mock*, in: Großkommentar AktG, 5. Aufl. 2017, § 11 AktG Rn. 70; *Singhof*, in: FS Hoffmann-Becking, 2013, 1163, 1180 f.; *Wiesbrock*, in: Helios/Wewel/Wiesbrock, REIT-Gesetz Kommentar, 1. Aufl. 2008, § 5 Rn. 9; *Franck*, MittBayNot 2007, 173, 175; **a.A.** allerdings *Ziemons*, in: Schmidt/Lutter, AktG, § 11 Rn. 8; *Groß*, DB 1994, 2431 f.). Denn zwischen den Aktien besteht kein materieller Unterschied, abgesehen von der Gewinnverwendung für das zurückliegende Geschäftsjahr, für die eine Sonderbeschlussfassung ohnehin nicht vorgesehen wäre. Wenn schon teil- und volleingezahlte Aktien nach § 60 Abs. 2 AktG keine eigenen Gattungen bilden, obwohl diese sogar im Stimmrecht abweichen, dann kann dies erst recht nicht für Aktien gelten, die nur vorübergehend unterschiedliche Gewinnberechtigungen aufweisen. Außerdem verlangt § 23 Abs. 3 Nr. 4 AktG die satzungsmäßige Bestimmung unterschiedlicher Aktiengattungen, was bei bloßer vorübergehender zeitlicher Abweichung der Dividendenberechtigung kaum handhabbar wäre und im Übrigen auch nicht von der Praxis beachtet wird.
403 *Lachner/v. Heppe*, WM 2008, 576, 577.
404 Verordnung (EWG, Euratom) Nr. 1182/71 des Rates vom 3.6.1971 zur Festlegung der Regeln für die Fristen, Daten und Termine; *Bauerschmidt*, in: Assmann/Schlitt/von Kopp-Colomb, Prospektrecht Kommentar, Art. 5 ProspektVO Rn. 105.
405 *Groß*, Kapitalmarktrecht, Art. 1 ProspektVO Rn. 46; *Bauerschmidt*, in: Assmann/Schlitt/von Kopp-Colomb, Prospektrecht Kommentar, Art. 5 ProspektVO Rn. 104; zur alten Rechtslage bereits *Grosjean*, in: Heidel, Aktienrecht und Kapitalmarktrecht, 4. Aufl. 2014, § 4 WpPG Rn. 13; *Holzborn/Mayston*, in: Holzborn, WpPG, § 4 Rn. 14; *Gebhardt*, in: Schäfer/Hamann, Kapitalmarktgesetze, § 4 WpPG Rn. 27.
406 *Heidelbach*, in: Schwarz/Zimmer, KMRK, 4. Aufl. 2010, § 4 WpPG Rn. 32.

dd) Zulassung an einem geregelten Markt

244 Bezugsgröße für den Schwellenwert von 20% sind allein die an der **zulassenden Börse bereits zugelassenen Wertpapiere** des Emittenten. Berechnungsgröße sind somit nicht alle im Inland an Börsen zugelassenen Wertpapiere, die mit den zuzulassenden Wertpapieren fungibel sind,[407] sondern nur die mit den zuzulassenden Wertpapieren fungiblen Wertpapiere, die an der über den Zulassungsantrag entscheidenden Börse zugelassen sind.[408] Dafür spricht der Wortlaut der Regelung („am selben geregelten Markt") sowie die Tatsache, dass es sich bei den deutschen Wertpapierbörsen um voneinander unabhängige Anstalten des öffentlichen Rechts handelt, deren jeweilig regulierte Märkte voneinander getrennt zu betrachten sind. In der Praxis spielt diese Diskussion indessen keine Rolle, da sich nach § 7 BörZulV der Antrag auf Zulassung von Aktien auch bei verschiedenen Börsen auf alle Aktien derselben Gattung beziehen muss; so sind an allen Börsen in Deutschland auch alle Aktien der betreffenden Gattung zugelassen.

ee) Maßgeblicher Zeitpunkt für die Ermittlung der bereits zugelassenen Wertpapiere

245 Relevant ist die **Anzahl der bereits zum Handel** am selben geregelten Markt zugelassenen fungiblen Wertpapiere **vor der Zulassungsentscheidung** durch die Geschäftsführung der Börse.[409] Referenzgröße für den Nenner ist bei der Zulassung von Aktien also die Anzahl der vor Durchführung der Kapitalerhöhung ausstehenden Aktien.[410] Die Berechnung erfolgt demnach im Falle einer Ausgabe von neuen Aktien auf Basis des Grundkapitals **vor Eintragung der Kapitalerhöhung**, da die neuen Aktien durch die Kapitalerhöhung erst geschaffen und dann zugelassen werden. Ausreichend ist das rein rechnerische Unterschreiten der 20%-Schwelle; maximal ist also eine prospektfreie Zulassung von 20% des bestehenden und bereits zugelassenen Grundkapitals abzüglich einer Aktie möglich.

246 Erhebliche Probleme bereitet die Festlegung des relevanten Zeitpunktes zur Berechnung der 20%-Schwelle bei **wiederholten Inanspruchnahmen** von prospektfreien Zulassungen nach Art. 1 Abs. 5 UAbs. 1 lit. a (prospektfreie Zulassungen aufgrund anderer Ausnahmetatbestände werden nicht mitberücksichtigt, vgl. → Rn. 290 ff.):

– Eine Berechnungsmöglichkeit wäre, dass die Zahl der bei der erstmalig nach Art. 1 Abs. 5 UAbs. 1 lit. a bereits zugelassenen Wertpapiere für den gesamten Zwölf-Monatszeitraum maßgeblich ist (*Alternative 1*).[411] Ermittelt wird danach die Gesamtzahl der

---

407 So wohl *Bauerschmidt*, in: Assmann/Schlitt/von Kopp-Colomb, Prospektrecht Kommentar, Art. 1 ProspektVO Rn. 103.
408 Zutreffend *Groß*, Kapitalmarktrecht, Art. 1 ProspektVO Rn. 45; so auch bereits zur alten Rechtslage *Gebhardt*, in: Schäfer/Hamann, Kapitalmarktgesetze, § 4 WpPG Rn. 28.
409 ESMA, Questions and Answers on the Prospectus Regulation, ESMA31-62-1258 (Version 12, last updated on 3 February 2023), S. 73 f. (A.15.1); *Groß*, Kapitalmarktrecht, Art. 1 ProspektVO Rn. 46; *Bauerschmidt*, in: Assmann/Schlitt/von Kopp-Colomb, Prospektrecht Kommentar, Art. 1 ProspektVO Rn. 104; ebenso zur alten Rechtslage *Lachner/v. Heppe*, WM 2008, 576 ff. (mit Hinweisen zu der entsprechenden Praxis der Frankfurter Wertpapierbörse).
410 ESMA, Questions and Answers on the Prospectus Regulation, ESMA31-62-1258 (Version 12, last updated on 3rd of February 2023), S. 73 f. (A.15.1): „The issuer should include the number of securities of the same class already admitted to trading on the same regulated market at the time it is applying for the new admission in the denominator."
411 Vgl. zur alten Rechtslage *Gebhardt*, in: Schäfer/Hamann, Kapitalmarktgesetze, § 4 WpPG Rn. 29.

vor der erstmaligen Inanspruchnahme von Art. 1 Abs. 5 UAbs. 1 lit. a bereits zugelassenen Wertpapiere. Die Zulassung setzt dann die Zwölf-Monatsfrist in Gang. Damit bleibt die maßgebliche Größe für die Berechnung der 20%-Schwelle (**nämlich der Nenner**) **für einen Zeitraum von zwölf Monaten unverändert**.
- Als Alternative ist denkbar, dass bei wiederholten Inanspruchnahmen von prospektfreien Zulassungen der Referenzwert von 20% hinsichtlich jeder einzelnen Zulassung *separat zu bestimmen* ist (*Alternative 2*).[412] Dies würde bedeuten, dass mehrere 20%-Schwellen im Zeitablauf entstehen, deren jeweilige Fristen auch zu unterschiedlichen Zeitpunkten beginnen und enden. Dabei ist davon auszugehen, dass sich die maßgebliche Bezugsgröße (**nämlich der Nenner**) bei jeder vorhergehenden Zulassung neuer Wertpapiere **für die Berechnung der 20%-Schwelle erhöht**.
- Die 1. Alternative führt zu einer vereinfachten Gesetzesanwendung und nimmt dem Emittenten die Gestaltungsmöglichkeit, durch passende Staffelung von Zulassungsanträgen Einfluss auf die Berechnung der 20%-Schwellen zu nehmen. Für die 2. Alternative mit unterschiedlich laufenden Referenzperioden spricht dagegen eindeutig der Wortlaut der Regelung („die bereits zum Handel zugelassen sind"). Sie entspricht darüber hinaus auch dem Verständnis von ESMA und ist daher vorzuziehen.[413]
- Eine weitere Besonderheit ergibt sich, wenn in dem Zwölfmonatszeitraum zuvor ein **Wertpapierprospekt** gebilligt wird, der auch hätte genutzt werden können, um die prospektfrei zugelassenen Wertpapiere zum Handel zuzulassen. Sollen dann nach der Veröffentlichung eines solchen Wertpapierprospekts und während der Zwölfmonatsfrist neue Wertpapiere gestützt auf Art. 1 Abs. 5 UAbs. 1 lit. a prospektfrei zugelassen werden, steht das bis zu zwanzigprozentige Emissionsvolumen nach bisheriger Praxis der Frankfurter Wertpapierbörse wieder in voller Höhe zur Verfügung und bezieht sich auf das durch die vorangegangene und mit einem Prospekt begleitete Kapitalmaßnahme erhöhte Grundkapital, soweit – was regelmäßig der Fall ist – die neuen Aktien zugelassen worden sind.[414]

ff) Kapitalerhöhungen mit Volumen über 20% des Grundkapitals

Unter bestimmten Voraussetzungen können neben bis zu 20%-Kapitalerhöhungen auch **großvolumigere Kapitalerhöhungen** von der Prospektpflicht nach Art. 1 Abs. 5 UAbs. 1 lit. a befreit sein, wenn die Zulassungen der Aktien innerhalb **mehrerer, aufeinander folgender Zwölf-Monatszeiträume** erfolgen.[415] Relevant werden solche Konstellationen insbesondere bei Sachkapitalerhöhungen unter Ausschluss des Bezugsrechts. Richtig ist, dass grundsätzlich alle neuen Aktien innerhalb eines Jahres nach ihrer Ausgabe zum Börsenhandel zugelassen werden müssen (§ 40 Abs. 1 BörsG i.V.m. §§ 7 Abs. 1, 69 Abs. 1

---

412 Vgl. *Groß*, Kapitalmarktrecht, Art. 1 ProspektVO Rn. 46; zur alten Rechtslage *Schlitt/Schäfer*, AG 2008, 525, 528.
413 ESMA, Questions and Answers on the Prospectus Regulation, ESMA31-62-1258 (Version 12, last updated on 3rd of February 2023), S. 73 f. (A.15.1).
414 Ebenso ausdr. Rundschreiben Listing 03/17 Frankfurter Wertpapierbörse; *Bauerschmidt*, in: Assmann/Schlitt/von Kopp-Colomb, Prospektrecht Kommentar, Art. 1 ProspektVO Rn. 104; *Groß*, Kapitalmarktrecht, Art. 1 ProspektVO Rn. 46.
415 *Bauerschmidt*, in: Assmann/Schlitt/von Kopp-Colomb, Prospektrecht Kommentar, Art. 1 ProspektVO Rn. 104; **a. A.** zur alten Rechtslage *Holzborn/Mayston*, in: Holzborn, WpPG, § 4 Rn. 14.

Art. 1 ProspektVO Gegenstand, Anwendungsbereich und Ausnahmen

BörsZuLV).[416] Sofern die Aktien nicht frei handelbar sind, ist der Antrag indessen erst zum **Zeitpunkt ihrer freien Handelbarkeit** zu stellen (§ 69 Abs. 2 BörsZuLV). Die Aktien sind nach § 7 Abs. 1 Satz 2 Alt. 2 BörsZuLV nicht frei handelbar, wenn sie bestimmten **Haltevereinbarungen** (z. B. zwischen dem Investor, der die Kapitalerhöhung gezeichnet hat, und der Gesellschaft) unterliegen.[417] Der Emittent hat der zulassenden Börse in diesem Fall darzulegen, aus welchen Gründen eine solche Haltevereinbarung geschlossen wurde und warum dem Investor hieraus keine Nachteile erwachsen (§ 7 Abs. 1 Satz 2 Alt. 2 BörsZulV). Dabei ist allerdings zu berücksichtigen, dass der Abschluss einer Haltevereinbarung auch dann legitim ist, wenn sie einzig das Ziel verfolgt, die Tatbestandsvoraussetzungen des § 7 Abs. 1 BörsZulV zu verwirklichen.[418]

248 Auf dieser Grundlage kann die Zulassung von Aktien aus einer Kapitalerhöhung in Höhe von z. B. 25 % des Grundkapitals so aufgesetzt werden, dass zunächst Aktien in Höhe von 20 % (minus eine Aktie) ohne Prospekt nach Art. 1 Abs. 5 UAbs. 1 lit. a zugelassen werden, die übrigen Aktien einer Haltevereinbarung für mindestens zwölf Monate unterliegen und nach Ablauf dieser Frist ebenfalls nach Art. 1 Abs. 5 UAbs. 1 lit. a prospektfrei zugelassen werden. Die Beantragung der Teilzulassung ist mit einer entsprechenden Darlegung der Gründe zu veröffentlichen. Die von der Haltevereinbarung betroffenen Aktien sind mit einer separaten ISIN zu versehen.[419]

gg) Zusammenspiel mit § 186 Abs. 3 Satz 4 AktG

249 Für die Praxis ist die Regelung im Zusammenhang mit der vereinfachten Kapitalerhöhung nach **§ 186 Abs. 3 Satz 4 AktG** zu sehen und von **hoher Bedeutung**; sie gilt indessen gleichermaßen für **nicht-deutsche Gesellschaften**, die Aktien zulassen wollen. § 186 Abs. 3 Satz 4 AktG erlaubt den sog. vereinfachten Bezugsrechtsausschluss bei Barkapitalerhöhungen von bis zu 10 % des Grundkapitals, wenn der Ausgabepreis den Börsenkurs nicht wesentlich unterschreitet. Viele deutsche Aktiengesellschaften, KGaAs und SEs lassen sich standardmäßig von der Hauptversammlung ein genehmigtes Kapital mit vereinfachtem Bezugsrechtsausschluss einräumen (vgl. §§ 202 ff. AktG). Der Vorstand kann dann mit Zustimmung des Aufsichtsrats je nach Marktlage ohne nennenswerten zeitlichen Vorlauf und ohne besondere aktien- oder kapitalmarktrechtliche Vorgaben die Kapitalerhöhung durchführen und neue Aktien ausgeben.[420] Das Zusammenspiel von Art. 1 Abs. 5 UAbs. 1 lit. a und § 186 Abs. 3 Satz 4 AktG ermöglicht es jedoch, eine begrenzte Kapitalerhöhung börsennotierter Gesellschaften zunächst im Rahmen von Privatplatzierungen bei institutionellen Anlegern zu platzieren, wofür es keiner gesonderten Befreiung bedarf.[421] Im Anschluss kann die Zulassung der neuen Aktien prospektfrei nach Art. 1

---

416 *Groß*, Kapitalmarktrecht, Art. 1 ProspektVO Rn. 47; zur alten Rechtslage *Holzborn/Mayston*, in: Holzborn, WpPG, § 4 Rn. 14.
417 *Heidelbach*, in: Schwark/Zimmer, KMRK, § 7 BörsZulV Rn. 3.
418 *Bloß/Schneider*, WM 2009, 879, 883; *Heidelbach*, in: Schwark/Zimmer, KMRK, § 7 BörsZulV Rn. 3.
419 *Groß*, Kapitalmarktrecht, Art. 1 ProspektVO Rn. 47.
420 Instruktiv zur Strukturierung von 20 %-Kapitalerhöhungen *Meyer*, in: Marsch-Barner/Schäfer, Handbuch börsennotierte AG, § 8 Rn. 8.180 ff.
421 *Bauerschmidt*, in: Assmann/Schlitt/von Kopp-Colomb, Prospektrecht Kommentar, Art. 1 ProspektVO Rn. 107; vgl. auch schon zur alten Rechtslage *Wiegel*, Prospektrichtlinie und Prospektverordnung, S. 184; *Schnorbus*, AG 2008, 389, 407.

Abs. 5 UAbs. 1 lit. a erfolgen. Anders als noch nach der Vorgängervorschrift des § 4 Abs. 2 Nr. 1 WpPG a. F. kann nunmehr eine Kapitalerhöhung von genau 10% unter Ausschluss des Bezugsangebots nach § 186 Abs. 3 Satz 4 AktG durchgeführt werden.

Soweit die Gesellschaft **sowohl Stammaktien als auch Vorzugsaktien** ausgegeben hat, ist zu beachten, dass die 10%-Vorgabe des § 186 Abs. 3 Satz 4 AktG sich auf das gesamte Grundkapital bezieht, während Art. 1 Abs. 5 UAbs. 1 lit. a auf 20% (minus eine Aktie) der jeweiligen Gattung abstellt.[422] Aktienrechtlich kann demnach theoretisch innerhalb einer Gattung eine Kapitalerhöhung mit vereinfachtem Bezugsrechtsausschluss mehr als 10% der Aktien dieser Gattung ausmachen; für die prospektfreie Zulassung bleibt es bei der Grenze von 20% (minus eine Aktie) innerhalb dieser Gattung.[423] Weiter können neue Stammaktien nicht prospektfrei zugelassen werden, wenn ausschließlich die Vorzugsaktien an der Börse notiert sind (und umgekehrt), da Art. 1 Abs. 5 UAbs. 1 lit. a voraussetzt, dass die bisherigen Aktien der betreffenden Gattung bereits zum Handel an demselben geregelten Markt zugelassen sind. 250

b) 20% Aktien aus Umwandlung, Eintausch oder Ausübung von Bezugsrechten (UAbs. 1 lit. b)

aa) Regelungsgegenstand

Art. 1 Abs. 5 UAbs. 1 lit. b ist von **hoher praktischer Bedeutung**. Die Regelung ermöglicht es, Aktien, die aus **Umwandlung, Eintausch oder Ausübung von Bezugsrechten** resultieren, prospektfrei zuzulassen, sofern es sich dabei um Aktien derselben Gattung handelt wie die Aktien, die bereits zum Handel an demselben geregelten Markt zugelassen sind. Die Regelung findet auch auf Fälle Anwendung, in denen Aktien im Rahmen einer Bezugsrechtskapitalerhöhung ausgegeben werden, Aktien im Tausch gegen andere Wertpapiere ausgegeben werden oder infolge von Satzungsänderungen bzw. Umwandlungsmaßnahmen ein automatischer Umtausch von Aktien erfolgt. Im Gegensatz zur Vorgängerregelung in Art. 4 Abs. 2 lit. g ProspektRL und der deutschen Umsetzung in § 4 Abs. 2 Nr. 7 WpPG a. F. enthält Art. 1 Abs. 5 UAbs. 1 lit. b eine **Volumenbeschränkung von 20% innerhalb eines Zeitraums von zwölf Monaten**. Die Berechnungen der 20%-Schwelle und der 12-Monatsfrist erfolgen wie bei Art. 1 Abs. 5 UAbs. 1 lit. a. Zu beachten ist allerdings, dass die Volumenbegrenzung von 20% in den Fällen des Art. 1 Abs. 5 UAbs. 2 entfällt (→ Rn. 260). 251

Klassische Anwendungsfälle sind die Zulassungen von Aktien, die bei Ausübung des Wandel- oder Optionsrechtes an den Inhaber von **Wandel- oder Optionsanleihen** geliefert werden müssen. Der offene Wortlaut der „verbundenen Rechte" umfasst zudem Umtauschrechte, sodass auch Aktien aus **Umtauschanleihen** nach Art. 1 Abs. 5 UAbs. 1 lit. b prospektfrei zugelassen werden können. **Pflichtwandel- oder Pflichtumtauschanleihen** fallen ebenfalls unter die Ausnahme, da auch hier Umtausch- bzw. Bezugsrechte entstehen, der Anleger sich jedoch lediglich in den Anleihebedingungen zur Ausübung seines 252

---
422 *Groß*, Kapitalmarktrecht, Art. 1 ProspektVO Rn. 44; vgl. zur 10%-Kapitalerhöhung *Schnorbus*, AG 2008, 389, 407 f.
423 Beispiel: Das Grundkapital der AG besteht aus 100 Aktien, eingeteilt in 80 Stammaktien und 20 Vorzugsaktien. Nach § 186 Abs. 3 Satz 4 AktG kann das Grundkapital um 10 weitere Vorzugsaktien ohne Bezugsrecht erhöht werden; prospektfrei zugelassen werden können davon nach Art. 1 Abs. 5 UAbs. 1 lit. a allerdings nur 4 Vorzugsaktien.

Bezugs- bzw. Umtauschrechts verpflichtet.[424] Ferner gilt die Regelung auch für den Umtausch von **American Depositary Receipts (ADR)** in Aktien.[425]

253 Voraussetzung ist in jedem Fall jedoch, dass es sich bei dem „**Hauptrecht**" um **Wertpapiere** gemäß Art. 2 lit. a handelt, also um übertragbare Wertpapiere im Sinne des Art. 4 Abs. 1 Nr. 44 MiFID II mit Ausnahme von Geldmarktinstrumenten im Sinne des Art. 4 Abs. 1 Nr. 17 MiFID II mit einer Laufzeit von weniger als zwölf Monaten (→ Art. 2 Rn. 4). **Nicht übertragbare** Options-, Umtausch- oder Wandelrechte (→ Art. 2 Rn. 10) sind demnach nicht im Rahmen des Art. 1 Abs. 5 UAbs. 1 lit. b privilegiert.[426]

254 Eine Art. 1 Abs. 5 UAbs. 1 lit. b entsprechende Regelung fehlt im Rahmen des Art. 1 Abs. 4, der prospektfreie Angebote regelt. Bei der bloßen Ausübung von Options-, Wandel- und Umtauschrechten handelt es sich jedoch nicht um ein öffentliches Angebot im Sinne des Art. 2 lit. d, sodass insofern eine Befreiung von der Prospektpflicht für die der Anleihe zugrunde liegenden Aktien nicht erforderlich ist.[427] Anders mag dies zwar für das Angebot der Anleihe selbst sein; hier greifen jedoch in der Praxis regelmäßig die Ausnahmen nach Art. 1 Abs. 4 lit. c und d. Sofern allerdings die Anleihe selbst zum Börsenhandel in Deutschland zugelassen werden soll, greift die Prospektpflicht nach Art. 3 Abs. 3.

bb) Zugrunde liegende Aktien

255 Anwendungsfälle von Art. 1 Abs. 5 UAbs. 1 lit. b sind die Zulassung von **bestehenden Aktien**,[428] aber auch von **zukünftigen Aktien**, die erst durch Kapitalmaßnahmen geschaffen werden müssen. Die Aktien stammen bei Wandel- oder Optionsanleihen in der Regel aus **bedingtem Kapital** (§§ 192 ff. AktG), in Betracht kommen aber auch eigene Aktien (§ 71 AktG) oder Aktien aus genehmigtem Kapital (§§ 202 ff. AktG).[429] Ferner ist eine Kombination von Aktien aus bedingtem und genehmigtem Kapital möglich. Die Regelung gilt entsprechend für **ausländische Emittenten** mit Aktien, die an einem geregelten

---

424 *Groß*, Kapitalmarktrecht, Art. 1 ProspektVO Rn. 48; *Schlitt*, in: Habersack/Mülbert/Schlitt, Kapitalmarktinformation, § 3 Rn. 71; *Zivny/Mock*, EU-ProspektVO/KMG 2019, Art. 1 ProspektVO Rn. 95; vgl. zur alten Rechtslage *Schlitt/Schäfer*, AG 2005, 488, 501; *Schlitt/Schäfer*, in: Assmann/Schlitt/von Kopp-Colomb, WpPG/VerkProspG, 2. Aufl. 2010, § 4 WpPG Rn. 51; *Schnorbus*, AG 2008, 389, 408; *Straßner/Grosjean*, in: Heidel, Aktienrecht und Kapitalmarktrecht, 4. Aufl. 2014, § 4 WpPG Rn. 18; *Schanz/Schalast*, Wertpapierprospekte – Markteinführungspublizität nach EU-Prospektverordnung und Wertpapierprospektgesetz 2005, HfB – Working Paper Series No. 74, S. 11 Fn. 34.
425 *Zivny/Mock*, EU-ProspektVO/KMG 2019, Art. 1 ProspektVO Rn. 95.
426 ESMA, Questions and Answers on the Prospectus Regulation, ESMA31-62-1258 (Version 12, last updated on 3rd of February 2023), S. 75 (A15.4); *Bauerschmidt*, in: Assmann/Schlitt/von Kopp-Colomb, Prospektrecht Kommentar, Art. 1 ProspektVO Rn. 110; vgl. zur alten Rechtslage *Schnorbus*, AG 2008, 389, 408.
427 *Bauerschmidt*, in: Assmann/Schlitt/von Kopp-Colomb, Prospektrecht Kommentar, Art. 1 ProspektVO Rn. 109.
428 Ebenso *Groß*, Kapitalmarktrecht, Art. 1 ProspektVO Rn. 48; **a. A.** *Bauerschmidt*, in: Assmann/Schlitt/von Kopp-Colomb, Prospektrecht Kommentar, Art. 1 ProspektVO Rn. 110. Voraussetzung ist nach *Bauerschmidt*, dass „die Aktien erst nach der Ausübung des Wandlungs- oder Umtauschrechts ausgegeben werden". Diese Auffassung lässt sich aber nicht dem Gesetz entnehmen; sie widerspricht auch ihrer eigenen Auffassung, dass Art. 1 Abs. 5 UAbs. 1 lit. b ProspektVO Umtauschanleihen umfasst, da bei diesem Instrument sich das Umtauschrecht in der Praxis stets auf bereits ausgegebene, im Besitz des Aktionärs befindliche Aktien bezieht.
429 *Groß*, in: Marsch-Barner/Schäfer, Handbuch börsennotierte AG, § 53 Rn. 44a.

Markt in Deutschland zugelassen sind; hier erfolgt die Bedienung von Wandel- oder Optionsanleihen oftmals aus genehmigtem Kapital, wenn die ausländische Rechtsordnung kein bedingtes Kapital deutscher Prägung kennt, z.B. Luxemburg. Bei Umtauschanleihen handelt es sich um Aktien einer dritten Gesellschaft, die sich im Eigentum eines Aktionärs befinden.

Grundsätzlich setzt die Zulassung von Aktien zum Börsenhandel zwar deren Existenz voraus (vgl. § 48 Abs. 2 Nr. 5–7 BörsZulV).[430] Jedenfalls bei bedingtem Kapital ist jedoch auf Grundlage des Art. 1 Abs. 5 UAbs. 1 lit. b die Zulassung von Aktien möglich, die erst nach Ausübung von Umtausch- oder Bezugsrechten aus Wandel-, Options- oder Umtauschanleihen ausgegeben werden und daher **im Zeitpunkt der Zulassung noch nicht entstanden sind** (der Wortlaut erfasst Aktien, die „resultieren" und nicht „resultierten").[431] Da der Wortlaut des Art. 1 Abs. 5 UAbs. 1 lit. b nicht zwischen den verschiedenen „Underlyings" differenziert, sollte dies im Prinzip auch für Aktien aus genehmigtem Kapital gelten.

256

cc) Zeitpunkt und Umfang der Zulassung von Aktien

Auch wenn die **Ausübung** des Wandelungs- bzw. Bezugsrechts **noch nicht absehbar ist**, kann die Geschäftsführung der Börse die Zulassung nicht mit dem Hinweis auf ein fehlendes Bescheidungsinteresse ablehnen, da § 32 Abs. 3 Nr. 2 BörsG einen zwingenden Zulassungsanspruch dann gewährt, wenn eine Ausnahme nach Art. 1 Abs. 5 UAbs. 1 eingreift.[432] Davon geht auch § 11 Abs. 1 BörsZulV aus, der eine gleichzeitige Zulassung von Anleihe und Aktien verlangt, ohne für die Zulassung der Aktien auf die Absehbarkeit oder sonstige zeitliche Nähe der Ausübung des Wandelungs- bzw. Bezugsrechts abzustellen.

257

Art. 1 Abs. 5 UAbs. 1 lit. b **grenzt** im Gegensatz zu § 4 Abs. 2 Nr. 7 WpPG a. F. die **Anzahl der Aktien**, die prospektfrei zugelassen werden können, **ein**. Nach der alten Rechtslage war die Zulassung von noch nicht zugelassenen Aktien zwar nur in dem Umfang möglich, in dem theoretisch Bezugs- oder Umtauschrechte aufgrund der zugrunde liegenden Wertpapiere bestanden.[433] Die Vorschrift als solche grenzte jedoch die Anzahl der Aktien, die prospektfrei zugelassen werden können, nicht ein. Die neue Regelung sieht nunmehr (wie in Art. 1 Abs. 5 UAbs. 1 lit. a) eine 20%-Volumenbegrenzung sowie eine Zwölf-Monats-Frist vor. Die 20%-Volumenbegrenzung ist gemäß Erwägungsgrund 18 notwendig, da die Prospektfreiheit nur dann greifen soll, wenn „die neu zugelassenen

258

---

430 Vgl. auch Frankfurter Wertpapierbörse, Rundschreiben Listing 01/2005 zur Umsetzung der Prospektrichtlinie v. 2.6.2005, S. 3 unter Nr. 7.
431 *Groß*, Kapitalmarktrecht, Art. 1 ProspektVO Rn. 48; *Bauerschmidt*, in: Assmann/Schlitt/von Kopp-Colomb, Prospektrecht Kommentar, Art. 1 ProspektVO Rn. 110; zur alten Rechtslage bereits *Grosjean*, in: Heidel, Aktienrecht und Kapitalmarktrecht, 4. Aufl. 2014, § 4 WpPG Rn. 18; ebenso *Schnorbus*, AG 2008, 389, 408; *Heidelbach*, in: Schwark/Zimmer, KMRK, 4. Aufl. 2010, § 4 WpPG Rn. 46.
432 *Heidelbach*, in: Schwarz/Zimmer, KMRK, § 32 BörsG Rn. 57; so bereits zur alten Rechtslage *Grosjean*, in: Heidel, Aktienrecht und Kapitalmarktrecht, 4. Aufl. 2010, § 4 WpPG Rn. 18; *Schnorbus*, AG 2008, 389, 408; *Heidelbach*, in: Schwark/Zimmer, KMRK, 4. Aufl. 2010, § 4 WpPG Rn. 46.
433 Vgl. hierzu noch *Grosjean*, in: Heidel, Aktienrecht und Kapitalmarktrecht, 4. Aufl. 2010, § 4 WpPG Rn. 18; *Schnorbus*, AG 2008, 389, 408.

Aktien im Verhältnis zu den Aktien derselben Gattung, die bereits für denselben geregelten Markt zugelassen wurden, nur einen begrenzten Anteil ausmachen".

259 Die verschiedenen Ausnahmen der Prospektpflicht können grundsätzlich miteinander kombiniert werden (vgl. Art. 1 Abs. 6 S. 1). Bei der Zulassung von Wertpapieren bzw. Aktien nach Art. 1 Abs. 5 UAbs. 1 lit. a und b ist jedoch die Vorschrift des Art. 1 Abs. 6 S. 2 zu berücksichtigen, wonach eine Kombination der beiden Ausnahmen nicht zulässig ist, „wenn dies dazu führen könnte, dass über einen Zeitraum von zwölf Monaten mehr als 20% der Zahl der Aktien derselben Gattung, die bereits zum Handel an einem geregelten Markt zugelassen sind, sofort oder zu einem späteren Zeitpunkt zum Handel an einem geregelten Markt zugelassen werden, ohne dass ein Prospekt veröffentlicht wird". Aus praktischer Perspektive sind daher auch künftige Wandlungen bzw. Aktienbezüge, etwa im Fall von Aktien an Anleihegläubiger, im Blick zu behalten, da im Zeitpunkt der Wandlung die 20%-Volumenbegrenzung bereits erreicht sein kann, mit der Folge, dass kein ausreichendes prospektfreies Restvolumen mehr zur Verfügung steht.[434]

dd) Ausnahmen von der 20%-Regelung gemäß Art. 1 Abs. 5 UAbs. 2

260 Art. 1 Abs. 5 UAbs. 2 enthält **Ausnahmen von der 20%-Volumenbegrenzung** des Art. 1 Abs. 5 UAbs. 1 lit. b. Die Vorschrift des Art. 1 Abs. 5 UAbs. 2 trat gemäß Art. 49 Abs. 2 bereits am 20.7.2017 in Kraft und damit zwei Jahre früher als die übrige ProspektVO. Regelungsinhalt ist, dass bei Vorliegen der Voraussetzungen des Art. 1 Abs. 5 UAbs. 2 die 20%-Schwelle im Rahmen des Art. 1 Abs. 5 UAbs. 1 lit. b überschritten werden darf.[435] Die Regelung des Art. 1 Abs. 5 UAbs. 1 lit. b, wonach die resultierenden Aktien über einen Zeitraum von zwölf Monaten weniger als 20% der Zahl der Aktien derselben Gattung ausmachen müssen, die bereits zum Handel am selben geregelten Markt zugelassen sind, gilt demnach nicht in folgenden Fällen:

– **Art. 1 Abs. 5 UAbs. 2 lit. a**: wenn bereits im Einklang mit der ProspektVO oder der Richtlinie 2003/71/EG für die Wertpapiere, die Zugang zu Aktien verschaffen, ein Prospekt erstellt wurde;[436]
– **Art. 1 Abs. 5 UAbs. 2 lit. b**: wenn die Wertpapiere, die Zugang zu Aktien verschaffen, bereits vor der Verabschiedung der ProspektVO und damit vor dem 20.7.2017 (vgl. Art. 49 Abs. 1) begeben wurden;[437]
– **Art. 1 Abs. 5 UAbs. 2 lit. c**: im Falle von Aktien, welche gemäß Art. 26 CRR zu dem harten Kernkapital eines Kreditinstituts gehören und die aus der Umwandlung von Instrumenten des zusätzlichen Kernkapitals aufgrund von Art. 54 Abs. 1 CRR resultie-

---

434 *Schlitt*, in: Habersack/Mülbert/Schlitt, Kapitalmarktinformation, § 4 Rn. 71.
435 *Zivny/Mock*, EU-ProspektVO/KMG 2019, Art. 1 ProspektVO Rn. 116 insoweit klarstellend, dass die Voraussetzungen des Art. 1 Abs. 5 UAbs. 2 ProspektVO nicht kumulativ vorliegen müssen.
436 *Bauerschmidt*, in: Assmann/Schlitt/von Kopp-Colomb, Prospektrecht Kommentar, Art. 1 ProspektVO Rn. 112; *Zivny/Mock*, EU-ProspektVO/KMG 2019, Art. 1 ProspektVO Rn. 117.
437 *Groß*, Kapitalmarktrecht, Art. 1 ProspektVO Rn. 48; *Zivny/Mock*, EU-ProspektVO/KMG 2019, Art. 1 ProspektVO Rn. 118; *Bauerschmidt*, in: Assmann/Schlitt/von Kopp-Colomb, Prospektrecht Kommentar, Art. 1 ProspektVO Rn. 112.

ren.[438] Die Ausnahme dient dazu, Banken die Umstrukturierung im Falle des Herabsinkens der harten Kernkapitalquote zu erleichtern;[439]

– **Art. 1 Abs. 5 UAbs. 2 lit. d**: im Falle von Aktien, die zu den anrechnungsfähigen Eigenmitteln oder den anrechnungsfähigen Basiseigenmitteln von Versicherungsunternehmen gemäß Art. 2 der Solvabilität II-RL hinzugerechnet werden können und die zur Erfüllung der Solvenzkapitalanforderung oder der Mindestkapitalanforderung gemäß Art. 87 ff. der Solvabilität II-RL ausgelöst wurden.[440]

ee) Zusammenhang mit § 11 Abs. 1 BörsZulV

Art. 1 Abs. 5 UAbs. 1 lit. b ist im Zusammenhang mit **§ 11 Abs. 1 BörsZulV** zu sehen. Danach können Wertpapiere, die den Gläubigern ein Umtausch- oder Bezugsrecht einräumen, nur zugelassen werden, „wenn die Wertpapiere, auf die sich das Umtausch- oder Bezugsrecht bezieht, an einer inländischen Börse entweder zum Handel zugelassen oder in einen anderen organisierten Markt einbezogen sind oder gleichzeitig zugelassen oder einbezogen werden". Die Geschäftsführung der Börse kann allerdings abweichend von § 11 Abs. 1 BörsZulV gemäß § 11 Abs. 2 BörsZulV Umtausch- und Wandelanleihen zulassen, wenn die Aktien, auf die sich das Umtausch- oder Bezugsrecht bezieht, zum Handel an einem organisierten Markt (im Ausland) zugelassen sind und wenn sich das Publikum im Inland regelmäßig über die Kurse unterrichten kann, die sich an dem Markt im Ausland im Handel mit diesen Wertpapieren bilden.[441]

261

Bei mit bedingtem oder genehmigtem Kapital (vgl. → Rn. 255) unterlegten Wandel- oder Optionsanleihen muss also grundsätzlich **mit Zulassung der jeweiligen Anleihe auch das entsprechende bedingte/genehmigte Kapital zugelassen sein**, obwohl die Aktien mangels Ausübung des Wandel- oder Optionsrechts noch nicht existieren.[442] Bei einer Umtauschanleihe müssen bereits existierende Aktien einer dritten Gesellschaft ebenfalls zumindest zeitgleich mit der Umtauschanleihe zugelassen werden.

262

Wenn jedoch die Wandel- und Optionsrechte z. B. aufgrund vertraglicher Vereinbarungen oder der Anleihebedingungen **noch gar nicht ausgeübt werden können**, scheidet eine Zulassung der Aktien aus bedingtem Kapital **wegen fehlenden rechtlichen Interesses** an der Zulassung aus; von einem solchen fehlenden Interesse ist auszugehen, wenn die Wandlung oder Ausübung der Option erst nach Monaten oder später erfolgen kann.[443]

263

Die Zulassung der betreffenden Anleihe zum Börsenhandel ist im Übrigen auch für manche Investoren nach ihren Anlagerichtlinien Voraussetzung für den Erwerb des Wertpapiers, wenngleich dieses Vermarktungserfordernis immer seltener eine Rolle spielt. Zwar

264

---

438 *Zivny/Mock*, EU-ProspektVO/KMG 2019, Art. 1 ProspektVO Rn. 119; *Bauerschmidt*, in: Assmann/Schlitt/von Kopp-Colomb, Prospektrecht Kommentar, Art. 1 ProspektVO Rn. 112.
439 Ebenso *Bauerschmidt*, in: Assmann/Schlitt/von Kopp-Colomb, Prospektrecht Kommentar, Art. 1 ProspektVO Rn. 112.
440 *Zivny/Mock*, EU-ProspektVO/KMG 2019, Art. 1 ProspektVO Rn. 120; *Bauerschmidt*, in: Assmann/Schlitt/von Kopp-Colomb, Prospektrecht Kommentar, Art. 1 ProspektVO Rn. 112.
441 *Heidelbach*, in: Schwarz/Zimmer, KMRK, § 11 BörsZulV Rn. 3.
442 *Heidelbach*, in: Schwarz/Zimmer, KMRK, § 11 BörsZulV Rn. 1; *Groß*, Kapitalmarktrecht, § 11 BörsZulV Rn. 1.
443 *Groß*, Kapitalmarktrecht, § 11 BörsZulV Rn. 1; vgl. auch *Holzborn/Mayston*, in: Holzborn, WpPG, § 4 Rn. 20.

Art. 1 ProspektVO Gegenstand, Anwendungsbereich und Ausnahmen

erfordert die Zulassung von Umtauschanleihen bzw. Wandel- und Optionsanleihen grundsätzlich die Erstellung eines Wertpapierprospekts. Allerdings kommen auch insoweit Ausnahmen von der Prospektpflicht in Betracht, z. B. nach Art. 1 Abs. 5 UAbs. 1 lit. a[444] oder nach Art. 1 Abs. 5 UAbs. 1 lit. h im Rahmen von Mitarbeiterbeteiligungsprogrammen.

ff) Platzierung und Zulassung der Schuldverschreibungen ohne Prospekt

265 Nach alter Rechtslage gingen viele Emittenten den Weg, ihre Umtauschanleihen sowie Wandel- und Optionsanleihen nicht in Deutschland, sondern über ein Vehikel an einem anderen Handelsplatz zuzulassen, der großzügigere Ausnahmen von der Prospektpflicht vorsieht.[445] Denkbar und erfasst vom Anwendungsbereich des § 4 Abs. 2 Nr. 7 WpPG a. F. war auch eine **Einbeziehung in den Freiverkehr** (§ 48 BörsG i.V.m. den Börsenordnungen) oder eine **vorherige Privatplatzierung** der Anleihen nach § 3 Abs. 2 WpPG a. F. ohne Prospekt.[446] In diesen Fällen fand § 11 Abs. 1 **BörsZulV** keine Anwendung, sodass die Zulassung der zugrunde liegenden Aktien in Deutschland nach dem Ermessen des Emittenten betrieben werden konnte (zeitlich meist deutlich nach Platzierung). Vor diesem Hintergrund war es im Extremfall möglich, (i) die Anleihen ohne Prospekt anzubieten (etwa nach § 3 Abs. 2 WpPG a. F.) sowie (ii) die zugrunde liegenden Aktien ohne Prospekt (nach § 4 Abs. 2 Nr. 7 WpPG a. F.) und (iii) in einem Volumen über 10 % (entgegen § 4 Abs. 2 Nr. 1 WpPG a. F.) zum Handel an einem organisierten Markt zuzulassen.[447] Aufgrund der eingeführten 20 %-Volumenbegrenzung in Art. 1 Abs. 5 UAbs. 1 lit. b ist ein solches Vorgehen nicht mehr möglich.

gg) Keine prospektfreie Zulassung von Bezugsaktien ohne Volumenbegrenzung

266 Durch die Einführung der 20 %-Schwelle in Art. 1 Abs. 5 UAbs. 1 lit. b ist, anders als nach alter Rechtslage, eine prospektfreie Zulassung von Bezugsaktien nicht mehr ohne Volumenbegrenzung möglich.[448] Nach alter Rechtslage war unter bestimmten Voraussetzungen § 4 Abs. 2 Nr. 7 WpPG a. F. auch auf **Bezugsaktien im Rahmen einer Bezugsrechtsemission** nach § 186 AktG anwendbar, sodass die Zulassung der am Ende der Bezugsfrist ausgegebenen Aktien ohne Volumenbegrenzung, wie sie eigentlich § 4 Abs. 2 Nr. 1 WpPG a. F. für 10 %-Kapitalerhöhungen vorsah, möglich war.[449] Denn bei den Bezugsaktien handelte es sich gemäß § 4 Abs. 2 Nr. 7 WpPG a. F. um Aktien, die „nach der Ausübung von Bezugsrechten aus anderen Wertpapieren (= bereits zugelassene Aktien der Altaktionäre) ausgegeben werden".

---

444 Art. 1 Abs. 5 UAbs. 1 lit. a ProspektVO gilt – anders als nach alter Rechtslage – nicht mehr nur für die Zulassung von Aktien, sondern für die Zulassung von Wertpapieren, siehe Art. 1 Rn. 241.
445 Dazu gehörten namentlich die nicht segmentierten Märkte in Luxemburg und Irland.
446 Vgl. *Holzborn/Israel*, ZIP 2005, 1668, 1670 Fn. 35; *Schnorbus*, AG 2008, 389, 409.
447 *Schnorbus*, AG 2008, 389, 409.
448 *Bauerschmidt*, in: Assmann/Schlitt/von Kopp-Colomb, Prospektrecht Kommentar, Art. 1 ProspektVO Rn. 108.
449 *Angersbach/v. d. Chevallerie/Ulbricht*, ZIP 2009, 1302, 1303 ff.; *Schlitt/Schäfer*, in: Assmann/Schlitt/von Kopp-Colomb, WpPG/VerkProspG, 2. Aufl. 2010, § 4 WpPG Rn. 51; *Heidelbach*, in: Schwark/Zimmer, KMRK, 4. Aufl. 2010, § 4 WpPG Rn. 45; **a. A.** *Herfs*, in: Habersack/Mülbert/Schlitt, Unternehmensfinanzierung, 2. Aufl. 2013, § 4 Rn. 105 Fn. 205; offen *Bloß/Schneider*, WM 2009, 879, 880 Fn. 6.

hh) Ausgabe von Aktien beim Eintausch anderer Wertpapiere

Im Gegensatz zur Regelung des § 4 Abs. 2 Nr. 7 WpPG a. F., erfasst Art. 1 Abs. 5 UAbs. 1 lit. b bereits seinem Wortlaut nach „Aktien, die aus der Umwandlung **oder dem Eintausch** anderer Wertpapiere [...] resultieren". Die Notwendigkeit einer **europarechtlich bedingten analogen Anwendung**,[450] welche im Kontext des § 4 Abs. 2 Nr. 7 WpPG a. F. (Wortlaut sprach nur von „Aktien, die nach der Ausübung von Umtausch- oder Bezugsrechten aus anderen Wertpapieren ausgegeben werden [...]") angebracht war,[451] besteht daher nicht mehr. Die aus dem Umtausch des anderen Wertpapiers resultierenden Aktien können daher prospektfrei zugelassen werden. Besondere Bedeutung hat diese Interpretation vor allem bei der Kapitalrestrukturierung, wenn zur Entschuldung Forderungen von Gläubigern aus Anleihen und anderen Fremdkapitalinstrumenten im Rahmen einer Sachkapitalerhöhung in die Gesellschaft gegen Ausgabe neuer Aktien eingebracht werden (**Debt-to-Equity Swap**, siehe dazu auch → Art. 2 Rn. 96). Diese an die Gläubiger im Rahmen einer Sachkapitalerhöhung gegen Einbringung der jeweiligen Teilschuldverschreibungen ausgegebenen neuen Aktien können demzufolge ohne Prospekt zugelassen werden. Gleichermaßen können Aktien nach Art. 1 Abs. 5 UAbs. 1 lit. b prospektfrei zugelassen werden, die im Anschluss an ein Umtauschangebot ausgegeben werden, um **Andienungsrechte nach § 39c WpÜG** befriedigen zu können. 267

Vor diesem Hintergrund findet Art. 1 Abs. 5 UAbs. 1 lit. b auch Anwendung bei der **Umwandlung von Aktiengattungen durch Satzungsänderung**,[452] z. B. bei der Einführung einer neuen Aktiengattung (Vorzugsaktien, Spartenaktien) kraft Satzungsänderung.[453] Bei dieser Strukturmaßnahme besteht zwar weder ein Umtauschrecht noch findet ein rechtsgeschäftlicher Tausch statt, vielmehr erfolgt kraft Eintragung der Satzungsänderung ein automatischer „Tausch" von einer Gattung in die andere. Wertungsmäßig kann aber in diesen Fällen die technische Überleitung in die zuzulassenden Aktien keinen Unterschied machen. Voraussetzung ist allerdings, dass die Gattung, in die umgetauscht werden soll, bereits zugelassen ist; **die umzutauschende Gattung muss aber noch nicht zugelassen sein.**[454] Auf diesem Weg kann z. B. der Umtausch von Vorzugsaktien und Stammaktien ohne Prospekt erfolgen. Gleiche Überlegungen gelten auch im Zusammenhang mit einem Formwechsel (§§ 190 ff. UmwG) auf Grundlage des UmwG zwischen den börsenfähigen Rechtsträgern der AG, der KgaA oder der SE nach Art. 3 Abs. 3 i.V.m. § 32 Abs. 3 Nr. 2 BörsG. Dies entspricht nun auch der Verwaltungspraxis zur Zulassung von Aktien zum Handel im regulierten Markt im Falle eines Rechtsformwechsels der Frankfurter Wertpapierbörse. Die insoweit bisweilen unverständliche Handhabung, dass der Gegenstand der Zulassung im Zeitpunkt des Rechtsformwechsels unterging, ist somit aufgegeben wor- 268

---

450 *Schnorbus*, AcP 201 (2001), 860, 860 ff.
451 *Schnorbus*, in: Frankfurter Kommentar, WpPG/EU-ProspektVO, 2. Aufl. 2017, § 4 WpPG Rn. 109.
452 So auch *Groß*, Kapitalmarktrecht, Art. 1 ProspektVO Rn. 48; *Zivny/Mock*, EU-ProspektVO/KMG 2019, Art. 1 ProspektVO Rn. 95.
453 Art. 1 Abs. 5 UAbs. 1 lit. e ProspektVO gilt in Bezug auf ein öffentliches Angebot nur für den Fall, dass Aktien im Umtausch für bereits ausgegebene Aktien derselben Gattung ausgegeben werden.
454 Ebenso *Groß*, Kapitalmarktrecht, Art. 1 ProspektVO Rn. 48; *Bauerschmidt*, in: Assmann/Schlitt/von Kopp-Colomb, Prospektrecht Kommentar, Art. 1 ProspektVO Rn. 110.

den (vgl. ausführlich → Art. 3 Rn. 10).⁴⁵⁵ Als bereits zugelassene Aktiengattung gelten die Aktien des Rechtsträgers, der in einen anderen börsenfähigen Rechtsträger nach dem UmwG umgewandelt wird.

c) Wertpapiere aus der Bankenabwicklung nach BRRD (UAbs. 1 lit. c)

269 Art. 1 Abs. 5 UAbs. 1 lit. c befreit von der Verpflichtung, einen Börsenzulassungsprospekt zu erstellen, wenn die zuzulassenden Wertpapiere aus der Umwandlung oder dem Tausch anderer Wertpapiere im Zuge einer Bankenabwicklung resultieren. Die Vorschrift stellt klar, dass sich durch die Einführung der ProspektVO nichts an den in der Bank Recovery and Resolution Directive (BRRD)⁴⁵⁶ vorgesehenen und in das jeweilige nationale Recht der Mitgliedstaaten umgesetzten Ausnahmen von der Prospektpflicht ändern sollte (vgl. Erwägungsgrund 19). Aufnahme in die ProspektVO fand die Norm, die weder in der ProspektRL noch im Kommissionsvorschlag enthalten war, erst aufgrund der Trilogverhandlung zwischen Europäischem Parlament und Rat. Voraussetzung der Anwendung ist die Wahrnehmung einer der Befugnisse der Art. 53 Abs. 2 BRRD, Art. 59 Abs. 2 BRRD und Art. 63 Abs. 1 bzw. Abs. 2 BRRD durch die Abwicklungsbehörde. Die umgewandelten bzw. getauschten Wertpapiere können sodann ohne Erstellung eines Börsenzulassungsprospekts zugelassen werden. Auf diese Weise soll eine erleichterte Finanzierung im Rahmen einer Bankenabwicklung gewährleistet werden.⁴⁵⁷

270 Keine Ausnahme ist für den entsprechenden Angebotsprospekt vorgesehen. Hierbei muss jedoch genau geprüft werden, ob im konkreten Fall überhaupt ein öffentliches Angebot vorliegt, welches die Prospektpflicht auslöst. Im Regelfall wird es nämlich an der Möglichkeit einer individuellen Entscheidung aufseiten des Anlegers fehlen, wenn die Aufsichtsbehörde die Wertpapiere unmittelbar zuteilt.⁴⁵⁸

d) Austausch bereits ausgegebener Aktien derselben Gattung (UAbs. 1 lit. d)

271 Art. 1 Abs. 5 UAbs. 1 lit. d ist die Nachfolgevorschrift von § 4 Abs. 2 Nr. 2 WpPG a. F., der deutschen Umsetzung des Art. 4 Abs. 2 lit. b ProspektRL. Die Regelung ist die **Parallelvorschrift zu Art. 1 Abs. 4 lit. e**, setzt allerdings im Unterschied zu Art. 1 Abs. 4 lit. e zusätzlich voraus, dass die **auszutauschenden Aktien bereits an demselben gere-**

---

455 Deutsche Börse, Änderung der Verwaltungspraxis zur Zulassung von Aktien zum Handel im regulierten Markt im Falle eines Rechtsformwechsels mit sofortiger Wirkung vom 23.2.2023, https://www.deutsche-boerse-cash-market.com/dbcm-de/primary-market/fwb-informationen-zu-listingverfahren/-nderung-der-Verwaltungspraxis-zur-Zulassung-von-Aktien-zum-Handel-im-regulierten-Markt-im-Falle-eines-Rechtsformwechsels-mit-sofortiger-Wirkung-3436802 (zuletzt abgerufen am 29.9.2023).
456 Richtlinie 2014/59/EU des Europäischen Parlaments und des Rates vom 15.5.2014 zur Festlegung eines Rahmens für die Sanierung und Abwicklung von Kreditinstituten und Wertpapierfirmen.
457 *Bauerschmidt*, BKR 2019, 324, 326; *ders.*, in: Assmann/Schlitt/von Kopp-Colomb, Prospektrecht Kommentar, Art. 1 ProspektVO Rn. 115; *Groß*, Kapitalmarktrecht, Art. 1 ProspektVO Rn. 50.
458 *Bauerschmidt*, AG 2022, 57, 63 f.; *ders.*, in: Assmann/Schlitt/von Kopp-Colomb, Prospektrecht Kommentar, Art. 1 ProspektVO Rn. 116.

gelten Markt zum Handel zugelassen sind. Demzufolge kann auf die Ausführungen zu Art. 1 Abs. 4 lit. e verwiesen werden (siehe → Rn. 116 ff.).

Voraussetzung der Regelung ist, dass es zu einer neuen Zulassung der Aktien kommt. Bei einer **Umwandlung von Nennbetrags- in Stückaktien** ist dies nicht der Fall, da es für die Frage der Zulassung der Aktie keine Rolle spielt, ob diese als Nennbetrags- oder Stückaktie zugelassen war. Demgegenüber kommt Art. 1 Abs. 5 UAbs. 1 lit. d bei der **Neueinteilung des Grundkapitals** zur Anwendung. 272

e) Umtauschangebote (UAbs. 1 lit. e)

Die Regelung entspricht weitestgehend Art. 4 Abs. 2 lit. c ProspektRL und der Umsetzung des deutschen Gesetzgebers in § 4 Abs. 2 Nr. 3 WpPG a.F. Sie ist die **Parallelvorschrift zu Art. 1 Abs. 4 lit. f**, sodass auf die dortigen Ausführungen, insbesondere zu den Anforderungen an das Befreiungsdokument und der Haftung für dieses, verwiesen werden kann (vgl. → Rn. 119 ff.). Da im Fall des Art. 5 Abs. 1 UAbs. 1 lit. e jedoch keine Aktien angeboten, sondern zugelassen werden sollen, ist es wichtig, dass das Befreiungsdokument, wenn es auf einem Angebotsdokument beruht, was oftmals der Fall ist, die nötigen Mindestangaben für den Zulassungsprozess enthält (insbesondere Anzahl und Art der zuzulassenden Aktien). In der Praxis spielt die Regelung jedenfalls bei Umtauschangeboten nach dem WpÜG und der Verwendung derselben als Befreiungsdokument bislang kaum eine Rolle,[459] da die Angebotsunterlage aufgrund des erheblichen Zeitablaufs zwischen ihrer Gestattung durch die BaFin und der dann tatsächlichen Zulassung der Angebotsaktien (mindestens ca. acht Wochen) oftmals nicht mehr über die erforderliche Aktualität verfügt, sodass ein separater Zulassungsprospekt erstellt wird (Art. 3 Abs. 3). Soweit die Aktien jedoch weniger als 20% des bestehenden Grundkapitals umfassen, bietet sich die erleichterte prospektfreie Zulassung über Art. 1 Abs. 5 UAbs. 1 lit. a an, was ohne Weiteres zulässig ist (vgl. → Rn. 238 ff.). 273

Eingeschränkt wird der Anwendungsbereich des Art. 1 Abs. 5 UAbs. 1 lit. d durch Art. 1 Abs. 6a (vgl. insbesondere zu den Anforderungen des Art. 1 Abs. 6a → Rn. 304 ff.). Art. 1 Abs. 6a wurde nachträglich durch die **Verordnung (EU) 2019/2115** des Europäischen Parlaments und des Rates vom 27.11.2019 zur Änderung der Richtlinie 2014/65/EU und der Verordnungen (EU) Nr. 596/2014 und (EU) 2017/1129 zur Förderung der Nutzung von KMU-Wachstumsmärkten (die „**VO 2019/2115**") eingefügt. Hintergrund dieser Regelung war, die durch den Erlass der versehentlich geschaffenen Möglichkeit eines „Börsengangs durch die Hintertür" (sog. „Backdoor Listing") auszuräumen (vgl. → Rn. 121).[460] 274

Dem Problem, dass die Angebotsunterlage nicht mehr über die hinreichende Aktualität verfügt, lässt sich jedoch dadurch begegnen, dass der Bieter den sog. Prospektanhang (Angaben nach § 2 Nr. 2 WpÜG-Angebotsverordnung) der ursprünglich von der BaFin gebilligten Angebotsunterlage auf die bis zum Zulassungstag eingetretenen neuen Infor- 275

---

459 Vgl. jedoch die Transaktion alstria office REIT-AG/DO Deutsche Office AG, in welcher die Angebotsaktien auf Basis der Angebotsunterlage gemäß § 4 Abs. 2 Nr. 3 WpPG a.F. prospektfrei zugelassen wurden.
460 Vgl. ESMA, Questions Final Report, Technical advice on Minimum Information Content for Prospectus Exemption, ESMA31-62-1207 (last updated on 29 March 2019), Rn. 12 (General remarks), S. 9.

mationen (z. B. Finanzinformationen für neue Quartale) aktualisiert, um die Gleichwertigkeit zu gewährleisten; dieses Dokument würde dann auf der Internetseite der Gesellschaft als Dokument i. S. d. Art. 1 Abs. 5 UAbs. 1 lit. e veröffentlicht werden. Dabei wäre es auch zulässig, die englischsprachige, für die Verbreitung an internationale Investoren vorgesehene Fassung der Angaben nach § 2 Nr. 2 WpÜG-Angebotsverordnung der ursprünglich von der BaFin gebilligten Angebotsunterlage mit deutscher Zusammenfassung zu verwenden. Gleichermaßen erlaubt die Zulassungspraxis der Frankfurter Wertpapierbörse auch die Verwendung bei der SEC unter Formular F-4 oder S-4 eingereichte und für wirksam erklärte englischsprachige Registrierungsformulare als Befreiungsdokument nach Art. 1 Abs. 5 UAbs. 1 lit. e. Der Bieter veröffentlicht in diesen Fällen das Registrierungsformular ebenfalls auf seiner Internetseite und aktualisiert es durch dynamische Verweise auf bestimmte bis zur Abwicklung des Übernahmeangebots (welche nach der geplanten Zulassung der Aktien der Gesellschaft stattfinden wird) erfolgende Einreichungen der Gesellschaft bei der SEC, insbesondere Jahres- und Quartalsabschlüsse, Proxy Statements und Berichte über ungeplante wesentliche oder Gesellschaftsereignisse; dabei bietet es sich an, einen separaten Link auf der Website der Gesellschaft einzurichten für Zwecke des gleichwertigen Dokuments, auf dem sich nicht nur das Ausgangsdokument des S-4 findet, sondern auch die einbezogenen Dokumente.

f) Verschmelzungen und Spaltungen (UAbs. 1 lit. f)

276 Die Ausnahme nach Art. 1 Abs. 5 UAbs. 1 lit. f entspricht ihrer Parallelvorschrift Art. 1 Abs. 4 lit. g, sodass auf die Ausführungen unter → Rn. 157 ff. verwiesen werden kann. Während Art. 1 Abs. 4 lit. g nach richtiger Sichtweise aber praktisch bedeutungslos ist, da im Zusammenhang mit einer Verschmelzung regelmäßig kein öffentliches Angebot begründet wird (vgl. → Rn. 161), hat Art. 1 Abs. 5 UAbs. 1 lit. f durchaus einen gewissen Anwendungsbereich. Bei Verschmelzungen erwarten jedenfalls die Anteilsinhaber der börsennotierten übertragenden Gesellschaft, dass die an sie im Tausch für die alten Aktien ausgegebenen neuen Aktien der übernehmenden Gesellschaft an der Börse gehandelt werden. Art. 1 Abs. 5 UAbs. 1 lit. f umfasst dabei den typischen Fall, dass Wertpapiere – mangels Investitionsentscheidung ohne öffentliches Angebot – zugeteilt und an einem organisierten Markt zugelassen werden.

g) Kapitalerhöhung aus Gesellschaftsmitteln und Sachdividenden (UAbs. 1 lit. g)

277 Die Ausnahmeregelung des Art. 1 Abs. 5 UAbs. 1 lit. g erfasst wie die Parallelnorm in Art. 1 Abs. 4 lit. h die Sachdividende (Alt. 2) (vgl. daher im Einzelnen dort unter → Rn. 175 ff.). Zu dem Anwendungsfall bei sog. **Scrip Dividends** siehe daher die Ausführungen in → Rn. 180 f., die für die prospektfreie Zulassung entsprechend Anwendung finden. Anders als beim öffentlichen Angebot entfällt gemäß Art. 1 Abs. 5 UAbs. 1 lit. g Alt. 1 jedoch auch die Prospektpflicht bei der Zulassung in Fällen der Kapitalerhöhung.[461] In beiden Fällen ist erforderlich, dass die **Aktien derselben Gattung der Aktien**, die unentgeltlich angeboten oder zugeteilt werden bzw. zugeteilt werden sollen, bereits **zum Handel am selben geregelten Markt zugelassen sind** und ein prospektersetzendes Dokument zur Verfügung gestellt wird.

---

461 *Bauerschmidt*, in: Assmann/Schlitt/von Kopp-Colomb, Prospektrecht Kommentar, Art. 1 ProspektVO Rn. 121.

Im Übrigen ist der Anwendungsbereich der Vorschrift begrenzt, da gemäß § 33 Abs. 4 EGAktG die Zulassung von Aktien in- und ausländischer⁴⁶² Emittenten, die bereits an einer deutschen Börse zum Handel zugelassen sind, gleichermaßen für die Zulassung neuer Aktien aus einer Kapitalerhöhung gilt,⁴⁶³ und zwar unabhängig davon, ob die neuen Aktien aus der Kapitalerhöhung aus Gesellschaftsmitteln derselben Gattung angehören wie die zugelassenen Aktien, da nach § 33 Abs. 4 EGAktG bereits keine Zulassung beantragt werden muss.⁴⁶⁴ Ein Antrag auf prospektfreie Zulassung gemäß § 32 Abs. 1 BörsG, der den Anforderungen des Art. 1 Abs. 5 UAbs. 1 lit. h genügen muss (insbesondere im Hinblick auf die Veröffentlichung eines prospektersetzenden Dokuments), ist daher nicht erforderlich.⁴⁶⁵ Erforderlich ist lediglich der (formale) Antrag auf Notierungsaufnahme der jungen Aktien (§ 38 BörsG). 278

h) Mitarbeiterbeteiligungsprogramme (UAbs. 1 lit. h)

Die Regelung in Art. 1 Abs. 5 UAbs. 1 lit. h enthält eine Ausnahme von der Prospektpflicht für den Fall, dass derzeitigen oder ehemaligen Führungskräften oder Beschäftigten von ihrem Arbeitgeber oder einem verbundenen Unternehmen Wertpapiere angeboten oder zugeteilt werden bzw. zugeteilt werden sollen, sofern es sich bei diesen Wertpapieren um Wertpapiere **derselben Gattung** handelt wie die Wertpapiere, **die bereits zum Handel am selben geregelten Markt zugelassen sind**, und sofern ein den Anforderungen des Art. 1 Abs. 5 UAbs. 1 lit. h genügendes prospektersetzendes Dokument zur Verfügung gestellt wird. Die Ausnahme für sog. **Mitarbeiter- und Managementbeteiligungsprogramme** war bereits mit gleichem Wortlaut in Art. 4 Abs. 2 lit. f ProspektRL enthalten und mit § 4 Abs. 2 Nr. 6 WpPG a. F. in das deutsche Recht umgesetzt worden. Die Ausnahme von der Prospektpflicht ist damit zu rechtfertigen, dass Anleger durch die Fürsorgepflicht des Arbeitgebers geschützt sind, die Kapitalbeteiligung von Arbeitnehmern und Führungskräften gefördert werden soll und bereits ein weitreichender Anlegerschutz durch die bestehenden Kapitalmarktpublizitätspflichten gewährleistet wird (siehe → Rn. 183). 279

Die Regelung entspricht der **Parallelvorschrift** im Ausnahmekatalog für öffentliche Angebote in **Art. 1 Abs. 4 lit. i**. Auf die entsprechende Kommentierung hierzu, insbesondere zu den Anforderungen an das prospektersetzende Dokument,⁴⁶⁶ wird verwiesen (siehe 280

---

462 *Groß*, Kapitalmarktrecht, Art. 1 ProspektVO Rn. 56; zur alten Rechtslage *Straßner/Grosjean*, in: Heidel, Aktienrecht und Kapitalmarktrecht, 4. Aufl. 2014, § 4 WpPG Rn. 15; **a. A.** *Mülbert/Steup*, WM 2005, 1633, 1641 Fn. 99; *Zivny/Mock*, EU-ProspektVO/KMG 2019, Art. 1 ProspektVO Rn. 108.
463 Vgl. *Bauerschmidt*, in: Assmann/Schlitt/von Kopp-Colomb, Prospektrecht Kommentar, Art. 1 ProspektVO Rn. 121; *Groß*, Kapitalmarktrecht, Art. 1 ProspektVO Rn. 56; bereits unter dem WpPG *Straßner/Grosjean*, in: Heidel, Aktienrecht und Kapitalmarktrecht, 4. Aufl. 2014, § 4 WpPG Rn. 16; *Mülbert/Steup*, WM 2005, 1633, 1641; *Schanz/Schalast*, Wertpapierprospekte – Markteinführungspublizität nach EU-Prospektverordnung und Wertpapierprospektgesetz 2005, HfB – Working Paper Series No. 74, S. 11 Fn. 29.
464 *Groß*, Kapitalmarktrecht, Art. 1 ProspektVO Rn. 56.
465 Vgl. aber SAP AG, Bekanntmachung über die Erhöhung des Grundkapitals aus Gesellschaftsmitteln und Aufforderung zur Entgegennahme von Berichtigungsaktien – zugleich Dokument i. S. v. § 4 Abs. 2 Nr. 5 WpPG, Dezember 2006.
466 Siehe z. B. prospektersetzendes Dokument nach Art. 1 Abs. 5 UAbs. 1 lit. h ProspektVO der Deutsche Lufthansa AG vom Oktober 2019, https://investor-relations.lufthansagroup.com/fi-

ausführlich → Rn. 182 ff.). Zusätzlich zu den Voraussetzungen des Art. 1 Abs. 4 lit. i erfordert Art. 1 Abs. 5 UAbs. 1 lit. h, dass es sich bei den Wertpapieren um **dieselbe Gattung** handelt wie bei den **Wertpapieren, die bereits zum Handel an demselben organisierten Markt zugelassen** sind, an dem die Zulassung prospektfrei erfolgen soll. Dies bedeutet beispielsweise, dass bei der Ausgabe von Aktien an Mitarbeiter auch bereits andere Aktien desselben Emittenten an einem organisierten Markt zugelassen sein müssen, damit die Ausnahme greift. Die bloße Zulassung von irgendwelchen Wertpapieren (etwa einer Anleihe) des Arbeitgebers an einem organisierten Markt genügt nicht.[467] Vor Geltung der ProspektVO verlangten die Börsen im Fall einer prospektfreien Zulassung nach § 4 Abs. 2 Nr. 6 WpPG a. F., dass das **Mitarbeiterprogramm** bereits **konkretisiert** war, d. h. vom Management entsprechend beschlossen wurde.[468] Aufgrund des im Wesentlichen gleichen Wortlauts der bisherigen Regelung in § 4 Abs. 2 Nr. 6 WpPG a. F. dürfte dies auch weiterhin für die Neuregelung in der ProspektVO gelten. Sofern Aktien **weniger als 20 %** des bestehenden Grundkapitals umfassen, bietet sich **alternativ** eine prospektfreie Zulassung unter erleichterten Voraussetzungen über Art. 1 Abs. 5 UAbs. 1 lit. a an, was ohne Weiteres zulässig ist (siehe → Rn. 238 ff.).

281 Sofern die Voraussetzungen des Befreiungstatbestands des Art. 1 Abs. 5 UAbs. 1 lit. h erfüllt sind, entfällt die Prospektpflicht *ipso iure*. Als **Rechtsfolge** sieht § 9 Abs. 4 WpPG (siehe → § 9 WpPG Rn. 8), anders als bei einem prospektersetzenden Dokument nach Art. 1 Abs. 4 lit. i, ausdrücklich eine Haftung für ein **fehlerhaftes** prospektersetzendes Dokument nach Art. 1 Abs. 5 UAbs. 1 lit. h vor. Für den Fall, dass ein **prospektersetzendes Dokument gänzlich fehlt**, greift die Haftung nach § 14 WpPG (→ § 9 WpPG Rn. 8) nicht, da die Vorschrift nur für fehlende Angebotsprospekte gilt.[469] Im Übrigen wird hinsichtlich der Rechtsfolgen bei fehlender oder fehlerhafter Erstellung eines prospektersetzenden Dokuments auf die parallele Vorschrift des Art. 1 Abs. 4 lit. i (siehe → Rn. 200) sowie auf die Vorbemerkungen zu Art. 1 ff. (siehe → Vor Art. 1 ff. Rn. 45) verwiesen.

i) Ausnahme für Daueremissionen von Kreditinstituten mit Gesamtgegenwert unter 75 Mio. EUR (UAbs. 1 lit. i)

282 Die Ausnahmeregelung in Art. 1 Abs. 5 UAbs. 1 lit. i, die für die Zulassung dauernd oder wiederholt von einem Kreditinstitut begebener Nichtdividendenwerte im Umfang von **75 Mio. EUR** über einen Zeitraum von zwölf Monaten eine Befreiung von der Prospektpflicht vorsieht, sofern diese Wertpapiere i) nicht nachrangig, konvertibel oder austauschbar sind, und ii) nicht zur Zeichnung oder zum Erwerb anderer Arten von Wertpapieren berechtigen und nicht an ein Derivat gebunden sind, entspricht im Detail der parallelen Vorschrift zum **Daueremittentenprivileg** im Ausnahmekatalog für öffentliche Angebote

---

leadmin/downloads/de/aktie/LH-Zulassungsdokument-Okt-2019.pdf (zuletzt abgerufen am 29.9.2023).
467 In der bisherigen parallelen Vorschrift des § 4 Abs. 1 Nr. 5 lit. b WpPG a. F. (Art. 4 Abs. 1 lit. e ÄnderungsRL) war dies hingegen ausreichend.
468 So zur alten Rechtslage *Holzborn/Mayston*, in: Holzborn, WpPG, § 4 Rn. 19; *Schlitt/Schäfer*, in: Assmann/Schlitt/von Kopp-Colomb, WpPG/VerkProspG, 2. Aufl. 2010, § 4 WpPG Rn. 48.
469 *Groß*, Kapitalmarktrecht, § 14 WpPG Rn. 1; *Heidelbach*, in: Schwark/Zimmer, KMRK, § 14 WpPG Rn. 4; *Assmann*, in: Assmann/Schlitt/von Kopp-Colomb, Prospektrecht Kommentar, § 14 WpPG Rn. 6.

in **Art. 1 Abs. 4 lit. j**. Folglich wird auf die entsprechende Kommentierung verwiesen (siehe ausführlich → Rn. 202 ff.). Auch die Vorschrift für die Zulassung von Wertpapieren dürfte in der Praxis **nur in geringem Maße relevant** sein, da Wertpapiere kaum alle geforderten Merkmale kumulativ erfüllen werden (siehe → Rn. 203).

Der in diesem Befreiungstatbestand (und in Art. 1 Abs. 4 lit. j) maßgebliche Schwellenwert von 75 Mio. EUR war in **Art. 1 Abs. 5 UAbs. 1 lit. k** (bzw. in Art. 1 Abs. 4 lit. l) zeitlich **befristet bis zum 31.12.2022** auf **150 Mio. EUR** angehoben worden. Hintergrund für die Verdoppelung des Schwellenwertes für Daueremissionen von Kreditinstituten war die Förderung der wirtschaftlichen Erholung von den Auswirkungen der COVID-19-Pandemie (siehe ausführlich → Rn. 232 ff.). Art. 1 Abs. 5 UAbs. 1 lit. i hatte bis zum Auslaufen der Übergangsvorschrift Art. 1 Abs. 5 UAbs. 1 lit. k entsprechend keine praktische Relevanz. 283

j) Ausnahme für bereits an anderem geregelten Markt zugelassene Wertpapiere (UAbs. 1 lit. j)

aa) Grundlagen

Gemäß Art. 1 Abs. 5 UAbs. 1 lit. j entfällt grundsätzlich die Prospektpflicht für bestimmte Wertpapiere, die bereits an einem anderen geregelten Markt zugelassen sind. Art. 1 Abs. 5 UAbs. 1 lit. j entspricht weitestgehend § 4 Abs. 2 Nr. 8 WpPG a.F., welcher wiederum Art. 4 Abs. 2 lit. h ProspRL umsetzte.[470] Zusammenfassend erlaubt die Vorschrift, dass Wertpapiere, die einmal auf Grundlage und im Einklang mit der ProspektRL, der Richtlinie 80/390/EWG oder der Richtlinie 2001/34/EG an einem organisierten Markt zugelassen wurden, **ohne aktuellen Prospekt an jedem anderen organisierten Markt im Anwendungsbereich der ProspektVO zugelassen werden können**.[471] 284

Die Norm betrifft drei Kategorien von Altfällen: 285

- Art. 1 Abs. 5 UAbs. 1 lit. j Ziff. i: Die Ausnahme der Ziff. i bezieht sich ausschließlich auf Wertpapiere oder Wertpapiere derselben Gattung, die bereits länger als 18 Monate jedenfalls an einem in einem Mitgliedstaat des EWR gelegenen organisierten Markt zugelassen sind.
- Art. 1 Abs. 5 UAbs. 1 lit. j Ziff. ii: Ziff. ii umfasst solche Wertpapiere, die nach dem 1.7.2005 erstmalig an einem geregelten Markt zugelassen wurden und für die ein Prospekt im Einklang mit der ProspektRL erstellt wurde.
- Art. 1 Abs. 5 UAbs. 1 lit. j Ziff. iii: Soweit sie nicht bereits unter Ziff. ii fallen, bezieht sich die Ausnahme der Ziff. iii auf solche Wertpapiere, die nach dem 30.6.1983, aber vor dem 1.7.2005, erstmalig zur Börsennotierung zugelassen wurden und für die ein Prospekt nach der Richtlinie 80/390/EWG oder der Richtlinie 2001/34/EG erstellt wurde.

---

470 Hierzu bereits *Schnorbus*, in: Berrar/Meyer/Müller et al., WpPG/EU-ProspektVO, 2. Aufl. 2017, § 4 WpPG Rn. 111.
471 *Bauerschmidt*, in: Assmann/Schlitt/von Kopp-Colomb, Prospektrecht Kommentar, Art. 1 ProspektVO Rn. 127; *Zivny/Mock*, EU-ProspektVO/KMG 2019, Art. 1 ProspektVO Rn. 124; bereits zur alten Rechtslage *Schnorbus*, in: Berrar/Meyer/Müller et al., WpPG/EU-ProspektVO, 2. Aufl. 2017, § 4 WpPG Rn. 111.

bb) Voraussetzungen im Einzelnen

286 Art. 1 Abs. 5 UAbs. 1 lit. j privilegiert die oben genannten drei Kategorien von Altfällen, sofern die in der Ausnahme einzeln weiter aufgeführten **Voraussetzungen der Ziff. iv bis vi kumulativ erfüllt sind**.[472] Gemäß Ziff. iv müssen die laufenden Pflichten hinsichtlich des Handels an dem geregelten Markt eingehalten werden. Zusätzlich hat gem. Ziff. v die Person, die die Zulassung eines Wertpapiers zum Handel an einem geregelten Markt nach der Ausnahmeregelung gemäß Art. 1 Abs. 5 UAbs. 1 lit. j beantragt in dem Mitgliedstaat, in welchem sich der geregelte Markt befindet, ein zusammenfassendes Dokument gem. Art. 21 Abs. 2 zur Verfügung zu stellen, das den inhaltlichen Vorgaben der Prospektzusammenfassung nach Art. 7 genügt und in einer von den zuständigen Behörden anerkannten Sprache verfasst ist. Gemäß § 21 Abs. 1 WpPG ist das für Deutschland die deutsche Sprache. Ausnahme des Generalverweises auf Art. 7 ist, dass die grundsätzliche maximale Länge von sieben DIN-A4-Seiten nach Art. 7 Abs. 3 um zwei weitere Seiten erhöht werden darf. Daran anknüpfend muss gemäß Ziff. vi die Zusammenfassung der Ziff. v Angaben darüber enthalten, wo der neueste Prospekt erhältlich ist und wo die Finanzinformationen des Emittenten offengelegt werden.

k) Zeitlich befristete Ausnahme für Daueremissionen von Kreditinstituten mit Gesamtgegenwert unter 150 Mio. EUR (UAbs. 1 lit. k)

287 **Spiegelbildlich** zur Ausnahmeregelung für öffentliche Angebote in **Art. 1 Abs. 4 lit. l** sah Art. 1 Abs. 5 UAbs. 1 lit. k für den Zeitraum vom 18.3.2021 bis zum 31.12.2022 eine Prospektbefreiung für die Zulassung von Daueremissionen von Kreditinstituten – unter weiteren, einschränkenden Voraussetzungen im Hinblick auf die privilegierten Wertpapiere – im Umfang von bis zu **150 Mio. EUR** über einen Zeitraum von zwölf Monaten vor. Beide Vorschriften waren durch die Verordnung (EU) 2021/337[473] als eine der Maßnahmen zur Unterstützung der Erholung von den wirtschaftlichen Auswirkungen der COVID-19-Pandemie in den entsprechenden Ausnahmekatalog in Abs. 5 bzw. Abs. 4 eingefügt worden. Angesichts des Sinn und Zwecks der Norm, Kreditinstitute in der Phase der wirtschaftlichen Erholung bei der Mittelbeschaffung zu fördern, damit diese wiederum ihre Kunden darin unterstützen können, galt Art. 1 Abs. 5 UAbs. 1 lit. k – wie auch Art. 1 Abs. 4 lit. l – nur **befristet bis zum 31.12.2022** (siehe insgesamt ausführlich → Rn. 232 ff.).

288 Bis auf die zeitliche Befristung und den Schwellenwert entsprach Art. 1 Abs. 5 UAbs. 1 lit. k wörtlich der **dauerhaft geltenden Regelung** des Daueremittentenprivilegs in **Art. 1 Abs. 5 UAbs. 1 lit. i**. Die Befreiung von der Prospektpflicht stellte demnach die gleichen (engen) Voraussetzungen wie Art. 1 Abs. 5 UAbs. 1 lit. i – bzw. die Parallelvorschrift in Art. 1 Abs. 4 lit. j – auf, sodass auf die entsprechende Kommentierung verwiesen wird (siehe → Rn. 202 ff. bzw. Rn. 282 f.). Zukünftig werden durch den **EU Listing Act** die

---

472 *Bauerschmidt*, in: Assmann/Schlitt/von Kopp-Colomb, Prospektrecht Kommentar, Art. 1 ProspektVO Rn. 128.
473 Verordnung (EU) 2021/337 des Europäischen Parlaments und des Rates vom 16.2.2021 zur Änderung der Verordnung (EU) 2017/1129 im Hinblick auf den EU-Wiederaufbauprospekt und gezielte Anpassungen für Finanzintermediäre und der Richtlinie 2004/109/EG im Hinblick auf das einheitliche elektronische Berichtsformat für Jahresfinanzberichte zur Unterstützung der wirtschaftlichen Erholung von der COVID-19-Krise, ABl. L 68 v. 26.2.2021, 1.

Schwellenwerte für die prospektfreie Zulassung von Nichtdividendenwerten, die von einem Kreditinstitut dauernd oder wiederholt gemäß Art. 1 Abs. 5 UAbs. 1 lit. i begeben werden, auf 150 Mio. EUR verdoppelt (siehe → Rn. 13). Die zeitlich begrenzte Schwellenwertregelung des ehemaligen Art. 1 Abs. 5 UAbs. 1 lit. k wird daher zur gesetzlichen Grundlage. Inwiefern dies Auswirkungen haben wird, bleibt abzuwarten. Da die Voraussetzungen des Art. 1 Abs. 5 UAbs. 1 lit. i nach dem Wortlaut **kumulativ** vorliegen müssen, dürfte die Regelung **in der Praxis auch zukünftig kaum von Relevanz** sein (siehe → Rn. 282).

3. Ausnahmen von der 20%-Regelung des Art. 1 Abs. 5 UAbs. 1 lit. b (UAbs. 2)

Siehe hierzu die Kommentierung in Art. 1 Abs. 5 UAbs. 1 lit. b (oben → Rn. 260). 289

VII. Kombination von Ausnahmen (Abs. 6)

1. Grundlagen

Mit Art. 1 Abs. 6 sieht das europäische Prospektrecht erstmals ausdrücklich eine Regelung zur Kombination von Ausnahmevorschriften vor und stellt damit die bereits zuvor in der Praxis anerkannte Kombinationsmöglichkeit fest.[474] Während Abs. 6 Satz 1 die Kombination von Ausnahmen des Art. 1 Abs. 4 und Abs. 5 für zulässig erklärt, enthält Abs. 6 Satz 2 eine Einschränkung im Hinblick auf die Kombination von Art. 1 Abs. 5 UAbs. 1 lit. a und b. Über den Wortlaut von Abs. 6 hinaus, ist nach Sinn und Zweck der Vorschrift generell die **Kombination aller Befreiungstatbestände** von der Prospektpflicht zulässig (siehe zur Kombination mit mitgliedstaatlichen Regelungen in Umsetzung des → Art. 3 Abs. 2 Rn. 7).[475] 290

Die Kombination von Ausnahmetatbeständen war schon **unter der alten Rechtslage generell anerkannt** (Art. 3 Abs. 2 und Art. 4 Abs. 1 ProspektRL bzw. § 3 Abs. 2 WpPG a. F.).[476] Eine explizite gesetzliche Regelung fehlte zwar, die Zulässigkeit konnte sich aber insbesondere auf die englische und französische Fassung der ProspektRL stützen („and/or" bzw. „et/ou" nach jedem Katalogtatbestand der ProspektRL).[477] Wie Ausnahmen innerhalb derselben Kategorie gehandhabt werden sollten, beurteilte die Literatur hingegen unterschiedlich.[478] Einzelne Autoren lehnten es beispielsweise ab, § 3 Abs. 2 Nr. 1 291

---

474 *Schulz*, WM 2018, 212, 215; *Voß*, ZBB 2018, 305, 311; siehe zu § 3 WpPG a. F. *Schnorbus*, AG 2008, 389, 402; *ders.*, in: Berrar/Meyer/Müller et al., WpPG/EU-ProspektVO, 2. Aufl. 2017, § 3 WpPG Rn. 15 m. w. N.
475 *Zivny/Mock*, EU-ProspektVO/KMG 2019, Art. 1 ProspektVO Rn. 124; *Schulz*, WM 2018, 212, 215.
476 *Schulz*, WM 2018, 212, 215; *Bauerschmidt*, in: Assmann/Schlitt/von Kopp-Colomb, Prospektrecht Kommentar, Art. 1 ProspektVO Rn. 131; siehe zu § 3 WpPG a. F. *Schnorbus*, AG 2008, 389, 402; *ders.*, in: Berrar/Meyer/Müller et al., WpPG/EU-ProspektVO, 2. Aufl. 2017, § 3 WpPG Rn. 15 m. w. N.
477 *Schulz*, WM 2018, 212, 215; siehe zu § 3 WpPG a. F. *Schnorbus*, in: Berrar/Meyer/Müller et al., WpPG/EU-ProspektVO, 2. Aufl. 2017, § 3 WpPG Rn. 15; *ders.*, AG 2008, 389, 402.
478 *Bauerschmidt*, in: Assmann/Schlitt/von Kopp-Colomb, Prospektrecht Kommentar, Art. 1 ProspektVO Rn. 131.

WpPG a. F. (Angebot ausschließlich an qualifizierte Anleger) mit § 3 Abs. 2 Nr. 2 WpPG a. F. (Angebot an max. 99[479] bzw. 149 Anleger) zu kombinieren, da sich das Angebot in diesem Fall (zumindest auch) an nicht qualifizierte Anleger richten würde[480] (siehe → Rn. 88 ff.). Die gesetzgeberische Klarstellung der Zulässigkeit einer solchen Kombination in Art. 1 Abs. 6 Satz 1 ist daher zu begrüßen.[481]

292 Die Vorschrift des Art. 1 Abs. 6 wurde im Zuge der nicht-öffentlichen Trilogverhandlungen zwischen dem Europäischen Parlament, Ministerrat und der Kommission in den Verordnungstext aufgenommen.[482] Auf die späte Aufnahme der Regelung im Trilogverfahren ist auch ihr zeitlich nachgelagerter Anwendungsbereich zurückzuführen.[483] Da in Art. 49 Abs. 2 mit Blick auf Art. 1 Abs. 6 keine Übergangsregelung enthalten ist, gilt die Kombinationsvorschrift erst seit dem 21.7.2019 und nicht schon seit dem 20.7.2017.[484]

2. Kombinationsmöglichkeiten (Abs. 6 Satz 1)

a) Art. 1 Abs. 4 und Abs. 5

293 Nach Art. 1 Abs. 6 **Satz 1** können Marktteilnehmer zunächst die in Art. 1 **Abs. 4 und Abs. 5** vorgesehenen Ausnahmen von der Prospektflicht miteinander kombinieren. Die Regelung gilt damit gleichermaßen für die Befreiungstatbestände im Hinblick auf öffentliche Angebote von Wertpapieren (Abs. 4) wie auch deren Zulassung (Abs. 5). Möglich sind die gleichzeitige Kombination mehrerer Ausnahmetatbestände sowie die zeitlich hintereinander gekoppelte Kombination.[485]

294 **Voraussetzung** der Kombination ist, dass die jeweiligen Merkmale der Ausnahmevorschriften **gleichzeitig erfüllt** sind.[486] Dies stellt der europäische Gesetzgeber in Erwägungsgrund 20 der ProspektVO unter Erwähnung eines aufschlussreichen Beispiels ausdrücklich klar. Danach soll eine Ausnahme von der Prospektpflicht beispielsweise dann gelten, wenn sich ein Angebot zugleich an qualifizierte Anleger (Art. 1 Abs. 4 lit. a); an nicht-qualifizierte Anleger, die sich jeweils verpflichten, mindestens 100.000 EUR zu investieren (Abs. 4 lit. d); die Beschäftigten des Emittenten (Abs. 4 lit. i) und außerdem an eine begrenzte Zahl nicht qualifizierter Anleger (Abs. 4 lit. b) richtet, sofern die jeweiligen Voraussetzungen gegeben sind. Insofern löst Art. 1 Abs. 6 in Zusammenschau mit Er-

---

479 § 3 WpPG in der Fassung vom 1.7.2012.
480 So *Heidelbach/Preuße*, BKR 2006, 316, 319 f.
481 Zustimmend zu den Kombinationsmöglichkeiten im Rahmen des § 3 WpPG a. F. bereits *Schnorbus*, in: Berrar/Meyer/Müller et al., WpPG/EU-ProspektVO, 2. Aufl. 2017, § 3 WpPG Rn. 15 (m. w. N. in Fn. 35).
482 *Bauerschmidt*, BKR 2019, 324, 326; ders., in: Assmann/Schlitt/von Kopp-Colomb, Prospektrecht Kommentar, Art. 1 ProspektVO Rn. 131, 134.
483 *Bauerschmidt*, in: Assmann/Schlitt/von Kopp-Colomb, Prospektrecht Kommentar, Art. 1 ProspektVO Rn. 134 („versehentlich unterlassene Anpassung des Art. 49 Abs. 2").
484 *Bauerschmidt*, in: Assmann/Schlitt/von Kopp-Colomb, Prospektrecht Kommentar, Art. 1 ProspektVO Rn. 134; *Groß*, Kapitalmarktrecht, Art. 1 ProspektVO Rn. 62; **a. A.** wohl *Zivny/Mock*, EU-ProspektVO/KMG 2019, Art. 1 ProspektVO Rn. 125.
485 *Groß*, Kapitalmarktrecht, Art. 1 ProspektVO Rn. 12; vgl. zu § 3 WpPG a. F. *Schnorbus*, AG 2008, 389, 402; ders., in: Berrar/Meyer/Müller et al., WpPG/EU-ProspektVO, 2. Aufl. 2017, § 3 WpPG Rn. 15.
486 *Bauerschmidt*, in: Assmann/Schlitt/von Kopp-Colomb, Prospektrecht Kommentar, Art. 1 ProspektVO Rn. 132.

wägungsgrund 20 den zu Art. 3 Abs. 2 lit. a ProspektRL geführten Streit, ob das „ausschließliche" Angebot an qualifizierte Anleger (Abs. 4 lit. a) einem gleichzeitigen Angebot an weniger als 150 nicht-qualifizierte Anleger (Abs. 4 lit. b) entgegensteht (siehe → Rn. 90).

Die **gleichzeitige Kombination mehrerer Ausnahmetatbestände** ist sowohl innerhalb des Art. 1 Abs. 4 bzw. Abs. 5 als auch kumulativ möglich. Ausnahmevorschriften von Abs. 4 und Abs. 5 können beispielsweise im Falle eines Tauschangebotes bei einer öffentlichen Übernahme miteinander kombiniert werden. Wertpapiere, die anlässlich eines Tauschangebots angeboten werden, sind für ihre Zulassung gemäß Art. 1 Abs. 5 UAbs. 1 lit. e von der Prospektpflicht befreit, sofern ein Dokument nach Art. 21 Abs. 2 zur Verfügung zur Verfügung gestellt wird (siehe hierzu → Rn. 173 und → Rn. 273). Gleiches gilt gemäß Art. 1 Abs. 4 lit. f für das anschließende Angebot dieser Wertpapiere. Demnach unterliegt weder die Zulassung noch das Angebot der anlässlich einer Übernahme im Rahmen eines Tauschangebots angebotenen Wertpapiere durch die zulässige Kombination der Ausnahmen des Art. 1 Abs. 4 lit. f und Abs. 5 UAbs. 1 lit. e der Prospektpflicht. 295

Eine prospektfreie Emission aufgrund der Inanspruchnahme **nacheinander gekoppelter Ausnahmetatbestände** ist zum Beispiel denkbar, wenn ein Teil der Emission zunächst qualifizierten Anlegern (Art. 1 Abs. 4 lit. a) und der andere Teil später Mitarbeitern (Abs. 4 lit. i) angeboten wird.[487] 296

Eine weitere **praxisrelevante Kombinationsmöglichkeit** steht im Zusammenhang mit Kapitalerhöhungen und dem vereinfachten Bezugsrechtsausschluss gemäß § 186 Abs. 3 Satz 4 AktG.[488] Die Zulassung von Aktien aus Kapitalerhöhungen, die über einen Zeitraum von zwölf Monaten ein Volumen von weniger als 20% aufweisen, ist gemäß Art. 1 Abs. 5 UAbs. 1 lit. a prospektfrei möglich. Die Ausnahme von der Prospektpflicht setzt insbesondere voraus, dass die jungen Aktien mit bereits an demselben Markt zugelassenen Aktien fungibel sind (siehe → Rn. 242). Da Art. 1 Abs. 5 UAbs. 1 lit. a nur die Prospektbefreiung im Hinblick auf die Zulassung der Wertpapiere betrifft und ein vorheriges öffentliches Angebot davon nicht erfasst ist, werden Kapitalerhöhungen mit vereinfachtem Bezugsrechtsausschluss in der Praxis in der Regel mit dem nach Art. 1 Abs. 4 lit. a von der Prospektpflicht befreiten Angebot an qualifizierte Anleger kombiniert.[489] 297

b) Nationale Regelungen in Umsetzung des Art. 3 Abs. 2

Art. 1 Abs. 6 Satz 1 normiert ausdrücklich lediglich die Zulässigkeit einer Kombination von Ausnahmetatbeständen des Art. 1 Abs. 4 und Abs. 5. Die **Einbeziehung** mitgliedstaatlicher Regelungen zur Prospektbefreiung in Umsetzung der Öffnungsklausel des **Art. 3 Abs. 2** ist **vom Wortlaut des Art. 1 Abs. 6 nicht umfasst**. Gemäß Art. 3 Abs. 2 können Mitgliedstaaten – zusätzlich zu den in Art. 1 Abs. 4 enthaltenen Ausnahmeregelungen – öffentliche Angebote von Wertpapieren unter bestimmten Voraussetzungen auf nationaler Ebene von der Prospektpflicht befreien (siehe → Art. 3 Rn. 7). Hiervon hat der deutsche Gesetzgeber in § 3 WpPG Gebrauch gemacht (siehe → § 3 WpPG Rn. 1). 298

---

487 Vgl. zu § 3 WpPG a.F. *Schnorbus*, AG 2008, 389, 402; *ders.*, in: Berrar/Meyer/Müller et al., WpPG/EU-ProspektVO, 2. Aufl. 2017, § 3 WpPG Rn. 15.
488 *Apfelbacher/Metzner*, in: Hölters/Weber, AktG, § 182 AktG Rn. 86.
489 *Apfelbacher/Metzner*, in: Hölters/Weber, AktG, § 186 AktG Rn. 79.

299 Fraglich ist zunächst, ob eine **Kombination von § 3 Nr. 1 oder Nr. 2 WpPG** mit den Ausnahmetatbeständen des **Art. 1 Abs. 4 und Abs. 5 zulässig** ist. Seinem Wortlaut nach ermöglicht Art. 1 Abs. 6 Satz 1 ausschließlich die Kombination der in Art. 1 Abs. 4 und Abs. 5 enthaltenen Ausnahmen. Eine Kombination mit mitgliedstaatlichen Ausnahmeregelungen in Umsetzung des Art. 3 Abs. 2 ist nicht explizit vorgesehen. Allerdings sprechen die besseren Argumente dafür, eine Kombination mit den mitgliedstaatlichen Regelungen zuzulassen.[490] Hier ist zunächst Erwägungsgrund 20 anzuführen, der nicht nach Ausnahmetatbeständen differenziert, sondern offen formuliert ist („Ausnahmen von der Pflicht zur Veröffentlichung eines Prospekts gemäß dieser Verordnung sollten […] kombiniert werden können […]") und die Zulässigkeit der generellen Kombination aller Befreiungstatbestände nahelegt. Zudem wurde die Mitgliedstaatenoption des Art. 3 Abs. 2 inkludiert, um den jeweiligen nationalen Anlegerschutzstandards Rechnung zu tragen (Erwägungsgrund 13). Die hiermit bezweckte Flexibilität und daraus folgende mitgliedstaatliche unterschiedliche Ausgestaltung des Ausnahmetatbestandes hatte jedoch nicht den Zweck, eine Kombination mit der jeweils nationalen Ausnahmeregelung zu verhindern. Eine dieser Kombinationsmöglichkeit **entgegenstehende nationale Regelung** dürfte **unzulässig** sein.[491] Dafür spricht bereits der enge Wortlaut der Ermächtigung in Art. 3 Abs. 2.[492] Zu beachten ist überdies die mit der ProspektVO bezweckte unionsweite Vereinheitlichung des Prospektrechts (vgl. Erwägungsgrund 2).

300 Eine Kombination der auf Art. 3 Abs. 2 fußenden Ausnahmetatbestände der **§ 3 Nr. 1 und Nr. 2 WpPG miteinander** ist **nicht zulässig**. Bei einer solchen Kombination wäre die Möglichkeit eröffnet, binnen zwölf Monaten öffentliche Angebote von Wertpapieren mit einem Gesamtgegenwert im Europäischen Wirtschaftsraum von bis zu 16 Mio. EUR prospektfrei zu veröffentlichen. Dies verstößt gegen die unionsrechtlichen Vorgaben des Art. 3 Abs. 2, der nationale Ausnahmen von der Prospektpflicht auf Angebote mit einem Gesamtgegenwert von 8 Mio. EUR begrenzt. Die BaFin stellt daher ebenfalls ausdrücklich klar, dass eine Kombination von § 3 Nr. 1 und Nr. 2 WpPG nicht möglich ist.[493]

3. Sonderregelung bzgl. Art. 1 Abs. 5 UAbs. 1 lit. a und b (Abs. 6 Satz 2)

301 **Art. 1 Abs. 6 Satz 2** begrenzt die durch Abs. 6 Satz 1 eröffnete Kombinationsmöglichkeit im Hinblick auf die Zulassung von Wertpapieren. Die Vorschrift stellt klar, dass eine Kombination der Ausnahmen nach **Art. 1 Abs. 5 UAbs. 1 lit. a und b**, die jeweils einen Grenzwert von 20% vorsehen, unzulässig ist, wenn dies dazu führen könnte, dass über einen Zeitraum von zwölf Monaten mehr als 20% der Zahl der Aktien derselben Gattung, die bereits zum Handel an einem geregelten Markt zugelassen sind, sofort oder zu einem späteren Zeitpunkt zum Handel am selben geregelten Markt zugelassen werden, ohne dass ein Prospekt veröffentlicht wird.

---

490 So auch *Schulz*, WM 2018, 212, 215; *Zivny/Mock*, EU-ProspektVO/KMG 2019, Art. 1 ProspektVO Rn. 124; vgl. zu § 3 WpPG a. F. *Voß*, ZBB 2018, 305, 311.
491 *Schulz*, WM 2018, 212, 215; *Zivny/Mock*, EU-ProspektVO/KMG 2019, Art. 1 ProspektVO Rn. 124.
492 *Schulz*, WM 2018, 212, 215.
493 BaFin – Neue Regeln für Wertpapierprospekte nach EU-Prospektverordnung 2017/1129, Frequently Asked Questions, geändert am 6.10.2021, XV, https://www.bafin.de/DE/Aufsicht/Prospekte/Wertpapiere/NeueEUProspektverordnung/FAQ.html (zuletzt abgerufen am 29.9.2023).

Eine Kombination der Grenzwerte von 20% des Art. 1 Abs. 5 lit. a und b, die zu einem 302
neuen Schwellenwert von 40% führen würde, ist folglich gemäß Art. 1 Abs. 6 Satz 2 unzulässig.[494] Der Grenzwert von **20%** für Aktien derselben Gattung muss vielmehr auch **in der Summe eingehalten** werden, sodass es sich bei Art. 1 Abs. 6 Satz 2 um eine summenmäßige Begrenzung der Ausnahme von der Prospektpflicht handelt.[495] Sofern dieser Grenzwert überschritten wird, ist ein Prospekt erforderlich.[496]

VIII. Einschränkung der Prospektbefreiung für bestimmte Transaktionen (Abs. 6a und 6b)

Art. 1 Abs. 6a und 6b wurden nachträglich durch die Verordnung (EU) 2019/2115[497] eingefügt und schließen im Hinblick auf Übernahmen im Wege eines Tauschangebots eine Lücke im Ausnahmeregime.[498] Eine Kombination der Ausnahmen des Art. 1 Abs. 4 lit. f und Abs. 5 UAbs. 1 lit. e bei Tauschangeboten bzw. des Abs. 4 lit. g und Abs. 5 UAbs. 1 lit. f bei Verschmelzung und Spaltung hatte unbeabsichtigt zur Folge, dass die erstmalige Zulassung von Wertpapieren bislang nicht-börsennotierter Unternehmen ohne Prospekt möglich war.[499] Hierdurch wurden Anlegern nützliche Informationen vorenthalten und die Überprüfung der dem Markt zur Verfügung gestellten Informationen durch zuständige Behörden konnte vermieden werden. Aufgrund der nunmehr geltenden Vorschrift Art. 1 Abs. 6a und 6b muss ein **nicht-börsennotiertes Unternehmen**, das im Anschluss an ein Tauschangebot, eine Verschmelzung oder eine Spaltung eine **erstmalige Zulassung** zum Handel auf einem geregelten Markt anstrebt, einen **Prospekt veröffentlichen** (siehe insgesamt Erwägungsgrund 13 der VO (EU) 2019/2115). 303

1. Sonderregelung für Tauschangebote (Abs. 6a)

Art. 1 Abs. 6a enthält eine Sonderregelung für Übernahmen im Wege eines Tauschangebots und normiert weitere Voraussetzungen für die in Abs. 4 lit. f und Abs. 5 UAbs. 1 lit. e vorgesehenen Ausnahmetatbestände für die Prospektpflicht, die den **Anwendungsbereich der Prospektbefreiung** entsprechend **einschränken**.[500] 304

Abs. 6a lit. a stellt zunächst klar, dass die Ausnahmen des Abs. 4 lit. f und Abs. 5 UAbs. 1 lit. e nur für **Dividendenwerte** (siehe → Art. 2 Rn. 30ff.) gelten. Zudem ist erforderlich, dass die angebotenen Dividendenwerte bereits vor der Übernahme und der damit verbun- 305

---

494 *Bauerschmidt*, BKR 2019, 324, 326.
495 *Bauerschmidt*, BKR 2019, 324, 326; *ders.*, in: Assmann/Schlitt/von Kopp-Colomb, Prospektrecht Kommentar, Art. 1 ProspektVO Rn. 133.
496 *Zivny/Mock*, EU-ProspektVO/KMG 2019, Art. 1 ProspektVO Rn. 123; *Bauerschmidt*, BKR 2019, 324, 326.
497 VO (EU) 2019/2115 des Europäischen Parlaments und des Rates vom 27.11.2019 zur Änderung der Richtlinie 2014/65/EU und der Verordnungen (EU) 596/2014 und (EU) 2017/1129 zur Förderung der Nutzung von KMU-Wachstumsmärkten, ABl. EU v. 11.12.2019, L 320/1.
498 *Bauerschmidt*, AG 2022, 57, 58; *Zivny/Mock*, EU-ProspektVO/KMG 2019, Art. 1 ProspektVO Rn. 126.
499 *Bauerschmidt*, AG 2022, 57, 58.
500 *Bauerschmidt*, in: Assmann/Schlitt/von Kopp-Colomb, Prospektrecht Kommentar, Art. 1 ProspektVO Rn. 127; *Groß*, Kapitalmarktrecht, Art. 1 ProspektVO Rn. 65.

denen Transaktion **mit den bereits zugelassenen Dividendenwerten fungibel** sind. Diese Voraussetzung ist einschränkend dahingehend auszulegen, dass nicht die tatsächlich angebotenen Dividendenwerte, sondern Dividendenwerte gleicher Gattung bereits zugelassen sein müssen.[501] Die Übernahme darf weiterhin **nicht als „umgekehrter Unternehmenserwerb"** gelten (IFRS 3,[502] Paragraph B19, „Unternehmenszusammenschlüsse"). Dies wäre beispielsweise dann der Fall, wenn sich eine nicht-börsennotierte Gesellschaft zum Zwecke des Erhalts der Börsennotierung von einer börsennotierten Gesellschaft erwerben lässt.[503] In diesem Zusammenhang sind auch Transaktionen mit einer börsennotierten, leeren Zweckgesellschaft (SPACs) prospektpflichtig.[504]

306 **Alternativ** greifen die Ausnahmen des Abs. 4 lit. f und Abs. 5 UAbs. 1 lit. e nach **Abs. 6b lit. b**, wenn die für die Prüfung der Angebotsunterlage zuständige Aufsichtsstelle, d.h. in Deutschland die BaFin, das Befreiungsdokument (siehe → Rn. 120) gebilligt hat.[505]

2. Sonderregelung für Verschmelzung und Spaltung (Abs. 6b)

307 **Art. 1 Abs. 6b** beschränkt die Ausnahmevorschriften des Abs. 4 lit. g und Abs. 5 UAbs. 1 lit. f bei Verschmelzung und Spaltung. Die Transaktion, die Dividendenwerte betreffen muss, darf – wie im Fall des Abs. 6a – nicht als umgekehrter Unternehmenserwerb im Sinne der internationalen Rechnungslegungsstandards gelten. Hinzu kommt die Voraussetzung, dass die Dividendenwerte der übernehmenden Gesellschaft bei Verschmelzung oder Spaltung (Abs. 6b lit. a) oder, alternativ, im Fall der Spaltung die Dividendenwerte der aufzuspaltenden Gesellschaft (Abs. 6b lit. b) bereits vor der Transaktion zugelassen sind.[506]

IX. Verordnungsermächtigung (Abs. 7)

308 Nach Art. 1 Abs. 7 hat die Kommission die Befugnis, delegierte Rechtsakte gemäß Art. 44 zur Ergänzung der ProspektVO zu erlassen, in denen die Mindestinformationen der in Abs. 4 lit. f und g und in Abs. 5 UAbs. 1 lit. e und f genannten Dokumente festgelegt werden. Nach Art. 44 Abs. 2 ist diese Befugnis der Kommission auf unbestimmte Zeit übertragen. In Ausübung der Verordnungsermächtigung hat die Kommission die **Delegierte Verordnung (EU) 2021/528** erlassen, in der die Mindestinformationen detailliert geregelt sind (siehe ausführlich → Rn. 133).

---

[501] *Groß*, Kapitalmarktrecht, Art. 1 ProspektVO Rn. 65; *Zivny/Mock*, EU-ProspektVO/KMG 2019, Art. 1 ProspektVO Rn. 127.
[502] Übernommen durch VO (EG) Nr. 1126/2008 der Kommission vom 3.11.2008 zur Übernahme bestimmter internationaler Rechnungslegungsstandards, ABl. EU v. 29.11.2008, Nr. L 320/1.
[503] Siehe *Bauerschmidt*, AG 2022, 57, 58.
[504] Siehe ESMA, Questions and Answers on the Prospectus Regulation, ESMA31-62-1258 (Version 12, last updated on 3 February 2023), Nr. 15.5 (Application of Article 1(6b) (reverse acquisition)), S. 76; *Zivny/Mock*, EU-ProspektVO/KMG 2019, Art. 1 ProspektVO Rn. 127.
[505] *Bauerschmidt*, AG 2022, 57, 58; *Zivny/Mock*, EU-ProspektVO/KMG 2019, Art. 1 ProspektVO Rn. 128.
[506] *Zivny/Mock*, EU-ProspektVO/KMG 2019, Art. 1 ProspektVO Rn. 129.

Art. 2 ProspektVO
Begriffsbestimmungen

Im Sinne dieser Verordnung bezeichnet der Ausdruck

a) „Wertpapiere" übertragbare Wertpapiere im Sinne des Artikels 4 Absatz 1 Nummer 44 der Richtlinie 2014/65/EU mit Ausnahme von Geldmarktinstrumenten im Sinne des Artikels 4 Absatz 1 Nummer 17 der Richtlinie 2014/65/EU mit einer Laufzeit von weniger als 12 Monaten;

b) „Dividendenwerte" Aktien und andere, Aktien gleichzustellende übertragbare Wertpapiere sowie jede andere Art übertragbarer Wertpapiere, die das Recht verbriefen, bei Umwandlung des Wertpapiers oder Ausübung des verbrieften Rechts die erstgenannten Wertpapiere zu erwerben; Voraussetzung hierfür ist, dass die letztgenannten Wertpapiere vom Emittenten der zugrunde liegenden Aktien oder von einer zur Unternehmensgruppe dieses Emittenten gehörenden Einrichtung begeben wurden;

c) „Nichtdividendenwerte" alle Wertpapiere, die keine Dividendenwerte sind;

d) „öffentliches Angebot von Wertpapieren" eine Mitteilung an die Öffentlichkeit in jedweder Form und auf jedwede Art und Weise, die ausreichende Informationen über die Angebotsbedingungen und die anzubietenden Wertpapiere enthält, um einen Anleger in die Lage zu versetzen, sich für den Kauf oder die Zeichnung jener Wertpapiere zu entscheiden. Diese Definition gilt auch für die Platzierung von Wertpapieren durch Finanzintermediäre;

e) „qualifizierte Anleger" Personen oder Einrichtungen, die in Anhang II Abschnitt I Nummern 1 bis 4 der Richtlinie 2014/65/EU genannt sind, sowie Personen oder Einrichtungen, die gemäß Abschnitt II jenes Anhangs auf Antrag als professionelle Kunden behandelt werden oder die gemäß Artikel 30 der Richtlinie 2014/65/EU als geeignete Gegenparteien anerkannt werden, und nicht gemäß Abschnitt 1 Absatz 4 jenes Anhangs eine schriftliche Übereinkunft getroffen haben, als nichtprofessionelle Kunden behandelt zu werden. Für die Zwecke der Anwendung des ersten Satzes dieses Buchstabens teilen Wertpapierfirmen und Kreditinstitute dem Emittenten auf dessen Antrag die Einstufung ihrer Kunden unter Einhaltung des einschlägigen Datenschutzrechts mit;

f) „kleine und mittlere Unternehmen" oder „KMU":
   i) Gesellschaften, die laut ihrem letzten Jahresabschluss bzw. konsolidierten Abschluss zumindest zwei der nachfolgenden drei Kriterien erfüllen: eine durchschnittliche Beschäftigtenzahl im letzten Geschäftsjahr von weniger als 250, eine Gesamtbilanzsumme von höchstens 43 000 000 EUR und ein Jahresnettoumsatz von höchstens 50 000 000 EUR; oder
   ii) kleine und mittlere Unternehmen im Sinne des Artikels 4 Absatz 1 Nummer 13 der Richtlinie 2014/65/EU;

g) „Kreditinstitut" ein Kreditinstitut im Sinne des Artikels 4 Absatz 1 Nummer 1 der Verordnung (EU) Nr. 575/2013;

Art. 2 ProspektVO Begriffsbestimmungen

h) „Emittent" eine Rechtspersönlichkeit, die Wertpapiere begibt oder zu begeben beabsichtigt;

i) „Anbieter" eine Rechtspersönlichkeit oder natürliche Person, die Wertpapiere öffentlich anbietet;

j) „geregelter Markt" einen geregelten Markt im Sinne des Artikels 4 Absatz 1 Nummer 21 der Richtlinie 2014/65/EU;

k) „Werbung" eine Mitteilung mit den folgenden beiden Eigenschaften:
   i) die sich auf ein spezifisches öffentliches Angebot von Wertpapieren oder deren Zulassung zum Handel an einem geregelten Markt bezieht;
   ii) die darauf abstellt, die potenzielle Zeichnung oder den potenziellen Erwerb von Wertpapieren gezielt zu fördern;

l) „vorgeschriebene Informationen" vorgeschriebene Informationen im Sinne des Artikels 2 Absatz 1 Buchstabe k der Richtlinie 2004/109/EG;

m) „Herkunftsmitgliedstaat"
   i) für alle in der Union ansässigen und nicht unter Ziffer ii genannten Emittenten von Wertpapieren den Mitgliedstaat, in dem der Emittent seinen Sitz hat;
   ii) für jede Emission von Nichtdividendenwerten mit einer Mindeststückelung von 1 000 EUR sowie für jede Emission von Nichtdividendenwerten, die das Recht verbriefen, bei Umwandlung des Wertpapiers oder Ausübung des verbrieften Rechts übertragbare Wertpapiere zu erwerben oder einen Barbetrag in Empfang zu nehmen, sofern der Emittent der Nichtdividendenwerte nicht der Emittent der zugrunde liegenden Wertpapiere oder eine zur Unternehmensgruppe des letztgenannten Emittenten gehörende Einrichtung ist, je nach Wahl des Emittenten, des Anbieters bzw. der die Zulassung zum Handel an einem geregelten Markt beantragenden Person den Mitgliedstaat, in dem der Emittent seinen Sitz hat, oder den Mitgliedstaat, in dem die Wertpapiere zum Handel an einem geregelten Markt zugelassen sind oder zugelassen werden sollen oder in dem die Wertpapiere öffentlich angeboten werden. Dasselbe gilt für Nichtdividendenwerte, die auf andere Währungen als auf Euro lauten, vorausgesetzt, dass der Wert solcher Mindeststückelungen annähernd 1 000 EUR entspricht;
   iii) für alle in Drittländern ansässigen und nicht unter Ziffer ii genannten Emittenten von Wertpapieren je nach Wahl des Emittenten, des Anbieters bzw. der die Zulassung zum Handel an einem geregelten Markt beantragenden Person den Mitgliedstaat, in dem die Wertpapiere erstmals öffentlich angeboten werden sollen, oder den Mitgliedstaat, in dem der erste Antrag auf Zulassung zum Handel an einem geregelten Markt gestellt wird, vorbehaltlich einer späteren Wahl durch in Drittländern ansässige Emittenten in den folgenden Fällen:
      – wenn der Herkunftsmitgliedstaat nicht gemäß der Wahl jener Emittenten bestimmt wurde;
      – im Einklang mit Artikel 2 Absatz 1 Buchstabe i Ziffer iii der Richtlinie 2004/109/EG;

n) „Aufnahmemitgliedstaat" den Mitgliedstaat, in dem ein öffentliches Angebot von Wertpapieren unterbreitet oder die Zulassung zum Handel an einem geregelten Markt angestrebt wird, sofern dieser Staat nicht der Herkunftsmitgliedstaat ist;

o) „zuständige Behörde" die Behörde, die von dem jeweiligen Mitgliedstaat gemäß Artikel 31 benannt wird, soweit in dieser Verordnung nichts anderes bestimmt ist;

p) „Organismen für gemeinsame Anlagen eines anderen als des geschlossenen Typs" Investmentfonds und Investmentgesellschaften, die beide der folgenden Merkmale aufweisen:

  i) Sie sammeln von einer Anzahl von Anlegern Kapital ein, um es gemäß einer festgelegten Anlagestrategie zum Nutzen dieser Anleger zu investieren;

  ii) ihre Anteile werden auf Verlangen des Anteilsinhabers unmittelbar oder mittelbar zulasten ihres Vermögens zurückgekauft oder abgelöst;

q) „Anteile an Organismen für gemeinsame Anlagen" Wertpapiere, die von einem Organismus für gemeinsame Anlagen begeben werden und die Rechte der Anteilsinhaber am Vermögen dieses Organismus verbriefen;

r) „Billigung" die positive Handlung bei Abschluss der Prüfung des Prospekts durch die zuständige Behörde des Herkunftsmitgliedstaats auf Vollständigkeit, Kohärenz und Verständlichkeit der im Prospekt enthaltenen Informationen;

s) „Basisprospekt" einen Prospekt, der den Anforderungen des Artikels 8 entspricht und – je nach Wahl des Emittenten – die endgültigen Bedingungen des Angebots enthält;

t) „Arbeitstage" die Arbeitstage der jeweiligen zuständigen Behörde unter Ausschluss von Samstagen, Sonntagen und gesetzlichen Feiertagen im Sinne des für diese zuständige Behörde geltenden nationalen Rechts;

u) „multilaterales Handelssystem" oder „MTF" ein multilaterales Handelssystem im Sinne des Artikels 4 Absatz 1 Nummer 22 der Richtlinie 2014/65/EU;

v) „organisiertes Handelssystem" oder „OTF" ein organisiertes Handelssystem im Sinne des Artikels 4 Absatz 1 Nummer 23 der Richtlinie 2014/65/EU;

w) „KMU-Wachstumsmarkt" einen KMU-Wachstumsmarkt im Sinne des Artikels 4 Absatz 1 Nummer 12 der Richtlinie 2014/65/EU;

x) „Drittlandsemittent" einen in einem Drittland ansässigen Emittenten;

y) „Angebotsfrist" den Zeitraum, in dem potenzielle Anleger die betreffenden Wertpapiere erwerben oder zeichnen können;

z) „dauerhafter Datenträger" jedes Medium, das

  i) es einem Kunden ermöglicht, persönlich an ihn gerichtete Informationen so zu speichern, dass sie in der Folge während eines dem Informationszweck angemessenen Zeitraums abgerufen werden können, und

  ii) die unveränderte Wiedergabe der gespeicherten Daten ermöglicht.

Art. 2 ProspektVO Begriffsbestimmungen

Übersicht

	Rn.		Rn.

- **I. Grundlagen** 1
- **II. Legaldefinitionen** 4
  1. Wertpapiere (lit. a) 4
     - a) Grundlagen 4
     - b) Wesentliche Merkmale des Wertpapierbegriffs 5
     - c) Kryptowerte 17
     - d) Nach dem eWpG begebene elektronische Wertpapiere ... 22
     - e) Weitere Beispiele 25
     - f) Ausländische Wertpapiere .. 29
  2. Dividendenwerte (lit. b) 30
     - a) Praktische Bedeutung 30
     - b) Grundlagen 32
     - c) Aktien 33
     - d) Eigenkapitalähnliche Wertpapiere 34
     - e) Wandelbare Wertpapiere ... 35
     - f) Ausgabe durch Konzernunternehmen 38
  3. Nichtdividendenwerte (lit. c) .. 40
  4. Öffentliches Angebot von Wertpapieren (lit. d) 42
     - a) Grundlagen 42
     - b) Öffentlich 46
       - aa) Grundlagen 46
       - bb) Beispiele 53
     - c) Form des Angebots 55
     - d) Inhalt des Angebots (Grad der Konkretisierung) .. 61
     - e) Erwerbs- oder Zeichnungsmöglichkeit (Investitionsentscheidung) 65
     - f) Mitteilungen aufgrund des Handels 70
       - aa) Grundlagen 70
       - bb) Auslegungsschreiben der BaFin zum Begriff des öffentlichen Angebots von Wertpapieren im Sinne des § 2 Nr. 4 WpPG a. F. im Rahmen des Sekundärmarkthandels von Wertpapieren 75
     - g) Ausgewählte Praxisfälle ... 80
       - aa) Einbeziehung in den Freiverkehr 80
       - bb) Bezugsangebote und ihre Abwicklung durch Depotbanken 85
       - cc) Prospektpflicht beim Debt-to-Equity-Swap 96
       - dd) Angebote an Mitarbeiter und Gesellschafter verbundener Unternehmen 99
       - ee) Ausübung von Bezugs-, Options- oder Wandlungsrechten als öffentliches Angebot des Underlying 101
       - ff) Gratisangebote 104
       - gg) Informationsanbieter 108
  5. Qualifizierte Anleger (lit. e) 109
  6. Kleine und mittlere Unternehmen (KMU) (lit. f) 114
  7. Kreditinstitut (lit. g) 116
  8. Emittent (lit. h) 122
  9. Anbieter (lit. i) 125
     - a) Definition 125
     - b) Mehrere Anbieter 128
     - c) Abgrenzung Anbieter/Emittent ... 130
     - d) Weiterveräußerung nach Abschluss der Emission 133
     - e) Platzierung ohne Einbeziehung des Emittenten 139
     - f) Weitere Einzelfälle 141
  10. Geregelter Markt (lit. j) 145
  11. Werbung (lit. k) 148
  12. Vorgeschriebene Informationen (lit. l) 153
  13. Herkunftsmitgliedstaat (lit. m) 156
      - a) Sitzstaat als Herkunftsstaat 157
      - b) Wahlrecht für bestimmte Nichtdividendenwerte 159
      - c) Wahlrecht für bestimmte von Drittstaatsemittenten ausgegebene Wertpapiere 164
  14. Aufnahmemitgliedstaat (lit. n) 166
  15. Zuständige Behörde (lit. o) 167
  16. Organismen für gemeinsame Anlagen eines anderen als des geschlossenen Typs (lit. p) 168
  17. Anteile an Organismen für gemeinsame Anlagen (lit. q) 175
  18. Billigung (lit. r) 176
  19. Basisprospekt (lit. s) 178
  20. Arbeitstage (lit. t) 179
  21. Multilaterales Handelssystem (lit. u) 180
  22. Organisiertes Handelssystem (lit. v) 186
  23. KMU-Wachstumsmarkt (lit. w) 192
  24. Drittlandsemittent (lit. x) 196
  25. Angebotsfrist (lit. y) 199
  26. Dauerhafter Datenträger (lit. z) ... 201

I. Grundlagen

Art. 2 der ProspektVO enthält Legaldefinitionen der für die Anwendung der Verordnung wesentlichen Begriffe. Für die konkrete Auslegung der Begriffe kann zum Teil auf die Begriffsbestimmungen in Art. 2 der „alten Prospektverordnung" sowie insbesondere der ProspektRL zurückgegriffen werden. Diese enthielten nämlich bereits eine ganze Reihe derjenigen Begriffe, die sich nun in Art. 2 der ProspektVO finden. Art. 2 enthält darüber hinaus einige originäre Definitionen. 1

Die nachfolgende Tabelle gibt einen Überblick darüber, welchen Vorschriften in der ProspektRL und dem WpPG a. F. die Regelungen der ProspektVO in materieller Hinsicht, wenn auch ggf. mit unterschiedlichem Regelungsinhalt, entsprechen. 2

ProspektVO	ProspektRL	WpPG a. F.
Art. 2 lit. a	Art. 2 Abs. 1 lit. a	§ 2 Nr. 1
Art. 2 lit. b	Art. 2 Abs. 1 lit. b	§ 2 Nr. 2
Art. 2 lit. c	Art. 2 Abs. 1 lit. c	§ 2 Nr. 3
Art. 2 lit. d	Art. 2 Abs. 1 lit. d	§ 2 Nr. 4
Art. 2 lit. e	Art. 2 Abs. 1 lit. e	§ 2 Nr. 6
Art. 2 lit. f	Art. 2 Abs. 1 lit. f	–
Art. 2 lit. g	Art. 2 Abs. 1 lit. g	§ 2 Nr. 8
Art. 2 lit. h	Art. 2 Abs. 1 lit. i	§ 2 Nr. 9
Art. 2 lit. i	Art. 2 Abs. 1 lit. j	§ 2 Nr. 10
Art. 2 lit. j	Art. 1 Abs. 4	§ 2 Nr. 16
Art. 2 lit. k	–	–
Art. 2 lit. l	–	–
Art. 2 lit. m	Art. 2 Abs. 1 lit. m	§ 2 Nr. 13
Art. 2 lit. n	Art. 2 Abs. 1 lit. n	§ 2 Nr. 14
Art. 2 lit. o	–	–
Art. 2 lit. p	Art. 2 Abs. 1 lit. o	–
Art. 2 lit. q	Art. 2 Abs. 1 lit. p	–
Art. 2 lit. r	Art. 2 Abs. 1 lit. q	–
Art. 2 lit. s	Art. 2 Abs. 1 lit. r	–
Art. 2 lit. t	–	–
Art. 2 lit. u	–	–
Art. 2 lit. v	–	–
Art. 2 lit. w	–	–
Art. 2 lit. x	–	–
Art. 2 lit. y	–	–
Art. 2 lit. z	–	–

3 Nach der alten Rechtslage wurde die Kommission in Art. 2 Abs. 4 ProspektRL ermächtigt, die Definitionen des gesamten Art. 2 ProspektRL an neue Umstände anzupassen. Machte die Kommission von dieser Ermächtigung Gebrauch, war der deutsche Gesetzgeber verpflichtet, die entsprechenden Änderungen unverzüglich im WpPG umzusetzen; für die Zwischenzeit konnten die Regeln der sog. vorweggenommenen richtlinienkonformen Auslegung Anwendung finden.[1] Die nunmehr maßgebliche ProspektVO enthält keine solche Ermächtigung zur Anpassung von Definitionen.

II. Legaldefinitionen

1. Wertpapiere (lit. a)

a) Grundlagen

4 In Art. 2 lit. a sind Wertpapiere definiert als „übertragbare Wertpapiere im Sinne des Artikels 4 Absatz 1 Nummer 44 der Richtlinie 2014/65/EU mit Ausnahme von Geldmarktinstrumenten im Sinne des Artikels 4 Abs. 1 Nr. 17 der Richtlinie 2014/65/EU mit einer Laufzeit von weniger als 12 Monaten". Art. 2 lit. a enthält damit keine originäre Definition, sondern verweist auf eine andere europäische Vorschrift. Die ProspektRL verwies in ihrer Definition ebenfalls auf eine andere europäische Vorschrift – und zwar auf die Richtlinie 93/22/EWG, die durch MiFID aufgehoben wurde. Diese wurde wiederum am 3.1.2018 abgelöst durch die MiFID II. Über Art. 93 UAbs. 2 MiFID II gelten Bezugnahmen auf die Richtlinie 2004/39/EG oder die Richtlinie 93/22/EWG als Bezugnahmen auf MiFID II. ProspektRL und ProspektVO beziehen sich somit auf dieselbe Definition. Gleich geblieben ist auch die Ausnahme von Geldmarktinstrumenten mit einer Laufzeit von weniger als zwölf Monaten. Hierzu zählen nach der gesetzlichen Definition des Art. 4 Abs. 1 Nr. 17 MiFID II beispielsweise Schatzanweisungen, Einlagenzertifikate und Commercial Papers. Mit dem Begriff Geldmarktinstrumente sind vor dem Hintergrund der Anlegerschutzziele der ProspektVO (vgl. beispielsweise Erwägungsgründe 7, 10, 17) nicht an Kleinanleger ausgegebene Inhaberschuldverschreibungen gemeint, auch wenn sie eine unterjährige Laufzeit ausweisen.[2]

b) Wesentliche Merkmale des Wertpapierbegriffs

5 Nach der Legaldefinition des Art. 4 Abs. 1 Nr. 44 MiFID II fallen unter den Begriff der übertragbaren Wertpapiere „die Kategorien von Wertpapieren, die auf dem Kapitalmarkt gehandelt werden können, mit Ausnahme von Zahlungsinstrumenten, wie

a) Aktien und andere, Aktien oder Anteilen an Gesellschaften, Personengesellschaften oder anderen Rechtspersönlichkeiten gleichzustellende Wertpapiere sowie Aktienzertifikate;

---

1 Näher *Schnorbus*, AcP 201 (2001), 860, 871 ff.
2 Vgl. noch zur ProspektRL 2003/71/EG OLG Dresden, 23.12.2013 – 8 U 999/12, BeckRS 2014, 00939 (insoweit nicht in WM 2914, 687 abgedruckt); ferner *Bauerschmidt*, in: Assmann/Schlitt/von Kopp-Colomb, Prospektrecht Kommentar, Art. 2 ProspektVO Rn. 21; vgl. auch *Ritz*, in: Just/Voß/Ritz/Zeising, Wertpapierprospektrecht, 2. Aufl. 2023, Art. 2 ProspektVO Rn. 52.

b) Schuldverschreibungen oder andere verbriefte Schuldtitel, einschließlich Zertifikaten (Hinterlegungsscheinen) für solche Wertpapiere;
c) alle sonstigen Wertpapiere, die zum Kauf oder Verkauf solcher Wertpapiere berechtigen oder zu einer Barzahlung führen, die anhand von übertragbaren Wertpapieren, Währungen, Zinssätzen oder -erträgen, Waren oder anderen Indizes oder Messgrößen bestimmt wird."

Zusätzlich definiert Art. 4 Abs. 1 Nr. 45 MiFID II Aktienzertifikate (Hinterlegungsscheine) als „jene Wertpapiere, die auf dem Kapitalmarkt handelbar sind und ein Eigentumsrecht an Wertpapieren gebietsfremder Emittenten darstellen, wobei sie aber gleichzeitig zum Handel an einem geregelten Markt zugelassen und unabhängig von den Wertpapieren gebietsfremder Emittenten gehandelt werden können". 6

Die Definition des übertragbaren Wertpapiers ist nicht gelungen.[3] Der Begriff des Wertpapieres wird definiert durch „die Kategorie von Wertpapieren", ergänzt um das Tatbestandsmerkmal der Übertragbarkeit, ohne genau festzulegen, was darunter zu verstehen ist. Stattdessen findet sich eine typologische Aufzählung, aus der sich der eigentliche Wertpapierbegriff jedoch nicht ohne Weiteres ergibt. Es lassen sich allerdings zunächst zwei wesentliche Merkmale ausmachen, die ein Wertpapier zu erfüllen hat: **Standardisierung und Handelbarkeit**,[4] also die Tauglichkeit, Gegenstand gewerbsmäßiger Umsatzgeschäfte am Kapitalmarkt zu sein. 7

Das Kriterium der **Standardisierung** folgt mittelbar aus dem Wortlaut von Art. 4 Abs. 1 Nr. 44 MiFID II, der bestimmte „Kategorien von Wertpapieren" voraussetzt. In Kategorien lässt sich nur einteilen, was vergleichbar und untereinander austauschbar, d. h. im Rechtsverkehr nach Art und Zahl der Stücke bestimmbar ist, vergleichbar zu vertretbaren Sachen i. S. d. § 91 BGB.[5] Keine hinreichende Standardisierung liegt also vor, wenn die Wertpapiere nach den entsprechenden Wünschen einzelner Anleger individuell ausgestaltet werden.[6] Dagegen kommt es nicht darauf an, dass die Wertpapiere emittentenübergreifend standardisiert sind; ein solches Erfordernis lässt sich der Vorschrift nicht entnehmen.[7] 8

Zentrales Merkmal von Wertpapieren ist ihre **Handelbarkeit**. Nach Art. 4 Abs. 1 Nr. 44 MiFID II müssen übertragbare Wertpapiere „auf dem Kapitalmarkt gehandelt werden können". Dieser Markt muss sich auch noch nicht gebildet haben; es reicht die abstrakte 9

---

3 Ähnlich *Klöhn*, in: Klöhn, Marktmissbrauchsverordnung, Art. 2 MAR Rn. 9; *Zivny/Mock*, ProspektVO/KMG 2019, Art. 2 ProspektVO Rn. 5.
4 Vgl. bereits zum WpPG a. F. BT-Drucks. 15/4999, 28; BAWe, Bekanntmachung zum Wertpapier-Verkaufsprospektgesetz, unter I. 1., S. 2; *Ekkenga/Maas*, Das Recht der Wertpapieremissionen, § 1 Rn. 19; *Seitz*, AG 2005, 678, 680; *Groß*, Kapitalmarktrecht, § 2 WpPG Rn. 3, *Ritz*, in: Just/Voß/Ritz/Zeising, Wertpapierprospektrecht, 2. Aufl. 2023, Art. 2 ProspektVO Rn. 13; *Bauerschmidt*, in: Assmann/Schlitt/von Kopp-Colomb, Prospektrecht Kommentar, Art. 2 ProspektVO Rn. 13.
5 *Klöhn*, in: Klöhn, Marktmissbrauchsverordnung, Art. 2 MAR Rn. 19; *Ritz*, in: Just/Voß/Ritz/Zeising, Wertpapierprospektrecht, 2. Aufl. 2023, Art. 2 ProspektVO Rn. 23, 24; *Bauerschmidt*, in: Assmann/Schlitt/von Kopp-Colomb, Prospektrecht Kommentar, Art. 2 ProspektVO Rn. 14.
6 Vgl. bereits zum WpPG a. F. Begr. RegE, BT-Drucks. 16/4028, 54 („keine individuelle Ausgestaltung durch Berücksichtigung spezieller Kundenwünsche z. B. hinsichtlich Laufzeit, Volumen und Basispreis"); *Bauerschmidt*, in: Assmann/Schlitt/von Kopp-Colomb, Prospektrecht Kommentar, Art. 2 ProspektVO Rn. 19; *Fuchs*, in: Fuchs, WpHG, 2. Aufl. 2016, § 2 Rn. 15.
7 *Fuchs*, in: Fuchs, WpHG, 2. Aufl. 2016, § 2 Rn. 14; *Klöhn*, in: Klöhn, Marktmissbrauchsverordnung, Art. 2 MAR Rn. 14, 19; *Roth*, in: Hirte/Möllers, Kölner Kommentar zum WpHG, § 2 Rn. 25.

Möglichkeit (Wortlaut: „können")[8] der Handelbarkeit in einem multilateralen System, das die Interessen einer Vielzahl Dritter am Kauf und Verkauf innerhalb des Systems zusammenführt, aus.[9] Keine Voraussetzung ist der tatsächliche Handel auf Handelsplätzen i. S. d. Art. 4 Abs. 1 Nr. 24 MiFID II (geregelter Markt, MTF, OTF), denn das Bestehen eines (genehmigungsbedürftigen) Handelsplatzes knüpft an das Vorliegen von Wertpapieren bzw. Finanzinstrumenten an (vgl. Art. 1 Abs. 7 UABs 1 MiFID II), nicht umgekehrt. Es lässt sich jedoch möglicherweise als Indiz für das Vorliegen eines „übertragbaren Wertpapieres" werten, wenn die entsprechenden Wertpapiere bereits auf dem geregelten Markt oder einem multilateralen Handelssystem i. S. v. Art. 4 Abs. 1 Nr. 21, 22 MiFID II gehandelt werden.[10]

10 Damit die Wertpapiere in einem multilateralen System innerhalb dieses Systems veräußert werden können, setzt die Handelbarkeit **das Fehlen von Übertragungshemmnissen** voraus. Liegen Umlaufhindernisse vor, fehlt es dem Wertpapier an der notwendigen Übertragbarkeit.[11] Dabei ist jedoch nicht erforderlich, dass die Wertpapiere **uneingeschränkt** übertragbar sind, denn diese Voraussetzung gehört zur freien Handelbarkeit i. S. v. Art. 51 Abs. 1 UAbs. 2 MiFID II i. V. m. Art. 1 Abs. 1 Delegierte VO (EU) 2017/568, die nur für die Zulassung zu einem geregelten Markt vorgesehen ist, nicht aber für den Begriff des übertragbaren Wertpapiers nach Art. 4 Abs. 1 Nr. 44 MiFID II.[12] Umlaufhindernisse, die auch für die „gewöhnliche" Handelbarkeit maßgeblich sind, können beispielsweise im gesetzlichen Ausschluss der Übertragbarkeit oder einem gesetzlichen Zustimmungsrecht des Schuldners liegen.[13] Unerheblich sind indessen **vertragliche Übertragungsbeschränkungen** (z. B. in Gesellschaftervereinbarungen oder in sog. Haltevereinbarungen); die vertraglich gebundenen Aktien bleiben Wertpapiere i. S. d. ProspektVO und des WpPG.[14]

11 Im Hinblick auf die Auslegung des Wertpapierbegriffs nach dem WpPG, der auf die wortgleiche Vorgängernorm des Art. 4 Abs. 1 Nr. 44 MiFID II in Art. 4 Abs. 1 Nr. 18 MiFID verwies, wurde von der herrschenden Meinung früher vertreten, dass wesentliches Merkmal für die Handelbarkeit bzw. Fungibilität[15] die Möglichkeit des gutgläubigen Er-

---

8 *Fuchs*, in: Fuchs, WpHG, 2. Aufl. 2016, § 2 Rn. 17; *Roth*, in: Hirte/Möllers, Kölner Kommentar zum WpHG, § 2 Rn. 36; *Assmann*, in: Assmann/Uwe H. Schneider/Mülbert, Wertpapierhandelsrecht, 8. Aufl. 2023, Bd. II, § 2 WpHG Rn. 12.
9 Differenzierend *Klöhn*, in: Klöhn, Marktmissbrauchsverordnung, Art. 2 MAR Rn. 12 ff.
10 *Zickgraf*, AG 2018, 293, 300; vgl. auch *Fuchs*, in: Fuchs, WpHG, 2. Aufl. 2016, § 2 Rn. 16; *Roth*, in: Hirte/Möllers, Kölner Kommentar zum WpHG, § 2 Rn. 38.
11 *Ritz*, in: Just/Voß/Ritz/Zeising, Wertpapierprospektrecht, 2. Aufl. 2023, Art. 2 ProspektVO Rn. 20.
12 Vgl. auch *Assmann*, in: Assmann/Uwe H. Schneider/Mülbert, Wertpapierhandelsrecht, 8. Aufl. 2023, Bd. II, § 2 WpHG Rn. 13; *Klöhn*, in: Klöhn, Marktmissbrauchsverordnung, Art. 2 MAR Rn. 13.
13 *Ritz*, in: Just/Voß/Ritz/Zeising, Wertpapierprospektrecht, 2. Aufl. 2023, Art. 2 ProspektVO Rn. 20.
14 Vgl. ESMA, Questions and Answers on the Prospectus Regulation, ESMA31-62-1258 (Version 12, last updated on 3 February 2023), Nr. 14.12 (Transferable securities), S. 68 f.; *Preuße*, in: Schwark/Zimmer, KMRK, § 2 WpPG Rn. 5.
15 In der Vorauflage wurde noch der Begriff der Fungibilität verwendet, der allerdings weitgehend mit der Handelbarkeit übereinstimmt; vgl. *Schnorbus*, in: Berrar/Meyer/Müller et al., WpPG/EU-ProspektVO, 2. Aufl. 2017, § 2 WpPG Rn. 4.

werbs[16] ist. Hauptargument war, dass so der reibungslose Handel von Wertpapieren sichergestellt war, indem ein Nachweis über die Verfügungsberechtigung nicht erforderlich war und entsprechende Einwendungen des Schuldners gegenüber dem Erwerber weitestgehend ausgeschlossen waren.[17] Dementsprechend galt die Faustregel, dass Fungibilität bei der Übertragbarkeit nach Sachenrecht zu bejahen und bei der Übertragbarkeit durch Abtretung zu verneinen war.[18]

Insbesondere vor dem Hintergrund der technischen Weiterentwicklung des Kapitalmarktrechts sowie der Europäisierung des Marktes kann es auf dieses Kriterium jedoch nicht mehr ankommen, damit dem Anlegerschutz weitestgehend Rechnung getragen werden kann. Vielmehr ist jedenfalls insoweit der Begriff des „übertragbaren Wertpapieres" funktional auszulegen. Denn der Anlegerschutz, den das Kapitalmarktrecht herzustellen sucht, ist weitgehend unabhängig von der Übertragungsweise der Instrumente.[19] Bereits zur alten Rechtslage entsprach es dem Gesetzesziel des WpPG, dem Anwendungsbereich einen **möglichst weiten Wertpapierbegriff** zugrunde zu legen.[20] Hieran hat sich durch die Europäisierung nichts geändert. Im Wortlaut des Art. 4 Abs. 1 Nr. 44 MiFID II findet sich das Erfordernis der Möglichkeit eines gutgläubigen Erwerbs im Übrigen nicht wieder, zumal der europäische Gesetzgeber im Hinblick auf die Möglichkeit des gutgläubigen Erwerbs auf ganz unterschiedliche Konzepte in den Mitgliedstaaten trifft. Würde man aber nun den Gutglaubenserwerb in die Vorschrift hineinlesen, müsste man hierfür auf die jeweiligen verschiedenen nationalen Vorschriften zurückgreifen, was zu einer Aufsplitterung und nicht zu der gewollten europäischen Vereinheitlichung führen würde.[21] Der Gutglaubenserwerb kann daher eine Möglichkeit sein, eine gesteigerte Umlauffähigkeit herzustellen, ist jedoch kein ausschließendes Kriterium.[22]

12

Dementsprechend fallen auch Wertpapiere, die nur durch Abtretung des im Wertpapier verkörperten Rechts (wie z. B. **Namenspapiere bzw. Rektapapiere**) oder mit Zustimmung Dritter übertragen werden können, unter den Wertpapierbegriff der ProspektVO.[23] **Namensaktien** können – neben der Übertragung des verbrieften Rechts gemäß §§ 398, 413 BGB – durch Indossament übertragen werden (§ 68 Abs. 1 AktG). Die Namensaktie muss aber mit einem **Blankoindossament** versehen sein, um über die für ein Wertpapier erforderliche Umlauffähigkeit verfügen zu können. **Vinkulierte Namensaktien** können zwar nicht ohne Zustimmung des Vorstands übertragen werden (vgl. § 68 AktG); sie erfül-

13

---

16 So auch noch in der Vorauflage, vgl. *Schnorbus*, in: Berrar/Meyer/Müller et al., WpPG/EU-ProspektVO, 2. Aufl. 2017, § 2 WpPG Rn. 10.
17 *Lenenbach*, Kapitalmarkt- und Börsenrecht, § 10 Rn. 10.256; *Ritz*, in: Assmann/Lenz/Ritz, VerkProspG, § 1 Rn. 14; *von Kopp-Colomb*, in: Heidel, Aktienrecht und Kapitalmarktrecht, 2002, § 1 VerkProspG Rn. 7; so noch *Ritz/Zeising*, in: Just/Voß/Ritz/Zeising, WpPG, 2009, § 2 Rn. 36.
18 *Hamann*, in: Schäfer/Hamann, Kapitalmarktgesetze, § 2 WpPG Rn. 4 a. E.; *Ritz*, in: Just/Voß/ Ritz/Zeising, Wertpapierprospektrecht, 2. Aufl. 2023, Art. 2 ProspektVO Rn. 15.
19 *Zickgraf*, AG 2018, 293, 302.
20 *Kaufmann*, Die Prospektpflicht nach dem WpPG, S. 54.
21 *Klöhn*, in: Klöhn, Marktmissbrauchsverordnung, Art. 2 MAR Rn. 17.
22 Vgl. auch *Kaufmann*, Die Prospektpflicht nach dem WpPG, S. 50 („Dies wird z. B. durch die Möglichkeit von gutgläubigem Erwerb [...] erreicht").
23 Vgl. auch *Assmann*, in: Assmann/Uwe H. Schneider/Mülbert, Wertpapierhandelsrecht, 8. Aufl. 2023, Bd. II, § 2 WpHG Rn. 13.

Art. 2 ProspektVO Begriffsbestimmungen

len jedoch dann den Wertpapierbegriff, wenn sie mit einem Blankoindossament versehen sind und der Emittent **generell ihrer Übertragung zustimmt**.[24]

14 Eng mit der Diskussion zum gutgläubigen Erwerb ist das Erfordernis der Verbriefung verknüpft. Nach verbreiteter Ansicht wird die Handelbarkeit bzw. die Fungibilität regelmäßig durch die **Verbriefung** in einer Urkunde erzielt. Auf eine Verbriefung der einzelnen Wertpapiere kommt es hingegen nicht an.[25] Der durch die ProspektVO bezweckte Anlegerschutz durch Information ist nicht abhängig davon, ob und wie das angebotene Investment durch ein Dokument verkörpert wird oder in Werte- bzw. Registerrechten entmaterialisiert ist.[26] Daher sind namentlich etwa **unverbriefte Namensaktien**,[27] die nur in einem Register geführt werden (§ 67 AktG), Wertpapiere.[28] Etwas anderes ergibt sich auch nicht bezüglich Schuldtiteln, bei denen die Definition in der deutschen Sprachfassung der MiFID II eine Verbriefung vorauszusetzen scheint.[29] Wertpapiere i. S. d. ProspektVO sind somit nicht nur effektive Stücke und Aktien, die durch Sammel- oder Globalurkunden repräsentiert werden, sondern auch sog. **Wertrechte**.[30] In der Praxis wird die Ausgabe effektiver Stücke und die Einzelverbriefung immer seltener, da die Entwicklung des Effektengiroverkehrs und des internationalen Effektenhandels die größtmögliche Umsatzfähigkeit verlangen. Wertrechte im vorgenannten Sinn sind u. a. staatliche Anleihen, bei denen die

---

24 Weiter CESR's Technical Advice on Possible Implementing Measures of the Directive 2004/39/EC on Markets in Financial Instruments, April 2005, CESR/05-290b, S. 82. Die ESMA will an den Definitionen von CESR festhalten, vgl. Consultation Paper MiFID II/MiFIR, 19 December 2014, ESMA/2014/1570, S. 487. Vgl. insgesamt zum Thema Namensaktien §§ 16 f. der „Bedingungen für Geschäfte an den deutschen Wertpapierbörsen" (danach sind Namensaktien lieferbar, wenn die letzte Übertragung – und nur diese – durch ein Blankoindossament ausgedrückt ist oder wenn – bei vinkulierten Namensaktien – eine Blankozession erfolgte oder den Aktien Blankoumschreibungsanträge des Verkäufers beigefügt sind. Bei weiteren Übertragungen ist dann eine erneute Indossierung bzw. Zession nicht erforderlich, sodass die Papiere im Handel den Inhaberaktien ähneln und in Girosammelverwahrung genommen werden können); § 5 Abs. 2 Nr. 2 BörsZulV; ferner *Zivny/Mock*, ProspektVO/KMG 2019, Art. 2 ProspektVO Rn. 12; *Ritz*, in: Just/Voß/Ritz/Zeising, Wertpapierprospektrecht, 2. Aufl. 2023, Art. 2 ProspektVO Rn. 20; *Groß*, Kapitalmarktrecht, § 2 WpPG Rn. 3; *Heidelbach*, in: Schwark/Zimmer, KMRK, § 32 BörsG Rn. 27; *Wiegel*, Die Prospektrichtlinie und Prospektverordnung, S. 151; *Mentz/Fröhling*, NZG 2002, 201, 202.
25 Vgl. zum WpPG a. F.: BT-Drucks. 15/4999, 28; *Groß*, Kapitalmarktrecht, § 2 WpPG Rn. 3; *Bartlitz*, NJW 2022, 1981, 1982; *Ritz*, in: Just/Voß/Ritz/Zeising, Wertpapierprospektrecht, 2. Aufl. 2023, Art. 2 ProspektVO Rn. 15; *Foelsch*, in: Holzborn, WpPG, § 2 Rn. 4; **a. A.** *Keunecke*, Prospekte im Kapitalmarkt, S. 103 Rn. 166; *Leuering*, Der Konzern 2006, 4, 9.
26 *Groß*, Kapitalmarktrecht, § 2 WpPG Rn. 3; vgl. insbesondere zu Schuldscheinen *Klöhn/Parhofer/Resas*, ZBB 2018, 89, 102.
27 Trotz des grundsätzlichen Verbriefungsanspruches eines jeden Aktionärs können die Namensaktien zunächst unverbrieft ausgegeben werden (vgl. auch § 10 Abs. 5 AktG). Sie bleiben unverbrieft, bis effektive Stücke oder eine Sammel- bzw. Globalurkunde geschaffen worden sind. Im Falle einer REIT-Aktiengesellschaft ist der Verbriefungsanspruch des Aktionärs sogar von vornherein gesetzlich ausgeschlossen (§ 5 Abs. 2 REITG), ohne dass entsprechende Festsetzungen in der Satzung getroffen werden müssen.
28 *Ritz*, in: Just/Voß/Ritz/Zeising, Wertpapierprospektrecht, 2. Aufl. 2023, Art. 2 ProspektVO Rn. 15, 41; *Hamann*, in: Schäfer/Hamann, Kapitalmarktgesetze, § 2 WpPG Rn. 5.
29 Die englische Fassung von Art. 4 Abs. 1 Nr. 44 lit. b lautet „other forms of securitised debt" und meinte damit nicht die Verbriefung, sondern die Kapitalmarktfähigkeit des Schuldtitels. So *Klöhn/Parhofer/Resas*, ZBB 2018, 89, 102; vgl. auch *Lehmann*, Finanzinstrumente, 2009, S. 53.
30 Vgl. zum WpPG a. F. *Foelsch*, in: Holzborn, WpPG, § 2 Rn. 4.

Verbriefung in Inhaberschuldverschreibungen durch eine Registereintragung ersetzt wird (Schuldbuchforderungen wie etwa Bundesschatzbriefe und Kassenobligationen der öffentlichen Hand).[31]

Neben diesen Merkmalen prüft eine neuere Strömung zudem eine Vergleichbarkeit des jeweiligen Instruments zu den drei in der Legaldefinition des Art. 4 Abs. 1 Nr. 44 in lit. a bis c MiFID II aufgeführten Typen von Wertpapieren.[32] Im Unterschied zur Standardisierung und Handelbarkeit steht hier nicht die Art der Übertragung des Rechts im Fokus, sondern die Frage, welches Recht das zu prüfende Instrument abbildet und ob die Zirkulation dieses Rechts in einem multilateralen Handelssystem eine Anwendung des Kapitalmarktrechts rechtfertigt. Bereits aus dem Wortlaut ergibt sich, dass der Wertpapierbegriff nicht auf die in der MiFID II ausdrücklich benannten Instrumente beschränkt ist, sodass ein Tatbestandsmerkmal zur Erfassung der nicht ausdrücklich genannten Instrumente notwendig ist. Systematisch knüpft diese Ansicht die Herleitung an den Rechtsgedanken des Erwägungsgrunds Nr. 8 der MiFID II an.[33] Teleologisch beruht sie auf dem Gedanken, dass das europäische Kapitalmarktrecht Anlegerschutz für typische Interessenkonflikte und Gefahren bezweckt, sodass es darauf ankommen muss, ob durch ein Instrument die gleiche Interessen- bzw. Gefahrenlage geschaffen wird wie durch die ausdrücklich genannten Wertpapiere.[34] In der Herangehensweise orientiert sich dieses Merkmal rechtsvergleichend an dem aus dem US-amerikanischen Kapitalmarktrecht bekannten Family-Resemblance-Test[35] und kann bei der Einordnung neuer oder unorthodoxer Instrumente (zu Krypto-Tokens siehe → Rn. 17 ff.) hilfreich sein. Zugleich dient das Merkmal auch der Eingrenzung; bei strenger Betrachtungsweise müsste jede standardisierte und handelbare Rechtsposition unabhängig von ihrem materiellen Inhalt ein Wertpapier sein, was zu einer immensen (ungewollten) Reichweite der Definition führen würde.[36] Danach ist beispielsweise für die Vergleichbarkeit zu Aktien eine Eigenkapitalbeteiligung an einem Rechtsträger notwendig, die eine finanzielle Rendite verspricht, hauptsächlich von den Anstrengungen Dritter abhängt und die typischerweise Stimm- und andere Herrschaftsrechte vermittelt.[37]

Es dürfen schließlich keine Zahlungsinstrumente vorliegen. Zu den in der MiFID II nicht definierten Zahlungsinstrumenten gehören Bargeld und Giral-/Buchgeld, Schecks und andere liquide Mittel, die gewöhnlich als Zahlungsmittel verwendet werden, sowie E-Geld, aber auch Einkaufsgutscheine und Komplementärwährungen.[38]

---

31 Vgl. zum WpPG a.F. BAWe, Bekanntmachung zum Wertpapier-Verkaufsprospektgesetz, unter I. 1., S. 2; *Ritz*, in: Just/Voß/Ritz/Zeising, Wertpapierprospektrecht, 2. Aufl. 2023, Art. 2 ProspektVO Rn. 26.
32 Vgl. nunmehr etwa BaFin, Merkblatt: Zweites Hinweisschreiben zu Prospekt- und Erlaubnispflichten im Zusammenhang mit der Ausgabe sogenannter Krypto-Token, S. 7 f.; zuvor *Klöhn*, in: Klöhn, Marktmissbrauchsverordnung, Art. 2 MAR Rn. 12; *Klöhn/Parhofer/Resas*, ZBB 2018, 89, 100 ff.; *Zickgraf*, AG 2018, 293, 302 ff.; *Hacker/Thomale*, ECFR 2018, 645, 669 f.
33 *Klöhn/Parhofer/Resas*, ZBB 2018, 89, 100 ff.
34 *Hacker/Thomale*, ECFR 2018, 645, 669 f.; *Klöhn/Parhofer/Resas*, ZBB 2018, 89, 100 ff.
35 Vgl. etwa Reves v. Ernst & Young, 494 U.S. 56 (1990), zitiert nach *Klöhn/Parhofer/Resas*, ZBB 2018, 89, 100 ff.
36 *Zickgraf*, AG 2018, 293, 302.
37 *Klöhn/Parhofer/Resas*, ZBB 2018, 89, 101 f.
38 Vgl. die Auslegung der BaFin zu § 1 Abs. 11 KWG: BaFin, Merkblatt Finanzinstrumente nach § 1 Abs. 11 KWG 20.12.2011, vom 20.11.2011, zuletzt geändert am 26.2.2020, https://www.bafin.de/SharedDocs/Veroeffentlichungen/DE/Merkblatt/mb_111220_finanzinstrumente.html.

Art. 2 ProspektVO Begriffsbestimmungen

c) Kryptowerte

17 Seit 2017 etablieren sich im Markt Kapitalmaßnahmen im Wege eines sog. **Initial Coin Offering** („ICO", angelehnt an den Begriff des IPO), in dessen Rahmen keine Wertpapiere, sondern **Kryptowerte** ausgegeben werden. Bei im Rahmen von ICOs ausgegebenen Kryptowerten handelt es sich um digitalisierte, auf einer Blockchain dezentral gespeicherte **Abbildungen von Vermögenswerten**, denen bestimmte Funktionen oder Werte zugesprochen werden. Einen einheitlichen Typus von Kryptowerten gibt es dabei nicht. Es steht dem jeweiligen Emittenten frei, festzulegen, welche Eigenschaften, Funktionalitäten oder Rechte sein Token jeweils beinhalten soll. Grundlegend kann dabei jedenfalls zwischen extrinsischen und intrinsischen Kryptowerten unterschieden werden. Extrinsische Kryptowerte bilden im Gegensatz zu intrinsischen Kryptowerten einen außerhalb der Blockchain liegenden Wert oder ein solches Recht ab. In der im Jahr 2023 verabschiedeten Verordnung über Märkte für Kryptowerte (MiCA-VO), die unter anderem eine Pflicht zur Erstellung eines Whitepapers bei der Emission von Kryptowerten statuiert und ein eigenes Marktmissbrauchsrecht für Kryptowerte vorsieht, ist der Begriff des Kryptowertes legaldefiniert als „digitale Darstellung von Werten oder Rechten, die unter Verwendung der Distributed-Ledger-Technologie oder einer ähnlichen Technologie elektronisch übertragen und gespeichert werden können" (Art. 3 Abs. 1 Nr. 2 MiCA-VO).[39] Darüber hinaus unterscheiden Literatur[40] und aufsichtsrechtliche Praxis[41] wie bislang weiterhin zwischen „Utility Tokens" (auch „App-Tokens" oder „Nutzungstokens"), „Currency Tokens" (auch „Virtuelle Währung", „Payment Tokens") und „Security" bzw. „Investment Tokens".

18 **Investment Tokens** bieten ihren Inhabern mitgliedschaftliche Rechte (z. B. Stimmrechte) oder schuldrechtliche Ansprüche vermögenswerten Inhalts (z. B. Dividendenrechte)[42] und lassen sie so an den zukünftigen Gewinnen des Unternehmens teilhaben.[43] Die Tokens verkörpern damit wertpapierähnliche Rechte, die mit den anderen Kategorien von Wertpapieren vergleichbar sind (vgl. oben → Rn. 13). Hinzu kommt, dass sich Tokens ohne wesentliche Übertragungshindernisse (vgl. dazu oben unter → Rn. 7 ff.) zumindest im Wege der Abtretung nach §§ 398 Satz 1, 413 BGB[44] über die Blockchain übertragen las-

---

39 Vgl. zudem die nationalen Definitionen für Zwecke der Kryptoverwahrung in § 1 Abs. 11 Satz 4 KWG (dazu *Resas/Ulrich/Geest*, ZBB 2020, 22) und im Zivilrecht (§ 4 Abs. 3 Gesetz zur Einführung elektronischer Wertpapiere, BGBl. I 2021, S. 1423, dazu BT-Drucks. 19/26925, 70).
40 Vgl. zur Typologie: *Bialluch-von Allwörden/von Allwörden*, WM 2018, 2118; *Hacker/Thomale*, ECFR 2018, 645, 652; *Klöhn/Parhofer/Resas*, ZBB 2018, 89, 92; *Rolker/Strauß*, WM 2018, 489; *Zickgraf*, AG 2018, 293, 294; *Grimm/Kreuter*, AG 2023, 177, 179 f.
41 BaFin, Merkblatt: Zweites Hinweisschreiben zu Prospekt- und Erlaubnispflichten im Zusammenhang mit der Ausgabe sogenannter Krypto-Token, S. 5 f.
42 *Kleinert/Mayer*, EuZW 2019, 857, 858; BaFin, Merkblatt: Zweites Hinweisschreiben zu Prospekt- und Erlaubnispflichten im Zusammenhang mit der Ausgabe sogenannter Krypto-Token, S. 6.
43 *Zickgraf*, AG 2018, 293, 295; *Grimm/Kreuter*, AG 2023, 177, 180.
44 Im Einzelnen in der Literatur str., so etwa *Zickgraf*, AG 2018, 293, 298; *Behme/Zickgraf*, ZfPW 2019, 66, 88; sowie noch weitergehend *Skauradszun*, AcP 221 (2021), 353, 376 f.), der für eine Abtretung gemäß §§ 413, 398 BGB mit der gleichzeitigen Vereinbarung eines Eintragungserfordernisses nach § 399 2. Fall BGB argumentiert; die Übertragung von Kryptowerten als Realakt einordnend *Möllenkamp*, in: Hoeren/Sieber/Holznagel, Handbuch Multimedia-Recht, Stand: 58. EL März 2022, Teil 13.6 Rn. 70; *Omlor*, JuS 2019, 289, 290 f.; *Kaulartz/Matzke*, NJW 2018, 3278, 3280; *Paulus/Matzke*, ZfPW 2018, 431, 451; *Heckelmann*, NJW 2018, 504, 508.

sen. Auf Emittentenebene sind die Tokens auch standardisiert (vgl. hierzu oben unter → Rn. 5), denn die Tokens des jeweiligen Emittenten sind untereinander austauschbar.[45] Von der BaFin werden Investment Tokens daher zu Recht als **Wertpapiere** i. S. d. MiFID II eingestuft.[46] Seit Anfang 2019 hat die BaFin bereits mehr als 20 Wertpapierprospekte und Wertpapier-Informationsblätter mit einem maximalen Emissionsvolumen zwischen 1,5 Mio. EUR und 500 Mio. EUR zu Investment Token genehmigt, vornehmlich zu nachrangigen Schuldverschreibungen.[47]

Currency Tokens (wie z. B. Bitcoin) sind plattformübergreifend als Zahlungsmittel konzipiert und besitzen neben ihrer Übertragbarkeit keine oder nur unwesentliche Funktionalität.[48] Wegen ihrer Vergleichbarkeit mit Zahlungsinstrumenten stellen sie grundsätzlich keine Wertpapiere i. S. d. MiFID II dar, unterfallen aber in Folge der Umsetzung des Gesetzes zur Umsetzung der ÄnderungsRL zur Vierten EU-Geldwäscherichtlinie dem Begriff des Kryptowertes gemäß § 1 Abs. 11 Satz 4 KWG und stellen damit Finanzinstrumente gemäß § 1 Abs. 11 KWG dar.[49] Die ehemals umstrittene Einordnung der BaFin, wonach Currency Tokens Rechnungseinheiten i. S. d. § 1 Abs. 11 Satz 1 Nr. 7 Alt. 2 KWG darstellen sollten, ist damit hinfällig.[50] 19

Utility Tokens gewähren in erster Linie Zugriff auf bestimmte Serviceleistungen oder Produkte, vergleichbar einer Eintrittskarte oder einem Gutschein.[51] Sie gewähren keine direkten finanziellen Ansprüche gegen das Unternehmen. Für den Anleger soll sich der Nutzen nicht in einer eventuellen zukünftigen Dividendenzahlung realisieren, sondern in der **Nutzungsmöglichkeit** bestimmter Leistungen und Einrichtungen.[52] Reine Utility Tokens stellen damit grundsätzlich keine Wertpapiere dar.[53] Dennoch können Utility Tokens unter Umständen als Wertpapiere eingeordnet werden und zwar, wenn die Tokens auf dem Sekundärmarkt gehandelt werden und die Anleger so Aussicht auf Veräußerungsge- 20

---

45 Vgl. *Hacker/Thomale*, ECFR 2018, 645, 667 f.
46 BaFin, Merkblatt: Zweites Hinweisschreiben zu Prospekt- und Erlaubnispflichten im Zusammenhang mit der Ausgabe sogenannter Krypto-Token, S. 6.
47 *Weiß*, BaFin Journal, April 2019, 8, 10; Emission der Bitbond Finance GmbH vom 4.2.2019, https://portal.mvp.bafin.de/database/VPInfo/prospekt.do?details=true&id=25022001&typId=40&bereich=3&cmd=zeigeProspektEmittentenSuche; Emission der FND German RE GmbH vom 11.7.2019, https://portal.mvp.bafin.de/database/VPInfo/emittenten.do?cmd=zeigeProspekteZuProspekt&id=25958886&typId=40&bereich=3&sucheArt=EMITTENT; Emission der Exporo Hannover Berlin GmbH vom 29.10.2019, https://portal.mvp.bafin.de/database/VPInfo/prospekt.do?id=30287541&typId=40&bereich=3&cmd=zeigeProspektEmittentenSuche.
48 *Klöhn/Parhofer/Resas*, ZBB 2018, 89, 92.
49 *Möllenkamp*, in: Hoeren/Sieber/Holznagel, Handbuch Multimedia-Recht, Stand: 58. EL März 2022, Teil 13.6 Rn. 18; siehe auch BaFin, Kryptotoken, Stand: 1.9.2022, https://www.bafin.de/DE/Aufsicht/FinTech/Geschaeftsmodelle/DLT_Blockchain_Krypto/Kryptotoken/Kryptotoken_node.html.
50 BaFin, Merkblatt: Zweites Hinweisschreiben zu Prospekt- und Erlaubnispflichten im Zusammenhang mit der Ausgabe sogenannter Krypto-Token, S. 6; ehemals a. A. KG Berlin, WM 2018, 2083; *Klöhn/Parhofer* ZIP 2018, 2093, 2096 ff.
51 *Kleinert/Mayer*, EuZW 2019, 857, 858; BaFin, Merkblatt: Zweites Hinweisschreiben zu Prospekt- und Erlaubnispflichten im Zusammenhang mit der Ausgabe sogenannter Krypto-Token, S. 5 f.
52 *Zickgraf*, AG 2018, 293, 294.
53 BaFin, Merkblatt: Zweites Hinweisschreiben zu Prospekt- und Erlaubnispflichten im Zusammenhang mit der Ausgabe sogenannter Krypto-Token, S. 5.

winne haben, wobei ihr Profit von der zukünftigen Entwicklung der Produkte und Dienstleistungen abhängig ist.[54] Die Tokens können ihren Inhabern also objektiv als Investment dienen, wenn ihr Wertsteigerungspotenzial die ihnen inhärenten Nutzungsmöglichkeiten bei weitem überwiegt.[55] In Fällen mit einem derartigen Zukunftsbezug handelt es sich eher um eine Investition der Anleger in das Unternehmen.[56] Denn je weiter die versprochenen Vorteile in der Zukunft liegen, desto eher kommt es nicht auf typische Vorleistungs- oder Übersendungsrisiken an. Stattdessen treten die gleichen Interessenkonflikte und Informationsasymmetrien zwischen „Anlegern" und Management auf wie bei Aktien oder Schuldtiteln, mithin Konflikte, deren Regelung Kapitalmarktrecht bezweckt.[57] In diesen, in der Praxis wohl dominierenden, Fällen ist aufgrund der Vergleichbarkeit (vgl. hierzu oben unter → Rn. 5 ff.) zu den in der MiFID II ausdrücklich aufgelisteten Wertpapieren eine Qualifizierung als Wertpapier wahrscheinlich. Aufgrund der tatsächlichen Unsicherheit haben zumindest auf dem deutschen und amerikanischen Markt Utility Token Offerings deutlich abgenommen.[58]

21 **Keine Wertpapiere** i.S.d. MiFID II stellen hingegen grundsätzlich sogenannte Non-Fungible Token („**NFTs**") dar. Bei NFTs handelt es sich um solche Tokens, die aufgrund ihrer technischen Eigenschaften nicht austauschbar, mithin nicht fungibel sind.[59] Aufgrund ihrer individuellen Ausgestaltung fehlt es dieser Tokenart am wertpapierrechtlichen Merkmal der Standardisierung (vgl. hierzu oben → Rn. 8).[60] Auszuklammern und in der Folge die Wertpapiereigenschaft bejahend wäre hingegen die Ausgestaltung der NFTs als fraktionierte NFTs („**Fractional NFTs**"), also Bruchteile eines NFTs, die standardisiert und demnach auf Handelbarkeit ausgelegt sind.[61]

d) Nach dem eWpG begebene elektronische Wertpapiere

22 Am 10.6.2021 ist das Gesetz über elektronische Wertpapiere (eWpG) in Kraft getreten. Es ist in seinem Anwendungsbereich zunächst auf Inhaberschuldverschreibungen (§ 1 eWpG) und gemäß §§ 95 Abs. 1 Satz 1 i.V.m. Abs. 3 KAGB auf Anteile an Sondervermögen begrenzt. Durch die Einführung des eWpG ist die Begebung von elektronischen Inhaberschuldverschreibungen möglich geworden, bei denen der bislang erforderliche

---

54 *Zickgraf*, AG 2018, 293, 304; *Klöhn/Parhofer/Resas*, ZBB 2018, 89, 102 f.; *Grimm/Kreuter*, AG 2023, 177, 184.
55 *Hacker/Thomale*, ECFR 2018, 645, 684.
56 *Zickgraf*, AG 2018, 293, 305; *Klöhn/Parhofer/Resas*, ZBB 2018, 89, 102 f.
57 *Klöhn/Parhofer/Resas*, ZBB 2018, 89, 102 f.
58 Vgl. etwa die Untersagung eines der größten ICOs, dem ICO der Telegram Group, Inc. über 1,7 Mrd. USD, SEC Press Release 2019-212, SEC Press Release 2020-146.
59 Vgl. hierzu BaFin, Kryptotoken, Stand: 1.9.2022, https://www.bafin.de/DE/Aufsicht/FinTech/Geschaeftsmodelle/DLT_Blockchain_Krypto/Kryptotoken/Kryptotoken_node.html; umfassend auch aus bank- und kapitalmarktrechtlicher Perspektive *Denga*, BKR 2022, 288, vgl. zudem *Grimm/Kreuter*, AG 2023, 177, 185.
60 Ebenso im Ergebnis etwa auch etwa *Rennig*, BKR 2021, 402, 406; *Rauer/Bibi*, ZUM 2022, 20, 26; *Denga*, BKR 2022, 288, 291; explizit den Inhalt eines NFTs und die Ausgestaltung im Einzelfall hervorhebend BaFin, Non-Fungible-Token: Auf den Inhalt kommt es an, Stand: 8.3.2023, abrufbar unter: https://www.bafin.de/dok/19605520.
61 So etwa *Maume*, RDi 2022, 461, 465.

Skripturakt durch die Eintragung in ein elektronisches Wertpapierregister i. S. d. § 4 Abs. 1 eWpG ersetzt wird.

Nach dem eWpG begebene elektronische Inhaberschuldverschreibungen unterfallen dem prospektrechtlichen Wertpapierbegriff, der ohnehin kein Verbriefungserfordernis statuiert (vgl. hierzu oben unter → Rn. 14).[62] Hierbei ist es, bei Vorliegen der weiteren Voraussetzungen, unerheblich, welche im eWpG vorgesehene Form des elektronischen Wertpapierregisters der Emittent für die Eintragung wählt.[63] Möglich sind sowohl die Eintragung in ein zentrales Register i. S. d. § 12 eWpG als auch die Eintragung in ein dezentral geführtes Kryptowertpapierregister i. S. d. § 16 eWpG.[64] 23

Die nach den Vorschriften des eWpG in ein Kryptowertpapierregister eingetragenen Wertpapiere werden als „Kryptowertpapiere" bezeichnet. Zu unterscheiden sind Kryptowertpapiere von dem weiter gefassten Begriff der „Kryptowerte" (vgl. → Rn. 17 f.). Kryptowertpapiere stellen eine Teilmenge der Kryptowerte dar und setzen zwingend eine Einigung über die Begebung sowie die Eintragung in ein Kryptowertpapierregister voraus.[65] Daraus folgt, dass Kryptowertpapiere außerhalb des Anwendungsbereiches eines Kryptowertpapierregisters nicht möglich sind.[66] Die Rechte aus einem Kryptowertpapier werden nicht gemäß §§ 398 Satz 1, 413 BGB, sondern mit Übereignung und Umtragung des Kryptowertpapieres übertragen.[67] 24

e) Weitere Beispiele

Den Wertpapierbegriff **erfüllen** damit insbesondere:[68] 25

– Inhaber- und Namensaktien einer AG, KgaA oder SE, also das klassische kapitalmarktfähige Eigenkapitalinvestment, einschließlich girosammelverwahrter Aktien, unter bestimmten Voraussetzungen auch vinkulierte Namensaktien (vgl. → Rn. 13), unverbriefte Namensaktien (vgl. → Rn. 14) und Spartenaktien (Tracking Stock);[69]
– andere mit Aktien vergleichbare Wertpapiere, also Papiere, die ein Mitgliedschaftsrecht verkörpern, beispielsweise Zwischenscheine gemäß § 8 Abs. 6 AktG; aktienvertretende Zertifikate, wie z. B. American Depositary Receipts, German Depositary Receipts oder Crest Depositary Interests;[70]
– Optionsscheine und Genussscheine;
– Schuldverschreibungen (einschließlich Wandel-, Umtausch- und Optionsanleihen) und andere, Schuldverschreibungen gleichzustellende handelbare Wertpapiere.

---

62 *Groß*, Kapitalmarktrecht, § 2 WpPG Rn. 3; *Kell*, in: Müller/Piper, eWpG, § 11 Rn. 7 f.; BT-Drucks. 19/26925, 70.
63 *Kell*, in: Müller/Piper, eWpG, § 11 Rn. 8.
64 *Kell*, in: Müller/Piper, eWpG, § 4 Rn. 5.
65 *Kell*, in: Müller/Piper, eWpG, § 11 Rn. 6 und 10.
66 *Vig*, BKR 2022, 442, 445.
67 Vgl. § 25 Abs. 2 eWpG.
68 *Groß*, Kapitalmarktrecht, § 2 WpPG Rn. 3; *Preuße*, in: Schwark/Zimmer, KMRK, § 2 WpPG Rn. 7; vgl. zum WpPG a. F. BT-Drucks. 15/4999, 28; vgl. auch BAWe, Bekanntmachung zum Wertpapier-Verkaufsprospektgesetz, unter I. 1., S. 2 f.
69 *Preuße*, in: Schwark/Zimmer, KMRK, § 2 WpPG Rn. 7.
70 *Preuße*, in: Schwark/Zimmer, KMRK, § 2 WpPG Rn. 7.

Art. 2 ProspektVO Begriffsbestimmungen

26 **Keine** Wertpapiere i. S. d. ProspektVO sind insbesondere:[71]
- kraft gesetzlicher Anordnung Zahlungsinstrumente (vgl. → Rn. 16) sowie Geldmarktinstrumente (vgl. → Rn. 4), wie z. B. Schatzanweisungen oder Commercial Papers;
- Instrumente, bei denen der Anlagebetrag jeweils individuell vereinbart wird, oder solche, bei denen abweichend vom festgelegten Nennwert individuelle Anlagesummen vereinbart werden, weil ihnen die notwendige Umlauffähigkeit fehlt;
- Anteile (in der Regel Anteilscheine), die eine stille Beteiligung oder die Gesellschafterstellung in einer GmbH,[72] KG, OHG, BGB-Gesellschaft oder Genossenschaft verkörpern (weil sie nicht jederzeit in einem Markt gehandelt werden können);[73]
- aus denselben Gründen die Vermögenseinlage eines persönlich haftenden Gesellschafters einer KgaA;
- Anlageinstrumente, die nicht standardisiert sind, wie insbesondere Namensschuldverschreibungen (Sparkassenbriefe, Sparbriefe, Sparkassenobligationen, Namensschuldverschreibungen mit Nachrangabrede);[74]
- weiter Schuldscheindarlehen; Termingeld; Sparbriefe; Wechsel und Schecks; Beweisurkunden; Legitimationspapiere; Hypotheken- und Grundschuldbriefe; Versicherungsscheine;[75]
- nicht übertragbare Rechte, wie z. B. Optionen im Rahmen der Mitarbeiterbeteiligung (vgl. → Rn. 28 oder Wertsteigerungsrechte (Stock Appreciation Rights oder Phantom Stocks).[76]

27 Keine Wertpapiere sind ferner **Bezugsrechte**, die kraft Gesetzes infolge eines Bezugsangebots nach § 186 AktG jedem Aktionär verhältnismäßig zuwachsen.[77] Das aufgrund eines Kapitalerhöhungsbeschlusses bestehende konkrete Bezugsrecht stellt zwar ein selbstständig veräußerliches und übertragbares Recht dar, das die Einrichtung eines Be-

---

71 Vgl. BT-Drucks. 15/4999, 28; *Groß*, Kapitalmarktrecht, § 2 WpPG Rn. 3; *Zivny/Mock*, ProspektVO/KMG 2019, Art. 2 ProspektVO Rn. 21–23; *Preuße*, in: Schwark/Zimmer, KMRK, § 2 WpPG Rn. 8; vgl. auch BAWe, Bekanntmachung zum Wertpapier-Verkaufsprospektgesetz, unter I. 1., S. 2 f.
72 Nach dem MoMiG können GmbH-Anteile nunmehr gutgläubig erworben werden (vgl. § 16 GmbHG). Doch auch wenn es auf den Gutglaubensschutz für die Begründung des Tatbestandsmerkmals nicht mehr entscheidend ankommt (vgl. Rn. 11), fehlt es aufgrund der notwendigen notariellen Beurkundung für die Anteilsübertragung (vgl. § 15 Abs. 3 und 4 GmbHG) namentlich an der nötigen Fungibilität (vgl. Rn. 10 ff.).
73 BT-Drucks. 15/4999, 28; *Foelsch*, in: Holzborn, WpPG, § 2 Rn. 6; *Preuße*, in: Schwark/Zimmer, KMRK, § 2 WpPG Rn. 8; *Ritz*, in: Just/Voß/Ritz/Zeising, Wertpapierprospektrecht, 2. Aufl. 2023, Art. 2 ProspektVO Rn. 56, 57; ferner *Bauerschmidt*, in: Assmann/Schlitt/von Kopp-Colomb, Prospektrecht Kommentar, Art. 2 ProspektVO Rn. 19; *Giedinghagen*, BKR 2007, 233, 234.
74 *Foelsch*, in: Holzborn, WpPG, § 2 Rn. 6; *Hamann*, in: Schäfer/Hamann, Kapitalmarktgesetze, § 2 WpPG Rn. 4; *Ritz*, in: Just/Voß/Ritz/Zeising, Wertpapierprospektrecht, 2. Aufl. 2023, Art. 2 ProspektVO Rn. 59.
75 *Ritz*, in: Just/Voß/Ritz/Zeising, Wertpapierprospektrecht, 2. Aufl. 2023, Art. 2 ProspektVO Rn. 59.
76 *Leuering*, Der Konzern 2006, 4, 9; *Holzborn/Mayston*, in: Holzborn, WpPG, § 4 Rn. 10 a. E.
77 *Groß*, in: Ebenroth/Boujong/Joost/Strohn, HGB, § 2 WpPG Rn. 3; *ders.*, Kapitalmarktrecht, § 2 WpPG Rn. 3; *Mayston*, in: Heidel, Aktienrecht und Kapitalmarktrecht, § 2 WpPG Rn. 5; *Bauerschmidt*, in: Assmann/Schlitt/von Kopp-Colomb, Prospektrecht Kommentar, Art. 2 ProspektVO Rn. 20; **a. A.** *Preuße*, in: Schwark/Zimmer, KMRK, § 2 WpPG Rn. 9; *Zivny/Mock*, ProspektVO/KMG 2019, Art. 2 ProspektVO Rn. 12.

zugsrechtshandels an der Börse erlaubt; dabei sind die Bezugsrechte als rechtlicher Bestandteil der in den Altaktien verkörperten Mitgliedschaft automatisch zum Börsenhandel zugelassen, wenn bereits die Altaktien an der Börse gehandelt werden,[78] es bedarf lediglich noch der Einführung an der Börse (§ 38 BörsG). Das konkrete Bezugsrecht stellt aber lediglich einen schuldrechtlichen Anspruch der Aktionäre gegen die Gesellschaft auf Zuteilung gemäß dem bisherigen Beteiligungsverhältnis dar. Die Tatsache, dass Bezugsrechte nicht dem Wertpapierbegriff unterfallen, bedeutet im Übrigen nicht zwangsläufig, dass eine Bezugsrechtsemission nicht der ProspektVO unterliegt, da darin ein Angebot der neu auszugebenden Aktien liegen kann (vorbehaltlich der weiteren Voraussetzungen für ein „öffentliches Angebot").[79] Die **gleichen Überlegungen** gelten für andere durch den Emittenten ausgegebene – also nicht kraft Gesetzes entstehende – nicht verbriefte Rechte, die Aktionäre zum Bezug von Aktien oder anderen Wertpapieren der Gesellschaft oder Tochtergesellschaften berechtigen.

Aktienoptionen unterfallen grundsätzlich nicht dem Wertpapierbegriff, wenn sie nicht übertragbar sind.[80] Insbesondere im Rahmen eines Mitarbeiterbeteiligungsprogramms werden Arbeitnehmern und Managern Optionen eingeräumt, die personenbezogen und damit nicht übertragbar sind. Hinzu kommt, dass die Optionen oftmals erst nach einer gewissen Zeitspanne oder nach dem Ausscheiden aus dem Unternehmen zum Aktienerwerb berechtigen (Vesting Period). Auch sog. Restricted securities (**Restricted Stock Units** (RSU) oder **Restricted Stocks** (RS)) erfüllen mangels Übertragbarkeit nicht den Wertpapierbegriff.[81] Dabei handelt es sich um Rechte, die nach Ablauf einer gewissen Wartezeit in Form von Aktien oder in Geld umgetauscht werden können. Wenn Aktienoptionen übertragbar sind, bedarf es zur Erfüllung des Wertpapierbegriffs weiter der Möglichkeit der Handelbarkeit (vgl. oben → Rn. 9), was z.B. bei Mitarbeiterbeteiligungsprogrammen regelmäßig nicht der Fall ist.[82] Soweit Aktienoptionen oder Restricted Stocks zur Lieferung von Aktien führen, stellt sich allerdings die Frage, inwieweit dieser Umstand zu einem öffentlichen Angebot führen kann (vgl. → Rn. 101 und → Rn. 103).

28

f) Ausländische Wertpapiere

Die zivil-, wertpapier- und kapitalmarktrechtliche Beurteilung der Eigenschaft eines in einem Drittland emittierten Wertpapiers richtet sich grundsätzlich nach der einschlägigen Jurisdiktion. Allerdings gebietet die ProspektVO, die insgesamt den Schutz der Anleger in der EU zum Ziel hat, hier nach teleologischer Auslegung eine Parallelwertung nach

29

---

78 *Herfs*, in: Habersack/Mülbert/Schlitt, Unternehmensfinanzierung, § 5 Rn. 106; *Schlitt/Seiler*, WM 2003, 2175, 2181.
79 Vgl. CESR, Frequently Asked Questions (12th Updated Version – November 2010), Nr. 63 (Rights issue to existing shareholders), S. 45 (von ESMA nicht mehr fortgeführt); vgl. weiter *von Kopp-Bauerschmidt*, in: Assmann/Schlitt/von Kopp-Colomb, Prospektrecht Kommentar, Art. 2 ProspektVO Rn. 33.
80 ESMA, Questions and Answers – Prospectuses, ESMA31-62-1258 (Version 12, last updated on 3 February 2023), Nr. 4.1 (Share option schemes), S. 33; BT-Drucks. 16/2424, 6 (Antwort der Bundesregierung auf die Kleine Anfrage der Abgeordneten *Dr. Thea Dückert*, *Dr. Gerhard Schick*, *Kerstin Andreae*, weiterer Abgeordneter und der Fraktion BÜNDNIS 90/DIE GRÜNEN); *Kollmorgen/Feldhaus*, BB 2007, 225, 225 f.; *Hamann*, in: Schäfer/Hamann, Kapitalmarktgesetze, § 2 WpPG Rn. 4.
81 *Kollmorgen/Feldhaus*, BB 2007, 225, 226.
82 *Zivny/Mock*, ProspektVO/KMG 2019, Art. 2 ProspektVO Rn. 12.

europäischem Recht.[83] D. h., dass ein Wertpapier in allen EU-Ländern als ein solches zu qualifizieren ist, wenn es die oben genannten Kriterien erfüllt, unabhängig von der Bewertung im betreffenden Herkunftsland.[84]

2. Dividendenwerte (lit. b)

a) Praktische Bedeutung

30   Die Definition war bereits in Art. 2 Abs. 1 lit. b ProspektRL enthalten und diente nach Art. 7 Abs. 2 lit. a ProspektRL vor allem der Abgrenzung von Dividendenwerten zu Nichtdividendenwerten. Diese Regelung findet sich nun in Art. 13 Abs. 1 lit. a wieder (vgl. → Art. 13 Rn. 15). Praktische Bedeutung kommt der Abgrenzung vornehmlich bei der Frage zu, inwieweit die Emittenten berechtigt sind, einen **Basisprospekt** zu erstellen und/oder den **Herkunftsstaat zu wählen**. Bedeutung hat die Unterscheidung zwischen Dividenden- und Nichtdividendenwerten auch für die zu befolgenden Offenlegungsvorschriften nach der VO (EU) 2019/980 der Kommission, nach der es verschiedene Registrierungsformulare, auch beim EU-Wachstumsprospekt, für Dividenden und Nichtdividendenwerte gibt.[85]

31   Diese **Abgrenzung** zwischen Dividenden- und Nichtdividendenwerten dient insbesondere:
– der Festlegung des Anwendungsbereichs der ProspektVO (Nichtdividendenwerte bestimmter Emittenten sind von dem Anwendungsbereich der ProspektVO bzw. der Prospektpflicht ausgenommen (vgl. Art. 1 Abs. 2 lit. b, Abs. 4 lit. j und Abs. 5 UAbs. 1 lit. i);
– der Bestimmung der Emissionen, die mittels eines Basisprospekts erfolgen können[86] (vgl. Art. 8 Abs. 1);
– der Bestimmung der Wertpapiere, deren Emittenten den Herkunftsstaat wählen können (vgl. Art. 2 lit. m Ziff. ii);
– der Befreiung von Emittenten bestimmter Nichtdividendenwerte von der Erstellung einer Zusammenfassung (vgl. Art. 7 Abs. 1 UAbs. 2);

---

83 *Groß*, Kapitalmarktrecht, § 2 WpPG Rn. 5.
84 So schon zum alten Recht: *Bauerschmidt*, in: Assmann/Schlitt/von Kopp-Colomb, Prospektrecht Kommentar, Art. 2 ProspektVO Rn. 11; *Ritz*, in: Just/Voß/Ritz/Zeising, Wertpapierprospektrecht, 2. Aufl. 2023, Art. 2 ProspektVO Rn. 53 f.; *Hamann*, in: Schäfer/Hamann, Kapitalmarktgesetze, § 2 WpPG Rn. 3; *Groß*, Kapitalmarktrecht, § 2 WpPG Rn. 5; *Foelsch*, in: Holzborn, WpPG, § 2 Rn. 7; *Müller*, Kommentar zum Wertpapierprospektgesetz, in: Das Deutsche Bundesrecht (III H 39), 27. Lfg. 2010, § 2 Rn. 2; vgl. BAWe, Bekanntmachung zum Wertpapier-Verkaufsprospektgesetz, unter I. 1., S. 2.
85 Siehe Anhänge 2 (Dividendenwerte), 3 (Sekundäremissionen von Dividendenwerten), 6 (Nichtdividendenwerte für Kleinanleger), 7 (Nichtdividendenwerte für Großanleger), 8 (Sekundäremissionen von Dividendenwerten), 24 (EU-Wachstumsprospekt für Dividendenwerte), 25 (EU-Wachstumsprospekt für Nichtdividendenwerte) der Delegierten Verordnung.
86 Im Gegensatz zur Vorgängerregel in der ProspektRL und im WpPG ist der Basisprospekt nun für alle Nichtdividendenwerte zulässig. Wie sich allerdings aus Art. 8 Abs. 1 ergibt, ist die Möglichkeit, mittels eines Basisprospekts Wertpapiere zu emittieren, nicht auf Nichtdividendenwerte beschränkt. Auch bestimmte Dividendenwerte können mittels eines Basisprospekts emittiert werden („Optionsscheine jeglicher Art"). Vgl. zum alten Recht bereits *Wiegel*, Die Prospektrichtlinie und Prospektverordnung, S. 316 f.

– der Festlegung derjenigen Informationen, die im Rahmen eines Prospekts zu veröffentlichen sind (vgl. Art. 13 UAbs. 2 und 3);
– der Bestimmung von Erleichterungen bei Sekundäremissionen (vgl. Art. 14 Abs. 1 b).

b) Grundlagen

Die deutsche Übersetzung der Begriffe ist nicht unbedingt glücklich gewählt, da es nicht zwingend darauf ankommt, ob das Wertpapier tatsächlich zum Bezug von Dividendenzahlungen berechtigt. Treffender ist die englische Bezeichnung, die zwischen „equity securities" und „non-equity securities" unterscheidet.[87] Erfasst werden vom Wortlaut des Art. 2 lit. b dementsprechend (a) **Aktien** (equity), (b) **eigenkapitalähnliche Wertpapiere** (equity equivalent) sowie (c) **Wertpapiere**, die wiederum in Aktien oder eigenkapitalähnliche Wertpapiere umgewandelt werden können (equity-linked). Zusätzliche Voraussetzung, um den Begriff des Dividendenwertes zu erfüllen, ist in letzterem Fall, dass das betreffende Wertpapier durch den **Emittenten der zugrunde liegenden Aktien** selbst oder durch ein **abhängiges Konzernunternehmen** i.S.d. § 17 AktG (vgl. auch → Rn. 38 f.) ausgegeben wurde.

32

c) Aktien

Unter Dividendenwerte fallen zunächst **sämtliche Aktien**, die von einer AG, KgaA, SE oder ähnlichen juristischen Person ausländischen Rechts ausgegeben wurden, und zwar jeder Gattung (einschließlich Vorzugsaktien nach §§ 139 ff. AktG). Nicht zu Aktien in diesem Sinne, obwohl für die Zwecke der Definition von Wertpapieren zusammen mit Aktien genannt, gehören vertretende Zertifikate wie **American Depositary Receipts** oder **German Depositary Receipts**. Nach Ansicht der ESMA sollen Depositary Receipts zu den Nichtdividendenwerten zählen, da der Emittent der Depositary Receipts in den meisten Fällen nicht der Emittent der zugrunde liegenden Aktien sein wird.[88] Dies überzeugt.[89]

33

---

87 Zuvor wurden die Begriffe im Deutschen mit „Eigenkapitalwertpapiere" und „Nichteigenkapitalwertpapiere" übersetzt (vgl. Geänderter Vorschlag für eine Richtlinie des Europäischen Parlaments und des Rates betreffend den Prospekt, der beim öffentlichen Angebot von Wertpapieren oder bei deren Zulassung zum Handel zu veröffentlichen ist und zur Änderung der Richtlinie 2001/34/EG (2003/C 20 E/14) (KOM(2002) 460 endg. – 2001/0117(COD), ABl. EG Nr. C 20 E v. 28.1.2003, S. 122, 141); erst mit dem Gemeinsamen Standpunkt (EG) Nr. 25/2003 vom 24.3.2003, ABl. EU Nr. C 125 E v. 27.5.2003, 21, 49, wurde die jetzt gewählte Übersetzung eingeführt.
88 ESMA, Questions and Answers on the Prospectus Regulation, ESMA31-62-1258 (Version 12, last updated on 3 February 2023), Nr. 6.2 (Global depositary receipts over shares (home Member State)), S. 39.
89 Unter ausdrücklicher Aufgabe der in der 2. Auflage vertretenen Auffassung. Ebenfalls bejahend *Groß*, Kapitalmarktrecht, § 2 WpPG Rn. 3; zum alten Recht bereits *Heidelbach*, in: Schwark/Zimmer, KMRK, 4. Aufl. 2010, § 2 WpPG Rn. 13; *Ritz*, in: Just/Voß/Ritz/Zeising, Wertpapierprospektrecht, 2. Aufl. 2023, Art. 2 ProspektVO Rn. 81; *Müller*, Kommentar zum Wertpapierprospektgesetz, in: Das Deutsche Bundesrecht (III H 39), 27. Lfg. 2010, § 2 Rn. 3; *Schlitt/Schäfer*, AG 2005, 498, 499, Fn. 14; siehe auch Erwägungsgrund 12 der ProspektRL, wo es in der englischen Übersetzung heißt: „Depositary receipts and convertible notes, e.g. securities convertible at the option of the investor, fall within the definition of non-equity securities set out in this Directive." **A.A.** (Dividendenwert) *Hamann*, in: Schäfer/Hamann, Kapitalmarktgesetze, § 2 WpPG Rn. 7; *Crüwell*, AG 2003, 243, 245; *Kunold/Schlitt*, BB 2004, 501, 503. Die praktischen Auswir-

Depositary Receipts „repräsentieren" zwar Aktien und sind von ihrer Ausstattung vergleichbar mit ihnen, vermitteln aber eben gerade nicht die gleichen Rechte wie Aktien (insbesondere keine Aktionärsrechte). Weiterhin werden sie nicht vom Emittenten der zugrunde liegenden Aktien bzw. von einer zur Gruppe des Emittenten der Aktien gehörenden Gesellschaft ausgegeben werden.

d) Eigenkapitalähnliche Wertpapiere

34 Unter welchen Voraussetzungen ansonsten ein **eigenkapitalähnliches Wertpapier** vorliegt, ist gesetzlich nicht geregelt. Nicht weiterführend ist § 221 Abs. 1 und Abs. 3 AktG, der für bestimmte Wertpapiere ein Bezugsrecht der Aktionäre vorsieht, ohne dass damit zwingend eine Aussage zu dem Eigenkapitalcharakter eines Wertpapiers getroffen wird. So hat die von § 221 Abs. 1 AktG erfasste **Gewinnschuldverschreibung** rein schuldrechtlichen Charakter,[90] ist also ein Nichtdividendenwert, während die Einordnung der von § 221 Abs. 3 AktG erfassten **Genussrechte** als Dividendenwerte von der konkreten Ausgestaltung abhängt, je nachdem ob ein Fall eines „obligationsähnlichen Genussrechts" oder eines „aktienähnlichen Genussrechts" vorliegt. Geeigneter erscheint daher ein Ansatz, der – als nicht abschließende „Daumenregel" – auf die bilanzielle Einordnung nach HGB/IFRS als Eigenkapital (neben den ausgegebenen Aktien) abstellt.[91] Diese funktionelle Betrachtungsweise wird dem Risikocharakter des entsprechenden Wertpapiers am besten gerecht.[92] Vor diesem Hintergrund können z.B. **Hybridanleihen** mit einer unendlichen Laufzeit („**Perpetuals**") als Dividendenwerte eingestuft werden, sofern sie auch bilanziell unter das Eigenkapital fallen. Maßgeblich für die Einschätzung als Nichtdividendenwert sind neben der bilanziellen Behandlung als Fremdkapital insbesondere: feste Verzinsung (versus Gewinn- und Verlustbeteiligung), Rückgabemöglichkeit sowie Rang in der Insolvenz.[93]

e) Wandelbare Wertpapiere

35 Entgegen dem Wortlaut des Art. 2 lit. b kommt es für die Einordnung von **wandelbaren Wertpapieren** als Dividendenwert auf eine Verbriefung des Rechts im wertpapiertechnischen Sinne nicht an (vgl. auch → Rn. 14), sondern nur auf das Recht zur Wandelung bzw. zum Bezug als solches, wie die englische und französische Fassung der ProspektVO deutlich machen. Voraussetzung ist allerdings, dass die **Emittentin der Rechte auch**

---

kungen dieser abweichenden Ansicht sind gering; die Einordnung der Depositary Receipts als Dividendenwerte hindert zum einen die Möglichkeit, sie im Rahmen eines Emissionsprogramms unter Verwendung eines Basisprospekts zu begeben; zum anderen hindert es die Emittenten, den Herkunftsstaat zu wählen.

90 Vgl. *Habersack*, in: MünchKomm-AktG, 5. Aufl. 2021, § 221 Rn. 57.
91 *Ritz*, in: Just/Voß/Ritz/Zeising, Wertpapierprospektrecht, 2. Aufl. 2023, Art. 2 ProspektVO Rn. 71; vgl. auch *Heidelbach*, in: Schwark/Zimmer, KMRK, 4. Aufl. 2010, § 2 WpPG Rn. 13; *Schlitt*, in: Habersack/Mülbert/Schlitt, Kapitalmarktinformation, § 3 Rn. 25; **a. A.** (kein taugliches Kriterium) *Bauerschmidt*, in: Assmann/Schlitt/von Kopp-Colomb, Prospektrecht Kommentar, Art. 2 ProspektVO Rn. 27.
92 Anders (rein formaljuristische Betrachtung) *Bauerschmidt*, in: Assmann/Schlitt/von Kopp-Colomb, Prospektrecht Kommentar, Art. 2 ProspektVO Rn. 27.
93 Vgl. zum WpPG a. F. *Heidelbach*, in: Schwark/Zimmer, KMRK, 4. Aufl. 2010, § 2 WpPG Rn. 13; *Schlitt*, in: Habersack/Mülbert/Schlitt, Kapitalmarktinformation, § 3 Rn. 25.

Emittentin der zugrunde liegenden Basistitel ist.[94] Nicht entscheidend ist, ob der Emittent oder der Investor zur Wandelung berechtigt ist; in beiden Fällen liegt ein Dividendenwert vor.[95]

Klassischer Fall der wandelbaren Wertpapiere sind **Wandel- und Optionsanleihen**.[96] Besteht bei den Wandelanleihen eine Pflicht des Investors, unter bestimmten Umständen diese Anleihen in den Basiswert umzuwandeln (sog. **Pflichtwandelanleihen** (mandatory convertible)), handelt es sich entsprechend der oben durchgeführten Abgrenzung ebenfalls um einen Dividendenwert. 36

Wird bei **Optionsanleihen** das bloße Optionsrecht abgetrennt, sind beide Wertpapiere getrennt zu betrachten. In diesem Fall ist die Optionsanleihe mit dem reinen Anleiheelement als Nichtdividendenwert einzustufen,[97] während das abgetrennte Optionsrecht als Dividendenwert gilt – denn es verbrieft das Recht auf Wandlung in ein von dem Emittenten des Optionsrechts begebenes Wertpapier. Optionsrechte ohne Anleihen, sog. „**naked warrants**",[98] fallen dementsprechend ebenfalls unter den Begriff des Dividendenwertes, jedenfalls wenn sie verbrieft sind. **Aktienanleihen**[99] und **Umtauschanleihen**[100] entsprechen dagegen regelmäßig Nichtdividendenwerten.[101] 37

f) Ausgabe durch Konzernunternehmen

Nach Art. 2 lit. b a. E. sind auch solche Wandel- und Bezugsrechte, die von einem „**Konzernunternehmen**" des Emittenten der Bezugsaktien emittiert werden, als Dividendenwerte zu qualifizieren. Die klassische Struktur in Deutschland ist dabei, dass aus steuerlichen Gründen eine **Wandelanleihe** über eine (ausländische) Tochter emittiert wird, die Bezugsrechte sich aber gegen die börsennotierte (deutsche) Mutter-AG richten. In einer solchen Struktur gelten gleichermaßen sowohl die aktienrechtlichen Vorgaben des § 221 38

---

94 Vgl. ESMA, Questions and Answers – Prospectuses, ESMA31-62-780 (Version 30, last updated on 8 April 2019), Nr. 28 (Convertible bond falling in the definition of equity security), S. 28 (von ESMA nicht mehr fortgeführt).
95 Vgl. ESMA, Questions and Answers – Prospectuses, ESMA31-62-780 (Version 30, last updated on 8 April 2019), Nr. 28 (Convertible bond falling in the definition of equity security), S. 28 (von ESMA nicht mehr fortgeführt).
96 *Wiegel*, Die Prospektrichtlinie und Prospektverordnung, S. 175; *Seitz*, AG 2005, 678, 680.
97 *Seitz*, AG 2005, 678, 680; vgl. auch *Schlitt/Schäfer*, AG 2005, 498, 505.
98 Zur Diskussion um die aktienrechtliche Zulässigkeit (die zu bejahen ist) vgl. *Habersack*, in: MünchKomm-AktG, § 221 Rn. 36 f. m.w.N.
99 Aktienanleihen sind an die Kursentwicklung einer Aktie gekoppelt und besitzen wie Anleihen einen Kupon, der Zinszahlungen garantiert. Am Ende der Laufzeit kann der Emittent den Nominalbetrag plus Zinsen oder eine zuvor festgelegte Zahl von Aktien plus Zinsen auszahlen. Der Emittent hat mithin das Recht, statt der Rückzahlung der Anleihe zum Nominalbetrag eine zuvor festgelegte Stückzahl der zugrundeliegenden Aktie zu liefern. Der Emittent wird die Aktien liefern, wenn deren Wert geringer ist als der Nominalwert der zu tilgenden Anleihe.
100 Umtauschanleihen (Exchangeable Bonds) sind Anleihen, die nach Wahl des Investors in Aktien einer Gesellschaft umgetauscht werden können, die nicht zugleich Emittentin der Umtauschanleihe ist.
101 *Hamann*, in: Schäfer/Hamann, Kapitalmarktgesetze, § 2 WpPG Rn. 17; *Schlitt/Schäfer*, AG 2005, 498, 506; *Seitz*, AG 2005, 678, 680.

AktG[102] als auch die Einordnung als Dividendenwert, unabhängig davon, ob die Anleihe von der später die Bezugsaktien emittierenden Mutter oder von einer Tochtergesellschaft begeben wurde.

39 Anders liegen die Dinge im Falle einer **Umtauschanleihe**, die zum Umtausch in Aktien einer anderen Gesellschaft berechtigt. In diesem Fall richtet sich der Lieferanspruch auf die emittierten bzw. noch zu emittierenden Aktien ausschließlich gegen den Aktionär, die Aktiengesellschaft ist außen vor. Umtauschanleihen sind dabei stets Nichtdividendenwerte[103] – unabhängig davon, ob der Emittent der Anleihe mit der Aktiengesellschaft einen Konzern bildet oder nicht. Denn nicht die Mutter gehört zu dem Konzern der Tochter, sondern umgekehrt gehört die Tochter zum Konzern der Mutter. Ist hingegen der Emittent der Anleihe eine Tochter der die Bezugsaktien emittierenden Aktiengesellschaft, so liegt der in der vorherigen → Rn. 38 beschriebene Fall einer durch eine Tochtergesellschaft begebenen Wandelanleihe vor.[104]

3. Nichtdividendenwerte (lit. c)

40 Die Definition beruht auf Art. 2 Abs. 1 lit. c ProspektRL und grenzt den Begriff negativ zu den Dividendenwerten ab: Nichtdividendenwerte sind alle Wertpapiere, die nicht gemäß Art. 2 lit. b Dividendenwerte sind. Dazu gehören insbesondere alle Arten von **Schuldanleihen**, einschließlich Umtauschanleihen (d.h. in Aktien umtauschbare Anleihen, die nicht vom Aktienemittenten selbst oder einem abhängigen Unternehmen i. S. d. § 17 AktG ausgegeben worden sind; vgl. dazu auch → Rn. 39).[105] Die Definition umfasst auch **Optionsscheine**, also Wertpapiere, die auf einen anderen Titel bezogen sind und nicht das Recht verbriefen, dieses andere Wertpapier auch zu erwerben, sondern den Gegenwert ausgezahlt zu bekommen.

41 Hintergrund der Regelung ist, dass für Nichtdividendenwerte teilweise **Erleichterungen** von den Vorgaben der ProspektVO bestehen, um eine ordnungsgemäße Funktionsweise des Großkundenmarktes von Nichtdividendenwerten zu gewährleisten und die Liquidität am Markt zu erhöhen (vgl. Erwägungsgrund 21 Satz 1). So muss unter bestimmten Umständen der zugrunde liegende Prospekt nach Art. 7 Abs. 1 UAbs. 2 keine Zusammenfassung enthalten. Weiter kann, wenn bestimmte Voraussetzungen erfüllt sind, insbesondere nach Art. 8 nur die Pflicht zur Erstellung eines Basisprospekts bestehen. Schließlich besteht unter den Voraussetzungen des Art. 2 lit. m Ziff. ii bei Nichtdividendenwerten die Möglichkeit, abweichend vom Sitz des Emittenten die **Prospektprüfungsbehörde zu wählen**. Darüber hinaus gilt nach Art. 1 Abs. 4 lit. j sowie Art. 1 Abs. 5 lit. i unter den

---

102 Dazu *Koch*, in: Koch, AktG, 16. Aufl. 2022, § 221 Rn. 70 ff.; *Schlitt/Seiler/Singhof*, AG 2003, 254, 263 f.
103 *Hamann*, in: Schäfer/Hamann, Kapitalmarktgesetze, § 2 WpPG Rn. 17; *Schlitt/Schäfer*, AG 2005, 498, 506; *Seitz*, AG 2005, 678, 680; **anders**, aber unklar *Ritz*, in: Just/Voß/Ritz/Zeising, Wertpapierprospektrecht, 2. Aufl. 2023, Art. 2 ProspektVO Rn. 68, 80.
104 Vgl. auch ESMA, Questions and Answers – Prospectuses, ESMA31-62-780 (Version 30, last updated on 8 April 2019), Nr. 28 (Convertible bond falling in the definition of equity security), S. 28 (von ESMA nicht mehr fortgeführt), wonach wandelbare Wertpapiere dann keine Dividendenwerte darstellen, wenn sie nicht vom Emittenten der zugrunde liegenden Aktien oder einer Gesellschaft, die zur Gruppe des besagten Emittenten gehört, ausgegeben wurden.
105 *Seitz*, AG 2005, 678, 680.

dortigen Voraussetzungen eine Ausnahme von der Prospektpflicht bei der Daueremission bestimmter Nichtdividendenwerte von Kreditinstituten.

4. Öffentliches Angebot von Wertpapieren (lit. d)

a) Grundlagen

Das „öffentliche Angebot" ist ein **Grundbegriff des Kapitalmarktrechts**, da das Vorliegen seiner Voraussetzungen über das Eingreifen eines Gutteils der Regelungen über prospektpflichtige Wertpapieremissionen entscheidet. Gleichwohl enthielt die Verkaufsprospektrichtlinie 89/298/EWG aus dem Jahre 1989 keine Definition des öffentlichen Angebots. Im Erwägungsgrund 7 der Verkaufsprospektrichtlinie wurde sogar ausdrücklich hervorgehoben, dass eine Definition jedenfalls gegenwärtig nicht möglich sei. Auch der nationale Gesetzgeber des früheren VerkProspG von 1990 hatte darauf verzichtet, den Begriff des öffentlichen Angebots zu definieren. Diese Aufgabe war nach Auffassung des Gesetzgebers angesichts der Vielseitigkeit der Sachverhalte kaum zu leisten gewesen, sodass die Auslegung dieses Begriffs Rechtsprechung und Praxis überlassen blieb.[106] In der alten Fassung des WpPG 2005 fand sich schließlich in § 2 Nr. 4 WpPG eine Legaldefinition des Begriffs auf Grundlage des Art. 2 Abs. 1 lit. d ProspektRL. 42

Auch in der ProspektVO findet sich eine Definition des öffentlichen Angebotes in Art. 2 lit. d. Ein öffentliches Angebot ist danach eine Mitteilung an die Öffentlichkeit in jedweder Form und auf jedwede Art und Weise, die ausreichende Informationen über die Angebotsbedingungen und die anzubietenden Wertpapiere enthält, um einen Anleger in die Lage zu versetzen, sich für den Kauf oder die Zeichnung jener Wertpapiere zu entscheiden. Dabei ist zu berücksichtigen, dass diese Definition im Wesentlichen gleichlautend mit der zuvor in § 2 Nr. 4 WpPG a.F. normierten Definition ist. Im Hinblick auf das Begriffsverständnis des öffentlichen Angebots sollten also grundsätzlich in der Sache keine Unterschiede bestehen. Folglich kann – von bestimmten europarechtlichen Ausnahmen (wie z.B. im Hinblick auf die nun nicht mehr normierte, in § 2 Nr. 4 WpPG a.F. a.E. enthaltene Ausnahme hinsichtlich Mitteilungen aufgrund des Handels, siehe → Rn. 70 ff.) abgesehen – die Anwendungspraxis der BaFin und der Erkenntnisstand in der Wissenschaft zum WpPG a.F. nach wie vor (jedenfalls ergänzend) zur Auslegung herangezogen werden. 43

Die verschiedenen Tatbestandsmerkmale der Definition des Art. 2 lit. d müssen **nicht zeitgleich** vorliegen.[107] Vielmehr genügt es aufgrund des funktionalen Ansatzes der Verordnung, wenn die Wirkung des einen Merkmals bis zum Vorliegen des anderen fortbesteht.[108] Ansonsten könnten Wertpapiertransaktionen, die über einen gestreckten Zeitplan ablaufen und sich nicht auf einen Zeitpunkt fixieren lassen, kaum gesetzlich erfasst werden. Relevant wird dies z.B., wenn Wertpapiere angeboten werden, die noch gar nicht 44

---

106 Vgl. zum Verkaufsprospektgesetz: *Ritz*, in: Assmann/Lenz/Ritz, VerkProspG, § 1 Rn. 39 ff.; *Guenther*, Michigan Journal of International Law 20 (1999), 871 ff.
107 *Zivny/Mock*, ProspektVO/KMG 2019, Art. 2 ProspektVO Rn. 33; vgl. zum WpPG a.F. *von Kopp-Colomb/J. Bauerschmidt*, in: Assmann/Schlitt/von Kopp-Colomb, Prospektrecht Kommentar, Art. 2 ProspektVO Rn. 39.
108 Vgl. zum WpPG a.F. *Bauerschmidt*, in: Assmann/Schlitt/von Kopp-Colomb, Prospektrecht Kommentar, Art. 2 ProspektVO Rn. 39.

Art. 2 ProspektVO Begriffsbestimmungen

existieren (vgl. auch → Rn. 103). Klassisches Beispiel hierfür ist die Bezugsrechtskapitalerhöhung (vgl. auch → Rn. 86 ff.).[109]

45 Im Einzelnen ist die Begriffsdefinition des Art. 2 lit. d durch folgende Kriterien geprägt: Es muss sich um eine **Mitteilung an die Öffentlichkeit** handeln (→ Rn. 46 ff.). Weiter ist die **Form** (→ Rn. 55 ff.) sowie der **Inhalt** des Angebots (→ Rn. 61 ff.) entscheidend. Sodann muss diese Mitteilung den **Anleger in die Lage versetzen, über den Kauf oder die Zeichnung jener Wertpapiere zu entscheiden**, es muss namentlich eine konkrete Erwerbs- oder Zeichnungsmöglichkeit bestehen (→ Rn. 70 ff.).

b) Öffentlich

aa) Grundlagen

46 „Öffentlich" sind nur solche Angebote, die sich an die Öffentlichkeit richten. Darunter fallen nach dem Wortlaut des Art. 2 lit. d Angebote, die **öffentlichkeits- statt individualbezogen** sind, also **einem unbestimmten Personenkreis zugänglich** sind.[110] Erforderlich ist eine **wertende, funktionale Betrachtung anhand des Schutzzwecks der Verordnung**,[111] ohne dass allgemeingültige Aussagen möglich sind. Bei der Abgrenzung, ob ein Angebot „öffentlich" ist oder noch als „privat" gilt, ist dabei maßgeblich auf den Adressatenkreis abzustellen. „Öffentlich" ist ein Angebot daher dann, wenn es an einen unbestimmten Personenkreis gerichtet ist und von diesem auch angenommen werden kann. Die Praxis geht dabei oftmals kasuistisch vor und behilft sich mit einer negativen Abgrenzung zur sog. **Privatplatzierung**. Bei der Frage, ob im konkreten Einzelfall ein Angebot als „öffentlich" zu qualifizieren ist, ist auch Erwägungsgrund 15 zur ProspektVO zu berücksichtigen. Dieser stellt klar, dass bei einem Angebot von Wertpapieren, das sich ausschließlich an einen eingeschränkten Kreis von Anlegern richtet, bei denen es sich nicht um qualifizierte Anleger handelt, die Erstellung eines Prospekts eine unverhältnismäßige Belastung darstellt, sodass kein Prospekt vorgeschrieben werden sollte. Dies würde z. B. für Angebote gelten, die sich an eine begrenzte Anzahl von Angehörigen der Familie oder von persönlichen Bekannten der Geschäftsführer eines Unternehmens richten.

47 **Kein negatives Abgrenzungsmerkmal** zur Privatplatzierung ist zunächst, ob sich das Angebot an einen **begrenzten Personenkreis** (dann privat) oder **unbegrenzten Personenkreis** (dann öffentlich) richtet.[112] Dafür sprechen der Wortlaut des Art. 2 lit. d („Öffentlichkeit") und die Systematik von Verordnung und Gesetz. Die auf Art. 3 Abs. 2 gestützte Regelung des § 3 WpPG sieht verschiedene Ausnahmen von der Prospektpflicht im Falle eines öffentlichen Angebots vor (siehe im Einzelnen dazu die Kommentierung zu § 3 WpPG); diese greifen denknotwendig also überhaupt nur dann ein, wenn tatbe-

---

109 Vgl. zum WpPG a. F. instruktiv *Bauerschmidt*, in: Assmann/Schlitt/von Kopp-Colomb, Prospektrecht Kommentar, Art. 2 ProspektVO Rn. 48.
110 *Ekkenga/Maas*, Das Recht der Wertpapieremissionen, § 2 Rn. 112; *Zivny/Mock*, ProspektVO/KMG 2019, Art. 2 ProspektVO Rn. 39; *Groß*, Kapitalmarktrecht, § 2 WpPG Rn. 21; vgl. zum WpPG a. F. *Ehricke*, in: Hopt/Voigt, Prospekt- und Kapitalmarktinformationshaftung, S. 187, 207; vgl. auch Regierungsbegründung zum VerkProspG, BT-Drucks. 11/6340, 11; *Bosch*, in: Bosch/Groß, Emissionsgeschäft (BuB), Rn. 10/106; kritisch *Ritz*, in: Assmann/Lenz/Ritz, VerkProspG, § 1 Rn. 44 ff.
111 *Schnorbus*, AG 2008, 389, 394 f.
112 *Schnorbus*, AG 2008, 389, 395.

standlich ein öffentliches Angebot vorliegt.[113] Der Ausnahmetatbestand des § 3 Abs. 2 Satz 1 Nr. 2 WpPG a.F. (Angebot an weniger als 150 nicht qualifizierte Anleger, also an einen begrenzten Personenkreis) ist nunmehr im unmittelbar anwendbaren Art. 1 Abs. 4 lit. b geregelt. Der Wortlaut der Verordnung geht ausdrücklich davon aus, dass auch derartige Angebote „öffentlich" sein können. Dementsprechend sollten Emittenten und Anbieter sehr zurückhaltend sein, ein öffentliches Angebot alleine aufgrund eines eingeschränkten Adressatenkreises zu negieren. Diese Sicht entspricht auch der früheren Verwaltungspraxis der BaFin zur alten Fassung des WpPG und es liegen keine Anhaltspunkte für eine abweichende Anwendungspraxis unter dem (neuen) Regime der ProspektVO vor.

Ebenfalls kein negatives Abgrenzungsmerkmal zur Privatplatzierung ist die **abstrakte Bestimmbarkeit des Adressatenkreises**.[114] Deutlich wird dies durch den systematischen Zusammenhang mit verschiedenen Ausnahmetatbeständen für prospektfreie Platzierungen, nämlich nach Art. 1 Abs. 4 lit. a für das Angebot an qualifizierte Anleger sowie nach Art. 1 Abs. 4 lit. i für Mitarbeiterbeteiligungsprogramme; beide Personenkreise sind abstrakt bestimmbar, sodass die Ausnahmevorschriften nur dann einen legislativen Sinn ergeben, wenn die (fehlende) Bestimmbarkeit gerade kein maßgebliches Abgrenzungskriterium ist (siehe dazu auch die Ausführungen zu → Art. 1 Rn. 88 ff.; 182 ff.). 48

Im Übrigen deutet auch der Schutzzweck der ProspektVO, potenzielle Investoren mit umfassenden Informationen zu versorgen, darauf hin, dass der Begriff der Öffentlichkeit nicht anhand der begrenzten Anzahl oder der (abstrakten) Bestimmbarkeit des Kreises der Angebotsadressaten zu erfassen ist.[115] Der zahlenmäßige Umfang der angesprochenen Investoren und ihre Bestimmbarkeit kann im Rahmen einer wertenden Betrachtung zwar durchaus ergänzend herangezogen werden. Maßgeblich richtet sich die Abgrenzung öffentliches Angebot/Privatplatzierung jedoch nach **qualitativen** und nicht nach quantitativen Kriterien.[116] Auf der anderen Seite kann bei **einer hohen Anzahl** von angesprochenen Investoren allein der zahlenmäßige Umfang Anhaltspunkt dafür sein, dass die Grenze zum öffentlichen Angebot überschritten ist.[117] 49

Zu solchen qualitativen Merkmalen, die einen bestimmten Personenkreis eingrenzen, gehören bestehende **persönliche Kontakte** zwischen dem Anbieter und den jeweiligen An- 50

---

113 So *Wiegel*, Die Prospektrichtlinie und Prospektverordnung, S. 153 f. (auch unter Hinweis auf die Entstehungsgeschichte der Prospektrichtlinie; **a.A.** *Hopt/Voigt*, in: Hopt/Voigt, Prospekt- und Kapitalmarktinformationshaftung, S. 9, 20 (unter Hinweis auf den Wortlaut von Art. 3 Abs. 2 ProspektRL, der nur auf das Angebot, nicht aber auf dessen „Öffentlichkeit" abstellt).
114 *Schnorbus*, AG 2008, 389, 395.
115 *Schnorbus*, AG 2008, 389, 395.
116 *Preuße*, in: Schwark/Zimmer, KMRK, § 2 WpPG Rn. 18; *Groß*, Kapitalmarktrecht, § 2 WpPG Rn. 22; *Zivny/Mock*, ProspektVO/KMG 2019, Art. 2 ProspektVO Rn. 39; *Grunewald/Schlitt*, Einführung in das Kapitalmarktrecht, S. 227; *Schlitt/Schäfer*, AG 2005, 498, 500 Fn. 30; *Kollmorgen/Feldhaus*, BB 2007, 225, 226; *Bühring/Linnemannstöns*, DB 2007, 2637, 2637; *Schnorbus*, AG 2008, 389, 395 (rechte Spalte); zum VerkProspG: *Kullmann/Müller-Deku*, WM 1996, 1989, 1992; *Bosch*, in: Bosch/Groß, Emissionsgeschäft (BuB), Rn. 10/108; anders – allein quantitative Kriterien – *Hüffer*, Das Wertpapier-Verkaufsprospektgesetz, S. 27, 51; zu § 2 WpPG a.F.: *Hamann*, in: Schäfer/Hamann, Kapitalmarktgesetze, § 2 WpPG Rn. 23; *Ritz*, in: Just/Voß/Ritz/Zeising, Wertpapierprospektrecht, 2. Aufl. 2023, Art. 2 ProspektVO Rn. 95.
117 Ebenso OLG Dresden, WM 2014, 687, 697 (Angebot von Inhaberschuldverschreibungen an mehrere tausend Kleinanleger).

Art. 2 ProspektVO Begriffsbestimmungen

legern, **gezielte Auswahl, individuelle Ansprache**[118] oder **mangelndes Informationsbedürfnis**[119] durch einen Prospekt.[120] Diese Kriterien können je nach Sachverhalt sowohl kumulativ als auch alternativ vorliegen. So ist es für eine prospektfreie Privatplatzierung nicht zwingend erforderlich, dass (i) die betreffenden Personen dem Anbieter im Einzelnen bekannt sind, (ii) von ihm aufgrund einer gezielten Auswahl nach individuellen Gesichtspunkten angesprochen werden und (iii) eine Aufklärung durch einen Prospekt im Hinblick auf das Informationsbedürfnis des Anlegers nicht erforderlich ist;[121] je nach Einzelfall kann es genügen, wenn bereits eines dieser Merkmale erfüllt ist, damit eine Privatplatzierung vorliegt.[122]

51 Vor diesem Hintergrund kann der Anbieter das Angebot auch **durch inhaltliche Gestaltung** einer öffentlichen Bekanntmachung (Disclaimer) auf einen bestimmten Personenkreis beschränken, indem er im Angebotstext hervorhebt, welche Zielgruppe er ansprechen will und welche Personen das Angebot überhaupt annehmen können (vgl. auch → Art. 3 Rn. 6).[123] Flankierend ist hierfür jedoch erforderlich, dass **Maßnahmen** getroffen wurden, damit die ausgeschlossenen Personen die angebotenen Wertpapiere auch tatsächlich nicht erwerben können.[124]

52 Eine individuelle Ansprache der Angebotsadressaten ist nicht erforderlich, wenn sich der Adressatenkreis aus Personen zusammensetzt, die – wie beispielsweise bestimmte Investoren oder Kunden – einer **Aufklärung durch einen Prospekt typischerweise nicht bedürfen**. Dieser Gesichtspunkt spielt insbesondere bei gesetzlichen Bekanntmachungspflichten eine Rolle (vgl. → Rn. 70 ff.). Gesetzlich vorgeschriebene Bekanntmachungen können nicht per se wie eine publikumsgerichtete Offerte behandelt werden.

---

118 Näher zu den Kriterien gezielte Auswahl und individuelle Ansprache *Manzei*, WM 2006, 845, 846.
119 Vgl. zum Informationsbedürfnis als wesentliches Auslegungskriterium *Kollmorgen/Feldhaus*, BB 2007, 225, 226; vgl. auch BaFin-Workshop: 100 Tage WpPG, Rechtsfragen aus der Anwendungspraxis, Präsentation vom 3.11.2005, S. 3; BaFin, Ausgewählte Rechtsfragen in der Aufsichtspraxis, Präsentation vom 4.9.2007, S. 4; gegen das Informationsbedürfnis als Kriterium für ein öffentliches Angebot zum WpPG a. F. *Preuße*, in: Schwark/Zimmer, KMRK, § 2 WpPG Rn. 18.
120 Siehe *Zivny/Mock*, ProspektVO/KMG 2019, Art. 2 ProspektVO Rn. 43.
121 *Schnorbus*, AG 2008, 389, 395. **So aber** zur früheren Ausnahmevorschrift des § 2 Nr. 2 VerkProspG: BAWe, Bekanntmachung zum Wertpapier-Verkaufsprospektgesetz, unter II. 1., S. 4; *von Kopp-Colomb*, in: Heidel, Aktienrecht und Kapitalmarktrecht, 2003, § 1 VerkProspG Rn. 19 u. § 2 VerkProspG Rn. 5; **vgl. auch zum WpPG a. F.** BT-Drucks. 16/2424, 4 (Antwort der Bundesregierung auf die Kleine Anfrage der Abgeordneten *Dr. Thea Dückert, Dr. Gerhard Schick, Kerstin Andreae*, weiterer Abgeordneter und der Fraktion BÜNDNIS 90/DIE GRÜNEN).
122 *Groß*, Kapitalmarktrecht, § 2 WpPG Rn. 22; *Wiegel*, Die Prospektrichtlinie und Prospektverordnung, S. 154; *Schnorbus*, AG 2008, 389, 395; zum VerkProspG: *Kullmann/Müller-Deku*, WM 1996, 1989, 1992.
123 *Preuße*, in: Schwark/Zimmer, KMRK, § 2 WpPG Rn. 23; vgl. jeweils zum WpPG a. F.: *Straßner/Grosjean*, in: Heidel, Aktienrecht und Kapitalmarktrecht, § 3 WpPG Rn. 1; *Ritz*, in: Just/Voß/Ritz/Zeising, Wertpapierprospektrecht, 2. Aufl. 2023, Art. 2 ProspektVO Rn. 116.
124 Ebenso OLG Dresden, WM 2014, 687, 697.

bb) Beispiele

Vor diesem Hintergrund lässt sich die Abgrenzung nur anhand des jeweiligen Einzelfalles vornehmen. So kann durchaus eine Vielzahl von **Kunden** einer weltweit agierenden Bank angesprochen werden, wenn sie anhand von bestimmten **qualitativen Kriterien** ausgesucht und **gezielt angesprochen** werden (etwa einzelne Kunden; Kundengruppen; Kunden, die Wertpapiere schon einmal erworben haben und noch im Bestand halten), ohne dass daraus ein öffentliches Angebot resultiert;[125] für die Privatplatzierung ist weder die vorherige persönliche Beziehung zu diesen Kunden erforderlich, noch ist die Zahl der angesprochenen Kunden relevant.[126] Sofern der Anbieter die angesprochenen Personen nicht mehr im Einzelnen bestimmen kann, liegt dagegen ein öffentliches Angebot vor. Allein grobe Kriterien oder bestimmte Charakteristika, wie bestimmte Berufe oder Einkommensstufen, erlauben womöglich die Bestimmbarkeit des Angebots, genügen für die Bestimmtheit in diesem Sinne aber nicht (vgl. → Rn. 48).[127] Die Frage nach einer **funktionalen Betrachtungsweise** stellt sich z.B. bei der **Zwangsversteigerung von Wertpapieren**; hier hat der EuGH zu Recht entschieden, dass ein öffentliches Angebot aus verschiedenen teleologischen Gründen (mangelndes Informationsbedürfnis; Erstellung eines Prospekts nicht vereinbar mit dem Vollstreckungsverfahren; kein Zugang zu Informationen) ausscheidet.[128] 53

Veröffentlichungen in allgemein zugänglichen Informationsquellen können grundsätzlich zu einem öffentlichen Angebot führen, sind jedenfalls ein Anhaltspunkt dafür.[129] Solche allgemein zugänglichen Informationsquellen sind: die zur (gesellschaftsrechtlichen) Bekanntmachung verwendeten Gesellschaftsblätter (in Papierform oder elektronisch) ebenso wie das Internet (es sei denn, der Zugang zu der Internet-Seite ist technisch tatsächlich auf einen bestimmten Adressatenkreis beschränkt);[130] die Verbreitung von Meldungen über elektronische Systeme wie Bloomberg oder Reuters;[131] Aushänge oder Auslagen (Flyer), etwa in einer Bank;[132] allgemeines Rundschreiben an Bankkunden, es sei 54

---

125 *Schnorbus*, AG 2008, 389, 396; *Groß*, Kapitalmarktrecht, § 2 WpPG Rn. 22; *Carl/Machunsky*, Der Wertpapier-Verkaufsprospekt, S. 34; *Bosch*, in: Bosch/Groß, Emissionsgeschäft (BuB), Rn. 10/108; vgl. zum WpPG a.F.: *Preuße*, in: Schwark/Zimmer, KMRK, § 2 WpPG Rn. 22.
126 *Schnorbus*, AG 2008, 389, 396.
127 *Groß*, Kapitalmarktrecht, § 2 WpPG Rn. 24; vgl. jeweils zum WpPG a.F.: *Ritz/Zeising*, in: Just/Voß/Ritz/Zeising, WpPG, 2009, § 2 Rn. 111; *Preuße*, in: Schwark/Zimmer, KMRK, § 2 WpPG Rn. 25.
128 EuGH, ZIP 2014, 2342, 2344 – „Almer Beheer und Daedalus Holding".
129 So auch *Preuße*, in: Schwark/Zimmer, KMRK, § 2 WpPG Rn. 24, der hinsichtlich eingesetzter Medien auf Adressaten und Zugriffsmöglichkeiten abstellt.
130 *Groß*, Kapitalmarktrecht, § 2 WpPG Rn. 24; *Ritz*, in: Just/Voß/Ritz/Zeising, Wertpapierprospektrecht, 2. Aufl. 2023, Art. 2 ProspektVO Rn. 105; vgl. auch OLG Dresden, WM 2014, 687, 697; vgl. zum VerkProspG *Assmann*, in: FS Schütze, S. 15, 39; ebenfalls wohl auch – wenn auch explizit nur zur Abgrenzung eines Angebots in Deutschland oder im Ausland – BAWe, Bekanntmachung zum Wertpapier-Verkaufsprospektgesetz, unter I. 2. b) („angemessene Vorkehrungen zu treffen, dass Anleger von Deutschland aus die Wertpapiere nicht erwerben können").
131 Vgl. zum VerkProspG: *Hamann*, in: Schäfer, WpHG/BörsG/VerkProspG, 1999, § 1 VerkProspG Rn. 8. Häufig wird es sich bei derartigen Meldungen allerdings um bloße Werbeankündigungen handeln, siehe *von Kopp-Colomb*, in: Heidel, Aktienrecht und Kapitalmarktrecht, 2003, § 1 VerkProspG Rn. 23.
132 *Carl/Machunsky*, Der Wertpapier-Verkaufsprospekt, S. 34; *Bosch*, in: Bosch/Groß, Emissionsgeschäft (BuB), Rn. 10/108; *Groß*, Kapitalmarktrecht, § 2 WpPG Rn. 24.

denn, diese wurden aufgrund spezieller Kriterien ausgewählt (vgl. → Rn. 50);[133] Einschaltung von externen Anlagevermittlern (z. B. im Rahmen eines Strukturvertriebs), es sei denn, die Vermittlung beschränkt sich auf einen bestimmten Personenkreis.[134]

c) Form des Angebots

55 Ein Angebot nach Art. 2 lit. d kann **„in jedweder Form und auf jedwede Art und Weise"** erfolgen. Die Formulierung zeigt, dass der **kapitalmarktrechtliche Begriff des „Angebots"** autonom im Unionsrecht zu bestimmen und nicht deckungsgleich mit dem Begriff des Angebots (genauer: des Antrags nach § 145 BGB) der nationalen Rechtsgeschäftslehre ist.[135] Ein Angebot nach der ProspektVO setzt jedoch zumindest voraus, dass **potenzielle Anleger im Geltungsbereich der Verordnung mit dem Ziel des Verkaufs von Wertpapieren angesprochen werden**.[136] Erfasst werden dabei nur solche Angebote, die auf die **Distribution von Wertpapieren zielen**. Dazu gehören neben herkömmlichen Verkaufsangeboten auch Tauschangebote.[137] Bloße Kaufangebote unterliegen dagegen nicht der ProspektVO und dem WpPG, sondern den Regelungen des WpÜG, soweit dessen Voraussetzungen vorliegen.

56 Ausgehend vom Schutzzweck der ProspektVO ist die **vertragliche Struktur im Prinzip gleichgültig**, sofern die Annahme des Angebots aus Sicht des Investors zu dem jetzigen Zeitpunkt zu einem Erwerb der Wertpapiere seinerseits führen kann. Ausreichend ist, wenn der Erwerb der Wertpapiere keiner weiteren Zwischenschritte mehr bedarf, die durch den Investor zu veranlassen sind. Vor diesem Hintergrund kommt es für das Vorliegen eines Angebots nicht darauf an, ob bereits ein Antrag i. S. d. BGB vorliegt (vgl. Erwägungsgrund 14 und Art. 1 Abs. 4 e), wonach die Zuteilung von Wertpapieren ausreichend ist).[138] Das Informationsbedürfnis der Investoren besteht grundsätzlich bereits vor dem Zeitpunkt, zu dem sie ein rechtsgeschäftlich verbindliches Angebot des Anbieters annehmen können.

57 So umfasst Art. 2 lit. d nicht nur den – regelmäßig vom Zeichner abgegebenen – bürgerlich-rechtlichen Antrag auf Abschluss des Zeichnungsvertrages (§ 145 BGB), sondern auch die (öffentliche) Aufforderung zur Abgabe eines solchen Antrages (**invitatio ad offerendum**).[139] Der Erklärende der invitatio behält sich in diesem Fall vor, das Angebot

---

133 *Bosch*, in: Bosch/Groß, Emissionsgeschäft (BuB), Rn. 10/108; *Groß*, Kapitalmarktrecht, § 2 WpPG Rn. 24.
134 *Dittrich*, Die Privatplatzierung im deutschen Kapitalmarktrecht, S. 124 f.
135 Vgl. *Bauerschmidt*, BKR 2019, 324, 325.
136 Vgl. zum WpPG a. F.: *Mayston*, in: Heidel, Aktienrecht und Kapitalmarktrecht, § 2 WpPG Rn. 13; vgl. zum VerkProspG: BAWe, Bekanntmachung zum Wertpapier-Verkaufsprospektgesetz, unter I. 2., S. 3; *Bosch*, in: Bosch/Groß, Emissionsgeschäft (BuB), Rn. 10/106; und zur ProspektRL *Wiegel*, Die Prospektrichtlinie und Prospektverordnung, S. 152 ff.
137 *Groß*, Kapitalmarktrecht, § 2 WpPG Rn. 10; *Zivny/Mock*, ProspektVO/KMG 2019, Art. 2 ProspektVO Rn. 67; *Schnorbus*, AG 2008, 389, 392. Art. 1 Abs. 4 lit. f ProspektVO sieht unter bestimmten Voraussetzungen eine Ausnahme von der Prospektpflicht bei Umtauschangeboten im Zusammenhang mit Unternehmensübernahmen vor und unterstellt damit grundsätzlich die Prospektpflicht für derartige Angebotsformen, vgl. Kommentierung zu Art. 1 Rn. 119.
138 Vgl. BT-Drucks. 15/4999, 28; *Groß*, Kapitalmarktrecht, § 2 WpPG Rn. 11; zum WpPG a. F.: *Foelsch*, in: Holzborn, WpPG, § 2 Rn. 11.
139 *Groß*, Kapitalmarktrecht, § 2 WpPG Rn. 11; *Zivny/Mock*, ProspektVO/KMG 2019, Art. 2 ProspektVO Rn. 58; *Preuße*, in: Schwark/Zimmer, KMRK, § 2 WpPG Rn. 12; *Bauerschmidt*, BKR

anzunehmen oder abzulehnen, etwa weil die Nachfrage das Angebot übersteigt (Überzeichnung) oder weil einzelne Interessenten nicht zu der gewünschten Investorenzusammensetzung passen. Klassischer Anwendungsfall einer solchen invitatio ist das öffentliche Angebot im Falle eines Börsenganges (IPO).

Weiter fallen unter Art. 2 lit. d beispielsweise folgende Vertragsstrukturen: **58**

– **Angebote auf noch nicht existierende bzw. noch zu emittierende Wertpapiere** (im Falle von Aktien z. B. weil die Gesellschaft noch nicht gegründet oder die Kapitalerhöhung bei einer Bezugsrechtsemission noch nicht eingetragen wurde), jedenfalls dann, wenn es letztlich um die Emission von Wertpapieren i. S. d. ProspektVO geht;[140]
– **aufschiebend oder auflösend bedingte Angebote**, die den Erwerb von Wertpapieren zum Gegenstand haben und bei denen der Eintritt der Bedingung nicht vom Anleger beeinflussbar ist;[141]
– **Angebote auf Abschluss eines befristeten Vertrages**, bei dem der Anleger nach Ablauf der Frist aus dem Vertrag berechtigt und verpflichtet wird;[142]
– **Angebote auf Abschluss eines Darlehensvertrages**, die der anderen Seite (Darlehensnehmer) das Recht einräumt, den Darlehensbetrag wahlweise in Geld oder in Wertpapieren auszugleichen,[143] oder andere Strukturen mit einer **Ersetzungsbefugnis** durch den Anbieter;
– **Angebote auf Abschluss eines unwiderruflichen Vorvertrages** auf Erwerb von Wertpapieren;[144]
– **Angebote auf Abschluss eines widerruflichen Vertrages**, da auch dieser Vertrag auf die Distribution von Wertpapieren zielt und den Anleger berechtigt und verpflichtet, wenn er nicht widerruft, also nicht selbst aktiv wird;[145] oder
– **erfolglose, abgebrochene oder unmöglich werdende Angebote**, weil es auf das Informationsbedürfnis zum Zeitpunkt der konkreten Verpflichtung des Anlegers ankommt.[146]

2019, 324, 325; *Schnorbus*, AG 2008, 389, 392; zum WpPG a. F.: *Mayston*, in: Heidel, Aktienrecht und Kapitalmarktrecht, § 2 WpPG Rn. 13; *Foelsch*, in: Holzborn, WpPG, § 2 Rn. 11; *Ehricke*, in: Hopt/Voigt, Prospekt- und Kapitalmarktinformationshaftung, S. 187, 206.

140 Vgl. zum WpPG a. F. *Bauerschmidt*, in: Assmann/Schlitt/von Kopp-Colomb, Prospektrecht Kommentar, Art. 2 ProspektVO Rn. 40; *Ritz, in:* Just/Voß/Ritz/Zeising, Wertpapierprospektrecht, 2. Aufl. 2023, Art. 2 ProspektVO Rn. 141; ferner *Ritz*, in: Assmann/Lenz/Ritz, VerkProspG, § 1 Rn. 32.
141 Vgl. zum WpPG a. F. *Mayston*, in: Heidel, Aktienrecht und Kapitalmarktrecht, § 2 WpPG Rn. 15; *Ritz*, in: Just/Voß/Ritz/Zeising, Wertpapierprospektrecht, 2. Aufl. 2023, Art. 2 ProspektVO Rn. 140; *Heidelbach*, in: Schwark, KMRK, 3. Aufl. 2004, § 1 VerkProspG Rn. 13; vgl. *Ritz*, in: Assmann/Lenz/Ritz, VerkProspG, § 1 Rn. 29 f.
142 Vgl. *Ritz*, in: Just/Voß/Ritz/Zeising, Wertpapierprospektrecht, 2. Aufl. 2023, Art. 2 ProspektVO Rn. 143; *Ritz*, in: Assmann/Lenz/Ritz, VerkProspG, § 1 Rn. 31.
143 Vgl. zum WpPG a. F. *Mayston*, in: Heidel, Aktienrecht und Kapitalmarktrecht, § 2 WpPG Rn. 15; *Ritz*, in: Assmann/Lenz/Ritz, VerkProspG, § 1 Rn. 28.
144 Vgl. zum WpPG a. F. *Mayston*, in: Heidel, Aktienrecht und Kapitalmarktrecht, § 2 WpPG Rn. 15; *Ritz*, in: Assmann/Lenz/Ritz, VerkProspG, § 1 Rn. 28; *Heidelbach*, in: Schwark, KMRK, 3. Aufl. 2004, § 1 VerkProspG Rn. 13.
145 Vgl. zum WpPG a. F. *Mayston*, in: Heidel, Aktienrecht und Kapitalmarktrecht, § 2 WpPG Rn. 15; *Ritz*, in: Assmann/Lenz/Ritz, VerkProspG, § 1 Rn. 28; *Heidelbach*, in: Schwark, KMRK, 3. Aufl. 2004, § 1 VerkProspG Rn. 13.
146 *Ritz*, in: Assmann/Lenz/Ritz, VerkProspG, § 1 Rn. 32.

59 Unerheblich ist die **Art der Kommunikation** gegenüber dem Publikum sowie das eingesetzte Medium.[147] Das Angebot muss nicht in einer klassischen schriftlichen Mitteilung erfolgen; es kann in jedweden Medien (z.B. Printmedien, Internet, Pressekonferenz) veröffentlicht werden und sich auch aus verschiedenen getrennten Veröffentlichungen oder Hinweisen (z.B. verlinkte Internetseiten) zusammensetzen, wenn diese aufeinander verweisen oder anderweitig in der Zusammenschau die Merkmale des Art. 2 lit. d verwirklichen.[148] Verweisungen (sog. **Hyperlinks**) müssen dem Anbieter zuzurechnen sein, etwa aufgrund eines eigenen wirtschaftlichen Interesses.[149]

60 Ein Angebot setzt weiter voraus, dass potenzielle Anleger im Geltungsbereich der ProspektVO zielgerichtet angesprochen werden.[150] Daher muss die Initiative zum Abschluss eines solchen Geschäftes von dem Anbieter ausgehen bzw. durch ihn veranlasst worden sein. Geht die Initiative dagegen allein vom Anleger aus, ohne dass der Anbieter die Tatbestandsmerkmale des Art. 2 lit. d bereits durch entsprechende Maßnahmen erfüllt hat, ist darin kein Angebot zu sehen.[151] Voraussetzung hierfür ist aber, dass der Anbieter die Initiative der Anleger zuvor nicht irgendwie bewusst provoziert oder anderweitig den Markt „präpariert" hat.[152] Auch redaktionelle Beiträge in Zeitschriften, Zeitungen und sonstigen Medien sind grundsätzlich nicht als Angebot des Anbieters anzusehen, solange er mit diesen Beiträgen nicht die vorgenannte „Präparierung" beabsichtigt hat (vgl. auch zur Anbietereigenschaft von Informationssystemen → Rn. 143).

d) Inhalt des Angebots (Grad der Konkretisierung)

61 Auf der anderen Seite verlangt die Legaldefinition in Art. 2 lit. d einen gewissen **Konkretisierungsgrad der Mitteilung**, d.h. „**ausreichende Informationen über die Angebotsbedingungen und die anzubietenden Wertpapiere, um einen Anleger in die Lage zu versetzen, über den Kauf oder die Zeichnung dieser Wertpapiere zu entscheiden**". Daraus folgt, dass **allgemein gehaltene Werbemaßnahmen** kein Angebot im Sinne dieser Vorschrift begründen, solange nicht die konkreten Angebotsbedingungen genannt werden.

---

[147] *Grundmann*, in: Schimansky/Bunte/Lwowski, Bankrechts-Handbuch, 5. Aufl. 2017, § 112 Rn. 36; vgl. jeweils zum WpPG a.F.: *Ritz/Zeising*, in: Just/Voß/Ritz/Zeising, WpPG, 2009, § 2 Rn. 115; *Bauerschmidt*, in: Assmann/Schlitt/von Kopp-Colomb, Prospektrecht Kommentar, Art. 2 ProspektVO Rn. 42.

[148] *Preuße*, in: Schwark/Zimmer, KMRK, § 2 WpPG Rn. 13; plastisch zum WpPG a.F. *Bauerschmidt*, in: Assmann/Schlitt/von Kopp-Colomb, Prospektrecht Kommentar, Art. 2 ProspektVO Rn. 42; *Mayston*, in: Heidel, Aktienrecht und Kapitalmarktrecht, § 2 WpPG Rn. 14.

[149] *Ritz*, in: Just/Voß/Ritz/Zeising, Wertpapierprospektrecht, 2. Aufl. 2023, Art. 2 ProspektVO Rn. 118 ff.

[150] BaFin-Workshop: 100 Tage WpPG, Rechtsfragen aus der Anwendungspraxis, Präsentation vom 3.11.2005, S. 3; vgl. zum VerkProspG: BAWe, Bekanntmachung zum Wertpapier-Verkaufsprospektgesetz, unter I. 2., S. 3; *Bosch*, in: Bosch/Groß, Emissionsgeschäft (BuB), Rn. 10/106.

[151] Vgl. zum WpPG a.F.: *Mayston*, in: Heidel, Aktienrecht und Kapitalmarktrecht, § 2 WpPG Rn. 17; *Ritz*, in: Just/Voß/Ritz/Zeising, Wertpapierprospektrecht, 2. Aufl. 2023, Art. 2 ProspektVO Rn. 114; *Ritz*, in: Assmann/Lenz/Ritz, VerkProspG, § 1 Rn. 61.

[152] *Schnorbus*, AG 2008, 389, 394; zum WpPG a.F.: *Mayston*, in: Heidel, Aktienrecht und Kapitalmarktrecht, § 2 WpPG Rn. 17; *Ritz*, in: Just/Voß/Ritz/Zeising, Wertpapierprospektrecht, 2. Aufl. 2023, Art. 2 ProspektVO Rn. 114; *Ritz*, in: Assmann/Lenz/Ritz, VerkProspG, § 1 Rn. 62, 65.

Materiell ist das Angebot insofern von der bloßen **Werbung** im Sinne von Art. 2 lit. k zu unterscheiden, die keine Prospektpflicht auslöst, aber den Mindeststandards des Art. 22 genügen muss und auf nationaler Ebene haftungsrechtliche Folgen nach den Grundsätzen der sog. „bürgerlich-rechtlichen Prospekthaftung" nach sich ziehen kann (näher dazu → § 15 WpPG Rn. 11). Welche Abgrenzungskriterien hierfür maßgeblich sind, ist nicht immer eindeutig. Als Werbemaßnahmen sind nach der Verwaltungspraxis der früheren BAWe „Informationen anzusehen, in denen allgemein über die Emittenten/Unternehmen und über zukünftig geplante Emissionen berichtet wird". Anders verhalte es sich, „wenn in derartigen Veröffentlichungen auf die wesentlichen Merkmale der Wertpapiere (u. a. deren Preis und deren Ausstattungsmerkmale – z.B. Stamm- oder Vorzugsaktien) hingewiesen wird".[153] Diese Vorgaben lassen sich auch unter der neuen ProspektVO heranziehen. Demgemäß hat auch der EFTA-Gerichtshof entschieden, dass werbende Aussagen, die Informationen zu Mindestanlagebetrag, Zinsspanne, Mindestlaufzeit, Häufigkeit der Zinszahlungen und anwendbaren Gebühren enthalten, als öffentliches Angebot i. S. d. ProspektVO zu verstehen sind.[154] Mit dieser Entscheidung äußert sich zum ersten Mal seit 2014 ein europäisches Gericht, und zum ersten Mal unter der ProspektVO, zu dem grundlegenden Rechtsbegriff des öffentlichen Angebots und gibt damit der bisher von erheblicher Rechtsunsicherheit geprägten Praxis eine wichtige konkrete Leitlinie vor.[155]

62

Kein Angebot – mangels hinreichender Angebotsbedingungen – begründen somit sämtliche Ankündigungen, die den Markt vorbereiten oder auf eine abgeschlossene Platzierung bzw. Zulassung zu einem organisierten Markt hinweisen, oder Informationen, die den Emittenten und die Art der Wertpapiere lediglich beschreiben, vgl. Art. 2 lit. k.[156] Dazu gehören insbesondere der bloße **Hinweis auf die Möglichkeit des Erwerbs** der Wertpapiere,[157] **Unternehmenspräsentationen** ohne konkrete Kaufempfehlungen,[158] **Analystenpräsentationen** ohne Zugang der breiten Öffentlichkeit,[159] ferner **redaktionelle Beiträge** in Zeitungen, Zeitschriften, Internet oder Fernsehen, wenn keine Details zu Bezugsmöglichkeiten (Kontaktadresse) genannt werden.[160]

63

Die **Veröffentlichung eines Prospekts ohne Nennung einer Preisspanne** begründet mangels hinreichender Angebotsbedingungen nach richtiger Auffassung ebenfalls noch kein Angebot.[161] Dazu gehört insbesondere das sog. **Decoupled-Verfahren**, bei dem die Roadshow ohne vorherige Bekanntmachung einer Preisspanne und eines Angebotszeitraums beginnt und jene erst nach Abschluss der Roadshow bestimmt und durch einen

64

---

153 BAWe, Bekanntmachung zum Wertpapier-Verkaufsprospektgesetz, unter I. 2., S. 3.
154 EFTA-Gerichtshof, 18.6.2021 – E-10/20, BKR 2021, 442, 444.
155 *Fuhrmann*, EWiR 2021, 620, 621 f.
156 *Schnorbus*, AG 2008, 389, 393.
157 BT-Drucks. 15/4999, 28.
158 *Preuße*, in: Schwark/Zimmer, KMRK, § 2 WpPG Rn. 17; *Groß*, Kapitalmarktrecht, § 2 WpPG Rn. 24.
159 *Preuße*, in: Schwark/Zimmer, KMRK, § 2 WpPG Rn. 17; *Ritz*, in: Just/Voß/Ritz/Zeising, Wertpapierprospektrecht, 2. Aufl. 2023, Art. 2 ProspektVO Rn. 126.
160 *Preuße*, in: Schwark/Zimmer, KMRK, § 2 WpPG Rn. 17; *Groß*, Kapitalmarktrecht, § 2 WpPG Rn. 24; *Ritz*, in: Just/Voß/Ritz/Zeising, Wertpapierprospektrecht, 2. Aufl. 2023, Art. 2 ProspektVO Rn. 157.
161 So auch *Zivny/Mock*, ProspektVO/KMG 2019, Art. 2 ProspektVO Rn. 73; vgl. *Schnorbus*, AG 2008, 389, 393.

Nachtrag nach Art. 23 veröffentlicht wird.[162] Beim **Bookbuilding-Verfahren** beginnt das öffentliche Angebot erst mit der Veröffentlichung der Aufforderung zur Abgabe von Zeichnungsgeboten im Anschluss an die Bekanntmachung der Preisspanne.[163] Bei einer **Bezugsrechtsemission** mit Bezugsrechtshandel ist der Zeitpunkt des öffentlichen Angebots der Beginn der Bezugsfrist, also der Tag, an dem Anleger erstmals zeichnen können und regelmäßig der Handel der Bezugsrechte beginnt (vgl. zur Bezugsrechtsemission ferner → Rn. 86 ff.).[164]

e) Erwerbs- oder Zeichnungsmöglichkeit (Investitionsentscheidung)

65 Die hinreichend konkretisierte Mitteilung muss den Anleger in die Lage „**versetzen, sich für den Kauf oder die Zeichnung jener Wertpapiere zu entscheiden**". Neben der erforderlichen Konkretisierung der Angebotsbedingungen verlangt ein Angebot i. S. d. Art. 2 lit. d also – in Übereinstimmung mit dem Verständnis zu (dem früheren) § 1 VerkProspG a. F. – weiter,[165] dass für den potenziellen Investor die **konkrete Möglichkeit zum Erwerb der beworbenen Wertpapiere** besteht.[166] Diese Sicht entspricht auch der Aufsichtspraxis der BaFin, auch unter der neuen ProspektVO. Das folgt wie bei § 1 VerkProspG a. F. sowie Art. 2 Abs. 1 lit. d ProspektRL, der die europäische Definition des öffentlichen Angebots vorgab, allerdings nicht unmittelbar aus dem Gesetz; Art. 2 lit. d verlangt vielmehr lediglich ein derart konkretisiertes Angebot, das den Anleger in die Lage versetzt, über das Investment zu entscheiden. Mangels Umsetzungsspielraum der Mitgliedstaaten soll es deshalb einer Ansicht nach seit Erlass der ProspektVO nicht mehr auf eine konkrete Erwerbsmöglichkeit ankommen, sondern lediglich auf die in Art. 2 lit. d

---

162 *Ritz*, in: Just/Voß/Ritz/Zeising, Wertpapierprospektrecht, 2. Aufl. 2023, Art. 2 ProspektVO Rn. 147 f.
163 BAWe, Bekanntmachung zum Wertpapier-Verkaufsprospektgesetz, unter I. 2., S. 4; *Preuße*, in: Schwark/Zimmer, KMRK, § 2 WpPG Rn. 17; *Groß*, Kapitalmarktrecht, § 2 WpPG Rn. 16; *Wiegel*, Die Prospektrichtlinie und Prospektverordnung, S. 155; *Schnorbus*, AG 2008, 389, 393; vgl. auch die Auslegungshinweise des Internal Market Directorate-General (Markt/G3/WG D (2005) vom 26.1.2005, S. 2 f.; *Ritz*, in: Just/Voß/Ritz/Zeising, Wertpapierprospektrecht, 2. Aufl. 2023, Art. 2 ProspektVO Rn. 147 f.; **anders noch** – bloße Aufforderung zur Abgabe von Zeichnungsangeboten ohne Nennung einer Preisspanne im Prospekt ausreichend – Bekanntmachung des BAWe zum Verkaufsprospektgesetz, 1996, BAnz. vom 30.4.1996, 5094; *Groß*, ZHR 162 (1998), 318, 324.
164 *Schnorbus*, AG 2008, 389, 393.
165 Vgl. BAWe, Bekanntmachung zum Wertpapier-Verkaufsprospektgesetz, unter I. 2., S. 3.
166 BaFin-Workshop: 100 Tage WpPG, Rechtsfragen aus der Anwendungspraxis, Präsentation vom 3.11.2005, S. 3; BaFin, Ausgewählte Rechtsfragen in der Aufsichtspraxis, Präsentation vom 4.9.2007, S. 4; *Groß*, Kapitalmarktrecht, § 2 WpPG Rn. 17; *Leuering*, Der Konzern 2006, 4, 6; *Giedinghagen*, BKR 2007, 233, 234; *Schnorbus*, AG 2008, 389, 393; *Schneider*, AG 2016, 341, 341 f.; jeweils zum WpPG a. F.: *Foelsch*, in: Holzborn, WpPG, § 2 Rn. 12; *Mayston*, in: Heidel, Aktienrecht und Kapitalmarktrecht, § 2 WpPG Rn. 9; *Ritz*, in: Just/Voß/Ritz/Zeising, Wertpapierprospektrecht, 2. Aufl. 2023, Art. 2 ProspektVO Rn. 130 f.; *Meyer*, in: Habersack/Mülbert/Schlitt, Unternehmensfinanzierung, § 36 Rn. 4; *Müller*, § 2 WpPG Rn. 6; **a. A.** *Bauerschmidt*, in: Assmann/Schlitt/von Kopp-Colomb, Prospektrecht Kommentar, Art. 2 ProspektVO Rn. 57 f.; *Bauerschmidt*, AG 2022, 57, 63; *Schlitt/Schäfer*, AG 2005, 498, 500; *Eckner*, in: Assies/Beule/Heise/Strube, Bank- und Kapitalmarktrecht, S. 1586 Rn. 422; vgl. auch zum WpPG a. F. *Hamann*, in: Schäfer/Hamann, Kapitalmarktgesetze, § 2 WpPG Rn. 26; **vermittelnd** *Wiegel*, Die Prospektrichtlinie und Prospektverordnung, S. 155, wonach es ausreicht, wenn die Zeichnungsfrist bekannt ist, aber noch nicht begonnen hat.

und Erwägungsgrund 22 explizit genannte Entscheidungsmöglichkeit des Anlegers; den Erwerb der Wertpapiere spreche der Unionsgesetzgeber nicht an.[167] Die **Gesetzesbegründung** zum WpPG a.F. stellte jedoch bereits klar, dass in Übereinstimmung mit dem früheren Begriffsverständnis vom „öffentlichen Angebot" allgemeine Werbemaßnahmen, Veröffentlichungen und Informationen, „in denen auf die Möglichkeit zum Erwerb von Wertpapieren hingewiesen wird und bei denen noch keine Erwerbs- oder Zeichnungsmöglichkeit besteht", nicht erfasst werden. In Anbetracht der in Art. 22 gesondert geregelten Anforderungen an Werbung sollte daher für das Vorliegen eines öffentlichen Angebots weiterhin eine konkrete Erwerbsmöglichkeit erforderlich sein.[168] Auch die **Systematik** zu Art. 21 Abs. 1 Satz 1 lässt kein anderes Ergebnis zu: Danach ist der Prospekt nach seiner Billigung rechtzeitig vor und spätestens mit Beginn des öffentlichen Angebots zu veröffentlichen. Diese Anordnung macht nur dann Sinn, wenn die bloße Veröffentlichung des Prospekts, welcher regelmäßig alle Angebotsbedingungen enthält, noch kein öffentliches Angebot konstituiert, weil sonst die Pflicht zur Veröffentlichung mit dem Verbot des Angebots vor dem Tag nach Veröffentlichung des Prospekts kollidiert. Zu beachten ist allerdings, dass eine konkrete Erwerbsmöglichkeit auch in Bezug auf noch nicht ausgegebene Wertpapiere bestehen kann (→ Rn. 58, 103), wodurch die Bedeutung der Voraussetzung der konkreten Erwerbsmöglichkeit zur Vermeidung eines öffentlichen Angebots reduziert wird.[169]

Erforderlich ist ein **rechtsgeschäftliches Handeln**, das auf **Abschluss eines Kaufvertrages oder ähnlichen Vertrages zur rechtsgeschäftlichen Übertragung von Wertpapieren** gerichtet ist.[170] Erforderlich ist also mit anderen Worten eine „**Investitionsentscheidung**" bezüglich des Erwerbs von Wertpapieren auf der Seite des angesprochenen potenziellen Vertragspartners.[171] Werden neue Wertpapiere dagegen unabhängig von dem Willen der anderen Seite zugeteilt oder automatisch kraft Gesetzes erworben, scheidet ein Angebot nach der ProspektVO aus (vgl. auch Erwägungsgrund 22).[172] Dies wird auch ausdrücklich in Erwägungsgrund 22 der ProspektVO bestätigt. Nach diesem soll eine Zutei-

66

---

167 So *Bauerschmidt*, AG 2022, 57, 62.
168 So auch *Groß*, Kapitalmarktrecht, § 2 WpPG Rn. 17; *Zivny/Mock*, ProspektVO/KMG 2019, Art. 2 ProspektVO Rn. 55.
169 Vgl. zum WpPG a.F. noch die zweite Auflage von *von Kopp-Colomb/Knobloch*, in: Assmann/Schlitt/von Kopp-Colomb, WpPG/VerkProspG, 2. Aufl. 2010, § 2 WpPG Rn. 46.
170 *Groß*, Kapitalmarktrecht, § 2 WpPG Rn. 11; zum WpPG a.F.: *Hamann*, in: Schäfer/Hamann, Kapitalmarktgesetze, 3. Lfg., § 2 WpPG Rn. 38.
171 ESMA, Questions and Answers on the Prospectus Regulation, ESMA31-62-1258 (Version 12, last updated on 3 February 2023), Nr. 4.2 (Free offers), S. 34; *Kollmorgen/Feldhaus*, BB 2007, 2756, 2757; zum WpPG a.F.: *Hamann*, in: Schäfer/Hamann, Kapitalmarktgesetze, § 2 WpPG Rn. 38; *Bauerschmidt*, in: Assmann/Schlitt/von Kopp-Colomb, Prospektrecht Kommentar, Art. 2 ProspektVO Rn. 55.
172 Vgl. jeweils zum WpPG a.F.: *Hamann*, in: Schäfer/Hamann, Kapitalmarktgesetze, § 2 WpPG Rn. 38; *Mayston*, in: Heidel, Aktienrecht und Kapitalmarktrecht, § 2 WpPG Rn. 23; *Bauerschmidt*, in: Assmann/Schlitt/von Kopp-Colomb, Prospektrecht Kommentar, Art. 2 ProspektVO Rn. 55. Vgl. auch ESMA, Questions and Answers on the Prospectus Regulation, ESMA31-62-1258 (Version 12, last updated on 3 February 2023), Nr. 4.2 (Free offers), S. 34, wonach kein öffentliches Angebot vorliegt, wenn der Empfänger von Aktien nicht die Wahl hat, die Wertpapiere zu akzeptieren oder abzulehnen. In den Fällen, in denen der Empfänger der Aktien keine Entscheidung trifft, ist danach also kein Angebot gegeben; ferner *Kollmorgen/Feldhaus*, BB 2007, 225, 227; *dies.*, BB 2007, 2756, 2757.

lung von Wertpapieren, ohne dass auf Seiten des Empfängers die Möglichkeit einer individuellen Entscheidung gegeben ist, nicht als öffentliches Angebot gelten. Dabei umfasst der Begriff der Zuteilung ausdrücklich auch Wertpapierzuteilungen ohne Recht auf Ablehnung der Zuteilung. Das betrifft in der Praxis die Fälle der **bloßen Zuteilung/Umbuchung von Aktien an** Mitarbeiter (z.B. im Rahmen eines Mitarbeiterbeteiligungsprogramms, vgl. → Art. 1 Rn. 182). Daneben sollen auch automatische Zuteilungen nach der Entscheidung eines Gerichts, wie etwa einer Wertpapierzuteilung an bestehende Gläubiger im Zuge eines gerichtlichen Insolvenzverfahrens, Zuteilungen darstellen, die nicht als öffentliches Angebot zu qualifizieren sind.

67 Die Frage einer gegebenen bzw. erforderlichen Investitionsentscheidung stellt sich vor allem bei der **Verschmelzung** (§ 20 Abs. 1 Nr. 3, 122a ff. UmwG, vgl. → Art. 1 Rn. 157 ff.), der **Spaltung** (§ 131 Abs. 1 Nr. 3 UmwG, vgl. → Art. 1 Rn. 157 ff.), dem **Formwechsel** (§ 202 Abs. 1 Nr. 2 UmwG), der **Kapitalerhöhung aus Gesellschaftsmitteln** (§ 207 ff. AktG; vgl. → Art. 1 Rn. 175) sowie der **Umwandlung von Aktiengattungen durch Satzungsänderung**,[173] z.B. zur Schaffung von Spartenaktien. In all diesen Fällen erfolgt der Erwerb oder die Änderung des Mitgliedschaftsrechtes kraft Gesetzes; ein Angebot i.S.d. Art. 2 lit. d scheidet aus.[174] Dass in diesen Fällen ein Hauptversammlungsbeschluss erforderlich ist, ändert nichts daran, dass eine Investitionsentscheidung des einzelnen Anlegers fehlt, insbesondere, wenn er gegen die Maßnahme stimmt (näher → Art. 1 Rn. 163). In all diesen Fällen geht es bei der Einladung zur Hauptversammlung um die Abgabe einer für die relevante Strukturmaßnahme gesetzlich erforderlichen Stimmerklärung, nicht aber um die Abgabe einer freiwilligen Zeichnungserklärung. Zu beachten ist, dass in diesen Fällen zwar keine Prospektpflicht kraft eines öffentlichen Angebots besteht, die Notwendigkeit eines Prospekts sich aber im Zusammenhang mit der Zulassung der (neuen, als Gegenleistung ausgegebenen) Aktien zum Handel an einem geregelten Markt ergeben kann (Art. 1 Abs. 1, Art. 21 Abs. 1 Satz 1), soweit keine Ausnahmen greifen (insbesondere nach Art. 1 Abs. 4).

68 Das **Angebot beginnt** somit, sobald Anleger Maßnahmen ergreifen können, die ohne weiteres Zutun dazu führen, dass sie Eigentümer der Wertpapiere werden.[175] Dazu gehört die Möglichkeit der Abgabe eines Angebots, welches der Anbieter durch einseitige Erklärung verbindlich annehmen kann.[176] Keine Angebote – mangels Erwerbsmöglichkeit – sind somit die Ankündigung, Wertpapiere verkaufen zu wollen, insbesondere Werbemaßnahmen im Vorfeld einer Kapitalmarkttransaktion wie sog. Road Shows[177] oder postalische oder telefonische Marketingaktionen,[178] Vormerkungen oder Reservierungen, ohne dass bereits eine Verpflichtung entsteht,[179] Verteilung eines Prospekts, ohne dass eine Erwerbsmög-

---

173 Zutreffend *Groß*, Kapitalmarktrecht, § 2 WpPG Rn. 12.
174 *Bauerschmidt*, AG 2022, 57, 63; *Preuße*, in: Schwark/Zimmer, KMRK, § 2 WpPG Rn. 17.
175 *Schnorbus*, AG 2008, 389, 393; vgl. ferner *Ritz*, in: Assmann/Lenz/Ritz, VerkProspG, § 1 Rn. 27 zu § 1 VerkProspG; *Hamann*, in: Schäfer, WpHG/BörsG/VerkProspG, 1. Aufl. 1999, § 1 VerkProspG Rn. 6; ähnlich: *Zivny/Mock*, ProspektVO/KMG 2019, Art. 2 ProspektVO Rn. 74.
176 Vgl. *Ritz*, in: Assmann/Lenz/Ritz, VerkProspG, § 1 Rn. 27 zu § 1 VerkProspG.
177 *Dittrich*, Die Privatplatzierung im deutschen Kapitalmarktrecht, S. 125 f.; *Ekkenga/Maas*, Das Recht der Wertpapieremissionen, § 2 Rn. 113; *Groß*, Kapitalmarktrecht, § 2 WpPG Rn. 15.
178 *Dittrich*, Die Privatplatzierung im deutschen Kapitalmarktrecht, S. 130 f.; *Ekkenga/Maas*, Das Recht der Wertpapieremissionen, § 2 Rn. 113.
179 *Groß*, Kapitalmarktrecht, § 2 WpPG Rn. 15.

lichkeit besteht,[180] sowie die Veröffentlichung der Entscheidung zur Abgabe eines Umtauschangebots nach § 10 WpÜG, da die Veröffentlichung der Angebotsunterlage und damit die Erwerbsmöglichkeit erst nach Gestattung der Angebotsunterlage durch die BaFin erfolgen kann (§ 14 WpÜG). **Das Angebot endet**, sobald keine Erwerbsmöglichkeit mehr besteht.[181] Veröffentlichungen über bereits abgeschlossene Transaktionen unterfallen demnach mangels Zeichnungsmöglichkeit nicht mehr dem Angebotsbegriff der ProspektVO (z. B. in Pflichtmitteilungen nach den Grundsätzen für die Zuteilung von Aktienemissionen an Privatanleger oder sog. „Tombstones").[182]

In die Kategorie der fehlenden Erwerbsmöglichkeit fällt auch der Abschluss eines Vertrages, der den (späteren) Erwerb von Wertpapieren zum Gegenstand hat, dessen Vollzug aber dergestalt von weiteren Voraussetzungen abhängt, dass sich der Anleger zum Zeitpunkt des Abschlusses unter keinen Gesichtspunkten rechtsverbindlich hierzu verpflichten kann.[183] Das betrifft insbesondere Verträge, die dem Anleger das Recht einräumen, zu einem bestimmten zukünftigen Zeitpunkt endgültig über den Erwerb der Wertpapiere zu entscheiden. Der Schutzzweck des WpPG verlangt hier noch nicht, dass sich der Anleger bereits zu dem Zeitpunkt des Vertragsschlusses auf Grundlage eines Prospekts umfassend über das Wertpapier informieren kann. Erst zu dem Zeitpunkt, zu dem der Anleger das Wahlrecht nach den vertraglichen Vorgaben ausüben und damit die Wertpapiere erwerben könnte, liegt – vorbehaltlich der weiteren Voraussetzungen – ein Angebot i. S. d. Art. 2 lit. d vor, das grundsätzlich einen Prospekt voraussetzt.[184]

69

f) Mitteilungen aufgrund des Handels
aa) Grundlagen

In § 2 Nr. 4 Hs. 3 WpPG a. F. wurde ausdrücklich klargestellt, dass Mitteilungen aufgrund des Handels von Wertpapieren an einem organisierten Markt oder im Freiverkehr kein öffentliches Angebot darstellen. Hintergrund dieser lediglich klarstellenden Regelung war, dass die **bloße Mitteilung von Tatsachen kein Angebot** begründete.[185] Das galt insbesondere, soweit die Veröffentlichung **in Erfüllung einer gesetzlichen Pflicht** erfolgt. Diese Ausnahme enthält Art. 2 lit. d nicht. Allerdings wird in Erwägungsgrund 14 der

70

---

180 *Ritz*, in: Assmann/Lenz/Ritz, VerkProspG, § 1 Rn. 60.
181 Vgl. *Schneider*, AG 2016, 341, 349; vgl. zum WpPG a. F.: *Bauerschmidt*, in: Assmann/Schlitt/von Kopp-Colomb, Prospektrecht Kommentar, Art. 2 ProspektVO Rn. 68; *Hamann*, in: Schäfer, WpHG/BörsG/VerkProspG, 1. Aufl. 1999, § 1 VerkProspG Rn. 6.
182 *Groß*, Kapitalmarktrecht, § 2 WpPG Rn. 24; *Zivny/Mock*, ProspektVO/KMG 2019, Art. 2 ProspektVO Rn. 62; vgl. zum WpPG a. F. *Mayston*, in: Heidel, Aktienrecht und Kapitalmarktrecht, § 2 WpPG Rn. 24; *Ritz*, in: Just/Voß/Ritz/Zeising, Wertpapierprospektrecht, 2. Aufl. 2023, Art. 2 ProspektVO Rn. 155.; *Bauerschmidt*, in: Assmann/Schlitt/von Kopp-Colomb, Prospektrecht Kommentar, Art. 2 ProspektVO Rn. 68; vgl. ferner zum VerkProspG: *Hamann*, in: Schäfer, WpHG/BörsG/VerkProspG, 1. Aufl. 1999, § 1 VerkProspG Rn. 11 f.; *Schäfer*, ZIP 1991, 1557, 1560; *Kullmann/Müller-Deku*, WM 1996, 1989, 1991.
183 Vgl. *Heidelbach*, in: Schwark/Zimmer, KMRK, 3. Aufl. 2004, § 1 VerkProspG, § 1 Rn. 13; ferner zum WpPG a. F. *Mayston*, in: Heidel, Aktienrecht und Kapitalmarktrecht, § 2 WpPG Rn. 16; vgl. *Ritz*, in: Assmann/Lenz/Ritz, VerkProspG, § 1 Rn. 33.
184 Vgl. *Ritz*, in: Assmann/Lenz/Ritz, VerkProspG, § 1 Rn. 33.
185 *Ritz*, in: Just/Voß/Ritz/Zeising, Wertpapierprospektrecht, 2. Aufl. 2023, Art. 2 ProspektVO Rn. 162 f.

ProspektVO ebenso klargestellt, dass die bloße Zulassung von Wertpapieren zum Handel an einem MTF oder die Veröffentlichung von Geld- und Briefkursen nicht per se als öffentliches Angebot von Wertpapieren zu betrachten sind und daher nicht der Verpflichtung zur Veröffentlichung eines Prospekts unterliegen. Vielmehr soll ein Prospekt nur dann verlangt werden, wenn diese Tätigkeiten mit einer Mitteilung einhergehen, die ein „öffentliches Angebot von Wertpapieren" gemäß der ProspektVO darstellen. Somit ist davon auszugehen, dass auch weiterhin solche Mitteilungen, die aufgrund einer gesetzlichen Pflicht aufgrund des Handels erfolgen, keine Angebote darstellen.[186] Welche Kommunikationen „**Mitteilungen aufgrund des Handels**" und somit nicht als öffentliches Angebot nach Art. 2 lit. d zu qualifizieren sind, bestimmt sich nach den jeweils anwendbaren Bestimmungen für das relevante Marktsegment. Für den Freiverkehr betrifft dies etwa die Verpflichtung zur Veröffentlichung von wesentlichen Unternehmensnachrichten, von Jahresabschlüssen und von sonstigen das Unternehmen betreffenden wesentlichen Informationen.[187] Auch die bloße Mitteilung nach § 49 Abs. 1 Nr. 2 WpHG (**Zulassungsfolgepflichten**) über die Ausgabe neuer Aktien[188] begründet daher kein Angebot.[189]

71 Veröffentlicht der Emittent oder Anbieter eines Wertpapiers im Zusammenhang mit der Bekanntgabe einer Kapitalmarkttransaktion auf Grundlage des Art. 17 Marktmissbrauchsverordnung (**Pflicht zur Ad-hoc-Mitteilung über Insiderinformationen**) Preis und Art des angebotenen Wertpapiers, so folgt daraus grundsätzlich ebenfalls kein Angebot, soweit der Emittent bzw. Anbieter sich auf die Veröffentlichung der gesetzlichen Mindestangaben (vgl. § 4 WpAV) beschränkt. Denn mit diesen Veröffentlichungen erfüllt der Emittent/Anbieter eine gesetzliche Pflicht durch die Mitteilung von Tatsachen, ohne dass im Normalfall damit die zielgerichtete Ansprache von Investoren beabsichtigt wäre.

72 Gleiches gilt für bloße Mitteilungen im Falle einer **Privatplatzierung**, ohne dass sie notwendigerweise auf einer kapitalmarktrechtlichen Verpflichtung beruhen müssen (z.B. im Rahmen eines Block Trades oder bei ausländischen Emittenten ohne Listing in Deutschland).[190] Das folgt hauptsächlich aus der VO (EU) 2019/980 der Kommission,[191] die dem Emittenten gewisse Informationen (wie Einzelheiten zur Natur der Transaktion sowie Zahl und Merkmale der Wertpapiere) abverlangt, wenn er gleichzeitig oder fast gleichzeitig die Börsenzulassung betreibt und deshalb einen Prospekt veröffentlichen muss.[192] Kein öffentliches Angebot ist schließlich das bloße Bereitstellen von **Informationen auf der Website zwecks Marktpflege**,[193] soweit dies nicht anlässlich des Angebots in deutlich über die bisherige Praxis des Emittenten hinausgehender Art und Weise geschieht.

73 Die bloße **Wiedergabe von Sekundärmarktpreisen** (z.B. bei einem Listing an verschiedenen Wertpapierbörsen) auf der Homepage eines Emittenten stellt für sich genommen nach Erwägungsgrund 14 der ProspektVO ebenfalls kein öffentliches Angebot dar, sofern

---

186 So auch *Preuße*, in: Schwark/Zimmer, KMRK, § 2 WpPG Rn. 16.
187 Vgl. § 21 der AGB für den Freiverkehr an der FWB vom 7.4.2023.
188 *Groß*, Kapitalmarktrecht, § 2 WpPG Rn. 19; *Schnorbus*, AG 2008, 389, 394.
189 Vgl. zum WpPG a.F.: *Bauerschmidt*, in: Assmann/Schlitt/von Kopp-Colomb, Prospektrecht Kommentar, Art. 2 ProspektVO Rn. 43.
190 *Schnorbus*, AG 2008, 389, 394.
191 Vgl. Ziff. 6.3 in Anhang 11 VO (EU) 2019/980 der Kommission.
192 *Ekkenga/Maas*, Das Recht der Wertpapieremissionen, § 2 Rn. 113.
193 *Ekkenga/Maas*, Das Recht der Wertpapieremissionen, § 2 Rn. 113.

sich nicht aufgrund weiterer Umstände etwas anderes ergibt.[194] Das ist auch dann der Fall, wenn die Sekundärmarktpreise zusammen mit ISIN und Angaben zum Emittenten/seiner Geschäftstätigkeit veröffentlicht werden.[195] Gleiche Überlegungen gelten auch für Wertpapiere, die nur im Freiverkehr oder einem anderen nicht regulierten Markt gelistet sind.[196] Bei der **Kommunikation im Zusammenhang mit der eigentlichen Einbeziehung** der Wertpapiere in den Freiverkehr oder der Zulassung der Aktien in einem anderen Mitgliedstaat ist dies aber nicht mehr der Fall, sodass bei dieser Maßnahme keine Sekundärmarktpreise veröffentlicht werden dürfen, wenn ein öffentliches Angebot vermieden werden soll (vgl. → Rn. 82 ff.).

Die **Trennlinie** zwischen der Mitteilung bloßer Tatsachen bzw. der Beachtung von Pflichtmitteilungen ist jedoch dann überschritten, wenn der Anbieter **weitere publikumswirksame Maßnahmen ergreift**. Grundsätzlich ist daher die Kommunikation auf das geringste mögliche Maß zu beschränken, insbesondere dürfen keine Mitteilungen über Erwerbsmöglichkeiten erfolgen, um nicht in das Risiko der Prospektpflicht und der Haftung auf nationaler Ebene nach § 14 WpPG (§ 13a VerkProspG a.F.) zu laufen, zumal die Zivilgerichte die Kriterien für ein öffentliches Angebot abweichend von der Anwendungspraxis der BaFin auslegen können.[197] Die Thematik stellt sich insbesondere bei der Einbeziehung in den Freiverkehr (vgl. dazu → Rn. 80 ff.). 74

bb) Auslegungsschreiben der BaFin zum Begriff des öffentlichen Angebots von Wertpapieren im Sinne des § 2 Nr. 4 WpPG a.F. im Rahmen des Sekundärmarkthandels von Wertpapieren

Die BaFin hat mit dem o.g. (in der Praxis wenig beachteten) Auslegungsschreiben vom 24.6.2013 (Geschäftszeichen PRO 1 – Wp 2030 – 2012/0013) ihre Praxis bezüglich bestimmter Aspekte von Mitteilungen im Handel konkretisiert und damit gewissermaßen einen Safe Harbor („sicheren Hafen") für die Rechtsanwender geschaffen. Das Schreiben, das weiterhin entsprechend Anwendung findet,[198] wird im Folgenden wörtlich wiedergegeben (Hervorhebungen vom Verfasser): 75

„Die Wiedergabe sämtlicher Ausstattungsmerkmale eines im organisierten Markt oder im Freiverkehr einer deutschen Börse gehandelten Wertpapiers, die vom jeweiligen Emittenten dieses Wertpapiers als Ausstattungsmerkmale qualifiziert werden, die Veröffentlichung von An- und Verkaufskursen für die betreffenden Wertpapiere auf der Internetseite während der Handelszeiten in dem organisierten Markt oder Freiverkehr, in welchem die Wertpapiere gehandelt werden sowie die Bekanntgabe weitergehender, nicht lediglich werblicher Informationen in Bezug auf diese Wertpapiere auf der Internetseite des Emittenten, wenn und soweit 76

---

194 Vgl. ESMA, Questions and Answers on the Prospectus Regulation, ESMA31-62-1258 (Version 12, last updated on 3 February 2023), Nr. 4.5 (Offer of securities to the public), S. 36; BaFin-Workshop 2009, Europarechtliche Entwicklungen im Prospektrecht, S. 8 f.
195 ESMA, Questions and Answers on the Prospectus Regulation, ESMA31-62-1258 (Version 12, last updated on 3 February 2023), Nr. 4.5 (Offer of securities to the public), S. 36; BaFin-Workshop 2009, Europarechtliche Entwicklungen im Prospektrecht, S. 8 f.
196 BaFin-Workshop 2009, Europarechtliche Entwicklungen im Prospektrecht, S. 9.
197 So der treffende Hinweis bei BaFin-Workshop 2009, Europarechtliche Entwicklungen im Prospektrecht, S. 9.
198 Siehe dazu BaFin „Prospektpflicht – Rechtlage seit dem 21.7.2019", zuletzt geändert am 4.3.2022, https://www.bafin.de/DE/Aufsicht/Prospekte/Wertpapiere/Prospektpflicht/prospekt pflicht_artikel.html.

Art. 2 ProspektVO Begriffsbestimmungen

der Emittent sich nach den jeweiligen Emissionsbedingungen zu ihrer Veröffentlichung verpflichtet hat oder er nach gesetzlichen Vorschriften oder den Regularien des Betreibers des jeweiligen organisierten Marktes oder Freiverkehrs dazu verpflichtet ist, **wird unter den nachfolgenden Voraussetzungen nicht mehr als prospektpflichtiges öffentliches Angebot von Wertpapieren im Sinne des § 2 Nr. 4 WpPG *[jetzt: Art. 2 d]* qualifiziert:**

77 1. Im Falle eines erstmaligen öffentlichen Angebots der betroffenen Wertpapiere wurde ein Wertpapierprospekt veröffentlicht, der zuvor von der BaFin gebilligt wurde oder über dessen Billigung durch die zuständige Behörde eines anderen Staates des EWR die BaFin nach den § 18 WpPG *[jetzt: Art. 20 ProspektVO]* entsprechenden Vorschriften des Herkunftsstaates unterrichtet wurde (§ 17 Abs. 3 WpPG) *[jetzt: Art. 24 Abs. 1]*.

2. Der Wertpapierprospekt ist während seiner Gültigkeitsdauer, unabhängig von einer etwa früher erfolgenden Notierungsaufnahme im organisierten Markt oder im Freiverkehr, so lange durch die entsprechenden Nachträge nach § 16 WpPG *[jetzt: Art. 23]* zu aktualisieren, bis der Vertrieb im Primärmarkt in Bezug auf die Wertpapiere durch die Emittenten abgeschlossen ist und nur noch Handelsaktivitäten im Sekundärmarkt in Bezug auf die Wertpapiere stattfinden. Ist der Vertrieb der Wertpapiere im Primärmarkt am Ende der in § 9 Abs. 2 WpPG *[jetzt: Art. 12]* festgelegten Prospektgültigkeitsdauer noch nicht abgeschlossen, so ist ein neuer Wertpapierprospekt (ggf. durch Hinterlegung neuer endgültiger Bedingungen im Sinne des § 6 Abs. 3 WpPG) *[jetzt: Art. 8 Abs. 5]* zu erstellen.

3. Der Vertrieb der betroffenen Wertpapiere durch die Emittentin im Primärmarkt ist abgeschlossen, wenn
a. die von der Emittentin im Prospekt festgelegte Angebotsfrist verstrichen ist oder das Ende des Primärmarktes von der Emittentin in der in den jeweiligen (endgültigen) Angebotsbedingungen festgelegten Art und Weise mitgeteilt wurde,
b. die Emittentin nach Beendigung des Primärmarktes keine eigenen aktiven Vertriebsaktivitäten unternimmt und solche weiterer Finanzintermediäre oder Dritter – etwa durch Inaussichtstellen von Vertriebsprovisionen – nicht unterstützt (es sei denn, diese finden im Rahmen eines Prospektausnahmetatbestandes im Sinne von § 3 Abs. 2 WpPG statt) *[jetzt: Art. 1 Abs. 4]*;
c. die Anzahl der zu Beginn des Primärmarktes zum Handel am organisierten Markt zugelassenen oder in den Freiverkehr einbezogenen Wertpapiere während des Sekundärmarktes nicht überschritten wird (es sei denn, die Anzahl der Wertpapiere erhöht sich durch Platzierung neuer Wertpapiere gleicher Gattung unter Inanspruchnahme eines Prospektausnahmetatbestandes im Sinne von § 3 Abs. 2 WpPG) *[jetzt: Art. 1 Abs. 4]*,
d. auf derselben Internetseite der Emittentin, auf welcher die Ausstattungsmerkmale der Wertpapiere abrufbar sind, keine direkten Verlinkungen zu Online-Brokern oder den Betreibern des jeweiligen Sekundärmarktes bestehen,
e. die Emittentin keine An- und Verkaufskurse für die betreffenden Wertpapiere auf der Internetseite außerhalb der Handelszeiten im betreffenden organisierten Markt oder Freiverkehr veröffentlicht und
f. die Internetseite der Emittentin mit den entsprechenden Ausstattungsmerkmalen auch sonst keine werblichen Aussagen in Bezug auf das jeweils dargestellte Produkt und die Möglichkeit zum Erwerb dieses Produkts im Sekundärmarkt enthält.

78 Die Veröffentlichung eines fortlaufend aktualisierten Produktinformationsblatts nach § 31 Abs. 3a WpHG durch einen Emittenten für dessen Wertpapiere stellt auch nach dem Ende des Vertriebs im Primärmarkt kein öffentliches Angebot von Wertpapieren im Sinne des § 2 Nr. 4 WpPG *[jetzt: Art. 2 d]* dar.

79 Auch die Bereithaltung gebilligter, jedoch nicht mehr nach § 9 WpPG *[jetzt: Art. 12]* für öffentliche Angebote gültiger Wertpapierprospekte nebst zugehöriger endgültiger Emissionsbedingungen nach § 6 Abs. 3 WpPG *[jetzt: Art. 8 Abs. 5]* durch einen Emittenten stellt

auch nach dem Ende des Vertriebs im Primärmarkt kein öffentliches Angebot von Wertpapieren im Sinne des § 2 Nr. 4 WpPG *[jetzt: Art. 2 d]* dar."

g) Ausgewählte Praxisfälle

aa) Einbeziehung in den Freiverkehr

Unter dem Gesichtspunkt der Mitteilung bloßer Tatsachen (vgl. → Rn. 74) stellen der Antrag auf **Einbeziehung in den Freiverkehr** (vgl. § 48 BörsG i.V.m. den jeweilige Börsenordnungen), die tatsächliche Einbeziehung sowie die dortige Aufnahme der Notierung für sich genommen noch kein öffentliches Angebot dar (vgl. Erwägungsgrund 14 der ProspektVO).[199] Voraussetzung hierfür ist, dass die Maßnahme sich auf die Mitteilung von Tatsachen beschränkt und keine Werbemaßnahmen im Hinblick auf die Emission vorgenommen werden, also publikumswirksame Maßnahmen unterlassen werden. Selbst wenn die Aufnahme des Handels nachträglich eine gewisse Publizität (insbesondere der Kaufbedingungen) nach sich zieht, besteht eine Prospektpflicht des Emittenten nur bei Werbemaßnahmen, die sich auf den Wertpapierhandel beziehen.[200]

Akut wird diese Frage bei Transaktionen, in denen Wertpapiere zunächst im Rahmen einer **prospektfreien Platzierung** qualifizierten Investoren angeboten und zugeteilt, dann aber zur Schaffung einer gewissen Liquidität und eines Zugangs zu einer breiteren Investorenbasis in den Freiverkehr einbezogen werden. Der bloße Hinweis auf die Notierung und die Veröffentlichung reiner Emissionsdaten stellt in diesem Fall noch keine Werbemaßnahme dar (vgl. auch → Rn. 62).[201] **Reine Emissionsdaten** sind beispielsweise die Angabe von Wertpapierkennnummer (WKN, ISIN), eines etwaigen Underlying und der kleinsten handelbaren Einheit, sofern diese Angaben im Rahmen sachlicher Berichterstattung bleiben.[202] Der Erwerb der Wertpapiere durch den Investor ist in diesem Fall vergleichbar mit dem Kauf von bereits länger gehandelten Wertpapieren – der Markt ist ano-

---

[199] BT-Drucks. 15/4999, 28; BaFin, Ausgewählte Rechtsfragen in der Aufsichtspraxis, Präsentation vom 4.9.2007, S. 6; *Ekkenga/Maas*, Das Recht der Wertpapieremissionen, § 2 Rn. 112; *Groß*, Kapitalmarktrecht, § 2 WpPG Rn. 20; *Preuße*, in: Schwark/Zimmer, KMRK, § 2 WpPG Rn. 16; *Holzborn/Israel*, ZIP 2005, 1668, 1669; *Leuering*, Der Konzern 2006, 4, 7 f.; *Schnorbus*, AG 2008, 389, 396; jeweils zum WpPG a.F.: *Grosjean*, in: Heidel, Aktienrecht und Kapitalmarktrecht, § 2 WpPG Rn. 25; *Ritz*, in: Just/Voß/Ritz/Zeising, Wertpapierprospektrecht, 2. Aufl. 2023, Art. 2 ProspektVO Rn. 161; ebenso zum alten Recht BAWe, Bekanntmachung zum Wertpapier-Verkaufsprospektgesetz, unter II. 1., S. 3. f.; *Dittrich*, Die Privatplatzierung im deutschen Kapitalmarktrecht, S. 119; **a.A.** *Bartz*, in: Derleder/Knops/Bamberger, Handbuch zum deutschen und europäischen Bankrecht, 2. Aufl. 2009, § 58 Rn. 90 (mit der unzutreffenden Begründung, die Einbeziehung würde einen Erwerb durch jedermann ermöglichen, womit er die kommunikative Komponente des öffentlichen Angebots übersieht).
[200] BT-Drucks. 15/4999, 28; *Wiegel*, Die Prospektrichtlinie und Prospektverordnung, S. 156; siehe auch vgl. *Ekkenga/Maas*, Das Recht der Wertpapieremissionen, § 2 Rn. 112; *Sudmeyer/Rückert/Kuthe*, BB 2005, 2703, 2705.
[201] BT-Drucks. 15/4999, 28; zum WpPG a.F.: *Ritz*, in: Just/Voß/Ritz/Zeising, Wertpapierprospektrecht, 2. Aufl. 2023, Art. 2 ProspektVO Rn. 163; *Schnorbus*, AG 2008, 389, 396.
[202] Vgl. jeweils zum WpPG a.F.: *Ritz*, in: Just/Voß/Ritz/Zeising, Wertpapierprospektrecht, 2. Aufl. 2023, Art. 2 ProspektVO Rn. 163 f.; *Bauerschmidt*, in: Assmann/Schlitt/von Kopp-Colomb, Prospektrecht Kommentar, Art. 2 ProspektVO Rn. 43.

nymisiert, die Marktgegenseite unbekannt und es ist nicht selektierbar, mit wem das Wertpapiergeschäft zustande kommen soll.[203]

82 Unschädlich ist in diesem Zusammenhang auch das für die Einbeziehung in den Freiverkehr mancher Regionalbörsen erforderliche Einbeziehungsdokument oder Exposé (anstatt eines vollständigen Prospekts), das in der alleinigen Verantwortung des Emittenten steht und teilweise nicht öffentlich zugänglich ist.[204] Zur Vermeidung von Haftungsrisiken bei prospektfreien Emissionen (insbesondere nach § 14 WpPG (§ 13a VerkProspG a. F.) für solche Transaktionen im Freiverkehr anhand eines Exposés sollte der Emittent eine strikte **Trennung zwischen Unternehmensdarstellung** einerseits sowie **Mitteilung über den Handel der Aktien und einer etwaigen Privatplatzierung** andererseits vornehmen.[205] Nicht anders verhält es sich bei Inanspruchnahme (sonstiger) außerbörslicher Handelssysteme (ATS) im Anschluss an eine Privatplatzierung.[206]

83 Dagegen können Angaben zum **aktuellen Kurs**, zum **Ausübungspreis**, zur **Laufzeit** und zu den **Ausübungsmodalitäten** die Prospektpflicht auslösen,[207] ebenso der Hinweis auf **bestehende Erwerbsmöglichkeiten**.[208] Sofern solche detaillierten Hinweise – unter Mitverursachung des Emittenten/Anbieters – in **elektronisch betriebenen Informationssystemen** (wie Reuters, Bloomberg) oder in anderen Medien in Verbindung mit einer konkreten Möglichkeit zum Erwerb der Wertpapiere zu finden sind, liegt grundsätzlich ein öffentliches Angebot des Emittenten/Anbieters vor.[209] Anders liegen die Dinge, wenn das Informationssystem die Informationen selbstständig generiert und veröffentlicht (siehe auch unten → Rn. 143).

84 Insgesamt erfordert die prospektfreie Einbeziehung von Wertpapieren in den Freiverkehr (soweit noch zulässig) **erhebliche Zurückhaltung des Anbieters, insbesondere im Hinblick auf Informationen über das Unternehmen und die Bedingungen der Emis-

---

203 *Wiegel*, Die Prospektrichtlinie und Prospektverordnung, S. 155 f.; *Schnorbus*, AG 2008, 389, 396.
204 Mit Einführung des Marktsegments Scale im Jahr 2017, das den „Entry Standard" ersetzte, wurde in § 17 Abs. 1 lit. b der Allgemeinen Geschäftsbedingungen der Deutschen Börse AG für den Freiverkehr an der Frankfurter Wertpapierbörse festgelegt, dass ein Emittent entweder ein zu veröffentlichendes Einbeziehungsdokument erstellt, oder, im Falle eines prospektpflichtigen öffentlichen Angebots, einen Wertpapierprospekt. Zuvor war seit Juli 2012 jeder Emittent bei Aufnahme in den „Entry Standard" verpflichtet, ein öffentliches Angebot vorzunehmen und damit auch einen Wertpapierprospekt zu erstellen. Andere Regionalbörsen erlauben ebenfalls nach wie vor, dass unter bestimmten Voraussetzungen die Einbeziehung von Aktien und insbesondere von Schuldverschreibungen auf Basis eines Exposés ohne Erstellung und Veröffentlichung eines Wertpapierprospekts erfolgt (vgl. §§ 8, 9, 11 der Geschäftsbedingungen für den Freiverkehr an der Börse Berlin vom 1.11.2012; § 15 Geschäftsbedingungen der BÖAG Börsen AG für den Freiverkehr an der Börse Düsseldorf vom 10.1.2019 (für Schuldverschreibungen)).
205 *Ekkenga/Maas*, Das Recht der Wertpapieremissionen, § 2 Rn. 112; *Sudmeyer/Rückert/Kuthe*, BB 2005, 2703, 2705; zum WpPG a. F.: *Mayston*, in: Heidel, Aktienrecht und Kapitalmarktrecht, § 2 WpPG Rn. 26.
206 *Dittrich*, Die Privatplatzierung im deutschen Kapitalmarktrecht, S. 120; *Ekkenga/Maas*, Das Recht der Wertpapieremissionen, § 2 Rn. 112; *Schnorbus*, AG 2008, 389, 397.
207 Vgl. BAWe, Bekanntmachung zum Wertpapier-Verkaufsprospektgesetz, unter I. 2., S. 3 f.; *Ritz*, in: Assmann/Lenz/Ritz, VerkProspG, § 1 Rn. 54.
208 *Schnorbus*, AG 2008, 389, 397; vgl. ferner *Ritz*, in: Assmann/Lenz/Ritz, VerkProspG, § 1 Rn. 54.
209 Vgl. *Leuering*, Der Konzern 2006, 4, 8; *Schnorbus*, AG 2008, 389, 397.

sion.[210] Besonders öffentlichkeitswirksame Maßnahmen (Road Shows, Unternehmenspräsentationen, Interviews) sollten für einen gewissen Zeitraum nach Einbeziehung generell vermieden werden. Die Website sollte keine Links enthalten, die zu über reine Emissionsdaten hinausgehenden Informationen (wie etwa zu Börsenportalen, Betreibern von Wertpapieranalysen etc.) oder gar zu Wertpapierdienstleistungsunternehmen (z.B. Broker, Banken) führen.[211] In jedem Fall sollte bei Bekanntmachungen gleichzeitig der Hinweis erfolgen, dass die betreffenden Wertpapiere lediglich von bestimmten Personengruppen (z.B. i.S.d. Art. 1 Abs. 4 lit. a oder b) erworben werden können (Private Placement Disclaimer, vgl. dazu auch → Art. 3 Rn. 6). In diesem Fall sollte konkret der betreffende Ausnahmetatbestand zitiert werden.[212]

bb) Bezugsangebote und ihre Abwicklung durch Depotbanken

aaa) Grundlagen

Bezugsrechtsangebote auf Aktien nach § 186 Abs. 2 oder Abs. 5 AktG galten lange Zeit **nicht als öffentliches Angebot** der Aktiengesellschaft, der KgaA bzw. der SE als Emittenten. Wurden im Zusammenhang mit der Kapitalerhöhung Bezugsrechte ausgegeben, so lag nach ständiger Verwaltungspraxis der BaFin[213] und der Literatur[214] in der entsprechenden Veröffentlichung kein öffentliches Angebot der Bezugsaktien, solange sie sich erkennbar nur an die Gruppe der Altaktionäre als begrenzten Personenkreis wendete. Vielmehr galt das bloße Bezugsangebot als bloße Mitteilung von Tatsachen (den gesetzlich bestehenden Bezugsrechten), die sich erkennbar nicht an das Publikum richtet, sondern an bestehende Aktionäre, die über die entsprechenden Informationen verfügen und damit nicht so schützenswert sind wie Anleger bei einem Erstinvestment.[215] 85

Die BaFin war zusammen mit der österreichischen Aufsichtsbehörde die einzige Behörde in Europa, die reine Bezugsrechtsemissionen ohne Prospekt erlaubte. Durch die Ände- 86

---

210 Näher jeweils zum WpPG a.F.: *Mayston*, in: Heidel, Aktienrecht und Kapitalmarktrecht, § 2 WpPG Rn. 26; *Ritz/Zeising*, in: Just/Voß/Ritz/Zeising, WpPG, 2009, § 2 Rn. 157 u. 161.
211 Vgl. zum WpPG a.F.: *Mayston*, in: Heidel, Aktienrecht und Kapitalmarktrecht, § 2 WpPG Rn. 26; *Ritz*, in: Assmann/Lenz/Ritz, VerkProspG, § 1 Rn. 58.
212 *Ritz*, in: Assmann/Lenz/Ritz, VerkProspG, § 1 Rn. 54.
213 BaFin-Workshop: 100 Tage WpPG, Rechtsfragen aus der Anwendungspraxis, Präsentation vom 3.11.2005, S. 4; BaFin, Ausgewählte Rechtsfragen in der Aufsichtspraxis, Präsentation vom 4.9.2007, S. 5; BAWe, Bekanntmachung zum Wertpapier-Verkaufsprospektgesetz, unter I. 2. f), S. 4.
214 *Eckner*, in: Assies/Beule/Heise/Strube, Bank- und Kapitalmarktrecht, S. 1589 Rn. 450; *Krug*, BKR 2005, 302, 306; *Holzborn/Israel*, ZIP 2005, 1668, 1668f.; *Schlitt/Schäfer*, AG 2005, 498, 500; *Leuering*, Der Konzern 2006, 4, 6; *Schnorbus*, AG 2008, 389, 397; *Angersbach/van der Chevallerie/Ulbricht*, ZIP 2009, 1302, 1303; *Schanz/Schalast*, Wertpapierprospekte – Markteinführungspublizität nach EU-Prospektverordnung und Wertpapierprospektgesetz 2005, HfB – Working Paper Series No. 74, S. 11; **a.A.** *Wiegel*, Die Prospektrichtlinie und Prospektverordnung, S. 156ff. (mit Verweis auf Stellungnahmen der CESR (CESR-Frequently Asked Questions, Frage 33), Stellungnahmen der Kommission (Summary record, 4th Informal Meeting on Prospectus Transposition – 8 March 2005, MARKT/G3/WG D (2005), S. 2 sowie auf das Zusammenspiel mit Art. 4 Abs. 1 lit. a der ProspektRL).
215 Vgl. BaFin, Ausgewählte Rechtsfragen in der Aufsichtspraxis, Präsentation vom 4.9.2007, S. 5; *Krug*, BKR 2005, 302, 306; *Ebbinghaus/Kleemann*, NZG 2019, 441, 442; *Schnorbus*, AG 2008, 389, 397.

rungsrichtlinie (vgl. → Vor Art. 1 ff. Rn. 8 ff.) ist die unterschiedliche Praxis der Mitgliedstaaten bezüglich der Bezugsrechtsemissionen angeglichen worden, was bis zum 1.7.2012 in nationales Recht umzusetzen war. So galt gemäß **Art. 7 Abs. 2 lit. g ProspektRL** in der Fassung der ÄnderungsRL für Bezugsrechtsemissionen eine Prospektpflicht („angemessene Offenlegungsregelungen"). Speziell für Bezugsrechtsemissionen galten jedoch auch Erleichterungen in Form reduzierter Prospektanforderungen, ohne dass dadurch der Schutz der Anleger gemindert werden sollte.[216] Die ebenfalls am 1.7.2012 in Kraft getretene **Neufassung der ProspektVO enthielt einen neuen Art. 26a und neue Anhänge XXIII und XXIV, die Vereinfachungen für Bezugsrechtskapitalerhöhungen vorsahen**. Aus diesen Regelungen in der ProspektRL und der ProspektVO ergab sich für die BaFin (und damit für die Rechtspraxis), **dass seit dem 1.7.2012 Bezugsangebote grundsätzlich prospektpflichtig waren**.[217]

87 Mit Wirkung zum 21.7.2018 wurde in § 3 Abs. 2 Satz 1 Nr. 5 WpPG a. F. zunächst eine Ausnahme von der Prospektpflicht für den Fall von Bezugsrechtsemissionen vorgesehen, sofern der Gesamtgegenwert für alle im Europäischen Wirtschaftsraum angebotenen Wertpapiere weniger als 5 Mio. EUR (mit Wirkung zum 21.7.2019 8 Mio. EUR) berechnet über einen Zeitraum von zwölf Monaten betrug. Zusätzlich wurden in § 3c WpPG a. F. (§ 6 WpPG n. F.) Vorgaben an die Vermittlung sowie bestimmte Einzelanlageschwellen für nicht qualifizierte Anleger festgelegt, bei deren Überschreitung ein Angebot von Wertpapieren mit einem Gesamtgegenwert von 1 Mio. EUR nicht nach § 3 Abs. 2 Satz 1 Nr. 6 WpPG a. F. (Angebot von Wertpapieren mit einem Gesamtgegenwert von weniger als 8 Mio. EUR im Europäischen Wirtschaftsraum) von der Prospektpflicht befreit war. Mit dem Gesetz zur weiteren Ausführung der EU-Prospektverordnung und zur Änderung von Finanzmarktgesetzen gelten diese Restriktionen aus § 3c WpPG a. F. mit Wirkung zum 21.7.2019 für Wertpapiere, die Aktionären im Rahmen einer Bezugsrechtsemission angeboten werden, ausdrücklich nicht mehr, § 6 Satz 2 WpPG.[218] Diese Anforderungen gelten jedoch weiterhin im Hinblick auf andere nicht qualifizierte Anleger, denen Wertpapiere prospektfrei nach § 3 Nr. 2 WpPG (§ 3 Abs. 2 Satz 1 Nr. 6 WpPG a. F.) angeboten werden. Das bedeutet, dass für die Ausnahme des § 6 Satz 2 WpPG nicht erforderlich ist, dass ausschließlich Altaktionären Wertpapiere angeboten werden, sondern diese vielmehr auch bei Angeboten anwendbar ist, die sich sowohl an Altaktionäre als auch an neue Anleger richten.[219] Dann allerdings entfallen nach § 6 Satz 2 WpPG die Anforderungen des Satzes 1 lediglich insoweit, als bestehenden Aktionären im Rahmen ihres Bezugsrechts Wertpapiere angeboten werden.[220] Die wesentlichen Informationen erhalten Altaktionäre entweder durch das bei der BaFin zu hinterlegende und zu veröffentlichende Wertpapier-Informationsblatt, § 4 WpPG, oder das Basisinformationsblatt

---

216 Vgl. Erwägungsgrund 18 der ÄnderungsRL; Entwurf des Rats 17451/1/09 REV 1, 4.2.2010, Erwägungsgrund 11 (S. 8); Kommissionsentwurf 2009/491 zur Änderung der Prospektrichtlinie vom 23.9.2009, S. 8; vgl. ferner *Bauerschmidt*, in: Assmann/Schlitt/von Kopp-Colomb, Prospektrecht Kommentar, Art. 2 ProspektVO Rn. 48.
217 Vgl. *Henningsen*, BaFin Journal 09/12, 5, 7; vgl. ferner *Bauerschmidt*, in: Assmann/Schlitt/von Kopp-Colomb, Prospektrecht Kommentar, Art. 2 ProspektVO Rn. 48; *Berrar/Wiegel*, CFL 2012, 97, 108; *Brocker/Wohlfarter*, BB 2013, 393, 394; *Ebbinghaus/Kleemann*, NZG 2019, 441, 442 f.
218 Vgl. auch BT-Drucks. 19/8005, 2.
219 *Bauerschmidt*, in: Assmann/Schlitt/von Kopp-Colomb, Prospektrecht Kommentar, Art. 2 ProspektVO Rn. 48.
220 BT-Drucks. 19/8005, 46; vgl. auch *Schlitt/Ries*, in: Assmann/Schlitt/von Kopp-Colomb, Prospektrecht Kommentar, § 6 WpPG Rn. 16.

nach der Verordnung (EU) Nr. 1286/2014 des Europäischen Parlaments und des Rates vom 26.11.2014 über Basisinformationsblätter für verpackte Anlageprodukte für Kleinanleger und Versicherungsanlageprodukte (PRIIP), die durch die Verordnung (EU) 2016/2340 geändert worden ist.

bbb) Erwerbsmöglichkeiten durch Dritte sowie Privatplatzierungen

Ein **öffentliches Angebot** liegt stets vor, wenn die Mitteilung über ihren obligatorischen/ technischen Gehalt hinaus auch eine **Kaufmöglichkeit durch Dritte** eröffnet.[221] So ist die Formulierung „Bereitschaft der Bezugsstelle, den An- und Verkauf von Bezugsrechten zu vermitteln" nach Auffassung der BaFin als öffentliches Angebot zu qualifizieren, wenn darin keine ausdrückliche Beschränkung auf den Kreis der Altaktionäre enthalten ist.[222] Weiter liegt ein öffentliches Angebot bei einem vom Emittenten organisierten Bezugsrechtshandel vor;[223] dies gilt unabhängig von der Plattform (außerbörslich, Internet, Freiverkehr oder regulierter Markt). 88

Keine Prospektpflicht besteht dagegen bei Privatplatzierungen von Aktien – z. B. auf der Grundlage des Art. 1 Abs. 4 lit. a – im Zusammenhang mit einer Bezugsrechtsemission,[224] unabhängig davon, ob diese Aktien vor, während oder nach Ende der Bezugsfrist institutionellen Investoren angeboten werden. Diese Aktien stammen aus einer parallel durchgeführten bezugsfreien Kapitalerhöhung und/oder wurden im Rahmen der Bezugsemission nicht bezogen und auf diesem Wege marktnah platziert (sog. „Rump Placement"). 89

ccc) Abwicklung des Bezugsangebots

Unschädlich sind bloße technische **Maßnahmen der Abwicklung** wie die Benachrichtigung über die Einbuchung von Bezugsrechten sowie die Versendung bzw. Weiterleitung der Bezugsangebote **durch die Depotbanken** an die Depotinhaber im Inland.[225] Dadurch wird grundsätzlich kein öffentliches Angebot begründet, weder durch den Emittenten noch durch die Depotbank, sondern die Bank erfüllt vorrangig ihre vertraglichen Pflichten aus dem Depotvertrag. Diese Grundsätze gelten aber nur für die technische Abwicklung des Bezugsangebots **innerhalb Deutschlands**. Maßgeblich hierfür ist der Sitz der jeweiligen Depotbank. Eine Abwicklung des Bezugsangebots gegenüber ausländischen Aktionä- 90

---

221 Zu WpPG a. F.: *Ritz*, in: Just/Voß/Ritz/Zeising, Wertpapierprospektrecht, 2. Aufl. 2023, Art. 2 ProspektVO Rn. 111; zum WpPG a. F.: *Hamann*, in: Schäfer/Hamann, Kapitalmarktgesetze, § 2 WpPG Rn. 34; *Schnorbus*, AG 2008, 389, 397.
222 BAWe, Bekanntmachung zum Wertpapier-Verkaufsprospektgesetz, unter I. 2. f), S. 4; *Ritz*, in: Assmann/Lenz/Ritz, VerkProspG, § 1 Rn. 27 zu § 1 VerkProspG Rn. 67 f.
223 BaFin, Ausgewählte Rechtsfragen in der Aufsichtspraxis, Präsentation vom 4.9.2007, S. 5. Diese Auffassung ist allerdings zwischen den EU-Mitgliedstaaten streitig.
224 *Krug*, BKR 2005, 302, 306 f.; *Schnorbus*, AG 2008, 389, 397; zum WpPG a. F.: *Heidelbach*, in: Schwark/Zimmer, KMRK, 4. Aufl. 2010, § 2 WpPG Rn. 22.
225 BT-Drucks. 14/4999, 28; *Schlitt/Schäfer*, AG 2005, 498, 500; *Schnorbus*, AG 2008, 389, 397; *Groß*, Kapitalmarktrecht, § 2 WpPG Rn. 19; *Keunecke*, Prospekte im Kapitalmarkt, Rn. 172; jeweils zum WpPG a. F.: *Mayston*, in: Heidel, Aktienrecht und Kapitalmarktrecht, § 2 WpPG Rn. 24; *Ritz*, in: Just/Voß/Ritz/Zeising, Wertpapierprospektrecht, 2. Aufl. 2023, Art. 2 ProspektVO Rn. 99; *Bauerschmidt*, in: Assmann/Schlitt/von Kopp-Colomb, Prospektrecht Kommentar, Art. 2 ProspektVO Rn. 42.

ren findet somit auch dann innerhalb Deutschlands statt, wenn das Wertpapierdepot in Deutschland liegt.

91 Bei **grenzüberschreitenden Bezugsangeboten** kommt es auf die Aufsichtspraxis in der jeweiligen anderen Jurisdiktion, insbesondere in den jeweiligen Mitgliedstaaten der EU und in den USA, an. Nach ESMA stellt die **Weitergabe von Informationen durch eine Depotbank** an Kunden innerhalb eines Mitgliedstaates über die Existenz des Bezugsrechts im Zusammenhang mit einem öffentlichen Bezugsangebot innerhalb eines anderen Mitgliedstaates oder eines Drittstaates grundsätzlich kein öffentliches Angebot durch die Depotbank dar.[226] Ein öffentliches Angebot der Depotbank liegt nach ESMA aber dann vor, wenn eine Depotbank (i) die ausländischen Gesellschafter mit dem Bezugsangebot oder ähnlichen Informationen, die eine Entscheidung über die Ausübung des Bezugsrechts ermöglichen, versorgt und (ii) dabei im Auftrag des Emittenten bzw. des Anbieters handelt.[227]

92 Überzeugend ist diese Sicht von ESMA nicht, da allein die Grenzüberschreitung kein Merkmal für ein öffentliches Angebot ist. Jedenfalls gelten diese Einschränkungen durch die ESMA-Auffassung dann nicht, wenn die Distribution des Bezugsangebots auf Grundlage eines Ausnahmetatbestandes entsprechend Art. 1 Abs. 4 erfolgt. Demnach stellt z. B. die **Weiterleitung des Bezugsangebots an institutionelle Investoren** im Ausland nach Maßgabe des Art. 1 Abs. 4 lit. a kein öffentliches Angebot der Depotbank bzw. des Emittenten dar.

ddd) Zulassung der Bezugsaktien zum Börsenhandel

93 Da nach der nunmehrigen Praxis der BaFin Bezugsangebote regelmäßig ein öffentliches Angebot begründen (→ Rn. 86), für das ein Prospekt zu erstellen und zu veröffentlichen ist, entschärft sich die Frage, inwieweit Aktien aus prospektfreien Bezugsangeboten ohne Prospekt zugelassen werden können. Der Angebotsprospekt kann gleichzeitig für die Zulassung verwendet werden.[228]

94 Soweit im Rahmen der Bezugsemission Aktien prospektfrei angeboten werden konnten (entweder, weil kein öffentliches Angebot vorlag, oder auf Grundlage der Ausnahmevorschriften des § 3 Nr. 2 WpPG oder des Art. 1 Abs. 4) und diese Aktien später zum Handel an einem **organisierten Markt zugelassen** werden sollen (oder müssen), ist zu bedenken, dass eine prospektfreie Zulassung grundsätzlich nur nach **Art. 1 Abs. 5 lit. a** in Betracht kommt (näher dazu unter → Art. 1 Rn. 238 ff.). Prospektfreie Bezugsrechtsemissionen können daher in der Praxis üblicherweise nicht mehr als 20 % (minus eine Aktie) des an der Börse zugelassenen Grundkapitals umfassen. Um die Bezugsaktien ohne Beschränkung hinsichtlich der Anzahl der Aktien zuzulassen, konnte zuvor unter bestimmten Vo-

---

226 ESMA, Questions and Answers on the Prospectus Regulation (Version 12, last updated on 3 February 2023), Nr. 4.3 (Rights issue: communication by a custodian to its clients in a member state about pre-emption rights in relation to a public offer of new shares taking place in another EES member state), S. 35; vgl. *Schnorbus*, AG 2008, 389, 398.

227 ESMA, Questions and Answers on the Prospectus Regulation (Version 12, last updated on 3 February 2023), Nr. 4.3 (Rights issue: communication by a custodian to ist clients in a member state about pre-emption rights in relation to a public offer of new shares taking place in another EES member state), S. 35; vgl. *Schnorbus*, AG 2008, 389, 398.

228 *Groß*, Kapitalmarktrecht, § 2 WpPG Rn. 25; *Schulz/Hartig*, WM 2014, 1567, 1570; *Brockerl/Wohlfahrter*, BB 2013, 393, 395.

raussetzungen auch die Ausnahme des § 4 Abs. 2 Nr. 7 WpPG a. F. genutzt werden. Diese Ausnahme gibt es im WpPG nun nicht mehr. Möglich wäre allein eine Ausnahme nach Art. 1 Abs. 5 lit. b. Im Hinblick darauf, dass Art. 1 Abs. 5 lit. b – im Gegensatz zu § 4 Abs. 2 Nr. 7 WpPG a. F. – auch eine Beschränkung zu der Anzahl der Aktien (20%) vorsieht, gilt dies jedoch nun nicht mehr.

eee) Bezugsangebote für eigenkapitalähnliche Finanzinstrumente

Die Grundsätze nach → Rn. 85 ff. gelten gleichermaßen für Bezugsrechtsangebote in Bezug auf **Wandel- und Optionsanleihen (einschließlich Pflichtwandelanleihen), Genussrechtskapital sowie sonstige eigenkapitalähnliche Finanzinstrumente**, die jeweils dem gesetzlichen Bezugsrecht der Aktionäre nach § 221 Abs. 4 AktG unterfallen.[229] Die prospektfreie Zulassung der nach der Ausübung des Wandel- oder Bezugsrechts ausgegebenen neuen Aktien ist dann jedoch auf Grundlage des **Art. 1 Abs. 5 lit. b** möglich (vgl. → Art. 1 Rn. 251 ff., 289 ff.).

95

cc) Prospektpflicht beim Debt-to-Equity-Swap

aaa) Debt-to-Equity-Swap gem. § 5 Abs. 3 Satz 1 Nr. 5 SchVG

Die **Einladung zur Gläubigerversammlung**, auf welcher der Debt-to-Equity-Swap gem. § 5 Abs. 3 Satz 1 Nr. 5 SchVG beschlossen werden soll, wie auch der anschließende eigentliche **Umtausch der Schuldverschreibungen in Aktien**, löst – entgegen der Verwaltungspraxis der BaFin zu WpPG a. F.[230] – mangels öffentlichen Angebots i. S. d. Art. 2 lit. d keine Prospektpflicht gem. Art. 3 Abs. 1 aus.[231] Das Angebot ist bei der gebotenen wertenden Betrachtung nicht „öffentlich" i. S. d. Art. 2 lit. d. Der Gesetzgeber hat in § 16 SchVG ein eigenes Informationsrecht der Gläubiger statuiert, auf ein spezielles Informationsdokument aber im Hinblick auf das eigene, abschließende Informationsregi-

96

---

[229] *Schnorbus*, AG 2008, 389, 398; zum WpPG a. F.: *Ritz*, in: Just/Voß/Ritz/Zeising, Wertpapierprospektrecht, 2. Aufl. 2023, Art. 2 ProspektVO Rn. 100.

[230] Vgl. Wertpapierprospekt der ESCADA Aktiengesellschaft vom 26.6.2009, der ein Umtauschangebot von Anleihen zum Gegenstand hatte. Die Praxis hilft sich damit, dass die Anleihegläubigerversammlung und die Hauptversammlung nicht den direkten Umtausch von Schuldverschreibungen in neue Aktien, sondern den Umtausch der Schuldverschreibungen in Erwerbsrechte auf neue Aktien beschließen. Durch die Schaffung von Erwerbsrechten, die die Anleihegläubiger erst ab einem bestimmten Zeitpunkt zum Erwerb von Wertpapieren berechtigen, muss der Gläubiger in der Anleihegläubigerversammlung auch nach der Praxis der BaFin keine Anlageentscheidung treffen. Diese Anlageentscheidung trifft er erst dann, wenn die Erwerbsrechte ausgeübt werden können. Dabei hat der Anleihegläubiger die Wahl, ob er an Stelle der bisherigen Schuldverschreibungen Aktien der Gesellschaft bezieht oder diese zu seinen Gunsten (z. B. über die Börse) verwerten lässt. Erst der Beginn der Erwerbsfrist begründet den Beginn des öffentlichen Angebots (vgl. *Becker/Pospiech*, NJW-Spezial 2014, 591, 592; *Schneider*, AG 2016, 341, 345).

[231] *Cahn/Hutter/Kaulamo/Meyer/Weiß*, WM 2014, 1309, 1315; *Groß*, Kapitalmarktrecht, § 2 WpPG Rn. 14; *Birke*, in: Reinhard/Schall, SchVG, § 5 Rn. 53 ff.; zum WpPG a. F.: *Preuße*, in: Schwark/Zimmer, KMRK, § 2 WpPG Rn. 22; **a. A.**: *Becker/Pospiech*, NJW 2014, 591; *Schneider*, AG 2016, 341, 344 f.; *Bliesener/Schneider*, in: Langenbucher/Bliesener/Spindler, Bankrechts-Kommentar, § 5 SchVG Rn. 38; *Friedl/Schmidtbleicher*, in: Friedl/Hartwig-Jacob, SchVG, § 5 Rn. 59 ff.

me des SchVG bewusst verzichtet.[232] Ziel des SchVG 2009 ist es, eine rasche Entscheidung der Gläubiger ohne unnötige Hürden auf Grundlage vollständiger Informationen zu gewährleisten.[233] Auch im Fall der Schuldnerersetzung (§ 5 Abs. 3 Satz 1 Nr. 9 SchVG) ist kein Informationsdokument zugunsten des neuen Schuldners vorgesehen. Ist aber nach der gesetzlichen Wertung selbst im Falle eines neuen Schuldners kein Informationsdokument erforderlich, muss dies erst recht im Falle der Umwandlung von Anleihen in Aktien desselben Emittenten gelten.

97 Gestützt wird dieses Verständnis auch durch einen systematischen Vergleich zu Umwandlungsvorgängen nach dem UmwG. Auch diese stellen kein öffentliches Angebot dar, wenn die Betroffenen vor Umwandlung schon Wertpapiere halten und keine Zuzahlungen für den Erwerb leisten sollen (vgl. → Rn. 67 und → Art. 1 Rn. 157 ff.).[234] In all diesen Fällen geht es bei der Einladung zur Hauptversammlung um die Abgabe einer für die relevante Strukturmaßnahme gesetzlich erforderlichen Stimmerklärung, nicht aber um die Abgabe einer freiwilligen Zeichnungserklärung. Wie das SchVG regelt auch das UmwG das Informationsbedürfnis und die Informationsrechte eigenständig und abschließend. Auch findet die Umwandlung von Fremdkapital in Eigenkapital kraft Gesetzes statt, sofern 75% der an der Versammlung teilnehmenden Stimmrechte dafür votieren; eine individuelle Annahmeerklärung durch den einzelnen Gläubiger ist weder nötig noch möglich,[235] sodass es an einer Investitionsentscheidung des Gläubigers fehlt (vgl. → Rn. 66 f.).[236]

bbb) Debt-to-Equity-Swap gem. § 225 Abs. 2 Satz 1 InsO

98 Auch im Insolvenzplan kann ein Debt-to-Equity-Swap vorgesehen werden, § 225a Abs. 2 Satz 1 InsO.[237] Diese Umwandlung löst per se keine Prospektpflicht aus.[238] Dies ergibt die gebotene wertende Betrachtung. Es besteht kein Informationsbedürfnis. Die Gläubiger werden durch den Insolvenzplan detailliert über die wirtschaftliche Lage des Emittenten

---

232 *Bliesener/Schneider*, in: Langenbucher/Bliesener/Spindler, Bankrechts-Kommentar, § 5 Rn. 26 a. E.; *Cahn/Hutter/Kaulamo/Meyer/Weiß*, WM 2014, 1309, 1314; **a. A.**: *Friedl/Schmidtbleicher*, in: Friedl/Hartwig-Jacob, SchVG, § 5 Rn. 63; *Schneider*, AG 2016, 341, 344 f.
233 BT-Drucks. 16/12814, 14.
234 *Cahn/Hutter/Kaulamo/Meyer/Weiß*, WM 2014, 1309, 1315.
235 *Bliesener/Schneider*, in: Langenbucher/Bliesener/Spindler, Bankrechts-Kommentar, § 5 SchVG Rn. 26.
236 Sofern weiter für dieses Ergebnis angeführt wird, dass die Entscheidung, in Wertpapiere des Emittenten zu investieren, mit der Zeichnung der Anleihe getroffen wurde (*so Cahn/Hutter/ Kaulamo/Meyer/Weiß*, WM 2014, 1309, 1314 f.), ist dies nicht vollauf überzeugend. Die Investitionsentscheidung betraf ein Fremdkapitalinstrument und nicht eine Investition in das Eigenkapital. Eine Investition in das Fremdkapital eines Emittenten weist aber eine andere Risikostruktur als eine Eigenkapitalinvestition auf, sodass es sich um eine andere Investitionsentscheidung handelt. Dass das Informationsbedürfnis ein anderes ist, spiegelt sich auch in dem Umfang der Information wider, die nach der ProspektVO in einem Prospekt betreffend das Angebot von Anleihen oder Aktien enthalten sein muss.
237 Streitig ist, ob auch nach Insolvenzeröffnung § 5 Abs. 3 Nr. 5 SchVG anwendbar ist: dagegen *Friedl*, in: Friedl/Hartwig-Jacob, SchVG, § 19 Rn. 8; *Thole*, ZIP 2014, 2365, 2373; dafür: *Kessler/Rühle*, BB 2014, 907, 912 m. w. N.
238 So i. E. auch *Thole*, ZIP 2014, 2365, 2373, der vor allem die Prospektfreiheit aus einer Parallele zur Prospektfreiheit im Rahmen der Zwangsversteigerung ableitet; **a. A.** mit umfassender Begründung *Schneider*, AG 2016, 341, 345 ff.

informiert.²³⁹ Zudem sind die angesprochenen Gläubiger bestimmbar, denn die Identität der Gläubiger ergibt sich aus der Insolvenztabelle. Zwar gilt der Insolvenzplan auch für Insolvenzgläubiger, die ihre Forderung nicht angemeldet haben, § 254b InsO.²⁴⁰ An die nicht angemeldeten Gläubiger richtet sich das Angebot jedoch nicht, denn nur die eingetragenen Gläubiger werden um ihre Zustimmung ersucht (§ 225a Abs. 2 InsO i.V.m. § 230 Abs. 2 InsO).

dd) Angebote an Mitarbeiter und Gesellschafter verbundener Unternehmen

Nach früherem Recht waren Angebote an Aktionäre von verbundenen Unternehmen (§ 2 Nr. 2 VerkProspG a. F.) sowie Angebote an Arbeitnehmer (§ 2 Nr. 3 VerkProspG a. F.) grundsätzlich von der Prospektpflicht befreit.²⁴¹ Die ProspektVO – ebenso wie bereits das WpPG a. F. – beschreitet einen **grundlegend anderen Weg**, da das Gesetz keine mit den § 2 Nr. 2 u. 3 VerkProspG a. F. übereinstimmenden Ausnahmeregelungen mehr vorsieht und entsprechende Angebote sich am allgemeinen Begriff des öffentlichen Angebots messen lassen müssen. Aus der gesetzlichen Wertung des Art. 1 Abs. 4 lit. i folgt vielmehr, dass allein die vertragliche Beziehung zwischen Arbeitnehmer und Arbeitgeber sowie die Fürsorgepflicht des Arbeitgebers nicht per se zu der Verneinung eines öffentlichen Angebots nach Art. 2 lit. d führen,²⁴² auch Mitarbeiter sind prinzipiell als „Öffentlichkeit" anzusehen.²⁴³ Dies ergibt sich auch im Umkehrschluss aus der Ausnahmevorschrift des Art. 1 Abs. 4 lit. i (siehe dazu auch die Kommentierung zu → Art. 1 Rn. 182 ff.); könnten Angebote an Mitarbeiter nicht öffentlich sein, wäre diese Ausnahmevorschrift obsolet. Gleiche Überlegungen gelten für gesellschaftsrechtliche Beziehungen zwischen Gesellschaft und Aktionär oder Angebote an Aktionäre verbundener Unternehmen.²⁴⁴

99

Entscheidend ist, dass kein **Informationsbedürfnis** dahingehend besteht, erst nach Zugang zu einem Prospekt eine Investitionsentscheidung zu treffen, wenn dem Informationsbedürfnis auch anderweitig genügt werden kann (vgl. auch → Rn. 50).²⁴⁵ Der Umfang zur

100

---

239 Zum Inhalt des darstellenden Teils siehe etwa: *Rühle*, in: Nerlich/Römermann, InsO, Stand: 38. EL, § 220 Rn. 2 ff.; so auch *Thole*, ZIP 2014, 2365, 2373.
240 BAG, NZI 2013, 1076.
241 Vgl. BAWe, Bekanntmachung zum Wertpapier-Verkaufsprospektgesetz, unter II. 1. und 2., S. 4 f.; *Heidelbach*, in: Schwark/Zimmer, KMRK, 3. Aufl. 2004, § 2 VerkProspG, Rn. 6 ff., 11 ff.
242 Vgl. *Preuße*, in: Schwark/Zimmer, KMRK, § 2 WpPG Rn. 21; *Giedinghagen*, BKR 2007, 233, 234; zum WpPG a. F.: *Hamann*, in: Schäfer/Hamann, Kapitalmarktgesetze, § 2 WpPG Rn. 23; **vgl. aber auch** *Kollmorgen/Feldhaus*, BB 2007, 2756, 2757, 2758 ff. (Versuch einer teleologischen Reduktion des Begriffs des öffentlichen Angebots bei Mitarbeiterbeteiligungsprogrammen).
243 Ebenso zum WpPG a. F.: BT-Drucks. 16/2424, 4 (Antwort der Bundesregierung auf die Kleine Anfrage der Abgeordneten Dr. Thea Dückert, Dr. Gerhard Schick, Kerstin Andreae, weiterer Abgeordneter und der Fraktion BÜNDNIS 90/DIE GRÜNEN; **vgl. aber auch** *Kollmorgen/Feldhaus*, BB 2007, 2756, 2757, 2758 ff. (Versuch einer teleologischen Reduktion des Begriffs des öffentlichen Angebots bei Mitarbeiterbeteiligungsprogrammen).
244 BaFin-Workshop: 100 Tage WpPG, Rechtsfragen aus der Anwendungspraxis, Präsentation vom 3.11.2005, S. 4; zum WpPG a. F.: *Mayston*, in: Heidel, Aktienrecht und Kapitalmarktrecht, § 2 WpPG Rn. 18.
245 Vgl. BaFin-Workshop: 100 Tage WpPG, Rechtsfragen aus der Anwendungspraxis, Präsentation vom 3.11.2005, S. 3 f., 6; zum WpPG a. F.: *Mayston*, in: Heidel, Aktienrecht und Kapitalmarktrecht, § 2 WpPG Rn. 21 (für Angebote an Aktionäre verbundener Unternehmen); *Kollmorgen/Feldhaus*, BB 2007, 225, 226 (für Angebot an Mitarbeiter).

Verfügung zu stellender Informationen lässt sich z. B. nach dem Grad der Aus- und Vorbildung der betroffenen Investoren und/oder dem Umfang der Zugangsmöglichkeiten zu den Informationen, die generell in einem Prospekt zu veröffentlichen sind, bestimmen. Allein die Veröffentlichung von Informationen auf der Website des Arbeitgebers bzw. des Großaktionärs der Gesellschaft genügt vor diesem Hintergrund grundsätzlich nicht, erforderlich ist vielmehr eine individuelle und gezielte Information der betroffenen Investoren (z.B. durch Übersendung von aussagekräftigen Informationen). Demgegenüber sollten bei Beteiligungsprogrammen – je nach den Umständen des Einzelfalles – Angebote an ausgesuchte Vorstandsmitglieder oder Mitarbeiter auf der ersten oder zweiten Führungsebene nicht als öffentliches Angebot gelten, da diese anhand bestimmter Kriterien ausgesucht sind und gezielt angesprochen werden (vgl. auch oben unter → Rn. 50).

ee) Ausübung von Bezugs-, Options- oder Wandlungsrechten als öffentliches Angebot des Underlying

101 Fraglich ist, inwieweit das Angebot von Bezugs-, Options- oder Wandlungsrechten gleichzeitig auch ein Angebot des zugrundeliegenden Wertpapiers (Underlying) darstellen kann. Diese Frage wird insbesondere dann virulent, wenn das angebotene Recht nicht den Wertpapierbegriff erfüllt, aber das Underlying. Stimmen in der Literatur halten es im Zusammenhang mit Mitarbeiterbeteiligungsprogrammen in der Tat für möglich, dass die spätere Gewährung von Aktien bei Ausübung der Optionen ein öffentliches Angebot von Wertpapieren darstellen kann.[246] Die Prospektpflicht würde damit im Ergebnis nicht entfallen, sondern nur aufgeschoben und auf den Beginn des ersten Ausübungsfensters[247] verlagert werden.

102 Diese Auffassung ist nicht überzeugend.[248] Der Investor (bzw. der Arbeitnehmer im Falle von Mitarbeiterbeteiligungsprogrammen) trifft seine **Investitionsentscheidung zum Zeitpunkt des Erwerbs des Bezugs- bzw. Optionsrechts**. Nur in diesem Zusammenhang existiert eine Mitteilung an das Publikum mit ausreichenden Informationen, also ein kommunikativer Prozess seitens des Anbieters, der ein öffentliches Angebot i.S.d. Art. 2 lit. d zu begründen vermag. Der spätere Erwerb der Aktien ist lediglich Konsequenz der Ausübung eines einseitigen Rechts, ohne dass hier erneut ein Kommunikationsprozess stattfindet und ein Angebot kreiert wird.[249] Auf Basis dieser Auffassung könnte z.B. bei Wandelanleihen somit sowohl in Bezug auf die Anleihe als auch in Bezug auf die später

---

246 Vgl. *Grunewald/Schlitt*, Einführung in das Kapitalmarktrecht, S. 233 Fn. 57; *Kollmorgen/Feldhaus*, BB 2007, 225, 225 f.; ferner *Apfelbacher/Metzner*, BKR 2006, 81, 82 Fn. 16; *Ritz*, in: Just/Voß/Ritz/Zeising, Wertpapierprospektrecht, 2. Aufl. 2023, Art. 2 ProspektVO Rn. 150; vgl. auch *Kollmorgen/Feldhaus*, BB 2007, 2756, 2757.
247 So *Kollmorgen/Feldhaus*, BB 2007, 225, 225 f.; *Ritz*, in: Just/Voß/Ritz/Zeising, Wertpapierprospektrecht, 2. Aufl. 2023, Art. 2 ProspektVO Rn. 150; wohl anders – Lieferung der Aktien infolge der Ausübung maßgeblich – *Apfelbacher/Metzner*, BKR 2006, 81, 82 Fn. 16.
248 Siehe auch ESMA, Questions and Answers on the Prospectus Regulation, ESMA31-62-1258 (Version 12, last updated on 3 February 2023), Nr. 4.1 (Share option schemes), S. 33 f.; zum WpPG a. F.: *Holzborn/Maystorn*, in: Holzborn, WpPG, § 4 Rn. 10 a. E.; *Bauerschmidt*, in: Assmann/Schlitt/von Kopp-Colomb, Prospektrecht Kommentar, Art. 1 ProspektVO Rn. 87.
249 Die Tatsache, dass der Gesetzgeber Aktien, die nach Ausübung von Umtausch- oder Bezugsrechten ausgegeben werden, lediglich in Art. 1 Abs. 5 lit. b ProspektVO von der Prospektpflicht für die Zulassung, nicht aber in Art. 1 Abs. 4 ProspektVO von der Prospektpflicht für das Angebot ausnimmt, ergibt nur dann Sinn, wenn der europäische Gesetzgeber die bloße Aus-

auszugebenden Aktien bereits zum Zeitpunkt des Angebots ein öffentliches Angebot vorliegen, was wenig Sinn ergibt. Soweit das Angebot des Optionsrechts nur deshalb kein öffentliches Angebot i. S. d. Art. 2 lit. d darstellt, weil das Recht – etwa mangels Übertragbarkeit – nicht der Definition des Wertpapiers i. S. d. Art. 2 lit. a entspricht, muss sich dieses nichtsdestoweniger an anderen rechtlichen Vorgaben messen lassen, insbesondere an den §§ 6 ff. VermAnlG (§§ 8 fff. VerkProspG a. F.).

Anders liegen die Dinge in Konstellationen, in denen der Erwerb der Optionen **automatisch und ohne weiteres Zutun zum Erwerb der Wertpapiere führt**.[250] Hier kann in der Tat bereits zum Zeitpunkt der Gewährung des Erwerbsrechts ein öffentliches Angebot des Underlying vorliegen.[251] Wirtschaftlich betrachtet handelt es sich nämlich um nichts anderes als Angebote auf noch nicht existierende bzw. noch zu emittierende Wertpapiere bzw. aufschiebend oder auflösend bedingte Angebote, die nach allgemeinen Grundsätzen die Merkmale eines öffentlichen Angebots erfüllen können (vgl. auch → Rn. 58). In diese Kategorie fällt auch das Angebot von Anteilen an einer Gesellschaft, deren Anteile nicht den Wertpapierbegriff erfüllen (GmbH, KG), wenn diese Gesellschaft in eine AG, KgaA oder SE umgewandelt werden soll und diese Umwandlung automatisch, d. h. ohne weitere Entscheidung des betreffenden Investors erfolgt.[252] Wertungsmäßig ist dieses Angebot als aufschiebend bedingter Verkauf von Aktien einer zukünftigen AG etc. zu werten; insofern sind §§ 6 ff. VermAnlG (§§ 8 fff. VerkProspG a. F.) nicht anwendbar. Weiter sind auch **Missbrauchsfälle** denkbar, etwa wenn ein Angebot von Aktien rechtsmissbräuchlich als Option getarnt wird; hier kann im Zeitpunkt der Ausübung der Option ein öffentliches Angebot begründet werden.[253]

103

ff) Gratisangebote

Gratisangebote (free offers) fallen nicht unter den Begriff des öffentlichen Angebots nach Art. 2d).[254] Daher ist der Emittent nicht verpflichtet, einen Prospekt für Wertpapiere zu veröffentlichen, die er ohne Gegenleistung anbietet. Überlegung hierfür ist, dass es mangels Investition an einer **Investitionsentscheidung** sowie an einem **Informationsbedürfnis fehlt**. Die ESMA unterscheidet allerdings auch bei Gratisangeboten zwischen solchen,

104

übung von derartigen Umtausch- oder Bezugsrechten nicht als öffentliches Angebot i. S. d. § 2 Nr. 4 WpG ansieht.
250 Anders *Ritz*, in: Just/Voß/Ritz/Zeising, Wertpapierprospektrecht, 2. Aufl. 2023, Art. 2 ProspektVO Rn. 151, wonach eine Prospektpflicht generell gegeben ist und die Frage, ob eine automatische Ausübung der Option stattfindet, alleine für den Zeitpunkt der Prospektpflicht relevant ist.
251 Vgl. *Kollmorgen/Feldhaus*, BB 2007, 225, 225 f.
252 *Ritz*, in: Assmann/Lenz/Ritz, VerkProspG, § 1 Rn. 29.
253 ESMA, Questions and Answers on the Prospectus Regulation, ESMA31-62-1258 (Version 12, last updated on 3 February 2023), Nr. 4.1 (Share option schemes), S. 33 f.; zum WpG a. F.: *Holzborn/Mayston*, in: Holzborn, WpG, § 4 Rn. 10 a. E.
254 *Preuße*, in: Schwark/Zimmer, KMRK, § 2 WpG Rn. 17; *Zivny/Mock*, ProspektVO/KMG 2019, Art. 2 ProspektVO Rn. 67; vgl. jeweils zum WpG a. F.: BT-Drucks. 16/2424, 5 (Antwort der Bundesregierung auf die Kleine Anfrage der Abgeordneten *Dr. Thea Dückert, Dr. Gerhard Schick, Kerstin Andreae*, weiterer Abgeordneter und der Fraktion BÜNDNIS 90/DIE GRÜNEN); *Wiegel*, Die Prospektrichtlinie und Prospektverordnung, S. 158 f.; *Mayston*, in: Heidel, Aktienrecht und Kapitalmarktrecht, § 2 WpG Rn. 22; *Kollmorgen/Feldhaus*, BB 2007, 225, 227 f.; *Giedinghagen*, BKR 2007, 233, 234; *Land/Hallermayer*, DB 2014, 1001, 1002 f.; zum VerkProspG *von Kopp-Colomb/Lenz*, BKR 2002, 5, 5.

Art. 2 ProspektVO Begriffsbestimmungen

bei denen es kein Entscheidungselement gibt, und solchen, die der Empfänger annehmen oder ablehnen kann, wobei im letzteren ein Angebot für eine Gegenleistung von „null" vorläge.[255] Auf Angebote mit einem Gesamtgegenwert in der Union von weniger als 1 Mio. EUR findet die ProspektVO jedoch gem. Art. 1 Abs. 3 (siehe dazu die Kommentierung zu → Art. 1 Rn. 61 ff.) ohnehin keine Anwendung. Ist die Gegenleistung gleich null, liegt der Gesamtgegenwert denknotwendig in jedem Fall unter 1 Mio. EUR. Das ist unabhängig davon der Fall, ob der Empfänger eine Wahl zur Annahme des Gratisangebots hat oder nicht.

105 Diese Überlegungen sind auch dann anzuwenden, wenn der Investor zunächst, beispielsweise als Mitarbeiter, eine nicht übertragbare Option auf kostenlose Zuteilung von Aktien erhält, welche nach Ablauf eines bestimmten Zeitraumes gewandelt wird (teilweise als restricted securities oder restricted stock units (RSUs) bezeichnet, vgl. → Rn. 28). Die zugeteilten Rechte sind selbst keine Wertpapiere, da sie nicht übertragbar sind. Auch der spätere Umtausch in Aktien führt nicht dazu, die Zuteilung der Rechte als bedingtes Angebot auf Wertpapiere anzusehen, da die Zuteilung ohne eine eigene Willenserklärung des Begünstigten erfolgte, ein öffentliches Angebot aber eine Entscheidung des Investors voraussetzt.

106 Kein Gratisangebot liegt dagegen vor, wenn Mitarbeiter einen Teil ihres Gehalts aufwenden müssen oder wenn mit dem Erwerb – abgesehen von dem Wertverlust des Wertpapiers – weitere (mittelbare) Kosten[256] oder besondere Risiken verbunden sind, wie etwa **Steuerzahlungen**, **Nachschusspflichten** oder sonstige **Nebenleistungspflichten**. An dieser Stelle ebenfalls anzusprechen sind **verdeckte Gegenleistungen** im Zusammenhang mit dem Gratisangebot von Wertpapieren an Mitarbeiter. Zur vorherigen Rechtslage stellten die ESMA-Questions and Answers ausdrücklich klar, dass soweit Gratisaktien nicht offensichtlich als Ersatz für Gehaltsbestandteile gewährt wurden, bei einem Mitarbeiterbeteiligungsprogramm nicht ohne Weiteres von einer verdeckten Gegenleistung – z. B. mit dem Argument, dass die Arbeitnehmer ein höheres Entgelt erhalten würden, sofern eine Beteiligung an dem Mitarbeiterbeteiligungsprogramm nicht zur Verfügung stünde – gesprochen werden konnte.[257]

107 Diese ausdrückliche Klarstellung findet sich in den ESMA-Questions and Answers nun nicht mehr.[258] Stattdessen wird in der ProspektVO selbst, in Erwägungsgrund 17 und Art. 1 Abs. 4 lit. i, klargestellt, dass bei Angeboten im Rahmen eines Belegschaftsaktienprogramms von Unternehmen in der Union keine Pflicht zur Veröffentlichung eines Prospekts besteht. Damit jedoch der Anlegerschutz gewährleistet wird, soll Voraussetzung dafür sein, dass ein Dokument zur Verfügung gestellt wird, das Informationen über die Anzahl und Art der Wertpapiere enthält und in dem die Gründe und Einzelheiten des Angebots oder der Zuteilung dargelegt werden. Wird ein solches Informationsdokument zur

---

255 ESMA, Questions and Answers on the Prospectuses Regulation, ESMA31-62-1258 (Version 12, last updated on 3 February 2023), Nr. 4.2 (Free offers), S. 34 f.
256 Vgl. *von Kopp-Colomb/Lenz*, BKR 2002, 5, 5.
257 Vgl. ESMA, Questions and Answers – Prospectuses, ESMA31-62-780 (Version 30, last updated on 8 April 2019), Nr. 6 (Free offers), S. 13 f. (von ESMA nicht mehr fortgeführt); *Kollmorgen/Feldhaus*, BB 2007, 225, 227; *dies.*, BB 2007, 2756, 2757; zum WpPG a. F. *Preuße*, in: Schwark/Zimmer, KMRK, § 2 WpPG Rn. 21.
258 Vgl. ESMA, Questions and Answers on the Prospectus Regulation, ESMA31-62-1258 (Version 12, last updated on 3 February 2023), Nr. 4.2 (Free offers), S. 34 f.

Verfügung gestellt, wird der Zugang zu Belegschaftsaktienprogrammen für die gesamte Unternehmensleitung und Belegschaft gleichberechtigt gewährleistet und zwar unabhängig davon, ob der Arbeitgeber innerhalb oder außerhalb der Union ansässig ist. Ein Beschluss zur Feststellung der Gleichwertigkeit von Drittländern soll dann nicht mehr erforderlich sein. Auf diese Weise werden alle Teilnehmer an Belegschaftsaktienprogrammen gleichgestellt und informiert. Hintergrund dieser Klarstellung in Erwägungsgrund 17 der ProspektVO ist mit Hinblick darauf, dass Belegschaftsaktienprogramme sich positiv auf die Unternehmensführung auswirken und langfristig zur Wertschöpfung beitragen können, die Vereinfachung der Etablierung eines solchen. Denn Belegschaftsaktienprogramme sorgen für eine Interessenkongruenz zwischen Aktionären und Arbeitnehmern, fördern das Engagement und die Eigenverantwortung der Arbeitnehmer und schaffen für diese Anlagemöglichkeiten. Vor allem für kleine und mittlere Unternehmen (KMU), in denen wahrscheinlich ist, dass einzelne Arbeitnehmer eine wichtige Rolle für den Erfolg des Unternehmens spielen, kann eine Beteiligung der Arbeitnehmer am eigenen Unternehmen wichtig sein (vgl. Erwägungsgrund 17).

gg) Informationsanbieter

Die Tätigkeit der klassischen Informationsanbieter (wie Reuters oder Bloomberg) führt als solche grundsätzlich **nicht zu der Begründung eines öffentlichen Angebots seitens des Emittenten**, auch wenn sie durch die Veröffentlichung von Informationen über die Wertpapiere und den betreffenden Emittenten durchaus zur Distribution von Wertpapieren beitragen. Informationsanbieter zielen auf die unabhängige, sachliche Information über Wertpapiere und nicht auf ihre Bewerbung. Sie beziehen ihre Einnahmen aus der Informationsversorgung und Werbung, nicht aber aus Gebühren im Zusammenhang mit Wertpapiergeschäften. Anders können die Dinge liegen, wenn der Informationsanbieter nicht mehr eine Serviceleistung gegenüber allen Anlegern erbringt, sondern (auch) **im Interesse des Emittenten/Anbieters im Rahmen der Vermarktung von Wertpapieren** handelt. Jedenfalls dann, wenn der Informationsanbieter explizit zur Werbung **beauftragt** wurde oder anderweitig ein **Honorar** vom Emittenten erhält, muss der Emittent sich das Handeln des Informationsanbieters mit der Wirkung zurechnen lassen, dass gegebenenfalls eine Ansprache des Publikums anzunehmen ist.[259] In Zweifelsfällen kann ein an prominenter Stelle angebrachter Disclaimer geeignet sein, die Zurechnung auszuschließen.

108

5. Qualifizierte Anleger (lit. e)

Herausragende Bedeutung kommt dem Begriff des qualifizierten Anlegers im Rahmen der **Ausnahme von der Erstellung eines Prospekts** nach Art. 1 Abs. 4 lit. a zu, nach dem im Falle eines Angebots, das sich nur an qualifizierte Anleger richtet, ein Prospekt nicht erforderlich ist (siehe → Art. 1 Rn. 88 ff.). Es wird hinsichtlich der Schutzanforderungen vor dem Hintergrund der Zielsetzung der ProspektVO, für einen angemessenen Anlegerschutz zu sorgen, in unterschiedliche Anlegerkategorien differenziert (Erwägungsgrund 7, 25).[260]

109

---

259 Vgl. *von Kopp-Colomb/Lenz*, BKR 2002, 5, 7 (allerdings zu der Frage, unter welchen Voraussetzungen Informationsanbieter als „Anbieter" gelten können).
260 Noch deutlicher zur ProspektRL Erwägungsgrund 16 der ProspektRL.

110 Der Begriff des qualifizierten Anlegers umfasst wie bereits § 2 Nr. 6 WpPG a. F.[261] alle professionellen Kunden im Sinne von Anhang II Abschnitt I Nr. 1–4 MiFID II, Personen oder Einrichtungen, die gem. Abschnitt II jenes Anhangs auf Antrag als professionelle Kunden behandelt werden, sowie alle geeigneten Gegenparteien im Sinne des Art. 30 MiFID II, die nicht eine schriftliche Übereinkunft gem. Abschnitt I Nr. 4 jenes Anhangs getroffen haben, als nichtprofessionelle Kunden behandelt zu werden.[262] Für die Praxis hat diese Neuregelung zu einer Vereinfachung und Harmonisierung der Handhabung von professionellen Kunden geführt.

111 Erfasst sind damit weiterhin die **klassischen institutionellen Investoren** unabhängig von der Rechtsform (sowohl öffentlich-rechtliche als auch privatrechtliche Institutionen), wie z.B. Kreditinstitute, Wertpapierfirmen, sonstige zugelassene oder beaufsichtigte Finanzinstitute, Versicherungsgesellschaften, Pensionsfonds, große Unternehmen (sofern sie bestimmte Voraussetzungen erfüllen), Regierungen, Stellen der staatlichen Schuldenverwaltung, Zentralbanken, internationale und supranationale Einrichtungen (vgl. Anhang II Abschnitt I MiFID II). **Privatkunden** können **beantragen**, als professionelle Kunden behandelt zu werden. Damit diesem Antrag stattgegeben wird, müssen Privatkunden bestimmte Voraussetzungen erfüllen und es muss ein festgelegtes Verfahren eingehalten werden (vgl. Anhang II Abschnitt I MiFID II). Daneben ist es professionellen Kunden gestattet, eine Behandlung als nichtprofessioneller Kunde zu beantragen (vgl. Anhang II Abschnitt I Abs. 2 MiFID II).

112 Hinsichtlich der Qualifizierung als professionelle Kunden von Rechtssubjekten, die zugelassen sein oder unter Aufsicht stehen müssen, um an den Finanzmärkten tätig werden zu können, wird in Anhang II Abschnitt I Nr. 1 MiFID II klargestellt, dass die dortige Aufzählung solcher Rechtssubjekte so zu verstehen ist, dass sie alle zugelassenen Rechtssubjekte umfasst, die Tätigkeiten erbringen, die für die genannten Rechtssubjekte kennzeichnend sind: Rechtssubjekte, die von einem Mitgliedstaat im Rahmen einer Richtlinie zugelassen werden, Rechtssubjekte die von einem Mitgliedstaat ohne Bezugnahme auf eine Richtlinie zugelassen oder beaufsichtigt werden, und Rechtssubjekte, die von einem Drittland zugelassen oder beaufsichtigt werden.

113 Aus Art. 2 lit. e a. E. ergibt sich ein Anspruch des Emittenten gegenüber Wertpapierfirmen und Kreditinstituten auf Mitteilung der Einstufung ihrer Kunden. Damit aber insbesondere auch die platzierenden Banken die Kunden entsprechend einordnen können, ist auch ihnen ein solcher Anspruch einzuräumen.[263]

6. Kleine und mittlere Unternehmen (KMU) (lit. f)

114 In Erweiterung der Definition der ProspektRL umfasst der Begriff im Rahmen der ProspektVO nun auch kleine und mittlere Unternehmen im Sinne der MiFID II, um eine Übereinstimmung zwischen der ProspektVO und dieser Richtlinie zu gewährleisten (vgl. Er-

---

261 Allerdings mit Verweis auf die vorherige Finanzmarktrichtlinie 2004/39/EG.
262 Hintergrund zur damaligen Änderung war die Erwägung, dass der durch die verschiedenen Definitionen entstandene Mehraufwand für die Unternehmen sich nicht mit dem Anlegerschutz rechtfertigen ließ. Vgl. Erwägungsgrund 7 der ÄnderungsRL zur ProspektRL.
263 So auch *Groß*, Kapitalmarktrecht, § 2 WpPG, Rn. 26.

wägungsgrund 51).[264] Nach der bisherigen Definiton in Art. 2 Abs. 1 lit. f ProspektRL galten nur solche Unternehmen als KMU, die zwei der nachfolgenden drei Kriterien erfüllen: Eine durchschnittliche Beschäftigtenzahl im letzten Geschäftsjahr von weniger als 250, eine Gesamtbilanzsumme von höchstens 43 Mio. EUR und ein Jahresnettoumsatz von höchstens 50 Mio. EUR. Durch die Einbeziehung von KMU im Sinne des Art. 4 Abs. 1 Nr. 13 MiFID II sind kleine und mittlere Unternehmen für Zwecke der ProspektVO nunmehr auch solche, deren durchschnittliche Marktkapitalisierung auf der Grundlage der Notierungen zum Jahresende in den letzten drei Kalenderjahren weniger als 200 Mio. EUR betrug.[265]

KMU spielen insofern eine besondere Rolle, als sie zu den vier Gruppen von Emittenten gehören, auf die sich der Kommissionsvorschlag bei dem Ziel der Festlegung von maßgeschneiderten Offenlegungspflichten im Prospektrecht besonders bezog.[266] Nach Erwägungsgrund 51 ist eines der Kernziele der Kapitalmarktunion, KMU die Finanzierung über die Kapitalmärkte in der Union zu erleichtern. Dahinter steht zum einen der Gedanke, dass KMU im Vergleich zu anderen Emittenten üblicherweise geringere Beträge aufbringen müssen, wodurch die Kosten für die Erstellung eines Standardprospekts unverhältnismäßig hoch sein könnten. Dies könnte sie davon abhalten, ihre Wertpapiere öffentlich anzubieten. Zum anderen beinhalten KMU aufgrund ihrer Größe und ihrer möglicherweise kürzeren Existenzdauer im Vergleich zu größeren Emittenten ein spezielles Anlagerisiko, weshalb sie ausreichende Informationen offenlegen sollten, um Anlegern eine fundierte Anlageentscheidung zu ermöglichen. Zur Unterstützung der Inanspruchnahme von Kapitalmarktfinanzierung durch KMU zielt die Verordnung daher auf eine besondere Berücksichtigung von KMU-Wachstumsmärkten ab, da diese für kleinere und wachsende Unternehmen eine vielversprechende Möglichkeit der Kapitalbeschaffung darstellen (vgl. Erwägungsgrund 51).

115

7. Kreditinstitut (lit. g)

Die ProspektVO verweist für die Definition auf die Verordnung (EU) Nr. 575/2013 über die Aufsichtsanforderungen an Kreditinstitute (Capital Requirements Regulation – CRR[267]). Bei einem Kreditinstitut handelt es sich zunächst um ein Unternehmen, dessen Tätigkeit darin besteht, Einlagen oder andere rückzahlbare Gelder des Publikums entgegenzunehmen (**Einlagengeschäft**) und Kredite für eigene Rechnung zu gewähren (**Kreditgeschäft**) (Art. 4 Abs. 1 Nr. 1 lit. a der Verordnung (EU) Nr. 575/2013). Der Begriff des Kreditinstituts wurde mit Wirkung zum 26.6.2021 um Nr. 1 lit. b erweitert.[268] Danach unterfallen dem Begriff auch Unternehmen, die eine der in Anhang I Abschnitt A Num-

116

---

264 *Bauerschmidt*, in: Assmann/Schlitt/von Kopp-Colomb, Prospektrecht Kommentar, Art. 2 ProspektVO Rn. 72.
265 *Bauerschmidt*, in: Assmann/Schlitt/von Kopp-Colomb, Prospektrecht Kommentar, Art. 2 ProspektVO Rn. 74.
266 Begr. des Kommissionsvorschlags, COM/2015/583/final, S. 3.
267 Verordnung (EU) Nr. 575/2013 des Europäischen Parlaments und des Rates vom 26.6.2013 über Aufsichtsanforderungen an Kreditinstitute und Wertpapierfirmen und zur Änderung der Verordnung (EU) Nr. 646/2012, ABl. L 176 1 v. 27.6.2013, S. 1.
268 Näher *Bauerschmidt*, in: Assmann/Schlitt/von Kopp-Colomb, Prospektrecht Kommentar, Art. 2 ProspektVO Rn. 76.

Art. 2 ProspektVO Begriffsbestimmungen

mern 3 und 6 der Richtlinie 2014/65/EU (MiFID II) ausüben und entweder alleine oder durch Gruppenangehörigkeit eine konsolidierte Bilanzsumme im Gesamtwert von 30 Mrd. EUR oder mehr aufweisen. Diese Unternehmen wurden vormals als Wertpapierfirmen behandelt, unterfallen nun aufgrund von Nr. 1 lit. b jedoch ebenfalls den Ausnahmemöglichkeiten, die für Kreditinstitute gelten (siehe sogleich → Rn. 119).[269]

117 Von Bedeutung ist die Definition des Art. 2 lit. g insbesondere im Rahmen der in **Art. 1 Abs. 4 lit. j** normierten Ausnahme von der Prospektpflicht für öffentliche Angebote von Wertpapieren und der Parallelregelung in **Art. 1 Abs. 5 UAbs. 1 lit. i** für die Zulassung von Wertpapieren (siehe ausführlich → Art. 1 Rn. 202 ff., 282 ff.). Die Definition war bis Ende 2022 ebenfalls bedeutsam im Rahmen der befristeten Ausnahmen gem. Art. 1 Abs. 4 lit. l und Abs. 5 UAbs. 1 lit. k. Gem. Art. 1 Abs. 4 lit. l fand die Pflicht zur Veröffentlichung eines Prospekts gem. Art. 3 Abs. 1 vom 18.3.2021 bis zum 31.12.2022 keine Anwendung auf bestimmte Nichtdividendenwerte, die von einem Kreditinstitut begeben werden und deren aggregierter Gesamtwert in der Union weniger als 150.000.000 EUR über einem Zeitraum von zwölf Monaten beträgt (siehe ausführlich → Art. 1 Rn. 202 ff., 219). Die Befristung galt ebenfalls für die Parallelregelung des Art. 1 Abs. 5 UAbs. 1 lit. k (siehe ausführlich → Art. 1 Rn. 287).

118 Darüber hinaus kommt der Definition Bedeutung im Hinblick auf **§ 3 Nr. 1 Alt. 1 WpPG** zu, der einen Ausnahmetatbestand von der Prospektpflicht nach **Art. 3 Abs. 1** für Kreditinstitute bei dem Angebot eigener Aktien bestimmt, wenn der Gesamtwert aller im Europäischen Wirtschaftsraum angebotenen Wertpapiere über einen Zeitraum von zwölf Monaten weniger als 8 Mio. EUR beträgt (siehe hierzu ausführlich unter → Rn. 87).

119 Da Art. 2 lit. g auf die gesetzliche Definition der Kreditinstitute nach der Verordnung (EU) Nr. 575/2013 verweist, fallen **außereuropäische Kreditinstitute** nur nach diesen Vorgaben unter den Begriff des Kreditinstituts. Hinsichtlich der Kreditinstitute gilt es zwischen EU-/EWR-Kreditinstituten einerseits und Drittstaaten-Kreditinstituten andererseits zu differenzieren.

120 **EU-/EWR-Kreditinstitute** sind aufgrund der europaweit einheitlichen Definition gem. Art. 2 lit. g i.V.m. Art. 4 Abs. 1 Nr. 1 VO (EU) Nr. 575/2013 unter den Begriff des Kreditinstituts zu subsumieren.[270] Definiert die ProspVO i.V.m VO (EU) Nr. 575/2013 also das Kreditinstitut als ein Unternehmen, dessen Tätigkeit darin besteht, Einlagen oder andere rückzahlbare Gelder des Publikums entgegenzunehmen und Kredite für eigene Rechnung zu gewähren, müssen davon alle Unternehmen innerhalb des europäischen Binnenmarktes erfasst werden, die diese Voraussetzungen erfüllen. Dies folgt auch aus Erwägungsgrund 2 der VO (EU) Nr. 575/2013, der auf die Notwendigkeit eines gemeinsamen europäischen Regelwerks für alle Kreditinstitute und Wertpapierfirmen auf dem Binnenmarkt verweist. Kreditinstitute aus EWR-Staaten können dabei von der Möglichkeit des sog. Europäischen Passes Gebrauch machen (vgl. Art. 33 ff. der Richtlinie 2013/36/EU

---

269 *Bauerschmidt*, in: Assmann/Schlitt/von Kopp-Colomb, Prospektrecht Kommentar, Art. 2 ProspektVO Rn. 76.
270 *Bauerschmidt*, in: Assmann/Schlitt/von Kopp-Colomb, Prospektrecht Kommentar, Art. 2 ProspektVO Rn. 77.

(Capital Requirements Directive IV – CRD IV[271]) und deren nationaler Umsetzung in § 53b KWG).[272]

Für **Drittstaaten-Kreditinstitute** ist nicht davon auszugehen, dass sie vom Begriff des Kreditinstituts erfasst sind.[273] Das zeigt bereits Art. 1 Abs. 1 lit. a RL 2000/12/EG, der für die Definition des Kreditinstituts nach der ProspektRL maßgebend war. Hiernach ist erkennbar, dass der europäische Gesetzgeber diese nicht von dem Begriff des Kreditinstituts erfasst sieht. Die dortige Definition war im ersten Unterabsatz gleichlautend mit der heute maßgebenden, in Art. 4 Abs. 1 Nr. 1 lit. a VO (EU) Nr. 575/2013 enthaltenen Definition des Kreditinstituts. Daneben wurde jedoch in den Unterabsätzen 2 und 3 des Art. 1 Abs. 1 lit. a RL 2000/12/EG bestimmt, dass auch Kreditinstitute, die in einem Drittstaat zugelassen sind, unter bestimmten Voraussetzungen als Kreditinstitut i. S. d. Richtlinie zu qualifizieren sind. Diese ausdrückliche Ergänzung wäre nicht nötig, wenn Drittstaaten-Institute ohnehin vom Begriff des Kreditinstituts erfasst wären. Für Zweigniederlassungen eines Drittstaaten-Kreditinstituts, die für sich die Voraussetzungen des Art. 2 lit. g erfüllen, kann jedoch anderes gelten (vgl. Art. 47 RL 2013/36/EU).[274]

8. Emittent (lit. h)

Die Definition des Emittenten in Art. 2 lit. h hat sich im Vergleich zur ProspektRL nicht verändert. Es handelt sich beim Emittenten weiterhin um eine Rechtspersönlichkeit, die Wertpapiere begibt oder zu begeben beabsichtigt. Der Begriff umfasst hierbei natürliche und juristische Personen des öffentlichen Rechts und Privatrechts sowie Gesellschaften.[275] Als Emittent kommen ferner die teilrechtsfähige Außen-GbR sowie der e. V. (z. B. zur Refinanzierung) in Betracht.[276]

Von besonderer Bedeutung ist der Begriff im Rahmen der Erstellung des Prospekts nach Art. 6 ff. Der Emittent ist dabei Bezugsobjekt für die im Prospekt zu veröffentlichenden Informationen.[277] Die ProspektVO knüpft an die Emittenteneigenschaft nicht die Pflicht, den Prospekt zu erstellen und zu veröffentlichen; diese Pflicht obliegt dem Anbieter (siehe sogleich → Rn. 125 ff.), der nicht zwingend mit dem Emittenten identisch sein muss. Häufig wird der Emittent zugleich Anbieter sein, sodass die Prospektveröffentli-

---

271 Richtlinie 2013/36/EU des Europäischen Parlaments und des Rates v. 26.6.2013 über den Zugang zur Tätigkeit von Kreditinstituten und die Beaufsichtigung von Kreditinstituten, zur Änderung der Richtlinie 2002/87/EG und zur Aufhebung der Richtlinien 2006/48/EG und 2006/49/EG, ABl. EU Nr. L 176, S. 338 v. 27.6.2013, zuletzt geändert durch RL (EU) 2021/338 v. 16.2.2021, ABl. EU Nr. L 68 v. 26.2.2021, S. 14.
272 *Bauerschmidt*, in: Assmann/Schlitt/von Kopp-Colomb, Prospektrecht Kommentar, Art. 2 ProspektVO Rn. 77.
273 *Bauerschmidt*, in: Assmann/Schlitt/von Kopp-Colomb, Prospektrecht Kommentar, Art. 2 ProspektVO Rn. 77.
274 *Bauerschmidt*, in: Assmann/Schlitt/von Kopp-Colomb, Prospektrecht Kommentar, Art. 2 ProspektVO Rn. 77; näher zum WpPG a. F. *Heidelbach*, in: Schwark/Zimmer, KMRK, 4. Aufl. 2010, § 2 WpPG Rn. 47.
275 *Groß*, Kapitalmarktrecht, § 2 WpPG Rn. 28.
276 *Preuße*, in: Schwark/Zimmer, KMRK, § 2 WpPG Rn. 32.
277 *Ritz*, in: Just/Voß/Ritz/Zeising, Wertpapierprospektrecht, 2. Aufl. 2023, Art. 2 ProspektVO Rn. 190.

chungspflicht aus diesem Grund den Emittenten, jedoch in seiner Eigenschaft als Anbieter, trifft.

124 Mitunter ist die Emitteneigenschaft bei **Zertifikaten, die Aktien vertreten** (wie etwa American Depositary Receipts oder German Depositary Receipts), fraglich. Hier ist in der Regel nicht der Treuhänder, sondern die Aktiengesellschaft als Emittent anzusehen, da ohne sie diese Struktur – aufgrund der verschiedenen rechtlichen Vorgaben – nicht umgesetzt werden kann (vgl. auch § 12 BörsZulV).

9. Anbieter (lit. i)

a) Definition

125 Art. 2 lit. i definiert den Anbieter als eine Rechtspersönlichkeit oder natürliche Person, die Wertpapiere öffentlich anbietet. Die Definition übernimmt damit wortgleich die Definition des Art. 2 Abs. 1 lit. i ProspektRL. Diese fand sich im Wesentlichen auch in der alten Fassung des WpPG. Dabei sollte nach dem Willen des deutschen Gesetzgebers der Begriff des Anbieters nach § 2 Nr. 10 WpPG a. F. dem Verständnis des VerkProspG a. F. entsprechen,[278] sodass auch auf die Verwaltungspraxis hierzu zurückgegriffen werden konnte und musste.[279] Diese Erkenntnisse lassen sich auf die nunmehr in der Verordnung angelegte Definition übertragen.

126 Anbieter ist demnach derjenige, der das öffentliche Angebot im Sinne von Art. 2 lit. d verantwortet.[280] Eine Verantwortung in diesem Sinne setzt voraus, dass ein **aktiver Beitrag zur Distribution der Wertpapiere**[281] geleistet wird oder eine **sonstige Kontrolle über den Ablauf der Transaktion** besteht.[282] In Anlehnung an die Maßstäbe für die Prospektverantwortlichkeit nach §§ 9, 10 WpPG (§ 44 BörsG a. F. bzw. § 13 VerkProspG a. F.), die aufgrund von Art. 11 im nationalen Recht näher geregelt ist, ist bei der Auslegung der Definition des Anbieters weiter ein „**eigenes wirtschaftliches Interesse**" erforderlich.[283] Nach der sog. Zwei-Elemente-Lehre bedarf es daneben noch des Außenauftritts als formelles Element.[284] Verantwortung und Außenauftritt müssen dabei nicht kumulativ vorliegen, sondern können lediglich alternativ vorliegen.[285]

---

278 BT-Drucks. 15/4999, 29, ebenso zum WpPG a. F.: *Mayston*, in: Heidel, Aktienrecht und Kapitalmarktrecht, § 2 WpPG Rn. 34.
279 Vgl. BAWe, Bekanntmachung zum Wertpapier-Verkaufsprospektgesetz, unter I. 3., S. 4.
280 *Preuße*, in: Schwark/Zimmer, KMRK, § 2 WpPG Rn. 34; *Zivny/Mock*, ProspektVO/KMG 2019, Art. 2 ProspektVO Rn. 89; vgl. zur alten Rechtslage BT-Drucks. 15/4999, 29; BAWe, Bekanntmachung zum Wertpapier-Verkaufsprospektgesetz, unter I. 3., S. 4; *Foelsch*, in: Holzborn, WpPG, § 2 Rn. 25; *von Kopp-Colomb/Lenz*, BKR 2002, 5, 6.
281 Vgl. *Grundmann*, in: Schimansky/Bunte/Lwowski, Bankrechts-Handbuch, 5. Aufl. 2017, § 112 Rn. 38 („Handlungen, die darauf gerichtet sind, die Wertpapiere beim Anleger unterzubringen").
282 *Preuße*, in: Schwark/Zimmer, KMRK, § 2 WpPG Rn. 34; zur alten Rechtslage ebenso: *Bauerschmidt*, in: Assmann/Schlitt/von Kopp-Colomb, Prospektrecht Kommentar, Art. 2 ProspektVO Rn. 67; *Schnorbus*, AG 2008, 389, 390.
283 Vgl. BT-Drucks. 13/8933, 78; *von Kopp-Colomb/Lenz*, BKR 2002, 5, 6; *Schnorbus*, AG 2008, 389, 390.
284 *Preuße*, in: Schwark/Zimmer, KMRK, § 2 WpPG Rn. 34; *Zivny/Mock*, ProspektVO/KMG 2019, Art. 2 ProspektVO Rn. 89.
285 *Voß*, ZBB 2018, 305, 313 f.

Bei dem Begriff des Anbieters handelt es sich um einen der **Zentralbegriffe des Prospektrechts**, der vor allem im Zusammenhang mit der Pflicht zur Erstellung und Aktualisierung eines Prospekts nach Art. 3 sowie Art. 23, der Erstellung eines Wertpapier-Informationsblatts nach § 4 Abs. 1 Satz 1 WpPG sowie verschiedenen anderen Rechten und Pflichten im Prospektregime von Bedeutung ist. 127

b) Mehrere Anbieter

Ebenso wie nach §§ 9, 10 WpPG (§ 44 BörsG a. F. bzw. § 13 VerkProspG a. F.) diejenigen, die für den Prospekt Verantwortung übernommen haben, und diejenigen, von denen der Erlass ausgeht, gesamtschuldnerisch haften, ist es nach Art. 2 lit. i möglich, dass auch eine Mehrzahl von Anbietern ein öffentliches Angebot verantwortet.[286] Klassische gemeinsame Anbieter sind in diesem Zusammenhang der Emittent und das zur Übernahme und Weiterplatzierung der Wertpapiere eingeschaltete Bankenkonsortium. Die Verpflichtung zur Prospekterstellung trifft in dieser Konstellation alle Anbieter gemeinsam, stellt also gewissermaßen eine **gesamtschuldnerische Haftung** der Anbieter dar.[287] 128

Die Erstellung, Durchführung des Billigungsverfahrens bei der BaFin und die Veröffentlichung des Prospekts durch einen Anbieter wirkt also zugunsten aller Anbieter unter der Bedingung,[288] dass die formalen Voraussetzungen (z.B. Übernahme der Verantwortung im Prospekt) hierfür durch jeden Anbieter jeweils erfüllt wurden. Insbesondere unerwähnte Personen oder Gesellschaften, die neben dem tatsächlichen „Veröffentlicher" des Prospekts als Anbieter anzusehen sind und somit der aufsichtsrechtlichen Kontrolle unterliegen könnten, profitieren von dieser Regelung; im Vermögensanlagebereich trifft dies namentlich auf Treuhänder zu.[289] 129

c) Abgrenzung Anbieter/Emittent

Bei der **Abgrenzung zwischen Anbieter (Art. 2 lit. i) und Emittent (Art. 2 lit. h)** ist auf die konkrete Situation abzustellen, wobei der Anwendungsbereich nicht zwingend deckend sein muss.[290] Grundsätzlich ist der Emittent indessen auch als Anbieter anzusehen, gleich, ob selbst die Wertpapiere als Eigenemission direkt platziert oder ob die eigentliche Platzierung im Wege einer Fremdemission durch Banken oder andere Intermediäre erfolgt.[291] Im letzteren Fall besteht schon deshalb eine Verantwortung des Emittenten für das öffentliche Angebot, weil er die Banken (bzw. andere Finanzintermediäre) mit der Durchführung der Platzierung beauftragt hat oder ein sonstiges Rechtsverhältnis zwischen Emittent und Banken besteht.[292] 130

---

286 *Zivny/Mock*, ProspektVO/KMG 2019, Art. 2 ProspektVO Rn. 91; vgl. zum WpPG a. F. *Mayston*, in: Heidel, Aktienrecht und Kapitalmarktrecht, § 2 WpPG Rn. 35; *Schnorbus*, AG 2008, 389, 390.
287 *Ritz*, in: Just/Voß/Ritz/Zeising, Wertpapierprospektrecht, 2. Aufl. 2023, Art. 2 ProspektVO Rn. 219 f.
288 Ohne diese Einschränkung *Ritz*, in: Just/Voß/Ritz/Zeising, Wertpapierprospektrecht, 2. Aufl. 2023, Art. 2 ProspektVO Rn. 220.
289 *Voß*, ZBB 2018, 305, 313.
290 BT-Drucks. 15/4999, 29; vgl. auch *Fleischer*, ZIP 2007, 1969, 1970.
291 *Groß*, Kapitalmarktrecht, § 2 WpPG Rn. 30; *Zivny/Mock*, ProspektVO/KMG 2019, Art. 2 ProspektVO Rn. 90; *Schnorbus*, AG 2008, 389, 390.
292 *Ekkenga/Maas*, Das Recht der Wertpapieremissionen, § 2 Rn. 147; *Hamann*, in: Schäfer/Hamann, Kapitalmarktgesetze, § 2 WpPG Rn. 62; *Schnorbus*, AG 2008, 389, 390.

131 Es ist streitig, worauf für die Anbietereigenschaft innerhalb des den Anbieter unterstützenden Emissionskonsortiums abzustellen ist. So wird entweder auf die Übernahme des Platzierungs- oder Haftungsrisikos, auf den Außenauftritt oder auf beides abgestellt.[293] Nach erster Ansicht wären bei Übernahme des Platzierungsrisikos unabhängig vom Außenauftritt alle Konsortialmitglieder auch Anbieter, wohingegen bei einem reinen Begebungskonsortium selbst bei Außenauftritt kein Konsortialmitglied Anbieter wäre.[294] Aus Sicht des Anlegers ist der Außenauftritt das maßgebliche Element.[295] Richtigerweise ist daher jedes Konsortialmitglied als Anbieter anzusehen, das Angebote zum Abschluss eines Kaufvertrages abgibt und entgegennimmt oder sonst nach **außen erkennbar auftritt**.[296] Die jeweilige Übernahmequote bzw. Verteilung der Provisionen innerhalb des Konsortiums ist grundsätzlich unerheblich und mag allenfalls Anhaltspunkt sein.[297]

132 Wenn der Vertrieb der Wertpapiere über Vertriebsorganisationen, ein Netz von angestellten oder freien Vermittlern oder Untervertriebe erfolgt, ist derjenige als Anbieter anzusehen, der die Kontrolle über die Koordination der Vertriebsaktivitäten ausübt.[298] Als Indiz hierfür dienen insbesondere entsprechende Vereinbarungen mit dem Emittenten, Aufträge an Untervertriebe und Provisionsvereinbarungen mit selbstständigen oder freiberuflich tätigen Vermittlern.[299]

d) Weiterveräußerung nach Abschluss der Emission

133 Problematisch ist die Anbietereigenschaft des Emittenten in Fällen, in denen die Erstemission und das damit verbundene erste Angebot endgültig abgeschlossen sind und die dieser Transaktion zugrundeliegenden Wertpapiere anschließend von den Erwerbern im Rahmen eines öffentlichen Angebots **weiterveräußert** werden sollen (vgl. → Art. 5 Rn. 7).

134 Diese Konstellation ist insbesondere dann akut, wenn die Wertpapiere zunächst unter Anwendung einer Ausnahmevorschrift nach Art. 1 Abs. 4 und 5 oder § 3 WpPG prospektfrei platziert wurden; sie kann sich aber auch bei einem vorangegangenen, bereits abgeschlossenen öffentlichen Angebot auf Grundlage eines Prospekts stellen. Eine Prospektpflicht als Emittent nach Art. 2 lit. h scheidet aus, da die Wertpapiere bereits begeben und das ursprüngliche Angebot bereits endgültig abgeschlossen ist. Platziert der Ersterwerber die Wertpapiere öffentlich weiter, so ist allein dieser Anbieter.[300]

---

293 Siehe zum Meinungsstand *Preuße*, in: Schwark/Zimmer, KMRK, § 2 WpPG Rn. 38.
294 *Preuße*, in: Schwark/Zimmer, KMRK, § 2 WpPG Rn. 38.
295 *Preuße*, in: Schwark/Zimmer, KMRK, § 2 WpPG Rn. 38.
296 *Groß*, Kapitalmarktrecht, § 2 WpPG Rn. 30; *Preuße*, in: Schwark/Zimmer, KMRK, § 2 WpPG Rn. 40; zum WpPG a. F. *Mayston*, in: Heidel, Aktienrecht und Kapitalmarktrecht, § 2 WpPG Rn. 35.
297 *Preuße*, in: Schwark/Zimmer, KMRK, § 2 WpPG Rn. 40 f.; zum WpPG a. F. *Mayston*, in: Heidel, Aktienrecht und Kapitalmarktrecht, § 2 WpPG Rn. 35.
298 Vgl. BT-Drucks. 15/4999, 29; *Groß*, Kapitalmarktrecht, § 2 WpPG Rn. 32; BAWe, Bekanntmachung zum Wertpapier-Verkaufsprospektgesetz, unter I. 3., S. 4; *Schnorbus*, AG 2008, 389, 390 f.
299 BT-Drucks. 15/4999, 29; BAWe, Bekanntmachung zum Wertpapier-Verkaufsprospektgesetz, unter I. 3., S. 4; *Schnorbus*, AG 2008, 389, 390 f.
300 *Groß*, Kapitalmarktrecht, § 2 WpPG Rn. 31; ebenso zum alten Recht *Ekkenga/Maas*, Das Recht der Wertpapieremissionen, § 2 Rn. 147; *Hüffer*, Das Wertpapier-Verkaufsprospektgesetz,

Der Emittent kann nur dann als Anbieter gelten, wenn er das öffentliche Angebot verantwortet. Erforderlich hierfür ist ein **Beitrag, der den Schluss rechtfertigt, dass (auch) er die Wertpapiere i. S. d. Art. 2 lit. i öffentlich anbietet**. Dies ist der Fall, wenn die Weiterveräußerung oder Platzierung auf eine **Vereinbarung/Absprache zwischen dem Emittenten und dem jetzigen Anbieter** zurückgeht (vgl. oben → Rn. 132). 135

Bei einer Übernahme („**Underwriting**") von Wertpapieren durch eine Bank mit der Verpflichtung zur Weiterplatzierung ist dies auch dann der Fall, wenn die Bank anders als zunächst vorgesehen nicht sämtliche übernommenen Wertpapiere im Markt platzieren kann, sondern erst zu einem späteren Zeitpunkt weiterveräußert.[301] Etwas anderes gilt dagegen bei einer Vertragsstruktur, bei der keine Pflicht zur Weiterplatzierung durch die Bank besteht (etwa bei einem „Bought Deal").[302] 136

Abzugrenzen von Verträgen mit Pflicht zur Weiterplatzierung ist auch die Weiterplatzierung von Wertpapieren durch Finanzintermediäre in Vertriebsketten oder sog. **Retail-Kaskaden**; in diesen Fällen werden die Vertriebsaktivitäten der Finanzintermediäre durch den ursprünglichen Emittenten (und das erste Emissionskonsortium) weder aktiv gesteuert noch kontrolliert, sodass die Anbietereigenschaft nicht mehr erfüllt ist (ausführlich dazu → Art. 5 Rn. 32). 137

Bei einer **prospektpflichtigen Umplatzierung** gilt grundsätzlich neben den veräußernden Aktionären auch der Emittent der Aktien als Anbieter im Sinne des Prospektrechts. Insofern sind hier zivilrechtlicher und prospektrechtlicher Anbieter nicht identisch. Hintergrund hierfür ist, dass die Gesellschaft den Prospekt erstellt und hierfür im Außenverhältnis auch die Verantwortung übernimmt. Anders liegen die Dinge bei der **prospektfreien Umplatzierung**, bei welcher der Emittent keinen wesentlichen Beitrag leistet und den Anbietern gegenüber auch keine Verantwortung übernimmt, weshalb in der Regel die Anbietereigenschaft des Emittenten ausscheidet. 138

e) Platzierung ohne Einbeziehung des Emittenten

Der Emittent ist auf keinen Fall Anbieter, wenn die Weiterveräußerung bzw. Platzierung **ohne Abstimmung mit dem Emittenten** oder gar gegen dessen Willen und Absichten erfolgt. In diesem Fall fehlt jeder Verantwortungsbeitrag, der eine Anbietereigenschaft nach Art. 2 lit. i begründen könnte.[303] Allein die Tatsache, dass der Emittent die zugrunde liegenden Wertpapiere zunächst in den Verkehr gebracht hat, genügt hierfür nicht.[304] Der Emittent wird auch nicht allein dadurch Anbieter, dass er mit einem öffentlichen Wiederverkauf rechnen musste,[305] weil er z. B. nicht auf die gesetzlichen Verkaufsbeschränkun- 139

S. 82 f.; *Bosch*, in: Bosch/Groß, Emissionsgeschäft (BuB), Rn. 10/109; *Schnorbus*, AG 2008, 389, 391; *Schäfer*, ZIP 1991, 1561, 1663.
301 *Schnorbus*, AG 2008, 389, 391.
302 *Schnorbus*, AG 2008, 389, 391.
303 *Preuße*, in: Schwark/Zimmer, KMRK, § 2 WpPG Rn. 36; *Ritz*, in: Just/Voß/Ritz/Zeising, Wertpapierprospektrecht, 2. Aufl. 2023, Art. 2 ProspektVO Rn. 200; *Schnorbus*, AG 2008, 389, 391.
304 **So aber zum alten Recht** *Hopt*, Die Verantwortlichkeit der Banken bei Emissionen, Rn. 133.
305 **So aber wohl** *Groß*, Kapitalmarktrecht, § 2 WpPG Rn. 31; *Zivny/Mock*, ProspektVO/KMG 2019, Art. 2 ProspektVO Rn. 93; vgl. zur a. F. auch *Hamann*, in: Schäfer/Hamann, Kapitalmarktgesetze, § 2 WpPG Rn. 63 (im Rahmen eines Indizienbeweises); ebenso zum alten Recht *Bosch*, in: Bosch/Groß, Emissionsgeschäft (BuB), Rn. 10/109.

Art. 2 ProspektVO Begriffsbestimmungen

gen hinweist oder solche nicht mit dem eigentlichen Anbieter vereinbart. Alles andere würde einer Obliegenheit ähnliche Verhaltensanforderungen statuieren.[306] Voraussetzung, um den Emittenten als Anbieter im oben definierten Sinne qualifizieren zu können, ist eine **aktive Zusammenarbeit** mit dem die Wertpapiere übernehmenden Institut mit dem Ziel der Durchführung eines öffentlichen Angebots.[307]

140 Um gleichwohl Probleme aus der Privatplatzierung von Wertpapieren an institutionelle Erwerber zu vermeiden, vereinbaren Emittenten mit den Weiterveräußerern bzw. den platzierenden Banken sogenannte „**Verkaufsbeschränkungen**" bzw. „**Selling Restrictions**", die vertraglich die Weiterveräußerung an Dritte im Rahmen eines öffentlichen Angebots beschränken oder generell ausschließen.[308] Bei einem eventuellen Verstoß gegen die Vereinbarung stehen dann dem Emittenten Schadenersatz- bzw. Freistellungsansprüche gegen den betreffenden Weiterveräußerer bzw. die platzierende Bank zu. Eine solche Vereinbarung hat aber nur vorsorglichen Charakter; vereinbart der Emittent keine Verkaufsbeschränkungen, begründet dies nicht automatisch die Position eines Anbieters nach Art. 2 lit. i.[309] Insofern besteht also keine „Obliegenheit", Verkaufsbeschränkungen zu schließen.[310]

f) Weitere Einzelfälle

141 Bei **Options-, Wandel- und/oder Umtauschanleihen** erfüllt der Emittent dieser Finanzierungsinstrumente den Begriff des Anbieters, unabhängig davon, ob das Wertpapier, auf das sich das Recht bezieht, von ihm selbst oder von Dritten emittiert wurde.[311] Gleiches gilt für andere **Derivate** (Optionsscheine mit einem Wertpapier als Underlying); auch hier ist regelmäßig der Emittent Anbieter. Die **Übernahme der Prospektverantwortung** gemäß § 8 WpPG begründet nicht zwangsweise die Anbietereigenschaft, da es sich hierbei um die Verantwortung für den Inhalt des Prospekts, aber nicht für den Vertrieb der Wertpapiere handelt.[312] In der Praxis werden beide Konstellationen jedoch regelmäßig zusammenfallen.

142 Der **Garantiegeber** einer Anleihe oder eines Derivats ist technisch gesehen kein Anbieter i. S. d. Prospektrechts. Die ProspektVO und auch das WpPG trennen den Begriff des Garantiegebers von dem des Anbieters. So verlangen Art. 6 Abs. 1 und 16 Abs. 3 bestimmte zusätzliche umfassende Angaben über den Garantiegeber; nach Art. 11 Abs. 1 sollen die Mitgliedstaaten sicherstellen, dass neben dem Emittenten und dem Anbieter zusätzlich

---

306 Im Ergebnis ebenfalls wohl *Mayston*, in: Heidel, Aktienrecht und Kapitalmarktrecht, § 2 WpPG Rn. 34.
307 CESR verlangte ein „acting in association" zwischen Emittent und Underwriter, CESR-Frequently Asked Questions (12th Updated Version – November 2010), Nr. 56 (Retail cascade offers), S. 38 (von ESMA nicht mehr fortgeführt); vgl. auch *Wiegel*, Die Prospektrichtlinie und Prospektverordnung, S. 150.
308 Zum alten Recht *Hamann*, in: Schäfer/Hamann, Kapitalmarktgesetze, § 2 WpPG Rn. 61; *Mayston*, in: Heidel, Aktienrecht und Kapitalmarktrecht, § 2 WpPG Rn. 34; *Schäfer*, ZIP 1991, 1557, 1561; *Schnorbus*, AG 2008, 389, 391.
309 *Schnorbus*, AG 2008, 389, 391.
310 *Preuße*, in: Schwark/Zimmer, KMRK, § 2 WpPG Rn. 42.
311 *Preuße*, in: Schwark/Zimmer, KMRK, § 2 WpPG Rn. 44; *Groß*, Kapitalmarktrecht, § 2 WpPG Rn. 33; zum alten Recht ebenso *Foelsch*, in: Holzborn, WpPG, § 2 Rn. 29.
312 *Preuße*, in: Schwark/Zimmer, KMRK, § 2 WpPG Rn. 37.

der Garantiegeber die Verantwortung für den Prospekt übernimmt, was im WpPG in den §§ 8 ff. WpPG kodifiziert ist. Daraus ist zu schließen, dass Anbieter und Garantiegeber nicht identisch sind.[313]

Klassische Informationsanbieter (wie Reuters oder Bloomberg) sind ebenfalls keine Anbieter i. S. d. Art. 2 lit. i,[314] auch wenn sie durch die Veröffentlichung von Informationen über die Wertpapiere und den betreffenden Emittenten durchaus zur Distribution von Wertpapieren beitragen. Informationsanbieter geben regelmäßig kein öffentliches Angebot entsprechend der gesetzlichen Definition ab (vgl. oben unter → Rn. 42). Sie handeln weder als Finanzintermediäre noch verfügen sie über eine derart dominante Position, die einen Verantwortungsbeitrag im Sinne eines Anbieters rechtfertigen würde.[315] Ihre Veröffentlichungen können unter gewissen Umständen als Werbung im Sinne von § 7 WpPG zu qualifizieren sein. Davon zu trennen ist die Frage, unter welchen Voraussetzungen der eigentliche Emittent/Anbieter sich das Handeln des Informationsanbieters mit der Wirkung zurechnen lassen muss, dass dadurch ein öffentliches Angebot begründet wird (vgl. oben → Rn. 54). **143**

Keine Anbieter sind vom Anbieter zur **Prospekterstellung hinzugezogene Hilfspersonen**.[316] Es steht dem Emittenten wie dem Anbieter frei, zur Erstellung des Prospekts Berater einzuschalten, um den Prospekt etwa durch Banken, Wirtschaftsprüfer und Anwaltskanzleien erarbeiten und inhaltlich prüfen zu lassen. Die Verantwortung für das Angebot bleibt beim Anbieter. Daran ändern auch namentliche Benennungen der Berater im Prospekt (sog. „Football Fields") oder in anderen Bekanntmachungen nichts, unabhängig davon, ob diese werblichen Zwecken dienen oder aufgrund rechtlicher bzw. behördlicher Vorgaben erfolgen. **144**

10. Geregelter Markt (lit. j)

Diese Vorschrift ist insbesondere im Rahmen des Anwendungsbereichs nach Art. 1 Abs. 1 sowie für die Verpflichtung zu einer Prospekterstellung (Art. 3 Abs. 3) und die Ausnahmen davon (Art. 1 Abs. 5) von Bedeutung. Art. 2 lit. j enthält selbst keine Definition des geregelten Marktes, sondern verweist hierfür auf Art. 4 Abs. 1 Nr. 21 der Richtlinie 2014/65/EU (MiFID II). Danach ist ein geregelter Markt „ein von einem Marktbetreiber betriebenes und/oder verwaltetes multilaterales System, das die Interessen einer Vielzahl Dritter am Kauf und Verkauf von Finanzinstrumenten innerhalb des Systems und nach seinen nichtdiskretionären Regeln in einer Weise zusammenführt oder das Zusammenführen fördert, die zu einem Vertrag in Bezug auf Finanzinstrumente führt, die gemäß den Regeln und/oder den Systemen des Marktes zum Handel zugelassen wurden, sowie eine Zulassung erhalten hat und ordnungsgemäß und gemäß Titel III dieser Richtlinie funktioniert". Abzugrenzen ist der geregelte Markt von den „multilateralen Handelssystemen (MTF)" **145**

---

313 Je nach Bedeutung für die Transaktion und wirtschaftlichem Interesse wird der Garantiegeber aber grundsätzlich als Prospektveranlasser i. S. d. § 9 WpPG anzusehen sein.
314 *Groß*, Kapitalmarktrecht, § 2 WpPG Rn. 34; *Ritz*, in: Just/Voß/Ritz/Zeising, Wertpapierprospektrecht, 2. Aufl. 2023, Art. 2 ProspektVO Rn. 213; *von Kopp-Colomb/Lenz*, BKR 2002, 5, 7.
315 **Anders zum alten Recht** *von Kopp-Colomb/Lenz*, BKR 2002, 5, 7 (für den Fall, dass der Informationsanbieter im „Lager" des eigentlichen Emittenten/Anbieters steht).
316 *Preuße*, in: Schwark/Zimmer, KMRK, § 2 WpPG Rn. 45; *Groß*, Kapitalmarktrecht, § 2 WpPG Rn. 34.

(Art. 4 Abs. 1 Nr. 22 MiFID II; vgl. unten unter → Rn. 180) und den „organisierten Handelssystemen (OTF)" (Art. 4 Abs. 1 Nr. 23 MiFID II; vgl. unten unter → Rn. 186).

146 Auch wenn die Definition des geregelten Marktes dem Wortlaut nach dahingehend keine Einschränkung vornimmt, folgt aus der Bezugnahme in Art. 4 Abs. 1 Nr. 21 der Richtlinie 2014/65/EU auf Titel III dieser Richtlinie, dass nur Märkte **innerhalb des Europäischen Wirtschaftsraums** als „geregelte Märkte" im Sinne der ProspektVO in Frage kommen. Denn nach Titel III der MiFID II bedarf ein geregelter Markt einer Zulassung, welche an die Aufsicht durch den Mitgliedstaat geknüpft ist, die in der dort beschriebenen Form wohl nur bei auch in dem Mitgliedstaat betriebenen oder verwalteten Märkten möglich erscheint.[317]

147 In **Deutschland** umfasst die Zulassung zu einem geregelten Markt den regulierten Markt (vgl. § 32 Abs. 1 BörsG).[318] Auf der Website der ESMA findet sich eine öffentlich zugängliche Datenbank mit u.a. einer Liste der regulierten Märkte innerhalb der EU.[319] Neben der Frankfurter Wertpapierbörse zählt die Liste für Deutschland die übrigen regionalen Börsen, Tradegate Exchange, die Eurex und die Europäische Energiebörse zu den geregelten Märkten. Der im Wesentlichen auf privatrechtlicher Basis stattfindende Freiverkehr (§ 48 BörsG) fällt nicht unter den geregelten Markt.[320]

11. Werbung (lit. k)

148 Bei Werbung i. S. d. Art. 2 lit. k handelt es sich um eine Mitteilung, die sich auf ein spezifisches öffentliches Angebot von Wertpapieren oder deren Zulassung zum Handel an einem geregelten Markt bezieht (vgl. Art. 2 lit. k Ziff. i) und die darauf abstellt, die potenzielle Zeichnung oder den potenziellen Erwerb von Wertpapieren gezielt zu fördern (vgl. Art. 2 lit. k Ziff. ii). Am Wortlaut des Art. 2 lit. k („mit den folgenden beiden Eigenschaften") lässt sich erkennen, dass beide Eigenschaften **kumulativ** vorliegen müssen.[321] Von Bedeutung ist die Definition der Werbung vor allem für die in Art. 22 Abs. 2 bis 5 enthaltenen Grundsätze für Werbung, die der Aufrechterhaltung des Vertrauens der Öffentlichkeit in die Sicherstellung des ordnungsgemäßen Betriebs der Finanzmärkte dienen. Diese Vorschriften haben den Schutz von Anlegern, insbesondere auch Kleinanlegern, im Blick, weshalb die Richtigkeit der Werbung sowie ihre inhaltliche Übereinstimmung mit dem Prospekt zentrale Anforderungen an ihre Beschaffenheit sind (siehe Erwägungsgrund 64).

---

317 Vgl. auch *Groß*, Kapitalmarktrecht, § 2 WpPG, Rn. 37.
318 Mit Inkrafttreten des Finanzmarktrichtlinie-Umsetzungsgesetzes (Gesetz zur Umsetzung der Richtlinie über Märkte für Finanzinstrumente (RL 2004/39/EG, MiFID) und der Durchführungsrichtlinie (RL 2006/73/EG) der Kommission (FRUG) v. 16.7.2007, BGBl. I 2007, S. 1330 v. 19.7.2007) am 1.11.2007 ist die Zweiteilung des gesetzlichen Börsenhandels in amtlichen und geregelten Markt aufgegeben worden. Die vorherigen Zulassungen bestehen als Zulassungen für den regulierten Markt fort.
319 https://registers.esma.europa.eu/publication/searchRegister?core=esma_registers_upreg
320 *Groß*, Kapitalmarktrecht, § 2 WpPG, Rn. 37; *Preuße*, in: Schwark/Zimmer, KMRK, § 2 WpPG Rn. 48; *Grunewald/Schlitt*, Einführung in das Kapitalmarktrecht, S. 229.
321 So auch *Preuße*, in: Schwark/Zimmer, § 2 WpPG Rn. 50; *Zivny/Mock*, ProspektVO/KMG 2019, Art. 2 ProspektVO Rn. 99.

Der Begriff der Werbung ist grundsätzlich weit zu verstehen[322] und ist unabhängig vom verwendeten Medium zu bestimmen.[323] Beispiele für verkörperte Werbung sind z. B. allgemein Printprodukte[324] und auf Roadshows verteilte Materialien.[325] Nicht verkörperte Werbung sind z. B. Werbung im Radio,[326] im Internet, per E-Mail, im Fernsehen,[327] aber auch das gesprochene Wort.[328]

149

Allerdings haben nicht alle Werbeerzeugnisse Werbungscharakter im Sinne der Verordnung. Mit Hinblick auf das Erfordernis des Ziels der Absatzförderung bedarf es eines zeitlichen und sachlichen Zusammenhangs zwischen der Mitteilung und dem öffentlichen Angebot oder der Zulassung.[329] Zudem dürfte es vor dem Hintergrund der erforderlichen Konkretheit der Mitteilung für die Qualifizierung einer solchen als Werbung i. S. d. WpPG nicht genügen, wenn diese allgemein Werbung für Wertpapiere oder für ein konkretes Wertpapier enthält, das aber nicht im Zusammenhang mit einem konkreten öffentlichen Angebot oder der Zulassung steht.[330] So fallen bspw. Werbegeschenke mit Aufdrucken wie Stifte, Bälle, Mützen etc., die mit dem Namen des Emittenten oder dem Marken- oder Produktnamen versehen wurden, nicht darunter, soweit keine konkrete Bezugnahme auf ein öffentliches Angebot oder eine Börsenzulassung erfolgt.[331] Auch routinemäßige Arbeit im Bereich Investor Relations ist damit nicht als Werbung i. S. d. Verordnung zu qualifizieren.[332] An diesem Werbungscharakter fehlt es zudem bei einer Werbeanzeige oder einer Werbekampagne, die gerade keinen konkreten Bezug zum Kapitalmarkt herstellt.[333]

150

Die näheren Bestimmungen und Voraussetzungen der Werbung finden sich in Art. 22. Hiernach ist u. a. in jeder Werbung darauf hinzuweisen, dass ein Prospekt veröffentlicht wurde bzw. zur Veröffentlichung ansteht und wo die Anleger ihn erhalten können, vgl. Art. 22 Abs. 2 (siehe → Art. 22 Rn. 22). Darüber hinaus muss die Werbung klar als sol-

151

---

322 *Preuße*, in: Schwark/Zimmer, § 2 WpPG Rn. 50; *Voß*, in: Just/Voß/Ritz/Zeising, Wertpapierprospektrecht, 2. Aufl. 2023, Art. 22 ProspektVO Rn. 12.
323 *Mayston*, in: Heidel, Aktienrecht und Kapitalmarktrecht, § 15 WpPG Rn. 3; *Voß*, in: Just/Voß/Ritz/Zeising, Wertpapierprospektrecht, 2. Aufl. 2023, Art. 22 ProspektVO Rn. 12.
324 *Preuße*, in: Schwark/Zimmer, § 2 WpPG Rn. 50; *Mayston*, in: Heidel, Aktienrecht und Kapitalmarktrecht, § 15 WpPG Rn. 3; *Berrar*, in: Berrar/Meyer/Müller et al., Art. 22 Rn. 12; *Voß*, in: Just/Voß/Ritz/Zeising, Wertpapierprospektrecht, 2. Aufl. 2023, Art. 22 ProspektVO Rn. 12.
325 *Preuße*, in: Schwark/Zimmer, § 2 WpPG Rn. 50; *Zivny/Mock*, ProspektVO/KMG 2019, Art. 2 ProspektVO Rn. 102; *Bauerschmidt*, BKR 2019, 324, 330 f.; *Voß*, in: Just/Voß/Ritz/Zeising, Wertpapierprospektrecht, 2. Aufl. 2023, Art. 22 ProspektVO Rn. 12.
326 *Preuße*, in: Schwark/Zimmer, § 2 WpPG Rn. 50; *Zivny/Mock*, ProspektVO/KMG 2019, Art. 2 ProspektVO Rn. 102; *Bauerschmidt*, BKR 2019, 324, 330 f.
327 *Preuße*, in: Schwark/Zimmer, § 2 WpPG Rn. 50; *Mayston*, in: Heidel, Aktienrecht und Kapitalmarktrecht, § 15 WpPG Rn. 3; *Berrar*, in: Berrar/Meyer/Müller et al., WpPG/EU-ProspektVO, 2. Aufl. 2017, Art. 22 ProspektVO Rn. 12; *Voß*, in: Just/Voß/Ritz/Zeising, Wertpapierprospektrecht, 2. Aufl. 2023, Art. 22 ProspektVO Rn. 12; *Bauerschmidt*, BKR 2019, 324, 330 f.
328 *Preuße*, in: Schwark/Zimmer, § 2 WpPG Rn. 50; *Voß*, in: Just/Voß/Ritz/Zeising, Wertpapierprospektrecht, 2. Aufl. 2023, Art. 22 ProspektVO Rn. 12.
329 *Groß*, Kapitalmarktrecht, § 2 WpPG, Rn. 38.
330 *Groß*, Kapitalmarktrecht, § 2 WpPG, Rn. 38.
331 *Preuße*, in: Schwark/Zimmer, § 2 WpPG Rn. 51.
332 *Groß*, Kapitalmarktrecht, § 2 WpPG, Rn. 38.
333 *Preuße*, in: Schwark/Zimmer, § 2 WpPG Rn. 51; *Berrar*, in: Berrar/Meyer/Müller et al., Art. 22 Rn. 12, wobei dies nur gelten soll, soweit die Werbeanzeigen im Rahmen der normalen, auch bisher so geübten Praxis liegen (ordinary course of business).

Art. 2 ProspektVO Begriffsbestimmungen

chen erkennbar und die in ihr enthaltenen Informationen dürfen nicht unrichtig oder irreführend sein, vgl. Art. 22 Abs. 3 (siehe → Art. 22 Rn. 28 ff.). Schließlich müssen die in der Werbung enthaltenen Informationen mit den im Prospekt enthaltenen Informationen übereinstimmen, falls er bereits veröffentlicht ist, bzw. die in den Prospekt aufzunehmen sind, falls er erst noch veröffentlich wird, vgl. Art. 22 Abs. 3 (siehe → Art. 22 Rn. 36).

152 Die Art. 22 Abs. 6 bis 8 (EU) 2017/1129 regeln die Zuständigkeiten nationaler Behörden in Bezug auf die Überwachung von Werbung.[334] Dies ist notwendig, da sich der EU-Pass nur auf den Prospekt als solchen, aber nicht auch auf die Werbung bezieht.[335] In Art. 22 Abs. 9 (EU) 2017/1129 befindet sich außerdem eine Ermächtigung der EU-Kommission zum Erlass technischer Regulierungsstandards,[336] wovon sie durch die VO (EU) 2019/979 bereits Gebrauch gemacht hat, vgl. Art. 13 f. VO (EU) 2019/979. Die ESMA hat hierzu die Marktteilnehmer konsultiert und einen finalen Bericht veröffentlicht.[337]

12. Vorgeschriebene Informationen (lit. l)

153 Art. 2 lit. l verweist für die Definition des Begriffs der vorgeschriebenen Informationen auf Art. 2 Abs. 1 lit. k der Richtlinie 2004/109/EG (Transparenzrichtlinie), wonach es sich um alle Angaben, die ein Emittent oder jede Person, die ohne Zustimmung des Emittenten die Zulassung von Wertpapieren zum Handel an einem geregelten Markt beantragt hat, nach der Transparenzrichtlinie, nach Art. 6 der Richtlinie 2003/6/EG (Marktmissbrauchsrichtlinie) oder nach den gemäß Art. 3 Abs. 1 Transparenzrichtlinie erlassenen Rechts- und Verwaltungsvorschriften eines Mitgliedstaats offen legen muss, handelt.

154 Bei den nach Art. 6 Marktmissbrauchsrichtlinie zu veröffentlichenden Angaben handelt es sich um die Ad-Hoc-Mitteilungen (vgl. Art. 6 Abs. 1 Marktmissbrauchsrichtlinie) und „Directors' Dealings"-Mitteilungen[338] (vgl. Art. 6 Abs. 4 Marktmissbrauchsrichtlinie). Die Marktmissbrauchsrichtlinie ist zwischenzeitlich von der MAR ersetzt worden, die in Art. 17 MAR die Pflicht zur unverzüglichen Bekanntgabe von Insiderinformationen, die unmittelbar den Emittenten betreffen, vorsieht.[339] Bei den vorgeschriebenen Informationen handelt es sich somit im Wesentlichen um die nach der Transparenzrichtlinie und der Marktmissbrauchsverordnung offenzulegenden Informationen.[340]

155 Vorgeschriebene Informationen können gemäß Art. 19 Abs. 1 lit. c mittels Verweis in einen Prospekt aufgenommen werden, wenn sie zuvor oder gleichzeitig auf elektronischem

---

334 *Bauerschmidt*, BKR 2019, 324, 331.
335 *Bauerschmidt*, BKR 2019, 324, 331; *Moloney*, EU Securities and Financial Markets Regulation, 3. Aufl. 2019, S. 116 noch zur ProspektRL (Richtlinie 2003/71/EG).
336 *Preuße*, in: Schwark/Zimmer, § 2 WpPG Rn. 52.
337 Vgl. für das Konsultationspapier ESMA, Consultation Paper – Draft regulatory technical standards under the new Prospectus Regulation, ESMA31-62-802 (published on 15 December 2017), https://www.esma.europa.eu/sites/default/files/library/esma31-62-802_consultation_paper_on_draft_rts_under_the_new_prospectus_regulation.pdf; vgl. für den finalen Bericht ESMA, Final Report – Draft regulatory technical standards under the Prospectus Regulation, ESMA31-62-1002 (published on 17 July 2018), https://www.esma.europa.eu/sites/default/files/library/esma31-62-1002_final_report_on_draft_rts_under_the_new_prospectus_regulation.pdf.
338 *Foelsch*, in: Holzborn, WpPG, Art. 2 ProspektVO Rn. 13.
339 Directors' Dealings sind in Art. 19 MAR geregelt und werden mittlerweile Managers' Transactions genannt (vgl. Überschrift von Art. 19 in der englischen Fassung).
340 *Groß*, Kapitalmarktrecht, Art. 2 ProspektVO Rn. 13.

Wege veröffentlicht werden und in einer Sprache gemäß den Anforderungen des Art. 27 abgefasst sind. Die weiteren Voraussetzungen des Art. 19 sind zu beachten (siehe → Art. 19 Rn. 8 ff.). Wie sich aus dem eindeutigen Wortlaut des Art. 19 Abs. 1 lit. c und dem diesem zugrunde liegenden Erwägungsgrund 59 („können [...] aufgenommen werden" bzw. „sollten [...] aufgenommen werden können") ergibt, besteht hingegen keine Pflicht, vorgeschriebene Informationen aufzunehmen. Die vorgeschriebenen Informationen werden darüber hinaus in Art. 9 Abs. 11 lit. a, Art. 14 Abs. 2 UAbs. 2 und Art. 14a Abs. 3 erwähnt.

13. Herkunftsmitgliedstaat (lit. m)

Art. 2 lit. m definiert den Herkunftsstaat. Die Vorschrift dient damit vor allem der Bestimmung der für die Billigung zuständigen Behörde. Ferner können Aufsichtsbehörden anderer Mitgliedstaaten sich etwa für eine Bescheinigung über die erfolgte Prospektbilligung an die zuständige Behörde des Herkunftsmitgliedstaates wenden (siehe Erwägungsgrund 68). Im Wesentlichen ist es bei den Regelungen geblieben, wie sie bereits in § 2 Nr. 13 WpPG a. F. zu finden waren. 156

a) Sitzstaat als Herkunftsstaat

Grundsätzlich ist der **Sitzstaat** des Emittenten, sofern dieser innerhalb des Europäischen Wirtschaftsraums liegt, der Herkunftsstaat, Art. 2 lit. m Ziff. i. Die Zuständigkeit der BaFin in Bezug auf Prospekte, die dem WpPG unterfallen, ergibt sich aus den §§ 17, 2 Nr. 10 WpPG. Die Grundregel des Art. 2 lit. m Ziff. i wird durch die Wahlrechte nach Art. 2 lit. m Ziff. ii und iii indessen durchbrochen, sodass vorab zunächst die Wahlrechte zu prüfen sind.³⁴¹ 157

Aus der Rechtsprechung des EuGH dürfte folgen, dass der **satzungsmäßige Gesellschaftssitz** für die Bestimmung maßgebend ist.³⁴² Dieser Sitz muss insofern nicht mit dem Sitz der tatsächlichen Verwaltung übereinstimmen. So kann der Sitz einer Luxemburger SA oder einer Societas Europaea satzungsmäßig Luxemburg sein, während das Unternehmen operativ ausschließlich in Deutschland betrieben wird. Luxemburg ist in diesem Fall Herkunftsstaat, selbst wenn dort weder Zulassung noch öffentliches Angebot der Wertpapiere erfolgt, so wie in jüngster Zeit vermehrt bei Transaktionen von sog. Special Purpose Acquisition Companies (SPAC) praktiziert.³⁴³ 158

b) Wahlrecht für bestimmte Nichtdividendenwerte

Art. 2 lit. m Ziff. ii räumt dem Emittenten, dem Anbieter oder der die Zulassung beantragenden Person im Falle von bestimmten Nichtdividendenwerten das **Wahlrecht** ein, den Herkunftsstaat innerhalb des Europäischen Wirtschaftsraums selbst zu bestimmen. 159

---

341 *Ritz*, in: Just/Voß/Ritz/Zeising, Wertpapierprospektrecht, 2. Aufl. 2023, Art. 2 ProspektVO Rn. 255.
342 Zum alten Recht bereits: *Wiegel*, Die Prospektrichtlinie und Prospektverordnung, S. 413 f.; *Bauerschmidt*, in: Assmann/Schlitt/von Kopp-Colomb, Prospektrecht Kommentar, Art. 2 ProspektVO Rn. 106; *Kullmann/Sester*, WM 2005, 1068, 1070.
343 Vgl. z. B. Zulassung der Aktien zum Handel an der Frankfurter Wertpapierbörse von GFJ ESG Acquisition I SE, SMG European Recovery SPAC SE, 468 SPAC I SE und 468 SPAC II SE.

160 Erfasst sind nach der **1. Alternative** Emissionen von **Nichtdividendenwerten mit einer Mindeststückelung**[344] **von 1.000 EUR** (oder bei einer anderen Währung einem entsprechenden Wert).[345] Für Basisprospekte bestehen keine Ausnahmen von den Vorgaben zur Mindeststückelung.[346] Im Falle der Begebung von **nicht auf Euro** lautenden Wertpapieren erfolgt die Bewertung des Gegenwertes in Euro anhand des Wechselkurses am Tag des Eingangs des Entwurfs des Prospekts bei der BaFin.[347]

161 Nach der **2. Alternative** gilt die Regelung aber auch für solche Nichtdividendenwerte, die das Recht verbriefen, bei Umwandlung des Wertpapiers (z.B. **Umtauschanleihen**) oder Ausübung des verbrieften Rechts (z.B. **Optionsscheine**) übertragbare Wertpapiere zu erwerben oder einen Barbetrag in Empfang zu nehmen. Dieses Wahlrecht besteht allerdings nur, sofern der Emittent der Nichtdividendenpapiere nicht der Emittent der zugrunde liegenden Wertpapiere oder ein zum Konzern dieses Emittenten gehörendes Unternehmen ist.[348] **Sonstige Derivate** (z.B. Zertifikate) fallen nach Auslegung in der Praxis in das Wahlrecht, sofern diese zumindest eine Ausübungsfiktion oder automatische Ausübung in den Emissionsbedingungen vorsehen.[349]

162 Das Wahlrecht erstreckt sich auf den **Sitzstaat des Emittenten** oder den Mitgliedstaat des Europäischen Wirtschaftsraums, in dem die **Zulassung zum öffentlichen Handel** oder das **öffentliche Angebot** erfolgen soll. Es kann durch ausdrückliche Erklärung gegenüber der Aufsichtsbehörde, z.B. der BaFin, oder durch konkludente Erklärung mittels Einreichung eines Registrierungsformulars und einer Wertpapierbeschreibung ausgeübt werden.[350] Das Wahlrecht ist nur dann eröffnet, wenn vernünftigerweise erwartet werden

---

344 Im Rahmen der Diskussion der ÄnderungsRL (vgl. Vor Art. 1 ff. Rn. 8 ff.) wurde von der Kommission in ihrem Entwurf vorgeschlagen, auch Emittenten von Schuldtiteln mit einer Stückelung unter 1.000 EUR ein Wahlrecht bezüglich des Herkunftsstaates einzuräumen, um so die Emission von Schuldtiteln in der Gemeinschaft effizienter und flexibler zu gestalten. In der ÄnderungsRL ist dieser Vorschlag hingegen nicht umgesetzt worden; es findet sich dort in Erwägungsgrund 8 jedoch ein Prüfauftrag an die Kommission, inwieweit die Beibehaltung der Mindestgrenze von 1.000 EUR sachgerecht ist. Mit ihrer Aufnahme in die ProspektVO hat sich diese Thematik allerdings vorerst erledigt.
345 Dies betrifft gemäß Art. 2 lit. m Ziff. ii Nichtdividendenwerte in einer anderen Währung als Euro mit einem annähernden Wert von 1.000 EUR.
346 *Ritz*, in: Just/Voß/Ritz/Zeising, Wertpapierprospektrecht, 2. Aufl. 2023, Art. 2 ProspektVO Rn. 262.
347 BT-Drucks. 15/4999, 29; ESMA, Questions and Answers on the Prospectus Regulation, ESMA31-62-1258 (Version 12, last updated on 3 February 2023), Nr. 6.1 (Nearly equivalence of 1.000 EUR), S. 38; *Zivny/Mock*, ProspektVO/KMG 2019, Art. 2 ProspektVO Rn. 107; *Ritz*, in: Just/Voß/Ritz/Zeising, Wertpapierprospektrecht, 2. Aufl. 2023, Art. 2 ProspektVO Rn. 266.
348 *Zivny/Mock*, ProspektVO/KMG 2019, Art. 2 ProspektVO Rn. 108; vgl. zum WpPG a.F. *Mayston*, in: Heidel, Aktienrecht und Kapitalmarktrecht, § 2 WpPG Fn. 90.
349 Zum alten Recht: *Foelsch*, in: Holzborn, WpPG, § 2 Rn. 32; *Ritz*, in: Just/Voß/Ritz/Zeising, Wertpapierprospektrecht, 2. Aufl. 2023, Art. 2 ProspektVO Rn. 264 ff.; **a.A.** *Heidelbach*, in: Schwark/Zimmer, KMRK, 4. Aufl. 2010, § 2 WpPG Rn. 72; *Kullmann/Sester*, WM 2005, 1068, 1070.
350 Zum alten Recht bereits: BT-Drucks. 15/4999, 29; *Ritz*, in: Just/Voß/Ritz/Zeising, Wertpapierprospektrecht, 2. Aufl. 2023, Art. 2 ProspektVO Rn. 257; *Bauerschmidt*, in: Assmann/Schlitt/von Kopp-Colomb, Prospektrecht Kommentar, Art. 2 ProspektVO Rn. 107.

kann, dass in diesem Staat tatsächlich die Zulassung/das öffentliche Angebot erfolgen soll.[351]

Eine einmal ausgeübte Wahl ist **nicht bindend für Folgeemissionen**; der Emittent kann für jede einzelne durch das Wahlrecht begünstigte Emission separat den Herkunftsstaat wählen.[352] Gleiches gilt im Rahmen von Emissionen auf der Grundlage eines **Basisprospekts**. Sieht der Basisprospekt lediglich Emissionen vor, nach denen der Emittent das beschriebene Wahlrecht nutzen kann, so gilt dieses Wahlrecht jeweils sowohl für den Basisprospekt selbst wie auch für jede einzelne daraufhin erfolgende Emission. Dem Emittenten steht es demnach theoretisch frei, den Basisprospekt in einem beliebigen Staat der Gemeinschaft billigen zu lassen und die einzelnen Emissionen in jeweils unterschiedlichen, anderen Mitgliedstaaten durchzuführen. Das Wahlrecht darf allerdings nicht ohne vernünftigen Grund unterschiedlich ausgeübt werden.[353]

163

c) Wahlrecht für bestimmte von Drittstaatsemittenten ausgegebene Wertpapiere

Art. 2 lit. m Ziff. iii normiert ein Wahlrecht für diejenigen Drittstaatsemittenten, die nicht von Art. 2 lit. m Ziff. ii erfasst sind. Es besteht wiederum die Möglichkeit, den Mitgliedstaat des Europäischen Wirtschaftsraums, in dem die Wertpapiere **öffentlich angeboten** werden sollen oder in dem der **erste Antrag auf Zulassung zum Handel** an einem organisierten Markt gestellt wird, zu wählen. Sind die beiden identisch, erübrigt sich eine Wahl.[354] Wie bei Gemeinschaftsemittenten ist für die Einordnung als Drittstaatsemittent der Sitz des Emittenten entscheidend und das Wahlrecht des Emittenten kann auch durch Einreichung eines Registrierungsformulars ausgeübt werden.[355] Assoziierte Gebiete (britische Kanalinseln oder Niederländische Antillen), die nicht Mitglied in der EU sind, sind ebenfalls Drittstaaten.[356]

164

Da es sich hierbei im Unterschied zu dem Wahlrecht nach Art. 2 lit. m Ziff. ii um ein **einmaliges Wahlrecht** handelt, wird mit dieser Entscheidung auch der Herkunftsstaat für alle künftigen Emissionen bestimmt.[357] Dies gilt aber nur insoweit, als die betreffenden Wertpapiere ausschließlich von Art. 2 lit. m Ziff. ii erfasst sind. Denn der Anwendungsbereich beider Normen hängt von der Art der erfassten Wertpapiere ab, ohne dass das eine

165

---

351 ESMA, Questions and Answers on the Prospectus Regulation, ESMA31-62-1258 (Version 12, last updated on 3 February 2023), Nr. 6.3 (Choice of the home Member State), S. 39 f.; *Ritz*, in: Just/Voß/Ritz/Zeising, Wertpapierprospektrecht, 2. Aufl. 2023, Art. 2 ProspektVO Rn. 257.
352 *Ritz*, in: Just/Voß/Ritz/Zeising, Wertpapierprospektrecht, 2. Aufl. 2023, Art. 2 ProspektVO Rn. 258; *Bauerschmidt*, in: Assmann/Schlitt/von Kopp-Colomb, Prospektrecht Kommentar, Art. 2 ProspektVO Rn. 107.
353 *Bauerschmidt*, in: Assmann/Schlitt/von Kopp-Colomb, Prospektrecht Kommentar, Art. 2 ProspektVO Rn. 107. ESMA hat angedeutet, dass spätere Emissionen ausschließlich außerhalb des gewählten Herkunftsstaates – abhängig vom jeweiligen mitgliedstaatlichen Recht – rechtsmissbräuchlich sein und eine Sanktionierung zur Folge haben können, vgl. ESMA, Questions and Answers on the Prospectus Regulation, ESMA31-62-1258 (Version 12, last updated on 3 February 2023), Nr. 6.3 (Choice of the home Member State), S. 39 f.
354 BVerwG, 24.5.2011 – 7 C 6.10, Rn. 24, NVwZ 2011, 1012, 1015.
355 BT-Drucks. 15/4999, 29; *Groß*, Kapitalmarktrecht, § 2 WpPG Rn. 14.
356 *Bauerschmidt*, in: Assmann/Schlitt/von Kopp-Colomb, Prospektrecht Kommentar, Art. 2 ProspektVO Rn. 111.
357 *Mayston*, in: Heidel, Aktienrecht und Kapitalmarktrecht, § 2 WpPG Rn. 40; *Kullmann/Sester*, WM 2005, 1068, 1070.

Wahlrecht das andere Wahlrecht ausschließt. Den Drittstaatsemittenten steht daher auch nach Ausübung ihres Wahlrechts nach Art. 2 lit. m Ziff. iii weiterhin das Wahlrecht nach Art. 2 lit. m Ziff. ii zu, soweit die von Art. 2 lit. m Ziff. ii erfassten Nichtdividendenwerte begeben werden sollen.[358] Umgekehrt besteht weiterhin das Wahlrecht nach Art. 2 lit. m Ziff. iii, wenn zuvor eine Wahl nach Art. 2 lit. m Ziff. ii getroffen wurde.[359]

14. Aufnahmemitgliedstaat (lit. n)

166 Art. 2 lit. n definiert den Aufnahmemitgliedstaat. Relevant ist die Definition insbesondere im Zusammenhang mit der **grenzüberschreitenden Geltung von Prospekten** (Art. 24, 25) sowie der **Sprachenregelung** (Art. 27). Gemäß Art. 2 lit. n ist der Aufnahmemitgliedstaat der Mitgliedstaat, in dem ein öffentliches Angebot unterbreitet oder die Zulassung zum Handel angestrebt wird, sofern dieser Staat nicht der Herkunftsmitgliedstaat ist. Aufnahmemitgliedstaat ist danach ein Mitgliedstaat des EWR, in dem der Emittent auf Grundlage des sog. „europäischen Passes" nach Abschluss des Notifizierungsverfahrens ein öffentliches Angebot durchführt und/oder eine Zulassung zum Handel in einem organisierten Markt beantragt.[360] Ausreichend ist, dass ein öffentliches Angebot oder die Stellung eines Zulassungsantrags erst bevorsteht; beide Maßnahmen müssen nicht schon initiiert sein.[361]

15. Zuständige Behörde (lit. o)

167 Art. 2 o) definiert die zuständige Behörde als die vom jeweiligen Mitgliedstaat gemäß Art. 31 benannte Behörde. In Deutschland ist dies nach § 17 WpPG die Bundesanstalt für Finanzdienstleistungen.

16. Organismen für gemeinsame Anlagen eines anderen als des geschlossenen Typs (lit. p)

168 Der Begriff „Organismen für gemeinsame Anlagen (OGA) eines anderen als des geschlossenen Typs" umfasst nach Art. 2 lit. p Investmentfonds und Investmentgesellschaften, bei denen **kumulativ** folgende Voraussetzungen vorliegen:
– Sie sammeln von einer Anzahl von Anlegern Kapital ein, um es gemäß einer festgelegten Anlagestrategie zum Nutzen dieser Anleger zu investieren (Art. 2 lit. p Ziff. i); und
– ihre Anteile werden auf Verlangen des Anteilsinhabers unmittelbar oder mittelbar zulasten ihres Vermögens zurückgekauft oder abgelöst (Art. 2 lit. p Ziff. ii).

169 Der Wortlaut entspricht damit im Wesentlichen der Vorgängerregelung in **Art. 2 Abs. 1 lit. o ProspektRL**. Allerdings erforderte die ProspektRL, dass es Zweck der Investmentfonds und Investmentgesellschaften ist, die vom Publikum bei ihnen eingelegten Gelder

---

358 Näher Ritz, in: Just/Voß/Ritz/Zeising, Wertpapierprospektrecht, 2. Aufl. 2023, Art. 2 ProspektVO Rn. 274.
359 Ritz, in: Just/Voß/Ritz/Zeising, Wertpapierprospektrecht, 2. Aufl. 2023, Art. 2 ProspektVO Rn. 273.
360 Vgl. insgesamt näher Kommentierung zu den Art. 24, 25.
361 Ritz, in: Just/Voß/Ritz/Zeising, Wertpapierprospektrecht, 2. Aufl. 2023, Art. 2 ProspektVO Rn. 277.

II. Legaldefinitionen Art. 2 ProspektVO

nach dem Grundsatz der Risikomischung gemeinsam anzulegen. Demgegenüber verlangt die ProspektVO nunmehr eine Investition zum Nutzen der Anleger aufgrund einer festgelegten Anlagestrategie. Der geänderte Wortlaut charakterisiert nicht zwingend ein anderes Anlageverhalten, das zu einem erhöhten Anlegerschutz[362] führen würde, da eine gemeinsame Anlage nach dem Grundsatz der Risikomischung grundsätzlich zum Nutzen der Anleger ist. Die festgelegte Anlagestrategie dient aber der Transparenz und damit indirekt dem Anlegerschutz.

Die Voraussetzung des Art. 2 lit. p Ziff. i entspricht einer der Voraussetzungen für einen **170** Alternative Investment Fund (AIF) gemäß Art. 4 Abs. 1 lit. a AIFM-Richtlinie.[363] Danach ist ein AIF jeder OGA einschließlich seiner Teilfonds, der von einer Anzahl von Anlegern Kapital einsammelt, um es gemäß einer festgelegten Anlagestrategie zum Nutzen dieser Anleger zu investieren (Art. 4 Abs. 1 lit. a Ziff. i AIFM-Richtlinie). Gesetzliche Vorgaben, wann von einer festgelegten Anlagestrategie auszugehen ist, gibt es nicht.[364] Grundsätzlich lässt sich festhalten, dass eine Anlagestrategie jedenfalls Anlageziele und die dafür eingesetzten Konzepte, also die Anlagepolitik und deren Verwirklichung, ggf. innerhalb eines gesetzten Zeitraums, voraussetzt.[365] Eine bestimmte Anlageklasse ist aber nicht vorgesehen.[366] Die ESMA hat hierzu in ihren Leitlinien Kriterien herausgearbeitet, die als Indiz für das Vorliegen einer **festgelegten Anlagestrategie** dienen sollen. Die BaFin hat sich dem angeschlossen. Bei den Kriterien handelt es sich um die Folgenden:[367]

- Die Anlagestrategie ist bestimmt und festgelegt, spätestens zu dem Zeitpunkt, wenn die Verpflichtungen der Anleger gegenüber dem Organismus für sie verbindlich werden;
- die Anlagestrategie wird in einem Dokument dargelegt, das Bestandteil der Vertragsbedingungen bzw. der Satzung des Organismus ist bzw. auf das darin Bezug genommen wird;
- der Organismus bzw. die juristische Person, die den Organismus verwaltet, unterliegt gegenüber den Anlegern einer (wie auch immer entstandenen) von ihnen rechtlich durchsetzbaren Verpflichtung, sich nach der Anlagestrategie zu richten, einschließlich aller daran vorgenommenen Änderungen;
- die Anlagestrategie umfasst auch Anlagerichtlinien mit Verweis auf alle oder einzelne der nachstehend genannten Kriterien: Anlage in bestimmten Kategorien von Vermögenswerten bzw. gemäß Einschränkungen bezüglich der Anlageaufteilung; Verfolgung bestimmter Strategien; Anlage in bestimmten geografischen Gebieten; Einhaltung von

---

362 Vgl. auch Erwägungsgrund 7 der ProspektVO, wonach es ein Ziel der ProspektVO ist, Anlegerschutz sicherzustellen.
363 Richtlinie 2011/61/EU des Europäischen Parlaments und des Rates vom 8.6.2011 über die Verwalter alternativer Investmentfonds und zur Änderung der Richtlinien 2003/41/EG und 2009/65/EG und der Verordnungen (EG) Nr. 1060/2009 und (EU) Nr. 1095/2010, ABl. L 174 vom 1.7.2011, S. 1.
364 *Eckhold/Balzer*, in: Assmann/Schütze/Buck-Heeb, Handbuch des Kapitalanlagerechts, § 22 Rn. 21.
365 *Eckhold/Balzer*, in: Assmann/Schütze/Buck-Heeb, Handbuch des Kapitalanlagerechts, § 22 Rn. 21.
366 *Eckhold/Balzer*, in: Assmann/Schütze/Buck-Heeb, Handbuch des Kapitalanlagerechts, § 22 Rn. 21.
367 ESMA, Final report – Guidelines on key concepts of the AIFMD, ESMA2013/600 (published on 24 May 2013), Nr. IX (Guidelines on „defined investment policy"), S. 33; ESMA, Leitlinien zu Schlüsselbegriffen der Richtlinie über die Verwalter alternativer Investmentfonds (AIFMD), ESMA2013/611 (veröffentlicht am 30.1.2014), Rn. 20 (Leitlinien zur festgelegten Anlagestrategie), S. 7; BaFin, Auslegungsschreiben zum Anwendungsbereich des KAGB und zum Begriff des „Investmentvermögens", 9.3.2015, Q 31-Wp 2137-2013/0006, Abschnitt I.5.

Einschränkungen bezüglich von Hebelfinanzierungen; Einhaltung von Mindesthaltezeiten; und/oder Einhaltung von anderen Einschränkungen zur Risikostreuung.

171 Abzugrenzen ist die festgelegte Anlagestrategie von der **allgemeinen Geschäftsstrategie** bzw. **Unternehmensstrategie**. Auf die vorausgestellten Kriterien zurückgreifend, ist die festgelegte Anlagestrategie schriftlich festgehalten und dadurch der Handlungs- bzw. Ermessensspielraum für das Management des OGA eingeschränkt.[368] Der Begriff der allgemeinen Geschäftsstrategie, welcher aus der Betriebswirtschaftslehre stammt, ist weiter und bindet das Management i. d. R. nicht in einem solchen Umfang.[369] Trotzdem kann eine allgemeine Geschäftsstrategie ebenfalls so konkretisiert sein, dass sie eine festgelegte Anlagestrategie darstellt.[370] Die ESMA unterscheidet die beiden Konzepte anhand der Begriffe von allgemein-kommerziellen bzw. industriellen Zwecken.[371] Dabei werden diese Begriffe durch Merkmale wie eine kommerzielle Tätigkeit einschließlich Kauf, Verkauf und/oder Austausch von Waren oder Gütern und/oder Verkehr mit nicht-finanziellen Dienstleistungen oder einer industriellen Tätigkeit einschließlich der Produktion von Waren oder der Errichtung von Immobilien oder einer Kombination daraus definiert.[372] Liegen diese vor, so handelt es sich um keine Anlagestrategie, sondern um eine allgemeine Geschäftsstrategie und damit um keinen OGA. Die Anlagestrategie muss spätestens zum Zeitpunkt der Anlage des ersten Investors vorliegen, jedoch kann sie im Laufe der Zeit angepasst bzw. verändert werden.[373]

172 Es liegt demnach eine **gemeinsame Anlage** vor, sofern die Anleger an den Chancen und Risiken des Organismus beteiligt werden.[374] Der Investmentfonds muss dabei nach Art. 2 lit. p Ziff. i **Kapital von einer Anzahl von Anlegern sammeln**. Einsammeln von Kapital liegt nach den ESMA-Leitlinien dann vor, wenn der Organismus direkte oder indirekte Schritte unternimmt, um gewerblich bei Anlegern Kapital zu beschaffen, um es anschließend gemäß der Anlagestrategie anzulegen.[375] Eine Anzahl von Anlegern ist gegeben, wenn durch den Organismus, z. B. aufgrund Satzung oder Anlagebedingungen, die Zahl

---

368 BaFin, Auslegungsschreiben zum Anwendungsbereich des KAGB und zum Begriff des „Investmentvermögens", 9.3.2015, Q 31-Wp 2137-2013/0006, Abschnitt I.5.
369 *Verfürth/Emde*, in: Emde/Dornseifer/Dreibus, KAGB, § 1 Rn. 60.
370 *Eckhold/Balzer*, in: Assmann/Schütze/Buck-Heeb, Handbuch des Kapitalanlagerechts, § 22 Rn. 22.
371 ESMA, Leitlinien zu Schlüsselbegriffen der Richtlinie über die Verwalter alternativer Investmentfonds (AIFMD), ESMA/2013/611 (veröffentlicht am 30.1.2014), Rn. 4 (Zweck), S. 4 f.
372 ESMA, Leitlinien zu Schlüsselbegriffen der Richtlinie über die Verwalter alternativer Investmentfonds (AIFMD), ESMA/2013/611 (veröffentlicht am 30.1.2014), Rn. 4 (Zweck), S. 4 f.
373 *Verfürth/Emde*, in: Emde/Dornseifer/Dreibus, KAGB, § 1 Rn. 60.
374 BaFin, Auslegungsschreiben zum Anwendungsbereich des KAGB und zum Begriff des „Investmentvermögens", 9.3.2015, Q 31-Wp 2137-2013/0006, Abschnitt I.2.
375 BaFin, Auslegungsschreiben zum Anwendungsbereich des KAGB und zum Begriff des „Investmentvermögens", 9.3.2015, Q 31-Wp 2137-2013/0006, Abschnitt I.3.; ESMA, Leitlinien zu Schlüsselbegriffen der Richtlinie über die Verwalter alternativer Investmentfonds (AIFMD), ESMA/2013/611 (veröffentlicht am 30.1.2014), Rn. 13 ff. (Leitlinien zur „Kapitalbeschaffung"), S. 6 f.

der möglichen Anleger auf mehr als einen Anleger festgelegt wird.[376] Dieses Kapital muss ferner auch zum **Nutzen der Anleger investiert** werden.[377]

Nach Art. 2 lit. p Ziff. ii müssen die Anteile **auf Verlangen des Anteilsinhabers unmittelbar oder mittelbar zulasten des Vermögens des Investmentsfonds bzw. der Investmentgesellschaft zurückgekauft oder abgelöst** werden. Die ProspektVO bedient sich dabei der Formulierung des Art. 1 Abs. 2 lit. b Satz 1 OGAW-Richtlinie.[378] Wie aus Art. 3 lit. a der OGAW-Richtlinie hervorgeht, bezieht sich die Richtlinie ausschließlich auf gemeinsame Anlagen des nicht geschlossenen Typs und kann daher auch auf den Art. 2 lit. p Ziff. ii übertragen werden, der in seinem Wortlaut explizit einen nicht geschlossenen Fonds vorsieht. Unter einem OGA **eines anderen als des geschlossenen Typs** ist e contrario ein offener Organismus bzw. Fonds zu verstehen. Nach dem KAGB handelt es sich bei offenem Investmentvermögen um einen OGAW oder AIF, dessen Anteile vor Beginn der Liquidations- oder Auslaufphase auf Ersuchen eines Anteilseigners direkt oder indirekt aus dem Vermögenswerten des Fonds zurückgekauft oder zurückgenommen werden.[379] Dies deckt sich ebenfalls mit dem Wortlaut des Art. 2 lit. p Ziff. ii, welcher für einen Organismus i. S. dieser Vorschrift ein unmittelbares oder mittelbares Zurückkaufen oder Ablösen seiner Anteile zulasten seines Vermögens auf Verlangen des Anteilsinhabers voraussetzt. Insofern deckt sich der in Art. 2 lit. p Ziff. ii vorgegebene Charakter des Investmentfonds bzw. der Investmentgesellschaft also mit dem Begriff des „offenen Fonds" aus dem KAGB.

173

Es handelt sich bei Art. 2 lit. p also um Organismen bzw. Fonds, welche aufgrund ihrer festgelegten Anlagestrategie grundsätzlich dem Organismustyp des AIF aus der AIFM-Richtlinie entsprechen. Diese werden jedoch durch das in Art. 2 lit. p Ziff. ii aufgeführte Merkmal des offenen Fonds, angelehnt an die OGAW-Richtlinie, gewissermaßen „geöffnet". Ähnlich der Regelung in § 1 Abs. 4 Nr. 2 KAGB handelt es sich hier also um alternative Investmentfonds offener Art.

174

17. Anteile an Organismen für gemeinsame Anlagen (lit. q)

Bei Anteilen an Organismen für gemeinsame Anlagen nach Art. 2 lit. q handelt es sich um Wertpapiere, die von einem Organismus für gemeinsame Anlagen begeben werden und die Rechte der Anteilsinhaber am Vermögen dieses Organismus verbriefen. Insoweit kann auf die Kommentierung zu Art. 2 lit. a und Art. 2 lit. p verwiesen werden.

175

---

376 ESMA, Leitlinien zu Schlüsselbegriffen der Richtlinie über die Verwalter alternativer Investmentfonds (AIFMD), ESMA/2013/611 (veröffentlicht am 30.1.2014), Rn. 17 ff. (Leitlinien zur „Anzahl der Anleger"), S. 7; BaFin, Auslegungsschreiben zum Anwendungsbereich des KAGB und zum Begriff des „Investmentvermögens", 9.3.2015, Q 31-Wp 2137-2013/0006, Abschnitt I.4.
377 *Paefgen*, in: Ebenroth/Boujong/Joost/Strohn, HGB, § 1 KAGB Rn. 26.
378 Richtlinie 2009/65/EG des Europäischen Parlaments und des Rates vom 13.7.2009 zur Koordinierung der Rechts- und Verwaltungsvorschriften betreffend bestimmte Organismen für gemeinsame Anlagen in Wertpapieren (OGAW), ABl. L 302 vom 17.11.2009, S. 32.
379 *Eckhold/Balzer*, in: Assmann/Schütze/Buck-Heeb, Handbuch des Kapitalanlagerechts, § 22 Rn. 46; *Geurts/Schubert*, WM 2014, 2154, 2154.

18. Billigung (lit. r)

176 Die Billigung erfordert per Definition in Art. 2 lit. r eine „positive Handlung". Das bedeutet, dass eine Billigung durch reinen Fristablauf ausscheidet.[380] Zusätzlich enthält die Definition den Prüfungsmaßstab für die zuständige Behörde bei der Prüfung von Prospekten: Vollständigkeit, Kohärenz und Verständlichkeit der im Prospekt enthaltenen Informationen.

177 Das Prospektbilligungsverfahren, seine Einleitung und Durchführung sind teilweise in Art. 20 und teilweise in Art. 35 ff. VO 2019/980 geregelt. Es wird daher im Übrigen auf die dortigen Ausführungen verwiesen.

19. Basisprospekt (lit. s)

178 Nach der Definition des Art. 2 lit. s muss ein Basisprospekt den Anforderungen des Art. 8 entsprechen und – je nach Wahl des Emittenten – die endgültigen Bedingungen des Angebots enthalten. Es handelt sich beim Basisprospekt um eine besondere Prospektform für Nichtdividendenwerte sowie Optionsscheine jeglicher Art, vgl. Art. 8 Abs. 1, die die erforderlichen Angaben zum Emittenten und den angebotenen bzw. zugelassenen Wertpapieren enthält. Zu den Anforderungen von Art. 8 wird auf die dortigen Ausführungen verwiesen.

20. Arbeitstage (lit. t)

179 Als Arbeitstage gelten nach Art. 2 lit. t die Arbeitstage der jeweiligen zuständigen Behörde unter Ausschluss von Samstagen, Sonntagen und gesetzlichen Feiertagen im Sinne des für diese Behörde geltenden nationalen Rechts. Im deutschen Recht ist dieser Begriff insbesondere von dem des Werktages abzugrenzen, der grundsätzlich ebenfalls den Samstag umfasst.[381] Für deutsche Behörden ist der Samstag damit kein Arbeitstag. Relevant ist der Begriff des Arbeitstages vor allem für die Fristenberechnung, wie z. B. bei der Billigung oder Veröffentlichung des Prospekts nach Art. 20 Abs. 2 bzw. Art. 21 Abs. 1 UAbs. 2.

21. Multilaterales Handelssystem (lit. u)

180 Art. 2 lit. u enthält keine eigene Definition des multilateralen Handelssystems, sondern verweist hierfür auf die in der MiFID II enthaltene unionsrechtliche Definition. Ein multilaterales Handelssystem (Englisch: Multilateral Trading Facility, kurz: MTF), ist danach ein System, das eine Wertpapierfirma oder ein Marktbetreiber betreibt und das die Interessen einer Vielzahl Dritter am Kauf und Verkauf von Finanzinstrumenten innerhalb des Systems nach nichtdiskretionären Regeln zusammenführt, sodass es zu einem Vertragsschluss im System kommen muss, vgl. Art. 4 Abs. 1 Nr. 22 RL 2014/65/EU (MiFID II).

181 Eingeführt wurde der Begriff des MTF mit der RL 2004/39/EG (MiFID). Ziel war es, „die Ausführung von Geschäften mit Finanzinstrumenten – unabhängig von den für den Abschluss dieser Geschäfte verwendeten Handelsmethoden – umfassend zu regeln, damit bei

---

380 *Groß*, Kapitalmarktrecht, Art. 2 ProspektVO Rn. 17.
381 *Groß*, Kapitalmarktrecht, § 5 WpPG Rn. 2.

der Ausführung der entsprechenden Anlegeraufträge eine hohe Qualität gewährleistet ist und die Integrität und Gesamteffizienz des Finanzsystems gewahrt werden".[382] Die neuen Systeme, die sich neben dem geregelten Markt etablierten, sollten deshalb den gleichen Pflichten wie diese unterworfen werden. Neben dem geregelten Markt und den sog. systematischen Internalisierern (Art. 4 Abs. 1 Nr. 7 MiFID) bildeten multilaterale Handelssysteme die dritte der neu eingeführten drei Grundformen.[383] Gemeinsam mit den begrifflich eng verbundenen geregelten Märkten sollten MTF die Funktion des organisierten Handels erfüllen.[384]

Bei multilateralen Handelssystemen handelt es sich nicht um Börsen, sondern um privat betriebene Handelseinrichtungen.[385] Der Begriff des Systems umfasst Märkte, die aus einem Regelwerk und einer Handelsplattform bestehen, sowie auch solche, die nur auf Grundlage eines Regelwerks funktionieren.[386] Dabei reicht ein Regelwerk aus, das nähere Bestimmungen über die wichtigsten Punkte enthält und so einen ordnungsgemäßen Handel gewährleistet.[387] Hierzu gehören zumindest Regelungen über die Mitgliedschaft, die Handelsaufnahme, den Handel zwischen den Mitgliedern, Meldungen über abgeschlossene Geschäfte und Transparenzpflichten, wohingegen es einer Handelsplattform im technischen Sinne nicht bedarf.[388] Unerheblich ist, ob das System quotegetrieben (Market-Maker) oder ordergetrieben (Auktionssystem) ist oder um welche konkrete Art eines Handelssystem es sich handelt; das Handelssystem kann als periodisch betriebene Auktion oder als fortlaufender Handel, als Preisanfragesystem oder als sonstiges Handelssystem funktionieren.[389] Umfasst werden auch sprachbasierte Systeme.[390]

182

Wesentlich für die Definition ist, dass die Interessen am Kauf und Verkauf im MTF in einer Art und Weise zusammengeführt werden, dass es zu einem Kaufvertrag kommt, wenn die Aufträge nach den Regeln des Systems, dessen Protokollen oder nach den intern vorhandenen Betriebsverfahren durchgeführt werden.[391] Erforderlich ist dabei eine gewisse Kontinuität, d.h. eine gelegentliche Versteigerung von Finanzinstrumenten ist nicht ausreichend.[392]

183

Das Merkmal „Interesse an Kauf und Verkauf" ist weit zu verstehen und schließt auch Aufträge, Kursofferten oder Interessensbekundungen mit ein.[393] Weitere Voraussetzung ist, dass die Interessen nach nichtdiskretionären Bestimmungen zusammengebracht werden. Dahinter steht eine Zusammenführung auf Grundlage der Systemregeln oder mit Hil-

184

---

382 Erwägungsgrund 5 MiFID.
383 *Spindler/Kasten*, WM 2006, 1749, 1754.
384 Erwägungsgrund 6 Satz 1 MiFID.
385 Vgl. die Definition von Börsen in § 2 BörsG.
386 Erwägungsgrund 6 Satz 3 RL 2004/39/EG sowie Erwägungsgrund 7 MiFIR, die ebenfalls keine eigene Definition des MTF enthält, sondern auf Art. 4 Abs. 1 Nr. 22 MiFID II verweist.
387 *Fuchs*, in: Fuchs, WpHG, 2. Aufl. 2016, § 2 Rn. 111; *Kumpan*, in: Schwark/Zimmer, KMRK, § 2 WpHG Rn. 137.
388 RegE (FRUG), BT-Drucks. 16/4028, 56.
389 Vgl. *Kumpan*, in: Schwark/Zimmer, KMRK, § 2 WpHG Rn. 137.
390 Erwägungsgrund 8 Abs. 2 MiFIR.
391 Erwägungsgrund 7 Abs. 2 Satz 4 MiFIR.
392 *Kumpan*, in: Schwark/Zimmer, KMRK, § 2 WpHG Rn. 138.
393 Zu diesem Merkmal auch BaFin, Merkblatt multilateralen Handelssystems, Stand 25.7.2013, unter 1. b); vgl. zudem Erwägungsgrund 7 Abs. 1 Satz 7 MiFIR sowie bereits Erwägungsgrund 6 MiFiD.

fe von Protokollen oder internen Betriebsverfahren, wozu auch eingesetzte Software zählt.[394] Kennzeichnend für den Begriff ist der mangelnde Ermessensspielraum von MTF-Betreibern im Hinblick auf die möglichen Wechselwirkungen zwischen den jeweiligen Interessen.[395] Das Merkmal der nichtdiskretionären Bestimmungen dient folglich der Abgrenzung zu den Bestimmungen eines OTF, bei denen ein Entscheidungsspielraum besteht (vgl. unten unter → Rn. 189).

185 „Multilateral" zeigt an, dass es für die Markteigenschaft darauf ankommt, dass die Handelsteilnehmer untereinander handeln können, d.h. die Rolle des Marktbetreibers beschränkt sich darauf, die Parteien eines potenziellen Geschäfts zusammenzubringen.[396] Bilaterale Systeme sind dagegen solche, bei denen ein Finanzintermediär Kundenaufträge gegen eigene Handelspositionen ausführt bzw. Gegenpartei des jeweils abgeschlossenen Vertrags ist.[397] Das Merkmal multilateral muss zumindest für eine gewisse Dauer und nachhaltig erfüllt werden.[398] Zudem muss die objektive Möglichkeit bestehen, dass eine Vielzahl von Personen über das System Handel betreibt, wobei es unerheblich ist, ob der unmittelbare Zugang beschränkt ist, wenn jedenfalls die unmittelbaren Handelsteilnehmer für eine Vielzahl von Anlegern Handel betreiben können.[399]

22. Organisiertes Handelssystem (v)

186 Art. 2 lit. v enthält keine eigene Definition des organisierten Handelssystems (im Englischen Organized Trading Facility, kurz: OTF), sondern verweist, genau wie Art. 2 lit. u für das MTF, auf die unionsrechtliche Definition in der MiFID II. Nach Art. 4 Abs. 1 Nr. 23 MiFID II handelt es sich bei einem OTF um „ein multilaterales System, bei dem es sich nicht um einen geregelten Markt oder ein MTF handelt und das die Interessen einer Vielzahl Dritter am Kauf und Verkauf von Schuldverschreibungen, strukturierten Finanzprodukten, Emissionszertifikaten oder Derivaten innerhalb des Systems in einer Weise zusammenführt, die zu einem Vertrag gemäß Titel II dieser Richtlinie führt." Das OTF ist gerade auf den Handel von Nicht-Eigenkapitalinstrumenten beschränkt und steht somit für den Handel von Aktien und andere Eigenkapitalinstrumente wie z.B. Depositary Receipts nicht zur Verfügung.

187 Der Begriff des OTF wurde im Unionsrecht mit der MiFID II eingeführt und in Deutschland im Rahmen des 2. FiMaNoG im WpHG umgesetzt. Ziel der Einführung war es, solche Systeme, die nicht als regulierter Markt, MTF oder Systematische Internalisierer eingeordnet werden können, ebenfalls zu regulieren.[400] Dahinter steht das unionsrechtliche Ziel, den gesamten organisierten Handel an regulierten Handelsplätzen stattfinden zu las-

---

394 BaFin, Merkblatt multilateralen Handelssystems, Stand: 25.7.2013, unter 1. d); Erwägungsgrund 7 Abs. 2 Satz 2 MiFIR.
395 Erwägungsgrund 7 Abs. 2 Satz 3 MiFIR.
396 *Assmann* in: Assmann/Uwe H. Schneider/Mülbert, Wertpapierhandelsrecht, 8. Aufl. 2023, Bd. II, § 2 WpHG Rn. 164.
397 *Güllner*, WM 2017, 938, 941; bereits in Erwägungsgrund 7 VO (EU) 600/2014.
398 *Kumpan*, in: Schwark/Zimmer, KMRK, § 2 WpHG Rn. 144.
399 *Kumpan*, in: Schwark/Zimmer, KMRK, § 2 WpHG Rn. 145.
400 Erwägungsgrund 8 Abs. 1 MiFIR.

sen.⁴⁰¹ Ein wesentlicher Grund für dieses umfassende Regelungsbedürfnis war die Entwicklung von sog. Dark Pools, Handelsplattformen, die von einer Wertpapierfirma oder auch einem geregelten Markt betrieben wurden und so strukturiert waren, dass sie nicht den (Vorhandels-)Transparenzregelungen unterfielen.⁴⁰² Die Definition des OTF wurde daher nach Auffassung des europäischen Gesetzgebers weit genug gefasst, dass alle multilateralen Handelssysteme abgedeckt sind, die aufgrund ihrer bestimmten Ausgestaltung von ihren Funktionen oder Regulierungsvorgaben her nicht unter die bestehenden Handelsplätze fallen.⁴⁰³

188 Die Merkmale des OTF entsprechen im Wesentlichen denen eines MTF (siehe dazu oben unter → Rn. 180 ff.). Zu beachten ist jedoch, dass die deutsche Übersetzung die englische Fassung nicht deckungsgleich wiedergibt, wodurch es zu einem Gleichklang bei dem Begriff des Zusammenführens kommt, der in der englischen Version so nicht angelegt ist. In der englischen Version heißt es bei der Definition zu MTF „**brings together**... interests" und im Rahmen von OTF „in which... interests... **are able to interact**". Hierbei handelt es sich allerdings nicht um Synonyme, wie die deutsche Übersetzung vermuten lässt. Der Begriff des „Zusammenführens", wie bei den MTF und geregelten Märkten verwendet, ist enger als der Begriff des Interagierens, der im Englischen ebenso bei der Definition des multilateralen Systems verwendet wird.⁴⁰⁴ Im Gegensatz zur Ermöglichung des Interagierens, das dann selbstständig erfolgt, setzt der Begriff des Zusammenführens ein Mehr auf Seiten des Betreibers voraus. Hierin lässt sich eine Zentralisierungsfunktion für geregelte Märkte und MTFs sehen, die folglich so für OTFs nicht gilt.⁴⁰⁵

189 Während für geregelte Märkte und MTF nicht durch Ermessen auszufüllende Vorschriften für die Ausführung von Geschäften gelten, verfügt der Betreiber eines OTF bei der Auftragsausführung über einen Ermessensspielraum.⁴⁰⁶ Nach Art. 20 Abs. 6 MiFID II ist dieses Ermessen bei der Entscheidung über die Platzierung oder Rücknahme eines Auftrags auszuüben oder bei der Entscheidung über die Nicht-Zusammenführung von bestimmten Kundenaufträgen. Auf Verlangen hat der OTF-Betreiber der zuständigen Behörde eine ausführliche Beschreibung über die Nutzung des Ermessensspielraums zu geben, vgl. Art. 20 Abs. 7 MiFID II.

190 Im Gegensatz zu MTFs haben OTFs keine Handelsteilnehmer, sondern Kunden, sodass Geschäfte, die über OTFs abgeschlossen werden, den für Kunden geltenden Regeln entsprechen müssen, vor allem aber auch nach der Best-execution-Pflicht, d. h. der Pflicht zur bestmöglichen Auftragsausführung im Hinblick auf Kundeninteressen (siehe Art. 20 Abs. 8 i.V.m. Art. 27 MiFID II) agiert werden muss.⁴⁰⁷ Daneben gelten gem. Art. 18

---

401 Erwägungsgrund 10 S. 1 MiFIR.
402 Vgl. *Güllner*, WM 2017, 938, 940 f.
403 Erwägungsgrund 7 Abs. 1 Satz 2 MiFIR.
404 So auch *Kumpan*, in: Schwark/Zimmer, KMRK, § 2 WpHG Rn. 148.
405 Vgl. auch *Kumpan*, in: Schwark/Zimmer, KMRK, § 2 WpHG Rn. 148.
406 Vgl. Erwägungsgrund 9 Satz 2 VO (EU) 600/2014; ESMA, Questions and Answers on MiFID II and MiFIR market structures topics, ESMA70-872942901-38 (last updated on 16 December 2022), Nr. 5.2 (Organised Trading Facilities (OTFs)), Answer 12, S. 48 f.
407 *Kumpan*, in: Schwark/Zimmer, KMRK, § 2 BörsG Rn. 34; ESMA, Questions and Answers on MiFID II and MiFIR market structures topics, ESMA70-872942901-38 (last updated on 16 December 2022), Nr. 5.2 (Organised Trading Facilities (OTFs)), Answer 12, S. 48 f.

Abs. 3 und Abs. 4 MiFID II die Pflichten zur Gewährung eines diskriminierungsfreien Zugangs und zur Vermeidung von Interessenkonflikten.

191 Unter den Begriff des OTF lassen sich vor allem sog. Crossing-Systeme fassen sowie Systeme, die Transaktionen über Nichteigenkapitalinstrumente arrangieren, bei denen die Betreiber die Verhandlungen zwischen Kunden erleichtern, um so zwei oder mehr potenziell kompatible Handelsinteressen in einer Transaktion zusammenzubringen.[408] Ebenso können auch Voice-Trading-Systeme unter den Begriff subsumiert werden. Dies wird damit begründet, dass die MiFID II technologieneutral ist und die OTF-Definition daher Voice-Trading ebenso erfasst wie die Definitionen von MTF oder geregelte Märkten.[409] Auch Dark Pools lassen sich als OTF einordnen, sofern die Zusammenführung der Orders auf andere Art und Weise als nach nichtdiskretionären Regeln erfolgt.[410]

23. KMU-Wachstumsmarkt (lit. w)

192 Art. 2 lit. w verweist genau wie Art. 2 lit. u und lit. v für die Definition auf die MiFID II. Nach Art. 4 Abs. 1 Nr. 12 MiFID II handelt es sich bei KMU-Wachstumsmärkten um MTF, die im Einklang mit Art. 33 der Richtlinie als KMU-Wachstumsmarkt registriert sind.

193 Zu den Voraussetzungen für eine Registrierung nach Art. 33 Abs. 3 MiFID II, ergänzt durch Art. 78 Delegierte Verordnung (EU) 2017/565 der Kommission vom 25.4.2016, zählt, dass es sich bei mindestens der Hälfte der Emittenten um KMU handelt, d. h. um Unternehmen mit einer durchschnittlichen Marktkapitalisierung von weniger als 200 Mio. EUR (lit. a). Darüber hinaus muss der Börsenträger geeignete Kriterien für die Einbeziehung der Finanzinstrumente festgelegt haben (lit. b). Durch einen Prospekt oder vergleichbares Dokument müssen ausreichende Informationen über das KMU veröffentlicht werden, um Anlegerschutz zu gewährleisten (lit. c). Als Folgepflicht muss eine regelmäßige Finanzberichterstattung vorgeschrieben sein (lit. d) und Ad hoc-Publizität, „Directors' Dealings"-Vorschriften sowie weitere relevante MAR-Vorschriften sind einzuhalten lit. e). Zuletzt hat der Börsenträger die vom Emittenten veröffentlichten Pflichtinformationen öffentlich zur Verfügung zu stellen (lit. f) und wirksame Systeme zur Marktmissbrauchskontrolle einzurichten (lit. g).

194 Die Kategorisierung von MTF als KMU-Wachstumsmarkt mit Einführung der MiFID II sollte den kleinen und mittleren Unternehmen (KMU) die Kapitalaufnahme erleichtern.[411] Der europäische Gesetzgeber befürchtete für KMU unverhältnismäßig hohe Kosten für die Erstellung eines Standardprospekts, sah zugleich aber auch, dass diese aufgrund ihrer Größe und eventuell kürzeren Lebensdauer ein spezielles Anlagerisiko beinhalten können (vgl. Erwägungsgrund 51). Dementsprechend wurden mit der ProspektVO spezielle, verhältnismäßige Regelungen geschaffen, die Unternehmen an KMU-Wachstumsmärkten of-

---

408 ESMA, Questions and Answers on MiFID II and MiFIR market structures topics, ESMA70-872942901-38 (last updated on 16 December 2022), Nr. 5.2 (Organised Trading Facilities (OTFs)), Answer 10, S. 48.
409 ESMA, Questions and Answers on MiFID II and MiFIR market structures topics, ESMA70-872942901-38 (last updated on 16 December 2022), Nr. 5.2 (Organised Trading Facilities (OTFs)), Answer 11, S. 48 f.
410 So auch *Kumpan*, in: Schwark/Zimmer, KMRK, § 2 BörsG Rn. 9.
411 Siehe Erwägungsgrund 132 MiFID II.

fenstehen. Dazu zählen insbesondere Art. 14, der vereinfachte Offenlegungsregel für Sekundäremissionen für Emittenten enthält, deren Wertpapiere an KMU-Wachstumsmärkten gehandelt werden, sowie Art. 15, der die verhältnismäßigen Offenlegungsregelungen für den EU-Wachstumsprospekt beinhaltet.

Die Zahl der in Europa etablierten KMU-Wachstumsmärkte ist bislang eher gering. Auf ca. 23 Mio. KMU in Europa sind derzeit lediglich 17 MTF als KMU-Wachstumsmarkt registriert.[412] Die ESMA erkennt deshalb an, dass die KMU weiteren Anreiz für den Zugang zu den Kapitalmärkten bedürfen, und schlägt daher gezielte Änderungen an der KMU-Wachstumsmarktregelung im Rahmen der MiFID II vor, die darauf abzielen, den Zugang der Anleger zu Informationen zu vereinfachen und die Konzentration der Liquidität auf den KMU-Wachstumsmärkten zu stärken.[413] In Deutschland ist das Segment der Deutschen Börse Scale seit Dezember 2019 als KMU-Wachstumsmarkt registriert. Zum 1.5.2023 sind dort 49 Unternehmen notiert. 195

24. Drittlandsemittent (lit. x)

Ein Drittlandsemittent ist gemäß Art. 2 lit. x ein in einem Drittland ansässiger Emittent. Weder die ProspektRL noch das WpPG a. F. enthielten eine Definition des Drittlandsemittenten. Die eingeführte Definition erschließt sich aufgrund der durch die ProspektVO eingeführten besonderen, für Drittlandsemittenten geltenden Vorschriften in Art. 28 bis 30.[414] Deren Hintergrund ist, dass der europäische Gesetzgeber die Aufnahme der Wertpapiere von Drittlandsemittenten in den Anwendungsbereich der ProspektVO als erforderlich ansah, um gewährleisten zu können, dass ihre Ziele, mithin das Funktionieren des Kapitalmarkts und das Bieten von zusätzlichen Ertragsmöglichkeiten zur Förderung von Wachstum und der Schaffung von Arbeitsplätzen (näher → Art. 30 Rn. 2), verwirklicht werden können (vgl. Erwägungsgrund 70). 196

Art. 2 lit. x klärt nicht, was unter einem „Drittland" zu verstehen ist. Allgemein werden als Drittländer diejenigen Länder verstanden, die weder Mitgliedstaaten der Europäischen Union sind noch – wie Island, Liechtenstein oder Norwegen – dem EWR angehören.[415] Assoziierte Gebiete, wie die Niederländischen Antillen oder Grönland, sind ebenfalls Drittstaaten in diesem Sinne (vgl. Art. 355 Abs. 2 AEUV i.V.m. Anhang II AEUV).[416] Das aus der EU ausgetretene Vereinigte Königreich ist seit Ablauf des 31.12.2020 ebenfalls ein Drittstaat.[417] 197

---

412 ESMA, MiFID II review report on the functioning of the regime for SME Growth Markets, ESMA70-156-4103 (published on 25 March 2021), Nr. 1 (Executive Summary), S. 4.
413 ESMA, MiFID II review report on the functioning of the regime for SME Growth Markets, ESMA70-156-4103 (published on 25 March 2021), Nr. 1 (Executive Summary), S. 4.
414 *Bauerschmidt*, in: Assmann/Schlitt/von Kopp-Colomb, Prospektrecht Kommentar, Art. 2 ProspektVO Rn. 140.
415 *Bauerschmidt*, in: Assmann/Schlitt/von Kopp-Colomb, Prospektrecht Kommentar, Art. 2 ProspektVO Rn. 141, Rn. 111.
416 *Bauerschmidt*, in: Assmann/Schlitt/von Kopp-Colomb, Prospektrecht Kommentar, Art. 2 ProspektVO Rn. 110.
417 *Bauerschmidt*, in: Assmann/Schlitt/von Kopp-Colomb, Prospektrecht Kommentar, Art. 2 ProspektVO Rn. 111.

198 Bedeutung entfaltet die Definition zunächst bei der Bestimmung des Herkunftsmitgliedstaats im Sinne des Art. 2 lit. m für Drittandsemittenten (siehe → Rn. 156 ff.). Zudem entfaltet die Definition Bedeutung bei den besonderen Vorschriften für Drittlandsemittenten (Art. 28 bis 30). Art. 28 und 29 normieren die Voraussetzungen eines Prospekts bei einem öffentlichen Angebot oder der Zulassung von Wertpapieren für Drittlandsemittenten zum Handel an einem regulierten Markt mittels eines nach Maßgabe der Prospektverordnung (Art. 28) oder des Rechts eines Drittlands (Art. 29) erstellten Prospekts. Um die Zusammenarbeit und den Informationsaustausch mit Drittlandsbehörden gewährleisten zu können, sollen die Behörden der Mitgliedstaaten mit der Behörde des Drittlandes grundsätzlich Kooperationsvereinbarungen, ggf. in Zusammenarbeit mit der ESMA, schließen (Art. 30).

25. Angebotsfrist (lit. y)

199 Die Angebotsfrist bezeichnet nach Art. 2 lit. y den Zeitraum, in dem potenzielle Anleger die betreffenden Wertpapiere erwerben oder zeichnen können. Die Definition wurde im Zuge der Trilogverhandlungen in die ProspektVO eingeführt, die ProspektRL definiert den Begriff dagegen noch nicht.

200 Bedeutung entfaltet die Angebotsfrist im Rahmen der Nachtragspflicht des Art. 23 (näher → Art. 23 Rn. 17). Sie soll die Pflicht zur Erstellung eines Prospektnachtrages und die Widerrufsfrist der Anleger zeitlich begrenzen und damit die Rechtssicherheit erhöhen (Erwägungsgrund 66 Satz 1).

26. Dauerhafter Datenträger (lit. z)

201 Nach Art. 2 lit. z ist ein dauerhafter Datenträger jedes Medium, das es einem Kunden ermöglicht, persönlich an ihn gerichtete Informationen so zu speichern, dass sie in der Folge während eines dem Informationszweck angemessenen Zeitraums abgerufen werden können (vgl. Art. 2 lit. z Ziff. i), und welches die unveränderte Wiedergabe der gespeicherten Daten ermöglicht (vgl. Art. 2 lit. z Ziff. ii). Am Wortlaut des Art. 2 lit. z („und") lässt sich erkennen, dass beide Eigenschaften **kumulativ** vorliegen müssen.

202 Entscheidende Merkmale sind somit die Zugänglichkeit und die Möglichkeit ihrer unveränderten Wiedergabe. Es kommt nicht darauf an, ob der Empfänger die Erklärung tatsächlich abspeichert oder ausdruckt, entscheidend ist allein die Möglichkeit einer dauerhaften Speicherung.[418] Konkret fallen deshalb insbesondere Papier, USB-Sticks, CD-ROMs, DVDs, Speicherkarten oder Festplatten von Computern sowie auch E-Mails und Computerfaxe unter den Begriff eines dauerhaften Datenträgers.[419]

203 Wesentlich ist zudem, dass der Übermittelnde die Informationen nicht mehr verändern kann und die Informationen derart in den Machtbereich des Empfängers gelangen, dass dieser allein über den Umgang damit entscheiden kann. Folglich reicht die bloße Darstel-

---

[418] *Primaczenko/Frohn*, in: BeckOGK, BGB, Stand: 1.5.2021, § 126b Rn. 15.
[419] *Ellenberger*, in: Grüneberg, BGB, § 126b Rn. 3.

lung auf einer Website oder ein entsprechender Link zu den Informationen grundsätzlich nicht aus. Ebenso wenig genügt die Möglichkeit des Herunterladens von einer Website.[420]

Gem. Art. 21 Abs. 11 ist jedem potenziellen Anleger vom Emittenten, vom Anbieter, von der die Zulassung zum Handel an einem geregelten Markt beantragenden Person oder von den Finanzintermediären, die die Wertpapiere platzieren oder verkaufen, auf Verlangen kostenlos eine Version des Prospekts auf einem dauerhaften Datenträger zur Verfügung zu stellen (siehe → Art. 21 Rn. 49). **204**

---

420 OLG München, MMR 2017, 773, 775; *Spindler*, in: Spindler/Schuster, Recht der elektronischen Medien, § 126b BGB Rn. 6; *Primaczenko/Frohn*, in: BeckOGK, BGB, Stand: 1.5.2021, § 126b Rn. 19.

Art. 3 ProspektVO
Pflicht zur Veröffentlichung eines Prospekts und Ausnahmen

(1) Unbeschadet des Artikels 1 Absatz 4 werden Wertpapiere in der Union nur nach vorheriger Veröffentlichung eines Prospekts gemäß dieser Verordnung öffentlich angeboten.

(2) Unbeschadet des Artikels 4 kann ein Mitgliedstaat beschließen, öffentliche Angebote von Wertpapieren von der Pflicht zur Veröffentlichung eines Prospekts gemäß Absatz 1 auszunehmen, sofern

a) diese Angebote nicht der Notifizierung gemäß Artikel 25 unterliegen und

b) der Gesamtgegenwert eines solchen Angebots in der Union über einen Zeitraum von 12 Monaten 8 000 000 EUR nicht überschreitet.

Die Mitgliedstaaten unterrichten die Kommission und die ESMA, ob und auf welche Weise sie beschließen, die Ausnahme nach Unterabsatz 1 anzuwenden, und teilen mit, welchen Gegenwert sie als Obergrenze festgesetzt haben, unterhalb deren die Ausnahme für Angebote in diesem Mitgliedstaat gilt. Sie unterrichten die Kommission und die ESMA ferner über alle späteren Änderungen dieses Gegenwerts.

(3) Unbeschadet des Artikels 1 Absatz 5 werden Wertpapiere erst nach vorheriger Veröffentlichung eines Prospekts gemäß dieser Verordnung zum Handel an einem geregelten Markt, der sich in der Union befindet oder dort betrieben wird, zugelassen.

Übersicht

	Rn.		Rn.
I. Grundlagen	1	a) Formwechsel nach dem UmwG	9
II. Prospektpflicht für öffentliche Angebote (Abs. 1 und Abs. 2)	3	b) Grenzüberschreitende Sitzverlegungen nach der SE-Verordnung und nach dem UmwG	13
1. Grundlagen	3	c) Kapitalerhöhung aus Gesellschaftsmitteln	16
2. Voraussetzungen der Prospektpflicht (Abs. 1)	4	d) Einbeziehung von Wertpapieren in den regulierten Markt	17
3. Nationale Ausnahmen von der Prospektpflicht (Abs. 2)	7	IV. Rechtsfolgen bei Verletzung der Prospektpflicht	18
III. Prospektpflicht für Zulassungen zu einem geregelten Markt (Abs. 3)	8	1. Grundlagen	18
1. Grundlagen	8	2. Auswirkung auf Kaufverträge	20
2. Besonderheiten bei bestimmten gesellschaftsrechtlichen Maßnahmen	9		

I. Grundlagen

1 Art. 3 ist eine der zentralen Regelungen der ProspektVO und begründet die Pflicht zur Veröffentlichung eines Prospekts für jedes **öffentliche Angebot** von Wertpapieren in der Union (**Abs. 1**) und für jede **Zulassung** von Wertpapieren zum Handel an einem geregel-

ten Markt, der sich in der Union befindet oder dort betrieben wird (**Abs. 3**). Diese Verpflichtung gilt vorbehaltlich der in Art. 1 Abs. 4 (im Falle eines öffentlichen Angebots) bzw. in Art. 1 Abs. 5 (im Falle der Zulassung von Wertpapieren) normierten Ausnahmen (vgl. dazu → Art. 1 Rn. 73 ff. und Rn. 236 ff.). Daneben räumt **Art. 3 Abs. 2** den Mitgliedstaaten die Möglichkeit ein, Kleinstemissionen in Höhe von bis zu 8.000.000 EUR von der Prospektpflicht für öffentliche Angebote auszunehmen. Hiervon hat der deutsche Gesetzgeber durch § 3 WpPG Gebrauch gemacht (vgl. dazu → § 3 WpPG Rn. 1 ff.).

Voraussetzung für die Begründung einer Prospektpflicht durch Art. 3 ist freilich die **Eröffnung des Anwendungsbereichs** der ProspektVO. Insofern sind insbesondere die **Ausnahmen für spezielle Gattungen von Wertpapieren** gemäß Art. 1 Abs. 2 (vgl. → Art. 1 Rn. 20 ff.) und für **Emissionen mit einem Gesamtgegenwert von weniger als 1.000.000 EUR** gemäß Art. 1 Abs. 3 (vgl. → Art. 1 Rn. 61 ff.) zu beachten. 2

II. Prospektpflicht für öffentliche Angebote (Abs. 1 und Abs. 2)

1. Grundlagen

Im Anwendungsbereich der ProspektVO (siehe dazu → Art. 1 Rn. 14 ff.) muss gemäß Art. 3 Abs. 1 vor jedem öffentlichen Angebot von Wertpapieren in der Union ein zuvor gebilligter Prospekt veröffentlicht werden. Nur dann, wenn ein Ausnahmetatbestand des Art. 1 Abs. 4 (siehe dazu → Art. 1 Rn. 73 ff.) oder eine auf Grundlage des Art. 3 Abs. 2 (vgl. dazu → § 3 WpPG Rn. 4 ff.) geschaffene Ausnahmeregelung einschlägig ist, dürfen Wertpapiere ohne Prospekt öffentlich angeboten werden. 3

2. Voraussetzungen der Prospektpflicht (Abs. 1)

Art. 3 Abs. 1 setzt voraus, dass die Wertpapiere in der Union **öffentlich angeboten** werden sollen (zum Begriff des öffentlichen Angebots siehe → Art. 2 Rn. 42 ff.). Wird nicht auf ein öffentliches Angebot der Wertpapiere i. S. d. Art. 2 lit. d abgezielt, besteht demnach keine Pflicht, einen Prospekt zu veröffentlichen.[1] 4

Die Prospektpflicht nach Art. 3 Abs. 1 besteht ferner für Angebote **in der Union**. Ein Angebot in der Union liegt vor, wenn sich das Angebot gezielt **an potenzielle Anleger innerhalb der Union richtet** oder sich **Angebotshandlungen des Anbieters in der Union auswirken**.[2] Auf die Staatsangehörigkeit der Anleger oder den Ort, von dem aus das Angebot unterbreitet wird, kommt es nicht an.[3] Vor diesem Hintergrund kann auch eine Veröffentlichung in Medien außerhalb der Union als ein Angebot „in der Union" zu qualifizieren sein, wenn diese Veröffentlichung zielgerichtet Anleger in der Union anspricht.[4] 5

---

1 *Ritz*, in: Just/Voß/Ritz/Zeising, Wertpapierprospektrecht 2. Aufl. 2023, Art. 3 ProspektVO, Rn. 7.
2 *Groß*, Kapitalmarktrecht, Art. 3 ProspektVO Rn. 5; *Poelzig*, in: Assmann/Schlitt/von Kopp-Colomb, Prospektrecht Kommentar, Art. 3 ProspektVO Rn. 18.
3 *Groß*, Kapitalmarktrecht, Art. 3 ProspektVO Rn. 5.
4 So zu § 3 WpPG a. F. *Heidelbach*, in: Schwark/Zimmer, 4. Aufl. 2010, § 3 WpPG Rn. 5.

6   Das gilt insbesondere für ein Angebot über das **Internet** (auch über soziale Netzwerke). Hier kann der Ort, an dem das Angebot unterbreitet wird, keine Rolle spielen. Entscheidend ist, ob sich das Internetangebot an Anleger in der Union richtet.[5] In diesem Fall handelt es sich um ein Angebot in der Union. Dagegen liegt kein Angebot in der Union vor, wenn aus einem **Disclaimer** oder einer **Adressatenerklärung** auf der Website unmissverständlich hervorgeht, dass sich das Angebot nicht an Anleger in der Union richtet.[6] Diese Praxis wurde bereits Ende der 1990er-Jahre in Deutschland in einer Bekanntmachung der Vorgängerbehörde der BaFin (BAWe)[7] anerkannt und ist auch international anerkannt. Dies gilt sinngemäß auch für andere Medien (z. B. das Fernsehen, Zeitschriften oder Zeitungen), wobei hier auf einen Disclaimer oder eine Adressatenerklärung verzichtet werden kann, wenn diese Medien typischerweise nicht in der Union verbreitet werden.

3. Nationale Ausnahmen von der Prospektpflicht (Abs. 2)

7   Durch Art. 3 Abs. 2 eröffnet die ProspektVO den Mitgliedstaaten einen **Gestaltungsspielraum für Kleinstemissionen** mit einem Emissionsvolumen von bis zu 8.000.000 EUR.[8] Diese Angebote können die Mitgliedstaaten, soweit sie nicht der Notifizierung gemäß Art. 25 unterliegen (siehe dazu → Art. 25 Rn. 1 ff.), nach eigenem Ermessen von der Prospektpflicht befreien (näher dazu → § 3 WpPG Rn. 1 ff.). In Deutschland ist von dieser Ermächtigung durch § 3 WpPG in vollem Umfang Gebrauch gemacht worden (näher dazu → § 3 WpPG Rn. 1 ff.).[9]

III. Prospektpflicht für Zulassungen zu einem geregelten Markt (Abs. 3)

1. Grundlagen

8   Neben der in Art. 3 Abs. 1 begründeten Prospektpflicht bei dem öffentlichen Angebot von Wertpapieren besteht eine solche gem. Art. 3 Abs. 3 auch bei der Zulassung von Wertpapieren zum Handel an einem geregelten Markt, der sich in der Union befindet oder dort betrieben wird. Danach ist vor Zulassung der Wertpapiere an einem geregelten Markt ein zuvor gebilligter Prospekt zu veröffentlichen, sofern nicht eine der in Art. 1 Abs. 5 normierten Ausnahmen von dieser Pflicht befreit (vgl. dazu → Art. 1 Rn. 236 ff.) oder Wertpapiere gegenständlich sind, auf welche die ProspektVO gem. Art. 1 Abs. 2 oder 3 (vgl.

---

5 *Groß*, Kapitalmarktrecht, Art. 3 ProspektVO Rn. 5; *Poelzig*, in: Assmann/Schlitt/von Kopp-Colomb, Prospektrecht Kommentar, Art. 3 ProspektVO Rn. 19.
6 *Poelzig*, in: Assmann/Schlitt/von Kopp-Colomb, Prospektrecht Kommentar, Art. 3 ProspektVO Rn. 19.
7 Vgl. Bekanntmachung des Bundesaufsichtsamtes für den Wertpapierhandel zum Wertpapier-Verkaufsprospektgesetz (Verkaufsprospektgesetz) und zur Verordnung über Wertpapier-Verkaufsprospekte (Verkaufsprospekt-Verordnung) in der Fassung der Bekanntmachung vom 09. September 1998 vom 06. September 1999, WM 2004, 904, 905 f.
8 Zur Entstehung siehe *Poelzig*, in: Assmann/Schlitt/von Kopp-Colomb, Prospektrecht Kommentar, Art. 3 ProspektVO Rn. 5.
9 Ausf. *Ritz*, in: Just/Voß/Ritz/Zeising, Wertpapierprospektrecht 2. Aufl. 2023, Art. 3 ProspektVO Rn. 11.

dazu → Art. 1 Rn. 20 ff. und Rn. 61 ff.) keine Anwendung findet. Im Zusammenhang mit Art. 3 Abs. 3 muss auch § 32 Abs. 3 Nr. 2 BörsG berücksichtigt werden, wobei zu beachten ist, dass dieser nur die Vorlage des gebilligten Prospekts vorschreibt, während Art. 3 Abs. 3 die eigentliche Prospektpflicht als Voraussetzung für die Zulassung von Wertpapieren begründet.[10]

2. Besonderheiten bei bestimmten gesellschaftsrechtlichen Maßnahmen

a) Formwechsel nach dem UmwG

Voraussetzung für die Prospektpflicht nach Art. 3 Abs. 3 i.V.m. § 32 Abs. 3 Nr. 2 BörsG ist, dass es sich bei dem Vorgang um eine **Zulassung** von Wertpapieren handelt.[11] Dies ist nicht der Fall bei einem **Formwechsel** auf Grundlage des UmwG **zwischen den börsenfähigen Rechtsträgern der AG, der KGaA oder der SE**, da diese Maßnahme **keinen** Einfluss auf die bestehende Börsenzulassung der betreffenden Aktien hat.[12] Insbesondere erlischt die Zulassung der Aktien des formwechselnden Rechtsträgers nicht nach § 43 Abs. 2 VwVfG.[13] Bei einem Formwechsel (§§ 190 ff. UmwG) ändert sich allein die Rechtsform und damit die Struktur des Rechtsträgers. Der Formwechsel ist durch das Prinzip der Identität geprägt (Identitätsgrundsatz).[14] Eine Vermögensübertragung – unabhängig von Ausgangs- und Zielrechtsform – findet nicht statt; der Rechtsträger ändert lediglich sein „rechtliches Kleid" (§ 202 Abs. 1 Nr. 1 UmwG).[15] Die Identität bezieht sich gleichfalls auf den Kreis der Anteilsinhaber vor und nach der Umwandlung (§§ 194 Abs. 1 Nr. 3, 202 Abs. 2 Nr. 2 Satz 1 UmwG). Dem Informationsbedürfnis der Aktionäre wird hinreichend durch die Umwandlungsdokumentation Rechnung getragen.

Die **Zulassungspraxis der Geschäftsführung der Frankfurter Wertpapierbörse** sah dagegen lange Zeit vor, dass bei einem Rechtsformwechsel von einer AG/SE in eine KGaA oder umgekehrt der Gegenstand der Zulassung im Zeitpunkt des Rechtsformwechsels unterging.[16] Nach nunmehr geänderter Zulassungspraxis der Frankfurter Wertpapierbörse führt auch der Rechtsformwechsel einer KGaA in eine AG oder SE oder umgekehrt

---

10 *Ritz*, in: Just/Voß/Ritz/Zeising, Wertpapierprospektrecht 2. Aufl. 2023, Art. 3 ProspektVO Rn. 15; *Groß*, Kapitalmarktrecht, Art. 3 ProspektVO Rn. 6.
11 *Poelzig*, in: Assmann/Schlitt/von Kopp-Colomb, Prospektrecht Kommentar, Art. 3 ProspektVO Rn. 32.
12 *Groß*, Kapitalmarktrecht, Art. 3 ProspektVO Rn. 7.
13 *Groß*, Kapitalmarktrecht, Art. 3 ProspektVO Rn. 7.
14 Vgl. *Leonard*, in: Semler/Stengel/Leonard, UmwG, 5. Aufl. 2021, § 202 Rn. 18 ff.
15 *Winter*, in: Schmitt/Hörtnagl, UmwG, 9. Aufl. 2020, § 200 Rn. 7.
16 So ging die Frankfurter Wertpapierbörse längere Zeit davon aus, dass in diesem Fall eine neue Zulassungsentscheidung und somit auch die Erstellung eines neuen Zulassungsprospekts erforderlich sei (vgl. Umwandlungsbericht gemäß § 192 UmwG zum Formwechsel der HSBC Trinkaus&Burkhardt KGaA in eine Aktiengesellschaft unter der Firma HSBC Trinkaus&Burkhardt, S. 31; vgl. auch Zulassungsprospekt der Dräger AG anlässlich des Wechsels der Rechtsform von einer AG in eine KGaA vom 13.12.2007). Anders (keine neue Zulassungsentscheidung) bereits lange Zeit zuvor die Wertpapierbörsen in Düsseldorf, München und Stuttgart für den Formwechsel der **KGaA in eine AG**.

Art. 3 ProspektVO Pflicht zur Veröffentlichung eines Prospekts und Ausnahmen

nicht mehr zum Erlöschen der Zulassung der Aktien zum Handel im regulierten Markt an der Frankfurter Wertpapierbörse.[17] Das ist aus folgenden Gründen von jeher richtig:[18]

11 Bei der **Umwandlung einer KGaA in eine AG (oder SE)** z. B. wird eine bisherige Kommanditaktie automatisch zu einer Aktie der AG oder SE. Das Grundkapital und die Anzahl der Aktien ändern sich durch den Formwechsel nicht. Neue Anteile werden nicht ausgegeben. Die auf die KGaA ausgestellten Aktienurkunden werden mit Eintragung des Formwechsels in das Handelsregister zwar unrichtig; es genügt jedoch der Austausch gegen Aktienurkunden, die auf die AG lauten. Da es sich bei den Rechtsträgern der AG, der KGaA oder der SE jeweils um Kapitalgesellschaften handelt, führt der Formwechsel zwischen diesen Rechtsträgern auch nicht zu einer veränderten Haftungssituation der Aktionäre; sowohl vor als auch nach dem Formwechsel ist eine persönliche Haftung für die Verbindlichkeiten ausgeschlossen. Im Übrigen setzen sich auch dingliche Rechte Dritter an den durch den Formwechsel entstehenden Anteilen fort (§ 202 Abs. 2 Nr. 2 Satz 2 UmwG).

12 **Nichts anderes gilt für den Formwechsel einer AG oder SE in eine KGaA.** Explizit für diesen Fall hat der Gesetzgeber mit Hinblick auf das UmwG konstatiert, dass „die Rechtsstellung des einzelnen Aktionärs beim Formwechsel einer AG in eine KGaA im Wesentlichen unverändert bleibt, sodass ihm auch bei einer Umwandlung durch Mehrheitsbeschluss zugemutet werden kann, in der Gesellschaft zu verbleiben".[19] Daher finden sowohl bei dem Formwechsel einer KGaA in eine AG (oder SE) als auch bei einem Formwechsel einer AG (oder SE) in eine KGaA kraft gesetzlicher Anordnung des § 250 UmwG die Regelungen des UmwG über Ausscheiden gegen Abfindung (§§ 207 bis 212 UmwG) gleichermaßen keine Anwendung. Bleibt damit die Rechtsstellung der Kommanditaktionäre nach der gesetzlichen Wertung unverändert, muss auch die Zulassung der Wertpapiere unberührt bleiben.

b) Grenzüberschreitende Sitzverlegungen nach der SE-Verordnung und nach dem UmwG

13 Nach Art. 8 Abs. 1 Satz 1 SE-VO kann eine SE ihren Sitz in einen anderen Mitgliedstaat verlegen. Mit Eintragung in das Register des Zuzugsstaates gilt die SE als Aktiengesellschaft des neuen Domizilstaates. Damit ändert sich das über Art. 9 Abs. 1 lit. c SE-VO auf sie anwendbare nationale Recht. Die darin begründete nationale Prägung der SE lässt z. B. eine niederländische SE beim Umzug nach Deutschland zu einer deutschen SE werden und unterwirft sie einem anderen Rechtsregime. Deshalb trägt die grenzüberschreitende Sitzverlegung nach Art. 8 SE-VO starke **Züge eines Formwechsels** in eine nicht verwandte Gesellschaftsform, beispielsweise einer Kapitalgesellschaft in eine Personengesellschaft (sog. subsidiäres Formwechselmodell).

---

17 Siehe Bekanntgabe vom 23.2.2023, https://www.deutsche-boerse-cash-market.com/dbcm-de/primary-market/fwb-informationen-zu-listingverfahren/-nderung-der-Verwaltungspraxis-zur-Zulassung-von-Aktien-zum-Handel-im-regulierten-Markt-im-Falle-eines-Rechtsformwechsels-mit-sofortiger-Wirkung-3436802 (zuletzt abgerufen am 14.11.2023).
18 Ebenso ausdrücklich zustimmend: *Groß*, Kapitalmarktrecht, Art. 1 ProspektVO Rn. 32, *Poelzig*, in: Assmann/Schlitt/von Kopp-Colomb, Prospektrecht Kommentar, Art. 3 ProspektVO 32.
19 BT-Drucks. 12/6699, S. 159.

Gleichwohl folgt – entsprechend den Überlegungen zu dem Formwechsel zwischen den börsenfähigen Kapitalgesellschaften AG, KGaA und SE untereinander (vgl. → Rn. 61) – daraus nicht, dass die an einer deutschen Wertpapierbörse bereits notierten Aktien einer ausländischen SE bei der „Umwandlung" in eine deutsche SE oder umgekehrt erneut der Zulassung nach § 32 Abs. 1 BörsG oder dem jeweiligen nationalen Recht bedürften.[20] **Insbesondere ist kein Prospekt zu erstellen**, auch nicht unter dem Gesichtspunkt des Anlegerschutzes. Denn abgesehen von den Zügen eines Formwechsels, der ohnedies auch nach dem UmwG identitätswahrend erfolgt, gilt auch bei der Sitzverlegung der Grundsatz der Identitätswahrung nach Art. 8 Abs. 1 Satz 2 SE-VO. Die SE wird nicht aufgelöst und bleibt als juristische Person erhalten. Es bedarf weder einer erneuten Kapitalaufbringung noch werden neue Aktien ausgegeben.[21]

14

Eine Gesellschaft kann jedoch nicht bloß ihren Sitz in einen anderen Mitgliedstaat verlegen, sondern in Zuge dessen auch ihre Form wechseln (sog. **grenzüberschreitender Formwechsel**). Nach Rechtsprechung des EuGH ist ein solches Vorgehen bereits dann von der Niederlassungsfreiheit des Art. 49 AEUV gedeckt, wenn nur der satzungsmäßige, nicht aber der tatsächliche Sitz verlegt wird.[22] Nationalstaatliche Regelungen, welche als Voraussetzung für einen grenzüberschreitenden Formwechsel die Liquidierung der Gesellschaft im Wegzugsstaat statuieren und dadurch die Niederlassungsfreiheit beschränken, lassen sich nicht rechtfertigen.[23] Wie im Falle des intranationalen Formwechsels bleibt die Rechtspersönlichkeit der Gesellschaft damit erhalten. Eine vor dem grenzüberschreitenden Formwechsel erteilte **Zulassung der Wertpapiere** der Gesellschaft zum Handel an einem geregelten Markt im Zuzugsstaat muss daher Gültigkeit behalten, sofern gegenüber der Geschäftsführung des geregelten Markts nachgewiesen werden kann, dass der Formwechsel keine materiellen Veränderungen der Gesellschafterrechte bewirkt. Zu diesem Verfahren besteht an der **Frankfurter Wertpapierbörse bereits eine etablierte Praxis**, auch zur Erbringung des Nachweises der Gleichwertigkeit der Gesellschafterrechte.[24] Die gleichen prospektrechtlichen Grundsätze gelten nunmehr auch für den gesetzlich in **§§ 333 ff. UmwG geregelten grenzüberschreitenden Formwechsel**.

15

---

20 So auch *Groß*, Kapitalmarktrecht, Art. 3 ProspektVO Rn. 9.
21 Weil die SE mit der Sitzverlegung gemäß Art. 9 Abs. 1 lit. c Ziff. ii SE-VO unter ein neues Rechtsregime gerät, beim Zuzug nach Deutschland also das deutsche Aktiengesetz beachten muss, können Anpassungen der Satzung erforderlich sein, insbesondere bei der Ausstattung der Aktien (vgl. *Austmann*, in: Münchener Handbuch des Gesellschaftsrechts, Bd. IV, 5. Aufl., § 85 Rn. 12). Wenn etwa eine SE aus einem Mitgliedstaat, in dem Mehrstimmrechte zulässig sind, ihren Sitz nach Deutschland verlegt, fallen diese Mehrstimmrechte wegen Art. 5 SE-VO, § 12 Abs. 2 AktG mit der Wirksamwerden der Sitzverlegung weg. Aber diese Maßnahme beurteilt sich allein nach dem Gesellschaftsrecht, ohne eine Prospektpflicht auszulösen. Die Inhaber der Mehrstimmrechtsaktien sind insoweit durch Art. 60 SE-VO geschützt. Danach bedarf es zu der Sitzverlegung eines Sonderbeschlusses ihrer Aktiengattung.
22 EuGH, Urteil v. 25.10.2017, Polbud, C-106/16, EU:C:2017:804, Rn. 44; krit. bspw. *Schollmeyer*, ZGR 2018, 186, 192 ff.
23 EuGH, Urteil v. 25.10.2017, Polbud, C-106/16, EU:C:2017:804, Rn. 59 ff.
24 Im Fall des grenzüberschreitenden Formwechsels der niederländischen Instone Real Estate Group NV zur deutschen Instone Real Estate Group AG musste neben einer vergleichenden Gegenüberstellung der Gesellschafterrechte beider Gesellschaftsformen insbesondere ein anwaltliches Bestätigungsschreiben (Legal Opinion) vorgelegt werden.

c) Kapitalerhöhung aus Gesellschaftsmitteln

16 Eine Prospektpflicht besteht ebenfalls nicht, wenn eine Gesellschaft, deren Aktien bereits zum Handel an einem regulierten Markt zugelassen sind, eine **Kapitalerhöhung aus Gesellschaftsmitteln** durchführt. Die dann emittierten jungen Aktien sind gemäß § 33 Abs. 4 EGAktG bereits *ipso iure* zum Handel an dem geregelten Markt zugelassen (näher → Art. 1 Rn. 278).[25] Daher fehlt es an einer den Anwendungsbereich von Art. 3 Abs. 3 eröffnenden Zulassungspflicht[26] im Sinne des Erfordernisses einer verwaltungsrechtlichen Entscheidung über die Zulassung. Die Möglichkeit einer solchen „automatischen Zulassung" neuer Aktien wird in Art. 64 der Notierungsrichtlinie[27] vorausgesetzt. Der Zurverfügungstellung eines Informationsdokuments nach Art. 1 Abs. 5 lit. g bedarf es somit nicht.[28]

d) Einbeziehung von Wertpapieren in den regulierten Markt

17 § 33 BörsG ermöglicht eine erleichterte Aufnahme des Handels von Wertpapieren im regulierten Markt durch Einbeziehung, wenn diese bereits anderweitig zugelassen sind.[29] Dabei stellt die Einbeziehung keine Zulassung i. S. d. Norm dar und löst folglich ebenfalls keine Prospektpflicht nach Art. 3 Abs. 3 aus.[30]

IV. Rechtsfolgen bei Verletzung der Prospektpflicht

1. Grundlagen

18 Ein Verstoß gegen Art. 3 Abs. 1 (d.h. ein Angebot von Wertpapieren ohne einen erforderlichen Prospekt) stellt eine Ordnungswidrigkeit nach § 24 Abs. 3 Nr. 1 WpPG (vgl. dazu → § 24 Rn. 47 ff.) dar. Die BaFin hat nach § 18 Abs. 4 Nr. 1 WpPG das Angebot zu untersagen. Daneben kann die BaFin das Zuwiderhandeln gem. § 18 Abs. 3 Nr. 1 WpPG auf ihrer Internetseite öffentlich bekannt machen, was sie auch regelmäßig tut. Für den **Investor**, der ein entsprechendes rechtswidriges Angebot ohne Prospekt annimmt, ergeben sich keine Konsequenzen (dazu auch sogleich → Rn. 20).

19 Ein Verstoß gegen Art. 3 Abs. 3 kann nur durch die mitgliedstaatlichen Zulassungsbehörden in Form einer Zulassung von Wertpapieren zum Handel an einem geregelten Markt ohne einen erforderlichen Prospekt erfolgen. Ein solcher Fall ist unwahrscheinlich und hat keine praktische Bedeutung. Hierbei dürfte es sich um praktisch kaum relevante Aus-

---

25 So auch *Groß*, Kapitalmarktrecht, Art. 3 ProspektVO Rn. 9.
26 Vgl. *Groß*, Kapitalmarktrecht, Art. 1 ProspektVO Rn. 56, Art. 3 ProspektVO Rn. 7; *Poelzig*, in: Assmann/Schlitt/von Kopp-Colomb, Prospektrecht Kommentar, Art. 3 ProspektVO Rn. 32.
27 Richtlinie 2001/34/EG des Europäischen Parlaments und des Rates vom 28.5.2001 über die Zulassung von Wertpapieren zur amtlichen Börsennotierung und über die hinsichtlich dieser Wertpapiere zu veröffentlichenden Informationen.
28 Im Ergebnis auch *Bauerschmidt*, in: Assmann/Schlitt/von Kopp-Colomb, Prospektrecht Kommentar, Art. 1 ProspektVO Rn. 120; *Groß*, Kapitalmarktrecht, Art. 1 ProspektVO Rn. 56.
29 *Heidelbach*, in: Schwark/Zimmer, KMRK, 4. Aufl. 2010, § 33 BörsG Rn. 3.
30 *Groß*, Kapitalmarktrecht, Art. 3 ProspektVO Rn. 9; *Heidelbach*, in: Schwark/Zimmer, KMRK, 4. Aufl. 2010, § 33 BörsG Rn. 4; *Poelzig*, in: Assmann/Schlitt/von Kopp-Colomb, Prospektrecht Kommentar, Art. 3 ProspektVO Rn. 32.

nahmefälle handeln. Fehlt es an einem Zulassungsprospekt, wird die Zulassung vielmehr regelmäßig nicht erteilt (vgl. in Deutschland etwa § 32 Abs. 3 Nr. 2 BörsG).

2. Auswirkung auf Kaufverträge

Sofern infolge eines öffentlichen Angebots Kaufverträge oder sonstige Verträge über Wertpapiere geschlossen werden, ohne dass die Prospektpflicht des Art. 3 Abs. 1 beachtet wird, hat dies **keine Auswirkungen auf die zivilrechtliche Wirksamkeit** der Verträge.[31] Das folgt bereits aus § 14 WpPG, der explizit die Haftung bei einem fehlenden Prospekt regelt.[32] Rechtsfolge der Verletzung der Prospektpflicht ist der gesetzlich vorgesehene Anspruch des Erwerbers gegen den Emittenten und den Anbieter auf Übernahme der Wertpapiere (Put Option). Wäre das Erwerbsgeschäft aufgrund des Verstoßes gegen die Prospektpflicht des Art. 3 Abs. 1 bereits unwirksam, dann bedürfte es der Haftungsregelung des § 14 WpPG nicht. Im Übrigen stellen die eine Prospektpflicht anordnenden Bestimmungen nach Art. 3 Abs. 1 und Abs. 3 **keine Verbotsgesetze i. S. d. § 134 BGB** dar.[33] Denn diese Normen verbieten nur das öffentliche Angebot, nicht jedoch den Kaufvertrag über die Wertpapiere. Zudem richten sie sich nur an den Anbieter[34] bzw. die Person, die den Antrag auf Zulassung zum Handel an einem geregelten Markt i. S. d. Art. 2 lit. j stellt,[35] und nicht an den Vertragspartner.

20

---

31 *Groß*, Kapitalmarktrecht, § 3 WpPG Rn. 9; *Zivny/Mock*, ProspektVO/KMG, Art. 3 ProspektVO Rn. 10; *Poelzig*, in: Assmann/Schlitt/von Kopp-Colomb, Prospektrecht Kommentar, Art. 3 ProspektVO Rn. 41.
32 *Poelzig*, in: Assmann/Schlitt/von Kopp-Colomb, Prospektrecht Kommentar, Art. 3 ProspektVO Rn. 41.
33 *Groß*, Kapitalmarktrecht, § 3 WpPG Rn. 10; zu WpPG a. F. *von Kopp-Colomb/Mollner*, in: Assmann/Schlitt/von Kopp-Colomb, WpPG/VermAnlG, 3. Aufl. 2017, § 3 WpPG Rn. 22.
34 *Ritz*, in: Just/Voß/Ritz/Zeising, Wertpapierprospektrecht 2. Aufl. 2023, Art. 3 ProspektVO Rn. 9; *Poelzig*, in: Assmann/Schlitt/von Kopp-Colomb, Prospektrecht Kommentar, Art. 3 ProspektVO Rn. 17.
35 *Poelzig*, in: Assmann/Schlitt/von Kopp-Colomb, Prospektrecht Kommentar, Art. 3 ProspektVO Rn. 33.

Art. 4 ProspektVO
Erstellung eines Prospekts auf freiwilliger Basis

(1) Fällt ein öffentliches Angebot von Wertpapieren oder eine Zulassung von Wertpapieren zum Handel an einem geregelten Markt nicht in den Anwendungsbereich dieser Verordnung gemäß Artikel 1 Absatz 3 oder ist es gemäß Artikel 1 Absatz 4, Artikel 1 Absatz 5 oder Artikel 3 Absatz 2 von der Pflicht zur Veröffentlichung eines Prospekts ausgenommen, so kann der Emittent, der Anbieter oder die die Zulassung zum Handel an einem geregelten Markt beantragende Person auf freiwilliger Basis einen Prospekt im Einklang mit dieser Verordnung erstellen.

(2) Aus einem solchen freiwillig erstellten Prospekt, der von der zuständigen Behörde des Herkunftsmitgliedstaats im Sinne des Artikels 2 Buchstabe m gebilligt wurde, ergeben sich dieselben Rechte und Pflichten wie aus einem Prospekt, der nach dieser Verordnung vorgeschrieben ist; ein freiwillig erstellter Prospekt unterliegt allen Bestimmungen dieser Verordnung und der Aufsicht der betreffenden zuständigen Behörde.

Übersicht

	Rn.		Rn.
I. Grundlagen	1	2. Freiwillige Prospekte bei Vorliegen der Ausnahmetatbestände zur Prospektpflicht	5
II. Zulässigkeit der Erstellung freiwilliger Prospekte (Abs. 1)	3		
1. Freiwillige Prospekte bei nicht eröffnetem Anwendungsbereich	3	III. Rechtsfolgen (Abs. 2)	7

I. Grundlagen

1 Art. 4 Abs. 1 eröffnet Emittenten die Möglichkeit, auch dann einen Prospekt für das öffentliche Angebot von Wertpapieren oder deren Zulassung zu erstellen, wenn der Anwendungsbereich der ProspektVO nicht eröffnet ist (Art. 1 Abs. 3) oder eine Ausnahme von der Prospektpflicht greift (Art. 1 Abs. 4, Art. 1 Abs. 5 oder Art. 3 Abs. 2 i.V.m. mitgliedstaatlichen Regelungen) („**Opt-in**"). Art. 4 Abs. 1 entspricht § 1 Abs. 3 WpPG a.F., welcher Art. 1 Abs. 3 ProspektRL umgesetzt hat. Voraussetzung für die Erstellung eines freiwilligen Prospektes ist, dass **Wertpapiere i.S.d. Art. 2 lit. a** (siehe → Art. 2 Rn. 4 ff.) öffentlich angeboten oder zum Handel an einem geregelten Markt zugelassen sollen. Ein Prospekt zum Angebot von Rechten, die den Wertpapierbegriff der ProspektVO nicht erfüllen, z.B. Namensschuldverschreibungen oder Commercial Papers, ist nicht möglich.[1]

2 Sofern sich ein Emittent/Anbieter für die freiwillige Erstellung eines Prospekts entscheidet und dieser von der BaFin gebilligt wurde, finden sowohl die Vorschriften der **ProspektVO als auch die mitgliedstaatlichen Regelungen Anwendung**. Art. 4 Abs. 2 stellt

---

1 Zu WpPG a.F. *Seitz*, AG 2005, 678, 684; *Hamann*, in: Schäfer/Hamann, Kapitalmarktgesetze, § 1 WpPG Rn. 32.

insoweit klar, dass sich dieselben Rechte und Pflichten ergeben wie aus einem Prospekt nach Art. 3 Abs. 1 und Abs. 3 (siehe → Art. 3 Rn. 34) und der freiwillig erstellte Prospekt allen Bestimmungen der ProspektVO unterliegt.[2] Mithin handelt es sich um eine umfassende Verweisungsnorm. Der Vorteil der freiwilligen Erstellung eines Prospekts liegt darin, dass der gebilligte Prospekt nach Maßgabe von Art. 24 (siehe → Art. 24 Rn. 1) und Art. 25 (siehe → Art. 25 Rn. 1) nach Notifizierung und Billigung den **Europäischen Pass** erhält und somit unionsweit gehandelt werden kann (siehe → Rn. 9).

II. Zulässigkeit der Erstellung freiwilliger Prospekte (Abs. 1)

1. Freiwillige Prospekte bei nicht eröffnetem Anwendungsbereich

Nach Art. 4 Abs. 1 kann der Emittent/Anbieter auch dann einen Prospekt veröffentlichen, wenn der Anwendungsbereich gem. **Art. 1 Abs. 3** (siehe → Art. 1 Rn. 61 ff.) nicht eröffnet ist. Das ist dann der Fall, wenn es sich um ein öffentliches Angebot von Wertpapieren mit einem Gesamtgegenwert in der Union von weniger als 1 Mio. EUR handelt (siehe → Art. 1 Rn. 68 ff.). Diese Ausnahme erlangt gem. Art. 1 UAbs. 2 absolute Geltung. Den Mitgliedstaaten bliebt es lediglich unbenommen, andere Offenlegungspflichten vorzusehen, sofern diese keine unverhältnismäßige oder unnötige Belastung darstellen (siehe zur sog. „Öffnungsklausel" → Art. 1 Rn. 65). In keinem Fall dürfen die Mitgliedstaaten aber eine Pflicht zur Erstellung eines Prospekts vorsehen. Dies lässt sich insbesondere damit begründen, dass die Kosten der Prospekterstellung und -veröffentlichung andernfalls im Verhältnis zum Emissionsvolumen unverhältnismäßig hoch ausfallen würden.[3]

3

Nicht in Art. 4 Abs. 1 **erwähnt wird** hingegen der **Art. 1 Abs. 2** (siehe → Art. 1 Rn. 20 ff.), obwohl dieser wie Art. 1 Abs. 3 (siehe → Art. 1 Rn. 61 ff.) ebenfalls eine Ausnahme vom Anwendungsbereich der ProspektVO für bestimmte Arten von Wertpapieren enthält. Auf den ersten Blick lässt sich Art. 4 Abs. 1 nicht entnehmen, ob nur bei den ausdrücklich genannten Befreiungstatbeständen ein freiwilliger Prospekt erstellt werden darf und mangels Erwähnung des Art. 1 Abs. 2 für diesen Befreiungstatbestand eine freiwillige Erstellung eines Prospekts nicht in Betracht kommt. Der **Wortlaut** ist insoweit nicht eindeutig, da Art. 4 Abs. 1 Wertpapiere nach Art. 1 Abs. 2 nicht explizit vom Anwendungsbereich ausschließt. Dass im Kommissionsvorschlag für die ProspektVO Art. 1 Abs. 2 noch vom Wortlaut des Art. 4 Abs. 1 umfasst war, lässt zumindest eine Tendenz des Verordnungsgebers für die Auslegung hinsichtlich des Anwendungsbereichs von Art. 4 Abs. 1 in seiner finalen Fassung erkennen. Unter zusätzlicher Heranziehung der sonstigen **Materialien des Entstehungsprozesses der ProspektVO**[4] und eines Vergleiches mit der

4

---

2 *Poelzig*, in: Assmann/Schlitt/von Kopp-Colomb, Prospektrecht Kommentar, Art. 4 ProspektVO Rn. 2, 3.
3 *Bauerschmidt*, BKR 2019, 324, 326; *Groß*, Kapitalmarktrecht, Art. 1 ProspektVO Rn. 6; *Zivny/Mock*, ProspektVO/KMG 2019, Art. 1 ProspektVO Rn. 17.
4 Vorschlag 9801/16 des Rates der Europäischen Union, Vorschlag für eine Verordnung des Europäischen Parlaments und des Rates über den Prospekt, der beim öffentlichen Angebot von Wertpapieren oder bei deren Zulassung zum Handel zu veröffentlichen ist, v. 3.6.2016, S. 41; Bericht A8-0238/2016 des Europäischen Parlaments vom 19.7.2016 über den Vorschlag für eine Verordnung des Europäischen Parlaments und des Rates über den Prospekt, der beim öffentlichen Angebot von Wertpapieren oder bei deren Zulassung zum Handel zu veröffentlichen ist (COM(2015)0583 – C8-0375/2015 – 2015/0268(COD)), S. 29 f.; Vorschlag 15574/2016 ADD 1 des Rates der Europäi-

Art. 4 ProspektVO Erstellung eines Prospekts auf freiwilliger Basis

vorherigen Rechtslage zu Zeiten der ProspektRL wird deutlich, dass Art. 4 Abs. 1 für den Befreiungstatbestand des Art. 1 Abs. 2 nicht die Möglichkeit vorsieht, einen freiwilligen Prospekt erstellen zu können.[5] Auf die ausführliche Kommentierung zu der Möglichkeit der Erstellung eines freiwilligen Prospekts trotz Eingreifens des Ausnahmetatbestands nach Art. 1 Abs. 2 wird verwiesen (siehe → Art. 1 Rn. 24 ff.).

2. Freiwillige Prospekte bei Vorliegen der Ausnahmetatbestände zur Prospektpflicht

5 Ferner sieht Art. 4 Abs. 1 vor, dass bei einer **Befreiung von der Prospektpflicht** nach Art. 1 Abs. 4 (öffentliche Angebote, siehe → Art. 1 Rn. 73 ff.) und Abs. 5 (Zulassung zum Handel an einem geregelten Markt, siehe → Art. 1 Rn. 236 ff.) sowie Art. 3 Abs. 2 (mitgliedstaatliche Ausnahmeregelungen, siehe → Art. 3 Rn. 3 ff. – vgl. § 3 WpPG) ein freiwilliger Prospekt erstellt werden darf. Mithin umfasst Art. 4 Abs. 1 alle in der ProspektVO mit Blick auf die Prospektpflicht vorhandenen Ausnahmetatbestände.[6]

6 Unter Geltung der ProspektRL war dies noch **streitig**.[7] Der Wortlaut des § 1 Abs. 3 WpPG a. F. sah für Emittenten, Anbieter oder Zulassungsantragsteller die Möglichkeit vor, freiwillig einen Prospekt zu erstellen, wenn der Anwendungsbereich nach § 1 Abs. 2 Nr. 2–5 WpPG a. F. nicht eröffnet war. Entgegen einer insbesondere von der BaFin vertretenen Auffassung war hierzu nicht erforderlich, dass der Anwendungsbereich des WpPG a. F. wegen des Vorliegens eines Tatbestands der § 1 Abs. 2 Nr. 2–5 WpPG a. F. nicht eröffnet ist. Vielmehr war eine freiwillige Prospekterstellung nach Maßgabe des WpPG a. F. auch dann zulässig, wenn nach den Ausnahmetatbeständen der §§ 3, 4 WpPG a. F., welche im Wesentlichen den heutigen Art. 1 Abs. 4 (siehe → Art. 1 Rn. 73 ff.) und 5 (siehe → Art. 1 Rn. 236 ff.) entsprechen, ein Prospekt nicht erforderlich wäre (siehe ausführlich → Art. 1 Rn. 20 ff.).[8]

III. Rechtsfolgen (Abs. 2)

7 Die Erstellung eines freiwilligen Prospekts hat gemäß Art. 4 Abs. 2 zur Folge, dass die Vorschriften der ProspektVO sowie die **mitgliedstaatlichen Regelungen in ihrer Gesamtheit Anwendung finden**. Zudem unterliegen Emittenten/Anbieter der Aufsicht der

---

schen Union, für eine Verordnung des Europäischen Parlaments und des Rates über den Prospekt, der beim öffentlichen Angebot von Wertpapieren oder bei deren Zulassung zum Handel zu veröffentlichen ist, v. 16.12.2016, S. 69; Position of the European Parliament, from 4.5.2017, adopted at first reading on 5 April 2017 with a view to the adoption of Regulation (EU) 2017/… of the European Parliament and of the Council on the prospectus to be published when securities are offered to the public or admitted to trading on a regulated market, and repealing Directive 2003/71/EC (EP-PE_TC1-COD(2015)0268), p. 68.

5 So im Ergebnis auch *Poelzig*, in: Assmann/Schlitt/von Kopp-Colomb, Prospektrecht Kommentar, Art. 4 ProspektVO Rn. 2, 5.

6 *Poelzig*, in: Assmann/Schlitt/von Kopp-Colomb, Prospektrecht Kommentar, Art. 4 ProspektVO Rn. 2.

7 Siehe auch *Poelzig*, in: Assmann/Schlitt/von Kopp-Colomb, Prospektrecht Kommentar, Art. 4 ProspektVO Rn. 2.

8 Vgl. zu § 1 Abs. 3 WpPG a. F. *Schnorbus*, in: Berrar/Meyer/Müller et al., WpPG/EU-ProspektVO, 2. Aufl. 2017, § 1 WpPG Rn. 39 ff.

betreffenden zuständigen Behörde.⁹ Aus Erwägungsgrund 23 der ProspektVO ergibt sich, dass Emittenten/Anbietern, welche nicht der Pflicht zur Veröffentlichung eines Prospekts unterliegen, der „Europäische Pass" gewährt werden sollte, wenn sie sich freiwillig für die Einhaltung der ProspektVO entscheiden. Im Wesentlichen entspricht dies auch dem Wortlaut von Erwägungsgrund 18 des Kommissionsvorschlags und des Entwurfs des Europäischen Parlaments für die ProspektVO.

Der freiwillige Prospekt muss im Einklang mit den Regelungen der Verordnung erstellt sein, um den Anleger vor falschen Informationen und Unregelmäßigkeiten in der Prospekterstellung zu schützen. Aufgrund der Verfügbarkeit aller Prospekte in der kostenlosen, durchsuchbaren ESMA-Datenbank muss der Anleger darauf vertrauen können, dass alle Prospekte dem gleichen Standard entsprechen. Dies dient auch der Markteffizienz, da dadurch eine bessere Vergleichbarkeit geschaffen wird. Aufgrund der umfassenden Verweisung in Art. 4 Abs. 2 finden auch die Vorschriften über die Prospekthaftung des WpPG Anwendung. Daher haftet der Emittent/Anbieter nach Erstellung eines freiwilligen Prospekts für dessen Fehlerhaftigkeit nach §§ 9 und 10 WpPG (siehe → § 9 Rn. 6 f. WpPG und → § 10 Rn. 1 WpPG).¹⁰ 8

Dem Emittenten/Anbieter der Wertpapiere steht bei Billigung des freiwilligen Prospekts durch die BaFin nach Art. 24 (siehe → Art. 24 Rn. 1, 21) und Notifizierung nach Art. 25 (siehe → Art. 25 Rn. 1, 5 ff.) zudem der „**Europäische Pass**" zur Verfügung.¹¹ Dies hat den Vorteil, dass ein einmal gebilligter freiwilliger Prospekt auch für ein grenzüberschreitendes Angebot genutzt werden kann und insoweit dem Emittenten aus der bloßen freiwilligen Erstellung im Gegensatz zum verpflichtenden Prospekt kein Nachteil erwächst. Ist 9

---

9 *Zivny/Mock*, ProspektVO/KMG 2019, Art. 4 ProspektVO Rn. 9; *Poelzig*, in: Assmann/Schlitt/von Kopp-Colomb, Prospektrecht Kommentar, Art. 4 ProspektVO Rn. 7; vgl. zu WpPG a. F. BT-Drucks. 15/4999, 27 f.; *Spindler*, in: Holzborn, WpPG, § 1 Rn. 32; *Ritz/Zeising*, in: Just/Voß/Ritz/Zeising, WpPG, 2009, § 1 Rn. 51; *von Kopp-Colomb/Sargut*, in: Assmann/Schlitt/von Kopp-Colomb, WpPG/VermAnlG, 3. Aufl. 2017, § 1 WpPG Rn. 91; *Schnorbus*, AG 2008, 389, 400 Fn. 113; vgl. auch ESMA, Questions and Answers – Prospectuses, ESMA31-62-780 (Version 30, last updated on 8 April 2019), Nr. 70 (Disclosure requirements for securities which are „unconditionally and irrevocable guaranteed by a Member State or by one of a Member State's regional or local authorities"), S. 57 ff.

10 Siehe auch *Poelzig*, in: Assmann/Schlitt/von Kopp-Colomb, Prospektrecht Kommentar, Art. 4 ProspektVO Rn. 8; *Groß*, Kapitalmarktrecht, Art. 4 ProspektVO Rn. 1; *Zivny/Mock*, ProspektVO/KMG 2019, Art. 4 ProspektVO Rn. 10; vgl. zu § 24 WpPG a. F. (§ 13 VerkProspG a. F.) bzw. § 21 WpPG a. F. (§§ 44, 45 BörsG a. F.) *Schnorbus*, in: Berrar/Meyer/Müller et al., WpPG/EU-ProspektVO, 2. Aufl. 2017, § 1 WpPG Rn. 36 ff.; *Hamann*, in: Schäfer/Hamann, Kapitalmarktgesetze, § 1 WpPG Rn. 33; *von Kopp-Colomb/Sargut*, in: Assmann/Schlitt/von Kopp-Colomb, WpPG/VermAnlG, 3. Aufl. 2017, § 1 WpPG Rn. 93.

11 Europäische Kommission, Vorschlag für eine Verordnung des Europäischen Parlaments und des Rates über den Prospekt, der beim öffentlichen Angebot von Wertpapieren oder bei deren Zulassung zum Handel zu veröffentlichen ist v. 30.11.2015, COM(2015) 583 final, S. 15; *Bauerschmidt*, BKR 2019, 324, 327; *Poelzig*, in: Assmann/Schlitt/von Kopp-Colomb, Prospektrecht Kommentar, Art. 4 ProspektVO Rn. 4, 7; *Zivny/Mock*, ProspektVO/KMG 2019, Art. 4 ProspektVO Rn. 1; vgl. ferner ESMA, Questions and Answers – Prospectuses, ESMA31-62-780 (Version 30, last updated on 8 April 2019), Nr. 70 (Disclosure requirements for securities which are „unconditionally and irrevocable guaranteed by a Member State or by one of a Member State or by one of Member State's regional or local authorities"), S. 57 ff. Für das WpPG a. F. ausführlich dazu *Ritz/Zeising*, in: Just/Voß/Ritz/Zeising, WpPG, 2009, § 1 Rn. 53; *von Kopp-Colomb/Sargut*, in: Assmann/Schlitt/von Kopp-Colomb, WpPG/VermAnlG, 3. Aufl. 2017, § 1 WpPG Rn. 92.

Art. 4 ProspektVO Erstellung eines Prospekts auf freiwilliger Basis

der gebilligte Prospekt fehlerfrei und vollständig, können Informationsasymmetrien vermieden werden, welche bei nicht erfolgter Erstellung eines freiwilligen Prospekts bestehen geblieben wären.

10 Besteht eine Ausnahme vom Anwendungsbereich der ProspektVO nach **Art. 1 Abs. 2** und wird dennoch ein freiwilliger Prospekt erstellt, so steht dem Emittenten/Anbieter mangels Eröffnung des Anwendungsbereichs des Art. 4 Abs. 1 der „Europäische Pass" nicht zur Verfügung (siehe ausführlich → Art. 1 Rn. 20 ff.).[12]

---

12 Siehe auch *Zivny/Mock*, ProspektVO/KMG 2019, Art. 4 ProspektVO Rn. 6.

Art. 5 ProspektVO
Spätere Weiterveräußerung von Wertpapieren

(1) Jede spätere Weiterveräußerung von Wertpapieren, die zuvor Gegenstand einer oder mehrerer Arten von öffentlichen Angeboten von Wertpapieren gemäß Artikel 1 Absatz 4 Buchstaben a bis d waren, gilt als gesondertes Angebot, wobei anhand der Begriffsbestimmung nach Artikel 2 Buchstabe d zu entscheiden ist, ob es sich bei dieser Weiterveräußerung um ein öffentliches Angebot von Wertpapieren handelt. Bei der Platzierung von Wertpapieren durch Finanzintermediäre ist ein Prospekt zu veröffentlichen, es sei denn, eine der Ausnahmen nach Artikel 1 Absatz 4 Buchstaben a bis d findet in Bezug auf die endgültige Platzierung Anwendung.

Bei einer solchen späteren Weiterveräußerung von Wertpapieren oder einer endgültigen Platzierung von Wertpapieren durch Finanzintermediäre wird kein weiterer Prospekt verlangt, wenn ein gültiger Prospekt im Sinne des Artikels 12 vorliegt und der Emittent oder die für die Erstellung des Prospekts verantwortliche Person dessen Verwendung in einer schriftlichen Vereinbarung zugestimmt hat.

(2) Bezieht sich ein Prospekt auf die Zulassung von Nichtdividendenwerten zum Handel an einem geregelten Markt, die ausschließlich an einem geregelten Markt oder in einem bestimmten Segment eines solchen gehandelt werden sollen, zu dem ausschließlich qualifizierte Anleger zu Zwecken des Handels mit diesen Wertpapieren Zugang erhalten, werden die Wertpapiere nur dann an nicht qualifizierte Anleger weiterveräußert, wenn ein für diese geeigneter Prospekt gemäß der vorliegenden Verordnung erstellt wird.

Übersicht

	Rn.		Rn.
I. Grundlagen	1	aa) Zustimmung	16
II. Art. 5 Abs. 1	2	bb) Prospekt nach den Vorschriften der ProspektVO	24
1. Grundlagen	2		
2. Weiterveräußerung und endgültige Platzierung (UAbs. 1)	5	cc) Fungibilität der nachfolgenden Wertpapiere	26
a) Weiterveräußerung (UAbs. 1 Satz 1)	5	dd) Gültigkeit	27
aa) Grundlagen	5	ee) Nachtrag nach Art. 23	28
bb) Rechtsstellung des Emittenten	8	c) Aufstockung und Erhöhung des Emissionsvolumens	29
cc) Umplatzierungen im Wege eines öffentlichen Angebots	9	aa) Grundlagen	29
		bb) Praxisfälle	30
b) Endgültige Platzierung (UAbs. 1 Satz 2)	11	d) Retail-Kaskaden	32
3. Gültigkeit und Zustimmung (UAbs. 2)	13	aa) Grundlagen	32
		bb) Rechtliche Bewertung	33
a) Grundlagen	13	III. Nichtdividendenwerte (Abs. 2)	36
b) Voraussetzungen	16		

I. Grundlagen

1 Art. 5 soll klarstellen, dass ein (erneutes) öffentliches Angebot von Wertpapieren ungeachtet einer früheren Befreiung von dem Prospekterfordernis eine Prospektpflicht gemäß Art. 3 Abs. 1 auslösen kann. Hauptregelungsgegenstand sind sog. Vertriebskaskaden (Retail-Kaskaden) (dazu später → Rn. 32 ff.), bei denen es sich um die Weiterveräußerung von Wertpapieren an Kleinanleger über Finanzintermediäre handelt.[1]

II. Art. 5 Abs. 1

1. Grundlagen

2 Wie § 3 Abs. 2 Satz 2 WpPG a.F. ist Art. 5 Abs. 1 UAbs. 1 Satz 1 eine nahezu wörtliche Übertragung des Art. 3 Abs. 2 UAbs. 2 Satz 1 ProspektRL i.d.F. bis 30.12.2010. Im Gegensatz zu der Vorschrift des WpPG a.F. hat in der ProspektVO der zweite Halbsatz des Art. 3 Abs. 2 UAbs. 2 Satz 1 ProspektRL („... wobei anhand der Begriffsbestimmung nach Artikel 2 Absatz 1 Buchstabe d) zu entscheiden ist, ob es sich bei dieser Weiterveräußerung um ein öffentliches Angebot handelt.") Einzug erhalten. Der Zusatz verdeutlicht, dass jede Weiterveräußerung von Wertpapieren als gesondertes Angebot zu prüfen ist.[2]

3 Art. 5 Abs. 1 UAbs. 2 übernimmt die bisherige Regelung aus Art. 3 Abs. 2 UAbs. 2 ProspektRL i.d.F. ab 31.12.2010, welche zuvor in § 3 Abs. 3 WpPG a.F. umgesetzt war. Nach der Vorschrift kann ein Intermediär auf einen eigenen Prospekt verzichten, wenn ein gültiger Prospekt vorliegt und der Emittent oder die für den Prospekt verantwortliche Person der Verwendung schriftlich zugestimmt hat. Ebenso wie die ÄnderungsRL führt Art. 5 Abs. 1 UAbs. 2 zu einem „Level Playing Field" in Europa.[3] Ein solches bestand hinsichtlich des Ausnahmetatbestands der Vertriebskaskaden[4] bis zur ÄnderungsRL nicht. Denn im Gegensatz zu anderen nationalen Umsetzungen war bereits in der ersten Fassung des WpPG[5] eine Ausnahme von der generellen Prospektpflicht angelegt.

4 Art. 5 gestaltet die generelle Prospektpflicht des Art. 3 Abs. 1 für den Fall der Weiterveräußerung von Wertpapieren (durch Finanzintermediäre) weiter aus und verfolgt ebenso wie Art. 3 die Herstellung eines optimalen Anlegerschutzes bei gleichzeitiger Berücksichtigung der im Zusammenhang mit der Prospekterstellung entstehenden Kosten.[6] Im Rahmen der Platzierung am Primärmarkt erfolgt regelmäßig normalerweise kein öffentliches

---

1 Europäische Kommission, Vorschlag für eine Verordnung des Europäischen Parlaments und des Rates über den Prospekt, der beim öffentlichen Angebot von Wertpapieren oder bei deren Zulassung zum Handel zu veröffentlichen ist v. 30.11.2015, COM(2015) 583 final, S. 15.
2 Vgl. bereits zu den Unterschieden zwischen Art. 3 Abs. 2 UAbs. 2 Satz 1 ProspektRL und § 3 Abs. 2 Satz 2 WpPG a.F. *von Kopp-Colomb/Gajdos*, in: Assmann/Schlitt/von Kopp-Colomb, WpPG/VerkProspG, 2. Aufl. 2010, § 3 WpPG Rn. 37.
3 *Oulds*, in: Kümpel/Mülbert/Früh/Seyfried, Bankrecht und Kapitalmarktrecht, Rn. 15.704.
4 Europäische Kommission, Vorschlag für eine Verordnung des Europäischen Parlaments und des Rates über den Prospekt, der beim öffentlichen Angebot von Wertpapieren oder bei deren Zulassung zum Handel zu veröffentlichen ist v. 30.11.2015, COM(2015) 583 final, S. 15.
5 Vgl. § 3 Abs. 1 Satz 2 WpPG i.d.F. vom 1.7.2005.
6 Hinsichtlich des Anlegerschutzes etwa *Oulds*, in: Kümpel/Mülbert/Früh/Seyfried, Bankrecht und Kapitalmarktrecht, Rn. 11.81 ff.

Angebot an die Endinvestoren, sondern an Intermediäre, welche selbst die Wertpapiere weiterplatzieren. Im Falle einer solchen Weiterplatzierung dient Art. 5 dazu, die Pflicht zur Erstellung und Aktualisierung eines Prospekts und die Bestimmungen über Verantwortlichkeit und Haftung klarzustellen.[7] Allein dadurch ist gewährleistet, dass die Anleger in der Lage sind, alle für eine fundierte Anlageentscheidung notwendigen Informationen zu erhalten (Erwägungsgrund 26). Anderenfalls bestünde die Möglichkeit, dass mangels öffentlichen Angebots der Primärmarktplatzierung oder des Vorliegens eines Ausnahmetatbestandes gemäß Art. 1 Abs. 4 lit. a bis d der Grundgedanke der Publizitätspflicht umgangen werden könnte.

2. Weiterveräußerung und endgültige Platzierung (UAbs. 1)

a) Weiterveräußerung (UAbs. 1 Satz 1)

aa) Grundlagen

Die Regelung hebt die Selbstverständlichkeit hervor, dass eine einmal nach Art. 1 Abs. 4 lit. a bis d prospektfrei erfolgte Emission nicht dazu führt, dass sämtliche Weiterveräußerungen automatisch ebenfalls keiner Prospektpflicht mehr unterliegen;[8] gleiche Überlegungen gelten, wenn im Zusammenhang mit dem ursprünglichen Angebot ein Prospekt veröffentlicht wurde.[9] Vielmehr ist das Eingreifen einer Ausnahme von der Prospektpflicht bezüglich jedes späteren Angebots gesondert zu beurteilen. Dieser Grundgedanke wird insbesondere bei der Platzierung durch nachgeschaltete Vertriebsunternehmen deutlich und gilt auch, wenn die Platzierung zeitgleich auf verschiedenen Vertriebsstufen erfolgt.[10] 5

Eine Verklammerung von Erst- und Anschlussveräußerung mit dem Ziel einer Befreiung der Anschlussveräußerung von der Prospektpflicht findet nicht statt. Vielmehr ist jede spätere Weiterveräußerung von Wertpapieren durch Wertpapierinhaber als neues Angebot anzusehen und dementsprechend erneut auf die Prospektpflicht zu prüfen.[11] Es bleibt bei der Grundregel des Art. 3 Abs. 1, wonach Wertpapiere in der Union nur nach vorheriger Veröffentlichung eines Prospekts öffentlich angeboten werden dürfen. 6

Die Beurteilung der Prospektpflichtigkeit hat alle Aspekte des jeweiligen Angebots zu umfassen. Voraussetzung ist zunächst, dass es sich bei der Weiterveräußerung um ein öffentliches Angebot handelt. Eine Befreiung von der Prospektpflicht nach Maßgabe des Art. 3 Abs. 1 besteht im Falle eines öffentlichen Angebots nur dann, sofern eine Ausnahme nach Art. 1 Abs. 4 lit. a bis d einschlägig ist. Für die Abgrenzung, ob es sich bei dem zu prüfenden Sachverhalt noch um das ursprüngliche Angebot oder um eine Weiterveräu- 7

---

7 Vgl. Europäische Kommission, Vorschlag für eine Verordnung des Europäischen Parlaments und des Rates über den Prospekt, der beim öffentlichen Angebot von Wertpapieren oder bei deren Zulassung zum Handel zu veröffentlichen ist v. 30.11.2015, COM(2015) 583 final, S. 15.
8 *Poelzig*, in: Assmann/Schlitt/von Kopp-Colomb, Prospektrecht Kommentar, Art. 5 ProspektVO Rn. 3.
9 So bereits zur der alten Rechtslage *Schnorbus*, in: Berrar/Meyer/Müller et al., WpPG/EU-ProspektVO, 2. Aufl. 2017, § 3 WpPG Rn. 36.
10 So bereits zu § 3 Abs. 2 S. 2 WpPG a.F. *Heidelbach/Preuße*, BKR 2008, 10; *Schnorbus*, in: Berrar/Meyer/Müller et al., WpPG/EU-ProspektVO, 2. Aufl. 2017, § 3 WpPG Rn. 36.
11 *Zivny/Mock*, EU-ProspektVO/KMG 2019, Art. 5 ProspektVO Rn. 4.

ßerung bzw. endgültige Platzierung handelt, können die Grundsätze des Art. 23 herangezogen werden. Entscheidend kommt es damit auf das „Auslaufen der Angebotsfrist" an (vgl. → Art. 23 Rn. 88).[12]

bb) Rechtsstellung des Emittenten

8   Das eigentliche Problem bei einer Weiterveräußerung ist die Rechtsstellung des ursprünglichen Emittenten, der die Wertpapiere begeben hatte und des jetzigen Anbieters (vgl. hierzu auch explizit im Kontext der Retail-Kaskaden → Rn. 32 ff.). Es stellt sich die Frage, ob und unter welchen Voraussetzungen das zum Zwecke der Umplatzierung unterbreitete öffentliche Angebot des Ersterwerbers der Wertpapiere, der diese zuvor in Anwendung einer der Ausnahmen nach Art. 1 Abs. 4 lit. a bis d erworben hat, nicht nur eine Prospektpflicht des nunmehr abgebenden Anbieters, sondern auch eine solche des ursprünglichen Emittenten auslösen kann. Dies ist der Fall, wenn der ursprüngliche Emittent der Erstemission auch noch als Anbieter der Folgeplatzierung anzusehen ist, er somit auch das Zweitangebot mit zu verantworten hat.[13] Maßgeblich kommt es dabei auf den Willen des Emittenten an.[14] In der Praxis hat sich aus Gründen einer drohenden Haftung bei Fehlen des Prospekts gem. § 14 WpPG daher die Verwendung von Veräußerungsbeschränkungen (sog. Selling Restrictions) etabliert.[15]

cc) Umplatzierungen im Wege eines öffentlichen Angebots

9   Aus praktischer Sicht besteht das Problem, dass Umplatzierungen im Wege eines öffentlichen Angebots (Secondary Public Offering) ohne Kooperation mit dem Emittenten kaum durchführbar sind. Das betrifft insbesondere das Angebot von Aktien. In der Regel ist der jetzige Wertpapierinhaber oder die Bank nicht selbstständig in der Lage, die für die Prospekterstellung nach der ProspektVO notwendigen Informationen zu erstellen und entsprechend aufzuarbeiten. Eine Mitwirkungspflicht des Emittenten ist gesetzlich nicht vorgesehen;[16] der Emittent kann sich aber vertraglich im Rahmen der aktienrechtlichen Grenzen (vgl. → Rn. 10) zu einer entsprechenden Mitwirkung verpflichten.[17] Sind keine entsprechenden Abreden getroffen, ist die Weiterveräußerung der Wertpapiere mittels eines

---

12 So bereits *Schnorbus*, AG 2008, 389, 405. Dies ist von der Frage zu trennen, ob der Emittent von Anfang an ein einheitliches Angebot im Kontext einer Vertriebskaskade beabsichtigte, mit der Folge, dass der Emittent weiter Anbieter auch der Weiterveräußerung bleibt (vgl. hierzu später Rn. 33).
13 *Poelzig*, in: Assmann/Schlitt/von Kopp-Colomb, Prospektrecht Kommentar, Art. 5 ProspektVO Rn. 7.
14 In diese Richtung auch *Zivny/Mock*, EU-ProspektVO/KMG 2019, Art. 5 ProspektVO Rn. 5; *Poelzig*, in: Assmann/Schlitt/von Kopp-Colomb, Prospektrecht Kommentar, Art. 5 ProspektVO Rn. 3; sowie bereits nach alter Rechtslage *Schnorbus*, AG 2008, 389, 391.
15 *Poelzig*, in: Assmann/Schlitt/von Kopp-Colomb, Prospektrecht Kommentar, Art. 5 ProspektVO Rn. 7; ebenso zur alten Rechtslage *Straßner/Grosjean*, in: Heidel, 5. Aufl. 2019, Aktienrecht und Kapitalmarktrecht, § 3 WpPG Rn. 14.
16 *Meyer*, in: Marsch-Barner/Schäfer, Handbuch börsennotierte AG, Rn. 7.19; *Poelzig*, in: Assmann/Schlitt/von Kopp-Colomb, Prospektrecht Kommentar, Art. 5 ProspektVO Rn. 14.
17 *Poelzig*, in: Assmann/Schlitt/von Kopp-Colomb, Prospektrecht Kommentar, Art. 5 ProspektVO Rn. 14.

öffentlichen Angebots de facto nicht möglich.[18] Dieses Ergebnis ist auch nicht unbillig:[19] Die dann fehlende Ausstiegsmöglichkeit des Ersterwerbers ist diesem bereits bei der Übernahme der Aktien bekannt und wird sich aller Wahrscheinlichkeit nach negativ auf den zu zahlenden Kaufpreis auswirken. Im Übrigen ist eine anderweitige prospektfreie Veräußerung im Kapitalmarkt, beispielsweise durch eine Privatplatzierung und Einbeziehung der Aktien in den Freiverkehr (vgl. oben → Rn. 5 ff.), grundsätzlich möglich.[20]

Im Falle einer Aktiengesellschaft, die sich gegenüber einem Aktionär zur Mitwirkung an einem öffentlichen Angebot von Wertpapieren der Gesellschaft verpflichtet, sind bei der Umplatzierung verschiedene gesetzliche Beschränkungen zu beachten. Soweit kein **spezifisches Interesse** der AG an der Umplatzierung im Wege eines öffentlichen Angebots besteht, sind insbesondere das Verbot der Einlagenrückgewähr (§ 57 AktG) bei vertraglichen Verpflichtungen (Haftungsfreistellungen) und (direkten und indirekten) Leistungen gegenüber den Emissionsbanken und den Altaktionären (wie insbesondere bei der Übernahme der Prospekthaftung),[21] der Schutz von Betriebs- und Geschäftsgeheimnissen (§ 93 Abs. 1 Satz 3 AktG), das Verbot der unbefugten Offenlegung von Insiderinformationen (Art. 14 lit. c MarktmissbrauchsVO) sowie der Grundsatz der informationellen Gleichbehandlung der Aktionäre (§§ 53a, 131 Abs. 4 AktG) problematisch.[22] Insgesamt stellen diese aktienrechtlichen Vorgaben jedoch kein unüberwindbares Hindernis für eine Mitwirkung des Emittenten bei einer Umplatzierung seiner Aktien dar.

10

b) Endgültige Platzierung (UAbs. 1 Satz 2)

Art. 5 Abs. 1 UAbs. 1 Satz 2 hat gleichermaßen wie Art. 3 Abs. 2 UAbs. 2 Satz 2 ProspektRL i. d. F. bis 30.12.2010 sowie § 3 Abs. 2 Satz 3 WpPG i. d. F. bis 30.6.2012 eine rein klarstellende Funktion.[23] Die Vorschrift bestätigt sowohl die Prospektpflicht als auch die Möglichkeit einer Befreiung nach Art. 1 Abs. 4 lit. a bis d explizit für Platzierungen durch Finanzintermediäre.

11

Die klarstellende Funktion des Art. 5 Abs. 1 UAbs. 1 Satz 2 ergibt sich aus der Binnensystematik des UAbs. 1, d. h. dem Verhältnis dessen beider Sätze zueinander. Da der Begriff der „Weiterveräußerung" in Satz 1 bereits jede „endgültige Platzierung" einschließt, besteht für eine eigenständige Regelungsmaterie des UAbs. 1 Satz 2 kein Raum. Allein eine isolierte Betrachtung des Art. 5 Abs. 1 UAbs. 1 Satz 2 ließe den Gedanken zu, dass lediglich bei Platzierungen durch „Finanzintermediäre", nicht hingegen bei anderen

12

---

18 *Poelzig*, in: Assmann/Schlitt/von Kopp-Colomb, Prospektrecht Kommentar, Art. 5 ProspektVO Rn. 14; *Meyer*, in: Marsch-Barner/Schäfer, Handbuch börsennotierte AG, Rn. 7.19; bereits zur alten Rechtslage auch *Straßner/Grosjean*, in: Heidel, Aktienrecht und Kapitalmarktrecht, 5. Aufl. 2019, § 3 WpPG Rn. 14.
19 Vgl. zur alten Rechtslage *König*, ZEuS 2004, 251, 259, und im Ergebnis wohl auch *Hopt/Voigt*, in: Hopt/Voigt, Prospekt- und Kapitalmarktinformationshaftung, S. 9, 25.
20 Vgl. *Wiegel*, Die Prospektrichtlinie und Prospektverordnung, S. 167 m. w. N.
21 Vgl. BGH, 31.5.2011 – II ZR 141/09, NJW 2011, 2719; OLG Köln, 28.5.2009 – 18 U 108/07, NZG 2009, 951; eingehend dazu *Bayer*, in: MünchKomm-AktG, 5. Aufl. 2019, § 57 Rn. 83 ff.
22 Insgesamt hierzu *Meyer*, in: Marsch-Barner/Schäfer, Handbuch börsennotierte AG, Rn. 7.19; *Ekkenga/Maas*, Das Recht der Wertpapieremission, § 2 Rn. 115.
23 *Poelzig*, in: Assmann/Schlitt/von Kopp-Colomb, Prospektrecht Kommentar, Art. 5 ProspektVO Rn. 3; zu § 3 Abs. 2 Satz 2 WpPG a. F. bereits *von Kopp-Colomb/Gajdos*, in: Assmann/Schlitt/von Kopp-Colomb, WpPG/VerkProspG, 2. Aufl. 2010, § 3 WpPG Rn. 38.

Platzierungen ein Prospekt zu veröffentlichen ist; selbiges gilt für die Möglichkeit einer Befreiung von der Prospektpflicht nach Art. 1 Abs. 4 lit. a bis d. Auch spricht Erwägungsgrund 26, welcher von einer „Begünstigung" der Finanzintermediäre allein im Hinblick auf UAbs. 2, nicht hingegen in Bezug auf UAbs. 1 Satz 2 spricht, gegen ein solches Verhältnis.[24]

3. Gültigkeit und Zustimmung (UAbs. 2)

a) Grundlagen

13 Sofern Emittent und Anbieter sich über die Verwendung eines bereits vorliegenden Prospekts einig sind, bietet es sich an, diesen für die Weiterplatzierung zu nutzen. Bis zur Umsetzung der ÄnderungsRL bestand in § 3 Abs. 1 Satz 2 WpPG i. d. F. vom 1.7.2005 eine weitere Einschränkung der Prospektpflicht dahingehend, dass kein Prospekt zu veröffentlichen war, wenn bereits ein Prospekt gemäß WpPG veröffentlich worden ist. Die Regierungsbegründung zum Gesetz zur Umsetzung der ÄnderungsRL führt jedoch aus, dass durch die Streichung des § 3 Abs. 1 Satz 2 Alt. 1 i. d. F. vom 1.7.2005 klargestellt werden sollte, dass die Ausnahme der vorherigen Prospektveröffentlichung nur unter den einschränkenden Voraussetzungen des damaligen § 3 Abs. 3 WpPG i. d. F. vom 1.7.2012 gelten sollte.[25] Aus der gesetzlichen Neuregelung und den Motiven des Gesetzgebers ist zu schließen, dass damals nur Finanzintermediären und auch nur unter den einschränkenden Voraussetzungen des damaligen § 3 Abs. 3 WpPG a. F. in diesem Fall eine Weiterplatzierung gestattet sein sollte.[26] Dass nur Banken und andere Finanzinstitute in den Genuss der Befreiung kommen sollten, war demnach vom Gesetzgeber offensichtlich so gewollt.

14 In Anbetracht der Regelung des Art. 5 Abs. 1 UAbs. 2 könnte der Wortlaut darauf schließen lassen, dass das Merkmal „durch Finanzintermediäre" die Tatbestandsalternative der „endgültigen Platzierung" betrifft, d. h. nicht auch zwingender Bestandteil der Alternative der bloßen „Weiterveräußerung" ist. Dies würde dazu führen, dass auch andere Dritte, welche Wertpapiere „weiterveräußern", unter den Voraussetzungen des UAbs. 2 von der Prospektpflicht zu befreien sind. Dagegen spricht jedoch Erwägungsgrund 26 der ProspektVO, wonach allein Finanzintermediäre, welche Wertpapiere platzieren oder nachfolgend weiterveräußern, den ursprünglich vom Emittenten oder von der für die Erstellung des Prospekts verantwortlichen Person veröffentlichten Prospekt so lange nutzen dürfen, wie er gültig und um angemessene Nachträge ergänzt ist und eine notwendige Zustimmung vorliegt.[27] Demnach ist davon auszugehen, dass das Merkmal „durch Finanzintermediäre" Tatbestandsmerkmal beider Alternativen des UAbs. 2 ist, der Anwendungsbe-

---

24 Ebenso Europäische Kommission, Vorschlag für eine Verordnung des Europäischen Parlaments und des Rates über den Prospekt, der beim öffentlichen Angebot von Wertpapieren oder bei deren Zulassung zum Handel zu veröffentlichen ist v. 30.11.2015, COM(2015) 583 final, S. 16.
25 Vgl. BT-Drucks. 17/8684, S. 17.
26 Ausführlich *Groß*, Kapitalmarktrecht, 6. Aufl. 2016, § 3 WpPG Rn. 10b ff., mit rechtspolitischer Kritik in Rn. 10d; ferner *Holzborn/Mayston*, in: Holzborn, WpPG, § 3 Rn. 8, 22.
27 Vgl. ebenso Europäische Kommission, Vorschlag für eine Verordnung des Europäischen Parlaments und des Rates über den Prospekt, der beim öffentlichen Angebot von Wertpapieren oder bei deren Zulassung zum Handel zu veröffentlichen ist v. 30.11.2015, COM(2015) 583 final, S. 16.

reich der Norm mithin ausschließlich Weiterveräußerungen durch Finanzintermediäre umfasst. Sonstige Dritte, die nicht Finanzintermediäre sind, können den ursprünglichen Prospekt daher auch bei Vorliegen der Voraussetzungen des UAbs. 2 nicht für ein öffentliches Angebot, etwa im Rahmen einer Umplatzierung, nutzen.[28] Es besteht allein die Möglichkeit einer Verweisung auf den ursprünglichen Prospekt gemäß Art. 19 (vgl. → Art. 19 Rn. 8 ff.).[29]

Erteilt der Emittent seine Zustimmung, übernimmt dieser weiterhin die Verantwortung für den Prospektinhalt.[30] Folge ist, dass der Emittent oder die für die Erstellung des ursprünglichen Prospekts verantwortliche Person für die in dem Prospekt enthaltenen Angaben und, falls es sich um einen Basisprospekt handelt, für die Übermittlung und Hinterlegung der endgültigen Bedingungen haftet (Erwägungsgrund 26). Stimmt der ursprüngliche Emittent bzw. der Prospektverantwortliche der Weiternutzung dagegen nicht zu, so ist der Finanzintermediär dazu verpflichtet, einen neuen Prospekt zu erstellen. In diesem Fall haftet der Finanzintermediär für die in dem Prospekt enthaltenen Informationen einschließlich sämtlicher mittels Verweis aufgenommener Informationen und, sofern es sich um einen Basisprospekt handelt, die endgültigen Bedingungen (Erwägungsgrund 26).[31]

b) Voraussetzungen

aa) Zustimmung

Der Prospekt darf nur verwendet werden, wenn der Emittent oder die Personen, die die Verantwortung für den Prospekt übernommen haben, dessen Verwendung schriftlich zugestimmt haben. Erforderlich ist, dass der Verantwortliche die Zustimmung zur Verwendung des Prospekts bereits bei der Weiterveräußerung erteilt hat.[32] Eine nachträgliche Zustimmung genügt nicht und führt auch nachträglich nicht zur Prospektfreiheit. Die Tatsache, dass der Wortlaut des Art. 5 Abs. 1 UAbs. 2 allein verlangt, dass die verantwortliche Person der Verwendung des Prospekts in einer schriftlichen Vereinbarung „zugestimmt hat", ändert daran nichts, da der europäische Verordnungsgeber offensichtlich davon ausgeht, dass die jeweilige Erklärung zuvor und nicht nachträglich vorliegen muss.[33]

Der von der Zustimmung begünstigte Finanzintermediär sowie der Gültigkeitszeitraum der Zustimmung müssen im Interesse der Rechtssicherheit bestimmt oder **jedenfalls bestimmbar** sein.[34] Der Emittent muss also nicht zwingend einzelnen Finanzintermediären

---

28 Vgl. bereits zu § 3 Abs. 3 WpPG a.F. *Holzborn/Mayston*, in: Holzborn, WpPG, § 3 Rn. 22; *Schnorbus*, in: Berrar/Meyer/Müller et al., WpPG/EU-ProspektVO, 2. Aufl. 2017, § 3 WpPG Rn. 42.
29 A.A. *Poelzig*, in: Assmann/Schlitt/von Kopp-Colomb, Prospektrecht Kommentar, Art. 5 ProspektVO Rn. 8.
30 *Oulds*, in: Kümpel/Mülbert/Früh/Seyfried, Bankrecht und Kapitalmarktrecht, Rn. 15.716; *Poelzig*, in: Assmann/Schlitt/von Kopp-Colomb, Prospektrecht Kommentar, Art. 5 ProspektVO Rn. 13.
31 *Zivny/Mock*, EU-ProspektVO/KMG 2019, Art. 5 ProspektVO Rn. 15.
32 *Poelzig*, in: Assmann/Schlitt/von Kopp-Colomb, Prospektrecht Kommentar, Art. 5 ProspektVO Rn. 9; *Groß*, Kapitalmarktrecht, Art. 5 ProspektVO Rn. 1.
33 So bereits zu Art. 3 Abs. 2 ProspektRL *Schnorbus*, in: Berrar/Meyer/Müller et al., WpPG/EU-ProspektVO, 2. Aufl. 2017, § 3 WpPG Rn. 45.
34 Bereits zur alten Rechtslage vgl. BT-Drucks. 17/8684, S. 17; *Groß*, Kapitalmarktrecht, 6. Aufl. 2016, § 3 WpPG Rn. 10c.

(**Individualkonsens**) die Verwendung des Prospekts erlauben.[35] Erforderlich ist nach dem klaren Wortlaut des Art. 5 Abs. 1 UAbs. 2 jedoch stets eine Vereinbarung zwischen dem Emittenten bzw. Prospektverantwortlichen auf der einen Seite und dem/den Finanzintermediär/en auf der anderen Seite, sodass eine einseitige Erklärung von Seiten des Emittenten bzw. Prospektverantwortlichen nicht ausreicht.[36]

18 Mögliche und übliche Praxis ist auch, dass der Emittent eine allgemeine Berechtigung zur Verwendung des Prospekts unter Beachtung der Bestimmbarkeit erteilt (**Generalkonsens**).[37] Dies ergibt sich bereits aus Art. 23 VO (EU) 2019/980, wonach die Zustimmung einem oder mehreren spezifischen Finanzintermediär(en) (Art. 23 lit. a VO (EU) 2019/980) oder allen Finanzintermediären (Art. 23 lit. b VO (EU) 2019/980) erteilt werden kann. Beide Konsensausgestaltungen (Individualkonsens bzw. Generalkonsens) können an **Bedingungen oder an eine zeitliche bzw. örtliche Beschränkung** geknüpft werden, sodass für den Emittenten oder die für die Erstellung des Prospekts verantwortliche Person weitere Gestaltungsmöglichkeiten geschaffen werden (Erwägungsgrund 26).[38]

19 Die Zustimmung muss nach dem Gesetzeswortlaut **schriftlich** erfolgen. Während bereits für § 3 Abs. 3 WpPG a. F. nach mehrfach bestätigter Auffassung der BaFin das gesteigerte **Schriftformerfordernis des § 126 BGB keine Anwendung gefunden hat**,[39] erübrigt sich aufgrund der autonomen Auslegung der ProspektVO diese Frage im Kontext des Art. 5 Abs. 1 UAbs. 2, sodass im Ergebnis auch eine Zustimmung per E-Mail ausreicht.[40] Das Schriftformerfordernis gilt ebenso für die etwaigen mit der Zustimmung zur Prospektverwendung gestellten Bedingungen und soll den Anlegern ermöglichen, zu bewerten, ob die Vereinbarungen bei der Weiterveräußerung oder endgültigen Platzierung der Wertpapiere eingehalten werden (Erwägungsgrund 26).[41] Die erforderliche schriftliche Zustimmung im Kontext der Vertriebskaskaden dient daher insbesondere der Rechtssicherheit und dem

---

35 *Poelzig*, in: Assmann/Schlitt/von Kopp-Colomb, Prospektrecht Kommentar, Art. 5 ProspektVO Rn. 14; *Zivny/Mock*, EU-ProspektVO/KMG 2019, Art. 5 ProspektVO Rn. 13.

36 Ausdrücklich klarstellend *Poelzig*, in: Assmann/Schlitt/von Kopp-Colomb, Prospektrecht Kommentar, Art. 5 ProspektVO Rn. 9.

37 *Zivny/Mock*, EU-ProspektVO/KMG 2019, Art. 5 ProspektVO Rn. 13; *Poelzig*, in: Assmann/Schlitt/von Kopp-Colomb, Prospektrecht Kommentar, Art. 5 ProspektVO Rn. 12; weiter auch *Schnorbus*, in: Berrar/Meyer/Müller et al., WpPG/EU-ProspektVO, 2. Aufl. 2017, § 3 WpPG Fn. 110 mit dem (angepassten) Praxisbeispiel: „Für im Rahmen des Programms begebene Wertpapiere, die auf der Grundlage des Prospekts emittiert werden oder worden sind, erteilen wir hiermit allen Finanzintermediären im Sinne von Art. 5 Abs. 1 UAbs. 2 ProspektVO für die Zwecke des öffentlichen Angebots dieser Wertpapiere im Rahmen der geltenden Verkaufsbeschränkungen unsere Zustimmung zur Verwendung des jeweiligen Prospektes in der Union, einschließlich etwaiger Nachträge sowie ggf. der zugehörigen Endgültigen Bedingungen für die jeweilige Dauer der Gültigkeit des Prospekts." Zu den Anforderungen an einen Nachtrag i. S. d. Art. 23 bei einer Zustimmung nach § 3 Abs. 3 WpPG a. F. gegenüber einer unbestimmten Anzahl von Finanzintermediären siehe *Heidelbach/Preuße*, BKR 2012, 397, 404.

38 *Poelzig*, in: Assmann/Schlitt/von Kopp-Colomb, Prospektrecht Kommentar, Art. 5 ProspektVO Rn. 9.

39 *Schnorbus*, in: Berrar/Meyer/Müller et al., WpPG/EU-ProspektVO, 2. Aufl. 2017, § 3 WpPG Rn. 46.

40 *Zivny/Mock*, EU-ProspektVO/KMG 2019, Art. 5 ProspektVO Rn. 17.

41 Ausdrücklich auch *Poelzig*, in: Assmann/Schlitt/von Kopp-Colomb, Prospektrecht Kommentar, Art. 5 ProspektVO Rn. 9.

Vertrauen der Anleger und ermöglicht diesen die Bestimmung des Prospektverantwortlichen.[42]

Erteilt der Emittent bzw. der Prospektverantwortliche seine Zustimmung, muss kein neuer Prospekt erstellt werden, da für Investoren ausreichende Informationen bereitgestellt werden, um fundierte Anlageentscheidungen treffen zu können. In einem solchen Fall hat der Prospekt alle nach Art. 23 VO (EU) 2019/980 zusätzlichen Angaben zu enthalten. Diese zusätzlichen Angaben bestimmen sich gemäß Art. 23 VO (EU) 2019/980 danach, ob der Emittent oder die für die Erstellung eines Prospekts verantwortliche Person **Individual- oder Generalkonsens** erteilt hat.[43]

20

Für beide Fälle sind zunächst die in Anhang 22 Abschnitt 1 VO (EU) 2019/980 genannten Angaben in den Prospekt aufzunehmen. Diese umfassen die **ausdrückliche Zustimmung** und die **zukünftige Verantwortungserklärung** des Emittenten oder der für die Erstellung des Prospekts verantwortlichen Person zur Verwendung und für den Inhalt des Prospekts, den **Zeitraum**, für den die Zustimmung zur Verwendung des Prospekts erteilt wurde, die Angebotsfrist, während der die spätere Weiterveräußerung oder endgültige Platzierung erfolgen kann, die Angabe der Mitgliedstaaten, in denen die Finanzintermediäre den Prospekt verwenden dürfen, sowie alle **sonstigen klaren und objektiven Bedingungen**, an welche die Zustimmung gebunden ist und die für die Verwendung des Prospekts **relevant** sind. Des Weiteren ist ein deutlich **hervorgehobener Hinweis** für die Anleger erforderlich, dass im Falle eines Angebots durch einen Finanzintermediär, dieser die Anleger zum Zeitpunkt der Angebotsvorlage über die Angebotsbedingungen unterrichtet.

21

Daneben tritt im Falle des **Individualkonsenses** (Art. 23 lit. a VO (EU) 2019/980) die Notwendigkeit, dass der Prospekt die in Anhang 22 Abschnitt 2A VO (EU) 2019/980 genannten Angaben enthält. Die in einem solchen Fall zusätzlichen Angaben sind die Auflistung und die Angabe der **Identität** (Name und Adresse) des Finanzintermediärs/der Finanzintermediäre, der/die den Prospekt verwenden darf/dürfen sowie die **neuen Informationen** zu Finanzintermediären, die zum Zeitpunkt der Billigung des Prospekts, des Basisprospekts oder ggf. der Übermittlung der endgültigen Bedingungen unbekannt waren.

22

Zu Teilen wird dabei bezüglich der **Anforderungen an die neuen Informationen** die Auffassung vertreten, dass die Angabepflicht im Falle einer nachträglichen Zustimmung für weitere Finanzintermediäre nach Prospektbilligung nicht greife. Es bestehe vielmehr auch die Möglichkeit, einen **nachträglichen Individualkonsens** gegenüber einem Finanzintermediär durch eine Veröffentlichung auf der Internetseite des Emittenten zu erklären. In einem solchen Fall sei daher ein Nachtrag in dem Prospekt entbehrlich.[44] Dies scheint jedoch aus zwei Gründen fraglich: Zunächst ist im Falle eines **nachträglichen Generalkonsenses** nach Prospektbilligung ein Nachtrag gemäß Art. 23 notwendig.[45] Ein nachträglicher Individualkonsens allein durch eine Internetveröffentlichung auf der Seite des Emit-

23

---

42 So auch *Zivny/Mock*, EU-ProspektVO/KMG 2019, Art. 5 ProspektVO Rn. 8.
43 Hierzu auch *Poelzig*, in: Assmann/Schlitt/von Kopp-Colomb, Prospektrecht Kommentar, Art. 5 ProspektVO Rn. 10 f.
44 So wohl die Auffassung von *Poelzig*, in: Assmann/Schlitt/von Kopp-Colomb, Prospektrecht Kommentar, Art. 5 ProspektVO Rn. 11 mit Verweis auf ESMA zur vorhergehenden ProspektRL und der dortigen Prospektverwendung nach Art. 14 Abs. 2 lit. c ProspektRL.
45 So auch *Poelzig*, in: Assmann/Schlitt/von Kopp-Colomb, Prospektrecht Kommentar, Art. 5 ProspektVO Rn. 12.

tenten würde jedoch de facto dazu führen, dass der Emittent die Wirkung eines Generalkonsenses auch im Nachhinein erreichen könnte, indem er – stets nachtragsfrei – jedem weiteren Finanzintermediär einen nachträglichen Individualkonsens erteilt und dadurch stetig den Kreis der individuellen Finanzintermediäre erweitert. Ebenso widerspricht eine solche Betrachtung der **Regelungsmaterie des Art. 23 VO (EU) 2019/980**. Im Falle eines Generalkonsenses (Art. 23 lit. b VO (EU) 2019/980) ist neben den allgemeinen Angaben (vgl. oben → Rn. 21) ein deutlich hervorgehobener Hinweis für die Anleger aufzunehmen, nach welchem jeder den Prospekt verwendende Finanzintermediär auf seiner Website anzugeben hat, dass er den Prospekt mit Zustimmung und gemäß den Bedingungen verwendet. In einem solchen Fall geht der Anleger mithin davon aus, dass der Emittent die weitere Verantwortung (vgl. oben → Rn. 15) für eine unbestimmte Zahl an Finanzintermediären übernehmen möchte, wohingegen im Falle eines Individualkonsenses eine Auflistung aller Finanzintermediäre erforderlich ist (→ Anhang 22 Abschnitt 2A Punkt 2A.1 VO (EU) 2019/980). Die Schriftformbegründung des Erwägungsgrunds 26 (vgl. oben → Rn. 19) wäre daher ad absurdum geführt, wenn der Anleger nicht die Gewissheit haben kann, dass die Auflistung der jeweiligen Finanzintermediäre abschließend ist. Denn in einem solchen Fall würde für den Anleger stets die Ungewissheit eines nachtragsfreien Individualkonsenses bestehen. Ein solcher Umstand ist bei der Erteilung eines Individualkonsenses im Vergleich zu der Offenheit eines Generalkonsenses nicht angelegt. Es sprechen daher die besseren Gründe dafür, dass die Pflicht zur Angabe der neuen Informationen gemäß Anhang 22 Abschnitt 2A Punkt 2A.2 VO (EU) 2019/980 auch im Falle einer nachträglichen Zustimmung für weitere Finanzintermediäre nach Prospektbilligung greift. Ein nachträglicher Individualkonsens gegenüber einem Finanzintermediär zur Prospektverwendung kann daher **nicht allein durch eine Veröffentlichung auf der Internetseite** des Emittenten erklärt werden.

bb) Prospekt nach den Vorschriften der ProspektVO

24 Art. 5 Abs. 1 UAbs. 2 setzt voraus, dass ein Prospekt **nach den Vorschriften der ProspektVO** vorliegt. Daraus folgt zunächst, dass Prospekte auf Grundlage des früheren WpPG, VerkProspG, des BörsG a. F. oder anderer (ausländischer) Vorschriften nicht Grundlage eines öffentlichen Angebots sein können. Ein öffentliches Angebot von (zugelassenen oder nicht zugelassenen) Wertpapieren erfordert grundsätzlich einen Prospekt, es sei denn, es handelt sich um Wertpapiere, für die ein Prospekt nach der ProspektVO bereits veröffentlicht wurde. In den Anwendungsbereich des Art. 5 Abs. 1 UAbs. 2 fallen auch nach Art. 24 notifizierte Prospekte.

25 Unerheblich ist für Zwecke der Befreiung von der Prospektpflicht nach Art. 5 Abs. 1 UAbs. 2, ob es sich bei dem bereits veröffentlichten Dokument um einen **Prospekt für die Zulassung** von Wertpapieren zum Handel oder um einen **Prospekt für das öffentliche Angebot** von Wertpapieren handelt.[46] Art. 5 Abs. 1 UAbs. 2 gilt umgekehrt allerdings nur für die Prospektpflicht bei öffentlichen Angeboten und nicht für die Prospektpflicht

---

46 Vgl. *Zeising*, in: Just/Voß/Ritz/Zeising, WpPG, 2009, § 3 Rn. 21; *Heidelbach*, in: Schwark/Zimmer, KMRK, 4. Aufl. 2010, § 3 WpPG Rn. 2, 13.

nach Art. 3 Abs. 3 für die Zulassung von Wertpapieren zum Handel an einem geregelten Markt.[47]

cc) Fungibilität der nachfolgenden Wertpapiere

Im Rahmen des § 3 Abs. 3 WpG a. F. war aufgrund der Formulierung „solange für das Wertpapier ein gültiger Prospekt vorliegt" umstritten, ob für den von einer erneuten Prospektpflicht befreienden Prospekt noch Gattungsidentität ausreichend ist.[48] Dies bleibt aufgrund der neuen Formulierung „wenn ein gültiger Prospekt (im Sinne des Artikels 12) vorliegt" fraglich, da der reine Wortlaut eher dem § 3 Abs. 1 Satz 2 Alt. 1 WpG i. d. F. bis zum 30.6.2012 entspricht. Es ist jedoch weiter festzuhalten, dass die Formulierung – auch mangels weiterer Anhaltspunkte in den gesetzgeberischen Motiven – jedenfalls nicht so zu verstehen ist, dass der Prospekt sich auf ein und dieselben Wertpapiere beziehen muss (etwa gleiche ISIN), da ansonsten die Einschränkungen des Art. 5 Abs. 1 UAbs. 2 überspannt wären. Es muss ausreichend sein, dass die anzubietenden Wertpapiere „fungibel" sind.[49] Fungibel in diesem Sinne sind z. B. Stammaktien, die von abgebenden Aktionären und aus einer späteren Kapitalerhöhung stammen,[50] nicht aber Stamm- und Vorzugsaktien oder zugelassene und nicht zugelassene Aktien. Nicht erforderlich ist, dass die betreffenden Wertpapiere bereits zuvor Gegenstand desselben Prospektes waren (eingehend → Rn. 15 ff.).[51]

26

dd) Gültigkeit

Wie alle Prospekte generell muss auch ein die Ausnahme des Art. 5 Abs. 1 UAbs. 2 begründender Prospekt nach Art. 12 gültig sein.[52] Das hatte bereits der Gesetzgeber des WpG infolge der Umsetzung der ÄnderungsRL im § 3 Abs. 3 WpG a. F. klargestellt,[53] war aber auch bereits unter dem Regime des § 3 Abs. 1 Satz 2 Alt. 1 WpG i. d. F. bis zum

27

---

47 Dies zumindest andeutend *Poelzig*, in: Assmann/Schlitt/von Kopp-Colomb, Prospektrecht Kommentar, Art. 5 ProspektVO Rn. 2 und Rn. 4; bereits zur alten Rechtslage auch *von Kopp-Colomb/Gajdos*, in: Assmann/Schlitt/von Kopp-Colomb, WpPG/VerkProspG, 2. Aufl. 2010, § 3 WpPG Rn. 13.
48 *Schnorbus*, in: Berrar/Meyer/Müller et al., WpPG/EU-ProspektVO, 2. Aufl. 2017, § 3 WpPG Rn. 50; zur Rechtslage im Rahmen des § 3 Abs. 1 Satz 2 Alt. 1 WpPG i. d. F. bis zum 30.6.2012 vgl. *Hamann*, in: Schäfer/Hamann, Kapitalmarktgesetze, § 3 WpPG Rn. 12; *Holzborn/Mayston*, in: Holzborn, WpPG, § 3 Rn. 8; *Schnorbus*, AG 2008, 389, 402; bereits seinerzeit weitergehend – die anzubietenden Wertpapiere müssten „identisch, d. h. fungibel" sein – *Zeising*, in: Just/Voß/Ritz/Zeising, WpPG, 2009, § 3 Rn. 21; *von Kopp-Colomb/Gajdos*, in: Assmann/Schlitt/von Kopp-Colomb, WpPG/VerkProspG, 2. Aufl. 2010, § 3 WpPG Rn. 16.
49 Bereits zur alten Rechtslage *Schnorbus*, AG 2008, 389, 402; *Hamann*, in: Schäfer/Hamann, Kapitalmarktgesetze, § 3 WpPG Rn. 12; *Zeising*, in: Just/Voß/Ritz/Zeising, WpPG, 2009, § 3 Rn. 21; *von Kopp-Colomb/Gajdos*, in: Assmann/Schlitt/von Kopp-Colomb, WpPG/VerkProspG, 2. Aufl. 2010, § 3 WpPG Rn. 16.
50 A. A. *Zeising*, in: Just/Voß/Ritz/Zeising, WpPG, 2009, § 3 Rn. 21.
51 A. A. *Zeising*, in: Just/Voß/Ritz/Zeising, WpPG, 2009, § 3 Rn. 21, 22; *Poelzig*, in: Assmann/Schlitt/von Kopp-Colomb, Prospektrecht Kommentar, Art. 5 ProspektVO Rn. 9.
52 Bereits zur alten Rechtslage unter § 3 WpPG a. F. *Groß*, Kapitalmarktrecht, 6. Aufl. 2016, § 3 WpPG Rn. 10c; *Holzborn/Mayston*, in: Holzborn, WpPG, § 3 Rn. 8.
53 Vgl. BT-Drucks. 17/8684, S. 17.

30.6.2012 herrschende Meinung.[54] Ansonsten würde die Entscheidung des Gesetzgebers, dass auch das öffentliche Angebot von bereits zugelassenen Wertpapieren (was in der Regel auf Grundlage eines zuvor veröffentlichten Prospektes erfolgte) grundsätzlich durch einen Prospekt zu dokumentieren ist, ausgehebelt werden. Der verwendete Prospekt muss im Übrigen für die gesamte Dauer des nach Art. 5 Abs. 1 UAbs. 2 durchgeführten prospektfreien Angebots gültig sein. Das neue prospektfreie Angebot kann demnach nur unter Beachtung der Gültigkeitsdauer von zwölf Monaten nach Art. 12 Abs. 1 offengehalten werden.

ee) Nachtrag nach Art. 23

28 Die Nutzung eines bereits gebilligten und veröffentlichten Prospekts für eine weitere Wertpapiertransaktion kann abhängig vom Zeitablauf die Aktualisierung durch einen Nachtrag nach Art. 23 erfordern.[55] Erteilt der Emittent die Zustimmung für die Verwendung des Prospekts, bleibt er für die Verpflichtung, die erforderlichen Nachträge gemäß Art. 23 zu erbringen, verantwortlich. Problematisch ist ein Nachtrag vor allem dann, wenn ein Zweitanbieter hierfür Informationen von einem Erstanbieter benötigt. Ein irgendwie gearteter Anspruch auf Mitwirkung besteht hier grundsätzlich nicht. Art. 23 Abs. 1 enthält dabei insbesondere keine Aussage darüber, wer in einem solchen Fall zur Erstellung des zu veröffentlichenden Nachtrags verpflichtet ist.

c) Aufstockung und Erhöhung des Emissionsvolumens

aa) Grundlagen

29 Nicht erforderlich ist, dass die nunmehr zu platzierenden Wertpapiere bereits Gegenstand des Erstprospektes waren, also bereits öffentlich angeboten wurden bzw. Gegenstand eines Zulassungsprospekts waren (vgl. ausführlich → Rn. 15 ff.).[56] Weder Gesetzeswortlaut noch Sinn und Zweck geben eine solche Einschränkung her. Ist die Aufstockung bzw. Erhöhung des Emissionsvolumens bereits im Erstprospekt vorgesehen, werden die entsprechenden Aktien nicht prospektfrei, sondern im Rahmen des Erstprospektes angeboten. Insofern bedarf es keiner Ausnahme nach Art. 5 Abs. 1 UAbs. 2. Fehlt der Hinweis auf die Aufstockung bzw. Erhöhung des Emissionsvolumens, ist bereits die Angebotsfrist ausgelaufen oder sind die entsprechenden Angaben anderweitig unvollständig, ist der Anwen-

---

54 *Poelzig*, in: Assmann/Schlitt/von Kopp-Colomb, Prospektrecht Kommentar, Art. 5 ProspektVO Rn. 9; *Zivny/Mock*, EU-ProspektVO/KMG 2019, Art. 5 ProspektVO Rn. 10; bereits zur alten Rechtslage *Wiegel*, Die Prospektrichtlinie und Prospektverordnung, S. 166; *Seitz*, AG 2005, 678, 683; *Schnorbus*, AG 2008, 389, 402; *Hamann*, in: Schäfer/Hamann, Kapitalmarktgesetze, § 3 WpPG Rn. 12; *Zeising*, in: Just/Voß/Ritz/Zeising, WpPG, 2009, § 3 Rn. 23 ff.; *von Kopp-Colomb/Gajdos*, in: Assmann/Schlitt/von Kopp-Colomb, WpPG/VerkProspG, 2. Aufl. 2010, § 3 WpPG Rn. 17; *Lenenbach*, Kapitalmarkt- und Börsenrecht, Rn. 10.287; **a.A.** *Holzborn/Israel*, in: Holzborn, WpPG, § 3 Rn. 8; *Heidelbach*, in: Schwark/Zimmer, KMRK, 4. Aufl. 2010, § 3 WpPG Rn. 13.
55 BT-Drucks. 17/8684, S. 17; *Poelzig*, in: Assmann/Schlitt/von Kopp-Colomb, Prospektrecht Kommentar, Art. 5 ProspektVO Rn. 13; *Groß*, Kapitalmarktrecht, 6. Aufl. 2016, § 3 WpPG Rn. 10c; *Holzborn/Mayston*, in: Holzborn, WpPG, § 3 Rn. 8.
56 So wohl auch *Heidelbach*, in: Schwark/Zimmer, KMRK, 4. Aufl. 2010, § 3 WpPG Rn. 13; **a.A.** *Zeising*, in: Just/Voß/Ritz/Zeising, WpPG, 2009, § 3 Rn. 21 f.; *von Kopp-Colomb/Gajdos*, in: Assmann/Schlitt/von Kopp-Colomb, WpPG/VerkProspG, 2. Aufl. 2010, § 3 WpPG Rn. 16.

dungsbereich des Art. 5 Abs. 1 UAbs. 2 eröffnet und ggf. ein diesbezüglicher Nachtrag nach Art. 23 erforderlich (vgl. ausführlich → Art. 23 Rn. 17 ff.).[57]

bb) Praxisfälle

Der Anwendungsbereich des Art. 5 Abs. 1 UAbs. 2 erfasst somit zum einen **aufgeteilte Emissionen**, die in mehreren Tranchen öffentlich angeboten werden. Zum anderen erfasst die Regelung die nachträgliche **Aufstockung**[58] bzw. **Erhöhung des Emissionsvolumens**. Unter „Aufstockung" ist eine Ausweitung des Emissionsvolumens einer bereits zuvor begebenen Emission durch Ausgabe weiterer fungibler Wertpapiere mit identischer technischer und rechtlicher Ausstattung, z.B. hinsichtlich ISIN, Stückelung, Verzinsung und Zinslauf, zu verstehen. Das ist auch dann der Fall, wenn die neuen Aktien durch **eine Kapitalerhöhung** ausgegeben werden und der gleichen Gattung entsprechen, also z.B. Stammaktien mit gleichem nominalen Anteil am Grundkapital und gleicher Gewinnberechtigung. Die zusätzlichen Informationen sind nach Maßgabe des Art. 23 nachzutragen. 30

In Betracht kommt auch die Verwendung für eine **Neuemission** oder die **Weiterveräußerung von Schuldverschreibungen durch Finanzintermediäre**, sofern die Finanzintermediäre in Abstimmung mit den Emittenten handeln und dieser Umstand abstrakt im Prospekt offengelegt wird im Rahmen einer Ersetzungsklausel und der neue Anbieter konkret durch einen Nachtrag benannt wird. Für das öffentliche Angebot der jeweiligen weiteren oder neuen Tranche ist aber dann kein Prospekt erforderlich, wenn hinsichtlich der ersten Tranche bereits ein vollständiger Prospekt erstellt wurde, welcher anlässlich des Angebots der weiteren Tranche nach Maßgabe des Art. 12 nicht älter als zwölf Monate nach Veröffentlichung ist und um nach Art. 23 erforderliche Nachträge ergänzt wurde. 31

d) Retail-Kaskaden

aa) Grundlagen

Ein praktisches Beispiel für eine Problematik in der Schnittmenge des Art. 5 Abs. 1 UAbs. 2 und der Anbietereigenschaft (vgl. → Art. 2 Rn. 125 ff.) ist die Verantwortlichkeit zwischen ursprünglichem Emittenten und weiterverkaufenden Intermediären bei sog. **Retail-Kaskaden**.[59] Bei solchen Retail-Kaskaden werden Wertpapiere an Kleinanleger weiterveräußert, indem die Wertpapiere nicht direkt vom Emittenten, sondern von Finanz- 32

---

57 *Groß*, Kapitalmarktrecht, Art. 23 ProspektVO Rn. 18.
58 *Grosjean*, in: Heidel, Aktienrecht und Kapitalmarktrecht, 3. Aufl. 2011, § 3 WpPG Rn. 4; **a.A.** *von Kopp-Colomb/Gajdos*, in: Assmann/Schlitt/von Kopp-Colomb, WpPG/VerkProspG, 2. Aufl. 2010, § 3 WpPG Rn. 16.
59 Näher dazu *Zivny/Mock*, EU-ProspektVO/KMG 2019, Art. 5 ProspektVO Rn. 10; *Schlitt*, in: Habersack/Mülbert/Schlitt, Kapitalmarktinformation, § 3 Rn. 67 f.; *Poelzig*, in: Assmann/Schlitt/von Kopp-Colomb, Prospektrecht Kommentar, Art. 5 ProspektVO Rn. 2; umfassend auch zur alten Rechtslage CESR, Frequently Asked Questions (12th Updated Version – November 2010), Nr. 56 (Retail cascade offers), S. 38 (von ESMA nicht mehr fortgeführt); CESR's Report on the supervisory functioning of the Prospectus Directive and Regulation, June 2007, CESR/07–225, S. 20 f.; sowie zu § 3 Abs. 3 WpPG a.F. *Schneider/Haag*, Capital Markets Law Journal 2007, 370 ff.; *Heidelbach/Preuße*, BKR 2008, 10 ff.; *Elsen/Jäger*, BKR 2008, 459, 462 f.; *Schnorbus*, AG 2008, 389, 405 f.; *Heidelbach*, in: Schwark/Zimmer, KMRK, 4. Aufl. 2010, § 3 WpPG Rn. 25 ff.; *Müller*, WpPG, § 3 WpPG Rn. 10; *Straßner/Grosjean*, in: Heidel, Aktienrecht und Kapitalmarktrecht, 5. Aufl. 2019, § 3 WpPG Rn. 7.

intermediären an sog. „Retailinvestoren", also an nicht qualifizierte Anleger nach Maßgabe des Art. 2 lit. e, verkauft werden.[60] In der Praxis kann sich dieser Platzierungsprozess über zahlreiche, teilweise hintereinander geschaltete Finanzintermediäre erstrecken und mehrere Wochen oder Monate dauern. Während dieses Zeitraumes kann sich der Preis der Wertpapiere ständig ändern, abhängig von dem dann existierenden Marktgeschehen.

bb) Rechtliche Bewertung

33 In dieser Konstellation stellt sich die Frage, inwieweit der ursprüngliche Emittent und das ursprüngliche Emissionskonsortium auch innerhalb dieser Distributionskette noch als Anbieter gelten und sicherstellen müssen, dass ein vorhandener Prospekt nach Art. 12 gültig ist und nach Maßgabe des Art. 23 gegebenenfalls aktualisiert wird (bzw. Verkaufsbeschränkungen nach Art. 1 Abs. 4 lit. a bis d eingehalten werden).[61] Richtigerweise sind **Emittent und Konsortium nicht mehr als Anbieter** anzusehen, soweit die Wertpapiere nur noch von den Finanzintermediären als Wiederverkäufer vertrieben werden und **nicht in Kooperation** mit Emittent und Konsortium.[62] Die Vermarktungsaktivitäten werden dann weder positiv unterstützt durch Emittent und Konsortium, noch haben sie Kontrolle hierüber. Im Übrigen unterliegt der Preis der Wertpapiere dann dem Markt – und nicht mehr dem Preisregime der Vertragsparteien und den sonstigen Vorgaben des Übernahmevertrages zwischen Emittent und Konsortium –, sodass Weiterveräußerungen durch Finanzintermediäre ihnen auch insofern nicht mehr zugerechnet werden können (vgl. → Art. 2 Rn. 137). Dagegen ist der Emittent dann verantwortlich für das Angebot, wenn er das öffentliche Angebot innerhalb einer Vertriebskette von Anfang an beabsichtigt hat.[63]

34 Im Umkehrschluss bedeutet dies, dass jeder **Wiederverkauf über mehrere Stufen als selbstständiges Angebot jedes einzelnen Finanzintermediäres** zu werten und die Prospektpflicht dementsprechend erneut zu prüfen ist.[64] Klargestellt wird dies durch Art. 5 Abs. 1 UAbs. 1 Satz 2, wonach bei der Platzierung von Wertpapieren durch Finanzintermediäre ein Prospekt zu erstellen ist, wenn die endgültige Platzierung keine der unter

---

60 Vgl. Europäische Kommission, Vorschlag für eine Verordnung des Europäischen Parlaments und des Rates über den Prospekt, der beim öffentlichen Angebot von Wertpapieren oder bei deren Zulassung zum Handel zu veröffentlichen ist v. 30.11.2015, COM(2015) 583 final, S. 15.
61 Hierzu auch *Poelzig*, in: Assmann/Schlitt/von Kopp-Colomb, Prospektrecht Kommentar, Art. 5 ProspektVO Rn. 4f.; *Zivny/Mock*, EU-ProspektVO/KMG 2019, Art. 5 ProspektVO Rn. 3 ff.
62 CESR, Frequently Asked Questions (12th Updated Version – November 2010), Nr. 56 (Retail cascade offers), S. 38 (von ESMA nicht mehr fortgeführt); vgl. auch *Schneider/Haag*, Capital Markets Law Journal 2007, 370, 376; *Heidelbach/Preuße*, BKR 2008, 10; *Schnorbus*, AG 2008, 389, 406.
63 *Poelzig*, in: Assmann/Schlitt/von Kopp-Colomb, Prospektrecht Kommentar, Art. 5 ProspektVO Rn. 5; zur alten Rechtslage bereits *Heidelbach/Preuße*, BKR 2008, 10; *Schnorbus*, AG 2008, 389, 406.
64 *Zivny/Mock*, EU-ProspektVO/KMG 2019, Art. 5 ProspektVO Rn. 3; sowie bereits zu § 3 Abs. 2 Satz 3 WpPG a.F. *Schnorbus*, AG 2008, 389, 406; in diese Richtung auch CESR, Frequently Asked Questions (12th Updated Version – November 2010), Nr. 56 (Retail cascade offers), S. 38 (von ESMA nicht mehr fortgeführt); *Holzborn/Mayston*, in: Holzborn, WpPG, § 3 Rn. 22; *von Kopp-Colomb/Gajdos*, in: Assmann/Schlitt/von Kopp-Colomb, WpPG/VerkProspG, 2. Aufl. 2010, § 3 WpPG Rn. 40; *Lenenbach*, Kapitalmarkt- und Börsenrecht, Rn. 10.285 **a.A.** *Heidelbach*, in: Schwark/Zimmer, KMRK, 4. Aufl. 2010, § 3 WpPG Rn. 28, 96 (insbesondere mit praktischen Bedenken).

Art. 1 Abs. 4 lit. a bis d genannten Ausnahmen erfüllt. Art. 5 Abs. 1 UAbs. 1 Satz 2 begründet jedoch keine selbstständige Prospektpflicht der Finanzintermediäre bei einer Weiterplatzierung in einer Retail-Kaskade. Vielmehr wird nur klargestellt, dass jede Weiterplatzierung darauf zu untersuchen ist, ob sie einer Prospektpflicht unterliegt, was nicht der Fall ist, wenn kein öffentliches Angebot vorliegt (z.B. mangels Öffentlichkeit) oder eine der Ausnahmen nach Art. 1 Abs. 4 lit. a bis d eingreift.[65]

Da jede Weiterplatzierung durch Finanzintermediäre als selbstständiges, von der ursprünglichen Emission getrenntes Angebot zu werten ist, sind dementsprechend auch die Ausnahmetatbestände grundsätzlich unabhängig von der ursprünglichen Emission anzuwenden. Der jeweilige Finanzintermediär kann daher z.B. auf die Ausnahme des Art. 1 Abs. 4 lit. b oder Art. 3 Abs. 2 UAbs. 1 lit. b zurückgreifen, selbst wenn die entsprechenden Schwellenwerte bei der Ausgangsemission weit überschritten wurden.[66] Die einzelnen Weiterplatzierungen durch die jeweiligen Finanzintermediäre werden für Zwecke der Prüfung eines öffentlichen Angebots oder der Ausnahmebestimmungen nicht zusammengefasst, sie werden nicht aggregiert.[67] Demgegenüber ist im Falle eines einheitlichen Angebots, also in der Konstellation, dass der Emittent die Weiterveräußerung bei Abgabe des öffentlichen Erstangebots bereits beabsichtigt hat, auch das Erstangebot prospektpflichtig, wenn der Finanzintermediär entgegen der Ausnahme des Art. 1 Abs. 4 lit. b die Wertpapiere mehr als 150 nicht qualifizierten Anlegern öffentlich anbietet, ungeachtet dessen, ob ursprünglich die Schwelle des Art. 1 Abs. 4 lit. b eingehalten wurde.[68] 35

III. Nichtdividendenwerte (Abs. 2)

Art. 5 Abs. 2 wurde durch den Ausschuss für Wirtschaft und Währung im Rahmen einer Kompromissabänderung (Abänderung 11) eingefügt.[69] Hintergrund ist, dass durch die Möglichkeit von weniger aufwändigen Mindestinformationspflichten die ordnungsgemäße Funktionsweise des Großkundenmarkts für Nichtdividendenwerte (vgl. hierzu → Art. 2 Rn. 40 ff.) und die Erhöhung der Liquidität am Markt gewährleistet wird (Erwägungsgrund 21 der ProspektVO).[70] Um die Differenzierung zwischen dieser einfachen Handhabung und dem Angebot von Nichtdividendenwerten für Kleinanleger zu ermöglichen, soll 36

---

65 *Zivny/Mock*, EU-ProspektVO/KMG 2019, Art. 5 ProspektVO Rn. 4.
66 *Schnorbus*, AG 2008, 389, 406.
67 *Schnorbus*, AG 2008, 389, 406.
68 *Poelzig*, in: Assmann/Schlitt/von Kopp-Colomb, Prospektrecht Kommentar, Art. 5 ProspektVO Rn. 5, 7.
69 Informatorischer Vermerk 7976/17 vom 10.4.2017 zum Vorschlag für eine Verordnung des Europäischen Parlaments und des Rates über den Prospekt, der beim öffentlichen Angebot von Wertpapieren oder bei deren Zulassung zum Handel zu veröffentlichen ist – Ergebnis der ersten Lesung des Europäischen Parlaments (Straßburg, 3. bis 6.4.2017), S. 74.
70 Für die Einführung des Erwägungsgrunds 21 vgl. Informatorischen Vermerk 7976/17 vom 10.4.2017 zum Vorschlag für eine Verordnung des Europäischen Parlaments und des Rates über den Prospekt, der beim öffentlichen Angebot von Wertpapieren oder bei deren Zulassung zum Handel zu veröffentlichen ist – Ergebnis der ersten Lesung des Europäischen Parlaments (Straßburg, 3. bis 6.4.2017), S. 16.

sichergestellt werden, dass für nicht qualifizierte Anleger stets ein „geeigneter" Prospekt erstellt wird.[71]

37 Für Nichtdividendenwerte, also gemäß Art. 2 lit. c alle Wertpapiere i. S. d. Art. 2 lit. a, die keine Dividendenwerte i. S. d. Art. 2 lit. b sind, welche ausschließlich für qualifizierte Anleger konzipiert sind, gelten nach der ProspektVO weniger strenge Mindestinformationspflichten als für Dividendenwerte, die auch nicht qualifizieren Anlegern angeboten werden (vgl. etwa Art. 7 Abs. 1 UAbs. 2, 13 Abs. 1 UAbs. 3 lit. a). Bevor daher etwaige Nichtdividendenwerte, welche ausschließlich an einem geregelten Markt oder in einem bestimmten Segment eines solchen gehandelt werden, zu dem ausschließlich qualifizierte Anleger zu Zwecken des Handels mit diesen Wertpapieren Zugang erhalten sollen, an nicht qualifizierte Anleger weiterveräußert werden, verlangt Art. 5 Abs. 2, dass ein dem Informationsbedürfnis nicht qualifizierter Anleger gerecht werdender Prospekt erstellt wird.[72]

38 Sinn und Zweck des Art. 5 Abs. 2 liegt daher in der Gewährleistung, dass nicht durch eine etwaige Weiterveräußerung, also durch die „Hintertür", nicht qualifizierten Anlegern ein direkter oder indirekter Zugang zu einem geregelten Markt oder bestimmten Segment gewährt wird. Kleinanleger können daher mit Nichtdividendenwerten nur dann in Berührung kommen, wenn für diese ein geeigneter Prospekt i. S. d. ProspektVO erstellt wurde. Art. 5 Abs. 2 ist demnach Ausfluss des in Art. 6 Abs. 1 UAbs. 2 lit. d niedergelegten Grundsatzes, wonach der erforderliche Prospektinhalt unter anderem abhängig vom Zielmarkt ist.

---

71 *Poelzig*, in: Assmann/Schlitt/von Kopp-Colomb, Prospektrecht Kommentar, Art. 5 ProspektVO Rn. 18.
72 *Poelzig*, in: Assmann/Schlitt/von Kopp-Colomb, Prospektrecht Kommentar, Art. 5 ProspektVO Rn. 16.

Kapitel II
Erstellung des Prospekts

Art. 6 ProspektVO
Der Prospekt

(1) Unbeschadet der Artikel 14 Absatz 2, Artikel 14a Absatz 2 und Artikel 18 Absatz 1 enthält ein Prospekt die erforderlichen Informationen, die für den Anleger wesentlich sind, um sich ein fundiertes Urteil über Folgendes bilden zu können:

a) die Vermögenswerte und Verbindlichkeiten, die Gewinne und Verluste, die Finanzlage und die Aussichten des Emittenten und eines etwaigen Garantiegebers;

b) die mit den Wertpapieren verbundenen Rechte; und

c) die Gründe für die Emission und ihre Auswirkungen auf den Emittenten.

Diese Informationen können sich unterscheiden

a) nach der Art des Emittenten;

b) nach der Art der Wertpapiere;

c) nach der Lage des Emittenten;

d) – soweit zutreffend – je nachdem, ob es sich um Nichtdividendenwerte mit einer Mindeststückelung von 100 000 EUR handelt oder nicht, oder ob die Wertpapiere ausschließlich an einem geregelten Markt oder in einem bestimmten Segment eines solchen gehandelt werden sollen, zu dem ausschließlich qualifizierte Anleger zu Zwecken des Handels mit Wertpapieren Zugang erhalten.

(2) Die Informationen in einem Prospekt werden unter Beachtung der in Absatz 1 Unterabsatz 2 genannten Faktoren in leicht zu analysierender, knapper und verständlicher Form geschrieben und präsentiert.

(3) Der Emittent, der Anbieter oder die die Zulassung zum Handel an einem geregelten Markt beantragende Person kann den Prospekt als ein einziges Dokument oder in mehreren Einzeldokumenten erstellen.

Unbeschadet des Artikels 8 Absatz 8 und des Artikels 7 Absatz 1 Unterabsatz 2, werden in einem aus mehreren Einzeldokumenten bestehenden Prospekt die geforderten Angaben in ein Registrierungsformular, eine Wertpapierbeschreibung und eine Zusammenfassung geteilt. Das Registrierungsformular enthält die Angaben zum Emittenten. Die Wertpapierbeschreibung enthält die Angaben zu den Wertpapieren, die öffentlich angeboten werden oder zum Handel an einem geregelten Markt zugelassen werden sollen.

Art. 6 ProspektVO   Der Prospekt

Übersicht

Rn.   Rn.

I. Vorbemerkung zum Kapitel II und zum Regelungsgegenstand des Art. 6 ... 1
 1. Bedeutung und systematische Stellung des Kapitels II 1
 2. Regelungsgegenstand des Art. 6 3

II. Allgemeine Anforderungen an den Prospekt (Art. 6 Abs. 1 und 2) 4
 1. Prospektinhalt (Art. 6 Abs. 1 Satz 1) ... 6
  a) Maßstab 6
   aa) Richtigkeit („Prospektwahrheit") 7
   bb) Vollständigkeit und Wesentlichkeit 9
  b) Gegenstand 13
   aa) Emittent 14
   bb) Garantiegeber 17
   cc) Wertpapiere 19
  c) Kriterien 20
   aa) Emittentenbezogene Kriterien .. 21
   bb) Wertpapierbezogene Kriterien .. 42
   cc) Beispielcharakter der Kriterien . 43
  d) Gründe für die Emission und ihre Auswirkungen auf den Emittenten 44
  e) Unterscheidung nach dem konkreten Gegenstand des Prospektes 45
  f) Exkurs: Nachhaltigkeitsgesichtspunkte 46
 2. Prospektklarheit (Art. 6 Abs. 2) 47
  a) Leichte Analysierbarkeit 47
  b) Verständlichkeit 54
  c) Knappe Form 62

III. Einteiliger oder mehrteiliger Prospekt (Art. 6 Abs. 3) (*Singhof*) 63
 1. Überblick über den Regelungsgegenstand; praktische Bedeutung 63
 2. Gestaltungsmöglichkeiten 66
  a) Prospekt 66
  b) Basisprospekt 68
 3. Bestandteile des Prospekts aus mehreren Einzeldokumenten 69
  a) (Einheitliches) Registrierungsformular 69
  b) Wertpapierbeschreibung 72
  c) Zusammenfassung 74

I. Vorbemerkung zum Kapitel II und zum Regelungsgegenstand des Art. 6

1. Bedeutung und systematische Stellung des Kapitels II

1   Kapitel II ist mit „Erstellung des Prospektes" nicht ganz treffend überschrieben. Denn es beschreibt **Grundprinzipien, -strukturen** und verschiedene **Gestaltungsformen** eines Prospektes. Dabei legt Art. 6 allgemein geltende **Grundsätze für die inhaltlichen Anforderungen** an einen Prospekt fest. Ihm kommt mithin zentrale Bedeutung auch für die Auslegung anderer Bestimmungen zu, die den erforderlichen Prospektinhalt näher konkretisieren. Zudem regelt er die in der ProspektVO angelegte Dreiteiligkeit. Art. 7 ist dem Teil **Prospektzusammenfassung**. Er enthält ausführliche Vorgaben für Natur, Aufmachung und Gliederung sowie den maximalen Umfang der Zusammenfassung. Mit Art. 8 folgt eine **Sonderregelung für Basisprospekte,** einer speziellen Form des Prospekts, die für mehrere gleichartige Emissionen im Rahmen von Angebotsprogrammen für Nichtdividendenwerte verwendet werden kann. Sie trägt den Besonderheiten dieser Emissionsformen dadurch Rechnung, dass bestimmte Informationen im Prospekt (noch) nicht enthalten sein müssen. Art. 9 regelt das **einheitliche Registrierungsformular,** eine Sonderform des für die Emittentenangaben vorgesehenen Prospektbestandteils Registrierungsformular, die Daueremittenten ein erleichtertes Billigungsverfahren ermöglicht. In Art. 10 wird die Möglichkeit konkretisiert, einen Prospekt nicht nur als **einteiliges Dokument** zu erstellen, sondern als sog. **dreiteiligen Prospekt** in die Bestandteile Registrierungsformular, Wertpapierbeschreibung und Zusammenfassung aufzuteilen. Dies ist vor

allem für Emittenten von Interesse, die während der Gültigkeitsdauer eines Prospekts mehrmals Wertpapiere ausgeben möchten. Wurde einmal ein Registrierungsformular gebilligt, ist nach Art. 10 Abs. 3 während dessen Gültigkeit zur Erfüllung der Prospektpflicht bei einem öffentlichen Angebot oder der Zulassung von Wertpapieren des Emittenten zu einem organisierten Markt nur noch die Erstellung (sowie Billigung und Veröffentlichung) von Wertpapierbeschreibung und Zusammenfassung erforderlich. Das Registrierungsformular ist dabei ggf. durch einen Nachtrag nach Art. 23 zu aktualisieren.

Art. 11 regelt Grundprinzipien der **Prospekthaftung**, wobei die Einzelheiten den Regelungen des nationalen Rechts der Mitgliedstaaten vorbehalten sind. Art. 12 bestimmt die **zeitlichen Grenzen der Verwendbarkeit** eines Prospekts, Registrierungsformulars und einheitlichen Registrierungsformulars sowie die Voraussetzungen für deren Verwendung während dieses Zeitraumes. Dabei kommt dem Verweis auf die Nachtragspflicht nach Art. 23 zentrale Bedeutung zu. Diese ist Ausdruck des allgemeinen Prinzips, dass die Gültigkeit des Prospekts (bzw. der Prospektbestandteile) unter dem Vorbehalt der Aktualisierung steht. 2

2. Regelungsgegenstand des Art. 6

Der Schwerpunkt des Art. 6 liegt, wie bereits dargelegt, in der Festlegung genereller inhaltlicher Anforderungen an einen Prospekt. In seinem Abs. 1 legt er das allgemeine Grundprinzip fest, dem die weitere Ausgestaltung des Prospekts zu folgen hat. Der Prospekt ist in Form und Inhalt an seiner Funktion im Rahmen des Angebots und der Zulassung von Wertpapieren auszurichten. Er dient als Grundlage der Investitionsentscheidung der Anleger, sei es beim Erwerb im Primärmarkt (d.h. im Rahmen eines öffentlichen Angebots) oder im Sekundärmarkt (also: im Rahmen des Handels an einem organisierten Markt); er ist mithin das **zentrale Informationsdokument** für den Anleger. Dies ergibt sich auch daraus, dass jegliche Vertriebsdokumente, die neben dem Prospekt existieren mögen, auf dessen Existenz und Erhältlichkeit hinzuweisen haben und mit dem Prospekt konsistent sein müssen (vgl. dazu Art. 22 und die Kommentierung hierzu). Vor diesem Hintergrund werden in Art. 6 generalklauselartig allgemeine Vorgaben festgelegt, die den Maßstab bestimmen, an dem sich der Prospekt in seiner Gesamtheit bzw. das durch ihn erzeugte Bild des dargestellten Emittenten bzw. der betreffenden Wertpapiere zu orientieren hat. Zudem kommt der Generalklausel in Art. 6 Abs. 1 eine für die Auslegung der die Gestaltung des Prospekts konkretisierenden Bestimmungen prägende Bedeutung zu: Sie definiert den Zweck des Prospekts und damit den Regelungszweck der Bestimmungen über die einzelnen Prospektangaben. Die Einzelnormen hierzu sind daher im Lichte dieser Generalklausel auszulegen. 3

II. Allgemeine Anforderungen an den Prospekt (Art. 6 Abs. 1 und 2)

Der Wortlaut des Abs. 1 entspricht weitgehend jenen der **Vorläuferbestimmungen**, d.h. Art. 5 Abs. 1 der früheren ProspektRL,[1] den § 5 Abs. 1 WpPG a.F. nahezu wortgleich 4

---

[1] Richtlinie 2003/71/EG v. 4.11.2003 betreffend den Prospekt, der beim öffentlichen Angebot von Wertpapieren oder bei deren Zulassung zum Handel zu veröffentlichen ist, und zur Änderung der Richtlinie 2001/34/EG, ABl. EU L 345 v. 31.12.2003, S. 64.

Art. 6 ProspektVO Der Prospekt

übernommen hatte. Ergänzt wurde die Bestimmung dadurch, dass ausdrücklich auch auf die Gründe der Emission und ihre Auswirkungen auf den Emittenten einzugehen ist (→ Rn. 44). Ferner ist der klarstellende Hinweis in Abs. 1 Satz 2 neu, wonach sich die Prospektinformationen je nach Art des Emittenten, der Wertpapiere, der Lage des Emittenten und danach unterscheiden können, ob die Wertpapiere ausschließlich qualifizierten Anlegern angeboten werden sollen bzw. nur in einem Marktsegment gehandelt werden sollen, zu dem ausschließlich solche Anleger Zugang erhalten.

5 Bei der Auslegung der Begriffe des Art. 6 Abs. 1 lassen sich zudem Literatur und Kasuistik zur **Prospekthaftung** nach § 9 WpPG bzw. zu dessen wortgleichen Vorläuferregelungen § 21 WpPG a. F. und § 44 BörsG heranziehen. Danach stehen Erwerbern von Wertpapieren, die aufgrund eines Prospekts zum Börsenhandel zugelassen wurden, Prospekthaftungsansprüche zu, wenn der Prospekt in Bezug auf „für die Beurteilung der Wertpapiere wesentliche Angaben" unrichtig oder unvollständig war, § 9 Abs. 1 Satz 1 WpPG. Nach § 10 WpPG gilt in Bezug auf Prospekte für ein öffentliches Angebot, (auch) wenn er nicht Grundlage für die Zulassung von Wertpapieren zum Börsenhandel ist, § 9 WpPG entsprechend. Der Verordnungsgeber hat in Art. 11 ProspektVO die Regelung des Art. 6 Abs. 1 der früheren ProspektRL übernommen, wonach die Mitgliedstaaten sicherzustellen haben, dass nach nationalem Recht die für die Prospekterstellung Verantwortlichen für die Richtigkeit und Vollständigkeit der Prospektangaben haften, und auf eine konkretere Regelung der Haftung verzichtet. Der deutsche Gesetzgeber hat daher bei Anwendbarwerden der ProspektVO zum 21.7.2019 lediglich den bisherigen § 21 WpPG in § 9 WpPG umbenannt und die Regelung des § 21 Abs. 1 WpPG a. F. nahezu wortwörtlich beibehalten.[2] Damit sind die in §§ 9 ff. WpPG geregelten Ansprüche die haftungsrechtliche Sanktion für Verstöße gegen Art. 6 Abs. 1. Trotz unterschiedlicher Wortwahl kann davon ausgegangen werden, dass sich die Anforderungen an Richtigkeit und Vollständigkeit des Prospekts in Art. 6 Abs. 1 einerseits und in §§ 9 ff. WpPG andererseits nicht unterscheiden.[3]

1. Prospektinhalt (Art. 6 Abs. 1 Satz 1)

a) Maßstab

6 Der Inhalt des Prospekts hat sich zunächst an seinem Zweck zu orientieren. Nach Erwägungsgründen 7 und 10 der ProspektVO ist deren Ziel (vor allem) der Anlegerschutz. Dieser soll u. a. durch vollständige Informationen über Wertpapiere und deren Emittenten erreicht werden. Insbesondere ist nach Erwägungsgrund 7 ProspektVO der Anleger (durch den Prospekt) in die Lage zu versetzen, eine fundierte Anlageentscheidung in Kenntnis der dafür notwendigen Informationen treffen zu können.

aa) Richtigkeit („Prospektwahrheit")

7 Art. 6 Abs. 1 spricht davon, dass der Prospekt dem Anleger ein **fundiertes Urteil** zu ermöglichen hat und zwar über den Emittenten, die Wertpapiere und die konkrete Emission

---

2 G zur weiteren Ausführung der EU-Prospektverordnung und zur Änderung von Finanzmarktgesetzen v. 8.7.2019, BGBl. I, S. 1002.
3 Ähnlich *Just*, in: Just/Voß/Ritz/Zeising, WpPG, 2009, § 5 Rn. 4, 13.

(dazu näher → Rn. 13 ff.). Mit anderen Worten: Der Anleger (zum hierbei relevanten Anlegerbegriff → Rn. 55 ff.) muss in die Lage versetzt werden, die Chancen und Risiken der Anlage richtig einzuschätzen, um eine nach Maßgabe seiner eigenen Anlagestrategie richtige Entscheidung zu treffen. Auch wenn der Begriff „fundiert" auf das Urteil des Investors, nicht jedoch auf die Prospektdarstellung abstellt, kann man daraus schließen, dass die Prospektangaben „richtig" sein müssen. Denn sonst wäre der Anleger außerstande, ein „fundiertes" Urteil zu fällen.[4] Dies ergibt sich auch aus Art. 11 ProspektVO, wonach durch entsprechende Haftungsnormen des nationalen Rechts die Richtigkeit der Prospektangaben sicherzustellen ist. So stellt dann auch § 9 Abs. 1 WpPG als Voraussetzung für Prospekthaftungsansprüche darauf ab, dass ein Prospekt in Bezug auf für die **Beurteilung der Wertpapiere wesentliche Angaben** „unrichtig" oder „unvollständig" ist. Daraus lässt sich auch eine für die Auslegung des Art. 6 Abs. 1 bedeutsame Einschränkung des Grundsatzes der Richtigkeit durch das Prinzip der **Wesentlichkeit** (→ Rn. 9) ableiten.

Für die Beurteilung der Richtigkeit kommt es auf den Zeitpunkt der Prospektbilligung bzw. -veröffentlichung bzw. jeden danach liegenden **Zeitpunkt** an, zu dem der Prospekt (noch) im Hinblick auf das konkrete Angebot und die konkrete Zulassung, für die er verwendet wird, nach den Bestimmungen der ProspektVO aktualisiert werden muss, vgl. dazu die Nachtragspflicht nach Art. 23 ProspektVO (§ 9 WpPG Rn. 40 f., Rn. 61).[5] Maßgeblich ist also die „Ex-ante"-Perspektive bei der Prospekterstellung bzw. – im Falle der Aktualisierungspflicht – der vorzunehmenden Aktualisierung.[6] Dass sich ein Urteil über eine Anlage aufgrund später eintretender Umstände als im Nachhinein unzutreffend herausstellt, ändert nichts daran, dass es ursprünglich zutreffend gewesen sein mag bzw. der Prospekt zu diesem Zeitpunkt eine hinreichende Grundlage für die Anlageentscheidung darstellte. 8

bb) Vollständigkeit und Wesentlichkeit

Der Prospekt muss die **erforderlichen Informationen** enthalten, die **wesentlich** sind, um das vorstehend erläuterte „fundierte Urteil" bilden zu können. Das bedeutet: Es sind die Informationen aufzunehmen, ohne die eine informierte Anlageentscheidung nicht getroffen werden kann. Lediglich „nützliche" (Hintergrund-)Informationen können, müssen aber nicht enthalten sein, es sei denn ihre Aufnahme ist für das bessere Verständnis des Prospekts geboten (siehe u. zum Empfängerhorizont → Rn. 54 ff.). Auch der Begriff der „Erforderlichkeit" der Aufnahme von Angaben ist anhand der Haftungsregelung des § 9 WpPG zu konkretisieren (→ Rn. 5). Erforderlich und daher für die Vollständigkeit der Prospektangaben i. S. v. Art. 8 Abs. 1 ProspektVO notwendig können schon deshalb nur solche Angaben sein, die (für die Beurteilung der angebotenen oder zuzulassenden Wertpapiere, zum Gegenstand des Prospektes im Einzelnen → Rn. 13) **wesentlich** sind.[7] Das bedeutet: Alle Umstände, die aus Sicht des Anlegers für die Bewertung der Wertpapiere relevant sind (**wertbildende Faktoren**[8]) und die er deshalb „eher als nicht" bei seiner 9

---

4 *Just*, in: Just/Voß/Ritz/Zeising, WpPG, 2009, § 5 Rn. 14 f.; *Holzborn/Mayston*, in: Holzborn, WpPG, § 5 Rn. 5; *Straßner*, in: Heidel, Aktienrecht und Kapitalmarktrecht, § 5 WpPG Rn. 3.
5 Ebenso *Holzborn/Mayston*, in: Holzborn, WpPG, § 5 Rn. 14, die daher zutreffend darauf hinweisen, dass der Prospekt ggf. zwischen erster Einreichung und Billigung zu aktualisieren ist.
6 *Groß*, Kapitalmarktrecht, § 9 WpPG Rn. 56; Art. 23 ProspektVO Rn. 6 ff.
7 Ebenso *Just*, in: Just/Voß/Ritz/Zeising, WpPG, 2009, § 5 Rn. 9, 17.
8 *Habersack*, in: Habersack/Mülbert/Schlitt, Kapitalmarktinformation, § 29 Rn. 17.

Art. 6 ProspektVO Der Prospekt

Entscheidung berücksichtigen würde,[9] sind in den Prospekt aufzunehmen. Damit führt Art. 8 Abs. 1 ProspektVO – wenngleich in etwas abweichender Formulierung – den Grundgedanken der Generalnorm des schon vor der Umsetzung der durch die ProspektVO abgelösten ProspektRL geltenden Rechts, § 13 BörsZulV a.F. fort.[10] Anders gewendet: Fehler oder Auslassungen in Bezug auf Detailangaben sind solange unschädlich, als sie kein anderes **Gesamtbild** des Emittenten und/oder der angebotenen oder zuzulassenden Wertpapiere ergeben, das zu einer anderen Anlageentscheidung führen könnte.[11]

10 Um das am Grundsatz der Wesentlichkeit ausgerichtete Vollständigkeitsprinzip zu konkretisieren, lassen sich auch die Anforderungen an die fortlaufende Publizität börsennotierter Emittenten heranziehen. Während die Prospektpublizität nach den Erwägungsgrund 7 der ProspektVO eine fundierte Anlageentscheidung ermöglichen soll, hat die Pflicht börsennotierter Emittenten zur **Ad-hoc-Publizität** nach Art. 17 MAR (ebenfalls) den Sinn, dem Anlegerpublikum zu ermöglichen, ihre Entscheidungen aufgrund ausreichender Tatsachengrundlage zu treffen.[12] Letztlich erweist sich die vollständige Information der Anleger zur Ermöglichung informierter Anlageentscheidungen als ein durchgängiges Prinzip des europäischen Kapitalmarktrechts. Die Ad-hoc-Publizität hat damit die Perpetuierung des für eine fundierte Anlageentscheidung erforderlichen Informationsniveaus für die Zeit nach erfolgter Zulassung der betreffenden Wertpapiere zum Handel an einem regulierten Markt zum Ziel, das zum Zeitpunkt der Zulassung durch die vorherige Veröffentlichung eines Prospekts herbeigeführt wurde. Mithin liegt vordergründig nahe, die für eine informierte Anlageentscheidung „notwendigen" Informationen mit solchen Informationen gleichzusetzen, die – sofern sie nicht öffentlich bekannt sind – den Charakter einer Insiderinformation haben. Folgt man dem, lässt sich zur Bestimmung der Anforderungen an in einen Prospekt aufzunehmende Informationen auch der Begriff der **Insiderinformation** nach Art. 7 MAR heranziehen. Dabei handelt es sich (verkürzt dargestellt) um nicht öffentlich bekannte präzise Informationen, die einen Emittenten oder Finanzinstrumente betreffen und die im Falle ihres öffentlichen Bekanntwerdens zur erheblichen Beeinflussung des Preises dieser Finanzinstrumente oder damit verbundener derivativer Finanzinstrumente geeignet sind. Hierzu hat sich eine umfangreiche Kasuistik entwickelt.[13] In Zweifelsfällen geht die MAR nach Art. 7 Abs. 4 MAR von einer Eignung

---

9 *Schlitt/Ries*, in: Assmann/Schlitt/von Kopp-Colomb, Prospektrecht Kommentar, Art. 6 ProspektVO Rn. 9 m.w.N.; grundlegend BGH, 6.10.1980 – II ZR 60/80, BGHZ 79, 337, 344; ebenso BGH, 15.12.2020 – XI ZB 24/16, BGHZ 228, 133 = WM 2021, 478, 489 („Deutsche Telekom").

10 RegBegr. Prospektrichtlinie-Umsetzungsgesetz, BT-Drucks. 15/4999, S. 25, 31; dazu auch *Groß*, Kapitalmarktrecht, Art. 6 ProspektVO Rn. 1.

11 Ähnlich auf den „Gesamteindruck" abstellend *Groß*, Kapitalmarktrecht, § 9 WpPG Rn. 52; *Just*, in: Just/Voß/Ritz/Zeising, WpPG, 2009, § 5 Rn. 15; *Straßner*, in: Heidel, Aktienrecht und Kapitalmarktrecht, § 5 WpPG Rn. 2; so wohl auch *Holzborn/Mayston*, in: Holzborn, WpPG, § 5 Rn. 10, 12; grundlegend BGH, 12.7.1982 – II ZR 175/81, WM 1982, 862 („Beton- und Monierbau"); bestätigt in BGH, 3.5.2013 – II ZR 252/11, WM 2013, 734; BGH, 15.12.2020 – XI ZB 24/16, BGHZ 228, 133 = WM 2021, 478, 488 („Deutsche Telekom").

12 Erwägungsgründe 49, 55 MAR; *Assmann*, in: Assmann/Uwe H. Schneider/Mülbert, Wertpapierhandelsrecht, 7. Aufl. 2019, Art. 17 VO Nr. 596/2014 Rn. 8; *Kumpan/Grütze*, in: Schwark/Zimmer, KMRK, Art. 17 VO (EU) 596/2014 Rn. 15; BGH, 23.4.2013 – II ZB 7/09, ZIP 2013, 1165, 1170 (Tz. 34) (Geltl).

13 Dazu etwa BaFin, Emittentenleitfaden, Modul C, Stand: 25.3.2020, Abschnitt I.2, S. 9 ff.; *Meyer*, in: Kümpel/Mülbert/Früh/Seyfried, Bankrecht und Kapitalmarktrecht, Rn. 12.157 ff.; *Krause*, in: Meyer/Veil/Rönnau, Handbuch zum Marktmissbrauchsrecht, § 6.

zur erheblichen Kurs- bzw. Preisbeeinflussung aus, wenn ein verständiger Anleger die betreffende Information wahrscheinlich als Teil der Grundlage seiner Anlageentscheidungen nutzen würde. Ob der Begriff des „verständigen" Anlegers i. S. v. Art. 7 Abs. 4 MAR mit jenem des für die Prospekterstellung relevanten, von der Rechtsprechung entwickelten Begriffs des **durchschnittlichen Anlegers, der zwar eine Bilanz zu lesen versteht**, aber nicht unbedingt mit der in eingeweihten Kreisen gebräuchlichen Schlüsselsprache vertraut zu sein braucht",[14] identisch ist (näher zu letzterem Begriff → Rn. 55 ff.), ist nicht abschließend geklärt. Beide Begriffe weisen darauf hin, dass es sich hierbei nicht um völlige Laien handelt, sondern um Anleger, die zumindest über ökonomische Grundkenntnisse verfügen. Freilich scheint der prospekthaftungsrechtliche Anlegerbegriff stärker auf das betriebswirtschaftliche und bilanztechnische Grundwissen abzustellen („der eine Bilanz zu lesen versteht"), während Art. 7 Abs. 4 MAR den mit den Verhältnissen an den Kapitalmärkten vertrauten Anleger im Blick hat.[15] So mag zwar einiges dafür sprechen, dass die solchermaßen abstrakt bestimmten Anlegertypen identisch sind; vollständig gesichert ist dies jedoch nicht. So soll es nach der Rspr. des BGH bei einem Prospekt für Wertpapiere, die nicht an der Börse gehandelt werden sollen, auf das Verständnis der mit dem Prospekt angesprochenen Interessenten ankommen.[16] Wendet sich das Angebot ausdrücklich auch an das unkundige und börsenunerfahrene Publikum, kann von dem so angesprochenen (Klein-)Anleger nicht erwartet werden, dass er eine Bilanz lesen kann. Maßgeblich ist dann der Empfängerhorizont eines durchschnittlichen (Klein-)Anlegers, der sich allein anhand des Prospektes informiert und über keinerlei Spezialkenntnisse verfügt.[17] Diese verschärften Anforderungen dürften sich freilich vor allem bei dem erforderlichen Detaillierungsgrad und allgemein der Darstellungsweise niederschlagen (→ Rn. 47 ff. unter dem Gesichtspunkt der „Prospektklarheit").

Im Zusammenhang mit den hier betrachteten Anforderungen an die Prospektvollständigkeit ist zudem zu bedenken, dass es Informationen geben mag, die für ein zutreffendes Gesamtbild des Emittenten, wie es sich aus dem Prospekt ergeben muss, erforderlich sein mögen, auch wenn sie bei isolierter Betrachtung nicht die insiderrechtliche Wesentlichkeitsschwelle überschreiten oder beispielsweise bereits öffentlich bekannt sind. Anders gewendet: jedenfalls jede Insiderinformation, die in einer Ad-hoc-Mitteilung zu veröffentlichen wäre, wird man in den Prospekt aufzunehmen haben. Bestünde der Prospekt aber 11

---

14 BGH, 12.7.1982 – II ZR 175/81, WM 1982, 862, 863 („Beton- und Monierbau").
15 BaFin, Emittentenleitfaden, Modul C, Stand: 25.3.2020, Abschnitt I.2.1.4.1, S. 11: „durchschnittlich börsenkundigen Anleger […], der seine Entscheidungen auf objektiv nachvollziehbarer Informationsgrundlage trifft. Ein besonderes Fachwissen ist nach Auffassung der BaFin nicht erforderlich, gleichwohl sollte der verständige Anleger mit den Usancen des Wertpapierhandels und dem Unternehmensrecht in Grundzügen vertraut sein"; zur Streitfrage, ob es dabei auf einen Fundamentalwert des Finanzinstruments ankommt oder auch das Potenzial kurzfristiger, spekulationsgetriebener Marktentwicklungen zu berücksichtigen ist, statt vieler *Meyer*, in: Kümpel/Mülbert/Früh/Seyfried, Bankrecht und Kapitalmarktrecht, Rn. 12.195 ff.; ähnlich *Klöhn*, in: Klöhn, MAR, Art. 7 Rn. 272 („professioneller Marktteilnehmer"); *Buck-Heeb*, in: Assmann/Schütze/Buck-Heeb, Handbuch des Kapitalanlagerechts, § 8 Rn. 114 („verständiger, mit den Marktgegebenheiten vertrauter Anleger"); *Assmann*, in: Assmann/Uwe H. Schneider/Mülbert, Wertpapierhandelsrecht, 7. Aufl. 2019, Art. 7 VO Nr. 596/2014 Rn. 84 („verständiger, mit den Marktgegebenheiten vertrauter (also börsenkundiger) Anleger"); *Mennicke/Jakovou*, in: Fuchs, WpHG, 2. Aufl. 2016, § 13 Rn. 141 („börsenkundiger Anleger").
16 BGH, 5.7.1993 – II ZR 194/92, BGHZ 123, 106, 110 = WM 1993, 1787 („Hornblower Fischer").
17 BGH, 18.9.2012 – XI ZR 344/11, WM 2012, 2147, 2150 („Wohnungsbau Leipzig I").

nur aus einer Ansammlung ad hoc zu publizierender Insiderinformationen, so wäre er möglicherweise unvollständig, soll er doch ein „Gesamtbild" des Emittenten vermitteln (→ Rn. 9).[18] Dies ergibt sich auch aus dem Katalog der in den Prospekt aufzunehmenden **Mindestangaben** nach Art. 13 ProspektVO i.V.m. VO (EU) 2019/980,[19] die nicht nur Informationen enthalten, die das Potenzial zu ggf. ad hoc zu publizierenden Insiderinformationen haben. Freilich mag die Aufnahme sämtlicher Mindestangaben aus den jeweils einschlägigen, nach Art des Emittenten und der angebotenen bzw. zuzulassenden Wertpapiere differenzierenden Anhänge zur VO (EU) 2019/980 ein Indiz für die Prospektvollständigkeit sein.[20] Für ein abschließendes Urteil über die Prospektvollständigkeit ist dies ist aber weder notwendig noch hinreichend. Zum einen kann nach Art. 18 von bestimmten Mindestangaben abgesehen werden, insbesondere, wenn sie dem öffentlichen Interesse zuwiderlaufen, dem Emittenten oder Garantiegeber schaden, untergeordnet oder unangemessen sind (→ Art. 8 Rn. 6 ff.). Eine solche Auslassung bestimmter Mindestangaben beeinträchtigt die Vollständigkeit des Prospekts grds. nicht. Zum anderen sind für die Anlageentscheidung wesentliche Umstände denkbar, die von den Mindestangaben i.S.v. Art. 13 nicht erfasst werden.[21]

12 Nach Art. 36 Abs. 1 lit. a VO (EU) 2019/980 hat die Billigungsbehörde bei der Prüfung der Vollständigkeit der Prospektangaben zu berücksichtigen, ob der Prospektentwurf je nach Art des Emittenten, Art der Ausgabe, Art des Wertpapiers und Art des Angebots oder der Zulassung zum Handel, gemäß der ProspektVO und der VO (EU) 2019/980 erstellt wurde. Der Hinweis auf die ProspektVO stellt dabei klar, dass über die in den einschlägigen Anhängen zur VO (EU) 2019/980 genannten Informationsbestandteile hinaus im Einzelfall Ergänzungen gefordert werden können, sofern dies zur Einhaltung der allgemeinen Prospektanforderungen nach Art. 6 Abs. 1 ProspektVO nötig ist. Angesichts der Fülle der in den Anhängen der VO (EU) 2019/980 vorgesehenen „Mindestangaben" dürfte es freilich die absolute Ausnahme sein, dass darüber hinaus weitere Informationen notwendig werden.

b) Gegenstand

13 Nach dem Wortlaut des Art. 6 Abs. 1 sind Gegenstand der Prospektdarstellung nicht nur die angebotenen bzw. zuzulassenden Wertpapiere, sondern auch deren Emittent bzw. der

---

18 *Wienecke*, NZG 2005, 109, 114, verweist dabei zu Recht darauf, dass die Ad-hoc-Publizität der Veröffentlichung von herausragenden Ereignissen dient, über die das Anlegerpublikum zusätzlich zu der durch die Prospektpublizität gelegten Basis informiert werden muss.
19 Delegierte Verordnung (EU) 2019/980 der Kommission vom 14.3.2019 zur Ergänzung der Verordnung (EU) 2017/1129 [...] hinsichtlich der Aufmachung, des Inhalts, der Prüfung und der Billigung des Prospekts, der beim öffentlichen Angebot von Wertpapieren oder bei deren Zulassung zum Handel an einem geregelten Markt zu veröffentlichen ist, und zur Aufhebung der Verordnung (EG) Nr. 809/2004 der Kommission, ABl. EU Nr. 166 v. 21.6.2019, S. 26.
20 Ebenso *Just*, in: Just/Voß/Ritz/Zeising, WpPG, 2009, § 5 Rn. 13; *Wiegel*, Die Prospektrichtlinie und Prospektverordnung, Teil 4 A. I (S. 212); *Schlitt/Ries*, in: Assmann/Schlitt/von Kopp-Colomb, Prospektrecht Kommentar, Art. 6 ProspektVO Rn. 17 m.w.N.
21 *Just*, in: Just/Voß/Ritz/Zeising, WpPG, 2009, § 5 Rn. 12; *Holzborn/Mayston*, in: Holzborn, WpPG, § 5 Rn. 8; *Groß*, Kapitalmarktrecht, § 9 WpPG Rn. 58 ff.; *Assmann/Kumpan*, in: Assmann/Schütze/Buck-Heeb, Handbuch des Kapitalanlagerechts, § 5 Rn. 145; *Schlitt/Ries*, in: Assmann/Schlitt/von Kopp-Colomb, Prospektrecht Kommentar, Art. 6 ProspektVO Rn. 17; *Müller*, WpPG, 2. Aufl. 2017, § 7 Rn. 1.

Aussteller einer diesbezüglichen Garantie (Garantiegeber). In dieser ausdrücklichen Differenzierung kommt die in der ProspektVO angelegte Aufteilung der Prospektinformationen in emittentenbezogene Angaben im sog. **Registrierungsformular** und wertpapierbezogene Angaben in der sog. **Wertpapierbeschreibung** zum Tragen, vgl. Art. 6 Abs. 3 UAbs. 2 (→ Rn. 63 ff.).

aa) Emittent

Emittent ist nach Art. 2 lit. h ProspektVO eine Rechtspersönlichkeit, die Wertpapiere begibt oder zu begeben beabsichtigt. Dabei schließt der Begriff „Rechtspersönlichkeit" sowohl juristische Personen des Privatrechts als auch solche des öffentlichen Rechts ein; angesichts des Wortlauts der englischen Sprachfassung, die den Begriff „legal entity" verwendet, fragt sich jedoch, ob auch natürliche Personen Emittent sein können. Der Wortlaut der englischen Sprachfassung, die den Begriff „legal entity" verwendet, lässt daran zwar zweifeln. § 2 Nr. 9 WpPG a. F. hatte noch das Begriffspaar „Person oder Gesellschaft" verwendet, sodass unstreitig auch natürliche Personen „Emittent" sein konnten.[22] Nach Anwendbarwerden der ProspektVO verweist die Definition des Emittenten in § 2 Nr. 5 WpPG nunmehr nur noch auf Art. 2 lit. h ProspektVO; das deutsche Schrifttum erfasst jedoch weiterhin auch natürliche Personen vom Begriff des Emittenten.[23] Die praktische Relevanz der Frage dürfte eher gering sein, kommen doch Wertpapieremissionen natürlicher Personen in der Praxis so gut wie nicht vor. Jedenfalls handelt es sich bei dem Emittenten um die Person, die die Wertpapiere ausgegeben hat (bzw. ausgeben wird) und unmittelbarer Schuldner der in den Wertpapieren verbrieften Verpflichtungen ist. 14

Berücksichtigt man, dass Gegenstand der Investition des Anlegers stets das betreffende Wertpapier ist, wird klar, dass die Beurteilung des Emittenten als Teil der Anlageentscheidung ein Unterfall der Beurteilung des Wertpapiers ist. So erklärt sich auch, dass § 9 Abs. 1 WpPG als die für die Haftung bei fehlerhaften Prospekten nach der ProspektVO maßgebliche Haftungsnorm allein auf die für die „Beurteilung der Wertpapiere" wesentlichen Angaben abstellt und den Emittenten insoweit nicht erwähnt. In der Sache bedeutet das aber nicht, dass Art. 6 einerseits und § 9 WpPG andererseits unterschiedliche inhaltliche Anforderungen regeln (→ Rn. 5). Jedoch hat sich die Wesentlichkeit von Informationen für die Beurteilung des Emittenten an den Bedürfnissen der Anlageentscheidung in Bezug auf diejenige Art von Wertpapieren zu bestimmen, die Gegenstand des Prospekts ist. Anders wäre es auch nicht zu erklären, weshalb die Prospektverordnung unterschiedliche Schemata für das Registrierungsformular für Emittenten von Aktien einerseits und für Emittenten von Schuldtiteln und derivativen Wertpapieren andererseits vorsieht.[24] 15

Indes verdeutlicht die Nennung des Emittenten, dass Wertpapiere stets auch auf der Grundlage der (wirtschaftlichen) Situation ihres Emittenten zu beurteilen sind. Das gilt auch für Derivate, deren Wertentwicklung zwar primär von ihrem Basiswert abhängt, bei denen aber die Bonität des Emittenten ebenfalls ein wertbildender Faktor ist. Dies veran- 16

---

22 RegBegr. des Prospektrichtlinie-Umsetzungsgesetzes, BT-Drucks. 15/4999, S. 25, 31.
23 *Groß*, Kapitalmarktrecht, § 2 WpPG Rn. 28; *Preuße*, in: Schwark/Zimmer, KMRK, § 2 WpPG Rn. 32; *Wehowsky*, in: Erbs/Kohlhaas, Strafrechtliche Nebengesetze, 237. EL Juli 2021, § 2 WpPG Rn. 16; enger wohl nur *Mayston*, in: Heidel, Aktienrecht und Kapitalmarktrecht, § 2 WpPG Rn. 33.
24 Vgl. Art. 4, 7 und 12 ProspektVO sowie deren Anhänge I, V und IX.

schaulicht die Insolvenz der US-Investmentbank Lehman Brothers, die zum völligen Wertverfall der von dieser ausgegebenen Derivate geführt hat – unabhängig von den jeweils zugrunde liegenden Basiswerten.

bb) Garantiegeber

17 Der Begriff des **Garantiegebers** ist weder in der ProspektVO noch im WpPG definiert. Erwägungsgrund 14 der VO (EU) 2019/980 beschreibt eine Garantie als Regelung, die die ordnungsgemäße Leistung der mit dem Wertpapier verbundenen Zahlungen sicherstellen soll. Konkreter wird eine **Garantie** i. S. der ProspektVO sodann in Anhang 21 Abschnitt 1 der VO (EU) 2019/980 definiert als Vereinbarung, mit der sichergestellt werden soll, dass jede für die Emission wesentliche Verpflichtung angemessen erfüllt wird, ob in Form einer Garantie (i. e. S.), einer Sicherheit, einer Patronatserklärung (keep well agreement), einer „Mono-line"-Versicherungspolice oder einer gleichwertigen anderen Verpflichtung. Der Aussteller einer solchen Garantie (und damit daraus Verpflichtete) wird in der VO (EU) 2019/980 als „**Garantiegeber**" bezeichnet.

18 In der Praxis bedeutet eine Garantie im Zusammenhang mit Wertpapieremissionen insbesondere eine Verpflichtung zur Gewährleistung der Rückzahlung von Schuldtiteln und/ oder der Zahlung von Zinsen, vgl. Anhang 21 Abschnitt 1 Abs. 2 der VO (EU) 2019/980. Ein häufiger Anwendungsfall hierfür sind Schuldverschreibungen, die statt von einem deutschen Unternehmen von einer ausländischen Finanzierungstochter dieses Unternehmens ausgegeben werden, die ihrerseits den Emissionserlös an die Muttergesellschaft als Darlehen zu Konditionen weiterreicht, die den Schuldverschreibungen entsprechen. Dadurch wird vermieden, dass das Unternehmen in Bezug auf die aus der Schuldverschreibung geschuldeten Zinsen Kapitalertragsteuer abführen muss, die sich ausländische Investoren dann wieder in einem aufwändigen Verfahren rückerstatten lassen müssen. Dies führt zu Nachteilen bei der Vermarktung der betroffenen Wertpapiere außerhalb Deutschlands. Die von der ausländischen Finanzierungstochter ausgegebenen Schuldverschreibungen können freilich nur dann zu Konditionen vermarktet werden, die der Bonität der Konzernmutter entsprechen, wenn diese die Garantie für sämtliche Ansprüche der Investoren aus den Schuldverschreibungen übernimmt.[25] Dann entspricht das wirtschaftliche Risiko aus den betreffenden Schuldverschreibungen dem Bonitätsrisiko der Konzernmutter. Diese ist dann aufgrund ihrer Funktion als Garantiegeber genauso zu beschreiben, als ob sie Emittent der Schuldverschreibungen wäre, vgl. Anhang 21 Abschnitt 3 der VO (EU) 2019/980.

cc) Wertpapiere

19 Neben den Angaben in Bezug auf Emittenten und Garantiegeber hat der Prospekt auch Informationen über die Wertpapiere, die auf der Grundlage des Prospekts öffentlich angeboten oder zum Börsenhandel zugelassen werden sollen, zu enthalten. Die mit Art. 6 ProspektVO korrespondierende Haftungsnorm des § 9 Abs. 1 Satz 1 WpPG stellt sogar nur auf die „zur Beurteilung der Wertpapiere wesentlichen Angaben" ab (→ Rn. 5, 7, 15). Die ausdrückliche Erwähnung neben den Angaben über den Emittenten stellt klar, dass auch

---

[25] *Kaulamo*, in: Habersack/Mülbert/Schlitt, Unternehmensfinanzierung, § 16 Rn. 16.64; *Breuninger/Frey*, in: Habersack/Mülbert/Schlitt, Unternehmensfinanzierung, § 19 Rn. 19.50 ff.

vom Emittenten unabhängige Eigenschaften der Wertpapiere für die Anlageentscheidung von Bedeutung sein können (→ Rn. 42).

c) Kriterien

Als Gegenstand der Beurteilung durch das Anlegerpublikum zählt das Gesetz mit den Begriffen „Vermögenswerte", „Verbindlichkeiten", „Gewinne und Verluste", „Finanzlage", „Aussichten" und „mit diesen Wertpapieren verbundene Rechte" sowie „Gründe für die Emission und ihre Auswirkungen auf den ‚Emittenten'" vorwiegend emittentenbezogene Beurteilungsparameter auf. Indes ist zu berücksichtigen, dass der Zweck des Prospektes nach dem Willen des Verordnungsgebers darin liegt, den Anlegern alle Informationen zur Verfügung zu stellen, die sie für fundierte Anlageentscheidungen über die angebotenen bzw. zuzulassenden Wertpapiere benötigen.[26] So wird klar, dass diese Aufzählung beispielhaften Charakter hat, ohne das umfassende und wertpapierbezogene Verständnis des Gegenstands des Prospekts zu verändern.

20

aa) Emittentenbezogene Kriterien

Die emittentenbezogenen Beurteilungsparameter in Art. 6 Abs. 1 Satz 1 lit. a ProspektVO lehnen sich an die aus der Rechnungslegung bekannte Begriffstrias „Vermögens-, Finanz- und Ertragslage" an, die sich in den Generalklauseln der §§ 264 Abs. 2 Satz 1, 297 Abs. 2 Satz 2 HGB[27] sowie in IAS 1.13 und 1.15 findet.[28] Demzufolge sind diese zunächst auch unter Heranziehung der bilanziellen Terminologie zu konkretisieren. Freilich übernimmt die ProspektVO die bilanzielle Generalklausel der „Vermögens-, Finanz- und Ertragslage" nicht wörtlich, sondern stellt teilweise auf leicht abweichende Begriffe ab. Im Einzelnen:

21

aaa) Vermögenswerte und Verbindlichkeiten

Der Begriff „**Vermögenswerte**" bezeichnet die Aktiva des Emittenten, sprich Anlage- und Umlaufvermögen, vgl. § 266 Abs. 2 HGB.[29] **Verbindlichkeiten** stehen wiederum nach bilanzrechtlichem Verständnis für einen Teil der Passivseite der Bilanz in § 266 Abs. 3 lit. C HGB und bezeichnen die nach Höhe und Fälligkeit feststehenden Verpflichtungen der Gesellschaft, mithin eine Vermögensbelastung und damit bilanzielle Schuld.[30] Damit scheinen die in § 266 Abs. 3 lit. A und B HGB aufgeführten Bestandteile der Passivseite Eigenkapital und Rückstellungen nicht erfasst. Das Eigenkapital unterscheidet sich dem Grundsatz nach vom Fremdkapital (d. h. den Schulden, zu denen Rückstellungen und Verbindlichkeiten gehören)[31] darin, dass es dem Unternehmen ohne zeitliche Begren-

22

---

26 Erwägungsgrund 26 ProspektVO.
27 Darauf weisen ausdrücklich *Ekkenga/Maas*, Das Recht der Wertpapieremissionen, § 2 Rn. 194, hin; zu den Begriffen nach HGB: *Merkt*, in: Hopt, HGB, 41. Aufl. 2022, § 264 Rn. 13 ff.
28 *Merkt*, in: Hopt/Merkt, Bilanzrecht, § 264 Rn. 30; *Merk*, in: Häublein/Hoffmann-Theinert, BeckOK HGB, 38. Edition 2022, § 264 Rn. 127.
29 *Reiner*, in: MünchKomm-HGB, 4. Aufl. 2020, § 266 Rn. 17.
30 *Böcking/Gros/Hanke*, in: Ebenroth/Boujong/Joost/Strohn, HGB, § 266 Rn. 52.
31 *Reiner*, in: MünchKomm-HGB, 4. Aufl. 2020, § 266 Rn. 101.

zung zur Verfügung steht.[32] Rückstellungen wiederum bilden Aufwendungen ab, deren Existenz oder Höhe – anderes als bei den Verbindlichkeiten – nicht sicher feststehen.[33]

bbb) Gewinne und Verluste

23 Das in Art. 6 Abs. 1 ProspektVO ferner zu findende Gegensatzpaar der Begriffe „**Gewinne und Verluste**" erweist sich bei genauerer Betrachtung als etwas unscharf. Denn mit Bilanzgewinn bzw. -verlust wird nach § 268 Abs. 1 Satz 1 HGB „nur" eine Bilanzposition bezeichnet, die sich aus der Verwendung des Jahresüberschusses bzw. -fehlbetrags bzw. der Auflösung von oder Einstellung in Rücklagen ergibt.[34] Ausgehend von dem im Prospekt darzustellenden „Gesamtbild" des Emittenten dürften die Begriffe „Gewinne und Verluste" in Art. 6 Abs. 1 Satz 1 lit. a ProspektVO wohl eher auf eine Darstellung der in der – insoweit auch etwas irreführend bezeichneten – Gewinn- und Verlustrechnung nach § 242 Abs. 2 HGB ausgewiesenen Aufwendungen und Erträge abzielen. Diese werden in der Rechnungslegung auch mit dem Begriff der **Ertragslage** zusammengefasst.[35] Gemeint dürfte eine Darstellung der Aufwendungen und Erträge des Emittenten sein, somit dessen in der Gewinn- und Verlustrechnung (sic!) darzustellende Ertragslage.[36]

24 Mithin zeigt sich, dass – trotz abweichender Terminologie – auch nach Art. 6 Abs. 1 Satz 1 lit. a ProspektVO eine Darstellung der Vermögens-, Finanz- und Ertragslage des Emittenten verlangt ist. Im Bilanzrecht stehen diese Begriffe nicht isoliert nebeneinander, sondern überschneiden sich und entfalten Wechselwirkungen untereinander. Dabei sind die einzelnen Kategorien untereinander grds. gleichwertig, ihnen kann aber im Einzelfall unterschiedlich starke Bedeutung zukommen.[37] Maßgeblich für die Darstellung des nach § 264 Abs. 2 Satz 1, 2 HGB zu vermittelnden den tatsächlichen Verhältnissen entsprechenden Bildes ist der **Gesamteindruck von der Lage der Gesellschaft**.[38] Angesichts des prospektrechtlichen Postulats der Darstellung eines Gesamtbildes (→ Rn. 9, 52), das ein zutreffendes Urteil des Anlegers ermöglicht, kann für die Auslegung der aus der Rechnungslegung entlehnten Begriffe in Art. 6 Abs. 1 Satz 1 lit. a ProspektVO nichts anderes gelten. Ihre prominente Hervorhebung in der prospektrechtlichen Generalklausel des Art. 6 Abs. 1 ProspektVO zeigt, dass die Darstellung der wirtschaftlichen Verhältnisse des Emittenten einen wesentlichen Kern der Prospektberichterstattung darstellt.

25 Ungeachtet der begrifflichen Parallelen von Art. 6 Abs. 1 Satz 1 lit. a ProspektVO und der bilanziellen Generalklausel des § 264 Abs. 2 HGB ist aber die **unterschiedliche Zielrichtung von Prospekt und Jahresabschluss** nach HGB[39] zu beachten. Anders als der Jahres-

---

32 *Reiner*, in: MünchKomm-HGB, 4. Aufl. 2020, § 266 Rn. 85.
33 *Reiner*, in: MünchKomm-HGB, 4. Aufl. 2020, § 266 Rn. 101.
34 *Reiner*, in: MünchKomm-HGB, 4. Aufl. 2020, § 268 Rn. 2, 3.
35 *Reiner*, in: MünchKomm-HGB, 4. Aufl. 2020, § 264 Rn. 84, § 275 Rn. 1; *Störk/Rimmelspacher*, in: Beck'scher Bilanz-Kommentar, § 264 Rn. 42.
36 *Justenhoven/Kliem/Müller*, in: Beck'scher Bilanz-Kommentar, § 275 Rn. 7.
37 *Reiner*, in: MünchKomm-HGB, 4. Aufl. 2020, § 264 Rn. 79 f.; *Böcking/Gros/Oser*, in: Ebenroth/Boujong/Joost/Strohn, HGB, § 264 Rn. 29; *Störk/Rimmelspacher*, in: Beck'scher Bilanz-Kommentar, § 264 Rn. 43.
38 *Reiner*, in: MünchKomm-HGB, 4. Aufl. 2020, § 264 Rn. 86; *Störk/Rimmelspacher*, in: Beck'scher Bilanz-Kommentar, § 264 Rn. 46, 48.
39 Zu den verschiedenen Zwecken des Jahresabschlusses nach HGB vgl. *Rabenhorst*, in: Marsch-Barner/Schäfer, Handbuch börsennotierte AG, § 57 Rn. 57.1 ff.

abschluss hat die Prospektdarstellung die Funktion, die Grundlage für die Beurteilung des an einer Investition in Wertpapiere des Emittenten interessierten Anlegers zu legen. Dies ähnelt umgekehrt der kapitalmarktorientierten Informationsfunktion des Konzernabschlusses nach IFRS, die primär an den Interessen der (Eigen-)Kapitalgeber ausgerichtet ist.[40] Wiewohl sich freilich nach der Rechtsprechung des BGH der Prospekt an den Anleger richtet, der „eine Bilanz zu lesen versteht" (→ Rn. 51 ff.), sieht der Gesetzgeber das Informationsbedürfnis der Anleger auch in Bezug auf bilanzielle Sachverhalte nicht allein durch die Aufnahme von Finanzinformationen (dazu im Einzelnen die Kommentierung zu Anhang 1 zur VO (EU) 2019/980, Abschnitt 18) als befriedigt an.[41] Vielmehr schreibt die VO (EU) 2019/980 in den Anforderungen für das Registrierungsformular für Aktien (Anhang 1 Abschnitt 7 VO (EU) 2019/980) zusätzlich einen Abschnitt mit **„Angaben zur Geschäfts- und Finanzlage"** vor. Angelehnt an die englische Sprachfassung der ProspektVO wird dieser Prospektabschnitt in der Praxis auch als **OFR** (Operating and Financial Review) oder auch, wie in den USA, **MD&A** (Management's Discussion and Analysis) genannt.[42] Darin sind die Finanzlage und Geschäftsergebnisse für die von historischen Finanzinformationen abgedeckten Zeiträume, einschließlich der wesentlichen Veränderungen zwischen den Geschäftsjahren, zu erläutern, sofern dies für das Verständnis der Geschäftstätigkeit des Emittenten insgesamt erforderlich ist. Letztere Einschränkung spielt in der Praxis keine Rolle. Vielmehr erwartet die BaFin, dass in den „Angaben zur Geschäfts- und Finanzlage" auf alle im Prospekt enthaltenen historischen Finanzinformationen eingegangen wird. Allerdings kann der Detaillierungsgrad unterschiedlich ausfallen. So reicht es bei dem nach der Verwaltungspraxis der BaFin auch bei konzernabschlusspflichtigen Unternehmen aufzunehmenden HGB-Einzelabschluss für das letzte Geschäftsjahr regelmäßig aus, auf dessen wesentliche Bedeutung neben dem ebenfalls in den Prospekt aufgenommenen IFRS-Konzernabschluss einzugehen. Diese beschränkt sich typischerweise darauf, als Grundlage für die Besteuerung der Gesellschaft und für die Gewinnausschüttung (d. h. Bemessung der Dividende) zu dienen.[43]

ccc) Finanzlage

Die **„Finanzlage"** bezieht sich einerseits auf die Herkunft des Unternehmenskapitals, schließt andererseits die Auskunft über die Verwendung und Fristigkeit der eingesetzten

26

---

40 *Rabenhorst*, in: Marsch-Barner/Schäfer, Handbuch börsennotierte AG, § 58 Rn. 58.4; ähnlich *Reiner*, in: MünchKomm-HGB, 4. Aufl. 2020, § 264 Rn. 33, 45 ff.
41 Der Grundgedanke deutete sich bereits in der Rechtsprechung an – so führte das OLG Frankfurt im Urteil vom 1.2.1994 – 5 U 213/92, WM 1994, 291, 295 („Bond") aus: „Abzustellen ist nach der Rechtsprechung des Bundesgerichtshofs auf einen durchschnittlichen Anleger, der zwar eine Bilanz zu lesen versteht, der aber kein überdurchschnittliches Fachwissen aufweist." Daraus ergibt sich die Forderung, dass für die Beurteilung wesentliches Datenmaterial nicht nur irgendwie offenbart werden muss, sondern dass dies in einer für den genannten Durchschnittsanleger verständlichen Form geschehen muss, die ihn in die Lage versetzt, zutreffende Schlussfolgerungen zu ziehen. Gegebenenfalls müssen die Angaben entsprechend erläutert werden.
42 Dazu eingehend *Meyer*, in: Habersack/Mülbert/Schlitt, Unternehmensfinanzierung, § 36 Rn. 36.47 ff.; *Kopp*, RIW 2002, 661.
43 *Meyer*, in: Habersack/Mülbert/Schlitt, Unternehmensfinanzierung, § 36 Rn. 30; daran hat sich auch durch das Bilanzrechts-Modernisierungsgesetz (BilMoG) nichts geändert, vgl. Begründung zum Regierungsentwurf des BilMoG BT-Drucks. 16/10067, S. 1, 32.

Mittel ein und gibt damit letztlich auch Auskunft über die Liquidität des Unternehmens.[44] Der Begriff schließt also die eben dargestellte Lücke, die der vorstehend erläuterte Begriff der Verbindlichkeiten im Hinblick auf die Darstellung von Eigenkapitalausstattung und Rückstellungen lässt. Damit ist klargestellt, dass die gesamte Passivseite der Bilanz darzustellen ist. Neben der Komplettierung des Bildes über die Bilanz des Emittenten erfasst der Begriff der Finanzlage zudem die Zahlungsströme des Unternehmens, die durch die Kapitalflussrechnung reflektiert werden.[45]

ddd) Aussichten

27 Der Begriff „**Aussichten**" ist von den vorstehenden, ineinandergreifenden rechnungslegungsbezogenen Begriffen zu unterscheiden. Er geht über die auf Stichtage bzw. Perioden in der Vergangenheit bezogene Sichtweise jener Termini hinaus. Dies trägt dem Umstand Rechnung, dass die Anlageentscheidung maßgeblich von der Einschätzung der künftigen Entwicklung des Emittenten abhängt, die sich dann auch in der Wertentwicklung der angebotenen oder zuzulassenden Wertpapiere niederschlägt. Inwieweit es allerdings zwingend erforderlich ist, zukunftsgerichtete Aussagen zu treffen, ist im Einzelfall sorgfältig zu prüfen. Die Praxis macht jedenfalls von zukunftsgerichteten Aussagen in Prospekten im Allgemeinen nur sparsam Gebrauch.[46] Dies dürfte vor allem daran liegen, dass diese ebenfalls der Prospekthaftung unterliegen. Auch der BGH mahnt hier ausdrücklich zur Zurückhaltung.[47] Hängt etwa ein wirtschaftlicher Erfolg von bestimmten Voraussetzungen ab, deren Eintritt noch ungewiss ist, muss dies deutlich gemacht werden. Bloße Mutmaßungen müssen als solche klar erkennbar sein.[48] In den Schemata und Modulen der VO (EU) 2019/980 finden sich eine Reihe von (Pflicht-)Angaben, die sich (auch) als Konkretisierung der allgemeinen in Art. 6 Abs. 1 Satz 1 lit. a ProspektVO genannten, „für ein Urteil über die Aussichten des Emittenten erforderlichen Informationen" ansehen lassen. Dazu gehört die Beschreibung des Geschäftsbetriebs des Emittenten und der Märkte, in denen er tätig ist. Eine Darstellung der mit diesem Geschäftsbetrieb verbundenen Risiken gehört ebenfalls hierzu – wie sich anhand des Pflichtbestandteils „Risikofaktoren" erkennen lässt, vgl. auch Art. 16 ProspektVO und die Kommentierung hierzu. Als Paradebeispiel für Prospektaussagen über die Zukunftsaussichten gelten schließlich vor allem die nach Anhang 1 Abschnitt 10 der VO (EU) 2019/980 aufzunehmenden Trendinformationen sowie Gewinnprognosen und -schätzungen nach Anhang 1 Abschnitt 11 der VO (EU) 2019/980.

28 Basierend auf der Definition in Abschnitt 10 VO (EU) 2019/980 sind **Trendinformationen** Angaben über wesentliche operative Kennzahlen des Emittenten seit dem Ende des letzten Geschäftsjahres, wesentliche Änderungen der Finanz- und Ertragslage der Gruppe des Emittenten seit dem Ende des letzten abgeschlossenen Berichtszeitraumes sowie über aktuelle Umstände, von denen erwartet wird, dass sie einen erheblichen Einfluss auf die

---

44 *Störk/Rimmelspacher*, in: Beck'scher Bilanz-Kommentar, § 264 Rn. 42; *Böcking/Gros/Oser*, in: Ebenroth/Boujong/Joost/Strohn, HGB, § 264 Rn. 34.
45 *Reiner*, in: MünchKomm-HGB, 4. Aufl. 2020, § 264 Rn. 83; *Böcking/Gros/Oser*, in: Ebenroth/Boujong/Joost/Strohn, HGB, § 264 Rn. 36.
46 *Wienecke*, NZG 2005, 109, 113; *Schlitt*, in: Habersack/Mülbert/Schlitt, Kapitalmarktinformation, § 4 Rn. 83.
47 BGH, 12.7.1982 – II ZR 175/81, WM 1982, 862, 865 („Beton- und Monierbau").
48 BGH, 8.6.2021 – XI ZB 22/19, NZG 2021, 1169, 1171 m.w.N.

Entwicklung des Emittenten im laufenden Geschäftsjahr haben werden. Diese sollen jedoch nur insoweit in den Prospekt aufgenommen werden, als sie dem Ersteller bekannt sind.[49] Dabei sind insbesondere öffentlich bekannte Branchentrends zu berücksichtigen.[50] Nicht erwartet wird jedoch, dass sich das Management dazu äußern muss, *wie* sich diese Trends voraussichtlich auf das Unternehmen auswirken werden.[51]

29 Mit **Gewinnprognose** wird nach der Definition in Art. 1 lit. d VO (EU) 2019/980 eine Erklärung bezeichnet, in der ausdrücklich oder implizit eine Zahl oder eine Mindest- bzw. Höchstzahl für die wahrscheinliche Höhe des Jahresergebnisses im laufenden oder einem zukünftigen Geschäftsjahr genannt wird. Dafür reicht es aus, wenn diese Erklärung Daten enthält, aufgrund derer eine Berechnung künftiger Gewinne oder Verluste möglich ist, und zwar selbst wenn keine bestimmte Zahl genannt wird und das Wort „Gewinn" nicht erscheint. Bezieht sich die Gewinnprognose auf ein abgelaufenes Geschäftsjahr, für das die Ergebnisse noch nicht veröffentlicht wurden, spricht man gem. Art. 1 lit. c VO (EU) 2019/980 von einer **Gewinnschätzung**, für die ansonsten aber dieselben, nachstehend skizzierten Anforderungen gelten. Hat der Emittent eine Gewinnprognose veröffentlicht, die zum Zeitpunkt der Veröffentlichung eines neuen Prospekts noch „aussteht" (gemeint wohl: noch nicht zurückgenommen oder ersetzt wurde) oder noch gültig ist, muss diese in Prospekte für Dividendenwerte nach Anhang 1 Punkte 11.1, Anhang 3 Punkt 7.1 bzw. Anhang 24 Punkt 2.7.1 VO (EU) 2019/980 in den Prospekt aufgenommen werden. Dabei sind die Anforderungen der Punkt 11.2 und 11.3 VO (EU) 2019/980 (bzw. der entsprechenden Bestimmungen der Anhänge 3 oder 24) zu beachten (siehe im Einzelnen die Kommentierung hierzu). Entsprechendes gilt bei der freiwilligen Aufnahme von Gewinnprognosen in Prospekte für Nichtdividendenwerte. Ist eine veröffentlichte Gewinnprognose nicht mehr gültig, ist eine entsprechende Erklärung darüber abzugeben und zu begründen, warum dies nicht mehr der Fall ist.

30 **ESMA** hat in ihren **Questions and Answers on the Prospectus Regulation** die Auslegung des Begriffs der Gewinnprognose konkretisiert.[52] Danach genügt auch die Angabe einer Bandbreite für die Größenordnung des erwarteten Periodenergebnisses, insbesondere wenn sich daraus implizit eine Mindest- oder Höchstzahl ergibt. Auch soll schon eine Aussage genügen, der Vorstand rechne mit einem positiven oder negativen Ergebnis oder einem solchen in Höhe des Vorjahresergebnisses. Ebenso nimmt ESMA eine Gewinnprognose an, wenn hierbei andere Ertragskennzahlen verwendet werden wie etwa EBITDA,[53] EBIT,[54] EBT[55] oder ähnliche Messgrößen wie Operating Profit (Betriebsgewinn) oder Varianten der vorgenannten Ergebniskennzahlen (etwa „Adjusted EBIT"). Anknüpfend an die Definition des Art. 1 lit. d VO (EU) 2019/980 verfolgt ESMA hierbei einen materiellen Ansatz („substance over form") und lässt jegliche Daten oder auch Formulierungen,

---

49 *Rieckhoff*, BKR 2011, 221, 223.
50 U.S. Securities and Exchange Commission, Commission Guidance Regarding Management's Discussion and Analysis of Financial Condition and Results of Operations, Release Nos. 33-8350; 34-48960; FR-72; 17 CFR Parts 211, 231 and 241 vom 19.12.2003 (dort Abschnitt III.B.3); dazu auch *Rieckhoff*, BKR 2011, 221, 223.
51 *Rieckhoff*, BKR 2011, 221, 224.
52 ESMA, Questions and Answers on the Prospectus Regulation, ESMA/2019/ESMA31-62-1258, Version 11 v. 12.10.2022, Antwort auf Frage 7.3.
53 Earnings before Interest, Taxes, Depreciation and Amortization.
54 Earnings before Interest and Taxes.
55 Earnings before Taxes.

die auf das erwartete Ergebnis schließen lassen, für die Annahme einer Gewinnprognose ausreichen. Dabei soll es selbst genügen, wenn eine Erwartung für Umsatz und Kosten oder Umsatz und Gewinnmarge geäußert wird. Auch ist es nicht erforderlich, dass sich die Aussage auf das Gesamtergebnis des Emittenten bezieht; es genügt eine Aussage zum erwarteten Ergebnis des Geschäftsbereichs bzw. Segments, in dem der Großteil der Erträge des Emittenten erzielt wird. Darüber hinaus soll es nach Auffassung der ESMA nicht darauf ankommen, welches „Verb" benutzt wird, d.h. Aussagen zur Erwartungen, Hoffnungen, Planungen oder Zielen sollen gleich behandelt werden. Dies erscheint mit Blick auf den Wortlaut der Legaldefinition, die auf die „wahrscheinliche Höhe" des Ergebnisses abstellt, problematisch (siehe sogleich zur Systematik zukunftsgerichteter Finanzangaben in der Fachterminologie der Rechnungslegung → Rn. 32 ff.). Dies gilt insbesondere auch für die Aussage der ESMA, dass selbst langfristige Ziele im Einzelfall als Gewinnprognose angesehen werden können.[56]

31 Umgekehrt stellt ESMA in den **Questions and Answers on the Prospectus Regulation** klar, dass Veröffentlichungen zu Kennzahlen, aus denen keine Schlüsse auf das zu erwartende (Mindest-/Höchst-)Ergebnis gezogen werden können, wie etwa reine Umsatz- oder Margenprognosen, keine Gewinnprognosen darstellen. Ebenso wenig sind allgemeine Ausführungen über die Zukunftsaussichten des Emittenten als Gewinnprognosen anzusehen.[57]

32 In ihren „Questions and Answers" berücksichtigt ESMA freilich nicht ausreichend, dass es **Planzahlen oder Gewinnzielen** typischerweise an der für eine Gewinnschätzung nach Art. 1 lit. d VO (EU) 2019/980 erforderlichen Wahrscheinlichkeitskomponente fehlt. Nicht jeder, der sich (mitunter ehrgeizige) Ziele setzt, verbindet damit die begründete und auf konkrete Tatsachen gestützte Erwartung, dass er diese wahrscheinlich erreichen wird. Gleiches gilt für Rohertrags-Kennzahlen, anhand derer man ohne Kenntnis weiterer Parameter nicht den endgültigen Gewinn oder Verlust ermitteln kann. Werden im Rahmen einer Bilanzpressekonferenz, mitunter schon vor Feststellung und Prüfung des Jahresabschlusses, oder anlässlich einer Analystenkonferenz solche Planvorgaben oder erwartete Roh-Kennzahlen veröffentlicht, löst dies jedenfalls dann keine Pflicht aus, diese als Gewinnprognose in einen Prospekt aufzunehmen, wenn dabei deutlich wird, dass damit keine Aussage über deren wahrscheinliche Erreichung getroffen wird. Daran ändert auch die pauschale Aussage der ESMA nichts, wonach durch einen „Disclaimer" dergestalt, dass es sich bei einer bestimmten Aussage nicht um eine Gewinnprognose handele, die Anwendbarkeit der insoweit geltenden Regelungen nicht umgangen werden könne. Dies gilt insbesondere auch für die Aussage der ESMA, dass selbst langfristige Ziele im Einzelfall als Gewinnprognose angesehen werden können.[58] Denn fehlt es an der Aussage zur angenommenen Eintrittswahrscheinlichkeit, dann liegt eben auch materiell keine Gewinnprognose nach der Legaldefinition des Art. 1 lit. d VO (EU) 2019/980 vor.

33 Gleiches gilt für sog. **Projektionen**. Projektionen stellen zukunftsgerichtete Aussagen des Managements eines Unternehmens dar, die auf hypothetischen Annahmen über die zu-

---

[56] ESMA, Questions and Answers on the Prospectus Regulation, ESMA/2019/ESMA31-62-1258, Version 11 v. 12.10.2022, Antwort auf Frage 7.3.

[57] ESMA, Questions and Answers on the Prospectus Regulation, ESMA/2019/ESMA31-62-1258, Version 11 v. 12.10.2022, Antwort auf Frage 7.3.

[58] ESMA, Questions and Answers on the Prospectus Regulation, ESMA/2019/ESMA31-62-1258, Version 11 v. 12.10.2022, Antwort auf Frage 7.3.

II. Allgemeine Anforderungen an den Prospekt (Art. 6 Abs. 1 und 2) **Art. 6 ProspektVO**

künftige Entwicklung des Unternehmens basieren, deren Eintritt das Management nicht notwendigerweise erwartet oder für überwiegend wahrscheinlich hält und/oder denen Annahmen über Handlungen des Managements zugrunde liegen, die dieses nicht unbedingt beabsichtigt durchzuführen.[59]

Den Vorgaben für die Trendinformationen nicht unähnlich sind die Anforderungen an zukunftsgerichtete Aussagen im **Lagebericht bzw. Konzernlagebericht**. Nach § 289 Abs. 1 Satz 4, § 315 Abs. 1 Satz 5 HGB sind dort die voraussichtliche Entwicklung mit ihren wesentlichen Chancen und Risiken der Gesellschaft bzw. des Konzerns zu beurteilen und zu erläutern sowie die zugrunde liegenden Annahmen anzugeben. Jedoch ist zu beachten, dass – anders als in Bezug auf die Jahres- bzw. Konzernabschlüsse der jüngeren Vergangenheit (vgl. Anhang 1 Abschnitt 18 VO (EU) 2019/980) – auch die VO (EU) 2019/980 darauf verzichtet, die Aufnahme des Lageberichts oder Konzernlageberichts in den Prospekt vorzuschreiben.[60] Es dürfte daher im Hinblick auf die Zukunftsaussichten ausreichen, die aus der Sicht des Emittenten zum Datum des Prospekts für die künftige Entwicklung maßgeblichen Umstände anzugeben, ohne notwendigerweise eine konkrete Prognose über deren Eintreten oder gar eine Quantifizierung von deren Auswirkungen vorzunehmen.[61] 34

Eine gewisse Brisanz mag sich angesichts der weitreichenden Auslegung des Begriffs der Gewinnprognose durch die ESMA aus der Anwendung des Deutschen Rechnungslegungsstandards **DRS 20**[62] ergeben. Danach sind im Konzernlagebericht Prognosen der Konzernleitung zum Geschäftsverlauf und zur Lage des Konzerns zu beurteilen und zu erläutern sowie die Ausführungen zu einer Gesamtaussage zu verdichten, DRS 20 Tz. 118. Prognosen sind für mindestens ein Jahr, gerechnet vom letzten Konzernabschlussstichtag, zu den bedeutsamsten finanziellen und nichtfinanziellen Leistungsindikatoren abzugeben, DRS 20, Tz. 126 f. Sie müssen Aussagen zur erwarteten Veränderung der prognostizierten Leistungsindikatoren gegenüber dem Berichtsjahr enthalten und dabei die Richtung und Intensität der Veränderung verdeutlichen, DRS 20, Tz. 128. Dabei können Prognosen nach DRS 20 Tz. 130 in folgender Form abgegeben werden:[63] 35

– **Punktprognose**: Prognose mit Angabe eines Zahlenwertes (z. B. „Wir erwarten für das Geschäftsjahr 20XX einen Umsatz von 100 Mio. Euro.").
– **Intervallprognose**: Prognose mit Angabe einer Bandbreite zwischen zwei Zahlenwerten (z. B. „Wir rechnen für das Geschäftsjahr 20XX mit einem Umsatz zwischen 90 und 110 Mio. Euro.").

---

59 *Pföhler/Riese*, WPg 2014, 1184, 1186 mit Verweis auf die Systematik nach den International Standards on Assurance Engagements (ISAE) 3400.
60 Anders noch die Rechtslage vor Umsetzung der EU-ProspektRL: Nach § 21 Abs. 1 Nr. 1 BörsZulV war der Lagebericht des letzten Geschäftsjahres in den Prospekt aufzunehmen, vgl. *Groß*, Kapitalmarktrecht, 1. Aufl. 2000, §§ 13–32 BörsZulV Rn. 12.
61 Allgemein zu den verschiedenen Vorgaben für die Prognosepublizität im Kapitalmarktrecht *Fleischer*, AG 2006, 2, 4 ff.; *Veil*, AG 2006, 690.
62 Deutscher Rechnungslegungs Standard Nr. 20 (DRS 20) – Konzernlagebericht – des Deutschen Rechnungslegungs Standards Committees e. V., Berlin, nach § 342 Abs. 2 des Handelsgesetzbuches vom 25.11.2012, BAnz. AT 4.12.2012 B1, S. 1 ff.; in der aktuellen Fassung verfügbar unter www.drsc.de/verlautbarungen/dres-20 (Stand: 11.2.2022); allgemein zur Chancenberichterstattung nach DRS 20 und zur Anwendung der neuen Vorgaben in der Praxis *Eisenschmidt/Scherner*, DStR 2015, 1068.
63 Den Begriffen liegen die Definitionen nach DRS 20 Tz. 11 zugrunde; diesem sind auch die Formulierungsbeispiele entnommen.

– **Qualifiziert komparative Prognose**: Prognose mit Angabe einer Veränderung im Vergleich zum Istwert der Berichtsperiode unter Angabe der Richtung und der Intensität dieser Veränderung (z. B. „Wir erwarten für das Geschäftsjahr 20XX einen leicht steigenden Umsatz.").

36 Die Spezifizierung der Anforderungen an die Prognosepublizität erscheint mit Blick auf die Definition der „Gewinnprognose" nach Art. 1 lit. d VO (EU) 2019/980 nicht unproblematisch. Gibt der Vorstand im Lagebericht eine Punkt- oder Intervallprognose ab, mag dies nach Auffassung der ESMA als Gewinnprognose anzusehen sein, die in einen Prospekt aufgenommen werden müsste. Auch eine qualifiziert komparative Prognose kann danach im Einzelfall als Gewinnprognose gelten, etwa wenn die Angabe einer erwarteten Veränderung zum Istwert der vorangegangenen Berichtsperiode implizit deren Ergebnis zum Mindest- bzw. Höchstwert bestimmt.

37 Indes hat eine Pflicht zur Aufnahme einer ausstehenden und noch gültigen Gewinnprognose in den Prospekt insofern an Brisanz verloren, als im Zuge der Neufassung der Mindestangaben in Prospekten durch die VO (EU) 2019/980 im Jahre 2019 die Pflicht zur Aufnahme einer – anlässlich der Prospekterstellung ggf. noch zu erstellenden – Bescheinigung (sog. „Bericht") eines Wirtschaftsprüfers nach Ziff. 13.2 des Anhangs I zur früheren VO 809/2014[64] weggefallen ist.[65]

38 Wie bereits ausgeführt (→ Rn. 10 ff.), lassen sich die allgemeinen inhaltlichen Anforderungen an die Prospektpublizität auch anhand der Regelungen über die Ad-hoc-Publizität konkretisieren. Diese knüpft wiederum an den Begriff der Insiderinformation nach Art. 7 MAR an. Dieser schließt zum einen auch künftige Umstände ein, bei denen man vernünftigerweise (d. h. mit hinreichender Wahrscheinlichkeit) erwarten kann, dass sie in Zukunft eintreten werden (Art. 17 Abs. 2 MAR). Zum anderen kann nach Art. 17 Abs. 3 MAR auch ein Zwischenschritt in einem gestreckten Vorgang (auch als mehrstufiger Entscheidungsprozess bezeichnet, wie etwa eine M&A-Transaktion) eine Insiderinformation darstellen. In beiden Fallgestaltungen muss die betreffende Information spezifisch genug sein, um einen Schluss auf die möglichen Auswirkungen auf den Kurs der betreffenden Finanzinstrumente zuzulassen, und im Fall ihres Bekanntwerdens geeignet sein, diese Finanzinstrumente oder deren Kurs erheblich zu beeinflussen.[66] Ein Emittent von Finanzinstrumenten, die zumindest mit seiner Zustimmung an einem Handelsplatz notiert werden, oder der einen Antrag auf Zulassung oder Einbeziehung zum bzw. in den Handel gestellt hat, muss eine Insiderinformation nach Art. 17 Abs. 1 MAR veröffentlichen, wenn er von ihr unmittelbar betroffen ist.[67] Mithin sind grds. solche (auch zukünftigen) Umstände, die ab Eintreten der Ad-hoc-Pflicht nach Art. 17 MAR durch Antrag auf Zulassung oder Ein-

---

64 Verordnung (EG) 809/2004 v. 29.4.2004 [...] betreffend die in Prospekten enthaltenen Informationen sowie das Format, die Aufnahme von Informationen mittels Verweis und die Veröffentlichung solcher Prospekte und die Verbreitung von Werbung, ABl. EU Nr. L 149 v. 30.4.2004, S. 1; Berichtigung in ABl. EU Nr. L 215 v. 16.6.2004, S. 3.
65 Dazu *Geyer/Schelm*, BB 2019, 1731, 1738; *Oulds/Wöckener*, RdF 2020, 4, 7.
66 Dazu BaFin, Emittentenleitfaden, 5. Aufl., Modul C, Stand: 25.3.2020, Abschnitt I.2 (S. 9 ff.); *Meyer*, in: Kümpel/Mülbert/Früh/Seyfried, Bankrecht und Kapitalmarktrecht, Rn. 12.157 ff.
67 Zu den Einzelheiten siehe etwa BaFin, Emittentenleitfaden, 5. Aufl., Modul C, Stand: 25.3.2020, Abschnitt I.3.2.2.2 (S. 33 ff.); *Veil/Brüggemeier*, in: Meyer/Veil/Rönnau, Handbuch zum Marktmissbrauchsrecht, § 10 Rn. 48 ff.; *Meyer*, in: Kümpel/Mülbert/Früh/Seyfried, Bankrecht und Kapitalmarktrecht, Rn. 12.342.

beziehung der Wertpapiere zum bzw. in den Handel ad hoc zu publizieren sind, auch in den Prospekt aufzunehmen.

Die **strategische Planung und zukünftige Finanzierungsmaßnahmen** sind in den Mindestangaben der EU-Prospektverordnung nicht ausdrücklich angesprochen. Anhang 1 Punkt 5.4 VO (EU) 2019/980 verlangt insoweit (nur) eine (allgemeine) Beschreibung der Geschäftsstrategie und -ziele des Emittenten in finanzieller und nichtfinanzieller Hinsicht. Dabei sind auch die zukünftigen Herausforderungen und die Aussichten des Emittenten zu berücksichtigen. Angaben über die wichtigsten künftigen Investitionen des Emittenten sind nach Anhang 1 Punkt 5.7.2 VO (EU) 2019/980 (nur) dann zu machen, wenn sie von seinen Verwaltungsorganen bereits verbindlich beschlossen sind. Soweit der Emittent aber konkrete **Akquisitionen** oder weitere Finanzierungsmaßnahmen plant, die zwar noch nicht verbindlich beschlossen sind, aber für seine Zukunftsaussichten oder auch sonst für die Beurteilung der angebotenen oder zuzulassenden Wertpapiere wesentlich sind, muss dies aber zumindest in allgemeiner Form erwähnt werden.[68] Dabei ist dem u. U. noch geringen Konkretisierungsgrad solcher Maßnahmen und den Geheimhaltungsinteressen des Emittenten gerade bei zukünftigen, noch nicht ausgehandelten und noch nicht beschlossenen Akquisitionsvorhaben Rechnung zu tragen. Vor diesem Hintergrund erscheinen – abhängig von den Umständen des Einzelfalls – auch unter Berücksichtigung des Informationsinteresses der Anleger abstrakte Ausführungen ausreichend, z. B. dahingehend, dass derzeit der Markt aktiv nach Akquisitionen oder Refinanzierungsmöglichkeiten beobachtet werde und diesbezügliche Maßnahmen u. U. auch kurzfristig ergriffen werden können.[69] Dagegen dürfte es zu weit gehen, das Absehen von einer konkreteren Darstellung noch nicht verbindlich beschlossener geplanter Akquisitionen von einer Gestattung der Nichtaufnahme durch die BaFin nach Art. 18 ProspektVO abhängig zu machen,[70] jedenfalls solange diese noch nicht so konkret sind, dass sie – auch unter Berücksichtigung der aktuellen Rechtsprechung zur Ad-hoc-Pflicht bei mehrstufigen Entscheidungsprozessen – nach Art. 17 MAR veröffentlicht werden müssten.[71] Dabei ist freilich zu beachten, dass die Möglichkeit des Aufschubs der Veröffentlichung (sog. Selbstbefreiung) nach Art. 17 Abs. 4 MAR für die Frage, ob Informationen über eine geplante Unternehmenstransaktion in den Prospekt aufzunehmen sind, irrelevant ist. Zudem würde hier auch eine Gestattung der Nichtaufnahme von Angaben durch die BaFin im Zweifel nicht weiterhelfen, da sie den Vorwurf der Unvollständigkeit des Prospektes und die Geltendmachung darauf gestützter Prospekthaftungsansprüche nicht verhindern könnte

39

---

68 OLG Frankfurt a. M., 29.1.2004 – 3 U 21/01, BKR 2004, 156 ff.; ähnlich *Rieckhoff*, BKR 2011, 221, 226.
69 Vgl. *Ekkenga/Maas*, Das Recht der Wertpapieremissionen, § 2 Rn. 199; ähnlich OLG Frankfurt a. M., 16.5.2012 – 23 Kap 1/06, BeckRS 2012, 10607 unter Tz. 6 a) (S. 53) = NZG 2012, 747, 748.
70 So aber offenbar *Rieckhoff*, BKR 2011, 221, 226.
71 Angedeutet in OLG Frankfurt a. M., 16.5.2012 – 23 Kap 1/06, BeckRS 2012, 10607 unter Tz. 6 a) (S. 53) = NZG 2012, 747, 748; zur insiderrechtlichen Rechtsprechung grundlegend EuGH, 28.6.2012 – Rs. C-19/11, WM 2012, 1807 (Geltl/Daimler); EuGH, 11.3.2015 – Rs. C-628/13, WM 2015, 816 (Lafonta); BGH, 23.4.2013 – II ZB 7/09, WM 2013, 1171 (Geltl/Daimler), sowie zur Anwendung dieser Vorgaben auf M&A-Transaktionen etwa *Bingel*, AG 2012, 685; *Wilsing/Goslar*, DStR 2013, 1610; *Kiesewetter/Parmentier*, BB 2013, 2371; *Meyer*, in: Kümpel/Mülbert/Früh/Seyfried, Bankrecht und Kapitalmarktrecht, Rn. 12.177; *Veil/Brüggemeier*, in: Meyer/Veil/Rönnau, Handbuch zum Marktmissbrauchsrecht, § 10 Rn. 92.

(→ Art. 18 Rn. 9). Soll indes der Emissionserlös zur Finanzierung einer konkreten Akquisition verwendet werden, gelten konkretere Anforderungen. Nach Anhang 11 Punkt 3.4 VO (EU) 2019/980 ist die Verwendung der Erträge der Emission u. a. insbesondere dann im Detail darzulegen, wenn sie außerhalb der normalen Geschäftstätigkeit des Emittenten zum Erwerb von Aktiva verwendet oder zur Finanzierung des angekündigten Erwerbs anderer Unternehmen oder zur Begleichung, Reduzierung oder vollständigen Tilgung der Schulden eingesetzt werden.

40 Werden Einschätzungen über die Zukunftsaussichten aufgenommen, stellt sich die weitere Frage, inwieweit diese „**zutreffend**" sein können, d.h. am Maßstab der Prospektwahrheit messbar sind. Hier wird man auf die insoweit von der Rechtsprechung entwickelten Grundsätze zurückgreifen können. Danach dürfen zukunftsgerichtete Aussagen keine bloßen Mutmaßungen sein, sondern Schlussfolgerungen aus nachgeprüften Tatsachen oder Wertfeststellungen, die auf einer sorgfältigen Analyse beruhen, es sei denn, aus dem Prospekt ergibt sich deutlich etwas anderes. Voraussagen und Werturteile müssen ausreichend durch Tatsachen gestützt und kaufmännisch vertretbar sein. Bestehen Zweifel an ihrem Eintritt, so ist darauf unter deutlichem Hinweis auf die insoweit bestehenden Risiken hinzuweisen.[72] Nach der Rechtsprechung sind Prognosen zudem nach den bei der Prospekterstellung gegebenen Verhältnissen und unter Berücksichtigung der sich abzeichnenden Risiken zu erstellen. Für eine Prognose, die mit erheblichen Risiken verbunden ist (etwa weil sie sich auf einen langen Zeitraum bezieht – in einem vom BGH zu entscheidenden Fall 25 Jahre), muss aus den Erfahrungen in der Vergangenheit vorsichtig kalkulierend auf die Zukunft geschlossen werden.[73] In einem solchen Fall einer langfristigen zukunftsgerichteten Aussage dürfte es sich ohnehin anbieten, dem hohen Maß an Unsicherheit dadurch Rechnung zu tragen, dass eine derart langfristige Aussage (wenn man sie denn überhaupt in einem Prospekt treffen will) nicht als Prognose, sondern – dem Schrifttum im Bereich der Wirtschaftsprüfung folgend – als Projektion bezeichnet wird, um dem zunehmend hypothetischen Charakter der Aussage Rechnung zu tragen (→ Rn. 33).

41 Generell erscheint es im Hinblick auf das Gebot der Prospektklarheit (→ Rn. 47 ff.) auch sinnvoll, für **zukunftsgerichtete Aussagen** durch den Gebrauch zurückhaltender Formulierungen und spezifischer Schlüsselbegriffe (z.B. Verben wie „erwartet", „geht davon aus", „nimmt an", „schätzt", „plant", „beabsichtigt") deutlich zu machen, dass ihr Eintritt notwendigerweise gewissen Unwägbarkeiten unterliegt.[74] Eine quasi vor die Klammer gezogene Erläuterung der wesensimmanenten Problematik zukunftsgerichteter Aussagen erscheint dabei durchaus sachgerecht, ohne dass diese freilich Hinweise auf spezifische Prognoserisiken ersetzen kann.[75]

---

72 BGH, 12.7.1982 – II ZR 175/81, WM 1982, 862, 865 („Beton- und Monierbau").
73 BGH, 23.4.2012 – II ZR 75/10, NZG 2012, 789, 790.
74 Dazu *Meyer*, in: Habersack/Mülbert/Schlitt, Unternehmensfinanzierung, § 36 Rn. 36.57.
75 *Groß*, Kapitalmarktrecht, § 9 WpPG Rn. 65; *Schlitt/Schäfer*, AG 2008, 525, 534, die darauf hinweisen, dass die BaFin die – in den USA übliche – Aufzählung von „Signalbegriffen", anhand derer Anleger zukunftsgerichtete Aussagen erkennen können, jedenfalls in Bezug auf die nicht nur bei zukunftsgerichteten Aussagen verwandten Hilfsverben „sollen" und „werden" kritisch beurteilt und bisweilen auf die Streichung des Beispielskatalogs gedrängt hat.

bb) Wertpapierbezogene Kriterien

Nach dem Wortlaut des Abs. 1 Satz 1 sind in Bezug auf die angebotenen und/oder zuzulassenden Wertpapiere lediglich Angaben über die „mit den Wertpapieren verbundenen Rechte" zu machen. Das bedeutet, dass deren **Ausstattung** und **Wirkungsweise** zu beschreiben ist. Was nach dem Wortlaut freilich fehlt, sind beispielsweise im Falle eines Prospekts für ein öffentliches Angebot Angaben zu dessen Durchführung und Umfang. Dass diese Angaben erforderlich sind, zeigen zum einen die diesbezüglichen Abschnitte der Schemata für Wertpapierbeschreibungen in den Anhängen zur VO (EU) 2019/980 (z. B. Anhänge 11 und Anhang 14), zum anderen die Verlautbarungen der Aufsichtsbehörden. Diese verlangen auch die Offenlegung von Marktrisiken, mit denen die jeweiligen Wertpapiere behaftet sind, wobei diese nach Art. 16 Abs. 1 ProspektVO für die betreffenden Wertpapiere spezifisch sein müssen. Als Beispiele können genannt werden, dass der durch Veräußerung erzielbare Wert von Wertpapieren vom Zustandekommen eines liquiden Zweitmarktes abhängt[76] oder dass die Wertentwicklung von Schuldverschreibungen von der Entwicklung der Zinskonditionen im Markt beeinflusst wird.[77] Bei Derivaten ist auszuführen, wie der Wert der Anlage durch die Entwicklung des zugrunde gelegten Basiswerts beeinflusst wird.[78] Auch wenn solche Anforderungen strenggenommen über den reinen Wortlaut des Art. 6 Abs. 1 ProspektVO hinausgehen, sind sie dennoch von den allgemeinen Anforderungen an den Inhalt eines Prospekts erfasst und stellen – im Sinne von § 9 Abs. 1 Satz 1 WpPG – für die Beurteilung der Wertpapiere wesentliche Informationen dar.

42

cc) Beispielcharakter der Kriterien

Es zeigt sich mithin, dass die allgemeinen inhaltlichen Anforderungen an Prospekte nicht auf die (lückenhaften) Einzelkriterien des Wortlauts des Art. 6 Abs. 1 Satz 1 beschränkt sind. Dies ergibt sich auch aus der Zielsetzung der ProspektVO. Nach deren Erwägungsgrund 26 muss ein Prospekt **alle Informationen** enthalten, die die Anleger für **fundierte Anlageentscheidungen** benötigen. Ein derart umfassendes Verständnis der inhaltlichen Prospektanforderungen bestätigt ferner Art. 23 Abs. 1 ProspektVO. Danach ist in Bezug auf jeden wichtigen neuen Umstand oder jede wesentliche Unrichtigkeit oder Ungenauigkeit in Bezug auf Prospektangaben, die die Bewertung der Wertpapiere beeinflussen können [...], ein **Nachtrag** zu veröffentlichen. Daraus ergibt sich, dass für den ursprünglich zu veröffentlichenden Prospekt kein anderer Maßstab gelten kann: Alle für die Beurteilung der angebotenen oder zuzulassenden Wertpapiere wesentlichen Informationen sind in den Prospekt aufzunehmen. Den Kategorien in Satz 1 kommt dabei nur beispielhafter Charakter zu.[79]

43

---

[76] ESMA, Leitlinien zu den Risikofaktoren im Rahmen der Prospektverordnung v. 1.10.2019, ESMA31-62-1293, Anhang I, Beispiel 1 auf S. 17.
[77] Vgl. VO (EU) 2019/980, Anhang 14 Punkt 4.8.
[78] Vgl. VO (EU) 2019/980, Anhang 14 Punkt 4.8.
[79] Ähnlich mit Verweis auf das Vollständigkeitsprinzip *Schlitt/Ries*, in: Assmann/Schlitt/von Kopp-Colomb, Prospektrecht Kommentar, Art. 6 ProspektVO Rn. 8.

d) Gründe für die Emission und ihre Auswirkungen auf den Emittenten

44 Art. 6 Abs. 1 UAbs. 1 lit. c ProspektVO sieht weiterhin vor, dass der Prospekt die Gründe für die Emission benennen und ihre Auswirkungen auf den Emittenten beschreiben muss. Diese Vorgabe wird in den Katalogen der Mindestinformationen in den Anhängen der VO 2019/980 konkretisiert. So sieht Punkt 3.4 des Anhangs 11 (Wertpapierbeschreibung für Dividendenwerte) insofern die Angabe der Gründe für das Angebot, ggf. des geschätzten Nettoemissionserlöses und dessen Aufteilung auf die wichtigsten **Verwendungszwecke** vor, gegliedert nach deren Priorität. Dies gilt unabhängig davon, ob der Erlös für die normale Geschäftstätigkeit des Emittenten, zum Erwerb von Aktiva verwendet, zur Finanzierung eines Erwerbs anderer Unternehmen oder zur Tilgung von Schulden eingesetzt wird (→ Rn. 39). Weiß der Emittent, dass die voraussichtlichen Emissionserlöse zur Finanzierung aller angegebenen Verwendungszwecke nicht ausreichen, ist der verbleibende Betrag anzugeben und wie er finanziert werden soll. Im Zusammenhang mit den Auswirkungen der Emission auf den Emittenten ist nicht nur an die Verwendung des Emissionserlöses zu denken, sondern auch an die im Rahmen der Emission entstehenden Kosten. Diese sind ebenfalls anzugeben, siehe etwa Punkt 8.1 Anhang 11 VO (EU) 2019/980 (→ Anhang 11 VO (EU) 2019/980).

e) Unterscheidung nach dem konkreten Gegenstand des Prospektes

45 Nach Art. 6 Abs. 1 UAbs. 2 ProspektVO können sich die in den Prospekt aufzunehmenden Informationen unterscheiden nach der Art des Emittenten (lit. a) und der Wertpapiere (lit. b) sowie der Lage des Emittenten (lit. c). Als weiteres Differenzierungskriterium führt lit. d an, ob es sich um Nichtdividendenwerte mit einer Mindeststückelung von 100.000 EUR handelt oder ob die Wertpapiere ausschließlich an einem geregelten Markt oder in einem bestimmten Segment eines solchen gehandelt werden sollen, an dem ausschließlich qualifizierte Anleger zu Zwecken des Handels mit den Wertpapieren Zugang erhalten. Daraus ergibt sich zweierlei: Zum einen bestätigt diese Regelung, dass sich der Prospektinhalt im Grundsatz nach Art und Umfang an den Kenntnissen und Erfahrungen von nichtqualifizierten Anlegern, mithin nichtprofessionellen Kunden bzw. „Kleinanlegern" (Art. 4 Abs. 1 Nr. 11 MiFiD II) auszurichten hat. Zum anderen ergibt sich daraus, dass auch qualifizierte Anleger – ungeachtet der Ausnahme von der Prospektpflicht für ausschließlich an qualifizierte Anleger gerichtete Angebote – Adressaten eines Prospektes sein können und sich auf dessen Angaben stützen können.[80]

f) Exkurs: Nachhaltigkeitsgesichtspunkte

46 Weder Art. 6 Abs. 1 ProspektVO noch die Kataloge der Mindestinformationen nach den Anhängen der VO (EU) 2019/980 verlangen ausdrücklich das Eingehen auf Fragen der Nachhaltigkeit, konkret die sog. **ESG-Kriterien**, also Informationen zu den Themen Umwelt (Environmental), Sozialbelange (Social) und Unternehmensführung (Governance). Lediglich Erwägungsgrund 54 ProspektVO erwähnt, dass u. a. umwelt- und sozialpolitische Umstände sowie Faktoren in Bezug auf die Unternehmensführung ebenfalls spezifische und wesentliche Risiken für den Emittenten und seine Wertpapiere darstellen können und in diesem Fall offengelegt werden sollten. Indes finden sich auch bei Prospekten für

---

[80] So ausdrücklich EuGH, 3.6.2021 – C-910/19, NJW 2021, 2951 (*Bankia*), Leitsatz 1.

Anleihen, deren Erlöse für ökologisch nachhaltige Investitionen oder deren Refinanzierung verwendet werden (sog. **Green Bonds**), in den allgemeinen Vorgaben der ProspektVO und der VO (EU) 2019/980 kaum Anknüpfungspunkte für spezifische Angaben zu den besonderen Anforderungen an die für diese Anleihen spezifischen Nachhaltigkeitsvorgaben der Erlösverwendung. Prospekte für diese Art von Anleihen gehen bislang auf die dafür geltenden Vorgaben, die meist in einem sog. Green Bond Framework beschrieben werden, i.d.R. nicht ein.[81] Auch der Vorschlag der Europäischen Kommission für eine Verordnung über europäische grüne Anleihen (sog. EU-Standard für grüne Anleihen oder auch EU Green Bond Standard)[82] sieht in seinem Art. 12 Abs. 1 lediglich vor, dass im Fall der Veröffentlichung eines Prospekts nach der ProspektVO aus den Angaben zur Erlösverwendung klar hervorgehen müsse, dass eine „europäische grüne Anleihe" gemäß der diesbezüglichen Verordnung emittiert wird. Das nach dem Entwurf für jede grüne Anleihe zu erstellende „Factsheet", in dem die Erlösverwendung mit Blick auf die mit der Anleihe verfolgten Umweltziele nach Art. 9 der Verordnung 2020/852 (Taxonomieverordnung) und deren Einbettung in die allgemeine Umweltstrategie des Emittenten zu beschreiben ist,[83] soll nach Art. 19 Abs. 1 lit. c ProspektVO als „vorgeschriebene Informationen" durch Verweis in den Prospekt für eine solche Anleihe einbezogen werden können, ohne dass der Entwurf eine solche Einbeziehung als verpflichtend vorsieht oder diesbezügliche Änderungen der ProspektVO oder der Mindestangaben nach VO (EU) 2019/980 enthält. Werden aber bei der Vermarktung von Wertpapieren mit einer spezifischen ESG-bezogenen Erlösverwendung (wie Green Bonds) Aussagen zu den mit den Emissionserlösen verfolgten Umweltzielen getroffen, ist schon unter geltendem Recht darauf zu achten, dass diese mit der diesbezüglichen Offenlegung im Prospekt nach Maßgabe des Art. 22 ProspektVO konsistent sind, zumal diese für Investoren in solche Wertpapiere als wesentlich anzusehen sein dürften.[84]

In einer öffentlichen Verlautbarung vom 11.7.2023[85] weist **ESMA** unter Bezugnahme auf Erwägungsgrund 54 ProspektVO darauf hin, dass **nachhaltigkeitsbezogene Umstände** bei der Prospekterstellung berücksichtigt werden müssen, soweit sie für den Emittenten oder die Wertpapiere **wesentlich** sind. Dies gelte auch, wenn die Mindestangaben nach der VO (EU) 2019/980 nicht ausdrücklich nachhaltigkeitsbezogene Offenlegungen verlangen. Welche Art nachhaltigkeitsbezogener Informationen nach Art. 6 Abs. 1 aufzunehmen seien, hänge von deren Wesentlichkeit aus Investorenperspektive ab.

46a

Jedenfalls ist die **Grundlage für nachhaltigkeitsbezogenen Angaben** zu benennen. Das betrifft etwa die Einhaltung bestimmter Marktstandards oder Gütesiegel, in Bezug auf die wesentliche Informationen in den Prospekt aufzunehmen sind. Etwaige Daten und Annah-

46b

---

81 Vgl. *Veil*, WM 2020, 1093, 1096; *Ekkenga/Roth*, WM 2021, 1161, 1165; EU Commission, Commission Staff Working Document „Impact Assessment Report" accompanying the document Proposal for a Regulation of the European Parliament and of the Council on European green bonds, Abschnitt 1.2 (S. 6).
82 Vorschlag für eine Verordnung des Europäischen Parlaments und des Rates über europäische grüne Anleihen v. 6.7.2021, COM(2021) 391 – 2021/0191 (COD).
83 Art. 8 Abs. 1 sowie Anhang I des Vorschlags für eine Verordnung des Europäischen Parlaments und des Rates über europäische grüne Anleihen v. 6.7.2021, COM(2021) 391 – 2021/0191 (COD).
84 Financial Conduct Authority (FCA), Primary Market Bulletin 41 v. 29.6.2022.
85 ESMA, Public Statement „Sustainability disclosure in prospectuses" vom 11.7.2023, ESMA32-1399193447-441.

men, die nachhaltigkeitsbezogenen Angaben zugrunde liegen, sind ebenfalls anzugeben. Weiterhin ist der Verweis auf Untersuchungen und Analysen Dritter möglich. Damit könne man dem Gebot der objektiven Darstellung nach Maßgabe des Erwägungsgrundes 27 der ProspektVO Rechnung tragen. Dabei sei auf eine ausgewogene Darstellung zu achten, die sowohl positive als auch negative Gesichtspunkte enthalte.[86]

46c Aussagen in einem **Risikofaktor**, wonach Nachhaltigkeitserwartungen des Emittenten sich von jenen der Anleger unterscheiden können und dass sich das Verständnis von Nachhaltigkeit aufgrund des wissenschaftlichen Fortschritts, einschlägiger Gesetzgebung und Vorlieben der Anleger ändern können, dürfen von Emittenten nicht als Begründung der Nichteinhaltung von Kriterien herangezogen werden, wenn der Emittent deren Einhaltung kontrollieren kann, etwa die Kriterien für die Auswahl von Projekten, die durch die Emissionserlöse finanziert werden.[87]

46d In Bezug auf die **Verständlichkeit** nachhaltigkeitsbezogener Aussagen verweist ESMA insbesondere auf Art. 37 Abs. 1 VO (EU) 2019/980. Danach sind die Bestandteile mathematischer Formeln klar zu definieren. Soweit relevant ist zudem die Produktstruktur klar zu beschreiben. Nachhaltigkeitsbezogene Fachterminologie sollte in angemessener Weise definiert werden.[88]

46e Bei Prospekten über Dividendenwerte sind Angaben aus der **Nachhaltigkeitsberichterstattung** des Emittenten nach der sog. CSR-Richtlinie 2014/95/EU[89] in den Prospekt aufzunehmen, wenn sie für die Anlageentscheidung wesentlich i. S. v. Art. 6 Abs. 1 sind. Dies betrifft die Angaben in der nichtfinanziellen Erklärung des Lageberichts nach §§ 289b ff., 315a ff. HGB. Künftig gilt Entsprechendes für die Nachhaltigkeitsberichterstattung nach der sog. Corporate Sustainability Reporting Directive (CSRD) 2022/2464, die Richtlinie zur unternehmerischen Nachhaltigkeitsberichterstattung.[90]

46f Bei Prospekten für Nichtdividendenwerte mit besonderen Nachhaltigkeitsgesichtspunkten oder -zielen, wie etwa sog. **„Use of Proceeds" Bonds** (insbesondere sog. **Green Bonds**)[91] oder Anleihen, deren Verzinsung an die Erreichung festgelegter Schwellenwerte bei bestimmten Nachhaltigkeitskennzahlen geknüpft ist (sog. **„Sustainability-linked" Bonds**)[92] konkretisiert ESMA ihre Erwartungen wie folgt. Bei „Use of Proceeds" Bonds, werden Ausführungen zur Erlösverwendung sowie Informationen erwartet, die es den Anlegern erlauben, die der Bewertung und Auswahl der mit den Erlösen zu finanzierender Projekte

---

86 ESMA, Public Statement „Sustainability disclosure in prospectuses" vom 11.7.2023, ESMA32-1399193447-441, S. 2 f.
87 ESMA, Public Statement „Sustainability disclosure in prospectuses" vom 11.7.2023, ESMA32-1399193447-441, S. 3.
88 ESMA, Public Statement „Sustainability disclosure in prospectuses" vom 11.7.2023, ESMA32-1399193447-441, S. 3.
89 Richtlinie 2014/95/EU v. 22.10.2014 zur Änderung der Richtlinie 2013/34/EU im Hinblick auf die Angabe nichtfinanzieller und die Diversität betreffender Informationen durch bestimmte große Unternehmen und Gruppen, ABL.EU Nr. L 330 v. 15.11.2014 S. 1.
90 Richtlinie (EU) 2022/2464 v. 14.12.2022 hinsichtlich der Nachhaltigkeitsberichterstattung von Unternehmen, ABl.EU Nr. L 322 v. 16.12.2022, S. 15.
91 *Oulds/Kopp*, in: Hopt/Seibt, Schuldverschreibungsrecht, 2. Aufl. 2023, Rn. 2.8; 2.55.
92 *Oulds/Kopp*, in: Hopt/Seibt, Schuldverschreibungsrecht, 2. Aufl. 2023, Rn. 2.10, 2.59.

zugrundeliegenden Nachhaltigkeitserwartungen zu beurteilen.[93] Dies kann etwa durch eine Zusammenfassung der wesentlichen Informationen aus dem „Green bond framework" des Emittenten[94] erfolgen oder aber durch Verweis auf einschlägige gesetzliche Anforderungen. Bei „Sustainability-Linked" Bonds erwartet ESMA Informationen über die relevanten Leistungskennzahlen und -ziele.[95] Bei beiden Produktarten sollte der Prospekt auch Ausführungen über eine etwa geplante Nachhaltigkeitsberichterstattung nach Durchführung der Emission, etwa in Form eines Verweises auf eine Internetseite, auf der diese Informationen erhältlich sein werden.[96] Abschließend konkretisiert ESMA ihre Erwartungen an konkrete Angaben in Prospekte für „Use of Proceeds" Bonds und „Sustainability-linked" Bonds in einer Tabelle, die die betreffenden Angaben allgemeinen Kategorien für Mindestangaben in VO (EU) 2019/980 zuordnet.[97]

2. Prospektklarheit (Art. 6 Abs. 2)

a) Leichte Analysierbarkeit

Die Anforderungen der leichten Analysierbarkeit und Verständlichkeit sind inhaltlich schwer voneinander abzugrenzen, mögen sie doch zumindest Ähnliches besagen. Versucht man den Begriffen jeweils eigenständige Bedeutung beizumessen, so erscheint die folgende Differenzierung sachgerecht: Das Tatbestandsmerkmal der leichten Analysierbarkeit wird man dahingehend verstehen können, dass die Prospektbestandteile in einer Art und Weise anzuordnen sind, die dem Anleger das Verständnis und die Auswertung erleichtern; es betrifft mithin Gliederung und Aufbau des Prospektes. Dagegen bezieht sich das Erfordernis der Verständlichkeit auf die Darstellung selbst (→ Rn. 53 ff.). 47

Bei der Ausgestaltung des **Aufbaus des Prospekts** sind die Prospektverantwortlichen grds. frei, soweit sie sich an die in Art. 24 und 25 der VO (EU) 2019/980 enthaltenen Vorgaben halten (siehe die Kommentierung hierzu). Für einen einteiligen Prospekt gilt dabei folgende Prospektgliederung: 48

– Inhaltsverzeichnis,
– Zusammenfassung (sofern erforderlich),
– Risikofaktoren, sowie
– sonstige Informationsbestandteile nach den Schemata und Modulen der Anhänge von VO (EU) 2019/980.

Diese Reihenfolge ist zwingend vorgeschrieben;[98] Vergleichbares gilt auch für dreiteilige Prospekte und Basisprospekte unter Berücksichtigung der Besonderheiten des Aufbaus 49

---

93 ESMA, Public Statement „Sustainability disclosure in prospectuses" vom 11.7.2023, ESMA32-1399193447-441, S. 4.
94 *Oulds/Kopp*, in: Hopt/Seibt, Schuldverschreibungsrecht, 2. Aufl. 2023, Rn. 2.57.
95 ESMA, Public Statement „Sustainability disclosure in prospectuses" vom 11.7.2023, ESMA32-1399193447-441, S. 4.
96 ESMA, Public Statement „Sustainability disclosure in prospectuses" vom 11.7.2023, ESMA32-1399193447-441, S. 4.
97 ESMA, Public Statement „Sustainability disclosure in prospectuses" vom 11.7.2023, ESMA32-1399193447-441, S. 6 f.
98 ESMA, Questions and Answers on the Prospectus Regulation, ESMA/2019/ESMA31-62-1258, Version 11 v. 12.10.2022, Antwort auf Frage 14.9.

dieser Prospektformen, vgl. Art. 24 Abs. 2 Satz 2, Art. 25 Abs. 1 Satz 2, Abs. 2 Satz 2 VO (EU) 2019/980.

50 Davon abgesehen kann aber nach Art. 24 Abs. 1 Satz 2 VO (EU) 2019/980 der Aufbau frei gewählt werden. Insbesondere die Reihenfolge der Mindestangaben in den jeweils einschlägigen Anhängen zur EU-Prospektverordnung muss nicht zwingend eingehalten werden. Wird jedoch von dieser Reihenfolge abgewichen, kann die Billigungsbehörde nach Art. 24 Abs. 5 Satz 1, Art. 25 Abs. 6 Satz 1 VO (EU) 2019/980 verlangen, zur Erleichterung der Prospektprüfung eine sog. **Überkreuz-Checkliste** zu erstellen. Darin sind in der Reihenfolge der einschlägigen Schemata und Module die Seiten zu nennen, auf denen die jeweiligen Mindestangaben im eingereichten Prospekt zu finden sind. Die BaFin macht von dieser Möglichkeit generell Gebrauch und erwartet eine synopsenartige Übersicht mit genauer Seitenangabe für jeden Gliederungspunkt.[99] Sind einzelne, nach den jeweiligen Schemata und Modulen geforderte Angaben nicht einschlägig, ist die diesbezügliche Auslassung zu begründen.[100]

51 Ansonsten ist zu beachten, dass nach Art. 37 Abs. 1 lit. e VO (EU) 2019/980 die **Struktur des Prospekts** das **Verständnis des Inhalts ermöglichen** muss. Gerade bei Basisprospekten für verschiedene Arten von Produkten ist dabei auf eine klar erkennbare Abgrenzung der Darstellung der verschiedenen Produkte zu achten. Eine zu verschachtelte Struktur ist zu vermeiden.[101] Dabei kommt einem klar strukturierten Inhaltsverzeichnis (Art. 37 Abs. 1 lit. a VO (EU) 2019/980) hohe Bedeutung zu.[102] Gegebenenfalls ist die Struktur der Produkte, die Gegenstand des Prospekts sind, und ihre Darstellung zu erläutern. Bei derivativen Wertpapieren kann dies auch mithilfe von Beispielrechnungen und grafischen Darstellungen erfolgen.[103]

52 Daneben wurde in der (instanzgerichtlichen) Rechtsprechung vereinzelt gefordert, dass die Anleger zum Verständnis der Prospektdarstellung erforderliche Bezüge zwischen unterschiedlichen Prospektbestandteilen herstellen können. Ergibt sich, dass Ausführungen an unterschiedlichen Stellen des Prospekts in Zusammenhang stehen und ist dies erforderlich, damit der Anleger sein zutreffendes Urteil bilden kann, so soll er darauf (z.B. durch deutliche **Verweise**) aufmerksam gemacht werden.[104] Hier ist freilich Zurückhaltung geboten. Maßgeblich für das Urteil des Anlegers ist nach wie vor der Prospekt in seiner Gesamtheit.[105] Das Aufzeigen von Bezügen einzelner Passagen zueinander ist deshalb (nur

---

99 BaFin-Workshop „100 Tage WpPG" am 3.11.2005, Präsentation „Das Hinterlegungsverfahren", S. 6; BaFin-Workshop zur Prospektverordnung (EU) 2017/1129 am 28.5.2019, Präsentation „Prüfungs- und Billigungsverfahren" (*Weinandy*), S. 9.
100 BaFin-Workshop am 28.5.2008, Präsentation „Das Billigungs- und Hinterlegungsverfahren als Verwaltungsverfahren" (*Zeising*), S. 5.
101 BaFin, Merkblatt Prüfung von Wertpapierprospekten auf Verständlichkeit v. 10.9.2019, geändert am 16.9.2019, GZ: WA 51-Wp 7115-2019/009, Abschnitt 2.1.
102 BaFin, Merkblatt Prüfung von Wertpapierprospekten auf Verständlichkeit v. 10.9.2019, geändert am 16.9.2019, GZ: WA 51-Wp 7115-2019/009, Abschnitte 1 und 2.1.c.
103 BaFin, Merkblatt Prüfung von Wertpapierprospekten auf Verständlichkeit v. 10.9.2019, geändert am 16.9.2019, GZ: WA 51-Wp 7115-2019/009, Abschnitte 2.2 und 4.
104 LG Frankfurt a.M., 7.10.1997 – 3/11 O 44/96, ZIP 1998, 641, 643 („MHM Mode"); OLG Frankfurt a.M., 17.3.1999 – 21 U 260/97, ZIP 1999, 1005, 1006 („MHM Mode").
105 OLG Frankfurt a.M., 6.7.2004 – 5 U 122/03, ZIP 2004, 1411, 1415 („EM.TV II"); BGH, 15.12.2020 – XI ZB 24/16, BGHZ 228, 133 = WM 2021, 478, 488 („Deutsche Telekom"); *Mülbert/Steup*, in: Habersack/Mülbert/Schlitt, Unternehmensfinanzierung, § 41 Rn. 41.47; *Schlitt/*

dann) nötig, wenn das **Gesamtbild** des Prospekts dadurch beeinträchtigt würde, wenn die Zusammenhänge der an verschiedenen Stellen vorgenommenen Einzeldarstellungen nicht ausreichend hergestellt werden.[106] So darf ein Prospekt nicht so aufgebaut sein, dass ein maßgebliches Risiko erst aus dem Finanzteil entnommen werden kann und aus den dort aufgelisteten Unternehmenszahlen und Bilanzvorgängen herauszuarbeiten ist.[107] Freilich ist ein Anleger nicht schützenswert, der sich deswegen kein zutreffendes Urteil bilden kann, weil er den Prospekt nur auszugsweise liest und ihm deshalb Informationen entgehen.[108] So soll nach einer Entscheidung des BGH der Prospektverantwortliche eine sorgfältige und eingehende Lektüre des Prospekts erwarten können.[109] Wird auf andere Prospektpassagen verwiesen, ist zudem darauf zu achten, dass der Leser nicht mit einer Vielzahl von Verweisen überfrachtet wird, die die Lektüre unnötig erschweren. Ferner sollten Verweise spezifisch sein und nicht etwa nur allgemein auf größere Prospektabschnitte lauten.[110]

Schließlich ist darauf hinzuweisen, dass bestimmte zwingend vorgeschriebene Prospektteile auf einen **Stichtag** in der Vergangenheit bezogen sind, insbesondere die in den Finanzteil aufzunehmenden Jahres- und Konzernabschlüsse. Diese sind so im Prospekt abzudrucken, wie sie von den zuständigen Organen auf- und festgestellt sowie vom Abschlussprüfer testiert wurden, auch wenn zum Datum des Prospekts, etwa aufgrund zwischenzeitlich aufgetretener sog. wertaufhellender Ereignisse, bei einer Neuaufstellung zum Prospektdatum einige Positionen anders auszuweisen wären. Auf **wesentliche Veränderungen** der Geschäfts- oder Finanzlage seit dem letzten Stichtag ist freilich gesondert hinzuweisen.[111]   53

b) Verständlichkeit

Die Anforderungen an die Verständlichkeit eines Prospektes sind an dessen Adressatenkreis zu messen. Dabei deuten die Vorgaben der ProspektVO auf eine differenzierte Betrachtungsweise hin. So ist es nach deren Erwägungsgründen 25 und 27 angebracht, den unterschiedlichen Schutzanforderungen für u. a. die verschiedenen Anlegerkategorien und ihren jeweiligen Sachverstand Rechnung zu tragen. Daraus folgert Erwägungsgrund 25 zunächst, dass qualifizierte Anleger des Schutzes durch einen Prospekt nicht bedürfen, wohingegen bei einem Angebot an das Publikum oder der Zulassung zum (öffentlichen) Handel an einem geregelten Markt ein Prospekt erforderlich wird. Man wird in beiden Fällen der Prospektpflicht aber in der Regel von einem **typisierten Empfängerhorizont**   54

Ries, in: Assmann/Schlitt/von Kopp-Colomb, Prospektrecht Kommentar, Art. 6 ProspektVO Rn. 26.
106 OLG Frankfurt a.M., 1.2.1994 – 5 U 213/92, WM 1994, 291, 295 („Bond"); OLG Frankfurt a.M., 17.3.1999 – 21 U 260/97, ZIP 1999, 1005, 1007 („MHM Mode").
107 LG Nürnberg-Fürth, 28.2.2013 – 6 O 3556/12, BeckRS 2013, 04063, Tz. II.1b.
108 In diesem Sinne *Groß*, Kapitalmarktrecht, § 9 WpPG Rn. 86.
109 BGH, 31.3.1992 – XI ZR 70/91, WM 1992, 901, 904 = BB 1992, 1520, 1522.
110 BaFin-Workshop am 28.5.2008, Präsentation „Typische Prospektmängel und wie sie zu vermeiden sind" (*Gockel*), S. 3.
111 Das ergibt sich aus Anhang I Ziff. 20.9 der ProspektVO und den entsprechenden Parallelbestimmungen anderer Module für Registrierungsformulare. Der dort verwandte Begriff „Handelsposition" ist freilich unklar und wird wohl hier allgemein im Sinne von „Geschäftslage" zu verstehen sein.

Art. 6 ProspektVO Der Prospekt

ausgehen müssen, da der Kreis der potenziellen Erwerber öffentlich (!) angebotener und/oder börsenzuzulassender Wertpapiere grds. nicht eingegrenzt oder auch nur eingrenzbar ist.

55 Dabei erscheint es sinnvoll, im Zusammenhang mit der Haftung für Verkaufs- und Zulassungsprospekte die schon unter dem früheren Prospektrecht angewendeten Kriterien der **Rechtsprechung** heranzuziehen. Diese gelten auch nach Umsetzung der EU-ProspektRL und nach deren Ersetzung durch die ProspektVO weiter.[112] Folglich gilt der durch die Rechtsprechung im Rahmen der gesetzlichen Prospekthaftung nach § 9 WpPG und dessen Vorläuferbestimmungen einschränkend definierte Maßstab.[113] Die Prospektdarstellung ist daher grds. auszurichten an der Urteilsfähigkeit eines aufmerksamen, aber „**durchschnittlichen Anlegers, der zwar eine Bilanz zu lesen versteht**, aber nicht unbedingt mit der in eingeweihten Kreisen gebräuchlichen Schlüsselsprache vertraut zu sein braucht".[114] Das bedeutet, es handelt sich um einen Anleger, der ein so vertieftes Verständnis von Jahresabschlüssen aufweist, dass er keiner ausufernden Erläuterungen bedarf, um bilanzielle Zusammenhänge zu verstehen. Ein Anleger, der darüber nicht verfügt, ist auf sachkundige Hilfe zu verweisen.[115]

56 Vereinzelt wurde anhand der angeblichen „Banalität der Warnhinweise" des Art. 7 Abs. 5 Satz 2 ProspektVO (bzw. seiner gleichlautenden Vorgängerregelung § 5 Abs. 2 Satz 2 WpPG a. F.) im Hinblick auf den Charakter der Zusammenfassung gefolgert, ein Anleger, der solchermaßen gewarnt werden muss, könne nur mit einem völlig ahnungslosen Verbraucher gleichgestellt werden, nicht jedoch mit einem bilanzkundigen durchschnittlichen Anleger.[116] Dies überinterpretiert freilich die Hinweise auf nur vermeintliche Selbstverständlichkeiten. Angesichts der Bedeutung der Zusammenfassung im Rahmen der Notifizierung in anderen Staaten als dem Herkunftstaat und des insoweit geltenden modifizierten Sprachenregimes beinhalten diese durchaus sinnvolle Klarstellungen.[117] Dies ist gerade deshalb bedeutsam, weil auch im Rahmen der ProspektVO davon abgesehen wurde, die Anspruchsgrundlagen für Prospekthaftungsansprüche europaweit zu harmonisieren.[118]

---

112 Begr. RegE Prospektrichtlinie-Umsetzungsgesetz, BT-Drucks. 15/4999, S. 25, 31; Begr. RegE des Gesetzes zur weiteren Ausführung der EU-Prospektverordnung und zur Änderung von Finanzmarktgesetzen, BT-Drucks. 19/8005 S. 2, 36, 47.
113 *Straßner*, in: Heidel, Aktienrecht und Kapitalmarktrecht, § 5 WpPG Rn. 2; *Holzborn/Mayston*, in: Holzborn, WpPG, § 5 Rn. 16.
114 BGH, 12.7.1982 – II ZR 175/81, WM 1982, 862, 863 („Beton- und Monierbau").
115 OLG Frankfurt a. M., 6.7.2004 – 5 ZU 122/03, ZIP 2004, 1411, 1414 („EM.TV II").
116 *Ekkenga/Maas*, Das Recht der Wertpapieremissionen, § 2 Rn. 197.
117 Ebenso *Schlitt/Ries*, in: Assmann/Schlitt/von Kopp-Colomb, Prospektrecht Kommentar, Art. 6 ProspektVO Rn. 14.
118 *Mülbert/Steup*, in: Habersack/Mülbert/Schlitt, Unternehmensfinanzierung, § 41 Rn. 41.2; dies bemängelt auch die European Securities Markets Expert Group (ESME) in ihrem Report on Directive 2003/71/EC of the European Parliament and of the Council on the prospectus to be published when securities are offered to the public or admitted to trading vom 5.9.2007, Tz. 3.6 (S. 19); *Habersack*, in: Habersack/Mülbert/Schlitt, Kapitalmarktinformation, § 28 Rn. 4; *Assmann*, in: Assmann/Schlitt/von Kopp-Colomb, Prospektrecht Kommentar, Art. 11 ProspektVO Rn. 3 ff.

Daher hält auch das aktuelle Schrifttum am „durchschnittlichen Anleger, der eine Bilanz zu lesen versteht", als Prospektmaßstab fest.[119]

Die Rechtsprechung stellt freilich zunehmend auf die Kenntnisse und Erfahrungen eines solchen durchschnittlichen Anlegers ab, der als **Adressat** des Prospektes in Betracht kommt. Bei einem Börsenzulassungsprospekt hält man dabei daran fest, dass ein solcher Anleger es zwar versteht, eine Bilanz zu lesen, aber nicht unbedingt mit der in eingeweihten Kreisen gebräuchlichen Schlüsselsprache vertraut zu sein braucht. Entsprechendes gilt bei Prospekten, die zur Durchführung eines Angebots von börsenzugelassenen Wertpapieren erstellt werden, einschließlich solcher, deren Börsenzulassung beabsichtigt ist. Bei einem Wertpapierprospekt für Wertpapiere, die nicht an der Börse gehandelt werden sollen, kommt es dagegen auf das Verständnis der mit dem Prospekt angesprochenen Interessenten an.[120] Wendet sich der Emittent ausdrücklich auch an das unkundige und börsenunerfahrene Publikum, so kann von dem durchschnittlich angesprochenen (Klein-)Anleger nicht erwartet werden, dass er eine Bilanz lesen kann. In diesen Fällen bestimmt sich der Empfängerhorizont nach den Fähigkeiten und Erkenntnismöglichkeiten eines durchschnittlichen (Klein-)Anlegers, der sich allein anhand der Prospektangaben über die Kapitalanlage informiert und über keinerlei Spezialkenntnisse verfügt.[121] In diesen Fällen verlangt die instanzgerichtliche Rechtsprechung die Erläuterung von Umständen, die nicht zum Allgemeinwissen gehören, deren Bewertung juristisches oder wirtschaftswissenschaftliches Fachwissen erfordert und die dazu geeignet sind, auf die Sicherheit oder Unsicherheit der Anlage schließen zu lassen, sodass sie auch für deren Wert bestimmend sind.[122]

57

Die vom BGH geprägte Begriffsformel des „durchschnittlichen Anlegers, der eine Bilanz zu lesen versteht", steht dagegen für einen Anleger, der über **bilanzielle Grundkenntnisse** verfügt. Dieser unterscheidet sich damit vom wirtschaftlichen Laien, sodass von einem Prospekt keine Aufklärung über die Wirkungsweise grundlegender wirtschaftlicher Zusammenhänge erwartet werden muss. Komplexere bilanztechnische Fragestellungen sind indes durchaus zu erläutern.[123] Oder – um an der Terminologie des BGH anzuknüpfen: Der Prototyp des Anlegers, an dem sich die Darstellung in Prospekten für börsenzugelassene oder zuzulassende Wertpapiere auszurichten hat, versteht zwar eine Bilanz zu lesen, kann aber zu einer eingehenderen Analyse und Bewertung durchaus einiger Erläuterungen bedürfen.[124]

58

Dass der Prospektverfasser jedenfalls bei Angeboten von Wertpapieren an geregelten Kapitalmärkten bzw. der Zulassung zum Handel an diesen ein gewisses **Grundverständnis wirtschaftlicher Zusammenhänge und der Verhältnisse am Kapitalmarkt** voraussetzen kann, ist im Vergleich mit anderen Bereichen der dort geltenden Kapitalmarktpublizität konsequent. So haben Emittenten von Wertpapieren, die zum Handel im regulierten

59

---

119 *Krämer*, in: Marsch-Barner/Schäfer, Handbuch börsennotierte AG, § 10 Rn. 10.424 ff.; *Mülbert/Steup*, in: Habersack/Mülbert/Schlitt, Unternehmensfinanzierung, § 41 Rn. 41.37 ff.; *Schlitt*, in: Habersack/Mülbert/Schlitt, Kapitalmarktinformation, § 4 Rn. 15.
120 BGH, 5.7.1993 – II ZR 194/92, BGHZ 123, 106, 110 = WM 1993, 1787, 1788 („Hornblower/Fischer").
121 BGH, 18.9.2012 – XI ZR 344/11, WM 2012, 2147, 2150 („Wohnungsbau Leipzig I").
122 LG Nürnberg-Fürth, 28.2.2013 – 6 O 3556/12, BeckRS 2013, 04063, Tz. II.1a.
123 OLG Frankfurt a. M., 1.2.1994, WM 1994, 291, 295 („Bond").
124 Eingehend dazu *Groß*, Kapitalmarktrecht, § 9 WpPG Rn. 53 ff., 62 ff.

Markt zugelassen sind, fortlaufend Insiderinformationen, die sie unmittelbar betreffen, unverzüglich nach Art. 17 MAR zu veröffentlichen (Ad-hoc-Publizität). Diese dient der fortlaufenden Information des Anlegerpublikums über die für die Anlageentscheidung wesentlichen aktuellen Verhältnisse des Emittenten,[125] mithin der Perpetuierung der durch die Prospektveröffentlichung anlässlich der erstmaligen Zulassung geschaffenen Publizität.[126] Zur Bestimmung der zu veröffentlichenden Informationen stellt Art. 17 MAR auf den in Art. 7 MAR definierten Begriff der Insiderinformation ab. Darin wird zur Konkretisierung des maßgeblichen Tatbestandsmerkmals der Eignung zur erheblichen Kursbeeinflussung nach Art. 7 Abs. 4 MAR darauf abgestellt, ob ein verständiger Anleger die Information bei seiner Anlageentscheidung berücksichtigen würde. Stellt der Gesetzgeber bei der fortlaufenden Information des Anlegerpublikums auf eine gewisse Verständigkeit des typisierten Anlegers ab, so kann bei der Prospektpublizität, die sich an denselben Adressatenkreis ausrichtet, nichts anderes gelten.

60 Der Verordnungsgeber hat – anders als in den USA[127] – davon abgesehen, etwa durch Regelbeispiele die Anforderungen an die sprachliche Ausgestaltung von Prospekten näher zu konkretisieren.[128] Daher ginge es zu weit, die US-Anforderungen an die sprachliche Darstellung einfach zu übernehmen. Indes können auch daraus Anhaltspunkte dafür gewonnen werden, worauf bei der Art. 6 Abs. 2 genügenden Art der Darstellung zu achten ist.[129] Zudem hat die **BaFin** ein **Merkblatt** veröffentlicht, in dem sie konkretisiert, wie sie die Kriterien des Art. 37 VO (EU) 2019/980 für die Prüfung der Verständlichkeit der Prospektangaben anwendet (im Einzelnen dazu die Kommentierung zu → Art. 37 VO (EU) 2019/980).[130] Schon bevor die ProspektVO anwendbar wurde, galt der Grundsatz, dass die Darstellungsweise des Prospekts dessen Lesbarkeit erleichtern soll, so z.B. durch die Verwendung kurzer Sätze und von Aktiv- anstelle von Passivsätzen.[131] Dabei ist möglichst eine an der **Umgangssprache** orientierte Ausdrucksweise zu wählen. Hinweise zur Konkretisierung einer an vorstehend beschriebenen Empfängerhorizont und dem Gebot der leichten Analysierbarkeit orientierten Prospektdarstellung können auch den früheren Going-Public-Grundsätzen der Deutsche Börse AG entnommen werden. Diese dienten der Konkretisierung der Prospektanforderungen nach § 13 Abs. 1 Satz 2 BörsZulV a.F. Danach war der Prospekt in einer Form abzufassen, die sein Verständnis und seine Auswertung erleichtert.[132]

---

125 *Schäfer*, in: Marsch-Barner/Schäfer, Handbuch börsennotierte AG, § 15 Rn. 15.2.
126 *Wienecke*, NZG 2005, 109, 114.
127 Sog. Plain English rule der U.S. Securities and Exchange Commission (SEC), Regulation C, § 230.421 zum U.S. Securities Act von 1933 und die dazu erlassenen Rundschreiben der SEC, vgl. dazu *Greene/Silverman/Braverman/Sperber/Grabar/Fleisher*, US Regulation of the International Securities and Derivatives Markets, 12th edition 2017, vol. 1, § 4.07[1] (S. 4-82).
128 *Schlitt/Ries*, in: Assmann/Schlitt/von Kopp-Colomb, Prospektrecht Kommentar, Art. 6 ProspektVO Rn. 24; *Crüwell*, AG 2003, 243, 246; *Groß*, Kapitalmarktrecht, Art. 6 ProspektVO Rn. 5.
129 Auf die Vergleichbarkeit der zugrunde liegenden Prinzipien weist zu Recht hin: *Groß*, Kapitalmarktrecht, Art. 6 ProspektVO Rn. 5.
130 BaFin, Merkblatt Prüfung von Wertpapierprospekten auf Verständlichkeit v. 10.9.2019, geändert am 16.9.2019, GZ: WA 51-Wp 7115-2019/009.
131 *Just*, in: Just/Voß/Ritz/Zeising, WpPG, 2009, § 5 Rn. 19; *Holzborn/Mayston*, in: Holzborn, WpPG, § 5 Rn. 18; ebenso BaFin, Merkblatt Prüfung von Wertpapierprospekten auf Verständlichkeit v. 10.9.2019, geändert am 16.9.2019, GZ: WA 51-Wp 7115-2019/009, Abschnitt 3 a).
132 Ebenso im Ergebnis *Groß*, Kapitalmarktrecht, Art. 6 ProspektVO Rn. 5; *Schlitt/Schäfer*, in: Schlitt/Ries, in: Assmann/Schlitt/von Kopp-Colomb, Prospektrecht Kommentar, Art. 6 Prospekt-

Indes lässt sich die Verwendung von Fachbegriffen, insbesondere je nach Art des Geschäftsbetriebs des Emittenten, nicht völlig vermeiden. Sie sollte freilich auf ein Mindestmaß begrenzt sein. Fachausdrücke, die auch einem mit Grundbegriffen der Rechnungslegung und des Kapitalmarkts vertrauten Anleger nicht notwendigerweise geläufig sind, müssen erläutert werden.[133] Treten sie in größerem Umfang auf, wird dem Prospekt in der Praxis bisweilen auch ein Stichwortverzeichnis der verwandten Fachbegriffe (**Glossar**) angefügt.[134] Wiewohl die Textdarstellung grds. auch ohne Heranziehung des Glossars aus sich heraus verständlich sein sollte, dürfen hierbei die Anforderungen an den Umfang der Darstellung nicht überspannt werden. Bei Sachverhalten, die eine zwangsläufig hohe Komplexität der Darstellung erfordern, kann durch Verweis auf die im Glossar enthaltenen Definitionen eine in der Gesamtschau verständliche Darstellung erreicht werden, ohne den Prospektumfang übermäßig aufzublähen.

61

c) Knappe Form

Gegenüber § 5 WpPG a. F. hinzugekommen ist das Erfordernis der knappen Form. Daraus wird teilweise geschlossen, dass nur die für den konkreten Emittenten und die konkreten Wertpapiere relevanten Informationen aufzunehmen sind.[135] Das Anknüpfen an den Begriff „Form" spricht eher dafür, eine möglichst kompakte Art der Darstellung zu wählen.[136]

62

III. Einteiliger oder mehrteiliger Prospekt (Art. 6 Abs. 3)

1. Überblick über den Regelungsgegenstand; praktische Bedeutung

Nach Art. 6 Abs. 3 ProspektVO kann der Emittent (Art. 2 lit. h ProspektVO), der Anbieter (Art. 2 lit. i ProspektVO) oder die die Zulassung zum Handel an einem geregelten Markt beantragende Person (nach altem Recht als „Zulassungsantragssteller" in § 2 Nr. 11 WpPG a. F. definiert) den Prospekt als **einteiliges („einziges") Dokument oder in mehreren Einzeldokumenten** erstellen. In letzterem Fall handelt es sich in aller Regel um ein **dreiteiliges Dokument** – bestehend aus dem (einheitlichen) Registrierungsformular, der Wertpapierbeschreibung und der Zusammenfassung (vorbehaltlich Art. 8 Abs. 8 und Art. 7 Abs. 1 UAbs. 2 ProspektVO). Aus diesem Grund unterscheiden auch die den Prospektinhalt bestimmenden Anhänge der VO (EU) 2019/980 weitgehend zwischen Registrierungsformularen und Wertpapierbeschreibungen. Auch der **Basisprospekt** kann als ein „einziges" Dokument oder in mehreren Einzeldokumenten erstellt werden (Art. 8

63

VO Rn. 23 ff.; zu den Going-Public-Grundsätzen im Einzelnen: *Schlitt/Smith/Werlen*, AG 2002, 475; *Meyer*, WM 2002, 1864.
133 Ähnlich die britische Financial Conduct Authority (FCA) in der UKLA Technical Note 632.1 – Non-equity prospectuses aimed at retail investors vom 27.11.2014, https://www.fca.org.uk/your-fca/documents/ukla/technical-note-632-1-final.
134 BaFin, Merkblatt Prüfung von Wertpapierprospekten auf Verständlichkeit v. 10.9.2019, geändert am 16.9.2019, GZ: WA 51-Wp 7115-2019/009, Abschnitt 3 a).
135 *Schulz*, WM 2018, 212, 216.
136 *Groß*, Kapitalmarktrecht, Art. 6 ProspektVO Rn. 6.

Abs. 6 ProspektVO).[137] Kern der Regelung des Art. 6 Abs. 3 ProspektVO ist es damit, den Prospekterstellern für die beiden maßgeblichen Prospektformen ein **Wahlrecht** zwischen zwei Gestaltungsmöglichkeiten zu geben. Die näheren Einzelheiten zu einem aus mehreren Einzeldokumenten bestehenden Prospekt ergeben sich aus Art. 10 ProspektVO (→ Art. 10 Rn. 5 ff.).

64 Die Regelungen des Art. 6 Abs. 3 ProspektVO (und des Art. 8 Abs. 6 ProspektVO) entsprechen der schon vorher geltenden Rechtslage. Die Vorgängerregelung ist Art. 5 Abs. 3 ProspektRL, der durch § 12 Abs. 1 WpPG a. F. in deutsches Recht umgesetzt wurde. Vor Inkrafttreten der ProspektRL war die Möglichkeit, den Wertpapierprospekt auch in mehreren Einzeldokumenten zu erstellen, im deutschen Prospektrecht nicht bekannt. Sie geht auf das US-amerikanische Vorbild der „shelf registration" zurück, die ähnlich auch in Großbritannien und Frankreich praktiziert wurde.[138] Nicht durchgesetzt hat sich eine obligatorische Einführung des dreiteiligen Prospekts für bestimmte Emittenten, die im Zuge der Entstehung der ProspektRL zunächst bezweckt war. Ursprünglich wurden die Vorzüge eines zwingend mehrteiligen Prospekts vor allem in der Beschleunigung des Emissionsverfahrens für häufig Kapital aufnehmende Emittenten gesehen.[139] Jedenfalls für Anleiheprogramme lässt sich das (wohl auch effizienter) durch die Verwendung eines (ein- oder dreiteiligen) Basisprospekts (Art. 8 ProspektVO) erreichen, der ebenfalls für wiederholte Emissionen verwendet werden kann. Verbliebene **Aufgabe** der Bestimmung ist damit, außerhalb dieses Konkurrenzverhältnisses **zusätzliche Flexibilität** bei der Prospekterstellung zu schaffen,[140] um die Erstellung des Prospekts zu erleichtern, die „rasche Nutzung von Marktfenstern" zu gestatten und die dafür aufzuwendenden Kosten zu senken (vgl. auch Erwägungsgrund 39 der ProspektVO zum einheitlichen Registrierungsformular).

65 **Praktische Bedeutung** kann das durch Art. 6 Abs. 3 geschaffene Wahlrecht zwischen einem Prospekt als einteiliges („einziges") Dokument und einem Prospekt in mehreren Einzeldokumenten erlangen, wenn parallele oder zeitlich eng beieinander liegende Emissionen *unterschiedlicher* Wertpapiere (Dividendenwerte und Nichtdividendenwerte)[141] begeben werden sollen. Die Begebung unterschiedlicher Wertpapiere kann unter Verwendung eines (einheitlichen) Registrierungsformulars vorgenommen werden. Es muss dann nicht für jede Emission eine neue Emittentenbeschreibung verfasst werden. Die Verwendung dreiteiliger Prospekte ist in der Praxis gleichwohl eher die Ausnahme geblieben.[142] Das

---

137 Zur Aufhebung des früheren „Verbots" eines mehrteiligen Basisprospekts durch das Gesetz zur Umsetzung der Richtlinie 2010/73/EU und zur Änderung des Börsengesetzes (BGBl. I 2012, S. 1375) siehe *Singhof*, in: Berrar/Meyer/Müller et al., WpPG/EU-ProspektVO, 2. Aufl. 2017, § 12 Rn. 4.
138 Vgl. *Groß*, Kapitalmarktrecht, Art. 6 ProspektVO Rn. 7.
139 Vgl. bereits Erwägungsgrund 15 zum Ersten Kommissionsentwurfs der ProspektRL v. 30.5.2001, KOM(2001) 280 endgültig. Krit. angesichts der Erfahrungen mit einem ähnlichen System in Großbritannien *Seitz*, BKR 2002, 340, 345.
140 Vgl. RegBegr., BT-Drucks. 15/4999, S. 34 zu § 12 WpPG a. F.
141 So auch *Geyer/Schelm*, BB 2019, 1731, 1732. In der Praxis waren z. B. Kombinationen von Aktien-, Wandelanleihe- und High-Yield-Bond-Emissionen zu beobachten.
142 Vgl. ESMA, Bericht zu den Prospekttätigkeiten und Sanktionen aus dem Jahr 2020 vom 20.7.2021, ESMA32-382-1153, S. 11. Danach wurden im Berichtszeitraum nur 9 % der Prospekt als mehrteilige Prospekt erstellt; vgl. auch *Seitz*, in: Assmann/Schlitt/von Kopp-Colomb, Prospektrecht Kommentar, Art. 10 ProspektVO Rn. 12.

dreiteilige Prospektformat weist gegenüber dem Basisprospekt auch keine wesentlichen Vorteile auf (bereits oben → Rn. 64),[143] zumal dieser nun auch als dreiteiliges Dokument ausgestaltet werden kann (→ Rn. 68) und für den breiten Bereich der Nichtdividendenwerte, einschließlich Optionsscheine jeglicher Art, in Betracht kommt. Auch unter dem Eindruck der publizitätsträchtigen einmaligen Aktienemissionen, die fast ausschließlich auf Basis eines einteiligen Prospekts begeben werden, werden die **Vorzüge** des mehrteiligen Prospekts überwiegend als **gering** eingeschätzt.[144] Die Bedeutung ist auch dadurch geschmälert, dass schon seinerzeit im Zuge der Verabschiedung der ProspektRL die ursprünglich vorgesehene Pflicht, jährlich ein zu aktualisierendes Registrierungsformular einzureichen, aufgegeben wurde.[145] Ohne diese Aktualisierungspflicht dürfte die Verwendung eines dreiteiligen Prospekts überwiegend von geringem Vorteil sein. Allerdings hat der Verordnungsgeber durch die Einführung des einheitlichen Registrierungsformulars zusätzliche „Anreize dafür [geschaffen, den], Prospekt in mehreren Einzeldokumenten zu erstellen" (vgl. Erwägungsgrund 39 der ProspektVO). Nicht zu verkennen ist der Gewinn an **Flexibilität** und **verfahrenstechnischer Vereinfachung** im Billigungsverfahren, wenn ein Emittent mit Blick auf eine bevorstehende, zeitlich aber noch nicht exakt einzugrenzende Emission ein Registrierungsformular billigen lässt oder die Möglichkeit hat, ein einheitliches Registrierungsformular zu hinterlegen (Daueremittentenstatus gemäß Art. 9 Abs. 11 UAbs. 1 ProspektVO), um nach Festlegung des Emissionszeitpunkts zügig die Erstellung und Billigung der Wertpapierbeschreibung und Zusammenfassung oder – bei einem hinterlegten einheitlichen Registrierungsformular – die Billigung der Gesamtdokumentation (→ Art. 10 Rn. 20) zu betreiben. Dieser Vorteil schwindet mit zunehmendem Zeitablauf nach der Billigung freilich, insbesondere wenn aufgrund neuer Quartalszahlen wesentliche Teile, insbesondere das OFR (Operating and Financial Review), neu geschrieben werden müssen.

2. Gestaltungsmöglichkeiten

a) Prospekt

Nach Art. 6 Abs. 3 ProspektVO kann der Emittent (Art. 2 lit. h ProspektVO), der Anbieter (Art. 2 lit. i ProspektVO) oder die die Zulassung zum Handel an einem geregelten Markt beantragende Person (nach altem Recht als „Zulassungsantragssteller" in § 2 Nr. 11 WpPG a. F. definiert) den Prospekt als **einteiliges („einziges") Dokument oder in mehreren Einzeldokumenten** erstellen. Für den Prospekt in mehreren Einzeldokumenten wird eine **Aufteilung** der Mindestangaben (Art. 13 ProspektVO) zwingend **auf drei Dokumente** vorgegeben: das (einheitliche) **Registrierungsformular** (Registration Document), die **Wertpapierbeschreibung** (Securities Note) und die **Zusammenfassung**

66

---

143 Vgl. *Kunold/Schlitt*, BB 2004, 501, 505.
144 *Crüwell*, AG 2003, 243, 247; *Kunold/Schlitt*, BB 2004, 501, 505; *Seitz*, in: Assmann/Schlitt/von Kopp-Colomb, Prospektrecht Kommentar, Art. 10 ProspektVO Rn. 12; *Meyer*, in: Habersack/Mülbert/Schlitt, Unternehmensfinanzierung, Rn. 36.17. Vgl. die Bezugsrechtskapitalerhöhung der Deutsche Bank AG (September 2010) im Zusammenhang mit dem Übernahmeangebot für die Postbank, bei der eine Aktienemission in Deutschland erstmals auf Basis eines dreiteiligen Prospekts vorgenommen wurde.
145 *Singhof*, in: Berrar/Meyer/Müller et al., WpPG/EU-ProspektVO, 2. Aufl. 2017, § 10 WpPG Rn. 2; zutr. *Meyer*, in: Habersack/Mülbert/Schlitt, Unternehmensfinanzierung, Rn. 36.17.

(Summary) (zur Reihenfolge der Darstellung bei der (drucktechnischen) Zusammenführung in einem Dokument → Art. 24 VO (EU) 2019/980 Rn. 14). Eine weitere Aufteilung des Prospekts ist damit ausgeschlossen.[146] Zu berücksichtigen ist lediglich, dass eine Zusammenfassung des Basisprospekts nicht mehr erstellt werden muss, wenn die endgültigen Bedingungen nicht in dem Basisprospekt oder in einem Nachtrag enthalten sind. Die endgültigen Bedingungen des Angebots ergänzen dann nebst ihnen beizufügender emissionsbezogener Zusammenfassung den dreiteiligen Basisprospekt als weiteres Dokument (vgl. Art. 8 Abs. 8 und 9 ProspektVO). Außerdem ist zu bedenken, dass infolge der ausnahmsweisen Entbehrlichkeit der Zusammenfassung nach allgemeinen Vorgaben (Art. 7 Abs. 1 UAbs. 2 ProspektVO) auch ein zweiteiliges Dokument möglich ist. Zum Aufbau des ein- oder dreiteiligen Prospekts enthält Art. 24 VO (EU) 2019/980 weitergehende Vorgaben (→ Art. 24 VO (EU) 2019/980 Rn. 2, 10 ff.). Beim dreiteiligen Prospekt gilt Art. 11 Abs. 1 Satz 2 ProspektVO sowohl für das Registrierungsformular als auch für die Wertpapierbeschreibung; d. h., jedes Dokument ist mit dem Datum seiner Erstellung, mit den verantwortlichen Personen und der Verantwortlichkeitserklärung zu versehen. Die frühere Pflicht zur Unterzeichnung durch den Anbieter und/oder Zulassungsantragsteller (vgl. § 5 Abs. 3 und 4 WpPG a. F.) ist entfallen.

67 Die Gestaltungsmöglichkeiten des Art. 6 Abs. 3 ProspektVO unterliegen den **allgemeinen Anforderungen** an den Prospekt, insbesondere an die Klarheit, Verständlichkeit und Vollständigkeit (→ Rn. 47 ff.).[147] Aus der Mehrteiligkeit des Prospekts dürfen sich also keine Einschränkungen von Prospektklarheit und -wahrheit ergeben.[148] Bei der Aufteilung des Prospekts auf die drei Einzeldokumente sollen Wiederholungen vermieden werden (Art. 13 Abs. 1 ProspektVO a. E.), was durch die detaillierten Anhänge zur VO (EU) 2019/980 (Anhänge 1–10 für Registrierungsformulare sowie 11–16 für Wertpapierbeschreibungen) nach der Vorstellung des Verordnungsgebers konzeptionell grundsätzlich sichergestellt ist (vgl. auch Erwägungsgrund 19 Satz 2 der VO (EU) 2019/980).[149] Einheitliche und mehrteilige Prospektformen müssen somit dem gleichen (inhaltlichen) „Standard" entsprechen.[150] Zu konzedieren ist aber, dass aufgrund der Möglichkeit der Aktualisierung des gebilligten Registrierungsformulars durch einen oder mehrere Nachträge (Art. 10 Abs. 1 UAbs. 2 ProspektVO) Abstriche von der Einheitlichkeit der Emittentenbeschreibung zu machen sind, da sachlich zusammengehörige Informationen auseinanderge-

---

146 Vgl. auch *Seitz*, in: Assmann/Schlitt/von Kopp-Colomb, Prospektrecht Kommentar, Art. 10 ProspektVO Rn. 8; zum alten Recht *Holzborn*, in: Holzborn, WpPG, § 12 Rn. 1; *Röhrborn*, in: Heidel, Aktienrecht und Kapitalmarktrecht, § 12 WpPG Rn. 2.
147 Vgl. *Schlitt/Ries*, in: Assmann/Schlitt/von Kopp-Colomb, Prospektrecht Kommentar, Art. 6 ProspektVO Rn. 28. Zu den allgemeinen Anforderungen s. *Meyer*, in: Habersack/Mülbert/Schlitt, Unternehmensfinanzierung, Rn. 36.14 f.
148 *Groß*, Kapitalmarktrecht, Art. 6 ProspektVO Rn. 7; zum alten Recht RegBegr. zum Prospektrichtlinie-Umsetzungsgesetz, BT-Drucks. 15/4999, S. 25, 34.
149 Vgl. Erwägungsgrund 19 der VO (EU) 2019/980; *Seitz*, in: Assmann/Schlitt/von Kopp-Colomb, Prospektrecht Kommentar, Art. 10 ProspektVO Rn. 38; zuvor auch ESMA, Questions and Answers – Prospectuses (30th Updated Version – April 2019), Nr. 10. Sollte es doch einmal zu Wiederholungen kommen, kann nach Ansicht von ESMA auf in anderen Prospektteilen enthaltene Informationen Bezug genommen werden, wenn eine Überkreuz-Checkliste bereitgestellt wird.
150 Vgl. schon zum alten Recht ESMA, Questions and Answers – Prospectuses (30th Updated Version – April 2019), Nr. 75; RegBegr, BT-Drucks. 15/4999, S. 34 zu § 12 WpPG a. F.; *Hamann*, in: Schäfer/Hamann, Kapitalmarktgesetze, § 12 WpPG Rn. 3; *Röhrborn*, in: Heidel, Aktienrecht und Kapitalmarktrecht, § 12 WpPG Rn. 1; *Holzborn*, in: Holzborn, WpPG, § 12 Rn. 1.

zogen werden. Das wird aber auch in anderen Fällen, etwa der Einbeziehung von Dokumenten durch Verweis, toleriert (→ Art. 19 Rn. 35 f.).

b) Basisprospekt

Der Basisprospekt steht als eigenes Prospektformat neben dem einteiligen oder mehrteiligen (Voll-)Prospekt. Er ermöglicht es, (kontinuierlich) flexibel Emissionen vorzunehmen, indem die konkreten Emissionsbedingungen erst kurz vor dem öffentlichen Angebot nach der aktuellen Marktlage festgesetzt werden müssen. Auch ein Basisprospekt darf nach anders als nach früherer Rechtslage vor dem 1.7.2012[151] **in mehreren Einzeldokumenten** erstellt werden. Dies stellt Art. 8 Abs. 6 UAbs. 1 ProspektVO nunmehr ausdrücklich klar.[152] Erst wenn die endgültigen Bedingungen in den Basisprospekt oder einen Nachtrag aufgenommen oder hinterlegt sind, wird eine Zusammenfassung erstellt, die die einzelne Emission betrifft (Art. 8 Abs. 8 und 9 ProspektVO; siehe → Rn. 74). Durch die mögliche Mehrteiligkeit auch von Basisprospekten soll auch für diese ein höheres Maß an Flexibilität ermöglicht werden. Ob dies bei Anleihen und derivativen Wertpapieren Vorzüge hat,[153] muss durchaus kritisch gesehen werden. Vorteile können sich zwar im Zusammenhang mit der ebenfalls bestehenden Möglichkeit der separaten Aktualisierung von Registrierungsformularen durch Nachträge nach Art. 10 Abs. 1 UAbs. 2 ProspektVO ergeben; dagegen stehen die Zersplitterung des Dokuments und die für Anleger nur schwer mögliche Identifizierung der jeweils maßgeblichen Prospektteile sowie Zweifelsfragen bei der auseinanderlaufenden Gültigkeit der einzelnen Prospektteile nach Art. 12 ProspektVO.[154] Bei der Ausgestaltung eines Basisprospekts in mehreren Einzeldokumenten sind neben den Vorgaben des Art. 25 VO (EU) 2019/980 auch die des Art. 24 VO (EU) 2019/980 zu beachten (näher → Art. 24 VO (EU) 2019/980 Rn. 10). Außerdem kann mit den endgültigen Bedingungen noch ein weiteres Dokument hinzukommen, da sie statt im Basisprospekt oder in Nachträgen dazu auch in einem gesonderten Dokument dargelegt werden können (Art. 8 Abs. 4 und 6 ProspektVO).

3. Bestandteile des Prospekts aus mehreren Einzeldokumenten

a) (Einheitliches) Registrierungsformular

Das Registrierungsformular enthält die Angaben zum Emittenten (Art. 6 Abs. 3 UAbs. 2 Satz 2 ProspektVO). Diese **Emittentenbeschreibung** ist – abhängig von der Art der Emission – unterschiedlich umfangreich. Den strengsten Vorgaben hinsichtlich der dafür erforderlichen Mindestangaben unterliegen Aktienemissionen. Dafür ist das **„Schema" für das „Registrierungsformular für Dividendenwerte"** nach Art. 2 VO (EU) 2019/980

---

151 Vgl. RegE Gesetz zur Umsetzung der Richtlinie 2010/73/EU und zur Änderung des Börsengesetzes, BR-Drucks. 846/12, S. 27; *Meyer*, in: Habersack/Mülbert/Schlitt, Unternehmensfinanzierung, Rn. 36.18.
152 Auch nach der Umsetzung der ÄnderungsRL, also nach dem 1.7.2012, war dies noch umstritten. Die ESMA ging seinerzeit entgegen der Rechtslage in Deutschland so weit, zu sagen, dass ein dreiteiliger Basisprospekt nicht billigungsfähig ist; vgl. ESMA Opinion v. 17.12.2013, ESMA/2013/1944, Format of the base prospectus and consistent application of Article 26(4) of the Prospectus Regulation.
153 So etwa *von Kopp-Colomb/Seitz*, WM 2012, 1220, 1226.
154 *Heidelbach/Preuße*, BKR 2012, 397, 400.

i.V.m. Anhang 1 vorgesehen. Entsprechende „Schemata" gibt es für Schuldverschreibungsemissionen (Nichtdividendenwerte); hier wird nach den Stückelungen von bzw. Mindesterwerbspreisen für mindestens 100.000 EUR sowie qualifizierten Anlegern einerseits (Registrierungsformular für Nichtdividendenwerte für Großanleger, Art. 8 VO (EU) 2019/980 i.V.m. Anhang 7) und Kleinanlegern andererseits unterschieden (vgl. Art. 7 VO (EU) 2019/980 i.V.m. Anhang 6). Sowohl für Dividendenwerte als auch für Nichtdividendenwerte gibt es zudem spezielle Registrierungsformulare für Sekundäremissionen (Art. 4 VO (EU) 2019/980 i.V.m. Anhang 3 sowie Art. 9 VO (EU) 2019/980 i.V.m. Anhang 8) und für EU-Wachstumsprospekte (Art. 28 VO (EU) 2019/980 i.V.m. Anhang 24 sowie Art. 29 VO (EU) 2019/980 i.V.m. Anhang 25), die den vereinfachten Offenlegungsregeln für Sekundäremissionen und EU-Wachstumsprospekten Rechnung tragen (Art. 14 und 15 ProspektVO). Hinzu treten neben einem speziellen Anhang für das einheitliche Registrierungsformular (Art. 3 VO (EU) 2019/980 i.V.m. Anhang 2) noch vier weitere Anhänge für Zertifikate, die Aktien vertreten, für forderungsbesicherte Wertpapiere (Asset backed securities/ABS), für Anteilsscheine von Organismen für gemeinsame Anlagen des geschlossenen Typs sowie für Nichtdividendenwerte, die von Drittländern und deren regionalen und lokalen Gebietskörperschaften begeben werden (vgl. Anhänge 4, 5, 9 und 10 VO (EU) 2019/980).

70 Das Registrierungsformular kann unabhängig von der Wertpapierbeschreibung und der Zusammenfassung zur Billigung bei der BaFin eingereicht werden (Art. 10 Abs. 1 ProspektVO). Dies ermöglicht seine **mehrfache Nutzung**. Soll es in diesem Zusammenhang nicht nur mehrfach, sondern auch für Emissionen unterschiedlicher Wertpapiere verwendet werden, ist das Registrierungsformular nach dem Anhang mit den jeweils **strengsten Anforderungen** zu verfassen. Denn ein den umfangreichsten und strengsten Anforderungen entsprechendes Registrierungsformular kann auch für Emissionen verwendet werden, für die weniger strenge Vorgaben gelten (so noch ausdrücklich Art. 21 Abs. 2 VO (EG) 809/2004).[155] Das anspruchsvollste Registrierungsformular wird – wie bereits erwähnt – für Aktien vorgegeben; anschließend folgen das Registrierungsformular für Schuldverschreibungen für Kleinanleger und das Registrierungsformular für Schuldverschreibungen für Großanleger (siehe zur ausdrücklichen „Rangfolge" der Registrierungsformulare noch Art. 21 Abs. 2 Nr. 1–3 VO (EG) 809/2004).[156]

71 Einen Sonderfall des Registrierungsformulars bildet das neue „**einheitliche Registrierungsformular**" (Art. 9 ProspektVO), das Daueremittenten (Art. 9 Abs. 11 ProspektVO) einen flexibleren und – aufgrund eines verkürzten Billigungsverfahrens – schnelleren Zugang zum Kapitalmarkt ermöglichen soll. Dreiteilige Prospekte, deren Bestandteil das einheitliche Registrierungsformular ist, werden mit einer Frist von fünf statt zehn Arbeitstagen gebilligt (Art. 20 Abs. 6 ProspektVO). Außerdem können die Pflichten der Finanzberichterstattung nach der EU-Transparenzrichtlinie durch ein einheitliches Registrierungsformular erfüllt werden. Halbjahres- und Jahresfinanzberichte müssen nicht mehr gesondert veröffentlich werden, wenn diese Veröffentlichung bereits im Rahmen des einheitlichen Registrierungsformulars vorgenommen wurde, Art. 9 Abs. 12 ProspektVO (siehe → Art. 9 ProspektVO Rn. 34 ff.).

---

155 *Schlitt*, in: Habersack/Mülbert/Schlitt, Kapitalmarktinformation, § 4 Rn. 20.
156 *Schlitt*, in: Habersack/Mülbert/Schlitt, Kapitalmarktinformation, § 4 Rn. 20.

b) Wertpapierbeschreibung

Die Wertpapierbeschreibung enthält die Angaben zu den Wertpapieren, die öffentlich angeboten oder zum Handel an einem geregelten Markt zugelassen werden sollen (Art. 6 Abs. 3 UAbs. 2 Satz 3 ProspektVO). Auch hierfür bestehen **unterschiedliche Anhänge**: Art. 12 VO (EU) 2019/980 i.V.m. Anhang 11 (Dividendenwerte (Aktienemissionen) und für von Organismen für gemeinsame Anlagen des geschlossenen Typs ausgegebene Anteilsscheine), Art. 15 VO (EU) 2019/980 i.V.m. Anhang 14 (Nichtdividendenwerte (Schuldverschreibungen) für Kleinanleger), Art. 16 VO (EU) 2019/980 i.V.m. Anhang 15 (Nichtdividendenwerte (Schuldverschreibungen) für Großanleger), Art. 17 VO (EU) 2019/980 i.V.m. Anhang 16 (Sekundäremissionen der o. g. Wertpapiere) sowie Art. 14 VO (EU) 2019/980 i.V.m. Anhang 13 (Zertifikate, die Aktien vertreten). Kernpunkt der Ausführungen ist eine verständliche **Produktbeschreibung** (siehe das Inhaltsverzeichnis unter → Art. 24 VO (EU) 2019/980 Rn. 14).[157] Soweit ein Wertpapiertyp keinem dieser Schemata zugeordnet werden kann, sieht Erwägungsgrund 24 der VO (EU) 2019/980 vor, dass der Prospektinhalt in Abstimmung mit der zuständigen Behörde auf der Grundlage der vorhandenen Vorgaben entwickelt werden kann.[158] Für größere Effizienz bei der Prospekterstellung und zur Vermeidung unnötigen Aufwands kann es dabei auch gestattet werden, in den Anhängen aufgeführte Angaben auszulassen, wenn diese auf den Emittenten oder die angebotenen oder zuzulassenden Wertpapiere nicht zutreffen (vgl. Erwägungsgrund 25 der VO (EU) 2019/980).

72

Die verschiedenen Anhänge zur VO (EU) 2019/980 können entsprechend dem „Building Block"-Konzept auch weiterhin miteinander kombiniert werden (nach altem Recht ausdrücklich Art. 21 VO (EG) 809/2004; s. auch Erwägungsgrund 6 der VO (EG) 809/2004).[159] Die verschiedenen **Kombinationsmöglichkeiten** werden in einer Tabelle der ESMA dargestellt (siehe zum alten Recht Anhang XVIII zur VO (EG) 809/2004).[160]

73

c) Zusammenfassung

Die Zusammenfassung fasst die beiden anderen Prospektbestandteile zusammen und bietet den Anlegern eine **überblicksartige Einführung** (Art. 7 Abs. 2 Satz 2 ProspektVO) Für die Zusammenfassung gilt Art. 7 ProspektVO (eingehend → Art. 7 ProspektVO Rn. 8 ff.). In jedem Fall wird nur *eine* Zusammenfassung erstellt, die sich auf alle Einzeldokumente bezieht. Bei einem mehrteiligen Basisprospekt wird nur eine emissionsbezogene, also speziell die betreffende Emission betreffende Zusammenfassung erstellt – und erst dann, wenn die endgültigen Bedingungen in den Basisprospekt oder in einen Nachtrag aufgenommen oder hinterlegt worden sind, Art. 8 Abs. 8 ProspektVO. Eine allgemeine Zusammenfassung ist hier also nicht erforderlich. Der mehrteilige Prospekt kann ausnahmsweise auch nur aus zwei Dokumenten bestehen, wenn die Zusammenfassung nach Maßgabe von Art. 7 Abs. 1 UAbs. 2 ProspektVO nicht erstellt werden muss (→ Rn. 6).

74

---

157 Zu den Anforderungen s. BaFin, Häufig gestellte Fragen zum neuen Basisprospektregime vom 31.5.2012 (zuletzt geändert am 4.6.2014), I. 4; verfügbar unter www.bafin.de.
158 Siehe dazu auch *Meyer*, in: Habersack/Mülbert/Schlitt, Unternehmensfinanzierung, Rn 36.19.
159 *Schlitt*, in: Habersack/Mülbert/Schlitt, Kapitalmarktinformation, § 4 Rn. 17, 19; *Schlitt/Ries*, in: Assmann/Schlitt/von Kopp-Colomb, Prospektrecht Kommentar, Art. 13 ProspektVO Rn. 11.
160 ESMA, Questions and Answers on the Prospectus Regulation, ESMA/2019/ESMA31-62-1258, Version 12, Last updated on 3 February 2023, Q14.10 mit Verweis zum Annex.

Art. 6 ProspektVO   Der Prospekt

Dies ist dann der Fall, wenn der Prospekt die Zulassung von Nichtdividendenwerten zum Handel an einem geregelten Markt betrifft, sofern diese Wertpapiere ausschließlich an einem geregelten Markt oder in einem bestimmten Segment eines solchen gehandelt werden sollen, zu dem ausschließlich qualifizierte Anleger zu Zwecken des Handels mit diesen Wertpapieren Zugang erhalten (lit. a) oder diese Wertpapiere eine Mindeststückelung von 100.000 EUR haben (lit. b).

Art. 7 ProspektVO
Die Prospektzusammenfassung

(1) Der Prospekt enthält eine Zusammenfassung mit Basisinformationen, die Anlegern Aufschluss über Art und Risiken des Emittenten, des Garantiegebers und der angebotenen oder zum Handel an einem geregelten Markt zugelassenen Wertpapiere geben; die Zusammenfassung ist zusammen mit den anderen Teilen des Prospekts zu lesen und soll eine Entscheidungshilfe für Anleger im Hinblick auf Anlagen in die betreffenden Wertpapiere darstellen.

Abweichend von Unterabsatz 1 ist eine Zusammenfassung nicht erforderlich, wenn sich der Prospekt auf die Zulassung von Nichtdividendenwerten zum Handel an einem geregelten Markt bezieht, sofern

a) diese Wertpapiere ausschließlich an einem geregelten Markt oder in einem bestimmten Segment eines solchen gehandelt werden sollen, zu dem ausschließlich qualifizierte Anleger zu Zwecken des Handels mit diesen Wertpapieren Zugang erhalten; oder

b) diese Wertpapiere eine Mindeststückelung von 100 000 EUR haben.

(2) Die in der Zusammenfassung enthaltenen Informationen sind präzise, redlich und klar und nicht irreführend. Die Zusammenfassung ist als Einleitung zu dem Prospekt zu lesen, und ihre Informationen stimmen mit den in den anderen Teilen des Prospekts enthaltenen Informationen überein.

(3) Die Zusammenfassung wird als kurze Unterlage abgefasst, die prägnant formuliert ist und ausgedruckt eine maximale Länge von sieben DIN-A4-Seiten umfasst. Die Zusammenfassung wird

a) in einer Weise präsentiert und aufgemacht, die leicht verständlich ist, wobei Buchstaben in gut leserlicher Größe verwendet werden;

b) sprachlich und stilistisch so formuliert, dass das Verständnis der Informationen erleichtert wird, insbesondere durch Verwendung einer klaren, präzisen und für die Anleger allgemein verständlichen Sprache.

(4) Die Zusammenfassung ist in vier Abschnitte untergliedert:

a) eine Einleitung mit Warnhinweisen;

b) Basisinformationen über den Emittenten;

c) Basisinformationen über die Wertpapiere;

d) Basisinformationen über das öffentliche Angebot von Wertpapieren und/oder die Zulassung zum Handel an einem geregelten Markt.

(5) Der Abschnitt gemäß Absatz 4 Buchstabe a enthält

a) die Bezeichnung und die internationale Wertpapier-Identifikationsnummer (ISIN) der Wertpapiere;

b) die Identität und Kontaktdaten des Emittenten, einschließlich der Rechtsträgerkennung (LEI);

c) gegebenenfalls die Identität und Kontaktdaten des Anbieters, einschließlich der LEI, falls der Anbieter Rechtspersönlichkeit hat, oder der die Zulassung zum Handel an einem geregelten Markt beantragenden Person;

d) die Identität und Kontaktdaten der zuständigen Behörde, die den Prospekt billigt, und der zuständigen Behörde, die das Registrierungsformular oder das einheitliche Registrierungsformular gebilligt hat, sofern sie nicht mit der erstgenannten Behörde identisch ist;

e) das Datum der Billigung des Prospekts.

Er enthält die folgenden Warnhinweise:

a) dass die Zusammenfassung als Prospekteinleitung verstanden werden sollte;

b) dass der Anleger sich bei der Entscheidung, in die Wertpapiere zu investieren, auf den Prospekt als Ganzes stützen sollte;

c) gegebenenfalls dass der Anleger das gesamte angelegte Kapital oder einen Teil davon verlieren könnte, und – wenn die Haftung des Anlegers nicht auf den Anlagebetrag beschränkt ist – dass der Anleger mehr als das angelegte Kapital verlieren könnte sowie das Ausmaß dieses potenziellen Verlusts;

d) für den Fall, dass vor einem Gericht Ansprüche aufgrund der in einem Prospekt enthaltenen Informationen geltend gemacht werden, dass der als Kläger auftretende Anleger nach nationalem Recht die Kosten für die Übersetzung des Prospekts vor Prozessbeginn zu tragen haben könnte;

e) dass zivilrechtlich nur diejenigen Personen haften, die die Zusammenfassung samt etwaiger Übersetzungen vorgelegt und übermittelt haben, und dies auch nur für den Fall, dass die Zusammenfassung, wenn sie zusammen mit den anderen Teilen des Prospekts gelesen wird, irreführend, unrichtig oder widersprüchlich ist oder dass sie, wenn sie zusammen mit den anderen Teilen des Prospekts gelesen wird, nicht die Basisinformationen vermittelt, die in Bezug auf Anlagen in die betreffenden Wertpapiere für die Anleger eine Entscheidungshilfe darstellen würden;

f) gegebenenfalls den Warnhinweis gemäß Artikel 8 Absatz 3 Buchstabe b der Verordnung (EU) Nr. 1286/2014.

(6) Der Abschnitt gemäß Absatz 4 Buchstabe b enthält folgende Informationen:

a) in einem Unterabschnitt mit der Überschrift „Wer ist der Emittent der Wertpapiere?" eine kurze Beschreibung des Emittenten der Wertpapiere, die mindestens folgende Angaben enthält:

  i) Sitz und Rechtsform des Emittenten, seine LEI, für ihn geltendes Recht und Land der Eintragung;
  ii) Haupttätigkeiten des Emittenten;
  iii) Hauptanteilseigner des Emittenten, einschließlich Angabe, ob an ihm unmittelbare oder mittelbare Beteiligungen oder Beherrschungsverhältnisse bestehen und wer die Beteiligungen hält bzw. die Beherrschung ausübt;
  iv) Identität der Hauptgeschäftsführer;
  v) Identität der Abschlussprüfer;

b) in einem Unterabschnitt mit der Überschrift „Welches sind die wesentlichen Finanzinformationen über den Emittenten?" ausgewählte wesentliche historische Finanzinformationen für jedes Geschäftsjahr des von den historischen Finanzinformationen abgedeckten Zeitraums und für jeden nachfolgenden Zwischenberichtszeitraum sowie Vergleichsdaten für den gleichen Zeitraum des vorhergehenden Geschäftsjahrs. Die Anforderung der Beibringung vergleichbarer Bilanzinformationen wird durch die Vorlage der Bilanzdaten zum Jahresende erfüllt. Die wesentlichen Finanzinformationen enthalten gegebenenfalls

  i) Pro-forma-Finanzinformationen;
  ii) eine kurze Beschreibung etwaiger Einschränkungen im Bestätigungsvermerk zu den historischen Finanzinformationen;

c) in einem Unterabschnitt mit der Überschrift „Welches sind die zentralen Risiken, die für den Emittenten spezifisch sind?" eine kurze Beschreibung der im Prospekt enthaltenen für den Emittenten spezifischen wesentlichsten Risikofaktoren, wobei die in Absatz 10 genannte Höchstzahl an Risikofaktoren nicht überschritten werden darf.

(7) Der Abschnitt gemäß Absatz 4 Buchstabe c enthält folgende Informationen:

a) in einem Unterabschnitt mit der Überschrift „Welches sind die wichtigsten Merkmale der Wertpapiere?" eine kurze Beschreibung der öffentlich angebotenen und/oder zum Handel an einem geregelten Markt zugelassenen Wertpapiere, die mindestens folgende Angaben enthält:

  i) Art, Gattung und ISIN der Wertpapiere;
  ii) gegebenenfalls Währung, Stückelung, Nennwert, Anzahl der begebenen Wertpapiere und Laufzeit der Wertpapiere;
  iii) mit den Wertpapieren verbundene Rechte;
  iv) relativer Rang der Wertpapiere in der Kapitalstruktur des Emittenten im Fall einer Insolvenz, gegebenenfalls mit Angaben über ihre Nachrangigkeitsstufe und die potenziellen Auswirkungen auf die Anlagen im Fall der Abwicklung nach Maßgabe der Richtlinie 2014/59/EU;
  v) etwaige Beschränkungen der freien Handelbarkeit der Wertpapiere;
  vi) gegebenenfalls Angaben zur Dividenden- bzw. Ausschüttungspolitik;

b) in einem Unterabschnitt mit der Überschrift „Wo werden die Wertpapiere gehandelt?" Angaben dazu, ob für die Wertpapiere die Zulassung zum Handel an einem geregelten Markt oder zum Handel an einem MTF beantragt wurde oder werden soll, und Nennung aller Märkte, an denen die Wertpapiere gehandelt werden oder gehandelt werden sollen;

c) wenn eine Garantie für die Wertpapiere gestellt wird, in einem Unterabschnitt mit der Überschrift „Wird für die Wertpapiere eine Garantie gestellt?" u. a. folgende Information:

  i) eine kurze Beschreibung von Art und Umfang der Garantie,
  ii) kurze Angaben zum Garantiegeber, einschließlich seiner LEI,
  iii) die einschlägigen wesentlichen Finanzinformationen zum Zwecke der Bewertung der Fähigkeit des Garantiegebers, seinen Verpflichtungen aus der Garantie nachzukommen, und

iv) eine kurze Beschreibung der im Prospekt enthaltenen für den Garantiegeber spezifischen wesentlichsten Risikofaktoren gemäß Artikel 16 Absatz 3, wobei die in Absatz 10 genannte Höchstzahl an Risikofaktoren nicht überschritten werden darf;

d) in einem Unterabschnitt mit der Überschrift „Welches sind die zentralen Risiken, die für die Wertpapiere spezifisch sind?" eine kurze Beschreibung der im Prospekt enthaltenen für die Wertpapiere spezifischen wesentlichsten Risikofaktoren, wobei die in Absatz 10 genannte Höchstzahl an Risikofaktoren nicht überschritten werden darf.

Ist gemäß der Verordnung (EU) Nr. 1286/2014 die Bereitstellung eines Basisinformationsblatts vorgeschrieben, so kann der Emittent, der Anbieter oder die die Zulassung zum Handel an einem geregelten Markt beantragende Person die in diesem Absatz genannten Inhalte durch die in Artikel 8 Absatz 3 Buchstaben c bis i der Verordnung (EU) Nr. 1286/2014 genannten Angaben ersetzen. Sofern die Verordnung (EU) Nr. 1286/2014 Anwendung findet, kann jeder Mitgliedstaat, der als Herkunftsmitgliedstaat im Sinne dieser Verordnung handelt, verlangen, dass Emittenten, Anbieter oder die die Zulassung zum Handel an einem geregelten Markt beantragenden Personen in den durch seine zuständige Behörde gebilligten Prospekten die in diesem Absatz genannten Inhalte durch die in Artikel 8 Absatz 3 Buchstaben c bis i der Verordnung (EU) Nr. 1286/2014 genannten Angaben ersetzen.

Findet eine Ersetzung des Inhalts gemäß Unterabsatz 2 statt, so erhöht sich die in Absatz 3 festgelegte maximale Länge um drei weitere DIN A4-Seiten. Der Inhalt des Basisinformationsblatts wird als separater Abschnitt der Zusammenfassung beigefügt. Aus dem Layout dieses Abschnitts muss klar hervorgehen, dass es sich um den Inhalt des Basisinformationsblatts gemäß Artikel 8 Absatz 3 Buchstaben c bis i der Verordnung (EU) Nr. 1286/2014 handelt.

Falls gemäß Artikel 8 Absatz 9 Unterabsatz 3 für verschiedene Wertpapiere, die sich nur in einigen sehr wenigen Einzelheiten, etwa in Bezug auf den Emissionskurs oder den Fälligkeitstermin, unterscheiden, eine einzige Zusammenfassung erstellt wird, erhöht sich die in Absatz 3 festgelegte maximale Länge der Zusammenfassung um zwei weitere DIN-A4-Seiten. Wenn jedoch gemäß der Verordnung (EU) Nr. 1286/2014 ein Basisinformationsblatt für diese Wertpapiere erstellt werden muss und der Emittent, der Anbieter oder die die Zulassung zum Handel an einem geregelten Markt beantragende Person die Ersetzung von Inhalt gemäß Unterabsatz 2 dieses Absatzes vornimmt, erhöht sich die maximale Länge pro zusätzliches Wertpapier um drei weitere DIN-A4-Seiten.

Enthält die Zusammenfassung die Informationen gemäß Unterabsatz 1 Buchstabe c, so erhöht sich die in Absatz 3 festgelegte maximale Länge um eine weitere DIN-A4-Seite.

(8) Der Abschnitt gemäß Absatz 4 Buchstabe d enthält folgende Informationen:

a) in einem Unterabschnitt mit der Überschrift „Zu welchen Konditionen und nach welchem Zeitplan kann ich in dieses Wertpapier investieren?" gegebenenfalls die allgemeinen Bedingungen, die Konditionen und den voraussichtlichen Zeitplan des Angebots, die Einzelheiten der Zulassung zum Handel an einem geregelten

Markt, den Plan für den Vertrieb, den Betrag und Prozentanteil der sich aus dem Angebot ergebenden unmittelbaren Verwässerung sowie eine Schätzung der Gesamtkosten der Emission und/oder des Angebots, einschließlich der geschätzten Kosten, die dem Anleger vom Emittenten oder Anbieter in Rechnung gestellt werden;

b) sofern der Anbieter nicht dieselbe Person wie der Emittent ist, in einem Unterabschnitt mit der Überschrift „Wer ist der Anbieter und/oder die die Zulassung zum Handel beantragende Person?" eine kurze Beschreibung des Anbieters der Wertpapiere und/oder der die Zulassung zum Handel an einem geregelten Markt beantragenden Person mit Sitz und Rechtsform, des für ihn/sie geltenden Rechts sowie dem Land der Eintragung;

c) in einem Unterabschnitt mit der Überschrift „Weshalb wird dieser Prospekt erstellt?" eine kurze Beschreibung der Gründe für das Angebot bzw. für die Zulassung zum Handel an einem geregelten Markt sowie gegebenenfalls

    i) die Zweckbestimmung der Erlöse und die geschätzten Nettoerlöse,

    ii) eine Angabe, ob das Angebot einem Übernahmevertrag mit fester Übernahmeverpflichtung unterliegt, wobei jeder nicht erfasste Teil anzugeben ist,

    iii) eine Angabe der wesentlichsten Interessenkonflikte in Bezug auf das Angebot oder die Zulassung zum Handel.

(9) In jedem der in den Absätzen 6, 7 und 8 beschriebenen Abschnitte kann der Emittent bei Bedarf weitere Unterüberschriften einfügen.

(10) Die Gesamtzahl der in die Abschnitte der Zusammenfassung nach Absatz 6 Buchstabe c und Absatz 7 Unterabsatz 1 Buchstabe c Ziffer iv und Buchstabe d aufgenommenen Risikofaktoren darf 15 nicht überschreiten.

(11) Die Zusammenfassung darf keine Querverweise auf andere Teile des Prospekts oder Angaben in Form eines Verweises enthalten.

(12) Muss gemäß der Verordnung (EU) Nr. 1286/2014 ein Basisinformationsblatt für die öffentlich angebotenen Wertpapiere erstellt werden, und verlangt ein Herkunftsmitgliedstaat, dass der Emittent, der Anbieter oder die die Zulassung zum Handel an einem geregelten Markt beantragende Person den Inhalt des Basisinformationsblatts gemäß Absatz 7 Unterabsatz 2 Satz 2 dieses Artikels ersetzt, so wird davon ausgegangen, dass die Personen, die im Namen des Emittenten zu den Wertpapieren beraten oder sie verkaufen, der Anbieter oder die die Zulassung zum Handel an einem geregelten Markt beantragende Person die Verpflichtung zur Bereitstellung des Basisinformationsblatts gemäß Artikel 13 der Verordnung (EU) Nr. 1286/2014 während der Angebotsfrist erfüllt haben, sofern sie den betreffenden Anlegern stattdessen die Zusammenfassung des Prospekts im Rahmen der in den Artikeln 13 und 14 der genannten Verordnung festgelegten Fristen und Bedingungen bereitstellen.

(12a) Abweichend von den Absätzen 3 bis 12 muss ein gemäß Artikel 14a erstellter EU-Wiederaufbauprospekt eine Zusammenfassung, die gemäß diesem Absatz abgefasst wurde, enthalten. Die Zusammenfassung eines EU-Wiederaufbauprospekts wird als kurze Unterlage abgefasst, die prägnant formuliert ist und ausgedruckt eine maximale Länge von zwei DIN-A4-Seiten umfasst. Die Zusammenfassung eines EU-Wiederauf-

bauprospekts darf keine Querverweise auf andere Teile des Prospekts oder Angaben in Form eines Verweises enthalten und wird:

a) so aufgemacht und gestaltet, dass sie leicht lesbar ist, wobei Buchstaben in gut leserlicher Größe zu verwenden sind;

b) sprachlich und stilistisch so formuliert, dass das Verständnis der Informationen erleichtert wird, insbesondere durch Verwendung einer klaren, präzisen und für die Anleger allgemein verständlichen Sprache;

c) in vier Abschnitte untergliedert:

  i) eine Einleitung mit allen in Absatz 5 genannten Angaben, einschließlich Warnhinweisen und dem Datum der Billigung des EU-Wiederaufbauprospekts;

  ii) Basisinformationen über den Emittenten, einschließlich – falls zutreffend – einer mindestens 200 Wörter umfassenden spezifischen Darlegung der geschäftlichen und finanziellen Auswirkungen der COVID-19-Pandemie auf den Emittenten;

  iii) Basisinformationen über die Aktien, einschließlich der mit den Aktien verbundenen Rechte und etwaiger Einschränkungen dieser Rechte;

  iv) Basisinformationen über das öffentliche Angebot von Aktien und/oder die Zulassung zum Handel an einem geregelten Markt.*

(13) Die ESMA arbeitet Entwürfe technischer Regulierungsstandards aus, in denen Inhalt und Format der Darstellung der wesentlichen Finanzinformationen gemäß Absatz 6 Buchstabe b und die einschlägigen wesentlichen Finanzinformationen gemäß Absatz 7 Buchstabe c Ziffer iii unter Berücksichtigung der verschiedenen Arten von Wertpapieren und Emittenten präzisiert werden, wobei sicherzustellen ist, dass die Informationen präzise und verständlich sind. Die ESMA übermittelt der Kommission diese Entwürfe technischer Regulierungsstandards bis zum 21. Juli 2018. Der Kommission wird die Befugnis übertragen, die in Unterabsatz 1 genannten technischen Regulierungsstandards nach den Artikeln 10 bis 14 der Verordnung (EU) Nr. 1095/2010 zu erlassen.

Übersicht

	Rn.		Rn.
I. Regelungsgegenstand (Abs. 1)	1	**III. Die Abschnitte im Einzelnen (Abs. 5–8)**	16
1. Funktion der Zusammenfassung (Abs. 1 UAbs. 1)	1	1. Einleitung mit Warnhinweisen (Abs. 5)	16
2. Verzicht auf die Zusammenfassung (Abs. 1 UAbs. 2)	4	a) Einleitung	16
II. Allgemeine Anforderungen (Abs. 2, 3)	8	b) Warnhinweise	17
1. Art der Darstellung (Abs. 2)	8	aa) Bedeutung	18
2. Format (Abs. 3)	11	bb) Konkretisierungsfunktion	19
a) Umfang (Abs. 3 Satz 1)	11	cc) Inhalt	20
b) Darstellungsweise	12	2. Basisinformationen über den Emittenten (Abs. 4 lit. b, Abs. 6)	27
3. Gliederung (Abs. 4)	14		

---

* Anmerkung des Verfassers: Gemäß Art. 47a ProspektVO i. d. F. der Verordnung (EU) 2021/337 v. 16.2.2021, ABl. EU Nr. L 68 v. 26.2.2021, S. 1, zum 31.12.2022 außer Kraft getreten.

a) Kerninformationen i.e.S.
(Abs. 6 lit. a) 28
b) Finanzinformationen (Abs. 6 lit. b) 29
c) Risiken (Abs. 6 lit. c) 36
3. Basisinformationen über die
Wertpapiere (Abs. 4 lit. c, Abs. 7) ... 38
a) Merkmale der Wertpapieren
(Abs. 7 UAbs. 1 lit. a) 39
b) Handel der Wertpapiere
(Abs. 7 UAbs. 1 lit. b) 40
c) Garantie (Abs. 7 UAbs. 1 lit. c) ... 41
d) Risiken (Abs. 7 UAbs. 1 lit. d) 43
e) Ersetzung der Basisinformationen
über die Wertpapiere durch ein
Basisinformationsblatt (Abs. 7
UAbs. 2) 44
4. Basisinformationen über das Angebot
und/oder die Zulassung
(Abs. 4 lit. d, Abs. 8) 52
a) Konditionen und Zeitplan
(Abs. 8 lit. a) 53
b) Anbieter und Zulassungsantragsteller (Abs. 8 lit. b) 59
c) Gründe für Angebot und/oder
Zulassung (Abs. 8 lit. c) 60
IV. Zusammenfassung bei
Basisprospekten 61
V. Formale Vorgaben (Abs. 9–11) 64
1. Unterüberschriften (Abs. 9) 64
2. Risikofaktoren (Abs. 10) 65
3. Verweisverbot (Abs. 11) 67
VI. Verhältnis zum Basisinformationsblatt (Abs. 12) 68
VII. Zusammenfassung zum EU-Wiederaufbauprospekt (Abs. 12a) 69
VIII. Zusammenfassung zum
EU-Wachstumsprospekt
(Art. 33 VO (EU) 2019/979) 70
IX. Technische Regulierungsstandards .. 71

I. Regelungsgegenstand (Abs. 1)

1. Funktion der Zusammenfassung (Abs. 1 UAbs. 1)

Die Zusammenfassung enthält nach Art. 7 Abs. 1 UAbs. 1 Basisinformationen, die Anlegern Aufschluss über Art und Risiken des Emittenten, des Garantiegebers und der angebotenen oder zuzulassenden Wertpapiere geben. Sie soll eine Entscheidungshilfe für Anleger im Hinblick auf die Investition in die betreffenden Wertpapiere sein. Nach Erwägungsgrund 28 ProspektVO soll die Zusammenfassung es den Anlegern ermöglichen, eine erste Vorentscheidung zu treffen, ob die angebotenen oder zuzulassenden Wertpapiere grundsätzlich für sie als Anlageobjekt in Frage kommen. Sie soll damit die Vorentscheidung ermöglichen, ob die Prüfung des gesamten Prospekts zur Vorbereitung der eigentlichen Anlageentscheidung sinnvoll ist. Die dafür erforderlichen Basisinformationen sollen einen Überblick über die wesentlichen Merkmale und Risiken und die allgemeinen Bedingungen des Angebots geben. Dieses Konzept erklärt auch den zweiten Halbsatz des Art. 7 Abs. 1 UAbs. 1 ProspektVO, wonach die Zusammenfassung zusammen mit den anderen Teilen des Prospekts zu lesen ist. Denn nur das Gesamtbild des Prospekts wird nach der Konzeption der ProspektVO als ausreichende Grundlage für ein fundiertes Urteil über Emittenten, Wertpapiere und das Angebot angesehen (vgl. → Art. 6 Rn. 9, 52).

Besondere Bedeutung erlangt die Zusammenfassung aufgrund der **Sprachenregelung** in Art. 27 der ProspektVO. Diese sieht bei sog. grenzüberschreitenden Angeboten oder Börsenzulassungen spezielle Vorgaben für die Sprache vor, in der die Zusammenfassung abzufassen ist. Von solchen **grenzüberschreitenden Angeboten** bzw. Zulassungen spricht man, wenn die Wertpapiere, auf die sich der Prospekt bezieht, in einem oder mehreren anderen Mitgliedstaaten (jeweils ein **Aufnahmemitgliedstaat**, Art. 2 lit. n ProspektVO) als dem **Herkunftsmitgliedstaat** (Art. 2 lit. m ProspektVO) öffentlich angeboten werden oder dort die Zulassung zum Handel an einem geregelten Markt beantragt wird (Art. 27

Art. 7 ProspektVO Die Prospektzusammenfassung

Abs. 2 ProspektVO). In diesen Fällen gilt der von der zuständigen Behörde des Herkunftsmitgliedstaats gebilligte[1] Prospekt nach Art. 24 ProspektVO ohne weiteres Billigungsverfahren auch in den Aufnahmemitgliedstaaten als gültig, sofern die ESMA und die zuständige Behörde jedes Aufnahmemitgliedstaats gem. Art. 25 ProspektVO unterrichtet wurden (**Notifizierung**).[2] Der Prospekt muss dann aber nach Art. 27 Abs. 2 UAbs. 1 ProspektVO in einer von der zuständigen Behörden des jeweiligen Aufnahmemitgliedstaats anerkannten oder in einer in internationalen Finanzkreisen gebräuchlichen Sprache (also Englisch → Art. 27 Rn. 12) erstellt werden. Die zuständige Behörde des jeweiligen Aufnahmemitgliedstaats erkennt die Notifizierung des Prospekts jedoch nach Art. 27 Abs. 2 nur an, wenn die **Zusammenfassung** des notifizierten Prospekts in (einer) ihrer Amtssprachen oder in einer von ihr anerkannten anderen Sprache vorliegt; sie kann aber keine Übersetzung anderer Teile des Prospekts verlangen, Art. 27 Abs. 2 UAbs. 2 ProspektVO. Erfolgt ein Angebot oder eine Zulassung auch im Herkunftsmitgliedstaat, gilt nach Art. 27 Abs. 3 ProspektVO im Wesentlichen Entsprechendes (außer, dass eine Abfassung des Prospekts zusätzlich auch in einer von der zuständigen Behörde des Herkunftsmitgliedstaates anerkannten Sprache möglich ist, Art. 27 Abs. 3 UAbs. 1 ProspektVO).

3 Die Zusammenfassung ist mithin der einzige Teil des Prospekts, der dem jeweiligen Anleger zwingend in einer von seinem **Heimatstaat anerkannten Sprache** vorgelegt werden muss. Dies bedeutet freilich nicht, dass sich dadurch der vorstehend beschriebene Charakter der Zusammenfassung ändert. Die Sprachenregelung stellt vielmehr einen politischen Kompromiss zur Lösung einer bis kurz vor Verabschiedung der EU-ProspektRL 2003/71/EG offenen Streitfrage dar. Dieser Kompromiss wurde von der ProspektVO übernommen.

2. Verzicht auf die Zusammenfassung (Abs. 1 UAbs. 2)

4 Gemäß Art. 7 Abs. 1 UAbs. 2 muss keine Zusammenfassung erstellt werden, wenn sich der Prospekt auf die **Zulassung von Nichtdividendenwerten** zum Handel an einem geregelten Markt bezieht, sofern die betreffenden Wertpapiere entweder (a) ausschließlich an einem geregelten Markt oder in einem bestimmten Segment eines solchen gehandelt werden sollen, zu dem nur **qualifizierte Anleger** (Art. 2 lit. e ProspektVO) zum Zwecke des Handels Zugang haben, oder (b) eine **Mindeststückelung von 100.000 EUR** aufweisen. Dieser Regelung liegt die Überlegung zugrunde, dass zur Gewährleistung der ordnungsgemäßen Funktionsweise des Großkundenmarkts für Nichtdividendenwerte und zur Erhöhung der Liquidität am Markt eine gesonderte, vereinfachte Behandlung solcher Werte vorzusehen ist, die für qualifizierte Anleger konzipiert sind (vgl. Erwägungsgrund 21 ProspektVO). Qualifizierte Anleger benötigen den Schutz einer überblicksartigen Darstellung in Form der Zusammenfassung nicht. Entsprechendes gilt für Erwerber von Nichtdividendenwerten mit einer Mindeststückelung von 100.000 EUR. Denn diese Mindeststückelung von 100.000 EUR – so Erwägungsgrund 21 ProspektVO – spiegelt nicht nur die höhere Investitionskapazität solcher Anleger wider. Nach der Wertung des Verordnungsgebers korreliert diese mit entsprechenden Kenntnissen und Erfahrungen der betreffenden Anleger.

---

1 Zur grds. Zuständigkeit der Billigungsbehörde des Herkunftsmitgliedstaats Art. 2 lit. r ProspektVO; dazu *Groß*, Kapitalmarktrecht, Art. 20 ProspektVO Rn. 7.
2 Dazu *Meyer*, in: Habersack/Mülbert/Schlitt, Unternehmensfinanzierung, § 36 Rn. 36.83 ff.

Dies folgt aus dem in der ProspektVO angelegten Prinzip, dass für **verschiedene Anleger-** 5
kategorien unterschiedliche Schutzanforderungen gelten, die ihrem jeweiligen Sachverstand Rechnung tragen (vgl. Erwägungsgrund 27 der ProspektVO). Wertpapiere mit einer Mindeststückelung von 100.000 EUR können daher nach Art. 1 Abs. 4 lit. c ProspektVO öffentlich angeboten werden, ohne dass es dafür der Erstellung eines Prospekts bedarf. Für die Börsenzulassung solcher Schuldtitel ist zwar ein Prospekt zu erstellen, es gilt aber ein verringerter Katalog von Mindestangaben für Registrierungsformular (Art. 8, Anhang 7 VO (EU) 2019/980) und Wertpapierbeschreibung (Art. 16, Anhang 15 VO (EU) 2019/980) verglichen mit den Mindestangaben für Schuldverschreibungen mit niedrigerer Stückelung (Art. 7 und 15, Anhänge 6 und 14 VO (EU) 2019/980). Auch diese geringeren Anforderungen basieren auf der Annahme, dass eine Stückelung von 100.000 EUR das typische Investitionsvolumen eines Privatanlegers in einem einzelnen Wert übersteigt, sodass es sich bei solchen Schuldverschreibungen um ein Produkt handelt, das sich bereits aufgrund seiner formalen Ausgestaltung an qualifizierte Anleger wendet. Das gilt auch für den Erwerb solcher Wertpapiere im Sekundärmarkt, d.h. insbesondere über die Börse.

Wird im Hinblick auf ein öffentliches Angebot solcher Schuldtitel freiwillig ein Prospekt 6
erstellt, sollte ungeachtet der Beschränkung der Ausnahmeregelung des Art. 7 Abs. 1 UAbs. 2 ProspektVO auf reine Zulassungsprospekte nichts anderes gelten.[3] In diesem Zusammenhang wird auch darauf verwiesen, dass ein „**freiwilliger Prospekt**" mangels gesetzlicher Prospektpflicht ohnehin nicht von der BaFin gebilligt werde und dass Prospektersteller bei freiwilligen Prospekten in der Gestaltung frei seien.[4]

Wird trotz der gesetzlichen Befreiung von der Pflicht zur Erstellung einer Zusammenfas- 7
sung eine Zusammenfassung freiwillig in einen (zu billigenden) Prospekt aufgenommen, sind auch für diese die gesetzlichen Anforderungen für die Prospektzusammenfassung nach der ProspektVO zu beachten. Eine **freiwillige überblicksartige Darstellung** darf nach Art. 27 Abs. 1 VO (EU) 2019/980 nur dann als Zusammenfassung bezeichnet werden, wenn sie alle für Zusammenfassungen nach Art. 7 ProspektVO vorgeschriebenen Angaben enthält. Diese Vorgabe dürfte auch in Bezug auf die ergänzenden Anforderungen nach der VO (EU) 2019/979 (dort Art. 1–8) sowie der VO (EU) 2019/980 (etwa Art. 27) gelten. In der Praxis findet man daher in von der Pflicht zur Erstellung einer Zusammenfassung befreiten Prospekten mitunter verkürzte, überblicksartige Darstellungen, die etwa mit „Überblick" oder „Overview" überschrieben werden.[5]

II. Allgemeine Anforderungen (Abs. 2, 3)

1. Art der Darstellung (Abs. 2)

Nach Art. 7 Abs. 2 Satz 1 ProspektVO sind die in der Zusammenfassung enthaltenen In- 8
formationen **präzise**, **redlich** und **klar** und **nicht irreführend** darzustellen. Wiewohl diese Anforderungen auch für den Prospekt insgesamt gelten („Prospektwahrheit" → Art. 6 Rn. 7), werden sie für die Zusammenfassung besonders betont. Dies hat seinen Grund da-

---

3 *Kullmann/Sester*, WM 2005, 1068, 1071; *Holzborn/Mayston*, in: Holzborn, WpPG, § 5 Rn. 24 f.
4 *Just*, in: Just/Voß/Ritz/Zeising, WpPG, 2009, § 5 Rn. 36.
5 *Scholl/Döhl*, in: Assmann/Schlitt/von Kopp-Colomb, Prospektrecht Kommentar, Art. 7 ProspektVO Rn. 7.

rin, dass die Informationen nach Erwägungsgrund 28 ProspektVO eine Entscheidung über die weitere Befassung mit den betreffenden Wertpapieren ermöglichen sollen. Ihre wesentlichen Inhalte müssen also binnen kurzer Zeit erfasst werden können. Dabei können notwendigerweise nicht dieselben Anforderungen an den Detaillierungsgrad der Darstellung gestellt werden, die für den Prospekt insgesamt gelten. Dies kommt auch in Art. 7 Abs. 3 Satz 1 ProspektVO zum Ausdruck. Danach ist die Zusammenfassung als **kurze und prägnant formulierte Unterlage** abzufassen (→ Rn. 11). Das bedeutet: Die dargestellten Inhalte sind auf wesentliche Kernaussagen zu reduzieren. Auf eine Beschreibung von Details und Hintergründen ist ebenso zu verzichten wie auf technische Fachsprache. Ein Verlust an Präzision im Detail (nicht aber an Richtigkeit) ist zu verschmerzen, da der Anspruch auf Vollständigkeit des Art. 6 Abs. 1 Satz 1 ProspektVO zwar an den Prospekt in seiner Gänze, nicht jedoch an die Zusammenfassung gestellt wird.[6]

9 Dies verdeutlich auch Art. 7 Abs. 2 Satz 2 ProspektVO, wonach die Zusammenfassung (nur) als **Einleitung** zu dem Prospekt zu lesen ist. Indes müssen ihre Informationen mit den in den anderen Teilen des Prospekts enthaltenen Informationen übereinstimmen (**Konsistenzgebot**), Art. 7 Abs. 2 Satz 2 Hs. 2 ProspektVO. Dies ist auch insofern von Bedeutung als im Falle von Widersprüchen zu den anderen Teilen des Prospekts die Haftungsprivilegierung nach Art. 11 Abs. 2 UAbs. 2 ProspektVO (bzw. § 12 Abs. 2 Nr. 5 WpPG) nicht mehr besteht. Denn danach besteht ein Prospekthaftungsanspruch grundsätzlich nicht, sofern er sich ausschließlich aufgrund von Angaben in der Zusammenfassung oder einer Übersetzung ergäbe, es sei denn diese stehen im Widerspruch zu den anderen Teilen des Prospekts.

10 Ungeachtet der detaillierten inhaltlichen Vorgaben in Art. 7 Abs. 5–8 ProspektVO sowie Art. 1–9 VO (EU) 2019/979 (→ Rn. 29 ff.) dürfen die Billigungsbehörden im Interesse der Verständlichkeit der Prospektangaben, die sie gem. Art. 37 Abs. 1 VO (EU) 2019/980 im Rahmen des Billigungsverfahrens zu prüfen haben, nach Art. 37 Abs. 2 VO (EU) 2019/980 im Einzelfall verlangen, dass zusätzlich zu den in Art. 7 der ProspektVO genannten Angaben **weitere im eingereichten Prospektentwurf enthaltene Angaben** in die Zusammenfassung übernommen werden.

2. Format (Abs. 3)

a) Umfang (Abs. 3 Satz 1)

11 Die Anforderungen an eine kurze und prägnant formulierte Unterlage werden formal in der **Umfangsbegrenzung** in Art. 7 Abs. 3 Satz 1 ProspektVO konkretisiert. Danach darf die Länge der Zusammenfassung maximal sieben DIN-A4-Seiten betragen. Dabei sind nach Art. 7 Abs. 3 Satz 2 lit. a Buchstaben in gut leserlicher Größe zu verwenden (was aber nicht näher konkretisiert wird). Dadurch soll gemäß Erwägungsgrund 30 sichergestellt werden, dass die Anleger nicht schon durch die Länge der Zusammenfassung davon abgehalten werden, sie zu lesen. In bestimmten Sonderfällen lässt die ProspektVO eine höhere Obergrenze des Umfangs der Zusammenfassung zu, dazu Art. 7 Abs. 7 UAbs. 3–5 ProspektVO (→ Rn. 49–51).

---

6 So i.E. auch unter Verweis auf die englische Sprachfassung *Scholl/Döhl*, in: Assmann/Schlitt/von Kopp-Colomb, Prospektrecht Kommentar, Art. 7 ProspektVO Rn. 14.

b) Darstellungsweise

Die Zusammenfassung muss nach Art. 7 Abs. 3 Satz 2 lit. b ProspektVO sprachlich und stilistisch so formuliert werden, dass das **Verständnis der Informationen erleichtert** wird, insbesondere durch Verwendung einer klaren, präzisen und für die Anleger allgemein verständlichen Sprache. Die Prospektzusammenfassung darf nach Erwägungsgrund 30 ProspektVO keine bloße Zusammenstellung von Auszügen aus dem Prospekt darstellen. Auch darf sie nach Art. 7 Abs. 11 ProspektVO keine Querverweise auf andere Teile des Prospekts oder Angaben in Form eines Verweises enthalten, also erst recht keine Informationen aus Quellen außerhalb des Prospekts durch Verweis i. S. v. Art. 19 ProspektVO einbeziehen (→ Rn. 67). Die Zusammenfassung muss vielmehr aus sich heraus verständlich sein, nicht erst unter Einbeziehung von anderen Textpassagen außerhalb der Zusammenfassung. 12

Dies hat seinen Grund darin, dass die Zusammenfassung nach Erwägungsgrund 28 ProspektVO insbesondere für **Kleinanleger** dazu dienen soll, eine Entscheidung über die weitere Befassung mit den betreffenden Wertpapieren zu ermöglichen. Dabei ist zwar der Begriff des „Kleinanlegers" nicht näher definiert. Zu vermuten ist, dass er aus der Richtlinie 2014/65/EU (MiFID II)[7] entlehnt ist, die „Kleinanleger" in Art. 4 Abs. 1 Nr. 11 MiFID II als einen Kunden definiert, der kein professioneller Kunde ist. Diese Differenzierung taucht nämlich in der ProspektVO im Zusammenhang mit der Ausnahme von Angeboten an professionelle Anleger nach Art. 1 Abs. 4 lit. a ProspektVO auf. Der Begriff des qualifizierten Anlegers ist in Art. 2 lit. e ProspektVO in Anlehnung an jenen des professionellen Kunden i. S. v. Art. 4 Abs. 1 Nr. 11 MiFID II definiert. Über die konkret zu erwartenden Vorkenntnisse solcher Privatkunden besagt dies freilich nichts Konkretes. Aus dem dargestellten Zweck der Zusammenfassung kann man auch vor diesem Hintergrund jedoch ableiten, dass an die Vorkenntnisse des Lesers der Zusammenfassung keine zu hohen Anforderungen gestellt werden dürfen. 13

3. Gliederung (Abs. 4)

Die Zusammenfassung ist nach Art. 7 Abs. 4 ProspektVO stets in die folgenden vier Abschnitte zu untergliedern: 14

– Einleitung mit Warnhinweisen (gem. Abs. 5);
– Basisinformationen über den Emittenten (gem. Abs. 6);
– Basisinformationen über die Wertpapiere (gem. Abs. 7);
– Basisinformationen über das öffentliche Angebot von Wertpapieren und/oder die Zulassung zum Handel an einem geregelten Markt (gem. Abs. 8).

In den Abschnitten nach den Absätzen 6, 7 und 8 können bei Bedarf gem. Abs. 9 weitere **Unterüberschriften** einfügt werden.

Die Gliederungsvorgaben sollen gem. Erwägungsgrund 31 ProspektVO sicherstellen, dass die Zusammenfassung stets **einheitlich aufgebaut** ist. Dabei orientieren sich die Vorgaben der ProspektVO nach Erwägungsgrund 32 an jenen für das sog. **Basisinformationsblatt** nach Art. 8 der sog. **PRIIP-Verordnung**[8] (PRIIP-VO). Dieses soll nach Art. 1 15

---
[7] Richtlinie 2014/65/EU v. 15.5.2014 über Märkte für Finanzinstrumente (MiFID II), ABl. EU L 173 v. 12.6.2014, S. 349.

Art. 7 ProspektVO Die Prospektzusammenfassung

PRIIP-VO Kleinanlegern ermöglichen, die grundlegenden Merkmale und Risiken von sog. **PRIIPs** zu vergleichen. Unter PRIIPs sind nach Art. 4 Nr. 3 PRIIP-VO **verpackte Anlageprodukte für Kleinanleger** (PRIPs, Art. 4 Nr. 1 PRIIP-VO) sowie **Versicherungsanlageprodukte** (Art. 4 Nr. 2 PRIIP-VO) zu verstehen. Diese gelten aufgrund ihrer Komplexität und Intransparenz als für Privatanleger besonders gefährlich, sodass der Gesetzgeber hier ein besonderes Schutz- und Informationsbedürfnis erkannt hat.[9] Daher hat das Basisinformationsblatt sowohl hinsichtlich der Zielgruppe (Privat- bzw. Kleinanleger) als auch hinsichtlich der Zielrichtung (Ermöglichung des „horizontalen" Vergleichs von PRIIPs untereinander, nicht aber mit „einfacheren" Finanzprodukten) einen anderen Regelungszweck als die Zusammenfassung eines Wertpapierprospekts.[10] Dies zeigt auch der für das Basisinformationsblatt vorgeschriebene Inhalt nach Art. 8 PRIIP-VO, der – anders als die Prospektzusammenfassung – einen nahezu ausschließlichen Fokus auf die Besonderheiten von PRIIP-Produkten aufweist. So sieht Erwägungsgrund 32 ProspektVO bei Wertpapieren, die sowohl unter die ProspektVO als auch unter die PRIIP-VO fallen, eine Prospektzusammenfassung neben einem Basisinformationsblatt vor, da Letzteres die Basisinformationen über den Emittenten und das öffentliche Angebot bzw. die Zulassung der Wertpapiere nicht enthält. Daher können auch nur die wertpapierbezogenen Angaben der Prospektzusammenfassung gem. Art. 7 Abs. 7 UAbs. 1 ProspektVO durch bestimmte Angaben aus einem Basisinformationsblatt nach Art. 8 der PRIIP-VO ersetzt werden (→ Rn. 44). Die Prospektzusammenfassung folgt also dem Basisinformationsblatt lediglich in der Darstellungsweise mit mehreren zwingend vorzusehenden Abschnitten in einer vorgeschriebenen Gliederung, die jeweils mit Überschriften in Frageform eingeleitet werden.[11] Dabei sind in der ProspektVO (im Einzelnen Art. 7 Abs. 6–8) Abschnitte und Unterabschnitte mit Hinweisen zu den erwarteten Inhalten vorgegeben (→ Rn. 28 ff.). Diese soll der Emittent nach Erwägungsgrund 31 ProspektVO mit kurzen, frei formulierten Beschreibungen und, sofern angemessen, Zahlenangaben füllen. Welche Angaben der Emittent unter Beachtung dieser Vorgaben als wesentlich und aussagekräftig ansieht, steht in seinem Ermessen, solange das Gebot der fairen und ausgewogenen Darstellung gewahrt bleibt.

---

8 Verordnung (EU) Nr. 1286/2014 v. 26.11.2014 über Basisinformationsblätter für verpackte Anlageprodukte für Kleinanleger und Versicherungsanlageprodukte (PRIIP), ABl. L 352 v. 9.12.2014, S. 1.
9 *Buck-Heeb*, in: Assmann/Uwe H. Schneider/Mülbert, Wertpapierhandelsrecht, 7. Aufl. 2019, Art. 1 VO Nr. 1286/2014 Rn. 5, Art. 4 VO Nr. 1286/2014 Rn. 6.
10 *Buck-Heeb*, in: Assmann/Uwe H. Schneider/Mülbert, Wertpapierhandelsrecht, 7. Aufl. 2019, Art. 1 VO Nr. 1286/2014 Rn. 21, 33, Art. 4 VO Nr. 1286/2014 Rn. 7; *Wilhelmi*, in: Assmann/Wallach/Zetzsche, KAGB, Vorbem. PRIIP-VO Rn. 3.
11 *Scholl/Döhl*, in: Assmann/Schlitt/von Kopp-Colomb, Prospektrecht Kommentar, Art. 7 Prospekt-VO Rn. 33 f.

III. Die Abschnitte im Einzelnen (Abs. 5–8)

1. Einleitung mit Warnhinweisen (Abs. 5)

a) Einleitung

Die Zusammenfassung beginnt stets mit einer Einleitung, die die **Wertpapiere**, die Gegenstand des Prospekts sind, unter Angabe der internationalen Wertpapier-Identifikationsnummer (ISIN) genau bezeichnet. Des Weiteren sind der **Emittent**, der Anbieter sowie ggf. eine weitere Person anzugeben, die die Zulassung zum Handel an einem geregelten Markt beantragt, jeweils unter Angabe der jeweiligen sog. Rechtsträgerkennung (Legal Entity Identifier oder auch LEI).[12] Die Angabe des **Zulassungsantragstellers** beruht darauf, dass etwa in Deutschland der Antrag auf Zulassung von Wertpapieren zum Handel im regulierten Markt nicht durch den Emittenten allein gestellt werden kann. Dies ist vielmehr gem. § 32 Abs. 2 Satz 2 BörsG nur zusammen mit einem Kreditinstitut, einem Finanzdienstleistungsinstitut, einem Wertpapierinstitut oder einem nach § 53 Abs. 1 Satz 1 oder § 53b Abs. 1 Satz 1 KWG tätigen Unternehmen möglich (es sei denn, es handelt sich bei dem Emittenten selbst um ein solches Unternehmen, § 32 Abs. 2 Satz 3 BörsG). Die Angaben entsprechen grds. den Personen, die nach § 8 WpPG die Verantwortung für den Inhalt des Prospekts zu übernehmen haben. Nicht genannt ist freilich ein sog. **Garantiegeber**, der für die Wertpapiere eine Garantie gestellt hat (etwa die Konzernobergesellschaft bei einer durch eine Tochtergesellschaft ausgegebenen Schuldverschreibung, die nach § 8 Satz 4 WpPG ebenfalls die Prospektverantwortung zu übernehmen hat). Ferner sind auch die Identität und die Kontaktdaten der zuständigen **Behörde, die den Prospekt billigt**, und – sofern abweichend – jener Behörde zu nennen, die bei einem dreiteiligen Prospekt i. S. v. Art. 6 Abs. 3, 10 ProspektVO das Registrierungsformular oder das einheitliche Registrierungsformular gebilligt hat, das Teil des Prospekts wird. Schließlich ist das **Datum der Billigung** des Prospekts anzugeben.

16

b) Warnhinweise

Die Zusammenfassung muss außerdem die in Art. 7 Abs. 5 Satz 2 ProspektVO aufgeführten **Warnhinweise** enthalten. Darin wird ausdrücklich auf den Charakter der Zusammenfassung als bloße Einleitung zum Prospekt hingewiesen (lit. a) und darauf, dass sich der Anleger bei seiner Anlageentscheidung auf den Prospekt als Ganzes stützen sollte (lit. b). Daraus ergibt sich, dass die Zusammenfassung nach der gesetzgeberischen Konzeption nicht den Anspruch erheben kann, eine ausreichende Grundlage für eine informierte Anlageentscheidung zu sein. Es folgt ein Hinweis auf das potenzielle Verlustrisiko (lit. c) sowie darauf, dass ein Anleger, der vor Gericht Prospekthaftungsansprüche einklagen will, ggf. nach nationalem Recht die Kosten für die Übersetzung des Prospekts vor Prozessbeginn zu tragen hat (lit. d). Ferner ist auf die begrenzte Haftung aus der Zusammenfassung hinzuweisen, d. h., dass Ansprüche auf die Zusammenfassung nur gestützt werden können, wenn sie auch dann irreführend, unrichtig oder widersprüchlich ist oder nicht die Basisinformationen vermittelt, die in Bezug auf Anlagen in die betreffenden Wertpapiere für die

17

---

12 Kennung für Rechtsträger (Legal Entity Identifier – LEI) gem. Art. 26 Abs. 6 Verordnung (EU) Nr. 600/2014 v. 15.5.2013 über Märkte für Finanzinstrumente, ABl. EU Nr. L 173 v.12.6.2014 (MiFIR), dazu *Zivny /Mock*, EU-ProspektVO/KMG 2019, Art. 7 ProspektVO Rn. 19.

Art. 7 ProspektVO Die Prospektzusammenfassung

Anleger eine Entscheidungshilfe darstellen würden, wenn sie jeweils zusammen mit den anderen Teilen des Prospekts gelesen wird (lit. e). Letzteres ergibt sich aus der Haftungsregelung des Art. 11 Abs. 2 UAbs. 2 ProspektVO, welche von den Mitgliedstaaten in den Haftungsregelungen nach nationalem Recht umzusetzen ist.

aa) Bedeutung

18   Der Warnhinweis dient zunächst einmal dazu, dem Anleger die **Natur und Grenzen der Zusammenfassung** deutlich zu machen (**Warnfunktion**). Dadurch soll insbesondere die potenzielle Fehlvorstellung von Anlegern vermieden werden, die Zusammenfassung könne eine ausreichende Grundlage für eine fundierte Investitionsentscheidung darstellen.[13] So wird auch klargestellt, dass nur der Prospekt insgesamt dem von der ProspektVO angestrebten Anlegerschutz durch vollständige (!) Information über die für eine fundierte Anlageentscheidung erforderlichen Informationen (vgl. Erwägungsgrund 27 ProspektVO → Art. 6 Rn. 9 ff.) gerecht werden kann. Des Weiteren wird der Anleger vor sonst möglicherweise überraschenden Rechtsverfolgungskosten gewarnt.

bb) Konkretisierungsfunktion

19   Daneben dient der Inhalt des Warnhinweises auch zur Konkretisierung der Anforderungen an die Zusammenfassung selbst. Dies gilt insbesondere für die **Klarstellung des Verhältnisses von Zusammenfassung und dem Rest des Prospekts**, aber auch allgemein hinsichtlich der Vollständigkeit und Ausführlichkeit der Darstellung.

cc) Inhalt

aaa) Prospekteinleitung (Art. 7 Abs. 5 Satz 2 lit. a)

20   Als Einleitung soll die Zusammenfassung einen **Überblick über den Prospekt** geben. Dadurch wird es dem Anleger erleichtert, eine Vorprüfung der im Prospekt beschriebenen Wertpapiere auf ihre grundsätzliche Eignung für eine Investition vorzunehmen. Zugleich wird ihm für seine weitere Analyse das Verständnis des gesamten Prospekts erleichtert.

bbb) Gesamter Prospekt als Entscheidungsgrundlage (Art. 7 Abs. 5 Satz 2 lit. b)

21   Der daneben vorzunehmende Hinweis, dass der Anleger jede Entscheidung zur Anlage in die Wertpapiere, die Gegenstand des Prospekts sind, auf die Prüfung des gesamten Prospekts stützen sollte, unterstreicht die praktische Bedeutung der Zusammenfassung. Er stellt klar, dass die Zusammenfassung zwangsläufig überblicksartig sein muss. Um diesem Anspruch gerecht zu werden, muss ihr Inhalt **vereinfacht und auf Kernaussagen reduziert** sein. Dass dies zwingend zulasten der Präzision und des für eine fundierte Anlageentscheidung erforderlichen Maßes an Ausführlichkeit gehen muss, ist zwar ohnehin logisch, wird aber zur Vermeidung des Entstehens einer Erwartungslücke auf Seiten des Anlegers durch den Warnhinweis ausdrücklich betont. Insbesondere ergibt sich daraus, dass die Zusammenfassung nicht am Maßstab des Art. 6 Abs. 1 UAbs. 1 ProspektVO gemessen werden kann. Sie erhebt nicht den Anspruch, für sich genommen eine ausreichende Grundlage für eine fundierte Anlageentscheidung sein zu können. Sie soll nur einen

---

13 *Wiegel*, Die Prospektrichtlinie und Prospektverordnung, Teil 4 A. I (S. 211).

ersten Eindruck erwecken, aufgrund dessen der Anleger entscheiden kann, ob sich eine eingehendere Prüfung des gesamten Prospekts lohnt.

ccc) Gefahr des Totalverlusts (Art. 7 Abs. 5 Satz 2 lit. c)

Ausdrücklich ist der Anleger weiterhin darauf hinzuweisen, dass er gegebenenfalls sein gesamtes in den betreffenden Wertpapieren angelegtes Kapital oder einen Teil davon verlieren könnte, sowie – wenn nach Art des Wertpapiers die Haftung des Anlegers nicht auf den Anlagebetrag beschränkt ist – dass er sogar mehr als das angelegte Kapital verlieren könnte. Dabei ist auch auf das Ausmaß dieses potenziellen Verlusts einzugehen. 22

ddd) Übersetzungskosten (Art. 7 Abs. 5 Satz 2 lit. d)

Die Zusammenfassung muss ferner darüber informieren, dass für den Anleger Übersetzungskosten entstehen können, falls er **Haftungsansprüche** aufgrund der im Prospekt enthaltenen Informationen vor einem Gericht geltend macht. Diese muss er ggf. nach den Regelungen des für das Verfahren vor dem betreffenden Gericht **anwendbaren Prozessrechts** vor Prozessbeginn übernehmen. Der Hintergrund für diesen Hinweis ist das Auseinanderfallen der sprachlichen Vorgaben der ProspektVO und der Gerichtssprache des anwendbaren nationalen Prozessrechts. Letztere ist grds. Sache des betreffenden Staates. So ist in Deutschland die Gerichtssprache nach § 184 Satz 1 GVG deutsch. Jedenfalls in Ermangelung entsprechender eigener Sprachkenntnisse kann daher ein deutsches Gericht in einem Prospekthaftungsprozess nach § 142 Abs. 3 Satz 1 ZPO verlangen, dass eine Partei eine Übersetzung einer von ihr eingereichten fremdsprachigen Urkunde beibringt.[14] 23

eee) Haftung (Art. 7 Abs. 5 Satz 2 lit. e)

Schließlich ist in der Zusammenfassung darauf hinzuweisen, dass diejenigen Personen, die die Zusammenfassung samt etwaiger Übersetzungen vorgelegt und übermittelt haben, haftbar gemacht werden können, jedoch nur für den Fall, dass die Zusammenfassung **irreführend, unrichtig** oder **widersprüchlich ist** oder, [auch] wenn sie **zusammen mit den anderen Teilen des Prospekts gelesen** wird, sie **nicht die Basisinformationen vermittelt**, die in Bezug auf Anlagen in die betreffenden Wertpapiere für die Anleger eine Entscheidungshilfe darstellen würden. Mit den Personen, die die Zusammenfassung vorgelegt und übermittelt haben, dürften (zumindest im Anwendungsbereich des WpPG) diejenigen Personen gemeint sein, die die Verantwortung für den Prospekt übernommen haben oder von denen dessen Erlass ausgeht, vgl. § 9 Abs. 1 Satz 1 WpPG. Auf die Verantwortung „für die Zusammenfassung" wird im Hinblick auf die mögliche Dreiteiligkeit des Prospekts nach Art. 10 ProspektVO abgestellt; die Verantwortung für die Zusammenfassung wird indes auch bei einem dreiteiligen Prospekt typischerweise von denselben Personen übernommen, die für die anderen Prospektbestandteile verantwortlich zeichnen. 24

Die Einschränkung der Haftung auf Fälle der Inkonsistenz mit den anderen Teilen des Prospekts beruht auf Art. 11 Abs. 2 UAbs. 2 ProspektVO, der durch § 12 Abs. 2 Nr. 5 25

---

[14] Vgl. nur *Greger*, in: Zöller, ZPO, § 142 Rn. 17. Ob der Prospekt eine Urkunde i. S. v. § 416 ZPO darstellt, kann dahinstehen, da andere Akten gleichermaßen gewürdigt werden können (vgl. *Fritsche*, in: MünchKomm-ZPO, § 142 Rn. 9) und angesichts der Allgemeingültigkeit von § 184 GVG insoweit nichts anderes gelten kann.

WpPG in deutsches Recht umgesetzt wurde.[15] Sie ist logische Konsequenz des Grundsatzes, dass der **gesamte Prospekt Entscheidungsgrundlage** für den Anleger sein soll (→ Rn. 21). Die Haftung im Fall der Inkonsistenz der Zusammenfassung mit anderen Teilen des Prospekts verdeutlicht, dass die Haftungsprivilegierung lediglich dem ihr wesensimmanenten Bedürfnis nach Verkürzung und Vereinfachung der Darstellung Rechnung trägt, der Prospekt insgesamt dadurch aber kein nicht wahrheitsgetreues, unvollständiges oder unrealistisches Gesamtbild ergeben darf.[16]

fff) Warnhinweis nach PRIIP-VO (Art. 7 Abs. 5 Satz 2 lit. f)

26 Zudem ist „gegebenenfalls", d.h. soweit anwendbar, der **Warnhinweis** gemäß Art. 8 Abs. 3 lit. b der Verordnung (EU) Nr. 1286/2014 (**PRIIP-VO**) aufzunehmen. Dieser lautet: „Sie sind im Begriff, ein Produkt zu erwerben, das nicht einfach ist und schwer zu verstehen sein kann." Nach Art. 1 Satz 2 der Delegierten Verordnung 2017/653 zur PRIIP-VO[17] ist dies der Fall bei einem Versicherungsanlageprodukt, das die Anforderungen von Art. 30 Abs. 3 lit. a der Versicherungsvertriebsrichtlinie[18] nicht erfüllt, sowie bei einem PRIIP, das die Anforderungen von Art. 25 Abs. 4 lit. a Ziff. i bis vi MiFID II für nichtkomplexe Finanzinstrumente nicht erfüllt.[19] Im Zusammenhang mit der Prospektzusammenfassung ist dies nur dann einschlägig, wenn die betreffenden Wertpapiere sowohl dem Anwendungsbereich der ProspektVO als auch jenem der PRIIP-VO unterfallen,[20] und für sie daher sowohl eine Prospektzusammenfassung als auch ein Basisinformationsblatt nach der PRIIP-VO zu erstellen ist.

2. Basisinformationen über den Emittenten (Abs. 4 lit. b, Abs. 6)

27 Der Inhalt der Basisinformationen über den Emittenten wird in Abs. 6 konkretisiert. Danach hat ein Unterabschnitt der Zusammenfassung mit der Überschrift „**Wer ist der**

---

15 RegBegr. Prospektrichtlinie-Umsetzungsgesetz, BT-Drucks. 15/4999, S. 25, 31 zu § 45 Abs. 2 a.F.; seither wurde im Wesentlichen nur die Nummerierung des WpPG geändert und die Regelung in ihrer Diktion an die geänderte Terminologie der Regelungen zur Prospektzusammenfassung (Basisinformationen statt Schlüsselinformationen) angepasst, vgl. *Groß*, Kapitalmarktrecht, § 12 WpPG Rn. 12.
16 Vgl. zum Abstellen auf den Gesamteindruck des Gesamtbildes des Prospekts bei der Haftung nach § 9 WpPG *Groß*, Kapitalmarktrecht, § 9 WpPG Rn. 52; *Mülbert/Steup*, in: Habersack/Mülbert/Schlitt, Unternehmensfinanzierung, § 41 Rn. 41.149.
17 Delegierte Verordnung (EU) 2017/653 v. 8.3.2017 zur Ergänzung der Verordnung (EU) Nr. 1286/2014 über Basisinformationsblätter für verpackte Anlageprodukte für Kleinanleger und Versicherungsanlageprodukte (PRIIP) durch technische Regulierungsstandards in Bezug auf die Darstellung, den Inhalt, die Überprüfung und die Überarbeitung dieser Basisinformationsblätter, sowie die Bedingungen für die Erfüllung der Verpflichtung zu ihrer Bereitstellung, ABl. EU Nr. 100 v. 12.4.2017, S. 1.
18 Richtlinie (EU) 2016/97 v. 20.1.2016 über Versicherungsvertrieb, ABl. EU L 26 v. 2.2.2016, S. 1.
19 *Buck-Heeb*, in: Assmann/Uwe H. Schneider/Mülbert, Wertpapierhandelsrecht, 7. Aufl. 2019, Art. 8 VO Nr. 1286/2014 Rn. 29 f. m.w.N. auch zur Frage der Abgrenzung von komplexen und nicht komplexen Produkten; dazu auch *Wilhelmi*, in: Assmann/Wallach/Zetzsche, KAGB, Art. 8 PRIIP-VO Rn. 8; *Schneider*, in: Prölss/Martin, VVG, Art. 8 VO (EU) 1286/2014 Rn. 5; vgl. auch die Beispiele bei *Gebhardt/Waßmann*, WPg 2018, 701, 704.
20 Dazu *Gebhardt/Waßmann*, WPg 2018, 701 f.

Emittent der Wertpapiere?" eine kurze Beschreibung des Emittenten der Wertpapiere vorzusehen, die nach Abs. 6 lit. a mindestens folgende Angaben enthalten muss:

a) Kerninformationen i. e. S. (Abs. 6 lit. a)

– Sitz und Rechtsform des Emittenten, seine LEI, für ihn geltendes Recht und Land der Eintragung (Punkt i) 28

Diese Angaben betreffen die wesentlichen Inhalte der nach VO (EU) 2019/980 Anhang 1, Abschnitt 4, Punkte 4.2, 4.4 in den Hauptteil des Prospekts aufzunehmenden Mindestinformationen. Hier ist eine Doppelung zu den teilweise gleichlautenden Angaben in der Einleitung nach Abs. 4 lit. a, Abs. 5 Satz 1 lit. b (dort „Identität und Kontaktdaten des Emittenten, einschließlich der Rechtsträgerkennung" → Rn. 16) festzustellen.

– Haupttätigkeiten des Emittenten (Punkt ii)

Die Angaben der Zusammenfassung zur Geschäftstätigkeit des Emittenten fassen den Kern der Mindestinformationen zusammen, die nach VO (EU) 2019/980 Anhang 1, Abschnitt 5, Punkt 5.1 in den Hauptteil des Prospekts aufzunehmen sind.

– Hauptanteilseigner des Emittenten, einschließlich Angabe, ob an ihm unmittelbare oder mittelbare Beteiligungen oder Beherrschungsverhältnisse bestehen und wer die Beteiligungen hält bzw. die Beherrschung ausübt (Punkt iii)

Die Angaben zu den „Hauptanteilseignern" korrespondieren mit den Angaben nach VO (EU) 2019/980 Anhang 1, Abschnitt 16. Dort sind diese als „Hauptaktionäre" bezeichnet. Maßgeblich für die Qualifikation als Hauptaktionär sind dem Emittenten bekannte Beteiligungen, die eine Stimmrechtsmeldepflicht nach §§ 33 ff. WpHG auslösen; soweit diese (noch) nicht anwendbar sind, solche nach § 20 AktG.[21]

– Identität der Hauptgeschäftsführer (Punkt iv)

Der Begriff „Hauptgeschäftsführer" (bzw. „Key Managing Director") bezeichnet die Mitglieder des Geschäftsführungsorgans des Emittenten, zu denen detailliertere Angaben im Hauptteil des Prospekts nach VO (EU) 2019/980 Anhang 1, Abschnitt 12, Punkt 12.1 vorzunehmen sind. In der Zusammenfassung sind nur deren Namen anzugeben.

– Identität der Abschlussprüfer (Punkt v)

Entsprechendes gilt für die Identität des Abschlussprüfers; hier sind der Name des Abschlussprüfers bzw. der zum Abschlussprüfer bestellten Wirtschaftsprüfungsgesellschaft zu nennen, weitere Informationen finden sich dazu im Prospekt außerhalb der Zusammenfassung nach VO (EU) 2019/980 Anhang 1, Abschnitt 2, Punkt 2.1.

b) Finanzinformationen (Abs. 6 lit. b)

Ebenfalls zu den Basisinformationen über den Emittenten gehören die nach Abs. 6 lit. b in einem weiteren Unterabschnitt mit der Überschrift „Welches sind die **wesentlichen Finanzinformationen** über den Emittenten?" in die Zusammenfassung aufzunehmenden ausgewählten wesentlichen historischen Finanzinformationen und Zwischenfinanzinfor- 29

---

[21] *Schlitt/Ries*, in: Assmann/Schlitt/von Kopp-Colomb, Prospektrecht Kommentar, Anhang 1 VO (EU) 2019/980 Rn. 125 ff.

mationen. Diese dienen gem. Erwägungsgrund 1 VO (EU) 2019/979 dazu, dem Anleger einen kurzen Überblick über die Finanz- und Ertragslage des Emittenten zu geben, um ihm eine erste Beurteilung zu ermöglichen. Ausgewählte wesentliche **historische Finanzinformationen** sind für jedes Geschäftsjahr anzugeben. Das sind jene historischen Finanzinformationen, die in den Finanzteil des Prospekts nach VO (EU) 2019/980 Anhang 1, Abschnitt 18, Punkt 18.1 (und den entsprechenden Regelungen in dem jeweils relevanten Anhang für das Registrierungsformular) aufzunehmen sind, bzw. im Fall der Zwischenfinanzinformationen jene nach VO (EU) 2019/980 Anhang 1, Abschnitt 18, Punkt 18.2. Für die betreffenden Zahlenwerke sind jeweils Vergleichsangaben für den betreffenden Vorjahreszeitraum aufzunehmen (bzw. nach Maßgabe der einschlägigen Rechnungslegungsstandards im Fall von Zwischenfinanzinformationen die Vorjahresbilanz). Die Mindestanforderungen an die wesentlichen Finanzinformationen in der Zusammenfassung sind in Art. 1–9 VO (EU) 2019/979 konkretisiert, einschließlich der redaktionellen Aufmachung, die in Tabellenform nach Maßgabe der Anhänge I–VI VO (EU) 2019/979 zu erfolgen hat. Welche wesentlichen Finanzinformationen in die Zusammenfassung aufgenommen werden, soll gem. Erwägungsgrund 2 VO (EU) 2019/979 nach der konkreten wirtschaftlichen Tätigkeit des Emittenten, seiner Branche, den wichtigsten Einzelposten seiner Jahres- bzw. Konzernabschlüsse und der Art der angebotenen bzw. zuzulassenden Wertpapiere bestimmt werden. Wurden die im Prospekt enthaltenen historischen Finanzinformationen aufgrund wesentlicher Fehler oder infolge von Änderungen der Rechnungslegungsstandards angepasst, sind den wesentlichen Finanzinformationen in der Zusammenfassung die so geänderten historischen Finanzinformationen zugrunde zu legen, vgl. Erwägungsgrund 5 VO (EU) 2019/979.

30 Beabsichtigt der Emittent, im nächsten Jahresabschluss **andere Rechnungslegungsstandards** anzuwenden als bei seinen historischen Finanzinformationen, muss er im Prospekt nach Anhang I, Punkt 18.1.4 VO (EU) 2019/980 zumindest einen vollständigen Abschluss einschließlich Vergleichsinformationen zum Vorjahr in einer Form darstellen, die mit den Rechnungslegungsstandards und -strategien sowie Rechtsvorschriften konsistent ist, die in seinem nächsten Jahresabschluss anzuwenden sind. Das dient der Vergleichbarkeit der Abschlüsse mit der künftigen Regelpublizität (→ Anhang I VO (EU) 2019/980, Punkt 18.1 Rn. 40 ff.). Das Vergleichsjahr dient dabei als „Brückenjahr", um auch für den in den historischen Finanzinformationen darzustellenden Zeitraum von – je nach Art des Prospekts – drei Jahren eine durchgängige Vergleichbarkeit der historischen Finanzinformationen zu erreichen (→ Anhang I VO (EU) 2019/980, Punkt 18.1 Rn. 47).[22] Der vorstehend beschriebene **Brückenansatz** ist im Prospekt durchgängig anzuwenden und gilt damit auch für die Darstellung der wesentlichen Finanzinformationen in der Prospektzusammenfassung.[23] Wenn das Darstellungsformat der nach den früheren Rechnungslegungsstandards erstellten historischen Finanzinformationen mit jenem der nach den aktuellen oder künftig anzuwendenden Rechnungslegungsstandards hinreichend überein-

---

22 ESMA, Leitlinien zu den Offenlegungspflichten nach der Prospektverordnung v. 4.3.2021, ESMA32-382-113, Leitlinie 15 Rn. 71 ff.; dazu *Oulds*, in: Kümpel/Mülbert/Früh/Seyfried, Bankrecht und Kapitalmarktrecht, 15. Teil Rn. 15.743.
23 ESMA, Leitlinien zu den Offenlegungspflichten nach der Prospektverordnung v. 4.3.2021, ESMA32-382-113, Leitlinie 15 Rn. 73.

stimmt, können diese Informationen zusammen dargestellt werden. Weichen beide erheblich voneinander ab, sollte eine getrennte Darstellung gewählt werden.[24]

Wenn die ausgewählten wesentlichen historischen Finanzinformationen nach Auffassung des Emittenten kein klares Bild seiner Finanz- und Ertragslage vermitteln, können nach Art. 1 Abs. 3 VO (EU) 2019/979 zusätzliche Angaben wie z. B. **alternative Leistungsmessgrößen (APM)** auch in die Zusammenfassung aufgenommen werden. Werden APM im Hauptteil des Prospekts verwendet, müssen diese aber nicht zwingend auch in der Zusammenfassung dargestellt werden. Dies ist gem. Erwägungsrund 2 VO (EU) 2019/979 freilich in Erwägung zu ziehen, wenn die Zusammenfassung ansonsten irreführend würde. Dabei ist auch zu berücksichtigen, dass die Zusammenfassung dem Anleger nach Erwägungsrund 28 ProspektVO „nur" zur ersten Vorentscheidung dient, ob eine Anlage in die Wertpapiere grundsätzlich in Betracht kommt, sodass die Lektüre des gesamten Prospekts sinnvoll erscheint (→ Rn. 1; → Art. 1 VO (EU) 2019/979 Rn. 12). Werden aber APM aufgenommen, dürfen sie im Prospekt nicht stärker hervorgehoben werden als die historischen Finanzinformationen, vgl. Erwägungsrund 2 VO (EU) 2019/979.[25] Dies gilt auch für die Zusammenfassung. 31

Dabei erkennt ESMA an, dass eine **Erläuterung der APMs** nach den Vorgaben der Leitlinien der ESMA[26] mit Blick auf die für die Zusammenfassung geltenden Umfangsgrenzen schwer umzusetzen ist. Ein Verweis auf die Erläuterungen im Hauptteil des Prospekts scheitert indes am Verweisverbot des Art. 7 Abs. 11 ProspektVO (→ Rn. 67). Indes hält ESMA auch einen diesbezüglichen Warnhinweis nicht für erforderlich. Vielmehr wird es für ausreichend gehalten, wenn die in der Zusammenfassung verwendeten APM im Hauptteil des Prospekts erklärt werden.[27] 32

Sind im Prospekt **Pro-forma-Finanzinformationen** enthalten, haben die wesentlichen Finanzinformationen in der Zusammenfassung auch Angaben zu den Pro-forma-Finanzinformationen zu machen (Abs. 6 lit. b Punkt i). Die Anforderungen an die Darstellung sind in Art. 9 Abs. 3 VO (EU) 2019/979 näher beschrieben (→ Art. 1 VO (EU) 2019/979 Rn. 13). 33

Weist der Emittent eine **komplexe finanztechnische Vorgeschichte** auf, müssen dazu nach Art. 18 VO (EU) 2019/980 zusätzliche (Finanz-)Angaben zu einem anderen Unternehmen als dem Emittenten aufgenommen werden, die erforderlich sind, damit die Anleger ein fundiertes Urteil i. S. v. Art. 6 Abs. 1 ProspektVO treffen können. Für diesen Fall stellt Erwägungsrund 6 VO (EU) 2019/979 klar, dass auch die Finanzinformationen in der Zusammenfassung um solche des betreffenden anderen Unternehmens zu ergänzen und in einem eigenen Abschnitt der Zusammenfassung zur Verfügung zu stellen sind. 34

---

24 ESMA, Leitlinien zu den Offenlegungspflichten nach der Prospektverordnung v. 4.3.2021, ESMA32-382-113, Leitlinie 15 Rn. 78.
25 Dazu auch ESMA, Leitlinien Alternative Leistungskennzahlen v. 5.10.2015, ESMA//2015/1415de, Rn. 35; ESMA, Questions and Answers – ESMA Guidelines on Alternative Performance Measures (APMs) v. 30.10.2017, ESMA32-51-37, Antwort auf Frage 9.
26 ESMA, Leitlinien Alternative Leistungskennzahlen v. 5.10.2015, ESMA//2015/1415de; ESMA, Questions and Answers – ESMA Guidelines on Alternative Performance Measures (APMs) v. 30.10.2017, ESMA32-51-37.
27 ESMA, Final Report „Draft regulatory technical standards under the Prospectus Regulation" v. 17.7.2018, ESMA31-62-1002, Rn. 14 (S. 12), dazu *Wöckener/Kutzbach*, RdF 2018, 276, 278.

Dies hat nach Art. 9 Abs. 4 VO (EU) 2019/980 unter Verwendung der Tabellen in den Anhängen I bis VI VO (EU) 2019/980 zu erfolgen (→ Art. 1 VO (EU) 2019/979 Rn. 13).

35 Weist einer der **Bestätigungsvermerke** zu den in den Prospekt aufgenommenen historischen Finanzinformationen **Einschränkungen** auf, so sind diese in der Zusammenfassung nach Abs. 6 lit. b Punkt ii) kurz zu beschreiben.

c) Risiken (Abs. 6 lit. c)

36 Als weiterer Teil der Basisinformationen über den Emittenten ist in einem dritten Unterabschnitt mit der Überschrift „Welches sind die **zentralen Risiken**, die für den Emittenten spezifisch sind?" eine kurze Beschreibung der wesentlichsten im Prospekt enthaltenen und für den Emittenten spezifischen Risikofaktoren aufzunehmen. Nach Abs. 10 darf deren Gesamtzahl zusammen mit den zentralen wertpapierspezifischen Risiken nach Abs. 7 lit. c die in Abs. 10 genannte Höchstzahl von 15 Risikofaktoren nicht überschreiten.

37 Bei der Beschreibung der Risikofaktoren in der Zusammenfassung sind die Vorgaben der ESMA in Bezug auf die **Einheitlichkeit der Darstellung** innerhalb des Prospekts zu beachten. Die Beschreibung der Risikofaktoren in der Zusammenfassung sollte mit deren **Reihenfolge** im Kapitel „Risikofaktoren" des Prospekts übereinstimmen.[28] Dabei muss die Einstufung der Wesentlichkeit der Risikofaktoren mit jener im Kapitel „Risikofaktoren" des Hauptteils konsistent sein. Die Wesentlichkeit der Risikofaktoren ist zwar nach Art. 16 Abs. 1 UAbs. 2 ProspektVO durch den Emittenten zu beurteilen. Das Ergebnis dieser Beurteilung als „geringes", „mittleres" oder „hohes" Risiko kann im Prospekt nach Art. 16 Abs. 1 UAbs. 3 Satz 2 ProspektVO zwar offengelegt werden. Zwingend vorgeschrieben ist dies jedoch nicht; diese Einteilung hat sich in der Praxis auch nicht durchgesetzt.[29] Die Praxis beschränkt sich vielmehr in der Regel darauf, das Ausmaß des Schadens (seltener dessen Eintrittswahrscheinlichkeit) in dem Falle, dass sich das Risiko verwirklicht, qualitativ zu beschreiben.[30] Die Risikoeinstufung schlägt sich allerdings dergestalt in der Prospektdarstellung nieder, als die Risikofaktoren nach Art. 16 Abs. 1 UAbs. 4 ProspektVO entsprechend ihrer Beschaffenheit in eine begrenzte Anzahl von Kategorien einteilt werden müssen. In jeder Kategorie muss der jeweils wesentlichste Risikofaktor entsprechend der Risikobeurteilung gemäß Art. 16 Abs. 1 UAbs. 2 ProspektVO an erster Stelle genannt werden. Das bedeutet im Umkehrschluss, dass die Reihenfolge der Risikofaktoren nach der ersten Stelle keine Aussage zur Gewichtung der Wesentlichkeit bedeutet.[31] Im Übrigen muss die Zusammenfassung auch nicht Risikofaktoren aus allen Kategorien des Prospekts enthalten.[32] Mit Blick auf die Höchstzahl von 15 Risikofaktoren erscheint es auch denkbar, mehrere Risikofaktoren für die Zwecke der Zusammenfassung zu einem Risikofaktor zusammenzufassen.

---

28 ESMA, Leitlinien zu den Risikofaktoren im Rahmen der Prospektverordnung v. 1.10.2019, ESMA31-62-1293 DE, Leitlinie 12.
29 *Oulds/Wöckener*, RdF 2020, 4, 9; *Geyer/Schelm*, BB 2019, 1731, 1734; *Meyer*, in: Habersack/Mülbert/Schlitt, Unternehmensfinanzierung, § 36 Rn. 36.53a.
30 *Scholl/Döhl*, in: Assmann/Schlitt/von Kopp-Colomb, Prospektrecht Kommentar, Art. 16 ProspektVO Rn. 28 f.
31 BaFin, Neue Regeln für Wertpapierprospekte nach EU-Prospektverordnung 2017/1129 – Frequently Asked Questions v. 6.10.2021 unter V.3.
32 ESMA, Leitlinien zu den Risikofaktoren im Rahmen der Prospektverordnung v. 1.10.2019, ESMA31-62-1293 DE, Leitlinie 12, Rn. 44.

3. Basisinformationen über die Wertpapiere (Abs. 4 lit. c, Abs. 7)

In Abs. 7 finden sich genauere Vorgaben für die Basisinformationen über die angebotenen oder zuzulassenden Wertpapiere. Diese sind in mehrere Unterabschnitte wie folgt zu gliedern: 38

a) Merkmale der Wertpapieren (Abs. 7 UAbs. 1 lit. a)

Nach Abs. 7 UAbs. 1 lit. a sind in einem Unterabschnitt mit der Überschrift „Welches sind die wichtigsten Merkmale der Wertpapiere?" die Merkmale der öffentlich angebotenen und/oder zum Handel an einem geregelten Markt zugelassenen Wertpapiere zu beschreiben. Dabei sind zumindest folgende Angaben vorzunehmen: 39

– Art, Gattung und Internationale Wertpapierkennnummer der Wertpapiere (Punkt i).

Bei der Internationalen Wertpapierkennnummer (International Securities Identification Number, ISIN) handelt es sich um eine zwölfstellige Buchstaben-Zahlen-Kombination, die zur Identifikation der Wertpapiere dient. Der Aufbau der ISIN wird in der Norm ISO 6166 beschrieben.[33] In Deutschland wird eine ISIN vom WM Datenservice[34] vergeben, der von der Herausgebergemeinschaft WERTPAPIER-MITTEILUNGEN Keppler, Lehmann GmbH & Co. KG in Frankfurt am Main betrieben wird. Die Informationen entsprechen jenen, die insoweit in der Wertpapierbeschreibung vorzunehmen sind, vgl. Anhang 11, Punkt 4.1 VO (EU) 2019/980.

– Gegebenenfalls Währung, Stückelung, Nennwert, Anzahl der begebenen Wertpapiere und Laufzeit der Wertpapiere (Punkt ii).
– Mit den Wertpapieren verbundene Rechte (Punkt iii).

Grundlage dazu ist die Auflistung der Rechte, wie sie etwa in Anhang 11, Punkt 4.5 VO (EU) 2019/980 zu finden ist.

– Relativer Rang der Wertpapiere in der Kapitalstruktur des Emittenten im Fall einer Insolvenz, gegebenenfalls mit Angaben über ihre Nachrangigkeitsstufe und die potenziellen Auswirkungen auf die Anlagen im Fall der Abwicklung nach Maßgabe der Richtlinie 2014/59/EU[35] (Punkt iv).

Diese Angabe entspricht im Hauptteil des Prospekts bzw. der Wertpapierbeschreibung den Angaben, wie sie sich etwa in Anhang 11, Punkt 4.12 VO (EU) 2019/980 finden.

---

33 *Schmidtbleicher*, in: Kümpel/Mülbert/Früh/Seyfried, Bankrecht und Kapitalmarktrecht, 15. Teil Rn. 15.27; *Risse/Kästle/Engelstädter/Gebler/Lorenz*, M&A und Corporate Finance von A-Z, unter „International Securities Identification Number"; Internetseite der Deutsche Börse Group, https://deutsche-boerse.com/dbg-de/unternehmen/wissen/boersenlexikon/boersenlexikon-article/ISIN-246446; Internetseite der International Organization for Standardization (ISO), https://www.iso.org/obp/ui/#iso:std:iso:6166:ed-8:v1:en:sec:A.
34 https://www.wmdatenservice.com/de/wkn-isin/.
35 Richtlinie 2014/59/EU v. 15.5.2014 zur Festlegung eines Rahmens für die Sanierung und Abwicklung von Kreditinstituten und Wertpapierfirmen (BRRD), ABl. EU L 173 v. 12.6.2014, S. 190; dazu *Freis-Janik*, in: Kümpel/Mülbert/Früh/Seyfried, Bankrecht und Kapitalmarktrecht, 2. Teil Rn. 2.312 ff., 2.339 ff.

- Etwaige Beschränkungen der freien Handelbarkeit der Wertpapiere (Punkt v).

  Im Hauptteil des Prospekts bzw. der Wertpapierbeschreibung finden sich entsprechende Angaben in Anhang 11, Abschnitt 4, Punkt 4.8 VO (EU) 2019/980.

- Gegebenenfalls Angaben zur Dividenden- bzw. Ausschüttungspolitik des Emittenten (Punkt vi).

b) Handel der Wertpapiere (Abs. 7 UAbs. 1 lit. b)

40 In einem weiteren Unterabschnitt mit der Überschrift „Wo werden die Wertpapiere gehandelt?" ist anzugeben, ob für die Wertpapiere die **Zulassung** zum Handel an einem **geregelten Markt** (Art. 2 lit j) ProspektVO, Art. 4 Abs. 1 Nr. 21 MiFID II) oder an einem **multilateralen Handelssystem** (MTF, Art. 2 lit j ProspektVO, Art. 4 Abs. 1 Nr. 21 MiFID II) beantragt wurde oder werden soll, weiterhin alle Märkte, an denen die Wertpapiere **gehandelt** werden oder gehandelt werden sollen. Zu letzterer Gruppe können neben regulierten Märkten oder MTFs auch solche (un)regulierten Märkte gehören, an denen die Wertpapiere auch ohne Zulassung gehandelt werden können, wie etwa die Freiverkehrssegmente an den deutschen Wertpapierbörsen.[36]

c) Garantie (Abs. 7 UAbs. 1 lit. c)

41 Werden die von den Wertpapieren verbrieften Verpflichtungen des Emittenten von einem anderen Rechtsträger garantiert, sind in einen „Wird für die Wertpapiere eine **Garantie** gestellt?" überschriebenen Unterabschnitt der Zusammenfassung jedenfalls die in Abs. 7 UAbs. 1 lit. c genannten Informationen aufzunehmen. Praktische Bedeutung erlangen diese Angaben vor allem bei Schuldverschreibungen, die im Rahmen der **Konzernfinanzierung** durch Tochtergesellschaften (oft sog. Konzernfinanzierungsgesellschaften) ausgegeben werden. Durch die Garantie der Konzernmutter wird erreicht, dass ihre Bonität für das Ausfallrisiko der Anleihegläubiger und mithin für die Verzinsung der Anleihe maßgeblich ist.[37] Dabei sind folgende Angaben vorzunehmen:

- eine kurze Beschreibung von Art und Umfang der Garantie (Punkt i),
- kurze Angaben zum Garantiegeber, einschließlich seiner LEI (→ Rn. 16) (Punkt ii),
- die einschlägigen wesentlichen Finanzinformationen zum Zwecke der Bewertung der Fähigkeit des Garantiegebers, seinen Verpflichtungen aus der Garantie nachzukommen (Punkt iii), und
- eine kurze Beschreibung der im Prospekt enthaltenen für den Garantiegeber spezifischen wesentlichsten Risikofaktoren gemäß Art. 16 Abs. 3 ProspektVO, wobei die in Abs. 10 genannte Höchstzahl an Risikofaktoren nicht überschritten werden darf (Punkt iv).

---

36 Zu den Marktsegmenten an deutschen Wertpapierbörsen *Meyer*, in: Marsch-Barner/Schäfer, Handbuch börsennotierte AG, Rn. 7.41 ff.; ausführlich *Seiffert/Lembke*, in: Kümpel/Mülbert/Früh/Seyfried, Bankrecht und Kapitalmarktrecht, 14. Teil insbes. Rn. 14.304 ff.

37 Dazu *Lockermann*, in: Grunewald/Schlitt, Einführung in das Kapitalmarktrecht, § 5 III. 4 lit. a (S. 95); *Koller*, in: Ekkenga, Handbuch der AG-Finanzierung, Kapitel 10 Rn. 119 ff.; *Kaulamo*, in: Habersack/Mülbert/Schlitt, Unternehmensfinanzierung, § 16 Rn. 16.64; *Arztinger-Bolten/Wöckener*, in: Hopt/Seibt, Schuldverschreibungsrecht, 2017, Anhang D.

Die anzugebenden, für den Garantiegeber spezifischen wesentlichsten Risikofaktoren 42
sind an der **Funktion der Garantie** und des Garantiegebers auszurichten. Sie orientieren
sich daher zunächst einmal an den Anforderungen an die Risikofaktoren für Emittenten
(→ Rn. 25), da bei garantierten Schuldverschreibungen wirtschaftlich im Ergebnis das Bonitätsrisiko des Garantiegebers an die Stelle des Risikos des Emittenten tritt.[38] Dabei ist
die Darstellung an der Wesentlichkeit für die Anleger auszurichten, die die in dem Prospekt beschriebenen garantierten Wertpapiere erwerben. Mithin sind (wie bei den Finanzinformationen nach Punkt iii) auch die in der Zusammenfassung anzugebenden Risikofaktoren auf die Risiken zu konzentrieren, die die Fähigkeit des Garantiegebers, seinen
Verpflichtungen aus der Garantie nachzukommen, gefährden. Auch die garantiespezifischen Risikofaktoren sind bei der maximalen **Gesamtzahl** der Risikofaktoren in der Zusammenfassung nach Abs. 10 mitzurechnen (→ Rn. 65).

d) Risiken (Abs. 7 UAbs. 1 lit. d)

Entsprechend den Vorgaben für die emittentenspezifischen Risiken ist auch in Bezug auf 43
die angebotenen bzw. zuzulassenden Wertpapiere eine kurze Beschreibung der im Prospekt enthaltenen für die Wertpapiere spezifischen wesentlichsten Risikofaktoren in einem
eigenen Unterabschnitt der Zusammenfassung aufzunehmen. Dieser ist mit der Überschrift „Welches sind die zentralen Risiken, die für die Wertpapiere spezifisch sind?" zu
versehen. Für die Darstellung der wertpapierspezifischen Risiken gilt das zu den emittentenspezifischen Risiken oben Gesagte entsprechend (→ Rn. 36 f.). Auch diese Risikofaktoren sind bei der Berücksichtigung der Höchstzahl an Risikofaktoren nach Abs. 10
(→ Rn. 65) zu berücksichtigen.

e) Ersetzung der Basisinformationen über die Wertpapiere durch ein
Basisinformationsblatt (Abs. 7 UAbs. 2)

Muss nach der PRIIP-VO[39] ein Basisinformationsblatt (sog. BIB oder auch PRIIPS-KID) 44
erstellt werden (→ Rn. 15), *können* die nach Abs. 7 UAbs. 1 vorgesehenen Basisinformationen über die Wertpapiere durch die in Art. 8 Abs. 3 lit. c–i der PRIIP-VO genannten
Angaben ersetzt werden. Ein Basisinformationsblatt muss nach Art. 5 Abs. 1 PRIIP-VO
erstellt und veröffentlicht werden, bevor Kleinanlegern ein PRIIP angeboten wird. Unter
PRIIP ist nach Art. 4 Nr. 3 der PRIIP-VO ein verpacktes Anlageprodukt für Kleinanleger
(PRIP) oder Versicherungsanlageprodukt zu verstehen, einschließlich jener Produkte, die
unter beide Begriffsbestimmungen fallen. Als verpacktes Anlageprodukt für Kleinanleger
(**PRIP**) definiert Art. 4 Nr. 1 PRIIP-VO eine Anlage, bei der unabhängig von der Rechtsform der Anlage der Betrag, der dem dieses Produkt haltenden Kleinanleger zurückzuzahlen ist, aufgrund der Abhängigkeit von Referenzwerten oder von der Entwicklung eines
oder mehrerer Vermögenswerte, die nicht direkt vom Kleinanleger erworben werden,
Schwankungen unterliegt. Unter **Versicherungsanlageprodukt** ist ein Versicherungsprodukt zu verstehen, das einen Fälligkeitswert oder einen Rückkaufwert bietet, der vollstän-

---

38 *Scholl/Döhl*, in: Assmann/Schlitt/von Kopp-Colomb, Prospektrecht Kommentar, Art. 7 Prospekt-
VO Rn. 54.
39 Verordnung (EU) Nr. 1286/2014 v. 26.11.2014 über Basisinformationsblätter für verpackte Anlageprodukte für Kleinanleger und Versicherungsanlageprodukte (PRIIP), ABl. L 352 v. 9.12.2014,
S. 1.

dig oder teilweise direkt oder indirekt Marktschwankungen ausgesetzt ist. Der Begriff **Kleinanleger** entspricht nach Art. 4 Nr. 6 PRIIP-VO dem Kleinanleger nach Art. 4 Abs. 1 Nr. 11 MiFID II. Danach wird ein Kleinanleger als ein Kunde definiert, der kein professioneller Kunde ist. Damit entspricht der Begriff des Kleinanlegers jenem des nicht-qualifizierten Anlegers, der sich aus dem Umkehrschluss der Definition des qualifizierten Anlegers in Art. 2 lit. e ProspektVO ergibt. Ausgehend von dieser allgemeinen Definition wird der Anwendungsbereich der PRIIP-VO wieder durch eine Reihe von Ausnahmetatbeständen in Art. 2 Abs. 2 PRIIP-VO eingeschränkt. Die Einzelheiten der Abgrenzung des Anwendungsbereichs der PRIIP-VO sind komplex.[40]

45 Die ggf. in die Zusammenfassung anstelle der Angaben zu den wichtigsten Merkmalen der Wertpapiere nach Abs. 4c, 7 aufzunehmenden **Angaben nach Art. 8 Abs. 3 lit. c–i PRIIP-VO** sind freilich sehr detailliert und gehen selbst über die in den Hauptteil des Prospekts nach VO (EU) 2019/980 aufzunehmenden Mindestinformationen hinaus. Sie betreffen etwa Angaben zu den Zielen des PRIIP, seine Abhängigkeit von den ihm zugrunde liegenden Basiswerten, eine Beschreibung des Kleinanlegertyps, an den das PRIIP vermarktet werden soll, seine Verlusttragfähigkeit und seinen Anlagehorizont, eine Beschreibung des Risiko-/Renditeprofils einschließlich der Angabe und Beschreibung eines Gesamtrisikoindikators, die Angabe geeigneter Performanceszenarien und der ihnen zugrunde liegenden Annahmen, detaillierte Angaben zu den mit einer Anlage in das PRIIP verbundenen Kosten, zu einer empfohlenen Haltedauer sowie zu möglichen Beschwerden über das Produkt, den Produkthersteller oder eine Vertriebsstelle. Um den so entstehenden Widerspruch zum Konsistenzgebot nach Art. 7 Abs. 2 Satz 2 ProspektVO aufzulösen, sieht daher etwa Punkt 7.4 des Anhangs 14 VO (EU) 2019/980 (Wertpapierbeschreibung für Nichtdividendenwerte für Kleinanleger) vor, dass in diesen Fällen auch die sonst in den Prospekt nicht zwingend aufzunehmenden Angaben aus dem Katalog der Informationen nach Art. 8 Abs. 3 lit. c–i der PRIIP-VO in die Wertpapierbeschreibung aufzunehmen sind.

46 Für das Basisinformationsblatt sieht Art. 10 PRIIP-VO ferner eine **fortlaufende Aktualisierungspflicht** während der gesamten Laufzeit des PRIIP vor.[41] Bei Verstößen gilt nach Art. 11 PRIIP-VO eine potenziell weitgehende Haftung, deren Einzelheiten unklar sind.[42] Aus diesem Grund wird in der Praxis bei potenziell der PRIIP-VO unterliegenden Wertpapieren, wie etwa strukturierten Anleihen, ein Angebot an nicht-qualifizierte Anleger oft vermieden. Sofern dies dennoch erfolgt, kommt hinzu, dass das Verhältnis zwischen der Aktualisierungspflicht nach Art. 10 PRIIP-VO und der Nachtragspflicht nach Art. 23 ProspektVO ungeklärt ist. Im Katalog der zwingend eine Nachtragspflicht auslösenden Sachverhalte nach Art. 18 VO (EU) 2019/979[43] wird eine Aktualisierung eines Basisinformationsblatts nach Art. 10 PRIIP-VO nicht genannt. Im Schrifttum wird eine Nachtrags-

---

40 Vgl. nur *Buck-Heeb*, in: Assmann/Uwe H. Schneider/Mülbert, Wertpapierhandelsrecht, 7. Aufl. 2019, Art. 1 VO Nr. 1286/2014 Rn. 5, Art. 4 VO Nr. 1286/2014 Rn. 3 ff.; *Gebhardt/Waßmann*, WPg 2018, 701, 702 f.
41 *Buck-Heeb*, in: Assmann/Uwe H. Schneider/Mülbert, Wertpapierhandelsrecht, 7. Aufl. 2019, Art. 10 VO Nr. 1286/2014 Rn. 17 f.
42 *Buck-Heeb*, in: Assmann/Uwe H. Schneider/Mülbert, Wertpapierhandelsrecht, 7. Aufl. 2019, Art. 11 VO Nr. 1286/2014 Rn. 2 ff.
43 *Lenz/Heine*, AG 2019, 451, 454; *Schrader*, WM 2021, 471, 472; *Seitz*, in: Assmann/Schlitt/von Kopp-Colomb, Prospektrecht Kommentar, Art. 23 ProspektVO Rn. 38.

pflicht in diesem Fall jedoch erwogen, wenngleich kritisch gesehen.⁴⁴ Denn nicht jede Aktualisierung des Basisinformationsblatts dürfte die Wesentlichkeitsanforderungen für einen Nachtrag nach Art. 23 ProspektVO erfüllen; die Abgrenzung kann jedoch schwierig und nicht eindeutig sein. Im Falle eines vorsorglichen Nachtrags droht indes ein Widerruf von Erwerbserklärungen nach Art. 23 Abs. 2 ProspektVO.⁴⁵

Aufgrund dieser **Inkonsistenzen** wird in der Praxis von der Möglichkeit der Ersetzung der wertpapierbezogenen Informationen in der Zusammenfassung durch Angaben nach der PRIIP-VO kaum Gebrauch gemacht.⁴⁶ 47

Ein Herkunftsmitgliedstaat kann nach Art. 7 Abs. 7 UAbs. 2 Satz 2 ProspektVO bei von seiner zuständigen Behörde zu billigendenden Prospekten die **zwingende Ersetzung** der wertpapierbezogenen Inhalte durch die Angaben nach Art. 8 Abs. 3 lit. c–i PRIIP-VO verlangen. Deutschland hat hiervon freilich ebenso wenig Gebrauch gemacht wie Österreich.⁴⁷ 48

Werden die wertpapierbezogenen Angaben der Prospektzusammenfassung ungeachtet der vorstehenden Bedenken nach Art. 7 Abs. 7 UAbs. 2 Satz 2 ProspektVO durch jene aus dem Basisinformationsblatt ersetzt, erhöht sich der **maximal zulässige Umfang** gem. Art. 7 Abs. 7 UAbs. 3 ProspektVO um drei weitere DIN-A4-Seiten. Der Inhalt des Basisinformationsblatts ist als separater Abschnitt der Zusammenfassung beizufügen. Dabei muss sich aus der drucktechnischen Gestaltung („Layout") dieses Abschnitts klar ergeben, dass es sich dabei um den Inhalt des Basisinformationsblatts handelt. 49

Wird bei einem **Basisprospekt** eine **einzige (emissionsspezifische) Zusammenfassung** erstellt, die den endgültigen Bedingungen beigefügt wird, und bezieht sich diese nach Art. 8 Abs. 9 UAbs. 3 ProspektVO auf verschiedene Wertpapiere, die sich nur in einigen sehr wenigen Einzelheiten unterscheiden, erhöht sich nach Abs. 7 UAbs. 4 die in Abs. 3 geregelte maximale Länge der Zusammenfassung um zwei weitere DIN-A4-Seiten. Muss aber ein Basisinformationsblatt nach der PRIIP-VO erstellt werden und werden die wertpapierbezogenen Angaben der Zusammenfassung dadurch ersetzt, erhöht sich die insoweit bereits erhöhte maximale Länge der Zusammenfassung (→ Rn. 49) pro zusätzliches Wertpapier um drei weitere DIN-A4-Seiten (zu den Einzelheiten der emissionsspezifischen Zusammenfassung bei Basisprospekten siehe → Rn. 61; Art. 8 ProspektVO Rn. 56 ff.). 50

Enthält die Zusammenfassung Informationen über eine **Garantie** und den/die **Garantiegeber** gemäß Abs. 7 UAbs. 1 lit. c, erhöht sich die in Abs. 3 festgelegte maximale Länge der Zusammenfassung gem. Abs. 7 UAbs. 5 um eine weitere DIN-A4-Seite. Gibt es mehrere Garantiegeber, kann der Umfang pro Garantiegeber um eine weitere Seite erhöht werden.⁴⁸ Dabei soll die Darstellung zu den Garantiegebern nach Auffassung von ESMA 51

---

44 *Wöckener/Kutzbach*, RdF 2018, 276, 278; *Geyer/Schelm*, BB 2019, 1731, 1733 f.; *Zivny /Mock*, EU-ProspektVO/KMG 2019, Art. 7 ProspektVO Rn. 39.
45 *Scholl/Döhl*, in: Assmann/Schlitt/von Kopp-Colomb, Prospektrecht Kommentar, Art. 7 Prospekt-VO Rn. 59; *Zivny /Mock*, EU-ProspektVO/KMG 2019, Art. 7 ProspektVO Rn. 39; *Wöckener/Kutzbach*, RdF 2018, 276, 278.
46 *Scholl/Döhl*, in: Assmann/Schlitt/von Kopp-Colomb, Prospektrecht Kommentar, Art. 7 Prospekt-VO Rn. 58; kritisch auch *Wöckener/Kutzbach*, RdF 2018, 276, 278.
47 *Scholl/Döhl*, in: Assmann/Schlitt/von Kopp-Colomb, Prospektrecht Kommentar, Art. 7 Prospekt-VO Rn. 61; *Zivny /Mock*, EU-ProspektVO/KMG 2019, Art. 7 ProspektVO Rn. 40.
48 ESMA, Questions and Answers on the Prospectus Regulation v. 3.2.2023, ESMA31-62-1258, Antwort auf Frage 13.4.

so kurz wie möglich gehalten werden. Die zusätzlichen Seiten sollen zudem nur für Informationen genutzt werden, die sich auf die Garantiegeber beziehen. Im Schrifttum wird hierzu freilich vertreten, dass die Darstellung zu den Garantiegebern als solche durchaus mehr als eine DIN-A4-Seite pro Garantiegeber umfassen kann, wenn der in diesem Fall maximal zulässige Gesamtumfang der Zusammenfassung nicht überschritten wird.[49] Dieser pragmatische Ansatz verdient Zustimmung, weil dadurch der von der ESMA ins Feld geführte Grundsatz der Darstellung in leicht zu analysierender, knapper und verständlicher Form nicht beeinträchtigt sein dürfte.

4. Basisinformationen über das Angebot und/oder die Zulassung (Abs. 4 lit. d, Abs. 8)

52 Der Abschnitt der Zusammenfassung zu Basisinformationen über das öffentliche Angebot und/oder die Zulassung der Wertpapiere zum Handel an einem geregelten Markt nach Abs. 4 lit. d ist gem. Abs. 8 in drei Unterabschnitte wie folgt aufzugliedern:

a) Konditionen und Zeitplan (Abs. 8 lit. a)

53 In einem Unterabschnitt mit der Überschrift „Zu welchen Konditionen und nach welchem Zeitplan kann ich in dieses Wertpapier investieren?" sind eine Reihe „technischer" Bedingungen des Angebots aufzuführen, die aus der Wertpapierbeschreibung des Prospekts entnommen werden (vgl. etwa Anhang 11, Abschnitte 5–9 VO (EU) 2019/980), im Einzelnen:

– allgemeine Bedingungen und die Konditionen,
– an wen Anleger ihre Kaufaufträge richten können,
– den voraussichtlichen Zeitplan des Angebots,
– die Einzelheiten der Zulassung zum Handel an einem geregelten Markt,
– den Plan für den Vertrieb,
– den Betrag und den Prozentanteil der sich aus dem Angebot ergebenden unmittelbaren Verwässerung sowie
– eine Schätzung der Gesamtkosten der Emission und/oder des Angebots, einschließlich der geschätzten Kosten, die dem Anleger vom Emittenten oder Anbieter in Rechnung gestellt werden.

54 In diesem Unterabschnitt werden üblicherweise die **Zahl der angebotenen und/oder zuzulassenden Wertpapiere** genannt sowie **Modalitäten, Ablauf und Zeitplan des Angebots** beschrieben. So wird angegeben, in welchen Staaten die Wertpapiere welcher Art von Investoren angeboten werden. Dabei wird insbesondere dahingehend differenziert, wo die Wertpapiere öffentlich angeboten und wo sie ggf. daneben „privat" platziert, also nur bestimmten Investoren (also qualifizierten Anlegern i. S. v. Art. 2 lit. e ProspektVO oder sog. Qualified Institutional Buyers i. S. v. Rule 144A des U.S. Securities Act von 1933) angeboten werden. Dabei werden oft auch bestimmte Verkaufsbeschränkungen (sog. Selling Restrictions) konkretisiert, etwa das Verbot des Vertriebs in den USA, soweit

---

49 *Scholl/Döhl*, in: Assmann/Schlitt/von Kopp-Colomb, Prospektrecht Kommentar, Art. 7 ProspektVO Rn. 30.

keine Ausnahme von den Registrierungsanforderungen des U.S. Securities Act von 1933 besteht.

Der voraussichtliche Zeitplan für das Angebot wird sodann unter Angabe der **wesentlichen Daten** beschrieben, einschließlich der Billigung und Veröffentlichung des Prospekts, Beginn und Ende des Angebotszeitraums, Festlegung und Veröffentlichung des Angebotspreises und der endgültigen Anzahl der zugeteilten Wertpapiere sowie Zeitpunkt der Lieferung der zugeteilten Wertpapiere gegen Zahlung des Angebotspreises. Im Fall der geplanten Börsenzulassung werden dabei auch deren wesentliche Zeitpunkte aufgeführt, wie Stellung des Zulassungsantrags unter Angabe des betreffenden Börsensegments, voraussichtliche Zulassungsentscheidung der Börse sowie Aufnahme des Börsenhandels.

Ebenso sind die **Konditionen des Angebots**, also Angebotspreis oder – im Fall eines Börsengangs – eine Preisspanne, innerhalb derer Kaufangebote abgegeben werden können, zu benennen. Zu beschreiben ist weiterhin, bei welchen Vertriebsstellen Anleger Kaufaufträge erteilen können. Ferner wird das Verfahren der Zuteilung sowie der Festlegung des endgültigen Angebotspreises und die endgültige Anzahl der zu platzierenden Wertpapiere erläutert, sofern diese im Prospekt noch nicht angegeben werden können (vgl. Art. 17 ProspektVO).

Im Zusammenhang mit den Angaben zu Angebot und Börsenzulassung findet sich regelmäßig auch eine zusammenfassende Darstellung zu möglichen Maßnahmen zur **Kursstabilisierung**, einschließlich ergänzender Stabilisierungsmaßnahmen wie Mehrzuteilung oder eine sog. Greenshoe-Option.[50]

In Bezug auf die Angabe der **Kosten**, die dem Anleger durch den Emittenten oder die Anbieter in Rechnung gestellt werden, ist zunächst darauf hinzuweisen, dass diese in der Zusammenfassung nur insoweit angegeben werden müssen, als sie nach den relevanten Mindestangaben nach VO (EU) 2019/980 im Hauptteil des Prospekts genannt werden müssen. Das ergibt sich aus dem Konsistenzgebot des Art. 7 Abs. 2 Satz 2 ProspektVO.[51] Ist eine entsprechende Angabe vorgesehen (etwa gem. Anhang 14, Abschnitt 5, Punkt 5.3.1 VO (EU) 2019/980), sind weder der Emittent noch der/die Anbieter oder Zulassungsantragsteller, die Verantwortung für den Prospekt übernehmen, verpflichtet, solche Kosten anzugeben, die den Anlegern von Finanzintermediären im Rahmen des Weiterverkaufs in der sog. „Retail-Kaskade" in Rechnung gestellt werden. Vielmehr werden diese Kosten in den jeweiligen Geschäftsbedingungen der betreffenden Finanzintermediäre offengelegt. Erteilt der Emittent solchen Finanzintermediären die Zustimmung zur Verwendung des Prospekts im Rahmen der Weiterveräußerung der Wertpapiere, sind detaillierte Angaben dazu gemäß Anhang 22 der VO (EU) 2019/980 in den Prospekt aufzunehmen.[52] In der Zusammenfassung wird insoweit regelmäßig auf die kostenbezogenen Angaben des Fi-

---

50 Als Beispiel mag die Zusammenfassung des Prospekts für den Börsengang der IONOS Group SE vom Januar 2023 dienen, https://www.ionos-group.com; zur Kursstabilisierung und den ergänzenden Stabilisierungsmaßnahmen vgl. *Feuring/Berrar*, in: Habersack/Mülbert/Schlitt, Unternehmensfinanzierung, § 39; *Meyer*, in: Marsch-Barner/Schäfer, Handbuch börsennotierte AG, Rn. 8.63 ff.
51 Ebenso i. E. *Scholl/Döhl*, in: Assmann/Schlitt/von Kopp-Colomb, Prospektrecht Kommentar, Art. 7 ProspektVO Rn. 63.
52 ESMA, Questions and Answers on the Prospectus Regulation v. 3.2.2023, ESMA31-62-1258, Antwort auf Frage 14.5.

nanzintermediärs verwiesen.[53] Die Weiterveräußerung von Wertpapieren in der Retail-Kaskade spielt in der Praxis insbesondere im Vertrieb von Schuldverschreibungen in Finanzverbünden des Volksbanken- und Sparkassensektors eine Rolle.[54]

b) Anbieter und Zulassungsantragsteller (Abs. 8 lit. b)

59 Sind **Anbieter und Emittent nicht identisch** (also im Fall der Fremdemission),[55] ist in einem Unterabschnitt der Zusammenfassung mit der Überschrift „Wer ist der Anbieter und/oder die die Zulassung zum Handel beantragende Person?" eine kurze Beschreibung des Anbieters der Wertpapiere und/oder der die **Zulassung zum Handel an einem geregelten Markt** (mit dem Emittenten) **beantragenden Person** aufzunehmen; dabei sind Sitz und Rechtsform des für ihn/sie geltenden Rechts sowie das Land der Eintragung der betreffenden (juristischen) Person anzugeben. Dies ist in Deutschland insbesondere bedeutsam, da der Antrag auf Zulassung zum Börsenhandel an einem regulierten Markt einer deutschen Wertpapierbörse nach § 32 Abs. 2 BörsG durch den Emittenten zusammen mit einem Kreditinstitut, Finanzdienstleistungsinstitut oder einem nach § 53 Abs. 1 Satz 1 oder § 53b Abs. 1 Satz 1 KWG tätigen Unternehmen beantragt werden muss, das die weiteren Anforderungen nach § 32 Abs. 2 Satz 2 BörsG erfüllt.[56]

c) Gründe für Angebot und/oder Zulassung (Abs. 8 lit. c)

60 Die Gründe für das Angebot bzw. für die Zulassung zum Handel an einem geregelten Markt sind in einem Unterabschnitt mit der Überschrift „Weshalb wird dieser Prospekt erstellt?" kurz zu beschreiben. Dieser Abschnitt hat „gegebenenfalls" weitere Angaben zu enthalten über:

– die Zweckbestimmung der Erlöse und die geschätzten Nettoerlöse,
– ob das Angebot einem Übernahmevertrag mit fester Übernahmeverpflichtung unterliegt, wobei jeder nicht erfasste Teil anzugeben ist,
– eine Angabe der wesentlichsten Interessenkonflikte in Bezug auf das Angebot oder die Zulassung zum Handel.

Insbesondere in Bezug auf die Angabe der Verwendung des Emissionserlöses finden sich in der Zusammenfassung, deren Zweck folgend, regelmäßig nur kurze Beschreibungen, die mit Blick auf das Gebot der Konsistenz mit den anderen Teilen des Prospekts nach Art. 7 Abs. 2 Satz 2 ProspektVO nicht über die in der Wertpapierbeschreibung vorzunehmenden Angaben hinausgehen.

---

53 *Scholl/Döhl*, in: Assmann/Schlitt/von Kopp-Colomb, Prospektrecht Kommentar, Art. 7 ProspektVO Rn. 63.
54 Zur Retail-Kaskade *Meyer*, in: Habersack/Mülbert/Schlitt, Unternehmensfinanzierung, § 36 Rn. 36.9 f.; *Heidelbach/Preuße*, BKR 2008, 10.
55 Zum Begriff *Oulds*, in: Kümpel/Mülbert/Früh/Seyfried, Bankrecht und Kapitalmarktrecht, 10. Teil Rn. 10.40 ff.
56 Dazu *Trapp*, in: Habersack/Mülbert/Schlitt, Unternehmensfinanzierung, § 37 Rn. 37.40.

IV. Zusammenfassung bei Basisprospekten

Für Basisprospekte, wie sie typischerweise für Angebotsprogramme für Nichtdividendenwerte erstellt werden,[57] sieht Art. 8 Abs. 8 ProspektVO eine Sonderregelung vor. Danach muss der Basisprospekt als solcher zunächst keine Zusammenfassung enthalten. Diese muss erst erstellt werden, wenn die endgültigen Bedingungen für eine konkrete Emission gem. Art. 8 Abs. 4, 5 ProspektVO in den Basisprospekt oder in einen Nachtrag aufgenommen oder (wie es dem Regelfall entspricht) bei der Billigungsbehörde hinterlegt sind.[58] Diese Zusammenfassung betrifft dann speziell die betreffende einzelne Emission (sog. **emissionsspezifische Zusammenfassung**). Wird die emissionsspezifische Zusammenfassung in die bei der Billigungsbehörde lediglich zu hinterlegenden endgültigen Bedingungen integriert (wie es in der Praxis dem Regelfall entspricht), ist konsequenterweise keine Billigung der emissionsspezifischen Zusammenfassung erforderlich.[59] Umgekehrt ist es – anders als noch unter der ProspektRL – nicht mehr zulässig, in den Basisprospekt eine (notwendigerweise allgemein gehaltene) sog. „Pro-forma Zusammenfassung" aufzunehmen.[60] Diese wurde als wenig aussagekräftig, schwer lesbar, unnötigerweise aufwändig und mithin entbehrlich empfunden.[61]

61

Beziehen sich die endgültigen Bedingungen auf verschiedene Wertpapiere (bzw. -gattungen), die sich nur in einigen **sehr wenigen Einzelheiten unterscheiden**, genügt es nach Art. 8 Abs. 3 UAbs. 2 Satz 2 ProspektVO, wenn für diese Wertpapiere zusammengenommen eine **einzige emissionsspezifische Zusammenfassung** erstellt wird. Dabei müssen allerdings die Angaben zu den verschiedenen Wertpapiergattungen klar voneinander getrennt sein (→ Art. 8 Rn. 59). Im Übrigen gelten für die emissionsspezifische Zusammenfassung die gleichen Grundsätze wie für die Prospektzusammenfassung im Allgemeinen. So darf sie, dem Konsistenzgebot des Art. 7 Abs. 2 Satz 2 ProspektVO folgend, keine Informationen enthalten, die nicht im Basisprospekt, den endgültigen Bedingungen oder einem (zuvor veröffentlichten) Prospektnachtrag enthalten sind.[62]

62

Wird eine **einzige emissionsspezifische Zusammenfassung** für verschiedene Wertpapiergattungen erstellt, erhöht sich der in Art. 7 Abs. 3 ProspektVO bestimmte **Maximalumfang** der Zusammenfassung von sieben DIN-A4-Seiten um zwei weitere DIN-A4-Seiten, Art. 7 Abs. 7 UAbs. 4 Satz 1 ProspektVO. Muss zudem ein Basisinformationsblatt nach der PRIIP-VO erstellt werden und werden die wertpapierbezogenen Inhalte der (emissionsspezifischen) Zusammenfassung gemäß Art. 7 Abs. 7 UAbs. 2 ProspektVO durch Inhalte des Basisinformationsblattes ersetzt, erhöht sich der Maximalumfang der (emissionsspezifischen) Zusammenfassung gem. Art. 7 Abs. 7 UAbs. 4 Satz 2 ProspektVO pro zusätzliches Wertpapier um drei weitere DIN-A4-Seiten.

63

---

57 Dazu *Schlitt*, in: Habersack/Mülbert/Schlitt, Kapitalmarktinformation, § 4 Rn. 7 ff.
58 *Meyer*, in: Habersack/Mülbert/Schlitt, Unternehmensfinanzierung, § 36 Rn. 36.64 f.
59 *Scholl/Döhl*, in: Assmann/Schlitt/von Kopp-Colomb, Prospektrecht Kommentar, Art. 7 ProspektVO Rn. 10.
60 ESMA, Questions and Answers on the Prospectus Regulation v. 3.2.2023, ESMA31-62-1258, Antwort auf Frage 13.2.
61 Vgl. Erwägungsgrund 37 ProspektVO; *Wöckener/Kutzbach*, RdF 2018, 276, 277.
62 ESMA, Questions and Answers on the Prospectus Regulation v. 3.2.2023, ESMA31-62-1258, Antwort auf Frage 13.1.

V. Formale Vorgaben (Abs. 9–11)

1. Unterüberschriften (Abs. 9)

64 Nach Art. 7 Abs. 9 ProspektVO können in den Abschnitten der Zusammenfassung nach Art. 7 Abs. 6 (Basisinformationen über den Emittenten), Abs. 7 (Basisinformationen über die Wertpapiere) und Abs. 8 (Basisinformationen über das öffentliche Angebot von Wertpapieren und/oder die Zulassung zum Handel an einem geregelten Markt) bei Bedarf jeweils Unterüberschriften eingefügt werden. Dadurch lässt sich die Lesbarkeit und Übersichtlichkeit dieser Abschnitte verbessern.

2. Risikofaktoren (Abs. 10)

65 Nach Art. 7 Abs. 10 ProspektVO ist die **Gesamtzahl** der in die Zusammenfassung aufgenommenen Risikofaktoren in Bezug auf den Emittenten (Abs. 6 lit. c), einen oder mehrere etwaige Garantiegeber (Abs. 7 UAbs. 1 lit. c Ziff. iv) und die Wertpapiere (Abs. 7 lit. d aufgenommenen Risikofaktoren auf **15** beschränkt. Damit wird dem Charakter der Zusammenfassung als kompakte erste Hilfe bei der Entscheidung über eine weitere Analyse des Gesamtprospekts (→ Rn. 1) Rechnung getragen. Nach Erwägungsgrund 29 sollen dabei diejenigen Risiken genannt werden, die nach Auffassung des Emittenten für die Anleger bei der Anlageentscheidung am relevantesten sind. Die Beschreibung dieser Risikofaktoren sollte sich dabei auf das spezielle Angebot beziehen. Von allgemeinen Angaben zum Anlagerisiko und Aussagen, die die Haftung der Prospektverantwortlichen beschränken, soll abgesehen werden. Bei Wertpapieren, die von Kreditinstituten ausgegeben werden und der Gläubigerbeteiligung („Bail-in") nach der Richtlinie 2014/59/EU[63] unterliegen, sollen die sich daraus ergebenden spezifischen Risiken (insbesondere für Kleinanleger) besonders hervorgehoben werden.

66 Die Begrenzung der Gesamtzahl der Risikofaktoren in der Zusammenfassung wurde im Schrifttum insbesondere mit Blick auf **Haftungsrisiken** kritisiert. Denn die zahlenmäßige Begrenzung erfordert zwangsläufig auch eine wertende Gewichtung der Risikofaktoren, wobei sowohl Eintrittswahrscheinlichkeit (Probability) als auch Umfang (Magnitude) des Risikos zu berücksichtigen sind. Dies wird gerade mit Blick auf die mangelnde Harmonisierung der Prospekthaftung in Europa als auch bei Verwendung des Prospekts für Angebote auch außerhalb Europas in Jurisdiktionen, die eine solche zahlenmäßige Begrenzung nicht kennen (etwa in den USA) kritisch gesehen.[64] Zu Recht wird jedoch darauf hingewiesen, dass die Prospektzusammenfassung nach Art. 7 Abs. 1 UAbs. 1 ProspektVO nur als einführende Entscheidungshilfe dienen soll und vor einer Anlageentscheidung zusammen mit den anderen Teilen des Prospekts (also insbesondere auch dem Abschnitt Risikofaktoren nach Art. 16 ProspektVO) zu lesen ist. Zudem haften die Prospektverantwortlichen nach Art. 11 Abs. 2 UAbs. 2 ProspektVO nicht allein aufgrund der Zusammenfas-

---

63 Richtlinie 2014/59/EU v. 15.5.2014 zur Festlegung eines Rahmens für die Sanierung und Abwicklung von Kreditinstituten und Wertpapierfirmen, ABl. EU Nr. L 173 v. 12.6.2014, S. 190 (auch Abwicklungsrichtlinie bzw. bzw. Bank Recovery and Resolution Directive – BRRD), dazu *Freis-Janik*, in: Kümpel/Mülbert/Früh/Seyfried, Bankrecht und Kapitalmarktrecht, 2. Teil Rn. 2.312; *Zagouras*, in: Ellenberger/Bunte, Bankrechts-Handbuch, § 109.
64 *Wöckener/Kutzbach*, RdF 2018, 276, 278.

sung, sondern nur, wenn diese auch zusammen mit den anderen Teilen des Prospekts gelesen irreführend, unrichtig oder widersprüchlich ist oder nicht die Basisinformationen vermittelt, die in Bezug auf Anlagen in die betreffenden Wertpapiere für die Anleger eine Entscheidungshilfe darstellen.[65]

3. Verweisverbot (Abs. 11)

Nach Art. 7 Abs. 11 darf die Zusammenfassung **keine Querverweise** auf andere Teile des Prospekts oder Angaben in Form eines Verweises enthalten. Dieses Verweisverbot soll offenbar sicherstellen, dass die Zusammenfassung aus sich heraus verständlich bleibt. Allerdings erschiene es durchaus hilfreich, durch Verweise auf die näheren Erläuterungen der in der Zusammenfassung notwendigerweise verkürzten Ausführungen in den anderen Teilen des Prospekts hinzuweisen. Dies könnte die Auswertung des Prospekts durch den Anleger erleichtern, insbesondere wenn bei in Dateiform im Internet (vgl. Art. 21 ProspektVO) veröffentlichten Prospekten sog. Hyperlinks verwenden werden, mittels derer Ausführungen in der Zusammenfassung mit erläuternden Darstellungen in anderen Prospektteilen verknüpft werden. Die Anleger könnten so einfach dorthin geleitet werden. 67

VI. Verhältnis zum Basisinformationsblatt (Abs. 12)

Nach Art. 7 Abs. 12 ProspektVO kann die Verpflichtung zur Bereitstellung eines **Basisinformationsblattes** nach Art. 13 der **PRIIP-VO** unter bestimmten Voraussetzungen dadurch erfüllt werden, dass eine zu den betreffenden Wertpapieren erstellte **Prospektzusammenfassung** bereitgestellt wird. Dies setzt aber voraus, dass der Herkunftsmitgliedstaat i. S. v. Art. 2 lit. m ProspektVO verlangt, dass die wertpapierbezogenen Informationen der Zusammenfassung gem. Art. 7 Abs. 7 UAbs. 2 Satz 2 ProspektVO durch die betreffenden Inhalte des Basisinformationsblatts nach der PRIIP-VO ersetzt werden. Da Deutschland jedoch ebenso wie Österreich von dieser Möglichkeit keinen Gebrauch gemacht hat (→ Rn. 48), spielt diese Regelung jedenfalls in diesen Herkunftsmitgliedstaaten keine Rolle. 68

VII. Zusammenfassung zum EU-Wiederaufbauprospekt (Abs. 12a)

Die in Abs. 12a für die Zusammenfassung eines EU-Wachstumsprospekts nach Art. 14a ProspektVO vorgesehene Regelung ist gem. Art. 47a ProspektVO ebenso wie die anderen Bestimmungen zum EU-Wiederaufbauprospekt **zum 31.12.2022 ausgelaufen.** Daher wird von der Kommentierung abgesehen. 69

---

65 *Geyer/Schelm*, BB 2019, 1731, 1734; *Zivny/Mock*, EU-ProspektVO/KMG 2019, Art. 7 ProspektVO Rn. 54.

VIII. Zusammenfassung zum EU-Wachstumsprospekt (Art. 33 VO (EU) 2019/979)

70 Eine Sonderregelung für die Zusammenfassung eines **EU-Wachstumsprospekts** nach Art. 15 ProspektVO findet sich in Art. 33 VO (EU) 2019/980 (→ Art. 33 VO (EU) 2019/980).

IX. Technische Regulierungsstandards

71 Gemäß Art. 7 Abs. 13 arbeitet ESMA Entwürfe technischer Regulierungsstandards aus, in denen **Inhalt und Format der Darstellung der Finanzinformationen** gem. Abs. 6 lit. b und die Angaben des Abs. 7 lit. c Ziff. iii unter Berücksichtigung der verschiedenen Arten von Wertpapieren und Emittenten präzisiert werden. Auf dieser Grundlage wurde die **Delegierte Verordnung (EU) 2019/979** erlassen, die die betreffenden Regelungen in Art. 1–9 enthält (→ Art. 1–9 VO (EU) 2019/979).

Art. 8 ProspektVO
Der Basisprospekt

(1) Für Nichtdividendenwerte, einschließlich Optionsscheine jeglicher Art, kann der Prospekt je nach Wahl des Emittenten, des Anbieters oder der die Zulassung zum Handel an einem geregelten Markt beantragenden Person aus einem Basisprospekt bestehen, der die erforderlichen Angaben zum Emittenten und den öffentlich angebotenen oder zum Handel an einem geregelten Markt zuzulassenden Wertpapieren enthält.

(2) Ein Basisprospekt enthält Folgendes:

a) ein Muster mit der Bezeichnung „Formular für die endgültigen Bedingungen", das für jede einzelne Emission auszufüllen ist und in dem die verfügbaren Optionen in Bezug auf die Angaben, die in den endgültigen Bedingungen des Angebots festgelegt werden, aufgeführt sind;

b) die Adresse der Website, auf der die endgültigen Bedingungen veröffentlicht werden.

(3) Enthält ein Basisprojekt Optionen in Bezug auf die Angaben, die nach der entsprechenden Wertpapierbeschreibung erforderlich sind, so wird in den endgültigen Bedingungen festgelegt, welche dieser Optionen für die einzelne Emission gilt, entweder indem auf die entsprechenden Rubriken des Basisprospekts verwiesen wird oder indem die betreffenden Angaben wiederholt werden.

(4) Die endgültigen Bedingungen werden in einem gesonderten Dokument dargelegt oder in den Basisprospekt oder in Nachträgen dazu aufgenommen. Die endgültigen Bedingungen werden in leicht zu analysierender und verständlicher Form abgefasst.

Die endgültigen Bedingungen enthalten nur Angaben, die die Wertpapierbeschreibung betreffen, und dürfen nicht als Nachtrag zum Basisprospekt dienen. In diesen Fällen gilt Artikel 17 Absatz 1 Buchstabe b.

(5) Sind die endgültigen Bedingungen weder im Basisprospekt noch in einem Nachtrag enthalten, so stellt der Emittent sie so bald wie möglich bei Unterbreitung eines öffentlichen Angebots von Wertpapieren und, sofern möglich, vor Beginn des öffentlichen Angebots von Wertpapieren bzw. vor der Zulassung zum Handel an einem geregelten Markt gemäß den Bestimmungen des Artikels 21 der Öffentlichkeit zur Verfügung und hinterlegt sie bei der zuständigen Behörde des Herkunftsmitgliedstaats.

Die endgültigen Bedingungen müssen eine eindeutige und deutlich sichtbare Erklärung enthalten, aus der hervorgeht,

a) dass die endgültigen Bedingungen für die Zwecke dieser Verordnung ausgearbeitet wurden und zusammen mit dem Basisprospekt und Nachträgen dazu zu lesen sind, um alle relevanten Informationen zu erhalten;

b) wo der Basisprospekt und Nachträge dazu gemäß den Bestimmungen des Artikels 21 veröffentlicht werden;

c) dass den endgültigen Bedingungen eine Zusammenfassung für die einzelne Emission angefügt ist.

Art. 8 ProspektVO Der Basisprospekt

(6) Ein Basisprospekt kann als ein einziges Dokument oder in mehreren Einzeldokumenten erstellt werden.

Wenn der Emittent, der Anbieter oder die die Zulassung zum Handel an einem geregelten Markt beantragende Person ein Registrierungsformular für Nichtdividendenwerte oder ein einheitliches Registrierungsformular gemäß Artikel 9 hinterlegt hat und sich für die Erstellung eines Basisprospekts entscheidet, umfasst der Basisprospekt Folgendes:

a) die im Registrierungsformular oder im einheitlichen Registrierungsformular enthaltenen Angaben;

b) die Angaben, die ansonsten in der entsprechenden Wertpapierbeschreibung enthalten wären, mit Ausnahme der endgültigen Bedingungen, wenn diese nicht im Basisprospekt enthalten sind.

(7) Die spezifischen Angaben zu den verschiedenen Wertpapieren werden im Basisprospekt klar voneinander getrennt.

(8) Erst wenn die endgültigen Bedingungen in den Basisprospekt oder in einen Nachtrag aufgenommen oder hinterlegt sind, wird eine Zusammenfassung erstellt, die speziell die einzelne Emission betrifft.

(9) Für die Zusammenfassung für die einzelne Emission gelten dieselben Anforderungen, die gemäß diesem Artikel für die endgültigen Bedingungen gelten; die Zusammenfassung wird den endgültigen Bedingungen angefügt.

Die Zusammenfassung für die einzelne Emission muss den Anforderungen des Artikels 7 entsprechen und Folgendes enthalten:

a) die Basisinformationen aus dem Basisprospekt, einschließlich der Basisinformationen über den Emittenten;

b) die Basisinformationen aus den entsprechenden endgültigen Bedingungen, einschließlich der Basisinformationen, die nicht in den Basisprospekt aufgenommen wurden.

Beziehen sich die endgültigen Bedingungen auf verschiedene Wertpapiere, die sich nur in einigen sehr wenigen Einzelheiten unterscheiden, etwa in Bezug auf den Emissionskurs oder den Fälligkeitstermin, so kann für all diese Wertpapiere eine einzige Zusammenfassung für die einzelne Emission angefügt werden, sofern die Angaben zu den verschiedenen Wertpapieren klar voneinander getrennt sind.

(10) Die Angaben des Basisprospekts sind erforderlichenfalls im Einklang mit Artikel 23 nachzutragen.

(11) Ein öffentliches Angebot von Wertpapieren kann nach Ablauf des Basisprospekts, auf dessen Grundlage es eröffnet wurde, aufrechterhalten werden, sofern spätestens am letzten Tag der Gültigkeit des betreffenden Basisprospekts ein Nachfolge-Basisprospekt gebilligt und veröffentlicht wird. Die endgültigen Bedingungen eines solchen Angebots enthalten auf der ersten Seite einen deutlich sichtbaren Warnhinweis mit Angabe des letzten Tags der Gültigkeit des vorhergehenden Basisprospekts und des Orts der Veröffentlichung des Nachfolge-Basisprospekts. Der Nachfolge-Basisprospekt enthält das Formular für die endgültigen Bedingungen aus dem ur-

sprünglichen Basisprospekt oder nimmt dies mittels eines Verweises auf und enthält zudem einen Verweis auf die für das weiterhin bestehende Angebot maßgebenden endgültigen Bedingungen.

Ein Widerrufsrecht gemäß Artikel 23 Absatz 2 gilt auch für Anleger, die einem Erwerb oder einer Zeichnung der Wertpapiere während des Gültigkeitszeitraums des vorhergehenden Prospekts zugestimmt haben, es sei denn, die Wertpapiere wurden ihnen bereits geliefert.

Übersicht

	Rn.		Rn.
I. Regelungsgegenstand des Art. 8	1	3. Veröffentlichung und Hinterlegung (Art. 8 Abs. 5 Satz 1)	43
II. Begriff und Anwendungsbereich (Art. 8 Abs. 1)	6	VI. Basisprospekt in mehreren Einzeldokumenten (Art. 8 Abs. 6)	51
1. Begriff des Basisprospekts	7	VII. Verschiedene Wertpapiere im Basisprospekt (Art. 8 Abs. 7)	55
2. Anwendungsbereich	12		
III. Inhalt des Basisprospekts (Art. 8 Abs. 2)	18	VIII. Zusammenfassung für die einzelne Emission (Art. 8 Abs. 8 und 9)	56
IV. Optionen im Basisprospekt (Art. 8 Abs. 3)	21	IX. Nachtrag zum Basisprospekt (Art. 8 Abs. 10)	60
V. Endgültige Bedingungen (Art. 8 Abs. 4 und 5)	26	X. Öffentliches Angebot mit Nachfolge-Basisprospekt (Art. 8 Abs. 11)	63
1. Begriff und Inhalt der endgültigen Bedingungen	26		
2. Entsprechende Anwendung von Art. 17 Abs. 1 lit. b (Art. 8 Abs. 4 Satz 4)	37		

I. Regelungsgegenstand des Art. 8

Art. 8 ersetzt **Art. 5 Abs. 4 der EU-ProspektRL** und damit auch **§ 6 WpPG alt**, mit dem der deutsche Gesetzgeber Art. 5 Abs. 4 der EU-ProspektRL in einem eigenen Paragraphen in deutsches Recht transponiert hatte. Zugleich führt der Verordnungsgeber in diesem Artikel weitere Bestimmungen zum Basisprospekt, zu den endgültigen Bedingungen und zur Zusammenfassung für die einzelne Emission zusammen, die zuvor in der VO (EG) 809/2004 auf Level 2 verstreut waren. 1

Mit dem **Basisprospekt** wird eine Sonderform[1] des Prospekts für Anleihen und andere Nichtdividendenwerte (zum ausführlichen Anwendungsbereich siehe unten → Rn. 12 ff.) geregelt. Diese erlaubt es, Angaben zu jenen Wertpapiermerkmalen, die erst im Rahmen einer konkreten Wertpapierbegebung festgelegt werden, zunächst wegzulassen und dennoch eine Billigung für den insoweit nicht vollständigen Prospekt zu erhalten (zur Abgrenzung zu Art. 17 Abs. 1 lit. b, der ebenfalls ein Weglassen bestimmter Angaben erlaubt, siehe unten → Rn. 40). 2

---

1 Vgl. *Schlitt*, in: Habersack/Mülbert/Schlitt, Kapitalmarktinformation, § 4 Rn. 8.

Art. 8 ProspektVO   Der Basisprospekt

3   Der zweite, damit untrennbar verbundene Teil des Konzepts besteht darin, dass die **endgültigen Bedingungen** – eben jene zunächst weggelassenen Wertpapierangaben, die die allgemein gehaltene Beschreibung der Wertpapiere im Basisprospekt komplettieren – dann später aus Anlass einer konkreten Emission veröffentlicht und hinterlegt werden, sobald sie im Rahmen der konkreten Emission verfügbar sind. Anders als bei einem Nachtrag gemäß Art. 23 erfordert die Veröffentlichung der endgültigen Bedingungen keine gesonderte Billigung.[2] Im Ergebnis stellt der Basisprospekt somit zugleich eine Ausnahme zu Art. 6 Abs. 1 und Art. 13 Abs. 1 dar, insofern bestimmte inhaltliche Billigungsvoraussetzungen aufgehoben werden.[3] Anders als in bestimmten Fällen der nachträglichen Vervollständigung des Prospektes nach Art. 17 (für Einzelheiten siehe die dortige Kommentierung) wird den Anlegern auch kein Widerrufsrecht eingeräumt.[4]

4   Art. 8 teilt also den in Art. 6 geregelten, regulären Prospekt mit allen darin aufzunehmenden Angaben in zwei Teile, den zu billigenden Basisprospekt und die nur zu hinterlegenden endgültigen Bedingungen. Der Basisprospekt kann während seiner Gültigkeit[5] durch eine beliebige Anzahl[6] von endgültigen Bedingungen ergänzt werden und damit im Zusammenspiel mit den jeweiligen endgültigen Bedingungen ohne erneute Billigung den Prospekt für eine ganze Reihe unterschiedlicher Emissionen bilden, die als Ziehungen bezeichnet werden. Dies ermöglicht es Emittenten, die wiederholt Wertpapiere gleicher oder ähnlicher Art emittieren, für eine erwartete Mehrzahl von Emissionen nur einen Prospekt zu erstellen. Dieser muss für die einzelne Emission nur noch im Hinblick auf deren Besonderheiten durch die jeweiligen endgültigen Bedingungen ergänzt werden.[7] Damit ermöglicht das Prospektrecht die effiziente Unternehmensfinanzierung durch die wiederholte Ausgabe von Schuldverschreibungen, wobei es zugleich möglich ist, kurzfristig auf vorteilhafte Marktverhältnisse zu reagieren. Der Basisprospekt komplettiert so das Konzept des Anleiheemissionsprogramms, einer Emissionsplattform mit einer Rahmendokumentation, die zeitintensive Arbeitsschritte bereits vorweg abschichtet.[8] In diesem Rahmen übernimmt der Basisprospekt die Rolle des weitgehend vor die Klammer gezogenen gebilligten Prospekts. In gleicher Weise kann mit der vom deutschen Gesetzgeber in § 48a BörsZulV geregelten Rahmenzulassung ein wesentlicher Teil der Voraussetzungen der Börsenzulassung erledigt werden, bevor es zu den eigentlichen Anleiheemissionen kommt.

---

2   *Groß*, Kapitalmarktrecht, Art. 8 ProspektVO Rn. 12; *Seitz*, in: Assmann/Schlitt/von Kopp-Colomb, Prospektrecht Kommentar, Art. 8 ProspektVO Rn. 11.
3   *Ritz*, in: Just/Voß/Ritz/Zeising, Wertpapierprospektrecht, 2. Aufl. 2023, Art. 8 Rn. 16, dort als lex specialis qualifiziert.
4   *Oulds*, in: Kümpel/Mülbert/Früh/Seyfried, Bankrecht und Kapitalmarktrecht, Rn. 15.721.
5   Zur Gültigkeitsdauer des Basisprospekts (i.d.R. zwölf Monate) siehe Art. 12 Abs. 1 und unten Rn. 9.
6   In der Praxis unterliegen Emissionsprogramme aber regelmäßig vom Emittenten gesetzten Volumenbegrenzungen, auch wenn diese nicht vom Verordnungsgeber oder ESMA gefordert sind, siehe ESMA, Questions and Answers on the Prospectus Regulation, ESMA/2019/ESMA31-62-1258 (Version 12, last updated on 3 February 2023), Antwort zu Frage 14.1.
7   Mit der Einführung detaillierter Regeln zum zulässigen Inhalt der endgültigen Bedingungen in 2012, siehe dazu die Kommentierung zu Art. 26 VO (EU) 2019/980, wurde die Flexibilität erheblich eingeschränkt; so auch *Glismann*, in: Holzborn, WpPG, § 6 Rn. 1.
8   Zur Vorgängervorschrift: *Kaulamo*, in: Habersack/Mülbert/Schlitt, Unternehmensfinanzierung, § 17 Rn. 19 ff.; *Müller*, in: Kümpel/Wittig, Bank- und Kapitalmarktrecht, Rn. 15.272 ff.

Die Idee des Basisprospekts ist nicht neu, sondern hat ihren Vorläufer im unvollständigen Verkaufsprospekt nach § 10 Verkaufsprospektgesetz a. F. und dem unvollständigen Prospekt gemäß § 44 BörsZulV a. F.[9] Das Konzept hatte sich in dieser Form bewährt und fand trotzdem erst im Verlauf des Richtliniensetzungsverfahrens noch Eingang in das Prospektregime nach der früheren EU-ProspektRL.[10] Dies mag erklären, warum sich die Regelung des Basisprospekts weder in die frühere EU-ProspektRL noch, daraus folgend, nun in die ProspektVO nahtlos einfügt;[11] der Versuch einer Auslegung anhand des exakten Wortlauts oder aus dem Zusammenspiel des Art. 8 mit anderen Vorschriften erweist sich daher mitunter als nicht ganz einfach. 5

II. Begriff und Anwendungsbereich (Art. 8 Abs. 1)

Art. 8 Abs. 1 enthält für den Basisprospekt zugleich die **Einführung des Begriffs** und die **Festlegung des Anwendungsbereichs**. Zusammengefasst kann danach der Emittent für Ziehungen von Nichtdividendenwerten unter einem Programm einen Prospekt billigen lassen, der noch nicht die letzten Details der konkreten Anleihe enthält, den Basisprospekt. 6

1. Begriff des Basisprospekts

Der Begriff des Basisprospekts wird im Ergebnis über die Erlaubnis bestimmt, von den nach Art. 6 und 13 in einem Prospekt an sich notwendigen Angaben die endgültigen Bedingungen des Angebots wegzulassen. Umgekehrt formuliert muss auch der Basisprospekt alle Angaben zum Emittenten und zu den Wertpapieren enthalten, die allgemein nach Art. 6 und spezieller von der VO (EU) 2019/980[12] gefordert werden, es sei denn, sie lassen sich als Teil der endgültigen Bedingungen des Angebots qualifizieren (zum möglichen Inhalt der endgültigen Bedingungen siehe unten → Rn. 29 ff.). 7

Dieser Wesenskern wird in Art. 8 allerdings im Gegensatz zum früheren § 6 WpPG nicht mehr ausdrücklich formuliert. Die in Art. 8 Abs. 1 übernommene Formulierung, dass der Basisprospekt die erforderlichen Angaben zum Emittenten und den öffentlich angebotenen oder zum Handel an einem geregelten Markt zuzulassenden Wertpapieren enthält, trägt nichts zur Begriffsbestimmung bei, da dies auch für den regulären Prospekt gilt. Die nun unmittelbar geltende Definition des Begriffs „Basisprospekt" in Art. 2 lit. s[13] verweist inhaltlich zwar nur auf die Anforderungen nach Art. 8, ergänzt aber, dass ein Basisprospekt, nach Wahl des Emittenten, die endgültigen Bedingungen enthält. Ungeachtet des Umstands, dass damit der für einen Basisprospekt wesensuntypische Fall benannt wird, 8

---
9 RegBegr. EU-ProspRL-UmsetzungsG zu § 6 WpPG, BT-Drucks. 15/4999, S. 25, 32.
10 Zu den Einzelheiten vgl. *Ritz*, in: Just/Voß/Ritz/Zeising, Wertpapierprospektrecht, 2. Aufl. 2023, Art. 8 Rn. 1 ff.; sowie zur Rechtshistorie *Seitz*, in: Assmann/Schlitt/von Kopp-Colomb, Prospektrecht Kommentar, Art. 8 ProspektVO Rn. 2 ff.
11 Siehe z.B. die für Basisprospekte nicht richtig passende Regelung zur Wahl der Heimatbehörde in Art. 2 Abs. 1 lit. m der EU-ProspektRL und dazu die Antwort zu Frage 46a in ESMA, Questions and Answers – Prospectuses (30th Updated Version – April 2019).
12 Die auf Art. 13 gestützt ist.
13 Das WpPG hatte die Definition aus Art. 2 Abs. 1 lit. r EU-ProspektRL nicht ausdrücklich umgesetzt.

Art. 8 ProspektVO Der Basisprospekt

ergibt sich daraus im Umkehrschluss auch, dass sich der Emittent für das Weglassen der endgültigen Bedingungen aus dem Basisprospekt entscheiden kann und damit für einen Basisprospekt im eigentlichen Sinne.[14] Indirekter ergibt aber auch der generelle Verweis in der Definition in Art. 2, im Wege der dadurch bedingten Gesamtschau auf Art. 8, insbesondere dessen Abs. 4 und 5, dass beim Basisprospekt offenbar die endgültigen Bedingungen zunächst weggelassen werden können.

9 Klarer als zuvor § 6 WpPG a. F. formuliert Art. 8 Abs. 1, dass ein Basisprospekt eine Sonderform des Prospekts ist: „kann der Prospekt [...] aus einem Basisprospekt bestehen". Der Basisprospekt ist somit selbst Prospekt[15] und löst die mit einem Prospekt verbundenen Rechte und Pflichten aus,[16] auch ohne Ergänzung durch die endgültigen Bedingungen. Es ist also festzuhalten, dass der Basisprospekt gem. Art. 6 zu erstellen,[17] gem. Art. 12 gültig,[18] gem. Art. 20 zu billigen, gem. Art. 21 zu veröffentlichen, gem. Art. 23 nachzutragen ist und gem. Art. 25 notifiziert werden kann.[19] Mehr sollte daraus allerdings nicht abgeleitet werden, da der Basisprospekt ohne die Angaben in den endgültigen Bedingungen nicht zum öffentlichen Angebot oder zur Zulassung geeignet ist:[20] Praktisch gesehen erfüllt erst der um die hinterlegten endgültigen Bedingungen ergänzte, gebilligte Basisprospekt alle Funktionen eines regulären Prospekts.[21] Indes kann die Veröffentlichung der endgültigen Bedingungen nach Art. 8 Abs. 5 auch erst nach Beginn des öffentlichen Angebots erfolgen, sofern dies nicht anders möglich ist (siehe unten → Rn. 47).

10 Der Begriff „Basisprospekt" findet sich in der ProspektVO nur noch in drei weiteren substanziellen Vorschriften, die aber den Inhalt des Begriffs nicht verschieben, sondern jeweils der Natur des Basisprospekts geschuldete Sonderregeln treffen. So behandelt Art. 23 Abs. 4 Nachträge zu Basisprospekten, die sich nur auf einzelne Emissionen beziehen, Art. 25 Abs. 4 die Übermittlung von endgültigen Bedingungen im Rahmen eines notifizierten Basisprospekts und Art. 27 Abs. 4 das Sprachenregime für endgültige Bedingungen.[22]

---

14 Es kann offenbleiben, was einen Basisprospekt, der die endgültigen Bedingungen enthält, noch von einem regulären Prospekt unterscheiden würde.
15 So auch im Kontext von Art. 19 *Lenz/Heine*, NZG 2019, 766, 767.
16 Ein Basisprospekt muss allen für den Prospekt geltenden Bestimmungen genügen, siehe auch RegBegr. EU-ProspRL-UmsetzungsG zur Vorläufervorschrift § 6 WpPG, BT-Drucks. 15/4999, S. 25, 32; sowie *Groß*, Kapitalmarktrecht, Art. 8 ProspektVO Rn. 5.
17 Wobei das Vollständigkeitserfordernis auf den durch die jeweiligen endgültigen Bedingungen komplettierten Basisprospekt zu beziehen ist, vgl. *Seitz*, in: Assmann/Schlitt/von Kopp-Colomb, Prospektrecht Kommentar, Art. 8 ProspektVO Rn. 37, und zur Vorgängervorschrift *Heidelbach/Preuße*, BKR 2008, 10, 14.
18 Die zuvor in § 9 Abs. 2 WpPG enthaltene, überflüssig erscheinende getrennte Regelung für die Gültigkeit von Basisprospekten ist damit entfallen.
19 Siehe daher die Kommentierungen zu diesen Vorschriften für Einzelheiten auch bezüglich des Basisprospekts.
20 Siehe zur Wertung RegBegr. EU-ProspRL-UmsetzungsG zur Vorläufervorschrift § 6 WpPG, BT-Drucks. 15/4999, S. 25, 32, im Umkehrschluss.
21 Es kann daher auch offenbleiben, ob ein gebilligter Basisprospekt auch die Anforderungen an einen Prospekt i. S. v. Art. 3 Abs. 1 erfüllt; denn im Ergebnis ist die Veröffentlichung der endgültigen Bedingungen gem. Art. 8 Abs. 5 zumindest eine zusätzlich zu erfüllende Voraussetzung für ein öffentliches Angebot.
22 Für Einzelheiten siehe die Kommentierung zu diesen Vorschriften.

Darüber hinaus finden sich spezielle Regelungen zum Basisprospekt auch in der VO (EU) 2019/980, insbesondere zur Aufmachung (Art. 25) und zu den Inhaltsanforderungen (Art. 26);[23] siehe die jeweiligen Kommentierungen dort. Eine ganze Reihe von zuvor dort auf Level 2 (also in der VO (EG) 809/2004) verorteten Bestimmungen zum Basisprospekt und den endgültigen Bedingungen wurde nun aber auf Level 1 (d. h. die ProspektVO) gehoben. Eine Verschiebung des Begriffs „Basisprospekt" erfolgt auf Ebene der VO (EU) 2019/980 erwartungsgemäß nicht. 11

2. Anwendungsbereich

Art. 8 Abs. 1 beschreibt auch den Anwendungsbereich des Basisprospekts. Im Vordergrund steht dabei die **Art der Wertpapiere**. Zugleich werden der mögliche **Ersteller** und der zulässige **Verwendungszweck** eines Basisprospekts geregelt. Die zuvor in § 6 WpPG a. F. enthaltenen zusätzlichen Beschränkungen auf Emissionen im Rahmen eines Angebotsprogramms oder die wiederholte Begebung von Pfandbriefen durch CRR-Kreditinstitute, also hinsichtlich der Art der Begebung bzw. der Art des Emittenten, tauchen in der ProspektVO nicht mehr auf,[24] ohne dass sich dadurch in der Praxis Veränderungen ergeben hätten. 12

Die Erstellung und Nutzung eines Basisprospekts ist nicht für alle von der ProspektVO erfassten Arten von Wertpapieren zulässig, sondern nur für **Nichtdividendenwerte**, einschließlich Optionsscheinen. 13

Nichtdividendenwerte sind nach Art. 2 lit. c **Wertpapiere**, die **keine Dividendenwerte** sind, also – in weiterer Auflösung unter Rückgriff auf die Definitionen in Art. 2 lit. a und b – übertragbare, am Kapitalmarkt gehandelte Wertpapiere außer Aktien bzw. gleichzustellenden Papieren und außer Papieren, die zur Umwandlung in oder Erwerb von Aktien bzw. gleichzustellenden Papieren des gleichen Emittenten berechtigen.[25] Ausgenommen sind zudem Geldmarktinstrumente mit einer Laufzeit von weniger als 12 Monaten. Positiv ausgedrückt handelt es sich bei Nichtdividendenwerten also insbesondere um Schuldverschreibungen, Zertifikate (sofern sie nicht die ausgenommenen aktienbezogenen Papiere vertreten) und sonstige Wertpapiere, die zum Erwerb oder zur Veräußerung von solchen Wertpapieren berechtigen (mit Ausnahme von Aktien und gleichzustellenden Papieren des gleichen Emittenten) oder zu einer Zahlung, die von einer Bandbreite von Indizes und Messgrößen abhängen kann. 14

Die ProspektVO enthält keine eigene Definition von **Optionsscheinen**, sondern setzt den Begriff voraus. Unter Optionsscheinen werden derivative Wertpapiere verstanden, die zum Erwerb oder zur Veräußerung bestimmter Werte zu einem vorweg festgelegten Preis und Zeitpunkt berechtigen.[26] Die allermeisten Optionsscheine fallen ohnehin unter die Definition von Nichtdividendenwerten. Optionsscheine, die sich jedoch auf Aktien oder gleichzustellende Wertpapiere des Emittenten beziehen, gehören laut Definition zu den 15

---
23 Die Ermächtigung dazu ergibt sich aus Art. 13 Abs. 1.
24 So auch *Bauerschmidt*, BKR 2019, 324, 329; *Bronger/Scherer*, WM 2017, 460, 464; *Döpfner/Tatavoussian*, WPg 2017, 1392, 1397.
25 Zur detaillierteren Abgrenzung siehe die Kommentierung zu den genannten Vorschriften.
26 Z.B. *Oulds*, in: Kümpel/Wittig, Bank- und Kapitalmarktrecht, Rn. 14.38; zu einer auf alle derivativen Wertpapiere erweiterten Auslegung des Begriffs unter Verweis auf die Entstehungsgeschichte vgl. *Kullmann/Sester*, ZBB 2005, 209, 211 f.

Dividendenwerten. Um wie gewünscht alle Arten zu erfassen, ist es daher nötig, ausdrücklich zu bestimmen, dass auch die Letzteren Gegenstand eines Basisprospekts sein können.[27] Während § 6 WpPG a. F. für diese Erweiterung über das Ziel hinausschoss („Nichtdividendenwerte *sowie* Optionsscheine jeglicher Art"),[28] da ein Teil der Optionsscheine bereits im Begriff Nichtdividendenwerte enthalten war, trifft Art. 8 die rechtliche Situation auch nicht genau („Nichtdividendenwerte, *einschließlich* Optionsscheine jeglicher Art"), da ein Teil der Optionsscheine eben keine Nichtdividendenwerte sind. Im Ergebnis lässt sich der gesetzgeberische Wille aber aus der Formulierung „Optionsscheine *jeglicher* Art" klar erkennen.[29]

16 Anders als noch in § 6 WpPG a. F. ist in Art. 8 neben dem **Anbieter**[30] und dem **Zulassungsantragsteller**[31] zutreffenderweise auch der **Emittent** als möglicher Ersteller eines Basisprospekts genannt. Damit erübrigt sich eine Diskussion, warum der Emittent ohnehin mit erfasst wäre. Vor dem Hintergrund, dass die Genannten auch die möglichen Ersteller eines Prospekts generell sind, wird deutlich, dass es der Erwähnung des Trios an Prospekterstellern in Art. 8 nicht bedurft hätte, da es sich nicht um ein besonderes Merkmal des Basisprospekts handelt.

17 Sowohl aus den möglichen Erstellern als auch aus der Formulierung „öffentlich angebotenen oder zum Handel an einem geregelten Markt zuzulassenden Wertpapieren" ergibt sich, dass der Basisprospekt zu den gleichen Zwecken verwendet werden darf wie der reguläre Prospekt, zum **öffentlichen Angebot** und/oder zur **Zulassung zum Handel am geregelten Markt**.[32]

III. Inhalt des Basisprospekts (Art. 8 Abs. 2)

18 **Art. 8 Abs. 2** scheint mit dem Anspruch einzuleiten, den Inhalt eines Basisprospekts zu beschreiben. Aus der dann folgenden Aufzählung, einem Muster der endgültigen Bedingungen und der Angabe des Orts der elektronischen Veröffentlichung der endgültigen Bedingungen, wird aber klar, dass nur **zusätzliche Inhaltsanforderungen** gemeint sind. Der Einleitungssatz ist daher zu lesen als: „Ein Basisprospekt enthält *zusätzlich* Folgendes". Zentraler Inhalt auch des Basisprospekts sind, wie in Art. 8 Abs. 1 bestimmt, die erforderlichen Angaben zum Emittenten und den öffentlich angebotenen oder zum Handel an einem geregelten Markt zuzulassenden Wertpapieren. Beide zusätzlichen Anforderungen beziehen sich auf die endgültigen Bedingungen und sind so der Natur des Basisprospekts geschuldet.

---

27 *Ritz*, in: Just/Voß/Ritz/Zeising, Wertpapierprospektrecht, 2. Aufl. 2023, Art. 8 Rn. 20.
28 So auch *Seitz*, in: Assmann/Schlitt/von Kopp-Colomb, WpPG/VerkProspG, 2. Aufl. 2010, Art. 8 WpPG Rn. 20.
29 So im Ergebnis auch *Seitz*, in: Assmann/Schlitt/von Kopp-Colomb, Prospektrecht Kommentar, Art. 8 ProspektVO Rn. 21; kursive Textstellen dienen der Hervorhebung durch den Autor.
30 Zur Definition siehe Art. 2 lit. i.
31 Anders als in § 6 WpPG in der ProspektVO kein definierter Begriff, sondern als die die Zulassung zum Handel an einem geregelten Markt beantragende Person bezeichnet.
32 So auch zur Vorgängervorschrift RegBegr. EU-ProspRL-UmsetzungsG zu § 6 WpPG, BT-Drucks. 15/4999, S. 25, 32.

Zum einen hat ein Basisprospekt also zusätzlich ein Muster mit der Bezeichnung „**For-** 19
mular für die endgültigen Bedingungen" zu enthalten. Art. 8 Abs. 2 **lit. a** folgt damit
der Vorgängervorschrift Art. 22 Abs. 5 Nr. 1a VO (EG) 809/2004. Ein solches Muster war
daher auch schon vor der Anwendbarkeit der ProspektVO in jedem Basisprospekt zu finden. Neu ist die Ergänzung, dass das Muster die verfügbaren Optionen in Bezug auf die in
den endgültigen Bedingungen festzulegenden Angaben aufführen muss. Darin ist keine
Erschwernis zu erkennen, da dies zentraler Sinn der Vorlage ist und in dieser Weise auch
schon bisher verwendet wurde. Die zwingende Aufnahme des Musters mitsamt den verfügbaren Optionen in den Basisprospekt bedeutet allerdings, dass, vor dem Hintergrund
der strengen Abgrenzung zwischen Basisprospekt und endgültigen Bedingungen, beim
Vervollständigen der endgültigen Bedingungen Abweichungen von der Vorlage kaum zulässig sind. Denn das Muster kann als Teil des Basisprospekts nur durch Nachtrag nach
Art. 23 geändert werden.

Zum anderen muss der Basisprospekt die **Adresse der Website** benennen, auf der die 20
endgültigen Bedingungen veröffentlicht werden, Art. 8 Abs. 2 **lit. b**. In der Vorgängervorschrift Art. 22 Abs. 5 Nr. 2 VO (EG) 809/2004 wurde noch genereller auf die Art der
Veröffentlichung der endgültigen Bedingungen abgestellt. Dies lässt sich zwanglos damit
erklären, dass von den verschiedenen Arten der Veröffentlichung nach § 14 Abs. 2 WpPG
unter der ProspektVO gem. Art. 21 Abs. 2 nur noch die Veröffentlichung auf einer Website übriggeblieben ist. Hinsichtlich der Sinnhaftigkeit der Norm kann dahingestellt bleiben, wie wahrscheinlich oder problematisch die Konstellation ist, dass der Investor zwar
auf den Basisprospekt gestoßen ist, aber noch nicht auf die dazugehörigen endgültigen
Bedingungen. Typischerweise erfährt der Investor umgekehrt zuerst von einer bestimmten
Anleihe unter einem Emissionsprogramm und betrachtet in diesem Zusammenhang die
endgültigen Bedingungen. Von dort gilt es dann, den Investor zum Basisprospekt zu lenken. In der vorliegenden Vorschrift ist das Ziel dagegen, dem Leser des Basisprospekts
Zugang zu etwaigen endgültigen Bedingungen zu ermöglichen.

IV. Optionen im Basisprospekt (Art. 8 Abs. 3)

Aus **Art. 8 Abs. 3** folgt, dass der Basisprospekt für alle Angaben, die nach der entspre- 21
chenden Wertpapierbeschreibung erforderlich sind, **Optionen** enthalten kann. Damit ist
gemeint, dass im Basisprospekt, anders als in sonstigen Prospekten, alternative Angaben
erlaubt sind.[33] Die Auswahl[34] der für eine Emission relevanten Alternative erfolgt dann in
den endgültigen Bedingungen entweder durch Verweis auf die betreffende Alternative
oder durch vollständige Wiederholung der betreffenden Alternative. Während die Aufnahme von Optionen in der Vorgängervorschrift Art. 22 Abs. 1a VO (EG) 809/2004 noch
ausdrücklich gestattet wurde, setzt Art. 8 Abs. 3 dies nun auf Level 1 voraus, indem nur
noch die Folge der Aufnahme geregelt wird.

---

33 Optionen haben allerdings auch nur in Basisprospekten ihren Platz, da die Angaben in anderen
Prospekten zum Zeitpunkt der Billigung feststehen, jedenfalls nicht im Rahmen von endgültigen
Bedingungen nachgeliefert werden können.
34 Unter den im Muster der endgültigen Bedingungen verfügbaren Optionen, siehe Art. 8 Abs. 2 lit. a.

Art. 8 ProspektVO Der Basisprospekt

22 Während für wertpapierbeschreibende Angaben nach **Kategorie C**[35] und bestimmte Elemente der Angaben nach **Kategorie B** ein Platzhalter im Basisprospekt die flexiblere Lösung bleibt, insofern in den endgültigen Bedingungen dann beliebige Inhalte eingefügt werden können, ist die Ermöglichung der Aufnahme von Optionen sehr willkommen in Bezug auf Angaben aus **Kategorie A** und auch in Bezug auf bei Billigung vorliegende Informationen zu Angaben aus Kategorie B. Denn für Angaben aus diesen beiden Kategorien bedeutet die Zulässigkeit von Variabilität noch zum Zeitpunkt der Emission eine wichtige Lockerung des starren Korsetts von Art. 26 VO (EU) 2019/980,[36] auch wenn in den endgültigen Bedingungen nur noch zwischen alternativen Angaben gewählt werden kann, die bereits im Basisprospekt enthalten sein müssen.

23 Diese wichtige Erleichterung, die zeitgleich mit der Verschärfung der Abgrenzung zwischen Basisprospekt und endgültigen Bedingungen in das EU-Prospektrecht eingefügt wurde,[37] folgt der Logik, dass die zuständigen Billigungsbehörden alle wichtigen Informationen im Prospekt prüfen und billigen wollen. Dies wird bei der Verwendung von Optionen dadurch erreicht, dass alle Alternativen vollständig im Basisprospekt enthalten sind. Dann ist es aus Sicht der Billigungsbehörde unproblematisch, wenn die Entscheidung, welche der gebilligten Alternativen auf die jeweilige Emission Anwendung findet, erst in den endgültigen Bedingungen getroffen wird.

24 Die Möglichkeit, die für die jeweilige Emission gewählten Optionen aus dem Basisprospekt in den endgültigen Bedingungen zu wiederholen, erweist sich gerade bei an deutsche Privatanleger gerichteten Emissionsprogrammen als sehr hilfreich. Die Beschränkung der zulässigen Inhalte von endgültigen Bedingungen auf Angaben der Kategorien C und – eingeschränkt – B hat das zuvor übliche Beifügen von konsolidierten Bedingungen als Anhang zwar beendet.[38] Allerdings besteht nun die Möglichkeit, durch eine entsprechende Gestaltung der Anleihebedingungen alle für die Einzelemission relevanten Abschnitte der Anleihebedingungen in den endgültigen Bedingungen zu wiederholen und damit den Investoren den kompletten Text der anwendbaren Anleihebedingungen als Bestandteil der endgültigen Bedingungen zur Verfügung zu stellen.[39] Diese Ausgestaltung ist für Platzierungen an Investoren in Deutschland von großer Bedeutung, da es gilt, die hier geltenden erhöhten Transparenzerfordernisse aus dem AGB-Recht und dem Schuldverschreibungsgesetz zu erfüllen.[40] Anleihebedingungen, die sich aus nur einem Dokument in abschließendem Fließtext ergeben, werden stets einen Transparenzvorsprung ge-

---

35 Siehe zu den Kategorien Art. 26 VO (EU) 2019/980 und dessen Kommentierung.
36 Zum Konzept weiterhin zutreffend: *Glismann*, in: Holzborn, WpPG, § 6 Rn. 10.
37 Mit EU-Verordnung 486/2012; zum Ablauf der Gesetzgebung vgl. *von Kopp-Colomb/Seitz*, WM 2012, 1220, 1221.
38 Kritisch zu dieser Entwicklung noch zur Vorläufervorschrift *Glismann*, in: Holzborn, WpPG, § 6 Rn. 19.
39 Zumal mit den endgültigen Bedingungen in einem Dokument, das, trotz der Bevorzugung des Basisprospekts durch den Gesetzgeber, für Investoren oft die erste und beliebtere Informationsquelle über eine neue Emission darstellt; vgl. noch zur Vorläufervorschrift *Meyer* in: Habersack/Mülbert/Schlitt, Unternehmensfinanzierung, Rn. 36.64; *Röhrborn*, in: Heidel, Aktienrecht und Kapitalmarktrecht, § 6 WpPG Rn. 10; vgl. aber auch *von Kopp-Colomb/Seitz*, WM 2012, 1220, 1225, und *Seitz*, in: Assmann/Schlitt/von Kopp-Colomb, Prospektrecht Kommentar, Art. 8 ProspektVO Rn. 60.
40 Weiterhin zutreffend *Glismann*, in: Holzborn, WpPG, Art. 2a ProspektVO Rn. 7; *von Kopp-Colomb/Seitz*, WM 2012, 1220, 1225.

genüber Anleihebedingungen haben, die sich aus mehreren zusammen zu lesenden Dokumenten ergeben.

Mit der Wiedergabe der vollständigen Anleihebedingungen in den endgültigen Bedingungen werden gleichzeitig eine ganze Reihe verschiedener Optionen ausgewählt und in ihnen eingebettete Platzhalter ausgefüllt.[41] Auch ansonsten gleichlautende Abschnitte der Anleihebedingungen werden Teil einer Option, wenn im Basisprospekt ganze Sätze von Anleihebedingungen für verschiedene Produkte, etwa für festverzinsliche und variabel verzinsliche Schuldverschreibungen, einander gegenübergestellt werden. So kommt es zu einer von der BaFin grundsätzlich akzeptierten Ausgestaltung, bei der sich innerhalb von Optionen im Basisprospekt weitere Optionen befinden. Die Alternative zu dieser Struktur, das Nebeneinanderstellen einer großen Anzahl von Sätzen von Anleihebedingungen, ist nicht erstrebenswert, da dadurch der Basisprospekt um ein Mehrfaches umfangreicher und damit intransparenter würde, ohne Einfluss auf die Lesbarkeit der resultierenden Anleihebedingungen in den endgültigen Bedingungen. Es bleibt Einschätzung des Prospekterstellers und der zuständigen Billigungsbehörde, wann die Einbettung einer weiteren Option in die vorhandenen Sätze von Anleihebedingungen verständlicher ist und wann das Anlegen eines ganz neuen Satzes von Anleihebedingungen. 25

V. Endgültige Bedingungen (Art. 8 Abs. 4 und 5)

1. Begriff und Inhalt der endgültigen Bedingungen

Wie oben beschrieben (→ Rn. 3), sind die **billigungsfreien** endgültigen Bedingungen der notwendige zweite Teil des Konzepts Basisprospekt. Sie stellen gegenüber einem dreiteiligen Prospekt mit einer für jede Emission neu zu billigenden Wertpapierbeschreibung eine deutlich effizientere Alternative dar, die dem Emittenten offensteht, solange sich die Ausgestaltung der Wertpapierbedingungen im Rahmen der Vorgaben des Basisprospekts hält. 26

Der **Begriff** der „endgültigen Bedingungen" wird in der ProspektVO nicht definiert, sondern in Art. 8 unmittelbar verwendet.[42] Was unter endgültigen Bedingungen zu verstehen ist, ergibt sich so erst aus den weiteren Bestimmungen zum Inhalt der endgültigen Bedingungen. Bei Betrachtung des **Wortsinns** ist zu beachten, dass die ProspektVO zum Teil die Formulierung der „endgültigen Bedingungen des Angebots" verwendet.[43] Das weist darauf hin, dass es sich bei den endgültigen Bedingungen nicht ausschließlich um die eigentlichen Bedingungen des jeweiligen Wertpapiers, also dessen Emissionsbedingungen, handeln muss, sondern dass auch darüber hinausgehende Angaben zum Angebot und Vertrieb der Wertpapiere erlaubt sind,[44] letztlich also alle Details, die im Zusammenhang mit dem endgültigen Wertpapier und seiner konkreten Begebung stehen.[45] 27

---

41 Vgl. als Konzept weiter relevant auch *Heidelbach/Preuße*, BKR 2012, 397, 400.
42 Ebenso in Art. 2 in der Definition von Basisprospekt.
43 Siehe Art. 2 lit. s und Art. 8 Abs. 2 lit. a.
44 Tatsächlich finden sich in der Praxis Angaben aus beiden Kategorien in den endgültigen Bedingungen.
45 Mit anderem Ausgangspunkt, aber vergleichbarem und weiterhin relevantem Ergebnis: *Seitz*, in: Assmann/Schlitt/von Kopp-Colomb, WpPG/VerkProspG, 2. Aufl. 2010, § 6 WpPG Rn. 43.

28 Die endgültigen Bedingungen können als **gesondertes Dokument** abgefasst oder in den Basisprospekt bzw. einen Nachtrag[46] dazu aufgenommen werden, **Art. 8 Abs. 4 Satz 1**. Ersteres stellt allerdings die Regel dar, da sich die eigentliche Funktionalität eines Basisprospekts erst erschließt, wenn die nachträglich bekannten Emissionsdetails in Form eines selbständigen Dokuments hinterlegt werden, ohne dass es einer Billigung bedürfte. Die praktische Bedeutung der zweiten Variante ist daher beschränkt.[47] In der Praxis wird naheliegenderweise auch das vom Basisprospekt getrennte Dokument selbst als endgültige Bedingungen bezeichnet, ist aber von den darin enthaltenen und in Art. 8 gemeinten endgültigen Bedingungen zu unterscheiden.

29 Die endgültigen Bedingungen dürfen nur **wertpapierbeschreibende Angaben**[48] enthalten und **nicht als Nachtrag** zum Basisprospekt dienen, **Art. 8 Abs. 4 Satz 3**. Dies war zuvor schon in Art. 5 Abs. 4 UAbs. 3 Satz 3 EU-ProspektRL geregelt, hatte seinen Weg aber nicht ausdrücklich in das WpPG gefunden. Inhaltlich ergab sich die Regelung jedoch auch bereits aus Art. 22 Abs. 4 VO (EG) 809/2004 und aus der Natur des Basisprospekts, nach der Angaben zu den einzelnen Wertpapieren bis zum Zeitpunkt der Emission aufgeschoben werden können. Die beiden Aussagen von Satz 3 sollen gemeinsam verhindern, dass über die endgültigen Bedingungen ohne Billigung zugleich Angaben zum Emittenten nachgeschoben werden. Dies hat stattdessen über einen zu billigenden Nachtrag gem. Art. 23 zu geschehen.

30 Für die Emissionspraxis von erheblicher Bedeutung ist aber die Frage, **welche** wertpapierbeschreibenden Angaben in endgültigen Bedingungen nachgereicht werden können. Denn in diesem Fall müssen sie nicht im Basisprospekt enthalten sein, sondern können zunächst weggelassen werden und sind lediglich später bei der Billigungsbehörde zu hinterlegen. Da man vorweg bekannte Angaben in den Basisprospekt aufnehmen und billigen lassen kann, spitzt sich die Abgrenzung bei erst später vorliegenden Umständen in der Regel darauf zu, ob eine bestimmte wertpapierbeschreibende Angabe Teil der endgültigen Bedingungen sein darf oder in einen Nachtrag nach Art. 23 aufgenommen werden muss, der vor seiner Veröffentlichung der Billigung bedarf.

31 Dabei besteht ein **Spannungsverhältnis** zwischen dem Interesse der Praxis, nach der Erstellung des Basisprospekts möglichst flexibel zu bleiben und möglichst viele Einzelheiten erst kurzfristig in den endgültigen Bedingungen bestimmen zu dürfen, und dem Interesse der Investoren, wesentliche Informationen nicht kurzfristig und ohne Widerrufsrecht untergeschoben zu bekommen, gepaart mit dem entsprechenden Willen des Verordnungsgebers, dieses Interesse der Anleger zu schützen.[49]

32 Genaueres zur Abgrenzung zwischen Basisprospekt und endgültigen Bedingungen ergibt sich erst aus der **VO (EU) 2019/980**. Dabei beschränkt sich die verbleibende Frage darauf, inwieweit die Beschreibung der Wertpapiere schon im Basisprospekt enthalten sein muss.

---

46 Im Gegensatz zur Vorgängervorschrift Art. 26 Abs. 5 Satz 1 VO (EG) 809/2004 erwähnt Art. 8 Abs. 4 den Nachtrag jetzt ausdrücklich, dieser war als Option aber auch schon zuvor dazu zu denken.

47 Vgl. *Seitz*, in: Assmann/Schlitt/von Kopp-Colomb, Prospektrecht Kommentar, Art. 8 ProspektVO Rn. 62; weiterhin relevant auch *Glismann*, in: Holzborn, WpPG, § 6 Rn. 19.

48 Dies umfasst alle Informationsbestandteile, die sich aus einem der Schemata für Wertpapierbeschreibungen ergeben, also z.B. auch die Risikofaktoren bzgl. der Wertpapiere.

49 *Seitz*, in: Assmann/Schlitt/von Kopp-Colomb, Prospektrecht Kommentar, Art. 8 ProspektVO Rn. 12.

Das regelt nun Art. 26 der VO (EU) 2019/980.[50] Alle Angaben in den wertpapierbeschreibenden Anhängen werden in diesen einer von drei **Kategorien** zugeordnet, die in Art. 26 der VO (EU) 2019/980 aufgegriffen werden. So wird festgelegt, ob eine Angabe komplett im Basisprospekt abgehandelt werden muss (Kategorie A), nur soweit bekannt im Basisprospekt wiederzugeben ist (Kategorie B) oder ganz den endgültigen Bedingungen vorbehalten bleiben darf (Kategorie C).[51]

Zum Inhalt der endgültigen Bedingungen bestimmt Art. 26 Abs. 4 der VO (EU) 2019/980 zudem, dass über die Angaben aus Kategorie B und C hinaus nur noch die in deren Anhang 28[52] abschließend aufgezählten **zusätzlichen Angaben** in den endgültigen Bedingungen enthalten sein dürfen. 33

Über diese materiellen Inhalte hinaus trifft **Art. 8 Abs. 5 Satz 2** Bestimmungen zu zwingenden **formellen Inhalten** der endgültigen Bedingungen. Der Vorgängervorschrift auf Level 2, Art. 26 Abs. 5 UAbs. 4 VO (EG) 809/2004, folgend, müssen die endgültigen Bedingungen eine deutlich sichtbare[53] und eindeutige **Erklärung** zu folgenden Punkten enthalten: 34

– die endgültigen Bedingungen wurden für die Zwecke der ProspektVO abgefasst und sind für ein vollständiges Bild in Verbindung mit dem Basisprospekt und seinen Nachträgen zu lesen (**lit. a**);
– wo der zugehörige Basisprospekt und seine Nachträge veröffentlicht werden[54] (**lit. b**);
– den endgültigen Bedingungen ist eine Zusammenfassung für die einzelne Emission angefügt (**lit. c**).[55]

Gem. **Art. 8 Abs. 4 Satz 2** sind die endgültigen Bedingungen in **leicht zu analysierender** und **verständlicher Form** abzufassen. Für endgültige Bedingungen, die im Basisprospekt enthalten sind, gilt dies schon aufgrund von Art. 6 Abs. 2. Für endgültige Bedingungen in Form eines gesonderten Dokuments war dies aber getrennt zu regeln. Allerdings sind die endgültigen Bedingungen aufgrund ihrer regelmäßig tabellarischen Natur ohnehin nicht im Fokus, wenn es um die Verständlichkeit geht. 35

Schließlich finden sich Bestimmungen zur **Sprache** der endgültigen Bedingungen in Art. 27 Abs. 4 und zur Übermittlung von endgültigen Bedingungen im Rahmen der **Notifizierung** in Art. 25 Abs. 4 (für Einzelheiten siehe die dortigen Kommentierungen). 36

2. Entsprechende Anwendung von Art. 17 Abs. 1 lit. b (Art. 8 Abs. 4 Satz 4)

Art. 8 Abs. 4 Satz 4 bestimmt die entsprechende Anwendung von Art. 17 Abs. 1 lit. b. Auch im Fall von Basisprospekten gilt also, dass **Emissionskurs** und **Emissionsvolumen** durch die Angabe des Höchstkurses bzw. des maximalen Emissionsvolumens ersetzt wer- 37

---
50 Für Einzelheiten siehe die dortige Kommentierung.
51 Zur ursprünglichen Entwicklung dorthin vgl. *Bauer*, CFL 2012, 91, 92.
52 Siehe dazu auch die dortige Kommentierung.
53 Die Vorschrift auf Level 2 verwendete in diesem Punkt noch „hervorgehoben", woraus sich aber keine Veränderung der Wertung erkennen lässt.
54 Ein Hinweis darauf, dass auch der Verordnungsgeber selbst den zweiten Fall von Abs. 4 Satz 1, die Aufnahme der endgültigen Bedingungen in den Basisprospekt, nicht wirklich für relevant hält.
55 Siehe dazu Abs. 9 Satz 1.

den dürfen bzw. im Falle des Emissionskurses ebenso durch Angabe der Kriterien für dessen Festlegung.[56]

38 Dabei stellt sich aber die Frage, worauf die entsprechende Anwendung abzielt. Hinsichtlich des Basisprospekts bedürfte es keiner entsprechenden Anwendung, da der Basisprospekt Prospekt ist (siehe oben → Rn. 9) und Art. 17 für den Basisprospekt selbst unmittelbar gilt.[57] Es ist insofern kein Zufall, dass sich die Regelung der entsprechenden Anwendung in Abs. 4 findet und nicht in Abs. 1 bzw. dass sie auf Abs. 4 Satz 1 zielt und nicht auf Abs. 1.

39 Es kann also bei der entsprechenden Anwendung nur darum gehen, dass auch noch in den **endgültigen Bedingungen** bezüglich einer konkreten Begebung Emissionskurs und Emissionsvolumen ersetzt werden dürfen.[58] Ohne die ausdrückliche entsprechende Anwendung wäre es jedenfalls nicht eindeutig, ob sich der Begriff „Prospekt" in Art. 17 auch auf die endgültigen Bedingungen bezieht oder nur auf den Basisprospekt. Das Ergebnis ist auch stimmig, da die Auslassung der Angaben zu Emissionskurs und Emissionsvolumen bzw. der ersetzenden Angaben frühestens auf der Ebene der einzelnen Ziehung, eben als Teil der endgültigen Bedingungen des Angebots, festgelegt werden. Dem steht nicht entgegen, dass die letzten beiden der drei in Art. 8 Abs. 4 Satz 1 geschilderten Varianten auch vom Basisprospekt bzw. einem Nachtrag handeln. Denn letztlich geht es in allen drei Fällen um die endgültigen Bedingungen, in ihnen sind die Angaben zu Emissionskurs und Emissionsvolumen enthalten oder eben nicht. Relevant ist die Vorschrift wiederum vor allem für den Fall der später getrennt veröffentlichten endgültigen Bedingungen.

40 Die **Konkurrenz** von Art. 8 und Art. 17 lässt sich somit als teilweise Überlappung beschreiben. Hinsichtlich der Bandbreite erlaubt Art. 8 zwar eine viel weiter reichende Auslassung von Angaben, darunter auch Emissionskurs und Emissionsvolumen, und überlagert als Spezialregelung für Basisprospekte insofern Art. 17, der bei regulären Prospekten für Auslassungen nur einen geringen Spielraum lässt. Dafür ist die Auslassung der Angaben bei Art. 8 grundsätzlich nur bis zum Beginn des öffentlichen Angebots gestattet,[59] während Art. 17 die Veröffentlichung erst nach Festlegung der Angaben fordert, und daher, wenn auch nur in bescheidenem Umfang, auch etwas für die endgültigen Bedingungen zu bieten hat. Art. 17 ist so gesehen eine Spezialregelung für die nachgelagerte Veröffentlichung von Emissionskurs und Emissionsvolumen. Es wäre auch nicht einzusehen, warum diesbezüglich nicht die gleichen Überlegungen für eine Emission unter einem Basisprospekt wie unter einem regulären Prospekt gelten sollten, nur weil bestimmte Angaben schon aus dem Basisprospekt ausgelassen werden durften. Auch bei einer Ziehung

---

56 In § 8 Abs. 1 Satz 1 und 2 WpPG (Art. 8 Abs. 1 lit. a und b der früheren EU-ProspektRL folgend) konnte die Ersetzung abweichend davon durch die Angabe der Kriterien zur Bestimmung von Emissionspreis und Emissionsvolumen erfolgen bzw. im Falle des Emissionspreises ebenso durch einen Höchstpreis.
57 Zur direkten Anwendung von Art. 17 vgl. die dortige Kommentierung.
58 Vgl. *Groß*, Kapitalmarktrecht, Art. 8 ProspektVO Rn. 13; *Seitz*, in: Assmann/Schlitt/von Kopp-Colomb, Prospektrecht Kommentar, Art. 8 ProspektVO Rn. 77; zur Vorläufervorschrift *Hamann*, in: Schäfer/Hamann, Kapitalmarktgesetze, § 6 WpPG Rn. 16; a. A. *Ritz*, in: Just/Voß/Ritz/Zeising, Wertpapierprospektrecht, 2. Aufl. 2023, Art. 8 Rn. 36 f.
59 Die Veröffentlichung der endgültigen Bedingungen hat, sofern möglich, vor dem Beginn des öffentlichen Angebots, jedenfalls aber so bald wie möglich bei Unterbreitung desselben zu erfolgen, siehe unten Rn. 47.

unter einem Basisprospekt kann das Angebot so gestaltet werden, dass Emissionskurs und Emissionsvolumen erst am Ende einer Angebotsphase bestimmt werden.

Dabei ist zu beachten, dass Art. 17 Abs. 1 lit. a und Abs. 2 nicht referenziert werden. Das bedeutet, dass bei Auslassung der Angaben zu Emissionskurs und Emissionsvolumen in endgültigen Bedingungen zwingend die alternativen Angaben des Art. 17 Abs. 1 lit. b aufgenommen werden müssen.[60] Die Möglichkeit[61] aus Art. 17 Abs. 1 lit. a, das Weglassen auch der alternativen Angaben unter Inkaufnahme eines Widerrufsrechts der Investoren, steht nicht zur Verfügung. Die in Art. 17 Abs. 2 geregelte spätere Veröffentlichungspflicht hinsichtlich der beiden ausgelassenen Angaben muss freilich, auch wenn sie nicht ausdrücklich anwendbar ist, aus dem Gesichtspunkt des Anlegerschutzes sinnvollerweise angenommen werden.[62] Es ist nicht erkennbar, inwiefern die Interessenlage hier anders als beim regulären Prospekt sein sollte. Selbst wenn sich eine solche Verpflichtung nicht ergäbe, empfähle sich aber die Veröffentlichung zur Vervollständigung des Prospekts. 41

Diese Option einer dreistufigen Veröffentlichung findet in der Praxis von Anleiheemissionen allerdings keine verbreitete Anwendung, da mit der Veröffentlichung der endgültigen Bedingungen gemäß Art. 8 Abs. 5 Satz 1 regelmäßig gewartet wird, bis diese Angaben vorhanden sind. Denn bei der Emission von Anleihen unter einem Basisprospekt ist die Periode zwischen Beginn des öffentlichen Angebots und Preisfestlegung in der Regel sehr kurz, meist fällt sie in nur einen Tag.[63] 42

3. Veröffentlichung und Hinterlegung (Art. 8 Abs. 5 Satz 1)

Art. 8 Abs. 5 Satz 1 Hs. 1 bestimmt, dass die endgültigen Bedingungen so bald wie möglich bei Unterbreitung eines öffentlichen Angebots und, sofern möglich, vor dem Beginn des öffentlichen Angebots oder der Zulassung zum Handel veröffentlicht werden müssen, sofern sie nicht im Basisprospekt oder einem Nachtrag dazu enthalten sind. 43

Die **Veröffentlichung** hat nach Satz 1 Hs. 1 gemäß den Bestimmungen des Art. 21 zu erfolgen. Diese gesonderte Anordnung der Veröffentlichung ist notwendig, da sich Art. 21 Abs. 1 direkt nur auf gebilligte Prospekte bezieht. Zugleich wird daraus deutlich, dass es sich um eine entsprechende Anwendung der Vorschriften handelt. Im Wesentlichen liegt darin die Regelung der Art und Weise der Veröffentlichung:[64] dass nämlich auch endgültige Bedingungen auf einer der drei in Art. 21 Abs. 2 genannten Websites zu veröffentlichen sind. Dabei ist aber Art. 21 Abs. 3 UAbs. 2, der wiederum direkte Anwendung findet, zu beachten, wonach endgültige Bedingungen in derselben Rubrik wie der Prospekt zur Verfügung zu stellen sind. Im Ergebnis folgt der Veröffentlichungsweg der endgültigen Bedingungen daher dem des Basisprospekts, auf den sie sich beziehen. Art. 8 Abs. 2 lit. b (siehe dazu oben → Rn. 20) regelt, welche Angaben im Basisprospekt zum Veröf- 44

---

60 Vgl. *Seitz*, in: Assmann/Schlitt/von Kopp-Colomb, Prospektrecht Kommentar, Art. 8 ProspektVO Rn. 78.
61 Sofern man hierin eine Möglichkeit und nicht eine Sanktion sehen möchte.
62 *Seitz*, in: Assmann/Schlitt/von Kopp-Colomb, Prospektrecht Kommentar, Art. 8 ProspektVO Rn. 77.
63 Siehe aber auch *Seitz*, in: Assmann/Schlitt/von Kopp-Colomb, Prospektrecht Kommentar, Art. 8 ProspektVO Rn. 79, der auf eine Anwendung im Bereich von Zertifikatsemissionen verweist.
64 Die Vorgängervorschrift § 6 Abs. 3 Satz 1 WpPG formulierte hier noch eindeutiger „in der in § 14 genannten Art und Weise".

fentlichungsweg der endgültigen Bedingungen gemacht werden müssen. An dieser Stelle sei auch auf die direkte Regelung von Art. 21 Abs. 7 UAbs. 2 verwiesen,[65] wonach für endgültige Bedingungen verwendete Hyperlinks mindestens zehn Jahre lang funktionsfähig bleiben müssen.

45 Die Veröffentlichung der endgültigen Bedingungen hat durch den **Emittenten** zu erfolgen. Die Vorgängervorschrift § 6 Abs. 3 Satz 1 WpPG stellte noch auf den Anbieter oder den Zulassungsantragsteller ab, schloss aber dort schon den Emittenten selbst in der jeweiligen Rolle ein und damit die praxisrelevante Konstellation.

46 Der Logik von Art. 8 Abs. 4 Satz 1 folgend, beschreibt Satz 1 Hs. 1 neben der separaten Veröffentlichung, in Form von Ausnahmen zur Veröffentlichungspflicht, **zwei weitere zulässige Varianten** für das Zurverfügungstellen der endgültigen Bedingungen an die Investoren. Zum einen können die endgültigen Bedingungen in den Basisprospekt aufgenommen und mit ihm gebilligt und veröffentlicht werden. Allerdings ist es schwierig, sich einen Anwendungsfall für diese Variante vorzustellen. Nicht zuletzt, weil unklar ist, inwieweit es sich, zumindest hinsichtlich des damit beschriebenen Wertpapiers, überhaupt noch um einen Basisprospekt handeln würde, da dieser sich gerade über das Weglassen der endgültigen Bedingungen definiert. Zum anderen können die endgültigen Bedingungen in einen Nachtrag zum Basisprospekt nach Art. 23 aufgenommen und zusammen mit diesem gebilligt und veröffentlicht werden. Diese Variante lässt sich zwar durchführen und könnte theoretisch genutzt werden, um im Rahmen eines Nachtrags zugleich die endgültigen Bedingungen mit zu erledigen oder um bei Zweifeln zur Abgrenzung zwischen Nachtrag und endgültigen Bedingungen sicherzugehen. Aber der einfachere Weg wäre immer, erst den Nachtrag billigen zu lassen und dann in einem zweiten Schritt die endgültigen Bedingungen zu veröffentlichen. Für keine der beiden Varianten lässt sich daher praktische Relevanz erkennen;[66] sie sind eher der Vollständigkeit halber aufgenommen worden, wohl um eine denkbare doppelte Veröffentlichungspflicht sicher auszuschließen.

47 Erforderlicher **Zeitpunkt** der Veröffentlichung ist nach Satz 1 Hs. 1 „sofern möglich vor dem Beginn des öffentlichen Angebots", jedenfalls aber so bald wie möglich bei Unterbreitung desselben. Damit setzt sich in diesem Punkt die frühere Regelung der EU-ProspektRL fort;[67] in der Umsetzung hatte die Vorgängervorschrift § 6 Abs. 3 Satz 1 WpPG noch strenger die jedenfalls unverzügliche Veröffentlichung angeordnet. „Bei Unterbreitung des öffentlichen Angebots" ist als Zeitpunkt nicht näher definiert und als Begriff anderweitig in der ProspektVO nicht verwendet, kann aber mit dem Beginn des öffentlichen Angebots gleichgesetzt werden. Zusammengenommen lässt dies – insbesondere angesichts der Einschränkung „sofern möglich" – den nötigen Spielraum, um die endgültigen Bedingungen nach der wirtschaftlichen Einigung auf die konkreten Einzelheiten einer Emission zu erstellen und zu unterschreiben. Denn in der Praxis haben Emittenten das nachvollziehbare Interesse, auch im Rahmen eines öffentlichen Angebots die wirtschaftlichen Konditionen der Emission (wie z.B. Zinssatz, Emissionsvolumen, Ausgabepreis) möglichst marktnah, d.h. anhand der konkreten, durch das öffentliche Angebot erst generierten Nachfrage festzulegen, um sich zu möglichst optimalen Konditionen zu finanzie-

---

65 Für Einzelheiten siehe die dortige Kommentierung.
66 Siehe auch *Glismann*, in: Holzborn, WpPG, § 6 Rn. 21, die diese Konstellationen – unter neuem Recht unverändert relevant – als seltene Ausnahmefälle wertet.
67 Anders noch der Kommissionsentwurf, siehe *Bronger/Scherer*, WM 2017, 460, 464.

ren. Das bringt aber mit sich, dass endgültige Bedingungen vor Beginn des öffentlichen Angebots gerade nicht feststehen. Daher läuft in der Regel für öffentliche Angebote auch der andere Teil der zeitlichen Bestimmung leer. Denn vor Beginn des öffentlichen Angebots bietet sich selten die Möglichkeit der Veröffentlichung der endgültigen Bedingungen.[68]

Auf die Veröffentlichung endgültiger Bedingungen für die Zwecke der **Zulassung zum** **Handel** findet nur die zeitliche Bestimmung „sofern möglich vor Beginn" Anwendung. Was gilt, wenn die Veröffentlichung vor der Zulassung nicht möglich ist, wird nicht geregelt. In der Praxis spielt dies aber keine entscheidende Rolle. Denn die Veröffentlichung der endgültigen Bedingungen muss nach § 48a Satz 2 BörsZulV jedenfalls vor der Einführung der Wertpapiere in den Handel am regulierten Markt erfolgen. 48

Die endgültigen Bedingungen enthalten Eckdaten, die nicht fehlen dürfen, aber dem Investor auch keine entscheidend neuen Erkenntnisse liefern, da sie ihm ohnehin aus dem Verkaufsvorgang bekannt sind. Ihre Veröffentlichung hat daher nur begrenzte Bedeutung für den Anlegerschutz. Weil dies aber zugleich der Grund ist, dass der Verordnungsgeber den Basisprospekt überhaupt gestattet, und die hier nachgeschobenen Informationsbestandteile andernfalls als Teil des regulären Prospekts hätten veröffentlicht werden müssen, erscheint die gesonderte Veröffentlichungspflicht stimmig. 49

Der Emittent hat die endgültigen Bedingungen im gleichen zeitlichen Rahmen, wie er für die Veröffentlichung gilt (→ Rn. 47),[69] nach **Art. 8 Abs. 5 Satz 1 Hs. 2** zudem bei der zuständigen Behörde des Herkunftsmitgliedstaats zu **hinterlegen**. Die Hinterlegung, als kleine Schwester der Billigung, führt in der Praxis nicht zu zusätzlichen Erschwernissen, da sie keine Handlung der zuständigen Behörde erfordert, jedenfalls nicht in Bezug auf die Hinterlegung selbst,[70] und dementsprechend mit keinen behördlichen Bearbeitungsfristen verknüpft ist. 50

VI. Basisprospekt in mehreren Einzeldokumenten (Art. 8 Abs. 6)

Art. 8 Abs. 6 gestattet, einen Basisprospekt auch in **mehreren Einzeldokumenten** zu erstellen, und regelt im Weiteren den Inhalt eines solchen, mehrteiligen Basisprospekts. 51

Diese Gestattung erscheint überflüssig, da bereits Art. 6 Abs. 3 bestimmt, dass Prospekte (einschließlich Basisprospekten)[71] in mehreren Einzeldokumenten erstellt werden dürfen.[72] Die ausdrückliche Wiederholung der Gestattung auf Level 1 gewinnt ihre Bedeu- 52

---

68 Enger *Seitz*, in: Assmann/Schlitt/von Kopp-Colomb, Prospektrecht Kommentar, Art. 8 ProspektVO Rn. 92.
69 Vgl. *Seitz*, in: Assmann/Schlitt/von Kopp-Colomb, Prospektrecht Kommentar, Art. 8 ProspektVO Rn. 98.
70 Zur Übermittlung der hinterlegten endgültigen Bedingungen an die zuständigen Behörden der Aufnahmemitgliedstaaten und an ESMA durch die zuständige Behörde des Herkunftsmitgliedstaats im Zusammenhang mit notifizierten Basisprospekten siehe Art. 25 Abs. 4.
71 Siehe oben Rn. 9.
72 Anders als die Formulierung von Abs. 6 UAbs. 2 vermuten lassen könnte, besteht gem. UAbs. 1 trotz Hinterlegung eines Registrierungsformulars immer auch die Möglichkeit, einen Basisprospekt als einziges (einheitliches) Dokument zu erstellen. Klarer wäre in UAbs. 2 die Formulierung: „...und sich für die Erstellung eines Basisprospekts *in mehreren Einzeldokumenten* entscheidet".

Art. 8 ProspektVO   Der Basisprospekt

tung daraus, dass sie eine bewusste Ablehnung der zuvor auf Level 2 in der VO (EG) 809/2004[73] und auf Level 3 in einem ESMA-Gutachten[74] enthaltenen Position darstellt, wonach mehrteilige Basisprospekte angeblich nicht erlaubt gewesen seien.

53 Zusammen mit den Regelungen, dass Registrierungsformulare unter der ProspektVO nun notifiziert werden können, Basisprospekte keine Zusammenfassungen mehr enthalten müssen und Registrierungsformulare jetzt ausdrücklich selbständig nachgetragen werden können, eröffnet der mehrteilige Basisprospekt Emittenten mit mehreren Emissionsprogrammen die Möglichkeit, die jeweils darin erforderliche Emittentenbeschreibung effizient zu steuern.[75] So können alle mehrteiligen Basisprospekte, die mit einem Registrierungsformular gebildet wurden, durch einen einzigen Nachtrag zu diesem, auch behördenübergreifend, zentral aktualisiert werden.[76] Zugleich erfährt das Registrierungsformular bei Erstellung eines neuen mehrteiligen Basisprospekts nur noch eine eingeschränkte Prüfung durch die Billigungsbehörde. Das Registrierungsformular erhält damit die Funktion eines Leitdokuments bezüglich der Emittentenbeschreibung und verhindert dabei haftungsrelevante Abweichungen zwischen den verschiedenen Basisprospekten.

54 Auch der vorgeschriebene **Inhalt** eines solchen, mehrteiligen Basisprospekts birgt keine Überraschungen. So besteht der mehrteilige Basisprospekt zum einen aus dem Registrierungsformular, **Art. 8 Abs. 6 UAbs. 2 lit. a**, und damit zwangsläufig aus den darin enthaltenen Angaben zum Emittenten. Diesbezüglich hatte die Vorgängervorschrift Art. 26 Abs. 4 Nr. 1 VO (EG) 809/2004 nur die Einbeziehung per Verweis der Angaben im Registrierungsformular vorgesehen. Der mehrteilige Basisprospekt kann ggf. auch mit einem einheitlichen Registrierungsformular nach Art. 9 gebildet werden. Aufgrund der Beschränkung des Anwendungsbereichs von Basisprospekten auf Nichtdividendenwerte und der mit einem einheitlichen Registrierungsformular verbundenen umfangreicheren Offenlegung auf dem Niveau für Dividendenwerte wäre dies allerdings eine ungewöhnliche Kombination, zumal die beschleunigte Billigung im Rahmen von Emissionsprogrammen keine Rolle spielt und ansonsten alle relevanten Funktionalitäten schon mit einem regulären Registrierungsformular erreicht werden.[77] Dazu passt, dass diese Kombination in der Emissionspraxis deutscher Emittenten bisher keine erkennbare Rolle spielt.[78] Den zweiten Teil des mehrteiligen Basisprospekts bildet zum anderen die neu zu billigende Wertpapierbeschreibung, **Art. 8 Abs. 6 UAbs. 2 lit. b**. Während das Registrierungsformular nicht anders aussieht als bei einem regulären Prospekt, manifestiert sich in der separaten Wertpapierbeschreibung die besondere Natur des Basisprospekts, indem auch hier die endgül-

---

73 Art. 26 Abs. 4 VO (EG) 809/2004.
74 ESMA, Opinion vom 17.12.2013, ESMA/2013/1944, Format of the base prospectus and consistent application of Article 26(4) of the Prospectus Regulation.
75 Mit Verweis auf Konstellationen, in denen eine Vielzahl unterschiedlicher Wertpapiere emittiert werden sollen, *Oulds/Wöckener*, RdF 2020, 4, 6.
76 Mit Hinweis auf eine dynamische Wirkung *Wöckener/Kutzbach*, RdF 2018, 276, 277.
77 Vgl. *Seitz*, in: Assmann/Schlitt/von Kopp-Colomb, Prospektrecht Kommentar, Art. 8 ProspektVO Rn. 44.
78 Hinsichtlich des einheitlichen Registrierungsformulars generell *Meyer*, in: Marsch-Barner/Schäfer, Handbuch börsennotierte AG, Rn. 7.100e.

tigen Bedingungen ausgespart bleiben dürfen.[79] Die separate Wertpapierbeschreibung hat daher die Anmutung eines einteiligen Basisprospekts und enthält alle dort üblichen Elemente, abgesehen von den Angaben zum Emittenten.

VII. Verschiedene Wertpapiere im Basisprospekt (Art. 8 Abs. 7)

Art. 8 Abs. 7 regelt die Situation, dass ein Basisprospekt mit seinen dazugehörigen endgültigen Bedingungen die Emission von **verschiedenen Wertpapieren** abdeckt. In diesem Fall sind die spezifischen Angaben zu den unterschiedlichen Wertpapierarten klar voneinander zu **trennen**.[80] Dies führt in der Praxis der Basisprospekte insbesondere zur Trennung von ungedeckten Anleihen und Pfandbriefen. Unbenommen von Art. 8 Abs. 7 bleibt die Möglichkeit, für die verschiedenen Arten von Wertpapieren, die in Basisprospekten erlaubt sind, jeweils einen eigenständigen Basisprospekt zu erstellen. Art. 8 Abs. 7 lehnt sich an Art. 22 Abs. 6 Satz 2 VO (EG) 809/2004 an, wo sich die Trennung allerdings noch auf eine Einteilung in vier verschiedene Kategorien von Wertpapieren bezog, die bei Übernahme der Regelung in die ProspektVO ohne erkennbare Folgen entfallen ist. Insgesamt erscheint die Vorschrift als nicht sonderlich beschwerend, da man auch ohne sie für unterschiedliche Produkte verschiedene Abschnitte im Basisprospekt vorsehen würde, schon aus Gründen der Transparenz.

55

VIII. Zusammenfassung für die einzelne Emission (Art. 8 Abs. 8 und 9)

Art. 8 Abs. 8 legt fest, dass bei Basisprospekten eine Zusammenfassung **erst** zusammen mit den endgültigen Bedingungen zu erstellen ist, und zwar in Form einer **Zusammenfassung für die einzelne Emission** (→ Art. 7 Rn. 60). Darin liegt eine Abkehr vom früheren Art. 24 Abs. 2 VO (EG) 809/2004, wonach auch der Basisprospekt eine Zusammenfassung enthalten musste, im Ergebnis ein Format der späteren Zusammenfassung für die einzelne Emission mit entsprechenden Alternativtexten und Platzhaltern. In der Praxis wird ein solches Format auch weiterhin vorgehalten, muss aber nicht mehr zusammen mit dem Basisprospekt gebilligt und nachgetragen werden. Diese Entscheidung des Verordnungsgebers ist zu begrüßen,[81] da es die Zusammenfassung vom Basisprospekt selbst entkoppelt und dabei zugleich dem Anleger nichts nimmt. Denn im Format der Zusammenfassung fehlen ohnehin noch zentrale Informationen, die dann mit der Zusammenfassung der einzelnen Emission geliefert werden. Eine mit etwas Anstrengung denkbare Lesart, nach der Art. 8 Abs. 8 nur eine Aussage über den Zeitpunkt der Lieferung der Zusammenfassung für die einzelne Emission trifft, verfängt nicht, da mit einer solchen Aussage nur Selbstverständliches wiederholt würde: die Erstellung der Zusammenfassung für die einzelne Emission ist naturgemäß erst nach bzw. mit Fertigstellung der endgültigen Bedingungen möglich. ESMA geht, unter Verweis auf Art. 8 Abs. 8 und Erwägungsgrund 37

56

---

79 Vgl. *Seitz*, in: Assmann/Schlitt/von Kopp-Colomb, Prospektrecht Kommentar, Art. 8 ProspektVO Rn. 43.
80 Nicht aber in getrennte Basisprospekte zu verteilen; so auch zur Vorgängervorschrift *Glismann*, in: Holzborn, WpPG, § 6 Rn. 13.
81 Ebenfalls positiv bewertet bei *Wöckener/Kutzbach*, RdF 2018, 276, 277, und *Schmitt/Bhatti/Storck*, ZeuP 2019, 287, 299.

der ProspektVO, noch einen Schritt weiter mit der Klarstellung, dass ein Basisprospekt kein Format einer Zusammenfassung enthalten darf.[82]

57 **Art. 8 Abs. 9** trifft dann **nähere Bestimmungen** zur Zusammenfassung für die einzelne Emission, die im Wesentlichen der Vorgängervorschrift Art. 24 Abs. 3 VO (EG) 809/2004 folgen. So gelten nach **UAbs. 1** für die Zusammenfassung für die einzelne Emission weiterhin dieselben Anforderungen wie für die endgültigen Bedingungen, denen sie auch beigefügt wird.

58 **Art. 8 Abs. 9 UAbs. 2** bestimmt den erforderlichen **Inhalt** der Zusammenfassung für die einzelne Emission. Dabei muss sich die Vorschrift im Vergleich zu Art. 24 Abs. 3 VO (EG) 809/2004 eines neuen Konzepts bedienen, da mit Wegfall des im Basisprospekt enthaltenen Formats der Zusammenfassung ein Anlehnen daran nicht mehr möglich ist. So verweist UAbs. 2 nun direkt auf die Anforderungen des Art. 7. Daraus ergibt sich schon, dass auch die Zusammenfassung für die einzelne Emission die Basisinformationen enthalten muss. Der verbleibende Regelungsgehalt von UAbs. 2 lit. a und b besteht in der Klarstellung, dass sich diese Basisinformationen, der Natur des Basisprospekts entsprechend, sowohl aus dem Basisprospekt als auch aus den endgültigen Bedingungen speisen. Aus dem Basisprospekt kommen auch die Basisinformationen zum Emittenten und aus den endgültigen Bedingungen auch solche Basisinformationen zu den Wertpapieren, die sich nicht im Basisprospekt befinden. ESMA ergänzt, dass die Zusammenfassung für die einzelne Emission keine zusätzlichen Informationen enthalten darf, d.h. solche, die sich nicht schon im Basisprospekt bzw. einem Nachtrag dazu oder in den endgültigen Bedingungen finden.[83]

59 **Art. 8 Abs. 9 UAbs. 3** betrifft den Fall, dass in endgültigen Bedingungen **mehrere Wertpapiere gleichzeitig** abgedeckt werden. Sofern sich die verschiedenen erfassten Wertpapiere nur in einigen sehr wenigen Einzelheiten unterscheiden, z.B. hinsichtlich des Emissionskurses oder Fälligkeitstermins, und die Angaben zu den einzelnen Wertpapieren klar voneinander getrennt werden, wird gestattet, nur eine einzige, gemeinsame Zusammenfassung für die einzelne Emission zu erstellen.[84] In der Frage, was unter „einigen sehr wenigen Einzelheiten" zu verstehen ist, stellte ESMA fest,[85] dass diese Beschränkung keine feste zahlenmäßige Obergrenze für die Anzahl der Einzelheiten bedeutet, in denen sich die von einer gemeinsamen Zusammenfassung abgedeckten Wertpapiere unterscheiden

---

[82] Siehe ESMA, Questions and Answers on the Prospectus Regulation, ESMA/2019/ESMA31-62-1258 (Version 12, last updated on 3 February 2023), Antwort zu Frage 13.2.

[83] Siehe ESMA, Questions and Answers on the Prospectus Regulation, ESMA/2019/ESMA31-62-1258 (Version 12, last updated on 3 February 2023), Antwort zu Frage 13.1.

[84] Die diesen Namen dann eigentlich nicht mehr verdient, da mehrere, getrennte Emissionen abgedeckt werden.

[85] So zuletzt in ESMA, Questions and Answers – Prospectuses (30th Updated Version – April 2019), Antwort zu Frage 91; ESMA hat diese Frage dann nicht in die aktuellen Questions and Answers on the Prospectus Regulation übernommen, was aber, soweit erkennbar, nicht auf einer Änderung der Ansicht der ESMA beruhte und daher bei Bedarf weiter als Bestätigung der Ansicht von ESMA dienen kann. Vielmehr stellt ESMA in den „Questions and Answers on the Prospectus Regulation, ESMA/2019/ESMA31-62-1258 (Version 12, last updated on 3 February 2023)" in Antwort A2.1 klar, dass die früheren ESMA Q&As relating to prospectuses auch auf Prospekte nach der ProspektVO gelten, soweit sie mit dieser in Einklang stehen. Für die Weitergeltung dieser früheren ESMA-Auslegung auch *Seitz*, in: Assmann/Schlitt/von Kopp-Colomb, Prospektrecht Kommentar, Art. 8 ProspektVO Rn. 105.

dürfen. Zudem gibt es keine Einzelheiten, die grundsätzlich als Unterscheidungsmerkmal ausscheiden. ESMA verwies aber zugleich auf die übergeordnete Bedeutung der Zugänglichkeit und Verständlichkeit der Angaben in der Zusammenfassung. Daraus folgte für ESMA, dass sich derivative Wertpapiere in einer gemeinsamen Zusammenfassung nicht hinsichtlich der Art des Basiswerts, der Risikofaktoren oder der Formel zur Berechnung des Rückzahlungsbetrags unterscheiden dürfen. In Bezug auf das zulässige Format einer gemeinsamen Zusammenfassung gab ESMA zwei Möglichkeiten vor. Entweder enthält die Zusammenfassung einzelne Tabellen mit den unterschiedlichen Angaben an den jeweiligen Stellen, an denen das Merkmal behandelt wird. Oder alle sich unterscheidenden Einzelheiten werden in einer einzigen Tabelle am Ende der Zusammenfassung zusammengeführt, welche dann aber neben geeigneten Überschriften auch auf die Nummerierung der betreffenden Abschnitte der Zusammenfassung verweisen soll. An den Stellen, an denen die an das Ende verlagerten Angaben regulär auftauchen würden, sind Querverweise auf die Tabelle einzufügen. Vorrangig bleibt aber auch hier die Zugänglichkeit und Verständlichkeit der Angaben. Hinsichtlich der zulässigen Länge einer gemeinsamen Zusammenfassung für die einzelne Emission bestimmt Art. 7 Abs. 7 UAbs. 4, dass die Regellänge von sieben Seiten um 2 Seiten verlängert wird. ESMA stellt klar, dass die Verlängerung pauschal zu verstehen ist, nicht etwa pro Wertpapier.[86]

IX. Nachtrag zum Basisprospekt (Art. 8 Abs. 10)

Art. 8 Abs. 10 bestimmt, dass erforderlichenfalls auch die Angaben des Basisprospekts gem. Art. 23 **nachzutragen** sind. Wie zuvor schon in § 6 Abs. 2 WpPG ist darin allerdings nur eine Klarstellung zu erblicken,[87] da der Basisprospekt Prospekt ist (siehe oben → Rn. 9) und Art. 23 ohnehin unmittelbar Anwendung findet. Der Verweis auf Art. 23 in Art. 8 Abs. 10 ist also rein deklaratorisch.   60

Das zeigt auch Art. 23 Abs. 4, der für Nachträge zum Basisprospekt eine Sonderregel zum Widerrufsrecht bringt:[88] Werden in einem Basisprospekt durch einen Nachtrag Angaben geändert, die sich nur auf spezifische Emissionen beziehen, so gilt das Widerrufsrecht nur hinsichtlich dieser Emissionen.[89]   61

Zeitlich besteht die Verpflichtung zur Veröffentlichung eines Nachtrags von der Billigung des Basisprospekts bis zum Ende des öffentlichen Angebots der konkreten Emission (etwa einer Ziehung unter einem Anleiheemissionsprogramm), bzw. bis zum Handelsbeginn der Papiere. Auch wenn Art. 22 Abs. 7 VO (EG) 809/2004 nicht in die aktuellen Regeln übernommen wurde, ergibt sich dies direkt aus Art. 23 Abs. 1. Für den Zeitraum vor der ersten Ziehung unter einem Basisprospekt, bzw. nach einer Ziehung und bevor eine weite-   62

---

86 Siehe ESMA, Questions and Answers on the Prospectus Regulation, ESMA/2019/ESMA31-62-1258 (Version 12, last updated on 3 February 2023), Antwort zu Frage 13.3., sprachlich etwas verunglückt.
87 So auch *Seitz*, in: Assmann/Schlitt/von Kopp-Colomb, Prospektrecht Kommentar, Art. 8 ProspektVO Rn. 107, *Ritz*, in: Just/Voß/Ritz/Zeising, Wertpapierprospektrecht, 2. Aufl. 2023, Art. 8 Rn. 56.
88 Siehe auch die Kommentierung dort.
89 Zum Vorgehen, falls der wichtige neue Umstand eine Angabe in den endgültigen Bedingungen betrifft, siehe auch ESMA, Questions and Answers on the Prospectus Regulation, ESMA/2019/ESMA31-62-1258 (Version 12, last updated on 3 February 2023), Antwort zu Frage 11.1.

re vereinbart wurde, fehlt es an einem Anknüpfungspunkt für diese Frist aus Art. 23 Abs. 1. Die Verpflichtung zum Nachtrag entsteht so erst mit Vereinbarung einer Ziehung bzw. Beginn des Angebots der Wertpapiere aus einer konkreten Emission. Allerdings kann der Basisprospekt für **zukünftige Ziehungen** seinen Bestimmungszweck als schnelle und flexible Emissionsplattform nur dann erfüllen, wenn er aktuell gehalten wird.[90] Basisprospekte werden daher regelmäßig (auch) in den Zeiten nachgetragen, in denen keine Emission vorgesehen ist, um ein Widerrufsrecht der Investoren nach Art. 23 Abs. 2 gar nicht erst Thema werden zu lassen. Durch die starke Einschränkung der zulässigen Inhalte der endgültigen Bedingungen[91] kommt es neben den regelmäßigen Nachträgen zur Beschreibung des Emittenten vielfach auch zu Nachträgen hinsichtlich der Angaben zu den Wertpapieren. Diese Möglichkeit stößt dort an ihre Grenzen, wo die zuständige Behörde im Nachtrag von Wertpapierbedingungen das Hinzufügen eines neuen Produkts, einen sogenannten Produktnachtrag, erblickt.[92] Klarheit im Einzelfall kann nur die Abstimmung mit der zuständigen Behörde bieten. Kommt es zur Ablehnung der Nachtragslösung, bleibt nur noch die Billigung eines neuen Prospekts, sei es in Form eines erneut in erweiterter Form gebilligten Basisprospekts, in Form eines Zusatz-Basisprospekts, der wesentliche Teile des Ausgangs-Basisprospekts durch Verweis einbezieht, oder in Form eines sogenannten „Drawdown"-Prospekts, der nur die geplante Emission abdeckt und dazu ebenso Teile des Ausgangs-Basisprospekts durch Verweis einbezieht. Für die Erhöhung des Volumens eines Emissionsprogramms dagegen statuiert Art. 18 Abs. 1 lit. i VO (EU) 2019/979 sogar eine Nachtragspflicht.

X. Öffentliches Angebot mit Nachfolge-Basisprospekt (Art. 8 Abs. 11)

63 Art. 8 Abs. 11 erlaubt es, ein öffentliches Angebot, das unter einem Basisprospekt begonnen wurde, nach Ablauf des Basisprospekts nahtlos unter einem Nachfolge-Basisprospekt fortzuführen.[93] Dies ist vor allem für die langlaufenden oder gar dauerhaften Angebote von verbrieften Derivaten und Zertifikaten von Interesse.

64 Voraussetzungen dafür sind nach **UAbs. 1**, dass (i) der Nachfolge-Basisprospekt spätestens am letzten Tag der Gültigkeit des ursprünglichen Basisprospekts gebilligt und veröffentlicht wird (**Satz 1**), (ii) schon die endgültigen Bedingungen auf ihrer ersten Seite einen Hinweis auf das Ende der Gültigkeit des ursprünglichen Basisprospekts und den Veröffentlichungsort des Nachfolge-Basisprospekts enthalten (**Satz 2**) und (iii) der Nachfolge-Basisprospekt das Formular der endgültigen Bedingungen aus dem ursprünglichen

---

90 Daraus ergibt sich die gesteigerte Bedeutung von Art. 23 für Basisprospekte, vgl. auch unverändert zutreffend *Seitz*, in: Assmann/Schlitt/von Kopp-Colomb, WpPG/VerkProspG, 2. Aufl. 2010, § 6 WpPG Rn. 68.
91 Siehe dazu die Kommentierung zu Art. 26 VO (EU) 2019/980.
92 Siehe noch zur Vorgängervorschrift, aber weiterhin zutreffend, z. B. Bundesanstalt für Finanzdienstleistungsaufsicht, Basisprospektregime nach neuem Recht, Präsentation vom 4./5. Juni 2012, S. 14 f.; *Ritz*, in: Just/Voß/Ritz/Zeising, Wertpapierprospektrecht, 2. Aufl. 2023, Art. 8 Rn. 30; *Seitz*, in: Assmann/Schlitt/von Kopp-Colomb, WpPG/VerkProspG, 2. Aufl. 2010, § 6 WpPG Rn. 79; *Glismann*, in: Holzborn, WpPG, § 6 Rn. 20; offener: *Oulds*, WM 2011, 1452, 1453; für eine Grenze erst bei Heranziehung eines neuen Anhangs der VO (EG) 809/2004: *Heidelbach/Preuße*, BKR 2012, 397, 404.
93 Statt der früheren Möglichkeit, den Gültigkeitszeitraum eines Basisprospekts auszudehnen, siehe *Singhof*, in: MünchKomm-HGB, 4. Auflage 2019, L. Rn. 52.

X. Öffentliches Angebot mit Nachfolge-Basisprospekt (Art. 8 Abs. 11)   **Art. 8 ProspektVO**

Basisprospekt enthält, direkt oder per Verweis, zusammen mit einem Hinweis auf die endgültigen Bedingungen des weiterlaufenden öffentlichen Angebots (**Satz 3**).

Anlegern, die bereits unter dem vorhergehenden Basisprospekt erworben oder gezeichnet haben, billigt **Art. 8 Abs. 11 UAbs. 2** ein Widerrufsrecht nach Art. 23 Abs. 2 zu, soweit ihnen die Wertpapiere noch nicht geliefert wurden.

65

Art. 9 ProspektVO
Das einheitliche Registrierungsformular

(1) Ein Emittent, dessen Wertpapiere zum Handel an einem geregelten Markt oder an einem MTF zugelassen werden, kann in jedem Geschäftsjahr ein Registrierungsformular in Form eines einheitlichen Registrierungsformulars erstellen, das Angaben zu Organisation, Geschäftstätigkeiten, Finanzlage, Ertrag und Zukunftsaussichten, Führung und Beteiligungsstruktur des Unternehmens enthält.

(2) Jeder Emittent, der sich dafür entscheidet, in jedem Geschäftsjahr ein einheitliches Registrierungsformular zu erstellen, legt dieses nach dem Verfahren des Artikels 20 Absätze 2 und 4 der zuständigen Behörde seines Herkunftsmitgliedsstaats zur Billigung vor.

Wurde in zwei aufeinanderfolgenden Geschäftsjahren ein einheitliches Registrierungsformular des Emittenten von der zuständigen nationalen Behörde gebilligt, können künftige einheitliche Registrierungsformulare ohne vorherige Billigung bei der zuständigen Behörde hinterlegt werden.

Versäumt es der Emittent danach, in einem Geschäftsjahr ein einheitliches Registrierungsformular zu hinterlegen, hat dies zur Folge, dass ihm die Möglichkeit einer Hinterlegung ohne vorherige Billigung wieder entzogen wird und dass alle künftigen einheitlichen Registrierungsformulare der zuständigen Behörde zur Billigung vorzulegen sind, bis die in Unterabsatz 2 genannte Voraussetzung wieder erfüllt ist.

Der Emittent gibt in seinem Antrag an die zuständige Behörde an, ob das einheitliche Registrierungsformular zur Billigung oder zur Hinterlegung ohne vorherige Billigung eingereicht wird.

Beantragt der Emittent nach Unterabsatz 2 dieses Absatzes die Notifizierung seines einheitlichen Registrierungsformulars gemäß Artikel 26, so legt er sein einheitliches Registrierungsformular – einschließlich etwaiger zuvor hinterlegten Änderungen daran – zur Billigung vor.

(3) Emittenten, die bis zum 21. Juli 2019 ein Registrierungsformular gemäß Anhang I der Verordnung (EG) Nr. 809/2004 der Kommission[1] erstellt haben, das von einer zuständigen Behörde für eine Dauer von mindestens zwei aufeinanderfolgenden Geschäftsjahren gebilligt wurde, und die anschließend gemäß Artikel 12 Absatz 3 der Richtlinie 2003/71/EG jedes Jahr ein solches Registrierungsformular hinterlegt haben oder deren Registrierungsformular jedes Jahr gebilligt wurde, wird gestattet, ab dem 21. Juli 2019 ein einheitliches Registrierungsformular ohne vorherige Billigung im Einklang mit Absatz 2 Unterabsatz 2 dieses Artikels zu hinterlegen.

---

[1] VO (EG) Nr. 809/2004 der Kommission v. 29. April 2004 zur Umsetzung der RL 2003/71/EG des Europäischen Parlaments und des Rates betreffend die in Prospekten enthaltenen Informationen sowie das Format, die Aufnahme von Informationen mittels Verweis und die Veröffentlichung solcher Prospekte und die Verbreitung von Werbung, ABl. L 149 v. 30.4.2004, S. 1.

(4) Nach seiner Billigung oder seiner Hinterlegung ohne vorherige Billigung werden das einheitliche Registrierungsformular und seine Änderungen nach den Absätzen 7 und 9 dieses Artikels unverzüglich gemäß den Bestimmungen des Artikels 21 der Öffentlichkeit zur Verfügung gestellt.

(5) Das einheitliche Registrierungsformular entspricht den in Artikel 27 festgelegten sprachlichen Anforderungen.

(6) Angaben können gemäß den in Artikel 19 festgelegten Bedingungen in Form eines Verweises in ein einheitliches Registrierungsformular aufgenommen werden.

(7) Nach Hinterlegung oder Billigung eines einheitlichen Registrierungsformulars kann der Emittent die darin enthaltenen Angaben jederzeit durch Hinterlegung einer Änderung hierzu bei der zuständigen Behörde aktualisieren. Vorbehaltlich Artikel 10 Absatz 3 Unterabsätze 1 und 2 ist für die Hinterlegung der Änderung bei der zuständigen Behörde keine Billigung erforderlich.

(8) Die zuständige Behörde kann einheitliche Registrierungsformulare, die ohne vorherige Billigung hinterlegt wurden, sowie etwaige Änderungen dieser Formulare jederzeit einer inhaltlichen Überprüfung unterziehen.

Die Überprüfung durch die zuständige Behörde besteht in einer Prüfung der Vollständigkeit, Kohärenz und Verständlichkeit der im einheitlichen Registrierungsformular und etwaiger Änderungen enthaltenen Informationen.

(9) Stellt die zuständige Behörde im Zuge der Überprüfung fest, dass das einheitliche Registrierungsformular nicht den Standards der Vollständigkeit, Verständlichkeit und Kohärenz entspricht oder dass Änderungen oder zusätzliche Angaben erforderlich sind, so teilt sie dies dem Emittenten mit.

Einem von der zuständigen Behörde an den Emittenten gerichteten Ersuchen um Änderung oder um zusätzliche Angaben muss vom Emittenten erst im nächsten einheitlichen Registrierungsformular Rechnung getragen werden, das für das folgende Geschäftsjahr hinterlegt wird, es sei denn, der Emittent möchte das einheitliche Registrierungsformular als Bestandteil eines zur Billigung vorgelegten Prospekts verwenden. In diesem Fall hinterlegt der Emittent spätestens bei Vorlage des Antrags gemäß Artikel 20 Absatz 6 eine Änderung des einheitlichen Registrierungsformulars.

Abweichend von Unterabsatz 2 hinterlegt der Emittent unverzüglich eine Änderung des einheitlichen Registrierungsformulars, falls die zuständige Behörde dem Emittenten mitteilt, dass ihr Ersuchen um Änderung oder um zusätzliche Angaben eine wesentliche Nichtaufnahme oder eine wesentliche Unrichtigkeit oder eine wesentliche Ungenauigkeit betrifft, die die Öffentlichkeit in Bezug auf Fakten und Umstände, die für eine fundierte Beurteilung des Emittenten wesentlich sind, aller Wahrscheinlichkeit nach irreführen würde.

Die zuständige Behörde kann vom Emittenten eine konsolidierte Fassung des geänderten einheitlichen Registrierungsformulars verlangen, wenn eine konsolidierte Fassung zur Gewährleistung der Verständlichkeit der Angaben des Dokuments erforderlich ist. Ein Emittent kann eine konsolidierte Fassung seines geänderten einheitlichen Registrierungsformulars freiwillig in eine Anlage zu der Änderung aufnehmen.

Art. 9 ProspektVO Das einheitliche Registrierungsformular

(10) Die Absätze 7 und 9 finden nur dann Anwendung, wenn das einheitliche Registrierungsformular nicht als Bestandteil eines Prospekts verwendet wird. Sofern ein einheitliches Registrierungsformular als Bestandteil eines Prospekts verwendet wird, gilt zwischen dem Zeitpunkt der Billigung des Prospekts und dem Zeitpunkt der endgültigen Schließung des öffentlichen Angebots von Wertpapieren oder gegebenenfalls dem Zeitpunkt, zu dem der Handel an einem geregelten Markt beginnt – je nachdem, welches der spätere Zeitpunkt ist – ausschließlich Artikel 23 betreffend Nachträge zum Prospekt.

(11) Ein Emittent, der die in Absatz 2 Unterabsätze 1 oder 2 oder in Absatz 3 dieses Artikels genannten Voraussetzungen erfüllt, hat den Status eines Daueremittenten und kommt in den Genuss des beschleunigten Billigungsverfahrens gemäß Artikel 20 Absatz 6, sofern

a) der Emittent bei der Hinterlegung jedes einheitlichen Registrierungsformulars bzw. bei jedem Antrag auf Billigung eines einheitlichen Registrierungsformulars der zuständigen Behörde eine schriftliche Bestätigung darüber vorlegt, dass seines Wissens alle vorgeschriebenen Informationen, die gegebenenfalls nach der Richtlinie 2004/109/EG und der Verordnung (EU) Nr. 596/2014 offenzulegen sind, während der letzten 18 Monate oder während des Zeitraums seit Beginn der Pflicht zur Offenlegung der vorgeschriebenen Informationen – je nachdem, welcher Zeitraum kürzer ist – im Einklang mit diesen Rechtsakten hinterlegt und veröffentlicht wurden; und

b) der Emittent, wenn die zuständige Behörde die Überprüfung gemäß Absatz 8 vorgenommen hat, sein einheitliches Registrierungsformular nach Absatz 9 geändert hat.

Wird eine der vorgenannten Voraussetzungen vom Emittenten nicht erfüllt, verliert dieser den Status des Daueremittenten.

(12) Wird das bei der zuständigen Behörde hinterlegte oder von ihr gebilligte einheitliche Registrierungsformular spätesten vier Monate nach Ablauf des Geschäftsjahrs veröffentlicht und enthält es die im Jahresfinanzbericht gemäß Artikel 4 der Richtlinie 2004/109/EG offenzulegenden Informationen, so gilt die Pflicht des Emittenten zur Veröffentlichung des Jahresfinanzberichts gemäß jenem Artikel als erfüllt.

Wird das einheitliche Registrierungsformular oder eine daran vorgenommene Änderung hinterlegt oder von der zuständigen Behörde gebilligt und spätestens drei Monate nach Ablauf der ersten sechs Monate des Geschäftsjahrs veröffentlicht und enthält es die in dem Halbjahresfinanzbericht gemäß Artikel 5 der Richtlinie 2004/109/EG offenzulegenden Informationen, so gilt die Pflicht des Emittenten zur Veröffentlichung des Halbjahresfinanzberichts gemäß jenem Artikel als erfüllt.

In den in den Unterabsätzen 1 und 2 genannten Fällen

a) nimmt der Emittent in das einheitliche Registrierungsformular eine Liste mit Querverweisen auf, in der angegeben ist, wo die einzelnen in den Jahres- und Halbjahresfinanzberichten anzugebenden Informationen im einheitlichen Registrierungsformular zu finden sind;

b) hinterlegt der Emittent das einheitliche Registrierungsformular gemäß Artikel 19 Absatz 1 der Richtlinie 2004/109/EG und stellt es dem amtlich bestellten System gemäß Artikel 21 Absatz 2 dieser Richtlinie zur Verfügung;

c) nimmt der Emittent in das einheitliche Registrierungsformular eine Erklärung der verantwortlichen Personen nach den Vorgaben des Artikels 4 Absatz 2 Buchstabe c und des Artikels 5 Absatz 2 Buchstabe c der Richtlinie 2004/109/EG auf.

(13) Absatz 12 findet nur dann Anwendung, wenn der Herkunftsmitgliedstaat des Emittenten für die Zwecke dieser Verordnung auch der Herkunftsmitgliedstaat für die Zwecke der Richtlinie 2004/109/EG ist und wenn die Sprache, in der das einheitliche Registrierungsformular abgefasst ist, den Anforderungen gemäß Artikel 20 dieser Richtlinie entspricht.

(14) Die Kommission erlässt bis zum 21. Januar 2019 gemäß Artikel 44 delegierte Rechtsakte zur Ergänzung dieser Verordnung, in denen die Kriterien für die Prüfung und Überprüfung des einheitlichen Registrierungsformulars und etwaiger Änderungen und die Verfahren für die Billigung und Hinterlegung dieser Dokumente sowie die Bedingungen, unter denen der Status eines Daueremittenten aberkannt wird, präzisiert werden.

Übersicht

	Rn.		Rn.
I. Vorbemerkung zum Regelungsgegenstand und zur Bedeutung des Art. 9	1	2. Hinterlegungsmöglichkeit im Hinterlegungsverfahren	18
1. Regelungsgegenstand und systematische Abgrenzung	1	3. Notifizierung	20
2. Regelungshintergrund	5	4. Veröffentlichung	21
3. Praktische Bedeutung	7	IV. Sprachliche Anforderungen (Art. 9 Abs. 5)	22
4. Weitere Regelungen zum einheitlichen Registrierungsformular	8	V. Angaben in der Form eines Verweises (Art. 9 Abs. 6)	25
5. Exkurs: Reformvorhaben gemäß dem EU Listing Act	9	VI. Änderungen und Überprüfung (Art. 9 Abs. 7 bis 9)	26
II. Anwendungsbereich und inhaltliche Anforderungen (Art. 9 Abs. 1)	10	VII. Nachträge (Art. 9 Abs. 10)	29
1. Anwendungsbereich	11	VIII. Daueremittentenstatus (Art. 9 Abs. 11)	31
2. Inhaltliche Anforderungen	12		
III. Billigung, Hinterlegung und Veröffentlichung (Art. 9 Abs. 2 bis 4)	15	IX. Erfüllung der Pflicht zur Regelberichterstattung (Art. 9 Abs. 12 und 13)	34
1. Billigung	15	X. Delegierte Rechtsakte (Art. 9 Abs. 14)	37
a) Gesonderte Billigung des einheitlichen Registrierungsformulars	15		
b) Billigung bei Verwendung als Bestandteil eines Prospekts	17		

Art. 9 ProspektVO Das einheitliche Registrierungsformular

I. Vorbemerkung zum Regelungsgegenstand und zur Bedeutung des Art. 9

1. Regelungsgegenstand und systematische Abgrenzung

1   Art. 9 enthält detaillierte Regelungen über das einheitliche Registrierungsformular (Universal Registration Document – URD), das eine durch die ProspektVO am 21.7.2019 neu eingeführte **Sonderform des Registrierungsformulars für Daueremittenten**[1] (Frequent Issuer Regime) darstellt. Zum besseren Verständnis sollte er zusammen mit einer Reihe anderer Bestimmungen der ProspektVO gelesen werden, mit denen er in systematischem Zusammenhang steht. Dies sind im Einzelnen:

- Art. 10 Abs. 3 – aus mehreren Einzeldokumenten bestehender Prospekt – Regelung zum einheitlichen Registrierungsformular;
- Art. 11 Abs. 3 – Prospekthaftung;
- Art. 12 Abs. 3 – Gültigkeit des einheitlichen Registrierungsformulars;
- Art. 13 Abs. 2 – Anforderungen an Mindestangaben, insbesondere Prospektschemata (die in der VO (EU) 2019/980 geregelt sind);
- Art. 20 Abs. 6 – Fristen für die Prüfung und Billigung von dreiteiligen Prospekten unter Verwendung eines einheitlichen Registrierungsformulars;
- Art. 23 Abs. 5 und 6 – Nachträge bei Verwendung eines einheitlichen Registrierungsformulars; sowie
- Art. 26 – Notifizierung von einheitlichen Registrierungsformularen.

Die Regelungen bieten Emittenten, deren Wertpapiere an einem geregelten Markt oder an einem MTF[2] zugelassen sind und die beabsichtigen, sich regelmäßig über Wertpapieremissionen am Kapitalmarkt zu finanzieren, die Möglichkeit, auf eine **Rahmenregistrierung** eines einheitlichen Registrierungsformulars[3] zurückzugreifen, um Gelegenheiten zur Kapitalbeschaffung kurzfristig nutzen zu können.[4] Gemäß Art. 9 können Emittenten für die emittentenbezogenen Prospektangaben in jedem Geschäftsjahr ein einheitliches Registrierungsformular erstellen und isoliert von der zuständigen Billigungsbehörde billigen lassen oder (nachdem es für zwei aufeinanderfolgende Geschäftsjahre gebilligt wurde) bei ihr hinterlegen. Das einheitliche Registrierungsformular ermöglicht es dem Emittenten, die Angaben auf dem neuesten Stand zu halten und einen Angebots- und/oder Zulassungsprospekt zu erstellen, wenn die Marktbedingungen günstig werden, indem (nur noch) eine Wertpapierbeschreibung und Zusammenfassung hinzugefügt werden. Dabei kann das einheitliche Registrierungsformular wie das (einfache) Registrierungsformular (→ Art. 10 Rn. 3 ff.) per Verweis in einen einteiligen Prospekt einbezogen oder (in gebilligter Form) als Bestandteil eines dreiteiligen Prospekts – bestehend aus den separaten

---

1 *Groß*, Kapitalmarktrecht, Art. 9 ProspektVO Rn. 3; *Geyer/Schelm*, BB 2019, 1731, 1735.
2 Zur Definition, siehe Art. 2 lit. u ProspektVO.
3 Vgl. auch *Groß*, Kapitalmarktrecht, Art. 9 ProspektVO Rn. 2; *Schlitt/Ries*, in: Assmann/Schlitt/von Kopp-Colomb, Prospektrecht Kommentar, Art. 9 ProspektVO Rn. 6; *Assmann/Buck-Heeb*, in: Assmann/Schütze/Buck-Heeb, Handbuch des Kapitalanlagerechts, § 1 Rn. 72a; *Bauerschmidt*, BKR 2019, 324, 329; *Ritz*, in: Just/Voß/Ritz/Zeising, Wertpapierprospektrecht, 2. Aufl. 2023, Art. 9 ProspektVO Rn. 6.
4 Begründung des Vorschlags für eine Verordnung des Europäischen Parlaments und des Rates über den Prospekt, der beim öffentlichen Angebot von Wertpapieren oder bei deren Zulassung zum Handel zu veröffentlichen ist, v. 30.11.2015, COM/2015/0583 final – 2015/0268 (COD), S. 3.

Bestandteilen Registrierungsformular, Wertpapierbeschreibung und Zusammenfassung – (zur Unterscheidung dieser Prospektarten → Art. 6 Abs. 3 und die dortige Kommentierung Rn. 63 ff.) verwendet werden.[5] Beantragt der Emittent die Billigung eines so erstellten dreiteiligen Prospekts und hat er gemäß Art. 9 Abs. 11 unter den dort genannten Voraussetzungen (dazu näher → Rn. 31) den Status eines Daueremittenten, kommt er in den Genuss des **beschleunigten Billigungsverfahrens nach Art. 20 Abs. 6** mit einer um die Hälfte verkürzten Billigungsfrist[6] (fast track approval[7]). Damit Daueremittenten das einheitliche Registrierungsformular für ein öffentliches Angebot oder die Zulassung zum Handel an einem geregelten Markt von Dividendenwerten (Art. 2 lit. b, z. B. Aktien) sowie Nichtdividendenwerten (Art. 2 lit. c, z. B. Schuldverschreibungen oder derivative Wertpapiere) verwenden können, sieht die ProspektVO eine Erstellung des einheitlichen Registrierungsformulars nach dem (höheren) Offenlegungsstandard für Dividendenwerte vor (vgl. Art. 13 Abs. 2 UAbs. 2), selbst wenn der Emittent später nur Nichtdividendenwerte emittiert.[8]

Die Billigung oder Hinterlegung eines einheitlichen Registrierungsformulars soll Daueremittenten mehr Flexibilität und die **kurzfristige Nutzung von Marktfenstern** ermöglichen,[9] ihnen die Prospekterstellung erleichtern[10] und die mit der Prospekterstellung und -billigung einhergehenden Kosten senken.[11] Bei der Prospekterstellung kann die Erstellung und ggf. Billigung eines großen Teils des Prospekts, der Emittentenangaben, unabhängig von einer konkreten Emission zeitlich vorgelagert werden. Aufwand und erforderlicher zeitlicher Vorlauf bei der Vorbereitung einer konkreten Emission zu einem späteren Zeitpunkt können somit deutlich reduziert werden. Ein gebilligtes bzw. hinterlegtes einheitliches Registrierungsformular kann vor allem dann Effizienzvorteile bringen, wenn der Emittent während dessen Gültigkeitsdauer (zwölf Monate, vgl. Art. 12 Abs. 3 UAbs. 1) mehrmals unterschiedliche Wertpapiere ausgeben möchte, für die dann jeweils anstelle eines vollständigen Prospekts nur noch eine Wertpapierbeschreibung und Zusammenfassung erstellt werden muss.[12] Auch die Emission von Wertpapieren in engerem zeitlichen Zusammenhang (z. B. die Begebung von Nichtdividendenwerten im Rahmen eines Angebotsprogramms) ist unter Verwendung eines einheitlichen Registrierungsformulars

2

---

5 Vgl. BaFin-Workshop v. 28.5.2019, Aufmachung des ein- bzw. mehrteiligen Prospekts sowie eines Basisprospekts, S. 17; *Groß*, in: Ebenroth/Boujong/Joost/Strohn, HGB, Art. 9 VO (EU) 2019/980 Rn. 1.
6 *Schlitt/Ries*, in: Assmann/Schlitt/von Kopp-Colomb, Prospektrecht Kommentar, Art. 9 ProspektVO Rn. 2.
7 Commission Staff Working Document, Impact Assessment Accompanying the document Proposal for a Directive of the European Parliament and of the Council amending Directive 2014/65/EU to make public capital markets in the Union more attractive for companies and to facilitate access to capital for small and medium-sized enterprises and repealing Directive 2001/34/EC, v. 7.12.2022, SWD/2022/762 final, S. 153.
8 Erwägungsgrund 39 ProspektVO; *Schlitt/Ries*, in: Assmann/Schlitt/von Kopp-Colomb, Prospektrecht Kommentar, Art. 9 ProspektVO Rn. 3; *Groß*, Kapitalmarktrecht, Art. 9 ProspektVO Rn. 2; *Grundmann/Möslein*, in: Grundmann, Bankvertragsrecht, Investmentbanking Band II, 2021, Sechster Teil Marktregeln, Rn. 141.
9 Erwägungsgrund 34 und 39 ProspektVO.
10 *Groß*, Kapitalmarktrecht, Art. 9 ProspektVO Rn. 1.
11 Vgl. auch *Schlitt/Ries*, in: Assmann/Schlitt/von Kopp-Colomb, Prospektrecht Kommentar, Art. 9 ProspektVO Rn. 1; *Geyer/Schelm*, BB 2019, 1731, 1735.
12 *Meyer*, in: Habersack/Mülbert/Schlitt, Unternehmensfinanzierung, § 36 Rn. 36.17.

möglich (siehe zur Praxisrelevanz jedoch → Rn. 7). Wurde ein einheitliches Registrierungsformular gebilligt, ist nach Art. 10 Abs. 3 UAbs. 1 (siehe im Einzelnen die Kommentierung hierzu → Art. 10 Rn. 19) im Rahmen dessen Gültigkeit zur Erfüllung der Prospektpflicht bei einem öffentlichen Angebot oder der Zulassung von Wertpapieren des Emittenten zu einem geregelten Markt nur noch die Erstellung (sowie Billigung und Veröffentlichung) einer Wertpapierbeschreibung und Zusammenfassung erforderlich. Die Verwendung des einheitlichen Registrierungsformulars setzt allerdings voraus, dass es nach Billigung fortlaufend aktualisiert wurde (dazu näher → Rn. 26). Wurde das einheitliches Registrierungsformular bei der zuständigen Billigungsbehörde im Vorfeld hingegen ohne vorherige Billigung „nur" hinterlegt, muss der gesamte Prospekt einschließlich des einheitlichen Registrierungsformulars und seiner Änderungen gebilligt werden (→ Art. 10 Abs. 3 UAbs. 2 und die Kommentierung hierzu → Art. 10 Rn. 20). Die **Billigungsfrist** ist dann von zehn auf fünf Arbeitstage verkürzt (Art. 20 Abs. 6).

3 Zudem können Emittenten durch die Veröffentlichung eines einheitlichen Registrierungsformulars gemäß den Anforderungen des Art. 9 Abs. 12 (dazu näher → Rn. 34 ff.) ihre laufenden Offenlegungspflichten im Rahmen der sog. **Regelberichterstattung** gemäß Art. 4 und 5 der RL 2004/109/EG[13] (in Deutschland umgesetzt in §§ 114 ff. WpHG) erfüllen, also der Veröffentlichung von Jahresfinanzberichten bzw. Halbjahresfinanzberichten. Diese müssen nicht mehr gesondert veröffentlicht werden, sofern die entsprechende Publizität bereits durch das einheitliche Registrierungsformular gewährleistet ist.[14] Zweck dieser Regelung ist die Entlastung des Emittenten von einer doppelten Veröffentlichungspflicht.[15]

4 Das einheitliche Registrierungsformular darf nicht mit dem Registrierungsformular nach Art. 10 Abs. 1 verwechselt werden.[16] Es bildet zwar wie dieses (bei Verwendung in einem Prospekt) denjenigen Prospektbestandteil, der die Emittentenangaben enthält (vgl. auch Art. 13 Abs. 2 UAbs. 2).[17] Anders als das (einfache) Registrierungsformular kann das einheitliche Registrierungsformular jedoch dauerhaft für eine Vielzahl von Wertpapieremissionen verwendet werden.[18] Es handelt sich demnach um eine Sonderform des Registrierungsformulars für Daueremittenten.[19] Das einfache Registrierungsformular unterliegt daher auch vereinfachten Regelungen für die Billigung bzw. Hinterlegung. Auch das Verfah-

---

13 Richtlinie 2004/109/EG des Europäischen Parlaments und des Rates vom 14.12.2004 zur Harmonisierung der Transparenzanforderungen in Bezug auf Informationen über Emittenten, deren Wertpapiere zum Handel auf einem geregelten Markt zugelassen sind, und zur Änderung der Richtlinie 2001/34/EG (Transparenzrichtlinie), ABl. EU L 390 vom 31.12.2004, S. 38–57.
14 *Meyer*, in: Habersack/Mülbert/Schlitt, Unternehmensfinanzierung, § 36 Rn. 36.100.
15 Begründung des Vorschlags für eine Verordnung des Europäischen Parlaments und des Rates über den Prospekt, der beim öffentlichen Angebot von Wertpapieren oder bei deren Zulassung zum Handel zu veröffentlichen ist, v. 30.11.2015, COM/2015/0583 final – 2015/0268 (COD), S. 17; *Schlitt/Ries*, in: Assmann/Schlitt/von Kopp-Colomb, Prospektrecht Kommentar, Art. 9 ProspektVO Rn. 23; *Schulz*, WM 2016, 1417, 1422.
16 *Schlitt/Ries*, in: Assmann/Schlitt/von Kopp-Colomb, Prospektrecht Kommentar, Art. 9 ProspektVO Rn. 4; *Bronger/Scherer*, WM 2017, 460, 464.
17 *Grundmann/Möslein*, in: Grundmann, Bankvertragsrecht, Investmentbanking Band II, 2021, Sechster Teil Marktregeln, Rn. 140.
18 *Schlitt/Ries*, in: Assmann/Schlitt/von Kopp-Colomb, Prospektrecht Kommentar, Art. 9 ProspektVO Rn. 4; *Grundmann/Möslein*, in: Grundmann, Bankvertragsrecht, Investmentbanking Band II, 2021, Sechster Teil Marktregeln, Rn. 140; *Groß*, Kapitalmarktrecht, Art. 9 ProspektVO Rn. 3.
19 *Groß*, Kapitalmarktrecht, Art. 9 ProspektVO Rn. 3; *Geyer/Schelm*, BB 2019, 1731, 1735.

ren zur Änderung des einheitlichen Registrierungsformulars (→ Rn. 26) ist im Vergleich zum Verfahren für einen Nachtrag zu einem Prospekt (Art. 23) vereinfacht, da weder ein öffentliches Angebot noch eine Zulassung zum Handel stattfindet, solange das einheitliche Registrierungsformular nicht Teil eines Prospekts ist. Ebenso handelt es sich bei dem einheitlichen Registrierungsformular als solchem (noch) nicht um einen Prospekt.[20] Das einheitliche Registrierungsformular allein unterliegt somit auch nicht der Prospekthaftung nach Art. 11 (in Deutschland umgesetzt in §§ 9 ff. WpPG). Vielmehr entsteht diese erst, wenn das einheitliche Registrierungsformular als Bestandteil eines gebilligten Angebots- oder Zulassungsprospekts verwendet wird (Art. 11 Abs. 3).

2. Regelungshintergrund

Den Regelungen zum einheitlichen Registrierungsformular kommt die **Primärfunktion** zu, Dauereremittenten ein **vereinfachtes und kosteneffizienteres Verfahren** zur Verfügung zu stellen, durch das kontinuierlich ein Registrierungsformular hinterlegt (und gebilligt) sowie fortgeschrieben werden kann. Dieses ist sodann kurzfristig verfügbar und beschleunigt das Prospektbilligungsverfahren. So kann der Emittent zeitnah auf Marktgegebenheiten reagieren.[21] Neben dieser Primärfunktion des einheitlichen Registrierungsformulars tritt eine **Sekundärfunktion**. Diese liegt darin, mit dem einheitlichen Registrierungsformular für Marktteilnehmer ein jederzeitig verfügbares, konsolidiertes und gut strukturiertes **Informationsinstrument zum Emittenten** zur Verfügung zu haben.[22] 5

Das einheitliche Registrierungsformular und die mit seiner Verwendung verbundenen Verfahrenserleichterungen sind dem französischen Registrierungsdokument (document de référence) nachgebildet,[23] das in Frankreich bereits vor Einführung des einheitlichen Registrierungsformulars im Zuge der ProspektVO zum Einsatz kam.[24] Es greift darüber hinaus durch die Erleichterungen bei der Erfüllung der Regelpublizitätspflichten (→ Rn. 34 ff.) im Ansatz auf das Konzept eines integrierten Offenlegungssystems US-amerikanischer Prägung zurück.[25] Die Regelungen zum einheitlichen Registrierungsfor- 6

---

20 *Groß*, Kapitalmarktrecht, Art. 9 ProspektVO Rn. 2; *Schlitt/Ries*, in: Assmann/Schlitt/von Kopp-Colomb, Prospektrecht Kommentar, Art. 9 ProspektVO Rn. 3.
21 *Grundmann/Möslein*, in: Grundmann, Bankvertragsrecht, Investmentbanking Band II, 2021, Sechster Teil Marktregeln, Rn. 76, 140; siehe auch Erwägungsgrund 39 und 43 ProspektVO.
22 Begründung des Vorschlags für eine Verordnung des Europäischen Parlaments und des Rates über den Prospekt, der beim öffentlichen Angebot von Wertpapieren oder bei deren Zulassung zum Handel zu veröffentlichen ist, v. 30.11.2015, COM/2015/0583 final – 2015/0268 (COD), S. 17; auch *Grundmann/Möslein*, in: Grundmann, Bankvertragsrecht, Investmentbanking Band II, 2021, Sechster Teil Marktregeln, Rn. 140.
23 *Meyer*, in: Habersack/Mülbert/Schlitt, Unternehmensfinanzierung, § 36 Rn. 36.105; *Ritz*, in: Just/Voß/Ritz/Zeising, Wertpapierprospektrecht, 2. Aufl. 2023, Art. 9 ProspektVO Rn. 5.
24 Vgl. Commission Staff Working Document, Impact Assessment Accompanying the document Proposal for a Regulation of the European Parliament and of the Council on the prospectus to be published when securities are offered to the public or admitted to trading, v. 30.11.2015, SWD/2015/255 final, S. 26.
25 *Meyer*, in: Habersack/Mülbert/Schlitt, Unternehmensfinanzierung, § 36 Rn. 36.105; zum integrierten Offenlegungssystem *Werlen/Sulzer*, in: Habersack/Mülbert/Schlitt, Unternehmensfinanzierung, § 45 Rn. 45.55.

mular bleiben jedoch hinter dem US-amerikanischen Pendant der sog. shelf registration[26] zurück. Danach können kapitalmarkterfahrene Daueremittenten (well-known seasoned issuers, sog. WKSI)[27] ein Registrierungsdokument für die Durchführung eines öffentlichen Angebots bei der Securities and Exchange Commission (SEC) einreichen, das bereits mit Einreichung ohne vorherige Prüfung bzw. Billigung durch die SEC wirksam wird. Ein WKSI kann ein solches bei der SEC eingereichtes Registrierungsdokument innerhalb einer Gültigkeitsdauer von drei Jahren durch bloße Einreichung eines emissionsbezogenen Nachtrags, der die Angebotskonditionen beschreibt, ebenfalls ohne Billigung als Prospekt für eine Wertpapieremission verwenden.[28] Hingegen unterliegt das einheitliche Registrierungsformular grds. einer Billigungspflicht (siehe jedoch zur Möglichkeit der Hinterlegung im Hinterlegungsverfahren → Rn. 18 f.). Auch bei der Durchführung einer Wertpapieremission unter Verwendung eines gebilligten oder hinterlegten einheitlichen Registrierungsformulars ist in jedem Fall zumindest die Billigung der übrigen Prospektbestandteile (Wertpapierbeschreibung und Zusammenfassung) erforderlich.[29]

3. Praktische Bedeutung

7 Die praktische Bedeutung des einheitlichen Registrierungsformulars wurde bereits vor Inkrafttreten der neuen ProspektVO in Frage gestellt[30] und wird weiterhin bezweifelt.[31] Es wird vorgebracht, dass der Billigungsprozess des einheitlichen Registrierungsformulars zu viel Zeit in Anspruch nehme, die Kosten der regelmäßigen Aktualisierung außer Verhältnis zum Nutzen stünden und die Gleichstellung von Nichtdividendenwerten mit Dividendenwerten hinsichtlich der Anforderungen an die Erstellung ungeeignet sei, eine tatsächliche Entlastung des Emittenten zu bewirken.[32] Die wiederholte Finanzierung über Wertpapieremissionen am Kapitalmarkt erfolgt in der Regel durch die Aufnahme von Fremdkapital, d. h. Anleiheemissionen. Für diese steht mit dem Basisprospekt (→ Art. 8 Rn. 1 ff.) ein für den kurzfristigen Zugang zum Kapitalmarkt taugliches[33] und bei Dau-

---

26 Rule 415 under the U.S. Securities Act of 1933.
27 Rule 405 under the U.S. Securities Act of 1933; *Meyer*, in: Habersack/Mülbert/Schlitt, Unternehmensfinanzierung, § 36 Rn. 36.105.
28 *Meyer*, in: Habersack/Mülbert/Schlitt, Unternehmensfinanzierung, § 36 Rn. 36.105.
29 *Schlitt/Ries*, in: Assmann/Schlitt/von Kopp-Colomb, Prospektrecht Kommentar, Art. 9 ProspektVO Rn. 5.
30 *Geyer/Schelm*, BB 2019, 1731, 1736; *Bronger/Scherer*, WM 2017, 460, 465; *Schulz*, WM 2016, 1417, 1422; *Schmitt//Bhatti/Storck*, ZEuP 2019, 287, 303.
31 *Schlitt/Ries*, in: Assmann/Schlitt/von Kopp-Colomb, Prospektrecht Kommentar, Art. 9 ProspektVO Rn. 24; *Oulds*, in: Kümpel/Mülbert/Früh/Seyfried, Bank- und Kapitalmarktrecht, Rn. 15.720; *Zivny/Mock*, EU-ProspektVO/KMG 2019, Art. 9 ProspektVO Rn. 1; *Oulds/Wöckener*, RdF 2020, 4, 6; *Ritz*, in: Just/Voß/Ritz/Zeising, Wertpapierprospektrecht, 2. Aufl. 2023, Art. 9 ProspektVO Rn. 5.
32 Dazu Commission Staff Working Document, Impact Assessment Accompanying the document Proposal for a Directive of the European Parliament and of the Council amending Directive 2014/65/EU to make public capital markets in the Union more attractive for companies and to facilitate access to capital for small and medium-sized enterprises and repealing Directive 2001/34/EC, v. 7.12.2022, SWD/2022/762 final, S. 87, S. 185.
33 *Meyer*, in: Habersack/Mülbert/Schlitt, Unternehmensfinanzierung, § 36 Rn. 36.105; auch *Oulds*, in: Kümpel/Mülbert/Früh/Seyfried, Bank- und Kapitalmarktrecht, Rn. 15.720; *Zivny/Mock*, EU-ProspektVO/KMG 2019, Art. 9 ProspektVO Rn. 8; *Wöckener/Kutzbach*, RdF 2018, 276, 277;

eremittenten etabliertes[34] Instrument zur Verfügung. Zum einen unterliegt der Basisprospekt deutlich weniger umfangreichen Offenlegungspflichten in Bezug auf die Emittentenangaben. Diese müssen (nur) den Pflichtangaben für Registrierungsformulare für Nichtdividendenwerte (Anhänge 6–8 und 10 VO (EU) 2019/980) entsprechen. Dadurch ist verglichen mit der Verwendung eines einheitlichen Registrierungsformulars die Prospekterstellung mit deutlich geringerem Aufwand möglich.[35] Zum anderen erfordert der Basisprospekt bei Durchführung einer konkreten Emission (Ziehung) lediglich die Erstellung sog. endgültiger Bedingungen, die, anders als ein unter Verwendung eines einheitlichen Registrierungsformulars für eine solche Emission erstellter Prospekt, keiner (erneuten) Billigung durch die Billigungsbehörde bedürfen.[36] In der Emissionspraxis in Deutschland spielt das einheitliche Registrierungsformulars daher insgesamt keine nennenswerte Rolle. Auch in der EU (einschließlich EEA) wurden im Jahr 2021 insgesamt nur 36 einheitliche Registrierungsformulare gebilligt (im Jahr 2020: 56; im Jahr 2019: 15). Dabei entfielen 72 % aller gebilligten einheitlichen Registrierungsformulare auf Frankreich, 17 % auf Spanien, 6 % auf die Niederlande und 5 % auf Island.[37]

4. Weitere Regelungen zum einheitlichen Registrierungsformular

Weitere Regelungen zum einheitlichen Registrierungsformular sind in der ProspektVO in Art. 10 Abs. 3 (Verwendung als Bestandteil eines zu billigenden Prospekts), Art. 11 Abs. 3 (keine Prospekthaftung außerhalb der Verwendung als Bestandteil eines gebilligten Prospekts), Art. 12 Abs. 3 (Gültigkeit), Art. 20 Abs. 6 (verkürzte Billigungsfrist), Art. 26 (Notifizierung), Art. 23 Abs. 5 und 6 (Nachtragspflicht bei Verwendung als Bestandteil eines gebilligten Prospekts) enthalten. Die erforderlichen Mindestangaben im einheitlichen Registrierungsformular werden innerhalb des durch Art. 13 Abs. 2 gesteckten Rahmens in der VO (EU) 2019/980[38] festgelegt, einschließlich eines speziellen Schemas für das einheitliche Registrierungsformular (Anhang 2 VO (EU) 2019/980), das über die Verweisungsnorm in Art. 3 VO (EU) 2019/980 Anwendung findet, und die detaillierten Anforderungen für das Registrierungsformular für Dividendenwerte (Anhang 1 VO (EU) 2019/980) für anwendbar erklärt. Regelungen zur Überprüfung des einheitlichen Registrierungsformulars sind in Art. 35 und Art. 41 f. der VO (EU) 2019/980 enthalten. Hinweise zur Auslegung und zum Verständnis der Regelungen zu Änderungen und Nach-

8

Oulds/Wöckener, RdF 2020, 4, 6; *Ritz*, in: Just/Voß/Ritz/Zeising, Wertpapierprospektrecht, 2. Aufl. 2023, Art. 9 ProspektVO Rn. 5.
34 *Oulds*, in: Kümpel/Mülbert/Früh/Seyfried, Bank- und Kapitalmarktrecht, Rn. 15.720.
35 *Wöckener/Kutzbach*, RdF 2018, 276, 277; *Oulds/Wöckener*, RdF 2020, 4, 6.
36 *Meyer*, in: Habersack/Mülbert/Schlitt, Unternehmensfinanzierung, Rn. 36.105; *Geyer/Schelm*, BB 2019, 1731, 1735; *Bronger/Scherer*, WM 2017, 460, 465.
37 ESMA, Statistical Report on EU Prospectuses, ESMA-50-165-2336, 15.12.2022, S. 9.
38 Delegierte Verordnung (EU) 2019/980 der Kommission vom 14.3.2019 zur Ergänzung der Verordnung (EU) 2017/1129 des Europäischen Parlaments und des Rates vom 14.6.2017 hinsichtlich der Aufmachung, des Inhalts, der Prüfung und der Billigung des Prospekts, der beim öffentlichen Angebot von Wertpapieren oder bei deren Zulassung zum Handel an einem geregelten Markt zu veröffentlichen ist, und zur Aufhebung der Verordnung (EG) Nr. 809/2004 der Kommission, ABl. EU Nr. 166 v. 21.6.2019, S. 26.

trägen zum einheitlichen Registrierungsformular gibt u. a. die ESMA in ihren regelmäßig veröffentlichten „Questions and Answers on the Prospectus Regulation".[39]

5. Exkurs: Reformvorhaben gemäß dem EU Listing Act

9 Aufgrund seiner geringen Praxisrelevanz sollen die Regelungen zum einheitlichen Registrierungsformular im Zuge des sog. EU Listing Act,[40] eines mehrteiligen Maßnahmenpakets u. a. zur Änderung der ProspektVO, der Marktmissbrauchsverordnung[41] und der MiFIR,[42] vereinfacht werden.[43] Die Regelwerke sollen dabei wirksamer gestaltet und die Verwendung der Rahmenregistrierung insgesamt erhöht werden. Um den Aufwand für Emittenten weiter zu verringern und Anreize für die Verwendung des einheitlichen Registrierungsformulars zu schaffen,[44] soll Daueremittenten bereits nach einmaliger Billigung des einheitlichen Registrierungsformulars für ein Geschäftsjahr bei künftigen einheitlichen Registrierungsformularen die Hinterlegungsmöglichkeit bei der zuständigen Behörde zur Verfügung stehen (Art. 9 Abs. 2 UAbs. 2 Änderungs-VO-E). Des Weiteren soll Emittenten das Wahlrecht eingeräumt werden, das einheitliche Registrierungsformular in der im internationalen Finanzsektor gebräuchlichen englischen Sprache zu erstellen (vgl. Art. 27 Abs. 1 und 2 Änderungs-VO-E; siehe dazu auch weiter unten Rn. 22).[45] Nicht geregelt wurde hingegen die Möglichkeit, die Erstellung des neuen Prospektformats des EU-Folgeprospekts für Sekundäremissionen (vgl. Art. 14b Änderungs-VO-E) oder die Aktualisierung von Basisprospekten durch Billigung oder Hinterlegung eines einheitlichen Registrierungsformulars ohne Nachtrag zum Basisprospekt zu erlauben.[46] Auch der Vorschlag,[47] die Erstellung des einheitlichen Registrierungsformulars nach dem verein-

---

39 ESMA, Questions and Answers on the Prospectus Regulation, ESMA/2019/ESMA31-62-1258 (Version 12, last updated on 3 February 2023), S. 26 ff.
40 Siehe dazu *Gumpp*, BKR 2023, 82 ff.; *Schmidt*, EuZW 2023, 3 f.; *Bremer*, NZG 2023, 14 f.; *Veil/Wiesner/Reichert*, ECFR 2022, 445 f.
41 Verordnung (EU) Nr. 596/2014 des Europäischen Parlaments und des Rates vom 16.4.2014 über Marktmissbrauch (Marktmissbrauchsverordnung) und zur Richtlinie 2003/6/EG des Europäischen Parlaments und des Rates und der Richtlinien 2003/124/EG, 2003/125/EG und 2004/72/EG der Kommission.
42 Verordnung (EU) Nr. 600/2014 des Europäischen Parlaments und des Rates v. 15.5.2014 über Märkte für Finanzinstrumente und zur Änderung der Verordnung (EU) Nr. 648/2012.
43 Siehe Vorschlag für eine Verordnung des Europäischen Parlaments und des Rates zur Änderung der Verordnungen (EU) 2017/1129, (EU) Nr. 596/2014 und (EU) Nr. 600/2014 zur Steigerung der Attraktivität der öffentlichen Kapitalmärkte in der Union für Unternehmen und zur Erleichterung des Kapitalzugangs für kleine und mittlere Unternehmen v. 7.12. 2022(COM) 2022 762 final – 2022/0411 (COD) (Änderungs-VO-E).
44 Erwägungsgrund 20 Änderungs-VO-E.
45 Vgl. Begründung zum Änderungs-VO-E, S. 27.
46 Siehe dazu den Änderungsvorschlag der International Capital Market Association, EU Listing Act proposals: Prospectus Regulation and Market Abuse Regulation amendments, Listing Directive repeal v. 13.3.2023, S. 4, 5.
47 Commission Staff Working Document, Impact Assessment Accompanying the document Proposal for a Directive of the European Parliament and of the Council amending Directive 2014/65/EU to make public capital markets in the Union more attractive for companies and to facilitate access to capital for small and medium-sized enterprises and repealing Directive 2001/34/EC, v. 7.12.2022, SWD/2022/762 final, S. 186.

fachten Regime für Sekundäremissionen (Art. 14, Anhang 3, Anhang 8 VO (EU) 2019/2980) zu ermöglichen, wurde nicht aufgegriffen.

II. Anwendungsbereich und inhaltliche Anforderungen (Art. 9 Abs. 1)

Art. 9 Abs. 1 regelt für das einheitliche Registrierungsformular den **Anwendungsbereich** und legt zugleich die **inhaltlichen Anforderungen** fest.

1. Anwendungsbereich

Das einheitliche Registrierungsformular steht nur Emittenten zur Verfügung, deren Wertpapiere bereits zum Handel an einem **geregelten Markt** oder einem **MTF**[48] zugelassen sind. Denn nur diese Emittenten verbürgen die für die Nutzung des einheitlichen Registrierungsformulars erforderlichen Qualitätsstandards[49] in Bezug auf die für den Erhalt des Daueremittentenstatus nach Art. 9 Abs. 11 nachzuweisende Erfüllung der Regel- und Ad-hoc-Publizitätspflichten (→ Rn. 31). Art. 9 Abs. 1 sieht demnach eine dem Anlegerschutz dienliche Eingangsschwelle für die Nutzung des Instruments der Rahmenregistrierung vor.[50] Aus Art. 9 Abs. 1 („kann") ergibt sich, dass die Erstellung eines einheitlichen Registrierungsformulars nicht verpflichtend ist.[51] Jedoch ist die Erstellung Voraussetzung, um den Status des Daueremittenten zu erlangen und dadurch in den Genuss der damit verbundenen Verfahrenserleichterungen zu gelangen.

2. Inhaltliche Anforderungen

Das einheitliche Registrierungsformular enthält gemäß Art. 9 Abs. 1 Angaben zu **Organisation, Geschäftstätigkeit, Finanzlage, Ertrag und Zukunftsaussichten, Führung und Beteiligungsstruktur des Emittenten** und somit ausschließlich emittentenbezogene Angaben, die von einer konkreten Emission sowie einem späteren öffentlichen Angebot sowie einer Zulassung von Wertpapieren unabhängig sind.[52] Grundsätzlich sind dabei Inhalt und Gliederung des einheitlichen Registrierungsformulars denen eines (einfachen) Registrierungsformulars äquivalent[53] und zwar, um die multifunktionale[54] Verwendbarkeit in

---

48 Zur Definition, siehe Art. 2 lit. u ProspektVO.
49 *Grundmann/Möslein*, in: Grundmann, Bankvertragsrecht, Investmentbanking Band II, 2021, Sechster Teil Marktregeln, Rn. 140.
50 *Grundmann/Möslein*, in: Grundmann, Bankvertragsrecht, Investmentbanking Band II, 2021, Sechster Teil Marktregeln, Rn. 140.
51 Siehe auch Begründung des Vorschlags für eine Verordnung des Europäischen Parlaments und des Rates über den Prospekt, der beim öffentlichen Angebot von Wertpapieren oder bei deren Zulassung zum Handel zu veröffentlichen ist, v. 30.11.2015, COM/2015/0583 final – 2015/0268 (COD), S. 17, in der von einer „freiwilligen" Rahmenregistrierung die Rede ist; auch *Groß*, in: Ebenroth/Boujong/Joost/Strohn, HGB, Art. 9 VO (EU) 2019/980 Rn. 7.
52 *Schlitt/Ries*, in: Assmann/Schlitt/von Kopp-Colomb, Prospektrecht Kommentar, Art. 9 ProspektVO Rn. 8; *Groß*, Kapitalmarktrecht, Art. 9 ProspektVO Rn. 4; *Schulz*, WM 2016, 1417, 1421.
53 *Grundmann/Möslein*, in: Grundmann, Bankvertragsrecht, Investmentbanking Band II, 2021, Sechster Teil, Marktregeln, Rn. 141; *Oulds*, in: Kümpel/Mülbert/Früh/Seyfried, Bank- und Kapitalmarktrecht, Rn. 15.719; *Geyer/Schelm*, BB 2019, 1731, 1735.
54 Erwägungsgrund 39 zur ProspektVO.

Prospekten für die Emission von Dividendenwerten und Nichtdividendenwerten zu ermöglichen, nach dem anspruchsvollsten **Offenlegungsstandard für die Emission von Dividendenwerten**.[55] Die erforderlichen **Mindestangaben** im einheitlichen Registrierungsformular werden in Art. 3 VO (EU) 2019/980, der wiederum auf Anhang 2 VO (EU) 2019/980 verweist, konkretisiert. Danach muss das einheitliche Registrierungsformular alle nach Anhang 1 VO (EU) 2019/980 vorgeschriebenen Pflichtangaben für Registrierungsformulare für Dividendenwerte enthalten (Anhang 2, Abschnitt 1, Punkt 1.1 VO (EU) 2019/980). Das einheitliche Registrierungsformular ist gem. Art. 9 Abs. 1 mit diesem Inhalt jedes Geschäftsjahr neu aufzulegen („Aufdatierung"), allerdings nicht notwendig auch immer zu billigen[56] (siehe zur Möglichkeit der Hinterlegung im Hinterlegungsverfahren → Rn. 18 f.).

13 Je nachdem, ob das einheitliche Registrierungsformular gebilligt oder ohne vorherige Billigung bei der zuständigen Behörde hinterlegt werden soll, ist zudem die in Registrierungsformulare aufzunehmende Erklärung nach Anhang 1, Abschnitt 1, Punkt 1.5 VO (EU) 2019/980 um eine spezielle, in Anhang 2 VO (EU) 2019/980, Abschnitt 1, Punkt 1.2 aufgeführte Erklärung zu ergänzen bzw. zu ersetzen (→ siehe im Einzelnen die Kommentierung zu Anhang 2 zur VO (EU) 2019/980 Rn. 12 ff.).

14 Für die einzelnen inhaltlichen Anforderungen von Anhang 2 und Anhang 1 der VO (EU) 2019/980) wird auf die dortige Kommentierung verwiesen.

III. Billigung, Hinterlegung und Veröffentlichung (Art. 9 Abs. 2 bis 4)

1. Billigung

a) Gesonderte Billigung des einheitlichen Registrierungsformulars

15 Das einheitliche Registrierungsformular unterliegt grundsätzlich einer **Billigungspflicht**. Entscheidet sich der Emittent zur Erstellung eines einheitlichen Registrierungsformulars, muss er dieses der Billigungsbehörde des Herkunftsmitgliedstaats (Art. 2 lit. m und r) zur Billigung im **Billigungsverfahren nach Art. 20 Abs. 2 und 4** (zu den Einzelheiten siehe die Kommentierung hierzu) vorlegen (Art. 9 Abs. 2 UAbs. 1). Um in den Genuss des Daueremittentenstatus mit seinen Erleichterungen im Billigungsverfahren (→ Rn. 16, Rn. 31) zu kommen, muss der Emittent bereits bei der erstmaligen Vorlage die Absicht haben, in jedem Geschäftsjahr ein einheitliches Registrierungsformular vorzulegen.[57] In seinem Antrag hat der Emittent anzugeben, ob das einheitliche Registrierungsformular zur Billigung oder zur Hinterlegung ohne vorherige Billigung (dazu sogleich → Rn. 18 f.) eingereicht wird (Art. 9 Abs. 2 UAbs. 4). Der Antrag ist kein Antrag im Sinne des Verwaltungsverfahrensgesetzes (VwVfG), sondern vielmehr eine eindeutige Absichtserklärung, ob die Ein-

---

55 *Grundmann/Möslein*, in: Grundmann, Bankvertragsrecht, Investmentbanking Band II, 2021, Sechster Teil, Marktregeln, Rn. 141; *Groß*, Kapitalmarktrecht, Art. 9 ProspektVO Rn. 2.
56 *Grundmann/Möslein*, in: Grundmann, Bankvertragsrecht, Investmentbanking Band II, 2021, Sechster Teil, Marktregeln, Rn. 141.
57 *Zivny/Mock*, EU-ProspektVO/KMG 2019, Art. 9 ProspektVO Rn. 12.

reichung zur Hinterlegung oder zur Billigung erfolgen soll.[58] Entsprechend dem **Prüfungsmaßstab** im Prospektbilligungsverfahren (Art. 2 lit. r) prüft die Billigungsbehörde das einheitliche Registrierungsformular auf Vollständigkeit, Verständlichkeit und Kohärenz.[59] Dies folgt auch aus Art. 9 Abs. 8 UAbs. 2, wonach die zuständige Behörde bei der Überprüfung hinterlegter einheitlicher Registrierungsformulare diesen Prüfungsmaßstab anwendet. Dabei finden ebenfalls die in den Art. 36 ff. VO (EU) 2019/980 festgelegten Kriterien für diese Prüfung Anwendung.

Ab dem Zeitpunkt, zu dem der Emittent das einheitliche Registrierungsformular bei der zuständigen Billigungsbehörde zur Billigung hinterlegt und er die zusätzlichen Voraussetzungen des Art. 9 Abs. 11 (→ Rn. 31) erfüllt, gilt er als **Daueremittent**.[60] Er gelangt damit bei Billigung eines Angebots- und/oder Zulassungsprospekts unter Verwendung des (gebilligten) einheitlichen Registrierungsformulars in den Genuss des **beschleunigten Billigungsverfahrens nach Art. 20 Abs. 6**.

b) Billigung bei Verwendung als Bestandteil eines Prospekts

Die Billigung des einheitlichen Registrierungsformulars als solchem ist von der Billigung des einheitlichen Registrierungsformulars als Prospektbestandteil zu unterscheiden. Möchte der Emittent ein gebilligtes oder hinterlegtes einheitliches Registrierungsformular als Bestandteil eines Prospekts verwenden, muss er zur Durchführung eines öffentlichen Angebots oder zur Zulassung von Wertpapieren nur noch eine Wertpapierbeschreibung und eine Zusammenfassung erstellen. Wurde das **einheitliche Registrierungsformular** bereits **gebilligt**, müssen vor Verwendung des Prospekts nur noch die Wertpapierbeschreibung, die Zusammenfassung und sämtliche seit Billigung des einheitlichen Registrierungsformulars hinterlegten Änderungen gebilligt werden (Art. 10 Abs. 3 UAbs. 1). Wurde das **einheitliche Registrierungsformular** ohne vorherige Billigung „nur" **hinterlegt**, muss der gesamte Prospekt einschließlich des einheitlichen Registrierungsformulars und seiner Änderungen gebilligt werden (Art. 10 Abs. 3) (siehe zu den Einzelheiten → Art. 10 Rn. 20). War der Emittent zuvor von der Billigungsbehörde darüber informiert worden, dass das einheitliche Registrierungsformular noch geändert oder ergänzt werden muss, sind die verlangten Änderungen des einheitlichen Registrierungsformulars zusammen mit dem Antrag auf Billigung des Prospekts einzureichen (Art. 9 Abs. 9 UAbs. 2).

2. Hinterlegungsmöglichkeit im Hinterlegungsverfahren

Wurde ein einheitliches Registrierungsformular in zwei aufeinanderfolgenden Geschäftsjahren von der zuständigen Billigungsbehörde gebilligt, ist in den Folgejahren gemäß Art. 9 Abs. 2 UAbs. 2 die bloße Hinterlegung des einheitlichen Registrierungsformulars bei der Billigungsbehörde ausreichend, ohne dass es einer vorherigen Billigung bedarf.

---

58 Dies hat insbesondere Auswirkungen auf die gemäß Art. 42 Abs. 2 VO (EU) 2019/980 beizubringenden Unterlagen; siehe BaFin-Workshop v. 28.5.2019, Aufmachung des ein- bzw. mehrteiligen Prospekts sowie eines Basisprospekts, S. 1, 21; siehe auch *Schlitt/Ries*, in: Assmann/Schlitt/von Kopp-Colomb, Prospektrecht Kommentar, Art. 9 ProspektVO Rn. 12; *Groß*, Kapitalmarktrecht, Art. 9 ProspektVO Rn. 2.
59 *Groß*, Kapitalmarktrecht, Art. 9 ProspektVO Rn. 8; *Grundmann/Möslein*, in: Grundmann, Bankvertragsrecht, Investmentbanking Band II, 2021, Sechster Teil, Marktregeln, Rn. 141.
60 Siehe auch Erwägungsgrund 39 ProspektVO.

Art. 9 ProspektVO Das einheitliche Registrierungsformular

Dem liegt der Gedanke zugrunde, dass der Emittent sich dann das Vertrauen der Billigungsbehörde erworben hat,[61] sodass es künftig einer Billigung des einheitlichen Registrierungsformulars nicht mehr bedarf. Für den Emittenten entfällt damit das Kosten verursachende Billigungsverfahren und der damit verbundene zeitliche Vorlauf vor Veröffentlichung des einheitlichen Registrierungsformulars.[62] Die Einräumung dieser **Hinterlegungsmöglichkeit ohne vorherige Billigungspflicht** wird damit begründet, dass, sobald ein einheitliches Registrierungsformular zwei Geschäftsjahre in Folge hinterlegt und gebilligt wurde, der Emittent als der Billigungsbehörde bekannt angesehen werden kann.[63] Die zuständige Billigungsbehörde kann das einheitliche Registrierungsformular jedoch **nachträglich prüfen** (zur jederzeitigen Überprüfungsmöglichkeit → Rn. 27). In der Zeit vor dem 21.7.2019 gebilligte einheitliche Registrierungsformulare nach Anhang 1 der VO Nr. 809/2004 werden dabei nach der Übergangsregelung in Art. 9 Abs. 3 als gleichwertig anerkannt[64] und können seit dem 21.7.2019 ebenfalls ohne vorherige Billigung hinterlegt werden. Um den Aufwand für Emittenten weiter zu verringern und Anreize für die Verwendung des einheitlichen Registrierungsformulars zu schaffen,[65] soll Dauermittenten nach den Regelungen im sog. EU Listing Act zukünftig bereits nach einmaliger Billigung des einheitlichen Registrierungsformulars für ein Geschäftsjahr die Hinterlegungsmöglichkeit bei der zuständigen Behörde zur Verfügung stehen (Art. 9 Abs. 2 UAbs. 2 Änderungs-VO-E).

19 **Hinterlegung** ist dabei als die wirksame Übermittlung des einheitlichen Registrierungsformulars an die zuständige Behörde zu verstehen. Voraussetzung für die Wirksamkeit ist neben der Einhaltung der Vorgaben nach Art. 9 Abs. 2 bzw. Abs. 3 die vollständige Einreichung der gemäß Art. 42 Abs. 4 Satz 1 i.V.m. Abs. 2 VO (EU) 2019/980 einzureichenden Unterlagen. Hierzu gehören insbesondere die in Form eines Verweises nach Art. 9 Abs. 6 i.V.m. Art. 19 (→ Rn. 25) in das einheitliche Registrierungsformular einbezogenen Angaben, sofern diese nicht schon von derselben zuständigen Behörde gebilligt oder bei dieser hinterlegt wurden. Die wirksame Hinterlegung des einheitlichen Registrierungsformulars und der sonstigen einzureichenden Unterlagen wird durch die zuständige Billigungsbehörde gemäß Art. 45 Abs. 1 VO (EU) 2019/1980 bestätigt.[66] Versäumt es der Emittent, in einem Geschäftsjahr ein einheitliches Registrierungsformular zu hinterlegen, hat dies zur Folge, dass ihm die Möglichkeit der Hinterlegung ohne vorherige Billigung wieder entzogen wird (Art. 9 Abs. 2 UAbs. 3). Das Billigungserfordernis lebt wieder

---

61 *Grundmann/Möslein*, in: Grundmann, Bankvertragsrecht, Investmentbanking Band II, 2021, Sechster Teil, Marktregeln, Rn. 144.
62 *Schlitt/Ries*, in: Assmann/Schlitt/von Kopp-Colomb, Prospektrecht Kommentar, Art. 9 ProspektVO Rn. 14.
63 Siehe Erwägungsgrund 40 ProspektVO.
64 *Meyer*, in: Habersack/Mülbert/Schlitt, Unternehmensfinanzierung, § 36 Rn. 36.101; *Schlitt/Ries*, in: Assmann/Schlitt/von Kopp-Colomb, Prospektrecht Kommentar, Art. 9 ProspektVO Rn. 17; *Grundmann/Möslein* in: Grundmann, Bankvertragsrecht, Investmentbanking Band II, 2021, Sechster Teil, Marktregeln Rn. 144; *Ritz*, in: Just/Voß/Ritz/Zeising, Wertpapierprospektrecht, 2. Aufl. 2023, Art. 9 ProspektVO Rn. 12.
65 Erwägungsgrund 20 Änderungs-VO-E.
66 Vgl. BaFin-Workshop v. 28.5.2019, Aufmachung des ein- bzw. mehrteiligen Prospekts sowie eines Basisprospekts, S. 1, 25.

auf.[67] Der Emittent muss dann erneut für zwei aufeinanderfolgende Geschäftsjahre ein einheitliches Registrierungsformular hinterlegen, um wieder in den Genuss der Hinterlegungsmöglichkeit ohne vorherige Billigung zu gelangen (Art. 9 Abs. 2 UAbs. 3).

3. Notifizierung

Die Regelung in Art. 9 Abs. 2 UAbs. 5 stellt klar, dass auch nicht gebilligte, sondern lediglich hinterlegte einheitliche Registrierungsformulare im Notifizierungsverfahren (Art. 26) gebilligt werden können. Beantragt ein Emittent[68] die Notifizierung eines einheitlichen Registrierungsformulars gemäß Art. 26 für die Verwendung (und Billigung) als Bestandteil eines für ein öffentliches Angebot oder die Zulassung von Wertpapieren zum Handel an einem geregelten Markt zu billigenden Prospekts, so hat er das einheitliche Registrierungsformular – einschließlich etwaiger zuvor hinterlegter Änderungen daran – der Billigungsbehörde zur Billigung vorzulegen.

4. Veröffentlichung

Das einheitliche Registrierungsformular ist, einschließlich etwaiger Änderungen nach Art. 9 Abs. 7 und Abs. 9 (→ Rn. 26), **unverzüglich nach seiner Billigung oder Hinterlegung** zu veröffentlichen (Art. 9 Abs. 4).[69] Der Begriff der unverzüglichen Veröffentlichung ist in der ProspektVO nicht näher definiert. Er ist jedoch nach dem Sinn und Zweck der Verordnung auszulegen, der darin besteht, den Anlegern eine zeitnahe und umfassende Information über die Emittenten und die Wertpapiere zu bieten, die sie erwerben oder zeichnen wollen. Daher ist eine Veröffentlichung unverzüglich, wenn sie in Anlehnung an die Legaldefinition des § 121 BGB ohne schuldhaftes Zögern erfolgt, das heißt, wenn der Emittent alle zumutbaren Maßnahmen ergriffen hat, um die Veröffentlichung so schnell wie möglich nach der Billigung durch die zuständige Behörde zu bewirken.[70] Die Veröffentlichungsregelung des Art. 9 Abs. 7 ist hinsichtlich des Zeitpunkts der Veröffentlichung strenger als die des Art. 21, wonach der Prospekt nach seiner Billigung rechtzeitig vor und spätestens mit Beginn des öffentlichen Angebots oder der Zulassung der betreffenden Wertpapiere zum Handel an einem geregelten Markt zu veröffentlichen ist. Dies dürfte damit zusammenhängen, dass zum Zeitpunkt der Billigung bzw. Hinterlegung des einheitlichen Registrierungsformulars noch kein öffentliches Angebot oder die Zulassung zum Handel an einem geregelten Markt von Wertpapieren vorliegt. In der Praxis wird das einheitliche Registrierungsformular regelmäßig noch am Tag der Billigung oder Hinterle-

---

67 *Geyer/Schelm*, BB 2019, 1731, 1735; *Wöckener/Kutzbach*, RdF 2018, 276, 277.
68 Das Notifizierungsverfahren nach Art. 26 steht lediglich Emittenten von Nichtdividendenwerten gemäß Art. 2 lit. m Ziff. ii und für in Drittländern ansässige Emittenten gemäß Art. 2 lit. m Ziff. iii zur Verfügung, wenn es sich bei dem gewählten Herkunftsmitgliedstaat für die Prospektbilligung nicht um den Mitgliedstaat handelt, dessen zuständige Behörde das von dem Emittenten, dem Anbieter oder der die Zulassung zum Handel an einem geregelten Markt beantragenden Person erstellte einheitliche Registrierungsformular gebilligt hat.
69 Vgl. auch BaFin-Workshop v. 28.5.2019, Prospektrechtliche Folgepflichten nach der Billigung, S. 7.
70 *Armbrüster*, in: Säcker/Rixecker/Oetker/Limperg, MünchKomm-BGB, Bd. 1, 9. Aufl. 2021, § 121 Rn. 7; *Singer*, in: Staudinger, BGB, Buch 1, 2021, § 121 Rn. 9; *Wendtland*, in: Hau/Poseck, BeckOK BGB, 65. Edition 2023, § 121 Rn. 7.

Art. 9 ProspektVO Das einheitliche Registrierungsformular

gung veröffentlicht. In Bezug auf die weiteren Anforderungen in Bezug auf die Veröffentlichung verweist Art. 9 Abs. 7 auf Art. 21 (siehe die dortige Kommentierung).

IV. Sprachliche Anforderungen (Art. 9 Abs. 5)

22 Hinsichtlich der Anforderungen an die im einheitlichen Registrierungsformular anzuwendende Sprache verweist Art. 9 Abs. 5 auf die allgemeine Sprachregelung des Art. 27. Sollen Wertpapiere unter Verwendung eines einheitlichen Registrierungsformulars im Herkunftsmitgliedstaat des Emittenten öffentlich angeboten oder soll dort die Zulassung zum Handel an einem geregelten Markt beantragt werden, ist das einheitliche Registrierungsformular in einer von der zuständigen Behörde des Herkunftsmitgliedstaats anerkannten Sprache zu erstellen. Aus Art. 27 Abs. 1 i.V.m. § 21 WpPG ergibt sich für deutsche Emittenten, dass in diesem Fall für die Erstellung des einheitlichen Registrierungsformulars (und späteren Prospekts) die **deutsche oder englische Sprache** gewählt werden kann. Wird die englische Sprache gewählt, ist dem späteren Prospekt jedoch eine deutsche Übersetzung der Zusammenfassung beizufügen (Art. 27 Abs. 1 i.V.m. § 21 WpPG).[71] Nach den Regelungen des sog. EU Listing Act soll das für deutsche Emittenten nach geltendem Recht bereits bestehende Wahlrecht in Bezug auf die Sprache nach Art. 27 Abs. 1 i.V.m. § 21 WpPG zukünftig unmittelbar in der ProspektVO geregelt werden, ebenso wie das Erfordernis, einem (unter Verwendung eines einheitlichen Registrierungsformulars) in der englischen Sprache erstellten Prospekt eine deutsche Übersetzung der Zusammenfassung beizufügen (vgl. Art. 27 Abs. 1 Änderungs-VO-E).[72]

23 Sollen die Wertpapiere unter Verwendung eines einheitlichen Registrierungsformulars (nur) in **einem oder mehreren anderen Mitgliedstaaten als dem Herkunftsmitgliedstaat** des Emittenten öffentlich angeboten oder zum Handel an einem geregelten Markt zugelassen werden, kann der Emittent gem. Art. 9 Abs. 5 i.V.m. Art. 27 Abs. 2 frei entscheiden, ob das Registrierungsformular (und der spätere Prospekt) in einer von der zuständigen Behörde dieser Mitgliedstaaten anerkannten Sprache oder einer in internationalen Finanzkreisen gebräuchlichen Sprache erstellt wird. Soll hingegen ein öffentliches Angebot oder die Zulassung von Wertpapieren zum Handel an einem geregelten Markt unter Verwendung eines einheitlichen Registrierungsformulars sowohl im **Herkunftsmitgliedstaat** des Emittenten als auch **in einem oder mehreren anderen Mitgliedstaaten** durchgeführt bzw. beantragt werden, so ist gemäß Art. 9 Abs. 5 i.V.m. Art. 27 Abs. 3 das einheitliche Registrierungsformular (und der spätere Prospekt) in einer von der zuständigen Behörde des Herkunftsmitgliedstaats anerkannten Sprache (→ Rn. 22) zu erstellen und darüber hinaus je nach Wahl des Emittenten entweder in einer von den zuständigen Behörden der einzelnen Aufnahmemitgliedstaaten anerkannten Sprache oder in einer in internationalen Finanzkreisen gebräuchlichen Sprache zur Verfügung zu stellen.

24 Um sich die notwendige Flexibilität für die spätere Auswahl der Jurisdiktionen zu erhalten, in denen eine Wertpapieremission auf Grundlage eines Prospekts unter Verwendung eines einheitlichen Registrierungsformulars durchgeführt werden soll, ist es grundsätzlich

---

71 *Schlitt/Ries*, in: Assmann/Schlitt/von Kopp-Colomb, Prospektrecht Kommentar, Art. 9 Prospekt-VO Rn. 10; *Grundmann/Möslein*, in: Grundmann, Bankvertragsrecht, Investmentbanking Band II, 2021, Sechster Teil, Marktregeln, Rn. 141.
72 Vgl. Begründung zum Änderungs-VO-E, S. 27.

empfehlenswert, das einheitliche Registrierungsformular in englischer Sprache zu erstellen.[73] Denn zum Zeitpunkt der Erstellung des einheitlichen Registrierungsformulars steht in der Regel noch nicht fest, in welchen Mitgliedstaaten zum späteren Zeitpunkt ein öffentliches Angebot oder eine Zulassung von Wertpapieren zum Handel an einem geregelten Markt erfolgen soll.

V. Angaben in der Form eines Verweises (Art. 9 Abs. 6)

Art. 9 Abs. 6 legt fest, dass Informationen auch in der Form eines **Verweises** auf bestimmte Dokumente des Emittenten in das einheitliche Registrierungsformular aufgenommen und damit zum Bestandteil des einheitlichen Registrierungsformulars gemacht werden können.[74] Die Regelung soll dem der Regel- und Ad-hoc-Publizität nach der Transparenzrichtlinie[75] und der Marktmissbrauchsverordnung[76] unterliegenden Dauereremittenten die Erstellung des einheitlichen Registrierungsformulars erleichtern, ohne ihm dabei die Aufnahme der in das einheitliche Registrierungsformular aufzunehmenden Mindestangaben zu erlassen. Die Zulässigkeit etwaiger Angaben in Form eines Verweises richtet sich nach den in Art. 19 festgelegten Vorgaben (für weitere Einzelheiten siehe die dortige Kommentierung). Den häufigsten Anwendungsfall in der Praxis bildet die Aufnahme historischer Finanzabschlüsse in das einheitliche Registrierungsformular mittels Verweises.[77]

25

VI. Änderungen und Überprüfung (Art. 9 Abs. 7 bis 9)

Ein gebilligtes oder hinterlegtes einheitliches Registrierungsformular, welches noch nicht Bestandteil eines gebilligten Prospekts geworden ist, kann nach Art. 9 Abs. 7 jederzeit durch bloße Hinterlegung einer **Änderung** aktualisiert werden, beispielsweise, wenn sich die Organisation oder die Finanzlage des Emittenten wesentlich[78] verändert haben. Eine Billigung der Änderung oder gar die Veröffentlichung eines Nachtrags nach Art. 23 ist

26

---

73 *Schlitt/Ries*, in: Assmann/Schlitt/von Kopp-Colomb, Prospektrecht Kommentar, Art. 9 ProspektVO Rn. 10; *Geyer/Schelm*, BB 2019, 1731, 1735.
74 Zur Zulässigkeit von Verweisen siehe auch *Lenz/Heine*, NZG 2019, 766, 767.
75 Richtlinie 2004/109/EG des Europäischen Parlaments und des Rates vom 14.12.2004 zur Harmonisierung der Transparenzanforderungen in Bezug auf Informationen über Emittenten, deren Wertpapiere zum Handel auf einem geregelten Markt zugelassen sind, und zur Änderung der Richtlinie 2001/34/EG (Transparenzrichtlinie), ABl. EU L 390 vom 31.12.2004, S. 38–57; dazu *Schlitt*, in: Habersack/Mülbert/Schlitt, Unternehmensfinanzierung, § 38 Rn. 38.153; *Rabenhorst*, in: Marsch-Barner/Schäfer, Handbuch börsennotierte AG, §§ 57–61; *Wunderlich*, in: Habersack/Mülbert/Schlitt, Kapitalmarktinformation, § 9.
76 Verordnung (EU) Nr. 596/2014 des Europäischen Parlaments und des Rates vom 16.4.2014 über Marktmissbrauch (Marktmissbrauchsverordnung) und zur Richtlinie 2003/6/EG des Europäischen Parlaments und des Rates und der Richtlinien 2003/124/EG, 2003/125/EG und 2004/72/EG der Kommission; dazu *Schlitt*, in: Habersack/Mülbert/Schlitt, Unternehmensfinanzierung, § 38 Rn. 38.69; *Schäfer*, in: Marsch-Barner/Schäfer, Handbuch börsennotierte AG, § 15; *Frowein/Berger*, in: Habersack/Mülbert/Schlitt, Kapitalmarktinformation, § 9; *Veil/Brüggemeier*, in: Meyer/Veil/Rönnau, Handbuch zum Marktmissbrauchsrecht, § 10.
77 *Schlitt/Ries*, in: Assmann/Schlitt/von Kopp-Colomb, Prospektrecht Kommentar, Art. 9 ProspektVO Rn 11.
78 Vgl. Erwägungsgrund 41 ProspektVO.

Art. 9 ProspektVO Das einheitliche Registrierungsformular

nicht erforderlich,[79] da weder ein öffentliches Angebot noch eine Zulassung zum Handel stattfindet, solange das einheitliche Registrierungsformular nicht Teil eines Prospekts ist.[80] Die bloße Hinterlegung hat bei Verwendung des einheitlichen Registrierungsformulars in einem Prospekt freilich den Nachteil, dass diese Änderung dann noch gebilligt werden muss (Art. 10 Abs. 3 UAbs. 2). Aus diesem Grund sollte auch für Änderungen – statt einer bloßen Hinterlegung – sogleich eine Billigung beantragt werden können.[81]

27 Die Billigungsbehörde kann bei ihr hinterlegte einheitliche Registrierungsformulare und deren Änderungen nach Art. 9 Abs. 8 jederzeit einer **Prüfung** auf Vollständigkeit, Kohärenz und Verständlichkeit unterziehen (entsprechend dem Prüfungsmaßstab im Rahmen eines Prospektbilligungsverfahrens). Stellt sie dabei Änderungs- oder Ergänzungsbedarf fest, teilt sie dies dem Emittenten nach Art. 9 Abs. 9 UAbs. 1 mit. Diese Beanstandungen müssen jedoch grds. erst bei der Erstellung des nächsten einheitlichen Registrierungsformulars umgesetzt werden. Ausgenommen hiervon ist der Fall, dass der Emittent das einheitliche Registrierungsformular zuvor zum Bestandteil eines Prospekts für eine konkrete Wertpapieremission machen möchte (Art. 9 Abs. 9 UAbs. 2).[82] In diesem Fall hat der Emittent die Änderungen spätestens bei Einreichung des Billigungsantrags zu hinterlegen. Teilt die Billigungsbehörde dem Emittenten hingegen mit, dass die von ihr verlangte Änderung eine wesentliche Unvollständigkeit, Unrichtigkeit oder Ungenauigkeit betrifft, die die Öffentlichkeit in Bezug auf wesentliche Umstände irreführen würde, muss der Emittent ausnahmsweise die betreffende Änderung des einheitlichen Registrierungsformulars unverzüglich hinterlegen (Art. 9 Abs. 9 UAbs. 3).

28 Änderungen zum einheitlichen Registrierungsformular sind nach denselben Modalitäten zu veröffentlichen wie das einheitliche Registrierungsformular selbst (→ Rn. 21). Dabei ist es nicht erforderlich, eine konsolidierte Fassung des geänderten einheitlichen Registrierungsformulars zu erstellen und zu veröffentlichen. Die Billigungsbehörde kann vom Emittenten allerdings die Erstellung und Veröffentlichung einer solchen konsolidierten Fassung verlangen, wenn diese zur Gewährleistung der Verständlichkeit der Angaben erforderlich ist. Ein Emittent kann wiederum eine konsolidierte Fassung seines geänderten einheitlichen Registrierungsformulars freiwillig in eine Anlage zu der hinterlegten Änderung aufnehmen (Art. 9 Abs. 9 UAbs. 4).

---

[79] ESMA, Questions and Answers on the Prospectus Regulation, ESMA/2019/ESMA31-62-1258 (Version 12, last updated on 3 February 2023), Antwort auf Frage 3.2; *Grundmann/Möslein*, in: Grundmann, Bankvertragsrecht, Investmentbanking Band II, 2021, Sechster Teil, Marktregeln, Rn. 142; *Zivny/Mock*, EU-ProspektVO/KMG 2019, Art. 9 ProspektVO Rn. 9; *Lenz/Heine*, AG 2019, 451, 452.

[80] *Groß*, in: Ebenroth/Boujong/Joost/Strohn, HGB, Art. 9 VO (EU) 2019/980 Rn. 9.

[81] *Grundmann/Möslein*, in: Grundmann, Bankvertragsrecht, Investmentbanking Band II, 2021, Sechster Teil Marktregeln, Rn. 142; vgl. ESMA, Questions and Answers on the Prospectus Regulation, ESMA/2019/ESMA31-62-1258 (Version 12, last updated on 3 February 2023), Antwort auf Frage 3.2; vgl. BaFin-Workshop v. 28.5.2019, Aufmachung des ein- bzw. mehrteiligen Prospekts sowie eines Basisprospekts, S. 24.

[82] *Meyer*, in: Habersack/Mülbert/Schlitt, Unternehmensfinanzierung, § 36 Rn. 36.101.

VII. Nachträge (Art. 9 Abs. 10)

Muss ein einheitliches Registrierungsformular, das als Bestandteil eines Prospekts verwendet wird, aktualisiert (oder berichtigt) werden, so hat diese Aktualisierung gemäß Art. 9 Abs. 10 Satz 2 ab erfolgter Billigung des Prospekts bis zum Ende des betreffenden öffentlichen Angebots bzw. bis zur Aufnahme des Handels der aufgrund des Prospekts zugelassenen Wertpapiere statt durch bloße Änderung (→ Rn. 26) in der Form eines von der zuständigen Behörde zu billigenden **Nachtrags** nach Maßgabe des Art. 23 (zu den Einzelheiten siehe die Kommentierung hierzu) zu erfolgen.[83] Entgegen der früheren Verwaltungspraxis der BaFin[84] unterfallen auch einzelne Prospektbestandteile – wie das einheitliche Registrierungsformular bei einem dreiteiligen Prospekt – einer Nachtragspflicht, sodass Emittenten ab dem Zeitpunkt, ab dem das einheitliche Registrierungsformular Bestandteil des Prospektes wird, innerhalb der o. g. Zeitspanne nachtragspflichtige Umstände beachten müssen. Anknüpfungspunkt der Nachtragspflicht nach Art. 9 Abs. 10 Satz 2 i.V.m. Art. 23 Abs. 1 UAbs. 1 ist jeder „wichtige neue Umstand" bzw. „jede wesentliche Unrichtigkeit" oder „wesentliche Ungenauigkeit". Erforderlich ist dabei sowohl ein Nachtrag zum einheitlichen Registrierungsformular als auch zum (übrigen) Prospekt. Beide Nachträge sind jedoch in einem Nachtragsdokument zusammenzufassen und zu veröffentlichen.[85] Wird das einheitliche Registrierungsformular gleichzeitig als Bestandteil mehrerer Prospekte verwendet, ist die Nachtragspflicht auf einen Nachtrag begrenzt, in dem gleichwohl alle Prospekte zu nennen sind, auf die sich der Nachtrag bezieht (Art. 23 Abs. 5).[86] Die zuständige Billigungsbehörde für den Nachtrag ist grundsätzlich die Billigungsbehörde, die auch für die Billigung des einheitlichen Registrierungsformulars zuständig war. Dies gilt auch in dem Fall, dass die Wertpapierbeschreibung (der Prospekt) von einer anderen Billigungsbehörde gebilligt wurde.[87] Sind sowohl die Angaben im einheitlichen Registrierungsformular als auch die Angaben der Wertpapierbeschreibung zu aktualisieren, bedarf es ebenfalls nur eines Nachtrags, sofern das einheitliche Registrierungsformular und der Prospekt von der gleichen Behörde gebilligt wurden. Etwas anderes gilt dann, wenn unterschiedliche Behörden für die Billigung des einheitlichen Registrierungsformulars und der Billigung der Wertpapierbeschreibung (Prospekt) zuständig waren. Dann bedarf es mehrerer Nachtragsdokumente. Die Billigung des Nachtrags zum einheitlichen Registrierungsformular erfolgt dann durch die Billigungsbehörde des einheitlichen Registrierungsformulars. Die Billigungsbehörde des Prospekts hingegen ist zuständig für den Nachtrag zur Wertpapierbeschreibung. Betrifft der Nachtrag allein die wertpapierbezogenen Angaben der Wertpapierbeschreibung, so hat dies keine Auswir-

29

---

[83] Vgl. auch ESMA, Questions and Answers on the Prospectus Regulation, ESMA/2019/ESMA31-62-1258 (Version 12, last updated on 3 February 2023), Antwort auf Frage 3.3.
[84] Dazu *Müller/Oulds*, WM 2007, 573, 576 f.; *Lenz/Heine*, AG 2019, 451, 452.
[85] Vgl. ESMA, Questions and Answers on the Prospectus Regulation, ESMA/2019/ESMA31-62-1258 (Version 12, last updated on 3 February 2023), Antwort auf Frage 3.3.
[86] Vgl. ESMA, Questions and Answers on the Prospectus Regulation, ESMA/2019/ESMA31-62-1258 (Version 12, last updated on 3 February 2023), Antwort auf Frage 3.3; siehe dazu auch *Lenz/Heine*, AG 2019, 451, 452; *Schrader*, WM 2021, 471, 474.
[87] Vgl. ESMA, Questions and Answers on the Prospectus Regulation, Version 12 v. 3.2.2023, ESMA31-62-1258; *Schrader*, WM 2021, 471, 473.

kung auf das einheitliche Registrierungsformular und die Billigungsbehörde des Prospekts ist für die Billigung des Nachtrags zuständig.[88]

30 Der Nachtrag gemäß Art. 9 Abs. 10 ist nach Maßgabe des Art. 23 Abs. 1 UAbs. 2 innerhalb von fünf Tagen und auf die gleiche Art und Weise wie ein Prospekt durch die zuständige Billigungsbehörde zu billigen und zu veröffentlichen. Hieraus folgt ein Widerrufsrecht der Anleger nach Maßgabe des Art. 23 Abs. 2.[89]

VIII. Daueremittentenstatus (Art. 9 Abs. 11)

31 Ein Emittent, der die in Art. 9 Abs. 2 UAbs. 1 oder 2 oder in Art. 9 Abs. 3 genannten Voraussetzungen erfüllt, indem er ein einheitliches Registrierungsformular entweder gebilligt und notwendige Änderungen zumindest hinterlegt oder, sofern die bloße Hinterlegung zulässig war, das einheitliche Registrierungsformular fortlaufend hinterlegt hat, qualifiziert gemäß Art. 9 Abs. 11 UAbs. 1 als Daueremittent.[90] Er kommt dann bei Billigung eines dreiteiligen Prospekts unter Verwendung des einheitlichen Registrierungsformulars in den Genuss des **beschleunigten Billigungsverfahrens gemäß Art. 20 Abs. 6**. Anders als für die Möglichkeit zur Nutzung der Hinterlegung eines einheitlichen Registrierungsformulars (→ Rn. 18) bedarf es für die Erlangung des Status eines Daueremittenten nicht der Billigung in zwei aufeinanderfolgenden Geschäftsjahren, da nach Art. 9 Abs. 11 („oder") i.V.m. Art. 9 Abs. 2 UAbs. 1 bereits die Absicht zur dauerhaften Verwendung des einheitlichen Registrierungsformulars bei Erstbilligung ausreichend ist. Im Billigungsantrag hat der Emittent der Billigungsbehörde indes zusätzlich schriftlich zu bestätigen, dass er seines Wissens alle Pflichten nach der RL 2004/109/EG (Transparenzrichtlinie) und nach der VO (EU) Nr. 596/2014 (Marktmissbrauchsverordnung) während der letzten 18 Monate oder während des Zeitraums seit Beginn der Pflicht zur Offenlegung der danach vorgeschriebenen Informationen (je nachdem, welcher Zeitraum kürzer ist) erfüllt hat (Art. 9 Abs. 11 UAbs. 1 lit. a). Diese schriftliche Bestätigung bezieht sich vor allem auf die Erfüllung der laufenden Offenlegungspflichten des Emittenten im Rahmen der sog. Regelberichterstattung gemäß Art. 4 und 5 der RL 2004/109/EG,[91] also der Veröffentlichung von Jahresfinanzberichten bzw. Halbjahresfinanzberichten,[92] innerhalb des vorgenannten Zeitraums. Darüber hinaus erfasst dies die schriftliche Bestätigung des Emittenten, dass er innerhalb des vorgenannten Zeitraums seine Pflicht zur Information des Anlegerpublikums über die für die Anlageentscheidung wesentlichen aktuellen Verhältnisse des Emittenten[93] durch die fortlaufende unverzügliche Veröffentlichung von Insiderinformationen, die den Emittenten unmittelbar betreffen, nach Art. 17 VO (EU) Nr. 596/2014

---

88 *Schrader*, WM 2021, 471, 474; ESMA, Questions and Answers on the Prospectus Regulation, ESMA/2019/ESMA31-62-1258 (Version 12, last updated on 3 February 2023), Antwort auf Frage 3.3.
89 Vgl. ESMA, Questions and Answers on the Prospectus Regulation, ESMA/2019/ESMA31-62-1258 (Version 12, last updated on 3 February 2023), Antwort auf Frage 3.3; siehe dazu auch *Schrader*, WM 2021, 471, 472 f.
90 Vgl. auch Erwägungsgründe 39, 43, 44 ProspektVO; ausführlich zum Daueremittentenstatus *Zivny/Mock*, EU-ProspektVO/KMG 2019, Art. 9 ProspektVO Rn. 12 f.
91 In Deutschland umgesetzt in §§ 114, 115 WpHG.
92 Vgl. dazu *Rabenhorst*, in: Marsch-Barner/Schäfer, Handbuch börsennotierte AG, §§ 57–61.
93 *Schäfer*, in: Marsch-Barner/Schäfer, Handbuch börsennotierte AG, § 15 Rn. 15.4.

(Ad-hoc-Publizität) erfüllt hat. Um das beschleunigte Billigungsverfahren nach Art. 20 Abs. 6 nutzen zu können, muss der Emittent zudem etwaige von der Billigungsbehörde infolge einer Überprüfung des einheitlichen Registrierungsformulars (Art. 9 Abs. 8) verlangte Änderungen nach Art. 9 Abs. 9 (→ Rn. 26, 28) vorgenommen haben (Art. 9 Abs. 1 UAbs. 1 lit. b).

Mit Erhalt des Daueremittentenstatus verkürzt sich die **Billigungsfrist** für Prospekte, die 32 das einheitliche Registrierungsformular verwenden, von zehn auf **fünf Arbeitstage** (Art. 20 Abs. 6). Dabei ist es unerheblich, ob im Rahmen der Prospektbilligung auch das einheitliche Registrierungsformular noch gebilligt werden muss. Das bedeutet, dass die Billigungsfrist von fünf Arbeitstagen auch in diesem Fall uneingeschränkt gilt.[94] Gleichwohl hat nach Art. 20 Abs. 6 fünf Arbeitstage vor Antragstellung eine Vorabverständigung mit der zuständigen Billigungsbehörde über das anstehende Billigungsverfahren zu erfolgen.[95]

Um sich den einmal erlangten Status eines Daueremittenten zu erhalten, muss ein Emit- 33 tent das einheitliche Registrierungsformular in jedem Geschäftsjahr (Art. 9 Abs. 1) aktualisieren („aufdatieren"). Der Dauermittentenstatus und die damit verbundene Möglichkeit, die verkürzte Billigungsfrist nach Art. 20 Abs. 6 zu nutzen, entfällt demnach, wenn der Emittent es versäumt, das einheitliche Registrierungsformular in einem Geschäftsjahr durch Billigung (Art. 9 Abs. 2 UAbs. 1) oder Hinterlegung (nach erfolgter Billigung in zwei aufeinanderfolgenden Geschäftsjahren) (Art. 9 Abs. 2 UAbs. 2) zu aktualisieren (Art. 9 Abs. 11 UAbs. 3). Er muss das einheitliche Registrierungsformular dann erneut nach Art. 9 Abs. 2 UAbs. 1 billigen lassen, um wieder in den Genuss der verkürzten Billigungsfrist nach Art. 20 Abs. 6 zu gelangen.

IX. Erfüllung der Pflicht zur Regelberichterstattung (Art. 9 Abs. 12 und 13)

Das einheitliche Registrierungsformular kann nach Maßgabe der Regelungen in Art. 9 34 Abs. 12 und 13 auch der Erfüllung der laufenden Offenlegungspflichten eines Emittenten im Rahmen der sog. Regelberichterstattung dienen und eine gesonderte Veröffentlichung von Jahres- und Halbjahresfinanzberichten entbehrlich machen. Wurde ein einheitliches Registrierungsformular bei der zuständigen Behörde hinterlegt oder von ihr gebilligt und spätestens vier Monate nach Ablauf eines Geschäftsjahres veröffentlicht, so gilt die Verpflichtung des Emittenten zur Veröffentlichung des **Jahresfinanzberichts** nach Art. 4 der RL 2004/109/EG[96] als erfüllt, sofern das einheitliche Registrierungsformular die im Jahresfinanzbericht offenzulegenden Informationen bereits enthält (Art. 9 Abs. 12 UAbs. 1).[97] Eine entsprechende Regelung für die Erfüllung der entsprechenden Verpflichtung in Bezug auf den **Halbjahresfinanzbericht** gemäß Art. 5 der RL 2004/109/EG[98] ist in Art. 9 Abs. 12 UAbs. 2 mit einer Dreimonatsfrist in Bezug auf die Veröffentlichung vorgesehen.

---

94 *Groß*, in: Ebenroth/Boujong/Joost/Strohn, HGB, Art. 9 VO (EU) 2019/980 Rn. 13; *Zivny/Mock*, EU-ProspektVO/KMG 2019, Art. 9 ProspektVO Rn. 17.
95 Kritisch daher *Zivny/Mock*, EU-ProspektVO/KMG 2019, Art. 9 ProspektVO Rn. 22.
96 In Deutschland umgesetzt in § 114 WpHG.
97 Vgl. auch *Meyer*, in: Habersack/Mülbert/Schlitt, Unternehmensfinanzierung, § 36 Rn. 36.100.
98 In Deutschland umgesetzt in § 115 WpHG.

Eine gesonderte Veröffentlichung des Jahres- bzw. Halbjahresfinanzberichts ist dann nicht erforderlich, weil die Marktöffentlichkeit durch die Angaben im einheitlichen Registrierungsformular bereits hinreichend informiert ist und insoweit die nach Maßgabe der vorgenannten Bestimmungen geforderte Transparenz bereits hergestellt ist. Diese Regelung soll zu einer Entlastung des Emittenten beitragen, indem er von einer doppelten Veröffentlichungspflicht befreit wird.[99]

35 Macht der Emittent von dieser Möglichkeit Gebrauch, ist im einheitlichen Registrierungsformular gemäß Art. 9 Abs. 12 UAbs. 3 eine **Querverweisliste** aufzunehmen, in der anzugeben ist, an welcher Stelle im einheitlichen Registrierungsformular die einzelnen in den Jahres- und Halbjahresfinanzberichten anzugebenden Informationen angegeben sind (Art. 9 Abs. 12 UAbs. 3 lit. a). Ferner muss der Emittent das einheitliche Registrierungsformular nach Art. 19 der RL 2004/109 bei der zuständigen Behörde des Herkunftsmitgliedstaats (in Deutschland ist dies wiederum die BaFin[100]) hinterlegen und dem amtlich bestellten System für die zentrale Speicherung vorgeschriebener Informationen i. S. d. Art. 21 Abs. 2 der RL 2004/109/EG (in Deutschland: das Unternehmensregister[101]) zur Verfügung stellen (Art. 9 Abs. 12 UAbs. 3 lit. b). Schließlich muss der Emittent die Erklärung seiner gesetzlichen Vertreter nach den Vorgaben des Art. 4 Abs. 2 lit. c und des Art. 5 Abs. 2 lit. c der Richtlinie 2004/109/EG in das einheitliche Registrierungsformular aufnehmen (Art. 9 Abs. 12 UAbs. 3 lit. c. Dies meint die Abgabe des sog. **Bilanzeids**[102] nach § 264 Abs. 2 Satz 3, § 289 Abs. 1 Satz 5 HGB im einheitlichen Registrierungsformular.

36 Die Möglichkeit, das einheitliche Registrierungsformular für die Erfüllung der Pflichten zur Regelberichterstattung zu verwenden, besteht nach Art. 9 Abs. 13 indes nur dann, wenn der Emittent nach der ProspektVO und der RL 2004/109/EG **denselben Herkunftsmitgliedstaat** hat, also nach beiden Rechtsakten dieselbe Behörde zuständig wäre, und wenn die Sprache, in der das einheitliche Registrierungsformular abgefasst ist, auch den Anforderungen gemäß Art. 20 der RL 2004/109/EG[103] entspricht.[104]

X. Delegierte Rechtsakte (Art. 9 Abs. 14)

37 Gemäß Art. 9 Abs. 14 erlässt die Kommission bis zum 21.1.2019 gemäß Art. 44 delegierte Rechtsakte zur Ergänzung der ProspektVO, in denen die Kriterien für die Prüfung und

---

99 Siehe die Begründung des Vorschlags für eine Verordnung des Europäischen Parlaments und des Rates über den Prospekt, der beim öffentlichen Angebot von Wertpapieren oder bei deren Zulassung zum Handel zu veröffentlichen ist, v. 30.11.2015, COM/2015/0583 final – 2015/0268 (COD), S. 17; *Schlitt/Ries*, in: Assmann/Schlitt/von Kopp-Colomb, Prospektrecht Kommentar, Art. 9 ProspektVO Rn. 23; *Schulz*, WM 2016, 1417, 1422; *Ritz*, in: Just/Voß/Ritz/Zeising, Wertpapierprospektrecht, 2. Aufl. 2023, Art. 9 ProspektVO Rn. 33.
100 § 114 Abs. 1 Satz 1 WpHG (für den Jahresfinanzbericht), § 115 Abs. 1 Satz 3 WpHG (für den Halbjahresfinanzbericht).
101 § 114 Abs. 1 Satz 3 WpHG (für den Jahresfinanzbericht), § 115 Abs. 1 Satz 3 WpHG (für den Halbjahresfinanzbericht).
102 Zur Begrifflichkeit vgl. *Nonnenmacher*, in Marsch-Barner/Schäfer, Handbuch börsennotierte AG, § 55 Rn. 21.
103 In Deutschland umgesetzt in § 3 lit. b WpAV.
104 *Ritz*, in: Just/Voß/Ritz/Zeising, Wertpapierprospektrecht, 2. Aufl. 2023, Art. 9 ProspektVO Rn. 40.

Überprüfung des einheitlichen Registrierungsformulars und etwaiger Änderungen sowie die Verfahren für die Billigung und Hinterlegung des einheitlichen Registrierungsformulars und die Bedingungen, unter denen der Status eines Daueremittenten aberkannt wird, präzisiert werden. Während die Europäische Kommission in Ausübung dieser Ermächtigung Kriterien für die Prüfung, Überprüfung, Billigung und Hinterlegung des einheitlichen Registrierungsformulars in der VO (EU) 2019/980 festgelegt hat (Art. 35, 41 f. VO (EU) 2019/980), hat sie davon abgesehen, weitere Voraussetzungen an den Status des Daueremittenten festzulegen, weil sie der Auffassung ist, dass dieser „erschöpfend" in Art. 9 Abs. 11 geregelt ist.[105]

---

105 Begründung der Kommission zur VO (EU) 2019/980 der Kommission vom 14.3.2019 zur Ergänzung der VO (EU) 2017/1129 des Europäischen Parlaments und des Rates hinsichtlich der Aufmachung, des Inhalts, der Prüfung und der Billigung des Prospekts, der beim öffentlichen Angebot von Wertpapieren oder bei deren Zulassung zum Handel an einem geregelten Markt zu veröffentlichen ist, und zur Aufhebung der Verordnung (EG) Nr. 809/2004 der Kommission, Ziff. 1.2, letzter Spiegelstrich; *Groß*, in: Ebenroth/Boujong/Joost/Strohn, HGB, Art. 9 VO (EU) 2019/980 Rn. 14; *Ritz*, in: Just/Voß/Ritz/Zeising, Wertpapierprospektrecht, 2. Aufl. 2023, Art. 9 ProspektVO Rn. 41.

Art. 10 ProspektVO
Aus mehreren Einzeldokumenten bestehende Prospekte

(1) Ein Emittent, dessen Registrierungsformular bereits von der zuständigen Behörde gebilligt wurde, ist nur zur Erstellung der Wertpapierbeschreibung und gegebenenfalls der Zusammenfassung verpflichtet, wenn die Wertpapiere öffentlich angeboten oder zum Handel an einem geregelten Markt zugelassen werden. In diesem Fall werden die Wertpapierbeschreibung und die Zusammenfassung gesondert gebilligt.

Tritt nach der Billigung des Registrierungsformulars ein wichtiger neuer Umstand ein oder wird eine wesentliche Unrichtigkeit oder eine wesentliche Ungenauigkeit festgestellt, die die im Registrierungsformular enthaltenen Informationen betrifft und die Beurteilung der Wertpapiere beeinflussen können, so ist spätestens zum Zeitpunkt der Wertpapierbeschreibung und der Zusammenfassung ein Nachtrag zum Registrierungsformular zur Billigung vorzulegen. Das Recht, Zusagen gemäß Artikel 23 Absatz 2 zurückzuziehen, findet in diesem Fall keine Anwendung.

Das Registrierungsformular und seine etwaigen Nachträge bilden zusammen mit der Wertpapierbeschreibung und der Zusammenfassung einen Prospekt, sobald die Billigung von der zuständigen Behörde erteilt wurde.

(2) Nach der Billigung wird das Registrierungsformular der Öffentlichkeit unverzüglich gemäß den Bestimmungen des Artikels 21 zur Verfügung gestellt.

(3) Ein Emittent, dessen einheitliches Registrierungsformular bereits von der zuständigen Behörde gebilligt wurde oder der ein einheitliches Registrierungsformular ohne vorherige Billigung nach Artikel 9 Absatz 2 Unterabsatz 2 hinterlegt hat, ist nur zur Erstellung der Wertpapierbeschreibung und der Zusammenfassung verpflichtet, wenn die Wertpapiere öffentlich angeboten oder zum Handel an einem geregelten Markt zugelassen werden.

Ist das einheitliche Registrierungsformular bereits gebilligt, so bedürfen die Wertpapierbeschreibung, die Zusammenfassung und sämtliche seit Billigung des einheitlichen Registrierungsformulars hinterlegten Änderungen des Formulars einer gesonderten Billigung.

Hat ein Emittent ein einheitliches Registrierungsformular ohne vorherige Billigung hinterlegt, so bedarf die gesamte Dokumentation, einschließlich der Änderungen des einheitlichen Registrierungsformulars, einer Billigung – unbeschadet der Tatsache, dass es sich weiterhin um separate Dokumente handelt.

Das gemäß Artikel 9 Absatz 7 oder Absatz 9 geänderte einheitliche Registrierungsformular bildet zusammen mit der Wertpapierbeschreibung und der Zusammenfassung einen Prospekt, sobald die Billigung von der zuständigen Behörde erteilt wurde.

Übersicht

	Rn.		Rn.
I. Regelungsgegenstand	1	4. Entstehung des mehrteiligen	
1. Allgemeines	1	Prospekts	15
2. Inhalt und wesentliche Änderungen	2	**III. Verwendung eines einheitlichen**	
II. Verwendung eines gebilligten		**Registrierungsformulars**	17
Registrierungsformulars	5	1. Allgemeines	17
1. Billigung und Veröffentlichung des Registrierungsformulars	5	2. Verwendung eines gebilligten einheitlichen Registrierungsformulars	19
2. Erstellung und Billigung der anderen Bestandteile des mehrteiligen Prospekts	7	3. Verwendung eines hinterlegten einheitlichen Registrierungsformulars	20
		4. Entstehung des mehrteiligen Prospekts	21
3. Aktualisierung des gebilligten Registrierungsformulars	10		

I. Regelungsgegenstand

1. Allgemeines

Die Vorschrift regelt die näheren Einzelheiten bei einem Prospekt, der sich aus mehreren Einzeldokumenten zusammensetzt (sog. **mehrteiliger Prospekt**). Die Möglichkeit, einen solchen mehrteiligen Prospekt zu erstellen, wird durch Art. 6 Abs. 3 ProspektVO sowie speziell für den Basisprospekt durch Art. 8 Abs. 6 ProspektVO gegeben. Der mehrteilige Prospekt stellt als Prospektformat eine Alternative zum einteiligen Prospekt dar, der als „einziges" Dokument gestaltet wird. Inhaltlich ergeben sich dadurch keine Unterschiede; für beide Prospektformate bestehen dieselben Mindestanforderungen (Art. 13 ProspektVO). Art. 10 ProspektVO regelt die (formalen) Fragen der Einzelbestandteile eines mehrteiligen Prospekts, ihrer Billigung und Veröffentlichung sowie der Nachtragspflicht. Damit bewegt sich Art. 10 ProspektVO größtenteils auf mittlerweile „bekanntem Terrain". Die Vorgängerregelung in § 12 Abs. 2 bis 4 WpPG a.F., die ihrerseits auf Art. 12 Abs. 2 bis 4 ProspektRL in der Fassung der ÄnderungsRL 2010/73/EU zurückging, war jedoch weniger ausführlich. 1

2. Inhalt und wesentliche Änderungen

Die Möglichkeit, den Wertpapierprospekt auch als dreiteiliges Dokument zu gestalten, wurde im deutschen Prospektrecht erst mit Inkrafttreten des WpPG zur Umsetzung der EU-ProspektRL etabliert. Sie geht auf das US-amerikanische Vorbild der „shelf registration" zurück, die zuvor ähnlich auch bereits in Großbritannien und Frankreich praktiziert wurde.[1] Die Erstellung des Prospekts in mehreren Einzeldokumenten soll den Prospektverpflichteten **zusätzliche Flexibilität** geben (siehe bereits → Art. 6 Rn. 64). Nach Erwägungsgrund 39 der ProspektVO können insbesondere Daueremittenten (von Nichtdividendenwerten) davon profitieren, den Prospekt in mehreren Einzeldokumenten zu erstellen, weil dies Kosten sparen und die „rasche Nutzung von Marktfenstern gestatten" kann. 2

---

[1] Vgl. *Groß*, Kapitalmarktrecht, Art. 6 ProspektVO Rn. 7.

Art. 10 ProspektVO   Aus mehreren Einzeldokumenten bestehende Prospekte

3   Der Emittent kann das **Registrierungsformular** auch vorbereitend erstellen und isoliert billigen lassen, um es bei Bedarf mehrfach (auch für unterschiedliche Wertpapiere) zu nutzen. Neu geregelt ist, dass das Registrierungsformular nach seiner Billigung der Öffentlichkeit unverzüglich gemäß den Bestimmungen des Art. 21 ProspektVO zur Verfügung zu stellen ist (Art. 10 Abs. 2 ProspektVO).[2] Wertpapierbeschreibung und Zusammenfassung sind erst dann zu erstellen und (gesondert) zu billigen, wenn ein öffentliches Angebot oder eine Zulassung von Wertpapieren zum Handel an einem geregelten Markt vorgenommen werden soll (Art. 10 Abs. 1 UAbs. 1 ProspektVO). Der Aufwand für die Prospekterstellung ist dadurch reduziert. Das Registrierungsformular und seine etwaigen Nachträge bilden zusammen mit der Wertpapierbeschreibung und der Zusammenfassung einen Prospekt, sobald deren Billigung von der zuständigen Behörde erteilt wurde (Art. 10 Abs. 1 UAbs. 3 ProspektVO). Da bis dahin erhebliche Veränderungen oder neue Entwicklungen, die die Informationen in dem bereits gebilligten Registrierungsformular betreffen, die Beurteilung der Wertpapiere beeinflussen können („wichtiger neuer Umstand"), enthält Art. 10 Abs. 1 UAbs. 2 ProspektVO eine **Sonderregelung zur Nachtragspflicht** gemäß Art. 23 ProspektVO. Sie greift auch ein, wenn eine wesentliche Unrichtigkeit oder eine wesentliche Ungenauigkeit der im Registrierungsformular enthaltenen Informationen festgestellt wird. Nicht mehr möglich ist es, notwendige Aktualisierungen (alternativ) in der noch zu billigenden Wertpapierbeschreibung vorzunehmen (so noch § 12 Abs. 3 Satz 1 WpPG a. F.).[3] Die (konzentrierte) Aktualisierung in der Wertpapierbeschreibung sollte dem Interesse des Publikums an der Übersichtlichkeit der Angaben des Prospekts dienen.[4] Sie hat sich jedoch nicht bewährt, weil dadurch Informationen in Prospektteilen aufgenommen wurden, wo sie nach den inhaltlichen Vorgaben nicht hingehörten. Die Aktualisierung des Registrierungsformulars im Wege des Nachtrags nach § 16 WpPG a. F. war erst durch die Umsetzung der ÄnderungsRL 2010/73/EU neu hinzugekommen.[5] Sie hat sich nunmehr als alleinige Möglichkeit durchgesetzt. Damit wird vermieden, dass durch solche Aktualisierungen die inhaltliche Aufteilung auf die Einzeldokumente verwischt wird. Dem Prospektersteller kann somit in einem solchen Fall ein separates Billigungsverfahren für den Nachtrag nicht mehr erspart werden.

4   Entsprechende Regelungen sieht Art. 10 Abs. 3 ProspektVO für das „einheitliche Registrierungsformular" vor, das als neues „multifunktionales" Instrument durch die ProspektVO neu eingeführt wurde (zum Hintergrund → Art. 9 Rn. 1 ff.).[6] Die gesonderte Regelung trägt auch dem Umstand Rechnung, dass die Möglichkeit einer Hinterlegung ohne Billigung nicht mehr für alle, sondern nur noch für das neu geschaffene „einheitliche" Registrierungsformular unter den Voraussetzungen des Art. 9 Abs. 2 UAbs. 2 ProspektVO

---

2 Krit. zur systematischen Stellung *Seitz*, in: Assmann/Schlitt/von Kopp-Colomb, Prospektrecht Kommentar, Art. 10 ProspektVO Rn. 6.
3 Siehe *Singhof*, in: Berrar/Meyer/Müller et al., WpPG/EU-ProspektVO, 2. Aufl. 2017, § 12 WpPG Rn. 17 ff.
4 Vgl. Begr. RegE, BT-Drucks. 15/4999, S. 34 zu § 12 WpPG a. F. (Prospektrichtlinie-Umsetzungsgesetz); siehe auch *Kullmann/Sester*, ZBB 2005, 209, 211.
5 *Singhof*, in: Berrar/Meyer/Müller et al., WpPG/EU-ProspektVO, 2. Aufl. 2017, § 12 WpPG Rn. 4 und 18 ff.
6 Siehe auch *Schlitt/Ries*, in: Assmann/Schlitt/von Kopp-Colomb, Prospektrecht Kommentar, Art. 9 ProspektVO Rn. 1 ff.

besteht (→ Art. 9 Rn. 18 f.).[7] In diesem Fall bedarf die gesamte Dokumentation, einschließlich der Änderungen des einheitlichen Registrierungsformulars, einer Billigung – unbeschadet der Tatsache, dass es sich weiterhin um separate Dokumente handelt (Art. 10 Abs. 3 UAbs. 3 ProspektVO).

II. Verwendung eines gebilligten Registrierungsformulars

1. Billigung und Veröffentlichung des Registrierungsformulars

Ein Emittent kann ein Registrierungsformular von der zuständigen Behörde (auch und insbesondere isoliert) billigen lassen, um es für die Erstellung eines mehrteiligen Prospekts zu verwenden (Art. 10 Abs. 1 ProspektVO). Für diesen Zweck ist es nach Art. 12 Abs. 2 UAbs. 1 ProspektVO zwölf Monate gültig. Dadurch kann die im Registrierungsformular enthaltene Emittentenbeschreibung **für mehrere Emissionen genutzt** werden. Vor allem kann die Erstellung und Billigung eines großen Teils des Prospekts unabhängig von einem konkreten Anlass vorgezogen und die Vorbereitung der späteren Emission somit deutlich entlastet sowie das Billigungsverfahren unmittelbar vor der Emission beschleunigt werden.[8] Denn für die (jeweilige) Emission (öffentliches Angebot oder Zulassung zum Handel an einem geregelten Markt) müssen nur noch die Wertpapierbeschreibung und (ggf.) die Zusammenfassung erstellt und gesondert gebilligt werden (Art. 10 Abs. 1 UAbs. 1 ProspektVO). Die spätere Verwendung des Registrierungsformulars im Rahmen des genannten Gültigkeitszeitraums setzt voraus, dass es spätestens im Zeitpunkt der Wertpapierbeschreibung und der Zusammenfassung durch einen gebilligten **Nachtrag** aktualisiert wird, wenn zwischenzeitlich ein wichtiger neuer Umstand eingetreten ist oder eine wesentliche Unrichtigkeit oder eine wesentliche Ungenauigkeit festgestellt wurde, die die im Registrierungsformular enthaltenen Informationen betrifft und die Beurteilung der Wertpapiere beeinflussen kann (Art. 10 Abs. 1 UAbs. 2 ProspektVO, siehe → Rn. 10 ff.). Natürlich können auch alle drei Prospektbestandteile im Zuge der ersten prospektpflichtigen Maßnahme gleichzeitig erstellt und der zuständigen Behörde zur Billigung vorgelegt werden. Das Registrierungsformular steht dann gleichermaßen für weitere während seines Gültigkeitszeitraums geplante prospektpflichtige Vorhaben mit anderen zu gegebener Zeit zu billigenden Wertpapierbeschreibungen (und Zusammenfassungen) zur Verfügung.

Gemäß Art. 10 Abs. 2 ProspektVO ist das Registrierungsformular nach der Billigung **unverzüglich der Öffentlichkeit** nach Art. 21 ProspektVO **zur Verfügung zu stellen**. Eine entsprechende Veröffentlichungspflicht besteht nach Art. 9 Abs. 4 ProspektVO für gebilligte oder ohne Billigung hinterlegte einheitliche Registrierungsformulare.

---

7 Zu § 12 Abs. 4 WpPG a. F. siehe *Singhof*, in: Berrar/Meyer/Müller et al., WpPG/EU-ProspektVO, 2. Aufl. 2017, § 12 WpPG Rn. 19 f.
8 Vgl. *Geyer/Schelm*, BB 2019, 1731, 1732; *Seitz*, in: Assmann/Schlitt/von Kopp-Colomb, Prospektrecht Kommentar, Art. 10 ProspektVO Rn. 15.

2. Erstellung und Billigung der anderen Bestandteile des mehrteiligen Prospekts

7 Die Verpflichtung zur Erstellung (und Billigung) der Wertpapierbeschreibung und (ggf.) der Zusammenfassung entsteht erst, wenn die Wertpapiere öffentlich angeboten oder zum Handel an einem organisierten Markt zugelassen werden (Art. 10 Abs. 1 UAbs. 1 ProspektVO). Das ist selbstredend, da einerseits die prospektpflichtigen Vorhaben nur auf Grundlage eines vollständigen Prospekts durchgeführt werden können und andererseits nur die **voneinander unabhängige Erstellung (und Billigung) der Einzeldokumente** die Vorteile des dreiteiligen Prospekts hervorbringt. Zugleich ist der Wortlaut ungenau, weil die Erstellung der weiteren Prospektbestandteile natürlich im Vorfeld des prospektpflichtigen Vorhabens vorgenommen werden muss, um im entscheidenden Moment deren gesonderte Billigung betreiben zu können und sodann ein **insgesamt gebilligtes Dokument** veröffentlicht zu haben. Auch die Erstellung eines mehrteiligen Prospekts setzt voraus, dass sämtliche Prospektbestandteile von der zuständigen Behörde gebilligt wurden. Entsprechend heißt es in Art. 10 Abs. 1 UAbs. 1 Satz 2 ProspektVO, dass die Wertpapierbeschreibung und die Zusammenfassung von der zuständigen Behörde gesondert gebilligt werden. Wird also für die Erstellung eines mehrteiligen Prospekts kein **bereits gebilligtes Registrierungsformular** verwendet, sind alle drei Prospektbestandteile zur Billigung vorzulegen. Auch dann bleibt es formal bei „gesonderten" Billigungen.

8 Eine **Billigung** der Prospektbestandteile durch **Behörden verschiedener EWR-Staaten** ist für Emissionen von Nichtdividendenwerten gemäß Art. 2 lit. m Ziff. iii ProspektVO **möglich**. Ein bereits gebilligtes (einheitliches) Registrierungsformular kann nach Art. 26 Abs. 2 ProspektVO nunmehr in einen Aufnahmestaat notifiziert werden, den der Emittent, etwa für Anleiheemissionen, als Herkunftsmitgliedstaat wählen kann. Nach Art. 26 Abs. 3 UAbs. 1 ProspektVO kann das notifizierte (einheitliche) Registrierungsformular als Bestandteil eines der für die Billigung des Prospekts zuständige Behörde des Herkunftsmitgliedstaats zur Billigung vorgelegten Prospekts verwendet werden.[9] Die zuständige Behörde nimmt nach Art. 26 Abs. 3 UAbs. 2 ProspektVO keinerlei Prüfung oder Billigung des übermittelten (einheitlichen) Registrierungsformulars und etwaiger Änderungen vor und billigt erst nach Entgegennahme der Notifizierung ausschließlich die Wertpapierbeschreibung und die Zusammenfassung (→ Art. 26 Rn. 3). Auch **Nachträge** zu einem (einheitlichen) Registrierungsformular sind weiterhin von der Behörde zu billigen, die auch für die Billigung des (einheitlichen) Registrierungsformulars zuständig war,[10] und an alle zuständigen Behörden zu notifizieren, die mehrteilige Prospekte gebilligt haben, deren Bestandteil das (einheitliche) Registrierungsformular ist (Art. 26 Abs. 5 ProspektVO, siehe → Art. 26 Rn. 4). Es kommt damit zu einer **„aufgeteilten" Billigungszuständigkeit**: (i) Die zuständige Behörde, die das (einheitliche) Registrierungsformular gebilligt hat, kann nur einen Nachtrag zum (einheitlichen) Registrierungsformular und zum Prospekt billigen. (ii) Die zuständige Behörde, die die Wertpapierbeschreibung (und den

---

9 Vgl. auch *Zivny/Mock*, EU-ProspektVO/KMG 2019, Art. 10 ProspektVO Rn. 8.
10 *Schrader* WM 2021, 471, 473 f.

mehrteiligen Prospekt) gebilligt hat, kann nur einen Nachtrag zur Wertpapierbeschreibung und zum Prospekt billigen.[11]

Fraglich ist, ob bei Beachtung von Art. 27 ProspektVO das Registrierungsformular auch in einer **anderen Sprache** erstellt werden kann als die anderen Prospektbestandteile (gebrochenes Sprachregime).[12] Die BaFin hat nach altem Recht ein gebrochenes Sprachregime akzeptiert, wenn die Kohärenzprüfung dadurch nicht erschwert wird, der Prospekt lesbar und verständlich bleibt und die Sprachunterschiede auf klar abgrenzbare Teile des Prospekts beschränkt sind (näher → Art. 27 Rn. 23). Auf den ersten Blick scheint dies beim dreiteiligen Prospekt nach den Kriterien der BaFin möglich zu sein. So könnte ein Emittent mit Blick auf mögliche grenzüberschreitende öffentliche Angebote ein in englischer Sprache verfasstes, gebilligtes (und ggf. auch notifiziertes) Registrierungsformular später für ein öffentliches Angebot ausschließlich im Inland mit einer deutschen Wertpapierbeschreibung kombinieren wollen. Ob dies opportun ist, erscheint jedoch zweifelhaft. Vor Inkrafttreten der ProspektVO ging die BaFin beim dreiteiligen Prospekt von *einer* „Prospektsprache" aus.[13] Anders als nach altem Recht stellt sich zwar nunmehr zwar nicht mehr das Problem, dass eine Aktualisierung des englischen Registrierungsformulars in der deutschen Wertpapierbeschreibung nach § 12 Abs. 3 Satz 1 WpPG a. F. schon nicht mehr den oben beschriebenen Anforderungen entspräche, da die die Sprachunterschiede nicht mehr auf klar abgrenzbare Teile des Prospekts beschränkt wären. Andererseits bestehen nunmehr auch bei vollständig inländischen Sachverhalten keine Hürden mehr, einen (mehrteiligen) Prospekt insgesamt in englischer Sprache zu verfassen (→ Art. 27 Rn. 5 ff.).[14] Dann besteht auch kein Bedürfnis für ein „gebrochenes Sprachregime", und die Konstellation ist auch insoweit theoretischer Natur, als die Emittenten von sich aus von der Möglichkeit der Prospektsprache „Englisch" weitestgehend Gebrauch machen.

3. Aktualisierung des gebilligten Registrierungsformulars

Wenn es seit der Billigung des Registrierungsformulars zu erheblichen Veränderungen oder neuen Entwicklungen gekommen ist, die die Informationen im Registrierungsformular betreffen und die die Beurteilung der Wertpapiere durch das Publikum beeinflussen könnten („wichtiger neuer Umstand"), ist das Registrierungsformular **spätestens im Zeitpunkt** der Wertpapierbeschreibung und der Zusammenfassung durch einen **Nachtrag** zu aktualisieren (Art. 10 Abs. 1 UAbs. 2 ProspektVO). Der zeitliche Abstand zwischen der Billigung des Registrierungsformulars und der (erstmaligen) Verwendung sollte somit nicht zu groß sein, da sonst die Vorteile einer Verwendung eines mehrteiligen Prospekts schwinden (→ Art. 6 Rn. 65). Eine entsprechende Aktualisierungspflicht gilt, wenn eine wesentliche Unrichtigkeit oder eine wesentliche Ungenauigkeit der im Registrierungsfor-

---

11 ESMA, Questions and Answers on the Prospectus Regulation, ESMA/2019/ESMA31-62-1258 (Version 12, last updated on 3 February 2023), Q3.3, S. 31; siehe auch *Schrader*, WM 2021, 471, 473 f.
12 So zum alten Recht *Hamann*, in: Schäfer/Hamann, Kapitalmarktgesetze, § 12 WpPG Rn. 6; *Seitz*, in: Assmann/Schlitt/von Kopp-Colomb, WpPG/VerkProspG, 3. Aufl. 2017, § 12 WpPG Rn. 33.
13 Vgl. BaFin, Häufig gestellte Fragen zum neuen Basisprospektregime vom 31.5.2012 (Stand: 4.6.2014), IV. 1 und 2; verfügbar unter www.bafin.de.
14 BaFin, Neue Regeln für Wertpapierprospekte nach EU-Prospektverordnung 2017/1129 – Frequently Asked Questions (geändert am 6.10.2021) Ziff. VII; verfügbar unter www.bafin.de.

Art. 10 ProspektVO   Aus mehreren Einzeldokumenten bestehende Prospekte

mular enthaltenen Informationen festgestellt wird. Der **Maßstab** für die Erforderlichkeit einer Aktualisierung entspricht folglich dem des Art. 23 ProspektVO (→ Art. 23 Rn. 18 ff.). Der Nachtrag zum Registrierungsformular ist selbstredend nur während dessen Gültigkeit (zwölf Monate ab Billigung) möglich.[15]

11   Die gesetzliche Neuregelung ist im Sinne der Trennung von emittenten- und wertpapierbezogenen Informationen zu begrüßen. Die Übersichtlichkeit der Darstellung wird bei mehrfacher Verwendung des Registrierungsformulars durch die „Einbeziehung" eines oder mehrerer separater Nachträge nur unwesentlich tangiert. Unter Effizienzgesichtspunkten ist bei der mehrfachen Verwendung des Registrierungsformulars insoweit auch von Vorteil, dass der oder die **Nachträge** zum Registrierungsformular „**dynamisch wirken**", also nicht jeweils ein erneuter Nachtrag bei (späterer) Verwendung des Registrierungsformulars in einem anderen mehrteiligen Prospekt erforderlich ist. Vielmehr gehören die durch den einen Nachtrag zum Registrierungsformular nachgetragenen Informationen auch zum Inhalt der gebilligten mehrteiligen Prospekte, deren Bestandteil das Registrierungsformular noch wird.[16] Diese Wirkung auf andere (mehrteilige) Prospekte hat der Nachtrag zum Registrierungsformular freilich nicht, wenn das Registrierungsformular nicht unmittelbar Bestandteil des Prospekts ist, sondern nur (bezüglich einzelner in ihm enthaltener Angaben) per Verweis nach Art. 19 ProspektVO in den (Basis-)Prospekt einbezogen ist. Hier bedarf es eines weiteren Nachtrags zum (Basis-)Prospekt, in dem auf das aktualisierte Registrierungsformular hingewiesen wird, wenn der Nachtrag gebilligt und veröffentlicht wird, nachdem Informationen aus dem Registrierungsformular mittels Verweises in den (Basis-)Prospekt einbezogen wurde.[17] Wenn das Registrierungsformular vor der Billigung des (Basis-)Prospekts durch einen Nachtrag aktualisiert wurde, kann dessen Inhalt auch sogleich durch Verweis in den (Basis-)Prospekt einbezogen werden. Zu unterscheiden ist ferner zwischen einem Nachtrag zum Registrierungsformular nach Art. 10 Abs. 1 UAbs. 2 ProspektVO und einem Nachtrag zum mehrteiligen Prospekt nach Art. 23 ProspektVO. Letzterer ist (zusätzlich) erforderlich, wenn der nachtragspflichtige Umstand erst eintritt, **nachdem das Registrierungsformular Bestandteil eines mehrteiligen Prospekts geworden** ist. Ist das (einheitliche) Registrierungsformular Bestandteil mehrerer Prospekte, genügt insoweit die Erstellung eines Nachtrags, in dem alle Prospekte genannt werden, auf die sich der Nachtrag bezieht (Art. 23 Abs. 5 ProspektVO, siehe → Art. 23 Rn. 78).[18] Der Nachtrag kann aber die oben beschriebene dynamische Wirkung für das Registrierungsformular nicht entfalten. Um insoweit für die Verwendung des Registrierungsformulars für einen oder mehrere weitere mehrteilige Prospekte flexibel zu bleiben, ist daher zusammengefasst im selben Dokument („in a single document") ein

---

15 Vgl. schon zum alten Recht BaFin, Häufig gestellte Fragen zum neuen Basisprospektregime vom 31.5.2012 (zuletzt geändert am 4.6.2014), IV. 1 und 2; verfügbar unter www.bafin.de.
16 *Lawall/Maier*, DB 2012, 2503, 2504; *Heidelbach/Preuße*, BKR 2012, 397, 399; *von Kopp-Colomb/Seitz*, WM 2012, 1220, 1226.
17 *Seitz*, in: Assmann/Schlitt/von Kopp-Colomb, Prospektrecht Kommentar, Art. 10 ProspektVO Rn. 24; noch zum alten Recht BaFin, Häufig gestellte Fragen zum neuen Basisprospektregime vom 31.5.2012 (zuletzt geändert am 4.6.2014), IV. 3, verfügbar unter www.bafin.de; *Lawall/Maier*, DB 2012, 2503, 2504; **a. A.** *Heidelbach/Preuße*, BKR 2012, 397, 399 (Technik der Zusammenstellung des Prospekts rechtfertigt keine Unterscheidung bei der Nachtragsform).
18 *Schrader* WM 2021, 471, 474. Ein solcher Nachtrag ist natürlich auch noch möglich, wenn die (isolierte) Gültigkeit des (einheitlichen) Registrierungsformulars abgelaufen ist; *Seitz*, in: Assmann/Schlitt/von Kopp-Colomb, Prospektrecht Kommentar, Art. 23 ProspektVO Rn. 55.

(gesonderter) Nachtrag zum Registrierungsformular nach Art. 10 Abs. 1 UAbs. 2 ProspektVO zur Billigung vorzulegen.[19] Ist das (einheitliche) Registrierungsformular dagegen nicht mehr Bestandteil eines Prospekts, richtet sich die Aktualisierung des Registrierungsformulars nach Art. 10 Abs. 1 ProspektVO und die des einheitlichen Registrierungsformulars nach Art. 9 Abs. 7 und 9 ProspektVO.[20]

Abweichend vom Gebot der Unverzüglichkeit in Art. 23 Abs. 1 ProspektVO ist ein Nachtrag zum Registrierungsformular nach Art. 10 Abs. 1 UAbs. 2 ProspektVO **spätestens zum Zeitpunkt der Wertpapierbeschreibung und der Zusammenfassung** zur Billigung vorzulegen. Dies hängt damit zusammen, dass für den Erhalt der Gültigkeit keine fortwährende Aktualisierungspflicht zu befolgen ist und zwischen zwei (Einzel-)Emissionen oder anderen prospektpflichtigen Anlässen grundsätzlich auch kein Bedürfnis für einen Nachtrag zum Registrierungsformular besteht. Aus dem Gesetzeswortlaut („spätestens") folgt sogleich, dass ein Nachtrag zum Registrierungsformular durchaus auch schon früher erstellt und zur Billigung vorgelegt werden kann.[21] Typischerweise werden in diesen Fällen alle drei Dokumente (Nachtrag zum Registrierungsformular – Wertpapierbeschreibung und Zusammenfassung) zur Billigung vorgelegt, sodass eine gleichzeitige Billigung durch die zuständige Behörde sichergestellt ist. Da mit der Billigung von Wertpapierbeschreibung und Zusammenfassung der mehrteilige Prospekt entsteht (Art. 10 Abs. 1 UAbs. 3 ProspektVO, siehe → Rn. 15), kann das Registrierungsformular anlässlich des zugrunde liegenden prospektpflichtigen Ereignisses nicht mehr (allein) nach Art. 10 Abs. 1 UAbs. 2 ProspektVO aktualisiert werden; vielmehr ist dann nach Art. 23 ProspektVO unverzüglich (auch) ein Nachtrag zu dem mehrteiligen Prospekt zur Billigung vorzulegen (bereits → Rn. 11).

Zuständig für die Billigung des Nachtrags zum Registrierungsformular ist die Behörde, die auch schon das Registrierungsformular selbst gebilligt hat (Art. 26 Abs. 5 ProspektVO).[22] Wurde das Registrierungsformular vor der Billigung des Nachtrags nach Art. 25 ProspektVO in einen oder mehrere Mitgliedstaaten **notifiziert**, muss der gebilligte Nachtrag in dieselben Mitgliedstaaten notifiziert werden (siehe auch → Art. 25 Rn. 4).[23]

Nach Art. 10 Abs. 1 UAbs. 2 Satz 2 ProspektVO findet das Recht von Anlegern, ihre „Zusagen" gemäß Art. 23 Abs. 2 ProspektVO innerhalb von zwei Arbeitstagen nach Veröffentlichung eines Nachtrags zurückzuziehen, in Falle eines Nachtrags zum Registrierungsformular keine Anwendung. Dieser (klarstellende) **Ausschluss des Widerrufsrechts** ist zwingend und deshalb sinnvoll, weil im Zeitpunkt der Nachtragsbilligung noch

---

19 Vgl. ESMA, Questions and Answers on the Prospectus Regulation, ESMA/2019/ESMA31-62-1258 (Version 12, last updated on 3 February 2023), Q3.3., Figure 1, S. 32; *Schrader*, WM 2021, 471, 473 f.
20 ESMA, Questions and Answers on the Prospectus Regulation, ESMA/2019/ESMA31-62-1258 (Version 12, last updated on 3 February 2023), Q3.3., S. 31 f.
21 *Seitz*, in: Assmann/Schlitt/von Kopp-Colomb, Prospektrecht Kommentar, Art. 10 ProspektVO Rn. 21.
22 ESMA, Questions and Answers on the Prospectus Regulation, ESMA/2019/ESMA31-62-1258 (Version 12, last updated on 3 February 2023), Q3.1., S. 26.
23 ESMA, Questions and Answers on the Prospectus Regulation, ESMA/2019/ESMA31-62-1258 (Version 12, last updated on 3 February 2023), Q3.1., S. 26.

kein öffentliches Angebot von Wertpapieren läuft, sodass die Anleger auch keine Gelegenheit haben müssen, ihre Zusage im Lichte neuer wesentlicher Umstände zu überdenken.[24]

4. Entstehung des mehrteiligen Prospekts

15   Mit der Billigung der Wertpapierbeschreibung und der Zusammenfassung entsteht nach Art. 10 Abs. 1 UAbs. 3 ProspektVO der mehrteilige Prospekt. Die einzelnen Bestandteile eines mehrteiligen Prospekts und ein bereits gebilligtes Registrierungsformular stellen somit noch keinen Prospekt dar.[25] Entsprechend ist dies auch der maßgebliche Zeitpunkt für die **Gültigkeitsdauer** des mehrteiligen Prospekts,[26] die unabhängig von der (verbleibenden) Gültigkeitsdauer des verwendeten Registrierungsformulars zwölf Monate beträgt (vgl. auch Art. 12 Abs. 2 UAbs. 2 ProspektVO).

16   Mit der Entstehung des mehrteiligen Prospekts löst ein nachtragspflichtiger Umstand unter den Voraussetzungen des Art. 23 ProspektVO die Pflicht aus, auch einen **Nachtrag zum Prospekt** zu erstellen und von der zuständigen Behörde billigen zu lassen.[27] Nicht mehr erforderlich ist dafür die frühere Differenzierung, ob die notwendige Aktualisierung über den emittentenbezogenen Inhalt des Registrierungsformulars hinausgeht bzw. insbesondere die Zusammenfassung betroffen ist. (Erst) dann sollte nach Auffassung der BaFin ein Nachtrag zum Prospekt erforderlich sein,[28] was aber aufgrund der reflexartigen Betroffenheit der Zusammenfassung nahezu immer der Fall gewesen sein dürfte.

III. Verwendung eines einheitlichen Registrierungsformulars

1. Allgemeines

17   Art. 10 Abs. 3 ProspektVO enthält die Regelungen für die Verwendung eines einheitlichen Registrierungsformulars nach Art. 9 ProspektVO. **Unterschiede** zur Verwendung eines (einfachen) Registrierungsformulars ergeben sich aus dem Umstand, dass das einheitliche Registrierungsformular unter bestimmten Umständen bei der zuständigen Behörde nur hinterlegt (anstatt gebilligt) werden kann (Art. 9 Abs. 2 UAbs. 2 ProspektVO) bzw. ein gebilligtes oder hinterlegtes einheitliches Registrierungsformular durch Hinterlegung einer

---

24   Vgl. ESMA, Questions and Answers on the Prospectus Regulation, ESMA/2019/ESMA31-62-1258 (Version 12, last updated on 3 February 2023), Q3.1., S. 26; *Seitz*, in: Assmann/Schlitt/von Kopp-Colomb, Prospektrecht Kommentar, Art. 10 ProspektVO Rn. 23; ähnlich *Groß*, Kapitalmarktrecht, Art. 10 ProspektVO Rn. 2 (mangels Prospekt „Tatbestandsvoraussetzungen des Artikel 23 Absatz 2 nicht gegeben"); *Zivny/Mock*, EU-ProspektVO/KMG 2019, Art. 10 ProspektVO Rn. 7.
25   *Groß*, Kapitalmarktrecht, Art. 10 ProspektVO Rn. 2; *Zivny/Mock*, EU-ProspektVO/KMG 2019, Art. 10 ProspektVO Rn. 7.
26   So auch *Zivny/Mock*, EU-ProspektVO/KMG 2019, Art. 10 ProspektVO Rn. 6.
27   Näher ESMA, Questions and Answers on the Prospectus Regulation, ESMA/2019/ESMA31-62-1258 (Version 12, last updated on 3 February 2023), Q3.3, S. 30 ff.
28   Siehe auch *Singhof*, in: Berrar/Meyer/Müller et al., WpPG/EU-ProspektVO, 2. Aufl. 2017, § 12 WpPG Rn. 18b; BaFin – Häufig gestellte Fragen zum neuen Basisprospektregime vom 31.5.2012 (zuletzt geändert am 4.6.2014), IV. 3; *Lawall/Maier*, DB 2012, 2503, 2504.

Änderung hierzu bei der zuständigen Behörde aktualisiert werden kann (Art. 9 Abs. 7 bis 10 ProspektVO).

Art. 10 Abs. 3 UAbs. 1 ProspektVO wiederholt zunächst die bereits in Art. 10 Abs. 1 UAbs. 1 Satz 1 ProspektVO enthaltene Regelung für den Fall, dass ein Emittent für die Erstellung eines mehrteiligen Prospekts ein einheitliches Registrierungsformular verwendet, das entweder bereits von der zuständigen Behörde gebilligt wurde oder ohne vorherige Billigung bei ihr nach Art. 9 Abs. 2 UAbs. 2 ProspektVO hinterlegt wurde. Auch hier ist der Emittent zur Erstellung der Wertpapierbeschreibung und der Zusammenfassung nur verpflichtet, wenn ein **prospektpflichtiges Ereignis** eintritt, also die Wertpapiere öffentlich angeboten oder zum Handel an einem geregelten Markt zugelassen werden sollen. 18

2. Verwendung eines gebilligten einheitlichen Registrierungsformulars

Nach Art. 10 Abs. 3 UAbs. 2 ProspektVO bedürfen bei der Verwendung eines bereits gebilligten einheitlichen Registrierungsformulars die Wertpapierbeschreibung, die Zusammenfassung und sämtliche seit Billigung des einheitlichen Registrierungsformulars hinterlegten Änderungen des Registrierungsformulars einer gesonderten Billigung. Dies entspricht zum einen der Regelung in Art. 10 Abs. 1 UAbs. 1 Satz 2 ProspektVO (siehe oben → Rn. 5 ff.). Das bereits gebilligte einheitliche Registrierungsformular bedarf keiner erneuten Billigung, sodass die **Billigung** auf die **Wertpapierbeschreibung** und die **Zusammenfassung** beschränkt werden kann. Zum anderen trägt Art. 10 Abs. 3 UAbs. 2 ProspektVO dem Umstand Rechnung, dass ein gebilligtes (oder hinterlegtes) einheitliches Registrierungsformular durch bloße **Hinterlegung einer Änderung** hierzu bei der zuständigen Behörde aktualisiert werden kann (Art. 9 Abs. 7 bis 10 ProspektVO), wenn es noch nicht Bestandteil eines Prospektes ist.[29] Da auch bei einem mehrteiligen Prospekt alle Bestandteile „billigungspflichtig" sind, also der Überprüfung und Billigung durch die zuständige Behörde unterliegen, muss die Billigung dieser Aktualisierungen mit der Verwendung des einheitlichen Registrierungsformulars für einen mehrteiligen Prospekt sozusagen nachgeholt werden (vgl. auch Erwägungsgrund 42 der ProspektVO).[30] Spiegelbildlich weist Art. 9 Abs. 7 Satz 2 ProspektVO darauf hin, dass für eine Hinterlegung einer Änderung des einheitlichen Registrierungsformulars bei der zuständigen Behörde vorbehaltlich Art. 10 Abs. 3 UAbs. 1 und 2 ProspektVO keine Billigung erforderlich ist.[31] Eine freiwillige vorzeitige Billigung der Änderungen dürfte allerdings möglich sein, da Erwägungsgrund 42 Satz 2 der ProspektVO nur davon spricht, dass die Änderungen nur gebilligt werden „sollten", wenn alle Bestandteile des Prospekts zur Billigung eingereicht werden. Entsteht der Änderungsbedarf für ein einheitliches Registrierungsformular erst nach Billigung aller Bestandteile und damit Entstehung des mehrteiligen Prospekts, so ist 19

---

29 ESMA, Questions and Answers on the Prospectus Regulation, ESMA/2019/ESMA31-62-1258 (Version 12, last updated on 3 February 2023), Q3.2, S. 26 f. und S. 29 (Figure 2).
30 Vgl. auch ESMA, Questions and Answers on the Prospectus Regulation, ESMA/2019/ESMA31-62-1258 (Version 12, last updated on 3 February 2023), Q3.2, S. 27.
31 Richtigerweise muss der Vorbehalt in Art. 9 Abs. 7 Satz 2 ProspektVO auf Art. 10 Abs. 2 UAbs. 2 und 3 ProspektVO lauten; auf das Redaktionsversehen weist zutreffend *Seitz*, in: Assmann/Schlitt/von Kopp-Colomb, Prospektrecht Kommentar, Art. 10 ProspektVO Rn. 33 hin.

hier ein Nachtrag auch zum Prospekt nach Art. 23 ProspektVO vorzunehmen (so bereits → Rn. 16).[32]

3. Verwendung eines hinterlegten einheitlichen Registrierungsformulars

20 Art. 10 Abs. 3 UAbs. 3 ProspektVO erfasst den Fall der Verwendung eines hinterlegten, also noch nicht gebilligten einheitlichen Registrierungsformulars für die Erstellung eines mehrteiligen Prospekts. Entsprechend dem oben erwähnten **Billigungserfordernis für alle Bestandteile** eines mehrteiligen Prospekts (siehe Erwägungsgrund 42 der ProspektVO und → Rn. 7) stellt die Regelung klar, dass in einem solchen Fall „die gesamte Dokumentation, einschließlich der Änderungen des einheitlichen Registrierungsformulars, einer Billigung" bedarf, und zwar „unbeschadet der Tatsache, dass es sich weiter um separate Dokumente handelt". Dieser zuletzt gemachte Hinweis soll wohl den Unterschied zu dem hier nicht vorliegenden Fall einer Billigung eines Gesamtprospekts bzw. eines Nachtrags zum Gesamtprospekt ausdrücken. Dadurch dass die Einzeldokumente zwar in einem Vorgang, aber doch separat gebilligt werden, bleibt die Verwendbarkeit der gebilligten Einzeldokumente (einheitliches Registrierungsformular und Änderungen) auch für andere mehrteilige Prospekte erhalten. Zusätzlich ist die Billigung eines nur hinterlegten einheitlichen Registrierungsformulars und seiner hinterlegten Änderungen auch erforderlich, bevor es für die Emissionen von Nichtdividendenwerten auf Ersuchen des Emittenten an die zuständige Behörde eines anderen EU-Mitgliedstaats notifiziert werden kann (Art. 26 Abs. 2 UAbs. 1 ProspektVO).[33] Besteht bei einem gebilligten und anschließend **notifizierten einheitlichen Registrierungsformular** Aktualisierungsbedarf, bevor es zum Bestandteil einer mehrteiligen Prospekts geworden ist, so müssen Änderungen nach Art. 10 Abs. 3 UAbs. 2 ProspektVO i.V.m. Art. 26 Abs. 5 UAbs. 1 ProspektVO separat gebilligt werden, bevor ein (mehrteiliger) Prospekt (bzw. seine übrigen Bestandteile), dessen Bestandteil das notifizierte einheitliche Registrierungsformular werden soll, von der zuständigen Behörde des anderen Mitgliedstaats gebilligt werden kann (vgl. Art. 26 Abs. 3 UAbs. 2 ProspektVO).[34] Die gebilligten Änderungen sind an dieselben zuständigen Behörden der anderen Mitgliedstaaten zu notifizieren, an die das gebilligte einheitliche Registrierungsformular nach Art. 26 Abs. 2 ProspektVO notifiziert worden war (Art. 26 Abs. 5 UAbs. 2 ProspektVO).[35]

4. Entstehung des mehrteiligen Prospekts

21 Nach Art. 10 Abs. 3 UAbs. 4 ProspektVO bildet das nach Art. 9 Abs. 7 oder Abs. 9 ProspektVO geänderte einheitliche Registrierungsformular zusammen mit der Wertpapierbeschreibung und der Zusammenfassung einen (mehrteiligen) Prospekt, sobald die **Billigung** von der zuständigen Behörde erteilt wurde. Dies entspricht der Regelung in Art. 10

---

32 Näher ESMA, Questions and Answers on the Prospectus Regulation, ESMA/2019/ESMA31-62-1258 (Version 12, last updated on 3 February 2023), Q3.3, S. 30 ff.
33 ESMA, Questions and Answers on the Prospectus Regulation, ESMA/2019/ESMA31-62-1258 (Version 12, last updated on 3 February 2023), Q3.2, S. 27.
34 ESMA, Questions and Answers on the Prospectus Regulation, ESMA/2019/ESMA31-62-1258 (Version 12, last updated on 3 February 2023), Q3.2, S. 27 f. (mit „Timeline" in Figure 1).
35 ESMA, Questions and Answers on the Prospectus Regulation, ESMA/2019/ESMA31-62-1258 (Version 12, last updated on 3 February 2023), Q3.2, S. 27.

Abs. 1 UAbs. 3 ProspektVO (siehe → Rn. 14) mit dem Unterschied, dass hier die **Besonderheiten** berücksichtigt werden, die sich aus dem Billigungserfordernis für alle Bestandteile eines mehrteiligen Prospekts ergeben, wenn ein ohne vorherige Billigung hinterlegtes einheitliches Registrierungsformular und/oder ohne vorherige Billigung hinterlegte etwaige Änderungen eines hinterlegten oder gebilligten einheitlichen Registrierungsformular verwendet werden. In diesen Fällen kommt es für die Entstehung des mehrteiligen Prospekts natürlich auch auf die Billigung etwaiger hinterlegter Änderungen zu einem gebilligten einheitlichen Registrierungsformular bzw. die Billigung des hinterlegten einheitlichen Registrierungsformulars und seiner etwaigen hinterlegten Änderungen an. Schließlich gelten die oben getroffenen Feststellungen zur Nachtragspflicht nach Entstehung des mehrteiligen Prospekts entsprechend (→ Rn. 10 ff.).[36]

Entsprechend ist die Billigung sämtlicher vorgenannter Dokumente auch der maßgebliche Zeitpunkt für die **Gültigkeitsdauer** des mehrteiligen Prospekts, die unabhängig von der (verbleibenden) Gültigkeitsdauer des verwendeten einheitlichen Registrierungsformulars zwölf Monate beträgt (vgl. auch Art. 12 Abs. 2 UAbs. 2 ProspektVO). 22

---

36 Näher ESMA, Questions and Answers on the Prospectus Regulation, ESMA/2019/ESMA31-62-1258 (Version 12, last updated on 3 February 2023), Q3.3, S. 30 ff.

Art. 11 ProspektVO
Prospekthaftung

(1) Die Mitgliedstaaten stellen sicher, dass je nach Fall zumindest der Emittent oder dessen Verwaltungs-, Leitungs- oder Aufsichtsorgan, der Anbieter, die die Zulassung zum Handel an einem geregelten Markt beantragende Person oder der Garantiegeber für die Richtigkeit der in einem Prospekt und Nachträgen enthaltenen Angaben haftet. Die für den Prospekt und Nachträge dazu verantwortlichen Personen sind im Prospekt eindeutig unter Angabe ihres Names und ihrer Funktion – bei juristischen Personen ihres Namens und ihres Sitzes – zu benennen; der Prospekt muss zudem Erklärungen der betreffenden Personen enthalten, dass ihres Wissens die Angaben in dem Prospekt richtig sind und darin keine Angaben nicht aufgenommen werden, die die Aussage des Prospekts verändern können.

(2) Die Mitgliedstaaten stellen sicher, dass ihre Rechts- und Verwaltungsvorschriften im Bereich der Haftung für die Personen gelten, die für die in einem Prospekt enthaltenen Angaben verantwortlich sind. Die Mitgliedstaaten gewährleisten jedoch, dass niemand lediglich aufgrund der Zusammenfassung nach Artikel 7 oder der speziellen Zusammenfassung eines EU-Wachstumsprospekts nach Artikel 15 Absatz 1 Unterabsatz 2 samt etwaiger Übersetzungen haftet, es sei denn,

a) die Zusammenfassung ist, wenn sie zusammen mit den anderen Teilen des Prospekts gelesen wird, irreführend, unrichtig oder widersprüchlich oder

b) sie vermittelt, wenn sie zusammen mit den anderen Teilen des Prospekts gelesen wird, nicht die Basisinformationen, die in Bezug auf Anlagen in die Wertpapiere für die Anleger eine Entscheidungshilfe darstellen würden.

(3) Die Haftung für die in einem Registrierungsformular oder in einem einheitlichen Registrierungsformular enthaltenen Informationen liegt nur in den Fällen bei den in Absatz 1 genannte Personen, in denen das Registrierungsformular oder das einheitliche Registrierungsformular als Bestandteil eines gebilligten Prospekts verwendet wird.

Unterabsatz 1 gilt unbeschadet der Artikel 4 und 5 der Richtlinie 2004/109/EG, wenn die gemäß jenen Artikeln offenzulegenden Informationen in einem einheitlichen Registrierungsformular enthalten sind.

1　Art. 11 ProspektVO stellt keine Haftungsgrundlage dar, sondern enthält lediglich die **grundsätzliche Verpflichtung** der Mitgliedstaaten, Prospekthaftungsregelungen zu implementieren. Genaue Vorgaben hinsichtlich der Ausgestaltung dieser Regelungen macht Art. 11 ProspektVO – ebenso wie bereits die Vorgängerregelung in Art. 6 ProspektRL – nicht.[1] Sie beschränken sich auf Vorgaben zu (i) den Adressaten der Haftung für die „Richtigkeit der in einem Prospekt und Nachträgen dazu enthaltenen Angaben" (Abs. 1, Abs. 2 UAbs. 1) und (ii) den Haftungsmodalitäten für Zusammenfassungen (Abs. 2 UAbs. 2) sowie (einheitliche) Registrierungsformulare (Abs. 3). Mangels unionsrechtlicher Harmonisierung der Prospekthaftung bestehen nach wie vor erhebliche Unterschiede

---

1 *Groß*, Kapitalmarktrecht, Art. 11 ProspektVO Rn. 1.

zwischen den Prospekthaftungsregelungen der einzelnen Mitgliedstaaten (→ Vor §§ 8 ff. WpPG Rn. 8 ff.).[2]

Der nationale Gesetzgeber hat bei Umsetzung der ProspektVO die bereits bestehenden Regelungen zur Prospekthaftung (§§ 21 ff. WpPG a. F.) inhaltlich im Wesentlichen unverändert beibehalten und im Abschnitt 3 unter §§ 8 ff. WpPG neu verortet.[3] So wird durch § 9 Abs. 1 Satz 1 Nr. 1 i.V.m. § 8 dem Umstand Rechnung getragen, dass nach Art. 11 Abs. 1 Satz 2 ProspektVO „zumindest der Emittent oder dessen Verwaltungs-, Leitungs- oder Aufsichtsorgan, der Anbieter, die Person, die die Zulassung zum Handel an einem geregelten Markt beantragt oder der Garantiegeber für die Richtigkeit der in einem Prospekt und etwaigen Nachträgen enthaltenen Angaben haftet" (vgl. auch Art. 11 Abs. 2 UAbs. 1 ProspektVO). Diese Aufzählung der im Sinne der Prospekthaftung **Verantwortlichen** in Art. 11 Abs. 1 ProspektVO stellt lediglich ein Mindestmaß dar und kann durch den nationalen Gesetzgeber erweitert werden.[4] Nach Art. 11 Abs. 1 ProspektVO muss der Prospekt die verantwortlichen Personen eindeutig benennen und „**Erklärungen** der betreffenden Personen enthalten, dass ihres Wissens die Angaben in dem Prospekt richtig sind und darin keine Angaben nicht aufgenommen werden, die die Aussage des Prospekts verändern können". Dies bedurfte keiner Umsetzung ins nationale Recht und ist durch die entsprechenden Vorgaben in den einschlägigen Anhängen der VO (EU) 2019/980 sichergestellt. Die in § 11 Abs. 2 UAbs. 2 ProspektVO statuierte Pflicht der Mitgliedstaaten, sicherzustellen, dass niemand lediglich aufgrund der **Zusammenfassung** nach Art. 7 oder Art. 15 der ProspektVO haftet, es sei denn, die Zusammenfassung ist (a) irreführend, unrichtig oder widersprüchlich, wenn sie zusammen mit den anderen Teilen des Prospekts gelesen wird oder (b) vermittelt nicht die Basisinformationen, die in Bezug auf Anlagen in die Wertpapiere für die Anleger eine Entscheidungshilfe darstellen würden, wenn sie zusammen mit den anderen Teilen des Prospekts gelesen wird, wurde wortgleich in § 12 Abs. 2 Nr. 5 umgesetzt.[5] Es wird auf die Kommentierung der §§ 8 ff. WpPG verwiesen (→ Vor §§ 8 ff. WpPG Rn. 8 ff.; § 8 WpPG Rn. 1 ff., § 9 WpPG Rn. 1 ff., § 12 WpPG Rn. 1).[6]

Art. 11 Abs. 3 ProspektVO enthält eine neue Regelung, die in Art. 6 ProspektRL noch nicht enthalten war. Nach Art. 11 Abs. 3 UAbs. 1 ProspektVO wird für die in einem **(einheitlichen) Registrierungsformular** enthaltenen Informationen nur gehaftet, wenn das (einheitliche) Registrierungsformular als Bestandteil eines gebilligten Prospekts verwendet wird. Diese Klarstellung ist wichtig, weil für das (einheitliche) Registrierungsformular nach Art. 9 Abs. 4 ProspektVO bzw. Art. 10 Abs. 2 i.V.m. Art. 21 ProspektVO Veröffentlichungspflichten bestehen. Die Einschränkung gilt nach Art. 11 Abs. 3 UAbs. 2 ProspektVO auch für die in einem einheitlichen Registrierungsformular enthaltenen Informationen i. S. v. Art. 4 und 5 der RL 2004/109/EG.

---

2 Vgl. zu den Unterschieden zwischen den materiell-rechtlichen Haftungsregimen der Mitgliedstaaten: ESMA, Report: Comparison of liability regimes in Member States in relation to the Prospectus Directive, ESMA/2013/619.
3 Vgl. Begr. RegE, BT-Drucks. 19/8005, S. 47.
4 Vgl. *Habersack*, in: Habersack/Mülbert/Schlitt, der Kapitalmarktinformation, § 28 Rn. 4 m.w.N.
5 *Habersack*, in: Habersack/Mülbert/Schlitt, Kapitalmarktinformation, § 28 Rn. 5.
6 Vgl. zu den Unterschieden zwischen den materiell-rechtlichen Haftungsregimen der Mitgliedstaaten: ESMA, Report: Comparison of liability regimes in Member States in relation to the Prospectus Directive, ESMA/2013/619.

Art. 12 ProspektVO
Gültigkeit des Prospekts, des Registrierungsformulars und des einheitlichen Registrierungsformulars

(1) Ein Prospekt ist – unabhängig davon, ob er aus einem einzigen Dokument oder aus mehreren Einzeldokumenten besteht – nach seiner Billigung 12 Monate lang für öffentliche Angebote oder Zulassungen zum Handel an einem geregelten Markt gültig, sofern er um etwaige gemäß Artikel 23 erforderliche Nachträge ergänzt wird. Besteht ein Prospekt aus mehreren Einzeldokumenten, beginnt die Gültigkeitsdauer mit der Billigung der Wertpapierbeschreibung.

(2) Ein Registrierungsformular, das zuvor gebilligt wurde, bleibt für die Verwendung als Bestandteil eines Prospekts 12 Monate nach seiner Billigung gültig. Das Ende der Gültigkeitsdauer eines solchen Registrierungsformulars hat keine Auswirkungen auf die Gültigkeit eines Prospekts, dessen Bestandteil es ist.

(3) Ein einheitliches Registrierungsformular bleibt für die Verwendung als Bestandteil eines Prospekts 12 Monate nach seiner Billigung gemäß Artikel 9 Absatz 2 Unterabsatz 1 oder nach seiner Hinterlegung gemäß Artikel 9 Absatz 2 Unterabsatz 2 gültig.

Das Ende der Gültigkeitsdauer eines solchen einheitlichen Registrierungsformulars hat keine Auswirkungen auf die Gültigkeit eines Prospekts, dessen Bestandteil es ist.

Übersicht

	Rn.		Rn.
I. Regelungsgegenstand	1	III. Gültigkeit des Registrierungsformulars	18
1. Überblick	1	1. Frist	18
2. Rechtsentwicklung und weitgehende Kontinuität	4	2. Aktualisierungspflicht	19
II. Gültigkeit des Prospekts	7	3. Nutzung für die Erstellung eines mehrteiligen Prospekts	20
1. Allgemeines	7	IV. Gültigkeit des einheitlichen Registrierungsformulars	21
2. Frist	9	V. Ablauf der Gültigkeit	22
3. Nachtragspflicht	12	1. Grundsatz	22
4. Wirkungen der Gültigkeit	15	2. Rechtsfolgen bei Verstoß	23
5. Mehrteiliger Prospekt	17		

I. Regelungsgegenstand

1. Überblick

1 Die Vorschrift ersetzt Art. 9 ProspektRL in der Fassung der ÄnderungsRL 2010/73/EU und die daraufhin erlassenen nationalen rechtlichen Regelungen der EU-Mitgliedstaaten. Sie enthält die grundsätzliche Regel, dass ein **Prospekt** nach seiner Billigung **zwölf Monate** lang für öffentliche Angebote oder Zulassungen von Wertpapieren zum Handel an einem organisierten Markt **gültig** ist, sofern er um die nach Art. 23 ProspektVO erforder-

I. Regelungsgegenstand Art. 12 ProspektVO

lichen Nachträge ergänzt wird (Abs. 1). Dies setzt einen angemessenen zeitlichen Rahmen für die Verwendbarkeit von Prospekten, wobei Gültigkeit und Verwendbarkeit nicht zwingend gleichzusetzen sind.[1] Die Abs. 2–3 enthalten dazu besondere Bestimmungen für einen aus mehreren Einzeldokumenten bestehenden Prospekt, ein Registrierungsformular und ein einheitliches Registrierungsformular. Davon zu unterscheiden ist die Gültigkeit von durch Verweis nach Art. 19 ProspektVO einbezogenen Informationen, zu denen Art. 12 ProspektVO nichts sagt.[2]

Die Gültigkeit des (aktualisierten) Prospekts ist Voraussetzung für die Nutzung des Prospekts (vgl. auch Erwägungsgrund 26 der ProspektVO).[3] Laut Erwägungsgrund 46 der ProspektVO soll die Gültigkeitsdauer klar begrenzt werden, damit Anlageentscheidungen nicht aufgrund veralteter Informationen getroffen werden. Zugleich zielt die Gültigkeit auf die **erleichterte Vornahme zukünftiger weiterer Emissionen** ab. Dies steht in sachlichem Zusammenhang mit Art. 5 Abs. 1 UAbs. 2 ProspektVO. Darin ist vorgesehen, dass die Verpflichtung zur Veröffentlichung eines Prospekts nicht für ein späteres Angebot oder eine spätere endgültige Platzierung von Wertpapieren durch die dort genannten Finanzintermediäre gilt, wenn ein gültiger Prospekt gemäß Art. 12 ProspektVO vorliegt und der Emittent oder die Personen, die die Verantwortung für den Prospekt übernommen haben, dessen Verwendung in einer schriftlichen Vereinbarung zugestimmt haben (→ Art. 5 Rn. 13 ff.). Art. 12 ProspektVO geht auf entsprechende Regelungen in anderen Rechtsordnungen zurück. Eine bestimmte Gültigkeitsdauer für den Prospekt war dagegen in Deutschland vor Inkrafttreten von § 9 WpPG a.F. mit Ausnahme der Regelung in § 44 BörsZulV a.F. für unvollständige Börsenzulassungsprospekte **unbekannt**. Danach musste ein Prospekt lediglich am Tag der Zulassung zum Handel oder während der Dauer des öffentlichen Angebots aktuell und richtig sein (vgl. §§ 10, 11 VerkProspG a.F.).[4] Daran hat zunächst das Wertpapierprospektgesetz und nun die ProspektVO zwar nichts geändert, da die Nachtragspflicht mit dem endgültigen Schluss des öffentlichen Angebots („Auslaufen der Angebotsfrist") oder, falls diese später erfolgt, mit der Einführung in den Handel an einem geregelten Markt endet (Art. 23 Abs. 1 UAbs. 1 ProspektVO).[5] Eine Pflicht zur fortlaufenden Aktualisierung zur Erhaltung der Gültigkeit besteht nicht (ausf. → Rn. 19).[6] Jedoch erhält der Emittent die weitergehende **Möglichkeit**, die Verwendbarkeit eines Prospekts oder Registrierungsformulars während des Gültigkeitszeitraums vor einer neuen Emission durch Ergänzung um die nach Art. 23 Abs. 1 UAbs. 1 ProspektVO erforderlichen Nachträge aufrechtzuerhalten. Angesichts der Ausdehnung der prospektpflichtigen Vorhaben gegenüber der Rechtslage vor Inkrafttreten des WpPG im Jahre 2005 kann dies erhebliche Kosten sparen. Die Gültigkeitsdauer von zwölf Monaten hat sich dabei durchaus bewährt. Zwischenzeitliche Bestrebungen, die Gültigkeitsdauer von Prospekten auf

---

1 *Groß*, Kapitalmarktrecht, Art. 12 ProspektVO Rn. 1.
2 *Groß*, Kapitalmarktrecht, Art. 12 ProspektVO Rn. 1; *Seitz*, in: Assmann/Schlitt/von Kopp-Colomb, Prospektrecht Kommentar, Art. 12 ProspektVO Rn. 26.
3 Erwägungsgrund 26 der ProspektVO.
4 Vgl. dazu *Ritz*, in: Assmann/Lenz/Ritz, VerkProspG, § 11 Rn. 20.
5 Es ist daher auch nicht zutreffend, von einer Dispositionsbefugnis über eine fortbestehende Nachtragspflicht zu sprechen; in diese Richtung wohl aber *Holzborn/Schwarz-Gondek*, BKR 2003, 927, 933.
6 *Groß*, Kapitalmarktrecht, Art. 12 ProspektVO Rn. 5; *Schlitt*, in: Habersack/Mülbert/Schlitt, Kapitalmarktinformation, § 5 Rn. 34, 35; *Seitz*, in: Assmann/Schlitt/von Kopp-Colomb, Prospektrecht Kommentar, Art. 12 ProspektVO Rn. 18.

Art. 12 ProspektVO Gültigkeit des Prospekts und des Registrierungsformulars

24 oder gar 36 Monate[7] zu verlängern, konnten sich nicht durchsetzen. Hauptsorge war, dass der durch Nachträge aktualisierte Prospekt bei einer längeren Gültigkeitsdauer für die Anleger zu unübersichtlich und damit weniger verständlich werden könnte.[8]

3 Bedeutung hat die Gültigkeit des Prospekts vor allem für Emittenten, die mit einem (einheitlichen) Registrierungsformular (Art. 9, 10 ProspektVO) mehrfach Emissionen vornehmen wollen, sowie für Emissionen von **Nichtdividendenwerten** (einschl. Optionsscheinen jeglicher Art) nach Art. 2 lit. c ProspektVO auf Grundlage eines Basisprospekts (Art. 8 ProspektVO). Demgegenüber ist die Gültigkeitsvorgabe für Aktienemissionen nahezu bedeutungslos, weil sie nur singulär, zeitlich eng begrenzt und in aller Regel nicht in kurzen zeitlichen Abständen vorgenommen werden. Zudem wird in der Praxis trotz der gesetzlichen Möglichkeiten regelmäßig die Erstellung eines neuen Prospekts vorgezogen (siehe auch → Rn. 15 f.).[9] Ausnahmsweise kann die Verwendung eines Registrierungsformulars interessant sein, wenn eine großvolumige Kapitalerhöhung entweder in zeitlich eng aufeinanderfolgende Tranchen aufgeteilt oder mit einer zeitlich vor- oder nachgelagerten „Equity-linked"-Emission (Umtausch-, Wandel- oder Optionsanleihe) verbunden wird. Ebenso kann dies in Betracht kommen, wenn bereits frühzeitig für eine absehbar erforderliche Kapitalerhöhung dahingehend Vorsorge getroffen werden soll, dass das Billigungsverfahren abgekürzt und der Emissionszeitpunkt flexibler bestimmt werden kann. Diese Vorteile schwinden jedoch erheblich, wenn der Emissionszeitpunkt nach der Veröffentlichung neuer Quartalszahlen liegt und das Registrierungsformular daher in doch erheblichem Maße aktualisiert werden muss. Vorteilhaft ist die Verwendung eines Registrierungsformulars in diesem Fall nur, wenn dieses ohnehin für eine zahlreiche Emissionen von Nicht-Dividendenwerten verwendet und vorsorglich nach dem für Aktienemissionen maßgeblichen Anhang 1 zur VO (EU) 2019/980 erstellt wird.

2. Rechtsentwicklung und weitgehende Kontinuität

4 Art. 12 ProspektVO hat § 9 WpPG a. F. ersetzt, ohne grundsätzliche Änderungen am systematischen Konzept der Gültigkeit von Wertpapierprospekten vorzunehmen. Dabei regelt Art. 12 ProspektVO die Gültigkeit des Prospekts etwas ausführlicher als Art. 9 ProspektRL bzw. § 9 WpPG a. F.

5 Frühere Ausnahmeregelungen für Basisprospekte, die zu einer Ausdehnung der Gültigkeitsdauer geführt haben, haben sich nicht durchgesetzt. **Keine Entsprechung** findet in Art. 12 ProspektVO **mehr** die Regelung in **§ 9 Abs. 3 WpPG a. F.** Bei gedeckten Nichtdividendenwerten im Sinne des § 6 Abs. 1 Nr. 2 WpPG a. F. (also insbesondere Hypothe-

---

7 Vgl. *Voß*, ZBB 2010, 194, 203 f.; *Maerker/Biedermann*, RdF 2011, 90, 95.

8 Vgl. *Seitz*, in: Assmann/Schlitt/von Kopp-Colomb, Prospektrecht Kommentar, Art. 12 ProspektVO Rn. 4; siehe auch Erwägungsgrund 46 der ProspektVO („Die Gültigkeitsdauer sollte klar begrenzt werden, damit Anlageentscheidungen nicht aufgrund veralteter Informationen getroffen werden."). Krit. zu Bestrebungen, den Gültigkeitszeitraum auszudehnen, auch *Ebermann*, in: Holzborn, WpPG, § 9 Rn. 1.

9 Vgl. *Schlitt*, in: Habersack/Mülbert/Schlitt, Kapitalmarktinformation, § 5 Rn. 33. Irreführend ist der teilweise verwendete Begriff der „Greenshoe Emission"; **siehe aber** *Kunold/Schlitt*, BB 2004, 501, 510; *Ebermann*, in: Holzborn, WpPG, § 9 Rn. 2.

kenpfandbriefen, Kommunalschuldverschreibungen und Schiffspfandbriefen)[10] war danach der (Basis-)Prospekt gültig, bis keines der betroffenen Wertpapiere mehr dauernd oder wiederholt ausgegeben wurde. Dadurch blieb der aufgrund von Nachträgen aktualisierte Prospekt zeitlich unbegrenzt gültig, solange die relevanten Emissionen in diesem Sinne fortgesetzt wurden („Endlosgültigkeitsdauer"). Diese erweiternde Ausnahmeregelung sollte zusammen mit der Möglichkeit der Erstellung eines Basisprospekts nach § 6 WpPG a.F. die Vornahme von Pfandbriefemissionen durch daueremittierende CRR-Kreditinstitute (§ 1 Abs. 3d Satz 1 KWG) erleichtern, die vor Inkrafttreten des WpPG in der Regel keiner Prospektpflicht unterlagen.[11] Sie galt somit ohnehin nur für einen sehr engen Bereich, in dem besondere Transparenzanforderungen bestanden (vgl. z.B. § 28 Pfandbriefgesetz).

Bereits vor Inkrafttreten der ProspektVO war bereits die zwischenzeitlich bestehende **Ausnahme gemäß § 9 Abs. 2 Satz 2 WpPG a.F.** nur kurze Zeit nach ihrer Einführung durch das Kleinanlegerschutzgesetz[12] wieder **aufgehoben** worden.[13] Danach konnte für ein öffentliches Angebot aufgrund endgültiger Bedingungen nach § 6 Abs. 3 WpPG, die im Rahmen eines Angebotsprogramms noch während der Gültigkeit des Basisprospekts (also bis zu deren letzten Tag) hinterlegt wurden, der Gültigkeitszeitraum des Basisprospekts für dieses öffentliche Angebot bis zu dessen Ablauf, höchstens jedoch um weitere zwölf Monate ab Hinterlegung der endgültigen Bedingungen bei der BaFin, verlängert werden.[14] Diese Ausdehnung des Gültigkeitszeitraums, die maßgeblich von dem Zeitpunkt der Hinterlegung der endgültigen Bedingungen abhing, war der ÄnderungsRL nicht unmittelbar zu entnehmen. Gleichwohl wurde ihr überwiegend bescheinigt, dass sie im Einklang mit Art. 9 ProspektRL stehe.[15] Mit dem Abstellen auf die Hinterlegung der endgültigen Bedingungen sei sichergestellt, dass der Basisprospekt für jede Einzelemission (also jedes öffentliche Angebot) maximal zwölf Monate gültig sei.[16] Nach Ablauf des (letztmalig) erweiterten Gültigkeitszeitraums sei in jedem Fall ein neuer Basisprospekt zu erstellen.[17] Diese Ausdehnung des Gültigkeitszeitraums hat sich nicht durchgesetzt. Zwar stellte sie gegenüber der früheren Praxis einer (unendlichen) Gültigkeitsdauer von (Basis-)Prospekten bei fortlaufenden öffentlichen Angeboten von Wertpapieren (Daueremissionen) eine Einschränkung dar (siehe dazu auch → Rn. 20). Mangels direkter Ableitung des § 9 Abs. 2 Satz 2 WpPG a.F. aus der ÄnderungsRL war ihre Revision durch das Kleinanlegerschutzgesetz aber letztlich konsequent.

---

10 Vgl. Begr. RegE, BT-Drucks. 15/4999, S. 32 (Prospektrichtlinie-Umsetzungsgesetz).
11 Vgl. *Ebermann*, in: Holzborn, WpPG, § 9 Rn. 8.
12 Kleinanlegerschutzgesetz vom 3.7.2015, BGBl. I, S. 1114.
13 Zur Vorgängerregelung in § 9 Abs. 5 WpPG a.F. siehe *Singhof*, in: Berrar/Meyer/Müller et al., WpPG/EU-ProspektVO, 2. Aufl. 2017, § 9 WpPG Rn. 4b.
14 Vgl. Begr. RegE, BT-Drucks. 17/8684, S. 19; *Heidelbach/Preuße*, BKR 2012, 397, 400.
15 *Heidelbach/Preuße*, BKR 2012, 397, 401; wohl auch v. *Kopp-Colomb/Seitz*, WM 2012, 1220, 1228.
16 *Heidelbach/Preuße*, BKR 2012, 397, 401.
17 Begr. RegE, BT-Drucks. 17/8684, S. 19 (ÄnderungsRL-Umsetzungsgesetz).

II. Gültigkeit des Prospekts

1. Allgemeines

7 Nach Art. 12 Abs. 1 UAbs. 1 ProspektVO ist ein Prospekt jedweder Form[18] nach seiner Billigung **zwölf Monate** lang für öffentliche Angebote oder Zulassungen zum Handel an einem geregelten Markt gültig, sofern er um etwaige nach Art. 23 ProspektVO erforderliche **Nachträge** ergänzt wird (→ Rn. 12 ff.). Dies gilt aufgrund der eingeschobenen Klarstellung in Art. 12 Abs. 1 UAbs. 1 ProspektVO unabhängig davon, ob der Prospekt als einteiliges oder mehrteiliges Dokument erstellt wird, wobei dann die Billigung der Wertpapierbeschreibung der Aufsatzpunkt für die Gültigkeitsdauer ist (Art. 9 Art. 12 Abs. 1 UAbs. 2 ProspektVO; näher unten → Rn. 17).[19] Ebenso gilt dies uneingeschränkt auch für Basisprospekte, die alle Anforderungen an Prospekte erfüllen müssen und auf die auch die für sie geltenden Bestimmungen anzuwenden sind (siehe auch → Rn. 16; zu früheren Sonderregelungen oben → Rn. 5 f.) Die Gültigkeit des Prospekts beträgt auch dann zwölf Monate ab Billigung, wenn im Wege der Einbeziehung durch Verweis nach Art. 19 ProspektVO ein Dokument einbezogen wird, dessen Gültigkeitsdauer nach der ProspektVO schon vorher abläuft.[20] Entscheidend ist allein, dass die durch Verweis einbezogenen Informationen im Zeitpunkt der Billigung die aktuellsten Informationen über den Prospekt darstellen. Nur wenn die Gültigkeit des Prospekts noch gegeben, er durch einen Nachtrag aktualisiert ist und das Einverständnis des Emittenten und/oder der (weiteren) verantwortlichen Personen für dessen Verwendung vorliegt, löst ein **prospektpflichtiges Ereignis** nach Veröffentlichung eines Prospekts nach den Vorschriften der ProspektVO (Art. 5 Abs. 1 UAbs. 2 ProspektVO) keine Prospektpflicht mehr aus. Der noch gültige Prospekt kann grds. sowohl für ein oder mehrere öffentliche Angebote von Wertpapieren als auch (isoliert oder zusätzlich) für eine Zulassung von Wertpapieren zum Handel an einem organisierten Markt verwendet werden; auf seinen ursprünglichen Verwendungszweck kommt es nicht an (siehe aber auch → Rn. 14 f.).

8 Die **Gültigkeitsdauer** von **zwölf Monaten** für den (aktualisierten) Prospekt geht darauf zurück, dass der erste Entwurf der ProspektRL noch von einer Pflicht zur jährlichen Aktualisierung des Registrierungsformulars ausging,[21] sodass eine längere Gültigkeit nicht sinnvoll war.[22] Auch nach Wegfall dieser Aktualisierungspflicht ist aber eine Verlängerung der Gültigkeitsdauer abzulehnen, da zu berücksichtigen ist, dass die Aktualisierung des Prospekts in einem oder mehreren Nachträgen über einen längeren Zeitraum kaum mehr hinnehmbare Einbußen an die Verständlichkeit und Übersichtlichkeit des Dokuments mit sich brächte.[23] Entsprechende Reformbestrebungen sind im Rahmen der Überarbeitung der ProspektRL aufgegeben worden (→ Rn. 2).

---

18 Ausf. *Seitz*, in: Assmann/Schlitt/von Kopp-Colomb, Prospektrecht Kommentar, Art. 12 ProspektVO Rn. 12.
19 Vgl. zu § 9 WpPG a. F. auch schon Begr. RegE, BT-Drucks. 15/4999, S. 33.
20 Zust. *Groß*, Kapitalmarktrecht, Art. 12 ProspektVO Rn. 1; *Seitz*, in: Assmann/Schlitt/von Kopp-Colomb, Prospektrecht Kommentar, Art. 12 ProspektVO Rn. 26.
21 *Singhof*, in: Berrar/Meyer/Müller et al., WpPG/EU-ProspektVO, 2. Aufl. 2017, § 10 WpPG Rn. 2.
22 Ausf. *Friedl/Ritz*, in: Just/Voß/Ritz/Zeising, WpPG, § 9 Rn. 1 ff.; siehe auch *Ebermann*, in: Holzborn, WpPG, § 9 Rn. 1. Zum Zusammenhang mit dem Jahresabschluss *Zivny/Mock*, EU-ProspektVO/KMG 2019, Art. 12 ProspektVO Rn. 1.
23 A.A. *Voß*, ZBB 2010, 194, 203 f.

2. Frist

Die für den **Beginn der Gültigkeit** maßgebliche **Billigung** richtet sich nach Art. 20 Pros- 9
pektVO. Unbeachtlich ist damit der nach früherer Rechtslage noch maßgebliche Zeitpunkt
der Veröffentlichung. Erreicht werden soll dadurch eine Erhöhung der Rechtssicherheit
für die Geltungsdauer des Prospekts, da die Billigung im Gegensatz zur Veröffentlichung
des Prospekts von der zuständigen Behörde leicht überprüfbar ist.[24] Der Unterschied fällt
jedoch nicht wirklich ins Gewicht, da der Prospekt rechtzeitig vor und spätestens mit Beginn des öffentlichen Angebots zu veröffentlichen ist (Art. 21 Abs. 1 UAbs. 1 Prospekt-
VO). Verlangt wird damit zu Recht keine Veröffentlichung ohne schuldhaftes Zögern
(§ 121 Abs. 1 BGB) mehr,[25] jedoch ist in der Emissionspraxis die mit der Billigung gleichtägige elektronische Veröffentlichung des Prospekts nach wie vor die Regel.[26] Beim
mehrteiligen Prospekt ist die Billigung der Wertpapierbeschreibung entscheidend;
Art. 12 Abs. 1 UAbs. 2 ProspektVO (näher → Rn. 17).

Die **Berechnung der Gültigkeitsdauer** ist nach den Regeln der EU-Fristen-VO[27] vorzu- 10
nehmen, die inhaltlich den allgemeinen zivilrechtlichen Regeln der §§ 187 ff. BGB entsprechen. Anzuknüpfen ist an die erste Billigung des Prospekts bzw. der Wertpapierbeschreibung beim mehrteiligen Prospekt. Die Billigung eines Nachtrags zum Prospekt setzt
den Fristlauf für die Gültigkeit des Prospekts nicht erneut in Gang. Der Tag der Billigung
ist bei der Fristberechnung nicht zu berücksichtigen (Art. 3 Abs. 1 UAbs. 2 EU-Fristen-
VO). Da für den Anfang der Tag nach dem Ereignis der Prospektbilligung maßgebend ist,
endet die Frist mit Ablauf des Monatstages, der dieselbe Bezeichnung oder dieselbe Zahl
wie der Tag des Fristbeginns trägt (Art. 3 Abs. 2 lit. c EU-Fristen-VO).

Ein gebilligter Prospekt muss einen deutlich sichtbaren **Warnhinweis** mit der Angabe 11
enthalten, ab wann der Prospekt nicht mehr gültig ist (Art. 21 Abs. 8 Satz 1 ProspektVO).
In dem Warnhinweis ist zudem anzugeben, dass die Pflicht zur Erstellung eines Prospektnachtrags im Falle wichtiger neuer Umstände, wesentlicher Unrichtigkeiten oder wesentlicher Ungenauigkeiten nicht besteht, wenn der Prospekt ungültig geworden ist (Art. 21
Abs. 8 Satz 2 ProspektVO) (näher → Art. 21 Rn. 43).[28]

3. Nachtragspflicht

Entscheidend für die Gültigkeit des Prospekts ist seine Ergänzung um die erforderlichen 12
Nachträge (Art. 23 ProspektVO) nach Art. 12 Abs. 1 UAbs. 1 ProspektVO, da nur so die
Darstellung der **jeweils aktuellen Angaben** im Prospekt sichergestellt ist und „Anlageentscheidungen nicht aufgrund veralteter Informationen getroffen werden" (Erwägungsgrund 46 Satz 1 der ProspektVO).[29] Ein Nachtrag nach Art. 23 ProspektVO ist erforder-

---

24 Vgl. Erwägungsgrund 46 Satz 2 der ProspektVO.
25 *Groß*, Kapitalmarktrecht, Art. 21 ProspektVO Rn. 2.
26 Vgl. den Zeitplan bei *Singhof/Weber*, in: Habersack/Mülbert/Schlitt, Unternehmensfinanzierung, Rn. 3.108. Es genügt die Veröffentlichung des Prospekts auf der Website an dem Morgen, an dem das öffentliche Angebot beginnt; *Groß*, Kapitalmarktrecht, Art. 21 ProspektVO Rn. 4.
27 Verordnung (EWG, Euratom) Nr. 1182/71 des Rates vom 3.6.1971 zur Festlegung der Regeln für die Fristen, Daten und Termine, ABl. L 124, S. 1.
28 Ausf. *Groß*, Kapitalmarktrecht, Art. 21 ProspektVO Rn. 10ff.
29 *Groß*, Kapitalmarktrecht, Art. 21 ProspektVO Rn. 3; zu § 9 Abs. 1 WpPG a. F. siehe auch Begr. RegE, BT-Drucks. 15/4999, S. 25, 33.

lich, wenn seit der Billigung des Prospekts wichtige Umstände eingetreten sind, die für die Bewertung des jeweiligen Wertpapiers wichtig sind, oder wesentliche Unrichtigkeiten in Bezug auf bewertungserhebliche Angaben festgestellt wurden (näher → Rn. 19 und Art. 23 Rn. 17 ff. mit Einzelfällen der Erforderlichkeit eines Nachtrags).

13 Der Wortlaut des Art. 12 Abs. 1 UAbs. 1 ProspektVO deutet daraufhin, dass die Ergänzung des Prospekts um die erforderlichen Nachträge **Voraussetzung für die Gültigkeit** des Prospekts ist („sofern"). Dies ist aber nicht dahin zu verstehen, dass zur Erhaltung der Gültigkeit des Prospekts eine emissionsunabhängige fortlaufende Aktualisierungspflicht zu erfüllen ist (siehe auch → Art. 23 Rn. 95).[30] Dies stünde im Widerspruch zu Art. 23 Abs. 1 ProspektVO, der unmissverständlich festlegt, dass die Nachtrags*pflicht* mit dem Auslaufen der Angebotsfrist oder, falls diese später erfolgt, der Einführung in den Handel an einem geregelten Markt endet. Ohne konkretes Emissionsvorhaben wäre eine fortlaufende Aktualisierungspflicht für den Emittenten nur mit Kosten verbunden, ohne dass er hiervon Nutzen hätte. Auch der Kapitalmarkt würde davon nicht profitieren: Er wird in dem Zeitraum zwischen zwei Emissionen durch die Regelpublizität, die ereignisabhängige Ad-hoc-Pflicht nach Art. 17 MarktmissbrauchsVO und die weiteren Informationspflichten des Emittenten nach der MarktmissbrauchsVO bzw. dem WpHG ausreichend informiert. Schließlich wäre der Einheitlichkeit und Übersichtlichkeit der Prospektdarstellung nicht gedient, wenn bis zur nächsten Emission u. U. mehrere Nachträge zu veröffentlichen wären. Der Nachtrag ist somit nur das Medium, um vor einem **konkreten Emissionsvorhaben** bei Bedarf rechtzeitig die Aktualität des abermals verwendeten Prospekts sicherzustellen.[31] Er fasst sämtliche wesentlichen neuen Umstände zusammen, die bis dahin zu berichten sind. Bis zur Veröffentlichung dieses „zusammenfassenden Nachtrags" kann man von einer „Aussetzung" der Gültigkeit des Prospekts sprechen.[32] Zwingend erscheint dies aber nicht. Besser wäre es gewesen, wenn der Gesetzestext deutlich gemacht hätte, dass nicht die (grundsätzliche) Gültigkeit, wohl aber Verwendbarkeit des Prospekts für neue öffentliche Angebote oder Zulassungen zum Handel an einem geregelten Markt von der Ergänzung durch einen Nachtrag abhängt. Jedenfalls kann der Emittent mit dem Nachtrag bis zur **erneuten Verwendung des Prospekts** warten.[33] So gesehen ist der Emittent/Anbieter/Zulassungsantragsteller nach Art. 12 Abs. 1 UAbs. 1 ProspektVO nur berechtigt, aber nicht verpflichtet, den Prospekt um einen erforderlichen Nachtrag zu ergänzen. Zur Pflicht verdichtet es sich erst dann, wenn er den Prospekt innerhalb der 12-Monatsfrist für ein konkretes Vorhaben verwenden will. Bei der zeitlichen Planung der Emission ist nur die erforderliche Billigungsfrist für den Nachtrag und dessen Veröffentlichung zu berücksichtigen. Eine Nachtragspflicht besteht natürlich auch, wenn während eines laufenden Angebots ein nachtragspflichtiges Ereignis eintritt. Die Koppelung der Gültig-

---

30 Vgl. auch *Groß*, Kapitalmarktrecht, Art. 21 ProspektVO Rn. 5; *Schlitt*, in: Habersack/Mülbert/Schlitt, Kapitalmarktinformation, § 5 Rn. 34, 35; *Seitz*, in: Assmann/Schlitt/von Kopp-Colomb, Prospektrecht Kommentar, Art. 12 ProspektVO Rn. 18 ff.
31 Vgl. zu § 9 WpPG a. F. Begr. RegE, BT-Drucks. 17/8684, S. 18 („erforderlichenfalls").
32 *Ebermann*, in: Holzborn, WpPG, § 9 Rn. 6. Vom „Ende" der Gültigkeit zu sprechen, ist dagegen zu eng; so aber *Holzborn/Schwarz-Gondek*, BKR 2003, 927, 933.
33 Allg.M.; siehe *Groß*, Kapitalmarktrecht, Art. 21 ProspektVO Rn. 4; *Seitz*, in: Assmann/Schlitt/von Kopp-Colomb, Prospektrecht Kommentar, Art. 12 ProspektVO Rn. 19; zum alten Recht auch: *Kunold/Schlitt*, BB 2004, 501, 510 (Fn. 120); *Weber*, NZG 2004, 360, 365; *Schlitt/Schäfer*, AG 2005, 498, 507; *Holzborn/Israel*, ZIP 2005, 1668, 1671; *Hamann*, in: Schäfer/Hamann, Kapitalmarktgesetze, § 9 WpPG Rn. 3; *Ebermann*, in: Holzborn, WpPG, § 9 Rn. 6.

keitsdauer des Prospekts an die Ergänzung um die erforderlichen Nachträge führt aber auch hier nicht dazu, dass der Prospekt seine Gültigkeit verliert, wenn die Nachtragspflicht (i. S. d. Art. 23 ProspektVO) verletzt wird.[34] Dies wäre auch nicht sachgerecht, weil sonst Unsicherheit darüber entstehen könnte, wann die Ungültigkeit eingetreten ist.[35] Dessen bedarf es auch nicht für die Befugnisse der BaFin im Falle eines Verstoßes gegen die systematische Nachtragspflicht nach Art. 18 VO (EU) 2019/979, weil insoweit eine gesonderte Rechtsgrundlage für die Untersagung des (laufenden) Angebots besteht (§ 18 Abs. 4 Nr. 3 WpPG),

Umgekehrt führt die Berechtigung zur Ergänzung des Prospekts um die erforderlichen Nachträge gemäß Art. 12 Abs. 1 UAbs. 1 ProspektVO dazu, dass die **BaFin verpflichtet** ist, die Nachträge auch nach Ablauf der Frist nach Art. 23 Abs. 1 UAbs. 1 ProspektVO entgegenzunehmen und zu prüfen (→ Art. 23 Rn. 93 ff.). Die Nachtragsmöglichkeit besteht nur ganz ausnahmsweise nicht, wenn durch den Nachtrag die Notwendigkeit einer vollständigen Prüfung des Prospekts durch die BaFin ausgelöst würde (zu dieser Frage der „Nachtragsfähigkeit" → Art. 23 Rn. 38 f.).[36] Danach ausgeschlossen ist etwa die Aufnahme eines neuen Anbieters oder Zulassungsantragstellers oder die wesentliche Veränderung der vorher angebotenen Wertpapiere oder Ausdehnung auf andere Wertpapiere. 14

4. Wirkungen der Gültigkeit

Während der Gültigkeitsdauer kann der erforderlichenfalls durch Nachträge aktualisierte Prospekt für Emissionen von Wertpapieren genutzt werden, die im Prospekt bereits angelegt sind.[37] Dies ist vorwiegend für fortlaufende Angebote von (identischen) Wertpapieren oder für Angebotsprogramme von Nichtdividendenwerten von Bedeutung. Wichtig ist, dass das Angebot oder die Zulassung auf Grundlage des Prospekts auch innerhalb des Gültigkeitszeitraums stattfinden muss. Grundsätzlich könnte man aufgrund des Gesetzeswortlauts („Angebote") annehmen, dass ein Prospekt innerhalb des Gültigkeitszeitraums auch noch für die spätere Zulassung oder ein neues öffentliche Angebot *anderer* Wertpapiere des Emittenten zu verwenden ist, wenn er die inhaltlichen Anforderungen der VO (EU) 2019/980 an Prospekte für solche Wertpapiere erfüllt. Dies wäre wegen der strengeren Vorgaben etwa bei Prospekten für Aktienemissionen für nachfolgende Anleiheemissionen, nicht aber umgekehrt der Fall. Wie oben dargelegt (→ Rn. 14), scheitern solche „Wiederverwendungen" von Prospekten für neue Angebote in der Praxis an der fehlenden „Nachtragsfähigkeit". Da die Prospekte in der Wertpapierbeschreibung keine Informationen über das neue Angebot bzw. die neuen Wertpapiere enthalten, müsste die gesamte Wertpapierbeschreibung in Form eines Nachtrags ausgetauscht werden. Auch die Emissionskonsortien für die jeweiligen Emissionen und damit potenziell Prospektverantwortlichen werden regelmäßig nicht identisch sein. Nach der Verwaltungspraxis der BaFin soll 15

---

34 *Seitz*, in: Assmann/Schlitt/von Kopp-Colomb, Prospektrecht Kommentar, Art. 12 ProspektVO Rn. 20.
35 *Seitz*, in: Assmann/Schlitt/von Kopp-Colomb, Prospektrecht Kommentar, Art. 12 ProspektVO Rn. 20.
36 Vgl. auch ESMA, Final Report v. 17.12.2013 – Draft Regulatory Technical Standards on specific situations that require the publication of a supplement to the prospectus, ESMA/2013/1970, Rn. 18; *Seitz*, in: Assmann/Schlitt/von Kopp-Colomb, Prospektrecht Kommentar, Art. 23 ProspektVO Rn. 53, 59 f., 86.
37 *Ebermann*, in: Holzborn, WpPG, § 9 Rn. 7.

Art. 12 ProspektVO Gültigkeit des Prospekts und des Registrierungsformulars

der alte Prospekt selbst dann „verbraucht" sein, wenn gattungsgleiche Wertpapiere in einem weiteren Angebot angeboten werden sollen; diese Interpretation ist zu eng (→ Art. 23 Rn. 3 f.). In solchen Fällen geht allerdings wohl auch die ESMA davon aus, dass immer ein neuer Prospekt zu erstellen ist.[38] Ihre vorsichtige, eher nach einer Empfehlung klingende Formulierung („should produce a new prospectus") sollte nicht darüber hinwegtäuschen, dass hier faktisch ein Verwendungsverbot besteht.[39] Möglich ist allerdings, dass Informationen aus dem bisherigen Prospekt durch Verweis in den neuen Prospekt einbezogen werden (Art. 19 ProspektVO).[40]

16 Sonderregelungen bestehen für Basisprospekte. **Nach Ablauf eines Jahres** ist ausnahmslos ein **neuer (Basis-)Prospekt** zu erstellen, auch wenn das ursprüngliche Angebot von Wertpapieren unverändert fortgeführt werden soll (sog. bridging offers).[41] Sofern ein öffentliches Angebot über den Gültigkeitszeitraum des Basisprospekts hinaus fortgeführt („aufrechterhalten") werden soll, ist es auf einen aktuellen Nachfolge-Basisprospekt zu überführen.[42] Die Emittenten müssen das Auslaufen des Gültigkeitszeitraums überwachen und frühzeitig eine neue Dokumentation erstellen.[43] Mit anderen Worten: Der Prozess ist vollständig neu aufzusetzen, d.h. rechtzeitige Einreichung und Billigung eines neuen Basisprospekts mit Billigungstermin und Veröffentlichung spätestens am letzten Tag der Gültigkeit des alten Basisprospekts (Art. 8 Abs. 11 UAbs. 1 Satz 1 ProspektVO).[44] Die neuen endgültigen Bedingungen eines solchen Angebots müssen auf der ersten Seite einen deutlich sichtbaren Warnhinweis mit Angabe des letzten Tags der Gültigkeit des vorhergehenden Basisprospekts und des Orts der Veröffentlichung des Nachfolge-Basisprospekts enthalten (Art. 8 Abs. 11 UAbs. 1 Satz 2 ProspektVO).[45] Der Nachfolge-Basisprospekts muss das Formular für die endgültigen Bedingungen aus dem ursprünglichen Basisprospekt enthalten oder nimmt dies mittels eines Verweises (nach Art. 19 ProspektVO)

---

38 ESMA, Questions and Answers on the Prospectus Regulation, ESMA/2019/ESMA31-62-1258 (Version 12, last updated on 3 February 2023), Q14.7, S. 65.
39 Zutreffend *Groß*, Kapitalmarktrecht, Art. 12 ProspektVO Rn. 1 („kann … nicht").
40 ESMA, Questions and Answers on the Prospectus Regulation, ESMA/2019/ESMA31-62-1258 (Version 12, last updated on 3 February 2023), Q14.7, S. 65; zust. *Groß*, Kapitalmarktrecht, Art. 12 ProspektVO Rn. 1 Fn. 2.
41 Vgl. *Schlitt*, in: Habersack/Mülbert/Schlitt, Kapitalmarktinformation, § 5 Rn. 32; siehe auch Begr. RegE, BT-Drucks. 17/8684, S. 19 (Entwurf eines Gesetzes zur Umsetzung der Richtlinie 2010/73/EU und zur Änderung des Börsengesetzes); Begr. RegE, BT-Drucks. 18/3994, S. 55 (Kleinanlegerschutzgesetz).
42 *Schlitt*, in: Habersack/Mülbert/Schlitt, Kapitalmarktinformation, § 5 Rn. 32; siehe auch Begr. RegE, BT-Drucks. 18/3994, S. 55 (Kleinanlegerschutzgesetz).
43 Vgl. zur alten Rechtslage *Lawall/Maier*, DB 2012, 2503, 2503.
44 So bereits ESMA, Questions and Answers – Prospectuses (30th Updated Version – April 2019), Nr. 98. Vgl. außerdem Erwägungsgrund 46 der ProspektVO („Ein öffentliches Angebot von Wertpapieren im Rahmen eines Basisprospekts sollte nur dann länger gültig bleiben können als der Basisprospekt, wenn vor Ablauf der Gültigkeit für das weiterhin bestehende Angebot ein Nachfolge-Basisprospekt gebilligt und veröffentlicht wird.")
45 Dies geht zurück auf ESMA, Questions and Answers – Prospectuses (30th Updated Version – April 2019), Nr. 98. Die ESMA verlangte in diesem Zusammenhang bereits, dass die Wertpapiere, für die das Angebot fortbestehen soll, klar zu identifizieren sind und die endgültigen Bedingungen des alten Basisprospekt einen deutlich hervorgehobenen Warnhinweis enthalten, der den letzten Tag der Gültigkeit des Basisprospekts nennt und aufzeigt, wo der nachfolgende Basisprospekt veröffentlicht wird.

auf.[46] Er enthält zudem einen Verweis auf die für das weiterhin bestehende Angebot maßgebenden endgültigen Bedingungen (Art. 8 Abs. 11 UAbs. 1 Satz 2 ProspektVO; näher → Art. 8 Rn. 63 ff.).[47] Dass in der Folge unter Umständen mehrere Basisprospekte bzw. endgültige Bedingungen für ein und dasselbe Wertpapier vorliegen, wird aus Anlegersicht aber durchaus auch kritisch gesehen.[48] Letztlich führt daran aber kein Weg vorbei, wenn man unter Anlegerschutzerwägungen keine Ausdehnung des Gültigkeitszeitraums und damit Zersplitterung des Basisprospekts zulassen will.

5. Mehrteiliger Prospekt

Für mehrteilige Prospekte stellt Art. 12 Abs. 1 UAbs. 2 ProspektVO klar, dass für einen Prospekt, der aus mehreren Einzeldokumenten besteht (Art. 10 ProspektVO), die Gültigkeitsdauer mit der Billigung der Wertpapierbeschreibung beginnt. Dies ist insofern sinnvoll, weil der Vorteil der Verwendung eines (einheitlichen) Registrierungsformulars ist, dass es für mehrere mehrteilige Prospekte verwendet werden kann. Ein mehrteiliger Prospekt entsteht jeweils, wenn anlässlich einer neuen Emission ein (bestehendes) Registrierungsformular mit einer Wertpapierbeschreibung für diese Emission (und ggf. mit einer Zusammenfassung) kombiniert wird. Die Wertpapierbeschreibung ist dann der letzte Mosaikstein, der für den mehrteiligen Prospekt fehlt, sodass für die Gültigkeitsdauer des (Gesamt-)Prospekts an ihre Billigung anzuknüpfen ist. Dies steht auch im Zusammenhang mit Art. 12 Abs. 2 UAbs. 2 ProspektVO, der nunmehr klarstellt, dass das Ende der Gültigkeitsdauer eines Registrierungsformulars keine Auswirkungen auf die Gültigkeit eines Prospekts hat, dessen Bestandteil es geworden ist (siehe auch → Rn. 20).

17

III. Gültigkeit des Registrierungsformulars

1. Frist

Nach Art. 12 Abs. 2 UAbs. 1 ProspektVO bleibt ein gebilligtes Registrierungsformular nach seiner Billigung **zwölf Monate** lang „für die Verwendung als Bestandteil eines Prospekts" gültig. Für den **Beginn der Gültigkeit** des Registrierungsformulars ist somit ebenso wie beim Prospekt die **Billigung** maßgeblich. Damit wird eine vorzugswürdige einheitliche Regelung erreicht und es kommt nicht darauf an, dass das Registrierungsformular unverzüglich nach der Billigung (bereits vorab und ohne konkretes Emissionsvorhaben) der Öffentlichkeit gemäß den Bestimmungen des Art. 21 ProspektVO zur Verfügung zu stellen ist (vgl. Art. 10 ProspektVO). Als gültiger (vollständiger) Prospekt ist das Registrierungsformular zwar nur zusammen mit der Wertpapierbeschreibung und der Zu-

18

---

46 Vgl. dazu ESMA, Questions and Answers – Prospectuses (30th Updated Version – April 2019), Nr. 98.
47 Vgl. zu Vorstehendem auch BaFin, Neue Regeln für Wertpapierprospekte nach EU-Prospektverordnung 2017/1129 – Frequently Asked Questions, Fragen II.1., II. 2. Siehe a. a. O. Frage II. 3 sowie ESMA, Questions and Answers on the Prospectus Regulation, ESMA/2019/ESMA31-62-1258 (Version 12, last updated on 3 February 2023), Q1.6, S. 24 auch zu der Konstellation, dass ein Angebot, das auf Grundlage eines vor dem 21.7.2019 gebilligten Basisprospekts begonnen wurde, mit einem Nachfolge-Basisprospekt, der nach dem 20.7.2019 zur Billigung eingereicht wurde, fortgeführt werden soll.
48 Vgl. *Lawall/Maier*, DB 2012, 2503, 2504, allerdings zum alten Recht.

Art. 12 ProspektVO Gültigkeit des Prospekts und des Registrierungsformulars

sammenfassung anzusehen (Art. 10 Abs. 1 UAbs. 3 ProspektVO). Jedoch geht die Bestimmung ersichtlich davon aus, dass das (gebilligte) Registrierungsformular innerhalb seiner Gültigkeitsdauer mehrmals genutzt werden kann. Dann bedarf es für diese Verwendungsmöglichkeit eines eigenen Gültigkeitszeitraums, ohne dass dadurch die Gültigkeit des späteren mehrteiligen Prospekt begrenzt wird (vgl. Art. 12 Abs. 2 UAbs. 2 ProspektVO und unten → Rn. 20).

2. Aktualisierungspflicht

19 Die Nutzung des Registrierungsformulars innerhalb der Gültigkeitsdauer setzt voraus, dass es ggf. aktualisiert wird. Dies wird in Art. 12 Abs. 2 ProspektVO nicht direkt angesprochen, weil es sich bereits aus Art. 10 Abs. 1 UAbs. 2, UAbs. 3 ProspektVO für die Einbeziehung des Registrierungsformulars in einen mehrteiligen Prospekt ergibt). Danach ist selbstverständlich, dass das Registrierungsformular nicht nur zu korrigieren ist, wenn eine wesentliche Unrichtigkeit oder eine wesentliche Ungenauigkeit festgestellt wird, sondern auch alle Angaben zu erheblichen Veränderungen oder neuen Entwicklungen („**wesentlicher neuer Umstand**") enthalten muss, die sich auf die Beurteilung der Wertpapiere durch das Publikum auswirken könnten. Die Aktualisierung ist nach Art. 10 Abs. 1 UAbs. 2 ProspektVO in einem **Nachtrag** vorzunehmen, der gesondert zu billigen ist.[49] Der Nachtrag zum Registrierungsformular ist „spätestens zum Zeitpunkt der Wertpapierbeschreibung und der Zusammenfassung" zur Billigung vorzulegen. Die Aktualisierung des Registrierungsformulars kann nach diesem Wortlaut auch bereits vorgenommen werden, wenn gerade oder noch kein öffentliches Angebot unter Verwendung des Registrierungsformulars stattfindet.[50] Bei einer *dauernden*, d.h. fortlaufenden, ohne Unterbrechung erfolgenden Begebung von Wertpapieren auf Grundlage eines mehrteiligen Prospekts ist die Aktualisierung in einem (zusätzlichen) Nachtrag zum mehrteiligen Prospekt nach Art. 23 ProspektVO vorzunehmen.[51]

3. Nutzung für die Erstellung eines mehrteiligen Prospekts

20 Lange Zeit war fraglich, wonach sich die **Gültigkeit des Gesamtdokuments** richtet, wenn ein separat gebilligtes Registrierungsformular für die Erstellung eines mehrteiligen Prospekts genutzt wird. In Betracht kam v.a., dass die Gültigkeit der „Restgültigkeit" des Registrierungsformulars entspricht oder mit der Billigung sämtlicher Prospektbestandteile zu laufen beginnt und sich auf die volle Gültigkeitsdauer von zwölf Monaten erstreckt.[52] Dieser Diskussion hat Art. 12 Abs. 2 UAbs. 2 ProspektVO ein Ende bereitet: Danach hat das Ende der Gültigkeitsdauer (bzw. die Restgültigkeit) eines Registrierungsformulars keine Auswirkungen auf die Gültigkeit eines Prospekts, dessen Bestandteil es ist. Dementsprechend kann ein Registrierungsformular, das Bestandteil eines mehrteiligen Prospekts ist, auch nach Ablauf seiner eigenen Gültigkeit noch im Wege eines Nachtrags

---

49 Vgl. auch ESMA, Questions and Answers on the Prospectus Regulation, ESMA/2019/ESMA31-62-1258 (Version 12, last updated on 3 February 2023), Q3.2, S. 26.
50 Vgl. zum alten Recht *Lawall/Maier*, DB 2012, 2503, 2504.
51 *Seitz*, in: Assmann/Schlitt/von Kopp-Colomb, Prospektrecht Kommentar, Art. 12 ProspektVO Rn. 22.
52 Ausf. zur früheren Diskussion *Singhof*, in: Berrar/Meyer/Müller et al., WpPG/EU-ProspektVO, 2. Aufl. 2017, § 9 WpPG Rn. 19.

zum mehrteiligen Prospekt aktualisiert werden.[53] Für die zusammengeführten Dokumente besteht eine **einheitliche Gültigkeitsdauer** für den Prospekt als Gesamtdokument, die mit der Billigung der Wertpapierbeschreibung beginnt (Art. 12 Abs. 1 UAbs. 2 ProspektVO; siehe → Rn. 17). Zugleich folgt daraus, dass die für „den Prospekt" geltenden Bestimmungen unabhängig davon anwendbar sind, ob der Prospekt in einem Dokument oder in Einzeldokumenten erstellt wird. Auch der mehrteilige Prospekt, der mittels eines zuvor gebilligten Registrierungsformulars erstellt wurde, ist damit immer **zwölf Monate gültig**.[54] Die Flexibilität der mehrfachen Nutzung eines gültigen Registrierungsformulars für die Erstellung eines vollständigen Prospekts soll gerade nicht dadurch eingeschränkt werden, dass mit fortschreitendem Ablauf der Gültigkeit des Registrierungsformulars nur noch ein mehrteiliger Prospekt mit einer vergleichsweise kurzen Gültigkeit erstellt werden kann. Eine solche Beschränkung wäre auch aus Gründen des Anlegerschutzes nicht erforderlich, da die notwendige Aktualität des Gesamtdokuments durch Art. 10 Abs. 1 UAbs. 2 ProspektVO im Zusammenhang mit dem Registrierungsformular und nach Billigung der weiteren Bestandteile des Gesamtdokuments durch Art. 23 ProspektVO in Form eines Nachtrags zum Prospekt sichergestellt ist.[55] Keine Rolle spielt Art. 12 Abs. 2 ProspektVO, wenn Informationen aus dem Registrierungsformular im Wege des Verweises in einen Prospekt einbezogen werden sollen. Hier kommt es nach Art. 19 ProspektVO nur darauf an, ob die einbezogenen Informationen die aktuellen Informationen über den Emittenten darstellen.[56]

IV. Gültigkeit des einheitlichen Registrierungsformulars

Nach Art. 12 Abs. 3 UAbs. 1 ProspektVO bleibt ein einheitliches Registrierungsformular für die Verwendung als Bestandteil eines Prospekts zwölf Monate nach seiner Billigung gemäß Art. 9 Abs. 2 UAbs. 1 ProspektVO oder nach seiner Hinterlegung gemäß Art. 9 Abs. 2 UAbs. 2 ProspektVO gültig. Damit wird dem Umstand Rechnung getragen, dass es für einheitliche Registrierungsformulare zwei **unterschiedliche Bezugspunkte für** den **Beginn der Gültigkeit** geben kann. Wurde nämlich in zwei aufeinanderfolgenden Geschäftsjahren ein einheitliches Registrierungsformular gebilligt, können zukünftige einheitliche Registrierungsformulare ohne vorherige Billigung bei der zuständigen Behörde hinterlegt werden. Dann muss der Zeitpunkt der Hinterlegung mangels erneuter Billigung für den Beginn der Gültigkeit des einheitlichen Registrierungsformulars maßgeblich sein. Sonstige Besonderheiten ergeben sich für die Gültigkeit des einheitlichen Registrierungsformulars nicht, sodass auf die Ausführungen unter → Rn. 18 ff. verwiesen werden kann. Auch dass das Ende der Gültigkeitsdauer eines einheitlichen Registrierungsformulars keine Auswirkungen hat auf die Gültigkeit des Prospekts, dessen Bestandteil es ist, wird im

21

---

53 ESMA, Questions and Answers on the Prospectus Regulation, ESMA/2019/ESMA31-62-1258 (Version 12, last updated on 3 February 2023), Q3.4, S. 32.
54 Vgl. auch *Groß*, Kapitalmarktrecht, Art. 12 ProspektVO Rn. 2; zum alten Recht ESMA, Questions and Answers – Prospectuses (30th Updated Version – April 2019), Nr. 75; *Ebermann*, in: Holzborn, WpPG, § 9 Rn. 14.
55 Vgl. auch Begr. RegE, BT-Drucks. 15/4999, S. 33 (Prospektrichtlinie-Umsetzungsgesetz); in diesem Sinne nach alter Rechtslage auch *Ebermann*, in: Holzborn, WpPG, § 9 Rn. 14.
56 Zutr. *Seitz*, in: Assmann/Schlitt/von Kopp-Colomb, Prospektrecht Kommentar, Art. 12 ProspektVO Rn. 26.

Verordnungstext nochmals wiederholt (Art. 9 Abs. 3 UAbs. 2 ProspektVO). Insofern wäre ein Verweis auf Art. 9 Abs. 2 UAbs. 2 ProspektVO die elegantere Lösung gewesen.

V. Ablauf der Gültigkeit

1. Grundsatz

22 Nach Ablauf der Gültigkeit darf aufgrund des Prospekts **kein öffentliches Angebot** von Wertpapieren vorgenommen **oder** deren **Zulassung** zum Handel an einem organisierten Markt beantragt werden. Gleiches gilt in dem (ungewöhnlichen) Fall, in dem ein Prospekt ohne vorherige Ergänzung um erforderliche Nachträge (Art. 23 ProspektVO) (erneut) verwendet wird.[57] Laufende **öffentliche Angebote** (von Nichtdividendenwerten im Rahmen eines Angebotsprogramms müssen anders als nach alter Rechtslage am Ende des zwölften Monats der Gültigkeitsfrist abgeschlossen sein; sie können nur **fortgeführt** werden, wenn bis spätestens am letzten Tag der Gültigkeit des bisherigen (Basis-)Prospekts ein Nachfolge(basis-)Prospekt gebilligt und veröffentlicht wird (Art. 8 Abs. 11 UAbs. 1 Satz 1 ProspektVO) (siehe → Rn. 16).[58]

2. Rechtsfolgen bei Verstoß

23 Die BaFin hat ein öffentliches **Angebot zu untersagen**, wenn der Prospekt oder das Registrierungsformular nicht mehr nach Art. 12 ProspektVO gültig ist (§ 18 Abs. 4 Satz 1 Nr. 3 WpPG).[59] Bei einem Verstoß gegen eine solche Untersagungsverfügung droht ein Ordnungswidrigkeitsverfahren (§ 24 Abs. 2 Nr. 2 WpPG). Zudem wird nach Ablauf der Gültigkeit des Prospekts ein öffentliches Angebot nämlich ohne „gültigen" Prospekt vorgenommen (Art. 3 ProspektVO). Zwar wurde in diesem Fall ein Prospekt nach den Vorschriften des Gesetzes bereits veröffentlicht, jedoch kann dies nur tatbestandsausschließend sein, solange dessen Gültigkeit fortbesteht. Damit ist auch der Tatbestand des § 24 Abs. 3 Nr. 1 WpPG erfüllt.[60] Diese **Ordnungswidrigkeiten** werden nach § 24 Abs. 6 Satz 1 WpPG mit bis zu 700.000,– EUR geahndet. Bei juristischen Personen oder Personenvereinigungen kann nach den Sätzen 2 und 3 auch eine höhere Geldbuße verhängt werden. Bei Stellung eines Zulassungsantrags ohne „gültigen" Prospekt wird die zuständige Behörde die **Zulassung versagen**.

24 Die Verwendung eines nicht mehr gültigen Prospekts kann auch **haftungsrechtliche Folgen** nach sich ziehen. Zu denken ist an die zivilrechtliche Prospekthaftung und ggf. an § 823 Abs. 2 BGB i.V.m. § 264a StGB. Insbesondere kann der Erwerber von Wertpapieren von dem Emittenten und Anbieter als Gesamtschuldnern nach § 14 WpPG Schadensersatz verlangen, wenn der nach Art. 3 ProspektVO erforderliche Prospekt fehlt (Haftung bei

---

57 *Seitz*, in: Assmann/Schlitt/von Kopp-Colomb, Prospektrecht Kommentar, Art. 12 ProspektVO Rn. 32.
58 *Schlitt*, in: Habersack/Mülbert/Schlitt, Kapitalmarktinformation, § 5 Rn. 32.
59 *Groß*, Kapitalmarktrecht, Art. 12 ProspektVO Rn. 6.
60 A. A. *Seitz*, in: Assmann/Schlitt/von Kopp-Colomb, Prospektrecht Kommentar, Art. 12 ProspektVO Rn. 30.

fehlendem Prospekt).[61] Nicht einzusehen ist, weshalb der Fall eines Angebots auf Grundlage eines nicht mehr gültigen Prospekts nicht mit dem Fall eines Angebots ohne Prospekt oder jedenfalls auf Grundlage eines nicht gebilligten Prospekts gleichzusetzen sein soll (siehe auch → § 14 WpPG Rn. 6).[62] Sollten die Prospektangaben ausnahmsweise noch vollständig und richtig sein, kann dies schadensmindernd berücksichtigt werden.

---

[61] Näher zur Haftung nach § 14 WpPG *Habersack*, in: Habersack/Mülbert/Schlitt, Kapitalmarktinformation, § 28 Rn. 63, 66.
[62] Wie hier *Klöhn*, DB 2012, 1854, 1858; **a. A.** *Groß*, Kapitalmarktrecht, Art. 12 ProspektVO Rn. 6; *Seitz*, in: Assmann/Schlitt/von Kopp-Colomb, Prospektrecht Kommentar, Art. 12 ProspektVO Rn. 31. Stattdessen soll daraus eine mögliche Prospekthaftung gemäß §§ 9 ff. WpPG resultieren.

Kapitel III
Inhalt und Aufmachung des Prospekts

Art. 13 ProspektVO
Mindestangaben und Aufmachung

(1) Die Kommission erlässt gemäß Artikel 44 delegierte Rechtsakte zur Ergänzung dieser Verordnung in Bezug auf die Aufmachung des Prospekts, des Basisprospekts und der endgültigen Bedingungen sowie die Schemata für die in einen Prospekt aufzunehmenden spezifischen Angaben, wozu auch LEI und ISIN zählen, wobei im Falle eines Prospekts, der aus mehreren Einzeldokumenten besteht, Wiederholungen zu vermeiden sind.

Bei der Festlegung der verschiedenen Prospektschemata ist insbesondere Folgendem Rechnung zu tragen:

a) den unterschiedlichen Arten von Angaben, die Anleger in Bezug auf Dividendenwerte im Gegensatz zu Nichtdividendenwerten benötigen; die geforderten Angaben eines Prospekts in Bezug auf Wertpapiere mit ähnlichen wirtschaftlichen Grundsätzen, insbesondere Derivate, sind hierbei gemäß einem kohärenten Ansatz zu behandeln;

b) den unterschiedlichen Arten und Eigenschaften der Angebote von Nichtdividendenwerten und deren Zulassungen zum Handel an einem geregelten Markt;

c) der Aufmachung und den geforderten Angaben der Basisprospekte in Bezug auf Nichtdividendenwerte, wozu auch Optionsscheine jeglicher Art gehören;

d) gegebenenfalls dem öffentlich-rechtlichen Charakter des Emittenten;

e) gegebenenfalls dem spezifischen Charakter der Tätigkeiten des Emittenten.

Für die Zwecke von Unterabsatz 2 Buchstabe b legt die Kommission bei der Festlegung der verschiedenen Prospektschemata konkrete Informationsanforderungen an Prospekte fest, die sich auf die Zulassung von Nichtdividendenwerten zum Handel an einem geregelten Markt beziehen, die

a) ausschließlich an einem geregelten Markt oder in einem bestimmten Segment eines solchen gehandelt werden sollen, zu dem ausschließlich qualifizierte Anleger zu Zwecken des Handels mit diesen Wertpapieren Zugang erhalten, oder

b) eine Mindeststückelung von 100 000 EUR haben. Jene Informationsanforderungen müssen angemessen sein und dem Informationsbedarf der betreffenden Anleger Rechnung tragen.

(2) Die Kommission erlässt bis zum 21. Januar 2019 gemäß Artikel 44 delegierte Rechtsakte zur Ergänzung dieser Verordnung, in denen das Schema für die in das einheitliche Registrierungsformular aufzunehmenden Mindestangaben festzulegen ist. Ein solches Schema gewährleistet, dass das einheitliche Registrierungsformular alle erforderlichen Angaben über den Emittenten enthält, sodass ein und dasselbe einheitliche Registrierungsformular in gleicher Weise für das anschließende öffentli-

che Angebot oder die Zulassung zum Handel an einem geregelten Markt von Dividendenwerten oder Nichtdividendenwerten verwendet werden kann. Hinsichtlich der Finanzinformationen, des Betriebsergebnisses, der Finanzlage, der Aussichten und der Führung des Unternehmens müssen die Angaben so weit wie möglich mit den Angaben übereinstimmen, die in den Jahres- und Halbjahresfinanzberichten gemäß den Artikeln 4 und 5 der Richtlinie 2004/109/EG offenzulegen sind, einschließlich des Lageberichts und der Erklärung zur Unternehmensführung.

(3) Die delegierten Rechtsakte gemäß den Absätzen 1 und 2 basieren auf den Standards im Bereich der Finanz- und der Nichtfinanzinformationen, die von den internationalen Organisationen der Wertpapieraufsichtsbehörden, insbesondere der Internationalen Organisation der Wertpapieraufsichtsbehörde (International Organization of Securities Commissions – IOSCO), ausgearbeitet wurden, sowie auf den Anhängen I, II und III dieser Verordnung.

Übersicht

	Rn.		Rn.
I. Regelungsgegenstand	1	4. Sonderformen von Prospekten	26
II. Wirkungsweise der Delegierten Verordnung 2019/980	5	a) Basisprospekte (Abs. 1 UAbs. 2 lit. c)	26
1. Mindestangaben	5	b) Einheitliches Registrierungsformular (Abs. 2)	29
2. Verhältnis zu Art. 6 ProspektVO/ Erfordernis weiterer Angaben	6	5. Übersicht über die Schemata	31
3. Aufmachung	10	6. Aufsichtliche Erläuterungen	34
III. Systematik der Mindestangaben	12	IV. Nicht von Mindestangaben erfasste Wertpapiere und Emittenten	41
1. Allgemeine Grundsätze	12	V. Nicht relevante Mindestangaben	42
a) Dreiteiligkeit	12	VI. Weitere Mindestangaben außerhalb der EU-Prospektverordnung	44
b) Schemata	14	1. Börsenzulassung	45
2. Differenzierung nach Arten von Wertpapieren	15	a) Nicht voll eingezahlte Wertpapiere (§ 5 Abs. 2 Nr. 1 BörsZulV)	46
a) Dividendenwerte und Nichtdividendenwerte (Abs. 1 UAbs. 2 lit. a)	15	b) Zulassung nur eines Teils der Aktien derselben Gattung (§ 7 Abs. 1 Satz 3 BörsZulV)	47
b) Unterschiedliche Arten und Eigenschaften von Nichtdividendenwerten (Abs. 1 UAbs. 2 lit. b, UAbs. 3)	17	c) Nicht fälschungssichere Druckausstattung der Wertpapiere (§ 8 Abs. 2 BörsZulV)	48
3. Differenzierung nach Arten von Emittenten	23	2. Rating	49
a) Öffentlich-rechtlicher Charakter von Emittenten (Abs. 1 UAbs. 2 lit. d)	24		
b) Spezifischer Charakter der Tätigkeit des Emittenten (Abs. 1 UAbs. 2 lit. e)	25		

I. Regelungsgegenstand

Art. 13 enthält mehrere Ermächtigungen der Kommission, **delegierte Rechtsakte** zur Ergänzung der ProspektVO in Bezug auf die Aufmachung des Prospekts sowie in Bezug auf die in einen Prospekt aufzunehmenden einzelnen Angaben zu erlassen. Diese sollen die Angaben konkretisieren, die in einen Prospekt im Einzelnen aufzunehmen sind (sog.

1

Mindestangaben). In Abs. 1 UAbs. 2 und 3 stellt Art. 13 einen Kriterienkatalog für die von der Kommission zu erlassenden Durchführungsmaßnahmen auf. Dabei ist insbesondere den unterschiedlichen Arten von Emittenten und Wertpapieren sowie der angestrebten Börsennotierung Rechnung zu tragen. Daneben finden in Abs. 1 UAbs. 2 lit c und Abs. 2 mit dem Basisprospekt und dem einheitlichen Registrierungsformular Sonderformen des Prospekts ausdrücklich Erwähnung. Zudem sollen nach Abs. 3 neben den Anhängen I bis III zur ProspektVO selbst die Standards der IOSCO als Grundlage für die zu erlassenden Durchführungsmaßnahmen herangezogen werden.[1]

2 Die Kommission hat auf der Grundlage dieser Ermächtigung die Delegierte Verordnung (EU) 2019/980 (**VO (EG) 2019/980**)[2] erlassen. Diese folgt in weiten Teilen Inhalt und Systematik der unter der EU-ProspektRL seinerzeit erlassenen früheren VO (EU) 809/2004[3] und entwickelt diese weiter. Die VO (EU) 2019/980 enthält einen detaillierten Katalog von in einen Prospekt aufzunehmenden Mindestangaben (zur Systematik im Einzelnen → Rn. 5 ff.).

3 In Art. 13 kommt der abgestufte Rechtssetzungsprozess zum Ausdruck, der durch den vom Rat der Wirtschafts- und Finanzminister der Europäischen Union eingesetzten sog. Ausschuss der Weisen zur beschleunigten Realisierung des Aktionsplans Finanzdienstleistungen (**Financial Services Action Plan**, kurz **FSAP**) von 1999[4] entwickelt wurde. Dieser wird nach dem Vorsitzenden des Ausschusses seither auch als **Lamfalussy-Prozess** bezeichnet. Danach wird zur Schaffung eines integrierten europäischen Finanzmarkts ein abgestuftes vierstufiges Rechtssetzungsverfahren verwandt. Für die Gesetzgebung i.e.S. sind dabei die beiden ersten Stufen relevant. So werden im üblichen Rechtssetzungsverfahren durch Parlament und Rat auf **Stufe 1** grundsätzliche Regelungen vorgegeben, typischerweise in Form von Richtlinien (sog. Rahmenrichtlinien), während die technischen Einzelheiten durch die Kommission in Form von Durchführungsbestimmungen auf **Stufe 2** erlassen werden können. Deren Erarbeitung erfolgte ursprünglich in Zusammenarbeit mit dem EU-Wertpapierausschuss („**European Securities Committee – ESC**") und den im **Committee of European Securities Regulators** (**CESR**) zusammengefassten Wertpapieraufsichtsbehörden der Mitgliedstaaten. Dabei bestimmen die Grundsätze der Stufe 1 Art und Umfang der auf Stufe 2 zu erlassenden technischen Durchführungsbestimmungen und geben an, innerhalb welcher Grenzen sie auf dieser Stufe geändert und aktualisiert werden können. Bereits im Abschlussbericht des Ausschusses der Weisen wurden dabei die technischen Einzelheiten, die den konkreten Inhalt eines Prospekts für ein bestimmtes Finanzinstrument betreffen, der Stufe 2 zugewiesen. Im Pros-

---

1 Ausführlich dazu *Crüwell*, AG 2003, 243, 236, sowie zur Entstehungsgeschichte *Just*, in: Just/Voß/Ritz/Zeising, WpPG, 2009, § 7 Rn. 4.
2 Delegierte Verordnung (EU) 2019/980 der Kommission vom 14.3.2019 zur Ergänzung der Verordnung (EU) 2017/1129 [...] hinsichtlich der Aufmachung, des Inhalts, der Prüfung und der Billigung des Prospekts, der beim öffentlichen Angebot von Wertpapieren oder bei deren Zulassung zum Handel an einem geregelten Markt zu veröffentlichen ist, und zur Aufhebung der Verordnung (EG) Nr. 809/2004 der Kommission, ABl. EU Nr. 166 v. 21.6.2019, S. 26.
3 Verordnung (EG) Nr. 809/2004 der Kommission vom 29.4.2004, ABl. EG Nr. L 149 v. 30.4.2004, S. 1; Berichtigung in ABl. EG Nr. L 215 v. 16.6.2004, S. 3.
4 Mitteilung der Kommission „Finanzdienstleistungen: Umsetzung des Finanzmarktrahmens: Aktionsplan" vom 11.5.1999, KOM (1999) 232, http://ec.europa.eu/internal_market/finances/docs/actionplan/index/action_de.pdf.

pektrecht wurde dieses Konzept erstmals in Art. 7 der früheren EU-ProspektRL in Gemeinschaftsrecht umgesetzt.[5] Art. 13 ProspektVO führt dies fort.

Als Reaktion auf die Finanzmarktkrise nach 2007 wurde das sog. Lamfalussy-Verfahren auf der Grundlage des Berichts der **Larosière**-Kommission mit Wirkung zum 16.12.2010 modifiziert. Die Änderungen bestehen im Wesentlichen darin, dass anstelle der aus Vertretern der nationalen Aufsichtsbehörden der Mitgliedstaaten bestehenden Komitees (die bisher für die koordinierte Umsetzung des Gemeinschaftsrechts auf Stufe 3 zuständig waren, wie etwa CESR) zentrale europäische Finanzmarktaufsichtsbehörden geschaffen wurden. Dazu zählt die für die Aufsicht über die Kapitalmärkte zuständige Europäische Wertpapier- und Marktaufsichtsbehörde European Securities and Markets Authority (**ESMA**).[6] Diese europäischen Aufsichtsbehörden haben weitgehende Befugnisse bei der Vorbereitung von sog. technischen Standards, die der einheitlichen Anwendung der Richtlinien und Verordnungen im Kapitalmarktrecht dienen. Diese sind von der Kommission als delegierte Rechtsakte nach Art. 290 AEUV (**technische Regulierungsstandards**) bzw. Durchführungsrechtsakte gem. Art. 291 AEUV (**technische Durchführungsstandards**) auf Stufe 2 zu erlassen, wobei die Kommission nur unter bestimmten Voraussetzungen von den Vorschlägen der europäischen Aufsichtsbehörde abweichen kann.[7] Sie haben die Form von Verordnungen oder Beschlüssen und gelten in den Mitgliedstaaten unmittelbar.[8] Daneben kann ESMA auch aufsichtliche **Leitlinien und Empfehlungen** zur Anwendung des Gemeinschaftsrechts herausgeben (→ Rn. 22).[9]

4

II. Wirkungsweise der Delegierten Verordnung 2019/980

1. Mindestangaben

Die VO (EU) 2019/980 hat in erster Linie das Ziel, zu konkretisieren, welche Informationen bei bestimmten Emittenten und Wertpapierarten in einen Prospekt (mindestens) aufzunehmen sind, damit die Anforderungen des Art. 6 Abs. 1 ProspektVO erfüllt sind, der Prospekt also sämtliche Angaben enthält, die notwendig sind, um dem Anleger ein zutreffendes Urteil über den Emittenten und die angebotenen bzw. zuzulassenden Wertpapiere zu ermöglichen (**Mindestangaben**). Dazu enthält die VO (EU) 2019/980 in ihren Anhängen eine Reihe **verschiedener Kataloge** von Mindestangaben. Dabei wird in den unterschiedlichen Anforderungen nach Arten von Wertpapieren (→ Rn. 15 ff.), insbesondere Arten und Eigenschaften von Nichtdividendenwerten, sowie nach Arten von Emittenten

5

---

5 Schlussbericht des Ausschusses der Weisen über die Regulierung der Europäischen Wertpapiermärkte vom 15.2.2001, insbesondere S. 29 ff., http://ec.europa.eu/internal_market/securities/docs/lamfalussy/wisemen/final-report-wise-men_de.pdf; dazu ausführlich *von Kopp-Colomb/Lenz*, AG 2002, 24, 25; *Seitz*, BKR 2002, 340, 341; *Keller/Langner*, BKR 2003, 616; *Schmolke*, NZG 2005, 912.
6 Verordnung (EU) Nr. 1095/2010 des Europäischen Parlaments und des Rates vom 24.11.2010 zur Errichtung einer Europäischen Aufsichtsbehörde (Europäische Wertpapier- und Marktaufsichtsbehörde), zur Änderung des Beschlusses Nr. 716/2009/EG und zur Aufhebung des Beschlusses 2009/77/EG der Kommission, ABl. Nr. L 331 vom 15.12.2010, S. 84 (im Folgenden „ESMA-VO").
7 Art. 10–15 ESMA-VO.
8 Art. 88 AEUV.
9 Art. 16 ESMA-VO; zu den weiteren Einzelheiten *Baur/Boegl*, BKR 2011, 177; *Lehmann/Manger-Nestler*, ZBB 2011, 2.

differenziert. Zudem gibt es spezielle Kataloge für bestimmte Sonderformen von Prospekten (→ Rn. 26 ff.). Gemeinsam ist diesen Katalogen, dass ein Prospekt (mindestens) die Informationsbestandteile zu enthalten hat, die in den nach Art des Emittenten und der Wertpapiere bzw. der relevanten Sonderform einschlägigen Katalogen der Anhänge VO (EU) 2019/980 aufgeführt sind (im Einzelnen dazu die Kommentierung zu den einzelnen Anhängen). Das heißt: Grundsätzlich handelt es sich bei den Informationskatalogen der Anhänge der VO (EU) 2019/980 um Mindestanforderungen.

2. Verhältnis zu Art. 6 ProspektVO/Erfordernis weiterer Angaben

6 Mit dem Grundsatz, dass die Mindestangaben der VO (EU) 2019/980 die allgemeinen Prospektanforderungen konkretisieren, ist damit aber das Verhältnis der Mindestangaben zur **prospektrechtlichen Generalklausel** nach Art. 6 Abs. 1 ProspektVO noch nicht abschließend beschrieben. So erfassen die Mindestangaben, wiewohl bereits differenzierend angelegt, nicht notwendigerweise alle Besonderheiten von Emittenten und Wertpapieren, die für ein fundiertes Urteil des Anlegers i. S. v. Art. 6 Abs. 1 UAbs. 1 ProspektVO erforderlich sind (→ Art. 6 Rn. 11 f.).

7 So ergibt sich aus Erwägungsgrund 23 der VO 2019/980, dass etwa zum Verständnis des Geschäftsmodells bestimmter Emittenten **über die Mindestangaben hinausgehende Informationen** im Prospekt erforderlich werden können. Daher haben die Billigungsbehörden nach Art. 36 Abs. 1 VO (EU) 2019/980 bei der Prüfung der Vollständigkeit des Prospekts im Einzelfall zu berücksichtigen, ob der Prospektentwurf gemäß der ProspektVO und der VO (EU) 2019/980 erstellt wurde. Aus dem Hinweis auf die ProspektVO ergibt sich, dass über die Mindestangaben nach den einschlägigen Anhängen zur VO (EU) 2019/980 hinaus im Einzelfall Ergänzungen gefordert werden können, sofern dies zur Einhaltung der allgemeinen Prospektanforderungen nach Art. 6 Abs. 1 ProspektVO nötig ist (→ Art. 6 Rn. 12). Dieses Verständnis korreliert mit den Regelungen über die Prospektverantwortung und -haftung. Die für den Prospekt verantwortlichen Personen müssen gem. Art. 11 Abs. 1 Satz 2 ProspektVO im Prospekt erklären, dass ihres Wissens die darin enthaltenen Angaben richtig sind und keine Angaben fehlen, die die Aussage des Prospekts verändern können. Dies korrespondiert damit, dass diese Personen nach deutschem Recht gem. § 9 Abs. 1 Satz 1 Nr. 1 WpPG den Erwerbern der Wertpapiere haften, wenn der Prospekt in Bezug auf für die Beurteilung der Wertpapiere wesentliche Angaben unrichtig oder unvollständig ist. Dafür kommt es nicht ausschließlich darauf an, ob der Prospekt alle Mindestangaben nach VO 2019/980 enthält (→ Art. 6 Rn. 11 ff.).[10]

8 Besondere Erwähnung findet dabei der Fall, in dem der Emittent von Dividendenwerten (also Aktien) i. S. v. Art. 18 VO (EU) 2019/980 eine **komplexe finanztechnische Vorgeschichte** aufweist oder eine **bedeutende finanzielle Verpflichtung** eingegangen ist. In diesem Fall kann die Billigungsbehörde vom Emittenten die Aufnahme, Änderung oder Entfernung von Angaben aus einem Prospekt verlangen. Dabei berücksichtigt sie gem. Art. 36 Abs. 2 VO (EU) 2019/980 u. a. bereits im Prospekt eines anderen Unternehmens als dem Emittenten enthaltene Angaben, die anwendbaren Rechnungslegungs- und Prü-

---

10 *Groß*, Kapitalmarktrecht, § 21 WpPG Rn. 58; *Mülbert/Steup*, in: Habersack/Mülbert/Schlitt, Unternehmensfinanzierung, § 41 Rn. 41.44 f.; *Habersack*, in: Habersack/Mülbert/Schlitt, Kapitalmarktinformation, § 29 Rn. 19; *Gillessen/Krämer*, in: Marsch-Barner/Schäfer, Handbuch börsennotierte AG, § 10 Rn. 10.434.

fungsgrundsätze, den wirtschaftlichen Charakter der Unternehmenstransaktion(en), die zu der eingangs beschriebenen eingetretenen oder bevorstehenden Entwicklung des Emittenten geführt hat, die spezielle Art eines durch den Emittenten erworbenen oder zu erwerbenden Unternehmens und ob sich der Emittent mit vertretbarem Aufwand Informationen über dieses andere Unternehmen beschaffen kann. Damit einher geht die ausdrückliche Verpflichtung des Emittenten eines Dividendenwertes, im Falle einer komplexen finanztechnischen Vorgeschichte oder einer bedeutenden finanziellen Verpflichtung, nach Art. 18 Abs. 1 VO (EU) 2019/980 in den Prospekt die in Art. 18 Abs. 2 VO (EU) 2019/980 genannten zusätzlichen Angaben zu einem anderen Unternehmen als dem Emittenten aufzunehmen. Dabei handelt es sich bei jenen zusätzlichen Angaben zu dem anderen Unternehmen um die in den Anhängen 1 (Registrierungsformular für Dividendenwerte) und 20 (Pro-forma-Informationen) genannten Angaben, die die Anleger für ein **fundiertes Urteil im Sinne von Art. 6 Abs. 1 ProspektVO** benötigen, als ob der betreffende Dividendenwert von diesem anderen Unternehmen begeben worden wäre. Zugleich muss auch erläutert werden, warum die Anleger diese Angaben für ein fundiertes Urteil benötigen (zu den Einzelheiten die Kommentierung zu → Art. 18 VO (EU) 2019/980). Die Systematik der Regelung der Fälle einer komplexen finanztechnischen Vorgeschichte und einer bedeutenden finanziellen Verpflichtung veranschaulicht damit das allgemeine Prinzip, dass unter bestimmten Voraussetzzungen Anleger für ein fundiertes Urteil im Sinne von Art. 6 Abs. 1 ProspektVO Informationen benötigen, die über die Mindestangaben der Anhänge zur VO (EU) 2019/980 hinausgehen und die daher zusätzlich in den Prospekt aufzunehmen sind.

Dieses Verständnis ergibt sich auch aus der Normenhierarchie im Rahmen des sog. **Lamfalussy-Verfahrens** (siehe oben → Rn. 2), wonach die VO (EU) 2019/980 als delegierter Rechtsakt die Anforderungen der ProspektVO konkretisiert, deren wesentliche Bestimmungen aber nicht verändern darf, was Erwägungsgrund 78 der ProspektVO ausdrücklich klarstellt („Zur Präzisierung der Anforderungen dieser Verordnung"). Der Grundsatz der Prospektvollständigkeit nach Art. 6 Abs. 1 der ProspektVO ist die zentrale Bestimmung für die **inhaltlichen Anforderungen** an einen Prospekt (→ Art. 6 Rn. 1, 6) und stellt damit fraglos eine solche wesentliche Bestimmung dar. 9

3. Aufmachung

Zur Aufmachung des Prospekts beschränkt sich die VO (EU) 2019/980 auf einige rudimentäre Vorgaben in Bezug auf den **Aufbau des Prospekts**. Insoweit sind die Prospektverantwortlichen grds. frei, soweit sie sich an die in Art. 24 und 25 der VO (EU) 2019/980 enthaltenen Vorgaben halten (siehe die Kommentierung hierzu). Für einen einteiligen Prospekt gilt dabei folgende Prospektgliederung: 10

– Inhaltsverzeichnis,
– Zusammenfassung (sofern nach Art. 7 ProspektVO erforderlich),
– Risikofaktoren, sowie
– sonstige Informationsbestandteile nach den Anhängen von VO (EU) 2019/980.

Diese **Grobgliederung** ist **zwingend** vorgeschrieben;[11] Vergleichbares gilt auch für dreiteilige Prospekte und Basisprospekte unter Berücksichtigung der Besonderheiten des 11

---

11 ESMA, Questions and Answers on the Prospectus Regulation, ESMA/2019/ESMA31-62-1258, Version 12 v. 3.2.2023, Antwort auf Frage 14.9.

Aufbaus dieser Prospektformen, vgl. Art. 24 Abs. 2 Satz 2, Art. 25 Abs. 1 Satz 2, Abs. 2 Satz 2 VO (EU) 2019/980. Davon abgesehen kann aber nach Art. 24 Abs. 1 Satz 2 VO (EU) 2019/980 der Aufbau frei gewählt werden. Insbesondere die Reihenfolge der Mindestangaben in den jeweils einschlägigen Anhängen zur VO (EU) 2019/980 muss nicht zwingend eingehalten werden. Wird jedoch von dieser Reihenfolge abgewichen, kann die Billigungsbehörde nach Art. 24 Abs. 5 Satz 1, Art. 25 Abs. 6 Satz 1 VO (EU) 2019/980 verlangen, zur Erleichterung der Prospektprüfung eine sog. **Überkreuz-Checkliste** zu erstellen. Darin sind in der Reihenfolge des jeweils einschlägigen Anhangs die Seiten zu nennen, auf denen die jeweiligen Mindestangaben im eingereichten Prospekt zu finden sind. Die BaFin verlangt dies in Form einer synopsenartige Übersicht mit genauer Seitenangabe für jeden Gliederungspunkt.[12] Sind einzelne, nach dem jeweiligen Anhang geforderte Angaben nicht einschlägig, ist die diesbezügliche Auslassung zu begründen.[13]

III. Systematik der Mindestangaben

1. Allgemeine Grundsätze

a) Dreiteiligkeit

12 Die Systematik der Mindestangaben in den Anhängen der VO (EU) 2019/980 folgt dem mit der früheren ProspektRL 2003 eingeführten Konzept der Dreiteiligkeit des Prospektes. Danach kann der Prospekt nach Art. 6 Abs. 3 UAbs. 1 und UAbs. 2 Satz 1 ProspektVO nicht nur als ein einziges Dokument (**einteiliger Prospekt**) erstellt werden. Er kann vielmehr auch als **dreiteiliger Prospekt** aus den Einzeldokumenten Registrierungsformular, Wertpapierbeschreibung und Zusammenfassung bestehen. Dabei enthält nach Art. 6 Abs. 3 UAbs. 2 Satz 2 das Registrierungsformular die Angaben zum Emittenten. In der Wertpapierbeschreibung werden die Informationen über die angebotenen oder zuzulassenden Wertpapiere dargestellt, auf die sich der Prospekt bezieht. Die Zusammenfassung enthält nach Art. 7 Abs. 1 UAbs. 1 Basisinformationen, um Anlegern im Einklang mit Registrierungsformular und Wertpapierbeschreibung Hilfestellung für eine erste Vorentscheidung geben, ob die angebotenen oder zuzulassenden Wertpapiere überhaupt als Anlageobjekt in Frage kommen und sich die Prüfung des gesamten Prospekts zur Vorbereitung der eigentlichen Anlageentscheidung lohnt (→ Art. 7 Rn. 20 ff.). Wird ein einheitlicher Prospekt erstellt, muss dieser die Mindestangaben für Registrierungsformular und Wertpapierbeschreibung sowie grds. eine Zusammenfassung enthalten.

13 Die Mindestangaben in den Anhängen zu VO (EU) 2019/980 sind zunächst auf die Prospektbestandteile Registrierungsformular (Teil A) und Wertpapierbeschreibung (Teil B) nach dem dreiteiligen Prospektaufbau aufgeteilt. Dabei enthalten beide Teile den Vorgaben des Abs. 1 UAbs. 2 und 3 sowie Abs. 2 folgend mehrere **verschiedene Kataloge**, die nach Arten von Wertpapieren und Emittenten differenzieren sowie ein Schema für ein einheitliches Registrierungsformular vorsehen. Teil C sieht ergänzende Bestandteile für

---

12 BaFin-Workshop „100 Tage WpPG" am 3.11.2005, Präsentation „Das Hinterlegungsverfahren", S. 6; BaFin Workshop zur Prospektverordnung (EU) 2017/1129 am 28.5.2019, Präsentation „Prüfungs- und Billigungsverfahren" (*Weinandy*), S. 9.
13 BaFin-Workshop am 28.5.2008, Präsentation „Das Billigungs- und Hinterlegungsverfahren als Verwaltungsverfahren" (*Zeising*), S. 5.

besondere Arten von Wertpapieren und Emissionsstrukturen vor. Teil D definiert die Mindestangaben für die Bestandteile von EU-Wachstumsprospekten (→ Art. 15), differenzierend nach Arten von Wertpapieren, Teil E stellt weitere ergänzende Informationen für Sonderfälle bereit. Für die Zusammenfassung als drittem Prospektbestandteil ist kein Anhang vorgesehen; die insoweit geltenden Anforderungen an Inhalt und Aufmachung sind in Art. 7 näher geregelt (siehe Kommentierung zu → Art. 7). Das Zusammenspiel der Prospektbestandteile eines dreiteiligen Prospektes ergibt sich aus Art. 10.

b) Schemata

Die frühere VO (EG) 809/2004 unterschied bei den Anhängen zu den Mindestangaben in Prospekten noch zwischen Schemata und Modulen. Der Begriff **Schema** bezeichnet dabei gemäß Art. 2 Nr. 1 der früheren VO (EG) 809/2004 eine Liste von Mindestangaben für die betreffende Art von Emittenten und/oder Wertpapieren. Ein **Modul** enthielt dagegen nach Art. 2 Nr. 2 der früheren VO (EG) 809/2004 zusätzliche Angaben, die in Sonderfällen ergänzend zu den Mindestangaben nach den einschlägigen Schemata in den Prospekt aufzunehmen waren. Die Nachfolgeregelung in VO (EU) 2019/980 verwendet beide Begriffe nicht mehr, Art. 13 Abs. 1 ProspektVO bezeichnet die in delegierten Rechtsakten zu konkretisierenden Kataloge der Mindestangaben nur noch **pauschal als Schemata**. Die Teile C und E der Anhänge der VO (EU) 2019/980 würden nach früherer Nomenklatur Module darstellen; da letzterer Begriff aber nunmehr nicht mehr verwendet wird, hat sich dieses Differenzierung erübrigt.

14

2. Differenzierung nach Arten von Wertpapieren

a) Dividendenwerte und Nichtdividendenwerte (Abs. 1 UAbs. 2 lit. a)

Art. 13 Abs. 1 UAbs. 2 lit. a sieht zunächst einmal eine Differenzierung der Mindestangaben nach **Dividendenwerten** und **Nichtdividendenwerten** vor. Dies spiegelt sich in den Anhängen zu VO (EU) 2019/980 sowohl bei den Anforderungen an Registrierungsformulare (Teil A) als auch an Wertpapierbeschreibungen (Teil B) wieder. Dem liegt das Verständnis zugrunde, dass sich das Informationsbedürfnis der Anleger je nach dem **Risikoprofil** des jeweils angebotenen oder zuzulassenden Wertpapiers unterscheidet (angedeutet in Erwägungsgrund 2 VO (EU) 2019/980). So ist typischerweise die Kursentwicklung von Dividendenwerten vor allem von der erwarteten zukünftigen Gewinnerwartung und der daraus abgeleiteten Dividendenausschüttung geprägt. Das einmal für den Erwerb der Wertpapiere aufgewandte Kapital kann der Anleger letztlich nur durch Weiterveräußerung im Zweitmarkt zu dem zum Veräußerungszeitpunkt erzielbaren Preis (d. h. vor allem dem aktuellen Börsenkurs) zurückerlangen. Dagegen liegt das Wesen einer Schuldverschreibung (bzw. Anleihe) als Prototyp des Nichtdividendenwerts darin, dass ihr die Überlassung von Kapital auf Zeit (nämlich der Laufzeit der Schuldverschreibung) gegen Zahlung von Zinsen zugrunde liegt.[14] Der Anleger erhält bei dieser klassischen Ausgestaltung außer den in den Anleihebedingungen festgelegten Zinsen auch bei Ende der Laufzeit sein eingesetztes Kapital zurück. Sein Verlustrisiko ist also – anders als bei den Dividendenwerten – außer im Fall der Insolvenz des Emittenten – regelmäßig auf den Fall beschränkt, dass er sich vor Ende der Laufzeit von dem Wertpapier trennen will und es daher vorzeitig

15

---

14 Dazu *Schlitt*, in: Grunewald/Schlitt, Einführung in das Kapitalmarktrecht, § 1 III. 1 und 2.

am Markt veräußern muss. Nur in diesem Fall ist der Inhaber der Schuldverschreibung den Marktverhältnissen ausgesetzt, die – etwa im Fall einer schlechteren Einschätzung der Kreditwürdigkeit des Emittenten oder eines veränderten Zinsumfeldes – zu Kursverlusten auch bei Schuldverschreibungen führen können. Diese mögen dann unter dem ursprünglichen Ausgabepreis notieren, selbst wenn an der vollständigen Rückzahlung bei Endfälligkeit keine konkreten Zweifel bestehen. Dieser grundlegenden Differenzierung folgend geht der Verordnungsgeber davon aus, dass Anleger in Bezug auf Dividendenwerte detailliertere Informationen benötigen als in Bezug auf Nichtdividendenwerte.

16 Auf der Grundlage dieser groben Differenzierung fordert Art. 13 Abs. 1 UAbs. 2 lit. a eine weitere Differenzierung dergestalt, dass die geforderten Angaben in einem Prospekt in Bezug auf **Wertpapiere mit ähnlichen wirtschaftlichen Grundsätzen**, insbesondere Derivate, **kohärent** zu behandeln sind. Darauf basieren vor allem die in Teil C der Anhänge zu VO (EU) 2019/980 aufgeführten weiteren in eine Prospekt aufzunehmendem Angaben, etwa für Wertpapiere, die zu an einen Basiswert gekoppelten Zahlungs- oder Lieferverpflichtungen führen (Anhang 17), einem derivativen Wertpapier zugrunde liegende Aktien (Anhang 1), forderungsbesicherte Wertpapiere – sog. „Asset backed securities/ABS" (Anhang 19) oder von einer anderen Rechtsperson als dem Emittenten garantierte Wertpapiere (Anhang 20).

b) Unterschiedliche Arten und Eigenschaften von Nichtdividendenwerten (Abs. 1 UAbs. 2 lit. b, UAbs. 3)

17 Mit Blick auf die große Bandbreite **unterschiedlicher Arten und Eigenschaften von Nichtdividendenwerten** gibt Art. 13 Abs. 1 UAbs. 2 lit. b, UAbs. 3 für die zu erlassenden delegierten Rechtsakte eine weitere Unterscheidung vor. Nach Erwägungsgrund 7 VO (EU) 2019/980 sollen die in den Prospekten für Nichtdividendenwerte enthaltenen Angaben insbesondere dem **Wissensstand** und der **Fachkenntnis** jedes Anlegertyps angepasst sein. Daher sollen Prospekte für Nichtdividendenwerte, in die **Kleinanleger** investieren können, umfassendere und andere Angaben enthalten müssen als Prospekte für Nichtdividendenwerte, die qualifizierten Anlegern vorbehalten sind. Der Begriff des „Kleinanlegers" ist zwar weder in der ProspektVO noch in der VO (EU) 2019/980 definiert. Im Zusammenspiel mit dem in diesem Zusammenhang verwendeten Gegenbegriff des „qualifizierten Anlegers" lässt sich aber seine Bedeutung erschließen. **Qualifizierte Anleger** sind letztlich nach Art. 2 lit. e ProspektVO gleichbedeutend mit professionellen Kunden i. S. v. Art. 4 Abs. 1 Nr. 11 Richtlinie 2014/65/EU (MiFID II).[15] Dort wird als „Kleinanleger" in Art. 4 Abs. 1 Nr. 11 MiFID II ein Kunde definiert, der kein professioneller Kunde ist. Mithin dürfte daher im Zusammenhang mit der ProspektVO mit „Kleinanleger" ein „nicht qualifizierter" Anleger gemeint sein.

18 In diesem Zusammenhang enthält Art. 13 Abs. 1 UAbs. 3 konkrete Vorgaben für die Ausgestaltung verschiedener Prospektschemata mit konkreten Informationsanforderungen an Prospekte für die **Zulassung von Nichtdividendenwerten** zum Handel an einem geregelten Markt in bestimmten Sonderfällen.

---

15 Richtlinie 2014/65/EU v. 15.5.2014 über Märkte für Finanzinstrumente (MiFID II), ABl. EU L 173 v. 12.6.2014, S. 349.

Zum einen betrifft dies nach lit. a solche Nichtdividendenwerte, die ausschließlich an einem geregelten Markt oder in einem bestimmten Segment eines solchen gehandelt werden sollen, zu dem **ausschließlich qualifizierte Anleger** zu Zwecken des Handels mit diesen Wertpapieren Zugang erhalten. In Deutschland haben die Wertpapierbörsen soweit ersichtlich von dieser Möglichkeit keinen Gebrauch gemacht; solche Segmente existieren aber an den Börsen in Luxemburg und Wien.[16] 19

Zum anderen wird die Kommission ermächtigt, gesonderte (erleichterte) Prospektanforderungen für Nichtdividendenwerte mit einer **Mindeststückelung von 100.000 EUR** zu schaffen. 20

Für beide Fälle sieht Art. 8 VO (EU) 2019/980 ein gesondertes **Registrierungsformular für Nichtdividendenwerte für Großanleger** mit erleichterten inhaltlichen Anforderungen vor, dessen Mindestangaben in Anhang 7 Art. 8 VO (EU) 2019/980 geregelt sind. Entsprechendes gilt in diesen Fällen für die Wertpapierbeschreibung nach Art. 16 VO (EU) 2019/980, wonach für diese in Art. 8 Abs. 2 VO (EU) 2019/980 definierten Nichtdividendenwerte eine spezielle **Wertpapierbeschreibung für Nichtdividendenwerte für Großanleger** nach Anhang 15 VO (EU) 2019/980 erstellt werden kann. Nach Art. 13 Abs. 1 UAbs. 3 lit. b (der aber wohl für beide Konstellationen des UAbs. 3 gelten dürfte) müssen diese speziellen Informationsanforderungen angemessen sein und dem Informationsbedarf der betreffenden Anleger Rechnung tragen. Da in beiden Fällen davon ausgegangen wird, dass Zielgruppe von Emissionen solcher Wertpapiere (nur) institutionelle Anleger („wholesale investors"), nicht aber Kleinanleger („retail investors") sind, müssen die (erhöhten) Informationsbedürfnisse letzterer nicht berücksichtigt werden. 21

Nicht ausdrücklich in Art. 13 angesprochen sind **derivative Wertpapiere**, die letztlich einen Unterfall der Nichtdividendenwerte darstellen. Der derivative Charakter eines Wertpapiers ist allerdings in der Formulierung „Art und Eigenschaften" erfasst. Hierfür findet sich in Art. 20 VO (EU) 2019/980 eine Sonderregelung für „Wertpapiere, die zu an einen Basiswert gekoppelten Zahlungs- oder Lieferverpflichtungen führen". Prospekte für solche derivativen Wertpapiere müssen grds. zusätzlich die in Anhang 17 genannten Angaben enthalten. Damit trägt der Verordnungsgeber dem Umstand Rechnung, dass – so Erwägungsgrund 12 VO (EU) 2019/980 – derivative Wertpapiere für die Anleger mit besonderen Risiken verbunden sein können. Denn sie können zu Verlusten führen, die ggf. die getätigte Investition übersteigen; ein ihnen zugrunde liegender Basiswert ist nicht notwendigerweise zum Handel an einem geregelten Markt zugelassen, sodass u. U. keine oder nur geringere Informationen über diesen Basiswert verfügbar sind, da dessen Emittent nicht notwendigerweise der sonst geltenden Regel- und Ad-hoc-Publizität unterliegt. Eine Sonderregelung gilt nach Art. 19 VO (EU) 2019/980 für Wandel- und Umtauschanleihen, die in bereits zum Handel an einem geregelten Markt zugelassene Aktien umtausch- oder wandelbar sind. 22

3. Differenzierung nach Arten von Emittenten

Art. 13 Abs. 2 UAbs. 1 gibt weiterhin eine Differenzierung der Mindestangaben nach der Art des Emittenten konkret für bestimmte **Sonderfälle von Emittenten** vor. 23

---

16 https://www.luxse.com/listing/professional-segments; https://www.wienerborse.at/listing/anleihen/qualified-investor-segment.

a) Öffentlich-rechtlicher Charakter von Emittenten (Abs. 1 UAbs. 2 lit. d)

24 Hier sind zunächst Emittenten mit „öffentlich-rechtlichem Charakter" angesprochen. Dies mag auf den ersten Blick überraschen, da nach Art. 1 UAbs. 2 lit b ProspektVO Nichtdividendenwerte, die von einem Mitgliedstaat oder einer seiner Gebietskörperschaften, von internationalen Organismen öffentlich-rechtlicher Art, denen ein oder mehrere Mitgliedstaaten angehören, von der Europäischen Zentralbank oder von den Zentralbanken der Mitgliedstaaten ausgegeben werden, nicht der Prospektverordnung unterliegen – und damit bei einem öffentlichen Angebot oder einem Antrag auf Zulassung zum Handel an einem regulierten Markt auch nicht der Pflicht zur Prospekterstellung. Bedeutung erlangt die Regelung aber für **Emissionen von Drittländern** und deren **Gebietskörperschaften**, die der Prospektpflicht unterliegen (→ Art. 11 VO (EU) 2019/980 Rn. 6). Mit Blick auf die Unterschiede zwischen öffentlich-rechtlichen Emittenten und privatrechtlich organisierten Emittenten (d.h. typischerweise Unternehmen) erschien dem Verordnungsgeber geboten, die Mindestangaben in Prospekten gesondert zu regeln, vgl. Erwägungsgrund 8 VO (EU) 2019/980 (→ Art. 11 VO (EU) 2019/980 Rn. 3). Daher wird insoweit gem. Art. 11 VO (EU) 2019/980 mit Anhang 10 VO (EU) 2019/980 ein gesondertes Schema für Mindestangaben für ein Registrierungsformular vorgesehen, das für die Zulassung und/oder das Angebot von Nichtdividendenwerten erstellt wird, die von Drittländern und deren Gebietskörperschaften begeben werden.

b) Spezifischer Charakter der Tätigkeit des Emittenten (Abs. 1 UAbs. 2 lit. e)

25 Für **Emittenten**, die in einigen **besonderen Bereichen** tätig sind (sog. „**specialist issuers**"), sieht Art. 39 der VO (EU) 2019/980 vor, dass zusätzlich zu den Informationsbestandteilen, die sich aus den allgemein geltenden Schemata ergeben, **zusätzliche Angaben** verlangt werden können. Anhang 29 zur VO (EU) 2019/980 enthält ein abschließendes Verzeichnis der Kategorien von Emittenten, für die diese besonderen Anforderungen gelten.[17] Es handelt sich im Einzelnen um:

- Immobiliengesellschaften,
- Bergbaugesellschaften,
- Investmentgesellschaften,
- in der wissenschaftlichen Forschung tätige Gesellschaften,
- seit weniger als drei Jahren bestehende Gesellschaften (Start-ups),
- Schifffahrtsgesellschaften.

4. Sonderformen von Prospekten

a) Basisprospekte (Abs. 1 UAbs. 2 lit. c)

26 **Basisprospekte** nach Art. 8 ProspektVO, die als Sonderform des Prospektes für Nichtdividendenwerte große Bedeutung für **Emissionsprogramme** haben, werden als bei der Festlegung der Prospektschemata durch die Kommission besonders zu berücksichtigende Prospektart ausdrücklich erwähnt.

---

17 Eingehend hierzu *Schnorbus*, WM 2009, 249.

Dementsprechend enthält Art. 25 VO (EU) 2019/980 Vorgaben für die Aufmachung des Basisprospekts, und zwar sowohl wenn er als **einziges Dokument** erstellt wird (Abs. 1) als auch als **dreiteiliger Prospekt**, bestehend aus mehreren Einzeldokumenten gem. Art. 10, Art. 8 Abs. 6 ProspektVO (Abs. 2). Darin werden die wesentlichen Elemente des Basisprospekts und deren Reihenfolge geregelt (→ Art. 25 VO (EU) 2019/980 Rn. 4 ff. und Rn. 8 ff.). Weiterhin werden Vorgaben für die Erstellung des Registrierungsformulars des dreiteiligen Basisprospekts in Form eines **einheitlichen Registrierungsformulars** getroffen (Abs. 4, 5) 27

Art. 26 VO (EU) 2019/980 verknüpft das Konzept des **Basisprospekts** und der ihn flankierenden **endgültigen Bedingungen** (→ Art. 8 Rn. 27 ff.) mit den **Mindestangaben** in den relevanten Anhängen für Nichtdividendenwertpapiere, für die ein Basisprospekt verwendet werden kann. So teilen die Anhänge 14 bis 19 sowie 22, 27 und 28 der VO (EU) 2019/980 die in ihnen enthaltenen Mindestangaben in drei Kategorien. Dabei muss der Basisprospekt selbst die Angaben der „**Kategorie A**" vollständig enthalten, die Angaben der „**Kategorie B**" müssen zwar grds. ebenfalls aufgenommen werden, aber mit Ausnahme jener Einzelheiten, die zum Zeitpunkt der Billigung noch nicht vorliegen. Diese sind dann in den endgültigen Bedingungen nachzuliefern, ebenso wie die Angaben der „**Kategorie C**" (→ Art. 8 Rn. 33 ff.). 28

b) Einheitliches Registrierungsformular (Abs. 2)

Der Ermächtigung der Kommission zum Erlass delegierter Rechtsakte zur Festlegung von Mindestangaben für ein einheitliches Registrierungsformular i. S. v. Art. 9 ProspektVO ist mit Abs. 2 sogar ein eigener Absatz gewidmet. Dieser stellt sicher, dass die in einem eigenen Schema (Anhang 2 der VO (EU) 2019/980) im einzelnen geregelten Mindestangaben den in Erwägungsgrund 39 der ProspektVO festgelegten Zweck eines einheitlichen Registrierungsformulars erfüllen. Dieses soll danach nämlich **multifunktional** sein, indem sein Inhalt sowohl für öffentliche Angebote oder für die Zulassungen von **Dividendenwerten** oder **Nichtdividendenwerten** verwendbar ist. Daher sollen die Anforderungen jenen für Dividendenwerte entsprechen. Diese Anforderungen sind in Abs. 2 UAbs. 2 Gegenstand der Ermächtigung, um diese Verwendungsfähigkeit zu gewährleisten (→ Art. 9 Rn. 1 ff.). 29

Zudem gibt Abs. 2 UAbs. 2 hinsichtlich der in den delegierten Rechtsakten zu konkretisierenden Mindestangaben für die in einem einheitlichen Registrierungsformular aufzunehmenden **Finanzinformationen** und **Angaben zur Unternehmensführung** vor, dass diese soweit möglich mit jenen übereinstimmen sollen, die im Rahmen der **Regelberichterstattung** zu publizieren sind. Damit soll ermöglicht werden, nach Art. 9 Abs. 12 ProspektVO diese Berichtspflichten bereits mit der Veröffentlichung eines einheitlichen Registrierungsformulars zu erfüllen (→ Art. 9 Rn. 3 ff.). 30

5. Übersicht über die Schemata

Mit der Ersetzung der früheren VO (EG) 809/2004 durch die VO (EU) 2019/980 und die damit einhergehenden Novellierung der Mindestangaben für Wertpapierprospekte wurden die Schemata für die verschiedenen Arten von Emittenten und Wertpapieren in den Anhängen der VO (EU) 2019/980 auch neu geordnet (→ Rn. 16); im Einzelnen gibt es nunmehr folgende Schemata: 31

a) Teil A – Registrierungsformulare

Anhang 1: Registrierungsformular für Dividendenwerte
Anhang 2: Einheitliches Registrierungsformular
Anhang 3: Registrierungsformular für Sekundäremissionen von Dividendenwerten
Anhang 4: Registrierungsformular für Anteilsscheine von Organismen für gemeinsame Anlagen des geschlossenen Typs
Anhang 5: Registrierungsformular für Zertifikate, die Aktien vertreten
Anhang 6: Registrierungsformular für Nichtdividendenwerte für Kleinanleger („retail debt")
Anhang 7: Registrierungsformular für Nichtdividendenwerte für Großanleger („wholesale debt")
Anhang 8: Registrierungsformular für Sekundäremissionen von Nichtdividendenwerten
Anhang 9: Registrierungsformular für forderungsbesicherte Wertpapiere („Asset backed securities/ABS")
Anhang 10: Registrierungsformular für Nichtdividendenwerte, die von Drittländern und deren regionalen und lokalen Gebietskörperschaften begeben werden

b) Teil B – Wertpapierbeschreibungen

Anhang 11: Wertpapierbeschreibung für Dividendenwerte oder von Organismen für gemeinsame Anlagen des geschlossenen Typs ausgegebene Anteilsscheine
Anhang 12: Wertpapierbeschreibung für Sekundäremissionen von Dividendenwerten oder Anteilsscheinen, die von Organismen für gemeinsame Anlagen des geschlossenen Typs ausgegeben werden
Anhang 13: Wertpapierbeschreibung für Zertifikate, die Aktien vertreten
Anhang 14: Wertpapierbeschreibung für Nichtdividendenwerte für Kleinanleger („retail debt")
Anhang 15: Wertpapierbeschreibung für Nichtdividendenwerte für Großanleger („wholesale debt");
Anhang 16: Wertpapierbeschreibung für Sekundäremissionen von Nichtdividendenwerten

c) Teil C – In einen Prospekt aufzunehmende weitere Angaben

Anhang 17: Wertpapiere, die zu an einen Basiswert gekoppelten Zahlungs- oder Lieferverpflichtungen führen
Anhang 18: Zugrunde liegende Aktien
Anhang 19: Forderungsbesicherte Wertpapiere („Asset backed securities/ABS")
Anhang 20: Pro-forma-Informationen
Anhang 21: Garantien
Anhang 22: Zustimmung

d) Teil D – EU-Wachstumsprospekt

Anhang 23: Spezielle Zusammenfassung für den EU-Wachstumsprospekt
Anhang 24: Registrierungsformular beim EU-Wachstumsprospekt für Dividendenwerte
Anhang 25: Registrierungsformular beim EU-Wachstumsprospekt für Nichtdividendenwerte
Anhang 26: Wertpapierbeschreibung beim EU-Wachstumsprospekt für Dividendenwerte
Anhang 27: Wertpapierbeschreibung beim EU-Wachstumsprospekt für Nichtdividendenwerte

e) Teil E – Andere Angabekategorien

Anhang 28: Weitere Angaben in den endgültigen Bedingungen
Anhang 29: Verzeichnis bestimmter Kategorien von Emittenten

Je nach Art der Wertpapiere, für die sie vorgesehen sind, sehen die Schemata für Registrierungsformulare (vorstehend Teil A), unterschiedlich umfangreiche und strenge Anforderungen an Mindestangaben vor. Daraus ergibt sich eine **Hierarchie der Registrierungsformulare**, nach der für Wertpapiere, die weniger strenge und ausführliche Mindestangaben erfordern, auch ein (etwa schon vorhandenes) strengeres Registrierungsformular als Prospektbestandteil verwendet werden kann. Art. 21 Abs. 2 der früheren VO (EG) 809/2004 sah dies ausdrücklich so vor. Eine entsprechende Regelung in der nunmehr stattdessen geltenden VO (EU) 2019/980 fehlt allerdings. Am Konzept hat sich freilich nichts geändert: Am weitesten gehen die Anforderungen für das Registrierungsformular für Aktien, gefolgt vom Registrierungsformular für Nichtdividendenwerte für Kleinanleger, während bei für Nichtdividendenwerte für Großanleger das Registrierungsformular „schlanker" ausfallen kann.[18]

Je nach Art der angebotenen oder zuzulassenden Wertpapiere sind die jeweils in den Prospekt aufzunehmenden Mindestangaben durch Kombination der Schemata zu ermitteln. ESMA hat dazu eine Übersicht der relevanten **Kombinationsmöglichkeiten** als Anhang zu ihren Q&As erstellt.[19] Die vorstehend (→ Rn. 37) erwogene Möglichkeit, ein (umfangreicheres) Registrierungsformular für Dividendenwerte, das möglicherweise bereits vorhanden ist, für einen dreiteiligen Prospekt für Nichtdividendenwerte zu nutzen, ist dort indes nicht vorgesehen. Jedoch ergibt sich aus der dazu gehörenden Antwort der ESMA, dass sich Emittenten über die in der Tabelle dargestellten Kombinationsmöglichkeiten hinaus stets für eine ausführlichere Offenlegung entscheiden können. Dies erfasst auch die eingangs beschriebene Konstellation.

6. Aufsichtliche Erläuterungen

Zur einheitlichen Anwendung der Vorgaben der ProspektVO und der auf ihrer Grundlage erlassenen Rechtsakte hat ESMA auf der Grundlage von Art. 20 Abs. 12 ProspektVO, Art. 16 ESMA-Verordnung[20] Leitlinien zu den Offenlegungspflichten nach der Prospektverordnung erlassen („**ESMA Leitlinien**").[21] Diese Leitlinien sollen insbesondere ein unionsweit einheitliches Verständnis der in der VO (EU) 2019/980 und den Anhängen dazu konkretisierten Offenlegungspflichten fördern.[22] Sie enthalten Erläuterungen zu einzelnen Vorgaben der Mindestangaben in den Anhängen zu VO (EU) 2019/980.

Damit führt ESMA die bereits unter ihrer Vorgängerorganisation CESR begonnene Praxis fort, im Rahmen ihrer Tätigkeit auf Stufe 3 des Lamfalussy-Verfahrens (→ Rn. 4) Emp-

---

18 *Schlitt/Ries*, in: Assmann/Schlitt/von Kopp-Colomb, Prospektrecht Kommentar, Art. 13 ProspektVO Rn. 13 f.
19 ESMA, Questions and Answers on the Prospectus Regulation, ESMA/2019/ESMA31-62-1258, Version 12 vom 3.2.2023, Antwort auf Frage A14.10, sowie Annex to A14.10 of Questions and Answers on the Prospectus Regulation (ESMA/2019/ESMA31-62-1258), https://www.esma.europa.eu/sites/default/files/annex_to_toc_qa_on_the_prospectus_regulation.pdf.
20 Verordnung (EU) Nr. 1095/2010 v. 24.11.2010 zur Errichtung einer Europäischen Aufsichtsbehörde (Europäische Wertpapier- und Marktaufsichtsbehörde), ABl. EU Nr. L 331 v. 15.12.2010, S. 84.
21 ESMA, Leitlinien zu den Offenlegungspflichten nach der Prospektverordnung v. 4.3.2021, ESMA32-382-113.
22 ESMA, Leitlinien zu den Offenlegungspflichten nach der Prospektverordnung v. 4.3.2021, ESMA32-382-113, Rn. 2, 4.

Art. 13 ProspektVO Mindestangaben und Aufmachung

fehlungen zur konsistenten Anwendung der gemeinschaftsrechtlichen Vorgaben unter der ProspektRL und den unter ihr erlassenen Rechtsakten Empfehlungen („**CESR-Empfehlungen**") herausgegeben.[23] Im Zuge der Einrichtung der Europäischen Wertpapier- und Marktaufsichtsbehörde European Securities and Markets Authority (**ESMA**)[24] als europäischer Kapitalmarktaufsichtsbehörde waren die Aufgaben von CESR auf die ESMA übergegangen und erweitert worden. Sie kann insbesondere aufsichtliche Leitlinien und Empfehlungen zur Anwendung des Gemeinschaftsrechts herausgeben.[25] Im Bereich des Prospektrechts hatte ESMA zunächst die CESR-Empfehlungen übernommen und aktualisiert („**ESMA-Empfehlungen**").[26]

36 Die Ersetzung der ProspektRL durch die ProspektVO und der früheren VO (EG) 809/2004 durch die VO (EU) 2019/980 sowie der Erlass der ESMA-Leitlinien haben die ESMA-Empfehlungen nicht völlig obsolet gemacht. Vielmehr hat ESMA in ihren Q&A (→ Rn. 43) klargestellt, dass die ESMA-Empfehlungen auch auf Prospekte unter der ProspektVO anwendbar sind, soweit sie mit der ProspektVO in Einklang stehen.[27] Sofern sich also eine unklare Auslegungs- oder Anwendungsfrage in Bezug auf die Mindestangaben weder aufgrund der ESMA-Leitlinien noch der ESMA-Q&A klären lässt, können **ergänzend** auch die ESMA-Empfehlungen herangezogen werden.

37 Zudem hat ESMA ergänzende Leitlinien zu einzelnen Themenkomplexen herausgegeben, bislang zu Alternativen Leistungskennzahlen („**APM Guidelines**"),[28] die in Prospekte aufgenommen werden, sowie zum Prospektabschnitt „Risikofaktoren".[29]

38 Weiterhin führt ESMA die von CESR begonnene Praxis fort, regelmäßig Antworten auf häufig zur praktischen Anwendung der EU-Prospektverordnung an ESMA (bzw. zuvor CESR) oder die nationalen Aufsichtsbehörden herangetragene Fragen zu veröffentlichen. Die von CESR seinerzeit sogenannten „**Frequently Asked Questions regarding Prospectuses – FAQs**" führte ESMA zunächst unter dem Namen „**Questions and Answers Prospectuses – Q&As**" fort. Zur ProspektVO wurden sodann neue „**Questions and Ans-**

---

23 CESR's recommendations for the consistent implementation of the European Commission's Regulation on Prospectuses n° 809/2004, Ref. CESR/05-054b vom Januar 2005.
24 Verordnung (EU) Nr. 1095/2010 des Europäischen Parlaments und des Rates vom 24.11.2010 zur Errichtung einer Europäischen Aufsichtsbehörde (Europäische Wertpapier- und Marktaufsichtsbehörde), zur Änderung des Beschlusses Nr. 716/2009/EG und zur Aufhebung des Beschlusses 2009/77/EG der Kommission, ABl. Nr. L 331 v. 15.12.2010, S. 84.
25 Art. 16 Verordnung (EU) Nr. 1095/2010 des Europäischen Parlaments und des Rates vom 24.11.2010 zur Errichtung einer Europäischen Aufsichtsbehörde (Europäische Wertpapier- und Marktaufsichtsbehörde), zur Änderung des Beschlusses Nr. 716/2009/EG und zur Aufhebung des Beschlusses 2009/77/EG der Kommission, ABl. EU Nr. L 331 v. 15.12.2010, S. 84 („ESMA-Verordnung"); zu den weiteren Einzelheiten *Baur/Boegl*, BKR 2011, 177; *Lehmann/Manger-Nestler*, ZBB 2011, 2.
26 ESMA update of the CESR recommendations „The consistent implementation of Commission Regulation (EC) No 809/2004 implementing the Prospectus Directive" vom 23.3.2011, ESMA ref. 2011/81.
27 ESMA, Questions and Answers on the Prospectus Regulation, ESMA/2019/ESMA31-62-1258, Version 12 vom 3.2.2023, Antwort A2.1 auf Frage Q2.1.
28 ESMA, Leitlinien Alternative Leistungskennzahlen (APM) v. 5.10.2015, ESMA//2015/1415.
29 ESMA, Leitlinien zu den Risikofaktoren im Rahmen der Prospektverordnung v. 1.10.2019, ESMA31-62-1293.

wers on the Prospectus Regulation" veröffentlicht und fortgeschrieben.[30] Wie auch die ESMA-Empfehlungen gelten die früheren ESMA Questions and Answers Prospectuses ergänzend zu den neuen Questions and Answers on the Prospectus Regulation, soweit sie dort nicht angesprochene Fragen behandeln und nicht im Widerspruch zu den neueren gesetzlichen Regelungen stehen, insbesondere in der ProspektVO und oder der VO (EU) 2019/980.[31]

Ursprünglich stellten die FAQs des CESR keine förmlichen Standards, Richtlinien oder Empfehlungen dar, sondern sollten lediglich die Marktteilnehmer über die aktuelle Verwaltungspraxis der Billigungsbehörden informieren.[32] Unter Wahrnehmung ihrer erweiterten Befugnisse nach der sog. ESMA-Verordnung[33] nutzt die ESMA ihre Q&As nunmehr als Instrument i. S. v. Art. 29 Abs. 2 ESMA-Verordnung, um die **Konvergenz** innerhalb der Union zu Fragen des Prospektrechts zu erhöhen, d. h. um eine gemeinsame Verwaltungspraxis der verschiedenen europäischen Billigungsbehörden zu fördern.[34] Daneben sollen Marktteilnehmer ein besseres Verständnis für die Anwendung des europäischen Prospektrechts erhalten, ohne dass dadurch zusätzliche Anforderungen geschaffen werden.[35] 39

Über die allgemeinen Q&As hinaus hat ESMA ferner Q&As zur Auslegung der APM Guidelines erlassen.[36] 40

IV. Nicht von Mindestangaben erfasste Wertpapiere und Emittenten

Sind für Wertpapiere, die auf der Grundlage eines Prospekts öffentlich angeboten oder zum Börsenhandel zugelassen werden sollen, **keine Mindestangaben** vorgesehen, sieht Erwägungsgrund 24 VO (EU) 2019/980 vor, dass die für die Billigung des Prospektes zuständigen Behörden in Abstimmung mit dem Emittenten, dem Anbieter oder Zulassungsantragsteller entscheiden sollen, welche Angaben in den Prospekt aufgenommen werden sollten. Dabei ist zunächst zu prüfen, welche Art von Wertpapieren, für die in VO (EU) 2019/980 ein Schema mit Mindestangaben vorhanden ist, mit den konkret anzubietenden oder zuzulassenden Wertpapieren, die Gegenstand des Prospektes sind, am besten ver- 41

---

30 ESMA, Questions and Answers on the Prospectus Regulation, ESMA/2019/ESMA31-62-1258, Version 12 v. 3.2.2023.
31 ESMA, Questions and Answers on the Prospectus Regulation, ESMA/2019/ESMA31-62-1258, Version 12 v. 3.2.2023, Antwort A2.1 auf Frage Q2.1.
32 CESR, Frequently asked questions regarding Prospectuses: Common positions agreed by CESR Members, 12th Updated Version – November 2010, Ref. 10-1337.
33 Verordnung (EU) Nr. 1095/2010 des Europäischen Parlaments und des Rates vom 24.11.2010 zur Errichtung einer Europäischen Aufsichtsbehörde (Europäische Wertpapier- und Marktaufsichtsbehörde), zur Änderung des Beschlusses Nr. 716/2009/EG und zur Aufhebung des Beschlusses 2009/77/EG der Kommission, ABl. EU Nr. L 331 v. 15.12.2010, S. 84 („ESMA-Verordnung").
34 ESMA update of the CESR recommendations „The consistent implementation of Commission Regulation (EC) No 809/2004 implementing the Prospectus Directive" vom 23.3.2011, ESMA ref. 2011/81 („ESMA-Empfehlungen"), Vorbemerkung Tz. 7.
35 ESMA update of the CESR recommendations „The consistent implementation of Commission Regulation (EC) No 809/2004 implementing the Prospectus Directive" vom 23.3.2011, ESMA ref. 2011/81 („ESMA-Empfehlungen"), Vorbemerkung Tz. 5.
36 ESMA, Questions and answers – ESMA Guidelines on Alternative Performance Measures (APMs) v. 30.10.2017, ESMA32-51-370.

Art. 13 ProspektVO Mindestangaben und Aufmachung

gleichbar sind.[37] Zudem ist zu prüfen, ob die **Aufnahme weiterer Informationen** erforderlich ist, damit der Prospekt die für eine fundierte Anlageentscheidung erforderlichen Informationen enthält (→ Art. 6 ProspektVO Rn. 6).

V. Nicht relevante Mindestangaben

42 Umgekehrt sehen ProspektVO und VO (EU) 2019/980 für bestimmte Fälle ausdrückliche Ausnahmen von der Aufnahme sog. „Mindest"-Angaben in den Prospekt vor. Dies betrifft im Einzelnen die folgenden Fälle:

- Emissionspreis und -volumen (d. h. Zahl der angebotenen bzw. zuzulassenden Wertpapiere) nach Art. 17 Abs. 1 ProspektVO, wenn diese bei Prospektveröffentlichung noch nicht genannt werden können;
- Angaben, deren Offenlegung nach Ansicht der Billigungsbehörde überwiegende öffentliche Interessen oder Interessen des Emittenten entgegenstehen (Art. 18 Abs. 1 lit. a ProspektVO);
- Angaben, deren Offenlegung dem Emittenten oder dem Garantiegeber ernsthaft schaden würden, vorausgesetzt, dass die Öffentlichkeit durch die Nichtaufnahme der Informationen nicht in Bezug auf Tatsachen und Umstände irregeführt wird, die für eine fundierte Anlageentscheidung wesentlich sind (Art. 18 Abs. 1 lit. b ProspektVO);
- Angaben, die im konkreten Fall nach Ansicht der Billigungsbehörde von untergeordneter Bedeutung sind (Art. 18 Abs. 1 lit. c ProspektVO);
- Angaben, die für den konkreten Emittenten oder die konkreten Wertpapiere nicht angemessen sind und durch gleichwertige andere (Ersatz-)Angaben ersetzt werden können (Art. 18 Abs. 2 ProspektVO);
- Angaben, die auf den Emittenten oder auf die konkreten Wertpapiere nicht zutreffen und daher nicht verfügbar sind (Art. 18 Abs. 2 letzter Halbsatz ProspektVO, Erwägungsgrund 25 der VO (EU) 2019/980).

43 Zu den Einzelheiten dieser Ausnahmetatbestände wird auf die Kommentierungen zu Art. 17 und 18 ProspektVO verwiesen.

VI. Weitere Mindestangaben außerhalb der EU-Prospektverordnung

44 Neben der Fragestellung, ob die Billigungsbehörde die Aufnahme weiterer Informationen verlangen kann, die über den Katalog der Mindestangaben nach den Schemata und den weiteren Anforderungen der ProspektVO und der VO (EU) 2019/980 hinausgehen, kann es auch aus anderen rechtlichen Gründen erforderlich werden, weitere Informationen aufzunehmen.

---

37 ESMA, Questions and Answers on the Prospectus Regulation, ESMA/2019/ESMA31-62-1258, Version 12 vom 3.2.2023, Antwort A14.6 auf Frage Q14.6.

VI. Weitere Mindestangaben außerhalb der EU-Prospektverordnung Art. 13 ProspektVO

1. Börsenzulassung

Die Regelungen der Börsenzulassungsverordnung über die Voraussetzungen der Zulassung von Wertpapieren zum regulierten Markt fordern in bestimmten Konstellationen die Aufnahme bestimmter Zusatzinformationen in den für die Zwecke der Zulassung erstellten Prospekt. Zwar hat die über die Zulassung nach § 32 Abs. 1 BörsG entscheidende Geschäftsführung der betreffenden Wertpapierbörse den Prospekt an sich nicht zu prüfen und kann daher auch dessen Billigung nicht beeinflussen. Die zusätzlichen Angaben beziehen sich aber auf Konstellationen, in denen **von einer gesetzlichen Zulassungsvoraussetzung abgewichen** werden kann, dies aber eine diesbezügliche Prospektoffenlegung voraussetzt. Soll der Prospekt also auch zur Börsenzulassung dienen, so empfiehlt es sich, frühzeitig zu prüfen, ob einer dieser Ausnahmefälle vorliegt, und in diesem Fall die entsprechende Prospektoffenlegung frühzeitig mit der Börsengeschäftsführung abzustimmen. Im Einzelnen geht es um folgende Fälle: 45

a) Nicht voll eingezahlte Wertpapiere (§ 5 Abs. 2 Nr. 1 BörsZulV)

Nach § 5 Abs. 2 Nr. 1 BörsZulV können nicht voll eingezahlte Wertpapiere zugelassen werden, wenn sichergestellt ist, dass der Börsenhandel nicht beeinträchtigt wird. In diesem Fall ist in dem für die Zulassung erstellten Prospekt auf die **fehlende Volleinzahlung** sowie auf die im Hinblick hierauf getroffenen **Vorkehrungen** hinzuweisen. Ein entsprechender Hinweis wird nach h. M. auch für vinkulierte Wertpapiere (insbesondere vinkulierte Namensaktien nach § 68 Abs. 2 AktG) verlangt.[38] 46

b) Zulassung nur eines Teils der Aktien derselben Gattung (§ 7 Abs. 1 Satz 3 BörsZulV)

Grundsätzlich muss sich der Antrag auf Zulassung von Aktien auf alle Aktien derselben Gattung beziehen, § 7 Abs. 1 Satz 1 BörsZulV. Ausnahmsweise kann nach § 7 Abs. 1 Satz 2 BörsZulV aber ein Zulassungsantrag auf einen **Teil einer Gattung** beschränkt werden. Dies betrifft zum einen den Fall, dass die nicht zuzulassenden Aktien zu einer Beteiligung gehören, die der Aufrechterhaltung eines beherrschenden Einflusses auf den Emittenten dient. Zum anderen ist die Nichtzulassung eines Teils der Gattung möglich, wenn sie für eine bestimmte Zeit nicht gehandelt werden dürfen und wenn aus der nur teilweisen Zulassung keine Nachteile für die Erwerber der zuzulassenden Aktien zu befürchten sind. Ein für die Zulassung des anderen Teils der Gattung erstellter Prospekt muss in diesen Fällen nach § 7 Abs. 1 Satz 3 BörsZulV darauf hinweisen, dass die Zulassung nur für einen Teil der Aktiengattung beantragt wurde. Dabei ist auch der Grund für die Teilzulassung anzugeben. 47

c) Nicht fälschungssichere Druckausstattung der Wertpapiere (§ 8 Abs. 2 BörsZulV)

Bei der Verbriefung der zuzulassenden Wertpapiere in ausgedruckten **Einzelurkunden** müssen diese nach § 7 Abs. 1 BörsZulV einen ausreichenden **Schutz vor Fälschung** bieten. Ist dies nicht der Fall, so muss in dem für die Zulassung der Wertpapiere erstellten Prospekt nach § 8 Abs. 2 BörsZulV darauf hingewiesen werden. Angesichts der heute na- 48

---

38 *Groß*, Kapitalmarktrecht, § 5 BörsZulV Rn. 1.

Art. 13 ProspektVO Mindestangaben und Aufmachung

hezu ausschließlich erfolgenden Globalverbriefung von börsennotierten Wertpapieren dürfte diese Regelung freilich geringe praktische Relevanz haben.

2. Rating

49 Nach Art. 4 Abs. 1 UAbs. 2 der EU-Ratingverordnung[39] muss ein Prospekt, der einen Verweis auf ein Rating oder mehrere Ratings enthält, klare und unmissverständliche Informationen darüber enthalten, ob diese Ratings von einer **Ratingagentur mit Sitz in der Union** abgegeben wurden, die im Einklang mit der EU-Ratingverordnung registriert wurde.

---

39 Verordnung (EG) Nr. 1060/2009 v. 16.9.2009 über Ratingagenturen, ABl. EU Nr. L 302 v. 17.11.2009, S. 1.

Art. 14 ProspektVO
Vereinfachte Offenlegungsregelung für Sekundäremissionen

(1) Folgende Personen können sich im Falle eines öffentlichen Angebots von Wertpapieren oder einer Zulassung von Wertpapieren zum Handel an einem geregelten Markt dafür entscheiden, einen vereinfachten Prospekt auf der Grundlage der vereinfachten Offenlegungsregelung für Sekundäremissionen zu erstellen:

a) Emittenten, deren Wertpapiere mindestens während der letzten 18 Monate ununterbrochen zum Handel an einem geregelten Markt oder an einem KMU-Wachstumsmarkt zugelassen waren und die Wertpapiere emittieren, die mit den vorhandenen zuvor begebenen Wertpapieren fungibel sind;

b) Unbeschadet des Artikels 1 Absatz 5, Emittenten, deren Dividendenwerte mindestens während der letzten 18 Monate ununterbrochen zum Handel an einem geregelten Markt oder an einem KMU-Wachstumsmarkt zugelassen waren, und die Nichtdividendenwerte oder Wertpapiere begeben, die Zugang zu Dividendenwerten geben, die mit den vorhandenen bereits zum Handel zugelassenen Dividendenwerten des Emittenten fungibel sind;

c) Anbieter von Wertpapieren, die mindestens während der letzten 18 Monate ununterbrochen zum Handel an einem geregelten Markt oder an einem KMU-Wachstumsmarkt zugelassen waren;

d) Emittenten, deren Wertpapiere der Öffentlichkeit angeboten wurden und seit mindestens zwei Jahren ununterbrochen zum Handel an einem KMU-Wachstumsmarkt zugelassen waren, und die während des gesamten Zeitraums ihrer Zulassung zum Handel ihre Melde- und Offenlegungspflichten uneingeschränkt erfüllt haben und die die Zulassung zum Handel an einem geregelten Markt für Wertpapiere beantragen, die mit den vorhandenen, zuvor begebenen Wertpapieren fungibel sind.

Der vereinfachte Prospekt besteht neben der Zusammenfassung gemäß Artikel 7 aus einem speziellen Registrierungsformular, das von den unter den Buchstaben a, b und c des Unterabsatzes 1 dieses Absatzes genannten Personen verwendet werden kann, und einer speziellen Wertpapierbeschreibung, die von den unter den Buchstaben a und c dieses Unterabsatzes genannten Personen verwendet werden kann.

(2) Abweichend von Artikel 6 Absatz 1 und unbeschadet des Artikels 18 Absatz 1 enthält der vereinfachte Prospekt die erforderlichen verkürzten Angaben, die es Anlegern ermöglichen, sich über Folgendes zu informieren:

a) die Aussichten des Emittenten und die bedeutenden Änderungen der Geschäftstätigkeit und der Finanzlage des Emittenten sowie des Garantiegebers, die gegebenenfalls seit Ablauf des letzten Geschäftsjahres eingetreten sind;

b) die mit den Wertpapieren verbundenen Rechte;

c) die Gründe für die Emission und ihre Auswirkungen auf den Emittenten, einschließlich seiner Kapitalstruktur insgesamt, sowie die Verwendung der Erlöse.

Die in dem vereinfachten Prospekt enthaltenen Angaben sind schriftlich und in leicht zu analysierender, knapper und verständlicher Form zu präsentieren und ermöglichen es Anlegern, eine fundierte Anlageentscheidung zu treffen. Sie berücksichtigen auch die vorgeschriebenen Informationen, die bereits gegebenenfalls gemäß der Richtlinie 2004/109/EG und der Verordnung (EU) Nr. 596/2014 offengelegt wurden. Diejenigen in Absatz 1 Unterabsatz 1 Buchstabe d des vorliegenden Artikels genannten Emittenten, die nach der Zulassung ihrer Wertpapiere zum Handel auf einem geregelten Markt einen konsolidierten Abschluss nach Maßgabe der Richtlinie 2013/34/EU des Europäischen Parlaments und des Rates aufzustellen haben, erstellen ihre jüngsten Finanzinformationen gemäß Absatz 3 Unterabsatz 2 Buchstabe a des vorliegenden Artikels, die auch die im vereinfachten Prospekt enthaltenen Vergleichsinformationen für das Vorjahr umfassen, nach den in Verordnung (EG) Nr. 1606/2002 des Europäischen Parlaments und des Rates genannten internationalen Rechnungslegungsstandards.

Diejenigen in Absatz 1 Unterabsatz 1 Buchstabe d des vorliegenden Artikels genannten Emittenten, die nach der Zulassung der Wertpapiere zum Handel auf einem geregelten Markt keinen konsolidierten Abschluss nach Maßgabe der Richtlinie 2013/34/EU aufzustellen haben, erstellen ihre jüngsten Finanzinformationen gemäß Absatz 3 Unterabsatz 2 Buchstabe a des vorliegenden Artikels, einschließlich der im vereinfachten Prospekt enthaltenen Vergleichsinformationen für das Vorjahr, nach den nationalen Rechtsvorschriften des Mitgliedstaats, der Sitzstaat des Emittenten ist.

Drittlandsemittenten, deren Wertpapiere zum Handel an einem KMU-Wachstumsmarkt zugelassen sind, erstellen ihre jüngsten Finanzinformationen gemäß Absatz 3 Unterabsatz 2 Buchstabe a des vorliegenden Artikels, einschließlich der im vereinfachten Prospekt enthaltenen Vergleichsinformationen für das Vorjahr, nach ihren nationalen Rechnungslegungsstandards, soweit diese Standards zu der Verordnung (EG) Nr. 1606/2002 gleichwertig sind. Sind diese nationalen Rechnungslegungsstandards den internationalen Rechnungslegungsstandards nicht gleichwertig, so sind die Finanzinformationen gemäß der Verordnung (EG) Nr. 1606/2002 neu zu erstellen.

(3) Die Kommission erlässt bis zum 21. Januar 2019 gemäß Artikel 44 delegierte Rechtsakte zur Ergänzung dieser Verordnung, indem sie die Schemata festlegt, die die auf der Grundlage der vereinfachten Offenlegungsregelung nach Absatz 1 aufzunehmenden verkürzten Informationen präzisieren.

Die Schemata enthalten insbesondere:

a) die jährlichen und halbjährlichen Finanzinformationen, die in den 12 Monaten vor der Billigung des Prospekts veröffentlicht wurden;

b) gegebenenfalls Gewinnprognosen und -schätzungen;

c) eine knappe Zusammenfassung der gemäß der Verordnung (EU) Nr. 596/2014 in den 12 Monaten vor der Billigung des Prospekts offengelegten relevanten Informationen;

d) Risikofaktoren;

e) für Dividendenwerte einschließlich Wertpapieren, die Zugang zu Dividendenwerten geben, die Erklärung zum Geschäftskapital, die Erklärung zu Kapitalausstattung und Verschuldung, eine Offenlegung relevanter Interessenkonflikte und Geschäfte mit verbundenen Parteien sowie die Hauptaktionäre und gegebenenfalls eine Pro-forma-Finanzinformation.

Bei der Festlegung der verkürzten Informationen, die gemäß der vereinfachten Offenlegungsregelung aufzunehmen sind, trägt die Kommission der Tatsache Rechnung, dass die Mittelbeschaffung über die Kapitalmärkte erleichtert werden muss und dass es wichtig ist, die Kapitalkosten zu senken. Um den Emittenten keine unnötigen Belastungen aufzuerlegen, berücksichtigt die Kommission bei der Festlegung der verkürzten Informationen auch die Angaben, die ein Emittent bereits gegebenenfalls gemäß der Richtlinie 2004/109/EG und der Verordnung (EU) Nr. 596/2014 offenzulegen hat. Die Kommission kalibriert die verkürzten Informationen ferner so, dass deren Schwerpunkt auf den für Sekundäremissionen relevanten Angaben liegt und dass die Verhältnismäßigkeit gewahrt ist.

Übersicht

	Rn.		Rn.
I. Anwendungsbereich und Regelungszweck	1	2. Konkretisierungen in den Anhängen der VO (EU) 2019/980	42
II. Regelungshistorie	5	a) Das vereinfachte Registrierungsformular	46
1. Art. 26a VO (EG) 809/2004	5	b) Die vereinfachte Wertpapierbeschreibung	49
2. Vorschlag der Europäischen Kommission zur Überarbeitung der ProspektRL	6	**V. Freiwillige Aufnahme zusätzlicher Informationen in den vereinfachten Prospekt**	50
3. Umsetzung des Vorschlags in Art. 14 ProspektVO und den Anhängen der VO (EU) 2019/980	9	**VI. Auswirkung des Art. 14 auf die Praxis**	58
III. Voraussetzungen für die Erstellung eines vereinfachten Prospekts (Abs. 1 UAbs. 1)	11	**VII. Haftungsrechtliche Fragen**	61
1. „Sekundäremission" von Wertpapieren als Gegenstand eines Angebots- oder Zulassungsprospekts	11	1. Haftungsmaßstab innerhalb der EU	62
		a) Haftungsmaßstab unter Art. 26a VO (EG) 809/2004	63
2. Einzelne Voraussetzungen der Art. 14 Abs. 1 UAbs. 1 lit. a bis d	15	b) Haftungsmaßstab nach aktuellem Prospektrecht	68
a) Art. 14 Abs. 1 UAbs. 1 lit. a	16	2. Haftungsmaßstab außerhalb der EU bei internationalen Emissionen	73
b) Art. 14 Abs. 1 UAbs. 1 lit. b	23	**VIII. Ausblick: EU-Rechtsakt zur Börsennotierung (EU Listing Act)**	74
c) Art. 14 Abs. 1 UAbs. 1 lit. c	28	1. Kommissionsvorschlag vom 7.12.2022	75
d) Art. 14 Abs. 1 UAbs. 1 lit. d	32	2. Bewertung	76
IV. Inhalt des vereinfachten Prospekts (Art. 14 Abs. 1 UAbs. 2, Abs. 2, Abs. 3)	36		
1. Allgemeine Vorgaben nach Art. 14	37		

I. Anwendungsbereich und Regelungszweck

Art. 14 enthält bestimmte Erleichterungen im Hinblick auf den Prospektinhalt für **Sekundäremissionen** von Wertpapieren. Durch die Bezugnahme auf „Wertpapiere" hat Art. 14 gegenüber seiner Vorgängervorschrift Art. 26a VO (EG) 809/2004, die allein Bezugs- 1 rechtsemissionen (gerichtet auf neue Aktien) erfasste,[1] einen **erweiterten Anwendungsbereich** und erfasst nun z. B. auch Wandelschuldverschreibungen. Auch wenn Art. 14 nicht auf Bezugsrechtsemissionen beschränkt ist, bilden diese gleichwohl auch unter neuem Recht weiterhin den relevantesten Anwendungsfall der Norm,[2] denn sie sind nach wie vor ein zentrales Element für die **Eigenkapitalfinanzierung börsennotierter Unternehmen**.[3] Da aktienrechtlich die Möglichkeiten zur Durchführung von Kapitalerhöhungen unter Bezugsrechtsausschluss der Aktionäre inhaltlich und volumenmäßig – auch unter Nutzung etwaiger Ermächtigungen seitens der Aktionäre – beschränkt sind, wird ab einer gewissen Größenordnung bzw. Transaktionsstruktur die Bezugsrechtskapitalerhöhung das zur Verfügung stehende Instrument zur Kapitalerhöhung sein. Dabei handelt es sich grundsätzlich um ein **öffentliches Angebot** gemäß Art. 2 lit. d,[4] für das der Emittent nach Art. 3 Abs. 1 einen Wertpapierprospekt veröffentlichen muss.[5]

2   Der Anwendungsbereich von Art. 14 ProspektVO ist im Vergleich zu Art. 26a VO (EG) 809/2004 auch insofern erweitert worden, als die Norm nicht in allen Tatbestandsvarianten eine Neuemission von Wertpapieren verlangt, sondern unter bestimmten Voraussetzungen auch das **öffentliche Angebot bereits zugelassener Wertpapiere** (durch vom Emittenten verschiedene Drittanbieter) (Art. 14 Abs. 1 UAbs. 1 lit. c → Rn. 30) sowie das bloße „**Uplisting**" bereits zugelassener Wertpapiere von einem KMU-Wachstumsmarkt in den geregelten Markt (Art. 14 Abs. 1 UAbs. 1 lit. d → Rn. 32 ff.) privilegiert.

3   Schließlich ist der Anwendungsbereich gegenüber der früheren Rechtslage auch dadurch erweitert, dass das vereinfachte Prospektregime nach dem eindeutigen Wortlaut des Art. 14 Abs. 1 UAbs. 1 nicht mehr nur für Angebotsprospekte, sondern auch für **reine Zulassungsprospekte** gilt. Diese Neuerung ist zu begrüßen, denn schon unter altem Recht war kein Grund erkennbar, warum reine Zulassungsprospekte insofern schlechter gestellt sein sollten.[6]

---

1   Art. 2 Nr. 13 VO (EG) Nr. 809/2004 definierte die Bezugsrechtsemission als „jede Emission satzungsmäßiger Bezugsrechte, in deren Rahmen neue Anteile gezeichnet werden können und die sich nur an bestehende Anteilseigner richtet", wobei entgegen des etwas unglücklichen Wortlauts der deutschen Fassung darunter nicht nur „satzungsmäßige", sondern auch gesetzliche Bezugsrechte fielen (besser in der englischen Fassung: „statutory pre-emption rights"), vor allem solche aus § 186 Abs. 1 Satz 1 AktG; *Berrar*, in: Berrar/Meyer/Müller et al., WpPG/EU-ProspektVO, 2. Aufl. 2017, Art. 26a ProspektVO Rn. 15.
2   So auch *Schulz*, WM 2018, 212, 218. Neben der unmittelbar prospektrechtlichen Bedeutung hat Art. 14 über § 2 Nr. 2 WpÜG-AngebV auch übernahmerechtliche Auswirkungen auf den Inhalt von Angebotsunterlagen, worauf *Schulze De la Cruz/Schmoll*, WM 2020, 630, 634 hinweisen.
3   Oder, wie die ESMA schon unter Geltung des alten Rechts formuliert hat: „Rights issues are a common way for listed issuers to raise capital", ESMA, Final Report vom 4.10.2011 („ESMA's technical advice on possible delegated acts concerning the Prospectus Directive as amended by Directive 2010/73/EU", ESMA/2011/323), Rn. 292.
4   Siehe für Sonderregeln bzgl. KMU und Unternehmen mit geringer Marktkapitalisierung etwa *Meyer*, in: Habersack/Mülbert/Schlitt, Unternehmensfinanzierung, Rn. 36.70.
5   Zu der von der BaFin bis 2012 vertretenen Auffassung, dass ein Bezugsrechtsangebot an die bestehenden Aktionäre ohne Bezugsrechtshandel kein öffentliches Angebot darstelle und daher ohne Prospekt durchgeführt werden könne *Berrar*, in: Berrar/Meyer/Müller et al., WpPG/EU-ProspektVO, 2. Aufl. 2017, Art. 26a ProspektVO Rn. 47.
6   Näher *Berrar*, in: Berrar/Meyer/Müller et al., WpPG/EU-ProspektVO, 2. Aufl. 2017, Art. 26a ProspektVO Rn. 19.

Die vereinfachten Offenlegungsregeln in Art. 14 in Verbindung mit den präzisierenden Bestimmungen und Anhängen in der VO (EU) 2019/980 (→ Rn. 9f.) **bezwecken**, je nach Tatbestandsvariante, eine **einfachere Aufnahme von Kapital**, eine **einfachere Sekundärplatzierung bestehender Aktien** unter Verwendung eines Prospekts/öffentlichen Angebots sowie ein **vereinfachtes „Uplisting"** von einem KMU-Wachstumsmarkt (in Deutschland das Marktsegment Scale der Frankfurter Wertpapierbörse) in den geregelten Markt, indem sie bestimmten Personen erlauben, für die genannten Zwecke einen im Umfang reduzierten Prospekt zu erstellen. Dabei basiert Art. 14 auf dem Regelungsgedanken, dass bei bereits börsennotierten Unternehmen laufende Offenlegungspflichten sowohl nach der Richtlinie 2004/109/EG (Transparenzrichtlinie) als auch nach der Verordnung (EU) Nr. 596/2014 (Marktmissbrauchsverordnung) sowie bei Unternehmen, deren Wertpapiere an einem KMU-Wachstumsmarkt notiert sind, gemäß den Regeln des Betreibers dieses Wachstumsmarkts gelten, sodass die Öffentlichkeit bereits über eine Vielzahl von Informationen verfügt.[7] Mit Blick auf die bereits bestehende Kapitalmarktpublizität erscheint eine Wiederholung dieser Angaben im Prospekt entbehrlich.[8] Bestimmte Angaben sind nur noch dann aufzunehmen, wenn sie seit dem Stichtag des zuletzt veröffentlichten Abschlusses des Emittenten eingetreten sind.[9]

4

II. Regelungshistorie

1. Art. 26a VO (EG) 809/2004

Bereits unter früherem Recht war aufgrund der mittlerweile aufgehobenen EU-ProspektRL,[10] der sie flankierenden ehemaligen europäischen Prospektverordnung (VO (EG) 809/2004)[11] und der Umsetzung der ProspekRL im Wertpapierprospektgesetz a. F., die allesamt wiederum auf Vorarbeiten internationaler und europäischer Gruppen wie IOSCO (International Organization of Securities Commissions) und FESCO (Forum of European Securities Commissions) zurückgreifen konnten, eine **internationale Harmonisierung der Anforderungen an den Inhalt von Prospekten** eingetreten. Zentrale Vorschrift für das vereinfachte Prospektregime bei Bezugsrechtsemissionen war **Art. 26a VO (EG)**

5

---

7 BaFin, FAQ IV.3. vom 6.10.2021 zur EU-Prospektverordnung; ESMA, Q&A 14.15 vom 27.7.2021 zur EU-Prospektverordnung; *Groß*, Kapitalmarktrecht, Art. 14 ProspektVO Rn. 1; *ders.*, in: Ebenroth/Boujong/Joost/Strohn, HGB, Art. 14 ProspektVO Rn. 1; *Apfelbacher/Metzner*, in: Hölters/Weber, AktG, § 182 Rn. 87; *Bauerschmidt*, BKR 2019, 324, 329; *Pospiech*, NJW-Spezial 2019, 463.
8 *Oulds/Wöckener*, RdF 2020, 4, 6; *Geyer/Schelm*, BB 2019, 1731, 1737 mit Verweis auf Erwägungsgrund 48 der ProspektVO.
9 *Singhof*, in MünchKomm-HGB, L. Emissionsgeschäft, Rn. 48.
10 Richtlinie 2003/71/EG des Europäischen Parlaments und des Rates vom 4.11.2003 betreffend den Prospekt, der beim öffentlichen Angebot von Wertpapieren oder bei deren Zulassung zum Handel zu veröffentlichen ist, und zur Änderung der Richtlinie 2001/34/EG, ABl. EU Nr. L 345 vom 31.12.2003, S. 64, aufgehoben durch Verordnung (EU) 2017/1129 des Europäischen Parlaments und des Rates vom 14.6.2017, ABl. EU Nr. L 168 vom 30.6.2017, S. 12.
11 Verordnung (EG) Nr. 809/2004 der Kommission vom 29.4.2004 zur Umsetzung der Richtlinie 2003/71/EG des Europäischen Parlaments und des Rates betreffend die in Prospekten enthaltenen Angaben sowie die Aufmachung, die Aufnahme von Angaben in Form eines Verweises und die Veröffentlichung solcher Prospekte sowie die Verbreitung von Werbung, aufgehoben mit Wirkung zum 21.7.2019 durch die Delegierte Verordnung (EU) 2019/980 vom 14.3.2019.

809/2004, der im Wesentlichen auf die ÄnderungsRL 2010/73/EU vom 24.11.2010 zurückging.[12] **Systematisch** ähnelte Art. 26a VO (EG) 809/2004 der aktuellen Vorschrift des Art. 14 ProspektVO bereits insofern, als Art. 26a als **Grundnorm** lediglich festlegte, unter welchen Voraussetzungen Emittenten den Umfang bestimmter Angaben im Prospekt reduzieren dürfen, für den konkreten Inhalt der (reduzierten) Prospektangaben jedoch auf die Vorgaben in speziellen **Anhängen** zur VO (EG) 809/2004 verwies.

2. Vorschlag der Europäischen Kommission zur Überarbeitung der ProspektRL

6 Am 30.11.2015 legte die Europäische Kommission im Rahmen ihres Aktionsplans zur Schaffung einer Kapitalmarktunion den **Vorschlag COM(2015) 583 zur Überarbeitung der ProspektRL** vor.[13] Im Vorlauf des Kommissionsvorschlags fanden mehrere Konsultationen von Interessenträgern statt. Die wichtigste dieser Konsultationen war eine öffentliche Online-Konsultation durch das Konsultationsinstrument der Kommission „EUSurvey" zwischen dem 18.2.2015 und dem 13.5.2015. Auf diese Konsultation haben insgesamt 182 Interessenträger geantwortet. Zudem wurden der Kommission 83 Positionspapiere vorgelegt. Darüber hinaus konsultierte die Kommission zwischen März und Mai 2015 über die ESMA die zuständigen nationalen Behörden, um detailliertere Daten zu sammeln.[14]

7 Nach dem Vorschlag der Kommission sollten alle bisherigen Prospektvorgaben (also die Richtlinie und die damit in Verbindung stehenden Verordnungen, ESMA-Leitlinien und -Empfehlungen) überprüft und gegebenenfalls geändert werden. Die Überarbeitung der ProspektRL als ein Element des Aktionsplans sollte einerseits insbesondere kleinen und mittleren Unternehmen (KMU) erleichtern, Kapital aufzunehmen und „grenzüberschreitende Investitionen im Binnenmarkt fördern", und andererseits „den Anlegern fundierte Anlageentscheidungen erlauben".[15] Zu diesem Zweck zielte der Vorschlag neben der Harmonisierung der Prospektvorschriften der EU vor allem auf eine **Reduzierung des Umfangs von Wertpapierprospekten** auf ein „angemessenes Maß" ab.[16]

8 Der Vorschlag sah dafür neben anderen Neuerungen ein **vereinfachtes Veröffentlichungsregime für Sekundäremissionen** von Unternehmen vor, deren Wertpapiere zum Handel in einem regulierten Markt oder einem KMU-Wachstumsmarkt seit mindestens 18 Monaten zugelassen sind. Dieses Veröffentlichungsregime sollte die bisherigen angemessenen Offenlegungsregelungen für Bezugsrechtsemissionen nach Art. 26a VO (EG) 809/2004 (→ Rn. 5) ersetzen, da diese ihre Ziele in den Augen der Kommission nicht er-

---

12 Näher zur Entstehungsgeschichte *Berrar*, in: Berrar/Meyer/Müller et al., WpPG/EU-ProspektVO, 2. Aufl. 2017, Art. 26a ProspektVO Rn. 6 ff.
13 Der Vorschlag kann unter http://ec.europa.eu/finance/securities/prospectus/index_de.htm unter der Rubrik „30.11.2015 – Text des Vorschlags" abgerufen werden.
14 Commission Staff Working Document, SWD(2015) 255 final, S. 7.
15 Pressemitteilung der EU-Kommission zum Überarbeitungsvorschlag, http://ec.europa.eu/finance/securities/prospectus/index_de.htm unter der Rubrik „30.11.2015 – Pressemitteilung".
16 Pressemitteilung der EU-Kommission zum Überarbeitungsvorschlag, http://ec.europa.eu/finance/securities/prospectus/index_de.htm unter der Rubrik „30.11.2015 – Pressemitteilung".

reicht hatten.[17] Der Umfang der jeweiligen Wertpapierprospekte sollte insbesondere bezüglich der Informationen reduziert werden, die schon allgemeinen Offenlegungsregelungen (etwa aufgrund der Marktmissbrauchsverordnung und der Transparenzrichtlinie) unterfallen.

3. Umsetzung des Vorschlags in Art. 14 ProspektVO und den Anhängen der VO (EU) 2019/980

Der Vorschlag der Kommission (→ Rn. 6) ist letztlich in **Art. 14 ProspektVO** sowie in den **Anhängen 3 und 12 (für Dividendenwerte)** bzw. **8 und 16 (für Nichtdividendenwerte)** der **VO (EU) 2019/980** umgesetzt worden. Dabei wurde die Regelungssystematik des alten Rechts prinzipiell beibehalten, d. h. Art. 14 fungiert als Grundnorm, die die Voraussetzungen für die Inanspruchnahme der vereinfachten Offenlegungsregeln bestimmt, während die genannten Anhänge der VO (EU) 2019/980 den Inhalt bzw. den Umfang der erforderlichen Offenlegungen konkretisieren.[18]   9

Maßgeblich für die Entstehung des gegenwärtigen Regelungsregimes waren neben dem Kommissionsvorschlag auch **technische Hinweise der ESMA**, mit deren Erstellung die ESMA am 28.2.2017 von der Kommission formal beauftragt wurde. In der Folge veröffentlichte die ESMA am 6.7.2017 insgesamt drei Konsultationspapiere, deren Ergebnisse im Rahmen eines finalen Reports am 28.3.2018 veröffentlicht wurden.[19] Diese Ergebnisse spiegeln sich heute in den erwähnten Anhängen 3 und 12 (für Dividendenwerte) bzw. 8 und 16 (für Nichtdividendenwerte) der VO (EU) 2019/980 wider.   10

III. Voraussetzungen für die Erstellung eines vereinfachten Prospekts (Abs. 1 UAbs. 1)

1. „Sekundäremission" von Wertpapieren als Gegenstand eines Angebots- oder Zulassungsprospekts

Für die Berechtigung zur Erstellung eines vereinfachten Prospekts verlangt Art. 14 Abs. 1 UAbs. 1 eine Sekundäremission von Wertpapieren, die öffentlich angeboten oder zum Handel an einem geregelten Markt zugelassen werden sollen. Der vereinfachte Prospekt muss also ein **Angebots- oder Zulassungsprospekt** sein, der eine **Sekundäremission** zum Gegenstand hat (mit Ausnahme von Art. 14 Abs. 1 UAbs. 1 lit. c, der keine Emission neuer Wertpapiere verlangt → Rn. 12, 30). Die Anwendbarkeit auf reine Zulassungsprospekte ist eine gegenüber dem alten Recht begrüßenswerte Neuerung (→ Rn. 3).   11

Während im alten Recht Art. 2 Nr. 13 VO (EG) 809/2004 eine Definition der Bezugsrechtsemission enthielt, ist der **Begriff der Sekundäremission** weder in der ProspektVO noch in der VO (EU) 2019/980 definiert. Zutreffend wird in der Literatur eine Sekundär-   12

---

17 So die Begründung des Entwurfs COM(2015) 583 zur Überarbeitung der ProspektRL 2003/71/EG, S. 12 und 18.
18 Vgl. für eine allgemeine Kurzbeschreibung der präzisierenden Funktion der Delegierten Verordnung etwa *Müller*, AG 2019, R214.
19 ESMA, Final Report – Technical advice under the Prospectus Regulation, ESMA 31-62-800 vom 28.3.2018, S. 8.

emission dahingehend beschrieben, dass ein Emittent, der bereits börsennotierte Wertpapiere begeben hat, anschließend erneut Wertpapiere ausgibt.[20] Anders als der Begriff der Bezugsrechtsemission in Art. 26a Abs. 1 VO (EG) 809/2004, ist die „Sekundäremission" in Art. 14 Abs. 1 UAbs. 1 kein echtes Tatbestandsmerkmal, sondern gewissermaßen nur eine einleitende Zusammenfassung, ein vom Gesetzgeber gewählter Oberbegriff, für die in Art. 14 Abs. 1 UAbs. 1 lit. a bis d tatbestandsmäßig beschriebenen Vorgänge. Dass die „Sekundäremission" neben den Voraussetzungen der Art. 14 Abs. 1 UAbs. 1 lit. a bis d hinaus kein echtes Tatbestandsmerkmal sein kann, folgt bereits daraus, dass in der Tatbestandsvariante des Art. 14 Abs. 1 UAbs. 1 lit. c überhaupt keine Emission neuer Wertpapiere erforderlich ist, sondern die Norm allein auf das Angebot bereits zugelassener Aktien abstellt (→ Rn. 30). Gleiches gilt im Prinzip für die Tatbestandsvariante des Art. 14 Abs. 1 UAbs. 1 lit. d, die zwar eine Emission im Zusammenhang mit dem Uplisting in den geregelten Markt zulässt (→ Rn. 35), jedoch nicht voraussetzt.[21]

13 „**Wertpapiere**" im Sinne von Art. 14 Abs. 1 UAbs. 1 können gemäß Art. 2 lit. a grundsätzlich alle Wertpapiere nach Art. 4 Abs. 1 Nr. 44 der Richtlinie 2014/65/EU[22] sein, also übertragbare Wertpapiere, die auf dem Kapitalmarkt gehandelt werden können, wie z. B.:

– Aktien und Aktien oder Anteilen an Gesellschaften, Personengesellschaften oder anderen Rechtspersönlichkeiten gleichzustellende Wertpapiere sowie Aktienzertifikate;
– Schuldverschreibungen oder andere verbriefte Schuldtitel, einschließlich Zertifikaten (Hinterlegungsscheinen) für solche Wertpapiere;
– alle sonstigen Wertpapiere, die zum Kauf oder Verkauf solcher Wertpapiere berechtigen oder zu einer Barzahlung führen, die anhand von übertragbaren Wertpapieren, Währungen, Zinssätzen oder -erträgen, Waren oder anderen Indizes oder Messgrößen bestimmt wird.

14 Die Bezugnahme auf „Wertpapiere" **erweitert den Anwendungsbereich** des Art. 14 gegenüber der Vorgängervorschrift Art. 26a VO (EG) 809/2004 erheblich (→ Rn. 1).[23] Letztere stellte in Verbindung mit der gesetzlichen Definition des Begriffs Bezugsrechtsemission nur auf Aktien ab (vgl. die Formulierung „neue Anteile" in Art. 2 Nr. 13 VO (EG) 809/2004).[24] Umstritten war nach altem Recht, ob Art. 26a VO (EG) 809/2004 analog auf andere aktienvertretende oder Aktienemissionen nahekommende Wertpapiere angewendet werden konnte.[25] Dieser Streit hat sich im neuen Recht aufgrund der eindeutigen Anknüpfung an den legal definierten, breiteren Begriff der Wertpapiere erledigt. In der Praxis ist

---

20 *Schlitt/Ries*, in: Assmann/Schlitt/von Kopp-Colomb, Prospektrecht Kommentar, Art. 14 ProspektVO Rn. 3. Ähnlich auch *Oulds/Wöckener*, RdF 2020, 4, 6; *Groß*, Kapitalmarktrecht, Art. 14 ProspektVO Rn. 2; *Scherer*, AG 2017, R10, R11.
21 Vor diesem Hintergrund hätte ein Oberbegriff wie „Sekundärtransaktion" näher gelegen, um alle Tatbestandsvarianten des Art. 14 Abs. 1 UAbs. 1 zu erfassen.
22 Richtlinie 2014/65/EU des Europäischen Parlaments und des Rates vom 15.5.2014 über Märkte für Finanzinstrumente sowie zur Änderung der Richtlinien 2002/92/RG und 2011/61/EU (zuletzt geändert durch Verordnung (EU) 2019/2115 des Europäischen Parlaments und des Rates vom 27.11.2019).
23 *Scherer*, AG 2017, R10, R12.
24 *Schulz*, WM 2016, 1417, 1422.
25 *Berrar*, in: Berrar/Meyer/Müller et al., WpPG/EU-ProspektVO, 2. Aufl. 2017, Art. 26a ProspektVO Rn. 14.

die Erweiterung vor allem für die Aufstockung von Anleihen relevant, die nun ebenfalls mittels vereinfachtem Prospekt möglich ist.[26]

2. Einzelne Voraussetzungen der Art. 14 Abs. 1 UAbs. 1 lit. a bis d

Art. 14 Abs. 1 UAbs. 1 lit. a bis d bestimmen den Kreis der „**Personen**", die von einem vereinfachten Prospekt Gebrauch machen können. Im Einzelnen besteht der Tatbestand der prospektrechtlichen Privilegierung allerdings nicht alleine aus einer Personeneigenschaft, sondern vielmehr aus einem bestimmten Emissions- bzw. Angebotsvorgang.[27] 15

a) Art. 14 Abs. 1 UAbs. 1 lit. a

Die Vorschrift privilegiert „Emittenten, deren Wertpapiere mindestens während der letzten 18 Monate ununterbrochen zum Handel an einem geregelten Markt oder an einem KMU-Wachstumsmarkt zugelassen waren und die Wertpapiere emittieren, die mit den vorhandenen zuvor begebenen Wertpapieren fungibel sind". Der in diesem Zusammenhang erstellte Prospekt kann ein reiner Zulassungsprospekt sein oder ein Prospekt für ein öffentliches Angebot neuer Aktien (bzw. beides) (anders siehe Art. 14 Abs. 1 UAbs. 1 lit. c → Rn. 28). 16

Unter einem **geregelten Markt** ist gemäß Art. 2 lit. j ein geregelter Markt i.S.v. Art. 4 Abs. 1 Nr. 21 der Richtlinie 2014/65/EU zu verstehen. Ein geregelter Markt ist demnach ein von einem Marktbetreiber betriebenes und/oder verwaltetes multilaterales System, das die Interessen einer Vielzahl Dritter am Kauf und Verkauf von Finanzinstrumenten innerhalb des Systems und nach seinen nichtdiskretionären Regeln in einer Weise zusammenführt oder das Zusammentreffen fördert, die zu einem Vertrag in Bezug auf Finanzinstrumente führt, die gemäß den Regeln und/oder den Systemen des Marktes zum Handel zugelassen wurden, und das eine Zulassung erhalten hat und ordnungsgemäß und gemäß Titel III der Richtlinie 2014/65/EU funktioniert. Die **ESMA** führt auf ihrer Website ein **Register** aller geregelten Märkte, in dem für Deutschland insbesondere die geregelten Märkte der Wertpapierbörsen in Berlin, Düsseldorf, Frankfurt, Hamburg, Hannover, München und Stuttgart aufgeführt sind.[28] Beim Freiverkehr gemäß § 48 BörsG handelt es sich nicht um einen geregelten Markt.[29] 17

Ein **KMU-Wachstumsmarkt** ist nach Art. 2 lit. w i.V.m. Art. 4 Abs. 1 Nr. 12 der Richtlinie 2014/65/EU ein in Einklang mit Art. 33 der Richtlinie 2014/65/EU registriertes multilaterales Handelssystem („multilateral trading facility" (MTF)). Nach Art. 33 Abs. 3 lit. a der Richtlinie 2014/65/EU ist unter anderem Voraussetzung für die Registrierung eines MTF als KMU-Wachstumsmarkt, dass mindestens 50% der Emittenten, deren Finanzinstrumente zum Handel auf dem MTF zugelassen sind, zum Zeitpunkt der Registrierung des MTF als KMU-Wachstumsmarkt und in jedem folgenden Kalenderjahr kleine und mittlere Unternehmen sind. Für die weiteren Voraussetzungen wird auf Art. 33 Abs. 3 18

---

26 *Schulz*, WM 2016, 1417, 1423; *ders.*, WM 2018, 212, 218.
27 Ähnlich *Groß*, Kapitalmarktrecht, Art. 14 ProspektVO Rn. 2.
28 Vgl. weiterführend *Bauerschmidt*, in: Assmann/Schlitt/von Kopp-Colomb, Prospektrecht Kommentar, Art. 2 ProspektVO Rn. 95 mit Fn. 5.
29 *Bauerschmidt*, in: Assmann/Schlitt/von Kopp-Colomb, Prospektrecht Kommentar, Art. 2 ProspektVO Rn. 94.

lit. a bis g der Richtlinie 2014/65/EU verwiesen. In Deutschland ist das Segment Scale der Frankfurter Wertpapierbörse als KMU-Wachstumsmarkt registriert.[30]

19 Das Erfordernis der **Mindestzulassungsdauer von 18 Monaten** soll, wie in Erwägungsgrund 50 der ProspektVO zu lesen ist, nach der Vorstellung des europäischen Gesetzgebers „sicherstellen, dass der Emittent seine Pflicht zur Veröffentlichung eines Jahresfinanzberichts nach der Richtlinie 2004/109/EG oder nach den Vorschriften des Betreibers eines KMU-Wachstumsmarkts mindestens schon einmal erfüllt hat". Denn die vereinfachten Offenlegungsregelungen für Sekundäremissionen sollten, so führt Erwägungsgrund 50 ferner aus, „erst dann angewandt werden dürfen, wenn seit der Erstzulassung einer Wertpapiergattung eines Emittenten zum Handel an einem geregelten Markt oder an einem KMU-Wachstumsmarkt eine bestimmte Mindestdauer verstrichen ist".

20 Art. 14 Abs. 1 UAbs. 1 lit. a verlangt weiterhin, dass die neu emittierten Wertpapiere mit den vorhandenen zuvor begebenen Wertpapieren **fungibel**, d.h. austauschbar,[31] sind. Die Fungibilität tritt als **eigenständiges Tatbestandsmerkmal** neben die Mindestzulassungsdauer von 18 Monaten und den damit verbundenen Informationsgedanken (→ Rn. 19). Das bedeutet, dass die Voraussetzungen des Art. 14 Abs. 1 UAbs. 1 lit. a etwa dann nicht vorliegen, wenn ein Emittent, dessen Wertpapiere seit über 18 Monaten zugelassen sind, nun Wertpapiere einer **anderen Gattung** anbietet oder deren Zulassung beantragt. Beispielsweise wäre daran zu denken, dass ein Emittent neben bereits zugelassenen Vorzugsaktien die Zulassung von Stammaktien beabsichtigt. Dass dies nur mit einem nicht vereinfachten Prospekt möglich sein soll, erscheint angesichts der Tatsache, dass der Öffentlichkeit bereits umfangreiche Informationen über den Emittenten zur Verfügung stehen, unbefriedigend, muss aber wohl als Wille des Gesetzgebers akzeptiert werden. Ferner kann es z. B. bei Kapitalerhöhungen an der Fungibilität fehlen, wenn die neuen Aktien mit einer anderen **Dividendenberechtigung** ausgestattet sind als die alten Aktien.[32]

21 Damit ergibt sich der folgende **funktionale Zusammenhang der Tatbestandsmerkmale**: Die 18-monatige Mindestzulassungsdauer soll nach der gesetzgeberischen Intention eine Informationsbasis in Bezug auf den **Emittenten** gewährleisten, während das Merkmal der Fungibilität die Verfügbarkeit von Informationen über das anzubietende bzw. zuzulassende **Wertpapier** sicherstellen soll.

22 **Hauptanwendungsfall** des Art. 14 Abs. 1 UAbs. 1 lit. a sind **prospektpflichtige Kapitalerhöhungen**.[33] Dazu zählen vor allem Bezugsrechtsemissionen mittels Angebots- und Zulassungsprospekt (→ Rn. 1). Aber auch Fälle von Kapitalerhöhungen mit Bezugsrechtsausschluss (reiner Zulassungsprospekt) können unter diese Vorschrift fallen, etwa wenn ein deutscher Emittent nach § 186 Abs. 3 Satz 4 AktG[34] oder bei einer Sachkapitalerhöhung[35] das Bezugsrecht rechtmäßig ausschließt, jedoch innerhalb des relevanten 12-Monatszeitraums die 20%-Schwelle des Art. 1 Abs. 5 überschreitet. Ebenso kann eine Über-

---

30 https://www.deutsche-boerse.com/dbg-de/media/pressemitteilungen/Scale-ist-jetzt-registrierter-KMU-Wachstumsmarkt-1674108.
31 *Groß*, Kapitalmarktrecht, Art. 14 ProspektVO Rn. 2.
32 Vgl. dazu etwa *Ziemons*, in: Schmidt/Lutter, AktG, § 11 AktG Rn. 8 m. w. N.
33 So auch *Schlitt/Ries*, in: Assmann/Schlitt/von Kopp-Colomb, Prospektrecht Kommentar, Art. 14 ProspektVO Rn. 3 und 5.
34 Vgl. dazu etwa *Koch*, AktG, 17. Aufl. 2023, § 186 Rn. 39a ff.
35 Vgl. dazu etwa *Koch*, AktG, 17. Aufl. 2023, § 186 Rn. 34 f.

schreitung der 20%-Schwelle des Art. 1 Abs. 5 durch einen ausländischen Emittenten denkbar sein, auf den die bei deutschen Emittenten gewissermaßen bereits vorgelagert greifende 10%-Grenze des § 186 Abs. 3 Satz 4 AktG nicht anwendbar ist.

b) Art. 14 Abs. 1 UAbs. 1 lit. b

Nach Art. 14 Abs. 1 UAbs. 1 lit. b können unbeschadet des Art. 1 Abs. 5 Emittenten, deren Dividendenwerte mindestens während der letzten 18 Monate ununterbrochen zum Handel an einem geregelten Markt oder an einem KMU-Wachstumsmarkt zugelassen waren und die Nichtdividendenwerte oder Wertpapiere begeben, die Zugang zu Dividendenwerten geben, die mit den vorhandenen bereits zum Handel zugelassenen Dividendenwerten des Emittenten fungibel sind, auf der Grundlage der vereinfachten Offenlegungsregelung für Sekundäremissionen einen Prospekt erstellen. 23

Zunächst stellt der einleitende Passus „Unbeschadet des Art. 1 Abs. 5" klar, dass Art. 14 Abs. 1 UAbs. 1 lit. b keine Relevanz hat, wenn eine angestrebte Zulassung von Wertpapieren unter eine der **Prospektausnahmen nach Art. 1 Abs. 5** fällt. 24

In seiner ursprünglichen Fassung war Art. 14 Abs. 1 UAbs. 1 lit. b auf die Emission von **Nichtdividendenwerten** beschränkt und privilegierte „Emittenten, deren Dividendenwerte mindestens während der letzten 18 Monate ununterbrochen zum Handel an einem geregelten Markt oder an einem KMU-Wachstumsmarkt zugelassen waren und die Nichtdividendenwerte begeben". Durch die **Verordnung (EU) 2019/2115** wurde Art. 14 Abs. 1 UAbs. 1 lit. b dahingehend erweitert, dass nun auch solche Emittenten privilegiert werden, die „Wertpapiere begeben, die Zugang zu **Dividendenwerten** geben, die mit den vorhandenen bereits zum Handel zugelassenen Dividendenwerten des Emittenten fungibel sind". Dadurch wurde der von der Kommission am 24.5.2018 veröffentlichte **Änderungsvorschlag COM(2018) 331** zur Förderung der Nutzung von KMU-Wachstumsmärkten, durch den der **Anwendungsbereich des vereinfachten Prospekts nochmals erweitert** werden sollte,[36] umgesetzt. Die erst nachträgliche Ergänzung des letzten Teils der Regelung („oder Wertpapiere [...]") verdeutlicht im Übrigen, dass sich der Relativsatz „die Zugang zu Dividendenwerten geben" nur auf die „Wertpapiere", nicht aber auf die „Nichtdividendenwerte" bezieht. 25

Unter **Dividendenwerten** sind gemäß Art. 2 lit. b Aktien und andere, Aktien gleichzustellende übertragbare Wertpapiere sowie jede andere Art übertragbarer Wertpapiere zu verstehen, die das Recht verbriefen, bei Umwandlung des Wertpapiers oder Ausübung des verbrieften Rechts die erstgenannten Wertpapiere zu erwerben. Voraussetzung hierfür ist, dass die letztgenannten Wertpapiere vom Emittenten der zugrunde liegenden Aktien oder von einer zur Unternehmensgruppe dieses Emittenten gehörenden Einrichtung begeben werden.[37] **Nichtdividendenwerte** sind gemäß Art. 2 lit. c alle übrigen Wertpapiere, die keine Dividendenwerte sind. 26

---

36 Vorschlag der Kommission für eine Verordnung des Europäischen Parlaments und des Rates zur Änderung der Verordnungen (EU) Nr. 596/2014 und (EU) 2017/1129 Förderung der Nutzung von KMU-Wachstumsmärkten.
37 ESMA, Frequently asked questions regarding Prospectuses: Common positions agreed by CESR Members vom 9.7.2010, Frage 28, https://www.esma.europa.eu/sites/default/files/library/2015/11/10_830.pdf.

Art. 14 ProspektVO Vereinfachte Offenlegungsregelung für Sekundäremissionen

27 Beispiele für **praktische Anwendungsfälle** des Art. 14 Abs. 1 UAbs. 1 lit. b sind in der Variante der „Nichtdividendenwerte" die Begebung von Schuldverschreibungen (Anleihen) und in der Variante der Wertpapiere, „die Zugang zu Dividendenwerten geben, die mit den vorhandenen bereits zum Handel zugelassenen Dividendenwerten des Emittenten fungibel sind" die Begebung von Wandelschuldverschreibungen. Umtauschanleihen (exchangeable bonds) fallen hingegen nicht unter Art. 14 Abs. 1 UAbs. 1 lit. b, da diese nicht vom Emittenten des zugrunde liegenden Wertpapiers begeben werden.[38] Im Übrigen fallen sie auch nicht unter Art. 14 Abs. 1 UAbs. 1 lit. c, weil dort nur das bereits zugelassene Wertpapier selbst erfasst ist (→ Rn. 28).

c) Art. 14 Abs. 1 UAbs. 1 lit. c

28 In dieser Tatbestandsvariante werden Anbieter von Wertpapieren, die mindestens während der letzten 18 Monate ununterbrochen zum Handel an einem geregelten Markt oder an einem KMU-Wachstumsmarkt zugelassen waren, privilegiert. Anders als bei lit. a und b erfasst diese Alternative also gerade keine Zulassungsprospekte (die Wertpapiere sind schon zugelassen), sondern bezieht sich auf ein öffentliches Angebot dieser Wertpapiere.

29 Unter einem **Anbieter** ist gemäß Art. 2 lit. i eine Rechtspersönlichkeit oder eine natürliche Person zu verstehen, die Wertpapiere öffentlich anbietet.

30 Wie schon erwähnt (→ Rn. 2, 11 f.), setzt Art. 14 Abs. 1 UAbs. 1 lit. c, anders als lit. a und b, keine Emission von neuen Wertpapieren voraus, sondern bezieht sich allein auf das Angebot bereits zugelassener Wertpapiere. Dass der europäische Gesetzgeber sich hier entschieden hat, auch **Drittanbieter von Wertpapieren zu privilegieren**, ist insofern konsequent, als selbstverständlich auch in dieser Tatbestandsvariante aufgrund der für mindestens 18 Monate bestehenden Zulassung und entsprechenden laufenden Berichts- und Publizitätspflichten Informationen über den Emittenten und die zugelassenen Wertpapiere verfügbar sind, die das Bedürfnis der Öffentlichkeit nach Angaben im Prospekt reduzieren. Auch unter dem Gesichtspunkt der Anlegerpartizipation erscheint der Tatbestand des Art. 14 Abs. 1 UAbs. 1 lit. c sinnvoll, denn auch wenn das öffentliche Angebot hier durch einen Drittanbieter erfolgt, gewährt es doch den Anlegern grundsätzlich in gleichem Maße Zugang zu den Wertpapieren des Emittenten wie beispielsweise ein öffentliches Angebot des Emittenten im Rahmen des Art. 14 Abs. 1 UAbs. 1 lit. a.[39]

31 **Praxisbeispiele** des Art. 14 Abs. 1 UAbs. 1 lit. c können alle Transaktionen sein, in denen ein Drittanbieter bereits zugelassene Wertpapiere mittels eines **reinen Angebotsprospekts** öffentlich anbietet. In diese Kategorie fallen z. B. die sog. **Re-IPOs**. Darunter versteht man grundsätzlich die Erhöhung des Streubesitzes durch ein erneutes öffentliches Angebot eines Großaktionärs von bereits zugelassenen Aktien eines Emittenten.[40] Abzugrenzen sind diese Fälle von denjenigen, in denen sich der veräußernde Aktionär gegen

---

38 Vgl. *Henssler*, in: Spindler/Stilz, AktG, § 221 Rn. 207.
39 Im Ergebnis wohl ähnlich *Groß*, Kapitalmarktrecht, Art. 14 ProspektVO Rn. 2.
40 Vgl. z. B. den Re-IPO der RTL Group SA durch ein öffentliches Angebot von weiteren Aktien durch die Bertelsmann SE & CO. KGaA mit Prospekt vom 17.4.2013 (dort allerdings verbunden mit dem Antrag auf Zulassung zum Handel an einem weiteren regulierten Markt). Vgl. auch das Angebot weiterer Aktien der Deutsche Telekom AG durch die Kreditanstalt für Wiederaufbau (KfW) mit Prospekt vom 26.5.2000 (DT3).

ein öffentliches Angebot und für eine Privatplatzierung ohne von der zuständigen Behörde gebilligten Angebotsprospekt entscheidet.[41]

d) Art. 14 Abs. 1 UAbs. 1 lit. d

Schließlich betrifft diese Tatbestandsvariante „Emittenten, deren Wertpapiere der Öffentlichkeit angeboten wurden und seit mindestens zwei Jahren ununterbrochen zum Handel an einem KMU-Wachstumsmarkt zugelassen waren, und die während des gesamten Zeitraums ihrer Zulassung zum Handel ihre Melde- und Offenlegungspflichten uneingeschränkt erfüllt haben und die Zulassung zum Handel an einem geregelten Markt für Wertpapiere beantragen, die mit den vorhandenen, zuvor begebenen Wertpapieren fungibel sind". 32

Wertpapiere sind dann „der Öffentlichkeit angeboten" worden, wenn im Hinblick auf diese Wertpapiere ein **öffentliches Angebot von Wertpapieren i. S. v. Art. 2 lit. d** erfolgte. 33

In der ursprünglichen Fassung von Art. 14 Abs. 1 UAbs. 1 lit. d nicht vorgesehen und wurde erst durch die **VO (EU) 2019/2115** (dazu bereits → Rn. 25) eingefügt. Nach der vorher geltenden Rechtslage mussten Emittenten, welche an einem KMU-Wachstumsmarkt notiert waren, einen umfassenden Prospekt erstellen, wenn sie an einem geregelten Markt aktiv werden wollten. Die Möglichkeit der Veröffentlichung eines vereinfachten Prospekts bestand nicht. Mit Art. 14 Abs. 1 UAbs. 1 lit. d wurde die Möglichkeit der Verwendung eines sog. „**Transferprospekts**" geschaffen.[42] Im Rahmen einer durch die Dienststellen der Kommission am 18.12.2017 gestarteten öffentlichen Konsultation brachten einige Interessenträger den Wunsch hervor, die Transfers der Notierung durch entsprechende regulatorische Anreize zu erleichtern, um so den Verwaltungsaufwand und die Kosten zu verringern. Einige Interessenträger brachten hierbei gerade auch die Idee einer Prospektbefreiung bzw. eines vereinfachten Prospekts hervor, welche letztlich mit Art. 14 Abs. 1 UAbs. 1 lit. d umgesetzt wurde.[43] 34

Art. 14 Abs. 1 UAbs. 1 lit. d ist eine Sonderregelung zum **Uplisting** von einem KMU-Wachstumsmarkt (in Deutschland allein das Segment Scale der Frankfurter Wertpapierbörse) in den geregelten Markt. Nicht explizit geregelt ist dabei die Frage, ob im Zusammenhang mit der beabsichtigten Zulassung der Wertpapiere zum Handel an einem geregelten Markt auch die **Ausgabe neuer Wertpapiere** möglich ist; mit anderen Worten, ob es sich bei auf Grundlage von Art. 14 Abs. 1 UAbs. 1 lit. d zu erstellenden Prospekten nur um reine Zulassungsprospekte oder auch um kombinierte Angebots- und Zulassungsprospekte handeln kann. Eine Wortlautauslegung spricht für eine solche Möglichkeit. Die Norm behandelt die Zulassung von Wertpapieren, „die mit den vorhandenen, zuvor bege- 35

---

41 So z.B. die Platzierung der durch Mitglieder der Gründerfamilie gehaltenen 25 % der Aktien der Techem AG bei institutionellen Investoren im Jahr 2006. Beachte in diesem Zusammenhang auch die Regelung des Art. 4 Abs. 1, wonach Anbieter (d.h. auch Drittanbieter) billigungsfähige Prospekte auch bei Vorliegen von Ausnahmetatbeständen auf freiwilliger Basis erstellen können.
42 Vorschlag der Europäischen Kommission für eine Verordnung des Europäischen Parlaments und des Rates zur Änderung der Verordnungen (EU) Nr. 596/2014 und (EU) 2017/1129 zur Förderung der Nutzung von KMU-Wachstumsmärkten, COM(2018) 331 final, S. 19.
43 Vorschlag der Europäischen Kommission für eine Verordnung des Europäischen Parlaments und des Rates zur Änderung der Verordnungen (EU) Nr. 596/2014 und (EU) 2017/1129 zur Förderung der Nutzung von KMU-Wachstumsmärkten, COM(2018) 331 final, S. 9 f.

benen Wertpapieren fungibel sind". Hätte der Gesetzgeber das Uplisting nach Art. 14 Abs. 1 UAbs. 1 lit. d auf die Zulassung bereits begebener Wertpapiere beschränken wollen, hätte er in den Tatbestand nicht das aus lit. a und lit. b (die beide unstreitig öffentliche Angebote erfassen) bekannte Merkmal der Fungibilität aufgenommen, sondern hätte (wie in lit. c) nur das Erfordernis einer vorherigen ununterbrochenen Zulassung normiert.[44] Im Übrigen spricht auch die Entstehungsgeschichte für dieses Ergebnis.[45]

IV. Inhalt des vereinfachten Prospekts (Art. 14 Abs. 1 UAbs. 2, Abs. 2, Abs. 3)

36 Der vereinfachte Prospekt besteht gemäß Art. 14 Abs. 1 UAbs. 2 aus einer nach Art. 7 zu erstellenden (regulären) Zusammenfassung sowie einem speziellen (vereinfachten) Registrierungsformular und einer speziellen (vereinfachten) Wertpapierbeschreibung. Der konkrete Inhalt des vereinfachten Registrierungsformulars und der vereinfachten Wertpapierbeschreibung wird durch die speziell für Sekundäremissionen geltenden Schemata in Anhang 3 (Dividendenwerte) und Anhang 8 (Nichtdividendenwerte) VO (EU) 2019/980 bezüglich des Registrierungsformulars sowie Anhang 12 (Dividendenwerte) und Anhang 16 (Nichtdividendenwerte) VO (EU) 2019/980 bezüglich der Wertpapierbeschreibung konkretisiert.

1. Allgemeine Vorgaben nach Art. 14

37 Art. 14 Abs. 1 UAbs. 2 bestimmt zunächst, dass der vereinfachte Prospekt eine **Zusammenfassung** nach Art. 7 zu beinhalten hat. Für diese gelten keine Besonderheiten gegenüber nicht vereinfachten Prospekten.[46] Insbesondere ist auch bei vereinfachten Prospekten die Zusammenfassung als Einleitung zu dem Prospekt zu lesen und ihre Informationen haben mit den in den anderen Teilen des Prospekts enthaltenen Informationen übereinzustimmen (Art. 7 Abs. 2). Der verringerte Offenlegungsumfang vereinfachter Prospekte wirkt sich insofern indirekt auch auf die Zusammenfassung aus.[47] Im Übrigen kann auf

---

44 Im Ergebnis ebenso *Meyer*, in: Marsch-Barner/Schäfer, Handbuch börsennotierte AG, Rn. 7.100a.
45 Vgl. den Vorschlag der Europäischen Kommission für eine Verordnung des Europäischen Parlaments und des Rates zur Änderung der Verordnungen (EU) Nr. 596/2014 und (EU) 2017/1129 zur Förderung der Nutzung von KMU-Wachstumsmärkten, COM(2018) 331 final, S. 19: „Dieses [Transferprospekt] würde dann zur Verfügung stehen, wenn Emittenten an KMU-Wachstumsmärkten entweder (i) eine Zulassung ihrer Wertpapiere zum Handel an einem geregelten Markt oder (ii) sowohl eine Zulassung als auch ein neues Angebot an Wertpapieren an einem geregelten Markt wollen."
46 So auch *Groß*, in: Ebenroth/Boujong/Joost/Strohn, HGB, Art. 14 ProspektVO Rn. 4.
47 A.A. wohl *Wöckener/Kutzbach*, RdF 2018, 276, 280, die eine „Informationsdiskrepanz" zwischen Zusammenfassung und den sonstigen Inhalten des vereinfachten Prospekts kritisieren. Richtigerweise muss Art. 7 aber im Lichte des Art. 14 ausgelegt werden, sodass die Zusammenfassung letztlich nur beinhalten muss, was von Art. 14 für den restlichen Prospekt gefordert wird. Dies folgt bereits aus dem Wortlaut des Art. 7 Abs. 2 Satz 2: „ihre Informationen stimmen mit den in den anderen Teilen des Prospekts enthaltenen Informationen überein".

die separate Kommentierung zu Art. 7 verwiesen werden (→ Art. 7 ProspektVO).[48] Weiter bestimmt Art. 14 Abs. 1 UAbs. 2, dass von dem **speziellen Registrierungsformular** die in Art. 14 Abs. 1 UAbs. 1 lit. a bis c genannten Personen Gebrauch machen können, während die **spezielle Wertpapierbeschreibung** den in lit. a und c genannten Personen vorbehalten ist. Dass die in lit. b genannten Personen von der speziellen Wertpapierbeschreibung keinen Gebrauch machen können, ist sinnvoll, da die im Fall von lit. b begebenen Wertpapiere nicht mit den bereits zugelassenen Wertpapieren fungibel sind (anders bei lit. a). **Art. 14 Abs. 1 UAbs. 1 lit. d** wird in Art. 14 Abs. 1 UAbs. 2 **nicht erwähnt**. Dabei kann es sich nur um ein Redaktionsversehen handeln. Offenbar hat der europäische Gesetzgeber im Zuge der Ergänzung des lit. d in Art. 14 Abs. 1 UAbs. 1 (→ Rn. 34) versäumt, lit. d auch in Art. 14 Abs. 1 UAbs. 2 zu berücksichtigen und zu regeln, ob in diesen Fällen nur das vereinfachte Registrierungsformular oder auch die vereinfachte Wertpapierbeschreibung verwendet werden darf. Um diese Regelungslücke zu schließen, sollte Art. 14 Abs. 1 UAbs. 2 in den Fällen des Art. 14 Abs. 1 UAbs. 1 lit. d mit der Maßgabe **analog angewendet** werden, dass die in lit. d genannten Personen sowohl das vereinfachte Registrierungsformular als auch die vereinfachte Wertpapierbeschreibung verwenden können. Die Verwendung einer vereinfachten Wertpapierbeschreibung ist gerechtfertigt, da in den Fällen des lit. d entweder nur die bereits am KMU-Wachstumsmarkt zugelassenen Wertpapiere nun am geregelten Markt zugelassen werden sollen (die Wertpapiere also identisch sind) oder, sofern im Zuge des Uplistings neue Wertpapiere ausgegeben werden sollen (was möglich ist → Rn. 35), diese neuen Wertpapiere mit den bereits zugelassenen fungibel sind. Es besteht also im Fall der Ausgabe neuer Wertpapiere eine Interessenlage, die mit der in lit. a vergleichbar ist.

In **Art. 14 Abs. 2 UAbs. 1** folgt sodann die von Art. 6 Abs. 1 abweichende **Generalklausel** hinsichtlich der vor dem Hintergrund der angemessenen Anlegerinformation **erforderlichen Angaben** in vereinfachten Prospekten (zur haftungsrechtlichen Bedeutung der für vereinfachte Prospekte gesondert geltenden Generalklausel → Rn. 70). Wenngleich sich beide Generalklauseln strukturell ähneln, ist als bedeutsamster Unterschied gegenüber Art. 6 Abs. 1 UAbs. 1 der in Art. 14 Abs. 2 UAbs. 1 zum Ausdruck kommende „**Update-Gedanke**" hervorzuheben, wonach im Hinblick auf Geschäftstätigkeit und Finanzlage lediglich Änderungen, die seit Ablauf des letzten Geschäftsjahres eingetreten sind, in den vereinfachten Prospekt aufzunehmen sind. Bereits hier zeigt sich der eingangs (→ Rn. 4) erörterte maßgebliche Sinn und Zweck der Neuregelung des Offenlegungsregimes in Art. 14, nämlich, dass bei börsennotierten Unternehmen der Markt aufgrund laufender Berichts- und Publizitätspflichten bereits über eine Vielzahl von Informationen verfügt und daher insbesondere an wesentlichen Veränderungen seit dem letzten Berichtsstichtag interessiert ist. 38

Art. 14 Abs. 2 UAbs. 2 formuliert bestimmte Erfordernisse im Hinblick auf die **Darstellungsform der Prospektinhalte**. Insbesondere wiederholt Art. 14 Abs. 2 UAbs. 2 Satz 1 die auch für nicht vereinfachte Prospekte geltende Vorgabe (Art. 6 Abs. 2), wonach die Angaben im Prospekt in „leicht zu analysierender, knapper und verständlicher Form" zu präsentieren sind. Darüber hinaus normiert Art. 14 Abs. 2 UAbs. 2 Satz 2, dass die Prospektangaben auch die vorgeschriebenen Informationen, die bereits gegebenenfalls ge- 39

---

48 Zu Änderungen im Hinblick auf die Prospektzusammenfassung gegenüber der alten Rechtslage vgl. etwa *Geyer/Schelm*, BB 2019, 1731, 1733 f.; *Oulds/Wöckener*, RdF 2020, 4, 9 f.

mäß der Richtlinie 2004/109/EG (Transparenzrichtlinie) und der VO (EU) Nr. 596/2014 (Marktmissbrauchsverordnung) offengelegt wurden, zu berücksichtigen haben. Bei Letzteren handelt es sich vor allem um Ad-hoc-Mitteilungen nach Art. 17 VO (EU) Nr. 596/2014. Der Gedanke, dass diese Informationen in den Prospekt einzufließen haben, wird erneut in Art. 14 Abs. 3 UAbs. 2 lit. c aufgegriffen (→ Rn. 42) und schließlich in Punkt 13.1 auf Anhang 3 zur VO (EU) 2019/980 konkretisiert (zur Frage, wie diese Informationen im Prospekt dargestellt werden sollten → Rn. 48).

40 Art. 14 Abs. 2 UAbs. 2 Satz 3, UAbs. 3 enthalten spezielle Regelungen zur Erstellung von **Finanzinformationen** im Fall eines **Uplistings** nach Art. 14 Abs. 1 UAbs. 1 lit. d (→ Rn. 34 f). Emittenten, die einen konsolidierten Abschluss nach der Richtlinie 2013/34/EU aufstellen, erstellen diesen nach den International Financial Reporting Standards (**IFRS**), während in den übrigen Fällen die nationalen Rechtsvorschriften des Sitzstaats des Emittenten gelten.

41 Art. 14 Abs. 2 UAbs. 4 erlaubt **Drittlandsemittenten**, deren Wertpapiere zum Handel an einem KMU-Wachstumsmarkt zugelassen sind, die Erstellung von Finanzinformationen nach ihren nationalen Rechnungslegungsstandards, soweit diese Standards zur VO (EG) Nr. 1606/2002 (d.h. mit IFRS) gleichwertig sind.

2. Konkretisierungen in den Anhängen der VO (EU) 2019/980

42 Art. 14 Abs. 3 UAbs. 1 im Zusammenhang mit den in UAbs. 2 lit. a bis e im Einzelnen hervorgehobenen Punkten enthält einen Auftrag an die Kommission, delegierte Rechtsakte zur Ergänzung der ProspektVO zu erlassen, „indem sie die Schemata festlegt, die die auf der Grundlage der vereinfachten Offenlegungsregelung nach Abs. 1 **aufzunehmenden verkürzten Informationen präzisieren**". Diese Präzisierungen hat die Kommission – neben diversen anderen Einzelheiten zum Inhalt und zur Aufmachung des Prospekts sowie zu seiner Prüfung und Billigung – in der **VO (EU) 2019/980** verortet, die zusammen mit der ProspektVO ein umfassendes Regelungswerk bildet.[49] Im Hinblick auf das Registrierungsformular sind die Anforderungen in Art. 4 i.V.m. Anhang 3 der VO (EU) 2019/980 (Dividendenwerte) bzw. Art. 9 i.V.m. Anhang 8 der VO (EU) 2019/980 (Nichtdividendenwerte) enthalten, während Art. 13 i.V.m. Anhang 12 der VO (EU) 2019/980 (Dividendenwerte) bzw. Art. 17 i.V.m. Anhang 16 der VO (EU) 2019/980 (Nichtdividendenwerte) die Anforderungen an die Wertpapierbeschreibung aufstellt.

43 Verglichen mit den nach **altem Recht** für Bezugsrechtsemissionen geltenden Anhängen XXIII und XXIV der VO (EG) 809/2004[50] enthalten die für Sekundäremissionen geltenden Anhänge insgesamt betrachtet noch **weiter reichende Erleichterungen**. Dabei ist grundsätzlich festzustellen, dass die in den Anhängen normierten Erleichterungen zu weiten Teilen Informationen betreffen, die Pflichtbestandteile von Jahresabschluss bzw. Lagebericht sind und die daher bereits anderweitig öffentlich verfügbar sind.

44 Sowohl hinsichtlich der Erleichterungen in Bezug auf Dividendenwerte als auch hinsichtlich solcher in Bezug auf Nichtdividendenwerte erfolgt die Vereinfachung gegenüber den

---

49 *Geyer/Schelm*, BB 2019, 1731; *Wöckener/Kutzbach*, RdF 2018, 276, 280; *Oulds*, in: Kümpel/Mülbert/Früh/Seyfried, Bankrecht und Kapitalmarktrecht, Rn. 15.732.
50 *Berrar*, in: Berrar/Meyer/Müller et al., WpPG/EU-ProspektVO, 2. Aufl. 2017, Art. 26a ProspektVO Rn. 26 ff.

für „reguläre" Prospekte geltenden Anhängen methodisch einerseits durch eine ersatzlose **Streichung** von einzelnen Punkten, andererseits durch eine **Reduzierung** des inhaltlichen Umfangs derselben.

Aufgrund der größeren praktischen Bedeutung von Dividendenwerten gegenüber Nichtdividendenwerten[51] wird sich nachfolgende überblicksartige Darstellung von ausgewählten Vereinfachungen im Registrierungsformular und in der Wertpapierbeschreibung auf Dividendenwerte beschränken.

a) Das vereinfachte Registrierungsformular

In **Anhang 3 der VO (EU) 2019/980** sind beispielsweise folgende Angaben **gestrichen**, die in nicht vereinfachten Prospekten nach Anhang 1 erforderlich sind (angegebene Punkte beziehen sich auf Anhang 1):

- Zusammenfassende Finanzinformationen und deren Erläuterungen, insbesondere im Rahmen der Darstellung der Vermögens-, Finanz-, Ertragslage: Finanzlage (Punkt 7.1); Betriebsergebnis (Punkt 7.2) (Diese Punkte werden in nicht vereinfachten Prospekten üblicherweise im Abschnitt „Management's Discussion and Analysis of Net Assets, Financial Condition and Results of Operations" (MD&A) abgehandelt, dessen Erstellung mit erheblichem Aufwand verbunden sein kann, sodass die Streichung in der Praxis eine signifikante Erleichterung darstellt.[52]); Eigenkapitalausstattung (Punkt 8).
- Geschäftsbeschreibung des Emittenten: Ort der Registrierung des Emittenten, seine Registrierungsnummer und Legal Entity Identifier („LEI") (Punkt 4.2); Datum der Gründung und Existenzdauer des Emittenten, soweit diese nicht unbefristet ist (Punkt 4.3); Angabe etwaiger wichtiger neuer Produkte und/oder Dienstleistungen, die eingeführt wurden, und Angabe des Stands der Entwicklung (Punkt 5.1.2); wichtigste Märkte, auf denen der Emittent tätig ist (Punkt 5.2) (Je nach Marktumfeld kann diese Prospektangabe eine sehr umfangreiche Analyse und Darstellung erfordern.[53]); wichtige Ereignisse in der Entwicklung der Geschäftstätigkeit des Emittenten (Punkt 5.3); Strategie und Ziele (Punkt 5.4); Angaben über die etwaige Abhängigkeit des Emittenten in Bezug auf Patente und Lizenzen, Industrie-, Handels- oder Finanzierungsverträge oder neue Herstellungsverfahren (Punkt 5.5); die Grundlage für etwaige Angaben des Emittenten zu seiner Wettbewerbsposition (Punkt 5.6); Beschreibung der wesentlichen Investitionen des Emittenten (Punkt 5.7.1); Regelungsumfeld (Punkt 9); Zahl der Beschäftigten sowie etwaiger Beteiligungen dieser an der Gesellschaft (Punkt 15).
- Angaben zu Organen des Emittenten: Praktiken der Leitungsorgane (Punkt 14).
- Allgemeine Angaben über den Emittenten und sein Kapital: Beschreibung etwaiger Umweltfragen, die die Verwendung der Sacheinlagen durch den Emittenten beeinflussen könnten (Punkt 5.7.4); Höhe des ausgegebenen Kapitals und für jede Gattung des Aktienkapitals (Punkt 19.1.1); Angabe der Anzahl, des Buchwertes sowie des Nennbe-

---

51 Im Jahr 2020 waren alleine Aktien (shares) Gegenstand von 78% aller nach Art. 14 erstellter und gebilligter Prospekte im Europäischen Wirtschaftsraum (European Economic Area), vgl. ESMA, EEA prospectus activity and sanctions in 2020, vom 20.7.2021, S. 20, https://www.esma.europa.eu/sites/default/files/library/esma32-382-1153_prospectus_activity_and_sanctions_report_2020.pdf.
52 In diese Richtung auch *Oulds/Wöckener*, RdF 2020, 4, 6; *Geyer/Schelm*, BB 2019, 1731.
53 Darauf weisen etwa auch *Schulze De la Cruz/Schmoll*, WM 2020, 630, 633f. hin.

Art. 14 ProspektVO Vereinfachte Offenlegungsregelung für Sekundäremissionen

trages der Aktien, die Bestandteil des Eigenkapitals des Emittenten sind und die vom Emittenten selbst oder in seinem Namen oder von Tochtergesellschaften des Emittenten gehalten werden (Punkt 19.1.3); Angaben, ob auf den Anteil eines Mitglieds der Gruppe ein Optionsrecht besteht oder vereinbart wurde, einen Anteil an ein Optionsrecht zu knüpfen, sowie Einzelheiten über solche Optionen (Punkt 19.1.6); Entwicklung des Aktienkapitals (Punkt 19.1.7); Satzung und Statuten der Gesellschaft (Punkt 19.2).

– Geschäfte und Rechtsbeziehungen mit nahe stehenden Personen: Angaben über Gemeinschaftsunternehmen und Unternehmen, an denen der Emittent einen Teil des Eigenkapitals hält, dem bei der Bewertung seiner eigenen Vermögens-, Finanz- und Ertragslage voraussichtlich eine erhebliche Bedeutung zukommt (Punkt 5.7.3); Beschreibung der Gruppe und der Stellung des Emittenten innerhalb der Gruppe (Punkt 6.1); Auflistung der wichtigsten Tochtergesellschaften des Emittenten (Punkt 6.2); Vergütungen und sonstige Leistungen (Punkt 13).

47 In folgenden Bereichen sieht **Anhang 3 der VO (EU) 2019/980** gegenüber Anhang 1 **Reduzierungen** des Offenlegungsumfangs vor (angegebene Punkte beziehen sich auf Anhang 3):

– Finanzinformationen: Beschränkung der Abschlüsse auf die Jahres- und Halbjahresabschlüsse, die die zwölf Monate vor der Billigung des Prospekts abdecken (Punkt 11.1) (Eine solche Aufnahme kann mittels Verweis nach Art. 19 ProspektVO (sog. incorporation by reference) erfolgen.[54]); Beschränkung der Angabe des Betrags der Dividende pro Aktie auf das letzte Geschäftsjahr (Punkt 11.6.1).
– Geschäftsbeschreibung des Emittenten (einschließlich Marktumfeld): Zeitliche Beschränkung der wesentlichen laufenden und/oder bereits fest beschlossenen Investitionen seit dem Datum des zuletzt veröffentlichten Abschlusses (Punkt 5.2.1); personelle Beschränkung zu Angaben hinsichtlich voriger Tätigkeiten, Vorstrafen in Bezug auf betrügerische Straftaten, etwaigen Insolvenzverfahren oder behördlichen Sanktionen nicht mehr für jedes Mitglied des Verwaltungs-, Leitungs- oder Aufsichtsorgans des Emittenten, sondern nur, soweit noch nicht offengelegt und im Falle neuer Mitglieder (Punkt 8.1); zeitliche Beschränkung der Offenlegung von Geschäften mit verbundenen Parteien auf das Datum des letzten Jahresabschlusses (Punkt 10.1).
– Wesentliche Verträge: Reduzierung des Umfanges der Zusammenfassung der wesentlichen Verträge („Kurze Zusammenfassung") (Punkt 14.1).

48 Neben Streichungen und Reduzierungen verlangt Anhang 3 auch bestimmte **Angaben, die über Anhang 1 hinausgehen.** So sieht Punkt 13.1 etwa vor, dass das Registrierungsformular in leicht zu analysierender, knapper und verständlicher Form eine thematisch gegliederte Zusammenfassung der Informationen zu enthalten hat, die in den letzten zwölf Monaten gemäß der Marktmissbrauchsverordnung veröffentlicht wurden und die zum Zeitpunkt der Billigung des Prospekts (noch) relevant sind.[55] Dieser Punkt, der eine Konkretisierung der Vorgabe in Art. 14 Abs. 3 UAbs. 2 lit. c ist, betrifft in erster Linie Ad-hoc-Mitteilungen nach Art. 17 der Marktmissbrauchsverordnung. Punkt 13.1 verlangt dabei, dass die Zusammenfassung nicht bloß eine „Wiederholung bereits […] veröffentlichter

---

54 So etwa im Prospekt der Delivery Hero SE vom 12.2.2021. Allgemein zur Aufnahme von Informationen nach Art. 19 vgl. etwa *Lenz/Heine*, NZG 2019, 766.
55 *Oulds/Wöckener*, RdF 2020, 4, 6.

Informationen" sein darf. In der Literatur wird allerdings zutreffend darauf hingewiesen, dass Ad-hoc-Mitteilungen regelmäßig bereits auf wesentliche Informationen reduziert sind, sodass eine weitere Verkürzung bzw. erneute „Zusammenfassung" (wie sie Punkt 13.1 verlangt) oftmals schwer fallen dürfte.[56] Es dürfte daher Sinn machen, Punkt 13.1 so auszulegen, dass eine wörtliche Übernahme in den Prospekt zulässig ist, wenn die jeweilige Ad-hoc-Mitteilung die relevanten Informationen bereits in leicht zu analysierender, knapper und verständlicher Form wiedergibt.[57]

b) Die vereinfachte Wertpapierbeschreibung

In **Anhang 12 der VO (EU) 2019/980** sind beispielsweise folgende Angaben **gestrichen oder gekürzt**, die in nicht vereinfachten Prospekten nach Anhang 11 erforderlich sind: 49

– Bestimmte, bei Sekundäremissionen nicht einschlägige Angaben (angegebene Punkte beziehen sich auf Anhang 11): Angabe der verschiedenen Kategorien der potenziellen Investoren, denen die Wertpapiere angeboten werden (Punkt 5.2.1); Offenlegung vor der Zuteilung (Punkt 5.2.3); Vergleich des öffentlichen Beitrags zum vorgeschlagenen öffentlichen Angebot und der effektiven Bar-Beiträge (Punkt 5.3.4); Angaben zum Preis der Wertpapiere bei mit dem Zulassungsantrag gleichzeitiger oder fast gleichzeitiger privater Zeichnung und Platzierung von Wertpapieren derselben Gattung (Punkt 6.3); Detailangaben zu einer etwaigen Kursstabilisierung (Punkt 6.5); Mehrzuteilung und Greenshoe-Option (Punkt 6.6).
– Bestimmte, als bereits öffentlich bekannt vorausgesetzte Informationen (angegebene Punkte beziehen sich auf Anhang 11): Rechtsvorschriften, auf deren Grundlage die Wertpapiere geschaffen wurden (Punkt 4.2); Angaben, ob es sich bei den Wertpapieren um Namens- oder Inhaberpapiere handelt und ob sie in Stückform oder stückelos vorliegen (Punkt 4.3); Name und Anschrift der Person oder des Instituts, die/das Wertpapiere zum Verkauf anbietet (Punkt 7.1); Zahl und Gattung der von dem Wertpapierinhaber mit Verkaufsposition angebotenen Wertpapiere (Punkt 7.2); Angabe des Umfanges der Beteiligung eines Wertpapier verkaufenden Großaktionärs (Punkt 7.3).
– Im Übrigen weicht Anhang 12 insbesondere in folgenden Punkten von Anhang 11 ab: Angaben über die anzubietenden bzw. zum Handel zuzulassenden Wertpapiere müssen zusätzlich auch das Emissionsvolumen der zum Handel zuzulassenden Wertpapiere enthalten (Anhang 12 Punkt 4.1); Entfall der kurzen Beschreibung der Rechte und Verpflichtungen des Aktionärs im Falle obligatorischer Übernahmeangebote und/oder von Ausschluss- oder Andienungsregeln in Bezug auf Wertpapiere (Anhang 11 Punkt 4.9); Entfall von Angaben zu möglichen Auswirkungen auf die Investition im Falle eines Beschlusses gemäß der Richtlinie 2014/59/EU (Anhang 11 Punkt 4.12); zeitliche Änderung der Widerrufsmöglichkeit im Falle, dass die Angabe des maximalen Emissionsvolumens der anzubietenden Wertpapiere in der Wertpapierbeschreibung nicht möglich ist von „innerhalb von mindestens zwei Arbeitstage nach Hinterlegung des Emissionsvolumens der öffentlich anzubietenden Wertpapiere" (Anhang 11 Punkt 5.1.2) auf „bis zu zwei Arbeitstage" (Anhang 12 Punkt 5.1.8); Änderungen hinsichtlich der Angaben zu Zulassungsanträgen und Zulassungen an anderen Märkten, wobei nicht jeder Drittlandsmarkt (Anhang 11 Punkt 6.1 und Punkt 6.2), sondern nur sonstige gleichwertige

---

56 *Geyer/Schelm*, BB 2019, 1731.
57 *Geyer/Schelm*, BB 2019, 1731.

Drittlandsmärkte erfasst werden sollen sowie Entfall von Angaben zu MTFs (Anhang 12 Punkt 6.1 und Punkt 6.2).

V. Freiwillige Aufnahme zusätzlicher Informationen in den vereinfachten Prospekt

50 Die Verwendung eines vereinfachten Prospekts nach Art. 14 steht den Emittenten grundsätzlich frei („können sich [...] dafür entscheiden", vgl. Art. 14 Abs. 1). Sie haben die Wahl, ob sie dem Regime reduzierter Offenlegungspflichten folgen oder das vollumfängliche „Standardprogramm" bevorzugen.[58]

51 In der Praxis stellt sich regelmäßig die Frage, ob Emittenten auf **freiwilliger Basis zusätzliche Angaben** in einen vereinfachten Prospekt aufnehmen können, die über das von Art. 14 geforderte Offenlegungsprogramm hinausgehen. Aus haftungsrechtlicher Sicht liegen die Vorteile einer solchen Aufnahme auf der Hand: Ist der Emittent der Ansicht, dass die Information für Anleger von wesentlicher Bedeutung ist, ohne dass sie von Art. 14 Abs. 2 oder den konkretisierenden Anhängen der VO (EU) 2019/980 gefordert wird, kann er etwaige **haftungsrechtliche Unsicherheiten**, insbesondere im U.S.-rechtlichen Kontext (→ Rn. 73) durch eine Aufnahme der Information in den Prospekt reduzieren.

52 Während die BaFin der freiwilligen Aufnahme zusätzlicher Informationen in den vereinfachten Prospekt zunächst eher skeptisch gegenüber stand, scheint sich in der jüngeren Verwaltungspraxis eine Lockerung abzuzeichnen, wenngleich auch weiterhin die Erforderlichkeit der konkreten zusätzlichen Information mit der BaFin zu erörtern ist.

53 Die Möglichkeit der Aufnahme zusätzlicher Information ist grundsätzlich zu begrüßen. Allerdings sollte auch im **Interesse des Emittenten** die Grenze der zulässigen Prospekterweiterung dort verlaufen, wo durch übermäßige Ergänzung von zusätzlichen Informationen eine unübersichtliche „Mischform" der grundsätzlich nebeneinanderstehenden Offenlegungsregime entsteht. Dann ist der Emittent besser beraten, gleich den Weg eines vollen Offenlegungsprogramms zu wählen. Denn es ist anzuerkennen, dass eine grundsätzliche Trennung beider Offenlegungsregime die **Rechtssicherheit** fördert, da so im Hinblick auf den anzuwendenden Prüfungsmaßstab innerhalb des Billigungsprozesses Transparenz und Planbarkeit für alle Beteiligten besteht (Stichwort: Überkreuz-Checkliste nach Art. 24 Abs. 5 und Art. 25 Abs. 6 der VO (EU) 2019/980, die dem Aufbau der einschlägigen Anhänge folgt, siehe → Art. 20 Rn. 37). Auch Erwägungsgrund 26 der VO (EU) 2019/980 hebt den Aspekt der „Sicherheit bezüglich des Billigungsverfahrens" namentlich hervor.

54 Letztlich ist die Vermeidung unübersichtlicher „Mischformen" auch aus **Anlegersicht** vorteilhaft, da Anleger darauf angewiesen sind, die für sie relevanten Informationen in einer ihnen bekannten und in der Prospektpraxis etablierten Struktur finden zu können. Der Gedanke des Anlegerschutzes führt jedoch umgekehrt zu dem offensichtlichen und validen Gegenargument, dass es gerade Sinn und Zweck der Prospektpflicht ist, dem Anleger eine fundierte Investitionsentscheidung auf Grundlage wesentlicher Informationen

---

[58] *Schulz*, WM 2016, 1417, 1422.

über Emittent und Wertpapiere zu gewährleisten (vgl. etwa Erwägungsgrund 7 sowie Art. 6 Abs. 1 ProspektVO). Für den Anleger sind daher **mehr (wesentliche) Informationen im Grundsatz vorteilhaft**, solange sie in einer Art und Weise dargestellt werden, die dem Anleger eine verhältnismäßig einfache Informationsaufnahme ermöglicht.

Nach **hier vertretener Auffassung** sollte daher eine punktuelle freiwillige Aufnahme zusätzlicher Informationen in den vereinfachten Prospekt jedenfalls immer dann möglich sein, wenn diese Informationen für den Anleger wesentlich sind und in einer Art und Weise im Prospekt dargestellt werden, wie dies auch in einem nicht vereinfachten Prospekt der Fall wäre und die dem Anleger daher bekannt ist. Mit anderen Worten sollte grundsätzlich im Hinblick auf alle Prospektinhalte eine punktuelle „Rückkehr" zum regulären Offenlegungsregime auf Grundlage der Anhänge 1 und 11 durchaus möglich sein, solange dies nicht derart umfänglich passiert, dass die oben erwähnte „Mischform" (→ Rn. 53) entsteht. Für die Beurteilung der Wesentlichkeit der Information für den Anleger sollte kein allzu hoher Maßstab angelegt werden; die Beurteilung ist letztlich in die Entscheidungsprärogative des Emittenten zu stellen. 55

Die hier vertretene Auffassung lässt sich auch auf die von der **ESMA** veröffentlichten **Q&A** zur ProspektVO stützten. Dort heißt es in Q&A 14.10 vom 3.2.2023 betreffend eine von der ESMA erstellte Tabelle zur Übersicht der Anhänge der VO (EU) 2019/980: „While the table sets out the combination of annexes which should apply, issuers always have the option to include more disclosure than what is specified." Und in Fußnote 31 heißt es weiter: „The issuer has the option to provide more information in accordance with the provisions of Delegated Regulation 2019/980." 56

Wie aus der ESMA Peer Review hervorgeht, entspricht die freiwillige Aufnahme zusätzlicher Informationen in den Prospekt auch der **Praxis in anderen Mitgliedstaaten**.[59] Dabei weist die ESMA jedoch darauf hin, dass mehr Informationen im Prospekt grundsätzlich auch **längere Prüfungsfristen** der zuständigen Behörden bedeuten können,[60] was sich allerdings jedenfalls in den Daten zur Anzahl der eingereichten Prospektentwurfsfassungen im Vergleich zu IPO-Prospekten (→ Rn. 58) nicht eindeutig widerspiegelt.[61] 57

VI. Auswirkung des Art. 14 auf die Praxis

Inwiefern Art. 14 bislang in der Praxis tatsächlich zu Erleichterungen geführt hat, lässt sich nicht sicher beurteilen. Jedenfalls im Hinblick auf das Verfahren der **Prospektprüfung und -billigung** zeigt sich nach der am 21.7.2022 veröffentlichten ESMA Peer Review **keine nennenswerte Erleichterung** gegenüber (nicht vereinfachten) IPO-Prospekten. So stellte die ESMA, basierend auf den von den zuständigen Behörden der Mitgliedstaaten bereitgestellten Informationen, fest, dass seit Geltung der ProspektVO bei Sekundäremissionen im Schnitt 5,15 Prospektentwurfsfassungen eingereicht wurden, bis es zur 58

---

59 ESMA Peer Review v. 21.7.2022, Rn. 112: „issuers often include significant amounts of information in prospectuses that are not necessarily required under the disclosure requirements set out in CDR 2019/980 and the 'necessary information test' in Article 6(1)".
60 ESMA Peer Review v. 21.7.2022, Rn. 112: „The inclusion of this information may also increase the number of rounds of review of a prospectus in all formats".
61 Im Schnitt 5,15 Entwurfsfassungen bei vereinfachten Prospekten im Unterschied zu durchschnittlich 5,30 Entwurfsfassungen bei IPO-Prospekten.

Billigung kam, während es bei IPO-Prospekten durchschnittlich 5,30 Entwurfsfassungen waren.[62] Dabei kommt die ESMA selbst zu dem Schluss: „the reduced requirements as regards secondary issuances did not translate into fewer rounds of review".[63]

59 Für eine Analyse der **durchschnittlichen Länge** von Prospekten bei Sekundäremissionen hat die ESMA im Rahmen ihrer Peer Review EU-weit Daten zu 277 Prospekten (in Form eines Einzeldokuments) für Sekundäremissionen ausgewertet. Der Median der Seitenzahlen lag dabei knapp unter 100.[64] Letztlich ist diese Auswertung allerdings nur bedingt aussagekräftig, da die ESMA keine vergleichbaren Daten für die Länge von (nicht vereinfachten) IPO-Prospekten in der Peer Review veröffentlicht hat. Stattdessen hat die ESMA vergleichend die Länge von allen Prospekttypen (in Form eines Einzeldokuments) betrachtet. Dort lag der Median der Seitenzahlen bei knapp über 100.[65]

60 Interessanter als die Statistik zu Einreichungsfassungen und Seitenzahlen ist indes die Frage, in welchem Umfang Emittenten beim relevantesten Praxisfall der Sekundäremission, nämlich der Bezugsrechtskapitalerhöhung (→ Rn. 1), von ihrem **Recht zur Anwendung vereinfachter Offenlegungsregeln bislang Gebrauch gemacht haben**. Leider fehlt es diesbezüglich an Informationen in der ESMA Peer Review und – soweit ersichtlich – auch sonst an aussagekräftigen Daten, wie beispielsweise einer breiten Befragung von Emittenten.[66] Zumindest einen gewissen Anhaltspunkt vermittelt das von der ESMA auf ihrer Website gemäß Art. 21 Abs. 6 geführte Prospektregister (→ Art. 21 Rn. 41). Beispielsweise werden von Emittenten, deren Herkunftsmitgliedstaat Deutschland ist, im Register der ESMA für die Jahre 2020 bis 2022 insgesamt 24 nach Anhang 3 der VO (EU) 2019/980 (Registrierungsformular für Sekundäremissionen von Dividendenwerten) erstellte Prospekte angezeigt, während eine Suche nach sämtlichen Prospekten deutscher Emittenten für „secondary issuance on regulated market or MTF" im gleichen Zeitraum zu 47 Treffern führt. Dies deutet einerseits auf eine grundsätzlich höhere Akzeptanz von vereinfachten Prospekten als noch unter altem Recht hin, wo jedenfalls deutsche Emittenten von Art. 26a VO (EG) 809/2004 insbesondere aufgrund von haftungsrechtlichen Risiken[67] (zu haftungsrechtlichen Fragen unter neuem Recht sogleich → Rn. 68 ff.) nur sehr zurückhaltend Gebrauch gemacht haben. Andererseits indizieren die Suchergebnisse im Prospektregister, dass auch Art. 14 sein Erleichterungspotenzial in der Praxis offenbar nicht voll auszuschöpfen vermag und daher hinter den für ihn gesteckten Zielen zurückbleibt (zu einer möglichen Neuregelung der Prospektanforderungen bei Sekundäremissionen im Rahmen des sog. EU Listing Act → Rn. 74 ff.).

---

62 ESMA Peer Review v. 21.7.2022, Rn. 110.
63 ESMA Peer Review v. 21.7.2022, Rn. 111.
64 ESMA Peer Review v. 21.7.2022, Rn. 113.
65 ESMA Peer Review v. 21.7.2022, Rn. 113.
66 Ähnlich *Schlitt/Ries*, in: Assmann/Schlitt/von Kopp-Colomb, Prospektrecht Kommentar, Art. 14 ProspektVO Rn. 12: „kein klares Bild […], unter welchen Umständen von den Vereinfachungen Gebrauch gemacht wird".
67 *Berrar*, in: Berrar/Meyer/Müller et al., WpPG/EU-ProspektVO, 2. Aufl. 2017, Art. 26a ProspektVO Rn. 36 ff.

VII. Haftungsrechtliche Fragen

Bereits unter Art. 26a VO (EG) 809/2004 stellten sich bestimmte haftungsrechtliche Fragen, die mit ein Grund dafür waren, dass von den vereinfachten Offenlegungsregeln für Bezugsrechtsemissionen in der deutschen Praxis nur sehr zurückhaltend Gebrauch gemacht wurde (→ Rn. 60). Art. 14 hat einige dieser Fragen für das vereinfachte Prospektregime adressiert und teilweise gelöst. Andere Probleme, insbesondere im Kontext internationaler Transaktionen, bestehen jedoch weiterhin fort. 61

1. Haftungsmaßstab innerhalb der EU

Das Haftungsregime hinsichtlich Bezugsrechtsemissionen nach Art. 26a VO (EG) 809/2004 wies deutliche Mängel auf. Diese wurden durch die aktuelle ProspektVO teilweise behoben. 62

a) Haftungsmaßstab unter Art. 26a VO (EG) 809/2004

Das vereinfachte Prospektregime nach Art. 26a VO (EG) 809/2004 sah **keine Änderung der Generalklauseln des Art. 5 Abs. 1 EU-ProspektRL und des § 5 Abs. 1 WpPG a. F.** vor. D. h. es blieb auch bei vereinfachten Prospekten dabei, dass – um den Maßstab des § 5 Abs. 1 WpPG a. F. zu zitieren – „der Prospekt in leicht analysierbarer und verständlicher Form sämtliche Angaben enthalten muss, die im Hinblick auf den Emittenten und die öffentlich angebotenen oder zum Handel an einem organisierten Markt zugelassenen Wertpapiere notwendig sind, um dem Publikum ein zutreffendes Urteil über die Vermögenswerte und Verbindlichkeiten, die Finanzlage, die Gewinne und Verluste, die Zukunftsaussichten des Emittenten [...] sowie über die mit diesen Wertpapieren verbundenen Rechte zu ermöglichen". Dementsprechend **blieb es für Zwecke des Haftungsregimes** dabei, dass nach §§ 21, 22 WpPG a. F. der Erwerber von Wertpapieren eventuell Haftungsansprüche geltend machen konnte, wenn in dem Prospekt „für die Beurteilung der Wertpapiere wesentliche Angaben unrichtig oder unvollständig sind".[68] Hier trat ein „altes Problem" der EU-ProspektRL hervor, nämlich dass der EU-Normgeber kein paralleles Mandat zur Harmonisierung des Haftungsregimes bekommen hatte.[69] 63

In diesem Zusammenhang konnte man sich zwar auf den Standpunkt stellen, dass die Generalklausel des Art. 5 Abs. 1 EU-ProspektRL bzw. § 5 Abs. 1 WpPG a. F. und auch das Haftungsregime der §§ 21, 22 WpPG a. F. im Lichte von Art. 26a VO (EG) 809/2004 (bzw. der Anhänge XXIII und XXIV) dahingehend auszulegen sei, dass für einen Investor in einem Prospekt nur noch solche Angaben erforderlich seien, die nach den Anhängen 64

---

68 *Berrar*, in: Berrar/Meyer/Müller et al., WpPG/EU-ProspektVO, 2. Aufl. 2017, Art. 26a Prospekt-VO Rn. 36.
69 *Oulds*, WM 2008, 1573; *Kunold/Schlitt*, BB 2004, 501, 511; *Holzborn/Schwarz-Gondek*, BKR 2003, 927, 934; *Wiegel*, Die Prospektrichtlinie und Prospektverordnung, S. 402 ff. Als problematisch wurde von Anfang an insbesondere angesehen, dass Emittenten geneigt sein könnten, in die Jurisdiktion mit den restriktivsten Haftungsbestimmungen auszuweichen („race-to-the-bottom-Effekt"). Im Zusammenhang mit der Überarbeitung der EU-ProspektRL ist die EU-Kommission beauftragt worden, jedenfalls eine Übersicht über die verschiedenen Haftungsregime in den einzelnen Mitgliedstaaten zu erstellen, vgl. z. B. Erwägungsgrund 12 der ÄnderungsRL.

Art. 14 ProspektVO Vereinfachte Offenlegungsregelung für Sekundäremissionen

XXIII und XXIV notwendig sind, und der Prospekt insofern von der Generalklausel abweichend eben nicht mehr „sämtliche Angaben" enthalten müsse. Der EU-Normgeber folgte diesem Konzept aber nicht. Denn er führte an verschiedenen Stellen aus, dass es beim Anlegerschutz keine Abstriche geben dürfe und dass das vereinfachte Prospektregime deshalb im Hinblick auf den Anlegerschutz zu rechtfertigen sei, weil der Anleger die weiteren Informationen, die für seine Anlageentscheidung notwendig seien, aus öffentlich verfügbaren Quellen bekommen könne. Der EU-Normgeber sagte aber nicht, dass über die aufgrund des vereinfachten Prospektregimes im Prospekt enthaltenen Angaben hinaus keine weiteren Informationen für den Anleger und seine Investitionsentscheidung relevant seien. Daher bestand gedanklich eine **Bruchstelle zu der Generalklausel und zu den Haftungsvorschriften**, die insbesondere daraus resultierte, dass – anders als nach dem U.S.-amerikanischen Konzept – diese weiteren Informationen aus der Regelpublizität und der Ad-hoc-Publizität der Transparenzrichtlinie nicht formell in den Prospekt einbezogen wurden und damit nicht Bestandteil des Prospekts wurden. Wäre dies der Fall gewesen, wäre die Einheit zwischen Prospektanforderungen mittels vereinfachtem Prospektregime und der Generalklausel des § 5 WpPG a. F. bzw. den Haftungsvorschriften hergestellt gewesen.

65 Dafür, dass sich Emittenten, Banken und rechtliche Berater trotz dieser damals bestehenden Unsicherheit in den Auswirkungen darauf berufen konnten, dass die entsprechenden Informationen anderweitig verfügbar seien und daher jedenfalls keine Haftungsansprüche geltend gemacht werden konnten, sprach, dass man sich nach dem **Rechtsgedanken des § 23 Abs. 2 Nr. 3 bzw. Nr. 4 WpPG a. F.** darauf berufen konnte, dass (i) wegen der öffentlichen Verfügbarkeit der Information der Erwerber die Unvollständigkeit kannte und sie ihm aufgrund des Warnhinweises auf das vereinfachte Prospektregime am Prospektanfang vor Augen geführt wurde bzw. (ii) vor dem Abschluss des Erwerbsgeschäftes die Information im Rahmen des Jahresabschlusses oder Zwischenberichtes des Emittenten bzw. einer Ad-hoc-Mitteilung veröffentlicht wurde. Letzteres waren aber Vorschriften, die korrigierenden Charakter hatten, jedoch an der zunächst bestehenden Unvollständigkeit des Prospekts nichts änderten. Stützen konnte man sich zudem auf die in § 5 WpPG a. F. gewählte Formulierung, wonach der Prospekt „sämtliche Angaben enthalten [muss], die [...] **notwendig** sind, um dem Publikum ein zutreffendes Urteil über die Vermögenswerte und Verbindlichkeiten, die Finanzlage, die Gewinne und Verluste, die Zukunftsaussichten des Emittenten [...] zu ermöglichen". Der Verweis auf die Notwendigkeit der Information konnte insoweit dahingehend verstanden werden, dass nur die für eine Investitionsentscheidung „erforderlichen" Informationen in den Prospekt aufgenommen werden müssen. Für Emittenten, Banken und rechtliche Berater blieb jedoch immer ein gewisses Risiko, dass ein hinsichtlich eines konkreten Prospekthaftungsfalles urteilendes Gericht dieser Argumentation nicht folgen würde.

66 In diesem Zusammenhang war weiter zu berücksichtigen, dass die Rechtsberater – und hier schloss sich der Kreis zu den sog. 10b-5 Letters der U.S.-Rechtsberater –, die die Transaktion begleiteten, weiter in der Lage sein mussten, im Rahmen der von ihnen seitens der Konsortialbanken verlangten sog. **Disclosure Letters** zu bestätigen, dass ihnen, vereinfacht formuliert, keine Informationen bekannt waren, aufgrund derer im Prospekt wesentliche Angaben fehlen würden. Auch wenn es vom Einzelfall abhing, inwieweit bei Erstellung eines Prospekts unter Ausnutzung der reduzierten Anforderungen diese Bestätigung noch vollumfänglich abgegeben werden konnte, musste in der Praxis weiter eine

Lösung entwickelt werden, um dieses mögliche „**Ungleichgewicht**" **zwischen umfassender Bestätigung einerseits und reduzierten Anforderungen an den Inhalt des Prospekts andererseits** aufzulösen.

Hier wurde zudem das Argument bemüht, die oben dargestellte „Lücke" sei „keine Besonderheit von vereinfachten Prospekten", da es immer einer sorgfältigen Due Diligence bedürfe, die diese Lücke schließe.[70] Dies konnte jedoch nicht überzeugen. Erstens war es sehr wohl eine Besonderheit, dass **bewusst Pflichtangaben** von Anhang I und Anhang III der VO (EG) 809/2004 **nicht** in den Prospekt **aufgenommen** werden, d. h. vorsätzlich an sich verpflichtende Angaben, die eine Konkretisierung des Grundsatzes aus § 5 WpPG a. F. darstellen sollten, nicht aufgenommen werden; das gab es in der sonstigen Prospektpraxis nicht. Insofern war das Problem hier gerade nicht zu vergleichen mit der in anderen Konstellationen ebenfalls aufkommenden Frage, ob aufgrund von § 5 WpPG a. F. weitere Angaben als die Pflichtangaben notwendig waren. Wenn gesagt wurde, dass die Lücke durch die **Due Diligence** geschlossen werden könne, indem im konkreten Fall untersucht werde, ob die betreffende Pflichtangabe nicht doch wesentlich sei und daher über Anhang XXIII bzw. Anhang XXIV der VO (EG) 809/2004 hinaus aufgenommen werden sollte, war das zwar eine Lösung des Problems (und auch die einzig richtige). Es durfte aber bezweifelt werden, dass dieses Verfahren der Lückenschließung nach Durchführung einer Punkt-für-Punkt-Analyse auf Basis der Due Diligence deutlich effizienter war als gleich einen Prospekt zu schreiben, der die Vorgaben von Anhang I und Anhang III (statt der Anhänge XXIII und XXIV) erfüllte.[71] 67

b) Haftungsmaßstab nach aktuellem Prospektrecht

Die obigen Ausführungen (→ Rn. 63 bis 67) behalten – trotz des reformierten Prospektrechts – im Grundsatz ihre Gültigkeit, denn auch weiterhin hat der europäische Gesetzgeber keine Kompetenz zur Regelung der Prospekthaftung, was sich unmittelbar etwa in Art. 11 äußert, der zwar mit „Prospekthaftung" überschrieben ist, inhaltlich jedoch nichts anderes als ein Auftrag an die Mitgliedstaaten ist, eine Prospekthaftung auf Grundlage nationalen Rechts sicherzustellen.[72] Dennoch muss die Streichung des § 5 WpPG a. F. auf nationaler Ebene und die Einführung der Art. 6 und 14 Abs. 2 berücksichtigt werden. Die gedankliche Bruchstelle, wie sie im alten Prospektrecht noch bestand, wurde durch Art. 14 Abs. 2 und die flankierenden Änderungen im WpPG zumindest entschärft. 68

Maßgeblich hierfür ist die Streichung des § 5 WpPG a. F., welcher früher den inhaltlichen Maßstab für Prospekte darstellte. Dieser wurde ersatzlos gestrichen und durch § 9 WpPG ersetzt. § 9 Abs. 1 Satz 1 WpPG spricht nur noch davon, dass „wesentliche Angaben unrichtig oder unvollständig sind"; nach welchem Maßstab diese Tatbestandsmerkmale zu bestimmen sind, führt die Norm nicht aus. Jedoch statuiert § 1 WpPG, dass das WpPG zur Ergänzung neben die ProspektVO tritt. Aus dem Zusammenspiel der Streichung von § 5 WpPG a. F. und dem Verweis in § 1 WpPG lässt sich der Schluss ziehen, dass der Maß- 69

---

70 *Schulz/Hartig*, WM 2014, 1567, 1573 f., und *Schulz*, Börsenzeitung vom 5.10.2013, S. 9.
71 *Berrar*, in: Berrar/Meyer/Müller et al., WpPG/EU-ProspektVO, 2. Aufl. 2017, Art. 26a ProspektVO Rn. 40 mit weiterführenden Literaturnachweisen zur alten Rechtslage.
72 *Bauerschmidt*, BKR 2019, 324, 331; *ders.*, AG 2022, 1, 6.

stab, welcher für die Haftung relevant ist, sich nach der ProspektVO richtet. Insoweit kommen Art. 6 und Art. 14 Abs. 2 maßgebliche Bedeutung zu.[73]

70 Art. 14 Abs. 2 statuiert explizit eine Abweichung vom allgemeinen Prospektmaßstab des Art. 6 Abs. 1[74] und stellt damit eine eigene Generalklausel für vereinfachte Prospekte dar.[75] In Art. 14 Abs. 2 UAbs. 1 lit. a bis c und UAbs. 2 stellt Art. 14 einen eigenen Maßstab für die Vollständigkeit des vereinfachten Prospekts auf.[76] Daraus ergibt sich, dass Informationen aus allgemein zugänglichen Quellen, die nicht Teil des vereinfachten Prospekts sind, weder dem Maßstab nach Art. 14 Abs. 2 unterfallen noch dem Maßstab des Art. 6 Abs. 1, da dieser gerade nicht anwendbar ist. Folglich kommt auch eine Haftung für solche Informationen nach § 9 WpPG nicht in Betracht.[77]

71 Dies entspricht auch dem Telos der Reform. Durch das vereinfachte Prospektrecht soll u.a. die Kapitalaufnahme bei Sekundäremissionen erleichtert werden.[78] Es würde aber gerade keine Erleichterung bedeuten, wenn zwar die inhaltlichen Anforderungen an den Prospekt herabgesetzt werden, eine Reduzierung des Haftungsmaßstabs aber nicht erfolgen würde. Aus diesem Grund ist es konsequent und begrüßenswert, dass der europäische Gesetzgeber die bereits in der Vorauflage[79] geforderte Abweichung vom allgemeinen Maßstab des Art. 6 Abs. 1 als notwendig anerkannt und in Art. 14 Abs. 2 statuiert hat.[80]

72 Diese Änderung des Haftungsmaßstabes hat auch unmittelbaren Einfluss auf den Gehalt der sog. **Disclosure Letters**, welche die die Transaktion begleitenden Rechtsberater des Emittenten gegenüber den Konsortialbanken abgeben. Dadurch, dass Art. 14 Abs. 2 nunmehr einen eigenen, abweichenden Haftungsmaßstab statuiert, hat sich auch der Disclosure Letter nur an diesem zu orientieren.

2. Haftungsmaßstab außerhalb der EU bei internationalen Emissionen

73 Eine Bruchstelle zwischen Offenlegungsanforderungen und Haftungsmaßstab besteht jedoch weiterhin bei Transaktionen mit internationalem, insbesondere U.S.-rechtlichem, Bezug. Zwar gibt es auch bei in den USA prospektpflichtigen Transaktionen (SEC-registered transactions) ein umfangreiches Konzept der Einbeziehung von Veröffentlichungen der Regelpublizität per Verweis in den Prospekt (incorporation by reference), aber dies ändert nichts an dem Befund, dass auch nach der Reform durch die aktuelle Prospekt-VO internationale Sekundäremissionen, insbesondere sofern diese mit einer Privatplatzierung in den USA nach Rule 144A unter dem U.S. Securities Act von 1933 oder, wie bei Bezugsrechtsemissionen oftmals, mit einer Möglichkeit zu sog. reverse inquiry einherge-

---

[73] So auch *Bauerschmidt*, AG 2022, 1, 6.
[74] *Groß*, Kapitalmarktrecht, § 9 WpPG Rn. 61; *Schulz*, WM 2018, 212, 218.
[75] *Schulz*, WM 2016, 1417, 1423.
[76] *Schulz*, WM 2016, 1417, 1423.
[77] *Groß*, Kapitalmarktrecht, § 9 WpPG Rn. 61; a.A. wohl *Heidelbach*, in: Schwark/Zimmer, KMKR, § 9 WpPG Rn. 12 unter Verweis auf die „Gesamtbildformel" des BGH. Dies übersieht jedoch, dass das „Gesamtbild" gerade auch unter Berücksichtigung des eingeführten Art. 14 Abs. 2 zu bestimmen ist.
[78] Erwägungsgrund 51 der ProspektVO.
[79] *Berrar*, in: Berrar/Meyer/Müller et al., WpPG/EU-ProspektVO, 2. Aufl. 2017, Art. 26a ProspektVO Rn. 41; und bereits grundlegend zuvor in *Berrar/Wiegel*, Corporate Finance Law 2012, 97 ff.
[80] So auch *Groß*, Kapitalmarktrecht, § 9 WpPG Rn. 61.

hen, keinem geänderten Standard unterliegen.[81] Dies gilt insbesondere auch für den selbstverständlich unveränderten **Haftungsmaßstab nach Rule 10b-5 unter dem U.S. Securities Act von 1933** und die in diesem Zusammenhang bei internationalen Transaktionen von den beteiligten Rechtsanwaltskanzleien gegenüber den Konsortialbanken abzugebenden sog. 10b-5 Letters (**U.S. disclosure letter**). Daraus folgt auch unter Geltung des Art. 14, dass etwa bei prospektpflichtigen Bezugsrechtskapitalerhöhungen verbunden mit einer Privatplatzierung in den USA die Abweichungen im Prospekt vom vollumfänglichen Offenlegungsstandard genau betrachtet werden müssen. Schwer tun wird man sich vor allem dann, wenn die Abweichungen ganze Prospektabschnitte oder sonst zentrale Bestandteile betreffen, wie z.B. Beschränkungen bzgl. der historischen Finanzinformationen des Emittenten oder deren Besprechung in der sog. MD&A (→ Rn. 46). Da sich der U.S. disclosure letter allerdings genau genommen nicht auf den Prospekt bezieht, sondern auf ein auf den Prospektinhalten basierenden sog. Offering Circular (→ Art. 20 Rn. 60), wäre es grundsätzlich denkbar, in diesen Offering Circular wiederum zusätzliche Information aufzunehmen. Rein praktisch erscheint dieses Vorgehen selbstverständlich nicht besonders attraktiv, da dadurch der durch Art. 14 verfolgte Gedanke der Vereinfachung (→ Rn. 4) leerlaufen würde. Zudem würde dieser Ansatz auch aus rechtlicher Perspektive Fragen aufwerfen, insbesondere vor dem Hintergrund des Konsistenzgebots (→ Art. 22 Rn. 39 ff.).

VIII. Ausblick: EU-Rechtsakt zur Börsennotierung (EU Listing Act)

Auf dem Weg zur Schaffung einer Kapitalmarktunion hat die Europäische Kommission mit der ProspektVO einen weiteren Schritt zur Harmonisierung des europäischen Prospektrechts unternommen. Gleichwohl hält die Kommission die Kapitalmärkte weiterhin für unterentwickelt und sieht eine Notwendigkeit darin, die Notierung von Dividenden- und Nichtdividendenwerten an den öffentlichen Märkten der EU für Unternehmen, insbesondere kleine und mittlere Unternehmen (KMU), attraktiver zu machen.[82]

74

1. Kommissionsvorschlag vom 7.12.2022

Um dieses Ziel zu erreichen, veröffentlichte die Kommission im Dezember 2022 einen Entwurf für einen „EU Listing Act", der Vorschläge für zwei Richtlinien (COM(2022) 760 und COM(2022) 761) und eine Verordnung (COM(2022) 762) enthält. Die vorgeschlagene Verordnung sieht zahlreiche Änderungen für das Prospektrecht vor, um die Prospekterstellung einfacher und kostengünstiger zu gestalten.[83] Dafür sind weitreichende **Vereinfachungen** vorgesehen, die auch **Sekundäremissionen** betreffen:

75

– So sollen die Ausnahmen von der Prospektpflicht bei Sekundäremissionen erweitert werden, indem gem. Art. 1 Abs. 4 lit. da und Art. 1 Abs. 5 lit. a ProspektVO-E neu zu-

---

81 Im Anschluss an die bereits in der Vorlauflage zu Art. 26a VO (EG) Nr. 809/2004 vertretene Auffassung so u.a. auch *Groß*, in: Ebenroth/Boujong/Joost/Strohn, HGB, Art. 14 ProspektVO Rn. 3; *T. Busch/D. Busch*, in: Marsch-Barner/Schäfer, Handbuch börsennotierte AG, Rn. 43.8; *Schlitt/Ries*, in: Assmann/Schlitt/von Kopp-Colomb, Prospektrecht Kommentar, Art. 14 ProspektVO Rn. 14.
82 Vgl. https://www.consilium.europa.eu/de/policies/capital-markets-union/.
83 *Schmidt*, EuZW 2023, 3.

gelassene Wertpapiere nicht mehr unter 20%, sondern unter **40% der bereits zugelassenen Wertpapiere** in einem Zeitraum von zwölf Monaten ausmachen dürfen, um von der Prospektpflicht befreit zu sein.
- Ferner normiert Art. 1 Abs. 4 lit. db ProspektVO-E[84] eine Ausnahme von der Prospektpflicht bei einem Angebot von Wertpapieren, die mit bereits zum Handel am selben Markt zugelassenen Wertpapieren fungibel sind, die mindestens während der letzten 18 Monate vor dem Angebot der neuen Wertpapiere ununterbrochen zum Handel an einem geregelten Markt oder einem KMU-Wachstumsmarkt zugelassen waren, sofern (i) die Wertpapiere nicht im Zusammenhang mit einer Übernahme im Wege eines Tauschangebots, einer Verschmelzung oder einer Spaltung begeben werden, (ii) der Emittent sich nicht in einem Insolvenz- oder Umstrukturierungsverfahren befindet und (iii) der Emittent anstelle eines Prospekts ein maximal **zehnseitiges Informationsdokument** veröffentlicht. Dieses Dokument muss bei der zuständigen Behörde lediglich hinterlegt (d.h. von dieser nicht gebilligt) werden und ist gemäß Art. 21 Abs. 2 der Öffentlichkeit zur Verfügung zu stellen (dazu näher → Art. 21 Rn. 25 ff.). Nach einem neuen UAbs. 2 des Art. 1 Abs. 4 muss das Informationsdokument in „einer Weise präsentiert und aufgemacht sein, die leicht lesbar ist, wobei Buchstaben in gut leserlicher Größe zu verwenden sind, und muss in der Amtssprache des Herkunftsmitgliedstaats oder mindestens einer seiner Amtssprachen oder in einer anderen von der zuständigen Behörde dieses Mitgliedstaats anerkannten Sprache abgefasst sein". Die genauen Inhalte des Informationsdokuments legt Anhang IX zur ProspektVO-E fest. Aufzunehmen sind neben bestimmten grundlegenden Informationen zum Emittenten (wie Name, LEI, Link zur Website) und zum Wertpapier (wie ISIN) (i) der Grund für die Emission und die Erlöse, (ii) die spezifischen Risikofaktoren der Emission, (iii) Verwässerung und Aktienbesitz nach der Emission und (iv) die Angebotsbedingungen. Ferner sind in das Informationsdokument verschiedene Erklärungen aufzunehmen, wie z.B. darüber, dass der Emittent kontinuierlich seinen Melde- und Offenlegungspflichten nachgekommen ist, sowie eine Angabe, wo die im Rahmen der laufenden Offenlegungspflichten veröffentlichten Informationen verfügbar sind. Ebenfalls ist zu bestätigen, dass der Emittent zum Zeitpunkt des Angebots keine Offenlegung von Insiderinformationen gemäß der Verordnung (EU) Nr. 596/2014 (MAR) aufschiebt.
- Außerdem wird gem. Art. 3 Abs. 2 lit. b ProspektVO-E die Schwelle für prospektfreie Angebote von bisher 8 Mio. EUR auf **12 Mio. EUR Emissionsvolumen** erhöht.
- Ist keine der o.g. Ausnahmen einschlägig, ist für Sekundäremissionen ein Prospekt zu erstellen. Dabei sieht der Kommissionsvorschlag vor, dass der gegenwärtige vereinfachte Prospekt nach Art. 14 gestrichen und durch einen sog. **EU-Folgeprospekt** ersetzt wird, welcher in einem neuen Art. 14b ProspektVO-E geregelt ist. Der größte Unterschied zur bisherigen Regelung besteht in dem zwingend begrenzten Umfang des Folgeprospekts. Gemäß Art. 14b Abs. 5 ProspektVO-E darf ein Folgeprospekt, der sich auf Aktien oder andere, Aktien gleichzustellende übertragbare Wertpapiere von Unternehmen bezieht, maximal 50 DIN-A4-Seiten umfassen. Allerdings nimmt Art. 14b Abs. 6 ProspektVO-E bestimmte Inhalte von der Seitenbegrenzung aus. Art. 14b Abs. 7 ProspektVO-E bringt die Intention der Kommission zum Ausdruck, den EU-Folgeprospekt zu einem weitgehend standardisierten Dokument zu machen, indem die Regelung

---

[84] Art. 1 Abs. 5 lit. ba ProspektVO-E enthält die parallele Prospektausnahme für die Zulassung von Wertpapieren.

bestimmt, dass die Prospektinhalte zwingend der Reihenfolge zu entsprechen haben, die auf den einschlägigen Anhängen zur Verordnung (ähnlich den Anhängen zur gegenwärtigen VO (EU) 2019/980) vorgegeben ist. Anders als nach gegenwärtigem Recht ist die Zusammenfassung des EU-Folgeprospekts keine „normale" Zusammenfassung, sondern unterliegt speziellen Regelungen nach Art. 7 Abs. 12b ProspektVO-E. Hervorzuheben ist hier, dass die spezielle Zusammenfassung maximal fünf DIN-A4-Seiten umfassen darf und zwingend in die folgenden vier Abschnitte zu unterteilen ist: Einleitung, Basisinformationen über den Emittenten, Basisinformationen über die Wertpapiere, Basisinformationen über das öffentliche Angebot bzw. die Zulassung zum Handel an einem geregelten Markt. Im Falle einer Garantie für die Wertpapiere ist ein fünfter Abschnitt mit Basisinformationen über den Garantiegeber sowie über Art und Umfang der Garantie aufzunehmen.

2. Bewertung

Mit dem sich gewissermaßen als Thema über alle Neuregelungen erstreckenden Ansatz, Offenlegungen vom Umfang her zu begrenzen und inhaltlich zu standardisieren, verfolgt die Kommission offensichtlich das Ziel, die Prospekterstellung für Emittenten einfacher und kostengünstiger zu gestalten und gleichzeitig noch einen ausreichenden Anlegerschutz zu gewährleisten.[85] Das ist **grundsätzlich begrüßenswert**, wobei die **Tauglichkeit** der einzelnen Erleichterungen in der **Praxis teilweise fraglich** ist. 76

So gewährt etwa die Möglichkeit, selbst bei großvolumigen Sekundäremissionen statt eines Prospekts ein zehnseitiges Informationsdokument zu erstellen, ein enorm hohes Maß an Flexibilität. Jedoch erscheint diese Art der Offenlegung nicht für jede Transaktions- und Vermarktungssituation geeignet. Insbesondere **institutionelle Investoren** werden eine **umfangreichere Informationsgrundlage** verlangen. Zudem erscheint die **haftungsrechtliche Situation** gänzlich ungeklärt. Denn es kann beispielsweise nicht beurteilt werden, was die von Anhang IX der ProspektVO-E verlangten „spezifischen Risikofaktoren der Emission" zu umfassen haben. Es drängt sich die Frage auf, wo hier die Grenze zu sonstigen Risikofaktoren verläuft.[86] 77

Die Anhebung des Schwellenwerts der Prospektfreiheit bei Kleinstemissionen auf 12 Mio. EUR stellt ohne Zweifel eine gewisse Erleichterung dar. Diese wird jedoch in der Praxis nur im Bereich der **KMU** spürbar sein oder in den Fällen, wo die Prospektausnahme mit **anderen Ausnahmen** (z.B. der Platzierung an institutionelle Investoren gemäß Art. 1 Abs. 4 lit. a) **kombiniert** wird und auf diesem Wege die Transaktionsflexibilität erhöht. 78

Schließlich stellt sich beim EU-Folgeprospekt die Frage, ob die Begrenzung des Umfangs und die starre Vorgabe der Reihenfolge offengelegter Information praktisch wirklich zu einer Erleichterung führt. Die Flexibilität bei der Prospekterstellung wird dadurch jedenfalls nicht erhöht. Erst recht kann man an der Praxistauglichkeit der vorgeschlagenen Neuregelung zweifeln, betrachtet man die **haftungsrechtliche Ebene**. Zwar enthält Art. 14b Abs. 1 ProspektVO-E, ebenso wie der geltende Art. 14 Abs. 2, eine explizite Ab- 79

---

85 *Schmidt*, EuZW 2023, 3. Ähnlich *Gabriel*, WM 2023, 494, 495.
86 *Kuthe*, AG 2023, R28.

weichung vom allgemeinen Offenlegungs- und Haftungsmaßstab des Art. 6 Abs. 1 ProspektVO i.V.m. § 9 WpPG (→ Rn. 68 ff.), jedoch besteht das Problem der Diskrepanz zum U.S.-rechtlichen Haftungsmaßstab nach Rule 10b-5 unter dem U.S. Securities Act von 1933 (→ Rn. 73) weiterhin fort und wird durch die zwingende Begrenzung des Prospektumfangs sogar noch verschärft.

Art. 14a ProspektVO
EU-Wiederaufbauprospekt

(1) Die folgenden Personen können sich im Fall eines öffentlichen Angebots von Aktien oder einer Zulassung von Aktien zum Handel an einem geregelten Markt dafür entscheiden, einen EU-Wiederaufbauprospekt im Rahmen der vereinfachten Offenlegungsregelung dieses Artikels erstellen:

a) Emittenten, deren Aktien mindestens während der vergangenen 18 Monate ununterbrochen zum Handel an einem geregelten Markt zugelassen waren und die Aktien emittieren, die mit den vorhandenen zuvor begebenen Aktien fungibel sind;

b) Emittenten, deren Aktien bereits seit mindestens den vergangenen 18 Monaten ununterbrochen auf einem KMU-Wachstumsmarkt gehandelt werden, vorausgesetzt, dass ein Prospekt für das Angebot dieser Aktien veröffentlicht wurde, und die Aktien emittieren, die mit bereits zuvor begebenen Aktien fungibel sind;

c) Anbieter, deren Aktien bereits seit mindestens den vergangenen 18 Monaten ununterbrochen zum Handel an einem geregelten Markt oder an einem KMU-Wachstumsmarkt zugelassen sind.

Emittenten dürfen einen EU-Wiederaufbauprospekt nur unter der Bedingung erstellen, dass die Zahl der Aktien, die angeboten werden soll, sofern zutreffend, zusammen mit der Anzahl der Aktien, die über einen Zeitraum von 12 Monaten bereits über einen EU-Wiederaufbauprospekt angeboten worden sind, nicht mehr als 150 % der Aktien ausmacht, die zum Datum der Billigung des EU-Wiederaufbauprospekts zum Handel an einem regulierten Markt bzw. an einem KMU-Wachstumsmarkt zugelassen sind.

Der in Unterabsatz 2 genannte Zeitraum von 12 Monaten beginnt am Tag der Billigung des EU-Wiederaufbauprospekts.

(2) Abweichend von Artikel 6 Absatz 1 und unbeschadet des Artikels 18 Absatz 1 enthält der EU-Wiederaufbauprospekt die erforderlichen verkürzten Angaben, die es Anlegern ermöglichen, sich über Folgendes zu informieren:

a) die Aussichten und die finanzielle Leistungsfähigkeit des Emittenten und die bedeutenden Änderungen der Finanz- und Geschäftslage des Emittenten, die gegebenenfalls seit Ablauf des vergangenen Geschäftsjahres eingetreten sind, sowie seine finanzielle und nichtfinanzielle langfristige Geschäftsstrategie und seine Ziele, einschließlich – falls zutreffend – einer mindestens 400 Wörter umfassenden spezifischen Darlegung der geschäftlichen und finanziellen Auswirkungen sowie der erwarteten künftigen Auswirkungen der COVID-19-Pandemie auf den Emittenten;

b) die wesentlichen Informationen über die Aktien, einschließlich der mit diesen Aktien verbundenen Rechte und etwaiger Beschränkungen dieser Rechte, die Gründe für die Emission und ihre Auswirkungen auf den Emittenten, auch auf die Kapitalstruktur des Emittenten insgesamt, sowie die Angabe der Kapitalausstattung und Verschuldung, eine Erklärung zum Geschäftskapital und die Verwendung der Erlöse.

(3) Die in dem EU-Wiederaufbauprospekt enthaltenen Angaben sind schriftlich und in leicht zu analysierender, knapper und verständlicher Form zu präsentieren und müssen es Anlegern, insbesondere Kleinanlegern, ermöglichen, eine fundierte Anlageentscheidung zu treffen, wobei die vorgeschriebenen Informationen gemäß der Richtlinie 2004/109/EG (soweit anwendbar), der Verordnung (EU) Nr. 596/2014 und die in der Delegierten Verordnung (EU) 2017/565 der Kommission[1] genannten Informationen (soweit anwendbar), die bereits veröffentlicht wurden, zu berücksichtigen sind.

(4) Der EU-Wiederaufbauprospekt ist als ein einziges Dokument zu erstellen, das die in Anhang Va festgelegten Mindestinformationen enthält. Er hat eine maximale Länge von 30 DIN-A4-Seiten in gedruckter Form und ist in einer Weise präsentiert und aufgemacht, die leicht verständlich ist, wobei Buchstaben in gut leserlicher Größe verwendet werden.

(5) Weder die Zusammenfassung noch die Informationen, die durch Verweis gemäß Artikel 19 aufgenommen wurden, sind auf die in Absatz 4 dieses Artikels genannte Höchstlänge anzurechnen.

(6) Emittenten können entscheiden, in welcher Reihenfolge die in Anhang Va angegebenen Informationen im EU-Wiederaufbauprospekt aufgeführt werden.

(nicht kommentiert)

---

1 Delegierte Verordnung (EU) 2017/565 der Kommission vom 25.4.2016 zur Ergänzung der Richtlinie 2014/65/EU des Europäischen Parlaments und des Rates in Bezug auf die organisatorischen Anforderungen an Wertpapierfirmen und die Bedingungen für die Ausübung ihrer Tätigkeit sowie in Bezug auf die Definition bestimmter Begriffe für die Zwecke der genannten Richtlinie (ABl. L 87 vom 31.3.2017, S. 1).

Art. 15 ProspektVO
EU-Wachstumsprospekt

(1) Die folgenden Personen können sich im Falle eines öffentlichen Angebots von Wertpapieren dafür entscheiden, einen EU-Wachstumsprospekt auf der Grundlage der verhältnismäßigen Offenlegungsregelung gemäß diesem Artikel zu erstellen, sofern sie keine Wertpapiere begeben haben, die zum Handel an einem geregelten Markt zugelassen wurden:

a) KMU;

b) Emittenten, bei denen es sich nicht um KMU handelt, deren Wertpapiere an einem KMU-Wachstumsmarkt gehandelt werden oder gehandelt werden sollen, sofern ihre durchschnittliche Marktkapitalisierung auf der Grundlage der Notierungen zum Jahresende in den letzten drei Kalenderjahren weniger als 500 000 000 EUR betrug;

c) andere als die unter den Buchstaben a und b genannten Emittenten, deren öffentliches Angebot von Wertpapieren einem Gesamtgegenwert in der Union von höchstens 20 000 000 EUR über einen Zeitraum von 12 Monaten entspricht, sofern keine Wertpapiere dieser Emittenten an einem MTF gehandelt werden und ihre durchschnittliche Beschäftigtenzahl im letzten Geschäftsjahr bis zu 499 betrug;

ca) Emittenten, bei denen es sich nicht um KMU handelt, die Aktien öffentlich anbieten und gleichzeitig einen Antrag auf Zulassung dieser Aktien zum Handel an einem KMU-Wachstumsmarkt stellen, sofern sie keine Aktien begeben haben, die bereits zum Handel an einem KMU-Wachstumsmarkt zugelassen sind, und der Gesamtwert der zwei folgenden Positionen unter 200 000 000 EUR liegt:

  i) der Preis des endgültigen Angebots oder – in dem in Artikel 17 Absatz 1 Buchstabe b Ziffer i genannten Fall – der Höchstkurs;

  ii) die Gesamtzahl der unmittelbar nach dem öffentlichen Aktienangebot im Umlauf befindlichen Aktien, berechnet entweder auf der Grundlage der Menge der öffentlich angebotenen Aktien oder, in dem in Artikel 17 Absatz 1 Buchstabe b Ziffer i genannten Fall, der Höchstmenge der öffentlich angebotenen Aktien;

d) Anbieter von Wertpapieren, die von den unter den Buchstaben a und b genannten Emittenten begeben wurden.

Bei einem EU-Wachstumsprospekt im Rahmen der verhältnismäßigen Offenlegungsregelung handelt es sich um ein Dokument mit einer standardisierten Aufmachung, das in leicht verständlicher Sprache abgefasst und für die Emittenten leicht auszufüllen ist. Er enthält eine spezielle Zusammenfassung auf der Grundlage des Artikels 7, ein spezielles Registrierungsformular und eine spezielle Wertpapierbeschreibung. Die in dem EU-Wachstumsprospekt enthaltenen Informationen werden in einer standardisierten Reihenfolge aufgeführt, die in dem delegierten Rechtsakt nach Absatz 2 festgelegt ist.

(2) Die Kommission erlässt bis zum 21. Januar 2019 gemäß Artikel 44 delegierte Rechtsakte zur Ergänzung dieser Verordnung, in denen der verkürzte Inhalt, die

Art. 15 ProspektVO EU-Wachstumsprospekt

standardisierte Aufmachung und die standardisierte Reihenfolge für den EU-Wachstumsprospekt sowie der verkürzte Inhalt und die standardisierte Aufmachung der speziellen Zusammenfassung präzisiert werden.

Die spezielle Zusammenfassung erlegt den Emittenten insofern keinerlei zusätzliche Belastungen oder Kosten auf, als dafür nur die relevanten Informationen erforderlich sind, die bereits im EU-Wachstumsprospekt enthalten sind. Bei der Festlegung der standardisierten Aufmachung der speziellen Zusammenfassung kalibriert die Kommission die Anforderungen, um sicherzustellen, dass die Zusammenfassung kürzer ist als die Zusammenfassung gemäß Artikel 7.

Bei der Festlegung des verkürzten Inhalts, der standardisierten Aufmachung und der standardisierten Reihenfolge des EU- Wachstumsprospekts kalibriert die Kommission die Anforderungen so, dass deren Schwerpunkt auf Folgendem liegt:

a) den Angaben, die für die Anleger bei einer Anlageentscheidung wesentlich und relevant sind;

b) der Notwendigkeit, sicherzustellen, dass die Kosten für die Erstellung eines Prospekts in einem angemessenen Verhältnis zur Größe des Unternehmens stehen.

Dabei berücksichtigt die Kommission Folgendes:

a) dass der EU-Wachstumsprospekt unter dem Aspekt der Verwaltungslasten und der Emissionskosten signifikant einfacher sein muss als der Standardprospekt;

b) dass KMU der Zugang zu den Kapitalmärkten erleichtert werden muss und die Kosten für die KMU möglichst gering zu halten sind, während gleichzeitig das Anlegervertrauen in solche Unternehmen gesichert werden muss;

c) die unterschiedlichen Arten von Angaben, die Anleger in Bezug auf Dividendenwerte und Nichtdividendenwerte benötigen.

Die betreffenden delegierten Rechtsakte basieren auf der Grundlage der Anhänge IV und V.

Übersicht

	Rn.		Rn.
I. Überblick	1	II. Regelungsgegenstand	10
1. Normhintergrund	1	1. Erstellung eines EU-Wachstumsprospekts (Abs. 1)	10
2. Wesentliche Änderungen zu bisherigen Vorschriften	7	2. Delegierte Rechtsakte (Abs. 2)	18
		III. Exkurs: EU Listing Act	20

I. Überblick

1. Normhintergrund

1 Die Förderung des Zugangs zu Finanzmitteln **für kleine und mittelständische Unternehmen („KMU")** ist eine der wichtigsten Kernpunkte im Rahmen des **Aktionsplans**

der Kommission für die Kapitalmarktunion.[1] KMU sind wichtige Motoren für Wachstum, Beschäftigung und Innovation in Europa und Direktinvestitionen in KMU unterstützen eine nachhaltige wirtschaftliche Entwicklung.[2] Die Erleichterung des Wachstums dieser Unternehmen durch einen einfacheren und kosteneffizienteren Zugang zu Kapital kann die Unternehmen stärken und die Schaffung von Arbeitsplätzen fördern.[3]

In Europa finanzieren sich mittelständische Unternehmen, anders als etwa in den USA, traditionell stark über Bankkredite. Der Kapitalmarkt als Finanzierungsmöglichkeit für Unternehmen über die Ausgabe von Aktien und Anleihen wird weiterhin überwiegend von z. B. großen börsennotierten Unternehmen genutzt, die bereits über eine entsprechende Infrastruktur verfügen, mit der man das am Kapitalmarkt erforderliche regelmäßige Berichtswesen, die zur Verfügungstellung von Finanz- und anderen marktrelevanten Informationen bezüglich des Unternehmens und die damit einhergehenden Transparenzerfordernisse gegenüber der Aufsicht und den Anlegern darstellen kann. In der Regel sind KMU weniger transparent strukturiert und organisiert als Großunternehmen und verfügen oft gerade nicht über eine Infrastruktur, die den oben erwähnten Anforderungen des Kapitalmarkts genügt. Oft meiden KMU daher den Kapitalmarkt, weil die damit verbundenen Publizitäts- und Transparenzanforderungen für sie besondere Herausforderungen darstellen. Darüber hinaus haben die von KMU an Handelsplätzen in der Europäischen Union begebenen Titel häufig mit schwächerer Liquidität und höherer Volatilität zu kämpfen, was die Kosten der Kapitalaufnahme erhöht und diese Finanzierungsquelle für KMU zu kostspielig macht.[4] Der EU-Wachstumsprospekt könnte somit insbesondere mittelgroßen Unternehmen den Zugang zum Kapitalmarkt erleichtern und deren speziellen Finanzierungsbedürfnissen entgegenkommen und sie somit vom klassischen Bankkredit unabhängiger machen. Durch eine Notierung an öffentlichen Märkten könnten KMU ihre Anlegerbasis diversifizieren, leichter Zugang zu Beteiligungskapital und Finanzierungen über Anleiheemissionen erhalten, für größere Wahrnehmung in der Öffentlichkeit sorgen und ihre Markenbekanntheit erhöhen.[5]

Die **Investitionsoffensive für Europa ("Juncker-Plan")** wurde im November 2014 ins Leben gerufen, um den Abwärtstrend bei den ohnehin schon relativ niedrigen privaten Investitionen innerhalb der EU umzukehren und Europa auf den Weg der wirtschaftlichen Erholung zu führen.[6] Der Juncker-Plan verfolgte drei Ziele, nämlich die Beseitigung von

---

1 Mitteilung der Kommission an das Europäische Parlament, den Rat, den Europäischen Wirtschafts- und Sozialausschuss und den Ausschuss der Regionen, Aktionsplan zur Schaffung einer Kapitalmarktunion v. 30.9.2015, https://eur-lex.europa.eu/legal-content/DE/TXT/?uri=CELEX%3A52015DC0468 (zuletzt abgerufen am 20.3.2023).
2 ESMA, Consultation Paper – Draft technical advice on content and format of the EU Growth prospectus, 6.7.2017, S. 12 f.
3 ESMA, Consultation Paper – Draft technical advice on content and format of the EU Growth prospectus, 6.7.2017, S. 12 f.
4 Vgl. Erwägungsgrund 1 der Delegierten Verordnung (EU) 2019/1011 der Kommission vom 13.1.2018 zur Änderung der Delegierten Verordnung (EU) 2017/565 der Kommission in Bezug auf bestimmte Registrierungsbedingungen mit dem Ziel, die Nutzung der KMU-Wachstumsmärkte für die Zwecke der Richtlinie 2014/65/EU des Europäischen Parlaments und des Rates zu fördern.
5 Factsheet der EU-Kommission, Häufig gestellte Fragen: Erleichterung der Kapitalmarktfinanzierung für kleinere Unternehmen, 24.5.2018, S. 1.
6 Pressemitteilung der Europäischen Kommission v. 22.10.2019, https://ec.europa.eu/commission/presscorner/detail/de/IP_19_6119 (zuletzt abgerufen am 20.3.2023).

Investitionshindernissen, Investitionsprojekte in der Öffentlichkeit bekannt zu machen und technisch zu unterstützen und finanzielle Ressourcen intelligenter einzusetzen.[7] Im Rahmen der Beseitigung von Investitionshindernissen war es ein entscheidendes Ziel, auch für KMU die Beschaffung von Kapital und den Zugang zum Kapitalmarkt zu begünstigen.

4 Da KMU im Vergleich zu anderen Emittenten üblicherweise geringere Emissionserlöse erzielen müssen, könnten die Kosten für die **Erstellung eines Standardprospekts unverhältnismäßig hoch** sein und für sie ein Hindernis darstellen, ihre Wertpapiere öffentlich anzubieten, weshalb bei der Kalibrierung des Inhalts eines EU-Wachstumsprospekts das richtige Gleichgewicht zwischen einem kosteneffizienten Zugang zu den Finanzmärkten und dem Anlegerschutz hergestellt werden sollte.[8] Zugleich könnten KMU aufgrund ihrer Größe und ihrer möglicherweise kürzeren Existenzdauer im Vergleich zu größeren Emittenten ein spezielles Anlagerisiko bürgen und sollten aber auch ausreichende Informationen veröffentlichen, die es Anlegern ermöglicht, ihre Anlageentscheidung informiert treffen zu können.[9] Ziel der ProspektVO war es auch, KMU-Wachstumsmärkte, die ein vielversprechendes Instrument dafür sind, kleineren, wachsenden Unternehmen die Beschaffung von Kapital zu ermöglichen, besonders zu berücksichtigen.[10] Dabei sollte die Kommission bei der Wahrnehmung ihrer delegierten Befugnisse und ihrer Durchführungsbefugnisse im Sinne der ProspektVO u. a. beachten, dass das Vertrauen der Kleinanleger und KMU in die Finanzmärkte durch die Förderung eines hohen Maßes an Transparenz auf den Finanzmärkten sichergestellt und dass KMU der Zugang zu den Kapitalmärkten erleichtert wird, während gleichzeitig das Anlegervertrauen in solche Unternehmen gesichert werden muss.[11]

5 Einem EU-Wachstumsprospekt sollte wie bei anderen Arten von Prospekten im Rahmen der ProspektVO nach seiner Billigung die **Pass-Regelung** gemäß der ProspektVO ebenfalls gewährt werden und er sollte damit für jedes unionsweite öffentliche Angebot von Wertpapieren gültig sein.[12]

6 Die Regelung über die verhältnismäßige Offenlegung in der ProspektVO für den EU-Wachstumsprospekt zielt darauf ab, **KMU den Zugang zur Finanzierung auf den Kapitalmärkten zu erleichtern, was ein zentrales Ziel der Kapitalmarktunion ist**.[13] Die Vorschrift, wonach KMU und Midcaps, d.h. Aktienemittenten mit einer Marktkapitalisierung von über 200 Mio. EUR, bei der Erstellung eines Prospekts eine reduzierte Offenlegung von Informationen vorzunehmen haben, trägt der Tatsache Rechnung, dass die Kosten für die Erstellung eines Prospekts relativ hoch sein und für solche Emittenten, die in der Regel einen geringeren Mittelbeschaffungsbedarf als größere Unternehmen haben, ab-

---

7 Pressemitteilung der Europäischen Kommission v. 22.10.2019, https://ec.europa.eu/commission/presscorner/detail/de/IP_19_6119 (zuletzt abgerufen am 20.3.2023).
8 Erwägungsgrund 51 der ProspektVO.
9 Erwägungsgrund 51 der ProspektVO.
10 Erwägungsgrund 51 der ProspektVO.
11 Erwägungsgrund 83 der ProspektVO.
12 Erwägungsgrund 51 der ProspektVO.
13 ESMA, Consultation Paper – Draft technical advice on content and format of the EU Growth prospectus, 6.7.2017, S. 13.

schreckend wirken können.[14] Diese Erleichterungen für KMU zeigen sich im Übrigen nicht nur in der ProspektVO, sondern auch in anderen europäischen Regelwerken wurden unlängst die Besonderheiten und speziellen Rahmenerfordernisse von KMU und KMU-Wachstumsmärkten zusehends berücksichtigt.[15]

2. Wesentliche Änderungen zu bisherigen Vorschriften

Bisher galten für KMUs entsprechend der Anhänge 25 bis 28 VO (EG) 809/2004 **teilweise Erleichterungen bezüglich des Registrierungsformulars** (siehe dazu auch § 7 WpPG a. F.). Nach der VO (EG) 809/2004 galten die sog. „verhältnismäßigen Schemata" mit erleichterten Prospektanforderungen lediglich für KMU und Unternehmen mit geringer Marktkapitalisierung, sog. Small Caps. Dabei war jedoch nur ein verhältnismäßiges Schema für das Registrierungsformular vorgesehen, nicht jedoch für die Wertpapierbeschreibung.[16]

7

Die Charakteristika eines EU-Wachstumsprospekts nach der neuen Fassung der Prospekt-VO sind ein kürzerer Inhalt, eine verkürzte Zusammenfassung sowie eine gewissen Standards angepasste Aufmachung, mit dem Ziel, neue Finanzierungsquellen für KMU zu erschließen und die Kosten der Kapitalaufnahme zu senken.[17] Durch eine verbesserte Darstellung der Informationen im Prospekt soll insbesondere der Anlegerschutz gestärkt werden und Prospekte sollten daher künftig nicht mehr mit Risikofaktoren überfrachtet werden, welche die für Anleger tatsächlich relevanten Risikofaktoren verdecken könnten.[18] Erreicht werden soll ein **geringerer Aufwand für die Prospektherstellung sowie die damit einhergehende Erleichterung der Mittelbeschaffung am Kapitalmarkt** und zugleich die Offenlegung aller wesentlichen und relevanten Informationen für die Anleger.[19] Vor diesem Hintergrund war es ebenfalls angemessen, in der neuen Fassung der Prospekt-VO auch die Definition von KMU auf KMU im Sinne der Richtlinie 2014/65/EU des Europäischen Parlaments und des Rates vom 15.5.2014 über Märkte für Finanzinstrumente sowie zur Änderung der Richtlinien 2002/92/EG und 2011/61/EU Text von Bedeutung für den EWR (die „**MiFID II**") zu erweitern, um eine Übereinstimmung zwischen der Definition der ProspektVO und der MiFID II zu gewährleisten.[20]

8

---

14 ESMA, Consultation Paper – Draft technical advice on content and format of the EU Growth prospectus, 6.7.2017, S. 13.
15 Vgl. z. B. Delegierte Verordnung (EU) 2019/1011 der Kommission vom 13.12.2018 zur Änderung der Delegierten Verordnung (EU) 2017/565 der Kommission in Bezug auf bestimmte Registrierungsbedingungen mit dem Ziel, die Nutzung der KMU-Wachstumsmärkte für die Zwecke der Richtlinie 2014/65/EU des Europäischen Parlaments und des Rates zu fördern und die am 1.1.2021 in Kraft getretenen Änderungen der Verordnung (EU) Nr. 596/2014 des Europäischen Parlaments und des Rates vom 16.4.2014 über Marktmissbrauch (Marktmissbrauchsverordnung).
16 Vgl. Art. 26b VO (EG) 809/2004.
17 BaFin, Neue Regeln für Wertpapierprospekte, 25.6.2019, https://www.bafin.de/SharedDocs/Veroeffentlichungen/DE/Fachartikel/2019/fa_bj_1906_Wertpapierprospekte.html (zuletzt abgerufen am 20.3.2023).
18 BaFin, EU-Prospektverordnung, 20.3.2023, https://www.bafin.de/DE/PublikationenDaten/Jahresbericht/Jahresbericht2017/Kapitel5/Kapitel5_1/Kapitel5_1_4/kapitel5_1_4_node.html (zuletzt abgerufen am 20.3.2023).
19 Vgl. BaFin, Workshop zur ProspektVO, Ausnahmen und vereinfachtes Prospektregime am 28.5.2019.
20 Erwägungsgrund 51 der ProspektVO.

9 Vor dem Hintergrund, dass Anleger an geregelten Märkten darauf vertrauen sollen, dass alle Emittenten, in deren Wertpapiere sie investieren, einheitlichen Offenlegungsvorschriften unterliegen, gibt es nach der ProspektVO nun an geregelten Märkten keinen zweistufigen Offenlegungsstandard mehr, der von der Größe des Emittenten abhängt, d. h. der EU-Wachstumsprospekt ist im Unterschied zum ehemaligen KMU-Regime nun nicht mehr für eine Zulassung zum geregelten Markt nutzbar und steht auch nur solchen Emittenten zur Verfügung, die nicht bereits Wertpapiere zum geregelten Markt zugelassen haben.[21]

II. Regelungsgegenstand

1. Erstellung eines EU-Wachstumsprospekts (Abs. 1)

10 Die Aufmachung und der Inhalt des EU-Wachstumsprospekts sind **in der ProspektVO und auch in der VO (EU) 2019/980** verbindlich festgesetzt (vgl. Kapitel 4 VO (EU) 2019/980). Vor allem in den Anhängen der VO (EU) 2019/980 wird der gesetzlich vorgeschriebene (Mindest-)Inhalt bezüglich Ausmaß und Detailgrad der Offenlegungspflicht für EU-Wachstumsprospekte konkretisiert.[22] Es ist sowohl KMU als auch Emittenten, die bestimmte Größenwerte überschreiten, und auch Anbietern von Wertpapieren, die von KMU begeben werden, möglich, falls sie bisher noch keine an einem geregelten Markt zugelassenen Wertpapiere ausgegeben haben, einen EU-Wachstumsprospekt für das öffentliche Angebot von Wertpapieren zu erstellen.

11 Grundsätzlich gilt für einen EU-Wachstumsprospekt im Rahmen der verhältnismäßigen Offenlegungsregelung, dass es sich bei diesem um ein Dokument mit einer standardisierten Aufmachung handelt, das in leicht verständlicher Sprache abgefasst und für den jeweiligen Emittenten leicht auszufüllen ist (vgl. Art. 15 Abs. 1 ProspektVO). Ein EU-Wachstumsprospekt kann ebenso wie ein Standardprospekt **entweder als ein Gesamtdokument oder in Form separater Einzeldokumente** erstellt werden. Bei der Erstellung als Gesamtdokument müssen alle gesetzlich vorgeschriebenen Angaben bzw. Informationen in diesem Dokument aufgenommen sein. Es besteht jedoch auch die Möglichkeit, die Zusammenfassung, das Registrierungsformular und die Wertpapierbeschreibung in jeweils voneinander getrennten Dokumenten zu erstellen.

12 Unabhängig davon, ob der EU-Wachstumsprospekt als Einzeldokument oder in mehreren getrennten Dokumenten erstellt wird, müssen diese grundsätzlich die folgenden Informationen enthalten: **das Inhaltsverzeichnis** (vgl. Art. 32 Abs. 1 und 2 sowie Art. 37 Abs. 1 lit. a VO (EU) 2019/980), **die spezielle Zusammenfassung** (vgl. Art. 33 sowie Anhang 23 VO (EU) 2019/980), **das Registrierungsformular** (vgl. Art. 28 und 29 sowie Anhänge 24 und 25 VO (EU) 2019/980), **die Wertpapierbeschreibung** (vgl. Art. 30 und 31 sowie Anhänge 26 und 27 VO (EU) 2019/980) **und die Nennung der mittels Verweis aufgenommenen Dokumente und Informationen** (vgl. Art. 32 Abs. 1 lit. b, Abs. 2 lit. a Ziff. ii sowie lit. b Ziff. ii VO (EU) 2019/980). Die VO (EU) 2019/980 sieht dabei spezielle Registrierungsformulare und Wertpapierbeschreibungen sowohl für Dividendenwerte als

---

21 Vgl. ESMA, Consultation Paper – Draft technical advice on content and format of the EU Growth prospectus, 6.7.2017, S. 13; Erwägungsgrund 53 der ProspektVO.
22 *Möller/Ziegltrum*, BKR 2020, 161, 162.

auch für Nichtdividendenwerte vor (vgl. Anhänge 24 bis 27 VO (EU) 2019/980). Da es sich bei dem EU-Wachstumsprospekt um eine nach der ProspektVO eigenständige Form eines Prospekts handelt, muss dieser nach den entsprechenden Anhängen der VO (EU) 2019/980 auch als solcher gekennzeichnet werden.[23]

Bei **KMU handelt es sich um Gesellschaften, die laut ihrem letzten Jahresabschluss bzw. konsolidierten Abschluss zumindest zwei der nachfolgenden drei Kriterien erfüllen**: eine durchschnittliche Beschäftigtenzahl im letzten Geschäftsjahr von weniger als 250, eine Gesamtbilanzsumme von höchstens 43 Mio. EUR und ein Jahresnettoumsatz von höchstens 50 Mio. EUR (vgl. Art. 2 lit. f Ziff. i ProspektVO). Weiterhin umfasst der Begriff der KMU nach der ProspektVO auch KMU i.S.d. MiFID II, d.h. solche Unternehmen, deren durchschnittliche Marktkapitalisierung auf der Grundlage der Notierung zum Jahresende in den letzten drei Kalenderjahren weniger als 200 Mio. € betrug (vgl. Art. 2 lit. f Ziff. ii ProspektVO sowie Art. 4 Abs. 1 Nr. 13 RL 2014/65/EU). Zum Nachweis des Vorliegens dieser Voraussetzungen muss der Emittent entweder im **Anschreiben** an die für die Billigung zuständige Behörde oder der **Überkreuz-Checkliste** (Liste mit Querverweisen) nach Art. 24 Abs. 5 VO (EU) 2019/980 entsprechende Angaben machen.[24] Es ist in jedem Fall auf die Seitenzahlen des Jahresabschlusses des Emittenten hinzuweisen, welche die für die o.g. Kriterien maßgeblichen Zahlen ergeben, wobei der Jahresabschluss, auch wenn er auf einfache Weise im Internet zu finden ist, in der Praxis mit eingereicht werden sollte.[25]

13

Auf Initiative des Europäischen Parlaments wurde der **persönliche Anwendungsbereich von Art. 15 Abs. 1 ProspektVO über KMU hinaus erheblich erweitert**, weshalb auch Unternehmen, bei denen es sich nicht um KMU handelt, deren Wertpapiere jedoch an einem KMU-Wachstumsmarkt gehandelt werden oder gehandelt werden sollen, sofern ihre durchschnittliche Marktkapitalisierung auf der Grundlage der Notierungen zum Jahresende in den letzten drei Kalenderjahren weniger als 500 Mio. EUR betrug (vgl. Art. 15 Abs. 1 lit. b ProspektVO) sowie Unternehmen, deren öffentliches Angebot von Wertpapieren einem Gesamtgegenwert in der EU von höchstens 20 Mio. EUR über einen Zeitraum von zwölf Monaten entspricht, sofern keine Wertpapiere dieser Unternehmen an einem multilateralen Handelssystem (sog. multilateral trading facility, „MTF") gehandelt werden und ihre durchschnittliche Beschäftigtenzahl im letzten Geschäftsjahr bis zu 499 betrug (vgl. Art. 15 Abs. 1 lit. c ProspektVO), einen EU-Wachstumsprospekt erstellen können.[26] Weiterhin können Emittenten, bei denen es sich ebenfalls nicht um KMU handelt und die Aktien öffentlich anbieten und gleichzeitig einen Antrag auf Zulassung dieser Aktien zum Handel an einem KMU-Wachstumsmarkt stellen, einen EU-Wachstumsprospekt nutzen, sofern sie keine Aktien begeben haben, die bereits zum Handel an einem KMU-Wachstumsmarkt zugelassen sind, und der Gesamtwert (i) des Preises des endgültigen Angebots oder der Höchstkurs (für den Fall des Art. 17 Abs. 1 lit. b Ziff. i ProspektVO)

14

---

23 Vgl. z.B. EU-Wachstumsprospekt der GERMAN REAL ESTATE CAPITAL S.A. v. 18.6.2020, https://www.gre-etp.de/wp-content/uploads/2020/06/200618_GREC_Prospekt.pdf (zuletzt abgerufen am 20.3.2023).
24 Vgl. auch *Wolf/Wink*, in: Berrar/Meyer/Müller et al., WpPG/EU-ProspektVO, 2. Aufl. 2017, Art. 26b Rn. 4; BaFin-Journal 12/09, S. 8.
25 Vgl. *Wolf/Wink*, in: Berrar/Meyer/Müller et al., WpPG/EU-ProspektVO, 2. Aufl. 2017, Art. 26b Rn. 4; BaFin-Journal 12/09, S. 8.
26 *Bauerschmidt*, BKR 2019, 324, 329.

und Ziff. ii die Gesamtzahl der unmittelbar nach dem öffentlichen Aktienangebot im Umlauf befindlichen Aktien, berechnet entweder auf der Grundlage der Menge der öffentlich angebotenen Aktien oder der Höchstmenge (für den Fall des Art. 17 Abs. 1 lit. b Ziff. i ProspektVO) der öffentlich angebotenen Aktien, unter 200 Mio. EUR liegt. KMU-Wachstumsmärkte sind dabei eine spezielle Kategorie von Handelsplätzen, die durch die MiFID II geschaffen wurden, um kleinen und mittleren Unternehmen die Kapitalaufnahme zu erleichtern.[27] Durch ihre Einstufung als eine neue Unterkategorie des „KMU-Wachstumsmarkts" innerhalb der MTF-Kategorie und die Registrierung dieser Märkte sollte ihr Bekanntheitsgrad und ihre Reputation erhöht sowie zur Entwicklung gemeinsamer unionsweiter Regulierungsstandards für solche Märkte beigetragen werden.[28] Sie sind nach der MiFID II als multilaterale Handelssysteme definiert, bei denen u. a. mindestens 50 % der Emittenten KMU sowie weitere festgeschriebene Kriterien erfüllt sind.[29]

15 Zuletzt dürfen auch Anbieter von Wertpapieren, die von KMU oder von Unternehmen zum Handel an einem KMU-Wachstumsmarkt begeben werden (vgl. → Rn. 14), EU-Wachstumsprospekte erstellen (vgl. Art. 15 Abs. 1 lit. d ProspektVO). In der Praxis sind Anbieter meist die Emittenten selbst, unabhängig davon, ob sie selbst die Wertpapiere als Eigenemission direkt platzieren, oder, ob die Emission als Fremdemission unter Einschaltung von Banken oder anderen Emissionshäusern platziert wird.[30]

16 Indes besteht die Möglichkeit, einen EU-Wachstumsprospekt zu erstellen, **nur für solche Emittenten, die nicht bereits Wertpapiere begeben haben, die bereits zum Handel an einem geregelten Markt zugelassen wurden** (vgl. Art. 15 Abs. 1 ProspektVO). Dahinter steht der Gedanke des Investorenschutzes und damit die Überlegung, dass Anleger an geregelten Märkten darauf vertrauen sollen, dass alle Emittenten, in deren Wertpapiere sie investieren, einheitlichen Offenlegungsvorschriften unterliegen und es an den geregelten Märkten daher keinen zweistufigen Offenlegungsstandard geben soll, der sich nach der Größe des Emittenten bemisst.[31] Dabei ist u. E. kritisch zu sehen, dass der Ausschluss, einen EU-Wachstumsprospekt zu nutzen, wenn schon andere von einem Unternehmen begebene Wertpapiere an einem geregelten Markt zugelassen sind, u. U. jedoch eine Benachteiligung solcher Emittenten zur Folge haben könnte, die beispielsweise aufgrund vorheriger rechtlicher Unklarheiten eine Zulassung ihrer Wertpapiere am geregelten Markt beantragt haben, denen in einem solchen Fall sodann die Nutzung eines EU-Wachstumsprospekts verwehrt wäre.

17 In der Praxis wird der EU-Wachstumsprospekt im Verhältnis zu anderen Prospektformen bislang relativ wenig genutzt. 2021 wurden beispielsweise nur 227 EU-Wachstumsprospekte in der EU gebilligt, was einem Anteil von 8 % von allen in diesem Jahr gebilligten Prospekten entspricht.[32] Im Vergleich zum Vorjahr ist dies zwar bereits eine Steigerung

---

[27] Factsheet der EU Kommission, Häufig gestellte Fragen: Erleichterung der Kapitalmarktfinanzierung für kleinere Unternehmen, 24.5.2018, S.1.
[28] Vgl. Erwägungsgrund 132 der MiFID II.
[29] Vgl. Segment Scale der Frankfurter Wertpapierbörse als registrierter KMU-Wachstumsmarkt.
[30] *Groß*, in: Ebenroth/Boujong/Joost/Strohn, HGB, § 2 WpPG Rn. 30.
[31] *Geyer/Schelm*, BB, 2019, 1731, 1736; vgl. Erwägungsgrund 51 der ProspektVO.
[32] Vgl. ESMA, Stastical Report EU Prospectuses 2022, 15.12.2022, https://www.esma.europa.eu/sites/default/files/library/esma50-165-2336_esma_statistical_report_-_eu_prospectuses.pdf (zuletzt abgerufen am 20.3.2023), S. 12.

um 18%,[33] wobei die meisten Emissionen auf Aktien entfielen,[34] dennoch wurde der EU-Wachstumsprospekt zumindest in einigen Ländern der Europäischen Union auf den internationalen Wertpapiermärkten, wie z. B. Luxemburg, nur in begrenztem Umfang verwendet, was möglicherweise auf kommerzielle und regulatorische Faktoren zurückzuführen ist. Zudem zeigen sich große Unterschiede zwischen den einzelnen Mitgliedstaaten. Während in Rumänien 61% aller in 2021 gebilligten Prospekte EU-Wachstumsprospekte waren, wurden in anderen Ländern gar keine oder nur sehr wenige EU-Wachstumsprospekte gebilligt.[35] Diese Diskrepanz zeigt sich auch bei einem Vergleich der absoluten Zahlen. So entfiel fast die Hälfte aller in 2021 in der EU gebilligten EU-Wachstumsprospekte auf Schweden.[36] Gemäß Art. 48 der Prospektverordnung legte die Kommission dem Europäischen Parlament und dem Rat am 21.7.2022 einen Bericht über die Anwendung der Prospektverordnung[37] vor, in dem auch die Prüfungs- und Genehmigungsverfahren für EU-Wachstumsprospekte näher thematisiert werden. In diesem Zusammenhang zeigte sich, dass, m. E. u. a. aufgrund der recht ähnlichen detaillierten Anforderungen des EU-Wachstumsprospekts und des Standard-Prospekts für Großanleger, die Erleichterungen beim EU-Wachstumsprospekten z. B. nicht zu einer signifikanten Verringerung der Überprüfungsrunden mit der jeweiligen Aufsichtsbehörde geführt haben.[38] Am Beispiel Luxemburg stellt sich dar, dass es für KMU einfacher und billiger zu sein scheint, ihren Finanzierungsbedarf zu decken, indem sie z. B. Anleihen an eine kleine Anzahl institutioneller Anleger über eine von der Prospektverordnung ausgenommene „Privatplatzierung" ausgeben, als ein grenzüberschreitendes Angebot an ein breites Spektrum von Anlegern zu machen.

2. Delegierte Rechtsakte (Abs. 2)

Die Kommission hat **in der VO (EU) 2019/980 mit den Art. 28 bis 34 sowie den Anhängen 23 bis 27** Regelungen zur Präzisierung der Aufmachung eines EU-Wachstumsprospekts und speziell zum verkürzten Inhalt, der standardisierten Aufmachung und der standardisierten Reihenfolge für den EU- Wachstumsprospekt sowie dem verkürzten Inhalt und der standardisierten Aufmachung der speziellen Zusammenfassung aufgenom-

---

[33] Vgl. ESMA, Stastical Report EU Prospectuses 2022, 15.12.2022, https://www.esma.europa.eu/sites/default/files/library/esma50-165-2336_esma_statistical_report_-_eu_prospectuses.pdf (zuletzt abgerufen am 20.3.2023), S. 12.

[34] Vgl. ESMA, Report EEA prospectus activity and sanctions in 2020, 20.7.2021, https://www.esma.europa.eu/sites/default/files/library/esma32-382-1153_prospectus_activity_and_sanctions_report_2020.pdf (zuletzt abgerufen am 20.3.2023), S. 20.

[35] Vgl. ESMA, Stastical Report EU Prospectuses 2022, 15.12.2022, https://www.esma.europa.eu/sites/default/files/library/esma50-165-2336_esma_statistical_report_-_eu_prospectuses.pdf (zuletzt abgerufen am 20.3.2023), S. 12.

[36] Vgl. ESMA, Stastical Report EU Prospectuses 2022, 15.12.2022, https://www.esma.europa.eu/sites/default/files/library/esma50-165-2336_esma_statistical_report_-_eu_prospectuses.pdf (zuletzt abgerufen am 20.3.2023), S. 12.

[37] Vgl. ESMA, Peer Review Report, 21.7.2022, https://www.esma.europa.eu/sites/default/files/library/esma42-111-7170_final_report_-_prospectus_peer_review.pdf (zuletzt abgerufen am 28.3.2023).

[38] Vgl. ESMA, Peer Review Report, 21.7.2022, https://www.esma.europa.eu/sites/default/files/library/esma42-111-7170_final_report_-_prospectus_peer_review.pdf (zuletzt abgerufen am 28.3.2023), S. 33.

men (vgl. Art. 15 Abs. 2 ProspektVO). Die VO (EU) 2019/980 basiert auf der Grundlage der Anhänge IV und V der ProspektVO. Die Erstellung des EU-Wachstumsprospekts sollte durch Festlegung einer fixen Reihenfolge, in der die Angaben zu präsentieren sind, vereinfacht werden; und um dabei sicherzustellen, dass die Angaben kohärent und in einer den unterschiedlichen Geschäftsmodellen entsprechenden Art und Weise präsentiert werden, sollte es jedoch möglich sein, die Reihenfolge der Informationsbestandteile innerhalb jedes Abschnitts des EU-Wachstumsprospekts flexibel zu gestalten.[39]

19 Zudem hat die Kommission in der VO (EU) 2019/979 u.a. technische Regulierungsstandards für wesentliche Finanzinformationen in der Zusammenfassung des Prospekts festgesetzt. Dabei muss nach der tabellarischen Auflistung in Anhang VII der VO (EU) 2019/979 bei Erstellung und Veröffentlichung eines EU-Wachstumsprospekts an die ESMA der Grund für die Verwendung eines EU-Wachstumsprospekts in maschinenlesbarer Form übermittelt werden (vgl. Anhang VII, Nr. 30 VO (EU) 2019/979).

III. Exkurs: EU Listing Act

20 Am 7.12.2022 hat die EU Kommission ihren Vorschlag eines neuen EU Listing Acts[40] als Teil eines Pakets von Gesetzesentwürfen zur Stärkung der Kapitalmarktunion veröffentlicht. Ziel des EU Listing Acts ist es, den Zugang zu den EU-Kapitalmärkten insbesondere für KMU, durch u.a. eine Reduzierung des Verwaltungsaufwands und der Kosten für Unternehmen, zu erleichtern.[41] Vor diesem Hintergrund sieht der Vorschlag der EU Kommission technische Anpassungen am EU-Regelwerk vor, um die Regulierungs- und Befolgungskosten für Unternehmen, die eine Börsennotierung anstreben oder bereits börsennotiert sind, zu senken, um den Börsenzulassungsprozess zu straffen und die Rechtsklarheit zu verbessern und gleichzeitig ein angemessenes Niveau des Anlegerschutzes und der Marktintegrität zu gewährleisten.[42] Im Wesentlichen werden vor allem Änderungen an der ProspektVO, der Marktmissbrauchsverordnung sowie der MiFID II vorgenommen.

21 Zudem soll der EU-Wachstumsprospekt (Art. 15 ProspektVO) durch ein verbindliches neues kurzes **EU-Wachstums-Emissionsdokument** auf Dauer ersetzt und damit die in Art. 15 der ProspektVO festgelegte Regelung zum EU-Wachstumsprospekt aufgehoben werden. Für EU-Wachstumsprospekte, die vor einer solchen Aufhebung gebilligt wurden, werden mit dem Vorschlag zum EU Listing Act bestimmte Bestandsschutzregelungen ein-

---

39 Vgl. Erwägungsgrund 18 der VO (EU) 2019/980.
40 Vorschlag für eine Verordnung des Europäischen Parlaments und des Rates zur Änderung der Verordnungen (EU) 2017/1129, (EU) Nr. 596/2014 und (EU) Nr. 600/2014 zur Steigerung der Attraktivität der öffentlichen Kapitalmärkte in der Union für Unternehmen und zur Erleichterung des Kapitalzugangs für kleine und mittlere Unternehmen (Text von Bedeutung für den EWR), COM(2022) 762 final.
41 Vgl. Pressemitteilung der Europäischen Kommission v. 7.12.2022, https://ec.europa.eu/commission/presscorner/detail/de/ip_22_7348 (zuletzt abgerufen am 20.3.2023).
42 Vorschlag für eine Verordnung des Europäischen Parlaments und des Rates zur Änderung der Verordnungen (EU) 2017/1129, (EU) Nr. 596/2014 und (EU) Nr. 600/2014 zur Steigerung der Attraktivität der öffentlichen Kapitalmärkte in der Union für Unternehmen und zur Erleichterung des Kapitalzugangs für kleine und mittlere Unternehmen (Text von Bedeutung für den EWR), COM(2022) 762 final, S. 7.

geführt.⁴³ Das vorgeschlagene EU-Wachstums-Emissionsdokument baut auf dem Umfang der Offenlegungspflicht, welche für EU-Wiederaufbauprospekte galt, sowie den bestehenden Zulassungsdokumenten für KMU-Wachstumsmärkte auf und unterliegt im Falle von Aktien und anderen gleichwertigen übertragbaren Wertpapieren einer Seitenbegrenzung.⁴⁴ Die Erstellung und Veröffentlichung eines solchen EU-Wachstums-Emissionsdokuments soll für bestimmte Personen verpflichtend sein. Dazu gehören u. a. KMU sowie andere Emittenten, deren Wertpapiere zum Handel an einem KMU-Wachstumsmarkt zugelassen sind oder zugelassen werden sollen, sofern sie bislang keine Wertpapiere haben, die bereits zum Handel an einem geregelten Markt zugelassen sind.⁴⁵ Das EU-Wachstums-Emissionsdokument soll einem standardisierten Format und einer standardisierten Abfolge folgen und kann in einer in der internationalen Finanzwelt gebräuchlichen Sprache abgefasst werden (mit Ausnahme der Zusammenfassung).⁴⁶ Insbesondere vor dem Hintergrund des Vorschlags zum EU Listing Act bleibt daher abzuwarten, wie sich die momentan existierende Prospektform des EU-Wachstumsprospekts und auch ihre bisher eher hinter den Erwartungen zurückgebliebene Nutzung in den nächsten Jahren in den Mitgliedstaaten entwickeln wird.

---

43 Vorschlag für eine Verordnung des Europäischen Parlaments und des Rates zur Änderung der Verordnungen (EU) 2017/1129, (EU) Nr. 596/2014 und (EU) Nr. 600/2014 zur Steigerung der Attraktivität der öffentlichen Kapitalmärkte in der Union für Unternehmen und zur Erleichterung des Kapitalzugangs für kleine und mittlere Unternehmen (Text von Bedeutung für den EWR), COM(2022) 762 final, S. 25.
44 Vgl. Begründung der Europäischen Kommission zum Vorschlag des EU Listing Act, COM(2022) 762 final, S. 8; Art. 1 Abs. 14 Vorschlag des EU Listing Act, COM(2022) 762 final.
45 Vgl. Art. 1 Abs. 14 Vorschlag des EU Listing Act, COM(2022) 762 final.
46 Vorschlag für eine Verordnung des Europäischen Parlaments und des Rates zur Änderung der Verordnungen (EU) 2017/1129, (EU) Nr. 596/2014 und (EU) Nr. 600/2014 zur Steigerung der Attraktivität der öffentlichen Kapitalmärkte in der Union für Unternehmen und zur Erleichterung des Kapitalzugangs für kleine und mittlere Unternehmen (Text von Bedeutung für den EWR), COM(2022) 762 final, S. 26.

Art. 16 ProspektVO
Risikofaktoren

(1) Auf Risikofaktoren wird in einem Prospekt nur insoweit eingegangen, als es sich um Risiken handelt, die für den Emittenten und/oder die Wertpapiere spezifisch und im Hinblick auf eine fundierte Anlageentscheidung von wesentlicher Bedeutung sind, wie auch durch den Inhalt des Registrierungsformulars und der Wertpapierbeschreibung bestätigt wird.

Bei der Erstellung des Prospekts beurteilt der Emittent, der Anbieter oder die Person, die die Zulassung zum Handel auf einem geregelten Markt beantragt, die Wesentlichkeit der Risikofaktoren auf der Grundlage der Wahrscheinlichkeit ihres Eintretens und des zu erwartenden Umfangs ihrer negativen Auswirkungen.

Jeder Risikofaktor muss angemessen beschrieben werden, wobei zu erläutern ist, wie er sich auf den Emittenten oder die angebotenen oder zum Handel zuzulassenden Wertpapiere auswirken kann. Die Beurteilung der Wesentlichkeit der Risikofaktoren gemäß Unterabsatz 2 kann auch durch Verwendung der Qualitätseinteilungen „gering", „mittel" oder „hoch" offengelegt werden.

Die Risikofaktoren werden entsprechend ihrer Beschaffenheit in eine begrenzte Anzahl von Kategorien eingestuft. Für jede Kategorie werden die wesentlichsten Risikofaktoren entsprechend der Beurteilung gemäß Unterabsatz 2 an erster Stelle genannt.

(2) Zu den Risikofaktoren gehören auch die Risiken, die sich aus dem Grad der Nachrangigkeit eines Wertpapiers ergeben, sowie die Auswirkungen auf die voraussichtliche Höhe oder den voraussichtlichen Zeitpunkt der Zahlungen an die Inhaber von Wertpapieren, im Falle eines Konkurses oder eines vergleichbaren Verfahrens, einschließlich, soweit relevant, der Insolvenz eines Kreditinstituts oder dessen Abwicklung oder Umstrukturierung gemäß der Richtlinie 2014/59/EU.

(3) Wird für die Wertpapiere eine Garantie gestellt, so enthält der Prospekt die spezifischen und wesentlichen Risikofaktoren bezüglich des Garantiegebers, soweit diese für seine Fähigkeit, seinen Verpflichtungen aus der Garantie nachzukommen, relevant sind.

(4) Um eine angemessene und zielgerichtete Offenlegung der Risikofaktoren zu unterstützen, arbeitet die ESMA Leitlinien zur Unterstützung der zuständigen Behörden bei deren Überprüfung der Spezifität und der Wesentlichkeit der Risikofaktoren sowie der Einstufung der Risikofaktoren entsprechend ihrer Beschaffenheit in die Risikokategorien aus.

(5) Der Kommission wird die Befugnis übertragen, gemäß Artikel 44 delegierte Rechtsakte zur Ergänzung dieser Verordnung zu erlassen, in denen Kriterien für die Beurteilung der Spezifität und der Wesentlichkeit der Risikofaktoren sowie für die Einstufung der Risikofaktoren entsprechend ihrer Beschaffenheit in Risikokategorien präzisiert werden.

Übersicht

	Rn.		Rn.
I. Historische Entwicklung	1	c) Qualitätseinteilung der Wesentlichkeit	42
II. Überblick	6	d) Angemessenheit	44
III. Formale Anforderungen	9	4. Bestätigung durch den Inhalt des Prospekts	49
1. Verortung im Prospekt, Warnhinweis und weitere Formalia	9	**V. Nachrangigkeitsrisiken**	55
2. Darstellung im Einzelnen	13	**VI. Garantiegeber**	57
3. Kategorisierung	16	**VII. Beispiele und praktische Hinweise**	58
4. Reihenfolge	20	1. Emittentenbezogene Risikofaktoren	60
IV. Inhaltliche Anforderungen	24	2. Wertpapierbezogene Risikofaktoren	67
1. Sinn und Zweck der Risikofaktoren	24	3. Rolle der Due Diligence	70
2. Spezifität	26	4. Besonderheiten hinsichtlich ESG-Risiken	73
3. Wesentlichkeit	33	**VIII. Leitlinien und Delegierte Rechtsakte**	75
a) Allgemeines	33		
b) Bewertung der Wesentlichkeit	36		

I. Historische Entwicklung

Bis zum Inkrafttreten der VO (EG) 809/2004 am 1.7.2005 gab es in Deutschland keine (öffentlich-rechtliche) Pflicht zur Darstellung der mit dem Emittenten (bzw. seiner Branche) und den Wertpapieren verbundenen Risiken im Prospekt (oder gar in einem eigenen Prospektabschnitt unter der Überschrift „Risikofaktoren").[1] Aus **haftungsrechtlichen Gründen** und – vor allem bei internationalen Aktienplatzierungen unter Beteiligung global agierender Investmentbanken – beeinflusst durch die Praxis und rechtlichen Vorgaben im US-amerikanischen Rechtskreis entwickelte sich jedoch die deutsche Praxis in etwa zu Beginn der 90er-Jahre des 20. Jahrhunderts stetig und zunehmend hin zu den international üblichen Standards.[2] Der Prospekt der Deutsche Telekom AG für ihren Börsengang im Jahre 1996 dürfte in dieser Entwicklung einen wesentlichen Meilenstein gesetzt haben.[3]

Seit dem Inkrafttreten des **WpPG** und der **VO (EG) 809/2004** am 1.7.2005 bestand in Deutschland erstmals die öffentlich-rechtliche Pflicht, Risikofaktoren offenzulegen.[4] Dabei war gemäß Art. 2 Nr. 3 der VO (EG) 809/2004 unter Risikofaktoren eine „Liste von Risiken" zu verstehen, „die für die jeweilige Situation des Emittenten und/oder der Wert-

---

1 Zum alten Recht: *Fingerhut/Voß*, in: Just/Voß/Ritz/Zeising, WpPG, 2009, Anhang I ProspektVO Rn. 68; vgl. die Vorauflage *Singhof*, in: Berrar/Meyer/Müller et al., WpPG/EU-ProspektVO, 2. Aufl. 2017, Art. 25 ProspektVO Rn. 6 ff.; *Assmann*, in: Assmann/Schütze, Handbuch des Kapitalanlagerechts, 4. Aufl. 2015, § 5 Rn. 57.
2 *Schlitt*, in: Habersack/Mülbert/Schlitt, Kapitalmarktinformation, § 4 Rn. 51; *Scholl/Döhl*, in: Assmann/Schlitt/von Kopp-Colomb, Prospektrecht Kommentar, Art. 16 ProspektVO Rn. 1, 3. Zum alten Recht: *Schlitt/Singhof/Schäfer*, BKR 2005, 251, 252.
3 Prospekt der Deutschen Telekom AG vom 15.11.1996.
4 Ausführlich zur dorthin führenden Entwicklung (einschl. den International Disclosure Standards for Cross-Border Offerings and Listings by Foreign Issuers der IOSCO von 1998 und den Going-Public-Grundsätzen der Deutsche Börse AG von 2002) siehe die Vorauflage *Kopp/Metzner*, in: Berrar/Meyer/Müller et al., WpPG/EU-ProspektVO, 2. Aufl. 2017, Anhang I Ziff. 4 ProspektVO Rn. 1–3.

papiere spezifisch und für die Anlageentscheidungen wesentlich sind". Diese sollte nach der Zusammenfassung und vor dem „Hauptteil" des Prospekts verortet sein (Art. 25 Abs. 1 Nr. 3 und Abs. 2 Nr. 2 sowie Art. 26 Abs. 1 Nr. 3 VO (EG) 809/2004). Ferner verlangte bereits die VO (EG) 809/2004 eine „klare Offenlegung", die unter einer eigenen Rubrik „Risikofaktoren" zu erfolgen habe (z.B. Anhang I Ziff. 4, Anhang III Ziff. 2). Insofern existierte unter der VO (EG) 809/2004 nicht nur eine Definition des Begriffs „Risikofaktoren", sondern es waren auch die – in der ProspektVO von 2017, der VO (EU) 2019/980 und den „Leitlinien zu den Risikofaktoren im Rahmen der Prospektverordnung" vom 1.10.2019 nunmehr besonders hervorgehobenen und konkretisierten – präzisierenden Kriterien der Spezifität (dazu → Rn. 26 ff.) und der Wesentlichkeit (dazu → Rn. 33 ff.) ebenso bereits in der VO (EG) 809/2004 angelegt, wie gewisse formale Anforderungen an die Darstellung.[5] Diese Regelungen werden aus heutiger Sicht – angesichts des Fehlens präziser Vorgaben zu Umfang, Aufbau oder Inhalt der Risikooffenlegung – als eher „rudimentär" wahrgenommen.[6] Dennoch hat sich bereits auf dieser Grundlage eine Verwaltungspraxis der BaFin und damit einhergehend eine Marktpraxis hinsichtlich der Darstellung der Risikofaktoren herausgebildet, insbesondere hinsichtlich formaler Anforderungen und Gepflogenheiten. Dabei hat der Umfang des Risikofaktoren-Abschnitts im Prospekt in den Jahren vor der Neufassung des Europäischen Prospektrechts durch die ProspektVO und die VO (EU) 2019/980 tendenziell zugenommen, in einzelnen Fällen auf Kosten der Verständlichkeit und Prägnanz.

3 Dementsprechend attestierte der am 30.11.2015 von der Europäischen Kommission veröffentlichte Entwurf für eine „neue" Prospektverordnung zur Ersetzung der ProspektRL[7] und der VO (EG) 809/2004 der überkommenen Rechtspraxis eine „Tendenz [...], den Prospekt mit generischen Risikofaktoren zu **überfrachten**, die die spezifischen, für Anleger relevanten Risikofaktoren verdecken und nur dazu dienen, den Emittenten oder seine Berater vor Haftungsansprüchen zu schützen".[8] Um dieser Tendenz entgegenzuwirken, legte die Kommission verschiedene Vorschläge in Bezug auf die formalen und inhaltlichen Anforderungen an die Risikofaktoren vor. Zunächst sollte auf Risikofaktoren nur insoweit eingegangen werden, „als es sich um Risiken handelt, die dem Emittenten und/oder den Wertpapieren eigen und im Hinblick auf eine fundierte Anlageentscheidung von wesentlicher Bedeutung sind, wie auch durch den Inhalt des Registrierungsformulars und der Wertpapierbeschreibung bestätigt wird".[9] Ferner sollten die Risikofaktoren verpflichtend „nach ihrer relativen Wesentlichkeit auf der Grundlage einer vom Emittenten vorgenommenen Bewertung der Wahrscheinlichkeit ihres Eintritts und des zu erwartenden Um-

---

5 *Scholl/Döhl*, in: Assmann/Schlitt/von Kopp-Colomb, Prospektrecht Kommentar, Art. 16 ProspektVO Rn. 1; *Groß*, Kapitalmarktrecht, Art. 16 ProspektVO Rn. 1.
6 *Sieven/Flatt*, BKR 2020, 564; *Schmitt/Bhatti/Storck*, ZeuP 2019, 287, 300; *Groß*, Kapitalmarktrecht, Art. 16 ProspektVO Rn. 1.
7 Richtlinie 2003/71/EG des Europäischen Parlaments und des Rates vom 4.11.2003 betreffend den Prospekt, der beim öffentlichen Angebot von Wertpapieren oder bei deren Zulassung zum Handel zu veröffentlichen ist, und zur Änderung der Richtlinie 2001/34/EG.
8 Entwurf für eine Prospektverordnung, COM(2015) 583 final, 30.11.2015, S. 6; vgl. auch *Scholl/Döhl*, in: Assmann/Schlitt/von Kopp-Colomb, Prospektrecht Kommentar, Art. 16 ProspektVO Rn. 1.
9 Entwurf für eine Prospektverordnung, COM(2015) 583 final, 30.11.2015, Art. 16 Abs. 1; vgl. auch *Scholl/Döhl*, in: Assmann/Schlitt/von Kopp-Colomb, Prospektrecht Kommentar, Art. 16 ProspektVO Rn. 1.

fangs ihrer negativen Auswirkungen jeweils einer von maximal **drei Risikokategorien** zugeordnet" werden.[10] Schließlich sollten in die Zusammenfassung des Prospekts nur maximal zehn Risikofaktoren der jeweils höchsten Kategorie aufgenommen werden dürfen.[11] Die ESMA sollte mit der Ausarbeitung von Leitlinien für die Bewertung der Spezifität und Wesentlichkeit der Risikofaktoren durch die zuständigen Behörden sowie für die Einstufung der Risikofaktoren in Risikokategorien beauftragt werden.[12] Insgesamt zielte die Kommission mit der Reform auf nicht weniger als eine „Neuausrichtung des Prospekts auf die wesentlichen und spezifischen Risikofaktoren".[13]

Die im Entwurf der Kommission unterbreiteten Vorschläge stießen in der deutschen Literatur und Praxis auf scharfe Kritik.[14] Diese richtete sich im Wesentlichen gegen die mit den Einschränkungen bei der Darstellung der Risikofaktoren verbundenen, verschärften **Haftungsrisiken** für Emittenten.[15] Daneben wurde auf die möglicherweise zu erwartende Entwicklung hingewiesen, wonach Emittenten sich im Rahmen internationaler Angebote zukünftig veranlasst sehen könnten, einen Prospekt für den EU-Raum (mit „eingeschränkten" Risikofaktoren) und einen separaten Prospekt für die anderen Märkte (mit herkömmlichen, robusten Risikofaktoren) zu verwenden.[16] 4

In der verabschiedeten Fassung der ProspektVO wurde die am Kommissionsvorschlag geäußerte Kritik teilweise berücksichtigt. Gleichwohl stellt die Neufassung der Vorgaben für die Risikooffenlegung durch die ProspektVO in der letztlich verabschiedeten Fassung „wohl eine der weitreichendsten Änderungen des aktuellen Prospektrechts" dar.[17] Erstmalig enthält die ProspektVO „konkrete Vorgaben für die Darstellung der Risikofaktoren in einem Prospekt".[18] In Billigungsverfahren in den vergangenen Jahren tritt das Bemühen der BaFin deutlich zutage, dem erklärten Ziel der Neufassung (siehe → Rn. 3) Rechnung zu tragen und die Art der Darstellung und Länge der Risikooffenlegung in Prospekten verstärkt zu beanstanden. Soweit erkennbar hat dies in der jüngeren Praxis bereits zu insgesamt **knapperen und prägnanteren Darstellungen der Risikooffenlegung** geführt. Zugleich lässt die Praxis bislang nicht erkennen, dass die von den Kritikern geäußerten Befürchtungen hinsichtlich eines erhöhten Haftungsrisikos eingetreten sind.[19] 5

---

10 Entwurf für eine Prospektverordnung, COM(2015) 583 final, 30.11.2015, Art. 16 Abs. 1; vgl. auch *Scholl/Döhl*, in: Assmann/Schlitt/von Kopp-Colomb, Prospektrecht Kommentar, Art. 16 ProspektVO Rn. 1.
11 Entwurf für eine Prospektverordnung, COM(2015) 583 final, 30.11.2015, Art. 7 Abs. 6 lit. c und 7 lit. d.
12 Entwurf für eine Prospektverordnung, COM(2015) 583 final, 30.11.2015, Art. 16 Abs. 2.
13 Entwurf für eine Prospektverordnung, COM(2015) 583 final, 30.11.2015, S. 19.
14 Siehe z. B. *Schulz*, WM 2016, 1417, 1420 m. w. N.
15 Vgl. *Schulz*, WM 2016, 1417, 1420; für Kritik bezüglich der final verabschiedeten Fassung der ProspektVO siehe *Döpfner/Tatavoussian*, WPg 2017, 1392, 1399.
16 So die Vorauflage *Kopp/Metzner*, in: Berrar/Meyer/Müller et al., WpPG/EU-ProspektVO, 2. Aufl. 2017, Anhang I Ziff. 4 ProspektVO Rn. 5.
17 *Wöckener/Kutzbach*, RdF 2018, 276, 279.
18 *Wöckener/Kutzbach*, RdF 2018, 276, 278; *Schulz*, WM 2016, 1417, 1420 (zum Kommissionsentwurf).
19 So auch *Sieven/Flatt*, BKR 2020, 570.

II. Überblick

6 Vorschriften über die Risikofaktoren und deren Darstellung im Prospekt finden sich seit Erlass der ProspektVO an verschiedenen Stellen im europäischen Prospektregelwerk. Zunächst ist mit Art. 16 der ProspektVO erstmals auf Level-1-Ebene eine zentrale Vorschrift betreffend die Risikofaktoren eingeführt worden. Daneben finden sich in Art. 7 der ProspektVO Vorgaben betreffend die **Darstellung** der Risikofaktoren in der Prospektzusammenfassung. Danach sind unter der Überschrift „Welches sind die zentralen Risiken, die für den Emittenten spezifisch sind?" bzw. „Welches sind die zentralen Risiken, die für die Wertpapiere spezifisch sind?" (auch) in der Prospektzusammenfassung die „wesentlichsten" Risikofaktoren in begrenzter Anzahl darzustellen (Art. 7 Abs. 6 lit. c und Abs. 7 UAbs. 1 lit. d ProspektVO).[20] Weiterhin finden sich Anforderungen an die Risikooffenlegung in den einzelnen Übersichten, die der ProspektVO bzw. der VO (EU) 2019/980 als Anhänge angefügt sind und die in Prospekte mindestens aufzunehmenden Angaben im Einzelnen aufführen (z. B. Anhang 1 Abschnitt 3 bzw. Anhang 11 Abschnitt 2). Ferner hat die ESMA auf Grundlage von Art. 16 Abs. 4 der ProspektVO Leitlinien veröffentlicht, um die zuständigen Behörden der Mitgliedstaaten bei der Überprüfung der Spezifität und der Wesentlichkeit der Risikofaktoren sowie der Einstufung der Risikofaktoren entsprechend ihrer Beschaffenheit in die Risikokategorien zu unterstützen.[21] Von der in Art. 16 Abs. 5 der ProspektVO gewährten Ermächtigung, zur Ergänzung der ProspektVO delegierte Rechtsakte zu erlassen, hat die Kommission bislang keinen Gebrauch gemacht. Schließlich hat auch die BaFin mit ihren „Frequently Asked Questions" eine Arbeitshilfe zu ihrer Verwaltungspraxis betreffend Form und Inhalt der Risikodarstellung in Wertpapierprospekten veröffentlicht.[22]

7 Die Aufnahme einer spezifischen Vorschrift betreffend die Risikofaktoren in die ProspektVO lässt eine Aufwertung der Risikofaktoren im Gesamtgefüge des europäischen Prospektregelwerks erkennen. Kein anderer Prospektbestandteil (mit Ausnahme der in Art. 7 ProspektVO geregelten Prospektzusammenfassung) ist derart ausführlich auf Level-1-Ebene geregelt. Insofern untermauert Art. 16 ProspektVO das von der Kommission erklärte Ziel einer „**Neuausrichtung** des Prospekts auf die wesentlichen und spezifischen Risikofaktoren".[23]

8 Die Billigungsbehörde – in Deutschland also die BaFin – prüft den Prospekt hinsichtlich der Vorgaben des Art. 16 ProspektVO nach den allgemeinen Grundsätzen lediglich anhand der Kriterien **Vollständigkeit, Verständlichkeit** und **Kohärenz** (Art. 2 lit. r und Art. 20 Abs. 4 ProspektVO). Die Prüfung umfasst jedoch insbesondere die Feststellung,

---

20 Vgl. *Scholl/Döhl*, in: Assmann/Schlitt/von Kopp-Colomb, Prospektrecht Kommentar, Art. 16 ProspektVO Rn. 6, sowie speziell für Aktienemissionen *Schlitt*, in: Assmann/Schlitt/von Kopp-Colomb, Prospektrecht Kommentar, Art. 16 ProspektVO Rn. 60.

21 ESMA, Leitlinien zu den Risikofaktoren im Rahmen der Prospektverordnung (ESMA31-62-1293 DE), 1.10.2019. Die BaFin hat bestätigt, die Leitlinien in ihrer Verwaltungspraxis anzuwenden, siehe BaFin, Neue Regeln für Wertpapierprospekte nach EU-Prospektverordnung 2017/1129 – Frequently Asked Questions, Stand: 6.10.2021, Nr. V.1 (zuletzt abgerufen am 14.10.2023).

22 BaFin, Neue Regeln für Wertpapierprospekte nach EU-Prospektverordnung 2017/1129 – Frequently Asked Questions, Stand: 6.10.2021 (zuletzt abgerufen am 14.10.2023); vgl. auch *Scholl/Döhl*, in: Assmann/Schlitt/von Kopp-Colomb, Prospektrecht Kommentar, Art. 16 ProspektVO Rn. 7.

23 Entwurf für eine Prospektverordnung, COM(2015) 583 final, 30.11.2015, S. 19.

ob etwaige an anderer Stelle im Prospektentwurf erwähnte wesentliche und spezifische Risiken in den Abschnitt über Risikofaktoren aufgenommen wurden, ob die Beschreibung des Emittenten in den Angaben zur Geschäfts- und Finanzlage, die historischen Finanzinformationen, die Beschreibung der Aktivitäten des Emittenten und die Beschreibung der Risikofaktoren kohärent sind und ob die Erklärung zum Geschäftskapital den Risikofaktoren entspricht (Art. 38 VO (EU) 2019/980). Weitere Präzisierungen der allgemeinen Kriterien ergeben sich aus den ESMA-Leitlinien.[24] Genügt der Prospekt anhand dieses Maßstabs nicht den Anforderungen des Art. 16 ProspektVO, kann bzw. muss die Behörde die Billigung ablehnen (Art. 20 Abs. 4 ProspektVO). Kommt es trotz solcher Mängel zur Billigung und Veröffentlichung des Prospekts, greifen potenziell – bei Vorliegen der jeweils geltenden Voraussetzungen – die Sanktionierungsregimes des nationalen Ordnungswidrigkeitsrechts (Art. 38 ProspektVO i.V.m. § 24 WpPG, insbesondere: § 24 Abs. 4 Nr. 16 WpPG) und/oder des nationalen Prospekthaftungsrechts (Art. 11 ProspektVO i.V.m. §§ 9, 10 WpPG).

III. Formale Anforderungen

1. Verortung im Prospekt, Warnhinweis und weitere Formalia

Risikofaktoren sind ein **zwingender Bestandteil** eines jeden Prospekts. Dies ergibt sich dogmatisch nicht bereits aus Art. 16 der ProspektVO, sondern aus Art. 24 Abs. 1 lit. c und Abs. 2 lit. b bzw. aus Art. 25 Abs. 1 lit. c und Abs. 2 lit. b der VO (EU) 2019/980 sowie aus den Übersichten, die der VO (EU) 2019/980 als Anhänge angefügt sind und die die in Prospekte mindestens aufzunehmenden Angaben im Einzelnen aufführen.[25] Die obligatorische Aufnahme von Risikofaktoren in den Prospekt gilt auch im Rahmen der vereinfachten Offenlegungsregeln für Sekundäremissionen (Art. 14 Abs. 3 lit. d ProspektVO). Gemäß Art. 24 Abs. 1 lit. c und Abs. 2 lit. b bzw. aus Art. 25 Abs. 1 lit. c und Abs. 2 lit. b der VO (EU) 2019/980 sind die Risikofaktoren unmittelbar nach der Zusammenfassung darzustellen, was ihre Bedeutung für die Anlageentscheidung verdeutlicht. Die Prospektgliederung ist insoweit zwingend.[26] Wie schon in der Vergangenheit sind die Risikofaktoren stets in einem separaten Abschnitt unter entsprechender Überschrift darzustellen (z. B. nach Abschnitt 3 von Anhang 1 bzw. nach Abschnitt 2 von Anhang 11 zur VO (EU) 2019/980).[27]

9

Art. 16 ProspektVO enthält **keine Definition** des Begriffs „Risikofaktoren".[28] Gemäß den Übersichten, die der VO (EU) 2019/980 als Anhänge angefügt sind, bezeichnet der Pros-

10

---

24 ESMA, Leitlinien zu den Risikofaktoren im Rahmen der Prospektverordnung (ESMA31-62-1293 DE), 1.10.2019.
25 *Scholl/Döhl*, in: Assmann/Schlitt/von Kopp-Colomb, Prospektrecht Kommentar, Art. 16 ProspektVO Rn. 3.
26 ESMA, Questions and Answers on the Prospectus Regulation, ESMA/2019/ESMA31-62-1258, Version Nr. 12, zuletzt aktualisiert am 3.2.2023, A14.9; a. A. *Scholl/Döhl*, in: Assmann/Schlitt/von Kopp-Colomb, Prospektrecht Kommentar, Art. 16 ProspektVO Rn. 3.
27 *Scholl/Döhl*, in: Assmann/Schlitt/von Kopp-Colomb, Prospektrecht Kommentar, Art. 16 ProspektVO Rn. 3.
28 Siehe aber *Scholl/Döhl*, in: Assmann/Schlitt/von Kopp-Colomb, Prospektrecht Kommentar, Art. 16 ProspektVO Rn. 8 mit einer Definition unter Verweis auf den Deutschen Rechnungslegungsstandard Nr. 20 Rz. 11 (DRS 20.11).

pektabschnitt zu den „Risikofaktoren" eine „Beschreibung der wesentlichen Risiken ..."
(z. B. nach Abschnitt 3 von Anhang 1 bzw. nach Abschnitt 2 von Anhang 11). Diese
Bezeichnung nimmt die etablierte Praxis eher auf als die in der VO (EG) 809/2004 verwendete Definition („Liste von Risiken ...", vgl. Art. 2 Abs. 3 VO (EG) 809/2004). Denn gemeint ist keine einfache, stichpunktartige Auflistung aller relevanten Risiken, sondern eine in sich geschlossene, prägnante Darstellung, die Investoren die mit einer Anlageentscheidung verbundenen Risiken deutlich vor Augen führt.[29] Anders als bei den in die Zusammenfassung aufzunehmenden „wesentlichsten" Risikofaktoren, die gemäß Art. 7 Abs. 10 ProspektVO auf maximal 15 beschränkt[30] sind, ist die Anzahl der zulässigerweise in einen Prospekt aufzunehmenden Risikofaktoren nicht begrenzt.[31]

11 Der Risikooffenlegung wird häufig ein knapper **Warnhinweis** dahingehend vorangestellt, dass ein Investment in die Wertpapiere **risikobehaftet** ist, dass gemäß Art. 16 ProspektVO Risikofaktoren nur insoweit darzustellen sind, als sie spezifisch und wesentlich sind, und dass daher nachfolgend nicht alle Risiken, denen im Markt des Emittenten tätige Unternehmen ausgesetzt sind (insbesondere solche, die nicht für den Emittenten und/oder das Wertpapier spezifisch sind), aufgeführt werden. Schließlich wird häufig darauf hingewiesen, dass innerhalb der verschiedenen Kategorien von Risikofaktoren die beiden jeweils erstgenannten vom Emittenten nach gegenwärtiger Einschätzung hinsichtlich Eintrittswahrscheinlichkeit und erwarteter negativer Auswirkungen als am wesentlichsten betrachtet werden (siehe → Rn. 20), wohingegen die Reihenfolge der Risikofaktoren im Übrigen nicht als Indikation der Eintrittswahrscheinlichkeit bzw. erwarteter negativer Auswirkungen gewertet werden sollte. Unter haftungsrechtlichen Gesichtspunkten ist ein solcher Warnhinweis sinnvoll, wenn auch nicht zwingend. In der Vergangenheit war den Risikofaktoren meist ein umfangreicher, allgemeiner Warnhinweis vorangestellt worden, um den Anlegern zu verdeutlichen, dass der Erwerb der gegenständlichen Wertpapiere mit erheblichen Risiken behaftet ist, die dargestellten Risiken nicht abschließend sind und der Anleger erhebliche Verluste (bis hin zum Totalverlust) erleiden kann.[32] Diese Art der generischen, allumfassenden Risikodarstellung zu Beginn der eigentlichen Risikooffenlegung wird inzwischen regelmäßig von der BaFin beanstandet.

12 **Verweise** von den Risikofaktoren auf andere Prospektabschnitte sind – wie schon in der Vergangenheit (und anders als in der von der Securities and Exchange Commission geprägten US-Praxis) – nicht zulässig. Vielmehr müssen die Risikofaktoren aus sich heraus,

---

29 Zum alten Recht bereits: *Fingerhut/Voß*, in: Just/Voß/Ritz/Zeising, WpPG, 2009, Anhang I ProspektVO Rn. 72, 89.
30 *Scholl/Döhl*, in: Assmann/Schlitt/von Kopp-Colomb, Prospektrecht Kommentar, Art. 16 ProspektVO Rn. 6, sowie spezifisch für Aktienemissionen *Schlitt*, in: Assmann/Schlitt/von Kopp-Colomb, Prospektrecht Kommentar, Art. 16 ProspektVO Rn. 61 mit Verweis auf ein daraus resultierendes Haftungsrisiko, das jedoch aufgrund der tatbestandlichen Voraussetzungen der Prospekthaftung in der Praxis als gering anzusehen ist.
31 *Scholl/Döhl*, in: Assmann/Schlitt/von Kopp-Colomb, Prospektrecht Kommentar, Art. 16 ProspektVO Rn. 6; *Schmitt/Bhatti/Storck*, ZeuP 2019, 287, 300; *Döpfner/Tatavoussian*, WPg 2017, 1392, 1399.
32 *Scholl/Döhl*, in: Assmann/Schlitt/von Kopp-Colomb, Prospektrecht Kommentar, Art. 16 ProspektVO Rn. 14. Vgl. zum alten Recht: *Singhof*, in: Berrar/Meyer/Müller et al., WpPG/EU-ProspektVO, 2. Aufl. 2017, Art. 25 ProspektVO Rn. 9 (einschließlich Wiedergabe eines typischen einleitenden Warnhinweises); *Fingerhut/Voß*, in: Just/Voß/Ritz/Zeising, WpPG, 2009, Anhang I ProspektVO Rn. 79.

d. h. ohne Verweise auf andere Prospektabschnitte, verständlich sein.[33] Aus diesem Grund findet sich häufig im allerersten Risikofaktor eine knappe Beschreibung der Geschäftstätigkeit des Emittenten, um für die folgende Risikooffenlegung den nötigen Kontext zu schaffen.[34] Verweise innerhalb des Abschnitts Risikofaktoren sind hingegen zulässig und im Einzelfall auch angezeigt, insbesondere um Zusammenhänge zwischen bestimmten Risiken zu verdeutlichen oder schlicht um Wiederholungen zu vermeiden. Verweise von anderen Prospektabschnitten auf die Risikofaktoren sind freilich ohne Weiteres zulässig und im Einzelfall auch geboten.[35]

2. Darstellung im Einzelnen

13 Die inhaltliche Darstellung der Risikofaktoren unterliegt zunächst den **allgemeinen Grundsätzen**, wonach die Informationen in einem Prospekt „in leicht zu analysierender, knapper und verständlicher Form geschrieben und präsentiert" werden sollen (Art. 6 Abs. 2 ProspektVO, beachte auch Art. 37 (Verständlichkeit) und 38 (Kohärenz) VO (EU) 2019/980).[36] Konkret bedeutet dies, dass in dem jeweiligen Risikofaktor das potenzielle Risiko verständlich und möglichst präzise, jedoch gleichwohl prägnant zu beschreiben ist. Gemäß den Leitlinien kann nämlich die „zunehmende ‚Aufgeblähtheit' von Prospekten", die nicht zuletzt auf eine Überfrachtung einzelner Risikofaktoren zurückzuführen sei, die Verständlichkeit eines Prospekts erschweren.[37]

14 Fachtermini oder technische Einzelheiten sollten ausgespart werden. Die Formulierungen sollten sachlich, nüchtern und objektiv gewählt werden.[38] Kurze, nach Möglichkeit im Aktiv verfasste Sätze, empfehlen sich für die Darstellung der Risikofaktoren ebenso wie in den anderen Prospektabschnitten. In einem Risikofaktor sollte nach Möglichkeit immer nur ein spezifisches Risiko dargestellt und nicht mit anderen Risiken vermischt werden. Der Risikofaktor sollte schnell „auf den Punkt" kommen. Dennoch muss die Darstellung den Kontext und Wirkungszusammenhang, in dem der Risikofaktor steht, für den Anleger verständlich machen. Die Fragen „Woraus ergibt sich das Risiko? Welche Faktoren sind dafür relevant, ob das Risiko eintritt oder nicht? Welche Konsequenzen ergeben sich für den Emittenten bei Realisierung des Risikos und warum?" sind in der gebotenen Kürze zu adressieren. Langwierige Einleitungen oder Hintergrundinformationen sind hingegen

---

33 Vgl. *Scholl/Döhl*, in: Assmann/Schlitt/von Kopp-Colomb, Prospektrecht Kommentar, Art. 16 ProspektVO Rn. 4 mit Verweis auf Art. 6 Abs. 2 ProspektVO i.V.m. Art. 37 VO (EU) 2019/980.
34 Vgl. z. B. den Zulassungsprospekt der Bike24 Holding AG vom 15.6.2021 oder den Zulassungsprospekt der Delivery Hero SE vom 12.2.2021.
35 Zum alten Recht: *Fingerhut/Voß*, in: Just/Voß/Ritz/Zeising, WpPG, 2009, Anhang I ProspektVO Rn. 75; *Schlitt/Schäfer*, in: Assmann/Schlitt/von Kopp-Colomb, WpPG/VermAnlG, 3. Aufl. 2017, Anhang I ProspektVO Rn. 40.
36 *Scholl/Döhl*, in: Assmann/Schlitt/von Kopp-Colomb, Prospektrecht Kommentar, Art. 16 ProspektVO Rn. 4 mit Verweis auf die spezifischen Kohärenzprüfungen der Billigungsbehörde hinsichtlich der Risikofaktoren (Art. 38 lit. b, e und f VO (EU) 2019/980).
37 ESMA, Leitlinien zu den Risikofaktoren im Rahmen der Prospektverordnung (ESMA31-62-1293 DE), 1.10.2019, VI.4, Rn. 43.
38 Zum alten Recht: *Schlitt/Schäfer*, in: Assmann/Schlitt/von Kopp-Colomb, WpPG/VermAnL, 3. Aufl. 2016, Anhang I ProspektVO Rn. 37; *Fingerhut/Voß*, in: Just/Voß/Ritz/Zeising, WpPG, 2009, Anhang I ProspektVO Rn. 79.

zu vermeiden.³⁹ Zwar können es besondere Situationen erforderlich machen, die Gesamt-Risikosituation vergleichsweise umfassend darzustellen, sodass dem Anleger auch besondere, übergeordnete Zusammenhänge erläutert werden. Beispiel für eine solche Sondersituation waren Emissionen von Finanzinstituten während der Finanzmarktkrise. Hier wurde es als erforderlich bzw. sinnvoll erachtet, den Kontext der Finanzmarktkrise ausführlicher darzustellen, um einerseits die Grundlage für das Verständnis daraus resultierender Emittenten-spezifischer Risiken zu legen, und andererseits die komplexen Wirkungszusammenhänge zwischen den mit der Finanzmarktkrise verbundenen Risiken und der Situation des jeweiligen Emittenten ausreichend klar darzustellen.⁴⁰ Angesichts des erklärten Ziels der ProspektVO, einer Überfrachtung der Risikofaktoren entgegenzuwirken, dürften solche umfassenden, ausführlicheren Darstellungen jedoch zukünftig die Ausnahme darstellen.

15 Im Lichte des Verständlichkeitsgebots sind die einzelnen Risikofaktoren im Abschnitt Risikofaktoren im Regelfall durch prägnante, die Essenz des Risikos verdeutlichende **Überschriften** in Form eines oder mehrerer vollständiger Sätze einzuleiten.⁴¹ In der Praxis war es bereits vor Geltung der ProspektVO üblich, diese Überschriften (von sämtlichen Risikofaktoren) auch in die (verkürzte) Risikooffenlegung in der Zusammenfassung des Prospekts aufzunehmen.⁴² Auch unter der ProspektVO bietet sich dieses Vorgehen an (und die Praxis verfährt entsprechend), wobei die diesbezüglich nunmehr geltenden Einschränkungen (siehe → Rn. 10) zu beachten sind.⁴³ Dabei ist darauf zu achten, dass die Überschrift auch – zumindest in knapper Form – die Risikofolge (d.h. die Konsequenz für den Fall, dass das Risiko sich realisiert) benennt, sodass allein aus der Überschrift die Essenz des betreffenden Risikos mitsamt Folge zu ersehen ist. Die Praxis verfährt entsprechend.⁴⁴

3. Kategorisierung

16 Die Risikofaktoren sind entsprechend ihrer Beschaffenheit in eine begrenzte Anzahl von Kategorien einzustufen. Diese Einstufung soll den Anlegern die „Orientierung im Kapitel ‚Risikofaktoren' erleichtern".⁴⁵ Die Kategorisierung soll – wie auch die Reihenfolge der einzelnen Risikofaktoren innerhalb der jeweiligen Kategorie (siehe dazu → Rn. 20ff.) – „zu ihrer Verständlichkeit beitragen" und die Anleger dabei unterstützen, „die Quelle und

---

39 Zu nennen sind etwa besonders umfangreiche Ausführungen bzgl. Brexit und der Finanzkrise, siehe *Sieven/Flatt*, BKR 2020, 565; *Schmitt/Bhatti/Storck*, ZeuP 2019, 287, 300.
40 Kapitalerhöhungsprospekt der Postbank AG vom 11.11.2008; aber auch Kapitalerhöhungsprospekt der Deutsche Bank AG vom 20.3.2017.
41 *Schlitt*, in: Habersack/Mülbert/Schlitt, Kapitalmarktinformation, § 4 Rn. 51; zum alten Recht die Vorauflage *Singhof*, in: Berrar/Meyer/Müller et al., WpPG/EU-ProspektVO, 2. Aufl. 2017, Art. 25 ProspektVO Rn. 8 m. w. N.
42 *Schlitt*, in: Assmann/Schlitt/von Kopp-Colomb, Prospektrecht Kommentar, Art. 16 ProspektVO Rn. 60.
43 *Schlitt*, in: Habersack/Mülbert/Schlitt, Kapitalmarktinformation, § 4 Rn. 51; *Schlitt*, in: Assmann/Schlitt/von Kopp-Colomb, Prospektrecht Kommentar, Art. 16 ProspektVO Rn. 62. Zum alten Recht: *Alfes/Wieneke*, in: Holzborn, WpPG, Anhang I ProspektVO Rn. 19.
44 So auch *Schlitt*, in: Assmann/Schlitt/von Kopp-Colomb, Prospektrecht Kommentar, Art. 16 ProspektVO Rn. 62; vgl. z. B. den IPO-Prospekt der Daimler Truck Holding AG vom 26.11.2021 oder den Kapitalerhöhungsprospekt der Deutsche Lufthansa AG vom 20.9.2021.
45 ESMA, Leitlinien zu den Risikofaktoren im Rahmen der Prospektverordnung (ESMA31-62-1293 DE), 1.10.2019, VI.4, Leitlinie Nr. 7.

die Beschaffenheit jedes offengelegten Risikofaktors zu verstehen".[46] Mit der Einstufung „entsprechend ihrer Beschaffenheit" ist eine thematische Zusammenstellung gemeint. Dogmatisch wird gemeinhin zwischen Risiken, die den Emittenten und seine Geschäftstätigkeit betreffen (**emittentenbezogene Risiken**, vgl. Abschnitt 3 von Anhang 1), und Risiken, welche die angebotenen oder zuzulassenden Wertpapiere und eine Investition in diese Wertpapiere betreffen (**wertpapierbezogenen Risiken**, vgl. Abschnitt 2 von Anhang 11), unterschieden.[47] In der überkommenen Prospektpraxis hat sich etwa bei Aktienemissionen darüber hinausgehend eine feingliedrigere Einteilung nach marktbezogenen Risiken; geschäftsbezogenen Risiken; regulatorischen und rechtlichen Risiken; steuerlichen Risiken; finanziellen Risiken; Compliance-Risiken; ESG-Risiken; Risiken im Zusammenhang mit dem Angebot/der Zulassung und der Aktionärsstruktur und ggf. weiteren Risikokategorien herausgebildet (Beispiele siehe unten → Rn. 58).[48] Bei garantierten Schuldverschreibungen hingegen hat sich zum Beispiel eine Einteilung nach Risiken aufgrund der Art und des Rangs der Wertpapiere; Risiken in Bezug auf Zahlungen auf die Wertpapiere und die Bedingungen der Wertpapiere; Risiken im Zusammenhang mit dem Erwerb, dem Halten und der Veräußerung der Wertpapiere; ggf. Risiken betreffend die Basiswerte der Wertpapiere bei Schuldverschreibungen mit derivativen Strukturen oder variablen Zinssätzen etabliert.[49]

Die Leitlinien haben diese Einteilungen im Wesentlichen übernommen und anhand von Beispielen weiter ausdifferenziert. Die Leitlinien schlagen dabei für emittentenbezogene Risiken die folgenden Kategorien vor: Risiken in Bezug auf die Finanzlage des Emittenten; Risiken in Bezug auf die Geschäftstätigkeiten und die Branche des Emittenten; Rechtliches und regulatorisches Risiko; Risiko in Bezug auf interne Kontrolle; und Risiko in Bezug auf umwelt- und sozialpolitische Umstände sowie in Bezug auf die Unternehmensführung.[50] Für wertpapierbezogene Risiken schlagen die Leitlinien folgende Kategorien vor: Risiken in Bezug auf die Beschaffenheit der Wertpapiere; Risiken in Bezug auf den Basiswert; Risiken in Bezug auf den Garantiegeber und die Garantie; Risiken in Bezug auf das öffentliche Angebot und/oder die Zulassung der Wertpapiere zum Handel an einem geregelten – d.h. in Deutschland einem regulierten – Markt.[51] Aufgrund der individuellen Prägung der für einen Emittenten, seine Branche und die relevanten Wertpapiere spezifischen und wesentlichen Risiken kann die in den Leitlinien vorgegebene Kategorisierung insbesondere im Kontext von Aktienemissionen jedoch nur als eine Richtschnur verstanden werden. Ein Vorgehen anhand der überkommenen Kategorien (siehe → oben

17

---

46 ESMA, Leitlinien zu den Risikofaktoren im Rahmen der Prospektverordnung (ESMA31-62-1293 DE), 1.10.2019, VI.4, Rn. 33.
47 *Scholl/Döhl*, in: Assmann/Schlitt/von Kopp-Colomb, Prospektrecht Kommentar, Art. 16 ProspektVO Rn. 34.
48 *Schlitt*, in: Habersack/Mülbert/Schlitt, Kapitalmarktinformation, § 4 Rn. 51; *Scholl/Döhl*, in: Assmann/Schlitt/von Kopp-Colomb, Prospektrecht Kommentar, Art. 16 ProspektVO Rn. 36, sowie speziell für Aktienemissionen *Schlitt*, in: Assmann/Schlitt/von Kopp-Colomb, Prospektrecht Kommentar, Art. 16 ProspektVO Rn. 54.
49 *Scholl/Döhl*, in: Assmann/Schlitt/von Kopp-Colomb, Prospektrecht Kommentar, Art. 16 ProspektVO Rn. 37 mit detaillierteren Ausführungen in Rn. 38–41.
50 Siehe ESMA, Leitlinien zu den Risikofaktoren im Rahmen der Prospektverordnung (ESMA31-62-1293 DE), 1.10.2019, VI.4, Rn. 35.
51 Siehe ESMA, Leitlinien zu den Risikofaktoren im Rahmen der Prospektverordnung (ESMA31-62-1293 DE), 1.10.2019, VI.4, Rn. 36.

→ Rn. 16) bleibt – zu Recht – in der Regel unbeanstandet. Abhängig vom jeweiligen Einzelfall kann sich eine weitere Untergliederung in **Unterkategorien** empfehlen, gemäß den Leitlinien jedoch nur, wenn dies auf Grundlage der besonderen Umstände des konkreten Falls gerechtfertigt ist (z. B. bei mehrere Arten von Wertpapieren umfassenden Basisprospekten).[52] Die für die Einstufung in Kategorien geltenden Grundsätze gelten für die Einstufung in Unterkategorien entsprechend.[53]

18 Hinsichtlich der Anzahl der zu unterscheidenden Kategorien geht die ESMA davon aus, dass in einem „Standardprospekt" betreffend ein Wertpapier eines einzigen Emittenten grundsätzlich **nicht mehr als zehn Kategorien und Unterkategorien** angebracht sind.[54] Die zuständigen Behörden sind aber gehalten, auch die Aufnahme von zehn (oder weniger) Kategorien und Unterkategorien zu beanstanden, wenn weniger Kategorien und Unterkategorien ausreichend und sinnvoll erscheinen, um die vorhandenen Risikofaktoren verständlich darzustellen.[55] Zugleich sollen sie „je nach Sachlage" auch mehr als zehn Kategorien und Unterkategorien zulassen (z. B. bei mehrere Arten von Wertpapieren umfassenden Basisprospekten oder bei mit einer Garantie versehenen Wertpapieren).[56] In der Praxis werden selten mehr als zehn Kategorien unterschieden.[57] Gelegentlich verlangt die BaFin eine kurze Herleitung der Kategorienbildung sowie eine Begründung für eine Anzahl von mehr als zehn Kategorien.[58]

19 Die Praxis macht die Kategorisierung der Risikofaktoren durch aussagekräftige **Überschriften** (z. B. „Rechtliche und regulatorische Risiken") kenntlich, unter denen die entsprechenden Risikofaktoren zusammengefasst sind. Die Leitlinien fordern ein solches Vorgehen nunmehr ausdrücklich ein.[59] Danach sollen die Überschriften der Kategorien ferner mithilfe von Abständen und Fettschrift hervorgehoben werden.[60] Logisch zusammengehörige Risikofaktoren sollten freilich unter derselben Überschrift zusammen grup-

---

[52] ESMA, Leitlinien zu den Risikofaktoren im Rahmen der Prospektverordnung (ESMA31-62-1293 DE), 1.10.2019, VI.4, Rn. 41; *Scholl/Döhl*, in: Assmann/Schlitt/von Kopp-Colomb, Prospektrecht Kommentar, Art. 16 ProspektVO Rn. 33.

[53] ESMA, Leitlinien zu den Risikofaktoren im Rahmen der Prospektverordnung (ESMA31-62-1293 DE), 1.10.2019, VI.4, Rn. 42; *Scholl/Döhl*, in: Assmann/Schlitt/von Kopp-Colomb, Prospektrecht Kommentar, Art. 16 ProspektVO Rn. 33.

[54] ESMA, Leitlinien zu den Risikofaktoren im Rahmen der Prospektverordnung (ESMA31-62-1293 DE), 1.10.2019, VI.4, Rn. 39.

[55] ESMA, Leitlinien zu den Risikofaktoren im Rahmen der Prospektverordnung (ESMA31-62-1293 DE), 1.10.2019, VI.4, Rn. 40.

[56] ESMA, Leitlinien zu den Risikofaktoren im Rahmen der Prospektverordnung (ESMA31-62-1293 DE), 1.10.2019, VI.4, Rn. 39.

[57] *Scholl/Döhl*, in: Assmann/Schlitt/von Kopp-Colomb, Prospektrecht Kommentar, Art. 16 ProspektVO Rn. 31; *Sieven/Flatt*, BKR 2020, 565, 567.

[58] *Scholl/Döhl*, in: Assmann/Schlitt/von Kopp-Colomb, Prospektrecht Kommentar, Art. 16 ProspektVO Rn. 31.

[59] ESMA, Leitlinien zu den Risikofaktoren im Rahmen der Prospektverordnung (ESMA31-62-1293 DE), 1.10.2019, Leitlinie 8; siehe auch BaFin, Neue Regeln für Wertpapierprospekte nach EU-Prospektverordnung 2017/1129 – Frequently Asked Questions, Stand: 6.10.2021, Nr. V.2 (zuletzt abgerufen am: 14.10.2023).

[60] ESMA, Leitlinien zu den Risikofaktoren im Rahmen der Prospektverordnung (ESMA31-62-1293 DE), 1.10.2019, Rn. 37; siehe auch BaFin, Neue Regeln für Wertpapierprospekte nach EU-Prospektverordnung 2017/1129 – Frequently Asked Questions, Stand: 6.10.2021, Nr. V.2 (zuletzt abgerufen am: 14.10.2023).

piert werden.⁶¹ Jeder Risikofaktor sollte nur einmal aufgeführt werden und zwar dort, wo er thematisch am besten zu verorten ist.⁶²

4. Reihenfolge

Innerhalb der einzelnen Kategorien (siehe → Rn. 16 ff.) sind die wesentlichsten Risikofaktoren entsprechend der Wesentlichkeitsbeurteilung **an erster Stelle** zu nennen.⁶³ Insofern manifestiert sich das Ergebnis der gemäß Art. 16 Abs. 1 UAbs. 2 ProspektVO vorzunehmenden Wesentlichkeitsbeurteilung (siehe → Rn. 33 ff.) – zumindest teilweise (siehe → Rn. 11) – anhand der Reihenfolge der Risikofaktoren nach außen. 20

Vor Inkrafttreten der ProspektVO galt die Reihenfolge der Risikofaktoren grundsätzlich nicht als Indiz hinsichtlich der relativen Bedeutung der aufgeführten Risiken. Darauf wurde in der Praxis regelmäßig zu Beginn des Abschnitts „Risikofaktoren" ausdrücklich hingewiesen.⁶⁴ Dennoch versuchte die Praxis im Regelfall, den Risiken (jedenfalls innerhalb der verschiedenen Risikokategorien) eine Rangfolge entsprechend ihrer relativen Bedeutung zuzuordnen und sie entsprechend aufzuführen.⁶⁵ So wurden etwa existenzgefährdende Risiken (wie dies beispielsweise bei „Rettungskapitalerhöhungen" oder Umschuldungen der Fall sein kann) regelmäßig an die erste Rangstelle gesetzt und auch als solche kenntlich gemacht (z. B. durch die Formulierung: „... and may ultimately lead to the Company's insolvency, in which case investors would lose part or all of their investment.").⁶⁶ Nichtsdestotrotz stieß die durch die ProspektVO eingeführte Verpflichtung, innerhalb der einzelnen Kategorien die wesentlichsten Risikofaktoren an erster Stelle zu nennen, unter dem Blickwinkel potenzieller Haftungsrisiken, die sich aus einer Realisierung von nicht als wesentlichste Risikofaktoren vorangestellten Risiken ergeben könnten, auf Kritik.⁶⁷ Die Vorgabe wurde schließlich auch im Rahmen des EU Listing Act zur Streichung vorgeschlagen. 21

---

61 ESMA, Leitlinien zu den Risikofaktoren im Rahmen der Prospektverordnung (ESMA31-62-1293 DE), 1.10.2019, Rn. 38; siehe auch BaFin, Neue Regeln für Wertpapierprospekte nach EU-Prospektverordnung 2017/1129 – Frequently Asked Questions, Stand: 6.10.2021, Nr. V.2 (zuletzt abgerufen am: 14.10.2023).
62 ESMA, Leitlinien zu den Risikofaktoren im Rahmen der Prospektverordnung (ESMA31-62-1293 DE), 1.10.2019, VI.4, Rn. 33.
63 *Scholl/Döhl*, in: Assmann/Schlitt/von Kopp-Colomb, Prospektrecht Kommentar, Art. 16 ProspektVO Rn. 42.
64 *Bronger/Scherer*, WM 2017, 460, 467.
65 Zum alten Recht: *Schlitt/Wilczek*, in: Habersack/Mülbert/Schlitt, Kapitalmarktinformation, 2. Aufl. 2013, § 5 Rn. 53; *Meyer*, in: Habersack/Mülbert/Schlitt, Unternehmensfinanzierung, § 36 Rn. 53; *Schlitt/Schäfer*, in: Assmann/Schlitt/von Kopp-Colomb, WpPG/VermAnlG, 3. Aufl. 2016, Anhang I ProspektVO Rn. 39; *Alfes/Wieneke*, in: Holzborn, WpPG, Anhang I ProspektVO Rn. 21.
66 Zum alten Recht i. E. auch *Schlitt/Schäfer*, in: Assmann/Schlitt/von Kopp-Colomb, WpPG/VermAnlG, 3. Aufl. 2016, Anhang I ProspektVO Rn. 38. Insoweit wohl anderer Ansicht (zum alten Recht) *Fingerhut/Voß*, in: Just/Voß/Ritz/Zeising, WpPG, 2009, Anhang I ProspektVO Rn. 79, die ausführen, dass eine Gewichtung der einzelnen Risiken unzulässig ist, da einer solchen Darstellung zugleich eine unstatthafte Relativierung einzelner Risikofaktoren innwohnen würde. Für ein Beispiel nach neuem Recht, siehe etwa den Kapitalerhöhungsprospekt der HolidayCheck Group AG vom 21.1.2021.
67 *Bronger/Scherer*, WM 2017, 460, 467 m. w. N.

Art. 16 ProspektVO Risikofaktoren

22 Das durch die ProspektVO eingeführte Erfordernis, für jede Kategorie die wesentlichsten Risikofaktoren zuerst aufzuführen, ist so zu verstehen, dass innerhalb jeder Kategorie grundsätzlich (nur) die **zwei wesentlichsten Risikofaktoren** an erster Stelle zu nennen sind.[68] Dies entspricht der in den Leitlinien verankerten Maßgabe („[...] zuerst die wesentlichsten Risikofaktoren [...]")[69] sowie der Position der BaFin, wonach es ausreichend ist, „nur die wesentlichsten (d.h. grundsätzlich zumindest die zwei wesentlichsten) Risiken einer Kategorie an erster Stelle zu nennen".[70] Die in der Literatur vertretene Auffassung, wonach innerhalb jeder Kategorie (nur) der jeweils wesentlichste Risikofaktor an erster Stelle zu nennen sei,[71] konnte sich nicht durchsetzen. Ebenso wenig ist es verpflichtend, alle Risikofaktoren innerhalb einer Kategorie entsprechend ihrer Wesentlichkeit zu reihen.[72] In jedem Falle ersetzt die entsprechende Reihung der ersten beiden (sowie auch der übrigen) Risikofaktoren nicht die Darstellung der Wesentlichkeit im jeweiligen Risikofaktor selbst, sie stellt lediglich den „Rahmen" bzw. das „Fundament" dafür dar.[73] Für die Anordnung der Risikofaktoren jenseits der zwei wesentlichsten Risikofaktoren macht die ProspektVO keine Vorgabe.[74] So kann auch insofern den Risiken eine Rangfolge entsprechend ihrer relativen Wesentlichkeit zugeordnet und sie dieser Rangfolge entsprechend aufgeführt werden (siehe → Rn. 21).[75] Unseres Erachtens empfiehlt es sich jedoch – im Sinne eines Umkehrschlusses daraus, dass sich die Vorgabe bezüglich der Reihung nach Wesentlichkeit nur auf die wesentlichsten (zwei) Risikofaktoren bezieht, und aus den in → Rn. 16 oben genannten Gründen – auch innerhalb der Kategorien einer thematischen Gliederung der Risikofaktoren den Vorzug zu geben, sodass logisch-inhaltlich korrelierende Risikofaktoren zusammengruppiert werden.

23 Das Erfordernis, für jede Kategorie die wesentlichsten Risikofaktoren an erster Stelle zu nennen, gewinnt dadurch zusätzlich an Bedeutung, dass gemäß Art. 7 Abs. 10 ProspektVO die 15 wesentlichsten Risikofaktoren in die **Zusammenfassung** mit aufzunehmen sind.[76] Insofern fließt das Ergebnis der im Kontext der Risikooffenlegung vorgenom-

---

68 *Sieven/Flatt*, BKR 2020, 566; *Schlitt*, in: Assmann/Schlitt/von Kopp-Colomb, Prospektrecht Kommentar, Art. 16 ProspektVO Rn. 57.
69 ESMA, Leitlinien zu den Risikofaktoren im Rahmen der Prospektverordnung (ESMA31-62-1293 DE), 1.10.2019, VI.4, Rn. 34; *Schlitt*, in: Assmann/Schlitt/von Kopp-Colomb, Prospektrecht Kommentar, Art. 16 ProspektVO Rn. 42, 57.
70 BaFin, Neue Regeln für Wertpapierprospekte nach EU-Prospektverordnung 2017/1129 – Frequently Asked Questions, Stand: 6.10.2021, Nr. V.3 (zuletzt abgerufen am: 14.10.2023).
71 *Oulds/Wöckener*, RdF 2020, 4, 9; *Geyer/Schelm*, BB 2019, 1731, 1734; *Wöckener/Kutzbach*, RdF 2018, 276, 278.
72 Vgl. ESMA, Leitlinien zu den Risikofaktoren im Rahmen der Prospektverordnung (ESMA31-62-1293 DE), 1.10.2019, VI.4, Rn. 34; BaFin, Neue Regeln für Wertpapierprospekte nach EU-Prospektverordnung 2017/1129 – Frequently Asked Questions, Stand: 6.10.2021, Nr. V.3 (zuletzt abgerufen am: 14.10.2023); *Scholl/Döhl*, in: Assmann/Schlitt/von Kopp-Colomb, Prospektrecht Kommentar, Art. 16 ProspektVO Rn. 42.
73 BaFin, Neue Regeln für Wertpapierprospekte nach EU-Prospektverordnung 2017/1129 – Frequently Asked Questions, Stand: 6.10.2021, Nr. V.4 (zuletzt abgerufen am: 14.10.2023).
74 Vgl. ESMA, Leitlinien zu den Risikofaktoren im Rahmen der Prospektverordnung (ESMA31-62-1293 DE), 1.10.2019, VI.4, Rn. 34; *Sieven/Flatt*, BKR 2020, 566; *Geyer/Schelm*, BB 2019, 1731, 1734; *Schlitt*, in: Assmann/Schlitt/von Kopp-Colomb, Prospektrecht Kommentar, Art. 16 ProspektVO Rn. 58.
75 Vgl. etwa *Scholl/Döhl*, in: Assmann/Schlitt/von Kopp-Colomb, Prospektrecht Kommentar, Art. 16 ProspektVO Rn. 42.
76 *Bronger/Scherer*, WM 2017, 460, 467.

menen Wesentlichkeitsbeurteilung (siehe → Rn. 36) auch in die (verkürzte) Risikooffenlegung in der Zusammenfassung ein. In der Praxis ist dabei jedoch darauf zu achten, dass die (zwei) als wesentlichste Risiken identifizierten Risiken jeder (Unter-)kategorie nicht mechanisch in die (verkürzte) Risikooffenlegung in der Zusammenfassung aufgenommen werden, sondern dass dort die 15 wichtigsten Risikofaktoren aus sämtlichen Kategorien wiedergegeben werden (welche möglicherweise, aber nicht zwingend, den jeweils zwei wichtigsten Risikofaktoren aus den gebildeten Kategorien entsprechen).[77]

IV. Inhaltliche Anforderungen

1. Sinn und Zweck der Risikofaktoren

Die Bestimmung der relevanten Risikofaktoren und die inhaltlichen Anforderungen an deren Darstellung hat vom Sinn und Zweck der Offenlegung der Risikofaktoren her zu erfolgen. Hierzu stellt die ProspektVO zunächst klar, dass „Risikofaktoren […] in einen Prospekt vor allem mit dem Ziel aufgenommen [werden], sicherzustellen, dass die Anleger eine **fundierte Bewertung** dieser Risiken vornehmen und somit Anlageentscheidungen in voller Kenntnis der Sachlage treffen".[78] Hierin ist bereits angelegt, dass die Risikofaktoren – da sie als Grundlage der Anlageentscheidung des Anlegers dienen können und sollen – vom Anlegerhorizont aus zu beurteilen sind. Die Darstellung muss geeignet sein, vom Anleger gelesen, verstanden und in die Anlageentscheidung miteinbezogen werden zu können, wobei zur Bestimmung des relevanten Anlegerkreises (Durchschnittsanleger, qualifizierter Anleger etc.) Art und Eigenschaften des Wertpapiers und ggf. des Angebots bzw. der angestrebten Zulassung (z.B. Mindeststückelung von 100.000 EUR, Handelsplatz etc.) mitberücksichtigt werden dürfen.[79] Als Kehrseite dieser Aufklärung des Anlegers dienen die Risikofaktoren letztlich auch der **Verminderung von Prospekthaftungsrisiken**.[80] Denn werden dem potenziellen Anleger die mit dem Emittenten und/oder den Wertpapieren spezifisch verbundenen Risiken, die für eine fundierte Anlageentscheidung von wesentlicher Bedeutung sind, in leicht analysierbarer und verständlicher Form deutlich vor Augen geführt, ist bei Realisierung eines oder mehrerer dieser Risiken und dadurch ausgelösten Kursverlusten für Prospekthaftungsansprüche grundsätzlich kein Raum.[81]

24

---

77 ESMA, Leitlinien zu den Risikofaktoren im Rahmen der Prospektverordnung (ESMA31-62-1293 DE), 1.10.2019, Rn. 44; *Schlitt*, in: Assmann/Schlitt/von Kopp-Colomb, Prospektrecht Kommentar, Art. 16 ProspektVO Rn. 61
78 ProspektVO, Erwägungsgrund Nr. 54; vgl. auch *Scholl/Döhl*, in: Assmann/Schlitt/von Kopp-Colomb, Prospektrecht Kommentar, Art. 16 ProspektVO Rn. 1.
79 ESMA, Leitlinien zu den Risikofaktoren im Rahmen der Prospektverordnung (ESMA31-62-1293 DE), 1.10.2019, Rn. 15.
80 I.E. auch *Scholl/Döhl*, in: Assmann/Schlitt/von Kopp-Colomb, Prospektrecht Kommentar, Art. 16 ProspektVO Rn. 13.
81 Für das US-Recht ergibt sich dies aus der sog. „Bespeaks Caution"-Doktrin, nach der zukunftsbezogene Aussagen oder Prognosen (die sich im Nachhinein als unrichtig erweisen) keine Haftungsansprüche auslösen, wenn auf die damit im Zusammenhang stehenden Risiken ausreichend spezifisch hingewiesen wurde; dazu *Fleischer*, AG 2006, 2, 10 m.w.N. Für das deutsche Prospekthaftungsrecht folgt dies aus dem Umstand, dass der Prospekt im Falle der Realisierung eines offengelegten Risikos diesbezüglich keine Unrichtigkeit enthält, wenn auf dieses Risiko ausreichend spezifisch hingewiesen wurde. Freilich führt nicht jeder Eintritt eines kaum vorhersehba-

25 Hinsichtlich der Bestimmung der relevanten Risikofaktoren gibt die ProspektVO vor, dass auf Risikofaktoren in einem Prospekt nur insoweit eingegangen wird, „als es sich um Risiken handelt, die für den Emittenten und/oder die Wertpapiere spezifisch und im Hinblick auf eine fundierte Anlageentscheidung von wesentlicher Bedeutung sind, wie auch durch den Inhalt des Registrierungsformulars und der Wertpapierbeschreibung bestätigt wird". Damit sind die Kriterien der Spezifität, der Wesentlichkeit sowie der Bestätigung durch den (übrigen) Prospektinhalt umrissen. Umgekehrt wird durch die restriktive Formulierung der Kriterien („nur insoweit eingegangen") deutlich, dass Risikofaktoren, welche nicht alle drei dieser Kriterien kumulativ erfüllen, schlechterdings nicht in die Risikooffenlegung des Prospekts aufzunehmen sind.[82] Hierdurch soll der in der überkommenen Marktpraxis erkennbaren Tendenz entgegengewirkt werden, die Offenlegung der Risikofaktoren mit allgemeinen, generischen Risikofaktoren zu überfrachten, wobei der **konkrete Bezug** zum Emittenten und dessen Branche oder zu den Wertpapieren kaum oder nicht erkennbar war.[83]

2. Spezifität

26 Auf Risikofaktoren wird in einem Prospekt nur insoweit eingegangen, als es sich um Risiken handelt, die für den Emittenten und/oder die Wertpapiere spezifisch sind (Spezifitätskriterium). Das Spezifitätskriterium war bereits in der VO (EG) 809/2004 angelegt, wonach im Prospekt Risikofaktoren offenzulegen waren, die für den Emittenten oder dessen Branche spezifisch sind (siehe → Rn. 2).[84] Welche Risiken den Anforderungen des Spezifitätskriteriums genügen, lässt sich – angesichts der Vielfältigkeit des Wirtschaftslebens insbesondere hinsichtlich der emittentenbezogenen Risikofaktoren – kaum abstrakt-generell beantworten. Es kommt stets auf die **Besonderheiten des Einzelfalls** an.

27 Die Leitlinien regen im Zusammenhang mit den emittentenbezogenen Risikofaktoren an, im Hinblick auf die Spezifität die „**Art des Unternehmens**" zu berücksichtigen.[85] Als Beispiele führen die Leitlinien Start-up-Unternehmen, regulierte Unternehmen und bestimmte Kategorien von Emittenten an.[86] Mit Letzteren sind die sog. specialist issuers gemeint, die in Anhang 29 zur VO (EU) 2019/980 aufgelistet sind und unter anderem Immobilien-, Bergbau-, Schifffahrts- und Investmentgesellschaften umfassen. Insofern empfiehlt es sich, die Eigenart und Besonderheiten des Unternehmens, seines Gegenstands

---

ren (im Prospekt nicht dargestellten) Risikos automatisch zu einer Unrichtigkeit des Prospekts; aber jedenfalls naheliegende, vorhersehbare, wesentliche Risiken sind zwingend darzustellen.
82 Siehe auch ESMA, Leitlinien zu den Risikofaktoren im Rahmen der Prospektverordnung (ESMA31-62-1293 DE), 1.10.2019, Rn. 13.
83 *Sieven/Flatt*, BKR 2020, 565; *Schmitt/Bhatti/Storck*, ZeuP 2019, 287, 300; *Wöckener/Kutzbach*, RdF 2018, 276, 279; *Schulz*, WM 2016, 1417, 1420.
84 *Scholl/Döhl*, in: Assmann/Schlitt/von Kopp-Colomb, Prospektrecht Kommentar, Art. 16 ProspektVO Rn. 9.
85 ESMA, Leitlinien zu den Risikofaktoren im Rahmen der Prospektverordnung (ESMA31-62-1293 DE), 1.10.2019, Rn. VI.1, Rn. 16.
86 ESMA, Leitlinien zu den Risikofaktoren im Rahmen der Prospektverordnung (ESMA31-62-1293 DE), 1.10.2019, Rn. VI.1, Rn. 16.

und seiner Geschäftstätigkeit sowie seines sich daraus ergebenden Risikoprofils entsprechend zu würdigen und ggf. in den Risikofaktoren herauszustellen.[87]

Umgekehrt machen die Leitlinien auch deutlich, wann eine Risikooffenlegung die Anforderungen des Spezifitätskriteriums nicht mehr erfüllt. So soll die Darstellung eines Risikofaktors jedenfalls dann nicht mehr als hinreichend spezifisch anzusehen sein, wenn kein **eindeutiger und direkter Zusammenhang** zwischen dem Risikofaktor und dem Emittenten oder den Wertpapieren hergestellt wird oder wenn erkennbar ist, dass die Beschreibung des Risikofaktors nicht speziell für den Emittenten oder die Wertpapiere erstellt wurde.[88] Ersteres betrifft den Fall, in dem ein – für den Emittenten oder die Wertpapiere womöglich tatsächlich relevantes – Risiko in einer Weise dargestellt wird, dass für den Anleger nicht erkennbar wird, wie das entsprechende Risiko den Emittenten oder die Wertpapiere treffen soll. Ein Beispiel wäre etwa eine Beschreibung von (tatsächlich bestehenden) Prozessrisiken, aus der jedoch nicht erkennbar wird (weder durch Beschreibung in der Vergangenheit erhobener Ansprüche und Klagen, noch durch Beispiele), von welcher Seite (Zulieferer, Kunden, Mitarbeiter etc.) diese drohen, aus welchem Grunde (Qualitätsmängel, Verzug, Schäden, Arbeitssicherheit etc.) sie herrühren oder mit welchen Folgen (Aufwand, Kosten, Bindung von Managementkapazität, Reputationsschaden) sie verbunden sind. Letzteres betrifft den – in der Praxis immer wieder anzutreffenden – Fall, in dem standardisierte Textbausteine (sog. „Boilerplate") in Risikofaktoren verwendet werden, ohne auf die konkrete Situation des Emittenten oder der Wertpapiere Rücksicht zu nehmen (siehe aber → Rn. 29). In der Praxis finden sich immer wieder Beispiele für (beinahe) gleichlautende Risikobeschreibungen, z.B. im Zusammenhang mit den von der Verwendung allgemeiner Geschäftsbedingungen (und deren möglicher Unwirksamkeit) ausgehenden Risiken, den Risiken aus dem (möglicherweise) mangelnden Schutz eigenen oder der (möglichen) Verletzung fremden geistigen Eigentums sowie Risiken aus der allgemeinen Markt- oder Konjunkturentwicklung, aus dem rechtlichen und regulatorischen Umfeld und dessen möglicher Entwicklung und Veränderung.[89] Die Aufnahme solcher Boilerplate bzw. ein „unterschiedsloses Kopieren" von Risikofaktoren aus anderen Prospekten oder Dokumenten war schon vor Inkrafttreten der ProspektVO nicht ratsam und ist es nun noch weniger.[90] Die ProspektVO und auf ihrer Grundlage die Billigungspraxis der BaFin vollziehen damit teilweise eine bei der Securities and Exchange Commission im Zusammenhang mit US-bezogenen Angeboten schon länger bestehende Praxis nach.

Ebenso wenig erfüllen Darstellungen von Risikofaktoren die Anforderungen des Spezifitätskriteriums, wenn sie **ausschließlich dem Haftungsausschluss** dienen.[91] Diese in den

---

87 Vgl. *Scholl/Döhl*, in: Assmann/Schlitt/von Kopp-Colomb, Prospektrecht Kommentar, Art. 16 ProspektVO Rn. 15 mit zahlreichen Beispielen.
88 ESMA, Leitlinien zu den Risikofaktoren im Rahmen der Prospektverordnung (ESMA31-62-1293 DE), 1.10.2019, Rn. VI.1, Leitlinie 1.
89 *Scholl/Döhl*, in: Assmann/Schlitt/von Kopp-Colomb, Prospektrecht Kommentar, Art. 16 ProspektVO Rn. 16.
90 Siehe dazu auch ESMA, Leitlinien zu den Risikofaktoren im Rahmen der Prospektverordnung (ESMA31-62-1293 DE), 1.10.2019, Rn. 24; vgl. auch *Scholl/Döhl*, in: Assmann/Schlitt/von Kopp-Colomb, Prospektrecht Kommentar, Art. 16 ProspektVO Rn. 10.
91 ESMA, Leitlinien zu den Risikofaktoren im Rahmen der Prospektverordnung (ESMA31-62-1293 DE), 1.10.2019, Rn. VI.1, Leitlinie 2; *Scholl/Döhl*, in: Assmann/Schlitt/von Kopp-Colomb, Prospektrecht Kommentar, Art. 16 ProspektVO Rn. 13.

Leitlinien enthaltene Anforderung geht auf die ProspektVO zurück, wonach ein „Prospekt […] keine Risikofaktoren enthalten [sollte], die allgemeiner Natur sind und nur dem Haftungsausschluss dienen".[92] Zur Begründung wird angeführt, jene könnten spezifischere Risikofaktoren, welche die Anleger kennen sollten, verschleiern.[93] Zwar dienen die Risikofaktoren als Kehrseite der Aufklärung des Anlegers auch unter der ProspektVO nach wie vor der Verminderung von Prospekthaftungsrisiken (→ Rn. 24). Im Hinblick auf die Anforderungen in der ProspektVO und den Leitlinien darf die Offenlegung eines Risikofaktors jedoch nicht dazu führen, dass dieser – etwa aufgrund allgemein gehaltener, vager und unkonkreter Darstellung – kein Aufklärungswert mehr zukommt und ihr einzig verbleibender („ausschließlich", „nur") Zweck der Haftungsausschluss ist.[94]

30 Anders als die VO (EG) 809/2004 erwähnt die ProspektVO neben den wertpapierbezogenen Risiken ausdrücklich nur noch Risiken, die für den Emittenten – nicht jedoch auch für dessen Branche – spezifisch sind. Diese Auslassung lässt das generelle Bemühen des Verordnungsgebers erkennen, die Relevanz und Aussagekraft der emittentenbezogenen Risikofaktoren zu stärken. Hieraus ist jedoch keineswegs zu schließen, dass branchen- bzw. sektorspezifische Risiken mangels Spezifität nicht mehr in Prospekte aufzunehmen sind (vgl. → Rn. 16). Vielmehr ist darauf zu achten, dass sich die Darstellung von **Branchen-, Sektor- oder Marktrisiken** auf ihren spezifischen Bezug zum Emittenten fokussiert und deren konkrete Relevanz aufzeigt. Zu nennen sind dabei auch solche Risiken, die zwar nicht ausschließlich für den prospektierenden Emittenten respektive seine Branche spezifisch sind, gleichwohl aber (auch) für diesen Emittenten als wesentlich einzustufen sind.[95] Insofern erkennen die Leitlinien an, dass „Emittenten, die in derselben Branche tätig sind, […] unter Umständen ähnlichen Risiken ausgesetzt [sind], weshalb die Beschreibung in Bezug auf diese Arten von Emittenten durchaus ähnlich sein kann".[96] In der Tat dürfte es auch im Interesse der Anleger liegen, dass ähnliche, vergleichbare oder gar identische Risiken auch konsistent dargestellt werden.[97] Insofern verlangen die Leitlinien jedoch, dass etwaige Unterschiede in der Art und Weise, wie sich solche branchen- bzw. sektorspezifischen Risiken auf den Emittenten (im Vergleich zu anderen, in derselben Branche tätigen Emittenten) auswirken, bei der Darstellung des entsprechenden Risikofaktors berücksichtigt werden.[98]

31 Auch hinsichtlich der Spezifität der wertpapierbezogenen Risiken lässt sich angesichts der Vielzahl von Wertpapiergattungen kaum eine abstrakt-generelle Aussage treffen. Die Leitlinien regen im Zusammenhang mit den wertpapierbezogenen Risikofaktoren an, im

---

92 ProspektVO, Präambel, Erwägungsgrund Nr. 54.
93 ProspektVO, Präambel, Erwägungsgrund Nr. 54; siehe auch ESMA, Leitlinien zu den Risikofaktoren im Rahmen der Prospektverordnung (ESMA31-62-1293 DE), 1.10.2019, Rn. 23.
94 ESMA, Leitlinien zu den Risikofaktoren im Rahmen der Prospektverordnung (ESMA31-62-1293 DE), 1.10.2019, Rn. 22.
95 *Scholl/Döhl*, in: Assmann/Schlitt/von Kopp-Colomb, Prospektrecht Kommentar, Art. 16 ProspektVO Rn. 12.
96 ESMA, Leitlinien zu den Risikofaktoren im Rahmen der Prospektverordnung (ESMA31-62-1293 DE), 1.10.2019, Rn. 18.
97 *Geyer/Schelm*, BB 2019, 1731, 1734.
98 ESMA, Leitlinien zu den Risikofaktoren im Rahmen der Prospektverordnung (ESMA31-62-1293 DE), 1.10.2019, Rn. 18.

Hinblick auf die Spezifität die „**Eigenschaften des Wertpapiers**" zu berücksichtigen.[99] Danach gehören zu den Risikofaktoren auch Risiken, die sich aus dem Grad der Nachrangigkeit eines Wertpapiers ergeben, sowie die Auswirkungen auf die voraussichtliche Höhe oder den voraussichtlichen Zeitpunkt der Zahlungen an die Inhaber von Wertpapieren, im Falle eines Konkurses oder eines vergleichbaren Verfahrens, einschließlich, soweit relevant, der Insolvenz eines Kreditinstituts oder dessen Abwicklung oder Umstrukturierung gemäß der Richtlinie 2014/59/EU, Art. 16 Abs. 2 ProspektVO (siehe → Rn. 55 ff.).[100] Ansonsten lässt sich freilich innerhalb von Wertpapiergattungen (z. B. Aktien, Anleihen etc.) ein vergleichsweise hohes Maß an Gleichlauf der wertpapierbezogenen Risikofaktoren beobachten. Insofern scheint die BaFin an die Spezifität der wertpapierbezogenen Risiken innerhalb der jeweiligen Gattungen (insbesondere bei Nichtdividendenwerten aufgrund des hohen Standardisierungsgrads)[101] zu Recht einen weniger strengen Maßstab an den Grad der Spezifität anzulegen als bei den emittentenbezogenenen Risiken. Als nicht spezifisch i. S. d. Art. 16 ProspektVO gelten jedoch grds. mit den Wertpapieren verbundene Währungs- und Inflationsrisiken.[102] Dasselbe gilt für bestimmte Kosten- und Steuerrisiken, soweit sie mangels Unsicherheit ihres Eintritts schon keine (ungewissen) Risiken darstellen oder aufgrund wertpapierübergreifender Geltung nicht spezifisch für das betreffende Wertpapier sind.[103]

Der Überprüfung des Spezifitätskriteriums kommt in der Praxis eine große Bedeutung zu.[104] Unter diesem Blickwinkel beanstandet es die BaFin zunehmend, wenn die Einleitung des Risikokapitels generisch auf weitere, allgemeine Risiken hinweist, denen der Emittent und/oder die Wertpapiere unterliegen (siehe → Rn. 11).[105] Auch zeigt sich, dass die BaFin in ihrer Billigungspraxis sehr sorgfältig prüft, ob sich die Spezifität eines einzelnen Risikos für den Emittenten bzw. die Wertpapiere aus der Darstellung im Prospekt ergibt, d. h. ob die Darstellung die konkrete Situation und die konkreten Verhältnisse des Emittenten bzw. die konkreten Eigenschaften des Wertpapiers berücksichtigt.[106] Konsequent hat die BaFin in ihrer jüngeren Verwaltungspraxis mangelnde Spezifität von Risikofaktoren auch zunehmend beanstandet und Überarbeitung oder Entfernung der betreffenden Risikofaktoren verlangt. Es empfiehlt sich daher, bei der Erarbeitung der Risikooffen- 32

---

99 ESMA, Leitlinien zu den Risikofaktoren im Rahmen der Prospektverordnung (ESMA31-62-1293 DE), 1.10.2019, VI.1, Rn. 16; vgl. *Scholl/Döhl*, in: Assmann/Schlitt/von Kopp-Colomb, Prospektrecht Kommentar, Art. 16 ProspektVO Rn. 17 mit zahlreichen Beispielen.
100 *Scholl/Döhl*, in: Assmann/Schlitt/von Kopp-Colomb, Prospektrecht Kommentar, Art. 16 ProspektVO Rn. 17.
101 *Scholl/Döhl*, in: Assmann/Schlitt/von Kopp-Colomb, Prospektrecht Kommentar, Art. 16 ProspektVO Rn. 18.
102 Vgl. die Beispiele bei *Scholl/Döhl*, in: Assmann/Schlitt/von Kopp-Colomb, Prospektrecht Kommentar, Art. 16 ProspektVO Rn. 19: Allgemeine Inflationsaspekte; mit dem kreditfinanzierten Erwerb eines Wertpapiers verbundene Risiken oder das (Währungs-)Risiko im Falle des Erwerbs eines auf eine andere Währung lautenden Wertpapiers.
103 *Scholl/Döhl*, in: Assmann/Schlitt/von Kopp-Colomb, Prospektrecht Kommentar, Art. 16 ProspektVO Rn. 20 (das Risiko bestimmter mit dem Erwerb eines Wertpapiers verbundener Kosten (z. B. Depotgebühren) oder Steuern).
104 *Oulds/Wöckener*, RdF 2020, 4, 9.
105 *Scholl/Döhl*, in: Assmann/Schlitt/von Kopp-Colomb, Prospektrecht Kommentar, Art. 16 ProspektVO Rn. 14.
106 *Oulds/Wöckener*, RdF 2020, 4, 9.

legung ein besonderes Augenmerk auf die Erfüllung der Anforderungen des Spezifitätskriteriums zu legen.

3. Wesentlichkeit

a) Allgemeines

33 Auf Risikofaktoren wird in einem Prospekt nur insoweit eingegangen, als es sich um Risiken handelt, die im Hinblick auf eine fundierte Anlageentscheidung von wesentlicher Bedeutung sind (Wesentlichkeitskriterium).[107] Die Frage, welche Risiken wesentlich bzw. unwesentlich sind, lässt sich kaum abstrakt-generell beantworten. Es kommt stets auf die **Besonderheiten des Einzelfalls** an. Ausgehend vom Haftungsmaßstab der §§ 9, 10 WpPG (§§ 21, 22 a. F. WpPG) sind Angaben über Risiken wesentlich, wenn sie ein durchschnittlicher, verständiger Anleger bei seiner Anlageentscheidung „eher als nicht" berücksichtigen würde.[108] Jedenfalls ist es gerade nicht Aufgabe des Prospekts, den Anleger auf sämtliche theoretisch möglichen Risiken aufmerksam zu machen. Dieser Umstand wird häufig in einem der Risikooffenlegung vorangestellten Warnhinweis hervorgehoben (siehe → Rn. 11).

34 Die ProspektVO stellt klar, dass die Wesentlichkeit der Risikofaktoren bei der Erstellung des Prospekts von den Prospektverantwortlichen zu beurteilen ist.[109] Als Kehrseite hierzu bestätigen die Leitlinien, dass die zuständigen Behörden nicht verpflichtet sind, die Wesentlichkeit eines Risikofaktors als solche zu bewerten, und lediglich sicherstellen sollen, „dass die Wesentlichkeit des Risikofaktors aus der Beschreibung des Risikofaktors ersichtlich wird" (vgl. → Rn. 22).[110] Die ProspektVO räumt den Prospektverantwortlichen also einen – durch die beiden Maßgaben Eintrittswahrscheinlichkeit und Auswirkungen begrenzten (siehe dazu → Rn. 36 ff.) – **Beurteilungsspielraum** ein.[111] Da die Beurteilung der Wesentlichkeit hiernach – wenngleich teilweise objektiviert – in erster Linie subjektiver Natur ist, führt eine sich nachträglich als unzutreffend erweisende Darstellung der We-

---

107 *Scholl/Döhl*, in: Assmann/Schlitt/von Kopp-Colomb, Prospektrecht Kommentar, Art. 16 ProspektVO Rn. 21 mit Verweis auf Parallelen zur Finanzberichterstattung, insb. § 315 HGB, wonach im Konzernlagebericht die wesentlichen Risiken (und Chancen) zu beurteilen und zu erläutern sind und DRS 20.11, wonach die im Lagebericht dargestellten Risiken zu quantifizieren sind.
108 BGH, 12.10.2021 – XI ZB 31/19, NZG 2022, 165, 171; BGH, 21.2.2021 – XI ZR 191/17, WM 2021, 2042, 2044 (Fehlerhaftigkeit bzgl. Kfz-Stellplätze), wobei neben Einzelsachen auch auf das dem Anleger von den Verhältnissen des Unternehmens vermittelte Gesamtbild abzustellen sei.
109 Siehe auch ESMA, Leitlinien zu den Risikofaktoren im Rahmen der Prospektverordnung (ESMA31-62-1293 DE), 1.10.2019, VI.2, Rn. 26; *Scholl/Döhl*, in: Assmann/Schlitt/von Kopp-Colomb, Prospektrecht Kommentar, Art. 16 ProspektVO Rn. 21, 24.
110 ESMA, Leitlinien zu den Risikofaktoren im Rahmen der Prospektverordnung (ESMA31-62-1293 DE), 1.10.2019, VI.2, Rn. 26; ähnlich *Scholl/Döhl*, in: Assmann/Schlitt/von Kopp-Colomb, Prospektrecht Kommentar, Art. 16 ProspektVO Rn. 21, 24.
111 *Groß*, Kapitalmarktrecht, Art. 16 ProspektVO Rn. 6; *Scholl/Döhl*, in: Assmann/Schlitt/von Kopp-Colomb, Prospektrecht Kommentar, Art. 16 ProspektVO Rn. 23; *Sieven/Flatt*, BKR 2020, 567; *Geyer/Schelm*, BB 2019, 1731, 1734; a. A. *Schulz*, WM 2018, 212, 217.

sentlichkeit eines Risikos nicht ohne Weiteres zur Unrichtigkeit des Prospekts.[112] Vielmehr bedarf es hierzu im Wege einer auf den Zeitpunkt der Prospekterstellung abstellenden Ex-ante-Prüfung des Nachweises, dass von dem eingeräumten Beurteilungsspielraum nicht ordnungsgemäß Gebrauch gemacht worden ist.[113]

Zur Verminderung etwaiger Prospekthaftungsrisiken empfiehlt es sich, den Vorgang der Beurteilung der Wesentlichkeit der darzustellenden Risiken durch die Prospektverantwortlichen im Rahmen einer nach Umfang und Intensität angemessenen **Due-Diligence-Prüfung** zu begleiten und zu untermauern (siehe auch → Rn. 70).[114]

35

b) Bewertung der Wesentlichkeit

Risiken zeichnen sich naturgemäß dadurch aus, dass sowohl der Eintritt der das Risiko begründenden Umstände als auch deren negative Auswirkungen auf den Emittenten grundsätzlich mit Unsicherheiten behaftet sind. Risikofaktoren sind dementsprechend in aller Regel prognostischer, zukunftsgerichteter Natur, da sie über das Risiko (also die Wahrscheinlichkeit) des Eintritts oder Nichteintritts bestimmter in der Zukunft liegender Ereignisse und deren Auswirkungen auf den Emittenten aufklären wollen.[115] Dem liegt stets eine – gemäß der ProspektVO vom Emittenten zu treffende (vgl. → Rn. 34) – Einschätzung zugrunde, und zwar sowohl hinsichtlich der **Eintrittswahrscheinlichkeit** relevanter zukünftiger Ereignisse als auch deren **voraussichtlichen Auswirkungen** auf den Emittenten. Dementsprechend ist auch die Bestimmung der Wesentlichkeit von Risiken stets eine Funktion aus Eintrittswahrscheinlichkeit und Schadensauswirkung (sog. „Probability-Magnitude"-Test, in Anlehnung an US-amerikanische Gerichtsentscheidungen zur Fehlerhaftigkeit von Prospekten).[116] Diese Erkenntnis und das hieraus abzuleitende Vorgehen, das so bereits vor Inkrafttreten der ProspektVO praxisüblich war,[117] ist nunmehr auch ausdrücklich in der ProspektVO verankert: Danach beurteilen die Prospektverantwortlichen die Wesentlichkeit der Risikofaktoren auf der Grundlage der Wahrscheinlichkeit ihres Eintretens und des zu erwartenden Umfangs ihrer negativen Auswirkungen. Dabei kann sich der zu erwartende Umfang der negativen Auswirkungen auf den Emittenten oder auf das Wertpapier beziehen. Bei emittentenbezogenen Risiken trifft die negative Auswirkung in erster Linie den Emittenten (zum Beispiel eine Verschlechterung der Vermögens-, Finanz- und Ertragslage oder Zahlungsfähigkeit) und nur mittelbar das Wertpapier bzw. den Anleger (zum Beispiel durch Wert- bzw. Kursverlust, Ausfall oder Reduzierung von Dividenden- oder Zinszahlungen oder Rückzahlung unter dem Nennbetrag).[118]

36

---

112 *Sieven/Flatt*, BKR 2020, 58.
113 *Groß*, Kapitalmarktrecht, Art. 16 ProspektVO Rn. 6; *Sieven/Flatt*, BKR 2020, 568; vgl. auch *Wöckener/Kutzbach*, RdF 2018, 276, 279.
114 *Sieven/Flatt*, BKR 2020, 568.
115 *Scholl/Döhl*, in: Assmann/Schlitt/von Kopp-Colomb, Prospektrecht Kommentar, Art. 16 ProspektVO Rn. 22; *Sieven/Flatt*, BKR 2020, 567 f.
116 *Scholl/Döhl*, in: Assmann/Schlitt/von Kopp-Colomb, Prospektrecht Kommentar, Art. 16 ProspektVO Rn. 22.
117 *Scholl/Döhl*, in: Assmann/Schlitt/von Kopp-Colomb, Prospektrecht Kommentar, Art. 16 ProspektVO Rn. 21; *Bronger/Scherer*, WM 2017, 460, 466.
118 *Scholl/Döhl*, in: Assmann/Schlitt/von Kopp-Colomb, Prospektrecht Kommentar, Art. 16 ProspektVO Rn. 23.

Art. 16 ProspektVO Risikofaktoren

Bei wertpapierbezogenen Risiken betrifft die negative Auswirkung das Wertpapier und mithin den Anleger direkt.[119]

37 Freilich mag es auch Situationen geben, in denen der Eintritt eines zukünftigen Ereignisses gewiss (beispielsweise das Inkrafttreten eines Gesetzes), und lediglich dessen Auswirkungen auf den Emittenten ungewiss ist. Umgekehrt kann der Eintritt eines zukünftigen Ereignisses ungewiss, dessen Auswirkungen auf den Emittenten (den Eintritt des zukünftigen Ereignisses unterstellt) jedoch ohne Weiteres mit hinreichender Sicherheit bestimmbar sein. Je höher die mögliche Schadensauswirkung ist, desto geringer sind die Anforderungen an die Eintrittswahrscheinlichkeit.[120] Sind der Eintritt des Ereignisses und dessen Auswirkungen auf den Emittenten bereits sicher, so handelt es sich dabei nicht um ein Risiko im eigentlichen Sinne und die entsprechenden Angaben sind nicht im Risikokapitel – aber ggf. durchaus an anderer Stelle im Prospekt – zu machen.[121] Risiken, die sich ggf. erst in ferner Zukunft materialisieren könnten, sind im Regelfall für die Anlageentscheidung unwesentlich. Risiken mit geringer Schadensauswirkung sind ebenfalls grundsätzlich weniger relevant, selbst wenn die Eintrittswahrscheinlichkeit hoch ist. Für den verständigen Anleger ändert sich in solch einem Fall nichts an dem für seine Anlageentscheidung relevanten „Informations-Mix". Bestehen zwischen einzelnen Risiken Interdependenzen oder die Gefahr der Kumulierung, ist dies bei der Ermittlung der Wesentlichkeit und der Darstellung der Risikofaktoren angemessen zu berücksichtigen.[122]

38 In der Literatur wird kritisiert, dass die in der ProspektVO verankerten Anforderungen eine rechtssichere Ermittlung der Wesentlichkeit der Risikofaktoren nicht ohne Weiteres erlauben.[123] Vor diesem Hintergrund dienen die Leitlinien dazu, die – an sich noch recht unkonkreten – Anforderungen des Wesentlichkeitskriteriums zu konkretisieren und für die Praxis handhabbar zu machen. Danach sollen quantitative Angaben über die Auswirkungen bestimmter Risiken im Falle ihres Eintritts deren Wesentlichkeit untermauern können.[124] Solche Angaben können demnach z.B. in zuvor vom Emittenten veröffentlichten Dokumenten (z.B. Lageberichte, Jahresabschlüssen oder Ad-hoc-Publizität) enthalten sein.[125] Auch die BaFin regt an, die Darstellung der Auswirkungen der einzelnen Risiken mit Prozent- und anderen **Kennzahlen** aus den Finanzinformationen des Emittenten zu

---

119 *Scholl/Döhl*, in: Assmann/Schlitt/von Kopp-Colomb, Prospektrecht Kommentar, Art. 16 ProspektVO Rn. 23.
120 *Scholl/Döhl*, in: Assmann/Schlitt/von Kopp-Colomb, Prospektrecht Kommentar, Art. 16 ProspektVO Rn. 23.
121 *Scholl/Döhl*, in: Assmann/Schlitt/von Kopp-Colomb, Prospektrecht Kommentar, Art. 16 ProspektVO Rn. 22.
122 Zum alten Recht: *Fingerhut/Voß*, in: Just/Voß/Ritz/Zeising, WpPG, 2009, Anhang I ProspektVO Rn. 87; OLG Nürnberg, Urt. v. 20.11.2013 – 6 U 644/13; unter besonderer Berücksichtigung des Adressatenhorizonts LG Nürnberg-Fürth, Urt. v. 19.12.2013 – 6 O 4055/13, Rn. 32 f., 66 ff., 130 ff., zitiert nach juris.
123 *Groß*, Kapitalmarktrecht, Art. 16 ProspektVO Rn. 6: „sowohl sehr komplex und schwierig als auch risikobehaftet"; *Schmitt/Bhatti/Storck*, ZeuP 2019, 287, 300 f.; *Wöckener/Kutzbach*, RdF 2018, 276, 279.
124 ESMA, Leitlinien zu den Risikofaktoren im Rahmen der Prospektverordnung (ESMA31-62-1293 DE), 1.10.2019, VI.2, Rn. 27; *Scholl/Döhl*, in: Assmann/Schlitt/von Kopp-Colomb, Prospektrecht Kommentar, Art. 16 ProspektVO Rn. 27.
125 ESMA, Leitlinien zu den Risikofaktoren im Rahmen der Prospektverordnung (ESMA31-62-1293 DE), 1.10.2019, VI.2, Rn. 27.

untermauern.¹²⁶ Die Leitlinien verlangen indes nicht, dass quantitative Angaben speziell für Zwecke der Risikooffenlegung ermittelt werden.¹²⁷ In der Praxis sind quantitative Angaben – wie schon in der Vergangenheit – selten zu finden.¹²⁸ Falls die Aufnahme quantitativer Angaben nicht möglich oder nicht angebracht ist, verlangen die Leitlinien eine qualitative Beschreibung der Auswirkungen im Falle ihres Eintritts des relevanten Risikos.¹²⁹ Auch Beispiele können sich als hilfreich erweisen, die Realisierung eines Risikos zu illustrieren. Hierbei gelten die allgemeinen Vorgaben hinsichtlich der inhaltlichen Darstellung (angemessene Beschreibung, Kategorisierung, Reihenfolge) (→ Rn. 13 ff.).¹³⁰

In die Beurteilung der Wesentlichkeit eines Risikos sind auch die zur **Reduzierung** von dessen Eintritt getroffenen **Maßnahmen** (z. B. Risikomanagementmaßnahmen) und/oder sich aus dem Risikoeintritt ergebende, kompensierende Chancen einzustellen. Das hiernach verbleibende Risiko – und nur dieses – ist sodann angemessen darzustellen (sog. Netto-Darstellung).¹³¹ Verbleibt nach dieser „Aufrechnung" kein Risiko, das im Hinblick auf eine fundierte Anlageentscheidung von wesentlicher Bedeutung ist, ist der entsprechende Risikofaktor nicht in den Prospekt aufzunehmen.¹³² Ist ein Risiko beispielsweise nach Einschätzung der Prospektverantwortlichen vollständig bilanziell verarbeitet, also vollumfänglich rückstellungsgedeckt, so zeigt die Realisierung des Risikos möglicherweise weder in der Gewinn- und Verlustrechnung noch im Eigenkapital eine Wirkung, da der Aufwand gegen den Verbrauch der Rückstellung gebucht wird. Dementsprechend wäre die Offenlegung der Risikofaktoren in diesem Fall nicht auf etwaige negative Auswirkungen auf die Gewinn- und Verlustrechnung oder das Eigenkapital, sondern auf sich hieraus für den Emittenten ergebende Liquiditätsrisiken, das Risiko, dass die Höhe der Rückstellungen nicht ausreicht, und/oder etwaige damit verbundene Reputationsrisiken zu fokussieren. 39

Bei **relativierenden Formulierungen** in der Risikodarstellung ist grundsätzlich Zurückhaltung geboten.¹³³ Zwar sind gemäß den Leitlinien relativierende Risikobeschreibungen 40

---

126 Bei Banken liegt es etwa nahe, je nach dargestelltem Risiko Angaben zu risikogewichteten Aktiva, den Risk-Weighted Assets (RWA), zum Exposure at Default (EaD), zur Liquidity Coverage Ratio (LCR) und zur Net Stable Funding Ratio (NSFR) sowie prozentuale Angaben zur Risikokonzentrationen zu machen. Bei international operierenden Unternehmen empfehlen sich im Zusammenhang mit Währungsrisiken Angaben zu deren Größenordnung und Art/Umfang von deren Absicherung (Hedging), vgl. *Scholl/Döhl*, in: Assmann/Schlitt/von Kopp-Colomb, Prospektrecht Kommentar, Art. 16 ProspektVO Rn. 12.
127 *Sieven/Flatt*, BKR 2020, 565, 566; *Geyer/Schelm*, BB 2019, 1731, 1734.
128 *Oulds/Wöckener*, RdF 2020, 4, 9.
129 ESMA, Leitlinien zu den Risikofaktoren im Rahmen der Prospektverordnung (ESMA31-62-1293 DE), 1.10.2019, VI.2, Rn. 28.
130 ESMA, Leitlinien zu den Risikofaktoren im Rahmen der Prospektverordnung (ESMA31-62-1293 DE), 1.10.2019, VI.2, Rn. 28.
131 Zum alten Recht: *Fingerhut/Voß*, in: Just/Voß/Ritz/Zeising, WpPG, 2009, Anhang I ProspektVO Rn. 90 (einschließlich Formulierungsbeispiel); restriktiver hingegen *Alfes/Wieneke*, in: Holzborn, WpPG, Anhang I ProspektVO Rn. 18 („zwar – aber"), sowie *Schlitt/Schäfer*, in: Assmann/Schlitt/von Kopp-Colomb, WpPG/VermAnlG, 3. Aufl. 2016, Anhang I ProspektVO Rn. 37 („mit großer Zurückhaltung zu verwenden").
132 ESMA, Leitlinien zu den Risikofaktoren im Rahmen der Prospektverordnung (ESMA31-62-1293 DE), 1.10.2019, VI.2, Rn. 31.
133 *Scholl/Döhl*, in: Assmann/Schlitt/von Kopp-Colomb, Prospektrecht Kommentar, Art. 16 ProspektVO Rn. 21.

nicht generell verboten.¹³⁴ Sie sind jedoch nur zulässig, „um die Eintrittswahrscheinlichkeit oder den zu erwartenden Umfang der negativen Auswirkungen zu veranschaulichen".¹³⁵ Nicht geboten ist insofern eine Darstellung, in der eine umfängliche Beschreibung der zur Verhinderung des Risikoeintritts getroffenen Maßnahmen und/oder sich daraus ergebenden, kompensierenden Chancen das verbleibende Risiko und dessen Tragweite kaschiert (sog. Brutto-Darstellung¹³⁶).¹³⁷ Schon vor Inkrafttreten der ProspektVO hat die BaFin verharmlosende oder relativierende Formulierungen in der Risikodarstellung als prinzipiell unzulässige „Mitigating Language" beanstandet.¹³⁸

41 Eine besondere Verwaltungspraxis hat die BaFin jüngst in Bezug auf **Basisprospekte für Nichtdividendenwerte** etabliert. Bei wertpapierbezogenen Risiken in Bezug auf die Funktionsweise und das Zahlungsprofil der betreffenden Wertpapiere akzeptiert die BaFin, soweit die entsprechenden Parameter zum Zeitpunkt der Billigung noch nicht feststehen, abstraktere oder generellere Beschreibungen der Wesentlichkeit von Risiken im Hinblick auf einzelne noch nicht feststehende optionale Ausstattungsmerkmale; solche Beschreibungen sind aber auch erforderlich. Dabei kann – so die BaFin – die Wesentlichkeit beispielsweise mit Tendenzaussagen hinsichtlich der Eintrittswahrscheinlichkeit (z. B. je größer/höher ... desto mehr/stärker...) der entsprechenden Risiken beschrieben werden.¹³⁹ Im Prospekt ist in solchen Fällen auf die genannte Begründung und die Umstände, welche die Eintrittswahrscheinlichkeit beeinflussen, einzugehen.¹⁴⁰ Lässt sich trotz dieser Möglichkeiten eine verständliche Darstellung aufgrund einer Vielzahl von Produkten, Ausgestaltungsvarianten und entsprechenden Interdependenzen nicht erreichen, sind die verschiedenen Produkte ggf. auf mehrere Prospekte aufzuteilen.¹⁴¹

---

134 ESMA, Leitlinien zu den Risikofaktoren im Rahmen der Prospektverordnung (ESMA31-62-1293 DE), 1.10.2019, VI.2, Rn. 30.
135 ESMA, Leitlinien zu den Risikofaktoren im Rahmen der Prospektverordnung (ESMA31-62-1293 DE), 1.10.2019, VI.2, Rn. 30.
136 Zum alten Recht: *Fingerhut/Voß*, in: Just/Voß/Ritz/Zeising, WpPG, 2009, Anhang I EU-ProspektVO Rn. 90.
137 ESMA, Leitlinien zu den Risikofaktoren im Rahmen der Prospektverordnung (ESMA31-62-1293 DE), 1.10.2019, Rn. 30: „übermäßige oder unangemessene Relativierung"; *Scholl/Döhl*, in: Assmann/Schlitt/von Kopp-Colomb, Prospektrecht Kommentar, Art. 16 ProspektVO Rn. 21.
138 Vgl. etwa die BaFin-Broschüre „Der Wertpapierprospekt – Türöffner zum deutschen und europäischen Kapitalmarkt" vom 23.11.2011, S. 11.
139 BaFin, Neue Regeln für Wertpapierprospekte nach EU-Prospektverordnung 2017/1129 – Frequently Asked Questions, Stand: 6.10.2021, Nr. V.7. Konkret nennt die BaFin das Beispiel, wonach die Wesentlichkeit beispielsweise mit einer Tendenzaussage beschrieben werden kann, wonach ein Risiko wie das Unterschreiten einer Barriere oder der Eintritt eines Knock-Out-Ereignisses in Abhängigkeit eines bestimmten Faktors X entwickelt und sich das Risiko im Zusammenspiel mit einem Hebel weiter vergrößern kann.
140 BaFin, Neue Regeln für Wertpapierprospekte nach EU-Prospektverordnung 2017/1129 – Frequently Asked Questions, Stand: 6.10.2021, Nr. V.7; vgl. auch *Scholl/Döhl*, in: Assmann/Schlitt/von Kopp-Colomb, Prospektrecht Kommentar, Art. 16 ProspektVO Rn. 29 und Rn. 45.
141 BaFin, Neue Regeln für Wertpapierprospekte nach EU-Prospektverordnung 2017/1129 – Frequently Asked Questions, Stand: 6.10.2021, Nr. V.7; vgl. auch *Scholl/Döhl*, in: Assmann/Schlitt/von Kopp-Colomb, Prospektrecht Kommentar, Art. 16 ProspektVO Rn. 45 mit Verweis auf ein Beispiel (Wechselkursrisiko bei Möglichkeit von Emissionen in verschiedenen Währungen), siehe Anhang 1 zu ESMA, Leitlinien zu den Risikofaktoren im Rahmen der Prospektverordnung (ESMA31-62-1293 DE), 1.10.2019.

c) Qualitätseinteilung der Wesentlichkeit

Gemäß der ProspektVO kann die Beurteilung der Wesentlichkeit der Risikofaktoren durch Verwendung der **Qualitätseinteilungen** „gering", „mittel" oder „hoch" offengelegt werden. Hierdurch soll das Resultat der komplexen Wesentlichkeitsbeurteilung (vgl. → Rn. 36 ff.) für den Anleger in knapper, leicht verständlicher Form „auf den Punkt" gebracht werden.

42

In einer Entwurfsfassung der ProspektVO war die entsprechende Qualitätseinteilung noch als obligatorisch vorgesehen gewesen.[142] Nach heftiger **Kritik**[143] ist die von der ProspektVO eingeführte Qualitätseinteilung nunmehr nur noch freiwillig.[144] Nichtsdestotrotz wird die – wenngleich fakultative – Qualitätseinteilung gemäß der ProspektVO in der Literatur überwiegend **kritisch** gesehen.[145] So wird problematisiert, dass die drei eingeführten Kategorien – zumindest ohne weitere Erläuterungen – wenig geeignet sind, das **komplexe Zusammenspiel** von Eintrittswahrscheinlichkeit und Tragweite der Auswirkungen (insbesondere bei der komplexen Wesentlichkeitsbeurteilung im Zusammenhang mit Aktienemissionen)[146] im Falle eines Eintritts des relevanten Risikos hinreichend differenziert zum Ausdruck zu bringen.[147] Ferner wird darauf hingewiesen, dass die Qualitätseinteilung „gering" ein zu vernachlässigendes – und damit letztlich nicht den Anforderungen des Wesentlichkeitskriteriums genügendes – Risiko insinuieren könnte, wohingegen die Qualitätseinteilung „hoch" die mit einem Angebot verbundenen Vermarktungsbemühungen konterkarieren könnte.[148] Zumeist wird in der von der ProspektVO eingeführten Qualitätseinteilung ein potenzielles Einfallstor für Haftungsrisiken gesehen.[149] Vor diesem Hintergrund sind von der Literatur auch alternative Qualitätseinteilungen vorgeschlagen worden („normales Risiko", „erhöhtes Risiko").[150] In der Rechtspraxis haben sich bislang weder die von der ProspektVO eingeführte, noch alternative Qualitätseinteilungen durchgesetzt; vielmehr wird überwiegend ausschließlich mit ausdifferenzierteren, qualitativen Be-

43

---

142 Entwurf für eine Prospektverordnung, COM(2015) 583 final, 30.11.2015, S. 53, Art. 16 Abs. 1.
143 Vgl. *Groß*, Kapitalmarktrecht, Art. 16 ProspektVO Rn. 6; *Geyer/Schelm*, BB 2019, 1731, 1734; *Schulz*, WM 2018, 212, 217 f.; *Schulz*, WM 2016, 1417, 1420; *Wöckener/Kutzbach*, RdF 2018, 276, 279.
144 *Sieven/Flatt*, BKR 2020, 565, 568; *Geyer/Schelm*, BB 2019, 1731, 1734; *Bronger/Scherer*, WM 2017, 460, 466-67.
145 *Groß*, Kapitalmarktrecht, Art. 16 ProspektVO Rn. 6: „eher weniger ratsam"; *Wöckener/Kutzbach*, RdF 2018, 276, 279:„kein wesentlicher Vorteil für den Anleger"; *Bronger/Scherer*, WM 2017, 460, 467: „keine erkennbaren Vorteile für den Emittenten".
146 *Schlitt*, in: Assmann/Schlitt/von Kopp-Colomb, Prospektrecht Kommentar, Art. 16 ProspektVO Rn. 55.
147 *Sieven/Flatt*, BKR 2020, 565, 568; *Schmitt/Bhatti/Storck*, ZeuP 2019, 287, 300 f.
148 *Sieven/Flatt*, BKR 2020, 565, 568; *Schmitt/Bhatti/Storck*, ZeuP 2019, 287, 301; *Geyer/Schelm*, BB 2019, 1731, 1734; *Oulds/Wöckener*, RdF 2020, 4, 9; *Bronger/Scherer*, WM 2017, 460, 467; speziell in Bezug auf Aktienemissionen *Schlitt*, in: Assmann/Schlitt/von Kopp-Colomb, Prospektrecht Kommentar, Art. 16 ProspektVO Rn. 55.
149 *Sieven/Flatt*, BKR 2020, 565, 568; *Schmitt/Bhatti/Storck*, ZeuP 2019, 287, 300; *Oulds/Wöckener*, RdF 2020, 4, 9; *Bronger/Scherer*, WM 2017, 460, 467; speziell in Bezug auf Aktienemissionen *Schlitt*, in: Assmann/Schlitt/von Kopp-Colomb, Prospektrecht Kommentar, Art. 16 ProspektVO Rn. 55.
150 *Scholl/Döhl*, in: Assmann/Schlitt/von Kopp-Colomb, Prospektrecht Kommentar, Art. 16 ProspektVO Rn. 27; vgl. *Schulz*, WM 2016, 1417, 1420.

schreibungen gearbeitet.[151] Dies ist auch im Einklang mit der US-Marktpraxis, in der – nicht zuletzt aus Gründen der Haftungsvermeidung – keine derartigen Qualitätseinteilungen vorgenommen werden.

d) Angemessenheit

44 Jeder Risikofaktor muss gemäß der ProspektVO angemessen beschrieben werden, wobei zu erläutern ist, wie er sich auf den Emittenten oder die angebotenen oder zum Handel zuzulassenden Wertpapiere **auswirken** kann.[152]

45 Die Leitlinien geben keine Auskunft darüber, was genau unter „Angemessenheit" in diesem Sinne zu verstehen ist. Die BaFin interpretiert dieses Erfordernis dahingehend, dass in den Prospekt „Angaben […] zur **Beurteilung der Wesentlichkeit** der Risiken" aufzunehmen sind.[153] Der Anleger muss also die Wesentlichkeit eines Risikos aus dessen Beschreibung ersehen können.[154] Konkret bedeutet dies, dass aus der Beschreibung deutlich werden muss, wie und in welcher Weise sich das identifizierte Risiko auf den Emittenten in seiner konkreten Situation oder die Wertpapiere auswirken kann.[155] Zu diesem Zwecke ist für jedes Risiko zu analysieren, wie es sich – sollte es sich realisieren – auf den Emittenten bzw. seine Vermögens-, Finanz- und Ertragslage oder die Wertpapiere auswirken kann, und das Ergebnis dieser Analyse ist entsprechend in die Darstellung mit aufzunehmen. Die Methodik dieser Analyse bzw. der Wesentlichkeitsbeurteilung im Ganzen muss hingegen nicht offengelegt werden.[156] Im Einklang mit dem von der Securities and Exchange Commission bei US-bezogenen Angeboten praktizierten Vorgehen ist es durchaus empfehlenswert, konkrete Szenarien und/oder Beispiele zu nennen. Sollte es in der Vergangenheit schon Fälle gegeben haben, in denen sich das betreffende Risiko realisiert hat (z. B. Cyberangriff, Datenleck, verfehlte Gewinnprognose, Störung der Lieferkette etc.), empfiehlt es sich, diese Vorfälle in der Beschreibung des Risikofaktors anzuführen.

46 Dabei hat sich in der Praxis bei Prospekten betreffend Aktien und aktienvertretende Zertifikate eine erkennbar ausführlichere Darstellung der Risiken eingebürgert als bei Schuldtiteln und derivativen Instrumenten. Während bei Ersteren das zukünftige Wachstum des Emittenten und damit korrespondierend Wertzuwächse der Aktie bzw. des aktienvertretenden Zertifikats im Vordergrund stehen, geht es bei Schuldtiteln und derivativen

---

151 *Sieven/Flatt*, BKR 2020, 565, 569–570; *Oulds/Wöckener*, RdF 2020, 4, 9; *Scholl/Döhl*, in: Assmann/Schlitt/von Kopp-Colomb, Prospektrecht Kommentar, Art. 16 ProspektVO Rn. 28 mit Hinweis auf qualitative Beschreibungen hinsichtlich des Schadensausmaßes wie „Totalverlust" oder „Kapital(teil)verlust", ggf. ergänzt durch die Erweiterung „erheblich" oder „substanziell"; speziell in Bezug auf Aktienemissionen *Schlitt*, in: Assmann/Schlitt/von Kopp-Colomb, Prospektrecht Kommentar, Art. 16 ProspektVO Rn. 55.
152 *Scholl/Döhl*, in: Assmann/Schlitt/von Kopp-Colomb, Prospektrecht Kommentar, Art. 16 ProspektVO Rn. 25.
153 BaFin, Neue Regeln für Wertpapierprospekte nach EU-Prospektverordnung 2017/1129 – Frequently Asked Questions, Stand: 6.10.2021, Nr. V.5.
154 BaFin, Neue Regeln für Wertpapierprospekte nach EU-Prospektverordnung 2017/1129 – Frequently Asked Questions, Stand: 6.10.2021, Nr. V.5.
155 OLG Düsseldorf, Urt. v. 3.2.2022 – 6 U 36/21; vgl. zum alten Recht *Alfes/Wieneke*, in: Holzborn, WpPG, Anhang I ProspektVO Rn. 18.
156 BaFin, Neue Regeln für Wertpapierprospekte nach EU-Prospektverordnung 2017/1129 – Frequently Asked Questions, Stand: 6.10.2021, Nr. V.5.

Instrumenten primär um die Fähigkeit des Emittenten, die auf die Instrumente zu leistenden Zahlungen bei Fälligkeit leisten zu können.[157]

Wird für Zwecke der Beschreibung der Wesentlichkeit der Risiken die von der Prospekt- 47
VO eingeführte Qualitätseinteilungen „gering", „mittel" oder „hoch" verwendet, so ist der geforderten angemessenen Darstellung der Wesentlichkeit damit laut ESMA und BaFin grundsätzlich Genüge getan; einer darüber hinausreichenden qualitativen Beschreibung bedarf es dann grundsätzlich nicht mehr.[158] Die Praxis macht von dieser (oder einer alternativen) Qualitätseinteilung – nicht zuletzt aus Gründen der Haftungsvermeidung – jedoch kaum Gebrauch (siehe Rn. → 43).[159]

Zusätzlich empfiehlt es sich im Hinblick auf die Verwaltungspraxis der BaFin, eingangs – 48
z. B. in einem **einleitenden Warnhinweis** (siehe → Rn. 11) – darauf hinzuweisen, dass die Wesentlichkeitsbeurteilung „auf der Grundlage der beiden Faktoren der Wahrscheinlichkeit ihres Eintretens und des zu erwartenden Umfangs der negativen Auswirkungen erfolgt ist".[160] Anders als die Nutzung der von der ProspektVO eingeführten Qualitätseinteilungen (siehe → Rn. 47 ff.) kann ein solcher Hinweis die angemessene Beschreibung der Wesentlichkeit der Risiken im Einzelnen allerdings nicht ersetzen, sondern nur ergänzen. Auch die gemäß Art. 16 Abs. 1 UAbs. 4 ProspektVO erforderliche Reihung der beiden wesentlichsten Risikofaktoren innerhalb jeder Kategorie oder eine freiwillig darüber hinausreichend vorgenommene Reihung aller Risikofaktoren anhand ihrer Wesentlichkeit (siehe → Rn. 22) ersetzt jeweils die angemessene Beschreibung der Wesentlichkeit nicht.[161]

4. Bestätigung durch den Inhalt des Prospekts

Die ProspektVO verlangt, dass auf Risikofaktoren in einem Prospekt nur insoweit einge- 49
gangen wird, als deren Spezifität und Wesentlichkeit durch den Inhalt des Registrierungsformulars und der Wertpapierbeschreibung bestätigt werden (**Bestätigungskriterium**). Das Bestätigungskriterium wurde mit der ProspektVO neu eingeführt, und es blieb zunächst unklar, wie die geforderte Bestätigung in der Praxis auszusehen habe.[162] Auch wurde bezweifelt, ob das in der ProspektVO erstmals ausdrücklich enthaltene Bestätigungskriterium „tatsächlich neu" ist.[163] So ist nicht erkennbar, dass das Bestätigungskriterium in der Praxis zu einer Erhöhung des Aufwands bei der Prospekterstellung bzw. seitens der

---

157 Zum alten Recht: *Schlitt/Schäfer*, in: Assmann/Schlitt/von Kopp-Colomb, WpPG/VermAnlG, 3. Aufl. 2016, Anhang IV ProspektVO Rn. 18.
158 ESMA, Leitlinien zu den Risikofaktoren im Rahmen der Prospektverordnung (ESMA31-62-1293 DE), 1.10.2019, Rn. 32; BaFin, Neue Regeln für Wertpapierprospekte nach EU-Prospektverordnung 2017/1129 – Frequently Asked Questions, Stand: 6.10.2021, Nr. V.5.
159 *Scholl/Döhl*, in: Assmann/Schlitt/von Kopp-Colomb, Prospektrecht Kommentar, Art. 16 ProspektVO Rn. 28.
160 BaFin, Neue Regeln für Wertpapierprospekte nach EU-Prospektverordnung 2017/1129 – Frequently Asked Questions, Stand: 6.10.2021, Nr. V.5.
161 BaFin, Neue Regeln für Wertpapierprospekte nach EU-Prospektverordnung 2017/1129 – Frequently Asked Questions, Stand: 6.10.2021, Nr. V.4.
162 *Sieven/Flatt*, BKR 2020, 565, 567.
163 *Groß*, Kapitalmarktrecht, Art. 16 ProspektVO Rn. 4.

BaFin bei der Prospektprüfung geführt hat.[164] Auch bei US-bezogenen Angeboten galt unter dem Eindruck der Verwaltungspraxis der Securities and Exchange Commission schon in der Vergangenheit das (ungeschriebene) Erfordernis, dass im Risikoteil beschriebene Risiken kohärent mit der Darstellung im übrigen Prospekt zu sein haben.

50 Die Leitlinien gehen davon aus, dass eine „direkte/eindeutige Bestätigung der Wesentlichkeit und der Spezifität des Risikofaktors [...] normalerweise durch die Aufnahme spezieller diesbezüglicher Angaben an anderer Stelle im Prospekt nachgewiesen" werde.[165] In bestimmten Fällen soll es indes ausreichen, „dass die Wesentlichkeit und die Spezifität der Risikofaktoren durch Verweis auf das Gesamtbild des Emittenten und der im Prospekt dargestellten Wertpapiere erkennbar sind".[166] Vor diesem Hintergrund dürfte das Bestätigungskriterium im Sinne eines über den allgemeinen Kohärenzgrundsatz hinausgehendes **Konsistenzerfordernis** zu verstehen sein, wonach die Spezifität und Wesentlichkeit der in der Risikooffenlegung dargestellten Risiken „Widerhall" im Hauptteil des Prospekts finden und durch die dortigen Offenlegungen plausibilisiert und unterfüttert werden sollten.

51 Bereits vor Inkrafttreten der ProspektVO musste die Darstellung der Risikofaktoren kohärent mit den restlichen Angaben im Prospekt sein. Dies wurde und wird von der BaFin im Rahmen der Kohärenzprüfung gemäß Art. 20 Abs. 4 ProspektVO überprüft. Unter diesem Blickwinkel hatten Prospektverantwortliche bereits in der Vergangenheit die Sachverhalte bzw. Sachverhaltszusammenhänge zu in der Risikooffenlegung dargestellten Risiken regelmäßig (auch) in der Darstellung und Analyse der Vermögens-, Finanz- und Ertragslage, des Marktes und Wettbewerbs, der Geschäftstätigkeit oder anderen Prospektteilen dargestellt oder angelegt, gelegentlich mit Querverweisen auf die entsprechende Offenlegung der Risikofaktoren.[167] Seit Inkrafttreten der ProspektVO sind die zuständigen Behörden im Rahmen des Billigungsverfahrens gehalten, unter dem Blickwinkel der Kohärenz insbesondere zu überprüfen, ob etwaige an anderer Stelle im Prospekt erwähnte wesentliche und spezifische Risiken in den Abschnitt über Risikofaktoren aufgenommen wurden, ob die Beschreibung des Emittenten in den Angaben zur Geschäfts- und Finanzlage, die historischen Finanzinformationen, die Beschreibung der Aktivitäten des Emittenten und die Beschreibung der Risikofaktoren konsistent sind und ob die Erklärung zum Geschäftskapital den Risikofaktoren, dem Vermerk des Abschlussprüfers, der Verwendung der Erlöse, der angegebenen Strategie des Emittenten und der Finanzierung dieser Strategie entspricht (vgl. Art. 38 lit. b, e und f VO (EU) 2019/980).[168]

52 Gerade bei existenzgefährdenden Risiken ist darauf zu achten, dass Konsistenz mit dem „Working Capital Statement" (Erklärung zum Geschäftskapital gemäß Ziff. 3.1 von Anhang XI) besteht bzw., sofern erforderlich, durch entsprechende Qualifizierungen des

---

164 So aber *Schulz*, WM 2018, 212, 217; *Schulz*, WM 2016, 1417, 1420.
165 Vgl. *Schulz*, WM 2018, 212, 217.
166 ESMA, Leitlinien zu den Risikofaktoren im Rahmen der Prospektverordnung (ESMA31-62-1293 DE), 1.10.2019, VI.3, Rn. 32.
167 *Groß*, Kapitalmarktrecht, Art. 16 ProspektVO Rn. 4.
168 *Scholl/Döhl*, in: Assmann/Schlitt/von Kopp-Colomb, Prospektrecht Kommentar, Art. 16 ProspektVO Rn. 4.

Working Capital Statements hergestellt und eine nach Umfang und Intensität angemessene **Due-Diligence-Prüfung** (siehe auch → Rn. 70) diesbezüglich durchgeführt wird.[169]

Auch wenn die ProspektVO die Aufnahme des Lageberichts in den Prospekt grundsätzlich nicht zwingend verlangt, ist ebenso auf die **Konsistenz** der Darstellung der Risikofaktoren und dem **Lagebericht** (bzw., sofern die Veröffentlichung eines Lageberichts bevorsteht, mit dem noch zu veröffentlichenden Lagebericht) zu achten. Sofern sich die Risikosituation seit der Veröffentlichung des Lageberichts (bzw. des Prospekts) verändert hat, ist dies freilich im Prospekt (bzw. im Lagebericht, sofern dieser im zeitlichen Zusammenhang mit dem Prospekt erstellt wird) zu berücksichtigen. Existenzgefährdende Risiken können unter Umständen auch Implikationen für den Lagebericht haben. Ist nämlich der Fortbestand der Gesellschaft gefährdet oder nicht mehr gesichert, ist im Lagebericht darauf deutlich und unter Nennung der Gründe und der tatsächlichen oder rechtlichen Gegebenheiten hinzuweisen.[170] Dabei ist allerdings zu berücksichtigen, dass für die Risikodarstellung in Prospekt und Lagebericht unterschiedliche Rechtsvorschriften relevant sind und zum Teil unterschiedliche Anforderungen gelten.[171] 53

Aus praktischer Sicht empfiehlt sich bei der Erstellung der Risikooffenlegung die **doppelte Gegenprobe**: Im Hauptteil des Prospekts dürfen sich keine Beschreibungen spezifischer und wesentlicher Risiken finden, die (ggf. zusätzlich) im Abschnitt „Risikofaktoren" zu verorten wären (vgl. Art. 38 lit. b, e und f VO (EU) 2019/980), da der Anleger Beschreibungen aller solcher Risiken im entsprechenden Abschnitt erwarten darf (Spezifitätskriterium, Wesentlichkeitskriterium).[172] Umgekehrt dürfen im Abschnitt „Risikofaktoren" keine Beschreibungen spezifischer und wesentlicher Risiken enthalten sein, die nicht im Hauptteil des Prospekts – und sei es durch das Gesamtbild des Emittenten und der im Prospekt dargestellten Wertpapiere – „Widerhall" finden und durch die dortigen Offenlegungen plausibilisiert und unterfüttert werden (Bestätigungskriterium). 54

---

169 ESMA, Leitlinien zu den Offenlegungspflichten nach der Prospektverordnung (ESMA32-382-1138), 4.3.2021, V.8, Rn. 128 ff.
170 *Grottel*, in: Beck'scher Bilanz-Kommentar, § 315 Rn. 254.
171 Im Lagebericht ist gem. § 289 Abs. 1 Satz 4 HGB „die voraussichtliche Entwicklung mit ihren wesentlichen Chancen und Risiken zu beurteilen und zu erläutern; zugrunde liegende Annahmen sind anzugeben". Grundidee des Lageberichts ist die Darstellung einer Zusammenschau der voraussichtlichen Geschäftsentwicklung aus Sicht des Managements unter Erläuterung der damit verbundenen wesentlichen Risiken und Chancen, während der Abschnitt Risikofaktoren in einem Prospekt ausschließlich die Emittenten-spezifischen Risiken darstellen soll und darf. Im Lagebericht besteht wahrscheinlich zudem ein größerer Spielraum dafür, kompensierende Risikobewältigungsmaßnahmen bereits bei der Risikodarstellung zu berücksichtigen. So ist gem. DRS 5 (Risikoberichterstattung), Rn. 21, 22, grundsätzlich über Risiken nach Berücksichtigung der Risikobewältigungsmaßnahmen zu berichten. Während in der Vergangenheit die Risikoberichterstattung in Lageberichten deutlich kürzer und weniger tiefgehend als die Risikodarstellung in Prospekten war, ist in den letzten Jahren zu beobachten, dass die Risikoberichterstattung in den Lageberichten tendenziell umfassender wird.
172 *Sieven/Flatt*, BKR 2020, 565, 567.

V. Nachrangigkeitsrisiken

55 Gemäß Art. 16 Abs. 2 ProspektVO gehören zu den Risikofaktoren auch die Risiken, die sich aus dem **Grad der Nachrangigkeit**[173] eines Wertpapiers ergeben, sowie die Auswirkungen auf die voraussichtliche Höhe oder den voraussichtlichen Zeitpunkt der Zahlungen an die Inhaber des betreffenden Wertpapiers im Falle einer Liquidation, Insolvenz oder, im Falle von Kreditinstituten, einer Restrukturierung oder Abwicklung gemäß der sog. Bankenrestrukturierungs- und Abwicklungsrichtlinie.[174, 175] Bei den genannten Risiken handelt es sich um wertpapierbezogene Risiken, sodass diese im Rahmen der Kategorisierung (siehe → Rn. 16 ff.) auch diesen zuzuordnen und gemeinsam mit den übrigen wertpapiersbezogenen Risiken zu beschreiben sind. Dies gilt in diesem Zusammenhang auch für das Liquidations-, Insolvenz-, Restrukturierungs- und Abwicklungsrisiko, da diese Risiken hier ausweislich des Wortlauts von Art. 16 Abs. 2 ProspektVO unter dem Blickwinkel ihrer Auswirkungen auf die voraussichtliche Höhe oder den voraussichtlichen Zeitpunkt der Zahlungen an die Inhaber des betreffenden Wertpapiers zu behandeln sind.

56 Im Zusammenhang mit dem aus dem Grad der Nachrangigkeit eines Wertpapiers oder – genauer – der sich daraus ergebenden Zahlungsforderungen des Wertpapierinhabers steht das erhöhte **Ausfallrisiko** von Forderungen aus nachrangigen Schuldverschreibungen gegenüber Forderungen von nicht nachrangigen Schuldverschreibungen (oder sonstigen Forderungen mit Vorrang gegenüber den betreffenden, nachrangigen Forderungen) im Vordergrund. Das Liquidations- und Insolvenzrisiko beschreibt im vorliegenden Zusammenhang primär das Unvermögen des Emittenten, seine Zahlungsverpflichtungen aus den Wertpapieren fristgerecht und in voller Höhe zu erfüllen (Zahlungsunfähigkeit). Bei Kreditinstituten werden häufig Risiken im Zusammenhang mit einer Restrukturierung oder Abwicklung durch die Abwicklungsbehörde nach dem Sanierungs- und Abwicklungsgesetz, insbesondere Risiken im Zusammenhang mit der Anwendung des Instruments der Gläubigerbeteiligung (sog. Bail-in), beschrieben.[176] Diesbezüglich hatte sich bereits vor Inkrafttreten der ProspektVO eine umfangreiche Offenlegungspraxis herausgebildet, die – häufig weit ausgreifend – die Finanzkrise 2007/08 und die zu deren Bewältigung ergriffenen gesetzgeberischen Maßnahmen nachvollzog (siehe → Rn. 14). Hier dürfte mittelfristig eher mit knapperen, weniger weit ausgreifenden Darstellungen zu rechnen sein.

VI. Garantiegeber

57 Grundsätzlich sind unter den Risikofaktoren – neben den wertpapierbezogenen Risiken – die Risiken darzustellen, die für den Emittenten spezifisch und wesentlich sind. Wird für

---

173 *Scholl/Döhl*, in: Assmann/Schlitt/von Kopp-Colomb, Prospektrecht Kommentar, Art. 16 ProspektVO Rn. 46.
174 Richtlinie 2014/59/EU des Europäischen Parlaments und des Rates vom 15.5.2014 zur Festlegung eines Rahmens für die Sanierung und Abwicklung von Kreditinstituten und Wertpapierfirmen.
175 *Scholl/Döhl*, in: Assmann/Schlitt/von Kopp-Colomb, Prospektrecht Kommentar, Art. 16 ProspektVO Rn. 46.
176 *Scholl/Döhl*, in: Assmann/Schlitt/von Kopp-Colomb, Prospektrecht Kommentar, Art. 16 ProspektVO Rn. 46.

die Wertpapiere eine Garantie gestellt, so sind in den Prospekt (auch) die spezifischen und wesentlichen Risikofaktoren bezüglich des Garantiegebers aufzunehmen. Dies gilt jedoch nur, „soweit diese für seine Fähigkeit, seinen **Verpflichtungen aus der Garantie** nachzukommen, relevant sind". Die obigen Ausführungen betreffend den Emittenten gelten daher insoweit für den Garantiegeber entsprechend.[177] Die Leitlinien regen an, Risiken betreffend den Garantiegeber und die Garantie unter einer eigenen Überschrift zusammenzufassen (siehe → Rn. 17).[178]

VII. Beispiele und praktische Hinweise

In der Prospektpraxis haben sich **marktübliche Kategorien** für eine thematische Gliederung der Risikofaktoren herausgebildet. Auch die Leitlinien führen beispielhaft einige Kategorien für emittentenbezogene und wertpapierbezogene Risiken auf (siehe → Rn. 17).[179] Die einzelnen, unter diesen Kategorien einzuordnenden Risiken sind so vielfältig wie das Wirtschaftsleben und die am Markt auftretenden Unternehmen. Aus diesem Grund können nachfolgend lediglich beispielhaft einige Risiken skizziert werden.[180] 58

Die emittentenbezogenen Risiken spielen etwa bei Aktien eine deutlich größere Rolle als bei Nichtdividendenwerten. Da Anleger bei Ersteren Gesellschafter des Emittenten sind bzw. werden, ist für sie die Geschäftstätigkeit sowie die Finanz- und Ertragslage des Emittenten ungleich wichtiger, wohingegen diese Sphären für Anleger in Nichtdividendenwerte lediglich Einfluss auf die Erfüllung von Zins- und Rückzahlungsansprüchen haben.[181] 59

1. Emittentenbezogene Risikofaktoren

Marktbezogene Risiken: Risiken aus geopolitischen Entwicklungen (z. B. Handels- und Zollstreitigkeiten, Kriege und bewaffnete Konflikte), einer besonderen Abhängigkeit von weltwirtschaftlichen Entwicklungen (einschl. Zinsniveau und Inflation, Frachtraten, Lieferketten), einer besonderen Zyklizität des Geschäfts oder einer besonderen Wettbewerbsintensität (z. B. auch Wettbewerb verschiedener Technologien); Risiken aus Naturereignissen (z. B. Erdbeben, Fluten, Überschwemmungen); Risiken aus der Verbreitung von Krankheiten und Erregern (z. B. Epidemien und Pandemien) sowie zu deren Eindämmung getroffener Maßnahmen (sog. Kontaktbeschränkungen, Lock-downs, Grenzschließungen und deren jeweilige Folgen); Risiken aus der Volatilität der Finanz- und Rohstoffmärkte. 60

---

177 Siehe auch ESMA, Leitlinien zu den Risikofaktoren im Rahmen der Prospektverordnung (ESMA31-62-1293 DE), 1.10.2019, die stets sowohl auf den Emittenten als auch den Garantiegeber rekurrieren; *Scholl/Döhl*, in: Assmann/Schlitt/von Kopp-Colomb, Prospektrecht Kommentar, Art. 16 ProspektVO Rn. 47.
178 Siehe ESMA, Leitlinien zu den Risikofaktoren im Rahmen der Prospektverordnung (ESMA31-62-1293 DE), 1.10.2019, VI.4, Rn. 36.
179 Siehe ESMA, Leitlinien zu den Risikofaktoren im Rahmen der Prospektverordnung (ESMA31-62-1293 DE), 1.10.2019, VI.4, Rn. 35 und 36.
180 Siehe auch die Beispiele bei *Scholl/Döhl*, in: Assmann/Schlitt/von Kopp-Colomb, Prospektrecht Kommentar, Art. 16 ProspektVO Rn. 15 bis 20.
181 *Schlitt*, in: Assmann/Schlitt/von Kopp-Colomb, Prospektrecht Kommentar, Art. 16 ProspektVO Rn. 52.

61 **Geschäftsbezogene Risiken**: Risiken aus einer Abhängigkeit von (relativ knappen) Rohstoffen, Lieferanten oder Kunden; Risiken aus der Abhängigkeit des Unternehmens von staatlicher Förderung; Investitionsrisiken; Produkthaftungsrisiken; Risiken aus der Abhängigkeit von qualifizierten Führungskräften; Risiken im Zusammenhang mit internationalen Aktivitäten; Risiken aus der Konzentration von Produktionsstandorten; erhebliche Garantie- und Gewährleistungsrisiken aus den Produkten oder Dienstleistungen des Unternehmens; IT-Risiken; Risiken im Zusammenhang mit wesentlichen Akquisitionen oder Desinvestitionen etc. Enthält der Prospekt Prognosen (insbesondere Gewinnprognosen), sollte in den Risikofaktoren auf die mit den Prognosen verbundenen Unsicherheiten hingewiesen und die den Prognosen zugrunde liegenden Annahmen kritisch gewürdigt werden.

62 **Rechtliche und regulatorische Risiken**: Risiken aus Rechtsstreitigkeiten; Änderungen des regulatorischen Umfelds in regulierten Industrien wie z. B. im Pharma- oder Energiesektor oder in der Finanzindustrie (einschl. etwaiger Risiken im Falle einer Abwicklung oder Restrukturierung gemäß der Bankenrestrukturierungs- und -abwicklungsrichtlinie); umweltrechtliche Haftungsrisiken; Risiken aus der Energiewende (z. B. Atomausstieg, Kohleausstieg); Risiken aus der Verletzung gewerblicher Schutzrechte Dritter etc.

63 **Steuerliche Risiken**: Wegfall von Verlustvorträgen, Risiken aus noch nicht abgeschlossenen Betriebsprüfungen, laufende Steuerverfahren etc.

64 **Finanzielle Risiken**: Risiken aus einer hohen Verschuldungsquote; Restriktionen aufgrund von Financial Covenants; Gegenparteirisiken; negative Jahresergebnisse in jüngerer Vergangenheit; Verschlechterung der Bonität und/oder Herabstufung des Kreditratings des Emittenten; Liquiditätsrisiken; Refinanzierungsrisiken; Risiken der Abschreibung hoher immaterieller Vermögenswerte (Goodwill); hohe ungedeckte Pensionsverbindlichkeiten etc.[182]

65 **Compliance-Risiken**: Risiken aus einer möglichen Unzulänglichkeit interner Systeme und Kontrollen; Risiken aus Compliance-Verstößen (Kartellabsprachen, Bestechung, Geldwäsche, Datenschutz etc.); Risiken aus Verstößen gegen Sanktionen etc.

66 **ESG-Risiken**: Risiken aus der Nutzung CO_2-intensiver Technologien und Methoden; Risiken aus potenziell sozialschädlichen Auswirkungen der angebotenen Produkte und Dienstleistungen; Risiken aus einer nicht zeitgemäßen Standards entsprechenden Governance-Struktur des Emittenten; Risiken aus unzureichender/irreführender Offenlegung zu ESG-Aspekten; Risiken aus fehlerhaftem ESG-Rating etc. (siehe dazu → Rn. 73 f.). Zur Offenlegung von ESG-Aspekten → VO (EU) 2019/980 Punkt 5.7.4 Rn. 39 ff.

---

[182] Vgl. ferner zu den mit der im Wege der Sacheinlage erfolgenden Übertragung eines Aktienpakets auf eine 100%ige Konzerntochter (sog. „Umhängung") verbundenen (bilanzrechtlichen) Risiken sowie ihren Auswirkungen auf den Einzelabschluss des Emittenten als Bemessungsgrundlage der Dividendenausschüttung BGH, NZG 2015, 32 ff. (Telekom-Musterentscheid); darüber hinaus stellt der BGH klar, dass im Hinblick auf die Anlageentscheidung auch das Immobilienvermögen eines Emittenten (Kreditwürdigkeit, Krisenanfälligkeit) sowie angewandte Bewertungsansätze und -verfahren, soweit ihre Kenntnis etwa aufgrund des erhöhten Risikos einer Überbewertung für die sachgerechte Einschätzung der (Grundstücks-)Werte erforderlich ist, insbesondere dann von wesentlicher Bedeutung seien, wenn das Immobilienvermögen einen beträchtlichen Teil des Eigenkapitals des Emittenten ausmacht.

2. Wertpapierbezogene Risikofaktoren

Risiken in Bezug auf die Beschaffenheit der Wertpapiere bzw. den Basiswert: Risiko 67
geringer Liquidität der angebotenen Wertpapiere; Risiko hoher Volatilität des Kurses; Risiken eines bestimmten Basiswerts des Wertpapiers bei Nichtdividendenwerten mit einem eingebetteten Derivat (z. B. ein Zertifikat);[183] Risiko des Verfalls des Rückzahlungsanspruchs des Investors in bestimmten Konstellationen;[184] Risiko der Unsicherheiten über einen Sekundärmarktpreis aufgrund der Eigenschaften des konkreten Wertpapiers;[185] Risiko der Herabstufung des Kreditratings des Wertpapiers; Risiken aus dem Grad der Nachrangigkeit des Wertpapiers bzw. Auswirkungen auf die voraussichtliche Höhe oder den voraussichtlichen Zeitpunkt der Zahlungen an die Inhaber des betreffenden Wertpapiers im Falle einer Liquidation, Insolvenz oder, im Falle von Kreditinstituten, einer Restrukturierung oder Abwicklung (vgl. Art. 16 Abs. 2 ProspektVO).

Risiken im Zusammenhang mit dem Angebot, der Zulassung und – zumindest im 68
Falle von Aktien – der Aktionärsstruktur: Risiko der vorzeitigen Beendigung des Angebots; Risiko der fehlenden Handelbarkeit, wenn für das konkrete Wertpapier kein Börsenhandel vorgesehen wird oder dieser nachträglich entfallen kann; Risiko der Ausübung von Kündigungs- oder Anpassungsrechten des Emittenten;[186] Risiko des beherrschenden Einflusses von Großaktionären; Risiko einer, gemessen an der üblichen Hauptversammlungspräsenz, faktischen Stimmenmehrheit einzelner Gesellschafter auf künftigen Hauptversammlungen des Emittenten; Risiken bei Bestehen eines Beherrschungsvertrags; Risiko bei Abverkauf der Aktien durch einen Großaktionär; Risiko der Verwässerung bei künftigen Kapitalmaßnahmen; Risiko von Veröffentlichungs- und Organisationspflichten infolge der Zulassung (sog. Zulassungsfolgepflichten).

Risiken in Bezug auf den Garantiegeber und die Garantie (in Fällen, in denen für 69
die Wertpapiere eine Garantie gestellt wird): Wird für die Wertpapiere eine Garantie gestellt, so sind gemäß Art. 16 Abs. 3 ProspektVO in den Prospekt die spezifischen und wesentlichen Risikofaktoren bezüglich des Garantiegebers und der Garantie[187] aufzunehmen (vgl. → Rn. 57).

3. Rolle der Due Diligence

Die Erstellung des Prospektabschnitts Risikofaktoren stellt an die Prospektverantwortli- 70
chen (und den in der Praxis mit der Prospekterstellung meist beauftragten Rechtsberater des Emittenten) vor nicht unerhebliche Herausforderungen. „Gute" Risikofaktoren, also solche, welche die Anforderungen der ProspektVO erfüllen und zugleich Prospekthaf-

---

183 *Scholl/Döhl*, in: Assmann/Schlitt/von Kopp-Colomb, Prospektrecht Kommentar, Art. 16 ProspektVO Rn. 17.
184 *Scholl/Döhl*, in: Assmann/Schlitt/von Kopp-Colomb, Prospektrecht Kommentar, Art. 16 ProspektVO Rn. 17.
185 *Scholl/Döhl*, in: Assmann/Schlitt/von Kopp-Colomb, Prospektrecht Kommentar, Art. 16 ProspektVO Rn. 17.
186 *Scholl/Döhl*, in: Assmann/Schlitt/von Kopp-Colomb, Prospektrecht Kommentar, Art. 16 ProspektVO Rn. 17.
187 Siehe ESMA, Leitlinien zu den Risikofaktoren im Rahmen der Prospektverordnung (ESMA31-62-1293 DE), 1.10.2019, VI.4, Rn. 36.

tungsrisiken zu vermindern helfen, setzen ein **tiefgreifendes Verständnis des Emittenten** und seiner geschäftlichen Aktivitäten sowie der daraus resultierenden Risiken voraus, seien sie wirtschaftlicher, finanzieller oder rechtlicher Art. Insoweit besteht eine zwingende Verbindung mit der (Legal) Due Diligence.[188]

71 In der Praxis erweisen sich (neben intensiven Diskussionen mit der Geschäftsführung des Emittenten) eine Reihe **unternehmensinterner Unterlagen** regelmäßig als hilfreiche Quellen, um wesentliche Risiken zu identifizieren. Neben den Vorstands- und Aufsichtsratsprotokollen, deren Durchsicht im Rahmen einer Legal Due Diligence unerlässlich ist, sollten insbesondere die Risikoberichte, die Berichte der internen Revision sowie die Prüfungsberichte der Abschlussprüfer ausgewertet werden. Selbstverständlich gibt der Geschäftsbericht (Risikobericht) in der externen Berichterstattung des Unternehmens ebenfalls Hinweise auf wesentliche Risiken, im Regelfall allerdings nicht in dem Detailgrad, wie er in einem Wertpapierprospekt gefordert ist. Ist der Emittent bereits börsennotiert, so sollten auch etwaige Analystenberichte nicht unberücksichtigt bleiben. Ferner sollten die Prospektverantwortlichen die als wesentlich identifizierten Risiken einem „Benchmarking" mit Wettbewerbern oder anderen in der Branche des Emittenten tätigen Unternehmen durch Vergleich mit Prospekten oder der Regelberichterstattung dieser Unternehmen unterziehen.

72 Zwar mag die Due Diligence in erster Linie dazu dienen, ein Verständnis des Emittenten und seiner geschäftlichen Aktivitäten sowie der daraus resultierenden Risiken zu entwickeln, um die Risikooffenlegung zu formulieren. Da sie teils parallel, teils zeitlich vorgelagert zum Prospekterstellungsprozess durchgeführt wird, ermöglicht sie es dem Emittenten auch, etwa identifizierte Risiken noch vor der Prospektbilligung zu „**heilen**". So können u. U. in Verträgen identifizierte, kritische Klauseln noch geändert oder fehlerhafte Jahresabschlüsse durch eine Nachtragsprüfung korrigiert werden. Rechtzeitig vor Prospektbilligung „geheilte" Risiken sind, sofern sie nicht „nachwirken", in der Risikooffenlegung nicht mehr darzustellen. Dabei ist stets im Einzelfall sorgfältig zu prüfen, ob in dem (geheilten) Mangel ggf. ein organisatorisch-systemisches Risiko zum Ausdruck kommt, welches ungeachtet der Heilung des konkreten Mangels fortbesteht und daher ggf. offenzulegen ist.

4. Besonderheiten hinsichtlich ESG-Risiken

73 Die Themen Nachhaltigkeit und ESG – gemeint sind die Themen-Cluster Umwelt (Environment), Soziales (Social) und (nachhaltige) Unternehmensführung (Governance) – haben sich in jüngster Zeit nicht nur allgemein für Anleger und Marktteilnehmer, sondern auch ganz konkret für die Risikooffenlegung im Wertpapierprospekt als zunehmend wichtig herauskristallisiert. So wächst neben dem Umfang der für Unternehmen geltenden rechtlichen Verpflichtungen im Bereich Nachhaltigkeit und ESG (z. B. durch den Deutschen Corporate Governance Kodex oder das sog. Lieferkettensorgfaltsgesetz) auch der Umfang der diesbezüglichen Berichterstattung (z. B. durch die §§ 289b und 289c sowie

---

188 Zum alten Recht: *Alfes/Wieneke*, in: Holzborn, WpPG, Anhang I ProspektVO Rn. 18.

315b und 315c HGB, die sog. Taxonomie-Verordnung[189] und die sog. CSR-Richtlinie[190]) sukzessive an. Und soweit diesbezüglich keine Verpflichtungen rechtlicher Natur bestehen, haben sich im Zusammenhang mit diesen Themenkomplexen konkrete Erwartungen von Investoren bzw. Marktteilnehmern herausgebildet. Auch die ESMA hat es sich zur Aufgabe gemacht, sich in den kommenden Jahren im Rahmen einer holistischen Strategie an einem Übergang zu einem nachhaltig ausgerichteten Wirtschafts- und Finanzsystem zu beteiligen.[191] Insbesondere beabsichtigt sie, verlässliche Nachhaltigkeitsoffenlegung zu gewährleisten, um sog. „Greenwashing" zu unterbinden und das Vertrauen der Anleger in ESG-Investments zu fördern.[192]

Diese Entwicklung hat auch in der Risikooffenlegung in Wertpapierprospekten in Form sog. ESG-Risiken ihren Niederschlag gefunden (siehe → Rn. 66). Sie können sich etwa aus dem negativen Beitrag der Geschäftstätigkeit des Emittenten zum Klimawandel und dessen physische Auswirkungen (Anstieg des Meeresspiegels, Temperaturanstiege, häufigeres Auftreten extremer Wetterlagen etc.), aus negativen sozialen Auswirkungen der Geschäftstätigkeit des Emittenten (z.B. Verstärkung von Wohnraumknappheit, Lohndumping etc.), aus einer den Standards nachhaltiger Unternehmensführung nicht entsprechenden Corporate Governance des Emittenten (z.B. Nichteinhaltung des Deutschen Corporate Governance Kodex, Interessenkonflikte) oder auch aus dem Verstoß gegen rechtliche Nachhaltigkeits- oder ESG-Vorgaben oder entsprechende Investoren- oder Markterwartungen ergeben.[193] Die aktuelle Prospektpraxis lässt bereits eine zunehmende Berücksichtigung von ESG-Risiken im Rahmen der Risikooffenlegung erkennen (siehe → Rn. 66). Es ist davon auszugehen, dass – geprägt durch Marktusancen und/oder den EU-Verordnungsgeber, ESMA-Verlautbarungen[194] bzw. die Billigungspraxis der nationalen Aufsichtsbehörden – die Offenlegung von ESG-Risiken im Risikoteil zukünftig noch weiter an Bedeutung gewinnen wird.

74

VIII. Leitlinien und Delegierte Rechtsakte

Art. 16 der ProspektVO enthält Ermächtigungen zum Erlass konkretisierender Rechtsakte betreffend die Spezifität und die Wesentlichkeit der Risikofaktoren sowie die Einstufung der Risikofaktoren entsprechend ihrer Beschaffenheit in Risikokategorien.

75

---

189 Verordnung (EU) 2020/852 des Europäischen Parlaments und des Rates vom 18.6.2020 über die Einrichtung eines Rahmens zur Erleichterung nachhaltiger Investitionen und zur Änderung der Verordnung (EU) 2019/2088.
190 Richtlinie (EU) 2022/2464 des Europäischen Parlaments und des Rates vom 14.12.2022 zur Änderung der Verordnung (EU) Nr. 537/2014 und der Richtlinien 2004/109/EG, 2006/43/EG und 2013/34/EU hinsichtlich der Nachhaltigkeitsberichterstattung von Unternehmen.
191 ESMA, Strategy 2023 – 2028 (ESMA 22-439-1076), 10.10.2022, Rn. 5.1.1; ESMA, 2022 Annual Work Programme (ESMA20-95-1430), 27.9.2021, Rn. 2.2.3.
192 ESMA, Strategy 2023 – 2028 (ESMA 22-439-1076), 10.10.2022, Rn. 5.1.1; ESMA, 2022 Annual Work Programme (ESMA20-95-1430), 27.9.2021, Rn. 2.2.3; vgl. auch ESMA, Public Statement – Sustainability Disclosure in Prospectuses, 11. Juli 2023 (ESMA32-1399193447-441).
193 *Stolz/Wellerdt* WM 2022, 654, 658; zur Einordnung von Nachhaltigkeitsrisiken als finanzielle Risiken *Grabau/Voit*, Kreditwesen 2021, 944, 945.
194 Vgl. auch ESMA, Public Statement – Sustainability Disclosure in Prospectuses, 11. Juli 2023 (ESMA32-1399193447-441).

76 Zum einen wird die ESMA ermächtigt und beauftragt, Leitlinien zur Unterstützung der zuständigen Behörden bei deren Überprüfung der Spezifität und der Wesentlichkeit der Risikofaktoren sowie der Einstufung der Risikofaktoren entsprechend ihrer Beschaffenheit in die Risikokategorien auszuarbeiten, um eine angemessene und zielgerichtete Offenlegung der Risikofaktoren zu unterstützen (Art. 16 Abs. 4 ProspektVO). Diesen Auftrag hat die ESMA mit den **Leitlinien vom 1.10.2019 (ESMA31-62-1293 DE)**, die seit dem 4.12.2019 gültig sind, erfüllt.[195] Die BaFin hat erklärt, die Leitlinien in ihrer Verwaltungspraxis vollumfänglich anwenden zu wollen.[196] Gemäß Rn. 5 der Leitlinien sollen die Leitlinien eine „angemessene, zielgerichtete und gestraffte Beschreibung der Risikofaktoren, in leicht zu analysierender, knapper und verständlicher Form fördern, indem sie die zuständigen Behörden bei deren Überprüfung der Spezifität und der Wesentlichkeit der Risikofaktoren sowie der Einstufung der Risikofaktoren in die Risikokategorien unterstützen". Die Leitlinien richten sich zwar an die gemäß Art. 31 der ProspektVO von den Mitgliedstaaten benannten zuständigen Behörden, d.h. in Deutschland die BaFin.[197] Im Interesse eines zügigen, effizienten und erfolgreichen Billigungsprozesses empfiehlt es sich freilich auch für die für den Prospekt verantwortlichen Personen, die Leitlinien bei der Prospekterstellung im Allgemeinen und der Erarbeitung der Offenlegung der Risikofaktoren im Besonderen zu berücksichtigen.[198]

77 Zum anderen wird die Kommission ermächtigt, gemäß Art. 44 ProspektVO delegierte Rechtsakte zur Ergänzung der ProspektVO zu erlassen, in denen Kriterien für die Beurteilung der Spezifität und der Wesentlichkeit der Risikofaktoren sowie für die Einstufung der Risikofaktoren entsprechend ihrer Beschaffenheit in Risikokategorien präzisiert werden (Art. 16 Abs. 5 ProspektVO). Von dieser Ermächtigung hat die Kommission bislang jedoch noch **keinen Gebrauch** gemacht.[199] Inwieweit ein Gebrauchmachen dieser Ermächtigung durch die Kommission für die Rechtspraxis noch einen Gewinn gegenüber den Leitlinien darstellen würde, ist in der Literatur umstritten.[200]

---

195 *Scholl/Döhl*, in: Assmann/Schlitt/von Kopp-Colomb, Prospektrecht Kommentar, Art. 16 ProspektVO Rn. 48.
196 BaFin, Neue Regeln für Wertpapierprospekte nach EU-Prospektverordnung 2017/1129 – Frequently Asked Questions, Stand: 6.10.2021, Nr. V.1 (zuletzt abgerufen am: 14.10.2023).
197 ESMA, Leitlinien zu den Risikofaktoren im Rahmen der Prospektverordnung (ESMA31-62-1293 DE), 1.10.2019, Rn. 1, 7 und 8.
198 ESMA, Leitlinien zu den Risikofaktoren im Rahmen der Prospektverordnung (ESMA31-62-1293 DE), 1.10.2019, Rn. 6.
199 *Scholl/Döhl*, in: Assmann/Schlitt/von Kopp-Colomb, Prospektrecht Kommentar, Art. 16 ProspektVO Rn. 48.
200 Siehe *Sieven/Flatt*, BKR 2020, 565 einerseits; *Groß*, Kapitalmarktrecht, Art. 16 ProspektVO Rn. 3 andererseits.

Art. 17 ProspektVO
Endgültiger Emissionskurs und endgültiges Emissionsvolumen der Wertpapiere

(1) Wenn der endgültige Emissionskurs und/oder das endgültige Emissionsvolumen, die Gegenstand des öffentlichen Angebots sind, entweder als Anzahl von Wertpapieren oder als aggregierter Nominalbetrag, im Prospekt nicht genannt werden können,

a) kann eine Zusage zum Erwerb oder zur Zeichnung der Wertpapiere innerhalb von mindestens zwei Arbeitstagen nach Hinterlegung des endgültigen Emissionskurses und/oder des endgültigen Emissionsvolumen der öffentlich angebotenen Wertpapiere widerrufen werden oder

b) ist Folgendes im Prospekt anzugeben:
  i) der Höchstkurs und/oder das maximale Emissionsvolumen, soweit vorhanden, oder
  ii) die Bewertungsmethoden und -kriterien und/oder die Bedingungen, nach denen der endgültige Emissionskurs festzulegen ist, und eine Erläuterung etwaiger Bewertungsmethoden.

(2) Der endgültige Emissionskurs und das endgültige Emissionsvolumen werden bei der zuständigen Behörde des Herkunftsmitgliedstaats hinterlegt und gemäß den Bestimmungen des Artikels 21 Absatz 2 der Öffentlichkeit zur Verfügung gestellt.

Übersicht

	Rn.		Rn.
I. Regelungsgegenstand und -zweck	1	5. Angabe eines Höchstpreises	33
II. Nichtaufnahme von endgültigem Emissionskurs und endgültigem Emissionsvolumen (Art. 17 Abs. 1)	4	6. Widerrufsrecht	34
		a) Voraussetzungen	34
		b) Gegenstand des Widerrufsrechts	36
1. Begriffe von Emissionskurs und Emissionsvolumen	4	c) Frist	37
a) Emissionskurs	4	d) Form	40
b) Emissionsvolumen	7	e) Rechtsfolge	41
2. Unmöglichkeit der Nennung im Prospekt	8	f) Belehrung	43
		7. Veröffentlichung des endgültigen Emissionspreises und/oder -volumens (Abs. 2)	44
a) Bookbuilding	10	a) Zeitpunkt	45
b) Decoupled Bookbuilding	14	b) Form	46
c) Bezugsrechtskapitalerhöhungen	15	c) Verpflichteter	47
3. Keine Aufnahme des endgültigen Emissionspreises in den Prospekt	16	8. Hinterlegung	48
4. Kriterien und Bedingungen der Ermittlung	25	9. Verhältnis zum Nachtrag nach Art. 23	49

I. Regelungsgegenstand und -zweck

1 Art. 17 Abs. 1 ermöglicht, im Prospekt auf die Angaben (der endgültigen Beträge) von Emissionskurs (→ Rn. 4) und/oder Emissionsvolumen im Prospekt zu verzichten, wenn diese (noch) nicht genannt werden können.

2 Sinn und Zweck der Regelung in Art. 17 liegt zunächst darin, Emittenten und Emissionsbegleitern die nötige **Flexibilität** zu verschaffen, Wertpapieremissionen in wirtschaftlich sinnvoller Weise durchführen zu können. Dadurch können **moderne Angebotsstrukturen** genutzt werden, die auch in volatilen Märkten den Zugang zum Kapitalmarkt für Emittenten und deren Anteilsinhaber sowie Emissionsbegleiter zu angemessenen Konditionen ermöglichen.

3 Wie schon zuvor die entsprechende Regelung in Art. 8 Abs. 1 EU-ProspektRL von 2003 („**ProspektRL**")[1] beschränkt Art. 17 Abs. 1 schon nach seinem Wortlaut seinen Anwendungsbereich auf **öffentliche Angebote**. Damit hat sich die (theoretische) Diskussion, zur Vorgängerregelung des § 8 Abs. 1 WpPG a. F., ob auch ausschließlich der Zulassung von Wertpapieren zum regulierten Markt dienende Prospekte erfasst sind,[2] erledigt.

II. Nichtaufnahme von endgültigem Emissionskurs und endgültigem Emissionsvolumen (Art. 17 Abs. 1)

1. Begriffe von Emissionskurs und Emissionsvolumen

a) Emissionskurs

4 Der von der deutschen Sprachfassung der ProspektVO verwendete Begriff des „**Emissionskurses**" ist missverständlich. Der Begriff impliziert nach landläufigem Verständnis das Ergebnis einer börslichen Preisfeststellung. Freilich verwendet bereits das Börsenrecht in § 24 BörsG insoweit den Begriff des Börsenpreises, ebenso wie das AktG etwa in § 186 Abs. 3 Satz 4 AktG. Die englische Sprachfassung der ProspektVO spricht hier zutreffender von „offer price", ebenso wie bereits die Vorgängerbestimmung des Art. 8 Abs. 1 ProspektRL.[3] § 8 Abs. 1 WpPG a. F. sprach hier von „Ausgabepreis der Wertpapiere". Dieser Begriff war nach Sinn und Zweck der Regelung ebenso irreführend, kann doch der Ausgabepreis, d. h. der Preis, zu dem ein Wertpapier vom Emittenten („Geber") an den „Nehmer" des Wertpapiers ausgegeben wird,[4] von dem Preis, zu dem das betreffende

---

1 Richtlinie 2003/71/EG betreffend den Prospekt, der beim öffentlichen Angebot von Wertpapieren oder bei deren Zulassung zum Handel zu veröffentlichen ist, v. 4.11.2003, ABl. EU L 345 v. 31.12.2003, S. 64.
2 Dazu die Vorauflage, § 8 WpPG Rn. 2 ff.
3 Richtlinie 2003/71/EG betreffend den Prospekt, der beim öffentlichen Angebot von Wertpapieren oder bei deren Zulassung zum Handel zu veröffentlichen ist, v. 4.11.2003, ABl. EU Nr. L 345 v. 31.12.2003, S. 64.
4 Zum rechtlichen Begriff der Ausgabe neu emittierter Wertpapiere *Bosch,* in: Bosch/Groß, Emissionsgeschäft (BuB), Rn. 10/65; *Ekkenga/Maas,* Recht der Wertpapieremissionen, § 2 Rn. 57; anschaulich zur Weiterentwicklung des Emissionsbegriffs über die wertpapierrechtliche Begebung hinaus: *R. Müller/Schmidtbleicher,* in: Kümpel/Früh/Mülbert/Seyfried/Wittig, Bankrecht und Kapitalmarktrecht, Rn. 15.62 ff.

II. Nichtaufnahme von endgültigem Emissionskurs und -volumen **Art. 17 ProspektVO**

Wertpapier im Rahmen eines öffentlichen Angebotes an Anleger angeboten wird, durchaus abweichen. So werden bei der Ausgabe von Aktien bei einer Kapitalerhöhung im Rahmen eines Börsenganges oder auch bei einer Kapitalerhöhung eines bereits börsennotierten Unternehmens diese in aller Regel zum „geringsten Ausgabebetrag" nach § 9 Abs. 1 AktG ausgegeben und zwar an eine oder mehrere Emissionsbanken, die die gesamte Emission zum Zweck der Verfahrensvereinfachung zeichnen.[5] Dieser Preis unterscheidet sich typischerweise erheblich von dem Preis, zu dem die Aktien sodann den Investoren angeboten werden. Dies gilt erst recht bei der Umplatzierung bereits ausgegebener Aktien aus dem Bestand von Altaktionären, die mitunter bereits vor längerer Zeit „ausgegeben" worden sind und bei denen der Ausgabepreis für den Preis, zu dem sie nun öffentlich angeboten werden, kaum mehr von Bedeutung ist. Letzterer ist aber der Preis, der für die Anlageentscheidung in Bezug auf das konkrete Angebot maßgeblich ist und auf den es daher bei der Prospektdarstellung ankommt.

Der in der englischen Sprachfassung der ProspektVO gebrauchte Begriff des „offer price" knüpft an dem Begriff des die Prospektpflicht nach Art. 3 Abs. 1 ProspektVO auslösenden „offer to the public", also dem öffentlichen Angebot an. Zudem spricht Erwägungsgrund 55 ProspektVO im Zusammenhang mit dem „Höchstkurs i. S. v. Art. 17 Abs. 1 lit. b Ziff. i als dem „Höchstkurs, den Anleger möglicherweise für die Wertpapiere zahlen müssen". Dies bestätigt das vorstehend entwickelte Verständnis, dass hier kein „Emissionkurs" oder „Emissionspreis" gemeint sein kann. Vielmehr kann der Begriff des „Emissionskurses" letztlich sprachlich, systematisch und teleologisch richtigerweise nur als (endgültiger) **„Angebotspreis"** verstanden werden. 5

Im Fall von Schuldverschreibungen wird man unter den Begriff des Emissionskurses auch deren **Zinssatz**, bei Wandel-, Options- und Umtauschanleihen auch deren **Wandlungs-, Options- oder Umtauschpreis** zu subsumieren haben. Denn anders als bei Aktien ist bei diesen Wertpapieren der Angebotspreis oft fest. Die vorgenannten Parameter determinieren dagegen (allein oder zusammen mit dem Angebotspreis) den wirtschaftlichen Wert des Wertpapiers. Sie entsprechen daher in ihrer Funktion im Rahmen des Platzierungsprozesses dem Angebots- bzw. Platzierungspreis bei einer Aktienemission.[6] 6

b) Emissionsvolumen

Auch der Begriff des „Emissionsvolumens" ist nicht aus sich heraus verständlich. Unter Emissionsvolumen wird in der Kapitalmarktpraxis üblicherweise die Größe einer Emission im Sinne ihres Gesamtwerts in Geld, also der sog. Bruttoemissionserlös verstanden. In Art. 17 bezeichnet der Begriff des „Emissionsvolumens" etwas anderes, nämlich die **Anzahl der öffentlich angebotenen Wertpapiere** oder deren **aggregierten Nominalbetrag**. Dies stellt freilich bereits der Wortlaut des Art. 17 Abs. 1 im ersten Hs. klar. 7

---

5 *Meyer*, in: Marsch-Barner/Schäfer, Handbuch börsennotierte AG, § 8 Rn. 8.115 ff. m.w.N.
6 *Just/Ritz*, in: Just/Voß/Ritz/Zeising, Wertpapierprospektrecht, 2. Aufl. 2023, Art. 17 ProspektVO Rn. 26; zur „Preis"festsetzung bei Anleihen allgemein *Diekmann*, in: Habersack/Mülbert/Schlitt, Unternehmensfinanzierung, § 31 Rn. 31.11 ff., sowie bei den in Fachkreisen auch als Equity-Linked-Instrumente bezeichneten Wandel-, Options- und Umtauschanleihen *Schlitt*, in: Habersack/Mülbert/Schlitt, Unternehmensfinanzierung, § 11 Rn. 11.18 f.

2. Unmöglichkeit der Nennung im Prospekt

8   Auf die Nennung des (im Gesetz als Emissionskurs bezeichneten, siehe oben → Rn. 4 ff.) endgültigen Angebotspreises und/oder der endgültigen Anzahl der angebotenen Wertpapiere oder deren aggregierten Nominalbetrag kann nach Abs. 1 verzichtet werden, wenn deren Nennung zum Zeitpunkt der Prospektveröffentlichung nicht möglich ist. Dies betrifft vor allem Fälle, in denen diese Angaben aufgrund der spezifischen **Art des Angebots** bzw. der **Bestimmung des Angebotspreises** nicht bereits zu Beginn des Angebots erfolgen können. Damit trägt der Gesetzgeber dem Umstand Rechnung, dass bei öffentlichen Angeboten von Wertpapieren nur selten Preis und Zahl der angebotenen Wertpapiere bereits vor Beginn des Angebots fixiert werden. Denn dies hätte aufgrund der nicht mit Sicherheit vorhersehbaren Nachfrage nach den angebotenen Wertpapieren, die auch von dem sich teilweise sehr schnell verändernden Marktumfeld geprägt wird, zur Folge, dass im Interesse der Transaktionssicherheit erhebliche Sicherheitsabschläge vorgenommen werden müssten. Daher haben sich in der Praxis eine Reihe unterschiedlicher Transaktionsstrukturen und Preisermittlungsverfahren herausgebildet, die eine marktnahe Preisfestsetzung zum Ziel haben.[7]

9   Als Beispiele lassen sich insbesondere die folgenden, in der Praxis häufig vorkommenden Konstellationen aufführen:

a) Bookbuilding

10 Das Bookbuilding-Verfahren ist seit Mitte der 1990er Jahre das bei Börsengängen nahezu ausschließlich verwandte Verfahren zur Preisermittlung.[8] In dessen klassischer Ausgestaltung werden Aktien unter Angabe einer **Preisspanne** angeboten, genauer: Anleger werden in einem sog. „Verkaufsangebot" aufgefordert, Kaufaufträge über die angebotenen Wertpapiere zu einem Preis innerhalb dieser Spanne abzugeben. Der endgültige Platzierungspreis wird dann auf der Grundlage der während der Angebotsperiode eingehenden Kaufaufträge von Anlegern („orders") ermittelt. Diese werden im sog. **Orderbuch** gesammelt, wovon der Begriff Bookbuilding abgeleitet wird.[9] Nach dem Ende der Angebotsperiode wird sodann das Orderbuch ausgewertet und auf der Grundlage der sich aus den gesammelten Kaufaufträgen ergebenden Nachfrage der endgültige Platzierungspreis festgelegt. Danach erfolgt die Zuteilung der Wertpapiere an die Anleger, die Kaufaufträge abgegeben haben. Rechtlich werden mit der Zuteilung die betreffenden Kaufaufträge angenommen, sodass dadurch ein Kaufvertrag über die Wertpapiere zustande kommt.[10]

11 Das klassische Bookbuilding ist ein typischer Anwendungsfall des Abs. 1 lit. b Ziff. i. Das obere Ende der Bookbuilding-Spanne stellt zugleich auch einen **Höchstpreis** im Sinne

---

7   Zu den unterschiedlichen Verfahren bei Aktienemissionen siehe *Meyer*, in: Marsch-Barner/Schäfer, Handbuch börsennotierte AG, § 8 Rn. 8.24 ff. m. w. N.

8   Grundlegend *Groß*, ZHR 162 (1998), 318, 319; *Schäcker/Wohlgefahrt/Johannson*, in: Habersack/Mülbert/Schlitt, Unternehmensfinanzierung, § 2 Rn. 2.52 ff.; *Meyer*, in: Marsch-Barner/Schäfer, Handbuch börsennotierte AG, § 8 Rn. 8.30 ff. m. w. N.

9   Dazu *Groß*, ZHR 162 (1998), 318, 321 ff.

10 *Groß*, ZHR 162 (1998), 318, 331; *Singhof/Weber*, in: Habersack/Mülbert/Schlitt, Unternehmensfinanzierung, § 3 Rn. 3.82; *Meyer*, in: Marsch-Barner/Schäfer, Handbuch börsennotierte AG, § 8 Rn. 8.30 f.; *König/van Aerssen*, in: Eilers/Rödding/Schmalenbach, Unternehmensfinanzierung, Kapitel B Rn. 188.

dieser Bestimmung dar (→ Rn. 33 ff.). Nach Auffassung der BaFin darf dabei das untere Ende der Spanne nicht unter 50% des Höchstpreises liegen, da es sich sonst um eine rein fiktive Angabe handele.[11] Diese Auffassung findet indes keine Stütze im Wortlaut, da dort ja die Angabe einer Preisspanne gar nicht vorgesehen ist. Wenn es aber dem Anbieter frei steht, nur einen Höchstpreis anzubieten, kann für Restriktionen hinsichtlich des unteren Endes einer Preisspanne kein Raum sein. Davon abgesehen dürfte jedoch die 50%-Regelung faktisch ausreichende Flexibilität gewähren.

Daneben enthält der Prospekt jedoch üblicherweise auch eine Beschreibung des Book- 12 buildingverfahrens, einschließlich der bei diesem Verfahren für die Preisfestsetzung maßgeblichen **Kriterien und Bedingungen**, zumal diese auch nach Anhang 11 Punkt. 5.3.1 der VO (EU) 2019/980 ohnehin zu nennen sind („der Bedingungen, nach denen der endgültige Emissionskurs festgelegt wurde oder wird"), siehe dazu auch die bei → Rn. 25 abgedruckte Beispielsformulierung.

Neben der Festlegung des Platzierungspreises auf der Grundlage der tatsächlichen Nach- 13 frage wird mitunter auch die **Zahl der zu platzierenden Aktien** endgültig erst aufgrund der Ergebnisse des Bookbuilding festgelegt. Auch insoweit kann also ein Anwendungsfall des Abs. 1 gegeben sein.

b) Decoupled Bookbuilding

In den frühen 2000er Jahren kam bei Börsengängen bisweilen eine Variante des Bookbuil- 14 ding-Verfahrens zur Anwendung, bei der das Angebot (dem die Prospektveröffentlichung vorauszugehen hat) und die Preisfestsetzung durch das Bookbuilding-Verfahren zeitlich entkoppelt werden. Man spricht daher insoweit von dem sog. **entkoppelten Bookbuilding-Verfahren** („decoupled bookbuilding"). Dieses wurde insbesondere dann herangezogen, wenn die Festlegung einer Preisspanne in erhöhtem Maße unsicher ist.[12] Dies kann etwa der Fall sein, weil Vergleichsunternehmen fehlen, deren Börsenbewertung sonst bei der Festlegung einer Preisspanne herangezogen werden könnte. Dies galt seinerzeit insbesondere bei Börsengängen von Unternehmen der Solarbranche. Ansonsten kann aber auch ein volatiles Marktumfeld dazu führen, dass sich eine zu Beginn des Angebotes sachgerecht festgelegte Preisspanne binnen weniger Tage für das aktuelle Marktumfeld als nicht mehr realistisch erweist. Daher enthält beim entkoppelten Bookbuilding der Prospekt zunächst keine Preisspanne. Deren Festlegung erfolgt erst, nachdem sich aus Gesprächen mit ausgewählten Investoren, die den Emittenten anhand des Prospekts analysieren konnten, erste Preisindikationen ergeben. Das eigentliche Bookbuilding beginnt dann einige Tage nach der Prospektveröffentlichung, nachdem die aufgrund der vorgenannten Investorengespräche bestimmte Preisspanne veröffentlicht wurde (zur Frage, wie diese Veröffentlichung vorzunehmen ist, insbesondere ob ein Nachtrag i. S. v. Art. 23 ProspektVO erforderlich wird → Rn. 50). Daneben besteht wegen der Unwägbarkeiten der Entwicklung

---

11 *Schlitt/Schäfer*, in: Assmann/Schlitt/von Kopp-Colomb, Prospektrecht Kommentar, Art. 17 ProspektVO Rn. 17.
12 Dieses Verfahren wurde erstmals beim Börsengang der Conergy AG im März 2005 angewandt; dazu *Meyer*, in: Marsch-Barner/Schäfer, Handbuch börsennotierte AG, § 8 Rn. 8.34; *Schlitt/Schäfer*, AG 2008, 525, 532; *Ries*, in: Grunewald/Schlitt, Einführung in das Kapitalmarktrecht, § 2 III. 3 b) (S. 41).

der konkreten Nachfrage oft ein Interesse, die genaue Zahl der angebotenen Aktien – wie bereits beim klassischen Bookbuilding ausgeführt (siehe oben → Rn. 13) – offenzulassen.

c) Bezugsrechtskapitalerhöhungen

15 Einen weiteren Anwendungsfall bilden Bezugsrechtskapitalerhöhungen börsennotierter Gesellschaften. Traditionell war nach § 186 Abs. 2, Abs. 5 Satz 2 AktG bereits in dem Bezugsangebot an die Aktionäre der „Ausgabebetrag" zu nennen. Damit ist auch hier nicht der aktienrechtliche Ausgabebetrag im technischen Sinne, sondern das pro bezogene neue Aktie zu leistende Entgelt (sog. **Bezugspreis**) gemeint.[13] In diesem klassischen Fall des Bezugsangebots kann der Bezugspreis meist auch unproblematisch im grds. zuvor zu veröffentlichenden Prospekt genannt werden.[14] Die frühzeitige Festlegung des Bezugspreises führt jedoch zu mitunter erheblichen Abschlägen vom Börsenkurs und macht daher Bezugsrechtskapitalerhöhungen unattraktiv.[15] Um dies zu vermeiden, genügt es seit der Ergänzung des § 186 Abs. 2 Satz 1 AktG durch das **Transparenz- und Publizitätsgesetz** (TransPuG),[16] im Bezugsangebot zunächst nur die **Grundlagen der Festlegung** des Bezugspreises anzugeben. Der endgültige Bezugspreis muss dann nach § 186 Abs. 2 Satz 2 AktG spätestens drei Tage vor Ablauf der Bezugsfrist in den Gesellschaftsblättern und über ein elektronisches Informationsmedium bekannt gemacht werden.[17] Dieser sog. **TransPuG-Struktur** bei einer Bezugsrechtskapitalerhöhung ist also wesensimmanent, dass der endgültige Bezugspreis in dem vor Beginn des Bezugsangebots zu veröffentlichenden Prospekt noch nicht genannt werden kann. Eine in jüngerer Zeit ebenso vorkommende Spielart der Bezugsrechtskapitalerhöhung sieht vor, dass das Emissionsvolumen ganz oder teilweise bei institutionellen Investoren „vorwegplatziert" wird, bevor die eigentliche Bezugsfrist beginnt.

3. Keine Aufnahme des endgültigen Emissionspreises in den Prospekt

16 Die Reichweite der unter den Voraussetzungen des Abs. 1 zulässigen Nichtaufnahme der Angaben des endgültigen Emissionspreises und der angebotenen Zahl an Wertpapieren führt in der Praxis immer wieder zu Unsicherheiten. Denn eine Reihe der nach Art. 13 i.V.m. dem gemäß der VO (EU) 2019/980 in den Prospekt aufzunehmenden sog. Mindestangaben werden **aus Emissionspreis oder -volumen abgeleitet** (dazu im Einzelnen sogleich).

17 So verlangt die BaFin regelmäßig, in dem zu billigenden Prospekt zumindest eine **Indikation für den erwarteten Emissionserlös**[18] sowie die maximale **Gesamtzahl der angebo-**

---

13 *T. Busch/D. Busch*, in: Marsch-Barner/Schäfer, Handbuch börsennotierte AG, § 44 Rn. 44.17, Rn. 44.54 ff.; weitere Nachweise bei *Schlitt/Seiler*, WM 2003, 2175 (dort Fn. 1).
14 Allgemein zur Prospektpflicht bei Bezugsangeboten *Herfs*, in: Habersack/Mülbert/Schlitt, Unternehmensfinanzierung, § 5 Rn. 5.119.
15 *Meyer*, in: Marsch-Barner/Schäfer, Handbuch börsennotierte AG, § 7 Rn. 7.29.
16 BGBl. I vom 25.7.2002, S. 2681.
17 Dazu *Herfs*, in: Habersack/Mülbert/Schlitt, Unternehmensfinanzierung, § 5 Rn. 5.102 ff.; *Busch*, in: Marsch-Barner/Schäfer, Handbuch börsennotierte AG, § 44 Rn. 44.54.
18 *Schlitt/Schäfer*, in: Assmann/Schlitt/von Kopp-Colomb, Prospektrecht Kommentar, Art. 17 ProspektVO Rn. 17; diese Indikation für den erwarteten Emissionserlös kann aus einem grob geschätzten Maximalbetrag („bis zu") so *Just/Ritz*, in: Just/Voß/Ritz/Zeising, Wertpapierprospekt-

tenen **Wertpapiere** aufzunehmen.[19] Indes ergibt sich der Emissionserlös aus dem Produkt des Preises pro angebotenem Wertpapier (also dem Angebotspreis) und der Zahl der platzierten Aktien. Er kann also nur anhand eben jener Faktoren errechnet werden, die nach Abs. 1 gerade nicht zwingend in den Prospekt aufgenommen werden müssen. Die BaFin begründet diese Praxis damit, dass sich die Sonderregelung des Abs. 1 (bzw. der inhaltlich identischen Vorgängerregelung des § 8 Abs. 1 WpPG a. F.) nicht ausdrücklich auf die von Emissionspreis und -volumen abgeleiteten Angaben wie z. B. die geschätzten Gesamtnettoerträge der Emission nach Ziff. 8.1 Anh. III der früheren VO (EU) 809/2004 ProspVO (= jetzt Anhang 11 Punkt 8.1 der VO (EU) 2019/980) erstrecke und zudem als Ausnahmeregelung restriktiv ausgelegt werden müsse.[20] Diese formale Argumentation überzeugt nicht, führt sie doch dazu, dass die in der ProspektVO eingeräumte Flexibilität wieder eingeschränkt wird. Dies widerspricht dem Sinn und Zweck der Regelung.[21] Das Verlangen nach der Angabe einer maximalen Gesamtzahl angebotener Wertpapiere widerspricht sogar dem klaren Wortlaut des Abs. 1 lit. b Ziff. i, der ausdrücklich erlaubt, auf die Angabe der Anzahl der öffentlich angebotenen Wertpapiere zu verzichten.[22] Daher ist die Zahl der angebotenen Wertpapiere – soweit sie nicht im Prospekt genannt werden kann – nicht zwingender Bestandteil eines zu billigenden Prospekts.

Aus dem **Prinzip der Vollständigkeit** nach Art. 6 und 13 ProspektVO folgt nichts anderes. Daraus ergibt sich nämlich keineswegs, dass ein Prospekt alle in den relevanten Anhängen der VO (EU) 2019/980 genannten Informationsbestandteile der Prospektverordnung enthalten müsste. Dies bestätigt auch Erwägungsgrund 25 der VO (EU) 2019/980. Danach soll der Emittent die Möglichkeit haben, **auf bestimmte Informationsbestandteile zu verzichten**, die in den Anhängen der VO (EU) 2019/980 aufgeführt sind, wenn diese auf den Emittenten oder auf die angebotenen oder zum Handel an einem geregelten Markt zugelassenen Wertpapiere nicht zutreffen. Erwägungsgrund 30 regelt sogar, dass die Prospektverantwortlichen die Billigungsbehörde frühzeitig auf unzutreffende oder nicht relevante Informationsbestandteile hinweisen sollen, damit das Billigungsverfahren durch die Auslassung nicht unnötig verzögert wird. Daraus ergibt sich, dass die VO (EU) 2019/980 mit ihren sog. Mindestangaben kein statisches Gebilde sein soll, sondern die Auslassung bestimmter Informationen durchaus möglich ist, soweit dies – wie hier durch Art. 17 (und 18) der ProspektVO ausdrücklich eingeräumt – geboten erscheint. 18

---

recht, 2. Aufl. 2023, Art. 17 ProspektVO Rn. 29, aber auch einer weiten Spanne bestehen, die bis zu 50% ihres oberen Endes betragen kann, so auch *Zanner*, Börsen-Zeitung v. 13.12.2006.

19 Von ihrer insoweit vorübergehend flexibleren Verwaltungspraxis ist die BaFin leider wieder abgerückt, kritisch dazu *Meyer*, in: Habersack/Mülbert/Schlitt, Unternehmensfinanzierung, § 36 Rn. 36.75a; *Just/Ritz*; in: Just/Voß/Ritz/Zeising, Wertpapierprospektrecht, 2. Aufl. 2023, Art. 17 ProspektVO Rn. 34; *Schlitt/Schäfer*, AG 2008, 525, 532; *Schlitt/Ries*, in: Assmann/Schlitt/von Kopp-Colomb, Prospektrecht Kommentar, Art. 17 ProspektVO Rn. 17.

20 BaFin-Workshop „100 Tage WpPG", Präsentation „Rechtsfragen aus der Anwendungspraxis" vom 3.11.2005, S. 8; ähnlich offenbar *Hamann*, in: Schäfer/Hamann, Kapitalmarktgesetze, § 8 WpPG Rn. 4.

21 Ebenso kritisch hierzu *Just/Ritz*; in: Just/Voß/Ritz/Zeising, Wertpapierprospektrecht, 2. Aufl. 2023, Art. 17 ProspektVO Rn. 32 ff.; *Apfelbacher/Metzner*, BKR 2006, 81, 87; *Schlitt*, in: Habersack/Mülbert/Schlitt, Kapitalmarktinformation, § 4 Rn. 93; *Schlitt/Schäfer*, AG 2008, 525, 532.

22 *Meyer*, in: Habersack/Mülbert/Schlitt, Unternehmensfinanzierung, § 36 Rn. 36.75b; *Schlitt*, in: Habersack/Mülbert/Schlitt, Kapitalmarktinformation, § 4 Rn. 93.

Art. 17 ProspektVO Endgültiger Emissionskurs und endgültiges Emissionsvolumen

19 In diesem Zusammenhang lohnt eine konkrete Analyse der einzelnen relevanten **Bestimmungen der VO (EU) 2019/980** (wobei hier auf die für Aktienemissionen relevanten Anhänge abgestellt wird):

20 Anhang 11 Punkt 5.1.2 VO (EU) 2019/980 („**Gesamtsumme der Emission**"):

– Nach Punkt 5.1.2 von Anhang 11 VO (EU) 2019/980 ist die **Gesamtsumme der Emission/des Angebots** anzugeben, wobei zwischen den zum Verkauf und den zur Zeichnung angebotenen Aktien zu unterscheiden ist. Satz 1 Hs. 2 von Punkt 5.1.2 VO (EU) 2019/980 sieht dabei – zunächst konsistent mit der Grundentscheidung von Art. 17 ProspektVO – für den Fall, dass der Betrag der angebotenen Aktien bei Prospektbilligung nicht festgelegt worden ist, vor, dass die insoweit **getroffenen Vereinbarungen** und der **Zeitpunkt der Veröffentlichung** der endgültigen Zahl zu nennen sind. Sodann besagt aber Satz 2 des Punkt 5.1.2 Anhang 11 VO (EU) 2019/980, dass im Fall, dass eine Angabe des maximalen Emissionsvolumens der Wertpapiere im Prospekt nicht möglich ist, anzuführen sei, dass eine Zusage zum Erwerb oder zur Zeichnung der Wertpapiere binnen mindestens zwei Arbeitstagen nach Hinterlegung des Emissionsvolumens widerrufen werden könne. Mithin wird deutlich, dass die Angabe von Bedingungen zur Festlegung der Parameter des Art. 17 Abs. 1 ProspektVO nur anstelle des endgültigen Emissionskurses erfolgen kann (→ Rn. 25), ohne ein Widerrufsrecht auszulösen, nicht jedoch in Bezug auf die Zahl der angebotenen Wertpapiere.

21 Anhang 11 Punkt 5.3.1 der VO (EU) 2019/980 („**Preis**, zu dem die Wertpapiere voraussichtlich angeboten werden"):

– Die in Punkt 5.3.1 des Anhangs 11 der VO (EU) 2019/980 vorgesehene Angabe des Preises, zu dem die Wertpapiere voraussichtlich angeboten werden […], fällt unmittelbar in den Anwendungsbereich des Art. 17 Abs. 1. Konsequenterweise ist in UAbs. 2 jenes Punktes 5.3.1 auch (mit ausdrücklichem Verweis darauf) eine diesem entsprechende Regelung vorgesehen. Danach ist in Fällen, in denen der Preis nicht bekannt, entweder: (a) ein **Höchstkurs** (bzw.-preis) anzugeben oder (b) die zur Festlegung des endgültigen Emissionskurses (bzw. Platzierungspreises) angewendeten **Bewertungsmethoden** und -**kriterien** und/oder die dafür geltenden **Bedingungen** zu nennen und etwaige Bewertungsmethoden zu erläutern. (Nur) wenn weder die Angaben nach Alternative (a) noch nach Alternative (b) erfolgen, ist auf das dann nach Art. 17 Abs. 1 lit. a ProspektVO geltende Widerrufsrecht hinzuweisen.

22 Anhang 11 Punkt 7.2 der VO (EU) 2019/980 („**Zahl** und Kategorie der von jedem Wertpapierinhaber angebotenen Wertpapiere"):

– Punkt 7.2 des Anhangs 11 VO (EU) 2019/980 sieht die Angabe der Zahl der von jedem Wertpapierinhaber angebotenen Wertpapiere vor, freilich ohne dass eine Punkt 5.1.2 Abs. 2 des Anhangs 11 VO (EU) 2019/980 entsprechende Ausnahme enthalten wäre. Ohne die in Art. 17 Abs. 1 und in Punkt 5.1.2 des Anhang 11 VO (EU) 2019/980 vorgegebene Grundentscheidung zu konterkarieren, sollte daher eine „bis zu"-Angabe für die ggf. zum Verkauf stehenden Aktien aus dem Bestand des jeweiligen Altaktionärs erfolgen (mithin – entsprechend Art. 17 Abs. 1 lit. b Ziff. i deren Höchstzahl).

23 Anhang 11 Punkt 8.1 der VO (EU) 2019/980 („Angabe der Gesamtnettoerträge und Schätzung der Gesamtkosten der Emission"):

– Hier gilt das vorstehend unter → Rn. 21 Gesagte. Die Angabe des Emissionserlöses hängt denklogisch genau von denjenigen Faktoren ab, die nach Art. 17 Abs. 1 ProspektVO weggelassen werden können. Vor diesem Hintergrund zwingend die Angabe des Emissionserlöses (gekürzt um die Emissionskosten) zu verlangen, widerspricht daher der in Art. 17 Abs. 1 ProspektVO zum Ausdruck kommenden Grundentscheidung des Verordnungsgebers. Jedenfalls muss es hier genügen, eine grobe Indikation in Form eines „bis zu"-Betrags vorzunehmen.

Anhang 11 Punkt 9.1 der VO (EU) 2019/980 („Verwässerung"): 24

– Die nach Punkt 9.1 des Anhangs 11 der VO (EU) 2019/980 anzugebende, unmittelbare Verwässerung der Aktionäre folgt aus der endgültigen Zahl der im Rahmen eines Angebots neu ausgegebenen Aktien und kann daher nur ermittelt werden, wenn jene Zahl feststeht. Kann diese aber nach Art. 17 Abs. 1 ProspektVO zunächst offen bleiben, folgt daraus logisch zwingend, dass auch endgültige Angaben zur Verwässerung weggelassen werden können und für diese daher Art. 17 Abs. 1 ProspektVO entsprechend gilt. Soweit aber die Zahl der angebotenen Aktien mittels einer „bis zu"-Angabe erfolgt, kann diese unter Hinweis auf ihre Vorläufigkeit für die Angabe der indikativen Verwässerung der bestehenden Aktionäre verwendet werden. Für die Angabe einer vermögensmäßigen Verwässerung (Punkt 9.1 lit. a VO (EU) 2019/980) kann bei der Angabe einer Preisspanne deren Mittelwert, bei Angabe eines Höchstpreises auch dieser zugrunde gelegt werden, jeweils mit entsprechender Erläuterung. Erfolgt keine der beiden Angaben, kann die Angabe der Verwässerung entsprechend Art. 17 Abs. 1 ProspektVO entfallen.

4. Kriterien und Bedingungen der Ermittlung

Wird der endgültige Angebotspreis („Emissionskurs" → Rn. 4) im Prospekt nicht genannt, 25 sind nach lit. b Ziff. ii die Bewertungsmethoden und -kriterien und/oder die Bedingungen anzugeben, nach denen der endgültige Angebotspreis festzulegen ist; etwaige Bewertungsmethoden sind zu erläutern. Für den Hauptanwendungsfall dieser Regelung, das Bookbuilding, erfolgt insoweit eine Beschreibung des **Bookbuilding-Verfahrens** und der in dessen Rahmen erfolgenden Festlegung von Preis und Zahl der platzierten Wertpapiere. Diese wurde unter der nahezu wortgleichen Regelung in der früheren ProspektRL zunächst als ausreichende Darstellung der für die Ermittlung von Preis und Volumen angewandten Kriterien und Bedingungen angesehen.[23] Eine typische Beschreibung des Bookbuilding-Verfahrens in einem für einen Börsengang veröffentlichten Prospekt lautet wie folgt:

Nach Ablauf des Angebotszeitraums wird der Platzierungspreis mithilfe des im Bookbuilding-Verfahren erstellten sog. Orderbuchs festgelegt. Der Preisfestsetzung liegen die im vorgenannten Orderbuch gesammelten Kaufangebote zugrunde, die von Investoren während des Angebotszeitraums abgegeben wurden. Diese Kaufangebote werden nach dem gebotenen Preis sowie nach der erwarteten Ausrichtung der betreffenden Investoren ausgewertet. Die Festsetzung des Platzierungspreises und der Zahl der zu platzierenden Aktien erfolgt auf dieser Grundlage zum einen im Hinblick auf eine angestrebte Erlösmaximierung. Zum anderen wird berücksichtigt, ob der Platzierungspreis

---
23 *Schlitt/Schäfer*, AG 2005, 498, 505; *Hamann*, in: Schäfer/Hamann, Kapitalmarktgesetze, § 8 WpPG Rn. 7.

Art. 17 ProspektVO Endgültiger Emissionskurs und endgültiges Emissionsvolumen

und die Zahl der zu platzierenden Aktien angesichts der sich aus dem Orderbuch ergebenden Nachfrage nach den Aktien der Gesellschaft vernünftigerweise die Aussicht auf eine stabile Entwicklung des Aktienkurses im Zweitmarkt erwarten lassen. Dabei wird nicht nur den von den Investoren gebotenen Preisen und der Zahl der zu einem bestimmten Preis Aktien nachfragenden Investoren Rechnung getragen. Vielmehr wird auch die Zusammensetzung des Aktionärskreises der Gesellschaft (sog. Investoren-Mix), die sich bei der zu einem bestimmten Preis möglichen Zuteilung ergibt, und das erwartete Investorenverhalten berücksichtigt.

26 Mit Wirkung zum 28.1.2014 hatte **ESMA** freilich die Anforderungen an die Angabe der **Kriterien oder Bedingungen zur Ermittlung des endgültigen Angebotspreises** verschärft. Danach müssen diese Kriterien ausreichend präzise sein, um den Preis **vorhersehbar** zu machen und ein ähnliches Schutzniveau für die Anleger bieten wie die Angabe eines Höchstpreises. Anleger müssen in der Lage sein, zu überprüfen, ob der endgültige Angebotspreis **korrekt „berechnet"** wurde. Daher sieht ESMA in Fällen, in denen es **noch keinen liquiden Markt** in der angebotenen Wertpapiergattung gibt (d. h. bei Neuemissionen, insbesondere Börsengängen) einen bloßen Verweis auf das Bookbuilding-Verfahren nicht als ausreichende Angabe von Kriterien i. S. v. Art. 8 Abs. 1 der früheren ProspektRL an, der Vorgängerregelung von Art. 17 Abs. 1 ProspektVO. Wird die Beschreibung des Bookbuilding-Verfahrens jedoch kombiniert mit der Angabe eines Höchstpreises oder einem Widerrufsrecht, dann seien nach Auffassung von ESMA die Anforderungen der Ziff. 5.3.1 des Annex III der früheren Verordnung 809/2004 erfüllt. Dieser ergänzte Art. 8 Abs. 1 ProspektRL und entspricht dem heutigen Punkt 5.3.1 des Anhangs 11 VO (EU) 2019/980. Der endgültige Angebotspreis könne auch einen im Prospekt angegebenen, lediglich als „indikativ" bezeichneten Höchstpreis (bzw. Preisspanne) überschreiten; in diesem Fall solle den Anlegern jedoch ein Widerrufsrecht zustehen.[24] Letztere Situation setzt aber ohnehin voraus, dass eine solche Erhöhungsmöglichkeit im Prospekt vorgesehen ist. Sonst wäre es fraglich, ob eine Zuteilung von Wertpapieren zu einem Preis über dem Höchstpreis bzw. dem oberen Ende der Preisspanne noch von dem (konkludenten) Inhalt der Kaufaufträge der Anleger gedeckt wäre.

27 Die vorstehend geschilderte Auffassung von ESMA erschien in Anbetracht des Gesetzeswortlauts fragwürdig. Denn weder die ProspektRL bzw. das WpPG verlangten, dass die anzugebenden „Kriterien oder Bedingungen zur Ermittlung des endgültigen Angebotspreises" dessen (auch nur nachträgliche) Berechnung ermöglichen müssen, noch ließ sich den gesetzlichen Vorgaben entnehmen, dass mangels einer solchen Berechenbarkeit stets ein Höchstpreis angegeben werden müsste.[25]

28 In der ProspektVO findet – wiewohl ihr Wortlaut keine relevante Änderung gegenüber Art. 8 der früheren ProspektRL aufweist – die Auffassung der ESMA insoweit eine Stütze, als **Erwägungsgrund 55** die Erwartung des Verordnungsgebers in Bezug auf die Anwendung der Begriffe **„Bewertungsmethoden und -kriterien** und/oder **Bedingungen**, nach

---

24 ESMA, Questions and Answers – Prospectuses (25th Updated Version – July 2016), Frage 58; diese zur früheren Rechtslage unter der ProspektRL erstellten ESMA Questions and Answers Prospectuses sind ergänzend zu den aktuellen Questions and Answers on the Prospectus Regulation der ESMA heranzuziehen, soweit sie dort nicht angesprochene Fragen behandeln und nicht im Widerspruch zu den neueren gesetzlichen Regelungen stehen, insbesondere in der ProspektVO und oder der VO (EU) 2019/980, siehe dazu die Kommentierung zu → Art. 13 Rn. 43.
25 *Meyer*, in: Habersack/Mülbert/Schlitt, Unternehmensfinanzierung, § 36 Rn. 36.75af.

denen der endgültige Emissionskurs festzulegen ist" beschreibt. Danach sind – zur Vermeidung des Widerrufsrechts nach Art. 17 Abs. 1 lit. a ProspektVO in Bezug auf den Angebotspreis im Prospekt entweder ein Höchstpreis („Höchstkurs") oder die Bewertungsmethoden und -kriterien und/oder Bedingungen anzugeben, nach denen der Emissionskurs festzulegen ist. Ergänzend zum Wortlaut des Art. 17 Abs. 1 lit. b ProspektVO soll nach Erwägungsgrund 55 ProspektVO eine **Erläuterung etwaiger Bewertungsmethoden**, wie die Diskontierungsmethode, eine Peer-Group-Analyse oder jede andere allgemein anerkannte Bewertungsmethode, offengelegt werden. Die Darstellung der Bewertungsmethoden und -kriterien soll ausreichend genau sein, um den endgültigen Angebotspreis vorhersehbar zu machen. Sie soll ein Maß an Anlegerschutz gewährleisten, das mit der Angabe eines Höchstpreises vergleichbar ist. Dagegen soll eine bloße **Bezugnahme auf das Orderbuchverfahren** (also das Bookbuilding) als Bewertungsmethode oder -kriterium nicht akzeptiert werden, wenn im Prospekt kein Höchstpreis genannt wird. Damit hat sich der Verordnungsgeber offensichtlich die Auffassung der ESMA (→ Rn. 26) zu eigen gemacht. Dass sich dies im Wortlaut der Verordnung selbst nicht konkret niedergeschlagen hat, ist insoweit nicht entscheidend. Nach dem durch den EuGH entwickelten sog. **Effet-utile**-Grundsatz ist diejenige Auslegung zu bevorzugen, die den vom europäischen Gesetzgeber verfolgten Regelungszweck effektiv umsetzt. Dieser Regelungszweck ergibt sich insbesondere aus den Erwägungsgründen des jeweiligen Rechtsakts.[26]

Dass ESMA die Ausführungen zu Art. 17 in ihren aktuellen „Questions and Answers on the Prospectus Regulation" die vorstehenden Ausführungen zur Rechtslage unter der Vorgängerregelung nicht wiederholt, spielt in diesem Zusammenhang keine Rolle. Denn in der aktuellen Fassung jener „Questions and Answers" führt ESMA aus, dass die zur alten Rechtslage auf Stufe 3 erlassenen Verlautbarungen (wie auch die Questions and Answers – Prospectuses) auch unter der ProspektVO weitergelten, sofern sie mit der ProspektVO kompatibel sind.[27] Von letzterem ist in Anbetracht von Erwägungsgrund 55 auszugehen. 29

Bei öffentlichen Angeboten einer bereits börsennotierten Gattung, für die es einen **liquiden Markt** gibt, genügt nach der Auffassung von ESMA die Angabe der Kriterien oder Bedingungen zur Ermittlung des endgültigen Angebotspreises den Anforderungen des Art. 17 Abs. 1 ProspektVO, wenn der Preis durch **Bezugnahme auf den Marktpreis** bestimmt wird (z. B. durch einen Abschlag von x% vom durchschnittlichen Marktpreis). In einem solchen Fall stehen diese Angaben laut ESMA auch ohne Höchstpreis oder Widerrufsrecht im Einklang mit Punkt 5.3.1 des Annex 11 der VO (EU) 2019/980, der mit seiner Vorgängerregelung in Anhang III der früheren VO 809/2004 übereinstimmt.[28] Auch hier scheinen die Vorgaben von ESMA nicht durch den Verordnungswortlaut gedeckt zu sein, wohl aber durch die in Erwägungsgrund 55 der ProspektVO zum Ausdruck kommenden Erwartungen hinsichtlich der Art und des Detaillierungsgrades der Angaben zu den Kriterien oder Bedingungen zur Ermittlung des endgültigen Angebotspreises. 30

Erhalten Investoren **außerhalb des Prospektes** weitere wesentliche preisbezogene Informationen (etwa zum Prozess der Bewertung des Emittenten), erwartet ESMA, dass diese 31

---

26 Dazu etwa Meyer, in: Kümpel/Mülbert/Früh/Seyfried, Bankrecht und Kapitalmarktrecht, Rn. 12.133 m.w.N.
27 ESMA, Questions and Answers on the Prospectus Regulation (Version 12, last updated on 3 February 2023), Antwort auf Frage 2.1.
28 ESMA, Questions and Answers – Prospectuses (25th Updated Version – July 2016), Antwort auf Frage 58.

Informationen gem. Art. 22 Abs. 5 ProspektVO in den Prospekt aufgenommen werden (→ Art. 22).[29]

32 In Bezug auf die Angabe des „Emissionsvolumens" genügt bei sog. **„bis zu"-Kapitalerhöhungen** die Angabe der maximal angebotenen Aktienzahl.[30] Freilich ist es unschwer möglich und daher empfehlenswert, die Bedingungen darzustellen, von denen es abhängt, in welchem Umfang die Kapitalerhöhung durchgeführt wird, bzw. die Kriterien zu erläutern, anhand derer diese Entscheidung getroffen wird.[31]

5. Angabe eines Höchstpreises

33 In Bezug auf den „Emissionspreis" kann anstelle der Kriterien und Bedingungen für dessen Festlegung nach Abs. 1 lit. b Ziff. i alternativ ein **Höchstpreis** angegeben werden. Dies kann auch in Form einer Preisspanne erfolgen, so wie dies beim klassischen Bookbuilding-Verfahren der Fall ist (→ Rn. 10 ff.). In diesem Fall ist das **obere Ende der Preisspanne** der Höchstpreis. Der Sinn der Regelung liegt darin, dem Anleger eine Indikation über den maximal von ihm zu erbringenden Kapitaleinsatz zu geben, die er seiner Investitionsentscheidung zugrunde legen kann. Dabei kann der Höchstbetrag durchaus großzügig bemessen sein, denn gegen einen geringeren von ihm zu erbringenden Kapitaleinsatz muss der Anleger nicht geschützt werden.

6. Widerrufsrecht

a) Voraussetzungen

34 Enthält der Prospekt **weder den endgültigen Angebotspreis** und/oder die **endgültige Zahl** der angebotenen Wertpapiere und nennt er auch **keinen Höchstpreis**, so bleibt er dennoch billigungsfähig. Art. 17 Abs. 1 ProspektVO sieht bei Ausbleiben der Angaben von endgültigem Emissionskurs und/oder -volumen die Angabe von Höchstbeträgen (lit. b Ziff. i) oder – in Bezug auf den Platzierungspreis („endgültiger Emissionskurs") – von Bewertungsmethoden und -kriterien und/oder Bedingungen und deren Erläuterung (lit. b Ziff. ii) vor, dass den Anlegern ein Recht zum **Widerruf** ihrer Zeichnungs- oder Erwerbszusage nach Hinterlegung des endgültigen Emissionspreises und/oder -volumens zusteht. Der Prospekt muss über dieses Widerrufsrecht nach Punkt 5.1.2 (Emissionsvolumen) und 5.3.1 VO (EU) 2019/980 (Emissionspreis) belehren (→ Rn. 43).

35 Dass bei der klassischen Ausgestaltung des **Bookbuilding** die Erwerbsangebote der Anleger bis zum Ende der Angebotsperiode frei widerruflich sind,[32] ändert am Bestehen des

---

[29] ESMA, Questions and Answers – Prospectuses (25th Updated Version – July 2016), Antwort auf Frage 58 a. E. unter Verweis auf Art. 15 Abs. 5 der früheren ProspektRL, dem Art. 22 Abs. 5 ProspektVO weitestgehend entspricht.

[30] *Schlitt/Schäfer*, AG 2005, 498, 505; *Schlitt*, in: Habersack/Mülbert/Schlitt, Kapitalmarktinformation, § 4 Rn. 96; *Just/Ritz*, in: Just/Voß/Ritz/Zeising, Wertpapierprospektrecht, 2. Aufl. 2023, Art. 17 ProspektVO Rn. 29.

[31] *Hamann*, in: Schäfer/Hamann, Kapitalmarktgesetze, § 8 WpPG Rn. 7.

[32] Dies ergibt sich üblicherweise aus dem als invitatio ad offerendum ausgestalteten sog. „Verkaufsangebot", *Groß*, ZHR 162 (1998), 318, 323; siehe auch das Beispiel für die Formulierung eines Verkaufsangebots bei *Meyer*, in: Marsch-Barner/Schäfer, Handbuch börsennotierte AG, § 8 Rn. 8.31 (dort Fn. 93).

gesetzlichen Widerrufsrechts nach Art. 17 Abs. 1 lit. a nichts.[33] Das vertragliche Widerrufsrecht im Rahmen des Bookbuilding-Verfahrens endet insbesondere bereits mit dem Ende der Angebotsperiode. Die ProspektVO sieht zudem keine Ausnahmen in Fällen eines vertraglich eingeräumten Widerrufsrechts vor. Da beim Bookbuilding-Verfahren die Voraussetzungen des Widerrufsrechts nach Art. 17 Abs. 1 lit. a jedoch in aller Regel ohnehin nicht vorliegen werden, dürfte diese Frage von geringer praktischer Relevanz sein.

b) Gegenstand des Widerrufsrechts

36 Gegenstand des Widerrufsrechts ist nach Art. 17 Abs. 1 lit. a die **Zusage zum Erwerb oder zur Zeichnung der Wertpapiere**. Es kommt dabei nicht darauf an, ob die Erklärung des Anlegers wie im Fall der Ausübung des Bezugsrechts bei einer Bezugsrechtskapitalerhöhung i. S. v. § 186 Abs. 1 Satz 2 AktG die Annahme eines Angebotes oder wie typischerweise bei einem Börsengang selbst erst den „Antrag" i. S. v. § 145 BGB darstellt, der auf eine vorherige *invitatio ad offerendum* des Anbieters erklärt wird und von diesem im Rahmen der Zuteilung angenommen wird.[34]

c) Frist

37 Der Widerruf ist binnen **zwei Arbeitstagen nach Hinterlegung** des endgültigen Emissionspreises und -volumens zu erklären. Mit der Hinterlegung ist dabei die nach Art. 17 Abs. 2 vorzunehmende Hinterlegung bei der Billigungsbehörde des Herkunftsmitgliedstaates (in Deutschland der BaFin) gemeint (→ Rn. 48). Die Widerrufsfrist ist der an der Veröffentlichung eines Nachtrags anknüpfenden Widerrufsfrist nach Art. 23 Abs. 2 ProspektVO nachgebildet. Allerdings wurde die im Zuge des Gesetzgebungspakets zur Unterstützung der wirtschaftlichen Erholung von der COVID-19-Krise (sog. Recovery-Package)[35] für den Zeitraum vom 18.3.2021 bis 31.12.2022 eingeführte Verlängerung der Widerrufsfrist im Falle eines Nachtrags nicht übernommen. Der Begriff des Arbeitstags wird in Art. 2 lit. t ProspektVO definiert als die Arbeitstage der jeweiligen zuständigen Behörde unter Ausschluss von Samstagen, Sonntagen und gesetzlichen Feiertagen im Sinne des für diese zuständige Behörde geltenden nationalen Rechts. Damit folgt die ProspektVO der Begrifflichkeit des Art. 2 Abs. 2 der Europäischen Fristenverordnung.[36]

38 Die Frist ist nach Art. 3 EU FristenVO zu berechnen,[37] die nach ihrem Art. 1, soweit nichts anderes bestimmt ist, für die Rechtsakte des Rates und die Kommission gilt. Dabei ist nach Art. 3 Abs. 1 EU FristenVO (→ § 187 Abs. 1 BGB) der Tag der Hinterlegung nicht

---

33 *Just/Ritz*, in: Just/Voß/Ritz/Zeising, Wertpapierprospektrecht, 2. Aufl. 2023, Art. 17 ProspektVO Rn. 41.
34 *Meyer*, in: Marsch-Barner/Schäfer, Handbuch börsennotierte AG, § 8 Rn. 8.31.
35 Verordnung (EU) 2021/337 v. 16.2.2021 im Hinblick auf das einheitliche elektronische Berichtsformat für Jahresfinanzberichte zur Unterstützung der wirtschaftlichen Erholung von der COVID-19-Krise, ABl. EU Nr. L 68 v.26.2.2021, S. 1.
36 Verordnung (EWG, Euratom) Nr. 1182/71 v. 3.6.1971 zur Festlegung der Regeln für die Fristen, Daten und Termine, ABl. EG Nr. L 124 v. 8.6.1971, S. 1.
37 *Just/Ritz*, in: Just/Voß/Ritz/Zeising, Wertpapierprospektrecht, 2. Aufl. 2023, Art. 2 ProspektVO Rn. 315 f.; *Zivny/Mock*, EU-ProspektVO/KMG 2019, Art. 17 ProspektVO Rn. 12; a. A. „mangels Vorgaben in der VO" auf §§ 187 ff. BGB abstellend *Schlitt/Ries*, in: Assmann/Schlitt/von Kopp-Colomb, Prospektrecht Kommentar, Art. 17 ProspektVO Rn. 30; *Groß*, Kapitalmarktrecht, Art. 17 VO (EU) 2017/1129 Rn. 9.

mitzurechnen; die Frist endet also nach Art. 3 Abs. 2 lit. b EU-FristenVO mit Ablauf des zweiten auf die Hinterlegung folgenden Arbeitstags. Der Begriff des Arbeitstags wird in Art. 2 Abs. 2 der EU FristenVO[38] definiert. Danach gelten alle Tage außer Feiertagen, Sonntagen und Samstagen als Arbeitstage, wobei bei der Widerrufsfrist des Art. 17 Abs. 1 gem. Art. 2 lit. t ProspektVO auf die Arbeitstage am Ort der Billigungsbehörde abzustellen ist. Fällt der letzte Tag einer nach Tagen bemessenen Frist auf einen Feiertag, Sonntag oder Samstag, endet die Widerrufsfrist gem. Art. 3 Abs. 4 UAbs. 1 EU FristenVO mit Ablauf der letzten Stunde des folgenden Arbeitstages. Die **Fristberechnung** nach der EU FristenVO führt mithin zu demselben Ergebnis wie jene nach den weitgehend identischen §§ 187 ff. BGB.[39] Zur Fristwahrung genügt die rechtzeitige Absendung des Widerrufs.[40] Da die Hinterlegung typischerweise der Veröffentlichung nachfolgt, fragt sich, ob bereits nach Veröffentlichung, aber vor Hinterlegung widerrufen werden kann. Nach Sinn und Zweck der Regelung dürfte dies zu bejahen sein.[41]

39 Unabhängig vom Ablauf der so bestimmten Frist besteht jedoch **kein Widerrufsrecht**, wenn die auf den Abschluss des Erwerbsvertrags gerichtete Willenserklärung des Anlegers nach Veröffentlichung des endgültigen Emissionspreises oder -volumens abgegeben wird. Die Voraussetzungen des Widerrufsrechts, nämlich das Fehlen der erforderlichen Informationen über Emissionspreis und -volumen, liegen dann nicht mehr vor, sodass der Anleger dann des Schutzes des Widerrufsrechts nicht mehr bedarf.[42] Gleiches soll entsprechend der Regelung zum Nachtrag nach Art. 23 Abs. 2 UAbs. 1 Satz 1 letzter Hs. gelten, wenn Erfüllung eingetreten ist.[43]

d) Form

40 Anders als nach § 8 Abs. 1 Satz 4 WpPG a. F. (wonach Textform gem. § 126b BGB erforderlich war) sehen weder Art. 17 noch das WpPG eine bestimmte Form der Widerrufserklärung vor. Dessen ungeachtet erscheint es mit Blick auf einen etwa über die Erklärung des Widerspruchs zu führenden Beweis sinnvoll, weiterhin die Textform gem. § 126b BGB zu wählen. Dies wird auch aus Sicht des Empfängers des Widerrufs, d.h. des Prospektverantwortlichen, als empfehlenswert angesehen, um zeitnah Klarheit über die etwaige Ausübung des Widerrufsrechts und deren Ausmaß zu erhalten. Aus demselben Grund empfiehlt es sich zudem, neben der Form auch einen konkreten Kommunikations-

---

38 Verordnung (EWG, Euratom) Nr. 1182/71 v. 3.6.1971 zur Festlegung der Regeln für die Fristen, Daten und Termine, ABl. EG Nr. L 124 v. 8.6.1971, S. 1.
39 *Just/Ritz*, in: Just/Voß/Ritz/Zeising, Wertpapierprospektrecht, 2. Aufl. 2023, Art. 7 ProspektVO Rn. 40; *Zivny/Mock*, EU-ProspektVO/KMG 2019, Art. 17 ProspektVO Rn. 12.
40 *Groß*, Kapitalmarktrecht, Art. 17 VO (EU) 2017/1129 Rn. 9; *Schlitt/Ries*, in: Assmann/Schlitt/von Kopp-Colomb, Prospektrecht Kommentar, Art. 17 ProspektVO Rn. 30; *Zivny/Mock*, EU-ProspektVO/KMG 2019, Art. 17 ProspektVO Rn. 12.
41 *Schlitt/Ries*, in: Assmann/Schlitt/von Kopp-Colomb, Prospektrecht Kommentar, Art. 17 ProspektVO Rn. 29.
42 *Schlitt/Ries*, in: Assmann/Schlitt/von Kopp-Colomb, Prospektrecht Kommentar, Art. 17 ProspektVO Rn. 27; *Groß*, Kapitalmarktrecht, Art. 17 ProspektVO Rn. 8; *Zivny/Mock*, EU-ProspektVO/KMG 2019, Art. 17 ProspektVO Rn. 8.
43 *Schlitt/Ries*, in: Assmann/Schlitt/von Kopp-Colomb, Prospektrecht Kommentar, Art. 17 ProspektVO Rn. 28; so schon zum alten Recht nach § 8 WpPG a. F. *Kullmann/Sester*, ZBB 2005, 209, 212; *Rauch*, in: Holzborn, WpPG, § 8 Rn. 20; a. A. offenbar *Zivny/Mock*, EU-ProspektVO/KMG 2019, Art. 17 ProspektVO Rn. 20.

weg für die Abgabe der Widerrufserklärung vorzusehen.[44] Der Widerruf ist gegenüber der im Prospekt als Empfänger des Widerrufs bezeichneten Person zu erklären. Er bedarf keiner Begründung.[45]

e) Rechtsfolge

Hinsichtlich der Rechtsfolgen des Widerrufs verwies § 8 Abs. 1 Satz 5 WpPG a.F. auf § 357a BGB a.F., die Regelung der Rechtsfolgen des Widerrufs von Verträgen über Finanzdienstleistungen, die sich seit dem 28.5.2022 nahezu unverändert in § 357b BGB befindet.[46] Art. 17 verzichtet dagegen auf eine Regelung der Rechtsfolgen des Widerrufsrechts. Im Schrifttum wird insoweit eine **entsprechende Anwendung von § 357b BGB** befürwortet.[47] Inwieweit hierbei eine Anwendung rein nationalen Rechts oder der nationalen Umsetzung der Verbraucherrechterichtlinie[48] geboten ist,[49] kann dahinstehen, da der deutsche Gesetzgeber in § 357b BGB ohnehin auch die Vorgaben der Verbraucherrechterichtlinie übernommen hat.[50]   41

Wie der Rücktritt wandelt der Widerruf den bestehenden Schuldvertrag (hier: Kaufvertrag über eine bestimmte Zahl von angebotenen Wertpapieren) in ein **Rückgewährschuldverhältnis** um. Das bedeutet: Das Schuldverhältnis zwischen Anbieter und dem widerrufenden Erwerber besteht fort, erhält jedoch infolge des Widerrufs („ex nunc") einen anderen Inhalt.[51] Nach § 357b Abs. 1 BGB sind die empfangenen Leistungen spätestens nach 30 Tagen zurückzugewähren. Freilich dürfte diese Bestimmung bei einem Widerruf nach Abs. 1 lit. a kaum praktische Bedeutung erlangen. Denn vor Festsetzung von Preis und Platzierungsvolumen wurden regelmäßig noch keine Leistungen erbracht, d.h. weder Wertpapiere geliefert noch ein Entgelt gezahlt.   42

f) Belehrung

Nennt der Prospekt weder den endgültigen Angebotspreis noch einen Höchstpreis oder gibt er die endgültige Zahl der angebotenen Wertpapiere nicht an, muss er nach Anhang 11 Punkten 5.1.2 und 5.3.1 VO (EU) 2019/980 eine **Belehrung** über das dann nach Abs. 1 lit. a bestehende **Widerrufsrecht** enthalten. Diese Belehrung hat anzugeben, dass eine Erwerbs- oder Zeichnungserklärung betreffend die aufgrund des Prospekts angebotenen Wertpapiere innerhalb von bis zu zwei Arbeitstagen nach Hinterlegung des endgültigen Angebotspreises widerrufen werden kann (→ Kommentierung zu Anhang 11 VO (EU)   43

---

44 Zur parallelen Problematik beim Widerruf im Falle eines Prospektnachtrags *Seitz*, in: Assmann/Schlitt/von Kopp-Colomb, Prospektrecht Kommentar, Art. 17 ProspektVO Rn. 112; *Lenz*, in: Just/Voß/Ritz/Zeising, Wertpapierprospektrecht, 2. Aufl. 2023, Art. 23 ProspektVO Rn. 167.
45 *Schlitt/Ries*, in: Assmann/Schlitt/von Kopp-Colomb, Prospektrecht Kommentar, Art. 17 ProspektVO Rn. 31.
46 *Knops*, in: BeckOGK, BGB, Stand: 1.6.2023, § 357b Rn. 7.
47 *Schlitt/Ries*, in: Assmann/Schlitt/von Kopp-Colomb, Prospektrecht Kommentar, Art. 17 ProspektVO Rn. 33.
48 Richtlinie 2011/83/EU v. 25.10.2011 über die Rechte der Verbraucher, ABl. EU Nr. L 304 v. 22.11.2011, S. 64.
49 Dazu *Zivny/Mock*, EU-ProspektVO/KMG 2019, Art. 17 ProspektVO Rn. 14 ff.
50 *Knops*, in: BeckOGK, BGB, Stand: 1.6.2023, § 357b Rn. 7; *Fritsche*; in: MünchKomm-BGB, 9. Aufl. 2022, § 357b Rn. 3.
51 *Fritsche*; in: MünchKomm-BGB, 9. Aufl. 2022, § 357b Rn. 5, § 355 Rn. 2.

2019/980). Abs. 1 lit. a knüpft den Beginn der Widerrufsfrist nicht an die ordnungsgemäße Belehrung, sondern lediglich an die Hinterlegung von Emissionspreis und -volumen.

7. Veröffentlichung des endgültigen Emissionspreises und/oder -volumens (Abs. 2)

44 Wurden der Emissionspreis bzw. das Emissionsvolumen endgültig festgelegt, sind sie nach Abs. 2 bei der zuständigen Behörde des Herkunftsmitgliedstaats (Billigungsbehörde) zu **hinterlegen**. Zudem sind die Prospektverantwortlichen verpflichtet, den endgültigen Emissionspreis und das endgültige Emissionsvolumen gemäß den für die Prospektveröffentlichung nach Art. 21 Abs. 2 geltenden Vorgaben zu **veröffentlichen** (→ Art. 21 ProspektVO Rn. 25 ff.).

a) Zeitpunkt

45 Anders als noch § 8 Abs. 1 Satz 6 WpPG a. F., wonach der endgültige Emissionspreis und das Emissionsvolumen noch „unverzüglich nach deren Festlegung" zu veröffentlichen waren, enthält Art. 17 **keine ausdrückliche Zeitvorgabe** für diese Veröffentlichung. Indes wird teilweise aus dem allgemeinen Grundsatz der Prospektvollständigkeit (→ Art. 6 Rn. 9) eine Pflicht zur „schnellen" Vervollständigung des Prospektes durch diese Angaben gefolgert.[52] Dabei verweisen einige Autoren auf die Parallele zur Offenlegungspflicht nach Art. 17 Abs. 1 UAbs. 1 MAR (sog. **Ad-hoc-Publizität**).[53] Danach hat ein Emittent von an einem Handelsplatz im Europäischen Wirtschaftsraum gehandelten Finanzinstrumenten Insiderinformationen, die ihn unmittelbar betreffen, unverzüglich zu veröffentlichen. Dies gilt nach Art. 17 Abs. 1 UAbs. 3 MAR auch für Emittenten, die Zulassung ihrer Finanzinstrumente an einem geregelten Markt beantragt haben, sowie für solche, die deren Einbeziehung in ein MTF entweder beantragt oder dieser zugestimmt haben.[54] Die Festlegung des endgültigen Emissionspreises und des Emissionsvolumens sind in der Regel durch den Emittenten mittels Ad-hoc-Mitteilung zu veröffentlichen.[55] Dabei sind die **Formen der Veröffentlichung** nach Art. 17 MAR einerseits[56] und nach Art. 17 ProspektVO i.V.m. Art. 21 ProspektVO (→ Rn. 46, Kommentierung zu Art. 21 ProspektVO) andererseits **nicht aufeinander abgestimmt**, sodass zur Veröffentlichung der Ad-hoc-Mitteilung eine solche nach den Vorgaben des Art. 21 ProspektVO hinzuzutreten hat, etwa auf der Website des Emittenten (Art. 21 Abs. 2 lit. a ProspektVO).

---

52 *Just/Ritz*, in: Just/Voß/Ritz/Zeising, Wertpapierprospektrecht, 2. Aufl. 2023, Art. 17 ProspektVO Rn. 44.
53 Etwa *Schlitt/Ries*, in: Assmann/Schlitt/von Kopp-Colomb, Prospektrecht Kommentar, Art. 17 ProspektVO Rn. 23.
54 Dazu etwa *Meyer*, in: Kümpel/Mülbert/Früh/Seyfried, Bankrecht und Kapitalmarktrecht, Rn. 12.340.
55 *Schlitt/Ries*, in: Assmann/Schlitt/von Kopp-Colomb, Prospektrecht Kommentar, Art. 17 ProspektVO Rn. 23; *Groß*, in: Ebenroth/Boujong/Joost/Strohn, HGB, Art. 17 ProspektVO Rn. 7; *Veil/Brüggemeier*, in: Meyer/Veil/Rönnau, Handbuch zum Marktmissbrauchsrecht, 2. Aufl. 2023, § 10 Rn. 79.
56 Dazu etwa *Veil/Brüggemeier*, in: Meyer/Veil/Rönnau, Handbuch zum Marktmissbrauchsrecht, § 10 Rn. 200 ff.; *Meyer*, in: Kümpel/Mülbert/Früh/Seyfried, Bankrecht und Kapitalmarktrecht, Rn. 12.376 ff.

b) Form

Die Veröffentlichung von Emissionspreis und/oder -Volumen nach Abs. 1 lit. a muss in einer Art und Weise erfolgen, die für die **Prospektveröffentlichung nach Art. 21 Abs. 2 zulässig** ist. Diese Veröffentlichung muss nicht zwingend in derselben Art und Weise vorgenommen werden, in der der ursprüngliche Prospekt veröffentlicht worden war. Es reicht unabhängig von der Form der Prospektveröffentlichung insbesondere die Veröffentlichung auf der Internetseite des Emittenten aus, die sich aber ohnehin mittlerweile zur für die Prospektveröffentlichung üblichen Form entwickelt hat. 46

c) Verpflichteter

Wie im Falle des Nachtrags ist der **Anbieter** oder **Zulassungsantragsteller** zur Veröffentlichung verpflichtet. Da es sich dabei um eine Annexverpflichtung zur Pflicht zur Prospektveröffentlichung handelt, obliegt sie jedem, der als Anbieter oder Zulassungsantragsteller zur Veröffentlichung des Prospekts verpflichtet ist. 47

8. Hinterlegung

Zusätzlich zur Veröffentlichung sieht Abs. 2 vor, dass der endgültige Emissionspreis und das endgültige Emissionsvolumen **bei der BaFin zu hinterlegen** sind. Die Hinterlegung ist dabei insbesondere auch für den Beginn des Laufs der Widerrufsfrist nach Abs. 1 lit. a bedeutsam (siehe oben → Rn. 37). 48

9. Verhältnis zum Nachtrag nach Art. 23

Emissionspreis und -volumen können grds. auch „wichtige neue Umstände" i. S. v. Art. 23 darstellen. Dies bestimmt sich nach dem Maßstab des Art. 6 Abs. 1,[57] ist also der Fall, wenn es sich um für die Anlageentscheidung wesentliche Informationen handelt (→ dazu die Kommentierung zu → Art. 6 Rn. 7 ff. → Art. 23 Rn. 18 ff.). Damit fragt sich, inwieweit neben der Veröffentlichung nach Abs. 2 Hs. 2 auch eine Nachtragspflicht nach Art. 23 entstehen kann. Betrachtet man indes die Regelungssystematik genauer, so zeigt sich, dass eine Anwendung der Nachtragsregelungen neben der Veröffentlichung nach Abs. 2 Hs. 2 keinen Sinn ergibt. Vielmehr trifft Art. 17 für den spezifischen Fall der endgültigen Festlegung von Emissionspreis und -volumen nach Prospektveröffentlichung eine differenzierte **Sonderregelung**. Dies zeigt sich insbesondere anhand des Widerrufsrechts, das hierbei nur dann entsteht, wenn der Prospekt auf die Angabe der Kriterien und Bedingungen für deren Ermittlung verzichtet hatte. Diese abgestufte Systematik würde bei Annahme einer Pflicht zur Veröffentlichung eines Nachtrages schon bei der bloßen endgültigen Festlegung von Emissionspreis und -volumen nach Prospektveröffentlichung leerlaufen. Denn ein Nachtrag hätte nach Art. 23 Abs. 2 Satz 1 stets ein Widerrufsrecht des Anlegers zur Folge. Somit zeigt sich, dass die Veröffentlichung nach Abs. 2 Hs. 2 in ihrem Anwendungsbereich der Nachtragspflicht nach Art. 23 vorgeht und insoweit eine **Sperrwirkung** 49

---

57 *Groß*, Kapitalmarktrecht, Art. 23 ProspektVO Rn. 4; so bereits RegBegr. Prospektrichtlinie-Umsetzungsgesetz zu § 16 WpPG, BT-Drucks. 15/4999, S. 25, 36.

entfaltet.[58] Die Nachtragspflicht Art. 23 ist daher auf preisbildende Faktoren beschränkt, bezieht sich aber nicht auf den Preis selbst. Man kann die Veröffentlichung nach Abs. 2 Hs. 2 deshalb auch als **unechten Nachtrag** bezeichnen. Die Sperrwirkung des Abs. 2 Hs. 2 gegenüber der allgemeinen Nachtragspflicht nach Art. 23 erstreckt sich auch auf preis- und volumenabhängige Informationen, die sich erst anhand der endgültigen Beträge konkretisieren lassen. Dies gilt ungeachtet der unterschiedlichen Auffassungen zur Reichweite des Abs. 2 Hs. 2 auf jeden Fall, wenn bereits der gebilligte Prospekt die Abhängigkeit dieser Angaben von Preis und Volumen beschreibt und diese neben Volumen und Preis deshalb keine „wichtigen neuen Umstände" i. S. v. Art. 23 Abs. 1 darstellen können. Die endgültigen Beträge dieser Angaben können ggf. zusammen mit dem endgültigen Emissionspreis und -volumen nach Abs. 2 Hs. 2 veröffentlicht werden.[59] Würde man ansonsten nur wegen der Konkretisierung der von Preis und Volumen abhängigen Informationen durch die endgültige Festlegung dieser Parameter einen Nachtrag i. S. v. Art. 23 verlangen, wäre auch dadurch die Sonderregelung des Abs. 2 Hs. 2 ausgehebelt. Dies würde dem Regelungszweck zuwiderlaufen.

50 Wird im Falle des **Decoupled Bookbuilding** bei einem Börsengang zunächst ein Prospekt veröffentlicht, der weder Emissionspreis und -volumen noch eine bei klassischen Börsengängen üblicherweise angegebene **Preisspanne** enthält, und werden diese nach ersten Preisindikationen der Investoren vor Beginn der eigentlichen Zeichnungsperiode nachgereicht, so müsste hierfür erst recht die Veröffentlichung nach Abs. 2 Hs. 2 ausreichen. Ohnehin erscheint bereits fraglich, ob die bloße Angabe der Preisspanne für sich genommen nach dem für die Nachtragspflicht entscheidenden Maßstab des Art. 6 Abs. 1 (s. o.) relevante Angaben enthält, die also für die Beurteilung der Vermögenswerte, Verbindlichkeiten, Finanzlage, Gewinne und Verluste, Zukunftsaussichten des Emittenten sowie der mit diesen Wertpapieren verbundenen Rechte notwendig sind. Außerdem handelt es sich bei der Preisspanne um ein dem endgültigen Angebotspreis wesensgleiches Minus, dessen Angabe zudem gesetzlich nicht erforderlich ist, sondern vielmehr überobligationsmäßig als Zwischenschritt zur Veröffentlichung des endgültigen Preises erfolgt.[60] Nach der Verwaltungspraxis der BaFin muss jedoch die nach Prospektveröffentlichung erfolgende Veröffentlichung der Preisspanne beim Decoupled Bookbuilding in Form eines **Nachtrags** i. S. v. Art. 23 WpPG vorgenommen werden.[61] Dies ist insbesondere wegen des dazu erfor-

---

58 *Groß*, Kapitalmarktrecht, Art. 17 ProspektVO Rn. 5; *Lenz/Heine*, AG 2019, 451, 453; ebenso im Grundsatz *Seitz*, in: Assmann/Schlitt/von Kopp-Colomb, Prospektrecht Kommentar, 4. Aufl. 2022, Art. 23 ProspektVO Rn. 18; so schon zu der unverändert gebliebenen Systematik der Vorgängerregelung *Apfelbacher/Metzner*, BKR 2006, 81, 87; ähnlich *Schlitt/Singhof/Schäfer*, BKR 2005, 251, 261; *Meyer*, in: Habersack/Mülbert/Schlitt, Unternehmensfinanzierung, § 36 Rn. 36.90; *Schlitt*, in: Habersack/Mülbert/Schlitt, Kapitalmarktinformation, § 4 Rn. 92; *Hamann*, in: Schäfer/Hamann, Kapitalmarktgesetze, § 8 WpPG Rn. 19; *Rauch*, in: Holzborn, WpPG, § 8 Rn. 9.
59 *Groß*, Kapitalmarktrecht, Art. 17 ProspektVO Rn. 5; *Lenz/Heine*, AG 2019, 451, 453; zur Vorgängerregelung *Rauch*, in: Holzborn, WpPG, § 8 Rn. 12.
60 In diesem Sinne auch *Schlitt/Singhof/Schäfer*, BKR 2005, 251, 261.
61 *Schlitt/Ries*, in: Assmann/Schlitt/von Kopp-Colomb, Prospektrecht Kommentar, Art. 17 ProspektVO Rn. 16; so auch *Rauch*, in: Holzborn, WpPG, § 8 Rn. 7; kritisch dagegen wie hier *Just/Ritz*, in: Just/Voß/Ritz/Zeising, Wertpapierprospektrecht, 2. Aufl. 2023, Art. 17 ProspektVO Rn. 32.

derlichen Billigungsverfahrens lästig. Indes erteilt die BaFin in diesen Fällen die Billigung des nur auf die Preisspanne und die von ihr abhängenden Angaben beschränkten Nachtrages üblicherweise sehr kurzfristig,[62] sodass die Verwendbarkeit des Decoupled Bookbuilding durch die Nachtragsbilligung nicht ernsthaft beeinträchtigt wird. Dies zeigt aber auch, dass es sich bei einem solchen Nachtragserfordernis wohl eher um eine Förmelei handelt, mit der im Sinne des Anlegerschutzes nichts gewonnen ist und die daher hinterfragt werden sollte.[63]

Wird eine **Preisspanne** veröffentlicht (gleich ob im Prospekt, im Fall des Decoupled Bookbuilding in einem Nachtrag nach Art. 23 oder – nach der hier vertretenen Auffassung – in einem „unechten" Nachtrag nach Abs. 2 Hs. 2), reicht es in Bezug auf die vom (endgültigen) Emissionspreis abhängigen Angaben aus, wenn diese zusammen mit der Veröffentlichung der Preisspanne auf der Grundlage des Mittelwerts der Preisspanne mitgeteilt werden.[64] Dabei ist darauf hinzuweisen, dass es sich nur um eine vorläufige Indikation der Beträge handelt, die sich in Abhängigkeit von dem endgültigen Emissionspreis noch ändern können. Bei Angabe eines **Höchstpreises** gilt Entsprechendes. In diesem Fall bedarf es bei einem unter dem Höchstpreis festgelegten endgültigen Emissionspreis keiner Veröffentlichung der preisabhängigen Angaben in Form eines Nachtrags, wenn aus dem Prospekt deutlich wird, wie sich ein geringerer Emissionspreis auf diese preisabhängigen Angaben auswirkt.[65] Die Veröffentlichung des endgültigen Emissionspreises nach Abs. 2 Hs. 2, ggf. ergänzt um den endgültigen Betrag der preisabhängigen Angaben, ist in diesem Fall ausreichend. Ein Widerrufsrecht nach Abs. 1 lit. a (wie es im Falle der Nachtragsveröffentlichung nach Art. 23 Abs. 2 bestünde) steht den Wertpapiererwerbern in diesem Fall nicht zu (→ Rn. 34).[66] 51

Liegt hingegen der endgültige Emissionspreis **über einem zuvor im Prospekt angegebenen Höchstpreis** oder haben sich sonst **Änderungen** der Angaben zu Emissionspreis oder -volumen ergeben, ohne dass der Prospekt die Möglichkeit dieser Änderungen und deren Auswirkungen auf Prospektangaben beschreibt, sind die Änderungen in einem **Nachtrag** zu veröffentlichen.[67] Teilweise soll diese Nachtragspflicht auf den Fall von wesentlichen Folgeänderungen des Prospektinhalts aufgrund der geänderten Preisangaben beschränkt 52

---

62 „Wenn möglich tagglich", BaFin-Workshop „100 Tage WpPG", Präsentation „Rechtsfragen aus der Anwendungspraxis" vom 3.11.2005, S. 8.
63 So weisen *Schlitt/Singhof/Schäfer*, BKR 2005, 251, 261, zu Recht darauf hin, dass es undenkbar erscheint, dass die Angabe einer Preisspanne einmal nicht billigungsfähig sein sollte.
64 *Schlitt*, in: Habersack/Mülbert/Schlitt, Kapitalmarktinformation, § 4 Rn. 92; alternativ kann die Angabe auch auf der Grundlage des oberen und des unteren Endes der Preisspanne erfolgen, vgl. *Hamann*, in: Schäfer/Hamann, Kapitalmarktgesetze, § 8 WpPG Rn. 4; *Apfelbacher/Metzner*, BKR 2006, 81, 87.
65 BaFin-Workshop 2009, Präsentation „Ausgewählte Rechtsfragen zum Nachtragsrecht" vom 9.11.2009, S. 9 (*Hehne*).
66 *Hamann*, in: Schäfer/Hamann, Kapitalmarktgesetze, § 8 WpPG Rn. 12.
67 BaFin-Workshop 2009, Präsentation „Ausgewählte Rechtsfragen zum Nachtragsrecht" vom 9.11.2009, S. 9 (*Hehne*); *Hamann*, in: Schäfer/Hamann, Kapitalmarktgesetze, § 8 WpPG Rn. 5; *Straßner*, in: Heidel, Aktienrecht und Kapitalmarktrecht, § 8 WpPG Rn. 6; *Rauch*, in: Holzborn, WpPG, § 8 Rn. 7; *Groß*, Kapitalmarktrecht, Art. 17 ProspektVO Rn. 17, will diese Nachtragspflicht offenbar auf den Fall von wesentlichen Folgeänderungen des Prospektinhalts aufgrund der geänderten Preisangaben beschränken.

bleiben.⁶⁸ Dafür spricht, dass auch in diesem Fall die tatbestandlichen Voraussetzungen für eine Nachtragspflicht unverändert bleiben und keine Vermutung der Wesentlichkeit einer auch nur geringfügigen Veränderungen einer im Prospekt enthaltenen Preisspanne unterstellt werden kann. Eine entsprechende Klarstellung schlägt die Europäische Kommission auch in den in ihrem Entwurf des sog. Listing Act vorgesehenen Änderungen der ProspektVO vor. Um den Verwaltungsaufwand für die Emittenten zu begrenzen, soll der Emittent in Fällen, dass der endgültige „Emissionskurs" der angebotenen Wertpapiere nur geringfügig von dem im Prospekt veröffentlichten Höchst„kurs" abweicht, nicht verpflichtet sein, (allein deswegen) einen Nachtrag zu veröffentlichen. Dazu soll ein neuer Unterabsatz in dem Art. 17 Abs. 2 angefügt werden, wonach hierbei eine Abweichung des endgültigen „Emissionskurses" um nicht mehr als 20 % von dem im Prospekt offengelegten Höchst„kurs" keine Pflicht zur Veröffentlichung eines Nachtrags gem. Art. 23 auslöst.⁶⁹

53 Davon losgelöst zu betrachten ist die Frage, ob dann **unlimitierte Erwerbserklärungen** („orders"), die auf der Grundlage des den ursprünglichen Höchstpreis enthaltenden Prospekts abgegeben worden waren, mit dem höheren Preis bestätigt werden müssen, da ansonsten mangels korrespondierender Willenserklärungen gemäß § 150 Abs. 2 BGB (noch) kein Erwerbsgeschäft zu dem „endgültigen" Emissionspreis zustande gekommen ist.

---

68 *Groß*, Kapitalmarktrecht, Art. 17 ProspektVO Rn. 17, will diese Nachtragspflicht offenbar auf den Fall von wesentlichen Folgeänderungen des Prospektinhalts aufgrund der geänderten Preisangaben beschränken; so wohl auch *Lenz/Heine*, AG 2019, 451, 453.
69 Vorschlag der Europäischen Kommission für eine Verordnung zur Änderung der Verordnungen (EU) 2017/1129, (EU) Nr. 596/2014 und (EU) Nr. 600/2014 zur Steigerung der Attraktivität der öffentlichen Kapitalmärkte in der Union für Unternehmen und zur Erleichterung des Kapitalzugangs für kleine und mittlere Unternehmen v. 7.12.2022, COM(2022) 762 final – 2022/0411 (COD), Erwägungsgrund 35 sowie Vorschlag zur Änderung der ProspektVO Ziff. 16 (Änderung von Art. 17). Dafür bereits unter dem geltenden Recht *Schlitt*, in: Habersack/Mülbert/Schlitt, Kapitalmarktinformation, § 5 Rn. 31.

Art. 18 ProspektVO
Nichtaufnahme von Informationen

(1) Die zuständige Behörde des Herkunftsmitgliedstaats kann die Nichtaufnahme bestimmter Informationen in den Prospekt oder in Bestandteilen hiervon genehmigen, wenn sie der Auffassung ist, dass eine der folgenden Bedingungen erfüllt ist:

a) Die Offenlegung der betreffenden Informationen würde dem öffentlichen Interesse zuwiderlaufen;

b) die Offenlegung der betreffenden Informationen würde dem Emittenten oder dem etwaigen Garantiegeber ernsthaft schaden, vorausgesetzt, dass die Öffentlichkeit durch die Nichtaufnahme der Informationen nicht in Bezug auf Tatsachen und Umstände irregeführt wird, die für eine fundierte Beurteilung des Emittenten oder des etwaigen Garantiegebers und der mit den Wertpapieren, auf die sich der Prospekt bezieht, verbundenen Rechte wesentlich sind;

c) die betreffende Information ist in Bezug auf ein spezifisches Angebot oder eine spezifische Zulassung zum Handel an einem geregelten Markt von untergeordneter Bedeutung und beeinflusst nicht die Beurteilung der Finanzlage und der Aussichten des Emittenten oder des etwaigen Garantiegebers.

Die zuständige Behörde legt der ESMA alljährlich einen Bericht zu den Informationen vor, deren Nichtaufnahme sie genehmigt hat.

(2) Für den Fall, dass ausnahmsweise bestimmte Angaben, die in einen Prospekt oder in Bestandteilen hiervon aufzunehmen sind, dem Tätigkeitsbereich oder der Rechtsform des Emittenten oder des etwaigen Garantiegebers, oder aber den Wertpapieren, auf die sich der Prospekt bezieht, nicht angemessen sind, enthält der Prospekt oder Bestandteile hiervon vorbehaltlich einer angemessenen Information der Anleger Angaben, die den geforderten Angaben gleichwertig sind, es sei denn, solche Angaben sind nicht verfügbar.

(3) Wenn Wertpapiere von einem Mitgliedstaat garantiert werden, ist der Emittent, der Anbieter oder die die Zulassung zum Handel an einem geregelten Markt beantragende Person bei der Erstellung eines Prospekts gemäß Artikel 4 berechtigt, Angaben über den betreffenden Mitgliedstaat nicht aufzunehmen.

(4) Die ESMA kann bzw. muss, wenn die Kommission dies verlangt, Entwürfe technischer Regulierungsstandards ausarbeiten, in denen präzisiert wird, in welchen Fällen im Einklang mit Absatz 1 und unter Berücksichtigung der in Absatz 1 genannten Berichte, die die zuständigen Behörden der ESMA vorzulegen haben, eine Nichtaufnahme von Angaben zulässig ist.

Der Kommission wird die Befugnis übertragen, die in Unterabsatz 1 genannten technischen Regulierungsstandards gemäß den Artikeln 10 bis 14 der Verordnung (EU) Nr. 1095/2010 zu erlassen.

Art. 18 ProspektVO   Nichtaufnahme von Informationen

Übersicht

	Rn.		Rn.
I. Regelungsgegenstand des Art. 18	1	2. Voraussetzungen	11
1. Regelungsgegenstand	1	a) Öffentliches Interesse	11
2. Regelungszweck	2	b) Drohende Schädigung des Emittenten oder Garantiegebers	12
3. Verhältnis zu den allgemeinen Regelungen	4	c) Untergeordnete Bedeutung der Angabe	13
a) Art. 6	4	d) Auswirkungen auf die Notifizierungsbescheinigung nach Art. 25	14
b) Art. 13 und Mindestangaben nach VO (EU) 2019/980	5	III. Ersatzangaben (Abs. 2)	15
II. Anforderungen an die Nichtaufnahme sonstiger Angaben außer Emissionspreis und -volumen (Abs. 1)	6	1. Fehlende Angemessenheit	16
		2. Gleichwertigkeit von Ersatzangaben	18
1. Gestattung durch die BaFin	7	3. Nicht einschlägige Informationen	19
a) Antrag	7	IV. Entfall der Angaben über einen EWR-Staat als Garantiegeber (Abs. 3)	21
b) Ermessen	8		
c) Verhältnis zur Prospekthaftung	9	V. Ermächtigung zum Erlass technischer Regulierungsstandards (Abs. 4)	23
d) Auswirkungen auf die Notifizierungsbescheinigung nach Art. 25	10		

I. Regelungsgegenstand des Art. 18

1. Regelungsgegenstand

1 Art. 18 Abs. 1 ermöglicht es, mit Zustimmung der Billigungsbehörde auf bestimmte Pflichtangaben nach der ProspektVO bzw. VO (EU) 2019/980 zu **verzichten**, wenn diese im Einzelfall dem öffentlichen Interesse oder dem Interesse des Emittenten zuwiderlaufen oder nicht relevant sind. Ergänzt wird dies in Abs. 2 um die Möglichkeit, Mindestangaben der VO (EU) 2019/980 durch gleichwertige Angaben zu **ersetzen**, wenn sie für den konkreten Emittenten oder die konkreten Wertpapiere, auf die sich der Prospekt bezieht, nicht passen. Sind solche Angaben nicht verfügbar, kann auch auf solche Ersatzangaben verzichtet werden.

2. Regelungszweck

2 Art. 18 ist als **Korrektiv** zu den sehr detaillierten Mindestangaben nach Art. 13 i.V.m. den Anhängen der VO (EU) 2019/980 zu verstehen. Er erlaubt den Prospektverantwortlichen und der Billigungsbehörde eine angemessene Handhabung der Prospektpublizität unter Wahrung der Interessen aller Beteiligten und ermöglicht insbesondere ein Absehen von unangemessenen oder gar unsinnigen oder schädlichen Angaben.

3 Diese Korrektivfunktion ist sowohl in den Erwägungsgründen der ProspektVO als auch in jenen der EU-Prospektverordnung verankert. Nach Erwägungsgrund 56 der ProspektVO sollen die Billigungsbehörden die Möglichkeit haben, die **Nichtaufnahme sensibler Informationen** gestatten zu können, um Nachteile für einen Emittenten zu vermeiden. Erwägungsgrund 25 der VO (EU) 2019/980 sieht vor, dass Emittenten die Möglichkeit haben sollen, im Interesse größerer Effizienz und zur Vermeidung unnötigen Aufwands auf Angaben, die in den Anhängen der VO (EU) 2019/980 grds. als Mindestangaben gefordert werden, zu verzichten, wenn diese für den konkreten Emittenten oder die konkreten

Wertpapiere, auf die sich der Prospekt bezieht, **nicht zutreffen**, d.h. nicht relevant und folglich nicht anwendbar sind.

3. Verhältnis zu den allgemeinen Regelungen

a) Art. 6

Art. 6 regelt in seinem Abs. 1 das allgemeine Prinzip des Prospektrechts, dass nämlich der Prospekt alle **für die Anlageentscheidung wesentlichen Informationen** enthalten muss (siehe dazu im Einzelnen Kommentierung zu → Art. 6 Rn. 9). Dieses Grundprinzip gilt auch für die Auslegung des Art. 18. Die Begründung des Regierungsentwurfs zur Vorgängerregelung in Art. 8 Abs. 2 WpPG a. F. führte dazu aus, dass an eine Gestattung der Nichtaufnahme von Mindestangaben im Hinblick auf das Interesse des Publikums an einer umfassenden Information hohe Anforderungen zu stellen seien (siehe unten → Rn. 10).[1] Daran dürfte sich auch in Bezug auf den nahezu wortgleichen Art. 18 ProspektVO nichts geändert haben.

4

b) Art. 13 und Mindestangaben nach VO (EU) 2019/980

Eng verknüpft ist Art. 18 auch mit Art. 13 und den **Mindestangaben der VO (EU) 2019/ 980**, auf die dieser verweist. Art. 18 eröffnet die Möglichkeit, die vermeintlich starren Mindestangaberegelungen im Einzelfall so flexibel anzuwenden, dass die Interessen des Emittenten angemessen berücksichtigt werden können. Dabei ist dem Grundprinzip des Art. 6, insbesondere in der konkreten Ausprägung des Grundsatzes der Prospektvollständigkeit, Rechnung zu tragen. Mit anderen Worten: Art. 6 bildet die Grenze der Flexibilität, die Art. 18 eröffnet.

5

II. Anforderungen an die Nichtaufnahme sonstiger Angaben außer Emissionspreis und -volumen (Abs. 1)

Nach Abs. 1 Satz 1 kann die BaFin als zuständige Billigungsbehörde des Herkunftsmitgliedstaats gem. Art. 2 lit. m gestatten, dass auch auf nach der ProspektVO oder der VO (EU) 2019/980 Prospektverordnung zwingend in den Prospekt aufzunehmende Angaben neben Emissionspreis oder -volumen (für die in Art. 17 eine Sonderregelung besteht) ausnahmsweise verzichtet werden kann. Dies setzt voraus, dass überwiegende öffentliche Interessen oder Interessen des Emittenten oder Garantiegebers deren Aufnahme entgegenstehen. Entsprechende ist ferner vorgesehen, wenn die Angaben im konkreten Fall von untergeordneter Bedeutung sind. Die Bestimmung entspricht nahezu wortwörtlich dem früheren § 8 Abs. 2 WpPG, der seinerseits seine Vorgängerregelungen in § 47 BörsZulV a. F. und weitgehend § 14 Abs. 4 VerkProspV a. F. fortführte.

6

---

1 RegBegr. Prospektrichtlinie-Umsetzungsgesetz zu § 8 WpPG, BT-Drucks. 15/4999, S. 25, 33.

Art. 18 ProspektVO Nichtaufnahme von Informationen

1. Gestattung durch die BaFin

a) Antrag

7 Die Gestattung sollte von dem Anbieter oder Zulassungsantragsteller unter Angabe von Gründen bei Einreichung des Prospekts mit dem Billigungsantrag **ausdrücklich beantragt** werden. Auch wenn die ProspektVO nicht ausdrücklich einen Antrag vorsieht, besteht ansonsten die Gefahr, dass die BaFin das Fehlen der betreffenden Angabe im Rahmen ihrer Vollständigkeitsprüfung im Billigungsverfahren nach Art. 20 Abs. 4 beanstandet und zunächst die Billigung ablehnt.

b) Ermessen

8 Die Gestattung der Nichtaufnahme von Pflichtangaben steht im Ermessen der BaFin. Diese trifft ihre Entscheidung ausschließlich **im öffentlichen Interesse**.[2] Dabei hat regelmäßig das Informationsinteresse des Anlegerpublikums Vorrang vor den Interessen des Emittenten (etwa an der Geheimhaltung sensibler Informationen),[3] sodass an die Gestattungsvoraussetzungen hohe Anforderungen zu stellen sind.[4] Die BaFin macht demzufolge von der Möglichkeit, die Nichtaufnahme von Pflichtangaben zu gestatten, äußerst **restriktiv** Gebrauch.[5] Insbesondere ist eine Gestattung nicht möglich, wenn die betreffende Information nach Art. 17 MAR ad hoc zu veröffentlichen wäre, die Anwendbarkeit jener Bestimmung unterstellt. Dabei hat die Möglichkeit des Aufschubs nach Art. 17 Abs. 4 MAR außer Betracht zu bleiben.[6] Dafür spricht auch, dass ansonsten die Gefahr eines verbotenen Insidergeschäfts unter Verstoß gegen Art. 8, Art. 14 lit. a MAR bestünde, dessen Geltung von der Inanspruchnahme der Aufschubmöglichkeit nach Art. 17 Abs. 4 MAR unberührt bleibt.[7]

c) Verhältnis zur Prospekthaftung

9 Wird den Prospektverantwortlichen ausnahmsweise gestattet, auf bestimmte Pflichtangaben zu verzichten, so ist damit aber nicht ausgeschlossen, dass der Prospekt insoweit in Bezug auf für die Beurteilung der betreffenden Wertpapiere wesentliche Angaben unvollständig i. S. v. § 9 Abs. 1 Satz 1 WpPG sein kann, sodass Erwerbern von Wertpapieren ggf. Prospekthaftungsansprüche zustehen.[8] **Unabhängig** von einer etwaigen Gestattung der BaFin, auf bestimmte Prospektangaben zu verzichten, liegt die Verantwortung für die

---

2 RegBegr. Prospektrichtlinie-Umsetzungsgesetz zu § 8 WpPG, BT-Drucks. 15/4999, S. 25, 33.
3 *Groß*, Kapitalmarktrecht, Art. 18 VO (EU) 2017/1129 Rn. 2; *Schlitt/Ries*, in: Assmann/Schlitt/von Kopp-Colomb, Prospektrecht Kommentar, Art. 18 ProspektVO Rn. 4 ff.
4 RegBegr. Prospektrichtlinie-Umsetzungsgesetz zu § 8 WpPG, BT-Drucks. 15/4999, S. 25, 33; *Just*, in: Just/Voß/Ritz/Zeising, Wertpapierprospektrecht, 2. Aufl. 2023, Art. 18 ProspektVO Rn. 5.
5 *Schlitt/Ries*, in: Assmann/Schlitt/von Kopp-Colomb, Prospektrecht Kommentar, Art. 18 ProspektVO Rn. 5.
6 *Schlitt/Ries*, in: Assmann/Schlitt/von Kopp-Colomb, Prospektrecht Kommentar, Art. 18 ProspektVO Rn. 6.
7 Dazu im Zusammenhang mit Aktienrückkaufprogrammen BaFin, Emittentenleitfaden, 5. Aufl., Modul C, Stand: 25.3.2020, https://www.bafin.de/DE/Aufsicht/BoersenMaerkte/Emittentenleitfaden/emittentenleitfaden_node.html unter IV.5 (S. 85 f.); *Assmann*, in: Assmann/Uwe H. Schneider/Mülbert, Wertpapierhandelsrecht (Bd. 1), 8. Aufl. 2023, Art. 17 VO Nr. 596/2014 Rn. 134b.
8 RegBegr. Prospektrichtlinie-Umsetzungsgesetz zu § 8 WpPG, BT-Drucks. 15/4999, S. 25, 33.

Vollständigkeit und Richtigkeit des Prospekts ausschließlich bei den Prospektverantwortlichen und -veranlassern i. S. v. § 9 Abs. 1 Nr. 1 und 2 WpPG. Indes mögen die Prospektverantwortlichen im Fall der behördlichen Gestattung der Nichtaufnahme von Angaben nach Abs. 1 auf diese im Rahmen ihres Entlastungsbeweises nach § 12 Abs. 1 WpPG verweisen können und argumentieren, dass ihre Unkenntnis von der Unvollständigkeit des Prospektes in Bezug auf Angaben, die das Gericht (nun doch) als wesentlich erachtet, jedenfalls nicht auf grober Fahrlässigkeit beruht.[9]

d) Auswirkungen auf die Notifizierungsbescheinigung nach Art. 25

Beantragt der Emittent nach Art. 25, dass die BaFin zum Zwecke eines Angebots oder einer Börsenzulassung in einem Staat des Europäischen Wirtschaftsraums, der nicht der Herkunftsstaat des Emittenten ist, der zuständigen Behörde des betreffenden Staates eine Bescheinigung über die Billigung des Prospekts übermittelt (sog. **Notifizierung**), hat sie gem. Art. 25 Abs. 2 im Fall der **Genehmigung der Nichtaufnahme von Informationen nach Art. 18 Abs. 1 oder 2** auf diese **hinzuweisen** und die Gründe für die Anwendung dieser Regelungen zu nennen.

2. Voraussetzungen

a) Öffentliches Interesse

Dass die Aufnahme von Pflichtangaben nach der VO (EU) 2019/980 dem öffentlichen Interesse zuwiderläuft, ist nur **in seltenen Ausnahmefällen** vorstellbar. Daher erlangt die für diesen Fall vorgesehene Möglichkeit der Genehmigung der Nichtaufnahme von Informationen nach Abs. 1 Satz 1 Nr. 1 kaum eigenständige Bedeutung. Denkbar erscheinen allenfalls Angaben zu neuen Produkten, deren Entwicklung und Stand nach Anhang 1 Punkt 5.1.2 der VO (EU) 2019/980 bei sicherheitsrelevanten (Rüstungs-)Unternehmen.

b) Drohende Schädigung des Emittenten oder Garantiegebers

Daneben kann nach Abs. 1 Satz 1 Nr. 2 von der Aufnahme von Pflichtangaben in den Prospekt abgesehen werden, wenn deren Verbreitung dem Emittenten oder einem etwaigen Garantiegeber ernsthaften Schaden zufügt, es sei denn die Nichtveröffentlichung führt zu einer Irreführung der Öffentlichkeit in Bezug auf Tatsachen oder Umstände, die für eine fundierte Beurteilung des Emittenten, des Garantiegebers oder der Wertpapiere. Anwendungsfälle sind hier wegen des zu beachtenden Schutzinteresses der Anleger schwer vorstellbar, denn die Gefahr des drohenden erheblichen Schadens dürfte häufig mit einem Risiko korrespondieren, das der Anleger selbst bei seiner Investitionsentscheidung zu berücksichtigen haben wird. Insbesondere gibt es **keine generelle Ausnahme für Betriebsgeheimnisse** – auch deren Schutz ist damit durch eine Art der Darstellung zu gewährleisten, die zwar dem Geheimhaltungsinteresse Rechnung trägt, aber den Informationsbedarf der Anleger befriedigt.[10]

---

9 *Groß*, Kapitalmarktrecht, Art. 18 VO (EU) 2017/1129 Rn. 4.
10 *Schlitt/Ries*, in: Assmann/Schlitt/von Kopp-Colomb, Prospektrecht Kommentar, Art. 6 ProspektVO Rn. 20.

c) Untergeordnete Bedeutung der Angabe

13 Schließlich kann auch von der Aufnahme von Angaben abgesehen werden, die für das spezielle Angebot oder für die spezielle Zulassung von untergeordneter Bedeutung sind und die Beurteilung der Finanzlage und der Aussichten des Emittenten oder Garantiegebers nicht beeinflussen. Diese Konstellation mag häufiger eintreten. Indes sind schützenswerte Interessen, die es gebieten, von der Aufnahme solcher untergeordneter Informationen abzusehen, jedenfalls dann kaum erkennbar, wenn diese Informationen tatsächlich vorliegen. Denkbar erscheint dagegen, dass die Zusammenstellung der entsprechenden Informationen **hohen Aufwand** (für den Emittenten) verursacht und der **geringe Informationsgehalt** der Informationen diesen Aufwand nicht rechtfertigt.

d) Jährlicher Bericht an ESMA

14 Jede nationale Billigungsbehörde hat der ESMA nach Abs. 1 Satz 2 jährlich einen Bericht darüber vorzulegen, inwieweit sie die Nichtaufnahme von Informationen nach Art. 18 Abs. 1 genehmigt hat. ESMA wird so in die Lage versetzt, die Anwendungspraxis der nationalen Behörden zu Art. 18 zu überwachen und auf eine kohärente Anwendung des Gemeinschaftsrechts hinzuwirken.

III. Ersatzangaben (Abs. 2)

15 Abs. 2 ermöglicht es Erstellern von Prospekten ausnahmsweise, auf bestimmte Angaben im Prospekt zu verzichten, falls diese im Hinblick auf den konkreten Emittenten oder etwaigen Garantiegeber oder auch die konkreten Wertpapiere, auf die sich der Prospekt bezieht, **nicht angemessen** sind.

1. Fehlende Angemessenheit

16 Pflichtinformationen sind dann nicht angemessen, wenn die betreffenden Umstände zwar vorliegen, sie aber angesichts des Tätigkeitsbereichs oder der Rechtsform des Emittenten oder für die Wertpapiere, auf die sich der Prospekt bezieht, **keine oder nur untergeordnete Bedeutung** haben und es stattdessen für die Beurteilung des Emittenten und/oder der Wertpapiere insoweit auf **andere Umstände** ankommt, mit denen die ausgelassenen Pflichtangaben **ersetzt** werden können.

17 Keinesfalls kann jedoch auf Grundbestandteile wie z.B. Risikofaktoren verzichtet werden.[11] Der Verzicht auf die Aufnahme von Pflichtinformationen darf weder dazu führen, dass für das fundierte Urteil nach Art. 6 Abs. 1 notwendige Informationen fehlen, noch die fundamentalen Grundprinzipien der Prospektdarstellung, wie sie in den Gliederungsvorgaben nach Art. 24 und 25 VO (EU) 2019/980 zum Ausdruck kommen, missachtet werden.

---

11 ESMA, Questions and Answers – Prospectuses (27th updated version – October 2017), Frage 11 zur Möglichkeit des vollständigen Verzichts auf einen Abschnitt „Risikofaktoren" unter Verweis auf Art. 23 Abs. 4 der früheren VO (EG) 809/2004, der sinngemäß Art. 8 Abs. 2 entspricht.

2. Gleichwertigkeit von Ersatzangaben

Bei der Aufnahme von Ersatzangaben ist darauf zu achten, dass diese dem **Informationsbedürfnis des Anlegerpublikums** ausreichend Rechnung tragen, das unter normalen Umständen durch die Aufnahme der ersetzten Angabe befriedigt wird. Dafür ist aber nicht erforderlich, dass sie den eigentlich erforderlichen Angaben inhaltlich genau entsprechen, da eben diese Information ja nicht angemessen ist.[12] Gibt es keine ernsthaft gleichwertigen Angaben, kann die Angabe auch entfallen (→ Rn. 21).[13]

3. Nicht einschlägige Informationen

Ein Sonderfall ist gegeben, wenn eine Pflichtangabe nach der VO (EU) 2019/980 nicht erfolgen kann, weil die betreffende Information aufgrund der Natur des Emittenten oder des betreffenden Wertpapiers **nicht relevant** ist bzw. gar **nicht vorliegt**. Sind die Mindestangaben nicht angemessen und sind auch gleichwertige Angaben nicht verfügbar, so kann nach Abs. 2 letzter Hs. auf die entsprechende Angabe ganz verzichtet werden. Dementsprechend sieht Erwägungsgrund 25 der VO (EU) 2019/980 vor, dass es gestattet sein soll, dass der Prospekt die in den Anhängen zur VO (EU) 2019/980 aufgeführte Mindestangaben gänzlich **auslassen** kann, wenn diese auf den konkreten Emittenten oder auf die konkreten Wertpapiere nicht zutreffen.

Ein ausdrücklicher Hinweis auf die Nichtaufnahme der betreffenden Information (sog. **Fehlanzeige**) dürfte nur dann erforderlich sein, wenn der betreffende Anhang der EU-Prospektverordnung dies ausdrücklich verlangt.[14] Es steht dem Emittenten natürlich frei, eine Fehlanzeige freiwillig vorzunehmen. Dies kann sich im Einzelfall empfehlen, stellt die Fehlanzeige doch für den Anleger klar, dass der Prospekt insoweit nicht etwa unvollständig ist, sondern die betreffende Information im konkreten Fall nicht einschlägig ist und deshalb keine Angaben gemacht werden können.[15]

IV. Entfall der Angaben über einen EWR-Staat als Garantiegeber (Abs. 3)

Übernimmt ein **Staat des Europäischen Wirtschaftsraums (EWR)** eine Garantie für ein Wertpapier, so muss der Prospekt über das betreffende Wertpapier nach Abs. 3 keine Angaben über diesen Garantiegeber enthalten. Der Regelung liegt ausweislich des Erwägungsgrund 57 ProspektVO die Überlegung zugrunde, dass die Mitgliedstaaten ohnehin reichlich Informationen über ihre Finanzlage veröffentlichen, die im Allgemeinen öffentlich zugänglich seien.

---

12 *Hamann*, in: Schäfer/Hamann, Kapitalmarktgesetze, § 8 WpPG Rn. 30.
13 *Just*, in: Just/Voß/Ritz/Zeising, Wertpapierprospektrecht, 2. Aufl. 2023, Art. 18 ProspektVO Rn. 13.
14 *Schlitt/Ries*, in: Assmann/Schlitt/von Kopp-Colomb, Prospektrecht Kommentar, Art. 6 ProspektVO Rn. 10; *Just*, in: Just/Voß/Ritz/Zeising, Wertpapierprospektrecht, 2. Aufl. 2023, Art. 18 ProspektVO Rn. 15.
15 *Groß*, Kapitalmarktrecht, Art. 18 VO (EU) 2017/1129 Rn. 6; *Hamann*, in: Schäfer/Hamann, Kapitalmarktgesetze, § 8 WpPG Rn. 31; *Just*, in: Just/Voß/Ritz/Zeising, Wertpapierprospektrecht, 2. Aufl. 2023, Art. 18 ProspektVO Rn. 15.

22 Die Bestimmung erscheint **inkonsequent**. Zum einen sieht die ProspektVO sonst auch keine generelle Ausnahme für die Aufnahme von Angaben vor, nur weil diese öffentlich verfügbar sind. Vielmehr ist dies ansonsten nur unter den spezifischen Voraussetzungen der Einbeziehung durch Verweis nach Art. 19 zulässig. So wird es dem Anleger ermöglicht, anderweitig in der dort vorgesehenen Form bereits veröffentlichte Informationen einfach aufzufinden. Bei nach Abs. 3 weggelassenen Angaben fehlt es dagegen nicht nur an dem (der Auffindbarkeit dienlichen) Verweis, insbesondere dem Hinweis, wo diese Informationen anstatt im Prospekt sonst aufzufinden sind. Zudem wird die anderweitige Veröffentlichung gar nicht zur Voraussetzung für das Weglassen gemacht (geschweige denn die Veröffentlichung in einer bestimmten Art und Weise). Vielmehr wird diese pauschal unterstellt („im Allgemeinen öffentlich zugänglich"). Dies erscheint weder in Anbetracht des Regelungszusammenhangs noch unter dem Gesichtspunkt des Anlegerschutzes überzeugend. Denn die offenbar vom Verordnungsgeber unterstellte Prämisse, es handele sich hier ohnehin nur um eine Formalie, trifft nicht zu. Die Finanzkrise der Jahre 2008 ff. hat gezeigt, dass auch bei EWR-Staaten die Gefahr der massiven Bonitätsverschlechterung und des damit einhergehenden Kursrückgangs der von ihnen emittierten oder garantierten Wertpapiere, ggf. sogar des Zahlungsausfalls durchaus real sein kann. Daher ist nicht einzusehen, weshalb dennoch für die Angaben über einen EWR-Staat als Garantiegeber eine derart weitreichende und undifferenzierte Freistellung von der Aufnahme in den Prospekt erfolgt. Auch hier ist darauf hinzuweisen, dass die Möglichkeit, Angaben über den Garantiegeber wegzulassen, nicht bedeutet, dass eben solche Angaben als für die Beurteilung der betreffenden Wertpapiere generell als nicht wesentlich erachtet werden. Unterbleiben sie, kann dies dazu führen, dass der Prospekt ggf. als unvollständig i. S. v. § 9 Abs. 1 Satz 1 WpPG angesehen werden könnte.

V. Ermächtigung zum Erlass technischer Regulierungsstandards (Abs. 4)

23 Abs. 4 enthält eine **Ermächtigung** an die Europäische Kommission, nach Art. 10–14 der ESMA-Verordnung[16] technische Regulierungsstandards auf Stufe 2 zu erlassen, in denen präzisiert wird, in welchen **Fällen eine Nichtaufnahme von Angaben nach Abs. 1 zulässig** ist. ESMA kann dazu zur Vorbereitung dieser technischen Regulierungsstandards Entwürfe ausarbeiten. Dabei sind die jährlichen Berichte der zuständigen nationalen Behörden an ESMA über die von ihnen erteilten Erlaubnisse der Nichtaufnahmen von Informationen zu berücksichtigen. Auf Verlangen der Kommission ist ESMA zur Erarbeitung solcher technischen Regulierungsstandards verpflichtet. Bisher hat die Europäische Kommission von dieser Ermächtigung keinen Gebrauch gemacht.[17]

---

16 Verordnung (EU) Nr. 1095/2010 v. 24.11.2010 zur Errichtung einer Europäischen Aufsichtsbehörde (Europäische Wertpapier- und Marktaufsichtsbehörde), zur Änderung des Beschlusses Nr. 716/2009/EG und zur Aufhebung des Beschlusses 2009/77/EG der Kommission, ABl. EU Nr. L 331 v. 15.12.2010, S. 84.

17 Liste der Europäischen Kommission der „Implementing and Delegated Acts on Regulation (EU) 2017/1129 of the European Parliament and of the Council of 14 June 2017", https://finance.ec.europa.eu/system/files/2022-09/prospectus-regulation-level-2-measures-full_en.pdf, Stand: 29.7.2023.

Art. 19 ProspektVO
Angaben von Informationen mittels Verweises

(1) Informationen können mittels Verweis in einen Prospekt aufgenommen werden, wenn sie zuvor oder gleichzeitig auf elektronischem Wege veröffentlicht werden, in einer Sprache gemäß den Anforderungen des Artikels 27 abgefasst sind und in einem der folgenden Dokumente enthalten sind:

a) Dokumente, die im Einklang mit dieser Verordnung oder der Richtlinie 2003/71/EG von einer zuständigen Behörde gebilligt oder bei ihr hinterlegt wurden;

b) Dokumente gemäß Artikel 1 Absatz 4 Buchstaben f bis i und Artikel 1 Absatz 5 Unterabsatz 1 Buchstaben e bis h sowie Buchstabe j Ziffer v;

c) vorgeschriebene Informationen;

d) jährlich und unterjährig vorzulegende Finanzinformationen;

e) Prüfungsberichte und Jahresabschlüsse;

f) Lageberichte gemäß Kapitel 5 der Richtlinie 2013/34/EU des Europäischen Parlaments und des Rates;

g) Erklärungen zur Unternehmensführung gemäß Artikel 20 der Richtlinie 2013/34/EU;

h) Berichte über die Bestimmung des Wertes eines Unternehmens oder eines Vermögenswertes;

i) Vergütungsberichte gemäß Artikel 9b der Richtlinie 2007/36/EG des Europäischen Parlaments und des Rates;

j) Jahresberichte oder Offenlegung der Informationen, die in den Artikeln 22 und 23 der Richtlinie 2011/61/EU des Europäischen Parlaments und des Rates vorgesehen sind;

k) Gründungsurkunde und Satzung.

Dabei muss es sich um die dem Emittenten vorliegenden jüngsten Informationen handeln. Werden nur bestimmte Teile eines Dokuments mittels Verweis aufgenommen, so muss der Prospekt eine Erklärung enthalten, dass die nicht aufgenommenen Teile entweder für den Anleger nicht relevant sind oder an anderer Stelle im Prospekt enthalten sind.

(2) Werden Informationen mittels Verweis aufgenommen, so gewährleistet der Emittent, der Anbieter oder die die Zulassung zum Handel an einem geregelten Markt beantragende Person die Zugänglichkeit der Informationen. Insbesondere muss der Prospekt eine Liste mit Querverweisen enthalten, damit Anleger bestimmte Einzelangaben leicht auffinden können, sowie elektronische Verknüpfungen (im Folgenden „Hyperlink") zu allen Dokumenten, die mittels Verweis aufgenommene Informationen enthalten.

(3) Der Emittent, der Anbieter oder die die Zulassung zum Handel an einem geregelten Markt beantragende Person legt soweit möglich zusammen mit dem bei der zu-

ständigen Behörde eingereichten ersten Entwurf des Prospekts, spätestens aber zum Zeitpunkt des Überprüfungsprozesses alle mittels Verweis in den Prospekt aufgenommenen Informationen in einem elektronischen Format mit Suchfunktion vor, es sei denn, die betreffenden Informationen wurden bereits von der für die Billigung des Prospekts zuständigen Behörde gebilligt oder bei ihr hinterlegt.

(4) Die ESMA kann bzw. muss, wenn die Kommission dies verlangt, Entwürfe technischer Regulierungsstandards zur Aktualisierung der in Absatz 1 dieses Artikels genannten Liste von Dokumenten durch Aufnahme weiterer Arten von Dokumenten, die nach dem Unionsrecht bei einer Behörde zu hinterlegen oder von einer Behörde zu billigen sind, ausarbeiten.

Der Kommission wird die Befugnis übertragen, die in Unterabsatz 1 dieses Absatzes genannten technischen Regulierungsstandards gemäß den Artikeln 10 bis 14 der Verordnung (EU) Nr. 1095/2010 zu erlassen.

Übersicht

	Rn.		Rn.
I. Regelungsgegenstand	1	g) Erklärungen zur Unternehmensführung; Vergütungsberichte	20
1. Allgemeines	1	h) Bewertungsgutachten	21
2. Wesentliche Änderungen und frühere Entwicklungen	4	i) Jahresberichte	22
3. Reformvorhaben	7	j) Gründungsurkunde und Satzung	23
II. Zulässigkeit und Voraussetzungen des Verweises	8	4. Aktualität	24
1. Prospekt	8	5. Teilverweis	28
2. Zuvor oder gleichzeitig auf elektronischem Wege veröffentlichte Informationen	9	6. Sprache	30
		7. Inhaltliche Anforderungen	34
		a) Mindestangaben nach den Anhängen zur VO (EU) 2019/980	34
3. Geeignete Dokumente	11	b) Verständlichkeit	35
a) Allgemeines	11	8. Ausschluss des Verweises in der Prospektzusammenfassung	38
b) Dokumente, die im Einklang mit dieser Verordnung oder der Richtlinie 2003/71/EG von einer zuständigen Behörde gebilligt oder bei ihr hinterlegt wurden	13	**III. Zugänglichkeit der Informationen**	40
		1. Allgemeines	40
		2. Verweisliste	41
		3. Elektronische Verknüpfung	43
c) Transaktionsbezogene Dokumente	16	**IV. Vorlage der durch Verweis aufgenommenen Informationen**	44
d) Vorgeschriebene Informationen	17		
e) Jährlich und unterjährig vorzulegende Finanzinformationen	18	**V. Ermächtigung zum Erlass technischer Regulierungsstandards**	45
f) Prüfungsberichte und Jahresabschlüsse; Lageberichte	19	**VI. Rechtswirkungen des Verweises; Haftungsfragen**	46

I. Regelungsgegenstand

1. Allgemeines

1 Die Vorschrift ermöglicht es, in einen Wertpapierprospekt Angaben in Form eines Verweises auf bestimmte Dokumente aufzunehmen (Incorporation by Reference). Dadurch sol-

len die **Erstellung des Prospekts erleichtert** und die Kosten für die Emittenten gesenkt werden, ohne dass der Anlegerschutz beeinträchtigt wird (vgl. Erwägungsgrund 58 der ProspektVO, zuvor bereits Erwägungsgrund 29 der ProspektRL und Erwägungsgrund 30 der VO (EG) 809/2004).[1] Das geht auf eine früher vorwiegend im anglo-amerikanischen Rechtskreis, aber auch in einigen europäischen Ländern etablierte Praxis zurück.[2] In Deutschland war die Einbeziehung durch Verweis im Rahmen des 3. Finanzmarktförderungsgesetzes von 1998 zwar diskutiert, aber dann verworfen worden.[3] Erstmals wurde die Möglichkeit in Deutschland 2005 mit dem Wertpapierprospektgesetz eingeführt. § 11 WpPG setzte die europarechtlichen Vorgaben des Art. 11 der ProspektRL in deutsches Recht um. Der auf Grundlage von Art. 11 Abs. 3 ProspektRL erlassene **Art. 28 VO (EG) 809/2004** enthielt dazu weitere Konkretisierungen; insbesondere nannte er „typische Fälle", in denen Informationen aus anderen Dokumenten per Verweis in den Wertpapierprospekt einbezogen werden konnten (→ Voraufl. Art. 28 VO (EG) 809/2004 Rn. 1 ff.). Allerdings waren beide Bestimmungen nur unzulänglich aufeinander abgestimmt.

Die Möglichkeit zur Einbeziehung „prospektfremder" Dokumente in einen Wertpapierprospekt führt nicht zur Verringerung der in einen Prospekt aufzunehmenden Mindestangaben nach Art. 13 ProspektVO,[4] da die einbezogenen Dokumente Bestandteil des Prospekts werden und nur deren technische Aufnahme in den Prospekt erleichtert werden soll. Um sicherzustellen, dass der **Anlegerschutz** nicht beeinträchtigt wird, sind an die Angaben in Form eines Verweises bestimmte Voraussetzungen zu stellen, die die Verständlichkeit und Kohärenz mit den übrigen Bestandteilen des Prospekts (→ Rn. 36) sowie Sprache, Aktualität und leichte (dauerhafte) Verfügbarkeit der Informationen betreffen (vgl. Erwägungsgrund 58 der ProspektVO).

2

Die in Art. 19 ProspektVO eröffnete Gestaltungsmöglichkeit zur effizienten und kostengünstigen Prospekterstellung ist mittlerweile fest etabliert. Nach wie vor wird von ihr aber unterschiedlich Gebrauch gemacht: Während Prospekte für Aktienemissionen börsennotierter Unternehmen seltener auf externe Dokumente verweisen, ist dies in Prospekten für Anleihen und strukturierte Finanzinstrumente (Zertifikate) häufig der Fall.[5] In der Praxis geht es im Wesentlichen darum, die umfangreichen **Finanzinformationen** von Emittent,

3

---

1 Vgl. auch Begr. RegE, BT-Drucks. 15/4999, S. 34 (zum WpPG); CESR's Advice on Level 2 Implementing Measures (July 2003), Rn. 91 f.
2 Vgl. für die USA *Hutter*, in: von Rosen/Seifert, Zugang zum US-Kapitalmarkt für deutsche Aktiengesellschaften, 1998, S. 115, 135 f. Zu einer ähnlichen Praxis in Luxemburg vor Inkrafttreten der ProspektRL *Kunold/Schlitt*, BB 2004, 501, 506 (dort Fn. 79).
3 Vgl. *Crüwell*, AG 2003, 243, 246; *Groß*, Kapitalmarktrecht, 6. Aufl. 2016, § 11 WpPG Rn. 1.
4 Allg.M.; siehe nur *Groß*, Kapitalmarktrecht, Art. 19 ProspektVO Rn. 1; *Zivny/Mock*, EU-ProspektVO/KMG 2019, Art. 19 ProspektVO Rn. 1; Begr. RegE, BT-Drucks. 15/4999, S. 34 zu § 11 WpPG.
5 Vgl. *Krug*, in: Hopt/Seibt, Schuldverschreibungsrecht, 2. Aufl. 2023, Rn. 6.138 für Anleiheemissionen („marktüblich"). Etwas zu pessimistisch für Aktienemissionen *Schlitt/Schäfer*, AG 2008, 525, 528 („erwartungsgemäß keine größere Bedeutung erlangt"). Weitgehend leer lief die Möglichkeit der Aufnahme per Verweis bislang bei Börsengängen; so bereits *Schlitt/Singhof/Schäfer*, BKR 2005, 251, 253.

Art. 19 ProspektVO Angaben von Informationen mittels Verweises

Garantiegeber und/oder Zielgesellschaft in den Prospekt einzubeziehen. Dies wirkt „ausufernden Prospektumfängen" entgegen.[6]

2. Wesentliche Änderungen und frühere Entwicklungen

4 Im Vergleich zu seiner Vorgängerregelung, Art. 11 ProspektRL,[7] weitet Art. 19 ProspektVO die Möglichkeit, Informationen per Verweis in den Prospekt einzubeziehen, in Anlehnung an Art. 28 VO (EG) 809/2004 stark aus und enthält dazu **präzisierte Regelungen**.[8] Außerdem trägt sie der fortschreitenden Digitalisierung und insbesondere dem Umstand Rechnung, dass Prospekte heute vor allem elektronisch veröffentlicht werden. Entsprechend müssen diese elektronischen Prospekte auch elektronische Verlinkungen auf die mittels Verweises in sie einbezogenen (ihrerseits zwingend elektronisch veröffentlichten) Informationen enthalten (siehe näher → Rn. 43). Außerdem müssen die Informationen in derselben „Rubrik" der Website zur Verfügung stehen, auf der auch der elektronische Prospekt veröffentlicht wird (Art. 21 Abs. 3 UAbs. 2 ProspektVO; siehe näher → Rn. 40 ff.). Dies erleichtert die Auffindbarkeit und den Zugriff auf die einbezogenen Informationen. Die Neuerungen sind uneingeschränkt zu begrüßen.

5 Die *incorporation by reference* war vor Inkrafttreten der ProspektVO auch deshalb von vergleichsweise geringer Bedeutung, weil der Anwendungsbereich als zu eng und die rechtlichen Anforderungen an eine Einbeziehung als zu formalistisch und zu wenig flexibel angesehen wurden.[9] Insbesondere vor Inkrafttreten des Gesetzes zur Umsetzung der Richtlinie 2010/73/EU und zur Änderung des Börsengesetzes vom 26.6.2012[10] war der **Anwendungsbereich von § 11 WpPG erheblich eingeschränkt**, da nach Ansicht der BaFin nur auf Dokumente verwiesen werden konnte, die *zwingend* nach dem WpPG oder dem BörsG oder dem entsprechenden harmonisierten Recht eines EWR-Staats von der zuständigen Behörde (in Deutschland: BaFin oder Börsenzulassungsstelle) gebilligt oder bei ihr hinterlegt wurden (zur Kritik → Voraufl. § 11 WpPG a. F. Rn. 15).[11] Die Revision des § 11 WpPG a. F. trug zwar der Umsetzung der Transparenzrichtlinie Rechnung und erweiterte den Kreis der Dokumente, auf die verwiesen werden konnte, erheblich. Dennoch bestand das Billigungs- und Hinterlegungserfordernis fort; lediglich in der Regierungsbegründung wurde klargestellt, dass in „Deutschland [...] diese ‚Hinterlegung' [...] durch bloße ‚Mitteilung' der Veröffentlichung an die Bundesanstalt im Wertpapierhandelsgesetz umgesetzt [wurde]".[12] Es blieb bei erheblichen Inkonsistenzen zwischen Art. 11 Pros-

---

6 *Meyer*, in: Habersack/Mülbert/Schlitt, Unternehmensfinanzierung, Rn. 36.77; ähnlich *Krug*, in: Hopt/Seibt, Schuldverschreibungsrecht, 2. Aufl. 2023, Rn. 6.138.
7 *Singhof*, in: Berrar/Meyer/Müller et al., WpPG/EU-ProspektVO, 2. Aufl. 2017, § 11 WpPG Rn. 1 ff.
8 *Groß*, Kapitalmarktrecht, Art. 19 ProspektVO Rn. 1.
9 Vgl. *Lenz/Heine*, NZG 2019, 766, 766.
10 BGBl. I 2012, S. 1375.
11 Vgl. *Schlitt/Singhof/Schäfer*, BKR 2005, 251, 253; *Schlitt/Schäfer*, AG 2005, 498, 503; siehe auch *Holzborn/Israel*, ZIP 2005, 1668, 1674.
12 Siehe näher *Singhof*, in: Berrar/Meyer/Müller et al., WpPG/EU-ProspektVO, 2. Aufl. 2017, § 11 WpPG Rn. 16.

pektRL (§ 11 WpPG a. F.) und dem weniger strengen Art. 28 VO (EG) 809/2004 (→ Voraufl. § 11 WpPG a. F. Rn. 4 ff.; Art. 28 VO (EG) 809/2004 Rn. 2).[13]

Die Inkonsistenzen wurden zunächst auch von der ESMA nicht ausgeräumt. Infolge der Änderung des Art. 11 Abs. 3 ProspektRL durch Art. 1 der Richtlinie 2014/51/EU (Omnibus-II-Richtlinie)[14] erhielt sie den Auftrag, bis zum 1.7.2015 Entwürfe für **technische Regulierungsstandards** auszuarbeiten, in denen festgelegt wird, welche Angaben in Form eines Verweises aufzunehmen sind. Dadurch sollte eine „konsequente Harmonisierung" der „Incorporation by Reference" sichergestellt werden. Auf Grundlage der im Rahmen einer Konsultation[15] eingegangenen Antworten entschied die ESMA jedoch, der Kommission diesbezüglich keine Vorschläge zu unterbreiten.[16] Unter anderem stellte die ESMA fest, dass ihr im Rahmen der Konsultation unterbreiteter Vorschlag einer abschließenden Liste von Verweisdokumenten[17] nicht mit der Intention in Einklang zu bringen sei, den bürokratischen Aufwand für die Emittenten zu reduzieren und den Zugang zum Kapitalmarkt zu erleichtern.[18] Erst die neue ProspektVO brachte 2017 den entscheidenden Durchbruch.

6

3. Reformvorhaben

Im Zuge der von der EU-Kommission Ende 2022 veröffentlichten Entwürfe von Rechtsakten im Rahmen der EU-Kapitalmarktunion („**EU-Listing Act**"[19]) soll auch Art. 19 ProspektVO geändert werden. Vorgesehen ist, dass die auch bislang schon in Art. 19 Abs. 1 ProspektVO genannten Informationen *zwingend* mittels Verweises in einen Prospekt aufgenommen werden müssen. Dadurch soll der Verwaltungsaufwand und die Kosten für die Prospekterstellung reduziert werden. Dieses Konzept ist kritisch zu sehen. Es ist nicht einzusehen, dass es den Prospekterstellern rechtlich aufgezwungen werden muss, durch die Einbeziehung von Informationen mittels Verweises Kosten und Aufwand zu sparen. Zu berücksichtigen ist ferner, dass die einbezogenen Informationen Prospektbestandteil werden und damit in vollem Umfang der Prospekthaftung unterliegen

7

---

13 ESMA, Final Report – Draft RTS on prospectus related issues under the Omnibus II Directive, ESMA/2015/1014, 25.6.2015, S. 21 Rn. 58; siehe auch *Singhof*, in: Berrar/Meyer/Müller et al., WpPG/EU-ProspektVO, 2. Aufl. 2017, § 11 WpPG Rn. 4 ff. und Art. 28 ProspektVO Rn. 2.
14 Richtlinie 2014/51/EU des Europäischen Parlaments und des Rates vom 16.4.2014 zur Änderung der Richtlinien 2003/71/EG und 2009/138/EG und der Verordnungen (EG) Nr. 1060/2009, (EU) Nr. 1094/2010 und (EU) Nr. 1095/2010 im Hinblick auf die Befugnisse der Europäischen Aufsichtsbehörde (Europäische Aufsichtsbehörde für das Versicherungswesen und die betriebliche Altersversorgung) und der Europäischen Aufsichtsbehörde (Europäische Wertpapier- und Marktaufsichtsbehörde), ABl. L 153, S. 1.
15 ESMA, Consultation Paper – Draft Regulatory Technical Standards on prospectus related issues under the Omnibus II Directive, ESMA/2014/1186, 25.9.2014, S. 19 ff.
16 ESMA, Final Report – Draft RTS on prospectus related issues under the Omnibus II Directive, ESMA/2015/1014, 25.6.2015, S. 16 ff.
17 Siehe die Liste in ESMA, Consultation Paper – Draft Regulatory Technical Standards on prospectus related issues under the Omnibus II Directive, ESMA/2014/1186, 25.9.2014, S. 25 f.
18 Vgl. DAI, When setting standards for the approval and publication of prospectuses, their advertisement and the incorporation by reference, ESMA has to stay within its mandate, S. 6 f.
19 Proposal for a Regulation of the European Parliament and of the Council amending Regulations (EU) 2017/1129, (EU) No 596/2014 and (EU) No 600/2014 to make public markets in the Union more attractive for companies and to facilitate access to capital markets for small and medium-sized enterprises, COM(2022) 762 final.

(→ Rn. 46 f.). Dann muss es den Prospekterstellern auch freigestellt sein, Dokumente einzubeziehen, die ursprünglich nicht für Zwecke der Prospekterstellung entworfen wurden. Dies gilt insbesondere für den Lagebericht.

II. Zulässigkeit und Voraussetzungen des Verweises

1. Prospekt

8   Art. 19 Abs. 1 UAbs. 1 Satz 1 ProspektVO spricht davon, dass Informationen mittels Verweises in einen „**Prospekt**" (Art. 6 ProspektVO) aufgenommen werden können. Ausweislich des Erwägungsgrundes 24 Satz 2 der ProspektVO „sind alle Bezugnahmen auf einen ‚Prospekt' im Rahmen dieser Verordnung so zu verstehen, dass sie sich auf all jene Formen von Prospekten beziehen, soweit nicht etwas anderes bestimmt ist". Damit sind neben dem Standardprospekt insbesondere auch Basisprospekte, vereinfachte Prospekte für Sekundäremissionen sowie EU-Wachstumsprospekte der Aufnahme von Informationen mittels Verweises zugänglich. Auch eine Beschränkung auf den Prospekt in einem einzigen Dokument ist damit nicht verbunden. Für die Zulässigkeit des Verweises spielt es keine Rolle, ob der Prospekt als ein einziges Dokument oder in mehreren Einzeldokumenten erstellt wird (Art. 6 Abs. 3, Art. 10 ProspektVO), sodass auch das **Registrierungsformular** und die **Wertpapierbeschreibung** Verweise enthalten dürfen.[20] Insoweit entfaltet Art. 10 Abs. 1 UAbs. 3, Abs. 3 UAbs. 4 ProspektVO keine Präklusionswirkung. Hierdurch wird lediglich geregelt, dass die drei Prospektbestandteile nur dann gemeinsam einen Prospekt bilden, wenn sie von der zuständigen Behörde gebilligt wurden. Bei einer solchen Aufteilung in mehrere Einzeldokumente ist es aber unabdingbar, dass ein Verweis Informationen in das jeweilige Einzeldokument als Bestandteil des Prospekts einbeziehen können muss. Für das einheitliche Registrierungsformular wird dies in Art. 9 Abs. 6 ProspektVO ausdrücklich geregelt. Dort heißt es, dass Angaben „gemäß den in Artikel 19 festgelegten Bedingungen" in Form eines Verweises in ein einheitliches Registrierungsformular aufgenommen werden können. Diese ausdrückliche Regelung soll die Verweismöglichkeit wegen der herausgehobenen Bedeutung des (jährlich erstellten) Registrierungsformulars noch einmal klarstellen, nicht jedoch die Verweismöglichkeiten bei einem dreiteiligen Prospekt einschränken. Ausgenommen von Angaben in Form eines Verweises ist nur die Prospektzusammenfassung (Art. 7 Abs. 11 ProspektVO; siehe näher → Rn. 38 ff.). Nicht zweifelhaft sollte schließlich sein, dass Angaben in Form eines Verweises auch in einem **Nachtrag** (Art. 23 ProspektVO) aufgenommen werden können.[21] Dieser ist zwar als solcher kein „Prospekt". Der Nachtrag führt jedoch zu einer Änderung

---

20 So auch *Lenz/Heine*, NZG 2019, 766, 767; *Scholl/Döhl*, in: Assmann/Schlitt/von Kopp-Colomb, Prospektrecht Kommentar, Art. 19 ProspektVO Rn. 7; nach altem Recht *Klöckner/Assion*, in: Holzborn, WpPG, § 11 Rn. 4.

21 Wie hier *Lenz/Heine*, NZG 2019, 766, 768; nach altem Recht *Hamann*, in: Schäfer/Hamann, Kapitalmarktgesetze, § 11 WpPG Rn. 3; *Klöckner/Assion*, in: Holzborn, WpPG, § 11 Rn. 4; **a. A.** *Scholl/Döhl*, in: Assmann/Schlitt/von Kopp-Colomb, Prospektrecht Kommentar, Art. 19 ProspektVO Rn. 8. Zulässig soll es nach *Scholl/Döhl* aber sein, dass in dem Nachtrag die Aufnahme von Informationen mittels Verweises im Prospekt selbst geändert wird, insbes. indem neue Finanzinformationen mithilfe eines Nachtrags per Verweis einbezogen werden. Diese Unterscheidung ist nicht nachvollziehbar.

bzw. Ergänzung des Prospekts (vgl. Art. 12 Abs. 1 ProspektVO), sodass für ihn die gleichen Bestimmungen wie für den Prospekt maßgeblich sind.

2. Zuvor oder gleichzeitig auf elektronischem Wege veröffentlichte Informationen

Nach Art. 19 Abs. 1 Satz 1 müssen die Informationen, die in Form eines Verweises in den Prospekt aufgenommen werden, „zuvor oder gleichzeitig" auf elektronischem **Wege veröffentlicht** worden sein. Ob die zeitliche Anforderung erfüllt ist, hängt zunächst davon ab, wann der Prospekt, in den die jeweiligen Informationen mittels Verweises aufgenommen werden sollen, veröffentlicht wird. Tatsächlich müssen die durch Verweis einzubeziehenden Informationen aufgrund der vor Veröffentlichung erforderlichen Billigung des Prospekts der zuständigen Behörde schon vorher vorliegen (→ Rn. 44). Daraus folgt auch, dass auf zukünftig zu veröffentlichende Dokumente im Prospekt nicht verwiesen werden kann.[22] Das leuchtet aus Gründen der Prospektklarheit und -transparenz unmittelbar ein. Art. 6 Abs. 1 ProspektVO verlangt, dass der Prospekt die erforderlichen Informationen enthält, die für den Anleger wesentlich sind, um sich ein fundiertes Urteil bilden zu können. Dann müssen natürlich auch die durch Verweis einbezogenen Informationen in diesem Zeitpunkt vorliegen und zugänglich sein. Nur so steht auch zweifelsfrei fest, auf welche Information die Anlageentscheidung des Anlegers gestützt wurde. Entsprechend kann auch **nicht dynamisch**, also nicht auf ein Dokument in seiner jeweils aktuellen Fassung **verwiesen** werden.[23] Ein wichtiger neuer Umstand ist in einem solchen Fall (erst) nach der Veröffentlichung des Dokuments in einen Nachtrag zum zuvor gebilligten Prospekt (Art. 23 ProspektVO) aufzunehmen. In dem Nachtrag kann dann auch eine relevante Information durch Verweis einbezogen werden, wenn die anderen Voraussetzungen von Art. 19 ProspektVO erfüllt sind (→ Rn. 8).

9

Art. 19 Abs. 1 ProspektVO schreibt die **elektronische Veröffentlichung** vor („auf elektronischem Wege"). Darin unterscheidet sich Art. 19 ProspektVO von § 11 WpPG a. F., der solche Vorgaben nicht enthielt. Dies sollte insgesamt unproblematisch sein, weil schon aufgrund des (elektronischen) Unternehmensregisters (§ 8b HGB) viele der in Art. 19 Abs. 1 ProspektVO aufgeführten Dokumente elektronisch verfügbar sind.[24] Dabei muss das elektronische Format der mittels Verweises in den Prospekt aufgenommenen Informationen mit einer **Suchfunktion** ausgestattet sein. Dies ergibt sich aus Art. 19 Abs. 3 ProspektVO zwar unmittelbar nur für die der zuständigen Behörde vorzulegenden Informationen, wenn diese von ihr zuvor noch nicht gebilligt oder bei ihr hinterlegt worden sind. Für letztere galten aber auch im Zuge der vorherigen Billigung oder Hinterlegung entsprechende Anforderungen (vgl. Art. 42 Abs. 2 lit. c VO (EU) 2019/980). Die Vorgabe eines durchsuchbaren elektronischen Formats soll der Behörde die Prüfung erleichtern. Da der Prospekt selbst nach Art. 21 Abs. 3 UAbs. 1 ProspektVO mit einer Suchfunktion ausge-

10

---

22 So auch *Scholl/Döhl*, in: Assmann/Schlitt/von Kopp-Colomb, Prospektrecht Kommentar, Art. 19 ProspektVO Rn. 27; zum alten Recht bereits *Seitz*, AG 2005, 678, 686; *Friedl*, in: Just/Voß/Ritz/Zeising, WpPG, 2009, § 11 Rn. 13; *Klöckner/Assion*, in: Holzborn, WpPG, § 11 Rn. 18; **krit.** *Müller*, WpPG, § 11 Rn. 4; *Hamann*, in: Schäfer/Hamann, Kapitalmarktgesetze, § 11 WpPG Rn. 3 (teleologische Auslegung wegen des Anlegerinteresses an der aktuellsten Information).
23 Zustimmend *Lenz/Heine*, NZG 2019, 766, 769.
24 *Groß*, Kapitalmarktrecht, Art. 19 ProspektVO Rn. 3.

stattet sein muss, kann für die durch Verweis aufgenommenen Informationen nichts anderes gelten. Im Übrigen sind die (durch Verweis aufgenommenen und daher bereits elektronisch veröffentlichten) Informationen auf der jeweils relevanten Website für die Prospektveröffentlichung in derselben „Rubrik" wie der Prospekt selbst, erforderlichenfalls in Form eines **Hyperlinks**, zur Verfügung zu stellen (Art. 21 Abs. 3 UAbs. 2 ProspektVO; → Rn. 43). Die terminologische Unterscheidung in § 11 Abs. 1 Satz 1 WpPG a. F. zwischen *veröffentlichten* oder *der Öffentlichkeit zur Verfügung gestellten* Dokumenten findet sich in Art. 19 ProspektVO nicht mehr. Dadurch wurde jedoch nur die Formulierung des WpHG bezüglich der Finanzberichterstattung aufgegriffen, weil insoweit bestimmte Formalien zu beachten sind.[25] Daraus ergibt sich materiell kein Unterschied zur elektronischen Veröffentlichung i. S. v. Art. 19 Abs. 1 ProspektVO. Aus § 114 Abs. 1 Satz 2 WpHG folgt insoweit, dass der Jahresfinanzbericht neben der Verfügbarkeit im Unternehmensregister über eine allgemein zugängliche Homepage, insbesondere die Website des Unternehmens und über das elektronische Unternehmensregister öffentlich zugänglich sein soll. Darauf ist einer Hinweisbekanntmachung hinzuweisen. Wenn das Unternehmen diese Vorgaben beachtet, steht der Jahresfinanzbericht der Öffentlichkeit zur Verfügung und ist damit zugleich auch (elektronisch) „veröffentlicht".[26] Art. 21 Abs. 9 ProspektVO könnte darüber hinaus entnommen werden, dass die in Bezug genommenen Dokumente (erstmals/ursprünglich) in einer nach Art. 21 Abs. 2 ProspektVO genannten Art und Weise, also auf einer der dort genannten Websites, zu veröffentlichen sind. Nach dem Sinn und Zweck ist dies jedoch auf die Fälle zu beschränken, in denen keine gesetzlichen Bestimmungen für die Veröffentlichung existieren oder die Dokumente *gleichzeitig* mit dem Prospekt veröffentlicht werden. Etwas anderes ist auch aus Gründen des Anlegerschutzes nicht erforderlich, da für den Anleger nicht die ursprüngliche Veröffentlichung, sondern nur die elektronische **Verfügbarkeit** und (leichte) Zugänglichkeit des einbezogenen Dokuments nach Prospektveröffentlichung maßgeblich sind (Art. 19 Abs. 2 ProspektVO; siehe → Rn. 40 ff.). Da die Internetseite des Emittenten (Art. 21 Abs. 2 lit. a ProspektVO) regelmäßig das vorzugswürdige Medium ist, besteht in der Praxis grds. auch kein Unterschied zwischen Veröffentlichung und Verfügbarkeit. Es ist daher nicht erforderlich, dass die Dokumente ursprünglich gemäß Art. 21 Abs. 2 ProspektVO veröffentlicht wurden. Ihre Veröffentlichung richtet sich vielmehr nach den für das Dokument maßgeblichen Bestimmungen und dem in Art. 19 Abs. 1 ProspektVO verlangten elektronischen Format.[27] Insofern kämen auch ausnahmsweise ausschließlich im Unternehmensregister oder im Bundesanzeiger veröffentlichte Dokumente in Betracht.[28]

---

[25] Vgl. Beschlussempfehlung und Bericht des Finanzausschusses zu dem Gesetzesentwurf der Bundesregierung – Drucksache 17/8684 – Entwurf eines Gesetzes zur Umsetzung der Richtlinie 2010/3/EU und zur Änderung des Börsengesetzes, BT-Drucks. 17/9645, S. 26.

[26] Vgl. zu den Veröffentlichungsmodalitäten BaFin, Emittentenleitfaden, Modul A (Stand: 9.8.2018), IV.7; *Wunderlich*, in: Habersack/Mülbert/Schlitt, Kapitalmarktinformation, § 9 Rn. 67 ff.

[27] So wohl auch *Scholl/Döhl*, in: Assmann/Schlitt/von Kopp-Colomb, Prospektrecht Kommentar, Art. 19 ProspektVO Rn. 25 („auf Internetseiten sowie im (elektronischen) Unternehmensregister").

[28] Anders in Österreich das Firmenbuch, weil dies kein Dokument mit allgemeinem Zugang ist; siehe *Zivny/Mock*, EU-ProspektVO/KMG 2019, Art. 19 ProspektVO Rn. 8.

3. Geeignete Dokumente

a) Allgemeines

Nach Art. 19 Abs. 1 ProspektVO müssen Informationen, die mittels Verweises in einen Prospekt aufgenommen werden können, in einem der nachfolgenden Dokumente enthalten sein. Anders als nach alter Rechtslage (vgl. Art. 28 Abs. 1 VO (EG) 809/2004 („*insbesondere*")[29] ist dieser **Katalog** offenbar **abschließend**.[30] Auf Grundlage einer entsprechenden Ermächtigung in Art. 19. Abs. 4 ProspektVO kann bzw. muss die ESMA auf Verlangen der Kommission Entwürfe technischer Regulierungsstandards zur Aktualisierung der in Abs. 1 genannten Liste von Dokumenten entwerfen (→ Rn. 44). Eine wesentliche Änderung in Art. 19 Abs. 1 ProspektVO besteht darin, dass die bisherige „Disharmonie" zwischen Art. 11 ProspektRL (§ 11 Abs. 1 WpPG a.F.) und Art. 28 VO (EG) 809/2004[31] beseitigt wird. Sie bestand vor allem darin, dass aufgrund des Billigungs- und Hinterlegungs- sowie zuletzt auch Mitteilungserfordernisses (→ Voraufl. § 11 WpPG a.F. Rn. 16f.) der Verweis auf manche der in Art. 28 ProspektVO beispielhaft aufgeführten Dokumente verstellt blieb.[32]

Bei den genannten Dokumenten muss es sich nicht zwingend um Dokumente des Prospekterstellers handeln. Vielmehr kann auch auf **Dokumente Dritter** verwiesen werden.[33] Das ist in den Fällen bedeutsam, in denen der Anbieter vom Emittenten verschieden ist (Sekundärplatzierung), sich das emittierte Wertpapier auf Wertpapiere eines anderen Emittenten bezieht (z.B. Umtauschanleihe) oder im Prospekt Informationen eines weiteren Emittenten enthalten sein müssen (Zielgesellschaft bei einer Übernahme). Teilweise finden sich auch **Negativerklärungen** in Prospekten, um sicherzustellen, dass im Prospekt enthaltene Verweise auf Websites keinen Verweis i.S.v. Art. 19 ProspektVO darstellen: „Information contained on any website mentioned in this Prospectus, including our own website, is not incorporated by reference in the Prospectus and is not part of the Prospectus, and such information has not been scrutinized or approved by BaFin." Jedoch wird sich das in aller Regel schon aus dem Zusammenhang ergeben, da die Websites eher als „Adressangabe" zu dem Emittenten, den begleitenden Konsortialbanken und der für die Billigung zuständigen Behörde zu verstehen sind bzw. sich auf die Veröffentlichung und Verfügbarkeit des gebilligten Prospekts beziehen.

---

29 Siehe dazu auch *Singhof*, in: Berrar/Meyer/Müller et al., WpPG/EU-ProspektVO, 2. Aufl. 2017, Art. 28 ProspektVO Rn. 2.
30 Vgl. auch *Groß*, Kapitalmarktrecht, Art. 19 ProspektVO Rn. 3; *Scholl/Döhl*, in: Assmann/Schlitt/von Kopp-Colomb, Prospektrecht Kommentar, Art. 19 ProspektVO Rn. 9.
31 Vgl. dazu ESMA, Final Report – Draft RTS on prospectus related issues under the Omnibus II Directive, ESMA/2015/1014, 25.6.2015, S. 21 Rn. 58.
32 Diese Inkonsistenzen waren auch der ESMA aufgefallen und hatten sie dazu veranlasst, den EU-Verordnungsgeber aufzufordern, diese im Rahmen der Kapitalmarktunion zu beheben; vgl. ESMA, Final Report – Draft RTS on prospectus related issues under the Omnibus II Directive, ESMA/2015/1014, 25.6.2015, S. 21 Rn. 58.
33 Ablehnend für ISDA-Regelwerke *Scholl/Döhl*, in: Assmann/Schlitt/von Kopp-Colomb, Prospektrecht Kommentar, Art. 19 ProspektVO Rn. 9.

b) Dokumente, die im Einklang mit dieser Verordnung oder der Richtlinie 2003/71/EG von einer zuständigen Behörde gebilligt oder bei ihr hinterlegt wurden

13 Informationen können durch Verweis in einen Prospekt einbezogen werden, wenn sie in Dokumenten enthalten sind, die im Einklang mit dieser Verordnung oder der Richtlinie 2003/71/EG von einer zuständigen Behörde (§ 17 WpPG) gebilligt oder bei ihr hinterlegt wurden (Art. 19 Abs. 1 lit. a ProspektVO). Die Hinterlegung oder Billigung eines Dokuments ist damit nicht mehr Voraussetzung für die Einbeziehung der darin enthaltenen Informationen in den Prospekt, sondern nur noch ein Unterfall der einbeziehungsfähigen Dokumente. Mit dem Billigungs- oder Hinterlegungserfordernis ist sichergestellt, dass ein hinlänglicher **Sachbezug** zum Billigungsverfahren gegeben ist. Eine bestimmte Qualitätssicherung ist damit nicht verbunden, da die bloße „Hinterlegung" ausreicht. Dies ist aber auch nicht erforderlich, weil die einbezogenen Dokumente die Mindestangaben nach Art. 13 ProspektVO enthalten oder zu ihrer erforderlichen Darstellung beitragen müssen und als Bestandteil des Prospekts der Prüfung nach Art. 20 Abs. 1 ProspektVO durch die zuständige Behörde unterliegen (siehe auch Art. 35 bis 38 VO (EU) 2019/980).

14 Die Dokumente, auf die verwiesen wird, müssen von einer zuständigen Behörde **aufgrund der ProspektVO oder der ProspektRL** (bzw. den zu ihrer Umsetzung erlassenen Gesetzen in den Mitgliedstaaten) **gebilligt oder** bei ihr **hinterlegt** worden sein. Hinterlegungspflichten gegenüber der BaFin nach anderen Vorschriften (etwa nach dem KWG oder WpHG) genügen demnach nicht. Ebenso kann dann eine freiwillige Hinterlegung nicht genügen, um die Verweistauglichkeit von Dokumenten zu sichern.[34] Schon nach altem Recht waren die börsenrechtlichen Bestimmungen als gesetzliche Grundlage für das Hinterlegungserfordernis aufgrund der Änderungen des Gesetzes zur Umsetzung der Richtlinie (EU) 2010/73 und zur Änderung des Börsengesetzes[35] entfallen.[36] Dies ist allerdings insofern nicht mehr maßgeblich, als Informationen in solchermaßen gebilligten oder hinterlegten Dokumenten nunmehr nach den anderen Katalogbestimmungen einbezogen werden können. Nach dem Wortlaut des Art. 19 Abs. 1 ProspektVO muss die zuständige Behörde, bei der das Verweisdokument hinterlegt wurde oder die es gebilligt hat, nicht mit der Behörde identisch sein, die den verweisenden Prospekt zu billigen hat.[37] Entsprechend sind die Verweisdokumente mit dem ersten Entwurf des Prospekts in einem elektronischen Format mit Suchfunktion vorzulegen, sofern sie nicht von der für die Billigung des Prospekts zuständigen Behörde gebilligt oder bei ihr hinterlegt worden sind (Art. 19 Abs. 3 ProspektVO; → Rn. 43). **Drittstaatenemittenten** können nach dieser Bestimmung auf die von ihrer „Heimatbehörde" gebilligten oder dort hinterlegten Doku-

---

34 *Scholl/Döhl*, in: Assmann/Schlitt/von Kopp-Colomb, Prospektrecht Kommentar, Art. 19 ProspektVO Rn. 12. Dies war schon nach alter Rechtslage durchaus kritisch zu sehen, zumal mit der Hinterlegung gerade keine Qualitätssicherung verbunden ist; *Singhof*, in: Berrar/Meyer/Müller et al., WpPG/EU-ProspektVO, 2. Aufl. 2017, § 11 WpPG Rn. 10; DAI, When setting standards for the approval and publication of prospectuses, their advertisement and the incorporation by reference, ESMA has to stay within its mandate, S. 8 f. (verfügbar unter www.dai.de).
35 BGBl. I 2012, S. 1375.
36 Vgl. auch ESMA, Consultation Paper – Draft Regulatory Technical Standards on prospectus related issues under the Omnibus II Directive, ESMA/2014/1186, 25.9.2014, S. 22 f.
37 *Scholl/Döhl*, in: Assmann/Schlitt/von Kopp-Colomb, Prospektrecht Kommentar, Art. 19 ProspektVO Rn. 11.

II. Zulässigkeit und Voraussetzungen des Verweises Art. 19 ProspektVO

mente nur verweisen, wenn diese zuvor auch bei der zuständigen Behörde eines Staates des Europäischen Wirtschaftsraums hinterlegt wurden.[38]

Maßgebliche gebilligte oder hinterlegte **Verweisdokumente** sind nach dieser Bestimmung v. a. (Basis-)Prospekte, (einheitliche) Registrierungsformulare und Wertpapierbeschreibungen sowie Nachträge (Art. 23 ProspektVO) und endgültige Bedingungen eines Angebots von Nichtdividendenwerten (Art. 8 Abs. 5 ProspektVO). In der Praxis am häufigsten zu beobachten ist der Verweis auf historische **Finanzinformationen**, die Bestandteil eines ein- oder mehrteiligen Prospekts waren. Dadurch besteht bei zeitlich nah beieinander liegenden prospektpflichtigen Emissionen von Wertpapieren unterschiedlicher Gattung, die nicht mit ein und demselben Prospekt durchgeführt werden können, die Möglichkeit, die Informationen des zuerst gebilligten und veröffentlichten Prospekts sehr weitgehend in den zweiten Prospekt einzubeziehen.[39] Möglich ist es in diesem Zusammenhang aber auch, Informationen durch Verweis einzubeziehen, die in einem **(nicht mehr gültigen) (Basis-)Prospekt** oder Registrierungsformular enthalten sind, wenn es sich dabei um die „jüngsten Informationen" zu dem Thema handelt (Art. 19 Abs. 1 UAbs. 1 Satz 2 ProspektVO).[40] Praktisch am bedeutsamsten dürfte eine **Aufstockung von Schuldverschreibungen** nach Ablauf der zwölfmonatigen Gültigkeitsfrist des ursprünglichen Basisprospekts (vgl. Art. 12 ProspektVO) sein, die auch die ESMA aufgreift.[41] Für das öffentliche Angebot oder die Zulassung zu einem organisierten Markt der neuen Schuldverschreibungen aus der Aufstockung ist ein neuer gültiger Basisprospekt erforderlich. In diesen können dann Informationen zu den Wertpapieren bzw. die („alten") Anleihebedingungen des abgelaufenen Basisprospekts per Verweis nach Art. 19 ProspektVO einbezogen werden.[42] Dadurch wird die technische und rechtliche Identität zwischen aufstockender Emission und Aufstockung sichergestellt.[43] Praktisch relevant kann dies auch bei einer nachträglichen Börsenzulassung werden.[44]

15

---

38 Zum alten Recht *Friedl*, in: Just/Voß/Ritz/Zeising, WpPG, 2009, § 11 Rn. 24.
39 Zum alten Recht ESMA, Questions and Answers – Prospectuses (Version 30, last updated on 8 April 2019), Nr. 34.
40 Vgl. *Schlitt*, in: Habersack/Mülbert/Schlitt, Kapitalmarktinformation, § 4 Rn. 29; *Scholl/Döhl*, in: Assmann/Schlitt/von Kopp-Colomb, Prospektrecht Kommentar, Art. 19 ProspektVO Rn. 13; zum alten Recht ESMA, Questions and Answers – Prospectuses (Version 30, last updated on 8 April 2019), Nr. 8; *Friedl*, in: Just/Voß/Ritz/Zeising, WpPG, 2009, § 11 Rn. 26 f.; a. A. *Becker*, in: Heidel, Aktienrecht und Kapitalmarktrecht, § 11 WpPG Rn. 5.
41 ESMA, Questions and Answers – Prospectuses (Version 30, last updated on 8 April 2019), Nr. 8. Vgl. auch *Krug*, in: Hopt/Seibt, Schuldverschreibungsrecht, 2. Aufl. 2023, Rn. 6.114 ff.; *Scholl/Döhl*, in: Assmann/Schlitt/von Kopp-Colomb, Prospektrecht Kommentar, Art. 19 ProspektVO Rn. 13 („Angebot dieser Wertpapiere erneuert oder erweitert").
42 Vgl. *Krug*, in: Hopt/Seibt, Schuldverschreibungsrecht, 2. Aufl. 2023, Rn. 6.115; *Scholl/Döhl*, in: Assmann/Schlitt/von Kopp-Colomb, Prospektrecht Kommentar, Art. 19 ProspektVO Rn. 13; zum alten Recht auch *Heidelbach/Preuße*, BKR 2012, 397, 401.
43 *Krug*, in: Hopt/Seibt, Schuldverschreibungsrecht, 2. Aufl. 2023, Rn. 6.115 m. w. N.; *Heidelbach/Preuße*, BKR 2008, 10, 13.
44 *Scholl/Döhl*, in: Assmann/Schlitt/von Kopp-Colomb, Prospektrecht Kommentar, Art. 19 ProspektVO Rn. 13.

c) Transaktionsbezogene Dokumente

16 Informationen können durch Verweis in einen Prospekt einbezogen werden, wenn sie in Dokumenten gemäß Art. 1 Abs. 4 lit. f bis i und Art. 1 Abs. 5 UAbs. 1 lit. e bis h sowie lit. j Ziff. v ProspektVO enthalten sind (Art. 19 Abs. 1 lit. b ProspektVO). Hierbei handelt es sich um **Dokumente, die im Zuge einer spezifischen Transaktion erstellt wurden** und deren Existenz von der Pflicht zur Veröffentlichung eines Prospekts für das öffentliche Angebot oder die Zulassung von Wertpapieren befreit (sog. *exempted documents*). Hierzu zählen (i) die **Angebotsunterlage** nach § 11 WpÜG für eine Übernahme im Wege eines Tauschangebots (Art. 1 Abs. 4 lit. f, Abs. 5 UAbs. 1 lit. e ProspektVO) und (ii) der **Verschmelzungs- oder Spaltungsbericht** (Art. 1 Abs. 4 lit. g, Abs. 5 UAbs. 1 lit. f ProspektVO, §§ 8, 127 UmwG), soweit sie gemäß den Bestimmungen des Art. 21 Abs. 2 ProspektVO der Öffentlichkeit zur Verfügung gestellt wurden und Informationen zu der Transaktion und ihren Auswirkungen auf den Emittenten enthalten. Die ESMA scheint zudem etwaige weitere Dokumente für einbeziehungsfähig zu halten, die für eine Übernahme, Verschmelzung oder Spaltung relevant sind und gleichzeitig oder vor der Veröffentlichung der transaktionsbezogenen Dokumente (exempted documents) zur Verfügung gestellt werden.[45] Woran hier gedacht wurde, bleibt leider offen. Nach dem Sinn und Zweck der Regelung in Art. 19 Abs. 1 Buchstabe b) ProspektVO sollten jedenfalls auch **Berichte für vergleichbare Strukturmaßnahmen** erfasst sein, die in Art. 1 Abs. 4 und 5 ProspektVO nicht erfasst sind, aber eine vergleichbare Berichtsfunktion erfüllen. Dies sind insbesondere der Bericht über einen Unternehmensvertrag (§ 293a AktG) und der Formwechselbericht (§ 192 UmwG) insbesondere für einen Formwechsel eine AG in einer KGaA oder SE oder umgekehrt. Aufgrund ausdrücklicher Bezugnahmen zählen zu den transaktionsbezogenen Dokumenten unstreitig (i) ein anlässlich einer (vollständigen oder teilweisen) Dividende in Form von gattungsgleichen Aktien bereitgestelltes Dokument, das Informationen über Anzahl und Art der Aktien enthält und in dem die Gründe und Einzelheiten des Angebots an die vorhandenen Aktieninhaber dargelegt werden (sog. **prospektbefreiendes Dokument** für eine Aktiendividende (Scrip Dividend) nach Art. 1 Abs. 4 lit. h, Abs. 5 UAbs. 1 lit. g ProspektVO),[46] sowie (ii) ein anlässlich des Angebots oder der Zuteilung von Wertpapieren an derzeitige oder ehemalige Führungskräfte oder Beschäftigte zur Verfügung gestelltes Dokument, das Informationen über Anzahl und Art der Wertpapiere enthält und in dem die Gründe und Einzelheiten des Angebots oder der Zuteilung dargelegt werden (Art. 1 Abs. 4 lit. i, Abs. 5 UAbs. 1 lit. h ProspektVO). Schließlich können auch Informationen mittels Verweises in den Prospekt einbezogen werden, die in einem Dokument nach Art. 1 Abs. 5 UAbs. 1 lit. j Ziff. v ProspektVO enthalten sind. Diese sind der Öffentlichkeit dann zur Verfügung zu stellen, wenn die Zulassung von Wertpapieren nach der Ausnahmeregelung des Art. 1 Abs. 5 UAbs. 1 lit. j ProspektVO beantragt wird, die bereits an einem anderen geregelten Markt zugelassen sind.

---

45 ESMA, Final Report – Technical advice on Minimum Information Content for Prospectus Exemption, ESMA31-62-1207, 29.3.2019, Rn. 62; siehe auch *Lenz/Heine*, NZG 2019, 766, 768.
46 Näher dazu *Schlitt/Kreymborg*, in: Habersack/Mülbert/Schlitt, Unternehmensfinanzierung, Rn. 28.1 ff.

d) Vorgeschriebene Informationen

Informationen können durch Verweis in einen Prospekt einbezogen werden, wenn sie in „vorgeschriebenen Informationen" enthalten sind (Art. 19 Abs. 1 Buchstabe c) ProspektVO). Der Begriff der „vorgeschriebenen Informationen" (*regulated information*) bezieht sich nach Art. 2 lit. 1 ProspektVO auf Informationen i. S.d Art. 2 Abs. 1 lit. k der RL 2004/109/EG (**TransparenzRL**). Dort wiederum heißt es, dass „vorgeschriebene Informationen" alle Angaben sind, „die ein Emittent oder jede andere Person, die ohne Zustimmung des Emittenten die Zulassung von Wertpapieren zum Handel an einem geregelten Markt beantragt hat, nach dieser Richtlinie, nach Artikel 6 der Richtlinie 2003/6/EG des Europäischen Parlaments und des Rates vom 28.1.2003 über Insider-Geschäfte und Marktmanipulation (Marktmissbrauch) oder nach den gemäß Art. 3 Abs. 1 dieser Richtlinie erlassenen Rechts- und Verwaltungsvorschriften eines Mitgliedstaats offen legen muss". Die Regelungen der Marktmissbrauchsrichtlinie sind inzwischen durch die **Marktmissbrauchsverordnung** (MAR) abgelöst worden, sodass der Verweis als Verweis auf Art. 17 MAR zu verstehen ist.[47] Die Regelung soll im Sinne einer umfassenden **Auffangklausel** jene Dokumente erfassen, die im Rahmen der Zulassungsfolgepflichten der Emittenten regelmäßig oder anlassbezogen veröffentlicht werden.[48] Erfasst sind damit vor allem der Jahresfinanzbericht (§ 114 Abs. 1 WpHG), der Halbjahresfinanzbericht (§ 115 WpHG) sowie bei einem Mutterunternehmen der Konzernabschluss (§ 117 WpHG). Schließlich fallen hierunter Stimmrechtsmitteilungen (§§ 33 ff. WpHG), (noch aktuelle) Ad-hoc-Mitteilungen nach Art. 17 MAR und Mitteilungen von (Eigen-)Geschäften von Führungskräften nach Art. 19 MAR (Directors' Dealings). Praktisch am bedeutsamsten sind Verweise auf jährliche und unterjährige Finanzinformationen. Es ist kaum eine Situation vorstellbar, in der insbesondere eine Einbeziehung einer – regelmäßig knapp zu haltenden – Ad-hoc-Mitteilung einen wesentlichen Vorteil gegenüber der Darstellung der darin enthaltenen Informationen im Prospekt selbst bieten würde.

17

e) Jährlich und unterjährig vorzulegende Finanzinformationen

Als weitere taugliche Verweisdokumente nennt Art. 19 Abs. 1 lit. d ProspektVO „jährlich und unterjährig vorzulegenden Finanzinformationen". In Betracht kommen vorwiegend die nach dem WpHG zwingend zu erstellenden Finanzberichte, also der Jahresfinanzbericht (§ 114 WpHG), der Halbjahresfinanzbericht (§ 115 WpHG) und der Konzernabschluss (§ 117 WpHG). Insoweit kommt der nochmaligen Nennung dieser „vorgeschriebenen" Finanzinformationen unter lit. d neben lit. c allenfalls klarstellende Funktion zu. Eine eigene Bedeutung hat Art. 19 Abs. 1 lit. d ProspektVO daher nur für Emittenten, die (noch) nicht der TransparenzRL unterfallen bzw. von einigen ihrer Anforderungen befreit sind,[49] sowie für **freiwillige Finanzberichterstattung**. Denn der Bestimmung ist – anders als noch § 11 Abs. 1 Satz 1 WpPG a. F. – nicht zu entnehmen, dass nur Finanzinformatio-

18

---

47 *Scholl/Döhl*, in: Assmann/Schlitt/von Kopp-Colomb, Prospektrecht Kommentar, Art. 19 ProspektVO Rn. 15 Fn. 20; siehe auch *Kunold/Schlitt*, BB 2004, 501, 506.
48 Vgl. zu den kapitalmarktrechtlichen Folgepflichten *Schlitt*, in: Habersack/Mülbert/Schlitt, Unternehmensfinanzierung, Rn. 38.69 ff.
49 *Scholl/Döhl*, in: Assmann/Schlitt/von Kopp-Colomb, Prospektrecht Kommentar, Art. 19 ProspektVO Rn. 17.

nen aufgrund zwingendenden Rechts zu berücksichtigen sind.⁵⁰ Dies war auch offenbar eine bewusste gesetzgeberische Entscheidung. Nach Erwägungsgrund 59 Satz 2 der ProspektVO sollen auch Emittenten, deren Wertpapiere an einem multilateralen Handelssystem (MTF) gehandelt werden, und Emittenten, die von der Veröffentlichung befreit sind (vgl. § 118 WpHG), „die Möglichkeit haben, jährlich und unterjährig vorzulegende Finanzinformationen, Prüfungsberichte, Abschlüsse, Lageberichte oder Erklärungen zur Unternehmensführung ganz oder teilweise mittels Verweises in den Prospekt aufzunehmen, sofern jene Dokumente elektronisch veröffentlicht wurden." Verweistauglich sind insbesondere die **gesetzlich nicht** mehr zwingend **vorgeschriebenen Quartalsfinanzberichte** (§ 37w Abs. 2 Nr. 1 und 2, Abs. 3 und Abs. 4 WpHG a. F.), sofern sie von den Emittenten freiwillig erstellt werden (vgl. § 115 Abs. 7 WpHG). Gleiches gilt für die in der Praxis überwiegenden, weniger tiefgehenden **Quartalsmitteilungen**, die Emittenten mit einer Zulassung zum Teilbereich des regulierten Marktes mit weiteren Zulassungsfolgepflichten an der Frankfurter Wertpapierbörse (Prime Standard) erstellen müssen (§ 53 Abs. 1 BörsO FWB).⁵¹ Gleichwohl ist die Verweismöglichkeit auf zusätzliche unterjährige Finanzinformationen überwiegend nicht relevant, da die jüngsten (unterjährigen) Finanzinformationen regelmäßig im Prospekt selbst abgebildet werden und historische unterjährige Finanzinformationen neben der Jahresfinanzberichterstattung keine Rolle spielen. Nicht mehr aufgeführt als Verweisdokumente werden schließlich Rundschreiben an die Wertpapierinhaber, die noch in Art. 28 Abs. 1 Nr. 7 VO (EG) 809/2004 enthalten waren. Dies verwundert nicht, denn die praktische Bedeutung der Einziehung dieser Rundschreiben oder – nach hiesigem Sprachgebrauch – Aktionärsbriefe war nicht festzustellen. Zwar sollen diese gesetzlich nicht vorgeschriebenen Mitteilungen einer Aktiengesellschaft an ihre Aktionäre in komprimierter Form über den Geschäftsverlauf Aufschluss geben, jedoch enthalten sie nichts, was nicht auch im Geschäftsbericht enthalten wäre. Häufig sind sie sogar Teil des Geschäftsberichts und dienen in Form eines ein- bis zweiseitigen Schreibens des Vorstandsvorsitzenden (nur) als „Einstieg" in die Lektüre des Hauptdokuments.

f) Prüfungsberichte und Jahresabschlüsse; Lageberichte

19 Die gesonderte Aufführung der Prüfungsberichte (§ 321 HGB) und Jahresabschlüsse (§§ 242, 264 HGB) unter Art. 19 Abs. 1 lit. e ProspektVO neben den „jährlich vorzulegenden Finanzinformationen" gemäß Art. 19 Abs. 1 lit. d ProspektVO bzw. den „vorgeschriebenen Informationen" gemäß Art. 19 Abs. 1 lit. c ProspektVO ist erklärungsbedürftig und weitgehend überflüssig. Ausweilich Erwägungsgrund 59 Satz 2 der ProspektVO sollen auch insoweit Emittenten, die nach der TransparenzRL von der Veröffentlichung von Jahres- und Halbjahresfinanzberichten befreit sind, die Möglichkeit haben, Prüfberichte und Jahresabschlüsse mittels Verweises in den Prospekt aufzunehmen (bereits oben → Rn. 18). Jedoch ist der **Prüfungsbericht** grundsätzlich ein Instrument der unternehmens*internen* Berichterstattung, während der Bestätigungsvermerk der unternehmens*externen* Berichterstattung dient. Sein Zweck ist eine vom Vorstand unabhängige, sachverständige Unterrichtung des Aufsichtsrats über Gegenstand, Art, und Umfang, Feststellungen sowie Ergebnis der Prüfung.⁵² Für die Öffentlichkeit ist er nicht bestimmt und daher

---

50 So auch *Lenz/Heine*, NZG 2019, 766, 769 Fn. 53.
51 Die „Quartalsmitteilungen" stellen nur einen inhaltlichen Mindeststandard dar, der nicht den Anforderungen von Punkt 18.2 Anh. 1 VO (EU) 2019/980 genügen dürfte.
52 *Ebke*, in: MünchKomm-HGB, § 321 Rn. 4.

auch nicht nach §§ 325 ff. HGB offen zu legen. Einblick in den Prüfbericht wird nach § 321a HGB nur in der Insolvenz der prüfungspflichtigen Gesellschaft eröffnet.[53] Nur in diesen Fällen der ausnahmsweisen vorherigen Offenlegung wird somit auch ein Verweis in Betracht kommen. Anders als noch in Art. 28 Abs. 1 Nr. 3 VO (EG) 809/2004 wird der **Bestätigungsvermerk** nicht mehr ausdrücklich genannt. Dies ist jedoch unschädlich, weil nach § 114 Abs. 2 Nr. 1 WpHG der **„geprüfte Jahresabschluss"** zwingender Bestandteil des Jahresfinanzberichts (§ 114 HGB) ist. Das schließt den Bestätigungsvermerk nach § 322 HGB mit ein. Zudem könnten Bestätigungsvermerke und Jahresabschlüsse schon aufgrund von Art. 19 Abs. 1 lit. c oder d ProspektVO unproblematisch immer auch im Wege des Teilverweises nach Art. 19 Abs. 1 UAbs. 3 ProspektVO (→ Rn. 28) einbezogen werden. Beides gilt auch für die nochmalige Aufführung der **Lageberichte** (§ 114 Abs. 2 Nr. 2 WpHG, §§ 264, 289, 315 HGB; Kapitel 5 der RL 2013/34/EU[54]) unter Art. 19 Abs. 1 lit. f ProspektVO.

g) Erklärungen zur Unternehmensführung; Vergütungsberichte

Aufgrund der insoweit zu engen Definition der „vorgeschriebenen Informationen" in Art. 19 Abs. 1 lit. c ProspektVO i.V.m. Art. 2 lit. 1 ProspektVO ist es durchaus sinnvoll, die **Erklärung zur Unternehmensführung** (§ 289f HGB), in der auch die Erklärung zum Corporate Governance Kodex nach § 161 AktG enthalten ist, in Art. 19 Abs. 1 lit. g ProspektVO sowie den **Vergütungsbericht** (§ 162 AktG; Art. 9b RL (EU) 2017/828[55]) in Art. 19 Abs. 1 lit. i ProspektVO gesondert aufzuführen. Ob darüber hinaus auch jedwede Angaben zu Unternehmensführungspraktiken bzw. Diversity-Konzepten durch Verweis in den Prospekt einbezogen werden können,[56] ist fraglich. Auch wenn das Billigungs- oder Hinterlegungserfordernis aufgegeben wurde, geht Art. 19 Abs. 1 ProspektVO schon davon aus, dass die Verweisinformationen in Dokumenten enthalten sind, deren Erstellung bestimmten rechtlichen (inhaltlichen und formalen) Vorgaben unterliegt. 20

h) Bewertungsgutachten

Nach Art. 19 Abs. 1 lit. h ProspektVO können Berichte über die Bestimmung des Werts eines Unternehmens oder eines Vermögenswertes Gegenstand einer Aufnahme von Informationen mittels Verweises sein. Nähere Anforderungen an solche Bewertungsgutachten sind in der ProspektVO nicht ausformuliert. Es ist gleichwohl davon auszugehen, dass sie grundsätzlich **bestimmte inhaltliche und verfahrensmäßige** (Mindest-)**Anforderungen** erfüllen müssen. Dies sollte aber im engeren aktien- handels- und umwandlungsrechtlichen Anwendungsbereich auch nicht problematisch sein, weil sich die Gutachter hier an bestimmten Standards, insbesondere des IdW, orientieren (müssen). Konkrete Vorgaben 21

---

53 Näher *Ebke*, in: MünchKomm-HGB, § 321a Rn. 1 ff.
54 Richtlinie 2013/34/EU des Europäischen Parlaments und des Rates vom 26.6.2013 über den Jahresabschluss, den konsolidierten Abschluss und damit verbundene Berichte von Unternehmen bestimmter Rechtsformen und zur Änderung der Richtlinie 2006/43/EG des Europäischen Parlaments und des Rates und zur Aufhebung der Richtlinien 78/660/EWG und 83/349/EWG des Rates, ABl. EU Nr. L 182 v. 29.6.2013, S. 19.
55 Der Verweis in Art. 19 ProspektVO ist insoweit veraltet, als Art. 9b noch nicht in der ersten Aktionärsrechte-RL (2007/36/EG) enthalten war.
56 So aber *Lenz/Heine*, NZG 2019, 766, 769 Fn. 54; *Scholl/Döhl*, in: Assmann/Schlitt/von Kopp-Colomb, Prospektrecht Kommentar, Art. 19 ProspektVO Rn. 20.

enthielten zum Beispiel die Empfehlungen der CESR für Bewertungsgutachten, die für bestimmte Emittenten („Specialist Issuers") beizubringen waren.[57] Interessanterweise werden **Bewertungsgutachten**" zur Ermittlung des Unternehmenswerts und – daraus abgeleitet – einer Abfindung oder Umtauschrelation im Zusammenhang mit einer gesellschafts- oder umwandlungsrechtlichen Strukturmaßnahme regelmäßig gar nicht im Gesetz erwähnt; dort wird nur die Prüfung der jeweiligen Strukturmaßnahme einschließlich der Unternehmensbewertung zur Ermittlung der Abfindung oder der Umtauschrelation durch einen gerichtlich bestellten Prüfer angeordnet (vgl. bspw. §§ 293b, 320 Abs. 3, 327c Abs. 2 AktG; §§ 9, 122f UmwG). Gleiches gilt für die Bewertung von Sacheinlagegegenständen nach den §§ 33–35, 183 Abs. 3 AktG. Auch diese **Prüfberichte** sollten unzweifelhaft verweistaugliche „Bewertungsgutachten" im Sinne der Vorschrift sein. Darüber hinaus gibt es auch weitere Bewertungsgutachten für die Bewertung von Vermögensgegenständen in anderen Zusammenhängen (Ausscheiden eines Gesellschafters und Bewertung des Gesellschaftsanteils nach § 728 Abs. 2 BGB; Bewertung nach § 253 HGB) und anderen Rechtsgebieten (z. B. in der InsO und im KAGB), die theoretisch auch als Verweisdokumente in Betracht kommen.

i) Jahresberichte

22   Art. 19 Abs. 1 lit. j ProspektVO enthält besondere Verweisdokumente für **Verwalter alternativer Investmentfonds** (Alternative Investment Fund Managers – AIFM; vgl. die Legaldefinitionen in § 1 Abs. 3, Abs. 16 KAGB). Sie sind nach Art. 22 der RL 2011/61/EU bzw. § 67 KAGB verpflichtet, **Jahresberichte** vorzulegen, die den dort geregelten inhaltlichen und formalen Anforderungen genügen müssen. Außerdem müssen sie nach Art. 23 der RL 2011/61/EU bestimmte **Informationspflichten** gegenüber Anlegern erfüllen (vgl. §§ 299–301, 307f. KAGB), deren Informationen ebenfalls durch Verweis in den Prospekt einbezogen werden können.

j) Gründungsurkunde und Satzung

23   Der nach Art. 19 Abs. 1 lit. k ProspektVO zulässige Verweis auf Gründungsurkunden und Satzungen (§ 23 AktG) spielt **in der Praxis keine Rolle**. Aus Gründen der Verständlichkeit und leichten Analysierbarkeit der Angaben (vgl. Art. 6 Abs. 2 ProspektVO) hat sich gezeigt, dass eine beschreibende Darstellung einem bloßen Verweis auf die Gründungsurkunde und/oder Satzung vorzuziehen ist. Sie sind in den Prospektkapiteln „Allgemeine Informationen über die Gesellschaft", „Angaben über das Kapital der Gesellschaft und anwendbare Vorschriften" und „Angaben über die Organe und das obere Management der Gesellschaft" enthalten. Gleiches gilt für die anders als noch in Art. 28 Abs. 1 Nr. 4 VO (EG) 809/2004 nicht mehr aufgeführten „Statuten" (insbesondere also **Geschäftsordnungen**), sodass letztlich dahinstehen kann, ob sie mit der Herausnahme aus dem nunmehr abschließenden Katalog des Art. 19 Abs. 1 ProspektVO ohnehin kein taugliches Verweisdokument mehr sein sollen. Es widerspräche allerdings der allgemeinen Tendenz der Ausweitung, wenn diese wesentlichen und unter börsennotierten Unternehmen weithin ver-

---

57   Vgl. ESMA, Update of the CESR's recommendations – the consistent implementation of Commission Regulation (EC) No 809/2004 implemeting the Directive, ESMA/2013/319, 20.3.2013, Rn. 143; siehe dazu *Schnorbus/Kornack*, BB 2021, 1667, 1675 ff.; zuvor bereits *Schnorbus*, WM 2009, 249, 251.

breiteten Dokumente der Selbstorganisation von Organen (vgl. §§ 77 Abs. 2, 82 Abs. 2 AktG) keine tauglichen Verweisdokumente mehr sein sollten.

4. Aktualität

Ausdrücklich klargestellt wird in Art. 19 Abs. 1 UAbs. 2 ProspektVO, dass es sich auch bei den durch Verweis einbezogenen Informationen um die **aktuellsten („jüngsten") Informationen** handeln muss, die dem Emittenten zur Verfügung stehen. Die Angaben müssen also genau so aktuell sein, als wenn sie unmittelbar in den Prospekt aufgenommen würden.[58] Es gilt derselbe Maßstab (vgl. Erwägungsgrund 58 der ProspektVO: „ohne dass dadurch der Anlegerschutz beeinträchtigt wird"). Das ist eine Selbstverständlichkeit, da die Aktualität eine zwingende Anforderung an die relevanten Informationen im Prospekt ist (vgl. Art. 6 Abs. 1 ProspektVO („die erforderlichen Informationen")),[59] zu dessen Bestandteil auch das jeweilige Dokument durch Einbeziehung per Verweis wird. Ebenso bedarf es eigentlich keiner Erwähnung, dass der Verweis auf **historische Finanzinformationen** dadurch nicht ausgeschlossen ist, zumal diese nach den Anhängen zur VO (EU) 2019/980 ja gerade zwingender Bestandteil des Prospekts sind.[60] Dafür lässt sich auch Erwägungsgrund 58 Satz 4 der ProspektVO heranziehen, der feststellt, dass die mittels Verweises aufgenommenen Informationen sich auf historische Daten beziehen sollten. Allerdings ist diese Aussage vor dem Hintergrund des Aktualitätsgebots selbst missverständlich und dürfte sich eher darauf beziehen, dass sich die einbezogenen Informationen auf abgeschlossene Vorgänge beziehen sollten (siehe auch → Rn. 9). Maßstab für die Aktualität ist die Perspektive des Emittenten.[61] Dieser „Verantwortungsbereich des Prospekterstellers"[62] bereitet in den Fällen, in denen der Anbieter vom Emittenten verschieden ist und keinen Zugriff auf die diesem vorliegenden aktuellsten Informationen hat, Schwierigkeiten. Das ist aber kein spezifisches Problem der Verweistechnik, sondern der Prospektpflicht für das Angebot bereits zugelassener Wertpapiere (z. B. bei einer Sekundärplatzierung einer Aktienbeteiligung oder der Abgabe einer Aktienbeteiligung über eine Umtauschanleihe).

Ist die erforderliche Aktualität der einbezogenen Informationen nicht mehr durch das einbezogene Dokument gegeben, weil sich zu darin enthaltenen **Angaben wesentliche Veränderungen** ergeben haben, sollte dieser Umstand im Prospekt (= verweisenden Dokument) **„klar zum Ausdruck gebracht" werden** (Erwägungsgrund 58 Satz 5 der ProspektVO; zuvor Art. 28 Abs. 3 Hs. 1 VO (EG) 809/2004). Es ist darauf hinzuweisen, welche Angaben nicht mehr aktuell sind und an welcher Stelle des Dokuments sie sich befinden. Einer besonderen drucktechnischen Hervorhebung des Hinweises bedarf es anders als etwa im Zusammenhang mit § 355 Abs. 2 BGB nicht.[63]

---

58 *Heidelbach/Preuße*, BKR 2008, 10, 11 f.
59 Vgl. auch Begr. RegE, BT-Drucks. 15/4999, S. 34 (zum WpPG).
60 Siehe dennoch zum alten Recht *Klöckner/Assion*, in: Holzborn, WpPG, § 11 Rn. 16.
61 Vgl. auch Begr. RegE, BT-Drucks. 15/4999, S. 34 (zum WpPG).
62 *Zivny/Mock*, EU-ProspektVO/KMG 2019, Art. 19 ProspektVO Rn. 14.
63 In § 355 Abs. 2 BGB wird eine „deutlich gestaltete Belehrung" verlangt, was die Rechtsprechung dahin auslegt, dass die Belehrung sich durch Farbe, größere Buchstaben, Sperrschrift oder Fettdruck nicht zu übersehender Weise aus dem übrigen Text herausheben muss; siehe die Nachweise bei *Grüneburg*, in: Grüneburg, BGB, § 355 Rn. 16.

26 Neben diesem unmissverständlichen Hinweis sollten ferner auch „die **aktualisierten Angaben** […] zur Verfügung gestellt werden" (Erwägungsgrund 58 Satz 5 der ProspektVO). Dabei kommt es auch dann darauf an, welche aktuellen Informationen dem Emittenten zur Verfügung stehen, wenn der Anbieter von ihm verschieden ist (siehe bereits oben → Rn. 24). Die **Aktualisierung** ist **im Prospekt** selbst vorzunehmen, da anderenfalls ein zusätzliches Dokument einbezogen würde, das entweder nicht die Anforderungen an verweistaugliche Dokumente erfüllt oder jedenfalls eine im Grundsatz nicht zulässige Verweiskette darstellt.[64] Insgesamt ist dies nur als zusätzliche Informationspflicht in den Fällen zu verstehen, in denen es gerade auf die Einbeziehung der historischen, aber nicht mehr aktuellen Information ankommt. Ist für die Information der Anleger von vornherein nur die aktuellste Information maßgeblich, darf auch nur sie einbezogen werden bzw. muss der Prospekt bei einer nachträglichen wesentlichen Änderung in Bezug auf die einbezogene Information durch einen Nachtrag (Art. 23 ProspektVO) aktualisiert werden.

27 Nicht erforderlich ist die Einhaltung dieser Vorgaben, wenn in einem einbezogenen Dokument zwar „veraltete Angaben" enthalten sind, diese aber selbst nicht zum Bestandteil des Prospekts geworden sind, weil nur andere, noch aktuelle Informationen im Wege des Teilverweises (→ unten Rn. 28) einbezogen wurden.[65] Außerdem bedarf es keines Hinweises und keiner Aktualisierung, wenn es sich zweifelsfrei um **„historische" Angaben für einen bestimmten Stichtag** handelt, wie etwa bei einem Jahresabschluss für ein früheres Geschäftsjahr.[66] Etwas anderes gilt wiederum, wenn beispielsweise der Lagebericht für das vergangene Geschäftsjahr als Verweisdokument Grundlage für eine aktualisierte OFA sein soll. Letzteres dürfte in der Praxis aber keine Rolle spielen.

5. Teilverweis

28 Nach Art. 19 Abs. 1 UAbs. 3 ProspektVO können auch Angaben mittels Verweises in einen Prospekt aufgenommen werden, indem lediglich **auf bestimmte Teile** eines Dokuments verwiesen wird (Teilverweis). Durch diesen Teilverweis können folglich aus einem Dokument nur die für den Prospekt relevanten Informationen herausgegriffen und zum Bestandteil des Prospekts gemacht werden. Zu denken ist etwa an einzelne Teile von Geschäftsberichten oder anderen Finanzinformationen. Dies dient der Verständlichkeit des Prospekts und entspricht dem Gebot in Art. 6 Abs. 1 ProspektVO, dass nur die für die Urteilsbildung der potenziellen Anleger über den Emittenten bzw. die Wertpapiere *wesentlichen* Informationen in den Prospekt aufzunehmen sind.[67] Eine Irreführung durch den Teilverweis wird dadurch ausgeschlossen, dass ausdrücklich eine Erklärung enthalten sein werden muss, dass die nicht aufgenommenen Teile entweder nicht relevant oder bereits an anderer Stelle im Prospekt enthalten sind.[68] In diesem Fall ist eine gesonderte Veröffentli-

---

64 Unklar *Hamann*, in: Schäfer/Hamann, Kapitalmarktgesetze, § 11 WpPG Rn. 9 („an ihrer Stelle oder ergänzend im Prospekt aktuelle Angaben").
65 So wohl auch *Hamann*, in: Schäfer/Hamann, Kapitalmarktgesetze, § 11 WpPG Rn. 9.
66 *Hamann*, in: Schäfer/Hamann, Kapitalmarktgesetze, § 11 WpPG Rn. 9; siehe auch CESR's Advice on Level 2 Implementing Measures (July 2003), Rn. 96.
67 Siehe schon CESR's Advice on Level 2 Implementing Measures (July 2003), Rn. 100 („Overburdening investors with a large quantity of information may hamper the comprehension of the prospectus.")
68 Vgl. CESR's Advice on Level 2 Implementing Measures (July 2003), Rn. 100.

chung der Angaben, auf die verwiesen werden soll, nicht erforderlich. Jedoch müssen sie in der Verweisliste genau bezeichnet werden.

Durch den erforderlichen **Hinweis** hinsichtlich der nicht **aufgenommenen Teile** wird auch sichergestellt, dass diese nicht Gegenstand der Prospekthaftung werden. Es genügt, wenn dieser Hinweis **am Ende der Verweisliste** steht; eine Wiederholung bei den jeweiligen Verweisen ist nicht erforderlich. Inhaltlich empfiehlt sich für den Hinweis eine Orientierung an dem in Art. 19 Abs. 1 UAbs. 3 ProspektVO vorgegebenen Text. Der in der Praxis teilweise zu beobachtende weitergehende Hinweis, dass die nicht aufgenommenen Informationen „nur zu Informationszwecken" dienen, ist wenig hilfreich, da doch gerade der gesamte Prospekt einem kapitalmarktrechtlich vorgegebenen Informationszweck dient. 29

6. Sprache

Die mittels Verweises in einen Prospekt aufgenommenen Informationen müssen in einer Sprache „gemäß den Anforderungen des Art. 27 ProspektVO" verfasst sein (Art. 19 Abs. 1 UAbs. 1 Satz 1 ProspektVO). Somit unterliegen auch die Verweisdokumente dem **für Prospekte geltenden Sprachregime** (vgl. ausf. Art. 27 ProspektVO). 30

Noch nicht geklärt ist damit, ob die Sprache des Verweisdokuments der für den Prospekt gewählten Sprache entsprechen muss, d. h. nur auf solche Dokumente verwiesen werden kann, die in derselben Sprache verfasst sind wie der eigentliche Prospekt.[69] Dafür spräche, dass die mittels Verweises aufgenommenen Informationen Bestandteil des Prospekts werden und damit auch bei Nutzung der Verweismöglichkeit für die Anleger eine Einheitlichkeit in der verwendeten Sprache gewahrt wird. Dadurch würde der Anwendungsbereich der Verweismöglichkeit jedoch ungebührlich verengt; insbesondere wäre die Einbeziehung von **anderssprachigen Dokumenten** erschwert. Aber auch bei der zuletzt erleichterten Erstellung eines Prospekts in englischer Sprache könnte nicht auf Dokumente verwiesen werden, die im Rahmen der Regelpublizität in deutscher Sprache verfasst wurden. Die Abhängigkeit der Sprache der einbezogenen Informationen von der Prospektsprache lässt sich unmittelbar aus dem Verweis in Art. 19 Abs. 1 UAbs. 1 Satz 1 ProspektVO auf Art. 27 ProspektVO nicht ableiten, da er nur isoliert das Verweisdokument bzw. die darin enthaltenen Informationen regelt (ebenso Erwägungsgrund 58 Satz 3 der ProspektVO: „Die Sprache der mittels Verweis aufgenommenen Informationen sollte der für Prospekte geltenden Sprachregelung entsprechen.").[70] Hätte man eine sprachliche Verknüpfung herstellen wollen, wäre es leicht gewesen, festzulegen, dass die mittels Verweises aufgenommenen Informationen *in derselben Sprache* wie der Prospekt als aufnehmendes Dokument verfasst sein müssen. Überzeugender ist daher die Ansicht, die die Einbeziehung anderssprachiger Informationen zulässt, solange deren Sprache mit den Sprachregelungen des 31

---

[69] Für anderssprachige Dokumente nach altem Recht siehe *Singhof*, in: Berrar/Meyer/Müller et al., WpPG/EU-ProspektVO, 2. Aufl. 2017, Art. 28 ProspektVO Rn. 19; *Becker*, in: Heidel, Aktienrecht und Kapitalmarktrecht, § 11 WpPG Rn. 7; *Kunold/Schlitt*, BB 2004, 501, 506; *Weber*, NZG 2004, 360, 363; **anders** *Holzborn/Schwarz-Gondeck*, BKR 2003, 927, 932 in Anlehnung an CESR's Advice on Level 2 Implementing Measures (July 2003), Rn. 98; i.E. ebenso, aber Ausnahmen zulassend *Friedl*, in: Just/Voß/Ritz/Zeising, WpPG, 2009, § 11 Rn. 34.
[70] Wie hier zum alten Recht *Mattil/Möslein*, WM 2007, 819, 821.

Art. 19 ProspektVO Angaben von Informationen mittels Verweises

Art. 27 ProspektVO übereinstimmt.[71] Dies entspricht dem Konzept des „**gebrochenen Sprachregimes**" und auch der Auffassung der ESMA.[72] Bei der Sprache der einbezogenen Informationen muss es sich aber um eine Sprache handeln, in der auch der Prospekt nach Art. 27 ProspektVO hätte abgefasst werden können. Ist der Prospekt eines deutschen Emittenten zulässigerweise in Englisch verfasst, kann somit auch auf in Deutsch verfasste Informationen verwiesen werden. Häufig ist die Einbeziehung englischsprachiger Finanzinformationen in deutschsprachige Prospekte.[73]

32 Sofern der Emittent einen (i.d.R. englischsprachigen) Prospekt grenzüberschreitend verwenden will (**Notifizierung** nach Art. 25 ProspektVO), ist ein Verweis auf anderssprachige Informationen nur möglich, wenn die Sprache, in der sie verfasst sind, von der zuständigen Behörde des Aufnahmestaats anerkannt wird oder die Sprache in den internationalen Finanzkreisen gebräuchlich ist (vgl. Art. 27 Abs. 2 ProspektVO).[74] Ist dies nicht der Fall, kann nach Auffassung der ESMA auch eine **Übersetzung** der relevanten Informationen einbezogen werden, sofern die Übersetzung den weiteren Anforderungen des Art. 19 ProspektVO genügt.[75] Die Übersetzung wird dann regelmäßig in eine in den internationalen Finanzkreisen gebräuchliche Sprache, also in Englisch, erfolgen. Eine schriftliche Bestätigung der Korrektheit der Übersetzung ist nach Auffassung der ESMA auch dann nicht erforderlich, wenn es sich um die Übersetzung geprüfter Finanzberichte oder von Bestätigungsvermerken handelt. Dies entspricht der allgemeinen Aufsichtspraxis, dass die Qualität der Übersetzung allein in die Verantwortung der Prospektverantwortlichen fällt und auch bei einer Notifizierung nicht von der Aufsichtsbehörde des Empfangsmitgliedstaats geprüft wird.[76] Soweit nationales Recht nicht entgegensteht, soll es für die Einbeziehung dieser Übersetzung auch nicht des Einverständnisses des Abschlussprüfers bedürfen.[77] Allerdings dürfte dies schon deshalb nicht relevant werden, weil die Emissionsbanken auf der Abgabe eines „Comfort Letters" des Abschlussprüfers hinsichtlich der Finanzangaben im Prospekt bestehen.[78]

---

71 Siehe bereits *Singhof*, in: Berrar/Meyer/Müller et al., WpPG/EU-ProspektVO, 2. Aufl. 2017, Art. 28 ProspektVO Rn. 19; zum neuen Recht auch *Groß*, Kapitalmarktrecht, Art. 19 ProspektVO Rn. 3; *Lenz/Heine*, NZG 2019, 766, 771; *Schlitt*, in: Habersack/Mülbert/Schlitt, Kapitalmarktinformation, § 4 Rn. 29; *Scholl/Döhl*, in: Assmann/Schlitt/von Kopp-Colomb, Prospektrecht Kommentar, Art. 19 ProspektVO Rn. 28.
72 ESMA, Questions and Answers on the Prospectus Regulation (ESMA/2019/ESMA31-62-1258, Version 12, last updated on 3 February 2023), Q5.1a, S. 37; zum alten Recht *Singhof*, in: Berrar/Meyer/Müller et al., WpPG/EU-ProspektVO, 2. Aufl. 2017, Art. 28 ProspektVO Rn. 18 m.w.N.; enger noch CESR's Advice on Level 2 Implementing Measures (July 2003), Rn. 98, 104.
73 *Krug*, in: Hopt/Seibt, Schuldverschreibungsrecht, 2. Aufl. 2023, Rn. 6.83.
74 ESMA, Questions and Answers on the Prospectus Regulation (ESMA/2019/ESMA31-62-1258, Version 12, last updated on 3 February 2023), Q5.1a, S. 37f. Bei einbezogenen Dokumenten in englischer Sprache sollte dies unproblematisch sein, da sie in internationalen Finanzkreisen gebräuchlich ist.
75 ESMA, Questions and Answers on the Prospectus Regulation (ESMA/2019/ESMA31-62-1258, Version 12, last updated on 3 February 2023), Q9.1a – 1d, S. 54f.; siehe dazu auch *Groß*, Kapitalmarktrecht, Art. 19 ProspektVO Rn. 3.
76 ESMA, Questions and Answers on the Prospectus Regulation (ESMA/2019/ESMA31-62-1258, Version 12, last updated on 3 February 2023), Q5.1b, S. 38; *Groß*, Kapitalmarktrecht, Art. 19 ProspektVO Rn. 3.
77 Zu Vorstehendem ESMA, Questions and Answers on the Prospectus Regulation (ESMA/2019/ESMA31-62-1258, Version 12, last updated on 3 February 2023), Q5.1c, S. 38.
78 Zum Comfort Letter statt anderer *Singhof*, in: MünchKomm-HGB, Emissionsgeschäft, Rn. 212ff.

Aufgrund dieser Vorgaben sind grundsätzlich auch eine Verringerung der Verständlichkeit aufgrund fremdsprachiger Teile und eine erschwerte **Kohärenzprüfung** durch die Aufsichtsbehörde nicht zu besorgen.[79] Das gilt jedenfalls dann, wenn die einbezogenen Angaben einen „in sich geschlossenen Prospektteil" darstellen.[80]

33

7. Inhaltliche Anforderungen

a) Mindestangaben nach den Anhängen zur VO (EU) 2019/980

Es bedarf keiner näheren Begründung, dass Art. 19 ProspektVO nur einen Verweis auf Informationen zulässt, die die im Prospekt geforderten Angaben enthalten. Das Verweisdokument muss also hinsichtlich der in ihm enthaltenen Informationen selbst oder zusammen mit den anderen Angaben im Prospekt dazu beitragen, dass die **Mindestangaben** nach Art. 13 i.V.m. den Anhängen zur VO (EU) 2019/980 erfüllt werden. Eine Verringerung der inhaltlichen Anforderungen ist mit der Möglichkeit der Einbeziehung nicht verbunden,[81] da die einbezogenen Dokumente Bestandteil des Prospekts werden und nur deren (technische) Aufnahme in den Prospekt erleichtert werden soll. Entsprechend erstreckt sich die Kohärenzprüfung der zuständigen Behörde natürlich auch auf die mittels Verweises einbezogenen Informationen (arg. Art. 38 lit. a und Art. 41 Abs. 3 VO (EU) 2019/980).[82]

34

b) Verständlichkeit

Die Einbeziehung von Informationen mittels Verweises darf nicht die allgemeinen Anforderungen an den Prospekt beeinträchtigen, der „in **leicht zu analysierender, knapper und verständlicher Form**" geschrieben sein und die „erforderlichen Informationen" enthalten muss, die für ein „fundiertes Urteil" über den Emittenten und die Wertpapiere wesentlich sind (vgl. Art. 6 Abs. 1 und 2 ProspektVO).[83] Die in Art. 6 ProspektVO aufgeführten Eckpunkte gelten somit im Ausgangspunkt uneingeschränkt. Nur dann ist die Einbeziehung von Informationen durch Verweis mit dem übergreifenden Anliegen des Anlegerschutzes vereinbar (vgl. Erwägungsgrund 58 der ProspektVO). Mit der **Einbeziehung** eines Dokuments ist natürlich ein **gewisses Erschwernis** hinsichtlich der Verständlichkeit des Prospekttexts verbunden. Das wird aber grundsätzlich akzeptiert. Eine unzulässige Beeinträchtigung der Verständlichkeit kann danach nicht allein wegen der Verwendung der **Verweistechnik** angenommen werden.[84] Ihre Zulässigkeit impliziert, dass ein geringfügiger Verlust an Verständlichkeit im Vergleich zu einem zusammenhängenden Text hingenommen wird. Gleiches gilt für ein „gebrochenes Sprachenregime" aufgrund der Ein-

35

---

79 Siehe aber nach altem Recht *Mattil/Möslein*, WM 2007, 819, 821.
80 Zum alten Recht *Klöckner/Assion*, in: Holzborn, WpPG, Art. 28 ProspektVO Rn. 3.
81 Vgl. Erwägungsgrund 58 der ProspektVO; *Groß*, Kapitalmarktrecht, Art. 19 ProspektVO Rn. 2; zu § 11 WpPG a. F. Begr. RegE, BT-Drucks. 15/4999, S. 34; *Singhof*, in: Berrar/Meyer/Müller et al., WpPG/EU-ProspektVO, 2. Aufl. 2017, § 11 WpPG Rn. 18.
82 Näher *Scholl/Döhl*, in: Assmann/Schlitt/von Kopp-Colomb, Prospektrecht Kommentar, Art. 19 ProspektVO Rn. 6.
83 Vgl. ESMA, Consultation Paper – Draft Regulatory Technical Standards on prospectus related issues under the Omnibus II Directive, ESMA/2014/1186, 25.9.2014, S. 25.
84 *Heidelbach/Preuße*, BKR 2008, 10, 12.

beziehung anderssprachiger Dokumente nach den oben beschriebenen Grundsätzen (→ Rn. 30 ff.).[85]

36 In diesem Sinne ist nur eine darüberhinausgehende Beeinträchtigung zu vermeiden. Allgemein sollte von der Verweistechnik innerhalb der einzelnen Prospektkapitel nur ausgewogen Gebrauch gemacht werden.[86] Die Verweistechnik sollte nicht so umfassend eingesetzt werden, dass eine Vielzahl von Verweisdokumenten zu einer „**Zersplitterung**" des Prospektkapitels oder -abschnitts führt, die dessen Lesbarkeit und Verständlichkeit wesentlich beeinträchtigt (vgl. auch Art. 37 Abs. 1 lit. e VO (EU) 2019/980 zur Verständlichkeit der Struktur des Prospekts).[87] Wann diese Grenze erreicht ist, ist abstrakt schwer zu sagen und hängt vom Einzelfall ab. Von der Empfehlung einer spezifischen (zahlenmäßigen) Begrenzung hatte daher auch das CESR abgesehen.[88] Unproblematisch ist der Verweis „*en bloc*" auf Dokumente, die zusammenhängend einen Prospekt(unter)abschnitt vollständig abdecken. Kritischer zu sehen ist es, wenn innerhalb eines Abschnitts wegen zahlreicher Detailinformationen immer wieder ein Wechsel zwischen Beschreibung und Verweis vorgenommen würde und der eigentliche Prospekttext damit nur zu einem inhaltsleeren Verbindungstext zwischen den Verweisen würde.[89] Mit dem Gebot, den Prospekt in leicht zu analysierender und verständlicher Form abzufassen (Art. 6 Abs. 2 ProspektVO), wäre dies kaum zu vereinbaren. Eine solche Gestaltung ist aber auch fernliegend und in der Praxis nicht zu beobachten. Kritisch zu würdigen ist immer auch die **Eignung des einbezogenen Dokuments** selbst, da es in der Regel für andere als den gesetzlichen Anforderungen des Kapitalmarkts genügende Zwecke erstellt wurde. Dies betrifft über den Inhalt des Dokuments hinaus die Art der Darstellung.

37 Neben der Unzulässigkeit eines dynamischen Verweises (auf das jeweils aktuellste Dokument) (bereits oben → Rn. 9) wird von der überwiegenden Ansicht zum alten Recht die weitergehende inhaltliche Anforderung gestellt, dass die relevanten Informationen im Verweisdokument selbst enthalten sein müssen. Anderenfalls sei die Lesbarkeit und Verständlichkeit des Prospekts beeinträchtigt. Zuzumuten sei den Anlegern auch nur die Einsichtnahme eines weiteren Dokuments neben dem Prospekt, um die notwendigen Informationen zu erhalten; ein „**Kettenverweis**" soll demnach **nicht zulässig** sein.[90] Betroffen

---

85 Enger *Mattil/Möslein*, WM 2007, 817, 821 („nur in begründeten Ausnahmefällen").
86 Vgl. CESR's Advice on Level 2 Implementing Measures (July 2003), Rn. 91 f. („natural location of the information required is the prospectus").
87 Ähnlich auch *Scholl/Döhl*, in: Assmann/Schlitt/von Kopp-Colomb, Prospektrecht Kommentar, Art. 19 ProspektVO Rn. 32.
88 CESR's Advice on Level 2 Implementing Measures (July 2003), Rn. 99 („CESR does not consider appropriate to indicate a specific limit to the number of references allowed in a prospectus.").
89 Vgl. auch CESR's Advice on Level 2 Implementing Measures (July 2003), Rn. 99 („*...the prospectus should not end up being a one page document containing a list of references to a multitude of publicly available documents.*") sowie zum alten Recht *Friedl*, in: Just/Voß/Ritz/Zeising, WpPG, 2009, § 11 Rn. 11 (Prospekt muss das „zentrale Informationsmedium" für den Anleger bleiben).
90 *Groß*, Kapitalmarktrecht, Art. 19 ProspektVO Rn. 5; *Scholl/Döhl*, in: Assmann/Schlitt/von Kopp-Colomb, Prospektrecht Kommentar, Art. 19 ProspektVO Rn. 30 unter Verweis auf die entsprechende Verwaltungspraxis der BaFin; berichtend *Zivny/Mock*, EU-ProspektVO/KMG 2019, Art. 19 ProspektVO Rn. 11; vgl. zum alten Recht *Apfelbacher/Metzner*, BKR 2006, 81, 82 Fn. 7; *Heidelbach/Preuße*, BKR 2008, 10, 12; *Schlitt/Singhof/Schäfer*, BKR 2005, 251, 263 Fn. 178; *Klöckner/Assion*, in: Holzborn, WpPG, § 11 Rn. 19.

sind hiervon auch Registrierungsformulare, in die zuvor Informationen per Verweis einbezogen wurden. Sofern absehbar ist, dass sie nach Art. 19 ProspektVO später insgesamt zum Inhalt eines Basisprospekts gemacht werden sollen, sollte das Registrierungsformular demnach keinen Verweis enthalten.[91] Ob diese einschränkende Auslegung in Gänze sinnvoll ist, erschien jedoch schon nach alter Rechtslage zweifelhaft. Der Anlegerschutz ist nicht beeinträchtigt, da die in das Verweisdokument einbezogenen Informationen ihrerseits die Voraussetzungen an einen Verweis erfüllen müssen. Zudem ist nunmehr eine leichte Verfügbarkeit der relevanten (mittelbar einbezogenen) Informationen über die verbindlichen (dauerhaft funktionierenden) Hyperlinks sichergestellt.

8. Ausschluss des Verweises in der Prospektzusammenfassung

Die Prospektzusammenfassung nach Art. 7 ProspektVO darf keine Angaben in Form eines Verweises enthalten (Art. 7 Abs. 11 ProspektVO; siehe → Art. 7 Rn. 67). Aufgrund ihrer Funktion als „Entscheidungshilfe für den Anleger" (Art. 7 Abs. 1 UAbs. 1 ProspektVO) und „Einleitung zu dem Prospekt" (Art. 7 Abs. 2 ProspektVO) ist dies naheliegend. Sie muss als „eigenständiger Bestandteil des Prospekts" (Erwägungsgrund 28 der ProspektVO) **aus sich heraus verständlich** sein, wenn sie komprimiert und „prägnant formuliert" (Art. 7 Abs. 3 ProspektVO) die „Basisinformationen" umfassen soll, die für eine Anlageentscheidung erforderlich sind (Art. 7 Abs. 1 ProspektVO). Dies belegt auch der Umstand, dass sie bei grenzüberschreitenden Angeboten oder Zulassungen der einzige Teil des Prospekts ist, der zwingend in die (oder mindestens eine) Amtssprache des Aufnahmemitgliedstaats (Art. 2 lit. n ProspektVO) übersetzt wird oder in einer von der zuständigen Behörde des betreffenden Mitgliedstaats (vgl. § 17 WpPG) anerkannten anderen Sprache vorliegt (vgl. Art. 27 Abs. 2 UAbs. 2 ProspektVO).[92] Die Prospektzusammenfassung soll inhaltlich und sprachlich „aus einem Guss" sein, um Anlegern die Entscheidung zu ermöglichen, „welche Angebote und Zulassungen von Wertpapieren sie eingehender prüfen wollen" (vgl. Erwägungsgrund 28 Satz 2 der ProspektVO). Gleichermaßen ausgeschlossen sind nach Art. 7 Abs. 11 ProspektVO Querverweise auf andere Teile des Prospekts (→ Art. 7 Rn. 67).

38

Auch wenn dies auch weiterhin nicht ausdrücklich in der ProspektVO bestimmt wird, dürfen auch die **Risikofaktoren** (Art. 16 ProspektVO) keine Angaben in Form eines Verweises enthalten.[93] In den Risikofaktoren sind die Risiken zu beschreiben, die „für den Emittenten und/oder die Wertpapiere spezifisch" und für eine „fundierte Anlageentscheidung von wesentlicher Bedeutung" sind (Art. 16 Abs. 1 UAbs. 1 ProspektVO). Damit die Anleger „die wesentlichen Risiken erkennen" und ihre Entscheidung „in voller Kenntnis der Sachlage" treffen können, muss der Emittent „jeden Risikofaktor im Prospekt angemessen beschreiben und darlegen" (vgl. Erwägungsgrund 54 der ProspektVO). Eine Aufnah-

39

---

91 Zum alten Recht *Klöckner/Assion*, in: Holzborn, WpPG, § 11 Rn. 19.
92 Zustimmend *Lenz/Heine*, NZG 2019, 766, 767; *Müller*, WpPG, § 11 Rn. 3.
93 Ebenso *Lenz/Heine*, NZG 2019, 766, 767f.; berichtend *Groß*, Kapitalmarktrecht, Art. 19 ProspektVO Rn. 6; *Zivny/Mock*, EU-ProspektVO/KMG 2019, Art. 19 ProspektVO Rn. 11; nach altem Recht: *Friedl*, in: Just/Voß/Ritz/Zeising, WpPG, 2009, § 11 Rn. 37; *Klöckner/Assion*, in: Holzborn, WpPG, § 11 Rn. 22; **a. A.** *Scholl/Döhl*, in: Assmann/Schlitt/von Kopp-Colomb, Prospektrecht Kommentar, Art. 19 ProspektVO Rn. 35.

me von Informationen mittels Verweises stünde der gesteigerten Bedeutung der konzentrierten und zusammenhängenden Darstellung der Risiken am Anfang des Prospekts entgegen. Nur wenn die Darstellung **aus sich heraus verständlich** ist, wird ihrer besonderen Bedeutung Rechnung getragen. Abgesehen davon dürfte es außer in Risikofaktoren in anderen Prospekten des Emittenten kaum Informationen geben, die den Anforderungen an die besondere Darstellungsweise von Risikofaktoren genügen. Auch ein (Quer-)Verweis auf andere Abschnitte des Prospekts ist in den Risikofaktoren aus den genannten Gründen nicht zulässig.

III. Zugänglichkeit der Informationen

1. Allgemeines

40 Nach Art. 19 Abs. 2 Satz 1 ProspektVO muss der Emittent, der Anbieter oder die die Zulassung zum Handel an einem geregelten Markt beantragende Person die Zugänglichkeit der mittels Verweises aufgenommenen Informationen gewährleisten. Die Zugänglichkeit der Information ist eine ganz wesentliche Voraussetzung für die mit der „Incorporation by Reference" verbundene (kostensenkende) Erleichterung der Prospekterstellung, da diese „nicht zulasten anderer Interessen verwirklicht werden" soll (vgl. Erwägungsgrund 58 Satz 2 der ProspektVO). Die Einbeziehung von Informationen in den Prospekt setzt also voraus, dass der interessierte Anleger die Informationen anderenorts **ohne Weiteres (kostenfrei)** erhalten kann.[94] Ansonsten kann man nicht davon ausgehen, dass alle Mindestangaben (Art. 13 ProspektVO) in dem Prospekt enthalten sind. Nach Art. 19 Abs. 2 Satz 2 ProspektVO muss der Prospekt zu diesem Zweck insbesondere eine Liste mit Querverweisen (für die leichte Auffindbarkeit bestimmter Einzelangaben) sowie elektronische Verknüpfungen („Hyperlinks") zu allen Dokumenten mit den mittels Verweises aufgenommenen Informationen enthalten.

2. Verweisliste

41 Die relevanten Informationen werden mittels Verweises jeweils an der Stelle des Prospekts einbezogen, an der die im sachlichen Zusammenhang mit ihnen stehenden Themen abgehandelt werden.[95] Um den Anlegern den Überblick über diese nicht im Prospekt enthaltenen Informationen und das Auffinden der Einzelangaben zu erleichtern, sind sämtliche Verweise in einer Liste aufzuführen. Diese Liste muss im Prospekt enthalten sein. Dies ergibt sich aus Art. 19 Abs. 2 Satz 2 ProspektVO.[96] Entgegen dem Wortlaut handelt es sich dabei nicht um „Querverweise" (innerhalb des Prospekts), sondern um die Verwei-

---

94 Vgl. auch ESMA, Consultation Paper – Draft Regulatory Technical Standards on prospectus related issues under the Omnibus II Directive, ESMA/2014/1186, 25.9.2014, S. 25.
95 So auch *Scholl/Döhl*, in: Assmann/Schlitt/von Kopp-Colomb, Prospektrecht Kommentar, Art. 19 ProspektVO Rn. 29.
96 Zur Aufsichtspraxis in anderen EU-Mitgliedstaaten nach altem Recht CESR, Report On CESR Members', Powers Under The Prospectus Directive, Ziff. 8, S. 45 f. Nicht zu verwechseln ist die Verweisliste mit der Liste der „verfügbaren Dokumente", die auch dann erforderlich ist, wenn der Prospekt keine Verweise enthält (vgl. VO (EU) 2019/980 Anh. 1 Abschnitt 21, Punkt 21.1).

se auf andere Dokumente außerhalb des Prospekts. Danach sollten auch weiterhin die relevanten Prospektstellen, an denen Verweise aufgenommen worden sind (**Seitenangaben des Prospekts**), und die **Bezeichnung der Dokumente**, auf die (ganz oder teilweise) verwiesen wird, in einer im Prospekt enthaltenen Liste zusammengeführt werden. Handelt es sich um Verweise, die lediglich den Finanzteil („F-Pages") „en bloc entschlacken", kann sich die Seitenangabe erübrigen. Teilweise steht die Verweisliste vor der „Zusammenfassung" am Anfang des Prospekts; sie kann jedoch ebenso an sein Ende gesetzt werden. Wo sich die Verweisliste im Prospekt befindet, ist im Inhaltsverzeichnis anzugeben. Zusätzlich ist nochmals im fortlaufenden Text des Prospekts anzugeben, wo jeweils verwiesen wird und die Informationen wegen dieses Verweises damit nicht unmittelbar enthalten sind. Beschränken sich die Verweise auf den Finanzteil, kann an dessen Beginn konzentriert nochmals wiederholt werden, auf welche Finanzinformationen verwiesen wird.[97] Wird von der Möglichkeit Gebrauch gemacht, nur auf bestimmte Teile eines Dokuments zu verweisen (Teilverweis, Art. 19 Abs. 1 UAbs. 3 ProspektVO), muss diese Einschränkung z. B. durch Angabe der Seitenzahlen oder genaue Bezeichnung der einbezogenen Abschnitte in der Verweisliste zum Ausdruck kommen (siehe auch oben → Rn. 28). Außerdem kann die erforderliche Erklärung, dass die nicht aufgenommenen Teile entweder für den Anleger nicht relevant oder an anderer Stelle im Prospekt enthalten sind, hier ergänzt werden (siehe oben → Rn. 28).

Eine **Verweisliste** kann daher mit den entsprechenden Hinweisen wie folgt aussehen: 42

Documents Incorporated by Reference

The following documents (the "Documents") which have been published previously or are published simultaneously with this Securities Prospectus and filed with the [...] shall be incorporated by reference in, and form part of, this Securities Prospectus to the extent set out in the "Table of Documents Incorporated by Reference" below, provided that (i) any information referred to in the Documents not specifically set out in the "Table of Documents Incorporated by Reference" below but included in the Documents is either not relevant for an investor or is covered elsewhere in this Securities Prospectus and shall therefore not be deemed to be included in this Securities Prospectus, and (ii) any statement contained herein or in a Document shall be deemed to be modified or superseded for the purpose of this Securities Prospectus to the extent that a statement contained in any such subsequent document which is incorporated by reference herein modifies or supersedes such earlier statement (whether expressly, by implication or otherwise). Any statement so modified or superseded shall not be deemed, except as so modified or superseded, to constitute a part of this Securities Prospectus.

Copies of all documents set out in the "Table of Documents Incorporated by Reference" below will be viewable on, and obtainable free of charge from, the website of the [...] Stock Exchange as per the hyperlink set out below each such document. For the avoidance of doubt, any information contained in the aforementioned website (other than the information incorporated by reference in this Securities Prospectus) does not form part of this Securities Prospectus and has not been scrutinized or approved by the [...] or the [...] Stock Exchange.

---

97 Vgl. den Wertpapierprospekt der Axel Springer AG vom 24.11.2006, S. 6, F-1.

Page in this Securities Prospectus (Seitenzahl im Prospekt)	Section in this Securities Prospectus (Kapitelbezeichnung im Prospekt)	Document and Relevant Sections Incorporated By Reference (Bezeichnung des Dokuments und der mittels Verweises einbezogenen relevanten Abschnitte) (Place of Publication (Ort der Veröffentlichung)/Website (Hyperlink))	Pages of Document (Seitenzahlen im Dokument)

3. Elektronische Verknüpfung

43 Nach Art. 19 Abs. 2 Satz 2 ProspektVO muss der Prospekt elektronische Verknüpfungen („**Hyperlinks**") zu allen Dokumenten mit den mittels Verweises aufgenommenen Informationen enthalten. Dies stellt sicher, dass die Anleger unmittelbar und kostenfrei in demselben Maße über die einbezogenen Informationen verfügen können, als wären sie im Prospekt enthalten. Es bedarf eigentlich keiner besonderen Erwähnung, dass eine **fortbestehende Verfügbarkeit** der Informationen aus Gründen des Anlegerschutzes unabdingbar ist (siehe auch → Rn. 9).[98] Auch prospekthaftungsrechtlich wäre es nicht vorstellbar, dass ein Bestandteil des Prospekts, der zu dessen Vollständigkeit und Richtigkeit beitragen soll, nicht fortdauernd verfügbar ist. Anknüpfend an die Verjährung von Prospekthaftungsansprüchen wird daher in Art. 21 Abs. 7 UAbs. 2 ProspektVO nochmals konkret angeordnet, dass für mittels Verweises in den Prospekt aufgenommene Informationen verwendete Hyperlinks während des in UAbs. 1 genannten Zeitraums von mindestens zehn Jahren seit Veröffentlichung des gebilligten Prospekts funktionsfähig bleiben müssen.

IV. Vorlage der durch Verweis aufgenommenen Informationen

44 In der Praxis wird man für den Zeitpunkt der Veröffentlichung der einbezogenen Informationen nicht auf die (mindestens gleichzeitige) Veröffentlichung des Prospekts abstellen können. Da der Prospekt zu der zuständigen Behörde (§ 17 WpPG) unter Berücksichtigung der mittels Verweises einbezogenen Informationen zu **billigen** ist, muss diese auch die einbezogenen Informationen berücksichtigen können (vgl. auch Art. 38 lit. a VO (EU) 2019/980). Dies setzt voraus, dass sie spätestens zum Zeitpunkt des Überprüfungsprozesses vorliegen und die zuständige Behörde auch deren Verfügbarkeit und das Funktionieren der elektronischen Verknüpfung überprüfen kann.[99] Die entsprechende Vorlagepflicht

---

[98] Zust. zum alten Recht *Klöckner/Assion*, in: Holzborn, WpPG, § 11 Rn. 17. Zu Vorgängerregelungen *Singhof*, in: Berrar/Meyer/Müller et al., WpPG/EU-ProspektVO, 2. Aufl. 2017, Art. 28 ProspektVO Rn. 27. Bereits CESR's Advice on Level 2 Implementing Measures (July 2003) enthielt die Empfehlung, bei ausschließlich elektronischer Veröffentlichung des Prospekts eine elektronische Verknüpfung mit den Verweisdokumenten, z.B. durch Hyperlinks, vorzunehmen. Jedoch wurde dies seinerzeit nicht übernommen.

[99] *Scholl/Döhl*, in: Assmann/Schlitt/von Kopp-Colomb, Prospektrecht Kommentar, Art. 19 ProspektVO Rn. 26.

ergibt sich aus Art. 19 Abs. 3 ProspektVO. Dabei muss das elektronische Format der mittels Verweises in den Prospekt aufgenommenen Informationen mit einer Suchfunktion ausgestattet sein (Art. 42 Abs. 2 lit. c VO (EU) 2019/980). Eine Vorlage ist nur dann nicht erforderlich, wenn die Dokumente mit den einbezogenen Informationen von der Behörde gebilligt oder dort in einem durchsuchbaren elektronischen Format hinterlegt wurden (Art. 19 Abs. 3 letzter Hs. ProspektVO).

V. Ermächtigung zum Erlass technischer Regulierungsstandards

Nach Art. 19 Abs. 4 UAbs. 1 ProspektVO kann die ESMA bzw. muss die ESMA, wenn die Kommission dies verlangt, Entwürfe technischer Regulierungsstandards zur Aktualisierung der in Absatz 1 dieses Artikels genannten Liste von Dokumenten durch Aufnahme weiterer Arten von Dokumenten, die nach dem Unionsrecht bei einer Behörde zu hinterlegen oder von einer Behörde zu billigen sind, ausarbeiten. Der Kommission wird nach Art. 19 Abs. 4 UAbs. 2 ProspektVO die Befugnis übertragen, die in Unterabsatz 1 dieses Absatzes genannten technischen Regulierungsstandards gemäß den Artikeln 10 bis 14 der Verordnung (EU) Nr. 1095/2010 zu erlassen. Damit ist sichergestellt, dass der nach Abs. 1 abschließende Katalog[100] zukünftig recht flexibel angepasst werden kann.

45

VI. Rechtswirkungen des Verweises; Haftungsfragen

Durch die Einbeziehung werden die Angaben **Bestandteil des Prospekts**.[101] Die Einzeldokumente bilden somit zusammen den (einheitlichen) Prospekt. Dem entspricht es, dass die europäischen Aufsichtsbehörden ganz überwiegend die Einhaltung der Voraussetzungen einer Einbeziehung durch Verweis im Rahmen des Billigungsverfahrens ex ante prüfen und deren Nichteinhaltung zur Versagung der Billigung führen kann.[102] Unberührt bleibt von der Einbeziehung durch Verweis die **Gültigkeitsdauer** des Prospekts; sie beträgt auch dann zwölf Monate ab Billigung (Art. 12 Abs. 1 ProspektVO), wenn auf Informationen in einem Dokument verwiesen wird, dessen Gültigkeitsdauer nach der ProspektVO schon vorher abläuft.[103] Auch ist es grundsätzlich zulässig, auf Dokumente zu verweisen, deren Gültigkeit im Zeitpunkt der Einbeziehung bereits abgelaufen ist, sofern es sich hierbei immer noch um die **aktuellsten Informationen** handelt, die dem Emittenten zur Verfügung stehen (→ Rn. 24 ff.).[104]

46

---

100 *Scholl/Döhl*, in: Assmann/Schlitt/von Kopp-Colomb, Prospektrecht Kommentar, Art. 19 ProspektVO Rn. 9.
101 Vgl. Begr. RegE, BT-Drucks. 15/4999, S. 34. Dort heißt es, dass die einbezogenen „Dokumente" Bestandteil des Prospekts werden. Da auch die Möglichkeit des Teilverweises besteht (vgl. Art. 28 Abs. 4 ProspektVO), die nicht zur Einbeziehung des gesamten Dokuments, sondern nur einzelner Angaben hieraus führt, ist die hier verwendete Terminologie zutreffender; siehe auch *Friedl*, in: Just/Voß/Ritz/Zeising, WpPG, 2009, § 11 Rn. 9.
102 Näher CESR, Report On CESR Members's; Powers Under The Prospectus Directive, Ziff. 8, S. 45 f.
103 Wie hier *Zivny/Mock*, EU-ProspektVO/KMG 2019, Art. 19 ProspektVO Rn. 15; zum alten Recht: *Friedl*, in: Just/Voß/Ritz/Zeising, WpPG, 2009, § 11 Rn. 29 ff.
104 Vgl. ESMA, Questions and Answers – Prospectuses (Version 30, last updated on 8 April 2019), Nr. 8; *Scholl/Döhl*, in: Assmann/Schlitt/von Kopp-Colomb, Prospektrecht Kommentar, Art. 19 ProspektVO Rn. 38.

47 Aus den skizzierten Rechtswirkungen des Verweises folgt unmittelbar, dass sich die **Prospekthaftung** nach §§ 9 ff. WpPG in vollem Umfang auch auf die durch Verweis in den Prospekt einbezogenen Angaben erstreckt. Denn für Inhalte, die „vollwertiger" Bestandteil eines Prospekts sind, ist ungeachtet der konkreten Darstellungsform die Verantwortung nach den allgemeinen Grundsätzen zu übernehmen.[105] Eine Beschränkung der Haftung auf die bloße Richtigkeit des Verweises ist nicht möglich.[106] Anderenfalls könnte der Prospektverantwortliche durch weitreichende Nutzung der durch Art. 19 ProspektVO eröffneten Möglichkeit nicht nur die Erstellung des Prospekts erleichtern, sondern auch seine Verantwortung signifikant reduzieren. Dies gilt natürlich auch dann, wenn die in Bezug genommenen Dokumente von Dritten stammen. Ob sich dieser Umstand bei entsprechendem Hinweis haftungsreduzierend auswirken kann,[107] ist hier nicht auszuführen, weil es sich dabei um ein von der Darstellungsform unabhängiges Problem der Prospekthaftung handelt.

---

105 Ebenso *Groß*, Kapitalmarktrecht, Art. 19 ProspektVO Rn. 2; *Becker*, in: Heidel, Aktienrecht und Kapitalmarktrecht, § 11 WpPG Rn. 12; *Hamann*, in: Schäfer/Hamann, Kapitalmarktgesetze, § 11 WpPG Rn. 14; dagegen eine „Erleichterung" der Prospekthaftung noch vermutend *Weber*, NZG 2004, 360, 363.

106 Gleichsinnig *Friedl*, in: Just/Voß/Ritz/Zeising, WpPG, 2009, § 11 Rn. 40 ff. m. w. N.; *Scholl/Döhl*, in: Assmann/Schlitt/von Kopp-Colomb, Prospektrecht Kommentar, Art. 19 ProspektVO Rn. 49.

107 So offenbar *Groß*, Kapitalmarktrecht, Art. 19 ProspektVO Rn. 2; siehe auch *Zivny/Mock*, EU-ProspektVO/KMG 2019, Art. 19 ProspektVO Rn. 17.

Kapitel IV
Regeln für die Billigung und die Veröffentlichung des Prospekts

Art. 20 ProspektVO
Prüfung und Billigung des Prospekts

(1) Ein Prospekt darf erst veröffentlicht werden, wenn die jeweils zuständige Behörde ihn oder alle seine Bestandteile gemäß Artikel 10 gebilligt hat.

(2) Die zuständige Behörde teilt dem Emittenten, dem Anbieter oder der die Zulassung zum Handel an einem geregelten Markt beantragenden Person innerhalb von zehn Arbeitstagen nach Vorlage des Prospektentwurfs ihre Entscheidung hinsichtlich der Billigung des Prospekts mit.

Unterlässt es die zuständige Behörde, innerhalb der in Unterabsatz1 dieses Absatzes sowie den Absätzen 3 und 6 genannten Fristen eine Entscheidung über den Prospekt zu treffen, so gilt diese Unterlassung nicht als Billigung.

Die zuständige Behörde unterrichtet die ESMA so bald wie möglich über die Billigung des Prospekts und aller Prospektnachträge, auf jeden Fall spätestens bis zum Ende des ersten Arbeitstags, nachdem der Emittent, der Anbieter oder die die Zulassung zum Handel an einem geregelten Markt beantragende Person hierüber unterrichtet wurde.

(3) Die Frist gemäß Absatz 2 Unterabsatz 1 wird auf 20 Arbeitstage verlängert, wenn das öffentliche Angebot Wertpapiere eines Emittenten betrifft, dessen Wertpapiere noch nicht zum Handel an einem geregelten Markt zugelassen sind und der zuvor keine Wertpapiere öffentlich angeboten hat.

Die Frist von 20 Arbeitstagen gilt nur für die erste Vorlage des Prospektentwurfs.

Sind gemäß Absatz 4 nachfolgende Vorlagen erforderlich, so gilt die Frist nach Absatz 2 Unterabsatz 1.

(4) Stellt die zuständige Behörde fest, dass der Prospektentwurf die für eine Billigung vorausgesetzten Standards bezüglich Vollständigkeit, Verständlichkeit und Kohärenz nicht erfüllt und/oder dass Änderungen oder ergänzende Informationen erforderlich sind, so

a) unterrichtet sie den Emittenten, den Anbieter oder die die Zulassung zum Handel an einem geregelten Markt beantragende Person zeitnah darüber, spätestens innerhalb der in Absatz 2 Unterabsatz 1 oder gegebenenfalls Absatz 3 genannten Fristen, gerechnet ab der Vorlage des Prospektentwurfs und/oder der ergänzenden Informationen, und

b) gibt klar die Änderungen oder ergänzenden Informationen, die erforderlich sind, an.

In diesen Fällen gilt die in Absatz 2 Unterabsatz 1 festgelegte Frist erst ab dem Datum, zu dem ein geänderter Prospektentwurf oder die verlangten zusätzlichen Informationen bei der zuständigen Behörde eingereicht werden.

Art. 20 ProspektVO   Prüfung und Billigung des Prospekts

(5) Ist der Emittent, der Anbieter oder die die Zulassung zum Handel an einem geregelten Markt beantragende Person nicht in der Lage oder nicht willens, die erforderlichen Änderungen vorzunehmen oder die gemäß Absatz 4 verlangten ergänzenden Informationen vorzulegen, ist die zuständige Behörde berechtigt, die Billigung des Prospekts zu verweigern und den Überprüfungsprozess zu beenden. In diesem Fall teilt die zuständige Behörde dem Emittenten, dem Anbieter oder der die Zulassung zum Handel an einem geregelten Markt beantragenden Person ihre Entscheidung und die Gründe für die Ablehnung mit.

(6) Abweichend von den Absätzen 2 und 4 verkürzen sich die in Absatz 2 Unterabsatz 1 und Absatz 4 genannten Fristen für einen aus mehreren Einzeldokumenten bestehenden Prospekt, der durch in Artikel 9 Absatz 11 genannte Daueremittenten, einschließlich Daueremittenten, die das Notifizierungsverfahren nach Artikel 26 anwenden, erstellt wurde, auf fünf Arbeitstage. Der Daueremittent unterrichtet die zuständige Behörde spätestens fünf Arbeitstage vor dem Datum, zu dem der Antrag auf Billigung gestellt werden soll.

Der Daueremittent legt der zuständigen Behörde seinen Antrag mit den erforderlichen Änderungen des einheitlichen Registrierungsformulars, soweit dies zutrifft, sowie der Wertpapierbeschreibung und der Zusammenfassung, die zur Billigung vorgelegt wurden, vor.

(6a) Abweichend von den Absätzen 2 und 4 werden die in Absatz 2 Unterabsatz 1 und Absatz 4 genannten Fristen für einen EU-Wiederaufbauprospekt auf sieben Arbeitstage verkürzt. Der Emittent unterrichtet die zuständige Behörde mindestens fünf Arbeitstage vor dem Datum, zu dem der Antrag auf Billigung gestellt werden soll.

(7) Die zuständigen Behörden stellen auf ihren Websites eine Anleitung zum Prüfungs- und Billigungsverfahren bereit, um eine wirksame und zeitnahe Billigung der Prospekte zu gewährleisten. Eine solche Anleitung schließt auch Kontaktdaten für Billigungen ein. Der Emittent, der Anbieter, die die Zulassung zum Handel an einem geregelten Markt beantragende Person oder die für die Erstellung des Prospekts zuständige Person erhalten die Möglichkeit, während des gesamten Verfahrens der Billigung des Prospekts direkt mit dem Personal der zuständigen Behörde zu kommunizieren und zu interagieren.

(8) Auf Antrag des Emittenten, des Anbieters oder der die Zulassung zum Handel an einem geregelten Markt beantragenden Person kann die zuständige Behörde des Herkunftsmitgliedstaats die Billigung eines Prospekts der zuständigen Behörde eines anderen Mitgliedstaats übertragen, sofern die ESMA vorab darüber informiert wurde und die betreffende zuständige Behörde damit einverstanden ist. Die zuständige Behörde des Herkunftsmitgliedstaats übermittelt die hinterlegten Unterlagen zusammen mit ihrer Entscheidung, die Billigung zu übertragen, noch an dem Tag, an dem sie die Entscheidung getroffen hat, in elektronischer Form der zuständigen Behörde des anderen Mitgliedstaats. Eine solche Übertragung ist dem Emittenten, dem Anbieter oder der die Zulassung zum Handel an einem geregelten Markt beantragenden Person innerhalb von drei Arbeitstagen ab dem Datum mitzuteilen, zu dem die zuständige Behörde des Herkunftsmitgliedstaats ihre Entscheidung getroffen hat. Die in Absatz 2 Unterabsatz 1 und Absatz 3 genannten Fristen gelten ab dem Datum, zu dem die zuständige Behörde des Herkunftsmitgliedstaats die Entscheidung getrof-

fen hatte. Artikel 28 Absatz 4 der Verordnung (EU) Nr. 1095/2010 findet auf die Übertragung der Billigung des Prospekts gemäß diesem Absatz keine Anwendung. Nach Abschluss der Übertragung der Billigung gilt die zuständige Behörde, der die Billigung des Prospekts übertragen wurde, für die Zwecke dieser Verordnung als die für diesen Prospekt zuständige Behörde des Herkunftsmitgliedstaats.

(9) Diese Verordnung berührt nicht die Haftung der zuständigen Behörde, die weiterhin ausschließlich durch das nationale Recht geregelt wird.

Die Mitgliedstaaten stellen sicher, dass ihre nationalen Vorschriften über die Haftung der zuständigen Behörde lediglich für die Billigung von Prospekten durch ihre zuständige Behörde gelten.

(10) Die Höhe der Gebühren, die die zuständige Behörde des Herkunftsmitgliedstaats für die Billigung von Prospekten, von Dokumenten, die Bestandteil von Prospekten gemäß Artikel 10 werden sollen, oder von Prospektnachträgen sowie für die Hinterlegung einheitlicher Registrierungsformulare, einschlägiger Änderungen und endgültiger Bedingungen erhebt, muss angemessen und verhältnismäßig sein und wird zumindest auf der Website der zuständigen Behörde veröffentlicht.

(11) Die Kommission erlässt bis zum 21. Januar 2019 gemäß Artikel 44 delegierte Rechtsakte zur Ergänzung dieser Verordnung, in denen die Kriterien für die Prüfung der Prospekte, insbesondere der Vollständigkeit, Verständlichkeit und Kohärenz der darin enthaltenen Informationen, und die Verfahren für die Billigung des Prospekts festgelegt werden.

(12) Die ESMA nutzt ihre Befugnisse im Rahmen der Verordnung (EU) Nr. 1095/2010 zur Förderung der Aufsichtskonvergenz in Bezug auf die Prüfungs- und Billigungsverfahren der zuständigen Behörden zur Bewertung der Vollständigkeit, Kohärenz und Verständlichkeit der im Prospekt enthaltenen Informationen. Hierzu arbeitet die ESMA Leitlinien für die zuständigen Behörden über die Überwachung und Durchsetzung der Prospektvorschriften aus; diese Leitlinien beziehen sich auf die Überprüfung der Einhaltung dieser Verordnung und von auf ihrer Grundlage erlassenen delegierten Rechtsakten und Durchführungsrechtsakten. Die ESMA fördert insbesondere die Konvergenz hinsichtlich der Wirksamkeit, der Methoden und des Zeitpunkts der Prüfung der im Prospekt enthaltenen Informationen durch die zuständigen Behörden, wobei sie insbesondere vergleichende Analysen gemäß Absatz 13 durchführt.

(13) Unbeschadet des Artikels 30 der Verordnung (EU) Nr. 1095/2010 unterzieht die ESMA die Prüfungs- und Billigungsverfahren der zuständigen Behörden, einschließlich der Verfahren zur Notifizierung der Billigung zwischen den zuständigen Behörden, mindestens einer vergleichenden Analyse („Peer review"). Bei der vergleichenden Analyse wird auch bewertet, wie sich unterschiedliche Ansätze bei der Prüfung und Billigung durch die zuständigen Behörden auf die Möglichkeiten der Emittenten, sich in der Union Kapital zu beschaffen, auswirken. Der Bericht über die vergleichende Analyse wird bis zum 21. Juli 2022 veröffentlicht. Die ESMA berücksichtigt im Rahmen dieser vergleichenden Analyse die Stellungnahmen oder Empfehlungen der in Artikel 37 der Verordnung (EU) Nr. 1095/2010 genannten Interessengruppe Wertpapiere und Wertpapiermärkte.

Übersicht

	Rn.		Rn.
I. Vorbemerkung zu Kapitel IV/Regelungsgegenstand des Art. 20	1	e) Kosten des Billigungsverfahrens	58
II. Systematik der Regelungen zu Prospektprüfung und -billigung	5	3. Charakter des gebilligten Prospekts	60
III. Billigung des Prospekts durch die zuständige Behörde	8	4. Wirkung bzw. Rechtsfolgen der Billigung	61
1. Billigungsvorbehalt, Rechtsnatur der Billigung und Prüfungsmaßstab	8	5. Formelle Verfahrensschritte nach Billigung (Art. 20 Abs. 2 UAbs. 3)	67
a) Billigungsvorbehalt gemäß Art. 20 Abs. 1	8	6. Bereitstellung einer Anleitung zum Prüfungs- und Billigungsverfahren (Art. 20 Abs. 7)	68
b) Rechtsnatur der Billigung durch die BaFin	10	IV. Rechtsschutz im Zusammenhang mit der Billigung	69
c) Prüfungsmaßstab	12	V. Haftungsansprüche gegen die BaFin	76
2. Billigungsverfahren nach Art. 20	21	1. Ansprüche von Anlegern	78
a) Antragsberechtigung	23	2. Ansprüche des Emittenten, Anbieters bzw. Zulassungsantragstellers	80
b) Zuständige Behörde	25	VI. Exkurs: Zulassungsverfahren nach §§ 32, 34 BörsG/BörsZulV	83
aa) Örtliche bzw. internationale Zuständigkeit	25	1. Verhältnis der Kompetenzen von BaFin und Geschäftsführung der Börsen	84
bb) Sachliche Zuständigkeit	29	2. Notwendigkeit der (Mit-)Antragstellung durch einen sog. Emissionsbegleiter	90
c) Einzelne Schritte des Billigungsverfahrens	32	3. Ablauf des Zulassungsverfahrens	92
aa) Einzureichende Dokumente bei Einleitung des Verfahrens	32	a) Formelle und materielle Voraussetzungen nach § 32 Abs. 3 BörsG, §§ 48 ff. BörsZulV	92
bb) Rücknahme des Antrags auf Billigung	38	b) Zeitlicher Ablauf und Veröffentlichungen nach §§ 50–52 BörsZulV	96
cc) Prüfungsfristen und Ablauf des Verfahrens	40		
d) Verwendung von Entwurfsfassungen vor Billigung	56		

I. Vorbemerkung zu Kapitel IV/Regelungsgegenstand des Art. 20

1 Während sich Kapitel III der ProspektVO vorrangig mit dem Inhalt des Prospekts befasst, enthält Kapitel IV mit den **Art. 20–23** die **zentralen Vorschriften der Billigung und Veröffentlichung des Prospekts im Anschluss an dessen Erstellung**. Dies betrifft zum einen die Regelung des Verfahrens zwischen Emittenten, dem Anbieter bzw. der die Zulassung zum Handel an einem geregelten Markt beantragenden Person („**Zulassungsantragsteller**") auf der einen Seite und der zuständigen Behörde (in Deutschland der Bundesanstalt für Finanzdienstleistungsaufsicht (BaFin), vgl. Art. 2 lit. o, Art. 31 Abs. 1 i.V.m. § 17 WpPG) auf der anderen Seite. Insoweit haben die Vorschriften verwaltungsrechtlichen Charakter. Andererseits präjudizieren die Art. 20–23 auch das Verfahren und den Ablauf des Angebots und wirken damit auch auf Anleger und die Verfügbarkeit der relevanten Informationen für Anleger (Prospekt (Art. 20 und Art. 21), Werbung (Art. 22) und nachtragspflichtige Umstände (Art. 23)) ein. Art. 23 kombiniert dabei inhaltliche Vorgaben für einen Nachtrag (also parallel zu den Art. 6 ff. für den Prospekt) und Verfahrensvorschriften (parallel zu Art. 20 und Art. 21 für den Prospekt).

I. Vorbemerkung zu Kapitel IV/Regelungsgegenstand des Art. 20   **Art. 20 ProspektVO**

Dabei ist **Art. 20** – wie schon § 13 WpPG a. F.,[1] der im Wesentlichen Art. 13 und Art. 14   **2**
Abs. 4 der EU-ProspektRL in deutsches Recht umgesetzt hat – mit der Regelung über die
Prüfung und Billigung des Prospekts eine der wesentlichen Vorschriften des Wertpapierprospektrechts. Anders als im früheren Konzept der Vorschriften für Verkaufsprospekte
bei öffentlichen Angeboten (§§ 8, 8a VerkProspG a. F.) und für Börsenzulassungsprospekte bei der Börsenzulassung (§ 30 Abs. 4/§ 51 Abs. 3 BörsG a. F.) trifft Art. 20 – wie bereits
§ 13 WpPG a. F. – **keine Unterscheidung auf verfahrensrechtlicher Ebene zwischen
Verkaufs- und Börsenzulassungsprospekten** bei öffentlichen Angeboten, bei denen der
Prospekt gleichzeitig der Zulassung von Wertpapieren dienen soll[2] (während diese Trennung in Art. 1 Abs. 4 und Art. 1 Abs. 5 im Hinblick auf die materielle Frage, ob ein Prospekt erforderlich ist, nach wie vor besteht; näher → Art. 1 Rn. 6ff.[3]). Folgerichtig nimmt
§ 32 Abs. 3 Nr. 2 BörsG Bezug insbesondere auf einen nach der ProspektVO gebilligten
Prospekt als eine der Voraussetzungen, auf Basis derer ein Emittent einen Anspruch gegen
die Geschäftsführung der jeweiligen Börse auf Zulassung der Wertpapiere zum regulierten Markt hat. Insofern gibt es einen Wertpapierprospekt, der zugleich für das öffentliche
Angebot als auch für die Zulassung der Wertpapiere verwendet werden kann.[4] Zum
Charakter dieses gebilligten Prospekts siehe unten (→ Rn. 60).

Zentrale Aussage des Art. 20 ist das **Verbot der Veröffentlichung eines Prospekts vor**   **3**
Billigung des Prospekts durch die zuständige Behörde. Aus der einstigen Gebotsnorm des
§ 1 VerkProspG a. F. („muss […] einen Prospekt veröffentlichen") war bereits in § 13
WpPG a. F. eine Verbotsnorm geworden („Ein Prospekt darf vor seiner Billigung nicht
veröffentlicht werden"), deren Aussage in Art. 20 erhalten geblieben ist. Daraus folgt,
dass die „Pflicht" zur Veröffentlichung eines Prospekts im Sinne des Art. 3 über die Formulierung des Art. 20 Abs. 1 (und die entsprechende Sanktionierung von Verstößen nach
Maßgabe des Art. 38) eine Unterlassungspflicht statt eines Handlungsgebots statuiert.[5]
Ein Verstoß gegen das Verbot der Veröffentlichung vor Billigung stellt eine Ordnungswidrigkeit nach Art. 38 Abs. 1 lit. a i.V.m. § 24 Abs. 3 Nr. 12 WpPG dar. Gleichzeitig darf erstens nach Art. 3 Abs. 1 kein öffentliches Angebot ohne zuvor veröffentlichten Prospekt
durchgeführt werden (soweit sich nicht Ausnahmen nach Art. 1 Abs. 4 ergeben) und zweitens keine Zulassung ohne zuvor veröffentlichten Prospekt erteilt werden, vgl. Art. 3
Abs. 3 (soweit sich nicht Ausnahmen nach Art. 1 Abs. 5 ergeben).[6] Auch die Durchfüh-

---

1 Sofern nachfolgend auf Literatur und andere Quellen zu § 13 WpPG a. F. verwiesen wird, sind die dortigen Ausführungen im Grundsatz sinngemäß auf Art. 20 übertragbar.
2 Vgl. zum einheitlichen Prospekt für öffentliches Angebot und Zulassung von Wertpapieren z. B. *Leuering*, Der Konzern 2006, S. 4, 5; *König*, ZEuS 2004, 251, 256; *Schlitt*, in: Habersack/Mülbert/ Schlitt, Kapitalmarktinformation, § 3 Rn. 14–15; *Meyer*, in: Habersack/Mülbert/Schlitt, Unternehmensfinanzierung am Kapitalmarkt, § 36 Rn. 82; *Weber*, NZG 2004, 360, 361; *Sandberger*, EWS 2004, 297, 298; *Kullmann/Sester*, ZBB 2005, 209, 210; *Kullmann/Sester*, WM 2005, 1068, 1068; *Crüwell*, AG 2003, 243, 244; *Keunecke*, Prospekte im Kapitalmarkt, S. 106; *Schlitt/Schäfer*, AG 2005, 498, 499; *Kunold/Schlitt*, BB 2004, 501, 502.
3 Vgl. zur Vorgängerbestimmung in § 4 WpPG a. F. auch *Giedinghagen*, BKR 2007, 233, 236ff.; *Leuering*, Der Konzern 2006, S. 4, 6ff.
4 Vgl. auch *Groß*, Kapitalmarktrecht, Art. 20 ProspektVO Rn. 1; *Preuße*, in: Holzborn, WpPG, § 13 Rn. 1. Zum Begriff der Prospektpflicht *Leuering*, Der Konzern 2006, S. 4, 5, sowie *Holzborn/ Schwarz-Gondek*, BKR 2003, 927, 929.
5 So bereits zu § 13 WpPG a. F. *Ekkenga/Maas*, Das Recht der Wertpapieremissionen, S. 78 Rn. 107.
6 Vgl. zu den Ausnahmen ausführlich z. B. *Schlitt*, in: Habersack/Mülbert/Schlitt, Kapitalmarktinformation, § 3 Rn. 42ff.; *Mülbert/Steup*, WM 2005, 1633, 1640ff.; *Keunecke*, Prospekte im Kapi-

rung eines öffentlichen Angebots ohne Prospekt ist eine Ordnungswidrigkeit (vgl. Art. 38 Abs. 1 lit. a i.V.m. § 24 Abs. 3 Nr. 1 WpPG).[7] Zudem hat die BaFin in diesen Fällen die Möglichkeit, ein öffentliches Angebot nach § 18 Abs. 4 Nr. 1 WpPG zu untersagen. Insoweit greifen die Art. 3, Art. 20 sowie §§ 18 und 24 WpPG ineinander und sichern die dem Anlegerschutz dienende Prüfungs- und Eingriffskompetenz der BaFin im Bereich der Wertpapierprospekte. Dem liegt der gesetzgeberische Gedanke zugrunde, dass der Prospekt das „wesentliche und zentrale Element der Primärmarktpublizität"[8] ist.

4 **Verwandte Vorschriften** zu Art. 20 finden sich in § 8 Abs. 1 Vermögensanlagegesetz für Verkaufsprospekte nach dem Vermögensanlagegesetz sowie in § 14 WpÜG für Angebotsunterlagen nach dem Wertpapiererwerbs- und Übernahmegesetz. In letzterem Fall wird terminologisch allerdings nicht von einer Billigung, sondern von einer Gestattung durch die BaFin gesprochen. Zudem bestehen andere erhebliche Unterschiede (vgl. z.B. die Gestattungsfiktion hinsichtlich der Angebotsunterlage in § 14 Abs. 2 Satz 1 Alt. 2 WpÜG). Systematisch verwandt ist ferner § 4 WpPG, der die Gestattung von Wertpapier-Informationsblättern durch die BaFin regelt (vgl. dazu → § 4 WpPG).

II. Systematik der Regelungen zu Prospektprüfung und -billigung

5 Art. 20 enthält die primären Regelungen zur Prospektprüfung und -billigung nach neuem Recht und geht dabei an unterschiedlichen Stellen teils deutlich über den Detailgrad der Inhalte in der Vorgängervorschrift § 13 WpPG a.F. hinaus. Insbesondere das Fristenregime sowie Bestimmungen zur Zusammenarbeit zwischen national zuständigen Behörden und der ESMA wurden im alten Recht weniger oder gar nicht behandelt.

6 Neben Art. 20 enthalten verschiedene andere Quellen relevante Bestimmungen betreffend die Prospektprüfung und -billigung. So finden sich in den Art. 36 ff. der VO (EU) 2019/980 etwa konkretisierende Regelungen zum Prüfungsumfang und -maßstab, insbesondere Kriterien für die durch die zuständige Behörde durchzuführende Vollständigkeits-, Verständlichkeits- und Kohärenzprüfung (vgl. Art. 20 Abs. 4; → Rn. 15 sowie → Art. 36–38). Ferner sind in Deutschland auf nationaler Ebene vor allem § 22 WpPG (insbesondere für Fragen der elektronischen Einreichung) sowie § 18 (Befugnisse der BaFin) und § 24 (Ordnungswidrigkeiten) (→ Rn. 3) relevant.

7 Um sicherzustellen, dass alle zuständigen Behörden einen einheitlichen Ansatz verfolgen, wenn sie die Vollständigkeit, Kohärenz und Verständlichkeit der in einem Prospekt enthaltenen Informationen prüfen, hat die ESMA in Art. 20 Abs. 13 vom europäischen Gesetzgeber den Auftrag erhalten, neben ihrer allgemein beaufsichtigenden Tätigkeit[9] im Rah-

---

talmarkt, S. 114 ff.; *König*, ZEuS 2004, 251, 261; *Heidelbach/Preuße*, BKR 2006, 316 ff.; *Wiegel*, Die Prospektrichtlinie und Prospektverordnung, S. 171 ff.; *Kunold/Schlitt*, BB 2004, 501, 503 ff.
7 Es droht zudem eine Haftung nach § 14 WpPG, falls ein öffentliches Angebot entgegen Art. 3 Abs. 1 ohne vorherige Veröffentlichung eines Prospekts durchgeführt wird.
8 *Wieneke*, NZG 2005, 109 (ebenso *Wieneke*, Emissionspublizität, in: Grundmann/Schwintowski/Singer/Weber, Anleger- und Funktionsschutz durch Kapitalmarktrecht, S. 37, 39); *Schanz/Schalast*, HfB – Working Paper Series No. 74, 2005, S. 7.
9 Gemäß Art. 8 Abs. 2 der Verordnung (EU) Nr. 1095/2010 gehören zu den Befugnissen der ESMA insbesondere die Entwicklung von Entwürfen technischer Regulierungs- und Durchführungsstandards, die Herausgabe von Leitlinien, die Abgabe von Empfehlungen sowie der Erlass von an die zuständigen Behörden oder in Sonderfällen direkt an Finanzmarktteilnehmer gerichteten Beschlüssen im Einzelfall; allgemein dazu *Hitzer/Hauser*, BKR 2015, 52, 54.

men der Verordnung (EU) Nr. 1095/2010 zur Errichtung einer Europäischen Aufsichtsbehörde (sog. ESMA-Verordnung) speziell das Prüfungs- und Billigungsverfahren der zuständigen Behörden einer vergleichenden Analyse („**Peer Review**") zu unterziehen. Der Bericht über diese vergleichende Analyse wurde am 21.7.2022 veröffentlicht.[10]

III. Billigung des Prospekts durch die zuständige Behörde

1. Billigungsvorbehalt, Rechtsnatur der Billigung und Prüfungsmaßstab

a) Billigungsvorbehalt gemäß Art. 20 Abs. 1

Gemäß Art. 20 Abs. 1 darf ein Prospekt erst veröffentlicht werden, wenn die zuständige Behörde ihn oder alle seine Bestandteile gebilligt hat. D.h. es gilt ein **Verbot mit Erlaubnisvorbehalt** (→ Rn. 3).[11] Anders als etwa im Wertpapiererwerbs- und Übernahmegesetz (§ 14 Abs. 2 Satz 2 Alt. 2 WpÜG) oder anderen öffentlich-rechtlichen Erlaubnistatbeständen[12] bedarf es für eine Prospektbilligung nach Art. 20 einer ausdrücklichen Entscheidung der zuständigen Behörde, d.h. eine Billigungsfiktion tritt nicht ein (vgl. Art. 20 Abs. 2 UAbs. 2[13]). Da z.B. § 8 Abs. 2 VermAnlG (Verkaufsprospekt) und § 4 Abs. 2 Satz 3 WpPG (Wertpapier-Informationsblatt) ebenfalls ohne Gestattungsfiktion ausgestaltet sind, scheint diese Gestaltung auch der Wertungsentscheidung des deutschen Gesetzgebers in Bezug auf prospektrechtliche bzw. prospektähnliche Vorschriften zu entsprechen. Der Emittent, Anbieter bzw. Zulassungsantragsteller ist also auf die aktive verwaltungsrechtliche Durchsetzung seiner Rechtsposition (→ Rn. 69 ff.) verwiesen.

8

Aufgrund des Billigungsvorbehaltes und der sich an einen Prospekt anknüpfenden Prospekthaftung ist es für die Prospektverantwortlichen von entscheidender Bedeutung, dass kein anderes als das von ihnen bei der zuständigen Behörde eingereichte Dokument als Prospekt zu qualifizieren ist. Dies gilt insbesondere für inhaltlich umfangreichere Werbe- und Informationsmaterialien (zur daraus folgenden Abgrenzung der Werbeanzeige bzw. Werbung im Sinne von Art. 22 von einem Prospekt → Art. 22 Rn. 16 ff.).

9

b) Rechtsnatur der Billigung durch die BaFin

Die Entscheidung der in Deutschland gemäß Art. 2 lit. g, Art. 31, § 17 WpPG zuständigen BaFin (näher zur Behördenzuständigkeit → Rn. 25 ff.) zur Billigung eines Prospekts im

10

---

10 Abrufbar unter: https://www.esma.europa.eu/sites/default/files/library/esma42-111-7170_final_report_-_prospectus_peer_review.pdf (zuletzt abgerufen am 24.5.2023).
11 *Ritz*, in: Just/Voß/Ritz/Zeising, Wertpapierprospektrecht, 2. Aufl. 2023, Art. 20 ProspektVO Rn. 7; *Lenenbach*, Kapitalmarktrecht und kapitalmarktrelevantes Gesellschaftsrecht, Rn. 10.333.
12 Vgl. den mit Wirkung zum 18.12.2008 eingeführten § 42a VwVfG, nach dessen Abs. 1 Satz 1 sehr weitgehend eine beantragte Genehmigung nach Ablauf einer für die Entscheidung festgesetzten Frist als erteilt gilt (Genehmigungsfiktion), wenn dies durch Rechtsvorschrift angeordnet und der Antrag hinreichend bestimmt ist; vgl. als gesetzlich geregelte Spezialfälle z.B. § 22 Abs. 5 Satz 4 BauGB, § 145 Abs. 1 Satz 1 BauGB; § 31 Abs. 1 Sätze 3 bis 5 AufenthV; § 29 Abs. 2a Satz 2 AMG.
13 Neben Art. 20 Abs. 2 UAbs. 2 folgt dies aus der Definition der „Billigung" in Art. 2 lit. r, wonach die Billigung „die positive Handlung bei Abschluss der Prüfung des Prospekts durch die zuständige Behörde [...]" ist. Durch die Formulierung „positive Handlung" wird ein Unterlassen der Behörde gerade ausgeschlossen.

Rahmen der ProspektVO stellt im nationalen Recht einen **begünstigenden Verwaltungsakt** im Sinne des § 35 VwVfG dar, d. h. eine dem Antragsteller ein Recht einräumende Regelung eines Einzelfalls auf dem Gebiet des öffentlichen Rechts mit unmittelbarer Außenwirkung.[14] Daraus folgt eine Reihe allgemeiner verwaltungsrechtlicher Feststellungen:

- Der Antragsteller hat bei Vorliegen der Voraussetzungen der Billigung einen Anspruch auf Billigung des Prospekts durch die BaFin.[15] Auch wenn der Wortlaut von Art. 20 dies nicht explizit statuiert und Art. 20 Abs. 2 Satz 1 „nur" einen Anspruch auf Verbescheidung zu vermitteln scheint,[16] folgt die **Gebundenheit der Verwaltungsentscheidung** aus allgemeinen verwaltungsrechtlichen Grundsätzen.[17]
- Die Billigung unterliegt den allgemeinen verwaltungsrechtlichen Vorschriften über die **Rücknahme und den Widerruf** von Verwaltungsakten nach den §§ 48 ff. VwVfG. Zu den weiteren Folgen hinsichtlich des Rechtsschutzes und der Drittbeteiligungsrechte (→ Rn. 69 ff.).
- Wegen des ausschließlich begünstigenden Charakters des Verwaltungsakts „Billigung" für den Antragsteller – der gleichzeitig erlassene oder in der Praxis oftmals zeitlich nachlaufende Gebührenbescheid ist ein selbstständiger (belastender) Verwaltungsakt – fehlt es regelmäßig an einer Rechtsverletzung des Antragstellers, sodass die von der BaFin in ihren Billigungsbescheiden erwähnte Möglichkeit, Rechtsmittel einzulegen, keinen Anwendungsbereich hat.[18]

11 Seit dem ersten Quartal 2023 gibt die BaFin Billigungsbescheide (und auch sonstige Verwaltungsakte) elektronisch bekannt bzw. stellt Dokumente elektronisch zu, indem ein Verwaltungsakt bzw. ein elektronisches Dokument über die elektronische Kommunikationsplattform MVP zum Abruf gemäß § 4f Abs. 1 bzw. § 4g Abs. 1 des Gesetzes über die Bundesanstalt für Finanzdienstleistungsaufsicht (FinDAG) i.V.m. Art. 45 der VO (EU) 2019/980 bereitgestellt wird.

---

14 Unstreitig, vgl. *Groß*, Kapitalmarktrecht, Art. 20 ProspektVO Rn. 3; *von Kopp-Colomb*, in: Assmann/Schlitt/von Kopp-Colomb, Prospektrecht Kommentar, Art. 20 ProspektVO Rn. 11; RegBegr. EU-ProspRL-UmsetzungsG, BT-Drucks. 15/4999, S. 25, 34; *Kullmann/Sester*, WM 2005, 1068, 1073; *Preuße*, in: Holzborn, WpPG, § 13 Rn. 30; *Ritz*, in: Just/Voß/Ritz/Zeising, Wertpapierprospektrecht, 2. Aufl. 2023, Art. 20 ProspektVO Rn. 8; *Mayston*, in: Heidel, Aktienrecht und Kapitalmarktrecht, 5. Aufl. 2019, § 13 WpPG Rn. 14.

15 *Groß*, Kapitalmarktrecht, Art. 20 Rn. 15 (mit Verweis auf die entsprechende Rechtslage nach § 30 BörsG a. F. und § 8a VerkProspG a. F.); *von Kopp-Colomb*, in: Assmann/Schlitt/von Kopp-Colomb, Prospektrecht Kommentar, Art. 20 Rn. 11; *Mayston*, in: Heidel, Aktienrecht und Kapitalmarktrecht, 5. Aufl. 2019, § 13 WpPG Rn. 14; *Preuße*, in: Holzborn, WpPG, § 13 Rn. 30; *Wiegel*, Die Prospektrichtlinie und Prospektverordnung, S. 418; *Heidelbach*, in: Schwark/Zimmer, KMRK, 4. Aufl. 2010, § 13 WpPG Rn. 18.

16 So *Kullmann/Sester*, WM 2005, 1068, 1073 („Pflicht der BaFin, über den Antrag zu entscheiden").

17 Die Vorschrift räumt kein Ermessen ein, siehe ebenso zu § 13 WpPG a. F. z. B. *Ritz/Voß*, in: Just/Voß/Ritz/Zeising, WpPG, 1. Aufl. 2009, § 13 Rn. 22. Vgl. zu gebundenen Entscheidungen der Verwaltung allgemein *Maurer*, Allgemeines Verwaltungsrecht, 18. Aufl. 2011, § 7 Rn. 10. Insoweit ist es etwas missverständlich, von der Ausübung pflichtgemäßen Ermessens durch die BaFin zu sprechen (so *Preuße*, in: Holzborn, WpPG, § 13 Rn. 30).

18 *Ritz*, in: Just/Voß/Ritz/Zeising, Wertpapierprospektrecht, 2. Aufl. 2023, Art. 20 ProspektVO Rn. 8.

c) Prüfungsmaßstab

Die Prospektprüfung durch die zuständige Behörde dient in erster Linie dem präventiven Anlegerschutz, der Gewährleistung eines ordnungsgemäßen Börsenhandels und der Wahrung allgemeiner öffentlicher Interessen.[19]

12

Der Prüfungsmaßstab ist in Art. 20 selbst nicht normiert, sondern folgt bereits aus der Definition von „Billigung" in Art. 2 lit. r. Danach ist die Billigung „die positive Handlung bei Abschluss der Prüfung des Prospekts durch die zuständige Behörde des Herkunftsmitgliedstaats auf **Vollständigkeit, Kohärenz und Verständlichkeit** der im Prospekt enthaltenen Informationen".[20] Dieser Maßstab wird dann in Art. 20 allerdings an verschiedenen Stellen aufgegriffen, so in Art. 20 Abs. 4 Satz 1 (Prospektentwurf erfüllt die für eine Billigung vorausgesetzten Standards bezüglich Vollständigkeit, Verständlichkeit und Kohärenz nicht), Art. 20 Abs. 11 (Auftrag an die Kommission, delegierte Rechtsakte mit Kriterien für die Vollständigkeit, Verständlichkeit und Kohärenz zu erlassen) und Art. 20 Abs. 12 (Auftrag an die ESMA zur Förderung der Konvergenz in Bezug auf die Prüfung der Vollständigkeit, Verständlichkeit und Kohärenz durch die zuständigen Behörden in den jeweiligen Mitgliedstaaten). Im Rahmen der Prospektprüfung ist die BaFin jedoch nicht auf eine Kontrolle der Vollständigkeit, Verständlichkeit und Kohärenz beschränkt, sondern kann vom Emittenten, Anbieter oder Zulassungsantragsteller die Aufnahme zusätzlicher Angaben in den Prospekt verlangen, wenn dies der Anlegerschutz gebietet (vgl. Art. 32 Abs. 1 UAbs. 1 lit. a i.V.m. § 18 Abs. 1 WpPG).

13

Die Regierungsbegründung zu § 13 Abs. 1 Satz 2 WpPG a. F. führte zum Prüfungsmaßstab aus, dass im Rahmen der Billigung von der BaFin geprüft werde, ob die Angaben im Prospekt konsistent seien, d. h. ob der Prospekt **keine inneren Widersprüche** enthalte. Eine Prüfung der Bonität des Emittenten und der inhaltlichen Richtigkeit des Prospekts erfolge dabei nicht.[21] Im Anschluss an diese Aussage ist in der Literatur zum Teil gefolgert worden, dass der Prüfungsmaßstab der BaFin rein formeller Natur sei.[22] Dem ist auch unter Geltung der ProspektVO aus folgenden Gründen weiterhin nicht zu folgen:

14

---

19 Vgl. RegBegr. EU-ProspRL-UmsetzungsG, BT-Drucks. 15/4999, S. 25, 34; *Ekkenga/Maas*, Das Recht der Wertpapieremissionen, S. 153 Rn. 219.

20 Dieser Prüfungsmaßstab galt im Grundsatz bereits nach § 13 Abs. 1 Satz 2 WpPG a.F., sodass Gesetzesmaterialien und Literatur zum alten Recht grundsätzlich weiterhin relevant sind. Die leicht abweichende Formulierung im alten Recht „Vollständigkeitsprüfung einschließlich einer Prüfung der Kohärenz und Verständlichkeit" wurde allerdings überwiegend dahingehend ausgelegt, dass die Prüfung der Kohärenz und Verständlichkeit Teil der Vollständigkeitsprüfung sein soll, vgl. etwa *Ritz/Voß*, in: Just/Voß/Ritz/Zeising, WpPG, 1. Aufl. 2009, § 13 Rn. 33 und Rn. 34; *von Kopp-Colomb*, in: Assmann/Schlitt/von Kopp-Colomb, WpPG/VerkProspG, 3. Aufl. 2016, § 13 Rn. 9; *Groß*, Kapitalmarktrecht, 6. Aufl. 2016, § 13 WpPG Rn. 8; a.A. *Preuße*, in: Holzborn, WpPG, § 13 Rn. 18, der hierzu von den drei Eckpunkten Vollständigkeits-, Verständlichkeits- und Kohärenzprüfung spricht.

21 RegBegr. EU-ProspRL-UmsetzungsG, BT-Drucks. 15/4999, S. 25, 34. Dass keine Prüfung der Bonität des Emittenten erfolgt, wie die Regierungsbegründung sagt, ist sicher unstreitig; vgl. z.B. *Groß*, Kapitalmarktrecht, Art. 20 ProspektVO Rn. 9; *Heidelbach*, in: Schwark/Zimmer, KMRK, 4. Aufl. 2010, § 13 WpPG Rn. 13. So auch schon die einhellige Rechtsprechung, vgl. z.B. BGH, NJW 1993, 2433; OLG Frankfurt, NJW-RR 1994, 946; LG Frankfurt, BKR 2004, 412.

22 *von Kopp-Colomb*, in: Assmann/Schlitt/von Kopp-Colomb, Prospektrecht Kommentar, Art. 20 ProspektVO Rn. 44 ff.; hierfür auch *Mayston*, in: Heidel, Aktienrecht und Kapitalmarktrecht, 5. Aufl. 2019, § 13 WpPG Rn. 5; im Ergebnis auch *Groß*, Kapitalmarktrecht, Art. 20 ProspektVO

15 Richtig und unstreitig ist, dass **keine umfassende Pflicht der zuständigen Behörde zur Amtsermittlung** im Hinblick auf eine Überprüfung der inhaltlichen Richtigkeit des Prospekts besteht. Vereinfacht formuliert: die zuständige Behörde muss keine Due Diligence durchführen, sie ist nicht verpflichtet, umfassend Informationen einzuholen, um die Angaben im Prospekt im Einzelnen überprüfen zu können. Als Ausfluss dessen übernimmt die zuständige Behörde keine Gewähr für die inhaltliche Richtigkeit des Prospekts (zur Haftungsthematik → Rn. 63 und Rn. 76 ff.). Andererseits wäre es widersinnig und auch im allgemeinen verwaltungsrechtlichen Sinne nicht zu rechtfertigen, wenn die zuständige Behörde Umstände, die ihr bekannt sind und die Angaben im Prospekt widersprechen, ignorieren sollte oder gar müsste bzw. sie die Möglichkeit zur Klärung durch Auskunftsverlangen nicht nutzen sollte, soweit sie begründete Zweifel an der Richtigkeit im Prospekt enthaltener Angaben hat. Formulierungen wie „Prüfung der Vollständigkeit", „Prüfung der Verständlichkeit", „Prüfung der Kohärenz" (Art. 36–38 der VO (EU) 2019/980) oder „Aufnahme zusätzlicher Angaben in den Prospekt verlangen, wenn dies zum Schutz des Publikums geboten erscheint" (§ 18 Abs. 1 WpPG) dokumentieren daher zu Recht unmissverständlich, dass die **zuständige Behörde auch in begrenztem Maße in materieller Hinsicht prüft**.[23] Das bedeutet im Detail:

– Die zuständige Behörde führt **im Rahmen der Vollständigkeitsprüfung** einen sog. „Form Check" durch, d.h. sie prüft, dass insbesondere alle nach der ProspektVO, der VO (EU) 2019/980 und deren Anhängen erforderlichen Angaben im Prospekt enthalten sind. Dieser Teil der Prüfung ist in der Tat rein formaler Natur, selbst wenn auch hier die Analyse, ob bestimmte Punkte der ProspektVO bzw. der VO (EU) 2019/980 (ausreichend) abgedeckt sind, oftmals eine materielle, inhaltliche Wertung erfordert.[24] Das Vollständigkeitsgebot im haftungsrechtlichen Sinne ist von diesem formalen Begriff der Vollständigkeit, die die zuständige Behörde prüft, abzugrenzen[25] und kann den Emittenten, Anbieter bzw. Zulassungsantragsteller aber auch dazu zwingen, zusätzliche, nicht nach den einzelnen Anhängen der VO (EU) 2019/980 erforderliche Angaben zu machen[26] und die zuständige Behörde kann ebensolche Angaben verlangen. Zudem

---

Rn. 9, wobei auch dort die Prüfung der BaFin auf Widersprüche im Prospekt zu ihr anderweitig bekannten Informationen im Rahmen der Kohärenzprüfung anerkannt wird.

23 So – entgegen der (zumindest begrifflichen, vgl. Fn. 31) Kritik von *Groß*, Kapitalmarktrecht, Art. 20 Rn. 9 – die ganz herrschende Meinung, vgl. *Crüwell*, AG 2003, 243, 250 f.; *Schlitt/Schäfer*, AG 2005, 498, 506 f.; *Kunold/Schlitt*, BB 2004, 501, 509; *Holzborn/Israel*, ZIP 2005, 1668, 1670; *Sandberger*, EWS 2004, 297, 300 f.; *König*, ZEuS 2004, 251, 271 f.; *Lenenbach*, Kapitalmarktrecht und kapitalmarktrelevantes Gesellschaftsrecht, Rn. 10.334; *Ekkenga/Maas*, Das Recht der Wertpapieremissionen, S. 154 Rn. 219; *Weber*, NZG 2004, 360, 365; *Schanz/Schalast*, HfB – Working Paper Series No. 74, 2005, S. 37; *Wiegel*, Die Prospektrichtlinie und Prospektverordnung, S. 417 f. (zum europäischen Recht); *Heidelbach*, in: Schwark/Zimmer, KMRK, 4. Aufl. 2010, § 13 WpPG Rn. 14. Ähnlich *Mülbert/Steup*, WM 2005, 1633, 1640 m. w. N. in Fn. 81 zum Streitstand unter § 8a VerkProspG a. F. In gewisser Weise offenlassend *Ritz*, in: Just/Voß/Ritz/Zeising, Wertpapierprospektrecht, 2. Aufl. 2023, Art. 20 ProspektVO Rn. 5, auch in Bezug auf das WpPG in Rn. 41 ff.

24 Die Frage, ob Betriebsgeheimnisse zur „Unvollständigkeit berechtigen", war nach altem Recht umstritten und ist nunmehr wohl anhand des Art. 18 Abs. 1 lit. b ProspektVO zu lösen, vgl. *Ekkenga/Maas*, Das Recht der Wertpapieremissionen, S. 142 Rn. 195.

25 So auch *Ritz*, in: Just/Voß/Ritz/Zeising, Wertpapierprospektrecht, 2. Aufl. 2023, Art. 2 ProspektVO Rn. 297 m. w. N.

26 Beispiel der nicht erwähnten schwebenden Kapitalerhöhung siehe OLG Frankfurt, NZG 2004, 483, dargestellt in *Ekkenga/Maas*, Das Recht der Wertpapieremissionen, S. 142 Rn. 196.

ist der Emittent, Anbieter bzw. Zulassungsantragsteller grundsätzlich jederzeit berechtigt, zusätzliche Angaben freiwillig in den Prospekt aufzunehmen (zur Frage der freiwilligen Aufnahme zusätzlicher Informationen in vereinfachte Prospekte bei Sekundäremissionen nach Art. 14 → Art. 14 Rn. 50 ff.).

– Zweitens prüft die zuständige Behörde die **Verständlichkeit der Ausführungen im Prospekt** aus Sicht eines verständigen Anlegers (d. h. entscheidend ist der Empfängerhorizont,[27] auch im Lichte der Struktur, des Risikoprofils und der Komplexität[28] des betreffenden Wertpapiers). Nach Art. 6 Abs. 2 sind die Informationen in einem Prospekt in leicht zu analysierender, knapper und verständlicher Form zu schreiben und zu präsentieren. In der deutschen Praxis hat sich seit dem maßgeblichen „Beton und Monierbau (BuM)"-Urteil des BGH aus dem Jahr 1982 die Formulierung etabliert, dass die formale Gestaltung und inhaltliche Darstellung dem Erkenntnis- und Verständnishorizont eines „durchschnittlichen Anlegers" gerecht werden muss, „der zwar eine Bilanz zu lesen versteht, aber nicht unbedingt mit der in eingeweihten Kreisen gebräuchlichen Schlüsselsprache vertraut zu sein braucht".[29] Im Jahr 2016 hat der BGH diese Rechtsprechung dahingehend konkretisiert, dass bei der Darstellung von möglichen zukünftigen Zahlungen die verständliche Darstellung der Grundstruktur der Berechnungsweise für einen durchschnittlichen Anleger ausreichend sein kann, und eine fehlerhafte Darstellung im Prospekt verneint.[30] In diesem Zusammenhang verlangt die BaFin regelmäßig die Streichung von übermäßigen Verweisen und die Vermeidung der Verwendung unnötiger technischer Begrifflichkeiten bzw. Fremdwörter oder regt die Umformulierung bestimmter Passagen des Prospekts oder die Einfügung eines Glossars an (Grundsatz der Prospektklarheit und -übersichtlichkeit[31]). Allein anhand des Umfangs eines Prospektes kann aber nicht auf fehlende Verständlichkeit geschlossen werden.[32]

---

27 Vgl. dazu etwa BGH XI ZR 344/11, WM 2012, 2147. Auch Erwägungsgrund 16 der ProspektRL verlangt, „den unterschiedlichen Schutzanforderungen für die verschiedenen Anlegerkategorien und ihrem jeweiligen Sachverstand Rechnung zu tragen".
28 *Ritz*, in: Just/Voß/Ritz/Zeising, Wertpapierprospektrecht, 2. Aufl. 2023, Art. 2 ProspektVO Rn. 304; zu § 13 WpPG a. F. *Preuße*, in: Holzborn, WpPG, § 13 Rn. 20.
29 BGH, WM 1982, 862, 863 = NJW 1982, 2823, 2824; OLG Düsseldorf, WM 1985, 586, 592; OLG Frankfurt, WM 2004, 1831, 1835; *Ehricke*, in: Hopt/Voigt, Prospekt- und Kapitalmarktinformationshaftung, S. 187, 220; *Schlitt*, in: Habersack/Mülbert/Schlitt, Kapitalmarktinformation, § 4 Rn. 15; *Krämer/Gillessen*, in: Marsch-Barner/Schäfer, Handbuch börsennotierte AG, § 10 Rn. 318; *Ekkenga/Maas*, Das Recht der Wertpapieremissionen, S. 143 Rn. 197; *Haas/Hanowski*, NZG 2010, 254 m. w. N.; kritisch zur Formulierung des BGH *Schwark*, in: Schwark/Zimmer, KMRK, 4. Aufl. 2010, §§ 44/45 Rn. 19; *Wieneke*, NZG 2005, 109, 111 (ebenso *Wieneke*, Emissionspublizität, in: Grundmann/Schwintowski/Singer/Weber, Anleger- und Funktionsschutz durch Kapitalmarktrecht, S. 37, 43 f.). Für geringere Anforderungen auch *Maas/Voß*, BB 2008, 2302, 2307 („durchschnittlich sorgfältiger und kritischer Leser des Verkaufsprospekts"). Sehr gut dargelegt auch bei *Fleischer*, BKR 2004, 339, 343 m. w. N. in Fn. 70–74.
30 BGH, ZIP 2016, 27, 28.
31 Siehe auch BGH, NJW 2002, 1711, 1712, wonach unvollständige Angaben im Hauptteil nicht durch einen versteckten Hinweis im Dokumententeil kompensiert werden können, vgl. *Fleischer*, BKR 2004, 339, 343; so auch *Ritz*, in: Just/Voß/Ritz/Zeising, Wertpapierprospektrecht, 2. Aufl. 2023, Art. 2 ProspektVO Rn. 305; *von Kopp-Colomb*, in: Assmann/Schlitt/von Kopp-Colomb, Prospektrecht Kommentar, Art. 20 Rn. 48.
32 Vgl. *Preuße*, in: Holzborn, WpPG, § 13 Rn. 20.

– Drittens verlangt die ProspektVO eine **Kohärenzprüfung**.[33] Diese Kohärenz- bzw., wie die englischsprachige Fassung von Art. 2 lit. r („consistency") sagt, Konsistenzprüfung erfolgt durch Hinweise auf ggf. bestehende Widersprüche im Prospekt und erfordert von der zuständigen Behörde zunächst nur die Prüfung des Prospekts aus sich selbst heraus, d. h. inwieweit der Prospekt isoliert betrachtet ohne weiteres Wissen über die Gesellschaft widerspruchsfrei, d. h. in sich schlüssig, ist. Soweit die zuständige Behörde jedoch Anhaltspunkte dafür hat, dass wesentliche Informationen im Prospekt nicht enthalten sind oder inhaltliche Unrichtigkeiten bestehen (z. B. weil die zuständige Behörde von der Website der Gesellschaft oder aus anderen Kommunikationen der Gesellschaft Kenntnisse erlangt hat, die den Aussagen des Prospekts widersprechen),[34] ist sie – dem Interesse des Anlegerschutzes folgend – verpflichtet, auf die entsprechende Ergänzung oder Änderung des Prospekts hinzuweisen.[35] Für die deutsche Praxis ist dies unter altem Recht sehr treffend in der Stellungnahme des Bundesrates vom 18.3.2005[36] dokumentiert worden:

„Unklar ist auch, ob und inwieweit die BaFin im Rahmen der Prospektprüfung externen Informationen nachzugehen oder diese in die Prüfung mit einzubeziehen hat. In der Praxis handelt es sich insbesondere um die persönlichen Erkenntnisse des jeweiligen Sachbearbeiters, Informationen aus Presse, Rundfunk und Fernsehen sowie Informationen aus dem Publikum. Nach § 24 Abs. 1 und 2 VwVfG (Untersuchungsgrundsatz) dürfte von einer Verpflichtung der BaFin auszugehen sein, derartigen Umständen, sofern solche im konkreten Einzelfall vorliegen, von Amts wegen nachzugehen. Somit dürfte eine Prospektprüfung allein auf Grundlage der eingereichten Unterlagen unter

---

33 Zur Etymologie der Begriffe Kohärenz und Konsistenz instruktiv *Mayston*, in: Heidel, Aktienrecht und Kapitalmarktrecht, 5. Aufl. 2019, § 13 WpPG Rn. 4 in Fn. 11. Ausführlich zur Entstehungsgeschichte des Prüfungsumfangs *Ritz*, in: Just/Voß/Ritz/Zeising, Wertpapierprospektrecht, 2. Aufl. 2023, Art. 2 ProspektVO Rn. 289 ff.
34 Im Übrigen wird die BaFin in der Praxis auch des Öfteren vor oder nach der Billigung von Seiten Dritter über Geschehnisse unterrichtet, die die BaFin in ihre Untersuchungen einbeziehen möge, sei es im Vorfeld einer Billigung, sei es nach Billigung durch Maßnahmen z. B. nach § 26 Abs. 8 i.V.m. § 26 Abs. 2. Solche Informationen hat die BaFin ebenso zu berücksichtigen wie Informationen, die Mitarbeitern der BaFin aus ihrer sonstigen beruflichen Tätigkeit, z. B. der Prüfung eines anderen Prospekts, bekannt sind. Für Letzteres zu Recht auch *Heidelbach*, in: Schwark/Zimmer, KMRK, 4. Aufl. 2010, § 13 WpPG Rn. 15.
35 An dieser entscheidenden Schnittstelle wohl anderer Ansicht *Ritz*, in: Just/Voß/Ritz/Zeising, Wertpapierprospektrecht, 2. Aufl. 2023, Art. 2 ProspektVO Rn. 299 („Informationen ,außerhalb' des Prospekts werden – anders als dies noch in § 21 Abs. 8 WpPG 2005 für bestimmte Fälle normiert war – dabei nicht berücksichtigt."). Nicht überzeugend ist das Argument der begrenzten Prüfungszeit (so angedeutet bei *Ritz*, in: Just/Voß/Ritz/Zeising, Wertpapierprospektrecht, 2. Aufl. 2023, Art. 2 ProspektVO Rn. 300): Ein Prüfungsverfahren dauert in Deutschland z. B. bei IPOs üblicherweise insgesamt mindestens sechs Wochen; rein zeitlich betrachtet könnte man als Anleger also durchaus verlangen, dass die BaFin den Prospekt nicht nur oberflächlich auf offensichtliche Widersprüche im Prospekt selbst durchgeht, sondern z. B. auch die Website und andere öffentlich verfügbare Quellen zur Prüfung heranzieht. Im Ergebnis wohl wie hier *Heidelbach*, in: Schwark/Zimmer, KMRK, 4. Aufl. 2010, § 13 WpPG Rn. 11 („Erkennt die BaFin Widersprüche zwar nicht innerhalb des Prospekts, aber z. B. zu ihr aus früheren Prospekten bekannten Angaben, hat sie dies im Rahmen der allgemeinen Vollständigkeitsprüfung aufzugreifen."); im Ergebnis auch Groß, Kapitalmarktrecht, Art. 20 Rn. 9 („versteht sich von selbst").
36 Stellungnahme des Bundesrates vom 18.3.2005 zum Regierungsentwurf, BR-Drucks. 85/05, S. 5 (= Unterrichtung durch die Bundesregierung vom 7.4.2005, BT-Drucks. 15/5219, S. 3).

generellem Absehen von solchen Umständen, welche der Behörde anderweitig zur Kenntnis gelangt sind, rechtlich nicht möglich sein."

Insoweit kann man von einer **„begrenzten materiellen Prüfung"** der zuständigen Behörde sprechen,[37] um offensichtliche Rechtsverstöße bzw. offensichtliche Unrichtigkeiten, die eine Untersagung nach Art. 32 Abs. 1 lit. f rechtfertigen würden, zu vermeiden,[38] oder, anders formuliert, einer **„negativen materiellen Kontrolle"**, d.h. auf Basis der eingereichten Unterlagen und der ihr bekannten Informationen prüft die zuständige Behörde, dass keine Widersprüche zu diesen ihr bekannten Informationen bestehen.[39]

Bei dreiteiligen Prospekten bezieht sich, falls Wertpapierbeschreibung und Zusammenfassung getrennt vom zuvor gebilligten Registrierungsformular eingereicht werden, der Prüfungsumfang der zuständigen Behörde nicht nur auf die Prüfung der Wertpapierbeschreibung und der Zusammenfassung, sondern die oben dargestellte Vollständigkeitsprüfung einschließlich Kohärenz und Verständlichkeit erstreckt sich auf den Gesamtprospekt, d.h. es ist auch von der zuständigen Behörde zu prüfen, ob innere Widersprüche zwischen Wertpapierbeschreibung, Zusammenfassung und Registrierungsformular bestehen.[40] Entsprechendes gilt für per Verweis einbezogene Dokumente, auch dort sind also alle Dokumente auch untereinander auf Kohärenz zu prüfen.[41]

Ebenso gehört zum Prüfungsmaßstab der zuständigen Behörde **bei Nachträgen** nicht nur die Prüfung des Wortlauts des Nachtrags selbst, sondern auch die Zusammenschau mit dem bereits gebilligten Prospekt, d.h. der bereits gebilligte Prospekt ist in die Kohärenzprüfung einzubeziehen (→ Art. 23 Rn. 120).[42] Denn der Prospekt existiert ab diesem Zeitpunkt in der Fassung, die er durch den gebilligten Nachtrag erhalten hat (→ Art. 23 Rn. 97).

Art. 36 ff. der VO (EU) 2019/980 enthalten **einzelne Kriterien** für die Prüfung von Vollständigkeit, Verständlichkeit und Kohärenz. Für Einzelheiten wird auf die dortige Kommentierung verwiesen (→ Art. 36–38 VO (EU) 2019/980). Art. 40 der VO (EU) 2019/980 eröffnet der zuständigen Behörde unter bestimmten Voraussetzungen die Möglichkeit, zusätzlich zu den in den Art. 36–38 genannten Kriterien weitere Kriterien heranzuziehen, um die im Prospektentwurf enthaltenen Angaben auf ihre Vollständigkeit, Verständlich-

---

37 So z.B. *Preuße*, in: Holzborn, WpPG, § 13 Rn. 22; *Küting*, DStR 2006, 1007, 1008. Andere Ansicht zumindest hinsichtlich der Begrifflichkeit *Groß*, Kapitalmarktrecht, Art. 20 ProspektVO Rn. 9.
38 *Preuße*, in: Holzborn, WpPG, § 13 Rn. 9 weist im Kontext von § 26 Abs. 8 WpPG a.F. zu Recht darauf hin, dass es widersprüchlich wäre, einen Prospekt mangels inhaltlicher Prüfungspflicht zu billigen, und anschließend das öffentliche Angebot zu untersagen.
39 Vgl. *von Kopp-Colomb*, in: Assmann/Schlitt/von Kopp-Colomb, WpPG/VerkProspG, 3. Aufl. 2016, § 13 Rn. 11, der diese aus seiner Sicht weiterhin formale Prüfung wie folgt zusammenfasst: „Die BaFin stellt den Widerspruch fest, prüft aber nicht, welche der Angaben gegebenenfalls richtig ist." So auch *Preuße*, in: Holzborn, WpPG, § 13 Rn. 21.
40 Ebenso *Ritz*, in: Just/Voß/Ritz/Zeising, Wertpapierprospektrecht, 2. Aufl. 2023, Art. 2 ProspektVO Rn. 301; *Preuße*, in: Holzborn, WpPG, § 13 Rn. 21.
41 *von Kopp-Colomb*, in: Assmann/Schlitt/von Kopp-Colomb, Prospektrecht Kommentar, Art. 20 ProspektVO Rn. 47; *Preuße*, in: Holzborn, WpPG, § 13 Rn. 21.
42 Andere Ansicht *von Kopp-Colomb*, in: Assmann/Schlitt/von Kopp-Colomb, Prospektrecht Kommentar, Art. 20 ProspektVO Rn. 47; *Ritz*, in: Just/Voß/Ritz/Zeising, Wertpapierprospektrecht, 2. Aufl. 2023, Art. 2 ProspektVO Rn. 302; *Preuße*, in: Holzborn, WpPG, § 13 Rn. 21.

Art. 20 ProspektVO Prüfung und Billigung des Prospekts

keit und Kohärenz hin zu prüfen. Die BaFin hat angegeben, dass sie von dieser Möglichkeit bislang keinen Gebrauch gemacht hat.[43]

20 Art. 35 der VO (EU) 2019/980 erstreckt die in den Art. 36 ff. der VO (EU) 2019/980 festgelegten Kriterien der Prospektprüfung auch auf das **einheitliche Registrierungsformular** nach Art. 9, unabhängig davon, ob es zur Billigung eingereicht oder ohne vorherige Billigung hinterlegt wurde, auf etwaige Änderungen daran, sowie auf Nachträge zum Prospekt. Insoweit sollen Verweise auf den Prospekt in den Art. 36 ff. der VO (EU) 2019/980 als Verweise auf den Prospekt oder einen seiner Bestandteile zu verstehen sein und ein universeller Prüfungsmaßstab gewährleistet werden.

2. Billigungsverfahren nach Art. 20

21 Durch den Antragsberechtigten (→ Rn. 23 f.) ist bei der zuständigen Behörde (→ Rn. 25 ff.) das Billigungsverfahren (→ Rn. 32 ff.) durch schriftlichen Antrag auf Erlass der Billigung unter Einreichung des zu billigenden Prospekts einzuleiten. Für das Billigungsverfahren als Verwaltungsverfahren gelten in den Mitgliedstaaten die jeweiligen nationalen allgemeinen verwaltungsrechtlichen Grundsätze, sofern diese nicht durch speziellere Vorschriften oder durch europarechtliche Bestimmungen verdrängt sind. In Deutschland ist insbesondere an §§ 9 ff. VwVfG zu denken, z. B. an Regelungen in Bezug auf den bzw. die Antragsteller als Verfahrensbeteiligte(r) im Sinne des § 13 VwVfG[44] sowie an Regelungen zur Anhörung nach § 28 VwVfG.[45]

22 Regelungen im Hinblick auf die im Laufe des Verfahrens bestehenden **Rechte der zuständigen Behörde** finden sich vor allem in Art. 32 in Verbindung mit nationalem Recht (in Deutschland § 18 WpPG in Bezug auf die Rechte der BaFin). Art. 20 selbst enthält dazu keine Bestimmungen, sondern setzt den verfahrensrechtlichen Fokus vor allem auf Fristen und verfahrensabschließende Handlungen der zuständigen Behörde.

a) Antragsberechtigung

23 Nach Art. 20 Abs. 2 Satz 1 teilt die zuständige Behörde dem Emittenten, dem Anbieter oder dem Zulassungsantragsteller ihre Entscheidung über den Prospekt mit. Auch wenn die Bestimmung dies nicht explizit statuiert, geht Art. 20 also davon aus, dass entweder der **Emittent** (d. h. nach Art. 2 lit. h eine Rechtspersönlichkeit, die Wertpapiere begibt oder zu begeben beabsichtigt), der **Anbieter** (d. h. nach Art. 2 lit. i eine Rechtspersönlichkeit oder natürliche Person, die Wertpapiere öffentlich anbietet) oder der **Zulassungsantragsteller** (d. h. nach Art. 20 Abs. 2 Satz 1 eine die Zulassung zum Handel an einem geregelten Markt beantragenden Person) den Antrag auf Billigung des Prospekts gestellt ha-

---

43 ESMA, Peer Review Report, Rn. 201.
44 Vgl. *Preuße*, in: Holzborn, WpPG, § 13 Rn. 11.
45 *Ritz*, in: Just/Voß/Ritz/Zeising, Wertpapierprospektrecht, 2. Aufl. 2023, Art. 20 ProspektVO Rn. 9, auch zu dem Streit zwischen Rechtsprechung und Literatur, ob bei Ablehnung eines begünstigenden Verwaltungsakts § 28 VwVfG Anwendung findet. Siehe auch *von Kopp-Colomb*, in: Assmann/Schlitt/von Kopp-Colomb, Prospektrecht Kommentar, Art. 20 ProspektVO Rn. 13 mit Begründung dafür, dass § 28 VwVfG zwar beim Billigungsverfahren nach Art. 20 nicht eingreife, aber in der Praxis dem Antragsteller stets ausreichend Gelegenheit zur Stellungnahme gegeben werde.

ben, da die behördliche Entscheidung grundsätzlich dem Antragsteller gegenüber bekannt zu geben ist (vgl. in Deutschland § 41 Abs. 1 Satz 1 VwVfG). Wie schon das WpPG in seiner früheren Fassung nimmt also die ProspektVO die beiden eine Prospektpflicht auslösenden Umstände aus Art. 3 Abs. 1 (öffentliches Angebot) und Abs. 3 (Zulassung) auf und leitet daraus gewissermaßen die Antragsberechtigung im Rahmen von Art. 20 ab.

Umgekehrt ist die Antragstellung aber auch nur durch den Emittenten, Anbieter oder Zulassungsantragsteller ausreichend. Daher ist es nach der ProspektVO nicht zwingend notwendig, dass ein **Kreditinstitut** die Prospektbilligung mit beantragt.[46] Dies gilt selbst dann, wenn der Emittent nicht selbst Kreditinstitut ist (vgl. § 32 Abs. 2 Satz 3 BörsG) und daher die Zulassung der Wertpapiere neben dem Emittenten auch von einem Kreditinstitut, Finanzdienstleistungsinstitut oder einem nach § 53 Abs. 1 oder § 53b Abs. 1 Satz 1 KWG tätigen Unternehmen zu beantragen ist. Inwieweit dadurch eine Prospekthaftung der begleitenden Bank nach §§ 9 ff. WpPG,[47] §§ 20 ff. VermAnlG vermieden werden kann, ist im Einzelfall zu prüfen.

b) Zuständige Behörde

aa) Örtliche bzw. internationale Zuständigkeit

Nach Art. 20 Abs. 1 darf ein Prospekt erst veröffentlicht werden, wenn die jeweils zuständige Behörde ihn oder alle seine Bestandteile gemäß Art. 10 gebilligt hat. Der Wortlaut des Art. 20 selbst enthält keine Aussage darüber, welche „die zuständige Behörde" ist. Aus Art. 2 lit. r, der die Billigung als positive Handlung bei Abschluss der Prüfung des Prospekts durch die **zuständige Behörde des Herkunftsmitgliedstaates** definiert, folgt jedoch die Primärzuständigkeit der Behörde des Herkunftsmitgliedstaates. Ebenfalls vorausgesetzt wird die Erstzuständigkeit des Herkunftsmitgliedstaates in Art. 20 Abs. 8, der eine Übertragung der Billigung an die Behörde eines anderen Mitgliedstaates vorsieht, sowie in den Art. 24 ff.[48]

„Herkunftsmitgliedstaat" ist gemäß Art. 2 lit. m grundsätzlich[49] der Staat des Europäischen Wirtschaftsraums, in dem der Emittent seinen Sitz[50] hat. Daraus folgt für die Auslegung des Art. 20 Abs. 1:

---

46 So auch *Grosjean*, in: Heidel, Aktienrecht und Kapitalmarktrecht, 5. Aufl. 2019, § 13 WpPG Rn. 8; *Groß*, Kapitalmarktrecht, Art. 20 ProspektVO Rn. 5; *von Kopp-Colomb*, in: Assmann/Schlitt/von Kopp-Colomb, Prospektrecht Kommentar, Art. 20 ProspektVO Rn. 16; *Ritz*, in: Just/Voß/Ritz/Zeising, Wertpapierprospektrecht, 2. Aufl. 2023, Art. 20 ProspektVO Rn. 15; *Heidelbach*, in: Schwark/Zimmer, KMRK, 4. Aufl. 2010, § 13 WpPG Rn. 6.
47 Siehe hierzu ausführlich unten *Seiler/Singhof*, §§ 9 ff.
48 Vgl. Erwägungsgrund 11 ProspektVO und *Groß*, Kapitalmarktrecht, Art. 20 ProspektVO Rn. 7.
49 Ausnahmen können sich nach Art. 2 lit. m Ziff. ii ergeben, wenn der Emittent von Nichtdividendenwerten sein ihm dort eingeräumtes Wahlrecht ausübt, oder nach Art. 2 lit. m Ziff. iii im Fall von Drittstaatemittenten, soweit dies aus der Wahl des Emittenten, Anbieters oder Zulassungsantragstellers bzw. aus dem Staat, in dem die Wertpapiere erstmals öffentlich angeboten werden sollen oder in dem der erste Antrag auf Zulassung zum Handel an einem organisierten Markt gestellt wird, resultiert, vorbehaltlich einer späteren Wahl durch in Drittländern ansässige Emittenten in den Fällen, in denen der Herkunftsmitgliedstaat nicht gemäß der Wahl jener Emittenten bestimmt wurde, und im Einklang mit Art. 2 Abs. 1 lit. i Ziff. iii.
50 D.h. statutarischer Gesellschaftssitz, vgl. *Kullmann/Sester*, WM 2005, 1068, 1070; *Preuße*, in: Holzborn, WpPG, § 13 Rn. 6; *Apfelbacher/Metzner*, BKR 2006, 81, 83.

- Die örtliche bzw. internationale Zuständigkeit ist immer dann gegeben, wenn der **statutarische Sitz des Emittenten im Mitgliedstaat** liegt (unabhängig davon, wo das Angebot oder die Zulassung erfolgen soll[51]). Ausnahmen können sich allerdings insbesondere für Emissionen von Nichtdividendenwerten mit einer Mindeststückelung von 1.000 EUR ergeben, wenn vom Wahlrecht nach Art. 2 lit. m, Ziff. ii Gebrauch gemacht wird.[52]
- Unabhängig von der Absicht, eventuell nur ein öffentliches Angebot in dem betreffenden Mitgliedstaat durchzuführen, und unabhängig von der Absicht, eventuell nur eine Zulassung an einer Wertpapierbörse desselbigen anzustreben, ist die Behörde des Herkunftsmitgliedstaates nicht zuständig, wenn der **Emittent seinen Sitz außerhalb des jeweiligen Mitgliedstaates im Bereich eines anderen Mitgliedstaates im Europäischen Wirtschaftsraums** hat.[53] In solchen Fällen ist der Prospekt von der zuständigen Behörde des Sitzstaates zu billigen[54] und über das Notifizierungsverfahren (vgl. Art. 25) vom Herkunftsmitgliedstaat in den anderen Mitgliedstaat zu übermitteln.[55]
- Dies gilt auch dann, falls die Emission rechtlich über eine ausländische Tochtergesellschaft abgewickelt wird, selbst wenn die Emission von der deutschen Muttergesellschaft garantiert und von dieser initiiert bzw. gesteuert wird.[56]
- Umgekehrt kann aufgrund eines Wahlrechts aus Art. 2 lit. m, Ziff. ii die Behörde des Herkunftsmitgliedstaates für die Billigung von Kapitalerhöhungsprospekten bei **Drittstaatemittenten**, deren Aktien gar nicht im Herkunftsmitgliedstaat an einem geregelten Markt zugelassen sind und bei denen das öffentliche Angebot auch nicht zwingend im Herkunftsmitgliedstaat durchgeführt werden müsste, zuständig sein.[57]

27 Art. 20 Abs. 8 sieht vor, dass die zuständige Behörde des Herkunftsmitgliedstaates die **Billigung** eines Prospekts der zuständigen Behörde eines anderen Mitgliedstaates **übertragen** kann.[58] Dieser Vorschrift bedarf es, da die ProspektVO nicht für jeden Fall abstrakt

---

51 *Groß*, Kapitalmarktrecht, Art. 20 ProspektVO Rn. 7.
52 Vgl. *Preuße*, in: Holzborn, WpPG, § 13 Rn. 6.
53 So auch *Groß*, Kapitalmarktrecht, Art. 20 ProspektVO Rn. 7.
54 So auch *Groß*, Kapitalmarktrecht, Art. 20 ProspektVO Rn. 7.
55 Vgl. etwa die von der in Luxemburg zuständigen Behörde Commission de Surveillance du Secteur Financier (CSSF) gebilligten Prospekte der an der Frankfurter Wertpapierbörse gelisteten Emittenten Global Fashion Group S.A. vom 17.6.2019, Lakestar SPAC I SE (umfirmiert in: HomeToGo SE) vom 19.2.2021 und 468 SPAC I SE (umfirmiert in: tonies SE) vom 29.4.2021.
56 Paradigmatisch für diesen Fall sind die Emissionen von Wandelanleihen deutscher Unternehmen, die (früher regelmäßig) aus steuerlichen Gründen über eine holländische oder luxemburgische Tochtergesellschaft abgewickelt werden (vgl. z.B. Infineon Technologies Holding B.V. (Mai 2009), Q-Cells International Finance B.V. (Mai 2009) oder Klöckner & Co Financial Services S.A. (Juni 2009)). Vgl. auch *Schlitt/Schäfer*, AG 2005, 498, 506; *Schlitt/Schäfer*, AG 2008, 525, 530; *Kunold/Schlitt*, BB 2004, 501, 509.
57 Paradigmatisch dafür ist der von der BaFin gebilligte Prospekt der Schweizer UBS AG im Zusammenhang mit ihrer Bezugsrechtskapitalerhöhung im April/Mai 2008. Siehe auch *Groß*, Kapitalmarktrecht, Art. 20 Rn. 7. Kritisch zur unzureichenden Einbeziehung von Drittstaatemittenten im Rahmen der EU-ProspektRL im Allgemeinen *Pfeiffer/Buchinger*, NZG 2006, 449, 450; *Kollmorgen/Feldhaus*, BB 2007, 225, 225; *Kollmorgen/Feldhaus*, BB 2007, 2756 ff.; *Wiegel*, Die Prospektrichtlinie und Prospektverordnung, S. 415 f.
58 Wenn eine derartige Delegation erfolgt, soll die Übertragung alle Bestandteile eines Prospekts (bei einem dreiteiligen Prospekt) und auch etwaige anschließende Nachträge umfassen, vgl. European Commission-Internal Market and Services Directorate-General (Markt/G3/WG D(2005), 3rd Informal Meeting on Prospectus Transposition – 26 January 2005 – Summary record, S. 9.

generell vorgeben kann, welcher Mitgliedstaat am besten in der Lage ist, den Prospekt zu billigen.[59] Damit soll verhindert werden, dass mehrere Aufsichtsbehörden in faktisch ein und derselben Sache tätig werden (Beispiel: deutscher Emittent führt Bezugsrechtskapitalerhöhung mit Prospekt durch und will gleichzeitig eine Wandelanleihe über eine ausländische Tochtergesellschaft ausgeben) bzw. die sachfernere Behörde entscheidet (Beispiel: Aufgrund zahlreicher Prospekte in den vergangenen Jahren ist eine Billigungsbehörde sehr vertraut mit einem Emittenten, sodass es aus Effizienzgründen besser wäre, wenn diese Behörde auch den Prospekt für die nunmehr anstehende Emission, für die sie eigentlich nicht zuständig wäre, prüfte).[60] Bereits in der EU-ProspekRL war die Möglichkeit angelegt, dass die zuständige Behörde des Herkunftsmitgliedstaates die Billigung eines Prospekts der zuständigen Behörde eines anderen Mitgliedstaates übertragen kann. Der deutsche Gesetzgeber hatte davon jedoch keinen Gebrauch gemacht und eine entsprechende Regelung in § 13 WpPG a. F. nicht umgesetzt. Durch Art. 20 Abs. 8 ist diese Möglichkeit nun auch in Deutschland unmittelbar anwendbares Recht geworden.

In Deutschland ergibt sich die Zuständigkeit der BaFin als zuständige Behörde für die Prospektbilligung nach Art. 20 Abs. 1 aus Art. 2 lit. g, Art. 31, § 17 WpPG.[61]   28

bb) Sachliche Zuständigkeit

Die zuständige Behörde kann nur dann tätig werden, wenn der **sachliche Anwendungsbereich** des Art. 20 Abs. 1 eröffnet ist. Dies ist insbesondere nur dann gegeben, wenn das ihr vorgelegte Dokument einen **billigungsfähigen Prospekt** darstellt. Relevant wird diese Frage vor allem, wenn eine Ausnahme von der Prospektpflicht nach Art. 1 Abs. 4 bzw. Abs. 5 vorliegt und in diesem Zusammenhang eines der dort erwähnten Dokumente erstellt wird (vgl. Art. 1 Abs. 4 lit. f–i, bzw. Art. 1 Abs. 5 lit. g–h), bei denen es sich nicht um einen Prospekt handelt. Anders als nach Art. 4 Abs. 1 freiwillig erstellte Prospekte (sog. opt in) sind solche Dokumente keiner Billigung zugänglich und eine dahingehende Billigungsentscheidung der zuständigen Behörde wäre mangels Zuständigkeit schon formell rechtswidrig.[62]   29

Andererseits ist der Emittent, Anbieter bzw. Zulassungsantragsteller nicht verpflichtet, z.B. den Verschmelzungsbericht so auszugestalten, dass er ein Dokument, „das Informationen zu der Transaktion und ihren Auswirkungen auf den Emittenten enthält", im Sinne der Art. 1 Abs. 4 lit. f, Art. 1 Abs. 5 lit. e darstellt, woraus **in begrenztem Maße eine unterschiedliche Ausgestaltungsmöglichkeit** seitens des Emittenten, Anbieters bzw. Zulassungsantragstellers bezüglich Billigung eines Prospekts oder Berufung auf eine Ausnahme von der Prospektpflicht resultiert.   30

---

59 Vgl. dazu Erwägungsgrund 11 der ProspektVO.
60 *Crüwell* bezeichnet die frühere Regelung (auf Basis der Entwurfsfassung der EU-ProspekRL) als „kurios", da sie kein Initiativrecht des Anbieters/Zulassungsantragstellers statuiere. Relevant sei die Regelung aus seiner Sicht hauptsächlich für komplexe Schuldverschreibungen, weniger für Aktien, da insoweit die Behörde des Herkunftsmitgliedstaates regelmäßig die sachnähere Behörde sei, vgl. *Crüwell*, AG 2003, 243, 250. Ebenfalls auf das ausschließliche Initiativrecht der Behörde verweisend *Holzborn/Schwarz-Gondek*, BKR 2003, 927, 934.
61 Intern sind für Wertpapierprospekte die Referate WA 32 und WA 33 der Abteilung WA 3 (Marktzugang), Bereich Wertpapieraufsicht/Asset-Management mit Dienstsitz in Frankfurt am Main zuständig, vgl. Organigramm auf der Website der BaFin.
62 So auch *Heidelbach*, in: Schwark/Zimmer, KMRK, 4. Aufl. 2010, § 13 WpPG Rn. 9.

Art. 20 ProspektVO Prüfung und Billigung des Prospekts

31 Misslich ist allerdings, dass die zuständige Behörde mangels gesetzlicher Kompetenz keine Bescheinigung ausstellen kann, dass das betreffende Dokument ausreichend ist, damit die Voraussetzungen für die Ausnahme von der Prospektpflicht vorliegen (→ Rn. 87 zu dieser **fehlenden Möglichkeit einer Negativbescheinigung**). Dennoch wird von der zuständigen Behörde in der Praxis zu erwarten sein, dass sie den betreffenden Emittenten, Anbieter bzw. Zulassungsantragsteller bei Vorlage des betreffenden anderweitigen Dokuments nicht erst einen formellen Prospekt nach der ProspektVO erstellen lässt, um ihm dann nach Einreichung zu sagen, dass der Prospekt wegen Vorliegens der Voraussetzung des Art. 1 Abs. 4 bzw. Abs. 5 mangels Zuständigkeit nicht billigungsfähig sei, sondern ihm einen dementsprechenden Hinweis vorab geben wird.

c) Einzelne Schritte des Billigungsverfahrens

aa) Einzureichende Dokumente bei Einleitung des Verfahrens

32 Bei Einleitung des Verfahrens ist der Prospekt zusammen mit dem **Antrag auf Billigung**[63] bei der zuständigen Behörde einzureichen. Zwar ließe sich auch aus der bloßen Einreichung eines Prospekts der konkludente Antrag auf Billigung ableiten.[64] Dennoch sollte selbstverständlich ein expliziter Antrag, zusammen mit etwaigen Hinweisen zur Bearbeitung, durch den Emittenten, Anbieter bzw. Zulassungsantragsteller oder einen von ihm Bevollmächtigten im Wege eines Anschreibens an die zuständige Behörde gerichtet werden. Im Fall der Bevollmächtigung ist der BaFin eine Vollmacht zusammen mit einem Nachweis der Vertretungsberechtigung des Unterzeichners der Vollmacht (in der Regel ein Handelsregisterauszug) zu übermitteln.[65]

33 Soll der Prospekt nach Billigung in einen anderen Mitgliedstaat nach Art. 25 notifiziert werden und legt der Antragsteller ein entsprechendes Ersuchen zusammen mit dem Prospektentwurf vor, übermittelt die zuständige Behörde des Herkunftsmitgliedstaates der zuständigen Behörde des Aufnahmemitgliedstaates gemäß Art. 25 Abs. 1 UAbs. 1 innerhalb eines Arbeitstages nach Billigung des Prospekts eine Bescheinigung über die Billigung, aus der hervorgeht, dass der Prospekt im Einklang mit der ProspektVO erstellt wurde, sowie eine elektronische Kopie des Prospekts. Anderenfalls erfolgt die Übermittlung innerhalb eines Arbeitstages nach Eingang eines entsprechenden Ersuchens.

34 Die Modalitäten der Einreichung werden durch Art. 42 der VO (EU) 2019/980 näher konkretisiert. Dabei ist vorgesehen, dass jeder Prospektentwurf auf elektronischem Wege in einem durchsuchbaren Format übermittelt wird. Den zuständigen Behörden soll die Suche nach speziellen Begriffen oder Stichworten ermöglicht werden, um ein wirksames und zeitgerechtes Prüfverfahren zu gewährleisten.[66] Daneben trifft Art. 42 der VO (EU) 2019/980 allerdings auch weitreichende Bestimmungen zu den Begleitdokumenten, die neben dem Prospekt einzureichen sind. Für Näheres wird auf die separate Kommentierung des Art. 42 der VO (EU) 2019/980 verwiesen.

---

63 Muster für den Antrag auf Billigung bei *Groß*, in: Happ, Aktienrecht, § 15.02 lit. c.
64 Vgl. *Heidelbach*, in: Schwark/Zimmer, KMRK, 4. Aufl. 2010, § 13 WpPG Rn. 6.
65 In der Praxis erfolgt die Übermittlung der Vollmacht allerdings regelmäßig nicht erst mit der ersten Einreichung des Prospekts, sondern bereits bei der Anmeldung zum Fachverfahren „Prospekte (EU-VO/WpPG/VermAnlG)", die die Grundlage für Einreichungen über das MVP-Portal schafft. Die Anmeldung zum Fachverfahren erfolgt typischerweise per Fax.
66 Siehe Erwägungsgrund 28 der VO (EU) VO 2019/980.

III. Billigung des Prospekts durch die zuständige Behörde **Art. 20 ProspektVO**

Im deutschen Recht ergänzt § 22 WpPG die Vorgaben des Art. 42 der VO (EU) 2019/980 und sieht eine elektronische Einreichung bei der BaFin über die **Melde- und Veröffentlichungsplattform (MVP)** vor. Für Näheres wird auf die separate Kommentierung des § 22 WpPG verwiesen. 35

Die Billigungsfassung selbst war nach altem Recht entsprechend den Vorgaben des § 5 Abs. 3 WpPG a.F. zu unterzeichnen.[67] Unter der neuen Rechtslage ist das **Unterschriftserfordernis entfallen**; eine dem § 5 Abs. 3 WpPG a.F. vergleichbare Bestimmung findet sich weder in der ProspektVO noch in Art. 42 der VO (EU) 2019/980 oder in § 22 WpPG. 36

Falls der Prospekt im Aufbau – wie eigentlich immer – nicht den Anhängen der VO (EU) 2019/980 folgt, ist zudem mit der Einreichungsfassung des Prospekts eine sog. **Überkreuz-Checkliste** nach Art. 24 Abs. 5 und Art. 25 Abs. 6 der VO (EU) 2019/980 zu übermitteln, falls die zuständige Behörde eine solche anfordert. Sollte eine derartige Aufforderung unterbleiben, empfiehlt sich die (freiwillige) Übermittlung einer Überkreuz-Checkliste dennoch, da ansonsten nach Art. 24 Abs. 6 bzw. Art. 25 Abs. 7 der VO (EU) 2019/980 der Emittent, Anbieter bzw. Zulassungsantragsteller am Rand des Prospektentwurfs zu vermerken hat, welchen Angaben im Prospektentwurf die relevanten Informationsbestandteile in den Anhängen zur VO (EU) 2019/980 entsprechen. Von diesem aufwändigen und in der Praxis kaum erprobten Verfahren ist abzuraten. Die Überkreuz-Checkliste ist als „ergänzende Information" im Sinne des Art. 20 Abs. 4 zu betrachten, sodass die Prüfungsfrist der zuständigen Behörde nicht zu laufen beginnt, solange eine angeforderte Überkreuz-Checkliste noch nicht eingereicht wurde.[68] 37

bb) Rücknahme des Antrags auf Billigung

Da der Antragsteller während des Verwaltungsverfahrens „**Herr des Verwaltungsverfahrens**" ist, behält er die **Verfügungsbefugnis über den Antrag** und kann diesen bis zur Billigung jederzeit zurücknehmen.[69] Mit der Rücknahme des Antrags endet das Verwaltungsverfahren (zu den Kosten → Rn. 58 f.; zur Frage der „Rücknahme" nach Billigung → Art. 21 Rn. 15 ff.). 38

Im Falle von Änderungen des regelmäßig im Rahmen einer Voranfrage mit der BaFin abgestimmten Zeitplans, die zu Verschiebungen um mehr als nur einen unsignifikanten Zeitraum führen, verlangt die BaFin eine Rücknahme des Billigungsantrags seitens des An- 39

---

67 Anders als Behörden in anderen Mitgliedstaaten verlangte die BaFin, dass auch in der gedruckten Veröffentlichungsfassung des Prospekts die Namen der unterzeichnenden Personen genannt werden, um die Identität des gebilligten mit dem veröffentlichten Prospekt beizubehalten. Diese Praxis erschien – trotz Art. 14 Abs. 6 EU-ProspektRL – aus Sicht der Anlegerinteressen nicht erforderlich und setzte daher z.B. die unterzeichnenden Angestellten der begleitenden Konsortialbanken einer unnötigen Öffentlichkeit aus.
68 Ausweislich der Regierungsbegründung zu § 13 Abs. 3 WpPG a.F., der in Umsetzung des Art. 13 Abs. 4 ProspektRL gleichsam eine Fristregelung, allerdings mit unterscheidenden Modalitäten, vorsah, RegBegr. EU-ProspRL-UmsetzungsG, BT-Drucks. 15/4999, S. 25, 35, ebenso *Ritz/Voß*, in: Just/Voß/Ritz/Zeising, WpPG, 1. Aufl. 2009, § 13 Rn. 52; *von Kopp-Colomb*, in: Assmann/Schlitt/von Kopp-Colomb, WpPG/VerkProspG, 3. Aufl. 2016, § 13 Rn. 27.
69 Ebenso *von Kopp-Colomb*, in: Assmann/Schlitt/von Kopp-Colomb, Prospektrecht Kommentar, Art. 20 ProspektVO Rn. 19; vgl. auch *Ritz*, in: Just/Voß/Ritz/Zeising, Wertpapierprospektrecht, 2. Aufl. 2023, Art. 20 ProspektVO Rn. 10 unter Verweis auf die allgemeinen verwaltungsrechtlichen Grundsätze (vgl. hierzu *Rixen*, in: Schoch/Schneider, Verwaltungsrecht, § 22 VwVfG Rn. 29).

tragstellers. Dem Antragsteller obliegt es, auf Basis des neuen Zeitplans einen neuen Antrag zu stellen. Durch diese Verwaltungspraxis werden zwei (oder je nach Anzahl der Rücknahmen mehr) Gebühren ausgelöst. Auch in Fällen, in denen der Antragsteller es versäumt, innerhalb einer von der BaFin gesetzten Frist den Prospekt in einer überarbeiteten Fassung erneut einzureichen, kann es vorkommen, dass die BaFin die Rücknahme des Billigungsantrags anregt, um dadurch einer formalen Versagungsentscheidung der BaFin zuvorzukommen.[70]

cc) Prüfungsfristen und Ablauf des Verfahrens

aaa) Prüfungsfristen nach Art. 20 Abs. 2 und Abs. 3

40 Die für das Prüfungsverfahren geltenden Fristen richten sich nach Art. 20 Abs. 2 und Abs. 3, wobei die Abs. 4–6a bestimmte Konkretisierungen bzw. Modifizierungen enthalten. Nach Art. 20 Abs. 2 UAbs. 1 beträgt die Frist ab Vorlage des Prospektentwurfs bei der zuständigen Behörde bis zu deren Entscheidung über eine Billigung **zehn Arbeitstage**. Während in Art. 13 Abs. 2 der EU-ProspektRL die gleiche Frist von zehn Arbeitstagen vorgesehen war, haben sich im alten Recht Diskrepanzen zu nationalen Bestimmungen des WpPG ergeben. Gemäß § 13 Abs. 2 WpPG a. F. betrug die Frist zehn „Werktage". Darunter fielen Samstage, nicht jedoch Sonn- und Feiertage.[71] Durch die Wortwahl „Arbeitstage" stellt Art. 20 Abs. 2 UAbs. 1 nun klar, dass ebenso wie Sonn- und Feiertage auch Samstage nicht in die Fristberechnung eingehen (vgl. Art. 2 lit. t).[72]

41 Die Frist beträgt nach Art. 20 Abs. 3 **zwanzig Arbeitstage**, wenn das öffentliche Angebot Wertpapiere eines Emittenten betrifft, dessen Wertpapiere noch nicht zum Handel an einem geregelten Markt zugelassen sind und der zuvor keine Wertpapiere öffentlich angeboten hat.[73] Regelmäßig wird die Frist bei einem Initial Public Offering (IPO) daher zwanzig Arbeitstage betragen. Allerdings kann dies bei einem IPO im weiteren Begriffssinne einmal anders sein, wenn die Börseneinführung ohne öffentliches Angebot und nur durch

---

70 ESMA, Peer Review Report, Rn. 412.
71 Zur alten Rechtslage vgl. *Lenz/Ritz*, WM 2000, 904, 907; *Groß*, Kapitalmarktrecht, 6. Aufl. 2016, § 13 WpPG Rn. 9; *Schlitt/Schäfer*, AG 2005, 498, 506; *Ritz/Voß*, in: Just/Voß/Ritz/Zeising, WpPG, 1. Aufl. 2009, § 13 Rn. 47; *Preuße*, in: Holzborn, WpPG, § 13 Rn. 24; *Mayston*, in: Heidel, Aktienrecht und Kapitalmarktrecht, 5. Aufl. 2019, § 13 WpPG Rn. 9; *Heidelbach*, in: Schwark/Zimmer, KMRK, 4. Aufl. 2010, § 13 WpPG Rn. 23. So auch die BaFin in ihrer Broschüre „Der Wertpapierprospekt – Türöffner zum deutschen und europäischen Kapitalmarkt", Oktober 2011; *Groß*, Kapitalmarktrecht, Art. 20 ProspektVO Rn. 10.
72 Dass eine Billigung an einem Samstag, Sonn- oder Feiertag nicht möglich ist, entsprach bereits der BaFin-Praxis nach altem Recht. Siehe auch BaFin-Präsentation „Wertpapierprospektgesetz – Hinterlegungsverfahren/Notifizierungsverfahren" vom 29.5.2006, S. 20. Anders noch Nachtrag Nr. 1 zum Prospekt der Interhyp AG vom 16.9.2005, der am Sonntag, den 25.9.2005, gebilligt wurde.
73 Siehe dazu auch *von Kopp-Colomb*, in: Assmann/Schlitt/von Kopp-Colomb, Prospektrecht Kommentar, Art. 20 ProspektVO Rn. 26 f. Die Fristen von 10 bzw. 20 Werktagen, die auch im WpPG bzw. der endgültigen Fassung der EU-ProspektRL festgelegt waren, sind kürzer als in den Entwurfsfassungen der EU-ProspektRL, in denen 15 bzw. 30 oder sogar 40 Tage vorgesehen waren, vgl. *Crüwell*, AG 2003, 243, 251; *von Kopp-Colomb/Lenz*, AG 2002, 24, 28; *Fürhoff/Ritz*, WM 2001, 2280, 2285; *Wiegel*, Die Prospektrichtlinie und Prospektverordnung, S. 418.

Zulassung erfolgt.[74] Zudem ist es auch trotz erstmaligen öffentlichen Angebots der Aktien des Emittenten denkbar, dass die 10-Arbeitstage-Frist einschlägig ist, wenn der Emittent z. B. am Anleihemarkt bereits (per öffentlichem Angebot) aktiv war. Der Wortlaut der Vorschrift mit den kumulativ genannten Voraussetzungen für das Eingreifen der 20-Arbeitstage-Frist („20 Arbeitstage [...] , wenn [...] noch nicht zum Handel an einem geregelten Markt zugelassen [...] und [...] zuvor keine Wertpapiere öffentlich angeboten") macht deutlich, dass entweder eine vorherige Zulassung oder ein vorheriges öffentliches Angebot bereits die 10-Arbeitstage-Frist des Art. 20 Abs. 2 UAbs. 1 eingreifen lässt.[75]

Die Prüfungsfristen nach Art. 20 Abs. 2 und Abs. 3 sind im Zusammenhang mit **Art. 20 Abs. 4** zu lesen. Stellt die zuständige Behörde danach fest, dass der Prospektentwurf die für eine Billigung vorausgesetzten Standards bezüglich Vollständigkeit, Verständlichkeit und Kohärenz nicht erfüllt und/oder dass Änderungen oder ergänzende Informationen erforderlich sind,[76] **unterrichtet** sie den Emittenten, den Anbieter oder den Zulassungsantragsteller zeitnah darüber, spätestens innerhalb der in Art. 20 Abs. 2 bzw. Abs. 3 genannten 10- bzw. 20-Arbeitstage-Frist, gerechnet ab der Vorlage des Prospektentwurfs und/oder der ergänzenden Informationen (Art. 20 Abs. 4 UAbs. 1 lit. a) und **gibt klar die Änderungen oder ergänzenden Informationen, die erforderlich sind, an** (Art. 20 Abs. 4 UAbs. 1 lit. b).[77] In diesen Fällen gilt die in Art. 20 Abs. 2 UAbs. 1 festgelegte 10-Arbeitstage-Frist erst ab dem Datum, zu dem ein geänderter Prospektentwurf oder die verlangten zusätzlichen Informationen bei der zuständigen Behörde eingereicht werden (Art. 20 Abs. 4 UAbs. 2). Zu diesen zusätzlichen Informationen kann etwa auch die oben bereits erwähnte Überkreuz-Checkliste zählen (→ Rn. 37). Auf die Rechtsfolge des Art. 20 Abs. 4 UAbs. 2 weist die BaFin in ihren Anhörungsschreiben auch regelmäßig explizit hin. 42

Aus dem Zusammenwirken der Formulierungen „**zeitnah**" und „**spätestens**" folgt, dass es sich bei der 10- bzw. 20-Arbeitstage-Frist nur um eine Höchstfrist handelt, der europäische Gesetzgeber jedoch tendenziell eine **frühere Rückmeldung ohne Ausschöpfung der Höchstfrist** im Sinn hatte. Denn ansonsten hätte er auf den Einschub des Wortes „zeitnah" verzichten und es allein bei der Formulierung „spätestens" belassen können. 43

---

74 Vgl. etwa die jeweils am 15.6.2021 veröffentlichten Zulassungsprospekte der ABOUT YOU Holding AG und der Bike24 Holding AG.
75 Somit kann ein Angebotsprospekt, der mit einem Wechsel vom Freiverkehr in den regulierten Markt verbunden ist, der 20-Tages-Frist unterliegen, wenn es zuvor kein öffentliches Angebot gab, vgl. *von Kopp-Colomb*, in: Assmann/Schlitt/von Kopp-Colomb, Prospektrecht Kommentar, Art. 20 ProspektVO Rn. 26 a. E.
76 Durch die Formulierung „Standards bezüglich Vollständigkeit, Verständlichkeit und Kohärenz" hat der europäische Gesetzgeber eine sprachliche Unklarheit in der Vorgängervorschrift des Art. 20 Abs. 4 (§ 13 Abs. 3 Satz 1 WpPG a. F.) beseitigt, die fälschlicherweise nahelegte, dass die BaFin bis zum Zeitpunkt der Anforderung weiterer Informationen zunächst ausschließlich die Vollständigkeit, nicht aber die Verständlichkeit und Kohärenz zu prüfen habe („Anhaltspunkte, dass der Prospekt unvollständig ist oder er ergänzender Informationen bedarf"), vgl. *Ritz*, in: Just/Voß/Ritz/Zeising, Wertpapierprospektrecht, 2. Aufl. 2023, Art. 20 ProspektVO Rn. 20.
77 Die Vorgängervorschrift § 13 Abs. 3 Satz 2 WpPG a. F. sprach noch davon, dass die BaFin den Antragsteller unterrichten „soll". In der Literatur zum alten Recht ist daher bezweifelt worden, ob § 13 Abs. 3 Satz 2 WpPG a. F. eine bindende Verpflichtung der BaFin begründe. Durch die Verwendung des Indikativs („unterrichtet", „gibt an") räumt Art. 20 Abs. 4 derartige Zweifel aus und macht klar, dass die Bestimmung eine echte Rechtspflicht der zuständige Behörde postuliert. Vgl. näher zum Streit unter § 13 Abs. 3 Satz 2 WpPG a. F. *Berrar*, in: Berrar/Meyer/Müller et al., WpPG/EU-ProspektVO, 2. Aufl. 2017, § 13 WpPG Rn. 37.

Systematisch betrachtet gilt die Maßgabe „zeitnah" nicht nur im Rahmen des Art. 20 Abs. 4, sondern auch im Rahmen des Art. 20 Abs. 2, denn praktisch behandeln beide Absätze ein und dieselbe Frist, an deren Ende entweder der Erlass eines Billigungsbescheides oder der Versand eines Anhörungsschreibens steht. Entgegen diesem gesetzlichen Leitbild einer „zeitnahen" Behördenentscheidung steht die BaFin auf dem Standpunkt, dass die 10- bzw. 20-Arbeitstage-Frist grundsätzlich voll auszuschöpfen sei (näher zur BaFin-Praxis → Rn. 49 ff.).[78] In ihrer bisherigen Praxis hat die BaFin jedenfalls für die Prüfung der ersten sowie der zweiten Einreichungsfassung die gesetzlichen Höchstfristen voll ausgeschöpft und sich im Rahmen der Vorabstimmung von Zeitplänen bislang nicht dazu bereit erklärt, davon abzuweichen. Lediglich ab der dritten Einreichungsfassung bzw. im Laufe des danach folgenden Verfahrensabschnittes bis zur Billigung hat sich die BaFin erfahrungsgemäß etwas flexibler gezeigt (→ Rn. 51). Nunmehr zeigt sich die BaFin allerdings teilweise bereit, verkürzte Prüfungsfristen auch für die ersten beiden Einreichungsfassungen zu vereinbaren (→ Rn. 51).

44 Die in dieser expliziten Form gegenüber dem alten Recht in Art. 20 Abs. 4 lit. b neu eingeführte Pflicht der zuständigen Behörde, erforderliche Änderungen oder ergänzende Informationen **klar anzugeben**, hat jedenfalls in Deutschland nicht zu einer bemerkbaren Änderung der Behördenpraxis geführt. Das erscheint auch nicht erforderlich, da die BaFin bereits unter der Geltung des § 13 Abs. 3 Satz 2 WpPG a. F. ihre Anhörungsschreiben grundsätzlich strukturell logisch aufgebaut und inhaltlich klar verfasst hat. Auch weiterhin sind die Schreiben regelmäßig in einerseits eher allgemeinere Anmerkungen und andererseits eher konkrete Anmerkungen zum Prospekt gegliedert, die typischerweise für den Leser gut nachzuvollziehen sind, da sie Bezug auf konkrete Stellen im Prospekt nehmen und sich meistens nicht in bloßen Änderungs- oder Ergänzungsbitten erschöpfen, sondern kurze Begründungen enthalten, in die die BaFin oft auch Hinweise auf den rechtlichen Prüfungskontext einfließen lässt (z. B. „Bitte überarbeiten Sie […] aus Gründen der Kohärenz zu Seite […]" o. Ä.). Grundsätzlich bestehen keine Bedenken, dass diese Praxis der BaFin hinter den Anforderungen des Art. 20 Abs. 4 lit. b zurückbliebe.

45 Gemäß Art. 45 Abs. 2 UAbs. 1 der VO (EU) 2019/980 haben behördliche Unterrichtung und Angaben nach Art. 20 Abs. 4 **schriftlich auf elektronischem Wege** zu erfolgen. Seit dem ersten Quartal 2023 stellt die BaFin Anhörungsschreiben im Sinne von Art. 20 Abs. 4 elektronisch zu, indem sie sie über die elektronische Kommunikationsplattform MVP zum Abruf gemäß § 4g Abs. 1 des Gesetzes über die Bundesanstalt für Finanzdienstleistungsaufsicht (FinDAG) bereitstellt (→ Rn. 11). Zuvor hat die BaFin Anhörungsschreiben typischerweise per Fax versandt.

46 Zu Recht kann man daran zweifeln, ob es gerechtfertigt erscheint, dass jede noch so kleine Nachforderung die Frist neu beginnen lässt (soweit also der Prospekt dem Grunde nach in einem prüfungsfähigen Zustand ist und die fehlenden Teile oder Informationen eine Prüfung nicht unmöglich machen).[79] Vor allem aber wird diese Rechtsfolge nicht der Rea-

---

[78] Vgl. etwa den Hinweis der BaFin im Rahmen der Darstellung der Prospekterstellung und des Billigungsverfahrens auf ihrer Website: „Grundsätzlich teilt die BaFin ihre Anmerkungen zum Prospekt innerhalb einer Frist von 10 [bzw. 20] Arbeitstagen im Rahmen eines Anhörungsschreibens mit."

[79] *Groß*, Kapitalmarktrecht, Art. 20 ProspektVO Rn. 12; jeweils zur entsprechenden Vorschrift der EU-ProspektRL *Crüwell*, AG 2003, 243, 251; *Kunold/Schlitt*, BB 2004, 501, 509; *Schlitt/Singhof/Schäfer*, BKR 2005, 251, 256; *Apfelbacher/Metzner*, BKR 2006, 81, 83.

lität gerecht, dass die Anzahl der BaFin-Kommentare auf einen Prospekt mit jeder Einreichung (→ Rn. 49 ff.) im Regelfall abnimmt und daher zunehmend die volle Frist bis zur Billigung unangemessen wäre. In der Literatur wird vorgeschlagen, die Nachforderung von Informationen durch die BaFin stattdessen auf § 25 VwVfG zu stützen.[80] Unklar bleibt dabei jedoch, für welche Art von Nachforderung § 25 VwVfG anwendbar sein soll. Zudem erscheint es fraglich, ob sich die schlichte Angabe von Informationen im Prospekt unter die von § 25 VwVfG geforderten „Erklärungen" bzw. „Anträge" subsumieren lässt. Passender erscheint es daher, die **sonstige Kommunikation** (d. h. außerhalb formeller Anhörungsschreiben nach Art. 20 Abs. 4) mit der zuständigen Behörde auf **Art. 20 Abs. 7 Satz 3** zu stützen, der klarstellt, dass der Antragsteller bzw. die für die Erstellung des Prospekts zuständige Person während des gesamten Verfahrens der Billigung des Prospekts die Möglichkeit erhält, direkt mit dem Personal der zuständigen Behörde zu kommunizieren und zu interagieren. Allerdings finden sich in Art. 20 keinerlei Anhaltspunkte dafür, dass ein Austausch mit der zuständigen Behörde nach Abs. 7 irgendeinen Einfluss auf das Recht der zuständigen Behörde nach Abs. 4 hat; mit anderen Worten kann die Behörde gleichwohl die in Abs. 4 genannten Höchstfristen voll ausschöpfen und an deren Ende ein formelles Anhörungsschreiben versenden. Strebt der Antragsteller nach Planungssicherheit betreffend die Dauer des Prospektprüfungsprozesses, verbleibt ihm letztlich nur die Vorabstimmung eines realistischen Zeitplans mit der zuständigen Behörde (→ Rn. 49). Die BaFin ist weiterhin für Vorabstimmungen im Prospektprüfungsverfahren offen und regt diese selbst an.[81]

Um den Prozess der Prospekterstellung zu beschleunigen und den Zugang zu den Kapitalmärkten zu erleichtern, sieht Art. 20 Abs. 6 bei **Daueremittenten** eine Verkürzung der Prüfungsfrist der zuständigen Behörde vor. Besteht der Prospekt aus einem einheitlichen Registrierungsformular und hat der Emittent die Anforderungen des Art. 9 Abs. 11 erfüllt, teilt die zuständige Behörde dem Emittenten, dem Anbieter bzw. dem Zulassungsantragsteller innerhalb von fünf anstelle von zehn Arbeitstagen die Entscheidung hinsichtlich der Billigung des Prospekts mit. Diese Regelung folgt im Wesentlichen daraus, dass der Hauptbestandteil des Prospekts entweder bereits gebilligt wurde oder der zuständigen Behörde für die Überprüfung bereits zur Verfügung steht.[82]

47

Eine weitere Erleichterung (Verkürzung der Prüfungsfristen auf sieben Arbeitstage) findet sich in Art. 20 Abs. 6a für **EU-Wiederaufbauprospekte**. Der im Zusammenhang mit der Covid-19-Pandemie geschaffene Art. 20 Abs. 6a ist allerdings – ebenso wie andere Spezialvorschriften für EU-Wiederaufbauprospekte – am 31.12.2022 ausgelaufen (vgl. Art. 47a).

48

bbb) Ablauf des Verfahrens mit der BaFin in der Praxis

Die BaFin hat sich dankenswerterweise bereit erklärt, anstehende Prospektbilligungsverfahren bereits vor der ersten Einreichung mit dem Emittenten, Anbieter bzw. Zulassungsantragsteller und den beteiligten Banken, Rechtsanwälten und Wirtschaftsprüfern in ei-

49

---

80 Vgl. etwa *Groß*, Kapitalmarktrecht, Art. 20 ProspektVO Rn. 12; *Apfelbacher/Metzner*, BKR 2006, 81, 83.
81 Siehe die Hinweise der BaFin zu Prospekterstellung und Billigungsverfahren, I.1. und II.2., https://www.bafin.de/DE/Aufsicht/Prospekte/Wertpapiere/ErstellungBilligung/erstellung_billigung_node.html (zuletzt geändert am 4.9.2023).
82 *Groß*, Kapitalmarktrecht Art. 20 ProspektVO Rn. 14; siehe auch noch Erwägungsgrund 43 EU-ProspektRL.

nem **unverbindlichen Vorgespräch** zu erörtern, um den Prozess ab Ersteinreichung des Prospekts möglichst effizient gestalten zu können.[83] In diesem Gespräch werden kritische transaktionsspezifische Punkte besprochen, die in dem Prospekt abzubildenden Finanzinformationen festgelegt und auch ein indikativer Zeitplan abgestimmt (zum Zeitplan bereits → Rn. 46). Auch wenn dieser Zeitplan selbstverständlich für die BaFin in keiner Weise bindend ist, gibt er doch den an dem Verfahren beteiligten Parteien eine verlässliche Arbeitsgrundlage. Dass die BaFin sich im Regelfall – falls die eingereichten Prospekte und die Kooperation des Antragstellers und der anderen Parteien gut sind – an einen solchen Zeitplan hält,[84] ist auch verglichen mit vielen anderen Ländern der Welt ein nicht zu unterschätzender Vorteil des deutschen Prospektbilligungsverfahrens.

50 Den **praktischen Vorteil** einer informellen Kontaktaufnahme mit der zuständigen Behörde vor der ersten Prospekteinreichung betont auch die ESMA, die in ihrem Peer Review Report hervorhebt, dass dadurch etwa komplexe Fragen vorab adressiert werden können und somit der sich anschließende formelle Teil des Billigungsverfahrens beschleunigt werden kann.[85] Etwaiges Feedback der Behörde kann dann ggf. bereits vor der ersten Einreichung berücksichtigt werden und somit idealerweise die Anzahl und/oder den Umfang späterer Kommentare der Behörde auf die Entwurfsfassungen des Prospekts reduzieren.[86]

51 Von den einzelnen Fristen ist zwischen einem IPO und einem Angebot eines bereits börsennotierten Unternehmens zu unterscheiden, wobei sich nach gegenwärtiger Praxis der BaFin (→ Rn. 43) grundsätzlich folgender Ablauf ergibt, der allerdings im jeweiligen Einzelfall mit der BaFin konkret besprochen werden sollte. Neuerdings besteht jedoch eine Bereitschaft der BaFin, im Einzelfall teilweise davon abzuweichen (dazu näher dritter Spiegelstrich unten):[87]

– **Bei einem IPO** meldet sich die BaFin nach **20 Arbeitstagen** mit einem ersten Anhörungsschreiben gemäß Art. 20 Abs. 4 beim Antragsteller. Nach einer Zweiteinreichung folgen in der Regel weitere Anmerkungen gemäß Art. 20 Abs. 4 nach **10 Arbeitstagen** (vgl. Art. 20 Abs. 3 UAbs. 2), wobei sich mit der BaFin teilweise vereinbaren lässt, dass bei Einreichung vor 8 Uhr der Tag der Einreichung als voller Arbeitstag von der BaFin mitgezählt wird, also anders als sich dies bei formeller Betrachtung nach Art. 3 Abs. 1

---

83 Siehe auch BaFin-Präsentation „Wertpapierprospektgesetz – Hinterlegungsverfahren/Notifizierungsverfahren" vom 29.5.2006, S. 19. *Meyer*, in: Marsch-Barner/Schäfer, Handbuch börsennotierte AG, § 7 Rn. 101; *Meyer*, in: Habersack/Mülbert/Schlitt, Unternehmensfinanzierung am Kapitalmarkt, § 36 Rn. 81; *von Kopp-Colomb*, in: Assmann/Schlitt/von Kopp-Colomb, Prospektrecht Kommentar, Art. 20 ProspektVO Rn. 30.
84 Das hat die BaFin jüngst auch gegenüber der ESMA bestätigt, vgl. ESMA, Peer Review Report, Rn. 211.
85 ESMA, Peer Review Report, Rn. 178. Komplexe Fragestellungen können zum Beispiel im Zusammenhang mit den dem Prospekt beizufügenden Finanzzahlen oder im Hinblick auf in den Prospekt aufzunehmende Gewinnprognosen (profit forecast) entstehen, vgl. ESMA, Peer Review Report, Rn. 185.
86 ESMA, Peer Review Report, Rn. 178.
87 Entsprechend dieser jüngeren Entwicklung hat die BaFin auch gegenüber der ESMA hat die BaFin angegeben, dass sie in Absprache mit dem Antragsteller typischerweise bereit sei, kürzere Fristen einzuhalten als die in der ProspektVO geforderten, vgl. ESMA, Peer Review Report, Rn. 211: „will usually apply shorter deadlines in accordance with the issuer's proposed timetable depending on the circumstances". In der bisherigen Praxis der BaFin war dies allerdings nicht zu beobachten.

UAbs. 2 der europäischen Fristenverordnung[88] ergeben würde.[89] Im Hinblick auf mögliche weitere Anmerkungen auf den Prospektentwurf erklärt sich die BaFin in dem vorabgestimmten Zeitplan teilweise bereit, für das dritte oder nachfolgende Anhörungsschreiben keine weiteren 10 Arbeitstage fest vorzusehen, sondern stattdessen mit einem flexibleren Zeitpunkt zu arbeiten (etwa durch Formulierungen im Zeitplan wie „danach"), der ihr zwar ein Ausschöpfen der gesetzlichen Höchstfrist weiterhin ermöglicht, wovon sie jedoch erfahrungsgemäß keinen Gebrauch macht. Für den Antragsteller stellt dies allerdings praktisch kaum eine Erleichterung dar, da er sicherheitshalber mit den vollen 10 Arbeitstagen wird kalkulieren müssen. Sind alle Anmerkungen der BaFin im Prospektentwurf berücksichtigt, ist die BaFin typischerweise bereit, den Billigungsbescheid bereits kurz nach der Einreichung der finalen Fassung (teilweise noch am selben Tag) zu erlassen.
- **Bei bereits börsennotierten Unternehmen** erfolgt das Anhörungsschreiben auf die erste Einreichung des Prospekts nach **10 Arbeitstagen**. Ab der zweiten Einreichung des Prospekts entspricht das weitere Verfahren grundsätzlich dem bei einem IPO.
- Eine strikte Anwendung der 20- bzw. 10-Tagefrist bei Erst- bzw. Zweiteinreichung des Prospekts bedeutet, dass sich die **Bearbeitungszeiten** gegenüber der BaFin-Praxis unter altem Recht **verlängern**, ohne dass es dafür einen erkennbaren rechtlichen Grund gibt.[90] Auch § 13 WpPG a. F. kannte Höchstfristen, die die BaFin jedoch regelmäßig nicht ausschöpfte, sondern eine überwiegend flexiblere Handhabung etablierte. Insbesondere die Bearbeitungszeit nach der ersten Einreichung eines IPO-Prospektes war mit ca. 13 Arbeitstagen deutlich kürzer als die heutigen 20 Arbeitstage.[91] Im Hinblick auf die anwendbaren Höchstfristen besteht jedoch konzeptionell in Art. 20 kein relevanter Unterschied zu Art. 13 WpPG a. F.[92] Im Gegenteil, durch die Klarstellung der gesetzgeberisch intendierten „zeitnahen" (→ Rn. 43) Rückmeldung der zuständigen Behörde erscheint ein freiwilliges Unterschreiten der Höchstfristen sogar noch angebrachter als unter altem Recht. In diversen Mitgliedstaaten bleiben die Bearbeitungszeiten der zuständigen Behörden daher auch unter neuem Recht teils erheblich unterhalb der gesetzlich vorgesehenen 10- bzw. 20-Arbeitstage-Frist.[93] Es ist daher begrüßenswert, dass die BaFin neuerdings wieder einen flexibleren Ansatz verfolgt. Die Abstimmung von Zeitplänen mit substanziell verkürzten Prüfungsfristen ist im Einzelfall jüngst wieder möglich. Prüfungsfristen von 13, 10 und 5 Arbeitstagen für die ersten drei Einreichungsfassungen sowie eine Prospektbilligung ca. drei Arbeitstage nach Erhalt des dritten Anhörungsschreibens der BaFin sind grundsätzlich möglich, wenn gewisse Voraussetzungen gegeben sind. Dazu zählen:

---

88 Verordnung (EWG, Euratom) Nr. 1182/71 des Rates vom 3. Juni 1971 zur Festlegung der Regeln für die Fristen, Daten und Termine.
89 Zu diesem formellen Punkt *Apfelbacher/Metzner*, BKR 2006, 81, 83; vgl. auch *Meyer*, in: Habersack/Mülbert/Schlitt, Unternehmensfinanzierung am Kapitalmarkt, § 36 Rn. 80.
90 Ebenfalls mit Hinweis auf die geänderte Praxis *Groß*, in: Marsch-Barner/Schäfer, Handbuch börsennotierte AG, Rn. 9.68.
91 Näher zur Fristenpraxis der BaFin nach altem Recht *Berrar*, in: Berrar/Meyer/Müller et al., WpPG/EU-ProspektVO, 2. Aufl. 2017, § 13 WpPG Rn. 41.
92 Vgl. allgemeiner zur Regelungsparallelität beider Vorschriften *von Kopp-Colomb*, in: Assmann/Schlitt/von Kopp-Colomb, Prospektrecht Kommentar, Art. 20 ProspektVO Rn. 2 („keine großen Unterschiede").
93 Für einen Vergleich unterschiedlicher zuständiger Behörden in der Europäischen Union siehe ESMA, Peer Review Report, Rn. 216.

Art. 20 ProspektVO Prüfung und Billigung des Prospekts

1. Die der BaFin bei Vorstellung der Transaktion mitgeteilten Fakten (einschließlich vorliegender Finanzinformationen) ändern sich nicht wesentlich.
2. Es sind keine zusätzlichen Angaben nach Art. 18 VO (EU) 2019/980 erforderlich.
3. Es liegt ein sog. Clean Working Capital Statement vor.
4. Die erste Prospektfassung ist weitestgehend vollständig (ggf. mit Ausnahme bestimmter Finanzinformationen).

– Bei dem zu veranschlagenden Zeitraum bis zur Prospektbilligung hängt auch viel davon ab, ob bei der ersten Einreichung bereits **alle Prospektbestandteile zur Verfügung stehen**. Grundsätzlich ist das eine der Vorbedingungen der BaFin.[94] Lediglich bei der Einfügung und Erörterung von insbesondere unterjährigen Finanzangaben, die zum Zeitpunkt der Ersteinreichung noch nicht vorliegen können, ist die BaFin – nach vorheriger Abstimmung – bereit, diese Teile erst bei der zweiten Einreichung vorgelegt zu bekommen.[95]
– Wie oben dargelegt, würde sich aus Art. 20 Abs. 4 eine stets wieder neu laufende (volle) Prüfungsfrist ergeben. Um endlose Billigungsverfahren zu vermeiden, fordert die BaFin den Emittenten, Anbieter bzw. Zulassungsantragsteller ab einem bestimmten Zeitpunkt (üblicherweise falls nach der dritten Einreichung eine billigungsfähige Fassung weiterhin nicht abzusehen ist) unter Fristsetzung förmlich zu einer letztmaligen Nachbesserung auf, bevor der **Billigungsantrag** dann **endgültig abgelehnt** wird.[96] Art. 20 Abs. 5 Satz 1 stellt klar, dass die zuständige Behörde berechtigt ist, die Billigung abzulehnen, wenn der Antragsteller nicht in der Lage oder nicht willens ist, die erforderlichen Änderungen vorzunehmen oder die gemäß Art. 20 Abs. 4 verlangten ergänzenden Informationen vorzulegen. Nach Art. 20 Abs. 5 Satz 2 hat sie ihre Entscheidung zu begründen. Für die Praxis der BaFin hat Art. 20 Abs. 5 neben dem deutschen Verwaltungsrecht keine nennenswerte Relevanz, da sich insbesondere das Begründungserfordernis für Verwaltungsakte bereits aus § 39 Abs. 1 VwVfG ergibt.[97]
– Gegenüber der ESMA hat die BaFin angegeben, dass sie Emittenten für Folgeeinreichungen grundsätzlich eine Frist von vier Wochen setzt, die bei Überschreiten um zwei weitere Wochen verlängert wird, wobei dann ein nochmaliges Überschreiten der Frist zu einer Versagung des Billigungsantrags führt.[98] In der Praxis sind diese Fristsetzungen seitens der BaFin jedoch erfahrungsgemäß jedenfalls dann nicht zu sehen, wenn – wie üblich – der Emittent bzw. die begleitende Anwaltskanzlei mit der BaFin bereits vor der Ersteinreichung einen Zeitplan bis zur potenziellen Prospektbilligung abstimmt, der für Folgeeinreichungen typischerweise ohnehin deutlich kürzere Intervalle als vier Wochen vorsieht.[99]

---

[94] Vgl. die Hinweise der BaFin zu Prospekterstellung und Billigungsverfahren, www.bafin.de/DE/Aufsicht/Prospekte/Wertpapiere/ErstellungBilligung/erstellung_billigung_node.html (zuletzt geändert am 4.9.2023).
[95] Vgl. *Meyer*, in: Marsch-Barner/Schäfer, Handbuch börsennotierte AG, § 7 Rn. 101.
[96] *Ritz/Voß*, in: Just/Voß/Ritz/Zeising, WpPG, 1. Aufl. 2009, § 13 Rn. 53.
[97] Ähnlich *von Kopp-Colomb*, in: Assmann/Schlitt/von Kopp-Colomb, Prospektrecht Kommentar, Art. 20 ProspektVO Rn. 31: „keinen zusätzlichen Regelungscharakter".
[98] ESMA, Peer Review Report, Rn. 219.
[99] Die Abstimmung von Zeitplänen wird generell auch von der ESMA begrüßt, vgl. ESMA, Peer Review Report, Rn. 233: „in general a good practice for [national competent authorities] to receive from issuers an indicative timetable with the relevant deadlines".

– Die **ESMA** arbeitet im Rahmen ihrer Zuständigkeiten nach Abs. 12 und Abs. 13 **Leitlinien** für die zuständigen Behörden über die Überwachung und Durchsetzung der Prospektvorschriften aus, die seit dem 4.3.2021 von der BaFin vollumfänglich in ihrer Aufsichtspraxis angewendet werden.[100]

Inhaltlich läuft das Verfahren, wie zuvor bereits inzident dargelegt, wie folgt ab: **52**

– Üblicherweise bereits am Tag der ersten Prospekteinreichung sendet die BaFin an den Antragsteller auf elektronischem Wege eine **Eingangsbestätigung**. Rechtlich ist sie dazu spätestens bis zum Geschäftsschluss des zweiten Arbeitstages nach Antragseingang verpflichtet (vgl. Art. 45 Abs. 1 UAbs. 1 der VO (EU) 2019/980). Für den Antragsteller ist das nicht nur hilfreich, um die Fristen nach Art. 20 Abs. 2 und Abs. 3 berechnen zu können,[101] sondern ermöglicht ihm auch, frühzeitig das Aktenzeichen und den Namen des zuständigen Sachbearbeiters als Ansprechpartner zu kennen (vgl. Art. 45 Abs. 1 UAbs. 2 lit. a und b der VO (EU) 2019/980).
– Im Folgenden übermittelt die BaFin schriftlich auf elektronischem Wege (vgl. Art. 45 Abs. 2 UAbs. 1 der VO (EU) 2019/980) nach Art. 20 Abs. 4 ihre ersten Anmerkungen zum Prospekt (→ Rn. 42 ff.). In diesem **Anhörungsschreiben** unterteilt sie regelmäßig ihre Anmerkungen in allgemeine Anmerkungen (z. B. zum Verfahren), inhaltliche Anmerkungen zum Prospekt (bezüglich Kohärenz, Verständlichkeit und Vollständigkeit, d. h. insbesondere Fehlen von Angaben im Abgleich zu den anwendbaren Anhängen der VO (EU) 2019/980), Anmerkungen zur eingereichten Überkreuz-Checkliste sowie sonstige, redaktionelle Anmerkungen und (unverbindliche) Anregungen.
– Bei der Wiedereinreichung des Prospekts ist **erstens eine überarbeitete, unmarkierte Prospektfassung und zweitens eine markierte Version des Prospekts** einzureichen (vgl. Art. 43 Abs. 1 der VO (EU) 2019/980), die alle seit der vorherigen Einreichung vorgenommenen Änderungen kenntlich macht.[102] Des Weiteren ist dem überarbeiteten Prospektentwurf eine Erläuterung beizufügen, aus der hervorgeht, wie die von der BaFin „aufgezeigten Probleme angegangen wurden" (vgl. Art. 43 Abs. 2 der VO (EU) 2019/980). Dieses in der Praxis schlicht „Umsetzungsliste" genannte Dokument ist eine tabellarische Übersicht, die in einer Spalte alle Anmerkungen der BaFin aus dem Anhörungsschreiben listet und in zwei weiteren Spalten eine Erläuterung der Umsetzung in Bezug auf jede Anmerkung sowie einen Verweis auf die entsprechende Seite der änderungsmarkierten Fassung des Prospekts enthält. Dem neuen Prospektentwurf ist zudem eine Erklärung beizufügen, dass dieser, mit Ausnahme der seitdem vorgenommenen und in der markierten Fassung gekennzeichneten Änderungen, mit der vorherigen Einreichungsfassung übereinstimmt. Auf das Erfordernis dieser Erklärung weist die BaFin auch in ihrem Anhörungsschreiben hin. Nach den Erkenntnissen der ESMA aufgrund der im Rahmen der Peer Review erhobenen Daten werden mitglied-

---

[100] BaFin Aktuelles, abgerufen unter https://www.bafin.de/SharedDocs/Veroeffentlichungen/DE/Meldung/2021/meldung_2021_04_15_ESMA-Leitlinien_zu_Prospektanforderungen.html (zuletzt abgerufen am 5.12.2022).
[101] Darauf weisen *Ritz/Voß*, in: Just/Voß/Ritz/Zeising, WpPG, 1. Aufl. 2009, § 13 Rn. 17, hin.
[102] *von Kopp-Colomb*, in: Assmann/Schlitt/von Kopp-Colomb, Prospektrecht Kommentar, Art. 20 ProspektVO Rn. 29; siehe auch BaFin-Präsentation „Wertpapierprospektgesetz – Hinterlegungsverfahren/Notifizierungsverfahren" vom 29.5.2006, S. 5 f.; *Meyer*, in: Habersack/Mülbert/Schlitt, Unternehmensfinanzierung am Kapitalmarkt, § 36 Rn. 81; *Mayston*, in: Heidel, Aktienrecht und Kapitalmarktrecht, 5. Aufl. 2019, § 13 WpPG Rn. 12.

staatsübergreifend bei IPOs im Schnitt 5,30 Entwurfsfassungen und bei Sekundäremissionen im Sinne von Art. 14 im Schnitt 5,15 Entwurfsfassungen eingereicht, bevor die zuständige Behörde den Prospekt billigt.[103] Vergleichbare Daten speziell in Bezug auf die BaFin-Praxis liegen – soweit ersichtlich – nicht vor.

- Die **Billigungsentscheidung** selbst übermittelt die BaFin dem Antragsteller bzw. dessen Bevollmächtigtem auf elektronischem Wege so schnell wie möglich, spätestens aber bis zum Geschäftsschluss des Tages, an dem diese Entscheidung gefällt wird (vgl. Art. 45 Abs. 3 der VO (EU) 2019/980). In der Regel geschieht dies noch am Tag der Einreichung der Billigungsfassung.[104]
- Im Fall der Billigung **unterrichtet** die BaFin die **ESMA** so bald wie möglich über die Billigung des Prospekts, auf jeden Fall spätestens bis zum Ende des ersten Arbeitstags, nachdem der Emittent, der Anbieter oder der Zulassungsantragssteller hierüber unterrichtet wurde (vgl. Art. 20 Abs. 2 UAbs. 3) (→ Rn. 67). Nicht explizit aus Art. 20, allerdings aus Art. 21 Abs. 5 UAbs. 2 (→ Art. 21 Rn. 38) folgt, dass die zuständige Behörde den gebilligten Prospekt der ESMA auch übermittelt (vgl. dazu auch Erwägungsgrund 63 der ProspektVO).

53 Die Zahl der im Jahr des Inkrafttretens der ProspektVO (2019) von der BaFin gebilligten Prospekte betrug 291. Im Jahr 2020 erhöhte sich diese Zahl auf 301. Damit lag die BaFin im **europäischen Vergleich** mit anderen zuständigen Behörden auf Platz fünf (2019) bzw. vier (2020).[105] Auch im Hinblick auf den Umfang gebilligter Prospekte belegt die BaFin einen der vorderen Plätze. Im Rahmen der Datenerhebung für die Peer Review hat die ESMA die zwischen dem 30.11.2020 und dem 27.1.2022 von den zuständigen Behörden aller Mitgliedstaaten gebilligten Prospekte auf ihre Länge untersucht. Während dieses Zeitraums hat die BaFin 284 Prospekte gebilligt, die durchschnittlich knapp 300 Seiten umfassten und teilweise mit bis zu 700 Seiten sogar noch deutlich länger waren.[106]

54 Im Rahmen ihrer Peer Review hat die ESMA betont, dass sie im Hinblick auf die von der zuständigen Behörde durchzuführende Prüfung des Prospekts auf Vollständigkeit, Verständlichkeit und Konsistenz die Anwendung eines sog. „**Four-Eye Principle**" empfiehlt. Darunter versteht die ESMA Folgendes: „[Each] Competent Authority should have the 'four-eye principle' in place to be used as appropriate and depending on, for example the nature of the structure, the type of securities, the type of issuer. If applicable, the second person should review at least what is considered by the Competent Authority to be the more sensitive parts of the prospectus document. Depending on the circumstances it might be appropriate that the second person reviewing the prospectus has more experience in scrutinising prospectus than the first reviewer."[107]

55 Im Rahmen der Auswertung der erhobenen Daten bzgl. der jeweiligen Behördenpraxen stellt die ESMA fest, dass die BaFin dem „Four-Eye Principle" folgt, wobei bei IPO-Prospekten die beiden Prüfer („Readers") grundsätzlich um einen **dritter Prüfer** („Senior Reader") ergänzt werden, der typischerweise eine noch größere Praxiserfahrung sowie einen rechtlichen Hintergrund hat. Im Rahmen der von der ESMA für die Peer Review er-

---

103 ESMA, Peer Review Report, Rn. 110.
104 ESMA, Peer Review Report, Rn. 362.
105 ESMA, Report on EEA Prospectus Activity and Sanctions in 2020, S. 7.
106 ESMA, Peer Review Report, Rn. 117.
107 ESMA, Peer Review Report, Rn. 135.

hobenen Daten hat die BaFin angegeben, dass sie mittlerweile vermehrt auch einen Fokus auf die Stärkung der ökonomischen und finanziellen Expertise der Prüfer legt, um das **Fachwissen** unter den Senior Readers noch mehr zu diversifizieren.[108] Diesen Ansatz begrüßt die ESMA in ihrem Peer Review Report ausdrücklich.[109] Bei Prospekten für Sekundäremissionen (Art. 14) sowie bei Prospektnachträgen (Art. 23) bleibt es grundsätzlich bei der Durchsicht durch zwei Prüfer ohne die Hinzuziehung einer dritten Person.[110]

d) Verwendung von Entwurfsfassungen vor Billigung

In der Vergangenheit stellte sich zum Teil das Problem, dass im Vorfeld des Angebotsbeginns ein Interesse des Anbieters und der begleitenden Banken bestand, den noch nicht gebilligten Prospekt in seiner Entwurfsfassung ausgewählten Investoren, die als **sog. Ankerinvestoren** für das Angebot fungieren sollten, zur Verfügung zu stellen. Selbstverständlich darf dies nicht dazu führen, dass es zu einer vorzeitigen Veröffentlichung des Prospekts im Sinne der ProspektVO kommt oder ein öffentliches Angebot durch diese Schritte ausgelöst wird. Soweit dies aber nicht der Fall ist, ist die Weitergabe dieser Entwurfsfassung kein Problem der ProspektVO, sondern eine Frage der potenziellen Haftung der weitergebenden Parteien gegenüber den betreffenden potenziellen Ankerinvestoren. Zudem können sich insiderrechtliche Fragestellungen ergeben. Insgesamt empfiehlt sich hier selbstverständlich eine möglichst restriktive Herangehensweise.[111]

56

Davon zu unterscheiden ist jedoch der Fall, in dem ein reiner Zulassungsprospekt erstellt, gebilligt und veröffentlicht wird, ohne dass ein öffentliches Angebot stattfindet. Die Platzierung der Aktien im Rahmen des Börsengangs findet ausschließlich über (internationale) Privatplatzierungen statt. Für die Ansprache der qualifizierten Anleger wird dabei, bereits vor der Billigung des Zulassungsprospekts, ein nicht von der BaFin oder einer anderen Behörde zu billigender Offering Circular genutzt („Zwei-Röhren-Modell").[112]

57

e) Kosten des Billigungsverfahrens

Nach Art. 20 Abs. 10 muss die Höhe der **Gebühren**, die die zuständige Behörde des Herkunftsmitgliedstaates für die Billigung von Prospekten, von Dokumenten, die Bestandteil von Prospekten gemäß Art. 10 werden sollen, oder von Prospektnachträgen sowie für die Hinterlegung einheitlicher Registrierungsformulare, einschlägiger Änderungen und endgültiger Bedingungen erhebt, angemessen und verhältnismäßig sein und zumindest auf der Website der zuständigen Behörde veröffentlicht werden.

58

---

108 ESMA, Peer Review Report, Rn. 138.
109 ESMA, Peer Review Report, Rn. 154: „The PRC positively notes as a good practice that [BaFin] has reported that it is currently working to hire more supervisors with an economic/financial background to ensure a more diverse group of senior readers."
110 ESMA, Peer Review Report, Rn. 136. Vgl. dort auch für weiterführende Angaben zu sonstigen Prospekttypen.
111 Den Research-Analysten der beteiligten Banken, die an der sog. Analystenpräsentation teilnehmen, werden aus diesen Gründen regelmäßig nur Ausschnitte des Prospekts (z.B. die sog. Management's Discussion & Analysis, MD&A) zur Verfügung gestellt.
112 Siehe z.B. im Rahmen des Börsengangs der ABOUT YOU Holding AG den Preliminary Offering Circular vom 8.6.2021 und den Zulassungsprospekt vom 15.6.2021 sowie im Rahmen des Börsengangs der Bike24 Holding AG den Preliminary Offering Circular vom 15.6.2021 und den Zulassungsprospekt vom selben Tag.

59 Die im Zusammenhang mit der Billigung eines Prospekts anfallenden Kosten sind im deutschen Recht in der Finanzdienstleistungsaufsichtsgebührenverordnung (FinDA-GebV[113]) geregelt. Die Billigung eines **Prospekts** oder eines Basisprospekts, der als einziges Dokument im Sinne des Art. 6 Abs. 3 UAbs. 1 Alt. 1 oder Art. 8 Abs. 6 UAbs. 1 Alt. 1 erstellt worden ist, kostet danach derzeit 16.915,00 EUR (die Billigung eines **Nachtrags** im Sinne von Art. 23 weitere 230,00 EUR). Dabei ist aber zu berücksichtigen, dass die BaFin bei kombinierten Angeboten eventuell von mehreren Prospekten ausgeht, auch wenn die Angebote in einem Dokument zusammengefasst sind.[114] Falls das Verwaltungsverfahren durch Versagung oder Rücknahme des Antrags auf Billigung beendet wird, ermäßigen sich die Kosten für den Antragsteller in der Regel um ein Viertel der genannten Gebühr.[115]

3. Charakter des gebilligten Prospekts

60 Im Rahmen von Aktienplatzierungen wird regelmäßig nicht nur der zu billigende Prospekt erstellt, sondern auch sog. Offering Circulars, die inhaltlich dem Prospekt im Wesentlichen[116] entsprechen und regelmäßig für Privatplatzierungen außerhalb Deutschlands genutzt werden. Aufgrund der Tatsache, dass der bei Angebotsbeginn gebilligte und veröffentlichte Prospekt oftmals keine Angaben zum endgültigen Emissionspreis enthält, hat es sich dem amerikanischen Rechtsverständnis folgend eingebürgert, den internationalen Prospekt als „**Preliminary Offering Circular**" zu bezeichnen und diesen später, bei Vorliegen des finalen Angebotspreises, zu aktualisieren (sog. **Final Offering Circular**).

4. Wirkung bzw. Rechtsfolgen der Billigung

61 Im Anschluss an die Billigung des Prospekts nach Art. 20 Abs. 1 greift Art. 21 Abs. 1 UAbs. 1 ein, d.h. der Prospekt ist der Öffentlichkeit durch den Emittenten, den Anbieter bzw. den Zulassungsantragsteller rechtzeitig vor und spätestens mit Beginn des öffentlichen Angebots oder der Zulassung der betreffenden Wertpapiere zum Handel **zur Verfügung zu stellen**. Insoweit ist der Emittent, Anbieter bzw. Zulassungsantragsteller zur Ver-

---

113 Verordnung über die Erhebung von Gebühren nach dem Wertpapierprospektgesetz vom 29.6.2005, BGBl. I 2005, S. 1875, aufgehoben durch Art. 4 Abs. 53 des Gesetzes zur Aktualisierung der Strukturreform des Gebührenrechts des Bundes v. 18.7.2016 BGBl. I, S. 1666, dieses geändert durch Artikel 3 V. v. 21.7.2021 BGBl. I, S. 3182. Insofern galt die WpPGebV bis zum 10.9.2021, seit dem 1.10.2021 ist die Finanzdienstleistungsaufsichtsgebührenverordnung (FinDAGebV) in Kraft.
114 Zum Beispiel der Wertpapierprospekt der Q-Cells SE vom 28.9.2010 für die öffentlichen Bezugsrechtsangebote auf neue Aktien und Wandelschuldverschreibungen. Siehe auch VG Frankfurt v. 4.6.2009 mit Anmerkung bei *Just/Voß*, EWiR § 13 WpPG 1/09, 627 sowie *Heidelbach*, in: Schwark/Zimmer, KMRK, 4. Aufl. 2010, § 13 WpPG Rn. 6.
115 Vgl. die Hinweise der BaFin zu Prospekterstellung und Billigungsverfahren, www.bafin.de/DE/Aufsicht/Prospekte/Wertpapiere/ErstellungBilligung/erstellung_billigung_node.html (zuletzt geändert am 4.9.2023).
116 Offering Circulars enthalten z.B. nicht die für englischsprachige Prospekte gemäß Art. 27 Abs. 1 i.V.m. § 21 Abs. 2 Satz 1 WpPG erforderliche deutschsprachige Übersetzung der Prospektzusammenfassung nach Art. 7.

öffentlichung des Prospekts nicht nur berechtigt, sondern auch verpflichtet.[117] Eine Hinterlegungspflicht, wie sie im alten Recht nach § 14 Abs. 1 Satz 1 WpPG a.F. bestand, ist in Art. 21 Abs. 1 nicht mehr vorgesehen. Vielmehr geht die Hinterlegungspflicht in der elektronischen Einreichung der finalen Billigungsfassung nach Art. 20 Abs. 1 auf.[118] Die Billigung ermöglicht außerdem die Notifizierung nach Art. 25.[119]

Zu Recht ist darauf hingewiesen worden, dass die **Billigung des Prospekts keine Befreiung von der Prospekthaftung zugunsten des Antragstellers** oder anderer Prospektverantwortlicher darstellt, falls wesentliche Angaben im Prospekt trotzdem unrichtig oder unvollständig sein sollten.[120] Dennoch hat es z.B. für die Frage der groben Fahrlässigkeit des Prospektverantwortlichen (vgl. im deutschen Recht §§ 9, 10 i.V.m. 12 Abs. 1 WpPG) selbstverständlich eine Bedeutung, wenn eine Rechtsfrage nachweislich mit der zuständigen Behörde diskutiert und unter Einschluss aller Beteiligten in einer gewissen Weise entschieden worden ist (z.B. bei der Frage von Offenlegungspflichten nach einzelnen Vorschriften der ProspektVO bzw. der VO (EU) 2019/980 und ihren Anhängen). 62

Umgekehrt entsteht durch die Prospektbilligung **keine Prospektverantwortlichkeit** oder Gewähr für die inhaltliche Richtigkeit des Prospekts durch die **zuständige Behörde**. Eine Prospekthaftung der BaFin im deutschen Recht allein aufgrund des Umstands der Prüfung und Billigung des Prospekts scheidet daher aus (→ Rn. 76 ff.; zu etwaigen Amtshaftungsansprüchen jedoch → Rn. 78 ff.).[121] 63

Auch stellt die Billigung des Prospekts **keine anderweitige Aussage** seitens der zuständigen Behörde z.B. hinsichtlich einer Vertriebserlaubnis für ein bestimmtes Produkt oder einer inhaltlichen Sanktionierung von Emittent, Anbieter oder Zulassungsantragsteller bzw. der betreffenden Wertpapiere dar.[122] Dahingehende öffentliche Aussagen können eine irreführende und daher unzulässige Werbung darstellen (→ Art. 22 Rn. 33 ff.). In diesem Zusammenhang stellt Art. 14 Abs. 1 lit. b VO (EU) 2019/979 klar, „dass die Billigung des Prospekts nicht als Befürwortung der angebotenen oder zum Handel an einem geregelten Markt zugelassenen Wertpapiere zu verstehen ist". 64

Eine Billigung durch die BaFin unterliegt als Verwaltungsakt hinsichtlich einer möglichen Aufhebung den **allgemeinen verwaltungsrechtlichen Regelungen**. Daher kann die Billigung durch die BaFin nur im Rahmen der Tatbestandsmerkmale der §§ 48 bzw. 49 65

---

117 Vgl. *Kunold*, in: Assmann/Schlitt/von Kopp-Colomb, Prospektrecht Kommentar, Art. 21 ProspektVO Rn. 13; *Mayston*, in: Heidel, Aktienrecht und Kapitalmarktrecht, 5. Aufl. 2019, § 13 WpPG Rn. 15 unter Verweis auf § 35 Abs. 1 Nr. 6 i.V.m. § 14 Abs. 1 WpPG a.F.
118 Vgl. die Hinweise der BaFin zu Prospekterstellung und Billigungsverfahren, https://www.bafin.de/DE/Aufsicht/Prospekte/Wertpapiere/ErstellungBilligung/erstellung_billigung_node.html (zuletzt geändert am 4.9.2023); siehe auch *Groß*, Kapitalmarktrecht, Art. 21 ProspektVO Rn. 4 sowie die separate Kommentierung zu Art. 21.
119 *Heidelbach*, in: Schwark/Zimmer, KMRK, 4. Aufl. 2010, § 13 WpPG Rn. 19; *Preuße*, in: Holzborn, WpPG, § 13 Rn. 30.
120 *Groß*, Kapitalmarktrecht, Art. 20 ProspektVO Rn. 16; vgl. auch RegBegr. EU-ProspRL-UmsetzungsG, BT-Drucks. 15/4999, S. 25, 34; *Preuße*, in: Holzborn, WpPG, § 13 Rn. 30; *Mayston*, in: Heidel, Aktienrecht und Kapitalmarktrecht, 5. Aufl. 2019, § 13 WpPG Rn. 16; *Heidelbach*, in: Schwark/Zimmer, KMRK, 4. Aufl. 2010, § 13 WpPG Rn. 17.
121 *Groß*, Kapitalmarktrecht, Art. 20 ProspektVO Rn. 16; *Mayston*, in: Heidel, Aktienrecht und Kapitalmarktrecht, 5. Aufl. 2019, § 13 WpPG Rn. 16; *Heidelbach*, in: Schwark/Zimmer, KMRK, 4. Aufl. 2010, § 13 WpPG Rn. 17.
122 *Ritz/Voß*, in: Just/Voß/Ritz/Zeising, WpPG, 1. Aufl. 2009, § 13 Rn. 20.

VwVfG zurückgenommen bzw. widerrufen werden. Soweit der (begünstigende) Verwaltungsakt rechtswidrig war, sind also insbesondere § 48 Abs. 2 bis 4 VwVfG zu beachten, während bei ursprünglicher Rechtmäßigkeit des Verwaltungsakts ein Widerruf nur unter Berücksichtigung der in § 49 Abs. 2 VwVfG genannten Voraussetzungen zulässig ist.[123]

66 Zur Frage, inwieweit nach Billigung, aber vor Veröffentlichung des Prospekts ein Verzicht auf die Billigung möglich ist, siehe die Kommentierung zu Art. 21 (→ Art. 21 Rn. 16f.).

5. Formelle Verfahrensschritte nach Billigung (Art. 20 Abs. 2 UAbs. 3)

67 Die zuständige Behörde unterrichtet die ESMA so bald wie möglich über die Billigung des Prospekts und aller Prospektnachträge, auf jeden Fall spätestens bis zum Ende des ersten Arbeitstags, nachdem der Emittent, der Anbieter oder der Zulassungsantragsteller hierüber unterrichtet wurde (Art. 20 Abs. 2 UAbs. 3). Aus Art. 21 Abs. 5 UAbs. 2 (→ Art. 21 Rn. 38) folgt zudem, dass die zuständige Behörde der ESMA gleichzeitig den Prospekt mit den relevanten Daten, die seine Klassifizierung ermöglichen, übermittelt (vgl. dazu auch Erwägungsgrund 63 der ProspektVO).

6. Bereitstellung einer Anleitung zum Prüfungs- und Billigungsverfahren (Art. 20 Abs. 7)

68 Gemäß Art. 20 Abs. 7 stellen die zuständigen Behörden auf ihren Websites eine **Anleitung** zum Prüfungs- und Billigungsverfahren bereit, um eine wirksame und zeitnahe Billigung der Prospekte zu gewährleisten.[124] Darüber hinaus finden sich auf den Websites der zuständigen Behörden oftmals weitere nützliche **Hinweise und Informationen**. So hat die BaFin etwa ein Merkblatt zur Prüfung von Wertpapierprospekten auf Verständlichkeit[125] sowie allgemeine Frequently Asked Questions zur ProspektVO veröffentlicht, die sie kontinuierlich aktualisiert.[126] Eine Art. 20 Abs. 7 entsprechende Bestimmung war unter altem Recht nicht kodifiziert, entsprach aber der gelebten Praxis der BaFin.

IV. Rechtsschutz im Zusammenhang mit der Billigung

69 Bezüglich Rechtsmitteln im Zusammenhang mit der Billigung eines Prospekts nach der ProspektVO gelten die allgemeinen verwaltungsrechtlichen Grundsätze. In Deutschland sind das vor allem das Verwaltungsverfahrensgesetz (VwVfG) und die Verwaltungsgerichtsordnung (VwGO).

70 Die Billigung durch die BaFin stellt einen begünstigenden **Verwaltungsakt** dar, hinsichtlich dessen die oben (→ Rn. 23) genannten Parteien antragsberechtigt sind. Falls die Billi-

---

123 *Ritz/Voß*, in: Just/Voß/Ritz/Zeising, WpPG, 1. Aufl. 2009, § 13 Rn. 58ff.
124 Die BaFin hat eine solche Anleitung unter folgender URL veröffentlicht: https://www.bafin.de/DE/Aufsicht/Prospekte/Wertpapiere/ErstellungBilligung/erstellung_billigung_node.html (zuletzt abgerufen am 24.5.2023).
125 https://www.bafin.de/SharedDocs/Downloads/DE/Merkblatt/WA/dl_wa_merkblatt_verstaendlichkeitspruefung_prospekte.pdf?__blob=publicationFile&v=8 (zuletzt abgerufen am 24.5.2023).
126 https://www.bafin.de/DE/Aufsicht/Prospekte/Wertpapiere/NeueEUProspektverordnung/FAQ.html?nn=12665108 (zuletzt abgerufen am 24.5.2023).

gung als beantragter begünstigender Verwaltungsakt versagt wird, handelt es sich dabei um einen belastenden Verwaltungsakt, der nach § 39 VwVfG mit einer Begründung zu versehen ist.[127] Gegen einen solchen ablehnenden Bescheid kann der Antragsteller als **Adressat** des Verwaltungsakts **Widerspruch** einlegen. Dieses Widerspruchsverfahren ist nach § 68 Abs. 2 VwGO – vorbehaltlich § 75 VwGO – wie üblich einem verwaltungsgerichtlichen Verfahren verpflichtend vorgeschaltet, da die BaFin keine oberste Bundesbehörde ist, sodass das Widerspruchsverfahren nicht nach § 68 Abs. 1 Satz 2 Nr. 1 VwGO entbehrlich ist. Vielmehr untersteht die BaFin nach § 2 des Gesetzes über die Bundesanstalt für Finanzdienstleistungsaufsicht (FinDAG) der Rechts- und Fachaufsicht des Bundesministeriums der Finanzen (BMF). Da es sich beim BMF um eine oberste Bundesbehörde handelt, ist nach § 73 Abs. 1 Satz 2 Nr. 2 VwGO die BaFin selbst für die Prüfung des Widerspruchs und den Erlass des Widerspruchsbescheides zuständig.[128]

Für den Fall des (erfolglosen) Durchlaufens des Widerspruchsverfahrens steht dem Antragsteller nach § 40 VwGO der Verwaltungsrechtsweg mittels **Anfechtungs- bzw. Verpflichtungsklage** offen. Da eigentliches Ziel des Antragstellers aber die Erlangung der Billigung ist, entspräche die Anfechtungsklage nicht seinem endgültigen Anliegen. Daher ist die richtige Klageart die **Verpflichtungsklage** nach § 42 Abs. 1 Alt. 2 VwGO **in Form der Versagungsgegenklage**.[129] Klagegegner ist die BaFin selbst als bundesunmittelbare, rechtsfähige Anstalt des öffentlichen Rechts (vgl. § 78 Abs. 1 Nr. 1 VwGO i.V.m. § 1 Abs. 1 FinDAG). Örtlich und sachlich zuständig ist das Verwaltungsgericht Frankfurt am Main nach § 52 Nr. 2 Satz 1 bzw. Satz 2 VwGO, da die BaFin nach § 1 Abs. 3 FinDAG ihren prozessualen Sitz in Frankfurt am Main hat. 71

Da es keine Billigungsfiktion gibt (vgl. Art. 20 Abs. 2 UAbs. 2 sowie → Rn. 8), muss es zu einer Entscheidung der BaFin über die Billigung kommen, d.h. der Antragsteller hat einen **gerichtlich durchsetzbaren Anspruch auf Verbescheidung**.[130] Bleibt die Behörde untätig, d.h. es wird ohne zureichenden Grund nicht in angemessener Frist über die Billigung entschieden, hat der Antragsteller die Möglichkeit, ohne weiteres Vorverfahren unter den Voraussetzungen des § 75 VwGO **Verpflichtungsklage in Form der Untätigkeitsklage** zu erheben. 72

Soweit das Durchlaufen eines Widerspruchs- bzw. Klageverfahrens die Gefahr begründen würde, dass die Verwirklichung eines Rechts des Antragstellers vereitelt oder wesentlich erschwert würde, bietet es sich für den Emittenten, Anbieter bzw. Zulassungsantragsteller an, den Anspruch auf Billigung mittels **einstweiligem Rechtsschutz** (in Form der **Rege-** 73

---

127 Vgl. *Groß*, Kapitalmarktrecht, Art. 20 ProspektVO Rn. 18; *Preuße*, in: Holzborn, WpPG, § 13 Rn. 30.
128 Innerhalb der BaFin wird der Widerspruch in einer anderen Organisationseinheit bearbeitet als die Ausgangsverfügung, vgl. in den Fall des Wertpapierhandelsgesetzes mit überarbeiteter Emittentenleitfaden der BaFin, 5. Aufl., Modul A, Stand vom 9.8.2018, Kapitel III.2.1.1. Widerspruchsbehörde, S. 13. Damit wird dem Umstand Rechnung getragen, dass der ursprünglich mit der Angelegenheit befasste Beamte als befangen anzusehen ist, vgl. näher auch zum diesbezüglichen Streitstand im Rahmen von § 68 VwGO *Ritz/Voß*, in: Just/Voß/Ritz/Zeising, WpPG, 1. Aufl. 2009, § 13 Rn. 74.
129 Vgl. zur Versagungsgegenklage (oder auch Weigerungsklage genannt) z.B. *Pietzker/Marsch*, in: Schoch/Schneider, Verwaltungsrecht, § 42 Abs. 1 VwGO Rn. 93.
130 *Mayston*, in: Heidel, Aktienrecht und Kapitalmarktrecht, 5. Aufl. 2019, § 13 WpPG Rn. 10, 14 und 20; vgl. *von Kopp-Colomb*, in: Assmann/Schlitt/von Kopp-Colomb, Prospektrecht Kommentar, Art. 20 ProspektVO Rn. 14; *Preuße*, in: Holzborn, WpPG, § 13 Rn. 4.

Art. 20 ProspektVO Prüfung und Billigung des Prospekts

lungsanordnung nach § 123 Abs. 1 Satz 2 VwGO, da es um eine Erweiterung der Rechtsposition des Antragstellers geht[131]) geltend zu machen. Der Antrag ist begründet, wenn aufgrund einer summarischen Prüfung der in § 123 Abs. 1 VwGO genannten Voraussetzungen eine überwiegende Wahrscheinlichkeit für das Bestehen eines **Anordnungsanspruchs** (d. h. hier eines Anspruchs auf Billigung als Rechtsverhältnis zwischen BaFin und Antragsteller im Sinne des § 123 Abs. 1 Satz 2 VwGO) spricht und ein **Anordnungsgrund** besteht, d. h. die Regelung nötig erscheint, um wesentliche Nachteile abzuwenden.[132] Zwar dürfte hinsichtlich des Anordnungsgrundes im Rahmen der erforderlichen Abwägung das Interesse des Emittenten, Anbieters bzw. Zulassungsantragstellers das der BaFin überwiegen, da das Nichtvorliegen der Billigung und die dadurch ausgelöste Verschiebung des Angebots (anders z. B. eventuell bei reinen Zulassungsprospekten) schwerwiegende wirtschaftliche Folgen für den Antragsteller haben könnte und daher eine Entscheidung in der Hauptsache zu spät käme.[133] Andererseits wird durch den einstweiligen Rechtsschutz hier im Ergebnis regelmäßig die Hauptsache vorweggenommen, sodass eine einstweilige Verfügung nach allgemeinen Grundsätzen nur dann in Betracht kommt, wenn eine sehr hohe Wahrscheinlichkeit des Obsiegens in der Hauptsache vorliegt.[134]

74 Fraglich ist, ob einzelne Anleger/Aktionäre im Fall einer positiven Billigungsentscheidung widerspruchs-/anfechtungsbefugt bzw. im Fall einer Versagung der Billigung widerspruchs-/verpflichtungsklagebefugt sind. Für eine entsprechende Widerspruchs- bzw. Klagebefugnis müsste der Anleger/Aktionär geltend machen können, durch den Verwaltungsakt bzw. seine Ablehnung in seinen eigenen subjektiv-öffentlichen Rechten verletzt zu sein. Nach der im allgemeinen Verwaltungsrecht herrschenden **Möglichkeitstheorie**[135] ist dies dann gegeben, wenn die Verletzung einer Rechtsnorm, die auch dem Schutz dieses Anlegers/Aktionärs zu dienen bestimmt ist, „nicht offensichtlich und eindeutig nach jeder Betrachtungsweise unmöglich erscheint". Hinsichtlich dieser geltend zu machenden Rechtsverletzung wiederum ist der sog. **Schutznormtheorie**[136] zur Abgrenzung der **Drittbezogenheit** des Schutzzwecks der Norm vom **reinen Rechtsreflex** zu folgen. Trotz der expliziten Erwähnung des Schutzes der Anleger in Art. 32 Abs. 1 UAbs. 1 lit. a i. V. m. § 18 Abs. 1 WpPG ist davon auszugehen, dass das Handeln der BaFin im Bereich des Art. 20 ausschließlich im öffentlichen Interesse erfolgt und der Schutz des Anlegers als ein reiner Rechtsreflex zu der primären Aufgabe des Schutzes der Allgemeinheit zu sehen ist. Daher fehlt es mangels potenzieller Verletzung in eigenen subjektiv-öffentlichen Rechten, die zumindest auch individualschützenden Charakter haben, an der Widerspruchs- bzw. Klagebefugnis des betreffenden Anlegers/Aktionärs.[137]

---

131 *Schoch*, in: Schoch/Schneider, Verwaltungsrecht, § 123 VwGO Rn. 50 und 56.
132 *Schoch*, in: Schoch/Schneider, Verwaltungsrecht, § 123 VwGO Rn. 58 ff.
133 So *Ritz*, in: Just/Voß/Ritz/Zeising, Wertpapierprospektrecht, 2. Aufl. 2023, Art. 20 ProspektVO Rn. 31; *von Kopp-Colomb*, in: Assmann/Schlitt/von Kopp-Colomb, Prospektrecht Kommentar, Art. 20 ProspektVO Rn. 14 nennt das Beispiel einer Refinanzierung eines Emittenten, die von der rechtzeitigen Platzierung der Wertpapiere abhängig ist.
134 Siehe *Schoch*, in: Schoch/Schneider, Verwaltungsrecht, § 123 VwGO Rn. 88 f. und 145.
135 Vgl. z. B. *Wahl/Schütz*, in: Schoch/Schneider, Verwaltungsrecht, § 42 Abs. 2 VwGO Rn. 67 m. w. N.; *Hipp/Hufeld*, JuS 1998, 802, 804.
136 Vgl. z. B. *Wahl/Schütz*, in: Schoch/Schneider, Verwaltungsrecht, § 42 Abs. 2 VwGO Rn. 69 und 45 ff. m. w. N.; *Hipp/Hufeld*, JuS 1998, 802, 804 f.; *Jaskulla*, BKR 2005, 231, 233.
137 So auch *Groß*, Kapitalmarktrecht, Art. 20 ProspektVO Rn. 19 sowie § 32 BörsG Rn. 49 f.; *Mayston*, in: Heidel, Aktienrecht und Kapitalmarktrecht, 5. Aufl. 2019, § 13 WpPG Rn. 20; *Preuße*,

Von den vorgenannten Überlegungen sind eventuelle **zivilrechtliche Ansprüche** im Hinblick auf den veröffentlichten Prospekt, z. B. auf Basis wettbewerbsrechtlicher Anspruchsgrundlagen eines Konkurrenten, zu unterscheiden. 75

V. Haftungsansprüche gegen die BaFin

Nach **Art. 20 Abs. 9** berührt die ProspektVO die Haftung der zuständigen Behörde nicht. Maßgeblich bleibt insoweit ausschließlich das **nationale Recht**. 76

Wie oben (→ Rn. 62) dargelegt, entlastet die Billigungsentscheidung der BaFin die Prospektverantwortlichen nicht von der gesetzlichen Prospekthaftung nach WpPG. Fraglich ist jedoch, inwieweit Haftungsansprüche gegen die BaFin geltend gemacht werden können.[138] Dabei ist zwischen **Ansprüchen von Anlegern** und **Ansprüchen der am Verfahren beteiligten Parteien** zu unterscheiden: 77

1. Ansprüche von Anlegern

Um eine Amtshaftung für pflichtwidriges Handeln nach § 839 BGB i.V.m. Art. 34 GG[139] begründen zu können, müsste ein **Anleger/Aktionär** die Verletzung von Vorschriften mit **spezifisch drittschützendem Charakter** geltend machen können. Dies wäre dann nicht möglich, wenn die BaFin ausschließlich im öffentlichen Interesse tätig würde und der Schutz des Anlegers ein bloßer Rechtsreflex wäre. Zwar ist dies in der ProspektVO[140] oder im Wertpapierprospektgesetz – anders als z. B. in § 4 Abs. 2 WpÜG[141] – nicht explizit niedergelegt, ergibt sich aber, worauf in der Literatur zu Recht hingewiesen wird,[142] allgemein aus § 4 Abs. 4 FinDAG, der generell für das Handeln der BaFin bestimmt, dass dieses ausschließlich im öffentlichen Interesse erfolge, und nach der Rechtsprechung des BGH und des EuGH mit dem Grundgesetz und dem Europäischen Gemeinschaftsrecht vereinbar ist.[143] Zudem wies bereits die Regierungsbegründung zum Wertpapierprospekt- 78

---

in: Holzborn, WpPG, § 13 Rn. 33; *Heidelbach*, in: Schwark/Zimmer, KMRK, 4. Aufl. 2010, § 13 WpPG Rn. 22.
138 Für Klagen gegen die BaFin ergibt sich die örtliche Zuständigkeit der Gerichte in Frankfurt am Main aus dem Sitz der BaFin, vgl. § 1 Abs. 3 Satz 1 und 2 FinDAG.
139 Vgl. z. B. *Papier*, in: MünchKomm-BGB, § 839 Rn. 129 ff. (Anspruchsvoraussetzungen allgemein) sowie Rn. 227 ff. (Drittbezogenheit der Amtspflicht); *Sprau*, in: Grüneberg, BGB, § 839 Rn. 31 ff. (Anspruchsvoraussetzungen allgemein) und Rn. 43 ff. (Drittbezogenheit).
140 Aber in bestimmten Vorschriften angedeutet, z. B. in Art. 18 Abs. 1 UAbs. 1 lit. a („dem öffentlichen Interesse zuwiderlaufen").
141 Angesichts der Streichung von § 6 Abs. 4 KWG und § 4 Abs. 2 WpHG im Hinblick auf den im Folgenden dargestellten § 4 Abs. 4 FinDAG lässt sich berechtigterweise die Frage stellen, warum der Gesetzgeber nicht auch § 4 Abs. 2 WpÜG aufgehoben hat, vgl. *Preuße*, in: Holzborn, WpPG, § 13 Rn. 34 Fn. 80.
142 *Groß*, Kapitalmarktrecht, Art. 20 ProspektVO Rn. 20; *von Kopp-Colomb*, in: Assmann/Schlitt/von Kopp-Colomb, Prospektrecht Kommentar, Art. 20 ProspektVO Rn. 39 ff.; *Preuße*, in: Holzborn, WpPG, § 13 Rn. 34. Zur Entwicklungsgeschichte von der Rechtsprechung des BGH zu den gesetzlich geregelten Fällen vgl. *Ritz/Voß*, in: Just/Voß/Ritz/Zeising, WpPG, 1. Aufl. 2009, § 13 Rn. 81.
143 Vgl. zur Vereinbarkeit von § 4 Abs. 4 FinDAG mit Europäischem Gemeinschaftsrecht und dem Grundgesetz BGH, ZIP 2005, 287 = BKR 2005, 231 sowie EuGH, NJW 2004, 3479 ff. = BKR

gesetz unter altem Recht mehrfach darauf hin, dass die Prospektprüfung und -billigung durch die BaFin **ausschließlich im öffentlichen Interesse** stehe und die BaFin daher keine Verantwortung bzw. Gewähr für die Vollständigkeit oder Richtigkeit des Prospekts übernehme.[144]

79 Nichtsdestotrotz gibt es auch in der ProspektVO und im Wertpapierprospektgesetz Stellen, die auf eine Drittbezogenheit der Tätigkeit der BaFin und ihrer Eingriffskompetenzen hindeuten (vgl. allein die Ausrichtung der Generalklausel des Art. 6 Abs. 1 auf das Anlegerinteresse („die für den Anleger wesentlich sind, um sich ein fundiertes Urteil über Folgendes bilden zu können") oder den oben bereits erwähnten § 18 Abs. 1 WpPG, wonach die BaFin gerade zum Schutz der Anleger tätig werden darf). Auch Erwägungsgrund 71 der ProspektVO beinhaltet eine Bezugnahme auf das Anlegerinteresse, wonach „die Prüfung und Billigung von Prospekten im Interesse der Emittenten, der Anleger, der Marktteilnehmer und der Märkte gleichermaßen" erfolge. Darüber hinaus wurde bereits in Erwägungsgrund 10 der EU-ProspektRL der **Anlegerschutz** als das oberste Ziel, das mit der Verabschiedung der EU-ProspektRL verfolgt werde, genannt. Insoweit lässt sich die Frage nicht (allein) durch den Rückgriff auf den Wortlaut des Gesetzes oder die Intention des Gesetzgebers lösen, zumal auch **verfassungsrechtliche Gesichtspunkte** zu berücksichtigen sind.[145] Andererseits bedeutet das Ziel „Anlegerschutz" nicht notwendigerweise, dass der einzelne Anleger in den Schutzbereich der Vorschrift einbezogen werden sollte und die Norm damit spezifisch drittschützenden Charakter hat. Außerdem würde eine Haftung der BaFin für fehlerhafte Billigungsbescheide gegenüber Anlegern/Aktionären aufgrund des unabsehbaren Haftungsrisikos nicht zu der begrenzten materiellen Prüfungspflicht der BaFin (→ Rn. 15 f.) passen. Von Ausnahmefällen abgesehen ist daher trotz der verfassungsrechtlich verankerten Drittschutzpflicht der Staatsaufsicht durch die BaFin – auch angesichts der vorgenannten Rechtsprechung von BGH und EuGH zu § 4 Abs. 4 FinDAG – davon auszugehen, dass **Ansprüche von Anlegern bei fehlerhaft erteilter oder versagter Prospektbilligung grundsätzlich nicht in Betracht kommen.**[146] Sie sind

---

2005, 29 ff. = WM 2005, 365 ff.; siehe auch *Jaskulla*, BKR 2005, 231 ff. und *Binder*, WM 2005, 1781 ff.

144 RegBegr. EU-ProspRL-UmsetzungsG, BT-Drucks. 15/4999, S. 25, 34 f. Vgl. auch *Groß*, Kapitalmarktrecht, 6. Aufl. 2016, § 13 WpPG Rn. 16; *von Kopp-Colomb*, in: Assmann/Schlitt/von Kopp-Colomb, Prospektrecht Kommentar, Art. 20 ProspektVO Rn. 40; *Heidelbach*, in: Schwark/Zimmer, KMRK, 4. Aufl. 2010, § 13 WpPG Rn. 20.

145 Vgl. ausführlich die Darstellung der Literatur pro/contra eines grundsätzlichen Ausschlusses des Amtshaftungsanspruchs in diesem und anderen Bereichen des Aufsichtsrechts bei *Leuering*, in: Holzborn, WpPG, 1. Aufl. 2008, § 13 Rn. 32 in Fn. 54, lediglich pro grundsätzlichem Ausschluss *Preuße*, in: Holzborn, WpPG, § 13 Rn. 34 in Fn. 77 mit Verweis auf die verfassungsrechtliche Literatur in Fn. 78.

146 So auch *Groß*, Kapitalmarktrecht, Art. 20 ProspektVO Rn. 20; *Mayston*, in: Heidel, Aktienrecht und Kapitalmarktrecht, 5. Aufl. 2019, § 13 WpPG Rn. 21; *von Kopp-Colomb*, in: Assmann/Schlitt/von Kopp-Colomb, Prospektrecht Kommentar, Art. 20 ProspektVO Rn. 40. So auch im Bereich der Bankenaufsicht *Jaskulla*, BKR 2005, 231, 232. Ebenso hinsichtlich Ansprüchen von Anlegern gegen die betreffenden Bundesländer wegen Amtspflichtverletzung der Zulassungsstellen der jeweiligen Börsen auf Basis ihrer Prospektprüfung nach altem Recht z. B. LG Frankfurt, BKR 2004, 411 f. (Deutsche Telekom). Weitergehend *Preuße*, in: Holzborn, WpPG, § 13 Rn. 34, der auf eine Prüfung im Einzelfall abstellen will. Ausführlich zum Parallelproblem des Drittschutzes im Übernahmerecht *Schnorbus*, ZHR 166 (2002), 72 ff.

nicht „Dritte" im Sinne des § 839 Abs. 1 BGB; im Übrigen wäre auch das Verweisungsprivileg des § 839 Abs. 1 Satz 2 BGB zu beachten.[147]

2. Ansprüche des Emittenten, Anbieters bzw. Zulassungsantragstellers

Anders verhält es sich hinsichtlich der Geltendmachung von Ansprüchen durch den **Emittenten, Anbieter bzw. Zulassungsantragsteller oder andere am Verfahren beteiligte Parteien**. Denn aufgrund der subjektiv-öffentlichen Rechte aus Art. 20 von Emittent, Anbieter bzw. Zulassungsantragsteller besteht eine unmittelbare Amtspflicht der BaFin im Sinne von § 839 BGB i.V.m. Art. 34 GG gegenüber diesen Personen, über die Billigung in angemessener, von Art. 20 vorgegebener Zeit sachgerecht zu entscheiden (vgl. die oben näher dargelegten Ansprüche auf Verbescheidung und auf Billigung bei Vorliegen der Billigungsvoraussetzungen). Daher bestehen Amtshaftungsansprüche dieser Personen gegenüber der BaFin bei rechtswidriger Versäumnis/Versagung oder sonstigen Fällen rechtswidriger Verbescheidung.[148]

80

In Betracht kommen Amtshaftungsansprüche insbesondere im **Falle der Nichtbescheidung**. Das wirft die Frage auf, ob Amtshaftungsansprüche auch bei nicht billigungsfähigen Prospekten entstehen können. Von der Literatur wird das mit dem Argument bejaht, dass auch bei der Nichtbescheidung nicht billigungsfähiger Prospekte ein Verstoß gegen die Unterrichtungspflicht des Art. 20 Abs. 4 vorliege und die BaFin sich daher nicht auf die nicht bestehende Billigungsfähigkeit zurückziehen könne (solange der Grad der Unvollständigkeit des Prospekts einen derartigen Schadensersatzanspruch nicht als rechtsmissbräuchlich erscheinen lasse).[149] Dem ist mit Verweis darauf, dass dies Ausfluss bzw. logische Kehrseite der Entscheidung des Gesetzgebers gegen eine Billigungsfiktion nach Ablauf einer gewissen Zeit ist, zuzustimmen. Sinn der Fristen aus Art. 20 Abs. 2 und Abs. 3 ist es gerade, den Beteiligten eine exakte Zeitplanung zu ermöglichen und die Behörde zu einer fristgerechten Entscheidung zu zwingen.[150]

81

Denkbar wäre ein Amtshaftungsprozess zudem bei **Versagung der Billigung** durch die BaFin im Falle unüberbrückbarer, unterschiedlicher Auffassungen über den Inhalt des Prospekts, d.h. die BaFin verlangt die Aufnahme bestimmter Informationen oder die Streichung bestimmter Aussagen, wozu sich der Emittent, Anbieter bzw. Zulassungsantragsteller nicht bereit erklärt.[151]

82

---

147 Vgl. LG Frankfurt, BKR 2004, 411 f.: Vorsatz würde nur bestehen, wenn die Amtsträger wissen, dass der Prospekt nicht billigungsfähig ist, und ihn gleichwohl billigen.
148 Ebenso *Groß*, Kapitalmarktrecht, Art. 20 ProspektVO Rn. 21; *Mayston*, in: Heidel, Aktienrecht und Kapitalmarktrecht, 5. Aufl. 2019, § 13 WpPG Rn. 21; *Kullmann/Sester*, WM 2005, 1068, 1073 m.w.N. in Fn. 27; *Preuße*, in: Holzborn, WpPG, § 13 Rn. 34; *von Kopp-Colomb*, in: Assmann/Schlitt von Kopp-Colomb, Prospektrecht Kommentar, Art. 20 ProspektVO Rn. 42; vorsichtiger *Heidelbach*, in: Schwark/Zimmer, KMRK, 4. Aufl. 2010, § 13 WpPG Rn. 22 („erscheint möglich").
149 Vgl. zum Ganzen näher *Groß*, Kapitalmarktrecht, Art. 20 ProspektVO Rn. 21; *Kullmann/Sester*, WM 2005, 1068, 1073 mit Verweis auf eine (nicht bestehende) Entlastung durch rechtmäßiges Alternativverhalten; *Preuße*, in: Holzborn, WpPG, § 13 Rn. 36.
150 Vgl. auch *Kullmann/Sester*, WM 2005, 1068, 1073; *Preuße*, in: Holzborn, WpPG, § 13 Rn. 36.
151 Eher fraglich dagegen ist, ob Fälle von Schäden des Anbieters/Zulassungsantragstellers durch verzögerte Billigung (Beispiel: Billigung kommt eine Woche später als angekündigt und durch Veränderungen der Marktverfassung kann der Anbieter sein Angebot nicht erfolgreich zu Ende

VI. Exkurs: Zulassungsverfahren nach §§ 32, 34 BörsG/BörsZulV

83 Im Zusammenhang mit dem Billigungsverfahren nach Art. 20 ist das Zulassungsverfahren für die angebotenen und/oder zuzulassenden Wertpapiere nach §§ 32, 34 BörsG bzw. den einschlägigen Vorschriften der Börsenzulassungsverordnung (insbesondere §§ 48–52 BörsZulV) zu sehen. Dazu hier nur folgende in Verbindung mit dem Billigungsverfahren nach der ProspektVO stehende Anmerkungen:

1. Verhältnis der Kompetenzen von BaFin und Geschäftsführung der Börsen

84 In Deutschland ist die **BaFin** gemäß Art. 31 i.V.m. § 17 WpPG die zuständige Behörde im Sinne der ProspektVO (→ Rn. 28) und hat damit die alleinige **Zuständigkeit über das Prospektbilligungsverfahren** nach Art. 20.

85 Der von der BaFin (oder der zuständigen Behörde eines anderen Mitgliedstaates) nach der ProspektVO gebilligte Prospekt bildet nach § 32 Abs. 3 Nr. 2 BörsG – zusammen mit den weiteren Voraussetzungen nach § 32 Abs. 3 Nr. 1 BörsG – die Grundlage für die gebundene Entscheidung der Geschäftsführungen[152] der Börsen über die Zulassung der Wertpapiere. Die Börse hat also keinerlei Prüfungsbefugnis in Bezug auf den Inhalt des Prospekts.

86 Umgekehrt trifft die **Zulassungsentscheidung allein die jeweilige Börse** (vgl. § 32 Abs. 1 BörsG), sofern es sich nicht um staatliche Schuldverschreibungen nach § 37 BörsG handelt oder in anderen Gesetzen etwas anderes bestimmt ist. Zulassungs- und Billigungsverfahren sind also unabhängig voneinander zu betreiben.[153] Eine **doppelte Durchsicht** oder Infragestellung der Billigung durch die Börsen ist also **ausgeschlossen**.[154]

87 Sofern Anbieter bzw. Emittent davon ausgehen, dass ihr Angebot bzw. die Zulassung der betreffenden Wertpapiere keiner Prospektpflicht unterliegt (vgl. Art. 1 Abs. 4 und Abs. 5),

---

führen) oder Schäden des Anbieters/Zulassungsantragstellers durch Prospekthaftungsansprüche gerade aufgrund von Ergänzungen oder Streichungen, die die BaFin verlangt hat, denkbar sind.
152 Eine der Folgen der zahlreichen gesetzlichen Änderungen war die Abschaffung der bisherigen Zulassungsstellen bei den Börsen (durch das Finanzmarkt-Richtlinie-Umsetzungsgesetz vom 16.7.2007 (FRUG), BGBl. I 2007, S. 1330 vom 19.7.2007). Das Zulassungsverfahren wird nunmehr von den Geschäftsführungen der Börsen betreut (§§ 8 Abs. 1 Nr. 8, 48 Abs. 3 BörsO FWB), vgl. *Trapp*, in: Habersack/Mülbert/Schlitt, Unternehmensfinanzierung, § 37 Rn. 39; *Seifert/Pfeiffer*, in: Holzborn, WpPG, Vorbemerkung BörsZulV Rn. 7; *Lachner/v. Heppe*, WM 2008, 576; 576; *Schlitt/Schäfer*, AG 2007, 227, 228 sowie Ziff. 2 des Rundschreibens Listing Nr. 1/2007 der Frankfurter Wertpapierbörse vom 21.9.2007.
153 *Holzborn/Israel*, ZIP 2005, 1668, 1669. Hierin liegt dann auch eine materielle Prüfungskompetenz der Geschäftsstellen der jeweiligen Börse, vgl. *Groß*, Kapitalmarktrecht, § 48 BörsZulV Rn. 7; *Seibt/v. Bonin/Isenberg*, AG 2008, 565, 566f.
154 Vgl. *Groß*, Kapitalmarktrecht, § 48 BörsZulV Rn. 7; *Seifert/Pfeiffer*, in: Holzborn, WpPG, § 48 BörsZulV Rn. 1; *Schlitt/Singhof/Schäfer*, BKR 2005, 251, 255; *Groß*, in: Marsch-Barner/Schäfer, Handbuch börsennotierte AG, § 9 Rn. 46ff.; *Grub/Thiem*, NZG 2005, 750, 751. So auch das Rundschreiben Listing 01/2005 der Frankfurter Wertpapierbörse vom 2.6.2005, Ziff. 2, S. 2: „Eine Prüfung, ob der Prospekt den formellen und materiellen Anforderungen des WpPG, einschließlich der EG-Durchführungsverordnung (Verordnung EG Nr. 809/2004 vom 29.4.2004) genügt, wird durch die Zulassungsstelle nicht vorgenommen. Denn hierfür ist ausschließlich die BaFin zuständig. Die Zulassungsstelle prüft den Prospekt nur dann und nur insoweit, als dies gesetzlich vorgeschrieben ist (z.B. §§ 5 Abs. 2 Nr. 1, 7 Abs. 1 Satz 3 BörsZulV n.F.)."

besteht also für die Frage der Zulassung der Wertpapiere zum Börsenhandel allein eine Prüfungskompetenz der Börse. Aufgrund der oben dargestellten Aufgabenverteilung gibt es allerdings insoweit eine **Überlappung**, als zum einen die BaFin im Rahmen der repressiven Eingriffsverwaltung einschreiten kann, falls sie von einer Prospektpflicht ausgeht (vgl. Art. 32 Abs. 1 UAbs. 1 lit. f, § 18 Abs. 4 Satz 1 Nr. 1 WpPG, auch wenn dies keine Ordnungswidrigkeit nach § 24 Abs. 3 Nr. 1 darstellt), und zum anderen die Börse im Rahmen des Zulassungsverfahrens unter Anwendung des Untersuchungsgrundsatzes des § 24 VwVfG[155] prüft, ob tatsächlich keine Prospektpflicht bestand, weil für den Fall des Bestehens einer Prospektpflicht die Voraussetzungen des § 32 Abs. 3 Nr. 2 BörsG nicht eingehalten wurden.[156] Dies gilt vor allem bei den (Ausnahme-)Tatbeständen, die für öffentliches Angebot und Zulassung parallel formuliert sind (vgl. zum Beispiel das Erfordernis eines Dokuments, das Informationen zu der Transaktion und ihren Auswirkungen auf den Emittenten enthält bei Übernahmen oder Verschmelzungen nach Art. 1 Abs. 4 lit. f und lit. g bzw. Art. 1 Abs. 5 lit. e und lit. f) und bei denen die BaFin jedenfalls unstreitig für die Überwachung zuständig ist, ob ein öffentliches Angebot ohne (dafür notwendigen) gebilligten Prospekt vorliegt. Diese Überlappung rührt auch daher, dass die BaFin **keine gesetzliche Grundlage für das Ausstellen sog. Negativbescheinigungen** besitzt, in denen sie bestätigen würde, dass aus ihrer Sicht keine Prospektpflicht besteht.[157]

Überschneidungen sind schließlich dort denkbar, wo die **§§ 1–12 BörsZulV inhaltliche Anforderungen an den Prospekt** stellen (vgl. § 5 Abs. 2 Nr. 1 BörsZulV bzw. § 7 Abs. 1 Satz 3 BörsZulV),[158] was aber in der Praxis keine wesentlichen Schwierigkeiten bereitet.[159] 88

Ob ein bei der BaFin eingeleitetes Billigungsverfahren für einen **Nachtrag** zu einem Prospekt **Einfluss auf das Zulassungsverfahren** hat, ist unklar. Teilweise ist in der Literatur vertreten worden, dass sich bis zur Billigung des Nachtrags die Zulassung der Aktien zum Börsenhandel verzögere, da der gebilligte Prospekt nach § 32 Abs. 3 Nr. 2 BörsG Voraussetzung für die Zulassung sei.[160] Zwingend erscheint dies nicht, da es ja einen gebil- 89

---

155 *Bloß/Schneider*, WM 2009, 879, 884.
156 Davon gehen offensichtlich auch *Schlitt/Schäfer*, AG 2005, 498, 501 aus. Auch *Schlitt*, in: Habersack/Mülbert/Schlitt, Kapitalmarktinformation, § 4 Rn. 73 Fn. 98; anders *Trapp*, in: Habersack/Mülbert/Schlitt, Unternehmensfinanzierung am Kapitalmarkt, § 37 Rn. 42: „Zuständigkeiten der BaFin bestehen […] nicht". Siehe weiterhin *Veil/Wundenberg*, WM 2008, 1285, 1286; *Holzborn/Israel*, ZIP 2005, 1668, 1669 in Fn. 37, die allerdings wohl (vgl. aber S. 1670, Fn. 48) davon ausgehen, dass in diesem Fall die BaFin keine Eingriffsbefugnisse mehr habe, die eine Prüfung auslösen könnten. Für Letzteres auch die h. M., vgl. die in der folgenden Fußnote genannten.
157 Vgl. näher *Seibt/v. Bonin/Isenberg*, AG 2008, 565, 566 (insbesondere auch Fn. 9); *Schnorbus*, AG 2009, 389, 400; *Mülbert/Steup*, WM 2005, 1633, 1640; *Veil/Wundenberg*, WM 2008, 1285, 1286; *Straßner/Grosjean*, in: Heidel, Aktienrecht und Kapitalmarktrecht, 5. Aufl. 2019, § 4 WpPG Rn. 1; *Heidelbach/Preuße*, BKR 2006, 316, 316; *Keunecke*, Prospekte im Kapitalmarkt, S. 287; anders noch *Holzborn/Israel*, ZIP 2005, 1668, 1670 auf Basis des Rundschreibens Listing 01/2005, Ziff. 4, S. 2, der Frankfurter Wertpapierbörse vom 2.6.2005.
158 Vgl. *Holzborn/Israel*, ZIP 2005, 1668, 1670.
159 Für Schuldverschreibungen ist zusätzlich die Regelung des § 48a BörsZulV in Bezug auf den gebilligten Basisprospekt zu beachten, die ebenfalls z. T. auf den konkreten Inhalt des Basisprospekts abstellt.
160 *Schlitt*, in: Habersack/Mülbert/Schlitt, Kapitalmarktinformation, § 5 Rn. 30.

ligten Prospekt, der Grundlage einer Zulassungsentscheidung sein könnte, bereits gibt. Fraglich ist vielmehr, ob die Börse sich materiell gehindert sieht, die Zulassung auf Basis eines noch um einen Nachtrag zu ergänzenden (und damit im Moment der Zulassungsentscheidung eventuell nicht mehr richtigen bzw. vollständigen) Prospekts zu erteilen.[161]

2. Notwendigkeit der (Mit-)Antragstellung durch einen sog. Emissionsbegleiter

90 Wie oben (→ Rn. 23) bereits dargelegt, ist nach § 32 Abs. 2 BörsG die Zulassung vom Emittenten der Wertpapiere zusammen mit einem **Kreditinstitut, Finanzdienstleistungsinstitut oder einem nach § 53 Abs. 1 Satz 1 oder § 53b Abs. 1 Satz 1 KWG tätigen Unternehmen** zu beantragen. Das Institut oder Unternehmen hat bestimmte Mindestvoraussetzungen zu erfüllen (an einer inländischen Börse zur Teilnahme am Handel zugelassen; haftendes Eigenkapital von mindestens 730.000 EUR), vgl. § 32 Abs. 2 Satz 2 BörsG. Soweit der Emittent selbst Institut bzw. Unternehmen im vorgenannten Sinne ist, kann er aber den Antrag nach § 32 Abs. 2 Satz 3 BörsG allein stellen.

91 Daraus folgt erstens, dass das Börsengesetz hier notwendigerweise auf den **Emittenten** abstellt und nicht auf den im Wertpapierprospektrecht ebenfalls verwendeten Begriff des Anbieters. Zweitens stellt das Erfordernis der (Mit-)Antragstellung durch ein qualifiziertes Institut/Unternehmen, sog. **Emissionsbegleiter**, einen wesentlichen Unterschied zum Billigungsverfahren für den Prospekt bei der BaFin nach der ProspektVO dar, wo ein solches Erfordernis nicht besteht (zur Antragstellung nach Art. 20 → Rn. 23 f.). Die (Mit-)Antragstellung durch den Emissionsbegleiter stellt aber nicht zugleich die Aussage dar, dass der Emissionsbegleiter auch die Prospektverantwortung im Sinne des § 9 Abs. 1 Satz 1 Nr. 1 WpPG übernommen habe oder von ihm gar der Erlass des Prospekts im Sinne von § 9 Abs. 1 Satz 1 Nr. 2 WpPG ausgehe – auch wenn es im Regelfall am Ende so sein mag, dass die (führende) Konsortialbank auch Mitantragsteller für Zwecke des Zulassungsverfahrens ist.[162] Die rechtlichen Konsequenzen der Mitantragstellung sind daher grundsätzlich separat festzulegen.[163]

---

161 Jedenfalls im Eigenkapitalmarktgeschäft wird es auch in der Praxis kaum vorkommen, dass der Zulassungsbeschluss ansteht, während ein noch nicht von der BaFin gebilligter Nachtrag aussteht, da die Zulassung in der Regel erst zum Ende der Angebotsfrist angestrebt wird. Daher wird ein Nachtrag regelmäßig vor der Zulassung liegen, vgl. z. B. im Rahmen des Initial Public Offering der Covestro AG den Nachtrag vom 2.10.2015 und den Zulassungsbeschluss vom 5.10.2015.
162 Denkbar wäre z. B. bereits eine Trennung dergestalt, dass die in Großbritannien ansässige Gesellschaft einer Konsortialbank die Prospektverantwortung übernimmt, während die Mitantragstellung durch ein deutsches Unternehmen der Gruppe ausgeführt wird.
163 Keine klare Trennung der Prospektverantwortung von der Mitantragstellung bei *Kumpan*, in: Hopt, HGB, § 32 BörsG Rn. 3; *Gebhardt*, in: Schäfer/Hamann, Kapitalmarktgesetze, § 30 BörsG Rn. 37 ff. Eher trennend *Groß*, Kapitalmarktrecht, § 32 BörsG Rn. 37 a. E.; *Heidelbach*, in: Schwark/Zimmer, KMRK, § 32 BörsG Rn. 34.

3. Ablauf des Zulassungsverfahrens

a) Formelle und materielle Voraussetzungen nach § 32 Abs. 3 BörsG, §§ 48 ff. BörsZulV

Die Entscheidung der Geschäftsführung der jeweiligen Börse über die Zulassung der Wertpapiere ist ein (für den Adressaten begünstigender bzw. bei Ablehnung belastender) **Verwaltungsakt** im Sinne des § 35 VwVfG.[164] Inhaltlich begründet die Zulassung das öffentlich-rechtliche Benutzungsverhältnis zwischen Emittent und Börse.[165] Die Zulassung der Wertpapiere ist – wie schon aus der Formulierung des § 38 Abs. 1 Satz 1 BörsG („zugelassener") heraus ersichtlich – Voraussetzung für die **Einführung**, d. h. die Aufnahme der Notierung der entsprechenden Wertpapiere.[166] Die Einführung der Wertpapiere ist separat zu beantragen und wird ebenfalls von der Geschäftsführung der Börsen verbeschieden. 92

Die **materiellen Zulassungsvoraussetzungen** ergeben sich – neben dem Vorliegen eines gebilligten Prospekts nach § 32 Abs. 3 Nr. 2 BörsG – aus § 32 Abs. 3 Nr. 1 BörsG, d. h. kumulativ sind die Voraussetzungen nach Art. 35 der Verordnung (EG) Nr. 1287/2006 (MiFID-Durchführungsverordnung[167]) und nach der Börsenzulassungsverordnung (insbesondere §§ 1–12, 48 BörsZulV) zu erfüllen.[168] Bei etwaigen Widersprüchen zwischen MiFID-Durchführungsverordnung und BörsZulV hätte Erstere als ranghöheres Recht Vorrang.[169] Allerdings ging der Gesetzgeber, der in § 32 Abs. 3 Nr. 1 BörsG den Verweis auf Art. 35 der MiFID-Durchführungsverordnung einführte, ohne insbesondere § 5 BörsZulV zu ändern, ersichtlich davon aus, dass die jeweiligen Vorschriften kompatibel seien und daher kein weiterer Änderungsbedarf im deutschen Recht bestünde.[170] 93

Die **formellen Voraussetzungen des Zulassungsantrags** ergeben sich aus § 48 Abs. 1 BörsZulV; die Börsen haben Formblätter entwickelt und auf ihren Internetseiten zur Verfügung gestellt, die für die Antragstellung benutzt werden sollten.[171] Die im Rahmen des Zulassungsverfahrens vorzulegenden[172] Dokumente sind in nicht abschließender Aufzäh- 94

---

164 Statt aller *Groß*, in: Marsch-Barner/Schäfer, Handbuch börsennotierte AG, § 9 Rn. 3 m.w.N.; *Trapp*, in: Habersack/Mülbert/Schlitt, Unternehmensfinanzierung am Kapitalmarkt, § 37 Rn. 10.
165 Vgl. *Ritz*, in: Just/Voß/Ritz/Zeising, Wertpapierprospektrecht, 2. Aufl. 2023, Art. 20 ProspektVO Rn. 6 m.w.N.
166 Vgl. *Gebhardt*, in: Schäfer/Hamann, Kapitalmarktgesetze, § 30 BörsG Rn. 46.
167 Basierend auf der Richtlinie 2004/39/EG des Europäischen Parlaments und des Rates vom 21.4.2004 über Märkte für Finanzinstrumente, zur Änderung der Richtlinien 85/611/EWG und 93/6/EWG des Rates und der Richtlinie 2000/12/EG des Europäischen Parlaments und des Rates zur Aufhebung der Richtlinie 93/22/EWG, ABl. Nr. L 145 vom 30.3.2004 (sog. MiFID-Richtlinie).
168 Vgl. dazu im Detail z.B. *Trapp*, in: Habersack/Mülbert/Schlitt, Unternehmensfinanzierung am Kapitalmarkt, § 37 Rn. 11 ff.; *Groß*, in: Marsch-Barner/Schäfer, Handbuch börsennotierte AG, § 9 Rn. 11 ff.
169 So zu Recht *Holzborn*, in: Holzborn, WpPG, § 32 BörsG Rn. 7.
170 *Groß*, in: Marsch-Barner/Schäfer, Handbuch börsennotierte AG, § 9 Rn. 12.
171 Muster für den Antrag auf Zulassung bei *Groß*, in: Happ, Aktienrecht, § 15.02 lit. d.
172 Die in § 48 Abs. 2 Satz 2 Nr. 1–8 BörsZulV genannten Dokumente sind, soweit einschlägig, nicht nur auf Verlangen vorzulegen, sondern Teil einer vollständigen Antragstellung, vgl. *Seifert/Pfeiffer*, in: Holzborn, WpPG, § 48 BörsZulV Rn. 5; *Gebhardt*, in: Schäfer/Hamann, Kapi-

Art. 20 ProspektVO Prüfung und Billigung des Prospekts

lung („insbesondere") in § 48 Abs. 2 BörsZulV genannt. Relevant sind in der Praxis insbesondere die Dokumentation über die Kapitalerhöhung, aus der die zuzulassenden Aktien stammen, sowie bei Nichtbestehen des Emittenten für mindestens drei Jahre Unterlagen zur Begründung einer Entscheidung der Geschäftsführung der Börse nach § 3 Abs. 2 BörsZulV.

95 § 48 Abs. 2 Satz 1 und Satz 2 BörsZulV spiegeln die **Rolle der jeweiligen Börse** wider, die ausschließlich das Vorliegen eines gebilligten Prospekts sowie eines vollständigen Zulassungsantrags (plus Einhaltung der materiellen Voraussetzungen insbesondere der §§ 1–12 BörsZulV) prüft.[173]

b) Zeitlicher Ablauf und Veröffentlichungen nach §§ 50–52 BörsZulV

96 Auf der **Zeitschiene** regeln §§ 50, 52 BörsZulV das Zulassungsverfahren wie folgt:

- Die Zulassung darf frühestens an dem auf das Datum der Einreichung des (vollständigen[174]) Zulassungsantrags bei der Geschäftsführung folgenden Handelstag erfolgen.
- Zudem hat die Börse schon länger die Auffassung vertreten, dass zwischen dem Tag der Einreichung und dem Tag der Zulassungsentscheidung kein weiterer Werktag liegen müsse. Daher kann der Zulassungsbeschluss tatsächlich bereits einen Handelstag nach Einreichung des Zulassungsantrags erfolgen.[175]
- Die Einführung der Wertpapiere im Sinne von § 38 BörsG darf nach § 52 BörsZulV frühestens an dem auf die erste Veröffentlichung des Prospekts oder, wenn kein Prospekt zu veröffentlichen ist, an dem der Veröffentlichung der Zulassung folgenden Werktag[176] erfolgen.
- Insgesamt kann daher ein Zulassungsverfahren innerhalb von ca. drei Werktagen abgeschlossen werden (Zulassungsantrag/Antrag auf Notierungsaufnahme am Tag T, Zulassungsbeschluss T+1, Veröffentlichung der Zulassung T+2 und Notierungsaufnahme T+3).[177] Bei Namensaktien hat sich allerdings gezeigt, dass wegen des erforderlichen

---

talmarktgesetze, § 48 BörsZulV Rn. 10; in der Regel unaufgeforderte Einreichung *Singhof/Weber*, in: Habersack/Mülbert/Schlitt, Unternehmensfinanzierung am Kapitalmarkt, § 3 Rn. 91 (Fn. 262).

173 Vgl. *Apfelbacher/Metzner*, BKR 2006, 81, 84 (insbesondere auch Fn. 30) zur Streichung des § 30 Abs. 3 Nr. 3 BörsG a. F. Ebenso *Schlitt/Singhof/Schäfer*, BKR 2005, 251, 255; vgl. auch *Schlitt/Schäfer*, AG 2007, 227, 228. Detailliert zu den Voraussetzungen des Zulassungsverfahrens z. B. *Ekkenga/Maas*, Das Recht der Wertpapieremissionen, S. 122 ff. Rn. 166 ff.

174 Insofern ist die frühzeitige Einreichung und Abstimmung des Zulassungsantrags natürlich nach wie vor sehr empfehlenswert, um etwaige zusätzlich einzureichende Dokumente mit der Börse im Vorfeld des ins Auge gefassten Termins für den Zulassungsbeschluss abstimmen zu können.

175 *Meyer*, in: Marsch-Barner/Schäfer, Handbuch börsennotierte AG, § 7 Rn. 103; *Schlitt/Schäfer*, AG 2007, 227, 228 f.; *Trapp*, in: Habersack/Mülbert/Schlitt, Unternehmensfinanzierung am Kapitalmarkt, § 37 Rn. 48; *Groß*, in: Marsch-Barner/Schäfer, Handbuch börsennotierte AG, § 9 Rn. 54; *J. Schäfer*, in: Grunewald/Schlitt, Einführung in das Kapitalmarktrecht, S. 217.

176 Warum in § 52 BörsZulV nach wie vor auf „Werktag" abgestellt wird, während § 50 BörsZulV auf „Handelstag" umgestellt wurde, ist nicht ersichtlich. *Groß*, in: Marsch-Barner/Schäfer, Handbuch börsennotierte AG, § 9 Rn. 55 weist zu Recht darauf hin, dass wohl nur „Handelstag" gemeint sein kann, da nur an diesem die in § 52 BörsZulV geregelte Notierungsaufnahme erfolgen könne.

177 Ebenso *Groß*, in: Marsch-Barner/Schäfer, Handbuch börsennotierte AG, § 9 Rn. 55. Diese „Drei-Werktage-Regel" findet sich – soweit ersichtlich – zwar nicht mehr explizit in den Infor-

Aktienregisters und des Clearstream-Verfahrens mehr Zeit erforderlich ist (in der Regel ein zusätzlicher Werktag).
– Durch die Bezugnahme in § 52 BörsZulV auf die Veröffentlichung nach § 51 BörsZulV und die dortige ausschließliche[178] Nennung des elektronischen Bundesanzeigers könnte sich auf der Zeitschiene aber wegen des Vorlaufs des elektronischen Bundesanzeigers eventuell eine Verzögerung der Einführung der Wertpapiere ergeben, die bei zeitkritischen Verfahren (z. B. Accelerated Bookbuilt Offerings ohne zugrunde liegende Wertpapierleihe) problematisch sein kann.[179] Allerdings arbeitet die Frankfurter Wertpapierbörse z. B. sehr eng und gut mit dem elektronischen Bundesanzeiger zusammen und kann so in der Praxis eine sehr zügige Umsetzung gewährleisten.

Der **Zulassungsbeschluss** wird nach § 51 BörsZulV von der Geschäftsführung der Börse auf Kosten des Antragstellers im elektronischen Bundesanzeiger **veröffentlicht**. Zudem wird die Zulassung durch Börsenbekanntmachung veröffentlicht (vgl. z. B. § 45 Abs. 5 (General Standard) bzw. § 49 (Prime Standard) der Börsenordnung der Frankfurter Wertpapierbörse), d. h. per Internetveröffentlichung.

97

---

mationsmaterialien der Frankfurter Wertpapierbörse (vgl. hingegen noch Rundschreiben Listing Nr. 1/2007 vom 21.9.2007), sie entspricht jedoch grundsätzlich noch der Praxis der Frankfurter Wertpapierbörse. Freilich handelt es sich dabei um erfahrungsbasierte Mindestfristen, die im Einzelfall länger sein können. Dementsprechend weist die Frankfurter Wertpapierbörse in den „Häufig gestellten Fragen" zum Zulassungsverfahren vorsorglich darauf hin, dass die Bearbeitungsdauer eines Zulassungsantrags bei einem IPO je nach Umfang bis zu zehn Werktage beträgt, https://www.deutsche-boerse-cash-market.com/dbcm-de/primary-market/going-public/H-ufig-gestellte-Fragen-34610 (zuletzt abgerufen am 24.5.2023).

178 Zur vormals notwendigen zusätzlichen Veröffentlichung des Zulassungsbeschlusses in einem (überregionalen) Börsenpflichtblatt siehe Berrar, in: Berrar/Meyer/Müller et al., WpPG/EU-ProspektVO, 1. Aufl. 2011, § 13 Rn. 91.

179 *Meyer*, in: Marsch-Barner/Schäfer, Handbuch börsennotierte AG, § 7 Rn. 103.

Art. 21 ProspektVO
Veröffentlichung des Prospekts

(1) Nach seiner Billigung ist der Prospekt der Öffentlichkeit durch den Emittenten, den Anbieter oder die die Zulassung zum Handel an einem geregelten Markt beantragende Person rechtzeitig vor und spätestens mit Beginn des öffentlichen Angebots oder der Zulassung der betreffenden Wertpapiere zum Handel zur Verfügung zu stellen.

Im Falle eines öffentlichen Erstangebots einer Gattung von Aktien, die zum ersten Mal zum Handel an einem geregelten Markt zugelassen wird, muss der Prospekt der Öffentlichkeit mindestens sechs Arbeitstage vor dem Ende des Angebots zur Verfügung gestellt werden.

(2) Der Prospekt gilt unabhängig davon, ob er aus einem oder mehreren Dokumenten besteht, als der Öffentlichkeit zur Verfügung gestellt, wenn er in elektronischer Form auf einer der folgenden Websites veröffentlicht wird:

a) der Website des Emittenten, des Anbieters oder der die Zulassung zum Handel an einem geregelten Markt beantragenden Person;

b) der Website der die Wertpapiere platzierenden oder verkaufenden Finanzintermediäre, einschließlich der Zahlstellen;

c) der Website des geregelten Marktes, an dem die Zulassung zum Handel beantragt wurde, oder – wenn keine Zulassung zum Handel an einem geregelten Markt beantragt wurde – auf der Website des Betreibers des MTF.

(3) Der Prospekt wird in einer beim Aufrufen der Website leicht zugänglichen eigenen Rubrik veröffentlicht. Er wird als herunterladbare, druckbare Datei in einem mit Suchfunktion ausgestatteten, jedoch nicht editierbaren elektronischen Format zur Verfügung gestellt.

Dokumente mit Informationen, die mittels Verweis in den Prospekt aufgenommen werden, Nachträge und/oder endgültige Bedingungen für den Prospekt sowie eine gesonderte Kopie der Zusammenfassung werden in derselben Rubrik wie der Prospekt selbst, erforderlichenfalls in Form eines Hyperlinks, zur Verfügung gestellt.

In der gesonderten Kopie der Zusammenfassung ist klar anzugeben, auf welchen Prospekt sie sich bezieht.

(4) Für den Zugang zum Prospekt ist weder eine Registrierung noch die Akzeptanz einer Haftungsbegrenzungsklausel noch die Entrichtung einer Gebühr erforderlich. Warnhinweise, die angeben, im Rahmen welcher Rechtsordnungen ein Angebot unterbreitet oder eine Zulassung zum Handel erteilt wird, werden nicht als Haftungsbegrenzungsklausel angesehen.

(5) Die zuständige Behörde des Herkunftsmitgliedstaats veröffentlicht auf ihrer Website alle gebilligten Prospekte oder zumindest die Liste der gebilligten Prospekte, einschließlich eines Hyperlinks zu den in Absatz 3 dieses Artikels genannten spezifischen Rubriken der Website und der Angabe des Aufnahmemitgliedstaats oder der Aufnahmemitgliedstaaten, in dem/denen Prospekte gemäß Artikel 25 notifiziert werden. Die veröffentlichte Liste, einschließlich der Hyperlinks, wird stets auf aktuellem

Stand gehalten, und jeder einzelne Eintrag bleibt mindestens während des in Absatz 7 dieses Artikels genannten Zeitraums auf der Website verfügbar.

Bei der Notifizierung der Billigung des Prospekts oder eines Prospektnachtrags an die ESMA übermittelt die zuständige Behörde der ESMA gleichzeitig eine elektronische Kopie des Prospekts und des betreffenden Nachtrags sowie die erforderlichen Daten für die Klassifizierung in dem in Absatz 6 genannten Speichermechanismus durch die ESMA und für die Erstellung des Berichts nach Artikel 47.

Die zuständige Behörde des Aufnahmemitgliedstaats veröffentlicht auf ihrer Website Informationen zu allen gemäß Artikel 25 eingehenden Notifizierungen.

(5a) Ein EU-Wiederaufbauprospekt wird in dem in Absatz 6 genannten Speichermechanismus klassifiziert. Die Daten, die für die Klassifizierung von nach Artikel 14 erstellten Prospekten verwendet werden, können für die Klassifizierung von nach Artikel 14a erstellten EU-Wiederaufbauprospekten verwendet werden, sofern die beiden Prospektarten im Speichermechanismus unterschieden werden.

(6) Die ESMA veröffentlicht auf ihrer Website unverzüglich sämtliche Prospekte, die ihr von den zuständigen Behörden übermittelt wurden, einschließlich aller Prospektnachträge, endgültiger Bedingungen und gegebenenfalls entsprechender Übersetzungen, sowie Angaben zu dem Aufnahmemitgliedstaat/den Aufnahmemitgliedstaaten, in dem/denen Prospekte gemäß Artikel 25 notifiziert werden. Die Veröffentlichung erfolgt über einen für die Öffentlichkeit kostenlos zugänglichen Speichermechanismus mit Suchfunktionen.

(7) Alle gebilligten Prospekte bleiben nach ihrer Veröffentlichung mindestens zehn Jahre lang auf den in den Absätzen 2 und 6 genannten Websites in elektronischer Form öffentlich zugänglich.

Werden für mittels Verweis in den Prospekt aufgenommene Informationen, Nachträge und/oder endgültige Bedingungen für den Prospekt Hyperlinks verwendet, so bleiben diese während des in Unterabsatz 1 genannten Zeitraums funktionsfähig.

(8) Ein gebilligter Prospekt muss einen deutlich sichtbaren Warnhinweis mit der Angabe enthalten, ab wann der Prospekt nicht mehr gültig ist. In dem Warnhinweis ist zudem anzugeben, dass die Pflicht zur Erstellung eines Prospektnachtrags im Falle wichtiger neuer Umstände, wesentlicher Unrichtigkeiten oder wesentlicher Ungenauigkeiten nicht besteht, wenn der Prospekt ungültig geworden ist.

(9) Für den Fall, dass der Prospekt mehrere Einzeldokumente umfasst und/oder Angaben in Form eines Verweises enthält, können die den Prospekt bildenden Dokumente und Angaben getrennt veröffentlicht und verbreitet werden, sofern sie der Öffentlichkeit gemäß den Bestimmungen des Absatzes 2 zur Verfügung gestellt werden. Besteht der Prospekt aus gesonderten Einzeldokumenten gemäß Artikel 10, so ist in jedem dieser Einzeldokumente mit Ausnahme der mittels Verweis aufgenommenen Dokumente anzugeben, dass es sich dabei lediglich um einen Teil des Prospekts handelt und wo die übrigen Einzeldokumente erhältlich sind.

(10) Der Wortlaut und die Aufmachung des Prospekts und jeglicher Nachträge zum Prospekt, die der Öffentlichkeit zur Verfügung gestellt werden, müssen jederzeit mit der ursprünglichen Fassung identisch sein, die von der zuständigen Behörde des Herkunftsmitgliedstaats gebilligt wurde.

Art. 21 ProspektVO Veröffentlichung des Prospekts

(11) Jedem potenziellen Anleger muss vom Emittenten, vom Anbieter, von der die Zulassung zum Handel an einem geregelten Markt beantragenden Person oder von den Finanzintermediären, die die Wertpapiere platzieren oder verkaufen, auf Verlangen kostenlos eine Version des Prospekts auf einem dauerhaften Datenträger zur Verfügung gestellt werden. Für den Fall, dass ein potenzieller Anleger ausdrücklich eine Papierkopie anfordert, stellt ihm der Emittent, der Anbieter, die die Zulassung zum Handel an einem geregelten Markt beantragende Person oder ein Finanzintermediär, der die Wertpapiere platziert oder verkauft, eine gedruckte Fassung des Prospekts zur Verfügung. Die Bereitstellung ist auf Rechtsordnungen beschränkt, in denen im Rahmen dieser Verordnung das öffentliche Angebot von Wertpapieren unterbreitet wird oder die Zulassung zum Handel an einem geregelten Markt erfolgt.

(12) ESMA kann bzw. muss, wenn die Kommission dies verlangt, Entwürfe technischer Regulierungsstandards ausarbeiten, in denen die Anforderungen hinsichtlich der Veröffentlichung des Prospekts weiter präzisiert werden.

Der Kommission wird die Befugnis übertragen, die in Unterabsatz 1 genannten technischen Regulierungsstandards gemäß den Artikeln 10 bis 14 der Verordnung (EU) Nr. 1095/2010 zu erlassen.

(13) Die ESMA erstellt Entwürfe technischer Regulierungsstandards, in denen die für die Klassifizierung der Prospekte nach Absatz 5 erforderlichen Daten und die praktischen Modalitäten spezifiziert werden, mit denen sichergestellt wird, dass diese Daten einschließlich der ISIN der Wertpapiere und der LEI der Emittenten, Anbieter und Garantiegeber maschinenlesbar sind.

Die ESMA übermittelt der Kommission diese Entwürfe technischer Regulierungsstandards bis zum 21. Juli 2018.

Der Kommission wird die Befugnis übertragen, die in Unterabsatz 1 genannten technischen Regulierungsstandards gemäß den Artikeln 10 bis 14 der Verordnung (EU) Nr. 1095/2010 zu erlassen.

Übersicht

	Rn.		Rn.
I. Regelungsgegenstand des Art. 21 und Rechtsfolgen von Verstößen	1	bb) Handel von Bezugsrechten	18
II. Systematik der Regelungen zur Prospektveröffentlichung	5	cc) Erstes öffentliches Angebot einer Gattung von Aktien (Art. 21 Abs. 1 UAbs. 2)	19
III. Regelungen des Art. 21 im Einzelnen	6	2. Veröffentlichungsform gemäß Art. 21 Abs. 2 bis 4	25
1. Veröffentlichungspflicht gemäß Art. 21 Abs. 1	6	a) Internetpublizität als einzige Veröffentlichungsform gemäß Art. 21 Abs. 2	25
a) Pflicht zur Veröffentlichung als Rechtsfolge der Billigung	6	b) Modalitäten der Internetveröffentlichung nach Art. 21 Abs. 3 und 4	31
b) Veröffentlichungsfristen	8	3. Veröffentlichungs- und Übermittlungspflicht der zuständigen Behörde gemäß Art. 21 Abs. 5	36
aa) Gemeinsame Regel für Prospekte bei öffentlichen Angeboten und bei reinen Zulassungsprospekten (Art. 21 Abs. 1 UAbs. 1)	8	4. Veröffentlichungspflicht der ESMA gemäß Art. 21 Abs. 6	41

5. Dauer der Bereitstellung des veröffentlichten Prospekts nach Art. 21 Abs. 7. . 42
6. Warnhinweis gemäß Art. 21 Abs. 8 ... 43
7. Veröffentlichung bei mehreren Einzeldokumenten bzw. Verweisen gemäß Art. 21 Abs. 9 44
8. Identitätserfordernis gemäß Art. 21 Abs. 10........................ 48
9. Prospekt auf dauerhaftem Datenträger und in gedruckter Form gemäß Art. 21 Abs. 11........................ 49
10. Ausarbeitung und Erlass technischer Regulierungsstandards gemäß Art. 21 Abs. 12 und 13 55

I. Regelungsgegenstand des Art. 21 und Rechtsfolgen von Verstößen

Regelungsgegenstand des Art. 21 sind die im Anschluss an die Billigung des Prospekts nach Art. 20 ausgelöste Verpflichtung zur Veröffentlichung des Prospekts, einschließlich Regelungen zu Fristen, zur Form und zu einzelnen Modalitäten der Veröffentlichung durch den Emittenten, Anbieter bzw. Zulassungsantragsteller (Art. 21 Abs. 1 bis Abs. 4), Veröffentlichungs- und Übermittlungspflichten der zuständigen Behörde (Art. 21 Abs. 5), Veröffentlichungspflichten der ESMA (Art. 21 Abs. 6), Bestimmungen zur Dauer der Bereitstellung des Prospekts (Art. 21 Abs. 7) und zur Bereitstellung auf einem dauerhaften Datenträger bzw. in Papierform (Art. 21 Abs. 11) sowie bestimmte inhaltliche Prospektvorgaben (Art. 21 Abs. 8 bis Abs. 10). Ferner enthält Art. 21 Bestimmungen zum Erlass von Entwürfen technischer Regulierungsstandards durch die ESMA (Art. 21 Abs. 12 und Abs. 13). 1

Art. 21 tritt im nationalen Recht an die Stelle des **§ 14 WpPG a. F.**,[1] der Art. 14 EU-ProspektRL umsetzte.[2] Gegenüber § 14 WpPG a. F. hat Art. 21 allerdings in mehrfacher Hinsicht einen **veränderten Regelungsgehalt**. Während § 14 WpPG a. F. neben der Veröffentlichung im Internet auch eine Veröffentlichung in gedruckter Form (Zeitungspublizität sowie sog. Schalterpublizität) erlaubte, sieht Art. 21 nur noch die Internetveröffentlichung vor.[3] Ferner enthält Art. 21 mehr inhaltliche Vorgaben an den Prospekt als seine Vorgängervorschrift (so z.B. die Verpflichtung zur Angabe eines „deutlich sichtbaren Warnhinweises" zur Gültigkeit des Prospekts sowie dazu, dass nach Ablauf der Gültigkeit keine Nachtragspflicht mehr besteht, vgl. → Rn. 43). Zudem enthält Art. 21 keine Pflicht mehr, den gebilligten Prospekt bei der zuständigen Behörde zu hinterlegen.[4] Folglich ist 2

---

1 Sofern nachfolgend auf Literatur und andere Quellen zu § 14 WpPG a. F. verwiesen wird, sind die dortigen Ausführungen im Grundsatz sinngemäß auf Art. 21 übertragbar.
2 Für eine Übersicht der damaligen Neuregelungen in § 14 WpPG a. F. wie etwa die Streichung der Hinweisbekanntmachung *Berrar*, in: Berrar/Meyer/Müller et al., WpPG/EU-ProspektVO, 2. Aufl. 2017, § 14 WpPG Rn. 1 ff. und Rn. 6 ff. sowie zur weiteren Entstehungsgeschichte *Berrar*, in: Berrar/Meyer/Müller et al., WpPG/EU-ProspektVO, 1. Aufl. 2011, § 14 WpPG Rn. 6.
3 Wenngleich auch unter altem Recht die Internetpublizität der Regelfall war *Berrar*, in: Berrar/Meyer/Müller et al., WpPG/EU-ProspektVO, 2. Aufl. 2017, § 14 WpPG Rn. 4, vgl. auch *Preuße*, in: Holzborn, WpPG, § 14 Rn. 15.
4 Allerdings hat die BaFin bereits unter altem Recht seit dem Entfallen des Unterschriftserfordernisses des § 5 Abs. 3 WpPG a. F. mit Inkrafttreten des Art. 6 des Gesetzes zur Umsetzung der Zweiten Zahlungsdiensterichtlinie im Jahr 2017 keine Hinterlegung eines physischen Prospekts mehr verlangt, vgl. dazu weiterführend *Kunold*, in: Assmann/Schlitt/von Kopp-Colomb, Prospektrecht Kommentar, Art. 21 ProspektVO Rn. 8.

Art. 21 ProspektVO Veröffentlichung des Prospekts

auch die Regelung zur Aufbewahrung hinterlegter Prospekte (§ 14 Abs. 6 WpPG a. F.) entfallen.

3 **Verwandte Vorschriften zu Art. 21** finden sich im deutschen Recht in § 5 Abs. 3 WpPG, der für die Veröffentlichung von Wertpapier-Informationsblättern auf Art. 21 Abs. 2, Abs. 3 UAbs. 1 und Abs. 4 verweist, in § 9 VermAnlG für Vermögensanlagen nach dem Vermögensanlagengesetz sowie in § 14 Abs. 2 und Abs. 3 WpÜG für Angebotsunterlagen nach dem Wertpapiererwerbs- und Übernahmegesetz.

4 Die **Nichteinhaltung der Pflichten** nach Art. 21 Abs. 1 bis 4 und Abs. 7 bis 11 kann gemäß Art. 38 Abs. 1 UAbs. 1 lit. a i.V.m. § 24 WpPG eine **Ordnungswidrigkeit** darstellen und ein Bußgeld nach sich ziehen. An der wirksamen Veröffentlichung ändert ein Verstoß gegen einzelne Pflichten aus Art. 21 jedoch grundsätzlich nichts, wobei im Einzelfall auf die Schwere des Verstoßes abzustellen ist (→ Rn. 35).

II. Systematik der Regelungen zur Prospektveröffentlichung

5 Art. 21 steht in **engem Regelungszusammenhang** mit den Vorschriften zur Prospektprüfung und -billigung in **Art. 20**. Deutlich wird dies etwa daran, dass die Pflicht zur Veröffentlichung in Art. 21 Abs. 1 als automatische Rechtsfolge an die Billigung des Prospekts anknüpft, ohne dass die Norm dafür weitere Tatbestandsvoraussetzungen aufstellt („Nach seiner Billigung ist der Prospekt der Öffentlichkeit […] zur Verfügung zu stellen") (→ Rn. 7). Umgekehrt wiederum normiert Art. 21 Abs. 8 mit der Pflicht zur Aufnahme eines Warnhinweises zur entfallenden Nachtragspflicht nach Ablauf der Gültigkeit des Prospekts eine inhaltliche Vorgabe, deren Befolgung in der Praxis nicht erst Veröffentlichungs-, sondern bereits Billigungsvoraussetzung ist. Neben Art. 21 ist noch **Art. 10 der VO (EU) 2019/979** zu beachten, der weitere Bestimmungen zum Prospektinhalt (Hinweis zu Hyperlinks) und zu den Modalitäten der Veröffentlichung im Internet (Website-Disclaimer) enthält (→ Art. 10 VO (EU) 2019/979).

III. Regelungen des Art. 21 im Einzelnen

1. Veröffentlichungspflicht gemäß Art. 21 Abs. 1

a) Pflicht zur Veröffentlichung als Rechtsfolge der Billigung

6 Art. 21 Abs. 1 UAbs. 1 bestimmt, dass der Prospekt nach seiner Billigung **der Öffentlichkeit** durch den Emittenten, Anbieter bzw. Zulassungsantragsteller **zur Verfügung zu stellen** ist. Interessanterweise gebraucht Art. 21 entgegen seiner Überschrift hier nicht den Begriff der Veröffentlichung, sondern umschreibt den Vorgang als öffentlich zur Verfügung stellen. Zweifel am Gleichlauf beider Begrifflichkeiten bestehen jedoch nicht, da Art. 21 Abs. 2 sodann klarstellt, dass ein Prospekt als „der Öffentlichkeit zur Verfügung gestellt" gilt, wenn er gemäß den dort normierten Erfordernissen „veröffentlicht" wird. Inhaltlich ist dieser regelungstechnische Umweg ohne Bedeutung.

7 **Einzige Voraussetzung** für die Veröffentlichungspflicht nach Art. 21 Abs. 1 ist die erfolgte **Billigung** des Prospekts („nach seiner Billigung"). Weiterer Umstände, Anträge, Erklärungen oder Willensentschlüsse bedarf es grundsätzlich nicht. Negativ betrachtet verliert

der Emittent, Anbieter bzw. Zulassungsantragsteller folglich mit der letzten Einreichung gewissermaßen die vollständige Kontrolle über das Schicksal des Prospekts,[5] da ihn die Veröffentlichungspflicht nach der Billigung quasi als Rechtsreflex automatisch ereilt. Gleichwohl hat er grundsätzlich auch noch nach der Billigung die Möglichkeit, von dem prospektpflichtigen Vorhaben Abstand nehmen und sich zu entscheiden, den Prospekt nicht zu veröffentlichen (→ Rn. 15).

b) Veröffentlichungsfristen

aa) Gemeinsame Regel für Prospekte bei öffentlichen Angeboten und bei reinen Zulassungsprospekten (Art. 21 Abs. 1 UAbs. 1)

Gemäß Art. 21 Abs. 1 UAbs. 1 hat die Veröffentlichung des Prospekts rechtzeitig vor und spätestens mit Beginn des öffentlichen Angebots oder der Zulassung der betreffenden Wertpapiere zum Handel zu erfolgen. Wie sich aus den Erwägungsgründen 62 und 63 der ProspektVO ergibt, zielt die Veröffentlichungsfrist darauf ab, Anlegern einen **leichten und schnellen Zugang zu Informationen** zu gewähren. Spätestens mit Beginn des öffentlichen Angebots bzw. der Zulassung der Wertpapiere sollen Anlegern die relevanten Informationen zur Verfügung stehen. 8

Im **Vergleich zum alten Recht** gewährt Art. 21 Abs. 1 UAbs. 1 dem Veröffentlichungspflichtigen **mehr zeitliche Flexibilität**. Nach § 14 Abs. 1 WpPG a. F. war der gebilligte Prospekt unverzüglich, spätestens einen Werktag vor Beginn des öffentlichen Angebots bzw. der Einführung der Wertpapiere in den Handel an einem organisierten Markt zu veröffentlichen. Unter geltendem Recht ist nun erstens das Erfordernis der Unverzüglichkeit entfallen und durch den Begriff der Rechtzeitigkeit (→ Rn. 10) ersetzt worden. Die Diskussion rund um die Auslegung des Begriffs „unverzüglich" hat sich damit erledigt.[6] Zweitens enthält die Norm keine Vorfrist von mindestens einem Werktag.[7] 9

Unter Geltung des neuen Rechts ist allerdings fraglich, wie der Begriff „**rechtzeitig**" auszulegen ist. Da die ProspektVO und auch die einschlägigen Delegierten Verordnungen darauf keine ausdrückliche Antwort geben, kann der Begriff nur wertungsbasiert ausgelegt werden. Mit Blick auf den durch die ProspektVO u. a. verfolgten Zweck des Anlegerschutzes durch einfache Gewährung verständlicher Informationen[8] (→ Rn. 8) kann eine Prospektveröffentlichung wohl jedenfalls dann als rechtzeitig betrachtet werden, wenn der adressierte Kreis (potenzieller) Anleger nach der Veröffentlichung noch ausreichend Zeit hat, sich über den prospektgegenständlichen Vorgang eine informierte Meinung zu bilden. Durch die weitere Vorgabe „spätestens mit Beginn des öffentlichen Angebots oder der Zulassung der betreffenden Wertpapiere zum Handel" wollte der europäische Gesetzgeber offenbar zum Ausdruck bringen, dass er diesen Zeitpunkt – jedenfalls im Normal- 10

---

5 Solange er nicht seinen Antrag auf Billigung des Prospekts zurücknimmt, wozu er grundsätzlich jederzeit befugt ist.
6 Vgl. *Berrar*, in: Berrar/Meyer/Müller et al., WpPG/EU-ProspektVO, 2. Aufl. 2017, § 14 WpPG Rn. 12 ff. für eine umfangreiche Darstellung der Diskussion.
7 Auch wenn die BaFin unter altem Recht akzeptierte, dass der Prospekt am Werktag vor dem öffentlichen Angebot veröffentlicht wurde, vgl. den zutreffenden Hinweis bei *Kunold*, in: Assmann/Schlitt/von Kopp-Colomb, Prospektrecht Kommentar, Art. 21 ProspektVO Rn. 13. Vgl. auch *Berrar*, in: Berrar/Meyer/Müller et al., WpPG/EU-ProspektVO, 2. Aufl. 2017, § 14 WpPG Rn. 15 f.
8 *Pospiech*, NJW-Spezial 2019, 463; *Schmitt/Bhatti/Storck*, ZEuP 2019, 287, 293.

fall – noch als rechtzeitig betrachtet. Auch aus der bisherigen Praxis unter der Geltung des Art. 21 lässt sich – soweit ersichtlich – keine weitergehende Konkretisierung des Merkmals der Rechtzeitigkeit ableiten. Ausreichend und in der Praxis durchaus üblich ist daher die Veröffentlichung **am Morgen des Beginns des öffentlichen Angebots**.[9] **Gleiches gilt für die Zulassung der Wertpapiere zum Handel**, denn § 32 Abs. 3 Nr. 2 BörsG sieht gerade keinen zeitlichen Mindestvorlauf von Veröffentlichung des Prospekts und Zulassung vor, d.h. die Zulassung könnte nach § 32 Abs. 3 Nr. 2 BörsG noch am gleichen Tag erfolgen wie die Veröffentlichung des Prospekts.

11 Umgekehrt ist der Emittent, Anbieter bzw. Zulassungsantragsteller genauso **berechtigt**, **unmittelbar** nach Billigung den Prospekt **zu veröffentlichen**, also **auch taggleich mit der Billigung**.[10] Dies entspricht auch der üblichen Praxis, jedenfalls im Bereich von Aktienemissionen. Durch den Wegfall der Vorfrist von mindestens einem Werktag (→ Rn. 9) ist es nach neuem Recht zudem möglich, dass das öffentliche Angebot bereits am Tag der Veröffentlichung des Prospekts beginnt. Unter altem Recht entsprach es noch der Praxis, am Tag der Prospektveröffentlichung zunächst Roadshow-Meetings mit ausschließlich institutionellen Investoren abzuhalten und das öffentliche Angebot am darauffolgenden Werktag zu beginnen. Unter Art. 21 ist nun die zeitgleiche Ansprache sämtlicher Investoren möglich.[11]

12 Der Wegfall des Unverzüglichkeitserfordernisses nach § 14 Abs. 1 WpPG a.F. bedeutet, dass der Emittent, Anbieter bzw. Zulassungsantragsteller grundsätzlich berechtigt ist, den gebilligten Prospekt trotz technischer Möglichkeit zunächst nicht zu veröffentlichen, wenn dies seinen Interessen dient und das geplante öffentliche Angebot noch nicht unmittelbar nach Billigung beginnen soll bzw. die Zulassung der Wertpapiere noch nicht beantragt werden soll. Denkbar wäre eine solche **zeitlich hinausgeschobene Veröffentlichung** zum Beispiel in Fällen, in denen der Emittent zunächst auf Basis eines gebilligten Prospektes mit wenigen ausgewählten Investoren das Gespräch suchen möchte, ob diese das Angebot unterstützen, und der Anbieter erst danach über die Durchführung eines Angebots endgültig entscheiden möchte (→ Art. 20 Rn. 56 zur Frage, ob auch eine (noch) nicht gebilligte Einreichungsfassung für derartige Gespräche verwendet werden kann). In anderen Fällen, in denen lediglich aufgrund des Marktumfeldes unklar ist, wann das Angebot beginnen soll, scheint es dagegen wegen der entgegenkommenden, pragmatischen Haltung der BaFin naheliegender, die **Billigung aufzuschieben** und die BaFin um Billigung erst zu einem Zeitpunkt zu bitten, wenn die Entscheidung für ein Angebot gefallen ist (zumal im Prospekt auch ein vorläufiger Zeitplan für das Angebot enthalten ist, dessen Änderung eventuell auch Nachtragspflichten in Bezug auf den bereits gebilligten Prospekt auslösen könnte, die durch Aufschieben der Billigung vermieden werden könnten).

13 Eine solche zeitlich hinausgeschobene Veröffentlichung ist auch **mit dem in Art. 21 Abs. 1 UAbs. 1 eingeführten Kriterium der Rechtzeitigkeit zu vereinbaren**. Denn dieses stellt, anders als das ehemalige Kriterium der Unverzüglichkeit, nicht rückblickend auf den Zeitpunkt der Prospektbilligung ab, sondern vorausblickend auf den Zeitpunkt

---

9 *Groß*, Kapitalmarktrecht, Art. 21 ProspektVO Rn. 4.
10 *Apfelbacher/Metzner*, BKR 2006, 81, 84; *Heidelbach*, in: Schwark/Zimmer, KMRK, 4. Aufl. 2010, § 14 WpPG Rn. 7.
11 Siehe z.B. den Prospekt der PharmaSGP Holding SE vom 8.6.2022, der taggleich mit Beginn des öffentlichen Angebots veröffentlicht wurde.

des Beginns des öffentlichen Angebots bzw. der Zulassung der Wertpapiere. Rechtzeitig vor bzw. spätestens zu diesem Zeitpunkt sollen Anleger den Zugang zu den für sie relevanten Informationen erhalten (→ Rn. 8). Schiebt der Emittent diesen Zeitpunkt hinaus, so ist es nur konsequent, zugleich den Zeitpunkt der Prospektveröffentlichung hinausschieben zu dürfen. Die in Art. 21 Abs. 5 normierte **Veröffentlichungs- und Übermittlungspflicht der zuständigen Behörde** greift dann erst mit tatsächlicher Veröffentlichung des Prospekts nach Art. 21 Abs. 2 und nicht bereits mit dessen Billigung. Dies folgt bereits aus dem Wortlaut des Art. 21 Abs. 5, der u. a. von einem Hyperlink zur Website-Rubrik des veröffentlichten Prospekts spricht, d. h. von einer bereits erfolgten Veröffentlichung nach Art. 21 Abs. 2 ausgeht.

Eine zeitlich hinausgeschobene Veröffentlichung kommt grundsätzlich auch bei Vorliegen mehrerer **Einzeldokumente** und einer vorweggenommenen Billigung bloß eines dieser Einzeldokumente in Betracht, solange letztlich spätestens mit Beginn des öffentlichen Angebots bzw. der Zulassung der Wertpapiere alle Einzeldokumente nach Art. 21 Abs. 2 veröffentlicht wurden (→ Rn. 45).

14

Eine andere Frage ist, ob der Emittent, Anbieter bzw. Zulassungsantragsteller verpflichtet ist, einen **Prospekt für ein öffentliches Angebot zu veröffentlichen, das er kurzfristig gar nicht mehr durchführen möchte**, bzw. für die Zulassung von Wertpapieren, die er gar nicht mehr beantragen möchte. Als (fiktives) Beispiel möge die Billigung eines Prospekts einer Bank am Freitagabend vor der Einleitung des Insolvenzverfahrens der Lehman-Brothers-Gruppe im September 2008 dienen für ein in der darauf folgenden Woche beginnendes Angebot. Falls hier Emittent, Anbieter bzw. Zulassungsantragsteller über das Wochenende das Interesse an der Durchführung des öffentlichen Angebots verloren haben mögen, so wird man aufgrund potenzieller haftungsrechtlicher Konsequenzen, die bei Veröffentlichung eines Prospekts – trotz Nichteingreifens des Wortlauts von §§ 44, 45 BörsG a. F. bzw. § 13 VerkProspG a. F., heute geregelt in §§ 9 ff. WpPG und § 20 VermAnlG – auch bezüglich Transaktionen im Sekundärmarkt nicht völlig ausgeschlossen werden können (Stichwort: Anlegerstimmung), von dem Emittenten, Anbieter bzw. Zulassungsantragsteller nicht mehr verlangen können, den Prospekt überhaupt zu veröffentlichen.

15

In der deutschen Praxis ließe sich das rechtstechnisch möglicherweise über einen Widerspruch nach §§ 68 ff. VwGO erreichen, der in der Rechtsbehelfsbelehrung der BaFin zu Billigungsbescheiden üblicherweise vorgesehen ist, bzw. über eine nachfolgende Anfechtungsklage. Allerdings dürfte es angesichts des begünstigenden[12] Charakters der Billigung wohl schon an der Widerspruchs-/Anfechtungsbefugnis oder jedenfalls der Verletzung in eigenen Rechten sowie angesichts der einfacheren Möglichkeit eines Verzichts (→ Rn. 17) und der Tatsache, dass dem Emittenten, Anbieter bzw. Zulassungsantragsteller letztlich genau das bewilligt wurde, was er beantragt hat, auch am Rechtsschutzinteresse fehlen. Der Emittent, Anbieter bzw. Zulassungsantragsteller könnte außerdem versuchen, über einen

16

---

12 Bei der Veröffentlichungspflicht aus Art. 21 dürfte es sich insoweit um einen bloßen Rechtsreflex handeln, der den begünstigenden Charakter des Billigungsbescheids selbst nicht berührt. Maßgeblich ist insoweit nämlich allein der objektive Regelungsgehalt des Verwaltungsakts selbst und dessen Beurteilung durch die Rechtsordnung, selbst wenn der Adressat dadurch auch indirekt negative Auswirkungen erfährt, vgl. etwa (zum Thema Umzugskostenvergütung) BVerwG v. 9.1.1989 – 6 C 47.86, gekürzt abgedruckt in NVwZ 1989, 1172; OVG Nordrhein-Westfalen, 22.5.2012 – 1 A 1351/10.

entsprechenden Antrag bei der Behörde bzw. per Verpflichtungsklage einen **Widerruf nach § 49 VwVfG** zu erreichen,[13] wobei allerdings keiner der in § 49 Abs. 2 VwVfG genannten Fälle eingreift und zudem von der Interessenslage her zu berücksichtigen ist, dass es hier der Emittent, Anbieter bzw. Zulassungsantragsteller und nicht die BaFin ist, die den Billigungsbescheid aus der Welt haben möchte, um der als Rechtsreflex aus der Billigung folgenden Verpflichtung des Art. 21 Abs. 1 UAbs. 1 (→ Rn. 7) nicht mehr zu unterliegen. So passen auch die Rechtsfolgen des § 49 VwVfG (vgl. Entschädigungspflicht nach § 49 Abs. 6 VwVfG) ganz allgemein in dieser Konstellation nicht. Schließlich könnte man über die Möglichkeit der Rücknahme des Antrags auf Billigung auch nach Erlass eines dahingehenden Verwaltungsaktes nachdenken. Im Einzelnen sind hier zahlreiche Fragestellungen allerdings bereits im allgemeinen Verwaltungsrecht umstritten.[14]

17 Daher ist es vorzugswürdig, das **Rechtsinstitut des „Verzichts"** zu nutzen.[15] Denn die sich aus der Billigung ergebene Rechtsposition liegt vor der Veröffentlichung im ausschließlichen Verfügungsbereich des Adressaten der Billigung, d.h. der Bestand bzw. die Weitergeltung des begünstigenden Verwaltungsaktes liegt nicht zugleich auch im öffentlichen Interesse oder im geschützten Interesse Dritter (→ Art. 20 Rn. 74)[16] und ist damit einem Verzicht zugänglich. Nach allgemeinen Grundsätzen zum Verzicht im Verwaltungsrecht (und den ergänzend heranzuziehenden Regelungen des bürgerlichen Rechts) hat der Emittent, Anbieter bzw. Zulassungsantragsteller dazu der BaFin gegenüber klar zum Ausdruck zu bringen, dass er auf die Billigung verzichten und sein sich aus der Billigung resultierendes Recht aufgeben will. Die Erklärung selbst wird als empfangsbedürftige Willenserklärung mit Zugang bei der Behörde wirksam und hat bereits rechtsgestaltende Wirkung, indem sie zu einem Erlöschen der Billigung führt. In der Praxis erlässt die BaFin allerdings noch einen weiteren Bescheid, der unter Verweis auf den Verzicht die Billigung expressis verbis aufhebt, wobei diesem Bescheid rechtlich nur deklaratorische Wirkung zukommt.[17] Ein derartiger Verzicht ist aber im Regelfall[18] nur bis zur Veröffentlichung des Prospekts möglich, da die Billigung dann nicht mehr dem ausschließlichen Verfügungsbereich des Adressaten unterliegt.[19]

---

13 Vgl. zur grundsätzlichen Möglichkeit eines solchen Antrags bzw. einer Verpflichtungsklage (im konkreten Fall allerdings auf Rücknahme nach § 48 VwVfG gerichtet) OVG Magdeburg v. 30.9.1998 – A 3 S 317/96 unter Verweis auf BVerwG v. 9.1.1989 – 6 C 47.86, gekürzt abgedruckt in NVwZ 1989, 1172.
14 Siehe dazu *von Kopp-Colomb*, in: Assmann/Schlitt/von Kopp-Colomb, Prospektrecht Kommentar, Art. 21 ProspektVO Rn. 19.
15 Vgl. spezifisch zur Erledigung des Verwaltungsakts durch Verzicht *Goldhammer*, in: Schoch/Schneider, Verwaltungsrecht, § 43 VwVfG Rn. 120 sowie grundlegend zum Rechtsinstitut des Verzichts *Rademacher*, in: Schoch/Schneider, Verwaltungsrecht, § 53 VwVfG Rn. 46 ff. m. w. N.
16 *Heidelbach*, in: Schwark/Zimmer, KMRK, 4. Aufl. 2010, § 13 WpPG Rn. 22.
17 Vgl. detailliert *Ritz/Voß*, in: Just/Voß/Ritz/Zeising, WpPG, 1. Aufl. 2009, § 13 Rn. 60 ff. m. w. N. insbesondere in Fn. 62; die Möglichkeit des Verzichts ebenfalls bejahend *Kunold*, in: Assmann/Schlitt/von Kopp-Colomb, Prospektrecht Kommentar, Art. 20 ProspektVO Rn. 20.
18 Eine Ausnahme kann z. B. bei einem Registrierungsformular vor Veröffentlichung der Wertpapierbeschreibung/Zusammenfassung möglich sein, vgl. *Kunold*, in: Assmann/Schlitt/von Kopp-Colomb, Prospektrecht Kommentar, Art. 20 ProspektVO Rn. 20.
19 So im Ergebnis auch *Ritz/Voß*, in: Just/Voß/Ritz/Zeising, WpPG, 1. Aufl. 2009, § 13 Rn. 63 mit der Begründung, dass die Billigung dann „verbraucht" sei, da die Billigung und das aus ihr folgende Recht zur Veröffentlichung lediglich ein einmaliges Inverkehrbringen ermögliche.

bb) Handel von Bezugsrechten

Fand unter der alten Rechtslage vor der Einführung der Wertpapiere ein Handel von Bezugsrechten im organisierten Markt statt, musste der Prospekt nach § 14 Abs. 1 Satz 3 WpPG a. F. mindestens einen Werktag vor dem Beginn dieses Handels veröffentlicht werden. Art. 21 enthält **keine gesonderte Bestimmung für den Handel von Bezugsrechten** mehr. Einer solchen Regelung bedarf es auch nicht, da die Durchführung eines Bezugsrechtshandels auch nach Ansicht der BaFin[20] ein öffentliches Angebot auslöst. Daher war bereits der originäre Regelungsgehalt des § 14 Abs. 1 Satz 3 WpPG a. F. gering.

18

cc) Erstes öffentliches Angebot einer Gattung von Aktien (Art. 21 Abs. 1 UAbs. 2)

Ähnlich der Vorgängervorschrift § 14 Abs. 1 Satz 4 WpPG a. F. enthält auch Art. 21 Abs. 1 UAbs. 2 eine **Sonderregelung für die Veröffentlichung eines Prospekts im Falle eines öffentlichen Erstangebots einer Gattung von Aktien**, die zum ersten Mal zum Handel an einem geregelten Markt zugelassen wird.[21] In diesem Fall muss der Prospekt der Öffentlichkeit mindestens sechs Arbeitstage vor dem Ende des Angebots zur Verfügung gestellt werden. Dies trage einem besonderen Informationsbedürfnis der Anleger Rechnung.[22] Warum der Gesetzgeber aber gerade an dieser Stelle zwischen Gattungen von Aktien differenziert, ist jedenfalls aus dem Schutzbedürfnis des Anlegers heraus nicht zwangsläufig klar (beispielsweise in Fällen großer Unternehmen, die bisher schon über Jahrzehnte Vorzugsaktien an der Börse notiert hatten, der entsprechenden Regelpublizität unterlagen und nun eventuell Stammaktien anbieten wollen würden).

19

Die **Fristberechnung** im Rahmen des Art. 21 Abs. 1 UAbs. 2 erfolgt anders als nach altem Recht. Gemäß der Formulierung in § 14 Abs. 1 Satz 4 WpPG a. F. („zwischen dem Zeitpunkt der Veröffentlichung des Prospekts nach Satz 1 und dem Abschluss des Angebots") wurde vom Tag der Prospektveröffentlichung ausgehend vorwärts gezählt, wobei der Tag der Veröffentlichung des Prospekts nicht mitgerechnet wurde.[23] Nach dem Wortlaut des Art. 21 Abs. 1 UAbs. 2 („mindestens sechs Arbeitstage vor dem Ende des Angebots") ist unter neuem Recht vom Tag des Angebotsendes **zurückzuzählen**.[24] Der Tag des

20

---

20 Bis zur Umsetzung der Änderungen der EU-ProspektRL konnte sich die BaFin ein Bezugsangebot allerdings auch als reine Privatplatzierung vorstellen *Berrar*, in: Berrar/Meyer/Müller et al., WpPG/EU-ProspektVO, 2. Aufl. 2017, § 14 WpPG Rn. 24 f. mit Fn. 82 und 83).
21 Die Vorschrift enthält gerade keine Sonderregelung für die Dauer des öffentlichen Angebots selbst, wie noch die Regierungsbegründung zu § 14 Abs. 1 Satz 4 WpPG a. F. fälschlicherweise besagte (RegBegr. EU-ProspRL-UmsetzungsG, BT-Drucks. 15/4999, S. 25, 35); so aber auch *Groß*, Kapitalmarktrecht, Art. 21 ProspektVO Rn. 3; wie hier zum alten Recht *Mayston*, in: Heidel, Aktienrecht und Kapitalmarktrecht, 5. Aufl. 2019, § 14 WpPG Rn. 7.
22 *Kunold*, in: Assmann/Schlitt/von Kopp-Colomb, Prospektrecht Kommentar, Art. 21 ProspektVO Rn. 18; *Groß*, Kapitalmarktrecht, Art. 21 ProspektVO Rn. 3; noch zum alten Recht: RegBegr. EU-ProspRL-UmsetzungsG, BT-Drucks. 15/4999, S. 25, 35; *Preuße*, in: Holzborn, WpPG, § 14 Rn. 11.
23 RegBegr. EU-ProspRL-UmsetzungsG, BT-Drucks. 15/4999, S. 25, 35; *Mayston*, in: Heidel, Aktienrecht und Kapitalmarktrecht, 5. Aufl. 2019, § 14 WpPG Rn. 5.
24 A. A. *Kunold*, in: Assmann/Schlitt/von Kopp-Colomb, Prospektrecht Kommentar, Art. 21 ProspektVO Rn 17: Vorwärtszählung, wobei der Tag der Prospektveröffentlichung nicht mitgezählt wird und die Frist am Tag des Angebotsendes endet (§§ 187 Abs. 1, 188 Abs. 1 BGB). Freilich führt diese Berechnungsmethode zu gleichen Ergebnissen. Sie ist aber aus den genannten Gründen dogmatisch nicht überzeugend.

Angebotsendes ist dabei nicht mitzuzählen. Denn hätte der Gesetzgeber eine Bereitstellung für volle sechs Arbeitstage gewollt, hätte er dies im Wortlaut ausdrücklich klargestellt. Stattdessen lässt er es ausreichen, dass die Prospektveröffentlichung im Laufe des – zurückgerechnet – sechsten Arbeitstages erfolgt. Soll das Ende des öffentlichen Angebots also z. B. auf einen Dienstag fallen, muss der Prospekt spätestens am sechsten Arbeitstag vor dem Tag des Angebotsendes veröffentlicht werden, d. h. am Montag der Vorwoche.[25] In Abstimmungen im Rahmen von Prospektbilligungsverfahren hat die BaFin diese Auslegung bestätigt. Sie entspricht im Übrigen auch der aktienrechtlichen Praxis bei Bezugsrechtsangeboten. Ähnlich dem Art. 21 Abs. 1 UAbs. 2 formuliert § 186 Abs. 2 Satz 2 AktG, dass der Vorstand des Emittenten den Ausgabebetrag „spätestens drei Tage vor Ablauf der Bezugsfrist" bekannt zu machen hat. Auch hier rechnet die Praxis zurück, d. h. es muss die Bekanntgabe spätestens am dritten Tag vor dem Tag des Ablaufs der Bezugsfrist erfolgen, wobei der Tag des Ablaufs der Bezugsfrist nicht mitgezählt wird.[26] Zuletzt bleibt noch hervorzuheben, dass Art. 21 Abs. 1 UAbs. 2 auf **Arbeitstage** abstellt, die – anders als Werktage nach altem Recht – nicht auch Samstage umfassen (vgl. Art. 2 lit. t). Die Frist von sechs Arbeitstagen ist daher im Ergebnis einen Tag länger als die Frist von sechs Werktagen nach § 14 Abs. 1 Satz 4 WpPG a. F.

21 Unzutreffend führte schon die Regierungsbegründung zu § 14 Abs. 1 Satz 4 WpPG a. F. aus, dass das öffentliche Angebot mindestens sechs Werktage aufrechterhalten werden müsse.[27] Die Norm bestimmte – im Einklang mit Art. 14 Abs. 1 Satz 2 EU-ProspektRL – vielmehr lediglich eine **Frist für die Veröffentlichung des Prospekts (vis-à-vis Abschluss des Angebots) und nicht für die Dauer des Angebots**.[28] Genauso wenig verlangt Art. 21 Abs. 1 UAbs. 2, dass eine Angebotsfrist von mindestens sechs Arbeitstagen vorzusehen ist.[29] Das Angebot kann daher weiterhin auch bei einem IPO z. B. nur drei Werktage

---

25 So z. B. beim IPO der AUTO1 Group SE, vgl. den am 25.1.2021 veröffentlichten Prospekt und das am 2.2.2021 endende öffentliche Angebot.
26 Allgemeine Meinung, vgl. etwa *Busch*, AG 2002, 230, 235; *Schürnbrand/Verse*, in: Münch-Komm-AktG, § 186 Rn. 69; *Apfelbacher/Metzner*, in: Hölters/Weber, AktG, § 186 Rn. 20.
27 RegBegr. EU-ProspRL-UmsetzungsG, BT-Drucks. 15/4999, S. 25, 35; so unzutreffend aber auch *Groß*, Kapitalmarktrecht, Art. 21 ProspektVO Rn. 3; *Keunecke*, Prospekte im Kapitalmarkt, S. 289 und *Ritz/Voß*, in: Just/Voß/Ritz/Zeising, WpPG, 1. Aufl. 2009, § 14 Rn. 3 a. E. (anders Rn. 27, siehe folgende Fußnote).
28 Richtig daher *Schlitt/Singhof/Schäfer*, BKR 2005, 251, 261; *Schlitt/Schäfer*, AG 2005, 498, 508; *Preuße*, in: Holzborn, WpPG, § 14 Rn. 11; *Kunold*, in: Assmann/Schlitt/von Kopp-Colomb, Prospektrecht Kommentar, Art. 21 ProspektVO Rn. 18; *Kunold/Schlitt*, BB 2004, 501, 510; *Heidelbach*, in: Schwark/Zimmer, KMRK, 4. Aufl. 2010, § 14 WpPG Rn. 12 ff.; *Mayston*, in: Heidel, Aktienrecht und Kapitalmarktrecht, 5. Aufl. 2019, § 14 WpPG Rn. 5; *Schlitt*, in: Habersack/Mülbert/Schlitt, Kapitalmarktinformation, § 5 Rn. 21–22; *Schäfer*, in: Grunewald/Schlitt, Einführung in das Kapitalmarktrecht, 3. Aufl. 2014, S. 230.
29 *Kunold*, in: Assmann/Schlitt/von Kopp-Colomb, Prospektrecht Kommentar, Art. 21 ProspektVO Rn 18; *Schlitt*, in: Habersack/Mülbert/Schlitt, Kapitalmarktinformation, § 5 Rn. 21–22; a. A. *Groß*, Kapitalmarktrecht, Art. 21 ProspektVO Rn. 3, der auf Art. 3 Abs. 1 verweist, welcher dem Angebot zeitlich die Veröffentlichung voranstellt. Diese Norm enthält aber gerade keine darüber hinausgehende Regelung zum Beginn des Angebots, sodass das Angebot auch mehrere Tage nach der Veröffentlichung beginnen kann und die Frist des Art. 21 Abs. 1 UAbs. 2 trotz kürzerer Angebotsdauer gewahrt wird.

laufen.[30] Neben dem eindeutigen Wortlaut ist entscheidend, dass der Schutzzweck des Art. 21 Abs. 1 UAbs. 2 darin liegt, den Anlegern die relevanten Informationen bei einem erstmaligen öffentlichen Angebot früher zur Verfügung zu stellen, nicht aber, dass zwangsläufig eine längere Zeichnungsperiode für diese Wertpapiere bestehen muss. Dies entsprach auch schon früher der Ansicht auf europäischer Ebene[31] und der gängigen Praxis der BaFin schon seit Beginn der Tätigkeit der BaFin im Juli 2005.[32]

Fraglich ist, was mit „**Ende des Angebots**" gemeint ist. Trotz der Änderung im Wortlaut (in § 14 Abs. 1 Satz 4 WpPG a. F. hieß es noch „Schluss des Angebots") wäre auch unter neuem Recht grundsätzlich denkbar, den Begriff zum einen als den letzten Tag der Angebotsfrist oder zum anderen als den Abschluss mit Lieferung und Abrechnung der Wertpapiere gegen Zahlung (d.h. Closing/Settlement) zu verstehen. Ähnlich der Lage im alten Recht spricht für Ersteres der Schutzzweck des Art. 21 Abs. 1 UAbs. 2, dem Anleger zwischen Veröffentlichung des Prospekts und der endgültigen Investitionsentscheidung einen eher großzügigen Entscheidungszeitraum zu gewähren. Der Wortlaut ist hingegen weiterhin nicht ganz eindeutig, da der europäische Gesetzgeber (wie schon der deutsche Gesetzgeber zuvor) vom Ende des „Angebots" und gerade nicht vom Ende der „Angebotsfrist" spricht. Insbesondere ein Vergleich mit Art. 23 Abs. 1 UAbs. 1, wo sich der Gesetzgeber für die Formulierung „Auslaufen der Angebotsfrist" entschieden hat, ließe daher wohl das Argument zu, dass Art. 21 Abs. 1 UAbs. 2 aufgrund der unterschiedlichen Terminologie nicht das Ende der Angebotsfrist, sondern das Closing/Settlement des Angebots meint. Vor dem Hintergrund des besonderen Schutzzwecks der Veröffentlichungsvorschriften, den der Gesetzgeber in den Erwägungsgründen 62 und 63 zur ProspektVO nochmals hervorhebt (→ Rn. 8), sowie mit Blick auf die jüngeren BaFin-Verfahren, in denen sich – soweit ersichtlich – kein Beispiel für einen lediglich sechs Arbeitstage vor Closing veröffentlichten IPO-Prospekt findet,[33] ist im Ergebnis allerdings festzustellen, dass „Ende des Angebots" in Art. 21 Abs. 1 UAbs. 2 das Ende der Angebotsfrist bedeutet. 22

Eine in der Literatur bislang – soweit ersichtlich – nicht diskutierte Frage ist, ob es sich auch dann um den Fall eines „öffentlichen Erstangebots" im Sinne des Art. 21 Abs. 1 UAbs. 2 handelt, wenn die betreffende Gattung von Aktien des Emittenten in der **Vergangenheit** bereits an einem **geregelten Markt zugelassen war**.[34] Unter Berücksichtigung 23

---

30 Auch in diesen Fällen muss der Prospekt entsprechend dem Wortlaut des Art. 21 Abs. 1 UAbs. 2 der Öffentlichkeit mindestens sechs Arbeitstage vor dem Ende des Angebots zur Verfügung gestellt werden (noch zum alten Recht wohl unglücklich formuliert: *Preuße*, in: Holzborn, WpPG, § 14 Rn. 11: sechs Werktage vor Beginn des öffentlichen Angebots).
31 European Commission-Internal Market and Services Directorate-General (Markt/G3/WG D(2005), 3rd Informal Meeting on Prospectus Transposition – 26 January 2005 – Summary record, S. 9 f.
32 Vgl. alle nach dem sog. Decoupled-Approach an den Markt gekommenen IPOs der Jahre 2005–2007, z.B. Nachtrag Nr. 1 vom 25.9.2005 zum Prospekt der Interhyp AG vom 16.9.2005 (Angebotsperiode vom 26.–28.9.2005).
33 Anders noch der IPO der SMARTRAC N.V., bei dem der Prospekt am Donnerstag, den 13.7.2006, veröffentlicht wurde, das öffentliche Angebot am Dienstag, den 18.7.2006, endete, und Closing/Settlement am 20.7.2006 war, sodass die Sechs-Werktage-Frist zum Closing exakt eingehalten wurde.
34 In der Praxis kann sich die Frage z.B. stellen im Falle einer Übernahme gemäß WpÜG durch einen Private-Equity-Bieter, der nach durchgeführtem Delisting zu einem späteren Zeitpunkt einen Ausstieg aus dem Investment in Form eines erneuten Börsengangs (Re-IPO) des Zielunternehmens erwägt.

des Schutzzwecks der Norm, einem besonderen Informationsbedürfnis der Anleger Rechnung zu tragen (→ Rn. 8), kann diese Frage wohl unter den folgenden zwei Voraussetzungen verneint werden: Erstens sollte es sich rechtlich um denselben Emittenten, d. h. dieselbe juristische Person, handeln. Und zweitens sollten die vom Emittenten auf Grundlage der früheren Zulassung veröffentlichten Informationen (insbesondere basierend auf laufenden Berichts- und Publizitätspflichten) noch derart relevant sein (z. B. im Hinblick auf Geschäftstätigkeit und Risiken des Emittenten), dass Anleger nicht darauf angewiesen sind, die (neuen) Informationen im Prospekt für einen Zeitraum von mindestens sechs Arbeitstagen zu analysieren.

24 Die starre Fristenvorgabe des Art. 21 Abs. 1 UAbs. 2, wie bereits die des § 15 Abs. 1 Satz 4 WpPG a. F., führt in der Praxis teilweise dazu, dass Emittenten Transaktionen ganz bewusst **ohne öffentliches Angebot strukturieren**. Regelmäßig werden im Rahmen geplanter Börsengänge der IPO mit kombiniertem Angebots- und Zulassungsprospekt und der Weg einer reinen Privatplatzierung bei institutionellen Investoren mit bloßem Zulassungsprospekt (dazu auch → Art. 20 Rn. 41 und 57) strategisch und organisatorisch gegeneinander abgewogen. In letzter Zeit fiel die Entscheidung dabei nicht selten auf die letztere Variante.[35] Durch die Streichung des Unverzüglichkeitserfordernisses sowie der Vorfrist von mindestens einem Werktag in Art. 21 Abs. 1 UAbs. 1 hat der europäische Gesetzgeber Emittenten bereits erheblich mehr zeitliche Flexibilität gewährt als unter altem Recht (→ Rn. 9). De lege ferenda wäre zu begrüßen, wenn er diesen Weg auch im Rahmen des Art. 21 Abs. 1 UAbs. 2 beschreiten würde. Auch für das in Erwägungsgrund 1 der ProspektVO erklärte Ziel, „Anlegern und Sparern zusätzliche Ertragsmöglichkeiten zu bieten", wäre es förderlich, wenn sich Emittenten nicht zwingend an eine starre Fristenvorgabe halten müssten und sich daher noch öfter für die Durchführung öffentlicher Angebote entschieden.

2. Veröffentlichungsform gemäß Art. 21 Abs. 2 bis 4

a) Internetpublizität als einzige Veröffentlichungsform gemäß Art. 21 Abs. 2

25 Während § 14 Abs. 2 Satz 1 WpPG a. F. in Umsetzung von Art. 14 Abs. 2 EU-ProspektRL noch vier verschiedene Formen der Veröffentlichung aufgelistet hat, sieht Art. 21 Abs. 2 **nur die Form der Veröffentlichung im Internet** vor. Abgeschafft, da sie als veraltet galten,[36] wurden die Zeitungs- und Schalterpublizität.[37] Mit dem Verbleiben der Internetpublizität als einziger Veröffentlichungsform wird deren faktischer Dominanz und Aufwertung über die letzten Jahre zur Regelpublizität Rechnung getragen, die die beiden anderen Veröffentlichungsformen letztlich bedeutungslos machte.[38] Wie sich aus Erwägungsgrund 62 der ProspektVO ergibt, schätzt der europäische Gesetzgeber an der Inter-

---

35 Vgl. etwa die Zulassungsprospekte der ABOUT YOU Holding AG vom 15.6.2021, der Bike24 Holding AG vom 15.6.2021 sowie der Majorel Group Luxembourg S.A. vom 23.9.2021.
36 *Bauerschmidt*, BKR 2019, 324, 330.
37 *Berrar*, in: Berrar/Meyer/Müller et al., WpPG/EU-ProspektVO, 2. Aufl. 2017, § 14 WpPG Rn. 32 ff. und 36 ff.
38 Vgl. die Ausführungen der Kommission zu Art. 20 des Vorschlags COM(2015) 583. Zur geringen Praxisrelevanz, insbesondere der Zeitungspublizität, bereits unter altem Recht vgl. *Berrar*, in: Berrar/Meyer/Müller et al., WpPG/EU-ProspektVO, 2. Aufl. 2017, § 14 WpPG Rn. 34.

netpublizität insbesondere den leichten Informationszugang, was sie zur anlegerfreundlichsten Veröffentlichungsform macht.

Die Internetveröffentlichung war **bereits unter altem Recht die dominierende Form der Veröffentlichung bei Eigenkapitalemissionen**.[39] Schon der erste IPO nach Inkrafttreten des Wertpapierprospektgesetzes[40] wurde auf diese Art veröffentlicht. Hinzu kam, dass nach § 14 Abs. 2 Satz 2 WpPG a.F. im Fall von Zeitungs- oder Schalterpublizität stets eine zusätzliche elektronische Veröffentlichung verpflichtend war, was die Relevanz der Internetpublizität nochmals dramatisch verstärkte und letztlich dazu führte, dass die Zeitungs- und Schalterpublizität in der Bedeutungslosigkeit verschwanden.[41] Die Abschaffung dieser beiden Veröffentlichungsformen in der ProspektVO ist daher konsequent. 26

Innerhalb der Pflicht zur Veröffentlichung im Internet wird dem Emittenten, Anbieter bzw. Zulassungsantragsteller im Grundsatz ein **Wahlrecht** gegeben, auf welcher der in Art. 21 Abs. 2 genannten Websites er den Prospekt veröffentlichen möchte.[42] Danach gilt der Prospekt unabhängig davon, ob er aus einem oder mehreren Dokumenten besteht, als der Öffentlichkeit zur Verfügung gestellt, wenn er in elektronischer Form auf einer der folgenden Websites veröffentlicht wird: 27

– der Website des Emittenten, des Anbieters oder des Zulassungsantragstellers (Art. 21 Abs. 2 lit. a);
– der Website der die Wertpapiere platzierenden oder verkaufenden Finanzintermediäre, einschließlich der Zahlstellen (Art. 21 Abs. 2 lit. b);
– der Website des geregelten Marktes, an dem die Zulassung zum Handel beantragt wurde, oder – wenn keine Zulassung zum Handel an einem geregelten Markt beantragt wurde – auf der Website des Betreibers des MTF (Art. 21 Abs. 2 lit. c).

Die Veröffentlichung nach Art. 21 Abs. 2 lit. a auf der Website des **Emittenten** war bereits nach altem Recht möglich (vgl. § 14 Abs. 2 Nr. 3 lit. a WpPG a.F.). Hinzugekommen sind die Websites des **Anbieters** und des **Zulassungsantragstellers**. Dies ist insofern konsequent, als die ProspektVO beide dem Emittenten im Prospektprüfungs- und billigungsverfahren weitestgehend gleichstellt. Insbesondere sind beide neben dem Emittenten berechtigt, einen Antrag auf Prospektbilligung zu stellen (→ Art. 20 Rn. 23). Vor allem sind sie auch Adressaten der Veröffentlichungspflicht nach Art. 21 Abs. 1.[43] 28

Art. 21 Abs. 2 lit. b erlaubt alternativ eine Veröffentlichung des Prospekts auf der Website der die Wertpapiere platzierenden oder verkaufenden **Finanzintermediäre**, einschließlich der Zahlstellen. Bei diesen Intermediären handelt es sich um deutsche Kreditinstitute und Finanzdienstleistungsinstitute sowie deutsche Niederlassungen ausländischer Institute, die aufgrund einer Erlaubnis gemäß § 53 Abs. 1 Satz 1 KWG oder aufgrund des europäischen Passports gemäß § 53b Abs. 1 Satz 1 KWG die Wertpapiere platzieren oder verkaufen (bzw. bei Platzierung oder Verkauf im EU- oder EWR-Ausland aufgrund Erlaubnis oder 29

---

39 *Meyer*, in: Habersack/Mülbert/Schlitt, Unternehmensfinanzierung am Kapitalmarkt, § 36 Rn. 89.
40 Prospekt der Interhyp AG, gebilligt und veröffentlicht am 16.9.2005.
41 Vgl. auch *Preuße*, in: Holzborn, WpPG, § 14 Rn. 14.
42 *Kunold*, in: Assmann/Schlitt/von Kopp-Colomb, Prospektrecht Kommentar, Art. 21 ProspektVO Rn. 22.
43 Ebenso *Kunold*, in: Assmann/Schlitt/von Kopp-Colomb, Prospektrecht Kommentar, Art. 21 ProspektVO Rn. 23.

Passports nach dortigem Recht).⁴⁴ Hinsichtlich der **Zahlstellen** wird in der Literatur vertreten, dass diese, entgegen dem Wortlaut („einschließlich"), kein Unterfall der Finanzintermediäre seien, sondern (wie im alten Recht, vgl. § 14 Abs. 2 Nr. 3 lit. c WpPG a.F.) eine eigene Kategorie bildeten.⁴⁵ Es sei daher nicht erforderlich, dass die Zahlstellen auch Wertpapiere platziert oder verkauft haben. Angesichts des eindeutigen Wortlauts, der identisch bereits in Art. 14 Abs. 2 lit. c ProspektRL enthalten war (und vom deutschen Gesetzgeber in § 14 Abs. 2 Nr. 3 lit. c WpPG a.F. lediglich abweichend umgesetzt wurde, indem er den Zahlstellen einen eigenen Aufzählungspunkt widmete) erscheint es de lege lata zwingend, die Zahlstellen als Unterkategorie der Finanzintermediäre zu begreifen. Allerdings wird sich diese Auslegungsfrage kaum jemals auswirken, da die Veröffentlichung eines Prospektes auf der Website einer Zahlstelle keine besondere Praxisrelevanz hat.

30 Nach Art. 21 Abs. 2 lit. c besteht ferner die Möglichkeit der Veröffentlichung auf der Website des **geregelten Marktes**, an dem die Zulassung zum Handel beantragt wurde. Während zum Beispiel die Luxemburger Börse diese Möglichkeit einräumt, ist die Frankfurter Wertpapierbörse hinsichtlich dieser Art der Veröffentlichung zurückhaltend. Eine ebenfalls mögliche Veröffentlichung des Prospekts auf der Website des Betreibers eines **MTF** (Multilateral Trading Facility, multilaterales Handelssystem, vgl. Art. 2 lit. u) kommt nur in Betracht, wenn keine Zulassung zum Handel an einem geregelten Markt beantragt wurde, beispielsweise bei einem öffentlichen Angebot von im Freiverkehr⁴⁶ gelisteten Wertpapieren.

b) Modalitäten der Internetveröffentlichung nach Art. 21 Abs. 3 und 4

31 **Art. 21 Abs. 3 UAbs. 1 Satz 1** verlangt, dass der Prospekt in einer beim Aufrufen der Website **leicht zugänglichen eigenen Rubrik** veröffentlicht wird. Das Erfordernis der leichten Zugänglichkeit entspricht im Wesentlichen der bereits vom alten Recht aufgestellten Voraussetzung, wonach der Prospekt „bei Aufrufen der Website ohne Weiteres zugänglich" sein musste (vgl. Art. 6 Abs. 1 lit. a der VO (EU) 2016/301). Die unter altem Recht herausgearbeiteten Orientierungshilfen⁴⁷ gelten daher im Grunde fort:

– Unmittelbar auf der Eingangs-Internetseite, über die die Veröffentlichung nach Art. 21 Abs. 2 erfolgen soll, muss ein **Hinweis auf die Verfügbarkeit des Prospekts** enthalten sein. Alternativ, soweit es um die Website des Emittenten geht, muss wenigstens bei Aufrufen der Startseite unter „Investor Relations" unmittelbar ein Hinweis auf den Prospekt erscheinen. Gerade weil es keine Hinweisbekanntmachung mehr gibt, kann vom Anleger nicht verlangt werden, sich erst mit dem Aufbau der Website des Emittenten vertraut machen zu müssen, um dann mühsam auf einer Unterebene der Website zum Prospekt zu gelangen. Durch die Verortung unter „Investor Relations" wird zugleich dem Erfordernis der „eigenen Rubrik" genüge getan.⁴⁸

---

44 *Kunold*, in: Assmann/Schlitt/von Kopp-Colomb, Prospektrecht Kommentar, Art. 21 ProspektVO Rn. 23.
45 Im Ergebnis ebenso *Kunold*, in: Assmann/Schlitt/von Kopp-Colomb, Prospektrecht Kommentar, Art. 21 ProspektVO Rn. 23.
46 Z.B. das Segment Open Market der Frankfurter Wertpapierbörse.
47 *Berrar*, in: Berrar/Meyer/Müller et al., WpPG/EU-ProspektVO, 2. Aufl. 2017, Art. 6 TRS Rn. 4.
48 Ebenso *Kunold*, in: Assmann/Schlitt/von Kopp-Colomb, Prospektrecht Kommentar, Art. 21 ProspektVO Rn. 28; vgl. auch *Meyer*, in: Habersack/Mülbert/Schlitt, Unternehmensfinanzierung am Kapitalmarkt, § 36 Rn. 89b.

- Eine etwa erforderliche **Navigation durch die Website bis zum Prospekt** muss selbsterklärend und unkompliziert sein, damit das Auffinden des Prospekts für den durchschnittlichen Anleger ohne großen Zeitaufwand möglich ist.[49]
- Dagegen ist nicht erforderlich, dass der Prospekt unmittelbar auf der vorgenannten Eingangsseite eingestellt wird.[50]
- Die **Einrichtung von sog. Filtern** ist zulässig (vgl. Art. 21 Abs. 4 Satz 2) bzw. wegen Art. 10 Abs. 2 der VO (EU) 2019/979 sogar in der Praxis wohl notwendig (dazu näher → Rn. 34 sowie die separate Kommentierung des Art. 10 VO (EU) 2019/979).

Nach Art. 21 Abs. 3 UAbs. 1 Satz 2 ist der Prospekt zudem als **herunterladbare, druckbare Datei** in einem mit **Suchfunktion** ausgestatteten, jedoch **nicht editierbaren elektronischen Format** zur Verfügung zu stellen. Auch dieses Erfordernis entspricht weitgehend den Vorgaben unter der alten Rechtslage (vgl. Art. 6 Abs. 1 lit. b und d der VO (EU) 2016/301).[51] Im Einzelnen: 32

- Technisch bedeutet das in der Praxis, dass regelmäßig ein **PDF-Format** verwendet wird, **das gegen Änderungen geschützt ist**.[52] Ferner hat der Betreiber der Website sicherzustellen, dass die Datei nicht mit geringem technischen Aufwand entfernt und durch eine andere Datei ersetzt werden kann. Insgesamt müssen die Vorkehrungen so ausgestaltet sein, dass Manipulationen möglichst ausgeschlossen werden können und die Vollständigkeit der Informationen gewahrt bleibt. Gleichzeitig muss das PDF-Dokument durchsuchbar sein.
- Dass eine Website und damit auch der auf einer Website verfügbare Prospekt aber eventuell durch technisch versierte Fachleute unberechtigt verändert bzw. beeinträchtigt werden kann, kann niemals ausgeschlossen werden und kann nicht dazu führen, dass dies – soweit die **üblichen Maßnahmen** (bereits Erwägungsgrund 31 der VO (EG) Nr. 809/2004 enthielt den Hinweis auf „gängige Praktiken" bzw. „best practices") ergriffen wurden – einen Verstoß gegen Art. 21 Abs. 3 UAbs. 1 Satz 2 darstellt.
- Um sicherzustellen, dass der Prospekt heruntergeladen und ausgedruckt werden kann, darf die PDF-Datei nicht mit **Kopierschutz** versehen oder als **„Non-printable"-Ver**sion ausgestaltet sein.
- Mit dieser Vorschrift soll dem Anleger die Möglichkeit gegeben werden, nicht auf eine rein elektronische Fassung des Prospekts angewiesen zu sein. Art. 21 Abs. 3 UAbs. 1 Satz 2 hat insofern auch **Komplementärfunktion zu Art. 21 Abs. 11** (→ Rn. 49 ff.): Die Anleger aus Rechtsordnungen, in denen das öffentliche Angebot von Wertpapieren unterbreitet wird oder die Zulassung zum Handel an einem geregelten Markt erfolgt, haben also zwei Möglichkeiten, an eine Papierfassung zu kommen – entweder indem

---

49 *Heidelbach*, in: Schwark/Zimmer, KMRK, 4. Aufl. 2010, § 14 WpPG Rn. 37 nennt das treffend „Verlinkungslogik".
50 *Preuße*, in: Holzborn, WpPG, Art. 29 EU-ProspV Rn. 2. Nach *Ritz*, in: Just/Voß/Ritz/Zeising, Wertpapierprospektrecht, 2. Aufl. 2023, Art. 21 ProspektVO Rn. 11, soll aber bereits mehr als ein weiterführender Link schädlich sein; dagegen zu Recht *Kunold*, in: Assmann/Schlitt/von Kopp-Colomb, Prospektrecht Kommentar, Art. 21 ProspektVO Rn. 28, und *Heidelbach*, in: Schwark/ Zimmer, KMRK, 4. Aufl. 2010, § 14 WpPG Rn. 37.
51 *Berrar*, in: Berrar/Meyer/Müller et al., WpPG/EU-ProspektVO, 2. Aufl. 2017, Art. 6 TRS Rn. 5 f. und 10 ff.
52 *Kunold*, in: Assmann/Schlitt/von Kopp-Colomb, Prospektrecht Kommentar, Art. 21 ProspektVO Rn. 29; *Ritz*, in: Just/Voß/Ritz/Zeising, Wertpapierprospektrecht, 2. Aufl. 2023, Art. 21 ProspektVO Rn. 11; *Heidelbach*, in: Schwark/Zimmer, KMRK, 4. Aufl. 2010, § 14 WpPG Rn. 37.

sie sich gemäß Art. 21 Abs. 11 Satz 2 an den Emittenten, Anbieter bzw. Zulassungsantragsteller oder die begleitenden Konsortialbanken wenden und ausdrücklich eine Papierversion anfordern oder indem sie sich den Prospekt selbst ausdrucken.

33 Weitere Erfordernisse stellt **Art. 21 Abs. 3 UAbs. 2** auf, wonach Dokumente mit Informationen, die mittels Verweis in den Prospekt aufgenommen werden, Nachträge und/oder endgültige Bedingungen für den Prospekt sowie eine gesonderte Kopie der Zusammenfassung in **derselben Rubrik** wie der Prospekt selbst, erforderlichenfalls in Form eines Hyperlinks, zur Verfügung gestellt werden müssen. Auch diese Bestimmung zielt auf Benutzerfreundlichkeit ab und stellt sicher, dass Anleger alle im Zusammenhang mit dem veröffentlichten Prospekt relevanten Dokumente leicht auffinden können.[53] Im Fall der gesondert zu veröffentlichenden Kopie der **Zusammenfassung** geht die Erleichterung sogar so weit, dass der Anleger nicht einmal den (einteiligen) Prospekt (in dem die Zusammenfassung ohnehin enthalten ist) zu öffnen und dort zur Zusammenfassung zu „scrollen" braucht, sondern letztere mit nur einem Klick erreicht. Dies zeigt abermals die besondere Bedeutung, die der europäische Gesetzgeber der Prospektzusammenfassung als „nützliche Informationsquelle für Anleger, insbesondere für Kleinanleger" (vgl. Erwägungsgrund 28 sowie die zahlreichen weitere Hinweise zur Zusammenfassung in den Erwägungsgründen 29 bis 33 der ProspektVO) beimisst.

34 **Art. 21 Abs. 4** bestimmt, dass für den Zugang zum Prospekt weder eine Registrierung noch die Akzeptanz einer **Haftungsbegrenzungsklausel** noch die Entrichtung einer Gebühr erforderlich sein darf, wobei Warnhinweise, die angeben, im Rahmen welcher Rechtsordnungen ein Angebot unterbreitet oder eine Zulassung zum Handel erteilt wird, nicht als Haftungsbegrenzungsklausel angesehen werden. Diese Bestimmung, wie bereits ihre Vorgängervorschrift Art. 6 Abs. 4 der VO (EU) 2016/301,[54] setzen bestimmte Anforderungen an die leichte Zugänglichkeit des Prospekts um, die der EuGH im Rahmen der sogenannten Timmel-Entscheidung[55] formuliert hat. Der EuGH hat dazu ausgeführt, dass „das Erfordernis der leichten Zugänglichkeit eines Prospekts bei Aufrufen der Website, auf der er veröffentlicht wird, nicht erfüllt ist, wenn auf der Website eine mit einer Haftungsausschlussklausel und der Pflicht zur Bekanntgabe einer E-Mail-Adresse verbundene Registrierungspflicht besteht, wenn dieser elektronische Zugang kostenpflichtig ist oder wenn die kostenlose Abrufbarkeit von Prospektteilen auf zwei Dokumente pro Monat begrenzt ist".[56] Wie Art. 21 Abs. 4 Satz 2 klarstellt, ist die Einrichtung von **Warnhinweisen (sog. Filtern)** hingegen zulässig. Unter altem Recht war dies im Nachgang zur Timmel-Entscheidung zunächst nicht ganz sicher.[57] Nach Art. 10 Abs. 2 der VO (EU) 2019/979 (→ dort Rn. 5 f.) ist die Einrichtung darüber hinaus nun sogar explizit vorgeschrieben. Die zu durchlaufenden Schritte und abzugebenden Informationen im Zusammenhang mit derartigen, dem Prospekt auf der Website vorgeschalteten Filtern müssen sich aber im Rahmen des Üblichen halten (d.h. z.B. Angabe von Wohnort, Postleitzahl,

---

53 *Kunold*, in: Assmann/Schlitt/von Kopp-Colomb, Prospektrecht Kommentar, Art. 21 ProspektVO Rn. 30.
54 *Berrar*, in: Berrar/Meyer/Müller et al., WpPG/EU-ProspektVO, 2. Aufl. 2017, Art. 6 TRS Rn. 4.
55 EuGH v. 15.5.2014 – C-359/12, insb. Rn. 50 ff. Dazu auch *Bauerschmidt*, BKR 2019, 324, 330.
56 EuGH v. 15.5.2014 – C-359/12, Rn. 59.
57 *Kunold*, in: Assmann/Schlitt/von Kopp-Colomb, Prospektrecht Kommentar, Art. 21 ProspektVO Rn. 32.

Land, verbunden mit der Anerkennung bestimmter Hinweise); sie dürfen also den Zugang nicht unnötig oder gar absichtlich erschweren (näher → Art. 10 VO (EU) 2019/979 Rn. 6).

Ein Verstoß gegen die Bestimmungen zu den Veröffentlichungsmodalitäten beseitigt grundsätzlich nicht die wirksame Veröffentlichung des Prospekts. Vor dem Hintergrund des Schutzzwecks des Art. 21, Anlegern einen leichten Zugang zu den für die Investitionsentscheidung relevanten Informationen zu gewähren (→ Rn. 8, vgl. auch Erwägungsgrund 63 der ProspektVO), wird es an einer **wirksamen Veröffentlichung** wohl erst dann fehlen, wenn ein Verstoß derart schwer wiegt, dass der Prospekt für den Anleger nicht oder nicht in zumutbarer Weise abrufbar ist.[58] Jedenfalls sollten bei unwesentlichen technischen Umsetzungsfehlern oder divergierenden Ansichten, ob der Prospekt nun tatsächlich leicht oder nicht leicht auf der Internetseite gemäß Art. 21 Abs. 2 zugänglich war, derart drakonische und eventuell auch mit zivilrechtlichen Haftungsfolgen versehene Rechtsfolgen wie eine insgesamt fehlende Veröffentlichung nicht eingreifen. Alles andere wäre mit dem Verhältnismäßigkeitsgrundsatz nicht zu vereinbaren. Auch **kurzfristige technische Schwierigkeiten**, aufgrund derer vorübergehend ein Prospekt nicht ausgedruckt werden kann, lassen nicht nachträglich die wirksame Veröffentlichung entfallen. Eine von der Wirksamkeit der Veröffentlichung getrennt zu beurteilende Frage ist, ob ein Verstoß gegen die Veröffentlichungsvorgaben des Art. 21 eine Ordnungswidrigkeit begründen kann (dazu bereits → Rn. 4). 35

3. Veröffentlichungs- und Übermittlungspflicht der zuständigen Behörde gemäß Art. 21 Abs. 5

Art. 21 normiert nicht nur Pflichten des Emittenten, Anbieters bzw. Zulassungsantragstellers, sondern auch solche der zuständigen Behörde und der ESMA (zu Pflichten der ESMA → Rn. 41). Nach Art. 21 Abs. 5 UAbs. 1 Satz 1 **veröffentlicht** die **zuständige Behörde des Herkunftsmitgliedstaats** auf ihrer Website alle gebilligten **Prospekte** oder zumindest die Liste der gebilligten Prospekte, einschließlich eines **Hyperlinks** zu den in Art. 21 Abs. 3 genannten spezifischen Rubriken der Website (→ Rn. 33) und der Angabe des Aufnahmemitgliedstaats oder der Aufnahmemitgliedstaaten, in dem/denen Prospekte gemäß Art. 25 notifiziert werden. Dabei hat sie die veröffentlichte Liste, einschließlich der Hyperlinks, stets auf aktuellem Stand zu halten, und jeder einzelne Eintrag bleibt mindestens während des in Art. 21 Abs. 7 genannten Zeitraums (zehn Jahre → Rn. 42) auf der Website verfügbar (vgl. Art. 21 Abs. 1 UAbs. 1 Satz 2). Trotz ihrer Verortung in Art. 21 ist die Veröffentlichung des Prospekts durch die zuständige Behörde selbstverständlich keine Veröffentlichung nach Art. 21 Abs. 1. Dies folgt bereits daraus, dass die Website der zuständigen Behörde kein tauglicher Veröffentlichungsort nach Art. 21 Abs. 2 lit. a–c ist. Zudem kann eine Veröffentlichungshandlung nach Art. 21 Abs. 1 im rechtlichen Sinne nur durch eine nach Art. 21 Abs. 1 verpflichtete Person, mit anderen Worten den Emittenten, den Anbieter bzw. den Zulassungsantragsteller, vorgenommen werden. Im alten Recht kam dies klarer zum Ausdruck, da zum einen – systematisch richtiger[59] – die be- 36

---

58 *Kunold*, in: Assmann/Schlitt/von Kopp-Colomb, Prospektrecht Kommentar, Art. 21 ProspektVO Rn. 56.
59 *Berrar*, in: Berrar/Meyer/Müller et al., WpPG/EU-ProspektVO, 2. Aufl. 2017, § 13 WpPG Rn. 55.

Art. 21 ProspektVO Veröffentlichung des Prospekts

hördliche Veröffentlichungspflicht in § 13 Abs. 4 WpPG a. F. (d. h. in der Vorschrift betreffend die Prospektbilligung) normiert war, und zum anderen dadurch, dass § 13 Abs. 4 WpPG a. F. den Begriff der „Zugänglichmachung" und nicht der „Veröffentlichung" verwendete, sodass auch sprachlich eine Abgrenzung von der Veröffentlichung nach § 14 WpPG a. F. erfolgte.[60]

37 Die in Deutschland zuständige (→ Art. 20 Rn. 25 ff.) **BaFin** veröffentlicht auf ihrer Website die von ihr gebilligten Prospekte und Nachträge in einer dafür geschaffenen **Datenbank**.[61] Der Datenbank sind Hinweise vorgeschaltet, in denen der Websitebesucher explizit u. a. darauf aufmerksam gemacht wird, dass es sich bei der Veröffentlichung nicht um eine Veröffentlichung i. S. v. Art 21 Abs. 1[62] handelt (→ Rn. 36). Dabei macht die BaFin von der oben (→ Rn. 36) beschriebenen sprachlichen Differenzierung weiterhin Gebrauch („Diese Zugänglichmachung ist keine Veröffentlichung i. S. v. Art. 21 Abs. 1 VO (EU) 2017/1129 (Prospekt-VO) [...]"). Ferner weist die BaFin ausdrücklich darauf hin, dass Veröffentlichungen des Emittenten nach Art. 17 MAR weitere wesentliche Informationen enthalten können.

38 **Art. 21 Abs. 5 UAbs. 2** ergänzt die Veröffentlichungspflicht der **zuständigen Behörde des Herkunftsmitgliedstaats** um die Pflicht, bei der Notifizierung der Billigung des Prospekts oder eines Prospektnachtrags an die ESMA der **ESMA** gleichzeitig eine **elektronische Kopie des Prospekts** und des betreffenden Nachtrags sowie die erforderlichen **Daten für die Klassifizierung** in dem in Art. 21 Abs. 6 (→ Rn. 41) genannten Speichermechanismus durch die ESMA und für die Erstellung des Berichts nach Art. 47 (→ Art. 47) zu **übermitteln**. Die Formulierung „bei der Notifizierung" meint nicht die formale Notifizierung nach Art. 24 ff., sondern die Unterrichtung der ESMA über die erfolgte Billigung nach Art. 20 Abs. 2 UAbs. 3 (→ Art. 20 Rn. 67).[63] Dass die deutsche Sprachfassung hier das etwas fehlleitende Wort „Notifizierung" statt (wie in Art. 20 Abs. 2 UAbs. 3) des besser passenden Begriffs „Unterrichtung" verwendet, ist vermutlich schlicht einer Unachtsamkeit bei der Übersetzung aus der englischen Fassung geschuldet („at the same time as it notifies ESMA"). Die für Zwecke des jährlichen Berichts der ESMA nach Art. 47 erforderlichen Klassifizierungsdaten ergeben sich im Detail aus Art. 11 und 12 i. V. m. Anhang VII der VO (EU) 2019/979 und umfassen beispielsweise die Legal Entity Identifier (LEI) des Emittenten und die International Securities Identification Number (ISIN) der angebotenen bzw. zuzulassenden Wertpapiere. Die BaFin trägt die nach Art. 21 Abs. 5 UAbs. 2 erforderlichen Klassifizierungsdaten nicht selbst zusammen, sondern erhebt sie vom Emittenten, Anbieter bzw. Zulassungsantragsteller, der sie zusammen mit dem Prospekt über das MVP-Portal einzureichen hat.

39 Gemäß **Art. 21 Abs. 5 UAbs. 3 veröffentlicht die zuständige Behörde des Aufnahmemitgliedstaats** auf ihrer Website Informationen zu allen gemäß Art. 25 eingehenden Notifizierungen. Indirekt stellt die Regelung damit nochmals klar, dass die zuständige Behör-

---

60 *Berrar*, in: Berrar/Meyer/Müller et al., WpPG/EU-ProspektVO, 2. Aufl. 2017, § 13 WpPG Rn. 54.
61 Ferner veröffentlicht die BaFin dort laut den einleitenden Hinweisen die von ihr gestatteten Wertpapier-Informationsblätter, vgl. dazu § 5 Abs. 4 WpPG.
62 Bzw. im Fall von Wertpapier-Informationsblättern i. S. v. § 5 Abs. 3 WpPG.
63 Darauf weist auch *Kunold*, in: Assmann/Schlitt/von Kopp-Colomb, Prospektrecht Kommentar, Art. 21 ProspektVO Rn. 36 zutreffend hin.

de des Aufnahmemitgliedstaats gerade nicht den Prospekt selbst veröffentlicht bzw. zugänglich macht, sondern dies eine exklusive Pflicht der zuständigen Behörde des Herkunftsmitgliedstaats ist (→ Rn. 36).

Art. 21 Abs. 5a enthält eine Sonderregelung für **EU-Wiederaufbauprospekte** i. S. v. Art. 14a. Danach können EU-Wiederaufbauprospekte aufgrund der gleichen Daten klassifiziert werden wie Prospekte für Sekundäremissionen i. S. v. Art. 14, sofern beide Prospektarten im Speichermechanismus der ESMA (→ Rn. 41) unterschieden werden. Der im Zusammenhang mit der Covid-19-Pandemie geschaffene Art. 21 Abs. 5a ist allerdings – ebenso wie andere Spezialvorschriften für EU-Wiederaufbauprospekte – am 31.12.2022 ausgelaufen (vgl. Art. 47a). 40

4. Veröffentlichungspflicht der ESMA gemäß Art. 21 Abs. 6

Die **ESMA** hat nach **Art. 21 Abs. 6 Satz 1** auf ihrer Website unverzüglich sämtliche Prospekte zu **veröffentlichen**, die ihr von den zuständigen Behörden übermittelt wurden, einschließlich aller Prospektnachträge, endgültiger Bedingungen und gegebenenfalls entsprechender Übersetzungen, sowie Angaben zu dem Aufnahmemitgliedstaat/den Aufnahmemitgliedstaaten, in dem/denen Prospekte gemäß Art. 25 notifiziert werden. Diese Veröffentlichungspflicht der ESMA bildet eine systematische Einheit mit der Übermittlungspflicht der zuständigen Behörde des Herkunftsmitgliedstaats (→ Rn. 38). Zusammen gewährleisten beide Pflichten eine „zentrale Speicherung von Prospekten" im Geltungsbereich der ProspektVO, die „der Öffentlichkeit kostenfreien Zugang" gewährt und – dank der ebenfalls übermittelten Klassifizierungsdaten (→ Rn. 38) – eine „angemessene Suchfunktion bietet" (vgl. Erwägungsgrund 63 der ProspektVO). 41

5. Dauer der Bereitstellung des veröffentlichten Prospekts nach Art. 21 Abs. 7

Sowohl bei der zentralen Stelle der ESMA i. S. v. Art. 21 Abs. 6 (→ Rn. 41) als auch auf der im Rahmen der Internetpublizität nach Art. 21 Abs. 2 gewählten Website (→ Rn. 27) ist der **Prospekt** für mindestens **zehn Jahre** öffentlich verfügbar zu halten, vgl. Art. 21 Abs. 7 UAbs. 1 und Erwägungsgrund 63 der ProspektVO. Auch die auf der Website der zuständigen Behörde des Herkunftsmitgliedstaats veröffentlichten Prospekte bzw. Hyperlinks (→ Rn. 36) müssen nach Art. 21 Abs. 5 UAbs. 1 Satz 2 für denselben Zeitraum verfügbar sein und auf aktuellem Stand gehalten werden. Ebenfalls müssen nach Art. 21 Abs. 7 UAbs. 2 im Prospekt verwendete **Hyperlinks** (für mittels Verweis in den Prospekt aufgenommene Informationen, Nachträge und/oder endgültige Bedingungen) während des Zeitraums von zehn Jahren funktionsfähig gehalten werden. Auch wenn man an dem Sinn einer derart langen Frist zweifeln kann,[64] erscheint die Regelung vor dem Hintergrund der korrespondierenden **Verjährungshöchstfrist** von zehn Jahren ab Schadenseintritt aus § 199 Abs. 3 Satz 1 Nr. 1 BGB durchaus konsequent, zumal der Ersatzanspruch eines Anlegers regelmäßig bereits mit dem Erwerb des Wertpapiers entstehen dürfte und 42

---

64 Zur zehnjährigen Aufbewahrungsfrist hinterlegter Prospekte nach § 14 Abs. 6 WpPG a. F. *Ritz/Voß*, in: Just/Voß/Ritz/Zeising, WpPG, 1. Aufl. 2009, § 14 Rn. 65 f.

somit die weitere Höchstfrist von 30 Jahren aus § 199 Abs. 1 Satz 1 Nr. 2 BGB im Prospekthaftungsrecht keine Bedeutung haben dürfte.[65]

6. Warnhinweis gemäß Art. 21 Abs. 8

43 Art. 21 Abs. 8 Satz 1 verlangt, dass ein gebilligter Prospekt einen deutlich sichtbaren Warnhinweis mit der Angabe enthalten muss, ab wann der Prospekt nicht mehr gültig ist. Nach **Art. 21 Abs. 8 Satz 2** ist in dem Warnhinweis zudem anzugeben, dass die Pflicht zur Erstellung eines Prospektnachtrags im Falle wichtiger neuer Umstände, wesentlicher Unrichtigkeiten oder wesentlicher Ungenauigkeiten nicht besteht, wenn der Prospekt ungültig geworden ist. Die Regelung soll Anleger davor schützen, dass sie eine Investitionsentscheidung auf Grundlage eines nicht mehr gültigen, jedoch zehn Jahre verfügbaren (→ Rn. 42) Prospekts treffen.[66] **Problematisch** an der Formulierung des Art. 21 Abs. 8 Satz 2 ist, dass sie suggeriert, die Nachtragspflicht würde erst mit Ablauf der Gültigkeit des Prospekts i. S. v. Art. 12 Abs. 1 UAbs. 1 (zwölf Monate) enden, während sie tatsächlich jedoch bereits mit dem Auslaufen der Angebotsfrist oder – falls später – der Eröffnung des Handels an einem geregelten Markt endet (→ Art. 23 Rn. 85 ff.).[67] Die BaFin verlangt daher grundsätzlich, dass Warnhinweise i. S. v. Art. 21 Abs. 8 unter **Berücksichtigung des Art. 23 Abs. 1 UAbs. 1** zu formulieren sind, d. h. sie müssen für das Ende der Nachtragspflicht auf das Auslaufen der Angebotsfrist oder – falls später – die Eröffnung des Handels an einem geregelten Markt abstellen und dabei zugleich ein (voraussichtliches) Kalenderdatum angeben, wie folgendes Beispiel zeigt:[68] „The validity of this Prospectus will expire with the beginning of the trading of the Company's preferred shares on the regulated market of the Frankfurt Stock Exchange (Frankfurter Wertpapierbörse), which is expected to occur on September 29, 2022 and no obligation to supplement this Prospectus in the event of significant new factors, material mistakes or material inaccuracies will apply when this Prospectus is no longer valid." Hinsichtlich der **Verortung des Warnhinweises im Prospekt** hat sich jedenfalls in der deutschen Praxis überwiegend eine Aufnahme im Prospektabschnitt betreffend allgemeine Informationen („General Information"), oftmals innerhalb eines separaten Unterabschnitts („Validity of this Prospectus"), etabliert, teilweise mit zusätzlicher, wortgleicher, Aufnahme auf dem Deckblatt des Prospekts.

7. Veröffentlichung bei mehreren Einzeldokumenten bzw. Verweisen gemäß Art. 21 Abs. 9

44 Ein Prospekt kann nach Art. 10 Abs. 1 UAbs. 1 aus mehreren Einzeldokumenten bestehen (Registrierungsformular, Wertpapierbeschreibung und Zusammenfassung). Falls ein **Prospekt in Form mehrerer Einzeldokumente** erstellt wird, bestimmt Art. 21 Abs. 9 Satz 1, entsprechend seiner Vorgängervorschrift § 14 Abs. 4 Satz 1 WpPG a. F., die **Zulässigkeit einer getrennten Veröffentlichung**, d. h. die Einzeldokumente können getrennt auf einer der in Art. 21 Abs. 2 genannten Websites veröffentlicht werden. Gemäß Art. 21 Abs. 9 Satz 2 ist in jedem Einzeldokument anzugeben, dass es sich dabei lediglich um

---

65 *Singhof*, in: MünchKomm-HGB, 4. Aufl. 2019, L. Emissionsgeschäft, Rn. 299.
66 In diese Richtung auch *Groß*, Kapitalmarktrecht, Art. 21 ProspektVO Rn. 10.
67 Ebenso *Groß*, Kapitalmarktrecht, Art. 21 ProspektVO Rn. 12.
68 Prospekt der Dr. Ing. h.c. F. Porsche Aktiengesellschaft vom 19.9.2022.

einen Teil des Prospekts handelt und wo die anderen Einzeldokumente erhältlich sind, die zusammen mit diesem den vollständigen Prospekt bilden. Im Übrigen aber gelten für die Veröffentlichung die Regelungen des Art. 21, insbesondere die zeitlichen Vorgaben des Art. 21 Abs. 1.[69]

Aufgrund des Wegfalls der gemäß § 14 Abs. 1 Satz 1 WpPG a. F. noch erforderlichen „unverzüglichen" Veröffentlichung (→ Rn. 9) stellt sich unter neuem Recht nicht mehr die Frage, ob auch bei der vorweggenommenen Billigung bloß eines Einzeldokuments eine unverzügliche Pflicht zur Veröffentlichung dieses Einzeldokuments besteht.[70] Art. 21 Abs. 1 UAbs. 1 verlangt nun lediglich, dass „der Prospekt", d. h. **alle Einzeldokumente** (zur Bedeutung des Begriffs „Prospekt" als Gesamtheit der Einzeldokumente → Rn. 46), rechtzeitig vor und **spätestens mit Beginn des öffentlichen Angebots oder der Zulassung der Wertpapiere veröffentlicht** wird (→ Rn. 10 ff.). Dabei können die Einzeldokumente grundsätzlich zu unterschiedlichen Zeitpunkten veröffentlicht werden, solange sie nur bei Angebotsbeginn bzw. Zulassung öffentlich verfügbar sind.

45

Die Formulierung „getrennt veröffentlicht" ist nicht nur in zeitlicher Hinsicht gemeint, sondern bringt auch zum Ausdruck, dass für die Einzeldokumente **unterschiedliche Orte der Veröffentlichung (Websites)** nach Art. 21 Abs. 2 gewählt werden können.[71] Trotz möglicher Aufteilung der Einzeldokumente auf unterschiedliche Veröffentlichungszeitpunkte und -orte erstreckt sich der Anspruch der Anleger aus **Art. 21 Abs. 11** (→ Rn. 49) auf Erhalt einer Kopie auf einem dauerhaften Datenträger bzw. in gedruckter Form selbstverständlich auf den **gesamten Prospekt**, d.h. in dem auf einem Datenträger oder in Papierform zur Verfügung gestellten Dokument müssen stets sämtliche Angaben aus allen Einzeldokumenten enthalten sein. Das folgt bereits aus dem Wortlaut des Art. 21 Abs. 11, der von einer Kopie des „Prospekts" spricht, was in der Terminologie der ProspektVO grundsätzlich die Gesamtheit der Einzeldokumente meint, vgl. nur die Überschrift von Art. 10 („Aus mehreren Einzeldokumenten bestehende Prospekte") sowie die Formulierung in Art. 21 Abs. 9 Satz 2 („Teil des Prospekts"). Zudem war dies bereits unter altem Recht anerkannt[72] und eine abweichende Intention des europäischen Gesetzgebers ist nicht erkennbar. Erstreckt sich allerdings das „Verlangen" bzw. die „ausdrückliche Anforderung" (vgl. Art. 21 Abs. 11 Satz 1 und 2) des Anlegers nur auf eines der Einzeldokumente, spricht nichts dagegen, ihm auch nur dieses auszuhändigen. Die Gefahr eines Informationsdefizits besteht dabei nicht, da in jedem Einzeldokument gemäß Art. 21 Abs. 9

46

---

69 RegBegr. EU-ProspRL-UmsetzungsG, BT-Drucks. 15/4999, S. 25, 36; *Groß*, Kapitalmarktrecht, Art. 21 ProspektVO Rn. 7; *Ritz*, in: Just/Voß/Ritz/Zeising, Wertpapierprospektrecht, 2. Aufl. 2023, Art. 21 ProspektVO Rn. 28; vgl. *Kunold*, in: Assmann/Schlitt/von Kopp-Colomb, Prospektrecht Kommentar, Art. 21 ProspektVO Rn. 45.

70 *Berrar*, in: Berrar/Meyer/Müller et al., WpPG/EU-ProspektVO, 2. Aufl. 2017, § 14 WpPG Rn. 54a.

71 Vgl. bereits unter altem Recht den letzten Satz der Regierungsbegründung zur entsprechenden Regelung in § 14 Abs. 4 a. F. (RegBegr. EU-ProspRL-UmsetzungsG, BT-Drucks. 15/4999, S. 25, 36). So auch *Preuße*, in: Holzborn, WpPG, § 14 Rn. 19; *Heidelbach*, in: Schwark/Zimmer, KMRK, 4. Aufl. 2010, § 14 WpPG Rn. 64. Auch für die Veröffentlichung von Basisprospekt und endgültigen Bedingungen folgt aus Art. 8 Abs. 5 UAbs. 2 lit. b, dass die Veröffentlichungsorte beider Dokumente divergieren können.

72 RegBegr. EU-ProspRL-UmsetzungsG, BT-Drucks. 15/4999, S. 36; *Heidelbach*, in: Schwark/Zimmer, KMRK, 4. Aufl. 2010, § 14 WpPG Rn. 64. Vgl. *Berrar*, in: Berrar/Meyer/Müller et al., WpPG/EU-ProspektVO, 2. Aufl. 2017, § 14 WpPG Rn. 55.

Satz 2 der Hinweis enthalten sein muss, dass es sich dabei lediglich um einen Teil des Prospekts handelt und wo die übrigen Einzeldokumente erhältlich sind (→ Rn. 44).

47 Die gleichen Anforderungen wie bei der Veröffentlichung von mehreren Einzeldokumenten gelten für **Angaben**, die gemäß Art. 19 **in Form eines Verweises** in den Prospekt einbezogen werden, d. h. auch hier dürfen die Angaben getrennt auf einer in Art. 21 Abs. 2 genannten Website veröffentlicht werden.

8. Identitätserfordernis gemäß Art. 21 Abs. 10

48 Nach Art. 21 Abs. 10 müssen der Wortlaut und die Aufmachung des Prospekts und jeglicher Nachträge zum Prospekt, die der Öffentlichkeit zur Verfügung gestellt werden, jederzeit **mit der ursprünglichen Fassung identisch** sein, die von der zuständigen Behörde des Herkunftsmitgliedstaats gebilligt wurde. Diese Klarstellung geht auf den wortgleichen Art. 14 Abs. 6 EU-ProspektRL zurück. Sie wurde in § 14 WpPG a. F. vom deutschen Gesetzgeber allerdings nicht explizit aufgenommen (anders noch der Diskussionsentwurf des Bundesfinanzministeriums vom 26.11.2004[73]). Gleichwohl hat die BaFin stets genau auf die Einhaltung des Identitätserfordernisses geachtet und legt auch weiterhin sehr viel Wert darauf. Im alten Recht ging die Praxis der BaFin gar so weit, dass sie die Aufnahme der Namen der den Prospekt unterzeichnenden Personen auch im gedruckten/veröffentlichten Prospekt verlangte (ein Unterschriftserfordernis besteht unter geltendem Recht allerdings nicht mehr → Art. 20 Rn. 36).[74] Praktisch folgt aus Art. 21 Abs. 10, dass Emittenten, Anbieter bzw. Zulassungsantragsteller grundsätzlich keine Änderungen an einem veröffentlichten Prospekt vornehmen dürfen. Einziges Mittel dafür ist der Nachtrag gemäß Art. 23.[75]

9. Prospekt auf dauerhaftem Datenträger und in gedruckter Form gemäß Art. 21 Abs. 11

49 Gemäß **Art. 21 Abs. 11 Satz 1** muss jedem potenziellen Anleger vom Emittenten, vom Anbieter, vom Zulassungsantragsteller oder von den Finanzintermediären, die die Wertpapiere platzieren oder verkaufen, auf Verlangen kostenlos eine Version des Prospekts auf einem **dauerhaften Datenträger** zur Verfügung gestellt werden. Für den Fall, dass ein potenzieller Anleger ausdrücklich eine Papierkopie anfordert, haben ihm die nach Satz 1 Verpflichteten gemäß **Art. 21 Abs. 11 Satz 2** eine **gedruckte Fassung** des Prospekts zur Verfügung zu stellen. **Art. 21 Abs. 11 Satz 3** begrenzt die Verpflichtung nach den ersten beiden Sätzen allerdings auf **Rechtsordnungen**, in denen im Rahmen der ProspektVO das öffentliche Angebot von Wertpapieren unterbreitet wird oder die Zulassung zum Handel an einem geregelten Markt erfolgt. Art. 2 lit. z definiert einen dauerhaften Datenträger

---

73 § 14 Abs. 6 WpPG-E des Art. 1 des Diskussionsentwurfs des Bundesfinanzministeriums vom 26.11.2004 besagte, dass der Wortlaut und die Aufmachung des Prospekts oder der Nachträge zum Prospekt, die veröffentlicht oder dem Publikum zur Verfügung gestellt werden, jederzeit mit der Fassung identisch sein müssen, die von der BaFin gebilligt wurde.

74 Kritik an dieser BaFin-Praxis *Berrar*, in: Berrar/Meyer/Müller et al., WpPG/EU-ProspektVO, 2. Aufl. 2017, § 13 WpPG Rn. 28 in Fn. 99. Siehe auch *Keunecke*, Prospekte im Kapitalmarkt, S. 286.

75 *Groß*, Kapitalmarktrecht, Art. 21 ProspektVO Rn. 9.

als jedes Medium, das es einem Kunden ermöglicht, persönlich an ihn gerichtete Informationen so zu speichern, dass sie in der Folge während eines dem Informationszweck angemessenen Zeitraums abgerufen werden können, und die unveränderte Wiedergabe der gespeicherten Daten ermöglicht. Dies entspricht der Definition in Art. 2 Nr. 10 der Verbraucherrechte-Richtlinie,[76] die vom deutschen Gesetzgeber in § 126b Satz 2 BGB (Textform) umgesetzt wurde.[77] Nach Erwägungsgrund 23 der Verbraucherrechte-Richtlinie sollen darunter neben Medien wie USB-Sticks, CDs und DVDs auch E-Mails fallen. Ob letztere auch im Anwendungsbereich des Art. 21 Abs. 11 ein taugliches Medium sind, erscheint jedoch auf den ersten Blick fraglich, da der Wortlaut der Norm („zur Verfügung gestellt") eher auf einen physischen Datenträger hinzudeuten scheint.[78] Rückt man hingegen die Dauerhaftigkeit des Datenträgers in den Fokus, ist die E-Mail auch im Rahmen des Art. 21 Abs. 11 ausreichend, da sie, anders als die nach Art. 21 Abs. 2 im Internet veröffentlichte Datei, vom Emittenten, Anbieter bzw. Zulassungsantragsteller nicht mehr einseitig verändert werden kann.[79]

Statt wie unter § 14 Abs. 5 WpPG a. F. nur „Anleger" können nach geltendem Recht nun „**potenzielle Anleger**" ein Verlangen nach Art. 21 Abs. 11 äußern. Auch wenn durch diese Änderung der Kreis der Anspruchsberechtigten sprachlich erweitert wird, so ist nicht wirklich erkennbar, wie zwischen diesen Personengruppen in der Praxis unterschieden werden soll, zumal die ProspektVO selbst die sprachliche Differenzierung nicht durchgängig vornimmt und an manchen Stellen lediglich auf „Anleger", an anderen Stellen wiederum auf „potenzielle Anleger" Bezug nimmt, ohne dass es sich in der Sache dabei um unterschiedliche Personengruppen handelt (vgl. Erwägungsgrund 63 der ProspektVO: „Die Prospekte sollten den Anlegern auf Anfrage stets auf einem dauerhaften Datenträger kostenlos zur Verfügung stehen." und im darauf folgenden Satz: „Ein potenzieller Anleger sollte auf ausdrückliche Anforderung einer Papierversion eine gedruckte Fassung des Prospekts erhalten können.").

50

Unter § 14 Abs. 5 WpPG a. F. war fraglich, ob „**zur Verfügung stellen**" das Zusenden des Prospekts bedeutet, oder ob es ausreicht, dass der Verpflichtete eine Kopie des Prospekts an seinem Sitz bereit hält. Gegen Ersteres sprach unter altem Recht, dass es nicht einzusehen war, warum der Anbieter bzw. Zulassungsantragsteller über § 14 Abs. 5 WpPG a. F., der nur eine Nebenpflicht (ebenso weiterhin unter neuem Recht → Rn. 53) statuierte, zu mehr verpflichtet sein soll, als von ihm unter der „Hauptpflicht", nämlich der Veröffentlichung nach § 14 Abs. 1 und 2 WpPG a. F., verlangt wurde. Denn bei der Schalterpublizität (§ 14 Abs. 2 Satz 1 Nr. 2 WpPG a. F.) war nur ein Bereithalten des Prospekts, und gerade kein Versand, geschuldet.[80] Dieses systematische Argument hat mit der Abschaffung der

51

---

76 Richtlinie 2011/83/EU des Europäischen Parlaments und des Rates vom 25.10.2011 über die Rechte der Verbraucher, ABl. EU Nr. L 304 v. 22.11.2011, S. 64.
77 Hierauf weist *Bauerschmidt*, in: Assmann/Schlitt/von Kopp-Colomb, Prospektrecht Kommentar, Art. 2 ProspektVO Rn. 144 zutreffend hin.
78 Anders mag dies im Kontext des § 126b BGB sein, der lediglich abstrakt die tauglichen Medien der Textform zu Dokumentations- und Beweiszwecken regelt, bei denen es weniger auf die Körperlichkeit des Mediums ankommt.
79 In diese Richtung auch *Kunold*, in: Assmann/Schlitt/von Kopp-Colomb, Prospektrecht Kommentar, Art. 21 ProspektVO Rn. 49.
80 So auch *Wiegel*, Die Prospektrichtlinie und Prospektverordnung, S. 345. Andere Ansicht wohl *Crüwell*, AG 2003, 243, 252 („zugesandt werden muss") sowie explizit *Ritz/Voß*, in: Just/Voß/ Ritz/Zeising, WpPG, 1. Aufl. 2009, § 14 Rn. 63/Rn. 38 a. E. und European Commission-Internal

Art. 21 ProspektVO Veröffentlichung des Prospekts

Schalterpublizität in Art. 21 Abs. 2 freilich seine Wirkung verloren. Und auch die in Art. 21 Abs. 11 Satz 3 eingeführte Regelung, wonach die Bereitstellung des Prospekts „auf Rechtsordnungen beschränkt [ist], in denen im Rahmen dieser Verordnung das öffentliche Angebot von Wertpapieren unterbreitet wird oder die Zulassung zum Handel an einem geregelten Markt erfolgt", spricht eher für eine grundsätzliche Übersendungspflicht. Denn dürfte sich die „Bereitstellung" auf ein Verfügbarmachen am Sitz des Verpflichteten beschränken, bräuchte es die geographische Einschränkung nach Art. 21 Abs. 11 Satz 3 eigentlich nicht. Für diese Sichtweise spricht auch, dass in der (allerdings nicht etwa vorrangigen) englischen Sprachfassung des Art. 21 Abs. 11 der Wortlaut „delivered to" gewählt wurde. Dagegen legt der Wortlaut von Erwägungsgrund 63 der ProspektVO, wonach der Prospekt den Anlegern „zur Verfügung stehen" sollte, eher eine Holschuld der Anleger nahe. Ohne eine gesetzgeberische Klarstellung lässt sich die Frage der Versendungspflicht folglich auch unter neuem Recht nicht sicher beantworten. In der Praxis dürfte eine Übersendung des Prospekts allerdings faktisch kaum Probleme bereiten, da die Anzahl von Anfragen nach Art. 21 Abs. 11 typischerweise überschaubar ist.

52 Wie zu Art. 21 Abs. 9 hinsichtlich der Veröffentlichung bei mehreren **Einzeldokumenten** ausgeführt (→ Rn. 46), muss der auf einem dauerhaften Datenträger bzw. in Papierform zur Verfügung gestellte Prospekt stets **alle Angaben enthalten**.[81]

53 Die Verpflichtung, eine Version auf einem dauerhaften Datenträger bzw. eine Papierversion zur Verfügung zu stellen, ist **nicht Teil der Veröffentlichung**, sondern eine **gesonderte Nebenpflicht**. Dies ist schon daran erkennbar, dass an die Nichterfüllung der Pflichten aus Art. 21 Abs. 11 Satz 1 oder 2 gemäß § 24 Abs. 3 Nr. 15 WpPG eine eigene Ordnungswidrigkeitsanordnung geknüpft ist (→ Rn. 54). Dies wäre entbehrlich, wenn die Zurverfügungstellung der Version auf einem dauerhaften Datenträger bzw. der Papierversion Teil der Veröffentlichung wäre, weil dies dann bereits eine Ordnungswidrigkeit nach § 24 Abs. 3 Nr. 13 WpPG darstellen würde. Die Zurverfügungstellung nach Art. 21 Abs. 11 dient aufgrund der Veröffentlichungen ausschließlich über das Internet der Wahrung der gleichen Zugangsmöglichkeiten für das gesamte Publikum.[82] Interessant ist in diesem Zusammenhang, dass der deutsche Gesetzgeber in § 175 Abs. 2 Satz 4 AktG für die Frage der Dokumente für eine Hauptversammlung die Internetveröffentlichung ausreichen lässt, d. h. es besteht dort gerade kein Anspruch (mehr), eine Papierversion/Abschrift (nach § 175 Abs. 2 Satz 2 AktG) zu bekommen.

54 Falls entgegen Art. 21 Abs. 11 Satz 1 oder 2 eine kostenlose Version des Prospekts oder eine gedruckte Fassung nicht oder nicht rechtzeitig zur Verfügung gestellt wird, stellt dies

---

Market and Services Directorate-General (Markt/G3/WG D(2005), 3rd Informal Meeting on Prospectus Transposition – 26 January 2005 – Summary record, S. 10 („a paper copy must be sent free of charge to the investor. It is not sufficient for the issuer etc. to allow the investor to inspect a physical copy at a designated premise.")). Dagegen zu Recht *Kunold*, in: Assmann/Schlitt/von Kopp-Colomb, WpPG/VerkProspG, 2. Aufl. 2010, § 14 Rn. 37. Vgl. auch *Berrar*, in: Berrar/Meyer/Müller et al., WpPG/EU-ProspektVO, 2. Aufl. 2017, § 14 WpPG Rn. 38.

81 Zum alten Recht: RegBegr. EU-ProspRL-UmsetzungsG, BT-Drucks. 15/4999, S. 25, 36; *Ritz/Voß*, in: Just/Voß/Ritz/Zeising, WpPG, 1. Aufl. 2009, § 14 Rn. 63.

82 *Kunold*, in: Assmann/Schlitt/von Kopp-Colomb, Prospektrecht Kommentar, Art. 21 ProspektVO Rn. 51; bereits zum alten Recht: RegBegr. EU-ProspRL-UmsetzungsG, BT-Drucks. 15/4999, S. 25, 36; *Preuße*, in: Holzborn, WpPG, § 14 Rn. 20.

eine **Ordnungswidrigkeit nach § 24 Abs. 3 Nr. 15 WpPG** dar, wenn der Verpflichtete vorsätzlich oder leichtfertig gehandelt hat.

10. Ausarbeitung und Erlass technischer Regulierungsstandards gemäß Art. 21 Abs. 12 und 13

Art. 21 Abs. 12 und 13 enthalten Ermächtigungen der ESMA, bestimmte technische Regulierungsstandards zu entwerfen, sowie Ermächtigungen der Kommission, entsprechende technische Regulierungsstandards nach Art. 10 bis 14 der Verordnung (EU) Nr. 1095/2010 zu erlassen. Auf dieser Grundlage basieren die hier bereits mehrfach erwähnten Art. 10 bis 12 der VO (EU) 2019/979, die bestimmte Konkretisierungen hinsichtlich der Veröffentlichungspflicht aus Art. 21 Abs. 1 (→ Rn. 5, 31, 34) sowie hinsichtlich der Daten für die Klassifizierung von Prospekten gemäß Art. 21 Abs. 5 UAbs. 2 (→ Rn. 38) enthalten.

55

Art. 22 ProspektVO
Werbung

(1) Jede Werbung, die sich auf ein öffentliches Angebot von Wertpapieren oder auf eine Zulassung zum Handel an einem geregelten Markt bezieht, muss die Grundsätze der Absätze 2 bis 5 beachten. Die Absätze 2 bis 4 und Absatz 5 Buchstabe b gelten nur für die Fälle, in denen der Emittent, der Anbieter oder die die Zulassung zum Handel an einem geregelten Markt beantragende Person der Pflicht zur Erstellung eines Prospekts unterliegt.

(2) In jeder Werbung ist darauf hinzuweisen, dass ein Prospekt veröffentlicht wurde bzw. zur Veröffentlichung ansteht und wo die Anleger ihn erhalten können.

(3) Werbung muss klar als solche erkennbar sein. Die darin enthaltenen Informationen dürfen nicht unrichtig oder irreführend sein und müssen mit den im Prospekt enthaltenen Informationen übereinstimmen, falls er bereits veröffentlicht ist, oder die in den Prospekt aufzunehmen sind, falls er erst noch veröffentlicht wird.

(4) Alle mündlich oder schriftlich verbreiteten Informationen über das öffentliche Angebot von Wertpapieren oder die Zulassung zum Handel an einem geregelten Markt müssen, selbst wenn sie nicht zu Werbezwecken dienen, mit den im Prospekt enthaltenen Informationen übereinstimmen.

(5) Falls wesentliche Informationen von einem Emittenten oder einem Anbieter offengelegt und mündlich oder schriftlich an einen oder mehrere ausgewählte Anleger gerichtet werden, müssen diese Informationen entweder

a) allen anderen Anlegern, an die sich das Angebot richtet, mitgeteilt werden, falls keine Veröffentlichung eines Prospekt gemäß Artikel 1 Absätze 4 und 5 erforderlich ist, oder

b) in den Prospekt oder in einen Nachtrag zum Prospekt gemäß Artikel 23 Absatz 1 aufgenommen werden, falls die Veröffentlichung eines Prospekts erforderlich ist.

(6) Die zuständige Behörde des Mitgliedstaats, in dem die Werbung verbreitet wird, ist befugt, zu kontrollieren, ob bei der Werbung für ein öffentliches Angebot von Wertpapieren oder eine Zulassung zum Handel an einem geregelten Markt Absätze 2 bis 4 beachtet werden.

Falls erforderlich, unterstützt die zuständige Behörde des Herkunftsmitgliedstaats die zuständige Behörde des Mitgliedstaats, in dem die Werbung verbreitet wird, bei der Beurteilung der Frage, ob die Werbung mit den Informationen im Prospekt übereinstimmt.

Unbeschadet des Artikels 32 Absatz 1 ist die Prüfung der Werbung durch eine zuständige Behörde keine Voraussetzung für ein öffentliches Angebot von Wertpapieren oder für die Zulassung zum Handel an einem geregelten Markt in einem Aufnahmemitgliedstaat.

Nutzt die zuständige Behörde eines Aufnahmemitgliedstaats zur Durchsetzung des vorliegenden Artikels eine der Aufsichts- und Ermittlungsbefugnisse gemäß Artikel 32, so ist dies unverzüglich der zuständigen Behörde des Herkunftsmitgliedstaats des Emittenten mitzuteilen.

(7) Die zuständigen Behörden der Aufnahmemitgliedstaaten dürfen Gebühren nur im Zusammenhang mit der Wahrnehmung ihrer Aufsichtsaufgaben gemäß diesem Artikel erheben. Die Höhe der Gebühren ist auf den Websites der zuständigen Behörden anzugeben. Die Gebühren müssen diskriminierungsfrei, angemessen und verhältnismäßig zu der Aufsichtsaufgabe sein. Von den zuständigen Behörden der Aufnahmemitgliedstaaten werden keine Anforderungen oder Verwaltungsverfahren auferlegt, die über die für die Ausübung ihrer Aufsichtsaufgaben gemäß diesem Artikel erforderlichen Anforderungen oder Verwaltungsverfahren hinausgehen.

(8) Abweichend von Absatz 6 können zwei zuständige Behörden eine Vereinbarung schließen, wonach in grenzüberschreitenden Situationen für die Zwecke der Ausübung der Kontrolle darüber, ob die für die Werbung geltenden Grundsätze eingehalten werden, diese Kontrolle weiterhin der zuständigen Behörde des Herkunftsmitgliedstaats obliegt. Solche Vereinbarungen werden der ESMA mitgeteilt. Die ESMA veröffentlicht eine Liste solcher Vereinbarungen und aktualisiert diese regelmäßig.

(9) Die ESMA arbeitet Entwürfe technischer Regulierungsstandards aus, in denen die Bestimmungen der Absätze 2 bis 4 über die Werbung weiter präzisiert werden, auch zu dem Zweck, die Bestimmungen über die Verbreitung von Werbung festzulegen und Verfahren für die Zusammenarbeit zwischen der zuständigen Behörde des Herkunftsmitgliedstaats und der zuständigen Behörde des Mitgliedstaats, in dem die Werbung verbreitet wird, aufzustellen.

Die ESMA übermittelt der Kommission diese Entwürfe technischer Regulierungsstandards bis 21. Juli 2018.

Der Kommission wird die Befugnis übertragen, die in Unterabsatz 1 genannten technischen Regulierungsstandards gemäß den Artikeln 10 bis 14 der Verordnung (EU) Nr. 1095/2010 zu erlassen.

(10) Gemäß Artikel 16 der Verordnung (EU) Nr. 1095/2010 arbeitet die ESMA an die zuständigen Behörden gerichtete Leitlinien und Empfehlungen in Bezug auf die gemäß Absatz 6 ausgeübte Kontrolle aus. In diesen Leitlinien und Empfehlungen wird berücksichtigt, dass eine solche Kontrolle die Funktionsweise des Notifizierungsverfahrens gemäß Artikel 25 nicht behindern darf, wobei zugleich der Verwaltungsaufwand für Emittenten, die grenzüberschreitende Angebote in der Union abgeben, so gering wie möglich zu halten ist.

(11) Dieser Artikel gilt unbeschadet der anderen geltenden Bestimmungen des Unionsrechts.

Übersicht

	Rn.		Rn.
I. Regelungsgegenstand des Art. 22 und Normzusammenhang	1	a) Formales Erfordernis der Erkennbarkeit als Werbung (Art. 22 Abs. 3 Satz 1)	28
1. Regelungsgegenstand des Art. 22	1	b) Spezielle Erfordernisse in Werbung, die an potenzielle Kleinanleger verbreitet wird (Art. 14 VO (EU) 2019/979)	30
2. Folgerungen aus der Normierung von Art. 22	3	c) Inhaltliche Erfordernisse der Richtigkeit und Konsistenz in werbenden Angaben (Art. 22 Abs. 3 Satz 2)	32
3. Sonstige und verwandte Vorschriften	6	3. Inhaltliche Anforderungen an sonstige Informationen nach Art. 22 Abs. 4	39
II. Konkretisierungen in der VO (EU) 2019/979	7	**V. Pflicht zur Gleichbehandlung (Art. 22 Abs. 5)**	42
III. Grundsätzliche Anordnung der Regulierung von Werbung (Art. 22 Abs. 1)	8	1. Tatbestand des Art. 22 Abs. 5	44
1. Anwendbarkeit der Abs. 2 bis 5 und Normadressat	8	2. Rechtsfolge des Art. 22 Abs. 5 lit. a	46
2. Begriff der „Werbung"	11	3. Rechtsfolge des Art. 22 Abs. 5 lit. b	49
a) Abgrenzung der Werbung von einer neutralen Geschäftskommunikation	11	**VI. Befugnisse der zuständigen Behörde bei Verstößen (Art. 22 Abs. 6, Abs. 8, Abs. 9, Art. 32 Abs. 1 UAbs. 1 lit. e, § 18 Abs. 5 WpPG)**	51
b) Abgrenzung der Werbung von einem Prospekt	16	1. Aussetzung bzw. Anordnung der Aussetzung	55
IV. Anforderungen bei prospektpflichtigen Angeboten/Zulassungen (Art. 22 Abs. 2 bis 4)	22	2. Untersagung bzw. Anordnung der Unterlassung	58
1. Hinweispflicht auf den Prospekt nach Art. 22 Abs. 2 ProspektVO und Art. 13 VO (EU) 2019/979	22		
2. Formale und inhaltliche Anforderungen an Werbung nach Art. 22 Abs. 3 ProspektVO und Art. 14 VO (EU) 2019/979	28		

I. Regelungsgegenstand des Art. 22 und Normzusammenhang

1. Regelungsgegenstand des Art. 22

1 Art. 22 regelt, wie seine Vorgängervorschrift § 15 WpPG a. F.,[1] in erster Linie die **Handhabung von Werbung** und ordnet die **Regulierung von Werbemaßnahmen** an (Abs. 1 Satz 1). Die europäische Harmonisierung der Regulierung von Werbemaßnahmen dient nach Erwägungsgrund 64 der ProspektVO dem Vertrauen der Öffentlichkeit und dem ordnungsgemäßen Betrieb der Finanzmärkte. Der Schutz von Anlegern, insbesondere auch von Kleinanlegern, soll durch die Fairness und Wahrheitstreue von Werbung sowie deren inhaltliche Übereinstimmung mit dem Prospekt gestärkt werden. Gleichzeitig soll die Rolle des Prospekts als zentrales Informationsdokument für die Anleger gestärkt werden.[2]

---

1 Sofern nachfolgend auf Literatur und andere Quellen zu § 15 WpPG a. F. verwiesen wird, sind die dortigen Ausführungen, falls hier nicht anders angegeben, im Grundsatz sinngemäß auf Art. 22 übertragbar.

2 *Voß*, in: Just/Voß/Ritz/Zeising, Wertpapierprospektrecht, 2. Aufl. 2023, Art. 22 ProspektVO Rn. 6

Diese Regulierung betrifft zum einen prospektpflichtige öffentliche Angebote bzw. Zulassungsverfahren (Abs. 1 Satz 2, Abs. 2 bis 4 und Abs. 5 lit. b). Dabei sind sowohl formale Aspekte wie die Hinweispflicht auf den Prospekt zu beachten (Abs. 2) als auch inhaltliche Anforderungen, gerade im Vergleich zum Prospekt, einzuhalten (Abs. 3). Dieses **Konsistenzerfordernis** wird auch über die reine Werbung hinaus gesetzlich verankert (Abs. 4).[3] Zum anderen unterliegen der Emittent und der Anbieter auch bei nicht prospektpflichtigen Angeboten einer **Gleichbehandlungspflicht** in Bezug auf Informationen, die ausgewählten Anlegern, z.B. im Rahmen von Roadshows, zur Verfügung gestellt werden (Abs. 5 lit. a). Eine aus der selektiven Unterrichtung einzelner Anleger folgende Informationsasymmetrie wird durch die Verpflichtung zur Aufnahme derartiger Informationen in den Prospekt auch für prospektpflichtige Angebote/Zulassungsverfahren unterbunden (Abs. 5 lit. b). Art. 22 Abs. 6 UAbs. 1 gewährt der **zuständigen Behörde** des jeweiligen Mitgliedstaates, in dem die Werbung verbreitet wird, im Zusammenhang mit der Übereinstimmung der Werbung mit den Abs. 2 bis 4 ein **Kontrollrecht**, bei dessen Ausübung sie gemäß Abs. 6 UAbs. 2 von der zuständigen Behörde des Herkunftsmitgliedstaats unterstützt werden kann.[4] Eine Regelung zu **Gebühren** der behördlichen Aufsichtsmaßnahmen findet sich in Art. 22 Abs. 7. Ferner räumt Art. 22 Abs. 8 in grenzüberschreitenden Situationen zwei zuständigen Behörden die Möglichkeit ein, hinsichtlich der Ausübung des Kontrollrechts eine von Art. 22 Abs. 6 abweichende **Vereinbarung** zu schließen, wonach das Kontrollrecht bei der zuständigen Behörde des Herkunftsmitgliedstaats verbleiben soll. Art. 22 Abs. 9 und 10 enthalten Ermächtigungen der ESMA zur Ausarbeitung bestimmter **technischer Regulierungsstandards**[5] zur Präzisierung von Art. 22 Abs. 2 bis 4 sowie bestimmter **Leitlinien und Empfehlungen** in Bezug auf die behördliche Kontrolle nach Art. 22 Abs. 6.

2. Folgerungen aus der Normierung von Art. 22

Mit der Vorgängervorschrift des Art. 22 (§ 15 WpPG a.F.) wurden in Deutschland erstmals umfassend das **Verhältnis von Prospekt und Werbemaßnahmen bzw. sonstigem Informationstransfer außerhalb des Prospekts** sowie die Vermeidung von Informationsasymmetrien bei prospektpflichtigen und nicht prospektpflichtigen Angeboten spezifisch kodifiziert.[6] Art. 22 führt diese Systematik im Wesentlichen fort.

Die **Auswirkungen in der Praxis** der erstmalig umfassenden Regelung in § 15 WpPG a.F. und der nun unionsweit einheitlichen Vorschrift des Art. 22 sollte man indessen auch nicht überschätzen. Gerade bei größeren internationalen Transaktionen wurden die in § 15 WpPG a.F. eingeführten und in Art. 22 fortgeführten rechtlichen Verpflichtungen regelmäßig schon zur Vermeidung potenzieller Prospekthaftungsansprüche oder aufgrund

---

3 Insofern geht der Anwendungsbereich des Art. 22, wie schon der des § 15 WpPG a.F. (vgl. dazu *Mayston*, in: Heidel, Aktienrecht und Kapitalmarktrecht, 5. Aufl. 2019, § 15 WpPG Rn. 1 mit Fn. 2), entgegen der Überschrift über reine Werbemaßnahmen hinaus.
4 Vgl. auch *Schlitt/Ries*, in: Assmann/Schlitt/von Kopp-Colomb, Prospektrecht Kommentar, Art. 22 ProspektVO Rn. 39.
5 Diese hat die Kommission in Art. 13 bis 16 VO (EU) 2019/979 umgesetzt.
6 *Groß*, Kapitalmarktrecht, 6. Aufl. 2016, § 15 WpPG Rn. 1a; *Rauch*, in: Holzborn, WpPG, § 15 Rn. 2; *Schlitt*, in: Habersack/Mülbert/Schlitt, Kapitalmarktinformation, § 6 Rn. 3. Zur Rechtslage vor Geltung des § 15 WpPG a.F. *Berrar*, in: Berrar/Meyer/Müller et al., WpPG/EU-ProspektVO, 2. Aufl. 2017, § 15 WpPG Rn. 3.

Art. 22 ProspektVO Werbung

internationaler Marktusancen bzw. rechtlicher Anforderungen z. B. des amerikanischen Kapitalmarktrechts eingehalten. In der Praxis hat es sich bei IPOs und prospektpflichtigen Kapitalerhöhungen darüber hinaus etabliert, dass sich Banken vom Emittenten im „Underwriting Agreement" die Einhaltung der Vorgaben aus Art. 22 bestätigen und gewährleisten lassen.

5 Auch wenn die Regelung des Art. 22 formal und inhaltlich umfassende Anforderungen stellt, so unterliegt Werbung doch zu Recht **keiner Vorabkontrolle durch die zuständige Behörde**, die aus Praktikabilitätsgründen faktisch schwer durchführbar wäre. Der europäische Gesetzgeber hat sich, wie bereits in der EU-ProspektRL, gegen eine Pflicht zur Vorlage aller Bekanntmachungen, Anzeigen und Broschüren bei der zuständigen Behörde des Herkunftsmitgliedstaates mit anschließender Prüfung und Genehmigung entschieden.[7] Art. 22 Abs. 6 UAbs. 3 hält dies ausdrücklich fest.

3. Sonstige und verwandte Vorschriften

6 Weitere Regelungen im Zusammenhang mit Werbung, insbesondere zur Kennzeichnung des Prospekts in einer Werbung, zum Inhalt und zur Verbreitung von Werbung und zum Konsistenzerfordernis zwischen werbenden (und sonstigen) Informationen und dem Prospekt, ergeben sich aus **Art. 13 bis 16 VO (EU) 2019/979** (→ Rn. 7 sowie die separaten Kommentierungen der genannten Artikel). Anforderungen an Werbung für Angebote, für die nach § 4 WpPG ein **Wertpapier-Informationsblatt** zu veröffentlichen ist, sind in § 7 WpPG geregelt. Vorschriften zur Werbung und den Eingriffsrechten der BaFin finden sich zudem in § 16 VermAnlG und § 12 VermAnlG für **Vermögensanlagen** nach dem Vermögensanlagengesetz und § 28 WpÜG für Werbung im Zusammenhang mit Angeboten nach dem **Wertpapiererwerbs- und Übernahmegesetz**. Neben Art. 22 bleiben zudem andere Vorschriften des Unionsrechts (vgl. die dahingehende **Klarstellung in Art. 22 Abs. 11**) sowie nationale Bestimmungen, insbesondere die wettbewerbsrechtlichen Regeln des UWG, anwendbar.[8]

II. Konkretisierungen in der VO (EU) 2019/979

7 In Art. 13 bis 16 VO (EU) 2019/979 werden die Anforderungen an Werbung hinsichtlich der folgenden Themenkomplexe konkretisiert:

– Für prospektpflichtige Angebote bzw. Zulassungsverfahren verlangt **Art. 13 VO (EU) 2019/979** eine eindeutige **Kennzeichnung des Prospekts** in der Werbung u. a. durch Angabe der Website der (ggf. noch bevorstehenden) Veröffentlichung des Prospekts bzw. durch Aufnahme eines zum Prospekt führenden Hyperlinks (näher → Rn. 23).

---

7 In einigen Mitgliedstaaten galt vor Inkrafttreten der ProspektVO dennoch eine solche Vorabkontrolle, kritisch dazu European Securities Markets Expert Group (ESME), Report on Directive 2003/71/EC of the European Parliament and the Council on the prospectus to be published when securities are offered to the public or admitted to trading; vgl. zu der Effizienz einer Ex-post-Überprüfung auch *Wiegel*, Die Prospektrichtlinie und Prospektverordnung, S. 353 f.

8 *Schlitt/Ries*, in: Assmann/Schlitt/von Kopp-Colomb, Prospektrecht Kommentar, Art. 22 ProspektVO Rn. 1; *Voß*, in: Just/Voß/Ritz/Zeising, Wertpapierprospektrecht, 2. Aufl. 2023, Art. 22 ProspektVO Rn. 53.

– **Art. 14 VO (EU) 2019/979** statuiert bestimmte Anforderungen hinsichtlich Inhalt, Aufmachung und Länge von Werbung, die an **potenzielle Kleinanleger** verbreitet wird. Dazu zählt die Aufnahme des Wortes „Werbung" bzw. die Offenlegung des Werbezwecks im Falle mündlicher Verbreitung. Ferner sind bestimmte klarstellende bzw. warnende Hinweise zum Prospektprüfungsumfang der zuständigen Behörde und zur Anlageentscheidung des Kleinanlegers aufzunehmen (näher → Rn. 30 f.).

– Wird ein **Nachtrag** zum Prospekt veröffentlicht, dann muss gemäß **Art. 15 Abs. 1 VO (EU) 2019/979** eine geänderte Werbung verbreitet werden, falls die zuvor verbreitete Werbung durch den wichtigen neuen Umstand oder die wesentliche Unrichtigkeit oder Ungenauigkeit in Bezug auf die im Prospekt enthaltenen Angaben inhaltlich wesentlich ungenau oder irreführend geworden ist. Gemäß Art. 15 Abs. 2 VO (EU) 2019/979 muss eine geänderte Werbung potenziellen Anlegern nach Veröffentlichung des Nachtrags zum Prospekt zur Verfügung gestellt werden und einen Verweis auf die vorhergehende Werbung enthalten, unter Hinweis darauf, dass die vorhergehende Werbung geändert wurde, weil sie ungenaue oder irreführende Angaben enthielt, und unter Angabe der Unterschiede zwischen den beiden Werbeversionen. Die geänderte Werbung ist nach Art. 15 Abs. 3 VO (EU) 2019/979, mit Ausnahme mündlich verbreiteter Werbung, mindestens auf demselben Wege zu verbreiten wie die ursprüngliche Werbung (näher → separate Kommentierung des Art. 15 VO (EU) 2019/979).

– Zur Konkretisierung von Art. 22 Abs. 4 bestimmt **Art. 16 Abs. 1 VO (EU) 2019/979** insbesondere, dass Werbung nicht im Widerspruch zu den im Prospekt enthaltenen Angaben stehen darf, unter anderem, dass Werbung nicht ein in wesentlicher Hinsicht **unausgewogenes Bild der im Prospekt enthaltenen Angaben** vermitteln darf, beispielsweise indem negative Aspekte verschwiegen oder weniger hervorgehoben werden als die positiven Aspekte. Art. 16 Abs. 1 lit. d VO (EU) 2019/979 bestimmt außerdem, dass Werbung keine **alternativen Leistungsmessgrößen** enthalten darf, es sei denn, diese sind auch im Prospekt enthalten. Alternative Leistungsmessgrößen sind gem. Art. 16 Abs. 3 VO (EU) 2019/979 finanzielle Messgrößen für die historische und künftige Vermögens-, Finanz- und Ertragslage, die nicht den im geltenden Rechnungslegungsrahmen definierten finanziellen Messgrößen entsprechen (näher → separate Kommentierung des Art. 16 VO (EU) 2019/979).

III. Grundsätzliche Anordnung der Regulierung von Werbung (Art. 22 Abs. 1)

1. Anwendbarkeit der Abs. 2 bis 5 und Normadressat

Art. 22 Abs. 1 Satz 1 stellt klar, dass jegliche Form von Werbung, die sich auf ein öffentliches Angebot von Wertpapieren oder auf die Zulassung zum Handel an einem geregelten Markt bezieht, reguliert ist und den Vorschriften der Art. 22 Abs. 2 bis 5 unterliegt, wobei Satz 2 einschränkend bestimmt, dass die **Art. 22 Abs. 2 bis 4 und Abs. 5 lit. b** nur anzuwenden sind, wenn das öffentliche Angebot oder die Zulassung zum geregelten Markt prospektpflichtig ist (vgl. zur Prospektpflicht Art. 3 Abs. 1 i.V.m. Art. 1 Abs. 4 sowie Art. 3 Abs. 3 i.V.m. Art. 1 Abs. 5). Daher gilt für nicht prospektpflichtige Angebote/ Zulassungsverfahren, die aber dem Anwendungsbereich der ProspektVO nach Art. 1 un-

8

Art. 22 ProspektVO Werbung

terliegen, ausschließlich **Art. 22 Abs. 5 lit. a**. Insoweit folgt Art. 22 grundsätzlich der Struktur und dem Aufbau des § 15 WpPG a. F.

9 Aus dem Regelungssystem des Art. 22 und dem Normzweck der Vorschrift ergeben sich zudem für die Frage der **Anwendbarkeit des Art. 22** die folgenden Feststellungen:

- Grundsätzlich erfolgt die Kontrolle der Werbung durch die zuständige Behörde des Mitgliedstaates, in dem die Werbung verbreitet wird (vgl. Art. 22 Abs. 6 UAbs. 1), und ist folglich auf das **Hoheitsgebiet** dieser Behörde beschränkt.[9] Allerdings erlaubt Art. 22 Abs. 6 UAbs. 2 die Unterstützung durch die zuständige Behörde des Herkunftsmitgliedstaates, „falls erforderlich" (näher dazu sowie allgemein zur Kooperation der Mitgliedstaaten zur wirksamen Überwachung → Rn. 51 ff.).
- Auch wenn die ProspektVO zwischen prospektpflichtigen und nicht prospektpflichtigen Tatbeständen unterscheidet, wird Emittenten, Anbietern bzw. Zulassungsantragstellern gemäß Art. 4 Abs. 1 für den Fall, dass ein Angebot oder Zulassungsverfahren nicht dem Anwendungsbereich der ProspektVO gemäß Art. 1 Abs. 3 unterfällt oder gemäß Art. 1 Abs. 4 oder Abs. 5 oder Art. 3 Abs. 2 von der Pflicht zur Veröffentlichung eines Prospekts ausgenommen ist, die Möglichkeit gegeben, freiwillig einen Prospekt im Einklang mit der ProspektVO zu erstellen (**sog. Opt-in**) (→ Art. 4 ProspektVO Rn. 1 ff.). Für diesen Fall stellt Art. 4 Abs. 2 Hs. 1 klar, dass sich aus einem solchen freiwillig erstellten Prospekt, der von der zuständigen Behörde des Herkunftsmitgliedstaates gebilligt wurde, dieselben Rechte und Pflichten ergeben wie aus einem Prospekt, der nach der ProspektVO vorgeschrieben ist. Und Art. 4 Abs. 2 Hs. 2 ergänzt: „ein freiwillig erstellter Prospekt unterliegt allen Bestimmungen dieser Verordnung und der Aufsicht der betreffenden zuständigen Behörde". Auf Grundlage einer Sinn-und-Zweck-Betrachtung wird man davon ausgehen müssen, dass über den Wortlaut des Art. 4 Abs. 2 Hs. 1 hinaus die Prospektbilligung nicht zwingend Voraussetzung für eine Anwendbarkeit des Art. 22 ist. Andernfalls entstünde eine Regelungslücke, wenn Werbemaßnahmen vor Billigung des freiwillig erstellten Prospekts den Einschränkungen des Art. 22 nicht unterlägen, solche nach Billigung hingegen schon. Werbung ist aber gerade im Vorfeld der Billigung durchaus schon praxisrelevant (→ Rn. 25). Der Wortlaut von Art. 4 Abs. 2 steht diesem Verständnis auch nicht vollständig entgegen, denn der zweite Halbsatz spricht nur noch von „erstellten" (und nicht mehr von „gebilligten") Prospekten. Zudem entsprach es trotz Fehlens einer Art. 4 Abs. 2 entsprechenden Klarstellung bereits unter altem Recht der wohl allgemeinen Meinung, § 15 WpPG a. F., insbesondere die Abs. 2 bis 4, auf freiwillig erstellte Prospekte anzuwenden, ohne dass eine solche Anwendung von der erfolgten Billigung abhängig gemacht wurde.[10]

---

9 So bereits zur alten Rechtslage die RegBegr. EU-ProspRL-UmsetzungsG, BT-Drucks. 15/4999, S. 25, 36, in ihrer einzigen über die Wiedergabe des Gesetzeswortlauts hinausgehenden materiellen Aussage zu den § 15 Abs. 1 bis Abs. 5; ebenso *Mayston*, in: Heidel, Aktienrecht und Kapitalmarktrecht, 5. Aufl. 2019, § 15 WpPG Rn. 13; *Voß*, in: Just/Voß/Ritz/Zeising, WpPG, 1. Aufl. 2009, § 15 Rn. 6.

10 Vgl. *Groß*, Kapitalmarktrecht, 6. Auf. 2016, § 15 WpPG Rn. 1a in Fn. 3; *Rauch*, in: Holzborn, WpPG, § 15 Rn. 7; *Schlitt/Schäfer*, in: Assmann/Schlitt/von Kopp-Colomb, WpPG/VerkProspG, 2. Aufl. 2010, § 15 Rn. 12.

– Soweit die ProspektVO nach **Art. 1 Abs. 1 bzw. Abs. 2** keine Anwendung findet, gelten auch die Vorschriften des Art. 22 nicht.[11] Zu berücksichtigen ist allerdings, wie oben dargelegt (→ Rn. 6), dass sich manche der normativen Anordnungen des Art. 22 auch aus anderen Rechtsvorschriften bzw. allgemeinen Rechtssätzen ergeben können.
– Art. 22 enthält **keinen zeitlichen Anwendungsbereich**, d.h. es gibt insbesondere keine Bestimmung, nach der die Konsistenzanforderungen der Art. 22 Abs. 3 und Abs. 4 erst ab einem bestimmten Zeitpunkt vor dem Beginn des öffentlichen Angebots gelten würden. Aus dem Wortlaut des Art. 22 Abs. 2 („zur Veröffentlichung ansteht") und Art. 22 Abs. 3 Satz 2 („falls er erst noch veröffentlicht wird") ergibt sich lediglich, dass die Vorschrift jedenfalls schon vor der Prospektveröffentlichung eingreifen kann.[12] Demgegenüber sahen die (unverbindlichen) Going-Public-Grundsätze der Deutsche Börse AG, die zum 1.7.2005 aufgehoben wurden, vor, dass Emittenten spätestens ab vier Wochen vor dem öffentlichen Angebot bis spätestens 30 Kalendertage nach Notierungsaufnahme keine Informationen über ihr Geschäft oder ihre Finanz- und Ertragslage zur Verfügung stellen durften, die wesentlich und nicht im Prospekt enthalten waren.[13] Dass eine solche **sog. Quiet Period** in § 15 WpPG a.F. nicht vorgesehen war und auch weiterhin nicht gesetzlich verankert ist, ist zu begrüßen. Derartige Fragen lassen sich nicht schematisch mit unflexiblen zeitlichen Fristen lösen, sondern sind anhand einer materiellen Abgrenzung des Begriffs „Werbung" – unter Berücksichtigung des zeitlichen und sachlichen Zusammenhangs – zu beantworten.[14] Auch die in der Transaktionspraxis oftmals üblichen, aus dem amerikanischen Kapitalmarktrecht übertragenen Fristen[15] waren und sind keine festen Vorgaben, sondern stellten Richtlinien dar, die dann im Einzelfall zu verifizieren sind.

Anders als § 15 Abs. 5 Satz 1 WpPG a.F., der ausdrücklich (nur) den Anbieter verpflichtete, nimmt Art. 22 Abs. 5 zusätzlich auch den Emittenten in die Pflicht. Die Art. 22 Abs. 2 bis Abs. 4 sind hingegen – wie bereits die § 15 Abs. 2 bis Abs. 4 WpPG a.F. – bewusst offen formuliert, sodass Normadressat dieser Vorschriften jeder ist, der eine entsprechende Werbung (Art. 22 Abs. 2 und Abs. 3) in den Verkehr bringt bzw. die entsprechenden Informationen verbreitet (Art. 22 Abs. 4), wobei wegen des subjektiven Elements des Begriffs „Werbung" (→ Rn. 11 f.) neben Emittent, Anbieter, Zulassungsantragsteller, Großaktionär oder sonstigen unmittelbar Betroffenen, **außenstehende Dritte**, die nicht im Auftrag oder für Rechnung eines der Beteiligten handeln, in der

10

---

11 *Rauch*, in: Holzborn, WpPG, § 15 Rn. 6; *Heidelbach/Preuße*, BKR 2006, 316, 322.
12 Auf diesen letztgenannten Aspekt weisen auch *Schlitt/Ries*, in: Assmann/Schlitt/von Kopp-Colomb, Prospektrecht Kommentar, Art. 22 ProspektVO Rn. 3 hin.
13 Vgl. Ziff. 5 der Going-Public-Grundsätze der Deutsche Börse AG in der Fassung vom 1.8.2004; vgl. auch *Meyer*, WM 2002, 1864 ff.; siehe auch *Schlitt/Singhof/Schäfer*, BKR 2005, 251, 258; *Ekkenga/Maas*, Das Recht der Wertpapieremissionen, S. 152 Rn. 218.
14 In diesem Sinne auch *Wiegel*, Die Prospektrichtlinie und Prospektverordnung, S. 352, und *Schlitt/Ries*, in: Assmann/Schlitt/von Kopp-Colomb, Prospektrecht Kommentar, Art. 22 ProspektVO Rn. 22; diesen zeitlichen und sachlichen Zusammenhang betonen auch *Schlitt*, in: Habersack/Mülbert/Schlitt, Kapitalmarktinformation, § 6 Rn. 11 („Information wesentlich und noch aktuell") und *Groß*, Kapitalmarktrecht, Art. 22 ProspektVO Rn. 5.
15 *Schlitt/Schäfer*, AG 2005, 498, 510 und *Schlitt*, in: Habersack/Mülbert/Schlitt, Kapitalmarktinformation, § 6 Rn. 12, die jeweils von einer Fortgeltung dieser Fristen in der Praxis ausgehen.

Art. 22 ProspektVO Werbung

Praxis ausscheiden sollten.[16] Art. 34 VO (EG) Nr. 809/2004[17] hatte dies durch eine beispielhafte Aufzählung der „interessierten Parteien", die Urheber von Werbung sein können, ergänzt. In § 15 WpPG a. F. war eine solche Aufzählung bereits nicht mehr enthalten und auch Art. 22 ProspektVO sowie Art. 15 VO (EU) 2019/979 enthalten keine Aufzählung, ohne dass daraus allerdings Rückschlüsse bezüglich des Adressatenkreises gezogen werden könnten.

2. Begriff der „Werbung"

a) Abgrenzung der Werbung von einer neutralen Geschäftskommunikation

11 Der **Begriff „Werbung"** wird nach Art. 2 lit. k sehr weit gefasst[18] und bezeichnet eine Mitteilung, die

– sich auf ein spezifisches Angebot von Wertpapieren an das Publikum oder deren Zulassung zum Handel auf einem geregelten Markt bezieht (objektives Element) und
– darauf abstellt, die potenzielle Zeichnung oder den potenziellen Erwerb von Wertpapieren gezielt zu fördern (subjektives Element).

12 Insofern muss also die Veröffentlichung im **Zusammenhang mit einem Angebot bzw. einer Zulassung** stehen und zumindest auch darauf gerichtet sein, Verkaufsbemühungen zu unterstützen (**Directed Selling Efforts**) bzw. Interesse am Erwerb der Wertpapiere zu kreieren (**Solicitation of Interest**).[19] Nicht erforderlich ist, dass diese Förderung des Absatzes primäres Ziel des Handelns ist. Daher können auch Pflichtmitteilungen (z.B. über Quartalszahlen), selbst wenn sie generisch gehalten werden, eine „Werbung" im Sinne von Art. 22 darstellen – sofern die genannten Voraussetzungen (Bezug auf spezifisches Angebot, Emissionsförderungsabsicht) erfüllt sind.[20] Unerheblich ist auch das für die Veröffentlichung genutzte Medium, darunter können also insbesondere Fernsehwerbung, Social Media, E-Mails, Broschüren und Ähnliches fallen.[21]

---

16 *Wiegel*, Die Prospektrichtlinie und Prospektverordnung, S. 355; *Schlitt/Ries*, in: Assmann/Schlitt/von Kopp-Colomb, Prospektrecht Kommentar, Art. 22 ProspektVO Rn. 10. Weites Verständnis unter Einschluss unabhängig handelnder Dritter dagegen bei *Voß*, in: Just/Voß/Ritz/Zeising, WpPG, 1. Aufl. 2009, § 15 Rn. 15 m. w. N.

17 Verordnung (EG) Nr. 809/2004 der Kommission vom 29.4.2004 zur Umsetzung der Richtlinie 2003/71/EG des Europäischen Parlaments und des Rates betreffend die in Prospekten enthaltenen Angaben sowie die Aufmachung, die Aufnahme von Angaben in Form eines Verweises und die Veröffentlichung solcher Prospekte sowie die Verbreitung von Werbung, aufgehoben mit Wirkung zum 21.7.2019 durch die VO (EU) 2019/980 vom 14.3.2019.

18 Ebenso zur alten Rechtslage *Wieneke*, NZG 2005, 109, 110 (und *Wieneke*, Emissionspublizität, in: Grundmann/Schwintowski/Singer/Weber, Anleger- und Funktionsschutz durch Kapitalmarktrecht, S. 37, 41); *Voß*, in: Just/Voß/Ritz/Zeising, WpPG, 1. Aufl. 2009, § 15 Rn. 12.

19 Zu den einzelnen, im Zusammenhang mit einer Transaktion üblichen Vermarktungsmaßnahmen siehe detailliert *Schlitt*, in: Habersack/Mülbert/Schlitt, Kapitalmarktinformation, § 6 Rn. 18 ff.

20 Die Nennung wesentlicher Wertpapiermerkmale ist zwar hinreichend, aber nicht notwendig, um einen ausreichend konkreten Bezug auf eine spezifische Wertpapieremission zu schaffen; insoweit nicht ganz eindeutig *Heidelbach*, in: Schwark/Zimmer, KMRK, 4. Aufl. 2010, § 15 WpPG Rn. 8.

21 *Mayston*, in: Heidel, Aktienrecht und Kapitalmarktrecht, 5. Aufl. 2019, § 15 WpPG Rn. 3; *Rauch*, in: Holzborn, WpPG, § 15 Rn. 3; *Voß*, in: Just/Voß/Ritz/Zeising, Wertpapierprospektrecht, 2. Aufl. 2023, Art. 22 ProspektVO Rn. 12; *Heidelbach*, in: Schwark/Zimmer, KMRK, 4. Aufl. 2010, § 15 WpPG Rn. 8.

Insgesamt wird man bei der Subsumtion unter den Begriff „Werbung" aus dem anleger- 13
schützenden Normzweck heraus die Anforderungen nicht sehr hoch schrauben, d. h. im
Zweifel wird einer Mitteilung, die im zeitlichen Zusammenhang mit einem Angebot steht,
auch werbender Charakter zu unterstellen sein.[22] Anders ist dies aber zu beurteilen in Bezug auf Mitteilungen, die ein Unternehmen innerhalb seines üblichen Geschäftsverkehrs
erstellt und die im Rahmen seiner normalen, auch bisher so geübten Praxis liegen (**Ordinary Course of Business**).[23]

Die Frage, ab wann im **Vorfeld eines Angebots** von „Werbung" im Sinne des Art. 22 aus- 14
zugehen ist, wird weiter unten (→ Rn. 25) erörtert.

Die noch in § 15 WpPG a. F. enthaltene, wenngleich folgenlose terminologische Unter- 15
scheidung zwischen „Werbung" nach § 15 Abs. 1 und „**Werbeanzeigen**" im Sinne von
§ 15 Abs. 2 und Abs. 3 WpPG a. F.[24] wurde in Art. 22 zugunsten des einheitlichen Begriffs
„Werbung" aufgegeben.

b) Abgrenzung der Werbung von einem Prospekt

In der Praxis von noch wichtigerer Bedeutung, insbesondere für die Prospektverantwortli- 16
chen, ist die Abgrenzung von Werbe- bzw. Informationsmaterialien zu einem Prospekt im
Sinne der ProspektVO. Denn je nach Einstufung könnte das betreffende Dokument einen
fehlerhaften und nicht gebilligten Prospekt darstellen und zudem könnten Prospekthaftungsansprüche von Anlegern geltend gemacht werden.[25]

Bei der Abgrenzung ist zunächst zurückzugreifen auf die allgemeine Diskussion zum 17
Prospektbegriff im Rahmen der spezialgesetzlichen und der allgemeinen bürgerlichrechtlichen Prospekthaftung.[26] Nach richtiger Auffassung reicht nicht jede Kurzmitteilung
aus, sondern es muss ein **Dokument sein, das erhebliche Anlageinformationen enthält
bzw. einen solchen Eindruck erweckt**[27] oder, wie es der BGH formuliert, das erkennbar

---

22 Ebenso *Wieneke*, NZG 2005, 109, 110; *Wieneke*, Emissionspublizität, in: Grundmann/Schwintowski/Singer/Weber, Anleger- und Funktionsschutz durch Kapitalmarktrecht, S. 37, 41; vgl. auch *Rauch*, in: Holzborn, WpPG, § 15 Rn. 3; *Heidelbach/Preuße*, BKR 2006, 316, 322; *Schlitt*, in: Habersack/Mülbert/Schlitt, Kapitalmarktinformation, § 6 Rn. 6; enger *Wiegel*, Die Prospektrichtlinie und Prospektverordnung, S. 351 f.
23 Vgl. auch *Voß*, in: Just/Voß/Ritz/Zeising, WpPG, 1. Aufl. 2009, § 15 Rn. 14 bezüglich der Praxis der BaFin bei Online-Werbebannern.
24 *Berrar*, in: Berrar/Meyer/Müller et al., WpPG/EU-ProspektVO, 2. Aufl. 2017, § 15 WpPG Rn. 29.
25 Davon zu unterscheiden ist die Fragestellung, inwieweit in einem (gebilligten) Prospekt bestimmte Aussagen ausschließlich werbenden Charakter haben und daher als Werbeaussagen aus dem Empfängerhorizont keine Prospekthaftungsansprüche auszulösen vermögen, vgl. dazu *Haas/Hanowski*, NZG 2010, 254 ff.
26 *Assmann/Kumpan*, in: Assmann/Schütze/Buck-Heeb, Handbuch des Kapitalanlagerechts, § 5 Rn. 37 ff.; *Hüffer*, Das Wertpapier-Verkaufsprospektgesetz, S. 133. Zur Abgrenzung des Prospektbegriffs bei gesetzlicher und bürgerlich-rechtlicher Prospekthaftung vgl. z. B. *Barta*, NZG 2005, 305, 307 f.; *Meyer*, WM 2003, 1301, 1302 ff.
27 So *Mülbert/Steup*, WM 2005, 1633, 1649 m.w.N.; *Fleischer*, BKR 2004, 339, 347; *Meyer*, WM 2003, 1301, 1304; *Assmann/Kumpan*, in: Assmann/Schütze/Buck-Heeb, Handbuch des Kapitalanlagerechts, § 5 Rn. 38 ff.; *Rützel*, AG 2003, 69, 71; *Keunecke*, Prospekte im Kapitalmarkt, S. 445 f.; *Kort*, AG 2005, 21; *Hopt/Voigt*, in: Hopt/Voigt, Prospekt- und Kapitalmarktinformationshaftung, S. 46 (allerdings mit Kritik an dem prospektorientierten Ansatz in der eigenen Stel-

den Anspruch erhebt, eine umfassend informierende Beschreibung zu liefern.[28] Auf Basis dieses „inhaltlich anspruchsvollen Prospektbegriffs"[29] ist bei einer Dokumentation, die ersichtlich nicht umfassend die für einen Prospekt nach der ProspektVO erforderlichen Angaben enthält und vom Anbieter nicht bei der zuständigen Behörde zur Billigung eingereicht[30] wurde, die Absicht des Anbieters ersichtlich, dass es sich dabei nicht um einen Prospekt im Sinne der ProspektVO handeln soll, auf den der Anleger seine Investitionsentscheidung stützen soll. Von dieser Intention des Anbieters sollte – jedenfalls für Zwecke des Billigungsvorbehalts nach der ProspektVO[31] – nur in besonderen Ausnahmefällen abgewichen werden.

18 Eine solche Korrektur wäre dann denkbar, wenn der Anleger nach seinem Verständnishorizont davon ausgehen durfte, dass es sich bei dem Dokument um einen Prospekt handelt, und wenn sich der Anleger bei seiner Investitionsentscheidung nicht nur tatsächlich auf dieses Dokument gestützt hat, sondern er dies aufgrund der Umstände auch redlicherweise tun durfte. Es musste also für den entsprechenden Prospektverantwortlichen erkennbar sein, dass der Anleger dieses **Dokument als Investitionsgrundlage** verwenden würde. Dies kann dann in Betracht kommen, wenn es sich um ein in sich geschlossenes, umfangreicheres Dokument handelt, das zahlreiche Pflichtangaben eines Prospekts quasi in Form eines „Mini-Prospekts" abdeckt.[32]

19 Soweit dies zum Ergebnis führt, dass kein Prospekt im Sinne des spezialgesetzlichen Prospektbegriffs vorliegt, ist außerhalb des Anwendungsbereichs der spezialgesetzlichen Prospekthaftung zu prüfen, ob ein **Prospekt im Sinne der zivilrechtlichen Prospekthaftung** anzunehmen ist, der Ansprüche des Anlegers begründen könnte.[33]

20 Problematisch ist in diesem Zusammenhang ebenfalls die von Konsortialbanken teilweise geübte Praxis, bei (insbesondere größeren) öffentlichen Angeboten in ihren Filialen **sog. Flyer für ihre Kunden** auszulegen. In diesen werden das Angebot, die angebotenen Wertpapiere, bestimmte Kerninformationen zum Emittenten sowie z. T. die Stärken und/ oder die Strategie des Unternehmens und die mit einem Kauf von Aktien dieses Emittenten verbundenen Risiken kurz beschrieben. Damit derartige Flyer **keinen „Mini-Prospekt"** mit den o. g. Rechtsfolgen darstellen, müssen jedenfalls **drei Voraussetzungen** erfüllt sein:

---

lungnahme ab S. 48). Zu weit gehend daher *Bühring/Linnemannstöns*, DB 2007, 2637, 2638 („jedes Werbemittel, das der Information und Akquisition von Kapitalanlegern dient und für diese eine wesentliche Entscheidungsgrundlage bildet").
28 BGH, NZG 2021, 377, 378 (Hypo Real Estate); zuvor bereits BGHZ 160, 149 = WM 2004, 1721, 1722 (Infomatec).
29 *Mülbert/Steup*, WM 2005, 1633, 1650 und 1655 in Abgrenzung zu „offenkundigen Teilinformationen".
30 Auf das Kriterium der Einreichung wollen *Schäfer*, ZGR 2006, 40, 50, und *Rauch*, in: Holzborn, WpPG, § 15 Rn. 4 abstellen.
31 Hinsichtlich der Frage des Prospektbegriffs für Zwecke der Prospekthaftung nach dem BörsG/ VerkProspG vgl. *Assmann/Kumpan*, in: Assmann/Schütze/Buck-Heeb, Handbuch des Kapitalanlagerechts, § 5 Rn. 37 ff.; *Hamann*, in: Schäfer/Hamann, Kapitalmarktgesetze, §§ 44/45 BörsG Rn. 38 ff.; rechtsvergleichend *Gruson*, WM 1995, 89 ff.
32 Vgl. *Rauch*, in: Holzborn, WpPG, § 15 Rn. 4.
33 Umfassend dazu *Groß*, WM 2002, 477, 479 ff.; *Assmann/Kumpan*, in: Assmann/Schütze/Buck-Heeb, Handbuch des Kapitalanlagerechts, § 5 Rn. 29 ff.; sowie *Groß*, Kapitalmarktrecht, § 16 WpPG Rn. 5 ff. zu Verkaufsangeboten, Kurzexposés, Handzetteln und weiteren Beispielen.

- Erstens muss der Inhalt des Flyers so gestaltet sein, dass in keiner Weise suggeriert wird, dass dieses Dokument alle für den Anleger relevanten Informationen enthält (Empfängerhorizont).
- Zweitens (und mit dem ersten Punkt zusammenhängend) muss in formaler Weise durch einen für den Anleger sofort wahrnehmbaren Hinweis (Disclaimer) (d. h. auf der ersten, nicht auf der letzten Seite des Dokuments angebracht) klargestellt werden, dass es sich vorliegend nicht um einen Prospekt handelt, und der Anleger aufgefordert werden, seine Anlageentscheidung nicht ohne Einsichtnahme in den Prospekt zu treffen. Diese Hinweispflicht für den Flyer als Werbung ergibt sich selbstverständlich bereits aus Art. 22 Abs. 2 sowie – im Falle einer Verbreitung an potenzielle Kleinanleger (wobei es sich um durch ausgelegte Flyer angesprochene Bankkunden handeln dürfte) – aus Art. 14 VO (EU) 2019/979 (→ Rn. 30 f.), erfüllt hier aber eine besonders wichtige Funktion im Rahmen der Abgrenzung einer Werbemaßnahme von einem Prospekt.
- Drittens darf das Verhalten der Mitarbeiter der Bank die vorgenannten Punkte nicht konterkarieren (z. B. durch Aussagen wie „Hier steht alles, was Sie wissen müssen. Den Prospekt liest sowieso niemand.").

Banken ist insgesamt zu raten, mit dieser Praxis der Verwendung von Flyern überaus vorsichtig umzugehen oder auf sie ganz zu verzichten.[34]

21

IV. Anforderungen bei prospektpflichtigen Angeboten/Zulassungen (Art. 22 Abs. 2 bis 4)

1. Hinweispflicht auf den Prospekt nach Art. 22 Abs. 2 ProspektVO und Art. 13 VO (EU) 2019/979

Nach Art. 22 Abs. 2 ist in jeder Werbung darauf hinzuweisen, **dass** ein Prospekt veröffentlicht wurde oder zur Veröffentlichung ansteht **und wo** die Anleger ihn erhalten können.[35] Ein solcher **Hinweis** auf die Prospektveröffentlichung und die Art der Bezugsmöglichkeit sollte zudem auch zum Ausdruck bringen, dass der Prospekt die wesentliche Informationsgrundlage für die Investitionsentscheidung des Anlegers sein sollte.[36] Für Werbung, die sich an potenzielle Kleinanleger richtet, ist dies gemäß Art. 14 Abs. 1 lit. c VO (EU) 2019/979 zwingend geboten. In der Praxis lautet der Hinweis zum Beispiel wie folgt:

22

„Diese Veröffentlichung stellt weder ein Angebot zum Verkauf noch eine Aufforderung zum Kauf von Wertpapieren der XYZ AG dar. Das Angebot erfolgt ausschließlich

---

34 Ähnlich *Groß*, Kapitalmarktrecht, § 16 WpPG Rn. 8 m. w. N., wonach eine bürgerlich-rechtliche Prospekthaftung ausscheidet, wenn an hervorgehobener Stelle Hinweise enthalten sind, dass es sich bei der Veröffentlichung nicht um ein Angebot von Wertpapieren handelt und dass die Veröffentlichung keine umfassende Darstellung enthalte, bzw. wenn sogar explizit auf einen Prospekt verwiesen wird.
35 Ausführlich hierzu *Rauch*, in: Holzborn, WpPG, § 15 Rn. 8 ff.; Art. 22 Abs. 2 nennt nicht ausdrücklich den Adressaten der Verpflichtung. Richtig ist aber wohl, dass dies (in erster Linie) der Veranlasser, also der Auftraggeber, der Werbung ist, vgl. näher *Heidelbach*, in: Schwark/Zimmer, KMRK, 4. Aufl. 2010, § 15 WpPG Rn. 7.
36 *Voß*, in: Just/Voß/Ritz/Zeising, Wertpapierprospektrecht, 2. Aufl. 2023, Art. 22 ProspektVO Rn. 20. A. A. *Heidelbach*, in: Schwark/Zimmer, KMRK, 4. Aufl. 2010, § 15 WpPG Rn. 9; *Rauch*, in: Holzborn, WpPG, § 15 Rn. 8.

Art. 22 ProspektVO Werbung

durch und auf Basis eines Prospektes, der im Zusammenhang mit dem Angebot veröffentlicht werden wird. Der Prospekt wird voraussichtlich nach Art. 21 Abs. 2 lit. a der Verordnung (EU) 2017/1129 auf der Internetseite der XYZ AG veröffentlicht und unter anderem bei der XYZ AG ([Adresse, Fax- oder Telefonnummer]) zur kostenlosen Ausgabe bereitgehalten werden."

23 Den Art. 22 Abs. 2 konkretisierend verlangt Art. 13 VO (EU) lit. a 2019/979, dass Werbung, die **in schriftlicher Form und auf andere Weise als auf elektronischem Wege** verbreitet wird, die Website, auf welcher der Prospekt veröffentlicht wurde oder veröffentlicht werden wird, eindeutig anzugeben hat. Wird die Werbung **in schriftlicher Form auf elektronischem Wege** verbreitet, muss sie zudem gemäß Art. 13 lit. b VO (EU) 2019/979 einen Hyperlink zum Prospekt und zu den relevanten endgültigen Bedingungen des Basisprospekts bzw. zur Website, auf der der Prospekt veröffentlicht werden wird, enthalten. Werbung, die **in anderer Form** als in Art. 13 lit. a und b VO (EU) 2019/979 beschrieben verbreitet wird, muss gemäß Art. 13 lit. c VO (EU) 2019/979 genaue Informationen über den Ort enthalten, an dem der Prospekt veröffentlicht wird, sowie über das Angebot von Wertpapieren oder die Zulassung zum Handel an einem geregelten Markt, auf das bzw. die er sich bezieht.

24 Anders als in der Literatur zu § 15 WpPG a. F. teilweise vertreten worden ist,[37] muss der Hinweis nach Art. 22 Abs. 2 **nicht an hervorgehobener Stelle** erfolgen.[38] Dies zeigt ein Umkehrschluss zu Art. 23 Abs. 2 UAbs. 1, wo der Verordnungsgeber bezüglich der Belehrung über das Widerrufsrecht im Nachtrag eine „deutlich sichtbare Erklärung" verlangt, während der Wortlaut des Art. 22 Abs. 2 ProspektVO und des Art. 13 VO (EU) 2019/979 diese Formulierung gerade nicht beinhaltet (anders allerdings nach Art. 14 Abs. 1 lit. a VO (EU) 2019/979 hinsichtlich des Wortes „Werbung" in Werbung, die an potenzielle Kleinanleger verbreitet wird → Rn. 29). Daher kann die bisherige Praxis, den Hinweis z. B. in einem Disclaimer am Ende von Pressemitteilungen einzufügen oder z. B. klein gedruckt in einer Ecke auf Werbeanzeigen in Zeitungen anzubringen, beibehalten werden.

25 Der Wortlaut des Art. 22 Abs. 2 („zur Veröffentlichung ansteht") dokumentiert, dass die Hinweispflicht zeitlich nicht erst eintritt, wenn ein Prospekt gebilligt wurde.[39] Andererseits lässt sich aus dem Wort „ansteht" auch schließen, dass der Verordnungsgeber keine Hinweispflichten weit vor Billigung vorschreiben wollte. Insofern verpflichtet Art. 22 Abs. 2 nicht dazu, vorzeitig durch derartige Hinweise ein Indiz für ein bevorstehendes Angebot zu geben. Regelmäßig wird im Zusammenhang mit einem öffentlichen Angebot (jedenfalls bei IPOs) eine Analystenpräsentation durchgeführt, auf Basis derer sog. Research-Berichte durch die Analysten der beteiligten Konsortialbanken erstellt werden. Wenn diese Research-Berichte verteilt werden, veröffentlicht der Emittent üblicherweise eine Pressemitteilung über ein potenziell bevorstehendes Angebot (sog. **Intention to Float**). Ab diesem Zeitpunkt sollte die Hinweispflicht gemäß Art. 22 Abs. 2 eingreifen.

---

37 *Mayston*, in: Heidel, Aktienrecht und Kapitalmarktrecht, 5. Aufl. 2019, § 15 WpPG Rn. 4.
38 Wie hier *Groß*, Kapitalmarktrecht, Art. 22 ProspektVO Rn. 4 in Fn. 7; a. A. wohl *Voß*, in: Just/Voß/Ritz/Zeising, Wertpapierprospektrecht, 2. Aufl. 2023, Art. 22 ProspektVO Rn. 17 mit dem Verweis auf Art. 13 VO (EU) 2019/979, wonach der Prospekt „in einer Werbung eindeutig zu kennzeichnen" sei. Siehe auch *Heidelbach*, in: Schwark/Zimmer, KMRK, 4. Aufl. 2010, § 15 WpPG Rn. 11 („in angemessener Größe und Lesbarkeit").
39 *Heidelbach*, in: Schwark/Zimmer, KMRK, 4. Aufl. 2010, § 15 WpPG Rn. 9; *Rauch*, in: Holzborn, WpPG, § 15 Rn. 8.

IV. Anforderungen bei prospektpflichtigen Angeboten/Zulassungen **Art. 22 ProspektVO**

Für den (wohl eher seltenen) Fall, dass zum Zeitpunkt der Werbung vor Billigung und 26
Veröffentlichung des Prospekts noch nicht feststeht, auf welcher der nach Art. 21 Abs. 2
zulässigen Websites (→ Art. 21 Rn. 25 ff.) der Prospekt veröffentlicht werden wird, sind
die **verschiedenen konkret in Betracht kommenden Websites zu nennen**.[40]

In ihren Billigungsbescheiden weist die BaFin den Emittenten, Anbieter bzw. Zulassungs- 27
antragsteller stets nochmals ausdrücklich auf die Verpflichtungen nach Art. 22 hin. Zudem achtet sie in der Praxis darauf, dass nicht nur ein generischer Hinweis erfolgt, sondern genaue Angaben gemacht werden.[41]

2. Formale und inhaltliche Anforderungen an Werbung nach Art. 22 Abs. 3 ProspektVO und Art. 14 VO (EU) 2019/979

a) Formales Erfordernis der Erkennbarkeit als Werbung (Art. 22 Abs. 3 Satz 1)

In formaler Hinsicht muss Werbung als solche klar erkennbar sein (Art. 22 Abs. 3 Satz 1). 28
Der Anleger muss also darauf aufmerksam gemacht werden, ob es sich um Werbe-/Infor-
mationsmaterialien und damit um Werbung handelt oder um eine sonstige Geschäftsinfor-
mation (zur Abgrenzung → Rn. 11 ff.). Dies kann sich auch aus dem Kontext ergeben.

Art. 14 Abs. 1 lit. a VO (EU) 2019/979 (näher zu dieser Vorschrift sogleich → Rn. 30 f.) 29
verlangt allerdings, dass **Werbung, die an potenzielle Kleinanleger verbreitet wird**, das
Wort „Werbung" in deutlich sichtbarer Weise enthält, bzw. wenn die Werbung mündlich
verbreitet wird, der Zweck der Botschaft zu Beginn der Mitteilung eindeutig angegeben
wird.[42] Über die Verpflichtung nach Art. 14 Abs. 1 lit. a VO (EU) 2019/979 hinaus kann
es unter Umständen sinnvoll sein, auch in Werbung, die sich nicht an potenzielle Kleinanleger richtet, ausdrücklich anzugeben, dass es sich um eine „Werbung" im Sinne von
Art. 22 handelt.[43]

b) Spezielle Erfordernisse in Werbung, die an potenzielle Kleinanleger verbreitet wird (Art. 14 VO (EU) 2019/979)

Wie sich aus Erwägungsgrund 9 der VO (EU) 2019/979 ergibt, sieht der europäische 30
Gesetzgeber eine Gefahr, dass Kleinanleger durch unrichtige Deutung von Werbung
irregeführt werden, etwa durch die fälschliche Annahme, bei der Werbung handele es
sich um die für das betreffende Angebot bzw. Wertpapierzulassung wichtigste Informationsquelle. Vor diesem Hintergrund normiert Art. 14 VO (EU) 2019/979 spezielle Anforderungen an Werbung, die an potenzielle Kleinanleger verbreitet wird. Zunächst ist
festzuhalten, dass weder die VO (EU) 2019/979 noch die ProspektVO eine Definition
des **Begriffes „Kleinanleger"** enthält. Jedoch verweist Art. 14 Abs. 1 lit. d VO (EU)

---

40 *Rauch*, in: Holzborn, WpPG, § 15 Rn. 9; detailliert *Heidelbach*, in: Schwark/Zimmer, KMRK, 4. Aufl. 2010, § 15 WpPG Rn. 10.
41 *Groß*, Kapitalmarktrecht, Art. 22 ProspektVO Rn. 4 in Fn. 6; *Apfelbacher/Metzner*, BKR 2006, 81, 89.
42 *Schlitt/Ries*, in: Assmann/Schlitt/von Kopp-Colomb, Prospektrecht Kommentar, Art. 22 Prospekt-VO Rn. 17.
43 So zur alten Rechtslage *Wiegel*, Die Prospektrichtlinie und Prospektverordnung, S. 353; *Heidelbach*, in: Schwark/Zimmer, KMRK, 4. Aufl. 2010, § 15 WpPG Rn. 12; letztere auch mit Darstellung der Parallele zum unlauteren Wettbewerb nach UWG.

2019/979 (sogleich → Rn. 31) auf den Warnhinweis gemäß Art. 8 Abs. 3 lit. b der VO (EU) 1286/2014,[44] die in Art. 4 Nr. 6 wiederum durch weitere Verweise auf die Richtlinie (EU) 2014/65[45] und die Richtlinie (EG) 2002/92[46] eine „verschachtelte" Definition des Begriffes „Kleinanleger" enthält. Danach ist ein Kleinanleger ein Kunde, der kein professioneller Kunde ist.

31 Neben der expliziten Aufnahme des Wortes „Werbung" (→ Rn. 29) sieht Art. 14 Abs. 1 VO (EU) 2019/979 in lit. b und c die Aufnahme spezieller Hinweise vor, in denen die potenziellen Kleinanleger darauf aufmerksam gemacht werden sollen, dass die Billigung des Prospekts **nicht als Befürwortung der Wertpapiere durch die zuständige Behörde** zu verstehen ist sowie dass die Anleger den **Prospekt lesen sollten**, bevor sie eine Anlageentscheidung treffen, um die potenziellen Risiken und Chancen der Entscheidung, in die Wertpapiere zu investieren, vollends zu verstehen. Ferner ist nach Art. 14 Abs. 1 lit. d VO (EU) 2019/979 ein bestimmter **Warnhinweis**[47] gemäß Art. 8 Abs. 3 lit. b VO (EU) 1286/2014[48] aufzunehmen, wenn sich die Werbung auf bestimmte „komplexe Wertpapiere" bezieht. Abgerundet wird der Kleinanlegerschutz durch Art. 14 Abs. 2 VO (EU) 2019/979, wonach sich Werbung in schriftlicher Form, die an potenzielle Kleinanleger verbreitet wird, in ihrer Aufmachung und Länge hinreichend vom Prospekt unterscheiden muss, sodass keine Verwechslung mit dem Prospekt möglich ist. Damit wird dem Grundgedanken aus Erwägungsgrund 9 der VO (EU) 2019/979 (→ Rn. 30) nochmals besonders Rechnung getragen.

c) Inhaltliche Erfordernisse der Richtigkeit und Konsistenz in werbenden Angaben (Art. 22 Abs. 3 Satz 2)

32 In inhaltlicher Hinsicht dürfen die in der Werbung enthaltenen Angaben nicht unrichtig oder irreführend sein und nicht im Widerspruch zu den Angaben im Prospekt stehen (Art. 22 Abs. 3 Satz 2).

33 **Unrichtig** im Sinne des Art. 22 Abs. 3 Satz 2 sind (Tatsachen-)Angaben, die nicht der Wahrheit bzw. den objektiven Gegebenheiten/tatsächlichen Verhältnissen entsprechen. Bei Werturteilen oder Prognosen liegt die Unrichtigkeit dann vor, wenn das Werturteil bzw. die Prognose (zum Zeitpunkt der Verbreitung der Werbung) nicht durch Tatsachen gedeckt oder kaufmännisch nicht vertretbar ist.[49]

---

44 Verordnung (EU) Nr. 1286/2014 des Europäischen Parlaments und des Rates vom 26.11.2014 über Basisinformationsblätter für verpackte Anlageprodukte für Kleinanleger und Versicherungsanlageprodukte (PRIIP) (ABl. L 352 vom 9.12.2014, S. 1).
45 Richtlinie 2014/65/EU des Europäischen Parlaments und des Rates vom 15.5.2014 über Märkte für Finanzinstrumente sowie zur Änderung der Richtlinien 2002/92/EG und 2011/61/EU (Neufassung).
46 Richtlinie 2002/92/EG des Europäischen Parlaments und des Rates vom 9.12.2002 über Versicherungsvermittlung.
47 Wortlaut: „Sie sind im Begriff, ein Produkt zu erwerben, das nicht einfach ist und schwer zu verstehen sein kann."
48 Verordnung (EU) Nr. 1286/2014 des Europäischen Parlaments und des Rates vom 26.11.2014 über Basisinformationsblätter für verpackte Anlageprodukte für Kleinanleger und Versicherungsanlageprodukte (PRIIP) (ABl. L 352 vom 9.12.2014, S. 1).
49 *Assmann*, in: Assmann/Schlitt/von Kopp-Colomb, Prospektrecht Kommentar, § 20 VermAnlG Rn. 18; a. A. *Mayston*, in: Heidel, Aktienrecht und Kapitalmarktrecht, 5. Aufl. 2019, § 15 WpPG

In Anlehnung an den Begriff der Marktmanipulation ist **Werbung irreführend**, wenn 34
(wesentliche) Sachverhalte unterschlagen oder unrichtige Angaben gemacht werden, die
aus Sicht eines verständigen durchschnittlichen Anlegers geeignet sind, die Anlageentscheidungen auf unrichtige oder verzerrte Informationen zu stützen.[50] Parallelen bestehen
zu den Regeln des UWG, insbesondere zum Begriff des unlauteren Wettbewerbs nach § 5
UWG.[51]

Eine **Irreführung im Sinne des Art. 22 Abs. 3 Satz 2** (wie auch des § 5 UWG[52]) kann 35
auch dadurch ausgelöst werden, dass auf die **Prüfung des Prospekts durch die zuständige Behörde** verwiesen wird und damit der Eindruck vermittelt wird, dass der Prospekt
durch die Billigung inhaltlich von der zuständigen Behörde als ordnungsgemäß und vollständig angesehen wird (zur Eingriffsbefugnis der zuständigen Behörde, derartige Werbung (sowie im Falle anderer Verstöße) zu untersagen oder auszusetzen vgl. Art. 32
Abs. 1 UAbs. 1 lit. e sowie die Umsetzung im deutschen Recht hinsichtlich der Befugnisse
der BaFin in § 18 Abs. 5 WpPG → Rn. 52 ff.).[53] Dementsprechend darf auch keinesfalls
der Hinweis auf die BaFin drucktechnisch stark hervorgehoben werden oder anderweitig,
z. B. durch unzulässige Verwendung des Logos der BaFin, der Name der BaFin als eine
Art „Gütesiegel" missbraucht werden.[54] Auch dürfte es regelmäßig unzulässig sein, den
Billigungsbescheid zu Werbezwecken der Öffentlichkeit zugänglich zu machen, da dadurch diese vorgenannte Zertifizierungs- bzw. „Gütesiegel"-Eigenschaft der Billigung
suggeriert wird.[55] Andererseits darf auf die Prüfung durch die zuständige Behörde verwiesen werden, wenn gleichzeitig der (begrenzte) Prüfungsumfang der Behörde beschrieben
wird. Mit dieser zusätzlichen Information hinsichtlich des Prüfungsumfangs oder einer
ähnlichen Qualifikation versehen darf auch auf die Billigung des Prospekts durch die zuständige Behörde verwiesen werden (zum gemäß Art. 14 Abs. 1 lit. b VO (EU) 2019/979

Rn. 5, wonach der Tatbestand auf falsche Tatsachenbehauptungen beschränkt sei (womit Werturteile bzw. Prognosen nicht umfasst wären).
50 Vgl. Erwägungsgrund 47 zur MAR (EU-VO Nr. 596/2014).
51 So bereits zur alten Rechtslage *Heidelbach*, in: Schwark/Zimmer, KMRK, 4. Aufl. 2010, § 15 WpPG Rn. 13.
52 Vgl. LG Hamburg, WM 2007, 1738 f., wonach eine Werbung für eine Kunstanleihe irreführend i. S. d. § 5 UWG sei, wenn sie dem Anleger etwa mit der Aussage „BaFin genehmigt erste deutsche Kunstanleihe" vortäuscht, die beworbene Kunstanleihe sei von der BaFin genehmigt worden, wohingegen die BaFin tatsächlich nur den Verkaufsprospekt für diese Anleihe genehmigt hat; anders *Voß*, in: Just/Voß/Ritz/Zeising, WpPG, 1. Aufl. 2009, § 15 Rn. 45, der die o. g. Rechtsprechung dahingehend versteht, dass sie die betreffenden Aussagen für zulässig erklärt habe.
53 Vgl. etwa die verbraucherschützenden Hinweise der BaFin im Abschnitt „Werbung mit der BaFin" auf ihrer Website unter „Geldanlage – Wie Sie unseriöse Anbieter erkennen", wo die BaFin u. a. explizit klarstellt, dass die Prospektprüfung gerade „kein Gütesiegel und nicht dasselbe wie eine Erlaubnis der Geschäftstätigkeit" ist. Siehe ferner bereits frühere Formulierungsbeispiele der BaFin, etwa in ihrer Präsentation „Ausgewählte Rechtsfragen in der Aufsichtspraxis" vom 4.9.2007, S. 12 („Von der BaFin zur Anlage empfohlen"; „BaFin-gebilligtes Produkt").
54 Siehe *Voß*, in: Just/Voß/Ritz/Zeising, WpPG, 1. Aufl. 2009, § 15 Rn. 43 f.
55 Andere Ansicht entgegen der wie hier skeptischen Haltung der BaFin *Voß*, in: Just/Voß/Ritz/Zeising, WpPG, 1. Aufl. 2009, § 15 Rn. 46, unter Hinweis darauf, dass der Billigungsbescheid die zuvor geforderte Information hinsichtlich des Prüfungsumfangs enthält; irreführend ist hier aber nicht der Inhalt, sondern die Form der Verwendung „zu Werbezwecken".

zwingenden Hinweis in Werbung, die an potenzielle Kleinanleger verbreitet wird → Rn. 31).[56] Zulässig ist ferner – soweit im Einzelfall zutreffend – der Hinweis, dass das betreffende Unternehmen von der BaFin **beaufsichtigt** wird,[57] falls damit keine weitergehenden Aussagen intendiert sind.[58] In **nicht prospektpflichtigen** Sachverhalten kann etwa eine Irreführung vorliegen, indem ein freiwillig erstelltes Informationsdokument **fälschlicherweise als „Prospekt" bezeichnet** wird.[59]

36 Der Wortlaut des **Art. 22 Abs. 3 Satz 2** macht zudem deutlich, dass die Verpflichtung zur **Widerspruchsfreiheit in Bezug auf Prospektangaben** auch gilt, wenn der Prospekt erst zu einem späteren Zeitpunkt veröffentlicht wird. Sollten sich also Unrichtigkeiten der Werbung oder Widersprüche zum Prospekt im weiteren Verlauf der Prospekterstellung herausstellen, darf die Werbung nicht weiter verwendet werden[60] und muss ggf. auch nachträglich durch eine entsprechende Mitteilung (actus contrarius) korrigiert werden.[61] Für den Fall von Werbung, die infolge eines Nachtrags unrichtig oder ungenau geworden ist, wird das Erfordernis einer nachträglichen Korrektur – mindestens auf demselben Verbreitungsweg wie die ursprüngliche Werbung – durch Art. 15 Abs. 1 und Abs. 3 VO (EU) 2019/979 klargestellt (näher → Kommentierung des Art. 15 VO (EU) 2019/979 sowie bereits oben Rn. 7).

37 Bei Verstößen gegen Art. 22 Abs. 3 stehen der zuständigen Behörde **Befugnisse nach Art. 32 Abs. 1 UAbs. 1 lit. e** i.V.m. nationalem Recht zu (in Deutschland hat die BaFin diese Befugnisse nach § 18 Abs. 5 WpPG). Dagegen begründet ein Verstoß gegen Art. 22 Abs. 3, wie schon unter der Geltung des § 15 Abs. 3 WpPG a.F., **keinen direkten Anspruch der Anleger gegen den Urheber der Werbung**. Dies lässt sich auch unter neuem Recht weiterhin aus folgenden Argumenten ableiten:

---

56 Andere Ansicht *Voß*, in: Just/Voß/Ritz/Zeising, WpPG, 1. Aufl. 2009, § 15 Rn. 45, wo entgegen dem klaren Wortlaut des § 13 Abs. 1 WpPG a.F. und der Überschrift zu § 13 und dem 3. Abschnitt des WpPG a.F. behauptet wird, die BaFin billige lediglich die Veröffentlichung nicht den Prospekt selbst. Insofern unterschied sich das Wertpapierprospektgesetz a.F. (gleiches gilt nun für die ProspektVO) aber gerade von z.B. § 8i Abs. 2 Satz 1 VerkProspG a.F. oder § 14 Abs. 2 Satz 1 WpÜG.
57 Vgl. näher *Keunecke*, Prospekte im Kapitalmarkt, S. 292.
58 So *Voß*, in: Just/Voß/Ritz/Zeising, WpPG, 1. Aufl. 2009, § 15 Rn. 40 f. m.w.N.; *Gebauer*, in: Kümpel/Hammen/Ekkenga, Kapitalmarktrecht, Kennz. 100 S. 54 (bis zur Ergänzungslieferung 3/2014). Vgl. aber die grundsätzlich skeptische Haltung der BaFin gegenüber solchen Hinweisen: „Lassen Sie sich auch nicht dadurch blenden, dass ein Anbieter damit wirbt, von der BaFin beaufsichtigt zu werden. Informieren Sie sich immer selbst darüber, wie weit die Aufsicht tatsächlich reicht.", siehe den Abschnitt „Werbung mit der BaFin" auf der BaFin-Website unter „Geldanlage – Wie Sie unseriöse Anbieter erkennen".
59 Vgl. ESMA, Questions and Answers on the Prospectus Regulation (3 February 2023), Frage 14.2.
60 *Rauch*, in: Holzborn, WpPG, § 15 Rn. 13; *Voß*, in: Just/Voß/Ritz/Zeising, Wertpapierprospektrecht, 2. Aufl. 2023, Art. 22 ProspektVO Rn. 27.
61 Andere Ansicht *Rauch*, in: Holzborn, WpPG, § 15 Rn. 13 f., die im Zusammenhang mit § 15 Abs. 3 und 4 WpPG a.F. eine nachträgliche Korrektur einer widersprüchlichen Werbeaussage durch eine entsprechende Mitteilung sowie eine Benachrichtigungspflicht des Emittenten gegenüber den (dem Emittenten bekannten) Anlegern über die unrichtigen Informationen bzw. die Unrichtigkeit der Informationen ablehnt; wie hier *Wiegel*, Die Prospektrichtlinie und Prospektverordnung, S. 353, der auf Basis der europäischen Vorgaben von einer Sanktionsmöglichkeit seitens der Aufsichtsbehörde ausgeht, sollte die Werbung sich als inkonsistent zu dem später veröffentlichten Prospekt herausstellen.

– Erstens geht der nunmehr in Art. 22 Abs. 3 geforderte Standard für Werbung signifikant über den Prospekthaftungsmaßstab hinaus. Während die Prospekthaftung nur für wesentliche Angaben greift, untersagt Art. 22 Abs. 3 jegliche Form von Unrichtigkeit, Unvollständigkeit und Widersprüchlichkeit. Zudem ist die Widersprüchlichkeit kein Anknüpfungspunkt der Prospekthaftung. Anlegern einen Ersatzanspruch auf Basis dieses Standards zu gewähren, würde nicht in die **Systematik der Prospekt- und Anlagehaftung** passen. Ein solcher Schadensersatzanspruch würde auch nicht zum Konzept der Haftung für Ad-hoc-Mitteilungen nach § 97 bzw. § 98 WpHG passen. Der Gesetzgeber hat sich dort bewusst auf eine Haftung für Ad-hoc-Mitteilungen (und nicht für jegliche Pressemitteilungen) beschränkt und gewisse inhaltliche Hürden gesetzt (vgl. z.B. den Haftungsmaßstab).
– Zweitens besaß der europäische Gesetzgeber gerade keine umfassende Normsetzungskompetenz für den dem Zivilrecht zuzuordnenden Bereich der (Prospekt-)Haftung. Es wäre daher nicht einsichtig, anzunehmen, dass der europäische Gesetzgeber sonstige unmittelbare Haftungsnormen mit einem noch darüber hinausgehenden Anwendungsbereich schaffen wollte.[62]

Daher ist davon auszugehen, dass die Vorschrift des Art. 22 Abs. 3 auch **keinen unmittelbar individualschützenden Charakter** vermitteln soll, der zu Schadensersatzansprüchen z.B. über § 823 Abs. 2 BGB berechtigen würde.[63] Art. 22 Abs. 3 flankiert vielmehr im ordnungspolitischen Sinne die Maßnahmen zur Funktionsfähigkeit des Kapitalmarkts und Widerspruchsfreiheit der Kapitalmarktkommunikation und liegt daher (ausschließlich) im öffentlichen Interesse. 38

3. Inhaltliche Anforderungen an sonstige Informationen nach Art. 22 Abs. 4

Alle mündlich oder schriftlich verbreiteten Informationen über das öffentliche Angebot von Wertpapieren oder die Zulassung zum Handel an einem geregelten Markt müssen, auch wenn sie nicht Werbezwecken dienen, nach Art. 22 Abs. 4 mit den im Prospekt enthaltenen Angaben übereinstimmen. 39

Dieses **Konsistenzerfordernis** wird durch Art. 16 VO (EU) 2019/979, insbesondere durch Abs. 1 lit. c, konkretisiert, der verbietet, ein in wesentlicher Hinsicht unausgewogenes Bild der im Prospekt enthaltenen Angaben zu vermitteln (beispielsweise, indem negative Aspekte verschwiegen oder weniger hervorgehoben werden als die positiven Aspekte) (näher → separate Kommentierung des Art. 16 VO (EU) 2019/979). Art. 22 Abs. 4 geht insofern über Abs. 3 hinaus, als auch Angaben außerhalb von Werbung erfasst und dementsprechend der behördlichen Eingriffsbefugnis nach Art. 32 Abs. 1 UAbs. 1 lit. e (i.V.m. 40

---

62 *Wagner*, Die Bank 2003, 680, 683; *Wiegel*, Die Prospektrichtlinie und Prospektverordnung, S. 403 ff.; *Crüwell*, AG 2003, 243, 252; *Weber*, NZG 2004, 360, 366; *Holzborn/Schwarz-Gondek*, BKR 2003, 927, 934; *König*, GPR 2004, 152, 154f.; *Sandberger*, EWS 2004, 297, 301 f.; *König*, ZEuS 2004, 251, 284f.; *Kunold/Schlitt*, BB 2004, 501, 511.
63 Vgl. dazu z.B. *Sprau*, in: Grüneberg, BGB, § 823 Rn. 58, und ausführlich *Wagner*, in: Münch-Komm-BGB, § 823 Rn. 562 ff., insbesondere Rn. 565 zur Parallelität des Tatbestandsmerkmals des individualschützenden Charakters mit dem nach der Schutznormtheorie zu bestimmenden Drittschutz im öffentlichen Recht. Darauf aufbauend sollte die Wertung, dass Art. 22 Abs. 3 keinen individualschützenden Charakter hat, Zustimmung finden.

§ 18 Abs. 5 WpPG) unterworfen werden.[64] Andererseits betrifft Art. 22 Abs. 4 ausweislich seines Wortlauts tatsächlich **nur die konkret über das Angebot bzw. die Zulassung verbreiteten Informationen, d.h. insbesondere nicht Informationen, die das Geschäft des Emittenten betreffen, oder dessen Finanzangaben**.[65] Ohne diese inhaltliche Begrenzung auf das Angebot bzw. die Zulassung wäre eine solch allgemeine Vorschrift wie Art. 22 Abs. 4 wohl auch nicht zu rechtfertigen. Die Klarstellung, dass Art. 22 Abs. 4 auch **mündlich** verbreitete Informationen erfasst, ist eine Neuerung gegenüber der Vorgängervorschrift (§ 15 Abs. 4 WpPG a. F.), die schlicht auf „verbreitete Informationen" abstellte. Auch unter altem Recht war jedoch anerkannt, dass eine Informationsverbreitung grundsätzlich auch mündlich erfolgen konnte. Dies folgte zwar nicht unmittelbar aus § 15 Abs. 4 WpPG a. F., allerdings aus dem konkretisierenden Art. 12 VO (EU) 2016/301,[66] der bestimmte Anforderungen an „[m]ündlich oder schriftlich zu Werbe- und sonstigen Zwecken verbreitete Informationen über das öffentliche Angebot oder die Zulassung zum Handel an einem geregelten Markt" normierte.[67]

41 Schließlich ist Art. 22 Abs. 4 im Lichte des Art. 23 auszulegen: Nicht jede noch so **unwichtige zusätzliche Information**, die im Laufe des Angebots veröffentlicht wird und noch nicht im Prospekt abgedeckt war, löst eine Nachtragspflicht nach Art. 23 aus. Wird zum Beispiel in einer Pressemitteilung darauf hingewiesen, dass der Prospekt nun auch bei der führenden Konsortialbank erhältlich ist, muss dafür trotz Konsistenzverpflichtung des Art. 22 Abs. 4 selbstverständlich kein Nachtrag erstellt werden.

V. Pflicht zur Gleichbehandlung (Art. 22 Abs. 5)

42 Nach Art. 22 Abs. 5 lit. a muss der Emittent oder Anbieter für den Fall, dass keine Prospektpflicht besteht und **wesentliche Informationen** offengelegt und mündlich oder schriftlich an einen Anleger oder mehrere ausgewählte Anleger gerichtet werden, diese **auch allen anderen Anlegern, an die sich das Angebot richtet, mitteilen**. Besteht eine Prospektpflicht, sind diese Informationen gem. Art. 22 Abs. 5 lit. b in den Prospekt oder in einen Nachtrag zum Prospekt gemäß Art. 23 Abs. 1 aufzunehmen.

43 Während Art. 22 Abs. 2 bis Abs. 4 und Abs. 5 lit. b nur anzuwenden sind, wenn das öffentliche Angebot bzw. die Zulassung prospektpflichtig ist, regelt Art. 22 Abs. 5 lit. a also spezifisch den Fall, dass der Anwendungsbereich der ProspektVO zwar eröffnet ist, d. h. gerade kein Fall des Art. 1 Abs. 2 vorliegt,[68] aber keine Prospektpflicht auferlegt ist. Dabei kann es sich um **nicht prospektpflichtige öffentliche Angebote** handeln oder um sog. **Privatplatzierungen**, z. B. ausschließlich mit institutionellen Anlegern. Art. 22 Abs. 5 lit. b dagegen nimmt den Regelungsgegenstand des einleitenden Tatbestands des Art. 22 Abs. 5 auch für prospektpflichtige Sachverhalte wieder auf. Nicht eindeutig ist dagegen, ob von Art. 22

---

64 Siehe zu diesem Aspekt *Rauch*, in: Holzborn, WpPG, § 15 Rn. 18.
65 *Groß*, Kapitalmarktrecht, Art. 22 ProspektVO Rn. 6; *Schlitt/Ries*, in: Assmann/Schlitt/von Kopp-Colomb, Prospektrecht Kommentar, Art. 22 ProspektVO Rn. 20.
66 Dabei handelte es sich um die Vorgängervorschrift des Art. 16 VO (EU) 2019/979.
67 *Berrar*, in: Berrar/Meyer/Müller et al., WpPG/EU-ProspektVO, 2. Aufl. 2017, Art. 12 TRS Rn. 1; näher zur Konkretisierungsfunktion des Art. 12 VO (EU) 2016/301 unter altem Recht a. a. O., § 15 WpPG Rn. 7a.
68 *Rauch*, in: Holzborn, WpPG, § 15 Rn. 6, 15.

Abs. 5 auch Fälle umfasst sind, in denen eine (prospektfreie) Zulassung nur außerhalb der geregelten Märkte angestrebt wird. Anders als Art. 22 Abs. 4 ist Art. 22 Abs. 5 nach dem Wortlaut nicht auf Zulassungen zum Handel an geregelten Märkten beschränkt, was im Umkehrschluss dafür sprechen könnte, dass Art. 22 Abs. 5 eine solche Einschränkung nicht kennt. Allerdings heißt es in Art. 22 Abs. 1 Satz 1, dass jede Art von Werbung, die sich auf eine Zulassung zum Handel an einem geregelten Markt bezieht, nach Maßgabe der Absätze 2 bis 5 erfolgen muss. Das spricht dafür, dass der Anwendungsbereich der Abs. 2 bis 5 insgesamt nur bei Zulassungen auf den Handel an einem geregelten Markt eröffnet ist. Dafür spricht auch, dass nach Art. 1 Abs. 1 der Anwendungsbereich der gesamten ProspektVO im Hinblick auf die Zulassung von Wertpapieren auf den Handel an einem geregelten Markt begrenzt ist. Für die praktische Anwendung gilt für diesen Fall jedoch unabhängig von der Anwendbarkeit von Art. 22 Abs. 5, im Übrigen genau wie für die unstreitig außerhalb von Art. 22 Abs. 5 liegenden Fälle des Art. 1 Abs. 2, dass die Vermeidung einer „Selective Disclosure" als angestrebtes Ziel von Art. 22 Abs. 5 (→ Rn. 47) eine allgemeine Gültigkeit[69] für sich beanspruchen kann und in der Praxis, selbst wenn Art. 22 Abs. 5 formal-juristisch keine Anwendung findet, stets zu beachten ist.

1. Tatbestand des Art. 22 Abs. 5

Normadressat des Art. 22 Abs. 5 ist neben dem **Anbieter** (und insoweit anders als noch in § 15 Abs. 5 Satz 1 WpPG a. F.) **auch der Emittent** (wenn vom Anbieter verschieden), nicht jedoch eventuell begleitende Konsortialbanken. 44

Gegenstand des Art. 22 Abs. 5 sind wesentliche Informationen, die (i) von einem Emittenten oder einem Anbieter offengelegt und (ii) mündlich oder schriftlich an einen oder mehrere ausgewählte Anleger gerichtet werden. Daraus folgt: 45

– Anders als bei Art. 22 Abs. 3 und Art. 22 Abs. 4 werden schon nach dem Wortlaut nur **„wesentliche Informationen"** von Art. 22 Abs. 5 erfasst. Entgegen dem eigentlichen Wortsinn fallen unter **„Informationen"** neben Tatsachen auch Werturteile, Meinungen und Prognosen (ebenso allgemein zum Begriff „Werbung" → Rn. 11 ff.). Abweichend von § 15 Abs. 5 Satz 1 WpPG a. F. („über den Emittenten oder über ihn selbst") ist es nach dem Wortlaut des Art. 22 Abs. 5 nicht mehr erforderlich, dass die Informationen den **Emittenten oder den Anbieter betreffen**. Durch diese Streichung wurde ein unter altem Recht bestehender Wertungswiderspruch aufgelöst, der dadurch entstand, dass nach § 15 Abs. 5 Satz 2 WpPG a. F. unter Umständen plötzlich Angaben über den Anbieter in den Prospekt aufzunehmen waren, obwohl die Generalklausel zum erforderlichen Prospektinhalt (§ 5 Abs. 1 Satz 1 WpPG a. F.) Angaben betreffend den Anbieter gar nicht umfasste.[70] Ferner müssen die Informationen, wie bereits unter altem Recht, keinen Werbecharakter haben.[71]

---

69 Beispielsweise sehen die „Rules and Regulations of the Luxembourg Stock Exchange" in der Fassung vom 10/2022 in Kapitel 9 eine Gleichbehandlung („The Issuer must ensure equal treatment of all shareholders and holders of Shares or Units") vor, abrufbar unter https://www.luxse.com/regulation (zuletzt abgerufen am 26.5.2023).
70 *Berrar*, in: Berrar/Meyer/Müller et al., WpPG/EU-ProspektVO, 2. Aufl. 2017, § 15 Rn. 51.
71 Darauf weisen *Rauch*, in: Holzborn, WpPG, § 15 Rn. 17 und *Voß*, in: Just/Voß/Ritz/Zeising, Wertpapierprospektrecht, 2. Aufl. 2023, Art. 22 ProspektVO Rn. 33 zutreffend hin.

- Für die Frage der **Wesentlichkeit** kann grundsätzlich auf die zu Art. 23 entwickelten Anforderungen zurückgegriffen werden.[72] Gefordert wird also von Art. 22 Abs. 5 keine Informationsidentität für alle Anleger, sondern Ziel der Vorschrift ist die **Vermeidung wesentlicher Informationsasymmetrien**. Erfasst werden, worauf zutreffend hingewiesen worden ist,[73] auch Prognosen,[74] Budgetangaben und sonstige Planzahlen – allerdings nur soweit diese tatsächlich wesentliche Informationen darstellen.[75]
- Die Informationen müssen sich an bestimmte („ausgewählte") Anleger und eben nicht an die Allgemeinheit richten. Erfasst sind daher erstens Informationen im Rahmen sog. **Roadshows oder anderweitiger (Einzel-)Gespräche mit Investoren (insbesondere sog. „One-on-one"-Termine)**. „Veranstaltungen betreffend Angebote von Wertpapieren" können aber zweitens auch indirekt an derartige bestimmte Anleger gerichtet sein. Daher sind auch **sog. Analystenpräsentationen**, bei denen an sich gerade keine Investoren anwesend sind, sondern Analysten (in der Regel die Analysten der das Angebot begleitenden Konsortialbanken), umfasst, weil die Informationen indirekt dazu dienen, von den Analysten in ihre sog. Research Reports aufgenommen zu werden und damit im Sinne von Art. 22 Abs. 5 (indirekt) an Investoren „gerichtet werden".[76] Diese Auslegung folgt auch dem Normzweck der Vermeidung von wesentlichen Informationsasymmetrien (auch wenn der Wortlaut „gerichtet werden" auf das Erfordernis einer direkten Kommunikation hingedeutet hätte).
- Zum Tatbestand des Art. 22 Abs. 5 gehört im Fall des lit. a ferner, dass der Sachverhalt nicht prospektpflichtig ist, während lit. b die Prospektpflicht voraussetzt.

---

72 Ähnlich *Voß*, in: Just/Voß/Ritz/Zeising, Wertpapierprospektrecht, 2. Aufl. 2023, Art. 22 ProspektVO Rn. 35; *Schlitt/Ries*, in: Assmann/Schlitt/von Kopp-Colomb, Prospektrecht Kommentar, Art. 22 ProspektVO Rn. 31; *Heidelbach*, in: Schwark/Zimmer, KMRK, 4. Aufl. 2010, § 15 WpPG Rn. 18. In diese Richtung auch *Mayston*, in: Heidel, Aktienrecht und Kapitalmarktrecht, 5. Aufl. 2019, § 15 WpPG Rn. 10, der dann aber den Begriff der Wesentlichkeit aus dem Normzweck heraus eher weit auslegen möchte.

73 *Groß*, Kapitalmarktrecht, Art. 22 ProspektVO Rn. 7; *Schlitt/Singhof/Schäfer*, BKR 2005, 251, 258; *Wiegel*, Die Prospektrichtlinie und Prospektverordnung, S. 355 Fn. 1742; *Schlitt/Ries*, in: Assmann/Schlitt/von Kopp-Colomb, Prospektrecht Kommentar, Art. 22 ProspektVO Rn. 32.

74 Zu Prognosen im Kapitalmarktrecht im Allgemeinen siehe *Fleischer*, AG 2006, 2 ff.; *Veil*, AG 2006, 690 ff.; *Siebel/Gebauer*, WM 2001, 118 ff. (Teil I) und S. 173 ff. (Teil II); *Baums*, ZHR 167 (2003), 139, 162 ff.; siehe auch *Apfelbacher/Metzner*, BKR 2006, 81, 88 f.; *Meyer*, in: Habersack/Mülbert/Schlitt, Unternehmensfinanzierung am Kapitalmarkt, § 36 Rn. 57 ff.; *Schlitt/Singhof/Schäfer*, BKR 2005, 251, 258; *Schlitt/Schäfer*, AG 2005, 498, 504; *Schlitt/Schäfer*, AG 2008, 525, 533 f.

75 Es ist ein weit verbreiteter Irrtum, dass alle zukunftsbezogenen Geschäftsinformationen, insbesondere Finanzangaben aus einem Businessplan, „wesentliche Informationen" für einen Anleger seien. Dies ist vielmehr im Einzelfall zu prüfen. Zutreffend und sehr ausgewogen der Emittentenleitfaden der BaFin, Stand 25.3.2020, Modul C I.3.2.2.7 Beispiele veröffentlichungspflichtiger Insiderinformationen, S. 35 f.; so auch *Schlitt/Singhof/Schäfer*, BKR 2005, 251, 258. Sehr instruktiv *Ekkenga/Maas*, Das Recht der Wertpapieremissionen, S. 144 Rn. 199 m.w.N. zum Streitstand in Fn. 374.

76 So auch *Schlitt/Ries*, in: Assmann/Schlitt/von Kopp-Colomb, Prospektrecht Kommentar, Art. 22 ProspektVO Rn. 36; *Schlitt/Singhof/Schäfer*, BKR 2005, 251, 257; *Mayston*, in: Heidel, Aktienrecht und Kapitalmarktrecht, 5. Aufl. 2019, § 15 WpPG Rn. 9. Nicht erfasst sind dagegen die von dem Emittenten stammenden Research Reports selbst, die daher auch nicht allen Anlegern zur Verfügung gestellt werden müssen; anders *Ekkenga*, BB 2005, 561, 562.

– Der Tatbestand enthält **kein subjektives Element einer „Absicht zur Förderung von Verkaufsbemühungen"** oder Ähnliches.[77] Der Verordnungsgeber hat auf ein subjektives Element verzichtet und dafür auf der objektiven Tatbestandsseite das Kriterium der „Wesentlichkeit" eingefügt, um dadurch für ein Korrektiv zu sorgen und ein zu weit reichendes Eingreifen der Vorschrift zu verhindern.
– Wie sogleich (→ Rn. 47) näher dargelegt, dient die Vorschrift der **Vermeidung von sog. Selective Disclosure** an ausgewählte Anleger. Daher fallen öffentlich verfügbare Informationen aus dem Anwendungsbereich des Art. 22 Abs. 5 heraus. Denn wenn die **Informationen für jedermann zugänglich** sind, handelt es sich eben gerade nicht um eine selektive Informationsweitergabe an einzelne Anleger, durch die diese einen Informationsvorsprung gegenüber anderen Anlegern bekommen würden.

2. Rechtsfolge des Art. 22 Abs. 5 lit. a

Rechtsfolge des Art. 22 Abs. 5 lit. a ist, dass die vorgenannten Informationen vom Emittenten oder Anbieter allen anderen Anlegern, an die sich das Angebot richtet, mitzuteilen sind.

Diese **Gleichbehandlungspflicht im Rahmen von nicht prospektpflichtigen Angeboten** bewirkt die **Vermeidung von sog. Selective Disclosure** an ausgewählte Anleger.[78] Bei diesem Verbot der Weitergabe wesentlicher Informationen an nur einen Teil der angesprochenen Anleger handelt es sich um einen jener Rechtssätze, die schon vor ihrer ursprünglichen Kodifizierung in § 15 Abs. 5 WpPG a.F. bei Kapitalmarkttransaktionen strikt beachtet wurden (→ Rn. 4). Der Tatbestand und die Rechtsfolgen des Art. 22 Abs. 5 orientieren sich unter anderem auch an der Regulation FD der Securities and Exchange Commission (SEC).[79]

Art. 22 Abs. 5 lit. a schreibt indes nicht vor, **wie** der Emittent bzw. Anbieter diese Gleichbehandlung **sicherstellt**; die Entscheidung darüber bleibt daher dem Verpflichteten vorbehalten. Nicht erforderlich ist zudem, dass die Informationen zeitgleich allen Anlegern, an die sich das Angebot richtet, zur Verfügung gestellt werden.[80]

3. Rechtsfolge des Art. 22 Abs. 5 lit. b

Art. 22 Abs. 5 lit. b ordnet an, dass die vorgenannten Informationen für den Fall einer Prospektpflicht in den Prospekt aufzunehmen sind. Diese Variante des Art. 22 Abs. 5 hat

---

77 So auch *Voß*, in: Just/Voß/Ritz/Zeising, Wertpapierprospektrecht, 2. Aufl. 2023, Art. 22 ProspektVO Rn. 34.
78 *Groß*, Kapitalmarktrecht, Art. 22 ProspektVO Rn. 7; *Schlitt/Ries*, in: Assmann/Schlitt/von Kopp-Colomb, Prospektrecht Kommentar, Art. 22 ProspektVO Rn. 26; *Schlitt/Singhof/Schäfer*, BKR 2005, 251, 257 m.w.N.; *Rauch*, in: Holzborn, WpPG, § 15 Rn. 17; *Voß*, in: Just/Voß/Ritz/Zeising, Wertpapierprospektrecht, 2. Aufl. 2023, Art. 22 ProspektVO Rn. 31; *Weber*, NZG 2004, 360, 365; *Mayston*, in: Heidel, Aktienrecht und Kapitalmarktrecht, 5. Aufl. 2019, § 15 WpPG Rn. 7; *Kunold/Schlitt*, BB 2004, 501, 511; *Heidelbach/Preuße*, BKR 2006, 316, 322; *Wiegel*, Die Prospektrichtlinie und Prospektverordnung, S. 356.
79 17 CFR § 243.100, Securities Act Release No. 7881, abrufbar unter www.sec.gov/rules/final/33-7881.htm, siehe auch *Schlitt/Ries*, in: Assmann/Schlitt/von Kopp-Colomb, Prospektrecht Kommentar, Art. 22 ProspektVO Rn. 27; *Crüwell*, AG 2003, 243, 251; *Mayston*, in: Heidel, Aktienrecht und Kapitalmarktrecht, 5. Aufl. 2019, § 15 WpPG Rn. 7 in Fn. 13.
80 *Heidelbach*, in: Schwark/Zimmer, KMRK, 4. Aufl. 2010, § 15 WpPG Rn. 19.

mehr **klarstellenden Charakter**, denn die für den jeweiligen Sachverhalt „wesentlichen" Informationen dürften eo ipso ohne gesonderte gesetzliche Anordnung in den Prospekt aufzunehmen sein.[81]

50 Auch im Rahmen prospektpflichtiger Sachverhalte bestätigt Art. 22 Abs. 5 lit. b somit das Verbot von „Selective Disclosure" und normiert damit, dass z.B. wesentliche Informationen aus der Analysten- oder Roadshow-Präsentation, einschließlich etwaiger Prognosen oder sonstiger zukunftsgerichteter Aussagen, auch **in den Prospekt aufzunehmen sind**[82] **oder zumindest aus im Prospekt enthaltenen Informationen unmittelbar ableitbar sein müssen** („contained in the prospectus or readily derivable from information contained in the prospectus" ist der aus dem amerikanischen Kapitalmarktrecht abgeleitete, auch bisher bereits gängige Standard).

VI. Befugnisse der zuständigen Behörde bei Verstößen (Art. 22 Abs. 6, Abs. 8, Abs. 9, Art. 32 Abs. 1 UAbs. 1 lit. e, § 18 Abs. 5 WpPG)

51 Wie oben (→ Rn. 9) bereits erwähnt, ist zur Kontrolle der Werbung grundsätzlich die Aufsichtsbehörde des Mitgliedstaates befugt, in dem die Werbung verbreitet wird (vgl. Art. 22 Abs. 6 UAbs. 1). Allerdings erlaubt Art. 22 Abs. 6 UAbs. 2 die Unterstützung durch die zuständige Behörde des Herkunftsmitgliedstaates, „falls erforderlich". Mangels gesetzlicher Konkretisierung des Tatbestandmerkmals „erforderlich" und zur Gewährleistung einer effektiven behördlichen Kontrolle wird man wohl davon ausgehen müssen, dass das Merkmal eher weit auszulegen ist und als unbestimmter Rechtsbegriff letztlich im ordnungsgemäßen Ermessen der nach Art. 22 Abs. 6 UAbs. 1 zuständigen Behörde steht. Darüber hinaus gibt Art. 22 Abs. 8 den beteiligten Behörden die Möglichkeit, durch Vereinbarung, abweichend von Art. 22 Abs. 6, der Behörde des Herkunftsmitgliedstats bereits die originäre Kontrollbefugnis zuzuweisen. Ferner enthält Art. 17 VO (EU) 2019/979 bestimmte Vorschriften zum Verfahren für die Zusammenarbeit zwischen den zuständigen Behörden, die auf technischen Regulierungsstandards der ESMA nach Art. 22 Abs. 9 beruhen (→ separate Kommentierung des Art. 17 VO (EU) 2019/979).

52 Die **verschiedenen Eingriffsbefugnisse der zuständigen Behörde** sind in **Art. 32 Abs. 1 UAbs. 1 lit. e** vorgegeben. Danach haben die Mitgliedstaaten dafür zu sorgen, dass die national zuständigen Behörden „zumindest über die erforderlichen Aufsichts- und Ermittlungsbefugnisse verfügen, um die Werbung für jeweils höchstens zehn aufeinander folgende Arbeitstage zu untersagen oder auszusetzen oder zu verlangen, dass Emittenten, Anbieter oder die die Zulassung zum Handel an einem geregelten Markt beantragenden Personen oder die einschlägigen Finanzintermediäre die Werbung unterlassen oder für jeweils höchstens zehn aufeinander folgende Arbeitstage aussetzen, wenn ein hinreichend begründeter Verdacht besteht, dass gegen diese Verordnung verstoßen wurde".

---

81 Siehe die ausführliche Auseinandersetzung mit der Aussage und Funktion von Art. 15 Abs. 5 Satz 2 EU-ProspektRL bei *Wiegel*, Die Prospektrichtlinie und Prospektverordnung, S. 355 f. (Fn. 1742).
82 *Groß*, Kapitalmarktrecht, Art. 22 ProspektVO Rn. 7; *Schlitt/Singhof/Schäfer*, BKR 2005, 251, 257 m.w.N. Zur Darstellung zukunftsgerichteter Aussagen im Prospekt näher *Meyer*, in: Habersack/Mülbert/Schlitt, Unternehmensfinanzierung am Kapitalmarkt, § 36 Rn. 57 ff.

In Umsetzung der europäischen Vorgabe (→ Rn. 52) hat der deutsche Gesetzgeber die für 53
das Handeln der **BaFin** einschlägige Rechtsgrundlage in **§ 18 Abs. 5 WpPG** geschaffen.
Danach ist die BaFin befugt zu kontrollieren, ob bei der Werbung für ein öffentliches Angebot von Wertpapieren oder eine Zulassung zum Handel an einem geregelten Markt die Regelungen in Art. 22 Abs. 2 bis 5 und in Kapitel IV der VO (EU) 979/2019 (→ Rn. 7) beachtet werden. Besteht ein hinreichend begründeter Verdacht für einen Verstoß gegen diese Bestimmungen, kann die BaFin gemäß § 18 Abs. 5 Satz 2 Nr. 1 WpPG „die Werbung untersagen oder für jeweils höchstens zehn aufeinander folgende Arbeitstage aussetzen oder anordnen, dass sie zu unterlassen oder für jeweils höchstens zehn aufeinander folgende Arbeitstage auszusetzen ist". Dieser Wortlaut eröffnet der BaFin **vier Handlungsvarianten**: 1. Untersagung, 2. befristete Aussetzung, 3. Anordnung der Unterlassung und 4. Anordnung der befristeten Aussetzung. Vom materiellen Regelungsgehalt her handelt es sich, wie bereits in § 15 Abs. 6 WpPG a. F., allerdings letztlich nur um zwei Maßnahmen, denn in der Sache ist die Untersagung die gleiche Maßnahme wie die Anordnung der Unterlassung, und die befristete Aussetzung ist identisch mit der Anordnung der befristeten Aussetzung. Unterschiedlich sind die Maßnahmen jeweils nur im Hinblick auf ihre Adressaten. Nach der europäischen Vorgabe in Art. 32 Abs. 1 UAbs. 1 lit. e (Wortlaut → Rn. 52) sind die beiden Varianten „Aussetzung der Unterlassung" (Variante 3) und „Anordnung der Aussetzung" (Variante 4) an den Emittenten, Anbieter, Zulassungsantragsteller oder die einschlägigen Finanzintermediäre zu richten. Für die behördlichen Maßnahmen „Untersagung" (Variante 1) und „Aussetzung" (Variante 2) gibt Art. 32 Abs. 1 UAbs. 1 lit. e keinen expliziten Adressatenkreis vor. In der Literatur wird vertreten, dass letztere Maßnahmen an die Werbemedien zu richten seien.[83] Dem ist grundsätzlich zuzustimmen, allerdings ist der Adressatenkreis nicht darauf beschränkt, sondern kann prinzipiell jeden erfassen, der auch Adressat der Pflichten aus Art. 22 sein kann (→ Rn. 10). Nicht überzeugend ist hingegen die Ansicht, die Untersagung der Werbung (Variante 1) könne entgegen dem Wortlaut des § 18 Abs. 5 Satz 2 WpPG in unionsrechtskonformer Auslegung nur befristet für höchstens zehn aufeinander folgende Arbeitstage ausgesprochen werden. Dass der Wortlaut des Art. 32 Abs. 1 UAbs. 1 lit. e Variante 1 (→ Rn. 52) eine solche Befristung vorsieht, ist wohl einem Redaktionsversehen geschuldet, denn weder die englische noch die französische Sprachfassung beinhalten in Variante 1 eine Befristung. Das hat der deutsche Gesetzgeber wohl erkannt und bei der Umsetzung der europäischen Vorgabe die Untersagung nach § 18 Abs. 5 Satz 2 Variante 1 WpPG daher keiner Befristung unterworfen. Aus Perspektive einer Sinn-und-Zweck-Betrachtung wäre es auch befremdlich, wenn die Untersagung nur befristet möglich wäre, die (inhaltsgleiche) Anordnung der Unterlassung jedoch unbefristet. Richtigerweise bezieht sich die Befristung auf zehn Arbeitstage daher nur auf die Aussetzung (Variante 2) bzw. die Anordnung der Aussetzung (Variante 4).

Bei sämtlichen Maßnahmen nach § 18 Abs. 5 Satz 2 WpPG handelt es sich um **belasten-** 54
de Verwaltungsakte, für die die allgemeinen verwaltungsrechtlichen Regeln, z. B. über Anhörung, Widerspruch, Anfechtungsklage und einstweiligen Rechtsschutz, gelten. Ein Verstoß gegen die Maßnahmen stellt eine Ordnungswidrigkeit nach § 24 Abs. 2 Nr. 2 WpPG dar. Ein Verstoß gegen die Vorschriften zur Werbung selbst kann nach § 24 Abs. 4 Nr. 29 bis 31 WpPG eine Ordnungswidrigkeit begründen.

---

83 *Schlitt/Schäfer*, in: Assmann/Schlitt/von Kopp-Colomb, Prospektrecht Kommentar, Art. 22 ProspektVO Rn. 42.

1. Aussetzung bzw. Anordnung der Aussetzung

55 Die BaFin kann, wenn ein hinreichend begründeter Verdacht für einen Verstoß gegen die Bestimmungen der ProspektVO, insbesondere Art. 22 Abs. 2 bis Abs. 5, auch in Verbindung mit Art. 13 bis 17 VO (EU) 2019/979 (vgl. die explizite Hervorhebung dieser Vorschriften in § 18 Abs. 5 Satz 3 WpPG), besteht, die Werbung für jeweils höchstens zehn aufeinander folgende Arbeitstage aussetzen oder anordnen, dass sie für jeweils höchstens zehn aufeinander folgende Arbeitstage auszusetzen ist. Ob sie von ihrer Befugnis Gebrauch macht, steht in ihrem **pflichtgemäßen Ermessen**. Dabei hat sie das öffentliche Interesse an einer unverzüglichen Aussetzung gegen das Interesse des Emittenten/Anbieters/Zulassungsantragstellers/Finanzintermediärs (zum möglichen Adressatenkreis → Rn. 53) an der Weiterverwendung der Werbung, einschließlich der bei einer Aussetzung drohenden wirtschaftlichen Nachteile für den Adressaten, abzuwägen. Die behördliche Entscheidung muss den Grundsätzen der Verhältnismäßigkeit entsprechen, wobei zu berücksichtigen ist, dass die Aussetzung/Anordnung der Aussetzung gegenüber der Untersagung/Anordnung der Unterlassung das mildere Mittel ist.[84]

56 Nicht erforderlich ist nach dem Wortlaut des § 18 Abs. 5 WpPG, dass der Verstoß gegen Art. 22 erwiesen ist, ausreichend ist vielmehr ein – eventuell auch durch Dritte an die BaFin herangetragener – „**hinreichend begründeter Verdacht**". Der begründete Verdacht muss aber – auch wenn § 18 Abs. 5 WpPG, anders als noch § 15 Abs. 6 WpPG a. F., den Begriff „Anhaltspunkte" nicht mehr enthält – auf konkreten Tatsachen und nicht lediglich auf Annahmen oder Befürchtungen beruhen.[85] Ob es um einen nachgewiesenen Verstoß oder eine Aussetzung bzw. Anordnung der Aussetzung aufgrund begründeten Verdachts geht, ist aber im Rahmen des **Entschließungsermessens**[86] der BaFin zu berücksichtigen.

57 Die Frist gilt für jeweils höchstens **zehn aufeinander folgende Arbeitstage**. Sie ist damit länger als unter § 15 Abs. 6 Satz 1 WpPG a. F., der auf zehn aufeinander folgende „Tage" (d.h. Kalendertage) abstellte und damit auch Samstage sowie Sonn- und Feiertage umfasste.[87] Wie sich aus der Formulierung „jeweils" ergibt, kann die BaFin eine Aussetzung auch wiederholt und damit insgesamt wohl auch für eine längere Frist als zehn Arbeitstage aussprechen.[88]

---

84 Ebenso *Preuße*, in: Schwark/Zimmer, KMRK, 4. Aufl. 2010, § 18 WpPG Rn. 51, 53; *Schlitt/Schäfer*, in: Assmann/Schlitt/von Kopp-Colomb, Prospektrecht Kommentar, Art. 22 ProspektVO Rn. 43.
85 *Voß*, in: Just/Voß/Ritz/Zeising, WpPG, 1. Aufl. 2009, § 15 Rn. 66 m. w. N.; *Rauch*, in: Holzborn, WpPG, § 15 Rn. 20.
86 Siehe zum Entschließungsermessen z. B. *Geis*, in: Schoch/Schneider, Verwaltungsrecht, § 40 Rn. 18; *Wolff*, in: Sodan/Ziekow, VwGO, § 114 Rn. 73; *Riese*, in: Schoch/Schneider, Verwaltungsrecht, § 114 VwGO Rn. 17.
87 RegBegr. EU-ProspRL-UmsetzungsG, BT-Drucks. 15/4999, S. 25, 36; *Groß*, Kapitalmarktrecht, 6. Aufl. 2016, § 15 WpPG Rn. 3; *Rauch*, in: Holzborn, WpPG, § 15 Rn. 19; *Mayston*, in: Heidel, Aktienrecht und Kapitalmarktrecht, 5. Aufl. 2019, § 15 WpPG Rn. 13; *Schlitt/Schäfer*, in: Assmann/Schlitt/von Kopp-Colomb, WpPG/VerkProspG, 2. Aufl. 2010, § 15 Rn. 39; *Heidelbach*, in: Schwark/Zimmer, KMRK, 4. Aufl. 2010, § 15 WpPG Rn. 23.
88 Vgl. *Rauch*, in: Holzborn, WpPG, § 15 Rn. 19.

2. Untersagung bzw. Anordnung der Unterlassung

Obwohl sie das belastendere Mittel ist,[89] hat die Untersagung/Anordnung der Unterlassung **tatbestandlich keine anderen Voraussetzungen** als die Aussetzung/Anordnung der Aussetzung (→ Rn. 55 f.). Das ist insofern eine bedeutsame Neuerung gegenüber der früheren Rechtslage, als nach § 15 Abs. 6 Satz 2 WpPG a.F. für eine Untersagung noch erforderlich war, dass die Werbung Angaben enthält, „die geeignet sind, über den Umfang der Prüfung eines Prospekts nach § 13 oder eines Nachtrags nach § 16 irrezuführen". 58

Die Nichtaufnahme dieser Formulierung in den Tatbestand des § 18 Abs. 5 WpPG bedeutet aber keineswegs, dass die Sachverhalte der Irreführung für die behördliche Maßnahmenauswahl keine herausgehobene Rolle mehr spielen. Sie haben sich lediglich von tatbestandlicher Ebene auf die Ermessensebene verlagert. Denn im Rahmen ihres **Auswahlermessens** wird die BaFin nach allgemeinen Grundsätzen insbesondere die **Schwere des Verstoßes** zu berücksichtigen haben. Wie aus der explizit normierten Hinweispflicht auf den Prüfungsumfang der zuständigen Behörde in Art. 14 Abs. 1 lit. b VO (EU) 2019/979 zu erkennen ist, betrachtet der europäische Gesetzgeber, jedenfalls in Werbung, die an potenzielle Kleinanleger verbreitet wird, die mögliche Irreführung über den Prospektprüfungsumfang auch unter neuem Recht weiterhin als einen Sachverhalt mit erhöhtem Gefährdungspotenzial. Ein Verstoß gegen diese Hinweispflicht wird daher wohl regelmäßig als eher schwerwiegender Verstoß zu betrachten sein. Vor diesem Hintergrund kann nur dazu geraten werden, in Werbung gar keine Aussage über den Prüfungsumfang der zuständigen Behörde zu machen. Die bloße Aussage, dass der Prospekt bzw. Nachtrag von der zuständigen Behörde gebilligt wurde, ist hingegen zulässig, solange sie nicht so in den Kontext gesetzt wird, dass sie werbenden Charakter bekommt (→ Rn. 35). 59

---

89 *Preuße*, in: Schwark/Zimmer, KMRK, 4. Aufl. 2010, § 18 WpPG Rn. 53.

Art. 23 ProspektVO
Nachträge zum Prospekt

(1) Jeder wichtige neue Umstand, jede wesentliche Unrichtigkeit oder jede wesentliche Ungenauigkeit in Bezug auf die in einem Prospekt enthaltenen Angaben, die die Bewertung der Wertpapiere beeinflussen können und die zwischen der Billigung des Prospekts und dem Auslaufen der Angebotsfrist oder – falls später – der Eröffnung des Handels an einem geregelten Markt auftreten oder festgestellt werden, müssen unverzüglich in einem Nachtrag zum Prospekt genannt werden.

Dieser Nachtrag ist innerhalb von höchstens fünf Arbeitstagen auf die gleiche Art und Weise wie der Prospekt zu billigen und zumindest gemäß denselben Regeln zu veröffentlichen, wie sie für die Veröffentlichung des ursprünglichen Prospekts gemäß Artikel 21 galten. Auch die Zusammenfassung und etwaige Übersetzungen sind erforderlichenfalls durch die im Nachtrag enthaltenen neuen Informationen zu ergänzen.

(2) Betrifft der Prospekt ein öffentliches Angebot von Wertpapieren, so haben Anleger, die Erwerb oder Zeichnung der Wertpapiere bereits vor Veröffentlichung des Nachtrags zugesagt haben, das Recht, ihre Zusagen innerhalb von zwei Arbeitstagen nach Veröffentlichung des Nachtrags zurückzuziehen, vorausgesetzt, dass der wichtige neue Umstand, die wesentliche Unrichtigkeit oder die wesentliche Ungenauigkeit gemäß Absatz 1 vor dem Auslaufen der Angebotsfrist oder – falls früher – der Lieferung der Wertpapiere eingetreten ist oder festgestellt wurde. Diese Frist kann vom Emittenten oder vom Anbieter verlängert werden. Die Frist für das Widerrufsrecht wird im Nachtrag angegeben.

Der Nachtrag enthält eine deutlich sichtbare Erklärung in Bezug auf das Widerrufsrecht, in der Folgendes eindeutig angegeben ist:

a) dass nur denjenigen Anlegern ein Widerrufsrecht eingeräumt wird, die Erwerb oder Zeichnung der Wertpapiere bereits vor Veröffentlichung des Nachtrags zugesagt hatten, sofern die Wertpapiere den Anlegern zu dem Zeitpunkt, zu dem der wichtige neue Umstand, die wesentliche Unrichtigkeit oder die wesentliche Ungenauigkeit eingetreten ist oder festgestellt wurde, noch nicht geliefert worden waren;

b) der Zeitraum, in dem die Anleger ihr Widerrufsrecht geltend machen können; und

c) an wen sich die Anleger wenden können, wenn sie ihr Widerrufsrecht geltend machen wollen.

(2a) Abweichend von Absatz 2 haben vom 18. März 2021 bis zum 31. Dezember 2022 in dem Fall, dass der Prospekt ein öffentliches Angebot von Wertpapieren betrifft, Anleger, die Erwerb oder Zeichnung der Wertpapiere bereits vor Veröffentlichung des Nachtrags zugesagt haben, das Recht, ihre Zusagen innerhalb von drei Arbeitstagen nach Veröffentlichung des Nachtrags zurückzuziehen, vorausgesetzt, dass der wichtige neue Umstand, die wesentliche Unrichtigkeit oder die wesentliche Ungenauigkeit gemäß Absatz 1 vor dem Auslaufen der Angebotsfrist oder – falls früher –

der Lieferung der Wertpapiere eingetreten ist oder festgestellt wurde. Diese Frist kann vom Emittenten oder vom Anbieter verlängert werden. Die Frist für das Widerrufsrecht wird im Nachtrag angegeben.

Der Nachtrag enthält eine deutlich sichtbare Erklärung in Bezug auf das Widerrufsrecht, in der Folgendes eindeutig angegeben ist:

a) dass nur denjenigen Anlegern ein Widerrufsrecht eingeräumt wird, die Erwerb oder Zeichnung der Wertpapiere bereits vor Veröffentlichung des Nachtrags zugesagt hatten, sofern die Wertpapiere den Anlegern zu dem Zeitpunkt, zu dem der wichtige neue Umstand, die wesentliche Unrichtigkeit oder die wesentliche Ungenauigkeit eingetreten ist oder festgestellt wurde, noch nicht geliefert worden waren;

b) der Zeitraum, in dem die Anleger ihr Widerrufsrecht geltend machen können; und

c) an wen sich die Anleger wenden können, wenn sie ihr Widerrufsrecht geltend machen wollen.

(3) Werden die Wertpapiere über einen Finanzintermediär erworben oder gezeichnet, so informiert dieser die Anleger über die mögliche Veröffentlichung eines Nachtrags, über Ort und Zeitpunkt einer solchen Veröffentlichung sowie darüber, dass er ihnen in solchen Fällen behilflich sein würde, ihr Widerrufsrecht auszuüben.

Der Finanzintermediär kontaktiert die Anleger am Tag der Veröffentlichung des Nachtrags.

Werden die Wertpapiere unmittelbar vom Emittenten erworben oder gezeichnet, so informiert dieser die Anleger über die mögliche Veröffentlichung eines Nachtrags und über den Ort einer solchen Veröffentlichung sowie darüber, dass ihnen in einem solchen Fall ein Widerrufsrecht zustehen könnte.

(3a) Abweichend von Absatz 3 informiert der Finanzintermediär vom 18. März 2021 bis zum 31. Dezember 2022 in dem Fall, dass Wertpapiere von Anlegern in der Zeit zwischen der Billigung des Prospekts für diese Wertpapiere und dem Auslaufen der Erstangebotsfrist über einen Finanzintermediär erworben oder gezeichnet werden, die Anleger über die mögliche Veröffentlichung eines Nachtrags, über Ort und Zeitpunkt einer solchen Veröffentlichung sowie darüber, dass er ihnen in solchen Fällen behilflich sein würde, ihr Widerrufsrecht auszuüben.

Steht den in Unterabsatz 1 des vorliegenden Absatzes genannten Anlegern ein Widerspruchsrecht nach Absatz 2a zu, so kontaktiert der Finanzintermediär diese Anleger bis zum Ende des ersten Arbeitstages, der auf den Arbeitstag folgt, an dem der Nachtrag veröffentlicht wurde.

Werden die Wertpapiere unmittelbar vom Emittenten erworben oder gezeichnet, so informiert er die Anleger über die mögliche Veröffentlichung eines Nachtrags und über den Ort einer solchen Veröffentlichung sowie darüber, dass ihnen in einem solchen Fall ein Widerrufsrecht zustehen könnte.

(4) Erstellt der Emittent einen Nachtrag für Angaben im Basisprospekt, die sich nur auf eine oder mehrere Einzelemissionen beziehen, so gilt das Recht der Anleger, ihre

Zusagen gemäß Absatz 2 zurückzuziehen, nur für die betreffenden Emissionen und nicht für andere Emissionen von Wertpapieren im Rahmen des Basisprospekts.

(5) Wenn der wichtige neue Umstand, die wesentliche Unrichtigkeit oder die wesentliche Ungenauigkeit im Sinne des Absatzes 1 nur die in einem Registrierungsformular oder in einem einheitlichen Registrierungsformular enthaltenen Angaben betrifft und dieses Registrierungsformular oder dieses einheitliche Registrierungsformular gleichzeitig als Bestandteil mehrerer Prospekte verwendet wird, so wird nur ein Nachtrag erstellt und gebilligt. In diesem Fall sind im Nachtrag alle Prospekte zu nennen, auf die er sich bezieht.

(6) Bei der Prüfung eines Nachtrags vor dessen Billigung kann die zuständige Behörde verlangen, dass der Nachtrag in der Anlage eine konsolidierte Fassung des ergänzten Prospekts, Registrierungsformulars oder einheitlichen Registrierungsformulars enthält, sofern eine solche konsolidierte Fassung zur Gewährleistung der Verständlichkeit der Angaben des Prospekts erforderlich ist. Ein solches Ersuchen gilt als Ersuchen um ergänzende Informationen im Sinne des Artikels 20 Absatz 4. Ein Emittent kann in jedem Fall freiwillig eine konsolidierte Fassung des ergänzten Prospekts, Registrierungsformulars oder einheitlichen Registrierungsformulars als Anlage des Nachtrags beifügen.

(7) Die ESMA arbeitet Entwürfe technischer Regulierungsstandards aus, um die Situationen zu benennen, in denen ein wichtiger neuer Umstand, eine wesentliche Unrichtigkeit oder eine wesentliche Ungenauigkeit in Bezug auf die im Prospekt enthaltenen Angaben die Veröffentlichung eines Prospektnachtrags erfordert.

Die ESMA übermittelt der Kommission diese Entwürfe technischer Regulierungsstandards bis 21. Juli 2018.

Der Kommission wird die Befugnis übertragen, die in Unterabsatz 1 genannten technischen Regulierungsstandards nach Artikel 10 bis 14 der Verordnung (EU) Nr. 1095/2010 zu erlassen.

Übersicht

	Rn.		Rn.
I. Regelungsgegenstand des Art. 23 und Normzusammenhang	1	II. Entwicklungsgeschichte der Rechtsgrundlage	13
1. Regelungsgegenstand des Art. 23	1	1. § 16 WpPG a. F.	13
2. Bedeutung der Regelungen des Art. 23	2	2. Einführung der Prospektverordnung	15
a) Zweck des Art. 23	2	3. Delegierte Rechtsakte	16
b) Anwendbarkeit von Art. 23 im Zusammenhang mit mehreren Angeboten	3	III. Bestehen einer Nachtragspflicht (Art. 23 Abs. 1 UAbs. 1)	17
c) Entsprechende Anwendung des Notifizierungsverfahrens auf Nachträge	7	1. Wichtiger neuer Umstand, wesentliche Unrichtigkeit oder wesentliche Ungenauigkeit in Bezug auf Prospektangaben	18
d) Möglichkeiten zum Nachtrag von Prospektangaben bei sog. Decoupled Bookbuilding Approach	8	2. Möglichkeit der Beeinflussung der Beurteilung der Wertpapiere	29
3. Sonstige und verwandte Vorschriften	11	3. Kein Berichtigungsrecht per Nachtrag bei Unwesentlichkeit	31

4. Besondere Fragestellungen hinsichtlich des Bestehens einer Nachtragspflicht. . 37
   a) Keine Nachtragsmöglichkeit aufgrund der Gesamtkonzeption der Prospektverordnung 38
      aa) Aufstockungen der Anzahl der angebotenen Wertpapiere. 40
      bb) Neuer Anbieter oder Zulassungsantragsteller 46
      cc) Erweiterung der Produktpalette. 51
      dd) Änderung von endgültigen Bedingungen 54
   b) Spezielle Einzelfälle 55
      aa) Veröffentlichung von Jahres- oder Zwischenabschlüssen bzw. Gewinnprognosen; Rating des Emittenten 55
      bb) Weitere in Art. 18 der Delegierten Verordnung (EU) 2019/979 geregelte Einzelfälle 60
      cc) Veränderung von Angebotsbedingungen 61
5. Nachträge bei Registrierungsformularen 75
   a) Nachtragsfähigkeit eines Registrierungsformulars. 75
   b) Nachtragsrecht für Registrierungsformulare 77
      aa) Registrierungsformular noch nicht Bestandteil eines Prospekts 77
      bb) Registrierungsformular als Bestandteil eines Prospektes . . . 78
   c) Notifizierung von Registrierungsformularen 79
6. Zeitraum der Nachtragspflicht 81
   a) Beginn der Nachtragspflicht 82
   b) Ende der Nachtragspflicht 85
   c) Nachträge nach Ende des in Art. 23 Abs. 1 UAbs. 1 festgelegten Zeitraums 93
7. Rechtscharakter sowie Form bzw. Aufbau des Nachtrags. 97

IV. Billigungsverfahren für den Nachtrag (Art. 23 Abs. 1 UAbs. 2 Satz 1) 105
1. Einreichungspflicht des Emittenten/Anbieters/Zulassungsantragstellers . . 105
   a) Bestehen einer zwingenden Nachtragspflicht. 106
   b) Einreichungsfrist 108
   c) Rechtsfolgen der Nichteinreichung eines Nachtrags zur Billigung 109
2. Billigungsverfahren der zuständigen Behörde 114

   a) Prüfungsmaßstab und Verfahren . . 117
   b) Billigungsfristen. 123
   c) Billigungsentscheidung 125
   d) Unterrichtung der ESMA und Übermittlung einer Kopie des Prospekts 128
3. Veröffentlichung des Nachtrags 129
   a) Veröffentlichungsfrist 130
   b) Veröffentlichung in elektronischer Form nach Art. 21 Abs. 2 i.V. m. Art. 23 Abs. 1 UAbs. 2 Satz 1. . . . 132
   c) Anwendbarkeit der weiteren Vorschriften des Art. 21 134

V. Ergänzung der Zusammenfassung und von Übersetzungen (Art. 23 Abs. 2 UAbs. 2 Satz 2) 135

VI. Widerrufsrecht der Anleger (Art. 23 Abs. 2). 137
1. Prospekt für ein öffentliches Angebot von Wertpapieren 138
2. Widerrufsberechtigte Anleger 139
   a) Abgabe einer Willenserklärung . . . 139
   b) Weitere Voraussetzungen in inhaltlicher und zeitlicher Hinsicht. 140
      aa) Teleologische Reduktion in inhaltlicher Hinsicht. 142
      bb) Teleologische Reduktion in zeitlicher Hinsicht 146
      cc) Keine Begrenzung auf Umstände mit negativem Kursbeeinflussungspotenzial 151
      dd) Begrenzung bei Emission unter Basisprospekten 153
3. Widerrufsfrist von zwei Arbeitstagen . . 154
4. Zeitpunkt des Eintritts des neuen Umstandes oder der Unrichtigkeit . . . 158
5. Ausübung und Rechtsfolgen des Widerrufs per Widerrufserklärung . . . 166
6. Rechtsfolgen des unterbliebenen Widerrufs im Hinblick auf Prospekthaftung 168
7. Belehrung über das Widerrufsrecht im Nachtrag 173
8. Informationspflichten für Finanzintermediäre und Emittenten 178

VII. Verhältnis von Nachtragspflicht und Ad-hoc-Publizität 181
1. Ausführungen in der Regierungsbegründung des deutschen Gesetzgebers zum alten Recht. 182
2. Stellungnahme zur Regierungsbegründung zum alten Recht und zum Verhältnis der Vorschriften unter neuem Recht 184

Art. 23 ProspektVO Nachträge zum Prospekt

a) Kein Vorrang der Nachtragspflicht gegenüber der Ad-hoc-Publizität.. 184
b) Keine Sonderregelung in Bezug auf reine Zulassungsprospekte.... 190
c) Hinweis auf Ad-hoc-Mitteilung bis zur Veröffentlichung des Nachtrags 191

I. Regelungsgegenstand des Art. 23 und Normzusammenhang

1. Regelungsgegenstand des Art. 23

1   Wie schon die Vorgängervorschrift § 16 WpPG a. F.[1] regelt Art. 23 vor allem die **Voraussetzungen für das Bestehen einer Nachtragspflicht** (Art. 23 Abs. 1 UAbs. 1) (→ Rn. 17 ff.), das diesbezügliche **Verwaltungsverfahren zur Billigung** des Nachtrags zum Prospekt durch die zuständige Behörde und die Veröffentlichung des Nachtrags (Art. 23 Abs. 1 UAbs. 2 Satz 1) (→ Rn. 105 ff.), die Ergänzung von Zusammenfassung und etwaigen Übersetzungen um die im Nachtrag enthaltenen Informationen (Art. 23 Abs. 1 UAbs. 2 Satz 2) (→ Rn. 135 ff.) sowie das im Zusammenhang mit der Veröffentlichung eines Nachtrags bestehende **Widerrufsrecht** der Anleger, die vor Veröffentlichung des Nachtrags eine auf den Erwerb oder die Zeichnung der Wertpapiere gerichtete Willenserklärung abgegeben haben (Art. 23 Abs. 2 UAbs. 1) (→ Rn. 137 ff.). Zudem bestehen Sonderregelungen für den Inhalt des Nachtrags hinsichtlich des vorgenannten Widerrufsrechts (Art. 23 Abs. 2 UAbs. 2) (→ Rn. 173 ff.). Die Norm enthält ferner eine Informationspflicht über den Nachtrag für Finanzintermediäre gegenüber Anlegern, die von diesen Wertpapiere des Emittenten erworben haben (Art. 23 Abs. 3) (→ Rn. 187 ff.) sowie wichtige Klarstellungen für Nachträge im Basisprospekt (Art. 23 Abs. 4) oder im Registrierungsformular (Art. 23 Abs. 5) (→ Rn. 75 ff.). Darüber hinaus wird der zuständigen Behörde eingeräumt, bei der Prüfung des Nachtrags auch eine konsolidierte Fassung des ergänzten Prospekts zu verlangen (Art. 23 Abs. 6), die Emittenten allerdings auch freiwillig einreichen können (→ Rn. 104). Schließlich wird der ESMA eine Kompetenz zur Erarbeitung von Entwürfen technischer Regulierungsstandards für die eine Nachtragspflicht begründenden Umstände eingeräumt (Art. 23 Abs. 7) (→ Rn. 16). Durch die Einführung von Art. 23 wurden zahlreiche, bisher bestehende Zweifelsfragen, z. B. zum Ende der Nachtragspflicht, aufgelöst. Seit seinem Inkrafttreten am 21.7.2019 wurde Art. 23 bislang einmal geändert durch die Verordnung (EU) 2021/337 vom 16.2.2021,[2] wodurch die Absätze 2a und 3a eingeführt wurden, die für einen Übergangszeitraum vom 18.3.2021 bis 31.12.2022 vor dem Hintergrund der COVID-19-Pandemie bestimmte Erleichterungen im Hinblick auf die Widerrufsfrist der Anleger (Art. 23 Abs. 2) und die Informationspflicht der Finanzintermediäre (Art. 23 Abs. 3) enthalten.

---

1 Sofern nachfolgend auf Literatur und andere Quellen zu § 16 WpPG a. F. verwiesen wird, sind die dortigen Ausführungen im Grundsatz sinngemäß auf Art. 23 übertragbar.
2 Verordnung (EU) 2021/337 des Europäischen Parlaments und des Rates vom 16.2.2021 zur Änderung der Verordnung (EU) 2017/1129 im Hinblick auf den EU-Wiederaufbauprospekt und gezielte Anpassungen für Finanzintermediäre und der Richtlinie 2004/109/EG im Hinblick auf das einheitliche elektronische Berichtsformat für Jahresfinanzberichte zur Unterstützung der wirtschaftlichen Erholung von der COVID-19-Krise.

2. Bedeutung der Regelungen des Art. 23

a) Zweck des Art. 23

Zweck des Art. 23 ist es ausweislich des Erwägungsgrundes 65 der ProspektVO, dass jeder wichtige neue Umstand, jede wesentliche Unrichtigkeit oder jede wesentliche Ungenauigkeit, die die Bewertung der Anlage beeinflussen können und nach der Veröffentlichung des Prospekts, aber vor dem Schluss des öffentlichen Angebots oder der Aufnahme des Handels an einem geregelten Markt auftreten, von den **Anlegern angemessen bewertet werden können**. Daher statuiert Art. 23 eine (zeitlich und inhaltlich begrenzte) Aktualisierungspflicht per Nachtrag mit Widerrufsrecht der Anleger.[3]

Durch die Offenlegung bestimmter Informationen im Nachtrag wird eine **Transparenzkontinuität** für den Zeitraum nach der Billigung des Prospekts bis zum Ende der Nachtragspflicht (→ Rn. 85 ff.) geschaffen. Dies verwirklicht den allgemeinen Prospektgrundsatz der **Aktualität des Prospekts**.[4] Zweck ist es, mithilfe des Nachtrags den Anlegerschutz durch eine unverzügliche Offenlegung von Informationen zu stärken, um Informationsasymmetrien zwischen Anlegern und Emittenten zu beseitigen.[5]

Die Nachtragspflicht wird flankiert von der in Art. 15 der VO (EU) 2019/979 enthaltenen Verpflichtung, bei Veröffentlichung eines Nachtrags auch zuvor veröffentlichte Werbung zu aktualisieren, vgl. dazu im Einzelnen die Kommentierung zu Art. 15 der VO (EU) 2019/979. Konsequenterweise knüpft diese Verpflichtung an den in Art. 23 Abs. 1 UAbs. 1 genannten Zeitpunkt an und besteht wie die Nachtragspflicht selbst nur bis zum endgültigen Schluss des öffentlichen Angebots bzw. bis zum Beginn des Handels an einem geregelten Markt, je nachdem, welcher der spätere Zeitpunkt ist.

b) Anwendbarkeit von Art. 23 im Zusammenhang mit mehreren Angeboten

Nach Art. 12 ist ein Prospekt nach seiner Billigung zwölf Monate lang für öffentliche Angebote oder Zulassungen zum Handel an einem geregelten Markt gültig, sofern er um die nach Art. 23 erforderlichen Nachträge ergänzt wird. Aus dieser Formulierung – insbesondere dem verwendeten Plural – folgt, dass ein Prospekt für diesen Gültigkeitszeitraum von zwölf Monaten gundsätzlich **für verschiedene Angebote bzw. Zulassungen** verwendet werden kann (näher → Art. 12 Rn. 7 ff.).[6]

Jedenfalls früher hat die **BaFin** Art. 12 bzw. die Vorgängernorm § 9 WpPG a.F. entgegen des eindeutigen Wortlauts **sehr eng interpretiert**, sodass gerade nicht verschiedene An-

---

[3] Aufgrund der zeitlichen Begrenzung der Aktualisierungspflicht erscheint der teilweise gebrauchte Begriff „permanente Aktualisierung" (vgl. *Grundmann/Denga*, in: Ellenberger/Bunte, Bankrechts-Handbuch, § 92 Rn. 77) etwas missverständlich. Wie hier z. B. *Hamann*, in: Schäfer/Hamann, Kapitalmarktgesetze, § 16 WpPG Rn. 1.
[4] *Bauerschmidt*, BKR 2019, 323, 328.
[5] Vgl. Erwägungsgründe 3 und 7 der ProspektVO; *Lenz/Heine*, AG 2019, 451, 451; ähnlich *Bauerschmidt*, BKR 2019, 323, 328.
[6] So auch *Rauch*, in: Holzborn, WpPG, § 16 Rn. 1; *Holzborn/Israel*, ZIP 2005, 1668, 1671 m.w.N.; *Kunold/Schlitt*, BB 2004, 501, 511 (Letztere jedenfalls für ein im Rahmen einer Kapitalerhöhung verwendetes Registrierungsformular in Bezug auf eine weitere Kapitalerhöhung oder die Begebung einer Wandelschuldverschreibung innerhalb des 12-Monatszeitraums); a.A., jedenfalls für Angebotsprospekte, *Wiegel*, Die Prospektrichtlinie und Prospektverordnung, S. 390.

gebote mit ein- und demselben Prospekt – ergänzt um die jeweiligen Angebotsbedingungen – durchgeführt werden konnten. Die BaFin argumentierte, dass andernfalls der gebilligte Prospekt zu einem versteckten Registrierungsformular werde und lediglich um einen Nachtrag (statt um Wertpapierbeschreibung und Zusammenfassung) ergänzt werde. Das Prospektrecht sehe für diese Fälle aber gerade die Möglichkeit der Erstellung des Prospekts aus mehreren Einzeldokumenten (vgl. unter neuem Recht Art. 10) vor. Insofern sei ein Prospekt in Form eines einzelnen Dokuments für ein bestimmtes Angebot zu erstellen. Sei dieses abgelaufen oder werde nicht durchgeführt, habe sich der **Prospekt „verbraucht"**, d.h. eine Aktualisierung per Nachtrag sei nicht ausreichend, um diesen Prospekt wieder für ein Angebot einsetzen zu können.[7] Eine Ausnahme von ihrer (damaligen) sehr engen Auslegung des Art. 12 ließ die BaFin aber jedenfalls dann zu, wenn der **Prospekt für ein kurzzeitig verschobenes/verlängertes Angebot oder für ein nach Abschluss der Angebotsfrist wieder eröffnetes Angebot** durch einen Nachtrag zum Prospekt aktualisiert werden soll.[8] Eine weitere Ausnahme ließ die BaFin zu, wenn nach Ende eines öffentlichen Angebots die Entscheidung getroffen wird, anstelle eines erneuten öffentlichen Angebots lediglich eine Privatplatzierung bei institutionellen Investoren durchzuführen.[9]

c) Entsprechende Anwendung des Notifizierungsverfahrens auf Nachträge

7 Sollen Wertpapiere in einem oder mehreren anderen Mitgliedstaaten öffentlich angeboten oder zum Handel an einem geregelten Markt zugelassen werden, so ist eine Notifizierung des entsprechenden Prospekts erforderlich (Art. 24 Abs. 1). Dieses **Notifizierungserfordernis gilt auch für Nachträge** (Art. 24 Abs. 1: „einschließlich etwaiger Nachträge"). Daher ist das für den Prospekt bereits praktizierte **Notifizierungsverfahren** auch für den Nachtrag durchzuführen, vgl. Art. 25 Abs. 1 UAbs. 3.

d) Möglichkeiten zum Nachtrag von Prospektangaben bei sog. Decoupled Bookbuilding Approach

8 Nach hier vertretener Auffassung erlaubt die ProspektVO die Wahl einer Angebotsstruktur, bei der der Prospekt jedenfalls ohne Angabe einer Preisspanne und ohne Angabe der genauen Daten für die Veröffentlichung der Preisspanne sowie hinsichtlich Beginn und Ende der Angebotsfrist gebilligt und veröffentlicht wird (sog. **entkoppeltes Bookbuilding-Verfahren**, Decoupled Bookbuilding Approach). Dabei sind grundsätzlich zwei verschiedene Vorgehensweisen zu unterscheiden.

9 Beim klassischen Late Decoupled Bookbuilding Approach erfolgt die Billigung und Veröffentlichung des Prospekts unmittelbar vor Beginn der sog. Roadshow, üblicherweise etwa zwei Wochen nach der Ankündigung der Absicht, an die Börse zu gehen (Intention to Float). Preisspanne und Zeitplan, einschließlich Zeichnungsfrist, werden erst nach Durch-

---

7 Näher zur (damaligen) Ansicht der BaFin *Berrar*, in: Berrar/Meyer/Müller et al., WpPG/EU-ProspektVO, 2. Aufl. 2017, § 16 WpPG Rn. 3 ff.
8 Für ersteren Fall *Schlitt/Schäfer*, AG 2008, 525, 533 sowie Nachtrag Nr. 1 vom 1.10.2015 zum Prospekt der Covestro AG vom 18.9.2015, für letzteren Fall siehe Nachtrag Nr. 1 vom 20.6.2006 zum Prospekt der Demag Cranes AG vom 6.6.2006.
9 Siehe hierzu Nachtrag Nr. 1 vom 10.7.2013 zum Prospekt der Deutsche Annington Immobilien SE vom 19.6.2013; auch *Schlitt/Schäfer*, AG 2008, 525, 533.

führung eines ersten Teils der Roadshow festgelegt; im Anschluss daran wird die Roadshow auf Basis der dann festgelegten Preisspanne einige Tage fortgeführt und zum Abschluss gebracht. Bei diesem Verfahren ist zwangsläufig ein Nachtrag mit den vorgenannten Informationen zu erstellen.[10] Dieser zwingende Nachtrag besitzt aufgrund des zentralen Charakters der nachgetragenen Informationen (essentialia negotii) eine wesentlich wichtigere Bedeutung im Vergleich zum ursprünglichen Prospekt als in vielen anderen Fällen, in denen alle Angaben bereits im ursprünglichen Prospekt enthalten sind und Nachträge nur bei unerwarteten neuen Umständen verwendet werden. Der Nachtrag mit Preisspanne und Angebotsfrist unterliegt aber nicht seinerseits dem Art. 21 Abs. 1 UAbs. 1 Satz 1, d.h. mit der Veröffentlichung des ursprünglichen Prospekts darf der Emittent/Anbieter/Zulassungsantragsteller mit dem öffentlichen Angebot beginnen, sodass es nicht erforderlich ist, dass die Veröffentlichung des vorgenannten Nachtrags vor Beginn der Angebotsfrist erfolgen muss. Vielmehr ist die Veröffentlichung des Nachtrags unabhängig vom Beginn der Angebotsfrist und kann daher auch an dem Tag erfolgen, an dem die Angebotsfrist schon begonnen hat bzw. beginnt.[11] Die BaFin hält den Late Decoupled Bookbuilding Approach grundsätzlich für zulässig, hat sich aber aus nicht gerechtfertigten, formalen Gründen nach anfänglich flexiblerer Praxis gegen bestimmte Formen davon gewandt, insbesondere soweit es das völlige Offenlassen der Anzahl der angebotenen Aktien betrifft (zur (inzwischen gelockerten) Praxis zur Erhöhung bzw. Verringerung der festgelegten Anzahl von Aktien → Rn. 40 ff. und 68 ff.; zu dem in Art. 17 beschriebenen Fall, dass das Emissionsvolumen nicht genannt werden kann → Rn. 27 und Art. 17 Rn. 8 ff.).[12]

In letzter Zeit ist in der Praxis als Alternative diskutiert worden, den Zeitpunkt der Billigung und Veröffentlichung des Prospekts weiter nach vorne zu verlagern und den Nachtrag, der Informationen zu Preisspanne und Zeitplan, einschließlich der Zeichnungsfrist, enthält, schon vor Beginn der Roadshow zu veröffentlichen (sog. Early Decoupled Bookbuilding Approach). D.h. Billigung und Veröffentlichung des Prospekts würden zum Zeitpunkt der Intention to Float erfolgen. Dieses an ähnliche Verfahren in anderen Staaten wie etwa Großbritannien erinnernde Vorgehen hat den Vorteil, dass den Investoren der (noch um den Nachtrag zu ergänzende) Prospekt bei diesem Early Decoupled Bookbuilding Approach schon etwa 14 Tage früher als beim Late Decoupled Bookbuilding Approach zur Verfügung steht. Der Prospekt könnte in der an die Intention to Float sich anschließenden, typischerweise etwa zweiwöchigen Phase der „Investor Education" bis zum Beginn der Roadshow u.a. genutzt werden, um frühzeitig wichtige Kerninvestoren (sog. Cornerstone Investors oder Anchor Investors) zu gewinnen. Die Festlegung von Preisspanne und sonstigen Angebotsdetails sowie Billigung und Veröffentlichung des Nachtrags erfolgt dann unmittelbar vor Beginn der Roadshow, d.h. anders als beim Late De- 10

---

10 *Hamann*, in: Schäfer/Hamann, Kapitalmarktgesetze, § 16 WpPG Rn. 8; *Lenz*, in: Just/Voß/Ritz/Zeising, Wertpapierprospektrecht, 2. Aufl. 2023, Art. 23 ProspektVO Rn. 104; *Apfelbacher/Metzner*, BKR 2006, 81, 86; *Schlitt*, in: Assmann/Schlitt/von Kopp-Colomb, Prospektrecht Kommentar, Art. 23 ProspektVO Rn. 140.
11 Ebenso *Lenz*, in: Just/Voß/Ritz/Zeising, Wertpapierprospektrecht, 2. Aufl. 2023, Art. 23 ProspektVO Rn. 104.
12 *Meyer*, in: Habersack/Mülbert/Schlitt, Unternehmensfinanzierung, § 36 Rn. 75 m.w.N.; *Lenz*, in: Just/Voß/Ritz/Zeising, Wertpapierprospektrecht, 2. Aufl. 2023, Art. 23 ProspektVO Rn. 103 ff.; *Parmentier*, NZG 2007, 407, 408 und 413.

coupled Bookbuilding Approach geht das Management gerade nicht ohne Preisspanne in die Roadshow.

3. Sonstige und verwandte Vorschriften

11 § 11 VermAnlG regelt die Nachtragspflicht des Anbieters und das Widerrufsrecht des Anlegers für Vermögensanlagen nach dem Vermögensanlagengesetz. Die Regelung des § 11 VermAnlG deckte sich in weiten Teilen mit § 16 WpPG, der sich wiederum sehr eng an Art. 16 EU-ProspektRL orientierte. Mit der Neuregelung des Nachtrags in Art. 23 haben sich unwesentliche Unterschiede zwischen den Vorschriften ergeben. Das betrifft drei Bereiche:

– **Umfang der Nachtragspflicht**: Anders als § 11 Abs. 1 VermAnlG verlangt Art. 23 einen Nachtrag auch bei „jeder wesentlichen Ungenauigkeit" (→ Rn. 19). Damit enthält Art. 23 über den auch in § 11 Abs. 1 VermAnlG enthaltenen „wichtigen neuen Umstand" und die „wesentliche Unrichtigkeit" hinaus eine dritte Fallgruppe, die eine Nachtragspflicht des Emittenten begründet.
– **Belehrung zum Widerrufsrecht**: § 11 Abs. 1 VermAnlG setzt nur eine Belehrung über das Widerrufsrecht voraus, macht sonst aber keine weitergehenden Vorgaben für diese Belehrung. Art. 23 Abs. 2 UAbs. 2 gibt demgegenüber detailliert den Inhalt der Belehrung über das Widerrufsrecht vor (→ Rn. 173 ff.).
– **Zusätzliche Informationspflichten für Finanzintermediäre und Emittenten**: § 11 Abs. 1 VermAnlG enthält keinerlei Informationspflichten zu Nachträgen außerhalb des Widerrufsrechts. Art. 23 Abs. 3 legt dagegen Finanzintermediären und Emittenten besondere Pflichten gegenüber den Anlegern auf. Diese müssen die die Wertpapiere von ihnen erwerbenden Anleger über die mögliche Veröffentlichung eines Nachtrags sowie über Ort und Zeitpunkt einer solchen Veröffentlichung informieren (→ Rn. 178 ff.).

12 Das Wertpapiererwerbs- und Übernahmegesetz enthält dagegen keine spezifische Regelung über eine Aktualisierungs- bzw. Nachtragspflicht des Bieters. An das Fehlen einer solchen Kodifizierung knüpft sich umfangreiche Literatur über diese Frage.[13]

II. Entwicklungsgeschichte der Rechtsgrundlage

1. § 16 WpPG a. F.

13 Das in Deutschland anwendbare Recht zum Nachtrag war vor Inkrafttreten der ProspektVO in § 16 WpPG a. F. geregelt. Dieser enthielt bereits eine umfangreiche Regelung zum Bestehen einer Nachtragspflicht und zum diesbezüglichen Verwaltungsverfahren zur Billigung des Nachtrags durch die BaFin sowie die Veröffentlichung des Nachtrags.[14] § 16 WpPG a. F. orientierte sich eng an Art. 16 der früheren EU-ProspektRL. Letztere wurde später durch die ÄnderungsRL 2010/73/EU sowie die Richtlinie 2010/78/EU überarbeitet.

---

13 Vgl. z. B. *Thoma*, in: Baums/Thoma, WpÜG, Loseblatt, Stand: Dezember 2011, § 12 Rn. 29 ff.; *Möllers*, in: Hirte/von Bülow, Kölner Kommentar zum WpÜG, 2. Aufl. 2010, § 12 Rn. 49 ff., jeweils m. w. N.
14 *Berrar*, in: Berrar/Meyer/Müller et al., WpPG/EU-ProspektVO, 2. Aufl. 2017, § 16 WpPG Rn. 15 ff.

Auf Grundlage des durch Art. 5 Nr. 7 der Richtlinie 2010/78/EU eingeführten Art. 16 Abs. 3 EU-ProspektRL hatte die Kommission die Delegierte Verordnung (EU) Nr. 382/2014 vom 7.3.2014 zur Ergänzung der Richtlinie 2003/71/EG des Europäischen Parlaments und des Rates im Hinblick auf technische Regulierungsstandards für die Veröffentlichung eines Prospektnachtrags erlassen. Sie wurde am 15.4.2014 im Amtsblatt der Europäischen Union veröffentlicht und trat am zwanzigsten Tag nach ihrer Veröffentlichung, d.h. am 5.5.2014, in Kraft. Sie schrieb in einem nicht abschließenden Katalog Situationen vor, in denen die Veröffentlichung eines Nachtrags zum Prospekt zwingend erforderlich ist.[15]

14

2. Einführung der Prospektverordnung

Seit dem 21.7.2019 gilt nun in allen Mitgliedstaaten der Europäischen Union die ProspektVO und **ersetzt die ProspektRL**.[16] In der ProspektVO sind die Nachträge zum Prospekt in Art. 23 geregelt. Dieser baut im Wesentlichen auf Art. 16 der EU-ProspektRL auf.[17] Gegenüber § 16 Abs. 1 WpPG a.F. hat die ProspektVO in Bezug auf Nachträge verschiedene Änderungen mit sich gebracht, darunter insbesondere die folgenden:

15

– Bereits gemäß Art. 16 Abs. 1 ProspektRL konnten neben wichtigen neuen Umständen oder wesentlichen Unrichtigkeiten auch *Ungenauigkeiten* Gegenstand der Nachtragspflicht sein. Der deutsche Gesetzgeber hatte den Begriff der Ungenauigkeit bewusst nicht in § 16 Abs. 1 Satz 1 WpPG a.F. umgesetzt (→ Rn. 19). Art. 23 Abs. 1 beinhaltet der EU-ProspektRL folgend den Begriff der Ungenauigkeit nun ebenfalls. Infolge der Gesamtverbindlichkeit von Verordnungen (Art. 288 Abs. 2 AEUV) hat dadurch der Begriff der Ungenauigkeit schließlich auch Eingang in das deutsche Kapitalmarktrecht gefunden. Die Auslegung dieses dem deutschen Recht bislang fremden Begriffs ist noch nicht vollständig geklärt (→ Rn. 19). Da sich aber von Art. 16 EU-ProspektRL zu Art. 23 in dieser Hinsicht nichts geändert hat und bislang kein Anlass zur Annahme bestand, dass § 16 Abs. 1 WpPG a.F. die Vorgaben der ProspektRL unterschritt, ist davon auszugehen, dass diese Änderung jedenfalls nicht zu einer materiellen Ausdehnung der Prospekthaftung führt.
– Die ProspektVO hat nunmehr – der früheren Auslegung des § 16 Abs. 1 WpPG a.F. entsprechend Sinn und Zweck folgend (→ Rn. 108) – ausdrücklich geregelt, dass ein Nachtrag *unverzüglich* zu erstellen ist. Die Billigungsfrist von nach § 16 Abs. 1 WpPG a.F. sieben Werktagen wurde durch Art. 23 Abs. 1 auf fünf Arbeitstage[18] verkürzt, was allerdings aufgrund der sehr zügigen Bearbeitung von Prospektnachträgen durch die BaFin in der Praxis in Deutschland voraussichtlich keine Auswirkungen haben wird.

---

15 Vgl. Erwägungsgründe 4 und 5; zu den weiteren Einzelheiten der verschiedenen aufgeführten Fälle *Berrar*, in: Berrar/Meyer/Müller et al., WpPG/EU-ProspektVO, 2. Aufl. 2017, § 16 WpPG Rn. 55 ff.
16 Zur Entwurfsfassung *Berrar*, in: Berrar/Meyer/Müller et al., WpPG/EU-ProspektVO, 2. Aufl. 2017, § 16 WpPG Rn. 14 ff.
17 *Schrader*, WM 2021, 471, 471; *Lenz/Heine*, AG 2019, 451, 451.
18 Die – anders als Werktage – neben Sonn- und Feiertagen auch keine Samstage umfassen, vgl. Art. 2 lit. t.

- Hinsichtlich des relevanten Zeitraums, bis wann ein neuer Umstand oder eine Unrichtigkeit die Anleger dazu berechtigt, bereits abgegebene Zusagen zurückzuziehen, war im alten Recht aufgrund der Formulierung in § 16 Abs. 3 Satz 1 a.E. WpPG a.F. „**vor** dem endgültigen Schluss des öffentlichen Angebots **und vor** der Lieferung der Wertpapiere" nicht klar, ob es auf den **früheren** oder den **späteren** der beiden Zeitpunkte ankommt (→ Rn. 160). Art. 23 Abs. 2 UAbs. 1 stellt dies nun dahingehend klar, dass der *frühere* der beiden Zeitpunkte für das Widerrufsrecht maßgeblich ist.
- Anders als § 16 WpPG a.F. verlangt Art. 23 Abs. 3 eine Belehrung über die mögliche Veröffentlichung eines Nachtrags sowie Ort und Zeit einer solchen Veröffentlichung und erstreckt diese Belehrungspflicht auch auf Finanzintermediäre, über die die Wertpapiere erworben oder gezeichnet wurden.
- Art. 23 Abs. 4 und 5 enthalten für Nachträge in Bezug auf Basisprospekte und einheitliche Registrierungsformulare spezifische Einschränkungen. Erstellt der Emittent einen Nachtrag für Angaben im Basisprospekt, die sich nur auf eine oder mehrere Einzelemissionen beziehen, so soll das Recht der Anleger, ihre Zusagen zurückzuziehen, nur für die betreffenden Emissionen gelten. Betrifft der Gegenstand des Nachtrags nur die in einem einheitlichen Registrierungsformular enthaltenen Angaben und wurde dieses Registrierungsformular gleichzeitig als Bestandteil mehrerer Prospekte verwendet, muss nur ein Nachtrag erstellt und gebilligt werden. Allerdings sind in diesem Nachtrag alle Prospekte zu benennen, auf die er sich bezieht.
- Nach Art. 23 Abs. 6 kann die zuständige Behörde nunmehr vor der Billigung eines Nachtrags verlangen, dass der Nachtrag in der Anlage eine konsolidierte Fassung des ergänzten Prospekts enthält, sofern dies zur Gewährleistung der Verständlichkeit der Angaben des Prospekts erforderlich ist. Unter der Geltung von § 16 WpPG a.F. hatte die BaFin die Beifügung einer konsolidierten Fassung des ergänzten Prospekts stets abgelehnt – zum einen weil sie es für den Anleger als nicht hilfreich ansah, zum anderen weil eine explizite Rechtsgrundlage für eine solche konsolidierte Fassung fehlte.

3. Delegierte Rechtsakte

16 Gemäß Art. 23 Abs. 7 UAbs. 1 arbeitet die ESMA Entwürfe technischer Regulierungsstandards[19] aus, um die Situationen zu benennen, in denen ein wichtiger neuer Umstand, eine wesentliche Unrichtigkeit oder eine wesentliche Ungenauigkeit in Bezug auf die im Prospekt enthaltenen Angaben die Veröffentlichung eines Prospektnachtrags erfordert. Art. 23 Abs. 7 UAbs. 3 räumt der Kommission die Kompetenz ein, diese von der ESMA erarbeiteten Entwürfe nach Art. 10 bis 14 der Verordnung (EU) Nr. 1095/2010 zu erlassen. Die Kommission hat in Ausfüllung dieser Befugnis bisher zwei delegierte Rechtsakte erlassen. Zunächst hat die Kommission am 14.3.2019 die VO (EU) 2019/979 erlassen.[20] Da-

---

19 Technische Regulierungsstandards stellen Level-2-Maßnahmen im Lamfalussy-Verfahren dar und dürfen lediglich technische Ergänzungen regeln, also keine strategischen oder politischen Entscheidungen treffen, vgl. *Fuhrmann*, ZBB 2021, 390, 392; *Fuhrmann*, WM 2018, 593, 601; *Bauer/Bögl*, BKR 2011, 177, 182.
20 Delegierte Verordnung (EU) 2019/979 der Kommission vom 14.3.2019 zur Ergänzung der Verordnung (EU) 2017/1129 des Europäischen Parlaments und des Rates durch technische Regulierungsstandards für wesentliche Finanzinformationen in der Zusammenfassung des Prospekts, die Veröffentlichung und Klassifizierung von Prospekten, die Werbung für Wertpapiere, Nachträge

rin hat die Kommission unter anderem bestimmte Fälle konkretisiert, in denen ein Nachtrag zum Prospekt zu veröffentlichen ist. Diese entsprechen im Wesentlichen den bisher in der Delegierten Verordnung 382/2014[21] genannten Fällen.[22] Die VO (EU) 2019/979 wurde sodann durch die Delegierte Verordnung (EU) 2020/1272 der Kommission vom 5.6.2020 geändert, wobei aber lediglich der Begriff „Dividendenwerte" durch „Aktien oder andere übertragbare, aktienähnliche Wertpapiere" ersetzt und einige Verweise aktualisiert wurden. Die für Prospektnachträge relevante Vorschrift in der VO (EU) 2019/979 ist Art. 18, der unten näher erläutert wird (→ Rn. 55 ff.).

III. Bestehen einer Nachtragspflicht (Art. 23 Abs. 1 UAbs. 1)

Nach Art. 23 Abs. 1 UAbs. 1 müssen jeder wichtige neue Umstand, jede wesentliche Unrichtigkeit oder jede wesentliche Ungenauigkeit in Bezug auf die in einem Prospekt enthaltenen Angaben, die die Bewertung der Wertpapiere beeinflussen können und die zwischen der Billigung des Prospekts und dem Auslaufen der Angebotsfrist oder – falls später – der Eröffnung des Handels an einem geregelten Markt auftreten oder festgestellt werden, unverzüglich in einem Nachtrag zum Prospekt genannt werden. 17

1. Wichtiger neuer Umstand, wesentliche Unrichtigkeit oder wesentliche Ungenauigkeit in Bezug auf Prospektangaben

Wie bereits § 16 WpPG a.F. bezieht sich die Nachtragspflicht zum einen auf einen wichtigen neuen Umstand und zum anderen auf eine wesentliche Unrichtigkeit (jeweils in Bezug auf im Prospekt enthaltene Angaben, die die Beurteilung der Wertpapiere beeinflussen könnten), d.h. (i) im Falle eines ursprünglich richtigen und vollständigen Prospekts bedarf es aufgrund nachträglich eingetretener wichtiger neuer Umstände eines Nachtrags (sog. **Aktualisierungspflicht**) und/oder (ii) im Falle eines bereits ursprünglich unrichtigen Prospekts bedarf es aufgrund des Feststellens der wesentlichen Unrichtigkeit eines Nachtrags (sog. **Berichtigungspflicht**). „Unrichtig gewordene Prospektangaben" fallen dagegen nicht unter die Berichtigungspflicht des Art. 23 Abs. 1 UAbs. 1, sondern sind eine Frage der Aktualisierungspflicht; „wesentliche Unrichtigkeit" meint ausschließlich die ursprüngliche Unrichtigkeit.[23] 18

Gegenüber § 16 Abs. 1 Satz 1 WpPG a.F. neu enthalten ist in Art. 23 Abs. 1 UAbs. 1 als dritte Fallgruppe nun der im Text zusätzlich enthaltene Begriff der „**Ungenauigkeit**" des Prospektes (→ Rn. 15 zu dem bereits in der ProspektRL enthaltenen Begriff der „Unge- 19

---

zum Prospekt und das Notifizierungsportal und zur Aufhebung der Delegierten Verordnung (EU) Nr. 382/2014 der Kommission und der Delegierten Verordnung (EU) 2016/301 der Kommission.
21 Delegierte Verordnung (EU) Nr. 382/2014 der Kommission vom 7.3.2014 zur Ergänzung der Richtlinie 2003/71/EG des Europäischen Parlaments und des Rates im Hinblick auf technische Regulierungsstandards für die Veröffentlichung eines Prospektnachtrags.
22 So auch die BaFin-Präsentation „Prospektrechtliche Folgepflichten nach der Billigung" vom 28.5.2019, S. 12; *Schrader*, WM 2021, 471, 472: „lediglich sprachlich angepasst".
23 Anders *Apfelbacher/Metzner*, BKR 2006, 81, 86. Anhand der dort in Fn. 54 genannten Beispiele zeigt sich aber, dass das eine Frage der Aktualisierungs- und nicht der Berichtigungspflicht ist; wie hier *Wiegel*, Die Prospektrichtlinie und Prospektverordnung, S. 365; *Hamann*, in: Schäfer/Hamann, Kapitalmarktgesetze, § 16 WpPG Rn. 2.

nauigkeit" und seiner ausgebliebenen Übertragung in das deutsche Recht). Diese Variante war bereits in Art. 16 Abs. 1 ProspektRL[24] vorgesehen. Im Rahmen der Umsetzung in § 16 Abs. 1 Satz 1 WpPG a.F. ging der deutsche Gesetzgeber (zu Recht) davon aus, dass eine wesentliche Ungenauigkeit auch eine Unrichtigkeit darstellt und nahm diese Variante daher nicht als eigenständige Variante in den Wortlaut des § 16 Abs. 1 Satz 1 WpPG a.F. auf. Das sah auch die Literatur so.[25] Auch unter Geltung des Art. 23 Abs. 1 UAbs. 1 ist davon auszugehen, dass die dort genannte wesentliche Ungenauigkeit durch das Tatbestandsmerkmal der wesentlichen Unrichtigkeit miterfasst ist. Eine Erweiterung des Anwendungsbereiches der Nachtragspflicht ist mit der neuen Rechtslage somit nicht verbunden.[26] Das entspricht auch der Auffassung der BaFin.[27]

20 Die Regierungsbegründung[28] zu § 16 Abs. 1 Satz 1 WpPG a.F. verwies für die Frage, ob ein Umstand wichtig ist oder eine wesentliche Unrichtigkeit vorliegt, auf den Maßstab des § 5 Abs. 1 Satz 1 WpPG a.F. (→ Art. 6 Rn. 6ff. zum Maßstab der in einem Prospekt aufzunehmenden Informationen).[29] Der gleiche Ansatz findet sich auch in der Literatur zu Art. 23.[30] Der relevante Maßstab findet sich auf Ebene des europäischen Prospektrechts nun in Art. 6 Abs. 1. Danach enthält ein Prospekt die erforderlichen Informationen, die für den Anleger wesentlich sind, um sich ein fundiertes Urteil bilden zu können über a) die Vermögenswerte und Verbindlichkeiten, die Gewinne und Verluste, die Finanzlage und die Aussichten des Emittenten und eines etwaigen Garantiegebers; b) die mit den Wertpapieren verbundenen Rechte; und c) die Gründe für die Emission und ihre Auswirkungen auf den Emittenten.

21 Allerdings führt dieser Maßstab nur bedingt weiter. Denn bei Unrichtigkeiten (Beispiel: Statt 825 Mio. EUR findet sich bei den Sachanlagen der Gesellschaft im ursprünglich gebilligten Prospekt der Gesellschaft ein Wert von 852 Mio. EUR aufgrund eines Tippfeh-

---

24 Richtlinie 2003/71/EG des Europäischen Parlaments und des Rates vom 4.11.2003 betreffend den Prospekt, der beim öffentlichen Angebot von Wertpapieren oder bei deren Zulassung zum Handel zu veröffentlichen ist, und zur Änderung der Richtlinie 2001/34/EG.
25 *Mülbert/Steup*, in: Habersack/Mülbert/Schlitt, Unternehmensfinanzierung, § 41 Rn. 38 m.w.N.; *Mülbert/Steup*, WM 2005, 1633, 1639.
26 *Schrader*, WM 2021, 471, 471; *Lenz/Heine*, AG 2019, 451, 454.
27 Vgl. Antwort zu Frage III.1. der BaFin-Frequently Asked Questions – Neue Regeln für Wertpapierprospekte nach EU-Prospektverordnung 2017/1129 vom 6.10.2021 sowie die BaFin-Präsentation „Prospektrechtliche Folgepflichten nach der Billigung" vom 28.5.2019, S. 11.
28 RegBegr. EU-ProspRL-UmsetzungsG, BT-Drucks. 15/4999, S. 25, 36.
29 So auch *Rauch*, in: Holzborn, WpPG, § 16 Rn. 5; *Groß*, Kapitalmarktrecht, 6. Aufl. 2016, § 16 WpPG Rn. 2 sowie Rn. 6 und Rn. 7; *Müller*, WpPG, § 16 Rn. 3; *Seitz*, in: Assmann/Schlitt/von Kopp-Colomb, Prospektrecht Kommentar, Art. 23 ProspektVO Rn. 28 in Fn. 3; *Heidelbach*, in: Schwark/Zimmer, KMRK, § 16 WpPG Rn. 11 und Rn. 12; *Chr. Becker*, in: Heidel, Aktienrecht und Kapitalmarktrecht, 5. Aufl. 2019, § 16 WpPG Rn. 3; *Hamann*, in: Schäfer/Hamann, Kapitalmarktgesetze, § 16 WpPG Rn. 4; *Friedl/Ritz*, in: Just/Voß/Ritz/Zeising, WpPG, 1. Aufl. 2009, § 16 Rn. 25 und Rn. 66f.; *Heidelbach/Preuße*, BKR 2006, 316, 320; *Holzborn/Israel*, ZIP 2005, 1668, 1674; *Kullmann/Sester*, WM 2005, 1068, 1075. Auf europäischer Ebene sieht auch die ESMA einen starken Zusammenhang zwischen Art. 5 Abs. 1 und Art. 16 Abs. 1 EU-ProspektRL bzw. bezeichnet Art. 16 Abs. 1 sogar als Teilmenge („subset") von Art. 5 Abs. 1, vgl. ESMA, Final Report 2013/1970 zu den Draft Regulatory Standards on specific situations that require the publication of a supplement to the prospectus vom 17.12.2013, S. 9 und 10, https://www.esma.europa.eu/sites/default/files/library/2015/11/2013-1970_report_on_draft_rts_for_supplements_to_prospectuses.pdf (zuletzt abgerufen am 13.10.2022).
30 *Schrader*, WM 2021, 471, 472; *Lenz/Heine*, AG 2019, 451, 454.

lers) wird selbstverständlich das „fundierte Urteil" (im Beispiel über die Vermögenswerte) des Publikums, eventuell eben auch in Bezug auf notwendige Angaben, beeinträchtigt. Gleiches ist für nachträgliche Veränderungen von Umständen denkbar (Beispiel: nachträglich eingetretener Abschreibungsbedarf, durch den das fundierte Urteil des Anlegers über die Vermögenswerte der Gesellschaft tangiert sein kann). Doch muss dies nicht zwingend eine Nachtragspflicht auslösen, weil die Frage der Wesentlichkeit in Art. 23 Abs. 1 UAbs. 1 sich nicht über den Maßstab bzw. Wortlaut des Art. 6 Abs. 1 beschreiben lässt. Insofern setzt Art. 6 Abs. 1 zwar die inhaltliche Basis für den Bezugsgegenstand der Prüfung, aber nicht den Schlusspunkt für einen Ober- oder Untersatz, unter den sich für Zwecke des Art. 23 Abs. 1 UAbs. 1 subsumieren ließe.

Welche Unrichtigkeiten oder veränderten Umstände eine Nachtragspflicht auslösen, lässt sich daher – und ließ sich schon unter der alten Rechtslage – **nicht abstrakt** beschreiben (→ Art. 22 Rn. 41 für Art. 22 Abs. 4).[31] Gerade diese Situation motivierte die Kommission dazu, die von der ESMA entworfenen technischen Regulierungsstandards für die Veröffentlichung eines Prospektnachtrags[32] zu erlassen, die in Art. 18 der VO (EU) 2019/979 bestimmte Katalogtatbestände festlegen, in denen ein Nachtrag zu veröffentlichen ist. Dadurch soll eine einheitliche Anwendung der ProspektVO gewährleistet werden.[33] Dabei handelt es sich aber nur um eine vom Gesetzgeber getroffene Auswahl an Situationen, in denen ein Nachtrag erforderlich ist.[34] Die Liste ist also nicht abschließend. Genannt werden die Veröffentlichung neuer geprüfter Jahresabschlüsse, die Veröffentlichung, Änderung oder Rücknahme einer Gewinnprognose oder -schätzung, die Veränderung der Kontrollverhältnisse, ein neues öffentliches Übernahmeangebot, ein die Verpflichtungen nicht mehr abdeckendes Geschäftskapital, Antrag auf Zulassung zum Handel an einem geregelten Markt, bedeutende finanzielle Verpflichtungen, die zu einer bedeutenden Bruttoveränderung führen könnten, oder schließlich die Erhöhung des aggregierten Nominalbetrages

22

---

31 Das war auch die Auffassung der ESMA, siehe S. 8 des Final Report 2013/1970 zu den Draft Regulatory Standards on specific situations that require the publication of a supplement to the prospectus vom 17.12.2013, https://www.esma.europa.eu/sites/default/files/library/2015/11/2013-1970_report_on_draft_rts_for_supplements_to_prospectuses.pdf (zuletzt abgerufen am 13.10.2022); so auch *Schrader*, WM 2021, 471, 472. Selbst die Aussage, dass zu den von der Nachtragspflicht betroffenen Informationen jedenfalls die Angaben in der Zusammenfassung gehören (vgl. *Rauch*, in: Holzborn, WpPG, § 16 Rn. 5), ist nicht richtig (dagegen auch *Heidelbach*, in: Schwark/Zimmer, KMRK, § 16 WpPG Rn. 40). Dort stehen regelmäßig zum Beispiel auch die Adresse und HRB der Gesellschaft oder die Anzahl der Mitarbeiter. Umgekehrt gibt es aber auch keine Vermutung, dass, wenn die Beschreibung der Ausgangssituation für den neuen Umstand zu Recht nicht in der Zusammenfassung verankert ist, der neue Umstand auch keine Nachtragspflicht auslöst (so aber *Heidelbach*, in: Schwark/Zimmer, KMRK, § 16 WpPG Rn. 40), vgl. nur die Ausführungen in der sog. MD&A eines Prospekts, während in der Zusammenfassung die Analyse der historischen Finanzinformationen regelmäßig nur sehr knapp erfolgt. Auch Art. 22 Abs. 4 und Art. 22 Abs. 5 lösen nicht zwingend eine Nachtragspflicht aus (andere Ansicht *Rauch*, in: Holzborn, WpPG, § 16 Rn. 5).
32 Delegierte Verordnung (EU) 2019/979 der Kommission vom 14.3.2019 zur Ergänzung der Verordnung (EU) 2017/1129 des Europäischen Parlaments und des Rates durch technische Regulierungsstandards für wesentliche Finanzinformationen in der Zusammenfassung des Prospekts, die Veröffentlichung und Klassifizierung von Prospekten, die Werbung für Wertpapiere, Nachträge zum Prospekt und das Notifizierungsportal und zur Aufhebung der Delegierten Verordnung (EU) Nr. 382/2014 der Kommission und der Delegierten Verordnung (EU) 2016/301 der Kommission.
33 Erwägungsgrund 14 der VO (EU) 2019/979.
34 Erwägungsgrund 14 der VO (EU) 2019/979.

Art. 23 ProspektVO Nachträge zum Prospekt

des Angebotsprogrammes (siehe zu diesen Fällen im Einzelnen unten → Rn. 53 ff.). Von diesen in Art. 18 der VO (EU) VO 2019/979 verbindlich festgehaltenen Fällen abgesehen ist zunächst unstreitig, dass erstens ein **objektiver Maßstab** anzulegen ist, d.h. es kann für die Beurteilung des neuen Umstands oder der Unrichtigkeit – wie im Prospektrecht im Allgemeinen – nur auf die **Auffassung eines verständigen, durchschnittlichen Anlegers**[35] ankommen, d.h. entscheidend ist, ob dieser seine Anlageentscheidung nicht mehr getroffen oder modifiziert hätte bzw. – neutraler formuliert – ob der neue Umstand bzw. die Unrichtigkeit, hätte er sie zu dem Zeitpunkt seiner Anlageentscheidung bereits gekannt, diese Anlageentscheidung möglicherweise beeinflusst hätte (→ Art. 20 Rn. 14).[36] Zweitens kommt es bei der Beurteilung der Frage der Wichtigkeit bzw. Wesentlichkeit auf den **Emittenten** und das **Wertpapier** an, dessen Angebot oder Zulassung Gegenstand der Prospektpflicht ist.[37] Denn bestimmte Informationen können für Aktienemissionen bereits wichtig bzw. wesentlich sein, während es im Rahmen von Fremdkapitalemissionen in erster Linie um die Bonität des Emittenten und die Sicherheit der Erfüllung der dem Wertpapier zugrunde liegenden Forderungen bzw. Handelbarkeit und Liquidität des betreffenden Wertpapiers selbst geht.[38] Darüber hinaus können einige, in den nachfolgenden Randnummern dargestellte Feststellungen für die praktische Anwendung getroffen werden.

23 Die Prospektverantwortlichen sind bei der Erstellung des Prospekts insofern frei, als sie nicht nur wesentliche oder nach der ProspektVO sowie den einschlägigen Delegierten Verordnungen (und den Anhängen dazu) geforderte und damit notwendige Angaben in den Prospekt aufnehmen dürfen. Vielmehr enthält ein Prospekt eine Vielzahl von Angaben, die freiwillig bzw. zur Dokumentation eines vollständigen Bildes oder aber auch schlicht zum Zwecke der Vermarktung aufgenommen wurden. Daraus folgt aber auch,

---

35 Im Rahmen der Prospekthaftung stellt der BGH seit dem maßgeblichen „Beton und Monierbau (BuM)"-Urteil regelmäßig ab auf den „durchschnittlichen Anleger, der zwar eine Bilanz zu lesen versteht, aber nicht unbedingt mit der in eingeweihten Kreisen gebräuchlichen Schlüsselsprache vertraut zu sein braucht", BGH, WM 1982, 862, 863 = NJW 1982, 2823, 2824. In einer weiteren Entscheidung hat der BGH diese Rechtsprechung dahingehend konkretisiert, dass bei der Darstellung von möglichen zukünftigen Zahlungen die verständliche Darstellung der Grundstruktur der Berechnungsweise für einen durchschnittlichen Anleger ausreichend sein kann, und auf dieser Basis eine fehlerhafte Darstellung im Prospekt verneint, BGH, ZIP 2016, 27, 28.
36 Vgl. nur *Heidelbach/Preuße*, BKR 2006, 316, 320; *Hamann*, in: Schäfer/Hamann, Kapitalmarktgesetze, § 16 WpPG Rn. 4; *Lenz/Ritz*, WM 2000, 904, 908; *Seitz*, in: Assmann/Schlitt/von Kopp-Colomb, Prospektrecht Kommentar, Art. 23 ProspektVO Rn. 30; *Elsen/Jäger*, BKR 2009, 190, 191; *Lenz*, in: Just/Voß/Ritz/Zeising, Wertpapierprospektrecht, 2. Aufl. 2023, Art. 23 ProspektVO Rn. 38; *Ritz*, in: Assmann/Lenz/Ritz, VerkProspG, § 11 VerkProspG Rn. 5; *Hüffer*, Das Wertpapier-Verkaufsprospektgesetz, S. 72 (Letztere jeweils zu § 11 VerkProspG a. F.); ähnlich auch *Rauch*, in: Holzborn, WpPG, § 16 Rn. 5.
37 Vgl. dazu noch Erwägungsgrund 5 der Delegierten Verordnung (EU) Nr. 382/2014 vom 7.3.2014 zur Ergänzung der Richtlinie 2003/71/EG des Europäischen Parlaments und des Rates im Hinblick auf technische Regulierungsstandards für die Veröffentlichung eines Prospektnachtrags. Zum Einfluss der Art des Wertpapiers siehe auch *Rauch*, in: Holzborn, WpPG, § 16 Rn. 8.
38 *Ritz*, in: Assmann/Lenz/Ritz, VerkProspG, § 11 VerkProspG Rn. 6f.; unter X.1. der Bekanntmachung des BAWe zum Wertpapier-Verkaufsprospektgesetz vom 6.9.1999, Bundesanzeiger Nr. 177 vom 21.9.1999, S. 16180; *Lenz*, in: Just/Voß/Ritz/Zeising, Wertpapierprospektrecht, 2. Aufl. 2023, Art. 23 ProspektVO Rn. 40, 49; *Müller*, WpPG, § 16 Rn. 3; *Heidelbach*, in: Schwark/Zimmer, KMRK, § 16 WpPG Rn. 12f.; *Seitz*, in: Assmann/Schlitt/von Kopp-Colomb, Prospektrecht Kommentar, Art. 23 ProspektVO Rn. 34.

dass eben **nicht jede Unrichtigkeit oder Veränderung von Umständen von im Prospekt enthaltenen Angaben eine für den Anleger wesentliche Information betrifft und daher nachtragspflichtig wäre**.[39] Dies gilt auch für obligatorische Mindestangaben, d. h. es gibt keine Vermutung, dass jede Unrichtigkeit oder jeder neue Umstand in Bezug auf diese Pflichtangaben wesentlich bzw. wichtig wäre.[40]

Umgekehrt ist zu Recht[41] darauf verwiesen worden, dass der Wortlaut („in Bezug auf die im Prospekt enthaltenen Angaben") unmissverständlich dokumentiert, dass nicht nur Unrichtigkeiten bzw. Veränderungen in Bezug auf obligatorische Prospektangaben relevant für eine eventuelle Nachtragspflicht sind, sondern dies auch freiwillig aufgenommene Informationen betreffen kann, d. h. **relevant ist, was im Prospekt steht, nicht was im Prospekt hätte stehen müssen**. Schließlich verlangt die Formulierung „in Bezug auf die im Prospekt enthaltenen Angaben" zwar einen gewissen sachlichen Zusammenhang der im Nachtrag enthaltenen Informationen mit den bereits im Prospekt dargestellten. Allerdings ist dieser sachliche Zusammenhang weit zu interpretieren; insbesondere kann dieser Wortlaut des Art. 23 nicht ausreichen, um materielle Fragen (Nachtragsfähigkeit bei Erweiterung der Produktpalette; Wechsel oder Ergänzung eines Anbieters, → Rn. 51 ff.) zu beantworten.[42] 24

Dass der Inhalt des Prospekts maßgeblich ist, gilt auch für bereits im Prospekt antizipierte, zukünftige Ereignisse: Sind **bestimmte zukünftige Ereignisse im Prospekt vorweggenommen** (Beispiel: Inhalt eines im Laufe des Angebots noch abzuschließenden Übernahmevertrages) **oder als möglich beschrieben worden** (Beispiel: weitere Klagen aus einem Sachverhalt, zu dem es bereits im Prospekt beschriebene Klagen gibt), löst der Eintritt dieses Ereignisses wegen der im Prospekt enthaltenen Beschreibung eventuell keine Nachtragspflicht aus.[43] Das folgt daraus, dass der Begriff „neu" nicht rein zeitlich zu verstehen ist, sondern ihm auch eine materielle Bedeutung dahingehend zukommt, dass der betreffende Umstand auch gegenüber dem bisherigen Prospektinhalt „neu" sein muss.[44] Dies deckt sich auch mit der Auffassung der BaFin zur Rechtslage unter § 16 WpPG a. F.[45] 25

---

39 A. A. *Chr. Becker*, in: Heidel, Aktienrecht und Kapitalmarktrecht, 5. Aufl. 2019, § 16 WpPG Rn. 4. Die Behauptung *Chr. Beckers*, wenn der betreffende Sachverhalt nicht wesentlich gewesen wäre, wäre er ja wohl nicht freiwillig in den Prospekt aufgenommen worden, trifft in der Praxis nicht zu. Zudem ist – selbst wenn der Sachverhalt als solcher wesentlich wäre – nicht gesagt, dass der neue Umstand oder die Unrichtigkeit in Bezug auf diesen Sachverhalt „wichtig" bzw. „wesentlich" im Sinne von Art. 23 ist.
40 Offensichtliches Beispiel: Falsche Rundung hinter dem Komma beim Bruttoemissionserlös. A. A. noch zur alten Rechtslage *Chr. Becker*, in: Heidel, Aktienrecht und Kapitalmarktrecht, 5. Aufl. 2019, § 16 WpPG Rn. 3.
41 So zutreffend noch zu dem – insoweit gleichlautenden – § 16 WpPG a. F. *Rauch*, in: Holzborn, WpPG, § 16 Rn. 4 a. E.; ebenso für § 11 VerkProspG a. F. *Maas/Voß*, BB 2008, 2302, 2303. A. A. wohl *Ekkenga*, BB 2005, 561, 564.
42 A. A. *Lenz*, in: Just/Voß/Ritz/Zeising, Wertpapierprospektrecht, 2. Aufl. 2023, Art. 23 ProspektVO Rn. 22.
43 A. A. mit Blick auf den Anlegerschutz für die Fälle, in denen mehrere Alternativen einer möglichen Veränderung aufgeführt werden oder aber die Wahrscheinlichkeit des betreffenden Umstands nicht konkret beschrieben wird, *Lenz/Heine*, AG 2019, 451, 453.
44 So zutreffend *Lenz/Heine*, AG 2019, 451, 453.
45 Vgl. auch die BaFin-Präsentation „Workshop: 100 Tage WpPG – Rechtsfragen aus der Anwendungspraxis" vom 3.11.2005, S. 16 („Ausgestaltung der Prospektinformationen kann in Einzelfällen Nachtrag entbehrlich machen"). Ebenso zur Rechtslage unter § 16 WpPG a. F. für den Fall

26 Da sie den Nachtrag nach Art. 23 Abs. 1 UAbs. 2 i.V.m. Art. 20 Abs. 2 UAbs. 1 einzureichen haben, haben **Emittenten, Anbieter oder Zulassungsantragsteller** über die Frage der Nachtragspflicht zu entscheiden.[46] Der zuständigen Behörde stehen aber bei wesentlicher inhaltlicher Unrichtigkeit oder Unvollständigkeit die Eingriffsbefugnisse des Art. 32 Abs. 1 zu. Da die Veröffentlichung eines Nachtrags aus Sicht der Prospektverantwortlichen der Haftungsvermeidung dient, haben auch andere Prospektverantwortliche als Emittenten, Anbieter oder Zulassungsantragsteller eventuell ein fundamentales Interesse an der Veröffentlichung eines Nachtrags.[47]

27 Für den Fall, dass **der endgültige Emissionskurs und das endgültige Emissionsvolumen** nicht im gebilligten Prospekt enthalten sind (vgl. Art. 17), bestimmt Art. 17 Abs. 2, dass der Emittent, Anbieter oder Zulassungsantragsteller diese Angaben gemäß den Bestimmungen des Art. 21 Abs. 2 der Öffentlichkeit zur Verfügung stellt. Schon aus dieser Spezialregelung wird deutlich, dass dies nicht in Form eines Nachtrags zu geschehen hat (→ Art. 17 Rn. 1 ff.).[48] Das Nichtbestehen einer Nachtragspflicht erstreckt sich dann auch auf **weitere, sich daraus ableitende preisabhängige Angaben** wie z.B. Höhe des Emissionserlöses bzw. der Bankenprovision oder Tabellen zur Kapitalisierung und Verschuldung.[49] Der endgültige Emissionspreis und das daraus folgende Emissionsvolumen wer-

---

von im Prospekt vorbehaltenen Leistungsbestimmungsrechten *Heidelbach*, in: Schwark/Zimmer, KMRK, § 16 WpPG Rn. 25. Restriktiver *Friedl/Ritz*, in: Just/Voß/Ritz/Zeising, WpPG, 1. Aufl. 2009, § 16 Rn. 35, und *Maas/Voß*, BB 2008, 2302, 2306 (zu § 11 VerkProspG a.F.), wonach eine erwartete Veränderung nur dann keine Nachtragspflicht auslöst, wenn eine bestimmte Änderung anlagerelevanter Umstände einschließlich ihrer Auswirkung auf die durch die Vermögensanlage zu erzielenden wirtschaftlichen Ergebnisse im Verkaufsprospekt bereits im vollumfänglichen Detail konkret beschrieben wurde und die Änderung dann auch im beschriebenen Umfang eintritt. Zutreffend weisen sie dagegen darauf hin, dass eine Nachtragspflicht besteht, wenn der Verkaufsprospekt den zukünftigen Eintritt einer Veränderung zwar vorhersagt, deren Eintrittswahrscheinlichkeit und Folgen für die Vermögensanlage und die Anleger aber nicht hinreichend konkret beschrieben worden sind (so auch Auslegungsschreiben der BaFin zur Prospektpflicht für Vermögensanlagen-Verkaufsprospekte i.d.F. vom 30.6.2005, Nr. 7). Scheinbar weitergehend als *Friedl/Ritz*, diese aber zitierend *Seitz*, in: Assmann/Schlitt/von Kopp-Colomb, Prospektrecht Kommentar, Art. 23 ProspektVO Rn. 36 für den Fall der Entbehrlichkeit eines weiteren Nachtrags, wenn derartige zukünftige Umstände im ersten Nachtrag „angelegt" seien.

46 Nach *Rauch*, in: Holzborn, WpPG, § 16 Rn. 5, besteht insoweit ein „Ermessensspielraum".
47 Daher sichern sich die begleitenden Konsortialbanken zum Beispiel ihre Interessen im Hinblick auf die Erstellung und Veröffentlichung eines Nachtrags über die Verpflichtungen des Emittenten bzw. veräußernden Aktionärs im Underwriting Agreement ab.
48 Vgl. statt aller *Apfelbacher/Metzner*, BKR 2006, 81, 87; *Schlitt/Singhof/Schäfer*, BKR 2005, 251, 252; *Groß*, Kapitalmarktrecht, Art. 23 ProspektVO Rn. 16; *Schanz/Schalast*, HfB – Working Paper Series No. 74, 2005, S. 40; *Lenz*, in: Just/Voß/Ritz/Zeising, Wertpapierprospektrecht, 2. Aufl. 2023, Art. 23 ProspektVO Rn. 101; *Hamann*, in: Schäfer/Hamann, Kapitalmarktgesetze, § 16 WpPG Rn. 12; *Schlitt*, in: Habersack/Mülbert/Schlitt, Kapitalmarktinformation, § 5 Rn. 24 f.; *Meyer*, in: Habersack/Mülbert/Schlitt, Unternehmensfinanzierung, § 36 Rn. 90; inzwischen auch *Rauch*, in: Holzborn, WpPG, § 16 Rn. 14.
49 So noch zur alten Rechtslage auch *Apfelbacher/Metzner*, BKR 2006, 81, 87 mit näherer Begründung; *Meyer*, in: Habersack/Mülbert/Schlitt, Unternehmensfinanzierung, § 36 Rn. 90; *Schlitt*, in: Habersack/Mülbert/Schlitt, Kapitalmarktinformation, § 5 Rn. 24 f. (Fn. 27); inzwischen auch *Rauch*, in: Holzborn, WpPG, § 16 Rn. 14. Wie auch bei *Groß*, Kapitalmarktrecht, Art. 23 ProspektVO Rn. 16, sollten Hauptargumente hier allerdings sein, dass der Prospekt schon Angaben auf Basis des Mittelwerts der Preisspanne und/oder oberes/unteres Ende der Preisspanne enthält und andernfalls die vom Gesetzgeber beabsichtigte Privilegierung konterkariert würde. Vgl. auch

III. Bestehen einer Nachtragspflicht (Art. 23 Abs. 1 UAbs. 1) **Art. 23 ProspektVO**

den aber vom Emittenten (auch) eine **Ad-hoc-Mitteilung nach Art. 17 der Marktmissbrauchsverordnung**[50] verlangen.[51] Fraglich ist, ob diese Ad-hoc-Mitteilung bereits als solche die Anforderungen des Art. 21 Abs. 2 erfüllt oder der Emittent/Anbieter/Zulassungsantragsteller hierfür separat Sorge tragen muss. Wie unter der früheren Rechtslage ist grundsätzlich – anders als in der Literatur vertreten[52] – Letzteres der Fall, da die Verteilung über die Kanäle einer Ad-hoc-Mitteilung noch nicht eine Zurverfügungstellung in der nach Art. 17 Abs. 2 i.V.m. Art. 21 Abs. 2 vorgesehenen Art und Weise darstellt. Denn Art. 21 Abs. 2 bestimmt für die Veröffentlichung des Prospektes und damit auch für die Veröffentlichung des endgültigen Emissionspreises und des endgültigen Emissionsvolumens – wie früher § 8 Abs. 1 Satz 6 WpPG a. F. i.V.m. § 14 Abs. 2 WpPG a. F. – die Veröffentlichung auf der Website des Emittenten, der platzierenden oder verkaufenden Finanzintermediäre oder des Marktes, an dem die Zulassung beantragt wurde. Art. 17 MAR setzt dagegen eine Veröffentlichung in dem amtlich bestellten System gemäß Art. 21 der Transparenzrichtlinie[53] – in Deutschland über die EQS Group AG[54] – voraus. Allerdings sieht Art. 17 Abs. 1 UAbs. 2 Satz 3 MAR auch eine zwingende Veröffentlichung der Ad-hoc-Mitteilungen auf der Website des Emittenten vor, was den genannten Voraussetzungen des Art. 21 Abs. 2 dann genügt. Erst durch diese Veröffentlichung – und nicht bereits durch die Ad-hoc-Mitteilung selbst – werden also die Anforderungen des Art. 21 Abs. 2 für die Veröffentlichung des endgültigen Emissionspreises und des endgültigen Emissionsvolumens erfüllt. Die vorgenannten Aussagen zu den rechtlichen Verpflichtungen bezüglich der Veröffentlichung des endgültigen Emissionspreises/Emissionsvolumens gelten selbstverständlich auch (insbesondere keine Nachtragspflicht) im Rahmen des sog. Decoupled Bookbuilding (→ Rn. 8 ff.).[55]

Bei Bezugsrechtskapitalerhöhungen hat das Transparenz- und Publizitätsgesetz im Jahr 2002 die Möglichkeit geschaffen, den **endgültigen Bezugspreis nach § 186 Abs. 2 AktG** 28

BaFin-Präsentation „Workshop: 100 Tage WpPG – Rechtsfragen aus der Anwendungspraxis" vom 3.11.2005, S. 16 („Ausgestaltung der Prospektinformationen kann in Einzelfällen Nachtrag entbehrlich machen"). A. A. *Chr. Becker*, in: Heidel, Aktienrecht und Kapitalmarktrecht, 5. Aufl. 2019, § 16 WpPG Rn. 7 („Deshalb wird regelmäßig neben der Veröffentlichung des endgültigen Emissionspreises und des Emissionsvolumens gemäß § 8 Abs. 1 Satz 6 auch zusätzlich die Veröffentlichung eines Nachtrags erforderlich sein.") und wohl auch *Hamann*, in: Schäfer/Hamann, Kapitalmarktgesetze, § 16 WpPG Rn. 12. Die Ansicht *Chr. Beckers* ist wegen der vorgenannten Argumente nicht haltbar. Sie würde zudem wegen des dann jedes Mal unmittelbar nach Preisfestsetzung mit Nachtragsveröffentlichung eintretenden Widerrufsrechts jegliche Platzierung unmöglich machen.

50 Verordnung (EU) Nr. 596/2014 des Europäischen Parlaments und des Rates vom 16.4.2014 über Marktmissbrauch (Marktmissbrauchsverordnung) und zur Aufhebung der Richtlinie 2003/6/EG des Europäischen Parlaments und des Rates und der Richtlinien 2003/124/EG, 2003/125/EG und 2004/72/EG der Kommission, ABl. L 173/1 vom 12.6.2014.
51 Siehe *Lenz*, in: Just/Voß/Ritz/Zeising, Wertpapierprospektrecht, 2. Aufl. 2023, Art. 23 Prospekt-VO Rn. 108; *Parmentier*, NZG 2007, 407, 413.
52 *Parmentier*, NZG 2007, 407, 413.
53 Richtlinie 2004/109/EG des europäischen Parlaments und des Rates vom 15.12.2004 zur Harmonisierung der Transparenzanforderungen in Bezug auf Informationen über Emittenten, deren Wertpapiere zum Handel auf einem geregelten Markt zugelassen sind, und zur Änderung der Richtlinie 2001/34/EG, ABl. 2004 L 390, S. 38.
54 https://www.eqs-news.com/; vgl. auch *Poelzig* in: Ebenroth/Boujong/Joost/Strohn, HGB, Art. 17 Marktmissbrauchs-VO Rn. 18.
55 So auch *Groß*, Kapitalmarktrecht, Art. 23 ProspektVO Rn. 16.

erst drei Tage vor Ablauf der Bezugsfrist bekannt zu machen. Soweit davon Gebrauch gemacht wird und im vor Beginn der Bezugsfrist gebilligten Prospekt lediglich die Grundlagen für die Festlegung des Ausgabebetrags oder ein Höchstpreis des Bezugspreises mit Hinweis auf einen ggf. vorzunehmenden marktüblichen Abschlag enthalten sind, bedarf es für den während der Bezugsfrist festgelegten Bezugspreis keines Nachtrags. Vielmehr ist parallel zu dem Vorgesagten eine Bekanntmachung nach Art. 17 Abs. 2 i.V.m. Art. 21 Abs. 2 ausreichend, da dieser Fall ebenfalls direkt unter Art. 17 Abs. 1 subsumierbar ist.[56] Die BaFin vertrat zur – insoweit aber nicht wesentlich verschiedenen – alten Rechtslage jedenfalls für den Fall, dass im Prospekt ein Höchstpreis nach Art. 17 Abs. 1 lit. b Ziff. i angegeben ist, ebenfalls die Auffassung, dass dies nicht nachtragspflichtig sei, wenn aus dem Prospekt deutlich werde, wie sich der niedrigere Bezugspreis gegenüber dem angegebenen Höchstpreis auf die preisabhängigen Prospektangaben (wie etwa Verwässerung, Nettoemissionserlös, Kapitalisierung und Verschuldung) auswirken würde.[57]

2. Möglichkeit der Beeinflussung der Beurteilung der Wertpapiere

29 Ein Nachtrag ist zu erstellen, falls Angaben betroffen sind, die die Bewertung der Wertpapiere beeinflussen können. Damit ist ausreichend, dass die **Möglichkeit zur Beeinflussung der Bewertung** besteht.[58] Der Wortlaut des Art. 23 erweitert die Nachtragspflicht daher im Anschluss an § 16 Abs. 1 Satz 1 WpPG a. F. im Vergleich zu den Regelungen zur Prospekthaftung in § 9 Abs. 1 WpPG, § 20 Abs. 1 VermAnlG und § 12 Abs. 1 WpÜG (sowie § 44 Abs. 1 BörsG a. F. und § 13 Abs. 1 VerkProspG a. F.), bei denen auf „für die Beurteilung [der Wertpapiere/der Vermögensanlagen/des Angebots] wesentliche Angaben" abgestellt wird, erheblich.

30 Aus dem Wortlaut des Art. 23 („festgestellt") ergibt sich aber auch, dass der neue Umstand bzw. die Unrichtigkeit andererseits feststehen muss, d. h. **ein möglicher neuer Umstand bzw. eine mögliche Unrichtigkeit** verpflichtet nicht zu einem Nachtrag.

---

56 Ebenso *Schlitt/Schäfer*, AG 2008, 525, 532; *Schanz/Schalast*, HfB – Working Paper Series No. 74, 2005, S. 40 (dort Fn. 144); *Hamann*, in: Schäfer/Hamann, Kapitalmarktgesetze, § 16 WpPG Rn. 10; jetzt auch *Groß*, Kapitalmarktrecht, Art. 23 ProspektVO Rn. 16. Vgl. auch die Prospekte der Deutsche Wohnen AG zu den Bezugsrechtskapitalerhöhungen vom 14.11.2011, 11.6.2012 und 20.5.2015 sowie die dazugehörigen, den Bezugspreis festsetzenden Ad-hoc-Mitteilungen vom 24.11.2011, 19.6.2012 und 27.5.2015; außerdem die Ad-hoc-Mitteilung der Premiere AG vom 18.9.2007 (Festlegung des Bezugspreises) mit Bezug zum Prospekt vom 7.9.2007.
57 BaFin-Workshop 2009, Ausgewählte Rechtsfragen zum Nachtragsrecht, Präsentation vom 9.11.2009, S. 9 (noch zu § 8 Abs. 1 WpPG a. F.). Die BaFin hat damit ursprünglich bestehende Bedenken gegen das Nichtbestehen der Nachtragspflicht beim aktienrechtlichen TransPuG-Verfahren zu Recht aufgegeben. Allerdings muss dies nicht nur gelten, wenn ein Höchstpreis nach – nun – Art. 17 Abs. 1 lit. b i) im Prospekt festgelegt wurde, sondern auch wenn „nur" die Kriterien oder Bedingungen angegeben werden, anhand derer der endgültige Bezugspreis ermittelt wird. Denn Art. 17 Abs. 1 lit. b i) und ii) stehen nicht in einem Rangverhältnis zueinander. Die weiteren von der BaFin geforderten Angaben zu Verwässerung, Nettoemissionserlös, Kapitalisierung und Verschuldung lassen sich bei einem börsennotierten Unternehmen unter Bezugnahme auf einen (oder, um die Sensitivitäten darzulegen, mehrere) Referenzaktienkurs(e) darstellen und können somit im ursprünglich gebilligten Prospekt bereits enthalten sein. Gleichzeitig hat die BaFin festgehalten, dass es nachtragspflichtig ist, wenn der endgültige Bezugspreis über dem im Prospekt nach – nun – Art. 17 Abs. 1 lit. b i) enthaltenen Höchstpreis liegt.
58 *Lenz/Heine*, AG 2019, 451, 455.

3. Kein Berichtigungsrecht per Nachtrag bei Unwesentlichkeit

Art. 23 statuiert eine Aktualisierungspflicht bei wichtigen neuen Umständen bzw. eine Berichtigungspflicht bei wesentlichen Unrichtigkeiten. Umgekehrt steht ein Nachtrag aber auch *nur* für derartige wichtige neue Umstände bzw. wesentliche Unrichtigkeiten zur Verfügung, d. h. soweit es sich um einen **unwichtigen neuen Umstand oder eine unwesentliche Unrichtigkeit** handelt, muss nicht nur kein Nachtrag bei der zuständigen Behörde eingereicht werden, es *darf* auch kein Nachtrag erstellt, gebilligt und veröffentlicht werden.[59] Die ProspektVO kennt also **kein** über die Pflicht nach Art. 23 hinausgehendes **Berichtigungsrecht per Nachtrag** des Emittenten/Anbieters/Zulassungsantragstellers auf freiwilliger Basis.[60]

31

Der Emittent/Anbieter/Zulassungsantragsteller ist aber bei Nichtvorliegen der Tatbestandsvoraussetzungen des Art. 23 nicht gehindert, eine **sonstige Veröffentlichung** vorzunehmen, um z. B. die Unrichtigkeit klarzustellen. Das bestätigt auch explizit die **ESMA-Questions and Answers**, die sich in einer Frage-Antwort spezifisch mit dieser Problematik befassen.[61] Kommt der Emittent/Anbieter/Zulassungsantragsteller zu dem Schluss, dass kein Nachtrag erforderlich ist, scheint eine solche Veröffentlichung auch aus Haftungsgründen (vgl. Berichtigungsmöglichkeit nach § 12 Abs. 2 Nr. 4 WpPG)[62] nicht notwendigerweise angezeigt, denn schon aufgrund der ähnlichen Formulierung der Tatbestände sollte im Regelfall ein Gleichlauf zwischen der Frage der Nachtragspflicht (bzw. dem Recht des Emittenten/Anbieters/Zulassungsantragstellers zur Einreichung und Billigung eines Nachtrags) nach Art. 23 und der drohenden Prospekthaftung nach §§ 8 ff. WpPG bestehen[63] oder jedenfalls die Prospekthaftung nicht über die Nachtragspflicht hinausgehen, → Rn. 29. Umgekehrt ändert die Veröffentlichung des Nachtrags selbstverständlich nichts an Prospekthaftungsansprüchen, die Anleger aufgrund von vor der Veröffentlichung des Nachtrags getroffenen Investitionsentscheidungen erlitten haben.

32

---

59 So auch *Lenz/Heine*, AG 2019, 451, 455; *Rauch*, in: Holzborn, WpPG, § 16 Rn. 7 und 13; *Hamann*, in: Schäfer/Hamann, Kapitalmarktgesetze, § 16 WpPG Rn. 4; *Lenz*, in: Just/Voß/Ritz/Zeising, Wertpapierprospektrecht, 2. Aufl. 2023, Art. 23 ProspektVO Rn. 50 ff.; *Wiegel*, Die Prospektrichtlinie und Prospektverordnung, S. 365. Scheinbar anders *Heidelbach*, in: Schwark/Zimmer, KMRK, § 16 WpPG Rn. 27, wobei dort insbesondere auf die Aktualisierung außerhalb der gesetzlichen Nachtragspflicht abgestellt wird; für diese Aktualisierung während der Gültigkeitsdauer des Prospekts ist es in der Tat zutreffend, dass es auf die Wesentlichkeit des neuen Umstands nicht ankommt.
60 A. A. *Keunecke*, Prospekte im Kapitalmarkt, S. 296, der ein Recht des Anbieters/Zulassungsantragstellers behauptet, nicht wesentliche Nachträge ohne Weiteres, insbesondere ohne Billigungsverfahren, vorzunehmen. Es empfehle sich jedoch, den geänderten Prospekt der BaFin zur Kenntnis und zum Verbleib bei ihren Akten zu übermitteln. Diese Ansicht ist, wie oben dargelegt, schlicht unzutreffend.
61 Vgl. ESMA, Questions and Answers on the Prospectus Regulation (Version 10 v. 27.7.2021), Antwort zu Frage 8.2. So auch *Heidelbach*, in: Schwark/Zimmer, KMRK, § 16 WpPG Rn. 21.
62 *Groß*, Kapitalmarktrecht, Art. 23 ProspektVO Rn. 35, leitet die Möglichkeit zur Korrektur unwesentlicher Prospektmängel durch Berichtigung aus „erweiternder Auslegung" her. Siehe dort auch allgemein zum Verhältnis der beiden Vorschriften Rn. 20.
63 Während Art. 23 Abs. 1 UAbs. 1 von wichtigen oder wesentlichen „Umständen" spricht, bezieht sich § 9 Abs. 1 Satz 1 WpPG auf wesentliche „Angaben", vgl. auch *Lenz/Heine*, AG 2019, 451, 455.

Art. 23 ProspektVO Nachträge zum Prospekt

33 Wegen des Billigungserfordernisses des Nachtrags sind vorgenannte „sonstige Veröffentlichungen", insbesondere **Berichtigungen nach § 12 Abs. 2 Nr. 4 WpPG**, von Nachträgen im Sinne der ProspektVO **abzugrenzen**. Derartige Berichtigungen erfordern keine Billigung der zuständigen Behörde. Zwar führen sie zu einem Ausschluss eines potenziellen Prospekthaftungsanspruchs aus §§ 8 ff. WpPG (Haftungsausschlussgrund, vgl. Formulierung des § 12 Abs. 2 WpPG: „Ein Anspruch nach den §§ 9 oder 10 besteht nicht, [...]"), sie gestalten jedoch den Prospekt (im wertpapierprospektrechtlichen Sinne) nicht als solchen formell um, da dies nur im Wege eines von der zuständigen Behörde gebilligten Nachtrags möglich ist.[64] Abgesehen davon stehen aber die Nachtragspflicht nach Art. 23 und die Berichtigungsmöglichkeit nach § 12 Abs. 2 Nr. 4 WpPG jedenfalls für einen bestimmten Zeitraum (d. h. bis zum Ende der Nachtragspflicht) nebeneinander.[65] Dass die Berichtigung nach § 12 Abs. 2 Nr. 4 WpPG keine Widerrufsmöglichkeit der Anleger auslöst, bietet dennoch keine Möglichkeit zur Umgehung für den Emittenten/Anbieter/Zulassungsantragsteller. Denn er hat kein Wahlrecht zwischen Nachtrag nach Art. 23 und Berichtigung nach § 12 Abs. 2 Nr. 4, da er – wenn Art. 23 tatbestandlich erfüllt ist – verpflichtet ist, einen Nachtrag zur Billigung einzureichen (allerdings → Rn. 112 dazu, dass § 24 WpPG den Fall des nicht eingereichten Nachtrags nach Art. 23 Abs. 1 UAbs. 1 nicht erfasst).[66]

34 Unabhängig von dieser Abgrenzung von Nachtragspflicht und Berichtigungsmöglichkeit ist zu beachten, dass der Emittent/Anbieter/Zulassungsantragsteller den Prospekt auch **nur so verwenden** darf, **wie** er **gebilligt** wurde (→ Art. 21 Rn. 48). Daraus folgt, dass der Emittent/Anbieter/Zulassungsantragsteller unwichtige neue Umstände nicht einfach im gebilligten Prospekt ergänzen und insbesondere auch unwesentliche Unrichtigkeiten nicht einfach ausbessern und in der Folge den ergänzten bzw. korrigierten Prospekt für das Angebot verwenden darf. Kombiniert mit der nicht bestehenden Billigungsmöglichkeit hat das wiederum zur Folge, dass der Prospekt mit etwaigen Rechtschreibfehlern oder Rechenfehlern (soweit die Rechenfehler unwesentlich sind) oder anderen offensichtlichen Unrichtigkeiten weiter so verwendet werden muss.[67]

35 In Zweifelsfällen wird allerdings die zuständige Behörde in der Praxis die Entscheidung des Emittenten/Anbieters/Zulassungsantragstellers, einen Nachtrag veröffentlichen zu wollen, nicht inhaltlich hinterfragen (soweit nicht offensichtlich die Voraussetzungen des Art. 23 Abs. 1 Satz 1 nicht gegeben sind). Dennoch muss auch der Emittent/Anbieter/Zulassungsantragsteller die Vor- und Nachteile abwägen. Denn entscheidet er sich vorschnell zu einem Nachtrag bei einem Grenzfall, setzt er auch einen gewissen **Standard für in diesem Prospektfall anzuwendende Maßstäbe für Nachträge**, d. h. treten ähnlich schwerwiegende Umstände im Laufe des Billigungsverfahren nochmals auf, wird der

---

[64] *Lenz/Heine*, AG 2019, 451, 457; *Lenz*, in: Just/Voß/Ritz/Zeising, Wertpapierprospektrecht, 2. Aufl. 2023, Art. 23 ProspektVO Rn. 54; a. A. *Hamann*, in: Schäfer/Hamann, Kapitalmarktgesetze, §§ 44/45 BörsG Rn. 274; *Stephan*, AG 2002, 3, 12; *Assmann*, in: Assmann/Lenz/Ritz, VerkProspG, § 13 VerkProspG Rn. 45 m. w. N. („nachträgliche Herstellung eines richtigen Prospekts").

[65] Siehe *Seitz*, in: Assmann/Schlitt/von Kopp-Colomb, Prospektrecht Kommentar, Art. 23 ProspektVO Rn. 21 und sehr ausführlich zum Verhältnis von Nachtragspflicht und Berichtigungsmöglichkeit *Lenz*, in: Just/Voß/Ritz/Zeising, Wertpapierprospektrecht, 2. Aufl. 2023, Art. 23 ProspektVO Rn. 54; ebenfalls ausführlich *Groß*, Kapitalmarktrecht, Art. 23 ProspektVO Rn. 34.

[66] *Lenz/Heine*, AG 2019, 451, 457.

[67] *Rauch*, in: Holzborn, WpPG, § 16 Rn. 13.

Emittent/Anbieter/Zulassungsantragsteller Schwierigkeiten haben, nunmehr zu argumentieren, dass diese Umstände von vergleichbarer Bedeutung unwichtig seien und keine Nachtragspflicht auslösten.

Ungeklärt ist schließlich die Frage, ob der Emittent/Anbieter/Zulassungsantragsteller berechtigt ist, **„bei Gelegenheit eines Nachtrags"**, d.h. falls wegen eines neuen Umstands oder einer Unrichtigkeit eine Nachtragspflicht nach Art. 23 besteht, auch unwesentliche Unrichtigkeiten in diesem Nachtrag zu berichtigen oder unwichtige neue Umstände in diesen Nachtrag einzufügen. Aus Anlegerschutzgesichtspunkten spricht nichts dagegen, diese Möglichkeit zu nutzen. Da hier tatbestandlich Art. 23 auch erfüllt ist, also der Wortlaut des Art. 23 nicht entgegensteht, kann dem Emittenten/Anbieter/Zulassungsantragsteller daher wohl zugestanden werden, den Nachtrag entsprechend zu erweitern.[68] Nach anderer Ansicht[69] ist eine solche Vorgehensweise dagegen nicht möglich, da es für den Anleger andernfalls nicht eindeutig sei, aufgrund welcher Angaben der Nachtrag erstellt worden sei. Das trifft allerdings schon deshalb nicht zu, weil es sich etabliert hat, am Anfang des Nachtrags die materiellen Punkte aufzulisten, die zu dem Nachtrag geführt haben (→ Rn. 97 ff., insbesondere Rn. 101). Auch Erwägungsgrund 3 der technischen Regulierungsstandards für die Veröffentlichung eines Prospektnachtrags[70] forderte genau dies (→ Rn. 14 und Rn. 55 ff.). Danach sollte ein Nachtrag „auch alle wesentlichen Informationen in Bezug auf die Situationen, die jeweils zur Erstellung des Nachtrags geführt haben und [...] in den Prospekt aufgenommen werden müssen" umfassen, also erklären, welche Unrichtigkeit bzw. welcher Umstand zur Erstellung des Nachtrags geführt hat. Jedenfalls in der hier beschriebenen Konstellation dürfte eine solche Klarstellung dann aber auch regelmäßig geboten sein. Teils wurde auch gefordert, auf die Unwesentlichkeit im Nachtrag explizit hinzuweisen.[71]

4. Besondere Fragestellungen hinsichtlich des Bestehens einer Nachtragspflicht

Neben den vorgenannten grundsätzlichen Auslegungsfragen haben sich einige besondere Fragestellungen im Zusammenhang mit der Nachtragspflicht herausgebildet. Diese können zwei grundlegenden Kategorien zugeordnet werden: der **systematischen Abgrenzung des Instituts des Nachtrags von anderen Gestaltungsformen der ProspektVO** (siehe dazu nachfolgend → Rn. 38 ff.) und **spezielle Einzelfälle** im Zusammenhang mit dem Bestehen oder Nichtbestehen einer Nachtragspflicht (siehe dazu nachfolgend → Rn. 55 ff.).

---

68 So auch *Seitz*, in: Assmann/Schlitt/von Kopp-Colomb, Prospektrecht Kommentar, Art. 23 ProspektVO Rn. 27 und Rn. 52.
69 *Rauch*, in: Holzborn, WpPG, § 16 Rn. 7.
70 Delegierte Verordnung (EU) Nr. 382/2014 vom 7.3.2014 zur Ergänzung der Richtlinie 2003/71/EG des Europäischen Parlaments und des Rates im Hinblick auf technische Regulierungsstandards für die Veröffentlichung eines Prospektnachtrags.
71 So *Lawall/Maier*, DB 2012, 2503, 2506.

a) Keine Nachtragsmöglichkeit aufgrund der Gesamtkonzeption der Prospektverordnung

38 Auf der einen Seite ist ein Prospekt nach Art. 12 Abs. 1 nach seiner Billigung zwölf Monate lang für öffentliche Angebote oder Zulassungen zum Handel an einem geregelten Markt gültig (sofern er um gegebenenfalls erforderliche Nachträge ergänzt wird). Auf der anderen Seite ist es richtig, dass die Möglichkeiten zur Ergänzung des Prospekts per Nachtrag insofern begrenzt sind, als der Emittent/Anbieter/Zulassungsantragsteller nicht extensive Nachträge zu einem gebilligten Prospekt erstellen kann, durch die der (nachgetragene) Prospekt einem gänzlich anderen Zweck dient als zuvor ursprünglich geplant.[72] Andernfalls würden die Vorschriften über die Einreichung und Billigung eines (neuen) Prospekts, insbesondere auch die Fristen des Art. 20 Abs. 2 und Abs. 3 zur Prüfung eines Prospekts, die deutlich länger sind als die Fristen zur Prüfung eines Nachtrags nach Art. 23 Abs. 1 UAbs. 2, umgangen.[73] Insofern ist aus systematischen Gründen insbesondere eine **Abgrenzung** erforderlich, **wann das Institut des Nachtrags nicht mehr verwendet werden kann (Nachtragsfähigkeit)**.

39 Aufgrund der Systematik der Art. 12 Abs. 1 und Art. 23 kann diese Abgrenzung aber nur bedeuten, dass **grundsätzlich eine Nachtragsmöglichkeit** besteht, die **nur ausnahmsweise dann nicht** gegeben ist, **wenn** durch den Nachtrag quasi ein **Aliud zum ursprünglich gebilligten Prospekt entstehen würde**, der nicht ohne vollständige (neue) Prüfung der zuständigen Behörde für öffentliche Angebote zur Verfügung stehen sollte. Das bedeutet konkret (wobei die hier erörterte Frage des grundsätzlichen Bestehens einer **Nachtragsfähigkeit** gedanklich zu trennen ist von der **Nachtragspflichtigkeit**, also der Frage, ob bei Bestehen einer solchen Möglichkeit tatsächlich überhaupt ein Nachtrag **erforderlich** ist, → Rn. 55 ff. für Einzelfälle):

aa) Aufstockungen der Anzahl der angebotenen Wertpapiere

40 Es ist die Ansicht vertreten worden, dass das **ursprüngliche Emissionsvolumen – jedenfalls wenn als Prospektformat ein Einzelprospekt nach § 12 Abs. 1 Satz 1 WpPG a. F. genutzt wurde – nicht im Wege eines Nachtrags aufgestockt werden dürfe**.[74] Unter „Aufstockung" ist eine „Ausweitung des Emissionsvolumens einer bereits zuvor begebenen Emission durch Ausgabe weiterer Wertpapiere mit identischer technischer und rechtlicher Ausstattung, z.B. hinsichtlich ISIN, Stückelung, Verzinsung und Zinslauf" zu verstehen.[75] Dieser Fall ist zu unterscheiden von sog. Greenshoe-Optionen, bei denen schon im Prospekt eine Mehrzuteilung von Aktien durch die Konsortialbanken vorgesehen ist

---

72 Vgl. auch ESMA, Questions and Answers on Prospectuses (30th updated version – April 2019), Antwort zu Frage 34, weitergeltend nach ESMA, Questions and Answers on the Prospectus Regulation (Version 12 v. 3.2.2023), Antwort zu Frage 2.1.
73 *Rauch*, in: Holzborn, WpPG, 1. Aufl. 2008, § 16 Rn. 6, die allerdings beim Abgrenzungskriterium darauf abstellen will, ob es sich um geänderte Umstände bzw. Unrichtigkeiten handelt, die die Beurteilung der in dem Prospekt dargestellten Wertpapiere beeinflussen.
74 *Rauch*, in: Holzborn, WpPG, § 16 Rn. 10 unter Hinweis darauf, dass die Luxemburger Aufsichtsbehörde bei öffentlichen Angeboten Aufstockungen durch Nachtrag nicht beanstandet habe; *Müller*, WpPG, § 16 Rn. 5; *Seitz*, in: Assmann/Schlitt/von Kopp-Colomb, WpPG/VerkProspG, 2. Aufl. 2010, § 16 WpPG Rn. 60.
75 *Heidelbach/Preuße*, BKR 2008, 10, 12; *Lenz*, in: Just/Voß/Ritz/Zeising, Wertpapierprospektrecht, 2. Aufl. 2023, Art. 23 ProspektVO Rn. 126.

(und die betreffenden Aktien daher von Anfang an mit angeboten werden), und von dem in Art. 17 Abs. 1 beschriebenen Fall, dass das Emissionsvolumen im Prospekt noch nicht genannt werden kann (→ Rn. 27), sowie von der Frage, ob ein Prospekt auch für ein gänzlich neues Angebot verwendet werden kann (→ Rn. 5 f.). Nachdem die **BaFin** ursprünglich (mit gewissen Einschränkungen) auch diese restriktive Auffassung vertreten hatte,[76] **lässt sie inzwischen eine Aufstockung (oder auch eine Verringerung) der Anzahl der angebotenen neuen und/oder bestehenden Aktien sowie der Anzahl der insgesamt mit einem Prospekt zuzulassenden Aktien durch Nachtrag zu**, wenn es sich **innerhalb desselben Angebots oder derselben Zulassung um Aktien mit identischer Ausstattung** handelt.[77] Bei dem Nachtrag müssen außerdem insbesondere die Angaben aktualisiert werden, die in Abhängigkeit von der Anzahl der angebotenen Aktien stehen (z. B. Angaben zur Verwässerung, Angaben zu den Brutto- und Nettoerlösen und zur Erlösverwendung, mögliche Angaben zur künftigen Kapitalisierung und Verschuldung sowie zur künftigen Aktionärsstruktur). Jedenfalls für den Fall, dass schon der Prospekt eine solche Aufstockung vorsieht (sog. „Upsize-Option"), existieren auch schon Fallbeispiele gebilligter Prospekte.[78] Dabei ist festzuhalten, dass die hier erörterte Frage der **Nachtragsfähigkeit** nicht gleichzusetzen ist mit der **tatsächlichen Erforderlichkeit eines Nachtrags** (→ Rn. 68 ff.), wie sich an der Ausübung der Upsize-Option z. B. durch die Cherry AG im Wege einer (bloßen) Ad-hoc-Mitteilung zeigt (→ Rn. 68 ff.).[79] In der Praxis der BaFin besteht dabei zu Recht keine prozentuale Obergrenze, immerhin wurde im Rahmen des Prospektes der Hapag-Lloyd Aktiengesellschaft vom 14.10.2015 eine Upsize-Option gebilligt, die eine Erhöhung der im Rahmen des Secondary Placement zu platzierenden Altaktien von Null auf rund 2,3 Millionen vorsah. Die Gegenauffassung wird zum einen damit begründet, dass ein Prospekt sich auf ein konkretes Angebot beziehe und, wenn dieses abverkauft sei, ein neuer Prospekt zu erstellen sei.[80] Zum anderen habe der Anbieter, wenn es sich um einen Basisprospekt handelte, neue endgültige Bedingungen zu erstellen und diese zu veröffentlichen; insofern gebe es zwar eine Lösung für den Fall des dreiteiligen Prospekts, dies sei aber bei einem einteiligen Prospekt gerade nicht möglich.[81] Teils wurde auch unter Berufung auf § 3 Abs. 1 Satz 2 WpPG a. F. darauf abgestellt, dass dieser nur für den Fall eines öffentlichen Angebots die Berufung auf einen bereits veröffentlichten Prospekt erlaube, während diese Argumentation mangels entsprechender Regelung in § 3 Abs. 4 WpPG a. F. nicht möglich sei.

---

76 Darstellung bei *Lenz*, in: Just/Voß/Ritz/Zeising, Wertpapierprospektrecht, 2. Aufl. 2023, Art. 23 ProspektVO Rn. 129 f.
77 So früher explizit zu finden unter Abschnitt II.5.b) „Nachträge" auf der Website der BaFin unter Prospekterstellung und Billigungsverfahren. In den gegenwärtigen Erläuterungen zum Prospekterstellungs- und Billigungsverfahren auf der BaFin-Website (Stand: 4.9.2023) finden sich diese Ausführungen nicht mehr.
78 Vgl. etwa die Prospekte der TeamViewer AG vom 11.9.2019, der PharmaSGP Holding SE vom 8.6.2021 und der Cherry AG vom 15.6.2021.
79 Vgl. Ad-hoc-Mitteilung der Cherry AG vom 23.6.2021.
80 *Rauch*, in: Holzborn, WpPG, § 16 Rn. 10.
81 *Rauch*, in: Holzborn, WpPG, § 16 Rn. 10. Diese Aussage bezieht sich auf den Fall, dass der entsprechende Basisprospekt noch gültig ist; soweit dies nicht der Fall ist, müssen die Emissionsbedingungen per Verweis nach § 11 WpPG a. F. (mittlerweile Art. 19) in einen neuen Basisprospekt einbezogen werden, vgl. näher *Lenz*, in: Just/Voß/Ritz/Zeising, Wertpapierprospektrecht, 2. Aufl. 2023, Art. 23 ProspektVO Rn. 128.

Art. 23 ProspektVO Nachträge zum Prospekt

41 Diese **Auffassung, dass Aufstockungen nicht per Nachtrag durchgeführt werden könnten, ist abzulehnen**; sie ist schlicht mit dem Normtext unvereinbar.[82] Auch die VO (EU) 2019/979 (→ Rn. 16)[83] sieht in Art. 18 Abs. 1 lit. i eine Erhöhung des aggregierten Nominalbetrags des Angebotsprogramms als eine zum Nachtrag verpflichtende Situation an und geht damit zumindest für gewisse Aufstockungen von einer grundsätzlichen Nachtragsfähigkeit aus. Außerdem ist auch die unterschiedliche Behandlung von Prospekten für ein öffentliches Angebot und Prospekten für die Zulassung von Wertpapieren systemwidrig und inhaltlich nicht zu rechtfertigen, sodass eine solche Differenzierung konsequenterweise auch von der BaFin nicht mehr vorgenommen wird.[84]

42 Erstens ist das in Rn. 40 vorgenannte zweite Argument richtig, aber irrelevant: der Anbieter muss in der Tat in diesem Fall neue endgültige Bedingungen veröffentlichen, weil endgültige Bedingungen nicht nachtragsfähig sind.[85] Gerade diese Tatsache hatte die ESMA zur Entwicklung ihrer abgestuften Lösung zur Ermöglichung der Veränderung bzw. Berichtigung endgültiger Bedingungen bewogen (→ Rn. 54). Damit ist aber mitnichten gesagt, dass zum Beispiel bei einer Eigenkapitalemission nicht die Anzahl der angebotenen Aktien per Nachtrag erhöht werden könnte. Art. 12 Abs. 1 lässt explizit den gebilligten Prospekt für mehrere öffentliche Angebote zu. Es ist überhaupt nicht einzusehen, warum dann nicht während eines laufenden Angebots der Anbieter die Möglichkeit haben soll, die Anzahl der angebotenen Aktien zu erhöhen. Es ändert sich grundsätzlich nichts an der Beschreibung des Emittenten, an seinen Vermögenswerten und Verbindlichkeiten, an seiner Finanzlage, an seinen Gewinnen und Verlusten, an seinen Zukunftsaussichten und an den mit den Wertpapieren verbundenen Rechten. Das heißt, alle in Art. 6 Abs. 1 UAbs. 1 genannten Kriterien sind zunächst einmal nicht tangiert – eventuell mit Ausnahme einiger weniger, dann per Nachtrag zu ergänzender Informationen (→ Rn. 68 ff. zur Frage, ob in diesen Fällen überhaupt ein Nachtragserfordernis besteht). Der „wichtige neue Umstand" im Sinne von Art. 23 Abs. 1 Satz 1 ist eben die Absicht des Anbieters, eine geänderte Anzahl von Aktien anzubieten; insofern fällt die **Subsumtion unter Art. 23** nicht schwer.[86]

---

82 Dass die Aufstockung per Nachtrag zulässig ist, unterstellen zu Recht auch *Groß*, Bookbuilding, ZHR 162 (1998), 318, 327; *Ritz*, in: Assmann/Lenz/Ritz, VerkProspG, § 11 VerkProspG Rn. 15; *Chr. Becker*, in: Heidel, Aktienrecht und Kapitalmarktrecht, 5. Aufl. 2019, § 16 WpPG Rn. 6 a. E., und *Apfelbacher/Metzner*, BKR 2006, 81, 86, ohne dass sie dies überhaupt für diskussionsbedürftig hielten.

83 Delegierte Verordnung (EU) 2019/979 vom 14.3.2019 zur Ergänzung der Verordnung (EU) 2017/1129 des Europäischen Parlaments und des Rates durch technische Regulierungsstandards für wesentliche Finanzinformationen in der Zusammenfassung des Prospekts, die Veröffentlichung und Klassifizierung von Prospekten, die Werbung für Wertpapiere, Nachträge zum Prospekt und das Notifizierungsportal und zur Aufhebung der Delegierten Verordnung (EU) Nr. 382/2014 der Kommission und der Delegierten Verordnung (EU) 2016/301 der Kommission.

84 Insbesondere findet sich keine solche generelle Differenzierung unter Abschnitt II.5.b) „Nachträge" auf der Website der BaFin unter Unternehmen – Prospekte – Prospekte für Wertpapiere – Prospekterstellung und Billigungsverfahren, abrufbar unter https://www.bafin.de/DE/Aufsicht/Prospekte/Wertpapiere/ErstellungBilligung/erstellung_billigung_node.html (zuletzt abgerufen am 11.10.2022).

85 So zutreffend an anderer Stelle *Rauch*, in: Holzborn, WpPG, § 16 Rn. 16. So auch BaFin-Workshop 2009, „Ausgewählte Prospekt- und Verfahrensfragen", 9.11.2009, S. 7 f.

86 Dass damit zwei gültige Prospekte für ein und dieselbe Aktiengattung desselben Emittenten – eventuell noch während der Laufzeit desselben Angebots – in der Welt sein sollen, ist nicht nur aufwendig für den Anbieter, wie *Rauch*, in: Holzborn, WpPG, § 16 Rn. 10, sagt, sondern schafft

III. Bestehen einer Nachtragspflicht (Art. 23 Abs. 1 UAbs. 1) **Art. 23 ProspektVO**

Schon die Vorgängerbehörde der BaFin, das **Bundesaufsichtsamt für den Wertpapierhandel (BAWe)**, ging ohne nähere Diskussion davon aus, dass die nachträgliche Aufstockung oder Verringerung einer Emission – soweit sie überhaupt wesentlich sind – nachtragsfähige Umstände seien.[87] Die BaFin selbst hatte bereits in den Jahren 2006/2007 dann insoweit bei Decoupled-Bookbuilding-Verfahren eine begrenzte Ausnahme von ihrer ehemals grundsätzlich ablehnenden Haltung gemacht, als sie zugestimmt hatte, dass die Anzahl der angebotenen Aktien höchstens bis zur Gesamtzahl von Aktien, für die laut dem vor Beginn des Angebotszeitraums zu veröffentlichenden Nachtrag die Zulassung zum Handel im regulierten Markt an der jeweiligen Wertpapierbörse beantragt wird, erhöht werden kann.[88]

43

Die Behauptung, der Prospekt sei für eine konkrete Anzahl von Aktien gedacht und, wenn diese abverkauft seien, sei der Prospekt verbraucht, ist offensichtlich mit Art. 12 Abs. 1 UAbs. 1 nicht vereinbar und hat keinerlei Ansatzpunkt im geltenden Recht. Ein Blick in das amerikanische Kapitalmarktrecht würde übrigens auch offenbaren, dass man dort ein solches **Aufstockungsverbot** für völlig **abwegig** halten würde. Vielmehr darf eine Aufstockung bis zu 20 % dort sogar ohne weitere Prüfung der Securities and Exchange Commission (SEC) mit einem sog. short-form registration statement innerhalb kürzester Zeit durchgeführt werden (→ Rn. 68). Die Ansicht zum Aufstockungsverbot per Nachtrag verkennt das grundlegende Regel-Ausnahme-Verhältnis, dass ein Prospekt so lange nachtragsfähig ist, als die geänderten Umstände den neuen Prospekt nicht zu einem Aliud im Verhältnis zum ursprünglichen Prospekt machen, was bei einer Aufstockung jedenfalls im Eigenkapitalemissionsbereich nicht der Fall ist.[89]

44

Da Eigenkapitalemissionen regelmäßig mit einteiligen Prospekten durchgeführt werden, würde – wenn man der Gegenauffassung folgte – auch eine ungerechtfertigte Benachteiligung von Aktien- gegenüber Schuldverschreibungsemissionen eintreten. Denn hier ist eine Aufstockung auf Grundlage eines Basisprospekts (eventuell auch ohne Nachtrag) (→ Rn. 40 zur Trennung von Nachtragsmöglichkeit und tatsächlicher Erforderlichkeit eines Nachtrags) oder auch eine Erhöhung des Programmvolumens (per Nachtrag) ebenfalls ohne Weiteres möglich.[90]

45

Verwirrung beim Anleger und kreiert auch haftungsrechtlich zusätzliche Unklarheiten, was die Haftungsgrundlage anbetrifft.
87 Unter X.1., letzter Absatz, der Bekanntmachung des BAWe zum Wertpapier-Verkaufsprospektgesetz vom 6.9.1999, Bundesanzeiger Nr. 177 vom 21.9.1999, S. 16180. So auch *Lenz/Ritz*, WM 2000, 904, 908 und bereits *Grimme/Ritz*, WM 1998, 2091, 2096 auf Basis der früheren Bekanntmachung des BAWe vom 15.4.1996.
88 Vgl. z. B. den Prospekt der Hamburger Hafen und Logistik AG vom 19.10.2007, S. 44; Prospekt der Symrise AG vom 24.11.2006, S. 29. Das von der BaFin gewählte Kriterium zur Abgrenzung überzeugte allerdings nicht.
89 Auch bei Wandelschuldverschreibungen (Convertible Bonds) und Umtauschanleihen (Exchangeable Bonds) sollten derartige Aufstockungen möglich sein. Fraglich könnte es allenfalls bei Fremdkapital-Programmen sein, die in Tranchen gezogen werden und bei denen bei Ausschöpfung der ursprünglichen Gesamtsumme eine Aufstockung quasi die Auflegung eines neuen Programms darstellen würde. Das müsste dann anhand der Umstände des Einzelfalles geprüft werden.
90 Vgl. ausführlich *Heidelbach/Preuße*, BKR 2008, 10, 12 f., und *Seitz*, in: Assmann/Schlitt/von Kopp-Colomb, Prospektrecht Kommentar, Art. 23 ProspektVO Rn. 41 und Rn. 63. Zudem ist es bei derartigen Programmen nach der ProspektVO nicht zwingend, einen Maximalbetrag anzugeben, vgl. *Heidelbach/Preuße*, BKR 2008, 10, 13 mit Verweis in Fn. 50 auf die CESR-Frequently

bb) Neuer Anbieter oder Zulassungsantragsteller

46 Im Ergebnis richtig ist dagegen in manchen, aber bei weitem nicht allen Fällen die Auffassung, dass die **Aufnahme eines neuen Anbieters oder Zulassungsantragstellers nicht per Nachtrag** ergänzt werden kann (anders die bloße Änderung der **Beschreibung** eines Emittenten, die uneingeschränkt nachtragsfähig ist). Allerdings ist erstens die Begründung der Literatur teilweise unzutreffend und zweitens ist auch wie im Folgenden beschrieben zu differenzieren.

47 Die Literatur begründet dies erstens damit, dass ein Anleger, der sich auf Grundlage des Prospekts für den Erwerb der Wertpapiere entscheidet, nicht zwangsläufig sämtliche Nachträge zu Rate ziehen müsse.[91] Diese Begründung ist nicht stichhaltig. Selbstverständlich wird von der ProspektVO erwartet, dass der **Anleger** Nachträge zur **Kenntnis nimmt**, sonst funktioniert das ganze System des Angebots von Wertpapieren per Prospekt plus Nachtrag und der auf den Prospekt, einschließlich Nachtrag, bezogenen Prospekthaftung nicht mehr.

48 Zweitens dürften „so entscheidende Grundlagen für das Angebot der Wertpapiere wie deren Emittenten" nicht mittels Nachtrag geändert werden.[92] Dem ist mit Abstrichen (siehe nachfolgend) zuzustimmen – allerdings betrifft die Aussage zunächst den **Emittenten** (vgl. Art. 2 lit. h), nicht den Anbieter (vgl. Art. 2 lit. i), um den es bei vorliegender Frage geht.

49 Drittens könnte der Ergänzung eines Anbieters bzw. Zulassungsantragstellers per Nachtrag **§ 8 Satz 3 WpPG** und die diesbezügliche Regierungsbegründung zu § 5 Abs. 4 Satz 2 WpPG a. F. entgegenstehen. Nach § 8 Satz 3 WpPG muss im Fall, dass der Prospekt (auch) der Zulassung von Wertpapieren an einem geregelten Markt dient, stets auch der Emissionsbegleiter die Verantwortung übernehmen, und der Prospekt muss auch dessen **Verantwortungserklärung** enthalten. Nach der **Regierungsbegründung**[93] zu § 5 Abs. 4 Satz 2 WpPG a. F. kann eine solche Erklärung nicht im Wege eines Nachtrags abgegeben werden, da per Nachtrag nur Angaben berichtigt oder ergänzt werden könnten. Dies verkennt erstens, dass die Unvollständigkeit ein Unterfall der Unrichtigkeit ist (→ Rn. 19)[94] und daher auch das (vollständige) Fehlen von Pflichtbestandteilen den Prospekt unrichtig und damit auch nachtragbar macht. Richtigerweise wird man zweitens die Regelung des § 8 Satz 3 WpPG, die formellen Charakter hat, nicht als eine Aussage über die Zulässigkeit oder Unzulässigkeit der Veränderung von Prospektbeteiligten verstehen können. Inso-

---

Asked Questions (entspricht den heutigen ESMA-Questions and Answers). Ebenso *Lenz*, in: Just/Voß/Ritz/Zeising, Wertpapierprospektrecht, 2. Aufl. 2023, Art. 23 ProspektVO Rn. 132 zur Erhöhung des Programmvolumens (Rahmenerweiterung).

91 *Rauch*, in: Holzborn, WpPG, § 16 Rn. 11. A. A. für den Wechsel einer die Verantwortung für das Angebot übernehmenden Person *Maas/Voß*, BB 2008, 2302, 2303.

92 *Rauch*, in: Holzborn, WpPG, § 16 Rn. 11; ohne Begründung ebenso *Heidelbach*, in: Schwark/Zimmer, KMRK, § 16 WpPG Rn. 11. Siehe auch BaFin-Workshop 2009, Ausgewählte Rechtsfragen zum Nachtragsrecht, Präsentation vom 9.11.2009, S. 5 („Aufnahme eines weiteren Emittenten nicht nachtragsfähig").

93 RegBegr. EU-ProspRL-UmsetzungsG, BT-Drucks. 15/4999, S. 25, 31. Siehe auch BaFin-Präsentation „Wertpapierprospektgesetz – Hinterlegungsverfahren/Notifizierungsverfahren" vom 29.5.2006, S. 12.

94 *Mülbert/Steup*, in: Habersack/Mülbert/Schlitt, Unternehmensfinanzierung, § 41 Rn. 38 m. w. N.; *Mülbert/Steup*, WM 2005, 1633, 1639.

fern sollte die Aussage der Regierungsbegründung nur den Fall eines ursprünglich bereits beteiligten Emissionsbegleiters betreffen, dessen Verantwortungserklärung im ursprünglichen Prospekt enthalten sein und nicht per Nachtrag nachgetragen werden sollte,[95] nicht aber dahingehend interpretiert werden, dass bei einer Ergänzung des Anbieters/Zulassungsantragstellers als neuer Umstand nicht auch dem neuen Umstand entsprechende sonstige Angaben, die prospektrechtlich erforderlich sind, im Nachtrag ergänzt werden können. Dementsprechend ist diese Aussage in der Regierungsbegründung zu § 8 Satz 3 WpPG[96] auch nicht mehr enthalten.

Damit führt die Argumentation zurück auf die vorgenannte Ausgangsthese, dass es im Lichte auch einer Subsumtion unter Art. 23 darauf **ankommt, wie schwerwiegend die Ergänzung ist** – im Hinblick erstens darauf, dass dieser Anbieter bei dem Billigungsverfahren der zuständigen Behörde nicht dabei war (dies kann unter Umständen ein erheblicher Faktor sein, der für die Notwendigkeit eines neuen Prospekts spricht), und zweitens, dass der **Prospekt durch den neuen Anbieter zu einem Aliud würde**: 50

– Das **Austauschen des Emittenten** wird im Regelfall nicht per Nachtrag möglich sein. Ausnahmen bestehen allerdings insbesondere im Bereich der Schuldverschreibungen, zum Beispiel falls ein Emittent bestimmter Wertpapiere auf Basis einer in den Wertpapierbedingungen enthaltenen und im Prospekt bereits dargestellten Schuldnerersetzungsklausel im Wege der Einzelrechtsnachfolge ausgetauscht wird. Soweit es zu einer Gesamtrechtsnachfolge eines Emittenten z. B. aufgrund umwandlungsrechtlicher Maßnahmen wie Verschmelzung oder Spaltung kommt, liegt schon gar kein Austauschen im vorgenannten Sinne vor. In diesen Fällen ist der Wechsel des Schuldners als wesentlicher Faktor für die Beurteilung der betreffenden Wertpapiere sehr wohl per Nachtrag darstellbar, ohne den Charakter des gebilligten Prospekts vollständig zu verändern.[97]
– Nachtragsfähig ist auch in der Regel der Fall, dass **lediglich eine der Konsortialbanken ausgetauscht wird** (die ja auch als Anbieter im Sinne von Art. 2 lit. i gelten, → Art. 2 Rn. 125 ff.); der Prospekt wird hier nicht zu einem Aliud, es entsteht durch den Nachtrag auch keine Unklarheit oder Verwirrung beim Anleger.[98]
– Wenn dagegen **erstmals veräußernde Altaktionäre** einem Angebot von jungen Aktien durch den Emittenten „beitreten" wollen, spricht manches dafür, dass dies nicht per Nachtrag möglich sei, da man vertreten könnte, ein Wertpapierangebot von rein neuen Aktien sei seiner Natur nach doch wesentlich etwas anderes als die Kombination aus einem Angebot von alten und neuen Aktien. Andererseits ist es unstreitig zulässig und mit Fällen aus der BaFin-Praxis belegt,[99] das Angebot per Nachtrag so umzustellen, dass nicht mehr neue und alte Aktien angeboten werden, sondern nur noch neue Aktien.

---

95 Auch an dieser Aussage der Regierungsbegründung ließe sich zweifeln, da sie im Ergebnis besagt, dass bei Feststellen (vollständig) fehlender Pflichtbestandteile keine Berichtigung zulässig wäre, während unrichtige Ausführungen dazu per Nachtrag korrigiert werden könnten. Diese Differenzierung erscheint nicht sinnvoll, vgl. das erste oben genannte Argument.
96 RegBegr. EU-ProspektVO-AusführungsG, BT-Drucks. 19/8005, S. 47 f.
97 Zu den genannten Ausnahmen *Lenz*, in: Just/Voß/Ritz/Zeising, Wertpapierprospektrecht, 2. Aufl. 2023, Art. 23 ProspektVO Rn. 112.
98 Siehe *Groß*, Bookbuilding, ZHR 162 (1998), 318, 327 und 331, dass es auch zivilrechtlich keine Konsequenzen auf die Willenserklärung des Anlegers, d. h. seine Zeichnungserklärung, hat.
99 Vgl. z. B. Nachtrag Nr. 1 der CropEnergies AG vom 25.9.2006 zum Prospekt vom 15.9.2006.

– Anders (und damit einem Nachtrag zugänglich) mag der Fall liegen, wenn z. B. **lediglich ein Altaktionär als Verkäufer wechselt oder hinzugefügt wird** (z. B. wenn ein Private-Equity-Investor, der über drei Fonds investiert ist, nunmehr das Angebot ändert und über einen anderen Fonds veräußert), weil erstens eine Subsumtion unter Art. 23 („in einem Prospekt enthaltenen Angaben") möglich ist und es zweitens einen unnötigen Formalismus ohne Gewinn an Anlegerschutz darstellen würde, einen neuen Prospekt zu verlangen. Ähnlich erscheint der Fall der **Hinzufügung weiterer Emittenten im Bereich der Schuldverschreibungen** (z. B. bei Emissionsprogrammen die Ergänzung eines weiteren (Offshore-)Emissionsvehikels).[100]

cc) Erweiterung der Produktpalette

51 Fraglich ist ferner, ob eine (i) **wesentliche Veränderung der angebotenen Wertpapiere** bzw. eine (ii) **Ausdehnung/Änderung der mit dem Prospekt bisher angebotenen Wertpapiere auf andere Wertpapiere per Nachtrag** möglich ist oder nicht. Derartige Veränderungen in Bezug auf das angebotene Wertpapier sind zunächst nur dann überhaupt denkbar, wenn sie zivilrechtlich zulässig sind.[101] Zudem legt der Wortlaut von Art. 23 Abs. 1 UAbs. 1 („die die Bewertung der Wertpapiere beeinflussen können") nahe, dass das betreffende Wertpapier nicht per Nachtrag ausgetauscht werden kann, sondern mit dem Nachtrag nur Änderungen „innerhalb des gebilligten Rahmens"[102] vorgenommen werden sollen.[103] Ähnlich scheint es auch die BaFin zu halten, wenn sie eine Erhöhung der Anzahl der angebotenen oder zuzulassenden Aktien per Nachtrag unter die Voraussetzung stellt, dass es sich „innerhalb desselben Angebots oder derselben Zulassung um Aktien mit identischer Ausstattung handelt" (→ Rn. 40). In der ProspektVO selbst hat dieser Gedanke in Erwägungsgrund 36 zumindest im Rahmen der Erläuterungen zum Basisprospekt Niederschlag gefunden. Danach sollen „[w]eder die endgültigen Bedingungen noch ein Nachtrag […] dazu genutzt werden, eine Wertpapierart einzuführen, die nicht bereits im Basisprospekt beschrieben wurde".

52 In den meisten Fällen wird es sich bei der **Veränderung der Produktpalette auf bisher nicht angebotene Wertpapiere** um eine derart schwerwiegende Änderung handeln, dass der Prospekt, der sich durch den Nachtrag ergäbe, nicht mehr mit dem ursprünglichen Prospekt vergleichbar sein wird (Aliud-Gedanke). Eine Erweiterung der Produktpalette per Nachtrag ist z. B. jedenfalls dann nicht möglich, wenn bei einem Basisprospekt für Zertifikate der zugrunde liegende Basiswert erweitert bzw. ausgetauscht wird.[104] In derar-

---

100 *Lenz*, in: Just/Voß/Ritz/Zeising, Wertpapierprospektrecht, 2. Aufl. 2023, Art. 23 ProspektVO Rn. 111.
101 Dafür erforderliche Änderungsvorbehalte bzw. Emissionsänderungsklauseln finden sich regelmäßig bei Schuldverschreibungen, siehe *Lenz*, in: Just/Voß/Ritz/Zeising, Wertpapierprospektrecht, 2. Aufl. 2023, Art. 23 ProspektVO Rn. 113.
102 So die treffende Formulierung bei *Lenz*, in: Just/Voß/Ritz/Zeising, Wertpapierprospektrecht, 2. Aufl. 2023, Art. 23 ProspektVO Rn. 117.
103 So auch *Rauch*, in: Holzborn, WpPG, § 16 Rn. 9.
104 So *Rauch*, in: Holzborn, WpPG, § 16 Rn. 9. So auch BaFin-Workshop 2009, Ausgewählte Rechtsfragen zum Nachtragsrecht, Präsentation vom 9.11.2009, S. 5, mit Beispiel zu einem neuen Basiswert bei Discount-Zertifikaten. *Müller*, WpPG, § 16 Rn. 6 differenziert danach, ob es sich um eine Erweiterung der vom Prospekt erfassten Wertpapiertypen um neue Typen handelt (dann unzulässig) oder um eine Veränderung, bei der die Produktpalette zwar erweitert wird, aber die Gattung der angebotenen Wertpapiere nicht verändert wird. Diese Differenzierung dürf-

tigen Fällen ist die Erweiterung der Produktpalette daher durch die Erstellung eines neuen Prospekts, nicht durch einen Nachtrag durchzuführen. Allerdings verbieten sich auch diesbezüglich generelle Aussagen, denn auch hier sind erstens **Ausnahmen im Einzelfall denkbar**, z. B. wenn sich der Anbieter von existierenden Aktien in einem IPO entscheidet, nicht nur diese Aktien öffentlich anzubieten, sondern auch eine Umtauschanleihe (Exchangeable Bonds) auf einen Teil dieser Aktien zu begeben.[105] Hier sind alle im Prospekt enthaltenen Informationen weiterhin sinnvoll und wichtig für den Anleger und es wäre ineffizient und aus Anlegerschutzgesichtspunkten kontraproduktiv, einen zweiten Prospekt zu verlangen. Zweitens ist nicht jede Änderung des Wertpapiers per Nachtrag unzulässig, sondern nur **Änderungen, die den Charakter des angebotenen Produkts so signifikant verändern**, dass der Anleger an sich keine ergänzenden Informationen bräuchte, sondern dem Grunde nach neu in das Angebot eingeführt werden müsste. Die Gegenauffassung, jede Änderung am Wertpapier für nicht nachtragsfähig zu halten, ist zu formalistisch und würde zur Konsequenz haben, dass Emittenten z. B. im Basisprospekt möglichst wenig Angaben machten, um später keine „Änderungen", sondern nur „Ergänzungen" zum Wertpapier geben zu müssen, die dann per Nachtrag möglich wären bzw. über die endgültigen Bedingungen erfolgen würden.[106] Solchermaßen reduzierte Basisprospekte sind aber gerade nicht im Interesse des Anlegers.[107]

Zudem sollen bestimmte **wesentliche Veränderungen der außerhalb des Wertpapiers selbst liegenden, aber auf das Wertpapier zurückwirkenden Umstände** auch nach der strengeren Auffassung in der Literatur ohne **neuerliche Prospekterstellung zulässig** sein, z. B. im Nachhinein per Nachtrag eine Garantie (z. B. bei bestehenden Emissionsprogrammen) einzufügen, d. h. in diesen Fällen wäre dann kein neuer Prospekt erforderlich. Diese Auffassung ist aber nur dann konsequent, wenn man auch der oben genannten Einschränkung folgt, dass nicht jede Änderung des Wertpapiers einen neuen Prospekt erfordert; andernfalls gerät man in Wertungswidersprüche.

53

dd) Änderung von endgültigen Bedingungen

Von den vorgenannten Fällen der Erweiterung der Produktpalette zu unterscheiden ist der Fall, dass sich notwendige **Änderungen an Angaben ergeben, die in endgültigen Bedingungen zu einem Basisprospekt enthalten sind**. Da die endgültigen Bedingungen selbst keiner Billigungs- bzw. Nachtragspflicht unterliegen (vgl. Art. 17 Abs. 2), kann an sich auch eine Änderung der endgültigen Bedingungen nicht über einen formellen Nachtrag der endgültigen Bedingungen durchgeführt werden. Andererseits besteht ein erhebliches Bedürfnis in der Praxis, Emittenten zu ermöglichen, diese Angaben zu verändern bzw. zu

54

---

te dem hier vertretenen Aliud-Gedanken im Ergebnis entsprechen. Vgl. auch *Heidelbach*, in: Schwark/Zimmer, KMRK, § 16 WpPG Rn. 11.

105 Vgl. den Börsengang der Deutsche Postbank AG vom Juni 2004 (allerdings wurde die Umtauschanleihe dort nicht öffentlich angeboten, sondern per Privatplatzierung platziert).

106 Sofern diese Vorgehensweise unter dem neuen Basisprospektregime möglich ist, vgl. im Einzelnen mit Beispielen *Heidelbach/Preuße*, BKR 2012, 397, 404.

107 Vgl. im Detail mit weiteren Argumenten *Lenz*, in: Just/Voß/Ritz/Zeising, Wertpapierprospektrecht, 2. Aufl. 2023, Art. 23 ProspektVO Rn. 119 ff., die in Rn. 123 dann danach abgrenzen, ob eine neue „Angabe" erforderlich wird, die einen anderen Anhang der ProspektVO betrifft und man sich damit außerhalb des bisherigen Rahmens befände.

berichtigen. Daher hat die ESMA über die ESMA-Questions and Answers[108] eine abgestufte Lösung vorgeschlagen:

– Handelt es sich bei der vorzunehmenden Änderung nicht um einen wichtigen neuen Umstand oder eine wesentliche Unrichtigkeit in Bezug auf die in dem Prospekt als Ganzes enthaltenen Angaben, kann der Emittent **einen neuen Satz von endgültigen Bedingungen bei der zuständigen Behörde einreichen**. Diese Lösung entspricht der von der deutschen Praxis entwickelten sog. Ersetzungslösung.[109] Alternativ kann der Emittent – wie stets wenn ein Nachtrag nicht zur Verfügung steht – von der Möglichkeit einer anderweitigen Kommunikation an den Markt Gebrauch machen (→ Rn. 32).
– Falls eine wesentliche Änderung vorliegt, verlangt die ESMA einen **Nachtrag zum Basisprospekt**, der explizit auf die endgültigen Bedingungen Bezug nimmt. Um dem Anleger ein klares Bild zu verschaffen, empfiehlt die ESMA, **zusätzlich einen zweiten Satz von endgültigen Bedingungen bei der zuständigen Behörde einzureichen**, der die vorherigen endgültigen Bedingungen ersetzt.
– Der zweite Satz von endgültigen Bedingungen muss jedenfalls so gestaltet sein, dass erstens die Änderungen ersichtlich werden und zweitens ein deutlich gestalteter Hinweis eingefügt wird, der verdeutlicht, dass es sich um abgeänderte endgültige Bedingungen handelt.

b) Spezielle Einzelfälle

aa) Veröffentlichung von Jahres- oder Zwischenabschlüssen bzw. Gewinnprognosen; Rating des Emittenten

55 Nach Art. 18 Abs. 1 lit. a der VO (EU) 2019/979[110] ist für Dividendenwerte, in Dividendenwerte wandel- oder umtauschbare Wertpapiere sowie Zertifikate, die Aktien vertreten, bei der Veröffentlichung **neuer geprüfter Jahresabschlüsse durch den Emittenten** zwingend ein Nachtrag zum Prospekt zu veröffentlichen. Erwägungsgrund 15 der VO (EU) 2019/979 führt als Begründung aus, dass die geprüften Jahresabschlüsse für Anleger eine entscheidende Rolle spielen. Der Nachtrag soll sicherstellen, dass die Anleger sich bei ihren Anlageentscheidungen auf die aktuellsten Finanzinformationen stützen.[111]

56 Die Diskussion in der Literatur konzentriert sich daher darauf, ob auch **Zwischenabschlüsse** einen nachtragspflichtigen neuen Umstand im Sinne des Art. 23 Abs. 1 UAbs. 1

---

108 Vgl. ESMA, Questions and Answers on the Prospectus Regulation (Version 12 v. 3.2.2023), Antwort zu Frage 11.1.
109 Vgl. *Lenz*, in: Just/Voß/Ritz/Zeising, Wertpapierprospektrecht, 2. Aufl. 2023, Art. 23 ProspektVO Rn. 124 f.; BaFin-Workshop 2009, „Ausgewählte Prospekt- und Verfahrensfragen", 9.11.2009, S. 6.
110 Delegierte Verordnung (EU) 2019/979 der Kommission vom 14.3.2019 zur Ergänzung der Verordnung (EU) 2017/1129 des Europäischen Parlaments und des Rates durch technische Regulierungsstandards für wesentliche Finanzinformationen in der Zusammenfassung des Prospekts, die Veröffentlichung und Klassifizierung von Prospekten, die Werbung für Wertpapiere, Nachträge zum Prospekt und das Notifizierungsportal und zur Aufhebung der Delegierten Verordnung (EU) Nr. 382/2014 der Kommission und der Delegierten Verordnung (EU) 2016/301 der Kommission.
111 Erwägungsgrund 15 der VO (EU) 2019/979.

darstellen. Dabei ist vertreten worden, dass dies nicht generell beantwortet werden könne, sondern anhand der Bedeutung der veränderten Kennzahlen für die Vermögens-, Finanz- und Ertragslage des Emittenten eingeschätzt werden müsse, welchen Einfluss diese neuen Angaben im Verhältnis zu den veröffentlichten Finanzinformationen aus Sicht eines verständigen Anlegers auf die Beurteilung der Wertpapiere haben könnten.[112] Dieser Ansatz entspricht grundsätzlich der hier vertretenen Auffassung zur Herangehensweise an die Subsumtion unter Art. 23 Abs. 1 UAbs. 1. Konkret für die Frage der Nachtragspflicht bei Veröffentlichung von Zwischenabschlüssen vertritt dies so auch die ESMA.[113] Dennoch ist in der Praxis jedenfalls bei Eigenkapitalemissionen – für andere Arten von Wertpapieren kann bzw. wird das entsprechend der vorgenannten konkret durchzuführenden Analyse anders sein[114] – schwer vorstellbar, wie die Veröffentlichung von Zwischenabschlüssen aufgrund der regelmäßig besonderen Bedeutung von aktuellen Geschäftszahlen für Anleger nicht einen Nachtrag auslösen soll.[115] Daher empfehlen die vorgenannten ESMA-Questions and Answers **bei Eigenkapitalemissionen im Zweifel** auch die **Erstellung eines Nachtrags**.[116] Schon bei Billigung eines Prospekts nach Ablauf eines Quartals, das nicht mehr mit Finanzinformationen im Prospekt abgedeckt ist, werden üblicherweise vor Billigung erhöhte Due-Diligence-Anstrengungen unternommen, um zu eruieren, ob bereits erste Erkenntnisse aus dem abgelaufenen Quartal vorliegen, die im Rahmen des Abschnittes „Recent Developments and Outlook" berücksichtigt werden könnten. Dagegen fallen Zwischenabschlüsse nicht unter Art. 22 Abs. 4 und lösen als solche daher keine Nach-

---

112 So *Rauch*, in: Holzborn, WpPG, § 16 Rn. 12 im Anschluss an *Heidelbach/Preuße*, BKR 2006, 316, 320; ebenso im Grundsatz *Schrader*, WM 2021, 471, 472; *Müller/Oulds*, WM 2007, 573, 576; *Lenz*, in: Just/Voß/Ritz/Zeising, Wertpapierprospektrecht, 2. Aufl. 2023, Art. 23 ProspektVO Rn. 48 f.; *Müller*, WpPG, § 16 Rn. 3; *Seitz*, in: Assmann/Schlitt/von Kopp-Colomb, Prospektrecht Kommentar, Art. 23 ProspektVO Rn. 45; für eine weitere Auslegung *Wiegel*, Die Prospektrichtlinie und Prospektverordnung, S. 364 f.
113 Vgl. ESMA, Questions and Answers on the Prospectus Regulation (Version 12 v. 3.2.2023), Antwort zu Frage 8.1.
114 Bei (reinen) Schuldverschreibungen werden neue (Zwischen-)Finanzinformationen nur dann einen Nachtrag auslösen, wenn sie nahelegen, dass die Erfüllung der mit dem Finanzinstrument verbundenen Verpflichtungen des Emittenten (z. B. Rückzahlung, Zinszahlung) beeinträchtigt sein könnte, siehe zu § 15 WpHG a. F. ebenso Emittentenleitfaden der BaFin, 4. Aufl., Stand 28.4.2009, Kapitel IV.2.2.5.1 Herkömmliche Schuldverschreibungen, S. 57. Ähnlich *Lenz*, in: Just/Voß/Ritz/Zeising, Wertpapierprospektrecht, 2. Aufl. 2023, Art. 23 ProspektVO Rn. 49; *Heidelbach*, in: Schwark/Zimmer, KMRK, § 16 WpPG Rn. 16 ff.
115 So auch ohne nähere Diskussion schon *Waldeck/Süßmann*, WM 1993, 361, 366. A. A. *Heidelbach*, in: Schwark/Zimmer, KMRK, § 16 WpPG Rn. 19, und *Heidelbach/Preuße*, BKR 2006, 316, 320, die ohne Vorliegen besonderer Umstände die Nachtragspflicht verneinen, da die Regelpublizität nur ganz ausnahmsweise einen Nachtrag auslösen könne. Wie diese *Hamann*, in: Schäfer/Hamann, Kapitalmarktgesetze, § 16 WpPG Rn. 13 („nur bei Vorliegen besonderer Umstände nachtragspflichtig"). Etwas vorsichtiger: *Seitz*, in: Assmann/Schlitt/von Kopp-Colomb, Prospektrecht Kommentar, Art. 23 ProspektVO Rn. 43 („im Einzelfall zu prüfen, ob der jeweilige Abschluss Informationen enthält, die für sich genommen oder in der Zusammenschau einen wichtigen neuen Umstand bilden, der die Bewertung der Wertpapiere beeinflussen kann").
116 Vgl. ESMA, Questions and Answers on the Prospectus Regulation (Version 12 v. 3.2.2023), Antwort zu Frage 8.1. A. A. („eher abzulehnen") *Müller/Oulds*, WM 2007, 573, 576 unter (schon damals) unzutreffender Bezugnahme auf die CESR-Frequently Asked Questions vom Juli 2006 (damals Antwort zu Frage 12).

Art. 23 ProspektVO Nachträge zum Prospekt

tragspflicht aus.[117] Denn Art. 22 Abs. 4 betrifft nur angebots- bzw. zulassungsbezogene Informationen („über das öffentliche Angebot oder die Zulassung [...]") (→ Art. 22 Rn. 40).

57 Die VO (EU) 2019/979[118] behandelt in Art. 18 Abs. 1 lit. b ferner einen weiteren spezifischen nachtragspflichtigen Fall, nämlich die **Veröffentlichung von Gewinnprognosen** (profit forecasts, vgl. Art. 1 lit. d der VO (EU) 2019/980[119]) **oder Gewinnschätzungen** (profit estimates, vgl. Art. 1 lit. c der VO (EU) 2019/980) durch den Emittenten nach der Billigung des Prospekts, wenn die Aufnahme einer Gewinnprognose oder Gewinnschätzung in den Prospekt nach der VO (EU) 2019/980 erforderlich ist, also bei Dividendenwerten und Zertifikaten, die Aktien vertreten.[120] Erwägungsgrund 16 der VO (EU) 2019/979 führt als Begründung aus, dass Gewinnprognosen und -schätzungen die Anlageentscheidung beeinflussen können, weshalb im Falle von Dividendenwerten und Zertifikaten ein Nachtrag zum Prospekt erstellt werden muss, wenn vor Ablauf der Angebotsfrist oder vor der Zulassung zum Handel eine neue Gewinnprognose oder -schätzung veröffentlicht wird.

58 Ein Nachtrag ist nach Art. 18 Abs. 1 lit. c der VO (EU) 2019/979 auch bei Aufnahme einer Änderung oder einer Rücknahme einer Gewinnprognose oder -schätzung in den Prospekt erforderlich. Erwägungsgrund 16 der VO (EU) 2019/979 führt als Begründung aus, dass Gewinnprognosen und -schätzungen die Anlageentscheidung beeinflussen können, weshalb ein Prospektnachtrag erstellt werden muss, der jede Änderung impliziter oder expliziter Zahlen von Gewinnprognosen oder -schätzungen bzw. die Rücknahme einer bereits im Prospekt enthaltenen Gewinnprognose oder -schätzung enthält.

59 Als weiteres Beispiel einer nachtragspflichtigen neuen Tatsache führte die CESR als Vorgängerin der ESMA in einem Feedback Statement im Rahmen der Beratung der Kommission zur ProspektVO a. F. die **Änderung des Ratings des Emittenten** an.[121] Im Final Report zur den technischen Regulierungsstandards für die Veröffentlichung eines Prospektnachtrags[122] legte die ESMA dagegen dar, dass es sich bei Abwertungen im Rating jeden-

---

117 So aber *Rauch*, in: Holzborn, WpPG, § 16 Rn. 12 a. E., falls diese per Ad-hoc-Mitteilung veröffentlicht würden.
118 Delegierte Verordnung (EU) 2019/979 der Kommission vom 14.3.2019 zur Ergänzung der Verordnung (EU) 2017/1129 des Europäischen Parlaments und des Rates durch technische Regulierungsstandards für wesentliche Finanzinformationen in der Zusammenfassung des Prospekts, die Veröffentlichung und Klassifizierung von Prospekten, die Werbung für Wertpapiere, Nachträge zum Prospekt und das Notifizierungsportal und zur Aufhebung der Delegierten Verordnung (EU) Nr. 382/2014 der Kommission und der Delegierten Verordnung (EU) 2016/301 der Kommission.
119 Delegierte Verordnung (EU) 2019/980 der Kommission vom 14.3.2019 zur Ergänzung der Verordnung (EU) 2017/1129 des Europäischen Parlaments und des Rates hinsichtlich der Aufmachung, des Inhalts, der Prüfung und der Billigung des Prospekts, der beim öffentlichen Angebot von Wertpapieren oder bei deren Zulassung zum Handel an einem geregelten Markt zu veröffentlichen ist, und zur Aufhebung der Verordnung (EG) Nr. 809/2004 der Kommission.
120 Vgl. Anhang 1, Abschnitt 11, Anhang 3, Abschnitt 7 sowie Anhang 5 der VO (EU) 2019/980.
121 Feedback Statement July 2003, CESR 03-209, Nr. 293.
122 Delegierte Verordnung (EU) Nr. 382/2014 vom 7.3.2014 zur Ergänzung der Richtlinie 2003/71/EG des Europäischen Parlaments und des Rates im Hinblick auf technische Regulierungsstandards für die Veröffentlichung eines Prospektnachtrags.

falls nicht um eine Situation handelt, in der stets ein Nachtrag erforderlich ist und die deshalb in den Katalog der technischen Regulierungsstandards aufzunehmen gewesen wäre.[123] Die Erforderlichkeit eines Nachtrags ist daher nach allgemeinen Grundsätzen zu beurteilen, wobei der Aussage der ESMA gerade nicht entnommen werden kann, dass bei einer solchen Abwertung kein Nachtrag erforderlich wäre.[124] Art. 18 der VO (EU) 2019/979 nennt die Änderung des Ratings des Emittenten jedenfalls nicht.

bb) Weitere in Art. 18 der Delegierten Verordnung (EU) 2019/979 geregelte Einzelfälle

Neben der Veröffentlichung von Jahresabschlüssen und Gewinnprognosen (→ Rn. 55 f.) führt die VO (EU) 2019/979[125] in Art. 18 Abs. 1 lit. d bis i noch weitere zum Nachtrag verpflichtende Fallgruppen auf. Gravierende Änderungen in der Praxis haben sich durch Einführung der VO (EU) 2019/979 allerdings nicht ergeben, da die dort beschriebenen Fallgruppen schon bisher nach allgemeinen Grundsätzen (→ Rn. 18 ff.) zu einer Nachtragspflicht führten:

60

– Nach Art. 18 Abs. 1 lit. d greift für Dividendenwerte, in Dividendenwerte wandel- oder umtauschbare Wertpapiere sowie Zertifikate, die Aktien vertreten, eine Nachtragspflicht bei **Veränderungen der Kontrollverhältnisse** beim Emittenten. Erwägungsgrund 17 der VO (EU) 2019/979 hebt die Bedeutung von Angaben zu den Hauptaktionären oder etwaigen beherrschenden Unternehmen als eine wesentliche Voraussetzung für die fundierte Beurteilung des Emittenten hervor. Wenn das Angebot sich auf Dividendenwerte beziehe, falle eine Änderung der Kontrollverhältnisse beim Emittenten besonders stark ins Gewicht, da diese Arten von Wertpapieren im Allgemeinen besonders preissensitiv auf solche Situationen reagierten.[126]
– Ferner löst bei Dividendenwerten, in Dividendenwerte wandel- oder umtauschbaren Wertpapieren sowie Zertifikaten, die Aktien vertreten, ein **neues öffentliches Übernahmeangebot von Dritten**[127] sowie das **Vorliegen des Ergebnisses** eines öffentlichen

---

123 S. 33 des Final Report 2013/1970 zu den Draft Regulatory Standards on specific situations that require the publication of a supplement to the prospectus vom 17.12.2013, https://www.esma.europa.eu/sites/default/files/library/2015/11/2013-1970_report_on_draft_rts_for_supplements_to_prospectuses.pdf (zuletzt abgerufen am 13.10.2022).
124 So auch der allgemeine Hinweis der ESMA auf S. 11 des Final Report 2013/1970 zu den Draft Regulatory Standards on specific situations that require the publication of a supplement to the prospectus vom 17.12.2013, https://www.esma.europa.eu/sites/default/files/library/2015/11/2013-1970_report_on_draft_rts_for_supplements_to_prospectuses.pdf (zuletzt abgerufen am 13.10.2022). Allerdings muss gerade bei Eigenkapitalemissionen eine geringfügige Herabstufung des debt rating eines Emittenten durch eine der Ratingagenturen eben auch nicht zwingend ein „wichtiger neuer Umstand" sein, der eine Nachtragspflicht auslöst.
125 Delegierte Verordnung (EU) 2019/979 der Kommission vom 14.3.2019 zur Ergänzung der Verordnung (EU) 2017/1129 des Europäischen Parlaments und des Rates durch technische Regulierungsstandards für wesentliche Finanzinformationen in der Zusammenfassung des Prospekts, die Veröffentlichung und Klassifizierung von Prospekten, die Werbung für Wertpapiere, Nachträge zum Prospekt und das Notifizierungsportal und zur Aufhebung der Delegierten Verordnung (EU) Nr. 382/2014 der Kommission und der Delegierten Verordnung (EU) 2016/301 der Kommission.
126 Erwägungsgrund 17 Satz 2 der VO (EU) 2019/979.
127 Im Sinne von Art. 2 Abs. 1 lit. a der Richtlinie 2004/25/EG des Europäischen Parlaments und des Rates vom 21.4.2004 betreffend Übernahmeangebote (ABl. L 142 vom 30.4.2004, S. 12).

Art. 23 ProspektVO Nachträge zum Prospekt

Übernahmeangebots bezüglich des Eigenkapitals des Emittenten gemäß Art. 18 Abs. 1 lit. e der VO (EU) 2019/979 die Nachtragspflicht aus. Nach Erwägungsgrund 18 müssen potenzielle Anleger, die ein Angebot prüfen, die Bedingungen des betreffenden Angebots mit dem Preis bzw. den Umtauschkonditionen eines während der Angebotsfrist angekündigten öffentlichen Übernahmeangebots vergleichen können. Das Ergebnis eines öffentlichen Übernahmeangebots spiele für die Anleger wiederum wegen möglicher Änderungen der Kontrollverhältnisse beim Emittenten eine wichtige Rolle.[128]

– Art. 18 Abs. 1 lit. f regelt den Fall, dass bei Dividendenwerten, in Dividendenwerte wandel- oder umtauschbaren Wertpapieren sowie Zertifikaten, die Aktien vertreten, eine bereits in einen Prospekt aufgenommene **Erklärung zum Geschäftskapital geändert** wird, wenn dadurch das Geschäftskapital im Hinblick auf die aktuellen Verpflichtungen des Emittenten eine ausreichende bzw. nicht ausreichende Höhe erreicht. Wenn die Erklärung zum Geschäftskapital nicht mehr zutreffend ist, können die Anleger keine Anlageentscheidungen in voller Kenntnis der finanziellen Lage des Emittenten treffen.[129] Die Anleger sollen ihre Anlageentscheidungen unter Berücksichtigung der neuen Informationen über die Fähigkeit des Emittenten, sich zur Bedienung seiner Verbindlichkeiten Barmittel und andere liquide Mittel zu verschaffen, einer Neubewertung unterziehen können.[130]

– Beantragt ein Emittent die Zulassung zum Handel an einem **zusätzlichen geregelten Markt** eines weiteren Mitgliedstaates oder plant er ein öffentliches Angebot in einem **weiteren Mitgliedstaat**, der noch nicht im Prospekt genannt war, so ist gemäß Art. 18 Abs. 1 lit. g ein Nachtrag erforderlich.[131] Grund für eine Nachtragspflicht in diesem Fall ist, dass die Informationen über solche Angebote und Zulassungen für den Anleger wichtig sind, um bestimmte Aspekte der Wertpapiere des Emittenten zu bewerten.[132]

– Bei Dividendenwerten[133] fasst Art. 18 Abs. 1 lit. h **neue, bedeutende finanzielle Verpflichtungen**, die voraussichtlich eine bedeutende Bruttoveränderung im Sinne von Art. 1 lit. e der VO (EU) 2019/980 bewirken, unter die für einen Nachtrag relevanten Fallgruppen. Denn diese wirken sich wahrscheinlich auf die finanzielle Lage und die Geschäftstätigkeit des Unternehmens aus.[134] Deshalb sollen die Anleger durch den

---

128 Erwägungsgrund 18 Satz 2 der VO (EU) 2019/979.
129 Erwägungsgrund 19 Satz 1 der VO (EU) 2019/979.
130 Erwägungsgrund 19 Satz 2 der VO (EU) 2019/979.
131 Durch die Regelung der Nachtragspflicht ist gleichzeitig auch klargestellt, dass die entsprechenden Fälle grundsätzlich auch nachtragsfähig sind, vgl. auch Erwägungsgrund 20 der VO (EU) 2019/979. Die Angabe, ob Wertpapiere überhaupt zum Handel an einem organisierten Markt zugelassen werden sollen, kann dagegen nach Auffassung der BaFin nicht im Wege eines Nachtrags erfolgen, weil die erforderliche Erklärung des Zulassungsantragstellers nicht per Nachtrag nachgeholt werden könne, vgl. Präsentation der BaFin im Rahmen einer Informationsveranstaltung der BaFin vom 10.6.2005 unter dem Titel „Neues Prospektrecht (WpPG) – Allgemeine Grundlagen", S. 15. Siehe auch BaFin-Workshop 2009, „Ausgewählte Prospekt- und Verfahrensfragen", 9.11.2009, S. 3 ff., insbesondere S. 10, sowie derselbe BaFin-Workshop 2009, „Ausgewählte Rechtsfragen zum Nachtragsrecht", Präsentation vom 9.11.2009, S. 6.
132 Erwägungsgrund 21 Satz 1 der VO (EU) 2019/979.
133 Genauer bei in Art. 19 Abs. 2, Art. 19 Abs. 3 oder Art. 20 Abs. 2 der VO (EU) 2019/980 genannten Dividendenwerten oder anderen darin genannten Wertpapieren.
134 Erwägungsgrund 21 Satz 1 der VO (EU) 2019/979.

Nachtrag zusätzliche Informationen über die Folgen einer solchen Verpflichtung erhalten.[135]
- Schließlich nennt Art. 18 Abs. 1 lit. i eine **Erhöhung des aggregierten Nominalbetrags des Angebotsprogramms** als eine zum Nachtrag verpflichtende Situation.[136] Erwägungsgrund 22 der VO (EU) 2019/979 begründet die Nachtragspflichtigkeit in einem solchen Fall damit, dass die Erhöhung Rückschlüsse auf den Finanzierungsbedarf des Emittenten oder einen Anstieg der Nachfrage nach Wertpapieren des Emittenten zulässt.

cc) Veränderung von Angebotsbedingungen

Fraglich ist, ob Veränderungen von Angebotsbedingungen eine Nachtragspflicht auslösen. Denkbar sind insbesondere (i) die Erhöhung oder Verringerung der Preisspanne, (ii) die Erhöhung oder Verringerung des Emissionsvolumens sowie (iii) die Verkürzung oder Verlängerung der Angebotsfrist. Dies ist ausschließlich eine Frage von Art. 23; Art. 17 enthält dazu keine Regelung.[137]

61

aaa) Grundsätzliche Feststellungen

Die Frage etwaiger Nachtragspflichten bei einer Veränderung von Angebotsbedingungen ist **anhand der allgemeinen Regeln zu beantworten**. Daher gilt, wie zuvor ausgeführt, dass im Einzelfall zu beurteilen ist, ob ein wichtiger neuer Umstand vorliegt, der für den verständigen Anleger die Beurteilung der Wertpapiere beeinflussen könnte.[138] Dabei ist zutreffend darauf hingewiesen worden, dass die vorgenannten Veränderungen der Angebotsbedingungen weder an den angebotenen Wertpapieren als solchen noch an den Elementen, die nach der ProspektVO in den Wertpapierprospekt aufzunehmen sind, etwas ändern.[139] Betrachtet man vielmehr den als Maßstab für Art. 23 Abs. 1 UAbs. 1 dienenden (→ Rn. 18) Art. 6 Abs. 1 („erforderlichen Informationen, die für den Anleger wesentlich sind, um sich ein fundiertes Urteil über Folgendes bilden zu können: a) die Vermögenswerte und Verbindlichkeiten, die Gewinne und Verluste, die Finanzlage und die Aussichten des Emittenten und eines etwaigen Garantiegebers; b) die mit den Wertpapieren verbundenen Rechte; und c) die Gründe für die Emission und ihre Auswirkungen auf den

62

---

135 Erwägungsgrund 21 Satz 2 der VO (EU) 2019/979.
136 Auch hier zeigt die Aufnahme in den Katalog nachtragspflichtiger Tatbestände, dass dieser Umstand grundsätzlich als nachtragsfähig anzusehen ist.
137 Zutreffend *Groß*, Kapitalmarktrecht, Art. 23 ProspektVO Rn. 17; *Lenz*, in: Just/Voß/Ritz/Zeising, Wertpapierprospektrecht, 2. Aufl. 2023, Art. 23 ProspektVO Rn. 98.
138 So im Grundsatz auch *Lenz*, in: Just/Voß/Ritz/Zeising, Wertpapierprospektrecht, 2. Aufl. 2023, Art. 23 ProspektVO Rn. 99, sowie *Chr. Becker*, in: Heidel, Aktienrecht und Kapitalmarktrecht, 5. Aufl. 2019, § 16 WpPG Rn. 5, der aber dann jegliche nachträgliche Veränderung der im Prospekt enthaltenen Emissionspreisspanne pauschal für nachtragspflichtig hält. Das von *Groß*, in: Bosch/Groß, Emissionsgeschäft (BuB), Rn. 10/268, und ähnlich *Schlitt/Schäfer*, AG 2008, 525, 533 (Fn. 88), genannte Kriterium „inhaltlich Auswirkungen hat" lässt das Erfordernis der Wesentlichkeit außer Acht. Die Formulierung bei *Groß*, Kapitalmarktrecht, Art. 23 ProspektVO Rn. 17 „inhaltlich wesentliche Auswirkungen" zeigt aber, dass *Groß* dies auch als Frage der Subsumtion unter den gesetzlichen Tatbestand verstanden wissen will und daher das Kriterium der Wesentlichkeit für ihn durchaus von (ausschlaggebender) Relevanz sein sollte.
139 *Groß*, Kapitalmarktrecht, Art. 23 ProspektVO Rn. 16, und schon zuvor *Groß*, Bookbuilding, ZHR 162 (1998), 318, 328.

Emittenten."), stellt man fest, dass die Veränderung der Angebotsbedingungen nicht ohne Weiteres hier subsumierbar wäre. Dennoch sind diese Angebotsbedingungen selbstverständlich Pflichtangaben, vgl. die Anhänge 1 und 11 der VO (EU) 2019/980.

63 Dass nicht etwa jede der vorgenannten Veränderungen eine Nachtragspflicht auslöst, steht in dem Standard-Wortlaut von zahlreichen Prospekten, die von der BaFin in den letzten Jahren gebilligt worden sind. Dort heißt es regelmäßig (Hervorhebung eingefügt):[140]

> „Subject to the publication of a supplement to this Prospectus, **if required**, the Selling Shareholder and the Company after consultation with the Joint Global Coordinators, as representatives of the Banks, reserve the right to (i) increase or decrease the total number of Offer Shares, (ii) increase or decrease the upper limit and/or the lower limit of the Price Range, and/or (iii) extend or shorten the Offer Period."

64 Insofern ist davon auszugehen, dass auch die BaFin diese Auffassung nach wie vor teilt. Daher sind erstens hinsichtlich der Nachtragspflicht verschiedene Fallgruppen anhand ihrer Auswirkungen zu unterscheiden und zweitens auch die zivilrechtlichen Auswirkungen auf die Willenserklärung der Anleger zu berücksichtigen.

bbb) Erhöhung bzw. Verringerung der Preisspanne

65 Eine reine **Verengung der Preisspanne**, d.h. Erhöhung der unteren Grenze der Preisspanne und Reduzierung der oberen Begrenzung der Preisspanne, sollte nicht nachtragspflichtig sein.[141] Dies gilt unabhängig davon, ob nur existierende Aktien aus dem Besitz von Altaktionären oder auch neue Aktien aus einer Kapitalerhöhung angeboten werden. Sofern alle anderen Parameter des Angebots gleich bleiben, verändern sich für den Anleger die Bedingungen des Angebots nicht in wesentlicher Weise. Bereits abgegebene Zeichnungserklärungen, die innerhalb der neuen Preisspanne liegen bzw. kein Limit enthielten, bleiben wirksam. In der Praxis kommt es zudem oftmals zu einer informellen Verengung der Preisspanne, indem von den führenden Konsortialbanken (in Absprache mit dem Emittenten und ggf. abgebenden Aktionären) eine sogenannte „narrowing the price range message" z.B. über Bloomberg verbreitet wird, die regelmäßig am letzten oder vorletzten Tag der Angebotsfrist erfolgt und eben nach gängiger Marktusance auch keinen Nachtrag erfordert.[142]

---

140 Zitiert ist nachfolgend der Prospekt der Dr. Ing. h.c. F. Porsche Aktiengesellschaft vom 19.9.2022, S. 80. Ein weiteres Beispiel für einen ähnlichen Wortlaut findet sich etwa im Prospekt der AUTO1 Group SE vom 25.1.2021, S. 26. Auch ältere Prospekte bringen dies zum Ausdruck, vgl. etwa den in der Vorauflage abgedruckten Wortlaut des Prospekts der windeln.de AG vom 22.4.2015, S. 42 oder die Prospekte der Covestro AG vom 18.9.2015, S-47f. und der Sixt Leasing AG vom 24.4.2015, S-47.
141 So auch *Groß*, Kapitalmarktrecht, Art. 23 ProspektVO Rn. 18; *Schlitt*, in: Assmann/Schlitt/von Kopp-Colomb, Prospektrecht Kommentar, Art. 23 ProspektVO Rn. 131.
142 Davon zu unterscheiden ist die sogenannte „books covered message", die regelmäßig auch über Bloomberg verbreitet wird und nach gängiger Marktpraxis ebenfalls keine Nachtragspflicht auslöst. Diese Praxis ist aber weder rechtlich glücklich noch hilft sie den Prinzipalen immer. Denn in Fällen, in denen keine books covered message erfolgt, gerät das Angebot regelmäßig gerade deshalb in Schwierigkeiten.

III. Bestehen einer Nachtragspflicht (Art. 23 Abs. 1 UAbs. 1) **Art. 23 ProspektVO**

Bei einer **Erhöhung der Preisspanne** wird dagegen regelmäßig ein Nachtrag erforderlich sein.[143] Dies entspricht auch der Auffassung der BaFin.[144] Zwar ließe sich argumentieren, dass die Erhöhung für den Emittenten und damit für die Beurteilung des Emittenten keine Rolle spielt, soweit es sich um ein secondary placement von Altaktien handelt. Und soweit Aktien aus einer Kapitalerhöhung betroffen sind, könnte es für den Anleger kein wesentlicher, weil nur positiver Effekt sein, dass der Emittent höhere Erlöse hat. Aber erstens ist der Begriff des „wichtigen neuen Umstands" (jedenfalls nach geltendem Recht[145]) nicht auf „wesentlich nachteilige Umstände" beschränkt und zweitens kann auch zivilrechtlich der Anleger nicht ohne Weiteres an seiner Erklärung festgehalten werden.[146] Lediglich soweit er ohne Limit innerhalb der ursprünglichen Preisspanne gezeichnet hat und die neue Preisspanne am unteren Ende noch unter dem oberen Ende der ursprünglichen Preisspanne läge, ließe sich argumentieren, dass die Willenserklärung bis zur oberen Grenze der ur-

66

---

143 So auch *Groß*, Kapitalmarktrecht, Art. 23 ProspektVO Rn. 18; *Schlitt*, in: Assmann/Schlitt/von Kopp-Colomb, Prospektrecht Kommentar, Art. 23 ProspektVO Rn. 132 f. Vgl. auch z. B. Nachtrag Nr. 1 der Biofrontera Aktiengesellschaft vom 1.2.2018 zum Prospekt vom 29.1.2018, Nachtrag Nr. 1 der Q-Cells AG vom 28.9.2005 zum Prospekt vom 20.9.2005 oder Nachtrag Nr. 2 der Deutsche Telekom AG vom 10.11.1996 zum unvollständigen Verkaufsprospekt vom 3.10.1996; weitergehend *Schlitt*, in: Habersack/Mülbert/Schlitt, Kapitalmarktinformation, § 5 Rn. 31, der auch für den Fall der Erhöhung der Preisspanne die nachfolgend unter Rn. 68 ff. zur Verringerung der Anzahl der angebotenen Aktien dargestellte volumenmäßige Differenzierung hinsichtlich einer etwaigen Nachtragspflicht vornehmen möchte. Ebenso bei Erhöhung des Angebotsvolumens um bis zu 10% *Ritz*, in: Assmann/Lenz/Ritz, VerkProspG, § 10 VerkProspG Rn. 16. Enger *Groß*, Bookbuilding, ZHR 162 (1998), 318, 329, und *Hein*, WM 1996, 1, 5, die eine Nachtragspflicht bei jeder Änderung der Preisspanne annehmen, es sei denn – so *Hein* – dass die Möglichkeit der Veränderung von Anfang an Bestandteil des Angebotes war und der Investor daher mit dieser Veränderung rechnen musste. Dann müsse man ihm „nur" die Möglichkeit geben, seine ursprüngliche Kauforder zu modifizieren bzw. zurückzunehmen. Pauschaler (bei Änderung der Preisspanne im laufenden Bookbuilding-Verfahren „im Regelfall") *Lenz*, in: Just/Voß/Ritz/Zeising, Wertpapierprospektrecht, 2. Aufl. 2023, Art. 23 ProspektVO Rn. 102; *Apfelbacher/Metzner*, BKR 2006, 81, 86; *Straßner*, in: Heidel, Aktienrecht und Kapitalmarktrecht, 5. Aufl. 2019, § 8 WpPG Rn. 6; *Hamann*, in: Schäfer/Hamann, Kapitalmarktgesetze, § 16 WpPG Rn. 8.
144 Vgl. *Schlitt*, in: Assmann/Schlitt/von Kopp-Colomb, Prospektrecht Kommentar, Art. 23 ProspektVO Rn. 133.
145 Vgl. Diskussionen zur Überarbeitung der EU-ProspektRL im Vorfeld der ÄnderungsRL; im Draft Report des Berichterstatters vom 11.1.2010 war der Vorschlag enthalten (vgl. Document 2009/0132(COD), S. 28), das Widerrufsrecht nur bei Vorliegen von „adverse developments" eingreifen zu lassen. Dies ist aber im weiteren Rechtssetzungsverfahren, insbesondere im Vorschlag des EU-Parlaments vom März 2010 und im endgültig beschlossenen Text vom Mai/September 2010, nicht aufgegriffen worden. A. A. *Heidelbach*, in: Schwark/Zimmer, KMRK, § 16 WpPG Rn. 14 f.
146 Zu diesem zweiten Punkt ebenso *Groß*, Bookbuilding, ZHR 162 (1998), 318, 327 und 331, soweit das ursprüngliche Angebot der Anleger unannehmbar ist. Dabei ist zu beachten, dass *Groß* grundsätzlich von der zivilrechtlichen Fortgeltung der Angebote der Anleger ausgeht und lediglich in einem weitergehenden Umfang Informationspflichten aus dem vorvertraglichen Schuldverhältnis heraus sieht. Etwas anders *Groß*, in: Bosch/Groß, Emissionsgeschäft (BuB), Rn. 10/269, wonach allgemein vom automatischen Wegfall der Kaufangebote der Anleger auszugehen sei, etwas anderes aber gelte, wenn auf die Möglichkeit der Veränderung im Prospekt hingewiesen worden sei. Dann gelten nach *Groß* auch bei einer wesentlichen Erhöhung der Preisspanne z. B. unlimitierte Zeichnungsaufträge der Anleger weiter. So wohl auch *Hein*, WM 1996, 1, 5.

sprünglichen Preisspanne weiter gilt.[147] Das europäische Prospektrecht kennt leider keine dem amerikanischen Recht vergleichbare Regelung,[148] wonach bei einer Erhöhung des Emissionsvolumens (sei es über die Anzahl der Aktien, sei es über den Angebotspreis) von bis zu 20% ein sog. short-form registration statement verwendet werden kann, das automatisch (ohne review der SEC) wirksam (effective) ist und im Zusammenhang mit dem sogar (aufgrund weiterer Sonderregeln) unter Umständen eine unmittelbare Preisfestsetzung möglich ist.[149]

67 Bei einer **Verringerung der Preisspanne** ist dagegen kein Nachtrag erforderlich, wenn es eine unwesentliche Verringerung (z.B. bis zu 10%) betrifft und auf die Möglichkeit der Änderung im Prospekt hingewiesen wurde.[150] Dies gilt jedenfalls bei Platzierung ausschließlich bereits existierender Aktien, sollte aber bei der genannten Grenze nicht anders zu beurteilen sein, wenn auch neue Aktien aus einer Kapitalerhöhung angeboten werden. Man wird allerdings verlangen müssen, dass kumulativ (d.h. zusätzlich zu der genannten Volumengrenze)[151] auf diese Möglichkeit der Veränderung im Prospekt bereits hingewiesen[152] wurde (siehe oben genannten üblichen Wortlaut). In einem solchen Fall können die Parteien ohne weitere Verlängerung der Angebotsfrist zur Preisfestsetzung übergehen, die per Ad-hoc-Meldung bekannt zu machen ist. Zivilrechtlich sind die entsprechenden Zeichnungsangebote der Anleger umzudeuten bzw. auszulegen, bleiben aber wirksam. Handelt es sich dagegen um eine wesentliche Veränderung der Preisspanne, so tritt eine Nachtragspflicht ein;[153] in der Praxis der BaFin greift die Nachtragspflicht auch bei

---

147 So auch *Groß*, Bookbuilding, ZHR 162 (1998), 318, 332 auf Basis seines Konzepts der weiter bestehenden Annahmefähigkeit des Angebots nach Änderung der Angebotsbedingungen.
148 Rule 430A unter dem Securities Act von 1933, Instruction to paragraph (a), of the General Rules and Regulations promulgated under the Securities Act of 1933.
149 Die beteiligten Parteien müssen daher die Chance, höhere Erlöse zu erzielen, abwägen gegen das Risiko, dass innerhalb der Widerrufsfrist des Art. 23 Abs. 2 z.B. marktbedingte Umstände eintreten, die Investoren von ihrer Zeichnungserklärung zurücktreten lassen.
150 So auch *Schlitt/Singhof/Schäfer*, BKR 2005, 251, 261, die das mit einer Parallele zur bloßen Veröffentlichungspflicht des endgültigen Emissionspreises begründen. In Anlehnung an das zuvor dargestellte US-Recht sehen sie erst eine Abweichung von mehr als 20% der Unter- oder Obergrenze der Bookbuilding-Spanne als materiell an. Ebenso *Schlitt*, in: Assmann/Schlitt/von Kopp-Colomb, Prospektrecht Kommentar, Art. 23 ProspektVO Rn. 133; *Schlitt*, in: Habersack/Mülbert/Schlitt, Kapitalmarktinformation, § 5 Rn. 31. Wie hier *Meyer*, in: Habersack/Mülbert/Schlitt, Unternehmensfinanzierung, § 36 Rn. 90. Differenzierend zum alten Recht *Ritz*, in: Assmann/Lenz/Ritz, VerkProspG, § 11 VerkProspG Rn. 11 ff., die aber jedenfalls eine Erhöhung des Angebotsvolumens bei einer Aktienemission um 10% auch ohne Nachtrag für unbedenklich hält. A. A. *Chr. Becker*, in: Heidel, Aktienrecht und Kapitalmarktrecht, 5. Aufl. 2019, § 16 WpPG Rn. 5 (stets nachtragspflichtig).
151 *Schlitt/Singhof/Schäfer*, BKR 2005, 251, 261 nennen das Fehlen einer materiellen Abweichung und den Hinweis auf die Möglichkeit der Veränderung der Spanne dagegen als alternative Rechtfertigungen für das Nichtbestehen einer Nachtragspflicht.
152 Der Hinweis auf eine etwaige Veränderung der invitatio ad offerendum durch den Anbieter im Prospekt ist auch aus schuldrechtlicher Sicht in Bezug auf die Fortgeltung der von Anlegern abgegebenen Angebote von Bedeutung, vgl. *Groß*, Bookbuilding, ZHR 162 (1998), 318, 326, sowie klarer *Groß*, in: Bosch/Groß, Emissionsgeschäft (BuB), Rn. 10/269.
153 Vgl. etwa Nachtrag Nr. 1 vom 1.10.2015 zum Prospekt der Covestro AG vom 18.9.2015.

secondary offerings.[154] Insbesondere wenn auch Aktien aus einer Kapitalerhöhung platziert werden, müssen dann auch andere Angaben wie z. B. die Kapitalisierungstabelle angepasst und daher nachgetragen werden.[155]

ccc) Erhöhung bzw. Verringerung der Anzahl der angebotenen Aktien

Grundsätzlich kommt es auch bei der Frage der kapitalmarktrechtlichen Nachtragspflicht im Falle der Erhöhung bzw. Verringerung der Anzahl der angebotenen Aktien auf die allgemeinen, oben genannten Kriterien der Wesentlichkeit z. B. im Hinblick auf das betreffende Wertpapier (Handelbarkeit/Liquidität) und das Ausmaß der Veränderung an.[156]

68

Zunächst einmal ist festzuhalten, dass eine **Erhöhung der Anzahl der angebotenen Aktien** (bei identischer Ausstattung) grundsätzlich **nachtragsfähig ist.** Die von Teilen der Literatur vertretene Auffassung, eine Aufstockung könne nicht per Nachtrag zu dem ursprünglichen Prospekt erfolgen, sondern erfordere einen neuen Prospekt, ist schon wegen des Wortlauts des Art. 12 Abs. 1 UAbs. 1 abwegig (→ Rn. 40 ff. und → Rn. 4 zur parallelen Frage der mehrfachen Verwendung eines Prospekts). In der Regel ist eine **Erhöhung der Anzahl der angebotenen Aktien auch nachtragspflichtig,** da die betreffende Anzahl von Wertpapieren durch den Prospekt bisher nicht abgedeckt war.[157] Etwas anderes gilt dann, wenn die Erhöhung der Aktienzahl bereits in Form einer sogenannten Upsize-Option[158] angelegt war, bei der sich der Emittent schon im Prospekt vorbehält, die Anzahl der angebotenen oder zuzulassenden Aktien (um eine konkret benannte Anzahl) zu erhöhen. Eine solche Upsize-Option kann, jedenfalls wenn sie sich auf eine Platzierung von Altaktien (secondary placement) bezieht, auch ohne Erfordernis eines Nachtrags ausgeübt werden, wie sich etwa an deren Ausübung durch die Cherry AG im Wege einer (bloßen) Ad-hoc-Mitteilung zeigt.[159] Bei wesentlichen Verschiebungen der Mehrheitsverhältnisse am Emittenten oder gleichzeitigen Veränderungen am Pricing (→ Rn. 65 ff.) dürfte aber wegen des Kriteriums der Wesentlichkeit wiederum eine Nachtragspflicht bestehen. Bei einer Erhöhung der Anzahl der angebotenen Aktien bleiben bereits erteilte Zeichnungsaufträge grundsätzlich schuldrechtlich wirksam; dies gilt nach herrschender Literatur für alle Fälle der Veränderung des Volumens der Emission.[160]

69

---

154 Vgl. Nachtrag Nr. 1 vom 20.6.2006 zum Prospekt der Demag Cranes AG vom 6.6.2006. Ebenso Nachtrag Nr. 4 der Praktiker Bau- und Heimwerkermärkte Holding AG vom 17.11.2005 zum Prospekt vom 4.11.2005.
155 *Apfelbacher/Metzner*, BKR 2006, 81, 85; *Groß*, Kapitalmarktrecht, Art. 23 ProspektVO Rn. 18.
156 So schon *Ritz*, in: Assmann/Lenz/Ritz, VerkProspG, § 11 VerkProspG Rn. 15. A. A. *Chr. Becker*, in: Heidel, Aktienrecht und Kapitalmarktrecht, 5. Aufl. 2019, § 16 WpPG Rn. 6 (Veränderung des Emissionsvolumens mit Ausnahme vom Fall der Verringerung von umzuplatzierenden Altaktien stets nachtragspflichtig).
157 So auch *Groß*, Kapitalmarktrecht, Art. 23 ProspektVO Rn. 18; *Schlitt*, in: Assmann/Schlitt/von Kopp-Colomb, Prospektrecht Kommentar, Art. 23 ProspektVO Rn. 135.
158 Vgl. Prospekte der TeamViewer AG vom 11.9.2019, der PharmaSGP Holding SE vom 8.6.2021 und der Cherry AG vom 15.6.2021.
159 Vgl. Ad-hoc-Mitteilung der Cherry AG vom 23.6.2021.
160 *Groß*, Bookbuilding, ZHR 162 (1998), 318, 327; *Groß*, in: Bosch/Groß, Emissionsgeschäft (BuB), Rn. 10/269; *Hein*, WM 1996, 1, 5.

70 Eine **Verringerung der Anzahl der angebotenen Aktien** erfordert dagegen grundsätzlich keinen Nachtrag. Dies gilt jedenfalls dann, wenn (i) das Angebot auf eine Anzahl von Aktien lautete, ohne dass eine Mindestzahl von Aktien genannt wurde,[161] (ii) auf die Möglichkeit der Veränderung der Angebotsbedingungen im Prospekt hingewiesen wurde und (iii) sich nicht aus anderen Gegebenheiten die Verringerung als wichtiger neuer Umstand darstellt.[162] Das könnte bei einer Verringerung der Platzierung von Altaktien dann gelten, wenn die Mehrheitsverhältnisse am Emittenten nach Durchführung des Angebots signifikant anders aussehen als im ursprünglichen Prospekt vorgesehen[163] oder wenn sich bei einer Platzierung von neuen Aktien dadurch die Erlöse der Gesellschaft so signifikant verschieben, dass es eines Nachtrags bedarf (→ Rn. 67 zur Reduzierung der Preisspanne). Die Möglichkeit der Angebotsverringerung ohne Nachtrag entspricht grundsätzlich auch der BaFin-Praxis. Fälle jüngeren Datums deuten darauf hin, dass die BaFin jedenfalls eine Reduzierung der Zahl der Altaktien im Rahmen eines secondary placements um 50% ohne Nachtrag für zulässig hält, sofern keine besonderen Umstände vorliegen. So hat etwa die PharmaSGP SE im Rahmen ihres IPO im Jahr 2020 eine Reduzierung der Angebotsaktien aus dem Bestand der veräußernden Aktionäre um ca. 50% per Ad-hoc-Meldung kommuniziert.[164]

ddd) Verkürzung bzw. Verlängerung der Angebotsfrist; Verschiebung des ersten Handelstages

71 Eine **Verkürzung der Angebotsfrist** löst keine Nachtragspflicht aus. Entsprechend den Ausführungen zur Verengung der Preisspanne liegt kein wichtiger neuer Umstand vor, der für die Beurteilung der Wertpapiere relevant sein könnte. Die Verkürzung ist lediglich durch Ad-hoc-Mitteilung (sofern der Emittent den Zulassungsantrag zum regulierten Markt bereits gestellt hat[165]) bekannt zu machen.[166]

72 Dies könnte man auch für eine **unwesentliche Verlängerung der Angebotsfrist**, z.B. aus technischen Gründen, annehmen.[167] Die Erwägung zur Erhöhung der Anzahl der angebo-

---

161 Parallel zu dieser Argumentation bei der Veränderung der Anzahl der angebotenen Aktien vertreten *Schlitt/Singhof/Schäfer*, BKR 2005, 251, 261 die Auffassung, dass jedenfalls dann volle Flexibilität verbleibe, wenn – was nach ProspektVO zulässig wäre – das Angebot nur mit einem Höchstpreis durchgeführt werde. Nach hier vertretener Auffassung gelten auch dann die nachfolgend und zuvor unter bbb) genannten zusätzlichen materiellen Kriterien.
162 So auch *Groß*, Kapitalmarktrecht, Art. 23 ProspektVO Rn. 18. Ähnlich *Meyer*, in: Habersack/Mülbert/Schlitt, Unternehmensfinanzierung, § 36 Rn. 90; *Schlitt*, in: Assmann/Schlitt/von Kopp-Colomb, Prospektrecht Kommentar, Art. 23 ProspektVO Rn. 135.
163 Beispielsweise wenn die Verringerung dazu führt, dass die Gesellschaft im Mehrheitsbesitz eines Aktionärs bleibt oder dieser jetzt weiter über 75% der Aktien an der Gesellschaft hält. *Groß*, Kapitalmarktrecht, Art. 23 ProspektVO Rn. 17 erwähnt das Beispiel der aktienrechtlich relevanten Mehrheitsverhältnisse im umgekehrten Fall der Aufstockung des Emissionsvolumens.
164 Vgl. Ad-hoc-Meldungen der PharmaSGP Holding SE vom 18.6.2020.
165 Vgl. Art. 17 Abs. 1 UAbs. 3 der Marktmissbrauchsverordnung.
166 So auch *Groß*, Kapitalmarktrecht, Art. 23 ProspektVO Rn. 18. Vgl. auch die Ad-hoc-Mitteilung der Rocket Internet AG vom 26.9.2014 zum Prospekt vom 23.9.2014 sowie die Ad-hoc-Mitteilung der Westwing Group AG vom 4.10.2018 zum Prospekt vom 27.9.2018.
167 So auch *Groß*, Kapitalmarktrecht, Art. 23 ProspektVO Rn. 18. Das BAWe ging – allerdings natürlich unter Geltung des Verkaufsprospektgesetzes alter Fassung – weitergehend davon aus, dass eine Verlängerung der Zeichnungsfrist keine Veränderung von wesentlicher Bedeutung sei,

tenen Aktien, dass über den bisherigen Prospekt „hinausgegangen" wird, passt nicht für die bloße Verlängerung der Angebotsfrist. Jedenfalls bei einer **signifikanten Verlängerung der Zeichnungsfrist** wird man allerdings in der Regel von einer Nachtragspflicht ausgehen müssen, zumal wenn dies auf eine schwierige Vermarktbarkeit der Wertpapiere zurückzuführen ist.[168] Die BaFin verlangt jedenfalls bei einer Verlängerung von einer Woche die Erstellung eines Nachtrags.[169]

Zivilrechtlich ist die Verkürzung der Angebotsfrist unproblematisch, da der Wille des Anlegers auf den Abschluss eines Kaufvertrages gerichtet war, der nun früher zustande kommt. Trotz eines gewissen Begründungsaufwands sollte man aber auch bei einer – jedenfalls kurzfristigen – Verlängerung der Angebotsfrist zivilrechtlich von der Weitergeltung der Zeichnungsaufträge der Anleger ausgehen können.[170] 73

Auch bei Verschiebungen des ersten Handelstages verlangt die BaFin einen Nachtrag, sofern die Verschiebung für den Anleger relevant ist (z.B. weil sich das Closing dadurch über ein Wochenende verschiebt). 74

5. Nachträge bei Registrierungsformularen

a) Nachtragsfähigkeit eines Registrierungsformulars

Lange umstritten war die Frage, ob auch das Registrierungsformular ein zulässiges Bezugsobjekt für einen Nachtrag darstellt. Schon in der Vorauflage wurde die Ansicht vertreten, dass der Wortlaut des § 12 Abs. 3 Satz 2 und des § 9 Abs. 4 Satz 2 WpPG a.F. diesen Streit zugunsten der **Nachtragsfähigkeit des Registrierungsformulars** entschieden hatte.[171] Dort wurde die Anwendbarkeit des diesbezüglich seinem Wortlaut nach nicht eindeutigen § 16 WpPG a.F. auch auf Registrierungsformulare vorausgesetzt. Die Änderungen gingen auf das Gesetz zur Umsetzung der ÄnderungsRL 2010/73/EU und zur Änderung des Börsengesetzes vom 26.6.2012[172] zurück, das die Änderungen durch die ÄnderungsRL 2010/73/EU[173] an Art. 9 Abs. 4 und Art. 12 Abs. 2 der EU-ProspektRL wider- 75

---

vgl. unter X.1. der Bekanntmachung des BAWe zum Wertpapier-Verkaufsprospektgesetz vom 6.9.1999, Bundesanzeiger Nr. 177 vom 21.9.1999, S. 16180. Kritisch dazu *Ritz*, in: Assmann/Lenz/Ritz, VerkProspG, § 11 VerkProspG Rn. 14.

168 So das Argument von *Ritz*, in: Assmann/Lenz/Ritz, VerkProspG, § 11 VerkProspG Rn. 14. Richtig ist aber auch, dass ein Nachtrag nicht zwingend eine Verlängerung der Angebotsfrist auslöst, vgl. *Schlitt*, in: Assmann/Schlitt/von Kopp-Colomb, Prospektrecht Kommentar, Art. 23 ProspektVO Rn. 145.

169 Vgl. Nachtrag Nr. 1 der Hapag-Lloyd Aktiengesellschaft vom 27.10.2015 zum Prospekt vom 14.10.2015.

170 So auch *Groß*, Bookbuilding, ZHR 162 (1998), 318, 327 für die Verkürzung der Frist, während er bei der Verlängerung – unabhängig von der Dauer der Verlängerung – das Erfordernis einer vorherigen Unterrichtung der Anleger sieht. Zivilrechtlich bleiben die Erklärungen aber in jedem Fall wirksam, vgl. *Groß*, Bookbuilding, ZHR 162 (1998), 318, 331. Etwas anders, aber mit überzeugender Begründung für die Verlängerung der Verkaufsfrist *Groß*, in: Bosch/Groß, Emissionsgeschäft (BuB), Rn. 10/269.

171 So auch *Rauch*, in: Holzborn, WpPG, § 16 Rn. 16; *Lawall/Maier*, DB 2012, 2503, 2504; *Heidelbach/Preuße*, BKR 2012, 397, 399.

172 BGBl. I 2012, S. 1375 ff.

173 Richtlinie 2010/73/EU des Europäischen Parlaments und des Rates vom 24.11.2010 zur Änderung der Richtlinie 2003/71/EG betreffend den Prospekt, der beim öffentlichen Angebot von

spiegelte.[174] Auch die BaFin hatte sich entgegen ihrer früheren Praxis dieser Ansicht angeschlossen.[175] Registrierungsformulare könnten auch dann aktualisiert werden, wenn gerade kein öffentliches Angebot unter Einbindung des entsprechenden Registrierungsformulars stattfindet.[176] Außerdem kann durch Nachtrag eines gesamten dreiteiligen Prospekts auch ein bestehendes durch ein aktuelleres Registrierungsformular ersetzt werden.[177]

76 Die Neufassung der Vorschrift zu aus mehreren Einzeldokumenten bestehenden Prospekten in der geltenden ProspektVO (Art. 10) hat diese Problematik nun eindeutig zugunsten der hier schon seit der 1. Auflage vertretenen Auffassung aufgelöst.[178] Art. 10 Abs. 1 UAbs. 2 sieht nun ausdrücklich vor, dass bei Eintritt eines wichtigen neuen Umstandes oder Feststellung einer wesentlichen Unrichtigkeit oder einer wesentlichen Ungenauigkeit nach Billigung des Registrierungsformulars, die die im Registrierungsformular enthaltenen Informationen betrifft und die Beurteilung der Wertpapiere beeinflussen können, spätestens zum Zeitpunkt der Wertpapierbeschreibung und der Zusammenfassung ein Nachtrag zum Registrierungsformular zur Billigung vorzulegen ist. Die **Nachtragsfähigkeit von Registrierungsformularen** erkennt mittlerweile **auch die BaFin** an.[179] Das Widerrufsrecht der Anleger nach Art. 23 Abs. 2 schließt Art. 10 Abs. 1 UAbs. 2 Satz 2 jedoch aus.

Wertpapieren oder bei deren Zulassung zum Handel zu veröffentlichen ist, und der Richtlinie 2004/109/EG zur Harmonisierung der Transparenzanforderungen in Bezug auf Informationen über Emittenten, deren Wertpapiere zum Handel auf einen geregelten Markt zugelassen sind, ABl. L 327, S. 1 vom 11.12.2010.
174 Nach Erwägungsgrund 20 der ÄnderungsRL soll die Aktualisierungsmöglichkeit per Nachtrag „die Flexibilität erhöhen".
175 Vgl. BaFin, Häufig gestellte Fragen zum Basisprospektregime, vom 31.5.2012 (zuletzt geändert am 4.6.2014), Punkt III.1., http://www.bafin.de/SharedDocs/Veroeffentlichungen/DE/FAQ/faq_1205_neues_basisprospektregime.html (zuletzt abgerufen am 11.10.2022). Siehe dort unter Punkt III.3. auch zur Frage, wann neben dem Nachtrag auf das Registrierungsformular auch ein Nachtrag auf den dreiteiligen Prospekt oder auf einen einteiligen Prospekt, in den das Registrierungsformular per Verweis einbezogen wurde, erforderlich ist. Siehe dazu und zu weiteren Fällen im Einzelnen *Heidelbach/Preuße*, BKR 2012, 397, 399 f.
176 Vgl. BaFin, Häufig gestellte Fragen zum Basisprospektregime, vom 31.5.2012 (zuletzt geändert am 4.6.2014), Punkt III.2., http://www.bafin.de/SharedDocs/Veroeffentlichungen/DE/FAQ/faq_1205_neues_basisprospektregime.html (zuletzt abgerufen am 11.10.2022); auch *Lawall/Maier*, DB 2012, 2503, 2504.
177 Vgl. BaFin, Häufig gestellte Fragen zum Basisprospektregime, vom 31.5.2012 (zuletzt geändert am 4.6.2014), Punkt III.4., http://www.bafin.de/SharedDocs/Veroeffentlichungen/DE/FAQ/faq_1205_neues_basisprospektregime.html (zuletzt abgerufen am 11.10.2022). Siehe dazu und zu weiteren Fällen im Einzelnen *Heidelbach/Preuße*, BKR 2012, 397, 399 f.
178 So auch *Lenz/Heine*, AG 2019, 451, 452; *Seitz*, in: Assmann/Schlitt/von Kopp-Colomb, Prospektrecht Kommentar, Art. 23 ProspektVO Rn. 54.
179 Vgl. Antwort zu Frage III.3. der BaFin-Frequently Asked Questions – Neue Regeln für Wertpapierprospekte nach EU-Prospektverordnung 2017/1129 vom 6.10.2021; darin erklärt die BaFin, dass bei Registrierungsformularen nach Billigung der Anhang nach Art. 26 Abs. 4 als Nachtrag einzureichen sei. Daraus ergibt sich, dass die BaFin nun ebenfalls grundsätzlich von der Nachtragsfähigkeit von Registrierungsformularen ausgeht.

b) Nachtragsrecht für Registrierungsformulare

aa) Registrierungsformular noch nicht Bestandteil eines Prospekts

Falls nach der Billigung des Registrierungsformulars ein nachtragsrelevanter Umstand in Bezug auf die in diesem enthaltenen Informationen eintritt, so muss der Nachtrag spätestens bei Einreichung von Wertpapierbeschreibung und Zusammenfassung zur Billigung (vgl. Art. 10 Abs. 1 UAbs. 1) ebenfalls zur Billigung vorgelegt werden (Art. 10 Abs. 1 UAbs. 2 Satz 1).[180] Ein öffentliches Angebot hat zu diesem Zeitpunkt noch nicht stattgefunden (vgl. Art. 23 Abs. 2 UAbs. 1 Satz 1), sodass – was in Art. 10 Abs. 1 UAbs. 1 Satz 2 klargestellt wird – dieser Nachtrag zum Registrierungsformular kein Widerrufsrecht auslöst.[181]

77

bb) Registrierungsformular als Bestandteil eines Prospektes

Wurde das Registrierungsformular bereits als Bestandteil mehrerer Prospekte verwendet (vgl. Art. 10 Abs. 1 UAbs. 1), so muss nach Art. 23 Abs. 5 Satz 1 nur ein Nachtrag für die Prospekte erstellt werden (sog. „Sammelnachtrag"[182]). Dieser muss jedoch alle Prospekte nennen, auf die er sich bezieht (Art. 23 Abs. 5 Satz 2). Diese Pflicht zur Nennung aller Prospekte, auf die sich der Sammelnachtrag bezieht, ist nach § 24 Abs. 4 Nr. 34 WpPG bußgeldbewehrt. Daneben muss weiter noch ein Nachtrag für das Registrierungsformular selbst erstellt werden, der allerdings laut ESMA mit dem Nachtrag für die Prospekte in einem Dokument veröffentlicht werden soll.[183] Hier gilt – da das Registrierungsformular bereits als Bestandteil eines Prospektes verwendet wurde – der Ausschluss des Widerrufsrechts nach Art. 10 Abs. 1 UAbs. 2 Satz 2 nicht.[184] Wird daher ein Nachtrag zu einem Registrierungsformular veröffentlicht, haben alle Anleger ein Widerrufsrecht, die die Wertpapiere im Rahmen eines öffentlichen Angebots erworben haben, bei dem der Prospekt auch aus diesem Registrierungsformular bestand (vgl. Art. 10 Abs. 1 UAbs. 3).[185] Hier findet insbesondere auch nicht der Rechtsgedanke des Art. 23 Abs. 4 Anwendung (→ Rn. 153), da dieser nicht auf die Angaben in Registrierungsformularen übertragbar ist. Denn während ein Basisprospekt auch Angaben enthält, die nur für einzelne Emissionen gelten (vgl. Art. 8 Abs. 3), enthält das Registrierungsformular die Angaben zum Emittenten (Art. 6 Abs. 3 UAbs. 2 Satz 2), die schon naturgemäß für jede Emission Bedeutung haben.

78

---

180 Siehe ESMA, Questions and Answers on the Prospectus Regulation (Version 12 v. 3.2.2023), Antwort zu Frage 3.1; *Lenz/Heine*, AG 2019, 451, 452.
181 Siehe ESMA, Questions and Answers on the Prospectus Regulation (Version 12 v. 3.2.2023), Antwort zu Frage 3.1.
182 So die Bezeichnung der BaFin, vgl. BaFin-Präsentation „Prospektrechtliche Folgepflichten nach der Billigung" vom 28.5.2019, S. 13.
183 Siehe ESMA, Questions and Answers on the Prospectus Regulation (Version 12 v. 3.2.2023), Antwort zu Frage 3.3.
184 Siehe ESMA, Questions and Answers on the Prospectus Regulation (Version 12 v. 3.2.2023), Antwort zu Frage 3.3.
185 Siehe ESMA, Questions and Answers on the Prospectus Regulation (Version 12 v. 3.2.2023), Antwort zu Frage 3.3.

c) Notifizierung von Registrierungsformularen

79 Soll ein **Registrierungsformular oder einheitliches Registrierungsformular** notifiziert werden, ist nach Art. 26 Abs. 4 ein Anhang mit den Basisinformationen über den Emittenten nach Art. 7 Abs. 6 erforderlich. Die Billigung des Registrierungsformulars oder des einheitlichen Registrierungsformulars bezieht sich nach Art. 26 Abs. 4 UAbs. 1 Satz 2 auch auf diesen Anhang. Fraglich war nun, **auf welchem Wege der Emittent diesen Anhang ergänzen konnte**, wenn er sich erst nach der Billigung dafür entschied, das Registrierungsformular oder einheitliche Registrierungsformular zu notifizieren. Auch wenn die BaFin darauf hinweist, dass der Emittent sich vor der Billigung darüber klarwerden sollte, ob eine Notifizierung beabsichtigt ist, ermöglicht sie aus Praktikabilitätsgründen, ein Registrierungsformular oder einheitliches Registrierungsformular nach Billigung bzw. Hinterlegung und vor Notifizierung um einen Anhang nach Art. 26 Abs. 4 zu ergänzen.[186] Für die dafür erforderliche Vorgehensweise ist zwischen Registrierungsformularen und einheitlichen Registrierungsformularen zu unterscheiden. **Bei Registrierungsformularen** ist der **Anhang als Nachtrag** nach Art. 23 zu ergänzen. Bei einheitlichen Registrierungsformularen sei der Anhang dagegen als Änderung im Sinne von Art. 9 Abs. 7 Satz 1 bei der zuständigen Behörde einzureichen. In beiden Fällen ist dann vor der Notifizierung eine Billigung der zuständigen Behörde erforderlich.

80 Wurde das Registrierungsformular bereits vor Billigung des Nachtrags notifiziert, muss der gebilligte Nachtrag ebenfalls notifiziert werden (Art. 26 Abs. 5 UAbs. 1 bzw. 2).[187]

6. Zeitraum der Nachtragspflicht

81 Die Nachtragspflicht nach Art. 23 Abs. 1 UAbs. 1 besteht für wichtige neue Umstände oder wesentliche Unrichtigkeiten, die nach der Billigung und vor dem Auslaufen der Angebotsfrist oder, falls diese später erfolgt, der Eröffnung des Handels an einem geregelten Markt auftreten oder festgestellt werden.

a) Beginn der Nachtragspflicht

82 Der zeitliche Rahmen der Nachtragspflicht beginnt also **ab Billigung des Prospekts** durch die zuständige Behörde gemäß Art. 20 bzw. Wirksamwerden des Verwaltungsakts durch Bekanntgabe gemäß Art. 20 Abs. 2 UAbs. 1. Alle wichtigen neuen Umstände, die bis zur Billigung eintreten, bzw. Unrichtigkeiten, die bis zur Billigung festgestellt werden, sind selbstverständlich durch entsprechende Ergänzung der Antragsfassung des Prospekts und nicht per Nachtrag zu berücksichtigen.[188]

---

186 Vgl. Antwort zu Frage III.3. der BaFin-Frequently Asked Questions – Neue Regeln für Wertpapierprospekte nach EU-Prospektverordnung 2017/1129 vom 6.10.2021.
187 Siehe ESMA, Questions and Answers on the Prospectus Regulation (Version 12 v. 3.2.2023), Antwort zu Frage 3.1.
188 *Lenz/Heine*, AG 2019, 451, 455; *Chr. Becker*, in: Heidel, Aktienrecht und Kapitalmarktrecht, 5. Aufl. 2019, § 16 WpPG Rn. 9; *Groß*, Kapitalmarktrecht, Art. 23 ProspektVO Rn. 7; *Heidelbach/Preuße*, BKR 2006, 316, 320; *Hamann*, in: Schäfer/Hamann, Kapitalmarktgesetze, § 16 WpPG Rn. 5; *Lenz*, in: Just/Voß/Ritz/Zeising, Wertpapierprospektrecht, 2. Aufl. 2023, Art. 23 ProspektVO Rn. 68; *Heidelbach*, in: Schwark/Zimmer, KMRK, § 16 WpPG Rn. 6; *Seitz*, in: Assmann/Schlitt/von Kopp-Colomb, Prospektrecht Kommentar, Art. 23 ProspektVO Rn. 65.

Indem der Beginn der Nachtragspflicht **nicht an die Veröffentlichung des Prospekts** ansetzt, sondern an die Billigung, wird verhindert, dass eine Lücke entsteht zwischen Billigung und Veröffentlichung, in der, wenn während dieses Zeitraums nachtragspflichtige Umstände eintreten, die zuständige Behörde die Verpflichtung zur Erstellung und Veröffentlichung eines Nachtrags nicht durchsetzen kann – ein Problem, das auch den deutschen Gesetzgeber im Vierten Finanzmarktförderungsgesetz zu einer Änderung des damaligen § 11 VerkProspG veranlasst hat.[189]

83

Trotz dieses verständlichen regulatorischen Hintergrunds ist fraglich, wie in der Praxis zu verfahren ist, wenn **zwischen Billigung des Prospekts und dessen Veröffentlichung wichtige neue Umstände auftreten bzw. wesentliche Unrichtigkeiten festgestellt werden.** Richtigerweise wird man nicht vom Emittenten/Anbieter/Zulassungsantragsteller verlangen können, einen in wesentlichen Punkten unrichtigen oder nicht mehr aktuellen Prospekt zu veröffentlichen (→ Art. 21 Rn. 12 ff. zur Frage, ob der Anbieter berechtigt sein kann, die Veröffentlichung des gebilligten Prospekts hinauszuschieben oder ganz zu unterlassen). Ihm muss daher ermöglicht werden, auf die zuständige Behörde zuzugehen, den Prospekt abzuändern und erneut billigen zu lassen.[190] Erst dann sollte der insoweit ergänzte bzw. abgeänderte Prospekt veröffentlicht werden. Technisch ließe sich dies zum Beispiel durch einen Widerruf der ursprünglichen Billigung seitens der zuständigen Behörde bzw. durch einen Verzicht seitens des Emittenten/Anbieters/Zulassungsantragstellers erreichen (→ Art. 21 Rn. 15 ff. zur Frage, inwieweit die Billigungsentscheidung der BaFin per Widerruf aufgehoben werden kann bzw. darauf verzichtet werden kann). Für diese Fälle sollte dann auf das Erfordernis eines Nachtrags verzichtet werden. Zwar wird damit der Beginn des Nachtragserfordernisses faktisch für die Fälle, in denen sich der Emittent/Anbieter/Zulassungsantragsteller für die Veröffentlichung eines komplett neuen Prospekts entscheidet, von der Billigung auf die Veröffentlichung des Prospekts nach hinten verschoben. Aber es wäre ein unnötiger Formalismus, gleichzeitig einen Prospekt und einen Nachtrag zum Prospekt zu veröffentlichen, wenn es möglich ist, praktisch zeitgleich einen Prospekt zu veröffentlichen, der diese Aktualisierung bzw. Berichtigung bereits enthält. Dafür spricht auch Erwägungsgrund 65, wonach ein Nachtragserfordernis für „jede[n] wichtige[n] neue[n] Umstand, und jede wesentliche Unrichtigkeit oder jede wesentliche Ungenauigkeit, die […] nach der Veröffentlichung des Prospekts, aber vor dem Schluss des öffentlichen Angebots […]" besteht, d.h. der Erwägungsgrund stellt nicht auf die Billigung, sondern auf die Veröffentlichung des Prospekts ab. Das Interesse der Anleger wird durch diese Auslegung nicht tangiert; es wird eher eine gewisse Verwirrung im Markt verhindert.[191] Sollte sich der Emittent/Anbieter/Zulassungsantragsteller gegen die Veröffentlichung eines gänzlich neuen Prospekts entscheiden (etwa aus Zeitgründen),

84

---

189 Siehe näher *Fürhoff/Ritz*, WM 2001, 2280, 2286, einschließlich Fn. 656; *Ritz*, AG 2002, 662, 667 f.; *Lenz*, in: Just/Voß/Ritz/Zeising, Wertpapierprospektrecht, 2. Aufl. 2023, Art. 23 ProspektVO Rn. 1.
190 So jetzt auch *Lenz/Heine*, AG 2019, 451, 455 f.; *Groß*, Kapitalmarktrecht, Art. 23 ProspektVO Rn. 7.
191 Eine ähnliche Diskussion existierte unter § 11 VerkProspG a.F. zur Frage, ob der Inhalt des Nachtrags in ein Dokument integriert werden könne oder ob getrennte Dokumente zu veröffentlichen seien, siehe *Stephan*, AG 2002, 3, 13, sowie *Ritz*, AG 2002, 662, 667 f. Da der Nachtrag aber keiner Billigung unterlag, ist die damalige Diskussion letztlich nicht richtungsweisend für die hier vorliegende Fragestellung.

bliebe ihm freilich die Möglichkeit eines Nachtrags. In dem Fall wäre das Nachtragserfordernis auch von der zuständigen Behörde durchsetzbar.

b) Ende der Nachtragspflicht

85 Die Nachtragspflicht endet mit dem Auslaufen der Angebotsfrist oder, falls diese später erfolgt, der Eröffnung des Handels an einem geregelten Markt.

86 § 16 Abs. 1 Satz 1 WpPG a. F. stellte für den ersten Zeitpunkt noch auf den „endgültigen Schluss des öffentlichen Angebots" ab. Dementsprechend war fraglich, ob mit dem Begriff des „endgültigen Schlusses" des öffentlichen Angebots der Ablauf der Zeichnungs- bzw. Angebotsfrist oder das Closing/Settlement des Angebots gemeint war. Letzteres hätte die Nachtragspflicht um einige Tage länger andauern lassen. Die **herrschende Meinung** ging bereits damals davon aus, dass darunter der **Ablauf der Zeichnungs- bzw. Angebotsfrist** zu verstehen ist.[192] Mit der Präzisierung des Wortlautes hat sich der Streit aber nun erledigt.

87 Für den zweiten möglichen Anknüpfungszeitpunkt stellte § 16 Abs. 1 Satz 1 WpPG a. F. noch auf die „Einführung in den Handel an einem organisierten Markt" ab. Die Neufassung stellt nun auf die „Eröffnung des Handels an einem geregelten Markt" ab. Damit ersetzt die ProspektVO den aus § 2 Abs. 11 WpHG bekannten Begriff des organisierten Marktes durch den Begriff des geregelten Marktes. Diesen definiert Art. 2 lit. j durch Verweis auf Art. 4 Abs. 1 Nr. 21 der Richtlinie 2014/65/EU.[193] Ein „geregelter Markt" ist danach „ein von einem Marktbetreiber betriebenes und/oder verwaltetes multilaterales System, das die Interessen einer Vielzahl Dritter am Kauf und Verkauf von Finanzinstrumenten innerhalb des Systems und nach seinen nichtdiskretionären Regeln in einer Weise zusammenführt oder das Zusammenführen fördert, die zu einem Vertrag in Bezug auf Finanzinstrumente führt, die gemäß den Regeln und/oder den Systemen des Marktes zum Handel zugelassen wurden, sowie eine Zulassung erhalten hat und ordnungsgemäß und gemäß Titel III dieser Richtlinie funktioniert". Ein „geregelter Markt" in diesem Sinne ist

---

192 So explizit *Apfelbacher/Metzner*, BKR 2006, 81, 87 (insbesondere Fn. 63); *Heidelbach/Preuße*, BKR 2006, 316, 320; *Heidelbach*, in: Schwark/Zimmer, KMRK, § 16 WpPG Rn. 7; *Groß*, Kapitalmarktrecht, 6. Aufl. 2016, § 16 WpPG Rn. 5a; wohl auch *Schlitt/Schäfer*, AG 2008, 525, 536; ebenso *Rauch*, in: Holzborn, WpPG, § 16 Rn. 17 („das öffentliche Angebot ist endgültig geschlossen, wenn die im öffentlichen Angebot festgelegte Angebots- oder Zeichnungsfrist ausgelaufen ist"). Die dann von *Rauch* unter Verweis auf *Heidelbach/Preuße*, BKR 2006, 316, 320, genannte weitere Vorverlagerung, dass das Angebot bereits dann beendet sein könne, wenn die angebotenen Wertpapiere „vollständig platziert" seien, „d. h. wenn sämtliche verkauften Wertpapiere emittiert worden" seien, ist jedenfalls für Aktienemissionen nicht verständlich, da zeitlich die Allokierung und Platzierung der Wertpapiere üblicherweise nach dem Auslaufen der Angebots- oder Zeichnungsfrist vorgenommen wird. Ein Abstellen auf die vollständige Platzierung könnte allenfalls dann Sinn machen, wenn das Angebot zeitlich nicht begrenzt war und die vollständige Platzierung ein Zeichen für den endgültigen Schluss des öffentlichen Angebots sein könnte, dahin ließen sich *Heidelbach*, in: Schwark/Zimmer, KMRK, § 16 WpPG Rn. 7, und *Seitz*, in: Assmann/Schlitt/von Kopp-Colomb, WpPG/VerkProspG, 2. Aufl. 2010, § 16 Rn. 67 verstehen.

193 Richtlinie 2014/65/EU des Europäischen Parlaments und des Rates vom 15.5.2014 über Märkte für Finanzinstrumente sowie zur Änderung der Richtlinien 2002/92/EG und 2011/61/EU, die folgende Definition bestimmt.

in Deutschland allein der regulierte Markt, nicht aber der Freiverkehr.[194] Das ist auch gerechtfertigt vor dem Hintergrund der an die Einführung an einen geregelten Markt anknüpfenden, weitreichenden Zulassungsfolgepflichten, die bei einer Einbeziehung in den Freiverkehr teilweise[195] nicht bestehen.[196]

Das Verhältnis der für das Ende der Nachtragspflicht genannten Alternativen wird von dem Wortlaut des Art. 23 Abs. 1 UAbs. 1 dahingehend festgelegt, dass das „Auslaufen der Angebotsfrist oder – falls später – [die] Eröffnung des Handels an einem geregelten Markt" maßgeblich ist. Das bedeutet, dass auch nach Einführung in den Handel an einem geregelten Markt weiterhin eine Nachtragspflicht bestehen kann, wenn die Angebotsfrist noch läuft, sodass die Nachtragspflicht in Konkurrenz mit den Zulassungsfolgepflichten tritt.[197] Auswirkungen hat diese Änderung vor allem im Daueremissionsbereich, da die Angebotsfristen hier regelmäßig über einen längeren Zeitraum andauern.[198]

88

Auf europäischer Ebene gingen im Rahmen des Prozesses zur Überarbeitung der EU-ProspektRL die Regelungsvorschläge im Hinblick auf die Alternativen des Endes der Nachtragspflicht weit auseinander. Letztlich zeigt sich hier ein klarer Konflikt zwischen den Bedürfnissen im Bereich des Aktienemissionsgeschäfts (bei dem die Auslegung, dass die Nachtragspflicht bis Eintritt des jeweils **späteren** Ereignisses fortdauert, mehr Sinn ergeben würde) und des sonstigen (Dauer-)Emissionsgeschäfts (z. B. für Zertifikate) (bei dem die Auslegung „späteres Ereignis" zu einer endlosen Ausdehnung der Nachtragspflicht und damit (soweit man dies nicht gesondert eingrenzt) zu Widerrufsrechten führt, sodass hier die Präferenz für den **„früheren** Zeitpunkt" besteht). Während der EU-Kommissionsvorschlag vom 23.9.2009 auf den jeweils früheren Zeitpunkt abstellen wollte,[199] sah der Kompromissvorschlag der EU-Ratspräsidentschaft vom 11.12.2009 den jeweils späteren Zeitpunkt als maßgeblich vor.[200] Nachdem sich der Vorschlag des EU-Parlaments vom März 2010 wieder eher dem früheren Zeitpunkt anschloss,[201] folgte dann der endgültig beschlossene Text der ÄnderungsRL wieder dem Kompromissvorschlag der EU-Ratspräsidentschaft (zum Hergang des Verfahrens und zu den verschiedenen vorgeschlagenen Wortlauten → 1. Auflage Rn. 90 f.).

89

Der in Art. 23 normierte Kompromiss besteht – wie bereits unter § 16 WpPG a. F. – darin, dass zwar für die Dauer der Nachtragspflicht auf den späteren Zeitpunkt abgestellt wird, aber, um den vorgenannten Bedürfnissen der Praxis insbesondere im Daueremissionsbereich gerecht zu werden, das Widerrufsrecht gleichzeitig nur besteht, wenn der den Nachtrag auslösende Umstand vor dem Auslaufen der Angebotsfrist und vor Lieferung der Wertpapiere eingetreten ist (→ Rn. 158 ff.). Diese Lösung, die zwischen der Nachtrags-

90

---

194 *Groß*, Kapitalmarktrecht, § 2 WpPG Rn. 37.
195 Die Marktmissbrauchsverordnung – und damit die Ad-hoc-Publizität – findet allerdings auch auf den Freiverkehr Anwendung, vgl. Art. 2 Abs. 1 UAbs. 1 lit. b der Marktmissbrauchsverordnung, dazu etwa *Kumpan/Misterek* in: Schwark/Zimmer, KMRK, Art. 1 MAR Rn. 21 f.
196 Differenzierend *Rauch*, in: Holzborn, WpPG, § 16 Rn. 17.
197 *Groß*, Kapitalmarktrecht, Art. 23 ProspektVO Rn. 8; *Lawall/Maier*, DB 2012, 2503, 2505; *Heidelbach/Preuße*, BKR 2012, 397, 403.
198 *Lenz/Heine*, AG 2019, 451, 456; *Heidelbach/Preuße*, BKR 2012, 397, 403.
199 Kommissionsentwurf KOM (2009) 491 zur Änderung der Prospektrichtlinie vom 23.9.2009, S. 19, und Begründung, S. 10.
200 Document 17451/09 zu Interinstitutional File 2009/0132 (COD).
201 Session document of the European Parliament A7-002/2010.

pflicht und dem (nicht gewollten) Eingreifen des Widerrufsrechts trennt, ist in Erwägungsgrund 66 sehr gut erläutert.[202] Es ist zum einen zu begrüßen, dass es überhaupt zu einer Klarstellung gekommen ist, zum anderen im Rahmen des Art. 23 Abs. 1 UAbs. 1 auch, dass genau diese Form der Klarstellung gewählt wurde. Insbesondere mit dem Vorschlag des EU-Parlaments, der einen Bezug zum Eingreifen der Ad-hoc-Regeln herstellte, hätten sich eine Reihe von Schwierigkeiten ergeben (→ 1. Auflage Rn. 91). Gleichwohl ergeben sich durch den Kompromiss im Daueremissionsbereich durchaus Schwierigkeiten bezüglich der Dauer des Widerrufsrechts nach Art. 23 Abs. 2 (→ Rn. 164).

91 Nachdem die **BaFin** ursprünglich die Auffassung vertreten hatte, dass die Nachtragspflicht mit dem Ende der Angebotsfrist ende, hatte sie zwischenzeitlich ihre Praxis dahingehend geändert, dass die Nachtragspflicht bei öffentlichen Angeboten, die auch eine Zulassung und Einführung von Aktien in den Handel umfassen, erst mit der Notierungsaufnahme ende, auch wenn diese nach dem Ende der Angebotsfrist liegt.[203] Die BaFin folgte also der Auffassung, dass das spätere der beiden Ereignisse maßgeblich ist, wenn sowohl öffentliches Angebot als auch Zulassungsverfahren in Rede stehen.

92 Das Problem hatte sich aber seit je her ein wenig dadurch entschärft, dass nach **§ 38 Abs. 2 BörsG** Wertpapiere, die zur öffentlichen Zeichnung aufgelegt werden, erst nach beendeter Zuteilung eingeführt werden dürfen.

c) Nachträge nach Ende des in Art. 23 Abs. 1 UAbs. 1 festgelegten Zeitraums

93 Mit Ablauf des in Art. 23 Abs. 1 UAbs. 1 genannten Zeitraums besteht keine Nachtragspflicht mehr. Dennoch muss der Emittent/Anbieter/Zulassungsantragsteller – auch wenn sich das nicht direkt aus Art. 23 ergibt – weiterhin berechtigt sein, bis zum Ablauf der Gültigkeitsdauer des Prospekts diesen durch Nachträge zu ergänzen, um ihn für öffentliche Angebote und Zulassungen zu verwenden (in den oben näher dargelegten Grenzen). Andernfalls liefe Art. 12 leer, in dem es ausdrücklich heißt „gültig, sofern er um etwaige gemäß Artikel 23 erforderliche Nachträge ergänzt wird". Insofern besteht umgekehrt eine **Pflicht der zuständigen Behörde, auch nach Ablauf des in Art. 23 Abs. 1 UAbs. 1 genannten Zeitraums Nachträge des Emittenten/Anbieters/Zulassungsantragstellers**

---

202 Nämlich wie folgt: „Um die Rechtssicherheit zu erhöhen, sollte festgelegt werden, innerhalb welcher Frist ein Emittent einen Nachtrag zum Prospekt veröffentlichen muss und innerhalb welcher Frist die Anleger nach der Veröffentlichung eines Nachtrags das Recht haben, ihre Zusage zum Angebot zu widerrufen. Einerseits sollte die Pflicht zur Erstellung eines Prospektnachtrags bei Auftreten des wichtigen neuen Umstands, der wesentlichen Unrichtigkeit oder der wesentlichen Ungenauigkeit vor dem Auslaufen der Angebotsfrist bzw. vor Beginn des Handels der betreffenden Wertpapiere an einem geregelten Markt gelten, je nachdem, welcher Zeitpunkt später eintritt. Andererseits sollte das Recht, eine Zusage zu widerrufen, nur gelten, wenn sich der Prospekt auf ein öffentliches Angebot von Wertpapieren bezieht und der wichtige neue Umstand, die wesentliche Unrichtigkeit oder wesentliche Ungenauigkeit vor dem Auslaufen der Angebotsfrist und der Lieferung der Wertpapiere eingetreten ist oder festgestellt wurde. Das Widerrufsrecht sollte somit an die zeitliche Einordnung des wichtigen neuen Umstands, der wesentlichen Unrichtigkeit oder der wesentlichen Ungenauigkeit gekoppelt sein, durch den bzw. die ein Nachtrag erforderlich wird, und sollte gelten, wenn dieses auslösende Ereignis eintritt, solange das Angebot noch gültig und die Lieferung der Wertpapiere noch nicht erfolgt ist."

203 BaFin-Workshop 2009, Ausgewählte Rechtsfragen zum Nachtragsrecht, Präsentation vom 9.11.2009, S. 10. *Schlitt/Schäfer*, AG 2008, 525, 536; *Schlitt*, in: Habersack/Mülbert/Schlitt, Kapitalmarktinformation, § 5 Rn. 28.

III. Bestehen einer Nachtragspflicht (Art. 23 Abs. 1 UAbs. 1) **Art. 23 ProspektVO**

entgegenzunehmen und zu prüfen.[204] Die abweichende Ansicht der BaFin[205] wird dem Wortlaut der Norm nicht gerecht. Sie ist nur dann richtig, wenn sich ausnahmsweise durch Durchführung des Angebots bzw. abgeschlossene Zulassung der Prospekt „verbraucht" hat und vernünftigerweise eben nicht mehr für andere Angebote verwendet werden kann, ohne dass dafür ein gänzlich neuer Prospekt zu erstellen wäre. In dem Fall steht dem Emittenten/Anbieter/Zulassungsantragsteller schon die Möglichkeit aus Art. 12 Abs. 1 nicht mehr zu, sodass er folglich auch nicht über Art. 23 Nachträge zu diesem Prospekt einreichen und billigen lassen kann. Nur dann steht dem Emittenten/Anbieter/Zulassungsantragsteller kein Anspruch auf Billigung eines Nachtrags auch nach Ablauf der Frist des Art. 23 Abs. 1 UAbs. 1 zu.

Falls dem Emittenten/Anbieter/Zulassungsantragsteller das vorgenannte Recht zur weiteren Verwendung des Prospekts und der entsprechenden Einreichung und Billigung von Nachträgen zum Prospekt während der Gültigkeitsdauer des Prospekts zusteht, besteht dennoch **keine Pflicht des Emittenten/Anbieters/Zulassungsantragstellers zur unverzüglichen Nachtragseinreichung**, sobald wichtige neue Umstände auftreten oder wesentliche Unrichtigkeiten festgestellt werden. Erstens unterliegt der Emittent der kapitalmarktrechtlichen Regelkommunikation, insbesondere nach dem Wertpapierhandelsgesetz und der Marktmissbrauchsverordnung,[206] die während der Gültigkeitsdauer des Prospekts nicht durch Nachträge überlagert werden soll.[207] Zweitens würden regelmäßige Nachträge auch im Anlegerinteresse eher Verwirrung schaffen, weil sie auf eventuelle (weitere) Angebote/Zulassungen schließen lassen könnten, die zu dem Zeitpunkt gar nicht in der Intention des Emittenten/Anbieters/Zulassungsantragstellers sein mögen. Dies gilt zum Beispiel auch in Bezug auf einen Basisprospekt, der zu einem späteren Zeitpunkt (nochmals) für ein öffentliches Angebot genutzt werden soll. Daher kann der Emittent/Anbieter/Zulassungsantragsteller mit der Einreichung eines Nachtrags warten, bis sich seine Absicht, den Prospekt nochmals zu benutzen, konkretisiert hat. Anders als im Laufe eines Angebots im Anwendungsbereich der Nachtragspflicht von Art. 23 Abs. 1 UAbs. 1 (→ Rn. 106 ff.) darf der Emittent/Anbieter/Zulassungsantragsteller hier also „sammeln" und ist **nicht weiter regelmäßig zur Aktualisierung verpflichtet**.[208] Der Prospekt muss

94

---

204 *Kunold/Schlitt*, BB 2004, 501, 510; *Rauch*, in: Holzborn, WpPG, § 16 Rn. 18.
205 Wiedergegeben bei *Rauch*, in: Holzborn, WpPG, § 16 Rn. 18 a. E.
206 Verordnung (EU) Nr. 596/2014 des Europäischen Parlaments und des Rates vom 16.4.2014 über Marktmissbrauch (Marktmissbrauchsverordnung) und zur Aufhebung der Richtlinie 2003/6/EG des Europäischen Parlaments und des Rates und der Richtlinien 2003/124/EG, 2003/125/EG und 2004/72/EG der Kommission.
207 Zum Verhältnis von kapitalmarktrechtlicher Regelpublizität und Wertpapierprospektgesetz in der damaligen Fassung siehe grundlegend *Mülbert/Steup*, WM 2005, 1633 ff.
208 So auch die ganz herrschende Meinung in der Literatur, vgl. *Kunold/Schlitt*, BB 2004, 501, 510 (insbesondere Fn. 120); *Rauch*, in: Holzborn, WpPG, § 16 Rn. 19; *Hamann*, in: Schäfer/Hamann, Kapitalmarktgesetze, § 16 WpPG Rn. 6; *Schlitt/Schäfer*, AG 2005, 498, 507; *Heidelbach*, in: Schwark/Zimmer, KMRK, § 16 WpPG Rn. 27; *Seitz*, in: Assmann/Schlitt/von Kopp-Colomb, Prospektrecht Kommentar, Art. 23 ProspektVO Rn. 72; *Holzborn/Israel*, ZIP 2005, 1668, 1671; *Schanz/Schalast*, HfB – Working Paper Series No. 74, 2005, S. 39; *Wiegel*, Die Prospektrichtlinie und Prospektverordnung, S. 391 f.; *Schlitt*, in: Habersack/Mülbert/Schlitt, Kapitalmarktinformation, § 5 Rn. 34 f. A. A. explizit *Schäfer*, ZGR 2006, 40, 55 und 67, zudem könnte man *Kullmann/Sester*, ZBB 2005, 209, 211, und *Holzborn/Schwarz-Gondek*, BKR 2003, 927, 933, dahingehend verstehen. Diese Mindermeinung differenziert nicht ausreichend zwischen der Periode der zwingenden Nachtragspflicht nach § 16 Abs. 1 Satz 1 WpPG a. F. (mittlerweile Art. 23

Art. 23 ProspektVO Nachträge zum Prospekt

also gerade nicht während seiner gesamten Gültigpopulation im Sinne des Art. 12 Abs. 1 UAbs. 1 richtig und vollständig sein.[209]

95 Mit der gesetzlichen Regelung von Beginn und Ende der Nachtragspflicht im Sinne von Art. 23 Abs. 1 UAbs. 1, einschbefolgen der betreffenden Gesetzesmaterialien, syndicate auch klargestellt sein, dass es darüber hinaus **keine Aktualisierungspphp des Emittenten/free/Zulassungsantragstellers** für den Prospekt z. B. für einframework von bis zu sechs Monaten nach der Einführung gibt.[210] Nach herrschender Meinung in Rechtsprechung[211] und678[212]698 eine solche AkThreshold auch nach früherem Recht bereits nicht, da die sich aus § 44 Abs. 1 BörsG a.F. (entcord § 9 WpPG) ergebende Vermutrictly nur die Prospekthaftpretations betroffen habe, aber keine Nachträge- oder Капитал begründet habe (vielmehr bestand lediglich die Berichтижonna nach § 45 Abs. 2 Nr. 4 BörsG a.F. (entspriccomponentes § 12 Abs. 2 Nr. 4 WpPG), um einen Haftungsausschluss zu erreichen). Für die zu dieser Frage vertretene und bereits zuvor abzulehnende Mindermeinung[213] sollte daher kein Raum mehr sein.

96 Der Emittent von an einem regulierten Markt gehandelten Wertpapieren unterliegt selbstverständlich unabhängig davon den allgemeinen Veröffentlichungspflichten aufgrund der Zulassungsfolgepflichten nach dem Wertpapierhandelsgesetz und der Marktmissbrauchsverordnung.

Abs. 1) und der dem Anbieter/Zulassungsantragsteller nach § 9 Abs. 1 WpPG a.F. (mittlerweile Art. 12 Abs. 1) lediglich eingeräumten Möglichkeit zur weiteren Verwendung des Prospekts.

209 A.A. *Lenz*, in: Just/Voß/Ritz/Zeising, Wertpapierprospektrecht, 2. Aufl. 2023, Art. 23 ProspektVO Rn. 9.

210 So zu Recht *Meyer*, in: Habersack/Mülbert/Schlitt, Unternehmensfinanzierung, 2. Aufl. 2008, § 30 Rn. 72; *Wiegel*, Die Prospektrichtlinie und Prospektverordnung, S. 373; *Groß*, Kapitalmarktrecht, Art. 23 ProspektVO Rn. 12; *Lenz*, in: Just/Voß/Ritz/Zeising, Wertpapierprospektrecht, 2. Aufl. 2023, Art. 23 ProspektVO Rn. 73; *Schlitt*, in: Habersack/Mülbert/Schlitt, Kapitalmarktinformation, § 5 Rn. 34 f.

211 Insbesondere OLG Frankfurt, ZIP 2004, 1411, 1413 = WM 2004, 1831, 1834 = AG 2004, 510; LG Frankfurt, ZIP 2003, 400, 404 ff.

212 *Groß*, Kapitalmarktrecht, 4. Aufl. 2009, §§ 44, 45 BörsG Rn. 59 m.w.N. in Fn. 201 sowie Rn. 62; *Schwark*, in: Schwark/Zimmer, KMRK, §§ 44/45 BörsG Rn. 29; *Mülbert/Steup*, in: Habersack/Mülbert/Schlitt, Unternehmensfinanzierung, § 41 Rn. 52 ff., insbesondere Rn. 55 m.w.N. in Fn. 5–7; *Kort*, AG 1999, 9, 15 f.; *Hamann*, in: Schäfer/Hamann, Kapitalmarktgesetze, §§ 45, 46 a.F. BörsG Rn. 90; *Stephan*, AG 2002, 3, 12.

213 *Ellenberger*, Prospekthaftung im Wertpapierhandel, S. 17 ff.; *Assmann*, in: FS Ulmer, S. 757, 770; *Assmann*, in: Assmann/Schütze, Handbuch der Kapitalanlagerechts, 3. Aufl. 2007, § 6 Rn. 112 f. (angesichts des klaren Wortlauts des § 16 Abs. 1 Satz 1 WpPG a.F. allerdings ebenso wenig überzeugend die in der nachfolgenden Auflage vertretene Auffassung, die Nachtragspflicht ende zu den in § 21 Abs. 1 Satz 1 bzw. § 22 Nr. 1 WpPG a.F. genannten Zeitpunkten, also spätestens sechs Monate nach erstmaliger Einführung der Wertpapiere bzw. des ersten öffentlichen Angebots im Inland, vgl. *Assmann*, in: Assmann/Schütze, Handbuch des Kapitalanlagerechts, 4. Aufl. 2015, § 5 Rn. 134. Im Ergebnis wird hier weiterhin versucht, einen Gleichlauf zwischen Nachtragspflicht und Prospekthaftung herzustellen, der so nicht besteht, vgl. schon oben Rn. 29. Zu der ohnehin auch im Rahmen von §§ 21, 22 WpPG a.F. kaum glücklich gewählten Sechsmonatsfrist siehe instruktiv *Wackerbarth*, in: Holzborn, WpPG, §§ 21–23 Rn. 58 ff.).

7. Rechtscharakter sowie Form bzw. Aufbau des Nachtrags

Die ProspektVO sowie die VO (EU) 2019/979 enthalten – mit Ausnahme einiger Mindestangaben, die zu beachten sind[214] – **keine Vorgaben zu Form, Aufbau oder inhaltlicher Gestaltung**[215] **des Nachtrags**. Erwägungsgrund 3 der technischen Regulierungsstandards für die Veröffentlichung eines Prospektnachtrags[216] statuierte immerhin noch, dass ein Nachtrag „auch alle wesentlichen Informationen in Bezug auf die Situationen, die jeweils zur Erstellung des Nachtrags geführt haben und gemäß der Richtlinie 2003/71/EG [EU-Prospektrichtlinie] und der Verordnung (EG) Nr. 809/2004 der Kommission [erste EU-Prospektverordnung] in den Prospekt aufgenommen werden müssen" umfassen sollte. Nach Auffassung der BaFin ist in einem Nachtrag außerdem der Zeitpunkt, zu dem der wichtige neue Umstand eingetreten ist, genau anzugeben.[217] Dabei soll eine genaue Zeitangabe nicht erforderlich sein, sondern eine Datumsangabe ausreichen.[218] Bei mehreren nachtragspflichtigen Umständen soll die Angabe des zeitlich ersten Ereignisses genügen.[219] Abgesehen davon ist zu beachten, dass auf der einen Seite der Anleger möglichst schnell und präzise über die wichtigen neuen Umstände unterrichtet werden soll (**inhaltliche Komponente**). Auf der anderen Seite ergänzt der Nachtrag den Prospekt und der Prospekt inkorporiert die nachgetragenen Informationen, sodass man sich den Prospekt als um den Nachtrag ergänzt vorstellen muss (**formale Komponente**), d.h. seinem Rechtscharakter nach ist der Nachtrag mit Billigung und Veröffentlichung Bestandteil des ursprünglich gebilligten Prospekts und insofern weder ein eigenständiger Prospekt noch allein Gegenstand etwaiger Prospekthaftungsansprüche, sondern „nur" insoweit als

97

---

214 Insbesondere Angaben hinsichtlich des Widerrufs (Art. 23 Abs. 2 UAbs. 2), siehe dazu unten → Rn. 173 ff.
215 Hinsichtlich der inhaltlichen Gestaltung hat *Groß*, Kapitalmarktrecht, Art. 23 ProspektVO Rn. 14, zu Recht darauf verwiesen, dass die Unrichtigkeit nicht nur „genannt", sondern auch korrigiert werden muss – der Wortlaut des Art. 23 Abs. 1 UAbs. 1 ist insoweit unscharf, so auch *Lenz*, in: Just/Voß/Ritz/Zeising, Wertpapierprospektrecht, 2. Aufl. 2023, Art. 23 ProspektVO Rn. 78.
216 Delegierte Verordnung (EU) Nr. 382/2014 vom 7.3.2014 zur Ergänzung der Richtlinie 2003/71/EG des Europäischen Parlaments und des Rates im Hinblick auf technische Regulierungsstandards für die Veröffentlichung eines Prospektnachtrags.
217 Vgl. Abschnitt III.5. der „Häufig gestellten Fragen zum Basisprospektregime" vom 31.5.2012 (zuletzt geändert am 4.6.2014), abrufbar unter http://www.bafin.de/SharedDocs/Veroeffentlichungen/DE/FAQ/faq_1205_neues_basisprospektregime.html (zuletzt abgerufen am 11.10.2022).
218 So *Lawall/Maier*, DB 2012, 2503, 2506; *Rauch*, in: Holzborn, WpPG, § 16 Rn. 20; zweifelhaft aber angesichts der Aussage der BaFin, der Zeitpunkt des Eintritts sei „möglichst genau aufzunehmen", vgl. Abschnitt III.5. der „Häufig gestellten Fragen zum Basisprospektregime" vom 31.5.2012 (zuletzt geändert am 4.6.2014), abrufbar unter http://www.bafin.de/SharedDocs/Veroeffentlichungen/DE/FAQ/faq_1205_neues_basisprospektregime.html (zuletzt abgerufen am 11.10.2022); kritisch hierzu mit Blick auf Gesetz und Gesetzesbegründung und unter Vergleich mit der parallelen Diskussion zur Ad-hoc-Pflicht *Heidelbach/Preuße*, BKR 2012, 397, 403 m.w.N., wobei die dort genannten Schwierigkeiten durch Verwendung des Begriffs „möglichst" im Ergebnis ausgeräumt werden dürften, wie die Autoren selbst betonen. Im Sinne einer solchen möglichst genauen Angabe dürfte auch die Aussage der BaFin in BaFin-Journal, Ausgabe September 2012, S. 11 zu sehen sein, wonach der Zeitpunkt „wenn möglich auch mit Uhrzeit" zu bezeichnen ist.
219 *Lawall/Maier*, DB 2012, 2503, 2506; *Rauch*, in: Holzborn, WpPG, § 16 Rn. 20.

der durch den Nachtrag geänderte Prospekt unrichtig oder unvollständig ist.[220] Zu beachten ist jedoch, dass der Nachtrag in der Sprache des gebilligten Prospekts erstellt werden muss, d.h. etwaige Wahlrechte nach dem Sprachenregime stehen dann nicht mehr zur Verfügung.[221]

98 Für den Aufbau eines Nachtrags wären an sich **zwei grundsätzliche Modelle** denkbar:

– Der Nachtrag könnte sich beschränken auf die **Aufzählung der wichtigen neu eingetretenen Umstände** (bzw. die Korrektur der festgestellten wesentlichen Unrichtigkeiten), die nachzutragen sind. D.h. es würden lediglich die materiellen Informationen ohne Bezugnahme auf einzelne Seiten bzw. Absätze im Prospekt, die sich dadurch ändern, aufgeführt. Für den Anleger hätte das im Sinne der o.g. inhaltlichen Komponente den Vorteil, sehr übersichtlich die relevanten neuen Informationen zu bekommen. In dieser Gestaltungsart werden üblicherweise internationale Prospekte für Privatplatzierungen bei institutionellen Anlegern (sog. international offering circulars) im Rahmen eines Angebots nachgetragen.

– Die zweite Methode bestünde darin, entsprechend der formellen Komponente jeweils die einzelnen Seiten und Absätze zu nennen und **konkret diese Stellen durch Abänderungen oder Ergänzungen zu verändern**. Der Anleger bekommt damit in der Gesamtbetrachtung wiederum einen Prospekt, der in der Zusammenschau von Prospekt und Nachtrag zu lesen und als Haftungsgrundlage unmissverständlich ist.

99 Die beiden Möglichkeiten sind zu Beginn der Praxis der BaFin im Juli/August 2005 mit dieser besprochen worden. Die **BaFin** hat bei diesen Gesprächen klar kommuniziert, dass für sie ein Nachtrag ohne Verwendung der **zweiten Methode** nicht denkbar sei, da sie andernfalls die Gefahr sehe, dass Unklarheit über den exakten Inhalt des „Prospekts, wie durch Nachtrag Nr. 1 nachgetragen" herrschen könnte. Deshalb müsse der Emittent/Anbieter/Zulassungsantragsteller konkret jede Stelle, die sich aus seiner Sicht aufgrund der neuen Umstände bzw. der festgestellten Unrichtigkeiten ändern müsse, benennen und mithilfe des Nachtrags anpassen. Nur diese Methode werde auch der oben genannten formellen Komponente gerecht.

100 Die Praxis ist dieser Position der BaFin gefolgt, wobei es **zur Umsetzung dieser Methode** wiederum **zwei Vorgehensweisen** gibt,[222] die ähnlich auch in Art. 34 Satz 2 der VO (EU) 2019/980 angelegt sind:

– Zum einen können die nachtragspflichtigen Umstände in den gebilligten Prospekt an den entsprechenden Stellen eingefügt und im Wege einer markierten Fassung besonders kenntlich gemacht werden (sog. **Integrationslösung**).

– Zum anderen kann der Nachtrag in einem separaten Dokument getrennt vom Prospekt erstellt werden, indem die einzelnen Seiten und Passagen, die nachgetragen werden sollen, aufgeführt und angepasst werden (sog. **Trennungslösung**).

101 **Regelmäßig** wird – jedenfalls bei Eigenkapitalemissionen – mit einem getrennten Nachtrag gearbeitet, also die **Trennungslösung** verwendet, da der Anleger hier nicht gezwun-

---

220 Lenz, in: Just/Voß/Ritz/Zeising, Wertpapierprospektrecht, 2. Aufl. 2023, Art. 23 ProspektVO Rn. 21; vgl. auch *Heidelbach*, in: Schwark/Zimmer, KMRK, § 16 WpPG Rn. 36.
221 *Mattil/Möslein*, WM 2007, 819, 822.
222 Zum Nachfolgenden BaFin-Workshop 2009, Ausgewählte Rechtsfragen zum Nachtragsrecht, Präsentation vom 9.11.2009, S. 11 ff.; *Rauch*, in: Holzborn, WpPG, § 16 Rn. 20; *Lenz*, in: Just/Voß/Ritz/Zeising, Wertpapierprospektrecht, 2. Aufl. 2023, Art. 23 ProspektVO Rn. 90 ff.; *Heidelbach*, in: Schwark/Zimmer, KMRK, § 16 WpPG Rn. 37.

gen wird, den gesamten Prospekt nochmals auf (wenn auch formatierungstechnisch hervorgehobene) Änderungen durchzusehen. Um gleichzeitig den Anlegern auch übersichtlich die materiellen Informationen zu vermitteln, hat es sich etabliert, am Anfang des Nachtrags die materiellen Punkte aufzulisten, die zu dem Nachtrag geführt haben, um dann in einem zweiten Teil konkret die einzelnen Seiten/Absätze nachzutragen, die aufgrund der vorgenannten neuen Umstände anzupassen sind. Insofern werden **in der Praxis heute also die beiden oben (→ Rn. 98) genannten grundsätzlichen Modelle im Ergebnis kombiniert.**

Bei beiden Vorgehensweisen ist schon auf dem Deckblatt klar kenntlich zu machen, dass es sich um einen Nachtrag handelt (einschließlich Datum und Nummer des Nachtrags), und explizit Bezug zu nehmen auf den gebilligten Prospekt, der durch den Nachtrag angepasst werden soll und fortan in der geänderten Fassung Geltung haben soll. **102**

Ein **Muster für einen Nachtrag**, einschließlich einer Auflistung von der BaFin geforderter inhaltlicher Mindestangaben für einen Nachtrag, war früher auf der Internetseite der BaFin verfügbar.[223] Seit Geltung der ProspektVO stellt die BaFin diesen aus unbekannten Gründen allerdings nun nicht mehr zur Verfügung. **103**

Nach Art. 23 Abs. 6 Satz 1 kann die zuständige Behörde bei der Prüfung eines Nachtrags vor dessen Billigung verlangen, dass der Nachtrag in der Anlage eine konsolidierte Fassung des ergänzten Prospekts, Registrierungsformulars oder einheitlichen Registrierungsformulars enthält, sofern eine solche konsolidierte Fassung zur Gewährleistung der Verständlichkeit der Angaben des Prospekts erforderlich ist. Dies gilt dann als Ersuchen um ergänzende Informationen (vgl. Art. 20 Abs. 4). Der Emittent kann jedenfalls aber auch freiwillig eine solche konsolidierte Fassung als Anlage des Nachtrags beifügen (Art. 23 Abs. 6 Satz 3). Die in jüngerer Zeit von der BaFin gebilligten Nachträge enthielten ganz überwiegend keine konsolidierte Fassung des nachgetragenen Prospekts.[224] **104**

IV. Billigungsverfahren für den Nachtrag (Art. 23 Abs. 1 UAbs. 2 Satz 1)

1. Einreichungspflicht des Emittenten/Anbieters/Zulassungsantragstellers

Adressat der Verpflichtung zur Einreichung eines Nachtrags ist nach Art. 23 Abs. 1 UAbs. 2 Satz 1 i.V.m. Art. 21 der **Emittent, Anbieter oder Zulassungsantragsteller**.[225] Zwar nennt Art. 23 Abs. 1 UAbs. 2 Satz 1 die Einreichungsverpflichteten nicht ausdrücklich, diese ergeben sich jedoch mittelbar aus dem Wortlaut über den Verweis auf die Billigung „auf die gleiche Art und Weise wie der Prospekt" gemäß Art. 21, der die Verpflichtung ausdrücklich auf Emittent, Anbieter und Zulassungsantragsteller erstreckt. Auch aus systematischen Erwägungen sowie aus dem Regelungszweck kann nichts anderes folgen. **105**

---

223 Aber noch abgedruckt bei *Chr. Becker*, in: Heidel, Aktienrecht und Kapitalmarktrecht, 5. Aufl. 2019, § 16 WpPG Rn. 29, *Lenz*, in: Just/Voß/Ritz/Zeising, Wertpapierprospektrecht, 2. Aufl. 2023, Art. 23 ProspektVO Rn. 96, und *Seitz*, in: Assmann/Schlitt/von Kopp-Colomb, WpPG/VerkProspG, 2. Aufl. 2010, § 16 Rn. 88 f.
224 Eine Ausnahme bilden beispielsweise die Nachträge der WEG Bank AG (im Zeitpunkt des zweiten Nachtrags umfirmiert in TEN31 Bank AG) vom 11.6.2021 und 6.11.2021.
225 *Lenz/Heine*, AG 2019, 451, 456.

Die Verpflichtung zur Einreichung eines Nachtrags stellt gewissermaßen eine „Annexpflicht" zur ursprünglichen Prospekteinreichung dar und muss daher denselben Kreis Verpflichteter adressieren. An der **Verpflichtung** auch des Emittenten zur Einreichung von Nachträgen wurde unter § 16 Abs. 1 Satz 2 WpPG a. F. angesichts der Regierungsbegründung noch gezweifelt.[226] Dort hieß es, die Einfügung stelle nur klar, „dass Emittenten, auch wenn sie nicht mehr Anbieter der Wertpapiere sind, einen Nachtrag zum Prospekt einreichen **können**, etwa weil sie sich hierzu gegenüber einem Finanzintermediär aus der Vertriebskette verpflichtet haben". Nach § 16 Abs. 1 Satz 2 WpPG a. F. **musste** aber der Emittent, Anbieter oder Zulassungsantragsteller den Nachtrag bei der BaFin einreichen.[227] Dass die Verpflichtung nur zwei der drei Genannten treffen soll, ließ sich mit diesem insoweit klaren Wortlaut nicht vereinbaren. Die Regierungsbegründung stellte aber jedenfalls klar, dass der Emittent auch dann nachtragspflichtig ist, wenn er nicht mehr Anbieter der Wertpapiere ist.[228] Weiterhin war trotz des in dieser Hinsicht etwas unklaren Wortlauts wohl davon auszugehen, dass die Verpflichtung bereits unter altem Recht sowohl den Emittenten als auch den Anbieter und auch den Zulassungsantragsteller traf.[229] Auch für den – schriftlich einzureichenden – Antrag auf Billigung eines Nachtrags hatte die BaFin auf ihrer Internetseite ein Muster eingestellt, das nun aber seit Geltung der ProspektVO ebenfalls aus unbekannten Gründen nicht mehr zur Verfügung gestellt wird.[230]

a) Bestehen einer zwingenden Nachtragspflicht

106 Bei Vorliegen der gesetzlichen Voraussetzungen des Art. 23 Abs. 1 UAbs. 1 besteht eine **zwingende Nachtragspflicht**. Dieser Verpflichtung kann der Emittent/Anbieter/Zulassungsantragsteller nicht dadurch entgehen, dass er im Prospekt erklärt, eine Aktualisierung des Prospekts werde auch bei wichtigen neuen Umständen nicht vorgenommen. Dies verstieße gegen die gesetzlich zwingende Regelung und würde dem Anlegerschutz nicht gerecht.[231] Üblich sind jedoch Formulierungen in Prospekten, die z. B. wie folgt lauten:

„The information contained in this Prospectus will not be supplemented subsequent to the date hereof, except for any significant new factor, material mistake or material inaccuracy relating to the information included in this Prospectus which may affect the

---

226 RegBegr. zur Umsetzung der Richtlinie 2010/73/EU, BT-Drucks. 17/8684, S. 20.
227 So auch *Rauch*, in: Holzborn, WpPG, § 16 Rn. 22.
228 *Müller*, WpPG, § 16 Rn. 5; *Rauch*, in: Holzborn, WpPG, § 16 Rn. 22.
229 So auch *Friedl/Ritz*, in: Just/Voß/Ritz/Zeising, WpPG, 1. Aufl. 2009, § 16 Rn. 12; *Heidelbach*, in: Schwark/Zimmer, KMRK, § 16 WpPG Rn. 3 (aufgrund alter Rechtslage allerdings noch davon ausgehend, dass der Emittent bewusst nicht erfasst ist). A. A. *Chr. Becker*, in: Heidel, Aktienrecht und Kapitalmarktrecht, 5. Aufl. 2019, § 16 WpPG Rn. 10, der eine gesamtschuldnerische Nachtragspflicht aller Prospektverantwortlichen postuliert.
230 Aber noch abgedruckt bei *Chr. Becker*, in: Heidel, Aktienrecht und Kapitalmarktrecht, 5. Aufl. 2019, § 16 WpPG Rn. 30 und *Lenz*, in: Just/Voß/Ritz/Zeising, Wertpapierprospektrecht, 2. Aufl. 2023, Art. 23 ProspektVO Rn. 134.
231 So zu Recht *Rauch*, in: Holzborn, WpPG, § 16 Rn. 21; *Lenz*, in: Just/Voß/Ritz/Zeising, Wertpapierprospektrecht, 2. Aufl. 2023, Art. 23 ProspektVO Rn. 77; *Heidelbach*, in: Schwark/Zimmer, KMRK, § 16 WpPG Rn. 3, die zudem darauf verweist, dass das unabhängig davon eintritt, ob der Emittent/Anbieter/Zulassungsantragsteller die Änderung selbst gesetzt oder zu vertreten hat. Andererseits besteht keine Verpflichtung, sofern dem Nachtragspflichtigen die entsprechenden Umstände nicht bekannt sind, vgl. *Heidelbach*, in: Schwark/Zimmer, KMRK, § 16 WpPG Rn. 10.

assessment of the Offer Shares and which arises or is noted between the time when this Prospectus is approved and the closing of the offer period or the time when trading of the Company's shares on the regulated market (regulierter Markt) of the Frankfurt Stock Exchange (Frankfurter Wertpapierbörse) and, simultaneously, on the sub-segment of the regulated market with additional post-admission obligations (Prime Standard) of the Frankfurt Stock Exchange (Frankfurter Wertpapierbörse) commences, whichever occurs later, which will be disclosed in a supplement to this Prospectus pursuant to Article 23 of the Prospectus Regulation without undue delay."[232]

Damit wird zum einen anerkannt, dass eine Nachtragspflicht nach zwingendem Recht besteht, dem Anleger zum anderen aber kommuniziert, dass die Prospektverantwortlichen darüber hinaus keine Verpflichtung zur Aktualisierung übernehmen. 107

b) Einreichungsfrist

Nicht ausdrücklich gesetzlich geregelt ist die Frist, innerhalb derer ein Nachtrag nach Eintreten des wichtigen neuen Umstandes bzw. Feststellen der wesentlichen Unrichtigkeit zu erstellen und sodann bei der zuständigen Behörde einzureichen ist. Der insofern nur bedingt aufschlussreiche Art. 23 Abs. 1 UAbs. 1 spricht vielmehr davon, dass der Umstand, die Unrichtigkeit bzw. die Ungenauigkeit „unverzüglich […] genannt" werden müsse. Im Bußgeldrecht behandelt § 24 Abs. 3 Nr. 8 WpPG zwar die nicht rechtzeitige Einreichung eines Nachtrags zur Billigung bei der BaFin, allerdings zum einen nur für den Spezialfall des Art. 10 Abs. 1 UAbs. 2 (Erstellung des Prospekts aus mehreren Einzeldokumenten), zum anderen wird der Maßstab für das „nicht rechtzeitig[e]" Vorlegen eines Nachtrags zur Billigung auch dort nicht konkretisiert. Aus dem Normzweck der ProspektVO heraus, Anlegern während dieses Zeitraums einen aktualisierten Stand des Prospekts schnellstmöglich zur Verfügung zu stellen (vgl. auch die Pflicht zur unverzüglichen Veröffentlichung des gebilligten Nachtrags nach Art. 23 Abs. 1 UAbs. 1, → Rn. 130 f.), wird aber eine **implizite Pflicht** abzuleiten sein, den **Nachtrag unverzüglich zu erstellen und zur Billigung einzureichen**.[233] Das entspricht auch der Auffassung der BaFin.[234] Zudem setzt eine unverzügliche *Nennung* des jeweiligen Umstands bzw. der jeweiligen Unrichtigkeit oder Ungenauigkeit in einem Nachtrag, wie sie Art. 23 Abs. 1 UAbs. 1 verlangt, notwendigerweise auch dessen unverzügliche Einreichung bei der zuständigen Behörde voraus.[235] Dieses sich regelmäßig mit dem Interesse der Prospektverantwortlichen an der Vermeidung von potenziellen (Prospekt-)Haftungsfolgen und am möglichst frühzeitigen Auslaufen der nach Veröffentlichung des Nachtrags beginnenden Widerrufsfrist deckende Ergeb- 108

---

232 Prospekt der AUTO1 Group SE vom 25.1.2021.
233 *Lenz/Heine*, AG 2019, 451, 456, die allerdings bereits den Wortlaut der Norm („unverzüglich […] genannt werden") entsprechend weit in dieser Lesart interpretieren; gleiches Ergebnis auch bei *Rauch*, in: Holzborn, WpPG, § 16 Rn. 17; *Hamann*, in: Schäfer/Hamann, Kapitalmarktgesetze, § 16 WpPG Rn. 14; *Holzborn/Schwarz-Gondek*, BKR 2003, 927, 933; *Wiegel*, Die Prospektrichtlinie und Prospektverordnung, S. 370; *Lenz*, in: Just/Voß/Ritz/Zeising, Wertpapierprospektrecht, 2. Aufl. 2023, Art. 23 ProspektVO Rn. 84; *Chr. Becker*, in: Heidel, Aktienrecht und Kapitalmarktrecht, 5. Aufl. 2019, § 16 WpPG Rn. 10; *Heidelbach*, in: Schwark/Zimmer, KMRK, § 16 WpPG Rn. 24.
234 BaFin-Präsentation „Prospektrechtliche Folgepflichten nach der Billigung" vom 28.5.2019, S. 12.
235 Vgl. *Lenz/Heine*, AG 2019, 451, 456.

nis bestätigen auch die ESMA-Questions and Answers.[236] Es ist daher insbesondere nicht zulässig, zunächst abzuwarten und weitere wichtige neue Umstände bzw. wesentliche Unrichtigkeiten zu „sammeln", um dann einen gemeinsamen Nachtrag veröffentlichen zu können.[237] Ferner darf der Emittent/Anbieter/Zulassungsantragsteller die Einreichung des Nachtrags nicht verzögern, bis die Nachtragspflicht nicht mehr besteht (d. h. bis zum Auslaufen der Angebotsfrist bzw. der Eröffnung des Handels), um dieser zu entgehen. Andererseits ist der Emittent/Anbieter/Zulassungsantragsteller natürlich berechtigt, den neuen Sachverhalt zunächst sorgfältig bzw. umfassend – gegebenenfalls unter Einholung externen Rechtsrats – zu untersuchen,[238] um dann auf besserer Informationsbasis einen auch für die Anleger nützlicheren, weil auf vollständigerem Sachstand beruhenden Nachtrag verfassen zu können – auch um einen unmittelbar folgenden weiteren Nachtrag nach Erhalt detaillierterer Informationen vermeiden zu können.

c) Rechtsfolgen der Nichteinreichung eines Nachtrags zur Billigung

109 Bezüglich der Rechtsfolgen bei Nichteinreichen eines Nachtrags zur Billigung trotz Bestehens einer zwingenden Nachtragspflicht gilt Folgendes:

110 Da es einen gebilligten und veröffentlichten Prospekt gibt, greifen im Fall der Nichteinreichung eines Nachtrags weder die Befugnisse der BaFin zur Untersagung nach § 18 Abs. 4 Satz 1 Nr. 1 WpG, zur Bekanntmachung des Verstoßes nach § 18 Abs. 3 Satz 1 Nr. 1 WpG noch die Haftungsfolge bei Fehlen eines Prospekts nach § 14 WpG ein.[239] Insbesondere **wird der Prospekt durch die Nichteinreichung des Nachtrags nicht ungültig**. Denn die Regelung des Art. 12 Abs. 1 UAbs. 1, wonach ein Prospekt für zwölf Monate gültig ist, sofern er um die erforderlichen Nachträge ergänzt wird, betrifft zukünftige Emissionen, macht aber den Prospekt im Rahmen einer laufenden Emission nicht ungültig;[240] eine solche Ungültigkeit bedürfte auch der expliziten Anordnung des Gesetzgebers.

111 Falls bei der BaFin trotz Vorliegen der Voraussetzungen des Art. 23 Abs. 1 UAbs. 1 kein Nachtrag zur Billigung eingereicht wird, hat die **BaFin** jedenfalls bei den Fällen, bei denen aufgrund des betreffenden Prospekts Wertpapiere zum Handel an einem geregelten Markt zugelassen werden sollen, aber die **Eingriffsbefugnisse des § 18 Abs. 2 WpG** zum Zwe-

---

236 Vgl. ESMA, Questions and Answers on Prospectuses (30th updated version – April 2019), Antwort zu Frage 22 („as soon as practicable"), weitergeltend nach ESMA, Questions and Answers on the Prospectus Regulation (Version 12 v. 3.2.2023), Antwort zu Frage 2.1.
237 So völlig zu Recht *Chr. Becker*, in: Heidel, Aktienrecht und Kapitalmarktrecht, 5. Aufl. 2019, § 16 WpG Rn. 10; *Rauch*, in: Holzborn, WpG, § 16 Rn. 17; zu den Anreizen, Nachträge unverzüglich zu veröffentlichen, *Wiegel*, Die Prospektrichtlinie und Prospektverordnung, S. 369.
238 So auch *Lenz/Heine*, AG 2019, 451, 456.
239 *Hamann*, in: Schäfer/Hamann, Kapitalmarktgesetze, § 16 WpG Rn. 25 und Rn. 33; *Lenz*, in: Just/Voß/Ritz/Zeising, Wertpapierprospektrecht, 2. Aufl. 2023, Art. 23 ProspektVO Rn. 184 und 187; *Chr. Becker*, in: Heidel, Aktienrecht und Kapitalmarktrecht, 5. Aufl. 2019, § 16 WpG Rn. 18. Prospekthaftungsansprüche wegen des fehlerhaften Prospekts nach §§ 9ff. WpG bleiben aber freilich möglich, vgl. *Chr. Becker*, in: Heidel, Aktienrecht und Kapitalmarktrecht, 5. Aufl. 2019, § 16 WpG Rn. 19 sowie unten Rn. 113.
240 *Lenz/Heine*, AG 2019, 451, 459; *Lenz*, in: Just/Voß/Ritz/Zeising, Wertpapierprospektrecht, 2. Aufl. 2023, Art. 23 ProspektVO Rn. 182ff.; *Seitz*, in: Assmann/Schlitt/von Kopp-Colomb, Prospektrecht Kommentar, Art. 23 ProspektVO Rn. 155f.

cke des Auskunftsersuchens bis hin zur Bekanntmachung des Verstoßes nach § 18 Abs. 3 Satz 1 Nr. 4 WpPG oder der Untersagung nach § 18 Abs. 4 Satz 1 Nr. 4 WpPG.[241]

Nach § 24 Abs. 3 Nr. 8 WpPG ist zwar nun auch erstmals die nicht rechtzeitige Einreichung eines Nachtrags zur Billigung bei der BaFin als Ordnungswidrigkeit sanktioniert, allerdings nur für den Spezialfall des Art. 10 Abs. 1 UAbs. 2 (Erstellung des Prospekts aus mehreren Einzeldokumenten). Für die Nichteinreichung eines Nachtrages nach Art. 23 Abs. 1 UAbs. 1 zur Billigung trotz bestehender Nachtragspflicht sieht § 24 WpPG weiterhin wie bereits § 35 Abs. 1 Nr. 9 WpPG a. F. (siehe dazu die Vorauflage) – auch wenn dies rechtspolitisch nicht überzeugen mag[242] – keine Sanktionierung vor. Vielmehr stellt nach § 24 Abs. 3 Nr. 17 WpPG weiter nur die Nichtveröffentlichung eines gebilligten Nachtrags eine Ordnungswidrigkeit dar.[243] 112

Den Beteiligten drohen aber selbstverständlich zudem **Prospekthaftungsansprüche** oder eventuell auch eine **Strafbarkeit wegen Kapitalanlagebetrug nach § 264a StGB** (mit einhergehenden zivilrechtlichen Ansprüchen über § 823 Abs. 2 BGB bzw. § 826 BGB).[244] 113

2. Billigungsverfahren der zuständigen Behörde

Wie oben (→ Rn. 11) dargelegt, unterliegt der Nachtrag einem Billigungsvorbehalt der zuständigen Behörde, darf also – anders als nach § 52 Abs. 2 BörsZulV a. F. (teilweise streitig) und § 11 VerkProspG a. F.[245] – nicht vor Billigung veröffentlicht werden. Da Anleger und Anbieter gerade in diesem Zeitraum der Nachtragspflicht (nach Billigung, aber vor endgültigem Schluss des öffentlichen Angebots) ein fundamentales Interesse an möglichst frühzeitiger Information (Anleger) bzw. Kommunikation (Anbieter) haben, ist das **Verfahren** hinsichtlich der gesetzlichen Fristen und der praktischen Handhabung durch die zuständige Behörde **deutlich beschleunigt gegenüber dem Billigungsverfahren eines Prospekts nach Art. 20**. Zudem wird das Interesse der Anleger an frühzeitiger Information und des Emittenten/Anbieters/Zulassungsantragstellers an frühzeitiger Kommunikation auch bei dem Verhältnis zu anderen Vorschriften, insbesondere der Ad-hoc-Mitteilung nach Art. 17 der Marktmissbrauchsverordnung[246] berücksichtigt (→ Rn. 146 ff. und 181 ff.). 114

---

241 Diese Möglichkeit erörtern *Chr. Becker*, in: Heidel, Aktienrecht und Kapitalmarktrecht, 5. Aufl. 2019, § 16 WpPG Rn. 17 ff., und *Ekkenga/Maas*, in: Kümpel/Hammen/Ekkenga, Kapitalmarktrecht, Kennz. 055 Rn. 247 nicht, wenn sie bei den Rechtsfolgen einzig die drohenden Prospekthaftungsfolgen als Mechanismus zur Disziplinierung der Nachtragspflichtigen darstellen; a. A. *Lenz/Heine*, AG 2019, 451, 459, die meinen, die BaFin sei weder zur Untersagung noch zur Aussetzung des öffentlichen Angebots berechtigt.
242 *Lenz*, in: Just/Voß/Ritz/Zeising, Wertpapierprospektrecht, 2. Aufl. 2023, Art. 23 ProspektVO Rn. 185; *Seitz*, in: Assmann/Schlitt/von Kopp-Colomb, WpPG/VerkProspG, 2. Aufl. 2010, § 16 Rn. 153 f.; *Heidelbach*, in: Schwark/Zimmer, KMRK, § 16 WpPG Rn. 52 verweist auf die Sanktionierung durch Haftungs- und Strafrecht.
243 So auch *Rauch*, in: Holzborn, WpPG, § 16 Rn. 23.
244 Näher dazu *Seitz*, in: Assmann/Schlitt/von Kopp-Colomb, Prospektrecht Kommentar, Art. 23 ProspektVO Rn. 161 ff.; ebenso *Lenz/Heine*, AG 2019, 451, 459.
245 Die Nachfolgenorm § 11 VermAnlG sieht dagegen wie Art. 23 eine Billigung des Nachtrags vor.
246 Verordnung (EU) Nr. 596/2014 des Europäischen Parlaments und des Rates vom 16.4.2014 über Marktmissbrauch (Marktmissbrauchsverordnung) und zur Aufhebung der Richtlinie 2003/6/EG

115 Anders als in den Vorschlägen der EU-Kommission vom September 2009 und den Kompromissvorschlägen der EU-Ratspräsidentschaft vom Oktober, November und Dezember 2009 hat der EU-Berichterstatter im Januar 2010 und ihm folgend das EU-Parlament im Vorfeld der ÄnderungsRL[247] eine **Abschaffung des Billigungserfordernisses für den Nachtrag gefordert**. Dies ergibt sich daraus, dass der Art. 16 Abs. 1 Satz 2 des Vorschlags der EU-Kommission („Such a supplement shall be approved in the same way in a maximum of seven working days […]") umformuliert wurde und die Billigung nicht mehr erwähnte („Such a supplement shall be immediately submitted to the competent authority and shall be published […]").[248] Dieser Vorschlag hat sich aber im weiteren Rechtssetzungsverfahren **nicht durchgesetzt, sodass es beim Billigungserfordernis des Nachtrags geblieben ist**.[249] Dieser Richtungsentscheidung der ProspektRL folgend enthält nun auch die Fassung der Vorschrift in der ProspektVO das Billigungserfordernis für den Nachtrag, ohne dass – soweit ersichtlich – dessen Abschaffung im Rahmen des Rechtssetzungsverfahrens noch einmal vonseiten der Kommission infrage gestellt wurde.

116 Ob das Billigungsverfahren für den Nachtrag **Einfluss auf das Zulassungsverfahren** hat, ist umstritten. Teilweise ist in der Literatur vertreten worden, dass sich bis zur Billigung des Nachtrags die Zulassung der Aktien zum Börsenhandel verzögere, da der gebilligte Prospekt nach § 32 Abs. 3 Nr. 2 BörsG Voraussetzung für die Zulassung sei.[250] Allerdings gibt es ja bereits einen gebilligten Prospekt, der Grundlage einer Zulassungsentscheidung sein könnte. Außerdem nennt § 32 Abs. 3 Nr. 2 BörsG den Nachtrag gerade nicht als Zulassungsvoraussetzung. Die Billigungsentscheidung der zuständigen Behörde über einen etwaigen Nachtrag ist also nicht Voraussetzung für die Zulassung von Wertpapieren. Faktisch kann das Billigungsverfahren gleichwohl Einfluss auf das Zulassungsverfahren nehmen, sofern die Börse sich materiell gehindert sieht, die Zulassung auf Basis eines noch um einen Nachtrag zu ergänzenden Prospekts zu erteilen.

---

des Europäischen Parlaments und des Rates und der Richtlinien 2003/124/EG, 2003/125/EG und 2004/72/EG der Kommission, ABl. L 173, S. 1 vom 12.6.2014.

247 Richtlinie 2010/73/EU des Europäischen Parlaments und des Rates vom 24.11.2010 zur Änderung der Richtlinie 2003/71/EG betreffend den Prospekt, der beim öffentlichen Angebot von Wertpapieren oder bei deren Zulassung zum Handel zu veröffentlichen ist, und der Richtlinie 2004/109/EG zur Harmonisierung der Transparenzanforderungen in Bezug auf Informationen über Emittenten, deren Wertpapiere zum Handel auf einen geregelten Markt zugelassen sind, ABl. L 327, S. 1 vom 11.12.2010.

248 Session document of the European Parliament A7-002/2010 vom 26.3.2010, S. 38. Vgl. auch *Elsen/Jäger*, BKR 2010, 97, 100, die eine solche billigungsfreie Veröffentlichung begrüßen würden.

249 Richtlinie 2010/73/EU des Europäischen Parlaments und des Rates vom 24.11.2010 zur Änderung der Richtlinie 2003/71/EG betreffend den Prospekt, der beim öffentlichen Angebot von Wertpapieren oder bei deren Zulassung zum Handel zu veröffentlichen ist, und der Richtlinie 2004/109/EG zur Harmonisierung der Transparenzanforderungen in Bezug auf Informationen über Emittenten, deren Wertpapiere zum Handel auf einen geregelten Markt zugelassen sind, ABl. L 327, S. 1 vom 11.12.2010.

250 *Schlitt*, in: Habersack/Mülbert/Schlitt, Kapitalmarktinformation, § 5 Rn. 30; siehe auch unten → Rn. 127.

a) Prüfungsmaßstab und Verfahren

Nach Art. 23 Abs. 1 UAbs. 2 Satz 1 ist der Nachtrag „**auf die gleiche Art und Weise wie der Prospekt zu billigen**". Daher hat die zuständige Behörde eine Vollständigkeitsprüfung, einschließlich einer Prüfung der Vollständigkeit, Verständlichkeit und Kohärenz der vorgelegten Informationen, durchzuführen (vgl. Art. 20 Abs. 4 UAbs. 1).[251] 117

Nach Art. 41 der VO (EU) 2019/980 kann die zuständige Behörde im Rahmen ihrer Prüfung von Prospekten in bestimmten Fällen aber auch den sog. „**verhältnismäßigen Ansatz**" anwenden. Deckt sich der eingereichte Entwurf eines Prospekts im Wesentlichen mit einem bereits von der zuständigen Behörde gebilligten Prospekt, kann sich die Behörde danach bei ihrer Prüfung des eingereichten Prospekts auf die Änderungen und die von diesen betroffenen Angaben beschränken. Der verhältnismäßige Ansatz kann über Art. 23 Abs. 1 UAbs. 2 Satz 1, der den Prüfungsmaßstab für Prospekte auch auf Nachträge anwendbar erklärt, ebenfalls auf die Prüfung von Nachträgen übertragen werden. Im Rahmen der Prüfung von Nachträgen könnte dieser Ansatz erstens zur Folge haben, dass die zuständige Behörde lediglich die im Nachtrag aufgeführten konkreten Änderungen der Prüfung auf Vollständigkeit, Verständlichkeit und Kohärenz der vorgelegten Informationen unterzieht, ohne auch die vollständigen entsprechenden Passagen im Prospekt noch einmal in der Gesamtschau zu überprüfen, wobei dies nicht im Widerspruch zum Prüfungsmaßstab nach Rn. 120 stünde, da ein vollständiges „Ausblenden" des gebilligten Prospekts bei der Nachtragsprüfung freilich nicht funktioniert (→ Rn. 119). Zweitens könnte der verhältnismäßige Ansatz in Rahmen der Nachtragsprüfung so verstanden werden, dass er nur dann anwendbar ist, wenn bereits einmal ein wesentlich ähnlicher Nachtrag in derselben oder einer vergleichbaren Emission von der zuständigen Behörde gebilligt wurde (was in der Praxis eher unwahrscheinlich ist → Rn. 119). 118

Nach der Peer Review der ESMA wird der verhältnismäßige Ansatz von der ganz überwiegenden Anzahl der zuständigen Behörden angewandt.[252] Lediglich drei zuständige Behörden – darunter die BaFin – **wenden** nach den Untersuchungen der ESMA den **verhältnismäßigen Ansatz bei Nachträgen nicht** an.[253] Nach dem Verständnis der ESMA ergeben sich daraus aber kaum praktische Unterschiede.[254] Grund dafür könnte – bei Zugrundelegung der ersten Anwendungsmöglichkeit – sein, dass sich bei der Prüfung eines Nachtrages die Anwendung des oben genannten Prüfungsmaßstabes ohnehin stets auch auf den kontextualen Zusammenhang der nachgetragenen Informationen beziehen muss (→ Rn. 120). Wird etwa nur eine Zahl geändert oder ergänzt, kann sich der Prüfungsmaßstab dem Regelungszweck nach schwerlich nur darauf beziehen, weil er sonst inhaltslos würde. Zum anderen dürfte es – bei Zugrundelegung der zweiten Anwendungsmöglichkeit – nur selten Nachträge geben, vor denen bereits in derselben Emission ein wesentlich ähnlicher Nachtrag von der Behörde gebilligt wurde. Dann müssten zweimal hintereinander wesentlich neue und bei Erstellung des Prospekts noch nicht vorhergesehene Umstände (im Rahmen des engen zeitlichen Anwendungsbereiches der Nachtragspflicht) eintreten, die sich wesentlich ähnlich sind. Praktisch relevant dürfte der verhältnismäßige An- 119

---

251 *Hamann*, in: Schäfer/Hamann, Kapitalmarktgesetze, § 16 WpPG Rn. 15; *Heidelbach/Preuße*, BKR 2006, 316, 321; *Heidelbach*, in: Schwark/Zimmer, KMRK, § 16 WpPG Rn. 28.
252 ESMA, Peer Review Report, Rn. 170.
253 ESMA, Peer Review Report, Rn. 170.
254 ESMA, Peer Review Report, Rn. 170.

satz daher nur bei mehreren Fremdkapitalemissionen auf Grundlage eines Basisprospektes sein (vgl. Art. 23 Abs. 4), bei denen eine Nachtragspflicht in Bezug auf mehrere Emissionen eintritt, die entsprechenden Nachträge für die verschiedenen Emissionen sich einander aber wesentlich ähnlich sind. In diesem Rahmen wendet laut der Peer Review der ESMA etwa die niederländische AFM Art. 41 der VO (EU) 2019/980 in Bezug auf Nachträge an.[255] Dann würde sich der Prüfungsmaßstab der zuständigen Behörde nach Billigung des ersten Nachtrags bei der Prüfung der weiteren Nachträge für die anderen Emissionen auf die Prüfung der Änderungen beschränken.

120 **Gegenstand der Prüfung** ist zwar der Nachtrag als solcher, da dieser und nicht auch der zuvor bereits gebilligte Prospekt in diesem Verfahren gebilligt wird. Dennoch ist bezüglich des **Prüfungsmaßstabes der zuständigen Behörde** der bereits gebilligte Prospekt in die Kohärenzprüfung des Nachtrags einzubeziehen, d. h. zur Prüfung der Vollständigkeit, Verständlichkeit und Kohärenz des Nachtrags gehört auch der durch den Nachtrag ergänzte Prospekt als Ganzes (→ Art. 20 Rn. 17).[256] Denn erstens schließt die Tatsache, dass Billigungsgegenstand in diesem Verfahren der Nachtrag ist, im Sinne der oben genannten Grundsätze (→ Art. 20 Rn. 11 ff., insbesondere Rn. 14) nicht aus, dass die zuständige Behörde auch außerhalb des Billigungsgegenstands liegende Umstände (hier den zuvor gebilligten Prospekt) zu berücksichtigen hat. Zweitens gestaltet der Nachtrag den Prospekt insoweit um, als der Prospekt im Folgenden in der Fassung heranzuziehen ist, die er durch den gebilligten Nachtrag erhalten hat; insofern kann die zuständige Behörde den Nachtrag nicht vollständig getrennt von dem Prospekt, auf dessen Inhalt der Nachtrag einwirkt, betrachten. Da der Prospekt selbst bereits im Detail von der zuständigen Behörde geprüft wurde, steht dieser Sichtweise auch der für die Billigung des Nachtrags begrenzte zeitliche Rahmen nicht entgegen.[257]

121 Die zuständige Behörde prüft zwar nicht in materieller Hinsicht, ob der betreffende neue Umstand bzw. die Unrichtigkeit wichtig bzw. wesentlich ist, d. h. die Beurteilung obliegt dem Emittenten, Anbieter oder Zulassungsantragsteller.[258] Aber soweit sie konkrete Anhaltspunkte hat, dass die Voraussetzungen der Nachtragspflicht nach Art. 23 Abs. 1 UAbs. 1 nicht vorliegen, weil der Umstand, die Unrichtigkeit bzw. die Ungenauigkeit offensichtlich unwichtig bzw. unwesentlich ist, wird sie in Ausnahmefällen die **Billigung verweigern** können.[259]

---

255 ESMA, Peer Review Report, Rn. 170.
256 *Rauch*, in: Holzborn, WpPG, § 16 Rn. 24; andere Ansicht *Ritz*, in: Just/Voß/Ritz/Zeising, Wertpapierprospektrecht, 2. Aufl. 2023, Art. 2 ProspektVO Rn. 303; *Lenz*, in: Just/Voß/Ritz/Zeising, Wertpapierprospektrecht, 2. Aufl. 2023, Art. 23 ProspektVO Rn. 138; *Seitz*, in: Assmann/Schlitt/von Kopp-Colomb, Prospektrecht Kommentar, Art. 23 ProspektVO Rn. 86.
257 A. A. *Ritz*, in: Just/Voß/Ritz/Zeising, Wertpapierprospektrecht, 2. Aufl. 2023, Art. 2 ProspektVO Rn. 303; *Seitz*, in: Assmann/Schlitt/von Kopp-Colomb, Prospektrecht Kommentar, Art. 23 ProspektVO Rn. 86.
258 *Rauch*, in: Holzborn, WpPG, § 16 Rn. 24; *Lenz*, in: Just/Voß/Ritz/Zeising, Wertpapierprospektrecht, 2. Aufl. 2023, Art. 23 ProspektVO Rn. 138. So auch BaFin-Workshop 2009, Ausgewählte Rechtsfragen zum Nachtragsrecht, Präsentation vom 9.11.2009, S. 4; *Seitz*, in: Assmann/Schlitt/von Kopp-Colomb, Prospektrecht Kommentar, Art. 23 ProspektVO Rn. 32 und Rn. 86.
259 Wesentlich interessanter ist die umgekehrte Frage der Eingriffsbefugnisse der BaFin, wenn die BaFin bestimmte Umstände für wichtig hält. Nach § 18 Abs. 10 Satz 1 WpPG kann die BaFin „zur Gewährleistung des Anlegerschutzes oder des reibungslosen Funktionierens des Marktes anordnen, dass der Emittent alle wesentlichen Informationen, welche die Bewertung der öffent-

IV. Billigungsverfahren für den Nachtrag Art. 23 ProspektVO

Auch das Billigungsverfahren orientiert sich an Art. 20, sodass auf die dortigen Ausführungen, insbesondere zu den einzuhaltenden Formalia, wie Übermittlungsformen, verwiesen werden kann (→ Art. 20 Rn. 31 ff.). Insbesondere sind Nachträge stets elektronisch einzureichen; in Deutschland über das MVP-Portal der BaFin, vgl. § 22 Abs. 1 Satz 2 Alt. 1 WpPG (→ Art. 20 Rn. 32 f. zur technischen Vorgehensweise).[260] Die BaFin kommt bei Nachträgen entweder ebenfalls mit einem formellen Anhörungsschreiben, in dem ihre Anmerkungen zum eingereichten Nachtrag aufgeführt sind, auf den Emittenten/Anbieter/Zulassungsantragsteller zurück oder bei kürzeren Nachträgen mittels mündlicher Kommunikation. **122**

b) Billigungsfristen

Der Nachtrag ist durch die zuständige Behörde „**innerhalb von höchstens fünf Arbeitstagen**" zu billigen.[261] Diese (immer noch[262]) lange Frist wird den Bedürfnissen von Anbieter und Anlegern im Rahmen von laufenden Angeboten in keiner Weise gerecht.[263] Hinzu kommt, dass der Verweis auf Art. 20 in Art. 23 Abs. 1 UAbs. 2 wohl auch bedeutet, dass, falls die zuständige Behörde bei der Einreichung bzw. Prüfung eines Nachtrags Anhaltspunkte dafür hat, dass die ihr übermittelten Unterlagen unvollständig sind oder es ergänzender Informationen bedarf, die Frist von fünf Arbeitstagen beginnt, wenn diese Infor- **123**

---

lich angebotenen oder zum Handel an einem geregelten Markt zugelassenen Wertpapiere beeinflussen können, bekannt macht". Vgl. dazu *Gurlit*, in: Assmann/Schlitt/von Kopp-Colomb, Prospektrecht Kommentar, § 18 WpPG Rn. 54 ff.
260 Siehe hierzu „5. Weitere Schritte b) Nachträge" unter www.bafin.de, Unternehmen/Allgemeine Pflichten/Prospekte für Wertpapiere/Prospekterstellung und Billigungsverfahren, Stand: 5.8.2019.
261 Denkbar wäre, dass nach Ablauf der fünf Tage, ohne dass es zu einer Rückmeldung der Behörde gekommen ist, der Nachtrag als gebilligt gilt; dies ließ sich auf Grundlage der EU-ProspektRL dadurch herleiten, dass, im Vergleich zu Art. 13 in Art. 16 ausdrücklich davon gesprochen wird, dass „höchstens" sieben Tagen der Nachtrag zu billigen sei und eine Art. 13 Abs. 2 UAbs. 2 vergleichbare Feststellung, wonach keine Billigung nach Fristablauf eintritt, fehlt; so zumindest *Wiegel*, Die Prospektrichtlinie und Prospektverordnung, S. 363. Allerdings weist *Rimbeck*, in: Heidel, Aktienrecht und Kapitalmarktrecht, 5. Aufl. 2019, § 13 WpPG Rn. 10, zutreffend darauf hin, dass eine Billigung ohne aktives Tun der Behörde nur möglich ist, wenn es im Gesetz ausdrücklich vorgesehen ist. So auch zu Recht die herrschende Meinung, vgl. *Hamann*, in: Schäfer/Hamann, Kapitalmarktgesetze, § 16 WpPG Rn. 15; *Seitz*, in: Assmann/Schlitt/von Kopp-Colomb, Prospektrecht Kommentar, Art. 23 ProspektVO Rn. 91; auch *Rauch*, in: Holzborn, WpPG, § 16 Rn. 26 unter Hinweis auf die mögliche Haftung der BaFin aus Amtspflichtverletzung nach § 839 BGB i.V.m. Art. 34 GG m.w.N.; dafür spricht nun entscheidend auch, dass Art. 20 Abs. 2 UAbs. 2 ausdrücklich klarstellt, dass eine Unterlassung einer Entscheidung innerhalb der durch die Verordnung vorgegebenen Pflichten nicht als Billigung gilt. Da der Nachtrag „auf die gleiche Art und Weise wie der Prospekt zu billigen" ist, gilt dies ebenso für das Ausbleiben einer rechtzeitigen Entscheidung über den eingereichten Nachtrag.
262 Unter § 16 Abs. 1 Satz 3 WpPG a. F. standen der BaFin dagegen noch sieben Werktage zur Verfügung; zur Entstehungsgeschichte des entsprechenden Art. 16 Abs. 1 EU-ProspektRL, in dem erst im Zuge des Verfahrens überhaupt eine kürzere Frist für den Nachtrag im Vergleich zum Prospektprüfungsverfahren eingefügt wurde, siehe *Rauch*, in: Holzborn, WpPG, § 16 Rn. 25.
263 Kritik z.B. bei *Crüwell*, AG 2004, 243, 251; *König*, ZEuS 2004, 251, 275; *Kunold/Schlitt*, BB 2004, 501, 510 („umständlich und aus Anlegerschutz nicht geboten"); *Rauch*, in: Holzborn, WpPG, § 16 Rn. 25; *Meyer*, in: Habersack/Mülbert/Schlitt, Unternehmensfinanzierung, § 36 Rn. 92.

mationen vorgelegt werden, d. h. der Verweis auf Art. 20 soll auch Art. 20 Abs. 4 UAbs. 2 umfassen.[264] Nach Art. 23 Abs. 6 kann die zuständige Behörde nun für die Prüfung des Nachtrags auch verlangen, dass der Nachtrag in der Anlage eine konsolidierte Fassung des ergänzten Prospektes enthält, sofern eine solche konsolidierte Fassung zur Gewährleistung der Verständlichkeit der Angaben des Prospekts erforderlich ist. Nach der ausdrücklichen Anordnung des Art. 23 Abs. 6 Satz 2 gilt ein solches Ersuchen als Ersuchen um ergänzende Informationen im Sinne von Art. 20 Abs. 4, sodass auch in einem solchen Fall die Billigungsfrist erst ab Einreichung dieser konsolidierten Fassung beginnt. Den Wortlaut der Norm („gilt […] erst ab dem Datum") wird man so verstehen müssen, dass bei einem Ersuchen um ergänzende Informationen nach bereits in Gang gesetzter Billigungsfrist diese mit Einreichung der Informationen nicht weiterläuft, sondern von neuem beginnt (→ Art. 20 Rn. 40 ff.).

124 Deshalb ist es ausgesprochen begrüßenswert, dass die **konkrete Praxis der BaFin extrem kooperativ** ist und eingereichte Nachträge sehr zügig geprüft und gebilligt werden. Empfehlenswert ist selbstverständlich, so frühzeitig wie möglich, sobald absehbar ist, dass ein Nachtrag einzureichen sein könnte, den Kontakt mit der BaFin zu suchen, um die Verfahrensbeschleunigung ab Einreichung zu gewährleisten. Falls dies geschieht und die an einen Nachtrag zu stellenden formellen und inhaltlichen Erfordernisse eingehalten werden, ist eine **Billigung des Nachtrags innerhalb von 1–2 Arbeitstagen** durchaus üblich.[265]

c) Billigungsentscheidung

125 Die Billigung eines Nachtrags (bzw. dessen Versagung) stellt – wie die Billigung des Prospekts selbst (→ Art. 20 Rn. 8) – einen begünstigenden (bzw. belastenden) Verwaltungsakt dar, der dem Antragsteller gegenüber bekannt zu geben ist.

126 Ausweislich der Billigungsbescheide der BaFin für Nachträge billigt die BaFin die Nachträge ausschließlich unter Hinweis auf Art. 20, d. h. ohne Referenz auf Art. 23. Die BaFin sieht also in Art. 23 Abs. 1 UAbs. 2 offensichtlich eine **reine Verweisungsnorm**, während die eigentliche Rechtsgrundlage ihres Verwaltungshandelns Art. 20 ist.

---

264 RegBegr. EU-ProspRL-UmsetzungsG, BT-Drucks. 15/4999, S. 25, 36 zu § 16 WpPG a. F. Vgl. auch *Rauch*, in: Holzborn, WpPG, § 16 Rn. 25; *Lenz*, in: Just/Voß/Ritz/Zeising, Wertpapierprospektrecht, 2. Aufl. 2023, Art. 23 ProspektVO Rn. 136; *Chr. Becker*, in: Heidel, Aktienrecht und Kapitalmarktrecht, 5. Aufl. 2019, § 16 WpPG Rn. 12. Andere Ansicht – jedenfalls im Hinblick auf die Praxis der BaFin – wohl *Groß*, Kapitalmarktrecht, Art. 23 ProspektVO Rn. 21, wonach man in Anwendung des § 25 VwVfG davon ausgehen müsse, dass die BaFin jedenfalls bei kleineren Mängeln nicht von Art. 20 Abs. 4 Gebrauch machen könne, sondern insoweit eine Nachbesserung innerhalb der ursprünglichen Frist möglich sein müsse.
265 So auch *Groß*, Kapitalmarktrecht, Art. 23 ProspektVO Rn. 18; *Meyer*, in: Habersack/Mülbert/Schlitt, Unternehmensfinanzierung, § 36 Rn. 92; *Schlitt*, in: Habersack/Mülbert/Schlitt, Kapitalmarktinformation, § 5 Rn. 27 („sofern der Nachtrag im Vorfeld abgestimmt werden konnte, wird die Billigung häufig sogar taggleich ausgesprochen"); *Chr. Becker*, in: Heidel, Aktienrecht und Kapitalmarktrecht, 5. Aufl. 2019, § 16 WpPG Rn. 12 („BaFin strebt nach eigener Aussage bei Standardmeldungen eine taggleiche Billigung der Nachträge an."); *Lenz*, in: Just/Voß/Ritz/Zeising, Wertpapierprospektrecht, 2. Aufl. 2023, Art. 23 ProspektVO Rn. 135.

Die Billigungsentscheidung der BaFin über einen etwaigen Nachtrag ist **nicht Voraussetzung für die Zulassung von Wertpapieren**; das zeigt sich schon daran, dass § 32 Abs. 3 Nr. 2 BörsG den Nachtrag nicht als Zulassungsvoraussetzung nennt (→ Rn. 116).[266] 127

d) Unterrichtung der ESMA und Übermittlung einer Kopie des Prospekts

Nach Art. 21 Abs. 5 UAbs. 2 unterrichtet die zuständige Behörde im Fall der Billigung die ESMA und übermittelt ihr gleichzeitig eine Kopie des Nachtrags. Dies stellt sicher, dass die ESMA über Nachträge im Prospekt informiert wird und eine Kopie erhält.[267] Die ESMA veröffentlicht alle Prospektnachträge sodann auf ihrer Website über einen für die Öffentlichkeit kostenlos zugänglichen Speichermechanismus mit Suchfunktionen (Art. 21 Abs. 6).[268] 128

3. Veröffentlichung des Nachtrags

Gemäß Art. 23 Abs. 1 UAbs. 2 muss der **Emittent/Anbieter/Zulassungsantragsteller** den Nachtrag „gemäß denselben Regeln" wie den ursprünglichen Prospekt nach Art. 21 veröffentlichen.[269] 129

a) Veröffentlichungsfrist

Anders als § 16 Abs. 1 Satz 5 WpPG a. F. („unverzüglich [...] veröffentlichen") enthält Art. 23 keine ausdrückliche Veröffentlichungsfrist, sondern spricht zum einen in Art. 23 Abs. 1 UAbs. 2 davon, dass der Nachtrag „gemäß denselben Regeln" wie der ursprüngliche Prospekt nach Art. 21 zu veröffentlichen ist (→ Rn. 129), sowie zum anderen in Art. 23 Abs. 1 UAbs. 1 davon, dass der jeweilige nachtragsrelevante Umstand „unverzüglich [...] genannt werden" muss. Der Verweis auf Art. 21 durch die Formulierung „gemäß denselben Regeln" ist im Hinblick auf die Frage der Veröffentlichungsfrist allerdings nicht hilfreich, da die von Art. 21 Abs. 1 UAbs. 1 aufgestellten Vorgaben bezüglich der Veröffentlichung des Prospekts für den Nachtrag freilich nicht passen („rechtzeitig vor und spätestens mit Beginn des öffentlichen Angebots oder der Zulassung der betreffenden Wertpapiere zum Handel zur Verfügung zu stellen"). Es kommt daher auf die Formulierung „unverzüglich [...] genannt werden" an. Eine unverzügliche „Nennung" nachtragsrelevanter Umstände setzt – ebenso wie in Bezug auf die Einreichungsfrist (→ Rn. 108) – notwendigerweise auch eine unverzügliche Veröffentlichung voraus, da der jeweilige nachtragsrelevante Umstand erst mit der Veröffentlichung „genannt" ist. Dafür spricht auch Erwägungsgrund 65, nach dem jeder nachtragsrelevante Umstand die „unverzügli- 130

---

266 A. A. wohl *Schlitt/Singhof/Schäfer*, BKR 2005, 251, 256 („Da ein gebilligter Prospekt Voraussetzung für die Zulassung der Aktien ist, verzögert sich bis zur Billigung eines Nachtrags die Zulassung"); so auch Hamann, in: Schäfer/Hamann, Kapitalmarktgesetze, § 16 WpPG Rn. 16.
267 Vgl. RegBegr. zur Umsetzung der Richtlinie 2010/78/EU, BT-Drucks. 17/6255, S. 31. *Groß*, Kapitalmarktrecht, Art. 23 ProspektVO Rn. 18.
268 Zu finden unter: https://registers.esma.europa.eu/publication/searchRegister?core=esma_registers_priii_documents (zuletzt abgerufen am 12.10.2022).
269 So auch BaFin-Präsentation „Prospektrechtliche Folgepflichten nach der Billigung" vom 28.5.2019, S. 12.

ch[e] [...] Verbreitung" eines Nachtrags erfordert. Der Nachtrag ist damit unverzüglich nach Billigung zu veröffentlichen.[270]

131 Bei der Auslegung des Begriffs „unverzüglich" wird zu berücksichtigen sein, dass der Anbieter erstens regelmäßig kein schützenswertes Interesse an einem Aufschub der Veröffentlichung haben wird und zweitens das Interesse des Kapitalmarkts an dem Erhalt des Nachtrags aufgrund der Dringlichkeit während eines laufenden Angebotsverfahrens regelmäßig eine sofortige Veröffentlichung erfordern wird.[271] Wird ein Nachtrag nicht, nicht richtig, nicht vollständig, nicht in der vorgeschriebenen Weise oder nicht rechtzeitig veröffentlicht, kann dies eine Ordnungswidrigkeit nach § 24 Abs. 3 Nr. 17 WpPG darstellen.

b) Veröffentlichung in elektronischer Form nach Art. 21 Abs. 2 i.V.m. Art. 23 Abs. 1 UAbs. 2 Satz 1

132 Der Nachtrag muss „**gemäß denselben Regeln**" wie der ursprüngliche Prospekt veröffentlicht werden. Nach Art. 21 Abs. 2 steht dem Emittenten/Anbieter/Zulassungsantragsteller für die elektronische Veröffentlichung eines Prospekts grundsätzlich ein **Wahlrecht im Hinblick auf die Website** zu, auf der die Veröffentlichung erfolgen soll. Richtigerweise muss der Verweis „gemäß denselben Regeln" in Art. 23 Abs. 1 UAbs. 2 Satz 1 aber so zu verstehen sein, dass die Veröffentlichung des Nachtrags auf derselben Website zu erfolgen hat wie die Veröffentlichung des Prospekts, d.h. das Wahlrecht aus Art. 21 Abs. 2 der veröffentlichenden Person insofern gerade nicht zusteht.[272] Damit soll sichergestellt werden, dass dem Anleger der Zugang zu den im Nachtrag enthaltenen Informationen ebenso offen steht wie die Informationen des ursprünglichen Prospekts.[273]

133 Der Emittent/Anbieter/Zulassungsantragsteller kann daher nicht den (eventuell sehr kurzen) Nachtrag durch Veröffentlichung auf der Website des Emittenten nach Art. 21 Abs. 2 lit. a veröffentlichen, wenn der Prospekt zuvor nach Art. 21 Abs. 2 lit. b auf der Website eines platzierenden Finanzintermediärs veröffentlicht wurde.

---

270 So im Ergebnis auch *Lenz/Heine*, AG 2019, 451, 457, sowie *Seitz*, in: Assmann/Schlitt/von Kopp-Colomb, Prospektrecht Kommentar, Art. 23 ProspektVO Rn. 95.

271 Vgl. auch *Lenz*, in: Just/Voß/Ritz/Zeising, Wertpapierprospektrecht, 2. Aufl. 2023, Art. 23 ProspektVO Rn. 144 ff., die daher auch zu dem Schluss kommen, dass „sofort" bzw. „zügigst" zu veröffentlichen sei, es sei denn ganz besondere Umstände würden ein anderes Ergebnis rechtfertigen. Auf das Eigeninteresse des Anbieters bzw. Zulassungsantragstellers verweisend *Heidelbach*, in: Schwark/Zimmer, KMRK, § 16 WpPG Rn. 38.

272 Unter altem Recht führte die Literatur eine ähnlich gelagerte Diskussion darüber, ob der Verweis in § 16 WpPG a. F. „in derselben Art und Weise" eine Bindung an das Medium begründete, über das zuvor der Prospekt veröffentlicht wurde (§ 14 Abs. 2 WpPG a. F.). Dafür: *Rauch*, in: Holzborn, WpPG, § 16 Rn. 29; *Groß*, Kapitalmarktrecht, 6. Aufl. 2016, § 16 WpPG Rn. 11; *Heidelbach*, in: Schwark/Zimmer, KMRK, § 16 WpPG Rn. 34; *Wiegel*, Die Prospektrichtlinie und Prospektverordnung, S. 367 f. Dagegen: *Seitz*, in: Assmann/Schlitt/von Kopp-Colomb, WpPG/VerkProspG, 2. Aufl. 2010, § 16 Rn. 99 unter Verweis auf *Friedl/Ritz*, in: Just/Voß/Ritz/Zeising, WpPG, 1. Aufl. 2009, § 16 Rn. 139, die sich auf die Gleichrangigkeit der Veröffentlichungsarten nach § 14 Abs. 2 WpPG a. F. und die englischsprachige Fassung von Art. 16 Abs. 1 Satz 2 EU-ProspektRL berufen, was aber beides – trotz des berechtigten Anliegens hinsichtlich des Ergebnisses – nicht überzeugt.

273 *Chr. Becker*, in: Heidel, Aktienrecht und Kapitalmarktrecht, 5. Aufl. 2019, § 16 WpPG Rn. 13; *Hamann*, in: Schäfer/Hamann, Kapitalmarktgesetze, § 16 WpPG Rn. 17.

c) *Anwendbarkeit der weiteren Vorschriften des Art. 21*

Aus der Tatsache, dass der Gesetzgeber durch die Formulierung „gemäß denselben Regeln" pauschal auf Art. 21 verweist, lässt sich argumentieren, dass Art. 23 Abs. 1 UAbs. 2 Satz 1 nicht nur auf die Veröffentlichungsform nach Art. 21 Abs. 2 verweist, sondern dass **auch die anderen Teile des Art. 21**, soweit sie die Veröffentlichung betreffen, **anwendbar** sind. Bereits im Hinblick auf den sprachlich noch engeren Verweis („in derselben Art und Weise") in § 16 Abs. 1 Satz 5 WpPG a. F. auf die Vorschrift § 14 WpPG a. F. war wohl herrschende Meinung, dass es sich um einen **umfassenden Verweis** handelte.[274] Dann sollte dies erst recht für den Verweis in Art. 23 Abs. 1 UAbs. 2 Satz 1 gelten, der weiter gefasst ist, da er allgemein auf „Regeln" und nicht nur auf die „Art und Weise" Bezug nimmt. Diese Problematik der Verweisinterpretation hat sich jedoch unter der ProspektVO ohnehin weitgehend aufgelöst, da viele der in Art. 21 enthaltenen Regelungen zur Veröffentlichung Nachträge ebenfalls **ausdrücklich behandeln** (etwa Art. 21 Abs. 3 UAbs. 2, Abs. 5 UAbs. 2, Abs. 6 und Abs. 10). Über Art. 23 Abs. 1 UAbs. 2 Satz 1 wird selbstverständlich jedoch nicht auf etwaige Fristen in Bezug auf das öffentliche Angebot oder die Zulassung der betreffenden Wertpapiere zum Handel verwiesen (Art. 21 Abs. 1), d.h. der Nachtrag muss nicht vor einem bestimmten Zeitpunkt veröffentlicht werden, das öffentliche Angebot wird ja gerade nicht unterbrochen. Das zeigt sich auch daran, dass Art. 23 Abs. 1 explizit einen „unverzüglich[en]" Nachtrag fordert. Das wäre überflüssig, wenn auch auf die Fristen des Art. 21 Abs. 1 verwiesen würde.

134

V. Ergänzung der Zusammenfassung und von Übersetzungen (Art. 23 Abs. 2 UAbs. 2 Satz 2)

Art. 23 Abs. 1 UAbs. 2 Satz 2 bestimmt, dass die Zusammenfassung und etwaige Übersetzungen davon um die im Nachtrag enthaltenen neuen Informationen zu ergänzen sind. Mit der **Pflicht zur Ergänzung der Zusammenfassung und ihrer Übersetzung** soll dem Publikum ein erleichterter Zugang zu den im Nachtrag enthaltenen Informationen ermöglicht werden.[275] Da die Zusammenfassung Teil des Prospekts ist und nicht im Widerspruch zu dem Prospekt in der durch den Nachtrag ergänzten Fassung stehen darf, hätte insoweit sowieso bereits eine Nachtragspflicht aus Art. 23 Abs. 1 UAbs. 1 heraus bestanden.[276]

135

Im Rahmen von **Notifizierungen** stellt Art. 25 Abs. 1 UAbs. 3 klar, dass im Falle einer in Auftrag gegebenen Übersetzung des Prospekts und jeglicher Zusammenfassung (Art. 25 Abs. 1 UAbs. 2) dies auch für Nachträge gilt.

136

---

[274] RegBegr. EU-ProspRL-UmsetzungsG, BT-Drucks. 15/4999, S. 25, 36. So auch *Kullmann/Sester*, WM 2005, 1068, 1075; auch *Rauch*, in: Holzborn, WpPG, § 16 Rn. 28, betont, dass auf „grds. sämtliche Regelungen des § 14 WpPG" verwiesen werde. Kritisch hingegen *Heidelbach/Preuße*, BKR 2006, 316, 321, Fn. 72.

[275] So bereits RegBegr. EU-ProspRL-UmsetzungsG, BT-Drucks. 15/4999, S. 25, 36 zur früheren Rechtslage unter dem Wertpapierprospektgesetz a.F.; *Groß*, Kapitalmarktrecht, Art. 23 ProspektVO Rn. 23; *Rauch*, in: Holzborn, WpPG, § 16 Rn. 31; *Heidelbach*, in: Schwark/Zimmer, KMRK, § 16 WpPG Rn. 39; *Holzborn/Israel*, ZIP 2005, 1668, 1674; *Hamann*, in: Schäfer/Hamann, Kapitalmarktgesetze, § 16 WpPG Rn. 18.

[276] So auch *Lenz*, in: Just/Voß/Ritz/Zeising, Wertpapierprospektrecht, 2. Aufl. 2023, Art. 23 ProspektVO Rn. 80

VI. Widerrufsrecht der Anleger (Art. 23 Abs. 2)

137 Art. 23 Abs. 2 regelt das bereits zuvor mehrfach erwähnte **Widerrufsrecht der Anleger** nach Veröffentlichung eines Nachtrags. Dieses soll einen umfassenden Anlegerschutz verwirklichen.[277] Betrifft der Nachtrag einen Prospekt für ein öffentliches Angebot von Wertpapieren, haben nach Art. 23 Abs. 2 UAbs. 1 Satz 1 Anleger, die Erwerb oder Zeichnung der Wertpapiere bereits vor Veröffentlichung des Nachtrags zugesagt haben, das Recht, ihre Zusagen innerhalb von zwei Arbeitstagen nach Veröffentlichung des Nachtrags zurückzuziehen, vorausgesetzt, dass der wichtige neue Umstand, die wesentliche Unrichtigkeit oder die wesentliche Ungenauigkeit gemäß Art. 23 Abs. 1 UAbs. 1 vor dem Auslaufen der Angebotsfrist oder – falls früher – der Lieferung der Wertpapiere eingetreten ist oder festgestellt wurde. Zudem enthält Art. 23 Abs. 2 Regelungen zu einer möglichen Verlängerung der Widerrufsfrist durch Emittenten, Anbieter oder Zulassungsantragsteller (Art. 23 Abs. 2 UAbs. 1 Satz 2) sowie zur Hinweispflicht auf das Widerrufsrecht und die Widerrufsfrist im Nachtrag selbst (Art. 23 Abs. 2 UAbs. 2 bzw. Art. 23 Abs. 2 UAbs. 1 Satz 3).

1. Prospekt für ein öffentliches Angebot von Wertpapieren

138 Art. 23 Abs. 2 stellt klar, dass ein Nachtrag nur bei einem Prospekt im Zusammenhang mit einem **öffentlichen Angebot** (→ Art. 2 Rn. 42 ff.)[278] ein **Widerrufsrecht** auslöst, d. h. **nicht bei reinen Zulassungsprospekten**. Das Gesetz zur Umsetzung der ÄnderungsRL 2010/73/EU[279] (diese dem Kompromissvorschlag der EU-Ratspräsidentschaft vom Dezember 2009 folgend[280]) und zur Änderung des Börsengesetzes vom 26.6.2012[281] setzte diese Klarstellung bereits in § 16 Abs. 3 WpPG a. F. um. Auch in Fällen, in denen Wertpapiere sowohl am geregelten Markt gehandelt als auch parallel öffentlich angeboten werden, ergibt sich ein Widerrufsrecht nur für den Kauf von denjenigen Wertpapieren, die aufgrund des öffentlichen Angebots bezogen und nicht über den Handel erworben wur-

---

277 *Bauerschmidt*, BKR 2019, 323, 328.
278 Zum Begriff des öffentlichen Angebots siehe ferner *Fuhrmann*, EWiR 2021, 622, 623.
279 Richtlinie 2010/73/EU des Europäischen Parlaments und des Rates vom 24.11.2010 zur Änderung der Richtlinie 2003/71/EG, ABl. 327, S. 1 vom 11.12.2010.
280 Die EU-Ratspräsidentschaft hatte diese Klarstellung schon in ihren verschiedenen Kompromissvorschlägen zur Überarbeitung der EU-ProspektRL seit Oktober 2009 und insbesondere auch in ihrem finalen Vorschlag vom Dezember 2009 angeregt, siehe (jeweils nur englisch) Council of the European Union Document 14640/09 (vom 21.10.2009), S. 17, Document 15096/09 (vom 4.11.2009), S. 19, Document 15911/09 (vom 18.11.2009), S. 20 und Document 17451/09 (vom 11.12.2009), S. 24, abrufbar jeweils über http://register.consilium.europa.eu (zuletzt abgerufen am 30.3.2016). Der Wortlaut des Vorschlags lautete: „If the prospectus relates to an offer of securities to the public, [...]". Der Vorschlag des Europäischen Parlaments vom März 2010 zur Änderung der ProspektRL sah eine ähnliche Ergänzung vor („For offers to the public, [...]"), vgl. Session document of the European Parliament A7-002/2010 vom 26.3.2010. S. 38. Der endgültig beschlossene Text der ÄnderungsRL folgte dann aber wieder fast wörtlich dem Kompromissvorschlag der EU-Ratspräsidentschaft vom Dezember 2009 („Where the prospectus relates to an offer of securities to the public, [...]").
281 BGBl. I 2012, S. 1375 ff.

den.[282] Damit weicht das Widerrufsrecht nach Art. 23 Abs. 2 von der Prospekthaftung ab, die sich aufgrund der speziellen Regelung aus § 9 Abs. 1 Satz 3 WpPG auch auf Wertpapiere mit derselben ISIN erstreckt, die über die Börse erworben wurden.[283] Nach der Regierungsbegründung zum WpPG a.F. bleibt damit der reibungslose Ablauf des Handels gewährleistet.[284] Dass bei reinen Zulassungsprospekten kein Widerrufsrecht besteht, ist schon zur Rechtslage vor dem § 16 Abs. 3 WpPG a.F. in Praxis und Literatur vertreten worden, allerdings hatte die BaFin auch in diesen Fällen eine Belehrung verlangt.[285] Durch die ausdrückliche Klarstellung in § 16 Abs. 3 WpPG a.F., an der sich im neuen Recht nichts geändert hat, wurde allerdings jede verbleibende Unklarheit beseitigt.[286]

2. Widerrufsberechtigte Anleger

a) Abgabe einer Willenserklärung

Widerrufsberechtigt sind ausschließlich Anleger, die „Erwerb oder Zeichnung der Wertpapiere bereits vor Veröffentlichung des Nachtrags zugesagt haben". Dieser Wortlaut geht bereits auf Art. 16 Abs. 2 EU-ProspektRL zurück. Gemeint ist damit – wie sich in Satz 3 und UAbs. 2 zeigt – das Recht, die abgegebene Willenserklärung (also das Angebot zum Erwerb der Wertpapiere) zu widerrufen. Die ProspektVO wählt damit hier mit „Zusage" und „zurückzuziehen" eine untechnische Formulierung. § 16 Abs. 3 Satz 1 WpPG a.F. hatte präzise noch von „Willenserklärung" und „widerrufen" gesprochen. Auch in der englischen sowie der französischen Sprachfassung der ProspektVO findet sich diese Ungenauigkeit („to withdraw their acceptances"; „retirer leur acceptation"). Die Gründe für diese Wortwahl des Normgebers sind unklar. Konkrete Auswirkungen sind damit jedoch nicht verbunden, vielmehr ist „Zusage zurückzuziehen" weiterhin als „Willenserklärung zu widerrufen" zu lesen. Daraus sind **zwei Schlussfolgerungen** zu ziehen:

139

– Entscheidend ist die **Abgabe der Willenserklärung**, d.h. dass der Erklärende seinen rechtsgeschäftlichen Willen erkennbar so geäußert hat, dass an der Endgültigkeit der Äußerung kein Zweifel möglich ist[287] bzw. der Erklärende alles seinerseits Erforderliche getan hat, damit die Erklärung wirksam werden kann.[288] Da ein Zugang der Willenserklärung an den Erklärungsempfänger also gerade nicht erforderlich ist, reicht es insbesondere aus, dass der Anleger die entsprechende Willenserklärung gegenüber seiner Depotbank abgegeben hat (unabhängig davon, ob diese sie bereits weitergereicht hat).

---

282 Vgl. RegBegr. zur Umsetzung der Richtlinie 2010/73/EU, BT-Drucks. 17/8684, S. 20. Auch *Groß*, Kapitalmarktrecht, Art. 23 Rn. 27 mit Beispiel; *Heidelbach/Preuße*, BKR 2012, 397, 403 mit weiteren Ausführungen; im Zusammenhang mit dem Umfang der Rückabwicklungspflichten dagegen zweifelnd *Lawall/Maier*, DB 2012, 2503, 2506.
283 *Groß*, Kapitalmarktrecht, Art. 23 ProspektVO Rn. 27.
284 RegBegr. zur Umsetzung der Richtlinie 2010/73/EU, BT-Drucks. 17/8684, S. 20.
285 Vgl. unten zur Frage der Belehrung über das Widerrufsrecht → Rn. 176 ff.
286 Auch *Groß*, Kapitalmarktrecht, 6. Aufl. 2016, § 16 WpPG Rn. 15, bezeichnet dies als „wichtige Klarstellung"; *Lenz/Heine*, AG 2019, 451, 457: „eindeutige[r] Wortlaut".
287 So *Ellenberger*, in: Grüneberg, BGB, § 130 Rn. 4 m.w.N.
288 So *Medicus*, Allgemeiner Teil des BGB, 10. Aufl. 2010, Rn. 263; *Einsele*, in: MünchKomm-BGB, § 130 Rn. 13 m.w.N.

– Die Formulierung „zugesagt" in Art. 23 Abs. 2 ändert freilich nichts an der einhelligen und zutreffenden Auffassung zur allgemeinen Rechtsgeschäftslehre im Kapitalmarktrecht, wonach **bei einem Bookbuilding-Verfahren die Zeichnung des Anlegers** nicht etwa eine Annahmeerklärung eines ihm zuvor unterbreiteten Angebots darstellt, sondern ein **Angebot zum Abschluss eines Kaufvertrages** – basierend auf einer invitatio ad offerendum des bzw. der Anbieter –, das im Rahmen der Zuteilung konkludent angenommen wird.[289]

b) Weitere Voraussetzungen in inhaltlicher und zeitlicher Hinsicht

140 Nach dem Wortlaut der Norm ist weitere Voraussetzung des Widerrufsrechts (neben dem Erfordernis, dass der neue Umstand, die Unrichtigkeit oder die Ungenauigkeit gemäß Art. 23 Abs. 1 vor dem Auslaufen der Angebotsfrist oder – falls früher – der Lieferung der Wertpapiere eingetreten sein muss, → Rn. 158 ff.), dass die Zusage des Anlegers hinsichtlich Erwerb oder Zeichnung der Wertpapiere **vor Veröffentlichung des Nachtrags** erfolgte. Dem liegt offensichtlich – ohne dass dies im Wortlaut explizit zum Ausdruck gekommen wäre – der Gedanke zugrunde, dass der Anleger in Unkenntnis eines bestimmten, neuen Umstandes eine Willenserklärung abgegeben hat, an der er auch unter Berücksichtigung der berechtigten Interessen des Anbieters nicht mehr festgehalten werden soll.

141 Wegen dieser der Norm zugrunde liegenden Ratio sind aber sowohl in inhaltlicher als auch in zeitlicher Hinsicht Fragen zur Auslegung des Art. 23 Abs. 2 UAbs. 1 Satz 1 zu stellen:

aa) Teleologische Reduktion in inhaltlicher Hinsicht

142 Die Regierungsbegründung zum Wertpapierprospektgesetz unter dem alten Recht führte zur gleichen Frage aus, dass das Widerrufsrecht in den Fällen, in denen ein Nachtrag ausschließlich wegen des Eintritts eines wichtigen neuen Umstands im Sinne des § 16 Abs. 1 Satz 1 WpPG a.F. (mittlerweile Art. 23 Abs. 1 UAbs. 1) besteht (sprachlich besser wohl: erstellt und veröffentlicht wurde), nur dann eingreift, wenn die Willenserklärung nach dem Eintritt des nachtragspflichtigen Umstands abgegeben worden sei.[290] Umgekehrt bedeutet das, dass dem Anleger das Widerrufsrecht nicht zur Verfügung stehen soll, wenn er seine **Willenserklärung abgegeben hat, bevor der neue Umstand eingetreten ist**. Damit wird also, wenn man so will, das **Risiko des nachträglichen Prospektfehlers dem Anleger zugewiesen**.[291] Nicht tangiert würde das Widerrufsrecht bei einer Auslegung ge-

---

289 Siehe z.B. *Groß*, Bookbuilding, ZHR 162 (1998), 318, 323 ff.; *Groß*, in: Bosch/Groß, Emissionsgeschäft, Rn. 10/266 (= BuB Rn. 10/266); *Hein*, WM 1996, 1, 4; *Meyer*, in: Marsch-Barner/Schäfer, Handbuch börsennotierte AG, § 8 Rn. 31; *Parmentier*, NZG 2007, 407, 411; *Kümpel*, in: Kümpel/Hammen/Ekkenga, Kapitalmarktrecht, Kennz. 240 unter I.; *Willamowski*, WM 2001, 653, 655; ebenso bereits *Canaris*, in: HGB (Großkommentar), 3. Band, 3. Teil, Bankvertragsrecht, 2. Bearbeitung 1981, Rn. 2268.
290 RegBegr. EU-ProspRL-UmsetzungsG, BT-Drucks. 15/4999, S. 25, 36 f.
291 So *Hamann*, in: Schäfer/Hamann, Kapitalmarktgesetze, § 16 WpPG Rn. 19.

mäß der Regierungsbegründung, falls der Nachtrag zumindest auch Berichtigungen bereits ursprünglich unrichtiger Aussagen enthält.[292]

Begründet wurde diese Auslegung in der Regierungsbegründung damit, dass die neuen Umstände im Prospekt noch nicht genannt werden konnten, sodass der **Prospekt bis zum Zeitpunkt des Eintritts dieses Umstands richtig** und die diesbezüglich abgegebene Willenserklärung des Anlegers auf der Basis aller zu diesem Zeitpunkt bestehender Informationen erfolgt ist, mithin fehlerfrei und **nicht mit Willensmängeln oder Ähnlichem behaftet** war.[293] Rechtstechnisch wird man diese Auslegung der Regierungsbegründung, da sie nicht unmittelbar aus dem Wortlaut der Norm ableitbar ist, als **teleologische Reduktion** verstehen müssen, d. h. als Einschränkung entgegen dem Wortsinn der Regelung, die aufgrund der immanenten Teleologie der Norm vorzunehmen ist, um die zu weit gefasste Regel auf den ihr nach dem Regelungszweck oder Sinnzusammenhang der Norm zukommenden Anwendungsbereich zurückzuführen.[294]

143

In der **Literatur** zum alten Recht ist diese Auslegung zum Teil begrüßt worden,[295] zum Teil unkommentiert wiedergegeben worden[296] und zum Teil kritisiert worden.[297] Die **Kritik** stützt sich erstens formal darauf, dass diese Auslegung dem Wortlaut des § 16 Abs. 3 WpPG a. F. (mittlerweile Art. 23 Abs. 2) nicht zu entnehmen sei, was allerdings der teleologischen Reduktion immanent ist. Zweitens könne es für den Anleger keinen Unterschied machen, ob er seine Erklärung vor oder nach dem Eintritt des betreffenden Umstands abgegeben habe, solange er keine Kenntnis von dem Umstand gehabt habe; insofern müsse ihm das Widerrufsrecht auch in diesen Fällen zustehen.[298] Auch wenn die Argumente der ablehnenden Auffassung nachvollziehbar sind, ist **im Ergebnis der von der Regierungsbegründung propagierten Auffassung** aus nachstehenden Gründen auch unter der neuen Rechtslage **zu folgen**:

144

– Zwar mag es für den Anleger aus seiner Sicht keine Rolle spielen, ob er die Erklärung vor oder nach Eintritt des betreffenden neuen Umstands abgegeben hat. Aus Sicht der **Interessenslage des Anbieters** ist dies aber sehr wohl entscheidend, da die Willenserklärung des Anlegers, wie oben beschrieben, zum Zeitpunkt der Abgabe der Willenserklärung nicht mit Willensmängeln oder Ähnlichem behaftet war und der Anbieter ihm auch keine anderen Informationen zur Verfügung stellen konnte, weil der Prospekt zu

---

292 So auch *Chr. Becker*, in: Heidel, Aktienrecht und Kapitalmarktrecht, 5. Aufl. 2019, § 16 WpPG Rn. 21; *Seitz*, in: Assmann/Schlitt/von Kopp-Colomb, Prospektrecht Kommentar, Art. 23 ProspektVO Rn. 106.
293 Ähnlich *Lenz/Heine*, AG 2019, 451, 458: Nachtragspflichtiger Umstand könne für die Abgabe der Willenserklärung des Anlegers dann „nicht kausal" gewesen sein.
294 Vgl. zur teleologischen Reduktion auf Basis des generellen Konzepts der Ausfüllung „verdeckter" Lücken ausführlich *Larenz/Canaris*, Methodenlehre der Rechtswissenschaften, 3. Aufl. 1995, S. 210 ff. m. w. N., insbesondere auch in Abgrenzung zur einschränkenden Auslegung. *Groß*, Kapitalmarktrecht, 4. Aufl. 2009, § 16 WpPG Rn. 15, spricht etwas offener von „restriktiver Interpretation".
295 *Groß*, Kapitalmarktrecht, 4. Aufl. 2009, § 16 WpPG Rn. 15; *Lenz/Heine*, AG 2019, 451, 458; *Chr. Becker*, in: Heidel, Aktienrecht und Kapitalmarktrecht, 5. Aufl. 2019, § 16 WpPG Rn. 21; *Friedl/Ritz*, in: Just/Voß/Ritz/Zeising, WpPG, 1. Aufl. 2009, § 16 Rn. 159.
296 *Schlitt/Singhof/Schäfer*, BKR 2005, 251, 256 in Fn. 75; *Seitz*, in: Assmann/Schlitt/von Kopp-Colomb, WpPG/VerkProspG, 2. Aufl. 2010, § 16 Rn. 110.
297 *Rauch*, in: Holzborn, WpPG, § 16 Rn. 32.
298 *Rauch*, in: Holzborn, WpPG, § 16 Rn. 32.

dieser Zeit richtig und vollständig war. Wie in der Regierungsbegründung zu § 14 WpPG a. F. niedergelegt, dient das Prospektrecht auch dem Ausgleich der Interessen des Publikums bzw. der Anleger mit denen des Anbieters bzw. der Anbieter.[299] Insofern ist es von der **Risikoverteilung** her durchaus **angemessen**, dem Anleger in diesen Fällen kein Widerrufsrecht nach Art. 23 Abs. 2 einzuräumen. Auch nach allgemeinem Zivilrecht ändern nachträglich eintretende Umstände grundsätzlich an der Wirksamkeit der abgegebenen Willenserklärung nichts.[300] Betrachtet man also Art. 23 Abs. 2 UAbs. 1 Satz 1 auch als gesetzlich niedergelegten Fall der **allgemeinen Rechtsgeschäftslehre**, folgt daraus auch unter der ProspektVO die Vertretbarkeit der von der Regierungsbegründung zum alten Recht dargelegten inhaltlichen Anforderungen an das Widerrufsrecht der Anleger.

145 Unter dem Gesichtspunkt der historischen Auslegung ist indes zu bedenken, dass im Rahmen der Einführung der ProspektVO gerade keine Klarstellung im Normtext dahingehend vorgenommen wurde, dass der neue Umstand auch vor Abgabe der Willenserklärung eingetreten sein muss. Dabei würde man annehmen, dass eine derartige Klarstellung möglich gewesen wäre. Soweit ersichtlich, findet sich in den Materialien zur ProspektVO keine Auseinandersetzung mit dieser Frage, sodass fraglich erscheint, ob die teleologische Reduktion noch dem Sinn und Zweck der ProspektVO entspricht.[301] In Erwägungsgrund 66 Satz 4 findet sich zwar die Aussage, „Das Widerrufsrecht sollte [...] an die zeitliche Einordnung des wichtigen neuen Umstands, der wesentlichen Unrichtigkeit oder der wesentlichen Ungenauigkeit gekoppelt sein, [...] und sollte gelten, wenn dieses auslösende Ereignis eintritt". Allein daraus wird man aber noch nicht zwingend schließen können, dass der Verordnungsgeber das Widerrufsrecht mit der hier vertretenen Auffassung nur den Anlegern zugestehen wollte, die ihre Willenserklärung erst nach dem Zeitpunkt des Eintritts des nachtragspflichtigen Umstands abgegeben hatten.[302] An der Interessenlage von Anbieter und Anleger hat sich aber durch die Neuregelung in der ProspektVO nichts geändert. Für einen Anleger, der seine Willenserklärung in Kenntnis aller Umstände abgegeben hat, käme die Einräumung eines Widerrufsrechts aufgrund eines nachträglich eingetretenen Umstandes einem unerwarteten (und im Ergebnis unverdienten) Glücksfall gleich. Letztlich darf die Bedeutung dieser Frage in der Praxis aber (außerhalb der unter Rn. 158 ff. erläuterten Fälle des Widerrufs nach Lieferung der Wertpapiere) auch nicht überschätzt werden, da nach herrschender Meinung der Anleger abweichend von § 145 BGB im Bookbuilding-Verfahren bis zur Zuteilung der Wertpapiere im Angebot nicht ge-

---

299 RegBegr. EU-ProspRL-UmsetzungsG, BT-Drucks. 15/4999, S. 25, 35. Explizit zu § 16 Abs. 3 WpPG a. F. auch die Stellungnahme des Bundesrates vom 18.3.2005 zum Regierungsentwurf, BR-Drucks. 85/05, S. 7 (= Unterrichtung durch die Bundesregierung vom 7.4.2005, BT-Drucks. 15/5219, S. 3) („Widerrufsrechte können Unsicherheit auf Seiten der Emittenten hervorrufen. Daher ist ein angemessener Ausgleich zwischen den Interessen der Emittenten und dem Anlegerschutz anzustreben."). Siehe auch *Seitz*, in: Assmann/Schlitt/von Kopp-Colomb, Prospektrecht Kommentar, Art. 23 ProspektVO Rn. 10.
300 Das zeigt sich etwa an der Ausnahmestellung des § 313 BGB.
301 Im Gegenteil findet sich im Kommissionsentwurf KOM (2009) 491 zur Änderung der Prospektrichtlinie vom 23.9.2009 unter Punkt 5.3.10 der Begründung die Aussage, dass Anlegern „immer dann" das Recht zustehen soll, frühere Zusagen zurückzunehmen, wenn im Laufe eines Angebots ein Prospektnachtrag veröffentlicht wird. Auch im Erwägungsgrund 23 der ÄnderungsRL 2010/73/EU findet sich keine weitergehende Differenzierung.
302 So aber *Lenz/Heine*, AG 2019, 451, 458.

bunden ist und seine Willenserklärung ohnehin frei widerrufen kann, → Rn. 150. Die BaFin schien (bereits unter alter Rechtslage) das Widerrufsrecht im Falle der Entstehung des neuen Umstands jedenfalls nicht zu hinterfragen.[303]

bb) Teleologische Reduktion in zeitlicher Hinsicht

In zeitlicher Hinsicht stellt sich nach Sinn und Zweck der Vorschrift des Weiteren die Frage, ob einem Anleger, der die Willenserklärung zum Erwerb bzw. zur Zeichnung der Wertpapiere **zwar vor Veröffentlichung des Nachtrags, aber nach Veröffentlichung einer Ad-hoc-Mitteilung**,[304] in der die nachtragspflichtigen Umstände dargelegt werden, abgegeben hat, das Widerrufsrecht nach Art. 23 Abs. 2 zustehen soll. 146

Auch hier ist es richtig, von einer **teleologischen Reduktion** der Vorschrift auszugehen und in einem solchen Fall ein Widerrufsrecht zu verneinen. Zwar ergibt sich das auch hier nicht unmittelbar aus dem Wortlaut des Art. 23 Abs. 2.[305] Aber aus Erwägungsgrund 65 der ProspektVO ist bereits ersichtlich,[306] dass es Ziel des Art. 23 und der ProspektVO im Allgemeinen ist, dass dem Anleger alle wesentlichen relevanten Informationen für seine Anlageentscheidung zur Verfügung stehen sollen. Dieser Information des Publikums über wichtige neue Umstände dient bei börsennotierten Unternehmen bzw. solchen, die einen Antrag auf Zulassung von Wertpapieren gestellt haben (vgl. Art. 17 Abs. 1 UAbs. 3 der Marktmissbrauchsverordnung[307]), aber gerade die Veröffentlichung von Ad-hoc-Mitteilungen nach Art. 17 der Marktmissbrauchsverordnung. Auch wenn es für den konkreten Inhalt des Prospekts auf den Prospekt einschließlich des Nachtrags ankommt, hat also die **Ad-hoc-Mitteilung** insofern **Komplementärfunktion**, als der Emittent/Anbieter das Publikum über diesen neuen Umstand per Ad-hoc-Mitteilung informieren darf bzw. muss. Es wäre unbillig, wenn der Anleger eine solche Ad-hoc-Mitteilung, die sich auch jeder andere Anleger nach der Marktmissbrauchsverordnung entgegenhalten lassen muss, im Rahmen der ProspektVO ignorieren dürfte.[308] Um hier auch die **Einheit der Rechtsordnung** zu wahren, ist einem Anleger, der seine Willenserklärung zum Erwerb bzw. zur Zeichnung der Wertpapiere erst nach der Veröffentlichung der nachtragsbegründenden 147

---

303 Vgl. BaFin-Präsentation „Die wesentlichen Änderungen des Prospektrechts zum 1.7.2012 – BaFin-Workshop" vom 4./5.6.2012, S. 17.
304 Zum Verhältnis zwischen Nachtragspflicht und Ad-hoc-Publizität siehe unten → Rn. 181 ff.
305 Für diese teleologische Reduktion auch *Lenz/Heine*, AG 2019, 451, 458; *Rauch*, in: Holzborn, WpPG, § 16 Rn. 33; im Ergebnis ebenso *Hamann*, in: Schäfer/Hamann, Kapitalmarktgesetze, § 16 WpPG Rn. 20; *Lenz*, in: Just/Voß/Ritz/Zeising, Wertpapierprospektrecht, 2. Aufl. 2023, Art. 23 ProspektVO Rn. 161 f.; *Schlitt/Schäfer*, AG 2005, 498, 507; *Müller/Oulds*, WM 2007, 573, 577; *Schanz/Schalast*, HfB – Working Paper Series No. 74, 2005, S. 42.
306 Erwägungsgrund 65 hebt nämlich als Grund für die Anordnung der Nachtragspflicht hervor, dass „jeder wichtige neue Umstand, […] [der] die Bewertung der Anlage beeinflussen könnte […], von den Anlegern angemessen bewertet werden können [sollte] […]".
307 Verordnung (EU) Nr. 596/2014 des Europäischen Parlaments und des Rates vom 16.4.2014 über Marktmissbrauch (Marktmissbrauchsverordnung) und zur Aufhebung der Richtlinie 2003/6/EG des Europäischen Parlaments und des Rates und der Richtlinien 2003/124/EG, 2003/125/EG und 2004/72/EG der Kommission, ABl. L 173, S. 1 vom 12.6.2014.
308 Anderer Begründungsansatz bei *Lenz/Heine*, AG 2019, 451, 458, die darauf abstellen, dass es bei Kenntnis des Anlegers von dem nachtragsrelevanten Umstand durch die Ad-hoc-Mitteilung an einem Kausalzusammenhang zwischen diesem Umstand und der Willenserklärung des Anlegers fehle.

neuen Umstände abgegeben hat, kein Widerrufsrecht nach Art. 23 Abs. 2 zu geben. Dies gilt – anders als bei der zuvor unter aa) genannten Ausnahme – auch für die Offenlegung von bereits ursprünglich bestehenden **Unrichtigkeiten** durch den Emittenten (soweit dafür eine Ad-hoc-Mitteilung nach Art. 17 der Marktmissbrauchsverordnung möglich ist).

148 Dabei kommt es **nicht auf die individuelle Kenntnis des Anlegers zum Zeitpunkt seiner Willenserklärung an**.[309] Denn die Ad-hoc-Mitteilung stellt eine sog. Bereichsöffentlichkeit her, d.h. es ist mit Veröffentlichung der Ad-hoc-Mitteilung davon auszugehen, dass der Markt und die Marktteilnehmer Kenntnis haben; die Marktteilnehmer haben insofern die Verpflichtung bzw. Obliegenheit, sich über Ad-hoc-Mitteilungen selbst zu informieren.[310] Aufgrund dieser konzeptionellen Wirkung der Ad-hoc-Mitteilung ist es auch für die Frage des Widerrufsrechts irrelevant, ob der Anleger tatsächlich vor Abgabe der Willenserklärung Kenntnis genommen hat. Eine parallele Regelung enthält § 12 Abs. 2 Nr. 4 WpPG für die Frage der Prospekthaftung, die ausscheidet, wenn vor dem Abschluss des Erwerbsgeschäftes im Rahmen einer Ad-hoc-Mitteilung eine deutlich gestaltete Berichtigung der unrichtigen oder unvollständigen Angaben veröffentlicht wurde (dass es auch dabei nicht auf Kenntnisnahme ankommt, zeigt die Abgrenzung von § 12 Abs. 2 Nr. 4 WpPG zu § 12 Abs. 2 Nr. 3 WpPG).

149 Technisch handelt es sich wiederum um eine **teleologische Reduktion** von Art. 23 Abs. 2. Zwar liegt dem auch, soweit der Anleger zum Zeitpunkt der Erwerbs- bzw. Zeichnungserklärung tatsächlich Kenntnis hatte, der Grundgedanke eines widersprüchlichen Verhaltens zugrunde, aber es geht – anders als in der Literatur teilweise vertreten[311] – nicht um eine Fallgruppe von § 242 BGB (abgesehen davon, dass es **kein „venire contra factum proprium"** ist, denn das „factum" (Erwerbs- bzw. Zeichnungserklärung) mit anschließendem „venire" (Absicht zum Widerruf) liegt allen Situationen des Art. 23 Abs. 2 zugrunde; den Unterschied macht hier die Kenntnis des Anlegers bzw. die vorzeitige Veröffentlichung der Ad-hoc-Mitteilung), sondern um eine Frage von an Sinn und Zweck der Vorschrift und billigem Interessenausgleich zwischen Anleger und Anbieter orientierter Auslegung.

150 Im Übrigen dürfte die **praktische Bedeutung beider vorgenannter teleologischer Reduktionen** nicht so groß sein, wie man vermuten möchte, da erstens rechtlich regelmäßig davon ausgegangen wird, dass der Anleger abweichend von § 145 BGB im Bookbuilding-Verfahren bis zur Zuteilung der Wertpapiere im Angebot nicht gebunden ist und seine

---

309 So auch explizit *Lenz/Heine*, AG 2019, 451, 458; *Lenz*, in: Just/Voß/Ritz/Zeising, Wertpapierprospektrecht, 2. Aufl. 2023, Art. 23 ProspektVO Rn. 162. Anders *Rauch*, in: Holzborn, WpPG, § 16 Rn. 33 und *Seitz*, in: Assmann/Schlitt/von Kopp-Colomb, Prospektrecht Kommentar, Art. 23 ProspektVO Rn. 107.
310 *Assmann*, in: Assmann/Schneider, WpHG, § 13 Rn. 34ff.; *Lenenbach*, Kapitalmarkt- und Börsenrecht, Rn. 10.33; *Schäfer*, in: Schäfer/Hamann, Kapitalmarktgesetze, § 13 WpHG Rn. 33; Emittentenleitfaden der BaFin, 4. Aufl., Stand 15.7.2005, Kapitel III.2.1.2 „Nicht öffentlich bekannt", S. 34.
311 *Schlitt/Schäfer*, AG 2005, 498, 507; *Seitz*, in: Assmann/Schlitt/von Kopp-Colomb, Prospektrecht Kommentar, Art. 23 ProspektVO Rn. 107; *Hamann*, in: Schäfer/Hamann, Kapitalmarktgesetze, § 16 WpPG Rn. 20; *Schlitt/Singhof/Schäfer*, BKR 2005, 251, 257; *Müller/Oulds*, WM 2007, 573, 577; *Müller*, WpPG, § 16 Rn. 5; *Schlitt*, in: Habersack/Mülbert/Schlitt, Kapitalmarktinformation, § 5 Rn. 30. Auch *Rauch*, in: Holzborn, WpPG, § 16 Rn. 33, zitiert das „venire contra factum proprium", was rechtstechnisch nicht ganz zu der von ihm sonst vertretenen teleologischen Reduktion passt.

Willenserklärung frei widerrufen kann,[312] und zweitens – unabhängig von rechtlichen Erwägungen – in der Praxis wohl kaum Anbieter denkbar sind, die in diesen Konstellationen Anleger an ihren Erklärungen festhalten wollen würden.

cc) Keine Begrenzung auf Umstände mit negativem Kursbeeinflussungspotenzial

Dagegen ist es de lege lata keine materielle Voraussetzung des Widerrufs, dass die mittels des Nachtrags veröffentlichten Informationen sich ausschließlich negativ auf die Beurteilung der Wertpapiere auswirken können. D. h. das Widerrufsrecht ist nicht nur dann zuzugestehen, wenn der Anleger geltend machen kann, dass die neuen Umstände den Kurs (nur) negativ beeinflussen könnten und er daher nicht an seiner Willenserklärung festgehalten werden möchte. Denn der Anleger soll sich anhand aller wichtigen Umstände ein eigenes Gesamtbild über seine Investitionsentscheidung machen können, sodass ihm auch nach Billigung des Prospekts weiterhin alle wichtigen Umstände bekannt gemacht werden sollen. Konsequenz daraus ist, dass es sich wegen des daran anknüpfenden Widerrufsrechts in der Tat um eine (vorbehaltlich der unter → Rn. 142 ff. und 146 ff. zuvor beschriebenen teleologischen Reduktionen in inhaltlicher und zeitlicher Hinsicht) inhaltlich „unbeschränkte Put Option" handelt.[313]

151

Dass der Anleger damit **auch bei einer positiven emittentenbezogenen Nachricht**, die im Wege des Nachtrags veröffentlicht wurde, von seinem Widerrufsrecht Gebrauch machen kann, ist zum Teil in der Literatur[314] kritisiert worden, aber auf Basis des geltenden Rechts unabänderlich. So hatte die ESME in ihrem Bericht vom September 2007 auf diesen Punkt hingewiesen und ihn als einen im Rahmen des Überarbeitungsprozesses der EU-ProspektRL durch die ÄnderungsRL 2010/73/EU dringend zu ändernden Aspekt be-

152

---

312 *Hein*, WM 1996, 1, 4; *Groß*, in: Bosch/Groß, Emissionsgeschäft (BuB), Rn. 10/266 ff.; *Groß*, Bookbuilding, ZHR 162 (1998), 318, 329; *Hamann*, in: Schäfer/Hamann, Kapitalmarktgesetze, § 16 WpPG Rn. 16; *Schlitt/Singhof/Schäfer*, BKR 2005, 251, 256; *Lenenbach*, Kapitalmarkt- und Börsenrecht, Rn. 4.46 ff.; *Hein*, WM 1996, 1, 4; *Apfelbacher/Metzner*, BKR 2006, 81, 86 Fn. 62 (allerdings beschränkt „je nach Ausgestaltung der Angebotsbedingungen").

313 So die Formulierung bei *Kullmann/Metzger*, WM 2008, 1292, 1297 im Anschluss an den ESME-Report vom September 2007. Wie hier auch *Lenz/Heine*, AG 2019, 451, 458; *Hamann*, in: Schäfer/Hamann, Kapitalmarktgesetze, § 16 WpPG Rn. 20; *Apfelbacher/Metzner*, BKR 2006, 81, 86; *Maas/Voß*, BB 2008, 2302, 2303; *Seitz*, in: Assmann/Schlitt/von Kopp-Colomb, Prospektrecht Kommentar, Art. 23 ProspektVO Rn. 106; *Elsen/Jäger*, BKR 2009, 190, 191 (Letztere zu § 11 VerkProspG); *Lenz*, in: Just/Voß/Ritz/Zeising, Wertpapierprospektrecht, 2. Aufl. 2023, Art. 23 ProspektVO Rn. 164; andere Ansicht *Müller*, WpPG, § 16 Rn. 9, der auch auf Basis des geltenden Rechts eine weitere Einschränkung des Widerrufsrechts des Anlegers darin sieht, dass sich die in Form des Nachtrags veröffentlichten Umstände negativ auf die getroffene Anlageentscheidung auswirken. Dagegen verneint *Heidelbach*, in: Schwark/Zimmer, KMRK, § 16 WpPG Rn. 45, bereits das Bestehen einer Nachtragspflicht, siehe oben → Rn. 62.

314 *Kullmann/Metzger*, WM 2008, 1292, 1297 („Das Widerrufsrecht stört daher in seiner derzeitigen Ausgestaltung das Interessengleichgewicht zwischen den Anlegern und dem Emittenten."); *Seitz*, in: Assmann/Schlitt/von Kopp-Colomb, WpPG/VerkProspG, 2. Aufl. 2010, § 16 Rn. 40. Ausführlich dazu und zu den Lösungsmöglichkeiten *Wiegel*, Die Prospektrichtlinie und Prospektverordnung, S. 373 ff.

zeichnet.[315] Auch der Berichterstatter des EU-Parlaments für die Überarbeitung der EU-ProspektRL hatte diesen Punkt aufgegriffen;[316] er wurde aber im weiteren Rechtssetzungsverfahren, insbesondere im Vorschlag des EU-Parlaments vom März 2010 und im endgültig beschlossenen Text der überarbeiteten EU-ProspektRL, nicht weiter verfolgt. Im Final Report zu den technischen Regulierungsstandards für die Veröffentlichung eines Prospektnachtrags[317] unterstreicht die ESMA sogar explizit, dass Anlegern das Widerrufsrecht unabhängig davon zusteht, ob es sich um einen negativen, positiven oder neutralen Aspekt handelt.[318] Sowohl in der ProspektVO als auch in der VO (EU) 2019/979 ist dies nun aber nicht mehr aufgegriffen worden und die relevanten Vorschriften differenzieren weiterhin nicht danach, ob eine emittentenbezogene Nachricht einen positiven oder negativen Effekt hat. Im Übrigen scheint es auch kaum möglich, rechtssicher festzulegen, was eine positive und was eine negative emittentenbezogene Nachricht ist.[319]

dd) Begrenzung bei Emission unter Basisprospekten

153 Art. 23 Abs. 4 enthält für Nachträge in Bezug auf Angaben im Basisprospekt gemäß Art. 8 Abs. 10 eine neue Einschränkung. Ein Basisprospekt wird von Dauermittenten von Nichtdividendenwerten regelmäßig für mehrere Emissionen verwendet. Bei uneingeschränkter Anwendung des Art. 23 Abs. 2 würde dann ein Widerrufsrecht der Anleger für alle Emissionen entstehen, für die der Emittent den Basisprospekt verwendet hat (sofern die weiteren Voraussetzungen vorliegen, zu den zeitlichen Einschränkungen → Rn. 158 ff.). Wie bei den bisherigen Einschränkungen ist das nicht gerechtfertigt, wenn sich die Angabe im Basisprospekt, die Gegenstand der Nachtragung ist, gar nicht auf eine bestimmte Emission bezieht. Denn die diesbezüglich abgegebene Willenserklärung des Anlegers im Rahmen einer solchen Emission war dann fehlerfrei und gerade **nicht mit Willensmängeln oder Ähnlichem behaftet**. Dieses Problem hat der europäischen Normgeber nun adressiert. Erstellt der Emittent einen Nachtrag für Angaben im Basisprospekt, die sich nur auf eine oder mehrere Einzelemissionen beziehen, so gilt das Widerrufsrecht daher nach der ausdrücklichen Anordnung des Art. 23 Abs. 4 nur für die betreffenden Emissionen. Diese Einschränkung ist sachgerecht und daher zu begrüßen.[320]

---

315 European Securities Markets Expert Group (ESME), Report on Directive 2003/71/EC of the European Parliament and the Council on the prospectus to be published when securities are offered to the public or admitted to trading; *Kullmann/Metzger*, WM 2008, 1292, 1297.
316 Im Draft Report des Berichterstatters vom 11.1.2010 war der Vorschlag enthalten (vgl. Document 2009/0132(COD), S. 28), das Widerrufsrecht nur bei Vorliegen von „adverse developments" eingreifen zu lassen. Siehe dazu auch *Elsen/Jäger*, BKR 2010, 97, 100.
317 Delegierte Verordnung (EU) Nr. 382/2014 vom 7.3.2014 zur Ergänzung der Richtlinie 2003/71/EG des Europäischen Parlaments und des Rates im Hinblick auf technische Regulierungsstandards für die Veröffentlichung eines Prospektnachtrags.
318 S. 8 und 9 des Final Report 2013/1970 zu den Draft Regulatory Standards on specific situations that require the publication of a supplement to the prospectus vom 17.12.2013, abrufbar unter https://www.esma.europa.eu/sites/default/files/library/2015/11/2013-1970_report_on_draft_rts_for_supplements_to_prospectuses.pdf (zuletzt abgerufen am 13.10.2022).
319 So auch die ESMA, S. 9 des Final Report 2013/1970 zu den Draft Regulatory Standards on specific situations that require the publication of a supplement to the prospectus vom 17.12.2013, abrufbar unter https://www.esma.europa.eu/sites/default/files/library/2015/11/2013-1970_report_on_draft_rts_for_supplements_to_prospectuses.pdf (zuletzt abgerufen am 13.10.2022), sowie *Lenz/Heine*, AG 2019, 451, 458.
320 So auch *Lenz/Heine*, AG 2019, 451, 459.

VI. Widerrufsrecht der Anleger (Art. 23 Abs. 2) **Art. 23 ProspektVO**

3. Widerrufsfrist von zwei Arbeitstagen

Widerrufsberechtigte Anleger können ihre Zusagen innerhalb von zwei Arbeitstagen nach Veröffentlichung des Nachtrags zurückzuziehen, vorausgesetzt, dass der wichtige neue Umstand, die wesentliche Unrichtigkeit oder die wesentliche Ungenauigkeit gemäß Art. 23 Abs. 1 vor dem Auslaufen der Angebotsfrist oder – falls früher – der Lieferung der Wertpapiere eingetreten ist oder festgestellt wurde (vgl. zum Zeitpunkt des Eintritts 4. unten).

154

Die EU-ProspektRL sah bis zur ÄnderungsRL 2010/73/EU in Art. 16 Abs. 2 eine Frist von „mindestens zwei Arbeitstagen" vor. Der deutsche Gesetzgeber hatte sich – wie die meisten, aber anders als einige andere europäische Gesetzgeber[321] – dazu entschieden, die kürzest mögliche Frist von zwei Werktagen[322] in § 16 Abs. 3 Satz 1 WpPG a.F. gesetzlich festzulegen. Wegen der unterschiedlichen Fristen in den einzelnen Ländern konnte es aber bei grenzüberschreitenden Angeboten dazu kommen, dass das Widerrufsrecht in einzelnen Ländern unterschiedlich lang lief.[323] Um diesen Missstand zu beheben, war im Rahmen der **Überarbeitung der EU-ProspektRL** einhellig in allen (fortgeschrittenen) Vorschlägen der EU-Kommission, der EU-Ratspräsidentschaft und des EU-Parlaments vorgesehen,[324] dass (i) die **Frist europaweit auf zwei Arbeitstage harmonisiert würde** und (ii) gleichzeitig dem Emittenten/Anbieter/Zulassungsantragsteller die **Möglichkeit** gegeben würde, diese **Frist einseitig**, aber dann eben auch einheitlich für alle Länder, in denen das Angebot gemacht wird, **zu verlängern**. Dies wurde schließlich im endgültigen Text der überarbeiteten EU-ProspektRL (ÄnderungsRL) auch so beschlossen.[325] Der **Anpassungsbedarf im deutschen Recht** beschränkte sich bei der Umsetzung der Änderungen der EU-ProspektRL an diesem Punkt daher auf die Möglichkeit der freiwilligen Verlängerung der Frist, umgesetzt in § 16 Abs. 3 Satz 2 WpPG a.F. In der ProspektVO selbst wurde nun die europaweite harmonisierte Frist von zwei Arbeitstagen ebenso übernommen wie die einseitige Möglichkeit des Emittenten oder Anbieters, die Frist zu verlängern.

155

---

321 Zypern, Griechenland, Rumänien hatten drei Arbeitstage, Litauen und Schweden fünf Arbeitstage und Ungarn 15 Arbeitstage, vgl. Annex V des Impact Assessment der EU-Kommission vom 23.9.2009, S. 66.
322 Zum Unterschied zwischen Arbeitstagen und Werktagen, siehe bereits oben → Rn. 15.
323 Vgl. Summary of Impact Assessment als Commission Staff Working Document vom 23.9.2009 (Document 13688/09), S. 3 unter Ziff. 1.1.3. und S. 7 unter Ziff. 5, veröffentlicht im Zusammenhang mit dem Kommissionsentwurf vom gleichen Tage. Ebenso Impact Assessment selbst, S. 11 unter Ziff. 3.1.3., sowie Begründung des EU-Kommissionsvorschlags (S. 10 des Document KOM (2009) 491 unter Ziff. 5.3.10.).
324 Kommissionsentwurf KOM (2009) 491 zur Änderung der Prospektrichtlinie vom 23.9.2009; Council of the European Union Document 17451/09 (vom 11.12.2009); Draft Report des Berichterstatters Wolf Klinz vom 11.1.2010 zu Document 2009/0132(COD); Session document of the European Parliament A7-002/2010 vom 26.3.2010. Siehe dazu auch *Elsen/Jäger*, BKR 2010, 97, 100.
325 Richtlinie 2010/73/EU des Europäischen Parlaments und des Rates vom 24.11.2010 zur Änderung der Richtlinie 2003/71/EG betreffend den Prospekt, der beim öffentlichen Angebot von Wertpapieren oder bei deren Zulassung zum Handel zu veröffentlichen ist, und der Richtlinie 2004/109/EG zur Harmonisierung der Transparenzanforderungen in Bezug auf Informationen über Emittenten, deren Wertpapiere zum Handel auf einen geregelten Markt zugelassen sind, ABl. L 327, S. 1 vom 11.12.2010.

156 Die Möglichkeit, die **Frist zu verlängern**, soll Emittenten aus Ländern mit einem traditionell längeren Zeitraum Flexibilität ermöglichen.[326] Vom deutschen Gesetzgeber wurden bei der Umsetzung der ProspektRL in folgerichtiger Anknüpfung an § 16 Abs. 1 Satz 2 WpPG a. F., der die Adressaten der Nachtragspflicht festlegt (→Rn. 100), auch in § 16 Abs. 3 Satz 2 WpPG a. F. „**Emittenten, Anbieter oder Zulassungsantragsteller**" erfasst. Auf europäischer Ebene werden in Art. 23 Abs. 2 UAbs. 1 Satz 2 dagegen – wie schon im Rahmen der ProspektRL – nur **Emittent oder Anbieter** genannt, wobei unklar ist, warum der Zulassungsantragsteller auf europäischer Ebene ausgeklammert wurde. Aufgrund der Verlängerungsmöglichkeit muss der Nachtrag nunmehr auch die Widerrufsfrist angeben, Art. 23 Abs. 2 UAbs. 2 Satz 3 (→ Rn. 173 ff.).

157 Da es sich mit der Anknüpfung der Frist an die Veröffentlichung des Nachtrags um eine Ereignisfrist handelt, ist für den **Fristbeginn nach Art. 3 Abs. 1 UAbs. 2 der europäischen Fristenverordnung**[327] der Tag der Veröffentlichung nicht mitzuzählen. Das **Fristende** liegt **nach Art. 3 Abs. 2 lit. b** am Ende des übernächsten Arbeitstages. Wird also zum Beispiel ein Nachtrag am Dienstagnachmittag veröffentlicht, läuft die Widerrufsfrist mit Ablauf des Donnerstags ab. Die vorgenannten teleologischen Reduktionen (→ Rn. 142 ff. und Rn. 146 ff.) betreffen die materielle Widerspruchsberechtigung des Anlegers und ändern nichts an der Berechnung der Widerrufsfrist.

4. Zeitpunkt des Eintritts des neuen Umstandes oder der Unrichtigkeit

158 Das **Widerrufsrecht besteht nur, wenn der neue Umstand oder die Unrichtigkeit gemäß Art. 23 Abs. 1 UAbs. 1 vor dem Auslaufen der Angebotsfrist oder – falls früher – der Lieferung der Wertpapiere eingetreten ist oder festgestellt wurde**. Ein einmal entstandenes Widerrufsrecht **erlischt auch nicht mit Erfüllung durch Lieferung**. Entscheidend ist allein der Zeitpunkt des **Eintritts des nachtragspflichtigen Umstandes** (bzw. der Unrichtigkeit oder Ungenauigkeit). Es ist also möglich, eine auf den Erwerb oder die Zeichnung von Wertpapieren gerichtete Erklärung auch dann noch zu widerrufen, wenn die Wertpapiere bereits vor der Veröffentlichung des Nachtrags in das Depot des Anlegers eingebucht worden waren, solange nur der **nachtragspflichtige Umstand** (bzw. die Unrichtigkeit oder Ungenauigkeit) vor dem Auslaufen der Angebotsfrist oder – falls früher – der Lieferung der Wertpapiere eingetreten ist oder festgestellt wurde.[328] Allerdings muss überhaupt ein Nachtrag veröffentlicht worden sein, damit das Widerrufsrecht ausgelöst wird, sodass bei Ablauf der Nachtragspflicht nach Art. 23 Abs. 1 auch kein Widerrufsrecht mehr eintreten kann (→ Rn. 162).

159 Mit dem Bezug auf das „Auslaufen der Angebotsfrist" knüpft der Normgeber offenkundig an die Frist des Art. 23 Abs. 1 UAbs. 1 an. Dementsprechend ist sie auch wie dort zu verstehen (→ Rn. 86).

---

326 Kommissionsentwurf KOM (2009) 491 zur Änderung der Prospektrichtlinie vom 23.9.2009, S. 11.
327 Verordnung (EWG, Euratom) Nr. 1182/71 des Rates vom 3.6.1971 zur Festlegung der Regeln für die Fristen, Daten und Termine.
328 RegBegr. zur Umsetzung der Richtlinie 2010/73/EU, BT-Drucks. 17/8684, S. 20, wobei dort unglücklicherweise stattdessen in Anlehnung an den ehemaligen Gesetzeswortlaut an die „Erfüllung" angeknüpft wird. Wie hier auch *Groß*, Kapitalmarktrecht, Art. 23 ProspektVO Rn. 26 f.; *Rauch*, in: Holzborn, WpPG, § 16 Rn. 36; *Lawall/Maier*, DB 2012, 2503, 2505.

Anders als in Art. 23 Abs. 1 UAbs. 1 hat der Gesetzgeber in Art. 23 Abs. 2 UAbs. 1 Satz 1 **160** als weiteren Anknüpfungspunkt die „Lieferung der Wertpapiere" gewählt. Mit der Formulierung „**vor** dem Auslaufen der Angebotsfrist **oder – falls früher –** der Lieferung der Wertpapiere eingetreten ist oder festgestellt wurde" hat der Gesetzgeber klargestellt, dass es im Rahmen von Art. 23 Abs. 2 UAbs. 1 Satz 1 auf den **früheren** der beiden Zeitpunkte ankommt.[329] Hier ist dies also genau anders als im Rahmen von Art. 23 Abs. 1 UAbs. 1, bei dem es auf den **späteren** der dort genannten Zeitpunkte ankommt. § 16 Abs. 3 Satz 1 WpPG a.F. war im Hinblick auf den relevanten Zeitpunkt weniger eindeutig („*vor* dem endgültigen Schluss des öffentlichen Angebots *und vor* der Lieferung der Wertpapiere"). Auch unter der früheren Rechtslage sprachen aber die besseren Gründe dafür, dass beide Voraussetzungen – anders als nach der damaligen Auffassung der BaFin[330] und Stimmen in der Literatur[331] – kumulativ erfüllt sein müssen, sodass es auch unter dieser auf den früheren Zeitpunkt ankam.[332]

Für die Frage, wann eine **Unrichtigkeit eingetreten** ist, stellte die Regierungsbegründung **161** zu § 16 WpPG a.F. noch klar, dass es nicht darauf ankommt, wann die Unrichtigkeit bemerkt wird. Ist der Prospekt also von Anfang an unrichtig und wird die Unrichtigkeit bemerkt und durch einen Nachtrag korrigiert, so ist die Unrichtigkeit bereits mit Veröffentlichung des Prospekts eingetreten und nicht etwa erst zu dem Zeitpunkt, in dem die Unrichtigkeit bemerkt wurde.[333] Dies überzeugt auch unter neuer Rechtslage.

Durch das Zusammenspiel der Fristen bzw. festgelegten Zeitpunkte in Art. 23 Abs. 1 **162** und 2 müssen also für das Widerrufsrecht einige Voraussetzungen kumulativ erfüllt sein. Erstens muss überhaupt ein Nachtrag veröffentlicht worden sein, d.h., dass nach Art. 23 Abs. 1 UAbs. 1 der (nachtragsfähige und nachtragspflichtige) (→ Rn. 17 ff.) wichtige neue Umstand, die wesentliche Unrichtigkeit oder die wesentliche Ungenauigkeit vor dem endgültigen Schluss des öffentlichen Angebots oder, falls diese später erfolgt, der Einführung in den Handel an einem geregelten Markt **aufgetreten sein oder festgestellt werden** muss (→ Rn. 81 ff.). Der Umstand, die Unrichtigkeit oder die Ungenauigkeit muss zweitens nach Art. 23 Abs. 2 UAbs. 1 Satz 1 a.E. vor dem Auslaufen der Angebotsfrist oder – falls früher – der Lieferung der Wertpapiere **eingetreten sein oder festgestellt werden** (→ Rn. 160 zur Frage des Verhältnisses der beiden Zeitpunkte; → Rn. 161 zur Frage, wann eine Unrichtigkeit „eintritt"). Drittens muss nach Art. 23 Abs. 2 UAbs. 1 Satz 1 der jeweilige Anleger seine **Zusage** (bzw. Willenserklärung) (→ Rn. 139) zum Erwerb oder der Zeichnung der Wertpapiere **vor Veröffentlichung des Nachtrags** (der einen Prospekt für ein öffentliches Angebot von Wertpapieren betreffen muss) abgegeben haben, für die Fallgruppe des wichtigen neuen Umstandes mit der zusätzlichen Einschränkung, dass die Willenserklärung nach Eintritt dieses Umstandes abgegeben worden sein muss

---

329 So auch *Lenz/Heine*, AG 2019, 451, 457 f.
330 Der frühere Musternachtrag der BaFin enthielt etwa entgegen dem Wortlaut des § 16 Abs. 3 a.F. das Wort „oder", was auf diese Sichtweise schließen ließ.
331 In diese Richtung deutet *Groß*, Kapitalmarktrecht, Art. 23 ProspektVO Rn. 26: „Trat der nachtragspflichtige Umstand zwischen dem Schluss des öffentlichen Angebots und der Lieferung der Wertpapiere ein, kann widerrufen werden". Jedenfalls nach Eröffnung des Handels an einem geregelten Markt besteht in diesen Fällen aber schon gar keine Nachtragspflicht nach Art. 23 Abs. 1 mehr.
332 *Berrar*, in: Berrar/Meyer/Müller et al., WpPG/EU-ProspektVO, 2. Aufl. 2017, § 16 WpPG Rn. 151.
333 RegBegr. zur Umsetzung der Richtlinie 2010/73/EU, BT-Drucks. 17/8684, S. 20.

(→ Rn. 142 ff. zur telelogischen Reduktion). Viertens muss schließlich die Widerrufserklärung innerhalb von zwei Arbeitstagen nach Veröffentlichung des Nachtrags abgegeben werden (→ Rn. 154 ff.).

163 Trotz des an sich gelungenen Regelungsverhältnisses zwischen Nachtragspflicht und Widerrufsrecht[334] sind nach der aktuellen Rechtslage Fälle denkbar, in denen auch **zeitlich nach Lieferung noch eine Rückabwicklung** stattfindet, etwa wenn die **Veröffentlichung eines Nachtrags einen Tag vor Lieferung** erfolgt.[335] In diesem Fall besteht das Widerrufsrecht dagegen noch einen Tag nach Lieferung fort. Diese kleinere Ausdehnung des Widerrufsrechts kann zwar faktisch schwierige Situationen schaffen, ist aber wohl unter Anlegerschutzgesichtspunkten zu rechtfertigen.

164 Neben diesem weniger gravierenden Beispielsfall sind aber auch Extremfälle denkbar, etwa wenn ein wichtiger neuer Umstand vor Lieferung der Wertpapiere (und vor Schluss des öffentlichen Angebots) **eintritt, aber erst weit danach bemerkt** wird. Bei Unrichtigkeiten und Ungenauigkeiten dürfte sich dieses Problem noch stärker stellen, da für deren Eintritt stets auf den Zeitpunkt der Veröffentlichung des Prospekts abzustellen sein dürfte (→ Rn. 161).[336] Als Beispielsfall mag eine Daueremission dienen, bei der die Angebotsfrist 6 Monate läuft. Da Art. 23 Abs. 1 auf den späteren Zeitpunkt abstellt, besteht also mindestens bis zum Ende der Angebotsfrist eine Nachtragspflicht. Wenn nun in z. B. monatlichen Abständen Wertpapiere geliefert werden, würde eine anfängliche **Unrichtigkeit oder Ungenauigkeit**, die kurz vor Ende der Angebotsfrist bemerkt wird und einen Nachtrag auslöst, auch demjenigen Anleger ein Widerrufsrecht gewähren, dessen Wertpapiere schon im ersten Monat geliefert wurden, **im Beispielsfall also fast fünf Monate nach Lieferung**. Da nun explizit auf den früheren der beiden in Art. 23 Abs. 2 a. E. genannten Zeitpunkte abzustellen ist (→ Rn. 160), bedeutet das für **neue Umstände** zwar, dass diese im genannten Beispiel zumindest vor Lieferung der Wertpapiere **eingetreten** sein müssten. Auch hier würde aber ein früh eingetretener, aber spät bemerkter neuer Umstand zum selben Ergebnis führen.[337] Im Ergebnis erweist sich also die bereits zu § 16 Abs. 3 WpPG a. F. geäußerte, aber auch in Bezug auf den insoweit ähnlichen Art. 23 Abs. 2 passende Sorge mancher Marktteilnehmer zumindest für gewisse Fälle als durchaus berechtigt. Außerdem führt der Verzicht auf einen von vornherein klar abgrenzbaren Zeitpunkt wie den der Lieferung zu Unsicherheiten hinsichtlich der Verlässlichkeit abgeschlossener Verträge. Zumindest im Bereich der Daueremissionen handelt es sich folglich aus Sicht des Emittenten um eine unter § 16 Abs. 3 WpPG a. F. begonnene und unter Art. 23 Abs. 2 fort-

---

334 Vgl. dazu auch die guten Erläuterungen in Erwägungsgrund 66 der ProspektVO.
335 Aufgrund von Art. 23 Abs. 1 setzt dieses Beispiel voraus, dass der neue Umstand, die Unrichtigkeit bzw. die Ungenauigkeit schon vor dem späteren Zeitpunkt von Auslaufen der Angebotsfrist und Eröffnung des Handels an einem geregelten Markt aufgetreten ist oder festgestellt wurde, und aufgrund von Art. 23 Abs. 2, dass der neue Umstand, die Unrichtigkeit bzw. die Ungenauigkeit vor Auslaufen der Angebotsfrist und vor der Lieferung der Wertpapiere eingetreten ist.
336 RegBegr. zur Umsetzung der Richtlinie 2010/73/EU, BT-Drucks. 17/8684, S. 20. Streng genommen hat die zeitliche Grenze des Art. 23 Abs. 2 UAbs. 1 Satz 1 a. E. für Unrichtigkeiten bzw. Ungenauigkeiten also überhaupt keinen Anwendungsbereich bzw. ist dieses Tatbestandsmerkmal stets erfüllt, da eine Veröffentlichung des Prospekts nach Auslaufen der Angebotsfrist oder nach Lieferung der Wertpapiere nicht denkbar ist.
337 Da Art. 23 Abs. 1 es für die Nachtragspflicht jedenfalls ausreichen lässt, wenn der neue Umstand vor Ende der Angebotsfrist festgestellt wurde, wird dieses Ergebnis auch nicht etwa schon durch die fehlende Nachtragspflicht verhindert.

währende ausgesprochen negative Entwicklung. Aus Anlegerschutzgesichtspunkten mag diese Ausdehnung der Widerrufsmöglichkeit zwar grundsätzlich zu begrüßen sein, zur Rechtssicherheit trägt ein potenziell weit ausuferndes Widerrufsrecht allerdings nicht bei. Immerhin setzt Art. 23 UAbs. 1 durch das Ende der Nachtragspflicht eine zeitliche Grenze hinsichtlich der Feststellung von Umständen oder Unrichtigkeiten, die schon vor dem endgültigen Schluss des öffentlichen Angebots und vor Lieferung der Wertpapiere aufgetreten sind, da ohne Nachtragspflicht auch ein Widerrufsrecht aus Art. 23 Abs. 2 nicht entstehen kann.

Auch außerhalb dieses engen Zeitrahmens ist aber zu beachten, dass regelmäßig davon ausgegangen wird, dass der Anleger abweichend von § 145 BGB im Bookbuilding-Verfahren **bis zur Zuteilung der Wertpapiere** im Angebot ohnehin nicht gebunden ist und seine **Willenserklärung** unabhängig von Art. 23 Abs. 2 **frei widerrufen** kann.[338] Gerade für die unter Rn. 164 dargestellten Fälle des Widerrufs auch (weit) nach Lieferung zeigt sich aber die eigenständige Bedeutung des Widerrufsrechts nach Art. 23 Abs. 2 UAbs. 1 Satz 1 neben der freien Widerruflichkeit bis zur Zuteilung der Wertpapiere.[339] Sofern ein Widerruf nach Art. 23 Abs. 2 UAbs. 1 Satz 1 nicht möglich sein sollte, bleiben dem Anleger außerdem selbstverständlich Sekundäransprüche, insbesondere potenzielle Ansprüche auf Prospekthaftung gegen die Prospektverantwortlichen nach § 9 WpPG (→ Rn. 168 ff.).

165

5. Ausübung und Rechtsfolgen des Widerrufs per Widerrufserklärung

Der Widerruf erfordert als **actus contrarius zur Zeichnung** die nach dem Empfängerhorizont erkennbare Willenserklärung, an der auf den Erwerb bzw. die Zeichnung der Wertpapiere gerichteten Willenserklärung nicht mehr festgehalten werden zu wollen. Zur Ausübung des Widerrufs gibt **Art. 23 Abs. 2 UAbs. 2 lit. c** nur vor, dass der Widerruf gegenüber der im Nachtrag als Empfänger des Widerrufs bezeichneten Person zu erklären ist.[340] Sonstige Vorgaben zu Inhalt und Form macht die Vorschrift nicht. Das steht im Gegensatz zu § 16 Abs. 3 Satz 4 i.V.m. § 8 Abs. 1 Satz 4 WpPG a. F., der noch klarstellte, dass (i) der Widerruf keine Begründung enthalten muss, (ii) in Textform (vgl. § 126b BGB) zu erklären ist und (iii) zur Fristwahrung die rechtzeitige Absendung des Widerrufs ausreichend ist. Mangels positiver Normierung eines Begründungserfordernisses sollte allerdings auch unter neuem Recht ein Widerruf ohne Begründung möglich sein.[341] Hinsichtlich der Form wird man ohne explizite Regelung wohl davon ausgehen müssen, dass der Widerruf form-

166

---

338 *Hein*, WM 1996, 1, 4; *Groß*, in: Bosch/Groß, Emissionsgeschäft (BuB), Rn. 10/266 ff.; *Groß*, Bookbuilding, ZHR 162 (1998), 318, 329; *Hamann*, in: Schäfer/Hamann, Kapitalmarktgesetze, § 16 WpPG Rn. 16; *Schlitt/Singhof/Schäfer*, BKR 2005, 251, 256; *Lenenbach*, Kapitalmarkt- und Börsenrecht, Rn. 4.46 ff.; *Hein*, WM 1996, 1, 4; *Apfelbacher/Metzner*, BKR 2006, 81, 86 Fn. 62 (allerdings beschränkt „je nach Ausgestaltung der Angebotsbedingungen").
339 *Lawall/Maier*, DB 2012, 2503, 2505 gehen deshalb von einer Zunahme der Bedeutung des Widerrufsrechts aus.
340 Und das auch nur indirekt, da die Vorschrift den Ersteller des Nachtrags und nicht den Anleger adressiert.
341 Ebenso, wenngleich ohne nähere Erläuterung, *Seitz*, in: Assmann/Schlitt/von Kopp-Colomb, Prospektrecht Kommentar, Art. 23 ProspektVO Rn. 112.

frei möglich ist,³⁴² auch wenn es aus Beweisgesichtspunkten in der Praxis freilich bei Textform bleiben sollte.³⁴³ Um wirksam zu werden, muss der Widerruf nach allgemeinen zivilrechtlichen Regeln zugehen. Fraglich ist, ob es für die Fristwahrung im Rahmen des Art. 23 Abs. 2 UAbs. 1 Satz 1 ebenfalls auf den Zugang des Widerrufs beim Empfänger ankommt, oder ob diesbezüglich eine rechtzeitige Abgabe ausreicht. Da § 16 Abs. 3 Satz 4 i.V.m. § 8 Abs. 1 Satz 4 WpPG a.F. keine Nachfolgebestimmung in Art. 23 Abs. 2 gefunden hat, wird man unter neuem Recht wohl zu dem aus Anlegersicht ungünstigeren Ergebnis gelangen müssen, dass erst der Zugang der Widerrufserklärung die Frist wahrt. In der Literatur wird dieses Ergebnis wertungsmäßig damit gerechtfertigt, dass der Anleger auf der anderen Seite die Formfreiheit der Widerrufserklärung gewonnen habe. Vollends überzeugen kann dieses Argument angesichts der praktischen Untauglichkeit einer nicht einmal in Textform abgegebenen Erklärung (s.o.) freilich nicht. Unverändert gilt auch nach neuem Recht, dass die Voraussetzungen für die Widerrufserklärung bei Zugang noch vorliegen müssen.³⁴⁴

167 Unter der früheren Rechtslage war über den Verweis in § 16 Abs. 3 Satz 4 WpPG a.F. auf § 8 Abs. 1 Satz 5 WpPG a.F. für die Rechtsfolgen des Widerrufs § 357a BGB entsprechend anzuwenden. Durch den Widerruf soll dementsprechend also das Rechtsverhältnis ex nunc in ein **Rückgewährschuldverhältnis** umgestaltet werden. Einen klarstellenden Verweis auf das (europäische) Widerrufsrecht hat der Normgeber in Art. 23 Abs. 2 UAbs. 1 Satz 1 nicht aufgenommen. Es besteht daher eine gewisse Unklarheit über die Rechtsfolgen des Widerrufs. In der (wenigen) Literatur zu dieser Frage scheint jedoch unumstritten zu sein, dass jedenfalls nicht erfüllte Ansprüche erlöschen und getätigte Leistungen zurück zu gewähren sind.³⁴⁵

6. Rechtsfolgen des unterbliebenen Widerrufs im Hinblick auf Prospekthaftung

168 Oben wurde bereits ausgeführt (→ Rn. 32 a.E. für erstens, → Rn. 165 für zweitens und → Rn. 148 für drittens), dass
- erstens der **Nachtrag** als solcher **potenzielle Prospekthaftungsansprüche nicht ausschließt**, d.h. die Veröffentlichung des Nachtrags ändert nichts an der potenziellen Prospekthaftung gegenüber Anlegern, die im Vertrauen auf den zu diesem Zeitpunkt unrichtigen bzw. unvollständigen Prospekt Wertpapiere erworben haben,³⁴⁶
- zweitens das **Nichtbestehen eines Widerrufsrechts keinen Einfluss auf mögliche haftungsrechtliche Sekundäransprüche** hat, aber
- drittens nach § 12 Abs. 2 Nr. 4 WpPG ein **Prospekthaftungsanspruch nicht besteht, sofern** vor dem Abschluss des Erwerbsgeschäfts im Rahmen (insbesondere) einer Ad-

---

342 So auch *Schrader*, WM 2021, 471, 475; *Seitz*, in: Assmann/Schlitt/von Kopp-Colomb, Prospektrecht Kommentar, Art. 23 ProspektVO Rn. 112.
343 *Seitz*, in: Assmann/Schlitt/von Kopp-Colomb, Prospektrecht Kommentar, Art. 23 ProspektVO Rn. 112.
344 *Heidelbach*, in: Schwark/Zimmer, KMRK, § 16 WpPG Rn. 48.
345 Vgl. *Lenz/Heine*, AG 2019, 451, 458. Ähnlich *Groß*, Kapitalmarktrecht, Art. 23 ProspektVO Rn. 28 mit Hinweis auf die fehlende Regelungskompetenz des europäischen Gesetzgebers.
346 *Chr. Becker*, in: Heidel, Aktienrecht und Kapitalmarktrecht, 5. Aufl. 2019, § 16 WpPG Rn. 25; *Müller*, WpPG, § 16 Rn. 9; *Heidelbach*, in: Schwark/Zimmer, KMRK, § 16 WpPG Rn. 50.

hoc-Mitteilung nach Art. 17 der Marktmissbrauchsverordnung[347] oder einer vergleichbaren Bekanntmachung eine deutlich gestaltete Berichtigung der unrichtigen oder unvollständigen Angaben veröffentlicht wurde.

Daraus folgt, dass für nach dem Zeitpunkt der Veröffentlichung des Nachtrags bzw. einer diesbezüglichen Ad-hoc-Mitteilung (→ Rn. 146 ff. für teleologische Reduktion des Art. 23 Abs. 2 UAbs. 1 Satz 1 in zeitlicher Hinsicht) abgeschlossene Erwerbsgeschäfte der **Prospekt in der Fassung, die er durch den Nachtrag erhalten hat**, maßgeblich ist; insbesondere der nachtragsbegründende Umstand kann dann nicht mehr Basis eines Prospekthaftungsanspruchs sein.[348] Hinsichtlich auf den Erwerb bzw. die Zeichnung von Wertpapieren gerichteter Willenserklärungen, die vor der Veröffentlichung des Nachtrags bzw. einer diesbezüglichen Ad-hoc-Mitteilung abgegeben wurden, ist zu unterscheiden, ob der Prospekt ursprünglich richtig und vollständig war oder nicht. 169

War der **Prospekt ursprünglich richtig und vollständig**, d. h. er wurde lediglich unrichtig bzw. unvollständig durch den nachträglich neu eingetretenen Umstand, besteht erstens für vor Eintritt des Umstands abgegebene Willenserklärungen kein Widerrufsrecht (→ Rn. 142 ff. für teleologische Reduktion des Art. 23 Abs. 2 UAbs. 1 Satz 1 in inhaltlicher Hinsicht) und zweitens kann der betreffende Anleger keine Schadensersatzansprüche aus Prospekthaftung geltend machen.[349] 170

Fraglich ist, welche Rechtsfolgen eintreten, wenn (i) es sich um **ursprüngliche Unrichtigkeiten** handelt, die durch den Nachtrag korrigiert werden, **oder** (ii) der Anleger nach Eintritt des nachtragsbegründenden Umstands, aber vor entsprechender Veröffentlichung durch den Anbieter (per Nachtrag bzw. Ad-hoc-Mitteilung) eine Zeichnungserklärung abgibt (und damit widerrufsberechtigt ist), aber der **Anleger von diesem Widerrufsrecht keinen Gebrauch macht** (die Widerrufsfrist also verstreichen lässt). Unter diesen Umständen muss auf Basis der in § 12 Abs. 2 Nr. 4 WpPG niedergelegten gesetzlichen Wertung[350] davon ausgegangen werden, dass dem Anleger im Nachhinein auch keine Prospekthaftungsansprüche mehr zur Verfügung stehen. Der vor Abschluss des Erwerbsgeschäfts veröffentlichte Nachtrag erfüllt die Anforderungen an eine Berichtigung nach § 12 Abs. 2 Nr. 4 WpPG.[351] Der Anleger steht daher in Bezug auf den korrigierten Prospekt und das nicht ausgeübte Widerrufsrecht so wie bei einem bereits ursprünglich richtigen und vollständigen Prospekt, d. h. der Anleger, der unter diesen Umständen von seinem Widerrufsrecht keinen Gebrauch macht, kann nicht im Anschluss Prospekthaftungsan- 171

---

347 Verordnung (EU) Nr. 596/2014 des Europäischen Parlaments und des Rates vom 16.4.2014 über Marktmissbrauch (Marktmissbrauchsverordnung) und zur Aufhebung der Richtlinie 2003/6/EG des Europäischen Parlaments und des Rates und der Richtlinien 2003/124/EG, 2003/125/EG und 2004/72/EG der Kommission, ABl. L 173, S. 1 vom 12.6.2014.
348 So auch *Groß*, Kapitalmarktrecht, Art. 23 ProspektVO Rn. 30; *Lenz/Heine*, AG 2019, 451, 459.
349 Bezüglich des zweiten Aspekts vgl. ebenso *Chr. Becker*, in: Heidel, Aktienrecht und Kapitalmarktrecht, 5. Aufl. 2019, § 16 WpPG Rn. 27.
350 Auch der Wortlaut von § 12 Abs. 2 Nr. 4 WpPG ist einschlägig, da der Abschluss des Erwerbsgeschäftes zeitlich nach dem Widerrufsrecht (im Regelfall mit Zuteilung) erfolgen wird.
351 *Lenz*, in: Just/Voß/Ritz/Zeising, Wertpapierprospektrecht, 2. Aufl. 2023, Art. 23 ProspektVO Rn. 190; *Seitz*, in: Assmann/Schlitt/von Kopp-Colomb, Prospektrecht Kommentar, Art. 23 ProspektVO Rn. 166 für den Fall des nicht geltend gemachten Widerrufs.

sprüche aufgrund des ursprünglichen Prospekts ungeachtet der im Nachtrag korrigierten bzw. neu kommunizierten Angaben geltend machen.³⁵²

172 Hat ein widerrufsberechtigter Anleger dagegen innerhalb der Widerrufsfrist von seinem Widerrufsrecht Gebrauch gemacht, kann er selbstverständlich keine Prospekthaftungsansprüche mehr geltend machen.³⁵³ Prospekthaftungsansprüche dürften für den Anleger insofern vorteilhafter sein, als dass er hier auch die mit dem Erwerb verbundenen üblichen Kosten verlangen kann (vgl. § 9 WpPG), während bei dem Widerrufsrecht nur die „empfangenen Leistungen" und damit der Zeichnungspreis zurückzugewähren ist. Andererseits bedarf die Geltendmachung des Widerrufsrechts keiner Begründung (→ Rn. 166), sodass das Widerrufsrecht für den Anleger der deutlich einfachere Weg zum Rückerhalt seiner Anlage sein dürfte.

7. Belehrung über das Widerrufsrecht im Nachtrag

173 Als eine den Inhalt des Nachtrags regelnde Vorschrift bestimmt **Art. 23 Abs. 2 UAbs. 2**, dass der Nachtrag eine deutlich sichtbare Erklärung in Bezug auf das Widerrufsrecht zu enthalten hat. Ferner bestimmt die Vorschrift, dass in dieser Erklärung anzugeben sind: (i) dass nur denjenigen Anlegern ein Widerrufsrecht eingeräumt wird, die Erwerb oder Zeichnung der Wertpapiere bereits vor Veröffentlichung des Nachtrags zugesagt hatten, sofern die Wertpapiere den Anlegern zu dem Zeitpunkt, zu dem der wichtige neue Umstand, die wesentliche Unrichtigkeit oder die wesentliche Ungenauigkeit eingetreten ist oder festgestellt wurde, noch nicht geliefert worden waren; (ii) der Zeitraum, in dem die Anleger ihr Widerrufsrecht geltend machen können; und (iii) an wen sich die Anleger wenden können, wenn sie ihr Widerrufsrecht geltend machen wollen. Insbesondere der zweite Punkt ist erforderlich, da der Emittent bzw. Anbieter gemäß Art. 23 Abs. 2 UAbs. 1 Satz 2 die gesetzliche Widerrufsfrist verlängern kann.

174 Unter Geltung des früheren Widerrufsregimes war die Praxis der Gestaltung der Belehrung sehr einheitlich, da sich die meisten Emittenten an dem früheren Formulierungsvorschlag der BaFin orientierten. Nachdem die BaFin unter Geltung des Art. 23 kein Muster für den Nachtrag mehr zur Verfügung stellt, ist die Praxis zur Angabe des Widerrufsrechts nun uneinheitlicher geworden. Die Belehrung über das Widerrufsrecht findet sich hier teilweise am Anfang des Nachtrags,³⁵⁴ teilweise an dessen Ende.³⁵⁵ In der konkreten Dar-

---

352 So auch *Groß*, Kapitalmarktrecht, Art. 23 ProspektVO Rn. 32; *Lenz/Heine*, AG 2019, 451, 459; *Chr. Becker*, in: Heidel, Aktienrecht und Kapitalmarktrecht, 5. Aufl. 2019, § 16 WpPG Rn. 26; *Schlitt/Singhof/Schäfer*, BKR 2005, 251, 256 in Fn. 75; *Heidelbach*, in: Schwark/Zimmer, KMRK, § 16 WpPG Rn. 51. Ebenso (mit gewissen Zweifeln) *Lenz*, in: Just/Voß/Ritz/Zeising, Wertpapierprospektrecht, 2. Aufl. 2023, Art. 23 ProspektVO Rn. 193 ff. Einschränkend *Hamann*, in: Hamann/Schäfer, Kapitalmarktgesetze, § 16 WpPG Rn. 27 f. Siehe ergänzend zu §§ 9 ff. WpPG und einer Berichtigung im Rahmen der Bookbuilding-Periode *Groß*, Kapitalmarktrecht, § 12 WpPG Rn. 11 m. w. N.; zu §§ 44/45 BörsG a. F. siehe *Schwark*, in: Schwark/Zimmer, KMRK, §§ 44/45 BörsG Rn. 58.
353 *Lenz/Heine*, AG 2019, 451, 459.
354 Vgl. den Nachtrag Nr. 2 der Deutsche Lichtmiete AG vom 19.7.2021 zum Prospekt vom 7.1.2021, S. 2 sowie Nachtrag Nr. 1 der publity AG vom 18.1.2021 zum Prospekt vom 26.11.2020, S. 3.
355 Vgl. den Nachtrag der Enapter AG vom 5.8.2022 zum Prospekt vom 17.6.2022, S. 6 sowie den Nachtrag Nr. 1 der ERWE Immobilien AG vom 10.6.2022 zum Prospekt vom 3.5.2022, S. 5.

stellung wird in manchen Nachträgen nur der Wortlaut des Art. 23 Abs. 2 UAbs. 2 mit den jeweiligen Daten – wie dort in Stichpunkten – wiederholt,[356] zum Teil aber auch eine Belehrung ausformuliert, etwa wie folgend:[357]

„Diejenigen Anleger, die bereits vor Veröffentlichung dieses Nachtrags den Erwerb oder die Zeichnung der angebotenen Wertpapiere zugesagt haben, haben gemäß Art. 23 Abs. 2 der Prospektverordnung das Recht, innerhalb von zwei Arbeitstagen nach Veröffentlichung des Nachtrags, also in der Zeit vom [erster Tag der Frist] bis zum [letzter Tag der Frist] (einschließlich), ihre Zusagen zurückzuziehen, vorausgesetzt, dass der wichtige neue Umstand, die wesentliche Unrichtigkeit oder die wesentliche Ungenauigkeit, die Gegenstand dieses Nachtrags sind, vor dem Auslaufen der Angebotsfrist oder – falls früher – vor der Lieferung der Wertpapiere eingetreten ist oder festgestellt wurde.

Der Widerruf muss keine Begründung enthalten und ist in Textform gegenüber der [Name des Emittenten], [Adresse des Emittenten], zu erklären. Zur Fristwahrung genügt die rechtzeitige Absendung."

Soweit es im Zusammenhang mit der Veröffentlichung des Prospekts kein öffentliches Angebot gibt und damit keine auf den Erwerb bzw. die Zeichnung von Wertpapieren gerichtete Erklärung der Anleger vorliegt, d.h. **bei reinen Prospekten für die Zulassung von Wertpapieren**, wäre diese Belehrung über ein (angebliches) Widerrufsrecht unnötig bzw. eventuell sogar irreführend. Aufgrund des inzwischen eindeutigen Wortlauts des Art. 23 Abs. 2 UAbs. 1 Satz 1, der reine Zulassungsprospekte vom Widerrufsrecht ausnimmt (→ Rn. 138 auch zur Gesetzgebungsgeschichte auf EU-Ebene), ist in diesen Fällen daher entgegen der früheren Praxis der BaFin keine Belehrung in den Nachtrag aufzunehmen.[358] Mittlerweile hat sich die BaFin in ihrer Praxis aber dieser – schon vor der gesetzgeberischen Klarstellung zutreffenden – Auffassung angeschlossen.[359]

175

Fraglich ist, ob die Angabe des „Zeitraums", die Art. 23 Abs. 2 UAbs. 2 lit. b fordert, bedeutet, dass neben der Dauer der Widerrufsfrist auch der konkrete **Zeitpunkt des Ablaufs der Widerrufsfrist** genannt werden muss. Im finalen Kompromissvorschlag der EU-Ratspräsidentschaft vom Dezember 2009 zur Überarbeitung der EU-ProspektRL im Vorfeld der ÄnderungsRL 2010/73/EU war die Ergänzung des Art. 16 Abs. 2 um einen Satz 3 enthalten, wonach der **Zeitpunkt des Ablaufs des Widerrufsrechts** im Nachtrag (expli-

176

---

356 Vgl. Nachtrag Nr. 2 der Deutsche Lichtmiete AG vom 19.7.2021 zum Prospekt vom 7.1.2021, S. 2 sowie Nachtrag Nr. 1 der publity AG vom 18.1.2021 zum Prospekt vom 26.11.2020, S. 3.
357 Vgl. den Nachtrag der Enapter AG vom 5.8.2022 zum Prospekt vom 17.6.2022, S. 6 sowie den Nachtrag Nr. 1 der ERWE Immobilien AG vom 10.6.2022 zum Prospekt vom 3.5.2022, S. 5.
358 Schon vor dieser gesetzgeberischen Klarstellung ist die Praxis in diesen Fällen an die BaFin mit dem Wunsch herangetreten, bei Nachträgen zu reinen Zulassungsprospekten auf den Hinweis nach § 16 Abs. 3 Satz 3 WpPG a.F. zu verzichten. Die BaFin hatte aber unter Verweis darauf, dass die Hinweisverpflichtung nach § 16 Abs. 3 Satz 3 WpPG a.F. eine solche Einschränkung nicht vorsehe, darauf bestanden, dass eine solche Belehrung auch in diesen Fällen erfolgt. Auch wenn diese Ansicht der BaFin explizit den CESR-Frequently Asked Questions widersprach (vgl. CESR-Frequently Asked Questions (12th Updated Version – November 2010), Antworten zu Unterfragen 1 und 3 der Frage 21 sowie Fn. 7), war daher der Hinweis auch bei Nachträgen zu reinen Zulassungsprospekten enthalten (vgl. z.B. Nachtrag Nr. 1 vom 25.9.2007 zum Prospekt der Hypo Real Estate Holding AG vom 10.9.2007).
359 Vgl. Nachtrag der Social Chain AG vom 7.12.2021 zu dem Prospekt vom 11.11.2021.

zit) genannt werden müsse („the final date of the right of withdrawal shall be stated in the supplement").[360] Der Vorschlag des EU-Parlaments vom März 2010[361] hatte dies leider sprachlich in anderer Form übernommen („The duration of the right of withdrawal shall be specified in the supplement"). Dieser Text wiederum konnte nun zum einen das meinen, was die EU-Ratspräsidentschaft wollte. Er konnte sich aber andererseits auch auf die Möglichkeit des Emittenten, Anbieters oder Zulassungsantragstellers beziehen, die gesetzlich vorgesehene Widerrufsfrist freiwillig zu verlängern. Dann hätte dieser Satz lediglich bedeutet, dass im Nachtrag genannt werden muss, ob die Frist zwei Werktage beträgt oder darüber hinaus verlängert wurde.[362] Der endgültig beschlossene Text der überarbeiteten EU-ProspektRL (ÄnderungsRL)[363] folgte in seiner englischen Sprachfassung nicht nur wörtlich dem Vorschlag der EU-Ratspräsidentschaft vom Dezember 2009, sondern sah in Erwägungsgrund 24 eine zusätzliche Klarstellung vor, was mit Art. 16 Abs. 2 Satz 3 gemeint war („To improve legal certainty the supplement to the prospectus should specify when the right of withdrawal ends."). In der deutschen Sprachfassung der ÄnderungsRL 2010/73/EU hieß es allerdings stattdessen: „Die Frist für das Widerrufsrecht wird im Nachtrag angegeben". Gleichwohl ist der deutsche Gesetzgeber bei der Umsetzung der ÄnderungsRL ausweislich des deutschen Gesetzeswortlauts „die Widerrufsfrist ist anzugeben" offenbar davon ausgegangen, dass tatsächlich nur die Dauer der Widerrufsfrist anzugeben war.[364] Der EuGH hat in seiner sogenannten Timmel-Entscheidung zu sich widersprechenden Sprachfassungen der EU-ProspektRL ausgeführt, dass „eine Vorschrift, aus deren Wortlaut sich aufgrund von Abweichungen zwischen den verschiedenen Sprachfassungen keine klare und einheitliche Auslegung herleiten lässt, anhand ihrer Zielsetzung und ihres Gesamtsystems auszulegen ist".[365] Legte man hier die Gesetzgebungsgeschichte und das in Erwägungsgrund 24 zutage tretende Ziel des Gesetzgebers zugrunde, sprach vieles dafür, trotz des anderslautenden deutschen Wortlauts die EU-ProspektRL so zu verstehen, dass auch der **konkrete Zeitpunkt des Ablaufs der Widerrufsfrist genannt werden muss**. Der Wortlaut von § 16 Abs. 3 Satz 3 Hs. 2 WpPG a. F. konnte mithilfe einer **europarechtskonformen Auslegung** gleichermaßen interpretiert werden. In der Praxis deutschsprachiger Nachträge unter altem Recht schien sich dies aber soweit ersichtlich nicht durchgesetzt zu haben, was maßgeblich darauf zurückzuführen sein dürfte, dass auch der frühere Musternachtrag der BaFin auf die Nennung eines konkreten Zeitpunkts verzichtete. Die deutsche Sprachfassung der ProspektVO in Art. 23 Abs. 2 UAbs. 2 geht nun eher wieder in Richtung der Formulierung in der ÄnderungsRL

---

360 Council of the European Union Document 17451/09 (vom 11.12.2009), S. 24.
361 Session document of the European Parliament A7-002/2010 vom 26.3.2010, S. 39.
362 Recital (16) des Vorschlags des EU-Parlaments scheint aber darauf hinzudeuten, dass das EU-Parlament mit der veränderten Formulierung keine inhaltliche Änderung gegenüber der EU-Ratspräsidentschaft beabsichtigt hatte („To improve legal certainty the supplement to the prospectus should specify when the right of withdrawal ends.").
363 Richtlinie 2010/73/EU des Europäischen Parlaments und des Rates vom 24.11.2010 zur Änderung der Richtlinie 2003/71/EG betreffend den Prospekt, der beim öffentlichen Angebot von Wertpapieren oder bei deren Zulassung zum Handel zu veröffentlichen ist, und der Richtlinie 2004/109/EG zur Harmonisierung der Transparenzanforderungen in Bezug auf Informationen über Emittenten, deren Wertpapiere zum Handel auf einen geregelten Markt zugelassen sind, ABl. L 327, S. 1 vom 11.12.2010.
364 So auch explizit RegBegr. zur Umsetzung der Richtlinie 2010/73/EU, BT-Drucks. 17/8684, S. 20.
365 EuGH, 15.5.2014 – C-359/12, Rn. 62.

2010/73/EU, wobei – wie oben erwähnt – statt auf eine „Frist", auf einen „Zeitraum" abgestellt wird: „der Zeitraum, in dem die Anleger ihr Widerrufsrecht geltend machen können". Erwägungsgrund 66 enthält zur Frage der Auslegung des Begriffs „Zeitraum" keine Hinweise und fordert relativ unbestimmt nur die Angabe „innerhalb welcher Frist" die Anleger das Widerrufsrecht haben. Die englische Sprachfassung spricht hingegen deutlich für die Erforderlichkeit des konkreten Zeitpunktes: „The final date of the right of withdrawal shall be stated in the supplement" in Art. 23 Abs. 2 UAbs. 1 Satz 3 bzw. „the respective time limits [...] should be clarified." in Erwägungsgrund 66. Die Praxis verfährt mittlerweile unterschiedlich: oft wird der konkrete Zeitpunkt des Ablaufs der Widerrufsfrist angegeben, teilweise aber auch nicht (siehe auch das Formulierungsbeispiel oben → Rn. 174).[366]

Dabei ist das Problem der korrekten Auslegung des Begriffs „Zeitraum" (Art. 23 Abs. 2 UAbs. 2) bzw. „Frist" (Erwägungsgrund 66) nicht nur von theoretischer Natur, denn nach § 24 Abs. 4 Nr. 32 WpPG stellt die Veröffentlichung eines Nachtrags, in dem die Frist für das Widerrufsrecht des Anlegers und die Erklärung nach Art. 23 Abs. 2 nicht oder nicht in der vorgeschriebenen Weise angegeben werden, eine Ordnungswidrigkeit dar. Ferner wurde unter der alten Rechtslage teilweise vertreten, dass im Falle einer unterbliebenen bzw. fehlerhaften Belehrung über die Widerrufsfrist diese nicht beginne und der Anleger auch nach Ablauf der Frist noch widerrufen könne.[367] Diese Ansicht hat jedoch bereits unter altem Recht schon nicht überzeugt und erscheint auch unter aktueller Rechtslage nicht richtig. Hätte der europäische Gesetzgeber diese Rechtsfolge gewünscht, hätte er sie, wie an anderer Stelle geschehen (vgl. etwa Art. 10 Abs. 1 der Verbraucherrechterichtlinie[368]), ausdrücklich vorsehen müssen. 177

8. Informationspflichten für Finanzintermediäre und Emittenten

Die ProspektVO hat in Art. 23 Abs. 3 für das Nachtragsrecht erstmalig neue Informationspflichten vorgesehen, nach denen die Anleger **informiert werden müssen über die mögliche Veröffentlichung eines Nachtrags**, über **Ort und Zeitpunkt** einer solchen Veröffentlichung sowie darüber, dass in solchen Fällen den Anlegern ein Widerrufsrecht zustehen könnte bzw. die informierende Person ihnen behilflich sein würde, ihr Widerrufsrecht auszuüben (zur Differenzierung je nach informierender Person sogleich). Die Informationspflicht trifft denjenigen, von dem die Anleger die Wertpapiere erworben oder gezeichnet haben, also ihren jeweils unmittelbaren Vertragspartner (vgl. Art. 23 Abs. 3 UAbs. 1 und 3). Haben die Anleger die Wertpapiere – was der praktische Regelfall sein dürfte – von einem Finanzintermediär erworben oder gezeichnet, so hat dieser die Anleger zu- 178

---

366 Etwa im Nachtrag der Enapter AG vom 5.8.2022 zum Prospekt vom 17.6.2022, S. 6, im Nachtrag Nr. 1 der publity AG vom 18.1.2021 zum Prospekt vom 26.11.2020, S. 3, sowie im Nachtrag Nr. 1 der ERWE Immobilien AG vom 10.6.2022 zum Prospekt vom 3.5.2022, S. 5, nicht dagegen im Nachtrag Nr. 2 der Deutsche Lichtmiete AG vom 19.7.2021 zum Prospekt vom 7.1.2021, S. 2.
367 Vgl. zu § 8 Abs. 1 Satz 10 *Heidelbach*, in: Schwark/Zimmer, KMRK, § 8 WpPG Rn. 15.
368 Richtlinie 2011/83/EU des Europäischen Parlaments und des Rates vom 25.10.2011 über die Rechte der Verbraucher, zur Abänderung der Richtlinie 93/13/EWG des Rates und der Richtlinie 1999/44/EG des Europäischen Parlaments und des Rates sowie zur Aufhebung der Richtlinie 85/577/EWG des Rates und der Richtlinie 97/7/EG des Europäischen Parlaments und des Rates.

sätzlich darüber zu informieren, dass er ihnen im Fall der Ausübung des Widerrufsrechts behilflich sein würde, ihr Widerrufsrecht auszuüben (Art. 23 Abs. 3 UAbs. 1). Zudem muss der Finanzintermediär die Anleger am Tag der Veröffentlichung kontaktieren (Art. 23 Abs. 3 UAbs. 2). Während die Information bei Erwerb oder Zeichnung nach Art. 23 Abs. 3 UAbs. 1 und 3 rein abstrakter Natur ist, handelt es sich bei der Information am Tag der Veröffentlichung um eine Information hinsichtlich der konkreten Umstände.[369] Auch wenn sich dies bereits hinreichend aus dem Wortlaut der Normen ergibt, hat die ESMA für den **Zeitpunkt der besonderen Informationspflichten von Finanzintermediären** klargestellt, dass die Informationspflicht nach UAbs. 1 beim Kauf oder der Zeichnung des Wertpapiers zu erfüllen ist, die Informationspflicht nach UAbs. 2 dagegen am Tag der Veröffentlichung des Nachtrags.[370]

179 Diese weitgehenderen Informationspflichten für Finanzintermediäre werfen die Frage auf, welche der beiden Pflichtenlagen Anwendung findet, wenn die Anleger die Wertpapiere von einem **Emittenten erwerben, der gleichzeitig ein Finanzintermediär** ist. Der Begriff des Finanzintermediärs wird in der ProspektVO nicht definiert. Die ESMA versteht darunter solche Personen, die nach den Regelungen der EU oder der Mitgliedstaaten eine Erlaubnis zum Vertrieb von Wertpapieren haben.[371] Sie ist der Auffassung, dass auf einen Emittenten, der auch Finanzintermediär ist, die Informationspflichten für Finanzintermediäre nach Art. 23 Abs. 3 UAbs. 1 und 2 Anwendung finden.[372] Zur Begründung führt sie den Anlegerschutz heran sowie Erwägungsgrund 45[373] und Art. 4 Abs. 1 Nr. 5[374] der MiFID II-Richtlinie.[375] Diese Auslegung entspricht auch der Auffassung der BaFin.[376] Die BaFin begründet dies damit, dass Emittenten, die gleichzeitig als Finanzintermediäre ihre eigenen Wertpapiere vertreiben, nicht privilegiert werden sollen.

---

369 BaFin-Präsentation „Prospektrechtliche Folgepflichten nach der Billigung" vom 28.5.2019, S. 16.
370 Vgl. ESMA, Questions and Answers on the Prospectus Regulation (Version 12 v. 3.2.2023), Antwort zu Frage 8.4.
371 Vgl. ESMA, Questions and Answers on the Prospectus Regulation (Version 12 v. 3.2.2023), Antwort zu Frage 8.3.
372 Vgl. ESMA, Questions and Answers on the Prospectus Regulation (Version 12 v. 3.2.2023), Antwort zu Frage 8.3.
373 „Wertpapierfirmen und Kreditinstitute, die Finanzinstrumente vertreiben, die sie selbst ausgeben, sollten von dieser Richtlinie erfasst werden, wenn sie Anlageberatung für ihre Kunden leisten. Um Unklarheiten zu beseitigen und den Anlegerschutz zu stärken, ist es zweckmäßig, die Anwendung dieser Richtlinie vorzusehen, wenn auf dem Primärmarkt Wertpapierfirmen und Kreditinstitute von ihnen selbst ausgegebene Finanzinstrumente vertreiben, ohne dabei Beratung zu leisten. Zu diesem Zweck sollte die Begriffsbestimmung für die Dienstleistung der »Ausführung von Aufträgen im Namen von Kunden« ausgedehnt werden."
374 „‚Ausführung von Aufträgen im Namen von Kunden' die Tätigkeit zum Abschluss von Vereinbarungen, ein oder mehrere Finanzinstrumente im Namen von Kunden zu kaufen oder zu verkaufen, und umfasst den Abschluss von Vereinbarungen über den Verkauf von Finanzinstrumenten, die von einer Wertpapierfirma oder einem Kreditinstitut zum Zeitpunkt ihrer Emission ausgegeben werden."
375 Richtlinie 2014/65/EU des Europäischen Parlaments und des Rates vom 15.5.2014 über Märkte für Finanzinstrumente sowie zur Änderung der Richtlinien 2002/92/EG und 2011/61/EU.
376 BaFin-Präsentation „Prospektrechtliche Folgepflichten nach der Billigung" vom 28.5.2019, S. 16.

Die Erfüllung dieser Informationspflichten durch Finanzintermediär oder Emittent ist **180** nach § 24 Abs. 4 Nr. 33 WpPG **bußgeldbewehrt**. Die Informationspflichten sollen einen möglichst weitgehenden Anlegerschutz verwirklichen, weil insbesondere Kleinanleger zum einen die Veröffentlichung eines Nachtrags übersehen könnten und zum anderen in der Frist des Art. 23 Abs. 2 UAbs. 1 (→ Rn. 154 ff.) ihre Rechte nicht rechtzeitig in Erfahrung bringen könnten. Die Form des Kontakts und der Informationen zu und gegenüber den Anlegern gibt Art. 23 Abs. 3 nicht vor.

VII. Verhältnis von Nachtragspflicht und Ad-hoc-Publizität

Bei Eintritt eines wichtigen neuen Umstandes in Bezug auf die im Prospekt enthaltenen **181** Angaben, die die Beurteilung der Wertpapiere beeinflussen könnten, besteht bei Identität von Anbieter und Emittent (von bereits börsennotierten Wertpapieren[377]) eine hohe Wahrscheinlichkeit,[378] dass der Anbieter/Emittent, der nach Art. 23 Abs. 1 UAbs. 1 einer Nachtragspflicht unterliegt, **auch zur Veröffentlichung einer Ad-hoc-Mitteilung nach Art. 17 der Marktmissbrauchsverordnung**[379] **verpflichtet** ist, weil es sich um eine Insiderinformation gemäß Art. 7 der Marktmissbrauchsverordnung handelt.[380] Zwischen dem Billigungserfordernis des Nachtrags und der Verpflichtung nach Art. 17 der Marktmissbrauchsverordnung zur unverzüglichen Veröffentlichung der betreffenden Insiderinforma-

---

[377] Allerdings kann dies auch bei IPO-Fällen relevant werden, da die Verpflichtung zur Ad-hoc-Mitteilung nach Art. 17 Abs. 1 UAbs. 3 der Marktmissbrauchsverordnung auch bereits gilt, wenn ein Antrag auf Zulassung von Finanzinstrumenten gestellt ist.

[378] *Meyer*, in: Habersack/Mülbert/Schlitt, Unternehmensfinanzierung, § 36 Rn. 94; *Groß*, Kapitalmarktrecht, Art. 23 ProspektVO Rn. 33; *Hamann*, in: Schäfer/Hamann, Kapitalmarktgesetze, § 16 WpPG Rn. 30; *Parmentier*, NZG 2007, 407, 413; *Lenz*, in: Just/Voß/Ritz/Zeising, Wertpapierprospektrecht, 2. Aufl. 2023, Art. 23 ProspektVO Rn. 180. Vorsichtiger *Chr. Becker*, in: Heidel, Aktienrecht und Kapitalmarktrecht, 5. Aufl. 2019, § 16 WpPG Rn. 14; *Kullmann/Sester*, WM 2005, 1068, 1075 („kann zugleich ein Umstand sein"). *Apfelbacher/Metzner*, BKR 2006, 81, 85, stellen umgekehrt die These auf, dass neue Umstände, die eine Ad-hoc-Mitteilung auslösen, in diesem Zeitraum immer bzw. in aller Regel auch eine Nachtragspflicht begründen. So auch *Schlitt/Schäfer*, AG 2008, 525, 536; *Schlitt*, in: Assmann/Schlitt/von Kopp-Colomb, Prospektrecht Kommentar, Art. 23 ProspektVO Rn. 143, der zu Recht darauf hinweist, dass insbesondere bei Nachträgen wegen Unrichtigkeiten umgekehrt ein Nachtrag nicht regelmäßig eine Ad-hoc-Mitteilung auslösen muss.

[379] Verordnung (EU) Nr. 596/2014 des Europäischen Parlaments und des Rates vom 16.4.2014 über Marktmissbrauch (Marktmissbrauchsverordnung) und zur Aufhebung der Richtlinie 2003/6/EG des Europäischen Parlaments und des Rates und der Richtlinien 2003/124/EG, 2003/125/EG und 2004/72/EG der Kommission, ABl. L 173, S. 1 vom 12.6.2014.

[380] Denkbar ist diese doppelte Verpflichtung indes auch bei wesentlichen Unrichtigkeiten, wenn die im Prospekt enthaltene (unrichtige) Angabe vom Emittenten auch anderweitig stets dem Markt kommuniziert wurde und für das Publikum so wesentlich ist, dass die Unrichtigkeit dieser Kapitalmarktkommunikation eine Insiderinformation darstellt. Die Definition der Insiderinformation in Art. 7 der Marktmissbrauchsverordnung ist offen für derartige Umstände. Allerdings kann im Fall einer solchen wesentlichen Unrichtigkeit eben durchaus eine Nachtragspflicht bestehen, ohne dass der nachzutragende Umstand bzw. die Berichtigung eine Ad-hoc-Mitteilungspflicht auslöst (vgl. *Apfelbacher/Metzner*, BKR 2006, 81, 86). Falls der dann zu erwartende Nachtrag allerdings z. B. wegen des Widerrufsrechts der Anleger eine Verzögerung des laufenden Angebots auslöst, kann auch diese Verzögerung bzw. anderweitige Beeinträchtigung des Angebots wiederum eine Ad-hoc-Mitteilungspflicht auslösen.

tion, die nach der Marktmissbrauchsverordnung gerade ohne vorherige Durchsicht der zuständigen Behörde erfolgt, könnte ein gewisser **Konflikt** gesehen werden. Denn durch die Veröffentlichung der Information mit dem vom Emittenten in der Ad-hoc-Mitteilung festgelegten Inhalt, so könnte argumentiert werden, werde in gewisser Weise die Prüfung des Nachtrags durch die zuständigen Behörde präjudiziert. Da der europäische Normgeber **keine Subsidiaritätsregelung in die ProspektVO** aufgenommen hat, ist das Verhältnis der Vorschriften näher zu untersuchen.

1. Ausführungen in der Regierungsbegründung des deutschen Gesetzgebers zum alten Recht

182 Der deutsche Gesetzgeber hatte in der Regierungsbegründung zum Wertpapierprospektgesetz a. F. folgende Ausführungen dazu gemacht:

„Eine Besonderheit besteht in den Fällen, in denen ein nachtragspflichtiger Umstand eintritt, für den sich eine Veröffentlichungspflicht nach § 15 des Wertpapierhandelsgesetzes (WpHG) ergibt. In diesen Fällen geht die Regelung des § 15 WpHG der des § 16 grundsätzlich vor. Denn die Veröffentlichung gemäß § 15 WpHG erfolgt in der Regel vor Ablauf der Frist für die Billigung eines Nachtrags. Nach Veröffentlichung des Umstandes gemäß § 15 WpHG ist der Prospekt jedoch unverzüglich um einen Hinweis auf die Veröffentlichung gemäß § 15 WpHG zu ergänzen. Dieser ergänzende Hinweis im Prospekt ist mit oder unverzüglich nach der Veröffentlichung nach § 15 WpHG in der gleichen Art wie der Prospekt zu veröffentlichen. Dieser Hinweis bedarf dabei nicht der Billigung der Bundesanstalt.

Anders zu beurteilen ist das Verhältnis von § 15 des WpHG zu § 16, wenn Wertpapiere öffentlich angeboten werden, die zum Handel an einem organisierten Markt zugelassen werden sollen. In diesen Fällen herrscht insbesondere während der Zeichnungsfrist häufig eine besondere Anlagestimmung. Für einen Umstand, der eine Veröffentlichungspflicht gemäß § 15 WpHG auslöst, besteht deshalb eine Nachtragspflicht gemäß § 16. Der Nachtrag ist dann frühestens zum Zeitpunkt der Veröffentlichung der Mitteilung nach § 15 WpHG zu veröffentlichen."

183 Diese Ausführungen der Regierungsbegründung sind zu Recht als **„unverständlich"** bzw. **„nicht klar, was damit gemeint ist"** kritisiert worden.[381] Offensichtlich wollte der deutsche Gesetzgeber zwischen reinen Zulassungsprospekten (erster Absatz des Zitats) und Prospekten für öffentliche Angebote (hier formatierungstechnisch als zweiter Absatz des Zitats hervorgehoben) unterscheiden. **Bei reinen Zulassungsprospekten** schien der deutsche Gesetzgeber von einem Vorrang von § 15 WpHG a. F. (heute Art. 17 der Marktmissbrauchsverordnung) vor der Regelung des § 16 WpPG a. F. auszugehen, d. h. in einem solchen Fall sollte wohl die **Veröffentlichung nach § 15 WpHG a. F. (heute Art. 17 der Marktmissbrauchsverordnung) den Nachtrag nach § 16 WpPG a. F. ersetzen**. Nur so wurde auch verständlich, dass der deutsche Gesetzgeber eine Hinweispflicht im Prospekt auf die Veröffentlichung nach § 15 WpHG a. F. (heute Art. 17 der Marktmissbrauchsverordnung) statuierte und für diesen Hinweis, der gerade kein Nachtrag im Sinne des WpPG

---

[381] *Groß*, Kapitalmarktrecht, 6. Aufl. 2016, § 16 WpPG Rn. 19; ähnlich *Friedl/Ritz*, in: Just/Voß/Ritz/Zeising, WpPG, 1. Aufl. 2009, § 16 Rn. 180; vorsichtiger *Hamann*, in: Schäfer/Hamann, Kapitalmarktgesetze, § 16 WpPG Rn. 32.

sein sollte, eine separate Veröffentlichung „in der gleichen Art wie der Prospekt", d. h. anlehnend an den Wortlaut des § 16 Abs. 1 Satz 5 WpPG a. F., nach § 14 WpPG a. F. forderte. Auch aus der Formulierung für die Anforderungen bei öffentlichen Angeboten („besteht deshalb eine Nachtragspflicht gemäß § 16") wurde deutlich, dass der deutsche Gesetzgeber bei reinen Zulassungsprospekten auf das Billigungserfordernis eines Nachtrags scheinbar verzichten zu können glaubte.[382] Für den **Fall eines Prospekts für ein öffentliches Angebot von Wertpapieren, die zum Handel an einem organisierten Markt zugelassen werden sollen**,[383] ging der deutsche Gesetzgeber wegen der „besonderen Anlagestimmung während der Zeichnungsfrist" dagegen davon aus, dass ein **Nachtrag** gebilligt werden müsse, der aber ausweislich des letzten Satzes der Regierungsbegründung **nicht vor der Ad-hoc-Mitteilung veröffentlicht werden sollte** (was in der Praxis wegen des Erfordernisses der unverzüglichen Veröffentlichung der Ad-hoc-Mitteilung ohnehin kaum vorkommen würde und sich im Übrigen im alten Recht bereits aus § 15 Abs. 5 Satz 1 WpHG a. F.[384] sowie aus § 14 Abs. 1 Nr. 2 WpHG a. F. ergab bzw. im neuen Recht aus Art. 14 lit. c der Marktmissbrauchsverordnung ergibt). Umgekehrt besagte dieser Satz auch in dieser Konstellation nicht, dass die Ad-hoc-Mitteilung nicht vor dem Nachtrag veröffentlicht werden soll.

2. Stellungnahme zur Regierungsbegründung zum alten Recht und zum Verhältnis der Vorschriften unter neuem Recht

a) Kein Vorrang der Nachtragspflicht gegenüber der Ad-hoc-Publizität

Richtig ist auch unter der neuen Rechtslage an den damaligen Ausführungen der Regierungsbegründung zunächst der Ausgangspunkt, nämlich dass – anders gewendet – Art. 23 nichts an der Verpflichtung eines Emittenten zur Veröffentlichung von Ad-hoc-Mitteilungen nach Art. 17 der Marktmissbrauchsverordnung ändert, d. h. die Veröffentlichung der Ad-hoc-Mitteilung kann nicht allein wegen des laufenden Billigungsverfahrens hinausgezögert werden.[385] Bei Vorliegen der entsprechenden Tatbestandsvoraussetzungen unterliegt der Emittent sowohl der Nachtragspflicht nach Art. 23 als auch der Pflicht zur Veröf-

---

382 Nur so erklärt sich auch der letzte Satz der Regierungsbegründung zum Zeitpunkt der Veröffentlichung des Nachtrags in Abgrenzung zur reinen Hinweispflicht in den Fällen, in denen es kein öffentliches Angebot gibt.
383 Anders als bei *Friedl/Ritz*, in: Just/Voß/Ritz/Zeising, WpPG, 1. Aufl. 2009, § 16 Rn. 180 dargestellt, trifft dies nicht nur auf IPOs zu, sondern regelmäßig auch für Bezugsrechtskapitalerhöhungen bereits notierter Emittenten.
384 Art. 17 der Marktmissbrauchsverordnung enthält allerdings keine entsprechende Regelung. Auch unter dessen Geltung dürfte aber wegen der Pflicht zur unverzüglichen Veröffentlichung („so bald wie möglich") sowie wegen Art. 14 lit. c der Marktmissbrauchsverordnung (siehe dazu ebenfalls → Rn. 183) eine vorherige Veröffentlichung eines Nachtrags kaum in Betracht kommen.
385 So auch *Apfelbacher/Metzner*, BKR 2006, 81, 86; *Schlitt/Singhof/Schäfer*, BKR 2005, 251, 256; *Müller/Oulds*, WM 2007, 573, 577; *Meyer*, in: Habersack/Mülbert/Schlitt, Unternehmensfinanzierung, § 36 Rn. 94; *Müller*, WpPG, § 16 Rn. 5; *Heidelbach*, in: Schwark/Zimmer, KMRK, § 16 WpPG Rn. 26; *Schlitt*, in: Habersack/Mülbert/Schlitt, Kapitalmarktinformation, § 5 Rn. 28, und wohl auch *Lenz*, in: Just/Voß/Ritz/Zeising, Wertpapierprospektrecht, 2. Aufl. 2023, Art. 23 ProspektVO Rn. 176, 180. D.h. der Nachtrag geht der Ad-hoc-Mitteilung nicht zeitlich vor. Ebenso *Wiegel*, Die Prospektrichtlinie und Prospektverordnung, S. 365 ff., allerdings differenzierend für den Fall, dass noch keine Börsennotierung besteht.

fentlichung einer Ad-hoc-Mitteilung nach Art. 17 der Marktmissbrauchsverordnung.[386] Die **Verpflichtung zur Ad-hoc-Mitteilung wird durch die Nachtragspflicht** aus den in den folgenden Randnummern genannten Gründen **nicht verdrängt**:

185 Der Kapitalmarkt hat ein fundamentales Interesse an unverzüglicher Information über derartige wichtige Umstände. Würde der Anbieter bzw. Emittent die Ad-hoc-Mitteilung aufschieben, bis die zuständige Behörde den eingereichten Nachtrag geprüft und inhaltlich freigegeben hat, würden in der Zwischenzeit zahlreiche Transaktionen am Kapitalmarkt auf Basis unzureichender Informationen abgewickelt, was den im Markt handelnden Kapitalmarktteilnehmern nicht zugemutet werden kann.[387] Insofern ist zu berücksichtigen, dass die Pflichten nach Art. 23 der ProspektVO und Art. 17 der Marktmissbrauchsverordnung unterschiedlichen Zielen dienen.[388] Die daran geäußerte Kritik, dass nicht einzusehen sei, warum dem Publikum vor Prüfung und Billigung eines Nachtrags durch die zuständige Behörde eine ungeprüfte Ad-hoc-Mitteilung gemacht werden solle,[389] ist vor diesem **fundamentalen Interesse des Kapitalmarkts an möglichst aktueller Transparenz** nicht nachzuvollziehen (zumal auch sonst Ad-hoc-Mitteilungen ja nicht behördlich geprüft werden).[390] Auch der Emittent muss berechtigterweise den Kapitalmarkt informieren dürfen, um kein falsches Bild über sein Unternehmen im Markt zu belassen und damit Vertrauen des Kapitalmarkts zu verlieren. Aus diesem Grund lässt sich dieses Ergebnis – Aufschieben der Ad-hoc-Mitteilung bis zur Billigung des Nachtrags – auch nicht über Art. 17 Abs. 4 der Marktmissbrauchsverordnung erreichen, d.h. der Emittent ist nicht berechtigt, aufgrund des Prüfungsverfahrens des Nachtrags durch die zuständige Behörde die Veröffentlichung der Ad-hoc-Mitteilung hinauszuschieben, bis die zuständige Behörde den Nachtrag gebilligt hat.[391]

186 Sollte die zuständige Behörde – was in der Praxis wegen der begrenzten materiellen Prüfungspflicht der zuständigen Behörde ohnehin eher unwahrscheinlich ist – tatsächlich inhaltliche Anmerkungen haben oder Änderungen verlangen, die nicht nur in den Details

---

386 So auch die Ansicht der BaFin, vgl. BaFin-Journal, Ausgabe September 2012, S. 11.
387 Siehe ausgesprochen überzeugend die Darlegung der rechtssystematischen Stellung und der Bedeutung von Art. 17 der Marktmissbrauchsverordnung für den Kapitalmarkt bei *Assmann*, in: Assmann/Schneider, WpHG, § 15 Rn. 2 m.w.N.
388 Treffend dargestellt bei *Seitz*, in: Assmann/Schlitt/von Kopp-Colomb, Prospektrecht Kommentar, Art. 23 ProspektVO Rn. 19.
389 *Rauch*, in: Holzborn, WpPG, § 16 Rn. 41; *Ekkenga*, BB 2005, 561, 564. Der Verweis auf § 10 Abs. 6 WpÜG hilft nicht weiter, weil die Veröffentlichung der Entscheidung nach § 10 WpÜG ja gerade nicht von der BaFin geprüft werden muss und daher eben keine Verzögerung der Veröffentlichung durch die Prüfung der BaFin eintritt, die bei Subsidiarität der Ad-hoc-Mitteilung zur Nachtragspflicht drohen würde.
390 Nach Erwägungsgrund 1 der ProspektVO ist neben dem Anlegerschutz die Markteffizienz auch ein wesentliches Ziel der ProspektVO. *Crüwell*, AG 2003, 243, 251 formulierte bereits treffend zum alten Recht: „Aus Anlegerschutzgründen ist eine Verzögerung der Bekanntgabe neuer wesentlicher Informationen im laufenden Angebotsverfahren jedenfalls widersinnig. Hier kommt es auf schnelle Information der Anleger an; dieses Informationsinteresse überwiegt jedes Prüfungsinteresse."
391 Dies folgt aus einer Subsumtion des Art. 17 Abs. 4 der Marktmissbrauchsverordnung; der Emittent kann die Prüfung der BaFin gerade nicht heranziehen, um ein berechtigtes Interesse am Aufschub zu begründen. Ähnlich, wenn auch vorsichtiger *Lenz*, in: Just/Voß/Ritz/Zeising, Wertpapierprospektrecht, 2. Aufl. 2023, Art. 23 ProspektVO Rn. 180 („wird der Emittent jedoch nicht berechtigt sein").

des Nachtrags liegen, sondern an der Grundaussage der Ad-hoc-Mitteilung etwas ändern, wäre der Emittent verpflichtet, dies durch eine **weitere Ad-hoc-Mitteilung**[392] oder eine ähnlich gestaltete Veröffentlichung zu korrigieren. Deshalb beeinträchtigt diese Wertung auch nicht die Prüfungskompetenz der zuständigen Behörde zum Nachtrag, die ihr in voller Hinsicht erhalten bleibt. Diese (ausgesprochen unwahrscheinliche) **Doppelkommunikation ist in Kauf zu nehmen,**[393] um die Funktionsfähigkeit des Kapitalmarkts aufrechtzuerhalten und potenziellen Insidervergehen vorzubeugen.[394]

Hinzu kommt das **formale Argument**, dass nichts in der ProspektVO darauf hindeutet, dass hier eine Spezialität zugunsten der ProspektVO gegenüber der Marktmissbrauchsverordnung eingreifen soll; zum Beispiel existiert keine dem § 10 Abs. 6 WpÜG vergleichbare Regelung. Insofern hat es bei dem sich aus der Regelung selbst ergebenden Nebeneinander der Vorschriften zu bleiben. 187

Schließlich muss aufgrund der fehlenden Subsidiaritätsklausel auch **nicht jeder Prospekt per Ad-hoc-Mitteilung vorab veröffentlicht werden**.[395] Wenn es sich um einen Prospekt eines Emittenten handelt, dessen Wertpapiere bereits gehandelt werden, ist davon auszugehen, dass er alle wesentlichen Informationen über nicht öffentlich bekannte Umstände, die geeignet sind, den Börsenkurs der Wertpapiere erheblich zu beeinflussen, bereits veröffentlicht hat, d. h. der Prospekt sollte gerade keine Insiderinformationen enthalten. Und nach zutreffender Auffassung darf ein Emittent zum Zeitpunkt der Veröffentlichung des Prospekts auch nicht mehr über Informationen verfügen, hinsichtlich derer er sich nach Art. 17 Abs. 4 der Marktmissbrauchsverordnung selbst von einer Ad-hoc-Pflicht befreit hat, weil die Veröffentlichung über den Prospekt (falls die Information dann im Prospekt eingefügt ist) nicht der richtige Kanal für die Veröffentlichung ist, sondern eben über eine Ad-hoc-Mitteilung vorzunehmen ist bzw. der Prospekt unvollständig ist (falls die Infor- 188

---

392 In § 15 Abs. 2 Satz 2 WpHG a. F. war dies für „unwahre Informationen" noch ausdrücklich so festgehalten („Unwahre Informationen, die nach Absatz 1 veröffentlicht wurden, sind unverzüglich in einer Veröffentlichung nach Absatz 1 zu berichtigen, auch wenn die Voraussetzungen des Absatzes 1 nicht vorliegen."). Art. 17 der Marktmissbrauchsverordnung enthält keine entsprechende Regelung. Auch unter dessen Geltung dürfte sich aber die Pflicht zur Veröffentlichung einer weiteren Ad-hoc-Mitteilungen für kursbeeinflussende Tatsachen schon aus Art. 17 Abs. 1 ergeben. Für nicht kursbeeinflussende Tatsachen dürfte eine solche Berichtigungspflicht dagegen wegen des fehlenden Pendants zu § 15 Abs. 2 Satz 2 WpHG a. F. nicht bestehen. Aufgrund von Art. 23 Abs. 2 lit. m müssen allerdings auch nach der Marktmissbrauchsverordnung die zuständigen Behörden die Möglichkeit haben, die Veröffentlichung einer Berichtigung zu verlangen.
393 A. A. *Rauch*, in: Holzborn, WpPG, § 16 Rn. 41, die befürchtet, dass die Ad-hoc-Mitteilung eher zu einer Verwirrung der Anleger führe als zu deren Schutz. So auch *Ekkenga*, BB 2005, 561, 564; *Ekkenga/Maas*, Das Recht der Wertpapieremissionen, S. 171 f. Rn. 248 f.; *Merkner/Sustmann*, NZG 2005, 729, 734. Wie hier *Apfelbacher/Metzner*, BKR 2006, 81, 86; *Schlitt/Singhof/ Schäfer*, BKR 2005, 251, 256; *Müller/Oulds*, WM 2007, 573, 577; *Wiegel*, Die Prospektrichtlinie und Prospektverordnung, S. 367.
394 Als Beispiele stelle man sich die Festlegung eines Bezugspreises per Nachtrag zu einem Kapitalerhöhungs-Prospekt während der Angebotsfrist vor (vgl. § 186 Abs. 2 AktG) oder die Festlegung der Preisspanne in einem IPO nach dem sog. Decoupled Bookbuilding Approach. Diese extrem sensiblen Insiderinformationen können schlicht nicht ernsthaft zurückgehalten werden, bis die BaFin den Nachtrag gebilligt hat. Hier drohen dem Emittenten auch Schadensersatzansprüche, die unabsehbar sind.
395 Die Gefahr sehen aber *Wieneke*, NZG 2005, 109, 114 (der diese (zu Unrecht befürchtete) Folge zu Recht als „absurd" bezeichnet) und *Rauch*, in: Holzborn, WpPG, § 16 Rn. 41.

mation auch nicht im Prospekt ist). Insofern wird der Prospekt zahlreiche wesentliche Informationen über den Anbieter/Emittenten enthalten, aber keine wesentlichen, nicht öffentlich bekannten im Sinne von Art. 7 der Marktmissbrauchsverordnung. Im Falle eines IPOs wird sich die Frage regelmäßig dadurch erledigen, dass der Prospekt für das Angebot (schon wegen Art. 21 Abs. 1 UAbs. 2 und der kurzen Fristen des Börsenzulassungsverfahrens, vgl. §§ 48 ff. BörsZulV) vor der Stellung des Zulassungsantrags und damit vor Beginn der Anwendbarkeit von Art. 17 der Marktmissbrauchsverordnung veröffentlicht werden wird.[396]

189 Der von der Regierungsbegründung propagierte Vorrang der Ad-hoc-Mitteilung vor der Nachtragspflicht ist **keineswegs dahin zu verstehen**, dass, falls die **Voraussetzungen des Art. 17 Abs. 4 der Marktmissbrauchsverordnung** vorliegen, **sowohl auf die Veröffentlichung einer Ad-hoc-Mitteilung als auch auf die Veröffentlichung eines Nachtrags verzichtet werden kann**.[397] Denn die Verpflichtung des Emittenten/Anbieters/Zulassungsantragstellers zur vollständigen und richtigen Information des Anlegers im Fall des öffentlichen Angebots bzw. Zulassungsverfahrens auf Basis eines Prospekts ist unbedingt und unterliegt gerade nicht einem Vorbehalt, wie ihn Art. 17 Abs. 4 der Marktmissbrauchsverordnung vorsieht. Eine andere Auslegung wäre mit europäischem Recht nicht vereinbar.[398]

b) Keine Sonderregelung in Bezug auf reine Zulassungsprospekte

190 Nicht gefolgt werden kann der Regierungsbegründung zum deutschen Wertpapierprospektgesetz a. F. auch unter der neuen Rechtslage dagegen hinsichtlich der Unterscheidung zwischen reinen Zulassungsprospekten und Prospekten für öffentliche Angebote.[399] Diese Trennung ist in Art. 23 ebenso wenig angelegt wie der von der Gesetzesbegründung geforderte ergänzende Hinweis. Daher ist **auch im Zusammenhang mit reinen Zulas-**

---

396 Vgl. *Apfelbacher/Metzner*, BKR 2006, 81, 84 mit Hinweis auf die frühere Verpflichtung zur Stellung des Zulassungsantrags mit Einreichung des Prospektentwurfs bei der Börse und Beschreibung der hier diskutierten Problematik in Fn. 36. Ausführlich ebenso *Meyer*, in: Habersack/Mülbert/Schlitt, Unternehmensfinanzierung, 2. Aufl. 2008, § 30 Rn. 75; *Parmentier*, NZG 2007, 407 ff.; *Schlitt/Singhof/Schäfer*, BKR 2005, 251, 261 mit Hinweis darauf, dass zudem das Vorliegen einer ad-hoc-pflichtigen Information einen beeinflussbaren Börsen- oder Marktpreis voraussetze. Letzterem beipflichtend *Lenz*, in: Just/Voß/Ritz/Zeising, Wertpapierprospektrecht, 2. Aufl. 2023, Art. 23 ProspektVO Rn. 101.
397 So aber *Müller/Oulds*, WM 2007, 573, 577; *Heidelbach*, in: Schwark/Zimmer, KMRK, § 16 WpPG Rn. 26; *Müller*, WpPG, § 16 Rn. 5; *Schlitt/Schäfer*, AG 2005, 498, 507; *Schanz/Schalast*, HfB – Working Paper Series No. 74, 2005, S. 41; *Schlitt*, in: Habersack/Mülbert/Schlitt, Kapitalmarktinformation, § 6 Rn. 33. Ebenfalls in diese Richtung, wenngleich vorsichtiger („ließe sich argumentieren") *Schlitt*, in: Assmann/Schlitt/von Kopp-Colomb, Prospektrecht Kommentar, Art. 23 ProspektVO Rn. 144. Richtig dagegen *Meyer*, in: Habersack/Mülbert/Schlitt, Unternehmensfinanzierung, 2. Aufl. 2008, § 30 Rn. 76.
398 „Vorrang" meint insoweit also, dass eine Ad-hoc-Mitteilung erfolgen kann und dann ein Nachtrag eventuell nicht mehr notwendig sein könnte, nicht vollständigen Regelungsvorrang der Norm. Im Übrigen darf aber auch umgekehrt die Veröffentlichung der Ad-hoc-Mitteilung nicht aufgeschoben werden, bis der Nachtrag gebilligt ist; die Voraussetzungen des Art. 17 Abs. 4 der Marktmissbrauchsverordnung sind allein wegen einer möglichen „doppelten Publizität", falls die BaFin Anmerkungen zum Nachtrag hat, nicht gegeben (andere Ansicht andeutend *Hamann*, in: Schäfer/Hamann, Kapitalmarktgesetze, § 16 WpPG Rn. 32).
399 So auch *Groß*, Kapitalmarktrecht, 6. Aufl. 2016, § 16 WpPG Rn. 19.

sungsprospekten nicht lediglich eine Ad-hoc-Mitteilung zu veröffentlichen, sondern auch ein **Nachtrag**, der von der zuständigen Behörde zu billigen ist. Auch wenn der bereits durch das Wertpapierprospektgesetz a. F. geschaffene und nun auch in Art. 23 zu findende Billigungsvorbehalt teilweise (scharf) kritisiert wurde (→ Rn. 10), kann das Ergebnis nicht in teleologischer Reduktion für Zulassungsprospekte geändert werden. Andernfalls würde im Übrigen eventuell auch Unklarheit über den Inhalt des Prospekts und die nunmehr durch die Ad-hoc-Mitteilung abgeänderten bzw. abzuändernden Passagen und damit auch über die Haftungsgrundlage etwaiger Prospekthaftungsansprüche geschaffen.[400] Dem kann auch nicht durch eine freiwillige Nachtragsveröffentlichung abgeholfen werden,[401] neben den genannten materiellen Punkten schon deshalb, weil die zuständige Behörde in einer solchen Konstellation keinen Raum für eine Prüfung eines „freiwilligen" Nachtrags sähe.

c) Hinweis auf Ad-hoc-Mitteilung bis zur Veröffentlichung des Nachtrags

Zuzustimmen ist der Regierungsbegründung auch unter neuem Recht dagegen in der der Hinweispflicht zugrunde liegenden Aussage, dass der Prospekt ab Veröffentlichung der Ad-hoc-Mitteilung nach Art. 17 der Marktmissbrauchsverordnung bis zur Billigung des Nachtrags **nicht mehr ohne die Ad-hoc-Mitteilung verteilt werden darf**, d. h. der Anbieter/Emittent ist verpflichtet, die Ad-hoc-Mitteilung bis zur Billigung des Nachtrags nach Art. 21 Abs. 2 neben dem Prospekt auf der Internetseite zu veröffentlichen.[402] Diese Verpflichtung ist **Kehrseite der Haftungsprivilegierung**, die der Anbieter/Emittent ab Veröffentlichung der Ad-hoc-Mitteilung nach § 12 Abs. 2 Nr. 4 genießt, und zudem auch im Zusammenhang mit dem Kongruenzgebot des Art. 22 Abs. 4 zu sehen.[403] Ab Billigung und Veröffentlichung des Nachtrags tritt dieser an die Stelle der Ad-hoc-Mitteilung, sodass ab diesem Zeitpunkt, wie oben bereits dargelegt, der Prospekt nicht mehr ohne den Nachtrag verteilt werden darf. Einer Einbeziehung der Ad-hoc-Mitteilung über Art. 19 bedarf es gerade nicht.[404]

191

Auf Basis der vorgenannten Interpretation, insbesondere des Nebeneinanders von Nachtragsveröffentlichung und Ad-hoc-Publizität, besteht bereits nach altem Recht **kein Be-**

192

---

400 Insofern ist der Nachtrag auch neben der Ad-hoc-Mitteilung nicht etwa entbehrlich. So auch *Hamann*, in: Schäfer/Hamann, Kapitalmarktgesetze, § 16 WpPG Rn. 32; *Friedl/Ritz*, in: Just/ Voß/Ritz/Zeising, WpPG, 1. Aufl. 2009, § 16 Rn. 179. A. A. *Rauch*, in: Holzborn, WpPG, § 16 Rn. 41.
401 So aber *Schlitt*, in: Assmann/Schlitt/von Kopp-Colomb, Prospektrecht Kommentar, Art. 23 ProspektVO Rn. 142.
402 So auch *Groß*, Kapitalmarktrecht, Art. 23 ProspektVO Rn. 33.
403 Art. 22 Abs. 5 lit. b (§ 15 Abs. 5 Satz 2 WpPG a. F.) ist dagegen nicht sedes materiae, da die Information gerade nicht selektiv einzelnen Anlegern oder Anlegergruppen übermittelt wurde, andere Ansicht *Ekkenga*, BB 2005, 561, 564; *Rauch*, in: Holzborn, WpPG, § 16 Rn. 41. Vgl. zum Ganzen auch *Lenenbach*, Kapitalmarktrecht und kapitalmarktrelevantes Gesellschaftsrecht, Rn. 10.331, der den in der Regierungsbegründung genannten „Vorrang von § 15 WpHG" unter Berufung auf BGHZ 139, 225, 232 f. rundweg ablehnt.
404 Anders wohl *Ekkenga*, BB 2005, 561, 564; *Rauch*, in: Holzborn, WpPG, § 16 Rn. 40 („Dies geschieht regelmäßig per Einbeziehung in Form eines Verweises nach § 11 WpPG") und nochmals Rn. 41 in Fn. 76. Eine derartige Praxis besteht jedenfalls bei Eigenkapitalemissionen in Deutschland nicht.

dürfnis für die teilweise in der Literatur geforderte[405] weitere gesetzliche Regelung dieses Normverhältnisses. Auch der europäische Normgeber scheint ein solches Regelungsbedürfnis nicht gesehen zu haben, da er bei der Neuregelung des europäischen Prospektrechts in der ProspektVO gerade keine expliziten Aussagen zum Verhältnis von Ad-hoc-Publizität und Nachtrag aufgenommen hat.

---

405 *Rauch*, in: Holzborn, WpPG, § 16 Rn. 41.

Kapitel V
Grenzüberschreitende Angebote, Zulassungen zum Handel an einem geregelten Markt und Sprachenregelung

Art. 24 ProspektVO
Unionsweite Geltung gebilligter Prospekte

(1) Sollen Wertpapiere in einem oder mehreren Mitgliedstaaten oder in einem anderen Mitgliedstaat als dem Herkunftsmitgliedstaat öffentlich angeboten oder zum Handel an einem geregelten Markt zugelassen werden, so ist unbeschadet des Artikels 37 der vom Herkunftsmitgliedstaat gebilligte Prospekt einschließlich etwaiger Nachträge in beliebig vielen Aufnahmemitgliedstaaten für ein öffentliches Angebot oder für die Zulassung zum Handel gültig, sofern die ESMA und die zuständige Behörde jedes Aufnahmemitgliedstaats gemäß Artikel 25 unterrichtet werden. Die zuständigen Behörden der Aufnahmemitgliedstaaten führen für die von den zuständigen Behörden anderer Mitgliedstaaten gebilligten Prospekte und Nachträge sowie für die endgültigen Bedingungen keine Billigungs- oder Verwaltungsverfahren durch.

(2) Tritt innerhalb des in Artikel 23 Absatz 1 genannten Zeitraums ein wichtiger neuer Umstand ein oder wird innerhalb dieses Zeitraums eine wesentliche Unrichtigkeit oder eine wesentliche Ungenauigkeit festgestellt, so verlangt die zuständige Behörde des Herkunftsmitgliedstaats die Veröffentlichung eines Nachtrags, der gemäß Artikel 20 Absatz 1 zu billigen ist. Die ESMA und die zuständige Behörde des Aufnahmemitgliedstaats können die zuständige Behörde des Herkunftsmitgliedstaats über den Bedarf an neuen Informationen unterrichten.

Übersicht

	Rn.		Rn.
I. Überblick	1	f) Subsidiäre Notmaßnahmen der BaFin	20
II. Regelungsgehalt	6	3. Geltung im Inland gebilligter Prospekte im EWR-Ausland (Notifizierung von Deutschland in einen anderen Mitgliedstaat)	21
1. Anwendungsbereich	6		
2. Geltung im EWR-Ausland gebilligter Prospekte im Inland (Notifizierung aus einem anderen Herkunftsstaat nach Deutschland)	9		
		4. Notwendigkeit eines Nachtrags, behördliche Maßnahmen nach Art. 24 Abs. 2	22
a) Unterrichtung der BaFin und der ESMA	13	a) Bei in Deutschland gebilligten Prospekten	23
b) Sprachanforderungen	14		
c) Rechtsfolgen bei Verstößen	15	b) Bei nach Deutschland notifizierten Prospekten, subsidiäre Notmaßnahmen der BaFin	26
d) Veröffentlichungsmodalitäten	16		
e) Reaktion der BaFin – Bekanntmachung/Bestätigung der erfolgten Notifizierung	18		

I. Überblick

1 Art. 24 tritt an die Stelle von Art. 17 ProspektRL, wie im deutschen Recht zuvor in § 17 WpPG a. F. umgesetzt. Die **unmittelbar anwendbare Bestimmung** regelt für das deutsche Recht den sogenannten **Europäischen Pass** für Wertpapiere, d. h. die Möglichkeit, mit einem in einem Mitgliedstaat des **EWR** gebilligten Prospekt öffentliche Angebote auch in anderen Mitgliedstaaten des **EWR**[1] durchzuführen und/oder die Wertpapiere auch in anderen Mitgliedstaaten des **EWR** an einem organisierten Markt zuzulassen, ohne dass in den anderen Mitgliedstaaten ein weiteres Verwaltungsverfahren erforderlich ist. Am deutlichsten kommt das gleich in Art. 24 Abs. 1 Satz 1 in der Wendung zum Ausdruck, dass „der vom Herkunftsmitgliedstaat gebilligte Prospekt in beliebig vielen Aufnahmestaaten für ein öffentliches Angebot oder für die Zulassung zum Handel **gültig**[2] ist". Damit ist Art. 24 zentral für das europäische Kapitalmarktrecht, insbesondere zur Erreichung des Zieles, den Binnenmarkt für Wertpapiere auf europäischer Ebene unter Berücksichtigung des **Anlegerschutzes** und der **Markteffizienz** zu vollenden. Auf das Spannungsfeld zwischen diesen beiden Zielen – Anlegerschutz und Markteffizienz – sei schon an dieser Stelle hingewiesen; die dabei auftretenden Spannungen überwölben das hier zu kommentierende Kapitel V (Grenzüberschreitende Angebote, Zulassungen zum Handel an einem geregelten Markt und Sprachenregelung) und seine Auslegung und haben darüber hinaus erhebliche Bedeutung für zahlreiche weitere Bestimmungen der ProspektVO. Hintergrund des bereits durch die ProspektRL eingeführten Europäischen Passes für Wertpapiere sind einheitliche gemeinschaftsrechtliche Vorgaben hinsichtlich der materiellen Grundlage der Anforderungen an Wertpapierprospekte und hinsichtlich der formellen Zuständigkeit lediglich einer Behörde in einem Mitgliedstaat zu deren Prüfung und Sicherstellung durch Aufsichtsmaßnahmen, d. h. ein **zentralisiertes Genehmigungsverfahren**[3] mit **Einmalzulassung**.[4] Letzteres wird besonders deutlich in Art. 24 Abs. 1 Satz 2: „Die zuständigen Behörden der Aufnahmemitgliedstaaten führen für [...] die gebilligten Prospekte [...] keine Billigungs- oder Verwaltungsverfahren durch." Am besten ist der „Europäische Pass" dabei als „**Regelungsprinzip**"[5] charakterisiert worden: Es handelt sich nicht um eine bestimmte Vorschrift oder ein bestimmtes Verfahren, sondern um ein auf der Grundlage des Aktionsplans „Finanzdienstleistungen" der Europäischen Kommission auch sonst im europäischen Kapitalmarktrecht (etwa bei der grenzüberschreitenden Erbringung von Finanzdienstleistungen durch bestimmte, qualifizierte Rechtsträger) verbreitetes Prinzip, welches durch die einmalige Billigung (und fortbestehende ständige Aufsicht) der Behörde des Herkunftsmitgliedstaats geprägt ist. Der Europäische Pass ersetzt dabei die alten Regeln über die Zusammenarbeit bzw. die gegenseitige Anwendung in der EG (für das

---

1 Gemäß Art. 36 Abs. 2 i.V.m. Annex IX Ziff. III (i) 24. des Abkommens über den Europäischen Wirtschaftsraum (siehe www.secretariat.efta.int – Stand vom 7.11.2006) gilt die ProspektVO auch in den EFTA-Staaten Island, Liechtenstein und Norwegen.
2 Hervorhebung des Verfassers.
3 Zur Vorgängerregelung in der ProspektRL und im WpPG a. F.: *Alfes*, in: Holzborn, WpPG, § 17 Rn. 1 m. w. N.; dazu, dass in der Praxis die Aufsichtsbehörden einiger EWR-Staaten allerdings gleichwohl weitere Anforderungen stellten: CESR/07-225, Tz. 240.
4 Siehe Erwägungsgrund 1 der ProspektRL.
5 Zur früheren, insofern unveränderten Rechtslage, *Zeising*, in: Just/Voß/Ritz/Zeising, WpPG, 2009, § 17 Rn. 3.

I. Überblick **Art. 24 ProspektVO**

öffentliche Angebot geregelt in §§ 14, 15 VerkProspG a. F.; für die Zulassung zum Handel geregelt in §§ 40, 40a BörsG a. F.).[6]

Indem die unmittelbar anwendbaren Art. 24 bis 26 ProspektVO an die Stelle der einschlägigen Vorgängervorschriften in Art. 17, 18 ProspektRL und deren Umsetzungen in §§ 17, 18 WpG a. F. treten, überwinden sie das in der Vorauflage an dieser Stelle erwähnte Problem, dass die Umsetzung einer Richtlinienvorgabe in innerstaatliches Recht mit dementsprechend lediglich innerstaatlicher Geltung[7] naturgemäß eine zumindest teilweise andere Zielrichtung hat als der gemeinschaftsrechtliche Normsetzungsbefehl selbst. Leichter wird dies im unmittelbar anwendbaren Unionsrecht, deutlich in der Überschrift von Art. 24: „Unionsweite Geltung gebilligter Prospekte", letztlich das zentrale Anliegen der ProspektVO.[8] Art. 25 und 26 gehen zudem hinsichtlich des **Notifizierungsverfahrens** durch Neuerungen deutlich über das alte Recht hinaus.[9] 2

Zentral für das Verständnis von Art. 24 ist dabei das in Art. 2 lit. m ProspektVO definierte **Herkunftsstaatsprinzip**. Art. 24 Abs. 1 Satz 1 sagt dazu: „[…] so ist […] der vom Herkunftsmitgliedstaat gebilligte Prospekt […] in beliebig vielen Aufnahmestaaten für ein öffentliches Angebot oder für die Zulassung zum Handel gültig, sofern die ESMA und die zuständige Behörde jedes Aufnahmemitgliedstaats […] unterrichtet werden." Der in Art. 2 lit. m (siehe Kommentierung dort → Rn. 156 ff.) legal definierte Begriff des Herkunftsstaates regelt und begrenzt aus deutscher Sicht die Zuständigkeit der BaFin als national zuständiger Behörde für die Prüfung von Wertpapierprospekten.[10] Bei Art. 24 und den folgenden Normen ist es für das Verständnis regelmäßig unverzichtbar, sich den **Herkunftsstaat** und die **Zielrichtung (Inland, EWR-Ausland** oder **Drittstaat)** der jeweiligen Bestimmung zu vergegenwärtigen. 3

In der Praxis des Europäischen Passes ergibt sich angesichts des Zieles der **Schaffung eines einheitlichen Binnenmarktes für Wertpapiere** ein gemischtes Bild: Einerseits zeigten sich von Anfang an und bis heute zwar erhebliche Anzahlen von Notifizierungen nach Deutschland und aus Deutschland heraus.[11] Andererseits ist die Bedeutung des Euro- 4

---

6 Dazu auch zur alten, insofern unveränderten Rechtslage *Heidelbach*, in: Schwark/Zimmer, KMRK, 4. Aufl. 2010, § 17 WpPG Rn. 1.
7 Die Regierungsbegründung zum WpG a. F., BR-Drucks. 85/05, S. 57, formulierte: „Die der Bundesanstalt für Finanzdienstleistungsaufsicht nach diesem Gesetz zustehenden Befugnisse *beschränken sich auf das deutsche Hoheitsgebiet.*" (Hervorhebung des Verfassers)
8 Vgl. *Groß*, Kapitalmarktrecht, Art. 24 Rn. 1 f.
9 *von Kopp-Colomb*, in: Assmann/Schlitt/von Kopp-Colomb, Prospektrecht Kommentar, Art. 24 ProspektVO Rn. 2.
10 Zum alten Recht in der ProspektRL und der diese insofern umsetzenden Regelung in § 17 WpPG a. F. *Kullmann/Sester*, WM 2005, 1068, 1070; ebenfalls zum alten Recht a. A. *Alfes*, in: Holzborn, WpPG, § 17 Rn. 9, demzufolge sich die Zuständigkeit nach dem Herkunftsstaatsprinzip dem WpPG genau genommen nicht entnehmen lässt und der das Herkunftsstaatsprinzip für das WpPG lediglich einer richtlinienkonformen Auslegung entnehmen möchte.
11 Als Eckpunkte sollen hier einerseits die Daten von CESR aus der Anfangszeit des gemeinsamen europäischen Prospektrechts und andererseits die neuesten Daten von ESMA herangezogen werden, siehe CESR/07-225, Tz. 44: Insgesamt hat die BaFin zwischen dem 1.7.2005 und dem 30.6.2006 in 331 Fällen Prospekte in andere EWR-Staaten notifiziert und in 382 Fällen Notifizierungen aus anderen EWR-Staaten erhalten; und ESMA32-382-115, 20.7.2021, S. 15: Insgesamt hat die BaFin zwischen dem 1.1.2020 und dem 31.12.2020 in 147 Fällen Prospekte in andere EWR-Staaten notifiziert und in 203 Fällen Notifizierungen aus anderen EWR-Staaten erhalten.

päischen Passes qualitativ, im Sinne eines einheitlichen Binnenmarktes für Privatanleger, eher begrenzt: Denn es handelt sich bei grenzüberschreitenden Prospekten aus deutscher Sicht zum Ersten vielfach um lediglich in einen anderen Mitgliedstaat (zumeist nach Luxemburg oder Österreich) notifizierte bzw. aus einem anderen Mitgliedstaat (zumeist aus Luxemburg) lediglich nach Deutschland notifizierte. Zweitens ist die Notifizierung vielfach davon getrieben, dass der Emittent[12] oder ein ggf. dahinter stehender Garant entweder seine wesentlichen Vermögensgegenstände in dem Aufnahmestaat hat oder der Garant[13] seinen Sitz im Aufnahmestaat hat. Schließlich war die Strukturierung der Transaktionen für deutsche Emittenten mit einem öffentlichen Angebot auch in einem anderen Mitgliedstaat und der damit verbundenen Notifizierung oft von dem anwendbaren Sprachregime getrieben, d.h. von der angestrebten Möglichkeit, für die Prüfung durch die BaFin auch schon nach altem Recht (lediglich) einen englischsprachigen Prospekt zu erstellen (dazu auch → § 21 WpPG Rn. 3). Hintergrund dieses gemischten Bildes hinsichtlich des Europäischen Passes dürften sein:

– die fortbestehende kulturelle und sprachliche Vielfalt innerhalb des EWR und die weiterhin in der Regel allein in Bezug auf heimische Gesellschaften ausreichend vorhandene Kenntnis und Vertrauen beim Privatanlegerpublikum, die grenzüberschreitende öffentliche Angebote aus Sicht des Emittenten zumeist nur begrenzt attraktiv erscheinen lassen, und
– die in den letzten Jahren (unabhängig vom Inkrafttreten des neuen Europäischen Prospektrechts) tendenziell abnehmende Bedeutung der Privatanleger für Platzierungen von Wertpapieren.[14]

5 Im Wesentlichen entspricht Art. 24 Abs. 1 Satz 1 der Regelung in § 17 Abs. 1 WpPG a.F., Art. 24 Abs. 2 der Regelung in § 17 Abs. 2 WpPG a.F. und Art. 24 Abs. 1 Satz 2 der Regelung in § 17 WpPG a.F. Der Aufbau der nachfolgenden Kommentierung folgt der Bedeutung der relevanten Fragestellungen für die Kapitalmarktpraxis in Deutschland. Dementsprechend erfolgt zunächst eine Kommentierung der – sozusagen vor die Klammer gezogenen – allgemeinen Anforderungen für die grenzüberschreitende Geltung gebilligter Prospekte (→ Rn. 6 ff.), sodann Ausführungen zur Geltung im EWR-Ausland gebilligter Prospekte im Inland (→ Rn. 9 ff.) und zur Geltung im Inland gebilligter Prospekte im EWR-Ausland (→ Rn. 21) und abschließend zu in Art. 24 Abs. 2 geregelten Fragen des behördlichen Handels bei Notwendigkeit eines Nachtrags (→ Rn. 22 ff.).

---

12 Siehe etwa den Börsengang der Air Berlin PLC mit Wertpapierprospekt vom 19.4.2006.
13 Siehe als Beispiel (allerdings aus der Zeit vor Inkrafttreten des neuen Prospektrechts) etwa die Wandelschuldverschreibung der Conti-Gummi Finance B.V. in Aktien der Continental AG vom 19.5.2004 bzw. vom 21.6.2004 (Datum des Zulassungsprospekts).
14 Vorsichtig auch schon zur alten, aber insofern unveränderten Rechtslage *Heidelbach*, in: Schwark/Zimmer, KMRK, 4. Aufl. 2010, § 17 WpPG Rn. 2, die konstatiert, dass die Vorschrift des § 17 a.F. nicht die vom europäischen Gesetzgeber erwartete Bedeutung erlangt hat. *Heidelbach* hält dabei die fehlende Harmonisierung des (Prospekt-)Haftungsrechts und das mit einem Grenzübertritt verbundene Haftungsrisiko für entscheidend.

II. Regelungsgehalt
1. Anwendungsbereich

Wie sich aus der Zusammenschau mit Art. 25 und Art. 26 ergibt, erfasst Art. 24 (Möglichkeit der unionsweiten Geltung) vom **Anwendungsbereich** her einteilige und dreiteilige Prospekte und Nachträge und nunmehr auch einzelne Registrierungsformulare und einheitliche Registrierungsformulare sowie sog. „endgültige Bedingungen" (*final terms*). Für in Deutschland geprüfte Prospekte bedeutet dies regelmäßig, dass ein Billigungsverfahren durchgeführt und durch einen Verwaltungsakt[15] abgeschlossen worden sein muss, nicht aber für endgültige Bedingungen, die nicht gebilligt werden müssen.[16]

Umstritten ist, ob sonstige Prospekte für nach deutschem Recht mangels voller Fungibilität nicht als Wertpapiere anzusehende Vermögensanlagen, etwa nach dem Gesetz über Vermögensanlagen oder dem KAGB, dem Anwendungsbereich unterfallen.[17] Damit verbunden ist die Frage, ob eine zusätzliche materielle Prüfung durch die BaFin als zuständige Behörde des Aufnahmestaates erfolgen könnte. Folgt man dabei dem Herkunftsstaatsprinzip als Leitmotiv, so dürfte im Zweifelsfall die Bestätigung durch die Behörde des Herkunftsstaats maßgeblich und die Möglichkeit einer materiellen Prüfung durch die BaFin zu verneinen sein.[18]

Damit ein öffentliches Angebot und/oder eine Börsenzulassung in einem anderen EWR-Staat, dem sog. **Aufnahmemitgliedstaat** i. S. v. Art. 2 lit. n, erfolgen können, bedarf es nach Art. 24 Abs. 1 Satz 1 lediglich der **Notifizierung**, nämlich der Übermittlung der **Bescheinigung über die Billigung** sowie einer elektronischen Kopie des Prospekts (oder sonstigen zu übermittelnden Dokumentes) über das **öffentlich zugängliche ESMA-Notifizierungsportal** durch die zuständige Behörde des Herkunftsmitgliedstaates an die zuständige Behörde des Aufnahmemitgliedstaates (siehe zum Notifizierungsverfahren Art. 25 f.).

2. Geltung im EWR-Ausland gebilligter Prospekte im Inland (Notifizierung aus einem anderen Herkunftsstaat nach Deutschland)

Art. 24 Abs. 1 Satz 1 sieht aus deutscher Sicht einerseits die Geltung des **Europäischen Passes** für Wertpapiere in Deutschland vor und ordnet dazu die **Geltung** eines von der

---

15 Dies ergibt sich aus der Außenwirkung der Entscheidung, vgl. auch Regierungsbegründung zum WpPG, BR-Drucks. 85/05, S. 75 zu § 13 Abs. 1.
16 Dazu insbesondere Art. 8 Abs. 5 UAbs. 1 Satz 2 (der nur von „Hinterlegung" spricht); auch unter Geltung der ProspektRL allg. Meinung und für Deutschland ständige Praxis der BaFin, vgl. Präsentation vom 29.5.2006 zum Workshop vom 17. u. 22.5.2006, S. 28; ebenso noch zum alten Recht unter der ProspektRL *Rimbeck*, in: Heidel, Aktienrecht und Kapitalmarktrecht, § 17 WpPG Rn. 1; *Linke*, in: Schäfer/Hamann, Kapitalmarktgesetze, § 17 Rn. 5; *Alfes*, in: Holzborn, WpPG, § 17 Rn. 23.
17 Zu Einzelheiten siehe die Kommentierung oben zu Art. 1 und 2; dagegen zum alten Recht (VerkProspG und InvG) *Linke*, in: Schäfer/Hamann, Kapitalmarktgesetze, § 17 WpPG Rn. 1; dafür *von Kopp-Colomb/Witte*, in: Assmann/Schlitt/von Kopp-Colomb, WpPG/VerkProspG, 2. Aufl. 2010, § 17 WpPG Rn. 29 a. E.
18 Indirekt wohl auch *von Kopp-Colomb*, in: Assmann/Schlitt/von Kopp-Colomb, Prospektrecht Kommentar, § 24 Rn. 3 f.

zuständigen Behörde eines anderen **EWR-Herkunftsstaats** (Art. 2 lit. m) gebilligten Prospektes einschließlich etwaiger Nachträge für ein öffentliches Angebot oder die Zulassung zum Handel **in der Bundesrepublik Deutschland ohne zusätzliches Billigungsverfahren** an. Treffend ist insofern weiterhin die Gesetzesbegründung des Regierungsentwurfs zu § 17 Abs. 1 WpPG a. F.: „Diese Bestimmung regelt die gemeinschaftsweite Geltung von Prospekten. Die Bundesanstalt nimmt im Rahmen der bei ihr eingehenden Prospekte, für die eine Bescheinigung der Billigung der zuständigen Behörde eines anderen Herkunftsstaats vorgelegt wird, keine weitere Billigung des Prospekts vor."[19] **Herkunftsstaat** ist für Emittenten von Dividendenwertpapieren derjenige EWR-Staat, in dem der Emittent seinen Sitz hat; Emittenten von Nichtdividendenwerten sowie Drittstaatenemittenten stehen in Bezug auf die Bestimmung des Herkunftsstaats bestimmte Wahlrechte zu (siehe dazu oben die Kommentierung zu Art. 2 lit. m → Rn. 156 ff.).

10 Wie in Art. 24 Abs. 1 Satz 2 nochmals explizit klargestellt, hat die BaFin – anders als im früher geltenden Verfahren der gegenseitigen Anerkennung – als zuständige Behörde des **Aufnahmestaates** (Art. 2 lit. n) kein materielles Prüfungsrecht (grundsätzlich auch nicht hinsichtlich der Zuständigkeit der notifizierenden Behörde) und kann auch nicht die Aufnahme zusätzlicher Angaben in den Prospekt verlangen.[20,21] Besonders misslich für die Praxis war an den alten Regelungen wegen des damit verbundenen erheblichen Aufwands, dass eine **Übersetzung** in die deutsche Sprache erforderlich war, sofern nicht die BaFin nach § 15 Abs. 3 Satz 2 VerkProspG a. F. von einer Übersetzung für in **englischer Sprache** verfasste Prospekte absah;[22] denn mit Blick auf die Funktion des Prospekts als Haftungsdokument bedurfte es einer sprachlichen und einer rechtlichen Übersetzung.[23] Zudem konnte im Rahmen des Anerkennungsverfahrens die Behörde des Aufnahmestaats die Aufnahme weiterer, den Zielmarkt betreffende Angaben verlangen und überprüfen, ob von der Ausgangsbehörde gewährte Befreiungen oder Abweichungen auch nach nationalem Recht zulässig wären, in Deutschland nach § 35 Abs. 1 Satz 2 BörsG a. F. bzw. nach § 35 Abs. 2 BörsG a. F., § 15 Abs. 2 VerkProspG a. F. Dies war zudem im Ergebnis auch für den Anleger eher unbefriedigend, da ihm vor dem Hintergrund der unterschiedlichen nationalen Anforderungen in verschiedenen EWR-Staaten Prospekte mit u. U. erheblich unterschiedlichem Informationsumfang zur Verfügung gestellt wurden.[24]

11 Auch die zeitliche Geltung (also insbesondere der Beginn der Gültigkeit) des nach Deutschland notifizierten Prospekts richtet sich nach dem gemeinschaftsrechtlich durch die ProspektVO determinierten Recht des jeweiligen Herkunftsstaates, in dem der Prospekt gebilligt wurde.[25]

---

19 BR-Drucks. 85/05, S. 79.
20 *Kullmann/Sester*, WM 2005, 1068, 1070; *Linke*, in: Schäfer/Hamann, Kapitalmarktgesetze, § 17 WpPG Rn. 1.
21 Hinzuweisen ist darauf, dass hinsichtlich der Zulassung von Wertpapieren zum Handel an einem organisierten Markt die dafür zuständigen Stellen des Aufnahmestaates mittels ihrer Börsenordnung weitere besondere Anforderungen stellen dürfen, die allerdings keine prospektrechtlichen Auswirkungen haben dürfen, siehe Erwägungsgrund 15 der ProspektRL.
22 *Mattil/Möslein*, WM 2007, 819, 820.
23 *Crüwell*, AG 2003, 243, 248.
24 *v. Ilberg/Neises*, WM 2002, 635, 639; vgl. zum Ganzen auch *von Kopp-Colomb*, in: Assmann/Schlitt/von Kopp-Colomb, Prospektrecht Kommentar, Art. 24 ProspektVO Rn. 3.
25 So schon die Begründung zum Regierungsentwurf, BR-Drucks. 85/05, S. 80; vgl. auch ESMA, Questions and Answers – Prospectuses (23rd Updated Version – December 2015), ESMA/2015/

II. Regelungsgehalt Art. 24 ProspektVO

Art. 24 Abs. 1 Satz 1 sieht explizit zudem das Erfordernis der Unterrichtung der BaFin 12
und der ESMA durch **Notifizierung** über das **ESMA-Notifizierungsportal** (Art. 25
Abs. 6), und zwar nach den Art. 25 und 26 vor (a). Zudem ist einzugehen auf (b) die Erfüllung der Sprachanforderungen nach Art. 27, (c) Rechtsfolgen bei Verstößen, (d) Veröffentlichungsmodalitäten, (e) Reaktion der BaFin – Bekanntmachung/Bestätigung der erfolgten Notifizierung sowie (f) Subsidiäre Notmaßnahmen der BaFin.

a) Unterrichtung der BaFin und der ESMA

Die **Notifizierung** ist in Art. 24 Abs. 1 Satz 1 (dort als „Unterrichtung" bezeichnet) sowie 13
im Einzelnen in den Art. 25 und 26 (siehe die dortige Kommentierung zu Einzelheiten)
geregelt. Nötig sind danach lediglich die Bescheinigung der Billigung des Prospekts (oder
des Nachtrags, der endgültigen Bedingungen bzw. eines Registrierungsformulars oder
einheitlichen Registrierungsformulars) durch die zuständige Behörde nebst Übermittlung
der vorgenannten gebilligten Dokumente (regelmäßig des Prospektes) über das ESMA-Notifizierungsportal (Art. 25 Abs. 6).[26] In der Praxis hat sich zwischen den Aufsichtsbehörden ein weitestgehend vereinheitlichtes sog. **Certificate of Approval** etabliert.[27] Dabei
geht die BaFin bei einer formell einwandfreien Notifizierung durch die Behörde des Herkunftsstaats von einer „Vermutung der Richtigkeit" aus. In Zweifelsfällen wäre die BaFin
insofern zwar theoretisch zum Rückgriff auf ausländisches Recht gezwungen, dürfte sich
in der Praxis aber einfach mit der Behörde des Herkunftsstaates in Verbindung setzen.

b) Sprachanforderungen

Außerdem muss der notifizierte Prospekt die **Sprachanforderungen** nach Art. 27 Pro- 14
spektVO erfüllen. Im Ergebnis bedeutet dies, dass der nach Deutschland notifizierte Prospekt entweder vollständig in **deutscher** (denkbar insbesondere bei Notifizierungen aus
Luxemburg, Liechtenstein oder Österreich) oder in **englischer Sprache**, regelmäßig unter
Beifügung einer deutschen Übersetzung der Zusammenfassung, verfasst sein muss (dazu,
dass die in „internationalen Finanzkreisen gebräuchliche Sprache" in Deutschland nur
Englisch ist, unten → Art. 27 Rn. 12 und § 21 WpPG Rn. 1). Zu Einzelheiten siehe die
Kommentierung zu Art. 27 sowie zu § 4 WpPG. Dabei wurde zu Recht darauf hingewiesen, dass in besonderen Konstellationen oder Zweifelsfällen eine Rücksprache des Emittenten, Anbieters oder Zulassungsantragstellers mit den zuständigen Behörden „stets anzuraten"[28] ist, insbesondere auch bei dem in der Praxis zumeist gewünschten gleichzeitigen Beginn des Angebots bzw. der Zulassung in mehreren Staaten.[29]

1874, Frage 3 unter Verweis insbesondere auf die Veröffentlichung des gebilligten Prospektes auf der Internetseite der Behörde des Herkunftsstaats. Nunmehr explizit: *von Kopp-Colomb*, in: Assmann/Schlitt/von Kopp-Colomb, Prospektrecht Kommentar, Art. 24 ProspektVO Rn. 15.
26 Ausführlich *von Kopp-Colomb*, in: Assmann/Schlitt/von Kopp-Colomb, Prospektrecht Kommentar, Art. 24 ProspektVO Rn. 14 f.
27 Dieses basiert auf dem von CESR entwickelten Vordruck, siehe CESR/07-225, Tz. 245.
28 *von Kopp-Colomb*, in: Assmann/Schlitt/von Kopp-Colomb, Prospektrecht Kommentar, Art. 24 ProspektVO Rn. 10.
29 *Schlitt*, in: Habersack/Mülbert/Schlitt, Kapitalmarktinformation, § 5 Rn. 38.

c) Rechtsfolgen bei Verstößen

15 Rechtsfolge des Fehlens einer ordnungsgemäßen Notifizierung (Bescheinigung über die Billigung sowie dazu gehöriges gebilligtes Dokument) oder eines Verstoßes gegen die Sprachregelung nach Art. 27 ProspektVO ist die Eröffnung der Befugnisse der BaFin nach Art. 32 ProspektVO und § 18 WpPG, d.h. letztlich bis zur Untersagung oder Aussetzung eines öffentlichen Angebots.[30] Diese Maßnahmen würden aber am Fortbestand des Prospekts als gebilligter Prospekt, der anderswo im EWR entsprechend den geltenden Regeln benutzt werden kann, nichts ändern.[31]

d) Veröffentlichungsmodalitäten

16 Aus der Systematik der ProspektVO ergibt sich, dass darüber hinaus für ein öffentliches Angebot eine Veröffentlichung des Prospekts im Einklang mit Art. 21 ProspektVO (wie im Herkunftsstaat angewendet) erforderlich, aber auch ausreichend ist. Dies bedeutet, dass vor diesem Hintergrund jede der genannten elektronischen Veröffentlichungsmodalitäten ausreicht, unabhängig davon, ob die Veröffentlichung des Prospekts (aus deutscher Sicht) im Inland oder im EWR-Ausland erfolgt ist.[32] Letzteres dürfte bei Emittenten mit Herkunft aus einem anderen EWR-Staat eher die Regel sein.

17 Auch bezüglich der Hinterlegung des Prospekts und einer Mitteilungspflicht des Anbieters oder Zulassungsantragstellers über Ort und Datum der Veröffentlichung des Prospekts sowie bezüglich der Mitteilung der endgültigen Bedingungen reicht das **Herkunftsstaatsprinzip**. Insofern ist nämlich davon auszugehen, dass die Anleger durch die – aufgrund der ProspektVO EWR-weit vereinheitlichten – Regeln des Herkunftsmitgliedstaates ausreichend geschützt werden (sog. **gemeinschaftsrechtliches Äquivalenzprinzip**); die BaFin als Behörde des Aufnahmestaats wird ihrerseits durch die nach Art. 25 und 26 ProspektVO erweiterte Notifizierung umfassend informiert. Zumal seit dem **Wegfall des Erfordernisses der Hinweisbekanntmachung** nach § 14 Abs. 3 Satz 2 aufgrund von Art. 36 Jahressteuergesetz 2009 vom 19.12.2008[33] mit Wirkung zum 25.12.2008 entspricht dies auch der gängigen Praxis der BaFin.[34]

e) Reaktion der BaFin – Bekanntmachung/Bestätigung der erfolgten Notifizierung

18 Bei dem Notifizierungsverfahren handelt es sich um ein rein „**zwischenbehördliches**" Verfahren, d.h. es ergeht mangels Regelungswirkung kein Verwaltungsakt gegenüber

---

30 *von Kopp-Colomb*, in: Assmann/Schlitt/von Kopp-Colomb, Prospektrecht Kommentar, Art. 24 ProspektVO Rn. 15.
31 So zur alten, insofern identischen Rechtslage auch *Alfes*, in: Holzborn, WpPG, § 17 Rn. 25.
32 Siehe ESMA, Questions and Answers – Prospectuses (30th Updated Version – April 2019), ESMA31-62-780, Frage 3 unter Verweis insbesondere auf die Veröffentlichung des gebilligten Prospektes auf der Internetseite der Behörde des Herkunftsstaats; vgl. auch, jeweils zur früheren, insofern aber unveränderten Rechtslage, *Zeising*, in: Just/Voß/Ritz/Zeising, WpPG, 2009, § 17 Rn. 14 und 41, und *Heidelbach*, in: Schwark/Zimmer, KMRK, 4. Aufl. 2010, § 17 WpPG Rn. 10.
33 BGBl. I, S. 2794.
34 So im Wesentlichen zur alten Rechtslage auch schon *von Kopp-Colomb/Witte*, in: Assmann/Schlitt/von Kopp-Colomb, WpPG/VerkProspG, 2. Aufl. 2010, § 17 WpPG Rn. 34, und *Heidelbach*, in: Schwark/Zimmer, KMRK, 4. Aufl. 2010, § 17 WpPG Rn. 11.

dem Anbieter oder Zulassungsantragsteller.[35] Die BaFin reagiert auf ihr notifizierte Bescheinigungen nebst Anlagen durch Veröffentlichung der eingegangenen Notifizierung auf ihrer Website gemäß Art. 21 Abs. 5 UAbs. 3 ProspektVO. Dies bedeutet gleichzeitig, dass es aus Sicht der BaFin keine Beanstandungen gibt. Anderenfalls, d.h. bei allein in Betracht kommenden formellen Mängeln (fehlende Billigungsbescheinigung, fehlende Übermittlung der Dokumente über das ESMA-Notifizierungsportal oder Verfehlung der Sprachanforderungen), würde die BaFin dies im Rahmen der vertrauensvollen Zusammenarbeit unter den Behörden nach Art. 33 ProspektVO mit der Behörde des Herkunftsstaates aufnehmen.[36] Letzteres dürfte der absolute Ausnahmefall sein.

Mit der auf der Website der BaFin veröffentlichten Notifizierung durch Aufnahme in die Liste der übermittelten Bescheinigungen nach Art. 21 Abs. 5 UAbs. 3 ProspektVO ist das öffentliche Angebot in Deutschland zulässig. Zu beachten ist allerdings, dass sich diese Veröffentlichung hinziehen kann, während die Beteiligten regelmäßig dringend zur Veröffentlichung schreiten wollen. Zwischenzeitlich können sich die Beteiligten lediglich durch telefonische Anfrage bei der BaFin Gewissheit verschaffen, dass der Prospekt wegen erfolgter Notifizierung veröffentlicht werden kann.[37]

19

f) Subsidiäre Notmaßnahmen der BaFin

Darüber hinaus sind schließlich **subsidiäre Notmaßnahmen** der BaFin nach **Art. 37 ProspektVO** unter den dort genannten Voraussetzungen zulässig gegenüber Emittenten, Anbietern oder Zulassungsantragstellern (sowie ggf. beteiligten Finanzintermediären), deren Herkunftsstaat nicht Deutschland ist und für welche die BaFin deswegen nicht primär zuständig ist, wie in Art. 24 Abs. 1 Satz 1 ausdrücklich vorbehalten. Subsidiär sind diese Maßnahmen insofern, als die BaFin nur dann tätig werden darf, wenn ihr Eingreifen trotz der von der zuständigen Behörde des Herkunftsstaats ergriffenen Maßnahmen – oder weil Maßnahmen der Behörde des Herkunftsstaats unzweckmäßig sind – erforderlich ist. Zudem sind selbst dann die an sich zuständige Behörde und ESMA zuvor (sowie zusätzlich die Kommission) zu unterrichten.[38] Unabhängig hiervon kann die BaFin die zuständige Behörde des Herkunftsstaats informieren und dürfte dies im Normalfall als erste Maßnahme mit möglichst weitgehender weiterer Abstimmung im Rahmen der vertrauensvollen Zusammenarbeit unter den Behörden nach Art. 33 ProspektVO tun.[39]

20

3. Geltung im Inland gebilligter Prospekte im EWR-Ausland (Notifizierung von Deutschland in einen anderen Mitgliedstaat)

Der ja allgemein für grenzüberschreitende Notifizierungen gemachte Art. 24 Abs. 1 regelt andererseits auch die Geltung von der BaFin gebilligter Prospekte (einschließlich etwai-

21

---

35 Vgl. zur alten, insofern unveränderten Rechtslage: *Zeising*, in: Just/Voß/Ritz/Zeising, WpPG, 2009, § 17 Rn. 14, und *Ramsauer*, VwVfG, 24. Aufl. 2023, § 35 Rn. 128.
36 Vgl. *von Kopp-Colomb*, in: Assmann/Schlitt/von Kopp-Colomb, Prospektrecht Kommentar, Art. 24 ProspektVO Rn. 15.
37 Siehe zur alten, insofern unveränderten Situation unter Geltung der ProspektRL und des WpPG a.F. auch *Alfes*, in: Holzborn, WpPG, § 17 Rn. 28.
38 Siehe im Einzelnen die Kommentierung zu Art. 37 ProspektVO.
39 Vgl. zum Ganzen *von Kopp-Colomb*, in: Assmann/Schlitt/von Kopp-Colomb, Prospektrecht Kommentar, Art. 24 ProspektVO Rn. 15 f.

Art. 24 ProspektVO Unionsweite Geltung gebilligter Prospekte

ger Nachträge) im Ausland. Soweit Deutschland **Herkunftsmitgliedstaat** ist, ist die BaFin für die Billigung von Prospekten und Nachträgen zuständig, also für Aktienprospekte von Emittenten mit Sitz in Deutschland sowie für Prospekte für Nichtdividendenwerte und von Drittstaatenemittenten, soweit Deutschland als Herkunftsstaat gewählt wurde, Art. 2 Abs. 1 lit. m.[40] Insofern kann auf die vorherigen Ausführungen verwiesen werden, die in diesem Falle spiegelbildlich gelten (siehe oben → Rn. 9 ff.). Aus deutscher Sicht ist noch auf das für Deutschland als Herkunftsstaat maßgebliche **Sprachregime** nach Art. 27 ProspektVO i. V. m. § 21 WpPG hinzuweisen, demzufolge Prospekte und die anderen relevanten Dokumente in deutscher oder englischer Sprache verfasst werden können.[41]

4. Notwendigkeit eines Nachtrags, behördliche Maßnahmen nach Art. 24 Abs. 2

22 Ebenso wie Abs. 1 regelt auch **Abs. 2 von Art. 24** – der Systematik von Art. 17 ProspektRL und derjenigen in § 17 Abs. 3 und Abs. 1 WpPG a. F. weiter folgend – aus deutscher Sicht **Handlungsbefugnisse der BaFin bei Notwendigkeit eines Nachtrags**, und zwar einerseits für durch die BaFin gebilligte Prospekte, andererseits für durch eine zuständige Behörde eines anderen EWR-Staates gebilligte und nach Deutschland notifizierte Prospekte.

a) Bei in Deutschland gebilligten Prospekten

23 Bezogen auf von der BaFin gebilligte Prospekte stellt die Regelung in Art. 24 Abs. 2 Satz 1 dabei materiell nur das Offensichtliche und bereits in Art. 23 Geregelte fest: Für von der BaFin gebilligte und ins Ausland notifizierte Prospekte zwecks dortiger Verwendung zum öffentlichen Angebot oder zur Zulassung muss die BaFin bei Vorliegen neuer Umstände oder wesentlicher Unrichtigkeiten einen Nachtrag verlangen. Allein durch den Umstand der Verwendung eines von der BaFin gebilligten Prospekts in einem oder mehreren anderen EWR-Staaten ändert sich ja die materielle Betrachtung nicht. Auch formell-rechtlich bleibt die BaFin nach dem **Herkunftsstaatsprinzip** weiter zuständig. Die Regelung geht daher materiell nicht über Art. 23 hinaus, es wird auf die dortige Kommentierung verwiesen.[42]

24 Interessant und unglücklich ist dabei, dass Art. 23 vom Wortlaut her keine dem Art. 24 Abs. 2 Satz 1 entsprechende Regelung (zum Verlangen der Behörde nach einem Nachtrag) enthält, sodass sich die Frage ergibt, warum eine solche Regelung allein im Zusammenhang mit notifizierten Prospekten aufgenommen wurde. Indes erklärt sich die fast

---

40 Vgl. *von Kopp-Colomb*, in: Assmann/Schlitt/von Kopp-Colomb, Prospektrecht Kommentar, Art. 24 ProspektVO Rn. 6 f.
41 Zu Einzelheiten siehe die Kommentierungen zu Art. 27 ProspektVO und zu § 21 WpPG.
42 So auch *Groß*, Kapitalmarktrecht, Art. 24 ProspektVO Rn. 2 f.; ebenso zum alten, insofern parallelen Recht: *Linke*, in: Schäfer/Hamann, Kapitalmarktgesetze, § 17 WpPG Rn. 7; *Heidelbach*, in: Schwark/Zimmer, KMRK, 4. Aufl. 2010, § 17 WpPG Rn. 5; **a. A.** aber weiterhin im Anschluss an die dortige Vorauflage *von Kopp-Colomb*, in: Assmann/Schlitt/von Kopp-Colomb, Prospektrecht Kommentar, Art. 24 ProspektVO Rn. 17, demzufolge Art. 24 Abs. 2 Satz 1 gegenüber Art. 23 ProspektVO die zusätzliche Befugnis der BaFin enthält, die Einreichung eines Nachtrags zu fordern. Gerade diese Befugnis kann aber nicht nur in Art. 24 für grenzüberschreitende Sachverhalte geregelt sein, sondern muss allgemein gelten; dazu auch oben zu → Art. 23 Rn. 7 und 114.

wörtlich Art. 17 Abs. 2 Satz 1 ProspektRL entsprechende Regelung durch die Entstehungsgeschichte der ProspektRL: Denn der erste Vorschlag der Kommission zur ProspektRL[43] ging noch vom Erfordernis einer Anerkennung durch die zuständige Behörde des Aufnahmestaats binnen dreier Monate aus. Weil aber gleichzeitig die Behörde des Aufnahmestaates wahrscheinlich weniger sachnah gewesen und überdies Schwierigkeiten bei der Durchsetzung etwaiger Maßnahmen (Nachforschung und Verwaltungssanktionen) gegenüber einem im Ausland befindlichen Emittenten gehabt hätte, sollte ein Korrektiv vorhanden sein, um die Versorgung der Anleger in den Aufnahmestaaten mit aktuellen Informationen sicherzustellen. Deshalb sollte die Behörde des Herkunftsstaats die Befugnis haben, bei Vorliegen der materiellen Voraussetzungen des Art. 16 Abs. 1 ProspektRL (siehe nunmehr Art. 23 ProspektVO) vom Anbieter oder Zulassungsantragsteller die Erstellung und Veröffentlichung eines Nachtrags zu verlangen.[44]

Verlangt die BaFin einen Nachtrag gemäß Art. 24 Abs. 2 Satz 1, so stellt das einen **Verwaltungsakt**[45] dar. Denn ein solches Verlangen hat naturgemäß sowohl Regelungsgehalt als auch Außenwirkung gegenüber den Adressaten und würde sich unter die der BaFin nach § 18 WpPG zustehenden Befugnisse einreihen. Zweifelhaft ist, ob die ja nunmehr dem unmittelbar anwendbaren Gemeinschaftsrecht zu entnehmende Befugnis der BaFin, die Einreichung eines Nachtrags und dessen Veröffentlichung zu verlangen, **allein im öffentlichen Interesse** besteht **oder** ob die Norm **individualschützend** ist. In der Literatur wird hierzu teilweise weiter auf die in der Gesetzesbegründung der Bundesregierung zum WpPG erfolgte Klarstellung, dass die in § 17 Abs. 2 Satz 1 WpPG a. F. vorgesehene (auf Art. 17 Abs. 2 Satz 1 ProspektRL basierende) parallele Befugnis der BaFin, die Einreichung eines Nachtrags und dessen Veröffentlichung zu verlangen, allein im öffentlichen Interesse liege,[46] verwiesen und der individualschützende Charakter verneint.[47] Die Begründung der deutschen Bundesregierung für ein älteres Gesetz zur Umsetzung der ProspektRL kann indessen nicht zu zwingenden Schlüssen für die (EWR-weit geltende) Interpretation der ProspektVO führen. Allerdings erscheint es in der Gesamtstruktur des EWR-Prospektrechts nach der ProspektVO wertungsmäßig naheliegend, weiterhin und trotz der unglücklichen Formulierung (als Pflicht der Behörde: „*verlangt*") die Verantwortung für die Erstellung des Nachtrags allein beim sachnäheren und letztlich auch allein für den Prospektinhalt verantwortlichen[48] Emittenten, Anbieter bzw. Zulassungsantragsteller zu belassen, sodass sich Anleger für etwaige Staatshaftungsansprüche nicht auf eine behauptete behördliche Verletzung des Art. 24 Abs. 2 Satz 1 stützen können.

25

---

43 KOM(2001) 280 endgültig vom 30.5.2001, siehe dort Art. 15 und 17.
44 Ausführlich zur früheren, insofern aber unveränderten Rechtslage *Zeising*, in: Just/Voß/Ritz/Zeising, WpPG, 2009, § 17 Rn. 30 ff.
45 A.A. *von Kopp-Colomb*, in: Assmann/Schlitt/von Kopp-Colomb, Prospektrecht Kommentar, Art. 24 ProspektVO Rn. 18.
46 BR-Drucks. 85/05, S. 79.
47 *von Kopp-Colomb*, in: Assmann/Schlitt/von Kopp-Colomb, Prospektrecht Kommentar, Art. 24 ProspektVO Rn. 17, der daraus folgerichtig ableitet, dass dann auch keine Amtshaftung der BaFin in Betracht kommt.
48 Wobei allerdings die eigentliche Prospekthaftung in den verschiedenen Mitgliedstaaten weiterhin national und sehr unterschiedlich ausgestaltet ist.

b) Bei nach Deutschland notifizierten Prospekten, subsidiäre Notmaßnahmen der BaFin

26 Art. 24 Abs. 2 Satz 2 regelt dagegen aus deutscher Sicht die Fälle, in denen bei nach Deutschland notifizierten Prospekten aus Sicht der BaFin als zuständiger Behörde des Aufnahmestaats Anhaltspunkte für die Erforderlichkeit eines Nachtrags bestehen, der Verantwortliche einen solchen Nachtrag aber nicht veröffentlicht. Solche **Anhaltspunkte** liegen dann vor, wenn objektive Indizien dafür bestehen, dass ein wichtiger neuer Umstand oder eine wesentliche Unrichtigkeit im Sinne von Art. 23 aufgetreten ist. Maßgeblich dürfte insofern sein, ob die Erforderlichkeit eines Nachtrags nach den Erfahrungen der BaFin, der dabei ein Beurteilungsspielraum einzuräumen ist, wahrscheinlich ist, was typischerweise mehr als eine Behauptung erfordert und weniger als einen Beweis meinen kann.[49] Die Zuständigkeit für die Prüfung eines solchen Nachtrags sowie für das Verlangen nach einem solchen Nachtrag bleibt bei der schon für die Prospektprüfung zuständigen Behörde des Herkunftsstaats. Die BaFin hat grundsätzlich keine Jurisdiktion über den Anbieter bzw. Zulassungsantragsteller.[50] Die Vorschrift des **Art. 24 Abs. 2 Satz 2 beschränkt dementsprechend die Handlungsmöglichkeiten der BaFin** für solche im EWR-Ausland gebilligten Prospekte: Im Wesentlichen kann sie sich – ebenso wie ESMA – nur an die zuständige Behörde des Herkunftsstaats wenden und dieser dabei von ihr festgestellte Anhaltspunkte für die Erforderlichkeit eines Nachtrags übermitteln.[51] Einzelheiten für die „Zusammenarbeit zwischen zuständigen Behörden" finden sich in Art. 33. Dem entspricht, dass die Herrschaft über das eigentliche Verfahren bei der Behörde des Herkunftsstaats verbleibt, gegen die sich der Betreffende ggf. dann auch im Wege des Rechtsschutzes[52] wehren kann.

27 Hinzuweisen ist an dieser Stelle nochmals auf die in Art. 24 Abs. 1 Satz 1 sozusagen vor die Klammer gezogenen und insgesamt für Art. 24 geltenden, bereits oben in → Rn. 20 genannten denkbaren subsidiären Notmaßnahmen der BaFin nach Art. 37 auch gegenüber solchen Emittenten, Anbietern oder Zulassungsantragstellern (sowie ggf. Finanzintermediären), deren Herkunftsstaat nicht Deutschland ist und für welche die BaFin deswegen nicht primär zuständig ist.

---

49 Pointiert und treffend *von Kopp-Colomb*, in: Assmann/Schlitt/von Kopp-Colomb, Prospektrecht Kommentar, Art. 24 ProspektVO Rn. 19.
50 *Linke*, in: Schäfer/Hamann, Kapitalmarktgesetze, § 17 WpPG Rn. 7; *Groß*, Kapitalmarktrecht, Art. 24 ProspektVO Rn. 3.
51 *Groß*, Kapitalmarktrecht, Art. 24 ProspektVO Rn. 3; *von Kopp-Colomb*, in: Assmann/Schlitt/von Kopp-Colomb, Prospektrecht Kommentar, Art. 24 ProspektVO Rn. 20.
52 Ausführlich *von Kopp-Colomb*, in: Assmann/Schlitt/von Kopp-Colomb, Prospektrecht Kommentar, Art. 24 ProspektVO Rn. 20.

Art. 25 ProspektVO
Notifizierung von Prospekten und Nachträgen und Mitteilung der endgültigen Bedingungen

(1) Die zuständige Behörde des Herkunftsmitgliedstaats übermittelt der zuständigen Behörde des Aufnahmemitgliedstaats innerhalb eines Arbeitstags nach Eingang eines entsprechenden Ersuchens des Emittenten, des Anbieters, der die Zulassung zum Handel an einem geregelten Markt beantragenden Person oder der für die Erstellung des Prospekts verantwortlichen Person oder, falls das Ersuchen zusammen mit dem Prospektentwurf vorgelegt wird, innerhalb eines Arbeitstags nach Billigung des Prospekts eine Bescheinigung über die Billigung, aus der hervorgeht, dass der Prospekt im Einklang mit dieser Verordnung erstellt wurde, sowie eine elektronische Kopie dieses Prospekts.

Der in Unterabsatz 1 genannten Notifizierung ist gegebenenfalls eine von dem Emittenten, dem Anbieter, der die Zulassung zum Handel an einem geregelten Markt beantragenden Person oder der für die Erstellung des Prospekts verantwortlichen Person in Auftrag gegebene Übersetzung des Prospekts und jeglicher Zusammenfassung beizufügen.

Dasselbe Verfahren findet auf etwaige Nachträge zum Prospekt Anwendung.

Dem Emittenten, dem Anbieter, der die Zulassung zum Handel an einem geregelten Markt beantragenden Person oder der für die Erstellung des Prospekts verantwortlichen Person wird die Bescheinigung über die Billigung zur gleichen Zeit übermittelt wie der zuständigen Behörde des Aufnahmemitgliedstaats.

(2) Jede Anwendung der Bestimmungen des Artikels 18 Absätze 1 und 2 wird in der Bescheinigung über die Billigung erwähnt und begründet.

(3) Die zuständige Behörde des Herkunftsmitgliedstaats übermittelt der ESMA die Bescheinigung über die Billigung des Prospekts oder jeden Nachtrags hierzu zur gleichen Zeit wie der zuständigen Behörde des Aufnahmemitgliedstaats.

(4) Sind die endgültigen Bedingungen eines bereits notifizierten Basisprospekts weder im Basisprospekt noch in einem Nachtrag enthalten, so übermittelt die zuständige Behörde des Herkunftsmitgliedstaats diese auf elektronischem Wege der zuständigen Behörde der Aufnahmemitgliedstaaten und der ESMA so bald wie möglich nach deren Hinterlegung.

(5) Die zuständigen Behörden im Herkunftsmitgliedstaat und in den Aufnahmemitgliedstaaten erheben keine Gebühr für die Notifizierung – oder Entgegennahme der Notifizierung – von Prospekten und Nachträgen oder damit zusammenhängende Überwachungstätigkeiten.

(6) Die ESMA richtet ein Notifizierungsportal ein, in das jede zuständige Behörde die in Absatz 1 dieses Artikels und in Artikel 26 Absatz 2 genannten Bescheinigungen über die Billigung und elektronischen Kopien sowie die endgültigen Bedingungen der Basisprospekte für die Zwecke der in den Absätzen 1, 3 und 4 des vorliegenden Artikels und in Artikel 26 genannten Notifizierungen und Übermittlungen hochlädt.

Jede Übermittlung dieser Dokumente zwischen den zuständigen Behörden erfolgt über das genannte Notifizierungsportal.

(7) Die ESMA erstellt Entwürfe technischer Regulierungsstandards, in denen die für den Betrieb des Notifizierungsportals nach Absatz 6 erforderlichen technischen Modalitäten spezifiziert werden.

Die ESMA legt der Kommission diese Entwürfe technischer Regulierungsstandards bis zum 21. Juli 2018 vor.

Der Kommission wird die Befugnis übertragen, die in Unterabsatz 1 genannten technischen Regulierungsstandards gemäß den Artikeln 10 bis 14 der Verordnung (EU) Nr. 1095/2010 zu erlassen.

(8) Um einheitliche Bedingungen für die Anwendung dieser Verordnung zu gewährleisten und den technischen Entwicklungen auf den Finanzmärkten Rechnung zu tragen, kann die ESMA Entwürfe technischer Durchführungsstandards ausarbeiten, um Standardformulare, Mustertexte und Verfahren für die Notifizierung der Bescheinigung über die Billigung, des Prospekts, eines Prospektnachtrags hierzu und der Übersetzung des Prospekts und/oder der Zusammenfassung festzulegen.

Der Kommission wird die Befugnis übertragen, die in Unterabsatz 1 genannten technischen Durchführungsstandards gemäß Artikel 15 der Verordnung (EU) Nr. 1095/2010 zu erlassen.

Übersicht

	Rn.		Rn.
I. Überblick	1	3. Zuständige Behörde im EWR-Ausland	14
II. Regelungsgehalt	3	4. Sprachenregelung	15
1. Allgemeines	3	a) Prospekte, Nachträge und Registrierungsformulare	15
2. Bescheinigung	5	b) Zusammenfassungen	18
a) Antrag auf Notifizierung	5	5. Nichtaufnahme von Informationen nach Art. 18 Abs. 1 und Abs. 2 ProspektVO	20
b) Notifizierungsfähigkeit	7		
c) Einzureichende Dokumente	8		
d) Einzelheiten der Bescheinigung, Reaktion der Behörde im Aufnahmestaat, Beginn des Angebots	9	6. Gebührenfreiheit (Art. 25 Abs. 5)	23
		7. ESMA-Notifizierungsportal (Art. 25 Abs. 6)	24
e) Fristenregelung	13		

I. Überblick

1 Art. 25 ersetzt Art. 18 ProspektRL (Notifizierung) und dessen Umsetzung in Deutschland durch § 18 WpPG a.F. Er regelt gemeinsam mit **Art. 26** die **Einzelheiten des Notifizierungsverfahrens**, das im Rahmen des sog. Europäischen Passes für Wertpapierprospekte die grenzüberschreitende Geltung eines im Herkunftsstaat gebilligten Prospektes auch in einem oder mehreren anderen EWR-Staaten als Aufnahmestaaten ermöglicht. In Ergänzung zu der in Art. 24 geregelten unionsweiten, grenzüberschreitenden Prospektgeltung und als deren wesentliche Voraussetzung stellt sie aus deutscher Sicht sicher, dass die BaFin als Herkunftsstaatsbehörde die Behörde des Aufnahmestaates über die Billigung des

Prospekts als solche und die im Einzelnen gebilligte Fassung informiert und umgekehrt als Aufnahmestaatsbehörde von der Herkunftsstaatsbehörde entsprechend informiert wird. Nur so kann die jeweils zuständige Behörde die Verwendung des Prospekts im Aufnahmestaat im Rahmen der ihr zustehenden Befugnisse kontrollieren. Da der Europäische Pass für Wertpapierprospekte mit grenzüberschreitender Geltung bereits das Grundprinzip der ProspektRL und der dazu ergangenen mitgliedstaatlichen Umsetzungen war, sind die Neuerungen durch Art. 25 vor allem technischer Art und verbessern das praktische Zusammenspiel der beteiligten Behörden weiter: sie betreffen insbesondere einen rechtssicheren Umgang mit **endgültigen Bedingungen** (Art. 25 Abs. 4),[1] die Festlegung, dass für das Notifizierungsverfahren **keine Gebühren** verlangt werden dürfen (Art. 25 Abs. 5), sowie die Einrichtung des **ESMA-Notifizierungsportals** als zentrale Stelle für alle Notifizierungen und deren Bekanntmachung (Art. 25 Abs. 6). Daneben wurden aufgrund von Art. 25 Abs. 7 und 8 **europäische Durchführungsregeln** zum Notifizierungsverfahren, insbesondere zum ESMA-Notifizierungsportal geschaffen.[2]

Bereits im ersten Jahr nach Inkrafttreten des neuen Prospektrechts, nämlich zwischen dem 1.7.2005 und dem 30.6.2006, hatte die BaFin 382 Notifizierungen erhalten und 331 Notifizierungen an Aufnahmestaaten notifiziert.[3] In dem Zeitraum zwischen dem 1.1.2020 und dem 31.12.2020 hat die BaFin in 147 Fällen Prospekte in andere EWR-Staaten notifiziert und in 203 Fällen Notifizierungen aus anderen EWR-Staaten erhalten (ausführlich dazu siehe oben → Art. 24 Rn. 4). In den Jahren der Geltung der ProspektRL haben sich das Verfahren und die Zusammenarbeit der zuständigen Behörden der beteiligten Staaten in der Praxis im Allgemeinen bewährt.[4]

II. Regelungsgehalt

1. Allgemeines

Die Bestimmung regelt zunächst das Verfahren der Bescheinigung der Billigung eines Prospekts und gebilligter Nachträge (Art. 25 Abs. 1 UAbs. 1 und UAbs. 3) durch die **zuständige Behörde des Herkunftsstaats** zwecks Verwendung des Prospekts für ein öffent-

---

1 Zur diesbezüglichen Unklarheit nach altem Recht siehe *Wolf*, in: Berrar/Meyer/Müller et al., WpPG/EU-ProspektVO, 2. Aufl. 2017, § 17 WpPG Rn. 19.
2 ABl. EU L 166 vom 21.6.2019, S. 1, zuletzt geändert durch die Delegierte Verordnung (EU) 2020/1272 vom 4.6.2020 zur Änderung und Berichtigung der **Delegierte VO (EU) 2019/979** vom 14.3.2019 zur Ergänzung der VO (EU) 2017/1129 des Europäischen Parlaments und des Rates durch technische Regulierungsstandards für wesentliche Finanzinformationen in der Zusammenfassung des Prospekts, die Veröffentlichung und Klassifizierung von Prospekten, die Werbung für Wertpapiere, Nachträge zum Prospekt und das Notifizierungsportal, ABl. EU L 300 vom 14.9.2020, S. 1.
3 Siehe CESR /07-225, Tz. 44; für neuere Zahlen siehe ESMA 2015/1136: Insgesamt hat die BaFin zwischen dem 1.1.2014 und dem 30.12.2014 in 3.281 Fällen Prospekte in andere EWR-Staaten notifiziert und in 1.455 Fällen Notifizierungen aus anderen EWR-Staaten erhalten (vgl. BaFin-Jahresbericht 2014, S. 228, www.bafin.de), ausführlich siehe oben zu → Art. 24 Rn. 4.
4 Zusammengefasst ergibt sich dies aus der Bestandsaufnahme und den Änderungsvorschlägen der Kommission zur ProspektRL, siehe KOM(2009) 491 vom 23.9.2009, 2009/0132 (COD).

Art. 25 ProspektVO Notifizierung von Prospekten und Nachträgen

liches Angebot oder eine Zulassung von Wertpapieren in anderen **EWR-Staaten**,[5] sog. **Notifizierungsverfahren**. Dieses ist ein Verfahren **zwischen Behörden**, d.h. der Emittent, Anbieter oder Zulassungsantragsteller kann nicht selbst den Billigungsbescheid und den gebilligten Prospekt an die zuständige Behörde des Aufnahmestaates übermitteln,[6] sondern er muss hierzu einen **Antrag** bei der jeweils zuständigen Herkunftsstaatsbehörde stellen.

4 Die früher in Absatz 4 zu § 18 WpPG a.F. enthaltene Regelung zur Veröffentlichung bei einer Aufnahmestaatsbehörde eingegangenen Notifizierungen findet sich nunmehr in Art. 21 Abs. 5 UAbs. 3 ProspektVO: Dementsprechend reagiert die BaFin auf ihr notifizierte Bescheinigungen nebst Anlagen durch **Veröffentlichung der eingegangenen Notifizierungen** auf ihrer Website.

2. Bescheinigung

a) Antrag auf Notifizierung

5 Die jeweils zuständige Behörde des Herkunftsstaates, für Deutschland die BaFin, wird in Bezug auf Notifizierungen ins EWR-Ausland nur auf expliziten **Antrag**[7] tätig, Art. 25 Abs. 1 S.1. **Antragsberechtigt** sind der Emittent, Anbieter, Zulassungsantragsteller, die für die Erstellung des Prospekts verantwortliche Person bzw. Bevollmächtigte.[8] Dieser Antrag ist **formlos**, allerdings gemäß Art. 42 Abs. 2 lit. e DelVO 1019/980 auf elektronischem Wege und in einem durchsuchbaren, elektronischen Format zu übermitteln, im Falle der BaFin über deren Melde- und Veröffentlichungsplattform, das **MVP-Portal**;[9] er hat den zu notifizierenden Prospekt und den EWR-Staat (oder die EWR-Staaten)[10] zu nennen, in dem der Prospekt für ein öffentliches Angebot oder eine Zulassung verwendet werden soll.[11] Auch wenn im Prospekt angekündigt wird, dass ein öffentliches Angebot und/oder

---

5 Gemäß Art. 36 Abs. 2 i.V.m. Annex IX Ziff. III (i) 24. des Abkommens über den Europäischen Wirtschaftsraum (siehe www.secreteriat.efta.int – Stand vom 7.11.2006) gilt die ProspektRL auch in den EFTA-Staaten Island, Liechtenstein und Norwegen.
6 Ausführlich oben → Art. 24 Rn. 18; vgl. zum insofern gleichen alten Recht *Linke*, in: Schäfer/Hamann, Kapitalmarktgesetze, § 18 WpPG Rn. 2.
7 Der Wortlaut der ProspektVO spricht hier von einem „Ersuchen".
8 *von Kopp-Colomb*, in: Assmann/Schlitt/von Kopp-Colomb, Prospektrecht Kommentar, Art. 25 ProspektVO Rn. 7.
9 *von Kopp-Colomb*, in: Assmann/Schlitt/von Kopp-Colomb, Prospektrecht Kommentar, Art. 25 ProspektVO Rn. 7.
10 BaFin, Präsentation vom 3.11.2005 zum Workshop „100 Tage WpPG", Das Notifizierungsverfahren, S. 5 und zur alten, unveränderten Rechtslage *Zeising*, in: Just/Voß/Ritz/Zeising, WpPG, 2009, § 18 Rn. 3; der Wortlaut des § 18 Abs. 1 Satz 1 ließ diese Auslegung der BaFin jedenfalls zu. Zweifelnd *Alfes*, in: Holzborn, WpPG, § 18 Rn. 6 (zu den in den anderen EWR-Staaten zuständigen Behörden siehe unten → Rn. 12). Eine Liste der Internetseiten der zuständigen Behörden der EWR-Staaten lässt sich der ESMA-Liste zum Sprachenregime entnehmen, ESMA, Languages accepted for scrutiny of the Prospectus and requirements for Summaries, 28.1.2020, ESMA32-384-5080, eine Liste mit Links auf die Internetseiten der einzelnen Aufsichtsbehörden lässt sich zentral der ESMA-Website entnehmen: www.esma.europa.eu > About ESMA > Governance Structure > Board of Supervisors > National Competent Authorities.
11 BaFin, Präsentation vom 3.11.2005 zum Workshop „100 Tage WpPG", Das Notifizierungsverfahren, S. 5.

eine Zulassung an einem organisierten Markt in einem anderen EWR-Staat erfolgen soll, ergibt sich hieraus **nicht** etwa **konkludent** ein solcher Antrag.[12] Auch ist bei einem etwaigen **Nachtrag**, dessen Notifizierung (ebenfalls) gewünscht wird, ein **gesonderter Antrag auf Notifizierung** zu stellen.[13] Dies ergibt sich sowohl aus dem Wortlaut als auch aus Sinn und Zweck der Bestimmung: Denn u. U. ist eine Notifizierung des Nachtrags aus Sicht des Betroffenen nicht zweckmäßig, etwa weil er mit Blick auf die zwischenzeitliche Beendigung des Angebots in einem Aufnahmestaat keine Notifizierung des Nachtrags will.

Hinzuweisen ist darauf, dass – wie auch bereits in der ProspektRL – keine behördliche Befugnis besteht, vom Emittenten, Anbieter oder Zulassungsantragsteller die Stellung eines Notifizierungsantrags zu verlangen, was mit Blick auf den Anlegerschutz und das geltende Herkunftsstaatsprinzip ebenfalls sinnvoll wäre.[14]

6

b) Notifizierungsfähigkeit

Notifizierungsfähig sind – entsprechend der Grundidee des Europäischen Passes für Wertpapiere – nur solche Dokumente, die durch die Behörde des Herkunftsstaats gebilligt wurden. Demnach notifiziert die zuständige Behörde des Herkunftsstaats ein- und dreiteilige **Prospekte**, **Basisprospekte** und **Nachträge** (Art. 25 Abs. 1 UAbs. 3) sowie isolierte Registrierungsformulare und einheitliche **Registrierungsformulare**, wie durch Art. 26 nunmehr eingeführt. **Nicht notifizierungsfähig**, weil weder geprüft noch gebilligt, sind insbesondere **endgültige Bedingungen**, sofern diese nicht in einem bereits (gebilligten) notifizierten Basisprospekt oder in einem (gebilligten) Nachtrag enthalten sind.[15] Für solche (nicht gebilligten) endgültigen Bedingungen besteht indessen für die zuständige Behörde des Herkunftsstaats nach Art. 25 Abs. 4 die Pflicht, sie der zuständigen Behörde des Aufnahmestaates und der ESMA unmittelbar nach deren Hinterlegung **auf elektronischem Wege zu übermitteln**.

7

c) Einzureichende Dokumente

Mit dem Antrag auf Notifizierung sind der BaFin über deren Melde- und Veröffentlichungsplattform, kurz **MVP-Portal** genannt, elektronische Versionen des zu notifizierenden Prospekts und etwaiger nach Art. 19 ProspektVO mittels Verweises in den Prospekt einbezogener Dokumente zu übermitteln, soweit nicht schon bei der BaFin vorliegend. Die in jedem Falle einzureichenden Dokumente sind auch in **Anhang VII der VO (EU) 2019/979** im Einzelnen genannt, siehe dort insbesondere Ziff. 5. Sofern der Antrag nachträglich gestellt wird, ist in Deutschland die Angabe der von der BaFin vergebenen ID ausreichend.[16] Gemäß Art. 25 Abs. 1 UAbs. 2 hat der Antragsteller dem Antrag ferner eine

8

---

12 Ebenso zur früheren, insofern aber unveränderten Rechtslage *Zeising*, in: Just/Voß/Ritz/Zeising, WpPG, 2009, § 18 Rn. 2.
13 Vgl. *von Kopp-Colomb*, in: Assmann/Schlitt/von Kopp-Colomb, Prospektrecht Kommentar, Art. 25 ProspektVO Rn. 9.
14 So bereits zur alten Rechtslage: *Zeising*, in: Just/Voß/Ritz/Zeising, WpPG, 2009, § 17 Rn. 34.
15 *von Kopp-Colomb*, in: Assmann/Schlitt/von Kopp-Colomb, Prospektrecht Kommentar, Art. 25 ProspektVO Rn. 20.
16 *von Kopp-Colomb*, in: Assmann/Schlitt/von Kopp-Colomb, Prospektrecht Kommentar, Art. 25 ProspektVO Rn. 11.

etwaige Übersetzung des Prospekts und Übersetzungen jeglicher Zusammenfassung gemäß der für den Prospekt geltenden Sprachregelung (Art. 27 ProspektVO, typischerweise im Zusammenspiel mit einer dazu ergangenen nationalen Bestimmung zu den anerkannten Sprachen, in Deutschland § 21 WpPG) des Aufnahmestaates bzw. der jeweiligen Aufnahmestaaten beizufügen. Auch dies geschieht in Deutschland durch Einreichung über das MVP-Portal. Die elektronische Übermittlung ermöglicht der BaFin dabei die kurzfristige Notifizierung an die Behörde(n) des Aufnahmestaates bzw. der Aufnahmestaaten. Soweit ein Antrag vorliegt, wird die BaFin binnen eines Arbeitstags (zu den Fristenregelungen siehe im Einzelnen unten → Rn. 13) nach Billigung des Prospekts bzw. Nachtrags oder, bei nachträglichem Antrag, innerhalb eines Arbeitstags nach Antragstellung, den benannten Aufsichtsbehörden eine entsprechende Bescheinigung sowie Kopien des Prospekts bzw. Nachtrags[17] und die Zusammenfassung(en) sowie ggf. die Übersetzung des Prospekts in der entsprechenden Landessprache durch Hochladen im ESMA-Notifizierungsportal notifizieren. Obwohl die BaFin die Einreichung der zugehörigen vollständigen und richtigen Unterlagen nicht erzwingen kann, hat der Antragsteller insofern eine **verfahrensrechtliche Mitwirkungspflicht** nach § 26 Abs. 2 VwVfG; diese wirkt sich als **Obliegenheit** dahingehend aus, dass sich der Antragsteller bei fehlender Mitwirkung Nachteile, etwa bei der Frist und weiteren Folgen einer verspäteten Notifizierung, zurechnen lassen muss.[18] Zu den Einzelheiten hinsichtlich der Zusammenfassungen und Übersetzungen siehe unten bei Ziff. 4 „Sprachenregelung" (→ Rn. 15ff.) sowie die Kommentierung zu Art. 27 ProspektVO.

d) Einzelheiten der Bescheinigung, Reaktion der Behörde im Aufnahmestaat, Beginn des Angebots

9   Die Bescheinigung der Billigung wird in **englischer Sprache** (als alleiniger „in internationalen Finanzkreisen gebräuchlicher Sprache")[19] erstellt. In der Praxis der Zusammenarbeit der verschiedenen nationalen Behörden hat sich auf Grundlage eines von CESR entwickelten Vordrucks hierzu ein weitgehend vereinheitlichtes sog. „**Certificate of Approval**"[20] herausgebildet.

10 In diesem **Certificate of Approval** bestätigt die BaFin als zuständige Behörde des Herkunftsstaats nach Art. 25 Abs. 3 der Behörde des Aufnahmestaates (oder die Behörde eines anderen EWR-Staats als Herkunftsstaat der BaFin als Behörde des Aufnahmestaats) und ESMA die Billigung des beigefügten Prospekts (bzw. der sonstigen beigefügten Dokumente) auf Grundlage der ProspektVO. Hierzu lädt sie nach Art. 25 Abs. 6 das Certificate of Approval und die zu notifizierenden Dokumente einschließlich eventueller Übersetzungen in dem **ESMA-Notifizierungsportal** hoch. Zudem übermittelt die BaFin gemäß Art. 25 Abs. 1 UAbs. 4 gleichzeitig dem Emittenten, Anbieter, Zulassungsantragsteller oder dem Prospektersteller – in der Praxis regelmäßig dem **Antragsteller** – diese Bescheinigung. Allerdings stellt diese Bescheinigung weder eine Wirksamkeitsvorausset-

---

17 Nicht notifiziert werden dagegen per Verweis nach Art. 19 ProspektVO einbezogene Dokumente, *von Kopp-Colomb*, in: Assmann/Schlitt/von Kopp-Colomb, Prospektrecht Kommentar, Art. 25 ProspektVO Rn. 11.
18 Ausführlich *Kopp/Ramsauer*, VwVfG, § 26 Rn. 40ff. m.w.N.
19 *von Kopp-Colomb*, in: Assmann/Schlitt/von Kopp-Colomb, Prospektrecht Kommentar, Art. 25 ProspektVO Rn. 13.
20 Siehe CESR/07-225, Tz. 245.

zung für die Notifizierung dar noch eine Bestätigung des Umstands, dass die Notifizierung bei der zuständigen Behörde des Aufnahmestaates eingegangen ist und von dieser akzeptiert wird.[21] Letzteres wird nunmehr durch die in Art. 21 Abs. 5 UAbs. 3 ProspektVO vorgesehene Veröffentlichung der eingegangenen Notifizierung durch die zuständige Behörde des Aufnahmestaates klargestellt, sodass der Anbieter weiß, wann er mit dem öffentlichen Angebot beginnen darf. Allerdings wird sich der Anbieter in der Praxis gleichwohl regelmäßig kurz nach der erfolgten Notifizierung mit der jeweiligen Behörde des Aufnahmestaates in Verbindung setzen, um möglichst kurzfristig Gewissheit über den Zugang und die Möglichkeit des Beginns des öffentlichen Angebots auch in dem Aufnahmestaat zu erhalten. Die BaFin nimmt die Veröffentlichung der übermittelten Bescheinigungen auf derselben Plattform vor, auf der auch die von ihr selbst gebilligten Prospekte veröffentlicht werden.[22] Obwohl daran zu denken gewesen wäre, dass die BaFin im Anschluss an den § 18 Abs. 4 S.1 WpPG a. F. eine elektronische Verknüpfung zu den Prospekten und anderen gebilligten Dokumenten vornimmt, werden auf die BaFin-Website lediglich ein Hinweis auf die Notifizierung des Prospekts sowie den Herkunftsstaat, aus dem der Prospekt notifiziert wurde, aufgenommen. Im Lichte des Umstandes, dass sich alle solchen Prospekte und Dokumente indessen auf dem öffentlich zugänglichen ESMA-Notifizierungsportal finden, erscheint das auch ausreichend.

Sollte die zuständige Behörde – ausnahmsweise – der Auffassung sein und der BaFin mitteilen, dass sie die Notifizierung nicht akzeptieren kann, so könnte sie sich hierfür nur auf **formelle Mängel** stützen, da eine inhaltliche Prüfung[23] nicht vorzunehmen ist: Solche formellen Mängel können sich finden in der Billigungsbescheinigung, in einer Unvollständigkeit der übersandten Anlagen oder in Unzulänglichkeiten hinsichtlich der Sprachen der übersandten Dokumente. 11

Die Notifizierung (und erst recht die Mitteilung über die erfolgte Notifizierung) ist nach deutschem Recht mangels Regelungscharakters kein Verwaltungsakt;[24] der richtige Rechtsbehelf bei trotz Antrags ausbleibender Notifizierung ist dementsprechend die allgemeine Leistungsklage.[25] 12

e) Fristenregelung

Nach Art. 25 Abs. 1 Satz 1 hat die Notifizierung **binnen eines Arbeitstags** (nach der Billigung bzw. der ggf. separaten späteren Antragstellung) zu erfolgen. **Arbeitstage** sind nach Art. 2 lit. t ProspektVO die Arbeitstage der zuständigen Behörde unter Ausschluss von Samstagen, Sonntagen und gesetzlichen Feiertagen nach dem jeweiligen nationalen Recht. In der Praxis übermittelt jedenfalls die BaFin ihre Bescheinigung bereits regelmäßig am Tag der Billigung, es sei denn die Billigung erfolgt aufgrund der Umstände erst 13

---

21 *von Kopp-Colomb*, in: Assmann/Schlitt/von Kopp-Colomb, Prospektrecht Kommentar, Art. 25 ProspektVO Rn. 14.
22 Vgl. auf der BaFin-Website unter „Publikationen & Daten> Datenbanken > Hinterlegte Prospekte, VIBs und WIBs > Hinterlegte Prospekte für Wertpapiere und Wertpapier-Informationsblätter".
23 Dazu ausführlich oben → Art. 24 Rn. 1 ff. und insbesondere Rn. 9 f.
24 *Kopp/Ramsauer*, VwVfG, § 35 Rn. 50; *von Kopp-Colomb*, in: Assmann/Schlitt/von Kopp-Colomb, Prospektrecht Kommentar, Art. 25 ProspektVO Rn. 17.
25 Vgl. zur alten, insofern unveränderten Rechtslage *Alfes*, in: Holzborn, WpPG, § 18 Rn. 19 und 10 ff.

sehr spät im Laufe des Tages. Regelmäßig wird der Emittent, gemeinsam mit den sonstigen Beteiligten, sowohl öffentliche Angebote in verschiedenen Mitgliedstaaten als auch etwaige grenzüberschreitende Zulassungen von Wertpapieren möglichst zeitnah und gleichzeitig beginnen wollen. Insofern ist eine frühzeitige Abstimmung mit den verschiedenen beteiligten Behörden anzuraten und möglich.[26] Die Erteilung der Bescheinigung mit Notifizierung binnen der vorgegebenen Frist soll zugunsten des Antragstellers sicherstellen, dass die Notifizierung zeitnah erfolgt und ein Angebot bzw. eine Zulassung im Aufnahmestaat stattfinden kann. Sie hat also individualschützende Wirkung. Dementsprechend kommen bei Verstößen gegen die gesetzlichen Vorgaben in Deutschland ggf. Staatshaftungsansprüche in Betracht.[27]

3. Zuständige Behörde im EWR-Ausland

14   Zuständige Behörden des Aufnahmestaates bzw. Herkunftsstaates sind:[28]
– in Österreich: die Finanzmarktaufsicht;
– in Belgien: die Commission Bancaire, Financière et des Assurances (Banking, Finance and Insurance Commission);
– in Bulgarien: die Financial Supervision Commission;[29]
– in Zypern: (Zypriotische) Securities and Exchange Commission;
– in der Tschechischen Republik: Czech National Bank;
– in Dänemark: Finanstilsynet (Danish Financial Supervisory Authority);
– in Estland: (Estonian) Financial Supervision Authority;
– in Finnland: Finanssivalvonta (Financial Supervisory Authority);
– in Frankreich: Autorité des marchés financiers;
– in Griechenland: Capital Market Commission;
– in Ungarn: (Hungarian) Financial Supervisory Authority;
– in Island: Financial Supervisory Authority;
– in Irland: Central Bank of Ireland (Markets Supervision Department);
– in Italien: Commissione Nazionale per le Societá e la Borsa;
– in Lettland: Financial and Capital Market Commission;
– in Liechtenstein: Finanzmarktaufsicht;
– in Litauen: Securities Commission;
– in Luxemburg: Commission de surveillance du secteur financier;
– in Malta: (Malta) Financial Services Authority;
– in den Niederlanden: Autoriteit Financiele Markten;

---

26 *Schlitt*, in: Habersack/Mülbert/Schlitt, Kapitalmarktinformation, § 5 Rn. 38; ähnlich in etwas anderem Zusammenhang *von Kopp-Colomb*, in: Assmann/Schlitt/von Kopp-Colomb, Prospektrecht Kommentar, Art. 24 ProspektVO Rn. 10.
27 Vgl. zur alten, insofern unveränderten Rechtslage *Alfes*, in: Holzborn, WpPG, § 18 Rn. 18.
28 Eine Liste der Internetseiten der jeweils zuständigen Behörden der einzelnen Aufsichtsbehörden lässt sich ebenfalls der ESMA-Liste zum Sprachenregime entnehmen: ESMA, Languages accepted for scrutiny of the Prospectus and requirements for Summaries, 28.1.2020, ESMA32-384-5080; eine Liste mit Links auf die Internetseiten der einzelnen Aufsichtsbehörden lässt sich zentral der ESMA-Website entnehmen: www.esma.europa.eu > About ESMA > Governance Structure > Board of Supervisors > National Competent Authorities.
29 Art. 13 Abs. 1 Nr. 8 Financial Supervision Commission Act and Art. 73 Abs. 2 und 90–93 Public Offering Securities Act; Internetseite: www.fsc.bg.

- in Norwegen: Finanstilsynet[30] (the Financial Supervisory Authority of Norway);
- in Polen: (Polish) Financial Supervision Authority;
- in Portugal: Comissão do Mercado de Valores Mobiliários;
- in Rumänien: (Romanian) National Securities Commission;
- in der Slowakischen Republik: National Bank of Slovakia;
- in Slowenien: Securities Market Agency;
- in Spanien: Comisión Nacional del Mercado de Valores und
- in Schweden: Finansinspektionen.

4. Sprachenregelung

a) Prospekte, Nachträge und Registrierungsformulare

Die Sprachenregelung findet sich in Art. 27 ProspektVO sowie – für Deutschland – in § 21 WpPG, sodass zu Einzelheiten auf die dortigen Kommentierungen verwiesen wird. Neben Deutschland nehmen nur Österreich, Luxemburg und Liechtenstein **Prospekte und Nachträge** (sowie **Registrierungsformulare**, siehe dazu Art. 26 ProspektVO) in deutscher Sprache entgegen. Für Notifizierungen in alle anderen Staaten muss zumindest eine englische Übersetzung des Prospekts vorliegen. In der Praxis wird der Anbieter bei in zumindest einen anderen EWR-Staat zu notifizierenden Prospekten mit Blick auf die institutionellen Investoren und aus Effizienzgründen in der Regel ohnehin allein eine **englische Prospektversion** einreichen, was für alle EWR-Staaten (neben verschiedenen Sprachversionen, dann mit einer zusätzlichen Übersetzung, zumeist ins Englische) zulässig ist. Ebenso geht Art. 27 ProspektVO im Grunde davon aus, dass Prospekte – jedenfalls im grenzüberschreitenden Bereich – **in englischer Sprache** erstellt werden. Anderes gilt (auf der Grundlage von Art. 27 ProspektVO) in vielen EWR-Staaten allein für die **Zusammenfassung**, die in diesen Aufnahmestaaten dann zusätzlich in einer anerkannten Sprache, regelmäßig der Landessprache, zu erstellen ist (zu Einzelheiten siehe die Kommentierung zu → Art. 27 Rn. 8). Dann wird der gebilligte (englischsprachige) Prospekt bzw. Nachtrag durch Hochladen auf dem ESMA-Notifzierungsportal als Anlage notifiziert werden. 15

Dagegen stehen dem Antragsteller zwei Möglichkeiten offen, wenn nur ein gebilligter deutschsprachiger Prospekt vorliegt: 16

- Einreichung des Prospektes in englischer Sprache zur Billigung bei der BaFin, sodass im Ergebnis zwei gebilligte Prospekte für ein Wertpapier vorlägen; die BaFin würde dann den gebilligten englischsprachigen Prospekt als Anlage übermitteln; oder
- Einreichung einer Übersetzung des Prospekts (in das Englische oder eine von der jeweils zuständigen Behörde ansonsten anerkannte Sprache) bei der BaFin nebst ausdrücklicher **Bestätigung** in dem Antrag, **dass die Übersetzung dem gebilligten Prospekt entspricht.**[31] Im letzteren Falle muss die Übersetzung zudem den **deutlichen Hinweis** enthalten, dass es sich um eine **nicht bindende Übersetzung** handelt. Es er-

---

30 Act on Securities Trading, Section 7–8, subsection (6); Internetseite: www.finanstilsynet.no; beachte, dass die Aufgaben entsprechend Art. 21 Abs. 2 ProspektRL vollumfänglich mit Wirkung zum 1.5.2010 von der Oslo Børs auf die Finanstilsynet übertragen worden sind.
31 Dazu, dass für durch die zuständige Behörde des Herkunftsstaats ungeprüfte Übersetzungen alleine der Antragsteller verantwortlich ist, schon *Crüwell*, AG 2003, 243, 253, und ESMA, Questions

folgt dann keine Prüfung der Übersetzung durch die BaFin, was auch bei den meisten Sprachen außer Englisch auf unüberwindbare praktische Schwierigkeiten stoßen müsste. Die BaFin wird in diesem Fall der Übersendung der Bescheinigung an die jeweilige Aufnahmestaatsbehörde den geprüften deutschen Prospekt beifügen sowie die nicht bindende Übersetzung mit einem expliziten Hinweis, dass es sich bei der Übersetzung nicht um eine gebilligte Fassung des Prospekts handelt.[32]

17 Für Fälle, in denen ein öffentliches Angebot auch in Deutschland stattfindet (Art. 27 Abs. 1 ProspektVO), dürften die aufgezeigten Möglichkeiten schon aus praktischen Gründen abschließend sein, da dann zwingend ein gebilligter deutschsprachiger oder englischsprachiger Prospekt erforderlich ist.[33] Fraglich ist, ob in Fällen, in denen kein öffentliches Angebot in Deutschland stattfindet (Art. 27 Abs. 2 ProspektVO), Gegenstand der Billigung ein weder auf Deutsch noch auf Englisch erstellter Prospekt sein kann. Diese Frage wurde unter Hinweis darauf bejaht, dass dann eine deutsche oder englische Übersetzung des Prospekts mit einzureichen sei, die Grundlage für die Prüfung sei, während eben der in der Drittsprache erstellte Prospekt Gegenstand der Billigung sei.[34] Auch wenn zusammen mit diesem Prospekt eine Bestätigung eingereicht würde, dass der Prospekt und die Übersetzung des Prospekts einander entsprechen, so bleibt doch ein gewisses Störgefühl, weil die BaFin im Grunde ein Dokument billigen würde, dass sie weder gelesen noch verstanden hat.[35] Auch die ProspektVO verlangt nicht eine solche Billigung in einer anderen Sprache als der vom Herkunftsstaat anerkannten oder in Englisch. Art. 27 Abs. 2 UAbs. 3 der ProspektRL besagt vielmehr, dass zur Prüfung durch die zuständige Behörde des Herkunftsstaats der **Prospekt** entweder in einer von dieser Behörde anerkannten oder in einer in internationalen Finanzkreisen gebräuchlichen Sprache zu erstellen ist. Wenn insofern auch die offenbar großzügigere und flexible Praxis der BaFin[36] zu begrüßen ist, sprechen weiterhin gute Argumente dafür, dass (vorbehaltlich der Zulassung weiterer Sprachen zur Prospekterstellung in Deutschland) Gegenstand der Billigung durch die BaFin nur deutsch- und englischsprachige Prospekte sein sollten.[37]

---

and Answers – Prospectuses (23rd Updated Version – December 2015), ESMA/2015/1874, Frage 33.

32 Zum Ganzen nach der früheren, insofern aber unveränderten Rechtslage: *Linke*, in: Schäfer/Hamann, Kapitalmarktgesetze, § 18 WpPG Rn. 8, und *Zeising*, in: Just/Voß/Ritz/Zeising, WpPG, 2009, § 18 Rn. 8 ff.

33 Siehe auch die Kommentierungen zu Art. 27 Abs. 1 ProspektVO und zu § 21 WpPG.

34 *von Kopp-Colomb*, in: Assmann/Schlitt/von Kopp-Colomb, Prospektrecht Kommentar, Art. 24 ProspektVO Rn. 11.

35 Deswegen gehen z. B. zur Rechtslage vor Inkrafttreten der ProspektVO *Ritz/Voß*, in: Just/Voß/Ritz/Zeising, WpPG, 2009, § 19 Rn. 35, davon aus, „dass sich die Notifizierung, die eine Bescheinigung über die Billigung des Prospekts darstellt, **nur auf ein Dokument beziehen kann, das tatsächlich einer behördlichen Prüfung unterlag**" (Hervorhebung des Verfassers).

36 So dürfte die Kommentierung bei *von Kopp-Colomb*, in: Assmann/Schlitt/von Kopp-Colomb, Prospektrecht Kommentar, Art. 24 ProspektVO Rn. 11 zu verstehen sein.

37 So auch die Kommission im Mai 2006 im Anschluss an einen entsprechenden Vorschlag von CESR, die feststellte, dass die **gebilligte Sprachversion zu notifizieren** sei, dazu *Ritz/Voß*, in: Just/Voß/Ritz/Zeising, WpPG, 2009, § 19 Rn. 36 f., die für die alte Rechtslage vor Inkrafttreten der ProspektVO auch darauf hinwiesen, dass so die (damalige, ältere) Praxis verfahre: Dies bedeutete, dass neben diesem Dokument eine **Vollübersetzung** in eine vom Aufnahmestaat anerkannte Sprache oder ins Englische beizufügen war, sofern der Prospekt nicht direkt in Englisch

b) Zusammenfassungen

Nach Art. 27 Abs. 2 und Abs. 3 ProspektVO bleibt den EWR-Staaten vorbehalten, zusätzlich eine Übersetzung der Zusammenfassung in ihre jeweilige Landessprache zu verlangen (siehe dazu die Kommentierung zu → Art. 27, insbesondere Rn. 8). Dementsprechend hat der Antragsteller die Übersetzung(en) der **Zusammenfassung** gemäß der für den Prospekt geltenden Sprachenregelung des Aufnahmestaates oder der Aufnahmestaaten beizufügen. Eine solche Zusammenfassung kann dann erforderlich sein, wenn der gebilligte Prospekt in **Englisch** verfasst ist und der Aufnahmestaat eine Übersetzung der Zusammenfassung in eine von ihm anerkannte Sprache verlangt, vgl. dazu die genau dahin gehende deutsche Regelung in § 21 Abs. 2 WpPG (dazu die Kommentierung zu → § 21 WpPG Rn. 2). Auch dabei verantwortet allein der Antragsteller die sprachliche und inhaltliche Korrektheit der von ihm erstellten Zusammenfassung.[38] Dies ergibt sich aus dem Wortlaut des **Art. 25 Abs. 1** UAbs. 2, demzufolge einer Notifizierung ggf. eine von „dem Emittenten, dem Anbieter, dem Zulassungsantragsteller oder dem Prospektersteller in Auftrag gegebene Übersetzung des Prospekts und jeglicher Zusammenfassung beizufügen ist". 18

Die beizufügende zusätzliche Übersetzung (oder Übersetzungen) in die andere(n) Sprache(n) ist nicht in den Prospekt selbst zu integrieren, sondern als gesondertes Dokument beizufügen. Dies verdeutlicht zum einen, dass sie nicht Bestandteil des Prospekts als gebilligtes Dokument ist. Zum anderen vereinfacht dies die Notifizierung in mehrere Aufnahmestaaten, da dann die BaFin jeder Aufnahmestaatsbehörde lediglich die jeweils notwendige Übersetzung der Zusammenfassung übermitteln kann.[39] 19

5. Nichtaufnahme von Informationen nach Art. 18 Abs. 1 und Abs. 2 ProspektVO

Im Anschluss an die frühere Regelung in der ProspektRL schreibt **Art. 25 Abs. 2** vor, dass im Falle einer Gestattung der **Nichtaufnahme von Angaben** gemäß Art. 18 Abs. 1 ProspektVO sowie im Falle der Nichtaufnahme von nicht angemessenen oder nicht verfügbaren Angaben gemäß Art. 18 Abs. 2 dies in der Bescheinigung über die Billigung **zu erwähnen und zu begründen** ist. Dementsprechend enthält der von CESR hierzu entwickelte Vordruck der Billigungsbescheinigung, das bereits angesprochene **Certificate of Approval**, von Anfang an einen sich hierauf beziehenden Abschnitt. Voraussetzung für die Gestattung solcher Ausnahmen nach Art. 18 Abs. 1 ist eine entsprechende Anfrage durch den Emittenten, Anbieter oder Zulassungsantragsteller und eine Aufnahme (sowohl der Ausnahmen nach Art. 18 Abs. 1 als auch etwaiger, keine Gestattung erfordernder Aus- 20

---

gebilligt wurde. In der Praxis dürfte dieser Fall in Anbetracht des Aufwands für Übersetzungen ohnehin nur sehr selten vorkommen.
38 Siehe dazu auch die Nutzungshinweise der BaFin zur Datenbank für Hinterlegte Prospekte für Wertpapiere und Wertpapier-Informationsblätter, https://www.bafin.de/dok/7846268 (zuletzt abgerufen am 6.12.2022).
39 So zum alten Recht vor Inkrafttreten der ProspektVO: *Zeising*, in: Just/Voß/Ritz/Zeising, WpPG, 2009, § 18 Rn. 10; aufgrund des nunmehr allein nötigen Hochladens auf das ESMA-Notifizierungsportal dürfte dies in der Praxis wenig relevant sein.

Art. 25 ProspektVO Notifizierung von Prospekten und Nachträgen

nahmen nach Art. 18 Abs. 2) in die sog. Überkreuz-Checkliste.[40] Allerdings war bereits die praktische Relevanz der parallelen Bestimmung im alten Recht vor Inkrafttreten der ProspektVO gering. Zudem wirkt die – ursprünglich wohl noch der Möglichkeit einer Prüfung durch die Behörde des Aufnahmestaates geschuldete – Regelung angesichts des Europäischen Passes für Wertpapiere und des Herkunftsstaatsprinzips sowie des in der Praxis reibungslosen Prozesses der Zusammenarbeit der verschiedenen Behörden – nicht mehr zeitgemäß.

21 Bereits für das alte Recht vor Inkrafttreten der ProspektVO war anerkannt, dass Konstellationen der sog. **Blankoklausel**, d.h. solche Mindestangaben, die für ein bestimmtes Wertpapier nicht relevant sind,[41] nicht unter die damalige, Art. 18 Abs. 1, Abs. 2 ProspektVO entsprechende Regelung fallen sollten. So nannte die Regierungsbegründung zum WpPG a.F. als typischen Fall, dass eine bestimmte Angabepflicht denklogisch nicht erfüllt werden kann und führte als Beispiel Angaben zur Ausübung eines Vorzugsrechts, Ziff. 5.1.10 des Anhangs III der VO (EG) 809/2004, bei „eine[r] Aktienemission mit Bezugsrechtsausschluss" an.[42] Solche Umstände müssen dementsprechend auch nicht in der Billigungsbescheinigung erwähnt werden.[43]

22 Art. 25 Abs. 2 i.V.m. Art. 18 Abs. 1 und Abs. 2 dient ausschließlich dem öffentlichen Interesse. Im Ergebnis spricht hierfür einerseits, dass die Behörde des Aufnahmestaates lediglich über die Ausnahmegestattung informiert werden soll, aber nicht zu einer eigenständigen materiellen Prüfung berechtigt ist. Demnach kommt eine etwaige Untersagung eines öffentlichen Angebotes durch die Behörde des Aufnahmestaates unter Hinweis auf fehlende diesbezügliche Angaben grundsätzlich nicht in Betracht.[44] Andererseits überzeugt dies bereits deswegen, weil im Normalfall kein Anspruch auf die Gestattung nach Art. 18 Abs. 1 ProspektVO bestehen dürfte und hieraus folglich auch keine Staatshaftungsansprüche ableitbar sein sollen.[45]

---

40 Zu letzterem Erfordernis, zumindest für Ausnahmen nach § 8 Abs. 3 WpPG a.F., siehe *Linke*, in: Schäfer/Hamann, Kapitalmarktgesetze, § 18 WpPG Rn. 9; dazu, dass die BaFin auch von Fällen des Art. 18 Abs. 2 ProspektVO gemäß Art. 42 Abs. 2 lit. a VO (EU) 2019/980, ggf. unter Heranziehung der Überkreuz-Checkliste, Kenntnis erhält, auch *von Kopp-Colomb*, in: Assmann/Schlitt/ von Kopp-Colomb, Prospektrecht Kommentar, Art. 25 ProspektVO Rn. 18.
41 Siehe Erwägungsgrund 24 der VO (EG) 809/2004.
42 BR-Drucks. 85/05, S. 71.
43 Zur insofern unveränderten Position nach altem Recht auch *Zeising*, in: Just/Voß/Ritz/Zeising, WpPG, 2009, § 18 Rn. 25, und *Just*, ebenda, § 8 Rn. 52.
44 Zum alten Recht in § 18 Abs. 3 WpPG a.A. *Alfes*, in: Holzborn, WpPG, § 18 Rn. 22, der davon ausgeht, dass der notifizierte Prospekt ggf. im Aufnahmestaat nicht verwendet werden kann, und § 18 Abs. 3 deswegen individualschützende Wirkung beimisst.
45 So auch explizit die Regierungsbegründung, BR-Drucks. 85/05, S. 80, derzufolge § 18 Abs. 3 WpPG a.F. ausschließlich dem öffentlichen Interesse dient. *Heidelbach*, in: Schwark/Zimmer, KMRK, 4. Aufl. 2010, § 18 WpPG Rn. 21, weist zu § 18 Abs. 3 WpPG a.F. allerdings darauf hin, dass durch die ProspektRL das Prospekthaftungsregime in den EWR-Staaten nicht vereinheitlicht wurde und der deutsche Gesetzgeber nicht regulierend in die nationalen Haftungsregime der Aufnahmestaaten eingreifen kann. Sie folgert daraus, dass der Verweis auf das ausschließlich öffentliche Interesse nur deklaratorisch sei und etwaige Prospekthaftungsansprüche nicht ausschließe. Auch wenn das im Ausgangspunkt dogmatisch richtig erscheint, liegt es nahe, Prospekthaftungsansprüche typischerweise zu verneinen, wenn eine Gestattung nach Art. 18 Abs. 1 ProspektVO oder eine unbeanstandete Nichtaufnahme von Angaben nach Art. 18 Abs. 2 ProspektVO erfolgt ist.

6. Gebührenfreiheit (Art. 25 Abs. 5)

Anders als nach altem Recht (Geltung der ProspektRL und des WpPG a. F.) bestimmt 23
Art. 25 Abs. 5, dass die beteiligten zuständigen Behörden im Herkunftsmitgliedstaat und im Aufnahmemitgliedstaat **keine Gebühren** für die Notifizierung oder deren Entgegennahme verlangen dürfen. Dies dient der Förderung des Europäischen Passes für Wertpapiere und unterstützt die Schaffung eines europäischen Kapitalmarktes; selbstverständlich ist die Gebührenfreiheit indessen nicht, da ja eine öffentliche Leistung erfolgt und durch den Antragsteller in Anspruch genommen wird, sodass den beteiligten Behörden tatsächliche Kosten entstehen.[46]

7. ESMA-Notifizierungsportal (Art. 25 Abs. 6)

Die wichtigste Neuerung in Art. 25 ist das in **Art. 25 Abs. 6** vorgesehene und durch eine 24
europäische Durchführungsregelung[47] implementierte **ESMA-Notifizierungsportal**. Es wird von ESMA betrieben und ist das zentrale technische Element für die Durchführung der Notifizierungen. Da nach Art. 21 Abs. 6 ProspektVO ESMA sämtliche relevanten Dokumente (Prospekte, Nachträge, endgültige Bedingungen sowie Übersetzungen) und Angaben zu den Aufnahmemitgliedstaaten veröffentlicht, hat das Portal eine **Doppelfunktion**: Es enthält als **öffentlich zugängliche, zentrale Fundstelle** für den Kapitalmarkt alle durch die nationalen Behörden gebilligten Prospekte und die genannten weiteren Dokumente sowie im Falle der Notifizierung die Bescheinigung über die Billigung nebst den zu notifizierenden Dokumenten und kann damit zugleich den nationalen Behörden als **Extranet** dienen.[48] Die technischen Modalitäten zum Betrieb des Portals sind in **Art. 19–21 VO (EU) 2019/979** geregelt, insbesondere vollzieht das Portal Validitätsprüfungen der übermittelten Notifizierungsdokumente und leitet diese dann an die zuständige(n) Behörde(n) des bzw. der Aufnahmemitgliedstaaten weiter.[49]

---

46 Ausführlich *von Kopp-Colomb*, in: Assmann/Schlitt/von Kopp-Colomb, Prospektrecht Kommentar, Art. 25 ProspektVO Rn. 21.
47 ABl. EU L 166 vom 21.6.2019, S. 1, zuletzt geändert durch die Delegierte Verordnung (EU) 2020/1272 vom 4.6.2020 zur Änderung und Berichtigung der **Delegierte VO (EU) 2019/979** vom 14.3.2019 zur Ergänzung der VO (EU) 2017/1129 des Europäischen Parlaments und des Rates durch technische Regulierungsstandards für wesentliche Finanzinformationen in der Zusammenfassung des Prospekts, die Veröffentlichung und Klassifizierung von Prospekten, die Werbung für Wertpapiere, Nachträge zum Prospekt und das Notifizierungsportal, ABl. EU L 300 vom 14.9.2020, S. 1.
48 Vgl. zum Ganzen *von Kopp-Colomb*, in: Assmann/Schlitt/von Kopp-Colomb, Prospektrecht Kommentar, Art. 25 ProspektVO Rn. 22.
49 *von Kopp-Colomb*, in: Assmann/Schlitt/von Kopp-Colomb, Prospektrecht Kommentar, Art. 25 ProspektVO Rn. 15 und 22.

Art. 26 ProspektVO
Notifizierung von Registrierungsformularen oder einheitlichen Registrierungsformularen

(1) Dieser Artikel gilt nur für Emissionen von Nichtdividendenwerten gemäß Artikel 2 Buchstabe m Ziffer ii und für in Drittländern ansässige Emittenten gemäß Artikel 2 Buchstabe m Ziffer iii, wenn es sich bei dem gewähltem Herkunftsmitgliedstaat für die Billigung der Prospekte gemäß diesen Bestimmungen nicht um den Mitgliedstaat handelt, dessen zuständige Behörde das von dem Emittenten, dem Anbieter oder der die Zulassung zum Handel an einem geregelten Markt beantragenden Person erstellte Registrierungsformular oder einheitliche Registrierungsformular gebilligt hat.

(2) Eine zuständige Behörde, die ein Registrierungsformular oder ein einheitliches Registrierungsformular und etwaige Änderungen gebilligt hat, übermittelt der zuständigen Behörde des Herkunftsmitgliedstaats auf Ersuchen des Emittenten, des Anbieters, der Person, die die Zulassung zum Handel auf einem geregelten Markt beantragt, oder der für die Erstellung eines solchen Formulars verantwortlichen Person für die Billigung des Prospekts eine Bescheinigung über die Billigung, aus der hervorgeht, dass das Registrierungsformular oder das einheitliche Registrierungsformular und etwaige Änderungen im Einklang mit dieser Verordnung erstellt wurde, sowie eine elektronische Kopie dieses Formulars. Jene Notifizierung erfolgt innerhalb eines Arbeitstags nach Eingang des Ersuchens oder, falls das Ersuchen zusammen mit dem Entwurf des Registrierungsformulars oder dem Entwurf des einheitlichen Registrierungsformulars vorgelegt wird, innerhalb eines Arbeitstags nach Billigung dieses Formulars.

Der in Unterabsatz 1 genannten Notifizierung ist gegebenenfalls eine vom Emittenten, vom Anbieter, von der Person, die die Zulassung zum Handel auf einem geregelten Markt beantragt, oder der für die Erstellung solcher Formulare verantwortlichen Person in Auftrag gegebene Übersetzung des Registrierungsformulars oder des einheitlichen Registrierungsformulars und etwaiger Änderungen beizufügen.

Dem Emittenten, dem Anbieter, der Person, die die Zulassung zum Handel auf einem geregelten Markt beantragt, oder der für die Erstellung des Registrierungsformulars oder des einheitlichen Registrierungsformulars und etwaiger Änderungen verantwortlichen Person wird die Bescheinigung über die Billigung zur gleichen Zeit übermittelt wie der für die Billigung des Prospekts zuständigen Behörde des Herkunftsmitgliedstaats.

Jede Anwendung der Bestimmungen des Artikels 18 Absätze 1 und 2 wird in der Bescheinigung erwähnt und begründet.

Die zuständige Behörde, die das Registrierungsformular oder das einheitliche Registrierungsformular und etwaige Änderungen gebilligt hat, übermittelt der ESMA die Bescheinigung über die Billigung dieser Formulare zur gleichen Zeit, wie sie auch der für die Billigung des Prospekts zuständigen Behörde des Herkunftsmitgliedstaats übermittelt wird.

Diese zuständigen Behörden erheben keine Gebühr für die Notifizierung oder Entgegennahme der Notifizierung von Registrierungsformularen oder einheitlichen Registrierungsformularen und etwaiger Änderungen oder damit zusammenhängende Überwachungstätigkeiten.

(3) Ein gemäß Absatz 2 übermitteltes Registrierungsformular oder einheitliches Registrierungsformular kann als Bestandteil eines der für die Billigung des Prospekts zuständigen Behörde des Herkunftsmitgliedstaats zur Billigung vorgelegten Prospekts verwendet werden.

Die für die Billigung des Prospekts zuständige Behörde des Herkunftsmitgliedstaats nimmt keinerlei Prüfung oder Billigung des übermittelten Registrierungsformulars oder einheitlichen Registrierungsformulars und etwaiger Änderungen vor und billigt erst nach Entgegennahme der Notifizierung ausschließlich die Wertpapierbeschreibung und die Zusammenfassung.

(4) Ein gemäß Absatz 2 übermitteltes Registrierungsformular oder einheitliches Registrierungsformular enthält einen Anhang mit den Basisinformationen über den Emittenten nach Artikel 7 Absatz 6. Die Billigung des Registrierungsformulars oder des einheitlichen Registrierungsformulars bezieht sich auch auf diesen Anhang.

Der Notifizierung ist gegebenenfalls gemäß Artikel 27 Absatz 2 Unterabsatz 2 und Artikel 27 Absatz 3 Unterabsatz 2 eine von dem Emittenten, dem Anbieter oder der für die Erstellung des Registrierungsformulars oder einheitlichen Registrierungsformulars verantwortlichen Person in Auftrag gegebene Übersetzung des Anhangs des Registrierungsformulars oder einheitlichen Registrierungsformulars beizufügen.

Bei der Erstellung der Zusammenfassung gibt der Emittent, der Anbieter oder die für die Erstellung des Prospekts verantwortliche Person den Inhalt des Anhangs ohne Änderungen in dem in Artikel 7 Absatz 4 Buchstabe b genannten Abschnitt wieder. Die für die Billigung des Prospekts zuständige Behörde des Herkunftsmitgliedstaats prüft diesen Abschnitt der Zusammenfassung nicht.

(5) Tritt innerhalb des in Artikel 23 Absatz 1 genannten Zeitraums ein wichtiger neuer Umstand ein oder wird innerhalb dieses Zeitraums eine wesentliche Unrichtigkeit oder eine wesentliche Ungenauigkeit festgestellt, die die im Registrierungsformular oder im einheitlichen Registrierungsformular enthaltenen Angaben betrifft, so ist der zuständigen Behörde, die das Registrierungsformular oder das einheitliche Registrierungsformular gebilligt hat, der nach Artikel 23 erforderliche Nachtrag zur Billigung vorzulegen. Dieser Nachtrag wird der für die Billigung des Prospekts zuständigen Behörde des Herkunftsmitgliedstaats innerhalb eines Arbeitstags nach seiner Billigung nach dem Verfahren gemäß den Absätzen 2 und 3 dieses Artikels übermittelt.

In Fällen, in denen ein Registrierungsformular oder ein einheitliches Registrierungsformular gemäß Artikel 23 Absatz 5 gleichzeitig als Bestandteil mehrerer Prospekte verwendet wird, wird der Nachtrag jeder zuständigen Behörde übermittelt, die solche Prospekte gebilligt hat.

(6) Um einheitliche Bedingungen für die Anwendung dieser Verordnung zu gewährleisten und die technischen Entwicklungen auf den Finanzmärkten zu berücksichtigen, kann die ESMA Entwürfe technischer Durchführungsstandards ausarbeiten,

um Standardformulare, Mustertexte und Verfahren für die Notifizierung der Bescheinigung über die Billigung des Registrierungsformulars, des einheitlichen Registrierungsformulars, jedes diesbezüglichen Nachtrags samt etwaiger Übersetzungen festzulegen.

Der Kommission wird die Befugnis übertragen, die in Unterabsatz 1 genannten technischen Durchführungsstandards gemäß Artikel 15 der Verordnung (EU) Nr. 1095/2010 zu erlassen.

I. Überblick

1 Art. 26 beinhaltet eine wesentliche Neuerung und **Erleichterung** für Emittenten von **Nichtdividendenwerten** und **Emittenten aus Drittstaaten**. Diese können ihren Herkunftsmitgliedstaat für Zwecke der Billigung des Prospekts wählen. Die Regelung ermöglicht es ihnen, ein Registrierungsformular oder einheitliches Registrierungsformular, das bereits von einer Behörde eines EWR-Staats gebilligt wurde, ohne neuerliche Billigung durch die Behörde eines nunmehr als Herkunftsstaat gewählten anderen EWR-Staats als Bestandteil eines Prospekts zu verwenden.[1] Art. 26 ist insgesamt eine detaillierte nähere Ausgestaltung der bereits in Art. 24 und Art. 25 geregelten Prinzipien; insbesondere ist das **Notifizierungsverfahren weitestgehend mit demjenigen in Art. 25 identisch**,[2] sodass auf die dortige Kommentierung verwiesen wird, soweit nicht im Folgenden besondere Gesichtspunkte erwähnt werden. Wünschenswert wäre insofern eine kürzere Regelung mit Verweisen auf Art. 25 gewesen.

II. Regelungsgehalt

2 Art. 26 Abs. 1 regelt den **Anwendungsbereich** der Norm, nämlich die Emission von Nichtdividendenwerten und Emissionen von Emittenten aus Drittstaaten: In diesem Anwendungsbereich kann der Herkunftsmitgliedstaat nach Art. 2 lit. m Ziff. ii bzw. Ziff. iii ProspektVO gewählt werden. Soweit ein solches Wahlrecht besteht, soll ein einmal von einer zuständigen Behörde in einem EWR-Staat gebilligtes **Registrierungsformular** mittels Notifizierung für andere EWR-Staaten ohne weitere Prüfung oder Billigung Verwendung finden dürfen.

3 Art. 26 Abs. 2 regelt das **Notifizierungsverfahren** und entspricht weitestgehend Art. 25 Abs. 1–3 und Abs. 5. **Art. 26 Abs. 3** und **Abs. 4** betreffen die Erstellung des Prospekts und der Zusammenfassung bei einem grenzüberschreitend verwendeten Registrierungsformular. Auf die erfolgende Notifizierung hin kann das übermittelte Registrierungsformular nach **Art. 26 Abs. 3** UAbs. 1 ohne weitere Prüfung oder Billigung als Bestandteil eines durch die empfangende und nunmehr als Herkunftsstaatsbehörde für die Billigung

---

[1] Vgl. die Kritik an einer fehlenden dahingehenden Regelung von *Wolf*, in: Berrar/Meyer/Müller et al., WpPG/EU-ProspektVO, 2. Aufl. 2017, § 17 WpPG Rn. 7 mit Hinweis auf das praktische Bedürfnis nach einer solchen Regelung unter Vermeidung von unübersichtlichen, wiederholten Nachträgen; siehe auch Erwägungsgrund 69 ProspektVO zum Regelungszweck.

[2] Vgl. *von Kopp-Colomb*, in: Assmann/Schlitt/von Kopp-Colomb, Prospektrecht Kommentar, Art. 26 ProspektVO Rn. 1 f.

des vorgelegten Prospekts zuständige Behörde verwendet werden. Diese neuerliche Herkunftsstaatsbehörde prüft dann im Rahmen der neuerlichen Prospektprüfung nach Art. 26 Abs. 3 UAbs. 2 ausschließlich die sonstigen Prospektbestandteile, nämlich die **Wertpapierbeschreibung** und die **Zusammenfassung**. Anschließend kann der so gebilligte, mehrteilige Prospekt wiederum in andere Aufnahmestaaten notifiziert werden.[3] Bedeutsam für die Erstellung der Zusammenfassung ist dabei **Art. 26 Abs. 4**. Dessen UAbs. 1 sieht nämlich vor, dass ein Registrierungsformular oder einheitliches Registrierungsformular einen **Anhang mit den Basisinformationen** über den Emittenten nach Art. 7 Abs. 6 ProspektVO enthält und sich die Billigung auch auf diesen Anhang bezieht. Und dessen UAbs. 3 bestimmt, dass der Emittent den Inhalt des Anhangs unverändert in die von ihm zu erstellende Zusammenfassung aufnimmt und die zuständige Behörde des neuerlichen Herkunftsstaats diesen Abschnitt der Zusammenfassung nicht prüft. Danach liegt es für den Emittenten nahe, sich bereits bei Erstellung des Registrierungsformulars Gedanken über eine etwaige solche Weiterverwendung zu machen.[4]

Art. 26 Abs. 5 regelt das Verfahren bei Nachträgen zu Registrierungsformularen. Danach ist für die Prüfung und Billigung eines Nachtrags diejenige Behörde zuständig, die das Registrierungsformular gebilligt hat. Der Nachtrag ist dann ebenfalls zu notifizieren. Mit Blick auf die unterschiedlichen Regelungen zur Gültigkeitsdauer in Art. 12 Abs. 1 Satz 2 ProspektVO einerseits (maßgeblich für den Beginn der 12-monatigen Gültigkeit ist bei einem mehrteiligen Prospekt die Billigung der Wertpapierbeschreibung) und Art. 12 Abs. 2 ProspektVO andererseits (ein zuvor gebilligtes Registrierungsformular bleibt für die Verwendung als Bestandteil eines Prospektes zwölf Monate nach seiner Billigung gültig, allerdings ohne Auswirkungen auf die Gültigkeit eines Prospekts, dessen Bestandteil es ist) stellt sich die Frage nach der für einen Nachtrag zum Registrierungsformular zuständigen Behörde und dem Verfahren. Insofern erscheint es naheliegend, im Anschluss an den Wortlaut von Art. 26 Abs. 5 die für die Prüfung des Registrierungsformulars zuständige Behörde für zuständig zu halten und dieser grundsätzlich die Billigung eines Nachtrags zum gesamten Prospekt zu gestatten.[5]

4

Art. 26 Abs. 6 schließlich enthält die Ermächtigung für technische Durchführungsstandards, von der aber bisher noch kein Gebrauch gemacht wurde.

5

---

3 Zum Ganzen auch *von Kopp-Colomb*, in: Assmann/Schlitt/von Kopp-Colomb, Prospektrecht Kommentar, Art. 26 ProspektVO Rn. 3.
4 *von Kopp-Colomb*, in: Assmann/Schlitt/von Kopp-Colomb, Prospektrecht Kommentar, Art. 26 ProspektVO Rn. 4.
5 *von Kopp-Colomb*, in: Assmann/Schlitt/von Kopp-Colomb, Prospektrecht Kommentar, Art. 26 ProspektVO Rn. 5.

Art. 27 ProspektVO
Sprachenregelung

(1) Werden Wertpapiere nur im Herkunftsmitgliedstaat öffentlich angeboten oder nur dort die Zulassung zum Handel an einem geregelten Markt beantragt, so wird der Prospekt in einer von der zuständigen Behörde des Herkunftsmitgliedstaats anerkannten Sprache erstellt.

(2) Werden Wertpapiere in einem oder mehreren anderen Mitgliedstaaten als dem Herkunftsmitgliedstaat öffentlich angeboten oder dort die Zulassung zum Handel an einem geregelten Markt beantragt, so wird der Prospekt je nach Wahl des Emittenten, des Anbieters oder der Person, die die Zulassung an einem geregelten Markt beantragt, entweder in einer von den zuständigen Behörden dieser Mitgliedstaaten anerkannten oder in einer in internationalen Finanzkreisen gebräuchlichen Sprache erstellt.

Die zuständigen Behörden der einzelnen Aufnahmemitgliedstaaten schreiben vor, dass die in Artikel 7 genannte Zusammenfassung in ihrer Amtssprache oder in mindestens einer ihrer Amtssprachen oder in einer von der zuständigen Behörde des betreffenden Mitgliedstaats anerkannten anderen Sprache vorliegen muss; sie verlangen jedoch nicht die Übersetzung anderer Teile des Prospekts.

Für die Zwecke der Prüfung und Billigung durch die zuständige Behörde des Herkunftsmitgliedstaats wird der Prospekt je nach Wahl des Emittenten, des Anbieters oder der die Zulassung zum Handel an einem geregelten Markt beantragenden Person entweder in einer von dieser Behörde anerkannten oder in einer in internationalen Finanzkreisen gebräuchlichen Sprache erstellt.

(3) Werden Wertpapiere in mehr als einem Mitgliedstaat einschließlich des Herkunftsmitgliedstaats öffentlich angeboten oder dort die Zulassung zum Handel an einem geregelten Markt beantragt, so wird der Prospekt in einer von der zuständigen Behörde des Herkunftsmitgliedstaats anerkannten Sprache erstellt und darüber hinaus je nach Wahl des Emittenten, des Anbieters oder der die Zulassung zum Handel an einem geregelten Markt beantragenden Person entweder in einer von den zuständigen Behörden der einzelnen Aufnahmemitgliedstaaten anerkannten Sprache oder in einer in internationalen Finanzkreisen gebräuchlichen Sprache zur Verfügung gestellt.

Die zuständigen Behörden der einzelnen Aufnahmemitgliedstaaten schreiben vor, dass die in Artikel 7 genannte Zusammenfassung in ihrer Amtssprache oder in mindestens einer ihrer Amtssprachen oder in einer von der zuständigen Behörde des betreffenden Mitgliedstaats anerkannten anderen Sprache vorliegen muss; sie verlangen jedoch nicht die Übersetzung anderer Teile des Prospekts.

(4) Die endgültigen Bedingungen und die Zusammenfassung für die einzelne Emission werden in derselben Sprache abgefasst wie der gebilligte Basisprospekt. Wenn die endgültigen Bedingungen gemäß Artikel 25 Absatz 4 an die zuständige Behörde des Aufnahmemitgliedstaats oder – im Falle mehrerer Aufnahmemitgliedstaaten – an die zuständigen Behörden der Aufnahmemitgliedstaaten übermittelt werden, gilt für die endgültigen Bedingungen und die ihnen angefügte Zusammenfassung die folgende Sprachenregelung:

a) die den endgültigen Bedingungen angefügte Zusammenfassung für die einzelne Emission liegt erforderlichenfalls gemäß Absatz 2 Unterabsatz 2 bzw. Absatz 3 Unterabsatz 2 in der Amtssprache oder in mindestens einer der Amtssprachen des Aufnahmemitgliedstaats oder in einer von der zuständigen Behörde des betreffenden Aufnahmemitgliedstaats anerkannten anderen Sprache vor;

b) ist nach Absatz 2 bzw. 3 der Basisprospekt zu übersetzen, so unterliegen die endgültigen Bedingungen und die diesen angefügte Zusammenfassung für die einzelne Emission den gleichen Übersetzungsanforderungen wie der Basisprospekt.

(5) Bezieht sich ein Prospekt auf die Zulassung von Nichtdividendenwerten zum Handel an einem geregelten Markt und wird die Zulassung zum Handel an einem geregelten Markt in einem oder mehreren Mitgliedstaaten beantragt, so wird der Prospekt je nach Wahl des Emittenten, des Anbieters oder der die Zulassung zum Handel an einem geregelten Markt beantragenden Person entweder in einer von den zuständigen Behörden des Herkunftsmitgliedstaats und der Aufnahmemitgliedstaaten anerkannten Sprache oder in einer in internationalen Finanzkreisen gebräuchlichen Sprache erstellt, sofern entweder

a) diese Wertpapiere ausschließlich an einem geregelten Markt oder in einem bestimmten Segment eines solchen gehandelt werden sollen, zu dem ausschließlich qualifizierte Anleger zu Zwecken des Handels mit diesen Wertpapieren Zugang erhalten, oder

b) diese Wertpapiere eine Mindeststückelung von 100 000 EUR haben.

Übersicht

	Rn.		Rn.
I. Überblick	1	b) Ausschließlich englischsprachiger Prospekt	16
II. Regelungsgehalt	5	4. Grenzüberschreitende Emission aus dem EWR-Ausland nach Deutschland (Art. 27 Abs. 2, Abs. 3)	17
1. Herkunftsstaat Deutschland, ausschließlich Inlandsbezug (Art. 27 Abs. 1)	5		
a) Gemeinschaftsrechtliche Vorgabe	5	a) Sprachregime	17
b) Anerkannte Sprache	6	b) Schärfere Anforderungen bei grenzüberschreitenden Umtauschangeboten?	19
c) Auswirkungen bei der Wahl von Deutschland als Herkunftsstaat	7		
d) Regelung in den EWR-Staaten	8		
e) Bewertung	9	5. Anwendung auf Basisprospekte (Art. 27 Abs. 4)	22
2. Herkunftsstaat Deutschland, ausschließlich Auslandsbezug (Art. 27 Abs. 2)	10	a) Weiterführung des einheitlichen Sprachregimes	22
a) Sprachwahl durch den Prospektersteller	10	b) Gebrochenes Sprachregime?	23
b) In internationalen Finanzkreisen gebräuchliche Sprache	12	6. Sonderregelung für Nichtdividendenwerte (Art. 27 Abs. 5)	24
3. Herkunftsstaat Deutschland, In- und Auslandsbezug (Art. 27 Abs. 3)	14	7. Mögliche Änderungen durch den EU Listing Act	25
a) Sprachwahl durch den Prospektersteller	14		

Art. 27 ProspektVO Sprachenregelung

I. Überblick

1 Art. 27 ersetzt Art. 19 der ProspektRL. Er regelt das **Sprachregime**, d.h. die Frage, in welcher Sprache ein Wertpapierprospekt zu verfassen ist. Allerdings erschließt sich die Norm erst im Zusammenhang mit den nationalen Regeln zur anerkannten Sprache, in Deutschland **§ 21 WpPG**. Art. 27 Abs. 1 regelt dabei den vermeintlichen Grundfall, dass ein Wertpapier nur im Herkunftsmitgliedstaat öffentlich angeboten und am dortigen Markt zugelassen wird. Art. 27 Abs. 2 und Abs. 3 regeln dagegen Fälle mit grenzüberschreitendem Bezug, das heißt einem öffentlichen Angebot in einem anderen Staat als dem Herkunftsstaat oder in mehr als einem EWR-Staat und/oder mit Zulassung zum Handel an einem geregelten Markt in einem anderen EWR-Staat als dem Herkunftsstaat. Art. 27 Abs. 4 normiert ergänzend die Sprachregelungen für die Verwendung von Basisprospekten. Demnach sind die endgültigen Bedingungen und die Zusammenfassung des Prospektes für die einzelnen Emissionen in derselben Sprache und für jede einzelne Emission zudem in der Amtssprache oder in einer anerkannten Sprache des Aufnahmestaates abzufassen. Schließlich sieht Art. 27 Abs. 5 vereinfachte Anforderungen für Nichtdividendenwerte vor, sofern diese Wertpapiere entweder an einem geregelten Markt oder in einem bestimmten Segment eines solchen gehandelt werden, zu dem ausschließlich qualifizierte Anleger Zugang erhalten, oder diese Wertpapiere eine Mindeststückelung von 100.000 EUR haben.

2 Der im Zuge der vollharmonisierenden ProspektVO von 2017 eingeführte Art. 27 lehnt sich weiterhin eng an den Wortlaut des Art. 19 der ProspektRL an. Wie im Unionsrecht nicht unüblich, hat man sich also stark am Bestehenden orientiert, was wohl auf einem Kompromiss zwischen unionsrechtlich Angestrebtem und mitgliedstaatlich Zugelassenem beruht. Klarer und besser handhabbar wird die Norm durch die verschiedenen Absätze für den Anwender weiterhin nicht. Denkbar wäre insbesondere gewesen, für einzelne oder alle Formen von Wertpapieren die Differenzierung in den Absätzen 1–3 aufzugeben und ein einheitliches, liberales Regime für die dort jeweils getrennt geregelten Sachverhalte zu schaffen. Aus der Zusammenschau mit § 21 WpPG ergibt sich für Deutschland, dass – auch für einen innerstaatlichen Sachverhalt – die englische Sprache verwendet werden kann, sofern die Zusammenfassung des Prospektes in die deutsche Sprache übersetzt wird. Damit kann die Praxis gut leben,[1] wenn auch unklar bleibt, welchem Zweck die Übersetzung der Zusammenfassung in die deutsche Sprache dienen soll.

3 Das Sprachregime ist deswegen so bedeutsam, weil Prospektübersetzungen außerordentlich aufwändig sind. Dies hängt mit der Komplexität und mit den Haftungsrisiken zusammen, die sich in zusätzlichem Zeitaufwand und erheblichen Kosten niederschlagen. Übersetzungen hatten sich so in der Praxis als größtes Hindernis für grenzüberschreitende öffentliche Angebote und Zulassungen zum Handel erwiesen.[2] Gleichzeitig war und ist die stetig zunehmende Bedeutung der englischen Sprache bei der Prospekterstellung unverkennbar. Dies hängt eng mit der Bedeutung der institutionellen Investoren für die erfolgreiche Platzierung der Wertpapiere zusammen, die in der Regel einen englischsprachigen Prospekt (bzw. eine englische Übersetzung) verlangen und etwa bei Aktienemissionen, Emissionen von Wandelschuldverschreibungen und klassischen großvolumigen Schuld-

---

1 So auch *Preuße*, in: Schwark/Zimmer, KMRK, § 21 WpPG Rn. 4.
2 Siehe zum Aufwand und den Gründen für Prospektübersetzungen *Crüwell*, AG 2003, 243, 248.

verschreibungen in der Regel den größten Teil oder die Gesamtheit der angebotenen Wertpapiere erwerben: bei allen größeren derartigen Transaktionen ist ein englischsprachiger Prospekt oder eine englische Übersetzung des Prospekts daher unverzichtbar. Auch führen in der Praxis die zuständigen Behörden innerhalb des EWR die grenzüberschreitende Kommunikation in aller Regel in Englisch. Schließlich kann eine Prüfung eines Prospekts durch die verschiedenen nationalen Behörden regelmäßig außer in der Landessprache lediglich in **Englisch** erfolgen. Die Frage ist damit, ob **ein englischsprachiger Prospekt** ausreicht oder ob darüber hinaus ein Prospekt oder eine vollständige Übersetzung des Prospekts in die jeweilige Amtssprache(n) erforderlich ist. Dies ist aber im Grunde die zentrale Idee des EWR-Prospektrechts: Englisch als die „in internationalen Finanzkreisen gebräuchliche Sprache" (ausführlich sogleich unten bei → Rn. 12) soll (allein) Verwendung finden können. Übersetzungen der Zusammenfassung stellen dagegen kein wesentliches Hindernis dar. Dem entspricht die nunmehrige Regelung, derzufolge bei allen grenzüberschreitenden Sachverhalten Englisch als Prospektsprache ausreicht (und in aller Regel gewählt werden dürfte) und lediglich eine Übersetzung der Zusammenfassung in die Amtssprache der betroffenen EWR-Staaten verlangt werden kann.

Im Folgenden werden die unionsrechtlichen Regeln anhand ihrer Relevanz bzw. Anwendung in Deutschland erläutert. 4

II. Regelungsgehalt

1. Herkunftsstaat Deutschland, ausschließlich Inlandsbezug (Art. 27 Abs. 1)

a) Gemeinschaftsrechtliche Vorgabe

Der Art. 27. Abs. 1 sieht für den hier geregelten Fall des Angebots oder der Zulassung **ausschließlich**[3] **im Herkunftsstaat**[4] vor, dass der Prospekt in „einer von der zuständigen Behörde des Herkunftsmitgliedstaats anerkannten Sprache erstellt wird". Da damit keine Beschränkung auf die jeweilige(n) Amtssprache(n) vorgegeben ist, eröffnet die gemeinschaftsrechtliche Grundlage den nationalen Umsetzungen einen **Freiraum**.[5] 5

b) Anerkannte Sprache

Welche Sprache in Deutschland anerkannt wird, wird in **§ 21 WpPG** geregelt. Anders als in der alten Fassung des WpPG (vor ProspektVO), in der die englische Sprache bei rein innerstaatlichen Sachverhalten lediglich in Ausnahmefällen genehmigt werden konnte, wird nunmehr gemäß § 21 Abs. 2 WpPG die **englische Sprache (neben Deutsch)** allgemein als **anerkannte Sprache** normiert, sofern ggf. die Zusammenfassung des Prospektes **in die deutsche Sprache übersetzt wird**. 6

---

3 Ansonsten liegt ein Fall des Art. 27 Abs. 3 vor.
4 Zum Begriff des Herkunftsstaats siehe → Art. 2 Rn. 156 ff., insbesondere auch dazu, dass ein Emittent für unterschiedliche Emissionen unterschiedliche Herkunftsstaaten haben kann wegen des Wahlrechts für Nichtdividendenwerte mit einer Mindeststückelung von 1.000 EUR → Art. 2 Rn. 159 ff.
5 So schon zur Vorgängerregelung in Art. 19 ProspektRL *Kunold/Schlitt*, BB 2004, 501, 508.

c) Auswirkungen bei der Wahl von Deutschland als Herkunftsstaat

7 Damit bedeutet die neue Regelung in Abs. 1 für ausländische Emittenten, die Deutschland als Herkunftsstaat innerhalb des EWR gewählt haben, gegenüber dem zuvor geltenden Recht eine Entschärfung. Denn nach altem Recht stand es zur Disposition der BaFin, englischsprachige Prospekte für ausländische Emittenten, in Fällen, in denen diese Wertpapiere ausschließlich in Deutschland anboten, lediglich als Ausnahme zu genehmigen. Eine zuvor notwendige besondere Gestattung für die Verwendung der englischen Sprache ist nunmehr nicht mehr erforderlich.[6]

d) Regelung in den EWR-Staaten

8 Vergleichsweise liberalere Regeln finden sich etwa in Österreich und Luxemburg, wo jeweils auch bei reinem Inlandsbezug für ein öffentliches Angebot oder eine Zulassung zum Handel an einem geregelten Markt ein englischsprachiger Prospekt ausreicht, ohne dass eine Übersetzung der Zusammenfassung des Prospektes in die deutsche Sprache notwendig ist. Im Einzelnen gelten in den EWR-Staaten die folgenden Regeln:[7]

- Belgien: Französisch, Niederländisch und Englisch; niederländische und französische Übersetzungen der Zusammenfassung erforderlich, wobei die Übersetzung in eine der beiden Sprachen ausreicht, sofern keine Werbemaßnahmen in der jeweils anderen Sprache stattfinden;
- Bulgarien: Bulgarisch und Englisch (sofern ein Angebot oder eine Zulassung nur außerhalb Bulgariens stattfindet); bulgarische Übersetzung der Zusammenfassung erforderlich;
- Kroatien: Kroatisch und Englisch (sofern ein Angebot oder eine Zulassung nur außerhalb Kroatiens stattfindet); kroatische Übersetzung der Zusammenfassung erforderlich;
- Zypern: Griechisch und Englisch (sofern ein Angebot nur außerhalb Zyperns stattfindet), wenn ein Angebot auch in Zypern stattfindet, kann der Prospekt unter bestimmten Voraussetzungen auch in Englisch erstellt werden; griechische Übersetzung der Zusammenfassung kann im Ermessen der Financial Supervision Commission verlangt werden;
- Tschechische Republik: Tschechisch und Englisch; tschechische Übersetzung der Zusammenfassung nicht erforderlich;
- Dänemark: Dänisch und Englisch; dänische Übersetzung der Zusammenfassung nicht erforderlich, wenn der Prospekt ursprünglich in Englisch erstellt wurde;
- Estland: Estnisch und Englisch; estnische Übersetzung der Zusammenfassung erforderlich, außer bei Nichtdividendenpapieren mit einer Mindeststückelung von 100.000 EUR, die an einem geregelten Markt zugelassen werden sollen;
- Finnland: Finnisch und Schwedisch; Englisch kann mit besonderer Begründung akzeptiert werden; finnische oder schwedische Übersetzung der Zusammenfassung erforderlich außer bei Nichtdividendenpapieren mit einer Mindeststückelung von 100.000 EUR;
- Frankreich: Englisch und Französisch; französische Übersetzung der Zusammenfassung erforderlich, außer das öffentliche Angebot oder die Zulassung wird an einem ge-

---

[6] *Groß*, Kapitalmarktrecht, § 21 WpPG Rn. 5.
[7] Siehe dazu ESMA, Information Note – Languages accepted for scrutiny of the Prospectus and translation requirements for Summaries (ESMA32-384-5080), 28.1.2020.

II. Regelungsgehalt Art. 27 ProspektVO

regelten Markt nicht in Frankreich beantragt oder bei einem Angebot auch in Frankreich nur für professionelle Anleger beantragt;
- Deutschland: Deutsch und Englisch; deutsche Übersetzung der Zusammenfassung erforderlich außer bei Nichtdividendenpapieren mit einer Mindeststückelung von 100.000 EUR;
- Griechenland: Griechisch und Englisch (sofern ein Angebot nicht nur in Griechenland stattfindet); griechische Übersetzung der Zusammenfassung erforderlich;
- Ungarn: Ungarisch und Englisch; ungarische Übersetzung der Zusammenfassung erforderlich;
- Island: Isländisch und Englisch; isländische Übersetzung der Zusammenfassung erforderlich außer bei Nichtdividendenpapieren mit einer Mindeststückelung von 100.000 EUR;
- Irland: Irisch und Englisch; irische oder englische Übersetzung der Zusammenfassung nicht erforderlich;
- Italien: Italienisch und Englisch (sofern ein Angebot nur außerhalb Italiens stattfindet oder bei Nichtdividendenpapieren mit einer Mindeststückelung von 1.000 EUR pro Einheit, sofern Italien der Herkunftsmitgliedstaat ist); italienische Übersetzung der Zusammenfassung erforderlich;
- Lettland: Lettisch und Englisch (sofern ein Angebot nur außerhalb Lettlands stattfindet), wenn ein Angebot auch in Lettland stattfindet, kann der Prospekt unter bestimmten Voraussetzungen auch in Englisch erstellt werden; lettische Übersetzung der Zusammenfassung erforderlich;
- Litauen: Litauisch und Englisch (sofern ein Angebot nur außerhalb Litauens stattfindet), wenn ein Angebot auch in Litauen stattfindet, kann der Prospekt unter bestimmten Voraussetzungen auch in Englisch erstellt werden; litauische Übersetzung der Zusammenfassung erforderlich;
- Luxemburg: Englisch, Französisch, Deutsch und Luxemburgisch; keine Übersetzung der Zusammenfassung erforderlich bei Verwendung einer dieser Sprachen;
- Malta: Maltesisch und Englisch; keine Übersetzung der Zusammenfassung erforderlich;
- Niederlande: Holländisch und Englisch; keine Übersetzung der Zusammenfassung erforderlich;
- Norwegen: Norwegisch, Englisch, Dänisch und Schwedisch; keine Übersetzung der Zusammenfassung erforderlich, wenn der Prospekt ursprünglich in einer dieser Sprachen erstellt wurde und der Antrag auf die Zulassung nicht in Norwegisch erstellt wurde;
- Österreich: Deutsch und Englisch; keine Übersetzung der Zusammenfassung erforderlich;
- Polen: Polnisch und Englisch (sofern ein Angebot nur außerhalb Polens stattfindet); polnische Übersetzung der Zusammenfassung erforderlich;
- Portugal: Portugiesisch und Englisch; portugiesische Übersetzung der Zusammenfassung erforderlich außer bei Nichtdividendenpapieren mit einer Mindeststückelung von 100.000 EUR;
- Rumänien: Rumänisch und Englisch (sofern ein Angebot nur außerhalb Rumäniens stattfindet), wenn ein Angebot auch in Rumänien stattfindet, kann der Prospekt unter bestimmten Voraussetzungen auch in Englisch erstellt werden; rumänische Übersetzung der Zusammenfassung erforderlich;

- Slowakische Republik: Slowakisch und Englisch (sofern ein Angebot nur außerhalb der Slowakischen Republik stattfindet); slowakische Übersetzung der Zusammenfassung erforderlich außer bei Nichtdividendenpapieren mit einer Mindeststückelung von 100.000 EUR, die an einem geregelten Markt angeboten werden;
- Slowenien: Slowenisch und Englisch (sofern ein Angebot nur außerhalb Sloweniens stattfindet); slowenische Übersetzung der Zusammenfassung erforderlich;
- Spanien: Spanisch und Englisch; spanische Übersetzung der Zusammenfassung erforderlich außer bei Nichtdividendenpapieren mit einer Mindeststückelung von 100.000 EUR;
- Schweden: Schwedisch und – bei Vorliegen besonderer Gründe – andere Sprachen, zumindest Dänisch, Norwegisch und Englisch; schwedische Übersetzung der Zusammenfassung erforderlich außer bei Nichtdividendenpapieren mit einer Mindeststückelung von 100.000 EUR.

e) Bewertung

9   Wie eben ausgeführt, verlangen andere EWR-Staaten, etwa Österreich und Luxemburg, für englischsprachige Prospekte keine zusätzliche deutsche Zusammenfassung mehr. Dies erscheint konsequent, da ja die Zusammenfassung nie allein zur Grundlage einer Investitionsentscheidung gemacht werden sollte. In welchen Fällen und inwiefern eine deutsche Zusammenfassung hilft, wie in Deutschland weiter verlangt, bleibt dagegen unklar.

2. Herkunftsstaat Deutschland, ausschließlich Auslandsbezug (Art. 27 Abs. 2)

a) Sprachwahl durch den Prospektersteller

10 Für den Fall, dass allein im EWR-Ausland – also außerhalb des Herkunftsmitgliedstaates – Wertpapiere angeboten oder zum Handel zugelassen werden sollen, gewährt Art. 27 Abs. 2 UAbs. 1 dem Emittenten, Anbieter oder Zulassungsantragsteller[8] die **Wahl**, den Prospekt in einer von der Behörde des Aufnahmestaates oder den Behörden der Aufnahmestaaten **anerkannten Sprache** oder in „einer in internationalen Finanzkreisen gebräuchlichen" Sprache zu erstellen. Allerdings gilt dieses Wahlrecht nicht uneingeschränkt: So schreibt Art. 27 Abs. 2 UAbs. 2 nun harmonisierend vor, dass die **Zusammenfassung** des Prospektes zusätzlich in die Amtssprache oder in eine von der zuständigen Behörde des Aufnahmemitgliedstaates **anerkannte Sprache** zu übersetzen ist. In Deutschland ist der Prospekt gemäß Art. 27 Abs. 2 UAbs. 3 zum Zwecke der Prüfung und Billigung durch den Herkunftsmitgliedstaat in **Deutsch oder Englisch** als von der BaFin **anerkannte Sprachen** zu erstellen. Mit Hinblick auf diese Vorgaben wird zwecks Vermeidung von Übersetzungen (oben → Rn. 3)[9] der Prospekt im Normalfall in Englisch erstellt werden.

---

[8] Im Gegensatz zu § 19 WpPG a. F. räumt Art. 27 Abs. 2 Satz 1 ProspektVO dem „*Emittenten*, Anbieter oder *Zulassungsantragsteller*" (Hervorhebung des Verfassers) dieses Wahlrecht ein. In der Praxis dürfte der Anbieter indes mit dem Emittenten identisch sein oder sich zumindest mit dem Emittenten eng abstimmen, sodass sich kaum Unterschiede ergeben dürften, dazu auch *Preuße*, in: Schwark/Zimmer, KMRK, § 21 WpPG Rn. 5.

[9] Zu Recht auch *Preuße*, in: Schwark/Zimmer, KMRK, § 21 WpPG Rn. 6.

Das eben genannte Erfordernis einer Prospekterstellung in Deutsch oder Englisch nach 11
Art. 27 Abs. 2 UAbs 3 soll die BaFin dabei in die Lage versetzen, den Prospekt zu prüfen.
Es kann nämlich von keiner nationalen Behörde erwartet werden, außer der jeweiligen
Landessprache bzw. den jeweiligen Landessprachen und Englisch auch sämtliche oder
auch nur einzelne andere Sprachen aus dem EWR in der für die Prüfung von Prospekten
erforderlichen Tiefe zu beherrschen. Folglich prüft die BaFin in den Fällen des Art. 27
Abs. 2 lediglich englischsprachige oder deutschsprachige Prospekte, nicht aber sonstige
Sprachfassungen; die Übersetzung eines Prospektes in eine sonstige Sprache wird dementsprechend
auch nicht geprüft (dazu unten → Rn. 13).

b) In internationalen Finanzkreisen gebräuchliche Sprache

Das Prospektrecht soll den Zwang zur Übersetzung so gering wie möglich halten,[10] wes- 12
wegen die Möglichkeit eröffnet werden soll, den Prospekt weitestgehend in einer in internationalen
Finanzkreisen gebräuchlichen Sprache zu erstellen. Dabei ist es wohl primär
der insofern weitgehenden wortgleichen Übernahme der ProspektRL in der ProspektVO
sowie den diplomatischen Gepflogenheiten innerhalb der Europäischen Union geschuldet,
dass die **„in internationalen Finanzkreisen gebräuchliche Sprache"**, d.h. **Englisch**,[11]
weiterhin als solche, d.h. abstrakt in die ProspektVO Eingang gefunden hat, anstatt **Englisch**
konkret zu benennen. Denn Englisch hat sich im Laufe der letzten 20 Jahre in Europa
als allgemein anerkannte Finanzsprache etabliert. Dagegen ist es nicht ersichtlich, dass
andere, etwa an Schulen weithin gelehrte und möglicherweise in bestimmten Bevölkerungskreisen
verbreitete Sprachen – zunächst würde man wahrscheinlich an Französisch
denken – in Finanzkreisen in Deutschland oder gar international momentan oder in absehbarer
Zeit[12] weithin genutzt werden und damit für sich ausreichend weite Verbreitung in

---

10 So bereits zur ProspektRL *Lehmann*, in: MünchKomm-BGB, Internationales Wirtschaftsrecht, Teil 12, B, Internationales Finanzmarktaufsichtsrecht, Rn. 327.
11 Für Deutschland seit langem ganz h.M., siehe etwa Beschlussempfehlung und Bericht des Finanzausschusses, BT-Drucks. 15/5373, S. 85; *Crüwell*, AG 2003, 243, 248; *Kunold/Schlitt*, BB 2004, 501, 508; *Boos/Preuße*, ZFGK 2005, 523, 525; und *Lehmann*, in: MünchKomm-BGB, Internationales Wirtschaftsrecht, Teil 12, B, Internationales Finanzmarktaufsichtsrecht, Rn. 326; a.A. soweit ersichtlich anscheinend nur *Mattil/Möslein*, WM 2007, 819, 821, unter Hinweis auf eine „relative" Begriffsbestimmung, die sich nach „jeweils relevanten geographischen Sprachräumen" richten soll; solche „relevanten geographischen Sprachräume" – sofern man sie von der Idee her überhaupt anerkennen möchte – vertragen sich indessen weder mit dem Wortlaut der Norm, der ja gerade eine „in internationalen Finanzkreisen gebräuchliche Sprache" verlangt, noch mit der gemeinschaftsrechtlichen Grundidee der Einmalzulassung mit gemeinschaftsweiter Gültigkeit und deren Umsetzung im EWR (siehe ESMA, Information Note – Languages accepted for scrutiny of the Prospectus and translation requirements for Summaries (ESMA32-384-5080), 28.1.2020).
12 Darauf, dass die offene Formulierung „in internationalen Finanzkreisen gebräuchliche Sprache" in Zukunft die theoretische Möglichkeit offenlässt, dass andere Sprachen als solche anerkannt werden, verweisen schon *Lehmann* in MünchKomm-BGB, Internationales Wirtschaftsrecht, Teil 12, B, Internationales Finanzmarktaufsichtsrecht, Rn. 326, und *v. Ilberg*, in: Assmann/Schlitt/von Kopp-Colomb, WpPG/VerkProspG, 2. Aufl. 2010, § 19 WpPG Rn. 23; siehe auch *Heidelbach*, in: Schwark/Zimmer, KMRK, § 19 WpPG Rn. 5, zwar jeweils zum WpPG a.F., jedoch hat sich an der Formulierung seither nichts geändert.

Anspruch nehmen könnten.[13] Bemerkenswert ist in diesem Zusammenhang der Versuch der britischen Financial Services Authority, den Begriff der „in internationalen Finanzkreisen gebräuchlichen Sprache" zu definieren. Dabei wird eine Sprache verlangt, „die in jeweils drei internationalen Kapitalmärkten in Europa, Asien und Amerika verwendet wird".[14] Diesen Test kann keine andere Sprache bestehen, selbst für Englisch ist das Erreichen dieser Kriterien zweifelhaft. Ob man diese Definition für angemessen hält, ist dabei nicht entscheidend: sie verdeutlicht jedenfalls das Gemeinte.

13 Schließlich bestätigt eine weitere Überlegung den Befund, dass aus deutscher Sicht allein Englisch in internationalen Finanzkreisen (ausreichend) gebräuchlich ist: In den Fällen des Art. 27 Abs. 2, d. h. mit Deutschland als Herkunftsstaat, aber ohne Angebot oder Zulassung in Deutschland, könnte man etwa bei einer Notifizierung eines Prospekts allein nach Frankreich und Luxemburg davon ausgehen, dass mit Blick auf die Aufnahmestaaten ein französischsprachiger Prospekt ausreichend wäre. Dann stellt sich aber die tatsächliche Frage, ob die BaFin für den Herkunftsstaat Deutschland einen Prospekt in französischer Sprache prüfen kann. Diese Frage ist zu verneinen. Die darüber hinaus nach Art. 27 Abs. 2 UAbs. 2 vorgesehene Zusammenfassung in einer anerkannten Amtssprache, etwa in Französisch, kann die BaFin ebenfalls nicht durchsehen und folglich auch nicht prüfen.[15] Insofern liegt die inhaltliche Verantwortung (wie auch sonst, zum Beispiel prospekthaftungsrechtlich) allein beim Emittenten bzw. beim Anbieter.[16]

3. Herkunftsstaat Deutschland, In- und Auslandsbezug (Art. 27 Abs. 3)

a) Sprachwahl durch den Prospektersteller

14 Für den Fall, dass Wertpapiere zugleich im Inland und im EWR-Ausland angeboten oder zum Handel zugelassen werden sollen, gewährt Art. 27 Abs. 3 UAbs. 1 dem Emittenten, Anbieter oder Zulassungsantragsteller die **Wahl**, den Prospekt – zusätzlich zu der vom Herkunftsmitgliedstaat anerkannten Sprache (Art. 27 Abs. 3 UAbs. 1) – in einer von der

---

13 Statt vieler *Ritz/Voß*, in: Just/Voß/Ritz/Zeising, WpPG, 2009, § 19 Rn. 12, zwar zum WpPG a.F, jedoch wurde der Gedanke von *Ritz/Voß* durch die ProspektVO insofern bestätigt, als nach ESMA, Information Note – Languages accepted for scrutiny of the Prospectus and translation requirements for Summaries (ESMA32-384-5080), 28.1.2020, allein Englisch als „in internationalen Finanzkreisen gebräuchliche Sprache" anerkannt wird.
14 Siehe die UKLA Prospectus Rules, 4.1.5.A. Die FSA hat dabei den Vorteil, dass es auf die Trefflichkeit der Definition nicht ankommt, da im Vereinigten Königreich Englisch eben schon als Landessprache gesetzt ist.
15 Überzeugend *Ritz/Voß*, in: Just/Voß/Ritz/Zeising, WpPG, 2009, § 19 Rn. 12 f. und 22. Bei *Ritz/Voß*, a.a.O., § 19 Rn. 18 auch die interessante Überlegung, ob etwa Türkisch als Muttersprache für zahlreiche in Deutschland lebende Bürger, die sich als Anleger für bestimmte Wertpapiere interessieren könnten, als Prospektsprache in Betracht käme. *Ritz/Voß* verneinen dies jedoch zu Recht unter Hinweis darauf, dass auch Türkisch keine „in internationalen Finanzkreisen gebräuchliche Sprache" ist.
16 Interessant insofern der Hinweis des praxiserfahrenen Bereichsleiters der BaFin *von Kopp-Colomb*, in: Assmann/Schlitt/von Kopp-Colomb, Prospektrecht Kommentar, Art. 24 ProspektVO Rn. 11 am Ende, dass die **BaFin** auf der Grundlage der Prüfung einer englischen oder deutschen Übersetzung des Prospekts und mittels einer Bestätigung, dass der Prospekt und die Übersetzung des Prospekts einander entsprechen, im Rahmen des Art. 27 Abs. 2 ProspektVO **auch einen in einer dritten Sprache erstellten Prospekt billigen würde**. In der Praxis dürfte das indessen eine absolute Ausnahme bleiben, da Übersetzungen für die Prospektersteller aufwändig sind.

II. Regelungsgehalt **Art. 27 ProspektVO**

Behörde des Aufnahmestaates oder den Behörden der Aufnahmestaaten **anerkannten Sprache** oder in „**einer in internationalen Finanzkreisen gebräuchlichen**" Sprache zu erstellen. In der Praxis wird der Emittent jedoch weder den Prospekt in einer weiteren Sprache noch eine vollständige Übersetzung erstellen. Folglich werden solche (grenzüberschreitenden) Prospekte lediglich in **Englisch** erstellt.

Zudem ist gemäß Art. 27 Abs. 3 UAbs. 2 (wie bereits in Art. 27 Abs. 2 UAbs. 2) geregelt, dass die Zusammenfassung des Prospektes für jede einzelne Emission in eine anerkannte Sprache des jeweiligen Aufnahmemitgliedstaates übersetzt werden muss. Mit Hinblick auf die Praxis der Prospekterstellung hat diese Maßgabe zur Folge, dass für Emissionen aus Deutschland in Deutschland und einem anderen EWR-Staat die Erstellung des Prospektes in englischer Sprache (mit zusätzlicher deutscher Zusammenfassung) die allein übliche Praxis ist. 15

b) Ausschließlich englischsprachiger Prospekt

Das Gesetz unterscheidet nicht nach der Sprache des anderen Staates, in dem die Wertpapiere öffentlich angeboten oder zum Handel zugelassen werden sollen, sodass auch bei einem öffentlichen Angebot in zwei deutschsprachigen Staaten wie Deutschland und Österreich oder Luxemburg eine Prospekterstellung in englischer Sprache möglich ist.[17] In der Praxis wird diese Möglichkeit dann auch entsprechend genutzt,[18] sodass die Notwendigkeit der Erstellung eines deutschsprachigen Prospekts entfällt. Umgekehrt nehmen lediglich Luxemburg und Österreich (sowie Liechtenstein als EWR-Staat) Notifizierungen in Deutsch an, während in alle anderen EWR-Staaten die Notifizierung in Englisch erfolgt.[19] 16

4. Grenzüberschreitende Emission aus dem EWR-Ausland nach Deutschland (Art. 27 Abs. 2, Abs. 3)

a) Sprachregime

Das Notifizierungsregime des § 19 Abs. 4 WpPG a. F. findet sich nunmehr in den Art. 25, 26 ProspektVO (siehe oben → Art. 25 Rn. 1 ff.) sowie implizit in den Art. 27 Abs. 2, Abs. 3 ProspektVO wieder. Die Vorschriften regeln das Sprachregime für die Notifizierung von **Prospekten aus einem anderen EWR-Staat** nach Deutschland zwecks öffentlichen Angebotes im Inland oder inländischer Zulassung an einem organisierten Markt und gleichzeitig den umgekehrten Fall mit Notifizierung in einem anderen EWR-Mitgliedstaat. Unerheblich für die Anwendung des Regelungsgehalts der Art. 27 Abs. 2, Abs. 3 ist, 17

---

17 So noch zur alten, aber insofern inhaltsgleichen Rechtslage *Schlitt/Schäfer*, AG 2008, 525, 529; dazu auch ESMA, Information Note – Languages accepted for scrutiny of the Prospectus and translation requirements for Summaries (ESMA32-384-5080), 28.1.2020.
18 Beispiele sind etwa die Prospekte der Brenntag AG vom 15.3.2010 (öffentliches Angebot in Deutschland und Luxemburg), der Kabel Deutschland AG vom 8.3.2010 (öffentliches Angebot in Deutschland und Luxemburg), der Continental AG vom 11.1.2010 (öffentliches Angebot in Deutschland und Luxemburg) und der HeidelbergCement AG vom 14.9.2009 (öffentliches Angebot in Deutschland und Österreich).
19 Siehe auch schon im Vorhergehenden; vgl. auch *Linke*, in: Schäfer/Hamann, Kapitalmarktgesetze, § 19 WpPG Rn. 5.

ob öffentliche Angebote und/oder Zulassungsanträge auch in anderen Ländern erfolgen.[20] Inhaltlich hat sich weitestgehend nichts geändert. Dem Prospektersteller bleibt das Wahlrecht – für grenzüberschreitende Emissionen nach Deutschland –, den Prospekt nämlich weiterhin gemäß Art. 27 Abs. 2, Abs. 3 in **Deutsch** oder **Englisch** zu erstellen, sofern gemäß den Art. 27 Abs. 2 UAbs. 2 und Art. 27 Abs. 3 UAbs. 2 auch eine Übersetzung der Zusammenfassung in deutscher Sprache erstellt wird. Mit Hinblick auf die Praxis kann dies, abhängig von dem Grad der Liberalisierung des Aufnahmemitgliedstaates, bedeuten, dass für Emissionen in einige EWR-Staaten die Pflicht zur Übersetzung in die Amtssprache entfallen kann, während sie für andere EWR-Staaten – wie zum Beispiel nach Deutschland gemäß § 21 Abs. 2 Satz 1 WpPG – bestehen bleibt (dazu ausführlich oben in → Rn. 8).

18 Die nationalen Behörden erhalten die notifizierten Prospekte nicht zum Zwecke eigener Prüfung oder Billigung; nur der Herkunftsmitgliedstaat ist zur Prüfung und Billigung des Prospektes berechtigt und verpflichtet. Dementsprechend ist die BaFin (als national zuständige Behörde für Deutschland) auf eine rein formelle Prüfung der Einhaltung der Sprachvorgaben beschränkt, d. h. sie prüft lediglich, ob die relevanten Informationen in Deutsch bzw. Englisch abgefasst sind und ob einem englischsprachigen Prospekt eine deutsche Zusammenfassung beigefügt ist.[21] Zu weiteren Einzelheiten siehe einerseits Art. 25 und 26 sowie andererseits Art. 31 ff. ProspektVO, insbesondere Art. 32, Art. 33 und 37 Abs. 2 und die Kommentierung dazu.

b) Schärfere Anforderungen bei grenzüberschreitenden Umtauschangeboten?

19 Wie ausgeführt sieht die ProspektVO in Art. 27 Abs. 2, Abs. 3 eine Liberalisierung des Sprachregimes für Wertpapierprospekte vor.[22] Dementgegen ist nach § 11 Abs. 1 Satz 4 WpÜG eine Angebotsunterlage für ein öffentliches Angebot zum Erwerb von börsennotierten Wertpapieren, typischerweise Aktien, in deutscher Sprache abzufassen. Eine Fassung in englischer Sprache, wie in § 21 Abs. 2 WpPG vorgesehen, sieht das WpÜG hingegen nicht vor. Die vom Bieter angebotene Gegenleistung kann dabei nach § 31 Abs. 2 Satz 2 WpÜG auch in an einem organisierten Markt zugelassenen Aktien bestehen. Hierzu sieht Art. 1 Abs. 4 lit. f ProspektVO allerdings vor, dass die Pflicht zur Veröffentlichung eines Prospekts (nach der ProspektVO) nicht für Wertpapiere gilt, die anlässlich einer Übernahme im Wege eines Tauschangebots angeboten werden, sofern ein Dokument gemäß den Bestimmungen des Art. 21 Abs. 2 ProspektVO verfügbar ist, das Informationen zu der Transaktion und ihren Auswirkungen auf den Emittenten enthält. Demgegenüber bestimmt § 2 Nr. 2 Halbsatz 2 WpÜG-Angebotsverordnung, dass in der Angebotsunterlage die Angabe genügt, dass ein Prospekt veröffentlicht wurde und wo dieser jeweils erhältlich ist, **wenn** vor Veröffentlichung der Prospektunterlage ein **Prospekt**, aufgrund dessen die Wertpapiere öffentlich angeboten oder zum Handel an einem organisierten

---

20 *Heidelbach*, in: Schwark/Zimmer, KMRK, § 19 WpPG Rn. 20, zwar zum WpPG a. F., jedoch hat sich durch die ProspektVO an dem Regelungsgehalt dahingehend nichts geändert.
21 So auch schon die alte Rechtslage unter der ProspektRL, dazu *Linke*, in: Schäfer/Hamann, Kapitalmarktgesetze, § 19 WpPG Rn. 7; allerdings hat sich mit Hinblick auf die Prüfungskompetenz der BaFin nach der ProspektVO nichts geändert, siehe dazu auch die Nutzungshinweise der BaFin zur Datenbank für hinterlegte Prospekte für Wertpapiere und Wertpapier-Informationsblätter, https://www.bafin.de/dok/7846268 (zuletzt abgerufen am 6.12.2022).
22 *Meyer*, in: Assmann/Pötzsch/Uwe H. Schneider, WpÜG, § 11 Rn. 52.

II. Regelungsgehalt Art. 27 ProspektVO

Markt zugelassen worden sind, im Inland **in deutscher Sprache** veröffentlich wurde. Dies hätte zur Folge, dass für Umtauschangebote die Sprachregelung der ProspektVO keine Anwendung fände, sondern ausnahmsweise immer ein deutschsprachiges Dokument erforderlich wäre, in allen anderen Fällen jedoch die Sprachregelung der ProspektVO Anwendung fände.

Dies wirft die Frage nach dem Verhältnis zwischen § 11 Abs. 1 Satz 4 WpÜG einerseits und den Art. 27 Abs. 2, Abs. 3 ProspektVO sowie § 21 WpPG anderseits auf, denen zufolge ein englischsprachiger Prospekt mit deutscher Übersetzung der Zusammenfassung für das Angebot an einem organisierten Markt zugelassener Aktien innerhalb des EWR ausreichen muss. Eine typische Fallgestaltung wäre etwa so, dass ein schwedisches, im dortigen organisierten Markt börsennotiertes Unternehmen den Aktionären einer deutschen Zielgesellschaft im Wege des Umtauschangebots eigene Aktien anbieten möchte. Hierfür müsste der schwedische Bieter eine Kapitalerhöhung machen, für die er in Schweden einen englischsprachigen Prospekt billigen lassen müsste. Aus prospektrechtlicher Sicht und vor dem Hintergrund der gemeinschaftsrechtlichen Konzeption der grenzüberschreitenden Geltung im EWR einmal gebilligter Prospekte spricht viel dafür, dass ein englischsprachiger Prospekt mit deutscher Übersetzung der Zusammenfassung ausreichen müsste, wie ja auch vom deutschen Gesetzgeber in § 21 WpPG vorgesehen.[23] Andererseits sieht § 11 Abs. 1 Satz 4 WpÜG zwingend die Verwendung der deutschen Sprache vor. Daraus schloss die bisher herrschende Meinung, dass ein englischsprachiger Prospekt bei Umtauschangeboten nicht in Betracht kommt – auch nicht in Ergänzung zu einer ansonsten deutschen Angebotsunterlage (→ Art. 1 Rn. 129).[24] Verwiesen wird hierzu insbesondere auf die Regierungsbegründung zum WpÜG,[25] der zufolge durch die zwingende Abfassung in deutscher Sprache die Interessen der Wertpapierinhaber der deutschen Zielgesellschaft und ihrer Arbeitnehmer geschützt werden sollen. Allerdings galten im Jahre 2001 die ProspektVO und das EWR-Prospektregime noch nicht; zentral für das seither geschaffene EWR-Prospektrecht ist aber, dass bei grenzüberschreitenden Sachverhalten grundsätzlich die englische Sprache ausreicht (vorbehaltlich einer Übersetzung der Zusammenfassung z.B. ins Deutsche), wodurch dem Anlegerschutz nach gemeinsamem Verständnis ausreichend Rechnung getragen wird (dazu oben → § 21 WpPG Rn. 3). Zudem sind die für die Arbeitnehmer relevanten Angaben nach § 11 Abs. 2 Satz 2 WpÜG in der Angebotsunterlage ohnehin stets in deutscher Sprache anzugeben.[26] Schließlich muss man wohl mit Inkrafttreten der vollharmonisierenden ProspektVO von deren Vorrang vor entgegenstehendem nationalem Recht ausgehen. Vor diesem Hintergrund sprechen die besseren Argumente dafür, Art. 27 Abs. 2, Abs. 3 ProspektVO, gerade auch mit der nunmehr parallelen Regelung in § 21 WpPG, als vorrangige Sonderregelung für englischsprachige Prospekte aus dem EWR im Bereich öffentlicher Übernahmen im Wege des Umtauschangebotes anzuwenden. Allerdings gilt dies nur für Angebotsunterlagen, die von einer zuständigen Behörde im EWR-Ausland gebilligt wurden, für welche gemäß § 11a WpÜG der **Europäische Pass** gilt. Der deutsche Gesetzgeber hat nämlich von seinem in Art. 6 Abs. 2 UAbs. 2 Übernahmerichtlinie möglichen Vorbehalt, die Übersetzung der im EWR-

20

---

23 So auch schon – wohl noch weitergehend – *Bachmann*, ZHR 172 (2008), 597, 617 f.
24 Siehe auch *Meyer*, in: Assmann/Pötzsch/Uwe H. Schneider, WpÜG, § 11 Rn. 52–54; so auch die Verwaltungspraxis der BaFin.
25 *Meyer*, in: Assmann/Pötzsch/Uwe H. Schneider, WpÜG, § 11 Rn. 53.
26 So auch *Bachmann*, ZHR 172 (2008), 597, 618.

Art. 27 ProspektVO Sprachenregelung

Ausland gebilligten Angebotsunterlagen verlangen zu können, in der nationalen Umsetzung in § 11a WpÜG aufgrund des Europäischen Passes keinen Gebrauch gemacht.[27]

21 Dem entspricht, dass der nationale Gesetzgeber durch die Gestaltung des § 11a WpÜG grenzüberschreitende Angebotsunterlagen, welche bereits durch die Aufsichtsbehörde eines EWR-Staates gebilligt wurden – im Rahmen des Europäischen Passes – von dem Sprachenerfordernis des § 11 Abs. Satz 4 WpÜG befreit hat.

5. Anwendung auf Basisprospekte (Art. 27 Abs. 4)

a) Weiterführung des einheitlichen Sprachregimes

22 Das einheitliche Sprachregime des Art. 27 gilt gemäß Art. 27 Abs. 4 ProspektVO auch für Basisprospekte, die einer Reihe von Emissionen zugrunde liegen. Art. 27 Abs. 4 führt den Regelungsgehalt der vorherigen Absätze noch deutlicher als früher auch für den Basisprospekt weiter: Der Prospekt soll aus Gründen der Markteffizienz so wenig wie möglich übersetzt werden. Dabei schreibt Art. 27 Abs. 4 ProspektVO, wohl aus Gründen des Anlegerschutzes, ein Gebot der Sprachkontinuität vor. So sind die endgültigen Bedingungen sowie die Zusammenfassung des Prospektes für jede einzelne Emission in der selben Sprache zu fassen wie der Basisprospekt. Bei Übermittlung an die zuständige Behörde des Aufnahmestaats bzw. der Aufnahmestaaten sind die endgültigen Bedingungen und die Zusammenfassung gemäß Art. 27 Abs. 4 UAbs. 2 lit. a ProspektVO in die Amtssprache bzw. in eine anerkannte Sprache des Aufnahmemitgliedstaates zu übersetzen. Insofern kann auf die vorstehenden Ausführungen verwiesen werden. In der Praxis dürfte dies bei den meisten Basisprospekten dazu führen, dass allein die englische Sprache genutzt wird. Hinsichtlich der Zusammenfassung gilt ebenfalls das oben Gesagte.

b) Gebrochenes Sprachregime?

23 Nach der ehemaligen Regelung der ProspektRL war es in Deutschland möglich, die Finanzinformationen oder die endgültigen Bedingungen in deutscher Sprache zu erstellen, während der Prospekt in Englisch erstellt wurde. Durch die neue Regelung des Art. 27 Abs. 4 wird nun harmonisierend und explizit geregelt, dass die endgültigen Bedingungen und die Zusammenfassung in derselben Sprache wie der Basisprospekt zu erstellen sind und denselben Übersetzungsanforderungen unterliegen. Insofern kommt ein gebrochenes Sprachregime bezüglich der endgültigen Bedingungen und der Zusammenfassung unter der ProspektVO nicht mehr in Betracht.

6. Sonderregelung für Nichtdividendenwerte (Art. 27 Abs. 5)

24 Art. 27 Abs. 5 strebt in Anlehnung an die Vorgängerregelung eine **Erleichterung** der Sprachanforderungen für bestimmte Konstellationen an. Dabei ist es unerheblich, ob der

---

27 Vgl. *Meyer*, in: Assmann/Pötzsch/Uwe H. Schneider, WpÜG, § 11 Rn. 54.

Zulassungsantrag im Inland, im EWR-Ausland oder im In- und Ausland gestellt wird.[28] Die Vorschrift ist praktisch (zunehmend) wenig(er) relevant, da sie nunmehr – jedenfalls auch in der deutschen Praxis mit § 21 WpPG, der Englisch auch für reine Inlandssachverhalte als geeignete Sprache anerkennt – keine echte Erleichterung mehr bringt und zudem bei vielen Stückelungen dieser Größenordnung ohnehin keine Zulassung an einem organisierten Markt (mehr) beantragt wird, erst recht nicht an mehreren organisierten Märkten. Hintergrund ist hier, dass diese Transaktionen in der Praxis zumeist ohne öffentliches Angebot vollständig bei institutionellen Investoren platziert werden. Die Bestimmung gestattet für den Fall der Prüfung eines Prospektes durch die BaFin lediglich zur **Zulassung von Nichtdividendenwerten** (Art. 2 lit c. i.V.m. lit. b) zum Handel an einem organisierten Markt im Inland und/oder in einem EWR-Aufnahmestaat, d. h. ohne gleichzeitig stattfindendes öffentliches Angebot, die Verwendung einer von dem Herkunftsmitgliedstaat und dem Aufnahmemitgliedstaat anerkannten Prospektsprache oder einer in internationalen Finanzkreisen gebräuchlichen Prospektsprache, sofern ausschließlich qualifizierte Anleger zum Zwecke des Handels Zugang zu diesem geregelten Markt haben oder die Wertpapiere eine Mindeststückelung von 100.000 EUR aufweisen. In der Praxis bedeutet dies, dass der Prospektersteller (bei Zulassung in Deutschland) zwischen **Deutsch** (sofern Deutsch auch an dem geregelten Markt im Ausland, für den eine Zulassung beantragt wird, anerkannt wird) und **Englisch** als Prospektsprache wählen kann. Entscheidend ist dabei, dass die Regelung dem Prospektersteller ausdrücklich ein **Wahlrecht** eröffnet. Dies bedeutet, dass **Englisch** immer ausreicht und wohl auch in der Regel verwendet werden wird.[29] Die Regelung gilt nach ihrem weitgefassten Wortlaut sowohl für Emissionen aus dem Herkunftsmitgliedstaat als auch für Notifizierungen in den Herkunftsmitgliedstaat. Art. 27 Abs. 5 ProspektVO sieht zudem – entsprechend der Regelung in Art. 7 Abs. 1 Satz 2, derzufolge gar keine Zusammenfassung erforderlich ist – vom Erfordernis einer Übersetzung der Zusammenfassung ab. Hierin liegt die nunmehrige eigentliche praktische Vereinfachung. Hintergrund dessen ist, dass der europäische Gesetzgeber bei Privatplatzierungen mit derart großen Stückelungen offenbar davon ausgeht, dass eine Zusammenfassung auch mit Blick auf den Anlegerschutz nicht erforderlich ist.

7. Mögliche Änderungen durch den EU Listing Act

Am 7.12.2022 veröffentlichte die EU-Kommission den Vorschlag für einen EU Listing Act, um den europäischen Kapitalmarkt attraktiver zu machen, den Zugang zum Kapitalmarkt im Speziellen für kleine und mittlere Unternehmen (KMU) zu vereinfachen sowie die Effizienz der Prospekterstellung zu steigern.[30] In diesem Zuge soll auch Art. 27 Pros-

---

28 *Heidelbach*, in: Schwark/Zimmer, KMRK, § 19 WpPG Rn. 23, noch zur alten Rechtslage nach § 19 WpPG a.F, jedoch lässt Art. 27 Abs. 5 den Wortlaut weiterhin offen, sodass es nicht darauf ankommt, in welcher Konstellation der Zulassungsantrag gestellt wird.
29 So schon zur alten Regelung *v. Ilberg*, in: Assmann/Schlitt/von Kopp-Colomb, WpPG/VerkProspG, 2. Aufl. 2010, § 19 WpPG Rn. 86 f.
30 Siehe dazu COM(2022) 762 final, Proposal for a Regulation of the European Parliament and of the Council amending Regulations (EU) 2017/1129, (EU) No 596/2014 and (EU) No 600/2014 to make public capital markets in the Union more attractive for companies and to facilitate access to capital for small and medium-sized enterprises, S. 21.

Art. 27 ProspektVO Sprachenregelung

pektVO gestrafft werden, insbesondere soll für alle EWR-Staaten die Möglichkeit geschaffen werden, Prospekte einzig in englischer Sprache zu erstellen, auch bei rein innerstaatlichen Sachverhalten, sofern die Zusammenfassung weiterhin übersetzt wird. Es bleibt allerdings abzuwarten, ob und inwieweit der EU Listing Act in dieser Form beschlossen wird.

Kapitel VI
Besondere Vorschriften für in Drittländern niedergelassene Emittenten

Art. 28 ProspektVO
Öffentliches Angebot eines nach Maßgabe dieser Verordnung erstellten Prospektes

Beabsichtigen Drittlandsemittenten, mittels eines nach Maßgabe dieser Verordnung erstellten Prospekts ein öffentliches Angebot von Wertpapieren in der Union zu platzieren oder eine Zulassung von Wertpapieren zum Handel an einem in der Union errichteten geregelten Markt zu beantragen, so stellen sie den Antrag zur Billigung des Prospekts gemäß Artikel 20 bei der zuständigen Behörde ihres Herkunftsmitgliedstaats.

Wurde ein Prospekt nach Maßgabe des Unterabsatzes 1 gebilligt, erwachsen daraus alle in dieser Verordnung in Bezug auf einen Prospekt vorgesehenen Rechte und Pflichten, und der Prospekt und der Drittlandsemittent unterliegen allen Bestimmungen dieser Verordnung unter Aufsicht der zuständigen Behörde des Herkunftsmitgliedstaats.

I. Überblick

Ziel des Art. 28 ist zu regeln, unter welchen Voraussetzungen Prospekte von Emittenten aus **Drittstaaten**, d.h. Staaten, die nicht dem EWR angehören, in Deutschland (und anderen EWR-Mitgliedstaaten) gebilligt werden können. Bei Art. 28 handelt es sich (im Gegensatz zu Art. 29) um den unionsrechtlichen Normalfall: auch Emittenten aus Drittstaaten müssen ggf. Wertpapierprospekte in Einklang mit den Anforderungen der ProspektVO erstellen. Gemäß Art. 28 UAbs. 1 bedarf es zunächst eines Prospektes eines Drittlandsemittenten, welcher **nach den Maßgaben der ProspektVO** erstellt wurde (Art. 6, 7, 8 und 13 ProspektVO). Zu Zwecken der Billigung des Prospektes ist dabei ein **Antrag bei der zuständigen Behörde des Herkunftsmitgliedstaates** zu stellen. In dem Falle der Billigung steht der Prospekt des Drittlandsemittenten den Prospekten von EWR-Emittenten gemäß Art. 28 UAbs. 2 gleich. Es finden daher alle in der ProspektVO für Prospekte vorgesehenen Bedingungen Anwendung. Entscheidend ist dabei die Frage, ob dies auch IFRS als in der EU maßgeblichen Rechnungslegungsstandard umfasst. Siehe dazu die Kommentierung zu → Art. 29 Rn. 12.

1

II. Regelungsgehalt

Damit der Prospekt eines Drittlandsemittenten gemäß Art. 28 UAbs. 2 wie ein EWR-Prospekt behandelt wird, bedarf es der Erfüllung der Voraussetzungen des Art. 28 UAbs. 1, d.h. eines nach der ProspektVO erstellten und gebilligten Prospekts. Hinsichtlich der Einordnung der Emittenten als Drittlandsemittenten kommt es auf den statutarischen Sitz des

2

Emittenten an. Im diesem Fall lässt sich der Herkunftsmitgliedstaat nach den Maßgaben des Art. 2 lit. m Ziff. iii ProspektVO bestimmen. Demnach haben Drittlandsemittenten die Wahl zwischen (1) dem Mitgliedstaat, in dem die Wertpapiere erstmals öffentlich angeboten werden sollen, und (2) dem Mitgliedstaat, in dem der erste Antrag auf Zulassung zum Handel an einem geregelten Markt gestellt wird.

Art. 29 ProspektVO
Öffentliches Angebot von Wertpapieren oder Zulassung zum Handel an einem geregelten Markt mittels eines nach Maßgabe des Rechts eines Drittlands erstellten Prospekts

(1) Die zuständige Behörde des Herkunftsmitgliedstaats eines Drittlandsemittenten kann einen nach dem nationalen Recht des betreffenden Drittlands erstellten und diesen Vorschriften unterliegenden Prospekt für ein öffentliches Angebot von Wertpapieren oder die Zulassung zum Handel an einem geregelten Markt unter der Voraussetzung billigen, dass

a) die durch das Recht des betreffenden Drittlands auferlegten Informationspflichten den Anforderungen dieser Verordnung gleichwertig sind und

b) die zuständige Behörde des Herkunftsmitgliedstaats Kooperationsvereinbarungen nach Artikel 30 mit den einschlägigen Aufsichtsbehörden des Drittlandsemittenten geschlossen hat.

(2) Werden Wertpapiere eines Drittlandsemittenten in einem anderen Mitgliedstaat als dem Herkunftsmitgliedstaat öffentlich angeboten oder zum Handel an einem geregelten Markt zugelassen, so gelten die Anforderungen der Artikel 24, 25 und 27.

(3) Der Kommission wird die Befugnis übertragen, gemäß Artikel 44 delegierte Rechtsakte zur Ergänzung dieser Verordnung zu erlassen, in denen die allgemeinen Kriterien für die Gleichwertigkeit auf der Grundlage der Anforderungen gemäß den Artikeln 6, 7, 8 und 13 festlegt werden.

Die Kommission kann auf der Grundlage der vorstehend genannten Kriterien einen Durchführungsbeschluss erlassen, durch den festgestellt wird, dass die durch nationales Recht eines Drittlands auferlegten Informationspflichten den Anforderungen dieser Verordnung gleichwertig sind. Dieser Durchführungsbeschluss wird nach dem Prüfverfahren gemäß Artikel 45 Absatz 2 erlassen.

Übersicht

	Rn.		Rn.
I. Überblick	1	2. Grenzüberschreitende Angebote und Zulassung zum Handel, Sprachenregelung (Art. 29 Abs. 2)	13
II. Regelungsgehalt	2		
1. Billigung von Prospekten von Drittstaatenemittenten (Art. 29 Abs. 1)	2	3. Ermächtigung zum Erlass von Ausführungsbestimmungen (§ 29 Abs. 3)	15
a) Erstellung des Prospekts nach den Rechtsvorschriften eines nicht dem EWR angehörenden Staates	5	4. Mögliche Änderungen durch den EU Listing Act	16
b) Kooperationsvereinbarung nach Art. 30	6		
c) Materielle Gleichwertigkeit der Informationspflichten	7		

Art. 29 ProspektVO Öffentliches Angebot einer Drittstaatenemittenten

I. Überblick

1   Art. 29 führt inhaltlich den Regelungsgehalt des Art. 20 ProspektRL weiter. Dabei lehnt er sich, abgesehen von der expliziten Ergänzung der Anforderungen für die Gleichwertigkeit der Informationspflichten gemäß Art. 29 Abs. 1 lit. a ProspektVO, eng an die Formulierungen des Art. 20 der ProspektRL an. Ziel des Art. 29 ist zu regeln, unter welchen Voraussetzungen Prospekte von Emittenten aus **Drittstaaten** in EWR-Mitgliedstaaten, hier: Deutschland, gebilligt werden können bzw. – nach Billigung im EWR-Ausland – in Deutschland im Anschluss an eine Notifizierung gelten. Um die Durchsetzbarkeit eines einheitlichen Prospektregimes – auch in Form der einheitlichen Anerkennung von Prospekten aus Drittstaaten – weiterhin zu gewährleisten, erkennt auch Art. 29 Abs. 2 die **EWR-weite Geltung** eines solchen Prospektes an. Es gelten die Vorschriften der ProspektVO (Art. 24, 25 und 27) entsprechend. Damit steht er im Einklang mit dem allgemeinen gemeinschaftsrechtlichen Prinzip, dass die Anerkennung durch einen Mitgliedstaat zur gemeinschaftsweiten Verkehrsfähigkeit führt. Art. 29 Abs. 3 enthält eine Ermächtigung zum Erlass von delegierten Rechtsakten gemäß Art. 44 zur Festlegung der Kriterien für die Gleichwertigkeit der Informationspflichten. Die in Art. 29 eröffneten Möglichkeiten sollen dabei vor allem auch die Attraktivität des europäischen Binnenmarktes für Emittenten aus Drittstaaten steigern.[1]

II. Regelungsgehalt

1. Billigung von Prospekten von Drittstaatenemittenten (Art. 29 Abs. 1)

2   Unausgesprochenes, aber selbstverständliches Tatbestandsmerkmal ist zunächst, dass die **BaFin** für die Prüfung eines Prospektes eines Drittstaatenemittenten für ein öffentliches Angebot oder die Zulassung zum Handel an einem organisierten Markt **zuständig** ist. Dies ist dann – wie in Art. 28 – der Fall, wenn **Deutschland der Herkunftsstaat** für den Drittstaatenemittenten im Sinne von Art. 2 lit. m Ziff. iii ProspektVO ist. Dabei dürfte allerdings der regelmäßige Grundfall bei der Wahl Deutschlands als Herkunftsmitgliedstaat durch einen Drittstaatenemittenten die Erstellung eines **Prospekts nach den Bestimmungen der ProspektVO** (insbesondere Art. 6, 7, 8 und 13) und dessen Billigung gemäß Art. 28 sein. Nach Art. 29 Abs. 1 kann dagegen ein nicht nach den Bestimmungen der ProspektVO erstellter Prospekt eines Drittstaatenemittenten **auf Antrag** unter bestimmten Voraussetzungen von der **BaFin** gebilligt werden. Auch hierfür ist indessen zunächst erforderlich, dass der Drittstaatenemittent Deutschland als Herkunftsstaat wählt.

3   Art. 29 Abs. 1 sieht vor, dass die BaFin einen solchen Prospekt zwecks eines öffentlichen Angebotes oder der Zulassung zum Handel billigen kann, d. h. eines Nicht-EWR-Staates, wenn

   – er nach den für ihn geltenden **Rechtsvorschriften eines Drittstaates** erstellt worden ist und

---

[1] *Linke*, in: Schäfer/Hamann, Kapitalmarktgesetze, § 20 WpPG Rn. 1, zwar zur alten Rechtslage unter der ProspektRL, jedoch besteht das Ziel des Art. 20 ProspektRL, die Attraktivität des europäischen Binnenmarktes zu steigern, in Art. 29 der ProspektVO fort.

- die durch das Recht des betreffenden Drittlands auferlegten **Informationspflichten** den Anforderungen dieser Verordnung **gleichwertig** sind (lit. a) und
- die zuständige Behörde des Herkunftsmitgliedstaats Kooperationsvereinbarungen nach Art. 30 mit den einschlägigen Aufsichtsbehörden des Drittlandsemittenten geschlossen hat (lit. b).

Wie in der Formulierung „Die zuständige Behörde des Herkunftsmitgliedstaates *kann*" angelegt, handelt es sich um eine **Ermessensentscheidung** der BaFin.[2] In der Praxis dürfte deshalb dem zweiten Kriterium, der Gleichwertigkeit, die entscheidende Bedeutung zukommen. Insofern kann die EU-Kommission gemäß den Art. 29 Abs. 3 UAbs. 1 und UAbs. 2 delegierte Rechtsakte und Durchführungsbestimmungen zur Festlegung von Kriterien für die Gleichwertigkeit von Informationspflichten erlassen, was aber bisher noch nicht geschehen ist. Bisher hatte die BaFin, soweit ersichtlich, auch noch keinen Antrag nach Art. 29 zu entscheiden. Hintergrund dessen ist, dass **Drittstaatenemittenten**, die Deutschland als Herkunftsstaat gewählt haben, typischerweise **die Vorschriften der ProspektVO vollständig befolgen**.[3] Dieser Weg erscheint aus Sicht der Praxis schneller und gibt die nötige Rechtssicherheit. Folglich dürfte Art. 29, neben Art. 28, in der Praxis auch weiterhin kaum oder gar nicht zur Anwendung gelangen. 4

a) Erstellung des Prospekts nach den Rechtsvorschriften eines nicht dem EWR angehörenden Staates

Voraussetzung für die Anwendbarkeit von Art. 29 Abs. 1 ist zunächst, dass der Prospekt nach den für den Emittenten geltenden **Rechtsvorschriften eines nicht dem EWR angehörenden Staates** erstellt worden ist. Diese Voraussetzung dürfte die BaFin im Regelfall materiell kaum prüfen können, zumal die einschlägigen Rechtsvorschriften der meisten Drittstaaten vielfach weder in Deutsch noch in Englisch abgefasst sind. Naheliegend ist deswegen lediglich eine „Plausibilitätskontrolle", sodass eine nachgewiesene Billigung der Heimataufsichtsbehörde im Regelfall genügen sollte.[4] Normalfall dürfte demnach sein, dass es sich bei dem Prospekt um einen bereits von der Heimatbehörde bzw. Heimatbörse gebilligten Prospekt handelt.[5] Soweit eine solche Billigung nicht erfolgt, etwa bei bestimmten Prospekten in der Schweiz für Transaktionen, die weniger als 10 % des dann 5

---

2 So auch zur alten Rechtslage unter der ProspektRL *Preuße*, in: Holzborn, WpPG, § 20 Rn. 2, und *v. Ilberg*, in: Assmann/Schlitt/von Kopp-Colomb, WpPG/VerkProspG, 2. Aufl. 2010, § 20 WpPG Rn. 20, jedoch hat sich der Wortlaut des Art. 29 ProspektVO insofern nicht geändert und gewährt der zuständigen nationalen Behörde weiterhin Ermessen. Siehe dazu auch unten → Rn. 11.
3 Siehe etwa den Prospekt der UBS AG vom 23.5.2008 im Zusammenhang mit deren Bezugsrechtskapitalerhöhung. Die UBS AG hat auch für viele ihrer Zertifikate Deutschland als Herkunftsstaat gewählt. Aus jüngerer Zeit siehe den Prospekt der ADTRAN Holdings, Inc. vom 7.7.2022 im Zusammenhang mit der Ausgabe von Aktienoptionen und den Prospekt der Qingdao Haier Co., Ltd. vom 24.10.2018 für ihre sog. D-Shares.
4 *Just*, in: Just/Voß/Ritz/Zeising, WpPG, 2009, § 20 Rn. 7, zur alten Rechtslage unter der ProspektRL, die sich insoweit allerdings nicht geändert hat.
5 Zur alten, insoweit aber unveränderten Rechtslage unter der ProspektRL: *Linke*, in: Schäfer/Hamann, Kapitalmarktgesetze, § 20 WpPG Rn. 6, der dazu auf einen von der französischen Autorité des Marchés Financiers gebilligten Prospekt vom 1.10.2007 eines an der New York Stock Exchange gelisteten Emittenten verweist, der nach den Vorgaben der SEC erstellt wurde und nicht älter als zwölf Monate war, dazu ausführlich unten → Rn. 9.

ausstehenden Kapitals umfassen,[6] soweit der jeweilige Antragsteller überzeugend vorträgt, dass der Prospekt unter Einhaltung der für ihn geltenden Vorschriften des Drittstaates erstellt worden ist, und soweit der Prospekt schließlich in **Englisch** oder **Deutsch** (als die Prüfung durch die BaFin überhaupt ermöglichenden Sprachen) abgefasst ist, dürfte wiederum das unten in → Rn. 7 genannte Kriterium der Gleichwertigkeit maßgeblich sein. Dabei verlangt das Merkmal der Erstellung nach den Vorschriften eines Drittstaates nicht explizit, dass es sich um den Sitzstaat des Emittenten handelt;[7] allerdings muss der relevante Prospekt nach den „für den Emittenten geltenden" Rechtsvorschriften eines Drittstaates erstellt worden sein. Hierfür dürfte regelmäßig nur der Heimatstaat des Emittenten in Betracht kommen (oder ggf. der EU vergleichbare Zusammenschlüsse von Staaten).

b) Kooperationsvereinbarung nach Art. 30

6 Gerade auch mit Blick auf die geringe praktische Bedeutung der Anerkennung eines derartigen Prospektes von einem Drittlandsemittenten bedarf es der Voraussetzung einer Kooperationsvereinbarung zwischen den Behörden des Herkunftsmitgliedstaats und des Drittlandes nach Art. 30. Diese Kooperationsvereinbarungen sollen garantieren, dass sich die zuständigen Behörden des Herkunftsmitgliedstaates und des Drittlandes hinsichtlich der Informationspflichten austauschen können. Diese Voraussetzung scheint zwar zunächst rein formeller Natur, jedoch bedarf es eines solchen Austausches zwischen den Behörden insbesondere in der Praxis, da es auch bei Überwindung einer möglichen Sprachbarriere schwer möglich scheint, dass die zuständige Behörde des Herkunftsmitgliedstaates sich die Vorschriften des Drittlandes ohne Weiteres erschließen kann.

c) Materielle Gleichwertigkeit der Informationspflichten

7 Schließlich ist nach dem Wortlaut des lit. a erforderlich, dass die Informationspflichten des Drittlands mit den Anforderungen dieser Verordnung gleichwertig sind. Dabei genügt allerdings nicht (wie nach der alten Rechtslage unter der ProspektRL und deren Umsetzung in Deutschland), dass der Prospekt nach von internationalen Organisationen (z.B. der IOSCO) vorgegebenen Standards erstellt wurde.[8] Entscheidendes Kriterium ist nach der ProspektVO hingegen die **materielle Gleichwertigkeit der Informationspflichten**. Allerdings dürfte diese neue Voraussetzung der ProspektVO in der Praxis keine weitreichende Veränderung darstellen. Dies ist deswegen so, weil im Zuge der europäischen (Voll-)Harmonisierung des Prospektrechts die ProspektVO ihrerseits auf den von den „internationalen Organisationen der Wertpapieraufsichtsbehörden, insbesondere der IOSCO", ausgearbeiteten Standards im Bereich der Finanz- und sonstigen Informationen basiert.[9] Folglich sind die Standards der IOSCO weiterhin von zentraler Bedeutung für die materielle Gleichwertigkeit der Informationspflichten eines Drittlandes mit den Maßga-

---

6 Dazu *Daeniker*, Swiss Securities Regulation, 1998, S. 60 f.
7 *Just*, in: Just/Voß/Ritz/Zeising, WpPG, 2009, § 20 Rn. 7, zwar zur alten Rechtslage unter der ProspektRL, allerdings hat sich unter der ProspektVO hinsichtlich dieser Voraussetzung nichts geändert.
8 *Dornis*, in: BeckOGK, IPR, Internationales und europäisches Finanzmarktrecht, Rn. 218.
9 Dazu (zwar nach der alten Rechtslage unter der ProspektRL) auch *Spindler*, in: Holzborn, WpPG, Einleitung Rn. 28, jedoch basiert die ProspektVO ihrerseits auf der ProspektRL und folglich auch indirekt auf den Standards der IOSCO.

ben der ProspektVO. Die 1983 gegründete **IOSCO**, die „International Organization of Securities Commissions" ist mit mehr als 90% aller Wertpapieraufsichtsbehörden als Mitgliedern ein bedeutendes internationales Gremium.[10] Sie hat auch zum öffentlichen Angebot von Wertpapieren bereits zwei Standards veröffentlicht, nämlich 1. die „International Disclosure Standards for Cross-Border Offerings and Initial Listings by Foreign Issuers", IOSCOPD81, vom September 1998[11] und 2. den Final Report „International Disclosure Principles for Cross-Border Offerings and Listings of Debt Securities by Foreign Issuers", IOSCOPD242, vom März 2007.[12] Das **Schwergewicht der Prüfung** für die Erfüllung der Voraussetzungen des Art. 29 dürfte demgegenüber auf dem **Merkmal der Gleichwertigkeit** liegen. Dies erscheint auch in der Sache angemessen, weil durch das Merkmal der Gleichwertigkeit ein vergleichbares Schutzniveau für alle Betroffenen erreicht wird. Denn dann bestehen eben den Anforderungen der ProspektVO gleichwertige Informationspflichten.

Wesentlich ist damit die Prüfung der **materiellen Gleichwertigkeit** der nach der fremden Rechtsordnung bestehenden Informationspflichten mit den Anforderungen der ProspektVO, auch in Bezug auf Finanzinformationen. Damit kann zunächst nicht die völlige Gleichheit der Informationspflichten mit denjenigen der ProspektVO gemeint sein, sonst hätte Art. 29 Abs. 1 neben Art. 28 keinen eigenen Anwendungsbereich. Art. 29 Abs. 1 verlangt, dass die Informationspflichten mit den Anforderungen „dieser Verordnung" **gleichwertig** sind. Damit ist eine **hohe Hürde** aufgestellt, die nur von Emittenten weniger Staaten erreicht werden dürfte, zumal sich (gerade für diese Emittenten) der bereits erwähnte schnellere und rechtssichere Weg der Prospektbilligung gemäß Art. 28 anbieten dürfte. 8

Obwohl der Wortlaut von Gleichwertigkeit der Informationspflichten, nicht der Informationen, spricht, dürfte sich dies in der Praxis nicht streng trennen lassen. Ansonsten bliebe lediglich ein abstrakter Vergleich der gesetzlichen Anforderungen, der kaum zu leisten sein dürfte.[13] Bei der Prüfung sollte zunächst auf die **Gleichwertigkeit der Finanzinformationen** geschaut werden, die als erste Hürde zu verstehen ist. Gleichwertigkeit hat die Kommission bisher für die **Rechnungslegungsvorschriften der USA, Japans, Chinas, Kanadas** und **Südkoreas** anerkannt.[14] Als Maßgabe für die Gleichwertigkeit gelten die „**International Financial Reporting Standards**" **(IFRS)**[15] gemäß der Verordnung (EG) Nr. 1606/2002, welche in dem Mechanismus zur Festlegung der Gleichwertigkeit der von Drittstaatsemittenten angewandten Rechnungslegungsgrundsätze gemäß Verordnung (EG) Nr. 1569/2007 als Maßstab herangezogen werden. Gemäß dem Durchführungsbeschluss der Kommission vom 11.4.2012[16] sind die Rechnungslegungsstandards **Indiens nicht mehr gleichwertig** mit den IFRS[17] und können daher nicht für die Prospekterstellung verwendet werden. Dabei ging es zwar zunächst nur um die Möglichkeit der an EU- 9

---

10 Siehe Einzelheiten unter www.iosco.org.
11 Veröffentlicht unter www.iosco.org/library/index.cfm?section=pubdocs&year=1998, Nr. 7.
12 Veröffentlicht unter www.iosco.org/library/index.cfm?section=pubdocs&year=2007, Nr. 20.
13 A.A. *Heidelbach*, in: Schwark/Zimmer, KMRK, § 20 WpPG Rn. 10 zur alten, insofern jedoch unveränderten Rechtslage unter der ProspektRL.
14 Siehe Durchführungsbeschluss der Kommission vom 11.4.2012, 2012/194/EU zur Änderung der Entscheidung 2008/961/EG 2012/194/EU.
15 Siehe dazu Anhang 1 ProspektVO, IX Finanzinformationen.
16 2012/194/EU.
17 Siehe dazu Erwägungsgrund 8 des Durchführungsbeschlusses 2012/194/EU.

Märkten notierten Gesellschaften aus diesen Staaten, auch weiterhin Abschlüsse vorzulegen, die nach den jeweiligen Rechnungslegungsvorschriften des Heimatstaates erstellt sind. Man wird aber den Umkehrschluss ziehen können, dass alle anderen Rechnungslegungsvorschriften bisher im Zweifel eben nicht als gleichwertig anerkannt sind. Damit scheitern nach den Vorschriften solcher Staaten erstellte Prospekte bereits an der Hürde der fehlenden Gleichwertigkeit der Finanzinformationen.

10   Dagegen reicht die Gleichwertigkeit der Finanzinformationen keineswegs für die materielle Gleichwertigkeit insgesamt aus. Vielmehr muss es für diese letztlich darauf ankommen, ob den allgemeinen inhaltlichen Anforderungen an einen Prospekt, die insbesondere in Art. 6, 7, 8 und 13 ProspektVO aufgestellt werden, Genüge getan ist. Maßgeblich sind dabei der **Anlegerschutz** und die damit verbundene Forderung, dass der Prospekt den Anleger in die Lage versetzen muss, **in voller Kenntnis der Sachlage eine fundierte Anlageentscheidung** zu treffen (für Einzelheiten siehe die Kommentierungen oben zu Art. 6, 7, 8 und 13). Für einen Emittenten aus einem Staat mit als gleichwertig anerkannten Rechnungslegungsvorschriften, nämlich den USA, gibt es auch schon ein Beispiel der Billigung durch eine EU-Behörde, nämlich der französischen Autorité des Marchés Financiers.[18] Im Ergebnis hat die AMF dabei die Gleichwertigkeit der in den USA geltenden Informationspflichten mit denjenigen des Europäischen Wertpapierrechts (nach alter Rechtslage, das heißt nach Geltung der ProspektRL und des diese umsetzenden französischen Rechts) anerkannt; auch in den Niederlanden gibt es bereits zumindest ein Beispiel einer Billigung eines Wertpapierprospekts eines US-amerikanischen Emittenten (ebenfalls nach alter Rechtslage).[19] Damit stellt sich die Frage der Verallgemeinerungsfähigkeit der Gleichwertigkeit der US-Informationspflichten bzw. US-Informationen. Sie wurde von der AMF bejaht.[20] Dem dürfte auch für Zwecke des Art. 29 zu folgen sein, nicht zuletzt vor dem Hintergrund der vielfach prägenden Bedeutung des US-Prospektrechts und der US-Prospektpraxis für das europäische Prospektrecht und der zunehmenden diesbezüglichen Konvergenz.[21] Wollte man dem dagegen nicht folgen, müsste Art. 29 in der Praxis wohl weiterhin völlig leer laufen. So verhält es sich indessen mit der Verwaltungspra-

---

18 Siehe hierzu die Presseerklärung der AMF vom 1.10.2007 mit Begründung, www.amf-france.org/documents/general/7941_1.pdf.
19 Dazu v. *Ilberg*, in: Assmann/Schlitt/von Kopp-Colomb, WpPG/VerkProspG, 2. Aufl. 2010, § 20 WpPG Rn. 17.
20 Eine dementsprechende Änderung der französischen Börsenzulassungsregeln wurde anschließend bei der AMF diskutiert, dann scheint man aber eine Einigung auf europäischer Ebene von CESR/ESMA vorgezogen zu haben, dazu im Folgenden. Gleichlautende Presseerklärungen haben auch die belgische Commission Bancaire, Financière et des Assurances, www.cbfa.be, und die portugiesische Aufsichtsbehörde, www.cmvm.pt, auf ihren jeweiligen Internetseiten veröffentlicht. CESR hatte eine Arbeitsgruppe damit beauftragt, die Billigungsfähigkeit von Drittstaatenprospekten nach § 20 WpPG a. F. zu prüfen; explizit genannt werden darin die **USA** und **Israel**. CESR, Assessment on the Equivalence of Prospectuses from non-EEA Jurisdictions vom 17.12.2008, CESR/08-972. Zum Ganzen, zweifelnd, *Just*, in: Just/Voß/Ritz/Zeising, WpPG, 2009, § 20 Rn. 5, der die Entscheidung der französischen AMF vor allem für in der engen Zusammenarbeit zwischen NYSE und der französischen Euronext begründet hält.
21 Dazu etwa *Greene/Beller* and others, in: U.S. Regulation of the International Securities and Derivatives Market, Stand: September 2008, § 7.01, S. 7–9 f.; siehe dazu auch oben die Kommentierung zu § 5. Zweifelnd an der Gleichwertigkeit unter Verweis auf die erheblichen, in Teil II der IOSCO-Standards beschriebenen Abweichungen von den IOSCO-Standards in den USA aber *Crüwell*, AG 2003, 243, 253; zu überlegen wäre aber auch, inwiefern die EU von den USA (oder

xis der BaFin, die eine solche Gleichwertigkeit nicht anerkennt, weswegen viele Jahre lang Mitarbeiterprospekte für deutsche Mitarbeiter von US-Unternehmen der Überarbeitung und sodann Billigung der BaFin – nach Art. 28 ProspektVO bzw. der relevanten Vorgängernorm – bedurften.[22]

Anfang 2013 hat ESMA – zwar unter Geltung der ProspektRL, aber noch aktuell – Rahmenbedingungen für die Prüfung von Drittstaatenprospekten veröffentlicht.[23] Zentrale Idee ist dabei ein **Zusatzdokument**, in das nach dem EU-Prospektrecht verbindlich vorgeschriebene Informationen aufzunehmen sind, die nicht (ausreichend) in dem Drittstaatenprospekt enthalten sind: Hierdurch soll in der Gesamtschau Gleichwertigkeit der Information hergestellt werden.[24] Dabei hat ESMA die Angaben der (alten) Annexe I, II, III, XXIII, XXIV, XXV und XXX gewichtet und in die Kategorien A und B eingeteilt.[25] Zwar wurden diese Vorgaben nach Maßgabe der alten Rechtslage der ProspektRL erstellt, jedoch besteht wohl materielle Gleichwertigkeit des Regelungsgehalts der Annexe I, II, III, XXIII, XXIV, XXV und XXX mit den Annexen der VO (EU) 2019/980 zur ProspektVO. Nach dem Zusatzdokument sind Informationen der Kategorie A wegen ihrer Bedeutung zwingend in das Zusatzdokument aufzunehmen, wenn nicht im Drittstaatenprospekt vollständig den Anforderungen der ProspektVO entsprechend enthalten. Für Kategorie B ist ein Ermessen vorgesehen, wobei „wesentliche" Gleichwertigkeit im Drittstaatenprospekt ausreicht. Inwieweit die Ankündigung von ESMA, ihre Arbeit zu Drittstaatenprospekten fortzuführen und länderbezogene Listen mit konkret erforderlichen Angaben für das Zusatzdokument zu erstellen,[26] in der Praxis zu tatsächlichen Erleichterungen gegenüber der bisherigen Übung führt, muss sich noch zeigen.[27] Mit Hinblick auf die praktische Erreichung der materiellen Gleichwertigkeit der Finanzinformationen durch die nationalen Behörden bleibt auch mit Geltung der ProspektVO die Frage offen, ob die nationalen Behörden, insbesondere die BaFin, an ihrem Ermessen und einer sehr restriktiven Linie festhalten oder ob sich eine zumindest etwas liberalere EWR-weite Praxis entwickelt. Momentan deutet vieles eher auf das Erstere hin. **11**

Unabhängig von der Gleichwertigkeit der Informationspflichten könnte sich eine Fallkonstellation herauskristallisieren, in der einzig die Rechnungslegungsvorschriften nach **12**

---

anderen Drittstaaten) Gegenseitigkeit für die allgemeine Anerkennung der Gleichwertigkeit von nach deren Vorgaben erstellten Prospekten fordern könnte, siehe dazu auch oben Fn. 18.

22 Dieses Problem hat sich indessen für Mitarbeiteraktienprogramme durch die Einführung des EU-Informationsdokuments in Wesentlichen erledigt.

23 ESMA, Opinion – Framework for the assessment of third country prospectuses under Article 20 of the Prospectus Directive, ESMA 2013/317 (März 2013).

24 ESMA, Opinion – Framework for the assessment of third country prospectuses under Article 20 of the Prospectus Directive, ESMA 2013/317 (März 2013), Tz. 5, Ziff. 6.1. ff.; vgl. *Preuße*, in: Holzborn, WpPG, § 20 Rn. 3.

25 Siehe, auch zum Folgenden, ESMA, Opinion – Framework for the assessment of third country prospectuses under Article 20 of the Prospectus Directive, ESMA 2013/317 (März 2013), Tz. 5, Ziff. 6.2.

26 ESMA, Opinion – Framework for the assessment of third country prospectuses under Article 20 of the Prospectus Directive, ESMA 2013/317 (März 2013), Tz. 5, Ziff. 6.3.

27 Optimistischer *Preuße*, in: Holzborn, WpPG, § 20 Rn. 3: „grundsätzlich praxistauglich", mit der Einschätzung, die Zulassung eines Ergänzungsdokumentes „dürfte den europäischen Kapitalmarkt für Drittstaatenemittenten ausreichend attraktiv machen". Allerdings wurden auch bis zum (und seit) Inkrafttreten der ProspektVO keine weiteren Listen mit konkret erforderlichen Angaben für das Zusatzdokument von ESMA veröffentlicht.

Art. 29 ProspektVO Öffentliches Angebot einer Drittstaatenemittenten

Maßgaben des Drittlandes verwendet werden, während der restliche Prospekt nach Maßgabe der ProspektVO erstellt wird. Mit anderen Worten würden andere Finanzzahlen als die in der EU zugelassenen benutzt. In diesem Fall stellte sich die Frage, nach welchen Maßgaben dieser Prospekt gebilligt würde (Art. 28 oder Art. 29). Gemäß Ziff. IX des ersten Anhangs der ProspektVO sind die Finanzinformationen (die Erstellung und Prüfung des Jahresabschlusses) nach den internationalen Rechnungslegungs- und Abschlussprüfungsstandards (IAS/IFRS) zu erstellen. Folglich dürften alle Prospekte, die nicht nach den IFRS erstellt sind, nicht nach den Maßgaben der ProspektVO erstellt sein und damit den Voraussetzungen der Billigung nach Art. 29 unterliegen. Materiell dürfte dies allerdings jedenfalls dann keinen Unterschied machen, sofern ein solches anderes Zahlenwerk gleichwertig ist (siehe oben → Rn. 9). Für den ausländischen Emittenten dürfte es dagegen entscheidend sein, weiter seine eigenen (Nicht-EWR-)Finanzzahlen benutzen zu dürfen und nicht die Rechnungslegung komplett umstellen zu müssen.

2. Grenzüberschreitende Angebote und Zulassung zum Handel, Sprachenregelung (Art. 29 Abs. 2)

13 Abs. 2 ermöglicht – entsprechend der auch ansonsten im Gemeinschaftsrecht geltenden Regel – unter Verweis auf die entsprechend anzuwendenden **Art. 24, 25** und **27 ProspektVO** auch Drittstaatenemittenten die **europaweite Verwendung** eines in einem EWR-Staat, etwa Deutschland, gebilligten Wertpapierprospekts bzw. die **Verwendung** eines in einem anderen EWR-Staat gebilligten und nach Deutschland notifizierten Prospekts **in Deutschland**. Damit steht er im Einklang mit dem allgemeinen gemeinschaftsrechtlichen Prinzip, dass die Anerkennung durch einen Mitgliedstaat zur gemeinschaftsweiten Verkehrsfähigkeit führt.

14 Maßgeblich sind dabei das **Notifizierungsverfahren** und das **Sprachregime**. Der Verweis auf Art. 27 (Sprachregime) lässt, wie dazu ausgeführt (siehe dazu → Art. 27 Rn. 6), in Deutschland **Deutsch** und **Englisch** als Prospektsprachen zu und dürfte im Regelfall dazu führen, dass der Prospekt in englischer Sprache abgefasst ist und zusätzlich eine deutsche Zusammenfassung enthält (siehe dazu → § 21 WpPG Rn. 1).

3. Ermächtigung zum Erlass von Ausführungsbestimmungen (§ 29 Abs. 3)

15 Art. 29 Abs. 3 ermächtigt in den Unterabsätzen 1 und 2 die Kommission zum Erlass von **delegierten Rechtsakten** (UAbs. 1) und **Durchführungsbeschlüssen** (UAbs. 2) zu den Voraussetzungen der Gleichwertigkeit. Art. 29 Abs. 3 unterscheidet zwischen zwei Arten der Ermächtigung. In dem ersten Unterabsatz wird die Kommission ermächtigt, durch delegierte Rechtsakte die allgemeinen Kriterien festzulegen, die für eine Gleichwertigkeit maßgeblich sind. Diese müssen sich nach **Art. 6, 7, 8** und **13 ProspektVO** richten. Insofern wird auch hier erneut deutlich gemacht, dass sich die materielle Gleichwertigkeit nicht alleine nach den Finanzinformationen des Emittenten richtet, sondern stattdessen nach den gesamten Informationspflichten, die durch die ProspektVO bestimmt werden. Ergänzend ermächtigt der zweite Unterabsatz die Kommission, Durchführungsbeschlüsse zu erlassen, um im einzelnen Fall die Gleichwertigkeit der Informationspflichten eines Drittstaates festzustellen. Allerdings hat bisher die Kommission noch keine Durchführungsmaßnahmen zur Anerkennung von Prospekten aus Drittstaaten als gleichwertig er-

lassen. Die oben[28] angesprochene Anerkennung der Gleichwertigkeit der Rechnungslegungsvorschriften von fünf Staaten ist keine Maßnahme im Sinne von Art. 29 Abs. 3 ProspektVO, stellt aber einen ersten Schritt in diese Richtung dar.

4. Mögliche Änderungen durch den EU Listing Act

Der EU Listing Act hat u.a. das Ziel, den EU-Kapitalmarkt für Drittlandsemittenten leichter zugänglich zu machen. Deswegen soll insbesondere Art. 29 ProspektVO abgeändert werden, damit das Gleichwertigkeitsregime volle Wirkung entfalten kann.[29] Dies soll erreicht werden, indem die Anforderungen für die Prospekterstellung für Drittlandsemittenten vereinfacht werden. So würden durch den EU Listing Act Voraussetzungen eingeführt, die die materielle Gleichwertigkeit eines nach Maßgabe des Rechts eines Drittlands erstellten Prospekts mit denen der ProspektVO regeln. Dazu würde durch den EU Listing Act im Entwurf des neuen Art. 29 Abs. 5 ProspektVO der Kommission die Möglichkeit eröffnet, durch einen Durchführungsbeschluss festzustellen, dass bestimmte Rechtsordnungen von Nicht-EWR-Staaten die im Entwurf des neuen Art. 29 Abs. 5 detailliert genannten Voraussetzungen der Gleichwertigkeit erfüllen. Allerdings handelt es sich bei den Voraussetzungen um keine konkreten, sondern lediglich um abstrakte. Hinsichtlich der Gleichwertigkeit der Informationspflichten bliebe insbesondere für die notwendigen Finanzinformationen ungeklärt, ob und welche Rechnungslegungsstandards, neben den bereits bisher anerkannten, als gleichwertig gelten.

16

---

28 Siehe dazu Rn. 9.
29 Siehe dazu COM(2022) 762 final, Proposal for a Regulation of the European Parliament and of the Council amending Regulations (EU) 2017/1129, (EU) No 596/2014 and (EU) No 600/2014 to make public capital markets in the Union more attractive for companies and to facilitate access to capital for small and medium-sized enterprises, S. 38 ff., 61 ff.

Art. 30 ProspektVO
Zusammenarbeit mit Drittländern

(1) Für die Zwecke des Artikels 29 und, sofern dies für notwendig erachtet wird, für die Zwecke des Artikels 28 schließen die zuständigen Behörden der Mitgliedstaaten Kooperationsvereinbarungen mit den Aufsichtsbehörden von Drittländern über den Informationsaustausch mit Aufsichtsbehörden in Drittländern und die Durchsetzung von Verpflichtungen aus dieser Verordnung in Drittländern, es sei denn, das jeweilige Drittland steht, gemäß Artikel 9 der Richtlinie (EU) 2015/849 des Europäischen Parlaments und des Rates,[1] auf der von der Kommission durch Inkraftsetzung delegierter Rechtsakte erlassenen Liste der Länder, deren nationale Systeme zur Bekämpfung von Geldwäsche und Terrorismusfinanzierung strategische Mängel aufweisen, die wesentliche Risiken für das Finanzsystem der Union darstellen. Diese Kooperationsvereinbarungen stellen zumindest einen wirksamen Informationsaustausch sicher, der den zuständigen Behörden die Wahrnehmung ihrer Aufgaben im Rahmen dieser Verordnung ermöglicht.

Schlägt eine zuständige Behörde den Abschluss einer derartigen Vereinbarung vor, setzt sie die ESMA und die anderen zuständigen Behörden davon in Kenntnis.

(2) Für die Zwecke des Artikels 29 und, sofern dies für notwendig erachtet wird, für die Zwecke des Artikels 28 erleichtert und koordiniert die ESMA die Ausarbeitung von Kooperationsvereinbarungen zwischen den zuständigen Behörden und den jeweiligen Aufsichtsbehörden von Drittländern.

Die ESMA erleichtert und koordiniert erforderlichenfalls auch den Informationsaustausch zwischen den zuständigen Behörden hinsichtlich Informationen von Aufsichtsbehörden aus Drittländern, die für das Ergreifen von Maßnahmen gemäß den Artikeln 38 und 39 von Belang sein können.

(3) Die zuständigen Behörden schließen Kooperationsvereinbarungen über den Informationsaustausch mit den Aufsichtsbehörden von Drittländern nur, wenn die Garantien zum Schutz des Berufsgeheimnisses in Bezug auf die offengelegten Informationen jenen nach Artikel 35 mindestens gleichwertig sind. Ein derartiger Informationsaustausch muss der Wahrnehmung der Aufgaben dieser zuständigen Behörden dienen.

(4) Die ESMA kann bzw. muss, wenn die Kommission dies verlangt, Entwürfe technischer Regulierungsstandards ausarbeiten, in denen der Mindestinhalt der Kooperationsvereinbarungen nach Absatz 1 und das dafür zu verwendende Muster festgelegt werden.

---

1 Richtlinie (EU) 2015/849 des Europäischen Parlaments und des Rates vom 20.5.2015 zur Verhinderung der Nutzung des Finanzsystems zum Zwecke der Geldwäsche und der Terrorismusfinanzierung, zur Änderung der Verordnung (EU) Nr. 648/2012 des Europäischen Parlaments und des Rates und zur Aufhebung der Richtlinie 2005/60/EG des Europäischen Parlaments und des Rates und der Richtlinie 2006/70/EG der Kommission (ABl. L 141 vom 5.6.2015, S. 73).

Der Kommission wird die Befugnis übertragen, die in Unterabsatz 1 genannten technischen Regulierungsstandards gemäß den Artikeln 10 bis 14 der Verordnung (EU) Nr. 1095/2010 zu erlassen.

Übersicht

	Rn.		Rn.
I. Regelungsgegenstand des Art. 30	1	IV. Inhalt von Kooperationsvereinbarungen	10
II. Verpflichtung zum Abschluss von Kooperationsvereinbarungen?	3	V. Unterstützung und Koordination durch die ESMA	15
III. Voraussetzungen für den Abschluss von Kooperationsvereinbarungen	7	VI. Durchführungsermächtigungen	19
1. Kein Drittland mit hohem AML-Risiko	7	VII. Status quo	22
2. Gleichwertiger Schutz des Berufsgeheimnisses	9		

I. Regelungsgegenstand des Art. 30

Aufgrund der globalen Vernetzung der Kapitalmärkte stellt sich die immanente Frage nach der Zulässigkeit des öffentlichen Angebots oder der Zulassung zum Handel an einem geregelten Markt von Wertpapieren im EWR,[2] deren Emittent seinen Sitz in einem Drittland hat oder aber deren Prospekt nach Maßgabe des Rechts eines Drittlands erstellt wurde. Die Voraussetzungen für ein öffentliches Angebot oder die Zulassung zum Handel auf einem geregelten Markt im EWR finden sich für Wertpapiere eines Drittlandsemittenten, deren Prospekt nach Maßgabe der ProspektVO erstellt wurde, in Art. 28 (→ Art. 28 Rn. 1 f.); die Voraussetzungen für ein öffentliches Angebot oder die Zulassung zum Handel an einem geregelten Markt im EWR von Wertpapieren eines Drittlandsemittenten, deren Prospekt nach Maßgabe des Rechts eines Drittlands erstellt wurden, sind in Art. 29 dargelegt (→ Art. 29 Rn. 2 ff.). 1

Im Zusammenhang mit oben erwähnten Zulassungen von Wertpapieren von Drittlandsemittenten und zur Gewährleistung des Informationsaustauschs und der Zusammenarbeit mit Drittlandsbehörden im Hinblick auf die wirksame Durchsetzung der ProspektVO (siehe Erwägungsgrund 70) legt Art. 30 **Regeln für die Zusammenarbeit mit zuständigen Aufsichtsbehörden von Drittländern auf der Grundlage von Kooperationsvereinbarungen** über den Informationsaustausch zwischen den vertragsabschließenden Aufsichtsbehörden und über die Durchsetzung von Verpflichtungen aus der ProspektVO in Drittländern fest. Art. 30 normiert hierbei 2

– die allfällige Verpflichtung zum Abschluss von Kooperationsvereinbarungen mit Aufsichtsbehörden von Drittländern (→ Rn. 3 ff.),

---

2 Gemäß dem Beschluss des Gemeinsamen EWR-Ausschusses Nr. 84/2019 vom 29.3.2019 zur Änderung von Anhang IX (Finanzdienstleistungen) des EWR-Abkommens, ABl. 2019 L 235, S. 6, sind unter dem Begriff „Mitgliedstaat" neben der EU auch Island, Norwegen und Liechtenstein erfasst und unter dem Begriff „zuständige Behörde" auch deren nationale Aufsichtsbehörden. Dieser Beschluss ist mit 29.6.2019 in Kraft getreten.

- die materiellen Voraussetzungen, unter welchen solche Kooperationsvereinbarungen abgeschlossen werden dürfen (→ Rn. 7 ff.),
- den Mindestinhalt solcher Kooperationsvereinbarungen (→ Rn. 10 ff.),
- die Rolle der ESMA beim Abschluss solcher Kooperationsvereinbarung und deren Koordination (→ Rn. 15 ff.) sowie
- die Befugnis der Kommission, technische Regulierungsstandards zu erlassen (→ Rn. 19 ff.).

Zwar war bereits unter der alten Rechtslage vor Einführung der ProspektVO der wirksame Informationsaustausch mit Aufsichtsbehörden in Drittländern und die wirksame Durchsetzung des Prospektrechts in Drittländern notwendig,[3] es fehlte jedoch an einer expliziten europarechtlichen Rechtsgrundlage zum Abschluss von Kooperationsvereinbarungen mit Drittstaaten in der EU-ProspektRL.[4] Mit Art. 30 ProspektVO vergleichbare Bestimmungen zur Zusammenarbeit mit Aufsichtsbehörden in Drittländern finden sich bspw. in Art. 66 Solvency II,[5] Art. 88 MiFID II,[6] Art. 55 CRD V[7] und Art. 26 MAR.[8]

II. Verpflichtung zum Abschluss von Kooperationsvereinbarungen?

3   Art. 30 Abs. 1 Satz 1 ProspektVO sieht vor, dass die zuständigen Behörden der Mitgliedstaaten Kooperationsvereinbarungen mit den Aufsichtsbehörden von Drittländern einerseits für die Zwecke des Art. 29 und andererseits, „sofern dies für notwendig erachtet wird," für die Zwecke des Art. 28 „schließen". Diese Formulierung wirft die Frage auf, ob hierdurch eine **rechtliche Verpflichtung zum Abschluss** solcher Kooperationsvereinbarungen durch die zuständige Behörde normiert wird. Bei systematischer Betrachtung ähnlicher Bestimmungen fällt zunächst auf, dass Art. 66 Solvency II, Art. 88 MiFID II und Art. 55 CRD V festlegen, dass die Mitgliedstaaten Kooperationsvereinbarungen mit Aufsichtsbehörden von Drittländern schließen bzw. treffen „können". Hierdurch ist klargestellt, dass innerhalb des Regelungsbereichs dieser drei Richtlinien den Aufsichtsbehörden ein Ermessensspielraum bei gleichzeitiger Beachtung der Gewährleistung der Zielset-

---

3 Zur allgemeinen Bestimmung des § 20 WpPG a. F., welcher die Voraussetzungen für ein öffentliches Angebot oder die Zulassung zum Handel eines Wertpapiers, dessen Prospekt von einem Drittlandsemittenten nach den geltenden Rechtsvorschriften eines Drittlandes erstellt wurde, normierte, siehe *Wolf*, in: Berrar/Meyer/Müller et al., WpPG/EU-ProspektVO, 2. Aufl., § 20 WpPG.
4 Richtlinie 2003/71/EG des Europäischen Parlaments und des Rates vom 4.11.2003 betreffend den Prospekt, der beim öffentlichen Angebot von Wertpapieren oder bei deren Zulassung zum Handel zu veröffentlichen ist, und zur Änderung der Richtlinie 2001/34/EG.
5 Richtlinie 2009/138/EG des Europäischen Parlaments und des Rates vom 25.11.2009 betreffend die Aufnahme und Ausübung der Versicherungs- und der Rückversicherungstätigkeit i.d.g.F.
6 Richtlinie 2014/65/EU des Europäischen Parlaments und des Rates vom 15.5.2014 über Märkte für Finanzinstrumente sowie zur Änderung der Richtlinien 2002/92/EG und 2011/61/EU i.d.g.F.
7 Richtlinie 2013/36/EU des Europäischen Parlaments und des Rates vom 26.6.2013 über den Zugang zur Tätigkeit von Kreditinstituten und die Beaufsichtigung von Kreditinstituten und Wertpapierfirmen, zur Änderung der Richtlinie 2002/87/EG und zur Aufhebung der Richtlinien 2006/48/EG und 2006/49/EG i.d.g.F.
8 Verordnung (EU) Nr. 596/2014 des Europäischen Parlaments und des Rates vom 16.4.2014 über Marktmissbrauch (Marktmissbrauchsverordnung) und zur Aufhebung der Richtlinie 2003/6/EG des Europäischen Parlaments und des Rates und der Richtlinien 2003/124/EG, 2003/125/EG und 2004/72/EG der Kommission i.d.g.F.

zung der jeweiligen Richtlinie eingeräumt wird. Art. 26 MAR wiederum normiert, dass die zuständigen Behörden der Mitgliedstaaten „erforderlichenfalls" mit den Aufsichtsbehörden von Drittländern Kooperationsvereinbarungen treffen. Aus dieser Formulierung wurde keine rechtlich verbindliche Verpflichtung zum Abschluss von Kooperationsvereinbarungen abgeleitet. Vielmehr rege diese Bestimmung den Abschluss von Kooperationsvereinbarungen dann an, wenn diese erforderlich sind, und die entsprechende Erforderlichkeit im Licht der Ziele der MAR gegeben sei.[9]

Die ProspektVO differenziert in ihrem Art. 30 Abs. 1 Satz 1 einerseits bezüglich Kooperationsvereinbarungen mit den Aufsichtsbehörden von Drittländern über den Informationsaustausch für die Zwecke des Art. 28 (Öffentliches Angebot von Wertpapieren oder Zulassung zum Handel an einem geregelten Markt mittels eines nach Maßgabe der ProspektVO erstellten Prospekts) und andererseits für Zwecke des Art. 29 (Öffentliches Angebot von Wertpapieren oder Zulassung zum Handel an einem geregelten Markt mittels eines nach Maßgabe des Rechts eines Drittlands erstellten Prospekts). Wie unter → Rn. 7 ff. weitergehend ausgeführt, muss das jeweilige Drittland als Grundvoraussetzungen einerseits einen mit Art. 35 ProspektVO äquivalenten Schutz des Berufsgeheimnisses in Bezug auf die offengelegten Informationen gewährleisten und andererseits darf es sich hierbei um kein Drittland handeln, das gemäß Art. 9 der 4. Geldwäscherichtlinie von der Kommission auf die Liste der Länder aufgenommen wurde, deren nationale Systeme zur Bekämpfung von Geldwäsche und Terrorismusfinanzierung strategische Mängel aufweisen, die wesentliche Risiken für das Finanzsystem der Union darstellen. 4

Für Zwecke des Art. 28 ProspektVO schließen die Aufsichtsbehörden Kooperationsvereinbarungen, „sofern dies für notwendig erachtet wird". Diese Formulierung ist mit jener in Art. 26 MAR vergleichbar, sodass für Zwecke des Art. 28 EU ProspektVO Kooperationsvereinbarungen abgeschlossen werden können, falls es in Hinblick auf das Erfordernis, mit bestimmten Drittlandsaufsichtsbehörden notwendige vertrauliche Informationen auszutauschen, und auf für die Gewährleistung der Ziele der ProspektVO notwendig erscheint, die Modalitäten eines solchen Informationsaustauschs näher zu regeln. 5

Eine entsprechende Einschränkung der Verpflichtung von Aufsichtsbehörden zum Abschluss von Kooperationsvereinbarungen mit Aufsichtsbehörden von Drittländern **für Zwecke des Art. 29** ProspektVO für den Fall, dass die jeweilige Aufsichtsbehörde eine solche Regelung für notwendig erachtet, fehlt. Sohin könnte bei erster Betrachtung und der Wahl des nicht modifizierten Verbes „schließen" darauf geschlossen werden, dass Aufsichtsbehörden in diesem Anwendungsbereich Kooperationsvereinbarungen zu schließen hätten. Dies ist jedoch in Hinblick auf das Telos von Kooperationsvereinbarungen für Zwecke des Art. 29 ProspektVO näher zu beleuchten. Art. 29 ProspektVO sieht vor, dass die zuständige Behörde des Herkunftsmitgliedstaats eines Drittlandsemittenten einen nach dem nationalen Recht des betreffenden Drittlands erstellten und diesen Vorschriften unterliegenden Prospekt für ein öffentliches Angebot von Wertpapieren oder die Zulassung zum Handel an einem geregelten Markt dann billigen kann, wenn zwei Voraussetzungen gegeben sind: (i) die durch das Recht des betreffenden Drittlands auferlegten Informationspflichten sind den Anforderungen der ProspektVO gleichwertig und (ii) die zu- 6

---

[9] Vgl. *Döhmel*, in: Assmann/Uwe H. Schneider/Mülbert, Wertpapierhandelsrecht, 7. Aufl. 2019, Art. 27 VO 596/2014 Rn. 2; *Schramm*, in: Kalss/Oppitz/Torggler/Winner, BörseG/MAR, Art. 26 MAR Rn. 6.

ständige Behörde des Herkunftsmitgliedstaats hat Kooperationsvereinbarungen gemäß Art. 30 mit den einschlägigen Aufsichtsbehörden des Drittlandsemittenten geschlossen. Da eine zuständige Behörde bei fehlender materieller Gleichwertigkeit der Informationspflichten im Recht des Drittlands mit jenen der ProspektVO ohnehin einen Prospekt nach nationalem Recht eines Drittlands nicht billigen könnte, ergibt sich systematisch, dass in solchen Fällen auch keine Kooperationsvereinbarung abgeschlossen werden müsste, da deren einziger Zweck ohnehin vereitelt wäre. Andererseits stellt Erwägungsgrund 70 der ProspektVO klar, dass zur Sicherstellung, dass die Ziele der ProspektVO in vollem Umfang verwirklicht werden, in den Anwendungsbereich dieser Verordnung auch Wertpapiere von Emittenten aufgenommen werden „müssen", die dem Recht eines Drittlands unterliegen. Im Zusammenspiel mit der Formulierung des Art. 30 ProspektVO lässt sich hieraus schließen, dass bei materieller Gleichwertigkeit des Prospektrechts eines Drittlands i. S. d. Art. 29 Abs. 1 ProspektVO sowie Vorliegen der Grundvoraussetzungen des Art. 30 Abs. 1 Satz 1 a. E. sowie Art. 30 Abs. 3 ProspektVO (→ Rn. 7 ff.) die Aufsichtsbehörden auf den Abschluss entsprechender Kooperationsvereinbarungen hinzuwirken haben (hierzu jedoch auch → Rn. 22 ff.).

III. Voraussetzungen für den Abschluss von Kooperationsvereinbarungen

1. Kein Drittland mit hohem AML-Risiko

7 Zum Schutz des reibungslosen Funktionierens des Binnenmarkts hat die Kommission gemäß Art. 9 der 4. EU-Geldwäscherichtlinie delegierte Rechtsakte zu erlassen, um Drittländer zu ermitteln, deren nationale Systeme zur Bekämpfung von Geldwäsche und Terrorismusfinanzierung strategische Mängel aufweisen, die wesentliche Risiken für das Finanzsystem der Union darstellen. Hierbei berücksichtigt die Kommission bei ihrer Ermittlung insbesondere (i) den rechtlichen und institutionellen Rahmen für die Bekämpfung der Geldwäsche und der Terrorismusfinanzierung in dem Drittland, (ii) die Befugnisse und Verfahren der zuständigen Behörden des Drittlands für die Zwecke der Bekämpfung der Geldwäsche und der Terrorismusfinanzierung, einschließlich angemessen wirksamer, verhältnismäßiger und abschreckender Sanktionen, sowie (iii) die Praxis des Drittlands bezüglich der Zusammenarbeit und des Austauschs von Informationen mit den zuständigen Behörden der Mitgliedstaaten und schließlich die Wirksamkeit des Systems des Drittlands zur Bekämpfung der Geldwäsche und der Terrorismusfinanzierung beim Vorgehen gegen die entsprechenden Risiken. Die Kommission hat zu diesem Zweck die **delegierte Verordnung (EU) 2016/1657** vom 14.7.2016 erlassen, die zuletzt mit delegierter Verordnung (EU) 2023/410 vom 19.12.2022 geändert wurde und die von der Kommission ermittelten **Drittländer mit hohem Risiko** anführt. Derzeit befinden sich siebenundzwanzig Drittländer im Anhang zu dieser delegierten Verordnung: Afghanistan, Barbados, Burkina Faso, Cayman Islands, Demokratische Volksrepublik Korea, Demokratische Republik Kongo, Gibraltar, Haiti, Iran, Jamaika, Jemen, Jordanien, Kambodscha, Mali, Marokko, Mosambik, Myanmar, Panama, die Philippinen, Senegal, Südsudan, Syrien, Tansania, Trinidad und Tobago, Uganda, Vanuatu und die Vereinigten Arabischen Emirate.

8 Als erste Voraussetzung für den Abschluss für Kooperationsvereinbarungen mit Drittländern stellt Abs. 1 Satz 1 a. E. fest, dass es sich hierbei um kein Drittland mit hohem Risiko

im Sinne der auf Grundlage des Art. 9 4. EU-Geldwäscherichtlinie erlassenen delegierten Verordnung handeln darf.

2. Gleichwertiger Schutz des Berufsgeheimnisses

Als zweite wesentliche Voraussetzung für jeden Informationsaustausch mit Aufsichtsbehörden von Drittländern und somit auch für den Abschluss von Kooperationsvereinbarungen nennt Abs. 3, dass ein zumindest mit Art. 35 gleichwertiger Schutz des Berufsgeheimnisses in Bezug auf offengelegte Informationen durch die Aufsichtsbehörde des Drittlandes gewährleistet sein muss. Hieraus folgt, dass eine Aufsichtsbehörde, die eine Kooperationsvereinbarung mit einem Drittland abschließen möchte, zunächst die Rechtslage in jenem Drittland insofern prüfen muss, ob die dort geltenden Berufsgeheimnisbestimmungen mit dem von der ProspektVO normierten **Schutzniveau äquivalent** sind. Die in Abs. 2 Satz 1 dargelegte Erleichterungs- und Koordinierungsfunktion der ESMA könnte hierbei eine Grundlage bieten, dass diese Äquivalenzbeurteilungen zum Nutzen aller EU-Aufsichtsbehörden zentralisiert von der ESMA durchgeführt werden könnten. Hinsichtlich des geforderten Umfangs des Schutzes des Berufsgeheimnisses kann auf die Ausführungen zu Art. 35 verwiesen werden. 9

IV. Inhalt von Kooperationsvereinbarungen

Kooperationsvereinbarungen sind Übereinkommen zwischen den Aufsichtsbehörden, die keine völkerrechtlichen Übereinkommen sind und in deren Rahmen keine normativen Regelungen getroffen werden. Hierbei handelt es sich im Regelfall um schriftlich vereinbarte, rechtlich nicht verbindliche **Memoranda of Understanding**, in welchen die jeweiligen Aufsichtsbehörden übereinkommen, aufgrund der bestehenden nationalstaatlichen Rechtslagen und nach jeweiliger Prüfung der Rechtslage des Vertragspartners in bestimmten Bereichen zu kooperieren, solange keine Änderung der Rechtslage eine Anpassung der Regeln der Zusammenarbeit erfordert. Zwar erleichtern, standardisieren und präzisieren Memoranda of Understanding die Aufsichtszusammenarbeit, die einzelnen kooperierenden Aufsichtsbehörden handeln jedoch im Rahmen der bestehenden Zuständigkeiten und Befugnisse laut geltender Rechtslage. Neue Zuständigkeiten oder Befugnisse können durch Memoranda of Understanding nicht begründet werden. 10

Der **Mindestinhalt** einer Kooperationsvereinbarung ergibt sich aus Art. 30 Abs. 1 Satz 2. Diese muss zumindest einen **wirksamen Informationsaustausch** zwischen den beteiligten Aufsichtsbehörden im EWR und im Drittland sicherstellen, der diesen die Wahrnehmung ihrer Aufgaben im Rahmen der ProspektVO ermöglicht. Hierbei sei darauf hingewiesen, dass aufgrund der fehlenden rechtlichen Verbindlichkeit von Memoranda of Understanding die unterzeichnenden Behörden den wirksamen Informationsaustausch nur aufgrund der geltenden Rechtslage zusichern, nicht aber sicherstellen können.[10] 11

Gemäß Art. 30 Abs. 1 Satz 1 können[11] über den wirksamen Informationsaustausch hinaus auch ergänzende **Kooperationsformen zur Durchsetzung von Verpflichtungen**, die sich 12

---

10 Schramm, in: Kalss/Oppitz/Torggler/Winner, BörseG/MAR, Art. 26 MAR Rn. 7.
11 A. A. Döhmel, in: Assmann/Uwe H. Schneider/Mülbert, Wertpapierhandelsrecht, 7. Aufl. 2019, Art. 27 VO 596/2014 Rn. 4, der die Kooperation bzgl. sowohl des Informationsaustauschs als

aus der ProspektVO in Drittländern ergeben, im Rahmen einer Kooperationsvereinbarung geregelt werden, insoweit als die Rechtslage der Kooperationspartner solchen Kooperationsformen nicht widerspricht. Zu diesem Zweck können beispielsweise Überprüfungen oder Ermittlungen vor Ort an Standorten von Aufsichtsobjekten im Zuständigkeitsgebiet eines Kooperationspartners vereinbart und das entsprechende Prozedere geregelt werden.

13   Abs. 3 Satz 2 normiert, dass der Informationsaustausch im Rahmen von Kooperationsvereinbarungen der Wahrnehmung der Aufgaben der zuständigen Behörden dienen muss. Diese Bestimmung kann als **Zweckbindung** verstanden werden, wonach zu übermittelnde Informationen von der ersuchenden Behörde für ihre im Rahmen der ProspektVO geregelten Aufsichtsaufgaben im weitesten Sinne erforderlich sein müssen. Abgesehen von der in Art. 35 Abs. 1 geregelten Ausnahme dürfen sohin übermittelte Informationen grundsätzlich nicht zu anderen Zwecken verwendet werden.

14   Erwägungsgrund 70 weist darauf hin, dass jede **Übermittlung personenbezogener Daten** auf Grundlage von Kooperationsvereinbarungen durch Aufsichtsbehörden im Einklang mit der Datenschutz-Grundverordnung und durch ESMA im Einklang mit der Verordnung (EG) Nr. 45/2001 des Europäischen Parlaments und des Rates vom 18.12.2000 zum Schutz natürlicher Personen bei der Verarbeitung personenbezogener Daten durch die Organe und Einrichtungen der Gemeinschaft und zum freien Datenverkehr erfolgen sollte. Die entsprechende Bestimmung in der ProspektVO findet sich in Art. 36. Es sei auf die Ausführungen zu Art. 36, insbesondere auch zur Aufhebung von Verordnung (EG) Nr. 45/2001 durch Verordnung (EU) 2018/1725, verwiesen.

V. Unterstützung und Koordination durch die ESMA

15   Gemäß Abs. 1 Satz 3 hat eine zuständige Behörde die Verpflichtung, sowohl die ESMA als auch andere zuständige Behörden darüber **in Kenntnis zu setzen**, dass sie den **Abschluss einer Kooperationsvereinbarung** mit einer Drittlandsaufsichtsbehörde vorschlägt. Diese Unterrichtung der ESMA und anderer zuständiger Behörden hat nicht erst bei Abschluss einer Kooperationsvereinbarung, sondern bereits zum Zeitpunkt der Verhandlungsaufnahme durch Übermittlung eines Entwurfs an die Drittlandsaufsichtsbehörde zu erfolgen. Hierdurch sollen die ESMA und die anderen zuständigen Behörden bereits frühestmöglich eingebunden werden, die ESMA, um ihre Koordinationsrolle wahrzunehmen, und die anderen zuständigen Behörden, um möglicherweise parallele Vorgehensweisen aufzunehmen und ebenfalls auf eine Kooperationsvereinbarung mit jener Drittlandsaufsichtsbehörde hinzuwirken.

16   Gemäß Abs. 2 Satz 1 wird die ESMA ermächtigt, die Ausarbeitung von Kooperationsvereinbarungen zwischen den zuständigen Behörden und den jeweiligen Aufsichtsbehörden von Drittländern zu **erleichtern** und zu **koordinieren**. Hierbei kommt als Anwendungsfall dieser Erleichterungs- und Koordinierungsfunktion der ESMA insbesondere die Durchführung der Äquivalenzprüfung der Bestimmungen zum Schutz des Berufsgeheimnisses mit jenen der ProspektVO in Betracht.

---

auch der Durchsetzung von Verpflichtungen aus der ProspektVO als Mindestinhalt von Kooperationsvereinbarungen nennt. Eine solche Leseweise widerspricht jedoch der Formulierung in Art. 30 Abs. 1 Satz 2, wonach „zumindest" ein wirksamer Informationsaustausch im Rahmen einer Kooperationsvereinbarung sicherzustellen sei.

Ein weiterer Aspekt der Koordinationsfunktion der ESMA findet sich in Abs. 4 Satz 1, der die ESMA ermächtigt, technische Regulierungsstandards mit dem Mindestinhalt für Kooperationsvereinbarungen mit Aufsichtsbehörden von Drittländern und ein entsprechendes **Musterabkommen** hierfür festzulegen, welche von der Kommission als technische Regulierungsstandards erlassen werden können (→ Rn. 19 ff.).

17

Die Koordinationsfunktion der ESMA geht jedoch über das Erstellen von Musterabkommen und die Unterstützung bei der Ausarbeitung konkreter, ihr gemeldeter Kooperationsvereinbarungen deutlich hinaus und ist weit zu verstehen. So erleichtert und koordiniert sie erforderlichenfalls auch den Informationsaustauch zwischen den zuständigen Behörden hinsichtlich Informationen von Aufsichtsbehörden aus Drittländern, die für das Ergreifen von verwaltungsrechtlichen Sanktionen und anderen verwaltungsrechtlichen Maßnahmen (Art. 38) oder für die Wahrnehmung ihrer Aufsichts- und Sanktionsbefugnisse (Art. 39) von Belang sein können.

18

VI. Durchführungsermächtigungen

Die **Kommission** wird in Abs. 4 Satz 2 dazu ermächtigt, **technische Regulierungsstandards** zu erlassen, in denen der Mindestinhalt von Kooperationsvereinbarungen zwischen EU- und Drittlandsaufsichtsbehörden sowie ein dafür zu verwendendes Muster festgelegt werden. Zweck dieser Bestimmung ist, dass Koordinationsvereinbarungen ab Erlass solcher technischer Regulierungsstandards nur noch auf dieser Grundlage abgeschlossen werden sollen und somit eine Vereinheitlichung der entsprechenden Kooperationsvereinbarungen sichergestellt wird. Abs. 4 Satz 1 ermächtigt ESMA dazu, solche technischen Regulierungsstandards gemäß Art. 10 bis 14 ESMA-VO[12] zu erarbeiten. Verlangt die Kommission die Vorbereitung dieser technischen Regulierungsstandards, so ist ESMA hierzu verpflichtet.

19

Technische Regulierungsstandards sind technischer Art und beinhalten keine strategischen oder politischen Entscheidungen.[13] Bevor ESMA die technischen Regulierungsstandards der Kommission zur Billigung übermittelt, führt die Behörde offene öffentliche Anhörungen zu deren Entwurf durch, holt – außer bei Unverhältnismäßigkeit solcher Anhörungen oder einer besonderen Dringlichkeit – eine Stellungnahme der bei der ESMA angesiedelten Interessengruppe Wertpapier und Wertpapiermärkte ein und analysiert die potenziell anfallenden Kosten und den Nutzen.[14] Legt die Behörde der Kommission einen Entwurf technischer Regulierungsstandards vor, so leitet die Kommission diesen umgehend an das Europäische Parlament und den Rat weiter und entscheidet innerhalb von drei Monaten, ob sie diesen billigt.[15] Die Kommission darf den Inhalt eines von der Behörde ausgearbeiteten Entwurfs eines technischen Regulierungsstandards nicht ändern, ohne

20

---

12 Verordnung (EU) Nr. 1095/2010 des Europäischen Parlaments und des Rates vom 24.11.2010 zur Errichtung einer Europäischen Aufsichtsbehörde (Europäische Wertpapier- und Marktaufsichtsbehörde), zur Änderung des Beschlusses Nr. 716/2009/EG und zur Aufhebung des Beschlusses 2009/77/EG der Kommission i.d.g.F.
13 Art. 10 Abs. 1 UAbs. 1 VO (EU) 1095/2010. Vgl. *Gellermann*, in: Streinz, EUV/AEUV, Art. 290 Rn. 5; *Schusterschitz*, in: Mayer/Stöger, EUV/AEUV, Art. 290 Rn. 14 ff.
14 Art. 10 Abs. 1 UAbs. 3 VO (EU) 1095/2010.
15 Art. 10 Abs. 1 UAbs. 4 und 5 VO (EU) 1095/2010.

sich vorher mit ESMA abgestimmt zu haben.[16] Beabsichtigt die Kommission, den Entwurf nicht oder nur teilweise zu billigen, hat die Kommission diesen an ESMA samt Erläuterungen zurückzusenden und ESMA kann der Kommission einen neuen Entwurf innerhalb von sechs Wochen in Form einer förmlichen Stellungnahme erneut vorlegen.[17] Wird ein Entwurf oder ein erneut vorgelegter abgeänderter Entwurf durch die Kommission gebilligt, so werden die technischen Regulierungsstandards als **Delegierte Verordnung** gemäß Art. 290 AEUV erlassen, im Amtsblatt der Europäischen Union veröffentlicht. Sie treten an dem darin genannten Datum in Kraft.[18]

21 Bislang sind entsprechende technische Regulierungsstandards oder ein diesbezüglicher Entwurf nicht veröffentlicht worden.

VII. Status quo

22 In der Praxis erfolgt der Informationsaustausch von EWR-Aufsichtsbehörden mit Aufsichtsbehörden in Drittländern im Rahmen der Wertpapieraufsicht (und sohin auch im Rahmen der Prospektaufsicht) auf Grundlage des **Multilateral Memorandum of Understanding Concerning Consultation and Cooperation and the Exchange of Information** der Internationalen Organisation der Wertpapieraufsichtsbehörden (**IOSCO**).[19] Dieses multilaterale Memorandum of Understanding haben bis dato 129 Aufsichtsbehörden (darunter die BaFin und die österreichische FMA) unterzeichnet.[20] Die darin vorgesehenen Bestimmungen bezüglich des Informationsaustauschs bzw. die von den Unterzeichnenden einzuhaltenden Bedingungen erfüllen die in Art. 30 und Art. 35 ProspektVO vorgesehenen Erfordernisse, insbesondere bezüglich der Zweckbindung und der Weitergabe von Informationen und des Schutzes des Berufsgeheimnisses.[21]

23 Fraglich ist, ob aufgrund der Verpflichtung zum Abschluss von Kooperationsvereinbarungen (→ Rn. 3 ff.), welche die EWR-Aufsichtsbehörden ab Inkrafttreten der ProspektVO trifft, hierfür das IOSCO Memorandum of Understanding herangezogen werden kann. In anderen Aufsichtsbereichen wird das IOSCO Memorandum of Understanding als Kooperationsvereinbarung im Sinne des Art. 88 MiFID II und der Art. 36 und 37 AIFMD herangezogen. Art. 4 lit. b i.V.m. Art. 6 lit. b IOSCO Memorandum of Understanding stellt ausdrücklich fest, dass der Informationsaustausch zum Zweck der Durchsetzung und Sicherstellung der einschlägigen Gesetze bezüglich der Registrierung, der Emission, des Angebots oder des Verkaufs von Wertpapieren und Derivaten in dessen Geltungsbereich fällt. Im Sinne der Verpflichtung des Abschlusses von Koordinationsvereinbarungen mit Aufsichtsbehörden von Drittländern gemäß Abs. 1 und der Tatsache, dass sowohl alle 27 EU-Mitgliedstaaten als auch Island, Liechtenstein und Norwegen das IOSCO Memorandum of Understanding unterzeichnet haben, spricht viel dafür, dieses als Kooperationsvereinbarung i. S. d. Art. 30 zu qualifizieren. Hierbei muss jedoch auf einen Punkt hingewiesen

---

16 Art. 10 Abs. 1 UAbs. 8 VO (EU) 1095/2010.
17 Art. 10 Abs. 1 UAbs. 6 und 7 VO (EU) 1095/2010.
18 Art. 10 Abs. 1 UAbs. 4 VO (EU) 1095/2010.
19 Das IOSCO MoU ist abrufbar unter: https://www.iosco.org/library/pubdocs/pdf/IOSCOPD386.pdf (zuletzt abgerufen am Zugriff 16.1.2023).
20 Die Liste aller unterzeichnenden Aufsichtsbehörden findet sich auf: https://www.iosco.org/about/?subSection=mmou&subSection1=signatories (zuletzt abgerufen am Zugriff 16.1.2023).
21 *Schramm*, in: Kalss/Oppitz/Torggler/Winner, BörseG/MAR, Art. 26 MAR Rn. 17.

werden: Wie unter → Rn. 7 f. dargestellt, können Kooperationsvereinbarungen nicht mit Aufsichtsbehörden eines Drittlands mit hohem Risiko i. S. d. Art. 9 der 4. EU-Geldwäscherichtlinie geschlossen werden. Gegenüber Drittländern mit hohem Risiko, die gleichzeitig Unterzeichner des IOSCO Memorandum of Understanding sind (Bahamas, Iran, Jamaica, Mauritius, Mongolei, Pakistan, Syrien, Trinidad und Tobago sowie Uganda), erfüllt es sohin keinesfalls die Erfordernisse einer Kooperationsvereinbarung nach Art. 30.

Im Rahmen des Austritts des Vereinigten Königreichs aus der Europäischen Union haben die Aufsichtsbehörden aller EWR-Mitgliedstaaten mit der Financial Conduct Authority das Multilateral Memorandum of Understanding concerning Consultation, Cooperation and the Exchange of Information between each of the EEA competent authorities and the UK Financial Conduct Authority[22] abgeschlossen, das seit 1.1.2021 in Geltung steht und auch gemäß Art. 3 Abs. 2 lit. i das Aufsichtsregime bzgl. Prospektbilligungen umfasst. 24

---

22 Dieses MoU ist abrufbar unter: https://www.esma.europa.eu/sites/default/files/library/mmou_eu-uk_fca_on_consultation_cooperation_and_exchange_of_information.pdf (zuletzt abgerufen am Zugriff 16.1.2023)

Kapitel VII
ESMA und zuständige Behörde

Art. 31 ProspektVO
Zuständige Behörden

(1) Jeder Mitgliedstaat benennt eine einzige zuständige Verwaltungsbehörde, die für die Erfüllung der aus dieser Verordnung erwachsenden Pflichten und für die Anwendung der Bestimmungen dieser Verordnung zuständig ist. Die Mitgliedstaaten setzen die Kommission, die ESMA und die zuständigen Behörden der anderen Mitgliedstaaten entsprechend in Kenntnis.

Die zuständige Behörde ist von Marktteilnehmern unabhängig.

(2) Die Mitgliedstaaten können ihrer zuständigen Behörde gestatten, die Aufgaben im Zusammenhang mit der elektronischen Veröffentlichung der gebilligten Prospekte und der zugehörigen Dokumente an Dritte zu delegieren.

Jede Delegierung von Aufgaben erfolgt mittels eines eigenen Beschlusses, in dem festgelegt wird:

a) die zu übertragenden Aufgaben und unter welchen Bedingungen diese auszuführen sind,

b) eine Klausel, die den jeweiligen Dritten dazu verpflichtet, aufgrund seines Handelns und durch seine Organisationsstruktur zu gewährleisten, dass Interessenkonflikte vermieden werden und Informationen, die sie bei Ausführung der delegierten Aufgaben erhalten, nicht missbräuchlich oder wettbewerbswidrig verwendet werden, und

c) alle Vereinbarungen zwischen der zuständigen Behörde und Dritten, denen Aufgaben übertragen werden.

Die nach Absatz 1 benannte zuständige Behörde ist in letzter Instanz für die Überwachung der Einhaltung dieser Verordnung und für die Billigung der Prospekte verantwortlich.

Die Mitgliedstaaten teilen der Kommission, der ESMA und den zuständigen Behörden der anderen Mitgliedstaaten einen Beschluss zur Übertragung von Aufgaben nach Unterabsatz 2, einschließlich der genauen Bedingungen der Delegierung, mit.

(3) Die Absätze 1 und 2 berühren nicht die Möglichkeit der Mitgliedstaaten, für überseeische europäische Gebiete, deren Außenbeziehungen sie wahrnehmen, gesonderte Rechts- und Verwaltungsvorschriften zu erlassen.

Art. 31 ProspektVO

Übersicht

	Rn.		Rn.
I. Regelungsgegenstand des Art. 31	1	IV. Delegierung von Aufgaben	13
II. Hinkende Verordnungsbestimmung	3	V. Gesonderte Rechts- und Verwaltungsvorschriften für überseeische europäische Gebiete	16
III. Benennung der zuständigen Behörde	7		
III. Zuständigkeit der Behörde	11	VI. Durchführungsvorschrift	17
1. Sachliche Zuständigkeit	11		
2. Örtliche Zuständigkeit	12		

I. Regelungsgegenstand des Art. 31

Art. 31 ist die zentrale Bestimmung zur Gewährleistung eines EWR-weiten Systems der Prospektaufsicht durch die dafür benannten zuständigen Behörden der jeweiligen Mitgliedstaaten. Eine entsprechende Benennungspflicht einer zuständigen Behörde sah bereits Art. 21 EU-ProspektRL[1] vor und ähnliche Bestimmungen finden sich im Rahmen der europäischen Wertpapieraufsicht ebenfalls u. a. in Art. 67 MiFID II,[2] Art. 97 UCITS-Richtlinie,[3] Art. 44 AIFM-Richtlinie[4] und Art. 22 MAR.[5]   **1**

Art. 31 normiert, dass die EWR-Mitgliedstaaten eine zuständige Verwaltungsbehörde zu benennen haben, die für die Erfüllung aller Pflichten aus der ProspektVO und deren Anwendung zuständig ist und als Ansprechpartner für die zuständigen Behörden der anderen EWR-Mitgliedstaaten, der ESMA und der Europäischen Kommission fungieren soll (→ Rn. 6 ff.). Im Zusammenspiel mit anderen Bestimmungen der ProspektVO bestimmt Art. 31 die sachliche und örtliche Zuständigkeit der benannten Verwaltungsbehörde (→ Rn. 10 f.). Weiters erlaubt Art. 31 unter bestimmten Bedingungen die Delegierung von Aufgaben bezüglich der Veröffentlichung von Prospekten (→ Rn. 12 ff.) und den Erlass gesonderter Rechts- und Verwaltungsvorschriften für überseeische europäische Gebiete (→ Rn. 15).   **2**

---

1 Richtlinie 2003/71/EG des Europäischen Parlaments und des Rates vom 4.11.2003 betreffend den Prospekt, der beim öffentlichen Angebot von Wertpapieren oder bei deren Zulassung zum Handel zu veröffentlichen ist, und zur Änderung der Richtlinie 2001/34/EG.
2 Richtlinie 2014/65/EU des Europäischen Parlaments und des Rates vom 15.5.2014 über Märkte für Finanzinstrumente sowie zur Änderung der Richtlinien 2002/92/EG und 2011/61/EU i.d.g.F.
3 Richtlinie 2009/65/EG des Europäischen Parlaments und des Rates vom 13.7.2009 zur Koordinierung der Rechts- und Verwaltungsvorschriften betreffend bestimmte Organismen für gemeinsame Anlagen in Wertpapieren (OGAW) i.d.g.F.
4 Richtlinie 2011/61/EU des Europäischen Parlaments und des Rates vom 8.6.2011 über die Verwalter alternativer Investmentfonds und zur Änderung der Richtlinien 2003/41/EG und 2009/65/EG und der Verordnungen (EG) Nr. 1060/2009 und (EU) Nr. 1095/2010 i.d.g.F.
5 Verordnung (EU) Nr. 596/2014 des Europäischen Parlaments und des Rates vom 16.4.2014 über Marktmissbrauch (Marktmissbrauchsverordnung) und zur Aufhebung der Richtlinie 2003/6/EG des Europäischen Parlaments und des Rates und der Richtlinien 2003/124/EG, 2003/125/EG und 2004/72/EG i.d.g.F.

II. Hinkende Verordnungsbestimmung

3 Mit der ProspektVO wurde das europäische Prospektrecht erstmals in Form einer Verordnung anstatt einer Richtlinie erlassen. Gemäß Art. 288 AEUV haben Verordnungen allgemeine Geltung, wirken in allen ihren Teilen verbindlich und gelten unmittelbar in jedem Mitgliedstaat, ohne dass es irgendwelcher Maßnahmen zur Umwandlung in innerstaatliches Recht bedarf. Den Mitgliedstaaten ist es demnach unbeschadet gegenteiliger Bestimmungen verwehrt, zur Durchführung einer Verordnung Maßnahmen zu ergreifen oder Rechtsakte zu erlassen, die eine Änderung ihrer Tragweite oder eine Ergänzung ihrer Vorschriften zum Gegenstand haben (Verbot der speziellen Transformation).[6] Auch ist es unionsrechtswidrig, Verordnungen durch innerstaatliche Rechtsvorschriften inhaltlich zu präzisieren (Verbot der inhaltlichen Präzisierung).[7] Nur unter Beachtung der Unionsrechtsbestimmungen ist die einzelstaatliche Verwaltung berechtigt, im Falle von Auslegungsschwierigkeiten Maßnahmen zur Durchführung einer Gemeinschaftsverordnung zu ergreifen und bei dieser Gelegenheit entstandene Zweifel zu beheben. Jedoch ist es ihr verwehrt, Auslegungsregeln mit bindender Wirkung zu erlassen oder durch nationalstaatliche Maßnahmen deren unionsrechtliche Natur zu verbergen oder die unmittelbare Anwendbarkeit der Verordnung zu vereiteln.[8] Die Wiederholung des Wortlauts einer Verordnung in einer innerstaatlichen Rechtsvorschrift ist grundsätzlich unzulässig. Aufgrund des Zusammentreffens einer ganzen Reihe unionsrechtlicher und einzelstaatlicher Vorschriften im System der Erzeugergemeinschaften gilt es jedoch nicht als ein Verstoß gegen das Unionsrecht, wenn innerstaatliche Rechtsakte im Interesse ihres inneren Zusammenhangs und ihrer Verständlichkeit für die Adressaten bestimmte Punkte der Verordnungen wiederholen.[9]

4 Jedoch sind die Mitgliedstaaten dazu verpflichtet, innerstaatliche Durchführungsmaßnahmen zu erlassen, wenn die Verordnung sie ausdrücklich dazu verpflichtet oder wenn nationalstaatliche ergänzende und konkretisierende Durchführungsmaßnahmen zur Erreichung der Ziele der Verordnung erforderlich sind (sogenannte „hinkende Verordnungen" oder „richtlinienähnliche Verordnungen").[10] Die unmittelbare Geltung einer Verordnung ist kein Hindernis dafür, dass diese in ihrem Text einen Mitgliedstaat zum Erlass von Durchführungsmaßnahmen oder dazu ermächtigt, unter bestimmten Voraussetzungen er-

---

6 EuGH, 18.2.1970 – C-40/69, ECLI:EU:C:1970:12, Rn. 4 – Bollmann; EuGH, 11.2.1971 – C-39/70, ECLI:EU:C:1971:16, Rn. 5 – Norddeutsches Vieh- und Fleischkontor; EuGH, 31.1.1978 – C-94/77, ECLI:EU:C:1978:17, Rn. 22/27 – Zerbone.

7 EuGH, 18.6.1970 – C-74/69, ECLI:EU:C:1970:58, Rn. 10 – Hauptzollamt Bremen Freihafen/Krohn; EuGH, 15.11.2021 – C-539/10 P, ECLI:EU:C:2012:711, Rn. 86 – Al-Aqsa/Rat und Niederlande/Al-Aqsa.

8 EuGH, 31.1.1978 – C-94/77, ECLI:EU:C:1978:17, Rn. 22/27 – Zerbone; EuGH, 14.10.2004 – C-113/02, ECLI:EU:2004:616, Rn. 16 – Kommission/Niederlande. Für Auslegungsregeln bindender Natur besteht das Monopol des EuGH zur Interpretation des Unionsrechts gemäß Art. 267 AEUV.

9 EuGH, 28.3.1985 – C-272/83, ECLI:EU:C:1985:147, Rn. 27 – Kommission/Italien.

10 *Streinz*, Europarecht, Rn. 472; *Borchert*, Die rechtlichen Grundlagen der Europäischen Union, Rn. 518; *Mayer/Kucsko-Stadlmayer/Stöger*, Bundesverfassungsrecht, Rn. 246/7; *Vcelouch*, in: Jaeger/Stöger, EUV/AEUV, Art. 288 AEUV Rn. 32.

gänzende oder abweichende Regelungen zu treffen.[11] Andererseits sind die Mitgliedstaaten bei Vorhandensein einer entsprechenden Ermächtigung oder im Fall der Erforderlichkeit nationaler Durchführungsvorschriften aufgrund fehlender Detailliertheit gewisser Bestimmungen gemäß Art. 4 Abs. 3 EUV und Art. 291 Abs. 1 AEUV verpflichtet, solche Durchführungsvorschriften zu setzen, die zur Gewährleistung der praktischen Wirksamkeit (effet utile) des Unionsrechts am besten geeignet sind.[12]

Häufig ist zur Gewährleistung der Ziele der Verordnung die Verabschiedung nationalstaatlicher Rechtsvorschriften geboten, (i) in denen die zur Vollziehung der Verordnung zuständige Behörde und das anzuwendende Verfahren oder (ii) die bei Übertretung von Verordnungsbestimmungen zu verhängenden Sanktionen normiert werden. Obliegt der Vollzug einer Verordnung den nationalen Behörden, so folgt dieser grundsätzlich den Form- und Verfahrensvorschriften des nationalen Rechts. Um der einheitlichen Anwendung des Unionsrechts willen ist jedoch der Rückgriff auf innerstaatliche Rechtsvorschriften nur in dem zum Vollzug notwendigen Umfang zulässig.[13] In Hinblick auf Sanktionen sind nach ständiger Rechtsprechung die Mitgliedstaaten gemäß Art. 4 Abs. 3 EUV (Art. 10 EGV) verpflichtet, alle geeigneten Maßnahmen zu treffen, um die Geltung und die Wirksamkeit des Unionsrechts zu gewährleisten, wenn eine unionsrechtliche Regelung keine besondere Sanktion für den Fall eines Verstoßes gegen Vorschriften einer Verordnung enthält oder diese auf die nationalen Rechts- und Verwaltungsvorschriften verweist.[14]

Art. 31 beinhaltet zunächst unmittelbar anwendbare Bestimmungen zur örtlichen und sachlichen Zuständigkeit der benannten zuständigen Behörde, zu den Kriterien einer Delegierung ihrer Aufgaben im Zusammenhang mit der elektronischen Veröffentlichung der gebilligten Prospekte und der zugehörigen Dokumente an Dritte und zu den Notifikationspflichten an die Kommission, die ESMA und die zuständigen Behörden der anderen Mitgliedstaaten. Weiters normiert Art. 31 entsprechende Ermächtigungen bzw. Verpflich-

---

11 EuGH, 27.9.1979 – C-230/78, ECLI:EU:C:1979:216, Rn. 34 – Eridania; EuGH, 11.11.1992 – C-251/91, ECLI:EU:C:1992:430, Rn. 13 – Teulie/Cave coopérative „les vignerons de Puissalicon".
12 EuGH, 8.4.1976 – C-48/75, ECLI:EU:C:1976:57, Rn. 69/73 f. – Royer; EuGH, 12.9.1996 –C-58/95, C-75/95, C-112/95, C-119/95, C-123/95, C-135/95, C-140/95, C-141/95, C-154/95 und C-157/95, ECLI:EU:C:1996:323, Rn. 14 – Gallotti u.a.; EuGH, 4.7.2006 – C-212/04, ECLI:EU:C:2006:443, Rn. 93 – Andeler u.a.; EuGH, 26.4.2007 – C-348/04, ECLI:EU:C:2007:249, Rn. 58 – Boehringer Ingelheim u.a.; EuGH, 19.12.2013 – C-209/12, ECLI:EU:C:2013:864, Rn. 23 – Endress.
13 EuGH, 11.2.1971 – C-39/70, ECLI:EU:C:1971:16, Rn. 4 – Norddeutsches Vieh- und Fleischkontor.
14 EuGH, 21.9.1989 – C-68/88, ECLI:EU:C:1989:339, Rn. 23 – Kommission/Griechenland; EuGH, 10.6.1990 – C-326/88, ECLI:EU:C:1990:291, Rn. 17 – Hansen; EuGH, 8.6.1994 – C-382/92, ECLI:EU:C:1994:223, Rn. 55 – Kommission/Vereinigtes Königreich; EuGH, 8.6.1994 – C-383/92, ECLI:EU:C:1994:234, Rn. 40 – Kommission/Vereinigtes Königreich; EuGH, 26.10.1995 – C-36/94, ECLI:EU:C:1995:351, Rn. 20 – Siesse/Director de Alfândega de Alcântara; EuGH, 26.9.1996 – C-341/94, ECLI:EU:C:1996:356, Rn. 24 – Allain; EuGH, 27.2.1997 – C-177/95, ECLI:EU:C:1997:89, Rn. 35 – Ebony Maritime und Loten Navigation; EuGH, 7.12.2000 – C-213/99, ECLI:EU:C:2000:678, Rn. 19 – de Andrade; EuGH, 30.9.2003 – C-167/01, ECLI:EU:C:2003:512, Rn. 62 – Inspire Art.

Art. 31 ProspektVO   Zuständige Behörden

tungen an die Mitgliedstaaten bzgl. der Benennung der zuständigen Behörde, der möglichen Normierung der Delegierung an Dritte sowie des Erlasses gesonderter Rechts- und Verwaltungsvorschriften für überseeische europäische Gebiete. Darüber hinaus kann aus Art. 31, dem Loyalitätsgebot und dem Grundsatz der institutionellen Autonomie der Mitgliedstaaten abgeleitet werden, dass etwaige ergänzende Bestimmungen zur Zuständigkeit, zu Organisationsvorschriften sowie für einzuhaltende Verwaltungsverfahren nach nationalem Recht zu erlassen wären, um die praktische Wirksamkeit der Bestimmung zu gewährleisten.

III. Benennung der zuständigen Behörde

7   Art. 31 Abs. 1 Satz 1 verpflichtet die EWR-Mitgliedstaaten, eine zuständige Verwaltungsbehörde zu benennen. Hierbei verlangt die Bestimmung ausdrücklich die Benennung **einer einzigen Verwaltungsbehörde**, die für die Erfüllung der aus dieser Verordnung erwachsenden Pflichten und für die Anwendung der Bestimmungen der ProspektVO zuständig sein soll. Gemäß Erwägungsgrund 71 könnte nämlich eine Vielzahl zuständiger Behörden mit unterschiedlichen Kompetenzen in den Mitgliedstaaten unnötige Kosten verursachen und zu einer Überschneidung von Zuständigkeiten führen, ohne dass dadurch zusätzlicher Nutzen entsteht. Auch wird durch die Benennung einer einzigen zuständigen Behörde die Kooperation zwischen den einzelnen zuständigen Behörden und der ESMA erleichtert, da diesen ein einziger Ansprechpartner zur Verfügung steht.

8   Art. 31 Abs. 1 Satz 3 normiert, dass die zuständige Behörde von den Marktteilnehmern **unabhängig** sein muss, sodass Interessenskonflikte vermieden werden. Darüber, wie diese Unabhängigkeit genau auszugestalten ist, schweigt die Verordnung. Die Mitgliedstaaten werden die Unabhängigkeit der von ihnen benannten zuständigen Behörde jedoch derart sicherstellen müssen, dass diese den Regelungszweck und die Ziele der ProspektVO nicht vereitelt. Insbesondere soll durch die Regelung der Unabhängigkeit von Marktteilnehmern verhindert werden, dass eine zuständige Behörde benannt wird, die selbst mit Tätigkeiten in den Anwendungsbereich der ProspektVO fällt. Eine allfällige Zusammenarbeit mit den Marktteilnehmern ist jedoch gemäß Erwägungsgrund 71 sogar ausdrücklich erwünscht: Die Benennung einer zuständigen Behörde für die Billigung der Prospekte sollte die Zusammenarbeit zwischen dieser zuständigen Behörde und Dritten, wie etwa Regulierungsbehörden für den Bank- und Versicherungssektor oder Börsenzulassungsbehörden, nicht ausschließen, um die Effizienz der Prüfung und Billigung von Prospekten im Interesse der Emittenten, der Anleger, der Marktteilnehmer und der Märkte gleichermaßen zu gewährleisten. Weiters ergibt sich aus der Pflicht zur Gewährleistung der Ziele und Zwecke der Verordnung, dass die Mitgliedstaaten die zuständige Behörde auch mit ausreichenden finanziellen und personellen Ressourcen zur Anwendung der Bestimmungen der ProspektVO ausstatten.

9   In Hinblick auf das Verfahren, das die zuständige Behörde bei der Erfüllung ihrer Pflichten aus ProspektVO und bei der Anwendung von deren Bestimmungen anzuwenden hat, so gilt nach ständiger Rechtsprechung des EuGH, dass die Einzelheiten des Verfahrens nach dem **Grundsatz der Verfahrensautonomie** Sache der innerstaatlichen Rechtsordnung eines jeden Mitgliedstaates sind. Jedoch dürften diese nicht ungünstiger sein als diejenigen, die gleichartige Sachverhalte innerstaatlicher Art regeln (Äquivalenzprinzip),

und die Ausübung der von der Gemeinschaftsrechtsordnung verliehenen Rechte nicht praktisch unmöglich machen oder übermäßig erschweren (Effektivitätsprinzip).[15]

Die Mitgliedstaaten haben gemäß Art. 31 Abs. 1 Satz 2 die **Kommission**, die **ESMA** und die zuständigen Behörden der anderen Mitgliedstaaten darüber **in Kenntnis zu setzen**, welche Verwaltungsbehörde von ihnen als zuständige Behörde i. S. d. ProspektVO benannt wurde. Zu diesem Zweck wurden von der Bundesrepublik Deutschland die Bundesanstalt für Finanzdienstleistungsaufsicht, von der Republik Österreich die Österreichische Finanzmarktaufsicht und von dem Fürstentum Liechtenstein die Finanzmarktaufsicht Liechtenstein notifiziert.[16] 10

III. Zuständigkeit der Behörde

1. Sachliche Zuständigkeit

Gemäß Art. 31 Abs. 1 Satz 1 ist die von den Mitgliedstaaten benannte zuständige Behörde für die Anwendung der Bestimmungen dieser Verordnung alleinzuständig. Ihre sachliche Zuständigkeit ergibt sich in einer Zusammenschau mit Art. 1: Art. 1 Abs. 1 ProspektVO legt als sachlichen Anwendungsbereich die Erstellung, Billigung und Verbreitung des Prospekts fest, der beim öffentlichen Angebot von Wertpapieren oder bei der Zulassung von Wertpapieren zum Handel an einem geregelten Markt, der sich in einem Mitgliedstaat befindet oder dort betrieben wird, zu veröffentlichen ist. In Art. 1 Abs. 2 und 3 werden wiederum Arten von Wertpapieren bzw. öffentliche Angebote von Wertpapieren unter einem Schwellenwert vom sachlichen Anwendungsbereich der ProspektVO ausgenommen. Es sei auf die Kommentierung zu Art. 1 verwiesen. 11

2. Örtliche Zuständigkeit

Die zuständige Behörde ist für die Anwendung der Bestimmungen der ProspektVO in ihrem Hoheitsgebiet zuständig. Zur Differenzierung zwischen dem Herkunftsmitgliedstaat und dem Aufnahmemitgliedstaat und den sich hierdurch ergebenden Zuständigkeiten sei auf die Kommentierung zu Art. 2 lit. m und lit. n verwiesen. 12

IV. Delegierung von Aufgaben

Die Mitgliedstaaten sind gemäß Art. 31 Abs. 2 ermächtigt, ihrer zuständigen Behörde in einer Durchführungsvorschrift zur ProspektVO zu gestatten, Aufgaben im Zusammenhang mit der elektronischen Veröffentlichung der gebilligten Prospekte und der zugehörigen Dokumente an Dritte zu delegieren.[17] Eine Übertragung sonstiger Aufgaben an Dritte 13

---

15 EuGH, 14.12.1995 – C-312/93, ECLI:EU:C:1995:437, Rn. 12 – Peterbroeck, Van Campenhout & Cie/Belgischer Staat; EuGH, 16.5.2000 – C-78/98, ECLI:EU:C:2000:247, Rn. 31 – Preston u. a.; EuGH, 7.1.2004 – C-201/02, ECLI:EU:C:2004:12, Rn 67 – Wells.
16 Die Aufstellung aller zuständigen Behörden findet sich unter: https://www.esma.europa.eu/sites/default/files/prospectus.pdf (zuletzt abgerufen am 17.1.2023).
17 Siehe hierzu auch *Gurlit*, in: Assmann/Schlitt/von Kopp-Colomb, Prospektrecht Kommentar, Art. 31 ProspektVO Rn. 4 ff.

ist unzulässig (Erwägungsgrund 71). Gemäß Art. 31 Abs. 2 Satz 3 bleibt die zuständige Behörde trotz zulässiger Delegierung von Aufgaben bzgl. der Veröffentlichung gebilligter Prospekte für die Überwachung der Einhaltung der Bestimmungen der ProspektVO und für die Billigung der Prospekte verantwortlich.

14 Macht ein Mitgliedstaat von diesem Wahlrecht Gebrauch, so hat er in der entsprechenden Durchführungsvorschrift festzulegen, dass eine solche Delegierung von Aufgaben durch die zuständige Behörde nur mittels eines eigenen Beschlusses erfolgt, welcher folgende drei Kriterien erfüllt: Erstens muss dieser Beschluss die zu übertragenden Aufgaben sowie die Bedingungen, unter denen diese auszuführen sind, festlegen. Zweitens muss er eine Klausel enthalten, die den jeweiligen Dritten dazu verpflichtet, aufgrund seines Handelns und durch seine Organisationsstruktur zu gewährleisten, dass Interessenkonflikte vermieden werden und Informationen, die er bei Ausführung der delegierten Aufgaben erhält, nicht missbräuchlich oder wettbewerbswidrig verwendet werden. Drittens sind alle Vereinbarungen zwischen der zuständigen Behörde und Dritten, denen Aufgaben übertragen werden, zu nennen.

15 Wird ein entsprechender Beschluss von einer zuständigen Behörde gefasst, so hat der Mitgliedstaat dies der Kommission, der ESMA und den zuständigen Behörden der anderen Mitgliedstaaten einschließlich der genauen Bedingungen der Delegierung mitzuteilen.

V. Gesonderte Rechts- und Verwaltungsvorschriften für überseeische europäische Gebiete

16 Gemäß Art. 31 Abs. 3 wird klargestellt, dass Abs. 1 und Abs. 2 nicht die Möglichkeit der Mitgliedstaaten einschränkt, für überseeische europäische Gebiete, deren Außenbeziehungen sie wahrnehmen, gesonderte Rechts- und Verwaltungsvorschriften zu erlassen.[18]

VI. Durchführungsvorschrift

17 Die nationale Durchführungsvorschrift zu Art. 31 Abs. 1 in der Bundesrepublik Deutschland ist § 17 WpPG.[19]

18 Die nationale Durchführungsvorschrift zu Art. 31 Abs. 1 in der Republik Österreich ist § 13 Kapitalmarktgesetz (KMG). Der österreichische Gesetzgeber hat in § 13 Abs. 3 auch von dem Wahlrecht in Art. 31 Abs. 2 Gebrauch gemacht, die FMA zu ermächtigen, Aufgaben im Zusammenhang mit der elektronischen Veröffentlichung der gebilligten Prospekte und der zugehörigen Dokumente mittels eines eigenen Beschlusses an die Meldestelle, die Österreichische Kontrollbank Aktiengesellschaft, zu übertragen.[20]

---

18 Zum Begriff „überseeische europäische Gebiete", die es in Deutschland und Österreich nicht gibt, siehe *Schmalenbach*, in: Calliess/Ruffert, EUV/AEUV, Art. 355 AEUV Rn. 9 f.; *Stöger*, in: Mayer/Stöger, EUV/AEUV, Art. 355 AEUV Rn. 12 ff.
19 Begründung zu § 17 WpPG, BT-Drucks. 19/8005, S. 49.
20 *Tuder/Ferk*, in: Toman/Frössel, KMG, § 13 Rn. 22 ff.; *Zivny/Mock*, EU-ProspektVO/KMG 2019, § 13 Rn. 8 ff.

Art. 32 ProspektVO
Befugnisse der zuständigen Behörden

(1) Zur Wahrnehmung ihrer Aufgaben gemäß dieser Verordnung müssen die zuständigen Behörden im Einklang mit dem nationalem Recht zumindest über die erforderlichen Aufsichts- und Ermittlungsbefugnisse verfügen, um

a) von Emittenten, Anbietern oder die Zulassung zum Handel an einem geregelten Markt beantragenden Personen die Aufnahme zusätzlicher Angaben in den Prospekt zu verlangen, wenn der Anlegerschutz dies gebietet;

b) von Emittenten, Anbietern oder die Zulassung zum Handel an einem geregelten Markt beantragenden Personen sowie von Personen, die diese kontrollieren oder von diesen kontrolliert werden, die Vorlage von Informationen und Unterlagen zu verlangen;

c) von den Abschlussprüfern und Führungskräften des Emittenten, des Anbieters oder der die Zulassung zum Handel an einem geregelten Markt beantragenden Person sowie von den Finanzintermediären, die mit der Platzierung des öffentlichen Angebots von Wertpapieren oder der Beantragung der Zulassung zum Handel an einem geregelten Markt beauftragt sind, die Vorlage von Informationen zu verlangen;

d) ein öffentliches Angebot von Wertpapieren oder eine Zulassung zum Handel auf einem geregelten Markt für jeweils höchstens zehn aufeinander folgende Arbeitstage auszusetzen, wenn ein hinreichend begründeter Verdacht besteht, dass gegen diese Verordnung verstoßen wurde;

e) die Werbung für jeweils höchstens zehn aufeinander folgende Arbeitstage zu untersagen oder auszusetzen oder zu verlangen, dass Emittenten, Anbieter oder die die Zulassung zum Handel an einem geregelten Markt beantragenden Personen oder die einschlägigen Finanzintermediäre die Werbung unterlassen oder für jeweils höchstens zehn aufeinander folgende Arbeitstage aussetzen, wenn ein hinreichend begründeter Verdacht besteht, dass gegen diese Verordnung verstoßen wurde;

f) ein öffentliches Angebot von Wertpapieren oder eine Zulassung zum Handel an einem geregelten Markt zu untersagen, wenn sie feststellen, dass gegen diese Verordnung verstoßen wurde, oder ein hinreichend begründeter Verdacht besteht, dass gegen sie verstoßen würde;

g) den Handel an einem geregelten Markt, an einem MTF oder einem OTF für jeweils höchstens zehn aufeinander folgende Arbeitstage auszusetzen oder von den betreffenden geregelten Märkten, MTF oder OTF die Aussetzung des Handels an einem geregelten Markt oder an einem MTF für jeweils höchstens zehn aufeinander folgende Arbeitstage zu verlangen, wenn ein hinreichend begründeter Verdacht besteht, dass gegen diese Verordnung verstoßen wurde;

h) den Handel an einem geregelten Markt, an einem MTF oder einem OTF zu untersagen, wenn sie feststellen, dass gegen diese Verordnung verstoßen wurde;

i) den Umstand bekannt zu machen, dass ein Emittent, ein Anbieter oder eine die Zulassung zum Handel an einem geregelten Markt beantragende Person seinen/ihren Verpflichtungen nicht nachkommt;

j) die Prüfung eines zur Billigung vorgelegten Prospekts auszusetzen oder ein öffentliches Angebot von Wertpapieren oder eine Zulassung zum Handel an einem geregelten Markt auszusetzen oder einzuschränken, wenn die zuständige Behörde ihre Befugnis zur Verhängung von Verboten oder Beschränkungen nach Artikel 42 der Verordnung (EU) Nr. 600/2014 des Europäischen Parlaments und des Rates (26) wahrnimmt, solange dieses Verbot oder diese Beschränkungen gelten;

k) die Billigung eines von einem bestimmten Emittenten, Anbieter oder einer die Zulassung zum Handel an einem geregelten Markt beantragenden Person erstellten Prospekts während höchstens fünf Jahren zu verweigern, wenn dieser Emittent, Anbieter oder diese die Zulassung zum Handel an einem geregelten Markt beantragende Person wiederholt und schwerwiegend gegen diese Verordnung verstoßen haben;

l) zur Gewährleistung des Anlegerschutzes oder des reibungslosen Funktionierens des Marktes alle wesentlichen Informationen, die die Bewertung der öffentlich angebotenen oder zum Handel an einem geregelten Markt zugelassenen Wertpapiere beeinflussen können, bekannt zu machen oder vom Emittenten die Bekanntgabe dieser Informationen zu verlangen;

m) den Handel der Wertpapiere auszusetzen oder von dem betreffenden geregelten Markt, MTF oder OTF die Aussetzung des Handels zu verlangen, wenn sie der Auffassung sind, dass der Handel angesichts der Lage des Emittenten den Anlegerinteressen abträglich wäre;

n) Überprüfungen oder Ermittlungen vor Ort an anderen Standorten als den privaten Wohnräumen natürlicher Personen durchzuführen und zu jenem Zweck Zugang zu Räumlichkeiten zu erhalten, um Unterlagen und Daten gleich welcher Form einzusehen, wenn der begründete Verdacht besteht, dass in Zusammenhang mit dem Gegenstand einer Überprüfung oder Ermittlung Dokumente und andere Daten vorhanden sind, die als Nachweis für einen Verstoß gegen diese Verordnung dienen können.

Sofern das nationale Recht dies erfordert, kann die zuständige Behörde die zuständige Justizbehörde ersuchen, über die Ausübung der in Unterabsatz 1 genannten Befugnisse zu entscheiden.

Wenn nach Unterabsatz 1 Buchstabe k die Billigung eines Prospekts verweigert wurde, teilt die zuständige Behörde dies der ESMA mit, die daraufhin die zuständigen Behörden anderer Mitgliedstaaten informiert.

Nach Artikel 21 der Verordnung (EU) Nr. 1095/2010 ist die ESMA berechtigt, sich an Überprüfungen vor Ort gemäß Unterabsatz 1 Buchstabe n zu beteiligen, wenn jene Überprüfungen gemeinsam von mindestens zwei zuständigen Behörden durchgeführt werden.

(2) Die zuständigen Behörden nehmen ihre in Absatz 1 genannten Aufgaben und Befugnisse auf eine der folgenden Arten wahr:

a) unmittelbar;

b) in Zusammenarbeit mit anderen Behörden;

c) unter eigener Zuständigkeit, durch Übertragung von Aufgaben an solche Behörden;

d) durch Antrag bei den zuständigen Justizbehörden.

(3) Die Mitgliedstaaten stellen durch geeignete Maßnahmen sicher, dass die zuständigen Behörden mit allen zur Wahrnehmung ihrer Aufgaben erforderlichen Aufsichts- und Ermittlungsbefugnissen ausgestattet sind.

(4) Diese Verordnung lässt Gesetze und Rechtsvorschriften zu Übernahmeangeboten, Zusammenschlüssen und anderen Transaktionen, die die Eigentumsverhältnisse oder die Kontrolle von Unternehmen betreffen, mit denen die Richtlinie 2004/25/EG umgesetzt wird und die zusätzlich zu den Anforderungen dieser Verordnung weitere Anforderungen festlegen, unberührt.

(5) Wenn eine Person der zuständigen Behörde im Einklang mit dieser Verordnung Informationen meldet, gilt das nicht als Verstoß gegen eine etwaige vertraglich oder durch Rechts- oder Verwaltungsvorschriften geregelte Einschränkung der Offenlegung von Informationen und hat keine diesbezügliche Haftung zur Folge.

(6) Die Absätze 1 bis 3 berühren nicht die Möglichkeit der Mitgliedstaaten, für überseeische europäische Gebiete, deren Außenbeziehungen sie wahrnehmen, gesonderte Rechts- und Verwaltungsvorschriften zu erlassen.

Übersicht

	Rn.
I. Regelungsgegenstand des Art. 32	1
II. Hinkende Verordnungsbestimmung und Grundrechtecharta	2
III. Befugnisse der zuständigen Behörde	4
1. Mindestkatalog an Befugnissen der zuständigen Behörde.	4
a) Allgemeine Bemerkungen	4
b) Aufnahme zusätzlicher Angaben in den Prospekt (Art. 32 Abs. 1 UAbs. 1 lit. a)	5
c) Vorlage von Informationen und Unterlagen (Art. 32 Abs. 1 UAbs. 1 lit. b)	6
d) Vorlage von Informationen durch sonstige Personen (Art. 32 Abs. 1 UAbs. 1 lit. c)	7
e) Vorübergehende Aussetzung eines öffentlichen Angebots oder einer Zulassung zum Handel auf einem geregelten Markt (Art. 32 Abs. 1 UAbs. 1 lit. d)	8
f) Vorübergehende Aussetzung oder Unterlassung der Werbung (Art. 32 Abs. 1 UAbs. 1 lit. e)	9
g) Untersagung eines öffentlichen Angebots oder einer Zulassung zum Handel an einem geregelten Markt (Art. 32 Abs. 1 UAbs. 1 lit. f)	10
h) Vorübergehende Aussetzung des Handels (Art. 32 Abs. 1 UAbs. 1 lit. g)	11
i) Untersagung des Handels (Art. 32 Abs. 1 UAbs. 1 lit. h)	12
j) Bekanntmachung von Pflichtverletzungen (Art. 32 Abs. 1 UAbs. 1 lit. i)	13
k) Aussetzung der Billigungsprüfung eines Prospekts und Aussetzung oder Einschränkung des öffentlichen Angebots oder der Zulassung zum Handel i. Z. m. einer Produktinterventionsmaßnahme (Art. 32 Abs. 1 UAbs. 1 lit. j)	14

Art. 32 ProspektVO Befugnisse der zuständigen Behörden

l) Verweigerung der Prospektbilligung (Art. 32 Abs. 1 UAbs. 1 lit. k) 15
m) Bekanntmachung wesentlicher Informationen (Art. 32 Abs. 1 UAbs. 1 lit. l) 16
n) Aussetzung des Handels aufgrund kritischer Lage des Emittenten (Art. 32 Abs. 1 UAbs. 1 lit. m) 17
o) Vor-Ort-Prüfungen und Hausdurchsuchungen (Art. 32 Abs. 1 UAbs. 1 lit. n) 18

2. Generalklausel des Abs. 3 22
3. Art und Weise der Wahrnehmung der Befugnisse 23
4. Übernahmerechtliche Bestimmungen . 26
IV. Schutz von Informanten 27
V. Gesonderte Rechts- und Verwaltungsvorschriften für überseeische europäische Gebiete 28

I. Regelungsgegenstand des Art. 32

1 Art. 32 legt den harmonisierten Katalog an Befugnissen fest, mit denen die zuständigen Behörden zur Wahrnehmung ihrer Aufgaben gemäß ProspektVO mindestens ausgestattet werden müssen. Denn gemäß Erwägungsgrund 72 wird eine wirkungsvolle Aufsicht durch wirksame Instrumente und Befugnisse sowie Ressourcen für die zuständigen Behörden der Mitgliedstaaten sichergestellt. Zu diesem Zweck sieht die ProspektVO ein Minimum an Aufsichts- und Untersuchungsbefugnissen vor, die den zuständigen Behörden der Mitgliedstaaten im Einklang mit nationalem Recht übertragen werden sollen. Der entsprechende Katalog von notwendigen Mindestbefugnissen der zuständigen Behörden entspricht hierbei im Wesentlichen dem bereits in Art. 23 Abs. 3 und Abs. 4 EU-ProspektRL[1] dargelegten Mindestkatalog (→ Rn. 5 ff.). Darüber hinaus wurde im Vergleich zu den Bestimmungen der EU-ProspektRL die Art und Weise der Wahrnehmung der entsprechenden Befugnisse in Art. 32 Abs. 2 (→ Rn. 24), ein Hinweis auf weiterhin parallel zu beachtende Normen in Art. 32 Abs. 4 (→ Rn. 26), eine Bestimmung zum Schutz von Informanten in Art. 32 Abs. 5 (→ Rn. 27) sowie eine Ermächtigung zum Erlass von Sonderbestimmungen für überseeische europäische Gebiete, deren Außenbeziehungen durch einen Mitgliedstaat wahrgenommen werden, in Art. 32 Abs. 6 (→ Rn. 28) aufgenommen.

II. Hinkende Verordnungsbestimmung und Grundrechtecharta

2 Bei Art. 32 handelt es sich wie bei Art. 31 um den Teil einer Verordnung im Sinne des Art. 288 AEUV. Bei genauer Betrachtung der einzelnen Bestimmungen ist jedoch nur Abs. 5 bzgl. des Schutzes von Informanten sowie Abs. 1 Satz 4 bzgl. der Teilnahme von ESMA bei Vor-Ort-Prüfungen von zwei zuständigen Behörden ausreichend bestimmt, um unmittelbar anwendbares Recht zu begründen. Abs. 1 (mit Ausnahme von Satz 4) ist hingegen eine **hinkende Verordnungsbestimmung**, da hierdurch die Mitgliedstaaten verpflichtet werden, ihre zuständige Behörde mit den entsprechenden Befugnissen auszustatten, ihnen hierbei jedoch sowohl in Hinblick auf die konkrete Ausgestaltung der Art und Weise der Ausübung dieser Befugnisse ein Spielraum als auch die Möglichkeit der Einräumung weiterer Befugnisse belassen wird. Hierbei haben die Mitgliedstaaten sowohl

---

1 Richtlinie 2003/71/EG des Europäischen Parlaments und des Rates vom 4.11.2003 betreffend den Prospekt, der beim öffentlichen Angebot von Wertpapieren oder bei deren Zulassung zum Handel zu veröffentlichen ist, und zur Änderung der Richtlinie 2001/34/EG.

die Anforderungen der Abs. 2 und 3 als auch die Gewährleistung der Ziele der Prospekt-VO zu beachten. Eine reine Ermächtigung findet sich schließlich in Abs. 5, der im Falle von überseeischen europäischen Gebieten, deren Außenbeziehungen wahrgenommen werden, die Mitgliedstaaten zum Erlass gesonderter Rechts- und Verwaltungsbestimmungen ermächtigt. Zu den europarechtlichen rechtsdogmatischen Überlegungen bei hinkenden Verordnungsbestimmungen sei auf die Kommentierung zu → Art. 31 Rn. 3 ff. verwiesen.

Bei den in Art. 32 Abs. 1 UAbs. 1 normierten Aufsichts- und Ermittlungsbefugnissen handelt es sich um staatliche Eingriffe in grundrechtlich geschützte subjektive Rechte Einzelner. Gemäß Art. 51 der **Charta der Grundrechte der Europäischen Union** (GRCh) gilt diese nicht nur für die Organe, Einrichtungen und sonstigen Stellen der Union unter Wahrung des Subsidiaritätsprinzips, sondern auch für die Mitgliedstaaten bei der Durchführung des Rechts der Union. Fällt eine nationale Rechtsvorschrift in den Geltungsbereich des Unionsrechts – wie eine Durchführungsvorschrift zur ProspektVO –, so sind keine Fallgestaltungen denkbar, die vom Unionsrecht erfasst würden, ohne dass diese Grundrechte anwendbar wären.[2] Bei einer Umsetzung von nicht unmittelbar anwendbaren Bestimmungen muss das in der Charta vorgesehene grundrechtliche Schutzniveau unabhängig von dem Umsetzungsspielraum der Mitgliedstaaten erreicht werden. In Hinblick auf den Erlass von Durchführungsvorschriften zu Art. 32 haben die Mitgliedstaaten sohin das grundrechtliche Schutzniveau der Charta zu beachten. Führt jedoch in einer Situation, in der das Handeln eines Mitgliedstaats nicht vollständig durch das Unionsrecht bestimmt wird, eine nationale Vorschrift oder Maßnahme das Unionsrecht im Sinne von Art. 51 Abs. 1 der Charta durch, steht es den nationalen Aufsichtsbehörden weiterhin frei, nationale Schutzstandards für die Grundrechte anzuwenden, sofern durch diese Anwendung weder das Schutzniveau der Charta, wie sie vom Gerichtshof ausgelegt wird, noch der Vorrang, die Einheit und die Wirksamkeit des Unionsrechts beeinträchtigt werden.[3]

III. Befugnisse der zuständigen Behörde

1. Mindestkatalog an Befugnissen der zuständigen Behörde

a) Allgemeine Bemerkungen

Damit die zuständigen Behörden ihre Aufgaben gemäß der ProspektVO wahrnehmen können, müssen sie gemäß Art. 32 Abs. 1 UAbs. 1 Satz 1 über nach ihrem nationalen Recht bestimmte, näher ausgeführte Aufsichts- und Ermittlungsbefugnisse verfügen. Durch diese Vorschrift soll ein harmonisiertes Mindestausmaß an Befugnissen der zuständigen Behörden aller Mitgliedstaaten sichergestellt werden, wobei die konkrete Ausgestaltung den Mitgliedstaaten überlassen wird. Die Ermittlungsbefugnisse i. S. d. ProspektVO sind jedoch nicht als solche im strafrechtlichen Sinne zu verstehen, sondern dienen

---

2 EuGH, 7.5.2013 – C-617/10, ECLI:EU:C:2013:280, Rn. 21 – Åkerberg Fransson.
3 EuGH, 26.2.2013 – C-399/11, ECLI:EU:C:2013:107, Rn. 60 – Melloni; EuGH, 7.5.2013 – C-617/10, ECLI:EU:C:2013:280, Rn. 29 – Åkerberg Fransson; EuGH, 29.7.2019 – C-476/17, ECLI:EU:C:2019:624, Rn. 80 – Pelham u.a.; EuGH, 24.9.2019 – C-507/17, ECLI:EU:C:2019:772, Rn. 72 – Google (Räumliche Reichweite der Auflistung); EuGH, 29.7.2019 – C-516/17, ECLI:EU:C:2019:625, Rn. 20 – Spiegel Online.

Art. 32 ProspektVO Befugnisse der zuständigen Behörden

vielmehr der Sachverhaltsaufklärung durch die Behörde.[4] Diese Befugnisse wurden vom deutschen Gesetzgeber in § 18 WpPG sowie § 6 Abs. 2a bis 2d WpHG betreffend die Befugnisse der Bundesanstalt für Finanzdienstleistungsaufsicht konkret ausgestaltet.[5] In Österreich wurden die Befugnisse der Finanzmarktaufsicht in § 14 Kapitalmarktgesetz geregelt.[6] Die Mindestbefugnisse der zuständigen Behörden werden im Folgenden gemäß ihrer Nummerierung in Art. 32 Abs. 1 UAbs. 1 Satz 1 besprochen.

b) Aufnahme zusätzlicher Angaben in den Prospekt (Art. 32 Abs. 1 UAbs. 1 lit. a)

5 Die zuständigen Behörden müssen die Befugnis haben, von Emittenten, Anbietern oder die Zulassung zum Handel an einem geregelten Markt beantragenden Personen die Aufnahme zusätzlicher Angaben in den Prospekt zu verlangen, wenn der Anlegerschutz dies gebietet. Hierdurch soll der zuständigen Behörde die Befugnis gegeben werden, in Fällen der Verabsäumung der Übermittlung aller notwendigen Angaben diese zusätzlichen Angaben im Sinne des Anlegerschutzes zu verlangen und somit einen rechtskonformen Prospekt mit den Anforderungen der ProspektVO herzustellen. Wurde ein Prospekt gemäß ProspektVO bereits gebildet, so sieht diese zur Gewährleistung des Anlegerschutzes das Nachtragverfahren nach Art. 23 vor. Diese Bestimmung entspricht Art. 21 Abs. 3 lit. a EU-ProspektRL (RL 2003/71/EG). Die Umsetzung dieser Befugnis für die Bundesanstalt für Finanzdienstleistungsaufsicht erfolgte durch § 18 Abs. 1 WpPG (→ § 18 WpPG Rn. 7ff.).[7] In Österreich findet sich die entsprechende Umsetzung dieser Befugnis in § 14 Abs. 1 Nr. 1 Kapitalmarktgesetz.[8]

c) Vorlage von Informationen und Unterlagen (Art. 32 Abs. 1 UAbs. 1 lit. b)

6 Zu den Mindestbefugnissen der zuständigen Behörde gehört auch, von Emittenten, Anbietern oder die Zulassung zum Handel an einem geregelten Markt beantragenden Personen sowie von Personen, die diese kontrollieren oder von diesen kontrolliert werden, die Vorlage von Informationen und Unterlagen zu verlangen. Hierdurch wird die zuständige Behörde in die Lage versetzt, effektiv Sachverhalte aufzuklären. Diese Bestimmung entspricht wortgleich Art. 21 Abs. 3 lit. b EU-ProspektRL (RL 2003/71/EG). Die Umsetzung dieser Befugnis für die Bundesanstalt für Finanzdienstleistungsaufsicht erfolgte durch § 18 Abs. 2 WpPG, der als Adressaten des entsprechenden Auskunftsverlangens auf jedermann abzielt (→ § 18 WpPG Rn. 28 ff.).[9] In Österreich findet sich die entsprechende Umsetzung dieser Befugnis in § 14 Abs. 1 Nr. 2 Kapitalmarktgesetz.[10]

---

4 *Döhmel*, in: Assmann/Uwe H. Schneider/Mülbert, Wertpapierhandelsrecht, 7. Aufl. 2019, Art. 23 VO 596/2014 Rn. 11.
5 Vgl. auch *Gurlit*, in: Assmann/Schlitt/von Kopp-Colomb, Prospektrecht Kommentar, Art. 31 Rn. 2 ff.
6 Siehe hierzu *Tuder/Ferk*, in: Toman/Frössel, KMG, § 14; *Zivny/Mock*, EU-ProspektVO/KMG 2019, § 14.
7 Begründung zu § 18 WpPG, BT-Drucks. 19/8005, S. 49.
8 Siehe hierzu *Tuder/Ferk*, in: Toman/Frössel, KMG, § 14 Rn. 19 ff.; *Zivny/Mock*, EU-ProspektVO/KMG 2019, § 14 Rn. 6 ff.
9 Begründung zu § 18 WpPG, BT-Drucks. 19/8005, S. 49.
10 Siehe hierzu *Tuder/Ferk*, in: Toman/Frössel, KMG, § 14 Rn. 22 ff.; *Zivny/Mock*, EU-ProspektVO/KMG 2019, § 14 Rn. 9 ff.

d) Vorlage von Informationen durch sonstige Personen (Art. 32 Abs. 1 UAbs. 1 lit. c)

Die zuständige Behörde ist außerdem mit der Befugnis auszustatten, von den Abschlussprüfern und Führungskräften des Emittenten, des Anbieters oder der Person, welche die Zulassung zum Handel an einem geregelten Markt beantragt, sowie von den Finanzintermediären, die mit der Platzierung des öffentlichen Angebots von Wertpapieren oder der Beantragung der Zulassung zum Handel an einem geregelten Markt beauftragt sind, die Vorlage von Informationen zu verlangen. Diese Bestimmung entspricht Art. 21 Abs. 3 lit. c EU-ProspektRL (RL 2003/71/EG). Die Umsetzung dieser Befugnis für die Bundesanstalt für Finanzdienstleistungsaufsicht erfolgte wie hinsichtlich Art. 32 Abs. 1 UAbs. 1 lit. b durch § 18 Abs. 2 WpPG (→ § 18 WpPG Rn. 28 ff.).[11] In Österreich findet sich die entsprechende Umsetzung dieser Befugnis in § 14 Abs. 1 Nr. 3 Kapitalmarktgesetz.[12]

7

e) Vorübergehende Aussetzung eines öffentlichen Angebots oder einer Zulassung zum Handel auf einem geregelten Markt (Art. 32 Abs. 1 UAbs. 1 lit. d)

Der zuständigen Behörde ist im nationalen Recht die Befugnis einzuräumen, ein öffentliches Angebot von Wertpapieren oder eine Zulassung zum Handel auf einem geregelten Markt für jeweils höchstens zehn aufeinander folgende Arbeitstage auszusetzen, wenn ein hinreichend begründeter Verdacht besteht, dass gegen Bestimmungen der ProspektVO verstoßen wurde. Diese Bestimmung entspricht Art. 21 Abs. 3 lit. d EU-ProspektRL (RL 2003/71/EG). Die Umsetzung dieser Befugnis für die Bundesanstalt für Finanzdienstleistungsaufsicht erfolgte in Hinblick auf die vorübergehende Aussetzung des öffentlichen Angebots in § 18 Abs. 4 WpPG (→ § 18 WpPG Rn. 61 ff.) und in Hinblick auf die vorübergehende Aussetzung der Zulassung zum Handel auf einem geregelten Markt aufgrund der größeren Sachnähe in § 6 Abs. 2a Satz 1 WpHG.[13] In Österreich findet sich die entsprechende Umsetzung dieser Befugnis in § 14 Abs. 1 Nr. 4 Kapitalmarktgesetz.[14]

8

f) Vorübergehende Aussetzung oder Unterlassung der Werbung (Art. 32 Abs. 1 UAbs. 1 lit. e)

Die zuständigen Behörden müssen die Befugnis haben, wenn ein hinreichend begründeter Verdacht besteht, dass gegen die Bestimmungen der ProspektVO verstoßen wurde, die Werbung für jeweils höchstens zehn aufeinander folgende Arbeitstage zu untersagen oder auszusetzen. Auch müssen sie im Fall eines entsprechend begründeten Verdachts befugt sein, zu verlangen, dass Emittenten, Anbieter oder die die Zulassung zum Handel an einem geregelten Markt beantragenden Personen oder die einschlägigen Finanzintermediäre die Werbung unterlassen oder für jeweils höchstens zehn aufeinander folgende Arbeitstage aussetzen. Diese Bestimmung entspricht Art. 21 Abs. 3 lit. e EU-ProspektRL (RL 2003/71/EG), wobei in der ProspektVO ergänzend auch die Möglichkeit genannt wird, dies von Emittenten, Anbietern, Antragstellern zur Zulassung am Handel und Finanz-

9

---

[11] Begründung zu § 18 WpPG, BT-Drucks. 19/8005, S. 49.
[12] Siehe hierzu *Tuder/Ferk*, in: Toman/Frössel, KMG, § 14 Rn. 29 ff.; *Zivny/Mock*, EU-ProspektVO/KMG 2019, § 14 Rn. 16 ff.
[13] Begründung zu § 18 WpPG, BT-Drucks. 19/8005, S. 49, 51, 61.
[14] Siehe hierzu *Tuder/Ferk*, in: Toman/Frössel, KMG, § 14 Rn. 34 ff.; *Zivny/Mock*, EU-ProspektVO/KMG 2019, § 14 Rn. 20 ff.

Art. 32 ProspektVO Befugnisse der zuständigen Behörden

intermediären zu verlangen. Die Umsetzung dieser Befugnis für die Bundesanstalt für Finanzdienstleistungsaufsicht erfolgte in § 18 Abs. 5 WpPG (→ § 18 WpPG Rn. 78 ff.).[15] In Österreich findet sich die entsprechende Umsetzung dieser Befugnis in § 14 Abs. 1 Nr. 5 Kapitalmarktgesetz.[16]

g) Untersagung eines öffentlichen Angebots oder einer Zulassung zum Handel an einem geregelten Markt (Art. 32 Abs. 1 UAbs. 1 lit. f)

10 Zu den Mindestbefugnissen der zuständigen Behörde gehört auch, ein öffentliches Angebot von Wertpapieren oder eine Zulassung zum Handel an einem geregelten Markt zu untersagen, wenn sie feststellen, dass gegen Bestimmungen der ProspektVO verstoßen wurde, oder ein hinreichend begründeter Verdacht besteht, dass gegen sie verstoßen würde. Diese Bestimmung entspricht Art. 21 Abs. 3 lit. f EU-ProspektRL (RL 2003/71/EG), der jedoch nicht auch die tatsächliche Feststellung einer Verletzung von Bestimmungen der EU-ProspektRL (RL 2003/71/EG) als Voraussetzung nannte, sondern bloß auf den begründeten Verdacht einer solchen Rechtsverletzung abstellte. Die Umsetzung dieser Befugnis für die Bundesanstalt für Finanzdienstleistungsaufsicht erfolgte in Hinblick auf die Untersagung eines öffentlichen Angebots in § 18 Abs. 4 WpPG (→ § 18 WpPG Rn. 61 ff.) und in Hinblick auf die Untersagung der Zulassung zum Handel auf einem geregelten Markt aufgrund der größeren Sachnähe in § 6 Abs. 2a Satz 3 WpHG.[17] In Österreich findet sich die entsprechende Umsetzung dieser Befugnis in § 14 Abs. 1 Nr. 6 Kapitalmarktgesetz.[18]

h) Vorübergehende Aussetzung des Handels (Art. 32 Abs. 1 UAbs. 1 lit. g)

11 Eine weitere Befugnis, die das nationale Recht der zuständigen Behörde zumindest einräumen muss, ist jene, wenn ein hinreichend begründeter Verdacht besteht, dass gegen Bestimmungen der ProspektVO verstoßen wurde, den Handel an einem geregelten Markt, an einem MTF oder einem OTF für jeweils höchstens zehn aufeinander folgende Arbeitstage auszusetzen oder von den betreffenden geregelten Märkten, MTF oder OTF die Aussetzung des Handels für jeweils höchstens zehn aufeinander folgende Arbeitstage zu verlangen. Diese Bestimmung entspricht Art. 21 Abs. 3 lit. g EU-ProspektRL (RL 2003/71/EG), wurde jedoch um MTFs und OTFs ergänzt. Die Umsetzung dieser Befugnis für die Bundesanstalt für Finanzdienstleistungsaufsicht erfolgte aufgrund der größeren Sachnähe in § 6 Abs. 2a Satz 1 WpHG.[19] In Österreich findet sich die entsprechende Umsetzung dieser Befugnis in § 14 Abs. 1 Nr. 7 Kapitalmarktgesetz.[20]

---

15 Begründung zu § 18 WpPG, BT-Drucks. 19/8005, S. 52.
16 Siehe hierzu *Tuder/Ferk*, in: Toman/Frössel, KMG, § 14 Rn. 46 ff.; *Zivny/Mock*, EU-ProspektVO/KMG 2019, § 14 Rn. 25 ff.
17 Begründung zu § 18 WpPG, BT-Drucks. 19/8005, S. 49, 51, 61.
18 Siehe hierzu *Tuder/Ferk*, in: Toman/Frössel, KMG, § 14 Rn. 62 ff.; *Zivny/Mock*, EU-ProspektVO/KMG 2019, § 14 Rn. 30 ff.
19 Begründung zu § 18 WpPG, BT-Drucks. 19/8005, S. 49, 61.
20 Siehe hierzu *Tuder/Ferk*, in: Toman/Frössel, KMG, § 14 Rn. 66 ff.; *Zivny/Mock*, EU-ProspektVO/KMG 2019, § 14 Rn. 33 ff.

i) Untersagung des Handels (Art. 32 Abs. 1 UAbs. 1 lit. h)

Die zuständige Behörde muss zudem die Befugnis besitzen, den Handel an einem geregelten Markt, an einem MTF oder einem OTF zu untersagen, wenn sie feststellt, dass gegen Bestimmungen der ProspektVO verstoßen wurde. Diese Bestimmung entspricht Art. 21 Abs. 3 lit. h EU-ProspektRL (RL 2003/71/EG), wurde jedoch um MTFs und OTFs ergänzt. Die Umsetzung dieser Befugnis für die Bundesanstalt für Finanzdienstleistungsaufsicht erfolgte aufgrund der größeren Sachnähe in § 6 Abs. 2a Satz 2 WpHG.[21] In Österreich findet sich die entsprechende Umsetzung dieser Befugnis in § 14 Abs. 1 Nr. 8 Kapitalmarktgesetz.[22]   12

j) Bekanntmachung von Pflichtverletzungen (Art. 32 Abs. 1 UAbs. 1 lit. i)

Zu den Mindestbefugnissen der zuständigen Behörde gehört ferner, den Umstand bekannt zu machen, dass ein Emittent, ein Anbieter oder eine Person, welche die Zulassung zum Handel an einem geregelten Markt beantragt, seinen oder ihren Verpflichtungen nicht nachkommt. Hierdurch soll die Transparenz im Wertpapierhandel gesteigert werden. Diese Bestimmung entspricht Art. 21 Abs. 3 lit. i EU-ProspektRL (RL 2003/71/EG), wobei in der ProspektVO ergänzend neben dem Emittenten auch der Anbieter und eine die Zulassung zum Handel an einem geregelten Markt beantragende Person genannt wird. Die Umsetzung dieser Befugnis für die Bundesanstalt für Finanzdienstleistungsaufsicht erfolgte in § 18 Abs. 3 WpPG (→ § 18 WpPG Rn. 46 ff.).[23] In Österreich findet sich die entsprechende Umsetzung dieser Befugnis in § 14 Abs. 1 Nr. 9 Kapitalmarktgesetz.[24]   13

k) Aussetzung der Billigungsprüfung eines Prospekts und Aussetzung oder Einschränkung des öffentlichen Angebots oder der Zulassung zum Handel i. Z. m. einer Produktinterventionsmaßnahme (Art. 32 Abs. 1 UAbs. 1 lit. j)

Die zuständige Behörde muss die Befugnis besitzen, die Prüfung eines zur Billigung vorgelegten Prospekts auszusetzen oder ein öffentliches Angebot von Wertpapieren oder eine Zulassung zum Handel an einem geregelten Markt auszusetzen oder einzuschränken, wenn die zuständige Behörde eine Produktinterventionsmaßnahme nach Art. 42 MiFIR-VO vorgenommen hat, solange diese in Geltung ist. Hierbei handelt es sich um eine durch die ProspektVO neu eingeführte Befugnis. Die Umsetzung dieser Befugnis für die Bundesanstalt für Finanzdienstleistungsaufsicht erfolgte in Hinblick auf die Aussetzung der Billigungsprüfung eines Prospekts und der Aussetzung oder Einschränkung des öffentlichen Angebots in § 18 Abs. 7 WpPG (→ § 18 WpPG Rn. 99 ff.) und in Hinblick auf die Aussetzung oder Einschränkung der Zulassung zum Handel an einem geregelten Markt   14

---

21 Begründung zu § 18 WpPG, BT-Drucks. 19/8005, S. 49, 61.
22 Siehe hierzu *Tuder/Ferk*, in: Toman/Frössel, KMG, § 14 Rn. 81 ff.; *Zivny/Mock*, EU-ProspektVO/KMG 2019, § 14 Rn. 38 ff.
23 Begründung zu § 18 WpPG, BT-Drucks. 19/8005, S. 50.
24 Siehe hierzu *Tuder/Ferk*, in: Toman/Frössel, KMG, § 14 Rn. 85 ff.; *Zivny/Mock*, EU-ProspektVO/KMG 2019, § 14 Rn. 42.

aufgrund der größeren Sachnähe in § 6 Abs. 2b WpHG.[25] In Österreich findet sich die entsprechende Umsetzung dieser Befugnis in § 14 Abs. 1 Nr. 10 Kapitalmarktgesetz.[26]

l) Verweigerung der Prospektbilligung (Art. 32 Abs. 1 UAbs. 1 lit. k)

15 Der zuständigen Behörde ist im nationalen Recht als weitere Befugnis einzuräumen, die Billigung eines von einem bestimmten Emittenten, Anbieter oder einer die Zulassung zum Handel an einem geregelten Markt beantragenden Person erstellten Prospekts während höchstens fünf Jahren zu verweigern, wenn dieser Emittent, Anbieter oder diese die Zulassung zum Handel an einem geregelten Markt beantragende Person wiederholt und schwerwiegend gegen Bestimmungen der ProspektVO verstoßen haben. Gemäß Art. 32 Abs. 1 UAbs. 3 hat die zuständige Behörde, wenn sie die Billigung eines Prospekts verweigert hat, dies der ESMA mitzuteilen, die daraufhin die zuständigen Behörden der anderen Mitgliedstaaten informiert. Hierbei handelt es sich um eine durch die ProspektVO neu eingeführte Befugnis. Die Umsetzung dieser Befugnis für die Bundesanstalt für Finanzdienstleistungsaufsicht erfolgte in § 18 Abs. 8 WpPG (→ § 18 WpPG Rn. 105 ff.).[27] In Österreich findet sich die entsprechende Umsetzung dieser Befugnis in § 14 Abs. 1 Nr. 11 Kapitalmarktgesetz.[28]

m) Bekanntmachung wesentlicher Informationen (Art. 32 Abs. 1 UAbs. 1 lit. l)

16 Die zuständigen Behörden müssen außerdem die Befugnis haben, zur Gewährleistung des Anlegerschutzes oder des reibungslosen Funktionierens des Marktes alle wesentlichen Informationen, die die Bewertung der öffentlich angebotenen oder zum Handel an einem geregelten Markt zugelassenen Wertpapiere beeinflussen können, bekannt zu machen oder vom Emittenten die Bekanntgabe dieser Informationen zu verlangen. Diese Bestimmung entspricht weitgehend Art. 21 Abs. 4 lit. a EU-ProspektRL (RL 2003/71/EG). Die Umsetzung dieser Befugnis für die Bundesanstalt für Finanzdienstleistungsaufsicht erfolgte in § 18 Abs. 10 WpPG (→ § 18 WpPG Rn. 111 ff.).[29] In Österreich findet sich die entsprechende Umsetzung dieser Befugnis in § 14 Abs. 1 Nr. 12 Kapitalmarktgesetz.[30]

n) Aussetzung des Handels aufgrund kritischer Lage des Emittenten (Art. 32 Abs. 1 UAbs. 1 lit. m)

17 Die Mitgliedstaaten haben die zuständigen Behörden auch mit der Befugnis auszustatten, den Handel der Wertpapiere auszusetzen oder von dem betreffenden geregelten Markt, MTF oder OTF die Aussetzung des Handels zu verlangen, wenn sie der Auffassung sind, dass der Handel angesichts der Lage des Emittenten den Anlegerinteressen abträglich wäre. Diese Bestimmung entspricht Art. 21 Abs. 4 lit. b EU-ProspektRL (RL 2003/71/EG),

---

25 Begründung zu § 18 WpPG, BT-Drucks. 19/8005, S. 49, 52, 61.
26 Siehe hierzu *Tuder/Ferk*, in: Toman/Frössel, KMG, § 14 Rn. 94 ff.; *Zivny/Mock*, EU-ProspektVO/KMG 2019, § 14 Rn. 43 f.
27 Begründung zu § 18 WpPG, BT-Drucks. 19/8005, S. 52.
28 Siehe hierzu *Tuder/Ferk*, in: Toman/Frössel, KMG, § 14 Rn. 102 ff.; *Zivny/Mock*, EU-ProspektVO/KMG 2019, § 14 Rn. 45.
29 Begründung zu § 18 WpPG, BT-Drucks. 19/8005, S. 53.
30 Siehe hierzu *Tuder/Ferk*, in: Toman/Frössel, KMG, § 14 Rn. 108 ff.; *Zivny/Mock*, EU-ProspektVO/KMG 2019, § 14 Rn. 46 f.

wurde jedoch um MTFs und OTFs ergänzt. Die Umsetzung dieser Befugnis für die Bundesanstalt für Finanzdienstleistungsaufsicht erfolgte aufgrund der größeren Sachnähe in § 6 Abs. 2a Satz 4 WpHG.[31] In Österreich findet sich die entsprechende Umsetzung dieser Befugnis in § 14 Abs. 1 Nr. 13 Kapitalmarktgesetz.[32]

o) Vor-Ort-Prüfungen und Hausdurchsuchungen (Art. 32 Abs. 1 UAbs. 1 lit. n)

Schließlich zählt Art. 32 Abs. 1 UAbs. 1 als letzte Mindestbefugnis, die den zuständigen Behörden eingeräumt werden muss, auf, Überprüfungen oder Ermittlungen vor Ort an anderen Standorten als den privaten Wohnräumen natürlicher Personen durchzuführen und zu jenem Zweck Zugang zu Räumlichkeiten zu erhalten, um Unterlagen und Daten gleich welcher Form einzusehen, wenn der begründete Verdacht besteht, dass in Zusammenhang mit dem Gegenstand einer Überprüfung oder Ermittlung Dokumente und andere Daten vorhanden sind, die als Nachweis für einen Verstoß gegen Bestimmungen der ProspektVO dienen können. Diese Bestimmung ist als Nachfolgebestimmung zu Art. 21 Abs. 4 lit. d EU-ProspektRL (RL 2003/71/EG) zu sehen, der jedoch Inspektionen vor Ort nur nach der Zulassung von Wertpapieren an einem geregelten Markt als Mindestbefugnis normierte. Andererseits wurde die Befugnis zu Überprüfungen und Ermittlungen auf andere Standorte als den privaten Wohnraum natürlicher Personen beschränkt. Die Umsetzung dieser Befugnis für die Bundesanstalt für Finanzdienstleistungsaufsicht erfolgte in § 18 Abs. 11 WpPG (→ § 18 WpPG Rn. 115 ff.).[33] In Österreich findet sich die entsprechende Umsetzung dieser Befugnis in § 14 Abs. 1 Nr. 14 Kapitalmarktgesetz.[34]

18

Erwägungsgrund 73 stellt hinsichtlich Vor-Ort-Prüfungen und Hausdurchsuchungen fest, dass zur Aufdeckung von Verstößen gegen Bestimmungen der ProspektVO die zuständigen Behörden die Möglichkeit haben müssen, sich zu anderen Standorten als den privaten Wohnräumen natürlicher Personen Zugang zu verschaffen, um Dokumente zu beschlagnahmen. Der Zugang zu solchen Räumlichkeiten ist erforderlich, wenn der begründete Verdacht besteht, dass Dokumente und andere Daten vorhanden sind, die in Zusammenhang mit dem Gegenstand einer Überprüfung oder Ermittlung stehen und Beweismittel für einen Verstoß gegen diese Verordnung sein könnten. Darüber hinaus ist der Zugang zu solchen Räumlichkeiten erforderlich, wenn die Person, an die ein Auskunftsersuchen gerichtet wurde, diesem nicht nachkommt, oder wenn berechtigte Gründe für die Annahme bestehen, dass im Falle eines Auskunftsersuchens diesem nicht Folge geleistet würde oder die Dokumente oder Informationen, die Gegenstand des Auskunftsersuchens sind, beseitigt, manipuliert oder zerstört würden.

19

In diesem Zusammenhang ist darauf hinzuweisen, dass es sich bei Hausdurchsuchungen um einen bedeutenden Eingriff in das durch die Grundrechtecharta garantierte Recht auf den **Schutz des Privatlebens** (Art. 7 GRCh) handelt. Art. 7 GRCh normiert, dass jede Person das Recht auf Achtung ihres Privat- und Familienlebens, ihrer Wohnung sowie ihrer Kommunikation hat. Der EuGH hatte in seiner Rechtsprechung zu Hausdurchsuchun-

20

---

31 Begründung zu § 18 WpPG, BT-Drucks. 19/8005, S. 49, 61.
32 Siehe hierzu *Tuder/Ferk*, in: Toman/Frössel, KMG, § 14 Rn. 117 ff.; *Zivny/Mock*, EU-ProspektVO/KMG 2019, § 14 Rn. 48 ff.
33 Begründung zu § 18 WpPG, BT-Drucks. 19/8005, S. 53.
34 Siehe hierzu *Tuder/Ferk*, in: Toman/Frössel, KMG, § 14 Rn. 125 ff.; *Zivny/Mock*, EU-ProspektVO/KMG 2019, § 14 Rn. 52 f.

gen im Rahmen des Wettbewerbsrechts festgestellt, dass der gemäß Art. 8 EMRK bestehende Anspruch auf Achtung des Privat- und Familienlebens, der Wohnung und des Briefverkehrs zwar für die Privatwohnung natürlicher Personen anzuerkennen ist, sich jedoch nicht auf Geschäftsräume ausdehnen lässt.[35] In der jüngeren Rechtsprechung hat sich der EuGH der Rechtsprechung des EGMR angeschlossen,[36] der im Sinne der dynamischen Auslegung der EMRK erklärt hatte, dass es an der Zeit sei, unter bestimmten Umständen den Schutz der Wohnung, um den es in Art. 8 EMRK geht, auf Geschäftsräume auszudehnen.[37] Hinsichtlich beruflichen oder geschäftlichen Tätigkeiten oder Räumen könnten Eingriffe jedoch sehr wohl weiter gehen als in anderen Fällen.[38] Gemäß Art. 8 EMRK darf eine Behörde in die Ausübung des Rechts auf Achtung des Privat- und Familienlebens, der Wohnung und der Korrespondenz nur eingreifen, soweit der Eingriff gesetzlich vorgesehen und in einer demokratischen Gesellschaft für ein zulässiges öffentliches Interesse notwendig ist. Der EGMR hat in seiner jüngeren Rechtsprechung unterstrichen, wie wichtig es ist, die Garantien gemäß Art. 8 umso gründlicher zu prüfen, wenn Nachprüfungen ohne vorherige richterliche Genehmigung stattfinden können. Er hat jedoch sodann unmissverständlich den Grundsatz aufgestellt, dass das Fehlen einer vorherigen richterlichen Genehmigung durch eine umfassende Kontrolle im Anschluss an die Nachprüfung kompensiert werden kann.[39] Dieser geteilten Rechtsprechung des EGMR und EUGH ist bei der Ausgestaltung der entsprechenden Befugnis durch die Mitgliedstaaten Rechnung zu tragen. In diesem Kontext könnte insbesondere die Ermächtigung in Art. 32 Abs. 1 UAbs. 2 zum Tragen kommen, wonach die zuständige Behörde die zuständige Justizbehörde ersuchen kann, über die Ausübung der in Art. 32 Abs. 1 UAbs. 1 genannten Befugnisse zu entscheiden, sofern das nationale Recht dies erfordert.

21 Werden Vor-Ort-Prüfungen oder Hausdurchsuchungen gemäß Art. 32 Abs. 1 UAbs. 1 lit. n gemeinsam von mindestens **zwei zuständigen Behörden** durchgeführt, so ist **ESMA** berechtigt, sich an diesen zu beteiligen (Art. 32 Abs. 1 UAbs. 4).

2. Generalklausel des Abs. 3

22 Abs. 3 enthält eine Generalklausel, die die Mitgliedstaaten verpflichtet, durch geeignete Maßnahmen sicherzustellen, dass die zuständigen Behörden mit allen zur Wahrnehmung ihrer Aufgaben erforderlichen Aufsichts- und Ermittlungsbefugnissen ausgestattet sind. Hierdurch wird klargestellt, dass die Mitgliedstaaten ihre zuständige Behörde über das Ausmaß der in Abs. 1 UAbs. 1 genannten Mindestbefugnisse mit all jenen wirksamen Instrumenten und Befugnissen auszustatten haben bzw., wenn notwendig, nationale Verhältnisse und Bestimmungen anpassen zu haben, um eine wirkungsvolle Aufsicht und die Erfüllung aller aus der ProspektVO erwachsenden Pflichten und Aufgaben sicherzustellen. Insofern beschränken sich die im Licht des Art. 32 von den Mitgliedstaaten zu erlassen-

---

35 EuGH, 21.9.1989 – C-46/87 und C-227/88, ECLI:EU:C:1989:337, Rn. 19 ff. – Hoechst/Kommission.
36 EuGH, 22.10.2002 – C-94/00, ECLI:EU:C:2002:603, Rn. 29 – Roquette Frères.
37 EGMR, 16.4.2002 – 37972/97, Rn. 42 – Société Colas Est u. a./Frankreich.
38 EGMR, 16.12.1992 – 13710/88, Rn. 31 – Niemietz/Deutschland; EGMR, 14.3.2013 – 24117/08, Rn. 104 – Bernh Larsen Holding AS u. a./Norwegen.
39 EGMR, 7.6.2007 – 71362/01, Rn. 45 – Smirnov/Russland; EGMR, 15.2.2011 – 56720/09, Rn. 45 – *Heino/Finnland*; EGMR, 15.2.2011 – 56716/09, Rn. 40 ff. – Harju/Finnland.

den Durchführungsbestimmungen und -maßnahmen nicht auf eine reine Umsetzung der Mindestbefugnisse.

3. Art und Weise der Wahrnehmung der Befugnisse

Gemäß Art. 32 Abs. 1 UAbs. 2 werden den Mitgliedstaaten vier Möglichkeiten eröffnet, wie sie die Art und Weise der Wahrnehmung der ihrer zuständigen Behörde zu übertragenden Befugnisse gestalten können, und zwar 23
(a) unmittelbar,
(b) in Zusammenarbeit mit anderen Behörden,
(c) unter eigener Zuständigkeit, durch Übertragung von Aufgaben an andere Behörden oder
(d) durch Antrag bei den zuständigen Justizbehörden.

Hierbei handelt es sich um ein Aufzeigen des Handlungsspielraums und der berücksichtigungsfähigen Möglichkeiten des nationalen Gesetzgebers bei der Normierung der entsprechenden Befugnisse der zuständigen Behörde im nationalstaatlichen Recht.[40] Hieraus resultiert jedoch keine Verpflichtung der Mitgliedstaaten, all diese Möglichkeiten bei der Normierung der Befugnisse auch tatsächlich vorzusehen, wobei die Einbindung der Justizbehörden durch grundrechtliche oder verfassungsrechtliche Erwägungen geboten sein kann. 24

Gemäß Erwägungsgrund 72 haben die zuständigen Behörden bei der Wahrnehmung ihrer Befugnisse gemäß der ProspektVO objektiv und unparteiisch zu handeln und in ihren Beschlüssen unabhängig zu bleiben. 25

4. Übernahmerechtliche Bestimmungen

Art. 32 Abs. 1 UAbs. 4 stellt klar, dass die Regelungen der ProspektVO die Gesetze und Rechtsvorschriften unberührt lässt, die in Umsetzung der Übernahmerichtlinie (RL 2004/25/EG) und in Bezug auf Übernahmeangebote, Zusammenschlüsse und andere Transaktionen, welche die Eigentumsverhältnisse oder die Kontrolle von Unternehmen betreffen, erlassen wurden und in denen zusätzlich zu den Anforderungen der ProspektVO weitere Anforderungen festgelegt werden. 26

IV. Schutz von Informanten

Art. 32 stattet die zuständige Behörde insbesondere in Abs. 1 UAbs. lit. b und c mit Befugnissen aus, von juristischen oder natürlichen Personen Informationen zu verlangen, und verpflichtet in Art. 41 die zuständigen Behörden dazu, wirksame Mechanismen zu schaffen, um Meldungen von tatsächlichen oder möglichen Verstößen gegen die ProspektVO zu fördern und zu ermöglichen. Zum Schutz dieser Personen stellt Art. 32 Abs. 5 fest, dass die Meldung von Informationen an die zuständige Behörde im Einklang mit den Bestimmungen der ProspektVO für die meldende Person nicht als Verstoß gegen eine etwai- 27

---

40 *Döhmel*, in: Assmann/Uwe H. Schneider/Mülbert, Wertpapierhandelsrecht, 7. Aufl. 2019, Art. 23 VO 596/2014 Rn. 6.

Art. 32 ProspektVO Befugnisse der zuständigen Behörden

ge vertragliche oder durch Rechts- und Verwaltungsvorschriften geregelte Einschränkung der Offenlegung von Informationen gilt und keine diesbezügliche Haftung zur Folge hat.

V. Gesonderte Rechts- und Verwaltungsvorschriften für überseeische europäische Gebiete

28 In Art. 32 Abs. 6 wird klargestellt, dass Abs. 1 bis Abs. 3 nicht die Möglichkeit der Mitgliedstaaten einschränkt, für überseeische europäische Gebiete, deren Außenbeziehungen sie wahrnehmen, gesonderte Rechts- und Verwaltungsvorschriften zu erlassen.[41]

---

[41] Zum Begriff „überseeische europäische Gebiete", die es in Deutschland und Österreich nicht gibt, siehe *Schmalenbach*, in: Calliess/Ruffert, EUV/AEUV, Art. 355 AEUV Rn. 9 f.; *Stöger*, in: Mayer/Stöger, EUV/AEUV, Art. 355 AEUV Rn. 12 ff.

Art. 33 ProspektVO
Zusammenarbeit zwischen zuständigen Behörden

(1) Die zuständigen Behörden arbeiten untereinander und mit der ESMA für die Zwecke dieser Verordnung zusammen. Sie tauschen Informationen unverzüglich aus und kooperieren bei Ermittlungen sowie Überwachungs- und Durchsetzungsmaßnahmen.

Mitgliedstaaten, die im Einklang mit Absatz 38 strafrechtliche Sanktionen für Verstöße gegen diese Verordnung festgelegt haben, stellen durch angemessene Vorkehrungen sicher, dass die zuständigen Behörden alle notwendigen Befugnisse haben, um mit den Justizbehörden innerhalb ihres Hoheitsgebiets in Kontakt zu treten und spezifische Informationen in Bezug auf strafrechtliche Ermittlungen oder Verfahren zu erhalten, die aufgrund mutmaßlicher Verstöße gegen diese Verordnung eingeleitet wurden; sie leisten zur Erfüllung ihrer Verpflichtung, miteinander sowie mit der ESMA für die Zwecke dieser Verordnung zusammenzuarbeiten, dasselbe für andere zuständige Behörden und die ESMA.

(2) Eine zuständige Behörde kann es nur dann ablehnen, einem Ersuchen um Informationen oder einer Anfrage in Bezug auf die Zusammenarbeit bei einer Ermittlung zu entsprechen, wenn einer der folgenden außergewöhnlichen Umstände gegeben ist:

a) Ein Stattgeben wäre dazu geeignet, ihre eigene Untersuchung, ihre eigenen Durchsetzungsmaßnahmen oder eine strafrechtliche Ermittlung zu beeinträchtigen;

b) aufgrund derselben Tat ist gegen dieselben Personen bereits ein Verfahren vor einem Gericht des ersuchten Mitgliedstaats anhängig;

c) gegen die genannten Personen ist aufgrund derselben Tat bereits ein rechtskräftiges Urteil in dem ersuchten Mitgliedstaat ergangen.

(3) Die zuständigen Behörden übermitteln auf Ersuchen unverzüglich alle Informationen, die für die Zwecke dieser Verordnung erforderlich sind.

(4) Die zuständige Behörde kann im Hinblick auf Überprüfungen oder Ermittlungen vor Ort die zuständige Behörde eines anderen Mitgliedstaats um Amtshilfe ersuchen.

Die ersuchende zuständige Behörde setzt die ESMA von jedem Ersuchen nach Unterabsatz 1 in Kenntnis. Im Falle von Überprüfungen vor Ort oder Ermittlungen mit grenzüberschreitender Wirkung koordiniert die ESMA auf Ersuchen einer der zuständigen Behörden die Überprüfung oder Ermittlung.

Erhält eine zuständige Behörde ein Ersuchen einer zuständigen Behörde eines anderen Mitgliedstaats auf Durchführung von Überprüfungen oder Ermittlungen vor Ort, so hat sie folgende Möglichkeiten:

a) Sie führt die Überprüfung oder Ermittlung vor Ort selbst durch;

b) sie gestattet der ersuchenden zuständigen Behörde, sich an der Überprüfung oder Ermittlung vor Ort zu beteiligen;

c) sie gestattet der ersuchenden zuständigen Behörde, die Überprüfung oder Ermittlung vor Ort selbst durchzuführen;

d) sie benennt Rechnungsprüfer oder Sachverständige zur Durchführung der Überprüfung oder Ermittlung vor Ort;

e) sie teilt sich bestimmte mit der Wahrnehmung der Aufsichtstätigkeiten zusammenhängende Aufgaben mit den anderen zuständigen Behörden.

(5) Die zuständigen Behörden können die ESMA mit Fällen befassen, in denen ein Ersuchen um Zusammenarbeit, insbesondere um Informationsaustausch, zurückgewiesen wurde oder innerhalb einer angemessenen Frist zu keiner Reaktion geführt hat. Unbeschadet des Artikels 258 AEUV kann die ESMA in den in Satz 1 dieses Absatzes genannten Fällen gemäß den ihr durch Artikel 19 der Verordnung (EU) Nr. 1095/2010 übertragenen Befugnissen tätig werden.

(6) Die ESMA kann bzw. muss, wenn die Kommission dies verlangt, Entwürfe technischer Regulierungsstandards zur Präzisierung der gemäß Absatz 1 zwischen den zuständigen Behörden auszutauschenden Informationen ausarbeiten.

Der Kommission wird die Befugnis übertragen, die in Unterabsatz 1 genannten technischen Regulierungsstandards gemäß den Artikeln 10 bis 14 der Verordnung (EU) Nr. 1095/2010 zu erlassen.

(7) Die ESMA kann Entwürfe technischer Durchführungsstandards zur Festlegung von Standardformularen, Mustertexten und Verfahren für die Zusammenarbeit und den Austausch von Informationen zwischen den zuständigen Behörden ausarbeiten.

Der Kommission wird die Befugnis übertragen, die in Unterabsatz 1 genannten technischen Durchführungsstandards gemäß Artikel 15 der Verordnung (EU) Nr. 1095/2010 zu erlassen.

Beschluss des Gemeinsamen EWR-Ausschusses Nr. 84/2019 vom 29. März 2019 zur Änderung von Anhang IX (Finanzdienstleistungen) des EWR-Abkommens

Artikel 1

Anhang IX des EWR-Abkommens wird wie folgt geändert:

[...]

2. Nach Nummer 29bc (Delegierte Verordnung (EU) 2016/301 der Kommission) wird Folgendes eingefügt:

„29bd. **32017 R 1129**: Verordnung (EU) 2017/1129 des Europäischen Parlaments und des Rates vom 14. Juni 2017 über den Prospekt, der beim öffentlichen Angebot von Wertpapieren oder bei deren Zulassung zum Handel an einem geregelten Markt zu veröffentlichen ist und zur Aufhebung der Richtlinie 2003/71/EG (ABl. L 168 vom 30.6.2017, S. 12)

Die Verordnung gilt für die Zwecke dieses Abkommens mit folgenden Anpassungen:

[...]

e) In Artikel 33 Absatz 5 wird nach dem Wort ‚ESMA' die jeweils grammatisch korrekte Form der Wörter ‚oder gegebenenfalls die EFTA-Überwachungsbehörde' eingefügt."

Übersicht

	Rn.		Rn.
I. Regelungsgegenstand des Art. 33	1	**IV. Befassen der ESMA bzw. der EFTA-Aufsichtsbehörde bei unzureichender Zusammenarbeit**	15
II. Verpflichtung zur Zusammenarbeit der zuständigen Behörden	4		
1. Allgemeine Bemerkungen	4	**V. Durchführungsermächtigungen**	19
2. Informationsaustausch	7	1. Technische Regulierungsstandards zur Präzisierung der auszutauschenden Informationen	19
3. Amtshilfe bzgl. Überprüfungen oder Ermittlungen vor Ort	8		
4. Sicherstellung des Informationsaustauschs bei strafrechtlichen Sanktionen	10	2. Technische Durchführungsstandards zur Festlegung von Standardformularen, Mustertexten und Verfahren für die Zusammenarbeit	22
III. Ausnahmen von der Zusammenarbeitsverpflichtung	11		

I. Regelungsgegenstand des Art. 33

Art. 33 normiert in Abs. 1 eine Verpflichtung zur Zusammenarbeit der zuständigen Behörden des Europäischen Wirtschaftsraums einerseits untereinander und andererseits mit der ESMA für die Zwecke dieser Verordnung. Diese Zusammenarbeit umfasst hierbei sowohl den Informationsaustausch als auch sonstige Überwachungs- und Durchsetzungsmaßnahmen (→ Rn. 4 ff.). Die erfassten Zusammenarbeitsformen werden in Abs. 1 und Abs. 3 bzgl. des Informationsaustauschs (→ Rn. 7) und in Abs. 4 bzgl. Amtshilfeersuchen auf Durchführungen von Überprüfungen oder Ermittlungen vor Ort (→ Rn. 8 f.) genauer geregelt. Unter engen Voraussetzungen regelt Abs. 2 die Ausnahmen von einer Pflicht zur Zusammenarbeit (→ Rn. 11 ff.) und Abs. 5 sieht die Möglichkeit vor, die ESMA im Falle der Zurückweisung von oder in angemessener Frist nicht erfüllten Ersuchen um Zusammenarbeit zu befassen (→ Rn. 15 ff.). Schließlich ermächtigen Abs. 6 und Abs. 7 die Kommission zum Erlass technischer Regulierungsstandards zur Präzisierung der zwischen den Behörden auszutauschenden Informationen sowie technischer Durchführungsstandards zur Festlegung von Standardformularen, Mustertexten und Verfahren der Zusammenarbeit (→ Rn. 19 ff.). Mit Art. 33 ProspektVO vergleichbare Bestimmungen zur Zusammenarbeit zwischen den für den jeweiligen Rechtsakt zuständigen Behörden finden sich bspw. in Art. 64 f. Solvency II,[1] Art. 79 ff. MiFID II,[2] Art. 56 CRD V[3] und Art. 25 MAR.[4]

1

---

[1] Richtlinie 2009/138/EG des Europäischen Parlaments und des Rates vom 25.11.2009 betreffend die Aufnahme und Ausübung der Versicherungs- und der Rückversicherungstätigkeit i.d.g.F.

[2] Richtlinie 2014/65/EU des Europäischen Parlaments und des Rates vom 15.5.2014 über Märkte für Finanzinstrumente sowie zur Änderung der Richtlinien 2002/92/EG und 2011/61/EU i.d.g.F.

[3] Richtlinie 2013/36/EU des Europäischen Parlaments und des Rates vom 26.6.2013 über den Zugang zur Tätigkeit von Kreditinstituten und die Beaufsichtigung von Kreditinstituten und Wertpapierfirmen, zur Änderung der Richtlinie 2002/87/EG und zur Aufhebung der Richtlinien 2006/48/EG und 2006/49/EG i.d.g.F. Vgl. *Gurlit*, in: Assmann/Schlitt/von Kopp-Colomb, Prospektrecht Kommentar, Art. 33 Rn. 2 f.

[4] Verordnung (EU) Nr. 596/2014 des Europäischen Parlaments und des Rates vom 16.4.2014 über Marktmissbrauch (Marktmissbrauchsverordnung) und zur Aufhebung der Richtlinie 2003/6/EG des Europäischen Parlaments und des Rates und der Richtlinien 2003/124/EG, 2003/125/EG und 2004/72/EG der Kommission i.d.g.F.

Art. 33 ProspektVO Zusammenarbeit zwischen zuständigen Behörden

2   Die EU-ProspektRL[5] sah bereits in ihrem Art. 22 allgemein gehaltene Bestimmungen bezüglich der Zusammenarbeit der zuständigen Behörden vor. Im Rahmen der Errichtung der ESMA wurde Art. 22 EU-ProspektRL durch Richtlinie 2010/78/EU[6] einerseits um das Schlichtungsrecht der ESMA in Fällen, in denen ein Ersuchen um Zusammenarbeit, insbesondere um Informationsaustausch, zurückgewiesen wurde oder innerhalb einer angemessenen Frist zu keiner Reaktion geführt hat, und andererseits um eine Ermächtigung der Kommission zum Erlass technischer Regulierungsstandards ergänzt.

3   Da es sich bei den Bestimmungen der EU-ProspektRL um Richtlinienbestimmungen handelte, die einer Umsetzung in das nationalstaatliche Recht bedürfen, war Art. 22 EU-ProspektRL in § 28 WpPG a. F. umgesetzt worden.[7] Aufgrund der ausreichenden Bestimmtheit und der direkten Anwendbarkeit der Verordnungsbestimmung des Art. 33 wurde § 28 WpPG a. F. aufgehoben und die Zusammenarbeit zwischen den zuständigen Behörden ist nunmehr einheitlich in Art. 33 ProspektVO geregelt.[8]

II. Verpflichtung zur Zusammenarbeit der zuständigen Behörden

1. Allgemeine Bemerkungen

4   Abs. 1 **verpflichtet** die **zuständigen Behörden**, untereinander und mit der ESMA für die Zwecke der ProspektVO **zusammenzuarbeiten**, unverzüglich Informationen auszutauschen und bei Ermittlungen sowie Überwachungs- und Durchsetzungsmaßnahmen zu kooperieren. Diese Pflicht trifft sohin die gemäß Art. 31 durch die EWR-Mitgliedstaaten benannten Behörden bei der Kooperation miteinander und mit der ESMA.[9] Nicht in den Anwendungsbereich dieser Verpflichtung fällt die Zusammenarbeit mit Aufsichtsbehörden von Drittstaaten, die in Art. 30 geregelt ist. Dabei kann die zuständige Behörde von allen – ihr nach der in Durchführung der ProspektVO erlassenen Bestimmungen – bestehenden Befugnissen Gebrauch machen, soweit diese geeignet und erforderlich sind, einem Ersuchen einer zuständigen Behörde eines anderen EWR-Mitgliedstaates nachzukommen. Die Zusammenarbeit mit der ESMA wird zwar genannt, die zentrale Bestimmung hinsichtlich der Zusammenarbeit der zuständigen Behörden der EWR-Mitgliedstaaten mit der ESMA findet sich jedoch in Art. 34.

---

5   Richtlinie 2003/71/EG des Europäischen Parlaments und des Rates vom 4.11.2003 betreffend den Prospekt, der beim öffentlichen Angebot von Wertpapieren oder bei deren Zulassung zum Handel zu veröffentlichen ist, und zur Änderung der Richtlinie 2001/34/EG.

6   Richtlinie 2010/78/EU des Europäischen Parlaments und des Rates vom 24.11.2010 zur Änderung der Richtlinien 98/26/EG, 2002/87/EG, 2003/6/EG, 2003/41/EG, 2003/71/EG, 2004/39/EG, 2004/109/EG, 2005/60/EG, 2006/48/EG, 2006/49/EG und 2009/65/EG im Hinblick auf die Befugnisse der Europäischen Aufsichtsbehörde (Europäische Bankenaufsichtsbehörde), der Europäischen Aufsichtsbehörde (Europäische Aufsichtsbehörde für das Versicherungswesen und die betriebliche Altersversorgung) und der Europäischen Aufsichtsbehörde (Europäische Wertpapier- und Marktaufsichtsbehörde).

7   Siehe zu § 28 WpPG a. F. *Müller*, in: Berrar/Meyer/Müller et al., WpPG/EU-ProspektVO, 2. Aufl. 2017, § 28 WpPG.

8   Begründung zu Nr. 24 (Aufhebung der bisherigen §§ 28 bis 30) WpPG, BT-Drucks. 19/8005, S. 54.

9   Zur Deutung dieser Norm als „Spiegelbild des völkerrechtlichen Territorialitätsprinzips" siehe *Gurlit*, in: Assmann/Schlitt/von Kopp-Colomb, Prospektrecht Kommentar, Art. 33 Rn. 5.

Voraussetzung und **Grenze** der Zusammenarbeitsverpflichtung ist gemäß Abs. 1, dass die 5
Zusammenarbeit „für Zwecke dieser Verordnung" getätigt werde, was extensiv in dem
Sinn ausgelegt werden könnte, dass alle Maßnahmen zur Gewährleistung der Bestimmungen der ProspektVO hierdurch umfasst sind.[10] Eine Einschränkung findet sich in der einschlägigen Bestimmung zum Informationsaustausch in Abs. 3, in der festgehalten wird,
dass die zuständigen Behörden unverzüglich Informationen, die für die Zwecke dieser
Verordnung erforderlich sind, übermitteln müssen. Die diesbezügliche Anforderung der
Erforderlichkeit macht deutlich, dass in diesem Fall eine Verhältnismäßigkeitsprüfung
vorzunehmen ist.

Die Zusammenarbeit der zuständigen Behörden kann in unterschiedlichen **Formen** erfol- 6
gen, welche in den weiteren Absätzen des Art. 33 konkretisiert werden. Diese kann in der
Form eines Informationsaustauschs, der Amtshilfe bei Überprüfungen oder Ermittlungen
vor Ort in einem anderen Mitgliedstaat oder sonstiger koordinierter Ermittlungen sowie
Überwachungs- und Durchsetzungsmaßnahmen erfolgen. Darüber hinaus muss sichergestellt werden, dass ein Informationsaustausch auch dann gewährleistet ist, wenn Bestimmungen der ProspektVO durch die Justizbehörden vollzogen werden.

2. Informationsaustausch

Gemäß Art. 33 Satz 2 sind die zuständigen Behörden verpflichtet, Informationen unver- 7
züglich auszutauschen. Diese Verpflichtung wird in Art. 33 Abs. 3 näher konkretisiert:
Hat eine zuständige Behörde eine andere um Übermittlung von Informationen ersucht, so
hat die ersuchte Behörde unverzüglich alle Informationen zu übermitteln, die für die Zwecke der ProspektVO erforderlich sind. Eine klare Frist, in der von einer unverzüglichen
Übermittlung gesprochen werden könnte, gibt die ProspektVO nicht vor. Gemäß den
Kommentierungen zur vergleichbaren Bestimmung in der MAR ist „unverzüglich" als
„ohne schuldhafte Verzögerung" zu verstehen.[11] Die Verpflichtung zur unverzüglichen
Übermittlung ergibt sich nur, wenn die jeweiligen Informationen für die Zwecke der ProspektVO erforderlich sind, sodass eine entsprechende Verhältnismäßigkeitsprüfung vorzunehmen ist.[12] An das Ersuchen einer zuständigen Behörde werden keine besonderen Formanforderungen geknüpft, sodass eine solche mündlich, elektronisch oder schriftlich an
die ersuchte zuständige Behörde gerichtet werden kann. Entsprechende Formvorschriften
könnten jedoch von der Kommission in delegierten Rechtsakten erlassen werden
(→ Rn. 19).

---

10 *Döhmel*, in: Assmann/Uwe H. Schneider/Mülbert, Wertpapierhandelsrecht, 7. Aufl. 2019, Art. 25 VO 596/2014 Rn. 5.
11 *Bouchon/Schlette*, in: Fuchs, WpHG, § 7a Rn. 8; *Döhmel*, in: Assmann/Uwe H. Schneider/Mülbert, Wertpapierhandelsrecht, 7. Aufl. 2019, Art. 25 VO 596/2014 Rn. 5; *Schramm*, in: Kalss/Oppitz/Torggler/Winner, BörseG/MAR, Art. 25 MAR Rn. 6.
12 Zum beschränkten Ausmaß dieser Informationsübermittlungspflicht auf der zuständigen Behörde vorliegende Informationen (im Gegensatz zu einer Informationsbeschaffungspflicht) siehe *Gurlit*, in: Assmann/Schlitt/von Kopp-Colomb, Prospektrecht Kommentar, Art. 33 Rn. 12.

… Art. 33 ProspektVO Zusammenarbeit zwischen zuständigen Behörden

3. Amtshilfe bzgl. Überprüfungen oder Ermittlungen vor Ort

8 Die Befugnis der zuständigen Behörde eines EWR-Mitgliedstaats zum Ersuchen von Amtshilfe durch eine zuständige Behörde eines anderen EWR-Mitgliedstaats in Hinblick auf Überprüfungen oder Ermittlungen vor Ort wird in Art. 33 Abs. 4 näher geregelt. Während eine zuständige Behörde entscheidet, ob sie die zuständige Behörde eines anderen EWR-Mitgliedstaats um die Durchführung von Überprüfungen oder Ermittlungen vor Ort ersuchen will, legt Art. 33 Abs. 4 UAbs. 3 eine abschließende Aufzählung von fünf Möglichkeiten fest, wie die ersuchte zuständige Behörde das entsprechende Ersuchen um Amtshilfe durchführen kann. Die konkrete Wahl der Art und Weise der Durchführung des Amtshilfeersuchens liegt im Ermessen der ersuchten zuständigen Behörde.

- Die ersuchte zuständige Behörde führt die Überprüfung oder Ermittlung vor Ort selbst durch.
- Die ersuchte zuständige Behörde gestattet der ersuchenden zuständigen Behörde, sich an der Überprüfung oder Ermittlung vor Ort zu beteiligen.
- Die ersuchte zuständige Behörde gestattet der ersuchenden zuständigen Behörde, die Überprüfung oder Ermittlung vor Ort selbst durchzuführen.
- Die ersuchte zuständige Behörde benennt Rechnungsprüfer oder Sachverständige zur Durchführung der Überprüfung oder Ermittlung vor Ort.
- Die ersuchte zuständige Behörde teilt sich bestimmte mit der Wahrnehmung der Aufsichtstätigkeiten zusammenhängende Aufgaben mit den anderen zuständigen Behörden.

9 Stellt eine zuständige Behörde ein entsprechendes Ersuchen auf Amtshilfe in Hinblick auf Überprüfungen oder Ermittlungen vor Ort, so hat sie die ESMA darüber in Kenntnis zu setzen. Sowohl die ersuchte als auch die ersuchende zuständige Behörde können im Fall solcher Maßnahmen mit grenzüberschreitender Wirkung die ESMA gemäß Art. 33 Abs. 4 UAbs. 2 auffordern, eine Koordinationsrolle einzunehmen.

4. Sicherstellung des Informationsaustauschs bei strafrechtlichen Sanktionen

10 Art. 38 Abs. 1 ermächtigt die Mitgliedstaaten, für die in ihm genannten Verstöße keine verwaltungsrechtlichen Sanktionen im nationalstaatlichen Recht umzusetzen, wenn diese Verstöße bereits einer strafrechtlichen Sanktion unterliegen, bzw. gestattet für denselben Verstoß sowohl eine verwaltungsrechtliche als auch eine strafrechtliche Sanktion zu verhängen. Da die Justizbehörden nicht zuständige Behörden i. S. d. Art. 31 ProspektVO sind und sie somit auch nicht von der Zusammenarbeitsverpflichtung des Art. 33 Abs. 1 UAbs. 1 erfasst wären, normiert Art. 33 Abs. 1 UAbs. 2, dass die Mitgliedstaaten sicherzustellen haben, dass die zuständigen Behörden alle notwendigen Befugnisse haben, um mit den Justizbehörden innerhalb ihres Hoheitsgebiets in Kontakt zu treten und spezifische Informationen in Bezug auf strafrechtliche Ermittlungen oder Verfahren zu erhalten, die aufgrund mutmaßlicher Verstöße gegen die ProspektVO eingeleitet wurden. Der in der deutschen Fassung schwer verständliche zweite Halbsatz erschließt sich durch die anderen Sprachfassungen: Die Mitgliedstaaten haben ferner sicherzustellen, dass die von einer zuständigen Behörde von einer Justizbehörde erhaltenen Informationen an andere zuständige Behörden und die ESMA für die Zwecke der ProspektVO und im Rahmen ihrer Zu-

sammenarbeitsverpflichtung übermittelt werden dürfen. Diese Bestimmung erklärt sich dadurch, als dass der Informationsaustausch zwischen Behörden nicht davon abhängen bzw. dadurch vereitelt werden darf, ob Informationen zur Aufdeckung von Verstößen gegen die ProspektVO in einem Verwaltungs- oder einem Strafverfahren erhalten wurden.[13]

III. Ausnahmen von der Zusammenarbeitsverpflichtung

Art. 33 Abs. 2 legt fest, unter welchen taxativ festgelegten drei außergewöhnlichen Umständen eine zuständige Behörde ein Ersuchen um Informationen oder eine Anfrage in Bezug auf die Zusammenarbeit bei einer Ermittlung ablehnen kann.[14] Diese Umstände werden von der ProspektVO als außergewöhnlich bezeichnet und sind als eine Ausnahme zur allgemeinen Verpflichtung zur Zusammenarbeit eng auszulegen. Liegt einer dieser außergewöhnlichen Umstände vor, so kann die zuständige Behörde dem Ersuchen gerechtfertigt nicht entsprechen, sie muss dies jedoch nicht.[15] 11

Erstens kann die zuständige Behörde einem Ersuchen um Informationen oder einer Anfrage in Bezug auf die Zusammenarbeit nicht entsprechen, wenn das Stattgeben geeignet wäre, ihre eigenen Durchsetzungsmaßnahmen oder eine strafrechtliche Ermittlung zu beeinträchtigen. 12

Zweitens kann die zuständige Behörde eine Anfrage ablehnen, wenn aufgrund derselben Tat gegen dieselbe Person bereits ein Verfahren vor einem Gericht des ersuchten Mitgliedstaats anhängig ist. Hervorzuheben ist, dass nur ein anhängiges gerichtliches Verfahren aufgrund derselben Tat und gegen dieselbe Person die Verweigerung rechtfertigt, nicht jedoch ein Verwaltungsverfahren vor der zuständigen Behörde. 13

Drittens ist die Verweigerung der Informationsweitergabe oder einer Zusammenarbeit bei einer Ermittlung gerechtfertigt, wenn gegen die genannten Personen aufgrund derselben Tat bereits ein rechtskräftiges Urteil in dem ersuchten Mitgliedstaat ergangen ist. Dies entspricht Art. 50 Grundrechtecharta, wonach niemand wegen einer Straftat, derentwegen er bereits in der Union nach dem Gesetz rechtskräftig verurteilt worden ist, in einem Strafverfahren erneut verfolgt oder bestraft werden kann. Somit wäre auch eine weitere Ermittlung bei Täter- und Tatgleichheit in einem anderen Mitgliedstaat nicht geboten. 14

IV. Befassen der ESMA bzw. der EFTA-Aufsichtsbehörde bei unzureichender Zusammenarbeit

Wenn ein Ersuchen einer zuständigen Behörde um Zusammenarbeit zurückgewiesen wurde oder innerhalb einer angemessenen Frist zu keiner Reaktion führt, kann die zuständige 15

---

13 Zur fehlenden Relevanz von Art. 33 Abs. 1 UAbs. 2 für Deutschland aufgrund der Einordnung von Prospektrechtsverstößen als Ordnungswidrigkeit vgl. *Gurlit*, in: Assmann/Schlitt/von Kopp-Colomb, Prospektrecht Kommentar, Art. 33 Rn. 6.
14 In Hinblick auf eine Geltung dieser Ausnahmegründe auch für Überprüfungen vor Ort siehe *Gurlit*, in: Assmann/Schlitt/von Kopp-Colomb, Prospektrecht Kommentar, Art. 33 Rn. 7.
15 *Döhmel*, in: Assmann/Uwe H. Schneider/Mülbert, Wertpapierhandelsrecht, 7. Aufl. 2019, Art. 25 VO 596/2014 Rn. 24; *Schramm*, in: Kalss/Oppitz/Torggler/Winner, BörseG/MAR, Art. 25 MAR Rn. 5. Zu diesem Ermessensspielraum der zuständigen Behörde vgl. *Gurlit*, in: Assmann/Schlitt/von Kopp-Colomb, Prospektrecht Kommentar, Art. 33 Rn 10.

Art. 33 ProspektVO Zusammenarbeit zwischen zuständigen Behörden

Behörde gemäß Art. 33 Abs. 5 die ESMA hiermit befassen. Klargestellt wird, dass dies nicht die Möglichkeit des Mitgliedstaats ausschließt, gegen den EU-Mitgliedstaat der ersuchten zuständigen Behörde im Rahmen eines Vertragsverletzungsverfahrens nach Art. 258 AEUV bzw. gegen Liechtenstein, Island oder Norwegen nach Art. 31 des Abkommens zwischen den EFTA-Staaten über die Errichtung einer Überwachungsbehörde und eines Gerichtshofs vorzugehen. Die angemessene Frist zur Reaktion bzw. Erfüllung des Ersuchens um Zusammenarbeit ist unter Berücksichtigung des Umfangs und des Gegenstands des Ersuchens sowie der Verpflichtung zur unverzüglichen Übermittlung im Fall von Informationsanfragen zu bestimmen.[16] ESMA kann in einem solchen Fall ein Schlichtungsverfahren nach Art. 19 ESMA-VO[17] einleiten.

16 Wurde ein Schlichtungsverfahren von ESMA eröffnet, so setzt die ESMA der ersuchenden und der ersuchten zuständigen Behörde für die Schlichtung ihrer Meinungsverschiedenheiten eine Frist. Hierbei berücksichtigt sie insbesondere die Komplexität und die Dringlichkeit der Angelegenheit.[18] Wenn die zuständigen Behörden innerhalb dieser Schlichtungsphase keine Einigung erzielen, so kann die ESMA einen Beschluss mit verbindlicher Wirkung für die betreffenden zuständigen Behörden treffen, in dem sie die zuständigen Behörden dazu verpflichtet, zur Gewährleistung der Einhaltung des Unionsrechts bestimmte Maßnahmen zu treffen.[19]

17 Besonderheiten ergeben sich in dem Fall der Involvierung der zuständigen Behörden Liechtensteins, Islands oder Norwegens.[20] Bei Meinungsverschiedenheiten zwischen den zuständigen Behörden zweier dieser genannten EWR-Mitgliedstaaten führt die EFTA-Aufsichtsbehörde das Schlichtungsverfahren und ist daran anschließend befugt, einen rechtsverbindlichen Beschluss zu fassen. Bei Meinungsverschiedenheiten zwischen der zuständigen Behörde eines dieser genannten EWR-Mitgliedstaaten einerseits und der zuständigen Behörde eines EU-Mitgliedstaats andererseits sind für das Schlichtungsverfahren und eine daran anschließende Beschlussfassung die ESMA und die EFTA-Aufsichtsbehörde gemeinsam zuständig.

18 Darüber hinaus steht es der ESMA und gegebenenfalls der EFTA-Überwachungsbehörde gemäß Art. 17 ESMA-VO[21] offen, ein Verfahren zur Untersuchung einer Verletzung oder Nichtanwendung des EWR-Rechts durchzuführen und eine Empfehlung an die betroffene

---

16 *Döhmel*, in: Assmann/Uwe H. Schneider/Mülbert, Wertpapierhandelsrecht, 7. Aufl. 2029, Art. 25 VO 596/2014 Rn. 29.
17 Verordnung (EU) Nr. 1095/2010 des Europäischen Parlaments und des Rates vom 24.11.2010 zur Errichtung einer Europäischen Aufsichtsbehörde (Europäische Wertpapier- und Marktaufsichtsbehörde), zur Änderung des Beschlusses Nr. 716/2009/EG und zur Aufhebung des Beschlusses 2009/77/EG der Kommission i.d.g.F.
18 Art. 19 Abs. 2 VO (EU) Nr. 1095/2010.
19 Art. 19 Abs. 3 VO (EU) Nr. 1095/2010.
20 Bzgl. der für diese Länder geltenden Anpassungen der ESMA-VO siehe den Beschluss des Gemeinsamen EWR-Ausschusses Nr. 201/2016 vom 30.9.2016 zur Änderung von Anhang IX (Finanzdienstleistungen) des EWR-Abkommens, ABl. 2017 L 46, S. 22. Zur Ergänzung von Art. 33 Abs. 5 EU-ProspV um die Möglichkeit der Befassung der EFTA-Aufsichtsbehörde siehe Art. 2 lit. e Beschluss des Gemeinsamen EWR-Ausschusses Nr. 84/2019 vom 29.3.2019 zur Änderung von Anhang IX (Finanzdienstleistungen) des EWR-Abkommens, ABl. 2019 L 235, S. 6.
21 Zur entsprechenden Befugnis der EFTA-Überwachungsbehörde siehe Beschluss des Gemeinsamen EWR-Ausschusses Nr. 201/2016 vom 30.9.2016 zur Änderung von Anhang IX (Finanzdienstleistungen) des EWR-Abkommens, ABl. 2017 L 46, S. 22.

zuständige Behörde zu richten, in der die Maßnahmen erläutert werden, die zur Einhaltung des EWR-Rechts ergriffen werden müssen. Wenn die betroffene zuständige Behörde dieser Empfehlung innerhalb eines Monats nicht nachkommt, so kann die Kommission oder gegebenenfalls die EFTA-Überwachungsbehörde eine förmliche Stellungnahme erlassen, in der die zuständige Behörde aufgefordert wird, die zur Einhaltung des EWR-Rechts erforderlichen Maßnahmen zu ergreifen.

V. Durchführungsermächtigungen

1. Technische Regulierungsstandards zur Präzisierung der auszutauschenden Informationen

Die **ESMA** wird in Art. 33 Abs. 6 UAbs. 1 dazu ermächtigt, **technische Regulierungs-** 19
standards zur Präzisierung der gemäß Art. 33 Abs. 1 zwischen den zuständigen Behörden auszutauschenden Informationen auszuarbeiten. Durch eine solche Präzisierung soll ein einheitliches europaweites harmonisiertes Verständnis aller zuständigen Behörden darüber sichergestellt werden, was für Informationen von der Zusammenarbeitsverpflichtung des Art. 33 tatsächlich erfasst sind. Art. 33 Abs. 6 UAbs. 2 überträgt der **Kommission** die Befugnis, die von ESMA ausgearbeiteten technischen Regulierungsstandards gemäß Art. 10 bis 14 ESMA-VO zu erlassen.

Technische Regulierungsstandards sind technischer Art und beinhalten keine strategi- 20
schen oder politischen Entscheidungen.[22] Bevor ESMA die technischen Regulierungsstandards der Kommission zur Billigung übermittelt, führt die Behörde offene öffentliche Anhörungen zu deren Entwurf durch, holt – außer bei Unverhältnismäßigkeit solcher Anhörungen oder einer besonderen Dringlichkeit – eine Stellungnahme der bei der ESMA angesiedelten Interessengruppe Wertpapier und Wertpapiermärkte ein und analysiert die potenziell anfallenden Kosten und den Nutzen.[23] Legt die Behörde der Kommission einen Entwurf technischer Regulierungsstandards vor, so leitet die Kommission diesen umgehend an das Europäische Parlament und den Rat weiter und entscheidet innerhalb von drei Monaten, ob sie diesen billigt.[24] Die Kommission darf den Inhalt eines von der Behörde ausgearbeiteten Entwurfs eines technischen Regulierungsstandards nicht ändern, ohne sich vorher mit ESMA abgestimmt zu haben.[25] Beabsichtigt die Kommission, den Entwurf nicht oder nur teilweise zu billigen, hat die Kommission diesen an ESMA samt Erläuterungen zurückzusenden, und ESMA kann der Kommission einen neuen Entwurf innerhalb von sechs Wochen in Form einer förmlichen Stellungnahme erneut vorlegen.[26] Wird ein Entwurf oder ein erneut vorgelegter abgeänderter Entwurf durch die Kommission gebilligt, so werden die technischen Regulierungsstandards als **Delegierte Verordnung** gemäß **Art. 290 AEUV** erlassen, im Amtsblatt der Europäischen Union veröffentlicht. Sie treten an dem darin genannten Datum in Kraft.[27]

---

22 Art. 10 Abs. 1 UAbs. 1 VO (EU) Nr. 1095/2010. Vgl. *Gellermann*, in: Streinz, EUV/AEUV, Art. 290 Rn. 5; *Schusterschitz*, in: Mayer/Stöger, EUV/AEUV, Art. 290 Rn. 14 ff.
23 Art. 10 Abs. 1 UAbs. 3 VO (EU) 1095/2010.
24 Art. 10 Abs. 1 UAbs. 4 und 5 VO (EU) 1095/2010.
25 Art. 10 Abs. 1 UAbs. 8 VO (EU) 1095/2010.
26 Art. 10 Abs. 1 UAbs. 6 und 7 VO (EU) 1095/2010.
27 Art. 10 Abs. 1 UAbs. 4 VO (EU) 1095/2010.

21 Bislang sind entsprechende technische Regulierungsstandards oder ein diesbezüglicher Entwurf nicht veröffentlicht worden.

2. Technische Durchführungsstandards zur Festlegung von Standardformularen, Mustertexten und Verfahren für die Zusammenarbeit

22 Art. 33 Abs. 7 UAbs. 1 ermächtigt **ESMA** dazu, **technische Durchführungsstandards** zur Festlegung von Standardformularen, Mustertexten und Verfahren für die Zusammenarbeit und den Austausch von Informationen zwischen den zuständigen Behörden ausarbeiten. Hierdurch sollen Informations- und Kooperationsersuchen sowie die entsprechenden Verfahren formalisiert und vereinheitlicht sowie effizienter gestaltet werden. Art. 33 Abs. 7 UAbs. 2 überträgt der **Kommission** die Befugnis, die von ESMA ausgearbeiteten technischen Durchführungsstandards gemäß Art. 15 ESMA-VO zu erlassen.

23 Technische Durchführungsstandards sind technischer Art und beinhalten keine strategischen oder politischen Entscheidungen und ihr Inhalt dient dazu, die Bedingungen für die Anwendung des Art. 34 festlegen.[28] Bevor ESMA die technischen Durchführungsstandards der Kommission zur Billigung übermittelt, führt die Behörde offene öffentliche Anhörungen zu deren Entwurf durch, holt – außer bei Unverhältnismäßigkeit solcher Anhörungen oder einer besonderen Dringlichkeit – eine Stellungnahme der bei der ESMA angesiedelten Interessengruppe Wertpapier und Wertpapiermärkte ein und analysiert die potenziell anfallenden Kosten und den Nutzen.[29] Legt die Behörde der Kommission einen Entwurf technischer Durchführungsstandards vor, so leitet die Kommission diesen umgehend an das Europäische Parlament und den Rat weiter und entscheidet innerhalb von drei (erstreckbar auf vier) Monaten, ob sie diesen billigt.[30] Die Kommission darf den Inhalt eines von der Behörde ausgearbeiteten Entwurfs eines technischen Durchführungsstandards nicht ändern, ohne sich vorher mit ESMA abgestimmt zu haben.[31] Beabsichtigt die Kommission, diesen nicht oder nur teilweise zu billigen, hat die Kommission diesen an ESMA samt Erläuterungen zurückzusenden und ESMA kann der Kommission einen neuen Entwurf innerhalb von sechs Wochen in Form einer förmlichen Stellungnahme erneut vorlegen.[32] Wird ein Entwurf oder ein erneut vorgelegter abgeänderter Entwurf durch die Kommission gebilligt, so werden die technischen Durchführungsstandards als **Delegierter Rechtsakt** gemäß **Art. 291 AEUV** erlassen, im Amtsblatt der Europäischen Union veröffentlicht und treten an dem darin genannten Datum in Kraft.[33]

24 Bislang sind entsprechende technische Durchführungsstandards oder ein diesbezüglicher Entwurf nicht veröffentlicht worden.

---

28 Art. 15 Abs. 1 UAbs. 1 VO (EU) 1095/2010. Vgl. *Gellermann*, in: Streinz, EUV/AEUV, Art. 291 Rn. 10 ff.; *Schusterschitz*, in: Mayer/Stöger, EUV/AEUV, Art. 291 Rn. 5 f.
29 Art. 15 Abs. 1 UAbs. 2 VO (EU) 1095/2010.
30 Art. 15 Abs. 1 UAbs. 3 und 4 VO (EU) 1095/2010.
31 Art. 15 Abs. 1 UAbs. 7 VO (EU) 1095/2010.
32 Art. 15 Abs. 1 UAbs. 5 VO (EU) 1095/2010.
33 Art. 15 Abs. 4 VO (EU) 1095/2010.

Art. 34 ProspektVO
Zusammenarbeit mit der ESMA

(1) Die zuständigen Behörden arbeiten für die Zwecke dieser Verordnung gemäß der Verordnung (EU) Nr. 1095/2010 mit der ESMA zusammen.

(2) Die zuständigen Behörden stellen der ESMA gemäß Artikel 35 der Verordnung (EU) Nr. 1095/2010 unverzüglich alle für die Erfüllung ihrer Aufgaben erforderlichen Informationen zur Verfügung.

(3) Um einheitliche Bedingungen für die Anwendung dieses Artikels sicherzustellen, kann die ESMA Entwürfe technischer Durchführungsstandards zur Festlegung der Verfahren und Formen des Informationsaustauschs gemäß Absatz 2 ausarbeiten.

Der Kommission wird die Befugnis übertragen, die in Unterabsatz 1 genannten technischen Durchführungsstandards gemäß Artikel 15 der Verordnung (EU) Nr. 1095/2010 zu erlassen.

<u>Beschluss des Gemeinsamen EWR-Ausschusses Nr. 84/2019 vom 29. März 2019 zur Änderung von Anhang IX (Finanzdienstleistungen) des EWR-Abkommens</u>

Artikel 1

Anhang IX des EWR-Abkommens wird wie folgt geändert:

[...]

2. Nach Nummer 29bc (Delegierte Verordnung (EU) 2016/301 der Kommission) wird Folgendes eingefügt:

„29bd. **32017 R 1129**: Verordnung (EU) 2017/1129 des Europäischen Parlaments und des Rates vom 14. Juni 2017 über den Prospekt, der beim öffentlichen Angebot von Wertpapieren oder bei deren Zulassung zum Handel an einem geregelten Markt zu veröffentlichen ist und zur Aufhebung der Richtlinie 2003/71/EG (ABl. L 168 vom 30.6.2017, S. 12)

Die Verordnung gilt für die Zwecke dieses Abkommens mit folgenden Anpassungen:

[...]

f) In Artikel 34 Absatz 1 werden für die EFTA-Staaten nach dem Wort ‚ESMA' die jeweils grammatisch korrekte Form der Wörter ‚und die EFTA-Überwachungsbehörde' eingefügt."

Übersicht

	Rn.		Rn.
I. Regelungsgegenstand des Art. 34	1	IV. Pflicht zur Informationsübermittlung an die ESMA	7
II. Die Europäische Wertpapier- und Marktaufsichtsbehörde	4	V. Durchführungsermächtigungen	11
III. Pflicht zur Zusammenarbeit mit der ESMA	6		

I. Regelungsgegenstand des Art. 34

1 Art. 34 normiert die Verpflichtung der zuständigen Behörden, für die Zwecke dieser Verordnung mit der ESMA zusammenzuarbeiten (→ Rn. 6) sowie der ESMA unverzüglich alle für die Erfüllung ihrer Aufgaben erforderlichen Informationen zur Verfügung zu stellen (→ Rn. 7 ff.). Hierbei legt die Bestimmung keine konkreten Erfordernisse fest, sondern verweist auf die Bestimmungen der ESMA-VO,[1] die ohnehin gemäß Art. 2 Abs. 2 ESMA-VO im Rahmen der Prospektaufsicht anwendbar sind. Weiters ermächtigt Abs. 3 die Kommission zum Erlass technischer Durchführungsstandards zur Festlegung der Verfahren und Formen des Informationsaustauschs zwischen den zuständigen Behörden und ESMA (→ Rn. 16 ff.).

2 Die EU-ProspektRL[2] sah bereits in ihrem Art. 22 allgemein gehaltene Bestimmungen bezüglich der Zusammenarbeit der zuständigen Behörden mit der ESMA vor. Da es sich bei den Bestimmungen der EU-ProspektRL um Richtlinienbestimmungen handelte, die einer Umsetzung in das nationalstaatliche Recht bedürfen, war Art. 22 EU-ProspektRL in Hinblick auf die Zusammenarbeit mit der ESMA in § 28a WpPG a.F. umgesetzt worden.[3] Aufgrund der ausreichenden Bestimmtheit und der direkten Anwendbarkeit der Verordnungsbestimmung des Art. 33 und der in diesem genannten Bestimmungen der ESMA-VO wurde § 28a WpPG a.F. aufgehoben und die Zusammenarbeit der zuständigen Behörden mit der ESMA ist nunmehr einheitlich in Art. 34 geregelt.[4]

3 Fraglich erscheint auf einen ersten Blick der Zusammenhang von Art. 33 und Art. 34. Denn bei genauer Betrachtung der Bestimmungen der ProspektVO fällt auf, dass sich die Pflicht zur Zusammenarbeit der zuständigen Behörden mit der ESMA bereits aus Art. 33, der die Zusammenarbeit der zuständigen Behörden mit anderen zuständigen Behörden als auch mit der ESMA regelt, ergeben würde. Systematisch kann angenommen werden, dass Art. 33 eine allgemeine Zusammenarbeitsverpflichtung der zuständigen Behörden mit ESMA statuiert, während Art. 34 als lex specialis anzusehen ist, die insbesondere darauf hinweist – ohne hierdurch neues Recht zu begründen –, dass hinsichtlich der Zusammenarbeit mit ESMA die einschlägigen Bestimmungen der ESMA-VO anwendbar sind.

II. Die Europäische Wertpapier- und Marktaufsichtsbehörde

4 Ein Großteil der europäischen **Zusammenarbeit** erfolgte bis Ende Dezember 2010 über die Mitarbeit der europäischen Wertpapieraufsichtsbehörden beim Ausschuss der Europäischen Aufsichtsbehörden für das Wertpapierwesen (**CESR**). In dessen Gremien einig-

---

1 Verordnung (EU) Nr. 1095/2010 des Europäischen Parlaments und des Rates vom 24.11.2010 zur Errichtung einer Europäischen Aufsichtsbehörde (Europäische Wertpapier- und Marktaufsichtsbehörde), zur Änderung des Beschlusses Nr. 716/2009/EG und zur Aufhebung des Beschlusses 2009/77/EG der Kommission i.d.g.F.
2 Richtlinie 2003/71/EG des Europäischen Parlaments und des Rates vom 4.11.2003 betreffend den Prospekt, der beim öffentlichen Angebot von Wertpapieren oder bei deren Zulassung zum Handel zu veröffentlichen ist, und zur Änderung der Richtlinie 2001/34/EG.
3 Siehe zu § 28a WpPG a.F. *Müller*, in: Berrar/Meyer/Müller et al., WpPG/EU-ProspektVO, 2. Aufl., § 28a WpPG.
4 Begründung zu Nr. 24 (Aufhebung der bisherigen §§ 28 bis 30) WpPG, BT-Drucks. 19/8005, S. 54.

ten sich die europäischen Aufsichtsbehörden beispielsweise auf gemeinsame Auslegungen für die in Prospekte aufzunehmenden Angaben und veröffentlichen diese Dokumente auf der Website vom CESR.

Als Folge der Finanzkrise 2008 beschloss die Europäische Kommission, die europäischen Finanzaufsichtssysteme zu stärken, und legte zu diesem Zweck im Herbst 2009 verschiedene Legislativvorschläge vor. Die entsprechenden Verordnungen traten Mitte Dezember 2010 in Kraft und sahen die Errichtung neuer europäischer Aufsichtsbehörden zum 1.1.2011 vor. Zu diesen Behörden gehörte auch die Europäische Wertpapier- und Börsenaufsichtsbehörde (**ESMA**), die die bisherigen Aufgaben von CESR übernahm (Art. 8 Abs. 1 lit. l ESMA-VO). Darüber hinaus hat ESMA aber auch zusätzliche Aufgaben erhalten. So trägt sie u.a. zu einer einheitlichen Anwendung des europäischen Rechts bei. Zu diesem Zweck hat sie beispielsweise folgende Befugnisse: Entwürfe für technische Regulierungs- und Durchführungsstandards zu entwickeln (Art. 10 und 15 ESMA-VO); Leitlinien und Empfehlungen zu veröffentlichen (Art. 16 ESMA-VO); bei einigen Verstößen gegen europäisches Recht den national zuständigen Behörden Maßnahmen zur Einhaltung des Unionsrechts zu empfehlen (Art. 17 Abs. 3 ESMA-VO); sofern dadurch nicht in die haushaltspolitische Zuständigkeit der Mitgliedstaaten eingegriffen wird (Art. 38 ESMA-VO), an die national zuständigen Behörden gerichtete Einzelfallentscheidungen zu erlassen (Art. 18 Abs. 3 und Art. 19 Abs. 3 ESMA-VO) und in einigen Fällen, die unmittelbar anwendbares Unionsrecht betreffen, an die Finanzmarktteilnehmer gerichtete Einzelfallentscheidungen zu erlassen (Art. 17 Abs. 6, Art. 18 Abs. 4 und Art. 19 Abs. 4 ESMA-VO). Zudem kann ESMA „peer-reviews" der nationalen Aufsichtsbehörden organisieren (Art. 30 ESMA-VO).[5]

III. Pflicht zur Zusammenarbeit mit der ESMA

Art. 34 Abs. 1 regelt die **generelle Verpflichtung** der zuständigen Behörden, für die Zwecke der ProspektVO im Rahmen der ESMA-VO zusammenzuarbeiten, ohne spezifische Bestimmungen der ESMA-VO zu benennen. Eine solche lässt sich jedoch – nicht beschränkt auf die Zwecke der ProspektVO – aus Art. 2 ESMA-VO ableiten, die normiert, dass die Teilnehmer am ESFS, nämlich u.a. die zuständigen Behörden nach den in den Geltungsbereich der ESMA-VO fallenden Rechtsakten der Union und die ESMA, im Einklang mit dem Grundsatz der loyalen Zusammenarbeit gemäß Art. 4 Abs. 3 EUV vertrauensvoll und in uneingeschränktem gegenseitigen Respekt zusammenarbeiten und insbesondere die Weitergabe von angemessenen und zuverlässigen Informationen untereinander sicherstellen. In Anbetracht der unter → Rn. 4 dargelegten unterschiedlichen Aufgaben und Befugnisse der ESMA i.S.d. ESMA-VO, in deren Regelung im Allgemeinen keine expliziten Kooperations- und Informationspflichten der zuständigen Behörden enthalten sind, können sich diese im Einzelfall zur Gewährleistung der wirksamen Erfüllung ihrer in der ESMA-VO normierten Befugnisse ergeben.

---

5 Für eine ausführlichere Darstellung der Befugnisse und Handlungsinstrumente der ESMA siehe *Gurlit*, in: Assmann/Schlitt/von Kopp-Colomb, Prospektrecht Kommentar, Art. 34 Rn. 8 ff.

IV. Pflicht zur Informationsübermittlung an die ESMA

7 Als spezieller Unterfall zu Art. 34 Abs. 1 regelt Art. 34 Abs. 2 die Verpflichtung der zuständigen Behörde zur Übermittlung von Informationen, wobei sie hierbei auf Art. 35 ESMA-VO verweist, der die zentrale Norm für die Sammlung von Informationen durch die ESMA in ihrem gesamten Zuständigkeitsbereich darstellt. Anders als in Art. 34 Abs. 1 bezieht sich die Pflicht zur Informationsübermittlung in Art. 34 Abs. 2 auf alle für ihre Aufgaben erforderlichen Informationen. Diese Bestimmung ist sohin nicht nur auf Zusammenarbeit für die Zwecke der ProspektVO beschränkt, sondern umfasst jedes Informationsverlangen in Hinblick auf eine der durch Art. 8 ESMA-VO übertragenen Aufgaben und Befugnisse.

8 Ergänzend zu Art. 35 ESMA-VO und in Einklang mit Art. 33 Abs. 3 haben die zuständigen Behörden die verlangten Informationen unverzüglich zu übermitteln. Gemäß den Kommentierungen zur vergleichbaren Bestimmung in der MAR ist „unverzüglich" als „ohne schuldhafte Verzögerung" zu verstehen, sodass die Frage nach der Rechtzeitigkeit einer Übermittlung im Einzelfall zu entscheiden ist.[6] Die Verpflichtung zur unverzüglichen Übermittlung ergibt sich nur, wenn die jeweiligen Informationen für die ESMA zur Erfüllung ihrer Aufgaben erforderlich sind (so auch Art. 35 Abs. 1 ESMA-VO), sodass eine entsprechende Verhältnismäßigkeitsprüfung vorzunehmen ist.

9 Weitere Voraussetzungen für eine Informationsübermittlung an die ESMA ergeben sich aus Art. 35 Abs. 1 ESMA-VO. Von der Pflicht zur Informationsübermittlung sind nämlich jene Informationen ausgeschlossen, zu denen eine zuständige Behörde keinen rechtmäßigen Zugang hat. Weiters wird klargestellt, dass eine etwaige Verpflichtung zur Übermittlung von Informationen, im Falle des Fehlens einer ausdrücklichen rechtlichen Bestimmung im Unionsrecht, erst durch das entsprechende Verlangen der ESMA ausgelöst wird. In einem solchen Gesuch kann die ESMA ebenfalls eine Informationsübermittlung in regelmäßigen Abständen und in vorgegebenen Formaten fordern. Gemäß Art. 35 Abs. 7 darf ESMA vertrauliche Informationen nur für die Wahrnehmung der ihr durch die ESMA-VO übertragenen Aufgaben verwenden. Weiters hat ESMA zunächst einschlägige bestehende Statistiken, die vom Europäischen Statistischen System und vom Europäischen System der Zentralbanken erstellt und verbreitet werden, zu berücksichtigen, um doppelte Berichtspflichten zu vermeiden.

10 Kommt die zuständige Behörde ihrer Verpflichtung zur Informationsübermittlung auf Verlangen nicht oder nicht rechtzeitig nach, so kann die ESMA ein gerechtfertigtes und begründetes Ersuchen um Informationen an andere Aufsichtsbehörden, an das für Finanzen zuständige Ministerium, an die nationale Zentralbank bzw. an das statistische Amt des betreffenden Mitgliedstaats oder an die betreffenden Finanzmarktteilnehmer richten, worüber sie die zuständige Behörde zu informieren hat.

---

6 *Bouchon/Schlette*, in: Fuchs, WpHG, § 7a Rn. 8; *Döhmel*, in: Assmann/Uwe H. Schneider/Mülbert, Wertpapierhandelsrecht, 7. Aufl. 2019, Art. 25 VO 596/2014 Rn. 5; *Schramm*, in: Kalss/Oppitz/Torggler/Winner, BörseG/MAR, Art. 25 MAR Rn. 6.

V. Durchführungsermächtigungen

Art. 34 Abs. 3 UAbs. 1 ermächtigt die **ESMA** dazu, **technische Durchführungsstan-** 11
dards zur Festlegung der Verfahren und Formen des Informationsaustauschs zwischen
den zuständigen Behörden und der ESMA auszuarbeiten. Hierdurch soll der Informationsaustausch zwischen den zuständigen Behörden sowie die entsprechenden Verfahren
formalisiert und vereinheitlicht sowie effizienter gestaltet werden. Art. 34 Abs. 3 UAbs. 2
überträgt der **Kommission** die Befugnis, die von ESMA ausgearbeiteten technischen
Durchführungsstandards gemäß Art. 15 ESMA-VO zu erlassen.

Technische Durchführungsstandards sind technischer Art und beinhalten keine strategi- 12
schen oder politischen Entscheidungen und ihr Inhalt dient dazu, die Bedingungen für die
Anwendung des Art. 34 festlegen.[7] Bevor ESMA die technischen Durchführungsstandards
der Kommission zur Billigung übermittelt, führt die Behörde offene öffentliche Anhörungen zu deren Entwurf durch, holt – außer bei Unverhältnismäßigkeit solcher Anhörungen
oder einer besonderen Dringlichkeit – eine Stellungnahme der bei der ESMA angesiedelten Interessengruppe Wertpapier und Wertpapiermärkte ein und analysiert die potenziell
anfallenden Kosten und den Nutzen.[8] Legt die Behörde der Kommission einen Entwurf
technischer Durchführungsstandards vor, so leitet die Kommission diesen umgehend an
das Europäische Parlament und den Rat weiter und entscheidet innerhalb von drei (erstreckbar auf vier) Monaten, ob sie diesen billigt.[9] Die Kommission darf den Inhalt eines
von der Behörde ausgearbeiteten Entwurfs eines technischen Durchführungsstandards
nicht ändern, ohne sich vorher mit ESMA abgestimmt zu haben.[10] Beabsichtigt die Kommission, diesen nicht oder nur teilweise zu billigen, hat die Kommission diesen an ESMA
samt Erläuterungen zurückzusenden und ESMA kann der Kommission einen neuen Entwurf innerhalb von sechs Wochen in Form einer förmlichen Stellungnahme erneut vorlegen.[11] Wird ein Entwurf oder ein erneut vorgelegter abgeänderter Entwurf durch die Kommission gebilligt, so werden die technischen Durchführungsstandards als **Delegierter
Rechtsakt** gemäß Art. 291 AEUV erlassen, im Amtsblatt der Europäischen Union veröffentlicht und treten an dem darin genannten Datum in Kraft.[12]

Bislang sind entsprechende technische Durchführungsstandards oder ein diesbezüglicher 13
Entwurf nicht veröffentlicht worden.

---

7 Art. 15 Abs. 1 UAbs. 1 VO (EU) 1095/2010. Vgl. *Gellermann*, in: Streinz, EUV/AEUV, Art. 291
Rn. 10 ff.; *Schusterschitz*, in: Mayer/Stöger, EUV/AEUV, Art. 291 Rn. 5 f.
8 Art. 15 Abs. 1 UAbs. 2 VO (EU) 1095/2010.
9 Art. 15 Abs. 1 UAbs. 3 und 4 VO (EU) 1095/2010.
10 Art. 15 Abs. 1 UAbs. 7 VO (EU) 1095/2010.
11 Art. 15 Abs. 1 UAbs. 5 VO (EU) 1095/2010.
12 Art. 15 Abs. 4 VO (EU) 1095/2010.

Art. 35 ProspektVO
Berufsgeheimnis

(1) Alle im Rahmen dieser Verordnung zwischen zuständigen Behörden ausgetauschten Informationen, die Geschäfts- oder Betriebsbedingungen und andere wirtschaftliche oder persönliche Angelegenheiten betreffen, gelten als vertraulich und unterliegen den Anforderungen des Berufsgeheimnisses, es sei denn, ihre Weitergabe wird von den zuständigen Behörden zum Zeitpunkt der Übermittlung für zulässig erklärt oder ist für Gerichtsverfahren erforderlich.

(2) An das Berufsgeheimnis gebunden sind alle Personen, die für die zuständige Behörde oder für Dritte, denen die zuständige Behörde Befugnisse übertragen hat, tätig sind oder waren. Die unter das Berufsgeheimnis fallenden Informationen dürfen keiner anderen Person oder Behörde bekannt gegeben werden, es sei denn, dies geschieht aufgrund von Unionsrecht oder nationalem Recht.

Beschluss des Gemeinsamen EWR-Ausschusses Nr. 84/2019 vom 29. März 2019 zur Änderung von Anhang IX (Finanzdienstleistungen) des EWR-Abkommens

Artikel 1

Anhang IX des EWR-Abkommens wird wie folgt geändert:

[...]

2. Nach Nummer 29bc (Delegierte Verordnung (EU) 2016/301 der Kommission) wird Folgendes eingefügt:

„29bd. **32017 R 1129**: Verordnung (EU) 2017/1129 des Europäischen Parlaments und des Rates vom 14. Juni 2017 über den Prospekt, der beim öffentlichen Angebot von Wertpapieren oder bei deren Zulassung zum Handel an einem geregelten Markt zu veröffentlichen ist und zur Aufhebung der Richtlinie 2003/71/EG (ABl. L 168 vom 30.6.2017, S. 12)

Die Verordnung gilt für die Zwecke dieses Abkommens mit folgenden Anpassungen:

[...]

g) In Artikel 35 Absatz 2 werden die Wörter ‚von Unionsrecht oder' durch ‚des EWR-Abkommens oder von' ersetzt."

Übersicht

	Rn.		Rn.
I. Regelungsgegenstand des Art. 35	1	III. Berufsgeheimnis bzgl. zwischen zuständigen Behörden ausgetauschten Informationen	14
II. Allgemeines Berufsgeheimnis	4		
1. Adressaten	4	IV. Berufsgeheimnis der ESMA	19
2. Umfang des allgemeinen Berufsgeheimnisses	6		
3. Ausnahmen vom allgemeinen Berufsgeheimnis	12		

I. Regelungsgegenstand des Art. 35

Art. 35 normiert das Berufsgeheimnis der zuständigen Behörde und Dritter, denen die zuständige Behörde Befugnisse im Rahmen der durch die ProspektVO geregelten Prospektaufsicht übertragen hat. Eine Regelung zum Berufsgeheimnis befand sich bereits in Art. 22 EU-ProspektRL.[1]

Mit Art. 35 vergleichbare Bestimmungen zum Berufsgeheimnis bzw. der Geheimhaltungspflicht der jeweils zuständigen Behörden finden sich in Art. 53f. CRD V,[2] Art. 76 MiFID II[3] und Art. 27 MAR.[4] Während diese drei Bestimmungen in ihrem Aufbau zuerst die allgemeine Bestimmung zum Berufsgeheimnis und erst anschließend Ausnahmen vom Berufsgeheimnis bzw. das strengere Berufsgeheimnis hinsichtlich der zwischen zuständigen Behörden ausgetauschten Informationen normieren, ist die Reihenfolge des Art. 35 in unsystematischer Weise vertauscht:[5] Die Adressaten, der Umfang, die Anforderungen und die Ausnahme des allgemeinen Berufsgeheimnisses sind in Art. 35 Abs. 2 geregelt (→ Rn. 4ff.). Bestimmte Informationen, die zwischen zuständigen Behörden der Mitgliedstaaten ausgetauscht wurden, unterliegen gemäß Art. 35 Abs. 1 einem strengeren Berufsgeheimnis (→ Rn. 14ff.).

Die im nationalen Recht verankerte Verschwiegenheitspflicht[6] der Bundesanstalt für Finanzdienstleistungsaufsicht, die im Rahmen der Anpassungen an die ProspektVO inhaltlich nicht abgeändert wurde, aber eine neue Nummerierung erhielt, findet sich in § 19 WpPG (§ 27 WpPG a.F.,[7] s. Kommentierung zu § 19 WpPG). Der österreichische Gesetzgeber hat in § 25 Kapitalmarktgesetz klargestellt, dass die Finanzmarktbehörde und die Österreichische Kontrollbank Aktiengesellschaft, an welche die Aufgaben i.Z.m. Pros-

---

1 Richtlinie 2003/71/EG des Europäischen Parlaments und des Rates vom 4.11.2003 betreffend den Prospekt, der beim öffentlichen Angebot von Wertpapieren oder bei deren Zulassung zum Handel zu veröffentlichen ist, und zur Änderung der Richtlinie 2001/34/EG.
2 Richtlinie 2013/36/EU des Europäischen Parlaments und des Rates vom 26.6.2013 über den Zugang zur Tätigkeit von Kreditinstituten und die Beaufsichtigung von Kreditinstituten und Wertpapierfirmen, zur Änderung der Richtlinie 2002/87/EG und zur Aufhebung der Richtlinien 2006/48/EG und 2006/49/EG i.d.g.F.
3 Richtlinie 2014/65/EU des Europäischen Parlaments und des Rates vom 15.5.2014 über Märkte für Finanzinstrumente sowie zur Änderung der Richtlinien 2002/92/EG und 2011/61/EU i.d.g.F.
4 Verordnung (EU) Nr. 596/2014 des Europäischen Parlaments und des Rates vom 16.4.2014 über Marktmissbrauch (Marktmissbrauchsverordnung) und zur Aufhebung der Richtlinie 2003/6/EG des Europäischen Parlaments und des Rates und der Richtlinien 2003/124/EG, 2003/125/EG und 2004/72/EG i.d.g.F.
5 Vgl. *Schramm*, in: Kalss/Oppitz/Torggler/Winner, BörseG/MAR, Art. 27–29 MAR Rn. 6. Jedoch normiert Art. 27 MAR in seinem Abs. 1 das allgemeine Berufsgeheimnis betreffend vertraulicher Informationen, welches in Abs. 3 (im Wesentlichen Art. 35 Abs. 2 ProspektVO entsprechend) näher konkretisiert wird. Art. 27 Abs. 2 MAR, der Art. 35 Abs. 1 ProspektVO entspricht, regelt den besonderen Schutz von bestimmten zwischen den zuständigen Behörden ausgetauschten Informationen. Sohin ist in Art. 27 MAR zumindest die Usance gewahrt, mit der allgemeinen Bestimmung zu beginnen, auch wenn ab Abs. 2 die Abfolge unüblich ist.
6 Vgl. *Döhmel*, in: Assmann/Uwe H. Schneider/Mülbert, Wertpapierhandelsrecht, 7. Aufl. 2019, Art. 27 VO 596/2014 Rn. 2.
7 Siehe zu § 27 WpPG a.F. *Müller*, in: Berrar/Meyer/Müller et al., WpPG/EU-ProspektVO, 2. Aufl. 2017, § 27 WpPG.

pektveröffentlichung im Rahmen des Art. 31 Abs. 2 delegiert wurde, an das in Art. 20 Abs. 3 Bundes-Verfassungsgesetz normierte Amtsgeheimnis gebunden sind.[8]

II. Allgemeines Berufsgeheimnis

1. Adressaten

4 Das Berufsgeheimnis gilt nach Art. 35 Abs. 2 Satz 1 für alle Personen, die für die **zuständige Behörde** oder für einen **Dritten**, dem die zuständige Behörde **Befugnisse übertragen** hat, tätig sind und tätig werden. Dies ist vor dem Hintergrund zu sehen, dass die Mitgliedstaaten bei der Normierung der Befugnisse der zuständigen Behörde gemäß Art. 32 Abs. 1 UAbs. 2 deren Wahrnehmung (i) in Zusammenarbeit mit anderen Behörden, (ii) unter eigener Zuständigkeit, durch Übertragung von Aufgaben an andere Behörden oder (iii) durch Antrag bei den zuständigen Justizbehörden gestalten können (→ Art. 32 Rn. 24). Adressaten des allgemeinen Berufsgeheimnisses sind sohin die zur Erfüllung der Pflichten aus der ProspektVO sowie für deren Anwendung benannten Behörden i. S. d. Art. 21 sowie Dritte, die in die Überwachung und Anwendung der ProspektVO durch die Übertragung von Befugnissen einbezogen werden.[9]

5 Als Adressaten des allgemeinen Berufsgeheimnisses werden **alle Personen** genannt, die für die zuständige Behörde oder einen unter → Rn. 1 beschriebenen Dritten **tätig** sind oder waren. Das Berufsgeheimnis wird sohin bereits durch eine einmalige Tätigkeit begründet und wirkt über die Beendigung einer Tätigkeit hinaus. Auch spielt es keine Rolle, ob die jeweilige Person im Rahmen der Aufgabenerfüllung und Überwachung der ProspektVO tätig war, da die Bestimmung eine entsprechende Beschränkung nicht vorsieht.[10]

2. Umfang des allgemeinen Berufsgeheimnisses

6 Art. 35 Abs. 2 Satz 2 stellt den allgemeinen Grundsatz auf, dass unter das Berufsgeheimnis fallende Informationen keiner anderen Person oder Behörde bekannt gegeben werden dürfen. Eine Weitergabe an keine andere Person schließt sowohl andere natürliche als auch juristische Personen ein.[11]

7 Unklar ist der Begriff der „unter das Berufsgeheimnis fallenden **Informationen**". Weder Art. 35 noch eine andere Bestimmung der ProspektVO enthalten eine Definition von Informationen. Die Bestimmungen der Art. 6 ff. verwenden zwar häufig das Wort „Informationen", beziehen sich jedoch auf jene Informationen, die in einem Prospekt, einem Registrierungsformular oder einem einheitlichen Registrierungsformular aufzunehmen sind.

---

8 Siehe hierzu: *Toman*, in: Toman/Frössel, KMG, § 25.
9 Zur Bindung an das Berufsgeheimnis von Personen, die ohne eigene Befugnisse nach Weisung der zuständigen Behörde unterstützende Tätigkeiten ausführen, siehe *Gurlit*, in: Assmann/Schlitt/von Kopp-Colomb, Prospektrecht Kommentar, Art. 35 Rn. 3.
10 Vgl. *Döhmel*, in: Assmann/Uwe H. Schneider/Mülbert, Wertpapierhandelsrecht, 7. Aufl. 2019, Art. 27 VO 596/2014 Rn. 3. A. A. *Kumpan/Grütze*, in: Schwark/Zimmer, KMRK, Art. 27 VO (EU) 596/2014 Rn. 3, der das Berufsgeheimnis auf Personen, die die Einhaltung der Bestimmungen der MAR überwachen, beschränkt.
11 *Döhmel*, in: Assmann/Uwe H. Schneider/Mülbert, Wertpapierhandelsrecht, 7. Aufl. 2019, Art. 27 VO 596/2014 Rn. 6.

Nach ständiger Rechtsprechung des Europäischen Gerichtshofs sind bei der Auslegung einer Unionsrechtsvorschrift nicht nur ihr Wortlaut, sondern auch ihr Zusammenhang und die Ziele, die mit der Regelung, zu der sie gehört, verfolgt werden, zu berücksichtigen.[12]

In Bezug auf den Kontext von Art. 35 sowie den mit ihm verfolgten Ziele ergibt sich aus dem dritten Erwägungsgrund, dass beim öffentlichen Angebot von Wertpapieren oder bei der Zulassung von Wertpapieren zum Handel an einem geregelten Markt die Offenlegung von Informationen für den Anlegerschutz von zentraler Bedeutung ist, da sie Informationsasymmetrien zwischen Anlegern und Emittenten beseitigt, und die Harmonisierung einer solchen Offenlegung die Einrichtung eines grenzüberschreitenden Pass-Mechanismus ermöglicht, der das wirksame Funktionieren des Binnenmarkts bei einem breiten Spektrum von Wertpapieren erleichtert. Ferner geht aus Art. 32 Abs. 3 hervor, dass die Mitgliedstaaten durch geeignete Maßnahmen sicherstellen, dass die zuständigen Behörden mit allen zur Wahrnehmung ihrer Aufgaben erforderlichen Aufsichts- und Ermittlungsbefugnissen ausgestattet sind und insbesondere gemäß Art. 32 Abs. 1 lit. b und lit. c von Emittenten, Anbietern, Personen, die die Zulassung zum Markt beantragt haben, kontrollierenden und kontrollierten Personen, sowohl von den jeweiligen Abschlussprüfern als auch den Geschäftsführern der zuvor genannten Personen sowie von Finanzintermediären Informationen verlangen können. Überdies schreibt Art. 56 Abs. 1 der Richtlinie 2004/39 vor, dass die zuständigen Behörden untereinander Informationen austauschen und bei Ermittlungen sowie Überwachungs- und Durchsetzungsmaßnahmen zusammenarbeiten. 8

Hieraus folgt, wie in ähnlichen Überlegungen zur Auslegung des Begriffs „vertrauliche Information" in Art. 54 MiFID (RL 2004/39/EG) vom EuGH in ständiger Rechtsprechung festgestellt, dass das wirksame Funktionieren des Systems zur Überwachung der Verpflichteten gemäß der EU-ProspV, das auf einer Überwachung innerhalb eines Mitgliedstaats und dem Informationsaustausch zwischen den Aufsichtsbehörden mehrerer Mitgliedstaaten beruht, es erfordert, dass sowohl die Beaufsichtigten als auch die jeweilige Aufsichtsbehörde sicher sein können, dass die Vertraulichkeit von Informationen grundsätzlich gewahrt bleibt.[13] In seinen Schlussanträgen in der Rechtssache Baumeister weist Generalanwalt *Yves Bot* darauf hin, dass die zuständigen Behörden eine Aufsichtstätigkeit im allgemeinen Interesse wahrnehmen, wofür sie über vollständige, seriöse und zuverlässige Informationen von den Beaufsichtigten verfügen müssen. Hierfür bedürfe es im Rahmen des Systems der Finanzmarktaufsicht des Vertrauens der Beaufsichtigten in die zuständigen Aufsichtsbehörden. Denn ohne ein Vertrauen in die Vertraulichkeit in Hinblick auf die übermittelten Informationen würde ein Anreiz geboten werden, unvollständige oder unrichtige Informationen mit dieser zu teilen.[14] 9

---

12 EuGH, 22.4.2015 – C-357/13, ECLI:EU:C:2015:253 m.w.N., Rn. 22 – Drukarnia Mutlipress; EuGH, 2.9.2015 – C-127/14, ECLI:EU:C:2015:522, Rn. 28 – Surmacs; EuGH, 17.3.2016 – C-99/15, ECLI:EU:C:2016:173, Rn. 14 – Liffers; EuGH, 18.1.2017 – C-427/15, ECLI:EU:C:2017:18, Rn. 19 – NEW WAVE CZ; EuGH, 6.10.2020 – C-181/19, ECLI:EU:C:2020:794, Rn. 61 – Jobcenter Krefeld; EuGH, 28.1.2021 – C-649/19, ECLI:EU:C:2021:75, Rn. 42 – Specializirana prokuratura.
13 EuGH, 12.11.2014 – C-140/13, ECLI:EU:C:2014:2362, Rn. 31 – Altmann u.a.; EuGH, 19.8.2018 – C-15/16, ECLI:EU:C:2018:464. Rn. 31 – Baumeister; EuGH, 13.9.2018 – C-358/16, ECLI:EU:C:2018:715, Rn. 36 – UBS Europe u.a.
14 EuGH, Schlussanträge des Generalanwalts *Yves Bot*, 12.12.2017 – C-15/16, ECLI:EU:C:2017:958, Rn. 46 ff. – Baumeister. Siehe auch EuGH, Schlussanträge des Generalanwalts *Niilo Jääskinen*, 4.9.2014 – C-140/13, ECLI:EU:C:2014:2168, Rn. 37 – Altmann u.a.

10 Diesem Gedankengang folgte der EuGH in seiner Rechtsprechung und stellt im Rahmen der MiFID fest – was, wie oben ausgeführt, auch auf die ProspektVO übertragen werden kann –, dass das Berufsgeheimnis nicht nur im Interesse der Beaufsichtigten, sondern auch im allgemeinen Interesse am normalen Funktionieren des in dem Sekundärrechtsakt geregelten Unionsmarkts gewahrt werden müsse.[15] Hieraus folgt er, dass unter das allgemeine Berufsgeheimnis die den zuständigen Behörden vorliegenden Informationen fielen, die erstens **nicht öffentlich zugänglich** seien und **bei deren Weitergabe** zweitens **die Gefahr** einer **Beeinträchtigung der Interessen der Personen**, die diese übermittelt haben, oder Dritter oder aber die Gefahr einer Beeinträchtigung des **ordnungsgemäßen Funktionierens** des vom Unionsgesetzgeber geschaffenen **Aufsichtssystems** bestünde.[16] Maßgeblicher Zeitpunkt für eine entsprechende Beurteilung ist der Zeitpunkt, an dem der jeweilige Adressat des Berufsgeheimnisses die Rechtmäßigkeit einer intendierten oder beantragten Weitergabe prüft, und nicht der Zeitpunkt, in dem dieser über die Information Kenntnis erlangte.[17] Diese Bestimmung des EuGH zur „vertraulichen Information" i. S. d. Art. 54 MiFID (RL 2004/39/EG) lässt sich auf den Begriff der „unter das Berufsgeheimnis fallenden Informationen" i. S. d. Art. 35 Abs. 2 übertragen.[18]

11 Die Bestimmung des Art. 35 Abs. 2 setzt **keine zeitliche Beschränkung** des Berufsgeheimnisses bzgl. der unter es fallenden Informationen fest. In der Rechtssache Baumeister hatte sich der Europäische Gerichtshof im Zusammenhang mit einem Antrag auf Einsicht in Unterlagen bei der Bundesanstalt für Finanzdienstleistungsaufsicht mit der Frage des zeitlichen Ausmaßes des Berufsgeheimnisses zu befassen. Hierbei differenzierte er zwischen Informationen, deren Vertraulichkeit aufgrund ihrer Bedeutung für die wirtschaftliche Stellung eines Unternehmens und der hierdurch bedingten Gefahr einer Beeinträchtigung dieses Interesses gerechtfertigt ist, und solchen, die aus anderen Gründen unter das Berufsgeheimnis fallen. Sind erstere, vom Europäischen Gerichtshof im Urteil als Geschäftsgeheimnisse bezeichnet, mindestens fünf Jahre alt, so besteht eine widerlegbare Fiktion, dass diese nicht mehr aktuell und als Folge nicht mehr als vertraulich anzusehen sind. Der Partei, die sich auf den Fortbestand des Berufsgeheimnisses beruft, obliegt der

---

15 EuGH, 12.11.2014 – C-140/13, ECLI:EU:C:2014:2362, Rn. 33 – Altmann u. a.; EuGH, 19.8.2018 – C-15/16, ECLI:EU:C:2018:464, Rn. 33 – Baumeister; EuGH, 13.9.2018 – C-358/16, ECLI:EU:C:2018:715, Rn. 38 – UBS Europe u. a.
16 EuGH, 19.8.2018 – C-15/16, ECLI:EU:C:2018:464, Rn. 35 – Baumeister; EuGH, 13.9.2018 – C-358/16, ECLI:EU:C:2018:715, Rn. 65 – UBS Europe u. a.
17 EuGH, 19.8.2018 – C-15/16, ECLI:EU:C:2018:464, Rn. 51 – Baumeister.
18 A. A. *Döhmel*, in: Assmann/Uwe H. Schneider/Mülbert, Wertpapierhandelsrecht, 7. Aufl. 2019, Art. 26 VO 596/2014 Rn. 7, und *Kumpan/Grütze*, in: Schwark/Zimmer, KMRK, Art. 27 VO (EU) 596/2014 Rn. 5, die sich auf die Schlussanträge des Generalanwalts *Niilo Jääskinen* in der Rechtssache Altmann u. a. beziehen, nach dessen Ansicht drei Arten von Verschwiegenheitspflichten, nämlich das Berufsgeheimnis, das Betriebsgeheimnis und das aufsichtsrechtliche Geheimnis, bestünden, dem Folgendes entgegenzusetzen ist. Das Urteil in der Rechtssache Altmann u. a. bezieht sich in seiner Rn. 32 nur auf die in den Schlussanträgen in Rn. 37 dargelegte Gefahr, fehlendes Vertrauen der Beaufsichtigung in die Vertraulichkeit der Informationen könne deren reibungslose Übermittlung verhindern. Das Urteil bestätigt jedoch nicht die in den Schlussanträgen genannten drei Arten von Verschwiegenheitspflichten. Diese bilden vielmehr nur den Inhalt des entsprechenden Schlussantrags, der als bloßes Rechtsgutachten zwar als Erkenntnisquelle für den Fall herangezogen werden kann, wenn der EuGH diesem folgt oder Teile von diesem durch Verweis unmittelbar zum Inhalt des Urteils macht, dem jedoch keine normative Qualität zukommt (vgl. *Laenarts/Maselis/Gutman*, EU Procedural Law, Rn. 2.16).

Beweis dafür, dass die Informationen trotz ihres Alters ausnahmsweise weiterhin wesentliche Bestandteile ihrer eigenen wirtschaftlichen Stellung oder jener von betroffenen Dritten sind. Dies gilt jedoch nicht für sonstige Informationen, die aus anderen Gründen als ihrer Bedeutung für die wirtschaftliche Stellung eines Unternehmens gerechtfertigt sein könnten, wie beispielsweise für von der Aufsichtsbehörde angewandte Methoden und Strategien.[19]

3. Ausnahmen vom allgemeinen Berufsgeheimnis

Art. 35 Abs. 2 Satz 2 normiert eine Ausnahme zum allgemeinen Verbot der Weitergabe von unter das Berufsgeheimnis fallenden Information. Hiernach dürfen diese Informationen an andere Personen oder Behörden bekannt gegeben werden, wenn zu einer solchen Weitergabe innerhalb einer europarechtlichen oder mitgliedstaatlichen Norm ermächtigt wird. Als Beispiel für eine europarechtliche Ermächtigung sei Art. 35 ESMA-VO[20] genannt, der zur Weitergabe aller Informationen, welche die ESMA zur Wahrnehmung ihrer Aufgaben benötigt, ermächtigt (→ Art. 34 Rn. 9 ff.). Weiters könnten beispielsweise prospektaufsichtsrelevante Informationen, die von einer Aufsichtsbehörde im Rahmen ihrer Befugnisse und Aufgaben gemäß MiFID II (RL 2014/65/EU) erlangt wurden, gemäß der Austauschermächtigung in den mitgliedstaatlichen Umsetzungsbestimmungen des Art. 81 MiFID II weitergegeben werden.[21]

12

Die einschlägige Ermächtigung (bzw. Pflicht) zur Weitergabe von Informationen an zuständige Behörden von EWR-Mitgliedstaaten für Zwecke der ProspektVP ist in Art. 33 Abs. 1 und Art. 33 Abs. 3 geregelt (→ Art. 33 Rn. 4 ff.; zum besonderen Schutz so weitergebener Informationen → Rn. 14 ff.). Art. 30 ermächtigt zuständige Behörden zur Weitergabe von Informationen an Aufsichtsbehörden von Drittstaaten im Rahmen einer Kooperationsvereinbarung, zu deren Voraussetzungen zählt, dass die Garantien zum Schutz des Berufsgeheimnisses jenen des Art. 33 mindestens gleichwertig sind (→ Art. 30 Rn. 9).

13

III. Berufsgeheimnis bzgl. zwischen zuständigen Behörden ausgetauschten Informationen

Art. 35 Abs. 1 normiert Besonderheiten in Hinblick auf das Berufsgeheimnis bzgl. Informationen, die **zwischen den zuständigen Behörden** ausgetauscht werden. Durch diese Sonderbestimmung sollen das gegenseitige Vertrauen der EWR-Behörden in ihrer Zusammenarbeit im Rahmen der Prospektaufsicht und ein reibungsloser Informationsaustausch sichergestellt werden.[22]

14

---

19 EuGH, 19.8.2018 – C-15/16, ECLI:EU:C:2018:464. Rn. 52 ff. – Baumeister.
20 Verordnung (EU) Nr. 1095/2010 des Europäischen Parlaments und des Rates vom 24.11.2010 zur Errichtung einer Europäischen Aufsichtsbehörde (Europäische Wertpapier- und Marktaufsichtsbehörde), zur Änderung des Beschlusses Nr. 716/2009/EG und zur Aufhebung des Beschlusses 2009/77/EG der Kommission i.d.g.F.
21 Vgl. Schramm, in: Kalss/Oppitz/Torggler/Winner, BörseG/MAR, Art. 27–29 MAR Rn. 7.
22 Vgl. Döhmel, in: Assmann/Uwe H. Schneider/Mülbert, Wertpapierhandelsrecht, 7. Aufl. 2019, Art. 27 VO 596/2014 Rn. 10.

Art. 35 ProspektVO Berufsgeheimnis

15 Art. 35 Abs. 1 nennt als Anknüpfungspunkt alle **im Rahmen der ProspektVO** zwischen den zuständigen Behörden ausgetauschten Informationen, die **Geschäfts- oder Betriebsbedingungen und andere wirtschaftliche oder persönliche Angelegenheiten** betreffen. Die entsprechenden Informationen fallen sohin nur in dem Fall unter diese Bestimmung, wenn sie im Rahmen – und somit gemäß Art. 33 Abs. 1 für Zwecke – der ProspektVO zwischen den zuständigen Behörden ausgetauscht wurden. Informationen, die Geschäfts- oder Betriebsbedingungen betreffen, fallen unter den besonderen Schutz, was nach deutschem Verständnis eine deutliche Ausweitung der Anwendbarkeit gegenüber den Termini des Geschäfts- oder Betriebsgeheimnisses darstellt.[23] Ebenso werden Informationen umfasst, die wirtschaftliche oder persönliche Angelegenheiten betreffen. Der Begriff der wirtschaftlichen Angelegenheiten ist an sich sehr weitgehend, da er auch Informationen bezüglich mehrerer Teilnehmer oder umfassender Erhebungen umfasst.[24] Ein solch extensives Verständnis der umfassten Informationen[25] entspricht im Übrigen auch dem Zweck (→ Rn. 14) der Bestimmung, wobei auch in diesem Fall der Begriff auf jene Informationen einzuschränken sein wird, die nicht öffentlich zugänglich sind.

16 Erfüllen Informationen die unter → Rn. 15 genannten Kriterien, **gelten sie als vertraulich** und unterliegen den Anforderungen des Berufsgeheimnisses, sodass ihre Weitergabe an Dritte grundsätzlich untersagt ist. Diese Fiktion der Vertraulichkeit greift auch dann, wenn die übermittelte Information bei der übermittelnden Behörde nicht als vertraulich einzustufen gewesen wäre.[26] Der strengere Schutz des Berufsgeheimnisses i. S. d. Art. 35 Abs. 1 zeichnet sich dadurch aus, dass diese Fiktion nur in zwei Fällen nicht greift und sohin die übermittelten Informationen als nicht vertraulich i. S. d. Verpflichtung des Berufsgeheimnisses gelten.

17 Erstens kann die informierende zuständige Behörde zum Zeitpunkt der Übermittlung eine Weitergabe für zulässig erklären (**prior consent**), wodurch sie in die Lage versetzt wird, selbst darüber zu bestimmen, ob eine an eine andere EWR-Aufsichtsbehörde übermittelte Information als vertraulich einzustufen ist. Hierdurch ist die übermittelnde Aufsichtsbehörde insbesondere in der Lage, nachzuvollziehen, ob und an wen die von ihr übermittelten Informationen weitergegeben werden könnten.[27]

18 Zweitens sind solche Informationen nicht vertraulich und dürfen auch ohne Zustimmung der übermittelnden Behörde weitergegeben werden, wenn diese **für ein Gerichtsverfahren erforderlich** sind. Durch die Verwendung des Begriffs „Gerichtsverfahren" sind hier-

---

23 Auf die gleiche Schlussfolgerung deuten bspw. die englische (business or operational conditions), französische (conditions commerciales ou opérationelles), italienische (aspetti commerciali o operativi), spanische (condiciones comerciales u operativas), kroatische (poslovni ili operativni uvjeti) und niederländische (commerciële of operationele voorwaarden) Sprachfassung des Art. 35 Abs. 2 hin.
24 Vgl. *Döhmel*, in: Assmann/Uwe H. Schneider/Mülbert, Wertpapierhandelsrecht, 7. Aufl. 2019, Art. 27 VO 596/2014 Rn. 11.
25 *Schramm*, in: Kalss/Oppitz/Torggler/Winner, BörseG/MAR, Art. 27–29 MAR Rn. 8, wirft im Kontext der beinahe wortgleichen Bestimmung des Art. 27 Abs. 2 MAR die Frage auf, ob es überhaupt im Rahmen der MAR zwischen den Aufsichtsbehörden übermittelte Information geben könne, die nicht unter diesen Informationsbegriff fielen.
26 Vgl. *Döhmel*, in: Assmann/Uwe H. Schneider/Mülbert, Wertpapierhandelsrecht, 7. Aufl. 2019, Art. 27 VO 596/2014 Rn. 12.
27 Vgl. *Döhmel*, in: Assmann/Uwe H. Schneider/Mülbert, Wertpapierhandelsrecht, 7. Aufl. 2019, Art. 27 VO 596/2014 Rn. 13.

durch nicht bloß strafrechtliche Verfahren umfasst.[28] Für eine enge Auslegung dieses Begriffs findet sich auch kein Hinweis bei einem Vergleich unterschiedlicher Sprachfassungen.[29] Jedoch muss die Weitergabe für ein Gerichtsverfahren „erforderlich" sein, was eine Verhältnismäßigkeitsprüfung durch die empfangende zuständige Behörde voraussetzt.[30] Hierdurch wird der Gefahr begegnet, dass bei einer automatischen Weitergabe in jedem Gerichtsverfahren das Berufsgeheimnis faktisch ausgehöhlt würde.[31]

IV. Berufsgeheimnis der ESMA

Art. 35 Abs. 1 konkretisiert das Berufsgeheimnis von Informationen, die zwischen zuständigen EWR-Behörden ausgetauscht werden, nicht aber solcher, die an die ESMA übermittelt wurden. Die hierfür einschlägige Bestimmung findet sich in Art. 70 ESMA-VO.[32] Hiernach unterliegen die Mitglieder des Rates der Aufseher und des Verwaltungsrats, der Exekutivdirektor, das Personal der ESMA und für die ESMA tätige vorübergehend abgeordnete Beamte und vertraglich mit Aufgaben für die ESMA betraute Personen – auch nach Beendigung ihrer jeweiligen Tätigkeit – den Anforderungen des Berufsgeheimnisses gemäß Art. 339 AEUV, der zentralen primärrechtlichen Bestimmung betreffend die Berufsgeheimniswahrung der Mitglieder der Organe, der Ausschüsse, der Beamten und sonstigen Bediensteten der Europäischen Union.[33]

19

Vertrauliche Informationen dürfen durch die genannten Adressaten des Berufsgeheimnisses mit den nationalen Aufsichtsbehörden gemäß Art. 70 i.V.m. Art. 35 ESMA-VO ausgetauscht werden. Ansonsten ist deren Weitergabe durch ESMA – sowie im Fall der Übermittlung an zuständige Behörden durch diese – nur in Fällen, die unter das Strafrecht fallen, oder in zusammengefasster Form, die eine Bestimmbarkeit einzelner Finanzmarktteilnehmer verunmöglicht, an (sonstige) Behörden oder Dritte zulässig. Jedoch ist die Nutzung dieser Informationen (auch in nicht zusammengefasster Form) für die Durchsetzung der in die Kompetenz der ESMA fallenden europäischen Rechtsakte und insbesondere für die Verfahren zum Erlass von Beschlüssen gestattet.

20

---

28 Vgl. *Kumpan/Grütze*, in: Schwark/Zimmer, KMRK, Art. 27 VO (EU) 596/2014 Rn. 57; a.A. *Döhmel*, in: Assmann/Uwe H. Schneider/Mülbert, Wertpapierhandelsrecht, 7. Aufl. 2019, Art. 27 VO 596/2014 Rn. 13, die den Begriff auf gerichtliche Ermittlungen i.S.d. Strafrechts eingeschränkt versteht.
29 So werden in der englischen Sprachfassung die Begriffe „legal proceedings", in der französischen „procédure judiciaire", in der italienischen „procedimenti giudiziari", in der spanischen „procedimiento judicial", in der niederländischen „gerechtelijke procedures" und in der kroatischen „pravni postupak" verwendet.
30 Vgl. *Kumpan/Grütze*, in: Schwark/Zimmer, KMRK, Art. 27 VO (EU) 596/2014 Rn. 57.
31 Vgl. *Döhmel*, in: Assmann/Uwe H. Schneider/Mülbert, Wertpapierhandelsrecht, 7. Aufl. 2019, Art. 27 VO 596/2014 Rn. 13, die aufgrund dieser Gefahr eine Beschränkung auf gerichtliche Ermittlungen herleitet.
32 Verordnung (EU) Nr. 1095/2010 des Europäischen Parlaments und des Rates vom 24.11.2010 zur Errichtung einer Europäischen Aufsichtsbehörde (Europäische Wertpapier- und Marktaufsichtsbehörde), zur Änderung des Beschlusses Nr. 716/2009/EG und zur Aufhebung des Beschlusses 2009/77/EG der Kommission i.d.g.F.
33 Siehe hierzu ausführlich: *Wegener*, in: Calliess/Ruffert, EUV/AEUV, Art. 339; *Steinle*, in: Streinz, EUV/AEUV, Art. 339; *Berglez*, in: Mayer/Stöger, EUV/AEUV, Art. 339.

Art. 36 ProspektVO
Datenschutz

In Bezug auf die Verarbeitung personenbezogener Daten im Rahmen dieser Verordnung führen die zuständigen Behörden ihre Aufgaben im Sinne dieser Verordnung im Einklang mit Verordnung (EU) 2016/679 aus.

Die ESMA handelt bei der Verarbeitung personenbezogener Daten im Rahmen dieser Verordnung gemäß der Verordnung (EG) Nr. 45/2001.

Übersicht

	Rn.		Rn.
I. Regelungsgegenstand des Art. 36	1	III. Verarbeitung personenbezogener Daten durch die ESMA	5
II. Verarbeitung personenbezogener Daten durch die zuständigen Behörden	2		

I. Regelungsgegenstand des Art. 36

1 Art. 36 bestimmt die Normen, die bei der Verarbeitung personenbezogener Daten im Rahmen der ProspektVO zu berücksichtigen sind, und differenziert in Hinblick auf den unterschiedlichen Anwendungsbereich der genannten Verordnungen zwischen der Verarbeitung personenbezogener Daten durch die zuständigen Behörden einerseits (→ Rn. 2 ff.) und durch die ESMA andererseits (→ Rn. 5 f.).

II. Verarbeitung personenbezogener Daten durch die zuständigen Behörden

2 Art. 36 Abs. 1 normiert, dass die zuständigen Behörden die Verarbeitung personenbezogener Daten im Rahmen ihrer Aufgaben aufgrund der ProspektVO im Einklang mit der **EU-Datenschutz-Grundverordnung (EU-DSGVO)**[1] ausführen. Hierbei sind die Begriffe der „Verarbeitung" und der „personenbezogenen Daten" im Sinne der DSGVO zu verstehen. Da die DSGVO als hinkende Verordnung mitgliedstaatlicher Durchführungsvorschriften bedarf, umfasst der Verweis auf die DSGVO auch diese in ihrem jeweiligen Geltungsbereich.[2]

3 Gemäß Art. 4 Nr. 1 DSGVO bezeichnet **„personenbezogene Daten"** alle Informationen, die sich auf eine identifizierte oder identifizierbare natürliche Person beziehen. Als identifizierbar wird eine natürliche Person angesehen, die direkt oder indirekt, insbesondere mittels Zuordnung zu einer Kennung wie einem Namen, zu einer Kennnummer, zu Standortdaten, zu einer Online-Kennung oder zu einem oder mehreren besonderen Merkmalen,

---

1 Verordnung (EU) 2016/679 des Europäischen Parlaments und des Rates vom 27.4.2016 zum Schutz natürlicher Personen bei der Verarbeitung personenbezogener Daten, zum freien Datenverkehr und zur Aufhebung der Richtlinie 95/46/EG.
2 *Gurlit*, in: Assmann/Schlitt/von Kopp-Colomb, Prospektrecht Kommentar, Art. 36 Rn. 1.

die Ausdruck der physischen, physiologischen, genetischen, psychischen, wirtschaftlichen, kulturellen oder sozialen Identität dieser natürlichen Person sind, identifiziert werden kann.[3]

Die „**Verarbeitung**" wird in Art. 4 Nr. 2 DSGVO als jeder mit oder ohne Hilfe automatisierter Verfahren ausgeführter Vorgang oder jede solche Vorgangsreihe im Zusammenhang mit personenbezogenen Daten definiert, wie das Erheben, das Erfassen, die Organisation, das Ordnen, die Speicherung, die Anpassung oder Veränderung, das Auslesen, das Abfragen, die Verwendung, die Offenlegung durch Übermittlung, Verbreitung oder eine andere Form der Bereitstellung, den Abgleich oder die Verknüpfung, die Einschränkung, das Löschen oder die Vernichtung.[4]   4

III. Verarbeitung personenbezogener Daten durch die ESMA

Art. 36 Abs. 2 bestimmt, dass die ESMA bei der Verarbeitung personenbezogener Daten im Rahmen der ProspektVO die Bestimmungen der Verordnung (EG) Nr. 45/2001 anzuwenden hat.[5] Aufgrund der Verabschiedung der DSGVO wurde eine Angleichung der Verordnung (EG) Nr. 45/2001[6] an die DSGVO notwendig, um einen soliden und kohärenten Rechtsrahmen des Datenschutzes in der Union zu gewährleisten. Zu diesem Zweck wurde die **Verordnung (EU) 2018/1725**[7] erlassen, durch deren Art. 99 die Verordnung (EG) Nr. 45/2001 mit Wirkung vom 11.12.2018 aufgehoben wurde. Gemäß demselben Artikel gelten Bezugnahmen auf die aufgehobene Verordnung als Bezugnahme auf diese Verordnung (EU) 2018/1725, sodass auch der Verweis in Art. 36 Abs. 2 entsprechend zu verstehen ist.   5

Art. 3 Nr. 1 und Nr. 3 der Verordnung (EU) 2018/1725 enthalten mit Art. 4 Nr. 1 und Nr. 2 DSGVO wortgleiche Definitionen der Begriffe „personenbezogene Daten" sowie „Verarbeitung" (→ Rn. 3 f.), sodass die „Verarbeitung personenbezogener Daten" i.S.d Art. 36 Abs. 1 und Abs. 2 im gleichen Sinne zu verstehen ist.   6

Eine Parallelbestimmung findet sich auch in Art. 71 ESMA-VO,[8] der feststellt, dass die ESMA-VO nicht die aus der Richtlinie 95/46/EG[9] erwachsenden Verpflichtungen der Mit-   7

---

3 Siehe bspw. *Hödl*, in: Knyrim, Der DatKomm, DSGVO/DSG, Art. 4 DSGVO Rn. 6 ff.
4 Siehe bspw. *Hödl*, in: Knyrim, Der DatKomm, DSGVO/DSG, Art. 4 DSGVO, Rn. 25 ff.
5 Verordnung (EG) Nr. 45/2001 des Europäischen Parlaments und des Rates vom 18.12.2000 zum Schutz natürlicher Personen bei der Verarbeitung personenbezogener Daten durch die Organe und Einrichtungen der Gemeinschaft und zum freien Datenverkehr.
6 Verordnung (EG) Nr. 45/2001 des Europäischen Parlaments und des Rates vom 18.12.2000 zum Schutz natürlicher Personen bei der Verarbeitung personenbezogener Daten durch die Organe und Einrichtungen der Gemeinschaft und zum freien Datenverkehr.
7 Verordnung (EU) 2018/1725 des Europäischen Parlaments und des Rates vom 23.10.2018 zum Schutz natürlicher Personen bei der Verarbeitung personenbezogener Daten durch die Organe, Einrichtungen und sonstigen Stellen der Union, zum freien Datenverkehr und zur Aufhebung der Verordnung (EG) Nr. 45/2001 und des Beschlusses Nr. 1247/2002/EG.
8 Verordnung (EU) Nr. 1095/2010 des Europäischen Parlaments und des Rates vom 24.11.2010 zur Errichtung einer Europäischen Aufsichtsbehörde (Europäische Wertpapier- und Marktaufsichtsbehörde), zur Änderung des Beschlusses Nr. 716/2009/EG und zur Aufhebung des Beschlusses 2009/77/EG der Kommission i.d.g.F.
9 Richtlinie 95/46/EG des Europäischen Parlaments und des Rates vom 24.10.1995 zum Schutz natürlicher Personen bei der Verarbeitung personenbezogener Daten und zum freien Datenverkehr.

Art. 36 ProspektVO Datenschutz

gliedstaaten hinsichtlich der Verarbeitung personenbezogener Daten noch die aus der Verordnung (EG) Nr. 45/2001 erwachsenden Verpflichtungen der ESMA hinsichtlich der Verarbeitung personenbezogener Daten bei der Erfüllung ihrer Aufgaben berührt. In Hinblick auf den Verweis auf Verordnung (EG) Nr. 45/2001 sei auf die Erläuterung in → Rn. 5 verwiesen. Bei der Richtlinie 95/46/EG handelt es sich um die EU-Datenschutzrichtlinie, die durch Art. 94 Abs. 1 DSGVO mit Wirkung vom 25.5.2018 aufgehoben wurde. Gemäß Art. 94 Abs. 1 gelten Bezugnahmen auf die aufgehobene Richtlinie 95/46/EG als Bezugnahme auf die EU-DSGVO. Sohmit ist Art. 71 derart zu verstehen, dass in Hinsicht auf die Verarbeitung personenbezogener Daten im Rahmen des sachlichen Anwendungsbereich der ESMA-VO die Mitgliedstaaten und insbesondere deren zuständige Behörden gemäß der einschlägigen aufsichtsrechtlichen EU-Rechtsakte die DSGVO und die ESMA-VO (EU) 2018/1725 zu beachten haben.

Art. 37 ProspektVO
Vorsichtsmaßnahmen

(1) Hat die zuständige Behörde des Aufnahmemitgliedstaats klare und nachweisliche Gründe für die Annahme, dass von dem Emittenten, dem Anbieter oder der die Zulassung zum Handel an einem geregelten Markt beantragenden Person oder von den mit der Platzierung des öffentlichen Angebots von Wertpapieren beauftragten Finanzintermediären Unregelmäßigkeiten begangen worden sind oder dass diese Personen den Pflichten, die ihnen aus dieser Verordnung erwachsen, nicht nachgekommen sind, so befasst sie die zuständige Behörde des Herkunftsmitgliedstaats und die ESMA mit diesen Feststellungen.

(2) Verstoßen der Emittent, der Anbieter oder die die Zulassung zum Handel an einem geregelten Markt beantragende Person oder die mit der Platzierung des öffentlichen Angebots von Wertpapieren beauftragten Finanzintermediären trotz der von der zuständigen Behörde des Herkunftsmitgliedstaats ergriffenen Maßnahmen weiterhin gegen diese Verordnung, so ergreift die zuständige Behörde des Aufnahmemitgliedstaats nach vorheriger Unterrichtung der zuständigen Behörde des Herkunftsmitgliedstaats und der ESMA alle für den Schutz der Anleger erforderlichen Maßnahmen und unterrichtet die Kommission und die ESMA unverzüglich darüber.

(3) Ist eine zuständige Behörde nicht mit einer von einer anderen zuständigen Behörde nach Absatz 2 getroffenen Maßnahme einverstanden, so kann sie die Angelegenheit der ESMA zur Kenntnis bringen. Die ESMA kann im Rahmen der ihr durch Artikel 19 der Verordnung (EU) Nr. 1095/2010 übertragenen Befugnisse tätig werden.

<u>Beschluss des Gemeinsamen EWR-Ausschusses Nr. 84/2019 vom 29. März 2019 zur Änderung von Anhang IX (Finanzdienstleistungen) des EWR-Abkommens</u>

Artikel 1
Anhang IX des EWR-Abkommens wird wie folgt geändert:
[...]

2. Nach Nummer 29bc (Delegierte Verordnung (EU) 2016/301 der Kommission) wird Folgendes eingefügt:

„29bd. **32017 R 1129**: Verordnung (EU) 2017/1129 des Europäischen Parlaments und des Rates vom 14. Juni 2017 über den Prospekt, der beim öffentlichen Angebot von Wertpapieren oder bei deren Zulassung zum Handel an einem geregelten Markt zu veröffentlichen ist und zur Aufhebung der Richtlinie 2003/71/EG (ABl. L 168 vom 30.6.2017, S. 12)

Die Verordnung gilt für die Zwecke dieses Abkommens mit folgenden Anpassungen:

[...]

h) In Artikel 37 Absatz 3 wird nach dem Wort ‚ESMA' die jeweils grammatisch korrekte Form der Wörter ‚oder gegebenenfalls der EFTA-Überwachungsbehörde' eingefügt."

Art. 37 ProspektVO Vorsichtsmaßnahmen

Übersicht

	Rn.		Rn.
I. Regelungsgegenstand des Art. 37	1	III. Ergreifen von Maßnahmen durch die zuständige Behörde des Aufnahmemitgliedstaats	7
II. Hinweis auf Unregelmäßigkeiten und Verstöße an die zuständige Behörde des Herkunftsmitgliedstaates und die ESMA	3	IV. Befassen der ESMA bzw. der EFTA-Aufsichtsbehörde bei Meinungsverschiedenheiten	10

I. Regelungsgegenstand des Art. 37

1 Art. 37 ist Ausdruck des mit dem europäischen Pass für Prospekte verbundenen Herkunftslandprinzips.[1] Die Norm regelt ebenso wie Art. 24 ff. behördliche Zuständigkeiten innerhalb des EWR. Die Vorschrift stellt klar, dass die Behörde des Aufnahmemitgliedstaates bei Verstößen gegen Regelungen der ProspektRL nur sehr begrenzt tätig werden darf (Art. 37 Abs. 2). Zunächst hat die zuständige Behörde des Aufnahmemitgliedstaats die zuständige Behörde des Herkunftsmitgliedstaates und die ESMA über in ihre Kenntnis gelangte Verstöße von Verpflichteten unter der ProspektVO zu unterrichten (→ Rn. 3 ff.). Nur wenn sich der Verpflichtete an Maßnahmen der zuständigen Behörde des Herkunftsmitgliedstaates nicht hält, können solche von der Aufnahmestaatsbehörde ergriffen werden (→ Rn. 7 ff.). Art. 37 Abs. 3 sieht die Möglichkeit vor, die ESMA in Fällen von Meinungsverschiedenheiten der zuständigen Behörde des Herkunftsmitgliedstaats bzgl. der durch die zuständige Behörde des Aufnahmemitgliedstaats ergriffenen Maßnahmen zu befassen (→ Rn. 10 ff.). Mit Art. 37 ProspektVO vergleichbare Bestimmungen finden sich bspw. in Art. 86 MiFID II[2] und Art. 25 Abs. 5 MAR.[3]

2 Die EU-ProspektRL[4] sah in Art. 23 eine den Art. 37 Abs. 1 und Abs. 2 entsprechende Bestimmung vor. Da es sich bei den Bestimmungen der EU-ProspektRL um Richtlinienbestimmungen handelte, die einer Umsetzung in das nationalstaatliche Recht bedürfen, war Art. 23 EU-ProspektRL in § 29 WpPG a. F. umgesetzt worden.[5] Aufgrund der ausreichenden Bestimmtheit und der direkten Anwendbarkeit der Verordnungsbestimmung des Art. 37 wurde § 29 WpPG a. F. aufgehoben und die Regelungen zu Vorsichtsmaßnahmen sind nunmehr einheitlich in Art. 37 ProspektVO geregelt.[6]

---

1 Siehe hierzu auch *Gurlit*, in: Assmann/Schlitt/von Kopp-Colomb, Prospektrecht Kommentar, Art. 37 Rn. 1 ff.
2 Richtlinie 2014/65/EU des Europäischen Parlaments und des Rates vom 15.5.2014 über Märkte für Finanzinstrumente sowie zur Änderung der Richtlinien 2002/92/EG und 2011/61/EU i.d.g.F.
3 Verordnung (EU) Nr. 596/2014 des Europäischen Parlaments und des Rates vom 16.4.2014 über Marktmissbrauch (Marktmissbrauchsverordnung) und zur Aufhebung der Richtlinie 2003/6/EG des Europäischen Parlaments und des Rates und der Richtlinien 2003/124/EG, 2003/125/EG und 2004/72/EG der Kommission i.d.g.F.
4 Richtlinie 2003/71/EG des Europäischen Parlaments und des Rates vom 4.11.2003 betreffend den Prospekt, der beim öffentlichen Angebot von Wertpapieren oder bei deren Zulassung zum Handel zu veröffentlichen ist, und zur Änderung der Richtlinie 2001/34/EG.
5 Siehe zu § 29 WpPG a. F. *Müller*, in: Berrar/Meyer/Müller et al., WpPG/EU-ProspektVO, 2. Aufl. 2017, § 29 WpPG.
6 Begründung zu Nr. 24 (Aufhebung der bisherigen §§ 28 bis 30) WpPG, BT-Drucks. 19/8005, S. 54.

II. Hinweis auf Unregelmäßigkeiten und Verstöße an die zuständige Behörde des Herkunftsmitgliedstaates und die ESMA

Art. 37 Abs. 1 sieht eine Informationsübermittlung für den Fall vor, dass klare und nachweisliche Gründe für die Annahme sprechen, dass von (i) **Emittenten**, (ii) Anbietern, (iii) der Person, die die Zulassung zum Handel an einem geregelten Markt beantragt hat, oder (iv) Finanzintermediären, die mit der Platzierung des öffentlichen Angebots von Wertpapieren beauftragt wurden, entweder **Unregelmäßigkeiten** oder **Verstöße gegen die Bestimmungen der ProspektVO** begangen wurden. Art. 37 Abs. 1 ermächtigt die Aufsichtsbehörde des Aufnahmemitgliedstaats zur Übermittlung der entsprechenden Informationen an die zuständige Behörde des Herkunftsmitgliedstaats. Die übermittelten Informationen unterliegen dem Berufsgeheimnis gemäß der Bestimmungen des Art. 35 Abs. 1.

3

Liegen **klare und nachweisliche Gründe** für die Annahme von Unregelmäßigkeiten vor, so liegt das „ob" der Übermittlung nach Art. 33 Abs. 1 nicht mehr im Ermessen der zuständigen Behörde des Aufnahmemitgliedstaats. Hierdurch wurde diese **Pflicht zur Informationsübermittlung** im Gegensatz zu Art. 23 ProspektRL (bzw. § 29 WpPG a. F.)[7] deutlich erweitert, da diese nun nicht erst bei einer Feststellung eines Verstoßes, sondern bereits bei klaren und nachweislichen Anhaltspunkten bzgl. von sowohl Pflichtverstößen als auch Unregelmäßigkeiten, die jedes verdächtige Marktverhalten umfassen können, ausgelöst wird. Bis sich erste Anhaltspunkte oder Verdachtsmomente genügend verdichten, um ausreichend klar und begründet zu sein, muss die zuständige Behörde zunächst Vorsichtsmaßnahmen zur Sachverhaltsaufklärung einleiten. Dies ist vor dem Hintergrund der Ziele der ProspektVO, Anlegerschutz und Markteffizienz zu fördern, sinnvoll.[8]

4

Die zuständige Behörde des Aufnahmemitgliedstaats hat Informationen nach Art. 37 Abs. 1 sowohl **an die zuständige Behörde des Herkunftsmitgliedstaats** als auch an ES-MA zu übermitteln.

5

In Ausnahmefällen kann es – wegen des Zusammenspiels von Art. 37 Abs. 1 und 2 – geboten sein, eine Übermittlung von Informationen an die zuständige Behörde des Herkunftsmitgliedstaats gemäß Art. 37 Abs. 1 mit einem Ersuchen an diese Behörde nach Art. 33 Abs. 1 zu verbinden. Dabei ist Ziel des Ersuchens die Feststellung eines Verstoßes, während es Ziel der Bezugnahme auf Art. 37 Abs. 1 ist, im Anschluss zeitnah Maßnahmen nach Art. 37 Abs. 2 prüfen zu können. Denkbar ist dies in besonders gelagerten Fällen, wenn beispielsweise ein Handeln einer anderen Behörde nicht zu erwarten ist. In diesen Fällen können Vorsichtsmaßnahmen bei Anhaltspunkten für einen Verstoß auf Art. 37 Abs. 1 gestützt werden. Anderenfalls könnten mangels Beachtung von Art. 37 Abs. 1 keine zeitnahen Maßnahmen nach Art. 37 Abs. 2 erlassen werden. Dies wäre jedoch mit den Zielen der ProspektRL, Anlegerschutz und Markteffizienz zu fördern, nicht vereinbar. Insbesondere bei unberechtigten öffentlichen Angeboten könnte aus Gründen des Anlegerschutzes ein schnelles Einschreiten der zuständigen Behörde des Aufnahmemitgliedstaats geboten sein.

6

---

7 Siehe *Müller*, in: Berrar/Meyer/Müller et al., WpPG/EU-ProspektVO, 2. Aufl., § 29 WpPG Rn. 10 ff.
8 Siehe Erwägungsgrund 10 ProspektVO.

III. Ergreifen von Maßnahmen durch die zuständige Behörde des Aufnahmemitgliedstaats

7   Art. 37 Abs. 2 regelt die Voraussetzungen, unter denen die zuständige Behörde des Aufnahmemitgliedstaats Maßnahmen ergreifen kann. Dies setzt voraus, dass **trotz der von der zuständigen Behörde des Herkunftsstaates ergriffenen Maßnahmen** gegen die Bestimmungen der ProspektVO verstoßen wird. Der Verstoß im Sinne des Art. 37 Abs. 1 muss noch bestehen.

8   Liegen die oben genannten Voraussetzungen vor, kann die zuständige Behörde des Aufnahmemitgliedstaats gemäß Art. 37 Abs. 2 Satz 1 **nach vorheriger Unterrichtung** der zuständigen Behörde des Herkunftsmitgliedstaats und der ESMA alle **erforderlichen Maßnahmen** ergreifen. Dabei ist dies für den Schutz des Publikums erforderlich, wenn ein Verstoß gegen die Bestimmungen der ProspektVO vorliegt und die entsprechende Maßnahme zur Herstellung eines rechtmäßigen Zustands geeignet und notwendig ist. Der Begriff Maßnahmen in Art. 37 Abs. 2 meint die der zuständigen Behörde des Aufnahmemitgliedstaats aufgrund anderer Normen der ProspektVO (insbesondere Art. 32) zustehenden Befugnisse.

9   Nach Art. 37 Abs. 2 Satz 2 sind zudem die **ESMA** und die **Europäische Kommission** zum frühestmöglichen Zeitpunkt über die ergriffenen Maßnahmen **zu unterrichten**. Diese Regelung soll die Beachtung des Herkunftslandprinzips durch die Behörde des Aufnahmestaates sicherstellen.

IV. Befassen der ESMA bzw. der EFTA-Aufsichtsbehörde bei Meinungsverschiedenheiten

10 Hat die zuständige Behörde des Aufnahmemitgliedstaats Maßnahmen auf Grundlage von Art. 37 Abs. 2 ergriffen und ist die zuständige Behörde des Herkunftsmitgliedstaats mit diesen **nicht einverstanden**, kann letztere diese Angelegenheit gemäß Art. 37 Abs. 3 der **ESMA zur Kenntnis bringen**. Die ESMA kann in einem solchen Fall ein Schlichtungsverfahren nach Art. 19 ESMA-VO[9] einleiten.

11 Wurde ein **Schlichtungsverfahren** von ESMA eröffnet, so setzt die ESMA der ersuchenden und der ersuchten zuständigen Behörde für die Schlichtung ihrer Meinungsverschiedenheiten eine Frist. Hierbei berücksichtigt sie insbesondere die Komplexität und die Dringlichkeit der Angelegenheit.[10] Wenn die zuständigen Behörden innerhalb dieser Schlichtungsphase keine Einigung erzielen, so kann die ESMA einen Beschluss mit verbindlicher Wirkung für die betreffenden zuständigen Behörden treffen, in dem sie die zuständigen Behörden dazu verpflichtet, zur Gewährleistung der Einhaltung des Unionsrechts bestimmte Maßnahmen zu treffen.[11] Kommen die zuständigen Behörden dem Beschluss der ESMA nicht nach und besteht sohin weiterhin die Gefahr, dass ein in Art. 37

---

9   Verordnung (EU) Nr. 1095/2010 des Europäischen Parlaments und des Rates vom 24.11.2010 zur Errichtung einer Europäischen Aufsichtsbehörde (Europäische Wertpapier- und Marktaufsichtsbehörde), zur Änderung des Beschlusses Nr. 716/2009/EG und zur Aufhebung des Beschlusses 2009/77/EG der Kommission i.d.g.F.
10 Art. 19 Abs. 2 VO (EU) Nr. 1095/2010.
11 Art. 19 Abs. 3 VO (EU) Nr. 1095/2010.

Abs. 1 genannter Verpflichteter weiterhin gegen Bestimmungen der ProspektVO verstößt, so kann die ESMA einen Beschluss im Einzelfall an den betreffenden Finanzmarktteilnehmer richten und ihn so dazu verpflichten, die zur Einhaltung seiner Pflichten im Rahmen der ProspektVO erforderlichen Maßnahmen zu treffen. Ein solcher Beschluss hat Vorrang vor allen in gleicher Sache erlassenen früheren Beschlüssen.[12]

Besonderheiten ergeben sich in dem Fall der Involvierung der zuständigen Behörden **Liechtensteins, Islands** oder **Norwegens**.[13] Bei Meinungsverschiedenheiten zwischen den zuständigen Behörden zweier dieser genannten EWR-Mitgliedstaaten führt die EFTA-Aufsichtsbehörde das Schlichtungsverfahren und ist daran anschließend befugt, einen rechtsverbindlichen Beschluss mit verbindlicher Wirkung für die uneinigen Behörden oder den rechtsverletzenden Finanzmarktteilnehmer zu fassen. Bei Meinungsverschiedenheiten zwischen der zuständigen Behörde eines dieser genannten EWR-Mitgliedstaaten einerseits und der zuständigen Behörde eines EU-Mitgliedstaats andererseits sind für das Schlichtungsverfahren und eine daran anschließende Fassung eines Beschlusses mit verbindlicher Wirkung für die uneinigen Behörden oder den rechtsverletzenden Finanzmarktteilnehmer die ESMA und die EFTA-Aufsichtsbehörde gemeinsam zuständig.

12

---

12 Art. 19 Abs. 4 und 5 VO (EU) Nr. 1095/2010.
13 Bzgl. der für diese Länder geltenden Anpassungen der ESMA-VO siehe den Beschluss des Gemeinsamen EWR-Ausschusses Nr. 201/2016 vom 30.9.2016 zur Änderung von Anhang IX (Finanzdienstleistungen) des EWR-Abkommens, ABl. 2017 L 46, S. 22. Zur Ergänzung von Art. 33 Abs. 5 ProspektVO um die Möglichkeit der Befassung der EFTA-Aufsichtsbehörde siehe Art. 2 lit. h Beschluss des Gemeinsamen EWR-Ausschusses Nr. 84/2019 vom 29.3.2019 zur Änderung von Anhang IX (Finanzdienstleistungen) des EWR-Abkommens, ABl. 2019 L 235, S. 6.

Kapitel VIII
Verwaltungsrechtliche Sanktionen und andere verwaltungsrechtliche Maßnahmen

Art. 38 ProspektVO
Verwaltungsrechtliche Sanktionen und andere verwaltungsrechtliche Maßnahmen

(1) Unbeschadet der Aufsichts- und Ermittlungsbefugnisse der zuständigen Behörden gemäß Artikel 32 und des Rechts der Mitgliedstaaten, strafrechtliche Sanktionen festzulegen und zu verhängen, statten die Mitgliedstaaten die zuständigen Behörden im Einklang mit dem nationalen Recht mit der Befugnis aus, verwaltungsrechtliche Sanktionen zu verhängen und geeignete andere Verwaltungsmaßnahmen zu ergreifen, die wirksam, verhältnismäßig und abschreckend sein müssen. Diese verwaltungsrechtlichen Sanktionen und andere verwaltungsrechtlichen Maßnahmen finden mindestens Anwendung

a) bei Verstößen gegen Artikel 3, Artikel 5, Artikel 6, Artikel 7 Absätze 1 bis 11, Artikel 8, Artikel 9, Artikel 10, Artikel 11 Absätze 1 und 3, Artikel 14 Absätze 1 und 2, Artikel 15 Absatz 1, Artikel 16 Absätze 1, 2 und 3, Artikel 17, Artikel 18, Artikel 19 Absätze 1 bis 3, Artikel 20 Absatz 1, Artikel 21 Absätze 1 bis 4 und Absätze 7 bis 11, Artikel 22 Absätze 2 bis 5, Artikel 23 Absätze 1, 2, 3 und 5 sowie Artikel 27;

b) wenn bei einer Ermittlung oder Überprüfung nicht zusammengearbeitet oder einem unter Artikel 32 fallenden Ersuchen nicht nachgekommen wird.

Die Mitgliedstaaten können beschließen, keine Regelungen für die in Unterabsatz 1 genannten verwaltungsrechtlichen Sanktionen festzulegen, sofern die in Unterabsatz 1 Buchstaben a oder b genannten Verstöße bis 21. Juli 2018 gemäß dem nationalen Recht bereits strafrechtlichen Sanktionen unterliegen. Die Mitgliedstaaten melden der Kommission und der ESMA im Falle eines solchen Beschlusses die Einzelheiten der entsprechenden Bestimmungen ihres Strafrechts.

Die Mitgliedstaaten teilen der Kommission und der ESMA bis zum 21. Juli 2018 die Einzelheiten der in den Unterabsätzen 1 und 2 genannten Vorschriften mit. Sie melden der Kommission und der ESMA unverzüglich jegliche späteren Änderungen dieser Vorschriften.

(2) Die Mitgliedstaaten stellen im Einklang mit ihrem nationalen Recht sicher, dass die zuständigen Behörden die Befugnis haben, bei Verstößen gemäß Absatz 1 Buchstabe a zumindest die folgenden verwaltungsrechtlichen Sanktionen und anderen verwaltungsrechtlichen Maßnahmen zu verhängen:

a) öffentliche Bekanntgabe der verantwortlichen natürlichen Person oder Rechtspersönlichkeit und der Art des Verstoßes gemäß Artikel 42;

b) Anordnung an die verantwortliche natürliche Person oder Rechtspersönlichkeit, das den Verstoß darstellende Verhalten einzustellen;

c) maximale Verwaltungsgeldstrafen in mindestens zweifacher Höhe der durch die Verstöße erzielten Gewinne oder vermiedenen Verluste, sofern diese sich beziffern lassen;

d) im Falle einer juristischen Person maximale Verwaltungsgeldstrafen in Höhe von mindestens 5 000 000 EUR bzw. in Mitgliedstaaten, deren Währung nicht der Euro ist, des entsprechenden Werts in der Landeswährung am 20. Juli 2017 oder 3 % des jährlichen Gesamtumsatzes der betreffenden juristischen Person nach dem letzten verfügbaren Abschluss, der vom Leitungsorgan gebilligt wurde.

Handelt es sich bei der juristischen Person um eine Muttergesellschaft oder eine Tochtergesellschaft einer Muttergesellschaft, die nach der Richtlinie 2013/34/EU einen konsolidierten Abschluss aufzustellen hat, so ist der relevante jährliche Gesamtumsatz der jährliche Gesamtumsatz oder die entsprechende Einkunftsart nach dem einschlägigen Unionsrecht für die Rechnungslegung, der/die im letzten verfügbaren konsolidierten Abschluss ausgewiesen ist, der vom Leitungsorgan der Muttergesellschaft an der Spitze gebilligt wurde;

e) im Falle einer natürlichen Person maximale Verwaltungsgeldstrafen in Höhe von mindestens 700 000 EUR bzw. in den Mitgliedstaaten, deren Währung nicht der Euro ist, Geldbußen in entsprechender Höhe in der Landeswährung am 20. Juli 2017.

(3) Mitgliedstaaten können zusätzliche Sanktionen oder Maßnahmen sowie höhere Verwaltungsgeldstrafen, als in dieser Verordnung festgelegt, vorsehen.

Übersicht

	Rn.		Rn.
I. Überblick und Regelungsinhalt	1	IV. Mitgliedstaatenwahlrechte und Berichtspflichten	5
II. Auslösungstatbestände	3		
III. Zwangsmittel	4	V. Sanktionen- und Maßnahmenkatalog	7

I. Überblick und Regelungsinhalt

Art. 38 enthält die Pflicht der Mitgliedstaaten, **wirksame, verhältnismäßige und abschreckende verwaltungsrechtliche Sanktionen und andere Maßnahmen**[1] gegen die in Abs. 1 lit. a genannten Auslösungstatbestände vorzusehen. Weiters sollen die Sanktionen bzw. Maßnahmen laut lit. b dazu dienen, die in Art. 32 normierten behördlichen Befugnisse nötigenfalls mit Zwang durchzusetzen. Die Mitgliedstaaten haben gem. Art. 38 Abs. 1 UAbs. 2 bis 21.7.2018 ein **Wahlrecht zwischen verwaltungsstrafrechtlichen und strafgerichtlichen Sanktionen**. Im Hinblick auf Verstöße gegen die in Abs. 1 lit. a genannten Auslösungstatbestände wird ein Mindestniveau an behördlichen Sanktions- bzw.

1

---

[1] Zur uneinheitlichen Begriffsverwendung von „Sanktion" und „Maßnahme" im Unionsrecht vgl. weiterführend *Spoerr*, in: Assmann/Uwe H. Schneider/Mülbert, Wertpapierhandelsrecht, 7. Aufl. 2019, Art. 30 VO 596/2014 Rn. 20 ff.; vgl. auch *Gurlit*, in: Assmann/Schlitt/von Kopp-Colomb, Prospektrecht Kommentar, Art. 38 ProspektVo.

Maßnahmenkompetenzen normiert. Mitgliedstaaten steht es gem. Abs. 3 frei, zusätzliche Sanktionen oder Maßnahmen sowie höhere Geldstraßen vorzusehen.

2 Der gewählte Ansatz ist die **Mindestharmonisierung der vorzusehenden Maximalstrafe, d. h. die Harmonisierung der Obergrenzen der Strafrahmen** (sog. „Minimax-Ansatz"). Damit folgt die ProspektVO Art. 30 Marktmissbrauchs-VO (Verordnung (EU) Nr. 596/2014 des Europäischen Parlaments und des Rates vom 16.4.2014 über Marktmissbrauch), der äußerst ähnlich ausgestaltet ist.[2] Gegenüber Art. 25 ProspektRL (Richtlinie 2003/71/EG des Europäischen Parlaments und des Rates vom 4.11.2003 betreffend den Prospekt, der beim öffentlichen Angebot von Wertpapieren oder bei deren Zulassung zum Handel zu veröffentlichen ist, und zur Änderung der Richtlinie 2001/34/EG) wurde somit die Mindestharmonisierung stark vorangetrieben, denn die alte Rechtslage enthielt keinerlei Vorgaben zu den Strafrahmen. Diese Erweiterung steht gem. Erwägungsgrund 74 im Einklang mit der Mitteilung der Kommission vom 8.12.2010 „Stärkung der Sanktionsregelungen im Finanzdienstleistungssektor".[3] Da es sich bei Art. 38 um eine umsetzungspflichtige Bestimmung handelt, unterliegen die Mitgliedstaaten entsprechenden Berichtspflichten an die Europäische Kommission und ESMA.

II. Auslösungstatbestände

3 Art. 38 Abs. 1 lit. a zählt all jene **Normen der ProspektVO auf, deren Verstoß von Mitgliedstaaten jedenfalls mit Sanktionen bzw. Maßnahmen zu bedrohen ist (Auslösungstatbestände)**. Mitgliedstaaten haben darüber hinausgehend die Möglichkeit, auch noch weitere Tatbestände in ihr nationales Sanktions- und Maßnahmenregime miteinzubeziehen. Somit ist sichergestellt, dass alle aufgeführten Auslösungstatbestände von jeder nationalen Behörde als Verstoß gegen die ProspektVO gewertet werden müssen. Dies ist wichtig, um **gleiche Wettbewerbsbedingungen** (das sog. „level playing field") innerhalb des europäischen Binnenmarkts sicherzustellen und Aufsichtsarbitrage zu vermeiden. In der Praxis waren die behördlichen Sanktionen bzw. Maßnahmen und die damit verbundene Verwaltungspraxis teilweise von Mitgliedstaat zu Mitgliedstaat unterschiedlich. Insofern stellt die Mindestharmonisierung einen wichtigen Modernisierungsschritt dar.

III. Zwangsmittel

4 Die in Art. 32 normierten behördlichen Befugnisse zielen grundsätzlich darauf ab, dass die betroffenen natürlichen oder juristischen Behörden freiwillig mit der zuständigen Behörde kooperieren. In der Praxis können jedoch Fälle vorkommen, in denen eine solche Kooperationsbereitschaft nicht besteht und Zusammenarbeit verweigert bzw. behördlichen Ersuchen nicht nachgekommen wird. In solchen Fällen ist es **zur Rechtsdurchsetzung essenziell, dass der zuständigen Behörde auch Zwangsmittel zur Verfügung stehen**. Diese Zwangsmittel sind gem. Art. 38 Abs. 1 lit. b von den Mitgliedstaaten vorzusehen und wichtig für das Enforcement der ProspektVO.

---

2 Vgl. *Spoerr*, in: Assmann/Uwe H. Schneider/Mülbert, Wertpapierhandelsrecht, 7. Aufl. 2019, Art. 30 VO 596/2014, und *Rohregger/Pechhacker*, in: Kalss/Oppitz/Torggler/Winner, BörseG/MAR, Art. 30 MAR.
3 KOM(2010) 716 endg.

IV. Mitgliedstaatenwahlrechte und Berichtspflichten

Art. 38 Abs. 1 UAbs. 2 räumte den Mitgliedstaaten bis 21.7.2018 ein Wahlrecht zwischen verwaltungsstrafrechtlichen und strafgerichtlichen Sanktionen ein. Dieses Wahlrecht wurde geschaffen, um die unterschiedlichen verfassungsrechtlichen Vorgaben in den Mitgliedstaaten zu berücksichtigen. Verfassungsrecht mancher Mitgliedstaaten regelt die Zuordnung zu bzw. das Zusammenspiel zwischen gerichtlichem und verwaltungsrechtlichem Strafrecht. Um diesen nationalen Unterschieden gerecht zu werden, konnten die Mitgliedstaaten bis zum Stichtag gerichtliche Straftatbestände schaffen. Zur Ne-bis-in-idem-Frage → Art. 39 Rn. 8. 5

Obwohl die ProspektVO als unmittelbare EU-Verordnung direkt anwendbar ist, müssen einzelne Normen, darunter auch Art. 38, im nationalen Recht aller Mitgliedstaaten entsprechend abgebildet, d.h. anwendbar gemacht werden. Um die fristgerechte Anpassung der nationalen Rechtsrahmen besser überwachen zu können, treffen die Mitgliedstaaten **Berichtspflichten gegenüber der Europäischen Kommission und ESMA**. Durch diese einmalige Notifikation müssen die Mitgliedstaaten bekanntgeben, ob sie gerichtliche anstelle von verwaltungsrechtlichen Straftatbeständen eingeführt haben und falls ja, wie die Einzelheiten dieser gerichtlichen Strafbestimmungen ausgestaltet sind. Darüber hinaus besteht eine umfassende Berichtspflicht der Mitgliedstaaten im Hinblick auf die Einzelheiten der in den UAbs. 1 und 2 genannten Vorschriften. Diese zweite Berichtspflicht ist eine laufende, da die Europäische Kommission und ESMA auch unverzüglich über jegliche spätere Änderungen dieser Vorschriften zu informieren sind. Kommen Mitgliedstaaten ihren Berichts- und Umsetzungspflichten nicht nach, so kann die Europäische Kommission als ultima ratio ein Vertragsverletzungsverfahren gem. Artikel 258 AEUV einleiten. 6

V. Sanktionen- und Maßnahmenkatalog

Der **mindestharmonisierte Sanktionen- und Maßnahmenkatalog** in Art. 38 Abs. 2 soll allen Behörden einen **Grundstock an verfügbaren Handlungsoptionen** garantieren, unabhängig vom Mitgliedstaat. Die Wahl des konkreten Instruments hat auf die Umstände des jeweiligen Einzelfalls Rücksicht zu nehmen, sodass den Kriterien der Wirksamkeit, Verhältnismäßigkeit und Abschreckung[4] Genüge getan wird. Mitgliedstaaten haben die Möglichkeit, zusätzliche Sanktionen oder Maßnahmen sowie höhere Verwaltungsgeldstrafen festzulegen. Die ProspektVO ermöglicht hier also explizit, über den unionsrechtlich vorgegebenen Mindestrahmen hinauszugehen. Dies entspricht dem oben erläuterten sog. „Minimax-Ansatz".[5] 7

Folgende finanzielle Sanktionen bzw. nicht-finanzielle Maßnahmen müssen in allen Mitgliedstaaten vorgesehen werden: 8

---

[4] Vertiefend zu den hohen Strafrahmen für finanzielle Geldbußen vgl. *Spoerr*, in: Assmann/Uwe H. Schneider/Mülbert, Wertpapierhandelsrecht, 7. Aufl. 2019, Art. 30 VO 596/2014 Rn. 28 ff.

[5] Zur komplexen Frage des Grundrechtsschutzes im Zusammenspiel von Unionsrecht und nationalem Recht vgl. weiterführend *Spoerr*, in: Assmann/Uwe H. Schneider/Mülbert, Wertpapierhandelsrecht, 7. Aufl. 2019, Art. 30 VO 596/2014 Rn. 9 ff.

a) **öffentliche Bekanntgabe** der verantwortlichen natürlichen oder juristischen Person und der Art des Verstoßes gemäß Art. 42 (→ Art. 42);
b) **Anordnung** an die verantwortliche natürliche oder juristische Person, das den Verstoß darstellende **Verhalten einzustellen** – hierbei handelt es sich um eine klassische behördliche Befehlskompetenz, regelwidriges Verhalten durch Anordnung zu unterbinden, um den rechtmäßigen Zustand wiederherzustellen;
c) **maximale Verwaltungsgeldstrafen in mindestens zweifacher Höhe der durch die Verstöße erzielten Gewinne oder vermiedenen Verluste** (sofern sich diese beziffern lassen) – hier werden zwei Elemente abgedeckt: einerseits die Abschöpfung illegitim erzielter Gewinne und andererseits eine adäquate Bestrafung für das regelwidrige Verhalten;
d) **im Falle einer juristischen Person maximale Verwaltungsgeldstrafen in Höhe von mindestens 5.000.000 EUR oder 3 % des jährlichen Gesamtumsatzes** entsprechend dem letzten verfügbaren, genehmigten Jahresabschluss – hierdurch wird sichergestellt, dass der Strafrahmen auch für juristische Personen adäquat gestaltet ist und sich gegebenenfalls auch nach dem Jahresumsatz richten kann, sollte der Strafrahmen von 5.000.000 EUR nicht ausreichen, was bei sehr großen Unternehmen und groben Verstößen aus general- und/oder spezialpräventiven Gründen der Fall sein könnte; im Hinblick auf konzernangehörige Gesellschaften ist der Gesamtumsatz gem. konsolidierten Jahresabschlusses der Konzernmutter maßgeblich;[6]
e) **im Falle einer natürlichen Person maximale Verwaltungsgeldstrafen in Höhe von mindestens 700.000 EUR.**

Dort, wo Strafrahmen in Euro-Beträgen vorgesehen sind, gilt für EU-Staaten außerhalb der Euro-Gruppe, dass sie Geldbußen in entsprechender Höhe in ihrer jeweiligen Landeswährung zum Konvertierungsstichtag 20.7.2017 einführen müssen.

---

6 Vgl. *Rohregger/Pechhacker*, in: Kalss/Oppitz/Torggler/Winner, BörseG/MAR, Börsegesetz 2018 und Marktmissbrauchsverordnung Kommentar, Art. 30 MAR Rn. 6.

Art. 39 ProspektVO
Wahrnehmung der Aufsichts- und Sanktionsbefugnisse

(1) Die zuständigen Behörden berücksichtigen bei der Bestimmung der Art und der Höhe der verwaltungsrechtlichen Sanktionen und anderer verwaltungsrechtlicher Maßnahmen alle relevanten Umstände, darunter gegebenenfalls

a) die Schwere und Dauer des Verstoßes;

b) den Grad an Verantwortung der für den Verstoß verantwortlichen Person;

c) die Finanzkraft der für den Verstoß verantwortlichen Person, wie sie sich aus dem Gesamtumsatz der verantwortlichen juristischen Person oder den Jahreseinkünften und dem Nettovermögen der verantwortlichen natürlichen Person ablesen lässt;

d) die Auswirkungen des Verstoßes auf die Interessen der Kleinanleger;

e) die Höhe der durch den Verstoß von der für den Verstoß verantwortlichen Person erzielten Gewinne bzw. vermiedenen Verluste oder der Dritten entstandenen Verluste, soweit diese sich beziffern lassen;

f) das Ausmaß der Zusammenarbeit der für den Verstoß verantwortlichen Person mit der zuständigen Behörde, unbeschadet des Erfordernisses, die erzielten Gewinne oder vermiedenen Verluste dieser Person einzuziehen;

g) frühere Verstöße der für den Verstoß verantwortlichen Person;

h) Maßnahmen, die die für den Verstoß verantwortliche Person nach dem Verstoß ergriffen hat, um eine Wiederholung zu verhindern.

(2) Bei der Wahrnehmung ihrer Befugnisse zur Verhängung von verwaltungsrechtlichen Sanktionen oder anderen verwaltungsrechtlichen Maßnahmen nach Artikel 38 arbeiten die zuständigen Behörden eng zusammen, um sicherzustellen, dass die Ausführung ihrer Aufsichts- und Ermittlungsbefugnisse sowie die verwaltungsrechtlichen Sanktionen, die sie verhängen, und die anderen verwaltungsrechtlichen Maßnahmen, die sie treffen, im Rahmen dieser Verordnung wirksam und angemessen sind. Sie koordinieren ihre Maßnahmen, um Doppelarbeit und Überschneidungen bei der Wahrnehmung ihrer Aufsichts- und Ermittlungsbefugnisse und bei der Verhängung von verwaltungsrechtlichen Sanktionen und anderen verwaltungsrechtlichen Maßnahmen in grenzüberschreitenden Fällen zu vermeiden.

Übersicht

	Rn.		Rn.
I. Überblick und Regelungsinhalt	1	2. Anwendbare Kriterien zur Wahl des verwaltungsrechtlichen Instruments (Strafbemessungskriterien)	5
II. Kriterien zur Wahl der verwaltungsrechtlichen Sanktionen und anderer verwaltungsrechtlicher Maßnahmen und zur Strafbemessung	3	III. Kooperationspflicht der zuständigen Behörden bei der Aufsicht und Ermittlung	7
1. Wahl des verwaltungsrechtlichen Instruments	3		

Art. 39 ProspektVO Wahrnehmung der Aufsichts- und Sanktionsbefugnisse

I. Überblick und Regelungsinhalt

1 Art. 39 Abs. 1 enthält die Kriterien für die Wahrnehmung der Aufsichts- und Sanktionsbefugnisse, insb. für die angemessene Wahl der verwaltungsrechtlichen Sanktionen und anderer verwaltungsrechtlicher Maßnahmen sowie die Strafbemessung. Der Katalog der in lit. a bis h genannten Kriterien ist deklarativ beispielhaft zu verstehen und nicht taxativ abschließend.

2 Art. 39 Abs. 2 normiert die Pflicht der zuständigen Behörden zur engen Zusammenarbeit bei der Verhängung von verwaltungsrechtlichen Sanktionen und anderen verwaltungsrechtlichen Maßnahmen. Ziel dieses Kooperationsgebotes ist, sicherzustellen, dass jene wirksam und angemessen sind. In grenzüberschreitenden Fällen sollen Doppelarbeit und Überschneidungen bei der Wahrnehmung der behördlichen Aufsichts- und Ermittlungsbefugnisse und im Hinblick auf Sanktionen und Maßnahmen vermieden werden.

II. Kriterien zur Wahl der verwaltungsrechtlichen Sanktionen und anderer verwaltungsrechtlicher Maßnahmen und zur Strafbemessung

1. Wahl des verwaltungsrechtlichen Instruments

3 Nicht nur die in Art. 32 normierten Befugnisse der zuständigen Behörden wurden mit dieser Verordnung im Vergleich zur ProspektRL (Richtlinie 2003/71/EG des Europäischen Parlaments und des Rates vom 4.11.2003 betreffend den Prospekt, der beim öffentlichen Angebot von Wertpapieren oder bei deren Zulassung zum Handel zu veröffentlichen ist, und zur Änderung der Richtlinie 2001/34/EG) wesentlich erweitert (→ Art. 32). Diese Erweiterung steht gem. Erwägungsgrund 74 im Einklang mit der Mitteilung der Kommission vom 8.12.2010 „Stärkung der Sanktionsregelungen im Finanzdienstleistungssektor".[1] Zudem schafft Art. 38 Abs. 2 einen minimalharmonisierten Sanktions- und Maßnahmenkatalog. Art. 38 Abs. 3 räumt Mitgliedstaaten die Möglichkeit ein, zusätzliche Instrumente sowie höhere Verwaltungsgeldstrafen vorzusehen.

4 Art. 39 trägt den zuständigen Behörden auf, bei der Bestimmung der Art und der Höhe der verwaltungsrechtlichen Sanktionen und anderer verwaltungsrechtlicher Maßnahmen alle relevanten Umstände zu berücksichtigen.[2] Beispielhaft werden Kategorien von relevanten Umständen in einen Katalog gefasst. Inspiration für diese Bestimmung könnte Art. 31 Marktmissbrauchs-VO (Verordnung (EU) Nr. 596/2014 des Europäischen Parlaments und des Rates vom 16.4.2014 über Marktmissbrauch) gewesen sein, der äußerst ähnlich ausgestaltet ist.[3]

---

[1] KOM(2010) 716 endg.
[2] Vgl. auch *Gurlit*, in: Assmann/Schlitt/von Kopp-Colomb, Prospektrecht Kommentar, Art. 39 ProspektVO m. w. N.
[3] Vgl. *Spoerr*, in: Assmann/Uwe H. Schneider/Mülbert, Wertpapierhandelsrecht, 7. Aufl. 2019, Art. 31 VO Nr. 596/2014, und *Rohregger/Pechhacker*, in: Kalss/Oppitz/Torggler/Winner, BörseG/MAR, Art. 31 MAR.

2. Anwendbare Kriterien zur Wahl des verwaltungsrechtlichen Instruments (Strafbemessungskriterien)

Die Behörde hat folgende Kriterien zu berücksichtigen, um die adäquate Wahl des verwaltungsrechtlichen Instruments zu treffen.

a) **Schwere und Dauer des Verstoßes**: Je gravierender ein Verstoß gegen die Verordnung ist bzw. je länger er andauert, umso härter (invasiver) soll typischerweise die Sanktionierung oder die Wahl der verwaltungsrechtlichen Maßnahme(n) sein.

b) Der **Grad an Verantwortung der für den Verstoß verantwortlichen Person** bezieht sich auf den Grad der Fahrlässigkeit bzw. des Vorsatzes, mit dem die verantwortliche Person gehandelt hat. Je schwerer der Vorsatz bzw. die Fahrlässigkeit, umso härtere Sanktionen bzw. Maßnahmen kommen in Frage.

c) Die **Finanzkraft der für den Verstoß verantwortlichen Person** soll erlauben, eine spezialpräventiv wirkende und somit den Vermögensverhältnissen adäquate Strafhöhe zu bemessen. Dies gilt sowohl für juristische (Gesamtumsatz) als auch für natürliche Personen (Jahreseinkünfte und Nettovermögen). Strafen sollen sich auf alle Finanzmarktteilnehmer gleichermaßen abschreckend auswirken und dem Grundsatz der Verhältnismäßigkeit Rechnung tragen.[4]

d) Die **Schwere der Auswirkungen des Verstoßes auf die Interessen von Kleinanlegern** stellt einerseits auf die besondere Schutzwürdigkeit von Menschen ab, die typischerweise über eine weniger große Finanzkraft verfügen. Andererseits könnte auch das Marktvertrauen von Kleinanlegern als gesellschaftspolitisch besonders schützenswert eingestuft werden. Sind Kleinanleger schwer geschädigt worden, spricht dies für eine härtere Sanktion bzw. Maßnahme.

e) Die **Höhe der durch den Verstoß erzielten Gewinne bzw. vermiedenen Verluste** – unabhängig davon, ob diese der für den Verstoß verantwortlichen Person oder einem*r Dritten entstanden sind. Dieses Kriterium steht unter dem Vorbehalt, dass sich die Gewinne oder vermiedenen Verluste beziffern lassen müssen. Auch hier gilt: je höher diese Summen sind, umso härter die Sanktion bzw. Maßnahme.

f) Das **Ausmaß der Zusammenarbeit der für den Verstoß verantwortlichen Person mit der zuständigen Behörde** kann sich mildernd oder erschwerend auf die Wahl des verwaltungsrechtlichen Instruments auswirken. Hohe Kooperationsbereitschaft wirkt mildernd, während mangelnde Kooperationsbereitschaft oder gar Obstruktion des Verfahrens erschwerend gewertet wird. Unabhängig vom Grad der Kooperationsbereitschaft sind die erzielten Gewinne oder vermiedenen Verluste einzuziehen.

g) **Frühere Verstöße der für den Verstoß verantwortlichen Person** (Wiederholungstäterschaft) werden als erschwerend gewertet und legen härtere Sanktionen bzw. Maßnahmen nahe.

h) Ergreift die für den Verstoß verantwortliche Person danach **Maßnahmen, um eine Wiederholung zu verhindern**, so wirkt sich dies mildernd aus. Dieser Aspekt wird vor allem im Bereich von fahrlässiger Begehung relevant sein, ist aber unter Umständen auch bei vorsätzlicher Begehung vorstellbar.

Weder lit. f noch lit. h stellen explizit darauf ab, ob sich die verantwortliche Person reuig zeigt. Maßgeblich ist allein, welche Handlungen die Person nach dem Verstoß im Hin-

---

4 Vgl. *Rohregger/Pechhacker*, in: Kalss/Oppitz/Torggler/Winner, BörseG/MAR, Art. 31 MAR Rn. 7.

blick auf die Zusammenarbeit mit der zuständigen Behörde bzw. die Vermeidung von wiederholten Taten setzt. Insofern **beschränkt sich die Beurteilung auf die Tatsachenebene des Verhaltens**, während eine psychologische bzw. moralische Komponente außer Acht bleibt.

III. Kooperationspflicht der zuständigen Behörden bei der Aufsicht und Ermittlung

7   Art. 39 Abs. 2 hat zwei Stoßrichtungen: Erstens wird allen zuständigen Behörden im Binnenmarkt ein **Kooperationsgebot** auferlegt, um Wirksamkeit und Angemessenheit der Sanktionen bzw. Maßnahmen zu erreichen. **Effizienz und Effektivität des behördlichen Handelns** sollen so insb. bei grenzüberschreitenden Fällen sichergestellt werden. Zweitens soll die Koordination **Doppelarbeit und Überschneidungen vermeiden** – dies sowohl bei der Aufsicht und Ermittlung als auch bei der Verhängung von Sanktionen und Maßnahmen in grenzüberschreitenden Fällen. Beide Zielvorgaben sind im Kontext des europäischen Binnenmarktes und aufgrund der oft grenzüberschreitenden Natur der Finanzmärkte wichtig.

8   Das rechtsstaatliche Doppelbestrafungsverbot bzw. Doppelsanktionierungsverbot „ne bis in idem" wird zwar weder in der ProspektVO selbst noch im einschlägigen Erwägungsgrund 76 explizit erwähnt.[5] Das Verbot ergibt sich jedoch aus **unions- und völkerrechtlichen Rechtsgrundlagen**, insb. aus Art. 50 der Charta der Grundrechte der Europäischen Union, der das „Recht, wegen derselben Straftat nicht zweimal strafrechtlich verfolgt oder bestraft zu werden" normiert und wie folgt lautet: „Niemand darf wegen einer Straftat, derentwegen er bereits in der Union nach dem Gesetz rechtskräftig verurteilt oder freigesprochen worden ist, in einem Strafverfahren erneut verfolgt oder bestraft werden." Auch Art. 4 des am 22.11.1984 in Straßburg unterzeichneten Protokolls Nr. 7 zur Europäischen Konvention zum Schutz der Menschenrechte und Grundfreiheiten enthält das „Recht, wegen derselben Strafsache nicht zweimal vor Gericht gestellt oder bestraft zu werden".[6] Daher muss jedes Behördenhandeln dem Grundsatz von „ne bis in idem" genügen. Behörden haben ihn daher in jeglichen Aspekten ihrer Verwaltungspraxis zu beachten, da widrigenfalls eine doppelbestrafende Maßnahme bzw. Sanktion bekämpft werden könnte.

---

5   Vgl. *Spoerr*, in: Assmann/Uwe H. Schneider/Mülbert, Wertpapierhandelsrecht, 7. Aufl. 2019, Art. 31 VO 596/2014 Rn. 2 und 11.

6   Weiterführend zur Ne-bis-in-idem-Thematik siehe *Satzger*, „Ne bis in idem" – Bedeutung des Doppelbestrafungsverbots für Unternehmen v.a. im Zusammenhang mit transnationalen Strafverfahren innerhalb der Europäischen Union, in: Lehmkuhl/Meyer, Das Unternehmen im Brennpunkt nationaler und internationaler Strafverfahren, S. 185 ff.

Art. 40 ProspektVO
Rechtsmittel

Die Mitgliedstaaten stellen sicher, dass die in Anwendung dieser Verordnung getroffenen Entscheidungen ordnungsgemäß begründet sind und gegen sie Rechtsmittel eingelegt werden können.

Für die Zwecke des Artikels 20 können auch Rechtsmittel eingelegt werden, wenn die zuständige Behörde innerhalb der in Artikel 20 Absätze 2, 3 und 6 genannten Fristen in Bezug auf den betreffenden Antrag auf Billigung weder eine Entscheidung getroffen hat, diesen zu billigen oder abzulehnen, noch Änderungen oder zusätzliche Informationen verlangt hat.

Übersicht

	Rn.		Rn.
I. Überblick und Regelungsinhalt	1	III. Rechtsmittel gegen behördliche Entscheidungen bzw. Untätigkeit	3
II. Begründungspflicht der behördlichen Entscheidung	2		

I. Überblick und Regelungsinhalt

Art. 40 legt den Mitgliedstaaten eine **Begründungspflicht der getroffenen Entscheidungen** auf und verlangt, dass gegen diese Rechtsmittel eingelegt werden können. Die **Möglichkeit eines Rechtsmittels** muss auch offenstehen, wenn die Behörde innerhalb der ihr gem. Art. 20 Abs. 2, 3 oder 6 gewährten Fristen untätig blieb.[1]   1

II. Begründungspflicht der behördlichen Entscheidung

Während Art. 26 der ProspektRL zwar Mitgliedstaaten dazu verpflichtete, Rechtsmitteln   2
vorzusehen, war die **Begründungspflicht der behördlichen Entscheidungen** in der ProspektRL noch nicht enthalten. Die Europäische Kommission verfolgt damit konsequent den „Single rule book"-Ansatz[2] weiter: von der mindestharmonisierten RL hin zur maximalharmonisierten Verordnung, die selbst manche verwaltungsverfahrensrechtlichen Aspekte vereinheitlicht. Die Begründungspflicht schützt vor behördlicher Willkür und ist Voraussetzung für effektiven Rechtsschutz. Sie ist vor allem in jenen Situationen wichtig, in denen die Behörde die Billigung eines Prospekts oder eines Nachtrags inhaltlich ablehnt oder aus formellen Gründen zurückweist.

---

1 Vgl. auch *Gurlit*, in: Assmann/Schlitt/von Kopp-Colomb, Prospektrecht Kommentar, Art. 40 ProspektVO.
2 Der Begriff „single rule book" („gemeinsames Regelwerk") wurde in den Schlussfolgerungen des Europäischen Rates vom 18./19.6.2009 als Zielvorgabe für die drei neu zu schaffenden Europäischen Finanzaufsichtsbehörden genannt, Rn. 20.

III. Rechtsmittel gegen behördliche Entscheidungen bzw. Untätigkeit

3 Der **Rechtsschutz** wiederum wird durch die Pflicht der Mitgliedstaaten, Rechtsmittel gegen die in Anwendung dieser Verordnung getroffenen behördlichen Entscheidungen vorzusehen, garantiert. Diese sekundärrechtliche Pflicht ist vor dem Hintergrund von Art. 47 der Charta der Grundrechte der Europäischen Union zu verstehen, der ein „Recht auf einen wirksamen Rechtsbehelf und ein unparteiisches Gericht" normiert. Während zwar momentan in der Verwaltungspraxis in nur äußerst wenigen Fällen ein Rechtsmittel ergriffen wird, so ist der Rechtsweg selbstverständlich wichtig, um Behördenwillkür hintanzuhalten.

4 Ebenfalls neu im Vergleich zur ProspektRL ist die explizite **Ausdehnung des Rechtsschutzes auf Situationen behördlicher Untätigkeit**. Art. 20 regelt die Prüfung und Billigung des Prospekts und ist gem. Art. 23 Abs. 1 UAbs. 2 auch auf Nachträge anzuwenden. Die Behörde hat gem. Art. 20 Abs. 2 UAbs. 1 den Prospekt binnen zehn Arbeitstagen zu billigen; die Unterlassung gilt allerdings gem. UAbs. 2 nicht als Billigung. Selbiges gilt für IPO-Prospekte mit einer Frist von 20 Arbeitstagen und für die auf fünf Arbeitstage verkürzte Billigungsfrist gem. Art. 20 Abs. 6.

5 Wenn die Behörde weder den Prospekt billigt noch einen Verbesserungsauftrag gem. Art. 20 Abs. 4 erteilt, so steht dem Prospekteinbringer ein **Rechtsmittel wegen Untätigkeit der Behörde, d. h. Beschwerde wegen Verletzung der Entscheidungspflicht**, zu. Die Ausdehnung des Rechtsschutzes auf Situationen behördlicher Untätigkeit gibt dem Prospekteinbringer ein Rechtsmittel gegenüber zu langsam arbeitenden Behörden in die Hand. Somit soll so auch die Verwaltungseffizienz gefördert werden.

Art. 41 ProspektVO
Meldung von Verstößen

(1) Die zuständigen Behörden schaffen wirksame Mechanismen, um Meldungen von tatsächlichen oder möglichen Verstößen gegen diese Verordnung an sie zu fördern und zu ermöglichen.

(2) Die in Absatz 1 genannten Mechanismen umfassen zumindest Folgendes:

a) Spezielle Verfahren für die Entgegennahme der Meldungen über tatsächliche oder mögliche Verstöße und deren Nachverfolgung, einschließlich der Einrichtung sicherer Kommunikationskanäle für derartige Meldungen;

b) angemessenen Schutz von auf der Grundlage eines Arbeitsvertrags beschäftigten Angestellten, die Verstöße melden, zumindest vor Vergeltungsmaßnahmen, Diskriminierung und anderen Arten ungerechter Behandlung durch ihren Arbeitgeber oder Dritte;

c) Schutz der Identität und der personenbezogenen Daten sowohl der Person, die die Verstöße meldet, als auch der natürlichen Person, die mutmaßlich für einen Verstoß verantwortlich ist, in allen Verfahrensstufen, es sei denn, die Offenlegung der Identität ist nach nationalem Recht vor dem Hintergrund weiterer Ermittlungen oder anschließender Gerichtsverfahren vorgeschrieben.

(3) Im Einklang mit dem nationalen Recht können die Mitgliedstaaten finanzielle Anreize für Personen, die relevante Informationen über tatsächliche oder mögliche Verstöße gegen diese Verordnung bereitstellen, unter der Voraussetzung gewähren, dass diese Personen nicht bereits anderen gesetzlichen oder vertraglichen Verpflichtungen zur Meldung solcher Informationen unterliegen, dass die Informationen neu sind und dass sie zur Verhängung einer verwaltungsrechtlichen oder einer strafrechtlichen Sanktion oder einer anderen verwaltungsrechtlichen Maßnahme wegen eines Verstoßes gegen diese Verordnung führen.

(4) Die Mitgliedstaaten verlangen von Arbeitgebern, die im Hinblick auf Finanzdienstleistungen regulierte Tätigkeiten ausüben, dass sie über geeignete Verfahren verfügen, die es ihren Mitarbeitern ermöglichen, tatsächliche oder mögliche Verstöße intern über einen spezifischen, unabhängigen und autonomen Kanal zu melden.

Übersicht

	Rn.		Rn.
I. Überblick und Regelungsinhalt	1	III. Mitgliedstaatenwahlrecht für finanzielle Anreize	6
II. Externe Whistleblowing-Mechanismen an die Behörde	3	IV. Internes Whistleblowing in Finanzdienstleistungsunternehmen	7

I. Überblick und Regelungsinhalt

1 Ziel dieser Regelung ist der **Schutz von sog. Whistleblowern (Hinweisgeber bzw. Informanten)**.[1] Whistleblower sind meist Personen, die aufgrund ihrer Funktion bzw. ihres Berufs Einblicke in interne Abläufe von Unternehmen haben und somit gegebenenfalls auch in Missstände.[2] Die zuständige Behörde muss wirksame Mechanismen schaffen, um Meldungen von tatsächlichen oder möglichen Verstößen (Whistleblowing) gegen diese Verordnung an die Behörde zu fördern und zu ermöglichen. **Whistleblowing ist eine wichtige Erkenntnisquelle** für die Aufdeckung von Verstößen. Gleichzeitig sind Whistleblower oft der **Gefahr von Vergeltung (Diskriminierung, Degradierung, Mobbing, Kündigung, Einkommens- bzw. Reputationsverlust und anderen repressiven Maßnahmen)** durch ihre Arbeitgeber ausgesetzt. Diese Risiken gilt es abzumindern, um Whistleblower zu schützen.

2 Daher schafft die ProspektVO ein **Minimumschutzniveau für die Identität und damit das berufliche Ein- und Fortkommen von Whistleblowern**. Einerseits soll damit **externes Whistleblowing an die Behörde** gefördert werden, andererseits aber auch **internes Whistleblowing in Finanzdienstleistungsunternehmen**, die aufgrund ihrer Arbeitgebereigenschaft verpflichtet werden, über geeignete Verfahren zu verfügen, die es ihren Mitarbeitern ermöglichen, tatsächliche oder mögliche Verstöße intern über einen spezifischen, unabhängigen und autonomen Kanal zu melden. Inspiration für diesen Art. könnte Art. 32 Marktmissbrauchs-VO (Verordnung (EU) Nr. 596/2014 des Europäischen Parlaments und des Rates vom 16.4.2014 über Marktmissbrauch) gewesen sein, der äußerst ähnlich ausgestaltet ist.[3] Im Gegensatz zur Marktmissbrauchs-VO enthält die ProspektVO allerdings keine Ermächtigung für Durchführungsrechtsakte.[4]

II. Externe Whistleblowing-Mechanismen an die Behörde

3 Art. 40 Abs. 2 definiert die **Mindestanforderungen** an die in Abs. 1 genannten Mechanismen **für externes Whistleblowing an die Behörde**. So müssen für die Entgegennahme der Meldungen über tatsächliche oder mögliche Verstöße und deren Nachverfolgung sichere Kommunikationskanäle geschaffen werden. Typischerweise sollen nur besonders geschulte Mitarbeiter solche Meldungen entgegennehmen und soll ein vom normalen, allgemeinen Kontaktkanal der Behörde getrennter Kommunikationskanal eingerichtet sein. Aufgrund der potenziellen Brisanz von Whistleblowing-Meldungen und der besonderen Schutzwürdigkeit der Whistleblower sollen diese **sicheren Kommunikationskanäle eine rasche und vertrauliche Behandlung ermöglichen**. Dies wäre nicht gewährleistet, wür-

---

1 Vgl. auch *Gurlit*, in: Assmann/Schlitt/von Kopp-Colomb, Prospektrecht Kommentar Art. 41 ProspektVO.
2 *Rohregger/Pechhacker*, in: Kalss/Oppitz/Torggler/Winner, BörseG/MAR, Art. 32 MAR Rn. 2.
3 Vgl. *Spoerr*, in: Assmann/Uwe H. Schneider/Mülbert, Wertpapierhandelsrecht, 7. Aufl., Art. 32 VO 596/2014, und *Rohregger/Pechhacker*, in: Kalss/Oppitz/Torggler/Winner, BörseG/MAR, Art. 32 MAR.
4 Durchführungsrichtlinie (EU) 2015/2392 der Kommission vom 17.12.2015 zur Verordnung (EU) Nr. 596/2014 des Europäischen Parlaments und des Rates hinsichtlich der Meldung tatsächlicher oder möglicher Verstöße gegen diese Verordnung.

den sich Whistleblowing-Meldungen mit anderen allgemeinen Anbringen vermischen und würden von ungeschulten Mitarbeitern möglicherweise nicht adäquat behandelt.

Auf der Grundlage eines Arbeitsvertrags beschäftigte **Angestellte, die Verstöße melden, sollen angemessenen Schutz** zumindest vor Vergeltungsmaßnahmen, Diskriminierung und anderen Arten ungerechter Behandlung durch ihren Arbeitgeber oder Dritte **erhalten**. Regelmäßig werden die für den Vollzug der ProspektVO zuständigen Behörden allerdings über keine Kompetenzen im Arbeitsrecht verfügen. Daher kann diese Bestimmung einerseits als Pflicht der Mitgliedstaaten ausgelegt werden, in ihrem nationalen Arbeitsrecht entsprechende Vorkehrungen zu treffen. Andererseits sollten die zuständigen Behörden Whistleblower über die geltenden arbeitsrechtlichen Schutzbestimmungen und hierfür zuständigen Behörden bzw. Gerichte proaktiv informieren. 4

Der **Schutz der Identität und der personenbezogenen Daten sowohl des Whistleblowers als auch der natürlichen Person, die mutmaßlich für einen Verstoß verantwortlich ist**, muss in allen Verfahrensstufen erfolgen. Dies gilt nur dann nicht, wenn die Offenlegung der Identität nach nationalem Recht vor dem Hintergrund weiterer Ermittlungen oder anschließender Gerichtsverfahren vorgeschrieben ist. Das Datenschutzniveau ist sehr hoch angesetzt: Der weitgehende Identitätsschutz beider Seiten – sowohl des Whistleblowers als auch des Verdächtigen kann nur durch das nationale Recht durchbrochen werden, wenn weitere Ermittlungen oder anschließende Gerichtsverfahren dies zwingend notwendig machen. Hierbei ist vor allem an die Wahrnehmung von Verteidigungsrechten des Verdächtigen zu denken, die aber nur in Ausnahmefällen zur Aufhebung der Anonymität führen können. 5

III. Mitgliedstaatenwahlrecht für finanzielle Anreize

Art. 40 Abs. 3 enthält ein **Mitgliedstaatenwahlrecht, ob finanzielle Anreize für Whistleblower geschaffen werden**. Solche finanziellen Anreize können für Personen, die relevante Informationen über tatsächliche oder mögliche Verstöße gegen diese Verordnung bereitstellen, unter der Voraussetzung gewährt werden, dass diese Personen nicht bereits anderen gesetzlichen oder vertraglichen Verpflichtungen zur Meldung solcher Informationen unterliegen, dass die Informationen neu sind und dass sie zur Verhängung einer verwaltungsrechtlichen oder einer strafrechtlichen Sanktion oder einer anderen verwaltungsrechtlichen Maßnahme wegen eines Verstoßes gegen diese Verordnung führen. Der Maßstab liegt folglich sehr hoch: nur Informationen, die auch zu einer Sanktion oder Maßnahme führen, werden finanziell belohnt. Die Marktmissbrauchs-VO enthält ein sehr ähnliche Mitgliedstaatenwahlrecht, das auf ein US-amerikanisches Vorbild zurückgeht.[5] 6

IV. Internes Whistleblowing in Finanzdienstleistungsunternehmen

Arbeitgeber, die im Hinblick auf Finanzdienstleistungen regulierte Tätigkeiten ausüben, müssen durch nationales Recht verpflichtet werden, **über geeignete Verfahren zu verfügen, die es ihren Mitarbeitern ermöglichen, tatsächliche oder mögliche Verstö- 7

---

5 *Spoerr*, in: Assmann/Uwe H. Schneider/Mülbert, Wertpapierhandelsrecht, 7. Aufl. 2019, Art. 32 VO 596/2014 Rn. 25 ff.

Art. 41 ProspektVO Meldung von Verstößen

ße intern über einen spezifischen, unabhängigen und autonomen Kanal zu melden. Wichtig zu betonen ist, dass die Mitarbeiter völlig frei wählen können, ob sie einen Hinweis geben, und falls ja, ob sie ihren Verdacht intern an ihren Arbeitgeber melden oder ob sie ihre Hinweise extern an die Behörde weitergeben. Während also die Arbeitgeber die Pflicht trifft, einen entsprechenden gesonderten Kanal für interne Hinweismeldungen einzurichten, haben Mitarbeiter keinerlei Verpflichtung, Hinweise zu geben – egal ob intern oder extern. Dies ist aus Gründen des Arbeitnehmerschutzes sehr wichtig, da Mitarbeiter zu keinem Zeitpunkt und in keiner Weise von Arbeitgebern diesbezüglich unter Druck gesetzt werden dürfen.

Art. 42 ProspektVO
Veröffentlichung von Entscheidungen

(1) Eine Entscheidung, wegen eines Verstoßes gegen diese Verordnung eine verwaltungsrechtliche Sanktion oder andere verwaltungsrechtliche Maßnahme zu verhängen, wird von den zuständigen Behörden auf ihren offiziellen Webseiten veröffentlicht, unverzüglich nachdem die von der Entscheidung betroffene Person darüber informiert wurde. Dabei werden mindestens Art und Wesen des Verstoßes und die Identität der verantwortlichen Personen veröffentlicht. Diese Verpflichtung gilt nicht für Entscheidungen, durch die Maßnahmen mit Ermittlungscharakter verfügt werden.

(2) Ist die zuständige Behörde nach einer einzelfallbezogenen Bewertung zu der Ansicht gelangt, dass die Veröffentlichung der Identität der Rechtspersönlichkeit oder der Identität oder der personenbezogenen Daten von natürlichen Personen unverhältnismäßig wäre, oder würde eine solche Veröffentlichung die Stabilität der Finanzmärkte oder laufende Ermittlungen gefährden, so stellen die Mitgliedstaaten sicher, dass die zuständigen Behörden entweder

a) die Veröffentlichung der Verhängung einer Sanktion oder einer Maßnahme verschieben, bis die Gründe für ihre Nichtveröffentlichung weggefallen sind, oder

b) die Entscheidung zur Verhängung einer Sanktion oder Maßnahme in anonymisierter Form und im Einklang mit nationalem Recht veröffentlichen, wenn eine solche anonymisierte Veröffentlichung einen wirksamen Schutz der betreffenden personenbezogenen Daten gewährleistet, oder

c) davon absehen, die Entscheidung zur Verhängung einer Sanktion oder Maßnahme zu veröffentlichen, wenn die Möglichkeiten nach den Buchstaben a und b ihrer Ansicht nach nicht ausreichen, um zu gewährleisten, dass

 i) die Stabilität der Finanzmärkte nicht gefährdet wird;
 ii) bei einer Bekanntmachung der Entscheidung im Falle von Maßnahmen, deren Bedeutung für gering befunden wird, die Verhältnismäßigkeit gewahrt ist.

Bei der Entscheidung, eine Sanktion oder Maßnahme in anonymisierter Form gemäß Unterabsatz 1 Buchstabe b zu veröffentlichen, kann die Veröffentlichung der relevanten Daten für vertretbare Zeit zurückgestellt werden, wenn vorhersehbar ist, dass die Gründe für die anonymisierte Veröffentlichung bei Ablauf dieser Zeitspanne nicht mehr bestehen.

(3) Wenn gegen eine Entscheidung zur Verhängung einer Sanktion oder Maßnahme Rechtsmittel bei der zuständigen Justiz- oder sonstigen Behörde eingelegt werden, veröffentlichen die zuständigen Behörden dies auf ihrer offiziellen Website umgehend und informieren dort auch über den Ausgang dieses Verfahrens. Ferner wird jede Entscheidung, mit der eine frühere Entscheidung über die Verhängung einer Sanktion oder Maßnahme für ungültig erklärt wird, veröffentlicht.

(4) Die zuständigen Behörden stellen sicher, dass Veröffentlichungen nach diesem Artikel ab dem Zeitpunkt ihrer Veröffentlichung mindestens fünf Jahre lang auf ihrer offiziellen Website zugänglich bleiben. In der Veröffentlichung enthaltene personen-

bezogene Daten bleiben nur so lange auf der offiziellen Website der zuständigen Behörde einsehbar, wie dies nach den geltenden Datenschutzbestimmungen erforderlich ist.

Übersicht

	Rn.		Rn.
I. Überblick und Regelungsinhalt	1	IV. Veröffentlichung von Rechtsmittelverfahren	7
II. Regelfall der unverzüglichen Veröffentlichung auf der behördlichen Website	2	V. Veröffentlichungsdauer	8
III. Ausnahmen und Abweichungen vom Regelfall	4		

I. Überblick und Regelungsinhalt

1 **Verwaltungsrechtliche Sanktionen oder andere verwaltungsrechtliche Maßnahmen**, **die aufgrund von Verstößen gegen diese Verordnung verhängt wurden, sind in der Regel von der zuständigen Behörde auf ihrer offiziellen Website zu veröffentlichen**. Die Veröffentlichung umfasst Art und Wesen des Verstoßes sowie die Identität der verantwortlichen Person(en). Art. 42 enthält jedoch auch die Ausnahmen zur unverzüglichen Veröffentlichungspflicht: Maßnahmen mit Ermittlungscharakter müssen nicht veröffentlicht werden. Wäre die Veröffentlichung unverhältnismäßig oder würde sie die Stabilität der Finanzmärkte oder laufende Ermittlungen gefährden, so kann die Veröffentlichung verschoben oder anonymisiert werden. Sind weder Verschiebung noch Anonymisierung ausreichend, so kann von der Veröffentlichung ganz abgesehen werden, wenn nur so erreicht werden kann, dass die Finanzstabilität oder Verhältnismäßigkeit gewahrt bleiben. Inspiration für diesen Art. könnte Art. 34 Marktmissbrauchs-VO (Verordnung (EU) Nr. 596/2014 des Europäischen Parlaments und des Rates vom 16.4.2014 über Marktmissbrauch) gewesen sein, der äußerst ähnlich ausgestaltet ist.[1]

II. Regelfall der unverzüglichen Veröffentlichung auf der behördlichen Website

2 Ziel ist es, die **Veröffentlichung von Sanktionen oder andere verwaltungsrechtliche Maßnahmen, Art und Wesen des Verstoßes sowie die Identität der verantwortlichen Person(en) im Regelfall anzuordnen**. Diese Transparenzbestimmung Art. 42 Abs. 1 hat mit ihrer „Prangerwirkung" sowohl general- als auch spezialpräventive Zwecke und dient überdies dem Investorenschutz: Potenzielle Täter sollen abgeschreckt werden, ähnliche Verstöße zu begehen, die verantwortliche(n) Person(en) sollen davon abgehalten werden, rückfällig zu werden, und Investoren sollen über alle relevanten Informationen in Kennt-

---

1 Vgl. *Spoerr*, in: Assmann/Uwe H. Schneider/Mülbert, Wertpapierhandelsrecht, 7. Aufl. 2019, Art. 34 VO 596/2014, und *Rohregger/Pechhacker*, in: Kalss/Oppitz/Torggler/Winner, BörseG/MAR, Art. 34 MAR. Vgl. auch *Gurlit*, in: Assmann/Schlitt/von Kopp-Colomb, Prospektrecht Kommentar Art. 42 ProspektVO m. w. N.

nis gesetzt werden. Die Integrität der Märkte soll somit geschützt werden.[2] Weiters besteht ein Interesse der Allgemeinheit und der Rechtsanwender an der Veröffentlichung der Spruchpraxis der Behörden.[3]

Die Veröffentlichung hat auf der **offiziellen Website der Behörde** zu erfolgen, und zwar **unverzüglich nachdem die von der Entscheidung betroffene(n) Person(en) darüber informiert wurde(n)**. „Unverzüglich" ist so auszulegen, dass die Behörde ohne schuldhaften Verzug sofort im Anschluss nach der Information der betroffenen Person(en) veröffentlichen muss. Reine Ermittlungsmaßnahmen müssen nicht veröffentlicht werden. Zu beachten ist, dass die Veröffentlichungspflicht nicht auf die Rechtskraft der Sanktion oder Maßnahme abstellt, d.h. es ist im Zeitpunkt der Verhängung der erstinstanzlichen Entscheidung zu veröffentlichen und nicht abzuwarten. Zu den Meldungen, die an ESMA zu erstatten sind, siehe → Art. 43.

3

III. Ausnahmen und Abweichungen vom Regelfall

Die Behörde muss gem. Art. 40 Abs. 2 vor der Veröffentlichung immer eine **einzelfallbezogene Bewertung** durchführen. Gelangt die Behörde zur Ansicht, dass die Veröffentlichung der Identität der Rechtspersönlichkeit oder der Identität oder der personenbezogenen Daten von natürlichen Personen **unverhältnismäßig** wäre, **oder** würde eine solche Veröffentlichung die **Stabilität der Finanzmärkte oder laufende Ermittlungen gefährden**, so hat die Behörde nicht unverzüglich zu veröffentlichen. Die **Verhältnismäßigkeitsprüfung** umfasst eine **Interessensabwägung**, in der die **Veröffentlichungspflicht gegenüber den Daten- und Persönlichkeitsrechten der betroffenen Person(en)** abgewogen wird. Aus dieser verpflichtenden Interessensabwägung vor jeder Veröffentlichung ergibt sich eine „Handlungsrangfolge".[4]

4

Diese „Handlungsrangfolge" ist in den lit. a bis c des Art. 40 Abs. 2 festgelegt: **Bei Unverhältnismäßigkeit oder Gefährdung der Ermittlungen bzw. Finanzmarktstabilität** hat die Behörde die Wahl zwischen: **Verschiebung der Veröffentlichung** auf einen geeigneteren Zeitpunkt, bis die Gründe für ihre Nichtveröffentlichung weggefallen sind **oder Anonymisierung**, vorausgesetzt, dass die anonymisierte Veröffentlichung den wirksamen Schutz der betreffenden personenbezogenen Daten gewährleistet. Wählt die Behörde die Anonymisierung, so kann sie die Veröffentlichung der einschlägigen Daten um einen angemessenen Zeitraum aufschieben, wenn vorhersehbar ist, dass die Gründe für die anonymisierte Veröffentlichung innerhalb dieses Zeitraums entfallen werden. Somit kann eine anonymisierte Veröffentlichung um die personenbezogenen Daten ergänzt werden, wenn die Verhältnismäßigkeitsprüfung durch Zeitablauf zu einem anderen Ergebnis kommt als zum ursprünglichen Veröffentlichungszeitpunkt.

5

Befindet die **Behörde weder Verschiebung noch Anonymisierung für ausreichend**, um die Finanzmarktstabilität nicht zu gefährden oder um die Verhältnismäßigkeit zu wahren, **kann sie auch gänzlich von der Veröffentlichung absehen**. Dies ist nicht möglich, um

6

---

2 *Spoerr*, in: Assmann/Uwe H. Schneider/Mülbert, Wertpapierhandelsrecht, 7. Aufl. 2019, Art. 34 VO 596/2014 Rn. 2.
3 *Rohregger/Pechhacker*, in: Kalss/Oppitz/Torggler/Winner, BörseG/MAR, Art. 34 MAR Rn. 5.
4 *Rohregger/Pechhacker*, in: Kalss/Oppitz/Torggler/Winner, BörseG/MAR, Art. 34 MAR Rn. 2ff.

Ermittlungen nicht zu gefährden, da logischerweise Ermittlungen zu einem bestimmten Zeitpunkt abgeschlossen sein müssen und somit dann zu veröffentlichen ist.

IV. Veröffentlichung von Rechtsmittelverfahren

7 Der Transparenzmechanismus gilt gem. Art. 40 Abs. 3 auch für das Rechtsmittelverfahren gegen eine veröffentlichte Entscheidung: **Die Behörde muss sowohl die Einlegung eines Rechtsmittels als auch gegebenenfalls die Aufhebung (Ungültigerklärung) der ursprünglichen Entscheidung veröffentlichen.** Zwar wird so die Faktenlage vollständig wiedergegeben, ein durch die ursprüngliche Veröffentlichung möglicherweise entstandener Reputationsschaden wird aber möglicherweise nicht vollumfänglich ausgeglichen. Dies haben die europäischen Ko-Gesetzgeber jedoch in Kauf genommen, da das Interesse der Öffentlichkeit an Information überwiegt.

V. Veröffentlichungsdauer

8 **Veröffentlichungen müssen** gem. Art. 40 Abs. 4 **mindestens fünf Jahre lang auf der offiziellen behördlichen Website zugänglich bleiben**. In der Veröffentlichung enthaltene **personenbezogene Daten** bleiben nur so lange auf der offiziellen Website der zuständigen Behörde einsehbar, wie dies **nach den geltenden Datenschutzbestimmungen erforderlich** ist. Der etwas vage formulierte Verweis auf die geltenden Datenschutzbestimmungen ist wohl als dynamischer Verweis sowohl auf das nationale als auch europäische Datenschutzrecht zu verstehen. Behörden müssen also bei Änderung der Datenschutzbestimmungen prüfen, ob die Erforderlichkeit der Veröffentlichung von personenbezogenen Daten auch nach der neuen Rechtslage noch gegeben ist. Nach fünf Jahren ist jedenfalls eine Überprüfung der Veröffentlichung fällig. Der Verordnungstext ist unklar, scheint aber eine Veröffentlichung für länger als fünf Jahre zuzulassen.

Art. 43 ProspektVO
Meldung von Sanktionen an die ESMA

(1) Die zuständige Behörde übermittelt der ESMA jährlich aggregierte Informationen über alle gemäß Artikel 38 verhängten verwaltungsrechtlichen Sanktionen und andere verwaltungsrechtliche Maßnahmen. Die ESMA veröffentlicht diese Informationen in einem Jahresbericht.

Haben sich die Mitgliedstaaten gemäß Artikel 38 Absatz 1 dafür entschieden, strafrechtliche Sanktionen für Verstöße gegen die in jenem Absatz genannten Bestimmungen festzulegen, so übermitteln ihre zuständigen Behörden der ESMA jedes Jahr anonymisierte und aggregierte Informationen über alle durchgeführten strafrechtlichen Ermittlungen und verhängten strafrechtlichen Sanktionen. Die ESMA veröffentlicht die Angaben zu den verhängten strafrechtlichen Sanktionen in einem Jahresbericht.

(2) Hat die zuständige Behörde verwaltungsrechtliche Sanktionen oder andere verwaltungsrechtliche Maßnahmen oder strafrechtliche Sanktionen öffentlich gemacht, so meldet sie sie gleichzeitig der ESMA.

(3) Die zuständigen Behörden teilen der ESMA alle verwaltungsrechtlichen Sanktionen oder andere verwaltungsrechtliche Maßnahmen, die verhängt, jedoch gemäß Artikel 42 Absatz 2 Unterabsatz 1 Buchstabe c nicht veröffentlicht wurden, einschließlich aller in diesem Zusammenhang eingelegten Rechtsmittel und der Ergebnisse der Rechtsmittelverfahren mit. Die Mitgliedstaaten stellen sicher, dass die zuständigen Behörden die Informationen und das endgültige Urteil im Zusammenhang mit verhängten strafrechtlichen Sanktionen erhalten und an die ESMA weiterleiten. Die ESMA unterhält ausschließlich für die Zwecke des Informationsaustauschs zwischen den zuständigen Behörden eine zentrale Datenbank der ihr gemeldeten Sanktionen. Diese Datenbank ist nur den zuständigen Behörden zugänglich und wird anhand der von diesen übermittelten Informationen aktualisiert.

Übersicht

	Rn.		Rn.
I. Überblick und Regelungsinhalt	1	III. Individuelle, anlassbezogene Meldepflicht an ESMA	3
II. Aggregierte Jahresmeldungen und Jahresbericht	2		

I. Überblick und Regelungsinhalt

Die **Meldung von Sanktionen** der Behörden an ESMA erfolgt sowohl individuell anlassbezogen als auch aggregiert jährlich. ESMA betreibt für die Zwecke des Informationsaustauschs zwischen den zuständigen Behörden eine **zentrale Datenbank** der ihr gemeldeten Sanktionen. Diese strukturierte Datensammlung wird u. a. im Hinblick auf die

1

durch Art. 48 vorgeschriebene Überprüfung der ProspektVO und den im Zuge derer vorzulegenden Bericht der Europäischen Kommission relevant.[1]

II. Aggregierte Jahresmeldungen und Jahresbericht

2 Die zuständigen Behörden haben gem. Art. 43 Abs. 1 **jährlich aggregierte Meldungen** über die verhängten **verwaltungsrechtlichen Sanktionen und andere verwaltungsrechtliche Maßnahmen** an ESMA zu erstatten. Hat sich ein Mitgliedstaat gem. Art. 38 Abs. 1 dafür entschieden, strafrechtliche Sanktionen für Verstöße gegen die in jenem Absatz genannten Bestimmungen festzulegen, müssen auch **anonymisierte und aggregierte Informationen über alle durchgeführten strafrechtlichen Ermittlungen und verhängten strafrechtlichen Sanktionen** übermittelt werden. ESMA hat über beide Arten von Meldungen einen **Jahresbericht** zu veröffentlichen.

III. Individuelle, anlassbezogene Meldepflicht an ESMA

3 **Veröffentlicht eine zuständige Behörde gem. Art. 42, so hat sie gem. Art. 43 Abs. 2 gleichzeitig auch eine individuelle, anlassbezogene Meldung an ESMA zu erstatten.** Die gleiche Meldepflicht gilt auch für nicht veröffentlichte verwaltungsrechtliche Sanktionen oder andere verwaltungsrechtliche Maßnahmen einschließlich aller in diesem Zusammenhang eingelegten Rechtsmittel und der Ergebnisse der Rechtsmittelverfahren. Mitgliedstaaten müssen für die notwendige Kommunikation zwischen Verwaltung und Justiz sorgen, sodass die zuständigen Behörden die Informationen und das endgültige Urteil bzw. die endgültige Entscheidung im Zusammenhang mit verhängten strafrechtlichen Sanktionen erhalten und an die ESMA weiterleiten. Die zuständige Verwaltungsbehörde eines Staates sammelt national alle relevanten Daten und meldet sie an ESMA. Somit soll sichergestellt sein, dass ESMA auch unterm Jahr unionsweit auf dem letzten Stand ist und stets einen aktuellen Überblick hat. Dies ist auch für die Pflege der zentralen ESMA-Datenbank essenziell, die nur zuständigen Behörden, aber nicht der Öffentlichkeit zugänglich ist.

---

[1] Vgl. auch *Gurlit*, in: Assmann/Schlitt/von Kopp-Colomb, Prospektrecht Kommentar, Art. 43 ProspektVO.

Kapitel IX
Delegierte Rechtsakte und Durchführungsakte

Art. 44 ProspektVO
Wahrnehmung der Befugnisübertragung

(1) Die Befugnis zum Erlass delegierter Rechtsakte wird der Kommission unter den in diesem Artikel festgelegten Bedingungen übertragen.

(2) Die Befugnis zum Erlass delegierter Rechtsakte gemäß Artikel 1 Absatz 7, Artikel 9 Absatz 14, Artikel 13 Absätze 1 und 2, Artikel 14 Absatz 3, Artikel 15 Absatz 2, Artikel 16 Absatz 5, Artikel 20 Absatz 11 und Artikel 29 Absatz 3 wird der Kommission auf unbestimmte Zeit ab dem 20. Juli 2017 übertragen.

(3) Die Befugnisübertragung gemäß Artikel 1 Absatz 7, Artikel 9 Absatz 14, Artikel 13 Absätze 1 und 2, Artikel 14 Absatz 3, Artikel 15 Absatz 2, Artikel 16 Absatz 5, Artikel 20 Absatz 11 und Artikel 29 Absatz 3 kann vom Europäischen Parlament oder vom Rat jederzeit widerrufen werden. Der Beschluss über den Widerruf beendet die Übertragung der in diesem Beschluss angegebenen Befugnis. Er wird am Tag nach seiner Veröffentlichung im Amtsblatt der Europäischen Union oder zu einem im Beschluss über den Widerruf angegebenen späteren Zeitpunkt wirksam. Die Gültigkeit von delegierten Rechtsakten, die bereits in Kraft sind, wird von dem Beschluss über den Widerruf nicht berührt.

(4) Vor dem Erlass eines delegierten Rechtsakts konsultiert die Kommission die von den einzelnen Mitgliedstaaten benannten Sachverständigen, im Einklang mit den in der Interinstitutionellen Vereinbarung über bessere Rechtsetzung vom 13. April 2016 enthaltenen Grundsätzen.

(5) Sobald die Kommission einen delegierten Rechtsakt erlässt, übermittelt sie ihn gleichzeitig dem Europäischen Parlament und dem Rat.

(6) Ein delegierter Rechtsakt, der gemäß Artikel 1 Absatz 7, Artikel 9 Absatz 14, Artikel 13 Absätze 1 und 2, Artikel 14 Absatz 3, Artikel 15 Absatz 2, Artikel 16 Absatz 5, Artikel 20 Absatz 11 und Artikel 29 Absatz 3 erlassen wurde, tritt nur in Kraft, wenn weder das Europäische Parlament noch der Rat innerhalb einer Frist von drei Monaten nach Übermittlung dieses Rechtsakts an das Europäische Parlament und den Rat Einwände erhoben haben oder wenn vor Ablauf dieser Frist das Europäische Parlament und der Rat beide der Kommission mitgeteilt haben, dass sie keine Einwände erheben werden. Auf Initiative des Europäischen Parlaments oder des Rates wird diese Frist um drei Monate verlängert.

Art. 44 ProspektVO Wahrnehmung der Befugnisübertragung

Übersicht

	Rn.		Rn.
I. Überblick und Regelungsinhalt	1	IV. Widerruf der Delegation durch Europäisches Parlament oder Rat	7
II. Inhalte der delegierten Rechtsakte	3		
III. Prozedurale Vorgaben für delegierte Rechtsakte	5		

I. Überblick und Regelungsinhalt

1 Die europäischen Ko-Gesetzgeber übertragen durch Art. 44 der Europäischen Kommission die **Befugnis zum Erlass zahlreicher delegierter Rechtsakte** gem. Art. 290 AEUV. Delegierte Rechtsakte dienen der Ergänzung bestimmter nicht wesentlicher Vorschriften der ProspektVO. Diese Delegation folgt den Prinzipien der sog. „Lamfalussy-Architektur",[1] die 2001 einen „Weisen-Bericht"[2] veröffentlichte, um die EU-Wertpapiergesetzgebung zu verbessern. Die ProspektVO selbst ist ein Sekundärrechtsakt im Rang des „Level 1", der Ermächtigungen für delegierte Rechtsakte (und auch für implementierende Durchführungsrechtsakte) auf „Level 2" enthält.[3]

2 Zu beachten ist, dass sich delegierte Rechtsakte einerseits von (implementierenden) Durchführungsrechtsakten gem. Art. 291 AEUV unterscheiden, da Durchführungsrechtsakte „nur" einheitliche Bedingungen für die Durchführung der verbindlichen Rechtsakte schaffen sollen. Eine echte Ergänzung bzw. primärrechtlich sogar mögliche Änderung von Level 1 ist durch Durchführungsrechtsakte nicht möglich. Andererseits unterscheiden sich delegierte Rechtsakte von sog. „technischen Regulierungsstandards" (auf Englisch „Regulatory Technical Standards") dahingehend, dass bei letzteren ESMA Entwürfe ausarbeitet (vgl. z. B. die RTS-Ermächtigung in Art. 30 Abs. 4 ProspektVO). In der Praxis bedient sich allerdings die Europäische Kommission **ESMA** auch für sog. „**Technical Advice**", bevor sie delegierte Rechtsakte erlässt.[4] Ein „Technical Advice" enthält in der Regel sehr detaillierte Vorschläge, bis hin zu wortgenauen Entwürfen.

II. Inhalte der delegierten Rechtsakte

3 Die delegierten Rechtsakte der ProspektVO decken folgende Inhalte ab:

---

1 https://ec.europa.eu/info/business-economy-euro/banking-and-finance/regulatory-process-financial-services/regulatory-process-financial-services_en (zuletzt abgerufen am 18.1.2023).
2 https://www.esma.europa.eu/sites/default/files/library/2015/11/lamfalussy_report.pdf (zuletzt abgerufen am 18.1.2023).
3 Die Europäische Kommission veröffentlicht eine Übersicht über alle delegierten und implementierenden (Durchführungs-)Rechtsakte: https://finance.ec.europa.eu/document/download/a6f136c0-148d-487f-bfb0-1abc9c75d929_en?filename=prospectus-regulation-level-2-measures-full_en.pdf (zuletzt abgerufen am 18.1.2023).
4 Die Dokumente zu „Technical Advice" können auf der ESMA-Website abgerufen werden: https://www.esma.europa.eu/regulation/corporate-disclosure/prospectus (zuletzt abgerufen am 18.1.2023).

II. Inhalte der delegierten Rechtsakte   Art. 44 ProspektVO

- Festlegung der Mindestinformationen der in Art. 1 Abs. 4 lit. f und g und in Abs. 5 UAbs. 1 lit. e und f genannten **Dokumente für Übernahmen durch Tauschangebote, Spaltungen und Verschmelzungen** (Art. 1 Abs. 7);
- Präzisierung der Kriterien für die **Prüfung und Überprüfung des einheitlichen Registrierungsformulars** und etwaiger Änderungen und die Verfahren für die Billigung und Hinterlegung dieser Dokumente sowie die Bedingungen, unter denen der **Status eines Daueremittenten** aberkannt wird (Art. 9 Abs. 14);
- **Aufmachung des Prospekts, des Basisprospekts und der endgültigen Bedingungen** sowie die Schemata für die in einen Prospekt aufzunehmenden **spezifischen Angaben** und das **Schema für** die in **das einheitliche Registrierungsformular** aufzunehmenden Mindestangaben (Art. 13 Abs. 1 und 2);
- Präzisierung der Schemata der **vereinfachten Offenlegung für Sekundäremissionen**; diese verkürzten Informationen enthalten insb. die jährlichen und halbjährlichen Finanzinformationen, die in den zwölf Monaten vor der Billigung des Prospekts veröffentlicht wurden, gegebenenfalls Gewinnprognosen und -schätzungen, eine knappe Zusammenfassung der gemäß der Verordnung (EU) Nr. 596/2014 in den zwölf Monaten vor der Billigung des Prospekts offengelegten relevanten Informationen und Risikofaktoren (Art. 14 Abs. 3);
- Präzisierung des verkürzten Inhalts, der standardisierten Aufmachung und der standardisierten Reihenfolge für den **EU-Wachstumsprospekt** sowie der verkürzte Inhalt und die standardisierte Aufmachung von dessen spezieller Zusammenfassung (Art. 15 Abs. 2);
- Präzisierung der Kriterien für die Beurteilung der Spezifität und der Wesentlichkeit der **Risikofaktoren** sowie für die Einstufung der Risikofaktoren entsprechend ihrer Beschaffenheit in Risikokategorien (Art. 16 Abs. 5);
- **Festlegungen der Kriterien für die Prüfung der Prospekte, insbesondere der Vollständigkeit, Verständlichkeit und Kohärenz** der darin enthaltenen Informationen, und die **Verfahren für die Billigung** des Prospekts (Art. 20 Abs. 11) und
- Festlegung der allgemeinen **Kriterien für die Gleichwertigkeit (Äquivalenz) von Drittstaatprospekten** auf der Grundlage der Anforderungen gemäß den Art. 6, 7, 8 und 13 (Art. 29 Abs. 3).

Die oben genannten Ermächtigungen sind Basis der folgenden delegierten Rechtsakte: Delegierte Verordnung (EU) 2019/980 der Kommission vom 14.3.2019 zur Ergänzung der Verordnung (EU) 2017/1129 des Europäischen Parlaments und des Rates hinsichtlich der Aufmachung, des Inhalts, der Prüfung und der Billigung des Prospekts, der beim öffentlichen Angebot von Wertpapieren oder bei deren Zulassung zum Handel an einem geregelten Markt zu veröffentlichen ist, und zur Aufhebung der Verordnung (EG) Nr. 809/2004 der Kommission, zuletzt geändert durch Delegierte Verordnung (EU) 2020/1273. Der delegierte Rechtsakt im Hinblick auf Dokumente für Übernahmen durch Tauschangebote, Spaltungen und Verschmelzungen wurde etwas später als Delegierte Verordnung (EU) 2021/528 der Kommission vom 16.12.2020 zur Ergänzung der Verordnung (EU) 2017/1129 des Europäischen Parlaments und des Rates im Hinblick auf die Mindestinformationen des Dokuments, das der Öffentlichkeit bei einer Ausnahme von der Prospektpflicht im Zusammenhang mit einer Übernahme im Wege eines Tauschangebots, einer Verschmelzung oder einer Spaltung zur Verfügung zu stellen ist, veröffentlicht.

4

III. Prozedurale Vorgaben für delegierte Rechtsakte

5 Die Europäische Kommission hat gem. Art. 44 Abs. 4 vor Erlass eines delegierten Rechtsakts die Experten aus den EU-Mitgliedstaaten zu konsultieren. Diese **Konsultation** erfolgt in der sog. **„Expert Group of the European Securities Committee"**.[5] Der Europäische Wertpapierausschuss („European Securities Committee") wurde per Beschluss der Kommission vom 6.6.2001 zur Einsetzung des Europäischen Wertpapierausschusses (2001/528/EG) eingerichtet und erfüllt Komitologie- und Beratungsfunktionen (→ Art. 45).[6]

6 Sobald die Europäische Kommission einen delegierten Rechtsakt erlassen hat, übermittelt sie ihn gem. Art. 44 Abs. 5 zeitgleich an das Europäische Parlament und den Rat (ECOFIN). Abs. 6 folgend haben **sowohl Europäisches Parlament als auch Rat die Möglichkeit, innerhalb von drei Monaten nach Übermittlung Einwände zu erheben**. Diese Frist kann auf Initiative des Europäisches Parlament oder des Rats um drei Monate verlängert werden. Eine Angabe von Gründen ist für die Verlängerung nicht nötig. Der Zustimmungsvorbehalt ist ein **wichtiges Kontrollinstrument für die Ko-Gesetzgeber**, um überprüfen zu können, ob die Europäische Kommission die Delegation entsprechend ihren Vorgaben und Erwartungen genutzt hat. In der Legislativpraxis führt diese Einspruchsmöglichkeit freilich immer wieder **zu teils erheblichen Verzögerungen**.

IV. Widerruf der Delegation durch Europäisches Parlament oder Rat

7 Die Delegation an die Europäischen Kommission könnte vom Europäischen Parlament oder vom Rat jederzeit per Beschluss widerrufen werden. Ein solcher Beschluss würde am Tag nach seiner Veröffentlichung im Amtsblatt der Europäischen Union oder zu einem im Beschluss über den Widerruf angegebenen späteren Zeitpunkt wirksam. Die Gültigkeit von delegierten Rechtsakten, die bereits in Kraft sind, würde von dem Beschluss über den Widerruf nicht berührt. Solche Widerrufe sind in der unionsrechtlichen Praxis äußerst selten und lagen bis zum Zeitpunkt der Drucklegung in Bezug auf die ProspektVO nicht vor.

---

5 https://ec.europa.eu/transparency/regexpert/index.cfm?do=groupDetail.groupDetail&groupID=2553&Lang=DE (zuletzt abgerufen am 18.1.2023).

6 Vgl. Verordnung (EU) Nr. 182/2011 vom 16.2.2011 zur Festlegung der allgemeinen Regeln und Grundsätze, nach denen die Mitgliedstaaten die Wahrnehmung der Durchführungsbefugnisse durch die Kommission kontrollieren, https://ec.europa.eu/info/business-economy-euro/banking-and-finance/regulatory-process-financial-services/expert-groups-comitology-and-other-committees/european-securities-committee_en (zuletzt abgerufen am 18.1.2023).

Art. 45 ProspektVO
Ausschussverfahren

(1) Die Kommission wird von dem durch den Beschluss 2001/528/EG der Kommission eingesetzten Europäischen Wertpapierausschuss unterstützt. Dieser Ausschuss ist ein Ausschuss im Sinne der Verordnung (EU) Nr. 182/2011.

(2) Wird auf diesen Absatz Bezug genommen, so gilt Artikel 5 der Verordnung (EU) Nr. 182/2011.

Im **Ausschussverfahren** (früher „Komitologie") wird die Europäische Kommission vom **Europäischen Wertpapierausschuss** beraten (→ Art. 44 Rn. 5). Art. 45 Abs. 2 verweist auf das sog. „Prüfverfahren" laut Art. 5 der Verordnung (EU) Nr. 182/2011 (→ Art. 44 Rn. 6) und normiert dessen Anwendung. Dieser enthält Regelungen bzgl. der erforderlichen Mehrheiten sowie Vorgehensweisen im Falle der Ablehnung eines Vorschlags durch den Europäischen Wertpapierausschuss. Kann kein Konsens erzielt werden, so wird der zuständige Berufungsausschuss mit der Sache befasst. Dies hat jedoch – soweit bekannt – bis zum Zeitpunkt der Drucklegung keine Relevanz für die ProspektVO. 1

Kapitel X
Schlussbestimmungen

Art. 46 ProspektVO
Aufhebung

(1) Die Richtlinie 2003/71/EG wird mit Wirkung vom 21. Juli 2019 aufgehoben, mit Ausnahme von:

a) Artikel 4 Absatz 2 Buchstaben a und g der Richtlinie 2003/71/EG, die mit Wirkung vom 20. Juli 2017 aufgehoben werden, und

b) Artikel 1 Absatz 2 Buchstabe h sowie Artikel 3 Absatz 2 Unterabsatz 1 Buchstabe e der Richtlinie 2003/71/EG, die mit Wirkung vom 21. Juli 2018 aufgehoben werden.

(2) Bezugnahmen auf die Richtlinie 2003/71/EG gelten als Bezugnahmen auf diese Verordnung und sind nach Maßgabe der Entsprechungstabelle in Anhang VI dieser Verordnung zu lesen.

(3) Prospekte, die gemäß des nationalen Rechts zur Umsetzung der Richtlinie 2003/71/EG vor dem 21. Juli 2019 gebilligt wurden, unterliegen bis zum Ablauf ihrer Gültigkeit oder während eines Zeitraums von 12 Monaten nach dem 21. Juli 2019, je nachdem, was zuerst eintritt, weiterhin diesem nationalen Recht.

Übersicht

	Rn.		Rn.
I. Überblick und Regelungsinhalt	1	IV. Übergangsregelung für gem. der ProspektRL 2003/71 gebilligte Prospekte („Grandfathering Clause")	4
II. Aufhebung der ProspektRL 2003/71	2		
III. Referenzen auf die ProspektRL 2003/71 und Entsprechungstabelle	3		

I. Überblick und Regelungsinhalt

1 Art. 46 enthält die Bestimmungen über die Aufhebung der ProspektRL, die Bezugnahmen auf dieselbe im Rahmen der Entsprechungstabelle in Anhang VI der ProspektVO und die sog. „Grandfathering Clause" zur Weitergeltung von Prospekten im Übergangszeitraum.

II. Aufhebung der ProspektRL 2003/71

2 Art. 46 Abs. 1 hebt die alte ProspektRL 2003/71 per 21.7.2019 auf. Hiervon gibt es eng definierte **zeitliche Abweichungen**:

– Art. 4 Abs. 2 lit. a ProspektRL: Die **Zulassungsausnahme für Aktien, die über einen Zeitraum von zwölf Monaten weniger als 10% der Zahl der Aktien derselben Gattung ausmachten**, die bereits zum Handel an demselben geregelten Markt zugelassen waren, wurde **bereits per 20.7.2017 aufgehoben.** Die Schwelle wurde durch Art. 1 Abs. 5 UAbs. 1 lit. a ProspektVO auf 20% erhöht und der sachliche Anwendungsbereich auf Wertpapiere, die mit bereits zum Handel am selben geregelten Markt zugelassenen Wertpapieren fungibel sind, sofern sie über einen Zeitraum von zwölf Monaten weniger als 20% der Zahl der Wertpapiere ausmachen, die bereits zum Handel am selben geregelten Markt zugelassen sind, ausgedehnt (→ Art. 1).
– Art. 4 Abs. 2 lit. g ProspektRL: **Die Zulassungsausnahme für Aktien, die bei der Umwandlung oder beim Tausch von anderen Wertpapieren oder infolge der Ausübung von mit anderen Wertpapieren verbundenen Rechten ausgegeben wurden**, sofern es sich dabei um Aktien derselben Gattung handelte wie die Aktien, die bereits zum Handel an demselben geregelten Markt zugelassen waren, **wurde bereits per 20.7.2017 aufgehoben.** Diese Bestimmung wird durch Art. 1 Abs. 5 UAbs. 1 lit. a ProspektVO abgelöst, die Aktien, die aus der Umwandlung oder dem Eintausch anderer Wertpapiere oder aus der Ausübung der mit anderen Wertpapieren verbundenen Rechte resultieren, sofern es sich dabei um Aktien derselben Gattung wie die bereits zum Handel am selben geregelten Markt zugelassenen Aktien handelt und sofern sie über einen Zeitraum von zwölf Monaten weniger als 20% der Zahl der Aktien derselben Gattung ausmachen, die bereits zum Handel am selben geregelten Markt zugelassen sind, von der Prospektpflicht ausnimmt. Dies steht wiederum unter dem Vorbehalt des UAbs. 2 – siehe zu diesen Details → Art. 1.
– Art. 1 Abs. 2 lit. h ProspektRL: **Die Angebotsausnahme für Wertpapiere mit einem Gesamtgegenwert von weniger als 2.500.000 EUR**, wobei diese Obergrenze binnen zwölf Monaten **bereits per 21.7.2018 aufgehoben wurde.** An ihre Stelle trat die absolute Ausnahme von Wertpapieren mit einem Gesamtgegenwert in der Union von weniger als 1.000.000 EUR gem. Art. 1 Abs. 3 sowie das Mitgliedstaatenwahlrecht für nicht grenzüberschreitende Angebote bis maximal 8.000.000 EUR gem. Art. 3 Abs. 2 (→ Art. 1 und 3).
– Art. 3 Abs. 2 UAbs. 1 lit. e ProspektRL: **Die Angebotsausnahme für ein Wertpapierangebot über einen Gesamtgegenwert von weniger als 100.000 EUR binnen zwölf Monaten** wurde per 21.7.2018 durch die absolute Ausnahme von 1.000.000 EUR abgelöst.

III. Referenzen auf die ProspektRL 2003/71 und Entsprechungstabelle

Referenzen auf die ProspektRL 2003/71 gelten als Bezugnahmen auf diese Verordnung und sind nach Maßgabe der Entsprechungstabelle in Anhang VI der ProspektVO zu lesen. Somit ist für dynamische Verweise im Unionsrecht bzw. nationalen Recht sichergestellt, dass diese nicht ins Leere verlaufen. Bei statischen Verweisen ist die Rechtslage im Einzelfall zu beurteilen.

IV. Übergangsregelung für gem. der ProspektRL 2003/71 gebilligte Prospekte („Grandfathering Clause")

4 Art. 46 Abs. 3 enthält eine Übergangsregelung für gem. der ProspektRL 2003/71 gebilligte Prospekte („Grandfathering Clause") für Prospekte, die gemäß dem nationalen Recht zur Umsetzung der Richtlinie 2003/71/EG vor dem 21.7.2019 gebilligt wurden. Diese Prospekte gelten bis zum Ablauf ihrer Gültigkeit oder bis zu maximal zwölf Monaten nach dem 21.7.2019, je nachdem, was zuerst eintritt, weiter. Diese Weitergeltung unterliegt allerdings den Bedingungen des jeweiligen nationalen Rechts.

Art. 47 ProspektVO
ESMA-Bericht über Prospekte

(1) Die ESMA veröffentlicht auf der Grundlage der über den Mechanismus nach Artikel 21 Absatz 6 öffentlich zugänglich gemachten Dokumente jährlich einen Bericht mit Statistiken über die in der Union gebilligten und notifizierten Prospekte und einer Trendanalyse unter Berücksichtigung

a) der verschiedenen Arten von Emittenten, insbesondere der Personenkategorien in Artikel 15 Absatz 1 Buchstaben a bis d, und

b) der Arten von Emissionen, insbesondere des Gesamtgegenwerts der Angebote, der Arten der übertragbaren Wertpapiere, der Arten des Handelsplatzes und der Stückelungen.

(2) Der in Absatz 1 genannte Bericht enthält insbesondere Folgendes:

a) Eine Analyse des Umfangs, in dem die Offenlegungsregelungen gemäß den Artikeln 14 und 15 angewandt und das in Artikel 9 genannte einheitliche Registrierungsformular in der gesamten Union verwendet werden;

b) Statistiken über Basisprospekte und endgültige Bedingungen sowie über Prospekte, die aus mehreren Einzeldokumenten oder als ein einziges Dokument erstellt werden;

c) Statistiken über den durchschnittlichen und den Gesamtgegenwert der öffentlichen Angebote von Wertpapieren, die dieser Verordnung unterliegen, von nicht börsennotierten Unternehmen, Gesellschaften, deren Wertpapiere an MTF, einschließlich KMU-Wachstumsmärkte, gehandelt werden, und Gesellschaften, deren Wertpapiere zum Handel an geregelten Märkten zugelassen sind. Sofern möglich, enthalten diese Statistiken auch eine Aufschlüsselung nach Börsengängen und nachfolgenden Angeboten sowie nach Dividendenwerten und Nichtdividendenwerten;

d) Statistiken über die Verwendung der Notifizierungsverfahren nach den Artikeln 25 und 26, einschließlich einer Aufschlüsselung je Mitgliedstaat der Anzahl der notifizierten Billigungsbescheinigungen im Zusammenhang mit Prospekten, Registrierungsformularen und einheitlichen Registrierungsformularen.

Übersicht

	Rn.		Rn.
I. Überblick und Regelungsinhalt	1	II. Inhalte der jährlichen ESMA-Berichte	2

I. Überblick und Regelungsinhalt

ESMA unterliegt einer umfangreichen, jährlichen Berichtspflicht samt Statistiken über die in der EU gebilligten und notifizierten Prospekte. Weiters hat ESMA eine einschlägige Trendanalyse zu veröffentlichen. 1

II. Inhalte der jährlichen ESMA-Berichte

2 ESMA hat den **jährlichen Bericht sowohl nach Art der Emittenten sowie nach Arten von Emissionen aufzuschlüsseln**. Ein Fokus liegt auf dem einheitlichen Registrierungsformular gem. Art. 9, der vereinfachten Offenlegungsregelung für Sekundäremissionen gem. Art. 14 und dem EU-Wachstumsprospekt gem. Art 15. Diese drei Neuerungen durch die ProspektVO sollen entsprechend statistisch erfasst werden, sodass ihr Erfolg bzw. Misserfolg bei der Revision der ProspektVO zukünftig berücksichtigt werden kann.

3 Weiters muss der Bericht **Statistiken über Basisprospekte und deren endgültige Bedingungen, Prospekte, die aus Einzeldokumenten oder als einzelnes Dokument** erstellt werden, enthalten. Auch der durchschnittliche Gegenwert und der Gesamtgegenwert der öffentlichen Angebote von Wertpapieren, die dieser Verordnung unterliegen, von nicht börsennotierten Unternehmen, Gesellschaften, deren Wertpapiere an MTF, einschließlich KMU-Wachstumsmärkten, gehandelt werden, und Gesellschaften, deren Wertpapiere zum Handel an geregelten Märkten zugelassen sind, soll in diesen Statistiken erfasst werden. Je nach Datenverfügbarkeit sollen diese Statistiken auch eine Aufschlüsselung nach Börsengängen und nachfolgenden Angeboten sowie nach Dividendenwerten und Nichtdividendenwerten enthalten.

4 Ebenso sollen **Statistiken über die grenzüberschreitenden Notifikationen je Mitgliedstaat**, aufgegliedert nach Prospekten, regulären Registrierungsformularen und einheitlichen Registrierungsformularen, veröffentlicht werden. Dies, um gegebenenfalls Unterschiede in den nationalen Verwaltungspraktiken und unter Umständen potenzielles „forum shopping" (Aufsichtsarbitrage) erkennen zu können.

Art. 47a ProspektVO
Zeitliche Begrenzung der Regelung für den EU-Wiederaufbauprospekt

Die in den Artikeln 7 Absatz 12a, Artikel 14a, Artikel 20 Absatz 6a und Artikel 21 Absatz 5a festgelegte Regelung für den EU-Wiederaufbauprospekt läuft am 31. Dezember 2022 aus.

Für EU-Wiederaufbauprospekte, die zwischen dem 18. März 2021 und dem 31. Dezember 2022 gebilligt wurden, gelten bis zum Ende ihrer Gültigkeit oder bis zum Ablauf von 12 Monaten nach dem 31. Dezember 2022, je nachdem, was zuerst eintritt, weiterhin die Bestimmungen des Artikels 14a.

Übersicht

	Rn.		Rn.
I. Überblick und Regelungsinhalt	1	III. Übergangsregelung für gem. Art. 14a gebilligte EU-Wiederaufbauprospekte („Grandfathering Clause")	3
II. Zeitlicher Geltungsbereich	2		

I. Überblick und Regelungsinhalt

Art. 47a enthält die Bestimmungen über den zeitlichen Geltungsbereich der Regelungen betreffend den im Wesentlichen in Art. 14a geregelten EU-Wiederaufbauprospekt, der mit Verordnung (EU) 2021/337[1] in der ProspektVO aufgenommen wurde, sowie eine sog. „Grandfathering Clause" zur Weitergeltung von EU-Wiederaufbauprospekten über diesen zeitlichen Geltungsbereich hinaus. 1

II. Zeitlicher Geltungsbereich

Aufgrund des Zwecks des EU-Wiederaufbauprospekts zur raschen Bewältigung der schwerwiegenden wirtschaftlichen Auswirkungen der COVID-19-Pandemie, die Rekapitalisierung von Unternehmen in der Union zu erleichtern und Emittenten in einem frühen Stadium des Erholungsprozesses den Zugang zu öffentlichen Märkten zu eröffnen,[2] normiert Art. 47a, dass die das EU-Wiederaufbauprospekt betreffenden Bestimmungen mit 31.12.2022 auslaufen. Dieser Zeitraum ist jedoch im Zusammenhang mit der Überprüfung durch die Kommission gemäß Art. 48 zu sehen, da die Kommission in ihrem Bericht verpflichtet ist, das EU-Wiederaufbauprospekt auch in Hinsicht auf eine mögliche Verlängerung dessen zeitlichen Geltungsbereichs zu evaluieren. 2

---

1 Verordnung (EU) 2021/337 des Europäischen Parlaments und des Rates vom 16.2.2021 zur Änderung der Verordnung (EU) 2017/1129 im Hinblick auf den EU-Wiederaufbauprospekt und gezielte Anpassungen für Finanzintermediäre und der Richtlinie 2004/109/EG im Hinblick auf das einheitliche elektronische Berichtsformat für Jahresfinanzberichte zur Unterstützung der wirtschaftlichen Erholung von der COVID-19-Krise.
2 Vgl. insb. Erwägungsgrund 5 VO (EU) 2021/337.

III. Übergangsregelung für gem. Art. 14a gebilligte EU-Wiederaufbauprospekte („Grandfathering Clause")

3 Art. 46 Abs. 3 enthält eine Bestandsschutzklausel bzw. Übergangsregelung für EU-Wiederaufbauprospekte gem. Art. 14a („Grandfathering Clause"), die zwischen dem 18.3.2021 und dem 31.12.2022 gebilligt wurden. Diese Prospekte gelten bis zum Ablauf ihrer Gültigkeit oder bis zu maximal zwölf Monaten nach dem 31.12.2022, je nachdem, was zuerst eintritt, weiter. Diese Weitergeltung unterliegt allerdings den bis 31.12.2022 in Kraft stehenden Bestimmungen betreffend das EU-Wiederaufbauprospekt in der EU-ProspektVO.

Art. 48 ProspektVO
Überprüfung

(1) Spätestens am 21. Juli 2022 legt die Kommission dem Europäischen Parlament und dem Rat einen Bericht über die Anwendung dieser Verordnung vor, gegebenenfalls zusammen mit einem Vorschlag für einen Rechtsakt.

(2) In diesem Bericht wird unter anderem geprüft, ob die Zusammenfassung des Prospekts, die Offenlegungsregelungen gemäß den Artikeln 14, 14a und 15 und das einheitliche Registrierungsformular gemäß Artikel 9 angesichts der verfolgten Ziele weiterhin angemessen sind. Der Bericht muss insbesondere Folgendes enthalten:

a) die Zahl der EU-Wachstumsprospekte von Personen in jeder der Kategorien gemäß Artikel 15 Absatz 1 Buchstaben a bis d sowie eine Analyse der Entwicklung jeder einzelnen Zahl und der Tendenzen bei der Wahl von Handelsplätzen durch die zur Anwendung des EU-Wachstumsprospekts berechtigten Personen;

b) eine Analyse, ob der EU-Wachstumsprospekt für ein ausgewogenes Verhältnis zwischen Anlegerschutz und der Verringerung des Verwaltungsaufwands für die zu seiner Anwendung berechtigten Personen sorgt;

c) die Anzahl der gebilligten EU-Wiederaufbauprospekte und eine Analyse der Entwicklung dieser Anzahl sowie eine Schätzung der tatsächlichen zusätzlichen Marktkapitalisierung, die durch EU-Wiederaufbauprospekte zum Zeitpunkt der Emission mobilisiert wurde, um für die Nachbewertung Erfahrungen mit dem EU-Wiederaufbauprospekt zu sammeln;

d) die Kosten der Erstellung und Billigung eines EU-Wiederaufbauprospekts im Vergleich zu den derzeitigen Kosten in Bezug auf einen herkömmlichen Prospekt, einen Prospekt für die Sekundäremission und einen EU-Wachstumsprospekt, zusammen mit einer Angabe der insgesamt erzielten finanziellen Einsparungen und der Kosten, die weiter gesenkt werden konnten, sowie der Gesamtkosten, die sich aus der Einhaltung der vorliegenden Verordnung für Emittenten, Anbieter und Finanzintermediäre ergeben, zusammen mit einer Berechnung dieser Kosten als Prozentsatz der Betriebskosten;

e) eine Analyse, ob mit dem EU-Wiederaufbauprospekt für das angemessene Gleichgewicht zwischen Anlegerschutz und der Verringerung des Verwaltungsaufwands für die zu seiner Anwendung berechtigten Personen gesorgt wird, sowie eine Analyse der Zugänglichkeit wesentlicher Informationen für Investitionen;

f) eine Analyse, ob es angemessen wäre, die Dauer der Regelung für den EU-Wiederaufbauprospekt zu verlängern, einschließlich der Frage, ob die in Artikel 14a Absatz 1 Unterabsatz 2 genannte Schwelle, über die hinaus ein EU-Wiederaufbauprospekt nicht verwendet werden darf, angemessen ist;

g) eine Analyse, ob die in Artikel 23 Absätze 2a und 3a festgelegten Maßnahmen das Ziel erreicht haben, sowohl den Finanzintermediären als auch den Anlegern zusätzliche Klarheit und Flexibilität zu verschaffen, und ob es angemessen wäre, diese Maßnahmen zu dauerhaften Maßnahmen zu machen.

Art. 48 ProspektVO Überprüfung

(3) Auf der Grundlage der Analyse gemäß Absatz 2 muss in dem Bericht die Frage geprüft werden, ob etwaige Änderungen dieser Verordnung erforderlich sind, um kleineren Unternehmen bei gleichzeitiger Gewährleistung eines ausreichenden Maßes an Anlegerschutz die Kapitalaufnahme weiter zu erleichtern, und auch die Frage, ob die entsprechenden Schwellenwerte angepasst werden müssen.

(4) Darüber hinaus wird in dem Bericht bewertet, ob die Emittenten, insbesondere KMU, LEI und ISIN zu vertretbaren Kosten und innerhalb eines angemessenen Zeitraums erhalten können. Bei der Erstellung des Berichts wird den Ergebnissen der vergleichenden Analyse nach Artikel 20 Absatz 13 Rechnung getragen.

Übersicht

	Rn.		Rn.
I. Überblick und Regelungsinhalt	1	II. Inhalte des Überprüfungsberichts	2

I. Überblick und Regelungsinhalt

1 Art. 48 enthält eine typische Evaluierungsklausel („Review Clause"), durch die die Europäische Kommission verpflichtet wird, per 21.7.2022 einen Bericht über die Anwendung der ProspektVO an das Europäische Parlament und den Rat zu übermitteln. Je nach Ergebnis des Berichts hat die Europäische Kommission gegebenenfalls auch einen Vorschlag für einen Rechtsakt vorzulegen. Der Kommissionsvorschlag könnte insb. ein Vorschlag für die Revision bestimmter Artikel der ProspektVO sein. Im Regelfall würde die Europäische Kommission eine öffentliche Konsultation abhalten, bevor sie einen Kommissionsvorschlag veröffentlicht.[1]

II. Inhalte des Überprüfungsberichts

2 Der Bericht soll jedenfalls die Angemessenheit der Zusammenfassung des Prospekts, der vereinfachten Offenlegung für Sekundäremissionen (Art. 14) und des EU-Wachstumsprospekts (Art. 15) und des einheitlichen Registrierungsformulars (Art. 9) umfassen. Zudem muss der Bericht beurteilen, ob die Emittenten und insb. KMUs Rechtsträgerkennungen („Legal Entity Identifiers", abgekürzt „LEI") und Wertpapier-Identifikationsnummern („International Securities Identification Numbers", abgekürzt „ISIN") zu vertretbaren Kosten und innerhalb einer angemessenen Frist erhalten. Dies ist von Relevanz, da gem. Art. 7 Abs. 5 die Prospektzusammenfassung nunmehr beide Elemente verpflichtend enthalten muss. Somit wird erstmals durch Unionsrecht eine Verknüpfung zwischen LEI und ISIN geschaffen, deren Kosten- und Aufwandsimplikationen nun untersucht werden sollen.

---

[1] Siehe weiterführend zum Thema „Bessere Rechtsetzung" („Better Regulation"): https://ec.europa.eu/info/law/law-making-process/planning-and-proposing-law/better-regulation-why-and-how_de (zuletzt abgerufen am 19.1.2023) und zur Zusammenarbeit zwischen Europäischer Kommission, Europäischem Parlament und Rat die Interinstitutionelle Vereinbarung zwischen dem Europäischen Parlament, dem Rat der Europäischen Union und der Europäischen Kommission über bessere Rechtsetzung, ABl. L 123 v. 12.5.2016.

Die Europäischen Kommission muss sehr detailliert Bericht erstatten, wie hoch die Anzahl in jeder in Frage kommenden Kategorie von Nutzern eines EU-Wachstumsprospekts ist und ob bzw. welche Tendenzen es bei der Wahl von Handelsplätzen durch die Nutzer gibt. Weiters soll eine Analyse vorgelegt werden, ob im Hinblick auf den EU-Wachstumsprospekt ein ausgewogenes Verhältnis zwischen Anlegerschutz und der Verringerung des Verwaltungsaufwands für die Nutzer besteht. Der Bericht sollte ferner EU-Wiederaufbauprospekte evaluieren und ermitteln, wie viele EU-Wiederaufbauprospekte gebilligt wurden, deren Entwicklung zu analysieren, die zusätzliche Marktkapitalisierung durch das Institut des EU-Wachstumsprospekt abzuschätzen sowie eine Kosten-Nutzen-Analyse durchzuführen. Auch wird die Kommission ersucht, in ihrem Bericht drei diesbezügliche Themengebiete zu analysieren: Erstens, ob mit dem EU-Wiederaufbauprospekt ein angemessenes Gleichgewicht zwischen Anlegerschutz und der Verringerung des Verwaltungsaufwands für die Berechtigten geschaffen wurde und Investoren wesentliche Informationen zugänglich sind. Zweitens, ob die Dauer der Regelung für den EU-Wiederaufbauprospekt verlängert werden soll und ob die Schwelle zur Zulässigkeit eines EU-Wiederaufbauprospekts angemessen ist. Drittens, ob die in Art. 23 Abs. 2a und 3a (→ Art. 23) festgelegten Maßnahmen das Ziel erreicht haben, sowohl den Finanzintermediären als auch den Anlegern zusätzliche Klarheit und Flexibilität zu verschaffen, und ob es somit angemessen wäre, diese Maßnahmen zu dauerhaften Maßnahmen zu machen. Auf Basis dessen muss die Europäische Kommission prüfen, ob legistische Anpassungen für kleinere Unternehmen und eine Anpassung entsprechender Schwellenwerte erforderlich sind. Der starke Fokus auf das EU-Wachstumsprospekt war ein großes Anliegen des Europäischen Parlaments.

Art. 49 ProspektVO
Inkrafttreten und Geltung

(1) Diese Verordnung tritt am zwanzigsten Tag nach ihrer Veröffentlichung im Amtsblatt der Europäischen Union in Kraft.

(2) Unbeschadet des Artikels 44 Absatz 2 gilt diese Verordnung ab dem 21. Juli 2019, mit Ausnahme von Artikel 1 Absatz 3 und Artikel 3 Absatz 2, die ab dem 21. Juli 2018 gelten, und Artikel 1 Absatz 5 Unterabsatz 1 Buchstaben a, b und c sowie Artikel 1 Absatz 5 Unterabsatz 2, die ab dem 20. Juli 2017 gelten.

(3) Die Mitgliedstaaten treffen die erforderlichen Maßnahmen, um Artikel 11, Artikel 20 Absatz 9, Artikel 31, Artikel 32 und Artikel 38 bis 43 bis zum 21. Juli 2019 nachzukommen.

Diese Verordnung ist in allen ihren Teilen verbindlich und gilt unmittelbar in jedem Mitgliedstaat.

1   Der letzte Art. der ProspektVO enthält die Bestimmungen über Inkrafttreten und Geltung. Grundsätzlich trat die ProspektVO am zwanzigsten Tag nach ihrer Veröffentlichung in Kraft, das war der 20.7.2017. Diese Inkrafttretensbestimmung entspricht der primärrechtlichen Standardvorgabe gem. Art. 297 Abs. 1 AEUV. Die Geltung, sprich die Anwendbarkeit, der ProspektVO beginnt für die meisten ihrer Bestimmungen mit 21.7.2019. Die Ausklammerung des Art. 44 erlaubte der Kommission, bereits vor dem 21.7.2019 ihre Befugnisübertragung für die delegierten Rechtsakte wahrzunehmen und mit den entsprechenden Arbeiten und Verfahren zu beginnen.

2   Zur gestaffelten Geltung gem. Art. 49 Abs. 2 → Art. 46 Rn 2.

3   Art. 49 Abs. 3 verpflichtet die Mitgliedstaaten, alle erforderlichen Maßnahmen zu setzen, um die Anwendung der folgenden Art. zu ermöglichen. Das Unionsrecht determiniert dabei nicht, durch welche Maßnahmen die Mitgliedstaaten dieser Verpflichtung nachkommen müssen, sondern überlässt ihnen die Wahl i. S. d. Subsidiaritätsprinzips: Prospekthaftung (Art. 11), Haftung der zur Prüfung und Billigung des Prospekts zuständigen Behörde (Art. 20 Abs. 9), Benennung der zuständigen Behörde (Art. 31), Befugnisse der zuständigen Behörden (Art. 32) und verwaltungsrechtliche Sanktionen und andere verwaltungsrechtliche Maßnahmen (Art. 38), Wahrnehmung der Aufsichts- und Sanktionsbefugnisse (Art. 39), Rechtsmittel (Art. 40), Meldung von Verstößen (Art. 41), Veröffentlichung von Entscheidungen (Art. 42) und Meldung von Sanktionen an die ESMA (Art. 43).

2. Teil
WpPG

Abschnitt 1
Anwendungsbereich und Begriffsbestimmungen

§ 1 WpPG
Anwendungsbereich

Dieses Gesetz enthält ergänzende Regelungen zu den Vorschriften der Verordnung (EU) 2017/1129 des Europäischen Parlaments und des Rates vom 14. Juni 2017 über den Prospekt, der beim öffentlichen Angebot von Wertpapieren oder bei deren Zulassung zum Handel an einem geregelten Markt zu veröffentlichen ist und zur Aufhebung der Richtlinie 2003/71/EG (ABl. L 168 vom 30.6.2017, S. 12) in Bezug auf

1. Ausnahmen von der Verpflichtung zur Veröffentlichung eines Prospekts;
2. das Wertpapier-Informationsblatt;
3. die Prospekthaftung und die Haftung bei Wertpapier-Informationsblättern;
4. die Zuständigkeiten und Befugnisse der Bundesanstalt für Finanzdienstleistungsaufsicht (Bundesanstalt) und
5. die Ahndung von Verstößen hinsichtlich
   a) der Vorschriften dieses Gesetzes;
   b) der Verordnung (EU) 2017/1129.

Es gilt nicht für ein öffentliches Angebot der in Artikel 1 Absatz 4 Buchstabe k der Verordnung (EU) 2017/1129 bezeichneten Artikel.

Übersicht

	Rn.		Rn.
I. Regelungsgegenstand	1	III. Ausnahme (Satz 2)	3
II. Anwendungsbereich (Satz 1)	2		

I. Regelungsgegenstand

Mit dem „Gesetz zur weiteren Ausführung der EU-Prospektverordnung und zur Änderung von Finanzmarktgesetzen"[1] fasste der deutsche Gesetzgeber § 1 grundlegend neu. Wie bereits zuvor regelt § 1 den Anwendungsbereich des WpPG, der sich aufgrund der unmittel-

---
[1] Gesetz zur weiteren Ausführung der EU-Prospektverordnung und zur Änderung von Finanzmarktgesetzen v. 8.7.2019, BGBl. I, S. 1002.

baren Anwendbarkeit der ProspektVO nun jedoch lediglich in deren Ergänzung erschöpft.[2] § 1 normiert in **Satz 1** den **Anwendungsbereich** des Gesetzes und nimmt in dem mit Wirkung zum 10.11.2021 hinzugefügten **Satz 2**[3] bestimmte öffentliche Angebote im Wege einer **abdrängenden Sonderzuweisung**[4] wieder vom Anwendungsbereich aus.

II. Anwendungsbereich (Satz 1)

2   § 1 **Satz 1** beschreibt den Anwendungsbereich des WpPG. Das Gesetz enthält danach ergänzende Regelungen zu Ausnahmen von der Verpflichtung zur Prospektveröffentlichung (siehe dazu § 3), zum Wertpapier-Informationsblatt (siehe dazu §§ 4 und 5), zur Prospekthaftung und Haftung bei Wertpapier-Informationsblättern (siehe dazu §§ 8 bis 16), zu den Zuständigkeiten und Befugnissen der BaFin (siehe dazu §§ 17 bis 20) und der Ahndung von Verstößen (siehe dazu §§ 24 und 25). Gestützt sind die ergänzenden Regelungen auf die Öffnungsklauseln in Art. 3 Abs. 2, Art. 11, Art. 31 und Art. 32 ProspektVO.

III. Ausnahme (Satz 2)

3   Mit dem „Gesetz zur begleitenden Ausführung der Verordnung (EU) 2020/1503 und der Umsetzung der Richtlinie EU 2020/1504 zur Regelung von Schwarmfinanzierungsdienstleistern (Schwarmfinanzierungs-Begleitgesetz) und anderer europarechtlicher Finanzmarktvorschriften"[5] hat der deutsche Gesetzgeber den Anwendungsbereich des WpPG beschränkt und in **§ 1 Satz 2** „ein öffentliches Angebot der in Artikel 1 Absatz 4 Buchstabe k der Verordnung (EU) 2017/1129 bezeichneten Artikel" davon ausgenommen.[6] **Art. 1 Abs. 4 lit. k ProspektVO** umfasst ein von einem im Rahmen der Verordnung (EU) 2020/1503 (European Crowdfunding Service Provider Regulation, „**ECSP-VO**") zugelassenen Schwarmfinanzierungsdienstleister unterbreitetes öffentliches Angebot von Wertpapieren, sofern es nicht den in Art. 1 Abs. 2 lit. c jener Verordnung genannten Schwellenwert übersteigt. Danach ist ein **Schwarmfinanzierungsangebot** prospektfrei, wenn der Gesamtgegenwert dieses Angebots über einen Zeitraum von zwölf Monaten weniger als 5 Mio. EUR beträgt und damit unterhalb des in Art. 1 Abs. 2 lit. c ECSP-VO normierten Schwellenwerts liegt. Der europäische Gesetzgeber schuf diese Ausnahmeregelung in Art. 1 Abs. 4 lit. k ProspektVO zur Stärkung der Schwarmfinanzierung (Crowdfunding) in der Europäischen Union, da anderenfalls aufgrund der weiten Auslegung des Begriffs des öffentlichen Angebots im Rahmen der ProspektVO doppelte Publizitätspflichten drohten,[7]

---

2 *Bauerschmidt*, in: Assmann/Schlitt/von Kopp-Colomb, Prospektrecht Kommentar, § 1 WpPG Rn. 4.
3 Gesetz zur begleitenden Ausführung der Verordnung (EU) 2020/1503 und der Umsetzung der Richtlinie EU 2020/1504 zur Regelung von Schwarmfinanzierungsdienstleistern (Schwarmfinanzierung-Begleitgesetz) und anderer europarechtlicher Finanzmarktvorschriften v. 3.6.2021, BGBl. I, S. 1568.
4 BT-Drucks. 19/27410, S. 56.
5 BGBl. I, S. 1568.
6 *Bauerschmidt*, in: Assmann/Schlitt/von Kopp-Colomb, Prospektrecht Kommentar, § 1 WpPG Rn. 5, 24.
7 *Bauerschmidt*, AG 2022, 57, 58 f.

III. Ausnahme (Satz 2) § 1 WpPG

und zwar sowohl nach der ECSP-VO als auch nach der ProspektVO (siehe → Art. 1 ProspektVO Rn. 227).

Für Angebote bis einschließlich 5 Mio. EUR ergeben sich die **Informationspflichten** nunmehr allein aus **Art. 23 ECSP-VO**, und zwar unabhängig davon, wer dabei als Anbieter auftritt (der Schwarmfinanzierungsdienstleister, der Projektträger, beide oder noch andere), solange das Angebot über die Schwarmfinanzierungsplattform unterbreitet wird.[8] Der Schwarmfinanzierungsdienstleister muss ein (ggf. vom Projektträger zu erstellendes) **Anlagebasisinformationsblatt** veröffentlichen, das insbesondere fair, klar und nicht irreführend ist (Art. 23 Abs. 1, Abs. 2 und Abs. 7 ECSP-VO). Dagegen bleibt für Schwarmfinanzierungsangebote im Wert von über 5 Mio. EUR, die nicht unter die Ausnahmeregelung in Art. 1 Abs. 4 lit. k ProspektVO fallen, eine Prospektpflicht nach der ProspektVO möglich, sofern die Voraussetzungen für die Anwendung der ProspektVO erfüllt sind, insbesondere Wertpapiere angeboten werden (siehe insgesamt auch die Ausführungen in → Art. 1 ProspektVO Rn. 228 ff.). 4

Trotz unmittelbarer Anwendbarkeit der ProspektVO hat der deutsche Gesetzgeber den Anwendungsbereich des WpPG durch die Ergänzung von Satz 2 zur **Klarstellung** eingeschränkt. Damit stellt er sicher, dass das WpPG für Schwarmfinanzierungsangebote keine weiteren Informationspflichten, insbesondere die Erstellung eines Wertpapier-Informationsblattes nach § 4 WpPG, aufstellt.[9] 5

---

8 BT-Drucks. 19/27410, S. 56.
9 *Groß*, Kapitalmarktrecht, § 1 WpPG Rn. 3.

§ 2 WpPG
Begriffsbestimmungen

Im Sinne dieses Gesetzes ist oder sind

1. **Wertpapiere** solche im Sinne des Artikels 2 Buchstabe a der Verordnung (EU) 2017/1129;

2. **öffentliches Angebot von Wertpapieren** eine Mitteilung im Sinne des Artikels 2 Buchstabe d der Verordnung (EU) 2017/1129;

3. **qualifizierte Anleger** Personen oder Einrichtungen im Sinne des Artikels 2 Buchstabe der Verordnung (EU) 2017/1129;

4. **Kreditinstitut** ein solches im Sinne des Artikels 2 Buchstabe g der Verordnung (EU) 2017/1129;

5. **Emittent** eine Rechtspersönlichkeit im Sinne des Artikels 2 Buchstabe h der Verordnung (EU) 2017/1129;

6. **Anbieter** eine Rechtspersönlichkeit oder natürliche Person im Sinne des Artikels 2 Buchstabe i der Verordnung (EU) 2017/1129;

7. **Zulassungsantragsteller** die Personen, die die Zulassung zum Handel an einem geregelten Markt beantragen;

8. **geregelter Markt** ein solcher im Sinne des Artikels 2 Buchstabe j der Verordnung (EU) 2017/1129;

9. **Werbung** eine Mitteilung im Sinne des Artikels 2 Buchstabe k der Verordnung (EU) 2017/1129;

10. **Bundesanstalt** die Bundesanstalt für Finanzdienstleistungsaufsicht.

Übersicht

	Rn.		Rn.
I. Regelungsgegenstand	1	5. Emittent (Nr. 5)	9
II. Legaldefinitionen	2	6. Anbieter (Nr. 6)	10
1. Wertpapiere (Nr. 1)	2	7. Zulassungsantragsteller (Nr. 7)	12
2. Öffentliches Angebot von Wertpapieren (Nr. 2)	5	8. Geregelter Markt (Nr. 8)	14
3. Qualifizierte Anleger (Nr. 3)	6	9. Werbung (Nr. 9)	16
4. Kreditinstitut (Nr. 4)	7	10. BaFin (Nr. 10)	17

I. Regelungsgegenstand

1 Die Vorschrift enthält die Bestimmungen der für das WpPG zentralen Begriffe, wobei diese mit Ausnahme der Definition des Zulassungsantragstellers und der Bundesanstalt durch Verweis auf die in der ProspektVO enthaltenen Definitionen erfolgen.[1] Dadurch soll

---

1 *Bauerschmidt*, in: Assmann/Schlitt/von Kopp-Colomb, Prospektrecht Kommentar, § 2 WpPG Rn. 1.

der unmittelbaren Wirkung der ProspektVO Rechnung getragen und sichergestellt werden, dass die Anwendung des WpPG im Einklang mit den europäischen Vorgaben erfolgt.² Bei den Verweisen handelt es sich aufgrund der gem. Art. 288 Satz 2 AEUV unmittelbaren Geltung der Verordnung um rein **deklaratorische Verweise**. Dies gilt auch für eventuelle Änderungen der Verordnung, ohne dass es einer Änderung von § 2 bedürfte. Außerdem handelt es sich bei Verweisen ins europäische Recht meist um sog. „**dynamische Verweisungen**". Das bedeutet, dass der Normgeber bei Verweisung auch die zukünftige Entwicklung einer Norm mitbetrachtet und sich deshalb bei der Verweisung auf die jeweils aktuelle Fassung eines Textes bezieht.³ Demnach gelten bei Änderungen einer Richtlinie oder Verordnung Bezugnahmen auf Vorschriften dieser Rechtsakte als Bezugnahmen auf die entsprechenden Begriffsbestimmungen der geänderten bzw. neuen Richtlinie oder Verordnung. So enthält z.B. Art. 94 der Richtlinie 2014/65/EU eine Bestimmung, nach der Bezugnahmen auf die Richtlinie 2004/39/EG – wie u.a. in § 2 Nr. 6 a.F. zu finden – als Bezugnahmen auf die vorliegende Richtlinie zu verstehen sind. Zwar beziehen sich die Verweise in § 2 nicht ausdrücklich auf die jeweils geltende Fassung der ProspektVO, es wird jedoch vermutet, dass es sich um eine dynamische Verweisung handelt, wenn sich aus der verweisenden Vorschrift nichts anderes ergibt.⁴

II. Legaldefinitionen

1. Wertpapiere (Nr. 1)

Bis zum 21.7.2019 war der Begriff des Wertpapiers im WpPG definiert. Hierbei hat sich der Gesetzgeber bereits an Art. 4 Abs. 1 Nr. 18 der Richtlinie 2004/39/EG über Märkte für Finanzinstrumente (Finanzmarktrichtlinie)⁵ orientiert, die teilweise von der Definition der ProspektRL abweicht.⁶ Berücksichtigt wurde dagegen Art. 2 Abs. 1 lit. a ProspektRL,⁷ wonach **Geldmarktinstrumente** mit einer **Laufzeit von weniger als zwölf Monaten** vom Wertpapierbegriff ausgenommen waren (§ 2 Nr. 1 a.F.) und somit von vornherein nicht den Regelungen des WpPG unterlagen. Hierzu zählen beispielsweise Schatzanweisungen, Einlagenzertifikate und Commercial Papers.⁸

2

---

2 Vgl. BT-Drucks. 19/8005, S. 44.
3 Bundesministerium der Justiz, Handbuch der Rechtsförmlichkeit, 3. Aufl. 2008, Teil B, Nr. 4.3 Rn. 243.
4 OVG Münster, Beschl. vom 1.2.1996 – 13 B 3388/95, LMRR 1996, 41.
5 Richtlinie 2004/39/EG des europäischen Parlaments und Rats vom 21.4.2004 über Märkte für Finanzinstrumente, zur Änderung der Richtlinien 85/611/EWG und 93/6/EWG des Rats und der Richtlinie 2000/12/EG des Europäischen Parlaments und des Rats und zur Aufhebung der Richtlinie 93/22/EWG des Rats (ABl. L 145/1 ff. v. 30.4.2004).
6 Vgl. BT-Drucks. 15/4999, S. 28. Die ProspektRL bezieht sich noch auf Art. 1 Abs. 4 der Richtlinie 93/22/EWG, der sog. Wertpapierdienstleistungsrichtlinie. Nach Art. 69 der Richtlinie 2004/39/EG gelten Bezugnahmen auf Begriffsbestimmungen oder Artikel der Richtlinie 93/22/EWG jedoch als Bezugnahmen auf die entsprechenden Begriffsbestimmungen oder Artikel der Richtlinie 2004/39/EG.
7 Diese spezielle Regelung der ProspektRL wird durch den Wertpapierbegriff der Richtlinie 2004/39/EG nicht verdrängt; vgl. BT-Drucks. 15/4999, S. 28.
8 *Seitz*, AG 2005, 678, 680; *Bauerschmidt*, in: Assmann/Schlitt/von Kopp-Colomb, Prospektrecht Kommentar, Art. 2 ProspektVO Rn. 21.

3 § 2 Nr. 1 verweist nunmehr für die Definition des Wertpapierbegriffs auf Art. 2 lit. a ProspektVO. Dort sind Wertpapiere definiert als „übertragbare Wertpapiere im Sinne des Artikels 4 Absatz 1 Nummer 44 der Richtlinie 2014/65/EU mit Ausnahme von Geldmarktinstrumenten im Sinne des Artikels 4 Absatz 1 Nummer 17 der Richtlinie 2014/65/EU mit einer Laufzeit von weniger als 12 Monaten". Die Richtlinie 2014/65/EU (MiFID II) hat die Richtlinie 2004/39/EG abgelöst. Inhaltlich hat sich am Wertpapierbegriff hierbei nichts geändert. Es bleibt somit im Wesentlichen bei der ursprünglichen Definition (siehe ausführlich → Art. 2 ProspektVO Rn. 4 ff.).

4 Soweit die Voraussetzungen des Wertpapierbegriffs nicht erfüllt sind, findet das WpPG generell keine Anwendung. Bei dem Angebot von anderen Rechten und Vermögensgegenständen sind aber die sonstigen kapitalmarktrechtlichen Bestimmungen zu berücksichtigen, insbesondere die §§ 6 ff. VermAnlG (§§ 8 ff. VerkProspG a. F.).[9] Der allgemeine (zivil- und wertpapierrechtliche) Wertpapierbegriff, der z. B. auch Schecks und Wechsel umfasst (Legitimationsfunktion), spielt für die Auslegung des kapitalmarktorientierten Wertpapierbegriffs des WpPG (Umlauffunktion) nur eine untergeordnete Rolle, auch wenn es im Ergebnis Überschneidungen gibt.

2. Öffentliches Angebot von Wertpapieren (Nr. 2)

5 In der bis zum 21.7.2019 geltenden Fassung des WpPG fand sich in § 2 Nr. 4 eine Legaldefinition des öffentlichen Angebots von Wertpapieren. Nunmehr verweist § 2 Nr. 2 auf Art. 2 lit. d ProspektVO. Danach handelt es sich bei einem öffentlichen Angebot von Wertpapieren um „eine Mitteilung an die Öffentlichkeit in jedweder Form und auf jedwede Art und Weise, die ausreichende Informationen über die Angebotsbedingungen und die anzubietenden Wertpapiere enthält, um einen Anleger in die Lage zu versetzen, sich für den Kauf oder die Zeichnung jener Wertpapiere zu entscheiden. Diese Definition gilt auch für die Platzierung von Wertpapieren durch Finanzintermediäre". Damit entspricht die Begriffsbestimmung weitestgehend derjenigen in § 2 Nr. 4 a. F., durch welche die ProspektRL von 2003 in deutsches Recht umgesetzt wurde. Lediglich die Mitteilungen aufgrund des Handels von Wertpapieren an einem organisierten bzw. geregelten Markt oder im Freiverkehr sind von der neuen Definition des öffentlichen Angebots von Wertpapieren nicht mehr ausdrücklich umfasst.[10] Allerdings wird in Erwägungsgrund 14 der ProspektVO explizit klargestellt, dass die bloße Zulassung von Wertpapieren zum Handel an einem MTF oder die Veröffentlichung von Geld- und Briefkursen nicht per se als öffentliches Angebot von Wertpapieren zu betrachten sind und daher nicht der Verpflichtung zur Veröffentlichung eines Prospekts unterliegen. Ein Prospekt soll danach nur dann verlangt werden, wenn diese Tätigkeiten mit einer Mitteilung einhergehen, die ein „öffentliches Angebot von Wertpapieren" gemäß dieser Verordnung darstellt. Für Einzelheiten siehe die Kommentierung zu → Art. 2 ProspektVO Rn. 42 ff.

---

9 BT-Drucks. 16/2424, S. 6 (Antwort der Bundesregierung auf die Kleine Anfrage der Abgeordneten *Dr. Thea Dückert, Dr. Gerhard Schick, Kerstin Andreae*, weiterer Abgeordneter und der Fraktion BÜNDNIS 90/DIE GRÜNEN); vgl. die Subsidiaritätsklausel des § 6 VermAnlG (§ 8f Abs. 1 Satz 1 VerkProspG a. F.); ferner *von Kopp-Colomb/Sargut*, in: Assmann/Schlitt/von Kopp-Colomb, WpPG/VermAnlG, 3. Aufl. 2017, § 1 WpPG Rn. 25; *Ritz/Zeising*, in: Just/Voß/Ritz/Zeising, WpPG, 2009, § 2 Rn. 7.
10 Vgl. BT-Drucks. 19/8005, S. 44.

3. Qualifizierte Anleger (Nr. 3)

Im Zusammenhang mit § 2 Nr. 3 und der Bestimmung des Status als qualifizierter Anleger ist § 32 zu sehen. Danach müssen – vorbehaltlich der schriftlichen Einwilligung des jeweiligen Kunden – Wertpapierdienstleistungsunternehmen den betreffenden Emittenten oder Anbietern auf Anfrage unverzüglich ihre Einstufung dieses Kunden nach § 67 WpHG mitteilen. Dieser Auskunftsanspruch ist insbesondere für platzierende Banken relevant. Für Einzelheiten siehe die Kommentierung zu → Art. 2 ProspektVO Rn. 109 ff.

4. Kreditinstitut (Nr. 4)

Wie bereits zuvor, enthält das WpPG selbst keine Legaldefinition für den Begriff des „Kreditinstituts". Vielmehr verweist § 2 Nr. 4 auf Art. 2 lit. g ProspektVO, der seinerseits auf Art. 4 Abs. 1 Nr. 1 VO (EU) Nr. 575/2013[11] verweist. Zuvor verwies § 2 Nr. 8 a. F. für die Definition eines CRR-Kreditinstituts auf § 1 Abs. 3d Satz 1 KWG, wobei sich die Definition nach dem KWG wiederum nach Art. 4 Abs. 1 Nr. 1 der VO (EU) Nr. 575/2013 bestimmt. Damit ändert sich hinsichtlich der Frage, was als „Kreditinstitut" i. S. d. WpPG zu qualifizieren ist, durch die Neufassung des WpPG nichts.[12] Unverändert bleibt die in **Art. 4 Abs. 1 Nr. 1 VO (EU) Nr. 575/2013** enthaltene Definition maßgebend. Danach handelt es sich bei einem Kreditinstitut um „ein Unternehmen, dessen Tätigkeit darin besteht, Einlagen oder andere rückzahlbare Gelder des Publikums entgegenzunehmen und Kredite für eigene Rechnung zu gewähren". Für Einzelheiten siehe die Kommentierung zu → Art. 2 ProspektVO Rn. 116 ff.

Da § 2 Nr. 4 auf die in Art. 2 lit. g ProspektVO enthaltene Definition der Kreditinstitute verweist, fallen **ausländische Kreditinstitute** nach Vorgaben dieser Verordnung unter den Begriff des Kreditinstituts. Hinsichtlich der ausländischen Kreditinstitute gilt es zu differenzieren zwischen Kreditinstituten des EU-/EWR-Auslandes einerseits und Drittstaateninstituten andererseits (siehe dazu ausführlich → Art. 2 ProspektVO Rn. 119 ff.).

5. Emittent (Nr. 5)

Der Begriff des Emittenten nach § 2 Nr. 5, welcher auf die Definition in Art. 2 lit. h ProspektVO verweist, umfasst Rechtspersönlichkeiten, die Wertpapiere begeben oder zu begeben beabsichtigen. Dies umfasst sowohl natürliche als auch juristische Personen des öffentlichen und Privatrechts sowie Gesellschaften[13] (siehe ausführlich → Art. 2 ProspektVO Rn. 122 ff.).

---

11 Verordnung (EU) Nr. 575/2013 des Europäischen Parlaments und des Rates vom 26. Juni 2013 über Aufsichtsanforderungen an Kreditinstitute und Wertpapierfirmen und zur Änderung der Verordnung (EU) Nr. 646/2012.
12 Vgl. BT-Drucks. 19/8005, S. 44; *Groß*, Kapitalmarktrecht, § 2 WpPG Rn. 19; *Preuße*, in: Schwark/Zimmer, KMRK, § 2 WpPG Rn. 29.
13 *Groß*, Kapitalmarktrecht, § 2 WpPG Rn. 28; *Preuße*, in: Schwark/Zimmer, KMRK, § 2 WpPG Rn. 32.

6. Anbieter (Nr. 6)

10 Der Begriff des „Anbieters" ist einer der **zentralen Begriffe des WpPG und der ProspektVO** und vor allem im Zusammenhang mit der Pflicht zur Erstellung, Veröffentlichung und Aktualisierung eines Prospekts nach Art. 3 Abs. 1, 3, Art. 21 Abs. 1, Art. 23 Abs. 1 ProspektVO und verschiedenen anderen Rechten und Pflichten im WpPG und in der ProspektVO von Bedeutung.

11 In der bis zum 21.7.2019 geltenden Fassung des WpPG fand sich in § 2 Nr. 6 eine Legaldefinition des Begriffs des Anbieters. Gemäß der aktuellen Fassung von § 2 Nr. 6 ist ein Anbieter „eine Rechtspersönlichkeit oder natürliche Person im Sinne des Artikels 2 Buchstabe i der Verordnung (EU) 2017/1129". Damit findet sich auch die Definition des Anbieters nunmehr in der ProspektVO. Nach Art. 2 lit. i ProspektVO handelt es sich bei einem Anbieter um eine Rechtspersönlichkeit oder natürliche Person, die Wertpapiere öffentlich anbietet. Für Einzelheiten siehe die Kommentierung zu → Art. 2 ProspektVO Rn. 125 ff.

7. Zulassungsantragsteller (Nr. 7)

12 Die Regelung des § 2 Nr. 7 verweist im Gegensatz zu den übrigen Begriffsbestimmungen des § 2 nicht auf die ProspektVO, sondern schafft eine eigene Definition.[14] Danach sind Zulassungsantragsteller die Personen, die die Zulassung zum Handel an einem geregelten Markt beantragen. Im Vergleich zur vorigen Fassung des WpPG wurde damit der Begriff des „organisierten Marktes" durch den Begriff des „geregelten Marktes" ersetzt. Eine inhaltliche Änderung geht damit nicht einher.[15] Nach der Gesetzesbegründung zur vormaligen Fassung des WpPG, die mit Hinblick auf den inhaltlichen Gleichlauf des Regelungsgehalts der Neuregelung nach wie vor herangezogen werden kann, werden neben dem Emittenten auch die in § 32 Abs. 2 BörsG genannten Institute oder Unternehmen erfasst.[16] Nach § 32 Abs. 1 BörsG bedürfen Wertpapiere, die am regulierten Markt gehandelt werden sollen, einer Zulassung, die nach § 32 Abs. 2 BörsG von dem Emittenten der Wertpapiere **zusammen mit einem Kreditinstitut**, Finanzdienstleistungsinstitut oder einem nach § 53 Abs. 1 Satz 1 KWG oder § 53b Abs. 1 Satz 1 KWG tätigen Unternehmen zu beantragen ist. Der Begriff des Zulassungsantragstellers ist vor allem im Zusammenhang mit der Pflicht zur Erstellung eines Prospekts nach Art. 3 Abs. 3 ProspektVO (siehe auch Art. 6 Abs. 3 ProspektVO) und der Prospektverantwortlichkeit i. S. d. § 8 von Bedeutung. Sollten den Zulassungsantragstellern Wahlrechte zustehen, so können diese nur einheitlich ausgeübt werden.[17]

---

14 *Bauerschmidt*, in: Assmann/Schlitt/von Kopp-Colomb, Prospektrecht Kommentar, § 2 WpPG Rn. 8.
15 Vgl. BT-Drucks. 19/8005, S. 44; *Bauerschmidt*, in: Assmann/Schlitt/von Kopp-Colomb, Prospektrecht Kommentar, § 2 WpPG Rn. 10.
16 BT-Drucks. 15/4999, S. 29, die noch auf § 30 BörsG verweist, der durch das Finanzmarktrichtlinie-Umsetzungsgesetz (FRUG) durch § 32 Abs. 2 BörsG n. F. angepasst wurde; so auch *Bauerschmidt*, in: Assmann/Schlitt/von Kopp-Colomb, Prospektrecht Kommentar, § 2 WpPG Rn. 9. Vgl. zu § 2 a. F. *Hamann*, in: Schäfer/Hamann, Kapitalmarktgesetze, § 2 WpPG Rn. 64; *Ritz/Zeising*, in: Just/Voß/Ritz/Zeising, WpPG, 2009, § 2 Rn. 223.
17 BT-Drucks. 15/4999, S. 29.

Das **Zulassungsverfahren** ist in den §§ 48 ff. BörsZulV geregelt. Im Gegensatz zur Rechtslage vor Inkrafttreten des Finanzmarktrichtlinie-Umsetzungsgesetzes (FRUG)[18] zum 1.11.2007 besteht nach der BörsZulV keine Pflicht zur Veröffentlichung des Zulassungsantrags mehr. Die Zulassung darf jedoch frühestens an dem auf das Datum der Einreichung des Zulassungsantrags bei der Geschäftsführung folgenden Handelstag erfolgen (§ 50 BörsZulV). Die Einführung der Wertpapiere darf frühestens an dem auf die erste Veröffentlichung des Prospekts oder, wenn kein Prospekt zu veröffentlichen ist, an dem der Veröffentlichung der Zulassung folgenden Werktag erfolgen (§ 52 BörsZulV). Die Zulassung wird von der Geschäftsführung auf Kosten der Antragsteller im elektronischen Bundesanzeiger veröffentlicht (§ 51 BörsZulV). Somit ergibt sich eine Mindestfrist vom Tag der Stellung des Zulassungsantrags bis zur Notierungsaufnahme von drei Werktagen.

8. Geregelter Markt (Nr. 8)

Der Begriff des geregelten Marktes ist insbesondere im Rahmen des Anwendungsbereiches nach § 1 Abs. 1 sowie für die Verpflichtung zu einer Prospekterstellung (Art. 3 Abs. 3 ProspektVO) und den Ausnahmen davon (Art. 1 Abs. 5 ProspektVO) von Bedeutung. § 2 Nr. 8 enthält selbst keine Definition, sondern verweist hierfür auf Art. 2 lit. j ProspektVO, der wiederum auf Art. 4 Abs. 1 Nr. 21 der Richtlinie 2014/65/EU (MiFID II) verweist. Für Einzelheiten zu dem Begriff des geregelten Marktes siehe die Kommentierung zu → Art. 2 ProspektVO Rn. 145 ff.

In **Deutschland** umfasst die Zulassung zu einem geregelten Markt den regulierten Markt (vgl. § 32 Abs. 1 BörsG), die Terminbörse Eurex und die Europäische Energiebörse.[19] Nicht erfasst wird dagegen der im Wesentlichen auf privatrechtlicher Basis stattfindende Freiverkehr (§ 48 BörsG),[20] wie etwa das Segment des „Open Market" der Frankfurter Wertpapierbörse oder der „Entry Standard" als ein Teilbereich des Open Market.

9. Werbung (Nr. 9)

Während die vormalige Fassung des WpPG keine Regelung des Begriffs der Werbung enthielt, findet sich in § 2 Nr. 9 der seit dem 21.7.2019 geltenden Fassung des WpPG ein Verweis auf Art. 2 lit. k ProspektVO. In Art. 2 lit. k ProspektVO ist der Begriff der Werbung legaldefiniert. Danach handelt es sich bei Werbung um eine Mitteilung, die sich auf ein spezifisches öffentliches Angebot von Wertpapieren oder deren Zulassung zum Handel an einem geregelten Markt bezieht und die darauf abstellt, die potenzielle Zeichnung oder den potenziellen Erwerb von Wertpapieren gezielt zu fördern. Für Einzelheiten siehe die Kommentierung zu → Art. 2 ProspektVO Rn. 148 ff.

---

18 Gesetz zur Umsetzung der Richtlinie über Märkte für Finanzinstrumente (2004/39/EG, MiFID) und der Durchführungsrichtlinie (2006/73/EG) der Kommission (Finanzmarkt-Richtlinie-Umsetzungsgesetz) v. 16.7.2007, BGBl. I 2007, S. 1330.
19 Siehe Datenbank der ESMA, https://registers.esma.europa.eu/publication/searchRegister?core=esma_registers_upreg; *Preuße*, in: Schwark/Zimmer, KMRK, § 2 WpPG Rn. 49.
20 *Preuße*, in: Schwark/Zimmer, KMRK, § 2 WpPG Rn. 48; vgl. auch *Heise*, in: Assies/Beule/Heise/Strube, Bank- und Kapitalmarktrecht, S. 1587 Rn. 443; *Grunewald/Schlitt*, Einführung in das Kapitalmarktrecht, S. 229; *Bauerschmidt*, in: Assmann/Schlitt/von Kopp-Colomb, Prospektrecht Kommentar, Art. 2 ProspektVO Rn. 94.

10. BaFin (Nr. 10)

17 Die Regelung in Nr. 10 definiert als Bundesanstalt die BaFin. Ihre Befugnisse richten sich nach § 18. Die zuständige Abteilung WA 3 (Marktzugang) gliedert sich in die folgenden Referate auf: WA 31 (Grundsatz + unerlaubter Marktzugang), WA 32 (Wertpapierprospekte regulierter Markt (IPOs)), WA 33 (Wertpapierprospekte öffentliches Angebot (Anleihen und Aktien)), WA 34 (Vermögensanlagen-Verkaufsprospekte) und WA 35 (Produktintervention). Die einzelnen Referate der Abteilung WA 3 sind unter Marie-Curie-Straße 24–28, 60439 Frankfurt/Main, Tel.-Nr. 0228/4108-0, Fax-Nr. 0228/4108-123 oder www.bafin.de zu erreichen.

Abschnitt 2
Ausnahmen von der Prospektpflicht und Regelungen zum Wertpapier-Informationsblatt

§ 3 WpPG
Ausnahmen von der Verpflichtung zur Veröffentlichung eines Prospekts

Die Verpflichtung zur Veröffentlichung eines Prospekts gemäß Artikel 3 Absatz 1 der Verordnung (EU) 2017/1129 gilt nicht für ein Angebot von Wertpapieren,

1. die von Kreditinstituten oder von Emittenten, deren Aktien bereits zum Handel an einem geregelten Markt zugelassen sind, ausgegeben werden, wenn der Gesamtgegenwert für alle im Europäischen Wirtschaftsraum angebotenen Wertpapiere nicht mehr als 8 Millionen Euro, berechnet über einen Zeitraum von zwölf Monaten, beträgt, oder

2. deren Gesamtgegenwert im Europäischen Wirtschaftsraum nicht mehr als 8 Millionen Euro, berechnet über einen Zeitraum von zwölf Monaten, beträgt.

Übersicht

	Rn.		Rn.
I. Grundlagen	1	b) Referenzperiode	10
1. Allgemeines	1	c) Kombination der Ausnahmetatbestände	13
2. Relevanz der Regelung	3	d) Keine Notifizierung	16
II. Befreiung für Kleinstemissionen durch qualifizierte Emittenten (§ 3 Nr. 1)	4	III. Befreiung für andere Kleinstemissionen (§ 3 Nr. 2)	18
1. Qualifizierte Emittenten	4	IV. Rechtsfolgen	19
2. Kleinstemission	7		
a) Gesamtgegenwert	8		

I. Grundlagen

1. Allgemeines

Während § 3 Abs. 1 WpPG a. F. noch die Prospektpflicht in deutsches Recht umsetzte, erschöpft sich der Regelungsgehalt des § 3 n. F. nunmehr darin, den in **Art. 3 Abs. 2 ProspektVO** den Mitgliedstaaten durch die ProspektVO belassenen Gestaltungsspielraum für Kleinstemissionen mit einem Emissionsvolumen von bis zu 8.000.000 EUR auszunutzen und diese im Rahmen des unionsrechtlich Zulässigen von der Prospektpflicht zu befreien. Die Prospektpflicht selbst ergibt sich nun unmittelbar aus **Art. 3 Abs. 1 ProspektVO**, sodass gemäß Art. 288 Abs. 1 AEUV kein mitgliedstaatlicher Umsetzungsakt mehr erforderlich ist. Die Regelung des § 3 Abs. 1 WpPG a. F. ist damit obsolet und wurde durch das Gesetz zur weiteren Ausführung der EU-Prospektverordnung und zur Änderung von Fi-

1

§ 3 WpPG Ausnahmen von der Verpflichtung zur Veröffentlichung eines Prospekts

nanzmarktgesetzen[1] aufgehoben. Die jetzt in § 3 geregelten Ausnahmetatbestände für Kleinstemissionen fanden sich in ähnlicher Form in § 3 Abs. 2 Nr. 5 und 6 WpPG a. F., wobei § 3 n. F. die Schwellenwerte vereinheitlicht.[2] Die weiteren, bisher in § 3 WpPG a. F. geregelten Befreiungstatbestände werden nunmehr unmittelbar durch **Art. 1 Abs. 4 ProspektVO** geregelt. Auch insoweit ist der § 3 WpPG a. F. obsolet. Die Regelung dient – wie der Ausnahmetatbestand des Art. 1 Abs. 3 ProspektVO – der **Reduzierung von Marktzugangsbarrieren für Kleinstemissionen** (siehe dazu ausführlich bereits → Art. 1 Abs. 3 ProspektVO Rn. 62).

2   Während der Schwellenwert für den Gesamtgegenwert von Kleinstemissionen gemäß § 3 nun einheitlich 8.000.000 EUR p.a. beträgt, differenziert die Vorschrift (wie die Vorgängerregelung) zwischen zwei Kategorien von Angeboten von Wertpapieren: Nr. 1 erfasst Angebote durch qualifizierte Emittentengruppen.[3] Das sind zum einen Emittenten, deren Aktien bereits an einem geregelten Markt zugelassen sind, und zum anderen Kreditinstitute. Nr. 2 erfasst alle übrigen Angebote von Wertpapieren, deren Gesamtgegenwert im Europäischen Wirtschaftsraum nicht mehr als 8.000.000 EUR p.a. beträgt. Bei § 3 Abs. 2 Nr. 1 handelt es sich systematisch also um einen Spezialfall des § 3 Abs. 2 Nr. 2. Für die Auslegung des § 3 hat diese Differenzierung jedoch keine Bedeutung: Mit der Befreiung von der Prospektpflicht sieht § 3 für beide Fälle dieselbe Rechtsfolge vor. Relevanz hat die Unterscheidung jedoch als Anknüpfungspunkt für die §§ 4 ff. WpPG, die **nur für Angebote i. S. d. § 3 Nr. 2 eine Pflicht zur Veröffentlichung eines Wertpapier-Informationsblattes und sonstige Vorgaben für den Anlegerschutz vorsehen.**[4]

2. Relevanz der Regelung

3   Die Regelung des § 3 ergänzt den Ausnahmekatalog für Emissionsprospekte gemäß Art. 1 Abs. 4 ProspektVO, indem Ausnahmen für solche Angebote von Wertpapieren geschaffen wurden, die einen Gesamtgegenwert von mehr als 8.000.000 EUR über einen Zeitraum von zwölf Monaten nicht überschreiten. Diese Regelung stützt sich auf den Regelungsspielraum gem. Art. 3 Abs. 2 lit. b ProspektVO. Während § 3 Abs. 2 WpPG a. F. in Umsetzung der ProspektRL detaillierte Ausnahmen von der Prospektpflicht vorsah, die heute überwiegend unmittelbar in Art. 1 Abs. 4 ProspektVO enthalten sind, enthält § 3 entsprechend der Ermächtigung in Art. 3 Abs. 2 ProspektVO nun ausschließlich eine schwellenwertbasierte Regelung[5] ähnlich den § 3 Abs. 2 Satz 1 Nr. 5 und 6 WpPG 2018 bzw. § 1 Abs. 2 Nr. 4 WpPG 2015. Durch die vorgesehene Schwelle wird ein angemessenes Verhältnis zwischen dem Emissionserlös und den Prospektkosten geschaffen.[6] Die Ausnahmen gelten gleichermaßen für alle Arten von Wertpapieren. § 3 Nr. 1 und 2 ist – zusammen mit § 4 Abs. 1 und Art. 1 Abs. 4 ProspektVO – die **zentrale Bestimmung für natio-**

---

1   Gesetz zur weiteren Ausführung der EU-Prospektverordnung und zur Änderung von Finanzmarktgesetzen v. 8.7.2019, BGBl. I, S. 1002.
2   Vgl. *Groß*, Kapitalmarktrecht, § 3 WpPG Rn. 1.
3   M.w.N. *Schlitt/Ries*, in: Assmann/Schlitt/von Kopp-Colomb, Prospektrecht Kommentar, § 3 WpPG Rn. 7.
4   Vgl. *Groß*, Kapitalmarktrecht, § 3 WpPG Rn. 3; *Preuße*, in Schwark/Zimmer, KMRK, § 3 WpPG Rn. 10, 11.
5   Zu der weiteren Voraussetzung, dass das Angebot nicht der Notifizierung unterliegt, siehe unten Rn. 10 ff.
6   *Preuße*, in Schwark/Zimmer, KMRK, § 3 WpPG Rn. 1; *Schulz*, NGZ 2018, 921, 921 f.

nale Ausnahmen von der Prospektpflicht für bestimmte öffentliche Angebote von Wertpapieren. Soweit Angebote von Wertpapieren (z.B. wegen der Unterschreitung der Wertgrenze des Art. 1 Abs. 3 ProspektVO) **nicht vom Anwendungsbereich der Prospektpflicht** erfasst sind, kommt es für die Prospektfreiheit der Emission nicht auf § 3 an, der insoweit keine Anwendung findet.[7]

II. Befreiung für Kleinstemissionen durch qualifizierte Emittenten (§ 3 Nr. 1)

1. Qualifizierte Emittenten

§ 3 Nr. 1 erfasst Kleinstemissionen durch qualifizierte Emittenten. Ein **Emittent** ist eine Rechtspersönlichkeit, die Wertpapiere begibt oder zu begeben beabsichtigt (Art. 2 lit. h ProspektVO) (siehe dazu bereits → Art. 2 ProspektVO Rn. 122). **Qualifizierte Emittenten** sind Emittenten, deren Aktien bereits **an einem geregelten Markt zugelassen** sind, und **Kreditinstitute**. 4

Der Begriff **geregelter Markt** ist in § 2 Nr. 8 i.V.m. Art. 2 lit. j ProspektVO unter Verweis auf Art. 4 Abs. 1 Nr. 21 der MiFID II (RL 2014/65/EU) legaldefiniert. Ein „geregelter Markt" ist danach „ein von einem Marktbetreiber betriebenes und/oder verwaltetes multilaterales System, das die Interessen einer Vielzahl Dritter am Kauf und Verkauf von Finanzinstrumenten innerhalb des Systems und nach seinen nichtdiskretionären Regeln in einer Weise zusammenführt oder das Zusammenführen fördert, die zu einem Vertrag in Bezug auf Finanzinstrumente führt, die gemäß den Regeln und/oder den Systemen des Marktes zum Handel zugelassen wurden, und das eine Zulassung erhalten hat und ordnungsgemäß und gemäß Titel III der Richtlinie über Finanzinstrumente [MiFID II] funktioniert" (vgl. → Art. 2 ProspektVO Rn. 145). Tatbestandlich stellt § 3 Nr. 1 darauf ab, ob die **Aktien des Emittenten** an einem geregelten Markt bereits zum Handel zugelassen sind, wobei die Dauer der bestehenden Zulassung unerheblich ist. Auf die im Rahmen der durch § 3 Nr. 1 zu privilegierenden Emission angebotenen Wertpapiere kommt es ebenfalls nicht an. Maßgeblich ist hierbei, dass durch **Zulassungsfolgepflichten** bereits ein höheres Informationsniveau gewährleistet scheint. 5

Der Begriff des **Kreditinstituts** ist im Einklang mit der ProspektVO an die Stelle des in § 3 Abs. 2 WpPG a.F. genannten **CRR-Kreditinstituts** getreten. Für den Begriff des Kreditinstituts enthält § 2 Nr. 4 i.V.m. Art. 2 lit. g ProspektVO eine Legaldefinition, die auf Art. 4 Abs. 1 Nr. 1 der Verordnung über Aufsichtsanforderungen an Kreditinstitute (EU) Nr. 575/2013 verweist (siehe dazu bereits → Art. 2 ProspektVO Rn. 116). Der Begriff des Kreditinstituts ist insofern aufsichtsrechtlich determiniert und knüpft materiell an spezifische, in Art. 4 Abs. 1 Nr. 1 der Verordnung über Aufsichtsanforderungen an Kreditinstitute (EU) Nr. 575/2013 näher definierte, typische Tätigkeitsfelder an. 6

---

[7] *Schlitt/Ries*, in: Assmann/Schlitt/von Kopp-Colomb, Prospektrecht Kommentar, § 3 Rn. 3.

2. Kleinstemission

7 Eine von § 3 erfasste Kleinstemission liegt vor, wenn der (a) Gesamtgegenwert für alle im Europäischen Wirtschaftsraum angebotenen Wertpapiere nicht mehr als 8.000.000 EUR, (b) berechnet über einen Zeitraum von zwölf Monaten, beträgt.

a) Gesamtgegenwert

8 Der Begriff des „Gesamtgegenwerts" ist der ProspektVO entnommen und wird dort an verschiedenen Stellen verwendet (Art. 1 Abs. 3, Abs. 4 lit. j, l, Abs. 5 lit. i, k, Art. 15 Abs. 1 lit. c, Art. 47 Abs. 1 lit. b, c). Denkbare Anknüpfungspunkte für die Bestimmung des Gesamtgegenwerts des Angebots sind der Nominalwert (bzw. der rechnerische Anteil am Grundkapital bei Stückaktien), der erste Börsenkurs und der Emissions- bzw. Ausgabepreis. Der **Nominalwert** scheidet als tauglicher Anknüpfungspunkt aus, weil Emissionen regelmäßig *über pari* (Aktien) oder *unter pari* (Schuldtitel) erfolgen. Der Nominalwert reflektiert also regelmäßig nicht den Gegenwert der Emission. Auch der **erste Börsenkurs** ist kein geeigneter Anknüpfungspunkt für die Bestimmung des Gesamtgegenwertes: Zum einen bildet ein Börsenkurs begrifflich keinen (subjektiven) Wert, sondern einen (objektiven) Preis ab. Zum anderen ist der erste Börsenkurs erst feststellbar, wenn die Emission bereits erfolgt ist. Ob die Emission von der Prospektpflicht befreit ist, ließe sich dementsprechend erst *ex post* feststellen. Richtigerweise ist daher auf den **Emissions- bzw. Ausgabepreis** abzustellen.[8]

9 Wie sich aus dem Begriff des „Gesamtgegenwerts" ergibt, erfasst § 3 auch Angebote von Wertpapieren, die keine Barangebote sind oder in Fremdwährungen begeben werden. Denkbar ist es also z.B., dass die angesprochenen Investoren die angebotenen **Wertpapiere gegen andere Wertpapiere tauschen**; so können z.B. Aktionäre oder Inhaber einer Wandelanleihe[9] ihre Wertpapiere gegen Wertpapiere prospektfrei tauschen, wenn die Voraussetzungen eines Ausnahmetatbestandes des § 3 Nr. 1 und 2 erfüllt sind.

b) Referenzperiode

10 Maßgeblich für die Berechnung des **Schwellenwerts von 8.000.000 EUR** ist das Volumen der während des Zeitraums **von zwölf Monaten** emittierten Wertpapiere. Für den Beginn der Frist von zwölf Monaten ist der Tag maßgeblich, an dem der Anbieter erstmals einen Ausgabepreis öffentlich bekannt gibt;[10] bei Schuldverschreibungen also z.B. mit Veröffentlichung der vollständigen Angebotsbedingungen (der Erstemission).[11] Die **Berechnung der Frist** erfolgt entsprechend §§ 187 ff. BGB.[12] Für die Fristberechnung selbst sind

---

8 So auch *Groß*, Kapitalmarktrecht, § 3 WpPG, Rn. 4; ebenso in diese Richtung auch *Voß*, ZBB 2018, 305, 310; a.A. *Schlitt/Ries*, in: Assmann/Schlitt/von Kopp-Colomb, Prospektrecht Kommentar, § 3 WpPG Rn. 9 m.w.N., der auf den (höchsten) ersten Börsenpreis abstellt.

9 Vom Tausch der Wandelanleihe zu unterscheiden ist die Ausübung das Wandlungsrechts, in deren Zusammenhang bereits kein öffentliches Angebot vorliegt.

10 *Groß*, Kapitalmarktrecht, § 3 WpPG Rn. 5; *Schlitt/Ries*, in: Assmann/Schlitt/von Kopp-Colomb, Prospektrecht Kommentar, § 3 WpPG Rn. 12; zur alten Rechtslage BT-Drucks. 15/4999, S. 27; *Heidelbach/Preuße*, BKR 2006, 316; *Spindler*, in: Holzborn, WpPG, § 1 Rn. 20.

11 *Heidelbach/Preuße*, BKR 2006, 316, 316; *Heidelbach*, in: Schwark/Zimmer, KMRK, 4. Aufl. 2010, § 1 WpPG Rn. 18.

12 BT-Drucks. 15/4999, S. 27.

II. Befreiung für Kleinstemissionen durch qualifizierte Emittenten (§ 3 Nr. 1) § 3 WpPG

zwölf Monate vom Tag, an dem das Angebot (einschließlich des Ausgabepreises) bekannt gegeben wird, **zurückzurechnen**:[13] Wenn eine Emission zu einer Überschreitung des Schwellenwerts innerhalb des Referenzzeitraums führen würde, ist diese Emissionen nicht von der Prospektpflicht befreit. Die Prospektpflicht des Art. 3 Abs. 1 ProspektVO gilt dann für die gesamte Emission und nicht nur den Teil, der den Schwellenwert überschreitet („wenn" statt „soweit"). Für bereits abgeschlossene Emissionen besteht allerdings auch dann keine Prospektpflicht, wenn sie bei der Berechnung des Schwellenwerts für eine Folgeemission herangezogen wurden und dadurch deren Prospektpflicht (mit-)begründen. *Beispiel:* Ein Emittent emittiert im Januar erstmals Wertpapiere mit einem Gesamtgegenwert in Höhe von 7.000.000 EUR und im September ein zweites Mal Wertpapiere mit einem Gesamtgegenwert in Höhe von 5.000.000 EUR. Die Emission im September ist in voller Höhe prospektpflichtig. Für die Emission im Januar gilt auch im September keine (nachträgliche) Prospektpflicht. Diese Bestimmung des Schwellenwerts im Wege der **Rückrechnung** führt zu einer **Vergangenheitsbezogenheit der Vorschrift**, die eine **Rückwirkung ausschließt**: Ob in den zwölf Monaten vor einer Emission der Schwellenwert überschritten wurde, kann sich (durch Folgeemissionen) nicht nachträglich ändern: **Erst die erste Platzierung, die den Schwellenwert überschreitet, ist prospektpflichtig**, vorherige Emissionen unter Beachtung des Schwellenwerts bleiben aber ohne Prospekt zulässig.[14] Das ist schon wegen der Bußgeldvorschrift des § 24 Abs. 3 Nr. 1 verfassungsrechtlich zwingend: Da das Angebot von Wertpapieren unter Verstoß gegen die Prospektpflicht des Art. 3 Abs. 1 ProspektVO eine Ordnungswidrigkeit darstellt, muss im Moment der Emission endgültig Klarheit über die Befreiung von der Prospektpflicht bestehen. Eine rückwirkende, bußgeldbewehrte Begründung von Pflichten verstößt gegen das Bestimmtheitsgebot des Art. 103 Abs. 2 GG.[15] Ferner würde das rückwirkende Entfallen der Privilegierung des § 3 WpPG Emittenten den Zugang zum Kapitalmarkt abschneiden, ohne dabei einen Beitrag zum Anlegerschutz zu leisten.

Die Höchstgrenze von 8.000.000 EUR gilt für das Gesamtangebot aller im Europäischen Wirtschaftsraum innerhalb von 12 Monaten angebotenen Wertpapiere und nicht für das Angebot je Mitgliedstaat.[16] Wird ein Angebot in mehreren Mitgliedstaaten unterbreitet, muss der jeweils geltende Schwellenwert der einschlägigen nationalen Vorschriften eingehalten werden. Im Ergebnis ist demnach der niedrigste Grenzwert maßgeblich.[17] Wie schon bei der Vorgängervorschrift sind Platzierungen außerhalb des Europäischen Wirtschaftsraums[18] sowie Emissionen, die auf Grundlage eines vorherigen Prospekts erfolg-

11

---

13 *Groß*, Kapitalmarktrecht, § 3 WpPG Rn. 5; *Schlitt/Ries*, in: Assmann/Schlitt/von Kopp-Colomb, Prospektrecht Kommentar, § 3 WpPG Rn. 12.
14 *Schlitt/Ries*, in: Assmann/Schlitt/von Kopp-Colomb, Prospektrecht Kommentar, § 3 WpPG Rn. 11; *Preuße*, in: Schwark/Zimmer, KMRK, § 3 WpPG Rn. 7; *Ritz*, in: Just/Voß/Ritz/Zeising, WpPG, § 3 Rn. 18; sowie bereits zur alten Rechtslage *Schnorbus*, in: Berrar/Meyer/Müller et al., WpPG/EU-ProspektVO, 2. Aufl. 2017, § 1 WpPG Rn. 19.
15 Zum verfassungsrechtlichen Bestimmtheitsgebot *Radtke*, in: BeckOK GG, 54. Ed. 15.8.2022, Art. 103 Rn. 23.
16 *Straßner/Grosjean*, in: Heidel, Aktienrecht und Kapitalmarktrecht, § 3 WpPG Rn. 11; *Preuße*, in: Schwark/Zimmer, KMRK, § 3 WpPG Rn. 4.
17 ESMA, Questions and Answers on the Prospectus Regulation v. 3.2.2023, ESMA31-62-1258, S. 34 (A15.6); *Groß*, Kapitalmarktrecht, Art. 3 ProspektVO Fn. 2.
18 BT-Drucks. 19/8005, S. 44; sowie zur Vorgängervorschrift *Schnorbus*, in: Berrar/Meyer/Müller et al., WpPG/EU-ProspektVO, 2. Aufl. 2017, § 1 WpPG Rn. 17.

ten,¹⁹ für Zwecke des Schwellenwerts nach § 3 nicht zu berücksichtigen. Maßgeblich ist der beim Emittenten entstehende und innerhalb der Referenzperiode verbleibende Platzierungserlös. Daher bleiben neben möglicherweise anfallenden Gebühren oder Rabatten Dritter auch sog. **Gratisemissionen**,²⁰ angebotene, aber nicht verkaufte sowie innerhalb der Referenzperiode zurückgekaufte Wertpapiere außer Betracht.²¹

12 Separat zu berechnen sind **Angebote von Dividenden- und von Nichtdividendenwerten**. Diese Auslegung der ESMA zu den Prospektausnahmen in Art. 1 Abs. 2 lit. h ProspektRL²² ist kompatibel mit der ProspektVO und gilt daher fort.²³ Gegenteilige Anhaltspunkte sind in Art. 3 Abs. 2 ProspektVO oder § 3 nicht ersichtlich.²⁴

c) Kombination der Ausnahmetatbestände

13 In Übereinstimmung mit der früheren Rechtslage nach § 2 VerkProspG a. F.²⁵ und der herrschenden Auffassung zu § 3 Abs. 2 WpPG a. F.²⁶ können darüber hinaus die Ausnahmetatbestände des § 3 Nr. 1 und 2 und die der ProspektVO zeitgleich nebeneinander in Anspruch genommen, also **kombiniert werden**.²⁷ Da Art. 1 Abs. 6 ProspektVO die Kombination der Ausnahmetatbestände der ProspektVO ausdrücklich zulässt und Art. 3 Abs. 2 ProspektVO eine Delegation der Regelungskompetenz darstellt – mithin werden die Regelungen, die innerhalb dieser Voraussetzungen getroffen werden, indirekt von der ProspektVO umfasst –, ist nicht ersichtlich, warum für Ausnahmen nach Art. 3 Abs. 2 Pros-

---

19 *Ritz*, in: Just/Voß/Ritz/Zeising, WpPG, § 3 Rn. 13; *Preuße*, in: Schwark/Zimmer, KMRK, § 3 WpPG Rn. 6.
20 Vgl. ESMA, Questions and Answers on the Prospectus Regulation v. 3.2.2023, ESMA31-62-1258, S. 34 (A4.2); *Ritz*, in: Just/Voß/Ritz/Zeising, WpPG, § 3 Rn. 13; sowie bereits zur Regelung des § 1 Abs. 2 Nr. 4 WpPG a. F. *Schnorbus*, in: Berrar/Meyer/Müller et al., WpPG/EU-ProspektVO, 2. Aufl. 2017, § 1 WpPG Rn. 16a.
21 *Ritz*, in: Just/Voß/Ritz/Zeising, WpPG, § 3 Rn. 15; *Preuße*, in: Schwark/Zimmer, KMRK, § 3 WpPG Rn. 6 (beide im Hinblick auf Rückflüsse beschränkt auf „zurückgekaufte und erneut ausplatzierte Wertpapiere"). Zur Vorgängervorschrift *Schnorbus*, in: Berrar/Meyer/Müller et al., WpPG/EU-ProspektVO, 2. Aufl. 2017, § 1 WpPG Rn. 17.
22 ESMA, Questions and Answers – Prospectuses, 30th updated version – April 2019, ESMA31-62-780, S. 26 (26.Aa).
23 Zur Fortgeltung allg. ESMA, Questions and Answers on the Prospectus Regulation v. 3.2.2023, ESMA31-62-1258, S. 25 (Q2.1).
24 Ebenso *Ritz*, in: Just/Voß/Ritz/Zeising, WpPG, § 3 Rn. 12; *Preuße*, in: Schwark/Zimmer, KMRK, § 3 WpPG Rn. 5.
25 Vgl. BAWe, Bekanntmachung zum Wertpapier-Verkaufsprospektgesetz, unter II. 1., S. 5; *Heidelbach*, in: Schwark/Zimmer, KMRK, 4. Aufl. 2010, § 2 VerkProspG Rn. 2.
26 Zur alten Rechtslage bereits ESMA, Questions and Answers – Prospectuses, 30th updated version – April 2019, ESMA31-62-780, S. 26 f. (26.Ab, Ae); *Schnorbus*, in: Berrar/Meyer/Müller et al., WpPG/EU-ProspektVO, 2. Aufl. 2017, § 3 WpPG Rn. 15; *Wiegel*, Die Prospektrichtlinie und Prospektverordnung, S. 168; *Giedinghagen*, BKR 2007, 233, 236; *Schnorbus*, AG 2008, 389, 402; *Schulz/Hartig*, WM 2014, 1567, 1568; *Zeising*, in: Just/Voß/Ritz/Zeising, WpPG, 2009, § 3 Rn. 32; *Hamann*, in: Schäfer/Hamann, Kapitalmarktgesetze, § 3 WpPG Rn. 26; *von Kopp-Colomb/Mollner*, in: Assmann/Schlitt/von Kopp-Colomb, WpPG/VerkProspG, 3. Aufl. 2017, § 3 WpPG Rn. 25; *Meyer*, in: Marsch-Barner/Schäfer, Handbuch börsennotierte AG, 4. Aufl. 2018, § 7 Rn. 15 a. E.; **a. A.** im Fall einer Kombination von § 3 Abs. 2 Satz 1 Nr. 1 und § 3 Abs. 2 Satz 1 Nr. 2 a. F. *Heidelbach/Preuße*, BKR 2006, 316, 319 f.
27 So auch *Ritz*, in: Just/Voß/Ritz/Zeising, WpPG, § 3 Rn. 13; *Preuße*, in: Schwark/Zimmer, KMRK, § 3 WpPG Rn. 6; *Groß*, Kapitalmarktrecht, § 3 WpPG Rn. 5.

pektVO etwas anderes gelten sollte als für die mitgliedstaatliche Bestimmung des § 3.[28] Ebenso differenziert Erwägungsgrund 20 nicht nach Ausnahmetatbeständen, sondern ist offen formuliert („Ausnahmen von der Pflicht zur Veröffentlichung eines Prospekts gemäß dieser Verordnung sollten [...] kombiniert werden können [...]") und legt daher die Zulässigkeit der generellen Kombination aller Befreiungstatbestände nahe (siehe bereits → Art. 1 ProspektVO Rn. 290 ff.). Hingegen ist eine Kombination der § 3 Nr. 1 und Nr. 2 miteinander nicht zulässig, sodass in der Folge gerade nicht die Möglichkeit besteht, binnen zwölf Monaten öffentliche Angebote derselben Gattung von Wertpapieren mit einem Gesamtgegenwert im Europäischen Wirtschaftsraum von bis zu 16.000.000 EUR prospektfrei zu veröffentlichen.[29]

Eine **praxisrelevante Kombinationsmöglichkeit** besteht im Zusammenhang mit einer gemäß § 3 prospektfreien Kleinstemission und einer davor oder danach erfolgenden Privatplatzierung, deren Volumen die Schwelle des Gesamtgegenwerts von 8.000.000 EUR überschreitet. Dem Emittenten ist es dabei möglich – entsprechend der Handhabung und in Abstimmung mit der BaFin –, die Wertpapiere außerhalb eines gemäß Art. 3 Abs. 2 ProspektVO i. V. m. § 3 Nr. 2 prospektfreien Angebots dem Hauptaktionär im Wege einer Direktplatzierung gemäß Art. 1 Abs. 4 lit. a ProspektVO prospektfrei anzubieten.[30] Besteht weiter auch keine Pflicht zur Erstellung eines Zulassungsprospekts nach Art. 3 Abs. 3 ProspektVO, etwa weil die Aktien der ausgebenden Gesellschaft nicht zum Handel an einem geregelten Markt zugelassen sind oder andere Ausnahmetatbestände greifen, ist die Durchführung der Emission gänzlich ohne Prospekt möglich; ggf. ist im Bereich des § 3 Nr. 2 WpPG ein Wertpapier-Informationsblatt nach § 4 WpPG zu erstellen. 14

Fraglich ist allerdings, ob eine Kombination der Ausnahme nach § 3 Nr. 2 mit der des Art. 1 Abs. 4 lit. a ProspektVO auch dann möglich ist, wenn der Emittent mit dem Zeichner der Privatplatzierung eine sog. Backstop-Vereinbarung für die Kleinstemission schließt. In einer Backstop-Vereinbarung verpflichtet sich der Zeichner, die im Rahmen des öffentlichen Angebots (hier die Kleinstemission) nicht platzierten Aktien (sog. Rump Shares bzw. Rump Placement)[31] zu übernehmen.[32] Die **Backstop-Vereinbarung** könnte die Trennung zwischen Privatplatzierung und Kleinstemission infrage stellen, sodass bei gesamtheitlicher Betrachtung der Schwellenwert des § 3 Nr. 2 überschritten wäre.[33] Dies 15

---

28 Ebenso *Klöhn*, ZIP 2018, 1713, 1716.
29 Klarstellend BaFin – Neue Regeln für Wertpapierprospekte nach EU-Prospektverordnung 2017/1129, Frequently Asked Questions, geändert am 6.10.2021, XV (https://www.bafin.de/DE/Aufsicht/Prospekte/Wertpapiere/NeueEUProspektverordnung/FAQ.html); **a. A.** *Kuthe*, Weitere Reform des WpPG – prospektfreie Kapitalerhöhungen mit Bezugsrecht bis 16 Mio. EUR (https://www.heuking.de/de/news-events/newsletter-fachbeitraege/artikel/weitere-reform-des-wppg-prospektfreie-kapitalerhoehungen-mit-bezugsrecht-bis-eur-16-mio-1.html).
30 Vgl. hierzu etwa das Bezugsangebot der Tele Columbus AG (https://www.telecolumbus.com/wp-content/uploads/2022/11/tele-columbus-ag-bezugsangebot.pdf) sowie das Wertpapier-Informationsblatt (https://www.telecolumbus.com/wp-content/uploads/2022/11/tele-columbus-ag-wib-gestattete-fassung.pdf).
31 Hierzu auch die Ausführungen bei *Schürnbrand/Verse*, in: MünchKomm-AktG, § 186 AktG Rn. 63 f.; *Apfelbacher/Metzner*, in: Hölters/Weber, AktG, § 186 AktG Rn. 27 f.; *Meyer*, in: Kümpel/Mülbert/Früh/Seyfried, Bankrecht und Kapitalmarktrecht, Rn. 15.461.
32 Zu Backstop-Vereinbarungen *Apfelbacher/Metzner*, in: Hölters/Weber, AktG, § 186 AktG Rn. 29; *Scholz*, in: Münchener Handbuch des Gesellschaftsrechts, Bd. IV, 5. Aufl. 2020, § 57 Rn. 110.
33 Der offene Wortlaut des § 3 WpPG spricht allein von dem „Gesamtgegenwert" des Angebots.

überzeugt jedoch nicht: So sind nach anderen Ausnahmetatbeständen prospektfrei angebotene Wertpapiere bzw. Privatplatzierungen ohne öffentliches Angebot von vorneherein nicht in das Angebotsvolumen einzurechnen,[34] da nur solche Angebote für die Berechnung der Obergrenze herangezogen werden, bei denen der Emittent bereits zuvor von der Ausnahmeregelung gemäß § 3 Gebrauch gemacht hat oder Wertpapiere nicht öffentlich platziert.[35] Damit führt auch die (schuldrechtliche) Verpflichtung eines Dritten oder eines Großaktionärs, die nicht platzierten Aktien zu übernehmen, zu keiner Zusammenrechnung der Prospektausnahmen. Diese Sicht entspricht auch der Aufsichtspraxis durch die BaFin, wonach neben einer prospektfreien Kleinstemission ein die Gesamtgegenwertschwelle von 8.000.000 EUR überschreitendes Rump Placement (oder eine Vorabplatzierung der Aktien, auf deren Bezug der Großaktionär vorab verzichtet) an qualifizierte Anleger durchgeführt werden darf, in dessen Rahmen sich ein Großaktionär mittels einer Backstop-Vereinbarung verpflichtet, die im Rahmen der Privatplatzierung nicht bezogenen Rump Shares zu übernehmen.[36]

d) Keine Notifizierung

16 Nach Art. 3 Abs. 2 lit. a ProspektVO können die Mitgliedstaaten Angebote von Wertpapieren nur dann von der Prospektpflicht befreien, wenn diese Angebote nicht der Notifizierung gemäß Art. 25 ProspektVO unterliegen. Hierdurch wird verdeutlicht, dass eine nationale Prospektausnahme nur im jeweiligen Inland Wirkung entfaltet und das **Notifizierungsverfahren** des Art. 25 ProspektVO, das einen **im Einklang mit der ProspektVO erstellten Prospekt voraussetzt**, nicht für ein ggf. nach nationalem Recht erforderliches prospektersetzendes Dokument verwendet werden kann.[37] Beruft sich also ein Emittent auf die Befreiung von der Prospektpflicht gem. § 3 und verzichtet auf die freiwillige Erstellung eines Prospekts im Einklang mit der ProspektVO, entzieht er damit einer Notifizierung die Grundlage.

17 Auch wenn danach für Kleinstemissionen ohne (freiwilligen) Prospekt keine Notifizierung in Betracht kommt und mitgliedstaatliche Befreiungsregeln nur Wirkung im jeweiligen Inland entfalten, folgt daraus **keineswegs**, dass ein gem. § 3 prospektfreies Angebot **auf das Inland beschränkt sein muss**.[38] Ein **grenzüberschreitendes, prospektfreies Angebot** ist grundsätzlich in den Mitgliedstaaten möglich, die entsprechende Ausnahmetatbestände geschaffen haben. Mangels Notifizierung ist die Zulässigkeit dabei allerdings jeweils separat nach nationalem Recht zu beurteilen. Somit sind ggf. erforderliche Doku-

---

34 *Preuße*, in: Schwark/Zimmer, KMRK, § 3 WpPG Rn. 6; zur alten Rechtslage bereits *von Kopp-Colomb/Witte*, in: Assmann/Schlitt/von Kopp-Colomb, WpPG/VerkProspG, 2. Aufl. 2010, § 3 WpPG Rn. 48.
35 Zu Art. 1 Abs. 2 lit. h ProspektRL bereits ESMA, Questions and Answers – Prospectuses, 30th updated version – April 2019, ESMA31-62-780, S. 26 (26.Ab).
36 Vgl. hierzu etwa das Bezugsangebot der Noratis AG (https://noratis.de/wp-content/uploads/2020/08/Noratis-AG-beschlie%C3%9Ft-Kapitalerh%C3%B6hung-gegen-Bareinlage-mit-Bezugsrecht-der-Altaktion%C3%A4re.pdf) sowie das Wertpapier-Informationsblatt (https://noratis.de/wp-content/uploads/2020/08/WpPG_Noratis_AG_WIB_Reinfassung_28.08.2020SECURED.pdf).
37 Vgl. *Ritz*, in: Just/Voß/Ritz/Zeising, WpPG, § 3 Rn. 24; *Preuße*, in: Schwark/Zimmer, KMRK, § 3 WpPG Rn. 8.
38 *Ritz*, in: Just/Voß/Ritz/Zeising, WpPG, § 3 Rn. 24; *Preuße*, in Schwark/Zimmer, KMRK, § 3 WpPG Rn. 9. Missverständlich insofern *Schlitt/Ries*, in: Assmann/Schlitt/von Kopp-Colomb, Prospektrecht Kommentar, § 3 WpPG Rn. 4.

mente, wie ein Wertpapier-Informationsblatt nach § 4 WpPG, nach dem jeweils anwendbarem nationalen Recht separat zu erstellen und ggf. zu prüfen; sie verfügen aber über keine unionsweite Gültigkeit und können, anders als ein gebilligter Prospekt, nicht in dem Verfahren nach Art. 25 ProspektVO an die zuständigen Behörden anderer Mitgliedstaaten übermittelt werden. Sofern danach Ausnahmetatbestände in allen betroffenen Mitgliedstaaten erfüllt sind, ist (unter Berücksichtigung der Schwellenwerte) gegen ein gleichzeitiges Angebot in verschiedenen Mitgliedstaaten nichts einzuwenden.

III. Befreiung für andere Kleinstemissionen (§ 3 Nr. 2)

Angebote von Wertpapieren von Emittenten, die nicht zum Kreis der gem. § 3 Nr. 1 WpPG qualifizierten Emittenten zählen, sind gemäß § 3 Nr. 2 von der Prospektpflicht befreit. Die Regelung ist im Verhältnis zu § 3 Nr. 1 die *lex generalis*. Relevanz erlangt die Differenzierung zwischen § 3 Nr. 1 und 2 als Anknüpfungspunkt für die Pflicht zur Vorlage eines Wertpapier-Informationsblatts gem. § 4 Abs. 1.

18

IV. Rechtsfolgen

Sofern die Voraussetzungen einer Ausnahme nach § 3 Nr. 1 und 2 erfüllt sind, gilt die Befreiung von der Prospektpflicht kraft Gesetzes.[39] Ein Ermessen der BaFin besteht insofern nicht; insbesondere kann sie nicht mit Bindungswirkung Befreiungen oder Unbedenklichkeitsbescheinigungen erteilen. Der Emittent kann allerdings auf freiwilliger Basis einen Wertpapierprospekt erstellen (Art. 4 ProspektVO).

19

---

39 Für § 3 WpPG a. F.: *Straßner/Grosjean*, in: Heidel, Aktienrecht und Kapitalmarktrecht, § 3 WpPG Rn. 4; *Zeising*, in: Just/Voß/Ritz/Zeising, WpPG, 2009, § 3 Rn. 31; *von Kopp-Colomb/Mollner*, in: Assmann/Schlitt/von Kopp-Colomb, WpPG/VerkProspG, 3. Aufl. 2017, § 3 WpPG Rn. 26.

§ 4 WpPG
Wertpapier-Informationsblatt; Verordnungsermächtigung

(1) Ein Anbieter, der die Ausnahme nach § 3 Nummer 2 in Anspruch nimmt, darf die Wertpapiere im Inland erst dann öffentlich anbieten, wenn er zuvor ein Wertpapier-Informationsblatt nach den Absätzen 3 bis 5 und 6 Satz 2 sowie Absatz 7 Satz 4 erstellt, bei der Bundesanstalt hinterlegt und veröffentlicht hat. Dies gilt entsprechend für ein öffentliches Angebot im Inland von Wertpapieren mit einem Gesamtgegenwert im Europäischen Wirtschaftsraum von 100 000 Euro bis weniger als 1 Million Euro, für die gemäß Artikel 1 Absatz 3 Unterabsatz 1 der Verordnung (EU) 2017/1129 kein Prospekt zu veröffentlichen ist. Die Untergrenze von 100 000 Euro gemäß Satz 2 ist über einen Zeitraum von zwölf Monaten zu berechnen. Die Verpflichtungen nach den Sätzen 1 und 2 gelten nicht, wenn für die Wertpapiere ein Basisinformationsblatt nach der Verordnung (EU) Nr. 1286/2014 des Europäischen Parlaments und des Rates vom 26. November 2014 über Basisinformationsblätter für verpackte Anlageprodukte für Kleinanleger und Versicherungsanlageprodukte (PRIIP) (ABl. L 352 vom 9.12.2014, S. 1; L 358 vom 13.12.2014, S. 50), die durch die Verordnung (EU) 2016/2340 (ABl. L 354 vom 23.12.2016, S. 35) geändert worden ist, veröffentlicht werden muss oder wesentliche Anlegerinformationen nach § 301 des Kapitalanlagegesetzbuches veröffentlicht werden müssen.

(2) Das Wertpapier-Informationsblatt darf erst veröffentlicht werden, wenn die Bundesanstalt die Veröffentlichung gestattet. Die Gestattung ist zu erteilen, wenn

1. das Wertpapier-Informationsblatt vollständig alle Angaben, Hinweise und Anlagen enthält, die nach den folgenden Absätzen, auch in Verbindung mit der nach Absatz 9 zu erlassenden Rechtsverordnung, erforderlich sind, und diese Angaben, Hinweise und Anlagen in der vorgeschriebenen Reihenfolge erfolgen und

2. das Feststellungsdatum des letzten Jahresabschlusses des Emittenten und im Falle eines Garantiegebers zusätzlich das Feststellungsdatum des letzten Jahresabschlusses des Garantiegebers zum Zeitpunkt der Gestattung nicht länger als 18 Monate zurückliegt.

Die Bundesanstalt hat dem Anbieter innerhalb von zehn Arbeitstagen nach Eingang des Wertpapier-Informationsblatts mitzuteilen, ob sie die Veröffentlichung gestattet. Gelangt die Bundesanstalt zu der Auffassung, dass das ihr zur Gestattung vorgelegte Wertpapier-Informationsblatt unvollständig ist oder die erforderlichen Angaben, Hinweise und Anlagen nicht in der vorgeschriebenen Reihenfolge erfolgen, beginnt die Frist nach Satz 3 erst ab dem Zeitpunkt zu laufen, zu welchem die erforderlichen Angaben, Hinweise und Anlagen vollständig und in der vorgeschriebenen Reihenfolge eingehen. Die Bundesanstalt soll den Anbieter innerhalb von fünf Arbeitstagen nach Eingang des Wertpapier-Informationsblatts unterrichten, wenn sie nach Satz 4 weitere Informationen für erforderlich hält. Dies gilt auch, wenn sie zu dem Ergebnis kommt, dass die erforderlichen Angaben, Hinweise und Anlagen nicht in der vorgeschriebenen Reihenfolge erfolgt sind.

(3) Das Wertpapier-Informationsblatt darf nicht mehr als drei DIN-A4-Seiten umfassen. Es muss mindestens die wesentlichen Informationen über die Wertpapiere, den

Anbieter, den Emittenten und etwaige Garantiegeber in übersichtlicher und leicht verständlicher Weise in der nachfolgenden Reihenfolge enthalten, so dass das Publikum

1. die Art, die genaue Bezeichnung und die internationale Wertpapier-Identifikationsnummer (ISIN) des Wertpapiers,
2. die Funktionsweise des Wertpapiers einschließlich der mit dem Wertpapier verbundenen Rechte,
3. Angaben zur Identität des Anbieters, des Emittenten einschließlich seiner Geschäftstätigkeit und eines etwaigen Garantiegebers,
4. die mit dem Wertpapier, dem Emittenten und einem etwaigen Garantiegeber verbundenen Risiken,
5. den auf Grundlage des letzten aufgestellten Jahresabschlusses berechneten Verschuldungsgrad des Emittenten und eines etwaigen Garantiegebers,
6. die Aussichten für die Kapitalrückzahlung und Erträge unter verschiedenen Marktbedingungen,
7. die mit dem Wertpapier verbundenen Kosten und Provisionen,
8. die Angebotskonditionen einschließlich des Emissionsvolumens sowie
9. die geplante Verwendung des voraussichtlichen Nettoemissionserlöses

einschätzen und bestmöglich mit den Merkmalen anderer Wertpapiere vergleichen kann.

(3a) Für die Emission eines elektronischen Wertpapiers im Sinne des Gesetzes über elektronische Wertpapiere oder eines digitalen und nicht verbrieften Wertpapiers, das kein elektronisches Wertpapier im Sinne des Gesetzes über elektronische Wertpapiere ist, gilt Absatz 3 mit der Maßgabe, dass

1. das Wertpapier-Informationsblatt abweichend von Absatz 3 Satz 1 bis zu vier DIN-A4-Seiten umfassen darf,
2. die Angaben nach Absatz 3 Satz 2 Nummer 2 auch Angaben zur technischen Ausgestaltung des Wertpapiers, zu den dem Wertpapier zugrunde liegenden Technologien sowie zur Übertragbarkeit und Handelbarkeit des Wertpapiers an den Finanzmärkten zu beinhalten haben,
3. die Angaben nach Absatz 3 Satz 2 Nummer 3 um die Angabe der registerführenden Stelle im Sinne des Gesetzes über elektronische Wertpapiere und die Angabe, wo und auf welche Weise der Anleger in das Register Einsicht nehmen kann, zu ergänzen sind, sofern es sich um ein elektronisches Wertpapier im Sinne des Gesetzes über elektronische Wertpapiere handelt.

(4) Das Wertpapier-Informationsblatt muss den drucktechnisch hervorgehobenen Warnhinweis „Der Erwerb dieses Wertpapiers ist mit erheblichen Risiken verbunden und kann zum vollständigen Verlust des eingesetzten Vermögens führen." auf der ersten Seite, unmittelbar unterhalb der ersten Überschrift enthalten.

(5) Das Wertpapier-Informationsblatt muss im Anschluss an die Angaben nach Absatz 3 dieser Vorschrift zudem in folgender Reihenfolge enthalten:

1. einen Hinweis darauf, dass die inhaltliche Richtigkeit des Wertpapier-Informationsblatts nicht der Prüfung durch die Bundesanstalt unterliegt,
2. einen Hinweis darauf, dass für das Wertpapier kein von der Bundesanstalt gebilligter Wertpapierprospekt hinterlegt wurde und der Anleger weitergehende Informationen unmittelbar vom Anbieter oder Emittenten des Wertpapiers erhält,
3. einen Hinweis auf den letzten Jahresabschluss des Emittenten und im Falle eines Garantiegebers zusätzlich auf den letzten Jahresabschluss des Garantiegebers sowie darauf, wo und wie diese Jahresabschlüsse erhältlich sind,
4. einen Hinweis darauf, dass Ansprüche auf der Grundlage einer in dem Wertpapier-Informationsblatt enthaltenen Angabe nur dann bestehen können, wenn die Angabe irreführend oder unrichtig ist oder der Warnhinweis des Absatzes 4 nicht enthalten ist und wenn das Erwerbsgeschäft nach Veröffentlichung des Wertpapier-Informationsblatts und während der Dauer des öffentlichen Angebots, spätestens jedoch innerhalb von sechs Monaten nach dem ersten öffentlichen Angebot der Wertpapiere im Inland, abgeschlossen wurde.

(6) Während der Dauer des öffentlichen Angebots ist der letzte Jahresabschluss des Emittenten den Anlegern auf Anforderung kostenlos in Textform zur Verfügung zu stellen. Ist der Emittent nach den handelsrechtlichen Vorschriften nicht verpflichtet, einen Jahresabschluss offenzulegen, ist der Jahresabschluss dem Wertpapier-Informationsblatt als Anlage beizufügen und mit diesem gemäß Absatz 1 Satz 1 zu hinterlegen und zu veröffentlichen. Im Falle eines Garantiegebers gelten die Sätze 1 und 2 entsprechend.

(7) Der Anleger muss die in Absatz 3 dieser Vorschrift aufgezählten Informationen verstehen können, ohne hierfür zusätzliche Dokumente heranziehen zu müssen. Die Angaben in dem Wertpapier-Informationsblatt sind kurz zu halten und in allgemein verständlicher Sprache abzufassen. Sie müssen redlich und eindeutig und dürfen nicht irreführend sein. Das Wertpapier-Informationsblatt darf sich jeweils nur auf ein bestimmtes Wertpapier beziehen und keine werbenden oder sonstigen Informationen enthalten, die nicht dem in Absatz 3 genannten Zweck dienen.

(8) Tritt nach der Gestattung und vor dem endgültigen Schluss des öffentlichen Angebots ein wichtiger neuer Umstand ein oder wird eine wesentliche Unrichtigkeit in Bezug auf die im Wertpapier-Informationsblatt enthaltenen Angaben festgestellt, die die Beurteilung des Wertpapiers beeinflussen könnten, so sind die in dem Wertpapier-Informationsblatt enthaltenen Angaben während der Dauer des öffentlichen Angebots unverzüglich zu aktualisieren und ist der Bundesanstalt die aktualisierte Fassung des Wertpapier-Informationsblatts zum Zweck der Hinterlegung unverzüglich zu übermitteln. Das Datum der letzten Aktualisierung sowie die Zahl der seit der erstmaligen Erstellung des Wertpapier-Informationsblatts vorgenommenen Aktualisierungen sind im Wertpapier-Informationsblatt zu nennen. Das aktualisierte Wertpapier-Informationsblatt ist unverzüglich entsprechend Artikel 21 Absatz 2 und 3 Unterabsatz 1 der Verordnung (EU) 2017/1129 zu veröffentlichen. § 5 Absatz 1 und 3 Satz 2 gilt entsprechend.

(9) Das Bundesministerium der Finanzen kann durch Rechtsverordnung, die nicht der Zustimmung des Bundesrates bedarf, im Einvernehmen mit dem Bundesministe-

rium der Justiz und für Verbraucherschutz nähere Bestimmungen zu Inhalt und Aufbau der Wertpapier-Informationsblätter erlassen. Das Bundesministerium der Finanzen kann die Ermächtigung durch Rechtsverordnung auf die Bundesanstalt übertragen.

Übersicht

	Rn.		Rn.
I. Grundlagen	1	8. Aussichten für Kapitalrückzahlung und Erträge (§ 4 Abs. 3 Satz 2 Nr. 6)	41
II. Pflicht zur Veröffentlichung eines Wertpapier-Informationsblatts, Schwellenwerte (§ 4 Abs. 1)	4	9. Verbundene Kosten und Provisionen (§ 4 Abs. 3 Satz 2 Nr. 7)	44
1. Ausnahme gemäß § 3 Nr. 2 (§ 4 Abs. 1 Satz 1)	5	10. Angebotskonditionen einschließlich des Emissionsvolumens (§ 4 Abs. 3 Satz 2 Nr. 8)	49
2. Erweiterung auf Kleinstemissionen (§ 4 Abs. 1 Satz 2)	8	11. Verwendung des Emissionserlöses (§ 4 Abs. 3 Satz 2 Nr. 9)	50
3. Berechnung des Volumens über zwölf Monate (§ 4 Abs. 1 Satz 3)	10	V. Zusätzliche und abweichende Anforderungen eines Wertpapier-Informationsblatts bei elektronischen Wertpapieren (§ 4 Abs. 3a)	51
4. Ausnahmen gemäß § 4 Abs. 1 Satz 4	13		
III. Prüfung und Gestattung durch die BaFin (§ 4 Abs. 2)	14		
IV. Umfang und Inhalt des Wertpapier-Informationsblatts (§ 4 Abs. 3)	19	VI. Warnhinweis (§ 4 Abs. 4)	57
		VII. Hinweise (§ 4 Abs. 5)	58
1. Drei DIN-A4-Seiten (§ 4 Abs. 3 Satz 1)	20	1. Keine Prüfung der inhaltlichen Richtigkeit durch BaFin (§ 4 Abs. 5 Nr. 1)	59
2. Wesentliche Informationen (§ 4 Abs. 3 Satz 2)	23	2. Kein gebilligter Wertpapierprospekt (§ 4 Abs. 5 Nr. 2)	60
3. Art, Bezeichnung und Wertpapier-Identifikationsnummer (§ 4 Abs. 3 Satz 2 Nr. 1)	24	3. Hinweis auf den letzten Jahresabschluss (§ 4 Abs. 5 Nr. 3)	61
4. Funktionsweise des Wertpapiers (§ 4 Abs. 3 Satz 2 Nr. 2)	28	4. Hinweis auf Haftung bei fehlerhaftem Wertpapier-Informationsblatt (§ 4 Abs. 5 Nr. 4)	62
a) Aktien	29		
b) Schuldverschreibungen	30	VIII. Offenlegung des Jahresabschlusses (§ 4 Abs. 6)	63
5. Identität des Anbieters, Emittenten einschließlich Geschäftstätigkeit und Garantiegebers (§ 4 Abs. 3 Satz 2 Nr. 3)	33	IX. Inhaltliche Vorgaben (§ 4 Abs. 7)	65
		1. Verständlichkeit (Satz 1 und Satz 2)	66
6. Mit Wertpapier, Emittenten und etwaigem Garantiegeber verbundene Risiken (§ 4 Abs. 3 Satz 2 Nr. 4)	34	2. Keine Irreführung/Redlichkeit (Satz 3)	67
		3. Solitärprinzip (Satz 4)	71
7. Verschuldungsgrad des Emittenten und etwaigen Garantiegebers (§ 4 Abs. 3 Satz 2 Nr. 5)	38	4. Keine werbenden Aussagen (Satz 4)	72
		X. Aktualisierungspflicht (§ 4 Abs. 8)	73
		XI. Ermächtigung zum Erlass von Rechtsverordnungen (§ 4 Abs. 9)	76

I. Grundlagen

Die Pflicht zur Gestattung und Veröffentlichung eines Wertpapier-Informationsblatts wurde erstmalig durch § 3a WpPG a. F. statuiert. Diese Vorgängerregelung wurde aufgrund des Gesetzes zur Ausübung von Optionen der EU-Prospektverordnung und zur Anpas- 1 sung weiterer Finanzmarktgesetze in das WpPG eingeführt.[1] Anstatt der Veröffentlichung eines Prospekts kann das öffentliche Angebot von Wertpapieren im Rahmen der nach § 4 ff. gesetzlichen Vorgaben und Möglichkeiten auf der Grundlage eines Wertpapier-Informationsblatts erfolgen.

2 Das Wertpapier-Informationsblatt dient dem Anlegerschutz.[2] Zum einen soll es die Informationsasymmetrie zwischen einem Emittenten und den Anlegern verringern, indem den Anlegern eine sachliche Übersicht zur Beurteilung des Emittenten und des angebotenen Wertpapiers zur Verfügung gestellt wird.[3] Zum anderen soll es Anleger in die Lage versetzen, die Angebote verschiedener Emittenten miteinander vergleichen und auf diese Weise eine informierte Entscheidung treffen zu können.[4] Vorbild sind die Regelungen zum Vermögensanlagen-Informationsblatt.[5]

3 Aus § 4 Abs. 1 Satz 1 und Abs. 2 ergibt sich folgender Veröffentlichungsprozess: Ein Emittent erstellt das Wertpapier-Informationsblatt und reicht es bei der BaFin zur Gestattung ein. Die BaFin führt eine formale Prüfung durch und gestattet im positiven Fall die Veröffentlichung des Wertpapier-Informationsblatts. Anschließend darf der Emittent die jeweiligen Wertpapiere öffentlich anbieten.[6]

II. Pflicht zur Veröffentlichung eines Wertpapier-Informationsblatts, Schwellenwerte (§ 4 Abs. 1)

4 § 4 Abs. 1 regelt, in welchen Fällen ein Wertpapier-Informationsblatt zu veröffentlichen ist.

1. Ausnahme gemäß § 3 Nr. 2 (§ 4 Abs. 1 Satz 1)

5 Die Vorschrift des § 4 Abs. 1 Satz 1 bezieht sich *nur* auf den Ausnahmetatbestand des § 3 Nr. 2. Wenn von einem anderen Ausnahmetatbestand Gebrauch gemacht wird (insbesondere von § 3 Nr. 1), dann braucht kein Wertpapier-Informationsblatt erstellt zu werden.[7] Gleiches gilt, wenn ein Emittent freiwillig einen Prospekt erstellt.[8]

6 Die Ausnahme des § 3 Nr. 2 beruht auf der Öffnungsklausel des Art. 3 Abs. 2 ProspektVO. Danach dürfen die Mitgliedstaaten nationale Ausnahmen von der Prospektpflicht für solche öffentlichen Angebote zulassen, deren Gesamtgegenwert in der Union über einen Zeitraum von zwölf Monaten 8 Mio. EUR nicht überschreitet; der deutsche Gesetzgeber

---

1 BGBl. I 2018, S. 1102. Dazu *Voß*, ZBB 2018, 305, 306.
2 Vgl. Begr. RegE, BT-Drucks. 19/2435, S. 41.
3 Begr. RegE, BT-Drucks. 19/2435, S. 30; *Klöhn*, ZIP 2018, 1713, 1717.
4 Begr. RegE, BT-Drucks. 19/2435, S. 41; *Klöhn*, ZIP 2018, 1713, 1717.
5 Begr. RegE, BT-Drucks. 19/2435, S. 31; *Klöhn*, ZIP 2018, 1713, 1717.
6 Begr. RegE, BT-Drucks. 19/2435, S. 41.
7 *Voß*, ZBB 2018, 305, 312; *Groß*, in: Ebenroth/Boujong/Joost/Strohn, HGB, § 4 WpPG Rn. 4; *Groß*, Kapitalmarktrecht, 7. Aufl. 2020, § 4 WpPG Rn. 2.
8 Begr. RegE, BT-Drucks. 19/2435, S. 41.

hat sich dazu entschieden, diese Ausnahme in voller Höhe auszunutzen.[9] Durch den Vorschlag des Europäischen Parlaments und des Rates zur Änderung der ProspektVO könnte sich diese Schwelle zukünftig verändern. Der Vorschlag COM/2022/762 final vom 7.12.2022 sieht in Art. 1 Nr. 3 einen Vorschlag zur Änderung des Art. 3 Abs. 2 der ProspektVO vor. Danach nimmt ein Mitgliedstaat öffentliche Angebote von Wertpapieren von der Pflicht zur Veröffentlichung eines Prospekts gemäß Art. 3 Abs. 1 ProspektVO aus, sofern der kumulierte Gesamtgegenwert der angebotenen Wertpapiere in der Union über einen Zeitraum von zwölf Monaten unter 12 Mio. EUR je Emittent oder Anbieter liegt.

Legt der Emittent der BaFin ein Wertpapier-Informationsblatt zur Gestattung vor, wird diese Fassung des Wertpapier-Informationsblatts bei der BaFin hinterlegt. Allerdings sind im Regelfall vor der Gestattung durch die BaFin mehrere Einreichungen und nochmalige Überarbeitungen der Entwurfsfassung erforderlich. Die BaFin wird dem Emittenten in diesem Prozess mitteilen, welche Informationen im Wertpapier-Informationsblatt noch ausstehen oder erforderlich sind. Die finale und gestattete Fassung des Wertpapier-Informationsblatts wird dann bei der BaFin hinterlegt. Die Hinterlegung ist nicht näher gesetzlich geregelt. Es dürfte aber davon auszugehen sein, dass der Emittent nach erfolgter Gestattung durch die BaFin keine separate Hinterlegung anzustrengen hat.[10]

2. Erweiterung auf Kleinstemissionen (§ 4 Abs. 1 Satz 2)

Gemäß Art. 1 Abs. 3 UAbs. 2 Satz 2 ProspektVO dürfen die Mitgliedstaaten die Prospektpflicht nicht auf sogenannte Kleinstemissionen mit einem Volumen unter 1 Mio. EUR ausdehnen.[11] Sie dürfen aber andere Offenlegungsvorschriften als die ProspektVO vorsehen, sofern diese nicht unverhältnismäßig sind.[12] Dazu zählt die in § 4 Abs. 1 Satz 2 vorgesehene Pflicht zur Veröffentlichung eines Wertpapier-Informationsblatts.[13] Für Kleinstemissionen mit einem Volumen unter 100.000 EUR braucht auch kein Wertpapier-Informationsblatt veröffentlicht zu werden, § 4 Abs. 1 Satz 2 und 3.[14] Folgende Schwellen sind daher zu unterscheiden:[15]

---

9 Hinsichtlich der a. F. kam es zu Unsicherheiten: *Klöhn*, ZIP 2018, 1713, 1714, wies darauf hin, dass der Gesamtgegenwert für die Ausnahme *weniger* als und nicht gleich 8 Mio. EUR betragen musste. Ebenso *Voß*, ZBB 2018, 305, 308; Art. 1 Nr. 3 lit. c Gesetz zur Ausübung von Optionen der EU-Prospektverordnung und zur Anpassung weiterer Finanzmarktgesetze, BGBl. I 2018, S. 1105. Zur Gesetzgebungsgeschichte: *Klöhn*, ZIP 2018, 1713, 1714. Befürwortend *Schulz*, WM 2018, 212, 214.
10 *Schulz*, NZG 2018, 921, 924 (zur Vorgängerfassung des § 3a WpPG).
11 Zum Begriff: *Prescher*, in: Schwark/Zimmer, KMRK, § 4 WpPG Rn. 9 f.
12 Dazu etwa *Schulz*, WM 2018, 212, 213.
13 *Prescher*, in: Schwark/Zimmer, KMRK, § 4 WpPG Rn. 10. Zur Gesetzgebungsgeschichte: *Voß*, ZBB 2018, 305, 308.
14 *Voß*, ZBB 2018, 305, 309.
15 *Voß*, ZBB 2018, 305, 309; *Groß*, Kapitalmarktrecht, 7. Aufl. 2020, § 4 WpPG Rn. 2. Ausführlich zur alten Rechtslage: *Schulz*, NZG 2018, 921, 923 f.

Volumen	Veröffentlichungspflichten	Modifikationen
Bis 100.000 EUR	Keine Prospektpflicht, § 3 Nr. 2 i.V.m. Art. 1 Abs. 3 ProspektVO Keine WIB[16]-Pflicht	keine
100.000 EUR bis 1 Mio. EUR	Keine Prospektpflicht, § 3 Nr. 2 i.V.m. Art. 1 Abs. 3 ProspektVO WIB-Pflicht, § 4 Abs. 1 Satz 2	Keine WIB-Pflicht, wenn Basisinformationsblatt oder Informationen nach § 301 KAGB veröffentlicht werden müssen.
1 Mio. EUR bis 8 Mio. EUR	Keine Prospektpflicht, Art. 3 Abs. 2 ProspektVO i.V.m. § 3 Nr. 2 WIB-Pflicht, § 4 Abs. 1 Satz 1	
Über 8. Mio. EUR	Prospektpflicht, Art. 3 Abs. 1 ProspektVO	Keine Prospektpflicht, wenn einer der Tatbestände des Art. 1 Abs. 4 ProspektVO vorliegt.

9   Sofern sich das Angebot von Wertpapieren mit einem Wertpapier-Informationsblatt an nicht qualifizierte Anleger richtet, sind zusätzlich die Einschränkungen des § 6 einzuhalten.[17]

3. Berechnung des Volumens über zwölf Monate (§ 4 Abs. 1 Satz 3)

10   Solange das Emissionsvolumen eines Finanzinstruments innerhalb eines Zeitraums von zwölf Monaten unterhalb der Schwelle von 100.000 EUR liegt, muss ein Prospekt oder Wertpapier-Informationsblatt nicht erstellt, bei der BaFin hinterlegt und veröffentlicht werden (zur Berechnung der Schwellenwerte siehe § 3). Das Emissionsvolumen ist anhand des tatsächlichen europaweiten Verkaufspreises des jeweils zu emittierenden Finanzinstruments zu ermitteln, nicht anhand des Nennbetrages.[18] Die Emissionsvolumen von Finanzinstrumenten, die nicht identisch ausgestaltet sind, werden nicht addiert.[19] Dies gilt auch für Aktien und Optionen zum Erwerb oder zur Veräußerung derselben Aktien.

11   Die Berechnung der Frist von zwölf Monaten richtet sich nicht nach den §§ 187 ff. BGB, sondern nach Art. 2 und Art. 3 der Europäischen Fristenverordnung.[20] Diese Weichenstellung ist relevant, weil gemäß Art. 3 Abs. 4 UAbs. 1 Fristen-VO bei einer laufenden Frist, die an einem Samstag, Sonntag oder Feiertag endet, das Fristende auf den Ablauf der letzten Stunde des folgenden Arbeitstages verschoben wird. Gemäß Art. 3 Abs. 4 UAbs. 2 Fristen-VO gilt dies nicht bei einer Frist, die von einem bestimmten Ereignis an zurückgerechnet wird. Ereignis i.S.d. Vorschrift ist auch die Emission eines Wertpapiers. Von diesem Ereignistag an ist die Zwölf-Monats-Frist zurückzurechnen.

12   Für die Anwendbarkeit der §§ 187 ff. BGB spricht zwar, dass der deutsche Gesetzgeber die Untergrenze von 100.000 EUR binnen eines Zeitraums von zwölf Monaten selbst im deutschen WpPG festgelegt hat. Allerdings ergibt sich die Untergrenze mittelbar aus der

---

16 „Wertpapier-Informationsblatt".
17 *Groß*, Kapitalmarktrecht, § 4 WpPG Rn. 3.
18 *Voß*, ZBB 2018, 305, 309; *Prescher*, in: Schwark/Zimmer, KMRK, § 4 WpPG Rn. 7.
19 Vgl. *Voß*, ZBB 2018, 305, 310 (für die Ausnahme des § 3 Nr. 2 WpPG).
20 Verordnung (EWG, Euratom) Nr. 1182/71 des Rates vom 3.6.1971 zur Festlegung der Regeln für die Fristen, Daten und Termine, nachfolgend „Fristen-VO".

Vorgabe des Art. 1 Abs. 3 UAbs. 2 ProspektVO, wonach die nationalen Gesetzgeber keine unverhältnismäßig oder unnötig belastenden Offenlegungspflichten statuieren dürfen. Bei einem Emissionsvolumen von unter 100.000 EUR dürften die Kosten zur Erstellung und Veröffentlichung eines Wertpapier-Informationsblatts regelmäßig in keiner Relation zum eingesammelten Kapital stehen. Darüber hinaus richtet sich die Berechnung der Zwölf-Monats-Frist für Emissionsvolumina oberhalb von 1 Mio. EUR und 8 Mio. EUR jeweils nach der europäischen Fristenverordnung, weil sich diese Grenzen aus Art. 1 Abs. 3 UAbs. 1 und Art. 3 Abs. 2 ProspektVO, also aus einem europäischen Rechtsakt, ergeben.[21] Es ist davon auszugehen, dass der deutsche Gesetzgeber einen Gleichlauf der Fristenberechnung für alle drei Obergrenzen angestrebt hat.

4. Ausnahmen gemäß § 4 Abs. 1 Satz 4

Liegt bereits eine anderweitige Dokumentation in Form eines Basisinformationsblatts nach der Verordnung (EU) Nr. 1286/2014 (PRIIP-VO) oder einer wesentlichen Anlegerinformation gemäß § 301 KAGB vor, wird die Informationsasymmetrie zwischen Anleger und Emittent bereits hinreichend abgebaut. Es bedarf dann keiner weiteren Anlegerinformationen durch ein Wertpapier-Informationsblatt; vielmehr würde dies eine unverhältnismäßige Belastung im Sinne des Art. 1 Abs. 3 UAbs. 2 Satz 2 ProspektVO darstellen.[22] 13

III. Prüfung und Gestattung durch die BaFin (§ 4 Abs. 2)

§ 4 Abs. 2 regelt den Ablauf des Prüfungs- und Veröffentlichungsverfahrens des Wertpapier-Informationsblatts. Vorbild der Vorschrift ist § 13 Abs. 2 VermAnlG.[23] 14

Erst nach Gestattung durch die BaFin darf das Wertpapier-Informationsblatt veröffentlicht werden, § 4 Abs. 2 Satz 1. Die BaFin nimmt keine inhaltliche Prüfung vor, sondern überprüft nur, ob das eingereichte Wertpapier-Informationsblatt die gesetzlich vorgegebenen Inhalte, Hinweise und Angaben in der richtigen Reihenfolge und vollständig enthält, § 4 Abs. 2 Satz 2 Nr. 1.[24] Der Tag der Feststellung des letzten Jahresabschlusses des Emittenten darf nicht länger als 18 Monate zurückliegen, § 4 Abs. 2 Satz 2 Nr. 2. Dadurch soll eine hinreichende Aktualität gewährleistet werden.[25] 15

In einem beschränkten Maße darf die BaFin auch eine inhaltliche Prüfung vornehmen. Dies gilt etwa bei offensichtlichen Widersprüchen und Unschlüssigkeiten.[26] 16

---

21 Siehe Art. 1 der Verordnung (EWG, Euratom) Nr. 1182/71 des Rates vom 3.6.1971 zur Festlegung der Regeln für die Fristen, Daten und Termine.
22 Begr. RegE, BT-Drucks. 19/2435, S. 41; *Schlitt/Ries*, in: Assmann/Schlitt/von Kopp-Colomb, Prospektrecht Kommentar, § 4 WpPG Rn. 9.
23 Begr. RegE, BT-Drucks. 19/2435, S. 41.
24 Begr. RegE, BT-Drucks. 19/2435, S. 41; *Voß*, ZBB 2018, 305, 314; *Groß*, Kapitalmarktrecht, § 4 WpPG Rn. 5.
25 Begr. RegE, BT-Drucks. 19/2435, S. 41.
26 So *Voß*, ZBB 2018, 305, 315.

17 Die BaFin muss dem Emittenten innerhalb von zehn Arbeitstagen nach Eingang des Wertpapier-Informationsblatts mitteilen, ob sie die Veröffentlichung gestattet, § 4 Abs. 1 Satz 3.

18 Sofern die BaFin zu dem Schluss gelangt, dass weitere Informationen erforderlich sind, soll sie dies dem Emittenten innerhalb von fünf Arbeitstagen mitteilen. § 4 Abs. 2 Satz 5 weicht von der parallelen Vorschrift des § 13 Abs. 2 Satz 5 VermAnlG insoweit ab, als sich die Vorschrift des VermAnlG auf „Unterlagen" bezieht.[27] Der Gesetzgeber hat bewusst den Begriff der „Informationen" gewählt, um klarzustellen, dass sich die BaFin nur auf die gesetzlich vorgegebenen Angaben, Hinweise und Anlagen beziehen darf.[28] Da es sich um eine Soll-Vorschrift handelt, dürfte der BaFin im Einzelfall ein längerer Zeitraum zur Verfügung stehen. Da sie die Entscheidung über die Gestattung innerhalb von zehn Tagen mitzuteilen hat (§ 4 Abs. 2 Satz 3), muss die Unterrichtung nach § 4 Abs. 2 Satz 5 allerdings innerhalb dieser Frist erfolgen.

IV. Umfang und Inhalt des Wertpapier-Informationsblatts (§ 4 Abs. 3)

19 Das Gesetz gibt das Format und den Inhalt des Wertpapier-Informationsblatts sehr genau und zwingend vor. Vorbilder sind die Anforderungen gemäß § 13 Abs. 3 VermAnlG, § 4 WpDVerOV und Art. 7 Abs. 5 ProspektVO. Indem der Gesetzgeber eine einheitliche Gestaltung aller Wertpapier-Informationsblätter vorgibt, will er einen hohen Grad an Vergleichbarkeit der angebotenen Wertpapiere erzielen.[29] Auf diese Weise sollen die Anleger eine informierte Entscheidung treffen können.

1. Drei DIN-A4-Seiten (§ 4 Abs. 3 Satz 1)

20 Das Wertpapier-Informationsblatt darf nicht mehr als drei DIN-A4-Seiten umfassen, § 4 Abs. 3 Satz 1. Überschreitet ein eingereichtes Wertpapier-Informationsblatt diesen Umfang, so ist offen, ob die BaFin deswegen die Gestattung der Veröffentlichung verweigern kann. Gemäß § 4 Abs. 2 Satz 2 muss sie die Gestattung unter bestimmten Voraussetzungen erteilen; die Einhaltung des Umfangs von drei DIN-A4-Seiten wird dort nicht genannt. Auch § 4 Abs. 3 Satz 2 stellt nur auf Unvollständigkeiten oder eine falsche Reihenfolge ab, nicht aber auf eine Überschreitung des zugelassenen Umfangs. Darüber hinaus soll das Gesetz ein Mindestmaß an Informationsweitergabe an die Anleger sicherstellen. Will ein Emittent freiwillig mehr als das geschuldete Mindestmaß an Informationen in einem Wertpapier-Informationsblatt veröffentlichen, übererfüllt er damit seine Pflichten. Freilich leidet die Vergleichbarkeit der Wertpapier-Informationsblätter, wenn sie unterschiedliche Längen aufweisen. Darüber hinaus lässt sich § 4 Abs. 2 Satz 2 Nr. 1 in dem Sinne verstehen, dass das Wertpapier-Informationsblatt vollständig alle Angaben, Hinweise und Anlagen *in dem vorgegebenen Umfang* enthalten muss. Daher dürfte der BaFin

---

27 *Voß*, ZBB 2018, 305, 315.
28 Begr. RegE, BT-Drucks. 19/2435, S. 41; *Prescher*, in: Schwark/Zimmer, KMRK, § 4 WpPG Rn. 25.
29 Begr. RegE, BT-Drucks. 19/2435, S. 42.

auch die Befugnis zustehen, bei Überschreitung des Umfangs von drei Seiten die Gestattung zu verweigern. In der Praxis nimmt die BaFin eine derartige Befugnis an.[30]

Zur formalen Gestaltung der drei DIN-A4-Seiten enthält das Gesetz keine weiteren Vorgaben. Da der durchschnittliche Anleger kurze und leicht verständliche Informationen erhalten soll,[31] müssen die Angaben hinreichend leserlich sein.[32] Gemäß § 4 Abs. 3 Satz 2 müssen die Angaben ferner in übersichtlicher Weise dargestellt werden. Daher verbietet sich die Verwendung zu kleiner Schriftgrößen oder ein Bedrucken der Seiten bis fast zum Rand. 21

In der Praxis hat sich mittlerweile ein Tabellenformat als üblicher und von der BaFin akzeptierter Standard herausgebildet. In dieser Tabelle sind in einer linken Spalte die gesetzlichen Anforderungen und in der rechten Spalte die konkreten Angaben zu dem Wertpapier bzw. dem Emittenten in der gesetzlich vorgegebenen Reihenfolge dargestellt. 22

2. Wesentliche Informationen (§ 4 Abs. 3 Satz 2)

Gemäß § 4 Abs. 3 Satz 2 muss das Wertpapier-Informationsblatt wesentliche Informationen über die Wertpapiere, den Anbieter, den Emittenten und etwaige Garantiegeber in übersichtlicher und leicht verständlicher Weise enthalten.[33] Mit dem Zusatz „wesentlich" macht der Gesetzgeber deutlich, dass keine umfassende Informationsweitergabe erfolgen soll. Vielmehr ergeben sich aus den nachfolgenden Nummern die Inhalte, von denen die Anleger Kenntnis erlangen sollen. Allerdings handelt es sich bei der Auflistung in § 4 Abs. 3 Satz 2 nicht um eine abschließende Aufzählung; vorgegeben wird vielmehr das Mindestmaß an zu leistenden Angaben.[34] Der Wesentlichkeitsgrundsatz ist jedoch nicht nur bei der Frage, welche Informationen genannt werden müssen, von Relevanz. Er spielt auch eine Rolle bei der Frage, wie detailliert die Angaben sein müssen. Wann eine Information wesentlich ist, lässt sich nicht pauschal beantworten. Als Faustformel lässt sich sagen, dass Informationen dann wesentlich sind, wenn die Investitionsentscheidung des Anlegers von ihnen abhängig ist.[35] Die Verwendung des Plurals „Wertpapiere" dürfte in diesem Zusammenhang ein Redaktionsversehen darstellen. Denn gemäß § 4 Abs. 7 Satz 4 darf sich ein Wertpapier-Informationsblatt immer nur auf ein einzelnes Wertpapier beziehen. Die BaFin hat auf ihrer Homepage eine Checkliste veröffentlicht, die Erläuterungen zu den nachfolgenden Inhalten enthält.[36] 23

---

30 Kritisch zur Begrenzung des Umfangs auf drei DIN-A4-Seiten: *Poelzig*, BKR 2018, 357, 361.
31 Begr. RegE, BT-Drucks. 19/2435, S. 42.
32 *Voß*, ZBB 2018, 305, 317.
33 Überblick bei *Groß*, Kapitalmarktrecht, 7. Aufl. 2020, § 4 WpPG Rn. 5 ff.
34 *Schlitt/Ries*, in: Assmann/Schlitt/von Kopp-Colomb, Prospektrecht Kommentar, § 4 WpPG Rn. 20.
35 *Prescher*, in: Schwark/Zimmer, KMRK, § 4 WpPG Rn. 39.
36 Checkliste für das Wertpapier-Informationsblatt der BaFin, Stand: 1.2.2023, https://www.bafin.de/SharedDocs/Downloads/DE/dl_Checkliste_WIB_Extern.pdf?__blob=publicationFile&v=7 (zuletzt abgerufen am 11.9.2023).

3. Art, Bezeichnung und Wertpapier-Identifikationsnummer (§ 4 Abs. 3 Satz 2 Nr. 1)

24 Aus dem Wertpapier-Informationsblatt soll sich stets ergeben, auf welches Wertpapier es sich bezieht und um welche Art von Wertpapier es sich handelt.[37] Vorbilder dieser Vorschrift sind § 13 Abs. 3 Satz 2 Nr. 1 VermAnlG, § 4 Abs. 1 Satz 2 Nr. 1 WpDVerOV und Art. 7 Abs. 5 lit. a ProspektVO.[38]

25 Die Art des Wertpapiers meint die Produktgattung. Welche Produkte unter den Begriff des Wertpapiers fallen, ist durch eine Kette von Verweisungen zu ermitteln: Art. 2 Nr. 1 verweist auf Art. 2 lit. a ProspektVO. Dieser verweist seinerseits auf Art. 4 Abs. 1 Nr. 44 der Richtlinie 2014/65/EU (MiFID II). Danach fallen unter den Begriff des Wertpapiers insbesondere Aktien, Schuldverschreibungen und andere verbriefte Schuldtitel.

26 Ferner ist das Wertpapier genau zu bezeichnen. Hierfür können laut BaFin ein Handels- oder ein Werbename verwendet werden.[39]

27 Zuletzt ist die internationale Wertpapier-Identifikationsnummer (ISIN) anzugeben, damit der Anleger eine eindeutige Zuordnung vornehmen kann.

4. Funktionsweise des Wertpapiers (§ 4 Abs. 3 Satz 2 Nr. 2)

28 Unterschiedliche Arten von Wertpapieren begründen unterschiedliche Rechte und Pflichten. Nach dem Vorbild von § 4 Abs. 1 Satz 2 Nr. 2 WpDVerOV und Art. 7 Abs. 7 lit. a Nr. iii ProspektVO sind diese im Wertpapier-Informationsblatt anzugeben.[40] Dabei ist zuerst die allgemeine Funktionsweise des Wertpapiers zu beschreiben; anschließend sind die konkreten Rechte darzulegen, die sich aus dem Wertpapier ergeben.[41] Aussagen, die sich auf die gesamte Produktgattung beziehen, sind unzulässig.[42] Aus Platzgründen können nur die wesentlichen Rechte des Anlegers dargestellt werden.[43]

a) Aktien

29 Bei Aktien sind insbesondere die folgenden Angaben zu machen:[44]

– Dividendenberechtigung,
– Beginn der Dividendenberechtigung,
– Stimmrechte,
– Bezugsrechte der Aktionäre bei Kapitalerhöhungen.

---

37 Begr. RegE, BT-Drucks. 19/2435, S. 42.
38 Begr. RegE, BT-Drucks. 19/2435, S. 42.
39 Checkliste für das Wertpapier-Informationsblatt der BaFin, Stand: 1.2.2023, https://www.bafin.de/SharedDocs/Downloads/DE/dl_Checkliste_WIB_Extern.pdf?__blob=publicationFile&v=7 (zuletzt abgerufen am 11.9.2023).
40 Begr. RegE, BT-Drucks. 19/2435, S. 42.
41 Begr. RegE, BT-Drucks. 19/2435, S. 42.
42 *Prescher*, in: Schwark/Zimmer, KMRK, § 4 WpPG Rn. 50 unter Verweis auf BaFin-Rundschreiben 4/2013 (WA) v. 26.9.2013, Ziff. 3.2.2. zu Produktinformationsblättern.
43 *Prescher*, in: Schwark/Zimmer, KMRK, § 4 WpPG Rn. 51.
44 Begr. RegE, BT-Drucks. 19/2435, S. 42.

b) Schuldverschreibungen

Bei Schuldverschreibungen sind insbesondere die folgenden Angaben erforderlich:[45]   30
- Angaben zur Laufzeit,
- Art und Höhe der Verzinsung während der Laufzeit,
- Zinstermine,
- Stückzinsen,
- Angaben zum Fälligkeitstermin,
- Rückzahlungsbedingungen,
- Sonderkündigungsrechte des Emittenten oder Anlegers (sofern vorhanden),
- Bedingungen und Voraussetzungen der Garantieerklärung eines Dritten bzgl. der Rückzahlung der Schuldverschreibung und/oder der Zinszahlung (sofern vorhanden).

Kündigungsrechte, die sich auf Situationen mit einer sehr geringen Eintrittswahrscheinlichkeit beziehen, dürften nicht als wesentliche Rechte einzustufen sein.[46]   31

Sofern es sich um besicherte Schuldverschreibungen handeln sollte, sind auch Ausführungen zu der konkreten Besicherung, beispielsweise über die Bestellung von Grundschulden, entsprechend aufzunehmen sowie weitere Ausführungen, sofern die Sicherheiten von einem Sicherheitentreuhänder zugunsten der Anleger verwaltet werden sollten.   32

5. Identität des Anbieters, Emittenten einschließlich Geschäftstätigkeit und Garantiegebers (§ 4 Abs. 3 Satz 2 Nr. 3)

Für den Anleger muss erkennbar sein, wer Anbieter und wer Emittent und gegebenenfalls Garantiegeber des Wertpapiers ist.[47] Auf diese Weise soll er einen Ansprechpartner für weitere Informationsverlangen identifizieren können.[48] Vorbild der Vorschrift ist § 13 Abs. 3 Satz 2 Nr. 2 VermAnlG.[49] Sowohl Anbieter als auch Emittent und Garantiegeber sind mit Firma und Sitz anzugeben.[50] Darüber hinaus ist die Geschäftstätigkeit des Emittenten konkret zu bezeichnen, wobei auf den im Gesellschaftsvertrag oder in der Satzung benannten Geschäftszweck zurückgegriffen werden darf.[51] Zumindest eine tatsächliche Tätigkeit ist anzugeben.   33

---

45 Begr. RegE, BT-Drucks. 19/2435, S. 42.
46 *Prescher*, in: Schwark/Zimmer, KMRK, § 4 WpPG Rn. 51.
47 Begr. RegE, BT-Drucks. 19/2435, S. 42.
48 *Prescher*, in: Schwark/Zimmer, KMRK, § 4 WpPG Rn. 52 unter Verweis auf RegE, Gesetz zur Novellierung des Finanzanlagevermittler- und Vermögensanlagerechts, BT-Drucks. 17/6051 v. 6.6.2011, S. 34.
49 Begr. RegE, BT-Drucks. 19/2435, S. 42.
50 Checkliste für das Wertpapier-Informationsblatt der BaFin, Stand: 1.2.2023, https://www.bafin.de/SharedDocs/Downloads/DE/dl_Checkliste_WIB_Extern.pdf?__blob=publicationFile&v=7 (zuletzt abgerufen am 11.9.2023).
51 Checkliste für das Wertpapier-Informationsblatt der BaFin, Stand: 1.2.2023, https://www.bafin.de/SharedDocs/Downloads/DE/dl_Checkliste_WIB_Extern.pdf?__blob=publicationFile&v=7 (zuletzt abgerufen am 11.9.2023).

6. Mit Wertpapier, Emittenten und etwaigem Garantiegeber verbundene Risiken (§ 4 Abs. 3 Satz 2 Nr. 4)

34 In Anlehnung an § 13 Abs. 3 Satz 2 Nr. 5 VermAnlG und § 4 Abs. 1 Satz 2 Nr. 3 WpDVerOV sollen die wesentlichen Risiken, die mit der Investition in das Wertpapier für den Anleger verbunden sind, beschrieben werden.[52] Laut BaFin ist das maximale Risiko des Anlegers konkret zu benennen.[53] Ob ein Risiko sich als wesentlich für den Anleger darstellt, lässt sich anhand des im Kapitalmarktrecht und speziell im Bereich der Anlegerinformation bekannten *Probability-Magnitude-Tests* ermitteln:[54] Der (mögliche) Schaden des Anlegers aufgrund eines bestimmten Ereignisses ist mit der Wahrscheinlichkeit des Eintritts dieses Ereignisses zu multiplizieren.

35 Da die Beschreibung den Anleger in die Lage versetzen muss, die wesentlichen Risiken einschätzen zu können, bedarf es einer knappen Erläuterung.[55] Weil gemäß § 4 Abs. 7 Satz 4 werbende Aussagen verboten sind, müssen die Hinweise zu den Risiken zudem in sachlicher Art und Weise erfolgen.[56]

36 In der Praxis spielt das Emittentenrisiko eine große Rolle, weil vor allem kleine und mittelgroße Emittenten von Schuldverschreibungen aufgrund von potenziellen Liquiditätsengpässen schnell Gefahr laufen, Rückzahlungen an die Anleger nicht mehr leisten zu können.[57]

37 Wie auch bei der Erstellung von Wertpapierprospekten sind Risiken von Aktienemittenten und von Emittenten von Schuldverschreibungen gegebenenfalls unterschiedlich zu bewerten. Im Bereich der Risikobeschreibung ist der Verschuldungsgrad des Emittenten anzugeben, wenn dieser hoch ist und somit erhöhte Liquiditätsrisiken bestehen. Im Falle von besicherten, insbesondere immobilienbesicherten Schuldverschreibungen ist die in der Praxis übliche Nachrangigkeit der Besicherung (etwa durch zweitrangige Grundschulden) als ein mit dem Wertpapier verbundenes Risiko anzugeben.

7. Verschuldungsgrad des Emittenten und etwaigen Garantiegebers (§ 4 Abs. 3 Satz 2 Nr. 5)

38 Vor allem bei Fremdkapitalinstrumenten, die von kleinen und mittleren Unternehmen emittiert werden, kommt der Angabe des Verschuldungsgrads des Emittenten und eines etwaigen Garantiegebers eine hohe Bedeutung zu. Der Verschuldungsgrad stellt das Verhältnis von Eigenkapital zu Fremdkapital, ausgedrückt in Prozent, dar. Er ist mittels Division von Eigenkapital durch das Fremdkapital, nachfolgend multipliziert mit 100, zu ermitteln.[58]

---

52 Begr. RegE, BT-Drucks. 19/2435, S. 42.
53 Checkliste für das Wertpapier-Informationsblatt der BaFin, Stand: 1.2.2023, https://www.bafin.de/SharedDocs/Downloads/DE/dl_Checkliste_WIB_Extern.pdf?__blob=publicationFile&v=7 (zuletzt abgerufen am 11.9.2023).
54 Zu Produktinformationsblättern: BaFin-Rundschreiben 4/2013 (WA) v. 26.9.2013, Ziff. 3.2.3.1. Darauf verweisend: *Prescher*, in: Schwark/Zimmer, KMRK, § 4 WpPG Rn. 54.
55 *Prescher*, in: Schwark/Zimmer, KMRK, § 4 WpPG Rn. 54.
56 *Prescher*, in: Schwark/Zimmer, KMRK, § 4 WpPG Rn. 54.
57 Dazu auch *Prescher*, in: Schwark/Zimmer, KMRK, § 4 WpPG Rn. 55.
58 *Schlitt/Ries*, in: Assmann/Schlitt/von Kopp-Colomb, Prospektrecht Kommentar, § 4 WpPG Rn. 43.

In die Berechnung des Verschuldungsgrads sollen für das Eigenkapital insbesondere das gezeichnete Kapital abzüglich ausstehender Einlagen, emittierter Wandelanleihen und entgeltlich erworbener Geschäfts- oder Firmenwerte und zuzüglich Gewinn- und Kapitalrücklagen zu berücksichtigen sein; für das Fremdkapital sollen Rückstellungen, Verbindlichkeiten, passive Rechnungsabgrenzungsposten und passive latente Steuern anzusetzen sein.[59] 39

Grundlage für die Berechnung ist dabei der letzte aufgestellte Jahresabschluss.[60] Hat der Emittent noch keinen Jahresabschluss aufgestellt, muss er ein entsprechendes Negativtestat in das Wertpapier-Informationsblatt aufnehmen. Sofern der Emittent sowohl einen Konzernabschluss als auch einen Jahresabschluss (Einzelabschluss) erstellt, kommt es auf den Verschuldungsgrad des Einzelabschlusses an. Indem das Gesetz auf den letzten aufgestellten Jahresabschluss abstellt, soll Rechtssicherheit geschaffen werden.[61] Außerdem soll eine Aktualisierung des Wertpapier-Informationsblatts gemäß § 4 Abs. 8 nicht bei jeder unterjährigen Veränderung des Verschuldungsgrades erforderlich sein, sondern nur im Nachgang zur Feststellung eines neuen Jahresabschlusses. 40

8. Aussichten für Kapitalrückzahlung und Erträge (§ 4 Abs. 3 Satz 2 Nr. 6)

Dem Anleger sind solche Faktoren darzulegen, die einen wesentlichen Einfluss auf den Preis des Wertpapiers haben können.[62] Dazu zählen namentlich die Entwicklung der Gesamtwirtschaft, die Bonität des Emittenten, die Entwicklung der Branche und die Entwicklung des Marktzinses. Dagegen braucht die Wahrscheinlichkeit, ob ein Faktor Auswirkungen haben könnte, nicht angegeben zu werden. 41

Auf der Grundlage der Marktbedingungen ist dem Anleger sodann darzulegen, wie sich die Aussichten auf Rückzahlung des eingesetzten Kapitals und auf die erwarteten Erträge in drei verschiedenen Szenarien entwickeln werden.[63] Eines dieser Szenarien soll eine positive Entwicklung, das zweite eine neutrale und das dritte eine negative Entwicklung abbilden, wobei jeweils die zugrunde liegenden Annahmen zu nennen sind. Die Darstellung kann etwa in Form von Berechnungen oder Grafen erfolgen.[64] Zu beachten ist dabei insbesondere das Werbeverbot gemäß § 4 Abs. 7 Satz 4. Die Chancen sind wertneutral darzustellen und eine Hervorhebung einzelner Chancen ist zu vermeiden.[65] 42

Die BaFin erwartet an dieser Stelle Beschreibungen im Detail für die einzelnen Szenarien. Die Szenarien sind selbst auch dann im Detail darzustellen, wenn sich bei der positiven und der neutralen Entwicklung der Marktbedingungen keine Unterschiede im Hinblick auf die Aussichten auf Rückzahlung des eingesetzten Kapitals oder die erwarteten Erträge 43

---

59 Begr. RegE, BT-Drucks. 19/2435, S. 42.
60 Checkliste für das Wertpapier-Informationsblatt der BaFin, Stand: 1.2.2023, https://www.bafin.de/SharedDocs/Downloads/DE/dl_Checkliste_WIB_Extern.pdf?__blob=publicationFile&v=7 (zuletzt abgerufen am 11.9.2023).
61 Begr. RegE, BT-Drucks. 19/2435, S. 42.
62 Begr. RegE, BT-Drucks. 19/2435, S. 43; *Schulteis*, GWR 2018, 365, 367.
63 Begr. RegE, BT-Drucks. 19/2435, S. 43.
64 *Prescher*, in: Schwark/Zimmer, KMRK, § 4 WpPG Rn. 64.
65 *Prescher*, in: Schwark/Zimmer, KMRK, § 4 WpPG Rn. 66; BaFin-Rundschreiben 4/2013 (WA) v. 26.9.2013, Ziff. 3.2.4.2.

ergeben. Auch hier hat sich in der Praxis mittlerweile ein übliches Format entwickelt, das von der BaFin in dieser Form auch regelmäßig akzeptiert wird.

9. Verbundene Kosten und Provisionen (§ 4 Abs. 3 Satz 2 Nr. 7)

44 Der Vorschrift liegt nach Ansicht der BaFin insbesondere eine Warnfunktion zugrunde, da die Kostenbelastung eine Grundlage der Investitionsentscheidung der Anleger ist.[66]

45 Anzugeben sind sowohl jene Kosten und Provisionen, die allgemein bei dem Erwerb des Wertpapiers anfallen, als auch solche, die während der Laufzeit des Wertpapiers entstehen und sich möglicherweise auf seinen Wert auswirken.[67] Dabei sind auch die Auswirkungen der Kosten auf den Wert des Wertpapiers anzugeben. Die konkreten Kosten des individuellen Anlegers lassen sich aufgrund der Vielzahl von Einzelfallumständen dagegen nicht beziffern und sind daher nicht im Wertpapier-Informationsblatt anzugeben.[68]

46 Die Checkliste der BaFin zum Wertpapier-Informationsblatt enthält keine konkreten Angaben dazu, welche Kosten von § 4 Abs. 3 Satz 2 Nr. 7 erfasst sind.[69] Der Begriff der Kosten ist jedoch grundsätzlich weit zu verstehen. Er umfasst insbesondere Ausgabeaufschläge, Kommissionsentgelte, Börsen- und Depotgebühren.[70] Unklar ist dagegen, ob auch Veräußerungskosten erfasst werden. Für den Fall des Produktinformationsblatts nennt die BaFin die Veräußerungskosten ausdrücklich als Beispiel für Erwerbsfolgekosten, die im Produktinformationsblatt anzugeben sind.[71] Für das Wertpapier-Informationsblatt fehlt es an einer ausdrücklichen Angabe in den Merkblättern der BaFin. In der Literatur wird vorgeschlagen, nach der Art des Wertpapiers zu differenzieren: Eigenkapitalinstrumente, wie die Aktie, müssen veräußert werden, um den (vollen) Wert realisieren zu können.[72] Insofern ist die spätere Veräußerung der Investitionsentscheidung immanent. Dies spricht dafür, die Veräußerungskosten mit einzubeziehen. Dagegen ist bei Fremdkapitalinstrumenten mit einer festen Laufzeit keine Veräußerung vorgesehen. Daher sollten hier Veräußerungskosten außer Betracht bleiben.

47 Wie genau die Kosten aufgeschlüsselt werden, folgt in der Praxis keinem einheitlichen Muster. Grundsätzlich ist jedoch eine Differenzierung zwischen Kosten für den Anleger und Kosten für die Emittentin zu beobachten.

48 Vorgeschlagen wird ferner, Provisionen sowohl als absoluten Betrag als auch als Prozentangabe in Bezug auf den Gesamtbetrag der Investition zu beziffern.[73]

---

66 *Schlitt/Ries*, in: Assmann/Schlitt/von Kopp-Colomb, Prospektrecht Kommentar, § 4 WpPG Rn. 49.
67 Begr. RegE, BT-Drucks. 19/2435, S. 43.
68 *Prescher*, in: Schwark/Zimmer, KMRK, § 4 WpPG Rn. 70.
69 Checkliste für das Wertpapier-Informationsblatt der BaFin, Stand: 1.2.2023, https://www.bafin.de/SharedDocs/Downloads/DE/dl_Checkliste_WIB_Extern.pdf?__blob=publicationFile&v=7 (zuletzt abgerufen am 11.9.2023).
70 *Prescher*, in: Schwark/Zimmer, KMRK, § 4 WpPG Rn. 68.
71 BaFin-Rundschreiben 4/2013 (WA) vom 26.9.2013, Ziff. 3.2.5.
72 *Prescher*, in: Schwark/Zimmer, KMRK, § 4 WpPG Rn. 68.
73 *Prescher*, in: Schwark/Zimmer, KMRK, § 4 WpPG Rn. 68.

10. Angebotskonditionen einschließlich des Emissionsvolumens (§ 4 Abs. 3 Satz 2 Nr. 8)

Unter dieser Ziffer sind Angaben zum Gegenstand des Angebotes, wie etwa die Anzahl der angebotenen Wertpapiere, der konkrete Angebotszeitraum wie auch Angaben zum Zeichnungsverfahren und zu der Frage, ob Stückzinsen anfallen oder nicht, aufzunehmen. 49

11. Verwendung des Emissionserlöses (§ 4 Abs. 3 Satz 2 Nr. 9)

Unter dieser Ziffer ist zunächst die Höhe des Nettoemissionserlöses nach Abzug der mit der Emission verbundenen Kosten und Provisionen (vgl. Ziffer 9. zuvor) aufzunehmen. Zudem ist die geplante Verwendung des Nettoemissionserlöses aufzunehmen, wobei es durchaus auch mehrere Verwendungszwecke geben kann, die dann im Einzelnen darzustellen sind. 50

V. Zusätzliche und abweichende Anforderungen eines Wertpapier-Informationsblatts bei elektronischen Wertpapieren (§ 4 Abs. 3a)

Mit Inkrafttreten des Gesetzes über die Einführung elektronischer Wertpapiere hat der Gesetzgeber § 4 zum 9.7.2021 um Absatz 3a ergänzt. 51

Abweichend von § 4 Abs. 3 hat der Gesetzgeber gemäß § 4 Abs. 3a Nr. 1 die formale Vorgabe der Seitenbegrenzung auf vier DIN-A4-Seiten festgesetzt und damit die maximal zulässige Seitenanzahl um eine DIN-A4-Seite erhöht. Damit trägt er den erweiterten inhaltlichen Erfordernissen, die auf die technische Ausgestaltung der elektronischen Wertpapiere zurückzuführen sind, Rechnung.[74] 52

Die erforderlichen Angaben werden nach § 4 Abs. 3a Nr. 2 um Angaben zur technischen Ausgestaltung des Wertpapiers, zu den dem Wertpapier zugrunde liegenden Technologien sowie zur Übertragbarkeit und Handelbarkeit des Wertpapiers erweitert.[75] 53

Die für das Verständnis eines elektronischen Wertpapiers und damit für eine Anlageentscheidung wesentlichen Angaben sollen sicherstellen, dass die potenziellen Anleger die erforderlichen wesentlichen Informationen über das elektronische Wertpapier erhalten und eine größere Transparenz und bessere Anlageentscheidung ermöglicht wird.[76] 54

Erforderlich für das elektronische Wertpapier i. S. d. Gesetzes über elektronische Wertpapiere ist zudem nach § 4 Abs. 3a Nr. 3 die Angabe einer registerführenden Stelle, da mit dieser Stelle ein zusätzlicher Beteiligter neben dem Anbieter, dem Emittenten und einem etwaigen Garantiegeber an der Wertpapier-Emission in Erscheinung tritt. 55

Die weiteren Angaben, wo und auf welche Weise der Anleger in das Register Einsicht nehmen kann, dienen wie die erforderlichen Angaben nach § 4 Abs. 3 Satz 2 Nr. 2 der Transparenz sowie der Marktintegrität, dem Funktionsschutz der Finanzmärkte und dem Anlegerschutz.[77] 56

---

74 Begr. RegE, BT-Drucks. 19/26925, S. 71.
75 Begr. RegE, BT-Drucks. 19/26925, S. 71.
76 Begr. RegE, BT-Drucks. 19/26925, S. 71.
77 Begr. RegE, BT-Drucks. 19/26925, S. 71.

VI. Warnhinweis (§ 4 Abs. 4)

57 Der gesetzliche Warnhinweis im WpPG soll einen Gleichlauf mit dem Warnhinweis nach § 13 Abs. 4 Satz 1 Vermögensanlagen-Informationsblatt gewährleisten.[78] Der Gesetzeswortlaut *„Der Erwerb dieses Wertpapiers ist mit erheblichen Risiken verbunden und kann zum vollständigen Verlust des eingesetzten Vermögens führen."* muss exakt übernommen und auf der ersten Seite unmittelbar unterhalb der ersten Überschrift eingefügt werden; ferner muss der Warnhinweis drucktechnisch hervorgehoben werden, etwa durch Fettdruck oder Unterstreichung.[79]

VII. Hinweise (§ 4 Abs. 5)

58 Gemäß § 4 Abs. 5 muss das Wertpapier-Informationsblatt zudem weitere Hinweise in der vom Gesetz vorgegebenen Reihenfolge enthalten.

1. Keine Prüfung der inhaltlichen Richtigkeit durch BaFin (§ 4 Abs. 5 Nr. 1)

59 Mit dem ersten Hinweis soll klargestellt werden, dass die BaFin eine rein formale Prüfung durchgeführt hat, wie sie sich aus § 4 Abs. 2 ergibt.[80] Insoweit sollen Anleger nicht der Fehlvorstellung unterliegen, die Gestattung durch die BaFin stelle ein Qualitätssiegel für den Inhalt des Prospekts dar. Zugleich dürfte dieser Hinweis der BaFin eine Verteidigung gegen Amtshaftungsklagen erleichtern.

2. Kein gebilligter Wertpapierprospekt (§ 4 Abs. 5 Nr. 2)

60 In Anlehnung an § 13 Abs. 5 Satz 1 VermAnlG sollen Anleger darüber informiert werden, dass es neben dem Wertpapier-Informationsblatt keinen Wertpapierprospekt gibt, aus dem sich Informationen ergeben.[81]

3. Hinweis auf den letzten Jahresabschluss (§ 4 Abs. 5 Nr. 3)

61 Der Jahresabschluss des Emittenten und – sofern vorhanden – des Garantiegebers spielen eine wesentliche Rolle für die Beurteilung des Investitionsrisikos.[82] Aus diesem Grund hat der Emittent mitzuteilen, an welcher Stelle der Anleger die Jahresabschlüsse einsehen kann. Hat der Emittent sowohl einen Jahresabschluss (Einzelabschluss) als auch einen Konzernabschluss erstellt, muss er auf den Jahresabschluss (Einzelabschluss) hinweisen.[83] Liegt noch kein Jahresabschluss vor, muss ein Negativtestat in den Wortlaut des Wertpa-

---

78 Begr. RegE, BT-Drucks. 19/2435, S. 43.
79 *Schlitt/Ries*, in: Assmann/Schlitt/von Kopp-Colomb, Prospektrecht Kommentar, § 4 WpPG Rn. 17; *Prescher*, in: Schwark/Zimmer, KMRK, § 4 WpPG Rn. 34.
80 Begr. RegE, BT-Drucks. 19/2435, S. 43.
81 Begr. RegE, BT-Drucks. 19/2435, S. 43.
82 *Prescher*, in: Schwark/Zimmer, KMRK, § 4 WpPG Rn. 78.
83 Checkliste für das Wertpapier-Informationsblatt der BaFin, Stand: 1.2.2023, https://www.bafin.de/SharedDocs/Downloads/DE/dl_Checkliste_WIB_Extern.pdf?__blob=publicationFile&v=7 (zuletzt abgerufen am 11.9.2023).

pier-Informationsblatts aufgenommen werden; ferner ist anzugeben, wo künftig ein Jahresabschluss abrufbar sein wird.

4. Hinweis auf Haftung bei fehlerhaftem Wertpapier-Informationsblatt (§ 4 Abs. 5 Nr. 4)

Die Voraussetzungen für einen (spezialgesetzlichen) Prospekthaftungsanspruch gegen den Emittenten oder Anbieter eines Wertpapiers ergeben sich für das Wertpapier-Informationsblatt aus § 11 Abs. 1.[84] Über diese Rechtslage soll der Anleger durch einen entsprechenden Hinweis im Wertpapier-Informationsblatt informiert werden, § 4 Abs. 5 Nr. 4.

VIII. Offenlegung des Jahresabschlusses (§ 4 Abs. 6)

Der Jahresabschluss des Emittenten und – sofern vorhanden – des Garantiegebers stellt eine wesentliche Informationsquelle für den Anleger dar, weil sich daraus auf die Vermögens-, Finanz- und Ertragslage des Emittenten rückschließen lässt.[85] Aus diesem Grund ist der Emittent verpflichtet den Anlegern seinen Jahresabschluss für die gesamte Dauer des öffentlichen Angebots auf Anfrage kostenlos in Textform zur Verfügung zu stellen, § 4 Abs. 6 Satz 1. Auf welche Weise dies erfolgt, bleibt dem Emittenten überlassen.[86] Er muss aber gemäß § 4 Abs. 5 Nr. 3 angeben, wo sich die Anleger den Jahresabschluss beschaffen können.

Sofern der Emittent oder Garantiegeber nicht nach den Vorschriften des HGB zur Veröffentlichung des Jahresabschlusses verpflichtet ist, muss er den Jahresabschluss dem Wertpapier-Informationsblatt als Anlage beifügen und bei der BaFin hinterlegen, § 4 Abs. 6 Satz 2. Diese Vorschrift statuiert nur eine Pflicht zur Veröffentlichung, nicht aber eine eigene Pflicht zum Aufstellen des Jahresabschlusses und dessen Prüfung durch einen Abschlussprüfer.[87] Andernfalls würde es sich um eine unverhältnismäßige und unnötige Belastung i. S. d. Art. 1 Abs. 6 der ProspektVO handeln.

IX. Inhaltliche Vorgaben (§ 4 Abs. 7)

Aus § 4 Abs. 7 ergeben sich mehrere Prinzipien, die für die Gestaltung des Wertpapier-Informationsblatts eine hohe Bedeutung haben. Die Vorschrift orientiert sich am Vorbild des § 13 Abs. 6 VermAnlG und gilt wohl auch für den neuen Abs. 3a.

1. Verständlichkeit (Satz 1 und Satz 2)

Das Wertpapier-Informationsblatt muss aus sich heraus verständlich sein; ferner sind die Angaben kurz zu halten. Abzustellen ist dabei jeweils auf die Verständnisfähigkeit eines durchschnittlichen (Klein-)Anlegers ohne Spezialwissen.

---

[84] Zu den Einzelheiten des Haftungsanspruchs siehe die Kommentierung zu § 11 WpPG.
[85] Begr. RegE, BT-Drucks. 19/2435, S. 44; *Prescher*, in: Schwark/Zimmer, KMRK, § 4 WpPG Rn. 81.
[86] *Prescher*, in: Schwark/Zimmer, KMRK, § 4 WpPG Rn. 83.
[87] Begr. RegE, BT-Drucks. 19/2435, S. 44.

2. Keine Irreführung/Redlichkeit (Satz 3)

67 Die Angaben im Wertpapier-Informationsblatt dürfen weder unzutreffend noch irreführend sein. Anders als beim Prospekt werden irreführende Angaben im Wertpapier-Informationsblatt ausdrücklich als Auslöser einer spezialgesetzlichen Haftung gemäß § 11 Abs. 1 genannt.

68 Um den Begriff der Irreführung näher zu konturieren, bietet es sich an, auf die Legaldefinition des § 5 Abs. 1 Satz 2 UWG zurückzugreifen; für die Zwecke des Prospektrechts lässt sich daraus z. B. das Verbot ableiten, nur die Hälfte von Informationen weiterzugeben.[88] Die Angaben müssen redlich und eindeutig sein.

69 Unklar ist, ob zur Auslegung des Begriffes der „Redlichkeit" die zu § 63 Abs. 6 WpHG entwickelten Grundsätze verwendet werden können. Dagegen spricht, dass die Regelungen des WpHG auf europarechtlichen Grundsätzen fußen, während die Regelungen zum Wertpapier-Informationsblatt nationale Gesetzgebung darstellen. Andererseits wurde hier bewusst die Terminologie von bereits geprägten Begrifflichkeiten verwendet, sodass sich der Gesetzgeber vermutlich an deren Bedeutung orientieren wollte.[89] Letzterer Ansicht folgend, verlangt die Redlichkeit, dass die Information zutreffend, aktuell, verständlich und vollständig ist, wobei ein objektiver Maßstab zur Beurteilung heranzuziehen ist.[90]

70 Nach Ansicht der BaFin ergibt sich aus diesem Irreführungsverbot zudem die Unzulässigkeit von Ausschlüssen der Richtigkeit oder der Verantwortlichkeit.[91]

3. Solitärprinzip (Satz 4)

71 § 4 Abs. 7 Satz 4 normiert das sogenannte Solitärprinzip.[92] Danach dürfen sich die Angaben im Wertpapier-Informationsblatt immer nur auf ein Wertpapier beziehen. Werden mehrere Wertpapiere angeboten, so muss für jedes der angebotenen Wertpapiere ein eigenes Wertpapier-Informationsblatt erstellt werden.[93] Die Frage, ob dasselbe oder verschiedene Wertpapiere angeboten werden, ist nicht allein anhand formaler, sondern anhand inhaltlicher Kriterien zu beantworten (*Substance over Form*).[94] Es entscheidet die Gattungsverschiedenheit.

4. Keine werbenden Aussagen (Satz 4)

72 Wie sich aus der Aufzählung in § 4 Abs. 3 Satz 2 ergibt, muss das Wertpapier-Informationsblatt eine ganze Reihe sachlicher und nachprüfbarer Aussagen und Angaben enthalten. Ferner soll es den durchschnittlichen Anleger in die Lage versetzen, die Chancen und Risiken des angebotenen Wertpapiers mit denen anderer Wertpapiere vergleichen zu kön-

---

88 Vgl. *Buck-Heeb*, in: Assmann/Schütze/Buck-Heeb, Handbuch des Kapitalanlagerechts, § 5 Rn. 427 (für § 306 Abs. 2 Satz 1 KAGB).
89 *Prescher*, in: Schwark/Zimmer, KMRK, § 4 WpPG Rn. 47.
90 *Rothehöfer*, in: Schwark/Zimmer, KMRK, § 63 WpHG Rn. 164.
91 BaFin-Rundschreiben 4/2013 (WA) v. 26.9.2013, Ziff. 3.1.3.
92 *Prescher*, in: Schwark/Zimmer, KMRK, § 4 WpPG Rn. 31.
93 *Prescher*, in: Schwark/Zimmer, KMRK, § 4 WpPG Rn. 31.
94 *Klöhn*, ZIP 2018, 1713, 1715; *Prescher*, in: Schwark/Zimmer, KMRK, § 4 WpPG Rn. 31.

nen.⁹⁵ Damit verträgt es sich nicht, wenn das Wertpapier-Informationsblatt als Werbemedium eingesetzt wird.⁹⁶ Da die Gesetzesbegründung auf den Maßstab des *durchschnittlichen* Anlegers abstellt, dürfte sie auf die vom BGH aufgestellte Definition Bezug nehmen, wonach dieser Anlegertypus mit der Fachsprache im Bereich der Kapitalanlagen nicht vertraut ist.⁹⁷ Daraus ergibt sich auch die Vorgabe, das Wertpapier-Informationsblatt möglichst sachlich zu fassen.

X. Aktualisierungspflicht (§ 4 Abs. 8)

Ebenso wie in den Fällen des § 13 Abs. 7 Satz 1 VermAnlG für Vermögensanlagen-Informationsblätter und Art. 23 Abs. 1 ProspektVO für Wertpapierprospekte sind auch Wertpapier-Informationsblätter zu aktualisieren, soweit ein wichtiger neuer Umstand eintritt oder sich eine wesentliche Unrichtigkeit bzgl. einer der Angaben im Wertpapier-Informationsblatt herausstellt.⁹⁸ Die Aktualisierungspflicht besteht bis zum Ende des öffentlichen Angebots und tritt unverzüglich (§ 121 Abs. 1 Satz 1 BGB) nach Eintritt der Voraussetzungen ein. Das aktualisierte Wertpapier-Informationsblatt ist dann auf der Internet-Seite des Emittenten zur Verfügung zu stellen. Einer erneuten Gestattung durch die BaFin bedarf es nicht.⁹⁹ Der Aktualisierung muss gemäß § 4 Abs. 8 Satz 2 sowohl das Datum der letzten Aktualisierung als auch die Zahl der seit der erstmaligen Erstellung des Wertpapier-Informationsblatts vorgenommenen Aktualisierungen zu entnehmen sein.¹⁰⁰ Dadurch soll das Wertpapier-Informationsblatt eine zuverlässige Informationsquelle für den Anleger bilden und ihn in die Lage versetzen, zu Hintergründen der Aktualisierung(en) recherchieren zu können.¹⁰¹

Sofern sich während des laufenden Gestattungsverfahrens Aktualisierungsbedarf ergibt, muss eine Aktualisierung unverzüglich vorgenommen werden.¹⁰² Da das Wertpapier-Informationsblatt zu diesem Zeitpunkt (noch) nicht veröffentlicht ist, muss die Aktualisierung allein gegenüber der BaFin vorgenommen werden.

Aufgrund des Umstands, dass die Gesetzesbegründung auf den Maßstab des durchschnittlichen Anlegers abstellt und ein Verstoß gegen die Aktualisierungspflicht gemäß § 24 Abs. 1 Nr. 3 lit. a eine Ordnungswidrigkeit darstellt, sollten die Tatbestandsmerkmale des wichtigen neuen Umstands und der wesentlichen Unrichtigkeit im Zweifel eng ausgelegt werden.¹⁰³

---

95 Begr. RegE, BT-Drucks. 19/2435, S. 42.
96 Begr. RegE, BT-Drucks. 19/2435, S. 44.
97 Grundlegend BGH, NJW 1982, 2823, 2825; *Buck-Heeb*, in: Assmann/Schütze/Buck-Heeb, Handbuch des Kapitalanlagerechts, § 5 Prospekthaftung Rn. 49.
98 Zum Gleichlauf siehe Begr. RegE, BT-Drucks. 19/2435, S. 44.
99 *Schlitt/Ries*, in: Assmann/Schlitt/von Kopp-Colomb, Prospektrecht Kommentar, § 4 WpPG Rn. 64; *Groß*, Kapitalmarktrecht, § 4 WpPG Rn. 9.
100 *Schlitt/Ries*, in: Assmann/Schlitt/von Kopp-Colomb, Prospektrecht Kommentar, § 4 WpPG Rn. 63.
101 Begr. RegE, BT-Drucks. 19/2435, S. 44.
102 *Prescher*, in: Schwark/Zimmer, KMRK, § 4 WpPG Rn. 88.
103 Begr. RegE, BT-Drucks. 19/2435, S. 42; *Schulteis*, GWR 2018, 365, 368; *Prescher*, in: Schwark/Zimmer, KMRK, § 4 WpPG Rn. 87.

XI. Ermächtigung zum Erlass von Rechtsverordnungen (§ 4 Abs. 9)

76 Gemäß § 4 Abs. 9 kann das Bundesministerium der Finanzen durch Rechtsverordnung, die nicht der Zustimmung des Bundesrates bedarf, im Einvernehmen mit dem Bundesministerium der Justiz und für Verbraucherschutz nähere Bestimmungen zu Inhalt und Aufbau der Wertpapier-Informationsblätter erlassen. Dabei kann die Ermächtigung durch Rechtsverordnung vom Bundesministerium der Finanzen auf die Bundesanstalt übertragen werden. Bislang wurde davon kein Gebrauch gemacht.

77 Die BaFin hat allerdings eine detaillierte Checkliste für Wertpapier-Informationsblätter auf ihrer Internetseite zur Verfügung gestellt.[104] Diese bietet eine Orientierung für die erforderlichen Angaben im Wertpapier-Informationsblatt und erklärt die gesetzlichen Anforderungen.

---

[104] Checkliste für das Wertpapier-Informationsblatt der BaFin, Stand: 1.2.2023, https://www.bafin.de/SharedDocs/Downloads/DE/dl_Checkliste_WIB_Extern.pdf?__blob=publicationFile&v=7 (zuletzt abgerufen am 11.9.2023).

§ 5 WpPG
Übermittlung des Wertpapier-Informationsblatts an die Bundesanstalt; Frist und Form der Veröffentlichung; Veröffentlichung durch die Bundesanstalt

(1) Das Wertpapier-Informationsblatt ist der Bundesanstalt elektronisch und in elektronisch durchsuchbarem Format über ihr Melde- und Veröffentlichungssystem zu übermitteln.

(2) Hinsichtlich der Aufbewahrung des Wertpapier-Informationsblatts und der aktualisierten Fassungen gilt § 22 Absatz 3 entsprechend.

(3) Das hinterlegte Wertpapier-Informationsblatt muss mindestens einen Werktag vor dem öffentlichen Angebot entsprechend Artikel 21 Absatz 2 und 3 Unterabsatz 1 der Verordnung (EU) 1129/2017 veröffentlicht werden. Der Anbieter hat sicherzustellen, dass das Wertpapier-Informationsblatt ohne Zugangsbeschränkung für jedermann zugänglich ist; die Regelungen des Artikels 21 Absatz 4 der Verordnung (EU) 1129/2017 gelten entsprechend.

(4) Die Bundesanstalt veröffentlicht auf ihrer Webseite die nach § 4 gestatteten Wertpapier-Informationsblätter. Diese bleiben zehn Jahre lang auf der Webseite öffentlich zugänglich. Die Bundesanstalt veröffentlicht auf ihrer Webseite auch die nach § 4 Absatz 8 Satz 1 übermittelten aktualisierten Fassungen der Wertpapier-Informationsblätter; Satz 2 gilt entsprechend.

Übersicht

	Rn.		Rn.
I. Grundlagen	1	IV. Veröffentlichung (§ 5 Abs. 3 und 4)	5
II. Einreichung über das Melde- und Veröffentlichungssystem (§ 5 Abs. 1)	2	V. Frist	6
		VI. Form	7
III. Aufbewahrung und Aktualisierung (§ 5 Abs. 2)	4	VII. Veröffentlichung durch die BaFin	8

I. Grundlagen

§ 5 regelt, wie das Wertpapier-Informationsblatt der BaFin zu übermitteln und wie es später zu veröffentlichen ist. Es soll ein Gleichlauf mit der Einreichung eines Prospektentwurfs erreicht werden.[1]   1

---

[1] Begr. RegE, BT-Drucks. 19/2435, S. 45.

II. Einreichung über das Melde- und Veröffentlichungssystem (§ 5 Abs. 1)

2 Die BaFin bietet über ihr eigenes Melde- und Veröffentlichungssystem („MVP-Portal") ein Fachverfahren namens „Prospekte (WpPG/VermAnlG)" an.[2] Über dieses Fachverfahren können auch Wertpapier-Informationsblätter eingereicht und Aktualisierungen vorgenommen werden. Die Details der Freischaltung zum Fachverfahren erläutert die BaFin in einem Informationsblatt.[3]

3 Es empfiehlt sich, auch den letzten Jahresabschluss des Emittenten und – sofern vorhanden – des Garantiegebers einschließlich eines Nachweises über dessen Feststellungsdatum zu übermitteln.[4]

III. Aufbewahrung und Aktualisierung (§ 5 Abs. 2)

4 Indem § 5 Abs. 2 auf § 22 Abs. 3 verweist, wird ein Gleichlauf der Aufbewahrungsregeln für Wertpapierprospekte und Wertpapier-Informationsblätter erreicht. Danach werden gebilligte Wertpapier-Informationsblätter wie auch Wertpapierprospekte von der BaFin zehn Jahre aufbewahrt.

IV. Veröffentlichung (§ 5 Abs. 3 und 4)

5 § 5 Abs. 3 schreibt vor, in welcher Weise das hinterlegte Wertpapier-Informationsblatt veröffentlicht werden muss. Der Absatz verweist auf die Art. 21 Abs. 2–4 der ProspektVO zur Veröffentlichung eines Wertpapierprospekts, sodass es auch insoweit zu einem Gleichlauf kommt. Das hinterlegte Wertpapier-Informationsblatt muss danach mindestens einen Werktag vor dem öffentlichen Angebot entweder auf der Website des Emittenten, der Website des platzierenden Finanzintermediärs oder der Website des geregelten Marktes, an dem die Zulassung zum Handel beantragt wurde, veröffentlich werden.

V. Frist

6 Gemäß § 5 Abs. 3 Satz 1 muss das Wertpapier-Informationsblatt mindestens einen Werktag vor Beginn des öffentlichen Angebots veröffentlicht werden. Dabei ist ausreichend, wenn die Veröffentlichung an dem Werktag erfolgt, der unmittelbar vor dem Tag des Beginns des öffentlichen Angebots liegt.[5] Das WpPG verwendet an dieser Stelle den Begriff des Werktages. Im deutschen Recht fällt darunter im Grundsatz auch der Samstag.[6] Dage-

---

2 https://portal.mvp.bafin.de/.
3 BaFin, Informationsblatt zum Fachverfahren Prospekte (VO/WpPG/VermAnlG), Stand: 23.1.2023, https://www.bafin.de/SharedDocs/Downloads/DE/dl_mvp-portal_Infoblatt_zum_fachverfahren_einreichung_prospekte.pdf?__blob=publicationFile&v=13 (zuletzt abgerufen am 11.9.2023).
4 *Schulz*, NZG 2018, 921, 924.
5 *Schlitt/Ries*, in: Assmann/Schlitt/von Kopp-Colomb, Prospektrecht Kommentar, § 5 WpPG Rn. 6; *Schulz*, NZG 2018, 921, 925; *Prescher*, in: Schwark/Zimmer, KMRK, § 5 WpPG Rn. 10; anders dazu: *Groß*, in: Ebenroth/Boujong/Joost/Strohn, HGB, § 5 WpPG Rn. 2.
6 *Grothe*, in: MünchKomm-BGB, 8. Aufl. 2018, § 193 Rn. 2.

gen verwendet die ProspektVO den Begriff des Arbeitstages, unter welchen Samstage gerade nicht fallen.[7] Im Übrigen verwendet auch § 4 den Begriff des Arbeitstages; daher liegt es nahe, den Begriff des Werktages in § 5 Abs. 3 Satz 1 als Redaktionsversehen anzusehen, mit der Folge, dass der Begriff des Arbeitstages gleichzusetzen ist.[8]

VI. Form

Nach dem Willen des Gesetzgebers muss das Wertpapier-Informationsblatt auf der Webseite des Emittenten unter einer leicht zugänglichen Rubrik veröffentlicht werden.[9] Hierzu bietet sich die übliche „Investor Relations"-Rubrik an. Dabei muss es in einer herunterladbaren, druckbaren Datei in einem mit Suchfunktion ausgestatteten elektronischen Format, welches nicht editierbar ist, zur Verfügung gestellt werden.[10] Insbesondere ein pdf-Dokument erfüllt diese Vorgaben.[11] Ein vorsätzlicher oder leichtfertiger Verstoß gegen die Anforderungen des § 5 Abs. 3 Satz 2 stellt eine Ordnungswidrigkeit nach § 24 Abs. 1 Nr. 6 dar, welche nach § 24 Abs. 5 mit einer Geldbuße von bis zu 200.000 EUR geahndet werden kann.[12]

7

VII. Veröffentlichung durch die BaFin

Die BaFin hat nach § 5 Abs. 4 die nach § 4 gestatteten Wertpapier-Informationsblätter sowie etwaige Aktualisierungen für eine Dauer von zehn Jahren auf ihrer Website zugänglich zu machen.

8

---

7 Siehe Art. 2 lit. t ProspektVO.
8 So *Prescher*, in: Schwark/Zimmer, KMRK, § 5 WpPG Rn. 10 Fn. 14.
9 Begr. RegE, BT-Drucks. 19/8005, S. 46.
10 Begr. RegE, BT-Drucks. 19/8005, S. 46.
11 *Prescher*, in: Schwark/Zimmer, KMRK, § 5 WpPG Rn. 11.
12 *Schlitt/Ries*, in: Assmann/Schlitt/von Kopp-Colomb, Prospektrecht Kommentar, § 5 WpPG Rn. 7.

§ 6 WpPG
Einzelanlageschwellen für nicht qualifizierte Anleger

Unbeschadet der Vorgaben in den §§ 4 und 5 ist die Befreiung von der Pflicht zur Veröffentlichung eines Prospekts nach § 3 Nummer 2 auf ein Angebot von Wertpapieren nur anwendbar, wenn die angebotenen Wertpapiere ausschließlich im Wege der Anlageberatung oder Anlagevermittlung über ein Wertpapierdienstleistungsunternehmen vermittelt werden, das rechtlich verpflichtet ist, zu prüfen, ob der Gesamtbetrag der Wertpapiere, die von einem nicht qualifizierten Anleger erworben werden können, folgende Beträge nicht übersteigt:

1. 1 000 Euro,

2. 10 000 Euro, sofern der jeweilige nicht qualifizierte Anleger nach einer von ihm zu erteilenden Selbstauskunft über ein frei verfügbares Vermögen in Form von Bankguthaben und Finanzinstrumenten von mindestens 100 000 Euro verfügt, oder

3. den zweifachen Betrag des durchschnittlichen monatlichen Nettoeinkommens des jeweiligen nicht qualifizierten Anlegers nach einer von ihm zu erteilenden Selbstauskunft, höchstens jedoch 25 000 Euro.

Die Einschränkungen nach Satz 1 gelten nicht für Wertpapiere, die den Aktionären im Rahmen einer Bezugsrechtsemission angeboten werden.

Übersicht

	Rn.		Rn.
I. Grundlagen	1	4. Bezugspunkt	6
II. Anwendungsbereich	3	5. Schwellenwerte	7
1. Volumen zwischen 1 Mio. EUR und		6. Selbstauskunft	8
8 Mio. EUR	3	III. Ausnahme für Bezugsrechtsemissionen	9
2. Nicht qualifizierte Anleger	4	IV. Rechtsfolgen eines Verstoßes	12
3. Einzelanlageschwellen	5		

I. Grundlagen

1 Die Vorschrift des § 6 schränkt den Anwendungsbereich der Ausnahme von der Prospektpflicht gemäß § 3 Nr. 2 weiter ein. Die Befreiung von der Prospektpflicht nach § 3 Nr. 2 ist nur anwendbar, wenn die Wertpapiere bei der Veräußerung an nicht qualifizierte Anleger ausschließlich im Wege der Anlageberatung oder Anlagevermittlung über ein Wertpapierdienstleistungsunternehmen vermittelt werden und das Wertpapierdienstleistungsunternehmen verpflichtet ist, zu prüfen, ob der Gesamtbetrag der Wertpapiere, die von einem nicht qualifizierten Anleger erworben werden können, nicht überschritten wird.[1] Diese Vorgabe ist im Zusammenhang mit § 65a WpHG zu lesen, wonach das Wertpapierdienstleistungsunternehmen die Einlageschwellen vom Anleger im Wege der Selbstaus-

---

1 Begr. RegE, BT-Drucks. 19/2435, S. 45.

kunft erfragen muss.² Der Emittent muss also die Emissionsbank verpflichten, das Wertpapier nur im Wege der Anlageberatung oder -vermittlung zu vertreiben und sicherzustellen, dass die Einzelanlageschwellen nicht überschritten werden; ggf. muss die Emissionsbank dann weitere Absprachen mit Banken treffen.³ Auf diese Weise sollen die Wertpapierdienstleistungsunternehmen als „Gatekeeper"⁴ fungieren. Ihre Motivation zur Qualitätskontrolle sollen sie aus dem Umstand beziehen, dass Anleger nur dann investieren werden, wenn ihnen keine unseriösen Wertpapierangebote unterbreitet werden.⁵

An diesem Konzept wird Kritik geübt: Liegt das Emissionsvolumen bei maximal 8 Mio. EUR, wird es für einen Emittenten schwierig werden, Anlageberater und -vermittler zu finden, die den Aufwand einer Beratung und/oder Vermittlung auf sich nehmen.⁶

II. Anwendungsbereich

1. Volumen zwischen 1 Mio. EUR und 8 Mio. EUR

Die Einschränkungen des § 6 erfassen nur öffentliche Angebote, die unter Ausnutzung der Ausnahme des § 3 Nr. 2 abgegeben werden und ein Volumen zwischen 1 Mio. EUR und 8 Mio. EUR aufweisen. Liegt das Volumen unterhalb der Schwelle von 1 Mio. EUR, ist § 6 nicht anwendbar. Denn gemäß Art. 1 Abs. 3 UAbs. 2 Satz 2 ProspektVO dürfen die Mitgliedstaaten für solche Emissionen nur anderweitige Offenlegungspflicht vorsehen – wie die Veröffentlichung des Wertpapier-Informationsblatts. Es ist ihnen aber nicht gestattet, darüber hinausgehende Einschränkungen zu statuieren.⁷

2. Nicht qualifizierte Anleger

Die Einschränkungen des § 6 Satz 1 gelten nur gegenüber nicht qualifizierten Anlegern; für alle anderen Anleger gilt die Prospektfreiheit nach § 3 Nr. 2 ohne das Erfordernis einer Anlageberatung oder -vermittlung unter Prüfung der Einhaltung der Einzelanlageschwellen.⁸ Der Begriff des nicht qualifizierten Anlegers wird nicht legaldefiniert. Er ergibt sich aber als Gegenstück zum Begriff des qualifizierten Anlegers, welcher in § 2 Nr. 3 i.V.m. Art. 2 lit. e ProspektVO definiert wird. Qualifizierte Anleger sind demnach professionelle Kunden und geeignete Gegenparteien (vgl. § 67 Abs. 2 und Abs. 4 WpHG).⁹ Nicht qualifizierte Anleger sind dagegen Privatkunden i.S.d. § 67 Abs. 3 WpHG und Verbraucher.¹⁰

---

2 *Heppekausen*, BKR 2020, 10, 12.
3 *Schulz*, NZG 2018, 921, 926.
4 *Klöhn*, ZIP 2018, 1713, 1716; *Schulteis*, GWR 2018, 365, 368; *Voß*, ZBB 2018, 305, 306, 319; *Prescher*, in: Schwark/Zimmer, KMRK, § 6 WpPG Rn. 8.
5 *Klöhn*, ZIP 2018, 1713, 1716; *Voß*, ZBB 2018, 305, 319.
6 *Heppekausen*, BKR 2020, 10, 12.
7 *Klöhn*, ZIP 2018, 1713, 1719; *Voß*, ZBB 2018, 305, 319; *Prescher*, in: Schwark/Zimmer, KMRK, § 6 WpPG Rn. 3; a.A. *Ebbinghaus/Kleemann*, NZG 2019, 441, 444.
8 Begr. RegE, BT-Drucks. 19/2435, S. 45.
9 Begr. RegE, BT-Drucks. 19/2435, S. 45.
10 *Prescher*, in: Schwark/Zimmer, KMRK, § 6 WpPG Rn. 6; *Schulteis*, GWR 2018, 365, 368.

3. Einzelanlageschwellen

5 Die Höhe der Einzelanlagenschwellen ist mit jenen des § 2a Abs. 3 VermAnlG identisch. Ob sie eingehalten werden, hat nicht der Emittent zu prüfen, sondern das vermittelnde Wertpapierdienstleistungsunternehmen.

4. Bezugspunkt

6 Gemäß § 6 Satz 1 darf der Gesamtbetrag der von einem Anleger erworbenen Wertpapiere die jeweilige Einzelanlageschwelle nicht überschreiten. Es genügt, dass eine der drei alternativen Einzelanlageschwellen einschlägig ist. Fraglich ist, wie dieser Gesamtbetrag zu ermitteln ist. Einerseits lässt sich auf das konkrete Wertpapier abstellen, für welches das Wertpapier-Informationsblatt erstellt, gestattet und veröffentlicht worden ist.[11] Andererseits ließe sich aufgrund der Verwendung des Plurals „Wertpapiere" darauf abstellen, dass ein Anleger in alle prospektfrei angebotenen Wertpapiere eines konkreten Emittenten nicht mehr als das gesetzlich vorgesehene Volumen investieren kann.[12] Gegen die zweite Ansicht spricht zum einen der Wortlaut der amtlichen Überschrift „Einzelanlageschwellen" und der Umstand, dass die Gesetzesbegründung davon spricht, dass die „Einzelanlage" auf 10.000,00 EUR begrenzt sei.[13] Darüber hinaus lässt sich die Verwendung des Plurals dadurch erklären, dass Wertpapiere eine unterschiedliche Stückelung und verschiedene Nennbeträge ausweisen. Eine einzelne Aktie dürfte kaum zum Bezugspreis von 1.000,00 EUR angeboten werden. Erst aus einer Addition mehrerer erworbener Aktien oder Schuldverschreibungen kann sich folglich ein Betrag ergeben, welcher oberhalb eines der Schwellenwerte von § 6 liegt. Ferner stellt § 6 eine Verschärfung der Prospektausnahme nach § 3 Nr. 2 dar. Diese Prospektausnahme bezieht sich stets auf ein konkret angebotenes Wertpapier, nicht aber auf verschiedene öffentliche Wertpapierangebote desselben Emittenten. Dies spricht dafür, die Einschränkung des § 6 ebenfalls auf ein konkret angebotenes Wertpapier zu beziehen.

5. Schwellenwerte

7 Mittels der gesetzlich vorgegebenen Schwellenwerte sollen Privatanleger dazu bewegt werden, ihre Risiken bei Investitionsentscheidungen zu diversifizieren.[14]

6. Selbstauskunft

8 Zur Beurteilung der Einhaltung der Einzelanlageschwellen hat das beratende oder vermittelnde Wertpapierdienstleistungsunternehmen eine Selbstauskunft des Anlegers einzuholen, § 65a Abs. 1 Satz 1 WpHG.[15] Die Prüfungspflicht der Wertpapierdienstleistungsunternehmen ist indes rein formaler Natur: Ob diese Selbstauskunft zutreffend ist, hat das

---

11 So *Prescher*, in: Schwark/Zimmer, KMRK, § 6 WpPG Rn. 11.
12 So *Poelzig*, BKR 2018, 357, 364.
13 *Prescher*, in: Schwark/Zimmer, KMRK, § 6 WpPG Rn. 11; Begr. RegE, BT-Drucks. 19/2435, S. 45.
14 *Poelzig*, BKR 2018, 357, 365; *Klöhn*, ZIP 2018, 1713; *Prescher*, in: Schwark/Zimmer, KMRK, § 6 WpPG Rn. 12.
15 *Schulz*, NZG 2018, 921, 926.

Wertpapierdienstleistungsunternehmen im Grundsatz nicht zu prüfen; ebenso wenig hat es weitere Auskünfte vom Anleger einzuholen.[16] Eine weitergehende Prüfungspflicht kann sich jedoch ergeben, wenn dem Wertpapierdienstleistungsunternehmen gegenteilige Anhaltspunkte bekannt sind.[17]

III. Ausnahme für Bezugsrechtsemissionen

Die Einschränkungen des § 6 Satz 1 für die Prospektfreiheit öffentlicher Angebote gelten nicht, soweit den bestehenden Aktionären Wertpapiere im Rahmen einer Bezugsrechtsemission angeboten werden. Die Ausnahme für Bezugsrechtsemissionen nach § 6 Satz 2 wurde erst später in das Gesetz eingefügt. Der bis 2019 geltende § 3c a. F. enthielt eine solche Einschränkung noch nicht. Durch die Einführung der Ausnahme sollten Wertungswidersprüche in Bezug auf die Prospektpflicht vermieden werden. Insbesondere sollte eine mögliche Kollision der Pflichten aus § 6 und § 186 AktG verhindert werden.[18] Die Anforderungen des § 6 Satz 1 gelten jedoch weiterhin im Hinblick auf andere nicht qualifizierte Anleger, die nicht bezugsberechtigt sind, denen Wertpapiere prospektfrei nach § 3 Nr. 2 angeboten werden und die damit neue Anleger sind.[19] Sinn und Zweck des § 6 Satz 2 ist es, Widersprüche zwischen Aktien- und Kapitalmarktecht zu vermeiden:[20] Sofern ein bestehender Aktionär neue Aktien beziehen möchte, soll er nicht aufgrund der Einzelanlageschwellen des § 6 Satz 1 gehindert sein, einen Teil seiner bestehenden Bezugsrechte auszuüben, § 186 Abs. 1 Satz 1 AktG.[21] Das Bezugsrecht könnte dann nicht nach dem gesetzlichen Bezugsverhältnis gewährt werden. Ferner findet bei Bezugsangeboten typischerweise keine Anlageberatung oder -vermittlung statt. Das Gesetz soll nicht eine für die Praxis untaugliche Verpflichtung statuieren. Ein hinreichender Schutz der bestehenden Aktionäre soll durch deren Auskunftsrechte in der Hauptversammlung sowie die Mitwirkungserfordernisse der Hauptversammlung bei Kapitalmaßnahmen sichergestellt sein. Letzteres erscheint fraglich, da die meisten Bezugsangebote auf einer Ausübung genehmigten Kapitals beruhen.

Umfasst werden nicht nur Aktienemissionen, sondern auch alle weiteren Finanzinstrumente auf deren Erwerb Aktionäre Bezugsrechte haben (vgl. § 221 AktG, namentlich Options-, Wandel-, Genussrechte und Gewinnschuldverschreibungen).[22]

Fraglich war, ob auch der Überbezug unter die Ausnahme des § 6 Satz 2 fällt. Die BaFin hat die Fälle des Überbezugs in der Vergangenheit uneinheitlich behandelt. Teilweise hat die BaFin das Überbezugsrecht als Teil einer Emission nach § 6 Satz 2 zugelassen. Für diese Behandlung spricht auch der Wortlaut. Durch die gewählte Formulierung „im Rahmen einer Bezugsrechtsemission" macht der Gesetzgeber deutlich, auch den Überbezug

---

16 *Schulz*, NZG 2018, 921, 926; *Schulteis*, GWR 2018, 365, 368; *Prescher*, in: Schwark/Zimmer, KMRK, § 6 WpPG Rn. 13.
17 *Schulz*, NZG 2018, 921, 926.
18 *Prescher*, in: Schwark/Zimmer, KMRK, § 6 WpPG Rn. 17; *Ebbinghaus/Kleemann*, NZG 2019, 441, 444.
19 Begr. RegE, BT-Drucks. 19/8005, S. 46.
20 Siehe dazu *Ebbinghaus/Kleemann*, NZG 2019, 441, 444 ff.; zustimmend *Prescher*, in: Schwark/Zimmer, KMRK, § 6 WpPG Rn. 21.
21 Begr. RegE, BT-Drucks. 19/8005, S. 46.
22 *Groß*, Kapitalmarktrecht, § 6 WpPG Rn. 4.

erfassen zu wollen. Die BaFin hat am 13.2.2023 in einer Grundsatzentscheidung klargestellt, dass der Überbezug als Angebot im Rahmen einer Bezugsrechtsemission nach § 6 Satz 2 anzusehen ist.[23]

IV. Rechtsfolgen eines Verstoßes

12 Sofern die Ausnahmen des § 6 nicht greifen, besteht als unmittelbare Folge die Pflicht zur Erstellung eines Prospekts. Darüber hinaus enthält § 6 aber keine Sanktionsregelung für Fälle eines Verstoßes.[24] Auch im Katalog des § 24 Abs. 1 wird keine Sanktionierung als Ordnungswidrigkeit ausgesprochen. Vor diesem Hintergrund liegt es nahe, die Vorschrift des § 6 nicht als Verbotsgesetz im Sinne des § 134 BGB anzusehen. Demnach ist der Erwerb der Wertpapiere durch den nicht qualifizierten Anleger auch bei Überschreiten der Einzelanlageschwellen wirksam.

13 Da § 6 die Befreiung von der Prospektpflicht gemäß § 3 Nr. 2 gegenüber nicht qualifizieren Anlegern einschränkt, muss ein Verstoß dazu führen, dass von der Ausnahme des § 3 Nr. 2 kein Gebrauch gemacht werden darf. Die Prospektpflicht setzt gegenüber den nicht qualifizierten Anlegern ein, vgl. Art. 3 Abs. 1 ProspektVO. Da der Anbieter keinen Prospekt veröffentlicht hat, begeht er eine Ordnungswidrigkeit gemäß § 24 Abs. 3 Nr. 1. Insoweit kann die BaFin das öffentliche Angebot dann untersagen, § 25 Abs. 1 Nr. 2.[25] Darüber hinaus haften Emittent und Anbieter der Wertpapiere dem Erwerber gesamtschuldnerisch auf Schadensersatz gemäß § 14 Abs. 1 Satz 1.[26]

---

23 Siehe dazu u.A. Checkliste für das Wertpapier-Informationsblatt der BaFin, Stand: 1.2.2023, https://www.bafin.de/SharedDocs/Downloads/DE/dl_Checkliste_WIB_Extern.pdf?__blob=publicationFile&v=7 (zuletzt abgerufen am 11.9.2023).
24 *Groß*, Kapitalmarktrecht, § 6 WpPG Rn. 2.
25 So wohl *Groß*, Kapitalmarktrecht, 7. Aufl. 2020, § 4 WpPG Rn. 2.
26 *Voß*, ZBB 2018, 305, 319 (zu den Vorgängervorschriften).

§ 7 WpPG
Werbung für Angebote, für die ein Wertpapier-Informationsblatt zu veröffentlichen ist

(1) Der Anbieter hat bei Angeboten gemäß § 4 Absatz 1 Satz 1 und 2 dafür zu sorgen, dass in der Werbung für diese Angebote darauf hingewiesen wird, dass ein Wertpapier-Informationsblatt veröffentlicht wurde oder zur Veröffentlichung ansteht und wo das Wertpapier-Informationsblatt zu erhalten ist.

(2) Der Anbieter hat bei Angeboten nach Absatz 1 dafür zu sorgen, dass die Werbung für diese Angebote klar als solche erkennbar ist.

(3) Der Anbieter hat bei Angeboten nach Absatz 1 dafür zu sorgen, dass die in der Werbung für diese Angebote enthaltenen Informationen weder unrichtig noch irreführend sind und mit den Informationen übereinstimmen, die in einem bereits veröffentlichten Wertpapier-Informationsblatt enthalten sind oder in einem noch zu veröffentlichenden Wertpapier-Informationsblatt enthalten sein müssen.

(4) Der Anbieter hat bei Angeboten nach Absatz 1 dafür zu sorgen, dass alle mündlich oder schriftlich verbreiteten Informationen über diese Angebote, auch wenn sie nicht zu Werbezwecken dienen, mit den im Wertpapier-Informationsblatt enthaltenen Informationen übereinstimmen.

(5) Falls bei Angeboten nach Absatz 1 wesentliche Informationen vom Anbieter oder vom Emittenten offengelegt und mündlich oder schriftlich an einen oder mehrere ausgewählte Anleger gerichtet werden, müssen diese vom Anbieter in das Wertpapier-Informationsblatt oder in eine Aktualisierung des Wertpapier-Informationsblatts gemäß § 4 Absatz 8 aufgenommen werden.

(6) Die Vorgaben in Kapitel IV der Delegierten Verordnung (EU) 2019/979 der Kommission vom 14. März 2019 zur Ergänzung der Verordnung (EU) 2017/1129 des Europäischen Parlaments und des Rates durch technische Regulierungsstandards für wesentliche Finanzinformationen in der Zusammenfassung des Prospekts, die Veröffentlichung und Klassifizierung von Prospekten, die Werbung für Wertpapiere, Nachträge zum Prospekt und das Notifizierungsportal und zur Aufhebung der Delegierten Verordnung (EU) Nr. 382/2014 der Kommission und der Delegierten Verordnung (EU) 2016/301 der Kommission (ABl. L 166 vom 21.6.2019, S. 1) sind auch auf Werbung für Angebote anzuwenden, für die nach § 4 Absatz 1 Satz 1 und 2 ein Wertpapier-Informationsblatt zu veröffentlichen ist.

Übersicht

	Rn.		Rn.
I. Grundlagen	1	c) Auffangtatbestand	9
1. Werbung	2	II. Klar erkennbare Werbung (Abs. 2)	10
2. Hinweis auf das Wertpapier-Informationsblatt in der Werbung (Abs. 1)	4	III. Keine unrichtigen oder irreführenden Angaben in der Werbung (Abs. 3)	12
a) Schriftliche Form der Werbung	5		
b) Elektronische Form	6		

IV. Übereinstimmung mit dem Wertpapier-Informationsblatt (Abs. 3, Abs. 4) 14	V. Aufnahme von Angaben gegenüber ausgewählten Anlegern in das Wertpapier-Informationsblatts (Abs. 5) 17

I. Grundlagen

1 § 7 wurde durch das „Gesetz zur weiteren Ausführung der EU-Prospektverordnung und zur Änderung von Finanzmarktgesetzen" neugefasst.[1] Inhaltlich tritt § 7 für das Wertpapier-Informationsblatt an die Stelle des bisherigen § 15 und orientiert sich an Art. 22 Abs. 2 bis 5 ProspektVO.[2] Sinn und Zweck der Vorschrift ist die Sicherstellung der Rolle des Wertpapier-Informationsblatts als zentrales Informationsdokument.[3] Es wird nicht verboten, außerhalb des Wertpapier-Informationsblatts Informationen über das Wertpapier und das Angebot zu verbreiten. Allerdings dürfen Angaben außerhalb des Wertpapier-Informationsblatts keine Widersprüche zum Wertpapier-Informationsblatt begründen oder Risiken relativieren.[4] Gegenüber den allgemeinen Pflichten für Wertpapierdienstleistungsunternehmen bei Werbemaßnahmen stellt § 7 eine Spezialnorm zu § 63 Abs. 6 WpHG dar und wird durch die VO (EU) 2019/979 konkretisiert.[5]

1. Werbung

2 § 7 WpPG definiert den Begriff der Werbung nicht weiter. Da die Vorschrift jedoch Art. 22 Abs. 2–5 ProspektVO zum Vorbild hat, erscheint eine entsprechende Anwendung der Legaldefinition des Begriffs der Werbung aus Art. 2 lit. k der ProspektVO sachgerecht.[6] Dabei dürften die Anforderungen an das Vorliegen von Werbung nicht zu hoch anzusetzen sein: Sofern ein Unternehmen im zeitlichen Zusammenhang mit einem öffentlichen Angebot Anleger mittels einer Bekanntmachung zu einer Investition anregt, dürfte es sich um Werbung handeln.[7] Unter eine Bekanntmachung fallen etwa Anzeigen in Printmedien und im Internet, Präsentationen auf Roadshows sowie mündliche Ansprachen per Telefon, im Radio, Internet oder Fernsehen.[8]

3 Die Werbung muss sich auf ein spezifisches Angebot von Wertpapieren beziehen.[9] Dies ergibt sich aus dem Wortlaut des § 7 Abs. 1, welcher auf Angebote von Wertpapieren unter Verwendung eines Wertpapier-Informationsblatts gemäß § 4 Abs. 1 Satz 1 und Satz 2 verweist. Da sich gemäß § 4 Abs. 7 Satz 4 das Wertpapier-Informationsblatt immer nur auf ein spezifisches Wertpapier beziehen kann, muss sich die Werbung i. S. d. § 7 auf das Angebot dieses konkreten Wertpapiers beziehen.

---

1 BGBl. I 2019, S. 1002.
2 Dazu *Berrar*, in: Berrar/Meyer/Müller et al., WpPG/EU-ProspektVO, 2. Aufl. 2017, § 15 Rn. 1 ff.; Begr. RegE, BT-Drucks. 19/8005, S. 46.
3 *Prescher*, in: Schwark/Zimmer, KMRK, § 7 WpPG Rn. 3.
4 Begr. RegE, BT-Drucks. 19/8005, S. 46.
5 *Prescher*, in: Schwark/Zimmer, KMRK, § 7 WpPG Rn. 4.
6 *Schlitt/Ries*, in: Assmann/Schlitt/von Kopp-Colomb, Prospektrecht Kommentar, § 7 WpPG Rn. 6; Begr. RegE, BT-Drucks. 19/8005, S. 47; *Prescher*, in: Schwark/Zimmer, KMRK, § 7 WpPG Rn. 6.
7 So *Berrar*, in: Berrar/Meyer/Müller et al., WpPG/EU-ProspektVO, 2. Aufl. 2017, § 15 Rn. 16.
8 *Prescher*, in: Schwark/Zimmer, KMRK, § 7 WpPG Rn. 9.
9 *Prescher*, in: Schwark/Zimmer, KMRK, § 7 WpPG Rn. 8.

2. Hinweis auf das Wertpapier-Informationsblatt in der Werbung (Abs. 1)

Gemäß § 7 Abs. 1 muss der Anbieter bei allen öffentlichen Angeboten, für die ein Wertpapier-Informationsblatt veröffentlicht werden muss, auf zwei Umstände hinweisen: die Veröffentlichung und wo diese abrufbar ist. Hinsichtlich der Angabe des Abrufortes ergeben sich Konkretisierungen aus Art. 13 VO (EU) 2019/979. Diese Abruforte sind je nach Art der Werbung unterschiedlich. Im Einzelnen:

a) Schriftliche Form der Werbung

Wird die Werbung in schriftlicher Form betrieben, muss sie gemäß Art. 13 lit. a VO (EU) 2019/979 eindeutig die Website angeben, auf der das Wertpapier-Informationsblatt veröffentlicht wurde oder veröffentlicht werden wird.

b) Elektronische Form

Wird die Werbung auf elektronischem Wege betrieben, so muss die Werbung einen Hyperlink zur Website enthalten, auf dem das Wertpapier-Informationsblatt veröffentlicht worden ist oder veröffentlicht wird. Angesichts des Wortlauts des Art. 13 lit. b VO (EU) 2019/979 muss der Link unmittelbar zum Wertpapier-Informationsblatt führen und darf nicht auf eine Seite verweisen, auf der der Anleger nach dem Wertpapier-Informationsblatt suchen muss.[10]

Elektronische Kommunikation, die ausschließlich mündlich geführt wird – wie etwa über Skype-Anrufe –, fällt nicht unter Art. 13 lit. b, sondern unter lit. c VO (EU) 2019/979.[11] In diesem Fall müssen genaue Informationen über den Ort, an dem das Wertpapier-Informationsblatt erhältlich ist, vermittelt werden.

Falls es keinen Hyperlink gibt, muss die Werbung solche Informationen enthalten, die es ermöglichen, das Wertpapier-Informationsblatt zu erkennen.[12] Wie dies zu geschehen hat, legt die ESMA nicht fest, sondern überlässt es den Emittenten, eine angemessene Lösung zu finden.

c) Auffangtatbestand

Sofern die Werbung in einer Form verbreitet wird, die nicht den Varianten von Art. 13 lit. a und b ProspektVO entspricht, muss die Werbung genaue Informationen aufnehmen über den Ort, an dem das Wertpapier-Informationsblatt erhältlich ist, sowie genaue Informationen über das Angebot von Wertpapieren oder die Zulassung zum Handel an einem geregelten Markt, vgl. lit. c.

---

10 *Prescher*, in: Schwark/Zimmer, KMRK, § 7 WpPG Rn. 8.
11 ESMA, Final Report Draft regulatory technical standards under the Prospectus Regulation, ESMA31-62-1002, 17.7.2018, Rn. 203.
12 ESMA, Final Report Draft regulatory technical standards under the Prospectus Regulation, ESMA31-62-1002, 17.7.2018, Rn. 185.

II. Klar erkennbare Werbung (Abs. 2)

10 § 7 Abs. 2 stellt eine besondere Ausprägung des allgemeinen Grundsatzes des § 63 Abs. 6 Satz 2 WpHG dar. Wie sich aus § 63 Abs. 6 Satz 2 WpHG ergibt, handelt es sich bei § 7 Abs. 2 um die speziellere Vorschrift. Der Anleger muss darauf hingewiesen werden, dass es sich um eine Werbeanzeige oder um eine sachliche Darstellung im Rahmen eines Angebots handelt, für das ein Wertpapier-Informationsblatt existiert.[13] Wie dies zu geschehen hat, wird weiter durch Art. 14 Abs. 1 lit. a VO (EU) 2019/979 konkretisiert, welcher gemäß § 7 Abs. 6 auch auf das Wertpapier-Informationsblatt Anwendung findet: Wird Werbung in schriftlicher Form unterbreitet, muss das Wort „Werbung" deutlich sichtbar auf dem Dokument angebracht werden. Bei mündlicher Werbung muss dagegen auf den Werbezweck zu Beginn der Werbung hingewiesen werden.[14]

11 Zwar richten sich die Vorgaben des Art. 14 Abs. 1 VO (EU) 2019/979 insgesamt nur an Werbung, die potenziell gegenüber Kleinanlegern verbreitet wird. Oftmals werden der Emittent und der Anbieter aber zumindest nicht ausschließen können, dass die Werbung Kleinanleger erreicht. Vorsorglich sollten die Vorgaben des Art. 14 Abs. 1 VO (EU) 2019/979 daher stets befolgt werden.

III. Keine unrichtigen oder irreführenden Angaben in der Werbung (Abs. 3)

12 In § 4 Abs. 7 Satz 3 hat der Gesetzgeber das Gebot redlicher Angaben und das Verbot irreführender Angaben im Wertpapier-Informationsblatt aufgestellt. Diese Vorgaben erstreckt er in § 7 Abs. 3 auf Werbeaussagen. Es handelt sich um eine spezielle Ausprägung der allgemeinen Verhaltensanforderung an Wertpapierdienstleistungsunternehmen gemäß § 63 Abs. 6 Satz 1 WpHG. Ferner sind die Anforderungen des Art. 44 VO (EU) 2017/565 zu beachten. Art. 44 VO (EU) 2017/565 richtet sich mit weiteren Vorgaben an die Wertpapierfirmen, die dafür sorgen sollen, dass alle Informationen, einschließlich Marketingmitteilungen, die in den Absätzen 2–8 genannten Bedingungen erfüllen. So müssen bestimmte inhaltliche Anforderungen erfüllt werden, wie die Nennung des Namens der Wertpapierfirma.

13 Aus dem Verweis des § 7 Abs. 6 auf Art. 15 VO (EU) 2019/979 ergibt sich eine Pflicht des Anbieters, Werbung zu ändern, wenn das Wertpapier-Informationsblatt aktualisiert wird und die Aktualisierung dazu führt, dass die zuvor verbreitete Werbung ungenaue oder irreführende wesentliche Informationen enthält. Wann eine Wesentlichkeit vorliegt, ist gesetzlich weder in der EU-Verordnung noch im WpPG geregelt (zur Wesentlichkeit im Allgemeinen siehe § 4 Rn. 23). Klar ist, dass nicht jede Aktualisierung des Wertpapier-Informationsblatts eine Anpassung der Werbung erfordert; es dürfte jedoch ratsam sein, das Tatbestandsmerkmal der wesentlichen Ungenauigkeit bzw. Irreführung im Zweifel weit auszulegen.[15] Die geänderte Werbung ist den potenziellen Anlegern unverzüglich nach Veröffentlichung der Aktualisierung zur Verfügung zu stellen und muss die in

---

13 Zur Vorgängervorschrift des § 15 WpPG vgl. *Berrar*, in: Berrar/Meyer/Müller et al., WpPG/EU-ProspektVO, 2. Aufl. 2017, § 15 Rn. 31.
14 Vgl. auch *Prescher*, in: Schwark/Zimmer, KMRK, § 7 WpPG Rn. 16.
15 *Prescher*, in: Schwark/Zimmer, KMRK, § 7 WpPG Rn. 18.

Art. 15 Abs. 2 VO (EU) 2019/979 aufgeführten Inhalte enthalten. Die geänderte Werbung muss mindestens auf denselben Wegen verbreitet werden wie die ursprüngliche Werbung; eine Ausnahme gilt nur für mündlich verbreitete Werbung, Art. 15 Abs. 3 VO (EU) 2019/979. Ist die Werbung bereits planmäßig beendet worden, so ist eine – korrigierte – Werbung nicht weiter erforderlich, sondern die Änderung der Werbung ist im gleichen Wege wie die Aktualisierung des Wertpapier-Informationsblatts zu veröffentlichen.[16]

IV. Übereinstimmung mit dem Wertpapier-Informationsblatt (Abs. 3, Abs. 4)

Ferner ordnet das Gesetz einen Gleichlauf aller Informationen an, die sich aus dem Wertpapier-Informationsblatt und der Werbung sowie anderweitig verbreiteten Informationen über das angebotene Wertpapier ergeben, § 7 Abs. 3 und Abs. 4. Dies gilt angesichts des Wortlauts sowohl für mündlich als auch für schriftlich verbreitete Werbung.[17]   14

Die Informationen in der Werbung müssen auch mit denen eines noch zu veröffentlichenden Wertpapier-Informationsblatts übereinstimmen. Aus praktischer Sicht ist daher darauf zu achten, konkrete Werbung für das angebotene Wertpapier nicht oder zumindest nicht allzu lange vor der Veröffentlichung zu betreiben.[18] Hierbei besteht auch die Gefahr eines vorzeitigen Beginns des öffentlichen Angebots.   15

Weitere Konkretisierungen des Kongruenzerfordernisses ergeben sich aus Art. 16 VO (EU) 2019/979, der gemäß § 7 Abs. 6 auch auf ein öffentliches Angebot von Wertpapieren mit Wertpapier-Informationsblatt Anwendung findet. Gemäß Art. 16 Abs. 1 lit. c VO (EU) 2019/979 dürfen die außerhalb des Wertpapier-Informationsblatts verbreiteten Informationen keine unausgewogene Darstellung enthalten. Es soll verhindert werden, dass die sachlichen Angaben des Wertpapier-Informationsblatts verzerrt werden und es dadurch seine Funktion als sachliche Informationsquelle verliert. Insbesondere bei Präsentationen im Rahmen von Roadshows ist daher auf eine ausgewogene Darstellung zu achten.[19]   16

V. Aufnahme von Angaben gegenüber ausgewählten Anlegern in das Wertpapier-Informationsblatts (Abs. 5)

§ 7 Abs. 5 dient der informationellen Gleichbehandlung der Anleger.[20] Sofern der Anbieter oder der Emittent wesentliche Informationen an ausgewählte potenzielle Anleger weitergibt, muss er diese in das (noch zu veröffentlichende) Wertpapier-Informationsblatt aufnehmen oder im Wege der Aktualisierung veröffentlichen. Demnach braucht der An-   17

---

16 *Prescher*, in: Schwark/Zimmer, KMRK, § 7 WpPG Rn. 19.
17 *Prescher*, in: Schwark/Zimmer, KMRK, § 7 WpPG Rn. 22.
18 *Prescher*, in: Schwark/Zimmer, KMRK, § 7 WpPG Rn. 21.
19 *Prescher*, in: Schwark/Zimmer, KMRK, § 7 WpPG Rn. 23.
20 *Prescher*, in: Schwark/Zimmer, KMRK, § 7 WpPG Rn. 24; zur Vorgängervorschrift des § 15 WpPG vgl. *Berrar*, in: Berrar/Meyer/Müller et al., WpPG/EU-ProspektVO, 2. Aufl. 2017, § 15 Rn. 42, 45.

bieter nicht jede Information offenzulegen, sondern nur solche wesentlichen Informationen, die eine Informationsasymmetrie zwischen den Anlegern begründen.[21]

18 Typische Situationen, in denen eine Informationsasymmetrie entstehen kann, sind Roadshows und Einzelgespräche mit Investoren.[22] Auch Präsentationen für Analysten werden erfasst, weil die Analysten die Informationen aufnehmen, um sie sodann an Investoren zu verteilen.

---

21 Zur Vorgängervorschrift des § 15 WpPG vgl. *Berrar*, in: Berrar/Meyer/Müller et al., WpPG/EU-ProspektVO, 2. Aufl. 2017, § 15 Rn. 45.
22 *Berrar*, in: Berrar/Meyer/Müller et al., WpPG/EU-ProspektVO, 2. Aufl. 2017, § 15 Rn. 45.

Abschnitt 3
Prospekthaftung und Haftung bei Wertpapier-Informationsblättern

Vor §§ 8 ff. WpPG

Übersicht

	Rn.		Rn.
I. Einleitung	1	b) Rechtsnatur der Prospekthaftung aus kollisionsrechtlicher Sicht	14
II. Entwicklung der Prospekthaftung in Deutschland	3	c) Folgen der grundsätzlichen Anwendbarkeit der Rom II-VO	17
III. Prospekthaftung in Europa	8	aa) Anknüpfung an das für die Prospektpflicht maßgebliche Recht	20
1. Fehlende Harmonisierung der Prospekthaftung	8	bb) Anknüpfung an den Erfolgsort	22
2. Internationales Prospekthaftungsrecht und kollisionsrechtliche Fragestellungen	11	cc) Anknüpfung an den Marktort	25
a) Regelung in § 9 Abs. 3	13		

I. Einleitung*

Die Erstellung und Veröffentlichung eines Wertpapierprospekts soll Anlegern die Möglichkeit geben, sich vor dem Erwerb umfassend und vollständig über die betreffenden Wertpapiere und den Emittenten zu informieren (sog. Emissionspublizität). Ziel ist es, auf diesem Weg das „Informationsgefälle" zwischen Anleger und Emittent zu verringern.[1] Der **Prospekt** bildet dabei aus rechtlicher Sicht die **wichtigste Grundlage für** die **Anlageentscheidung**. Dem entspricht es, eine Haftung der Verantwortlichen für den Prospekt zu begründen. Sie dient der Durchsetzung der Informationspflichten des Emittenten im Zusammenhang mit dem öffentlichen Angebot oder der Zulassung der betreffenden Wertpapiere zum Handel an einem organisierten Markt.[2] Neben dem **Individualschutz** des einzelnen Anlegers gewährleistet ein funktionierendes Prospekthaftungssystem aufgrund der damit einhergehenden Stärkung des Anlegervertrauens auch einen effektiven **Funktionenschutz** des Kapitalmarkts.[3] Nach zutreffender h.M. handelt es sich bei der Prospekthaftung um eine kraft Gesetzes entstehende bürgerlich-rechtliche Vertrauenshaftung.[4]

1

---

* Die Verfasser danken Frau Rechtsanwältin *Dr. Camilla Kehler-Weiß*, Herrn Rechtsanwalt *David Rath* und Herrn Rechtsanwalt *Dr. Alexandre Maturana* für die tatkräftige Unterstützung.
1 *Singhof*, in: MünchKomm-HGB, Bd. 6, Emissionsgeschäft, Rn. 283; *Leuering*, NJW 2012, 1905, 1905 m.w.N.
2 *Habersack*, in: Habersack/Mülbert/Schlitt, Kapitalmarktinformation, § 28 Rn. 1.
3 *Hopt*, WM 2013, 101, 102.
4 BGH, 31.5.2011 – II ZR 141/09, NJW 2011, 2719, 2720 („Telekom III"); *Singhof*, in: Münch-Komm-HGB, Bd. 6, Emissionsgeschäft, Rn. 285; *Groß*, Kapitalmarktrecht, § 9 WpPG Rn. 15; *Gil-*

2 Seit dem Inkrafttreten der ProspektVO findet das europäische Prospektrecht in allen Mitgliedstaaten unmittelbare Anwendung. Das im Zuge der Einführung der ProspektVO weiter gekürzte WpPG[5] regelt neben den Zuständigkeiten und Befugnissen der BaFin insbesondere in §§ 8 ff. n. F. nach wie vor das **materielle Prospekthaftungsrecht**, welches nach Art. 11 ProspektVO nur in groben Grundzügen unionsrechtlich determiniert ist (vgl. → § 1 Nr. 3). Maßgeblich für die Prospekthaftung nach deutschem Recht sind neben den spezialgesetzlichen Vorschriften des WpPG, KAGB und VermAnlG auch die durch die Rechtsprechung ausgeformte allgemeine bürgerlich-rechtliche Prospekthaftung im engeren Sinne sowie die allgemeine bürgerlich-rechtliche Prospekthaftung im weiteren Sinne, bei der es sich um einen Unterfall der Haftung nach *culpa in contrahendo*-Grundsätzen handelt (zu den Konkurrenzen vgl. → § 16 Rn. 5).

II. Entwicklung der Prospekthaftung in Deutschland

3 **Ausgangspunkt** der börsenrechtlichen Prospekthaftung in Deutschland war der Erlass des **Börsengesetzes im Jahr 1896**. Das Gesetz wurde notwendig, da das Fehlen effektiver Anlegerschutzvorschriften sowie einer einheitlichen Überwachung des Börsenhandels zu einem starken Misstrauen der Anleger gegenüber den an den Börsenplätzen gehandelten Gesellschaftsanteilen geführt hatte.[6]

4 Nachdem die entsprechenden Haftungsregelungen danach über einen langen Zeitraum unverändert geblieben waren und zunehmend an Bedeutung verloren, erkannte der Gesetzgeber in den 1990er Jahren,[7] dass die „bislang geltende Regelung der Prospekthaftung nach dem Börsengesetz die Gegebenheiten des modernen Börsenhandels nur [noch] unzureichend [berücksichtigt]",[8] weshalb diese schließlich mit dem **Dritten Finanzmarktförderungsgesetz**[9] im Jahr 1998 grundlegend reformiert wurde. Dabei sollten „rechtliche Unklarheiten, komplizierte oder veraltete Regelungen", die die Transaktionskosten erhöhen und damit die Emission von Aktien insbesondere für junge Unternehmen erschweren können, beseitigt bzw. modernisiert werden. Daneben sollte – etwa durch eine Neuregelung der Beweislastverteilung zugunsten der Anleger – die Rechtssicherheit und damit Berechenbarkeit von Haftungsansprüchen verbessert werden. Die Neuregelung führte dazu, dass das Verschulden des Prospektverantwortlichen nach § 45 Abs. 1 BörsG a. F. (heute § 12 Abs. 1) und das Vorliegen der haftungsbegründenden Kausalität nach § 45 Abs. 2

---

lessen/Krämer, in: Marsch-Barner/Schäfer, Handbuch börsennotierte AG, § 10 Rn. 462; *Buck-Heeb/Dieckmann*, ZHR 184 (2020), 646, 654 f.

5 Vgl. Gesetz zur weiteren Ausführung der EU-Prospektverordnung und zur Änderung von Finanzmarktgesetzen vom 8.7.2019, BGBl. I, S. 1002 ff.

6 *Denninger*, Grenzüberschreitende Prospekthaftung und Internationales Privatrecht, S. 46; *Wackerbarth*, in: Holzborn, WpPG, §§ 21–23 Rn. 3.

7 *Groß*, Kapitalmarktrecht, § 9 WpPG Rn. 2; vgl. bereits die Beschlussempfehlung des Finanzausschusses zum Entwurf eines Verkaufsprospektgesetzes, BT-Drucks. 11/8323, S. 26: „Die gegenwärtige Prospekthaftung nach dem BörsG erscheint unter dem Gesichtspunkt des Anlegerschutzes allerdings nicht befriedigend. Bei der Novellierung des BörsG in der nächsten Legislaturperiode sollten deshalb die Vorschriften über die Prospekthaftung zu Gunsten eines wirksamen Anlegerschutzes geändert werden."

8 Begr. RegE 3. FMFG, BT-Drucks. 13/8933, S. 54, 55 f.

9 Gesetz zur weiteren Fortentwicklung des Finanzplatzes Deutschland (Drittes Finanzmarktförderungsgesetz – 3. FMFG) vom 24.3.1998, BGBl. I, S. 529 ff.

Nr. 1 BörsG a. F. (heute § 12 Abs. 2 Nr. 1) für sechs Monate erstmals gesetzlich widerlegbar vermutet wurde. Andererseits wurde mit Blick auf die Schnelllebigkeit der Kapitalmärkte die Verjährungsfrist für Prospekthaftungsansprüche auf sechs Monate verkürzt.[10] Das **Vierte Finanzmarktförderungsgesetz**[11] verlängerte die prospektrechtliche Verjährungsfrist zwar auf ein Jahr ab Kenntnis, übernahm die §§ 45 bis 49 BörsG im Übrigen aber unverändert in die §§ 44 bis 48 BörsG a. F.

Um die Jahrtausendwende rückte die Auseinandersetzung mit Fragen der Prospekthaftung verstärkt in den Fokus der Gerichte, des Gesetzgebers und, damit einhergehend, auch der rechtswissenschaftlichen Literatur. Dies wurde unter anderem dadurch ausgelöst, dass insbesondere in den Zeiten des „Neuen Marktes"[12] vermehrt Unternehmen an die Börse strebten, denen nach objektiven Maßstäben noch die Börsenreife fehlte und deren Prospekte teils „geschönte" Angaben enthielten, mit denen die Unternehmensbewertung positiv beeinflusst werden sollte.[13] Insbesondere der Versuch, die potenziellen Prospekthaftungsfälle im Zusammenhang mit den Geschehnissen am „Neuen Markt" gerichtlich aufzuarbeiten, ließ die Defizite des damaligen Haftungssystems zum Teil deutlich hervortreten.[14] In der Folge schlugen sowohl die Regierungskommission Corporate Governance[15] als auch der **64. Deutschen Juristentag**[16] vor, die Haftung für Falschinformationen am Kapitalmarkt und damit auch die Prospekthaftung grundlegend zu überarbeiten. Diese Bestrebungen griff die Bundesregierung 2003 mit dem „10-Punkte-Programm: Anlegerschutz und Unternehmensintegrität"[17] auf, das unter anderem das Ziel verfolgte, neben der Haftung des Emittenten auch eine persönliche Inanspruchnahme der verantwortlichen Vorstands- und Aufsichtsratsmitglieder zu begründen. Der vom Bundesministerium der Finanzen im Oktober 2004 vorgestellte Diskussionsentwurf eines **Gesetzes zur Verbesserung der Haftung für Kapitalmarktinformation** (KapInHaG),[18] durch das unter anderem eine solche persönliche Haftung von Vorstands- und Aufsichtsratsmitgliedern sowie eine Expertenhaftung unter anderem für Wirtschaftsprüfer und Rechtsanwälte für fehlerhafte Prospekte eingeführt werden sollte, stieß jedoch in der Wirtschaft auf erheblichen

---

10 Begr. RegE 3. FMFG, BT-Drucks. 13/8933, S. 54, 55 f.
11 Gesetz zur weiteren Fortentwicklung des Finanzplatzes Deutschland (Viertes Finanzmarktförderungsgesetz), BGBl. I 2002, S. 2010.
12 Der „Neue Markt" war ein Segment der Frankfurter Wertpapierbörse nach dem Vorbild der amerikanischen Technologiebörse NASDAQ, das sich an Unternehmen aus sogenannten Zukunftsbranchen wie Informationstechnik, Multimedia, Biotechnik und Telekommunikation richtete. Nach dem Zusammenbruch der „Dotcom"-Blase in den USA wurde das Segment am 5.6.2003 geschlossen.
13 Exemplarisch sind die Fälle EM.TV und Comroad. Folge der Überbewertung waren neben einer allgemeinen Eintrübung der wirtschaftlichen Lage erhebliche Kursverluste von teils über 90%, siehe *Holzborn/Foelsch*, NJW 2003, 932, 932. Vgl. zu den Kursverlusten *Hansen*, AG 2001, 315, 316.
14 *Fleischer*, Gutachten F zum 64. Deutschen Juristentag 2002; *Meyer*, WM 2003, 1301 (Teil I), 1949 (Teil II); *Wackerbarth*, in: Holzborn, WpPG, §§ 21–23 Rn. 3.
15 *Baums* (Hrsg.), Bericht der Regierungskommission Corporate Governance, 2001, Rn. 181 ff.
16 Beschlüsse des 64. Deutschen Juristentages, Abteilung Wirtschaftsrecht E 1.5 – 1.13; *Fleischer*, Gutachten F zum 64. Deutschen Juristentag 2002, F 64.
17 10-Punkte-Programm „Unternehmensintegrität und Anlegerschutz" der Bundesregierung v. 25.2.2003; dazu *Seibert*, BB 2003, 693, 693.
18 Entwurf abrufbar unter: https://www.wpk.de/fileadmin/documents/Oeffentlichkeit/Stellungnahmen/wpk-stellungnahmen_kapinhag-diskussionsentwurf.pdf (zuletzt abgerufen am 11.3.2023).

Widerstand. Der Entwurf wurde daraufhin bereits im November 2004 wieder zurückgenommen und seitdem auch nicht mehr weiterverfolgt.

6 Nachdem es bei der **Umsetzung der EU-ProspektRL**[19] in deutsches Recht[20] im Jahr 2005 erwartungsgemäß nur zu geringfügigen Änderungen der Prospekthaftungsvorschriften gekommen war,[21] übertrug der Gesetzgeber im Rahmen des **Gesetzes zur Novellierung des Finanzanlagenvermittler- und Vermögensanlagenrechts**[22] schließlich die börsen- und verkaufsprospektgesetzliche Prospekthaftung mit wenigen Änderungen in das WpPG.[23] Grund für diesen Schritt war, dass seit Umsetzung der EU-ProspektRL sämtliche Prospekte unabhängig davon, ob sie Grundlage für die Zulassung von Wertpapieren zum Handel an einer inländischen Börse oder für die Durchführung eines öffentlichen Angebots von Wertpapieren sein sollten, den Vorschriften des WpPG unterliegen.[24] Die Verortung der Haftungsvorschriften in zwei (weiteren) Gesetzen erschien daher überholt und künstlich.[25]

7 Dabei entsprach § 21 a. F. im Wesentlichen dem § 44 BörsG a. F., § 22 a. F. der Regelung des § 13 VerkProspG a. F., § 23 a. F. dem § 45 BörsG a. F. und schließlich § 24 a. F. dem § 13a VerkProspG a. F. Nicht in das WpPG übernommen wurde allerdings die Verjährungsregelung des § 46 BörsG a. F.[26] Zudem wurde die in § 25 Abs. 2 WpPG normierte Haftung gegenüber § 47 Abs. 2 BörsG a. F. verschärft. Mit dem Gesetz zur weiteren Ausführung der ProspektVO und zur Änderung von Finanzmarktgesetzen[27] und der damit verbundenen Neuordnung des WpPG im Zuge der Einführung der ProspektVO wurde das Haftungsregime der wertpapierrechtlichen Prospekthaftung weitestgehend fortgeführt. Die Haftung für fehlerhafte Börsenzulassungsprospekte ist nun in § 9 (§ 21 a. F.), jene für fehlerhafte Angebotsprospekte in § 10 geregelt. Der Haftungstatbestand für fehlerhafte Wertpapier-Informationsblätter, § 11, wurde als § 22a a. F. mit dem Gesetz zur Ausübung

---

19 Richtlinie 2010/73/EU des Europäischen Parlaments und des Rates zur Änderung der Richtlinie 2003/71/EG betreffend den Prospekt, der beim öffentlichen Angebot von Wertpapieren oder bei deren Zulassung zum Handel zu veröffentlichen ist, und der Richtlinie 2004/109/EG zur Harmonisierung der Transparenzanforderungen in Bezug auf Informationen über Emittenten, deren Wertpapiere zum Handel auf einem geregelten Markt zugelassen sind, ABl. EU Nr. L 327, 2010, S. 1–12.
20 Vgl. das Gesetz zur Umsetzung der Richtlinie 2010/73/EU und zur Änderung des Börsengesetzes, BGBl. I 2012, S. 1375.
21 Durch die in § 45 BörsG a. F. neu eingefügte Nr. 5 wurde klargestellt, dass für die mit der Richtlinie 2010/73/EU neu gestaltete Zusammenfassung die strengen Prospekthaftungsmaßstäbe nicht gelten sollten.
22 Gesetz vom 1.6.2012, BGBl. I 2012, S. 2481.
23 *Mülbert/Steup*, in: Habersack/Mülbert/Schlitt, Unternehmensfinanzierung, § 41 Rn. 14.
24 Damit wurde die zuvor bestehende Trennung zwischen Verkaufsprospekten für öffentliche Angebote (VerkProspG) und Börsenzulassungsprospekten (BörsG) aufgegeben.
25 Begr. RegE, BT-Drucks. 17/6051, S. 46.
26 Begründet wurde diese Kehrtwende gegenüber dem 3. und 4. FMFG damit, dass die Ausschlussfrist von sechs Monaten bei Vermögensanlagen, die meist nicht fungibel sind, „eine sachlich nicht gerechtfertigte Benachteiligung der Anleger, die die Vermögensanlage später als sechs Monate nach dem ersten Angebot im Inland erwerben", darstelle, vgl. Begr. RegE, BT-Drucks. 17/6051, S. 36.
27 Gesetz zur weiteren Ausführung der EU-Prospektverordnung und zur Änderung von Finanzmarktgesetzen vom 8.7.2019, BGBl. I, S. 1002 ff.

von Optionen der EU-Prospektverordnung und zur Anpassung weiterer Finanzmarktgesetze[28] in das WpPG aufgenommen.

III. Prospekthaftung in Europa

1. Fehlende Harmonisierung der Prospekthaftung

Bis zu ihrem Außerkrafttreten im Jahr 2019 gab die EU-ProspektRL den Rahmen für die Erstellung, Billigung und Verbreitung von Prospekten, die für ein öffentliches Angebot bzw. für die Zulassung von Wertpapieren zum Handel an einem organisierten Markt in einem EWR-Mitgliedstaat zu veröffentlichen waren, vor. Mit Inkrafttreten der ProspektVO und den konkretisierenden Delegierten Verordnungen (EU) 2019/979[29] und (EU) 2019/980[30] wurde das Prospektrecht weitestgehend in unmittelbar anwendbares EU-Recht überführt. Dem nationalen Gesetzgeber verbleibt nunmehr nur sehr begrenzter Raum für eigene Rechtsetzung.[31] Für die Prospekthaftung gilt dies nicht, da **Art. 11 ProspektVO** sich auf wenige Vorgaben und Grundsätze beschränkt und die Mitgliedstaaten weiterhin zur Ausgestaltung der Prospekthaftung durch nationales Recht ermächtigt. Die angestrebte Harmonisierung des Aufsichtsrechts und der Aufsichtspraxis im Rahmen der Kapitalmarktunion erfasst somit zumindest nicht in vollem Umfang die Prospekthaftung.[32] Somit bleibt es Aufgabe der Mitgliedstaaten sicherzustellen, dass für die in einem Prospekt enthaltenen Angaben zumindest der Emittent oder dessen Verwaltungs-, Management- bzw. Aufsichtsstellen, der Anbieter, die Person, die die Zulassung zum Handel an einem geregelten Markt beantragt, oder der Garantiegeber haftet (vgl. Art. 11 Abs. 1 ProspektVO).

8

Infolge der weiterhin fehlenden Harmonisierung weisen die Haftungskonzepte der einzelnen Mitgliedstaaten **erhebliche Unterschiede** auf. Die Unterschiede zwischen den einzelnen materiell-rechtlichen Haftungsregimen verdeutlicht insbesondere ein Bericht der ESMA vom 30.5.2013,[33] der auf Bestreben der Europäischen Kommission erstellt wurde.

9

Angesichts der unterschiedlichen Prospekthaftung in den Mitgliedstaaten würde ein einheitliches europäisches Haftungsregime für mehr Rechtssicherheit und -klarheit sorgen. Für die Annahme, dass ein Investor sich bei seiner Anlageentscheidung oder umgekehrt ein Emittent bei der Frage, in welche Mitgliedstaaten sich sein öffentliches Angebot erstrecken bzw. an welchen Märkten seine Wertpapiere zugelassen werden sollen, von der jeweiligen Ausgestaltung der Prospekthaftung leiten lässt, finden sich in der Praxis jedoch keine hinreichenden Anhaltspunkte. Es erscheint daher **zweifelhaft, dass** die **fehlende Harmonisierung** Emittenten wie Emissionsbegleiter in einem Umfang **zu verunsichern vermag**, der die gemeinschaftsweite Kapitalaufnahme beeinträchtigen könnte,[34] oder um-

10

---

28 BGBl. I 2018, S. 1102 ff.
29 ABl. EU L 166 vom 21.6.2019, S. 1 ff.
30 ABl. EU L 166 vom 21.6.2019, S. 26 ff.
31 Vgl. *Groß*, Kapitalmarktrecht, § 1 WpPG Rn. 1.
32 Vgl. *Pospiech*, NJW-Spezial, 2019, 463.
33 ESMA, Report: Comparison of liability regimes in Member States in relation to the Prospectus Directive, ESMA/2013/619; vgl. auch *Hopt/Voigt*, Prospekt- und Kapitalmarktinformationshaftung, 2005, passim.
34 So *Einsele*, Bank- und Kapitalmarktrecht, § 2 Rn. 6.

gekehrt ein Wettbewerb der Rechtsordnungen zu befürchten ist.[35] Dass die bisher unterbliebene Harmonisierung hauptsächlich auf die fehlende Rechtssetzungskompetenz der EU zurückzuführen ist,[36] muss angesichts der auf Art. 114 AEUV (Maßnahmen zur Angleichung der Rechts- und Verwaltungsvorschriften der Mitgliedstaaten, welche die Errichtung und das Funktionieren des Binnenmarkts zum Gegenstand haben) gestützten kapitalmarktrechtlichen Haftungstatbestände in der Ratingverordnung[37] (Art. 35a) und der PRIIP-Verordnung[38] (Art. 11) bezweifelt werden.[39] Die jedoch weitgehenden Verweise dieser Haftungsnormen auf nationales Recht verdeutlichen vielmehr die Schwierigkeit – und den bisher fehlenden politischen Willen –, einheitliche, europaweit geltende kapitalmarktrechtliche Haftungstatbestände zu entwickeln.

2. Internationales Prospekthaftungsrecht und kollisionsrechtliche Fragestellungen

11 Während das anwendbare Prospektrecht bzw. die Frage, welche Behörde für die Billigung des jeweiligen Prospekts zuständig ist, europaweit eindeutig geregelt ist (vgl. auch Erwägungsgrund 71 der ProspektVO), hat es der europäische Gesetzgeber versäumt (bzw. bewusst unterlassen), eine spezielle Kollisionsnorm für die Prospekthaftung zu schaffen (siehe oben → Rn. 8 ff.).[40] **Sachverhalte mit grenzüberschreitenden Bezügen** sind in verschiedenen Formen praktisch relevant: So kann sich ein Emittent von Wertpapieren mit Sitz in Deutschland dazu entschließen, ein öffentliches Angebot (auch) in einem anderen EWR-Mitgliedstaat durchzuführen bzw. seine Wertpapiere dort zum Handel an einem organisierten Markt zuzulassen. Beide Konstellationen sind meist auf das in Art. 27 Abs. 2 ProspektVO geregelte Sprachenregime zurückzuführen, das es gestattet, in diesen Fällen den Prospekt grundsätzlich in englischer Sprache (mit deutscher Zusammenfassung) zu erstellen. Umgekehrt kann ein Emittent mit Sitz in einem anderen EWR-Mitgliedstaat sein Angebot (auch) nach Deutschland erstrecken oder seine Wertpapiere hier zum Handel an einem organisierten Markt zulassen. All diese Fälle beruhen letztlich auf der gemeinschaftsweiten Geltung gebilligter Prospekte (vgl. Art. 24 ProspektVO) und der Möglichkeit, einen im Herkunftsmitgliedstaat des Emittenten gebilligten Prospekt für Zwecke eines öffentlichen Angebots oder einer Börsenzulassung entsprechend Art. 25 der ProspektVO in einen anderen (Aufnahme-)Mitgliedstaat zu notifizieren. Darüber hinaus können Emittenten aus Drittstaaten in bestimmten Fällen den EWR-Mitgliedstaat, in dem die Wertpapiere erstmals öffentlich angeboten werden oder in dem der erste Antrag auf Zulassung zum Handel gestellt wird, als Herkunftsmitgliedstaat wählen und ihren Prospekt in diesem Staat billigen lassen (vgl. Art. 29 ProspektVO).

---

35 So auch *Groß*, Kapitalmarktrecht, § 9 WpPG Rn. 13, 14.
36 So *Assmann*, in: Assmann/Schlitt/von Kopp-Colomb, Prospektrecht Kommentar, vor §§ 8–16 WpPG Rn. 18 f.; zustimmend *Groß*, Kapitalmarktrecht, § 9 WpPG Rn. 14.
37 VO (EU) Nr. 1060/2009 vom 16.9.2009, ABl. EU L 302 vom 17.11.2009, S. 1 ff. (in ihrer derzeit gültigen Fassung).
38 VO (EU) Nr. 1286/2014 vom 26.11.2014, ABl. EU L 352 vom 9.12.2014, S. 1 ff. (in ihrer derzeit gültigen Fassung).
39 Trotz der weitgehenden Verweise auf nationales Recht werden die Normen in der Literatur zu Recht als unionsrechtliche Anspruchsgrundlagen angesehen, vgl. etwa *Dutta*, WM 2013, 1729 ff.; *Wilhelmy/Kuschnereit*, ZBB 2018, 288, 291 f.
40 Vgl. nur *Freitag*, WM 2015, 1165, 1165.

Aufgrund der fehlenden eindeutigen gesetzlichen Regelung war bereits vor Inkrafttreten 12
der ProspektVO für solche Fälle umstritten, woran die Prospekthaftung **kollisionsrechtlich** anknüpft. In der juristischen Literatur und Rechtsprechung finden sich zahlreiche Argumentationslinien und Folgerungen, die im Folgenden kurz umrissen werden.

a) Regelung in § 9 Abs. 3

Ausgangspunkt für die Behandlung der kollisionsrechtlichen Fragestellungen scheint im 13
deutschen Prospektrecht zunächst § 9 Abs. 3 zu sein. Danach besteht bei einem Emittenten mit Sitz im Ausland, dessen Wertpapiere im Ausland zugelassen sind, ein Anspruch nach § 9 Abs. 1 und 2 nur, wenn die Papiere aufgrund eines im Inland abgeschlossenen Geschäfts oder einer zumindest teilweise im Inland erbrachten Wertpapierdienstleistung erworben wurden. In der juristischen Literatur ist umstritten, ob § 9 Abs. 3 (bzw. § 21 Abs. 3 a. F. bzw. § 44 Abs. 3 BörsG a. F.) eine Sachnorm[41] oder eine Kollisionsnorm[42] darstellt. Nach vorzugswürdiger Auffassung stellt diese Vorschrift lediglich eine **Sachnorm** dar, da nicht das anwendbare Recht bestimmt, sondern eine materielle Rechtsfolge angeordnet wird. Das Abstellen auf den Geschäftsort durch § 9 Abs. 3 ist in dieser Konsequenz daher entgegen dem ersten Anschein nicht als kollisionsrechtliche Einordnung, sondern als objektive Anspruchsvoraussetzung anzusehen,[43] wobei – gerade vor dem Hintergrund des Art. 6 der EU-ProspektRL – berechtigte Zweifel an der Unionsrechtskonformität der Vorschrift bestehen.[44] Richtigerweise kommt es auf diese Unterscheidung seit Inkrafttreten der Rom II-VO [45] und der Rom I-VO [46] aber nicht mehr an. Im jeweiligen Anwendungsbereich der Verordnungen steht den einzelnen Mitgliedstaaten keine Befugnis mehr zu, Kollisionsrecht zu setzen.[47] Für mitgliedstaatliche IPR-Vorschriften besteht kein Raum mehr, jeder Anspruch ist kollisionsrechtlich entweder unter die Rom I- oder Rom II-VO zu fassen.[48]

b) Rechtsnatur der Prospekthaftung aus kollisionsrechtlicher Sicht

Damit ist auf die **allgemeinen gemeinschaftsrechtlichen Kollisionsregeln** zurückzugrei- 14
fen, nach denen es zunächst auf die Rechtsnatur der Prospekthaftung ankommt. Die Qua-

---

41 *Wackerbarth*, in: Holzborn, WpPG, §§ 21–23 Rn. 16; *Pankoke*, in: Just/Voß/Ritz/Zeising, WpPG, 2009, §§ 44 BörsG, 13 VerkProspG Rn. 54; *Hamann*, in: Schäfer/Hamann, Kapitalmarktgesetze, §§ 44, 45 BörsG Rn. 129; *Mülbert/Steup*, in: Habersack/Mülbert/Schlitt, Unternehmensfinanzierung, § 41 Rn. 126; *Bischoff*, AG 2002, 489, 490.
42 So *Schwark*, in: Schwark, KMRK, 3. Auf. 2004, §§ 44, 45 BörsG Rn. 34; *Kuntz*, WM 2007, 432, 433 f.; *Denninger*, Grenzüberschreitende Prospekthaftung und Internationales Privatrecht, S. 209 ff.; *Weber*, WM 2008, 1581, 1587.
43 Vgl. nur *Wackerbarth*, in: Holzborn, WpPG, §§ 21–23 Rn. 61.
44 *Weber*, WM 2008, 1581, 1587; *Denninger*, Grenzüberschreitende Prospekthaftung und Internationales Privatrecht, S. 212.
45 Verordnung (EG) Nr. 864/2007 des Europäischen Parlaments und des Rates vom 11.7.2007 über das auf außervertragliche Schuldverhältnisse anzuwendende Recht, ABl. Nr. L 199 vom 31.7.2007, S. 40.
46 Verordnung (EG) Nr. 593/2008 des Europäischen Parlaments und des Rates vom 17.6.2008 über das auf vertragliche Schuldverhältnisse anzuwendende Recht, ABl. Nr. L 177 vom 4.7.2008, S. 6.
47 *Junker*, RIW 2010, 257, 261.
48 *Denninger*, Grenzüberschreitende Prospekthaftung und Internationales Privatrecht, S. 211 f.; *Groß*, Kapitalmarktrecht, § 9 WpPG Rn. 92.

lifikation ist dabei „europäisch-autonom" vorzunehmen, also ohne Bindung an das nationale dogmatische Vorverständnis.[49] Die sachrechtliche Qualifikation der Prospekthaftung im deutschen Recht als eine gesetzlich verankerte **Vertrauenshaftung**[50] führt also nicht zwingend zur Übertragung dieser Qualifikation auf die gemeinschaftsrechtliche Ebene.

15 Würde es sich um einen vertraglichen Anspruch handeln, fänden die Vorschriften der Rom I-VO Anwendung; alle außervertraglichen Ansprüche unterfallen hingegen der Rom II-VO. Eine Einordnung als vertraglicher Anspruch genießt dabei Vorrang gegenüber der als außervertraglicher Anspruch. Eine **Qualifikation** des Prospekthaftungsanspruchs als **vertraglicher Anspruch** ist aber **abzulehnen**.[51] So kommt zwischen dem oder den Prospektverantwortlichen und den geschädigten Anlegern nicht notwendigerweise ein Vertrag zustande.[52] Ferner ist fraglich, ob die Prospektverantwortlichen mit dem Prospektinhalt überhaupt eine Willenserklärung, die Voraussetzung für eine vertragliche Haftung wäre, abgeben oder nicht nur eine Wissenserklärung.[53] Auch muss bei einer Einordnung als vertraglicher Anspruch im Hinblick auf unvollständige Prospektangaben ein Erklärungsgehalt konstruiert werden.[54] Aus diesen Gründen ist eine Qualifikation als vertraglicher Anspruch abzulehnen, und es finden die Vorschriften der Rom II-VO Anwendung.

16 Diese **grundsätzliche Einordnung als außervertraglicher Anspruch** entspricht auch der Sichtweise des EuGH. Dieser hatte sich 2015 in der „Kolassa"-Entscheidung[55] mit dem Recht der internationalen Zuständigkeiten[56] für Klagen aus Prospekthaftung nach Art. 5 Brüssel I-VO[57]/Art. 7 Brüssel Ia-VO[58] zu beschäftigen und hat Ansprüche aus Prospekthaftung in diesem Zusammenhang ebenfalls als außervertragliche Ansprüche qualifiziert.[59] Die Sichtweise des EuGH hat mit Blick auf die hier interessierende kollisionsrechtliche Anknüpfung des maßgeblichen materiellen (Haftungs-)Rechts Bedeutung.

---

49 Erwägungsgrund 11 Rom II-VO; *Weber*, WM 2008, 1581, 1585; *Leible/Lehmann*, RIW 2007, 721, 723; *von Hein*, Perspektiven des Wirtschaftsrechts (Beiträge für Hopt), S. 371, 378.
50 BGH, 31.5.2011 – II ZR 141/09, BGHZ 190, 7 ff. Rn. 17 ff.; *Ellenberger*, Prospekthaftung im Wertpapierhandel, S. 9; *Groß*, Kapitalmarktrecht, § 9 WpPG Rn. 15; *Gillessen/Krämer*, in: Marsch-Barner/Schäfer, Handbuch börsennotierte AG, § 10 Rn. 462; *Buck-Heeb/Dieckmann*, ZHR 184 (2020), 646, 654 f.
51 Vgl. *Denninger*, Grenzüberschreitende Prospekthaftung und Internationales Privatrecht, S. 194 ff.
52 *Einsele*, ZEuP 2012, 23, 27; *Oulds*, WM 2008, 1573, 1577.
53 *Denninger*, Grenzüberschreitende Prospekthaftung und Internationales Privatrecht, S. 184.
54 *Denninger*, Grenzüberschreitende Prospekthaftung und Internationales Privatrecht, S. 184.
55 EuGH, 28.1.2015 – Rs. C-375/13, NJW 2015, 1581 („Kolassa").
56 Diese internationalen Zuständigkeiten werden im europäischen Kontext für Klagen seit dem 1.3.2012 in Zivil- und Handelssachen durch die Brüssel I-VO bzw. deren Neufassung (Brüssel Ia-VO) geregelt. Räumlich-persönliche Voraussetzung des Anwendungsbereiches ist, dass der Beklagte seinen Wohnsitz (bei juristischen Personen der satzungsmäßige Sitz, hilfsweise der Sitz der Hauptverwaltung) in einem Mitgliedstaat der EU hat.
57 Verordnung (EG) Nr. 44/2001 des Rates vom 22.12.2000 über die gerichtliche Zuständigkeit und die Anerkennung und Vollstreckung von Entscheidungen in Zivil- und Handelssachen, ABl. Nr. L 12 vom 16.1.2001, S. 1.
58 Verordnung (EU) Nr. 1215/2012 des europäischen Parlaments und des Rates vom 12.12.2012 über die gerichtliche Zuständigkeit und die Anerkennung und Vollstreckung von Entscheidungen in Zivil- und Handelssachen (Neufassung), ABl. Nr. L 351 vom 20.12.2012, S. 1; diese Verordnung hat mit Inkrafttreten am 10.1. (außer für bis zu diesem Zeitpunkt eingeleitete Verfahren) die Brüssel I-VO ersetzt.
59 EuGH, 28.1.2015 – Rs. C-375/13, NJW 2015, 1581, 1583 Rn. 36 f. („Kolassa"); bestätigt durch EuGH, 12.9.2018, Rs. C-304/17, NJW 2019, 351 = EuZW 2018, 998 m. Anm. *Sujecki* („Löber").

Denn nach Erwägungsgrund 7 der Rom II-VO stehen die kollisionsrechtlichen Bestimmungen der Rom II-VO im Auslegungszusammenhang mit den zuständigkeitsrechtlichen Vorschriften der Brüssel Ia-VO. Die Konsequenzen, die die Anwendung der Rom II-VO für die kollisionsrechtliche Anknüpfung der Prospekthaftung hat, werden unterschiedlich beurteilt. Wie nachfolgend ausgeführt, ist im Ergebnis eine Qualifikation als Anspruch aus unerlaubter Handlung und eine Anknüpfung an den Marktort als Erfolgsort als vorzugswürdig anzusehen.

c) Folgen der grundsätzlichen Anwendbarkeit der Rom II-VO

Weitgehend unumstritten ist zunächst, dass die Prospekthaftung **nicht** dem **Wertpapier-** 17
oder Gesellschaftsrecht zuzuordnen ist – auch wenn Wertpapiere und/oder Gesellschaftsanteile Gegenstand des Prospekts sind, auf den sich die Haftung stützt.[60] Anderenfalls wäre die Prospekthaftung dem Anwendungsbereich der Rom II-VO von vornherein entzogen (vgl. Art. 1 Abs. 2 lit. c und d Rom II-VO).

Unklar und umstritten ist aber, woran genau die Haftung für fehlerhafte Prospekte kollisi- 18
onsrechtlich **anknüpfen** soll. Ausgeschlossen ist zunächst eine Qualifikation als Anspruch aus ungerechtfertigter Bereicherung (Art. 10 Rom II-VO) oder Geschäftsführung ohne Auftrag (Art. 11 Rom II-VO). In Betracht kommen eine Qualifikation als Anspruch aus Verschulden bei Vertragsverhandlungen (culpa in contrahendo, Art. 12 Rom II-VO) oder aus unerlaubter Handlung (Art. 4 ff. Rom II-VO). Entsprechend der hier vertretenen sachrechtlichen Einordnung als gesetzlich angeordnete Vertrauenshaftung könnte eine Qualifikation als Haftung aus Verschulden bei Vertragsverhandlungen nach Art. 12 Rom II-VO in Betracht kommen, die der Qualifikation als Vertrauenshaftung (am ehesten) entsprechen würde. Jedoch ist die Definition des Verschuldens bei Vertragsverhandlungen auf Verordnungsebene enger gefasst ist als nach deutschem Recht. Dies entspricht der Rechtslage in anderen Mitgliedstaaten. Fallgruppen, die nach deutschem Recht als quasivertragliche Ansprüche zu qualifizieren sind, würden in anderen Mitgliedstaaten deliktsrechtlich gelöst, da beispielsweise eine große deliktsrechtliche Generalklausel besteht und somit keine Notwendigkeit, über eine extensive Handhabung vertragsrechtlicher Instrumente das teils als zu eng empfundene Deliktsrecht zu ergänzen.[61] In diesem Sinne ist auch der Anwendungsbereich von Art. 12 Rom II-VO zu bestimmen.[62] Insbesondere fordert Art. 12 Rom II-VO einen unmittelbaren Verhandlungsbezug des schädigenden Ereignisses.[63] Dieses Kriterium trifft im Hinblick auf die Wertpapierprospekthaftung nicht zu. Aus diesen Gründen scheint die kollisionsrechtliche Einordnung als unerlaubte Handlung (Art. 4 ff. Rom II-VO) eher sachgerecht.[64] Dies gilt auch vor dem Hintergrund, dass eine

---

60 *Tschäpe/Kramer/Glück*, RIW 2008, 657, 661; *Freitag*, WM 2015, 1165; *Einsele*, ZEuP 2012, 23, 26 f.; *von Hein*, Perspektiven des Wirtschaftsrechts (Beiträge für Hopt), S. 371, 379 ff.; *Weber*, WM 2008, 1581, 1584; *Denninger*, Grenzüberschreitende Prospekthaftung und Internationales Privatrecht, S. 155.
61 *Denninger*, Grenzüberschreitende Prospekthaftung und Internationales Privatrecht, S. 172; *Weber*, WM 2008, 1581, 1584.
62 Siehe ausführlich *Denninger*, Grenzüberschreitende Prospekthaftung und Internationales Privatrecht, S. 196.
63 *Denninger*, Grenzüberschreitende Prospekthaftung und Internationales Privatrecht, S. 196.
64 *Grundmann*, RabelsZ 54, 283, 309; *Freitag*, WM 2015, 1165; *Einsele*, ZEuP 2012, 23, 27 f.; *Denninger*, Grenzüberschreitende Prospekthaftung und Internationales Privatrecht, S. 194 f.; *Man-*

Subsumtion unter den Tatbestand des Verschuldens bei Vertragsverhandlungen zur Anwendung des hypothetischen Vertragsstatuts führen würde, was im Fall der Prospekthaftung nicht zu ermitteln sein dürfte, sodass letztendlich doch wieder auf den Schadensort abgestellt würde.[65] Auch aus diesem Grund ist insoweit eine **Qualifikation als deliktischer Anspruch** vorzugswürdig.[66]

19 Deliktische **Spezialanknüpfungen** sind **nicht einschlägig**: In der Regel liegt weiterhin weder mangels direkten Kontakts zwischen Anleger und Emittent eine wirksame Rechtswahl der Parteien vor (vgl. Art. 14 Abs. 1 Rom II-VO),[67] noch finden die speziellen Anknüpfungsregelungen der Art. 5 ff. Rom II-VO Anwendung.[68] Auch haben die Deliktsbeteiligten nicht notwendigerweise einen gemeinsamen gewöhnlichen Aufenthaltsort in demselben Staat (vgl. Art. 4 Abs. 2 Rom II-VO).[69] Demnach bleibt offen, wie innerhalb der deliktischen Anknüpfung das maßgebliche anwendbare Recht bestimmt wird.

aa) Anknüpfung an das für die Prospektpflicht maßgebliche Recht

20 Im juristischen Schrifttum wird teilweise vertreten, dass auf die Prospekthaftung dasjenige Recht Anwendung findet, das auch für die Prospektpflicht maßgeblich ist.[70] Dogmatisch knüpfen die Vertreter dieser Ansicht an die Ausweichklausel des Art. 4 Abs. 3 Rom II-VO (offensichtlich engere Verbindung mit einem anderen Staat) an.[71] Dies würde zu einer akzessorischen Anknüpfung der Prospekthaftung an die Prospektpflicht (*Herkunftsstaatsprinzip*) führen. Bei einer Notifizierung des Prospekts würde also weiterhin das Prospekthaftungsrecht des **EWR-Mitgliedstaates** Anwendung finden, **in dem der Prospekt gebilligt wurde** – auch wenn die Wertpapiere in diesem Staat gar nicht platziert wurden. Begründet wird dies unterschiedlich. Hauptargument ist meist, dass die Vorteile der Notifizierung entwertet würden, wenn trotz einheitlichem Billigungsverfahren und anschließender Notifizierung des Prospekts unterschiedliche Haftungsregime Anwendung fänden.[72] Diese Sichtweise widerspricht jedoch dem vertriebsbezogenen Grundsatz der EU-

---

kowski, in: Reithmann/Martiny, Internationales Vertragsrecht, Rn. 6.1773; *Junker*, RIW 2010, 257, 262.
65 *Denninger*, Grenzüberschreitende Prospekthaftung und Internationales Privatrecht, S. 200.
66 *Denninger*, Grenzüberschreitende Prospekthaftung und Internationales Privatrecht, S. 200.
67 Soweit es sich um einen Privatanleger handelt, scheidet die Rechtswahl ante delictum gem. Art. 14 Abs. 1 Satz 1 lit. b Rom II-VO ohnehin aus, eine Rechtswahl post delictum gem. Art. 14 Abs. 1 Satz 1 lit. a Rom II-VO könnte durch die ausdrückliche oder konkludente Rechtswahl im Prozess (Art. 14 Abs. 1 Satz 2 Rom II-VO) gegeben sein; vgl. auch *Denninger*, Grenzüberschreitende Prospekthaftung und Internationales Privatrecht, S. 213 f. m. w. N.
68 Ausführlich: *Denninger*, Grenzüberschreitende Prospekthaftung und Internationales Privatrecht, S. 214 f. m. w. N.
69 Sofern dies gegeben ist, stellt die Anwendung der lex domicilii communis des geschädigten Anlegers einerseits und des in Anspruch genommenen Emittenten, Anbieters oder Garantiegebers ein leicht ermittelbares, unproblematisches Anknüpfungsergebnis dar, das den Gleichlauf von internationaler Zuständigkeit und anwendbarem Recht gewährleistet (*Junker*, RIW 2010, 257, 262).
70 Siehe z. B. *Tschäpe/Kramer/Glück*, RIW 2008, 657; *Wackerbarth*, in: Holzborn, WpPG, §§ 21–23 Rn. 18; *Kuntz*, WM 2007, 432, 427 für Anwendungsfälle innerhalb des EWR.
71 *von Hein*, Perspektiven des Wirtschaftsrechts (Beiträge für Hopt), S. 371, 396.
72 Siehe nur *Wackerbarth*, in: Holzborn, WpPG, §§ 21–23 Rn. 18; **a. A.** *Pankoke*, in: Just/Voß/Ritz/Zeising, WpPG, 2009, §§ 44 BörsG, 13 VerkProspG Rn. 2.

ProspektRL.[73] Prospekt(haftungs)rechtlich relevant ist der Kapitalmarkt, der durch das öffentliche Angebot bzw. die Zulassung der Wertpapiere berührt wird. Die behördliche Billigung des Prospekts im Herkunftsmitgliedstaat des Emittenten wird allein aus Gründen der Verfahrenserleichterung für den Emittenten von der Prospektpflicht abgekoppelt.[74] Dass ein Gleichlauf des auf die Prospektpflicht und auf die Prospekthaftung anwendbaren Rechts nicht zwingend ist, zeigt im Übrigen auch das Schweizer IPR.[75] Art. 156 IPRG gibt dem Kläger ein Wahlrecht zwischen dem auf die Gesellschaft anwendbaren Recht und dem Recht des Staates, in dem die öffentliche Ausgabe der Papiere erfolgt ist. Die Prospektpflichten (des Emittenten) richten sich jedoch stets und zwingend gem. Art. 18 IPRG nach dem Recht des schweizerischen Emissionsortes, sodass ein Auseinanderfallen je nach klägerischer Rechtswahl möglich und der Gleichlauf somit kein Automatismus ist.

Schließlich vermag die Übertragung des Herkunftsstaatsprinzips auf die Prospekthaftung auch mit Blick auf Emittenten aus Drittstaaten nicht zu überzeugen. In diesen Fällen soll auch nach den Vertretern der akzessorischen Lösung eine Anknüpfung über das Marktortprinzip (vgl. unten → Rn. 25) vorgenommen werden.[76] 21

bb) Anknüpfung an den Erfolgsort

Nach der Regelanknüpfung der Rom II-VO (vgl. Art. 4 Abs. 1 Rom II-VO) findet grundsätzlich das Recht des Staates Anwendung, in dem der Schaden eingetreten ist (**Erfolgsort**).[77] Der EuGH hat in den Rechtssachen „Kolassa"[78] und „Löber"[79] bei der Beurteilung der gerichtlichen Zuständigkeit den Ort der **Kontobelegenheit** des Klägers als den Erfolgsort i. S. v. Art. 5 Nr. 3 Brüssel I-VO (heute: Art. 7 Nr. 2 Brüssel Ia-VO) angesehen und festgestellt, dass die Gerichte am Wohnsitz des Klägers zuständig sind, wenn sich der Schaden unmittelbar auf einem Bankkonto des Klägers bei einer Bank im Zuständigkeitsbereich dieser Gerichte verwirklicht. In der „Löber"-Entscheidung betonte der EuGH jedoch auch weitere die gerichtliche Zuständigkeit am Klägerwohnsitz begründende Umstände. Dazu zählten das österreichische Bankkonto der Klägerin, der Erwerb der Wertpapiere auf dem österreichischen Sekundärmarkt, die Tatsache, dass die Vermögensverfügung aufgrund von Prospektangaben, die der Österreichischen Kontrollbank notifiziert wurden, erfolgte sowie, dass am Erwerb der Wertpapiere nur österreichische Banken beteiligt waren. Diese Gegebenheiten führten dazu, dass nicht nur die Vorhersehbarkeit der Zuständigkeit, sondern auch die Nähe der angerufenen Gerichte zu dem Rechtsstreit gegeben sei, so der EuGH.[80] Aufgrund des Auslegungszusammenhangs der Rom II- und Brüssel Ia-VO (vgl. oben → Rn. 16) erscheint es durchaus wahrscheinlich, dass der EuGH 22

---

73 *Freitag*, WM 2015, 1165, 1171.
74 *Freitag*, WM 2015, 1165, 1171.
75 *Weber*, WM 2007, 432, 437.
76 Vgl. dazu m. w. N. *Denninger*, Grenzüberschreitende Prospekthaftung und Internationales Privatrecht, S. 269 f.
77 *Einsele*, ZEuP 2012, 23, 29 m. w. N.
78 EuGH, 28.1.2015, Rs. C-375/13, NJW 2015, 1581 („Kolassa").
79 EuGH, 12.9.2018, Rs. C-304/17, NJW 2019, 351 = EuZW 2018, 998 m. Anm. *Sujecki* („Löber").
80 EuGH, 12.9.2018, Rs. C-304/17, NJW 2019, 351 = EuZW 2018, 998, 1000 („Löber").

im Hinblick auf das materiell anwendbare Recht ebenfalls auf den in dieser Weise definierten Erfolgsort abstellen würde.

23 Der **Sichtweise des EuGH** ist jedoch sowohl mit Blick auf die gerichtliche Zuständigkeit[81] als auch auf die materiell-rechtlichen Kollisionsnormen **entgegenzutreten**.[82] Zunächst ließ der EuGH offen, wie verfahren werden soll, wenn sich Bankkonto und Wohnsitz des Geschädigten nicht im gleichen gerichtlichen Zuständigkeitsbereich befinden. Auch ist die „Belegenheit" eines Kontos unter Umständen nur unter Schwierigkeiten zu ermitteln.[83] Ferner ließe sich die Zuständigkeit eines europäischen Gerichts nicht begründen, wenn ein Anleger klagt, dessen Wohnsitz und Konto in einem Drittstaat belegen sind. Dies ist mit Blick auf die Besonderheiten der spezialgesetzlichen Prospekthaftung aber wenig überzeugend. Letztlich wird an dieser Anknüpfung zu Recht kritisiert, dass der Erfolgsort im Falle der spezialgesetzlichen Prospekthaftung so kaum festzustellen ist, da durch einen fehlerhaften Prospekt „nur" das Vermögen des Anlegers geschädigt wird.[84]

24 Ferner führt die Anknüpfung an die Belegenheit des Bankkontos des Geschädigten auf Ebene des materiellen Rechts dazu, dass für den Emittenten bzw. die Prospektverantwortlichen die Bestimmung der auf die Prospekthaftung anwendbaren Rechtsordnung im Voraus schlicht unmöglich ist. So müsste stets mit der Anwendbarkeit mehrerer – auch außereuropäischer – Haftungsrechte gerechnet werden.[85] Dies widerspricht nicht zuletzt dem Ziel der Europäischen Union, eine zunehmende Integration der Märkte zu erreichen.[86] Auch können sich Regelungslücken ergeben, wenn die materiell-rechtlichen Anwendungsvoraussetzungen der spezialgesetzlichen Prospekthaftung nicht erfüllt wären. Dies ist vorstellbar, wenn ein Anleger mit Wohnsitz in Deutschland, dessen Bankkonto sich ebenfalls in Deutschland befindet, im EWR-Ausland Wertpapiere eines ausländischen Emittenten erwirbt. Ein Prospekthaftungsanspruch nach deutschem Recht kann hier gem. § 9 Abs. 3 ausgeschlossen sein.[87] Angesichts dessen führt auch die Gesamtbetrachtung, die der EuGH in seiner „Löber"-Entscheidung[88] vornahm (vgl. oben → Rn. 22), nicht zu einer gesteigerten Vorhersehbarkeit oder Einheitlichkeit im Hinblick auf die gerichtliche Zuständigkeit oder das zur Anwendung berufene Sachrecht.[89]

---

81 Vgl. ausführlich *Freitag*, WM 2015, 1165, 1167.
82 Vgl. auch *Freitag*, WM 2015, 1165, 1169.
83 *Freitag*, WM 2015, 1165, 1168.
84 *Freitag*, WM 2015, 1165, 1165; *Denninger*, Grenzüberschreitende Prospekthaftung und Internationales Privatrecht, S. 216. Denkbar ist auch, über die Schädigung der Dispositionsfreiheit des Anlegers als Schädigungshandlung den Ort des gewöhnlichen Aufenthaltes als Erfolgsort anzusehen, vgl. *Einsele*, ZEuP 2012, 23, 29.
85 *Bischoff*, AG 2002, 489, 493; *Denninger*, Grenzüberschreitende Prospekthaftung und Internationales Privatrecht, S. 489; *Freitag*, WM 2014, 1165, 1169; *Engel*, Internationales Kapitalmarktdeliktsrecht, S. 211.
86 Vgl. *Freitag*, WM 2015, 1165, 1171; *Denninger*, Grenzüberschreitende Prospekthaftung und Internationales Privatrecht, S. 227 m.w.N.
87 So auch *Freitag*, WM 2015, 1165, 1169.
88 EuGH, 12.9.2018, Rs. C-304/17, NJW 2019, 351 = EuZW 2018, 998 m. Anm. *Sujecki* („Löber").
89 So auch *Engel*, Internationales Kapitalmarktdeliktsrecht, S. 211; *Lehman/Eichmüller* BKR 2023, 1.

cc) Anknüpfung an den Marktort

Überzeugender ist es vor diesem Hintergrund, auf das **Marktortprinzip** abzustellen,[90] das kollisionsrechtlich an das **Recht desjenigen Marktes** anknüpft, **auf dem die Wertpapiere platziert** werden.[91] Diese Auffassung trägt dem Umstand Rechnung, dass zum einen die Prospekthaftungsvorschriften (zumindest auch) die Funktionsfähigkeit des Kapitalmarkts schützen sollen und zum anderen der Handel von Wertpapieren bzw. das Kapitalmarktrecht insgesamt auf ein Marktgeschehen abstellt. Die dogmatische Herleitung dieser Anknüpfung ist zwar ebenfalls umstritten,[92] jedoch im Ergebnis nicht entscheidend. Überzeugend scheint es daher, den Marktort als Erfolgsort im Sinne von Art. 4 Abs. 1 Rom II-VO anzusehen.[93] Mit Blick auf den Emittenten liegen die Vorteile dieser Anknüpfung auf der Hand: Dieser sieht sich nicht dem Risiko ausgesetzt, einer Vielzahl von unterschiedlichen Haftungsregimen ausgesetzt zu sein, da er den jeweiligen Platzierungsmarkt selbst auswählen kann. Gleichzeitig wird auch dem Anlegerschutz Genüge getan, da der Anleger die der Prospekthaftung zugrunde liegenden Wertpapiere in der Regel auf dem jeweiligen Platzierungsmarkt erworben hat. Die Anwendung der materiell-rechtlichen Vorschriften der Rechtsordnung des betreffenden Staates kommt für den Anleger daher nicht überraschend. 25

Für die Anknüpfung an den jeweiligen Platzierungsmarkt spricht auch ein Vergleich mit der kollisionsrechtlichen Sondernorm im Wettbewerbsrecht (Art. 6 Rom II-VO), das mit dem Prospekthaftungsrecht aufgrund der doppelten Schutzwirkung (Schutz der Wettbewerber und Schutz des Marktes einerseits und Schutz der Anleger und Funktionsfähigkeit des Kapitalmarktes andererseits) starke Ähnlichkeiten aufweist.[94] In die gleiche Richtung geht schließlich der Vorschlag des Deutschen Rats für Internationales Privatrecht, der sich in einem Diskussionsvorschlag für einen neu einzufügenden Art. 6a Rom II-VO grundsätzlich dem Marktortprinzip angeschlossen hat.[95] 26

---

90 Vgl. *Freitag*, WM 2015, 1165, 1165; *Groß*, Kapitalmarktrecht, § 9 WpPG Rn. 93; *Hamann*, in: Schäfer/Hamann, Kapitalmarktgesetze, §§ 44, 45 BörsG Rn. 76; *Bischoff*, AG 2002, 489, 494; *Weber*, WM 2008, 1581, 1586; *Pankoke*, in: Just/Voß/Ritz/Zeising, WpPG, 2009, Vor §§ 44 BörsG, 13 VerkProspG Rn. 23; *Wackerbarth*, in: Holzborn, WpPG, §§ 21–23 Rn. 17; *Denninger*, Grenzüberschreitende Prospekthaftung und Internationales Privatrecht, S. 237 m. w. N.; siehe auch *Singhof*, in: MünchKomm-HGB, Bd. 6, Emissionsgeschäft, Rn. 303; *Mankowski*, in: Reithmann/Martiny, Internationales Vertragsrecht, Rn. 6.1773.
91 Die dogmatische Herleitung dieser Anknüpfung ist zwar ebenfalls umstritten (vgl. etwa *Denninger*, Grenzüberschreitende Prospekthaftung und Internationales Privatrecht, S. 237 ff.), jedoch für das Ergebnis letztlich nicht entscheidend; kritisch, ob eine entsprechende Anknüpfung de lege lata möglich ist: *Junker*, RIW 2010, 257, 264.
92 *Denninger*, Grenzüberschreitende Prospekthaftung und Internationales Privatrecht, S. 237 ff.; *Mankowski*, in: Reithmann/Martiny, Internationales Vertragsrecht, Rn. 6.1773; kritisch, ob eine entsprechende Anknüpfung de lege lata möglich ist: *Junker*, RIW 2010, 257, 264
93 Vgl. etwa *Freitag*, WM 2015, 1165, 1172. In Betracht käme im Übrigen auch eine Anknüpfung an die Ausweichklausel des Art. 4 Abs. 3 Rom II-VO (offensichtlich engere Verbindung mit einem anderen Staat) (vgl. *Weber*, WM 2008, 1581, 1586).
94 *Einsele*, ZEuP 2012, 23, 38.
95 Entwurf Art. 6a Abs. 1 Satz 1 Rom II-VO: „Auf außervertragliche Schuldverhältnisse aus unerlaubtem Verhalten auf dem Finanzmarkt ist das Recht des Staates anzuwenden, in dem das betreffende Finanzinstrument zum Handel an einem geregelten Markt zugelassen ist."; vgl. dazu *Lehmann*, IPRax 2012, 399 ff.

27 Ob die Rechtsprechung dem hier befürworteten Marktortprinzip folgen wird, bleibt, insbesondere nach den Entscheidungen des EuGH in den Rechtssachen „Kolassa" und „Löber", in denen das Gericht ersichtlich darum bemüht war, einen Klägergerichtsstand am Wohnsitz des Geschädigten zu begründen (vgl. oben → Rn. 22), abzuwarten. Eine spezielle Kollisionsnorm für Prospekthaftungsansprüche wäre daher aus Gründen der Rechtssicherheit in jedem Falle wünschenswert.

§ 8 WpPG
Prospektverantwortliche

Die Verantwortung für den Inhalt des Prospekts haben zumindest der Anbieter, der Emittent, der Zulassungsantragsteller oder der Garantiegeber ausdrücklich zu übernehmen. Bei einem Prospekt für das öffentliche Angebot von Wertpapieren nach Artikel 3 Absatz 1 der Verordnung (EU) 2017/1129 hat in jedem Fall der Anbieter die Verantwortung für den Inhalt des Prospekts zu übernehmen. Sollen auf Grund des Prospekts Wertpapiere zum Handel an einem geregelten Markt zugelassen werden, hat neben dem Emittenten stets auch das Kreditinstitut, das Finanzdienstleistungsinstitut oder das nach § 53 Absatz 1 Satz 1 oder § 53b Absatz 1 Satz 1 des Kreditwesengesetzes tätige Unternehmen, mit dem der Emittent zusammen die Zulassung der Wertpapiere beantragt, die Verantwortung für den Prospekt zu übernehmen. Wenn eine Garantie für die Wertpapiere gestellt wird, hat auch der Garantiegeber die Verantwortung für den Inhalt des Prospekts zu übernehmen.

Übersicht

	Rn.		Rn.
I. Grundlagen	1	III. Versicherung der Richtigkeit und Vollständigkeit	13
II. Prospektverantwortliche	5	IV. Bedeutung	14
1. Anbieter (Satz 2)	5		
2. Zulassungsantragsteller (Satz 3)	10		

I. Grundlagen

Der durch das Gesetz zur weiteren Ausführung der ProspektVO und zur Änderung von Finanzmarktgesetzen[1] neu gefasste § 8 passt die Vorschriften über die Prospektverantwortung im WpPG an Art. 11 Abs. 1 ProspektVO an. § 8 Satz 1 stellt klar, welche Personen als **Prospektverantwortliche** in Betracht kommen. Eine inhaltliche Änderung gegenüber § 5 Abs. 4 a. F., der auf Art. 6 Abs. 1 EU-ProspektRL beruhte, sollte ausweislich der Regierungsbegründung mit der Anpassung nicht einhergehen.[2] Vorgängerregelungen von § 5 Abs. 4 a. F. fanden sich im VerkProspG und in der BörsZulV (→ Rn. 13). 1

§ 8 steht in engem Zusammenhang mit den eigentlichen Prospekthaftungsregelungen nach § 9 ff. So sieht § 9 Abs. 1 Satz 1 Nr. 1 vor, dass diejenigen, die für den Prospekt die Verantwortung übernommen haben, den Erwerbern der aufgrund des Prospekts zugelassenen und/oder angebotenen Wertpapiere für die Richtigkeit und Vollständigkeit des Prospekts haften, was § 8 zu einem **impliziten Tatbestandsmerkmal** von Prospekthaftungsansprüchen macht.[3] 2

---

1 Gesetz zur weiteren Ausführung der EU-Prospektverordnung und zur Änderung von Finanzmarktgesetzen vom 8.7.2019, BGBl. I, S. 1002 ff.
2 BR-Drucks. 52/19, S. 50.
3 Vgl. *Heidelbach*, in: Schwark/Zimmer, KMRK, § 8 WpPG Rn. 3.

3   Art. 11 Abs. 1 ProspektVO verlangt von den Mitgliedstaaten sicherzustellen, dass je nach Fall „zumindest der Emittent oder dessen Verwaltungs-, Leitungs- oder Aufsichtsorgan, der Anbieter, die die Zulassung zum Handel an einem geregelten Markt beantragende Person, oder der Garantiegeber für die Richtigkeit der in einem Prospekt und Nachträgen dazu enthaltenen Angaben haftet." Hieran anknüpfend beschreibt § 8 Satz 1 beispielhaft, welche Personen als Prospektverantwortliche in Betracht kommen. Die bisher in § 5 Absatz 4 Satz 3, 4 enthaltene Bestimmung der Prospektverantwortlichen wurde um die Verantwortlichkeit des Garantiegebers erweitert. § 8 Satz 2, 3 regeln sodann für verschiedene Konstellationen die zwingende Verantwortungsübernahme einzelner Personen (siehe → Rn. 5 ff.). Obwohl es gesetzlich nicht verlangt ist, können **mehrere** der genannten Personen oder auch in § 8 Satz 1 nicht genannte Personen, wie z. B. verbundene Unternehmen, die Verantwortung übernehmen.[4]

4   Ferner sind die Personen anzugeben, die für den Inhalt des Prospekts die **Verantwortung** übernehmen. Diese haben zu erklären, dass der Prospekt nach ihrem Wissen richtig und vollständig ist. Diese zuvor in § 5 Abs. 4 Satz 1, 2 a. F. enthaltene Vorgabe ergibt sich nun direkt aus Art. 11 Abs. 1 Satz 2 ProspektVO (siehe auch Anhang 1, Abschnitt 1, Punkt 1.2. der VO (EU) 2019/980[5]). Die Pflicht zur Unterzeichnung des Prospekts durch die Prospektverantwortlichen (§ 5 Abs. 3 a. F.) besteht nicht mehr.

II. Prospektverantwortliche

1. Anbieter (Satz 2)

5   Im Fall eines öffentlichen Angebots von Wertpapieren nach Art. 3 Abs. 1 ProspektVO hat stets der Anbieter die Verantwortung für den Inhalt des Prospekts zu übernehmen (§ 8 Satz 2). § 2 Nr. 6 verweist insofern auf Art. 2 lit. i ProspektVO, der den Anbieter als „eine Rechtspersönlichkeit oder natürliche Person, die Wertpapiere öffentlich anbietet" definiert. Das **öffentliche Angebot** ist in Art. 2 lit. d ProspektVO definiert als „Mitteilung an die Öffentlichkeit [...], die ausreichende Informationen über die Angebotsbedingungen und die anzubietenden Wertpapiere enthält, um einen Anleger in die Lage zu versetzen, sich für den Kauf oder die Zeichnung jener Wertpapiere zu entscheiden", wobei diese Definition ausdrücklich auch für die Platzierung von Wertpapieren durch Finanzintermediäre gilt. Im Einzelfall ist auf die Umstände des konkreten Angebots abzustellen, insbesondere ob ein Angebot in Abstimmung mit dem Emittenten erfolgt.[6] Bietet der Emittent die Wertpapiere unmittelbar selbst an (sog. **Eigenemission**), ist er offensichtlich Anbieter. Schaltet er einen Dritten ein, beispielsweise eine Bank (sog. **Fremdemission**), tritt zunächst einmal dieser Dritte unmittelbar gegenüber den Anlegern auf und ist damit Anbieter.[7] Durch die Einschaltung eines Dritten als Erfüllungsgehilfen verliert der Emittent jedoch die Anbietereigenschaft nicht (siehe dazu im Einzelnen die Kommentierung zu § 2 und § 3 WpPG).[8]

---

4 *Heidelbach*, in: Schwark/Zimmer, KMRK, § 8 WpPG Rn. 6; unklar insofern *Groß*, Kapitalmarktrecht, § 8 WpPG Rn. 1.
5 VO (EU) 2019/980 der Kommission vom 14.3.2019, ABl. EU L 166 vom 21.6.2019, S. 26 ff.
6 Vgl. *Groß*, Kapitalmarktrecht, § 2 WpPG Rn. 31.
7 Ebenso zum alten Recht *Ritz*, in: Assmann/Lenz/Ritz, VerkProspG, § 1 Rn. 83.
8 Ebenso *Groß*, Kapitalmarktrecht, § 2 WpPG Rn. 31.

Handelt es sich dagegen um eine **Weiterplatzierung** von Wertpapieren, ist zu differenzieren. Ist die zunächst private Ausgabe der Wertpapiere Teil eines weitergehenden Platzierungsplans des Emittenten, der als weiteren Schritt die breite Platzierung im Publikum beinhaltet, ist die Frage nach der Anbietereigenschaft des Emittenten nicht anders zu beurteilen als bei der vorstehend beschriebenen Fremdemission. Hatte der Emittent die Weiterveräußerung im Wege des öffentlichen Angebots aber bei der Ausgabe der Wertpapiere an den Ersterwerber gerade nicht vorgesehen, so wird er durch das von letzterem eigenständig und ohne Abstimmung mit dem Emittenten durchgeführte öffentliche Angebot nicht zum Anbieter i. S. v. § 2 Nr. 6, Art. 2 lit. i ProspektVO.[9] Dafür spricht auch die Klarstellung in Art. 5 Abs. 1 Satz 1 ProspektVO, wonach jede Weiterveräußerung von Wertpapieren, die zuvor Gegenstand einer oder mehrerer Angebotsarten nach Art. 1 Abs. 4 lit. a bis d ProspektVO waren, als ein neues Angebot gilt, bei der die Prospektpflicht (und die Anbietereigenschaft) gesondert zu prüfen ist.

6

Handelt es sich bei einem öffentlichen Angebot um eine **Kombination** aus der Platzierung von bestehenden Aktien aus dem Bestand eines oder mehrerer Altaktionäre und von neuen, vom Emittenten noch auszugebenden Aktien (eine bei Börsengängen häufige Konstellation), ist es nicht zwingend erforderlich, dass sowohl der Emittent als auch der abgebende Aktionär für den Prospekt die Verantwortung übernehmen. Dies hat die ESMA im Rahmen ihrer regelmäßig veröffentlichten „Questions and Answers" klargestellt. Derlei ergibt sich auch nicht aus Art. 11 Abs. 1 der ProspektVO oder § 8 Abs. 1, die lediglich verlangen, dass **mindestens eine** der dort genannten Personen die Verantwortung für den Prospekt übernimmt.[10]

7

Im gleichen Sinne hat sich die ESMA auch in Bezug darauf geäußert, ob ein **Garantiegeber** Verantwortung für den Prospekt übernehmen muss.[11] Dies betrifft beispielsweise Fälle, in denen eine ausländische Finanzierungstochter eine Schuldverschreibung begibt, die der Finanzierung der (deutschen) Konzernmutter dient, diese den Erlös im Wege eines konzerninternen Darlehens weitergereicht bekommt und im Gegenzug die Verpflichtungen der Tochter aus der Schuldverschreibung garantiert. Im Gegensatz zu § 5 Abs. 3 a. F. gehört der Garantiegeber nun auch nach nationalem Haftungsrecht zum Kreis der Prospektverantwortlichen in § 8 Satz 1.

8

Sowohl abgebender Aktionär als auch Garant können jedoch nach §§ 9 Abs. 1 Satz 1 Nr. 2, 10 Prospekthaftungsansprüchen ausgesetzt sein, ohne förmlich die Verantwortung für den Prospektinhalt übernommen zu haben. Dies ist der Fall, wenn der Prospekt tatsächlich von ihnen „ausgeht", d. h. sie die tatsächlichen Urheber des Prospekts sind. Man spricht insoweit auch vom **Prospektveranlasser** (→ Rn. 16).

9

---

9 *Groß*, Kapitalmarktrecht, § 2 WpPG Rn. 31.
10 ESMA-Questions and Answers on the Prospectus Regulation, 3.2.2023, ESMA31-62-1258, Antwort A10.1a zur Erforderlichkeit der Übernahme der Prospektverantwortung durch einen abgebenden Aktionär.
11 ESMA-Questions and Answers on the Prospectus Regulation, 3.2.2023, ESMA31-62-1258, Antwort A10.1b zur Erforderlichkeit der Übernahme der Prospektverantwortung durch einen Garantiegeber.

2. Zulassungsantragsteller (Satz 3)

10 Sollen aufgrund des Prospekts Wertpapiere zu einem geregelten Markt (§ 2 Nr. 8, z. B. dem regulierten Markt an einer deutschen Wertpapierbörse) zugelassen werden, so ist die Verantwortung für den Prospekt nach Satz 3 „stets auch" vom **Zulassungsantragsteller** zu übernehmen. Satz 3 definiert die Person des Zulassungsantragstellers als „das Kreditinstitut, das Finanzdienstleistungsinstitut oder das nach § 53 Absatz 1 Satz 1 oder § 53b Absatz 1 Satz 1 des Kreditwesengesetzes tätige Unternehmen, mit dem der Emittent zusammen die Zulassung der Wertpapiere beantragt." Nach § 32 Abs. 2 BörsG muss der Zulassungsantragsteller zudem über ein haftendes Eigenkapital von mindestens 730.000 EUR und eine Handelszulassung verfügen. Beantragt ein Kreditinstitut die Zulassung eigener Wertpapiere, ist die Verantwortungsübernahme durch ein weiteres Kreditinstitut nicht erforderlich.[12] Bei der geplanten Zulassung zum Handel an einem geregelten Markt im Ausland hängt die Pflicht zur Übernahme der Prospektverantwortung durch ein Kreditinstitut neben dem Emittenten von den nach dem anwendbaren ausländischen Recht geltenden Zulassungsvorschriften ab (→ Rn. 15).[13]

11 Im Fall der Umplatzierung einer großen Anzahl bereits zugelassener Aktien im Wege eines öffentlichen Angebots bei einer geringen Streuung der Aktien (sog. Re-IPO) ist der Emittent zwar nicht zwingend beteiligt, da kein Zulassungsantrag (mehr) gestellt werden muss, der seine Mitwirkung erfordern würde. Dennoch ist die Prospekterstellung ohne Beteiligung des Emittenten wegen des Informationsgehalts praktisch unmöglich. In diesen Fällen übernimmt der Emittent in der Regel ebenfalls (alleine) die Verantwortung für die Prospekt. Die entstehenden Kosten und Haftungsrisiken sind in diesem Fall im Innenverhältnis von dem verkaufenden Großaktionär nach den Telekom III-Grundsätzen zu tragen.[14]

12 Schließlich kann die Verantwortung für den Prospekt auch von anderen als den in Art. 11 ProspektVO bzw. § 8 genannten Personen übernommen werden. Dies hat allerdings wenig praktische Relevanz.[15]

III. Versicherung der Richtigkeit und Vollständigkeit

13 Die (natürlichen oder juristischen) Personen, die die Verantwortung für den Prospekt übernehmen und als solche in dem Prospekt genannt sind, müssen ferner nach Art. 11 Abs. 1 Satz 2 ProspektVO (§ 5 Abs. 4 Satz 2 a. F.) die Richtigkeit und Vollständigkeit[16] des Prospekts versichern (sog. **Verantwortungsklausel**). Diese wird bisweilen fälschlich als „Garantieerklärung" bezeichnet.[17] Tatsächlich handelt es sich jedoch lediglich um eine **subjektive Wissenserklärung**. Dies legt bereits der Gesetzeswortlaut nahe, wonach die Prospektverantwortlichen die Erklärung „ihres Wissens" nach abzugeben haben. Die Erklärung hat sich – wie schon nach den Vorläuferbestimmungen § 5 Abs. 4 Satz 2 a. F. bzw.

---

12 *Trapp*, in: Habersack/Mülbert/Schlitt, Unternehmensfinanzierung, § 37 Rn. 40.
13 *Assmann*, in: Assmann/Schlitt/von Kopp-Colomb, Prospektrecht Kommentar, § 8 WpPG Rn. 12.
14 Vgl. *Singhof*, in: MünchKomm-HGB, Bd. 6, Emissionsgeschäft, Rn. 70, 198 m. w. N.
15 Vgl. *Mülbert/Steup*, in: Habersack/Mülbert/Schlitt, Unternehmensfinanzierung, § 41 Rn. 71.
16 *Singhof*, in: MünchKomm-HGB, Band 6, Emissionsgeschäft Rn. 53.
17 *Ekkenga/Maas*, Das Recht der Wertpapieremissionen, § 2 Rn. 203.

§ 3 VerkProspV a. F. und § 13 Abs. 1 Satz 4 BörsZulV a. F. – stets auf den gesamten Prospekt zu beziehen.[18] Es empfiehlt sich, die in den Prospekt aufzunehmende Erklärung eng an den Wortlaut der ProspektVO und der VO (EU) 2019/980 (siehe dort Anhang 1, Abschnitt 1, Punkte 1.1, 1.2) anzulehnen.[19] In formeller Hinsicht sind die für den Prospekt und die Nachträge verantwortlichen Personen im Prospekt eindeutig unter Angabe ihres Namens und ihrer Funktion, bei juristischen Personen ihres Namens und ihres Sitzes, zu benennen (Art. 11 Abs. 1 Satz 2 ProspektVO, siehe auch Anhang 1, Abschnitt 1, Punkt 1.1 VO (EU) 2019/980).

IV. Bedeutung

Die Versicherung der Richtigkeit und Vollständigkeit des Prospekts ist eng mit der **Haftung** für die Richtigkeit und Vollständigkeit des Prospekts verbunden. Dies zeigt sich bereits an Art. 11 Abs. 1 Satz 1 ProspektVO, nachdem die Mitgliedstaaten sicherstellen müssen, dass die Prospektverantwortlichen auch der Prospekthaftung unterliegen. Hinsichtlich der Frage, wer die Verantwortung für den Prospekt übernehmen muss, beschränkt sich Art. 11 Abs. 1 Satz 1 ProspektVO freilich darauf, einen Katalog potenziell verantwortlicher Personen zu nennen, und überlässt es den Mitgliedstaaten, ob nur einer oder mehrere der genannten potenziellen Haftungsschuldner der Haftung unterworfen werden („mindestens").

14

Die in Deutschland zwingend vorgesehene Verantwortungs(mit)übernahme durch ein **Kreditinstitut** als Mit-Zulassungsantragsteller mit der Folge der Prospekthaftung ist unionsrechtlich nicht zwingend vorgegeben und ist **im europaweiten Vergleich** eher eine **Ausnahme** geblieben.[20] Sie ist für Deutschland aber nichts Neues, führt sie doch die vor Inkrafttreten der ProspektVO geltenden Regelungen nach § 5 Abs. 4 Satz 4 a. F. bzw. § 30 Abs. 2 BörsG i.V.m. § 13 Abs. 1 Satz 5 BörsZulV fort. Wird der Prospekt für die Zulassung von Aktien an einem regulierten Markt in Deutschland aufgrund des Sitzes des Emittenten im europäischen Ausland von einer ausländischen Zulassungsbehörde gebilligt, muss der Zulassungsantragsteller die Prospektverantwortung in der Regel nicht übernehmen, sofern dies nicht unter dem anwendbaren ausländischen Recht ausdrücklich geregelt ist. Eine unmittelbare Anwendung von § 8 Satz 3 kommt nicht in Betracht, da ein Rückgriff auf die Normen einer anderen Rechtsordnung der Systematik des Prospektrechts fremd ist. Eine entsprechende Verantwortung (und in der Folge die Haftung für den Prospekt) wäre denkbar, wenn in § 8 eine eigenständige Haftungsnorm zu sehen wäre, die im Falle der Anwendbarkeit deutschen Prospekthaftungsrechts auch unabhängig von der ausdrücklichen Verantwortungsübernahme durch den Zulassungsantragsteller eingreift. Dagegen spricht jedoch, dass der Wortlaut von § 8 Satz 1 und Satz 3 die Verantwortung für den Prospekt an deren Übernahme knüpft, also an eine aktive Entscheidung. § 8 ordnet keine haftungsrelevante Rechtsfolge an, sondern definiert lediglich den Kreis der Personen, die potenziell die Verantwortung für den Prospekt zu übernehmen haben. Erst im

15

---

18 RegBegr. Prospektrichtlinie-Umsetzungsgesetz, BT-Drucks. 15/4999, S. 25, 31.
19 Zu den Vorgängerregelungen insofern: BaFin-Workshop am 28.5.2008, Präsentation „Typische Prospektmängel und wie sie zu vermeiden sind" (*Gockel*), S. 8; dazu ausführlich *Just*, in: Just/Voß/Ritz/Zeising, WpPG, 2009, § 5 Rn. 49 ff.; *Assmann*, in: Assmann/Schlitt/von Kopp-Colomb, Prospektrecht Kommentar, § 8 WpPG Rn. 12.
20 Vgl. *Groß*, Kapitalmarktrecht, § 8 WpPG Rn. 1.

zweiten Schritt verknüpft § 9 Abs. 1 Satz 1 die Verantwortungsübernahme mit der Haftung für den Prospekt. Auch aus der systematischen Stellung von § 8 lässt sich **kein eigenständiger Haftungsnormcharakter** herleiten. Dass es sich bei § 8 nicht um eine eigenständige Haftungsnorm handelt, verdeutlicht auch ein Blick auf die Entstehungsgeschichte der Norm. § 8 wurde durch das Gesetz zur weiteren Ausführung der EU-Prospektverordnung und zur Änderung von Finanzmarktgesetzen[21] in das WpPG aufgenommen und den eigentlichen Haftungsregeln in § 9 ff. vorangestellt. Die Vorschrift entspricht weitgehend § 5 Abs. 4 a.F., der wiederum auf Artikel 6 Abs. 1 EU-ProspektRL beruhte. § 5 a.F. (überschrieben mit „Prospekt") regelte verschiedene Aspekte zum Prospektinhalt, u.a. zur Vollständigkeit des Prospekts und zur Zusammenfassung. Die Verantwortungsübernahme, auch die des Zulassungsantragstellers, war damit in § 5 a.F. im Sinne einer Inhalts- und Verfahrensnorm (Unterzeichnung des Prospekts, Verantwortungsübernahme, entsprechende Erklärung im Prospekt) geregelt, systematisch getrennt von den Prospekthaftungsbestimmungen in §§ 21 ff. a.F. Die Gesetzesmaterialien lassen auch im Übrigen nicht erkennen, dass der Gesetzgeber mit § 8 eine neue Haftungsnorm schaffen wollte.[22] Vielmehr handelt es sich bei § 8 – wie zuvor bei § 5 a.F. – um eine formale Inhaltsvorschrift.[23]

16 Allerdings ist die förmliche Übernahme der Verantwortung für einen Prospekt zwar hinreichende, aber nicht notwendige Voraussetzung für die Haftung. Denn die gesetzliche Prospekthaftung trifft nach § 9 Abs. 1 Satz 1 nicht nur denjenigen, der formal nach außen die Verantwortung für den Prospekt übernimmt (§ 9 Abs. 1 Satz 1 Nr. 1). Daneben unterliegt der Prospekthaftung jeder, von dem der Erlass des Prospekts ausgeht, sog. **Prospektveranlasser** (§ 9 Abs. 1 Satz 1 Nr. 2). Als Prospektveranlasser gilt derjenige, der als tatsächlicher Urheber hinter dem Erlass des Prospekts steht. Dies wird angenommen bei solchen Personen, die ein eigenes wirtschaftliches Interesse an dem Angebot oder der Zulassung haben. Dabei kommt es nicht mehr darauf an, ob diese tatsächlich auf die Prospekterstellung einwirken.[24] Prospektveranlasser können etwa ein Großaktionär oder auch ein oder mehrere Organmitglieder des Emittenten sein. Auch soll ein im Rahmen der Prospekterstellung und -billigung nach außen nicht auftretendes Kreditinstitut als Prospektverantwortlicher in Betracht kommen.[25] Dies erscheint freilich zweifelhaft, wenn sich das Interesse der Bank auf ihre Provision als Berater oder Emissionsbegleiter beschränkt.[26]

---

21 Gesetz zur weiteren Ausführung der EU-Prospektverordnung und zur Änderung von Finanzmarktgesetzen vom 8.7.2019, BGBl. I, S. 1002 ff.
22 Vgl. Begr. RegE, BT-Drucks. 19/8005, S. 47 f.
23 Vgl. *Groß*, in: Ebenroth/Boujong/Joost/Strohn, HGB, § 8 WpPG Rn. 1; *Straßner*, in: Heidel, Aktienrecht und Kapitalmarkt, § 5 WpPG Rn. 25; *Holzborn/Mayston*, in: Holzborn, WpPG, § 5 Rn. 34.
24 So BGH, 18.9.2012 – XI ZR 344/11, WM 2012, 2147, 2152 (Wohnungsbau Leipzig-West); dazu *Mülbert/Steup*, in: Habersack/Mülbert/Schlitt, Unternehmensfinanzierung, § 41 Rn. 74 ff.
25 *Schwark*, in: Schwark, KMRK, 3. Aufl. 2004, §§ 44, 45 BörsG Rn. 10, ohne allerdings zwischen den Tatbeständen Prospektverantwortlicher und Prospektveranlasser zu differenzieren; unklar bleibt dabei auch, inwieweit es auf die Unterzeichnung des Prospekts ankommt; in letzterem Sinne *Mülbert/Steup*, in: Habersack/Mülbert/Schlitt, Unternehmensfinanzierung, § 41 Rn. 73; *Hamann*, in: Schäfer/Hamann, Kapitalmarktgesetze, §§ 44, 45 BörsG Rn. 92.
26 *Groß*, Kapitalmarktrecht, § 9 WpPG Rn. 47 m.w.N.

§ 9 WpPG
Haftung bei fehlerhaftem Börsenzulassungsprospekt

(1) Der Erwerber von Wertpapieren, die auf Grund eines Prospekts zum Börsenhandel zugelassen sind, in dem für die Beurteilung der Wertpapiere wesentliche Angaben unrichtig oder unvollständig sind, kann

1. von denjenigen, die für den Prospekt die Verantwortung übernommen haben, und
2. von denjenigen, von denen der Erlass des Prospekts ausgeht,

als Gesamtschuldnern die Übernahme der Wertpapiere gegen Erstattung des Erwerbspreises, soweit dieser den ersten Ausgabepreis der Wertpapiere nicht überschreitet, und der mit dem Erwerb verbundenen üblichen Kosten verlangen, sofern das Erwerbsgeschäft nach Veröffentlichung des Prospekts und innerhalb von sechs Monaten nach erstmaliger Einführung der Wertpapiere abgeschlossen wurde.

Ist kein Ausgabepreis festgelegt, gilt als Ausgabepreis der erste nach Einführung der Wertpapiere festgestellte oder gebildete Börsenpreis, im Falle gleichzeitiger Feststellung oder Bildung an mehreren inländischen Börsen der höchste erste Börsenpreis.

Auf den Erwerb von Wertpapieren desselben Emittenten, die von den in Satz 1 genannten Wertpapieren nicht nach Ausstattungsmerkmalen oder in sonstiger Weise unterschieden werden können, sind die Sätze 1 und 2 entsprechend anzuwenden.

(2) Ist der Erwerber nicht mehr Inhaber der Wertpapiere, so kann er die Zahlung des Unterschiedsbetrags zwischen dem Erwerbspreis, soweit dieser den ersten Ausgabepreis nicht überschreitet, und dem Veräußerungspreis der Wertpapiere sowie der mit dem Erwerb und der Veräußerung verbundenen üblichen Kosten verlangen. Absatz 1 Satz 2 und 3 ist anzuwenden.

(3) Sind Wertpapiere eines Emittenten mit Sitz im Ausland auch im Ausland zum Börsenhandel zugelassen, besteht ein Anspruch nach Absatz 1 oder 2 nur, sofern die Wertpapiere auf Grund eines im Inland abgeschlossenen Geschäfts oder einer ganz oder teilweise im Inland erbrachten Wertpapierdienstleistung erworben wurden.

(4) Einem Prospekt stehen Dokumente gleich, welche gemäß Artikel 1 Absatz 5 Buchstabe e, f, g, h oder j Ziffer v und vi der Verordnung (EU) 2017/1129 zur Verfügung gestellt wurden.

Übersicht

	Rn.		Rn.
I. Haftungsvoraussetzungen	1	e) Informationsmemoranda	15
1. Anwendungsbereich	1	f) Andere Informationen	16
a) Erfasste Prospekte	2	2. Anspruchsberechtigung	20
b) Freiwillige Prospekte	6	a) Zulassung zum Börsenhandel aufgrund eines Prospekts	20
c) Prospektersetzende Dokumente, § 9 Abs. 4	8	b) Erwerb	23
d) Prospektbegleitende Werbemaßnahmen	11	c) Ausschlussfrist, § 9 Abs. 1 Satz 1	28
		d) Inlandsbezug, § 9 Abs. 3	32

3. Fehlerhaftigkeit des Prospekts 34
   a) Empfängerhorizont 36
   b) Beurteilungszeitpunkt 40
   c) Wesentliche Angaben unrichtig
      oder unvollständig 42
      aa) Angaben 43
      bb) Unrichtigkeit 44
      cc) Unvollständigkeit 48
      dd) Wesentlichkeit der Angaben ... 57
      ee) Gesamteindruck unzutreffend .. 59
   d) Nachtrag/Berichtigung 61
4. Haftungsadressaten 62
   a) Überblick 62
   b) Prospektverantwortliche,
      § 9 Abs. 1 Satz 1 Nr. 1 63
   b) Prospektveranlasser,
      § 9 Abs. 1 Satz 1 Nr. 2 68
      aa) Großaktionär 70
      bb) Organmitglieder 73
   c) Experten 75
      aa) Wirtschaftsprüfer 77
      bb) Sonstige Gutachter 82

5. Kausalität 83
6. Verschulden 84
II. Rechtsfolgen 85
1. Inhalt der Haftung 85
   a) Anspruch des Inhabers,
      § 9 Abs. 1 Satz 1 und 2 85
   b) Anspruch des früheren Inhabers bei
      zwischenzeitlicher Veräußerung,
      § 9 Abs. 2 89
   c) Mitverschulden 94
   d) Haftung als Gesamtschuldner 96
      aa) Grundsatz 96
      bb) Freistellung der Emissions-
         begleiter durch den Emittenten . 97
      cc) Freistellung des Emittenten
         durch einen (Groß-)Aktionär ... 98
2. Prospekthaftung und Einlagenrückgewähr 100
3. Darlegungs- und Beweislast 102
4. Verjährung 104
5. Konkurrenzen 110
6. Gerichtliche Zuständigkeit 111

I. Haftungsvoraussetzungen

1. Anwendungsbereich

1 Der Anwendungsbereich des § 9 Abs. 1 ist eröffnet, wenn Wertpapiere i. S. v. Art. 2 lit. a ProspektVO auf Grundlage eines Börsenzulassungsprospekts erworben wurden.[1] Der entsprechende Prospekt bildet damit den zentralen Anknüpfungspunkt für die im WpPG geregelten spezialgesetzlichen (Prospekt-)Haftungsvorschriften.[2]

a) Erfasste Prospekte

2 Weder die ProspektVO noch das WpPG enthält eine Legaldefinition des Prospektbegriffs. Aus dem Wortlaut des § 9 Abs. 1 sowie der Systematik des WpPG ist jedoch zu folgern, dass ein Prospekt im Sinne der Regelung nur diejenige **(schriftliche) Darstellung** sein kann, aufgrund derer die in Rede stehenden **Wertpapiere zum** Börsenhandel an einem **regulierten Markt zugelassen** wurden.[3] Maßgeblich ist dabei – wie § 9 Abs. 3 (vgl. → Rn. 32) zeigt – grundsätzlich nur der Handel am regulierten Markt einer inländischen Börse.[4]

---

1 Vgl. näher auch *Assmann/Kumpan*, in: Assmann/Schütze/Buck-Heeb, Handbuch des Kapitalanlagerechts, § 5 Rn. 123 f. m. w. N.
2 *Denninger*, Grenzüberschreitende Prospekthaftung und Internationales Privatrecht, S. 57.
3 Vgl. *Groß*, Kapitalmarktrecht, § 9 WpPG Rn. 33; *Wackerbarth*, in: Holzborn, WpPG, § 23 Rn. 19; bezüglich der alten Rechtslage: *Ellenberger*, Prospekthaftung im Wertpapierhandel, S. 11; *Hopt/Voigt*, Prospekt- und Kapitalmarktinformationshaftung, S. 45.
4 Näher dazu *Pankoke*, in: Just/Voß/Ritz/Zeising, WpPG, 2009, §§ 44 BörsG, 13 VerkProspG Rn. 1; *Groß*, Kapitalmarktrecht, § 9 WpPG Rn. 33.

Von § 9 direkt erfasst werden damit zunächst **Börsenzulassungsprospekte** i.S.v. Art. 3 Abs. 3 ProspektVO i.V.m. § 32 Abs. 3 Nr. 2 BörsG. Über § 10, der wiederum auf § 9 verweist, wird die Prospekthaftung zudem auf Prospekte im Sinne des Art. 3 Abs. 1 ProspektVO, die für ein öffentliches Angebot von Wertpapieren verwendet werden, erstreckt. Ebenfalls erfasst werden Basisprospekte im Sinne des Art. 8 ProspektVO. Für die Haftung unerheblich ist auch, ob der betreffende (Basis-)Prospekt als einteiliger oder als dreiteiliger Prospekt erstellt wird.[5]   **3**

Für die Eröffnung des Anwendungsbereichs von § 9 kommt es nicht darauf an, dass der Prospekt auch tatsächlich alle notwendigen Angaben enthält.[6] Diese Frage ist vielmehr gerade Gegenstand der Untersuchung, ob der jeweilige Prospekt im Sinne von § 9 fehlerhaft ist. Der Prospektbegriff schließt auch den **Nachtrag** gem. Art. 23 ProspektVO ein (siehe auch unter → Rn. 61).[7]   **4**

Einem nach den Vorschriften der ProspektVO erstellten Börsenzulassungsprospekt gleichzustellen sind Prospekte, die von der zuständigen Behörde eines anderen Staates des Europäischen Wirtschaftsraums gebilligt und entsprechend Art. 24 ProspektVO für Zwecke der Börsenzulassung der betreffenden Wertpapiere im Inland nach Deutschland **notifiziert** werden (sog. „Europäischer Wertpapierpass", vgl. zu dem internationalen Anwendungsbereich der Prospekthaftung und dem maßgeblichen Kollisionsrecht (→ vor §§ 8 ff. Rn. 11 f.).[8]   **5**

b) Freiwillige Prospekte

Emittenten, Anbietern oder Beantragenden ist es trotz fehlender Eröffnung des Anwendungsbereichs der ProspektVO (Art. 1 Abs. 3 ProspektVO) oder bei Bestehen einer Ausnahme von der Pflicht zur Erstellung eines Prospekts (Art. 1 Abs. 4, 5 oder Art. 3 Abs. 2 ProspektVO) nach **Art. 4 ProspektVO** möglich, freiwillig einen Prospekt zu erstellen. Nach Art. 4 Abs. 2 ProspektVO ergeben sich aus dem freiwillig erstellten Prospekt die gleichen Rechte und Pflichten wie aus einem obligatorischen Prospekt, wenn dieser vor Veröffentlichung von der zuständigen Behörde gebilligt wurde. Demnach finden sowohl die Regelungen für die Prospekterstellung nach der ProspektVO als auch die für die Prospekthaftung maßgeblichen §§ 9 ff. Anwendung.[9] Das Bestehen einer Prospektpflicht ist für die Eröffnung des Anwendungsbereiches der §§ 9 ff. mithin nicht erforderlich. Zum gleichen Ergebnis gelangte die Rechtsprechung nach alter Rechtslage durch Auslegung des § 1 Abs. 3 WpPG a. F.[10]   **6**

Voraussetzung für eine Haftung nach § 9 ist aber stets, dass der zugrunde liegende **Prospekt** auch gem. Art. 20 ProspektVO von der BaFin oder der zuständigen Behörde eines anderen EWR-Mitgliedstaats **gebilligt** und anschließend gem. Art. 21 Abs. 1 ProspektVO   **7**

---

5 *Wackerbarth*, in: Holzborn, WpPG, § 23 Rn. 19.
6 *Groß*, Kapitalmarktrecht, § 9 WpPG Rn. 33; *Habersack*, in: Habersack/Mülbert/Schlitt, Kapitalmarktinformation, § 28 Rn. 10.
7 Vgl. statt anderer *Habersack*, in: Habersack/Mülbert/Schlitt, Kapitalmarktinformation, § 28 Rn. 12.
8 *Groß*, Kapitalmarktrecht, § 9 WpPG Rn. 33; *Assmann*, in: Assmann/Schlitt/v. Kopp-Colomb, Prospektrecht Kommentar, § 9 WpPG Rn. 16.
9 *Groß*, Kapitalmarktrecht, Art. 4 EU-ProspektVO Rn. 1.
10 BGH, 21.10.2014 – XI ZB 12/12, NZG 2015, 20, 27 („Telekom III").

veröffentlicht wurde.[11] Ist dies nicht der Fall, kommt lediglich eine Haftung nach § 14 in Betracht, sofern eine Prospektpflicht bestand.[12]

c) Prospektersetzende Dokumente, § 9 Abs. 4

8 Nach § 9 Abs. 4 stehen bestimmte schriftliche Darstellungen, die durch den Emittenten zur Verfügung gestellt wurden und die zur Befreiung von der Pflicht zur Prospektveröffentlichung für die Zulassung von Aktien führen, einem Prospekt gleich.[13] Hierbei handelt es sich um sog. **prospektersetzende Dokumente** gemäß Art. 1 Abs. 5 lit. e (Übernahme durch Tauschangebot), lit. f (Verschmelzung oder Spaltung), lit. g (Zuteilungen und Dividenden), lit. h (Mitarbeiterbeteiligungsprogramme) und lit. j Ziffer v und vi (Zulassung von Wertpapieren zum geregelten Markt in gewissen Fällen) ProspektVO.[14] Im Rahmen von lit. j steht die Haftung unter dem Vorbehalt von § 12 Abs. 2 Nr. 5.[15] Eine Haftung setzt zudem voraus, dass aufgrund des prospektersetzenden Dokuments eine eigene Anlageentscheidung getroffen wird (Kausalitätserfordernis).[16] Von der Haftung grds. nicht erfasst sind damit lit. g Alt. 1 (Kapitalerhöhung aus Gesellschaftsmitteln und Sachdividenden) und lit. h (Mitarbeiteraktien, Aktien für Führungskräfte).[17] Werden Wertpapiere unter Verwendung eines prospektersetzenden Dokuments öffentlich angeboten, aber nicht zum Handel an einem geregelten Markt zugelassen, unterliegt das Angebot der Prospektpflicht nach Art. 3 Abs. 1 ProspektVO, mit der Folge, dass § 14 Anwendung findet.[18]

9 Mit Blick auf prospektersetzende Dokumente für Tauschangebote (Art. 1 Abs. 5 lit. e ProspektVO) besteht zwar mit § 12 WpÜG eine eigenständige übernahmerechtliche Haftungsregel für die Angebotsunterlage.[19] Diese schützt jedoch lediglich Angebotsadressaten, die dieses auch angenommen haben, nicht aber (die ebenfalls schützenswerten) Zweiterwerber.[20] Die Prüfung der Angebotsunterlage durch die BaFin reicht zum Schutz

---

11 Vgl. *Assmann/Kumpan*, in: Assmann/Schütze/Buck-Heeb, Handbuch des Kapitalanlagerechts, § 5 Rn. 127; *Groß*, Kapitalmarktrecht, § 9 WpPG Rn. 33.
12 *Nobbe*, WM 2013, 193; **a. A.** *Wackerbarth*, in: Holzborn, WpPG, § 23 Rn. 26, der in diesem Falle von der Anwendbarkeit der bürgerlich-rechtlichen Prospekthaftung ausgeht; *Assmann*, in: Assmann/Schlitt/v. Kopp-Colomb, Prospektrecht Kommentar, § 9 WpPG Rn. 25, der in diesem Falle von einer Haftung analog § 10 WpPG ausgeht.
13 *Assmann/Kumpan*, in: Assmann/Schütze/Buck-Heeb, Handbuch des Kapitalanlagerechts, § 5 Rn. 127 wollen trotz des klaren Wortlauts § 14 auf die Haftung für prospektersetzende Dokumente anwenden, kritisch insofern auch *Assmann*, in: Assmann/Schlitt/v. Kopp-Colomb, Prospektrecht Kommentar, § 9 WpPG Rn. 22.
14 *Groß*, Kapitalmarktrecht, § 9 WpPG Rn. 34.
15 *Habersack*, in: Habersack/Mülbert/Schlitt, Kapitalmarktinformation, § 28 Rn. 11; *Mülbert/Steup*, in: Habersack/Mülbert/Schlitt, Unternehmensfinanzierung, § 41 Rn. 31.
16 *Mülbert/Steup*, in Habersack/Mülbert/Schlitt, Unternehmensfinanzierung, § 41 Rn. 30 ff.; *Mülbert/Steup*, WM 2005, 1633 (1641 ff.); *Habersack*, in: Habersack/Mülbert/Schlitt, Kapitalmarktinformation, § 28 Rn. 11; *Schlitt/Landschein*, ZBB 2019, 103, 113.
17 *Mülbert/Steup*, WM 2005, 1633, 1642 f.
18 *Assmann*, in: Assmann/Schlitt/v. Kopp-Colomb, Prospektrecht Kommentar, § 9 WpPG Rn. 22.
19 *Wackerbarth*, in: Holzborn, WpPG, § 23 Rn. 22; *Groß*, Kapitalmarktrecht, § 9 WpPG Rn. 34; *Vaupel*, WM 2002, 1170, 1172; *Mülbert/Steup*, WM 2005, 1633, 1642.
20 *Wackerbarth*, in: Holzborn, WpPG, § 23 Rn. 22.

des Zweiterwerbers nicht aus.²¹ Die Haftung nach § 9 tritt daher **neben die Haftung nach § 12 WpÜG.**²²

Kommt eine Prospekthaftung für die prospektersetzenden Dokumente in Betracht, ist die Richtigkeit und Vollständigkeit der jeweiligen prospektersetzenden Dokumente allein nach dem gesetzlich jeweils in den **Ausnahmebestimmungen** angeführten Inhalt der Darstellung zu prüfen.²³ 10

d) Prospektbegleitende Werbemaßnahmen

Werbemaßnahmen, die sich auf ein öffentliches Angebot von Wertpapieren oder auf eine Börsenzulassung beziehen, müssen nach Maßgabe von Art. 22 ProspektVO erfolgen. Sie unterfallen als solche **nicht dem Haftungsregime der §§ 9 ff.**²⁴ Eine Verletzung von Art. 22 ProspektVO stellt nach § 24 Abs. 4 Nr. 29 bis 31 eine Ordnungswidrigkeit dar und kann mit Geldstrafe von bis zu fünf Millionen Euro oder 3 Prozent des jährlichen Gesamtumsatzes bebußt und entsprechend § 18 Abs. 5 untersagt oder ausgesetzt werden. 11

Sind Werbemaßnahmen bereits im Vorfeld der eigentlichen Prospektveröffentlichung inhaltlich unrichtig oder irreführend (Art. 22 Abs. 3 Satz 2 Hs. 1 ProspektVO) bzw. stehen diese im Widerspruch zum später veröffentlichten **Prospekt** (Art. 22 Abs. 3 Satz 2 Hs. 2 ProspektVO), muss der Prospekt hierauf hinweisen und die entsprechenden Aussagen gegebenenfalls **richtig stellen**. Andernfalls enthält der Prospekt nicht sämtliche für die Anlageentscheidung wesentlichen Umstände und ist damit von vornherein unvollständig.²⁵ Durch **Werbung ausgelöste wesentliche Fehlinformationen**, die zusammen mit dem Erscheinen des Prospekts oder im Anschluss an dessen Veröffentlichung in Umlauf geraten, lösen eine Nachtragspflicht nach Art. 23 ProspektVO aus. Wird dieser Nachtragspflicht nicht nachgekommen, ist der Prospekt ebenfalls (nachträglich) unvollständig.²⁶ 12

Insbesondere bei **internationalen Transaktionen** werden die beschriebenen Grundsätze zum Zusammenspiel von Werbemaßnahmen und Prospekt (wie bereits vor Einführung von § 15 a.F.) durch Marktusancen bzw. bei Angeboten mit Rule 144A-Komponente durch entsprechende Vorgaben des US-amerikanischen Kapitalmarktrechts ergänzt (→ Art. 22 ProspektVO Rn. 4). Die SEC gestattet **öffentliche Kommentare oder Äußerungen** von an der Transaktion beteiligten Parteien im Zeitraum zwischen der Einreichung des Prospekts bei der SEC und der Registrierung der Wertpapiere nur in sehr eingeschränktem Umfang (sog. quiet period).²⁷ Bei Verstößen gegen diese Regel ist der Emit- 13

---

21 *Wackerbarth*, in: Holzborn, WpPG, § 23 Rn. 22; **a.A.** offenbar *Mülbert/Steup*, WM 2005, 1633, 1642.
22 *van Aerssen*, in: Habersack/Mülbert/Schlitt, Kapitalmarktinformation, § 30 Rn. 34; *Steinhardt*, in: Steinmeyer, WpÜG, § 12 Rn. 63.
23 Vgl. *Groß*, Kapitalmarktrecht, § 9 WpPG Rn. 40; *Schlitt/Landschein*, ZBB 2019, 103, 113 insb. zu prospektersetzenden Dokumenten bei Aktiendividenden.
24 *Ellenberger*, FS Schimansky, 1999, S. 591, 593; *Ellenberger*, Prospekthaftung im Wertpapierhandel, S. 12; *Hopt*, FS Drobnig, 1998, S. 525, 530; *Mülbert/Steup*, in: Habersack/Mülbert/Schlitt, Unternehmensfinanzierung, § 41 Rn. 34.
25 *Mülbert/Steup*, in: Habersack/Mülbert/Schlitt, Unternehmensfinanzierung, § 41 Rn. 34.
26 *Mülbert/Steup*, in: Habersack/Mülbert/Schlitt, Unternehmensfinanzierung, § 41 Rn. 34.
27 Siehe insgesamt SEC, Release No. 33-8591 (Securities Offering Reform), abrufbar unter https://www.sec.gov/rules/final/33-8591.pdf.

tent gegebenenfalls verpflichtet, die entsprechende Aussage im Wege eines sog. free writing prospectus nachzutragen.[28]

14 Da ProspektVO und WpPG die Haftung für dem Gesetz unterfallende Werbung sowie Prospekte und Darstellungen, die Prospekten gleichstehen, abschließend regelt, ist für die Anwendung der **bürgerlich-rechtlichen Prospekthaftung** nach zutreffender Auffassung auch dann **kein Raum**, wenn diese Werbung mit Dokumenten erfolgt, die die Anforderungen des bürgerlich-rechtlichen Prospektbegriffs erfüllen (→ § 16 Rn. 6).[29]

e) Informationsmemoranda

15 Insbesondere bei der Umplatzierung größerer Aktienbestände wurden in der Praxis in der Vergangenheit sog. Informationsmemoranda verwendet. Für diese **prospektähnlichen Dokumente** stellt sich die Frage, ob sie (i) als Prospekte i. S. d. § 9 Abs. 1, (ii) als dem Prospekt nach § 9 Abs. 4 gleichzustellende schriftliche Darstellungen oder (iii) aber gar nicht von der Haftung des § 9 erfasst sind.[30] In der Praxis sind diese Informationsmemoranda insbesondere erstellt worden für (a) Wertpapiere, die noch nicht zum Börsenhandel zugelassen sind, deren Zulassung aber prospektfrei erfolgen könnte (z. B. Wertpapiere, die über einen Zeitraum von zwölf Monaten weniger als 20 % der Zahl der Wertpapiere ausmachen, die bereits zum Handel am selben geregelten Markt zugelassen sind, Art. 1 Abs. 5 lit. a ProspektVO) und (b) im Hinblick auf eine Umplatzierung von bereits an einer inländischen Börse zugelassenen Wertpapieren, die kein öffentliches Angebot darstellt. Für § 10 hat der Gesetzgeber klargestellt, dass hiervon grundsätzlich auch Prospekte erfasst werden sollen, die nicht Grundlage für die Börsenzulassung sind.[31] Ein freiwillig veröffentlichtes Informationsmemorandum kann hingegen nicht ohne Weiteres von § 10 erfasst werden, denn es fehlt hier an der Prospektpflicht im Sinne des Art. 3 Abs. 1 ProspektVO. Angezeigt ist für solche Fälle indes eine **analoge Anwendung des § 10, sofern der entsprechende Prospekt gebilligt und veröffentlicht** wird. Sie verdient wegen der

---

28 Vgl. etwa den am 7.10.2015 von Ferrari veröffentlichten free writing prospectus, mit dem verschiedene auf einer Konferenz in Mailand getätigte und im Anschluss von Bloomberg veröffentlichte Aussagen von *Sergio Ermotti* (CEO der UBS, die den Börsengang von Ferrari als Lead Manager begleitete) nachgetragen wurden. Herr *Ermotti* hatte den Börsengang als „un grande momento" („ein großer Moment") bezeichnet und hinzugefügt, es sei „praktisch unmöglich zu glauben, dass der Börsengang von Ferrari kein Erfolg wird". In dem free writing prospectus stellte Ferrari klar, dass diese Äußerungen nicht die im Prospekt, insbesondere in den Risikofaktoren, gemachten Angaben einschränken sollten und sich die Gesellschaft diese auch nicht zu eigen mache.
29 *Mülbert/Steup*, in: Habersack/Mülbert/Schlitt, Unternehmensfinanzierung, § 41 Rn. 34; ebenso auch *Hebrant*, ZBB 2011, 451, 453 ff.; i. E. auch *Klöhn*, WM 2012, 97, 106. Die Entscheidung des BGH, 17.11.2011 – III 103/10 (Rupert Scholz), WM 2012, 19, in der Werbemaßnahmen im Rahmen einer „Gesamtbetrachtung" der bürgerlich-rechtlichen Prospekthaftung unterworfen werden, betraf einen Fall, in dem der Prospekt nicht dem wertpapierprospektrechtlichen Haftungsregime unterfiel. **A. A.** *Wackerbarth*, in: Holzborn: WpPG, § 23 Rn. 32; offen *Groß*, Kapitalmarktrecht, § 9 WpPG Rn. 35.
30 *Mülbert/Steup*, in: Habersack/Mülbert/Schlitt, Unternehmensfinanzierung, § 41 Rn. 24; *Krämer/Baudisch*, WM 1998, 1161, 1170.
31 Begr. RegE Gesetz zur Novellierung des Finanzanlagenvermittler- und Vermögensanlagenrechts, BT-Drucks. 17/6051, S. 46.

Vergleichbarkeit zu den geregelten Fällen Vorrang gegenüber einer Anwendung der bürgerlich-rechtlichen Prospekthaftung (→ § 16 Rn. 15).[32]

f) Andere Informationen

Über den oben dargestellten Anwendungsbereich hinaus **gilt § 9 nicht** für andere Informationen und Informationsträger, die im Zusammenhang mit einem Angebot von Wertpapieren unter Umständen erstellt werden.[33] Dies gilt namentlich für Bezugsangebote,[34] Zeichnungsaufforderungen, Finanz- oder Halbjahresfinanzberichte nach dem Wertpapierhandelsgesetz und den einschlägigen Rechnungslegungsvorschriften sowie Presseveröffentlichungen.[35] 16

Ebenfalls **nicht** in den Anwendungsbereich der spezialgesetzlichen Prospekthaftung fallen **sonstige Informationen**, die üblicherweise im Rahmen eines Börsengangs neben dem Prospekt veröffentlicht werden, wie Research-Reports,[36] die sog. „Intention to Float"-Pressemitteilung im Vorfeld eines Börsengangs und die Ad-hoc-Mitteilung nach Art. 17 MarktmissbrauchsVO, mit der der endgültige Angebotspreis im Fall des Bookbuilding veröffentlicht wird (vgl. → § 16 Rn. 8, 10.). 17

Weiterhin sind **Publikationen nicht erfasst**, die zwar kraft Gesetzes erforderlich, aber keine Voraussetzungen für die Zulassung zum regulierten Markt sind. Hierunter fallen Mitteilungen und Berichte nach §§ 48 Abs. 1 Nr. 2, 49 Abs. 1 Satz 1 WpHG (Veröffentlichungspflichten gegenüber Wertpapierinhabern, z.B. Einberufung der Hauptversammlung), § 41 Abs. 2 BörsG (Zusätzliche Offenlegungspflichten für bestimmte Handelssegmente) und (weitere) Ad-hoc-Mitteilungen nach Art. 17 MarktmissbrauchsVO.[37] In den genannten Fällen fehlt es jeweils an der vorausgesetzten Substitution einer an sich bestehenden Prospektpflicht nach § 32 Abs. 3 Nr. 2 BörsG. Spezialgesetzliche und allgemeine Haftungstatbestände bleiben allerdings unberührt. 18

---

32 *Meyer*, WM 2003, 1301, 1303.
33 *Ehricke*, in: Hopt/Voigt, Prospekt- und Kapitalmarktinformationshaftung, S. 187, 194; *Mülbert/Steup*, in: Habersack/Mülbert/Schlitt, Unternehmensfinanzierung, § 41 Rn. 23. Zur Rechtslage in der EU, der Schweiz und den USA *Hopt/Voigt*, in: Hopt/Voigt, Prospekt- und Kapitalmarktinformationshaftung, S. 46 ff.
34 BGH, 12.7.1982 – II ZR 172/81, WM 1982, 867 f. („Beton- und Monierbau"); *Mülbert/Steup*, in: Habersack/Mülbert/Schlitt, Unternehmensfinanzierung, § 41 Rn. 23 m.w.N.; *Pankoke*, in: Just/Voß/Ritz/Zeising, WpPG, 2009, §§ 44 BörsG, 13 VerkProspG Rn. 15; in diesem Sinne auch *Hamann*, in: Schäfer/Hamann, Kapitalmarktgesetze, §§ 44, 45 BörsG Rn. 39, *Heidelbach*, in: Schwark/Zimmer, KMRK, § 9 WpPG Rn. 10; *Ellenberger*, Prospekthaftung im Wertpapierhandel, S. 21 ff.
35 *Mülbert/Steup*, in: Habersack/Mülbert/Schlitt, Unternehmensfinanzierung, § 41 Rn. 23 m.w.N.
36 Zur Haftung für Research Reports ausführlich *Meyer*, AG 2003, 610, der in diesem Zusammenhang die börsengesetzliche Prospekthaftung nicht einmal andiskutierte. Wie hier *Seiler/Kehler*, CFL 2012, 340, 347; *Mülbert/Steup*, in: Habersack/Mülbert/Schlitt, Unternehmensfinanzierung, § 41 Rn. 23 m.w.N.; *Pankoke*, in: Just/Voß/Ritz/Zeising, WpPG, 2009, §§ 44 BörsG, 13 VerkProspG Rn. 15; *Habersack*, in: Habersack/Mülbert/Schlitt, Kapitalmarktinformation, § 28 Rn. 13.
37 Dazu *Mülbert/Steup*, in: Habersack/Mülbert/Schlitt, Unternehmensfinanzierung, § 41 Rn. 23; bezüglich Ad-hoc-Mitteilungen *Pankoke*, in: Just/Voß/Ritz/Zeising, WpPG, 2009, §§ 44 BörsG, 13 VerkProspG Rn. 15; zum klar umrissenen Anwendungsbereich auch *Denninger*, Grenzüberschreitende Prospekthaftung und Internationales Privatrecht, S. 62.

19 Insgesamt ist in diesem Zusammenhang allerdings das **prospektrechtliche Konsistenzgebot** zu beachten (vgl. → Art. 22 ProspektVO Rn. 32, 39 f.).[38] Ein Prospekthaftungsanspruch kann sich auch dann ergeben, wenn Informationen, die von einer Gesellschaft außerhalb des Prospekts veröffentlicht werden, im Widerspruch zu Prospektangaben stehen oder nicht im Prospekt enthalten sind. Insoweit ist den Regelungen in Art. 22 Abs. 3 Satz 2 sowie Abs. 4 ProspektVO ein über Werbeanzeigen hinausgehendes allgemeines Richtigkeits- und Konsistenzgebot zu entnehmen.[39]

2. Anspruchsberechtigung

a) Zulassung zum Börsenhandel aufgrund eines Prospekts

20 Anspruchsberechtigt sind die **Erwerber** von Wertpapieren, die aufgrund eines Prospekts zum Börsenhandel zugelassen wurden, § 9 Abs. 1 Satz 1. Von der Haftung grundsätzlich ausgeschlossen sind, daher Wertpapiere, die vor der Prospektveröffentlichung emittiert worden sind, oder später gegebenenfalls prospektfrei ausgegebene Wertpapiere. Die Prospekthaftung ist folglich im Grundsatz beschränkt auf die jeweilige Emission (siehe zur Ausschlussfrist → Rn. 28 f.).

21 § 9 Abs. 1 Satz 3 macht hiervon eine Ausnahme, wenn früher oder später emittierte Wertpapiere **ausstattungsgleich** sind.[40] In diesem Fall sind die Sätze 1 und 2 entsprechend anzuwenden. Für den Anleger, dessen Wertpapiere girosammelverwahrt werden und der keinen Anspruch auf Auslieferung einzelner Stücke hat, wäre es ansonsten unmöglich zu beweisen, dass Grundlage des geltend gemachten Anspruchs der Erwerb aus der jeweiligen Emission ist. Grund hierfür ist, dass neu emittierte Wertpapiere derselben Gattung in aller Regel unter der bestehenden ISIN bzw. WKN ausgegeben werden und deshalb nicht von bereits emittierten oder später emittierten Wertpapieren unterschieden werden können.[41] Es besteht aber **grundsätzlich die Möglichkeit**, neuen Stücken eine **eigene ISIN** bzw. **WKN** zuzuweisen. Auf diesem Weg könnten die Prospektverantwortlichen, die hinsichtlich der Sicherstellung der Unterscheidbarkeit der girosammelverwahrten Wertpapiere eine Kennzeichnungsobliegenheit trifft,[42] prozessual sicher beweisen, dass es sich um Stücke aus der prospektgegenständlichen Emission handelt. Freilich ist in der Praxis zu beobachten, dass in diesem Fall eine „unnatürliche" Zersplitterung des Handels und damit einhergehend der Liquidität stattfindet. Denn die neuen haftungsbewehrten Stücke machen u. U. nur einen geringen Anteil am Gesamthandel aus, und es kommt folglich während des Sechsmonatszeitraums des § 9 Abs. 1 Satz 1 zu einem Auseinanderfallen der

---

38 Vgl. *Singhof/Weber*, in: Habersack/Mülbert/Schlitt, Unternehmensfinanzierung, § 3 Rn. 46; *Schlitt/Ries*, in: Assmann/Schlitt/v. Kopp-Colomb, Prospektrecht Kommentar, Art. 22 ProspektVO Rn. 20 ff.

39 *Singhof/Weber*, in: Habersack/Mülbert/Schlitt, Unternehmensfinanzierung, § 3 Rn. 46; *Assmann*, in: Assmann/Schlitt/v. Kopp-Colomb, Prospektrecht Kommentar, Art. 22 ProspektVO Rn. 20 ff.

40 Ausführlich *Hamann*, in: Schäfer/Hamann, Kapitalmarktgesetze, §§ 44, 45 BörsG Rn. 116 ff.; zur Rechtslage in den Ländern der EU, der Schweiz und den USA vgl. *Hopt/Voigt*, in: Hopt/Voigt, Prospekt- und Kapitalmarktinformationshaftung, S. 55 ff.

41 *Wackerbarth*, in: Holzborn, WpPG, § 23 Rn. 55; *Hamann*, in: Schäfer/Hamann, Kapitalmarktgesetze, §§ 44, 45 Rn. 118.

42 *Klühs*, BKR 2008, 154, 155 zu § 44 BörsG a. F.

Kurse der alten und der jungen Stücke.[43] Aus diesem Grund ist die Emission junger Aktien unter einer eigenen ISIN bzw. WKN in der Praxis unüblich und könnte unter Umständen von Marktteilnehmern auch als Eingeständnis eines erhöhten Prospekthaftungsrisikos gesehen werden. Eine Ausnahme (und eine Beschränkung auf die jungen Stücke) mag man aufgrund einer teleologischen Reduktion für den ungewöhnlichen Fall annehmen, dass ein Anleger eine Anzahl von Wertpapieren erwirbt, die den Umfang der Emission übersteigt. Dann sei die Haftung gegenüber diesem Anleger auf die Anzahl der emittierten Wertpapiere zu begrenzen, die unter dem fehlerhaften Prospekt emittiert worden sind.[44]

Wertpapiere **unterschiedlicher Gattung**,[45] die zum Beispiel entsprechend § 11 AktG besondere Rechte gewähren, haben jeweils eine eigene ISIN bzw. WKN.[46] Am häufigsten kommt dies vor, wenn Gesellschaften sowohl Stamm- als auch stimmrechtslose Vorzugsaktien ausgegeben haben.[47] Gleiches gilt für Wertpapiere mit unterschiedlicher Dividendenberechtigung, auch wenn dieser Unterschied nach richtiger Auffassung keine eigene Gattung begründet. Aus den oben genannten Gründen (Rn. 21) ist aber auch in diesen Fällen eine Emission junger Aktien unter einer eigenen ISIN bzw. WKN in der Praxis unüblich bzw. wird durch eine rückwirkende Dividendenberechtigung vermieden. 22

b) Erwerb

Des Weiteren muss ein Erwerb stattgefunden haben. Darunter ist der Erwerb des **Vollrechts**, also des (Mit-)Eigentums an dem Wertpapier zu verstehen. Bei der Durchsetzung eines Prospekthaftungsanspruchs muss der Anspruchsberechtigte eben dieses Vollrecht Zug um Zug gegen die Schadensersatzleistung übertragen. Ein auf Erlangung bloßer Verfügungsbefugnis bzw. Nießbrauch oder Pfandrecht gerichtetes Geschäft reicht nicht aus. Der Erwerbsvorgang kann **über die Börse oder außerhalb** der Börse stattfinden.[48] Beim Erwerb von Namensaktien ist die Eintragung des Erwerbers in das Aktienregister des Emittenten keine Anspruchsvoraussetzung für die Prospekthaftung nach § 9.[49] 23

Nach der Gesetzesbegründung des Dritten Finanzmarktförderungsgesetzes muss der **Erwerb** zudem **entgeltlich** vorgenommen worden sein.[50] Ungeachtet der offensichtlichen Intention des Gesetzgebers ist das Merkmal der Entgeltlichkeit in der Literatur umstritten. 24

---

43 Vgl. allgemein zur Problematik der Kausalität im Zusammenhang mit der Emission von jungen Stücken in der Girosammelverwahrung: *Hopt*, Die Verantwortlichkeit der Banken bei Emissionen, 1991, S. 74.
44 *Klühs*, BKR 2008, 154, 156 zu § 44 BörsG a. F.
45 *Mülbert/Steup*, in: Habersack/Mülbert/Schlitt, Unternehmensfinanzierung, § 41 Rn. 96; wohl auch *Groß*, Kapitalmarktrecht, § 9 WpPG Rn. 88.
46 *Klühs*, BKR 2008, 154 zu § 44 BörsG a. F.; Begr. RegE 3. FMFG, BT-Drucks. 13/8933, S. 54, 77.
47 Vgl. den Angebotsprospekt für den Börsengang der Dr. Ing. h.c. F. Porsche Aktiengesellschaft vom 19.9.2022.
48 Allgemeine Meinung, vgl. *Wackerbarth*, in: Holzborn: WpPG, § 23 Rn. 56; für den Erwerb von Inhaberschuldverschreibungen über den „grauen Kapitalmarkt" siehe OLG Dresden, 6.2.2014 – 8 U 165/11, WM 2014, 598, zitiert nach juris, Rn. 2 und 53; OLG Dresden, 26.9.2013 – 8 U 1510/12, AG 2014, 284, zitiert nach juris, Rn. 37.
49 Auf die Vermutung des § 67 Abs. 2 AktG kommt es insofern nicht an, vgl. hierzu *Mülbert/Steup*, in: Habersack/Mülbert/Schlitt, Unternehmensfinanzierung, § 41 Rn. 94.
50 Begr. RegE 3. FMFG, BT-Drucks. 13/8933, S. 54, 77, 76; siehe auch *Groß*, AG 1999, 199, 205.

Zum Teil geht das Schrifttum davon aus, dass es auf das Merkmal der Entgeltlichkeit nicht ankommen kann,[51] weil es andernfalls zu einer ungerechtfertigten Privilegierung des Haftungsverpflichteten (z. B. bei Ausschluss des Erben, siehe dazu → Rn. 25) kommen könne; stellenweise hätte dies aber auch eine unangemessene Schlechterstellung (so z. B. in Fällen der Veräußerung zu einem geringen Preis) zur Folge.[52] Die Gegenansicht verweist zu Recht auf den eindeutigen Willen des Gesetzgebers.[53] Zudem ergebe sich die Voraussetzung der Entgeltlichkeit bereits aus den § 9 Abs. 1 Satz 1, Abs. 2 Satz 1 (auch i. V. m. § 10), da die Berechnung des Schadensumfangs nur anhand des Erwerbspreises möglich sei.[54]

25 Gleichwohl ist bei unentgeltlichem Erwerb zu differenzieren. Der **Erbe** (ebenso der Vermächtnisnehmer) sollte sich auf die Haftung nach § 9 Abs. 1 berufen können, da ihm insoweit über die Gesamtrechtsnachfolge der entgeltliche Erwerb des Erblassers zugerechnet werden und die Gefahr einer Vervielfachung möglicher Anspruchsinhaber nicht eintreten kann.[55] Etwas anderes hat hingegen bei der **Schenkung** zu gelten.[56] Hier besteht – im Gegensatz zur Erbschaft bzw. zum Vermächtnis – kein Schutzbedürfnis des Beschenkten, da dieser durch rechtsgeschäftliche Vereinbarung eine unentgeltliche Zuwendung erhält und insofern auch keinen Schaden erleidet.[57] Erfolgt die Erfüllung des Kaufpreises für die Übertragung der Wertpapiere durch „**Tausch**" mit anderen Wertpapieren, so kommt es zur Ermittlung des Erwerbspreises auf die nach außen getretenen Preisvorstellungen der Parteien an, welche grundsätzlich mit dem Ausgabepreis der erworbenen Wertpapiere identisch sind,[58] denn nur so können die Parteien eine „dem Sinn und Zweck der gesetzlichen Regelung (§ 13 Abs. 1 VerkProspG a. F. i. V. m. § 44 Abs. 1 BörsG a. F.) [entsprechende] [...] standardisierte für alle Parteien vorhersehbare Schadensberechnung" gewährleisten.[59] Der tatsächliche Wert des in den eingetauschten Wertpapieren verkörperten Rückzahlungsanspruchs ist somit nicht relevant.

26 Beim Börsengang im Wege der **Abspaltung** (sog. Spin-Off) wird ein Unternehmensteil von einer (börsennotierten) Muttergesellschaft abgespalten und die Anteile (verhältniswahrend) an die Aktionäre der Muttergesellschaft ausgekehrt und auf Grundlage eines Prospekts zum Handel an der Börse zugelassen.[60] Da die Übertragung der neuen Aktien

---

51 Vgl. nur *Hamann*, in: Schäfer/Hamann, Kapitalmarktgesetze, §§ 44, 45 Rn. 122.
52 Vgl. *Kumpan*, in: Hopt, § 9 WpPG Rn. 12: „auch Beschenkter kann geschädigt sein".
53 *Mülbert/Steup*, in: Habersack/Mülbert/Schlitt, Unternehmensfinanzierung, § 41 Rn. 99; *Groß*, Kapitalmarktrecht, § 9 WpPG Rn. 89; entgegen der Gesetzesbegründung geht *Wackerbarth*, in: Holzborn, WpPG, § 23 Rn. 57, davon aus, dass ein entgeltlicher Erwerb eine praktische, nicht aber eine rechtliche Voraussetzung ist.
54 *Assmann/Kumpan*, in: Assmann/Schütze/Buck-Heeb, Handbuch des Kapitalanlagerechts, § 5 Rn. 176; *Mülbert/Steup*, in: Habersack/Mülbert/Schlitt, Unternehmensfinanzierung, § 41 Rn. 99.
55 So auch *Assmann*, in: Assmann/Schlitt/von Kopp-Colomb, Prospektrecht Kommentar, § 9 WpPG Rn. 105; *Wackerbarth*, in: Holzborn, WpPG, § 23 Rn. 56.
56 A. A. *Hamann*, in: Schäfer/Hamann, Kapitalmarktgesetze, §§ 44, 45 BörsG Rn. 122; *Hauptmann*, in: Vortmann, Prospekthaftung und Anlageberatung, § 3 Rn. 94; *Kumpan*, in: Hopt, § 9 WpPG Rn. 12.
57 Im Ergebnis so auch *Assmann*, in: Assmann/Schlitt/von Kopp-Colomb, Prospektrecht Kommentar, § 9 WpPG Rn. 105; *Wackerbarth*, in: Holzborn, WpPG, § 23 Rn. 56.
58 OLG Dresden, 26.9.2013 – 8 U 1510/12, AG 2014, 284, zitiert nach juris, Rn. 48, 72.
59 OLG Dresden, 26.9.2013 – 8 U 1510/12, zitiert nach juris, Rn. 49.
60 Vgl. *Göhring/Borsche/Thurner*, in: Habersack/Mülbert/Schlitt, Unternehmensfinanzierung, § 4 Rn. 48 f.

an die Aktionäre der Muttergesellschaft unentgeltlich erfolgt, sind die Aktionäre der Muttergesellschaft nach richtiger Ansicht grundsätzlich nicht ersatzberechtigt. Dies gilt ungeachtet des Umstands, dass die Aktionäre im Umfang des abgespaltenen Unternehmensanteils einen Substanzverlust bei der Muttergesellschaft hinnehmen müssen. Prospekthaftungsansprüche könnten daher nur von Anlegern geltend gemacht werden, die die Aktien innerhalb von sechs Monaten nach Einführung der Aktien im Sekundärmarkt entgeltlich erworben haben (vgl. zur Frist von sechs Monaten sogleich unter → Rn. 28 f.).[61] In der Praxis ist aber damit zu rechnen, dass zumindest ein erheblicher Teil der Aktionäre der Muttergesellschaft die erhaltenen Aktien der neuen Gesellschaft in diesem Zeitraum veräußern wird, sodass das Risiko des Emittenten, wegen Prospekthaftungsansprüchen in Anspruch genommen zu werden, nicht notwendigerweise geringer ist als bei einem „herkömmlichen" öffentlichen Angebot.

Für die Anspruchsberechtigung ist nicht erforderlich, dass der Anspruchsinhaber noch Inhaber des Wertpapiers ist. Mit dem Erwerb ist der Anspruch entstanden. Er geht nicht durch Veräußerung unter. Anspruchsinhaber aus der Prospekthaftung ist damit nicht nur der gegenwärtige Inhaber des Wertpapiers, sondern auch der **frühere Inhaber** im Falle einer Veräußerung, § 9 Abs. 2. Die Veräußerung ist freilich im Rahmen des Haftungsumfanges zu berücksichtigen (→ Rn. 89 f.).[62] Somit können eine Vielzahl von Anspruchsberechtigten nebeneinander stehen.[63] 27

c) *Ausschlussfrist, § 9 Abs. 1 Satz 1*

Weiter verlangt § 9 Abs. 1 Satz 1, dass das Erwerbsgeschäft nach Veröffentlichung des Prospekts und **innerhalb von sechs Monaten nach erstmaliger Einführung** der Wertpapiere abgeschlossen wurde. 28

Mit dieser Regelung hat der Gesetzgeber eine Frist bestimmt, innerhalb derer der Erwerb noch als auf dem Prospekt beruhend angesehen wird.[64] Bei Erwerb innerhalb der Frist wird die **haftungsbegründende Kausalität** (Erwerb aufgrund des Prospekts) indes nur **vermutet**, kann also durch den hierfür beweispflichtigen Anspruchsgegner widerlegt werden (→ § 12 Rn. 28 f.). Bei Erwerb außerhalb der Frist ist ein Anspruch dagegen zwingend ausgeschlossen.[65] Soweit der III. Senat in einem obiter dictum nach Ablauf der Sechsmonatsfrist eine Haftung aus der bürgerlich-rechtlichen Prospekthaftung im engeren Sinne erwogen hat, ist dem auch mit der jüngsten Rechtsprechung des XI. Senats zum Verhältnis von spezialgesetzlicher und bürgerlich-rechtlicher Prospekthaftung (→ § 16 Rn. 6, 22)[66] entgegenzutreten.[67] Die gesetzgeberische Intention des § 9 Abs. 1 Satz 1 würde ansonsten ignoriert. 29

---

61 Vgl. *Harrer/Carbonare/Fritsche*, BKR 2013, 309, 312.
62 *Mülbert/Steup*, in: Habersack/Mülbert/Schlitt, Unternehmensfinanzierung, § 41 Rn. 98; vgl. *Assmann*, in: Assmann/Schlitt/von Kopp-Colomb, Prospektrecht Kommentar, § 9 WpPG Rn. 104, 133 f.
63 Siehe auch *Kort*, AG 1999, 9, 12; *Mülbert/Steup*, in: Habersack/Mülbert/Schlitt, Unternehmensfinanzierung, § 41 Rn. 98; *Groß*, Kapitalmarktrecht, § 9 WpPG Rn. 89.
64 Vgl. nur *Wackerbarth*, in: Holzborn, WpPG, § 23 Rn. 59.
65 *Wackerbarth*, in: Holzborn, WpPG, § 23 Rn. 59.
66 BGH, 19.1.2021 – XI ZB 35/18, NZG 2021, 1073, 1074 Rn. 22; BGH, 14.6.2022 – XI ZB 33/19, NJW-RR 2022, 1412, 1414 Rn. 62.
67 BGH, 21.2.2013 – III ZR 139/12, WM 2013, 689, 689.

30 Die **Frist beginnt** mit erstmaliger Einführung der Wertpapiere, d.h. mit Aufnahme der Notierung der zugelassenen Wertpapiere im regulierten Markt der Börse, § 38 BörsG.[68] Innerhalb dieser Frist muss das Erwerbsgeschäft abgeschlossen sein.[69] Dabei wird hinsichtlich des Erwerbszeitpunkts auf den Zeitpunkt des Abschlusses des Verpflichtungsgeschäfts abgestellt, welches auf die Begründung der Verpflichtung zur Übertragung des (Mit-)Eigentums an den Wertpapieren gerichtet ist, da zu diesem Zeitpunkt der rechtsgeschäftliche Wille zum Erwerb der Wertpapiere erstmals nach außen erkenntlich wird.[70]

31 Zugleich muss der **Erwerb nach Prospektveröffentlichung** vorgenommen werden.[71] Der Anleger, der die Wertpapiere vor der Prospektveröffentlichung erworben hat, wird grundsätzlich nicht durch die gesetzliche Prospekthaftung geschützt. Nicht betroffen davon sind unter bestimmten Bedingungen sog. Cornerstone- und Anchor-Investoren, die sich vor Veröffentlichung des Prospekts zum Erwerb der Wertpapiere im Rahmen der Durchführung des öffentlichen Angebots verpflichtet haben. Denn ein Kaufvertrag kommt mit diesen erst nach Beginn des öffentlichen Angebots zustande.[72] Entscheidend ist die konkrete Möglichkeit zum Erwerb der Wertpapiere. Sie besteht, wenn der Interessent ein Angebot zum dinglichen Erwerb abgeben kann, welches der Anbieter durch einseitige Erklärung verbindlich annehmen kann.[73] Dies ist erst mit dem ersten Tag der Zeichnungsfrist im Rahmen des öffentlichen Angebots und damit nach Veröffentlichung des Prospekts möglich. In der Praxis werden darüber hinaus vertraglich mögliche Ansprüche aus allgemeiner bürgerlich-rechtlicher Prospekthaftung ausgeschlossen und Ansprüche aus spezialgesetzlicher Prospekthaftung eingeräumt.[74]

d) Inlandsbezug, § 9 Abs. 3

32 § 9 Abs. 3 enthält eine weitere Voraussetzung zur Anspruchsberechtigung für den Fall, dass der Emittent seinen tatsächlichen Verwaltungssitz im Ausland hat und die Wertpapiere auch im Ausland zugelassen sind. § 9 Abs. 3 stellt – wie oben (vgl. → vor §§ 8 ff. Rn. 13) bereits dargelegt – keine Kollisionsnorm, sondern eine **Sachnorm** dar.[75] Die Regelung beruht darauf, dass eine Anwendung des deutschen spezialgesetzlichen Prospekthaftungsrechts auf (rein) ausländische Sachverhalte unangemessen wäre.[76] **Ausländischen Emittenten** soll auf diese Weise die Sorge vor dem überraschenden Eingreifen des spezialgesetzlichen Haftungsregimes bei ausschließlich im Ausland erfolgenden Erwerbs-

---

68 *Mülbert/Steup*, in: Habersack/Mülbert/Schlitt, Unternehmensfinanzierung, § 41 Rn. 96.
69 *Ellenberger*, Prospekthaftung im Wertpapierhandel, S. 41; *Hamann*, in: Schäfer/Hamann, Kapitalmarktgesetze, §§ 44, 45 BörsG Rn. 125.
70 Begr. RegE 3. FMFG, BT-Drucks. 13/8933, S. 54, 77; allg. Meinung, siehe *Assmann*, in: Assmann/Schlitt/von Kopp-Colomb, Prospektrecht Kommentar, § 9 WpPG Rn. 100 m.w.N. in Fn. 301; *Pankoke*, in: Just/Voß/Ritz/Zeising, WpPG, 2009, §§ 44 BörsG, 13 VerkProspG Rn. 5; OLG Dresden, 26.9.2013 – 8 U 1510/12, AG 2014, 284, zitiert nach juris, Rn. 37.
71 Siehe bereits BGH, 12.7.1982 – II ZR 172/81, WM 1982, 867, zitiert nach juris Rn. 8 („Beton- und Monierbau").
72 *Schlitt/Landschein*, ZBB 2019, 103, 109.
73 Bekanntmachung des Bundesaufsichtsamts für den Wertpapierhandel zum VerkProspG v. 21.9.1999, S. 2.
74 *Schlitt/Landschein*, ZBB 2019, 103, 110.
75 *Mülbert/Steup*, in: Habersack/Mülbert/Schlitt, Unternehmensfinanzierung, § 41 Rn. 126.
76 Begr. RegE 3. FMFG, BT-Drucks. 13/8933, S. 54, 79.

vorgängen genommen werden.[77] Dabei bedeutet Zulassung „auch im Ausland" die gleichzeitige Zulassung auf einem dem deutschen organisierten Markt vergleichbaren ausländischen Markt,[78] mithin also auf einem geregelten Markt i. S. d. § 2 Nr. 8 WpPG i. V. m. Art. 2 lit. j ProspektVO.[79]

Weiter ist ein **Inlandsbezug** beim Erwerbsgeschäft erforderlich.[80] Dieser liegt nach dem Wortlaut des § 9 Abs. 3 dann vor, wenn die Wertpapiere entweder aufgrund eines im Inland abgeschlossenen Geschäfts (sog. Inlandsgeschäft)[81] oder aufgrund einer ganz oder teilweise im Inland erbrachten Wertpapierdienstleistung erworben wurden. Nach der Gesetzesbegründung zu § 44 Abs. 3 BörsG a. F. liegt ein **Inlandsgeschäft** dann vor, wenn die Wertpapiere durch ein börsliches oder außerbörsliches Geschäft im Inland erworben wurden.[82] Dies ist unstreitig beim Erwerb an einer deutschen Börse der Fall.[83] Wenn der Erwerb an einer ausländischen Börse erfolgt, der maßgebliche Prospekt aber in Deutschland von der BaFin gebilligt wurde und im Ausland über den Europäischen Wertpapierpass zur Anwendung kommt, wird vereinzelt ebenfalls ein Inlandsbezug (zum deutschen Recht) vermutet, da in diesem Fall die von dem in Deutschland gebilligten Prospekt ausgehende Anlagestimmung ihre maßgebliche Wirkung am Platzierungsmarkt entfalte.[84] Dies würde indes dem vertriebsbezogenen Ansatz der ProspektVO und zudem dem Sinn und Zweck von § 9 Abs. 3 widersprechen, der jedenfalls für Wertpapiere eines Auslandsemittenten **ausdrücklich auf den Ort des Geschäfts zum Erwerb der Wertpapiere** abstellt, und ist daher abzulehnen. Schwierigkeiten können sich bei der Beurteilung des Inlandsbezugs im Fall des außerbörslichen Direkterwerbs ergeben.[85] Maßgeblich sollte sein, ob der Erwerber aufgrund des fehlerhaften Prospekts dem Risiko einer Fehlentscheidung ausgesetzt

33

---

77 Begr. RegE 3. FMFG, BT-Drucks. 13/8933, S. 54, 79; *Mülbert/Steup*, in: Habersack/Mülbert/Schlitt, Unternehmensfinanzierung, § 41 Rn. 126.
78 *Wackerbarth*, in: Holzborn, WpPG, § 23 Rn. 62; *Bischoff*, AG 2002, 489, 494.
79 Richtlinie 2004/39/EG des Europäischen Parlaments und des Rates vom 21. April 2004 über Märkte für Finanzinstrumente, zur Änderung der Richtlinien 85/611/EWG und 93/6/EWG des Rates und der Richtlinie 2000/12/EG des Europäischen Parlaments und des Rates und zur Aufhebung der Richtlinie 93/22/EWG des Rates, ABl. Nr. L 145 vom 30.4.2004, S. 1.
80 *Groß*, Kapitalmarktrecht, § 9 WpPG Rn. 91; *Assmann/Kumpan*, in: Assmann/Schütze/Buck-Heeb, Handbuch des Kapitalanlagerechts, § 5 Rn. 174; *Hamann*, in: Schäfer/Hamann, Kapitalmarktgesetze, §§ 44, 45 BörsG Rn. 135; *Mülbert/Steup*, in: Habersack/Mülbert/Schlitt, Unternehmensfinanzierung, § 41 Rn. 126.
81 Zum Begriff des Inlandsgeschäfts ausführlich *Bischoff*, AG 2002, 489, 495 ff.; *Hamann*, in: Schäfer/Hamann, Kapitalmarktgesetze, §§ 44, 45 BörsG Rn. 135; vgl. auch *Assmann/Kumpan*, in: Assmann/Schütze/Buck-Heeb, Handbuch des Kapitalanlagerechts, § 5 Rn. 174.
82 *Wackerbarth*, in: Holzborn, WpPG, § 23 Rn. 62; *Mülbert/Steup*, in: Habersack/Mülbert/Schlitt, Unternehmensfinanzierung, § 41 Rn. 127; im Rahmen der Schaffung des § 21 WpPG wurde nach der Gesetzesbegründung (Begr. RegE Gesetz zur Novellierung des Finanzanlagenvermittler- und Vermögensanlagenrechts, BT-Drucks. 17/6051, S. 46) die Regelung des § 44 BörsG a. F. in den neuen § 21 WpPG lediglich übernommen, sodass die Gesetzesbegründung zum Dritten Finanzmarktförderungsgesetz weiterhin Anwendung finden kann.
83 *Wackerbarth*, in: Holzborn, WpPG, § 23 Rn. 63; *Mülbert/Steup*, in: Habersack/Mülbert/Schlitt, Unternehmensfinanzierung, § 41 Rn. 127; *Bischoff*, AG 2002, 489, 495.
84 *Wackerbarth*, in: Holzborn, WpPG, § 23 Rn. 63.
85 Siehe dazu ausführlich *Bischoff*, AG 2002, 489, 496.

war.[86] Dies ist insbesondere dann der Fall, wenn der Erwerber seinen gewöhnlichen Aufenthaltsort bzw. seine Niederlassung im Inland im Geltungsbereich des Prospekts hat.[87]

3. Fehlerhaftigkeit des Prospekts

34 Weitere (und entscheidende) Anspruchsvoraussetzung für eine Haftung nach §§ 9 ff. ist die Fehlerhaftigkeit des Prospekts. Der Prospekt ist dann fehlerhaft, wenn aus Sicht eines Anlegers (zum relevanten Anlegerbegriff (vgl. → Rn. 36 f.) zum maßgeblichen Beurteilungszeitpunkt **wesentliche Angaben im Prospekt unrichtig oder unvollständig** sind oder der Prospekt einen **falschen Gesamteindruck** vermittelt. Nach den §§ 9, 10 wird dabei nur für inhaltliche Fehler gehaftet. Bloße Prospektdarstellungsmängel im Sinne formaler oder stilistischer Unzulänglichkeiten lösen für sich genommen keine Haftung aus.[88] Werden beispielsweise die Anforderungen aus Art. 21 der ProspektVO an die Veröffentlichungsform nicht eingehalten, ist dies für eine Haftung nach den §§ 9, 10 unerheblich.[89]

35 Die **Billigung des Prospekts durch die BaFin**, oder im Falle der Unterrichtung nach Art. 25 ProspektVO der zuständigen Stelle eines anderen Mitgliedstaats des Europäischen Wirtschaftsraums, ist für die Beurteilung der Fehlerhaftigkeit **unerheblich**.[90] Die BaFin übernimmt mit der Billigung keine Gewähr für die inhaltliche Richtigkeit des Prospekts.[91] Im Prospekt ist ein entsprechender Hinweis aufzunehmen, dass die Billigung nicht als eine Befürwortung des Emittenten oder der Qualität der Wertpapiere erachtet werden sollte (vgl. VO (EU) 2019/980 Anhang 1 Punkt 1.5 und Anhang 11 Punkt 1.5).

a) Empfängerhorizont

36 Für die Beurteilung der Richtigkeit bzw. Vollständigkeit eines Prospekts nach § 9 ist in Ermangelung einer genaueren gesetzlichen Festlegung nach überkommener Auffassung der Empfängerhorizont maßgeblich.[92] Dieser bestimmt sich nach dem Adressatenkreis des Prospekts.[93] Wie die Bestimmung im Einzelnen vorzunehmen ist, ist freilich umstrit-

---

86 So auch *Hamann*, in: Schäfer/Hamann, Kapitalmarktgesetze, §§ 44, 45 BörsG Rn. 135; *Mülbert/Steup*, in: Habersack/Mülbert/Schlitt, Unternehmensfinanzierung, § 41 Rn. 127.
87 *Wackerbarth*, in: Holzborn, WpPG, § 23 Rn. 64; *Mülbert/Steup*, in: Habersack/Mülbert/Schlitt, Unternehmensfinanzierung, § 41 Rn. 127; *Bischoff*, AG 2002, 489, 495 ff.
88 *Groß*, Kapitalmarktrecht, § 9 WpPG Rn. 86.
89 *Mülbert/Steup*, in: Habersack/Mülbert/Schlitt, Unternehmensfinanzierung, § 41 Rn. 35; einschränkend *Assmann/Kumpan*, in: Assmann/Schütze/Buck-Heeb, Handbuch des Kapitalanlagerechts, § 5 Rn. 148 m. w. N., nach denen eine unzureichende Gestaltung des Prospekts zu einem unzutreffenden Gesamteindruck führen kann.
90 *Mülbert/Steup*, in: Habersack/Mülbert/Schlitt, Unternehmensfinanzierung, § 41 Rn. 51; BGH, 18.9.2012 – XI ZR 344/11, WM 2012, 2147, 2153; *Groß*, Kapitalmarktrecht, § 9 Rn. 51; *Ellenberger*, FS Schminansky, 1999, S. 591, 595; *Ehricke*, in: Hopt/Voigt, Prospekt- und Kapitalmarktinformationshaftung, S. 187, 225.
91 Begr. RegE Prospektrichtlinie-Umsetzungsgesetz, BT-Drucks. 15/4999, S. 34.
92 *Assmann/Kumpan*, in: Assmann/Schütze/Buck-Heeb, Handbuch des Kapitalanlagerechts, § 5 Rn. 139; *Groß*, Kapitalmarktrecht, § 9 WpPG Rn. 53.
93 BGH, 18.9.2012 – XI ZR 344/11, NZG 2012, 1262, 1265 („Wohnungsbau Leipzig-West"); *Habersack*, in: Habersack/Mülbert/Schlitt, Kapitalmarktinformation, § 28 Rn. 14; kritisch zur Möglichkeit der Einflussnahme des Emittenten auf den Haftungsmaßstab durch entsprechende Adressierung; *Casper*, in: HGB (Großkommentar), § 161 Rn. 157.

ten. Die Ansichten reichen von dem Beurteilungsmaßstab eines „Fachmannes"[94] bis hin zu dem eines „unkundigen Kleinaktionärs".[95] Nach ständiger Rechtsprechung des BGH ist auf die **Kenntnisse** und Erfahrungen **eines durchschnittlichen Anlegers** abzustellen.[96] Unbestritten ist, dass es hierbei nicht um die subjektive Sicht eines einzelnen Anlegers geht, sondern eine **typisierende Betrachtungsweise** zugrunde gelegt werden muss. Weitere Einzelheiten sind indes nach wie vor nicht vollständig geklärt. Für einen durchschnittlichen Anleger hielt der BGH zunächst denjenigen, der eine Bilanz zu lesen verstehe, aber nicht unbedingt mit den in Fachkreisen gebräuchlichen Schlüsselbegriffen vertraut sei.[97] Später betonte der BGH, dass der Anleger den gesamten Prospekt sorgfältig und aufmerksam zu lesen habe.[98] Abzustellen sei demnach auf die Kenntnisse und Erfahrungen eines kritischen sowie aufmerksamen durchschnittlichen Anlegers.[99] Diese Ansicht wurde durch eine Reihe weiterer Urteile bestätigt.[100] Ein durchschnittlicher Anleger, der nicht in der Lage ist, eine Bilanz zu lesen, wurde daher folgerichtig auf die sachkundige Hilfe Dritter verwiesen.[101] Diese Rechtsprechung hat allerdings insoweit Kritik erfahren, als dass Laien Bilanzen meist nicht (richtig) lesen könnten und somit die Anforderungen an einen durchschnittlichen Anleger verbraucherunfreundlich zu hoch angesetzt wür-

---

94 Etwa LG Düsseldorf, 24.10.1980 – 1O 148/80, WM 1981, 102, 106; *Wittmann*, DB 1980, 1579, 1583; vom „professionellen Anleger" sprechend *Schöneberger*, Ökonomische Analyse der Notwendigkeit und Effizienz des börsengesetzlichen Haftungsregimes, 2000, S. 121 ff.; *Watter*, AJP 1992, 48, 55.
95 Vgl. nur Nachw. bei *Assmann/Kumpan*, in: Assmann/Schütze/Buck-Heeb, Handbuch des Kapitalanlagerechts, § 5 Rn. 139 Fn. 394; *Wunderlich*, DStR 1975, 688, 690; *Assmann*, in: Assmann/Lenz/Ritz, VerkProspG, § 13 Rn. 23; *Fleischer*, Gutachten F zum 64. Deutschen Juristentag 2002, F 42 f.; *Ellenberger*, Prospekthaftung im Wertpapierhandel, S. 34; *Hamann*, in: Schäfer/Hamann, Kapitalmarktgesetze, §§ 44, 45 BörsG Rn. 190; *Wienecke*, NZG 2012, 1420, 1421; *Heidelbach*, in: Schwark/Zimmer, KMRK, § 9 WpPG Rn. 15.
96 BGH, 22.2.2005 – XI ZR 359/03, WM 2005, 782, 784; BGH, 14.6.2007 – III ZR 300/05, WM 2007, 1507; BGH, 17.4.2008 – III ZR 227/06, NJOZ 2008, 2685, 2687.
97 BGH, 12.7.1982 – II ZR 175/81, WM 1982, 862, 865 („Beton- und Monierbau"); OLG Düsseldorf, 15.4.1984 – 6 U 239/82, WM 1984, 586, 593 f.; OLG Frankfurt, 1.2.1994 – 5 U 213/92, WM 1994, 291, 295 („Bond-Anleihen"); OLG Frankfurt, 6.7.2004 – 5U 122/03, ZIP 2004, 1411, 1414; LG Frankfurt, 7.10.1997 – 3/11 O 44/96, WM 1998, 1181, 1184; *Ehricke*, in: Hopt/Voigt, Prospekt- und Kapitalmarktinformationshaftung, S. 187, 220; einschränkend auch *Assmann*, in: Assmann/Schlitt/von Kopp-Colomb, Prospektrecht Kommentar, § 9 WpPG Rn. 35 f.
98 BGH, 31.3.1992 – XI ZR 70/91, WM 1992, 901, 904.
99 BGH, 12.7.1982 – II ZR 175/81, WM 1982, 862, 863 („Beton- und Monierbau") (anders noch die Vorinstanz OLG Düsseldorf, 14.7.1981 – 6 U 259/80, WM 1981, 960, 964 f.: „kundiger Prospektleser"); BGH, 22.2.2005 – XI ZR 359/03, WM 2005, 782, 784 (Angaben müssen „einem durchschnittlichen Anleger, nicht einem flüchtigen Leser" verständlich sein); BGH, NZG 2007, 660; BGH, 17.4.2008 – III ZR 227/06, NJOZ 2008, 2685, 2687 (dabei dürfen die Prospektverantwortlichen allerdings eine sorgfältige und eingehende Lektüre des Prospekts bei den Anlegern voraussetzen); BGH, 14.6.2007 – III ZR 125/06, ZIP 2007, 1993, 1993; *Kumpan*, in: Hopt, HGB, § 9 WpPG Rn. 5; BGH, 23.4.2012 – II ZR 75/10, WM 2012, 1293, 1294.
100 BGH, 6.3.2008 – III ZR 298/05, NJW-RR 2008, 1365, 1366; BGH, 17.4.2008 – III ZR 227/06, NJOZ 2008, 2685, 2687 Rn. 8 („Filmfonds"); BGH, 23.10.2012 – II ZR 294/11, NZG 2013, 344, 345 Rn. 12; BGH, 14.6.2007 – III ZR 125/06, ZIP 2007, 1993, 1993; BGH, 28.2.2008 – III ZR 149/07, VuR 2008, 178; BGH, 21.10.2014 – XI ZB 12/12, NZG 2015, 20, 23 („Telekom III").
101 *Zech/Hanowski*, NJW 2013, 510, 511; OLG Frankfurt, 6.7.2004 – 5 U 122/03, ZIP 2004, 1411, 1414.

den.[102] Im Fall „Deutsche Telekom III"[103] scheint der BGH die Anforderungen wieder abgesenkt zu haben, weil die Verwendung des etwas unpräzisen Begriffs „Verkauf" für eine konzerninterne Übertragung einer Beteiligung an einer Tochtergesellschaft nach seiner Ansicht einen Prospektmangel darstellt, obwohl einem aufmerksamen und durchschnittlichen Anleger nicht entgangen sein dürfte, dass noch im selben Satz „innerhalb der Deutsche Telekom Gruppe" steht und kurz danach erläutert wird, dass der Vorgang keine Auswirkungen auf das Konzernergebnis hatte (siehe auch → Rn. 45).[104]

37 Im Hinblick auf den maßgeblichen Adressatenkreis nahm der BGH eine **Differenzierung** zwischen Börsenzulassungsprospekten und reinen Verkaufsprospekten für Wertpapiere, die nicht an der Börse gehandelt werden, vor.[105] Für die erste Fallgruppe bestätigte der BGH seine bisherige Rechtsprechung: Bei einem Anleger, der sich für ein börsengehandeltes Produkt entscheidet, sei auch dessen Börsenkundigkeit zu unterstellen.[106] Etwas anderes soll für die zweite Fallgruppe, in der Wertpapiere außerbörslich mit einem Prospekt vertrieben werden, der sich auch an das unkundige und börsenunerfahrene Publikum richtet, gelten. Hier könne von einem durchschnittlichen (Klein-)Anleger nicht erwartet werden, dass er eine Bilanz lesen könne.[107] Der Empfängerhorizont richte sich in einem solchen Fall nach den Fähigkeiten und Erkenntnismöglichkeiten eines „durchschnittlichen (Klein-)Anlegers, der sich allein anhand der Prospektangaben über die Kapitalanlage informiert und über keinerlei Spezialkenntnisse verfügt."[108] Diese Unterscheidung ist mit Stellungnahmen in der Literatur abzulehnen.[109] Die Prospektdarstellung sollte auf ein vernünftiges Maß beschränkt werden, ein gewisses grundlegendes Verständnis von Bilanzen sollte daher erwartet werden können, wenn sich ein Anleger mit der Entscheidung zur Investition in ein Wertpapier trägt.[110] Es handelt sich zudem um eine künstliche Aufspaltung, die im Gegensatz zur gesetzgeberischen Wertung steht.[111] Denn seit der Verlagerung des Prospekthaftungsrechts von VerkProspG und BörsG in das WpPG wird grundsätzlich nicht mehr zwischen Verkaufsprospekten und Börsenzulassungsprospekten unterschie-

---

102 Gegen die Annahme der Bilanzkundigkeit des durchschnittlichen Anlegers, *Assmann*, in: Assmann/Schlitt/von Kopp-Colomb, Prospektrecht Kommentar, § 9 WpPG Rn. 36; *Heidelbach*, in: Schwark/Zimmer, KMRK, § 9 WpPG Rn. 15; dem tritt das OLG Frankfurt, 6.7.2004 – 5 U 122/03, ZIP 2004, 1411, 1414, entgegen.
103 BGH, 21.10.2014 – XI ZB 12/12, NZG 2015, 20, 33 f. („Telekom III").
104 Zu Recht kritisch mit ausführlicher Darstellung *Gillessen/Krämer*, in: Marsch-Barner/Schäfer, Handbuch börsennotierte AG, § 10 Rn. 425 („Verschiebung [...] zugunsten eines unverständigen Anlegers").
105 *Möllers/Steinberger*, NZG 2015, 329, 331.
106 BGH, 18.9.2012 – XI ZR 344/11, NZG 2012, 1262, 1265 („Wohnungsbau Leipzig-West"); im Anschluss an BGH, 12.7.1982 – II ZR 175/81, WM 1982, 862, 863 („Beton- und Monierbau"); siehe dazu *Zech/Hanowski*, NJW 2013, 510, 511; *Singhof*, RdF 2013, 76, 76.
107 BGH, 18.9.2012 – XI ZR 344/11, NZG 2012, 1262, 1265 („Wohnungsbau Leipzig-West").
108 BGH, 18.9.2012 – XI ZR 344/11, NZG 2012, 1262, 1265 („Wohnungsbau Leipzig-West"); zustimmend *Habersack*, in: Habersack/Mülbert/Schlitt, Kapitalmarktinformation, § 28 Rn. 15, und *Nobbe*, WM 2013, 193, 194; *Wieneke*, NZG 2012, 1420, 1421.
109 *Zech/Hanowski*, NJW 2013, 510, 510 ff.; *Singhof*, RdF 2013, 76, 76; *Wienecke*, NZG 2012, 1420, 1421.
110 *Singhof*, RdF 2013, 76, 77; *ders.*, in: MünchKomm-HGB, Bd. 6, Emissionsgeschäft Rn. 292.
111 *Singhof*, RdF 2013, 76, 77; *Zech/Hanowski*, NJW 2013, 510, 511; *Wienecke*, NZG 2012, 1420, 1421, geht davon aus, dass die §§ 3, 5 f. WpPG zudem ein einheitliches Prospektrecht für öffentliche Angebote und die Zulassung vorgeben.

den.[112] Vielmehr findet sich sowohl in der ProspektVO als auch im WpPG der umfassende Begriff „Prospekt". Das WpPG schreibt zudem die entsprechende Anwendung der Prospekthaftung nach § 9 auf „sonstige" Prospekte nach Maßgabe von § 10 vor. Die Unterscheidung zöge zudem die Gefahr einer Überfrachtung des Prospekts mit zu detaillierten Erklärungen zu grundlegenden Rechnungslegungsgrundsätzen nach sich.[113]

Richtigerweise sollte daher **einheitlich** auf einen **verständigen Anleger**, der über einen „Grundstock an Vorwissen und ein Mindestmaß an Deutungsdiligenz" verfügt, abgestellt werden.[114] Der Verständnishorizont des Anlegers ist auf der Grundlage der europarechtlichen Vorgaben zu bestimmen.[115]

38

Gleichwohl hat sich bisher weder aus der ProspektRL noch der ProspektVO ein **einheitliches europäisches Anlegerbild** ergeben, das eine Konkretisierung des Anlegerhorizonts wesentlich erleichtert.[116] So schreibt Art. 6 Abs. 2 der ProspektVO vor, dass alle erforderlichen Informationen im Prospekt „in leicht zu analysierender, knapper und verständlicher Form geschrieben und präsentiert" werden müssen. Die Erwägungsgründe 27 und 54 der ProspektVO sowie die entsprechenden ESMA Guidelines[117] betonen, dass ein Prospekt keine Informationen enthalten sollte, die nicht wesentlich oder für den Emittenten und die betreffenden Wertpapiere nicht spezifisch sind, da dies die für die Anlageentscheidung relevanten Informationen verschleiern und so den Anlegerschutz unterlaufen könnte. Auch die BaFin legt im Prospektbilligungsverfahren einen Fokus auf die Spezifität der Risikofaktoren. Art. 37 VO (EU) 2019/980 regelt weitere formelle und dem besseren Verständnis dienende Kriterien für die Prüfung der Verständlichkeit der im Prospekt enthaltenen Angaben. Diese Vorgaben werden in der Prospektbilligungspraxis der BaFin gründlich geprüft. Das soll dem Adressaten ein fundiertes Urteil über die Vermögenswerte und Verbindlichkeiten, die Finanzlage, die Gewinne und Verluste und die Zukunftsaussichten des Emittenten ermöglichen (Art. 37 VO (EU) 2019/980).[118] Auch insoweit ist die **Verständlichkeit und Analysierbarkeit** für das Publikum maßgeblich. Die Informationen müssen folglich nach den Fähigkeiten und Bedürfnissen der Anleger aufbereitet werden.[119] Dabei ist auf eine „einfache" und **„allgemeinverständliche Sprache"** zu ach-

39

---

112 *Möllers/Steinberger*, NZG 2015, 329, 331.
113 *Zech/Hanowski*, NJW 2013, 510, 511.
114 Vorschlag von *Fleischer*, Gutachten DJT 2002, Gutachten F, S. 44 f.; zustimmend: *Casper*, in: HGB (Großkommentar), § 161 Rn. 157; *Groß*, Kapitalmarktrecht, § 9 WpPG Rn. 53; *Heidelbach*, in: Schwark/Zimmer, KMRK, § 9 WpPG Rn. 15; *Pankoke*, in: Just/Voß/Ritz/Zeising, WpPG, 2009, §§ 44, 13 VerkProspG Rn. 39; *Hamann*, in: Schäfer/Hamann, Kapitalmarktgesetze, §§ 44, 45 BörsG Rn. 192.
115 OLG Frankfurt, 21.6.2011 – 5 U 103/10, AG 2011, 920, 921, Rn. 35.
116 So etwa angedeutet für Neufälle mit Blick auf eine europarechtskonforme Auslegung in OLG Frankfurt, 21.6.2011 – 5 U 103/10, AG 2011, 920, 921; vgl. zudem *Möllers/Steinberger*, NZG 2015, 329, 335, die der Auffassung sind, dass die Frage der Sachkundeanforderung an die Anleger nach der Rechtsprechung des BGH weiterhin ungeklärt sei.
117 ESMA, Guidelines on disclosure requirements under the Prospectus Regulation, 4.3.2021, ESMA32-382-1138, Ziff. 5.1, S. 10.
118 *Schwark*, FS 200 Jahre Juris. Fakultät der Humboldt-Universität zu Berlin, S. 1110; *Assmann/Kumpan*, in: Assmann/Schütze/Buck-Heeb, Handbuch des Kapitalanlagerechts, § 5 Rn. 140.
119 Vgl. auch *Schindele*, Der Grundsatz der Prospektverständlichkeit, 2007, S. 122; *Müller*, § 21 WpPG Rn. 7.

ten.[120] Diesen Anforderungen kann etwa durch den Gebrauch kurzer Sätze oder durch die Vermeidung von Passivkonstruktionen Genüge getan werden (siehe Art. 37 VO (EU) 2019/980). Sie sind dagegen nicht erfüllt, wenn der Anleger zunächst verschiedene Prospektangaben abgleichen und diverse Rechengänge vornehmen muss.[121] Es ist allerdings nicht Aufgabe des Prospekts, eine individuelle Anlageberatung und eine eigene Risikoeinschätzung (gänzlich) zu ersetzen; völlig unbedarfte Anleger sollten von einer Investition Abstand nehmen, bevor sie sich gewisse Grundkenntnisse angeeignet haben. Diese mitzuliefern kann nicht Aufgabe des Prospekts sein.[122]

b) Beurteilungszeitpunkt

40 Maßgeblicher Zeitpunkt für die Beurteilung der Fehlerhaftigkeit des Prospekts ist der **Zeitpunkt der Billigung** durch die BaFin, die Voraussetzung für die Veröffentlichung ist.[123] In früherer Rechtsprechung wurde zum Teil vereinzelt auf den späteren Zeitpunkt der Veröffentlichung abgestellt.[124] Dagegen spricht jedoch die Nachtragspflicht nach Art. 23 ProspektVO, die ab dem Billigungszeitpunkt besteht, denn diese impliziert, dass nur bis zur Prospektbilligung eintretende Umstände in die Antragsfassung des Prospekts einzuarbeiten sind.[125] Ohnehin kommt eine Prospekthaftung auch dann in Betracht, wenn wesentliche neue Umstände, die nach Billigung des Prospekts und vor Schluss des öffentlichen Angebots oder vor Einführung oder Einbeziehung in den Handel eingetreten sind, nicht in einem (gebilligten) Nachtrag zum Prospekt offengelegt werden.[126]

41 Für die Beurteilung der Richtigkeit und Vollständigkeit eines Prospekts zum Billigungszeitpunkt sind Erkenntnisse außer Acht zu lassen, die erst nach diesem Zeitpunkt eingetreten sind und den Prospektverantwortlichen noch nicht bekannt sein konnten (**Ex-ante-Betrachtung**).[127]

---

120 Vgl. Art. 37 Abs. 1 lit. g Erwägungsgrund 30 der ProspektVO für die Zusammenfassung; dazu auch *Ehricke*, in: Hopt/Voigt, S. 220; *Assmann/Kumpan*, in: Assmann/Schütze/Buck-Heeb, Handbuch des Kapitalanlagerechts § 5 Rn. 141.
121 *Mülbert/Steup*, in: Habersack/Mülbert/Schlitt, Unternehmensfinanzierung, § 41 Rn. 39; BGH, 18.9.2012 – XI ZR 344/11, WM 2012, 2150 ff.
122 *Assmann/Kumpan*, in: Assmann/Schütze/Buck-Heeb, Handbuch des Kapitalanlagerechts, § 5 Rn. 141; *Koester*, ZfGK 1983, 698, 701; *Köndgen*, AG 1983, 85, 96 ff.; *Mülbert/Steup*, in: Habersack/Mülbert/Schlitt, Unternehmensfinanzierung, § 41 Rn. 39; OLG Frankfurt, 6.7.2004 – 5 U 122/03, ZIP 2004, 1411, 1412.
123 So auch *Assmann/Kumpan*, in: Assmann/Schütze/Buck-Heeb, Handbuch des Kapitalanlagerechts, § 5 Rn. 135; *Habersack*, in: Habersack/Mülbert/Schlitt, Kapitalmarktinformation, § 28 Rn. 23; *Groß*, Kapitalmarktrecht, § 9 Rn. 56.
124 OLG Frankfurt, 1.2.1994 – 5 U 213/92, WM 1994, 291, 292 („Bond-Anleihen").
125 Vgl. *Habersack*, in: Habersack/Mülbert/Schlitt, Kapitalmarktinformation, § 28 Rn. 23; *Groß*, Kapitalmarktrecht, § 9 Rn. 56; *Assmann*, in: Assmann/Schlitt/von Kopp-Colomb, Prospektrecht Kommentar, § 9 WpPG Rn. 39.
126 Vgl. auch *Habersack*, in: Habersack/Mülbert/Schlitt, Kapitalmarktinformation, § 28 Rn. 24.
127 Vgl. BGH, 21.3.2006 – XI ZR 63/05, NJW 2006, 2041, Rn. 12; *Assmann*, in: Assmann/Schlitt/von Kopp-Colomb, Prospektrecht Kommentar, § 9 WpPG Rn. 39; *Assmann/Kumpan*, in: Assmann/Schütze/Buck-Heeb, Handbuch des Kapitalanlagerechts, § 5 Rn. 135.

c) Wesentliche Angaben unrichtig oder unvollständig

Die Haftung nach § 9 Abs. 1 Satz 1 setzt voraus, dass für die Beurteilung der Wertpapiere **wesentliche Angaben unrichtig oder unvollständig** sind.

42

aa) Angaben

Angaben im Sinne von § 9 Abs. 1 Satz 1 sind zunächst alle im Prospekt enthaltenen **Tatsachen**.[128] Gemeint sind alle der äußeren Wahrnehmung und damit dem Beweis zugänglichen Geschehnisse oder Zustände der Gegenwart und Vergangenheit.[129] Nach mittlerweile ganz h. M. erfasst sind darüber hinaus auch **Meinungen, Werturteile** und **zukunftsbezogene Informationen**, insbesondere Prognosen und Aussagen über künftige Vorhaben.[130] Die Weiterung ist ohne Weiteres gerechtfertigt, da zum einen Werturteile und Prognosen ihrerseits bestimmte Tatsachen voraussetzen, weshalb eine trennscharfe Unterscheidung der Begriffe ohnehin kaum möglich ist.[131] Zum anderen soll der Prospekt gerade nicht nur Beschreibung des Ist-Zustands und der vergangenen drei Jahre sein, sondern auch und insbesondere ein Urteil über die Zukunftsaussichten des Emittenten ermöglichen (vgl. etwa Ziff. 5.4, 7.1.4 Anhang I VO (EU) 2019/980).[132] Für Anleger haben in der Regel gerade diese Angaben bei ihrer Anlageentscheidung besondere Bedeutung.[133] Umgekehrt müssen diese dann auch in den Anwendungsbereich der Prospekthaftung fallen.

43

bb) Unrichtigkeit

Der Prospekt ist unrichtig, wenn die Angaben **nicht der Wahrheit entsprechen**, also gegebene Umstände als nicht gegeben oder nicht gegebene als gegeben bezeichnet werden.[134] Bei der Unrichtigkeit von Werturteilen und Prognosen ist entscheidend, ob diese (im Zeitpunkt der Prospektbilligung) durch die zugrunde liegenden Tatsachen gerechtfertigt und kaufmännisch vertretbar sind.[135] Der **Gesamteindruck** des Prospekts ist unrich-

44

---

128 Siehe *Groß*, Kapitalmarktrecht, § 9 WpPG Rn. 52; *Wackerbarth*, in: Holzborn, WpPG, § 23 Rn. 69; *Assmann*, in: Assmann/Schlitt/von Kopp-Colomb, Prospektrecht Kommentar, § 9 WpPG Rn. 44; *Mülbert/Steup*, in: Habersack/Mülbert/Schlitt, Unternehmensfinanzierung, § 41 Rn. 40.
129 *Wackerbarth*, in: Holzborn, WpPG, § 23 Rn. 69; HessVGH, 16.3.1998 – 8 TZ 98/98, AG 1998, 436, 436; *Groß*, Kapitalmarktrecht, § 9 WpPG Rn. 52.
130 So dürfen beispielsweise unsichere Projekte, Absatz- oder Geschäftserwartungen nicht als bereits abgeschlossen oder gesichert dargestellt werden. Grundlegend BGH, 12.7.1982 – II ZR 172/81, WM 1982, 862, 865 („Beton- und Monierbau"); vgl. auch *Singhof*, in: MünchKomm-HGB, Bd. 6, Emissionsgeschäft, Rn. 292; *Groß*, Kapitalmarktrecht, § 9 WpPG Rn. 52; *Wackerbarth*, in: Holzborn, WpPG, § 23 Rn. 69; *Assmann*, in: Assmann/Schlitt/von Kopp-Colomb, Prospektrecht Kommentar, § 9 WpPG Rn. 44; *Mülbert/Steup*, in: Habersack/Mülbert/Schlitt, Unternehmensfinanzierung, § 41 Rn. 40.
131 *Groß*, Kapitalmarktrecht, § 9 WpPG Rn. 52.
132 *Singhof*, in: MünchKomm-HGB, Bd. 6, Emissionsgeschäft, Rn. 292.
133 Hierzu BGH, 12.7.1982 – II ZR 172/81, WM 1982, 862, 865 („Beton- und Monierbau"); *Hamann*, in: Schäfer/Hamann, Kapitalmarktgesetze, §§ 44, 45 BörsG Rn. 140; *Hauptmann*, in: Vortmann, Prospekthaftung und Anlageberatung, § 3 Rn. 65.
134 *Habersack*, in: Habersack/Mülbert/Schlitt, Kapitalmarktinformation, § 28 Rn. 18.
135 Vgl. *Singhof*, in: MünchKomm-HGB, Bd. 6, Emissionsgeschäft, Rn. 292; *Mülbert/Steup*, in: Habersack/Mülbert/Schlitt, Unternehmensfinanzierung, § 41 Rn. 43; *Groß*, Kapitalmarktrecht, § 9 WpPG Rn. 57.

tig, wenn die im Prospekt wiedergegebenen Tatsachen, Werturteile und Prognosen ein nicht wahrheitsgetreues, nicht vollständiges oder nicht realistisches Gesamtbild des Emittenten, seiner Vermögens-, Ertrags- und Liquiditätslage abgeben.[136]

45 Eine **Unrichtigkeit des Prospekts** hat die Rechtsprechung beispielsweise in folgenden Fällen angenommen:[137]

– **Bezeichnung der Übertragung eines Aktienpakets als „Verkauf"**, obwohl die Aktien nicht im Wege eines Drittgeschäfts veräußert wurden (d. h. weder eine Kaufpreiszahlung noch eine Kaufpreisforderung gegenüber einem konzernfremden Dritten erlangt wurde), sondern lediglich eine konzerninterne Umhängung der Beteiligung auf eine 100%ige Tochtergesellschaft erfolgte.[138] Dabei vermag nach Ansicht des BGH auch die Klarstellung, dass der Verkauf „konzernintern" („innerhalb der Deutsche Telekom Gruppe") erfolgte, die Unrichtigkeit des Prospekts nicht zu beseitigen, solange nicht deutlich gemacht wird, dass infolge dieser konzerninternen Übertragung der Emittent (indirekt über den Beteiligungswert seiner nunmehr die Anteile haltenden Tochtergesellschaft) weiterhin das Risiko eines Kursverlustes der übertragenen Aktien mit allen dividendenrelevanten Abschreibungsrisiken trägt.[139] Überzeugend ist dies freilich nicht, da auch die gewählte Darstellung zusammen mit den weiteren Erläuterungen für den aufmerksamen und durchschnittlichen Anleger ohne Weiteres erkennen ließ, dass die Risiken des Aktienpakets im Konzern verblieben (siehe oben → Rn. 36).
– Angabe von **Abonnentenzahlen** ohne Hinweis darauf, dass die im Prospekt genannten Zahlen auch sog. indirekte Abonnenten (deren Verträge über dritte Parteien abgewickelt werden) und Abonnenten, deren Vertrag bereits beendet ist und die auch keine Gebühren mehr entrichten, berücksichtigen.[140] Insgesamt ist bei abonnentenbasierten Geschäftsmodellen auf eine möglichst präzise Definition des Abonnentenbegriffs zu achten. Zu Alternative Performance Measures (vgl. auch → Rn. 55).
– **Verschleierung** der allein durch Rücklagenauflösung ausgeglichenen Verluste.[141]
– Fehlender Hinweis im Prospekt, dass eine **Refinanzierung** von Anleihen (ganz oder zum Teil) nur durch die Ausgabe neuer Anleihen bewerkstelligt werden kann.[142]

---

136 BGH, 12.7.1982 – II ZR 172/81, WM 1982, 862, 862 („Beton- und Monierbau"); *Groß*, Kapitalmarktrecht, § 9 WpPG Rn. 57 m. w. N.
137 Für weitere Beispiele siehe *Wackerbarth*, in: Holzborn, WpPG, § 23 Rn. 73.
138 BGH, 21.10.2014 – XI ZB 12/12, NZG 2015, 20, 33 f. Rn. 118, 120 („Telekom III"); dazu auch *Holzborn/Mähner*, DB 2015, 2375, 2376 f.; *Gillessen/Krämer*, in: Marsch-Barner/Schäfer, Handbuch börsennotierte AG, § 10 Rn. 425.
139 Nach Ansicht des BGH hätten dementsprechend „die wirtschaftlichen Folgen und die bilanzrechtlichen Risiken für den Einzelabschluss des Emittenten durch eine richtige und vollständige Darstellung aufgezeigt werden [müssen]", vgl. BGH, 21.10.2014 – XI ZB 12/12, NZG 2015, 20, 33 f. („Telekom III").
140 Vgl. die Ausführungen im Wertpapierprospekt der Sky Deutschland AG vom 21.1.2013. Gegen die damals noch als Premiere AG firmierende Gesellschaft wurden vor dem Landgericht München eine Reihe von Prospekthaftungsklagen eingereicht, denen vereinzelt stattgegeben wurde. Die übrigen Klagen wurden abgewiesen.
141 BGH, 12.7.1982 – II ZR 175/81, WM 1982, 862, 863 („Beton- und Monierbau").
142 LG Nürnberg, 27.3.2014 – 6 O 5383/13, BeckRS 2014, 01145, 01145.

– Fehlender Hinweis auf die mögliche **Erteilung nachteiliger Weisungen** durch eine Konzernmutter an ihre Tochtergesellschaft und die damit verbundene (erhöhte) Gefahr, dass an die Konzerntochtergesellschaft gezahlte Anlegergelder zurückgezahlt werden müssen.[143]
– Fehlender Hinweis auf geplante Errichtung von weiteren 600 Kfz-Stellplätzen und Nichtvorliegen entsprechender baurechtlicher Genehmigungen bzw. entsprechendem Rechtsanspruch auf Genehmigungserteilung.[144]

Keine Unrichtigkeit des Prospekts hat das OLG Frankfurt am Main hingegen angenommen, wenn ein im Zeitpunkt der Prospektbilligung bereits geplanter Unternehmenserwerb zwar für den Emittenten bedeutsam, aber der Ausgang der Verhandlungen noch nicht mit hinreichender Sicherheit absehbar ist.[145] In diesem Fall soll eine Beschreibung der künftigen Akquisitionsstrategie des Emittenten genügen. Wie detailliert eine gegebenenfalls bereits geplante Transaktion im Rahmen dieser Strategiebeschreibung im Prospekt bereits angelegt sein muss, ist in der Regel eine Frage des Einzelfalls und sorgfältig zu prüfen. Dabei ist neben der Größe der Transaktion zu berücksichtigen, wie diese finanziert werden soll und wie sehr sie sich in das Unternehmen einfügt. Feste Regeln, z. B. bezüglich einer „Schamfrist" zwischen Prospektbilligung und Bekanntgabe einer Transaktion, sind zu pauschal und daher abzulehnen.

46

Bei der **Bewertung von Immobilien** ist angesichts der systemimmanenten Ungenauigkeiten ein relativ großer Spielraum anzuerkennen.[146] Eine Grundstücksbewertung ist regelmäßig mit Unschärfen behaftet und deshalb nicht fehlerhaft, solange sich das Bewertungsergebnis im Rahmen zulässiger Toleranzen bewegt. Während in der höchstrichterlichen Rechtsprechung bei der Verkehrswertermittlung Schwankungsbreiten von 18 % bis 20 % als unvermeidbar und daher als noch vertretbar angesehen werden,[147] akzeptiert die Literatur zum Teil noch höhere Abweichungen (bis zu 30 %).[148] Wo im Einzelfall die Grenze zu ziehen ist, muss auch insoweit der tatrichterlichen Beurteilung überlassen bleiben.[149] Jedoch ist, insbesondere wenn das Vermögen des Emittenten zu einem nicht unerheblichen Teil aus Immobilien besteht, der Wert des Immobilienvermögens als Bilanzposition im Prospekt formal zutreffend auszuweisen und zu erläutern – und zwar sowohl in

47

---

143 BGH, 18.9.2012 – XI ZR 344/11, NZG 2012, 1262, 1265 („Wohnungsbau Leipzig-West"); zu einem weiteren Fall aus diesem Komplex vgl. OLG Dresden, 26.9.2013 – 8 U 1510/12, zitiert nach juris, Rn. 30.
144 BGH, 21.2.2021, XI ZR 191/17, WM 2021, 2042, Rn. 24 ff.
145 OLG Frankfurt, 16.5.2012 – 23 Kap 1/06, zitiert nach juris, Rn. 37 f. („Telekom III"); der Vorwurf seitens des Musterklägers, die Deutsche Telekom AG hätte den bereits im Zeitpunkt der Prospektbilligung geplanten Erwerb der VoiceStream Wireless Corp. für 55,7 Mrd. USD im Prospekt offenlegen müssen, wurde im anschließenden BGH-Verfahren nicht mehr aufgegriffen und ist daher auch nicht Gegenstand des BGH-Beschlusses (vgl. BGH, 21.10.2014 – XI ZB 12/12, NZG 2015, 20, 20 ff.).
146 *Habersack*, in: Habersack/Mülbert/Schlitt, Kapitalmarktinformation, § 28 Rn. 18.
147 BGH, NJW 1991, 2761, 2761; BGH, NJW 2004, 2671, 2671.
148 BGH, NJW 2015, 236, 245; *Kleiber*, Verkehrswertermittlung von Grundstücken, S. 486 ff.; *Holzborn/Mähner*, DB 2015, 2375, 2376 f.
149 BGH, 21.10.2014 – XI ZB 12/12, NZG 2015, 20, 31 („Telekom III"); BGH, NJW 1991, 2761, 2761.

Bezug auf den gewählten Bewertungsansatz als auch auf das angewandte Bewertungsverfahren.[150]

cc) Unvollständigkeit

48 Ein Prospekt ist nach § 9 Abs. 1 Satz 1 weiterhin fehlerhaft, wenn für die Beurteilung der Wertpapiere wesentliche Angaben unvollständig sind – wobei die Unvollständigkeit an sich bereits begrifflich einen **Unterfall der Unrichtigkeit** darstellt.[151] Durch den Prospekt muss dem Anleger ein zutreffendes (und damit vollständiges) Bild über den Emittenten und die Wertpapiere vermittelt werden,[152] d. h. er muss über alle Umstände, die für seine Anlageentscheidung von Bedeutung sind oder sein können, insbesondere über die mit der angebotenen speziellen Beteiligungsform verbundenen Nachteile und Risiken, zutreffend, verständlich und vollständig aufgeklärt werden.[153] **Fehlen** derartige **Angaben**, so ist der Prospekt unvollständig (vgl. zur Konkretisierung des Vollständigkeitsgebots durch die Anforderungen an die fortlaufende (Ad-hoc-)Publizität → Art. 6 ProspektVO Rn. 10).

49 Ein Prospekt ist in der Regel vollständig, wenn er alle in den Art. 6 bis 9 und 13 bis 19 ProspektVO aufgeführten Angaben, einschließlich der entsprechenden Anhänge und der Bestimmungen und Anhänge der Delegierten Verordnungen, insbesondere der VO (EU) 2019/980, in ausreichendem Detaillierungsgrad enthält.[154] Eine Unvollständigkeit des Prospekts kommt im Einzelfall aber auch bei Erfüllung aller dieser Anforderungen in Betracht, wenn weitere Angaben zum Prospektverständnis unabdingbar sind.[155] Dies ergibt sich nicht zuletzt aus dem Wortlaut der Überschrift des Art. 13 ProspektVO, wonach es sich bei den aufgeführten Pflichtangaben um **Mindestangaben** handelt.

50 Umgekehrt wird ein Prospekt aber **nicht automatisch haftungsrechtlich unvollständig, wenn nicht sämtliche Pflichtangaben** enthalten sind.[156] Bereits unter der VO (EG) Nr. 809/2004 a. F.[157] stellte Erwägungsgrund 24 klar, dass „bestimmte Informationsbe-

---

150 Begr. RegE 3. FMFG, BT-Drucks. 13/8933, S. 54, 76, 80; BGH, 21.10.2014 – XI ZB 12/12, NZG 2015, 20, 20 Leitsatz 4 („Telekom III").
151 *Groß*, Kapitalmarktrecht, § 9 WpPG Rn. 58; *Singhof*, in: MünchKomm-HGB, Bd. 6, Emissionsgeschäft, Rn. 292; *Habersack*, in: Habersack/Mülbert/Schlitt, Kapitalmarktinformation, § 28, Rn. 19.
152 Begr. RegE Prospektrichtlinie-Umsetzungsgesetz, BT-Drucks. 15/4999, S. 25, 31.
153 BGH, NZG 2013, 344, 344, Rn. 10; BGH, NZG 2010, 709, 709, Rn. 9; BGH, 18.9.2012 – XI ZR 344/11, NZG 2012, 1262, 1264 („Wohnungsbau Leipzig-West"); *Assmann/Kumpan*, in: Assmann/Schütze/Buck-Heeb, Handbuch des Kapitalanlagerechts, § 5 Rn. 151; *Mülbert/Steup*, in: Habersack/Mülbert/Schlitt, Unternehmensfinanzierung, § 41 Rn. 44; *Groß*, Kapitalmarktrecht, § 9 WpPG Rn. 58.
154 *Assmann*, in: Assmann/Schlitt/von Kopp-Colomb, Prospektrecht Kommentar, § 9 WpPG Rn. 53; *Mülbert/Steup*, in: Habersack/Mülbert/Schlitt, Unternehmensfinanzierung, § 41 Rn. 44; *Groß*, Kapitalmarktrecht, § 9 WpPG Rn. 58; *Heidelbach*, in: Schwark/Zimmer, KMRK, § 9 WpPG Rn. 17.
155 *Singhof*, in: MünchKomm-HGB, Bd. 6, Emissionsgeschäft, Rn. 292.
156 *Assmann/Kumpan*, in: Assmann/Schütze/Buck-Heeb, Handbuch des Kapitalanlagerechts, § 6 Rn. 152; *Pankoke*, in: Just/Voß/Ritz/Zeising, WpPG, 2009, §§ 44 BörsG, 13 VerkProspG Rn. 33; *Groß*, Kapitalmarktrecht, § 9 WpPG Rn. 58; *Heidelbach*, in: Schwark/Zimmer, KMRK, § 9 WpPG Rn. 17.
157 VO (EG) Nr. 809/2004 der Kommission vom 29.4.2004 zur Umsetzung der Prospektrichtlinie RL 2003/71/EG.

standteile, die in den Schemata und Modulen gefordert werden oder gleichwertige Informationsbestandteile, [...] für ein bestimmtes Wertpapier nicht relevant [sein können] und folglich in einigen bestimmten Fällen möglicherweise nicht anwendbar [sind]". Erwägungsgrund 25 der VO (EU) 2019/980 stellt klar, dass es gestattet sein sollte, in den Anhängen aufgeführte Angaben nicht aufzunehmen, wenn diese für den Emittenten oder die angebotenen oder zuzulassenden Wertpapiere nicht zutreffen. Die BaFin kann den Emittenten zudem nach **Art. 18 Abs. 1 ProspektVO** im Einzelfall von der Aufnahme von einzelnen Pflichtangaben befreien, wenn dadurch das Publikum nicht über wesentliche Tatsachen oder Umstände getäuscht wird, die für eine fundierte Beurteilung des Emittenten, des Anbieters und der Wertpapiere erforderlich sind (vgl. lit. b).[158] Der Prospekt ist (selbstverständlich) auch dann nicht unvollständig, wenn bestimmte Umstände rein tatsächlich nicht vorliegen und daher auch keine Angabe darüber im Prospekt erfolgen kann.[159] Wird im Prospekt in der Folge zur Vorbeugung von Haftungsrisiken klargestellt, dass bestimmte Umstände[160] nicht vorliegen, so hat diese Aussage für sich betrachtet indes einen eigenen Informationsgehalt. Für **bestimmte Pflichtangaben** sieht die VO (EU) 2019/980 sogar ausdrücklich vor, dass eine solche **Negativbestätigung** aufgenommen werden muss, so beispielsweise im Hinblick auf das Bestehen von Interessenkonflikten bei Mitgliedern des Managements (vgl. Ziff. 12.2 Anhang I VO (EU) 2019/980) oder den Angaben zu wesentlichen Aktionären (vgl. Ziff. 16.1 Anhang I VO (EU) 2019/980).

Im Einzelnen gilt Folgendes: 51

- Bei **Berichtigung korrekturbedürftiger Angaben** innerhalb des Prospekts sind beide Darstellungen (also die zu korrigierende und die korrigierte) – etwa durch einen Verweis – zueinander in Beziehung zu setzen,[161] so etwa, wenn die in den (in den Prospekt aufgenommenen) Finanzabschlüssen enthaltenen Angaben im Prospekt für die Zukunft berichtigt bzw. relativiert werden müssen (was freilich ein Ausnahmefall sein dürfte).
- Hat sich der **Konsolidierungskreis** des Emittenten erheblich **verändert** und werden aus diesem Grund im an den Prospekt angehängten Konzernabschluss „Als ob"-Finanzangaben aufgenommen, die diese Änderungen für die Vergangenheit reflektieren, so muss dies im Prospekt an geeigneter Stelle erläutert werden.[162]
- Bei der **Ausnutzung bilanzrechtlicher Spielräume** sind unter Umständen nähere Erläuterungen notwendig. So muss etwa in der Regel darauf hingewiesen werden, wenn im Abschluss für das letzte dem Prospekt vorausgehende Geschäftsjahr Möglichkeiten

---

158 Näher im Zusammenhang mit Betriebsgeheimnissen *Gillessen/Krämer*, in: Marsch-Barner/Schäfer, Handbuch börsennotierte AG, § 10 Rn. 439.
159 *Mülbert/Steup*, in: Habersack/Mülbert/Schlitt, Unternehmensfinanzierung, § 41 Rn. 48.
160 *Groß*, Kapitalmarktrecht, § 9 WpPG Rn. 59 Fn. 279, nennt das Beispiel, dass der Emittent nicht von einzelnen Patenten abhängig ist.
161 BGH, 12.7.1982 – II ZR 175/81, WM 1982, 862, 863 („Beton- und Monierbau"); OLG Düsseldorf, 15.4.1984 – 6 U 239/82, WM 1984, 586, 592; *Mülbert/Steup*, in: Habersack/Mülbert/Schlitt, Unternehmensfinanzierung, § 41 Rn. 46; a. A. *Heidelbach*, in: Schwark/Zimmer, KMRK, § 9 WpPG Rn. 17.
162 *Groß*, Kapitalmarktrecht, § 9 WpPG Rn. 63. Das LG Frankfurt (7.10.1997 – 3/11 O 44/96, WM 1998, 1181, 1183) und das OLG Frankfurt (17.3.1999 – 21 U 260/97, NZG 1999, 1072, 1073 („MHM Mode")) fordern darüber hinaus, dass in der Darstellung der Finanz- und Ertragslage ein verweisender Hinweis aufgenommen wird. Dabei ist zu beachten, dass diese Urteile vor Inkrafttreten des WpPG und damit der Einführung detaillierter Vorgaben für Pro-Forma-Finanzinformationen ergingen. Das Problem dürfte sich daher heute nicht in gleicher Schärfe stellen.

der Bilanzierung ausgeschöpft wurden, die das Ergebnis in diesem Jahr verbessert haben, es sich hierbei aber um einmalige Vorgänge handelt oder sich diese negativ im nächsten Jahresabschluss des Emittenten auswirken können. Beispiele für solche Vorgänge können die einmalige Aktivierung von Vermögensgegenständen oder die einmalige Änderung von Bewertungsmethoden sein.[163]
– Hat ein Mitglied des Vorstands des Emittenten im Vorfeld des Börsengangs seine **Anteile** am Emittenten zu einem Preis **veräußert**, der unter dem im Börsengang ermittelten Ausgabepreis liegt, so ist dies offenzulegen, da eine derartige Veräußerung auf mangelndes Vertrauen in die Zukunft der Gesellschaft hindeuten kann.[164] Ebenso wird bei einem **Rückerwerb von Aktien** von (einzelnen) Vorstandsmitgliedern im Vorfeld des Börsengangs auf eine deutliche Offenlegung dieses Vorgangs unter Nennung der Zahl der Aktien und des gezahlten Preises zu achten sein.
– Bei **risikobehafteten Papieren** ist auf diesen Umstand und die damit verbundenen Gefahren deutlich hinzuweisen.[165] Dies ist bereits in **Art. 16 ProspektVO** angelegt. „Risikofaktoren" bezeichnet danach eine Liste von Risiken, die für die jeweilige Situation des Emittenten (Geschäftsbetrieb und Geschäftsumfeld) und/oder der Wertpapiere spezifisch sind und die Anlageentscheidungen erheblich beeinflussen. Es genügt dementsprechend nicht, wenn sich das Risiko nur aus dem im Prospekt enthaltenen Zahlenwerk ergibt.[166] Generell müssen sämtliche Risikofaktoren konzentriert und eingeteilt in eine begrenzte Anzahl von Kategorien in einem besonderen Abschnitt nach der Zusammenfassung dargestellt werden (Art. 13 ProspektVO i.V.m Art. 24 VO (EU) 2019/980, Art. 16 ProspektVO).
– Wurden **Gewinne** in der Vergangenheit lediglich **aufgrund einmaliger Vorgänge** wie der Auflösung stiller Reserven oder aus den Gewinnrücklagen und nicht aus der operativen Geschäftstätigkeit erwirtschaftet, so ist hierauf im Prospekt hinzuweisen.[167] Dies dürfte in besonderem Maße gelten, wenn ein Emittent im Börsengang als Dividendenwert vermarktet werden soll.
– Auf die in der Praxis bei einem Börsengang regelmäßig vorgesehenen Kurspflege- und **Stabilisierungsmaßnahmen**, Mehrzuteilungsmöglichkeiten und Greenshoe-Optionen ist nach Ziff. 5.6.5, 5.6.6 Anhang 11 VO (EU) 2019/980 hinzuweisen.
– Der Umstand, dass der Emittent aus den Emissionserlösen **Kredite zurückführt**, die ihm von den die Emission begleitenden Banken zuvor gewährt wurden, stellt zwar für sich betrachtet keinen offenzulegenden Interessenkonflikt für die beteiligten Banken dar.[168] Allerdings ist hierauf in der Regel bereits nach Ziff. 3.4 Anhang 11 VO (EU) 2019/980 bei der Darstellung der Verwendung des Emissionserlöses bzw. bei der Darstellung der für die Emission ausschlaggebenden Interessen (Ziff. 3.3 Anhang 11 VO (EU) 2019/980) hinzuweisen.
– Das Bestehen von **Marktschutzklauseln** (Lock-up-Vereinbarungen) muss gem. Ziff. 7.4 Anhang 11 VO (EU) 2019/980 offengelegt werden. Weitere Hinweise darauf,

---

163 BGH, 12.7.1982 – II ZR 175/81, WM 1982, 862,863 („Beton- und Monierbau").
164 Vgl. Urt. v. 27.11.2009 – 07/11104, BH2162VEB („Stichting VEB-Actie WOL gg. World Online International, ABN Amro Bank und Goldman Sachs International").
165 *Hamann*, in: Schäfer/Hamann, Kapitalmarktgesetze, §§ 44, 45 BörsG Rn. 192; *Mülbert/Steup*, in: Habersack/Mülbert/Schlitt, Unternehmensfinanzierung, § 41 Rn. 46.
166 *Mülbert/Steup*, in: Habersack/Mülbert/Schlitt, Unternehmensfinanzierung, § 41 Rn. 46.
167 *Groß*, Kapitalmarktrecht, § 9 WpPG Rn. 63.
168 Dies ebenso ablehnend *Groß*, Kapitalmarkrecht, § 9 WpPG Rn. 63.

dass die Einhaltung der Verpflichtung nicht gesichert ist und dass der Kurs nach Ende
der Haltefrist sinken kann oder wird, sind nicht zwingend erforderlich.[169] Bei Börsengängen wird in der Praxis allerdings in der Regel ein Risikofaktor zu möglichen Kursbeeinträchtigungen aufgrund von Abverkäufen nach Ablauf von Haltefristen aufgenommen.

– Nach Art. 6 Abs. 1 lit. a ProspektVO hat der Prospekt auch Angaben zu enthalten, die ein zutreffendes Urteil über die „Aussichten" des Emittenten oder Garantiegebers ermöglichen (→ Art. 6 ProspektVO Rn. 27). Auch Ziff. 5.4 und 7.12 Anhang 11 VO (EU) 2019/980 fordern Angaben über die zukünftigen Herausforderungen und Aussichten und die wahrscheinliche zukünftige Entwicklung des Emittenten. Hieraus ergibt sich eine Verpflichtung, jedenfalls im bestimmten Umfang **zukunftsbezogene Angaben und Prognosen** in den Prospekt aufzunehmen. Für sämtliche Prognosen gilt nach der Rechtsprechung des BGH, dass diese ausreichend durch Tatsachen gestützt und kaufmännisch vertretbar sein[170] müssen (siehe auch oben bereits zum Begriff der „Angabe" → Rn. 43).[171] Der BGH verlangt darüber hinaus eine **generelle Zurückhaltung** bei der Aufnahme zukunftsbezogener Angaben in den Prospekt sowie Hinweise auf Risiken, die dem Eintritt des prognostizierten Umstandes oder der vorhergesagten Entwicklung entgegenstehen könnten.[172] Dem wird zum Teil mit dem Hinweis entgegengetreten, dass dies mit der großen Bedeutung zukunftsbezogener Informationen für eine informierte Anlageentscheidung nicht mehr vereinbar sei.[173] Bei näherem Zusehen sind beide Auffassungen jedoch in Einklang zu bringen. Die Rechtsprechung stammt aus der Zeit vor Inkrafttreten der EU-ProspektRL und der ProspektVO. Spätestens seit Inkrafttreten der ProspektVO ist die Aufnahme bestimmter zukunftsbezogener Angaben verpflichtend. Bei der Erfüllung der Pflichtangaben nach der ProspektVO sollte jedoch weiterhin mit der vom BGH geforderten Zurückhaltung vorgegangen werden. Umstände, die an der Richtigkeit der Prognoseangaben zweifeln lassen, sind im Prospekt deutlich zu machen. Gegebenenfalls muss die Prognose angepasst werden.[174]

Insbesondere sind Umstände anzugeben, nach denen es bereits **absehbar und wahrscheinlich** ist, dass die Fortsetzung der bisherigen **Entwicklung gefährdet** sein könnte.[175] **52**

Muss bzw. soll eine **Gewinnprognose** oder -schätzung (definiert in Art. 1 lit. c, d VO (EU) 2019/980) in den Prospekt aufgenommen werden, so sind die Vorgaben von Ziff. 11.1 bis 11.3 Anhang I VO (EU) 2019/980 sowie die entsprechenden ESMA Guide- **53**

---

169 LG Frankfurt, 17.1.2003 – 3-07 O 26/01, NZG 2003, 335, 335; *Pankoke*, in: Just/Voß/Ritzeising, WpPG, 2009, §§ 44 BörsG, 13 VerkProspG Rn. 48.
170 BGH, 12.7.1982 – II ZR 175/81, WM 1982, 862, 865 („Beton- und Monierbau").
171 *Siebel/Gebauer*, WM 2001, 173, 175; zu Gewinnprognosen oder Gewinnschätzungen *Assmann*, in: Assmann/Schlitt/von Kopp-Colomb, Prospektrecht Kommentar, § 9 WpPG Rn. 54.
172 BGH, 12.7.1982 – II ZR 175/81, WM 1982, 862, 865 („Beton- und Monierbau").
173 *Hamann*, in: Schäfer/Hamann, Kapitalmarktgesetze, §§ 44, 45 BörsG Rn. 143; *Siebel/Gebauer*, WM 2001, 173, 175; i.E. so auch *Groß*, Kapitalmarktrecht, § 9 WpPG Rn. 65 mit Hinweis auf die Pflicht zur Aufnahme zukunftsbezogener Informationen nach der ProspektVO.
174 So auch *Mülbert/Steup*, in: Habersack/Mülbert/Schlitt, Unternehmensfinanzierung, § 41 Rn. 46; *Groß*, Kapitalmarktrecht, § 9 WpPG Rn. 65; ausführlich zur Prognoseberichterstattung nach altem Recht *Siebel/Gebauer*, WM 2001, 173 ff. (Verkaufsprospekt), 176 ff. (Börsenzulassungsprospekt).
175 LG Nürnberg-Fürth, 25.7.2013 – 6 O 6321/12, zitiert nach juris.

lines[176] zu beachten. Hiernach hat ein Emittent, der eine (noch ausstehende und gültige) Gewinnprognose oder -schätzung veröffentlicht hat, diese, nebst einer Erläuterung der wichtigsten Annahmen, auf die die Prognose oder Schätzung gestützt ist, in den Prospekt aufzunehmen. Unabhängig von einer bestehenden rechtlichen Pflicht haben Emittent und Emissionsbanken oftmals aus Vermarktungsgründen ein Interesse daran, eine Gewinnprognose oder -schätzung in den Prospekt aufzunehmen, um vor dem Hintergrund des prospektrechtlichen Konsistenzgebots (Art. 22 Abs. 4, 5 lit. b ProspektVO) gegenüber Investoren, etwa auf Roadshows, offener kommunizieren zu können.[177] Eine hierzu ergangene Bescheinigung eines Wirtschaftsprüfers (in der Regel des Abschlussprüfers des Emittenten) nach IDW RH HFA 2.003 ist seit Inkrafttreten der ProspektVO nicht mehr in den Prospekt aufzunehmen. In der Praxis wird diese nun regelmäßig dennoch gegenüber dem Emittenten und den Emissionsbanken im Comfort Letter im Rahmen der Due-Diligence-Prüfung abgegeben (vgl. → § 12 Rn. 15), weswegen sich auch die entsprechenden Haftungsrisiken von Wirtschaftsprüfern für Gewinnprognosen oder -schätzungen (vgl. → Rn. 80) verringert haben dürften. Die Bescheinigung der Wirtschaftsprüfer hat daher nach wie vor Relevanz, nämlich bei der Frage, ob die Prospektverantwortlichen grob fahrlässig gehandelt haben (vgl. → § 12 Rn. 7f., 15).

54 – **Negative Mitteilungen Dritter** (z.B. Berichte der Wirtschaftspresse) müssen grundsätzlich nicht in den Prospekt aufgenommen werden.[178] Anderes kann für die den (negativen) Mitteilungen zugrunde liegenden Tatsachen gelten, soweit diese nicht bereits in den Prospekt aufgenommen sind.[179] Negative Berichterstattung sollte allerdings Anlass geben, den Prospekt in seiner Gesamtheit und auf sein Gesamtbild hin nochmals kritisch zu prüfen. Sofern der Prospekt auf Aussagen oder Beurteilungen Dritter eingeht, müssen auch negative Aussagen und Beurteilungen in den Prospekt aufgenommen und angemessen gewichtet werden.[180] Entsprechend muss bei der Aufnahme positiver Urteile Dritter auf etwaige negative Stimmen hingewiesen werden.[181] Entscheidend ist insbesondere, dass diese Aussagen im Hinblick auf Chancen und Risiken der Anlage einen Gesamteindruck erzeugen können, der mit den tatsächlichen und für einen Anleger entscheidungserheblichen Verhältnissen nicht in Einklang steht.[182]

---

176 Vgl. ESMA, Guidelines on disclosure requirements under the Prospectus Regulation, 4.3.2021, ESMA32-382-1138, Ziff. V. 4., S. 16 ff.
177 *Schlitt/Landschein*, ZBB 2019, 103, 106.
178 *Wackerbarth*, in: Holzborn, WpPG, § 23 Rn. 75; *Mülbert/Steup*, in: Habersack/Mülbert/Schlitt, Unternehmensfinanzierung, § 41 Rn. 49; *Groß*, Kapitalmarktrecht, § 9 WpPG Rn. 64; *Pankoke*, in: Just/Voß/Ritz/Zeising, WpPG, 2009, §§ 44 BörsG, 13 VerkProspG Rn. 50; *Assmann*, in: Assmann/Schlitt/von Kopp-Colomb, Prospektrecht Kommentar, § 9 WpPG Rn. 61; *Heidelbach*, in: Schwark/Zimmer, KMRK, § 9 WpPG Rn. 14.
179 *Hamann*, in: Schäfer/Hamann, Kapitalmarktgesetze, §§ 44, 45 BörsG Rn. 166; *Wackerbarth*, in: Holzborn, WpPG, § 23 Rn. 75.
180 *Habersack*, in: Habersack/Mülbert/Schlitt, Kapitalmarktinformation, § 28 Rn. 21.
181 *Assmann/Kumpan*, in: Assmann/Schütze/Buck-Heeb, Handbuch des Kapitalanlagerechts, § 5 Rn. 60.
182 *Assmann/Kumpan*, in: Assmann/Schütze/Buck-Heeb, Handbuch des Kapitalanlagerechts, § 5 Rn. 146.

– Haftungsrisiken können sich auch aufgrund der Aufnahme sog. alternativer Leistungskennzahlen (Alternative Performance Measures (**APMs**) oder Non-GAAP Financial Measures) ergeben. Bei APM handelt es sich um finanzielle Messgrößen für die finanzielle Leistungsfähigkeit, die Finanzlage und Kapitalflüsse, sowohl in historischer als auch in zukünftiger Betrachtung, die nicht den definierten Messgrößen des geltenden Rechnungslegungsrahmens entsprechen.[183] Unvollständig bzw. unrichtig kann ein Prospekt sein, wenn die aufgenommenen APMs selbst fehlerhaft berechnet sind oder, zwar richtig berechnet, aber dennoch einen unrichtigen Eindruck der wirtschaftlichen Leistungsfähigkeit des Emittenten vermitteln. So sollen nach ESMA die APMs mit aussagekräftigen, nicht irreführenden Bezeichnungen (z. B. Gewinngarantie/zugesicherte Erträge) versehen werden, es sollen Vergleichskennzahlen zu vorausgegangenen Perioden aufgenommen werden, und es ist bei ihrer Ermittlung die Methodenstetigkeit zu wahren.[184] Ferner ist darauf hinzuweisen, dass gleichlautende Kennzahlen anderer Emittenten eine andere Berechnungsgrundlage haben können und diese deshalb nicht vergleichbar sind. Zudem hat der Emittent eine Überleitung der APM auf die jeweils nächstverwandte normierte Abschlussgröße der zugrunde liegenden Rechnungslegungsnorm in den Prospekt aufzunehmen.[185] Wird dies unterlassen, kann das die Gefahr einer Unvollständigkeit begründen. Die gilt insbesondere dann, wenn den APMs zumindest mittelbar Aussagen zu den zukünftigen Ertragserwartungen zu entnehmen sind.

55

– Als weiteres Beispiel lässt sich in diesem Zusammenhang die **Darstellung der IRR-Methode** (Internal Rate of Return- bzw. Interne Zinsfuß-Methode)[186] in Wertpapierprospekten für bestimmte Kapitalanlagen nennen. Zwar handelt es sich hierbei nicht um eine aus den Abschlüssen des Emittenten abgeleitete alternative Leistungskennzahl, sondern um eine Methode der Renditeberechnung. Diese Methode kann aber geeignet sein, die Rentabilität einer Anlage irreführend darzustellen.[187] So besteht für die IRR keine vorgegebene einheitliche Berechnungsmethode und die Berechnung gilt als so komplex, dass nicht finanzmathematisch vorgebildete Anleger diese kaum nachvollziehen können.[188] Aus diesem Grund sollte die Darstellung des internen Zinsfußes von einer ausführlichen Beschreibung der Besonderheiten dieser Methode, insbesondere der fehlenden Vergleichbarkeit, und der Erläuterung der Berechnungsweise selbst und der ihr zugrunde liegenden Annahmen und Risiken begleitet werden.[189]

56

---

183 Vgl. ESMA, Guidelines on Alternative Performance Measures, 5.10.2015, ESMA/2015/1415en, S. 7 f. Die Guidelines behalten auch nach Veröffentlichung der ESMA, Guidelines Alternative Performance Measures, 1.4.2022, ESMA/32-51-370 aufgrund der zahlreichen Verweisungen noch Relevanz; *Schlitt*, in: Habersack/Mülbert/Schlitt, Kapitalmarktinformation, § 6 Rn. 8.
184 ESMA, Guidelines on Alternative Performance Measures, 5.10.2015, ESMA/2015/1415en, S. 7 f.
185 ESMA, Guidelines on Alternative Performance Measures, 5.10.2015, ESMA/2015/1415en, S. 7 f.
186 Vgl. *Weinrich/Tiedemann*, BKR 2016, 50, 50.
187 *Weinrich/Tiedemann*, BKR 2016, 50, 50; *Röhrich*, AG 2006, 448, 448.
188 LG München II, 17.8.2006 – 9B O 3493/05, Rn. 61, zitiert nach juris.
189 *Weinrich/Tiedemann*, BKR 2016, 50, 53.

dd) Wesentlichkeit der Angaben

57 Unrichtige oder unvollständige Angaben im Prospekt führen schließlich nach § 9 Abs. 1 nur dann zur Haftung, wenn sie für die Beurteilung der Wertpapiere wesentlich sind. Für die Beurteilung der **Wesentlichkeit** ist an das gesetzgeberische Gebot (**Art. 6 Abs. 1 ProspektVO**) anzuknüpfen, dass der Prospekt die erforderlichen Informationen, die für den Anleger wesentlich sind, um sich ein fundiertes Urteil über a) die Vermögenswerte und Verbindlichkeiten, die Gewinne und Verluste, die Finanzlage und die Aussichten des Emittenten und eines etwaigen Garantiegebers; b) die mit den Wertpapieren verbundenen Rechte; und c) die Gründe für die Emission und ihre Auswirkungen auf den Emittenten enthalten muss.[190] Wesentlich sind demnach alle Umstände, die aus Sicht des Anlegers für die Bewertung der betreffenden Wertpapiere relevant sind (**wertbildende Faktoren**) und die er deshalb „*eher als nicht*" bei seiner Entscheidung berücksichtigen würde (vgl. auch → Art. 6 ProspektVO Rn. 9).[191] Testfrage für die Beurteilung der Wesentlichkeit muss also sein, ob der betreffende Fehler oder die Auslassung in Bezug auf Detailangaben das Gesamtbild des Emittenten und/oder der angebotenen oder zuzulassenden Wertpapiere in einer Weise beeinflusst, die zu einer **anderen Anlageentscheidung** führen kann (→ Art. 6 ProspektVO Rn. 9).[192]

58 Ob fehlerhafte oder unvollständige Angaben auch eine wesentliche Bedeutung haben, muss daher anhand des Einzelfalls beurteilt werden. Bei **Eigenkapitalinstrumenten** gehören zu den wesentlichen wertbildenden Faktoren regelmäßig alle Angaben, die für die künftige Ertragskraft und das Risiko von Schwankungen der erwarteten Erträge relevant sind.[193] Beispiele hierfür sind etwa die Darstellung der Geschäftsaussichten[194] sowie Angaben über den Stand der Entwicklung eines neuen, für die Geschäftstätigkeit des Emittenten wichtigen Produkts.[195] Unwesentlich sind dagegen beispielsweise fehlerhafte Angaben zur Zahl- und Hinterlegungsstelle oder im Verhältnis zur Bilanzierung unwesentliche Bilanzpositionen sowie generell Bilanzpositionen, die für die künftige Ertrags- und Vermögenslage des Unternehmens unbedeutend sind.[196]

---

190 Begr. RegE Prospektrichtlinie-Umsetzungsgesetz, BT-Drucks. 15/4999, S. 9.
191 BGH, 21.10.2014 – XI ZB 12/12, NZG 2015, 20, 31 („Telekom III"); BGH, 18.9.2012 – XI ZR 344/11, WM 2012, 2150; *Groß*, Kapitalmarktrecht, § 9 WpPG Rn. 87; *Habersack*, in: Habersack/Mülbert/Schlitt, Kapitalmarktinformation, § 28 Rn. 17; *Assmann*, in: Assmann/Schlitt/von Kopp-Colomb, Prospektrecht Kommentar, § 9 WpPG Rn. 45.
192 Grundlegend BGH, 12.7.1982 – II ZR 175/81, WM 1982, 862 („Beton- und Monierbau"); bestätigt in BGH, 3.5.2013 – II ZR 252/11, WM 2013, 734. Vgl. auch die Begr. RegE 3. FMFG, BT-Drucks. 18/8933, S. 54, 76 zu § 45 Abs. 1 BörsG – entscheidend soll sein, „ob sich im konkreten Fall bei einer ordnungsgemäßen Angabe die für die Beurteilung der Bewertung der Wertpapiere relevanten maßgeblichen tatsächlichen oder rechtlichen Verhältnisse verändern würden"; ähnlich *Just*, in: Just/Voß/Ritz/Zeising, WpPG, 2009, § 5 Rn. 15; *Groß*, Kapitalmarktrecht, § 9 WpPG Rn. 52.
193 *Mülbert/Steup*, in: Habersack/Mülbert/Schlitt, Unternehmensfinanzierung, § 41 Rn. 53.
194 Vgl. Begr. RegE 3. FMFG, BT-Drucks. 13/8933, S. 54, 76.
195 *Mülbert/Steup*, in: Habersack/Mülbert/Schlitt, Unternehmensfinanzierung, § 41 Rn. 53.
196 *Groß*, Kapitalmarktrecht, § 9 WpPG Rn. 87; *Mülbert/Steup*, in: Habersack/Mülbert/Schlitt, Unternehmensfinanzierung, § 41 Rn. 54; *Pankoke*, in: Just/Voß/Ritz/Zeising, WpPG, 2009, §§ 44 BörsG, 13 VerkProspG Rn. 28.

ee) Gesamteindruck unzutreffend

59 Weiterhin muss auch der Prospekt **in seiner Gesamtheit ein richtiges Bild** vermitteln.[197] Nach der Diktion des BGH ist „nicht der Buchstabe, sondern der Gesamteindruck" des Prospekts für die Haftung entscheidend.[198] Der Prospekt kann somit auch fehlerhaft sein, wenn durch die im Prospekt enthaltenen Angaben, Werturteile und Prognosen beim maßgeblichen Prospektadressaten eine Vorstellung über Chancen und Risiken geweckt wird, die nicht mit den tatsächlichen Chancen und Risiken übereinstimmt.[199] So ist ein Prospekt insbesondere auch dahingehend zu beurteilen, ob durch die **Gewichtung** bzw. das **Zusammenspiel** einzelner (möglicherweise nicht zu beanstandender) Angaben ein unrichtiger oder unvollständiger Gesamteindruck im Hinblick auf die Vermögens-, Ertrags- und Liquiditätslage des Unternehmens vermittelt wird.[200] Auch dürfen positive Angaben nicht über- und negative Angaben nicht untergewichtet werden.[201] Zum Beispiel muss darauf hingewiesen werden, dass eine Gesellschaft in der Vergangenheit erhebliche Verluste erwirtschaftet hat, wenn durch die reine Wiedergabe der Pflichtangaben im Prospekt ein gegenteiliger Eindruck erwirkt wird.[202] In diesem Fall kann eine Angabe der historischen Finanzdaten über den nach Ziff. 18.1 Anhang I VO (EU) 2019/980 geforderten Dreijahreszeitraum hinaus erforderlich sein.[203]

60 Eine **unübersichtliche Gestaltung** des Prospekts allein führt für sich betrachtet grundsätzlich noch nicht zur Unrichtigkeit des Gesamteindrucks.[204] Davon sind jedoch Ausnahmen zu machen, sofern Gestaltungsmängel z. B. bei der Anordnung der Informationen massiv und häufig vorkommen und der Prospekt gerade dadurch unverständlich wird.[205] Allerdings dürfte dies in dem durch die Anhänge zur VO (EU) 2019/980 gesetzten Gestaltungsrahmen praktisch nur äußerst selten relevant sein.

---

197 BGH, 12.7.1982 – II ZR 175/81, WM 1982, 862, 863 („Beton- und Monierbau"); OLG Frankfurt, 1.2.1994 – 5 U 213/92, WM 1994, 291, 295 („Bond-Anleihen"); LG Frankfurt, 7.10.1997 – 3/11 O 44/96, WM 1998, 1181, 1184; *Assmann/Kumpan*, in: Assmann/Schütze/Buck-Heeb, Handbuch des Kapitalanlagerechts, § 5 Rn. 65, 146; *Ellenberger*, Prospekthaftung im Wertpapierhandel, S. 32 f.; *Hamann*, in: Schäfer/Hamann, Kapitalmarktgesetze, §§ 44, 45 BörsG Rn. 194 ff. mit Beispielen; *Mülbert/Steup*, in: Habersack/Mülbert/Schlitt, Unternehmensfinanzierung, § 41 Rn. 47.
198 Vgl. BGH, 12.7.1982 – II ZR 172/81, WM 1982, 862, 865 („Beton- und Monierbau"); eine ausführliche Rechtsprechungsübersicht findet sich bei *Assmann/Kumpan*, in: Assmann/Schütze/Buck-Heeb, Handbuch des Kapitalanlagerechts, § 5 Rn. 61, 65 m.w.N.
199 Vgl. nur *Assmann*, in: Assmann/Schlitt/von Kopp-Colomb, Prospektrecht Kommentar, § 9 WpPG Rn. 66; *Wackerbarth*, in: Holzborn, WpPG, § 23 Rn. 72.
200 *Groß*, Kapitalmarktrecht, § 9 WpPG Rn. 52; *Mülbert/Steup*, in: Habersack/Mülbert/Schlitt, Unternehmensfinanzierung, § 41 Rn. 47 mit weiteren Beispielen.
201 *Groß*, Kapitalmarktrecht, § 9 WpPG Rn. 52.
202 BGH, 12.7.1982 – II ZR 175/81, WM 1982, 862 („Beton- und Monierbau"), 864; i.E. hinsichtlich der Vermeidung eines unzutreffenden Gesamteindrucks ebenso *Heidelbach*, in: Schwark/Zimmer, KMRK, § 9 WpPG Rn. 12.
203 *Groß*, Kapitalmarktrecht, § 9 WpPG Rn. 63.
204 *Holzborn/Foelsch*, NJW 2003, 932, 933; *Hamann*, in: Schäfer/Hamann, Kapitalmarktgesetze, §§ 44, 45 BörsG Rn. 189.
205 *Assmann/Kumpan*, in: Assmann/Schütze/Buck-Heeb, Handbuch des Kapitalanlagerechts, § 5 Rn. 57; i.E. *Assmann*, in: Assmann/Schlitt/von Kopp-Colomb, Prospektrecht Kommentar, § 9 WpPG Rn. 67; *Mülbert/Steup*, in: Habersack/Mülbert/Schlitt, Unternehmensfinanzierung, § 41 Rn. 47; *Pankoke*, in: Just/Voß/Ritz/Zeising, WpPG, 2009, §§ 44 BörsG, 13 VerkProspG Rn. 51.

d) Nachtrag/Berichtigung

61 Der Prospekt muss eine **aktuelle Darstellung** der für die Beurteilung der Wertpapiere wichtigen Angaben enthalten.[206] Ein nicht (mehr) aktueller Prospekt kann daher fehlerhaft sein. Die Verwendung veralteter Daten führt dabei zur Unrichtigkeit, die Nichterwähnung neu eingetretener Umstände zur Unvollständigkeit des Prospekts.[207] Um Unrichtigkeiten und Unvollständigkeiten zu vermeiden, ist ein von der BaFin zu billigender und anschließend zu veröffentlichender **Nachtrag** gem. Art. 23 ProspektVO zu erstellen. Stellt sich die Unrichtigkeit nachträglich, also nach Schluss des öffentlichen Angebots bzw. der Einführung zum Handel heraus, gibt § 12 Abs. 2 Nr. 4 dem Emittenten die Möglichkeit, seine Haftung für die Zukunft dadurch zu vermeiden, dass er freiwillig eine sog. Berichtigung veröffentlicht (vgl. → § 12 Rn. 38).

4. Haftungsadressaten

a) Überblick

62 § 9 nennt als **Haftungsadressaten** zum einen die Personen, die für den Prospekt (erkennbar) die Verantwortung übernommen haben (Abs. 1 Satz 1 Nr. 1). § 9 Abs. 1 Satz 1 Nr. 2 erfasst weiter die Personen, von denen der Erlass des Prospekts ausgeht – gemeint sind die „(unerkennbaren) Hintermänner"[208] oder „Veranlasser". Sind mehrere Personen Adressaten des Haftungsanspruchs aus § 9 Abs. 1, so haften sie als Gesamtschuldner (§§ 421 ff. BGB).[209]

b) Prospektverantwortliche, § 9 Abs. 1 Satz 1 Nr. 1

63 Gem. § 9 Abs. 1 Satz 1 Nr. 1 sind die Adressaten des Haftungsanspruchs die Personen, die die **Verantwortung** für den Inhalt des Prospekts durch Abgabe einer Erklärung im Sinne des § 8 **übernehmen**.[210] Bis zum Inkrafttreten der ProspektVO erfasste die entsprechende Vorgängervorschrift § 21 Abs. 1 Satz 1 Nr. 1 a. F. insbesondere die Prospektunterzeichner. Die Pflicht zur Unterzeichnung des Prospekts durch die Prospektverantwortlichen (§ 5 Abs. 3 a. F.) besteht nun nicht mehr. Der Inhalt der Erklärung über die Verantwortungsübernahme richtet sich nach Art. 11 Abs. 1 ProspektVO (→ § 8 Rn. 3, 4, 12).

---

206 BGH, 12.7.1982 – II ZR 175/81, WM 1982, 862, 864 („Beton- und Monierbau"); BGH, 18.9.2012 – XI ZR 344/11, WM 2012, 2150; OLG Frankfurt, 1.2.1994 – 5 U 213/92, WM 1994, 291, 297 („Bond-Anleihen"); *Mülbert/Steup*, in: Habersack/Mülbert/Schlitt, Unternehmensfinanzierung, § 41 Rn. 56; *Hauptmann*, in: Vortmann, Prospekthaftung und Anlageberatung, § 3 Rn. 76.
207 *Hauptmann*, in: Vortmann, Prospekthaftung und Anlageberatung, § 3 Rn. 76.
208 Für den Initiator der Emission, der regelmäßig Folgeemissionen sowie die Grundlagen des Vertriebs der Wertpapiere steuert, insofern bejahend OLG Dresden, 26.9.2013 – 8 U 1510/12, AG 2014, 284, 286.
209 Vgl. für viele *Assmann*, in: Assmann/Schlitt/v. Kopp-Colomb, Prospektrecht Kommentar, § 9 WpPG Rn. 74, 94; *Mülbert/Steup*, in: Habersack/Mülbert/Schlitt, Unternehmensfinanzierung, § 41 Rn. 69.
210 Begr. RegE 3. FMFG, BT-Drucks. 13/8933, S. 54, 78; *Assmann*, in: Assmann/Schütze/Buck-Heeb, Handbuch des Kapitalanlagerechts, § 5 Rn. 160; *Groß*, Kapitalmarktrecht, § 9 WpPG Rn. 42; *Mülbert/Steup*, in: Habersack/Mülbert/Schlitt, Unternehmensfinanzierung, § 41 Rn. 71; *Sittmann*, NZG 1998, 490, 493; *Schlitt/Landschein*, ZBB 2019, 103, 104.

Mangels entsprechender Rechtspflicht kommt es in der Praxis in Deutschland **nicht** vor, **64** dass **Organmitglieder** (freiwillig) die Prospektverantwortung übernehmen. Eine Prospektverantwortung der Organmitglieder in Deutschland kann jedoch erforderlich sein, wenn der Emittent eine (weitere) Börsennotierung im Ausland hat.[211] Im Rahmen der alten Rechtslage wurde von Instanzgerichten eine Prospektverantwortung von Vorstandsmitgliedern des Emittenten teils ohne weitere Begründung angenommen, wobei auch nicht zwischen einer Haftung als Prospekterlasser oder Prospektveranlasser unterschieden wird.[212] Ähnlich hat sich der BGH in zwei Entscheidungen geäußert, ohne jedoch endgültig Stellung zu nehmen.[213] Ob – im Rahmen von Altfällen – auch im Fall der (bloßen) Unterzeichnung des Prospekts durch die Vorstandsmitglieder eines Emittenten in ihrer Eigenschaft als Organmitglieder eine Haftung begründet wird, ist somit nicht eindeutig höchstrichterlich entschieden. Eine allein darauf gestützte Haftung ist jedoch abzulehnen, da die Vorstandsmitglieder mit ihrer Unterschrift in aller Regel **lediglich als gesetzliche Vertreter** des Emittenten **handeln**. Ein Wille, persönliche Verantwortung für den Inhalt des Prospekts zu übernehmen, ist damit grundsätzlich nicht verbunden. Hierfür spricht auch die Vorschrift des § 5 Abs. 3, 4 a.F., wonach die Unterzeichnung des Prospekts durch den Anbieter zu erfolgen hat, bei einer Aktiengesellschaft danach vom Vorstand als gesetzlichem Vertreter des Anbieters bzw. durch Bevollmächtigte mit ausreichender Vertretungsmacht.[214] Daraus folgt, dass der Emittent als juristische Person, nicht aber der gesetzliche Vertreter persönlich die Verantwortung für den Inhalt des Prospekts übernimmt. Mit dieser Begründung hat das LG Nürnberg-Fürth in einer Reihe von Urteilen eine persönliche Prospektverantwortung von Vorständen einer Aktiengesellschaft als Prospekterlasser wegen Unrichtigkeit eines Anleiheprospekts abgelehnt.[215] Die überwiegende Meinung in der Literatur geht übereinstimmend in diesem Sinne davon aus, dass unterzeichnende Vor-

---

211 Vgl. dazu die Kapitalerhöhungen der TUI AG, die sowohl an der Börse Hannover im regulierten Markt als auch an der London Stock Exchange notiert ist und bei der die Organmitglieder für den durch die FCA gebilligten Prospekt die Prospektverantwortung übernommen haben. Zur Rechtslage in Großbritannien siehe → Rn. 73.
212 Vgl. Hanseatisches OLG Hamburg, 18.2.2000 – 11 U 213/98, NZG 2000, 1083, 1085 (Haftung des Vorstands als Prospektverantwortlicher nach den Grundsätzen der zivilrechtlichen Prospekthaftung im engeren Sinne aufgrund der mit seiner Position einhergehenden Verantwortung für die Geschicke der Gesellschaft und damit für die Herausgabe des Prospekts); ähnlich OLG Dresden, 30.8.2012 – 8 U 1546/11, zitiert nach juris.
213 BGH, 2.6.2008 – II ZR 210/06, WM 2008, 1545, 1547 Rn. 15 (die spezialgesetzliche Prospekthaftung treffe „diejenigen, von denen der Prospekt ausgeht, und damit u.a. die Verwaltungsmitglieder der emittierenden Gesellschaft"); BGH, 5.7.1993 – II ZR 194/92, WM 1993, 1787, 1788 („Dass der Beklagte zu 1) als Vorstandsvorsitzender der H. F. AG und der für die Herausgabe des Prospekts Verantwortliche zu den danach für Prospektmängel haftenden Personen gehört, bedarf unter den gegebenen Umständen keiner näheren Begründung." Allerdings war der Vorstandsvorsitzende in dieser Entscheidung für die Gestaltung des Verkaufsprospekts verantwortlich, sodass dies die „gegebenen Umstände" für die Prospektverantwortlichkeit begründet haben könnte.).
214 Vgl. 2. Auflage § 5 Rn. 82.
215 LG Nürnberg, 14.3.2014 – 10 O 8881/13 (unveröffentlicht); sowie LG Nürnberg, 27.3.2014 – 6 O 5383/13, zitiert nach juris. Allerdings hatte die 6. Zivilkammer des LG Nürnberg in einem früher entschiedenen Parallelfall geurteilt, dass alleine aufgrund der Unterschriften der Vorstandsmitglieder, trotz Klarstellung der Unterzeichnung als Vertreter des Emittenten, eine Prospektverantwortlichkeit gegeben sei (LG Nürnberg, 19.12.2013 – 6 O 4055/13, zitiert nach juris).

standsmitglieder **nicht per se** als **Prospekterlasser** anzusehen sind.[216] Die Etablierung einer grundsätzlichen Außenhaftung von Organmitgliedern ist alleine Sache des Gesetzgebers. Von einer Haftung von Organmitgliedern ist richtigerweise nur dann auszugehen, wenn sie ausnahmsweise als Prospektveranlasser (insbesondere als prospektverantwortliche „Hintermänner") einzustufen sind.[217]

65 Begleitet ein Emissionskonsortium eine Wertpapieremission, wird die **Verantwortung** für den Prospekt regelmäßig von allen **Konsortialmitgliedern** übernommen. Dabei ist es irrelevant, dass der Zulassungsantrag in der Regel nur durch eines der führenden Mitglieder des Konsortiums gestellt wird.[218] Eine Haftung auch des Emissionskonsortiums selbst ist damit nicht verbunden, weil es jedenfalls an einer entsprechenden Vertretung fehlt. Ist im Rahmen der Emissionsbegleitung neben dem öffentlichen Angebot keine Zulassung zu einem geregelten Markt vorgesehen, ist die Verantwortungsübernahme neben dem Emittenten nicht zwingend erforderlich.

66 **Konsortialmitglieder**, die ihre Verantwortlichkeit nicht erklärt haben, gehören nicht zum Kreis der Haftungsverpflichteten.[219] Hat ein Konsortialmitglied formal die Verantwortung übernommen, obwohl es an der dem Konsortialführer überlassenen Prospekterstellung nicht mitgewirkt hat, so ändert dies nichts an seiner Verantwortlichkeit.[220] Ebenso zählen auch Käufer von Konsortialquoten, wenn sie im Prospekt (rechtlich) unkorrekt als Konsortialmitglieder erscheinen, grundsätzlich zur Gruppe der Prospekterlasser.[221]

67 Bei großen Wertpapieremissionen werden unter Umständen Übernahmerisiken an nachgeordnete Banken oder institutionelle Investoren weitergegeben, die nicht Mitglieder des Emissionskonsortiums sind (sog. Sub-Underwriter).[222] Diese Sub-Underwriter treten nicht nach außen in Erscheinung und übernehmen keine Verantwortung für den Prospekt oder andere Angebotsdokumente. Nur die Möglichkeit eines Sub-Underwriting wird im Prospekt offengelegt. Rechtlich handelt es sich um eine **Unterbeteiligung** an dem Konsortialanteil der jeweiligen Emissionsbank, also eine Innengesellschaft zwischen der Konsortialbank und dem Unterbeteiligten.[223] Die **Sub-Underwriter** sind, da es sich bei ihnen weder

---

216 *Gillessen/Krämer*, in: Marsch-Barner/Schäfer, Handbuch börsennotierte AG, § 10 Rn. 354; *Mülbert/Steup*, in: Habersack/Mülbert/Schlitt, Unternehmensfinanzierung, § 41 Rn. 91; *Wackerbarth*, in: Holzborn, WpPG, § 23 Rn. 45.
217 *Heidelbach*, in: Schwark/Zimmer, KMRK, § 9 WpPG Rn. 23; so wohl auch *Eyles*, in: Vortmann, Prospekthaftung und Anlageberatung, § 2 Rn. 41; *Mülbert/Steup*, in: Habersack/Mülbert/Schlitt, Unternehmensfinanzierung, § 41 Rn. 91.
218 In der Literatur wird im Hinblick auf die Haftung der Konsorten teils primär auf die Stellung des Zulassungsantrags abgestellt und in der Folge danach unterschieden, ob das Konsortium als Innen- oder Außengesellschaft besteht (so *Wackerbarth*, in: Holzborn, WpPG, § 23 Rn. 39). Die Annahme, dass bei Stellung des Zulassungsantrags durch ein Konsortialmitglied die anderen Konsorten nicht öffentlich in Erscheinung treten, stimmt angesichts der beschriebenen Übernahme der Haftung durch alle Konsorten nicht mit der Praxis überein.
219 *Heidelbach*, in: Schwark/Zimmer, KMRK, § 9 WpPG Rn. 22; *Groß*, Kapitalmarktrecht § 9 WpPG Rn. 46.
220 *Groß*, Kapitalmarktrecht, § 9 WpPG Rn. 46.
221 BGH, 18.9.2012 – XI ZR 344/11, NZG 2012, 1262, 1262 („Wohnungsbau Leipzig-West"); *Wieneke*, NZG 2012, 1420, 1420.
222 Siehe zur Ausgestaltung *Singhof*, in: MünchKomm-HGB, Bd. 6, Emissionsgeschäft, Rn. 280.
223 *Singhof*, in: MünchKomm-HGB, Bd. 6, Emissionsgeschäft, Rn. 280 m. w. N.

um Prospektverantwortliche noch um Prospektveranlasser handelt, **keine Adressaten** des Haftungsanspruchs aus § 9 Abs. 1 Satz 1.[224]

b) Prospektveranlasser, § 9 Abs. 1 Satz 1 Nr. 2

Adressaten des Haftungsanspruchs sind nach § 9 Abs. Satz 1 Nr. 2 ferner jene, von denen der **Erlass des Prospekts ausgeht**. 68

Zweck der Regelung ist es, auch juristische oder natürliche Personen und Gesellschaften als „Prospektveranlasser"[225] haften zu lassen, die zwar nicht nach außen erkennbar die Verantwortung für den Prospekt übernommen haben, bei näherem Zusehen aber gerade als seine **tatsächlichen Urheber** gelten müssen.[226] Die Regelung soll **Haftungslücken schließen**, wenn jemand im Hintergrund auf die Prospekterstellung einwirkt, ohne als Prospektverantwortlicher Art. 11 Abs. 1 ProspektVO i.V.m. § 8 hervorzutreten. Diese möglichen Prospektveranlasser eint hierbei ein eigenes geschäftliches Interesse an der Emission.[227] Die Regierungsbegründung zum Dritten Finanzmarktförderungsgesetz nennt als mögliche Prospektveranlasser beispielhaft die **Konzernmutter**, deren Finanzierungstochter auf Veranlassung der Muttergesellschaft Wertpapiere emittiert, und den **Großaktionär**, der seine Beteiligung veräußert.[228] Der BGH hat darüber hinaus auch **Vorstandsmitglieder**, die aus eigenem Interesse auf die Veröffentlichung eines unrichtigen oder unvollständigen Prospekts hingewirkt haben, als Prospektveranlasser angesehen.[229] 69

aa) Großaktionär

Literatur und Rechtsprechung beurteilen uneinheitlich, ob ein geschäftliches Interesse an der Emission (ohne aktive Mitwirkung an der Prospekterstellung) für die Prospektveranlassung ausreicht, um eine Haftung als Prospektveranlasser zu begründen. Überwiegend wird verlangt, dass die Person oder Gesellschaft ein **eigenes wirtschaftliches Interesse an der Emission** hat und darüber hinaus kraft eigener Steuerungsmacht auf die vordergründig Beteiligten und die **Erstellung des (unrichtigen) Prospekts einwirkt**, also den Emittenten, die Börsenzulassung oder Platzierung oder den Prospektprozess beherrscht.[230] Im Hinblick auf die Beteiligung eines (Groß-)Aktionärs soll dies selbst dann gelten, wenn 70

---

224 *Ehricke*, in: Hopt/Voigt, Prospekt- und Kapitalmarktinformationshaftung, S. 227 f.; *Groß*, Kapitalmarktrecht, § 9 WpPG Rn. 46; *Mülbert/Steup*, in: Habersack/Mülbert/Schlitt, Unternehmensfinanzierung, § 41 Rn. 78.
225 So etwa *Mülbert/Steup*, in: Habersack/Mülbert/Schlitt, Unternehmensfinanzierung, § 41 Rn. 79 ff.
226 Begr. RegE 3. FMFG, BT-Drucks. 13/8933, S. 54, 78; *Assmann*, in: Assmann/Schütze/Buck-Heeb, Handbuch des Kapitalanlagerechts, § 5 Rn. 162; *Heidelbach*, in: Schwark/Zimmer, KMRK, § 9 WpPG Rn. 18; *Groß*, Kapitalmarktrecht, § 9 WpPG Rn. 47.
227 Begr. RegE 3. FMFG, BT-Drucks. 13/8933, S. 54, 78.
228 Begr. RegE 3. FMFG, BT-Drucks. 13/8933, S. 54, 78.
229 *Holzborn/Foelsch*, NJW 2003, 932, 933; *Fleischer*, BKR 2003, 603, 609.
230 *Habersack*, in: Habersack/Mülbert/Schlitt, Kapitalmarktinformation, § 28 Rn. 29; *Mülbert/Steup*, in: Habersack/Mülbert/Schlitt, Unternehmensfinanzierung, § 41 Rn. 80; *Heidelbach*, in: Schwark/Zimmer, KMRK, § 9 WpPG Rn. 18; *Assmann*, in: Assmann/Schlitt/von Kopp-Colomb, Prospektrecht Kommentar, § 9 WpPG Rn. 90; *Assmann/Kumpan*, in: Assmann/Schütze/Buck-Heeb, Handbuch des Kapitalanlagerechts, § 5 Rn. 162; *Schlitt*, CF Law 2010, 304, 306.

aufgrund der Beteiligungshöhe des Aktionärs eine Emission nicht gegen seinen Willen erfolgen kann.[231]

71 Der BGH lässt es in der Entscheidung „Wohnungsbau Leipzig-West"[232] dagegen unter Rückgriff auf die Grundsätze der „Hintermannhaftung" nach der allgemeinen zivilrechtlichen Prospekthaftung nunmehr genügen, dass der **Prospekt mit Kenntnis** des Verantwortlichen **in den Verkehr gebracht** wurde, und verzichtet auf das Erfordernis einer aktiven Beteiligung an der Prospekterstellung. In dieser Entscheidung „Wohnungsbau Leipzig-West" bejahte der BGH eine Veranlasserhaftung einer Konzernobergesellschaft in Bezug auf die (unrichtige) Darstellung eines Beherrschungs- und Gewinnabführungsvertrags mit einer Tochtergesellschaft in einem von dieser Tochtergesellschaft veröffentlichen Wertpapierprospekt zur Begebung von Inhaberschuldverschreibungen. Der BGH sah ein wirtschaftliches Eigeninteresse des Hauptaktionärs an der Einwerbung weiterer Anlegergelder aufgrund des mit dem Emittenten abgeschlossenen **Beherrschungs- und Gewinnabführungsvertrags** als gegeben an. Ein wirtschaftliches Eigeninteresse allein genügt zwar auch nach Ansicht des BGH nicht zur Bejahung einer Veranlasserhaftung, lässt aber in Verbindung mit einer gesellschaftsrechtlichen Stellung, etwa als Mehrheitsaktionär, und einem tatsächlichen Eingriff in das Geschäftsmodell der emittierenden Tochtergesellschaft (hier durch die Erteilung von Weisungen zu Zahlungsflüssen) die Annahme einer Haftung als Prospektveranlasser zu. Aus diesem grundsätzlichen beherrschenden Einfluss schließt der BGH, dass der Prospekt mit der Kenntnis und dem erforderlichen Einfluss des Hauptaktionärs auch dann in den Verkehr gebracht wurde, wenn dieser an der Prospekterstellung selbst nicht beteiligt war.[233] Dabei soll der Prospektverantwortliche nicht mit den Einzelheiten vertraut sein müssen, sondern **(nur) das Gesamtkonzept kennen**.[234]

72 Der Auffassung des BGH ist entgegenzutreten. Prospektveranlasser kann richtigerweise nur der direkte oder indirekte Gesellschafter des Emittenten oder eine sonstige hinter diesem stehende Person sein, der bzw. die ein **unmittelbares eigenes wirtschaftliches Interesse** an der Emission hat und tatsächlich **maßgeblich auf den gesamten Inhalt des Prospekts Einfluss nimmt**.[235] Die Einflussnahme auf die Prospekterstellung bzw. auf seine Veröffentlichung mag zwar indiziert sein, wenn ein konzernrechtlich vermitteltes Weisungsrecht gem. § 308 AktG vorliegt. Im Regelfall müssen jedoch weitere tatsächliche Anzeichen der Einflussnahme hinzutreten, um eine Haftung als Prospektveranlasser annehmen zu können.[236] Dafür reicht die bloße Kommentierung der (den abgebenden Altak-

---

231 In Großbritannien wird etwa eine Prospekthaftung von Aktionären, die einen Anteil von über 50% des Grundkapitals einer Gesellschaft halten, in Zusammenhang mit Börsengängen diskutiert; vgl. ABI, Encouraging Equity Investment – Facilitation of Efficient Equity Capital Raising in the UK Market, S. 5, abrufbar unter https://www.ivis.co.uk/media/5926/ABI-Encouraging-Equity-Investment-report-July-2013.pdf (ivis.co.uk) (zuletzt abgerufen am 11.3.2023).
232 BGH, 18.9.2012 – XI ZR 344/11, NZG 2012, 1262.
233 Zu Vorstehendem BGH, 18.9.2012 – XI ZR 344/11, NZG 2012, 1262, 1262 ff., 1266 f. („Wohnungsbau Leipzig-West"); dazu *Singhof*, RdF 2013, 76, 76.
234 BGH, 8.12.2005 – VII ZR 372/03, WM 2006, 427, 427.
235 So auch *Beck*, NZG 2014, 1410, 1411, der allein die Stellung als Konzernmutter für nicht ausreichend hält; *Singhof*, RdF 2013, 76, 77; *Schlitt/Landschein*, ZBB 2019, 103, 105.
236 *Veil*, in: Spindler/Stilz, AktG, § 302 Rn. 10; *Koch*, in: Hüffer, AktG, § 302 Rn. 6, der eine Verhaltenshaftung für die Tochtergesellschaft ablehnt; *Buck-Heeb*, LMK 2013, 341712; *Wieneke*, NZG 2012, 1420, 1422; *Schlitt/Landschein*, ZBB 2019, 103, 105.

tionär betreffenden) Prospektpassagen nicht aus.[237] Zudem geht die weite Formulierung des dritten amtlichen Leitsatzes der „Wohnungsbau Leipzig-West"-Entscheidung,[238] die keine Unterscheidung nach der Art der Konzernierung trifft, auch unter einem anderen Gesichtspunkt zu weit.[239] Wie dargestellt lag dem vom BGH entschiedenen Fall ein Vertragskonzern zugrunde. Der Leitsatz umfasst jedoch nach seinem Wortlaut auch Personen, denen nicht die gleichen gesellschaftsrechtlich vermittelten Einflussmöglichkeiten zukommen und die damit geringeren Einfluss auf den Emittenten bei der Prospekterstellung ausüben können.[240] Von einer solchen Haftungserweiterung wären aufgrund ihres zweifellos häufig bestehenden wirtschaftlichen Interesses an der Transaktion vor allem abgebende Aktionäre betroffen. Dies entspräche jedoch nicht der Begründung des BGH im genannten Urteil. Der BGH stellt hier maßgeblich auf die Besonderheiten des Einzelfalls (Weisungen im Hinblick auf die Vornahme von Zahlungen aufgrund eines Beherrschungsvertrags) ab.[241] Hingegen ist **im faktischen Konzern** aktienrechtlich die **Vermutung der Konzernleitung** gerade **nicht zulässig**.[242] Es ist unter Wertungsgesichtspunkten nicht einzusehen, weshalb im Bereich der Prospekthaftung ein anderer Maßstab gelten sollte als im Aktienrecht. Demnach kommt eine Prospekthaftung allein aufgrund des Bestehens eines faktischen Konzerns nicht in Betracht. Die Bewertung der Einflussnahme und die damit verbundene Qualifizierung einer an der Erstellung beteiligten Person als Prospektveranlasser hängt auch in solchen Fällen von einer **wertenden Gesamtbetrachtung** aller Umstände des jeweiligen Einzelfalls ab. Führen sie zur Prospektverantwortung, sollte in den Fällen einfacher Abhängigkeit oder Konzernierung aufgrund der bestehenden Informationsgrenzen zwischen Emittent und Großaktionär nicht zweifelhaft sein, dass dem Großaktionär dann immer noch der **Entlastungsbeweis** nach § 12 Abs. 1 zur Verfügung steht (→ § 12 Rn. 25).[243]

bb) Organmitglieder

Eine Außenhaftung von Organmitgliedern des Emittenten, insbesondere Vorstandsmitgliedern, kommt, da diese für den Prospekt keine Verantwortungserklärung abgeben, nur unter den Voraussetzungen für eine **Prospektveranlassung** in Betracht (vgl. auch → Rn. 68).[244] Damit unterscheidet sich die Rechtslage beispielsweise von der Rechtslage

---

237 Vgl. *Schlitt/Landschein*, ZBB 2019, 103, 105; *Singhof*, in: MünchKomm-HGB, Bd. 6, Emissionsgeschäft, Rn. 288.
238 BGH, 18.9.2012 – XI ZR 344/11, NZG 2012, 1262, 1266 („Wohnungsbau Leipzig-West"), 3. Amtlicher Leitsatz: „insbesondere sollen auch Konzernmuttergesellschaften in die Haftung einbezogen werden, wenn eine Konzerntochtergesellschaft Wertpapiere emittiert."
239 Vgl. *Singhof*, RdF 2013, 76, 77; *Wieneke*, NZG 2012, 1420, 1422.
240 *Singhof*, RdF 2013, 76, 77.
241 BGH, 18.9.2012 – XI ZR 344/11, NZG 2012, 1262, 1266 („Wohnungsbau Leipzig-West"); *Singhof*, RdF 2013, 76, 77.
242 *Singhof*, RdF 2013, 76, 77.
243 *Singhof*, RdF 2013, 76, 77.
244 *Groß*, Kapitalmarktrecht, § 9 WpPG Rn. 47; *Krämer/Gillessen*, in: Krieger/Schneider, Hdb. Managerhaftung, § 32 Rn. 27; *Wackerbarth*, in: Holzborn, WpPG, § 23 Rn. 45; *Sittmann*, NZG 1998, 490, 493.

in den Vereinigten Staaten von Amerika oder derjenigen in Großbritannien.[245] Die Stellung als Vorstandsmitglied reicht für die Haftungsbegründung allein nicht aus.[246]

74 Höchstrichterlich bislang nicht geklärt ist indes die Frage, unter welchen Umständen ein Organmitglied (ausnahmsweise) als Prospektveranlasser haftet.[247] Nach den allgemeinen, oben dargestellten Kriterien ist ein wirtschaftliches Eigeninteresse und eine tatsächliche Einflussnahme auf die Erstellung des Prospekts erforderlich.[248] Ein **wirtschaftliches Eigeninteresse** kann z.B. dann begründet sein, wenn ein nicht unerhebliches Aktienpaket des Vorstands verkauft werden soll oder das Organmitglied über ein Anreizsystem im Fall einer erfolgreichen Transaktion Aktienoptionen enthält.[249] Allerdings muss das darin begründete Eigeninteresse an der Transaktion von der Gewichtung mit dem Interesse des Emittenten vergleichbar sein.[250] Es kann nur im konkreten Einzelfall entschieden werden, ab welcher prozentualen Schwelle oder ab welchem Betrag dies angenommen werden kann.[251] Eine grundsätzlich hohe „Aufgreifschwelle" ist jedoch insbesondere vor dem Hintergrund der Organpflichten eines Vorstandsmitglieds angezeigt, aufgrund derer Vorstandsmitglieder stets Einfluss auf die Prospekterstellung und die Durchführung einer Emission haben. Dies darf nicht zu einer vorschnellen Annahme direkter Prospekthaftungsansprüche führen. Im Übrigen scheint es systemgerecht, dass lediglich dem Emittenten im Innenverhältnis Organhaftungsansprüche gegen das jeweilige Mitglied zustehen (§ 93 AktG), sofern dieses im Rahmen der Prospekterstellung pflichtwidrig gehandelt hat. Dieses System sollte nicht durch die Annahme einer zusätzlichen direkten Prospekthaftung überspielt werden.

c) Experten

75 In anderen Rechtsordnungen ist eine strenge prospektbezogene Expertenhaftung anzutreffen. So haften in den USA etwa Wirtschaftsprüfer, die mit ihrer Zustimmung im Prospekt namentlich genannt werden, gemäß Sec. 11(a) (4) Securities Act 1933 für den verantworteten Teil des Prospekts. Auch das englische Recht kennt eine Haftung des Experten für einzelne Teile des Prospekts. Im deutschsprachigen Raum haftet der Wirtschaftsprüfer sowohl in der Schweiz als auch in Österreich.

76 Nach deutschem Recht sind **Prospektbegleiter** wie Wirtschaftsprüfer, Sachverständige und an der Erstellung des Prospekts beteiligte Rechtsanwälte dagegen grundsätzlich **nicht Adressaten** eines Prospekthaftungsanspruches.[252] Mangels Verantwortungsübernahme kommt eine Haftung nach § 9 Abs. 1 Satz 1 Nr. 1 nicht in Betracht. Eine (Mit-)Urheber-

---

245 PR 5.5.3 (2) FCA Handbook, abzurufen unter: https://www.handbook.fca.org.uk/handbook/PRR/5/3.html.
246 *Wackerbarth*, in: Holzborn, WpPG, § 23 Rn. 45; *Groß*, Kapitalmarktrecht, § 9 WpPG Rn. 47; *Fleischer*, Gutachten F für den 64. DJT, F 62 ff.
247 *Wackerbarth*, in: Holzborn, WpPG, § 23 Rn. 45 m.w.N.; vgl. auch *Kumpan*, in: Hopt, HGB, § 9 WpPG Rn. 10.
248 *Mülbert/Steup*, in: Habersack/Mülbert/Schlitt, Unternehmensfinanzierung, § 41 Rn. 80.
249 So auch *Fleischer*, BKR 2003, 608, 608; *Wackerbarth*, in: Holzborn, WpPG, § 23 Rn. 45.
250 Vgl. *Krämer/Gillessen*, in: Krieger/Schneider, Handbuch Managerhaftung, § 32 Rn. 27 („erhebliches" geschäftliches Eigeninteresse).
251 Vgl. *Krämer/Gillessen*, in: Krieger/Schneider, Handbuch Managerhaftung, § 32 Rn. 27.
252 H.M. *Singhof*, in: MünchKomm-HGB, Bd. 6, Emissionsgeschäft, Rn. 289; *Hamann*, in: Schäfer/Hamann, Kapitalmarktgesetze, §§ 44, 45 BörsG Rn. 100 f.; *Assmann*, AG 2004, 435, 436 f.;

schaft und damit eine Verantwortlichkeit als Veranlasser i. S. d. § 9 Abs. 1 Satz 1 Nr. 2 scheidet in aller Regel ebenfalls aus, denn eine solche wird nicht schon durch die Zulieferung von Material oder die Mitarbeit an der Erstellung von Teilen des Prospekts begründet.[253] Die Prospekthaftung der §§ 8 ff. bezweckt eine Haftung für den Prospekt in seiner *Gesamtheit* und nicht für einzelne Abschnitte desselben.[254] Das Interesse an einer Vergütung der erbrachten Tätigkeit begründet darüber hinaus kein ausreichendes wirtschaftliches Interesse an der Emission selbst (zumal die entsprechenden Honorare in der Regel unabhängig von der erfolgreichen Durchführung anfallen).[255]

aa) Wirtschaftsprüfer

Besondere Beachtung hat in diesem Zusammenhang in jüngster Zeit eine mögliche **Haftung** der **Wirtschaftsprüfer** erfahren. In einer Reihe von Entscheidungen haben sich zunächst sowohl Instanzgerichte[256] als auch zwischenzeitlich der BGH[257] mit der Haftung von Wirtschaftsprüfern für Prospektaussagen auseinandergesetzt und diese mit teils unterschiedlichen Begründungen im Ergebnis bejaht. Mit den oben genannten Argumenten haben die Gerichte dabei zwar eine Haftung der Wirtschaftsprüfer nach §§ 8 ff. verneint. Jedoch haben diese Haftungsgründe außerhalb der spezialgesetzlichen Prospekthaftung angenommen. Das kann nicht überzeugen. Im Einzelnen:

77

aaa) Haftung für das Testat

Unbestritten bilden die **historischen Finanzinformationen** eine wichtige Grundlage für die Bewertung der Wertpapiere durch den Anleger.[258] Die Jahresabschlüsse einschließlich der zugehörigen Testate des Abschlussprüfers des Emittenten bilden einen wesentlichen (Pflicht-)Bestandteil des Prospekts.[259] Die vorgeschriebene Aufnahme des Testats des Wirtschaftsprüfers in einen Prospekt führt nach zutreffender h. M. aber nicht zu einer direkten Haftung des Abschlussprüfers gegenüber Anlegern.[260] Eine Haftung nach den Grundsätzen der **allgemeinen bürgerlich-rechtlichen Prospekthaftung** im weiteren Sin-

78

Groß, Kapitalmarktrecht, § 9 WpPG Rn. 48; *Mülbert/Steup*, in: Habersack/Mülbert/Schlitt, Unternehmensfinanzierung, § 41 Rn. 85.

253 Begr. RegE, BT-Drucks. 13/8933, S. 54, 78; *Singhof*, in: MünchKomm-HGB, Bd. 6, Emissionsgeschäft, Rn. 289; *Groß*, Kapitalmarktrecht, § 9 WpPG Rn. 48; *Mülbert/Steup*, in: Habersack/Mülbert/Schlitt, Unternehmensfinanzierung, § 41 Rn. 86; *Wackerbarth*, in: Holzborn, WpPG, § 23 Rn. 49.

254 *Schlitt//Landschein*, ZBB 2019, 103, 108; *Singhof*, in: MünchKomm-HGB, Bd. 6, Emissionsgeschäft, Rn. 289; *Groß*, Kapitalmarktrecht, § 9 WpPG Rn. 48; *Wackerbarth*, in: Holzborn, WpPG, § 23 Rn. 51; *Mülbert/Steup*, in: Habersack/Mülbert/Schlitt, Unternehmensfinanzierung, § 41 Rn. 86.

255 Vgl. nur *Singhof*, in: MünchKomm-HGB, Bd. 6, Emissionsgeschäft, Rn. 289; *Wackerbarth*, in: Holzborn, WpPG, § 23 Rn. 49; *Heidelbach*, in: Schwark/Zimmer, KMRK, § 9 WpPG Rn. 23; *Groß*, Kapitalmarktrecht, § 9 WpPG Rn. 48.

256 Vgl. OLG Dresden, 30.6.2011 – 8 U 1603/08, DStR 2012, 2098; LG Hamburg, 12.6.2013 – 309 O 425/08 (unveröffentlicht).

257 BGH, 21.2.2013 – III ZR 139/12, WM 2013, 689, 689.

258 *Fleischer*, Gutachten F zum 64. Deutschen Juristentag 2002, F 66 f.

259 Siehe nur *Wackerbarth*, in: Holzborn, WpPG, § 23 Rn. 51.

260 Siehe zusammenfassend m. w. N. OLG Dresden, 30.6.2011 – 8 U 1603/08, DStR 2012 2098, 2098; BGH, AG 2006, 197, 197 f.

ne scheidet aus, da es zwischen Anleger und Wirtschaftsprüfer keinen vorvertraglichen Kontakt gibt und der Wirtschaftsprüfer damit kein besonderes persönliches Vertrauen in Anspruch nimmt.[261] Auch aus der gesetzlichen Verpflichtung zur Prüfung der Jahresabschlüsse und zur Abgabe des Testats lässt sich grundsätzlich keine besondere Vertrauensstellung des Abschlussprüfers begründen. Ebenso wird eine Haftung aus einem Vertrag mit Schutzwirkungen zugunsten Dritter zu Recht abgelehnt, da aufgrund der Wertung des § 323 HGB (Verantwortlichkeit des Abschlussprüfers) nicht davon ausgegangen werden kann, dass Anleger in den Schutzbereich des Vertrags zwischen Abschlussprüfer und Emittenten einbezogen werden.[262] Die Haftung kann auch nicht nach den Grundsätzen der allgemeinen bürgerlich-rechtlichen Prospekthaftung im engeren Sinne begründet werden, sofern der Wirtschaftsprüfer keine über das Testat hinausgehende Erklärung im Hinblick auf die Richtigkeit des Prospekts abgegeben hat.[263] In Betracht kommt daher lediglich eine **deliktische Haftung nach § 826 BGB**, wenn der Wirtschaftsprüfer ein fehlerhaftes Testat „gewissenlos" abgegeben hat (vgl. insgesamt zur allgemeinen bürgerlich-rechtlichen Prospekthaftung, → § 16 Rn. 8).[264]

79 Soweit eine **Expertenhaftung** für fehlerhafte Kapitalmarktinformationen als rechtspolitisch wünschenswert angesehen wird,[265] ist die Einführung einer solchen **Sache des Gesetzgebers**. Dieser hat sich aber dagegen entschieden.[266] Aus diesem Grund sollte ein Rückgriff auf andere Anspruchsgrundlagen (insbesondere auf die Grundsätze der allgemeinen bürgerlich-rechtlichen Prospekthaftung) zur Begründung einer Haftung des Wirtschaftsprüfers oder anderer Experten nur extrem gelagerten Fällen (sittenwidriger Schädigung[267]) vorbehalten bleiben.[268] Ein solcher Rückgriff auf andere Anspruchsgrundlagen führte im Übrigen dazu, dass Experten im Ergebnis eine schärfere Haftung zu befürchten haben als die Prospektverantwortlichen und Prospektveranlasser selbst,[269] denn die haftungsausschließenden Tatbestände des § 12 käme ihnen nicht zugute.

---

261 BGH, 21.2.2013 – III ZR 139/12, WM 2013, 689, 689; OLG Dresden, 30.6.2011 – 8 U 1603/08, DStR 2012, 2098, 2098; **a.A.** LG Hamburg, 12.6.2013 – 309 O 425/08 (unveröffentlicht).
262 BGH, 15.12.2005 – III ZR 424/04, AG 2006, 197, 198; OLG Dresden, 30.6.2011 – 8 U 1603/08, DStR 2012, 2098, 2098; vgl. auch *Schlitt/Landschein*, ZBB 2019, 103, 106.
263 BGH, 15.12.2005 – III ZR 424/04, AG 2006, 197, 198.
264 OLG Dresden, 30.6.2011 – 8 U 1603/08, DStR 2012, 2098, 2098.
265 LG Hamburg, 12.6.2013 – 309 O 425/08 (unveröffentlicht).
266 Vgl. OLG Braunschweig, 12.1.2016 – 7 U 59/14, zitiert nach juris, Rn. 42; BGH, 13.12.2011 – XI ZR 51/10, zitiert nach juris, Rn. 17.
267 OLG Dresden, 30.6.2011 – 8 U 1603/08, DStR 2012, 2098, wobei die Voraussetzungen für die Annahme einer vorsätzlichen sittenwidrigen Schädigung hier sehr niedrig angesetzt scheinen.
268 Vgl. *Hamann*, in: Schäfer/Hamann, Kapitalmarktgesetze, §§ 44, 45 BörsG Rn. 103, § 47 BörsG Rn. 8; *Pankoke*, in: Just/Voß/Ritz/Zeising, WpPG, 2009, §§ 44 BörsG, 13 VerkProspG Rn. 24 f.; *Assmann*, in: Assmann/Schlitt/von Kopp-Colomb, Prospektrecht Kommentar, § 9 WpPG Rn. 92; *Wackerbarth*, in: Holzborn, WpPG, § 23 Rn. 51; **a.A.** *Groß*, Kapitalmarktrecht, § 9 WpPG Rn. 49; *Ellenberger*, Prospekthaftung im Wertpapierhandel, S. 29 f.
269 *Klöhn*, FS Hoffmann-Becking, S. 679, 681 ff.; *Heisterhagen*, DStR 2006, 759, 762; *Wackerbarth*, in: Holzborn, WpPG, § 23 Rn. 51; *Fölsing*, WP Praxis 2014, 195, 197; *Mock*, WM 2023, 201, 208.

bbb) Haftung für sonstige Bescheinigungen

Der BGH bejahte eine Haftung des Wirtschaftsprüfers aufgrund einer im Prospekt abgedruckten Bescheinigung für eine **(fehlerhafte) Gewinnprognose** nach den Grundsätzen des Vertrags mit Schutzwirkungen zugunsten Dritter.[270] So sei die betreffende Prognose-Bescheinigung speziell für Prospektzwecke erstellt worden. Ihre Veröffentlichung im Prospekt sei zudem von vornherein beabsichtigt und daher Teil der Beauftragung des Wirtschaftsprüfers gewesen. Anders als im Rahmen des Jahresabschlusstestats nach § 323 HGB könne eine Haftung gegenüber Dritten auch nicht mit der Begründung abgelehnt werden, dass der Jahresabschlussprüfer nicht die Haftung gegenüber einer unbegrenzten Zahl von Gläubigern, Gesellschaftern und Anlegern übernehmen wolle.[271] Der Wirtschaftsprüfer verfüge über eine besondere, vom Staat anerkannte Sachkunde und gebe seine Stellungnahme in dieser Eigenschaft ab.[272] Das dem Wirtschaftsprüfer entgegengebrachte besondere Vertrauen rechtfertige eine Einbeziehung der Anleger in den Vertrag zwischen Emittenten und Wirtschaftsprüfer. 80

Die Argumentation des BGH kann auch für diesen besonderen Fall **nicht überzeugen**.[273] So kann das vom BGH angenommene besondere Vertrauen in den Wirtschaftsprüfer, das eine Einbeziehung in den Vertrag zwischen ihm und dem Emittenten rechtfertige, wie oben ausgeführt grundsätzlich nur bei persönlichem Kontakt zwischen Wirtschaftsprüfer und geschädigtem Anleger angenommen werden, an dem es hier gerade fehlt.[274] Wenn der BGH zudem annimmt, die Abgabe der Bescheinigung des Wirtschaftsprüfers und deren Veröffentlichung im Prospekt erfolge zu Werbezwecken, so verkennt dies die **seinerzeit geltende gesetzliche Vorgabe** zur Aufnahme der Bescheinigung in den Prospekt gem. § 7 WpPG a. F. i.V. m. Art. 3 und Ziff. 13.2 Anhang I VO (EG) Nr. 809/2004 a. F.[275] In der Praxis wird diese nun zwar regelmäßig gegenüber dem Emittenten und den Emissionsbanken im Comfort Letter im Rahmen der Due-Diligence-Prüfung abgegeben (→ § 12 Rn. 15), da der Comfort Letter aber richtigerweise keine Schutzwirkung gegenüber nichtbeteiligten Anlegern entfaltet,[276] dürften sich die entsprechenden Haftungsrisiken von Wirtschaftsprüfern für Gewinnprognosen oder -schätzungen (→ Rn. 80) unter der Geltung der ProspektVO verringert haben. 81

---

270 Die Entscheidung erging noch zum alten Recht, die eine Aufnahme der Bescheinigung des Wirtschaftsprüfers im Prospekt vorsah (vgl. → Rn. 53).
271 BGH, 24.4.2014 – III ZR 156/13, WM 2014, 935, 936.
272 BGH, 24.4.2014 – III ZR 156/13, WM 2014, 935, 936.
273 So *Fölsing*, WP Praxis 2014, 195, 197; *Müller*, EWiR 2014, 483, 484; *Schlitt/Landschein*, ZBB 2019, 103, 108; *Herresthal*, in: BeckOGK BGB, § 311 Rn. 559; **a. A.**: *Juretzek*, DStR 2014, 1515, 1516; *Groß*, Kapitalmarktrecht, § 9 WpPG Rn. 49; für eine Modifikation des Haftungsmaßstabes *Schmidt*, GWR 2022, 199, 200.
274 *Fölsing*, WP Praxis 2014, 195, 197.
275 VO (EG) Nr. 809/2004 der Kommission vom 29.4.2004 zur Umsetzung der Prospektrichtlinie RL 2003/71/EG.
276 Vgl. auch *Schlitt/Landschein*, ZBB 2019, 103, 106; *Gillessen/Krämer*, in: Marsch-Barner/Schäfer, Handbuch börsennotierte AG, § 10 Rn. 412.

bb) Sonstige Gutachter

82 Eine direkte Haftung von **Immobilien-, Bergbau- oder Schiffsgutachtern** ist ebenfalls abzulehnen. Diese Gutachten müssen aufgrund prospektrechtlicher Vorgaben in den Prospekt aufgenommen werden (Art. 39 VO (EU) 2019/980 und Anhang 29 VO (EU) 2019/980).[277] Die Veröffentlichung der Bewertungsgutachten kann demnach nicht zu Werbezwecken erfolgt sein. Eine Haftung nach §§ 8 ff. kommt wiederum nicht in Betracht, da die genannten Gutachter nicht die Gesamtverantwortung für den Prospekt übernehmen. Daneben stellt schon die bloße Lieferung von Informationen oder die Mitarbeit an Teilen des Prospektes, mangels Einwirkung auf die Prospekterstellung als Ganzes, keine hinreichende Voraussetzung für die Qualifikation als Prospektveranlasser dar.[278] Eine Haftung gegenüber Anlegern nach den Grundsätzen der bürgerlich-rechtlichen Prospekthaftung im weiteren Sinne wird in der Regel aufgrund des mangelnden persönlichen Vertrauens ausscheiden.

5. Kausalität

83 Es besteht ein **doppeltes Kausalitätserfordernis**. Zum einen muss der Prospekt kausal für den Erwerb innerhalb der Sechsmonatsfrist (§ 9 Abs. 1 Satz 1) gewesen sein und zum anderen muss das Wertpapier aufgrund des Prospekts zugelassen worden sein. Bei der heute üblichen Girosammelverwahrung von Wertpapieren werden solche gleicher Ausstattung und gleicher Wertpapier-Kennnummer ohne Unterschied verwahrt. Dem Anleger ist der Nachweis, dass es sich bei den von ihm erworbenen Aktien um solche handelt, die aufgrund des Prospekts emittiert wurden, kaum möglich.[279] Deshalb obliegt der Beweis, dass die Wertpapiere nicht aufgrund des Prospekts erworben wurden, nach § 12 Abs. 2 Nr. 1 dem Haftungsverpflichteten (siehe näher → § 12 Rn. 29). Möchte der Emittent dem Risiko entgehen, für alle emittierten Wertpapiere zu haften, muss er sich für eine Kenntlichmachung der Neuemission entscheiden (vgl. oben → Rn. 21).

6. Verschulden

84 Eine Haftung für einen fehlerhaften oder unvollständigen Prospekt setzt voraus, dass der Prospektverantwortliche **grob fahrlässig oder vorsätzlich** gehandelt hat. Das Verschulden wird auch durch die Prospektprüfung der BaFin im Billigungsverfahren nicht ausgeschlossen (siehe oben → Rn. 37).[280] Vergleiche zu den Einzelheiten → § 12 Rn. 7 f.

---

277 Siehe *Schnorbus*, WM 2009, 249, 253; *Schlitt/Landschein*, ZBB 2019, 103, 108; vgl. *Schnorbus/Kornack*, BB 2022, 1667 zur Besonderheit bei *Specialist Issuers*.
278 *Schlitt/Landschein*, ZBB 2019, 103, 108.
279 Begr. RegE 3. FMFG, BT-Drucks. 13/8933, S. 54, 77; *Grundmann/Selbherr*, WM 1996, 985, 990; *Sittmann*, NZG 1998, 490, 491.
280 Vgl. *Groß*, Kapitalmarktrecht, § 9 WpPG Rn. 107 m. w. N.

II. Rechtsfolgen

1. Inhalt der Haftung

a) Anspruch des Inhabers, § 9 Abs. 1 Satz 1 und 2

Gem. § 9 Abs. 1 Satz 1 und 2 umfasst der Prospekthaftungsanspruch die **Erstattung des Erwerbspreises** – begrenzt auf den ersten Ausgabepreis – und die üblichen Kosten des Erwerbs (Erwerbsnebenkosten) Zug um Zug gegen Rückgabe der Wertpapiere. 85

Die Obergrenze des **ersten Ausgabepreises** ergibt sich aus der Veröffentlichung der Preisfestsetzung. Bei variablen Ausgabepreisen (z. B. bei Daueremissionen) kommt es nur auf den anfänglichen Preis an, denn nur dieser wurde anhand des (fehlerhaften) Prospekts ermittelt.[281] Spätere Änderungen sind nicht mehr nur durch den Inhalt des Prospekts, sondern auch durch Faktoren beeinflusst worden, die nicht im Einflussbereich der Prospektverantwortlichen liegen und über die der Prospekt möglicherweise auch keine Aussagen treffen wollte.[282] Nachfolgende Veränderungen des Preises sind somit keine (alleinige) Folge des Prospekts und sollen die Prospektverantwortlichen nicht unangemessen belasten. 86

Ist kein Ausgabepreis festgelegt, gilt als Ausgabepreis der **erste** nach Einführung der Wertpapiere festgestellte oder gebildete **Börsenpreis**, im Falle gleichzeitiger Feststellung oder Bildung an mehreren inländischen Börsen der höchste erste Börsenpreis, § 9 Abs. 1 Satz 2. 87

Ist der Erwerber noch Inhaber der Wertpapiere, so ist der Haftende zur Erstattung des Erwerbspreises nur Zug um Zug gegen **Rückgabe der Wertpapiere** verpflichtet. Diese Rückgewährpflicht entfällt nicht durch Insolvenz des Haftenden.[283] 88

b) Anspruch des früheren Inhabers bei zwischenzeitlicher Veräußerung, § 9 Abs. 2

Wurden die Wertpapiere veräußert, kann der frühere Inhaber gem. § 9 Abs. 2 den **Unterschiedsbetrag** zwischen dem durch den Ausgabepreis begrenzten Erwerbspreis und dem Veräußerungspreis, zuzüglich der Veräußerungskosten (für beide Transaktionen) verlangen. 89

Nach früherer Rechtslage war es für die Geltendmachung des Anspruchs erforderlich, dass der Anleger noch Eigentümer der Wertpapiere war. Wer also aufgrund sinkender Kurse die Wertpapiere weiterkaufte, um einen möglichen Schaden so gering wie möglich zu halten, hatte keinen Anspruch auf Ausgleich des Verlustes. Durch das Dritte Finanzmarktförderungsgesetz wurde diese Lücke geschlossen.[284] 90

Grundsätzlich ist der **Veräußerungspreis** der tatsächlich erzielte Veräußerungserlös. Veräußert ein Ersatzberechtigter Wertpapiere allerdings unter dem erzielbaren Börsenpreis, orientiert sich der Veräußerungspreis am erzielbaren Verkaufspreis und nicht am tatsäch- 91

---

281 Begr. RegE 3. FMFG, BT-Drucks. 13/8933, S. 54, 78.
282 Begr. RegE 3. FMFG, BT-Drucks. 13/8933, S. 54, 78.
283 *Pankoke*, in: Just/Voß/Ritz/Zeising, WpPG, 2009, §§ 44 BörsG, 13 VerkProspG Rn. 65.
284 Begr. RegE 3. FMFG, BT-Drucks. 13/8933, S. 54, 55.

lich erzielten Veräußerungserlös.²⁸⁵ Andernfalls läge hierin ein Verstoß gegen die Schadensminderungspflicht gem. § 254 BGB.²⁸⁶ Erhaltene Dividendenzahlungen sind nach dem Grundsatz der Vorteilsausgleichung zu berücksichtigen.²⁸⁷

92 Derjenige, der die (streitgegenständlichen) Wertpapiere nicht veräußert, sondern, etwa im Wege einer **Schenkung** unentgeltlich übertragen hat, kann nach zutreffender Ansicht nicht den vollständigen Erwerbspreis ersetzt verlangen, sondern ist auf die Differenz zwischen Erwerbspreis und Börsenpreis am Tag der Schenkung verwiesen.²⁸⁸ Der Beschenkte selbst hat keinen Prospekthaftungsanspruch (vgl. → Rn. 25).

93 Die offene Position der Prospektverantwortlichen insgesamt ist trotz der Begrenzung des Schadensersatzanspruches auf den ersten Ausgabepreis dabei nicht zwingend auf die Höhe des Emissionserlöses beschränkt. Sofern der Kurs der Wertpapiere im Zeitraum zwischen Prospektveröffentlichung und Bekanntwerden des Prospektfehlers volatil ist, aber nicht über den ersten Ausgabepreis steigt, kann eine **Kette mehrerer Verkäufe** – anders als im Falle eines linearen Kursrückgangs – in der Gesamtsumme zu Schadensersatzansprüchen der Anleger führen, die den Emissionserlös übersteigen.²⁸⁹ In einem solchen Szenario könnte dem Prospektverantwortlichen aber unter Umständen der Einwand leichter fallen, dass die Kursveränderungen und damit die den Emissionserlös übersteigenden Verluste der Anleger nicht auf die unvollständigen oder unrichtigen Prospektangaben, sondern auf die Volatilität des Marktes zurückzuführen sind (§ 12 Abs. 2 Nr. 2).

c) Mitverschulden

94 Ein mögliches Mitverschulden des Anspruchsstellers kommt nach allgemeinen zivilrechtlichen Grundsätzen (§ 254 BGB) **anspruchsmindernd** in Betracht. Dies kann jedoch nicht bereits dann angenommen werden, wenn es sich bei der Anlage um ein erkennbar risikoreiches oder spekulatives Geschäft gehandelt hat.

---

285 *Groß*, Kapitalmarktrecht, § 9 WpPG Rn. 109.
286 Begr. RegE 3. FMFG, BT-Drucks. 13/8933, S. 54, 79.
287 BGH, 15.12.2020 – XI ZB 24/16, WM 2021, 478, 489 Rn. 159 ff. („Telekom III").
288 *Wackerbarth*, in: Holzborn, WpPG, § 23 Rn. 110; *Assmann/Kumpan*, in: Assmann/Schütze/Buck-Heeb, Handbuch des Kapitalanlagerechts, § 5 Rn. 176; *Pankoke*, in: Just/Voß/Ritz/Zeising, 2009, WpPG, §§ 44 BörsG, 13 VerkProspG Rn. 73.
289 Die Verfasser danken Herrn Prof. *Dr. jur. Lars Klöhn*, LL.M. (Harvard) für die fruchtbare Diskussion zu diesem Thema. Folgendes Rechenbeispiel verdeutlicht diesen Fall: FALL 1: Ausgabepreis € 50, folgend ein Kursanstieg auf € 60, nach Veröffentlichung des Prospektmangels ein (linearer) Kursverfall von € 10. Folgende Verkäufe wurden getätigt: A an B für € 60, B an C für € 50, C an D für € 40, D an E für € 30, Veröffentlichung des Prospektmangels, E hält die Aktie und der Kurs sinkt auf € 10. Dann schulden die Prospektverantwortlichen: A und B: kein Schadensersatz, C und D: € 10, E: € 30 gegen Rückübertragung der Aktie, insgesamt: € 50. FALL 2: Ausgabepreis € 50, folgend ein Kursanstieg auf € 60, nach Veröffentlichung des Prospektmangels ein Kursverfall auf € 10. Folgende Verkäufe wurden getätigt: A an B für € 60, B an C für € 50, C an D für € 40, Anstieg des Kurses auf € 45, D an E für € 45, E an F für € 30, Veröffentlichung des Prospektmangels, F hält die Aktie und der Kurs sinkt auf € 10. Dann schulden die Prospektverantwortlichen: A und B: keinen Schadensersatz, C: € 10, D: keinen Schadensersatz; E: € 15; F: € 30 gegen Rückübertragung der Aktie, insgesamt: € 55.

Ebenso wenig trifft den Geschädigten die Obliegenheit, unverzüglich nach Kenntnis des **95**
Prospektmangels die Wertpapiere zu veräußern.[290] Der Geschädigte muss seine Ansprüche auch nicht unverzüglich anmelden,[291] da eine fehlende Anmeldung keine (Mit-)Ursache oder Risikoerhöhung für die Entstehung des Schadens darstellt. Der Schaden ist zu diesem Zeitpunkt bereits entstanden.[292]

d) Haftung als Gesamtschuldner

aa) Grundsatz

Gem. § 9 Abs. 1 Satz 1 haften die Prospektverantwortlichen (§ 9 Abs. 1 Satz 1 Nr. 1) und **96**
Prospektveranlasser (§ 9 Abs. 1 Satz 1 Nr. 2) im Außenverhältnis als **Gesamtschuldner**.
Dies setzt jedoch voraus, dass den einzelnen Gesamtschuldner ein eigenes Verschulden trifft (§ 425 Abs. 2 BGB).

bb) Freistellung der Emissionsbegleiter durch den Emittenten

Die Haftungsverteilung zwischen den einzelnen Gesamtschuldnern richtet sich grundsätzlich **97**
nach dem **Maß des individuellen Verschuldens**, sofern keine anderweitige Haftungsvereinbarung vorliegt (§ 426 Abs. 1 BGB). In der Praxis sieht der Übernahmevertrag zwischen dem Emittenten und den die Emission begleitenden Konsortialbanken regelmäßig eine umfängliche **Haftungsfreistellung** zugunsten der Banken vor, die der besonderen Verantwortung des Emittenten für die Richtigkeit und Vollständigkeit des Prospekts Rechnung trägt.[293] Der Emittent kennt sein eigenes Unternehmen wie kein Zweiter. Dieser Informationsvorsprung ist auch durch eine umfassende Due Diligence der Emissionsbegleiter nicht aufzuholen (→ § 12 Rn. 15). Die Freistellung spiegelt auch die wirtschaftlichen Interessen der an der Emission beteiligten Parteien: So fließen dem Emittenten zum weit überwiegenden Teil die Vorteile aus der Emission zu, während die Konsortialbanken nur einen verhältnismäßig geringen Anteil in Form ihrer Provision erhalten.[294] Da sich eine solche Vereinbarung im Innenverhältnis zwischen Emittent und Banken gegenüber den Anlegern nicht auswirkt, ist sie aus Anlegerschutzgesichtspunkten nicht zu beanstanden. Mit der ganz h.M. ist auch ein Verstoß der entsprechenden Freistellungsvereinbarung gegen §§ 57, 71ff. AktG abzulehnen (vgl. dazu auch unten → Rn. 100).[295]

---

290 *Wackerbarth*, in: Holzborn, WpPG, § 23 Rn. 113; *Assmann/Kumpan*, in: Assmann/Schütze/Buck-Heeb, Handbuch des Kapitalanlagerechts, § 5 Rn. 193; *Pankoke*, in: Just/Voß/Ritz/Zeising, WpPG, 2009, §§ 44 BörsG, 13 VerkProspG Rn. 72.
291 Näher *Wackerbarth*, in: Holzborn, WpPG, § 23 Rn. 113.
292 *Schwark*, in: Schwark, KMRK, 3. Aufl. 2004, §§ 44, 45 BörsG Rn. 72.
293 *Haag*, in: Habersack/Mülbert/Schlitt, Unternehmensfinanzierung, § 29 Rn. 57 ff.; *Singhof*, in: MünchKomm-HGB, Bd. 6, Emissionsgeschäft, Rn. 195.
294 *Singhof*, in: MünchKomm-HGB, Bd. 6, Emissionsgeschäft, Rn. 195; *Diekmann*, in: Habersack/Mülbert/Schlitt, Unternehmensfinanzierung, § 31 Rn. 73 ff. für Freistellungen bei Anleiheemissionen.
295 Vgl. dazu ausführlich *Groß*, Kapitalmarktrecht, § 9 WpPG Rn. 23 ff.; *Singhof*, in: MünchKomm-HGB, Bd. 6, Emissionsgeschäft, Rn. 195 f.

cc) Freistellung des Emittenten durch einen (Groß-)Aktionär

98 Von der Freistellung der Konsortialbanken durch den Emittenten ist die Frage zu unterscheiden, ob der Emittent seinerseits im Innenverhältnis von seinem (Groß-)Aktionär (teilweise) von Prospekthaftungsrisiken freigestellt werden muss, wenn Gegenstand der Platzierung (auch) Aktien aus dem Bestand jenes Aktionärs sind.[296] Hierzu hat der BGH festgestellt, dass mit der Übernahme des Prospekthaftungsrisikos durch die Gesellschaft bei der Platzierung von Altaktien an der Börse **entgegen § 57 Abs. 1 Satz 1 AktG** Einlagen an den Altaktionär zurückgewährt werden, wenn dieser die Gesellschaft nicht seinerseits von der Prospekthaftung freistellt.[297] Dem BGH zufolge stellt die gesetzlich angeordnete oder freiwillig übernommene Haftung für ein Risiko, das wirtschaftlich einen anderen trifft, nach wirtschaftlicher Betrachtung eine Leistung an diesen dar.[298] Für die Frage, wie diese Leistung ausgeglichen und damit ein Verstoß gegen § 57 AktG abgewendet werden kann, sei maßgeblich auf eine **bilanzielle Betrachtungsweise** abzustellen. Diese stützt der BGH auf den Wortlaut von § 57 Abs. 1 Satz 3 AktG in der Fassung des MoMiG[299] („Deckung durch einen vollwertigen Gegenleistungs- oder Rückgewähranspruch"). Ein Ausgleich des von der Gesellschaft übernommenen Prospekthaftungsrisikos könne demnach allein durch „konkrete, bilanziell messbare Vorteile" erfolgen. Das Eigeninteresse der Gesellschaft an der Platzierung der Altaktien oder nicht bezifferbare Vorteile bildeten demgegenüber keine ausreichende Kompensation.[300]

99 In dem der BGH-Entscheidung zugrunde liegenden Fall ging es um eine **reine Umplatzierung** bestehender Aktien. Wie die in der Praxis gerade bei Börsengängen häufigeren gemischten Platzierungen, bei denen neben neuen Aktien aus einer Kapitalerhöhung des Emittenten auch Aktien aus dem Bestand eines oder mehrerer Altaktionäre platziert werden, zu behandeln sind, hat der BGH nicht entschieden. Die wohl h. M. geht richtigerweise davon aus, dass bei **gemischten Platzierungen** die Gesellschaft von einem veräußernden Aktionär auch **nur entsprechend seiner Platzierungsquote anteilig freizustellen** ist.[301] Bei einem Börsengang ohne Umplatzierungskomponente, das heißt einer reinen Platzierung neuer Aktien, ist eine Freistellung durch den Aktionär freilich nicht geboten. Insbesondere ist die Zulassung (auch) der Aktien des Aktionärs nicht als Leistung der Gesellschaft an den Aktionär anzusehen. Die Gesellschaft erfüllt in diesem Fall lediglich ihre in § 7 Abs. 2 BörsZulV geregelte Pflicht, sämtliche Aktien einer Gattung zum Börsenhandel

---

296 Vgl. ausführlich *Groß*, Kapitalmarktrecht, § 9 WpPG Rn. 28 ff. m. w. N.; *Fleischer* ZIP 2007, 1969, 1973 f.; Arbeitskreis zum Deutsche Telekom III-Urteil des BGH, CFL 2011, 377; *Krämer/Gillessen/Kiefner*, CFL 2011, 328; *Singhof*, in: MünchKomm-HGB, Bd. 6, Emissionsgeschäft, Rn. 197 ff.
297 BGH, 31.5.2011 – II ZR 141/09, NJW 2011, 2719 („Telekom III").
298 BGH, 31.5.2011 – II ZR 141/09, NJW 2011, 2719, 2720, Rn. 16 („Telekom III").
299 Gesetz zur Modernisierung des GmbH-Rechts und zur Bekämpfung von Missbräuchen v. 23.10.2008, BGBl. I, S. 2026.
300 BGH, 31.5.2011 – II ZR 141/09, NJW 2011, 2719, 2721 f. („Telekom III").
301 *Groß*, Kapitalmarktrecht, § 9 WpPG Rn. 32; *Arnold/Aubel*, ZGR 2012, 113, 144 f.; *Fleischer/Thaten*, NZG 2011, 1081, 1084; *Krämer/Gillessen/Kiefner*, CFL 2011, 328, 334 ff.; *Singhof*, in: MünchKomm-HGB, Bd. 6, Emissionsgeschäft, Rn. 198; ausführlich Arbeitskreis zum „Deutsche Telekom III-Urteil" des BGH, CFL 2011, 377, 378 ff.; vgl. zu den Konsequenzen für die „Legal Opinion"-Praxis bei möglicherweise dem Anwendungsbereich des Telekom III-Urteils unterfallenden Transaktionen *Seiler*, in: Habersack/Mülbert/Schlitt, Unternehmensfinanzierung, § 35 Rn. 43 m. w. N.

zuzulassen.[302] Gleiches gilt für die Börsenzulassung von Aktien aus einer Sachkapitalerhöhung, die als Gegenleistung für den Erwerb eines Vermögensgegenstands ausgegeben werden.

2. Prospekthaftung und Einlagenrückgewähr

Nach zutreffender h. M. handelt es sich bei der Prospekthaftung um eine kraft Gesetzes entstehende **Vertrauenshaftung**.[303] Gegenüber dem Grundsatz der Vermögensbindung nach § 57 AktG und den Vorschriften über den Erwerb eigener Aktien (§§ 71 ff. AktG) ist sie **als spezielleres** – und jedenfalls seit der grundlegenden Reformierung durch das Dritte Finanzmarktförderungsgesetz – jüngeres **Recht vorrangig**.[304] Die Regierungsbegründung zum Dritten Finanzmarktförderungsgesetz stellt insoweit zutreffend fest, dass sich eine Aktiengesellschaft „gegenüber dem Anspruchsteller nicht auf die aktienrechtlichen Verbote der Einlagenrückgewähr gem. § 57 Abs. 1 Satz 1 und des Verbots des Erwerbs eigener Aktien gem. §§ 71 ff. AktG berufen" kann, da die Prospekthaftungsbestimmungen als „abschließende Spezialregelungen [...] den soeben erwähnten allgemeinen Grundsätzen vorgehen".[305]

100

Nach früheren vermittelnden Auffassungen ist die Prospekthaftung auf das freie Vermögen zu beschränken[306] oder ein Rangrücktritt von Prospekthaftungsansprüchen in der Insolvenz anzunehmen.[307] Für derartige Beschränkungen besteht indessen kein Anlass. Anerkannt ist, dass Aktionäre bei der Verletzung von Publizitätspflichten nicht schlechter zu stellen sind als andere Gläubiger von Deliktsansprüchen, die mit dem Emittenten nicht gesellschaftsrechtlich verbunden sind.[308] Auch mit Blick auf die **Vorgaben der Prospekt-VO** sollte grundsätzlich von einem Vorrang des Anlegerschutzes ausgegangen werden. Schließlich wäre auch eine durch die Kapitalerhaltung veranlasste gesetzliche Befreiung des Emittenten von der Prospekthaftung nicht mit Art. 11 ProspektVO zu vereinbaren.[309]

101

---

302 So auch *Groß*, Kapitalmarktrecht, § 9 WpPG Rn. 28 ff.; Arbeitskreis zum Deutsche Telekom III-Urteil des BGH, CFL 2011, 377.
303 BGH, 31.5.2011 – II ZR 141/09, NJW 2011, 2719, 2720 („Telekom III"); *Singhof*, in: Münch-Komm-HGB, Bd. 6, Emissionsgeschäft, Rn. 285; *Groß*, Kapitalmarktrecht, § 9 WpPG Rn. 15.
304 So die heute ganz h. M., vgl. ausführlich zum Verhältnis von Prospekthaftung und Einlagenrückgewähr unter Nennung der einzelnen Mindermeinung *Groß*, Kapitalmarktrecht, § 9 WpPG Rn. 16 ff.; *Singhof*, in: MünchKomm-HGB, Bd. 6, Emissionsgeschäft, Rn. 195; wie hier auch *Schäfer*, ZGR 2006, 40, 56 f.; *Langenbucher*, ZIP 2005, 239.
305 Begr. RegE 3. FMFG, BT-Drucks. 13/8933, S. 54, 78, wobei zu Recht darauf hingewiesen wurde, dass eine entsprechende Klarstellung in § 57 AktG wünschenswert gewesen wäre, vgl. *Groß*, Kapitalmarktrecht, § 9 WpPG Rn. 20.
306 *Schwark*, FS Raisch, S. 269, 288 f.; *Henze*, FS Hopt, S. 1933 ff.; *Schön*, FS Röhricht, S. 559, 567.
307 *Langenbucher*, ZIP 2005, 239.
308 BGH, 9.5.2005 – II ZR 287/02, NJW 2005, 2450, 2452 („EM.TV"); zustimmend *Oulds*, in: Kümpel/Mülbert/Früh/Seyfried, Bank- und Kapitalmarktrecht, § 15 Rn. 230.
309 *Groß*, Kapitalmarktrecht, § 9 WpPG Rn. 22; *Mülbert/Steup*, in: Habersack/Mülbert/Schlitt, Unternehmensfinanzierung, § 41 Rn. 7 f.

3. Darlegungs- und Beweislast

102 Nach dem allgemeinen Grundsatz, dass die Parteien für die für sie günstigen Tatsachen darlegungs- und beweisbelastet sind, hat der Anleger als Anspruchsgläubiger sowohl die Unrichtigkeit oder die Unvollständigkeit des Prospekts, den Erwerb durch ein Inlandsgeschäft nach der Prospektveröffentlichung sowie den Erwerbspreis bzw. gegebenenfalls den Unterschiedsbetrag zwischen Erwerbspreis oder Ausgabepreis und Veräußerungspreis darzulegen und zu beweisen.

103 Aus dem Wortlaut des § 12 ergibt sich dagegen, dass der Haftungsverpflichtete die Tatsachen für eine fehlende Kausalität sowie das fehlende Verschulden darzulegen und zu beweisen hat.[310] Das Verschulden wird insoweit also, ebenso wie die Kausalität bei Vorliegen eines Prospekts, vermutet. Hierbei handelt es sich nicht lediglich um eine Beweiserleichterung im Sinne des Anscheinsbeweises, sondern um eine zur **Beweislastumkehr** führende widerlegliche Vermutung (→ § 12 Rn. 4, 48).[311]

4. Verjährung

104 Die Verjährung von Prospekthaftungsansprüchen richtet sich nach den Verjährungsvorschriften der §§ 195, 199 BGB. Die Sonderverjährungsvorschrift des § 46 BörsG a. F. wurde von der Verschiebung der Prospekthaftungstatbestände aus dem VermAnlG und dem BörsG in das WpPG nicht erfasst.[312] Ebenso wenig hat der Gesetzgeber eine neue Sonderverjährung eingeführt. Somit verjähren die Prospekthaftungsansprüche gem. §§ 8 ff. gem. § 195 BGB **in drei Jahren**. Die Verjährung beginnt nach § 199 Abs. 1 BGB mit Schluss des Jahres, in dem **der Anspruch entstanden ist** und der Gläubiger von den Anspruch begründenden Umständen (und der Person des Schuldners) Kenntnis erlangt oder ohne grobe Fahrlässigkeit erlangen müsste. Ohne Rücksicht auf die Kenntnis oder grob fahrlässige Unkenntnis verjähren diese Ansprüche spätestens in **zehn Jahren von ihrer Entstehung** an (§ 199 Abs. 3 BGB).

105 Umstritten ist, wann der Prospekthaftungsanspruch entsteht. Nach einer Ansicht kommt es auf den Zeitpunkt an, zu dem eine konkrete Verschlechterung der Vermögenslage des Anlegers eintritt.[313] Dies ist abzulehnen, da der Schaden bereits im Erwerb von Wertpapieren zu sehen ist, für die aufgrund eines fehlerhaften Prospekts ein Preis gezahlt wurde, der nicht dem objektiven Preis entspricht. Bereits in diesem Moment entsteht damit dem Grunde nach auch der Prospekthaftungsanspruch, gerichtet auf die Rückgabe der Wertpapiere gegen Erstattung des Erwerbspreises. Es ist daher davon auszugehen, dass der **Prospekthaftungsanspruch mit dem Erwerb der Wertpapiere entsteht**.[314] Auf den Eintritt eines Schadens i. S. d. zu ersetzenden negativen Interesses kommt es dann nicht an. Der

---

310 Vgl. *Groß*, Kapitalmarktrecht, § 9 WpPG Rn. 110.
311 Zur fehlerhaften Anlageberatung etwa BGH, 8.5.2012 – XI ZR 262/10, BGHZ 193, 159, 159.
312 Kritisch zu Recht *Lorenz/Schönemann/Wolf*, CFL 2011, 346, 348 f.; *Wackerbarth*, in: Holzborn, WpPG, § 23 Rn. 126.
313 *Habersack*, in: Habersack/Mülbert/Schlitt, Kapitalmarktinformation, § 28 Rn. 55; unklar: *Wackerbarth*, in: Holzborn, WpPG, § 23, Rn. 126.
314 *Mülbert/Steup*, in: Habersack/Mülbert/Schlitt, Unternehmensfinanzierung, § 41 Rn. 150; *Lorenz/Schönemann/Wolf*, CFL 2011, 346 348; im Hinblick auf eine Haftung aus Anlageberatungsvertrag: BGH, 19.7.2004 – II ZR 354/02, WM 2004, 1823.

Anlageentschluss wird von der Fehlerhaftigkeit des Prospekts beeinflusst, ohne dass es entscheidend ist, ob und wann die Kapitalanlage später im Wert gefallen ist.[315] Der Schaden liegt insoweit in der Vertragseingehung.

Weiter kommt es für den Verjährungsbeginn darauf an, wann der Anspruchsteller von den Anspruch begründenden Umständen **Kenntnis erlangt** hat oder ohne grobe Fahrlässigkeit hätte erlangen müssen. Hierbei ist es nicht erforderlich, dass der Gläubiger den Vorgang rechtlich zutreffend beurteilt.[316] 106

Grob fahrlässige Unkenntnis liegt vor, wenn sich dem Gläubiger die Umstände förmlich aufdrängen und er leicht zugängliche Informationsquellen nicht nutzt.[317] Insoweit ist eine Informationsbeschaffungs- und Ermittlungsobliegenheit des Anlegers anzunehmen.[318] Dem Anleger liegt mit dem Prospekt eine entsprechende Informationsquelle vor. Erfährt der Anleger von Umständen, die den Wert der Wertpapiere, die Gegenstand des Prospekts sind, beeinträchtigen, kann man von ihm verlangen, dass er den Prospekt auf seine Richtigkeit und Vollständigkeit hin prüft.[319] 107

Die entsprechende **Beweislast** für den Beginn und Ablauf der Verjährungsfrist trägt der Haftungsverpflichtete.[320] Der Nachweis der positiven Kenntnis beziehungsweise grobfahrlässigen Unkenntnis des Anspruchstellers kann dem Verpflichteten, abhängig u. a. vom Grad der Berichterstattung und Diskussion in der Presse über den (vermeintlichen) Prospektmangel, unter Umständen schwerfallen. In solchen Fällen greift die absolute zehnjährige Verjährung des § 199 Abs. 3 Nr. 1 BGB ein. 108

Nach der Rechtsprechung des BGH[321] zur **Hemmung der Verjährung** gilt, dass die auf Veröffentlichung eines fehlerhaften Prospekts gestützte Schadensersatzklage die Verjährung nicht nur in Bezug auf Prospektfehler hemmt, die in der Klageschrift geltend gemacht worden sind, sondern auch für solche, die erst nach Klageerhebung in den Prozess eingeführt werden.[322] Dies begründet der BGH damit, dass Streitgegenstand einer Prospekthaftungsklage alle Ansprüche wegen Prospektfehlern sind, da es sich insoweit um einen einheitlichen Lebenssachverhalt handelt.[323] Die Hemmung durch Klageerhebung 109

---

315 Im Zusammenhang mit einer Haftung aus Anlageberatungsvertrag: BGH, 8.7.2010 – III ZR 249/09, ZIP 2010, 1548; *Harnos*, ZBB 2015, 176, 178; *Möllers*, WM 2008, 93, 99.
316 *Leuering*, NJW 2012, 1905, 1906; *Ellenberger*, in: Grüneberg, BGB, § 199 Rn. 27.
317 Siehe auch *Leuering*, NJW 2012, 1905, 1906.
318 Im Zusammenhang mit der Haftung aus Anlageberatungsvertrag wird die Obliegenheit des Anlegers von der Rspr. nicht einheitlich beurteilt. Der BGH nimmt aber selbst dann keine grobe Fahrlässigkeit an, wenn ein Anleger den ihm zur Verfügung gestellten Prospekt nicht liest (BGH, 8.7.2010 – III ZR 249/09, ZIP 2010; ebenso: OLG München v. 6.9.2006 – 20 U 2694/06, zitiert nach juris, Rn. 63; **a. A.**: OLG Frankfurt, 14.1.2008 – 18 U 28/07, OLGR 2008, 880, 881 f.). Allerdings wird diese auf nicht börsennotierte Produkte bezogene anlegerfreundliche Rspr. auf die Haftung für einen fehlerhaften Prospekt im Rahmen der spezialgesetzlichen Prospekthaftung nicht ohne Weiteres übertragbar sein.
319 *Leuering*, NJW 2012, 1905, 1906; als zu weitgehend kritisiert von *Wackerbarth*, in: Holzborn, WpPG, § 23, Rn. 126.
320 Vgl. nur *Assmann/Kumpan*, in: Assmann/Schütze/Buck-Heeb, Handbuch des Kapitalanlagerechts, § 5 Rn. 234.
321 BGH, 21.10.2014 – XI ZB 12/12, NZG 2015, 20 f. („Telekom III").
322 BGH, 21.10.2014 – XI ZB 12/12, NZG 2015, 20, Leitsatz 6 („Telekom III").
323 BGH, 21.10.2014 – XI ZB 12/12, NZG 2015, 20, 26 Rn. 145 m. w. N. („Telekom III").

umfasst somit den prozessualen Anspruch als solchen und damit nicht nur einzelne materiell-rechtliche Ansprüche.

5. Konkurrenzen

110 Im Anwendungsbereich der spezialgesetzlichen Prospekthaftung ist die allgemeine bürgerlich-rechtliche Prospekthaftung ausgeschlossen (siehe dazu → § 16 Rn. 6 f.).

6. Gerichtliche Zuständigkeit

111 Die **sachliche Zuständigkeit** für Prospekthaftungsansprüche nach dem WpPG ergibt sich aus § 71 Abs. 2 Nr. 3 GVG. Hiernach ist das Landgericht unabhängig vom Streitwert für Ansprüche sachlich zuständig, die auf eine falsche, irreführende oder unterlassene öffentliche Kapitalmarktinformationen oder auf deren Verwendung oder auf die Unterlassung der gebotenen Aufklärung über die Fehlerhaftigkeit der Kapitalmarktinformation gestützt werden. Dabei sind Kapitalmarktinformationen gem. § 1 Abs. 1 Nr. 1 KapMuG in Verbindung mit § 1 Abs. 2 Satz 2 Nr. 1 insbesondere Prospekte nach der ProspektVO. **Funktional** sind die Handelskammern nach § 95 Abs. 1 Nr. 6 GVG zuständig. Gem. § 32b Abs. 1 Nr. 1 ZPO liegt die ausschließliche **örtliche Zuständigkeit** für eine Prospekthaftungsklage, die zumindest auch gegen einen Emittenten mit Sitz im Inland gerichtet ist, bei dem Landgericht, in dessen Bezirk der betroffene Emittent seinen Sitz hat. Emittent eines Wertpapiers ist derjenige, der das Wertpapier begibt.[324] „Betroffen" ist der Emittent, dem eine Informationspflichtverletzung in Bezug auf die von ihm begebenen Wertpapiere vorgeworfen wird.[325] Gem. § 32b Abs. 2 ZPO können Streitigkeiten auch bei bestimmten Landgerichten konzentriert werden. Diese Möglichkeit haben bislang Bayern (Landgerichte Augsburg, Landshut, München I und Nürnberg-Fürth),[326] Hessen (Landgericht Frankfurt am Main),[327] Nordrhein-Westfalen (Landgerichte Dortmund, Düsseldorf und Köln),[328] Thüringen (Landgericht Gera)[329] und Sachsen (Landgerichte Dresden und Leipzig)[330] genutzt.[331] Der ausschließliche Gerichtsstand soll eine einheitliche und kostengünstige Beweisaufnahme ermöglichen und dadurch das Verfahren beschleunigen und Kosten einsparen. Darüber hinaus soll durch die Konzentration die Gewinnung von geeigneten Sachverständigen erleichtert und eine Zersplitterung der Zuständigkeiten verhindert werden.[332]

---

324 BGH, 30.7.2013 – X ARZ 320/13, NZG 2013, 1070, 1071 Rn. 10.
325 BGH, 21.7.2020 – II ZB 19/19, WM 2020, 1774, 1778 Rn. 31.
326 § 37 GZVJu Bayern vom 11.6.2012, GVBl. S. 295.
327 § 46 JuZuV Hessen vom 12.6.2013, GVBl. 2013, S. 386.
328 § 1 Konzentrations-VO – § 32b ZPO, KapMuG-NRW vom 16.11.2012, GVBl. S. 617.
329 § 5 Abs. 3 ThürGerZustVO vom 17.11.2012, GVBl. 2011, S. 511.
330 § 11 SächsJOrgVO.
331 *Patzina*, in: MünchKomm-ZPO, § 32b Rn. 2; *Hüßtege*, in: Thomas/Putzo, ZPO, § 32b Rn. 16; *Pankoke*, in: Just/Voß/Ritz/Zeising, WpPG, 2009, Vor § 44 BörsG Rn. 28; *Wackerbarth*, in: Holzborn, WpPG, § 23 Rn. 116.
332 Vgl. Begr. RegE, BT-Drucks. 15/5091, S. 33.

7. Übergangsregelungen

Die Haftungsvorschriften der §§ 21 ff. a. F. traten mit Wirkung zum 1.6.2012 in Kraft und gingen im Kern auf die §§ 44–47 BörsG zurück. Durch das Gesetz zur weiteren Ausführung der EU-Prospektverordnung und zur Änderung von Finanzmarktgesetzen[333] wurden die §§ 21 ff. mit Wirkung zum 21.7.2019 zu den § 9 ff. Für Prospekte, die vor dem 21.7.2019 gebilligt wurden, gilt das WpPG in der bis zum 20.7.2019 geltenden Fassung.[334] 112

Die Anwendung der §§ 44 ff. BörsG a. F. sowie §§ 13, 13a VerkProspG endete am 1.6.2015, da die nach dem bisherigen Recht entstandenen Ansprüche einer maximalen Verjährungsfrist von drei Jahren unterlagen, die nunmehr ausgelaufen ist.[335] Sie bleiben noch relevant für Ansprüche, deren Verjährung zum damaligen Zeitpunkt gehemmt war. 113

---

333 BGBl. I 2019, S. 1002 ff.
334 Vgl. auch *Groß*, Kapitalmarktrecht, § 9 WpPG Rn. 7 ff.
335 So auch *Mülbert/Steup*, in: Habersack/Mülbert/Schlitt, Unternehmensfinanzierung, § 41 Rn. 157 f.

§ 10 WpPG
Haftung bei sonstigem fehlerhaften Prospekt

Sind in einem nach Artikel 3 Absatz 1 der Verordnung (EU) 2017/1129 veröffentlichten Prospekt, der nicht Grundlage für die Zulassung von Wertpapieren zum Handel an einer inländischen Börse ist, für die Beurteilung der Wertpapiere wesentliche Angaben unrichtig oder unvollständig, ist § 9 entsprechend anzuwenden mit der Maßgabe, dass

1. bei der Anwendung des § 9 Absatz 1 Satz 1 für die Bemessung des Zeitraums von sechs Monaten anstelle der Einführung der Wertpapiere der Zeitpunkt des ersten öffentlichen Angebots im Inland maßgeblich ist und

2. § 9 Absatz 3 auf diejenigen Emittenten mit Sitz im Ausland anzuwenden ist, deren Wertpapiere auch im Ausland öffentlich angeboten werden.

Übersicht

	Rn.		Rn.
I. Anwendungsbereich	1	a) § 10 Nr. 1	6
II. Haftung	4	b) § 10 Nr. 2	7
1. Verweisung auf § 9	4	3. Zeitlicher Anwendungsbereich	8
2. Abweichende Regelungen nach § 10 Nr. 1 und 2	5	4. Gerichtliche Zuständigkeit	9

I. Anwendungsbereich

1 § 10 normiert eine Haftung für alle nach Art. 3 Abs. 1 ProspektVO veröffentlichten Prospekte, die nicht Grundlage für eine Börsenzulassung sind. Hierunter fallen sowohl **Prospekte für ein öffentliches Angebot** von Wertpapieren, soweit für diese eine Prospektpflicht gem. Art. 3 Abs. 1 ProspektVO besteht (siehe → § 9 Rn. 1 f.), **freiwillige Prospekte** nach Art. 4 ProspektVO, als auch Prospekte, die ungeachtet bestehender Befreiungsmöglichkeiten nach Art. 1 Abs. 4 ProspektVO freiwillig erstellt und gebilligt wurden.[1] Es kommt nicht darauf an, ob die Wertpapiere, auf die sich der Prospekt bezieht, zu einem früheren Zeitpunkt (auf Grundlage eines anderen Prospekts) zum Handel an einer inländischen Börse zugelassen wurden.[2] Der Anwendungsbereich der Norm hat sich damit gegenüber der Vorgängervorschrift des § 13 VerkprospG erweitert, da nunmehr zweifellos auch Prospekte umfasst sind, die sich auf ein öffentliches Angebot bereits börsennotierter Wertpapiere beziehen.[3]

---

1 *Groß*, Kapitalmarktrecht, § 10 WpPG Rn. 2; *Mülbert/Steup*, in: Habersack/Mülbert/Schlitt, Unternehmensfinanzierung, § 41 Rn. 22; *Assmann*, in: Assmann/Schlitt/von Kopp-Colomb, Prospektrecht Kommentar, § 9 WpPG Rn. 24.
2 Begr. RegE Gesetz zur Novellierung des Finanzanlagenvermittler- und Vermögensanlagerechts, BT-Drucks. 17/6051, S. 46.
3 Vgl. Begr. RegE Gesetz zur Novellierung des Finanzanlagenvermittler- und Vermögensanlagerechts, BT-Drucks. 17/6051, S. 46; siehe auch *Groß*, Kapitalmarktrecht, § 10 WpPG Rn. 3.

Gegen die Einbeziehung eines nicht gebilligten aber gleichwohl veröffentlichten Prospekts spricht dagegen der Wortlaut des § 10.[4] Ein gem. Art. 3 Abs. 1 ProspektVO veröffentlichter Prospekt muss den gesetzlichen Anforderungen des Wertpapierprospektgesetzes entsprechen und damit auch gebilligt sein. Daher ist ein nicht gebilligter und gleichwohl veröffentlichter Prospekt einem fehlenden Prospekt gleichzustellen und unterliegt der **Haftung nach § 14**, nicht nach § 10.[5]   2

Umstritten ist, ob Gleiches im Hinblick auf einen nach Art. 3 Abs. 1 ProspektVO veröffentlichten und gebilligten Prospekt gilt, wenn ein erneutes öffentliches Angebot nach Ablauf der Gültigkeitsdauer des Prospekts von 12 Monaten erfolgt.[6] Nach richtiger Ansicht greift auch hier § 14 und nicht § 10, da kein Prospekt i. S. d. Art. 3 Abs. 1 ProspektVO vorliegt (vgl. → § 9 Rn. 21).   3

II. Haftung

1. Verweisung auf § 9

§ 10 enthält eine **Rechtsgrundverweisung** auf § 9, sodass sich die Haftungsvoraussetzungen im Einzelnen aus § 9 ergeben.   4

2. Abweichende Regelungen nach § 10 Nr. 1 und 2

§ 10 Nr. 1 und Nr. 2 tragen den **Besonderheiten** Rechnung, die sich aufgrund der Übertragung der Prospekthaftungsvorschriften für Börsenzulassungsprospekte auf (reine) Angebotsprospekte ergeben.   5

a) § 10 Nr. 1

§ 10 Nr. 1 verschiebt den **Beginn der Sechsmonatsfrist** des § 9 Abs. 1 Satz 1 auf den **Zeitpunkt des erstmaligen öffentlichen Angebots**. Der Begriff des öffentlichen Angebots ist in § 2 Nr. 2 mit Verweis auf Art. 2 lit. d ProspektVO definiert. Ein öffentliches Angebot ist danach eine Mitteilung an die Öffentlichkeit in jedweder Form und auf jedwede Art und Weise, die ausreichend Informationen über die Angebotsbedingungen und die anzubietenden Wertpapiere enthält, um einen Anleger in die Lage zu versetzen, sich für den Kauf oder die Zeichnung jener Wertpapiere zu entscheiden (vgl. im Einzelnen → § 2 Rn. 5 ff.). Maßgeblich für die Fristberechnung ist allein der Zeitpunkt des Abschlusses des Verpflichtungsgeschäfts. Die Erfüllung des Verpflichtungsgeschäfts ist dagegen nicht ent-   6

---

4 *Groß*, Kapitalmarktrecht, § 10 WpPG Rn. 4; *Assmann*, in: Assmann/Schlitt/von Kopp-Colomb, Prospektrecht Kommentar, § 9 WpPG Rn. 25; *Kind*, in: Arndt/Voß, VerkProspG, § 13a Rn. 5.
5 Ebenso OLG München, 2.11.2011 – 20 U 289/11, BeckRS 2011, 25505, II.1; *Assmann*, in: Assmann/Schlitt/von Kopp-Colomb, Prospektrecht Kommentar, § 9 WpPG Rn. 13; *Pankoke*, in: Just/Voß/Ritz/Zeising, WpPG, 2009, § 13a VerkProspG Rn. 6; *Groß*, Kapitalmarktrecht, § 10 WpPG Rn. 4; die Anwendung von § 22 WpPG **dagegen** bejahend *Mülbert/Steup*, in: Habersack/Mülbert/Schlitt, Unternehmensfinanzierung, § 41 Rn. 63.
6 *Groß*, Kapitalmarktrecht, § 10 WpPG Rn. 4; *Pankoke*, in: Just/Voß/Ritz/Zeising, WpPG, 2009, § 13a VerkProspG Rn. 7.

scheidend.[7] Für das sogenannte Bookbuilding ergeben sich keine Besonderheiten (vgl. insofern auch → § 9 Rn. 31).

b) § 10 Nr. 2

7   Grundlage für eine Prospekthaftung nach § 10 ist das öffentliche Angebot von Wertpapieren. § 10 Nr. 2 hebt daher hervor, dass im Rahmen des Haftungsausschlusses nach § 9 Abs. 3 nicht auf die Börsennotierung der ausländischen Wertpapiere abgestellt werden kann. Vielmehr ist auch insoweit das öffentliche Angebot ausschlaggebend. Wird dieses im Ausland vorgenommen, besteht ein Anspruch nach § 9 Abs. 1 nur, sofern die Wertpapiere aufgrund eines **im Inland abgeschlossenen Geschäfts** oder einer ganz oder teilweise im Inland erbrachten Wertpapierdienstleistung erworben wurden.[8]

3. Zeitlicher Anwendungsbereich

8   Auch im Rahmen des § 10 gelten die allgemeinen **Verjährungsvorschriften des BGB**. Diesbezüglich wird auf die Ausführungen zu § 9 verwiesen (siehe → § 9 Rn. 104).

4. Gerichtliche Zuständigkeit

9   Die örtliche Zuständigkeit ergibt sich aus § 32b ZPO, die sachliche Zuständigkeit des Landgerichts folgt aus § 71 Abs. 2 Nr. 3 GVG. Die Zuständigkeit der Kammer für Handelssachen ergibt sich aus § 95 Abs. 1 Nr. 6 GVG. Hinsichtlich weiterer Einzelheiten siehe → § 9 Rn. 111.

---

7 RegE 3. FMFG, BT-Drucks. 13/8933, S. 77; *Groß*, Kapitalmarktrecht, § 10 WpPG Rn. 8; *Wackerbarth*, in: Holzborn, WpPG, §§ 21–23 Rn. 58.
8 *Groß*, Kapitalmarktrecht, § 10 WpPG Rn. 9; *Denninger*, Grenzüberschreitende Prospekthaftung und Internationales Privatrecht, S. 75.

§ 11 WpPG
Haftung bei fehlerhaftem Wertpapier-Informationsblatt

(1) Sind in einem veröffentlichten Wertpapier-Informationsblatt nach § 4 Absatz 1 Satz 1 für die Beurteilung der Wertpapiere wesentliche Angaben unrichtig oder irreführend oder ist der Warnhinweis nach § 4 Absatz 4 nicht enthalten, kann der Erwerber dieser Wertpapiere von denjenigen, von denen der Erlass des Wertpapier-Informationsblatts ausgeht, und vom Anbieter als Gesamtschuldnern die Übernahme der Wertpapiere gegen Erstattung des Erwerbspreises, soweit dieser den ersten Ausgabepreis der Wertpapiere nicht überschreitet, und der mit dem Erwerb verbundenen üblichen Kosten verlangen, sofern das Erwerbsgeschäft nach Veröffentlichung des Wertpapier-Informationsblatts und während der Dauer des öffentlichen Angebots, spätestens jedoch innerhalb von sechs Monaten nach dem ersten öffentlichen Angebot der Wertpapiere im Inland abgeschlossen wurde.

(2) Ist der Erwerber nicht mehr Inhaber der Wertpapiere, so kann er die Zahlung des Unterschiedsbetrags zwischen dem Erwerbspreis, soweit dieser den ersten Ausgabepreis nicht überschreitet, und dem Veräußerungspreis der Wertpapiere sowie der mit dem Erwerb und der Veräußerung verbundenen üblichen Kosten verlangen.

(3) Werden Wertpapiere eines Emittenten mit Sitz im Ausland auch im Ausland öffentlich angeboten, besteht ein Anspruch nach Absatz 1 oder Absatz 2 nur, sofern die Wertpapiere auf Grund eines im Inland abgeschlossenen Geschäfts oder einer ganz oder teilweise im Inland erbrachten Wertpapierdienstleistung erworben wurden.

Übersicht

	Rn.		Rn.
I. Einleitung	1	2. Anspruchsberechtigung	3
II. Haftungsvoraussetzungen	2	3. Haftungsadressaten	11
1. Anwendungsbereich	2	III. Rechtsfolgen	13

I. Einleitung

§ 11 regelt die Haftung für fehlerhafte Wertpapier-Informationsblätter. Die Vorschrift wurde als § 22a a. F. mit dem Gesetz zur Ausübung von Optionen der EU-Prospektverordnung und zur Anpassung weiterer Finanzmarktgesetze[1] 2018 in das WpPG aufgenommen und durch das Gesetz zur weiteren Ausführung der EU-Prospektverordnung und zur Änderung von Finanzmarktgesetzen[2] 2019 zu § 11. Es handelt sich um eine eigenständige Haftungsnorm, die jedoch eng an das Haftungsregime der Prospekthaftung (§§ 9, 10, 12, 14) angelehnt ist.[3] Daher lassen sich viele der dort entwickelten Grundsätze auf die Haftung für Wertpapier-Informationsblätter übertragen. In Teilen orientiert sich der Haftungs-

1

---

[1] BGBl. I 2018, S. 1102 ff.
[2] BGBl. I 2019, S. 1002 ff.
[3] So Begr. RegE, BT-Drucks. 19/2435 S. 46; *Groß*, Kapitalmarktrecht, § 11 WpPG Rn. 1.

tatbestand aber auch an der Haftung für Vermögensanlagen-Informationsblätter (§ 22 VermAnlG).[4]

II. Haftungsvoraussetzungen

1. Anwendungsbereich

2   Nach seinem Wortlaut setzt der Tatbestand ein nach § 4 Abs. 1 Satz 1 veröffentlichtes Wertpapier-Informationsblatt (siehe hierzu → § 4 WpPG Rn. 4 ff.) voraus. Jedoch ist die Norm auch auf nach § 4 Abs. 1 Satz 2 veröffentlichte Wertpapier-Informationsblätter für Wertpapieremissionen zwischen 100.000 EUR bis weniger als 1 Million EUR anwendbar. Laut der Regierungsbegründung sollten im Zuge der Neunummerierung 2019 (siehe → Rn. 1) nur die Verweise „entsprechend angepasst" werden.[5] Auch § 15 Abs. 1 verweist für die Haftung bei fehlendem Wertpapier-Informationsblatt auf § 4 Abs. 1 Satz 2. Es ist insofern von einem redaktionellen Versehen auszugehen.[6] Es ist nicht anzunehmen, dass der Gesetzgeber im Rahmen von Wertpapieremissionen zwischen 100.000 und 1 Million EUR nur eine Haftung für fehlende, nicht aber auch für fehlerhafte Wertpapier-Informationsblätter vorsehen wollte.

2. Anspruchsberechtigung

3   In materieller Hinsicht setzt § 11 voraus, dass für die Beurteilung der Wertpapiere wesentliche Angaben im Wertpapier-Informationsblatt **unrichtig** oder **irreführend** sind oder der von § 4 Abs. 4 wörtlich vorgegebene **Warnhinweis fehlt**.[7] Angaben im Sinne von § 11 Abs. 1 sind, ebenso wie im Rahmen von § 9 Abs. 1 Satz 1, alle im Wertpapier-Informationsblatt enthaltenen Tatsachen sowie Meinungen, Werturteile und zukunftsbezogenen Informationen (siehe → § 9 Rn. 43). Für die Beurteilung der **Wesentlichkeit** kommt es darauf an, ob die in Rede stehenden Angaben aus Sicht des Anlegers für die Bewertung der betreffenden Wertpapiere relevant sind und er sie deshalb „eher als nicht" bei seiner Entscheidung berücksichtigen würde (siehe → § 9 Rn. 57 m.w.N.).[8] Da ein Wertpapier-Informationsblatt nach § 4 Abs. 3 Satz 2 „mindestens die wesentlichen Informationen über die Wertpapiere, den Anbieter, den Emittenten und etwaige Garantiegeber in übersichtlicher und leicht verständlicher Weise" enthalten muss, ist insofern kein strenger Maßstab anzulegen und im Zweifel von der Wesentlichkeit der gesetzlich geforderten Mindestangaben in § 4 Abs. 3 auszugehen.

4   Das Wertpapier-Informationsblatt ist **unrichtig**, wenn die Angaben nicht der Wahrheit entsprechen, wobei es bei Werturteilen und Prognosen darauf ankommt, ob diese durch die zugrunde liegenden Tatsachen gerechtfertigt und kaufmännisch vertretbar sind (siehe → § 9 Rn. 44 m.w.N.). Die Angaben im Wertpapier-Informationsblatt sind nach § 4

---

4 *Prescher*, in: Schwark/Zimmer, KMRK, § 11 WpPG Rn. 1; *Assmann*, in: Assmann/Schlitt/von Kopp-Colomb, Prospektrecht Kommentar, § 11 WpPG Rn. 5; *Schulz*, NZG 2018, 921, 925.
5 BT-Drucks. 19/8005, S. 48.
6 So auch *Prescher*, in: Schwark/Zimmer, KMRK, § 11 WpPG Rn. 3.
7 *Assmann*, in: Assmann/Schlitt/von Kopp-Colomb, Prospektrecht Kommentar, § 11 WpPG Rn. 8.
8 BGH, 21.10.2014 – XI ZB 12/12, NZG 2015, 20, 31 („Telekom III"); BGH, 18.9.2012 – XI ZR 344/11, WM 2012, 2150.

Abs. 3 auf drei und im Falle elektronischer oder digitaler, nicht verbriefter Wertpapiere nach § 4 Abs. 3a auf vier DIN-A-4-Seiten komprimiert. Vor dem Hintergrund dieser Informationsdichte erscheint es fraglich, ob eine Unrichtigkeit auch mit einem nicht wahrheitsgetreuen Gesamteindruck des Wertpapier-Informationsblatts begründet werden kann (siehe → § 9 Rn. 59).[9] Nach den zum VermAnlG entwickelten Grundsätzen sind Angaben **irreführend**, wenn sie zwar formal zutreffen, ihre Darstellung jedoch missverständlich ist und so zu einem fehlerhaften Eindruck auf Anlegerseite führen kann.[10]

Ebenso wie die Billigung eines Prospekts ist die **Gestattung** der Veröffentlichung des Wertpapier-Informationsblatts durch die BaFin für die Beurteilung der Fehlerhaftigkeit unerheblich. Die BaFin prüft lediglich, ob die nach § 4 Abs. 2 vorgeschriebenen Angaben, Hinweise und Anlagen vollständig und in der vorgeschriebenen Reihenfolge enthalten sind (§ 4 Abs. 2 Nr. 1) und ob der letzte Jahresabschluss des Emittenten älter als 18 Monate ist (§ 4 Abs. 2 Nr. 2).[11] Auf den Umstand, dass die inhaltliche Richtigkeit nicht der Prüfung der BaFin unterliegt, muss im Wertpapier-Informationsblatt gesondert hingewiesen werden (§ 4 Abs. 5 Nr. 1). 5

Im Unterschied zu §§ 9 und 10 ist die **Unvollständigkeit** des Wertpapier-Informationsblatts kein haftungsbegründendes Tatbestandsmerkmal. Laut Regierungsbegründung knüpft die Norm „neben der Unrichtigkeit der Angaben daran an, ob die Angaben im Wertpapier-Informationsblatt irreführend sind."[12] An anderer Stelle spricht die Gesetzesbegründung davon, dass das Tatbestandsmerkmal der Irreführung „an die Stelle" der Unvollständigkeit tritt.[13] Insofern entspricht die Norm § 22 Abs. 1 Nr. 1 VermAnlG, wonach für die Unvollständigkeit des Vermögensanlagen-Informationsblatts als solchem ebenfalls nicht gehaftet wird. Der Gesetzgeber begründet dies damit, dass dies zu einer Überfrachtung der Vermögensanlagen-Informationsblätter führen würde, die dem Ziel von kurzen und verständlichen Informationen gerade entgegenstehen würde.[14] Zwar fehlt ein solch expliziter Hinweis in der Regierungsbegründung zu § 22a a. F., aufgrund der parallel ausgestalteten Tatbestandsmerkmale der Unrichtigkeit und Irreführung liegt es jedoch nahe, die Wertung aus der Gesetzesbegründung zu § 22 VermAnlG auf § 11 zu übertragen.[15] Über einen fehlenden Warnhinweis nach § 4 Abs. 4 hinaus soll daher für eine Auslassung im Rahmen von § 11 Abs. 1 nur dann gehaftet werden, wenn hierdurch eine wesentliche Angabe unrichtig oder irreführend (siehe → Rn. 4) wird.[16] Man sollte die Anforderungen hieran aber keineswegs überspannen. Dem gesetzgeberischen Willen, Anlegern mit dem Wertpapier-Informationsblatt übersichtliche und leicht verständliche Informationen zur Verfügung zu stellen, sollte keine absolute haftungsrechtliche Privilegierung unvollständiger wesentlicher Angaben entnommen werden. Eine entsprechend weite Auslegung des Tatbestandsmerkmals der Unrichtigkeit würde auch 6

---

9 Vgl. zum Prospektrecht BGH, 12.7.1982 – II ZR 172/81, WM 1982, 862, 865 („Beton- und Monierbau").
10 *Schulz*, NZG 2018, 921, 925 m. w. N.
11 *Assmann*, in: Assmann/Schlitt/von Kopp-Colomb, Prospektrecht Kommentar, § 11 WpPG Rn. 6.
12 Begr. RegE, BT Drucks. 19/2435, S. 46.
13 Begr. RegE, BT-Drucks. 19/2435, S. 47.
14 Begr. RegE, BT-Drucks. 17/6051, S. 38.
15 *Prescher*, in: Schwark/Zimmer, KMRK, § 11 WpPG Rn. 7.
16 Vgl. *Schulz*, NZG 2018, 921, 925; *Prescher*, in: Schwark/Zimmer, KMRK, § 11 WpPG Rn. 7; *Kumpan*, in: Hopt, HGB, § 11 WpPG Rn. 2; *Assmann*, in: Assmann/Schlitt/von Kopp-Colomb, Prospektrecht Kommentar, § 11 WpPG Rn. 16.

der Gefahr vorbeugen, dass das Fehlen wesentlicher Angaben durch einen Emittenten haftungsrechtlich gänzlich anders zu bewerten ist als im Rahmen von §§ 9 ff. und zudem berücksichtigen, dass die Unvollständigkeit an sich bereits begrifflich einen Unterfall der Unrichtigkeit darstellt (siehe → § 9 Rn. 48). Zwar kann und soll ein Wertpapier-Informationsblatt, anders als ein Prospekt, kein vollständiges Bild über den Emittenten und die Wertpapiere vermitteln, es erschiene jedoch zweifelhaft, ein Wertpapier-Informationsblatt haftungsrechtlich noch als richtig anzusehen, wenn Auslassungen dazu führen, dass der Anleger über die gesetzlichen Mindestangaben in § 4 Abs. 3[17] im Ergebnis nicht mehr informiert wird. Praktische Relevanz hat die Frage allerdings kaum. Die BaFin prüft das Wertpapier-Informationsblatt daraufhin, ob alle Angaben, Hinweise und Anlagen vollständig enthalten sind (§ 4 Abs. 2 Nr. 1).

7 Für die Beurteilung der Richtigkeit bzw. Irreführung ist, ebenso wie im Rahmen von § 9 mit Blick auf die Richtigkeit bzw. Vollständigkeit, auf die Kenntnisse und Erfahrungen eines durchschnittlichen Anlegers abzustellen.[18] Im Rahmen der Prospekthaftung existiert hierzu eine teils widersprüchliche und im Einzelnen umstrittene Kasuistik (siehe → § 9 Rn. 36 ff.). Richtigerweise sollte wie auch im Rahmen von § 9 auf einen verständigen Anleger, der über einen „Grundstock an Vorwissen und ein Mindestmaß an Deutungsdiligenz" verfügt, abgestellt werden (siehe → § 9 Rn. 38 m. w. N.).[19] § 4 Abs. 7 stellt insofern klar, dass der Anleger die in § 4 Abs. 3 aufgezählten Informationen verstehen können muss, ohne zusätzliche Dokumente heranziehen zu müssen. Die Angaben im Wertpapier-Informationsblatt sind demnach kurz zu halten und in allgemein verständlicher Sprache abzufassen. Sie müssen redlich und eindeutig und dürfen nicht irreführend sein (§ 4 Abs. 7 Satz 2, 3).

8 Weiter verlangt § 11 Abs. 1, dass das Erwerbsgeschäft nach Veröffentlichung des Wertpapier-Informationsblatts und während der Dauer des öffentlichen Angebots, spätestens jedoch innerhalb von sechs Monaten nach dem ersten öffentlichen Angebot der Wertpapiere im Inland abgeschlossen wurde.[20] Für Erwerbsgeschäfte auf dem Sekundärmarkt gilt daher keine feste Frist von sechs Monaten, weshalb der sachliche Anwendungsbereich der Norm insofern enger ist § 9 Abs. 1.[21] Bei Erwerb innerhalb der Frist wird die **haftungsbegründende Kausalität** (Erwerb aufgrund des Wertpapier-Informationsblatts) **vermutet**, kann aber durch den hierfür beweispflichtigen Anspruchsgegner widerlegt werden (§ 13 Abs. 2 Nr. 1; siehe § 13 Rn. 5). Bei Erwerb außerhalb der Frist ist ein Anspruch dagegen zwingend ausgeschlossen. Hinsichtlich des Erwerbszeitpunkts ist auf den Abschluss des schuldrechtlichen Verpflichtungsgeschäfts abzustellen (siehe auch → § 9 Rn. 30).[22]

---

17 Siehe hierzu auch die konkretisierende Checkliste der BaFin, https://www.bafin.de/SharedDocs/Downloads/DE/dl_Checkliste_WIB_Extern.html (letzter Stand der Checkliste: 1.2.2023).
18 *Heidelbach*, in: Schwark/Zimmer, KMRK, § 9 WpPG Rn. 15; *Assmann/Kumpan*, in: Assmann/Schütze/Buck-Heeb, Handbuch des Kapitalanlagerechts, § 5 Rn. 49.
19 Vorschlag zum Prospekthaftungsrecht von *Fleischer*, Gutachten F zum 64. Deutschen Juristentag 2002, S. 44 f.
20 *Groß*, Kapitalmarktrecht, § 11 WpPG Rn. 8; *Assmann*, in: Assmann/Schlitt/von Kopp-Colomb, Prospektrecht Kommentar, § 11 WpPG Rn. 22.
21 Vgl. *Schulz*, NZG 2018, 921, 926.
22 *Poelzig*, BKR 2018, 357, 361; *Prescher*, in: Schwark/Zimmer, KMRK, § 11 WpPG Rn. 10; *Assmann*, in: Assmann/Schlitt/von Kopp-Colomb, Prospektrecht Kommentar, § 11 WpPG Rn. 24.

Der Erwerb der Wertpapiere muss zudem **entgeltlich** erfolgt sein.[23] Hierfür spricht der Wortlaut der Norm, der in Abs. 1 und 2 auf den Erwerbspreis abstellt, sowie die Gesetzesbegründung zu § 11 (siehe zum entsprechenden Streit im Rahmen der Prospekthaftung → § 9 Rn. 24).[24]

§ 11 Abs. 3 beschränkt die Haftung für fehlerhafte Wertpapier-Informationsblätter, wenn Wertpapiere eines Emittenten mit Sitz im Ausland auch im Ausland öffentlich angeboten werden. Ein Anspruch besteht dann nur, soweit die Wertpapiere aufgrund eines im **Inland** abgeschlossenen Geschäfts oder einer ganz oder teilweise im Inland erbrachten Wertpapierdienstleistung erworben wurden.[25] Die Norm entspricht § 10 Nr. 2 (bzw. § 9 Abs. 3 für Börsenzulassungen im Ausland) und § 22 Abs. 5 VermAnlG (siehe insofern die Ausführungen bei → § 9 Rn. 32 f.).

3. Haftungsadressaten

Adressaten des Haftungsanspruchs sind nach § 11 Abs. 1 der Anbieter (§ 2 Nr. 6 i.V.m. Art. 2 lit. i ProspektVO, siehe → § 8 Rn. 5) und diejenigen, von denen der Erlass des Wertpapier-Informationsblatts ausgeht. Entsprechend zur im Rahmen der Prospekthaftung entwickelten Dogmatik sind diese Veranlasser des Wertpapier-Informationsblatts die eigentlichen Urheber, die typischerweise ein eigenes wirtschaftliches Interesse an der Emission haben (siehe → § 9 Rn. 68 ff.).[26] Da es an einer § 8 entsprechenden Norm, die die Übernahme der Verantwortung für den Inhalt des Wertpapier-Informationsblatts regelt, fehlt, sind Personen, die die Verantwortung für das Wertpapier-Informationsblatt übernommen haben, in § 11 auch nicht als Anspruchsverpflichtete genannt. In der Praxis tritt typischerweise der Emittent, seltener eine Bank oder ein Aktionär, als Anbieter der Wertpapiere auf.[27] Bisher hat sich nicht gezeigt, dass daneben Personen freiwillig nach außen die Verantwortung für das Wertpapier-Informationsblatt übernehmen.[28]

Bisher ungeklärt erscheint die Frage, unter welchen Voraussetzungen Emissionsbanken oder Intermediäre als **Anbieter** im Sinne von § 11 Abs. 1 anzusehen sind. Im Anwendungsbereich der Ausnahme von der Prospektpflicht bei Wertpapierangeboten bis 8 Millionen EUR (§ 3 Nr. 2) dürfen Wertpapiere nach § 6 Satz 1 mit einem Wertpapier-Informationsblatt nur dann an nicht qualifizierte Anleger vermittelt werden, wenn sie ausschließlich im Wege der Anlageberatung oder -vermittlung über Wertpapierdienstleis-

---

23 *Prescher*, in: Schwark/Zimmer, KMRK, § 11 WpPG Rn. 11.
24 Begr. RegE 3. FMFG, BT-Drucks. 13/8933, S. 54, 77, 76; siehe auch *Groß*, AG 1999, 199, 205.
25 *Assmann*, in: Assmann/Schlitt/von Kopp-Colomb, Prospektrecht Kommentar, § 11 WpPG Rn. 24.
26 *Poelzig*, BKR 2018, 357, 361; *Prescher*, in: Schwark/Zimmer, KMRK, § 11 WpPG Rn. 13.
27 Vgl. WIB der GUB-Investment Trust GmbH & Co. KGaA v. 28.1.2020 und der Bürger AG v. 8.6.2020: Emittent auch Anbieter; WIB der Noratis AG v. 28.8.2020: neben Emittent Anbieter auch ICF Bank; WIB der MetroPharm AG v. 5.12.2019: Aktionär Athenion AG als alleiniger Anbieter. Auch eine Haftung des Emittenten als Veranlasser ließe sich begründen, vgl. *Poelzig*, BKR 2018, 357, 361; *Prescher*, in: Schwark/Zimmer, KMRK, § 11 WpPG Rn. 13.
28 *Poelzig*, BKR 2018, 357, 361, und *Prescher*, in: Schwark/Zimmer, KMRK, § 11 WpPG Rn. 13, nehmen in diesem Fall eine Haftung als Veranlasser an.

tungsunternehmen vertrieben werden.²⁹ Während sich die Gesetzesbegründung zu § 11 bzw. § 22a a.F. hierzu nicht äußert, gibt die Gesetzesbegründung zum Prospektrichtlinie-Umsetzungsgesetz einen wichtigen Anhaltspunkt. Darin heißt es: „Wenn der Vertrieb der Wertpapiere über Vertriebsorganisationen, ein Netz von angestellten und freien Vermittlern oder Untervertrieb erfolgt, ist derjenige als Anbieter anzusehen, der die Verantwortung für die Koordination der Vertriebsaktivität innehat. Als Indiz hierfür dienen insbesondere entsprechende Vereinbarungen mit dem Emittenten, Aufträge an Untervertriebe und Provisionsvereinbarungen mit selbstständigen oder freiberuflich tätigen Vermittlern."³⁰ Je stärker die Koordination der Vertriebsaktivität bei den Intermediären konzentriert ist, desto eher ist die Anbietereigenschaft zu bejahen.³¹ Wer den Exklusivvertrieb übernimmt, ist jedenfalls Anbieter, weshalb Crowdinvesting-Plattformen regelmäßig als Anbieter anzusehen sind.³²

III. Rechtsfolgen

13 Gem. § 11 Abs. 1 umfasst der Haftungsanspruch die **Erstattung des Erwerbspreises** und die üblichen Kosten des Erwerbs (Erwerbsnebenkosten) Zug um Zug gegen Rückgabe der Wertpapiere. Der Erwerbspreis ist der Preis, zu dem die Wertpapiere vom Anleger erworben wurden, wobei die Norm parallel zu § 9 Abs. 1 eine Begrenzung durch Anknüpfung an den ersten Ausgabepreis vorsieht.³³ Zu den Erwerbsnebenkosten zählen die Kosten für Provisionen, die Maklercourtage oder die Kosten des Erwerbs von Bezugsrechten, falls die Wertpapiere mit ihnen erworben wurden.³⁴

14 Wurden die Wertpapiere veräußert, kann der frühere Inhaber gem. § 11 Abs. 2 den **Unterschiedsbetrag** zwischen dem durch den Ausgabepreis begrenzten Erwerbspreis und dem Veräußerungspreis, zuzüglich der Veräußerungskosten (für beide Transaktionen) verlangen. Grundsätzlich ist der **Veräußerungspreis** der tatsächlich erzielte Veräußerungserlös. Veräußert ein Ersatzberechtigter Wertpapiere allerdings unter dem erzielbaren Börsenpreis, orientiert sich der Veräußerungspreis am erzielbaren Verkaufspreis und nicht am tatsächlich erzielten Veräußerungserlös. Diese an § 9 Abs. 2 angelehnte Regelung dient der Schließung von Lücken im Anlegerschutz im Fall der zwischenzeitlichen Veräußerung der Wertpapiere (vgl. insofern → § 9 Rn. 89 ff. m.w.N.).

15 Ein mögliches **Mitverschulden** des Anspruchstellers kommt nach allgemeinen zivilrechtlichen Grundsätzen (§ 254 BGB) anspruchsmindernd in Betracht. Dies kann jedoch nicht bereits dann angenommen werden, wenn es sich bei der Anlage um ein erkennbar risikoreiches oder spekulatives Geschäft gehandelt hat (vgl. insofern → § 9 Rn. 94 f.).

---

29 Vgl. *Groß*, Kapitalmarktrecht, § 6 WpPG Rn. 2 ff.; *Prescher*, in: Schwark/Zimmer, KMRK, § 6 WpPG Rn. 2 ff., wobei dieses Erfordernis nach § 6 Satz 2 bei Bezugsrechtsemissionen keine Anwendung findet.
30 Begr. RegE Prospektrichtlinie-Umsetzungsgesetz, BT-Drucks. 15/4999, S. 29.
31 *Klöhn*, ZIP 2018, 1713, 1716 f.
32 *Klöhn*, ZIP 2018, 1713, 1717; in Bezug auf § 2a VermAnlG *Caspar*, ZBB 2015, 265, 276.
33 Begr. RegE, BT-Drucks. 19/2435, S. 46.
34 Vgl. *Prescher*, in: Schwark/Zimmer, KMRK, § 11 WpPG Rn. 15.

Prospektveranlasser und Anbieter haften gem. § 11 Abs. 1 im Außenverhältnis als Gesamtschuldner. Die **Gesamtschuldnerhaftung** setzt jedoch gem. § 425 Abs. 2 BGB voraus, dass den einzelnen Gesamtschuldner ein eigenes Verschulden trifft, wobei hier Haftungsfreistellungen im Innenverhältnis zu beachten sind (siehe → § 9 Rn. 96 ff.). Sofern keine Haftungsfreistellung oder anderweitige Haftungsvereinbarung zwischen dem Emittenten und anderen Haftungsverpflichteten vorliegt, richtet sich die Haftungsverteilung zwischen den einzelnen Gesamtschuldnern nach dem Maß des individuellen Verschuldens (§ 426 Abs. 1 BGB). 16

§ 12 WpPG
Haftungsausschluss bei fehlerhaftem Prospekt

(1) Nach den §§ 9 oder 10 kann nicht in Anspruch genommen werden, wer nachweist, dass er die Unrichtigkeit oder Unvollständigkeit der Angaben des Prospekts nicht gekannt hat und dass die Unkenntnis nicht auf grober Fahrlässigkeit beruht.

(2) Ein Anspruch nach den §§ 9 oder 10 besteht nicht, sofern

1. die Wertpapiere nicht auf Grund des Prospekts erworben wurden,
2. der Sachverhalt, über den unrichtige oder unvollständige Angaben im Prospekt enthalten sind, nicht zu einer Minderung des Börsenpreises der Wertpapiere beigetragen hat,
3. der Erwerber die Unrichtigkeit oder Unvollständigkeit der Angaben des Prospekts bei dem Erwerb kannte,
4. vor dem Abschluss des Erwerbsgeschäfts im Rahmen des Jahresabschlusses oder Zwischenberichts des Emittenten, einer Veröffentlichung nach Artikel 17 der Verordnung (EU) Nr. 596/2014 des Europäischen Parlaments und Rates vom 16. April 2014 über Missbrauch (Marktmissbrauchsverordnung) und zur Aufhebung der Richtlinie 2003/6/EG des Europäischen Parlaments und des Rates und der Richtlinien 2003/124/EG, 2003/125/EG und 2004/72/EG der Kommission (Abl. L 173 vom 12.6.2014, S. 1) in der jeweils geltenden Fassung oder einer vergleichbaren Bekanntmachung eine deutlich gestaltete Berichtigung der unrichtigen oder unvollständigen Angaben im Inland veröffentlicht wurde oder
5. er sich ausschließlich auf Grund von Angaben in der Zusammenfassung nach Artikel 7 der Verordnung (EU) 2017/1129 oder in der speziellen Zusammenfassung eines EU-Wachstumsprospekts im Sinne des Artikels 15 Absatz 1 Unterabsatz 2 Satz 2 der Verordnung (EU) 2017/1129 samt etwaiger Übersetzungen ergibt, es sei denn, die Zusammenfassung ist irreführend, unrichtig oder widersprüchlich, wenn sie zusammen mit den anderen Teilen des Prospekts gelesen wird, oder sie enthält, wenn sie zusammen mit den anderen Teilen des Prospekts gelesen wird, nicht alle gemäß Artikel 7 Absatz 1 Unterabsatz 1 in Verbindung mit den Absätzen 5 bis 7 Buchstabe a bis d und Absatz 8 der Verordnung (EU) 2017/1129 erforderlichen Basisinformationen; im Falle der speziellen Zusammenfassung eines EU-Wachstumsprospekts richtet sich die Vollständigkeit der relevanten Informationen nach den Vorgaben in Artikel 33 der Delegierten Verordnung (EU) 2019/980 der Kommission vom 14. März 2019 zur Ergänzung der Verordnung (EU) 2017/1129 des Europäischen Parlaments und des Rates hinsichtlich der Aufmachung, des Inhalts, der Prüfung und der Billigung des Prospekts, der beim öffentlichen Angebot von Wertpapieren oder bei deren Zulassung zum Handel an einem geregeltem Markt zu veröffentlichen ist, und zur Aufhebung der Verordnung (EG) Nr. 809/2004 der Kommission (ABl. L 166 vom 21.6.2019, S. 26).

Übersicht

	Rn.		Rn.
I. Einleitung	1	**III. Haftungsausschluss (§ 12 Abs. 2)**	27
II. Verschulden (§ 12 Abs. 1)	3	1. Nachweis fehlender haftungsbegründender Kausalität (Abs. 2 Nr. 1)	28
1. Allgemeines	3	2. Nachweis fehlender haftungsausfüllender Kausalität (Abs. 2 Nr. 2)	32
2. Vorsatz	5	3. Mitverschulden (Abs. 2 Nr. 3)	36
3. Grob fahrlässige Unkenntnis	7	4. Berichtigung (Abs. 2 Nr. 4)	38
a) Grundsatz	7	5. Zusammenfassung (Abs. 2 Nr. 5)	46
b) Sorgfaltsmaßstab bei Mitwirkung Dritter	10	**IV. Beweislast**	48
c) Haftungsmaßstab im Einzelnen	11		
aa) Emittenten	11		
bb) Emissionsbanken	13		
cc) Emissionskonsortium	23		
dd) Prospektveranlasser, insbes. (Groß-)Aktionäre	25		

I. Einleitung

Bei § 12 handelt es sich um eine **haftungsausschließende Norm**. Die Prospekthaftung nach §§ 9, 10 kann danach entweder aus subjektiven (fehlendes Verschulden, § 12 Abs. 1) oder objektiven Gründen (insbes. fehlende Kausalität, § 12 Abs. 2) ausgeschlossen sein. Dabei entlastet der Einwand mangelnden Verschuldens (Abs. 1) individuell nur denjenigen, der sich (erfolgreich) auf ihn beruft. Hingegen schließen die Einwendungen nach Abs. 2 eine Haftung aller denkbaren Adressaten aus.[1] Die Norm entspricht im Wesentlichen § 45 BörsG a. F., der im Wesentlichen in § 23 a. F. übernommen wurde.

Durch das Gesetz zur weiteren Ausführung der EU-Prospektverordnung und zur Änderung von Finanzmarktgesetzen[2] wurde § 12 an die ProspektVO angepasst, blieb jedoch im Wesentlichen unverändert.

II. Verschulden (§ 12 Abs. 1)

1. Allgemeines

Die Prospekthaftung ist eine Verschuldenshaftung. Denn nach § 12 Abs. 1 haftet nicht, wer nachweisen kann, dass er die Unrichtigkeit oder Unvollständigkeit der Prospektangaben nicht kannte und diese Unkenntnis auch nicht auf **Vorsatz** oder **grober Fahrlässigkeit** beruht. Eine Haftung für fahrlässige Unkenntnis sowie eine Differenzierung zwischen Unrichtigkeit und Unvollständigkeit wurde bereits mit dem Dritten Finanzmarktförderungsgesetz[3] aufgegeben.

Die Haftung für fehlerhafte Prospektangaben setzt freilich keinen positiven Verschuldensnachweis voraus. § 12 Abs. 1 begründet vielmehr eine **Verschuldensvermutung**, die vom

---

1 *Pankoke*, in: Just/Ritz/Voß/Zeising, WpPG, 2009, § 45 BörsG Rn. 1.
2 BGBl. I 2019, S. 1002.
3 BGBl. I 1998, S. 529.

Anspruchsgegner im Einzelfall durch einen Entlastungsbeweis entkräftet werden kann („[...] kann nicht in Anspruch genommen werden, wer nachweist, dass [...]"). Diese **Beweislastumkehr** beruht auf der Annahme, dass die zur Beurteilung maßgeblichen Informationen allein aus der Sphäre des Prospektverantwortlichen stammen und deshalb der Verschuldensnachweis für den Anleger praktisch kaum möglich ist (sog. Grundsätze über die Beweislastumkehr nach Gefahrenbereichen).[4] Dabei hat die Einrede des fehlenden Verschuldens bei mehreren zur Haftung verpflichteten Gesamtschuldnern gem. § 425 Abs. 2 BGB nur Wirkung für und gegen den Gesamtschuldner, der die Einrede geltend macht.[5] Folglich muss der einzelne Prospektverantwortliche zur Anspruchsabwehr die Verschuldensvermutung erschüttern.

2. Vorsatz

5 Entsprechend bürgerlich-rechtlichen Grundsätzen bedeutet **Vorsatz** das **Wissen und Wollen** des pflichtwidrigen Erfolgs.[6] Vorsätzlich handelt danach, wer einen widrigen Erfolg wissentlich und willentlich verwirklicht, obwohl ihm ein rechtmäßiges Handeln zugemutet werden kann. Demnach ist auch das Bewusstsein der Pflichtwidrigkeit oder des Unerlaubten erforderlich,[7] wobei es genügt, wenn der Handelnde mit der Möglichkeit des pflichtwidrigen Erfolgs rechnet und dessen Eintritt lediglich billigt.[8] Die Kenntnis von der Unrichtigkeit oder Unvollständigkeit der jeweiligen Prospektangaben verlangt damit sowohl Kenntnis der unrichtig dargestellten tatsächlichen Umstände als auch Kenntnis der Rechtspflicht zur richtigen Darstellung.[9] Handelt es sich beim Haftenden – wie regelmäßig – um eine juristische Person, werden dieser die Kenntnisse natürlicher Personen innerhalb ihrer Organisation grundsätzlich zugerechnet.[10]

6 Ein **Rechtsirrtum** dahingehend, dass der Inhalt des Prospekts fälschlicherweise für richtig gehalten wird, schließt ein Verschulden nur dann aus, wenn dieser Rechtsirrtum selbst unverschuldet war. Dies kann etwa der Fall sein, wenn auf höchstrichterliche Rechtsprechung, auf Legal Opinions oder Disclosure Letters namhafter Anwaltskanzleien in Bezug auf den Prospekt oder auf einen Comfort Letter des Wirtschaftsprüfers vertraut wird. Entscheidend ist, ob der Rechtsirrtum über den richtigen Inhalt des Prospekts unvermeidbar war. Die Haftenden müssen beweisen, dass sie bezüglich des Rechtsirrtums kein Verschulden trifft. Dabei lässt nach der Rechtsprechung des BGH das Bemühen, Angaben mit Hilfe eines Rechtsanwalts an die Anforderungen der Rechtsprechung anzupassen, den Vorsatz nicht entfallen, wenn dies nicht in der Absicht geschieht, Anleger sachgerecht

---

4 Begr. RegE 3. FMFG, BT-Drucks. 13/8933, S. 80; *Heidelbach*, in: Schwark/Zimmer, KMRK, § 12 WpPG Rn. 12; *Hamann*, in: Schäfer/Hamann, Kapitalmarktgesetze, §§ 44, 45 BörsG Rn. 211; *Müller*, WpPG, § 23 Rn. 3.
5 *Groß*, Kapitalmarktrecht, § 9 Rn. 94; *Pankoke*, in: Just/Ritz/Voß/Zeising, WpPG, 2009, § 45 BörsG Rn. 20.
6 BGH, 20.12.2011 – VI ZR 309/10, NJW-RR 2012, 404, 404.
7 Vgl. nur BGH, 20.12.2011 – VI ZR 309/10, NJW-RR 2012, 404, 404; *Grüneberg*, in: Grüneberg, BGB, § 276 Rn. 10, 11.
8 BGH, 8.2.1965 – III ZR 170/63, NJW 1965, 962, 963; *Assmann/Kumpan*, in: Assmann/Schütze/Buck-Heeb, Handbuch des Kapitalanlagerechts, § 5 Rn. 187.
9 *Pankoke*, in: Just/Voß/Ritz/Zeising, WpPG, 2009, § 45 BörsG Rn. 3.
10 *Groß*, Kapitalmarktrecht, § 9 WpPG Rn. 94; *Pankoke*, in: Just/Voß/Ritz/Zeising, WpPG, 2009, § 45 BörsG Rn. 4.

aufzuklären, sondern lediglich dazu dient, Haftungsrisiken zu verringern.[11] Darüber hinaus hat der BGH betont, dass es dem Prospektverantwortlichen auch bei Hinzuziehung externer fachkundiger Berater stets obliegt, das Ergebnis seiner eigenen Bewertung und Plausibilitätskontrolle zu unterziehen.[12] Das Vertrauen in die Qualifikation und Fachkompetenz solcher Berater ersetzt die eigene Plausibilitätskontrolle nicht und kann allenfalls die Anforderungen an die im Rahmen der selbst zu erbringenden Plausibilitätsprüfung anzulegende Sorgfalt absenken, wenn der Emittent selbst nicht über ausreichende eigene Expertise verfügt.[13] Immer ist dabei auch zu bedenken, dass der Emittent in der Regel „am Nächsten dran" ist, während etwa der Emissionsbegleiter eher auf die Hinzuziehung von Experten angewiesen ist (vgl. dazu sogleich → Rn. 11).

3. Grob fahrlässige Unkenntnis

a) Grundsatz

Die Unkenntnis eines Prospektmangels ist bei Zugrundelegung des allgemeinen zivilrechtlichen Beurteilungsmaßstabs grob fahrlässig, wenn die Haftungsadressaten die **erforderliche Sorgfalt in besonders schwerem Maße verletzt**, ganz naheliegende Überlegungen nicht angestellt und nicht beachtet haben, was im gegebenen Fall jedem hätte einleuchten müssen.[14] Grobe Fahrlässigkeit ist in diesem Sinne etwa dann anzunehmen, wenn ein Prospektverantwortlicher konkrete Anhaltspunkte für die Unrichtigkeit von Prospektangaben hatte oder Informationen vorlagen,[15] die Zweifel an der Richtigkeit der Angaben hätten wecken müssen,[16] ohne dass er diesen nachgegangen ist. In der Praxis wird dieser Sorgfaltsmaßstab häufig nahe an der einfachen Fahrlässigkeit der allgemeinen zivilrechtlichen Prospekthaftung liegen[17] und der Nachweis fehlenden Verschuldens dementsprechend schwer fallen.[18]

7

Bei der Beurteilung der groben Fahrlässigkeit sind auch subjektive Elemente wie der persönliche Kenntnisstand und die individuelle Fach- und Sachkunde sowie die jeweiligen Nachforschungsmöglichkeiten des in Anspruch Genommenen zu berücksichtigen.[19] Dies führt dazu, dass der Sorgfaltsmaßstab für alle Haftenden von Gesetzes wegen zwar gleich

8

---

11 BGH, 26.10.2004 – XI ZR 211/03, WM 2005, 27 f.; BGH, 22.11.2005 – XI ZR 76/05, WM 2006, 84, 85; BGH, 18.9.2012 – XI ZR 344/11, NZG 2012, 1262, 1267 („Wohnungsbau Leipzig-West").
12 BGH, 15.12.2020 – XI ZB 24/16, WM 2021, 478, 489 Rn. 107 („Telekom III").
13 BGH, 15.12.2020 – XI ZB 24/16, WM 2021, 478, 490 Rn. 111 („Telekom III").
14 *Assmann*, in: Assmann/Schlitt/von Kopp-Colomb, Prospektrecht Kommentar, § 9 WpPG Rn. 119; *Groß*, Kapitalmarktrecht, § 9 WpPG Rn. 96; *Heidelbach*, in: Schwark/Zimmer, KMRK, § 12 WpPG Rn. 5; *Mülbert/Steup*, in: Habersack/Mülbert/Schlitt, Unternehmensfinanzierung, § 41 Rn. 109; *Habersack*, in: Habersack/Mülbert/Schlitt, Kapitalmarktinformation, § 28 Rn. 38.
15 RG, 9.10.1912 – II 106/12, RGZ 80, 196, 199; *Assmann/Kumpan*, in: Assmann/Schütze/Buck-Heeb, Handbuch des Kapitalanlagerechts, § 5 Rn. 189.
16 *Assmann/Kumpan*, in: Assmann/Schütze/Buck-Heeb, Handbuch des Kapitalanlagerechts, § 5 Rn. 189.
17 *Singhof*, in: MünchKomm-HGB, Bd. 6, Emissionsgeschäft, Rn. 294.
18 *Schäfer*, ZGR 2006, 40, 51; *Singhof*, in: MünchKomm-HGB, Bd. 6, Emissionsgeschäft, Rn. 294.
19 *Mülbert/Steup*, in: Habersack/Mülbert/Schlitt, Unternehmensfinanzierung, § 41 Rn. 109 ff.; *Habersack*, in: Habersack/Mülbert/Schlitt, Kapitalmarktinformation, § 28 Rn. 38; *Assmann*, in: Assmann/Schlitt/von Kopp-Colomb, Prospektrecht Kommentar, § 9 WpPG Rn. 118; *Groß*, Kapital-

ausgestaltet ist, die **Beurteilung im Einzelfall** aber durchaus **unterschiedlich** ausfallen kann.[20] Da sich sowohl der Kenntnisstand als auch die Möglichkeiten der Informationsbeschaffung bei den verschiedenen Prospektverantwortlichen unterscheiden, ist auch ihr Verschulden jeweils einzeln zu beurteilen. Dabei gilt: Je näher der Haftungsadressat an den Prospektinformationen ist, desto höhere Sorgfaltspflichten sind in der Regel an ihn zu stellen.[21]

9 **Bloß fahrlässige Unkenntnis** der Prospektmängel führt nicht zu einer anteilsmäßigen Minderung des Prospekthaftungsanspruchs, sondern lässt den Anspruch gänzlich entfallen.[22]

b) Sorgfaltsmaßstab bei Mitwirkung Dritter

10 In der Praxis bedienen sich die Prospektverantwortlichen bei der Erstellung des Prospekts der Hilfe Dritter, wie etwa von Sachverständigen oder Rechtsanwälten. Grundsätzlich entbindet dies die Prospektverantwortlichen freilich nicht von ihrer eigenen Verantwortung, zumal eine (ersatzweise) direkte Expertenhaftung de lege lata abzulehnen ist (siehe dazu näher → § 9 Rn. 76). Dennoch können sogenannte Disclosure Letters oder Legal Opinions von Anwaltskanzleien, ebenso wie Comfort Letters des Wirtschaftsprüfers als wesentliches Element des Nachweises fehlender grober Fahrlässigkeit dienen (siehe → Rn. 15).[23]

c) Haftungsmaßstab im Einzelnen

aa) Emittenten

11 Da der Emittent zugleich Gegenstand der Prospektdarstellung und **primärer Informationsschuldner** ist,[24] sind an ihn besonders hohe Sorgfaltsanforderungen zu stellen.[25] Er verfügt sowohl mit Blick auf die Geschäftstätigkeit und Risiken des Unternehmens als

---

marktrecht, § 9 WpPG Rn. 96; *Heidelbach*, in: Schwark/Zimmer, KMRK, § 12 WpPG Rn. 5 f.; *Singhof*, in: MünchKomm-HGB, Bd. 6, Emissionsgeschäft, Rn. 280.

20 Begr. RegE 3. FMFG, BT-Drucks. 13/8933, S. 80; *Wackerbarth*, in: Holzborn, WpPG, § 23 Rn. 91; *Holzborn/Foelsch*, NJW 2003, 932, 934.

21 Siehe auch *Mülbert/Steup*, in: Habersack/Mülbert/Schlitt, Unternehmensfinanzierung, § 41 Rn. 109, die davon sprechen, dass die Anforderungen proportional mit der Nähe des Haftungsadressaten zur jeweiligen Information steigen; vgl. des Weiteren: *Habersack*, in: Habersack/Mülbert/Schlitt, Kapitalmarktinformation, § 28 Rn. 38; *Wackerbarth*, in: Holzborn, WpPG, § 23 Rn. 91; *Sittmann*, NZG 1998, 490, 494; *Heidelbach*, in: Schwark/Zimmer, KMRK, § 12 WpPG Rn. 5; *Groß*, Kapitalmarktrecht, § 9 WpPG Rn. 97; *Hopt/Voigt*, in: Hopt/Voigt, Prospekt- und Kapitalmarktinformationshaftung, S. 86; *Hamann*, in: Schäfer/Hamann, Kapitalmarktgesetze, §§ 44, 45 BörsG Rn. 217.

22 *Assmann/Kumpan*, in: Assmann/Schütze/Buck-Heeb, Handbuch des Kapitalanlagerechts, § 5 Rn. 188.

23 *Seiler*, in: Habersack/Mülbert/Schlitt, Unternehmensfinanzierung, § 35 Rn. 10; *Schlitt/Landschein*, ZBB 2019, 103, 105.

24 *Habersack*, in: Habersack/Mülbert/Schlitt, Kapitalmarktinformation, § 28 Rn. 39; *Groß*, Kapitalmarktrecht, § 9 WpPG Rn. 98.

25 *Mülbert/Steup*, in: Habersack/Mülbert/Schlitt, Unternehmensfinanzierung, § 41 Rn. 110; *Ellenberger*, Prospekthaftung im Wertpapierhandel, S. 44; *Habersack*, in: Habersack/Mülbert/Schlitt, Kapitalmarktinformation, § 28 Rn. 39; *Groß*, Kapitalmarktrecht, § 9 WpPG Rn. 98; Begr. RegE 3. FMFG, BT-Drucks. 13/8033, S. 80; *Singhof*, in: MünchKomm-HGB, Bd. 6, Emissionsgeschäft, Rn. 294.

auch mit Blick auf die Branche, in der der Emittent tätig ist, über die **genauesten Kenntnisse**.[26] Ebenso ist er am besten in der Lage, die in seiner Bilanz vorhandenen Risiken zu beurteilen.[27] Aufgrund der geschilderten besonderen Sachnähe steht dem Emittenten der Entlastungsbeweis nach § 12 Abs. 1 zwar theoretisch zur Verfügung. Es sind indes kaum Fälle denkbar, in denen einem Emittenten der Nachweis fehlenden Verschuldens tatsächlich gelingen dürfte.[28]

Der Emittent ist dazu verpflichtet, die für einen vollständigen und richtigen Prospekt notwendigen **Informationen beizubringen**. Im Verhältnis zu den Emissionsbanken gilt dies auch unabhängig davon, ob zu diesen weitere geschäftliche Beziehungen, etwa aus einem Kreditgeschäft bestehen (vgl. auch → Rn. 17). Er kann also aufgrund der bestehenden Vertraulichkeitsbereiche innerhalb der Bank und des Bankgeheimnisses im Verhältnis zu anderen Emissionsbanken nicht darauf vertrauen, dass bestimmte Informationen schon bei dem Kreditinstitut vorhanden sind. Entweder muss er die Informationen selbst in den Prospekt einarbeiten oder sich dabei – wie in aller Regel – der Unterstützung eines sachkundigen Dritten (fachlich qualifizierten Berufsträgers) bedienen.[29] Wird der Dritte allerdings lediglich zur Vermeidung von Haftungsrisiken und nicht zur Aufklärung des Anlegerpublikums eingeschaltet, soll dies nach Ansicht des BGH nicht zur Entlastung des Emittenten führen (siehe → Rn. 6 oben). Dies befreit ihn nicht von der Pflicht, dem Berater alle Informationen zur Verfügung zu stellen, ihn durch die jeweils zuständigen Fachabteilungen zu unterstützen und den Prospektentwurf inhaltlich einer eingehenden sorgfältigen Prüfung zu unterziehen. 12

bb) Emissionsbanken

Im Gegensatz zum Emittenten kennen die die Emission begleitenden Emissionsbanken die den Prospektangaben zugrunde liegenden Informationen regelmäßig nicht aus eigener Anschauung.[30] Sie sind deshalb auf die Zulieferung der entsprechenden Informationen durch Dritte, insbesondere den Emittenten selbst, aber auch Wirtschaftsprüfer und sonstige Sachverständige angewiesen.[31] Daher ist es angebracht, den Emissionsbanken **nur gestufte Prüfungs-, Kontroll- und Nachforschungspflichten** aufzuerlegen.[32] Fest steht insoweit, dass eine Emissionsbank sich nicht pauschal mit dem Hinweis im Prospekt, sie habe die Angaben des Emittenten ungeprüft übernommen, von der Haftung befreien kann.[33] Ihr obliegt zumindest eine **Plausibilitätskontrolle**. Eine darüber hinausgehende 13

---

26 Vgl. nur *Groß*, Kapitalmarktrecht, § 9 WpPG Rn. 98.
27 *Mülbert/Steup*, in: Habersack/Mülbert/Schlitt, Unternehmensfinanzierung, § 41 Rn. 106.
28 *Groß*, Kapitalmarktrecht, § 9 WpPG Rn. 98; *Singhof*, in: MünchKomm-HGB, Bd. 6, Emissionsgeschäft, Rn. 295; *Fleischer*, Gutachten F zum 64. Deutschen Juristentag 2002, F 62, bezeichnet die Entlastungsmöglichkeit als probatio diabolica.
29 *Mülbert/Steup*, in: Habersack/Mülbert/Schlitt, Unternehmensfinanzierung, § 41 Rn. 110.
30 *Singhof*, in: MünchKomm-HGB, Bd. 6, Emissionsgeschäft, Rn. 294.
31 *Mülbert/Steup*, in: Habersack/Mülbert/Schlitt, Unternehmensfinanzierung, § 41 Rn. 111.
32 *Singhof*, in: MünchKomm-HGB, Bd. 6, Emissionsgeschäft, Rn. 294; *Habersack*, in: Habersack/Mülbert/Schlitt, Kapitalmarktinformation, § 28 Rn. 41; *Wackerbarth*, in: Holzborn, WpPG, § 23 Rn. 93 f.; *Mülbert/Steup*, in: Habersack/Mülbert/Schlitt, Unternehmensfinanzierung, § 41 Rn. 111; *Heidelbach*, in: Schwark/Zimmer, KMRK, § 12 WpPG Rn. 5.
33 OLG Frankfurt, 17.3.1999 – 21 U 260/97, NZG 1999, 1072, 1074 („MHM Mode"); *Mülbert/Steup*, in: Habersack/Mülbert/Schlitt, Unternehmensfinanzierung, § 41 Rn. 112; *Wackerbarth*, in: Holzborn, WpPG, § 23 Rn. 94.

Prüfungs- und Nachforschungspflicht der Emissionsbanken ist nur dann anzunehmen, wenn konkrete Anhaltspunkte für die Unrichtigkeit oder Unvollständigkeit der den Emissionsbanken vorliegenden Informationen bestehen.[34] Derartige Anhaltspunkte können sich insbesondere aus eigenen Erkenntnissen (des für die Emissionsbegleitung zuständigen Bereichs, siehe → Rn. 17) oder aus negativen Werturteilen Dritter, z. B. aus Mitteilungen/Ratings von Rating-Agenturen oder Presseberichten, ergeben.[35] In solchen Fällen haben die Emissionsbanken nähere Auskünfte beim Emittenten einzuholen und in extremen Fällen unter Umständen sogar eine Unternehmensprüfung durch Dritte zu veranlassen.[36] Unterschieden werden kann zwischen den Angaben des Emittenten und Angaben Dritter.

(1) Angaben des Emittenten

14 Angaben des Emittenten haben die Emissionsbanken generell durch eigenes Fachpersonal (oder mit externer Unterstützung) auf ihre **Plausibilität und Widerspruchsfreiheit** hin zu prüfen.[37] Ein Fehlen personeller oder technischer Möglichkeiten entlastet die Emissionsbanken nicht.[38] Weitergehende Nachprüfungspflichten entstehen dann, wenn sich im Rahmen der Überprüfung **Anhaltspunkte** für eine Unrichtigkeit oder Unvollständigkeit ergeben. In diesem Fall müssen sich die Emissionsbanken um Klärung und Korrektur bemühen (siehe bereits → Rn. 13).

15 Zwar besteht keine allgemeine Pflicht der Emissionsbanken zur Durchführung einer eingehenden Due-Diligence-Prüfung.[39] Allerdings unterstützen angemessene Untersuchungen den in einem Prospekthaftungsprozess nach § 12 Abs. 1 gegebenenfalls zu führenden Entlastungsbeweis nachhaltig.[40] Die Durchführung einer Due-Diligence-Prüfung entspricht im Rahmen prospektpflichtiger Aktienemissionen auch der üblichen Marktpraxis,[41] und zwar keineswegs nur bei Transaktionen, die eine Platzierung im Ausland, insbesondere an institutionelle Anleger in den USA, vorsehen. Neben der Durchsicht bestimmter, in der Regel vom Emittenten zur Verfügung gestellter Dokumente, der Befragung der

---

34 Begr. RegE 3. FMFG, BT-Drucks. 13/8933, S. 80; *Groß*, Kapitalmarktrecht, § 9 WpPG Rn. 101; *Mülbert/Steup*, in: Habersack/Mülbert/Schlitt, Unternehmensfinanzierung, § 41 Rn. 113; *Assmann/Kumpan*, in: Assmann/Schütze/Buck-Heeb, Handbuch des Kapitalanlagerechts, § 5 Rn. 189; *Singhof*, in: MünchKomm-HGB, Bd. 6, Emissionsgeschäft, Rn. 294.
35 Vgl. OLG Frankfurt, 1.2.1994 – 5 U 213/92, WM 1994, 291, 297; *Hamann*, in: Schäfer/Hamann, Kapitalmarktgesetze, §§ 44, 45 BörsG Rn. 226; *Groß*, Kapitalmarktrecht, § 9 WpPG Rn. 101.
36 *Mülbert/Steup*, in: Habersack/Mülbert/Schlitt, Unternehmensfinanzierung, § 41 Rn. 113; *Hamann*, in: Schäfer/Hamann, Kapitalmarktgesetze, §§ 44, 45 BörsG Rn. 224; *Singhof*, in: MünchKomm-HGB, Bd. 6, Emissionsgeschäft, Rn. 294.
37 *Wackerbarth*, in: Holzborn, WpPG, § 23 Rn. 94; *Mülbert/Steup*, in: Habersack/Mülbert/Schlitt, Unternehmensfinanzierung, § 41 Rn. 114; *Hamann*, in: Schäfer/Hamann, Kapitalmarktgesetze, §§ 44, 45 BörsG Rn. 224 m. w. N.
38 *Heidelbach*, in: Schwark/Zimmer, KMRK, § 12 WpPG Rn. 5; *Mülbert/Steup*, in: Habersack/Mülbert/Schlitt, Unternehmensfinanzierung, § 41 Rn. 114; *Singhof*, in: MünchKomm-HGB, Bd. 6, Emissionsgeschäft, Rn. 294.
39 Vgl. *Groß*, Kapitalmarktrecht, § 9 WpPG Rn. 102.
40 *Singhof*, in: MünchKomm-HGB, Bd. 6, Emissionsgeschäft, Rn. 294.
41 Siehe auch *Gillessen/Krämer*, in: Marsch-Barner/Schäfer, Handbuch börsennotierte AG, § 10 Rn. 1 ff.; *Nägele*, in: Habersack/Mülbert/Schlitt, Unternehmensfinanzierung, § 33 Rn. 1 f.; *Singhof*, in: MünchKomm-HGB, Bd. 6, Emissionsgeschäft, Rn. 146; *Hamann*, in: Schäfer/Hamann, Kapitalmarktgesetze, §§ 44, 45 BörsG Rn. 223.

Leitungsorgane und bestimmter (meist leitender) Mitarbeiter des Emittenten umfasst eine **Due-Diligence-Prüfung** auch die Abgabe entsprechender Legal und Disclosure Opinions durch die auf Seiten des Emittenten und der Emissionsbanken beteiligten Anwaltskanzleien sowie die Ausstellung von Comfort Letters durch den Abschlussprüfer des Emittenten. Mit Blick auf die insoweit etablierte Marktpraxis kann jedenfalls nicht ausgeschlossen werden, dass der Verzicht auf die entsprechenden Prüfungshandlungen von einem Gericht als Abweichung vom Marktstandard und damit als grob fahrlässiges Verhalten der Prospektverantwortlichen gewertet würde.

Umstritten ist, welche Informationen bei der Plausibilitätskontrolle durch die Emissionsbanken heranzuziehen sind.[42] Verfügt etwa ein Mitglied der Geschäftsleitung einer der Emissionsbanken aufgrund seiner Zugehörigkeit zum **Aufsichtsrat des Emittenten** über weitergehende Informationen, so dürfen diese Informationen der Emissionsbank nicht zugerechnet werden, da Aufsichtsratsmitglieder bereits aktienrechtlich zur Verschwiegenheit verpflichtet sind (§§ 116, 93 Abs. 1 Satz 2 AktG).[43] Bindet das Aufsichtsratsmitglied auch andere Mitarbeiter der Emissionsbank bei der Wahrnehmung seiner Aufsichtsratstätigkeit ein, so hat es auch diese zur Verschwiegenheit zu verpflichten.[44]

Fraglich ist weiter, ob die Emissionsbanken Kenntnisse, die im Rahmen **sonstiger Geschäftsbeziehungen** mit dem Emittenten – etwa im Zusammenhang mit der Vergabe von Krediten oder der Beratung von Unternehmensübernahmen (M&A) – erlangt wurden, berücksichtigen müssen oder dürfen. Teilweise wird vertreten, dass im Rahmen der Plausibilitätskontrolle von Prospektangaben sämtliche bei einer Emissionsbank vorhandenen Informationen zu berücksichtigen sind, auch wenn diese in verschiedenen Abteilungen der betreffenden Bank vorliegen.[45] Eine Ausnahme soll nach dieser Ansicht nur dann gelten, wenn im Einzelfall die interne Wissensweitergabe gegen das Gebot, Interessenkonflikte zu vermeiden (§ 63 WpHG), oder Insiderrecht (Art. 7 ff. MarktmissbrauchsVO) verstößt.[46] Das **Bankgeheimnis** entfalte jedenfalls seine Wirkung (nur) dahingehend, dass in der Außendarstellung, d.h. im Prospekt, die dem Bankgeheimnis unterliegenden Informationen nicht ohne Zustimmung des Emittenten verwendet werden dürfen.[47] Aufgrund der tatsächlichen und rechtlich erwünschten Trennung der verschiedenen Abteilungen in streng ein-

---

[42] Zum Überblick siehe auch *Wackerbarth*, in: Holzborn, WpPG, § 23 Rn. 95.

[43] BGH, 26.4.2016 – XI ZR 108/15, WM 2016, 1031, 1034; *Mülbert/Steup*, in: Habersack/Mülbert/Schlitt, Unternehmensfinanzierung, § 41 Rn. 116; *Groß*, Kapitalmarktrecht, § 9 WpPG Rn. 100; *Heidelbach*, in: Schwark/Zimmer, KMRK, § 12 WpPG Rn. 10; *Habersack*, in: Habersack/Mülbert/Schlitt, Kapitalmarktinformation, § 28 Rn. 40; *Assmann*, WM 1996, 1337, 1349; zu beachten ist ferner, dass ein Verstoß gegen das aktienrechtliche Verschwiegenheitsgebot nach § 404 AktG strafbewehrt ist; **a.A.** *Ellenberger*, Prospekthaftung im Wertpapierhandel, S. 55, der die Ansicht vertritt, dass es logisch ausgeschlossen sei, dass eine prospektpflichtige Angabe als vertraulich i.S.d. §§ 116, 93 AktG anzusehen ist.

[44] *Groß*, Kapitalmarktrecht, § 9 WpPG Rn. 100; *v. Schenck*, in: Semler/v. Schenck/Wilsing, Arbeitshandbuch für Aufsichtsratsmitglieder, § 6 Rn. 392.

[45] Vgl. *Mülbert/Steup*, in: Habersack/Mülbert/Schlitt, Unternehmensfinanzierung, § 41 Rn. 115; *Hamann*, in: Schäfer/Hamann, Kapitalmarktgesetze, §§ 44, 45 BörsG Rn. 238; *Hauptmann*, in: Vortmann, Prospekthaftung und Anlageberatung, § 3 Rn. 107; *Wackerbarth*, in: Holzborn, WpPG, § 23 Rn. 95.

[46] *Hamann*, in: Schäfer/Hamann, Kapitalmarktgesetze, §§ 44, 45 BörsG Rn. 238; *Heidelbach*, in: Schwark/Zimmer, KMRK, § 12 WpPG Rn. 10; *Wackerbarth*, in: Holzborn, WpPG, § 23 Rn. 95; *Mülbert/Steup*, in: Habersack/Mülbert/Schlitt, Unternehmensfinanzierung, § 41 Rn. 115.

[47] So *Mülbert/Steup*, in: Habersack/Mülbert/Schlitt, Unternehmensfinanzierung, § 41 Rn. 115.

zuhaltende Verantwortlichkeits- und **Vertraulichkeitsbereiche innerhalb eines Kreditinstituts** (Chinese Walls) ist diese Auffassung jedoch zu weitgehend. Die Verpflichtung zur Wahrung des Bankgeheimnisses gilt deshalb auch gegenüber Angestellten und Mitgliedern von Aufsichtsorganen des eigenen Institutes, sofern deren Kenntnisnahme nicht im Rahmen eines ordnungsgemäßen Geschäftsablaufs notwendig ist.[48] Die Informationsbarrieren dienen dem Schutz der geschäftspolitischen Unabhängigkeit der Geschäftsbereiche, dem Ausschluss von Interessenkonflikten zwischen Eigen- und Kundeninteressen unterschiedlicher Geschäftsbereiche innerhalb einer Universalbank und der Sicherstellung des Insiderhandelsverbots. Sie haben daher ganz grundsätzlich Vorrang und kommen nicht nur anlassbezogen im Einzelfall zu Anwendung. Die überzeugenderen Argumente sprechen dafür anzunehmen, dass sich eine Wissenszurechnung aufgrund des – auch intern geltenden – Bankgeheimnisses verbietet und Informationen im Innen- und Außenverhältnis nur mit Einverständnis des Emittenten weitergegeben werden dürfen.[49] Die Einwilligung des Emittenten zur Auswertung von Informationen aus anderen geschäftlichen Beziehungen zwischen den Parteien wird eine Emissionsbank allerdings nur bei Anhaltspunkten für die Unrichtigkeit oder Unvollständigkeit des Prospekts einholen müssen.[50] Eine konkludente Einwilligung ist in der Mandatsvereinbarung nicht zu sehen, insbesondere, wenn wie üblich mehrere Emissionsbanken Partei dieser Vereinbarung sind. Umgekehrt darf die Emissionsbank aufgrund entsprechender vertraglicher Verpflichtung des Emittenten in der Mandatsvereinbarung zur umfassenden Information darauf vertrauen, dass sämtliche Informationen auch aus anderen Geschäftsbeziehungen mit der Bank im Rahmen einer Due-Diligence-Prüfung dem für die Emissionsbegleitung zuständigen Bereich und den externen Beratern (nochmals) durch den Emittenten zur Prüfung vorgelegt werden. Nichts anderes gälte, wenn die Emissionsbank keine solchen weiteren Geschäftsbeziehungen unterhält, für die wesentlichen Geschäftsbeziehungen zu anderen Kreditinstituten. Gerade in einem Emissionskonsortium ist damit sichergestellt, dass alle Mitglieder gleichermaßen mit den notwendigen Informationen versorgt werden, ohne dass ein einzelnes Mitglied verpflichtet wäre, von sich aus (routinemäßig) gesetzlich geforderte Vertraulichkeitsbereiche zu durchbrechen.

18 **Verweigert** der Emittent nach entsprechender Aufforderung die Zustimmung zur Offenlegung der betreffenden Informationen gegenüber der für die Prospekterstellung zuständigen Abteilung oder im Prospekt, entlastet dies die Emissionsbank (nach allen Ansichten) nicht. Vielmehr sollte dann eine zusätzlich Nachforschung vorgenommen (→ Rn. 13) und notfalls zur Vermeidung von Haftungsrisiken die weitere Mitwirkung an der Emission abgelehnt werden.[51]

---

48 *Bunte/Artz*, in: Ellenberger/Bunte, Bankrechts-Handbuch, § 3 Rn. 9.
49 *Groß*, Kapitalmarktrecht, § 9 WpPG Rn. 100; *Pankoke*, in: Just/Voß/Ritz/Zeising, WpPG, 2009, § 45 BörsG Rn. 5; *Singhof*, in: MünchKomm-HGB, Bd. 6, Emissionsgeschäft, Rn. 294; *Habersack*, in: Habersack/Mülbert/Schlitt, Kapitalmarktinformation, § 28 Rn. 40; *Bunte/Artz*, in: Ellenberger/Bunte, Bankrechts-Handbuch, § 3 Rn. 9.
50 *Singhof*, in: MünchKomm-HGB, Bd. 6, Emissionsgeschäft, Rn. 294.
51 Vgl. *Mülbert/Steup*, in: Habersack/Mülbert/Schlitt, Unternehmensfinanzierung, § 41 Rn. 117; *Gillessen/Krämer*, in: Marsch-Barner/Schäfer, Handbuch börsennotierte AG, § 10 Rn. 439.

(2) Angaben Dritter

Bei der Erstellung des Prospekts sind in aller Regel **sachkundige Dritte** wie Rechtsberater, Abschlussprüfer und Sachverständige eingeschaltet. 19

Ein **sorgfaltswidriges Verhalten** der bei der Erstellung des Prospekts eingeschalteten sachkundigen Dritten kann den Emissionsbanken **nicht** bereits **nach § 278 BGB zugerechnet** werden, da es sich bei den betreffenden Dritten nicht um Erfüllungsgehilfen der Emissionsbanken handelt.[52] Dies ergibt sich im Hinblick auf eine Verschuldenszurechnung bei **Abschlussprüfern** schon aus der gesetzlichen Pflicht zur Prüfung der Jahresabschlüsse.[53] Der Abschlussprüfer wird damit nicht im Pflichtenkreis der Emissionsbanken tätig. 20

Eine Haftung der Emissionsbanken kann aber zu bejahen sein, wenn ihnen entweder ein **Auswahlverschulden** im Hinblick auf einen von ihnen beauftragten Dritten oder eine mangelnde Überprüfung der zur Verfügung gestellten Angaben vorzuwerfen ist. Ein Auswahlverschulden in Bezug auf den Dritten kommt etwa in Betracht, wenn der von den Emissionsbanken beauftragte Dritte nicht die notwendige Qualifikation besitzt.[54] Die praktische Relevanz dieser Konstellation dürfte allerdings gering sein, da die Banken mit Ausnahme ihrer Rechtsberater in der Regel keine sachkundigen Dritten hinzuziehen. Auch Marktstudien, auf deren Grundlage das Markt- und Wettbewerbsumfeld des Emittenten im Prospekt dargestellt wird, werden letztlich vom Emittenten in Auftrag gegeben. Für die Verschuldensfrage im Außenverhältnis spielt es dann auch keine Rolle, dass die Banken in die Auswahl und Auswertung der Studien eingebunden sind. 21

Grundsätzlich darf das von Dritten gelieferte Material zwar nicht völlig ungeprüft in den Prospekt übernommen werden.[55] Eine detaillierte, ins Einzelne gehende Nachprüfungspflicht im Hinblick auf die vom Experten gelieferten Informationen ist aber nicht notwendig, vielmehr genügt insoweit die oben bereits erwähnte **Plausibilitätskontrolle**.[56] Etwas anderes gilt (natürlich) auch hier, wenn konkrete Anhaltspunkte für die Unrichtigkeit der Angaben vorliegen und sich eine Prüfung aufdrängt,[57] es also grob fahrlässig wäre, diese zu unterlassen. So können sich die Emissionsbanken etwa mit Blick auf den Prüfungsbericht des Abschlussprüfers im Grundsatz darauf verlassen, dass dieser korrekt ist, und müssen ihn lediglich auf seine Plausibilität hin überprüfen. Einer weitergehenden Überprüfung bedarf es aber beispielsweise dann, wenn die Emissionsbanken (bzw. der für die Emissionsbegleitung zuständige Bereich, siehe → Rn. 17) Kenntnis von Bemühungen haben, das Bilanzbild zu verbessern, oder wenn die Bilanz wegen des zeitlichen Abstandes 22

---

[52] *Heidelbach*, in: Schwark/Zimmer, KMRK, § 12 WpPG Rn. 6; *Mülbert/Steup*, in: Habersack/Mülbert/Schlitt, Unternehmensfinanzierung, § 41 Rn. 118; *Assmann*, in: Assmann/Schlitt/von Kopp-Colomb, Prospektrecht Kommentar, § 9 WpPG Rn. 119.
[53] *Wackerbarth*, in: Holzborn, WpPG, § 23 Rn. 92.
[54] *Assmann*, in: Assmann/Schlitt/von Kopp-Colomb, Prospektrecht Kommentar, § 9 WpPG Rn. 119; auch *Mülbert/Steup*, in: Habersack/Mülbert/Schlitt, Unternehmensfinanzierung, § 41 Rn. 121.
[55] Vgl. auch *Mülbert/Steup*, in: Habersack/Mülbert/Schlitt, Unternehmensfinanzierung, § 41 Rn. 119 f.; *Assmann/Kumpan*, in: Assmann/Schütze/Buck-Heeb, Handbuch des Kapitalanlagerechts, § 5 Rn. 190; *Groß*, Kapitalmarktrecht, § 9 WpPG Rn. 102 f.
[56] *Groß*, Kapitalmarktrecht, § 9 WpPG Rn. 102 f.; *Mülbert/Steup*, in: Habersack/Mülbert/Schlitt, Unternehmensfinanzierung, § 41 Rn. 114.
[57] *Assmann*, in: Assmann/Schlitt/von Kopp-Colomb, Prospektrecht Kommentar, § 9 WpPG Rn. 120; *Groß*, Kapitalmarktrecht, § 9 WpPG Rn. 103.

zur Prospekterstellung oder aufgrund besonderer neuer Umstände mit Blick auf die entsprechenden Wertansätze nicht mehr aktuell ist.[58] Verdachtsmomente können sich auch ergeben, wenn sich die Vermögens-, Finanz- und Ertragslage im Zeitraum vor der Prospektbilligung unerwartet positiv geändert hat. Dies gilt insbesondere dann, wenn die Steigerungen auf Umsätze mit verbundenen Unternehmen zurückzuführen sind oder sich aus spekulativen, nicht zum Kernbereich gehörenden Tätigkeiten ergeben.

cc) Emissionskonsortium

23 Begleitet – was häufig der Fall ist – ein aus mehreren Banken bestehendes Konsortium die Wertpapieremission, so muss im Hinblick auf die anzulegenden Sorgfaltspflichten zwischen den einzelnen Konsortialmitgliedern **differenziert** werden. Eine wechselseitige Zurechnung der Sorgfaltspflichtverletzungen innerhalb der Konsortialmitglieder nach § 278 BGB kommt jedenfalls nicht in Betracht, da **jedes Konsortialmitglied im eigenen Pflichtenkreis** tätig wird.[59]

24 Für die Beurteilung des jeweiligen Sorgfaltsmaßstabs ist mit der zutreffenden herrschenden Meinung zwischen den Konsortialführern und den übrigen Konsortialmitgliedern zu unterscheiden.[60] In der Praxis sind nur die **Konsortialführer** aktiv in den Prozess der Prospekterstellung eingebunden, während die übrigen Konsortialmitglieder den Prospekt meist erst kurz vor Veröffentlichung erhalten. Aus diesem Grund ist von **einfachen Konsortialmitgliedern** aufgrund der engen zeitlichen Vorgaben auch lediglich eine (eingeschränkte) Plausibilitätskontrolle des Prospekts sowie eine Überwachung der Konsortialführer zu verlangen,[61] welche sich aus der analogen Anwendung von § 831 BGB ergibt. Eine Verpflichtung jedes einzelnen Konsortialmitglieds, die Prospektangaben direkt gegenüber dem Emittenten nachzuprüfen, würde der Rollenverteilung innerhalb des Emissionskonsortiums nicht gerecht. Bei der Plausibilitätskontrolle kann den Konsortialbanken in der Praxis auch deren Teilnahme an Due-Diligence-Telefonaten helfen, insbesondere den sog. Bring-down-Due-Diligence-Telefonaten, in denen zu verschiedenen Zeitpunkten im Wesentlichen bestätigt wird, dass keine wesentlichen neuen Ereignisse eingetreten sind, die die Prospektangaben unrichtig oder unvollständig erscheinen lassen. Davon zu unterscheiden ist der Umstand, dass einfache Konsortialmitglieder aufgrund entsprechender Vereinbarungen im Konsortialvertrag (verschuldungsunabhängig) häufig wirtschaftlich in Höhe ihrer Quote mit einer etwaigen Inanspruchnahme der Konsortialführer aus

---

58 *Mülbert/Steup*, in: Habersack/Mülbert/Schlitt, Unternehmensfinanzierung, § 41 Rn. 120.
59 *Groß*, Kapitalmarktrecht, § 9 WpPG Rn. 105; *Assmann/Kumpan*, in: Assmann/Schütze/Buck-Heeb, Handbuch des Kapitalanlagerechts, § 5 Rn. 191; *Mülbert/Steup*, in: Habersack/Mülbert/Schlitt, Unternehmensfinanzierung, § 41 Rn. 122; *Wackerbarth*, in: Holzborn, WpPG, § 23 Rn. 96, 97.
60 *Mülbert/Steup*, in: Habersack/Mülbert/Schlitt, Unternehmensfinanzierung, § 41 Rn. 122; *Groß*, Kapitalmarktrecht, § 9 WpPG Rn. 105; *Assmann/Kumpan*, in: Assmann/Schütze/Buck-Heeb, Handbuch des Kapitalanlagerechts, § 5 Rn. 191; *Heidelbach*, in: Schwark/Zimmer, KMRK, § 9 WpPG Rn. 22; *Singhof*, in: MünchKomm-HGB, Bd. 6, Emissionsgeschäft, Rn. 294.
61 Vgl. *Singhof*, in: MünchKomm-HGB, Bd. 6, Emissionsgeschäft, Rn. 294; *Mülbert/Steup*, in: Habersack/Mülbert/Schlitt, Unternehmensfinanzierung, § 41 Rn. 122; *Groß*, Kapitalmarktrecht, § 9 WpPG Rn. 105; *Assmann/Kumpan*, in: Assmann/Schütze/Buck-Heeb, Handbuch des Kapitalanlagerechts, § 5 Rn. 191; *Assmann*, in: Assmann/Schlitt/von Kopp-Colomb, Prospektrecht Kommentar, § 9 WpPG Rn. 121.

Prospekthaftung belastet werden.[62] Im Aktienemissionsgeschäft ist dies regelmäßig der Fall.

dd) Prospektveranlasser, insbes. (Groß-)Aktionäre

Grundsätzlich sind die Sorgfaltsanforderungen für sog. **Prospektveranlasser** mit denen 25
für den Emittenten gleichlaufend (vgl. zu den Haftungsadressaten → § 9 Rn. 62 f.).[63] Sofern Aktionäre im Einzelfall als Prospektveranlasser zu qualifizieren sind, ist demnach gesondert zu prüfen, ob der Entlastungsbeweis nach § 12 Abs. 1 gelingt.[64] Zu unterscheiden ist zunächst danach, ob es sich um Teile eines Prospekts handelt, die originär vom Prospektveranlasser stammen (beispielsweise die Darstellung von Aktionärsvereinbarungen, die der Großaktionär für den Prospekt erstellt hat) oder die, wie dies in der Regel der Fall sein wird, verantwortlich vom Emittenten verfasst wurden. Im ersten Fall wird der Entlastungsbeweis kaum gelingen, da es sich um originär vom Prospektveranlasser stammende Informationen handelt. Im anderen Fall sind insbesondere die gesellschaftsrechtlich vorgegebenen Informationsgrenzen zwischen Aktionär und Emittent zu beachten.[65] Insbesondere in Fällen einfacher Abhängigkeit (faktischer Konzern) des Emittenten sollte es möglich sein, dass dem Aktionär der Entlastungsbeweis gelingt,[66] da der Aktionär bei der Informationsbeschaffung zur Überprüfung des Prospektinhalts die aktienrechtlich vorgegebenen Informationsgrenzen beachten muss, während der Aktionär im Vertragskonzern über weitgehende Zugriffsmöglichkeiten verfügt (siehe die Kommentierung zu → § 9 Rn. 88). Nichts anderes sollte – auch wenn der Fall kaum vorkommen sollte – bei Bestehen eines isolierten Gewinnabführungsvertrags gelten, da dieser gerade keine Einflussnahmemöglichkeit vermittelt.

Letztlich ist im Einzelfall zu beurteilen, ob der Aktionär über die zur Feststellung der Un- 26
richtigkeit oder Unvollständigkeit des Prospekts notwendigen Informationen selbst verfügt oder sich – rechtmäßiges Verhalten der Organmitglieder des Emittenten vorausgesetzt – diese Informationen hätte beschaffen können.

III. Haftungsausschluss (§ 12 Abs. 2)

§ 12 Abs. 2 nennt verschiedene Fallgruppen, bei deren Vorliegen – selbst wenn grundsätz- 27
lich ein Verschulden des Einzelnen gegeben ist – die Haftung aus objektiven Gründen für alle Prospektverantwortlichen ausscheidet.

1. Nachweis fehlender haftungsbegründender Kausalität (Abs. 2 Nr. 1)

Ein Prospekthaftungsanspruch ist nach § 12 Abs. 2 Nr. 1 ausgeschlossen, wenn der Pros- 28
pekt für die Erwerbsentscheidung nicht kausal war (**Fehlen der sog. haftungsbegründende Kausalität**). Die Vorschrift ist im Zusammenhang mit der in § 9 Abs. 1 Satz 1 geregelten Sechsmonatsfrist, innerhalb derer das haftungsgegenständliche Erwerbsgeschäft

---

62 *Singhof*, in: MünchKomm-HGB, Bd. 6, Emissionsgeschäft, Rn. 244.
63 So auch *Mülbert/Steup*, in: Habersack/Mülbert/Schlitt, Unternehmensfinanzierung, § 41 Rn. 110.
64 *Singhof*, RdF 2013, 76, 77; *ders.*, in: MünchKomm-HGB, Bd. 6, Emissionsgeschäft, Rn. 294.
65 *Singhof*, RdF 2013, 76, 77.
66 *Singhof*, RdF 2013, 76, 77.

abgeschlossen worden sein muss, zu sehen.[67] Der Ausschluss nach § 12 Abs. 2 Nr. 1 ist allerdings nur dann einschlägig, wenn der Prospekt in keiner Weise zum Erwerb der Wertpapiere beigetragen hat. Bereits eine Mitursächlichkeit durch bloßen mittelbaren Prospekteinfluss (ohne dass es auf die tatsächliche Lektüre des Prospekts durch den jeweiligen Anleger ankäme) reicht aus, um den Einwand fehlender haftungsbegründender Kausalität zu entkräften.[68]

29 Die **Darlegungs- und Beweislast** dafür, dass der Anleger seine individuelle Erwerbsentscheidung nicht aufgrund des fehlerhaften Prospekts getroffen hat, tragen die in Anspruch genommenen Prospektverantwortlichen. Der Anleger hat lediglich darzulegen und zu beweisen, dass der Erwerb, also der Abschluss des schuldrechtlichen Verpflichtungsgeschäfts, innerhalb der Sechsmonatsfrist des § 9 Abs. 1 Satz 1 (siehe → § 9 Rn. 28) stattgefunden hat.[69]

30 Der Anleger muss weder von den unrichtigen oder unvollständigen Angaben im Prospekt noch von der Existenz des Prospekts Kenntnis haben.[70] Es kommt nach der Konzeption von § 9 für die haftungsbegründende Kausalität nicht darauf an, ob die unvollständigen oder unrichtigen Prospektangaben den Anleger zum Erwerb verleitet haben, soweit der Erwerb nur innerhalb der Sechsmonatsfrist erfolgte.[71]

31 Für den Nachweis fehlender haftungsbegründender Kausalität im Rahmen von § 12 Abs. 2 Nr. 1 muss im Einzelfall dargelegt werden, dass ein **mittelbarer Prospekteinfluss nicht bestand**. Nach jüngerer Rechtsprechung des XI. Zivilsenats kommt es hierbei nicht auf die sogenannte negative Anlagestimmung an, also einen Nachweis, dass eine prospektveranlasste Anlagestimmung niemals bestanden habe oder aber wieder entfallen sei.[72] Der Rechtsfigur der Anlagestimmung komme keine Bedeutung mehr zu, da der Gesetzgeber die mit der Anlagestimmung verbundenen Unsicherheiten durch die Neufassung der börsenrechtlichen Prospekthaftung gerade habe überwinden wollen.[73] Als Korrektiv habe

---

67 *Hamann*, in: Schäfer/Hamann, Kapitalmarktgesetze, §§ 44, 45 Rn. 253; *Wackerbarth*, in: Holzborn, §§ 21–23 WpPG Rn. 81.
68 *Groß*, Kapitalmarktrecht, § 9 WpPG Rn. 89a; *Heidelbach*, in: Schwark/Zimmer, KMRK, § 12 WpPG Rn. 14; BGH, 15.12.2020 – XI ZB 24/16, WM 2021, 478, 493 Rn. 146 („Telekom III").
69 BT-Drucks. 605/97, S. 80; *Hamann*, in: Schäfer/Hamann, Kapitalmarktgesetze, §§ 44, 45 BörsG Rn. 259.
70 BGH, 15.12.2020 – XI ZB 24/16, WM 2021, 478, 488 Rn. 93 („Telekom III").
71 BGH, 12.7.1982 – II ZR 172/81, WM 1982, 862, 867 f. („Beton- und Monierbau"); *Grundmann/Denga*, in: Ellenberger/Bunte, Bankrechts-Handbuch, § 92 Rn.103; *Wackerbarth*, in: Holzborn, WpPG, § 23 Rn. 81. Dies ergibt sich im Übrigen auch aus der Begr. des RegE 3. FMFG, BT-Drucks. 13/8933, S. 56: „Die von der Rechtsprechung im Bereich der Prospekthaftung entwickelten Grundsätze beseitigen die Schwächen der gegenwärtigen Regelung nur ansatzweise und führen in Teilbereichen, z. B. hinsichtlich der Frage, wie lange der Zeitraum zu bemessen ist, innerhalb dessen der Anleger sich zur Beweiserleichterung auf eine am Markt herrschende ,Anlagestimmung' berufen kann, zu einer für alle beteiligten Kreise unzumutbaren erheblichen Rechtsunsicherheit."
72 BGH, 15.12.2020 – XI ZB 24/16, WM 2021, 478, 486 Rn. 77 („Telekom III").
73 BGH, 15.12.2020 – XI ZB 24/16, WM 2021, 478, 486 Rn. 85 („Telekom III") im Anschluss an die Literaturstimmen, die die Rechtsfigur der Anlagestimmung in § 9 Abs. 1 Satz 1 WpPG nicht normiert sahen, da der Gesetzgeber mit der Sechsmonatsfrist nur eine Höchstfrist gesetzt habe, vgl. *Ellenberger*, Prospekthaftung im Wertpapierhandel, S. 40; *Kort*, AG 1999, 9, 12 f.; *Groß*, AG 1999, 199, 205; *Hamann*, in: Schäfer/Hamann, Kapitalmarktgesetze, §§ 44, 45 BörsG Rn. 253; *Pankoke*, in: Just/Voß/Ritz/Zeising, WpPG, 2009, § 45 BörsG Rn. 24 f.

der Gesetzgeber § 12 Abs. 2 Nr. 4 (§ 46 Abs. 2 Nr. 4 BörsG a. F.) geschaffen, der dem Wegfall der Anlagestimmung durch öffentliche Prospektberichtigung Rechnung trage. Auf weitere Fallgruppen einer Beendigung der Anlagestimmung kommt es laut BGH nun nicht mehr an. Demnach kann der Nachweis der fehlenden haftungsbegründenden Kausalität nur geführt werden, indem die für die Erwerbsentscheidung individuell maßgeblichen Motive des Anlegers herangezogen werden. Nicht ausreichend ist, dass der Kaufentschluss auch auf andere Beweggründe zurückgeht.[74] Der Prospektverantwortliche muss also nachweisen, dass im jeweiligen Einzelfall der individuelle Erwerbsentschluss nicht (mittelbar) durch den fehlerhaften Prospekt beeinflusst wurde.[75] Auch bei möglichen marktbeeinflussenden Mitteilungen oder Schwankungen des Börsenpreises muss jeweils im Einzelfall geprüft und bewiesen werden, welche Bedeutung diese für das individuelle Erwerbsmotiv hatten. Für den Nachweis kann grundsätzlich die Parteivernehmung des Anlegers beantragt werden.[76] Die Kenntnis des Anlegers oder seines Anlageberaters von der Kursentwicklung sei zumindest nicht „von vorneherein bedeutungslos".[77] Insgesamt vollzieht der BGH mit dieser Rechtsprechung jedoch eine Wende von einer objektiven hin zu einer subjektiven Bewertung der haftungsbegründenden Kausalität. Der (negative) Nachweis der beschriebenen inneren Beweggründe des Anlegers wird dem Prospektverantwortlichen in der Regel wohl jedoch kaum gelingen können, da es weder auf die Kenntnis des Anlegers des Prospekts noch auf den Wegfall einer Anlagestimmung ankommt.[78]

2. Nachweis fehlender haftungsausfüllender Kausalität (Abs. 2 Nr. 2)

Nach § 12 Abs. 2 Nr. 2 ist die Haftung ferner ausgeschlossen, wenn der **Sachverhalt, über den unrichtige oder unvollständige Angaben im Prospekt enthalten sind**, nicht zu einer Minderung des Börsenpreises (§ 9) bzw. des Erwerbspreises (§ 10) der Wertpapiere beigetragen hat. Nach der bislang herrschenden Auffassung solle die Haftung ausgeschlossen sein, wenn der Anspruchsgegner beweisen konnte, dass die fehlerhafte Prospektdarstellung **keine Auswirkung auf** den **Erwerbspreis** hatte. Der maßgebliche für die haftungsausfüllende Kausalität relevante Zusammenhang war also der zwischen Prospektfehler und Anlegerschaden.[79] Demnach kann aus der Kursreaktion nach Bekanntwerden des Prospektfehlers geschlossen werden, ob der Kurs im Erwerbszeitpunkt bei Kenntnis des Marktes von der tatsächlichen Sachlage geringer gewesen wäre.[80] Der XI. Zivilsenat stellt nun jedoch darauf ab, ob der nach dem Erwerb eingetretene Kursrückgang zumindest mitursächlich darauf beruht, dass sich das dem unrichtig prospektierten Sachverhalt innewohnende Risiko tatsächlich verwirklicht hat.[81] Er orientiert sich damit eng am

32

---

74 *Koch*, BKR 2022, 271, 275.
75 BGH, 15.12.2020 – XI ZB 24/16, WM 2021, 478, 487 Rn. 87 („Telekom III"); *Koch*, BKR 2022, 271, 275.
76 BGH, 15.12.2020 – XI ZB 24/16, WM 2021, 478, 493 Rn. 145 („Telekom III").
77 BGH, 15.12.2020 – XI ZB 24/16, WM 2021, 478, 493 Rn. 147 f. („Telekom III").
78 Vgl. auch *Groß*, Kapitalmarktrecht, § 9 WpPG Rn. 89b; *Koch*, BKR 2022, 271, 275; siehe auch *Singhof*, in: MünchKomm-HGB, Bd. 6, Emissionsgeschäft, Rn. 295.
79 BGH, 15.12.2020 – XI ZB 24/16, WM 2021, 478, 481 Rn. 40 („Telekom III"); *Koch*, BKR 2022, 271, 276.
80 BGH, 15.12.2020 – XI ZB 24/16, WM 2021, 478, 481 Rn. 45 ff. („Telekom III").
81 BGH, 15.12.2020 – XI ZB 24/16, WM 2021, 478, 482 Rn. 43 („Telekom III").

Gesetzeswortlaut des § 12 Abs. 2 Nr. 2. Er stellt damit nicht mehr auf den Minderwert der Anlage im Erwerbzeitpunkt ab, der dadurch erkennbar wird, dass das Bekanntwerden des im Prospekt unrichtig oder unvollständig wiedergegebenen Sachverhalts zu einer Kursreaktion führt. Maßgeblich ist, dass der Anleger ein Wertpapier erworben hat, über das er fehlerhaft informiert wurde, und ihm daraus ein Schaden entstanden ist.[82] Für den Entlastungsbeweis ist es demnach erforderlich, dass der im Prospekt unrichtig oder unvollständig wiedergegebene Sachverhalt nicht zur Minderung des Börsen- bzw. Erwerbspreises geführt hat, sondern **ausschließlich andere Umstände ursächlich** für den Wertverlust waren.[83]

33 Der Unterschied dieser Rechtsprechung zur bisher herrschenden Lesart des § 12 Abs. 2 Nr. 2 (bzw. § 46 Abs. 2 Nr. 2 BörsG a. F.) liegt in einer Verschiebung des Anknüpfungspunktes der Haftung weg von einer Haftung für den Erwerb eines übertreuerten Wertpapiers hin zu einer Art Garantiehaftung für im Erwerbszeitpunkt nicht realisierte Risiken im Fall einer fehlerhaften Prospektdarstellung. Der Unterschied sei an folgendem allgemeinem, stark vereinfachtem Beispiel verdeutlicht.[84] Ein Risiko, das im Falle seiner Realisierung zu einem Kursverlust von 100 EUR auf 80 EUR führen kann, wird in einem Prospekt nicht oder fehlerhaft dargestellt. Nachdem dies bekannt wird, preist der Markt das Risiko ein, der Kurs sinkt auf 90 EUR. Kauft ein Anleger dann zu 90 EUR und realisiert sich das Risiko mit einem korrespondierenden Kursverlust auf 80 EUR, ist der Anleger nun schadensersatzberechtigt, obwohl das Risiko dem Markt bereits bekannt war. Nicht mehr ausreichend ist nunmehr der Nachweis, dass eine im Prospekt nicht oder nicht zutreffend dargestellte Information bereits vor der Veröffentlichung des Prospekts aufgrund anderer Verlautbarungen des Emittenten dem Kapitalmarkt bekannt war und ihr (insbesondere von professionellen Akteuren wie Finanzanalysten) nachweislich keine Preisrelevanz beigemessen wurde.[85] Somit scheidet mit der Rechtsprechung eine Entlastung durch den Nachweis aus, dass sich der Börsenpreis auch bei pflichtgemäßer Prospektierung nicht anders als geschehen gebildet hätte.[86] Die Rechtsprechung findet im Wortlaut der Norm durchaus eine Verankerung.[87] Der BGH bemüht zudem das teleologische Argument, dass der von der Norm intendierte Zweck, den Anspruchsgegner vor einer Inanspruchnahme aufgrund des Eintritts eines allgemeinen Markt- oder Spekulationsrisikos zu schützen, in seiner Lesart ebenfalls Geltung beanspruche. Er begründet dies damit, dass sich in einem nacherwerblichen Kursverfall das dem unrichtig prospektierten Sachverhalt innewohnende Risiko und gerade kein allgemeines Markt- oder Spekulationsrisiko niederschlage.[88] Der Anleger steht in den einschlägigen Fällen besser, als er im Falle einer von Anfang an zutreffenden Prospektierung stünde. Kauft der Anleger im beschriebenen Beispiel zu 90 EUR, profitiert er bei einem Nichteintritt des Risikos von einem Kursanstieg auf 100 EUR und hat im Fall der Realisierung des Risikos einen den Kursverfall auf

---

82 BGH, 15.12.2020 – XI ZB 24/16, WM 2021, 478, 482 Rn. 52 („Telekom III"); *Koch*, BKR 2022, 271, 276.
83 *Mülbert/Steup*, in: Habersack/Mülbert/Schlitt, Unternehmensfinanzierung, § 41 Rn. 106; *Habersack*, in: Habersack/Mülbert/Schlitt, Kapitalmarktinformation, § 28 Rn. 49.
84 Angelehnt an *Koch*, BKR 2022, 271, 277 f.
85 BGH, 15.12.2020 – XI ZB 24/16, WM 2021, 478, 488 Rn. 95 ff. („Telekom III").; a. A. *Buck-Heeb/Dieckmann*, WuB 2021, 251, 252 f.
86 BGH, 15.12.2020 – XI ZB 24/16, WM 2021, 478, 491 Rn. 46, 130 („Telekom III").
87 Dies betont insbes. *Koch*, BKR 2022, 271, 277; *Buck-Heeb*, BKR 2021, 317, 319.
88 BGH, 15.12.2020 – XI ZB 24/16, WM 2021, 478, 482 Rn. 51 („Telekom III").

80 EUR ausgleichenden Prospekthaftungsanspruch. Ist das Risiko im Markt bekannt, realisiert sich vielmehr das allgemeine Markt- und Spekulationsrisiko.[89] Der BGH entkoppelt die haftungsausfüllende Kausalität somit vom haftungsbegründenden Prospektfehler.[90] Unklar bleibt, wie zukünftig Sachverhalte zu behandeln sind, bei denen die den Anlegerverlust auslösende Kursreaktion unmittelbar nach Bekanntwerden des Prospektfehlers ausgelöst wird – also Fälle, in denen der fehlerhaft prospektierte Sachverhalt kein innewohnendes Risiko aufweist.[91] Die Rechtsprechung vermag daher nicht zu überzeugen.

Mögliche andere Ursachen, die der Anspruchsgegner vortragen kann, können neben einer allgemeinen negativen Entwicklung am Kapitalmarkt emittentenbezogene Umstände, wie beispielsweise eine Verschlechterung der Bonitätseinschätzung (down rating) oder gar die Insolvenz des Emittenten sein.[92] Sie müssen jedoch ausschließlich ursächlich sein. Soweit die fehlerhaften Prospektangaben neben anderen Ursachen zur Minderung des Börsenpreises zumindest beigetragen haben, führt dies allerdings nicht bereits zum Haftungsausschluss.[93] **Ausreichend** für die Haftung ist demnach eine **bloße Mitursächlichkeit des unrichtig oder unvollständig dargestellten Sachverhalts**. Dies gilt auch, wenn dem unrichtig oder unvollständig dargestellten Sachverhalt nur untergeordnetes Gewicht zukommt und er nicht qualifiziert werden kann.[94] Der Anspruch ist in diesen Fällen auch nicht nur teilweise ausgeschlossen, wie es das Wort „sofern" in § 12 Abs. 2 Nr. 2 nahelegen könnte. 34

Der Beweis der fehlenden haftungsausfüllenden Kausalität kann durch ein Sachverständigengutachten geführt werden.[95] Der zu erbringende Vollbeweis wird dem Prospektverantwortlichen jedoch in der Praxis kaum gelingen.[96] Insgesamt dürfte der **Anwendungsbereich** der Vorschrift **in der Praxis** auch deshalb **beschränkt** sein, da ein im Prospekt fehlerhaft dargestellter Sachverhalt, der nicht zumindest mitsächlich für einen Kursverlust ist, meist auch nicht wesentlich für die Beurteilung der Wertpapiere sein wird.[97] Dann ist der Prospekt aber bereits nicht fehlerhaft im Sinne von § 9 Abs. 1 Satz 1. 35

3. Mitverschulden (Abs. 2 Nr. 3)

Nach § 12 Abs. 2 Nr. 3 ist die Haftung ausgeschlossen, wenn der Erwerber die Unrichtigkeit oder Unvollständigkeit der Angaben des Prospekts im Zeitpunkt des Erwerbs kannte. Seit Inkrafttreten des Dritten Finanzmarktförderungsgesetzes umfasst die Norm nur noch 36

---

89 *Buck-Heeb/Dieckmann*, WuB 2021, 251, 253.
90 *Buck-Heeb/Dieckmann*, WuB 2021, 251, 525; *Buck-Heeb*, BKR 2021, 317, 320; siehe auch *Singhof*, in: MünchKomm-HGB, Bd. 6, Emissionsgeschäft, Rn. 295.
91 Vgl. *Koch*, BKR 2022, 271, 279 mit Beispielen; *Wentz*, WM 2021, 1516, 1518.
92 *Wackerbarth*, in: Holzborn, WpPG, § 23 Rn. 87.
93 *Mülbert/Steup*, in: Habersack/Mülbert/Schlitt, Unternehmensfinanzierung, § 41 Rn. 106; *Wackerbarth*, in: Holzborn, WpPG, § 23 Rn. 87.
94 BGH, 15.12.2020 – XI ZB 24/16, WM 2021, 478, 483 Rn. 55 („Telekom III").
95 BGH, 15.12.2020 – XI ZB 24/16, WM 2021, 478, 485 Rn. 71 f. („Telekom III").
96 *Groß*, Kapitalmarktrecht, § 12 WpPG Rn. 6; *Buck-Heeb*, BKR 2021, 317, 320; *Möllers/Wolf*, BKR 2021, 249, 251; *Wentz*, WM 2021, 1516, 1517.
97 *Hamann*, in: Schäfer/Hamann, Kapitalmarktgesetze, §§ 44, 45 BörsG Rn. 260; *Hauptmann*, in: Vortmann, Prospekthaftung und Anlageberatung, § 3 Rn. 124; im Ergebnis ebenso *Sittmann*, NZG 1998, 490, 492; *Singhof*, in: MünchKomm-HGB, Bd. 6, Emissionsgeschäft, Rn. 295.

die **positive Kenntnis** der Unrichtigkeit bzw. Unvollständigkeit, nicht mehr dagegen die bloß fahrlässige Unkenntnis von der Fehlerhaftigkeit.[98]

37 Die dogmatische Einordnung des Haftungsausschlusses nach § 12 Abs. 2 Nr. 3 ist umstritten. Die überwiegende Ansicht geht zutreffend davon aus, dass es sich bei der Norm um eine **abschließende Sonderregelung** für die Berücksichtigung eines Mitverschuldens des Anlegers handelt.[99] In der Folge sind daher Einwände „außerhalb des Anwendungsbereichs" der Norm ausgeschlossen. Insbesondere kann auch kein anderes Ergebnis über § 254 BGB erzielt werden.[100] Demgegenüber wird teilweise vertreten, die Norm sei als Regelung zur fehlenden haftungsbegründenden Kausalität einzuordnen.[101] Dagegen spricht, dass die Kenntnis eines Fehlers ein subjektives Merkmal darstellt und somit dem Bereich des Verschuldens zuzuordnen ist. Auch dieser Ausschlussgrund ist in der Praxis jedoch von geringer Bedeutung, sodass eine weitere Auseinandersetzung entbehrlich ist.[102]

4. Berichtigung (Abs. 2 Nr. 4)

38 Nach § 12 Abs. 2 Nr. 4 ist die Haftung der Prospektverantwortlichen weiter ausgeschlossen, wenn durch rechtzeitige Berichtigung eine (öffentliche) Beseitigung eines bestehenden Prospektfehlers erfolgt. Die Berichtigung nach § 12 Abs. 2 Nr. 4 stellt damit eine **freiwillige Berichtigungsmöglichkeit** zur Haftungsvermeidung dar und ist von der Nachtragspflicht nach Art. 23 ProspektVO, die lediglich bis zum Zeitpunkt der Einführung bzw. des Angebotsendes besteht, zu trennen (siehe hierzu auch → § 9 Rn. 61).

39 Nachtrag und freiwillige Berichtigung schließen sich nicht gegenseitig aus, sodass das Recht zur Veröffentlichung einer Berichtigung **unabhängig von der Nachtragspflicht** besteht.[103] Jedoch kommt eine Berichtigung vor Ablauf der Nachtragsfrist faktisch nicht in Betracht. Im Unterschied zum Nachtrag bedarf die Berichtigung nicht der Billigung durch die BaFin und verlängert damit auch nicht die Sechsmonatsfrist.[104] Gegenstand einer Berichtigung können sowohl Angaben sein, die im Zeitpunkt der Prospektveröffentlichung bereits fehlerhaft waren, als auch solche, die bis zur Einführung der Wertpapiere

---

98 Vgl. Begr. RegE 3. FMFG, BT-Drucks. 13/8933, S. 80; *Groß*, Kapitalmarktrecht, § 12 WpPG Rn. 7; *Assmann/Kumpan*, in: Assmann/Schütze/Buck-Heeb, Handbuch des Kapitalanlagerechts, § 5 Rn. 192; *Müller*, WpPG, § 23 Rn. 11.
99 *Wackerbarth*, in: Holzborn, WpPG, § 23 Rn. 100; *Hamann*, in: Schäfer/Hamann, Kapitalmarktgesetze, §§ 44, 45 BörsG Rn. 264 m. w. N.; *Assmann/Kumpan*, in: Assmann/Schütze/Buck-Heeb, Handbuch des Kapitalanlagerechts, § 5 Rn. 192; *Groß*, Kapitalmarktrecht, § 12 WpPG Rn. 7.
100 *Assmann*, in: Assmann/Schlitt/von Kopp-Colomb, Prospektrecht Kommentar, § 9 WpPG Rn. 122; *Wackerbarth*, in: Holzborn, WpPG, § 23 Rn. 100; so zu der gleichlautenden Bestimmung des § 45 Abs. 2 Nr. 3 BörsG, Begr. RegE 3. FMFG, BT-Drucks. 13/8933, S. 80.
101 *Nobbe*, WM 2013, 193, 196; *Habersack*, in: Habersack/Mülbert/Schlitt, Kapitalmarktinformation, § 28 Rn. 50; *Mülbert/Steup*, in: Habersack/Mülbert/Schlitt, Unternehmensfinanzierung, § 41 Rn. 143.
102 *Singhof*, in: MünchKomm-HGB, Bd. 6, Emissionsgeschäft, Rn. 295.
103 So auch *Mülbert/Steup*, in: Habersack/Mülbert/Schlitt, Unternehmensfinanzierung, § 41 Rn. 144; *Groß*, Kapitalmarktrecht, § 9 WpPG Rn. 84.
104 *Wackerbarth*, in: Holzborn, WpPG, § 23 Rn. 102; *Stephan*, AG 2002, 3, 12; *Habersack*, in: Habersack/Mülbert/Schlitt, Kapitalmarktinformation, § 28 Rn. 53; *Groß*, Kapitalmarktrecht, § 12 WpPG Rn. 10.

bzw. bis zum Ende des öffentlichen Angebots aufgrund geänderter Umstände fehlerhaft wurden (und eine gebotene Aktualisierung über einen Nachtrag unterblieb).[105]

Die Möglichkeit zur Berichtigung eines Prospektfehlers ist im Zusammenhang mit der **sechsmonatigen Frist** zu sehen, innerhalb derer der Kauf der Wertpapiere grundsätzlich zur Geltendmachung des Prospekthaftungsanspruchs berechtigt (vgl. → § 9 Rn. 28). Für einen Zeitraum von sechs Monaten nach Veröffentlichung des Prospekts wird vermutet, der Erwerb der prospektgegenständlichen Wertpapiere habe aufgrund des Prospekts stattgefunden. § 12 Abs. 2 Nr. 4 ermöglicht es dem Anspruchsgegner, den mittelbaren Prospekteinfluss im Einzelfall zu widerlegen (→ Rn. 31)[106] und die **Vermutung der haftungsbegründenden Kausalität** (zwischen Prospektfehler und Anlageentscheidung) mittels Berichtigung zu **beseitigen**. 40

Zeitliche Voraussetzung für die Haftungsbefreiung ist immer, dass die Berichtigung vor **Abschluss des Erwerbsgeschäfts** veröffentlicht wurde. Grundsätzlich ist damit der Zeitpunkt des Abschlusses des Verpflichtungsgeschäfts gemeint.[107] Im Falle eines Widerrufsrechts, insbesondere nach Art. 23 Abs. 2 ProspektVO, ist auf den Zeitpunkt des Ablaufs der Widerrufsfrist abzustellen,[108] da materiell nach Ausübung des Widerrufs kein wirksamer Vertrag und damit auch kein Erwerbsgeschäft zustande gekommen ist.[109] Allgemeiner formuliert kommt es damit auf den **Zeitpunkt der unwiderruflichen Bindung** des Erwerbers an.[110] Bei gestreckten Erwerbsvorgängen, wie dem in der Praxis häufig vorkommenden Bookbuilding-Verfahren, kommt der Kaufvertrag erst nach Abschluss der Bookbuilding-Periode mit Zuteilung durch die Konsortialbanken zustande. Erst zu diesem Zeitpunkt wird das Erwerbsgeschäft abgeschlossen. Vorher können die Anleger ihre Angebote noch zurücknehmen.[111] Berichtigungen während der Bookbuilding-Phase sollten im Wege eines Nachtrags gemäß Art. 23 ProspektVO vorzunehmen sein.[112] Soweit demgegenüber vertreten wird, dass die Berichtigungsmöglichkeit nur bis zum Zeitpunkt der Einführung oder des Angebotsendes besteht,[113] ist dem entgegenzuhalten, dass die Veröffentlichung einer Berichtigung gerade in den Fällen angebracht ist, in denen ein Prospektfehler erst nach Ablauf der Nachtragsfrist gemäß Art. 23 Abs. 2 ProspektVO erkannt wird und eine weitere **Haftung**, insbesondere **gegenüber Zweiterwerbern**, während der Sechsmonatsfrist des § 9 Abs. 1 Satz 1 **ausgeschlossen** werden soll.[114] Dem tragen im Rahmen von Aktienemissionen üblicherweise auch die Bestimmungen des zwischen Emittent und Kon- 41

---

105 *Mülbert/Steup*, in: Habersack/Mülbert/Schlitt, Unternehmensfinanzierung, § 41 Rn. 144; *Groß*, Kapitalmarktrecht, § 12 WpPG Rn. 9.
106 Vgl. *Habersack*, in: Habersack/Mülbert/Schlitt, Kapitalmarktinformation, § 28 Rn. 51.
107 *Mülbert/Steup*, in: Habersack/Mülbert/Schlitt, Unternehmensfinanzierung, § 41 Rn. 146; *Heidelbach*, in: Schwark/Zimmer, KMRK, § 12 WpPG Rn. 21.
108 *Groß*, Kapitalmarktrecht, § 9 WpPG Rn. 80.; *Mülbert/Steup*, in: Habersack/Mülbert/Schlitt, Unternehmensfinanzierung, § 41 Rn. 146; *Wackerbarth*, in: Holzborn, WpPG, § 23 Rn. 101.
109 Vgl. auch *Habersack*, in: Habersack/Mülbert/Schlitt, Kapitalmarktinformation, § 28 Rn. 51.
110 *Wackerbarth*, in: Holzborn, WpPG, § 23 Rn. 101.
111 *Groß*, Kapitalmarktrecht, § 12 WpPG Rn. 11.
112 Grundsätzlich von einem Nebeneinander von Nachtrag und Berichtigung in dieser Phase ausgehend *Wackerbarth*, in: Holzborn, WpPG, § 23 Rn. 101; *Groß*, Kapitalmarktrecht, § 12 WpPG Rn. 11.
113 Vgl. *Habersack*, in: Habersack/Mülbert/Schlitt, Kapitalmarktinformation, § 28 Rn. 52.
114 Siehe auch *Haag*, in: Habersack/Mülbert/Schlitt, Unternehmensfinanzierung, § 29 Rn. 48; *Groß*, Kapitalmarktrecht, § 12 WpPG Rn. 10.

sortialbanken abgeschlossenen Übernahmevertrags Rechnung, die zwischen der Verpflichtung zur Erstellung von Nachträgen und der Möglichkeit, bis zum Ablauf von sechs Monaten nach Einführung der Wertpapiere in den Handel Berichtigungen zu veröffentlichen, unterscheiden.[115]

42 Formelle Voraussetzung einer wirksamen Berichtigung ist nach § 12 Abs. 2 Nr. 4, dass eine **Bekanntmachung** nach den gesetzlichen Vorgaben vorgenommen wird. Diese muss entweder im Rahmen des Jahresabschlusses, eines Zwischenberichts (damit ist die Finanzberichterstattung nach den §§ 114 ff. WpHG/§ 325 HGB gemeint[116]), einer Ad-hoc-Mitteilung gem. Art. 17 MarktmissbrauchsVO oder einer Veröffentlichung erfolgen, die ein vergleichbares Veröffentlichungsniveau aufweist.[117] Die Einhaltung der Veröffentlichungsvorschriften für den Prospekt (nach Art. 21 ProspektVO) ist zwar nicht notwendig, jedoch in jedem Falle ausreichend.[118]

43 Des Weiteren fordert § 12 Abs. 2 Nr. 4 eine **deutliche Gestaltung** der Berichtigung. Die Berichtigung muss einem verständigen Leser, dem neben der Berichtigung auch der unrichtige oder unvollständige Prospekt vorliegt, verdeutlichen, dass in der Berichtigung des Prospekts abweichende Angaben enthalten sind.[119] Sie sollte daher **inhaltlich und drucktechnisch** so gestaltet sein, dass ein verständiger Leser ohne Mühe darin ihre Bedeutung erkennt.[120] Gleichwohl ist nach zutreffender Ansicht nicht erforderlich, dass die Berichtigung ausdrücklich auf die Fehlerhaftigkeit des berichtigten Prospekts hinweist, da eine solche Verpflichtung der Aufforderung zur Geltendmachung von Prospekthaftungsansprüchen gleichkäme und in der Folge zu befürchten wäre, dass von der Möglichkeit zur Berichtigung in der Praxis kein Gebrauch gemacht würde.[121]

44 Die Berichtigung wirkt **ex nunc** und schließt daher bereits nach § 9 Abs. 1 entstandene Schadensersatzansprüche nicht (rückwirkend) aus.[122] Sie dient allein der **Haftungsbegrenzung** der Prospektverantwortlichen mit Blick auf künftige Erwerbsgeschäfte. Für die Wirksamkeit des Haftungsausschlusses ist nicht erforderlich, dass der Anleger von der

---

115 Siehe auch *Haag*, in: Habersack/Mülbert/Schlitt, Unternehmensfinanzierung, § 29 Rn. 48.
116 Vgl. nur *Mülbert/Steup*, in: Habersack/Mülbert/Schlitt, Unternehmensfinanzierung, § 41 Rn. 147; *Wackerbarth*, in: Holzborn, WpPG, § 23 Rn. 102.
117 So auch *Mülbert/Steup*, in: Habersack/Mülbert/Schlitt, Unternehmensfinanzierung, § 41 Rn. 147.
118 *Groß*, Kapitalmarktrecht, § 12 WpPG Rn. 10; *Heidelbach*, in: Schwark/Zimmer, KMRK, § 12 WpPG Rn. 23; vgl. auch BT-Drucks. 13/8933, S. 54, 81; *Mülbert/Steup*, in: Habersack/Mülbert/Schlitt, Unternehmensfinanzierung, § 41 Rn. 147.
119 *Groß*, Kapitalmarktrecht, § 12 WpPG Rn. 9.
120 *Kort*, AG 1999, 9, 15; *Sittmann*, NZG 1998, 490, 493; *Heidelbach*, in: Schwark/Zimmer, KMRK, § 12 WpPG Rn. 24; *Groß*, Kapitalmarktrecht, § 12 WpPG Rn. 9; *Habersack*, in: Habersack/Mülbert/Schlitt, Kapitalmarktinformation, § 28 Rn. 53.
121 Begr. RegE 3. FMFG, BT-Drucks. 13/8933, S. 54, 81; *Assmann/Kumpan*, in: Assmann/Schütze/Buck-Heeb, Handbuch des Kapitalanlagerechts, § 6 Rn. 138; *Groß*, Kapitalmarktrecht, § 12 WpPG Rn. 9; *Hopt*, in: FS Drobnig, S. 525, 531; *Wackerbarth*, in: Holzborn, WpPG, § 23 Rn. 102; **a.A.** *Ellenberger*, Prospekthaftung im Wertpapierhandel, S. 70; *Heidelbach*, in: Schwark/Zimmer, KMRK, § 12 WpPG Rn. 24; *Hamann*, in: Schäfer/Hamann, Kapitalmarktgesetze, §§ 44, 45 BörsG Rn. 271.
122 Begr. RegE 3. FMFG, BT-Drucks. 13/8933, S. 80; *Groß*, Kapitalmarktrecht, § 12 WpPG Rn. 8; *Habersack*, in: Habersack/Mülbert/Schlitt, Kapitalmarktinformation, § 28 Rn. 51; *Mülbert/Steup*, in: Habersack/Mülbert/Schlitt, Unternehmensfinanzierung, § 41 Rn. 145; *Assmann/Kumpan*, in: Assmann/Schütze/Buck-Heeb, Handbuch des Kapitalanlagerechts, § 5 Rn. 138.

Berichtigung positive Kenntnis hat.[123] Die Haftungsbefreiung tritt vielmehr **unmittelbar mit Veröffentlichung** ein. Dies ist auch deshalb gerechtfertigt, weil die Berichtigung, wenn sie, was regelmäßig der Fall sein wird, von wirtschaftlicher Bedeutung ist, eine Marktreaktion in Form einer Preisanpassung auslösen sollte, die denjenigen, der nach diesem Zeitpunkt erwirbt, so stellt, als ob der Prospekt von vornherein nicht fehlerhaft gewesen wäre.[124] Auch dies spricht dafür, dass die Berichtigung nicht explizit als solche kenntlich gemacht werden muss.

Ist die Berichtigung ihrerseits **fehlerhaft**, so löst dies keine gesonderten (Prospekthaftungs-)Ansprüche aus. Haftungsgrundlage ist stets der – aufgrund der fehlerhaften Berichtigung dann (immer noch) fehlerhafte – Prospekt in seiner berichtigten Form.[125]   45

5. Zusammenfassung (Abs. 2 Nr. 5)

Eine **Haftung** nach den §§ 9, 10 ist schließlich nach § 12 Abs. 2 Nr. 5 grundsätzlich dann   46
ausgeschlossen, wenn sich die Fehlerhaftigkeit und damit der Haftungsgrund **ausschließlich** aufgrund von Angaben in der **Zusammenfassung** oder einer Übersetzung ergibt. Grund hierfür ist, dass mit einer Zusammenfassung gerade bezweckt wird, dem interessierten Anleger einen Überblick zu verschaffen, in dem bereits aufgrund der Anforderungen an die maximale Länge der Prospektzusammenfassung auf bestimmte Informationen verzichtet wird. Jede Zusammenfassung ist für sich allein betrachtet stets unvollständig und damit unrichtig, da sie gerade nicht den Gesamteindruck des Prospekts abbilden oder ersetzen kann.[126] Die Bestimmung wurde durch das Gesetz zur Umsetzung der Richtlinie 2010/73/EU und zur Änderung des Börsengesetzes[127] um einen zweiten Halbsatz ergänzt, der dem mit der Richtlinie 2010/73/EU neu eingeführten Konzept der Schlüsselinformationen terminologisch angepasst Rechnung trägt. Dieser Halbsatz wurde zuletzt terminologisch an die ProspektVO angepasst, blieb jedoch im Wesentlichen unverändert.

Eine Haftung für die Zusammenfassung kommt allerdings dann in Betracht, wenn diese   47
in Zusammenschau mit den anderen Teilen des Prospekts irreführend, unrichtig oder widersprüchlich ist oder aber **nicht alle** gemäß Art. 7 Abs. 1 UAbs. 1 i.V.m. Abs. 5 bis 7 lit. a bis d und Abs. 8 ProspektVO erforderlichen **Basisinformationen enthält**, die erforderlich sind, um einem verständigen Anleger bei der Anlageentscheidung behilflich zu sein. Eine solche Fehlerhaftigkeit wäre beispielsweise dann zu bejahen, wenn die Zusammenfassung Angaben enthält, die von wesentlichen Angaben des übrigen Prospekts abweichen.[128] Für

---

123 *Wackerbarth*, in: Holzborn, WpPG, § 23 Rn. 101; *Mülbert/Steup*, in: Habersack/Mülbert/Schlitt, Unternehmensfinanzierung, § 41 Rn. 145.
124 Begr. RegE 3. FMFG, BT-Drucks. 13/8933, S. 54, 81.
125 *Groß*, Kapitalmarktrecht, § 12 WpPG Rn. 10; *Stephan*, AG 2002, 3, 12; *Hamann*, in: Schäfer/Hamann, Kapitalmarktgesetze, §§ 44, 45 BörsG Rn. 274; *Wackerbarth*, in: Holzborn, § 23 WpPG Rn. 102; *Mülbert/Steup*, in: Habersack/Mülbert/Schlitt, Unternehmensfinanzierung, § 41 Rn. 148; *Heidelbach*, in: Schwark/Zimmer, KMRK, § 12 WpPG Rn. 25.
126 *Groß*, Kapitalmarktrecht, § 12 WpPG Rn. 11; *Wackerbarth*, in: Holzborn, WpPG, § 23 Rn. 103; *Hamann*, in: Schäfer/Hamann, Kapitalmarktgesetze, §§ 44, 45 BörsG Rn. 280c.
127 BGBl. I 2012, S. 1375.
128 *Assmann/Kumpan*, in: Assmann/Schütze/Buck-Heeb, Handbuch des Kapitalanlagerechts, § 5 Rn. 149; *Hamann*, in: Schäfer/Hamann, Kapitalmarktgesetze, §§ 44, 45 BörsG Rn. 280c; *Groß*, Kapitalmarktrecht, § 12 WpPG Rn. 12; *Wackerbarth*, in: Holzborn, WpPG, § 23 Rn. 103a.

IV. Beweislast

48 Nach der oben dargestellten Konzeption trägt derjenige die **Beweislast für fehlendes Verschulden** nach § 12 Abs. 1, der als Adressat der Prospekthaftung in Anspruch genommen wird („[...] kann nicht in Anspruch genommen werden, wer nachweist, dass [...]"). Diese Beweislastumkehr hat beispielsweise zur Folge, dass die **Haftungsadressaten** die Grundlagen für die im Prospekt gemachten Angaben, den Umfang der eigenen Nachforschungen und die Übernahme der Angaben Dritter dokumentieren und gegebenenfalls erläutern müssen, um sich entlasten zu können. Auch die Darlegungs- und Beweislast für das Vorliegen eines Haftungsausschlusses nach § 12 Abs. 2 trägt der Adressat der Prospekthaftung.[129] Der Prospektverantwortliche kommt hierbei nicht in den Genuss der Beweiserleichterung gemäß § 287 ZPO, der nicht dazu dient, dem Schädiger den Gegenbeweis zu erleichtern.[130] Der Beweis kann durch Parteivernehmung oder Sachverständigengutachten erbracht werden (vgl. → Rn. 31 und 35).

---

129 *Habersack*, in: Habersack/Mülbert/Schlitt, Kapitalmarktinformation, § 28 Rn. 48.
130 BGH, 15.12.2020 – XI ZB 24/16, WM 2021, 478, 485 Rn. 74 f. („Telekom III"); *Buck-Heeb/Dieckmann*, WuB 2021, 251, 254; *Buck-Heeb*, BKR 2021, 317, 320.

§ 13 WpPG
Haftungsausschluss bei fehlerhaftem Wertpapier-Informationsblatt

(1) Nach § 11 kann nicht in Anspruch genommen werden, wer nachweist, dass er die Unrichtigkeit der Angaben des Wertpapier-Informationsblatts oder die Irreführung durch diese Angaben nicht gekannt hat und dass die Unkenntnis nicht auf grober Fahrlässigkeit beruht.

(2) Ein Anspruch nach § 11 besteht nicht, sofern

1. die Wertpapiere nicht auf Grund des Wertpapier-Informationsblatts erworben wurden,
2. der Sachverhalt, über den unrichtige oder irreführende Angaben im Wertpapier-Informationsblatt enthalten sind, nicht zu einer Minderung des Börsenpreises der Wertpapiere beigetragen hat,
3. der Erwerber die Unrichtigkeit der Angaben des Wertpapier-Informationsblatts oder die Irreführung durch diese Angaben bei dem Erwerb kannte oder
4. vor dem Abschluss des Erwerbsgeschäfts im Rahmen des Jahresabschlusses oder Zwischenberichts des Emittenten, im Rahmen einer Veröffentlichung nach Artikel 17 der Verordnung (EU) Nr. 596/2014 des Europäischen Parlaments und des Rates vom 16. April 2014 über Marktmissbrauch (Marktmissbrauchsverordnung) und zur Aufhebung der Richtlinie 2003/6/EG des Europäischen Parlaments und des Rates und der Richtlinien 2003/124/EG, 2003/125/EG und 2004/72/EG der Kommission (ABl. L 173 vom 12.6.2014, S. 1; L 287 vom 21.10.2016, S. 320; L 306 vom 15.11.2016, S. 43; L 348 vom 21.12.2016, S. 83), die zuletzt durch die Verordnung (EU) 2016/1033 (ABl. L 175 vom 30.6.2016, S. 1) geändert worden ist, in der jeweils geltenden Fassung oder einer vergleichbaren Bekanntmachung eine deutlich gestaltete Berichtigung der unrichtigen oder irreführenden Angaben im Inland veröffentlicht wurde.

Übersicht

	Rn.		Rn.
I. Einleitung	1	III. Haftungsausschluss (§ 13 Abs. 2)	10
II. Verschulden (§ 13 Abs. 1)	4	1. Nachweis fehlender haftungsbegründender Kausalität (Abs. 2 Nr. 1)	10
1. Allgemeines	4	2. Nachweis fehlender haftungsausfüllender Kausalität, Abs. 2 Nr. 2	12
2. Emittent	5	3. Mitverschulden (Abs. 2 Nr. 3)	13
3. Emissionsbanken und Intermediäre	6	4. Berichtigung (Abs. 2 Nr. 4)	14
4. Veranlasser	9	IV. Beweislast	18

I. Einleitung

1 Ebenso wie bei § 12 handelt es sich bei § 13 um eine **haftungsausschließende Norm**. Die Haftung für ein fehlerhaftes Wertpapier-Informationsblatt kann entweder aus subjektiven (fehlendes Verschulden, § 13 Abs. 1) oder objektiven Gründen (insbes. fehlende Kausalität, § 13 Abs. 2) ausgeschlossen sein. Die Vorschrift wurde als § 23a a. F. mit dem Gesetz zur Ausübung von Optionen der EU-Prospektverordnung und zur Anpassung weiterer Finanzmarktgesetze[1] in das WpPG aufgenommen und durch das Gesetz zur weiteren Ausführung der EU-Prospektverordnung und zur Änderung von Finanzmarktgesetzen[2] zu § 13.

2 Da die Norm inhaltlich stark an die Regelungen zum Haftungsausschluss bei fehlerhaftem Prospekt angelehnt ist, kann weitestgehend auf die Ausführungen zu § 12 verwiesen werden, der wiederum auf den im Zuge des Dritten Finanzmarktförderungsgesetzes geschaffenen § 46 BörsG a. F.[3] zurückgeht. Im Unterschied zu § 12 tritt, wie im Rahmen von § 11, die Irreführung an die Stelle der Unvollständigkeit (siehe → § 11 Rn. 6). § 12 Abs. 2 Nr. 5 findet in § 13 keine Entsprechung, da ein Wertpapier-Informationsblatts keine Zusammenfassung und keine Übersetzung im dort bezeichneten Sinne enthält.[4]

3 Dabei entlastet der Einwand mangelnden Verschuldens (Abs. 1) individuell nur denjenigen, der sich (erfolgreich) auf ihn beruft. Hingegen schließen die Einwendungen nach Abs. 2 eine Haftung der entsprechenden Adressaten aus.[5]

II. Verschulden (§ 13 Abs. 1)

1. Allgemeines

4 Ebenso wie die Prospekthaftung ist die Haftung bei fehlerhaftem Wertpapier-Informationsblatt eine **Verschuldenshaftung**. Nach § 13 Abs. 1 haftet nicht, wer nachweisen kann, dass er die Unrichtigkeit der Angaben des Wertpapier-Informationsblatts oder die Irreführung durch diese Angaben nicht gekannt hat und dass die Unkenntnis nicht auf grober Fahrlässigkeit beruht (zu den Begriffen Vorsatz und grobe Fahrlässigkeit siehe ausführlich → § 12 Rn. 5 ff.).

2. Emittent

5 Wie auch im Rahmen der Prospekthaftung ist der Emittent zugleich Gegenstand der Erläuterungen im Wertpapier-Informationsblatt und primärer Informationsschuldner, an den im Hinblick auf den Entlastungsbeweis nach § 13 Abs. 1 **besonders hohe Anforderungen** zu stellen sind. Er ist am besten in der Lage, die emissionsbezogenen Risiken zu beurteilen, weswegen ihm der Entlastungsbeweis nach § 13 Abs. 1 zwar theoretisch zur Verfü-

---

1 BGBl. I 2018, S. 1102 ff.
2 BGBl. I 2019, S. 1002 ff.
3 RegE 3. FMFG, BT-Drucks. 13/8933, S. 7, 80.
4 Vgl. Begr. RegE, BT-Drucks. 19/2435, S. 47; *Assmann*, in: Assmann/Schlitt/von Kopp-Colomb, Prospektrecht Kommentar, § 13 WpPG Rn. 2.
5 *Pankoke*, in: Just/Ritz/Voß/Zeising, WpPG, 2009, § 45 BörsG Rn. 1.

gung steht, tatsächlich aber kaum Fälle denkbar sind, in denen einem Emittenten der Nachweis fehlenden Verschuldens tatsächlich gelingen dürfte. Es ist insofern kein Grund ersichtlich, an den Sorgfaltsmaßstab für den Emittenten andere Maßstäbe anzulegen als im Rahmen der Prospekthaftung (siehe → § 12 Rn. 11 f.).

3. Emissionsbanken und Intermediäre

Ebenso ungeklärt wie die Frage, unter welchen Voraussetzungen Emissionsbanken oder Intermediäre als Anbieter im Sinne von § 11 Abs. 1 anzusehen sind (siehe → § 11 Rn. 11 f.), ist, welcher Sorgfaltsmaßstab insofern im Rahmen der Enthaftung nach § 13 Abs. 1 gelten soll. Im Rahmen der Prospekthaftung ist anerkannt, dass Emissionsbanken **nur gestufte Prüfungs-, Kontroll- und Nachforschungspflichten** in Bezug auf die den Prospektangaben zugrunde liegenden Informationen treffen, da sie auf die Zulieferung der entsprechenden Informationen durch Dritte, insbesondere den Emittenten selbst, angewiesen sind. Eine gesteigerte Prüfungs- und Nachforschungspflicht ist nur dann anzunehmen, wenn konkrete Anhaltspunkte für die Unrichtigkeit oder Unvollständigkeit der den Emissionsbanken vorliegenden Informationen bestehen (siehe → § 12 Rn. 13 ff.).[6]   6

Ob sich Banken und Intermediäre angesichts der ungeklärten Haftungsrisiken zukünftig auch bei Wertpapieremissionen mit Wertpapier-Informationsblatt zur Durchführung einer im Rahmen von prospektpflichtigen Aktienemissionen üblichen umfangreichen Due-Diligence-Prüfung[7] entscheiden, erscheint jedoch zweifelhaft. Zum einen enthält ein Wertpapier-Informationsblatt deutlich weniger verifizierungsbedürftige Informationen als ein Prospekt. Weiter bleibt anzunehmen, dass die Durchführung einer **Due Diligence** zu erheblichen Mehrkosten führen würde, sodass Wertpapieremissionen mit Wertpapier-Informationsblatt für Emittenten deutlich an Attraktivität verlieren dürften.[8] Dies würde dem Ziel der Kapitalmarktunion, den Zugang von Unternehmen zu kapitalmarktbasierten Finanzierungen zu erleichtern, indem erst für Angebote ab 8 Millionen EUR ein Prospekt verlangt wird,[9] widersprechen.   7

Der Verschuldensvorwurf setzt jedoch, ebenso wie dessen Widerlegung, einen dogmatischen Anknüpfungspunkt voraus. Die Angaben im Wertpapier-Informationsblatt sind daher von den Beteiligten zumindest auf ihre **Plausibilität** und Widerspruchsfreiheit hin zu prüfen. Denkbar scheint hier beispielsweise die Befragung des Emittenten, der Abgleich mit öffentlich verfügbaren Quellen sowie den Jahres- und/oder Konzernabschlüssen des Emittenten.   8

---

6 Begr. RegE 3. FMFG, BT-Drucks. 13/8933, S. 80; *Groß*, Kapitalmarktrecht, § 9 WpPG Rn. 101; *Mülbert/Steup*, in: Habersack/Mülbert/Schlitt, Unternehmensfinanzierung, § 41 Rn. 113; *Assmann/Kumpan*, in: Assmann/Schütze/Buck-Heeb, Handbuch des Kapitalanlagerechts, § 5 Rn. 189; *Singhof*, in: MünchKomm-HGB, Bd. 6, Emissionsgeschäft, Rn. 294.
7 Siehe hierzu etwa *Nägele*, in: Habersack/Mülbert/Schlitt, Unternehmensfinanzierung, § 33 Rn. 1 f.; *Singhof*, in: MünchKomm-HGB, Bd. 6, Emissionsgeschäft, Rn. 146.
8 So auch *Schulz*, NZG 2018, 921, 925 f.
9 Begr. RegE, BT-Drucks. 19/2435, S. 3.

4. Veranlasser

9 Die **Sorgfaltsanforderungen** an sog. Veranlasser laufen grundsätzlich mit denen für den Emittenten gleich. Es ist jedoch letztlich im Einzelfall zu beurteilen, ob etwa ein (Groß-)-Aktionär, sofern dieser als Veranlasser zu qualifizieren ist, über die zur Feststellung der Unrichtigkeit oder Unvollständigkeit des Prospekts notwendigen Informationen selbst verfügt oder sich diese Informationen hätte beschaffen können (siehe → § 12 Rn. 25 f.).

III. Haftungsausschluss (§ 13 Abs. 2)

1. Nachweis fehlender haftungsbegründender Kausalität (Abs. 2 Nr. 1)

10 Ein Haftungsanspruch ist nach § 13 Abs. 2 Nr. 1 ausgeschlossen, wenn der Prospekt für die Erwerbsentscheidung nicht kausal war (Fehlen der sog. haftungsbegründenden Kausalität). Wie auch im Rahmen von § 12 Abs. 2 Nr. 1 ist der Haftungsausschluss nur einschlägig, wenn das Wertpapier-Informationsblatt **in keiner Weise zum Erwerb** der Wertpapiere **beigetragen** hat. Bereits eine Kausalität in Form einer Mitursächlichkeit, ohne dass es auf die tatsächliche Lektüre des Wertpapier-Informationsblatts durch den jeweiligen Anleger ankäme, reicht aus, um den Einwand fehlender haftungsbegründender Kausalität zu entkräften.[10]

11 Dabei ist davon auszugehen, dass die zur Prospekthaftung entwickelten Grundsätze zur Widerlegung der gesetzlichen Kausalitätsvermutung auch im Rahmen von § 13 Abs. 2 Nr. 1 Geltung beanspruchen, denn der Gesetzgeber hat sich bei der Schaffung von § 13 Abs. 2 Nr. 1 ausdrücklich an § 12 Abs. 2 Nr. 1 orientiert,[11] der wiederum auf § 46 Abs. 2 Nr. 1 BörsG a. F. zurückgeht.[12] Dementsprechend muss für den Nachweis fehlender haftungsbegründender Kausalität im Rahmen von § 13 Abs. 2 Nr. 1 **im Einzelfall** dargelegt werden, dass kein mittelbarer Einfluss des Wertpapier-Informationsblatts auf die Anlageentscheidung bestand (vgl. ausführlich, auch zur jüngsten Rechtsprechung des XI. Zivilsenats → § 12 Rn. 31).

2. Nachweis fehlender haftungsausfüllender Kausalität, Abs. 2 Nr. 2

12 Ein Anspruch ist weiterhin dann ausgeschlossen, wenn der Sachverhalt, über den unrichtige oder irreführende Angaben im Wertpapier-Informationsblatt enthalten sind, nicht zu einer Minderung des Börsenpreises der Wertpapiere beigetragen hat. Der Entlastungsbeweis gelingt jedoch nur dann, sofern **ausschließlich andere Umstände** für den Wertverlust ursächlich waren. Für eine Haftung ausreichend ist daher bereits eine bloße Mitursächlichkeit. Insofern kann auf die Ausführungen zu § 12 Abs. 2 Nr. 2 verwiesen werden (siehe → § 12 Rn. 32 f.).[13]

---

10 Vgl. insofern zur Prospekthaftung etwa *Groß*, Kapitalmarktrecht, § 9 WpPG Rn. 89; *Heidelbach*, in: Schwark/Zimmer, KMRK, § 12 WpPG Rn. 14.
11 Begr. RegE, BT-Drucks. 19/2435, S. 47.
12 So auch *Prescher*, in: Schwark/Zimmer, KMRK, § 13 WpPG Rn. 8; vgl. insofern RegE 3. FMFG, BT-Drucks. 13/8933, S. 80.
13 *Prescher*, in: Schwark/Zimmer, KMRK, § 13 WpPG Rn. 9. Vgl. zur Parallelvorschrift § 12 Abs. 2 Nr. 2 *Mülbert/Steup*, in: Habersack/Mülbert/Schlitt, Unternehmensfinanzierung, § 41 Rn. 10;

3. Mitverschulden (Abs. 2 Nr. 3)

Nach § 13 Abs. 2 Nr. 3 ist die Haftung ausgeschlossen, wenn der Anspruchsteller die Unrichtigkeit der Angaben des Wertpapier-Informationsblatts oder die Irreführung durch diese Angaben im Zeitpunkt des Erwerbs **positiv kannte**. Ebenso wie § 12 Abs. 2 Nr. 3 handelt es sich um eine abschließende Sonderregelung für die Berücksichtigung eines Mitverschuldens auf Seiten des Anlegers (siehe → § 12 Rn. 37).[14]

4. Berichtigung (Abs. 2 Nr. 4)

Weiterhin besteht eine Haftung nach § 11 auch dann nicht, wenn vor dem Erwerbsgeschäft eine Berichtigung der fehlerhaften oder irreführenden Angaben veröffentlicht wurde. Die Berichtigung nach § 13 Abs. 2 Nr. 4 stellt ebenso wie § 12 Abs. 2 Nr. 4 eine **freiwillige Berichtigungsmöglichkeit** zur Haftungsvermeidung dar und ist von der Pflicht zur Aktualisierung des Wertpapier-Informationsblatts gemäß § 4 Abs. 8 zu trennen. Aktualisierung und freiwillige Berichtigung schließen sich nicht gegenseitig aus, sodass das Recht zur Veröffentlichung einer Berichtigung unabhängig von der Aktualisierungspflicht besteht.

Gegenstand einer Berichtigung können sowohl Angaben sein, die im Zeitpunkt der Veröffentlichung des Wertpapier-Informationsblatts bereits fehlerhaft waren, als auch solche, die bis zum Ende des öffentlichen Angebots aufgrund geänderter Umstände fehlerhaft wurden.[15] Die Berichtigung muss in besonderer Form, also entweder im Rahmen des Jahresabschlusses, eines Zwischenberichts,[16] einer Ad-hoc-Mitteilung gemäß Art. 17 MarktmissbrauchsVO oder einer Veröffentlichung erfolgen, die ein vergleichbares Veröffentlichungsniveau aufweist.[17] Auch die Veröffentlichung eines aktualisierten Wertpapier-Informationsblatts gemäß § 4 Abs. 8 dürfte in Betracht kommen.[18]

§ 13 Abs. 2 Nr. 4 verlangt zudem eine **deutliche Gestaltung** der Berichtigung, die einem verständigen Leser verdeutlichen muss, dass in der Berichtigung vom Wertpapier-Informationsblatt abweichende Angaben enthalten sind. Nicht erforderlich ist, dass die Berichtigung ausdrücklich darauf hinweist, dass das Wertpapier-Informationsblatts unrichtig oder irreführend ist (siehe auch → § 12 Rn. 43). Ist die Berichtigung fehlerhaft, löst dies keine gesonderten Ansprüche nach § 11 aus, da die Berichtigung ihrerseits kein Bestandteil des Wertpapier-Informationsblatts ist. Maßgeblich ist, ob dieses auch mit der Berichtigung weiterhin fehlerhaft ist.[19]

Wackerbarth, in: Holzborn, WpPG, § 23 Rn. 87; *Assmann*, in: Assmann/Schlitt/von Kopp-Colomb, Prospektrecht Kommentar, § 11 WpPG Rn. 28.
14 *Poelzig*, BKR 2018, 357, 362; *Prescher*, in: Schwark/Zimmer, KMRK, § 13 WpPG Rn. 12; *Assmann*, in: Assmann/Schlitt/von Kopp-Colomb, Prospektrecht Kommentar, § 11 WpPG Rn. 31 f.
15 Vgl. *Mülbert/Steup*, in: Habersack/Mülbert/Schlitt, Unternehmensfinanzierung, § 41 Rn. 139 zu § 12 Abs. 2 Nr. 4.
16 Hierzu zählen jedenfalls Halbjahresfinanzberichte nach § 115 WpHG und Quartalsmitteilungen für Prime-Standard-Emittenten nach § 53 BörsO FWB.
17 So auch *Mülbert/Steup*, in: Habersack/Mülbert/Schlitt, Unternehmensfinanzierung, § 41 Rn. 147 zu § 12 Abs. 2 Nr. 4.
18 *Prescher*, in: Schwark/Zimmer, KMRK, § 13 WpPG Rn. 14.
19 Vgl. *Groß*, Kapitalmarktrecht, § 12 WpPG Rn. 9 zu § 12 Abs. 2 Nr. 4.

17 Die Haftungsbeschränkung tritt unmittelbar **mit Veröffentlichung** der Berichtigung des Wertpapier-Informationsblatts ein, ohne dass der Anleger von der Berichtigung positive Kenntnis haben muss. Der Gesetzgeber sah dies zum einen aus Gründen der Rechtssicherheit für geboten an,[20] zum anderen ist dies auch deshalb gerechtfertigt, weil die Berichtigung, wenn sie von wirtschaftlicher Bedeutung ist, eine Marktreaktion in Form einer Preisanpassung auslösen sollte, die den Erwerber so stellt, als ob das Wertpapier-Informationsblatt von vornherein nicht fehlerhaft gewesen wäre.[21] Die Berichtigung wirkt ex nunc, weswegen bereits entstandene Schadensersatzansprüche nicht rückwirkend ausgeschlossen werden (siehe → § 12 Rn. 44).[22]

IV. Beweislast

18 Zwar stellt die Regierungsbegründung nur für § 13 Abs. 2 (§ 23a Abs. 2 a. F.) explizit klar, dass hinsichtlich der **Beweislastverteilung** das gleiche Regelungsprinzip wie im Rahmen von § 12 Abs. 2 (§ 23 Abs. 2 a. F.) vorgesehen ist,[23] doch auch mit Blick auf den an § 12 Abs. 1 angelehnten Haftungsausschluss nach Abs. 1 geht aus dem Wortlaut der Norm („[…] kann nicht in Anspruch genommen werden, wer nachweist, dass […]") klar hervor, dass die Darlegungs- und Beweislast für fehlendes Verschulden beim Anspruchsgegner liegt.[24] Diese Verschuldensvermutung beruht auf der Annahme, dass die zur Beurteilung maßgeblichen Informationen allein in der Sphäre der Anspruchsgegner liegen und deshalb der Verschuldensnachweis für den Anleger praktisch kaum möglich ist.[25] Gemäß § 425 Abs. 2 BGB hat die Einrede des fehlenden Verschuldens bei mehreren Haftungsverpflichteten nur Wirkung für und gegen den Gesamtschuldner, der die Einrede geltend macht (Einzelwirkung; siehe zur Beweislast im Rahmen der Prospekthaftung eingehend → § 12 Rn. 4, 48).[26]

---

20 Vgl. BT-Drucks. 13/8933, S. 80 zur entsprechenden Regelung des § 46 BörsG a. F.
21 Vgl. Begr. RegE 3. FMFG, BT-Drucks. 13/8933, S. 80 f. zur Genese der Vorgängernorm (§ 46 Abs. 2 Nr. 4 BörsG a. F.) von § 12 Abs. 2 Nr. 4.
22 Vgl. auch *Prescher*, in: Schwark/Zimmer, KMRK, § 13 WpPG Rn. 16.
23 Begr. RegE, BT-Drucks. 19/2435, S. 47.
24 *Prescher*, in: Schwark/Zimmer, KMRK, § 13 WpPG Rn. 5.
25 Siehe auch zur Prospekthaftung Begr. RegE 3. FMFG, BT-Drucks. 13/8933, S. 80; *Heidelbach*, in: Schwark/Zimmer, KMRK, § 12 WpPG Rn. 12; *Müller*, § 23 WpPG Rn. 3.
26 *Groß*, Kapitalmarktrecht, § 9 WpPG Rn. 94

§ 14 WpPG
Haftung bei fehlendem Prospekt

(1) Ist ein Prospekt entgegen Artikel 3 Absatz 1 der Verordnung (EU) 2017/1129 nicht veröffentlicht worden, kann der Erwerber von Wertpapieren von dem Emittenten und dem Anbieter als Gesamtschuldnern die Übernahme der Wertpapiere gegen Erstattung des Erwerbspreises, soweit dieser den ersten Erwerbspreis nicht überschreitet, und der mit dem Erwerb verbundenen üblichen Kosten verlangen, sofern das Erwerbsgeschäft vor Veröffentlichung eines Prospekts und innerhalb von sechs Monaten nach dem ersten öffentlichen Angebot im Inland abgeschlossen wurde. Auf den Erwerb von Wertpapieren desselben Emittenten, die von den in Satz 1 genannten Wertpapieren nicht nach Ausstattungsmerkmalen oder in sonstiger Weise unterschieden werden können, ist Satz 1 entsprechend anzuwenden.

(2) Ist der Erwerber nicht mehr Inhaber der Wertpapiere, so kann er die Zahlung des Unterschiedsbetrags zwischen dem Erwerbspreis und dem Veräußerungspreis der Wertpapiere sowie der mit dem Erwerb und der Veräußerung verbundenen üblichen Kosten verlangen. Absatz 1 Satz 1 gilt entsprechend.

(3) Werden Wertpapiere eines Emittenten mit Sitz im Ausland auch im Ausland öffentlich angeboten, besteht ein Anspruch nach Absatz 1 oder Absatz 2 nur, sofern die Wertpapiere auf Grund eines im Inland abgeschlossenen Geschäfts oder einer ganz oder teilweise im Inland erbrachten Wertpapierdienstleistung erworben wurden.

(4) Der Anspruch nach den Absätzen 1 bis 3 besteht nicht, sofern der Erwerber die Pflicht, einen Prospekt zu veröffentlichen, beim Erwerb kannte.

Übersicht

	Rn.		Rn.
I. Normentwicklung und dogmatische Einordnung	1	4. Weitere Anspruchsvoraussetzungen	16
		5. Haftungsadressaten	17
II. Anspruchsvoraussetzungen	6	III. Rechtsfolge und Verjährung	18
1. Anwendungsbereich	6	1. Anspruchsinhalt	18
2. Kausalität	12	2. Verjährung	19
3. Verschulden	14		

I. Normentwicklung und dogmatische Einordnung

§ 14 ordnet eine **Haftung für fehlende Prospekte** an. Im Hinblick auf Prospekte, die keine Börsenzulassungsprospekte sind (vgl. → § 10 Rn. 1), entspricht die Regelung im Wesentlichen § 24 a. F. bzw. § 13a VerkProspG a. F.[1]   1

---

1 *Groß*, Kapitalmarktrecht, § 14 WpPG Rn. 1.

2 Erstmals hat der Gesetzgeber die eigenständige Haftung bei fehlendem Prospekt durch das Anlegerschutzverbesserungsgesetz (AnSVG)[2] zum 1.7.2005 in das damalige VerkProspG aufgenommen. Bis zu diesem Zeitpunkt konnte das Fehlen eines Prospekts zwar aufsichtsrechtliche und ordnungswidrigkeitsrechtliche Folgen nach sich ziehen, ein Schadensersatzanspruch der Anleger aufgrund dieses Umstands war aber kaum zu begründen und durchzusetzen.[3] Diesen Missstand wollte der Gesetzgeber beseitigen.[4]

3 Die **dogmatische Einordnung** der Bestimmung ist umstritten. In der Literatur wird die Ansicht vertreten, dass § 14 als privatrechtliche Sanktion eines Verfahrensverstoßes zu verstehen sei, wenn entgegen Art. 3 Abs. 1 ProspektVO kein Prospekt veröffentlicht wurde.[5] Haftungsgrund ist nach dieser Ansicht der **Verfahrensverstoß** selbst, d.h. die prospektfreie Unterbreitung eines öffentlichen Angebots. Das Informationsdefizit, welches durch die unterlassene Veröffentlichung entsteht, ist dann unerheblich.[6] In der Konsequenz fordert diese Ansicht auch keine haftungsbegründende Kausalität zwischen dem fehlenden Prospekt und der Anlageentscheidung.[7]

4 Überzeugender ist jedoch eine Einordnung von § 14 als **Unterfall der Vertrauenshaftung**.[8] Sollte lediglich der Verfahrensverstoß sanktioniert werden, wäre die Rechtsfolge unangemessen, denn das Billigungsverfahren wird nicht im Interesse des Anlegers, sondern im öffentlichen Interesse durchgeführt. Zudem leuchtet nicht ein, weshalb der Anleger die Wertpapiere zurückgeben können soll, wenn Emittent und Anbieter öffentlichrechtliche Pflichten nicht erfüllen. Weiterhin erschiene in diesem Fall auch die Ausnahme in § 14 Abs. 4 systemwidrig, die eine Haftung ausschließt, wenn der Anleger von dem Mangel wusste, also kein Vertrauen in das ordnungsgemäße Verfahren hatte.[9] Schwerpunkt der Haftung bildet also das Anbieten der Wertpapiere und das damit einhergehende Vertrauen der Anleger, nicht hingegen das Unterlassen einer Prospektveröffentlichung.[10]

---

2 Gesetz zur Verbesserung des Anlegerschutzes (Anlegerschutzverbesserungsgesetz – AnSVG) vom 28.10.2004, BGBl. I 2004, S. 2630.
3 Vgl. auch Begr. RegE AnSVG, BT-Drucks. 15/3174, S. 44; siehe auch *Fleischer*, BKR 2004, 339, 345; diesbezüglich auf den grauen Kapitalmarkt hinweisend etwa *Groß*, Kapitalmarktrecht, § 24 WpPG Rn. 2.
4 *Assmann*, in: Assmann/Schlitt/von Kopp-Colomb, Prospektrecht Kommentar, § 14 WpPG Rn. 1 m.w.N. Zur unterschiedlichen Sichtweise betreffend den Haftungsgrund für fehlende Prospekte *Klöhn*, DB 2012, 1854, 1854 ff.
5 So *Rosa*, Prospektpflicht und Prospekthaftung für geschlossene Fonds, 2009, S. 178; *Klöhn*, DB 2012, 1854, 1855.
6 Eingehend dazu *Klöhn*, DB 2012, 1854, 1855 ff.; *Klöhn*, FS Hoffmann-Becking, 2013, S. 679, 691 f.; zustimmend *Nobbe*, WM 2013, 193, 193 f.; *Bongertz*, BB 2012, 470, 474; *Denninger*, Grenzüberschreitende Prospekthaftung und Internationales Privatrecht, S. 78; *Wackerbarth*, in: Holzborn, WpPG, § 24 Rn. 4.
7 *Fleischer*, BKR 2004, 339, 346 f.; *Benecke*, BB 2006, 2597, 2599; *Denninger*, Grenzüberschreitende Prospekthaftung und Internationales Privatrecht, S. 78; *Klöhn*, DB 2012, 1854, 1855.
8 Vgl. auch *Mülbert/Steup*, in: Habersack/Mülbert/Schlitt, Unternehmensfinanzierung, § 41 Rn. 61 f.; *Wackerbarth*, in: Holzborn, WpPG, § 24 Rn. 2.
9 *Wackerbarth*, in: Holzborn, WpPG, § 24 Rn. 2.
10 So aber *Rosa*, Prospektpflichten und Prospekthaftung für geschlossene Fonds, 2009, S. 180; *Bongertz*, BB 2012, 470, 474; zutreffend **dagegen** *Wackerbarth*, in: Holzborn, WpPG, § 24 Rn. 2 f.; *Denninger*, Grenzüberschreitende Prospekthaftung und Internationales Privatrecht, S. 78.

Eine Haftung nach § 14 berührt die **Wirksamkeit des Kaufvertrags** nicht.[11] Insbesondere ist das Erwerbsgeschäft nicht nach § 134 BGB wegen eines Gesetzesverstoßes unwirksam und nach bereicherungsrechtlichen Grundsätzen rückabzuwickeln. Dadurch wird es dem Anleger ermöglicht, trotz Pflichtverletzung des Prospektpflichtigen an dem Geschäft festzuhalten. Eine *ex lege* angeordnete Unwirksamkeit des Kaufvertrags könnte für die Anleger durchaus von Nachteil sein, etwa wenn die erworbenen Anteile mittlerweile in ihrem Wert gestiegen sind. Es bleibt somit der **Entscheidung des Anlegers** überlassen, ob er von der von § 14 eingeräumten Rückabwicklungsmöglichkeit Gebrauch macht oder nicht.

5

II. Anspruchsvoraussetzungen

1. Anwendungsbereich

Eine Haftung nach § 14 Abs. 1 Satz 1 setzt voraus, dass trotz Bestehens einer Prospektpflicht nach Art. 3 Abs. 1 ProspektVO ein **Prospekt** vor Beginn des öffentlichen Angebots **nicht veröffentlicht** wurde. Dies ist nicht nur dann der Fall, wenn die Erstellung des Prospekts ganz unterblieben ist, sondern auch dann, wenn ein Prospekt zwar erstellt und gebilligt, aber nicht veröffentlicht wurde.[12] Gleiches gilt bei der Veröffentlichung eines nicht gebilligten oder eines gebilligten, aber nicht mehr gültigen Angebotsprospekts (vgl. → § 9 Rn. 7),[13] unabhängig davon, ob dieser hätte gebilligt werden können, weil er die gesetzlichen Voraussetzungen erfüllt.[14] Zu weitgehend erscheint es allerdings, die Anwendbarkeit von § 14 in Fällen zu verneinen, in denen ein **Dokument** vorliegt, das inhaltlich einem Prospekt entspricht, aber **nicht von der BaFin gebilligt** wurde.[15]

6

Soweit § 14 nur eine Haftung des Anbieters und Emittenten kennt, jedoch keine § 9 Abs. 1 vergleichbare Haftung sonstiger Verantwortlicher, ist der Anwendungsbereich der Norm im Wege einer teleologischen Extension auch auf Prospektverantwortliche i. S. v. § 9 Abs. 1 auszudehnen.[16]

7

Dagegen löst eine **lediglich fehlerhafte Veröffentlichung** eines gebilligten Prospekts keine Haftung nach § 14 aus. Dies ergibt sich bereits aus den vorstehenden Ausführungen, insbesondere als logische Konsequenz der Qualifikation als Vertrauenshaftung.[17] Eben-

8

---

11 Unstr. *Pankoke*, in: Just/Voß/Ritz/Zeising, WpPG, 2009, § 13a VerkProspG Rn. 2; vgl. *Heidelbach*, in: Schwark/Zimmer, KMRK, § 16 WpPG Rn. 8; *Poelzig*, in: Assmann/Schlitt/von Kopp-Colomb, Prospektrecht Kommentar, Art. 3 ProspektVO Rn. 41.
12 *Assmann*, in: Assmann/Schütze/Buck-Heeb, Handbuch des Kapitalanlagerechts, § 5 Rn. 217.
13 OLG München, 2.11.2011 – 20 U 2289/11, ohne nähere Begründung in der Sache; dazu auch *Klöhn*, DB 2012, 1854, 1854, und *Bongertz*, BB 2012, 470, 470. Ferner *Barta*, NZG 2005, 305, 308; *Pankoke*, in: Just/Voß/Ritz/Zeising, WpPG, 2009, § 13a VerkProspG Rn. 6f.; *Bongertz*, BB 2012, 470, 473.
14 *Barta*, NZG 2005, 305, 308; *Pankoke*, in: Just/Voß/Ritz/Zeising, WpPG, 2009, § 13a VerkProspG Rn. 6; *Klöhn*, DB 2012, 1854, 1858; a. A. *Fleischer*, WM 2004, 1897, 1902 f.; *Mülbert/Steup*, in: Habersack/Mülbert/Schlitt, Unternehmensfinanzierung, § 41 Rn. 58; *Panetta/Zessel*, NJOZ 2010, 418, 419 f.
15 So aber *Mülbert/Steup*, in: Habersack/Mülbert/Schlitt, Unternehmensfinanzierung, § 41 Rn. 58.
16 *Groß*, Kapitalmarktrecht, § 14 WpPG Rn. 1; *Mülbert/Steup*, in: Habersack/Mülbert/Schlitt, Unternehmensfinanzierung, § 41 Rn. 84.
17 Dazu auch *Assmann*, in: Assmann/Schlitt/von Kopp-Colomb, Prospektrecht Kommentar, § 14 WpPG Rn. 7; im Grundsatz ebenso, aber mit dem Vorbehalt der Haftung für einen fehlenden

falls nicht nach § 14 haftet, wer ein fehlerhaftes, prospektersetzendes Dokument nach Art. 1 Abs. 4 lit. f bis i, Abs. 5 lit. e bis h ProspektVO veröffentlicht (siehe auch → § 9 Rn. 8).

9 Nicht Gegenstand einer Haftung nach § 14 sind entgegen Art. 23 Abs. 1 ProspektVO **unterlassene Nachträge** zum Prospekt. Ein Nachtrag ist gem. Art. 23 Abs. 1 ProspektVO nur dann erforderlich, wenn nach der Billigung des Prospekts wichtige neue Umstände auftreten oder eine wesentliche Unrichtigkeit in Bezug auf die im Prospekt enthaltenen Angaben festgestellt werden. In einem solchen Falle stehen den Anlegern aber wegen der aus dem Unterlassen des Nachtrags resultierenden Unrichtigkeit oder Unvollständigkeit des Prospekts **Ansprüche aus den §§ 9, 10** zu. Diese gehen dem Anspruch gem. § 14 vor.[18]

10 Eine Regelung für das **Fehlen eines „Börsenzulassungsprospekts"** fehlt zu Recht mangels praktischer Anwendungsfälle. Sollen Wertpapiere zum Handel an einer inländischen Börse zugelassen werden, setzt dies nach § 32 Abs. 3 Nr. 2 BörsG zwingend einen gebilligten Prospekt voraus, andernfalls wird die Zulassung versagt. Eine **Zulassung** zum Handel an der Börse ohne eine vorherige Veröffentlichung eines Prospekts ist daher grundsätzlich **nicht denkbar**, zumal der Börse im Rahmen des Zulassungsverfahrens eine Kopie des gebilligten Prospekts zuzuleiten ist. Der Anwendungsbereich des § 14 bleibt damit auf solche Prospekte beschränkt, die keine Börsenzulassungsprospekte sind.[19]

11 Wie allerdings damit umgegangen werden muss, wenn die Geschäftsführung der Börse im Rahmen des Zulassungsverfahrens **irrig** einen tatsächlich **nicht gegebenen Befreiungstatbestand** annimmt, ist unklar.[20] Eine Anwendung von § 14 in diesem Fall scheint vor dem Hintergrund des Wortlauts der Vorschrift sowie der zitierten Regierungsbegründung zum Gesetz zur Novellierung des Finanzanlagevermittler- und Vermögensanlagerechts nicht angemessen. Soweit die Zulassung auf der Grundlage eines prospektbefreienden Dokuments erfolgt, ist eine Haftung nach § 9 Abs. 4 zu prüfen. Sofern in den Fällen des § 4 Abs. 2 Nr. 1, 2 und 7 die Wertpapiere ohne Veröffentlichung eines Prospekts zugelassen wurden, ist eine Prospekthaftung nach § 14 abzulehnen. Ein Fehler der Börse kann keine Prospekthaftung der Beteiligten für einen fehlenden Prospekt auslösen.[21]

2. Kausalität

12 § 14 setzt nach zutreffender Ansicht eine **Kausalbeziehung** zwischen der Pflichtverletzung und der Anlageentscheidung voraus.[22] Unmittelbar aus dem Wortlaut ergibt sich dies

---

Prospekt, wenn der Veröffentlichungsfehler so schwer wiege wie die vollständig unterbliebene Veröffentlichung *Klöhn*, DB 2012, 1854, 1858 f.; *Mülbert/Steup*, in: Habersack/Mülbert/Schlitt, Unternehmensfinanzierung, § 41 Rn. 62 f.

18 *Assmann/Kumpan*, in: Assmann/Schütze/Buck-Heeb, Handbuch des Kapitalanlagerechts, § 5 Rn. 218.

19 Begr. RegE des Gesetzes zur Novellierung des Finanzanlagevermittler- und Vermögensanlagerechts, BT-Drucks. 17/6051, S. 46; *Assmann/Kumpan*, in: Assmann/Schütze/Buck-Heeb, Handbuch des Kapitalanlagerechts, § 5 Rn. 215; abweichend *Leuering*, NJW 2012, 1905, 1907.

20 Vgl. *Groß*, Kapitalmarktrecht, § 14 WpPG Rn. 1; *Leuering*, NJW 2012, 1905, 1907.

21 *Groß*, Kapitalmarktrecht, § 14 WpPG Rn. 1.

22 *Mülbert/Steup*, in: Habersack/Mülbert/Schlitt, Unternehmensfinanzierung, § 41 Rn. 106; *Habersack*, in: Habersack/Mülbert/Schlitt, Kapitalmarktinformation, § 28 Rn. 66; *Assmann/Kumpan*,

zwar nicht. Für die Annahme eines Kausalitätserfordernisses spricht jedoch insbesondere, dass dem Haftungsadressaten nach § 14 Abs. 4 der haftungsausschließende Nachweis offensteht, der Anleger habe die Anlageentscheidung in Kenntnis der Pflicht zur Veröffentlichung eines Prospekts getätigt. Bei der Vorschrift handelt es sich damit um einen Fall des Nachweises mangelnder Kausalität der Pflichtverletzung.[23] Rechtspraktisch gibt es keinen Bedarf, dem Anleger unter Berufung auf eine Pflichtverletzung, die seine Anlageentscheidung nicht beeinflusst hat, die Möglichkeit einzuräumen, sich von seiner Anlage wieder zu trennen.[24] Es entspricht zudem einem allgemeinen schadensrechtlichen Prinzip, dass der Schädiger nicht für Schäden einzustehen hat, die auch bei pflichtgemäßem Handeln eingetreten wären.[25]

Die Pflichtverletzung ist für die Anlageentscheidung dann kausal, wenn der Anleger das entsprechende Wertpapier bei Veröffentlichung eines Prospekts nicht erworben hätte. Konsequenterweise ist jedoch eine **Beweislastumkehr** entsprechend § 12 Abs. 2 Nr. 1 zugunsten des Anlegers anzunehmen.[26] Eine Haftung des Prospektverantwortlichen scheidet demnach – wenn ein Haftungsausschluss nach § 14 Abs. 4 nicht in Betracht kommt – aus, wenn ihm der Nachweis gelingt, dass der Anleger das Wertpapier auch bei ordnungsgemäßer Prospektveröffentlichung erworben hätte.

13

3. Verschulden

§ 14 Abs. 1 Satz 1 enthält, anders als § 12 Abs. 1, kein ausdrückliches Verschuldenserfordernis. Für eine verschuldensunabhängige Haftung könnte sprechen, dass die im Referentenentwurf zum Anlegerschutzverbesserungsgesetz[27] noch ausdrücklich vorgesehene Haftungseinschränkung im weiteren Gesetzgebungsverfahren verworfen wurde. Ferner wird angeführt, dass ein **Verschuldenserfordernis** weder mit der Gesetzgebungsgeschichte[28] und der systematischen Stellung der Norm – hinter § 12 Abs. 1 – vereinbar sei noch zum Haftungsgrund der Vertrauenshaftung passe.[29]

14

---

in: Assmann/Schütze/Buck-Heeb, Handbuch des Kapitalanlagerechts, § 5 Rn. 226; *Assmann*, in: Assmann/Schlitt/von Kopp-Colomb, Prospektrecht Kommentar, § 14 WpPG Rn. 18; *Schäfer*, ZGR 2006, 40, 52; *Singhof*, in: MünchKomm-HGB, Bd. 6, Emissionsgeschäft Rn. 302; **a.A.** OLG München, 2.11.2011 – 20 U 2289/11, zitiert nach juris, Rn. 34; *Fleischer*, WM 2004, 1897, 1902; *Bohlken/Lange*, DB 2005, 1259, 1262; *Benecke*, BB 2006, 2597, 2600; *Pankoke*, in: Just/Voß/Ritz/Zeising, WpPG, 2009, § 13a VerkProspG Rn. 10; *Fleischer*, BKR 2004, 339, 346; *Wackerbarth*, in: Holzborn, WpPG, § 24 Rn. 7.
23 So auch *Mülbert/Steup*, in: Habersack/Mülbert/Schlitt, Unternehmensfinanzierung, § 41 Rn. 102.
24 *Mülbert/Steup*, in: Habersack/Mülbert/Schlitt, Unternehmensfinanzierung, § 41 Rn. 102 f.; *Assmann/Kumpan*, in: Assmann/Schütze/Buck-Heeb, Handbuch des Kapitalanlagerechts, § 5 Rn. 227; *Schäfer*, ZGR 2006, 40, 52; **a.A.** *Wackerbarth*, in: Holzborn, WpPG, § 24 Rn. 7, der darauf hinweist, dass der Gesetzgeber die Kausalität ganz bewusst ungeregelt gelassen habe.
25 Vgl. *Wagner*, in: Münch-Komm-BGB, § 823 BGB Rn. 71 m.w.N.
26 *Assmann*, in: Assmann/Schlitt/von Kopp-Colomb, Prospektrecht Kommentar, § 14 WpPG Rn. 18 m.w.N.
27 Abgedruckt in ZBB 2004, 168, 194.
28 Das noch im ersten Referentenentwurf zu § 13a VerkProspG a.F. enthaltene Verschuldenserfordernis wurde später gestrichen, vgl. *Benecke*, BB 2006, 2597, 2600; *Fleischer*, BKR 2004, 339, 346.
29 *Wackerbarth*, in: Holzborn, WpPG, § 24 Rn. 10.

15 Trotz dieser beachtenswerten Erwägungen ist im Ergebnis ein Verschuldenserfordernis anzunehmen.[30] In den Gesetzesmaterialien findet sich kein Hinweis auf die geplante Schaffung einer verschuldensunabhängigen Haftung.[31] Die andernfalls eintretende Haftungsverschärfung gegenüber der Haftung bei der Erstellung eines fehlerhaften Prospekts wäre systemwidrig und eine entsprechende Absicht des Gesetzgebers ist nicht erkennbar.[32] Ordnet man die Haftung aus § 14 als deliktische Haftung ein (zum Streitstand siehe → Vor §§ 8 ff. Rn. 18),[33] zeigt sich, dass eine verschuldensunabhängige Haftung schwer mit dem Zurechnungsprinzip der Gefährdungshaftung zu vereinbaren wäre. Die Gefährdungshaftung knüpft daran an, dass jemand eine Gefahrenquelle zum eigenen Vorteil unterhält und beherrscht. Ein fehlender Prospekt (bzw. ohne Veröffentlichung eines Prospekts in Umlauf gebrachte Wertpapiere) sind mit einer derartigen Gefahrenquelle nach zutreffender Ansicht nicht vergleichbar.[34] Nichts anderes gilt bei der – hier vertretenen – Einordnung als Vertrauenshaftung (siehe → Vor § 8 ff. Rn. 1). Ein **Gleichlauf der Haftungsvoraussetzungen** bei fehlendem und fehlerhaftem Prospekt erübrigt auch die in Einzelfällen durchaus schwierige Grenzziehung zwischen fehlendem und fehlerhaftem Prospekt.[35] Hinzu kommt, dass das Bestehen einer Prospektpflicht mit Unsicherheiten verbunden sein kann und die BaFin insoweit keine (verbindlichen) Unbedenklichkeitsbescheinigungen erteilt.[36]

4. Weitere Anspruchsvoraussetzungen

16 Die weiteren Voraussetzungen des Haftungsanspruchs aus § 14 sind denen des § 9 nachgebildet. Das **Erwerbsgeschäft** muss ohne Veröffentlichung eines Prospektes und **inner-**

---

30 *Singhof*, in: MünchKomm-HGB, Bd. 6, Emissionsgeschäft, Rn. 302; *Bohlken/Lange*, DB 2005, 1259, 1261; *Spindler*, NJW 2004, 3449, 3455; *Mülbert/Steup*, in: Habersack/Mülbert/Schlitt, Unternehmensfinanzierung, § 41 Rn. 123; *Assmann/Kumpan*, in: Assmann/Schütze/Buck-Heeb, Handbuch des Kapitalanlagerechts, § 5 Rn. 228; *Groß*, Kapitalmarktrecht, § 14 WpPG Rn. 7; *Ekkenga/Maas*, Wertpapieremission, Rn. 437; *Schäfer*, ZGR 2006, 40, 51; *Habersack*, in: Habersack/Mülbert/Schlitt, Kapitalmarktinformation, § 28 Rn. 66; **a. A.** OLG München, 2.11.2011 – 20 U 2289/11, lehnt ein Verschuldenserfordernis – ohne weitere Diskussion – ab; *Fleischer*, BKR 2004, 339, 346; *Heidelbach*, in: Schwark/Zimmer, KMRK, § 14 Rn. 10; *Benecke*, BB 2006, 2597, 2600; *Bongertz*, BB 2012, 470, 475; *Wackerbarth*, in: Holzborn, WpPG, §§ 21–23 Rn. 88; *Pankoke*, in: Just/Voß/Ritz/Zeising, WpPG, 2009, § 13a VerkProspG Rn. 11; *Panetta/Zessel*, NJOZ 2010, 418, 419.
31 Vgl. Begr. RegE eines Gesetzes zur Verbesserung des Anlegerschutzes, BT-Drucks. 15/3174, S. 44; *Heidelbach*, in: Schwark/Zimmer, KMRK, § 14 WpPG Rn. 10; *Fleischer*, BKR 2004, 339, 346.
32 *Bohlken/Lange*, DB 2005, 1259, 1261; *Klöhn*, DB 2012, 1854, 1856; *Schäfer*, ZGR 2006, 40, 52; *Assmann*, in: Assmann/Schlitt/von Kopp-Colomb, Prospektrecht Kommentar, § 14 WpPG Rn. 22.
33 So etwa *Assmann/Kumpan*, in: Assmann/Schütze/Buck-Heeb, Handbuch des Kapitalanlagerechts, § 5 Rn. 228; *Bongertz*, BB 2012, 470, 474; *Hopt*, WM 2013, 101, 104. Nach **a.A.** handelt es sich um einen Fall der kraft Gesetzes eintretenden Vertrauenshaftung, so *Ellenberger*, Prospekthaftung im Wertpapierhandel, S. 9; *Schwark*, in: Schwark/Zimmer, KMRK, § 14 WpPG Rn. 10; *Hamann*, in: Schäfer/Hamann, Kapitalmarktgesetze, §§ 44, 45 BörsG Rn. 36.
34 *Assmann/Kumpan*, in: Assmann/Schütze/Buck-Heeb, Handbuch des Kapitalanlagerechts, § 5 Rn. 228; *Assmann*, in: Assmann/Schütze/von Kopp-Colomb, Prospektrecht Kommentar, § 14 WpPG Rn. 23; *Bongertz*, BB 2012, 470, 474.
35 Vgl. dazu *Fleischer*, BKR 2004, 339, 347.
36 Vgl. *Groß*, Kapitalmarktrecht § 14 Rn. 5.

halb von sechs Monaten nach dem ersten öffentlichen Angebot im Inland abgeschlossen worden sein. Ebenso wie § 14 Abs. 2 ist auch Abs. 3 in Bezug auf Emittenten mit Sitz im Ausland der entsprechenden Regelung des § 9 nachgebildet.

5. Haftungsadressaten

Haftungsadressaten des § 14 sind nach dem Wortlaut der Norm nur der **Emittent** und der **Anbieter**. Als **Anbieter** gilt dabei grundsätzlich derjenige, der gegenüber den Anlegern auftritt und die Verantwortung für das Angebot übernimmt.[37] Der Emittent haftet aber nur dann als Gesamtschuldner, wenn er ebenfalls als Anbieter auftritt.[38] Entgegen dem missverständlichen Wortlaut haftet der Emittent also nicht, wenn ein Dritter allein, beispielsweise im Rahmen einer Zweitplatzierung, Wertpapiere öffentlich anbietet und den Emittenten damit keine Prospektpflicht trifft. Sonst käme die Bestimmung einer nicht zu rechtfertigenden Gefährdungshaftung des Emittenten gleich.[39] Dies ergibt sich bereits aus der Gesetzesbegründung zur (soweit inhaltsgleichen) Vorgängervorschrift des § 13a VerkProspG a. F.[40]

17

III. Rechtsfolge und Verjährung

1. Anspruchsinhalt

Wurde schuldhaft ein öffentliches Angebot ohne Veröffentlichung eines Prospekts durchgeführt, kann der Erwerber der Wertpapiere von Emittent (im Rahmen der oben unter → Rn. 17 dargestellten teleologischen Haftungsreduktion) und Anbieter gesamtschuldnerisch die **Übernahme** der **Wertpapiere gegen Erstattung** des **Erwerbspreises**, soweit dieser den ersten Erwerbspreis nicht überschreitet, und der mit dem Erwerb verbundenen üblichen Kosten verlangen. Ist der Erwerber nicht mehr Inhaber der Wertpapiere, so kann er gem. § 14 Abs. 2 die Zahlung des Unterschiedsbetrags zwischen dem Erwerbspreis und dem Veräußerungspreis der Wertpapiere sowie der mit dem Erwerb und der Veräußerung verbundenen üblichen Kosten verlangen.

18

2. Verjährung

Im Rahmen des § 24 a. F. hat der Gesetzgeber die Sonderverjährungsvorschrift des § 13a Abs. 5 VerkProspG nicht übernommen. Es gelten somit die **allgemeinen Verjährungs-**

19

---

37 Dazu *Bohlken/Lange*, DB 2005, 1259, 1261; ausführlich auch *Wackerbarth*, in: Holzborn, WpPG, § 24 Rn. 9; demnach wohl zu weitgehend OLG München, Urt. v. 2.11.2011 – 20 U 2289/11, EWiR 2012, 711, 711 m. Anm. *Voß*; dazu auch *Rusch*, GWR 2011, 574, 574.
38 *Mülbert/Steup*, in: Habersack/Mülbert/Schlitt, Unternehmensfinanzierung, § 41 Rn. 83.
39 *Singhof*, in: MünchKomm-HGB, Bd. 6, Emissionsgeschäft, Rn. 302; *Wackerbarth*, in: Holzborn, WpPG, § 24 Rn. 9; *Mülbert/Steup*, in: Habersack/Mülbert/Schlitt, Unternehmensfinanzierung, § 41 Rn. 83.
40 Vgl. Begr. RegE AnSVG, BT-Drucks. 15/3174, S. 44: „Durch die Einführung des § 13a wird eine entsprechende Haftungsnorm geschaffen, wenn ein Wertpapier-Verkaufsprospekt oder ein Verkaufsprospekt für die Anlageformen des § 8f pflichtwidrig nicht erstellt wurde."

vorschriften des Bürgerlichen Gesetzbuchs (vgl. näher → § 9 Rn. 104 f.).[41] Dabei ist die Kenntnis der anspruchsbegründenden Umstände ausreichend und keine rechtlich zutreffende Beurteilung des Vorgangs erforderlich.[42]

---

41 So zur Nicht-Übernahme des § 46 BörsG a. F. die Begr. RegE des Gesetzes zur Novellierung der Finanzanlagenvermittler- und Vermögensanlagenrechts, BT-Drucks. 17/6051, S. 30, S. 46.
42 *Leuering*, NJW 2012, 1905, 1908; *Ellenberger*, in: Grüneberg, BGB, § 199 Rn. 27; *Wackerbarth*, in: Holzborn, WpPG, § 24 Rn. 12.

§ 15 WpPG
Haftung bei fehlendem Wertpapier-Informationsblatt

(1) Ist ein Wertpapier-Informationsblatt entgegen § 4 Absatz 1 Satz 1 oder Satz 2 nicht veröffentlicht worden, kann der Erwerber von Wertpapieren von dem Emittenten und dem Anbieter als Gesamtschuldnern die Übernahme der Wertpapiere gegen Erstattung des Erwerbspreises, soweit dieser den ersten Erwerbspreis nicht überschreitet, und der mit dem Erwerb verbundenen üblichen Kosten verlangen, sofern das Erwerbsgeschäft vor Veröffentlichung eines Wertpapier-Informationsblatts und während der Dauer des öffentlichen Angebots, spätestens jedoch innerhalb von sechs Monaten nach dem ersten öffentlichen Angebot der Wertpapiere im Inland abgeschlossen wurde.

(2) Ist der Erwerber nicht mehr Inhaber der Wertpapiere, so kann er die Zahlung des Unterschiedsbetrags zwischen dem Erwerbspreis, soweit dieser den ersten Erwerbspreis nicht überschreitet, und dem Veräußerungspreis der Wertpapiere sowie der mit dem Erwerb und der Veräußerung verbundenen üblichen Kosten verlangen. Absatz 1 gilt entsprechend.

(3) Werden Wertpapiere eines Emittenten mit Sitz im Ausland auch im Ausland öffentlich angeboten, besteht ein Anspruch nach Absatz 1 oder Absatz 2 nur, sofern die Wertpapiere auf Grund eines im Inland abgeschlossenen Geschäfts oder einer ganz oder teilweise im Inland erbrachten Wertpapierdienstleistung erworben wurden.

(4) Der Anspruch nach den Absätzen 1 bis 3 besteht nicht, sofern der Erwerber die Pflicht, ein Wertpapier-Informationsblatt zu veröffentlichen, beim Erwerb kannte.

Übersicht

	Rn.		Rn.
I. Grundlagen und dogmatische Einordnung	1	3. Verschulden	7
		4. Weitere Anspruchsvoraussetzungen	9
II. Anspruchsvoraussetzungen	4	5. Haftungsadressaten	10
1. Anwendungsbereich	4	III. Rechtsfolgen	11
2. Kausalität	5		

I. Grundlagen und dogmatische Einordnung

§ 15 ordnet eine Haftung für fehlende Wertpapier-Informationsblätter an. Die Vorschrift wurde als § 24a a. F. mit dem Gesetz zur Ausübung von Optionen der EU-Prospektverordnung und zur Anpassung weiterer Finanzmarktgesetze[1] in das WpPG aufgenommen und durch das Gesetz zur weiteren Ausführung der EU-Prospektverordnung und zur Änderung von Finanzmarktgesetzen[2] mit einem zusätzlichen Verweis auf den neu eingefügten § 4 1

---
1 BGBl. I 2018, S. 1102 ff.
2 BGBl. I 2019, S. 1002 ff.

Abs. 1 Satz 2 zu § 15.³ Sie ist eng an § 14, der die Haftung für fehlender Prospekte regelt, angelehnt (siehe daher auch die Kommentierung zu → § 14 Rn. 6 ff.).

2 Dogmatisch ist die Norm ebenso wie § 14 als Unterfall der Vertrauenshaftung einzuordnen. Haftungsgrund ist nicht der Verfahrensverstoß selbst, d. h. die Unterbreitung eines öffentlichen Angebots ohne vorherige Gestattung der Veröffentlichung durch die BaFin, sondern das Anbieten der Wertpapiere und das damit einhergehende Anlegervertrauen (siehe → § 14 Rn. 3 ff.).

3 Die Wirksamkeit des Kaufvertrages bleibt von einer Haftung nach § 15 unberührt. Eine Nichtigkeit des Erwerbsgeschäfts mit der Folge der bereicherungsrechtlichen Rückabwicklung des Erwerbs scheidet somit aus. Dies ermöglicht dem Anleger, trotz Pflichtverletzung des Anspruchsgegners am Geschäft festzuhalten, was für ihn etwa bei positiver Wertentwicklung der erworbenen Wertpapiere vorteilhaft sein kann (siehe auch → § 14 Rn. 5).

II. Anspruchsvoraussetzungen

1. Anwendungsbereich

4 Eine Haftung nach § 15 Abs. 1 setzt voraus, dass trotz Bestehens einer entsprechenden Pflicht nach § 4 Abs. 1 vor Beginn des öffentlichen Angebots kein Wertpapier-Informationsblatt veröffentlicht wurde. Gleiches gilt, wenn ein Wertpapier-Informationsblatt veröffentlicht wird, ohne dass die BaFin die Veröffentlichung gestattet hat, sowie im Fall der Gestattung aber trotzdem unterbliebener Veröffentlichung.

2. Kausalität

5 Ebenso wie § 14 setzt der Anspruch nach § 15 eine haftungsbegründende Kausalbeziehung zwischen der Pflichtverletzung und der Anlageentscheidung voraus. Hierfür spricht insbesondere, dass dem Anspruchsgegner nach § 15 Abs. 4 der haftungsausschließende Nachweis offensteht, der Anleger habe die Anlageentscheidung in Kenntnis der Pflicht zur Veröffentlichung des Wertpapier-Informationsblatts getätigt. Es erschiene unbillig, einem Anleger unter Berufung auf eine Pflichtverletzung, die seine Anlageentscheidung nicht beeinflusst hat, die Möglichkeit einzuräumen, Schadensersatz zu verlangen.⁴ Es entspricht einem allgemeinen schadensrechtlichen Prinzip, dass der Schädiger nicht für

---

3 Vgl. Begr. RegE, BT-Drucks. 19/8005, S. 49; zum insofern fehlenden Verweis bei § 11 siehe die Kommentierung zu → § 11 Rn. 2.

4 *Poelzig*, BKR 2018, 357, 363; ebenso zur Parallelvorschrift § 14 bzw. dessen Vorgängernormen *Mülbert/Steup*, in: Habersack/Mülbert/Schlitt, Unternehmensfinanzierung, § 41 Rn. 106; *Habersack*, in: Habersack/Mülbert/Schlitt, Kapitalmarktinformation, § 28 Rn. 66; *Assmann/Kumpan*, in: Assmann/Schütze/Buck-Heeb, Handbuch des Kapitalanlagerechts, § 5 Rn. 226; *Singhof*, in: MünchKomm-HGB, Bd. 6, Emissionsgeschäft Rn. 302; **a. A.** *Prescher*, in: Schwark/Zimmer, KMRK, § 15 WpPG Rn. 6; zum Prospektrecht jeweils OLG München, 2.11.2011 – 20 U 2289/11, zitiert nach juris, Rn. 34; *Fleischer*, WM 2004, 1897, 1902; *Bohlken/Lange*, DB 2005, 1259, 1262; *Benecke*, BB 2006, 2597, 2600; *Pankoke*, in: Just/Voß/Ritz/Zeising, WpPG, 2009, § 13a VerkProspG Rn. 10; *Fleischer*, BKR 2004, 339, 346; *Wackerbarth*, in: Holzborn, WpPG, § 24 Rn. 7.

Schäden einzustehen hat, die auch bei pflichtgemäßem Handeln eingetreten wären (siehe auch → § 14 Rn. 12 f.).[5]

Die Nichtveröffentlichung des Wertpapier-Informationsblatts ist für die Anlageentscheidung dann kausal, wenn der Anleger das Wertpapier bei erfolgter Veröffentlichung nicht erworben hätte. Entsprechend § 13 Abs. 2 Nr. 1 ist folglich auch eine Beweislastumkehr zugunsten des Anspruchstellers anzunehmen (siehe → § 14 Rn. 13).[6]

3. Verschulden

Umstritten ist, ob der Anspruch nach § 15 ein Verschulden des Anspruchsgegners voraussetzt. Eine vergleichbare Diskussion wurde bereits im Rahmen von § 14 bzw. § 24 a. F. geführt (siehe → § 14 Rn. 14 f.).[7] Hiergegen spricht, dass der Ausschlussgrund für fehlendes Verschulden in § 13 Abs. 1 nur auf § 11 und nicht auf § 15 verweist.[8] Ferner wird angeführt, dass ein Verschuldenserfordernis weder mit der Gesetzgebungsgeschichte von § 13a Abs. 4 VerkProspG a. F.[9] als Vorgängernorm der Parallelvorschrift § 14 Abs. 1 noch mit der ausdrücklichen Nennung der Kenntnis des Erwerbers als Ausschlussgrund in § 14 Abs. 4 bzw. § 15 Abs. 4 vereinbar sei.[10]

Ebenso wie im Rahmen von § 14 ist ein Verschuldenserfordernis im Ergebnis jedoch zu bejahen. Die mit einer verschuldensunabhängigen Haftung eintretende Haftungsverschärfung im Vergleich zur Haftung bei der Erstellung eines fehlerhaften Wertpapier-Informationsblatts wäre systemwidrig und für eine entsprechende Absicht des Gesetzgebers findet sich – trotz der bereits bestehenden Diskussion bei § 14 – in den Gesetzesmaterialien kein Hinweis (siehe → § 14 Rn. 14 f.).[11]

4. Weitere Anspruchsvoraussetzungen

Die weiteren Voraussetzungen des Anspruchs sind denen des § 11 bzw. § 14 nachgebildet. Das Erwerbsgeschäft muss ohne Veröffentlichung eines Wertpapier-Informationsblatts und während der Dauer des öffentlichen Angebots, spätestens jedoch innerhalb von sechs Monaten nach dem ersten öffentlichen Angebot im Inland, abgeschlossen worden sein. Ebenso wie § 11 ist der Anspruch also auf Erwerbsgeschäfte während der Dauer des öffentlichen Angebots beschränkt, was einen wesentlichen Unterschied gegenüber dem Prospekthaftungsrecht darstellt. Der Anspruch ist gemäß Abs. 4 ausgeschlossen, sofern

---

5 Vgl. *Wagner*, in: Münch-Komm-BGB, § 823 BGB Rn. 71 m. w. N.
6 Ebenso zu § 14: *Mülbert/Steup*, in: Habersack/Mülbert/Schlitt, Unternehmensfinanzierung, § 41 Rn. 104 f.; *Kumpan*, in: Hopt, HGB, § 14 WpPG Rn. 4.
7 Für ein Verschuldenserfordernis im Rahmen von § 14 Abs. 1 bzw. dessen Vorgängervorschriften *Groß*, Kapitalmarktrecht, § 14 WpPG Rn. 7; *Singhof*, in: MünchKomm-HGB, Bd. 6, Emissionsgeschäft, Rn. 302; *Mülbert/Steup*, in: Habersack/Mülbert/Schlitt, Unternehmensfinanzierung, § 41 Rn. 123; dagegen *Wackerbarth*, in: Holzborn, WpPG, §§ 21–23 Rn. 88; *Benecke*, BB 2006, 2597, 2600; *Bongertz*, BB 2012, 470, 475; *Habersack*, in: Habersack/Mülbert/Schlitt, Kapitalmarktinformation, § 28 Rn. 66.
8 So *Prescher*, in: Schwark/Zimmer, KMRK, § 15 WpPG Rn. 4 f.
9 *Prescher*, in: Schwark/Zimmer, KMRK, § 15 WpPG Rn. 3.
10 Es handele sich somit um eine bewusste Regelungslücke, vgl. *Prescher*, in: Schwark/Zimmer, KMRK, § 15 WpPG Rn. 5 m. w. N.
11 I. E. auch *Poelzig*, BKR 2018, 357, 363; *Groß*, Kapitalmarktrecht, § 15 WpPG Rn. 2.

der Erwerber die Pflicht, ein Wertpapier-Informationsblatt zu veröffentlichen, beim Erwerb kannte. Bei Emittenten mit Sitz im Ausland ist Abs. 3 zu beachten. Die Regelung entspricht § 11 Abs. 3.

5. Haftungsadressaten

10 Anspruchsverpflichtete des § 15 sind nach dem Wortlaut der Norm nur der Emittent und der Anbieter (siehe → § 11 Rn. 11). Der Emittent haftet jedoch nur dann als Gesamtschuldner, wenn er ebenfalls als Anbieter auftritt, da es sonst – etwa bei einer von einem Dritten veranlassten Zweitplatzierung – zu einer nicht zu rechtfertigenden Gefährdungshaftung des Emittenten käme (siehe → § 14 Rn. 17).[12]

III. Rechtsfolgen

11 Sind die Tatbestandsvoraussetzungen erfüllt, kann der Erwerber der Wertpapiere von Emittent und Anbieter (im Rahmen der oben unter → Rn. 10 dargestellten teleologischen Haftungsreduktion) gesamtschuldnerisch die Übernahme der Wertpapiere gegen Erstattung des Erwerbspreises, soweit dieser den ersten Erwerbspreis nicht überschreitet, und der mit dem Erwerb verbundenen üblichen Kosten verlangen.[13] Ist der Erwerber nicht mehr Inhaber der Wertpapiere, so kann er gemäß Abs. 2 die Zahlung des Unterschiedsbetrags zwischen dem Erwerbspreis und dem Veräußerungspreis der Wertpapiere sowie der mit dem Erwerb und der Veräußerung verbundenen üblichen Kosten verlangen (siehe zu den Einzelheiten → § 11 Rn. 13).

---

12 *Prescher*, in: Schwark/Zimmer, KMRK, § 15 WpPG Rn. 9; *Assmann*, in: Assmann/Schlitt/von Kopp-Colomb, Prospektrecht Kommentar, § 15 WpPG Rn. 8; vgl. auch Begr. RegE AnSVG, BT-Drucks. 15/3174, S. 44; *Mülbert/Steup*, in: Habersack/Mülbert/Schlitt, Unternehmensfinanzierung, § 41 Rn. 83.
13 *Assmann*, in: Assmann/Schlitt/von Kopp-Colomb, Prospektrecht Kommentar, § 15 WpPG Rn. 17.

§ 16 WpPG
Unwirksame Haftungsbeschränkung; sonstige Ansprüche

(1) Eine Vereinbarung, durch die Ansprüche nach §§ 9, 10, 11, 14 oder 15 im Voraus ermäßigt oder erlassen werden, ist unwirksam.

(2) Weitergehende Ansprüche, die nach den Vorschriften des bürgerlichen Rechts auf Grund von Verträgen oder unerlaubten Handlungen erhoben werden können, bleiben unberührt.

Übersicht

	Rn.		Rn.
I. Unwirksamkeit von Haftungsbeschränkungen (§ 16 Abs. 1)	1	b) Haftungsadressaten	18
		c) Verschulden	19
II. Konkurrenzen (§ 16 Abs. 2)	5	3. Rechtsfolge und Verjährung	20
III. Bürgerlich-rechtliche Prospekthaftung im engeren Sinne	8	IV. Bürgerlich-rechtliche Prospekthaftung im weiteren Sinne	22
1. Prospektbegriff	9	1. Haftungsvoraussetzungen	23
a) Sonstige Veröffentlichungen	10	2. Keine Haftung sui generis bei Erwerb von Wertpapieren auf dem Sekundärmarkt	24
b) Produktinformationen	11		
c) Prospektfreie Angebote	13		
2. Anspruchsvoraussetzungen	16	3. Rechtsfolge und Verjährung	25
a) Prospektmangel	17	V. Gerichtliche Zuständigkeit	26

I. Unwirksamkeit von Haftungsbeschränkungen (§ 16 Abs. 1)

§ 16 Abs. 1 regelt, dass eine Vereinbarung, durch die Ansprüche nach §§ 9, 10, 11, 14 oder 15 im Voraus ermäßigt oder erlassen werden, unwirksam ist. Die Bestimmung ist nahezu wortgleich mit der bis zur Änderung durch das Dritte Finanzmarktförderungsgesetz geltenden Fassung des § 47 BörsG a. F. (sowie § 13a Abs. 6 VerkProspG a. F. und § 25 WpPG a. F.). Sie stellt klar, dass die **Prospekthaftung nach den §§ 8 ff. zwingendes Recht** darstellt. **1**

Umstritten ist, welchen Zeitpunkt die Formulierung „**im Voraus**" meint. In Betracht kommt zum einen der Zeitpunkt des Entstehens des Anspruchs,[1] zum anderen der Zeitpunkt der Kenntniserlangung des Anlegers vom Bestehen des Anspruchs.[2] Die Vertreter der ersten Auffassung verweisen zumeist auf den vorgeblich eindeutigen gesetzgeberischen Willen.[3] So heißt es in der Begründung des Regierungsentwurfs zum Dritten Finanzmarktförderungsgesetz:[4] „Ist der Anspruch entstanden, können die Beteiligten [...] **2**

---

1 So *Groß*, Kapitalmarktrecht, § 16 WpPG Rn. 2; *Heidelbach*, in: Schwark/Zimmer, KMRK, § 16 WpPG Rn. 3.
2 *Hamann*, in: Schäfer/Hamann, Kapitalmarktgesetze, § 47 BörsG Rn. 2; *Assmann*, in: Assmann/Schlitt/von Kopp-Colomb, Prospektrecht Kommentar, § 9 WpPG Rn. 135; *Assmann/Kumpan*, in: Assmann/Schütze/Buck-Heeb, Handbuch des Kapitalanlagerechts, § 5 Rn. 204.
3 *Pankoke*, in: Just/Voß/Ritz/Zeising, WpPG, 2009, § 47 BörsG Rn. 1; *Heidelbach*, in: Schwark/Zimmer, KMRK, § 16 WpPG Rn. 4.
4 Gesetz zur weiteren Fortentwicklung des Finanzplatzes Deutschland v. 24.3.1998, BGBl. I, S. 529.

über diesen beliebig [...] verfügen."[5] Damit bringt der Gesetzgeber jedoch nur zum Ausdruck, was ohnehin auf der Hand liegt. Ein Rückschluss darauf, ob es für eine wirksame vertragliche Haftungsbeschränkung allein auf das objektive Merkmal des Zeitpunkts der Entstehung des Anspruchs ankommen soll, lässt sich daraus nicht ziehen.[6] Für eine **Berücksichtigung der Kenntnisnahme** spricht, dass der Anleger vor Kenntnis des Prospektmangels keine bewusste Entscheidung über die Ermäßigung oder den Erlass von Ansprüchen aus der Prospekthaftung nach dem WpPG treffen kann.[7] Das ist jedoch für eine Disposition über den Anspruchsinhalt unerlässlich. Dem Erfordernis der Kenntnis und grundsätzlichen Dispositionsfähigkeit ist freilich Genüge getan, wenn der Anleger die Möglichkeit zur Kenntnisnahme von der Fehlerhaftigkeit des Prospektes hatte. Dies entspricht allgemeinen zivilrechtlichen Grundsätzen. Eine Möglichkeit zur Kenntnisnahme kann etwa aufgrund der Veröffentlichung einer entsprechenden Pressemeldung entstehen.[8] Diese Kenntnisfiktion folgt aus der Wertung aus § 122 Abs. 2 BGB, wonach die positive Kenntnis der fahrlässigen Nichtkenntnis (Kennenmüssen) gleichzustellen ist.

3 Nach diesem Zeitpunkt steht § 16 Abs. 1 einer Vereinbarung nicht entgegen, durch die der Anspruchsinhaber den (entstandenen) Prospekthaftungsanspruch, etwa durch Vereinbarung eines **Vergleichs**, beschränkt oder ganz auf den Anspruch verzichtet.[9]

4 Keinen Verstoß gegen § 16 Abs. 1 stellt es dar, wenn der Emittent eine **Vermögensschaden-Haftpflichtversicherung** für Wertpapieremissionen abschließt, die bei Prospekthaftungsfällen den entstehenden Schaden ausgleicht (sog. Public Offering of Securities Insurance – POSI-Versicherung).[10] Diese Versicherung wird meist zusätzlich zu einer in der Regel bestehenden D&O-Versicherung abgeschlossen und begünstigt nicht nur die Organe des Emittenten, sondern auch den Emittenten selbst, die Konsortialbanken, sofern diese den Emittenten aufgrund einer vereinbarten Freistellung in Anspruch nehmen, sowie unter Umständen auch die verkaufenden Aktionäre. Die Versicherung greift, wenn der Emittent oder andere versicherte Personen aufgrund eines (behaupteten) Fehlers im Prospekt oder in bestimmten anderen Dokumenten (z. B. Roadshow-Präsentation) bzw. aufgrund von sonstigen Aussagen in Zusammenhang mit der Emission in Anspruch genommen werden. Der Abschluss von POSI-Versicherungen im Vorfeld von Börsengängen ist mittlerweile der Regelfall. Die nunmehr weitestgehend standardisierten Policen werden typischerweise an einigen Stellen an die Gegebenheiten der konkreten Transaktion angepasst. Dies gilt etwa für die Versicherungssumme, das Verhältnis zu bestehenden oder zukünftigen D&O-Versicherungen und für den Selbstbehalt.

---

5 Begr. RegE 3. FMFG, BT-Drucks. 13/8933, S. 81.
6 *Wackerbarth*, in: Holzborn, WpPG, § 25 Rn. 1.
7 *Wackerbarth*, in: Holzborn, WpPG, § 25 Rn. 1.
8 *Assmann*, in: Assmann/Schlitt/von Kopp-Colomb, Prospektrecht Kommentar, § 9 WpPG Rn. 135; enger *Hamann*, in: Schäfer/Hamann, Kapitalmarktgesetze, § 47 BörsG Rn. 2, wonach die Kenntnis dann anzunehmen sei, wenn der Ersatzberechtigte davon ausgeht, dass er den Prospekthaftungsanspruch mit Erfolgsaussichten, wenn auch nicht risikolos, einklagen könne.
9 *Groß*, Kapitalmarktrecht, § 16 WpPG Rn. 2; *Wackerbarth*, in: Holzborn, WpPG, § 25 Rn. 1; *Stephan*, AG 2002, 3, 7.
10 Vgl. *Fortmann*, r+s 2021, 245.

II. Konkurrenzen (§ 16 Abs. 2)

Nach § 16 Abs. 2 bleiben **weitergehende Ansprüche**, die nach den Vorschriften des bürgerlichen Rechts aufgrund von Verträgen oder unerlaubten Handlungen erhoben werden können, von der wertpapierprospektrechtlichen Prospekthaftung „unberührt". Dem Wortlaut des § 16 Abs. 2 kann jedoch nicht entnommen werden, dass auch vorvertragliche Ansprüche unter denselben Haftungsvoraussetzungen erfasst werden.[11]

5

Die Rechtsprechung hat in Übereinstimmung mit der Gesetzesbegründung des Dritten Finanzmarktförderungsgesetzes und der herrschenden Meinung in der juristischen Literatur nun klargestellt, dass **sämtliche** in § 16 Abs. 2 **nicht genannten Ansprüche** im sachlichen Anwendungsbereich der §§ 8 ff. im Umkehrschluss durch die wertpapierprospektrechtlichen Prospekthaftungsansprüche verdrängt werden.[12] Bei einem Gleichlauf der bürgerlich-rechtlichen und der wertpapierprospektrechtlichen Ansprüche[13] würden die bewussten gesetzgeberischen Beschränkungen des Verschuldensmaßstabs und des Adressatenkreises entwertet.[14] Insbesondere würde dem Anspruchsgegner die Möglichkeit genommen, sich mit dem Nachweis einfach fahrlässiger Unkenntnis der Unrichtigkeit oder Unvollständigkeit des Verkaufsprospekts zu entlasten.[15] **Ausgeschlossen** ist damit eine parallele Anwendung der **bürgerlich-rechtlichen Prospekthaftung** im engeren und weiteren Sinne (siehe auch → Rn. 22).[16] Die wertpapierprospektrechtliche Prospekthaftung der §§ 8 ff. stellt mithin eine abschließende Sonderregelung für alle unmittelbar an den Prospekt anknüpfende Ansprüche dar. Dieses Konkurrenzverhältnis erstreckt sich auf den ge-

6

---

11 BGH, 19.1.2021 – XI ZB 35/18, NZG 2021, 1073, 1075 Rn. 27; a.A. *Doblinger*, Prospekthaftung, 2019, S. 260; *Schmidt*, WM 2022, 1207, 1212 ff.

12 BGH, 23.10.2018 – XI ZB 3/16, NJW-RR 2019, 301, 305 Rn. 55 ff.; BGH, 19.1.2021 – XI ZB 35/18, NZG 2021, 1073, 1074 Rn. 22; BGH, 14.6.2022 – XI ZB 33/19, NJW-RR 2022, 1412, 1414 Rn. 62; Begr. RegE 3. FMFG, BT-Drucks. 13/8933, S. 81 zu §§ 45 ff. BörsG; BGH, 21.2.2013 – III ZR 139/12, WM 2013, 689, 690 Rn. 14; für die Literatur statt aller: *Groß*, Kapitalmarktrecht, § 16 WpPG Rn. 4; *Assmann*, in: Assmann/Schlitt/von Kopp-Colomb, Prospektrecht Kommentar, § 9 WpPG Rn. 153; *Mülbert/Steup*, in: Habersack/Mülbert/Schlitt, Unternehmensfinanzierung, § 41 Rn. 155.

13 So etwa *Emmerich*, in: MünchKomm-BGB, § 311 Rn. 157; *Grundmann/Denga*, in: Ellenberger/Bunte, Bankrechts-Handbuch, § 92 Rn. 118.

14 So bereits OLG Frankfurt, 17.12.1996 – 5 U 178/95, zitiert nach juris, Rn. 35; *Janert/Schuster*, BB 2005, 987, 991. Für das Verhältnis zum Börsenrecht stellt schon die Regierungsbegründung zum 3. Finanzmarktförderungsgesetz diese Exklusivität klar, vgl. BT-Drucks. 13/8933, S. 81.

15 BGH, 19.1.2021 – XI ZB 35/18, NZG 2021, 1073, 1075 Rn. 26; *Buck-Heeb/Dieckmann*, NJW 2022, 2873.

16 Bei der allgemeinen bürgerlich-rechtlichen Prospekthaftung im engeren Sinne handelt es sich um eine „typisierte" Vertrauenshaftung. Daneben tritt die allgemeine bürgerlich-rechtliche Prospekthaftung im weiteren Sinne und die rein deliktsrechtliche Prospekthaftung, vgl. ausführlich *Assmann/Kumpan*, in: Assmann/Schütze/Buck-Heeb, Handbuch des Kapitalanlagerechts, § 5 Rn. 71; *Janert/Schuster*, BB 2005, 987, 991; *Denninger*, Grenzüberschreitende Prospekthaftung und Internationales Privatrecht, S. 86 ff.; Begr. RegE 3. FMFG, BT-Drucks. 13/8933, S. 81; *Heidelbach*, in: Schwark/Zimmer, KMRK, § 16 WpPG Rn. 13; *Hauptmann*, in: Vortmann, Prospekthaftung und Anlageberatung, § 3 Rn. 136; *Mülbert/Steup*, in: Habersack/Mülbert/Schlitt, Unternehmensfinanzierung, § 41 Rn. 155; OLG Frankfurt, 14.2.2003 – 5 W 34/02, NZG 2003, 329, 331; *Klöhn*, WM 2012, 97, 106; *Nobbe*, WM 2013, 193, 201 f. m.w.N. in Fn. 121; BGH, 19.1.2021 – XI ZB 35/18, NZG 2021, 1073, 1074 Rn. 17; BGH, 14.6.2022 – XI ZB 33/19, NJW-RR 2022, 1412, 1414 Rn. 62.

samten Anwendungsbereich der wertpapierprospektgesetzlichen Prospekthaftung (vgl. → § 9 Rn. 2 ff.), also auf fehlerhafte oder fehlende Börsenzulassungs- oder Verkaufsprospekte (einschließlich „freiwilliger" Prospekte nach Art. 4 ProspektVO) sowie auch auf die Veröffentlichung nicht gebilligter oder die Verwendung nicht mehr gültiger Prospekte.[17]

7 Schließlich können auch Ansprüche aus **unerlaubter Handlung** neben die Ansprüche aufgrund eines fehlerhaften oder fehlenden Prospekts nach dem WpPG treten. Anders als bei § 47 Abs. 2 BörsG a. F., sind die konkurrierenden Ansprüche nicht auf Ansprüche aus vorsätzlich oder grob fahrlässig begangenen unerlaubten Handlungen beschränkt. Durch die jüngste Rechtsprechung des XI. Zivilsenats, die den Anwendungsbereich der bürgerlich-rechtlichen Prospekthaftung weiter eingeschränkt hat (vgl. → Rn. 6, 22), ist zu erwarten, dass die deliktische Prospekthaftung vermehrt in den Fokus klagender Anleger rückt.[18] Noch spielen deliktische Ansprüche eine nur untergeordnete Rolle, weil deren strengere Haftungsvoraussetzungen selten erfüllt sind.[19] In Betracht kommen insofern insbesondere Ansprüche aus § 823 Abs. 2 BGB i.V.m. einem Schutzgesetz.[20] Mögliche Schutzgesetze sind die §§ 263, 264a StGB (Betrug, Kapitalanlagebetrug), § 400 Abs. 1 Nr. 1 AktG, § 331 Nr. 1 HGB oder § 82 Abs. 2 GmbHG,[21] nicht dagegen die §§ 9 ff. selbst.[22] Zudem wurden Ansprüche gem. § 826 BGB von der Rechtsprechung unter strengen Voraussetzungen bereits vereinzelt angenommen.[23] Die Ansprüche aus unerlaubter Handlung können sowohl an einen Prospekt i. S. d. WpPG als auch an andere Veröffentlichungen im Zusammenhang mit der Wertpapieremission anknüpfen.

III. Bürgerlich-rechtliche Prospekthaftung im engeren Sinne

8 Wie dargelegt (→ Rn. 6), sind Ansprüche aus der im Wege richterlicher Rechtsfortbildung entwickelten bürgerlich-rechtlichen Prospekthaftung im engeren Sinne im sachlichen Anwendungsbereich der wertpapierprospektgesetzlichen Prospekthaftungstatbestände ausgeschlossen.[24] Aufgrund der nunmehr für Anlageprodukte mittlerweile geregelten gesetzlichen Prospektpflichten und deren Absicherung durch das Haftungsregime der §§ 8 ff. so-

---

17 *Mülbert/Steup*, in: Habersack/Mülbert/Schlitt, Unternehmensfinanzierung, § 41 Rn. 155; *Groß*, Kapitalmarktrecht, § 16 Rn. 4.
18 *Buck-Heeb/Dieckmann*, NJW 2022, 2873, 2879 „faktische Bedeutung [...] erheblich gesteigert".
19 *Leuering*, NJW 2012, 1905, 1906; *Grundmann/Denga*, in: Ellenberger/Bunte, Bankrechts-Handbuch, § 92 Rn. 91.
20 *Groß*, Kapitalmarktrecht, § 16 WpPG Rn. 12; *Leuering*, NJW 2012, 1905, 1906; *Heidelbach*, in: Schwark/Zimmer, KMRK, § 16 WpPG Rn. 11.
21 *Sprau*, in: Grüneberg, BGB, § 823 Rn. 62 ff.
22 *Wackerbarth*, in: Holzborn, WpPG, § 25 Rn. 4; noch zu §§ 44, 45 BörsG a. F.: *Kort*, AG 1999, 9, 18; *Groß*, Kapitalmarktrecht, § 16 WpPG Rn. 3; *Habersack*, in: Habersack/Mülbert/Schlitt, Kapitalmarktinformation, § 28 Rn. 58; noch zu §§ 13 ff. VerkProspG: *Pankoke*, in: Just/Voß/Ritz/Zeising, WpPG, 2009, § 47 BörsG Rn. 11; *Assmann*, in: Assmann/Schlitt/von Kopp-Colomb, Prospektrecht Kommentar, § 9 WpPG Rn. 154.
23 Jeweils bezüglich fehlerhafter Ad-hoc-Mitteilungen: BGH, 9.5.2005 – II ZR 287/02, BB 2005, 1644, 1645; OLG München, 20.4.2005 – 7 U 5303/04, WM 2005, 1269, 1269; OLG Frankfurt, 17.3.2005 – 1 U 149/04, NZG 2005, 516, 516; dazu auch *Groß*, Kapitalmarktrecht, § 16 WpPG Rn. 12; *Möllers*, BB 2005, 1637, 1637; *Wackerbarth*, in: Holzborn, WpPG, § 25 Rn. 4 m. w. N.
24 OLG Frankfurt, 6.7.2004 – 5 U 122/03 Rn. 88, zitiert nach juris, WM 2004, 1831.

wie § 306 KAGB und §§ 20 ff. VermAnlG ist der **Anwendungsbereich** der bürgerlich-rechtlichen Prospekthaftung im engeren Sinne darüber hinaus **stark begrenzt** (→ Rn. 6, 22). Die bürgerlich-rechtliche Prospekthaftung im engeren Sinne kann daher allenfalls noch bei solchen Veröffentlichungen zum Tragen kommen, die keine Prospekte im Sinne der sachnäheren Regelungen des WpPG sind. In Betracht kommen dafür grundsätzlich etwa Zeichnungsaufforderungen, Bezugs- oder Verkaufsangebote, Roadshow-Präsentationen, Research-Reports oder Jahresabschlüsse oder Informationsmemoranda im Rahmen prospektfreier Wertpapierangebote (unten → Rn. 13 und → § 9 Rn. 17)[25] oder Coin Offerings,[26] sofern diese Publikationen im Einzelfall als Prospekt im Sinne der bürgerlich-rechtlichen Prospekthaftung zu qualifizieren sind. Eine Anwendung außerhalb des Bereichs der Kapitalanlage für die Haftung für fehlerhafte Fahrzeugprospekte lehnte das OLG Stuttgart im „VW-Abgasskandal" zuletzt zu Recht ab.[27]

1. Prospektbegriff

Entscheidende Bedeutung hat für den Anwendungsbereich der bürgerlich-rechtlichen Prospekthaftung die Definition des Prospekts.[28] Sie sollte jedenfalls **kein Auffangtatbestand für jedwede Erklärungen** im Zusammenhang mit Kapitalmarktinformationen sein. Insbesondere bei prospektpflichtigen Kapitalmaßnahmen hat der Prospekt nach dem WpPG das zentrale (einzige) Haftungsdokument zu sein. Andererseits darf kein „rechtlicher Freiraum" für anderweitige fehlerhafte Veröffentlichungen entstehen.[29] Von der Rechtsprechung der Zivilgerichte wird der Prospekt in diesem Sinne als Grundlage der Anlageentscheidung verstanden, die dem Anleger ein zutreffendes Bild von der Anlage selbst gibt und über alle potenziell entscheidungserheblichen Umstände sachlich richtig und vollständig unterrichtet.[30] Dabei kann unter dem Gesichtspunkt der Einheitlichkeit der Rechtsordnung der **Prospektbegriff des § 264a StGB** heranzuziehen sein.[31] Ausweislich der Regierungsbegründung zum Zweiten Gesetz zur Bekämpfung der Wirtschaftskriminalität handelt es sich bei einem Prospekt im Sinne der Norm um „jedes Schriftstück [...], das für die Beurteilung der Anlage erhebliche Angaben enthält, oder den Eindruck eines solchen Inhaltes erwecken soll und das zugleich Grundlage für eine solche Entscheidung sein soll".[32]

9

---

25 *Groß*, Kapitalmarktrecht, § 16 WpPG Rn. 5 mit weiteren Beispielen.
26 Vgl. LG Berlin, BKR 2021, 170.
27 OLG Stuttgart, AG 2021, 119, 121; zust. *Koch*, BKR 2022, 271, 272.
28 Ausführlich dazu *Groß*, Kapitalmarktrecht, § 16 WpPG Rn. 6 m. w. N.
29 *Groß*, Kapitalmarktrecht, § 16 WpPG Rn. 6.
30 BGH, 19.7.2004 – II ZR 218/03, VersR 2004, 1279, 1280; BGH, 19.7.2004 – II ZR 402/02, zitiert nach juris, Rn. 9–15; BGH, 19.7.2004 – II ZR 218/03, WM 2004, 1721, 1722; BGH, 17.11.2011 – III ZR 103/10, WM 2012, 19, 21; die Entscheidung des BGH vom 12.5.2005 – 5 StR 283/04, ZIP 2005, 1066, 1067 zu § 264a StGB, wonach Prospektangaben ihrer Funktion nach nicht auf Vollständigkeit angelegt sein können, steht dazu nicht im Widerspruch. Hierbei geht es nur um die Abgrenzung zu nicht anlageerheblichen Informationen.
31 *Groß*, Kapitalmarktrecht, § 16 WpPG Rn. 6.
32 BT-Drucks. 10/318, S. 23; *Groß*, WM 2002, 477, 479; BGH, 17.11.2011 – III ZR 103/10, WM 2012, 19, 21, Rn. 21; siehe auch *Grundmann/Denga*, in: Ellenberger/Bunte, Bankrechts-Handbuch, § 92 Rn. 118; *Mülbert/Steup*, in: Habersack/Mülbert/Schlitt, Unternehmensfinanzierung, § 41 Rn. 160.

a) Sonstige Veröffentlichungen

10 Ad-hoc-Mitteilungen i. S. v. Art. 17 MarktmissbrauchsVO,[33] schriftliche Werbemaßnahmen (z. Bsp. Flyer oder Plakate),[34] mündliche Werbung in Film oder Rundfunk,[35] Verkaufsangebote, „Zeichnungsaufforderungen" sowie Bezugsangebote gem. § 186 Abs. 2 AktG mit den nach § 186 Abs. 5 Satz 2 AktG erforderlichen Angaben[36] genügen diesem umfassenden Informationsanspruch erkennbar nicht und können daher auch **nicht Grundlage** der bürgerlich-rechtlichen **Prospekthaftung** sein.[37] Nichts anderes kann für Jahresabschlüsse, Quartals- oder Halbjahresfinanzberichte sowie sonstige Veröffentlichungen nach dem WpHG gelten, da sie aufgrund gesetzlicher Verpflichtungen und für andere als Angebotszwecke erstellt werden.[38]

b) Produktinformationen

11 Eine Einordnung als Prospekt hat der BGH für die „Produktinformation" vorgenommen.[39] Eine 80-seitige „Produktinformation" erläuterte den Konzern, die handelnden Personen und die angebotenen Produkte, enthielt aber keine rechtstechnischen, steuerlichen und finanzmathematischen Details.[40] An der Qualifizierung als Prospekt vermag nach Ansicht des BGH auch der abschließende Hinweis in der „Produktinformation", es handele sich bei dieser nicht um einen Emissionsprospekt, nichts zu ändern. Eine entsprechende Einordnung als Prospekt im bürgerlich-rechtlichen Sinne dürfte danach insbesondere dann in Betracht kommen, wenn das Informationsdokument eine solche **Angabendichte** enthält, dass der Anleger auf ein Lesen des eigentlichen Emissionsprospekts verzichten könnte.[41]

12 Entgegen der Auffassung des BGH sind ausdrückliche **Haftungseinschränkungen** bzw. der Hinweis an hervorgehobener Stelle, dass das Dokument nicht den Anspruch erhebt,

---

33 So ausdrücklich BGH, 19.7.2004 – II ZR 402/02, zitiert nach juris, Rn. 9–15; *Assmann/Kumpan*, in: Assmann/Schütze/Buck-Heeb, Handbuch des Kapitalanlagerechts, § 5 Rn. 42; *Groß*, WM 2002, 477, 479 f.; *Mülbert/Steup*, WM 2005, 1633, 1649; *Heidelbach*, in: Schwark/Zimmer, KMRK, § 9 WpPG Rn. 10; a. A. *Braun/Rotter*, BKR 2003, 918, 919 f. für den Fall, dass sich eine Ad-hoc-Mitteilung nicht auf die Mitteilung von Einzelfällen beschränkt; es gelten die Sondervorschriften der §§ 37b und 37c WpHG.
34 BGH, 17.11.2011 – III ZR 103/10, WM 2012, 19, 21 f.; *Mülbert/Steup*, in: Habersack/Mülbert/Schlitt, Unternehmensfinanzierung, § 41 Rn. 34; mit einer Übersicht zu den einzelnen Werbemitteln *Groß*, Kapitalmarktrecht, § 16 WpPG Rn. 6.
35 BGH, 17.11.2011 – III ZR 103/10, WM 2012, 19, 21 f.; hierunter dürfte aber auch die Fixierung in computerisierte Daten fallen, *Eyles*, in: Vortmann, Prospekthaftung und Anlageberatung, § 2 Rn. 59; *Klöhn*, WM 2012, 97, 103.
36 BGH, WM 1982, 867 f.; *Groß*, Kapitalmarktrecht, § 16 WpPG Rn. 6; *Mülbert/Steup*, in: Habersack/Mülbert/Schlitt, Unternehmensfinanzierung, § 41 Rn. 29, 166; *Heidelbach*, in: Schwark/Zimmer, KMRK, § 9 WpPG Rn. 10; *Hamann*, in: Hamann/Schäfer, Kapitalmarktgesetze, §§ 44, 45 BörsG Rn. 48 f.
37 Vgl. BGH, 19.7.2004 – II ZR 218/03, WM 2004, 1721, 1722.
38 Wie hier etwa *Groß*, Kapitalmarktrecht, § 16 Rn. 7.
39 BGH, 17.11.2011 – III ZR 103/10, WM 2012, 19, 21 Rn. 23 ff.
40 Vgl. BGH, 17.11.2011 – III ZR 103/10, WM 2012, 19, 21 Rn. 25.
41 *Klöhn*, WM 2012, 97, 103; ablehnend dagegen *Stumpf*, BB 2012, 214, 214 f.

die wertbildenden Faktoren umfassend darzustellen, nicht grundsätzlich als unbeachtlich anzusehen.[42] Dies gilt insbesondere, wenn auf einen Prospekt verwiesen wird.

c) Prospektfreie Angebote

Kaum noch Relevanz dürfte die bürgerlich-rechtliche Prospekthaftung im engeren Sinne bei der **Einbeziehung** von Wertpapieren in den **Freiverkehr** haben. Hierbei ist zunächst zu unterscheiden, ob die Einbeziehung aufgrund eines Einbeziehungsdokuments (auch Exposé genannt) oder eines Prospekts erfolgt. Geht die Einbeziehung in den Freiverkehr mit zusätzlichen Werbemaßnahmen einher und liegt ein öffentliches Angebot i. S. d. Art. 2 lit. d ProspektVO vor, muss gem. Art. 3 Abs. 1 ProspektVO ein Prospekt erstellt werden. Wird die Einbeziehung hingegen ohne öffentliches Angebot i. S. d. Art. 2 lit. d ProspektVO vorgenommen und wird hierfür aufgrund der anwendbaren AGB-Freiverkehr lediglich ein Exposé erstellt, das der Börse vorgelegt wird, stellt dies als reines Börseninternum keinen Prospekt im Sinne des WpPG dar und unterliegt auch nicht der bürgerlich-rechtlichen Prospekthaftung.[43] Sofern ein Exposé (ausnahmsweise) Dritten zur Verfügung gestellt wird, kann dies ebenfalls als zusätzliche Werbemaßnahme und damit ein öffentliches Angebot zu werten sein, mit der Folge, dass sich die Haftung nach §§ 10, 14 richtet.

13

Im Bemühen um eine erhöhte Transaktionssicherheit bei der Durchführung eines Börsengangs verkaufen Emittent und Konsortialbanken unter Umständen vor Durchführung eines Angebots Wertpapiere im Wege einer Privatplatzierung (sog. **Vorabplatzierung**). Wenn die angesprochenen Anleger ihre verbindliche Investitionsentscheidung bereits vor Prospektbilligung treffen, können sie sich, anders als die Investoren bei üblichen Cornerstone-Vereinbarungen (siehe bereits → § 9 Rn. 31), nicht auf den gebilligten Prospekt berufen. Legen Emittent und Emissionsbanken diesen Anlegern im Rahmen der Vorabplatzierung einen Entwurf des (zu billigenden) Prospekts vor, kommt insbesondere eine Haftung aus allgemeiner bürgerlich-rechtlicher Prospekthaftung in Betracht, was zu erheblicher Unsicherheit hinsichtlich des anwendbaren Verschuldensmaßstabs und unter Umständen zu einer Haftung bereits für einfache Fahrlässigkeit führen kann (siehe → Rn. 19). Dies erscheint jedoch jedenfalls dann nicht sachgerecht, wenn die Vorabplatzierung in engem **zeitlichen und inhaltlichen Zusammenhang mit** einem nachfolgenden **prospektpflichtigen Angebot** oder einer nachfolgenden prospektpflichtigen Zulassung von Wertpapieren am regulierten Markt erfolgt und der (bereits von der BaFin im Rahmen des Prospektbilligungsverfahrens durchgesehene)[44] Prospektentwurf kurz vor Billigung zur Verfügung gestellt wird. In diesem Fall kann es aus Sicht von Emittent und begleitenden Banken deshalb geboten sein, den anzulegenden Haftungsmaßstab mit den Anlegern, soweit (ggf. im Rahmen der AGB-Kontrolle) zulässig, **vertraglich zu regeln**.

14

---

42 Siehe *Groß*, Kapitalmarktrecht, § 16 WpPG Rn. 8; *Schlitt/Landschein*, ZBB 2019, 103, 112. Gleiches sollte für Roadshow-Präsentationen gelten. Um eine Einordnung als Prospekt i. S. d. bürgerlich-rechtlichen Prospekthaftung zu vermeiden, sind insb. die prospektähnlichen Merkmale, wie etwa Risikofaktoren, zu vermeiden, vgl. *Schlitt/Landschein*, ZBB 2019, 103, 112.
43 Gem. § 17 Abs. 1 lit. b i. V. m. Abs. 3 lit. b AGB-Freiverkehr der Deutsche Börse AG erfolgt die Einbeziehung in das Freiverkehrssegment Scale entweder auf der Grundlage eines Einbeziehungsdokuments gemäß Anlage 2 AGB-Freiverkehr oder aufgrund eines nach den Vorschriften ProspektVO gültigen und gebilligten oder bescheinigten Prospekts. Vgl. auch *Mülbert/Steup*, in: Habersack/Mülbert/Schlitt, Unternehmensfinanzierung, § 41 Rn. 169.
44 Insofern ist zu beachten, dass die BaFin nur den endgültigen Entwurf billigt.

In Betracht kommt insbesondere, die Regeln der wertpapierprospektgesetzlichen Prospekthaftung für entsprechend anwendbar zu erklären. Dies trägt dem Umstand Rechnung, dass den Anlegern ein nach den gesetzlichen Vorgaben erstellter (und von der BaFin durchgesehener), wenn auch noch nicht gebilligter Prospekt vorliegt.[45]

15 Letztlich erscheint fraglich, ob für Dokumente, die der Anlegerinformation dienen und von der gesetzlichen Prospektpflicht ausgenommen sind (Art. 1 Abs. 4, 5 ProspektVO), die bürgerlich-rechtliche Prospekthaftung noch einen Restanwendungsbereich hat. Dies gilt insbesondere auch vor dem Hintergrund der jüngsten Rechtsprechung des BGH, die klargestellt hat, dass die bürgerlich-rechtliche Prospekthaftung im Anwendungsbereich der kodifizierten spezialgesetzlichen Prospekthaftung von dieser verdrängt wird (siehe → Rn. 6, 22). Insofern bleibt abzuwarten, ob die Rechtsprechung mögliche verbleibende Schutzlücken im Einzelfall schließen wird. Dagegen spricht, dass der Gesetzgeber solche Fälle mangels Prospektpflicht von der spezialgesetzlichen Prospekthaftung ausgenommen hat. Es erscheint daher systemwidrig, sie dann aber der – tendenziell schärferen (siehe → Rn. 6, 22) – bürgerlich-rechtlichen Prospekthaftung zu unterwerfen.[46]

2. Anspruchsvoraussetzungen

16 Soweit noch anwendbar, knüpft die bürgerlich-rechtliche Prospekthaftung im engeren Sinne für die Haftungsbegründung nicht an persönliches, etwa durch Vertragsverhandlungen begründetes Vertrauen, sondern an ein **typisiertes Vertrauen** auf die Richtigkeit des (bürgerlich-rechtlichen) Prospekts an.[47]

a) Prospektmangel

17 Die bürgerlich-rechtliche Prospekthaftung im engeren Sinne setzt die **Unrichtigkeit** oder **Unvollständigkeit** des Prospekts voraus. Der Beurteilungsmaßstab richtet sich dabei (wie auch im Rahmen der spezialgesetzlichen Prospekthaftung) nach dem durchschnittlichen Anleger, soweit sich die Emission an ein breites Anlegerpublikum richtet.[48] Die Beurteilung der Vollständigkeit des Prospekts kann im Einzelfall Schwierigkeiten bereiten, da im Unterschied zur spezialgesetzlichen Haftung kein entsprechender Katalog inhaltlicher Mindestanforderungen (vgl. die Anhänge zur ProspektVO) besteht.[49] Es gilt als allgemeiner Maßstab, dass der Prospekt als allgemeine Grundlage der Anlageentscheidung ein zutreffendes Bild von der Anlage vermitteln und über alle potenziell erheblichen Umstände sachlich richtig und vollständig unterrichten muss.[50]

---

45 So auch *Schlitt/Landschein*, ZBB 2019, 103, 110f.
46 So *Assmann/Kumpan*, in: Assmann/Schütze/Buck-Heeb, Handbuch des Kapitalanlagerechts, § 5 Rn. 33.
47 BGH, 5.7.1993 – II ZR 194/92, DNotZ 1994, 445, 446.
48 *Assmann/Kumpan*, in: Assmann/Schütze/Buck-Heeb, Handbuch des Kapitalanlagerechts, § 5 Rn. 49; *Mülbert/Steup*, in: Habersack/Mülbert/Schlitt, Unternehmensfinanzierung, § 41 Rn. 170; *Herresthal*, in: Bankrechtstag 2015, 103, 116.
49 Zu den Einzelheiten *Eyles*, in: Vortmann, Prospekthaftung und Anlageberatung, § 2 Rn. 65 ff.
50 BGH, 18.9.2012 – XI ZR 344/11, NZG 2012, 1262, 1264 m.w.N. („Wohnungsbau Leipzig-West"); dazu *Singhof*, RdA 2013, 76; vgl. zu den Einzelheiten auch *Assmann/Kumpan*, in: Assmann/Schütze/Buck-Heeb, Handbuch des Kapitalanlagerechts, § 5 Rn. 53 ff.

b) Haftungsadressaten

Haftungsadressaten sind nach der Rechtsprechung des BGH die **Herausgeber** von Prospekten, **Gründer**, Initiatoren, Gestalter der emittierenden Gesellschaft, soweit sie das Management bilden oder beherrschen, und als sogenannte **Hintermänner** alle Personen, die hinter der Gesellschaft stehen und auf ihr Geschäftsgebaren oder die Gestaltung des konkreten Anlagemodells besonderen Einfluss ausüben und deshalb Mitverantwortung tragen,[51] sowie die die Emission begleitenden **Emissionsbanken**.[52]

18

c) Verschulden

Zur Bestimmung des Verschuldensmaßstabs griff die Rechtsprechung bis zur Einführung der Prospektpflicht und einer daran anknüpfende Haftung auch für nicht in Wertpapiere verbriefte Anlagen (§§ 8f, 13, 13a VerkProspG a. F.)[53] auf **§ 276 BGB** (einfache Fahrlässigkeit) zurück.[54] Seitdem erscheint allerdings eine Beschränkung des Verschuldens auf grobe Fahrlässigkeit geboten, da der Gesetzgeber bereits mit dem Anlegerschutzverbesserungsgesetz den Verschuldensmaßstab für die wertpapierprospektrechtliche Haftung auf grobe Fahrlässigkeit begrenzt und so die übrigen spezialgesetzlichen primär- und sekundärmarktbezogenen Haftungsvorschriften harmonisiert hat.[55] Da die originären Fallgestaltungen der bürgerlich-rechtlichen Prospekthaftung im engeren Sinne mit Einführung der wertpapierprospektrechtlichen Prospekthaftungstatbestände nunmehr hauptsächlich dem spezialgesetzlichen Haftungsregime unterfallen, ist zur Wahrung eines einheitlichen Haftungsmaßstabs eine Übertragung der Wertung des § 12 Abs. 1 auf die verbleibenden Fälle der bürgerlich-rechtliche Prospekthaftung im engeren Sinne geboten (siehe schon die Kommentierung zu → § 12 Rn. 3 ff.). Nur so können **Wertungswidersprüche** zwischen der wertpapierprospektrechtlichen Prospekthaftung und der bürgerlich-rechtlichen Prospekthaftung im engeren Sinne vermieden werden.

19

3. Rechtsfolge und Verjährung

Als **Rechtsfolge** umfasst die bürgerlich-rechtliche Prospekthaftung im engeren Sinne **Schadensersatz** in Form eines Ersatzes des negativen Interesses. Demnach müssen der angelegte Betrag und alle mit dem Erwerb der Wertpapiere verbundenen Aufwendungen Zug um Zug gegen Übertragung der erworbenen Wertpapiere ersetzt werden.[56]

20

---

51 BGH, 17.1.2011 – III ZR 103/10, NJW 2012, 758, 759; BGH, 7.12.2009 – II ZR 15/08, NJW 2010, 1077, 1079.
52 Näher hierzu *Mülbert/Steup*, WM 2005, 1633, 1648 f., die jedoch Bedenken gegenüber der Haftungserstreckung auf den Emittenten äußern.
53 *Mülbert/Steup*, WM 2005, 1633, 1650; § 8f VerkProspG a. F. und § 13a VerkProspG a. F. wurden m.W.v. 1.7.2005 durch Gesetz v. 28.10.2004, BGBl. I, S. 2630, eingeführt und § 13 VerkProspG a. F. m.W.v. 1.7.2005 durch Gesetz v. 28.10.2004, BGBl. I, S. 2630, geändert.
54 BGH, 14.7.1998 – IX ZR 173/97, DStR 1998, 1523, 1524; siehe auch *Assmann/Kumpan*, in: Assmann/Schütze/Buck-Heeb, Handbuch des Kapitalanlagerechts, § 5 Rn. 100.
55 *Mülbert/Steup*, in: Habersack/Mülbert/Schlitt, Unternehmensfinanzierung, § 41 Rn. 172; *Herresthal*, in: Bankrechtstag 2015, 103, 122.
56 Ausführlich hierzu *Assmann/Kumpan*, in: Assmann/Schütze/Buck-Heeb, Handbuch des Kapitalanlagerechts, § 5 Rn. 103 ff.; *Eyles*, in: Vortmann, Prospekthaftung und Anlageberatung, § 2 Rn. 82 ff.

21 Nach der Rechtsprechung des BGH verjähren Ansprüche aus der bürgerlich-rechtlichen Prospekthaftung im engeren Sinne entsprechend den Verjährungsregeln für die (spezial-)gesetzlichen Prospekthaftungstatbestände.[57] Mit Wegfall der dafür bestehenden Sonderverjährungsregeln kommen auch insoweit die §§ 195, 199 BGB zum Tragen.[58] Damit gilt auch der vom BGH intendierte Gleichklang der Verjährungsregeln fort.

IV. Bürgerlich-rechtliche Prospekthaftung im weiteren Sinne

22 Die mittlerweile gefestigte bürgerlich-rechtliche Prospekthaftung im weiteren Sinne ist ein **Unterfall der culpa in contrahendo** gem. § 311 Abs. 2 und Abs. 3 BGB.[59] Die Haftung wird teilweise auch als uneigentliche Prospekthaftung bezeichnet.[60] Sie ist nicht mit dem von der Rechtsprechung entwickelten Institut der Prospekthaftung im engeren Sinne zu verwechseln und weist keine Besonderheiten gegenüber der allgemeinen vorvertraglichen Haftung auf. Jüngst betonte der XI. Zivilsenat des BGH den Vorrang der spezialgesetzlichen Prospekthaftung auch vor Ansprüchen aus Prospekthaftung im weiteren Sinne.[61] Die zu § 13 VerkProspG, §§ 14 ff. BörsG a. F. ergangene Entscheidung ist wertungsmäßig auf §§ 9 ff. übertragbar.[62] Sie ist insbesondere für Altfälle, in denen nach der allgemeinen bürgerlich-rechtlichen Prospekthaftung nicht nur der Verschuldensmaßstab für die Anleger günstiger, sondern darüber hinaus auch die Verjährungsfrist deutlich länger ist, von Relevanz.[63] Der Senat begründet seine Entscheidung mit der ansonsten fehlenden Möglichkeit des Haftungsadressaten, sich mit dem Nachweis einfach fahrlässiger Unkenntnis der Unrichtigkeit oder Unvollständigkeit des Prospekts zu entlasten.[64] In den Fällen, in denen der Emittent oder Anbieter nicht nur der Prospektverantwortliche ist, sondern auch der potenzielle Vertragspartner des geschädigten Anlegers, würden die einschränkenden Voraussetzungen der spezialgesetzlichen Prospekthaftung durch Anwendung der Prospekthaftung im weiteren Sinne unterlaufen werden.[65] Diese Grundsätze hat der Senat zwischenzeitlich auf eine Kommanditistin, die nicht zugleich auch eine Gründungsgesellschaft war, ausgedehnt.[66] Eine Haftung nach der Prospekthaftung im weiteren Sinne kommt demnach nur noch bei Sachverhaltskonstellationen in Betracht, die nicht

---

57 BGH, 18.12.2000 – II ZR 84/99, WM 2001, 464.
58 Ebenso *Leuering/Rubner*, NJW Spezial 2013, 143; *Mülbert/Steup*, in: Habersack/Mülbert/Schlitt, Unternehmensfinanzierung, § 41 Rn. 174.
59 *Horbach*, in: Münchener Handbuch des Gesellschaftsrechts, Bd. 2, 5. Aufl. 2019, § 69 Rn. 12; *Herresthal*, in: Bankrechtstag 2015, 103, 108.
60 *Grüneberg*, in: Grüneberg, BGB, § 311 Rn. 71.
61 BGH, 19.1.2021 – XI ZB 35/18, NZG 2021, 1073, 1074 Rn. 22; BGH, 11.1.2022 – XI ZB 11/20, NZG 2022, 673, 675 Rn. 18; BGH, 14.6.2022 – XI ZB 33/19, NJW-RR 2022, 1412, 1414 Rn. 62.
62 *Buck-Heeb*, BKR 2021, 317, 318; *Buck-Heeb/Dieckmann*, ZIP 2022, 145; *Ott*, NJW 2021, 1318, 1322; *Koch*, BKR 2022, 271, 284; BGH, 19.1.2021 – XI ZB 35/18, NZG 2021, 1073, 1074 Rn. 23 ff.; BGH, 27.4.2021 – XI ZB 35/18, BKR 2021, 774 Rn. 4 ff.; BGH, 14.6.2022 – XI ZB 33/19, NJW-RR 2022, 1412, 1414 Rn. 62 f.
63 *Koch*, BKR 2022, 271, 284; *Ott*, NJW 2021, 1318, 1321; *Buck-Heeb*, BKR 2021, 317, 318; *Buck-Heeb/Dieckmann*, ZIP 2022, 145, 146 f.
64 BGH, 19.1.2021 – XI ZB 35/18, NZG 2021, 1073, 1075 Rn. 26.
65 BGH, 19.1.2021 – XI ZB 35/18, NZG 2021, 1073, 1075 Rn. 26; *Koch*, BKR 2022, 271, 284; *Buck-Heeb/Dieckmann*, ZIP 2022, 145, 148.
66 BGH, 11.1.2022 – XI ZB 11/20, NZG 2022, 673, 675 Rn. 23; *Koch*, BKR 2022, 271, 284.

von den spezialgesetzlichen Prospekthaftungsregelungen erfasst sind (vgl. → Rn. 6).[67] Dem ist der II. Zivilsenat jedoch jüngst explizit entgegengetreten und hat betont, dass seiner Ansicht nach die Haftung von Gründungs- bzw. Altgesellschaftern wegen einer vorvertraglichen Pflichtverletzung aufgrund der Verwendung eines unrichtigen, unvollständigen oder irreführenden Prospekts als Mittel der schriftlichen Aufklärung gem. § 311 Abs. 2, § 241 Abs. 2, § 280 Abs. 1 BGB im Anwendungsbereich der spezialgesetzlichen Prospekthaftung unberührt bleibt.[68]

1. Haftungsvoraussetzungen

Die bürgerlich-rechtliche Prospekthaftung im weiteren Sinne setzt voraus, dass der Anleger **persönliches Vertrauen**, zum Beispiel bei Vertragsverhandlungen, in Anspruch genommen hat.[69] Neben dem künftigen Vertragspartner kann nach Ansicht des BGH auch ausnahmsweise der für diesen auftretende Vertreter, Vermittler oder Sachverwalter in Anspruch genommen werden, wenn er in besonderem Maße Vertrauen für sich in Anspruch genommen hat oder wenn er ein mittelbares, eigenes wirtschaftliches Interesse am Abschluss des Geschäfts hat.[70] Anzeichen für ein solches besonderes persönliches Vertrauen soll die **Übernahme** einer, über das normale Verhandlungsvertrauen hinausgehenden, **persönlichen Gewähr für die Seriosität** und ordnungsgemäße Erfüllung des Vertrags sein.[71] Folglich ist der Anknüpfungspunkt der Prospekthaftung im weiteren Sinne nicht die Verantwortlichkeit für einen fehlerhaften Prospekt, sondern die **Verletzung einer selbständigen Aufklärungspflicht** als Vertragspartner oder Sachverwalter aufgrund persönlich in Anspruch genommenen – eben nicht nur typisierten – besonderen Vertrauens, zu deren Erfüllung er sich des [fehlerhaften] Prospekts bedient.[72] Aufgrund dieses unterschiedlichen Anknüpfungspunktes der Haftung – persönliches statt typisiertes Vertrauen – hält der II. Zivilsenat, anders als der XI. Zivilsenat, nach wie vor an einem zumindest für Altfälle verbleibenden Anwendungsbereich der bürgerlich-rechtlichen Prospekthaftung im weiteren Sinne fest (→ Rn. 22).[73] Der Anspruchsgegner haftet in diesem Rahmen auch

23

---

67 *Ott*, NJW 2021, 1318, 1322; *Grüneberg*, BKR 2022, 203, 206; *Buck-Heeb*, BKR 2021, 317, 319; BGH, 19.1.2021 – XI ZB 35/18, NZG 2021, 1073, 1075 Rn. 26; a. A. *Schmidt*, WM 2022, 1207, 1212 ff., der aufgrund der durch die Vertragsverhandlung entstandenen Sonderverbindung von einer Anwendung der bürgerlich-rechtlichen Prospekthaftung im weiteren Sinne neben der spezialgesetzlichen Prospekthaftung ausgeht.
68 BGH, 25.10.2022 – II ZR 35/18, NJW-RR 2023, 109. Dogmatisch unscharf erscheint indes die bereits im Leitsatz gewählte Formulierung „gesellschaftsrechtliche Haftung […] wegen einer vorvertraglichen Pflichtverletzung", vgl. *Assmann*, AG 2023, 189, 193.
69 BGH, 22.3.1982 – II ZR 114/81, BGHZ 83, 222, 227; vgl. BGH, 23.4.2012 – II ZR 211/09, NJW-RR 2012, 937, 938, danach entstehen hinreichende (vor-)vertragliche Beziehungen zwischen den Anleger und den Gründungsgesellschaftern eines geschlossenen Immobilienfonds, wenn dieser als Treugeber über einen Treuhandkommanditisten dem geschlossenen Immobilienfonds beitritt und den unmittelbaren Kommanditisten im Innenverhältnis gleichgestellt werden soll.
70 St. Rspr. des BGH, 23.4.2012 – II ZR 211/09, NJW-RR 2012, 937, 939 m. w. N.
71 BGH, 23.4.2012 – II ZR 211/09, NJW-RR 2012, 937, 939.
72 BGH, 23.4.2012 – II ZR 211/09, NJW-RR 2012, 937, 939; noch zum alten Recht: BGH, 22.3.1982 – II ZR 114/81, BGHZ 83, 222, 227; KG Berlin, 6.9.2011 – 19 U 68/11, WM 2012, 127 f.
73 BGH, 25.10.2022 – II ZR 35/18, NJW-RR 2023, 109, zustimmend *Assmann*, AG 2023, 189.

für anderweitig, etwa mündlich, erteilte unrichtige oder unvollständige Informationen über den Emittenten oder die Wertpapiere.[74]

2. Keine Haftung sui generis bei Erwerb von Wertpapieren auf dem Sekundärmarkt

24 Das OLG Frankfurt hat in diesem Zusammenhang mit Beschluss vom 22.4.2015[75] klargestellt, dass im Falle einer **Emission von Zertifikaten** zwischen einem Anleger und der wertpapieremittierenden Bank keine quasi-vertraglichen Beziehungen *sui generis* entstehen, wenn der Anleger die Wertpapiere nicht direkt von der Bank, sondern über einen Dritten am Sekundärmarkt erwirbt und der Dritte sich beim Anlagevertrieb eines von der Bank herausgegebenen Wertpapierkonditionenblattes bedient.[76] In diesem Fall könne weder durch die Verwendung des Wertpapierkonditionenblattes noch aufgrund von Gebührenvereinbarungen für den Vertrieb der Wertpapiere zwischen dem Dritten und der Bank ohne Weiteres eine Stellvertretung des Dritten für die Bank konstruiert oder (da es dem Anleger am Kapitalmarkt in der Regel mit Blick auf das Insolvenzrisiko des Vertragspartners nicht gleichgültig ist, mit wem er kontrahiert) von einem Geschäft für den, den es angeht, ausgegangen werden.[77] Auch ein Anspruch wegen Verschuldens bei Vertragsschluss gegen die Bank scheide deshalb, **mangels Sonderverbindung** zwischen dem Zweiterwerber und der Bank[78] aus.[79] Der Vertrag zwischen der Bank und den Ersterwerbern der Wertpapiere entfaltet schließlich keine Schutzwirkung zugunsten Dritter, soweit dem zweiterwerbenden Anleger eigene vertragliche Ansprüche, etwa aus einem Anlageberatungsvertrag, zustehen und es schon deswegen an seiner Schutzbedürftigkeit mangelt.[80]

3. Rechtsfolge und Verjährung

25 Hinsichtlich des Umfangs der Schadensersatzpflicht[81] und der Verjährung gelten die Ausführungen zur bürgerlich-rechtlichen Prospekthaftung im engeren Sinne entsprechend (→ Rn. 20 f.).

V. Gerichtliche Zuständigkeit

26 Für die bürgerlich-rechtliche Prospekthaftung im engeren Sinne ergeben sich grundsätzlich **keine Abweichungen** bei der Bestimmung der gerichtlichen Zuständigkeit. Die örtliche Zuständigkeit ergibt sich aus § 32b ZPO. Sofern der Prospektverantwortliche jedoch nicht im Sinne des § 32b Abs. 1 Nr. 1 ZPO, sondern wegen Ansprüchen aus bürgerlich-

---

74 BGH, 2.6.2008 – II ZR 210/06, WM 2008, 1545, 1547.
75 OLG Frankfurt, 22.4.2015 – 23 Kap 1/13, WM 2015, 1105, 1105.
76 OLG Frankfurt, 22.4.2015 – 23 Kap 1/13, WM 2015, 1105, 1107; zustimmend *Einsele*, WuB 2015, 435, 437.
77 OLG Frankfurt, 22.4.2015 – 23 Kap 1/13, WM 2015, 1105, 1107 f.
78 Zu Recht hier differenzierend: *Einsele*, WuB 2015, 435, 438.
79 OLG Frankfurt, 22.4.2015 – 23 Kap 1/13, WM 2015, 1105, 1109.
80 OLG Frankfurt, 22.4.2015 – 23 Kap 1/13, WM 2015, 1105, 1112.
81 BGH, 31.5.2010 – II ZR 30/09, NJW 2010, 2506, 2508.

rechtlicher Prospekthaftung im weiteren Sinne in Anspruch genommen wird, findet der ausschließliche Gerichtsstand des § 32b Abs. 1 ZPO keine Anwendung, sodass sich die örtliche Zuständigkeit nach den allgemeinen Regeln der ZPO richtet.[82] Die sachliche Zuständigkeit des Landgerichts folgt aus § 71 Abs. 2 Nr. 3 GVG. Die Zuständigkeit der Kammer für Handelssachen resultiert aus § 95 Abs. 1 Nr. 6 GVG (hinsichtlich weiterer Einzelheiten siehe § 9 Rn. 133). Voraussetzung ist jedoch, dass die Schadensersatzansprüche auf eine falsche, irreführende oder unterlassene öffentliche Kapitalmarktinformation,[83] die irgendeine Art von Wertpapier betrifft, gegründet[84] und auch gegen den Emittenten oder den Anbieter der Wertpapiere geltend gemacht werden, vgl. § 32b Abs. 1 letzter Hs. ZPO.[85] Im Übrigen, insbesondere für die Prospekthaftung im weiteren Sinne, gelten die allgemeinen Zuständigkeitsregeln der ZPO.

---

82 BGH, 1.12.2016 – X ARZ 180/16, NZG 2017, 267 Rn. 10 ff.; *Heinrich*, in: Musielak/Voit, ZPO, 20. Aufl. 2023, § 32b Rn. 5a.
83 BGH, 30.1.2007 – X ARZ 381/06, NJW 2007, 1364, 1365.
84 *Schultzky*, in: Zöller, ZPO, § 32b Rn. 4a.
85 Begr. RegE zur Reform des KapMuG, BT-Drucks. 17/8799, S. 27.

Abschnitt 4
Zuständige Behörde und Verfahren

§ 17 WpPG
Zuständige Behörde*

Die Bundesanstalt ist zuständige Behörde im Sinne des Artikels 31 Absatz 1 Satz 1 der Verordnung (EU) 2017/1129 in der jeweils geltenden Fassung.

1 § 17 WpPG wurde m.W.v. 21.7.2019 durch Art. 1 Nr. 21 des Gesetzes zur weiteren Ausführung der EU-Prospektverordnung und zur Änderung von Finanzmarktgesetzen vom 8.7.2019[1] eingefügt und ist seither unverändert. Die Benennung der **Bundesanstalt für Finanzdienstleistungsaufsicht (BaFin)** als weiterhin für die Billigung von Prospekten bei öffentlichen Angeboten und/oder Zulassungen zum geregelten Markt von Wertpapieren zuständiger Behörde erfolgt in Erfüllung der in Art. 31 Abs. 1 ProspektVO genannten erforderlichen Maßnahme. Danach ist durch die Mitgliedstaaten eine einzige zuständige Behörde zu benennen, die für die Erfüllung der aus der (neuen) ProspektVO erwachsenden Pflichten und für die Anwendung der Bestimmungen der ProspektVO zuständig ist.[2] Von der nach Art. 31 Abs. 2 ProspektVO eingeräumten Möglichkeit für den nationalen Gesetzgeber, Aufgaben im Zusammenhang mit der elektronischen Veröffentlichung gebilligter Prospekte und der zugehörigen Dokumente an Dritte zu delegieren, wurde hingegen kein Gebrauch gemacht.[3]

2 Bis zum Inkrafttreten des § 17 WpPG war die Zuständigkeit der BaFin für die Billigung von Prospekten in § 13 Abs. 1 Satz 2 WpPG a. F. in Verbindung mit § 2 Nr. 17 WpPG a. F. geregelt bzw. ergab sich indirekt aus der Zuweisung der Vollzugsbefugnisse durch § 26 WpPG a. F.[4] In § 17 WpPG wird nun direkt auf die Bundesanstalt, welche durch § 2 Nr. 10 WpPG als die Bundesanstalt für Finanzdienstleistungsaufsicht bestimmt ist, als zuständige Behörde verwiesen.

3 Die BaFin ist nach dem Gesetz über die Bundesanstalt für Finanzdienstleistungsaufsicht (FinDAG)[5] errichtet. Als Bestandteil der Bundesverwaltung untersteht die BaFin der Rechts- und Fachaufsicht des Bundesministeriums der Finanzen, in deren Rahmen Recht-

---

* Die Kommentierung gibt ausschließlich die persönliche Meinung der Autorin wieder. Dies gilt für sämtliche Ausführungen der Autorin in diesem Kommentar.
1 Gesetz zur weiteren Ausführung der EU-Prospektverordnung und zur Änderung von Finanzmarktgesetzen vom 8.7.2019, BGBl. I 2019, S. 1002 (nachfolgend: Ausführungsgesetz).
2 So auch *Groß*, in: Ebenroth/Boujong/Joost/Strohn, HGB, § 17 WpPG Rn. 1 mit Verweis auf die Begr. im RegE zum Ausführungsgesetz, BT-Drucks. 19/8005, S. 49.
3 *Preuße*, in: Schwark/Zimmer, KMRK, § 18 WpPG Rn. 3.
4 *Gurlit*, in: Assmann/Schlitt/von Kopp-Colomb, Prospektrecht Kommentar, § 17 WpPG Rn. 1.
5 Finanzdienstleistungsaufsichtsgesetz vom 22.4.2002, BGBl. I, S. 1310, zuletzt geändert durch Art. 21 des Gesetzes vom 3.7.2021, BGBl. I, S. 1568.

und Zweckmäßigkeit des Verwaltungshandelns der BaFin überwacht wird.[6] Innerhalb der BaFin zuständig für prospektrechtliche Angelegenheiten ist die Abteilung WA 3 (Marktzugang), insbesondere das Referat WA 31 (Grundsatzfragen und unerlaubter Marktzugang) sowie die prüfenden Referate WA 32 (Wertpapierprospekte regulierter Markt (IPOs)) und WA 33 (Wertpapierprospekte öffentliches Angebot (Anleihen und Aktien)).[7]

Die Zuständigkeit der BaFin für den Vollzug der Gebote der ProspektVO schließt die Gebote mit ein, die der Gesetzgeber in nationales Recht überführt hat.[8] 4

Die Bundesanstalt nimmt alle nach Art. 31 Abs. 1 Satz 1 ProspektVO übertragenen Aufgaben unmittelbar i. S. v. Art. 32 Abs. 2 lit. a ProspektVO in Letztverantwortung wahr. Sie hat die ihr mit § 18 WpPG übertragenen Befugnisse. Dies schließt jedoch die Zusammenarbeit mit anderen nationalen und internationalen Behörden gerade nicht aus, wie sich aus den in Art. 33 und 34 ProspektVO festgelegten Grundsätzen zur Zusammenarbeit der zuständigen Behörden untereinander und mit ESMA ausdrücklich ergibt. In Art. 32 Abs. 2 lit. b ProspektVO und § 18 Abs. 6 WpPG ist sie daher ausdrücklich genannt.[9] 5

Eine Übersicht der von den EWR-Mitgliedstaaten als zuständige Behörden benannten Behörden hat die ESMA in ihrer „List of competent authorities designated for the purpose of Regulation (EU) 2017/1129 on the prospectus to be published when securities are offered to the public or admitted to trading on a regulated market (Prospectus Regulation)"[10] veröffentlicht. 6

---

6 BaFin Homepage, https://www.bafin.de/DE/DieBaFin/GrundlgenOrganisation/grundlagenorganisation_node.html, Stand: 9.1.2018; ausführlich zur Struktur und zum Aufbau der BaFin *Döhmel*, in: Assmann/Uwe H. Schneider/Mülbert, Wertpapierhandelsrecht, 8. Aufl. 2023, vor § 6 WpHG Rn. 1 ff.
7 Vgl. Organigramm der BaFin, Stand: 1.9.2023, https://www.bafin.de/SharedDocs/Downloads/DE/Liste/dl_organigramm.html?nn=19639996.
8 *Gurlit*, in: Assmann/Schlitt/von Kopp-Colomb, Prospektrecht Kommentar, § 17 WpPG Rn. 1.
9 Ebenso *Gurlit*, in: Assmann/Schlitt/von Kopp-Colomb, Prospektrecht Kommentar, § 17 WpPG Rn. 2.
10 Die Liste ist abrufbar unter https://www.esma.europa.eu/sites/default/files/prospectus.pdf, Stand: 12.1.2023.

§ 18 WpPG
Befugnisse der Bundesanstalt

(1) Ist bei der Bundesanstalt ein Prospekt zur Billigung eingereicht worden, kann sie vom Emittenten, Anbieter oder Zulassungsantragsteller die Aufnahme zusätzlicher Angaben in den Prospekt verlangen, wenn dies zum Schutz des Publikums geboten erscheint.

(2) Die Bundesanstalt kann von jedermann Auskünfte, die Vorlage von Informationen und Unterlagen und die Überlassung von Kopien verlangen, soweit dies zur Überwachung der Einhaltung der Bestimmungen

1. dieses Gesetzes oder

2. der Verordnung (EU) 2017/1129

erforderlich ist.

(3) Die Bundesanstalt kann auf ihrer Internetseite öffentlich bekannt machen, dass ein Emittent, Anbieter oder Zulassungsantragsteller seinen Verpflichtungen nach diesem Gesetz oder der Verordnung (EU) 2017/1129 nicht oder nur unvollständig nachkommt oder diesbezüglich ein hinreichend begründeter Verdacht besteht. Dies gilt insbesondere, wenn

1. entgegen Artikel 3, auch in Verbindung mit Artikel 5 der Verordnung (EU) 2017/1129, kein Prospekt veröffentlicht wurde,

2. entgegen Artikel 20 der Verordnung (EU) 2017/1129 in Verbindung mit den Vorgaben in Kapitel V der Delegierten Verordnung (EU) 2019/980 ein Prospekt veröffentlicht wird,

3. der Prospekt nicht mehr nach Artikel 12 der Verordnung (EU) 2017/1129 gültig ist,

4. entgegen den in Artikel 18 der Delegierten Verordnung (EU) 2019/979 bestimmten Fällen kein Nachtrag veröffentlicht wurde,

5. entgegen § 4 Absatz 1 kein Wertpapier-Informationsblatt veröffentlicht wurde,

6. entgegen § 4 Absatz 2 ein Wertpapier-Informationsblatt veröffentlicht wird oder

7. das Wertpapier-Informationsblatt nicht nach § 4 Absatz 8 aktualisiert wurde.

In einem Auskunfts- und Vorlegungsersuchen nach Absatz 2 ist auf die Befugnis nach Satz 1 hinzuweisen. Die Bekanntmachung darf nur diejenigen personenbezogenen Daten enthalten, die zur Identifizierung des Anbieters, Zulassungsantragstellers oder Emittenten erforderlich sind. Bei nicht bestandskräftigen Maßnahmen ist folgender Hinweis hinzuzufügen: „Diese Maßnahme ist noch nicht bestandskräftig." Wurde gegen die Maßnahme ein Rechtsmittel eingelegt, sind der Stand und der Ausgang des Rechtsmittelverfahrens bekannt zu machen. Die Bekanntmachung ist spätestens nach fünf Jahren zu löschen. Die Bundesanstalt sieht von einer Bekanntmachung ab, wenn die Bekanntmachung die Finanzmärkte der Bundesrepublik Deutschland oder eines oder mehrerer Staaten des Europäischen Wirtschaftsraums erheblich gefährden würde. Sie kann von einer Bekanntmachung außerdem absehen, wenn eine Bekanntmachung nachteilige Auswirkungen auf die Durchführung strafrechtlicher, bußgeldrechtlicher oder disziplinarischer Ermittlungen haben kann.

(4) Die Bundesanstalt hat ein öffentliches Angebot zu untersagen, wenn

1. entgegen Artikel 3, auch in Verbindung mit Artikel 5 der Verordnung (EU) 2017/1129, kein Prospekt veröffentlicht wurde,

2. entgegen Artikel 20 der Verordnung (EU) 2017/1129 in Verbindung mit den Vorgaben in Kapitel V der Delegierten Verordnung (EU) 2019/980 ein Prospekt veröffentlicht wird,

3. der Prospekt nicht mehr nach Artikel 12 der Verordnung (EU) 2017/1129 gültig ist,

4. entgegen den in Artikel 18 der Delegierten Verordnung (EU) 2019/979 bestimmten Fällen kein Nachtrag veröffentlicht wurde,

5. entgegen § 4 Absatz 1 kein Wertpapier-Informationsblatt hinterlegt und veröffentlicht wurde oder

6. entgegen § 4 Absatz 2 ein Wertpapier-Informationsblatt veröffentlicht wird.

Die Bundesanstalt kann ein öffentliches Angebot auch untersagen, wenn gegen andere als die in Satz 1 genannten Bestimmungen

1. der Verordnung (EU) 2017/1129 oder

2. dieses Gesetzes

verstoßen wurde. Sie kann ein öffentliches Angebot ebenfalls untersagen, wenn ein hinreichend begründeter Verdacht besteht, dass gegen Bestimmungen

1. der Verordnung (EU) 2017/1129 oder

2. dieses Gesetzes

verstoßen würde. Hat die Bundesanstalt einen hinreichend begründeten Verdacht, dass gegen

1. dieses Gesetz, insbesondere § 4 Absatz 1, 2 oder 8, oder

2. Bestimmungen der Verordnung (EU) 2017/1129, insbesondere die Artikel 3 bis 5, 12, 20, 23, 25 oder 27,

verstoßen wurde, kann sie anordnen, dass ein öffentliches Angebot für höchstens zehn aufeinander folgende Arbeitstage auszusetzen ist. Die nach Satz 4 gesetzte Frist beginnt mit der Bekanntgabe der Entscheidung.

(5) Die Bundesanstalt ist befugt zu kontrollieren, ob bei der Werbung für ein öffentliches Angebot von Wertpapieren oder eine Zulassung zum Handel an einem geregelten Markt die Regelungen in Artikel 22 Absatz 2 bis 5 und in Kapitel IV der Delegierten Verordnung (EU) 2019/979 sowie diejenigen in § 7 beachtet werden. Besteht ein hinreichend begründeter Verdacht für einen Verstoß gegen die Bestimmungen

1. der Verordnung (EU) 2017/1129 oder

2. dieses Gesetzes,

so kann die Bundesanstalt die Werbung untersagen oder für jeweils höchstens zehn aufeinander folgende Arbeitstage aussetzen oder anordnen, dass sie zu unterlassen oder für jeweils höchstens zehn aufeinander folgende Arbeitstage auszusetzen ist. ³Dies gilt insbesondere bei hinreichend begründetem Verdacht auf Verstöße gegen § 7 oder gegen Artikel 3, auch in Verbindung mit Artikel 5, oder Artikel 22 Absatz 2 bis 5 und Kapitel IV der Delegierten Verordnung (EU) 2019/979.

(6) Die Bundesanstalt kann der Geschäftsführung der Börse und der Zulassungsstelle Daten einschließlich personenbezogener Daten übermitteln, wenn Tatsachen den Verdacht begründen, dass gegen Bestimmungen dieses Gesetzes oder der Verordnung (EU) 2017/1129 verstoßen worden ist und die Daten zur Erfüllung der in der Zuständigkeit der Geschäftsführung der Börse oder der Zulassungsstelle liegenden Aufgaben erforderlich sind.

(7) Verhängt die Bundesanstalt nach Artikel 42 der Verordnung (EU) Nr. 600/2014 des Europäischen Parlaments und des Rates vom 15. Mai 2014 über Märkte für Finanzinstrumente und zur Änderung der Verordnung (EU) Nr. 648/2012 (ABl. L 173 vom 12.6.2014, S. 84) oder die Europäische Wertpapier- und Marktaufsichtsbehörde nach Artikel 40 der Verordnung (EU) Nr. 600/2014 ein Verbot oder eine Beschränkung, so kann die Bundesanstalt die Prüfung eines zur Billigung vorgelegten Prospekts oder zwecks Gestattung der Veröffentlichung vorgelegten Wertpapier-Informationsblatts aussetzen oder ein öffentliches Angebot von Wertpapieren aussetzen oder einschränken, solange dieses Verbot oder diese Beschränkungen gelten.

(8) Die Bundesanstalt kann die Billigung eines Prospekts oder die Gestattung eines Wertpapier-Informationsblatts, der oder das von einem bestimmten Emittenten, Anbieter oder Zulassungsantragsteller erstellt wurde, während höchstens fünf Jahren verweigern, wenn dieser Emittent, Anbieter oder Zulassungsantragsteller wiederholt und schwerwiegend gegen die Verordnung (EU) 2017/1129, insbesondere deren Artikel 3 bis 5, 12 oder 20, oder gegen dieses Gesetz, insbesondere gegen § 4, verstoßen hat.

(9) Der zur Erteilung einer Auskunft Verpflichtete kann die Auskunft auf solche Fragen verweigern, deren Beantwortung ihn selbst oder einen der in § 383 Abs. 1 Nr. 1 bis 3 der Zivilprozessordnung bezeichneten Angehörigen der Gefahr strafgerichtlicher Verfolgung oder eines Verfahrens nach dem Gesetz über Ordnungswidrigkeiten aussetzen würde. Der Verpflichtete ist über sein Recht zur Verweigerung der Auskunft zu belehren.

(10) Die Bundesanstalt kann zur Gewährleistung des Anlegerschutzes oder des reibungslosen Funktionierens des Marktes anordnen, dass der Emittent alle wesentlichen Informationen, welche die Bewertung der öffentlich angebotenen oder zum Handel an einem geregelten Markt zugelassenen Wertpapiere beeinflussen können, bekannt macht. Die Bundesanstalt kann die gebotene Bekanntmachung auch auf Kosten des Emittenten selbst vornehmen.

(11) Bedienstete der Bundesanstalt dürfen Geschäftsräume durchsuchen, soweit dies zur Verfolgung von Verstößen gegen die Verordnung (EU) 2017/1129, insbesondere in Fällen eines öffentlichen Angebots ohne Veröffentlichung eines Prospekts nach Artikel 3 Absatz 1 der Verordnung (EU) 2017/1129, geboten ist und der begründete Verdacht besteht, dass in Zusammenhang mit dem Gegenstand der entsprechenden Überprüfung oder Ermittlung Dokumente und andere Daten vorhanden sind, die als

Nachweis für den Verstoß dienen können. Das Grundrecht des Artikels 13 des Grundgesetzes wird insoweit eingeschränkt. Im Rahmen der Durchsuchung dürfen Bedienstete der Bundesanstalt Gegenstände sicherstellen, die als Beweismittel für die Ermittlung des Sachverhalts von Bedeutung sein können. Befinden sich die Gegenstände im Gewahrsam einer Person und werden sie nicht freiwillig herausgegeben, können Bedienstete der Bundesanstalt sie beschlagnahmen. Durchsuchungen und Beschlagnahmen sind, außer bei Gefahr im Verzug, durch den Richter anzuordnen. Zuständig ist das Amtsgericht Frankfurt am Main. Gegen die richterliche Entscheidung ist die Beschwerde zulässig. Die §§ 306 bis 310 und 311a der Strafprozessordnung gelten entsprechend. Bei Beschlagnahmen ohne gerichtliche Anordnung gilt § 98 Absatz 2 der Strafprozessordnung entsprechend. Zuständiges Gericht für die nachträglich eingeholte gerichtliche Entscheidung ist das Amtsgericht Frankfurt am Main. Über die Durchsuchung ist eine Niederschrift zu fertigen. Sie muss insbesondere die verantwortliche Dienststelle, Grund, Zeit und Ort der Durchsuchung und ihr Ergebnis enthalten.

Übersicht

	Rn.
I. Überblick	1
II. Aufnahme zusätzlicher Angaben nach Abs. 1	7
1. Überblick und Regelungsgehalt	7
2. Verhältnis zu anderen Vorschriften	10
3. Schutz des Publikums geboten	14
4. Prospekt zur Billigung eingereicht	18
5. Adressaten	21
6. Aufnahme zusätzlicher Angaben in den Prospekt	22
7. Form des Ergänzungsverlangens	26
III. Auskunfts-, Vorlage- und Überlassungspflicht nach Abs. 2 und Auskunftsverweigerungsrecht nach Abs. 9	28
1. Überblick und Regelungsgegenstand	28
2. Adressaten des Auskunfts-, Vorlage- und Überlassungsersuchens	32
3. Überwachung der Einhaltung der Bestimmungen des WpPG und der ProspektVO	34
4. Umfang der Auskunftspflicht	37
5. Vorlage von Unterlagen und Informationen sowie die Überlassung von Kopien	39
6. Auskunftsverweigerungsrecht nach Abs. 9	40
7. Form des Auskunfts-, Vorlage- und Überlassungsverlangens	43
IV. Veröffentlichung von Verstößen und des Verdachts von Verstößen nach Abs. 3	46
1. Überblick und Regelungsinhalt	46
2. Voraussetzungen der öffentlichen Bekanntmachung nach Satz 1 und 2	50
3. Rechtsfolge	53
4. Gegenstand und Form der öffentlichen Bekanntmachung	56
V. Untersagung und befristete Aussetzung des öffentlichen Angebots nach Abs. 4	61
1. Regelungsgegenstand und Zweck der Norm	61
2. Untersagung eines öffentlichen Angebots als gebundene Entscheidung	64
3. Untersagung eines öffentlichen Angebots als Ermessensentscheidung	66
4. Vorliegen eines Verstoßes (Abs. 4 Satz 1 und 2)	68
5. Vorliegen eines hinreichend begründeten Verdachts (Abs. 4 Satz 3)	69
6. Untersagungsverfügung	70
7. Aussetzung eines öffentlichen Angebots als Ermessensentscheidung (Abs. 4 Satz 4 und 5)	72
a) Verstoß gegen Regelungen des WpPG und der ProspektVO	73
b) Hinreichend begründeter Verdacht des Verstoßes	74
c) Entschließungsermessen und Befristung	75

VI. Untersagung und Aussetzung von Werbung nach Abs. 5 78
 1. Überblick und Regelungsgegenstand. 78
 2. Kontrollbefugnis hinsichtlich Werbung........................... 79
 3. Eingriffsbefugnis bei Werbung 81
  a) Maßnahmen 81
  b) Hinreichend begründeter Verdacht 86
  c) Verstöße gegen die ProspektVO oder das WpPG insbesondere Wereberegeln.................. 87
  d) Entschließungs- und Auswahlermessen der Behörde 88
  e) Verfahren 89
VII. Datenübermittlung an Börse und Zulassungsstelle nach Abs. 6 91
 1. Zweck der Regelung.............. 93
 2. Voraussetzung der Datenübermittlung...................... 94
  a) Begründeter Verdacht des Verstoßes gegen Vorschriften des WpPG und/oder der ProspektVO........ 94
  b) Für die Arbeit der Geschäftsführung der Börse erforderlich 96
 3. Datenübermittlung 98
VIII. Aussetzung des Billigungs-/Gestattungsverfahrens oder Aussetzen/ Einschränkung eines öffentlichen Angebots (der Prüfung durch die Behörde) nach Abs. 7 99
 1. Regelungsgegenstand 99
 2. Voraussetzungen der Aussetzung eines Billigungs-/Gestattungsverfahrens oder des Aussetzens/der Einschränkung eines öffentlichen Angebots...................... 101
 3. Rechtsfolgen 103
IX. Verweigerung des Billigungs-/Gestattungsverfahrens nach Abs. 8 105
 1. Regelungsgegenstand und Überblick......................... 105
 2. Verstöße gegen die Bestimmungen der ProspektVO und des WpPG.... 107
 3. Wiederholt und schwerwiegend.... 108
 4. Adressatenkreis................. 109
 5. Verweigerung durch die Behörde... 110
X. Bekanntmachung von Informationen nach Abs. 10 (Anordnung oder Selbstvornahme der Veröffentlichung von Informationen, die die Bewertung von Wertpapieren beeinflussen können) 111
XI. Durchsuchung, Sicherstellen von Beweismitteln und Beschlagnahme nach Abs. 11 115
 1. Regelungsgegenstand 115
 2. Voraussetzungen 117
 3. Durchsuchung von Geschäftsräumen (Abs. 11 Satz 1 und 2) 120
 4. Sicherstellung und Beschlagnahme (Abs. 11 Satz 3 und 4)............ 124
 5. Anordnung, Zuständigkeit und Rechtsmittel (Abs. 11 Satz 5 bis 10) . 127

I. Überblick*

1 Die **mindestens erforderlichen Aufsichts- und Ermittlungsbefugnisse**, über welche die zuständige Behörde im Sinne des Art. 2 lit. o ProspektVO zur Wahrnehmung ihrer Aufgaben nach der EU-Prospektverordnung verfügen muss, nennt Art. 32 Abs. 1 ProspektVO, ohne dass dieser jedoch die nationalen Behörden selbst mit den entsprechenden Befugnissen ausstattet. Mit Blick auf die Vorschriften zur Bestimmung der Befugnisse und Verwaltungsmaßnahmen der zuständigen Behörde sowie der möglichen Sanktionen besteht somit **über die ProspektVO hinaus nationaler Regelungsbedarf**. Die Mitgliedstaaten sind gem. Art. 32 Abs. 3 ProspektVO verpflichtet, die erforderlichen Maßnahmen zu treffen, um mindestens diese Aufsichts- und Ermittlungsbefugnisse der jeweils bestimmten Be-

---

* Die Kommentierung gibt ausschließlich die persönliche Meinung der Autorin wieder. Dies gilt für sämtliche Ausführungen der Autorin in diesem Kommentar.

hörde zu übertragen.[1] § 18 WpPG dient somit der Ausführung bzw. der Umsetzung des nicht unmittelbar anwendbaren Art. 32 ProspektVO.[2] Er räumt der BaFin als der gemäß § 17 WpPG in Deutschland zuständigen Behörde gleichzeitig in einigen Bereichen darüber hinausgehende Befugnisse ein. Einige der in Art. 32 ProspektVO genannten Befugnisse wurden aufgrund der größeren Sachnähe jedoch in § 6 WpHG aufgenommen.[3] Hierbei handelt es sich um die in Art. 32 Abs. 1 UAbs. 1 lit. d Alt. 2, lit. f Alt. 2, lit. g, lit. h, lit. j Alt. 3 und lit. m ProspektVO aufgeführten Aufsichts- und Ermittlungsbefugnisse,[4] welche ebenfalls der BaFin übertragen wurden. Ein Verstoß gegen die in Art. 31 ProspektVO geforderte Übertragung der Zuständigkeit an eine einzige zuständige Verwaltungsbehörde in Bezug auf die Erfüllung der aus dieser ProspektVO erwachsenden Pflichten und die Anwendung der Bestimmungen dieser Verordnung besteht somit nicht.

Bei den in § 18 WpPG aufgeführten Befugnissen handelt es sich weitgehend um die zuvor in § 26 WpPG a.F. (vormals § 21 WpPG a.F.) normierten **Befugnisse der Bundesanstalt**, teilweise in mehr oder weniger modifizierter Form, welche der BaFin bereits in Umsetzung[5] des Art. 21 Prospekt-RL[6] übertragen worden waren, wie

2

- das Recht zur **Forderung zusätzlicher Prospektangaben** nach § 18 Abs. 1 WpPG (§ 26 Abs. 1 WpPG a.F.),
- das in § 18 Abs. 2 WpPG normierte **Auskunfts- und Vorlageverlangen** (§ 26 Abs. 2 WpPG a.F.),
- die nach § 18 Abs. 3 WpPG mögliche **präventive Warnung des Publikums bei Pflichtverstößen** mittels Bekanntmachung im Internet (zuvor § 26 Abs. 2a und 2b WpPG a.F.),
- die **Befugnis zur Untersagung** und zur Anordnung der **Aussetzung von öffentlichen Angeboten** (nun ausdifferenzierter aufgenommen in § 18 Abs. 4 WpPG als zuvor in § 26 Abs. 4 WpPG a.F.) sowie
- die **Befugnis zur Untersagung** und zur Anordnung der **vorläufigen Aussetzung von Werbung** für ein öffentliches Angebot in § 18 Abs. 5 WpPG (dieser ersetzt § 15 Abs. 6 WpPG a.F.).

Neu hinzugekommen sind die in

3

- § 18 Abs. 3 WpPG normierten Befugnisse zur **Internetveröffentlichung bei Verdacht von Verstößen** gegen die Pflichten aus dem WpPG und der ProspektVO,

---

1 RegE zum Ausführungsgesetz, Begr., Zielsetzung und Notwendigkeit der Regelungen, BT-Drucks. 19/8005, S. 35.
2 *Gurlit*, in: Assmann/Schlitt/von Kopp-Colomb, Prospektrecht Kommentar, § 18 WpPG Rn. 1; RegE zum Ausführungsgesetz, Begr. zu Art. 1 (WpPG), BT-Drucks. 19/8005, S. 35.
3 Vornehmlich handelt es sich hierbei um Befugnisse im Zusammenhang mit Handelseinschränkungen und -aussetzungen. Vgl. Art. 3 Ausführungsgesetz, RegE zum Ausführungsgesetz, Begr. zu Art. 3 (Änderung des Wertpapierhandelsgesetzes), BT-Drucks. 19/8005, S. 36, 61.
4 RegE zum Ausführungsgesetz, Begr. zu Art. 3 (Änderung des Wertpapierhandelsgesetzes), BT-Drucks. 19/8005, S. 49 und 61.
5 RegE zum Prospektrichtlinie-Umsetzungsgesetz, Begr. zu § 21 WpPG, BT-Drucks. 15/4999, S. 38 f. Ausführlich hierzu auch *Müller*, in: Berrar/Meyer/Müller et al., WpPG/EU-ProspektVO, 2. Aufl. 2017, § 26 WpPG Rn. 1.
6 Richtlinie 2003/71/EG des Europäischen Parlaments und des Rates vom 4.11.2003 betreffend den Prospekt, der beim öffentlichen Angebot von Wertpapieren oder bei deren Zulassung zum Handel zu veröffentlichen ist, und zur Änderung der Richtlinie 2001/34/EG, ABl. EU L 345 v. 31.12.2003, S. 64.

- § 18 Abs. 4 WpPG eingeräumte **Untersagungspflicht/-befugnis bei öffentlichen Angeboten**,
- § 18 Abs. 7 WpPG im Zusammenhang mit Produktinterventionen der BaFin bzw. der ESMA bestehende Befugnis zur **Aussetzung des Billigungsverfahrens** bei Prospekten bzw. **des Gestattungsverfahren bei Wertpapier-Informationsblättern (WIB)** sowie zur **Aussetzung oder Einschränkung eines öffentlichen Angebots**,
- § 18 Abs. 8 WpPG aufgenommene zeitlich begrenzte **Verweigerung der Prospektbilligung bzw. der Gestattung eines WIB** bei wiederholten und schwerwiegenden Pflichtverstößen,
- § 18 Abs. 10 WpPG enthaltene Anordnungsbefugnis und Befugnis zur Selbstvornahme der **Bekanntmachung wesentlicher Informationen** sowie die in
- § 18 Abs. 11 WpPG normierte **Befugnis zur Durchsuchung** von Geschäftsräumen, einschließlich **Sicherstellung und Beschlagnahmungen** von Gegenständen zu Beweiszwecken.

4 Die unverändert aus § 26 Abs. 5 WpPG a.F. in § 18 Abs. 6 WpPG übernommene Befugnis zur **Datenübermittlung** an die Geschäftsführung der Börse und Zulassungsstelle sowie die nunmehr in § 18 Abs. 9 WpPG enthaltene Regelung zum **Auskunftsverweigerungsrecht** eines nach § 18 Abs. 2 WpPG Verpflichteten, entspringen nicht den europarechtlichen Vorgaben und gehen insoweit darüber hinaus. Sie überführen jedoch die zuvor in § 26 Abs. 5 bzw. § 26 Abs. 6 WpPG a.F. enthaltenen Regelungen in § 18 WpPG.

5 Die Bundesanstalt nimmt alle ihr nach Art. 31 Abs. 1 Satz 1 ProspektVO übertragenen Aufgaben in Letztverantwortung unmittelbar i.S.v. Art. 32 Abs. 2 lit. a ProspektVO wahr. Die Befugnisse der Behörde aus § 18 WpPG sind auf das deutsche Hoheitsgebiet beschränkt.[7] Die Bundesanstalt nimmt sie nur im **öffentlichen Interesse** wahr (§ 4 Abs. 4 FinDAG), daher haben sie gegenüber einzelnen Anlegern und Investoren **keinen drittschützenden Charakter**.[8]

6 Da weder die ProspektVO, die diese ergänzenden Delegierten Verordnungen VO (EU) 2019/979 und VO (EU) 2019/980 noch das WpPG ausführlich abschließende oder besondere Vorschriften zum Verwaltungshandeln enthalten, kommen daneben auch die weiteren Regelungen **des nationalen Verwaltungsrechts** wie z.B. das FinDAG, das VwVfG und das VwVG ergänzend zur Anwendung.[9]

II. Aufnahme zusätzlicher Angaben nach Abs. 1

1. Überblick und Regelungsgehalt

7 § 18 Abs. 1 WpPG räumt in Ausführung von Art. 32 Abs. 1 UAbs. 1 lit. a ProspektVO wie zuvor schon § 26 Abs. 1 WpPG a.F. der BaFin die Befugnis ein, die **Aufnahme zusätz-**

---

7 RegE zum Prospektrichtlinie-Umsetzungsgesetz, Begr. zu § 21 WpPG, BT-Drucks. 15/4999, S. 38 f.
8 *Müller*, in: Berrar/Meyer/Müller et al., WpPG/EU-ProspektVO, 2. Aufl. 2017, § 26 WpPG Rn. 2; ähnlich *Groß*, Kapitalmarktrecht, § 13 Rn. 16; *Gebhardt*, in: Schäfer/Hamann, Kapitalmarktgesetze, § 13 WpPG Rn. 22; *von Kopp-Colomb*, in: Assmann/Schlitt/von Kopp-Colomb, WpPG/VermAnlG, 3. Aufl. 2017, § 26 Rn. 2.
9 *Müller*, in: Berrar/Meyer/Müller et al., WpPG/EU-ProspektVO, 2. Aufl. 2017, § 26 WpPG Rn. 2.

licher Angaben in einen Prospekt zu verlangen, wenn bei ihr ein Prospekt zu Billigung eingereicht wurde und dies zum Schutz des Publikums als geboten erscheint.

Diese Befugnis erfährt eine **Beschränkung auf das Billigungsverfahren**,[10] wenngleich diese nicht ausdrücklich durch Art. 32 Abs. 1 UAbs. 1 Satz 1 lit. a ProspektVO gefordert ist. Begründet wird dies im Rahmen der Gesetzesbegründung damit, dass die ProspektVO das Nachtragsverfahren bei einem bereits gebilligten Prospekt als einzige Möglichkeit vorsehe, um neue Informationen in den Prospekt einzubringen, weshalb diese Begrenzung der Befugnis auf das Billigungsverfahren als sachgerecht bewertet wird.[11] Eine korrespondierende Nachforschungspflicht des Inhalts, bei der die Bundesanstalt selbst Informationen ermitteln müsste, welche dann noch in den Prospekt aufzunehmen wären, besteht jedoch weiterhin nicht.[12]

8

Im Vergleich zur Vorgängerregelung in § 26 Abs. 1 WpPG a. F. wurde die Vorschrift um die in Art. 32 Abs. 1 UAbs. 1 Satz 1 lit. a ProspektVO explizit genannte **Bezugnahme auf den Emittenten** ergänzt, im Übrigen blieb die Vorschrift unverändert. Allerdings dürfte der Emittent in der Mehrzahl der Fälle deckungsgleich mit dem Anbieter und/oder dem Zulassungsantragsteller sein.[13]

9

2. Verhältnis zu anderen Vorschriften

Das **Ergänzungs- bzw. Änderungsverlangen** ist grundsätzlich im Zusammenhang mit den Regelungen des Art. 6, Art. 13, Art. 14 und Art. 14a ProspektVO sowie den diese konkretisierenden Art. 2 bis 23 und den Anhängen 1 bis 29 VO (EU) 2019/980 zu lesen. Als belastender Verwaltungsakt im Sinne des § 35 VwVfG ist es von der Mitteilung der Behörde gemäß Art. 20 Abs. 4 ProspektVO in Form eines sog. Anhörungsschreibens zu unterscheiden, mit dem sie den Emittenten, Anbieter oder Zulassungsantragsteller unterrichtet, wenn Anhaltspunkte bestehen, dass ein Prospekt unvollständig, unverständlich oder inkohärent ist oder ergänzender Informationen bedarf.

10

Regelmäßig wird die Bundesanstalt von einem Ergänzungs- bzw. Änderungsverlangen nach § 18 Abs. 1 WpPG erst Gebrauch machen, wenn eine **Unterrichtung** nach Art. 20 Abs. 4 UAbs. 1 ProspektVO **über Mängel bezüglich der Vollständigkeit, Verständlichkeit und/oder Kohärenz** erfolgt ist.[14] Im Billigungsverfahren versendet die Bundesanstalt daher zunächst ein sog. **Anhörungsschreiben**, welches dem Prospektersteller die Möglichkeit einräumen soll, die erforderlichen Änderungen an dem Prospektentwurf vorzunehmen und/oder die ergänzenden Informationen vorzulegen, die von der Behörde gefor-

11

---

10 RegE zum Ausführungsgesetz, Begr. zu § 18 WpPG, BT-Drucks. 19/8005, S. 49.
11 So auch RegE zum Ausführungsgesetz, Begr. zu § 18 WpPG, BT-Drucks. 19/8005, S. 49; zuvor schon *Eckner*, in: Holzborn, WpPG, § 26 Rn. 9; für entsprechende Anwendung im Nachtragsverfahren hingegen *Preuße*, in: Schwark/Zimmer, KMRK, § 18 WpPG Rn. 6.
12 *Gurlit*, in: Assmann/Schlitt/von Kopp-Colomb, Prospektrecht Kommentar, § 18 WpPG Rn. 6; *Preuße*, in: Schwark/Zimmer, KMRK, § 18 WpPG Rn. 7 jeweils mit Verweis auf den RegE zum Ausführungsgesetz, Begr. zu § 18 WpPG, BT-Drucks. 19/8005, S. 49.
13 So auch RegE zum Ausführungsgesetz, Begr. zu § 18 WpPG, BT-Drucks. 19/8005, S. 49.
14 So bereits zur Vorgängerregelung *Müller*, in: Berrar/Meyer/Müller et al., WpPG/EU-ProspektVO, 2. Aufl. 2017, § 26 WpPG Rn. 8.

dert wurden, um den Prospekt billigungsfähig zu gestalten.[15] Zugleich erhält der Antragsteller hiermit die Möglichkeit, sich (regelmäßig, aber nicht zwingend im sog. Umsetzungsschreiben oder mittels gesondertem Vortrag) zu den für die Entscheidung erheblichen Tatsachen zu äußern. Letzteres erfolgt in der Praxis zumeist mit der erneuten Vorlage des Prospekt zur Prüfung durch die BaFin (sog. Wiedereinreichung).

12 Häufig erfolgt bereits aufgrund dieses Anhörungsschreibens eine Anpassung des Prospektentwurfs, weshalb es in der Praxis der BaFin bei diesen Verfahren kaum zu einer formellen Ausübung des Ergänzungs- bzw. Änderungsverlangens nach § 18 Abs. 1 WpPG kommt.

13 In der Literatur wird teilweise vertreten, für die Vorschrift bzw. ihre Vorgängerin in § 26 Abs. 1 WpPG a.F. bestünde kein Anwendungsbereich.[16] Dies erscheint vor dem Gleichlauf in Art. 20 Abs. 4 ProspektVO und dem § 18 Abs. 1 WpPG naheliegend. Doch die Befugnis gibt der BaFin die Möglichkeit, außerhalb der Mängelmitteilung im Anhörungsschreiben formell eine Abänderung des zur Billigung vorgelegten Prospektentwurfes zu verlangen (ggf. verbunden mit einer entsprechenden Fristsetzung). Zweckmäßig dürfte dies beispielsweise dort sein, wo die Auffassung der BaFin zum Inhalt eines Prospektentwurfs gegenüber einem „unkooperativen" Antragsteller verdeutlicht werden soll, wenn dieser ein eingeleitetes Billigungsverfahren nicht weiter betreibt.

3. Schutz des Publikums geboten

14 Das Ergänzungs-/Änderungsverlangen der Behörde setzt zudem voraus, dass die Aufnahme zusätzlicher Angaben in den Prospekt **zum Schutz des Publikums** geboten erscheint. Diesbezüglich bezieht sich § 18 Abs. 1 WpPG unverändert zu § 26 Abs. 1 WpPG a.F. auf den „Schutz des Publikums" und schützt damit nicht nur den tatsächlichen Anleger, sondern erfasst auch bereits Interessenten.[17] Damit erweitert das Ausführungsgesetz die Befugnis der BaFin über die in Art. 32 Abs. 1 UAbs. 1 Satz 1 lit. a ProspektVO geforderte Befugnis hinaus, welche nur insoweit die Befugnis vorsah, wie „der Anlegerschutz dies gebietet".

15 Wann **Angaben** zum Schutz des Publikums **geboten** sind, bestimmt sich anhand der Generalklausel nach Art. 6 Abs. 1 ProspektVO in Verbindung mit dem Prüfungsmaßstab nach Art. 20 Abs. 4 ProspektVO.[18] Nach Art. 6 Abs. 1 ProspektVO sind diejenigen Anga-

---

15 Vgl. hierzu *Ritz*, in: Just/Voß/Ritz/Zeising, Wertpapierprospektrecht, 2. Aufl. 2023, Art. 20 ProspektVO Rn. 38 ff.; BaFin, Prospekterstellung und Billigungsverfahren, Abschnitt II.2 Ablauf des Prospektprüfungsverfahren, abrufbar unter Permanent-Link: https://www.bafin.de/ref/19644864 bzw. https://www.bafin.de/DE/Aufsicht/Prospekte/Wertpapiere/ErstellungBilligung/erstellung_bil ligung_node.html, (Stand: 4.9.2023).
16 Vgl. *Eckner*, in: Holzborn, WpPG, § 26 Rn. 10; *Ritz*, in: Just/Voß/Ritz/Zeising, Wertpapierprospektrecht, 2. Aufl. 2023, § 18 WpPG Rn. 7 ff.; *Preuße*, in: Schwark/Zimmer, KMRK, § 18 WpPG Rn. 8, und *von Kopp-Colomb*, in: Assmann/Schlitt/von Kopp-Colomb, WpPG/VermAnlG, 3. Aufl. 2017, § 26 WpPG Rn. 6, der einen eigenen Anwendungsbereich der Befugnis in § 26 Abs. 1 WpPG a.F. neben den Regelungen zum Billigungsverfahren in § 13 WpPG a.F. als fraglich bewertete; abweichend nun jedoch *Gurlit*, in: Assmann/Schlitt/von Kopp-Colomb, Prospektrecht Kommentar, § 18 WpPG Rn. 9, welcher die Mitteilung nach Art. 20 Abs. 4 ProspektVO als Vorstufe betrachtet, die ggf. ein förmliches behördliches Verlangen entbehrlich macht.
17 RegE zum Ausführungsgesetz, Begr. zu § 18 WpPG, BT-Drucks. 19/8005, S. 49.
18 So auch *Groß*, Kapitalmarktrecht, § 18 WpPG Rn. 2.

ben im Prospekt erforderlich, die notwendig sind, um dem Anleger ein fundiertes Urteil über den Emittenten, Garantiegeber und die mit den im Prospekt beschriebenen Wertpapieren verbundenen Rechte zu ermöglichen. Die hierfür erforderlichen Mindestangaben ergeben sich in Abhängigkeit von der Art des Emittenten und der Wertpapiere sowie der Art des Angebots oder der Zulassung aus Art. 13 ProspektVO i.V.m. den jeweils einschlägigen Anhängen der VO (EU) 2019/980.

Geboten ist die Aufnahme zusätzlicher Angaben, wenn der Anleger bzw. der Interessent ohne die geforderte Angabe in dieser Form durch den Prospekt fehlerhaft informiert würde. Nicht ausreichend dürften hingegen Angaben sein, die allein der Klarstellung oder Erleichterung der Interpretation bereits enthaltener Angaben im Prospekt dienen.[19] 16

Der Prüfungsmaßstab der BaFin ist dabei auf die Vollständigkeit, Verständlichkeit und Kohärenz der Angaben im Prospekt beschränkt. Dies ist unverändert zum Prüfungsmaßstab in der Vorgängerregelung des § 13 Abs. 1 WpPG a.F.[20] Da die alleinige Verantwortung für Inhalt und Aufmachung des Prospekts jedoch beim Prospektverantwortlichen verbleibt, besteht **keine Nachforschungspflicht** der BaFin dahingehend, welche Informationen noch in den Prospekt aufzunehmen wären.[21] 17

4. Prospekt zur Billigung eingereicht

Die Befugnis nach **§ 18 Abs. 1 WpPG** besteht weiterhin[22] nur während des **Billigungsverfahrens**.[23] Die Bundesanstalt prüft Prospekte ausschließlich im Billigungsverfahren, welches durch den Antrag auf Billigung eingeleitet und durch die Billigung des Prospekts oder die Verweigerung der Billigung (sog. Versagung) beendet wird. Die Verantwortung für die Richtigkeit des Prospekts liegt bei den Prospektverantwortlichen.[24] Diese entscheiden, ob ggf. eine Änderung eines Prospekts nach dessen Billigung im Rahmen des Art. 23 ProspektVO erforderlich ist. Die inhaltliche Richtigkeit von Prospekten wird gegebenenfalls im Rahmen von zivilrechtlichen Haftungsansprüchen zwischen Anlegern und Prospektverantwortlichen geklärt. 18

Der Begriff „Prospekt" in § 18 Abs. 1 WpPG umfasst auch ggf. später **zur Billigung eingereichte Nachträge** gem. Art. 23 ProspektVO oder zur Billigung separat eingereichte **(Einzel-)Dokumente**, die zusammen im Sinne des Art. 10 Abs. 1 UAbs. 3 ProspektVO einen Prospekt bilden (wie Registrierungsformulare, Wertpapierbeschreibungen und Zu- 19

---

19 *Preuße*, in: Schwark/Zimmer, KMRK, § 18 WpPG Rn. 7; *Ritz*, in: Just/Voß/Ritz/Zeising, Wertpapierprospektrecht, § 18 WpPG Rn. 12.
20 *Groß*, Kapitalmarktrecht, § 18 WpPG Rn. 2. Vgl. zur Vorgängervorschrift, *Müller*, in: Berrar/Meyer/Müller et al., WpPG/EU-ProspektVO, 2. Aufl. 2017, § 26 Rn. 11; RegE zum Prospektrichtlinie-Umsetzungsgesetz, Begr. zu § 21 Abs. 1 WpPG, BT-Drucks. 15/4999, S. 38; *Linke*, in: Schäfer/Hamann, Kapitalmarktgesetze, § 21 WpPG Rn. 3.
21 RegE zum Ausführungsgesetz, Begr. zu § 18 WpPG, BT-Drucks. 19/8005, S. 49; ebenso: *Groß*, Kapitalmarktrecht, § 18 WpPG Rn. 2; *Preuße*, in: Schwark/Zimmer, KMRK, § 18 WpPG Rn. 7; *Gurlit*, in: Assmann/Schlitt/von Kopp-Colomb, Prospektrecht Kommentar, § 18 WpPG Rn. 6.
22 Vgl. hierzu RegE des Prospektrichtlinie-Umsetzungsgesetzes, Begr. zu § 21 WpPG Abs. 1, BT-Drucks. 15/4999, S. 38.
23 *Ritz*, in: Just/Voß/Ritz/Zeising, Wertpapierprospektrecht, 2. Aufl. 2023, § 18 WpPG Rn. 7; *Gurlit*, in: Assmann/Schlitt/von Kopp-Colomb, Prospektrecht Kommentar, § 18 WpPG Rn. 5.
24 RegE des Prospektrichtlinie-Umsetzungsgesetzes, Begr. zu § 21 WpPG Abs. 1, BT-Drucks. 15/4999, S. 38.

sammenfassungen) oder einheitliche Registrierungsformulare (Art. 9 ProspektVO), sodass die zeitliche Begrenzung auf das Billigungsverfahren für diese Dokumente entsprechend gilt.[25]

20 Hingegen besteht die Befugnis nach § 18 Abs. 1 WpPG bei der **Überprüfung** nach Art. 9 Abs. 8 ProspektVO **eines zur Hinterlegung eingereichten einheitlichen Registrierungsformulars (URD)** nicht, da hier das Dokument (zunächst) nicht zur Billigung eingereicht wird, obwohl die inhaltliche Überprüfung nach dem gleichen Prüfungsmaßstab (Vollständigkeit, Verständlichkeit und Kohärenz) wie im Rahmen eines Billigungsverfahrens erfolgt. Allerdings sieht Art. 9 Abs. 9 UAbs. 2 ProspektVO vor, dem Verlangen bei der Hinterlegung des darauffolgenden URD nachzukommen. Bezieht sich das Verlangen jedoch auf eine als solche beschriebene wesentliche Nichtaufnahme, wesentliche Ungenauigkeit oder wesentliche Unrichtigkeit oder soll das überprüfte URD in einem (mehrteiligen) Prospekt gemäß Art. 10 Abs. 1 UAbs. 3 ProspektVO Verwendung finden, hat der Prospektersteller eine (ebenso wie das URD zu veröffentlichende) Änderung zum URD zu hinterlegen.

5. Adressaten

21 Die Befugnis nach § 18 Abs. 1 WpPG besteht gegenüber dem **Emittenten** (Art. 2 lit. h ProspektVO),[26] dem **Anbieter** (Art. 2 lit. i ProspektVO)[27] oder dem **Zulassungsantragsteller** (§ 2 Nr. 11 WpPG).[28] Dies ist auch sachgerecht, da jede der genannten Personen den Prospekt erstellen (Art. 6 Abs. 3 ProspektVO) und somit auch ergänzen kann. Der teilweise in der Literatur geäußerte Vorwurf zur Vorgängernorm des § 26 Abs. 1 WpPG a.F., die Regelung bliebe hinter der Regelung des Art. 21 Abs. 3 lit. a ProspektRL zurück,[29] wurde mit Aufnahme des Emittenten in den Adressatenkreis des § 18 Abs. 1 WpPG entkräftet.[30]

---

25 Ähnlich *Müller*, in: Berrar/Meyer/Müller et al., WpPG/EU-ProspektVO, 2. Aufl. 2017, § 26 WpPG Rn. 15; *Eckner*, in: Holzborn, WpPG, § 26 Rn. 9. Für die entsprechende Anwendbarkeit im Nachtragsverfahren hingegen *Preuße*, in: Schwark/Zimmer, KMRK, § 18 WpPG Rn. 6
26 Emittent ist gemäß Art. 2 lit. h ProspektVO eine Rechtspersönlichkeit, die Wertpapiere begibt oder zu begeben beabsichtigt.
27 Anbieter ist gemäß Art. 2 lit. i ProspektVO eine Rechtspersönlichkeit oder natürliche Person, die Wertpapiere öffentlich anbietet.
28 Zulassungsantragsteller sind nach § 2 Nr. 7 WpPG die Personen, die die Zulassung zum Handel an einem geregelten Markt beantragen. Für den Begriff des „geregelten Marktes" wird in Art. 2 lit j ProspektVO auf den geregelten Markt im Sinne des Art. 4 Abs. 1 Nr. 21 der Richtlinie 2014/65/EU des Europäischen Parlaments und des Rates vom 15.5.2014 über Märkte für Finanzinstrumente sowie zur Änderung der Richtlinien 2002/92/EG und 2011/61/EU (Neufassung), ABL. L 173 vom 12.6.2014, S. 349–496 (Richtlinie über Märkte für Finanzinstrumente, MiFID II) verwiesen.
29 *Eckner*, in: Holzborn, WpPG, § 26 Rn. 14f.; a. A. *Müller*, in: Berrar/Meyer/Müller et al., WpPG/EU-ProspektVO, 2. Aufl. 2017, § 26 WpPG Rn. 19.
30 Zur Befugnis der Behörde gegenüber Bevollmächtigten vgl. *Ritz*, in: Just/Voß/Ritz/Zeising, Wertpapierprospektrecht, 2. Aufl. 2023, § 18 WpPG Rn. 6.

6. Aufnahme zusätzlicher Angaben in den Prospekt

Das in § 18 Abs. 1 WpPG der BaFin eingeräumte Ermessen ist entsprechend den Vorgaben des § 40 VwVG auszuüben,[31] weshalb sie es entsprechend dem Zweck der Ermächtigung auszuüben und die gesetzlichen Grenzen des Ermessens einzuhalten hat. Die Befugnis umfasst neben der **Aufnahme zusätzlicher Angaben**, d. h. der Forderung, mehr oder neue Angaben als die bislang im Prospekt enthalten aufzunehmen, auch die Forderung Ergänzungen, Klarstellungen oder Erläuterungen sowie auch andere Angaben aufzunehmen und ist daher **auch als Abänderungsverlangen** zu verstehen.[32] Ziel des Prospektbilligungsverfahrens ist die Schaffung von Transparenz, um eine informierte Anlageentscheidung zu ermöglichen. Unverändert zur Vorgängernorm lässt § 18 Abs. 1 WpPG die allein den Prospektverantwortlichen zukommende Verantwortung für den Inhalt und die Aufmachung des Prospekts unberührt.[33]

Um die Anforderungen des Art. 6 Abs. 1 ProspektVO zu erfüllen, kann es aufgrund von **besonderen Umständen des einzelnen Emittenten** geboten sein, weitere zusätzliche Informationen als die nach den einschlägigen Anhängen der VO (EU) 2019/980 Prospekt-VO geforderten Angaben für diesen Emittenten aufzunehmen. In Bezug auf **Emittenten, die sehr spezifischen Geschäften** nachgehen, führt Erwägungsgrund 23 zur VO (EU) 2019/980 aus, dass ein umfassendes Verständnis der von diesen Emittenten ausgegebenen Wertpapieren eine profunde Kenntnis der Tätigkeiten dieser Emittenten voraussetzt. Daher soll beispielsweise für Immobiliengesellschaften verlangt werden können, einen Bewertungsbericht mit allen für die Zwecke der Bewertung relevanten Einzelheiten zu wesentlichen Immobilien vorzulegen. Einen verhältnismäßigen Ansatz verfolgend sollten die zuständigen Behörden deshalb verlangen können, dass diese spezialisierten Emittenten spezifische, ihren Tätigkeiten angepasste und über die von nicht spezialisierten Emittenten verlangten Informationen hinausgehende Angaben in ihren Prospekt aufnehmen (vgl. hierzu die Ausführungen zu Art. 39 und Anh. 29 VO (EU) 2019/980). Auch bei **Veränderungen in der Finanzhistorie** oder **bedeutenden finanziellen Verpflichtungen** des Emittenten kann, wie in Art. 36 Abs. 1 lit. b VO (EU) 2019/980 gesondert aufgeführt, und sollte die Behörde die Aufnahme weiterer zusätzlicher Angaben oder anderer Angaben unter Berücksichtigung der in Art. 36 Abs. 2 VO (EU) 2019/980 aufgeführten Aspekte verlangen (vgl. hierzu die Ausführungen zu → Art. 36 VO (EU) 2019/980 Rn. 7 f.).

---

[31] *Ritz*, in: Just/Voß/Ritz/Zeising, Wertpapierprospektrecht, 2. Aufl. 2023, § 18 WpPG Rn. 11 f., *Müller*, in: Berrar/Meyer/Müller et al., WpPG/EU-ProspektVO, 2. Aufl. 2017, § 26 WpPG Rn. 16.

[32] *Müller*, in: Berrar/Meyer/Müller et al., WpPG/EU-ProspektVO, 2. Aufl. 2017, § 26 WpPG Rn. 16; *Eckner*, in: Holzborn, WpPG, § 26 Rn. 8; a. A. wohl *Ritz*, in: Just/Voß/Ritz/Zeising, Wertpapierprospektrecht, 2. Aufl. 2023, § 18 WpPG Rn. 7 ff., welche es als fraglich erachtet, die Aufnahme solcher Angaben zu fordern, die bereits in den Anhängen der VO (EU) 2019/980 verlangt werden. Den eigenen Anwendungsbereich von § 18 Abs. 1 WpPG anzweifelnd, wird in der Möglichkeit zur Aufnahme von Angaben nach Art. 39 und 40 VO (EU) 2019/980 ebenfalls nur eine Festlegung von Mindestangaben gesehen. Im Ergebnis bestünde der geringe eigene Anwendungsbereich des § 18 Abs. 1 WpPG damit noch in der Möglichkeit, Präzisierungen und umfassendere Darstellungen von gesetzlich vorgeschriebenen Mindestinformationen zu verlangen.

[33] Vgl. RegE Prospektrichtlinie-Umsetzungsgesetz, Begr. zu §21 WpPG Abs. 1, BT-Drucks. 15/4999, S. 38; *Ritz/Voß*, in: Just/Voß/Ritz/Zeising, Wertpapierprospektrecht, 2. Aufl. 2023, § 18 WpPG Rn. 7.

24 Ferner soll auch beim öffentlichen Angebot oder der Zulassung zum Handel von bestimmten, **nicht unter die Anhänge der VO (EU) 2019/980 fallenden Arten von Wertpapieren** den Anlegern eine fundierte Anlageentscheidung auf Grundlage des Prospekts ermöglicht werden, weshalb die zuständige Behörde in Abstimmung mit dem Emittenten, Anbieter oder Zulassungsantragsteller entscheiden soll, welche Angaben in den Prospekt aufgenommen werden sollten.[34]

25 Ein Beispiel für ergänzende Informationen im Sinne des Art. 20 Abs. 4 ProspektVO bildet hingegen eine nach Art. 23 Abs. 6 Satz 1 ProspektVO von der Behörde geforderte, als Anlage zum Nachtrag beigefügte konsolidierte Fassung des ergänzten Prospekts.

7. Form des Ergänzungsverlangens

26 Das Ergänzungs- bzw. Abänderungsverlangen ist von der in Art. 20 Abs. 4 ProspektVO genannten Mitteilung über die Mängel in Bezug auf die Standards der Vollständigkeit, Verständlichkeit und Kohärenz oder in Bezug auf erforderliche Änderungen zu unterscheiden. Das Verlangen der Bundesanstalt an Emittenten, Anbieter oder Zulassungsantragsteller, gemäß § 18 Abs. 1 WpPG zusätzliche Angaben in den Prospekt aufzunehmen, ist im Gegensatz zu diesem sog. Anhörungsschreiben ein belastender **Verwaltungsakt im Sinne von § 35 VwVfG**.[35] Er regelt den für eine Billigung erforderlichen **Prospektinhalt**. Für seinen Erlass gelten neben den allgemeinen Verfahrensvorschriften nach §§ 9 ff. VwVfG die besonderen Verfahrensanforderungen nach Art. 20 Abs. 4 ProspektVO i.V.m. Art. 45 VO (EU) 2019/980.[36]

27 **Rechtsbehelfe** (Widerspruch und Anfechtungsklage) gegen diesen belastenden Verwaltungsakt haben wegen § 20 Nr. 1 WpPG **keine aufschiebende Wirkung**. Die Weigerung, dem Verlangen der Behörde nachzukommen, rechtfertigt die in Art. 20 Abs. 5 ProspektVO vorgesehene Ablehnung der Billigung (**Versagung**).

III. Auskunfts-, Vorlage- und Überlassungspflicht nach Abs. 2 und Auskunftsverweigerungsrecht nach Abs. 9

1. Überblick und Regelungsgegenstand

28 Eine zentrale Maßnahme zur Aufdeckung und Sanktionierung prospektrechtlicher Verstöße wird mit § 18 Abs. 2 WpPG normiert, in welchem die Vorgaben des Art. 32 Abs. 1 UAbs. 1 Satz 1 lit. b und lit. c ProspektVO umgesetzt sind. Nach § 18 Abs. 2 WpPG kann die BaFin **Auskünfte**, die **Vorlage von Informationen und Unterlagen** sowie die **Überlassung von Kopien** verlangen, soweit dies zur Überwachung der Einhaltung der Bestimmungen des WpPG sowie der ProspektVO erforderlich ist. Einen sich selbst oder einen Angehörigen durch die verlangte Auskunft belastenden Verpflichteten schützt in bestimmten Fällen das in § 18 Abs. 9 WpPG geregelte **Auskunftsverweigerungsrecht**. Die

---

34 Vgl. Erwägungsgrund 24 VO (EU) 2019/980.
35 *Gurlit*, in: Assmann/Schlitt/von Kopp-Colomb, Prospektrecht Kommentar, § 18 WpPG Rn. 9; *Preuße*, in: Schwark/Zimmer, KMRK, § 18 WpPG Rn. 10; *Groß*, Kapitalmarktrecht, § 18 WpPG Rn. 2; *Müller*, in: Berrar/Meyer/Müller et al., WpPG/EU-ProspektVO, 2. Aufl. 2017, § 18 Rn. 16.
36 *Gurlit*, in: Assmann/Schlitt/von Kopp-Colomb, Prospektrecht Kommentar, § 18 WpPG Rn. 5.

Auskunfts- und Vorlagepflicht bildet eine wesentliche Grundlage der Sachverhaltsermittlung für die BaFin, um ggf. weitere Maßnahmen nach § 18 WpPG einleiten zu können.[37]

Die Vorschrift ist mit Ausnahme der Erweiterung des Adressatenkreises weitgehend gleichlautend zur Vorgängerregelung in § 26 Abs. 2 WpPG a.F., durch welche die Regelung Art. 21 Abs. 3 lit. b ProspektRL umgesetzt wurde und die der Regelung des alten § 8c Abs. 1 und 2 VerkProspG vergleichbar nachgebildet wurde.[38] Die Befugnis ist erforderlich, um **Sachverhalte durch die Behörde effektiv aufklären** zu können.[39] 29

Dem Wortlaut nach besteht die Befugnis **zeitlich unbeschränkt**, steht also im Gegensatz zur Befugnis nach Abs. 1 nicht nur für den Zeitraum des Billigungsverfahren zur Verfügung, sondern auch über diesen Zeitraum hinaus.[40] Dies erscheint folgerichtig, da mit dem Auskunfts- und Vorlageersuchen auch etwaige Verstöße gegen die Prospektpflicht aufgedeckt werden können sollen, so z.B. die Nichterstellung eines Prospekts bei Durchführung eines öffentlichen Angebots oder aber die fehlerhafte Veröffentlichung des gebilligten Prospekts. Wenn und soweit die ProspektVO und das WpPG gem. Art. 1 Abs. 2 und 3 ProspektVO nicht anwendbar sind, besteht hingegen die Befugnis der Behörde nach § 18 Abs. 2 WpPG nicht.[41] 30

Der Behörde wird bei der Beurteilung der Erforderlichkeit der Auskunft, der Vorlage bzw. der Überlassung sowie bei der Auswahl des Adressaten des Auskunftsersuchens **Ermessen** eingeräumt. Dieses hat sie pflichtgemäß auszuüben (siehe hierzu auch unter → Rn. 22). 31

2. Adressaten des Auskunfts-, Vorlage- und Überlassungsersuchens

Das **Auskunftsrecht** der Behörde besteht nunmehr **gegenüber jedermann** und ist damit nicht mehr im Vergleich zur Vorgängerregelung in § 26 Abs. 2 Satz 1 WpPG a.F. nur auf den Anbieter, den Emittenten oder Zulassungsantragsteller als Auskunftsperson beschränkt. Durch diese Ausweitung des Adressatenkreises scheinbar hinfällig geworden sind die ausdrücklichen Ergänzungen des § 26 Abs. 2 Satz 2 und 3 WpPG a.F., welche die Befugnis auf mit dem Emittenten, dem Anbieter oder Zulassungsantragsteller verbundene Unternehmen sowie denjenigen, bei dem Tatsachen die Annahme rechtfertigen, dass er ein Anbieter im Sinne des WpPG (Scheinanbieter oder Anscheinsanbieter)[42] ist, erweiterte. Ebenso entfallen ist § 26 Abs. 3 WpPG a.F., da die darin gesondert genannte Auskunfts-, Vorlage- und Überlassungspflicht gegenüber dem Abschlussprüfer und Mitgliedern des Aufsichts- oder Geschäftsführungsorgans des Emittenten, Anbieters oder Zulassungsantragstellers sowie den mit der Platzierung des öffentlichen Angebots oder der Zu- 32

---

37 Ebenso *Groß*, Kapitalmarktrecht, § 18 WpPG Rn. 2.
38 RegE Prospektrichtlinie-Umsetzungsgesetz, Begr. zu § 21 WpPG Abs. 2, BT-Drucks. 15/4999, S. 38.
39 *Müller*, in: Berrar/Meyer/Müller et al., WpPG/EU-ProspektVO, 2. Aufl. 2017, § 26 WpPG Rn. 20.
40 *Gurlit*, in: Assmann/Schlitt/von Kopp-Colomb, Prospektrecht Kommentar, § 18 WpPG Rn. 10; *Preuße*, in: Schwark/Zimmer, KMRK, § 18 WpPG Rn. 13, *Eckner*, in: Holzborn, WpPG, § 26 WpPG Rn. 18.
41 Ähnlich *Preuße*, in: Schwark/Zimmer, KMRK, § 18 WpPG Rn. 13.
42 Vgl. zum Scheinanbieter und Anscheinsanbieter ausführlich *Müller*, in: Berrar/Meyer/Müller et al., WpPG/EU-ProspektVO, 2. Aufl. 2017, § 26 WpPG Rn. 22 und 24f.

lassung zum Handel beauftragten Kredit- oder Finanzdienstleistungsinstituten[43] in Umsetzung von Art. 32 Abs. 1 lit. c ProspektVO nunmehr auch von § 18 Abs. 2 WpPG erfasst wird.

33 Die Umsetzung in § 18 Abs. 2 WpPG geht über das in Art. 32 Abs. 1 UAbs. 1 Satz 1 lit. b und lit. c ProspektVO geforderte Mindestmaß hinaus. Gerechtfertigt wird dies laut Gesetzesbegründung mit den weitreichenden Befugnissen der Behörde nach Art. 32 Abs. 1 UAbs. 1 Satz 1 lit. n ProspektVO und dem anderenfalls bestehenden Widerspruch, sich bei der Anforderung von Auskünften nur gegen bestimmte Personen richten zu können, während bei der Überprüfung vor Ort aber gegen jedermann vorgegangen werden könnte. Der Gesetzgeber hielt diese Erweiterung über die in Art. 32 Abs. 1 ProspektVO bestimmten Mindestanforderungen für geboten, um eine **effektive Aufsicht durch die Bundesanstalt** zu gewährleisten.[44] Dennoch dürfte die BaFin unter **Beachtung des Grundsatzes der Verhältnismäßigkeit** bei der Auswahl des Adressaten wohl primär zunächst die Auskunft vom bisherigen Adressatenkreis des § 26 Abs. 2 WpPG a.F., also dem Emittenten, Anbieter oder Zulassungsantragsteller sowie mit ihnen verbundenen Unternehmen (sog. Erstadressaten) bzw. Scheinanbieter verlangen, bevor sie an den Abschlussprüfer des Erstadressaten, die Gremienmitglieder und Führungskräfte dieser Personen sowie die (weiteren) Konsortialbanken oder schlussendlich einzelne Anleger herantritt.[45] Die Regierungsbegründung weist ausdrücklich auf den **Einzelfall** hin, bei dem es zwecks Prüfung des Vorliegens eines öffentlichen Angebots erforderlich sein kann, Auskünfte von möglichen Anlegern zu verlangen, beispielsweise, um einen potenziellen Anbieter zu ermitteln oder wenn ein bereits bekannter Anbieter die Mitwirkung an der Sachverhaltsaufklärung verweigert.[46]

3. Überwachung der Einhaltung der Bestimmungen des WpPG und der ProspektVO

34 Von den Befugnissen des § 18 Abs. 2 WpPG darf – wie zuvor auch schon bei § 26 Abs. 2 WpPG a.F.[47] – Gebrauch gemacht werden, wenn dies zur **Überwachung der Einhaltungen der Bestimmungen des WpPG** erforderlich ist. Darüber hinaus stehen gemäß § 18 Abs. 2 WpPG im Gegensatz zur Vorgängerregelung die genannten Befugnisse der BaFin nun auch zur Verfügung, wenn dies zur Überwachung der Einhaltungen der **Bestimmungen der ProspektVO** erforderlich ist.[48] Die erweiternde Bezugnahme auf die Bestimmungen der ProspektVO ist aufgrund der Verlagerung der Pflichten der prospektpflichtigen Personen in die direkt anwendbare ProspektVO nur folgerichtig.

35 Bei der beabsichtigen Sachverhaltsermittlung muss es daher grundsätzlich um die **Einhaltung der Vorschriften des WpPG und/oder der ProspektVO** (auch in Verbindung mit den Delegierten Verordnungen VO (EU) 2019/979 und VO (EU) 2019/980) gehen. Die

---

43 Zur Regelung in § 26 Abs. 3 WpPG a.F. ausführlich *Müller*, in: Berrar/Meyer/Müller et al., WpPG/EU-ProspektVO, 2. Aufl. 2017, § 26 WpPG Rn. 29 ff.
44 Vgl. RegE zum Ausführungsgesetz, Begr. zu § 18 WpPG, BT-Drucks. 19/8005, S. 49.
45 Vgl. hierzu ausführlich *Preuße*, in: Schwark/Zimmer, KMRK, § 18 WpPG Rn. 18 ff.
46 RegE zum Ausführungsgesetz, Begr. zu § 18 WpPG, BT-Drucks. 19/8005, S. 49.
47 Vgl. zur vorherigen Regelung in § 26 WpPG a.F. *Müller*, in: Berrar/Meyer/Müller et al., WpPG/EU-ProspektVO, 2. Aufl. 2017, § 26 WpPG Rn. 23.
48 RegE zum Ausführungsgesetz, Begr. zu § 18 WpPG, BT-Drucks. 19/8005, S. 49.

von der ESMA herausgegebenen Leitlinien[49] sowie Q&As[50] zum Prospektrecht sind aufgrund der mangelnden rechtlichen Bindungswirkung für den Prospektersteller hiervon hingegen nicht erfasst. Sie spielen allenfalls bei der Auslegung der Behörde in Bezug auf die ProspektVO eine Rolle.

Daneben ist bei der Befugnis zur Einholung von Auskünften und Vorlage von Informationen und Unterlagen der **Prüfungsmaßstab der BaFin** zu beachten.[51] Aufgrund der im Prospektverfahren nur beschränkten Prüfung des Prospekts auf Vollständigkeit, Verständlichkeit und Kohärenz erfolgt keine inhaltliche Überprüfung der Richtigkeit der Angaben im Prospekt.[52] Diese Pflicht lässt sich auch nicht aus der Befugnis zur Einholung von Auskünften und Vorlage von Unterlagen statuieren. Dies galt auch bereits in Bezug auf die Vorgängernorm.[53]

36

4. Umfang der Auskunftspflicht

Die Auskunftspflicht erfasst alle Informationen, die zur Überwachung der Einhaltung der Bestimmungen des WpPG bzw. der ProspektVO **erforderlich** sind. Der Sachverhalt kann daher grundsätzlich umfassend ermittelt werden.[54] Die Norm knüpft an den **verwaltungsrechtlichen Verhältnismäßigkeitsgrundsatz** an. Danach muss die Maßnahme im konkreten Fall **geeignet**, **erforderlich**, d. h. unter den gleich geeigneten Mitteln das mildeste, und ferner **angemessen** sein, wozu das mit dem Eingriff verbundene Ziel im konkreten Fall die mit dem Eingriff verbundenen Beeinträchtigungen überwiegen muss.[55] Die Erforderlichkeit im Hinblick auf die Erteilung der Auskunft, die Vorlage von Informationen und Unterlagen bzw. die Überlassung der Kopien wird jedoch nur gegeben sein, wenn hierdurch der begründete Verdacht/Zweifel hinsichtlich etwaiger Verstöße gegen die Bestimmungen der ProspektVO oder des WpPG beseitigt oder bestätigt werden kann.[56]

37

Da die Befugnis der Behörde zur **Sachverhaltsermittlung** dient, kann sich ihr Auskunftsverlangen nur auf Tatsachen, d. h. alle gegenwärtigen oder vergangenen Verhältnisse be-

38

---

49 ESMA, Leitlinien zu den Offenlegungspflichten nach der Prospektverordnung v. 4.3.2021, ESMA32-382-1138; ESMA, Leitlinien zu den Risikofaktoren im Rahmen der Prospektverordnung v. 1.10.2019, ESMA31-62-1293 DE; ESMA, Leitlinien Alternative Leistungskennzahlen (APM) v. 5.10.2015, ESMA//2015/1415de.
50 ESMA, Questions and Answers on the Prospectus Regulation, ESMA/2019/ESMA31-62-1258 (Version 12, last updated on 3 February 2023); ESMA, Questions and Answers ESMA Guidelines on Alternative Performance Measures (APMs) v. 1.4.2022, ESMA32-51-370.
51 Ebenso zur Vorgängervorschrift *Müller*, in: Berrar/Meyer/Müller et al., WpPG/EU-ProspektVO, 2. Aufl. 2017, § 26 WpPG Rn. 23.
52 *Gurlit*, in: Assmann/Schlitt/von Kopp-Colomb, Prospektrecht Kommentar, § 18 WpPG Rn. 6; *Preuße*: in: Schwark/Zimmer, KMRK, § 18 WpPG Rn. 7; *Groß*, Kapitalmarktrecht, § 18 WpPG Rn. 2; *Eckner*, in: Holzborn, WpPG, § 26 Rn. 8; RegE Prospektrichtlinie-Umsetzungsgesetz, Begr. zu § 26 Abs. 1 WpPG (vormals § 21 Abs. 1), BT-Drucks. 15/4999, S. 38.
53 Vgl. *Müller*, in: Berrar/Meyer/Müller et al., WpPG/EU-ProspektVO, 2. Aufl. 2017, § 26 WpPG Rn. 23, welche für den allgemeinen Prüfungsstandard der BaFin auf *von Kopp-Colomb*, in: Assmann/Schlitt/von Kopp-Colomb, WpPG/VerkProspG, 2. Aufl. 2010, § 21 WpPG Rn. 13 verweist.
54 *Müller*, in: Berrar/Meyer/Müller et al., WpPG/EU-ProspektVO, 2. Aufl. 2017, § 26 WpPG Rn. 26, verweist auf *Heidelbach*, in: Schwark/Zimmer, KMRK, § 21 WpPG Rn. 21; *Eckner*, in: Holzborn, WpPG, § 26 Rn. 19.
55 Vgl. *Ritz*, in: Just/Voß/Ritz/Zeising, Wertpapierprospektrecht, 2. Aufl. 2023, § 18 WpPG Rn. 14.
56 *Preuße*, in: Schwark/Zimmer, KMRK, § 18 WpPG Rn. 14.

ziehen, während subjektive Einschätzungen oder Rechtsfragen nicht von der Auskunftspflicht erfasst sind.[57] Die Tatsachen und Sachverhalte müssen zudem im Bereich des Auskunftsverpflichteten liegen,[58] d.h. er muss von diesen Kenntnis haben und ist seinerseits nicht verpflichtet, Auskünfte bei Dritten einzuholen.[59] Das Auskunftsverlangen kann auf schriftliche, elektronische und mündliche Auskünfte gerichtet sein.[60]

5. Vorlage von Unterlagen und Informationen sowie die Überlassung von Kopien

39   Im Hinblick auf die Vorlage von **Unterlagen und Informationen** sowie die Überlassung von Kopien gelten mit Ausnahme des Auskunftsverweigerungsrechts nach § 18 Abs. 9 WpPG (vgl. → Rn. 40ff.) die entsprechenden Voraussetzungen wie für das Auskunftsersuchen.[61] Die Ausweitung auf „Informationen und Unterlagen" wurde allein aufgrund des Wortlauts der ProspektVO vorgenommen, ohne dass hiermit eine Erweiterung der Vorlagepflicht erfolgte.[62] Die Befugnis bezieht sich sowohl auf **schriftliche Dokumente** (u.a. Verträge und Korrespondenz) als auch auf **elektronisch gespeicherte Unterlagen** und deren Datenträger wie CDs, Speicherkarten, USB-Sticks und ähnliche Speichermedien.[63] Ebenfalls erfasst sein sollen E-Mails des Unternehmens bzw. seiner Mitarbeiter, soweit sie bei der Person physisch vorhanden sind (Ausdrucke, Dateien auf Datenträgern), nicht jedoch, wenn sie nur auf dem Server des E-Mail-Providers verfügbar sind.[64] Bei der Vorlage von Unterlagen sind die Originale der Dokumente bzw. Unterlagen vorzulegen, die Überlassung von Kopien bezieht sich gerade nicht auf solche, da die Kopien zum Verbleib bei der BaFin auszuhändigen sind.[65]

---

57 *Eckner*, in: Holzborn, WpPG, § 26 Rn. 20; *Müller*, in: Berrar/Meyer/Müller et al., WpPG/EU-ProspektVO, 2. Aufl. 2017, § 26 WpPG Rn. 26; *Gurlit*, in: Assmann/Schlitt/von Kopp-Colomb, Prospektrecht Kommentar, § 18 WpPG Rn. 11.
58 *Müller*, in: Berrar/Meyer/Müller et al., WpPG/EU-ProspektVO, 2. Aufl. 2017, § 26 WpPG Rn. 26; *Röhrborn*, in: Heidel, Aktienrecht und Kapitalmarktrecht, § 26 WpPG Rn. 5.
59 *Lenz*, in: Assmann/Lenz/Ritz, VerkProspG, § 8c Rn. 2; *Eckner*, in: Holzborn, WpPG, § 26 Rn. 21; *Röhrborn*, in: Heidel, Aktienrecht und Kapitalmarktrecht, § 26 WpPG Rn. 5; *Müller*, in: Berrar/Meyer/Müller et al., WpPG/EU-ProspektVO, 2. Aufl. 2017, § 26 WpPG Rn. 26; *Gurlit*, in: Assmann/Schlitt/von Kopp-Colomb, Prospektrecht Kommentar, § 18 WpPG Rn. 11; *Preuße*, in: Schwark/Zimmer, KMRK, § 18 WpPG Rn. 16.
60 *Eckner*, in: Holzborn, WpPG, § 26 Rn. 22.
61 *Müller*, in: Berrar/Meyer/Müller et al., WpPG/EU-ProspektVO, 2. Aufl. 2017, § 26 WpPG Rn. 27; *Röhrborn*, in: Heidel, Aktienrecht und Kapitalmarktrecht, § 26 WpPG Rn. 8.
62 RegE zum Ausführungsgesetz, Begr. zu § 18 WpPG, BT-Drucks. 19/8005, S. 49.
63 *Müller*, in: Berrar/Meyer/Müller et al., WpPG/EU-ProspektVO, 2. Aufl. 2017, § 26 WpPG Rn. 27; *Röhrborn*, in: Heidel, Aktienrecht und Kapitalmarktrecht, § 26 WpPG Rn. 6; *Linke*, in: Schäfer/Hamann, Kapitalmarktgesetze, § 21 WpPG Rn. 8; *Lenz*, in: Assmann/Lenz/Ritz, VerkProspG, § 8c Rn. 6.
64 *Gurlit*, in: Assmann/Schlitt/von Kopp-Colomb, Prospektrecht Kommentar, § 18 WpPG Rn. 11.
65 Vgl. *Preuße*, in: Schwark/Zimmer, KMRK, § 18 WpPG Rn. 15; a.A.: *Gurlit* in Assmann/Schlitt/von Kopp-Colomb, Prospektrecht Kommentar, § 18 WpPG Rn. 11, der in der Überlassung von Kopien nur eine Variante der Pflicht zur Überlassung von Unterlagen und Informationen sieht; differenzierter *Ritz*, in: Just/Voß/Ritz/Zeising, Wertpapierprospektrecht, 2. Aufl. 2023, § 18 WpPG Rn. 23.

6. Auskunftsverweigerungsrecht nach Abs. 9

Dem zur Erteilung einer Auskunft Verpflichteten ist es gemäß § 18 Abs. 9 Satz 1 WpPG gestattet, die **Auskunft auf Fragen** zu **verweigern**, deren Beantwortung ihn oder einen der in § 383 Abs. 1 Nr. 1 bis 3 der ZPO bezeichneten Angehörigen der **Gefahr strafrechtlicher Verfolgung** oder eines **Verfahrens nach dem Gesetz über Ordnungswidrigkeiten** aussetzen würde. Die Regelung zum Auskunftsverweigerungsrecht wurde unverändert zur vorherigen Regelung in § 26 Abs. 6 WpPG a. F. übernommen und ist § 8c Abs. 3 VerkProspG a. F. nachgebildet.[66] Sie entspricht dem rechtsstaatlichen Gedanken, dass es unzumutbar ist, sich selbst oder nahe Angehörige einer Straftat oder Ordnungswidrigkeit zu bezichtigen.[67]

40

Ein Verpflichteter, der die Auskunft verweigern möchte, muss sich ausdrücklich auf sein Auskunftsverweigerungsrecht berufen und kann **nicht bloß schweigen**. Werden zudem mehrere Auskünfte begehrt, bezieht sich das Verweigerungsrecht nur auf Auskünfte, bei denen die Möglichkeit einer späteren Verfolgung als Straftat oder Ordnungswidrigkeit besteht. Andere Auskünfte hingegen sind zu erteilen.[68] Das Auskunftsverweigerungsrecht besteht aufgrund des gewählten Wortlauts nur bei einem Auskunftsverlangen, nicht aber bei der Vorlage von Informationen und Unterlagen oder der Überlassung von Kopien.

41

Der zur Auskunft Verpflichtete ist über sein Recht zur Verweigerung der Auskunft gemäß § 18 Abs. 9 Satz 2 WpPG zu **belehren**. Versäumt die Behörde die Belehrung, können bereits erteilte Auskünfte nicht in einem späteren Bußgeldverfahren verwendet werden. Sofern die Auskunft jedoch erteilt wurde, darf sie auch verwendet werden.

42

7. Form des Auskunfts-, Vorlage- und Überlassungsverlangens

Eine Behörde kann gemäß § 26 Abs. 1 Satz 2 Nr. 1 VwVfG im Verwaltungsverfahren Auskünfte jeder Art einholen, ohne dass hierfür besondere Formvorschriften bestünden.[69] Die **Pflicht zur Auskunftserteilung** besteht hingegen nur, sofern eine **spezialgesetzliche Anordnung** besteht.[70] Eine solche Anordnung stellt § 18 Abs. 2 WpPG dar.

43

Als **belastender Verwaltungsakt im Sinne des § 35 VwVfG**[71] muss das formelle Auskunfts- und Vorlageverlangen die Rechtsgrundlage, den Gegenstand und den Zweck des Ersuchens beinhalten. Ebenfalls ist im förmlichen **Auskunfts- und Vorlageersuchen** darauf hinzuweisen, dass die BaFin auf ihrer Internetseite öffentlich bekannt machen kann, dass ein Emittent, Anbieter oder Zulassungsantragsteller seinen Pflichten aus dem WpPG

44

---

66 Vgl. RegE Prospektrichtlinie-Umsetzungsgesetz, Begr. zu § 21 Abs. 6 WpPG a. F., BT-Drucks. 15/4999, S. 38.
67 Vgl. zur Vorgängervorschrift in § 26 Abs. 6 WpPG a. F. *Müller*, in: Berrar/Meyer/Müller et al., WpPG/EU-ProspektVO, 2. Aufl. 2017, § 26 WpPG Rn. 34.
68 Unverändert zur Vorgängerregelung in § 26 Abs. 6 WpPG a. F., vgl. hierzu *Müller*, in: Berrar/Meyer/Müller et al., WpPG/EU-ProspektVO, 2. Aufl. 2017, § 26 WpPG Rn. 34.
69 *Röhrborn*, in: Heidel, Aktienrecht und Kapitalmarktrecht, § 26 WpPG Rn. 8; *Kopp/Ramsauer*, VwVfG, § 26 Rn. 16.
70 *Kopp/Ramsauer*, VwVfG, § 26 Rn. 18.
71 *Müller*, in: Berrar/Meyer/Müller et al., WpPG/EU-ProspektVO, 2. Aufl. 2017, § 26 WpPG Rn. 28; *Preuße*, in: Schwark/Zimmer, KMRK, § 18 WpPG Rn. 17; *Eckner*, in: Holzborn, WpPG, § 26 Rn. 28.

oder der ProspektVO nicht oder nicht vollständig nachkommt oder bezüglich derartiger Pflichtverletzungen ein hinreichend begründeter Verdacht besteht (vgl. § 18 Abs. 3 Satz 3 WpPG).[72] Darüber hinaus besteht eine Belehrungspflicht der Behörde nach § 18 Abs. 9 Satz 2 WpPG im förmlichen **Auskunftsersuchen** über das Auskunftsverweigerungsrecht nach **§ 18 Abs. 9 Satz 1 WpPG**.[73]

45 Rechtsbehelfe gegen diesen belastenden Verwaltungsakt haben aufgrund der Anordnung in § 20 Nr. 1 WpPG **keine aufschiebende Wirkung.** Der Verwaltungsakt kann zudem mittels **Verwaltungszwang** durchgesetzt werden (§ 6 VwVG);[74] Widerspruch und Anfechtungsklage gegen die Androhung oder Festsetzung von Zwangsmitteln haben jedoch ebenfalls keine aufschiebende Wirkung (§ 20 Nr. 2 WpPG).

IV. Veröffentlichung von Verstößen und des Verdachts von Verstößen nach Abs. 3

1. Überblick und Regelungsinhalt

46 § 18 Abs. 3 Satz 1 WpPG räumt der BaFin die Befugnis zur **öffentlichen Bekanntmachung** einer Pflichtverletzung **auf ihrer Internetseite** ein, vorausgesetzt ein Emittent, Anbieter oder Zulassungsantragsteller kommt seinen **Verpflichtungen** nach dem WpPG oder der ProspektVO **nicht oder nur unvollständig nach**. Diese Befugnis besteht bereits, wenn bezüglich der Pflichtverletzung ein **hinreichend begründeter Verdacht** besteht.[75] **Absehen von einer Bekanntmachung** muss die Behörde allerdings in den Fällen des § 18 Abs. 3 Satz 8 WpPG, während sie bei den in § 18 Abs. 3 Satz 9 WpPG genannten möglichen nachteiligen Auswirkungen davon absehen kann.

47 § 18 Abs. 3 WpPG dient der Umsetzung von Art. 32 Abs. 1 UAbs. 1 Satz 1 lit. i ProspektVO und damit der Herstellung von Transparenz im Wertpapierhandel. Gleichzeitig fasst er die bisherigen Regelungen des § 26 Abs. 2a und 2b WpPG a. F.,[76] welche zur Konkretisierung von Art. 21 Abs. 3 Satz 1 der ProspektRL mit dem Kleinanlegerschutzgesetz[77] in das WpPG eingeführt wurden,[78] zusammen.[79] Da der Regelungsgehalt des § 26 Abs. 3 WpPG a. F. von der weiter gefassten Befugnis im § 18 Abs. 2 WpPG bereits umfasst ist, ist sein Regelungsgehalt nicht in § 18 Abs. 3 WpPG enthalten (vgl. → Rn. 32 zu § 18

---

72 Dieser Hinweis wurde durch das Kleinanlegerschutzgesetz erstmals in § 26 Abs. 2a Satz 3 WpPG a. F. aufgenommen.
73 *Müller*, in: Berrar/Meyer/Müller et al., WpPG/EU-ProspektVO, 2. Aufl. 2017, § 26 WpPG Rn. 28, *Linke*, in: Schäfer/Hamann, Kapitalmarktgesetze, § 21 WpPG Rn. 9; *Eckner*, in: Holzborn, WpPG, § 26 Rn. 28.
74 Vgl. zur Durchsetzbarkeit von Verwaltungsakten auch die Erläuterungen zu → § 20 WpPG Rn. 1 ff.
75 Die Veröffentlichungsbefugnis des § 18 Abs. 3 ist weitgehender als die ähnliche Befugnis in § 25 Abs. 1 WpPG, da sie keinen unanfechtbaren Verwaltungsakt voraussetzt, *Preuße*, in: Schwark/Zimmer, KMRK, § 18 WpPG Rn. 30.
76 Vgl. zu den Voraussetzungen des § 26 Abs. 2a WpPG a. F. ausführlich *Müller*, in: Berrar/Meyer/Müller et al., WpPG/EU-ProspektVO, 2. Aufl. 2017, § 26 WpPG Rn. 37b ff.
77 Kleinanlegerschutzgesetz vom 3.7.2015, BGBl. I, S. 1114.
78 Begründung zu § 26 WpPG, RegE Kleinanlegerschutzgesetz, BT-Drucks. 18/3994, S. 56.
79 *Groß*, in: Ebenroth/Boujong/Joost/Strohn, HGB, § 18 Rn. 4, 5 WpPG; Begründung zu § 18 WpPG, Regierungsentwurf zum Ausführungsgesetz, BT-Drucks. 19/8005, S. 50.

Abs. 2 WpPG). Das Gesetz knüpft nun nicht mehr (wie § 26 Abs. 2a WpPG a. F.) daran an, dass einem sofort vollziehbaren Verlangen nicht nachgekommen wird, sondern **allgemein an Verstöße gegen die ProspektVO bzw. das WpPG**, welche durch die „insbesondere"-**Regelbeispiele** in Abs. 3 Satz 2 konkretisiert werden.[80]

Tatsächlich geht die mit § 18 Abs. 3 WpPG statuierte Befugnis über die der Vorgabe in Art. 32 Abs. 1 UAbs. 1 Satz 1 lit. i ProspektVO deutlich hinaus,[81] da letztere nur auf den Pflichtverstoß („seinen Pflichten nicht nachkommt") rekurriert, nicht jedoch bereits auf einen hinreichenden Verdacht eines solchen Verstoßes. Bei der Umsetzung der Befugnis erfolgte diesbezüglich vielmehr eine starke Orientierung an § 26b Abs. 2 VermAnlG,[82] der der BaFin im Bereich der Vermögensanlagen gestattet, Bekanntmachungen zu veröffentlichen, wenn sie Anhaltspunkte dafür hat, dass gegen Pflichten des VermAnlG verstoßen worden ist.[83] Ein Gleichlauf der Vorschriften des WpPG und der VermAnlG durch Anknüpfen an den Begriff der „Anhaltspunkte" wurde jedoch nicht erzielt. Zutreffend wird in der Gesetzesbegründung darauf hingewiesen, dass Art. 32 ProspektVO selbst den Begriff des „hinreichend begründeten Verdachts" enthalte, weshalb ein Abstellen auf Anhaltspunkte nicht in Betracht käme. Allerdings wird die Formulierung in Art. 32 Abs. 1 UAbs. 1 Satz 1 lit. i ProspektVO gerade nicht verwendet. Im Vordergrund dürfte daher hier die Möglichkeit gestanden haben, der Behörde ein Instrument zum schnellen Handeln zu geben, um Transparenz im Wertpapierhandel herzustellen und mögliche Schäden abzuwenden, die aufgrund mangelnder Information der Öffentlichkeit (fehlender Prospekt, fehlendes WIB, fehlende Aktualität oder Gültigkeit der zur Verfügung gestellten Dokumente) und darauf basierender Fehleinschätzungen von Risiken bezüglich angebotener Wertpapiere anderenfalls entstünden.[84]

Die Norm dient wie bereits zuvor § 26 Abs. 2a WpPG a. F. dem Schutz der Anleger, wenn eine Aufklärung des infrage stehenden Sachverhaltes mit den zur Verfügung stehenden weiteren Mitteln der Behörde nicht möglich ist.[85] Sie verbindet mit ihrer Warnfunktion zugunsten der Anleger **sowohl** eine auf den Anlegerschutz gerichtete **präventive als auch** eine auf Marktdisziplin abzielende **generalpräventive Stoßrichtung**, da mit der Veröffentlichung des zumindest hinreichend wahrscheinlichen Pflichtverstoßes unter namentlicher Nennung personenbezogener Angaben des Pflichtigen auch eine gewisse „Bloßstellung" desselben erfolgt.[86]

---
80 RegE zum Ausführungsgesetz, Begr. zu § 18 WpPG, BT-Drucks. 19/8005, S. 50.
81 Bejahend *Gurlit*, in: Assmann/Schlitt/von Kopp-Colomb, Prospektrecht Kommentar, § 18 WpPG Rn. 18; a. A. *Preuße*, in: Schwark/Zimmer, KMRK, § 18 Rn. 5, der die Übereinstimmung mit dem Unionsrecht vertritt.
82 RegE zum Ausführungsgesetz, Begr. zu § 18 WpPG, BT-Drucks. 19/8005, S. 50.
83 Vgl. hierzu auch *John*, BKR 2020, 335, 336.
84 Ähnlich kritisch zur Umsetzungsfrage *John*, BKR 2020, 335, 336.
85 *Müller*, in: Berrar/Meyer/Müller et al., WpPG/EU-ProspektVO, 2. Aufl. 2017, § 26 WpPG Rn. 37a; RegE zum Kleinanlegerschutzgesetz, Begr. zu § 26 WpPG, BT-Drucks. 18/3994, S. 56.
86 Für die Befugnis zur „anprangernden" Veröffentlichung wird in der Literatur auch der Begriff des „Naming and Shaming" verwendet, beispielhaft hierfür *Preuße*, in: Schwark/Zimmer, KMRK, § 18 WpPG Rn. 30; *John*, BKR 2020, 335, 337, der neben der „Prangerwirkung" und „kritisch-pointiert von staatlich gesponserter Lynchjustiz" von „Reputationssanktion" in diesem Zusammenhang spricht. Zurückhaltender hierzu *Gurlit*, in: Assmann/Schlitt/von Kopp-Colomb, Prospektrecht Kommentar, § 18 WpPG Rn. 19, der insoweit nur einen „Prangereffekt" beschreibt.

2. Voraussetzungen der öffentlichen Bekanntmachung nach Satz 1 und 2

50 Über die Vorgängerbestimmung des § 26 Abs. 2a WpPG a.F. hinaus genügt es, dass der Emittent, Anbieter oder Zulassungsantragsteller gegen prospektrechtliche Vorschriften verstößt oder bereits der hinreichend begründete Verdacht für einen solchen Verstoß besteht.[87] Ebenfalls abweichend zu § 26 Abs. 2b WpPG a.F. benennt § 18 Abs. 3 Satz 2 WpPG nun einen nicht abschließenden **Katalog von prospektrechtlichen Pflichtverstößen**, die Auslöser für ihre öffentliche Bekanntmachung sein können und die aufgrund ihres Charakters als Regelbeispiel[88] zugleich den **Maßstab für die Behörde für ggf. weitere veröffentlichungsfähige Pflichtverstöße** festlegen.[89] Als Regelbeispiele genannt werden:
– ein öffentliches Angebot ohne eine erforderliche Veröffentlichung eines Prospekts (Art. 3 ProspektVO), – die Veröffentlichung eines Prospekts ohne vorherige Billigung (Art. 20 ProspektVO),
– ein öffentliches Angebot mit einem nicht (mehr) gültigen Prospekt (Art. 12 ProspektVO),[90]
– das Unterlassen der Veröffentlichung eines nach Art. 18 VO (EU) 2019/979 gebotenen Pflichtnachtrags (Art. 23 Abs. 7 ProspektVO),
– das Unterlassen der Veröffentlichung eines erforderlichen WIB (§ 4 Abs. 1 WpPG),
– die Veröffentlichung eines WIB ohne vorherige Gestattung (§ 4 Abs. 2 WpPG) und
– eine fehlende Aktualisierung eines WIB während der Dauer des öffentlichen Angebots (§ 4 Abs. 8 WpPG).

51 Da sich die im Katalog genannten Regelbeispiele des Abs. 3 Satz 2 auf prinzipielle Pflichten des Emittenten, Anbieters oder Zulassungsantragstellers aus der ProspektVO beziehen, die bei Verletzung die Informationsmöglichkeit des potenziellen Anlegers insgesamt verhindern, sind die Folgepflichten, wie etwa aus technischen Regulierungsstandards der VO (EU) 2019/979, nicht veröffentlichungsfähig. Eine Ausnahme hiervon bilden die ausdrücklich durch Nr. 4 genannten nach Art. 23 Abs. 7 ProspektVO ergangenen Nachtragsgründe des Art. 18 VO (EU) 2019/979.[91]

52 Die bloße Vermutung der Behörde für das Vorliegen eines Verstoßes genügt indes nicht für den **hinreichend begründeten Verdacht** eines prospektrechtlichen Verstoßes. Die Einschätzung der BaFin muss sich vielmehr auf Tatsachen stützen, die zumindest „die gewisse Wahrscheinlichkeit" eines Verstoßes ableiten lassen. Die Qualität eines Beweises müssen diese jedoch nicht erfüllen.[92] Ebenso ist eine sichere Kenntnis nicht erforderlich.[93]

---

87 *Groß*, Kapitalmarktrecht, § 18 WpPG Rn. 3.
88 RegE zum Ausführungsgesetz, Begr. zu § 18 WpPG, BT-Drucks. 19/8005, S. 50.
89 *Gurlit*, in: Assmann/Schlitt/von Kopp-Colomb, Prospektrecht Kommentar, § 18 Rn. 21; *Preuße*, in: Schwark/Zimmer, KMRK, § 18 WpPG Rn. 32, ablehnend in Bezug auf die Vorgabe eines Maßstabs durch die Regelbeispiele mit Hinweis auf das behördliche Ermessen *Ritz*, in: Just/Voß/Ritz/Zeising, Wertpapierprospektrecht, 2. Aufl. 2023, § 18 WpPG Rn. 37.
90 Obwohl der Wortlaut an dieser Stelle nicht auf das öffentliche Angebot Bezug nimmt, weist doch die Regierungsbegründung deutlich darauf hin, weil „die Frage der Gültigkeit nur insoweit relevant ist, wie das öffentliche Angebot andauert", vgl. RegE zum Ausführungsgesetz, Begr. zu § 18 WpPG, BT-Drucks. 19/8005, S. 50.
91 *Preuße*, in: Schwark/Zimmer, KMRK, § 18 WpPG Rn. 32.
92 *Gurlit*, in: Assmann/Schlitt/von Kopp-Colomb, Prospektrecht Kommentar, 2. Aufl. 2023, § 18 WpPG Rn. 22.
93 *Ritz*, in: Just/Voß/Ritz/Zeising, Wertpapierprospektrecht, 2. Aufl. 2023, § 18 WpPG Rn. 35.

3. Rechtsfolge

Aus dem Wortlaut von § 18 Abs. 3 Satz 1 WpPG ergibt sich wie zuvor auch schon bei § 26 Abs. 2a Satz 1 WpPG a. F., dass bei der Entscheidung, ob sie von der Bekanntmachung eines Verstoßes oder eines hinreichend begründeten Verdachts eines Verstoßes Gebrauch macht, der BaFin **Ermessen** eingeräumt ist. Die Behörde muss daher bei ihrer **Verhältnismäßigkeitsprüfung** die schützenswerten Interessen des betroffenen Emittenten, Anbieters oder Zulassungsantragstellers einerseits und das öffentliche Interesse an der Einhaltung der Regeln der ProspektVO und des WpPG andererseits abwägen. Im Rahmen der Regierungsbegründung wird dabei insbesondere die Berücksichtigung des Grundrechts auf informationelle Selbstbestimmung betont.[94]

53

Zudem muss die BaFin im Rahmen des Ermessens prüfen, ob **keine milderen Mittel** zur Verfügung stehen. So wird in der Literatur teilweise eine Veröffentlichung ohne jeden Kontaktversuch mit dem Emittenten, Anbieter oder Zulassungsantragsteller pauschal als ermessensfehlerhaft beurteilt.[95] Diese Auffassung verkennt allerdings, dass es in der Praxis Fälle gibt, bei denen die Behörde nicht in der Lage ist, diese Personen kurzfristig zu kontaktieren, obwohl das öffentliche Angebot jedoch gleichzeitig beispielsweise durch gezielte Ansprache von potenziellen Anlegern weiterhin durchgeführt wird. In derartigen Fällen dürfte weder ein Ermessensfehlgebrauch noch ein Ermessensausfall der Behörde bei der Entscheidung zur Veröffentlichung vorliegen.

54

Die Veröffentlichungsmöglichkeit der BaFin nach § 18 Abs. 3 Satz 1 WpPG ist ferner inhaltlich unverändert zur Vorgängerregelung in § 26 Abs. 2b WpPG a. F. durch § 18 Abs. 3 Satz 8 und Satz 9 WpPG **begrenzt**. Danach sieht die BaFin im Wege einer **gebundenen Entscheidung** gemäß Satz 8 von einer Bekanntmachung nach § 18 Abs. 3 Satz 1 WpPG ab, wenn die Bekanntmachung die Finanzmärkte der Bundesrepublik Deutschland oder eines oder mehrerer Staaten des Europäischen Wirtschaftsraums erheblich gefährden würde. Hingegen kann sie im Wege einer **Ermessensentscheidung** gemäß Satz 9 von einer Bekanntmachung absehen, wenn eine Bekanntmachung nachteilige Auswirkungen auf die Durchführung strafrechtlicher, bußgeldrechtlicher oder disziplinarischer Ermittlungen haben kann.

55

4. Gegenstand und Form der öffentlichen Bekanntmachung

Gegenstand der öffentlichen Bekanntmachung ist, dass die dort namentlich genannte Person ihren prospektrechtlichen Verpflichtungen nicht bzw. nicht vollständig nachgekommen ist oder ein entsprechender hinreichend begründeter Verdacht besteht.

56

Bei der Bekanntmachung darf die BaFin **personenbezogene Daten** nur in den engen Grenzen nach Satz 4 verwenden. Unverändert zu § 26 Abs. 2a WpPG a. F.[96] darf sie nur diejenigen personenbezogenen Daten enthalten, die **zur Identifizierung** des Anbieters,

57

---

94 *Groß*, in: Ebenroth/Boujong/Joost/Strohn, HGB, § 18 WpPG Rn. 4, 5; RegE zum Ausführungsgesetz, Begr. zu § 18 WpPG, BT-Drucks. 19/8005, S. 50, welcher wohl anstatt des angeführten Grundrechts auf „informelle Selbstbestimmung" auf das Grundrecht der „informationellen Selbstbestimmung" Bezug nehmen wollte.
95 *Preuße*, in: Schwark/Zimmer, KMRK, § 18 WpPG Rn. 33.
96 Vgl. hierzu *Müller*, in: Berrar/Meyer/Müller et al., WpPG/EU-ProspektVO, 2. Aufl. 2017, § 26 WpPG Rn. 37h.

Zulassungsantragstellers oder Emittenten **erforderlich** sind. Insoweit wird die Nutzungsberechtigung der Bundesanstalt für personenbezogene Daten nach § 26 WpPG teilweise eingeschränkt und begrenzt.

58 In der Bekanntmachung kann die Behörde anführen, **gegen welche Verpflichtungen konkret verstoßen** wurde[97] bzw. verstoßen worden sein soll, wenn „nur" ein hinreichend begründeter Verdacht für den Verstoß besteht.

59 Die öffentliche Bekanntmachung durch die Behörde hat **auf ihrer Internetseite** zu erfolgen. Die BaFin hat von der Möglichkeit der Veröffentlichung eines Verstoßes, aber auch eines Verdachts auf einen Verstoß bereits mehrfach Gebrauch gemacht und bspw. Verdachtsmitteilungen für fehlende Prospekte auf ihrer Internetseite unter den Reitern „Warnungen & Aktuelles", dort unter „Warnungen vor Verletzung der Prospektpflicht" veröffentlicht.[98]

60 Bei **nicht bestandskräftigen Maßnahmen** ist zudem nach Satz 5 der Hinweis „Diese Maßnahme ist noch nicht bestandskräftig." der Bekanntmachung hinzuzufügen. Wurde gegen die Maßnahme ein Rechtsmittel eingelegt, sind der **Stand und der Ausgang des Rechtsmittelverfahrens** bekannt zu machen (Satz 6). Beide Erfordernisse setzen voraus, dass zumindest auch die Maßnahme in der Bekanntmachung veröffentlicht wird, damit die Bekanntmachung für den Anleger verständlich ist. Die Bekanntmachung selbst ist spätestens nach fünf Jahren zu löschen (Satz 7).

V. Untersagung und befristete Aussetzung des öffentlichen Angebots nach Abs. 4

1. Regelungsgegenstand und Zweck der Norm

61 § 18 Abs. 4 WpPG räumt der BaFin zwei voneinander zu unterscheidende Befugnisse ein: In Umsetzung von Art. 32 Abs. 1 UAbs. 1 lit. f Alt. 1 ProspektVO beinhaltet **Satz 1** die **Pflicht** bei spezifischen Pflichtverstößen und **Satz 2 und 3** die **Befugnis** bei Vorliegen spezifischer Pflichtverstöße oder dem hinreichend begründeten Verdacht von Pflichtverstößen gegen die ProspektVO, die Delegierten Verordnungen VO (EU) 2019/979 und VO (EU) 2019/980 oder das WpPG **zur Untersagung eines öffentlichen Angebotes**, während **Satz 4** in Ausführung des Art. 32 Abs. 1 UAbs. 1 lit. d Alt. 1 ProspektVO eine Befugnis zur zeitlich befristeten **Aussetzung eines öffentlichen Angebots bei hinreichend begründetem Verdacht** des Verstoßes gegen spezielle Bestimmungen des WpPG oder der ProspektVO enthält. In Satz 5 wird der Fristbeginn für die in Satz 4 genannte Aussetzungsfrist festgelegt.

62 Die Untersagung und die befristete Aussetzung eines öffentlichen Angebots von Wertpapieren durch die zuständige Behörde dienen der **Durchsetzung der Prospektpflicht**[99] nach Art. 3 Abs. 1 ProspektVO, denn Investoren sollen – vorbehaltlich einer der gesetzlich

---

97 RegE zum Ausführungsgesetz, Begr. zu § 18 WpPG, BT-Drucks. 19/8005, S. 50.
98 Vgl. hierzu die Veröffentlichungen der BaFin auf ihrer Internetseite zu „Warnungen vor Verletzung der Prospektpflicht" unter https://www.bafin.de/DE/Verbraucher/Aktuelles/verbraucher_node.html.
99 So bereits auch schon der Zweck des § 26 Abs. 4 WpPG a. F., vgl. *Müller*, in: Berrar/Meyer/Müller et al., WpPG/EU-ProspektVO, 2. Aufl. 2017, § 26 WpPG Rn. 39.

normierten Ausnahmen in Art. 3 Abs. 2 ProspektVO – ihre Anlageentscheidung aufgrund eines Prospektes treffen können.[100] Bei Vorliegen eines der Befreiungstatbestände nach Art. 3 Abs. 2 ProspektVO besteht indes kein Raum für die Anwendung der in § 18 Abs. 4 WpPG normierten Befugnisse. Die Regelung enthält in ausdifferenzierter Form die der Behörde nach der Vorgängerregelung des § 26 Abs. 4 WpPG a. F. übertragenen Befugnisse zur Untersagung des öffentlichen Angebots als gebundene Entscheidung zur befristeten Aussetzung des öffentlichen Angebots, welche auf der Umsetzung von Art. 21 Abs. 3 lit. f und lit. d der ProspektRL beruhten.[101]

Von den vorgenannten Maßnahmen zu unterscheiden ist zum einen die Verweigerung (Ablehnung) der Billigung eines Prospekts gemäß Art. 20 Abs. 5 ProspektVO. Zum anderen besteht für die zuständige Behörde auch die Befugnis zur Aussetzung der Prüfung eines zur Billigung eingereichten Prospekts gemäß § 18 Abs. 7 WpPG (vgl. → Rn. 99) und die Verweigerung der Billigung eines Prospekts bei wiederholtem schwerwiegendem Verstoß gegen die ProspektVO oder das WpPG gemäß § 18 Abs. 8 WpPG (vgl. → Rn. 105 ff.). Ein öffentliches Angebot liegt in diesen Fällen normalerweise noch nicht vor. 63

2. Untersagung eines öffentlichen Angebots als gebundene Entscheidung

In Abs. 4 Satz 1 ist eine **gebundene Entscheidung** der BaFin vorgesehen, die an spezifizierte Verstöße gegen Bestimmungen der ProspektVO bzw. des WpPG anknüpft.[102] Die BaFin hat daher ein öffentliches Angebot[103] zu untersagen, wenn 64

– entgegen Art. 3 ProspektVO **kein Prospekt veröffentlicht** wurde (Ordnungswidrigkeit nach § 24 Abs. 3 Nr. 1 WpPG),
– entgegen Art. 20 ProspektVO i. V. m. den Vorgaben in Art. 35 bis 45 der VO (EU) 2019/980 **ein (nicht gebilligter) Prospekt veröffentlicht** wird (Ordnungswidrigkeit nach § 24 Abs. 3 Nr. 12 WpPG),
– **der Prospekt nicht** mehr nach Art. 12 ProspektVO **gültig** ist (Ordnungswidrigkeit nach § 24 Abs. 3 Nr. 17 WpPG),
– in den in Art. 18 der VO (EU) 2019/979 bestimmten Fällen **kein Nachtrag veröffentlicht** wurde (Ordnungswidrigkeit nach § 24 Abs. 3 Nr. 17 WpPG),
– entgegen § 4 Abs. 1 WpPG **kein WIB** bei der BaFin **hinterlegt** und **veröffentlicht** wurde (Ordnungswidrigkeit nach § 24 Abs. 1 Nr. 1 WpPG) oder
– entgegen § 4 Abs. 2 WpPG ein WIB **ohne vorherige Gestattung** durch die BaFin **veröffentlicht** wird (Ordnungswidrigkeit nach § 24 Abs. 1 Nr. 1 WpPG).

Der Katalog der die Behörde zur Untersagung verpflichtenden Regelbeispiele entspricht dem nach § 18 Abs. 3 Satz 2 Nr. 1 bis 6 WpPG (vgl. → Rn. 50), bei dem die Behörde zu einer öffentlichen Bekanntmachung eines hinreichend begründeten Verdachts des Verstoßes berechtigt ist. Er enthält damit **besonders gravierende Verstöße**. Ausweislich der Regierungsbegründung sind die Regelungen des Abs. 1 Nr. 1 bis 3 parallel zu denen in § 26 65

---

100 *Groß*, Kapitalmarktrecht, § 26 WpPG Rn. 7.
101 *Gurlit*, in: Assmann/Schlitt/von Kopp-Colomb, Prospektrecht Kommentar, § 18 WpPG Rn. 28; RegE Prospektrichtlinie-Umsetzungsgesetz, Begr. zu § 21 WpPG Abs. 5, BT-Drucks. 15/4999, S. 38.
102 RegE zum Ausführungsgesetz, Begr. zu § 18 WpPG, BT-Drucks. 19/8005, S. 51.
103 Zum Begriff des öffentlichen Angebots vgl. die Definition in Art. 2 lit. d ProspektVO.

Abs. 2a Nr. 1 bis 3 WpPG a. F. zu sehen. Lediglich die Bezugnahmen auf die konkreten Normen wurden angepasst, da diese sich nun in der ProspektVO finden.[104] Daher ist in Bezug auf **Nr. 2** unverändert zur Vorgängerregelung maßgeblich, ob der Prospekt gebilligt wurde und ob es einer solchen Billigung auch bedurft hätte, und nicht, ob der Prospekt veröffentlicht wurde.[105] Da nunmehr für die Gültigkeit eines (mehrteiligen) Prospekts nicht mehr an die Gültigkeit des dazu verwendeten Registrierungsformulars oder einheitlichen Registrierungsformulars angeknüpft wird, wird in **Nr. 3** nur noch auf die Gültigkeit des Gesamtprospekts abgestellt. Der in **Nr. 4** genannte Verstoß gegen die Nachtragspflicht bei Bestehen eines in Art. 18 VO (EU) 2019/979 genannten Nachtragsgrundes wird als den anderen Verstößen vergleichbar gravierend bewertet.[106] Da hier nur auf die ausdrücklich in Art. 18 VO (EU) 2019/979 enumerativ genannten Fälle Bezug genommen wird, ist davon auszugehen, dass bei einem Verstoß gegen die Nachtragspflicht in anderen als den genannten Fällen keine gebundene Entscheidung der Behörde folgt, sondern diese ein Ermessen auszuüben hat.

3. Untersagung eines öffentlichen Angebots als Ermessensentscheidung

66 Hingegen wird in Satz 2 der BaFin die Möglichkeit einräumt, nach **pflichtgemäßem Ermessen** ein öffentliches Angebot zu untersagen, ohne an näher spezifizierte **Verstöße** gegen die ProspektVO oder das WpPG anzuknüpfen.[107] Die Behörde kann danach in Ausführung von Art. 32 Abs. 1 UAbs. 1 lit. f Alt. 1 ProspektVO ein öffentliches Angebot auch untersagen, wenn gegen **andere als die in Satz 1 genannten Bestimmungen der ProspektVO oder des WpPG** verstoßen wurde.[108]

67 Sie hat somit **Entschließungsermessen**, ob sie das bestehende öffentliche Angebot untersagt. Im Rahmen der Verhältnismäßigkeitsprüfung hat sie die Schwere des Verstoßes mit dem Regelungsziel abzuwägen, den Anleger vor Angeboten zu schützen, bei denen eine Beeinträchtigung der Risikoabwägung vorliegt. Ferner muss sie prüfen, ob im Einzelfall möglicherweise ein milderes Mittel zum Schutz des Anlegers besteht. Ggf. ist hier die befristete Aussetzung des öffentlichen Angebots nach § 18 Abs. 4 Satz 4 WpPG als milderes Mittel geboten.[109]

4. Vorliegen eines Verstoßes (Abs. 4 Satz 1 und 2)

68 Voraussetzung für eine Untersagung sowohl nach Satz 1 als auch nach Satz 2 ist, dass ein **Verstoß** gegen eine der vorstehenden Regelungen des § 18 Abs. 4 Satz 1 WpPG oder andere Bestimmungen der ProspektVO oder des WpPG vorliegt. Der Verstoß muss zur Überzeugung der Behörde aufgrund des ermittelten Sachverhalts feststehen. Dies ergibt

---

104 RegE zum Ausführungsgesetz, Begr. zu § 18 WpPG, BT-Drucks. 19/8005, S. 51.
105 Vgl. hierzu *von Kopp-Colomb*, in: Assmann/Schlitt/von Kopp-Colomb, WpPG/VermAnlG, 3. Aufl. 2017, § 26 WpPG Rn. 25.
106 RegE zum Ausführungsgesetz, Begr. zu § 18 WpPG, BT-Drucks. 19/8005, S. 51.
107 RegE zum Ausführungsgesetz, Begr. zu § 18 WpPG, BT-Drucks. 19/8005, S. 51.
108 Vgl. *Gurlit*, in: Assmann/Schlitt/von Kopp-Colomb, Prospektrecht Kommentar, § 18 WpPG Rn. 33.
109 Vgl. *Gurlit*, in: Assmann/Schlitt/von Kopp-Colomb, Prospektrecht Kommentar, § 18 WpPG Rn. 34.

sich aus dem Vergleich mit § 18 Abs. 4 Satz 3 und 4 WpPG, wonach ein hinreichend begründeter Verdacht, dass ein Verstoß vorliegt (kein „Vorliegen von Anhaltspunkten" mehr), genügt. Zudem muss der Verstoß andauern, d. h. auch im Zeitpunkt des Erlasses der Untersagungsverfügung bereits eingetreten sein und noch vorliegen. Anderenfalls wäre der Eingriff nicht zu rechtfertigen.[110]

5. Vorliegen eines hinreichend begründeten Verdachts (Abs. 4 Satz 3)

Satz 3 ergänzt die **Befugnis zur Untersagung des öffentlichen Angebots** aus Satz 1 und 2 dahingehend, dass das **Bestehen eines hinreichend begründeten Verdachts** genügt, dass gegen die Bestimmungen der ProspektVO oder des WpPG verstoßen würde.[111] Entsprechend der Befugnis zur Veröffentlichung eines Verdachts auf einen gravierenden Pflichtenverstoß nach § 18 Abs. 2 WpPG genügt auch hier die bloße Vermutung der Behörde für das Vorliegen eines Verstoßes nicht für den hinreichend begründeten Verdacht. Die Einschätzung der BaFin muss sich auf Tatsachen stützen, die zumindest „die gewisse Wahrscheinlichkeit" eines Verstoßes ableiten lassen, ohne dass sie die Qualität eines Beweises oder die sichere Kenntnis vom Verstoß erfordern (vgl. → Rn. 52 zu § 18 Abs. 3). Die Untersagung eines öffentlichen Angebots aufgrund eines hinreichend begründeten Verdachts knüpft nach dem Wortlaut im Gegensatz zu Satz 1 und 2 jedoch nicht an den gegenwärtig bestehenden Verstoß an, sondern an **einen künftigen Verstoß** („hinreichend begründeter Verdacht, dass gegen Bestimmungen […] verstoßen würde"), sodass die Untersagung des öffentlichen Angebots hier bereits vor dessen Beginn erfolgt.[112]

69

6. Untersagungsverfügung

Die Untersagungsverfügung ist ein **belastender Verwaltungsakt nach § 35 VwVfG**, der auf die endgültige Verhinderung des öffentlichen Angebots gerichtet ist und somit an den bzw. die Anbieter im Sinne des Art. 2 lit. i ProspektVO zu richten ist. Ihnen wird damit nicht nur ein **Unterlassen** des öffentlichen Angebots, sondern **ggf. ein aktives Handeln zur Beendigung des laufenden öffentlichen Angebots** abverlangt. Die Verfügung muss die Rechtsgrundlage, den Gegenstand und den Zweck der Untersagung beinhalten. **Gegenstand** der Untersagung ist dabei das konkrete öffentliche Angebot von Wertpapieren und nicht der ggf. existierende Prospekt.

70

Rechtsbehelfe gegen diesen belastenden Verwaltungsakt haben aufgrund der Anordnung in § 20 Nr. 1 WpPG **keine aufschiebende Wirkung**. Der Verwaltungsakt kann zudem mittels **Verwaltungszwang** durchgesetzt werden (§ 6 VwVG),[113] Widerspruch und Anfechtungsklage gegen die Androhung oder Festsetzung von Zwangsmitteln haben jedoch ebenfalls keine aufschiebende Wirkung (§ 20 Nr. 2 WpPG). Widerspruch gegen den Verwaltungsakt kann bei der BaFin eingelegt werden; der Antrag auf Wiederherstellung der

71

---

110 So auch für die Vorgängervorschrift *Müller*, in: Berrar/Meyer/Müller et al., WpPG/EU-ProspektVO, 2. Aufl. 2017, § 26 WpPG Rn. 42.
111 RegE zum Ausführungsgesetz, Begr. zu § 18 WpPG, BT-Drucks. 19/8005, S. 51.
112 Vgl. *Gurlit*, in: Assmann/Schlitt/von Kopp-Colomb, Prospektrecht Kommentar, § 18 WpPG Rn. 33.
113 Vgl. zur Durchsetzbarkeit von Verwaltungsakten auch die Erläuterungen zu § 20 WpPG.

aufschiebenden Wirkung ist nach § 80 Abs. 4 Satz 1 VwGO bei der BaFin bzw. nach § 80 Abs. 5 VwGO beim zuständigen Gericht der Hauptsache zu stellen.

7. Aussetzung eines öffentlichen Angebots als Ermessensentscheidung (Abs. 4 Satz 4 und 5)

72 Mit § 18 Abs. 4 Satz 4 WpPG erhält die BaFin die Befugnis zur **zeitlich befristeten Aussetzung** eines **öffentlichen Angebots**, wenn sie einen **hinreichend begründeten Verdacht** des Verstoßes gegen Bestimmungen des WpPG oder der ProspektVO hat. Ziel der Aussetzungsanordnung ist es, während der befristeten Aussetzung zu prüfen, ob ein Verstoß tatsächlich vorliegt,[114] bzw. dem Pflichtigen die Möglichkeit einzuräumen, den (vermuteten) Verstoß abzustellen, um das Angebot regelkonform fortführen zu können.

a) Verstoß gegen Regelungen des WpPG und der ProspektVO

73 Obwohl Art. 32 Abs. 1 UAbs. 1 lit. d ProspektVO nur von einem „**Verstoß gegen diese Verordnung**" spricht, wurde die Befugnis für die BaFin auch auf die **Regelungen des WpPG** ausgedehnt, um ihr bei hinreichendem Verdacht in Bezug auf öffentliche Angebote, für die ein WIB zu hinterlegen und zu veröffentlichen ist, gleichfalls eine Aussetzung des Angebots zu ermöglichen. Durch die Aufnahme der „**Insbesondere-Regelung**" für Verstöße gegen § 4 Abs. 1, 2 und 8 WpPG wird für die Behörde besonderes Augenmerk auf die Pflicht zu Erstellung, Hinterlegung und Veröffentlichung eines WIB sowie dessen Aktualisierung gelegt. In Bezug auf öffentliche Angebote, für die eine Prospektpflicht besteht, werden als mögliche Verstöße die **Nichtveröffentlichung eines Prospekts** (Art. 3 bis 5 ProspektVO), die **Verwendung eines nicht mehr gültigen Prospekts** (Art. 12 ProspektVO), die **Veröffentlichung eines (nicht gebilligten) Prospekts** (Art. 20 ProspektVO) sowie mögliche **Verstöße gegen** die **Nachtragspflicht** (Art. 23 ProspektVO), das **Notifizierungsverfahren** (Art. 25 ProspektVO) oder die **Sprachenregelung** (Art. 27 ProspektVO) besonders hervorgehoben. Die Behörde soll jedoch auch in **gleichwertig gravierenden Fällen** wie den Regelbeispielen des § 18 Abs. 4 Satz 1 WpPG eingreifen können.[115] Sofern ein öffentliches Angebot aufgrund des hinreichend begründeten Verdachts des Verstoßes gegen eine andere als die genannten Normen des WpPG oder der ProspektVO ausgesetzt werden soll, muss dieser Verstoß zumindest eine ähnliche Qualität haben wie die in Satz 4 genannten Beispiele.[116]

b) Hinreichend begründeter Verdacht des Verstoßes

74 Erforderlich ist, dass (zumindest) ein **hinreichend begründeter Verdacht** für einen Verstoß gegen die Bestimmungen des WpPG oder der ProspektVO vorliegt. Obwohl nunmehr dem Wortlaut nach nicht mehr an das Vorliegen von „Anhaltspunkten" wie in § 26 Abs. 4 Satz 1 WpPG a. F. angeknüpft wird, sollen damit ausweislich der Begründung zum Regie-

---

114 Vgl. zur Zielrichtung des § 26 Abs. 4 WpPG a. F. *Müller*, in: Berrar/Meyer/Müller et al., WpPG/EU-ProspektVO, 2. Aufl. 2017, § 26 WpPG Rn. 46; *Linke*, in: Schäfer/Hamann, Kapitalmarktgesetze, § 21 WpPG Rn. 13.
115 Vgl. RegE zum Ausführungsgesetz, Begr. zu § 18 WpPG, BT-Drucks. 19/8005, S. 52; *Gurlit*, in: Assmann/Schlitt/von Kopp-Colomb, Prospektrecht Kommentar, § 18 WpPG Rn. 35.
116 *Ritz*, in: Just/Voß/Ritz/Zeising, Wertpapierprospektrecht, 2. Aufl. 2023, § 18 WpPG Rn. 47.

rungsentwurf keine inhaltlichen Änderungen gegenüber der Vorgängerregelung verbunden sein.[117] Bezüglich des Vorliegens eines hinreichend begründeten Verdachts gelten also die gleichen Anforderungen wie bei § 18 Abs. 3 und § 18 Abs. 4 Satz 3 WpPG (vgl. → Rn. 49). Die bloße Vermutung oder eine bloß abstrakte Gefahr sind nicht ausreichend, vielmehr muss sich der Verdacht aufgrund von Tatsachen konkretisiert haben, d.h. es müssen Tatsachen vorhanden sein, die die Möglichkeit nicht fern liegen lassen, dass ein Verstoß gegen die Bestimmungen vorliegt (sog. „Tatsachenkern").[118] Diese können beispielsweise aufgrund von Werbung im Internet oder Beschwerden von Anlegern vorliegen. Im Gleichlauf zu § 18 Abs. 1 und im Gegensatz zu § 18 Abs. 4 Satz 3 WpPG muss sich der Verdacht in Bezug auf ein bereits bestehendes/unterbreitetes öffentliches Angebot beziehen. Obwohl vom Wortlaut in Satz 4 her nur ein **hinreichend begründeter Verdacht** für einen Verstoß erforderlich ist, kann auch bei festgestelltem Verstoß durchaus die Aussetzung des öffentlichen Angebots durch die Behörde angeordnet werden, sofern nicht ein Katalogtatbestand des Satz 1 die Behörde zur Untersagung verpflichtet, weil die befristete Aussetzung (zunächst) als milderes Mittel gegenüber einer im Ermessen stehenden dauerhaften Untersagung nach Satz 2 geboten sein kann.

c) Entschließungsermessen und Befristung

Bei der Ausübung der Befugnis des § 18 Abs. 4 Satz 4 WpPG handelt es sich wie auch in der Vorgängernorm[119] und anders als nach Satz 1 um eine **Ermessensentscheidung** der BaFin, die daher bei ihrer Entscheidung den verwaltungsrechtlichen Grundsatz der Verhältnismäßigkeit zu wahren hat. Die Behörde hat sowohl ein Ermessen, ob sie die Aussetzung anordnet, als auch für welchen Zeitraum. Allerdings wird die Dauer der Aussetzung durch Abs. 4 Satz 4 auf höchstens 10 Arbeitstage begrenzt. Die Frist beginnt gemäß § 18 Abs. 4 Satz 5 WpPG mit der Bekanntgabe der Entscheidung, dabei richtet sich die Bekanntgabe nach § 41 VwVfG.[120]

75

Die Anordnung der Aussetzung ist wie die Untersagungsverfügung ein **belastender Verwaltungsakt nach § 35 VwVfG**. Dieser wird eine auflösende Befristung i.S.v. § 36 Abs. 2 Nr. 1 VwVfG **als Nebenbestimmung** beigefügt, welche zur Folge hat, dass die Anordnung der Aussetzung mit Fristablauf ihre Wirksamkeit automatisch verliert.[121] Als Verwaltungsakt kann die Anordnung der Aussetzung mittels **Verwaltungszwanges**, also durch Ersatzvornahme (§ 10 VwVG), Zwangsgeld (§ 11 VwVG) oder unmittelbaren Zwang (§ 12 VwVG), von der BaFin durchgesetzt werden. Da die Hauptregelung des Verwaltungsakts hier auf ein aktives Tun des Anbieters bzw. der Anbieter gerichtet ist, der in gleicher Weise wie die Veröffentlichung des Angebots dessen Aussetzung zu bewirken

76

---

117 RegE zum Ausführungsgesetz, Begr. zu § 18 WpPG, BT-Drucks. 19/8005, S. 52; vgl. zu Art. 21 Abs. 3 ProspektRL und dessen Umsetzung in § 26 Abs. 4 Satz 2 WpPG a.F. auch *Ritz*, in: Just/Voß/Ritz/Zeising, Wertpapierprospektrecht, 2. Aufl. 2023, § 18 WpPG Rn. 48.
118 Vgl. ausführlich *Ritz*, in: Just/Voß/Ritz/Zeising, Wertpapierprospektrecht, 2. Aufl. 2023, § 18 WpPG Rn. 48 f.
119 Vgl. hierzu RegE Prospektrichtlinie-Umsetzungsgesetz, Begr. zu § 21 Abs. 4 WpPG, BT-Drucks. 15/4999, S. 38.
120 *Ritz*, in: Just/Voß/Ritz/Zeising, Wertpapierprospektrecht, 2. Aufl. 2023, § 18 WpPG Rn. 51.
121 Vgl. *Gurlit*, in: Assmann/Schlitt/von Kopp-Colomb, Prospektrecht Kommentar, § 18 WpPG Rn. 37.

hat,[122] wird bei einer Aussetzungsanordnung die Androhung und Festsetzung eine Zwangsgeldes vermutlich das häufigste Mittel zur Durchsetzung des Verwaltungszwangs sein. Um ein schnelles Handeln zu bewirken, dürfte die Behörde daher bereits in der Anordnungsverfügung auch die Androhung des Zwangsgeldes mit aufnehmen.

77 Die Aussetzungsverfügung kann auch dann rechtmäßig sein, wenn sich nachträglich herausstellt, dass kein Verstoß im Sinne des § 18 Abs. 4 Satz 4 WpPG vorlag. Das öffentliche Interesse an der Klärung des Sachverhalts und der Schutz des Anlegers überwiegt in diesem Fall gegenüber dem Interesse des Anbieters an dem öffentlichen Angebot.

VI. Untersagung und Aussetzung von Werbung nach Abs. 5

1. Überblick und Regelungsgegenstand

78 § 18 Abs. 5 WpPG dient der Ausführung des Art. 32 Abs. 1 UAbs. 1 lit. e ProspektVO unter Berücksichtigung von Art. 22 Abs. 6 UAbs. 1 ProspektVO und orientiert sich laut der Regierungsbegründung an § 15 Abs. 6 WpPG a.F.[123] Gemäß **Satz 1** ist die BaFin zur **Kontrolle der Werbung**[124] für ein öffentliches Angebot oder eine Zulassung von Wertpapieren zum Handel an einem geregelten Markt befugt. Hiervon umfasst sind jedoch nicht nur die einschlägigen Regelungen der ProspektVO zur Werbung. Darüber hinaus erweitert er den unionsrechtlichen Anwendungsbereich der Kontrollbefugnis um die Vorschriften nach § 7 WpPG, der die Werbung für Angebote, für die ein WIB zu veröffentlichen ist, betrifft. **Satz 2** räumt der Behörde bei hinreichend begründetem Verdacht auf gewisse Verstöße gegen die ProspektVO oder das WpPG gewisse **Sanktionsbefugnisse** in Bezug auf die Werbung ein, indem die (befristete) Aussetzung und die (dauerhafte) Untersagung der Werbung bzw. deren Anordnung ermöglicht wird.

2. Kontrollbefugnis hinsichtlich Werbung

79 Die **Kontrollbefugnis der Behörde** bei öffentlichen Angeboten oder einer Zulassung zum Handel an einem geregelten Markt bezieht sich auf die Einhaltung der Regelungen des Art. 22 Abs. 2 bis 5 ProspektVO, des Kapitels IV (Art. 13 bis 17) der VO (EU) 2019/979 sowie des § 7 WpPG bei Werbung.[125] Die Umsetzung des Art. 32 Abs. 1 UAbs. 1 lit. e ProspektVO ins nationale Recht erfolgte jedoch wenig gelungen. So ist die Bezugnahme auf die **Regelungen des Art. 3, Art. 5 oder Art. 22 Abs. 2 bis 5 ProspektVO** mangels Bezugnahme auf die ProspektVO ebenso unvollständig formuliert wie auf die des **§ 7 WpPG** mangels Bezugnahme auf dieses Gesetz. Allein aus dem Regelungsgehalt der Normen lässt sich hier die Verbindung zu den Eingriffsbefugnissen herstellen. Ferner erscheint die Bezugnahme auf das gesamte Kapitel IV der VO (EU) 2019/979 als zu weitgehend, da der darin ebenfalls aufgenommene Art. 17 VO (EU) 2019/979 das Verfahren für die Zusammenarbeit zwischen den zuständigen Behörden bei möglichen Werbeverstößen

---

122 Vgl. *Gurlit*, in: Assmann/Schlitt/von Kopp-Colomb, Prospektrecht Kommentar, § 18 WpPG Rn. 37.
123 RegE zum Ausführungsgesetz, Begr. zu § 18 WpPG, BT-Drucks. 19/8005, S. 52.
124 Vgl. die Definition des Begriffs „Werbung" in Art. 2 lit. k ProspektVO.
125 Vgl. hierzu auch *Ritz*, in: Just/Voß/Ritz/Zeising, Wertpapierprospektrecht, 2. Aufl. 2023, § 18 WpPG Rn. 53; *Preuße*, in: Schwark/Zimmer, KMRK, § 18 WpPG Rn. 49.

betrifft. Inwiefern und gegenüber wem hier eine Kontrollbefugnis der BaFin bestehen soll, bleibt unklar.[126]

Die Kontrollbefugnis beschränkt sich weiterhin auf Werbemaßnahmen in Deutschland bzw. solche, die aus Deutschland heraus erfolgen. 80

3. Eingriffsbefugnis bei Werbung

a) Maßnahmen

Auch die **Sanktionsbefugnisse** der Behörde sind wenig geglückt formuliert. Grundsätzlich gewährt § 18 Abs. 5 Satz 2 WpPG der Behörde **vier** unterschiedliche **Maßnahmen** in Bezug auf Werbung, wenn ein hinreichend begründeter Verdacht des Verstoßes gegen die Bestimmungen der ProspektVO oder des WpPG besteht und deren Anwendung und Auswahl ins Ermessen der Behörde gestellt sind (Entschließungs- und Auswahlermessen): **Untersagung** der Werbung **(1. Alt.)**, **Aussetzung** der Werbung **(2. Alt.)**, **Anordnung der Unterlassung** der Werbung **(3. Alt.)** und **Anordnung einer befristeten Aussetzung** der Werbung **(4. Alt.)**. 81

Die Abgrenzung der einzelnen Maßnahmen ist hierbei durch den Gesetzgeber nicht eindeutig erfolgt und auch die Literatur ist hier uneinheitlich. Der Auffassung, die **Untersagung der Werbung (1. Alt)** solle die Werbung als solche betreffen und richte sich gegen die Werbemedien,[127] steht die abweichende Auffassung entgegen, dass Adressat der Untersagung der Werbende sei, der nicht immer mit dem Anbieter und/oder Emittenten identisch sein müsse,[128] bzw. der Urheber der nicht gesetzeskonformen Werbung.[129] Die Untersagung der Werbung kann sich jedoch gegen jede Person richten, die an den (geplanten) Werbemaßnahmen beteiligt ist, denn die Maßnahme der Untersagung betrifft die **Werbung an sich**. Die Untersagung kann und soll sich gleichermaßen an eine die Werbung veranlassende Person als auch an das Werbemedium richten, um die Verbreitung der fehlerhaften Werbung zu unterbinden. Sie kann daher auch vor Beginn der konkreten Werbemaßnahmen ergehen, wenn z.B. der Entwurf einer Werbung der BaFin zur Kenntnis gelangt, der aufgrund der damit verbundenen Verstöße gar nicht erst veröffentlicht werden soll, oder eine bereits einmalige Werbeschaltung nunmehr wiederholt werden soll. Bei einer bereits veröffentlichten Werbung kann die Untersagung der Werbung den Werbenden 82

---

126 Ähnlich *Gurlit*, in: Assmann/Schlitt/von Kopp-Colomb, Prospektrecht Kommentar, § 18 WpPG Rn. 39, der die Bezugnahme in § 18 Abs. 1 Satz 1 WpPG als „redaktionell verunglückt" bezeichnet und beim Verweis auf Kapitel IV der VO (EU) 2019/979 nur deren Art. 13 bis 16 als von Satz 1 umfasst ansieht.
127 So *Gurlit*, in: Assmann/Schlitt/von Kopp-Colomb, Prospektrecht Kommentar, §18 WpPG Rn. 42.
128 *Preuße*, in: Schwark/Zimmer, KMRK, § 18 WpPG Rn. 54, der nicht zwischen Untersagung und Anordnung, die Werbung zu unterlassen, differenziert, sondern den Werbenden, der nicht immer mit dem Anbieter und/oder Emittenten identisch sein müsse, als Adressaten der behördlichen Maßnahmen sieht.
129 *Ritz*, in: Just/Voß/Ritz/Zeising, Wertpapierprospektrecht, 2. Aufl. 2023, § 18 WpPG Rn. 57, die den Adressaten der Maßnahme aus der entsprechenden Urheberschaft für die nicht gesetzeskonforme Werbung ableitet. Der Anordnung der Unterlassung der Werbung billigt sie keine eigene Funktion zu und plädiert daher für eine Streichung der Passage „oder anordnen, dass sie zu unterlassen oder für jeweils höchstens zehn aufeinander folgende Arbeitstage auszusetzen ist" aus dem Gesetz.

auch zu aktivem Tun verpflichten, um die Beendigung der Werbung herbeizuführen. Dies wäre beispielsweise, die Beendigung von Werbeanzeigen in öffentlichen Medien zu veranlassen, die von dem Werbenden veranlasst wurden, indem der Auftrag zur Schaltung der Werbung gegenüber dem Werbemedium widerrufen wird.

83 Die nach Art. 32 Abs. 1 UAbs. 1 lit. e ProspektVO vorgesehene Beschränkung auf „höchstens 10 aufeinander folgende Arbeitstage" enthält § 18 Abs. 5 Satz 2 WpPG nicht für die Untersagung. Daher kann die BaFin die Werbung dauerhaft untersagen oder anordnen, diese dauerhaft zu unterlassen, jedoch ist die zeitliche beschränkte Anordnung der Aussetzung dieser als milderes Mittel zunächst vorzuziehen.[130]

84 Die **Anordnung der Unterlassung der Werbung (3. Alt.)** ist nach Art. 32 Abs. 1 UAbs. 1 lit. e ProspektVO auf bestimmte Adressaten, nämlich Emittenten, Anbieter oder die die Zulassung zum Handel an einem geregelten Markt beantragenden Personen oder die einschlägigen Finanzintermediäre, beschränkt. Diese Beschränkung findet sich jedoch nicht im Wortlaut des WpPG.[131] Dennoch gelangt man bei unionsrechtskonformer Auslegung der dritten Alternative des § 18 Abs. 5 Satz 2 WpPG zu dem Ergebnis, dass die Anordnung der Unterlassung zumindest nur gegenüber einer der im Unionsrecht genannten Personen erfolgen kann. Da jedoch nur ein Unterlassen angeordnet wird, kann vom Adressaten der Maßnahme hier kein aktives Tun, die Werbung zu beenden, eingefordert werden.

85 Die Befugnis, die **Werbung aussetzen** zu können (**Alt. 2**), ist im Vergleich zu § 15 Abs. 6 WpPG a. F. ausgedehnt worden, denn eine Irreführung der Werbung über den Umfang der Billigungsprüfung des Prospekts oder des Nachtrages wird nicht mehr vorausgesetzt.[132] Allerdings ist die BaFin nicht in der Lage, die **Aussetzung der Werbung (Alt. 3)**, also eine Beendigung der Schaltung von Anzeigen, Verbreitung von Kaufempfehlungen u. Ä. selbst zu bewirken,[133] sodass hier auf die zeitlich begrenzte **Anordnung, die Werbung auszusetzen (Alt. 4)**, zurückgegriffen werden muss. Ebenso wie bei der Anordnung zur Unterlassung ist im WpPG die Begrenzung auf den im Unionsrecht genannten Personenkreis nicht erfolgt. Auch hier ist bei unionsrechtskonformer Auslegung im Ergebnis von einer Begrenzung auf diesen Personenkreis als Adressaten der Maßnahmen auszugehen. Diese Anordnung ist nunmehr auf 10 aufeinander folgende Arbeitstage möglich. Nach der zuvor in § 15 Abs. 6 WpPG a. F. enthaltenen Regelung war eine Anordnung für eine Frist von höchstens 10 aufeinander folgenden Tagen möglich, womit auch Sonn- und Fei-

---

130 Zur strittigen Frage, ob hier eine unionsrechtskonforme Auslegung erforderlich ist, die zu einer zeitlichen Beschränkung führt, vgl. *Gurlit*, in: Assmann/Schlitt/von Kopp-Colomb, Prospektrecht Kommentar, §18 WpPG Rn. 42, der sich für eine solche ausspricht. A. A. und somit ohne zeitliche Beschränkung *Preuße*, in: Schwark/Zimmer, KMRK, § 18 WpPG Rn. 51 („nicht befristeten Untersagung nach Abs. 5 S. 2 1. Alt.") und wohl auch *Ritz*, in: Just/Voß/Ritz/Zeising, Wertpapierprospektrecht, 2. Aufl. 2023, § 18 WpPG Rn. 56, mit dem Klammerzusatz „die Werbung (gänzlich) untersagen".
131 Vgl. *Ritz*, in: Just/Voß/Ritz/Zeising, Wertpapierprospektrecht, 2. Aufl. 2023, § 18 WpPG Rn. 57, die hierzu auch keine Erforderlichkeit sieht, da sie grundsätzlich den Veranlasser der Werbung als Adressaten der Maßnahmen betrachtet.
132 Vgl. hierzu auch: *Preuße*, in: Schwark/Zimmer, KMRK, § 18 WpPG Rn. 52; *Berrar*, in: Berrar/Meyer/Müller et al., WpPG/EU-ProspektVO, 2. Aufl. 2017, § 15 WpPG Rn. 58 f.
133 Ebenso *Gurlit*, in: Assmann/Schlitt/von Kopp-Colomb, Prospektrecht Kommentar, §18 WpPG Rn. 42.

ertage bei der Fristberechnung erfasst wurden.[134] Diese sind nunmehr bei der Berechnung der maximalen Anordnungsdauer aufgrund der Definition für Arbeitstage in Art. 2 ProspektVO ausgenommen. Dies führt jedoch nicht dazu, dass die Maßnahmen auch nur an Arbeitstagen wirken, sondern verlängert lediglich die mögliche Aussetzung um bis zu vier Kalendertage gegenüber der Vorgängerregelung.

b) Hinreichend begründeter Verdacht

Die in Satz 2 genannten Eingriffsbefugnisse werden der BaFin bereits für den Fall **eines hinreichend begründeten Verdachts** des Verstoßes gegen die Bestimmungen der ProspektVO oder des WpPG übertragen. Dieser Verdacht muss auf konkreten und belastbaren Tatsachen beruhen, bloße Annahmen oder Befürchtungen einer abstrakten Gefahr genügen nicht. Insofern besteht ein Gleichlauf zu den Befugnissen in § 18 Abs. 1, Abs. 4 Satz 3 und § 18 Abs. 4 Satz 4 WpPG (→ Rn. 74). Wie auch in den Regelungen des § 18 Abs. 3 Satz 1 und Abs. 4 Satz 4 WpPG sollte durch den Begriffswechsel ausgehend vom „Anhaltspunkt für einen Verstoß" zum „hinreichend begründeten Verdacht" der Sinngehalt nicht verändert werden, da hiermit die in der ProspektVO verwendete Formulierung übernommen wurde.[135] Die Angaben müssen sich **nicht zwingend selbst aus der Werbung** ergeben, vielmehr kann die BaFin auch auf Anhaltspunkte **aus anderen Informationsquellen** zurückgreifen, so beispielsweise auf Hinweise der Aufsichtsbehörden anderer Mitgliedstaaten.[136] Hierfür wird in Art. 17 VO (EU) 2019/979 ausdrücklich das grenzüberschreitende Verfahren der Zusammenarbeit zwischen den zuständigen Behörden beschrieben, wenn der Verdacht besteht, die in einem Mitgliedstaat verbreitete Werbung stimme nicht mit den Angaben in dem durch die Behörde eines anderen Mitgliedstaates gebilligten Prospekt überein (siehe → Art. 17 VO (EU) 2019/979 Rn. 2).

86

c) Verstöße gegen die ProspektVO oder das WpPG insbesondere Werberegeln

Angeknüpft wird laut Gesetzesbegründung an **Verstöße gegen die ProspektVO**, womit gemäß Art. 32 Abs. 1 UAbs. 1 lit. e ProspektVO nicht nur solche gegen die **Werberegeln des Art. 22 ProspektVO** gemeint sind.[137] Der Gesetzgeber hat daher neben den Verstößen gegen die ProspektVO in Satz 2 auch solche gegen das **WpPG** als Eingriffsvoraussetzung normiert. Zugleich wird dieser weite Tatbestand mit dem Wort „insbesondere" bei den Regelbeispielen dahingehend eingeschränkt, dass **Verstöße zumindest gleichwertig gravierend** sein müssen wie solche gegen die Vorgaben für die Werbung in Art. 22 Abs. 2 bis 5 ProspektVO bzw. die diese konkretisierenden technischen Regulierungsstandards i. S. d. Art. 22 Abs. 9 ProspektVO[138] in Kapitel IV der VO (EU) 2019/979.[139] Ferner wur-

87

---

134 *Berrar*, in: Berrar/Meyer/Müller et al., WpPG/EU-ProspektVO, 2. Aufl. 2017, § 15 WpPG Rn. 57.
135 RegE zum Ausführungsgesetz, Begr. zu § 18 WpPG, BT-Drucks. 19/8005, S. 52.
136 *Ritz*, in: Just/Voß/Ritz/Zeising, Wertpapierprospektrecht, 2. Aufl. 2023, § 18 WpPG Rn. 5.
137 RegE zum Ausführungsgesetz, Begr. zu § 18 WpPG, BT-Drucks. 19/8005, S. 52.
138 Der Entwurf dieser technischen Regulierungsstandards, die der Präzisierung des Art. 22 Abs. 2 bis 4 ProspektVO dienen, wurde von der ESMA ausgearbeitet, und zunächst als Konsultationspapier ESMA 31-62-802 am 15.12.2017 und anschließend am 17.7.2018 als finaler Entwurf an die Kommission übermittelt. Die Kommission hat den finalen Entwurf am 14.3.2019 veröffentlicht und am 21.7.2019 trat er als VO (EU) 2019/979 in Kraft.
139 RegE zum Ausführungsgesetz, Begr. zu § 18 WpPG, BT-Drucks. 19/8005, S. 52; *Groß*, Kapitalmarktrecht, § 18 WpPG Rn. 7.

den auch die Vorgaben zur Werbung nach § 7 WpPG als Regelbeispiele ergänzt, um entsprechende Verstöße bei Angeboten, für die ein WIB zu veröffentlichen ist, zu erfassen. Allerdings dürfte auch hier die unvollständige Benennung der Regelbeispiele in Satz 3, wie schon bei der Kontrollbefugnis in Satz 1 (vgl. → § 18 WpPG Rn. 79), bei denen die Nennung der ProspektVO und des WpPG unterbleibt, auf einem redaktionellen Versehen des Gesetzgebers beruhen.

d) Entschließungs- und Auswahlermessen der Behörde

88 Die Behörde hat ein Entschließungs- und ein Auswahlermessen. Sie muss daher einerseits beurteilen, ob sie auf den Verstoß überhaupt mit einer der genannten Maßnahmen reagiert. Sofern sie dies bejaht, muss sie einerseits den Adressaten auswählen und andererseits die geeignete Maßnahme. Bei der Auswahl der Maßnahme wird sie als milderes Mittel immer zunächst die befristete Aussetzung in Betracht ziehen müssen. Nur bei Anhaltspunkten dafür, dass der Veranlasser der Werbung den Verstoß gegen die ProspektVO oder das WpPG nicht innerhalb der angeordneten Frist beseitigt oder die Frist schon einmal ungenutzt verstrichen ist, kommt die Untersagung in Betracht.[140]

e) Verfahren

89 Die Untersagungsanordnung und die befristete Aussetzungsanordnung bezüglich der Werbung sind ebenso wie die Anordnung zur Unterlassung und zur befristeten Aussetzung der Werbung **belastende Verwaltungsakte gemäß § 35 VwVfG**,[141] für die die allgemeinen verwaltungsrechtlichen Regeln bzgl. Anhörung, Widerspruch, Anfechtungsklage und einstweiligen Rechtsschutz sowie die Vorschriften über den Verwaltungszwang gelten. Aufgrund des § 20 WpPG entfalten jedoch weder der Widerspruch und die Anfechtungsklage gegen die Maßnahmen (Nr. 1) noch gegen die Androhung oder Festsetzung von Zwangsmitteln (Nr. 2) eine aufschiebende Wirkung.

90 Der **Verstoß** durch vorsätzliches oder fahrlässiges Zuwiderhandeln **gegen eine vollziehbare Anordnung** nach § 18 Abs. 5 Satz 2 Nr. 1 oder Nr. 2 WpPG ist gemäß § 24 Abs. 2 WpPG eine **Ordnungswidrigkeit**, die mit einer Geldbuße von bis zu 700.000 EUR (§ 24 Abs. 6 WpPG) bei Verstoß gegen die ProspektVO bzw. bis zu 200.000 EUR (§ 24 Abs. 5 WpPG) bei Verstoß gegen das WpPG geahndet werden kann.

VII. Datenübermittlung an Börse und Zulassungsstelle nach Abs. 6

91 Aufgrund der Befugnis in § 18 Abs. 6 WpPG kann die BaFin der Geschäftsführung der Börse und der Zulassungsstelle Daten (einschließlich **personenbezogener Daten**) übermitteln, wenn Tatsachen den Verdacht begründen, dass gegen Bestimmungen dieses Gesetzes oder der ProspektVO verstoßen worden ist. Zudem müssen die übermittelten Daten zur Erfüllung der in der Zuständigkeit der **Geschäftsführung der Börse** oder der **Zulassungsstelle** liegenden Aufgaben erforderlich sein.

---

140 *Preuße*, in: Schwark/Zimmer, KMRK, § 18 WpPG Rn. 53.
141 So auch *Gurlit*, in: Assmann/Schlitt/von Kopp-Colomb, Prospektrecht Kommentar, § 18 WpPG Rn. 42; *Preuße*, in: Schwark/Zimmer, KMRK, § 18 WpPG Rn. 54.

VII. Datenübermittlung an Börse und Zulassungsstelle nach Abs. 6 **§ 18 WpPG**

Die Regelung ist weitgehend identisch mit der zuvor in § 26 Abs. 5 WpPG a. F. enthaltenen Befugnis der Behörde zur Datenübermittlung an die Geschäftsführung der Börse und der Zulassungsstelle. Lediglich die Verweisung auf Verstöße gegen Bestimmungen der ProspektVO wurde neu aufgenommen. Da die mit dem Finanzmarktrichtlinie-Umsetzungsgesetz[142] erfolgte Neufassung des Börsengesetzes die Regelungen über die Börse und ihre Organe änderte und in diesem Rahmen auch die Zuständigkeit für die Zulassungsentscheidung von der Zulassungsstelle auf die **Geschäftsführung der Börse** verlagerte (§ 32 BörsG), hat die Datenübermittlung an die Zulassungsstelle seitdem keine praktische Bedeutung mehr.[143] Die Streichung der damit obsoleten Regelung im Ausführungsgesetz erfolgte dennoch nicht.[144]

92

1. Zweck der Regelung

Die Vorschrift stellt klar, dass die BaFin befugt ist, der Geschäftsführung der Börse Daten zu übermitteln.[145] Sie ist eine spezielle Regelung im Sinne von § 1 Abs. 2 BDSG.[146] Die Regelung hat keine direkte Vorlage in Art. 32 ProspektVO,[147] ist jedoch erforderlich, weil nach Art. 32 Abs. 1 UAbs. 1 lit. g und h ProspektVO der zuständigen Behörde die Befugnis einzuräumen ist, den Handel an einem geregelten Markt auszusetzen oder zu untersagen. Eine Befugnis, die jedoch nicht der BaFin, sondern gemäß § 25 BörsG der Geschäftsleitung der Börse zuerkannt wurde.[148] Die Datenübermittlung ist somit u. a. erforderlich, um eine effektive Zusammenarbeit der für das Zulassungs- und Billigungsverfahren zuständigen Behörden zu gewährleisten.[149]

93

2. Voraussetzung der Datenübermittlung

a) Begründeter Verdacht des Verstoßes gegen Vorschriften des WpPG und/oder der ProspektVO

Es müssen Tatsachen vorliegen, die bereits nur einen **Verdacht** begründen, dass gegen Bestimmungen des WpPG oder der ProspektVO verstoßen wurde. Aufgrund des Zwecks der Vorschrift ist es nicht erforderlich, dass ein Verstoß festgestellt oder so gut wie sicher

94

---

142 BGBl. I 2007, S. 1330 ff.
143 *Groß*, Kapitalmarktrecht, § 32 BörsG Rn. 4a und § 18 WpPG Rn. 8, der die nicht vorgenommene Streichung der Zulassungsstelle als Versehen bewertet. *Ritz/Voß*, in: Just/Voß/Ritz/Zeising, Wertpapierprospektrecht, 2. Aufl. 2023, § 18 WpPG Rn. 61.
144 Vgl. auch *Ritz*, in: Just/Voß/Ritz/Zeising, Wertpapierprospektrecht, 2. Aufl. 2023, § 18 WpPG Rn. 57; *Groß*, in: Ebenroth/Boujong/Joost/Strohn, HGB, § 18 WpPG Rn. 8, der dies als ein redaktionelles Versehen bezeichnet.
145 So bereits in Bezug auf die anfängliche Regelung in § 21 WpPG a. F. im RegE des Prospektrichtlinie-Umsetzungsgesetzes, Begr. zu § 21 WpPG Abs. 5, BT-Drucks. 15/4999, S. 38.
146 Preuße, in: Schwark/Zimmer, KMRK, § 18 WpPG Rn. 57. So bereits zu § 26 Abs. 5 WpPG a. F. *Ritz/Voß*, in: Just/Voß/Ritz/Zeising, WpPG, 2009, § 21 Rn. 41; *von Kopp-Colomb*, in: Assmann/Schlitt/von Kopp-Colomb, WpPG/VermAnlG, 3. Aufl. 2017, § 26 WpPG Rn. 33.
147 Ebenso *Preuße*, in: Schwark/Zimmer, KMRK, § 18 WpPG Rn. 57.
148 *Ritz*, in: Just/Voß/Ritz/Zeising, Wertpapierprospektrecht, 2. Aufl. 2023, § 18 WpPG Rn. 61.
149 Vgl. zur Vorgängerregelung *Müller*, in: Berrar/Meyer/Müller et al., WpPG/EU-ProspektVO, 2. Aufl. 2017, § 26 WpPG Rn. 55.

sein muss. Es reicht vielmehr aus, dass ein Verstoß im Bereich des Möglichen liegt.[150] Der Verdacht muss sich lediglich durch Tatsachen konkretisiert haben, d.h. es müssen Rückschlüsse auf den Verstoß gezogen werden können.[151]

95 Die Verweisung auf Verstöße gegen die Bestimmungen der ProspektVO neben denen des WpPG wurde neu aufgenommen, weil nun diese im Wesentlichen die bislang im WpPG a.F. enthaltenen Regelungsmaterien abdeckt.[152] Auch wenn die Regelung generell auf einen Verstoß gegen Bestimmungen der ProspektVO oder des WpPG insgesamt und nicht lediglich gegen die Prospektpflicht abstellt, kann es wohl durch die Zweckbindung an die Erfüllung der Aufgaben der Börsen hier lediglich auf Themen im Zusammenhang mit der Prospektpflicht ankommen. Den Börsen obliegt insbesondere nicht die Überwachung von Werbung, diese erfolgt gemäß § 18 Abs. 5 Satz 1 WpPG durch die BaFin. Insofern muss hier stets ein Verstoß gegen die die Prospektpflicht regelnden Normen der ProspektVO oder des WpPG vorliegen.[153]

b) Für die Arbeit der Geschäftsführung der Börse erforderlich

96 Um eine effektive Zusammenarbeit zu gewährleisten, ist eine zeitnahe Datenübermittlung erforderlich. Daher bleibt jede Behörde für die Überwachung der in ihren Zuständigkeitsbereich fallenden Vorschriften zuständig.[154] Anderenfalls würde in die vom Gesetzgeber gewollte Trennung der Zuständigkeiten zwischen BaFin und Geschäftsführung der Börse eingegriffen.

97 Die Bundesanstalt prüft aufgrund der getrennten Zuständigkeiten grundsätzlich nur, ob die Daten zur Erfüllung der in der Zuständigkeit der Geschäftsführung der Börse liegenden Aufgaben nützlich sein könnten. Eine Überprüfung durch die Bundesanstalt, ob aufgrund der übermittelten Daten tatsächlich ein Tätigwerden der Geschäftsführung der Börse geboten sein könnte, ist nicht erforderlich. Es obliegt den Geschäftsführungen der Börsen zu überprüfen, ob aufgrund der übermittelten Daten Maßnahmen einzuleiten sind. Die Anforderungen an die Schwelle des „Erforderlich seins" sind daher eher gering. Es dürfen jedoch keine Daten übermittelt werden, die den Aufgabenbereich der Geschäftsführungen der Börsen oder der Zulassungsstelle nicht berühren.[155]

3. Datenübermittlung

98 § 18 Abs. 6 WpPG räumt der BaFin bezüglich der **Datenübermittlung** Ermessen ein.[156] Sie entscheidet im Rahmen der Ausübung des Ermessens, in welchen Fällen sie welche Daten übermittelt oder nicht übermittelt. Für die Ermessensausübung gelten die allgemei-

---

150 Ähnlich *Eckner*, in: Holzborn, WpPG, § 26 Rn. 54.
151 *Ritz*, in: Just/Voß/Ritz/Zeising, Wertpapierprospektrecht, 2. Aufl. 2023, § 18 WpPG Rn. 64.
152 RegE zum Ausführungsgesetz, Begr. zu § 18 WpPG, BT-Drucks. 19/8005, S. 49 ff.
153 *Preuße*, in: Schwark/Zimmer, KMRK, § 18 WpPG Rn. 58.
154 *Eckner*, in: Holzborn, WpPG, § 26 Rn. 53.
155 *Müller*, in: Berrar/Meyer/Müller et al., WpPG/EU-ProspektVO, 2. Aufl. 2017, § 26 WpPG Rn. 57. Siehe auch *Eckner*, in: Holzborn, WpPG, § 26 Rn. 56; ähnlich *von Kopp-Colomb*, in: Assmann/Schlitt/von Kopp-Colomb, WpPG/VermAnlG, 3. Aufl. 2017, § 26 WpPG Rn. 34.
156 Ähnlich *Eckner*, in: Holzborn, WpPG, § 26 Rn. 54.

nen Grundsätze. Gemäß Erwägungsgrund 84 zur ProspektVO sollte die Übermittlung personenbezogener Daten durch die zuständigen Behörden im Einklang mit der Datenschutzgrundverordnung (DSGVO – VO (EU) 2016/679) erfolgen. Personenbezogene Daten sind nach Art. 1 Abs. 4 DSGVO alle Informationen, die sich auf eine identifizierte oder identifizierbare natürliche Person beziehen. Jedoch können auch getroffene Maßnahmen wie die Untersagung des öffentlichen Angebotes oder das Verlangen nach dessen Aussetzung mitgeteilt werden. Möglicher Adressat der Datenübermittlung ist in Fällen des Abs. 6 jede nationale Börse. Die Daten können **mündlich, elektronisch** oder auch **schriftlich** an die Geschäftsführungen der Börsen übermittelt werden. Dabei handelt es sich um einen **Realakt** der Behörde, dem kein Verwaltungsakt vorausgeht.[157] Dabei bleibt die Datenübermittlung zulässig, wenn sich später herausstellen sollte, dass kein Verstoß gegen das WpPG bzw. die ProspektVO vorlag oder die Geschäftsführungen der Börsen die Daten nicht benötigten.[158]

VIII. Aussetzung des Billigungs-/Gestattungsverfahrens oder Aussetzen/Einschränkung eines öffentlichen Angebots (der Prüfung durch die Behörde) nach Abs. 7

1. Regelungsgegenstand

Die Behörde kann die Prüfung eines zur Billigung vorgelegten Prospekts oder eines zur Gestattung der Veröffentlichung vorgelegten WIB aussetzen oder ein öffentliches Angebot von Wertpapieren aussetzen oder einschränken, wenn durch sie selbst oder durch die ESMA eine Produktintervention (Verbot oder Beschränkung) im Sinne des Art. 42 MIFIR (VO (EU) 600/2014) bzw. Art. 40 MIFIR erlassen wurde. Die Dauer der Aussetzung oder der Beschränkung des öffentlichen Angebots ist nur für die Dauer der Produktintervention (Verbot oder Beschränkung) möglich.

§ 18 Abs. 7 WpPG dient der teilweisen Ausführung von Art. 32 Abs. 1 UAbs. 1 lit. j ProspektVO. Die Norm geht einerseits über die dort genannten Rechtsfolgen hinaus, indem die Aussetzung auch auf Verfahren zur Gestattung der Veröffentlichung von WIB nach § 4 WpPG ausgedehnt wurde. Andererseits bleibt sie hinter Art. 32 Abs. 1 UAbs. 1 lit. j ProspektVO zurück, da die dort genannten Befugnisse zur Aussetzung und Einschränkung der Zulassung zum Handel an einem geregelten Markt nicht hier, sondern in § 6 Abs. 2 WpHG umgesetzt wurden. Ferner ist die Befugnis auf Fälle, bei denen die ESMA und nicht nur die national zuständige Behörde von ihrer Befugnis zur Produktintervention Gebrauch macht, ausgeweitet worden.[159]

2. Voraussetzungen der Aussetzung eines Billigungs-/Gestattungsverfahrens oder des Aussetzens/der Einschränkung eines öffentlichen Angebots

Die Aussetzung des Prüfungsverfahrens bzw. die Aussetzung oder Beschränkung des öffentlichen Angebots durch die BaFin nach Abs. 7 setzt voraus, dass bereits eine **Maßnah-**

---

157 *Preuße*, in: Schwark/Zimmer, KMRK, § 18 WpPG Rn. 61.
158 *Eckner*, in: Holzborn, WpPG, § 26 Rn. 55.
159 RegE zum Ausführungsgesetz, Begr. zu § 18 WpPG, BT-Drucks. 19/8005, S. 52.

me der Produktintervention nach Art. 40 oder Art. 42 MIFIR durch die BaFin oder die ESMA erfolgt ist. Maßnahmen von in anderen Mitgliedstaaten nach dem Prospektrecht zuständigen Behörden rechtfertigen die Prüfungs- bzw. Angebotsaussetzung oder die Beschränkung des öffentlichen Angebots grundsätzlich nicht. Jedoch obliegt es der BaFin bei Angeboten, die in einem anderen Mitgliedstaat bereits einer Produktintervention unterliegen, zu prüfen, ob sie selbst derart in eigener Zuständigkeit tätig wird und eine Produktintervention erlässt, wenn das Angebot in Deutschland oder aus Deutschland heraus (vgl. auch Art. 39 Abs. 3 MIFID) erfolgt oder erfolgen soll. Gleiches gilt bei einem europaweit vorgesehenen oder durchgeführten Angebot für die ESMA.[160] Nicht ausreichend ist es hingegen, wenn die Maßnahmen der Produktintervention nur in Erwägung gezogen, bereits durch die Behörde geprüft oder in Vorbereitung durch selbige sind.

102 Eine Produktintervention aufgrund von § 15 Abs. 1 WpHG i.V.m. Art. 42 MIFIR ermöglicht, die Vermarktung, den Vertrieb oder den Verkauf von Finanzinstrumenten zu verbieten oder zu beschränken, wenn erhebliche Bedenken für den Anlegerschutz oder eine Gefahr für das ordnungsgemäße Funktionieren, die Integrität der Finanzmärkte, die Stabilität des gesamten Finanzsystems oder eines Teils davon bestehen.[161] Das Einschreiten der Behörde kann dann auch in Form einer vorsorglichen Maßnahme erfolgen, also bereits vor Beginn der Vermarktung, des Vertriebs oder des Verkaufs an den Endkunden (vgl. Art. 40 Abs. 2 UAbs. 2 MIFIR).[162] Diese Befugnisse stehen der ESMA gemäß Art. 9 Abs. 5 ESMA-VO i.V.m. Art. 40 MIFIR ebenso zu, allerdings sind sie gegenüber denen der zuständigen Behörden aufgrund von Art. 40 Abs. 2 lit. c MIFIR subsidiär.

3. Rechtsfolgen

103 Sofern bei der BaFin als zuständiger Behörde gemäß § 17 WpPG ein Prospekt oder ein WIB im Billigungs- bzw. Gestattungsverfahren vorliegt, für den oder das Maßnahmen der Produktintervention bestehen, kann sie die **Prüfungshandlungen bezüglich des Prospekts oder des WIBS aussetzen**, jedoch nur solange die Produktintervention andauert. Sollte die Produktintervention bspw. aufgrund des Widerrufs des Verbots oder der Beschränkung entfallen oder durch zeitlichen Ablauf erledigt sein, ist die Prüfung des Dokuments wieder aufzunehmen. Ähnliches gilt für den Fall, dass von einem Prospekt mehrere Produkte erfasst sind, die Maßnahmen der Produktintervention jedoch nur gegen eines oder einen bestimmten Teil der Produkte ergangen sind. So kann es erforderlich sein, die Prüfung des Prospekts auf die Teile zu beschränken, die nicht der Produktintervention unterliegen. Die Billigung des Prospekts kommt dann auch in Frage,[163] wenn der Ersteller die entsprechenden Passagen zum Produkt, welches der Produktintervention unterworfen ist, entfernt.

104 Die BaFin kann bei einem bereits bestehenden öffentlichen Angebot und andauernder Produktintervention (mittels eigener Maßnahmen oder solchen der ESMA) auch die **Aussetzung oder die Beschränkung des öffentlichen Angebots** anordnen. Fraglich ist indes, ob hier für diese Befugnis überhaupt ein praktischer Anwendungsraum besteht, denn be-

---

160 *Ritz*, in: Just/Voß/Ritz/Zeising, Wertpapierprospektrecht, 2. Aufl. 2023, § 18 WpPG Rn. 66.
161 *Ritz*, in: Just/Voß/Ritz/Zeising, Wertpapierprospektrecht, 2. Aufl. 2023, § 18 WpPG Rn. 68.
162 BaFin-Website, www.bafin.de/DE/Aufsicht/Produktintervention/produktintervention_artikel.html, Stand: 12.12.2022.
163 Vgl. *Ritz*, in: Just/Voß/Ritz/Zeising, Wertpapierprospektrecht, 2. Aufl. 2023, § 18 WpPG Rn. 69.

reits nach § 15 WpHG i.V.m. Art. 40 Abs. 1 lit. a MIFIR besteht auch die Befugnis der Behörde zum Verbot oder der Beschränkung der Vermarktung, des Vertriebs und des Verkaufs des Finanzinstruments.[164] Sofern die Behörde nicht bereits im Rahmen der Produktintervention ein Verbot erlassen hat, dürfte sie bei unveränderter Sachlage regelmäßig keine Anordnung der Aussetzung des öffentlichen Angebots im Rahmen des Prospektrechts vornehmen. Gleiches gilt für Beschränkungen des öffentlichen Angebots, die sowohl als Produktintervention erfolgen können als auch als Maßnahmen nach Abs. 7. Eine mögliche Beschränkung im Rahmen von öffentlichen Angeboten kann beispielsweise die Begrenzung des öffentlichen Angebots auf einen bestimmten Investorenkreis sein.[165]

IX. Verweigerung des Billigungs-/Gestattungsverfahrens nach Abs. 8

1. Regelungsgegenstand und Überblick

Der zuständigen Behörde ist es nach § 18 Abs. 8 WpPG bei schwerwiegendem und wiederholtem Verstoß gegen die Bestimmungen der ProspektVO oder des WpPG durch den Emittenten, den Anbieter oder den Zulassungsantragsteller gestattet, die **Billigung eines Prospekts oder die Gestattung der Veröffentlichung eines WIB** dieses Emittenten, Anbieters oder Zulassungsantragstellers zu **verweigern**. Diese Verweigerung ist auf einen Zeitraum von höchstens fünf Jahren begrenzt.

105

Mit § 18 Abs. 8 WpPG wird Art. 32 Abs. 1 UAbs. 1 lit. k ProspektVO ausgeführt,[166] für den weder in der ProspektRL noch im WpPG eine entsprechende Vorgängerregelung findet. Der Behörde wurde damit im Ausführungsgesetz erstmals die Befugnis eingeräumt, eine **Maßnahme mit Strafcharakter für grobes Fehlverhalten des Prospektpflichtigen** zu erlassen. Sie soll nach überwiegender Auffassung in der Literatur nur als **Mittel der letzten Wahl** eingesetzt werden.[167] Über die in Art. 32 Abs. 1 ProspektVO geforderte Mindestbefugnis hinaus wurde eine Ausweitung der Befugnis gegenüber Emittenten und Anbietern in Fällen vorgenommen, bei denen der Behörde ein WIB zur Gestattung der Veröffentlichung vorzulegen ist.[168] Zweck der Regelung ist es, den genannten Personen den Zugang zum regulierten Kapitalmarkt zeitweise zu verweigern, sodass sie regelkonform dann nur noch prospektfreie Angebote und Listings außerhalb des Anwendungsbereichs der ProspektVO vornehmen können.

106

2. Verstöße gegen die Bestimmungen der ProspektVO und des WpPG

Die Befugnis besteht dem Wortlaut nach bei schwerwiegenden und wiederholten **Verstößen gegen die ProspektVO oder das WpPG**. Eine Einschränkung erfährt diese Tatbestandsvoraussetzung jedoch durch die Aufnahme der **Regelbeispiele**, die sich sämtlich auf **Verstöße gegen die Prospektpflicht** beim öffentlichen Angebot von Wertpapieren oder bei der Zulassung von Wertpapieren zum geregelten Markt als Kardinalpflicht des

107

---

164 Vgl. *Preuße*, in: Schwark/Zimmer, KMRK, § 18 WpPG Rn. 66.
165 Vgl. *Ritz*, in: Just/Voß/Ritz/Zeising, Wertpapierprospektrecht, 2. Aufl. 2023, § 18 WpPG Rn. 70.
166 RegE zum Ausführungsgesetz, Begr. Zu § 18 WpPG, BT-Drucks. 19/8005, S. 52.
167 *Ritz*, in: Just/Voß/Ritz/Zeising, Wertpapierprospektrecht, 2. Aufl. 2023, § 18 WpPG Rn. 71; *Preuße*, in: Schwark/Zimmer, KMRK, § 18 WpPG Rn. 68.
168 RegE zum Ausführungsgesetz, Begr. zu § 18 WpPG, BT-Drucks. 19/8005, S. 52.

Prospektrechts beziehen. Explizit genannt werden Verstöße gegen die Prospektpflicht in Form eines öffentlichen Angebots oder einer Börsenzulassung **ohne Prospekt** (Art. 3 i.V.m. Art. 5 ProspektVO), **ohne gültigen Prospekt** (Art. 12 ProspektVO) und **ohne gebilligten Prospekt** (Art. 20 ProspektVO) sowie **Verstöße** bei öffentlichen Angeboten **gegen § 4 WpPG**, wenn ein WIB zu erstellen und nach vorheriger Gestattung durch die BaFin zu veröffentlichen ist. Verstöße gegen Werbevorschriften nach Art. 22 ProspektVO oder Aktualisierungspflichten nach Art. 23 ProspektVO sollen hingegen nicht erfasst werden.[169] Letztere dürften aber, obwohl sie nicht ausdrücklich als Verstöße genannt werden, dennoch erfasst sein, weil die Gültigkeit des Prospekts nach Art. 12 ProspektVO an die Aktualisierung des Prospekts nach Art. 23 ProspektVO geknüpft ist („gültig, sofern er um etwaige gemäß Artikel 23 erforderliche Nachträge ergänzt wird.").

3. Wiederholt und schwerwiegend

108 Die Verstöße müssen kumulativ „wiederholt" und „schwerwiegend" sein. Ein einmaliger Verstoß gegen die Prospektpflicht oder gleich gravierende Pflichten genügt somit nicht. Für das Bestehen eines schwerwiegenden Verstoßes ist ferner die Verwirklichung eines der genannten Regelbeispiele oder eines gleich gravierenden Verstoßes allein nicht ausreichend, sondern es müssen weitere Umstände hinzutreten, die die „besondere Schwere des Verstoßes" ausmachen. Diese kann sich beispielsweise durch die wiederholte Anwendung von Verwaltungszwang (mittels Festsetzung und Beitreibung von Zwangsgeldern) zur wiederholten Durchsetzung von Anordnungen oder Maßnahmen der BaFin zur Einhaltung der Bestimmungen der Prospektpflicht nach der ProspektVO oder des WpPG manifestieren.[170]

4. Adressatenkreis

109 Die Verstöße müssen durch die Person des **Anbieters, Emittenten** oder des **Zulassungsantragstellers** des öffentlichen Angebots oder der Zulassung zum geregelten Markt verwirklicht worden sein, der nunmehr in einer dieser Funktionen die Billigung eines Prospekts begehrt. Hierdurch können also auch derartige wiederholte und schwerwiegende Verstöße als Anbieter oder Zulassungsantragsteller für einen Prospektersteller in seiner Funktion als Emittent Auswirkungen haben. Hingegen ist bei Fällen, die die Gestattung einer Veröffentlichung eines WIB betreffen, die Bezugnahme auf einen Zulassungsantragsteller zutreffend unterblieben. Dies liegt in dem Umstand begründet, dass WIBs keine Zulassungstatbestände betreffen und somit in diesen Fällen keine entsprechende Person existiert.[171]

5. Verweigerung durch die Behörde

110 Sofern nach Feststellung der wiederholten und schwerwiegenden Verstöße durch einen Anbieter, Emittenten oder Zulassungsantragsteller bei der BaFin ein Prospekt erstmals

---

169 So *Ritz*, in: Just/Voß/Ritz/Zeising, Wertpapierprospektrecht, 2. Aufl. 2023, § 18 WpPG Rn. 73.
170 Ausführlicher mit Beispielen *Ritz*, in: Just/Voß/Ritz/Zeising, Wertpapierprospektrecht, 2. Aufl. 2023, § 18 WpPG Rn. 74.
171 RegE zum Ausführungsgesetz, Begr. zu § 18 WpPG, BT-Drucks. 19/8005, S. 52.

zur Billigung oder ein WIB zur Gestattung eingereicht wird und diese Person ebenfalls als Anbieter, Emittent oder Zulassungsantragsteller des (prospektgegenständlichen) öffentlichen Angebots und/oder der Zulassung der Wertpapiere agiert, wird der Antragsteller im Verfahrensgang anstatt der ansonsten zu übermittelnden Eingangsbestätigung nach Art. 45 Abs. 1 VO (EU) 2019/980 eine Mitteilung erhalten, dass die Behörde für einen bestimmten Zeitraum Prospekte bzw. WIBs dieser Person nicht prüfen wird.[172] Hierbei ist die Maximalfrist von fünf Jahren für die Behörde zu beachten.

X. Bekanntmachung von Informationen nach Abs. 10 (Anordnung oder Selbstvornahme der Veröffentlichung von Informationen, die die Bewertung von Wertpapieren beeinflussen können)

Die BaFin kann nach § 18 Abs. 10 WpPG zur Gewährleistung des Anlegerschutzes oder des reibungslosen Funktionierens des Marktes gegenüber dem **Emittenten** anordnen, dass alle wesentlichen Informationen, welche die Bewertung der öffentlich angebotenen oder zum Handel an einem geregelten Markt zugelassenen Wertpapiere beeinflussen können, bekannt gemacht werden. Alternativ kann sie die gebotene Bekanntmachung selbst vornehmen. Die Kosten selbiger trägt der Emittent. 111

Die Norm dient der Umsetzung von Art. 32 Abs. 1 UAbs. 1 lit. l ProspektVO, wobei sie sich an § 6 Abs. 14 WpHG orientiert. Sie ist gegenüber spezielleren Bestimmungen wie den Aktualisierungspflichten für Prospekte nach Art. 23 ProspektVO (Verpflichtung, Nachträge zu veröffentlichen) und für WIBs gemäß § 4 Abs. 8 WpPG subsidiär. **Subsidiarität** besteht auch gegenüber den Veröffentlichungspflichten, die sich für Emittenten aus dem WpHG und der Marktmissbrauchsverordnung (VO (EU) 596/2014 – MAR) ergeben. Zu verweisen ist in diesem Zusammenhang auch auf §§ 41 Abs. 2 Satz 1, 42 Abs. 1 BörsG und auf § 6 Abs. 14 WpHG.[173] 112

Die Anordnung der Bekanntmachung von Informationen kann nur erfolgen, soweit der Bundesanstalt **entsprechende Informationen bekannt** sind. Eine Nachforschungspflicht hinsichtlich etwa bekanntzumachender Tatsachen trifft sie hingegen nicht. Ferner wird eine Veröffentlichung von Tatsachen regelmäßig nur in Betracht kommen, wenn die Bundesanstalt diese nachweisen kann.[174] Tatsachen sind hierbei wesentliche Informationen, die die Bewertung der angebotenen und/oder zuzulassenden Wertpapiere beeinflussen können. Die Anordnung kann nur gegenüber dem Emittenten ergehen. 113

Ferner muss die Anordnung ergehen, um den Anlegerschutz oder das reibungslose Funktionieren des Marktes zu gewährleisten. Ein praktischer Anwendungsbereich der Norm ist indes kaum vorstellbar.[175] 114

---

172 Ähnlich *Ritz*, in: Just/Voß/Ritz/Zeising, Wertpapierprospektrecht, 2. Aufl. 2023, § 18 WpPG Rn. 75.
173 RegE zum Ausführungsgesetz, Begr. zu § 18 WpPG, BT-Drucks. 19/8005, S. 49.
174 RegE zum Ausführungsgesetz, Begr. zu § 18 WpPG, BT-Drucks. 19/8005, S. 49 ff.
175 Vgl. *Ritz*, in: Just/Voß/Ritz/Zeising, Wertpapierprospektrecht, 2. Aufl. 2023, § 18 WpPG Rn. 79.

XI. Durchsuchung, Sicherstellen von Beweismitteln und Beschlagnahme nach Abs. 11

1. Regelungsgegenstand

115 Der BaFin wird mit § 18 Abs. 11 WpPG die **Befugnis** eingeräumt, Geschäftsräume zu betreten und **Gegenstände sicherzustellen** sowie auf richterliche Anordnung **Durchsuchungen durchzuführen** und **Gegenstände** zu **beschlagnahmen**, soweit dies **zur Verfolgung von Verstößen gegen die ProspektVO** geboten ist und der begründete Verdacht besteht, dass – in Zusammenhang mit dem Gegenstand der entsprechenden Überprüfung oder Ermittlung – Dokumente und andere Daten vorhanden sind, die als Nachweis für den Verstoß dienen können. Diese Befugnisse wurden mit Umsetzung der ProspektVO erstmals in das WpPG aufgenommen.

116 § 18 Abs. 11 WpPG dient konkret der Umsetzung von Art. 32 Abs. 1 UAbs. 1 lit. n ProspektVO. In der Regierungsbegründung zum Ausführungsgesetz wird bereits darauf hingewiesen, die Vorschrift sei weitgehend an **§ 6 Abs. 12 WpHG orientiert**, der seinerseits der Umsetzung von Artikel 23 Abs. 2 lit. e der Verordnung (EU) Nr. 596/2014 diene.[176] Tatsächlich sind die Regelungen mit Ausnahme der betreffenden Verstöße fast identisch aufgebaut, weshalb hier auch weitgehend ein Gleichlauf in der Anwendung erfolgen wird.

2. Voraussetzungen

117 Tatbestandliche Voraussetzung für die in § 18 Abs. 11 WpPG eingeräumten vorgenannten Befugnisse der BaFin ist, dass deren Nutzung **zur Verfolgung von Verstößen gegen die ProspektVO** geboten ist. Als beispielhaft für die Verstöße, welche der BaFin diese Befugnisse eröffnen, nennt § 18 Abs. 11 Satz 1 WpPG einen der schwersten Verstöße des Prospektrechts, nämlich das öffentliche Angebot von Wertpapieren ohne vorherige Veröffentlichung eines gebilligten Prospekts nach Art. 3 Abs. 1 ProspektVO.[177] Eine Beschränkung nur auf diesen einen Verstoß war jedoch damit nicht intendiert. Vielmehr hat der Gesetzgeber hier durch die Wahl eines Insbesondere-Beispiels verdeutlicht, dass nur bei schweren Verstößen gegen die ProspektVO die grundrechtsrelevanten Maßnahmen zur Verfügung stehen sollen.[178] Dies erklärt, warum in § 18 Abs. 11 WpPG gerade keine Ausdehnung des Anwendungsbereichs auf Verstöße gegen das WpPG erfolgte, sodass die dort genannten Maßnahmen nicht bei öffentlichen Angeboten, für welche ein WIB zu erstellen ist, der Behörde zur Verfügung stehen.

---

176 RegE zum Ausführungsgesetz, Begr. zu § 18 WpPG, BT-Drucks. 19/8005, S. 53.
177 RegE zum Ausführungsgesetz, Begr. zu § 18 WpPG, BT-Drucks. 19/8005, S. 53.
178 Die Schwelle der Verstöße, die zu den in § 18 Abs. 11 WpPG genannten Maßnahmen berechtigen, wird in der Literatur nicht einheitlich gesehen, vgl. *Gurlit*, in: Assmann/Schlitt/von Kopp-Colomb, Prospektrecht Kommentar, § 18 WpPG Rn. 60, der sich für eine Anwendung bei Verstößen gegen die ProspektVO von erheblichem Gewicht ausspricht. *Ritz*, in: Just/Voß/Ritz/Zeising, Wertpapierprospektrecht, 2. Aufl. 2023, § 18 WpPG Rn. 82, plädiert für die Anwendung bereits schon bei Verstößen gegen die VO (EU) 2019/980 und VO (EU) 2019/979, da hier auch immer Verstöße gegen die ProspektVO vorlägen. Anders hingegen *Preuße*, in: Schwark/Zimmer, KMRK, § 18 WpPG Rn. 77, der nur schwerwiegende Verstöße gegen die ProspektVO als Rechtfertigung für eine Durchsuchung annimmt, nicht hingegen Verstöße gegen die Delegierten Verordnungen zur ProspektVO.

XI. Durchsuchung, Sicherstellen von Beweismitteln und Beschlagnahme nach Abs. 11   § 18 WpPG

Wann die **Maßnahme** zur Verfolgung des konkreten Verstoßes **geboten** ist, wird in § 18 Abs. 11 WpPG ebenso wenig wie in § 6 Abs. 12 WpHG näher bestimmt.[179] Bei den in Erwägungsgrund 73 zur ProspektVO aufgeführten Fallbeispielen (die verpflichtete Person kommt dem an sie gerichteten Auskunftsersuchen nicht nach; Vorliegen berechtigter Gründe für die Annahme, dass einem Auskunftsersuchen nicht Folge geleistet würde; drohende Beseitigung, Manipulation oder Zerstörung der Dokumente oder Informationen, die Gegenstand des Auskunftsersuchens sind) wird die Maßnahme bereits vom Verordnungsgeber als erforderlich bewertet.[180]   118

Ferner muss die Behörde den **begründeten Verdacht** haben, dass im Zusammenhang mit dem Gegenstand einer Überprüfung oder Ermittlung Dokumente und andere Daten vorhanden sind, die als Nachweis für einen Verstoß gegen die ProspektVO dienen können. Da es sich um eine Befugnis der BaFin und nicht der Strafverfolgungsbehörden handelt, dürfte jedoch das Bestehen eines Anfangsverdachts hierfür nicht als erforderlich vorausgesetzt werden.[181] Als nicht ausreichend betrachtet wird hingegen die vage Hoffnung der Behörde, belastendes Material zu finden.[182]   119

3. Durchsuchung von Geschäftsräumen (Abs. 11 Satz 1 und 2)

Die **Durchsuchung** gemäß § 18 Abs. 11 WpPG ist nur in Bezug auf Geschäftsräume gestattet, in denen mutmaßliche Erkenntnisse gewonnen bzw. entsprechende Informationen und Gegenstände wie Daten oder Dokumente aufgefunden werden können. Der Begriff der Durchsuchung umfasst die Elemente der Überprüfung und der Ermittlung vor Ort mit Zugang zu Räumlichkeiten, um Unterlagen oder Daten einzusehen.[183] Daher ist sowohl das **Betreten** der Geschäftsräume gestattet als auch das **ziel- und zweckgerichtete Suchen** innerhalb der Geschäftsräume, um einen Sachverhalt aufzuklären und Informationen sowie Gegenstände aufzuspüren oder zu erlangen, die der Betroffene eventuell zurückhält[184] oder auch bereits im Rahmen eines vorangegangenen Auskunfts- und Vorlageersuchens nach § 18 Abs. 2 WpPG zurückgehalten hat, obwohl er zur Auskunft verpflichtet gewesen ist (vgl. → Rn. 32 ff.). Die Befugnis zur Durchsuchung umfasst auch die Durchsicht von in den Geschäftsräumen vorhandenen Dokumenten und Datenträgern sowie die Einsicht in die Datenverarbeitungs- und Datenverwaltungssysteme.[185]   120

Die **Beschränkung** der Befugnis **auf Geschäftsräume** beruht auf der Formulierung in Art. 32 Abs. 1 UAbs. 1 lit. n ProspektVO, wonach „andere Standorte als die privaten Wohnräume natürlicher Personen" erfasst werden, sodass in Übereinstimmung mit den Begrifflichkeiten in § 6 Abs. 12 WpHG der Wortlaut dahingehend ausgeführt wurde, dass   121

---

179 Vgl. in Bezug auf die Regelung in § 6 Abs. 12 WpHG *Döhmel*, in: Assmann/Uwe H. Schneider/Mülbert, Wertpapierhandelsrecht, 8. Aufl. 2023, § 6 WpHG Rn. 208.
180 Vgl. *Ritz*, in: Just/Voß/Ritz/Zeising, Wertpapierprospektrecht, 2. Aufl. 2023, § 18 WpPG Rn. 84.
181 Ebenso *Preuße*, in: Schwark/Zimmer, KMRK, § 18 WpPG Rn. 77, und zu § 6 Abs. 2 WpHG *Döhmel*, in: Assmann/Uwe H. Schneider/Mülbert, Wertpapierhandelsrecht, 8. Aufl. 2023, § 6 WpHG Rn. 208; vgl. die Begr. RegE, BT-Drucks. 19/8005, S. 5.
182 *Gurlit*, in: Assmann/Schlitt/von Kopp-Colomb, Prospektrecht Kommentar, § 18 WpPG Rn. 60.
183 RegE zum Ausführungsgesetz, Begr. zu § 18 WpPG, BT-Drucks. 19/8005, S. 53.
184 So zu § 6 Abs. 12 WpHG *Döhmel*, in: Assmann/Uwe H. Schneider/Mülbert, Wertpapierhandelsrecht, 8. Aufl. 2023, § 6 WpHG Rn. 212.
185 *Döhmel*, in: Assmann/Uwe H. Schneider/Mülbert, Wertpapierhandelsrecht, 8. Aufl. 2023, § 6 WpHG Rn. 212.

§ 18 WpPG Befugnisse der Bundesanstalt

nur „Geschäftsräume" betroffen sind.[186] Vom Umfang der Räumlichkeiten weicht § 18 Abs. 11 WpPG daher von der in § 6 Abs. 12 WpHG enthaltenen Befugnis ab, der das entsprechende Recht bei den dort genannten Verstößen für alle Geschäfts- und Wohnräume begründet.[187] Betroffen sind Inhaber und Nutzer dieser Räumlichkeiten. Unerheblich ist hierbei, ob diese den Verstoß begangen haben, vielmehr ist entscheidend, dass aufgrund der Maßnahmen in den Geschäftsräumen eine entsprechende Sachverhaltsaufklärung erfolgen kann.

122 Dem Wortlaut nach ist die Befugnis zum Betreten und Durchsuchen der Geschäftsräume nur den **Bediensteten der BaFin** eingeräumt. **Beauftragte** der BaFin sind hingegen nicht ausdrücklich in der Norm genannt; diese können aber aufgrund von § 4 Abs. 3 FinDAG zur Durchsuchung herangezogen werden, da die BaFin sich geeigneter Personen oder Einrichtungen bedienen darf.[188] Hierbei wird es sich vornehmlich um IT-Experten, Wirtschaftsprüfer und Polizeibeamte handeln.

123 Grundsätzlich steht die Durchsuchung nach § 18 Abs. 11 WpPG genau wie ihr Vorbild in § 6 Abs. 12 WpHG unter dem **richterlichen Vorbehalt**, sie muss also durch den zuständigen Richter angeordnet worden sein. Satz 6 normiert hierfür die ausschließliche Zuständigkeit des Amtsgerichts Frankfurt/Main. Ausnahmsweise kann auf die richterliche Anordnung im Vorfeld der Maßnahme verzichtet werden, wenn **Gefahr im Verzug** besteht. Diese ist anzunehmen, wenn bei Abwarten der richterlichen Entscheidung ein Schaden eintritt. Mit Blick auf § 18 Abs. 11 WpPG dürfte dieser dann eintreten, wenn Beweismittel verloren gingen oder vernichtet würden, wenn nicht anstelle des Richters die BaFin selbst über die Anordnung der Durchsuchung entscheiden würde. Ohne unverzügliches Handeln der Behörde ginge dann der angestrebte Erfolg der Durchsuchung verloren und die hinreichende Verfolgung der Verstöße gegen die ProspektVO würde damit vereitelt.[189]

4. Sicherstellung und Beschlagnahme (Abs. 11 Satz 3 und 4)

124 Über die Befugnis zum Betreten und Durchsuchen der Geschäftsräume hinaus besteht im Rahmen der Durchsuchung für die Bediensteten der BaFin nach Satz 3 die **Befugnis zur Sicherstellung** von Gegenständen, die als Beweismittel für die Ermittlung des Sachverhalts von Bedeutung sein können. Hierbei erfolgt der (vorübergehende) Übergang der Sachherrschaft über einen Gegenstand in hoheitlichen Gewahrsam, wobei unerheblich ist, ob der Inhaber der tatsächlichen Gewalt über die Sache bei Durchsuchungsbeginn Eigentümer des Gegenstandes war oder nicht. Die BaFin begründet mit der Sicherstellung des Gegenstandes ein amtliches Verwahrungsverhältnis.[190] Eine richterliche Anordnung der Sicherstellung ist nicht erforderlich.

---

186 Vgl. hierzu RegE zum Ausführungsgesetz, Begr. zu § 18 WpPG, BT-Drucks. 19/8005, S. 53.
187 Zur Abgrenzung der Begrifflichkeit „Geschäftsräume", dem verfassungsrechtlichen Wohnungsbegriff sowie dem daraus folgenden Zitiergebot ausführlicher *Gurlit*, in: Assmann/Schlitt/von Kopp-Colomb, Prospektrecht Kommentar, § 18 WpPG Rn. 58.
188 *Döhmel*, in: Assmann/Uwe H. Schneider/Mülbert, Wertpapierhandelsrecht, 8. Aufl. 2023, § 6 WpHG Rn. 210.
189 So zu § 6 Abs. 2 WpHG *Döhmel*, in: Assmann/Uwe H. Schneider/Mülbert, Wertpapierhandelsrecht, 8. Aufl. 2023, § 6 WpHG Rn. 214.
190 So zu § 6 Abs. 12 WpHG *Döhmel*, in: Assmann/Uwe H. Schneider/Mülbert, Wertpapierhandelsrecht, 8. Aufl. 2023, § 6 WpHG Rn. 215.

XI. Durchsuchung, Sicherstellen von Beweismitteln und Beschlagnahme nach Abs. 11 **§ 18 WpPG**

Des Weiteren können die Bediensteten der BaFin aufgrund der Regelung in Satz 4 die **Gegenstände beschlagnahmen**, wenn sich diese in Gewahrsam einer Person befinden und diese sie nicht freiwillig herausgeben will. Allerdings besteht hier wie bei der Durchsuchung ein **richterlicher Vorbehalt**, der jedoch bei Gefahr im Verzug durch die behördliche Anordnung der Maßnahme ersetzt werden kann. In letzterem Fall gilt aufgrund von Satz 9 § 98 Abs. 2 StPO entsprechend, sodass binnen drei Tagen die **gerichtliche Bestätigung** der Beschlagnahme durch den Bediensteten zu beantragen ist, wenn bei der Beschlagnahme weder der Betroffene noch ein erwachsener Angehöriger anwesend war oder ausdrücklich Widerspruch dagegen erhoben wurde.[191]   125

Die Befugnis zur Sicherstellung und Beschlagnahme von Gegenständen bei der Untersuchung von Verstößen gegen die ProspektVO soll sicherstellen, dass im Rahmen der Durchsuchung die Einsichtnahme in Unterlagen eine tragfähige Grundlage für Untersuchungen und Überprüfungen bildet, indem die Unterlagen auch ggf. gegen den Willen des Gewahrsamsinhabers betrachtet und mitgenommen werden können.[192]   126

5. Anordnung, Zuständigkeit und Rechtsmittel (Abs. 11 Satz 5 bis 10)

Ausweislich der Regierungsbegründung dienen die Sätze 5 bis 10 des § 18 Abs. 11 WpPG der Umsetzung von Art. 32 Abs. 1 UAbs. 2 ProspektVO sowie der Wahrung rechtsstaatlicher Garantien im Falle einer Durchsuchung. Hier soll ein Gleichlauf der Vorschriften zur Durchsuchung in WpHG und WpPG hergestellt werden.[193] Sie regeln daher neben der **Zuständigkeit** des Amtsgerichts Frankfurt/Main **für die richterliche Anordnung** der Durchsuchung und Beschlagnahme (Satz 5) sowie die nachträglich eingeholte gerichtliche Entscheidung (Satz 7). Dem Adressaten der Maßnahme wird durch § 18 Abs. 11 Satz 7 WpPG das Recht zur Beschwerde gegen die richterliche Anordnung eingeräumt, auf die nach Satz 8 die §§ 306 ff. StPO entsprechend anzuwenden sind. Mangels aufschiebender Wirkung sowohl der Beschwerde gegen die richterliche Anordnung aufgrund von § 307 Abs. 1 StPO als auch der Rechtsmittel gegen die behördliche Anordnung (§ 20 Nr. 1 WpPG) bleibt dem Adressaten der Maßnahme nur der nachträgliche Rechtsschutz, wenn er die Rechtswidrigkeit der Maßnahme feststellen lassen will.[194]   127

Das Erfordernis der Fertigung einer **Niederschrift über die Durchsuchung** durch die BaFin und deren Mindestinhalt (verantwortliche Dienststelle, Grund, Zeit und Ort der Durchsuchung und ihr Ergebnis) ist in Satz 10 und 11 festgelegt.   128

---

191 *Ritz*, in: Just/Voß/Ritz/Zeising, Wertpapierprospektrecht, 2. Aufl. 2023, § 18 WpPG Rn. 90.
192 Vgl. hierzu RegE zum Ausführungsgesetz, Begr. zu § 18 WpPG, BT-Drucks. 19/8005, S. 53.
193 RegE zum Ausführungsgesetz, Begr. zu § 18 WpPG, BT-Drucks. 19/8005, S. 53.
194 *Gurlit*, in: Assmann/Schlitt/von Kopp-Colomb, Prospektrecht Kommentar, § 18 WpPG Rn. 62.

§ 19 WpPG
Verschwiegenheitspflicht

(1) Die bei der Bundesanstalt Beschäftigten und die nach § 4 Abs. 3 des Finanzdienstleistungsaufsichtsgesetzes beauftragten Personen dürfen die ihnen bei ihrer Tätigkeit bekannt gewordenen Tatsachen, deren Geheimhaltung im Interesse eines nach diesem Gesetz Verpflichteten, der zuständigen Behörden oder eines Dritten liegt, insbesondere Geschäfts- und Betriebsgeheimnisse sowie personenbezogene Daten, nicht unbefugt offenbaren oder verwerten, auch wenn sie nicht mehr im Dienst sind oder ihre Tätigkeit beendet ist. Dies gilt auch für andere Personen, die durch dienstliche Berichterstattung Kenntnis von den in Satz 1 bezeichneten Tatsachen erhalten. Ein unbefugtes Offenbaren oder Verwerten im Sinne des Satzes 1 liegt insbesondere nicht vor, wenn Tatsachen weitergegeben werden an

1. Strafverfolgungsbehörden oder für Straf- und Bußgeldsachen zuständige Gerichte,

2. kraft Gesetzes oder im öffentlichen Auftrag mit der Überwachung von Börsen oder anderen Märkten, an denen Finanzinstrumente gehandelt werden, des Handels mit Finanzinstrumenten oder Devisen, von Kreditinstituten, Finanzdienstleistungsinstituten, Wertpapierinstituten, Investmentgesellschaften, Finanzunternehmen oder Versicherungsunternehmen betraute Stellen sowie von diesen beauftragte Personen,

3. die Europäische Wertpapier- und Marktaufsichtsbehörde, die Europäische Aufsichtsbehörde für das Versicherungswesen und die betriebliche Altersversorgung, die Europäische Bankenaufsichtsbehörde, den Gemeinsamen Ausschuss der Europäischen Finanzaufsichtsbehörden, den Europäischen Ausschuss für Systemrisiken oder die Europäische Kommission,

soweit diese Stellen die Informationen zur Erfüllung ihrer Aufgaben benötigen. Für die bei den in Satz 3 Nummer 1 und 2 genannten Stellen beschäftigten Personen sowie von diesen Stellen beauftragten Personen gilt die Verschwiegenheitspflicht nach Satz 1 entsprechend. Befindet sich eine in Satz 3 Nummer 1 oder 2 genannte Stelle in einem anderen Staat, so dürfen die Tatsachen nur weitergegeben werden, wenn die bei dieser Stelle beschäftigten und die von dieser Stelle beauftragten Personen einer dem Satz 1 entsprechenden Verschwiegenheitspflicht unterliegen.

(2) Die §§ 93, 97 und 105 Absatz 1, § 111 Absatz 5 in Verbindung mit § 105 Absatz 1 sowie § 116 Absatz 1 der Abgabenordnung gelten für die in Absatz 1 Satz 1 und 2 bezeichneten Personen nur, soweit die Finanzbehörden die Kenntnisse für die Durchführung eines Verfahrens wegen einer Steuerstraftat sowie eines damit zusammenhängenden Besteuerungsverfahrens benötigen. Die in Satz 1 genannten Vorschriften sind jedoch nicht anzuwenden, soweit Tatsachen betroffen sind,

1. die den in Absatz 1 Satz 1 oder Satz 2 bezeichneten Personen durch eine Stelle eines anderen Staates im Sinne von Absatz 1 Satz 3 Nummer 2 oder durch von dieser Stelle beauftragte Personen mitgeteilt worden sind oder

2. von denen bei der Bundesanstalt beschäftigte Personen dadurch Kenntnis erlangen, dass sie an der Aufsicht über direkt von der Europäischen Zentralbank be-

aufsichtigte Institute mitwirken, insbesondere in gemeinsamen Aufsichtsteams nach Artikel 2 Nummer 6 der Verordnung (EU) Nr. 468/2014 der Europäischen Zentralbank vom 16. April 2014 zur Einrichtung eines Rahmenwerks für die Zusammenarbeit zwischen der Europäischen Zentralbank und den nationalen zuständigen Behörden und den nationalen benannten Behörden innerhalb des einheitlichen Aufsichtsmechanismus (SSM-Rahmenverordnung) (EZB/2014/17) (ABl. L 141 vom 14.5.2014, S. 1), und die nach den Regeln der Europäischen Zentralbank geheim sind.

Übersicht

	Rn.		Rn.
I. Überblick	1	a) Tatsachen	16
1. Regelungsinhalt	1	b) Dienstliche Kenntniserlangung	18
2. Entwicklung der Vorschrift	5	2. Geheimhaltungsinteresse	19
II. Adressaten der Verschwiegenheitspflicht	11	3. Unbefugtes Offenbaren oder Verwerten	25
1. Verpflichtete nach § 19 Abs. 1 Satz 1	11	a) Offenbaren oder Verwerten	26
2. Verpflichtete nach § 19 Abs. 1 Satz 2 aufgrund dienstlicher Berichterstattung	12	b) Unbefugt	28
		4. Gesetzliche Ausnahmen des Verwertungsverbots	30
3. Verpflichtete nach § 19 Abs. 1 Satz 4	13	a) Regelbeispiele des § 19 Abs. 1 Satz 3	30
4. Zeitliche Fortgeltung	14	b) Zusammenarbeit mit ausländischen Stellen	35
III. Umfang der Verschwiegenheitspflicht nach Abs. 1	15	IV. Auskünfte gegenüber Finanzbehörden nach Abs. 2	36
1. Dienstliche Kenntniserlangung von Tatsachen	16		

I. Überblick*

1. Regelungsinhalt

Mit § 19 WpPG kommt der nationale Gesetzgeber dem in Art. 35 ProspektVO enthaltenen Regelungsauftrag zum Berufsgeheimnis (→ Art. 35 ProspektVO Rn. 4 ff.) nach. Die Norm begründet in Abs. 1 Satz 1 eine **Verschwiegenheitspflicht** für seine Adressaten im Sinne eines **Offenbarungs- und Verwertungsverbotes** für dienstlich erlangte Tatsachen bei gleichzeitigem Bestehen eines Geheimhaltungsinteresses bezüglich dieser Tatsachen. Sie ist eine Spezialvorschrift zu § 30 VwVfG.[1] Zweck der Regelung ist, wie bereits schon bei der Vorgängerregelung des § 27 WpPG a. F.,[2] das **Vertrauen in die Finanzmarktaufsicht** und eine **Kooperationsbereitschaft** mit dieser zu **fördern**.[3] Für die effektive Wertpapieraufsicht ist der Zugang zu Informationen erforderlich, an denen (häufig) ein Geheimhal- 1

---

* Die Kommentierung gibt ausschließlich die persönliche Meinung der Autorin wieder. Dies gilt für sämtliche Ausführungen der Autorin in diesem Kommentar.
1 *Gurlit*, in: Assmann/Schlitt/von Kopp-Colomb, Prospektrecht Kommentar, § 19 WpPG Rn. 3.
2 Vgl. hierzu die Kommentierung von *Müller*, in: Berrar/Meyer/Müller et al., WpPG/EU-ProspektVO, 2. Aufl. 2017, § 27 WpPG.
3 *Höninger/Eckner*, in: Holzborn, WpPG, § 27 Rn. 2.

tungsinteresse besteht.[4] So erlangt die BaFin beispielsweise bei der Prospektprüfung sowie bei der Auswertung von Auskunfts- und Vorlageersuchen nach § 18 Abs. 2 WpPG Kenntnis von Geschäftsgeheimnissen, Strategien und personenbezogenen Daten.[5] Aufgrund von Satz 2 und Satz 4 wird der Adressatenkreis der Verschwiegenheitspflicht nach (berechtigter) Weitergabe der Informationen erweitert. § 19 Abs. 1 Satz 3 WpPG benennt **Ausnahmen** von dem Offenbarungs- und Verwertungsverbot aus Abs. 1 Satz 1 **in Form von Regelbeispielen**, die zur Weitergabe der Informationen an die dort genannten Empfänger ermächtigen, soweit diese die Informationen zu Erfüllung ihrer Aufgaben benötigen. Die Regelung stellt damit eine mitgliedstaatliche Ermächtigungsnorm im Sinne des Art. 35 Abs. 2 Satz 2 ProspektVO (→ Art. 35 ProspektVO Rn. 12) dar. Aufgrund von § 19 Abs. 2 WpPG wird hingegen die anderenfalls nach der Abgabenordnung umfassender bestehende **Auskunftspflicht** der BaFin **gegenüber Finanzbehörden** auf Verfahren wegen Steuerstraftaten und damit zusammenhängende Besteuerungsverfahren beschränkt. Ferner wird ein **besonderes Verwertungsverbot** für von einer Überwachungsstelle im Sinne des § 19 Abs. 1 Satz 3 Nr. 2 WpPG übermittelte oder im Rahmen einer Mitwirkung bei der Beaufsichtigung von der direkten EZB-Aufsicht unterliegenden Instituten erlangte Informationen begründet.

2 Da § 11 Satz 1 FinDAG den Rahmen für eine Reihe von Verschwiegenheitsvorschriften für die Beschäftigen der BaFin in diversen Aufsichtsgesetzen bildet,[6] finden sich entsprechende ausfüllende Vorschriften in diversen die Finanzdienstleistungsaufsicht betreffenden Gesetzen, die im Wesentlichen auf Art. 53 f. CRD V, Art. 76 MiFID II und Art. 27 MAR fußen. Beispiele dafür sind § 21 WpHG, § 9 WpÜG, § 9 KWG, § 4 VermAnlG und § 12 WpIG. Diese Normen haben einen weitgehend vergleichbaren Aufbau wie § 19 WpPG, wobei sich jedoch ihr Detailgrad unterscheidet.[7]

3 § 19 WpPG ist bei allen Anfragen, bei **Akteneinsichtsgesuchen** (u.a. § 29 VwVfG)[8] und im Bereich des **Informationsfreiheitsgesetzes (IFG)** zu berücksichtigen.[9] Anderenfalls wäre nicht sichergestellt, dass Informationen mit **Geheimhaltungsinteresse** nur zum Zwecke der Aufsicht verwendet werden.

4 Wird die Verschwiegenheitspflicht nach § 19 WpPG verletzt, kommen in Abhängigkeit von der konkreten Verletzung grundsätzlich **Konsequenzen** in zivilrechtlicher (Ansprüche aus Amtshaftung nach § 839 BGB oder deliktische Haftung aufgrund § 823 Abs. 2

---

4 *Möllers/Wenninger*, in: Hirte/Möllers, Kölner Kommentar zum WpHG, § 8 Rn. 6. Der EuGH sieht in regelungssystematischer Auslegung die Funktion der Verschwiegenheitspflicht in der Gewährleistung des Vertrauens der Behörden und der Marktteilnehmer, dass vertrauliche Informationen auch vertraulich bleiben, und das nicht nur zum Schutz der Rechte privater Marktakteure, sondern auch im Interesse einer funktionsfähigen Finanzmarktaufsicht. Vgl. *Gurlit*, in: Assmann/Schlitt/von Kopp-Colomb, Prospektrecht Kommentar, § 19 WpPG Rn. 2.
5 *Linke*, in: Schäfer/Hamann, Kapitalmarktgesetze, § 22 WpPG Rn. 1; *von Kopp-Colomb*, in: Assmann/Schlitt/von Kopp-Colomb, WpPG/VerkProspG, 2. Aufl. 2010, § 22 WpPG Rn. 2.
6 *Gurlit*, in: Assmann/Schlitt/von Kopp-Colomb, Prospektrecht Kommentar, § 19 WpPG Rn. 3.
7 Ähnlich *Höninger/Eckner*, in: Holzborn, WpPG, § 27 Rn. 1.
8 Zu den verschiedenen Möglichkeiten, Akteneinsicht zu nehmen, siehe *Gurlit*, in: Assmann/Schlitt/von Kopp-Colomb, Prospektrecht Kommentar, § 19 WpPG Rn. 31 ff.
9 *Ritz*, in: Just/Voß/Ritz/Zeising, Wertpapierprospektrecht, 2. Aufl. 2023, § 19 WpPG Rn. 37 ff., und *Gurlit*, in: Assmann/Schlitt/von Kopp-Colomb, Prospektrecht Kommentar, § 19 WpPG Rn. 34 ff.; *Höninger/Eckner*, in: Holzborn, WpPG, § 27 Rn. 16 ff.

BGB i.V.m. § 19 WpPG), strafrechtlicher (§§ 203 Abs. 2, 204 Abs. 1 StGB) und arbeits- bzw. disziplinarrechtlicher (§ 77 BBG) Hinsicht in Betracht.[10]

2. Entwicklung der Vorschrift

Ein Großteil der europäischen Zusammenarbeit erfolgte bis zum Beginn der Finanzmarktkrise 2008 über die Mitarbeit der europäischen Wertpapieraufsichtsbehörden beim Committee of European Securities Regulators (CESR). Die Europäische Kommission beschloss als Folge aus der Krise, die europäischen Finanzaufsichtssysteme zu stärken. Sie legte im Herbst 2009 zu diesem Zweck verschiedene Legislativvorschläge vor, die u.a. die Schaffung eines Europäischen Finanzaufsichtssystems mit verschiedenen neuen Finanzaufsichtsbehörden vorsahen. Die entsprechenden Verordnungen traten Mitte Dezember 2010 in Kraft. Sie sahen die Errichtung der neuen europäischen Behörden zum 1.1.2011 vor, zu welchen auch die **Europäische Wertpapier- und Börsenaufsichtsbehörde** (ESMA) gehörte, die die bisherigen Aufgaben von CESR übernahm.[11] Darüber hinaus erhielt ESMA aber auch zusätzliche Aufgaben, wie beispielsweise, zu einer einheitlichen Anwendung des europäischen Rechts beizutragen.[12] 5

Für die Funktionsfähigkeit dieses Europäischen Finanzaufsichtssystems wurden bis dahin bestehende Finanzdienstleistungsrichtlinien wie z.B. die Prospekt-RL[13] geändert. Die das Prospektrecht ändernde Richtlinie 2010/78/EU[14] trat Anfang Januar 2011 in Kraft.[15] Die Änderungen betreffen u.a. die Festlegung von Bereichen, in denen ESMA technische 6

---

10 Vgl. hierzu *Gurlit*, in: Assmann/Schlitt/von Kopp-Colomb, Prospektrecht Kommentar, § 19 WpPG Rn. 41; *Preuße*, in: Schwark/Zimmer, KMRK, § 19 WpPG Rn. 4; ausführlicher *Ritz*, in: Just/Voß/Ritz/Zeising, Wertpapierprospektrecht, 2. Aufl. 2023, § 22 WpPg Rn. 49 ff.
11 Vgl. Art. 8 Abs. 1 lit. l der Verordnung (EU) Nr. 1095/2010 des Europäischen Parlaments und des Rates vom 24.11.2010 zur Errichtung einer Europäischen Aufsichtsbehörde (Europäische Wertpapier- und Börsenaufsichtsbehörde) zur Änderung des Beschlusses Nr. 716/2009/EG und zur Aufhebung des Beschlusses 2009/77/EG der Kommission.
12 Vgl. Art. 8 Abs. 1 lit. b der Verordnung (EU) Nr. 1095/2010 des Europäischen Parlaments und des Rates vom 24.11.2010 zur Errichtung einer Europäischen Europäischen Aufsichtsbehörde (Europäische Wertpapier- und Börsenaufsichtsbehörde) zur Änderung des Beschlusses Nr. 716/ 2009/EG und zur Aufhebung des Beschlusses 2009/77/EG der Kommission.
13 Richtlinie 2003/71/EG des Europäischen Parlaments und des Rates vom 4.11.2003 betreffend den Prospekt, der beim öffentlichen Angebot von Wertpapieren oder bei deren Zulassung zum Handel zu veröffentlichen ist, und zur Änderung der Richtlinie 2001/34/EG.
14 Richtlinie 2010/78/EU des Europäischen Parlaments und des Rates vom 24.11.2010 zur Änderung der Richtlinien 1998/26/EG, 2002/87/EG, 2003/6/EG, 2003/41/EG, 2003/71/EG, 2004/39/ EG, 2004/109/EG, 2005/60/EG, 2006/48/EG, 2006/49/EG und 2009/65/EG im Hinblick auf die Befugnisse der Europäischen Bankaufsichtsbehörde, der Europäischen Aufsichtsbehörde für das Versicherungswesen und die betriebliche Altersversorgung und der Europäischen Wertpapieraufsichtsbehörde.
15 Art. 14 Richtlinie 2010/78/EU des Europäischen Parlaments und des Rates vom 24.11.2010 zur Änderung der Richtlinien 1998/26/EG, 2002/87/EG, 2003/6/EG, 2003/41/EG, 2003/71/EG, 2004/39/EG, 2004/109/EG, 2005/60/EG, 2006/48/EG, 2006/49/EG und 2009/65/EG im Hinblick auf die Befugnisse der Europäischen Aufsichtsbehörde (Europäische Bankaufsichtsbehörde), der Europäischen Aufsichtsbehörde (Europäische Aufsichtsbehörde für das Versicherungswesen und die betriebliche Altersversorgung) und der Europäischen Aufsichtsbehörde (Europäische Wertpapier- und Börsenaufsichtsbehörde).

Standards vorschlagen kann, und allgemeine Änderungen, wie beispielsweise den Informationsaustausch mit ESMA.

7 Durch die Richtlinie 2010/78/EU wurde der Art. 22 Abs. 3 ProspektRL neu gefasst.[16] Dieser regelte, dass die bestehende Verschwiegenheitspflicht die zuständigen nationalen Behörden nicht daran hindert, vertrauliche Informationen auszutauschen oder vertrauliche Informationen an **ESMA** oder den Europäischen Ausschuss für Systemrisiken weiterzuleiten. Deutschland setzte diese Richtlinie mit dem Gesetz zur Umsetzung der Richtlinie 2010/78/EU vom 24.11.2010 im Hinblick auf die Errichtung des Europäischen Finanzaufsichtssystems um. Dabei wurde in § 22 Abs. 1 Satz 3 WpPG a.F. die Nr. 3 eingefügt, zudem wurden Abs. 1 Sätze 4 und 5 neu gefasst.[17]

8 Danach wurde § 22 WpPG a.F. zudem durch das Gesetz zur Novellierung des Finanzanlagenvermittler- und Vermögensanlagenrechts mit einer anderen Paragraphennummer versehen. Aus dem anfänglichen § 22 WpPG a.F. wurde nun ohne inhaltliche Änderungen der Vorschrift der § 27 WpPG a.F.[18] Auch das Gesetz zur Umsetzung der Richtlinie 2010/73/EU und zur Änderung des Börsengesetzes veränderte § 27 WpPG a.F. nicht.[19] Erst durch das Gesetz zur Anpassung des nationalen Bankenabwicklungsrechts an den Einheitlichen Abwicklungsmechanismus und die europäischen Vorgaben zur Bankenabgabe (Abwicklungsmechanismusgesetz – AbwMechG) vom 2.11.2015[20] wurden die Auskünfte an Finanzbehörden in § 27 Abs. 2 WpPG a.F. neu geregelt.

9 § 19 WpPG schloss zunächst unverändert an die Vorgängernorm des § 27 WpPG a.F. an. Das Gesetz zur weiteren Ausführung der ProspektVO hatte nur eine Änderung der Nummerierung von § 27 WpPG a.F. in § 19 WpPG ohne inhaltliche oder redaktionelle Änderungen[21] zur Folge.[22] Mit Verabschiedung des Wertpapierinstitutsgesetzes (WpIG)[23] im Jahr 2021 wurde jedoch der Katalog der zur Überwachung von Finanzmarktakteuren betrauten Stellen in Bezug auf Wertpapierinstitute erweitert.[24] Ferner wurde der Kreis derjenigen, deren Geheimhaltungsinteresse grundsätzlich zur Verschwiegenheit verpflichtet, in § 19 Abs. 1 Satz 1 WpPG auch auf die zuständigen Stellen erweitert, um im Einklang mit

---

16 Art. 5 Richtlinie 2010/78/EU des Europäischen Parlaments und des Rates vom 24.11.2010 zur Änderung der Richtlinien 1998/26/EG, 2002/87/EG, 2003/6/EG, 2003/41/EG, 2003/71/EG, 2004/39/EG, 2004/109/EG, 2005/60/EG, 2006/48/EG, 2006/49/EG und 2009/65/EG im Hinblick auf die Befugnisse der Europäischen Aufsichtsbehörde (Europäische Bankaufsichtsbehörde), der Europäischen Aufsichtsbehörde (Europäische Aufsichtsbehörde für das Versicherungswesen und die betriebliche Altersversorgung) und der Europäischen Aufsichtsbehörde (Europäische Wertpapier- und Börsenaufsichtsbehörde).
17 BGBl. I, S. 2427 ff., S. 2433 f.; *Höninger/Eckner*, in: Holzborn, WpPG, § 27 Rn. 1; *Groß*, Kapitalmarktrecht, § 27 WpPG.
18 BGBl. I 2011, S. 2481 ff., S. 2499.
19 BGBl. I 2012, S. 1375 ff.
20 BGBl. I 2015, S. 2184 ff., S. 1885.
21 RegE zum Ausführungsgesetz, Begr. zu § 19 WpPG, BT-Drucks. 19/8005, S. 16 und S. 54.
22 *Gurlit*, in: Assmann/Schlitt/von Kopp-Colomb, Prospektrecht Kommentar, § 19 WpPG Rn. 1.
23 BGBl I 2021, S. 990 ff.
24 Vgl. Art. 7 Abs. 33 Gesetz zur Umsetzung der Richtlinie (EU) 2019/2034, BGBl. I 2021, S. 990 ff., S. 1062.

der Judikatur des europäischen Gerichtshofes das sog. „**aufsichtsrechtliche Geheimnis**" der Aufsichtsbehörden in die gesetzliche Verschwiegenheitspflicht aufzunehmen.[25]

Mit den geplanten Änderungen in § 19 Abs. 2 WpPG aufgrund des Zukunftsfinanzierungsgesetzes (ZuFinG)[26] soll die Weitergabe vertraulicher Informationen an Finanzbehörden künftig weiterhin bei Durchführung eines Verfahrens wegen einer Steuerstraftat möglich sein und darüber hinaus auch bei Besteuerungsverfahren, welche nicht – wie bislang erforderlich – mit einer Steuerstraftat in Zusammenhang stehen.[27]

II. Adressaten der Verschwiegenheitspflicht

1. Verpflichtete nach § 19 Abs. 1 Satz 1

Die Verschwiegenheitspflicht aus § 19 Abs. 1 Satz 1 WpPG gilt zunächst für die **Bundesanstalt** selbst, da diese als Anstalt des öffentlichen Rechts durch ihre Organe und ihre zur Vertretung berechtigen natürlichen Personen handelt.[28] Weiterhin werden die bei der Bundesanstalt **Beschäftigten** erfasst. Dies gilt unabhängig von deren Beschäftigungsstatus (als Beamter, Angestellter, Arbeiter, Praktikant und Referendar)[29] oder den Umständen der Beschäftigung (beispielsweise Kerntätigkeit, Abordnung oder Dienstreise).[30] Zudem erfasst § 19 Abs. 1 Satz 1 WpPG auch von der Bundesanstalt nach § 4 Abs. 3 des FinDAG **beauftragte Personen**.[31] Dies sind Dritte, derer sich die Bundesanstalt bei der Erfüllung der ihr zugewiesenen Aufgaben bedient. Gleiches gilt für die Mitglieder des Verwaltungsrates und des Fachbeirates sowie des Verbraucherbeirates der Bundesanstalt (§ 11 FinDAG).[32]

---

25 RegE WpIG, BT-Drucks. 19/26929, S. 133 Begr. zu § 12 Abs. 1 Satz 1 WpIG, wonach im Einklang mit der jüngsten EuGH-Rechtsprechung dort das sogenannte „aufsichtsrechtliche Geheimnis" der zuständigen Behörden in die Verschwiegenheitspflicht aufgenommen wird. Da die gesetzliche Berücksichtigung des aufsichtsrechtlichen Geheimnisses einheitlich für alle Aufsichtsgesetze im Zuständigkeitsbereich der BaFin geregelt werden musste, erfolgten entsprechende Folgeänderungen in den Normen zur Verschwiegenheitspflicht, für die zur Begründung jeweils auf Art. 1 § 12 Abs. 1 Satz 1 WpIG verwiesen wird. Zur gleichgerichteten Änderung des WpPG vgl. Begr. zu Art. 7 Abs. 33, BT-Drucks. 19/26929, S. 174.
26 Gesetz zur Finanzierung von zukunftssichernden Investitionen (Zukunftsfinanzierungsgesetz – ZuFinG), BGBl. I 2023 vom 14.12.2023.
27 Vgl. RegE zum ZuFinG, Begr. zu Art. 10 Nr. 3 (Änderung des § 19 WpPG) mit Verweis auf Begr. zu Art. 5 Nr. 3 (Änderung des § 21 WpHG), BT-Drucks. 20/8292, S. 93 und S. 98.
28 *Ritz*, in: Just/Voß/Ritz/Zeising, Wertpapierprospektrecht, 2. Aufl. 2023, § 19 WpPG Rn. 11; *Gurlit*, in: Assmann/Schlitt/von Kopp-Colomb, Prospektrecht Kommentar, § 19 Rn. 4; *Möllers/Wenninger*, in: Hirte/Möllers, Kölner Kommentar zum WpHG, § 8 Rn. 12; *Höninger/Eckner*, in: Holzborn, WpPG, § 27 Rn. 3.
29 *Höninger/Eckner*, in: Holzborn, WpPG, § 27 Rn. 4, § 8 Rn. 5; *Möllers/Wenninger*, in: Hirte/Möllers, Kölner Kommentar zum WpHG, § 8 Rn. 15.
30 *Höninger/Eckner*, in: Holzborn, WpPG, § 27 Rn. 4; *Ritz*, in: Just/Voß/Ritz/Zeising, Wertpapierprospektrecht, 2. Aufl. 2023, § 19 WpPG Rn. 9; *Gurlit*, in: Assmann/Schlitt/von Kopp-Colomb, Prospektrecht Kommentar, § 19 Rn. 4.
31 *Ritz*, in: Just/Voß/Ritz/Zeising, Wertpapierprospektrecht, 2. Aufl. 2023, § 19 WpPG Rn. 9; *Gurlit*, in: Assmann/Schlitt/von Kopp-Colomb, Prospektrecht Kommentar, § 19 WpPG Rn. 4; *Linke*, in: Schäfer/Hamann, Kapitalmarktgesetze, § 22 WpPG Rn. 2; *Höninger/Eckner*, in: Holzborn, WpPG, § 27 Rn. 3.
32 *Gurlit*, in: Assmann/Schlitt/von Kopp-Colomb, Prospektrecht Kommentar, § 19 Rn. 4.

2. Verpflichtete nach § 19 Abs. 1 Satz 2 aufgrund dienstlicher Berichterstattung

12 Darüber hinaus werden Personen, die durch **dienstliche Berichterstattung** Kenntnis von Informationen erhalten haben (§ 19 Abs. 1 Satz 2 WpPG), in den Kreis der Verpflichteten einbezogen. Zu diesen Personen gehören beispielsweise das der Bundesanstalt übergeordnete Bundesministerium der Finanzen oder andere Ressorts sowie deren Beschäftigte.[33] Weiterhin zählen hierzu Personen, die anlässlich der dienstlichen Berichterstattung Kenntnis von den durch § 19 WpPG erfassten Tatsachen erhalten, wie beispielsweise Boten.[34]

3. Verpflichtete nach § 19 Abs. 1 Satz 4

13 § 19 Abs. 1 Satz 4 WpPG erstreckt die Verschwiegenheitspflicht ferner auf Personen, an die geschützte Informationen nach § 19 Abs. 1 Satz 3 Nr. 1 und 2 WpPG weitergegeben werden.[35] Dazu zählen im nationalen Bereich insbesondere **Beschäftigte und beauftragte Personen** von **Strafverfolgungsbehörden**, für Straf- und Bußgeldsachen zuständige **Gerichte** und mit der **Überwachung von Börsen oder des Handels mit Finanzinstrumenten betraute Stellen**.[36] Für die bei in § 19 Abs. 1 Satz 3 Nr. 3 WpPG genannten EU-Behörden beschäftigten Personen gelten die im nationalen Recht geregelten Verschwiegenheitspflichten des § 19 WpPG nicht. Für diese Personen gilt vielmehr die in Art. 339 des Vertrages über die Arbeitsweise der Europäischen Union, in Art. 8 der Verordnung (EU) Nr. 1092/2010 bzw. in den Art. 70 der Verordnungen (EU) Nr. 1093/2010, 1094/2010 und 1095/2010 geregelte Verschwiegenheitspflicht.[37] Für die **Übermittlung an ausländische Stellen** im Sinne des Satz 3 Nr. 1 und 2 ist nach § 19 Abs. 1 Satz 5 WpPG die Vergleichbarkeit der für sie geltenden Verschwiegenheitsvorschriften maßgeblich.[38]

4. Zeitliche Fortgeltung

14 Die **Verschwiegenheitspflicht gilt** auch **fort**, wenn das Dienstverhältnis oder die Tätigkeit eines Beschäftigten beendet ist oder wird (z. B. durch einen Wechsel des Arbeitgebers bzw. Dienstherren oder den Eintritt in den Ruhestand).[39] Dies gilt für alle Adressaten der

---

33 *Ritz*, in: Just/Voß/Ritz/Zeising, Wertpapierprospektrecht, 2. Aufl. 2023, § 19 WpPG Rn. 10; *Gurlit*, in: Assmann/Schlitt/von Kopp-Colomb, Prospektrecht Kommentar, § 19 Rn. 5; *Linke*, in: Schäfer/Hamann, Kapitalmarktgesetze, § 22 WpPG Rn. 2; *Möllers/Wenninger*, in: Hirte/Möllers, Kölner Kommentar zum WpHG, § 8 Rn. 13; *Höninger/Eckner*, in: Holzborn, WpPG, § 27 Rn. 4.
34 *Höninger/Eckner*, in: Holzborn, WpPG, § 27 Rn. 4.
35 *Linke*, in: Schäfer/Hamann, Kapitalmarktgesetze, § 22 WpPG Rn. 2; *Höninger/Eckner*, in: Holzborn, WpPG, § 27 Rn. 4.
36 *Gurlit*, in: Assmann/Schlitt/von Kopp-Colomb, Prospektrecht Kommentar, § 19 Rn. 5; *Höninger/Eckner*, in: Holzborn, WpPG, § 27 Rn. 4.
37 Reg.-Begründung zu § 22 Abs. 1 Satz 4 WpPG, BT-Drucks. 17/6255, S. 31; *Höninger/Eckner*, in: Holzborn, WpPG, § 27 Rn. 12.
38 *Gurlit*, in: Assmann/Schlitt/von Kopp-Colomb, Prospektrecht Kommentar, § 19 WpPG Rn. 5. Vgl. zum Normzweck des ähnlich ausgestalteten § 12 Abs. 2 Satz 1 WpIG, Begr. RegE WpIG, BT-Drucks. 19/26929, S. 133 zu § 12 Abs. 2 WpIG.
39 *Ritz*, in: Just/Voß/Ritz/Zeising, Wertpapierprospektrecht, 2. Aufl. 2023, § 19 WpPG Rn. 10; *Gurlit*, in: Assmann/Schlitt/von Kopp-Colomb, Prospektrecht Kommentar, § 19 WpPG Rn. 4; *Höninger/Eckner*, in: Holzborn, WpPG, § 27 Rn. 4.

Verschwiegenheitspflicht. Lediglich der Wegfall des **Geheimhaltungsinteresses** in Bezug auf die Information beendet die Verpflichtung zur Verschwiegenheit.[40]

III. Umfang der Verschwiegenheitspflicht nach Abs. 1

Die Verschwiegenheitspflicht nach § 19 Abs. 1 WpPG schützt **Tatsachen**, deren Geheimhaltung im Interesse eines nach dem WpPG Verpflichteten, der zuständigen Behörden oder eines Dritten liegt und die den Adressaten des § 19 WpPG bei ihrer Tätigkeit bekannt geworden sind. 15

1. Dienstliche Kenntniserlangung von Tatsachen

a) Tatsachen

Nach dem Sinn und Zweck des § 19 WpPG und im Lichte des Wortlauts des Art. 35 ProspektVO, der sich auf „unter das Berufsgeheimnis fallenden Informationen" bezieht, ist der Begriff der „bekannt gewordenen Tatsachen" weit auszulegen als solche der BaFin vorliegende Informationen.[41] **Tatsachen** sind zunächst alle gegenwärtigen oder vergangenen Sachverhalte, Begebenheiten, Verhältnisse, Zustände und Geschehnisse[42] einschließlich innerer Sachverhalte wie Motive und Absichten.[43] Zu diesen zählen insbesondere auch **Geschäfts- und Betriebsgeheimnisse** und **personenbezogene Daten**.[44] 16

Zudem kann sich der Tatsachenbegriff des § 19 WpPG auch auf Werturteile erstrecken, wenn diese **Werturteile** auf einem Tatsachenkern beruhen, d.h. mit der Wertung zugleich zu schützende **Tatsachen offenbart** werden.[45] Auch von der BaFin selbst erzeugte Informationen, wie (Werturteile enthaltende) Vermerke oder eine Korrespondenz mit einem Aufsichtsobjekt, fallen darunter.[46] Darüber hinaus sind isolierte subjektive Einschätzungen, Rechtsfragen und Meinungsäußerungen nicht erfasst.[47] Da Verletzungen der Vorschrift zu strafrechtlichen Konsequenzen für die Adressaten führen können, sind für die Interpretation dieser Norm die gleichen Grenzen wie bei strafrechtlichen Normen zu be- 17

---

40 *Möllers/Wenninger*, in: Hirte/Möllers, Kölner Kommentar zum WpHG, § 8 Rn. 14.
41 Vgl. auch *Gurlit*, in: Assmann/Schlitt/von Kopp-Colomb, Prospektrecht Kommentar, § 19 WpPG Rn. 6.
42 *Möllers/Wenninger*, in: Hirte/Möllers, Kölner Kommentar zum WpHG, § 8 Rn. 17.
43 *Linke*, in: Schäfer/Hamann, Kapitalmarktgesetze, § 22 WpPG Rn. 3.
44 *Höninger/Eckner*, in: Holzborn, WpPG, § 27 Rn. 5.
45 *Ritz*, in: Just/Voß/Ritz/Zeising, Wertpapierprospektrecht, 2. Aufl. 2023, § 19 WpPG Rn. 12; *Höninger/Eckner*, in: Holzborn, WpPG, § 27 Rn. 5.
46 *Gurlit*, in: Assmann/Schlitt/von Kopp-Colomb, Prospektrecht Kommentar, § 19 WpPG Rn. 6.
47 Kritisch hierzu *Ritz*, in: Just/Voß/Ritz/Zeising, Wertpapierprospektrecht, 2. Aufl. 2023, § 19 Rn. 12, die den Anwendungsbereich hierfür bereits eröffnet sieht, da das Verwaltungsrecht weiter reichen kann als die strafbewehrte Verschwiegenheitspflicht des § 203, 204 StGB, und hier keine Verletzung des Analogieverbots sieht, gleichzeitig aber eine Angleichung an die Begrifflichkeit der Information fordert, und *Höninger/Eckner*, in: Holzborn, WpPG, § 27 Rn. 5, unter Verweis auf den Wortlaut der Richtlinie, der von „unter das Berufsgeheimnis fallenden Informationen" spricht.

achten. Eine weite Auslegung der Verschwiegenheitspflicht über den Wortlaut der Norm hinaus ist daher abzulehnen.[48]

b) Dienstliche Kenntniserlangung

18 Ferner müssen die Tatsachen den nach § 19 WpPG zur Verschwiegenheit verpflichteten Personen bei ihrer Tätigkeit bekannt geworden sein. Von einer solchen dienstlichen **Kenntniserlangung** ist außer bei den mit einem Vorgang befassten Mitarbeitern auch bei der informellen Weitergabe oder dem zufälligen in Berührung kommen mit Akten oder E-Mails auszugehen.[49] Grundsätzlich unerheblich ist, ob die Weitergabe außerhalb oder innerhalb eines Dienstgebäudes erfolgt.[50] Nicht erfasst sind dagegen Tatsachen, von denen außerhalb des Dienstverhältnisses, z. B. im privaten Bereich, Kenntnis erlangt wird.[51]

2. Geheimhaltungsinteresse

19 Weiterhin muss die Geheimhaltung der dienstlich erlangten Tatsachen im Interesse eines **nach dem WpPG Verpflichteten**, einer **zuständigen Behörde** oder eines **Dritten** liegen. Die Pflicht aus § 19 WpPG knüpft damit wie andere finanzmarktrechtliche Verschwiegenheitspflichten an die Vertraulichkeit von Informationen an.

20 Ob ein **Geheimhaltungsinteresse** vorliegt, ist aufgrund einer Abwägung aller Umstände unter Berücksichtigung der Verkehrsanschauung und den Konkretisierungen des EuGH[52] im Rahmen einer europarechtskonformen Auslegung zu bestimmen.[53] Ein Geheimhaltungsinteresse ist regelmäßig gegeben, wenn die Weitergabe von Tatsachen an Außenstehende unter Berücksichtigung der Verkehrsanschauung und aus der Sicht eines objektiven Dritten nicht ohne Zustimmung des Betroffenen erfolgen darf.[54] Im Umkehrschluss be-

---

48 *Möllers/Wenninger*, in: Hirte/Möllers, Kölner Kommentar zum WpHG, § 8 Rn. 19. Auch die jüngst formulierte Verschwiegenheitspflicht in § 12 Abs. 1 bezieht sich dem Wortlaut nach weiterhin auf „Tatsachen" und nicht auf „Informationen", obwohl im Rahmen der Gesetzesbegründung auf Informationen rekurriert wird.
49 *Gurlit*, in: Assmann/Schlitt/von Kopp-Colomb, Prospektrecht Kommentar, § 19 WpPG Rn. 7; *Ritz*, in: Just/Voß/Ritz/Zeising, Wertpapierprospektrecht, 2. Aufl. 2023, § 19 WpPG Rn. 23; *Möllers/Wenninger*, in: Hirte/Möllers, Kölner Kommentar zum WpHG, § 8 Rn. 20.
50 *Gurlit*, in: Assmann/Schlitt/von Kopp-Colomb, Prospektrecht Kommentar, § 19 WpPG Rn. 7; *Höninger/Eckner*, in: Holzborn, WpPG, § 27 Rn. 16; *Möllers/Wenninger*, in: Hirte/Möllers, Kölner Kommentar zum WpHG, § 8 Rn. 20.
51 *Gurlit*, in: Assmann/Schlitt/von Kopp-Colomb, Prospektrecht Kommentar, § 19 WpPG Rn. 7; *Höninger/Eckner*, in: Holzborn, WpPG, § 27 Rn. 6; *Möllers/Wenninger*, in: Hirte/Möllers, Kölner Kommentar zum WpHG, § 8 Rn. 20. Für eine tendenziell weite Interpretation, sodass auch die Erlangung der Kenntnis im Privatleben genügen soll, selbst wenn die Person die Information nur aufgrund der beruflichen Tätigkeit verwerten kann, hingegen *Ritz*, in: Just/Voß/Ritz/Zeising, Wertpapierprospektrecht, 2. Aufl. 2023, § 19 WpPG Rn. 22.
52 Vgl. hierzu ausführlich *Ritz*, in: Just/Voß/Ritz/Zeising, Wertpapierprospektrecht, 2. Aufl. 2023, § 19 WpPG Rn. 13–16.
53 Vgl. hierzu die Ausführungen von *Gurlit*, in: Assmann/Schlitt/von Kopp-Colomb, Prospektrecht Kommentar, § 19 WpPG Rn. 8 f. unter Verweis auf diverse Entscheidungen des EuGH.
54 *Höninger/Eckner*, in: Holzborn, WpPG, § 27 Rn. 7; *Ritz*, in: Just/Voß/Ritz/Zeising, Wertpapierprospektrecht, 2. Aufl. 2023, § 22 WpPG Rn. 12 f.; ähnlich auch *Möllers/Wenninger*, in: Hirte/Möllers, Kölner Kommentar zum WpHG, § 8 Rn. 23 ff., der auf ein objektives Schutzbedürfnis und Geheimhaltungswillen abstellt.

steht also für bereits öffentlich zugängliche Tatsachen (u. a. Pressemitteilungen, Unternehmensregistereintragungen, Geschäftsberichte etc.) kein Geheimhaltungsinteresse.[55] Hingegen kann es durchaus (noch) bestehen, wenn die Tatsachen nur einigen wenigen Personen bekannt sind und der Betroffene weiterhin ein Interesse an der Geheimhaltung hat, sodass eine Bestätigung der Tatsachen durch eine staatliche Stelle nicht erwünscht ist.[56] Allerdings können auch nicht sämtliche der zuständigen Behörde von einem Unternehmen oder Dritten überlassenen oder von der Behörde erzeugten Informationen den Schutz nach § 19 WpPG beanspruchen. Die Geheimhaltungsbedürftigkeit muss von der zuständigen Behörde unter Berücksichtigung der Rechte Dritter und der Funktionsfähigkeit der Finanzaufsicht betrachtet werden.[57]

§ 19 Abs. 1 Satz 1 WpPG benennt beispielhaft als besondere Schutzgüter die Betriebs- und Geschäftsgeheimnisse sowie personenbezogene Daten. **Geschäfts- und Betriebsgeheimnisse** sind Tatsachen, die im Zusammenhang mit einem Gewerbebetrieb stehen, nur einem begrenzten Personenkreis bekannt sind und an deren Geheimhaltung der Unternehmer ein schutzwürdiges Interesse hat.[58] Aufgrund der ausdrücklich normierten Befugnis der BaFin zur Bekanntgabe von Verstößen unter namentlicher Nennung desjenigen, der den Verstoß begangen hat (§ 25 WpPG), bzw. zur Veröffentlichung eines hinreichenden Verdachts für einen Pflichtverstoß unter den Voraussetzungen des § 18 Abs. 3 WpPG unterliegen indes unternehmensbezogene Informationen, die eine der vorgenannten Veröffentlichungen rechtfertigen, nicht dem Geheimhaltungsinteresse des § 19 WpPG.[59]

21

Personenbezogene Daten sind in Art. 4 Nr. 1 DSGVO definiert als alle Informationen, die sich auf eine identifizierte oder identifizierbare natürliche Person (betroffene Person) beziehen.[60] Auch hier wird unter Berücksichtigung der Befugnisse der zuständigen Behörde kein allumfassender, sondern nur ein funktionsadäquater Schutz eingeräumt.

22

Daneben ist aufgrund der Anerkennung behördlicher Schutzinteressen und der Funktionsfähigkeit der Finanzmarktaufsicht das sog. **aufsichtsrechtliche Geheimnis** zu nennen, welches die von der Behörde verwendeten Überwachungsmethoden und -strategien, die behördliche Korrespondenz mit anderen Behörden und den überwachten Aufsichtsobjekten sowie innerbehördlich erzeugte Informationen über die beaufsichtigen Märkte um-

23

---

55 *Ritz*, in: Just/Voß/Ritz/Zeising, Wertpapierprospektrecht, 2. Aufl. 2023, § 19 WpPG Rn. 18; *Linke*, in: Schäfer/Hamann, Kapitalmarktgesetze, § 22 WpPG Rn. 4; a. A. *Höninger/Eckner*, in: Holzborn, WpPG, § 27 Rn. 3, der nicht nur auf die Veröffentlichung abstellt, sondern auch auf das Einverständnis des Betroffenen zur Veröffentlichung. Dies ist jedoch unpraktikabel. Die zur Verschwiegenheit Verpflichteten können regelmäßig nicht überprüfen, ob z. B. alle veröffentlichten Tatsachen auch mit dem Einverständnis des Betroffenen veröffentlicht wurden. Daher besteht an öffentlich zugänglichen Tatsachen grundsätzlich kein Geheimhaltungsinteresse. Etwas anderes gilt nur in Einzelfällen, wenn z. B. eine „amtliche Bestätigung" eines Gerüchtes als neue Tatsache gewertet werden müsste (vgl. → Rn. 15).
56 *Ritz*, in: Just/Voß/Ritz/Zeising, Wertpapierprospektrecht, 2. Aufl. 2023, § 19 WpPG Rn. 18.
57 *Gurlit*, in: Assmann/Schlitt/von Kopp-Colomb, Prospektrecht Kommentar, § 19 WpPG Rn. 9.
58 *Linke*, in: Schäfer/Hamann, Kapitalmarktgesetze, § 22 WpPG Rn. 3. Ausführlich zum Geschäfts- und Betriebsgeheimniss *Ritz*, in: Just/Voß/Ritz/Zeising, Wertpapierprospektrecht, 2. Aufl. 2023, § 19 WpPG Rn. 20, und *Gurlit*, in: Assmann/Schlitt/von Kopp-Colomb, Prospektrecht Kommentar, § 19 WpPG Rn. 10 ff.
59 Vgl. *Gurlit*, in: Assmann/Schlitt/von Kopp-Colomb, Prospektrecht Kommentar, § 19 WpPG Rn. 12.
60 *Ritz*, in: Just/Voß/Ritz/Zeising, Wertpapierprospektrecht, 2. Aufl. 2023, § 19 WpPG Rn. 21.

fasst.[61] Dieses Schutzgut ergibt sich im Rahmen von § 19 Abs. 1 Satz 1 WpPG durch die verhältnismäßig neue Aufnahme der Interessen der zuständigen Behörden. Allerdings sollen auch hier nur aufsichtsrechtliche Geheimnisse, deren Offenlegung die Funktionsfähigkeit der Aufsicht beeinträchtigt, unter den Schutzumfang des § 19 WpPG fallen.[62]

24 Ein Geheimhaltungsinteresse besteht daher nicht für im Prospekt enthaltene Informationen nach deren erstmaliger Veröffentlichung. Gleiches gilt, wenn das Verwerten oder Offenbaren von Tatsachen mit der ausdrücklichen Zustimmung des Geschützten geschieht bzw. auf dessen Initiative zurückgeht.

3. Unbefugtes Offenbaren oder Verwerten

25 Die durch § 19 Abs. 1 WpPG geschützten Tatsachen dürfen nicht **unbefugt offenbart** oder **verwertet** werden.

a) Offenbaren oder Verwerten

26 **Offenbaren** ist jede Form der Weitergabe oder Mitteilung der geschützten Tatsachen an Dritte,[63] gleich auf welche Art und Weise diese erfolgt. Tatsachen können daher mündlich, schriftlich, elektronisch (u. a. per E-Mail), gespeichert auf Datenträgern oder durch Einsichtnahme offenbart werden.[64]

27 **Verwerten** ist die bewusste Nutzung der Tatsachen zum eigenen oder fremden Vorteil.[65] Nicht zwingend erforderlich ist dabei, dass die Tatsachen gleichzeitig auch offenbart werden. Voraussetzung ist jedoch eine Nutzung der geschützten Tatsachen selbst. Daher ist ein Verwerten nicht gegeben, wenn die Tatsachen in hinreichender anonymisierter Form ausgewertet oder genutzt werden.[66]

b) Unbefugt

28 § 19 Abs. 1 WpPG untersagt nicht jedes Offenbaren und Verwerten, sondern nur das **unbefugte** Offenbaren und Verwerten. Bei behördeninterner Weitergabe und für die Nutzung zu aufsichtlichen Zwecken ist dies jedenfalls nicht gegeben.[67]

29 Ferner liegt kein unbefugtes Offenbaren und Verwerten vor, wenn das Offenbaren oder Verwerten aufgrund einer gesetzlichen Grundlage oder eines anderen Rechtfertigungs-

---

61 *Gurlit*, in: Assmann/Schlitt/von Kopp-Colomb, Prospektrecht Kommentar, § 19 WpPG Rn. 16; *Ritz*, in: Just/Voß/Ritz/Zeising, Wertpapierprospektrecht, 2. Aufl. 2023, § 19 WpPG Rn. 13.
62 *Gurlit*, in: Assmann/Schlitt/von Kopp-Colomb, Prospektrecht Kommentar, § 19 WpPG Rn. 16.
63 *Gurlit* fordert bereits für den Tatbestand des Offenbarens die Weitergabe geheimhaltungsbedürftiger Tatsachen an unbefugte Dritte. Vgl. *Gurlit*, in: Assmann/Schlitt/von Kopp-Colomb, Prospektrecht Kommentar, § 19 WpPG Rn. 17.
64 *Linke*, in: Schäfer/Hamann, Kapitalmarktgesetze, § 22 WpPG Rn. 5; *Höninger/Eckner*, in: Holzborn, WpPG, § 27 Rn. 9.
65 *Gurlit*, in: Assmann/Schlitt/von Kopp-Colomb, Prospektrecht Kommentar, § 19 WpPG Rn. 18; *Linke*, in: Schäfer/Hamann, Kapitalmarktgesetze; *Höninger/Eckner*, in: Holzborn, WpPG, § 27 Rn. 9.
66 *Gurlit*, in: Assmann/Schlitt/von Kopp-Colomb, Prospektrecht Kommentar, § 19 WpPG Rn. 18; *Höninger/Eckner*, in: Holzborn, WpPG, § 27 Rn. 6.
67 *Möllers/Wenninger*, in: Hirte/Möllers, Kölner Kommentar zum WpHG, § 8 Rn. 29.

grundes erfolgt. Eine solche gesetzliche Grundlage enthält § 19 Abs. 1 Satz 3 WpPG (→ Rn. 30), der jedoch nicht abschließend ist.[68] Dies ergibt sich bereits aus dessen Wortlaut. Zu den gesetzlichen Grundlagen, die zu einem Offenbaren oder Verwerten von Tatsachen berechtigen, können insbesondere auch Vorschriften außerhalb des WpPG gehören. So gewährt Art. 35 Abs. 1 ProspektVO beispielsweise im Rahmen der Übermittlung schutzwürdiger Informationen von einer zuständigen Behörde an eine andere zuständige Behörde eine Befreiung von den Anforderungen des Berufsgeheimnisses, wenn die Weitergabe der ausgetauschten Informationen von den zuständigen Behörden zum Zeitpunkt der Übermittlung für zulässig erklärt oder für Gerichtsverfahren erforderlich ist. Danach befreit die Einwilligungserklärung der übermittelnden Behörde die zuständige Behörde von der Verschwiegenheitspflicht.[69]

4. Gesetzliche Ausnahmen des Verwertungsverbots

a) Regelbeispiele des § 19 Abs. 1 Satz 3

§ 19 Abs. 1 Satz 3 WpPG benennt in Ausführung von Art. 35 Abs. 2 Satz 2 ProspektVO drei Konstellationen, bei denen die Weitergabe von schutzwürdigen Informationen nicht als unbefugt und somit als gerechtfertigt eingestuft wird. Die hierbei aufgenommenen Beispiele sind als Regelbeispiele ausgestaltet und somit nicht abschließend. Der Gesetzgeber hat somit von den in Art. 35 ProspektVO enthaltenen Öffnungsklauseln in Bezug auf das Verwertungsverbot Gebrauch gemacht. Diese bestehen einerseits nach Abs. 1 in einem Vorbehalt zugunsten der **Weitergabe von Informationen in Gerichtsverfahren** (→ Art. 35 ProspektVO Rn. 18) und andererseits in einer nach Abs. 2 sachlich unbeschränkten **Öffnungsklausel für im nationalen Recht bzw. Unionsrecht vorgesehene Übermittlungen** (→ Art. 35 ProspektVO Rn. 12). 30

Ein unbefugtes Offenbaren oder Verwerten liegt nach § 19 Abs. 1 Satz 3 Nr. 1 WpPG insbesondere dann nicht vor, wenn Tatsachen an **Strafverfolgungsbehörden** oder für Straf- und Bußgeldsachen zuständige Gerichte weitergegeben werden, soweit diese Stellen die Informationen zur Erfüllung ihrer Aufgaben benötigen (Nr. 1). Hierunter fallen neben den **Staatsanwaltschaften** auch die (Vollzugs-)**Polizeibehörden**, soweit sie repressive Aufgaben im Bereich der Strafverfolgung wahrnehmen (§ 161 Abs. 1 S. 2, § 163 Abs. 1 Satz 2 StPO), das **Bundeskriminalamt** sowie inländische **Strafgerichte (zur Weitergabe an ausländische Strafgerichte** → Rn. 35).[70] Nicht erfasst sind hingegen Zivil- und Verwaltungsgerichte als berechtigte Informationsempfänger. Die Weitergabe ist nicht auf die Verfolgung von Straftaten beschränkt, sondern bereits zur Verfolgung von Ordnungswidrigkeiten gestattet. 31

Gleiches gilt aufgrund von § 19 Abs. 1 Satz 3 Nr. 2 WpPG für die Weitergabe an kraft Gesetzes oder im öffentlichen Auftrag **mit der Überwachung** von Börsen oder anderen Märkten, an denen Finanzinstrumente gehandelt werden, des Handels mit Finanzinstrumenten oder Devisen, von Kreditinstituten, Finanzdienstleistungsinstituten, Investment- 32

---

68 *Höninger/Eckner*, in: Holzborn, WpPG, § 27 Rn. 10.
69 *Gurlit*, in: Assmann/Schlitt/von Kopp-Colomb, Prospektrecht Kommentar, § 19 WpPG Rn. 19 und Art. 35 ProspektVO Rn. 10.
70 Vgl. *Gurlit*, in: Assmann/Schlitt/von Kopp-Colomb, Prospektrecht Kommentar, § 19 WpPG Rn. 23.

gesellschaften, Finanzunternehmen oder Versicherungsunternehmen **betraute Stellen** sowie von diesen beauftragte Personen.

33 Darüber hinaus ist nach Nr. 3 auch die Weitergabe von Tatsachen an **ESMA**, die Europäische Aufsichtsbehörde für das Versicherungswesen und die betriebliche Altersversorgung (**EIOPA**), die Europäische Bankenaufsichtsbehörde (**EBA**), den Gemeinsamen Ausschuss der Europäischen Finanzaufsichtsbehörden, den Europäischen Ausschuss für Systemrisiken oder die **Europäische Kommission** zulässig, soweit auch diese Stellen die Information zur Erfüllung ihrer Aufgaben benötigen.[71] Die Vorschrift entstand in Umsetzung des Art. 5 Nr. 11 lit. b der Richtlinie 2010/78/EU.[72]

34 Im Hinblick auf die Frage, wann diese Stellen die Informationen zur Erfüllung ihrer Aufgaben benötigen, muss die Bundesanstalt lediglich prüfen, ob die Tatsachen zur Erfüllung der Aufgaben der anderen Stelle nützlich sein könnten. Eine Überprüfung, ob aufgrund der offenbarten oder verwerteten Tatsachen tatsächlich ein Tätigwerden der anderen Stelle geboten sein könnte, ist nicht erforderlich. Es obliegt der anderen Stelle, zu überprüfen, wie sie die Tatsachen nutzt und ob Maßnahmen einzuleiten sind.[73]

b) Zusammenarbeit mit ausländischen Stellen

35 § 19 Abs. 1 Satz 5 WpPG sieht schließlich vor, dass die Weitergabe der Tatsachen an ausländische Stellen nach Satz 3 Nr. 1 und 2 erfolgen darf, wenn diese Stelle und die von ihr beauftragten Personen einer dem § 19 Abs. 1 Satz 1 WpPG **entsprechenden Verschwiegenheitspflicht** unterliegen. Die in Satz 3 Nr. 3 genannten EU-Behörden werden von der Gleichwertigkeitsprüfung der Verschwiegenheitsprüfung nach Satz 5 ausgenommen. An sie kann aufgrund der Nennung im Regelbeispiel die Weitergabe von Tatsachen ohne Gleichwertigkeitsprüfung der Verschwiegenheitspflicht erfolgen. Bei der Weitergabe von Tatsachen an eine andere nach der ProspektVO zuständige **Aufsichtsbehörde** im Rahmen der **Zusammenarbeit** nach Art. 17 ProspektVO kann ebenfalls vom Vorliegen einer Verschwiegenheitspflicht ausgegangen werden, da der in Art. 35 ProspektVO enthaltene Regelungsauftrag zum Berufsgeheimnis europarechtskonform umgesetzt sein dürfte.[74]

IV. Auskünfte gegenüber Finanzbehörden nach Abs. 2

36 § 19 Abs. 2 WpPG ist weitgehend wortgleich zu § 21 Abs. 2 WpHG und § 4 Abs. 2 VermAnlG ausgestaltet. Die Normen beschränken die Auskunftspflicht der BaFin gegenüber Finanzbehörden und begründen ein **besonderes Verwertungsverbot**. Die in Abs. 2 Satz 1 genannten Vorschriften der Abgabenordnung (AO) gelten für die Normadressaten des § 19 Abs. 1 WpPG nur, soweit die Finanzbehörden die Kenntnisse für die Durchführung eines Verfahrens wegen einer **Steuerstraftat** sowie eines **damit zusammenhängenden Besteuerungsverfahrens** benötigen. Das vor Anpassung der Vorschrift in Abs. 2 durch

---

71 *Höninger/Eckner*, in: Holzborn, WpPG, § 27 Rn. 10.
72 RegE zum Gesetz zur Umsetzung der Richtlinie 2010/78/EU, Begr. zu Art. 3 (§ 22 Abs. 1 Satz 3 Nr. 3 WpPG) BT-Drucks. 17/6255, S. 31.
73 *Höninger/Eckner*, in: Holzborn, WpPG, § 26 Rn. 11.
74 Vgl. hierzu auch *Ritz*, in: Just/Voß/Ritz/Zeising, Wertpapierprospektrecht, 2. Aufl. 2023, § 19 WpPG Rn. 36.

das Abwicklungsmechanismusgesetz vom 2.11.2015[75] enthaltene striktere Verwertungsverbot für im Rahmen der Aufsichtstätigkeit erlangte Tatsachen, Kenntnisse und Unterlagen gegenüber Finanzbehörden ermöglichte die Weitergabe von Tatsachen an Finanzbehörden regelmäßig nur in sehr eingeschränktem Umfang.[76] Nunmehr sind die in der AO enthaltenen Auskunfts-, Vorlage-, Amtshilfe- und Anzeigepflichten gegenüber Steuerbehörden auf die BaFin so erweitert, dass diese für sämtliche Steuerstrafverfahren gelten. Im Ergebnis wird nun die BaFin grundsätzlich ebenso behandelt wie andere Behörden, welche nach der AO Anhaltspunkte für Steuerstraftaten melden müssen.[77] Im Übrigen ist die BaFin nicht befugt, steuerlich relevante Informationen an die Finanzverwaltung zu übermitteln, was damit begründet wird, dass die BaFin in erheblichen Umfang auf eine kooperative Zusammenarbeit mit den nach dem WpHG und dem WpPG Verpflichteten angewiesen sei und die Kooperationsbereitschaft nicht darunter leiden solle, dass die Verpflichteten befürchten müssen, dass die Finanzbehörden daraus resultierende Informationen erhalten, die sie selbst nicht nach § 30a AO erheben dürfen.[78]

Die **mit dem Entwurf zum Zukunftsfinanzierungsgesetz (ZuFinG) vorgesehene Anpassung** des § 19 Abs. 2 Satz 1 WpPG würde das Erfordernis einer Steuerstraftat oder eines damit zusammenhängenden Besteuerungsverfahrens zur Begründung der Möglichkeit der Informationsweitergabe an Finanzbehörden im Sinne von § 6 Abs. 2 AO aufheben. Die Weitergabe vertraulicher Informationen an Finanzbehörden wäre bereits für nicht mit einer Steuerstraftat in Zusammenhang stehende Besteuerungsverfahren möglich. Der damit verbundene **niedrigschwelligere Daten- und Informationsaustausch** zwischen der Finanzaufsicht und den Steuerbehörden zur Ermittlung von besteuerungserheblichen Tatsachen soll ausweislich der Regierungsbegründung zum ZuFinG mehr Steuererhebungsgerechtigkeit gewährleisten. Der Informationsaustausch mit den Finanzbehörden wird jedoch dann begrenzt, wenn der Weitergabe der Informationen Vorgaben anderer rechtlicher Vorschriften entgegenstehen.[79] Die Effektivität der Kapitalmarktaufsicht würde damit nicht mehr wie bislang über das öffentliche Interesse einer gleichmäßigen Besteuerung gestellt.[80] Insofern bleibt abzuwarten, ob sich aufgrund dieser Änderung die Kooperationsbereitschaft der nach dem WpPG und WpHG Verpflichteten bei der Zusammenarbeit mit der BaFin verändert. 37

§ 19 Abs. 2 Satz 2 WpPG regelt darüber hinaus Konstellationen, bei denen die einschlägigen Normen der AO dennoch nicht zur Anwendung gelangen.[81] Dies ist einerseits der Fall, wenn die BaFin die **Informationen von ausländischen Behörden** erhalten hat (Nr. 1), und des Weiteren, wenn Informationen betroffen sind, die die BaFin im Rahmen einer Mitwirkung bei der **Beaufsichtigung von der direkten Aufsicht der EZB unterliegenden Instituten** erlangt hat und diese nach den Regeln der EZB geheim sind (Nr. 2). 38

---

75 BGBl. I 2015, S. 2184 ff., S. 1885.
76 Vgl. hierzu u. a. *Ritz*, in: Just/Voß/Ritz/Zeising, Wertpapierprospektrecht, 2. Aufl. 2023, § 22 WpPG Rn. 28 ff.
77 RegE zum Abwicklungsmechanismusgesetz (AbwMechG), Begr. zu § 9 Abs. 5 KWG i.V.m. der Begr. zu § 27 Abs. 2 WpPG, BT-Drucks. 18/5009, S. 71 und S. 89.
78 v. *Hein*, in: Schwark/Zimmer, KMRK, § 21 WpHG Rn. 35.
79 Zur Begründung der vorgesehenen Änderung in § 19 Abs. 2 WpPG n.F. wird im RegE zum Zukunftsfinanzierungsgesetz (ZuFinG) auf die Begründung zur gleichlaufenden Änderung des § 21 WpHG verwiesen, vgl. BT-Drucks. 20/8292, S. 98 i.V.m. S. 93 f.
80 Vgl. hierzu v. *Hein*, in: Schwark/Zimmer, KMRK, § 21 WpHG Rn. 35.
81 *Voß*, in: Just/Voß/Ritz/Zeising, Wertpapierprospektrecht, 2. Aufl. 2023, § 19 WpPG Rn. 49.

§ 20 WpPG
Sofortige Vollziehung

Keine aufschiebende Wirkung haben
1. Widerspruch und Anfechtungsklage gegen Maßnahmen nach den §§ 18 und 25 sowie
2. Widerspruch und Anfechtungsklage gegen die Androhung oder Festsetzung von Zwangsmitteln.

Übersicht

	Rn.		Rn.
I. Überblick und Regelungsinhalt	1	1. § 20 Nr. 1	6
II. Sofortige Vollziehung	4	2. § 20 Nr. 2	9

I. Überblick und Regelungsinhalt*

1 Um die mit der ProspektVO und dem WpPG verfolgten Aufsichtsziele zu erreichen, muss die BaFin ihre Entscheidungen gegebenenfalls zwangsweise durchsetzen können. Dies geschieht mit der Hilfe des **Verwaltungszwangs**, bei dem eine Behörde bestimmte **Verwaltungsakte**[1] mit den in § 9 VwVG genannten **Zwangsmitteln** in Form der Ersatzvornahme (§ 10 VwVG), einem Zwangsgeld (§ 11 VwVG) oder unmittelbarem Zwang (§ 12 VwVG) durchsetzen kann.[2] Dies gilt auch für Verwaltungsakte der BaFin, die nach Maßgabe des WpPG erlassen werden. Dies stellt § 17 Abs. 1 Satz 1 FinDAG[3] nochmals ausdrücklich klar, obwohl die Vorschrift nur deklaratorischer Natur ist.[4]

2 Die Sätze 2 bis 4 des § 17 Abs. 1 FinDAG enthalten spezielle Vorgaben, die denen des VwVG vorgehen.[5] Gemäß § 17 Abs. 1 Satz 2 FinDAG kann die Bundesanstalt **Zwangsmittel** für jeden Fall der Nichtbefolgung androhen. Ferner ist es ihr aufgrund von § 17 Abs. 1 Satz 3 FinDAG abweichend von § 17 VwVG, der den Vollzug gegen Behörden und juristische Personen des öffentlichen Rechts grundsätzlich als unzulässig erklärt, auch gestattet, Zwangsmittel gegen juristische Personen des öffentlichen Rechts anwenden. Die Höhe des Zwangsgelds beträgt – abweichend von der in § 11 Abs. 3 VwVG festgelegten

---

* Die Kommentierung gibt ausschließlich die persönliche Meinung der Autorin wieder. Dies gilt für sämtliche Ausführungen der Autorin in diesem Kommentar.

1 Die Verwaltungsakte müssen auf die Herausgabe einer Sache oder die Vornahme einer Handlung oder auf Duldung oder Unterlassung gerichtet sein (§§ 6 und 7 VwVG).

2 Voraussetzung hierfür ist jedoch, dass der Verwaltungsakt vollziehbar ist, kein Vollzugshindernis vorliegt und nicht ausnahmsweise § 6 Abs. 2 VwVfG eingreift.

3 Gesetz über die Bundesanstalt für Finanzdienstleistungsaufsicht (Finanzdienstleistungsaufsichtsgesetz – FinDAG) § 17 Abs. 1 Satz 1 FinDAG: Die Bundesanstalt kann ihre Verfügungen, die sie innerhalb ihrer gesetzlichen Befugnisse trifft, mit Zwangsmitteln nach den Bestimmungen des Verwaltungsvollstreckungsgesetzes (VwVG) durchsetzen.

4 *Ritz*, in: Just/Voß/Ritz/Zeising, Wertpapierprospektrecht, 2. Aufl. 2023, § 20 WpPG Rn. 8. Verfügungen im Sinne des § 17 Abs. 1 Satz 1 FinDAG sind Verwaltungsakte nach § 35 VwVfG.

5 *Ritz*, in: Just/Voß/Ritz/Zeising, Wertpapierprospektrecht, 2. Aufl. 2023, § 20 WpPG Rn. 8.

Maximalhöhe von 25.000 EUR – bis zu 2.500.000 Euro (§ 17 Abs. 1 Satz 4 FinDAG). Hintergrund für die letztere Regelung ist u. a., dass der von § 11 Abs. 3 VwVG vorgegebene Rahmen im Vergleich zu den mit der Veräußerung von Wertpapieren verbundenen Erlösen und möglichen Schäden von Anlegern gering ist.[6]

Ebenso wie § 17 Abs. 1 FinDAG enthält auch § 20 WpPG eine spezielle Regelung zum VwVG. Er ordnet die sofortige Vollziehung der Maßnahmen nach § 18 und nach § 25 WpPG an. Dabei wurde seine Nr. 1 der Regelung des inzwischen aufgehobenen § 8d VerkProspG a. F. nachgebildet, während Nr. 2 weitgehend § 46 Satz 3 WpÜG (dort heißt es „Widerspruch und Beschwerde") entspricht.[7] Die ursprüngliche Vorschrift des § 26 WpPG a. F. wurde zunächst durch das Gesetz zur Novellierung des Finanzanlagenvermittler- und Vermögensanlagenrechts und anschließend durch das Ausführungsgesetz mit einer anderen Paragraphennummer versehen. Aus dem ursprünglichen § 26 WpPG wurde so zunächst § 31 WpPG a. F.[8] und nunmehr § 20 WpPG. Es erfolgte die Anpassung der Verweise angesichts der Neunummerierung und eine Ausdehnung auf die Befugnis zum Erlass einer Einstellungsanordnung (§ 25 Abs. 1 Nr. 2 WpPG).[9]

II. Sofortige Vollziehung

Nach § 20 WpPG haben **Widerspruch** und **Anfechtungsklage** gegen Maßnahmen nach § 18 und § 25 WpPG (Nr. 1) sowie **Widerspruch** und **Anfechtungsklage** gegen die **Androhung** oder **Festsetzung** von **Zwangsmitteln** (Nr. 2) keine aufschiebende Wirkung. Bei den übrigen Maßnahmen des WpPG bleibt die aufschiebende Wirkung von Rechtsmitteln bestehen.[10] Die Norm ist eine gesetzliche Anordnung im Sinne des § 80 Abs. 2 Nr. 3 VwGO.[11]

Die **sofortige Vollziehung** der Verwaltungsakte endet, wenn die Bundesanstalt die entsprechenden Verwaltungsakte zurücknimmt, die Vollziehung nach § 80 Abs. 4 VwGO aussetzt, ein Gericht nach § 80 Abs. 5 VwGO die **aufschiebende Wirkung** anordnet oder die entsprechenden Verwaltungsakte aufhebt.[12]

1. § 20 Nr. 1

Die Maßnahmen nach § 18 und § 25 WpPG können auf dem Verwaltungsrechtsweg überprüft werden. Für dabei eingelegte Widersprüche und Anfechtungsklagen würde sich ohne die Regelung des § 20 Nr. 1 WpPG nach § 80 Abs. 1 Satz 1 VwGO eine aufschiebende

---

6 *Lenz*, in: Assmann/Lenz/Ritz, VerkProspG, § 8c Rn. 21.
7 RegE Prospektrichtlinie-Umsetzungsgesetz, Begr. zu § 26 WpPG, BT-Drucks. 15/4999, S. 40.
8 BGBl. I 2011, S. 2481 ff., S. 2499.
9 RegE zum Ausführungsgesetz, Begr. zu § 18 WpPG, BT-Drucks. 19/8005, S. 54.
10 Die Ausführungen zu Nachträgen gemäß § 16 in der Begründung zu § 26 WpPG (BT-Drucks. 15/4999, S. 40) sollten so gelesen werden, dass die in der Norm genannten Befugnisse auch (z. B. ein Auskunftsverlangen) in Bezug auf einen Nachtrag ausgeübt werden können.
11 *Linke*, in: Schäfer/Hamann, Kapitalmarktgesetze, § 26 WpPG Rn. 2; *Ritz*, in: Just/Voß/Ritz/Zeising, Wertpapierprospektrecht, 2. Aufl. 2023, § 20 WpPG Rn. 4.
12 *Linke*, in: Schäfer/Hamann, Kapitalmarktgesetze, § 26 WpPG Rn. 2.

Wirkung ergeben. Der Sofortvollzug bei diesen Maßnahmen des WpPG ist jedoch notwendig, da anderenfalls eine zeitnahe Vollziehung von Entscheidungen der Bundesanstalt nicht sichergestellt wäre.[13] Die Maßnahmen der Behörde wären dann nicht effektiv. Die Untersagung eines (laufenden oder künftigen) öffentlichen Angebots hätte keine schützende Wirkung, wenn diese mittels Widerspruchs oder Anfechtungsklage aufgehalten würde und erst im späteren gerichtlichen Verfahren als rechtmäßig bestätigt würde. Diese Bestätigung der Rechtmäßigkeit der Maßnahme hätte nicht mehr die gewünschte Wirkung, da das öffentliche Angebot zunächst weitergeführt werden könnte.[14] Sie ist daher zum Schutz von Anlegern geboten.[15] Anderenfalls könnte die Bundesanstalt auf die Geltendmachung von Ordnungswidrigkeiten beschränkt sein.[16] Die gesetzliche Anordnung der sofortigen Vollziehbarkeit für Maßnahmen nach § 18 und 25 WpPG dient dem Anlegerschutz, da anderenfalls diese Maßnahmen nicht effektiv wären.

7   Die Regelung bezieht sich auf alle Verwaltungsakte nach § 18 und § 25 WpPG. Dazu gehören das Auskunfts- und Vorlageersuchen (§ 18 Abs. 2 WpPG), die Untersagung und Aussetzung des öffentlichen Angebots nach § 18 Abs. 4 WpPG und von Werbung für öffentliche Angebote nach § 18 Abs. 5 Satz 2 WpPG, die nach § 18 Abs. 10 angeordnete Verpflichtung des Emittenten, alle wesentlichen Informationen bekannt zu machen, sowie die im Rahmen einer Durchsuchung erfolgten Sicherstellungen (§ 18 Abs. 11 WpPG).[17] Obwohl die Norm sich auf § 25 WpPG insgesamt bezieht, sind nur die Fälle einer Einstellungsanordnung nach § 25 Abs. 1 Nr. 2 WpPG von der gesetzliche Anordnung der sofortigen Vollziehbarkeit erfasst. Grund hierfür ist, dass es sich bei den öffentlichen Bekanntmachungen nach § 25 Abs. 1 Nr. 1 WpPG nicht um einen Verwaltungsakt handelt, sondern schlicht-hoheitliches Handeln der Behörde vorliegt.[18]

8   Diese Verwaltungsakte können sofort mit Verwaltungszwang durchgesetzt werden. Gäbe es die Anordnung des § 20 Nr. 1 WpPG nicht, wäre dafür normalerweise deren Bestandskraft erforderlich (§ 6 Abs. 1 VwVG).

2. § 20 Nr. 2

9   Die **Zwangsmittel**, mit denen der Verwaltungszwang ausgeübt wird, müssen angedroht (§ 13 VwVG) und festgesetzt (§ 14 VwVG) werden. Dies erfolgt regelmäßig gemeinsam mit dem Erlass des Ausgangsverwaltungsaktes. Eine schnelle und damit für den Anlegerschutz effektive Durchsetzung der Entscheidungen der Bundesanstalt ist dabei nur möglich, wenn auch **Rechtsmittel** gegen die Androhung und die Festsetzung von Zwangsmitteln keine aufschiebende Wirkung haben. Dies regelt § 20 Nr. 2 WpPG mit der Folge, dass

---

13 RegE Prospektrichtlinie-Umsetzungsgesetz, Begr. zu § 26 WpPG, BT-Drucks. 15/4999, S. 40.
14 Vgl. hierzu auch *Groß*, Kapitalmarktrecht, § 20 WpPG Rn. 1.
15 *Ritz*, in: Just/Voß/Ritz/Zeising, Wertpapierprospektrecht, 2. Aufl. 2023, § 20 WpPG Rn. 4.
16 *Groß*, Kapitalmarktrecht, § 31 WpPG.
17 Das Abänderungsverlangen nach § 18 Abs. 1 WpPG ist auch ein Verwaltungsakt, jedoch wird die BaFin dieses regelmäßig wohl nicht mit Zwangsmitteln durchsetzen, sondern stattdessen die Billigung des Prospekts ablehnen.
18 Vgl. *Gurlit*, in: Assmann/Schlitt/von Kopp-Colomb, Prospektrecht Kommentar, § 25 WpPG Rn. 14.

Widerspruch und Anfechtungsklage gegen diese Entscheidungen ebenfalls keine aufschiebende Wirkung haben.[19]

Anders als § 20 Nr. 1 WpPG ist § 20 Nr. 2 WpPG nicht auf die Anordnung oder die Festsetzung von Zwangsmitteln für bestimmte Maßnahmen nach dem WpPG beschränkt. Die Regelung gilt daher für alle Zwangsmittel, die zur Durchsetzung von Verwaltungsakten auf Grundlage des WpPG angedroht bzw. festgesetzt werden.[20]

10

---

19 RegE Prospektrichtlinie-Umsetzungsgesetz, Begr. zu § 26 WpPG, BT-Drucks. 15/4999, S. 40; *Eckner*, in: Holzborn, WpPG, § 30 Rn. 4; *Müller*, in: Berrar/Meyer/Müller et al., WpPG/EU-ProspektVO, 2. Aufl. 2017, § 31 WpPG Rn. 9.
20 *Müller*, in: Berrar/Meyer/Müller et al., WpPG/EU-ProspektVO, 2. Aufl. 2017, § 31 WpPG Rn. 10.

Abschnitt 5
Sonstige Vorschriften

§ 21 WpPG
Anerkannte Sprache

(1) Anerkannte Sprache im Sinne des Artikels 27 der Verordnung (EU) 2017/1129 ist die deutsche Sprache.

(2) Die englische Sprache wird im Falle des Artikels 27 Absatz 1 und 3 der Verordnung (EU) 2017/1129 anerkannt, sofern der Prospekt auch eine Übersetzung der in Artikel 7 dieser Verordnung genannten Zusammenfassung, oder, im Falle eines EU-Wachstumsprospekts, der speziellen Zusammenfassung gemäß Artikel 15 Absatz 2 dieser Verordnung in die deutsche Sprache enthält. Im Falle von Basisprospekten ist die Zusammenfassung für die einzelne Emission in die deutsche Sprache zu übersetzen. Die englische Sprache wird ohne Übersetzung der Zusammenfassung anerkannt, wenn gemäß Artikel 7 Absatz 1 Unterabsatz 2 der Verordnung (EU) 2017/1129 eine Zusammenfassung nicht erforderlich ist.

I. Überblick

1   Mit der Einführung der Sprachenregelung des Art. 27 ProspektVO entstand ein nationaler Regelungsbedarf, die anerkannte Sprache im Sinne der ProspektVO für Deutschland festzulegen. Im Zuge des Gesetzes zur weiteren Ausführung der EU-Prospektverordnung und zur Änderung von Finanzmarktgesetzen wurde deshalb § 21 neu eingeführt. § 21 Abs. 1 legt die **deutsche Sprache** als eine von der nationalen zuständigen Behörde, der BaFin, **anerkannte Sprache** i. S. d. Art. 27 ProspektVO fest. Zusätzlich normiert § 21 Abs. 2 nunmehr auch allgemein die **englische Sprache als anerkannte Sprache**, sofern dem Prospekt eine Übersetzung der Zusammenfassung in deutscher Sprache beigefügt wird. Dies bedeutet insbesondere, dass – in Abkehr von der alten Rechtslage in Deutschland – auch bei reinem Inlandsbezug Englisch als Prospektsprache verwendet werden kann. Zwar spricht § 21 Abs. 2 Satz 1 nur von der Anerkennung der englischen Sprache in den Fällen des Art. 27 Abs. 1 und 3 ProspektVO. Allerdings kann die englische Sprache auch im Falle des Art. 27 Abs. 2 ProspektVO verwendet werden. Dies ergibt sich allerdings nicht aus § 21 Abs. 2, sondern bereits aus Art. 27 Abs. 2 UAbs. 3 ProspektVO, welcher die Verwendung einer in internationalen Finanzkreisen gebräuchlichen Sprache, d. h. Englisch, gestattet. Zudem sieht § 21 Abs. 2 Satz 3 eine Ausnahme von dem Erfordernis einer deutschen Übersetzung der Zusammenfassung für Nichtdividendenwerte, und damit eine Erleichterung, vor, sofern nach der ProspektVO keine Zusammenfassung erforderlich ist.[1] Gemäß § 21 Abs. 2 Satz 2 ist im Falle von Basisprospekten die Zusammenfassung für die einzelne Emission in die deutsche Sprache zu übersetzen.

---

1 Siehe dazu Art. 7 Abs. 1 UAbs. 2 ProspektVO.

II. Regelungsgehalt

Im Vergleich zu § 19 a. F. (unter der Geltung der ProspektRL) stellt die allgemeine Anerkennung der englischen Sprache durch § 21 Abs. 2 eine echte Liberalisierung des Sprachregimes dar: Während es nach alter Rechtslage bei reinen Inlandssachverhalten zur Disposition der BaFin stand, die Erstellung von Prospekten bei öffentlichen Angeboten oder Zulassungen zum Handel an einem geregelten Markt im Inland, in englischer Sprache in Ausnahmefällen zu genehmigen, eröffnet § 21 Abs. 2 dem Prospektersteller ein echtes Wahlrecht hinsichtlich der Sprache. Für die Praxis bedeutet dies eine Flexibilisierung, da gemäß Art. 27 Abs. 1 ProspektVO i.V.m § 21 Abs 2 ein Prospekt – auch bei reinem Inlandsbezug – allein in englischer Sprache erstellt werden kann, sofern eine deutsche Zusammenfassung des Prospekts beigefügt wird.[2] Gleiches gilt (weiterhin) auch für die Notifizierung englischsprachiger Prospekte bei einem grenzüberschreitenden Angebot nach Deutschland.

Aus praktischer Sicht war die Flexibilisierung der bisherigen, rigiden Sprachenregelung in Deutschland notwendig. Dies liegt daran, dass sich die englische Sprache als in internationalen Finanzkreisen gebräuchliche Sprache für Wertpapierprospekte in Deutschland vor dem Hintergrund der Bedeutung internationaler institutioneller Investoren für die erfolgreiche Platzierung der Wertpapiere durchgesetzt hat (ausführlich bei → Art. 27 Rn. 3), sich die Praxis zudem im Zweifelsfall mit der Herstellung eines grenzüberschreitenden Bezugs (in der Regel durch ein öffentliches Angebot in einem weiteren EWR-Staat) behalf, um Englisch verwenden zu dürfen. Auch greifen keine Bedenken aus Sicht des Anlegerschutzes durch,[3] denn letztendlich ist es den Anlegern ja selbst überlassen, inwiefern sie sich durch einen englischsprachigen Prospekt ausreichend informiert fühlen. Immerhin steht es den Anlegern frei – und kann ihnen nur geraten werden – in Wertpapiere, über welche sie sich nicht ausreichend informiert fühlen, nicht zu investieren.

Hinsichtlich der Voraussetzung einer Übersetzung der Zusammenfassung in die deutsche Sprache (genauer gesagt: des Fehlens der Notwendigkeit einer solchen Übersetzung) finden sich allerdings in anderen EWR-Staaten auch weiterhin liberalere Regelungen (dazu ausführlich → Art. 27 ProspektVO Rn. 8 f.). De lege ferenda könnte vor dem Hintergrund, dass die Zusammenfassung des Prospekts nie alleine die Grundlage einer Investitionsentscheidung sein sollte, deshalb von einer Übersetzung der Zusammenfassung abgesehen werden. Mit Hinblick auf die Sprachenregelung des WpÜG für Umtauschangebote[4] sollten aufgrund der Liberalisierung des WpPG zudem die Sprachanforderungen an die Angebotsunterlage für Umtauschangebote klargestellt und explizit die englische Sprache zugelassen werden. Dies würde den gebotenen Gleichlauf der Regelungen sicherstellen.

---

[2] Interessant insofern der Hinweis des praxiserfahrenen Bereichsleiters der BaFin *von Kopp-Colomb*, in: Assmann/Schlitt/von Kopp-Colomb, Prospektrecht Kommentar, Art. 24 ProspektVO Rn. 11 am Ende, dass die **BaFin** auf der Grundlage der Prüfung einer englischen oder deutschen Übersetzung des Prospekts und mittels einer Bestätigung, dass der Prospekt und die Übersetzung des Prospekts einander entsprechen, im Rahmen des Art. 27 Abs. 2 ProspektVO **auch einen in einer dritten Sprache erstellten Prospekt billigen würde**. In der Praxis dürfte das indessen eine absolute Ausnahme bleiben, da Übersetzungen für die Prospektersteller aufwändig sind.
[3] Vgl. *Preuße*, in: Schwark/Zimmer, KMRK, § 21 WpPG Rn. 4.
[4] Das WpÜG scheint eine deutsche Fassung zu verlangen. Dazu ausführlich in der Kommentierung zu → Art. 27 ProspektVO Rn. 19 ff.

§ 22 WpPG
Elektronische Einreichung, Aufbewahrung

(1) Der Prospekt einschließlich der Übersetzung der Zusammenfassung ist der Bundesanstalt ausschließlich elektronisch über das Melde- und Veröffentlichungssystem der Bundesanstalt zu übermitteln. Dies gilt entsprechend für die Übermittlung von Nachträgen und für die Hinterlegung von einheitlichen Registrierungsformularen einschließlich deren Änderungen.

(2) Die endgültigen Bedingungen des Angebots sind ausschließlich elektronisch über das Melde- und Veröffentlichungssystem der Bundesanstalt zu hinterlegen.

(3) Der gebilligte Prospekt wird von der Bundesanstalt zehn Jahre aufbewahrt. Die Aufbewahrungsfrist beginnt mit dem Ablauf des 31. Dezembers des Kalenderjahres, in dem der Prospekt gebilligt wurde. Dies gilt entsprechend für gebilligte Nachträge und einheitliche Registrierungsformulare einschließlich deren Änderungen.

Übersicht

	Rn.		Rn.
I. Vorbemerkung	1	III. Aufbewahrungsfrist (§ 22 Abs. 3)	5
II. Übermittlung in elektronischer Form (§ 22 Abs. 1 und Abs. 2)	2		

I. Vorbemerkung

1 Die seit dem Inkrafttreten des Gesetzes zur weiteren Ausführung der EU-Prospektverordnung und zur Änderung von Finanzmarktgesetzen am 16.7.2019 in § 22 behandelten Fragen der Einreichung und Aufbewahrung von Prospekten waren zuvor in § 13 Abs. 5 bzw. § 14 Abs. 6 a. F. geregelt.

II. Übermittlung in elektronischer Form (§ 22 Abs. 1 und Abs. 2)

2 Während § 13 Abs. 5 a. F. noch eine Einreichung sowohl in Papierform als auch elektronisch über das Melde- und Veröffentlichungssystem (MVP-Portal) der BaFin oder auf einem Datenträger verlangte, ist nach § 22 Abs. 1 und Abs. 2 für Prospekte, Prospektnachträge sowie endgültige Bedingungen nur noch eine **elektronische Einreichung** über das MVP-Portal vorgesehen. Dadurch hat es die BaFin noch leichter, eingereichte Dokumente zu prüfen sowie eine elektronische Kopie des gebilligten Prospekts gemäß Art. 21 Abs. 5 UAbs. 2 an die ESMA zu übermitteln (→ Art. 21 ProspektVO Rn. 38). Eine förmliche **Einreichung per E-Mail** war bereits nach § 13 Abs. 5 a. F. nicht möglich und bleibt auch nach neuem Recht weiterhin **nicht möglich**.[1] Auch wenn § 22 Abs. 1 verallgemeinernd schlicht von der Einreichung des „Prospekts" spricht, sind damit selbstverständlich **sämtliche Einreichungsfas-**

---

[1] Unter der alten Rechtslage hatte sich zur Vereinfachung der internen Verteilung bei der BaFin sowie zur Beschleunigung des Billigungsverfahrens allerdings die Praxis etabliert, der BaFin zeitgleich die Dokumente zusätzlich per E-Mail zu übermitteln, verbunden mit einer Erklärung, dass

sungen gemeint.[2] In **verwaltungsrechtlicher Hinsicht** stellt die elektronische Einreichung ein Erfordernis für eine ordnungsgemäße Stellung eines Antrags auf Prospektbilligung dar (zum Billigungsantrag → Art. 20 ProspektVO Rn. 32 ff.).

Für eine Übermittlung im elektronischen Format bedarf es einer Registrierung beim **MVP-Portal der BaFin**.[3] Regelmäßig werden die von dem Emittenten eingeschalteten Rechtsanwälte als sog. „Drittmelder für ein Unternehmen" auftreten und die Eröffnung eines Fachverfahrens beantragen.[4] Nach der Auswahl der Verfahrensart und der Wahl des Meldefalls wird vom MVP-Portal automatisch ein Formular angezeigt, welches digital auszufüllen ist und zusammen mit den hochzuladenden Dateien an die BaFin im Zuge des Upload-Prozesses übermittelt wird. Ein Unterschriftenerfordernis für den finalen Prospekt, das nach altem Recht noch bestand, existiert nicht mehr.[5] 3

Ergänzt wird § 22 durch die Verfahrensanforderungen der VO (EU) 2019/980, die weitere Vorgaben hinsichtlich der Aufmachung, des Inhalts, der Prüfung und der Billigung des Prospekts festlegt. **Art. 42 VO (EU) 2019/980** konkretisiert dabei die Modalitäten der Einreichung und die Anforderungen an die einzureichenden Begleitdokumente (näher → separate Kommentierung des Art. 42 VO (EU) 2019/980). 4

III. Aufbewahrungsfrist (§ 22 Abs. 3)

Der nach Art. 20 ProspektVO gebilligte Prospekt wird von der BaFin gemäß § 22 Abs. 3 für einen **Zeitraum von zehn Jahren** aufbewahrt. Die Vorschrift entspricht § 14 Abs. 6 a. F. und schreibt im neuen Recht auf nationaler Ebene fort, was europarechtlich durch Art. 21 Abs. 5 Satz 2 i. V. m. Abs. 7 ProspektVO vorgegeben ist. Danach bleiben sämtliche gebilligten Prospekte für mindestens zehn Jahre auf der Website der zuständigen Behörde verfügbar (→ Art. 21 ProspektVO Rn. 36). Das Fristende berechnet sich gemäß § 22 Abs. 3 Satz 2 ab dem Ende des Kalenderjahres, in dem der Prospekt gebilligt worden ist. Je nach Billigungsdatum bleibt der Prospekt somit bis zu fast elf Jahre aufbewahrt. Auch wenn man an dem Sinn einer derart langen Frist zweifeln kann,[6] erscheint die Regelung vor dem Hintergrund der korrespondierenden **Verjährungshöchstfrist** von zehn Jahren ab Schadenseintritt aus § 199 Abs. 3 Satz 1 Nr. 1 BGB durchaus konsequent, zumal der Ersatzanspruch eines Anlegers regelmäßig bereits mit dem Erwerb des Wertpapiers entstehen dürfte und somit die weitere Höchstfrist von 30 Jahren aus § 199 Abs. 1 Satz 1 Nr. 2 BGB im Prospekthaftungsrecht keine Bedeutung haben dürfte (zur Aufbewahrungsfrist bereits → Art. 21 ProspektVO Rn. 42).[7] 5

---

diese per E-Mail übermittelten Dokumente mit der eingereichten Papierform übereinstimmen. Dafür besteht unter der aktuellen Rechtslage kein Bedarf mehr.

2 *Preuße*, in: Schwark/Zimmer, KMRK, § 22 WpPG Rn. 1.
3 Vgl. https://portal.mvp.bafin.de.
4 Vgl. BaFin, Informationsblatt zum Fachverfahren Prospekte (EU-VO/WpPG/VermAnlG), Stand: 23.1.2023, S. 5.
5 *Groß*, in: Groß, Kapitalmarktrecht, § 22 WpPG Rn. 3 mit Verweis auf die Regierungsbegründung zum Gesetz zur weiteren Ausführung der EU-Prospektverordnung und zur Änderung von Finanzmarktgesetzen, BT-Drucks. 19/8005, 54.
6 Zur zehnjährigen Aufbewahrungsfrist hinterlegter Prospekte nach § 14 Abs. 6 a. F. *Ritz/Voß*, in: Just/Voß/Ritz/Zeising, WpPG, 2009, § 14 Rn. 65 f.
7 *Singhof*, in: MünchKomm-HGB, 4. Aufl. 2020, L. Emissionsgeschäft, Rn. 299.

§ 23 WpPG
Gebühren und Auslagen (weggefallen)*

1 Die Norm wurde durch das Gesetz zur Aktualisierung der Strukturreform des Gebührenrechts des Bundes vom 18.7.2016[1] (Art. 4 Abs. 52 i.V.m. Art. 2 und 7 Abs. 3) mit Wirkung vom 1.10.2021 aufgehoben. Gebühren und Auslagen waren bis zum 30.9.2021 konkret in der Wertpapierprospektgebührenverordnung (WpPGebV)[2] vom 29.6.2005 geregelt, welche aufgrund von Art. 4 Abs. 53 i.V.m. Art. 2 und 7 Abs. 3 dieses Gesetzes ebenfalls aufgehoben wurde.

2 Vom 1.10.2021 an ist gemäß Art. 5 Abs. 1 des Gesetzes zur Strukturreform des Gebührenrechts des Bundes vom 7.8.2013 das mit dessen Art. 1 eingeführte Gesetz über Gebühren und Auslagen des Bundes (Bundesgebührengesetz – BGebG) anwendbar. Seither richten sich die Gebühren für individuell zurechenbare öffentliche Leistungen auf der Grundlage des WpPG und der ProspektVO nach der aufgrund von § 22 BGebG ergangenen **Besonderen Gebührenverordnung des Bundesministeriums zur Finanzdienstleistungsaufsicht** (Finanzdienstleistungsaufsichtsgebührenverordnung – FinDAGebV),[3] im Einzelnen nach § 1 Nr. 3 und 4, § 2 Abs. 1 FinDAGebV i.V.m. Nr. 3 des Gebührenverzeichnisses in der Anlage zur FinDAGebV.[4]

3 Auszug aus der Anlage (zu § 2 Absatz 1) zur FinDAGebV[5] Gebührenverzeichnis

Nr.	Gebührentatbestand	Gebühr in Euro
3	Individuell zurechenbare öffentliche Leistungen auf der Grundlage des Wertpapierprospektgesetzes (WpPG) und der Verordnung (EU) 2017/1129	
	Für die Gebührentatbestände 3.1 bis 3.8 gilt: Ein Prospekt im Sinne des Gebührenverzeichnisses ist ein Prospekt für ein Wertpapier. Bei einer drucktechnischen Zusammenfassung mehrerer Prospekte in einem Dokument fällt die Gebühr für jeden einzelnen Prospekt an. Dies gilt für Wertpapier-Informationsblätter sowie für Nachträge, Wertpapierbeschreibungen in Verbindung mit Zusammenfassungen, endgültige Bedingungen und das endgültige Emissionsvolumen entsprechend. Ein Registrierungsformular, einschließlich eines einheitlichen Registrierungsformulars im Sinne des Gebührenverzeichnisses, ist ein Registrierungsformular für einen Emittenten. Satz 2 gilt für den Fall der drucktechnischen Zusammenfassung mehrerer Registrierungsformulare in einem Dokument entsprechend.	

---

* Die Kommentierung gibt ausschließlich die persönliche Meinung der Autorin wieder. Dies gilt für sämtliche Ausführungen der Autorin in diesem Kommentar.
1 BGBl. I 2016, S. 1666.
2 BGBl. I 2005, S. 2481.
3 BGBl. I 2021, S. 4077.
4 *Assmann*, in: Assmann/Schlitt/von Kopp-Colomb, Prospektrecht Kommentar, § 23 WpPG Rn. 2.
5 Besondere Gebührenverordnung des Bundesministeriums der Finanzen zur Finanzdienstleistungsaufsicht (Finanzdienstleistungsaufsichtsgebührenverordnung), BGBl. I 2021, S. 4079.

Nr.	Gebührentatbestand	Gebühr in Euro
3.1	Billigung – eines Prospekts oder eines Basisprospekts, der als einziges Dokument im Sinne des Artikels 6 Absatz 3 Unterabsatz 1 erste Alternative oder des Artikels 8 Absatz 6 Unterabsatz 1 erste Alternative der Verordnung (EU) 2017/1129 erstellt worden ist oder – eines vereinfachten Prospekts oder eines Basisprospekts, der als einziges Dokument im Sinne des Artikels 14 Absatz 1 und des Artikels 6 Absatz 3 Unterabsatz 1 erste Alternative oder des Artikels 8 Absatz 6 Unterabsatz 1 erste Alternative der Verordnung (EU) 2017/1129 erstellt worden ist oder – eines EU-Wiederaufbauprospekts im Sinne des Artikels 14a Absatz 1 der Verordnung (EU) 2017/1129 – eines EU-Wachstumsprospekts oder eines Basisprospekts, der als einziges Dokument im Sinne des Artikels 15 Absatz 1 und des Artikels 6 Absatz 3 Unterabsatz 1 erste Alternative oder des Artikels 8 Absatz 6 Unterabsatz 1 erste Alternative der Verordnung (EU) 2017/1129 erstellt worden ist (Artikel 20 Absatz 1 der Verordnung (EU) 2017/1129)	16 915
3.2	Gestattung der Veröffentlichung eines Wertpapier-Informationsblatts (§ 4 Absatz 1 und 2 WpPG)	5 923
3.3	Billigung – eines Registrierungsformulars im Sinne des Artikels 6 Absatz 3 Unterabsatz 2 Satz 1 und 2 der Verordnung (EU) 2017/1129 oder – eines einheitlichen Registrierungsformulars im Sinne des Artikels 9 Absatz 1 der Verordnung (EU) 2017/1129 (Artikel 9 Absatz 2 Unterabsatz 1 der Verordnung (EU) 2017/1129) oder – eines speziellen Registrierungsformulars – für einen vereinfachten Prospekt auf der Grundlage der vereinfachten Offenlegungsregelung für Sekundäremissionen im Sinne des Artikels 6 Absatz 3 Unterabsatz 2 Satz 1 und 2 und des Artikels 14 Absatz 1 Unterabsatz 2 der Verordnung (EU) 2017/1129 oder – für einen EU-Wachstumsprospekt im Sinne des Artikels 6 Absatz 3 Unterabsatz 2 Satz 1 und 2 und des Artikels 15 Absatz 1 Unterabsatz 2 der Verordnung (EU) 2017/1129	5 577
3.4	Billigung – einer Wertpapierbeschreibung und Zusammenfassung im Sinne des Artikels 6 Absatz 3 Unterabsatz 2 Satz 1 und 3 der Verordnung (EU) 2017/1129 oder – einer Wertpapierbeschreibung und Zusammenfassung für einen vereinfachten Prospekt auf der Grundlage der vereinfachten Offenlegungsregelung für Sekundäremissionen im Sinne des Artikels 14 Absatz 1 und des Artikels 6 Absatz 3 Unterabsatz 2 Satz 1 und 3 der Verordnung (EU) 2017/1129 oder – einer speziellen Wertpapierbeschreibung und speziellen Zusammenfassung im Sinne des Artikels 15 Absatz 1 Unterabsatz 2 und des Artikels 6 Absatz 3 Unterabsatz 2 Satz 1 und 3 der Verordnung (EU) 2017/1129 (Artikel 20 Absatz 1 der Verordnung (EU) 2017/1129)	5 851

§ 23 WpPG Gebühren und Auslagen (weggefallen)

Nr.	Gebührentatbestand	Gebühr in Euro
3.5	Verwaltung – eines hinterlegten einheitlichen Registrierungsformulars im Sinne des Artikels 9 Absatz 1 der Verordnung (EU) 2017/1129 ohne vorherige Billigung (Artikel 9 Absatz 2 Unterabsatz 2 der Verordnung (EU) 2017/1129) oder – einer hinterlegten Änderung zu einem einheitlichen Registrierungsformular im Sinne des Artikels 9 Absatz 1 der Verordnung (EU) 2017/1129 (Artikel 9 Absatz 7 der Verordnung (EU) 2017/1129) oder – eines hinterlegten aktualisierten Wertpapier-Informationsblatts (§ 4 Absatz 8 WpPG)	354
3.6	Verwaltung der hinterlegten endgültigen Bedingungen des Angebots (Artikel 8 Absatz 5 der Verordnung (EU) 2017/1129)	0,05 € pro hinterlegte-endgültige Bedingungen im jeweils laufenden Quartal
3.7	Billigung – eines Nachtrags im Sinne des Artikels 23 Absatz 1 Unterabsatz 1 der Verordnung (EU) 2017/1129 (Artikel 23 Absatz 1 Unterabsatz 2 der Verordnung (EU) 2017/1129) oder – eines Nachtrags im Sinne des Artikels 10 Absatz 1 Unterabsatz 2 der Verordnung (EU) 2017/1129 oder – von Änderungen eines einheitlichen Registrierungsformulars im Sinne des Artikels 10 Absatz 3 Unterabsatz 2 oder 3 der Verordnung (EU) 2017/1129 oder – von Änderungen eines einheitlichen Registrierungsformulars, die nach Artikel 26 Absatz 2 der Verordnung (EU) 2017/1129 deren Notifizierung vorausgeht	230
3.8	Billigung eines Prospekts, der von einem Emittenten nach den für ihn geltenden Rechtsvorschriften eines Staates, der nicht Staat des Europäischen Wirtschaftsraums ist, erstellt worden ist, für ein öffentliches Angebot oder die Zulassung zum Handel an einem geregelten Markt und dessen Aufbewahrung (Artikel 29 Absatz 1 und Artikel 28 Unterabsatz 2 i.V.m. Artikel 21 Absatz 5 Unterabsatz 1 der Verordnung (EU) 2017/1129)	nach Zeitaufwand
3.9	Untersagung eines öffentlichen Angebots (§ 18 Absatz 4 Satz 1, 2 oder 3 WpPG)	nach Zeitaufwand
3.10	Anordnung, dass ein öffentliches Angebot nach § 18 Absatz 4 Satz 4 WpPG für höchstens zehn Tage oder nach § 18 Absatz 7 zweiter Halbsatz zweite Variante WpPG auszusetzen ist	nach Zeitaufwand
3.11	Untersagung der Werbung (§ 18 Absatz 5 Satz 2 zweiter Halbsatz erste Variante WpPG)	nach Zeitaufwand
3.12	Anordnung, dass die Werbung für jeweils zehn aufeinanderfolgende Tage auszusetzen ist (§ 18 Absatz 5 Satz 2 zweiter Halbsatz zweite Variante WpPG)	nach Zeitaufwand
3.13	Anordnung, dass ein öffentliches Angebot zu beschränken ist (§ 18 Absatz 7 zweiter Halbsatz dritte Variante WpPG)	nach Zeitaufwand

§ 24 WpPG
Bußgeldvorschriften

(1) Ordnungswidrig handelt, wer vorsätzlich oder leichtfertig

1. entgegen § 4 Absatz 1 Satz 1 ein Wertpapier anbietet,
2. entgegen § 4 Absatz 2 Satz 1 ein Wertpapier-Informationsblatt veröffentlicht,
3. entgegen § 4 Absatz 8 Satz 1
   a) eine Angabe nicht, nicht richtig, nicht vollständig oder nicht rechtzeitig aktualisiert oder
   b) eine aktualisierte Fassung des Wertpapier-Informationsblatts nicht oder nicht rechtzeitig übermittelt,
4. entgegen § 4 Absatz 8 Satz 2 das dort genannte Datum nicht oder nicht richtig nennt,
5. entgegen § 4 Absatz 8 Satz 3 oder § 5 Absatz 3 Satz 1 ein Wertpapier-Informationsblatt nicht, nicht richtig, nicht vollständig, nicht in der vorgeschriebenen Weise oder nicht rechtzeitig veröffentlicht,
6. entgegen § 5 Absatz 3 Satz 2, auch in Verbindung mit § 4 Absatz 8 Satz 4, nicht sicherstellt, dass ein Wertpapier-Informationsblatt zugänglich ist,
7. entgegen § 7 Absatz 1 nicht dafür sorgt, dass ein dort genannter Hinweis erfolgt,
8. entgegen § 7 Absatz 2 nicht dafür sorgt, dass die Werbung klar als solche erkennbar ist,
9. entgegen § 7 Absatz 3 nicht dafür sorgt, dass eine Information weder unrichtig noch irreführend ist oder eine Übereinstimmung mit einer dort genannten Information vorliegt,
10. entgegen § 7 Absatz 4 nicht dafür sorgt, dass eine Information mit der im Wertpapier-Informationsblatt enthaltenen Information übereinstimmt, oder
11. entgegen § 7 Absatz 5 eine Information in das Wertpapier-Informationsblatt oder in eine Aktualisierung nicht, nicht richtig, nicht vollständig oder nicht rechtzeitig aufnimmt.

(2) Ordnungswidrig handelt, wer vorsätzlich oder fahrlässig einer vollziehbaren Anordnung nach

1. § 18 Absatz 2 Nummer 1, Absatz 4 Satz 1 Nummer 5 oder 6, Satz 2 Nummer 2, Satz 3 Nummer 2 oder Satz 4 Nummer 1, Absatz 5 Satz 2 Nummer 2 oder Absatz 10 Satz 1 oder
2. § 18 Absatz 2 Nummer 2, Absatz 4 Satz 1 Nummer 1 bis 3 oder 4, Satz 2 Nummer 1, Satz 3 Nummer 1 oder Satz 4 Nummer 2 oder Absatz 5 Satz 2 Nummer 1 zuwiderhandelt.

(3) Ordnungswidrig handelt, wer gegen die Verordnung (EU) 2017/1129 des Europäischen Parlaments und des Rates vom 14. Juni 2017 über den Prospekt, der beim öffentlichen Angebot von Wertpapieren oder bei deren Zulassung zum Handel an ei-

nem geregelten Markt zu veröffentlichen ist und zur Aufhebung der Richtlinie 2003/71/EG (ABl. L 168 vom 30.6.2017, S. 12) verstößt, indem er vorsätzlich oder leichtfertig

1. entgegen Artikel 3 Absatz 1 ein Wertpapier öffentlich anbietet,
2. entgegen Artikel 5 Absatz 2 ein Wertpapier an nicht qualifizierte Anleger weiterveräußert,
3. entgegen Artikel 8 Absatz 5 Unterabsatz 1 die endgültigen Bedingungen nicht, nicht in der vorgeschriebenen Weise oder nicht rechtzeitig der Öffentlichkeit zur Verfügung stellt oder sie nicht oder nicht rechtzeitig bei der Bundesanstalt hinterlegt,
4. entgegen Artikel 9 Absatz 4 das einheitliche Registrierungsformular oder eine Änderung der Öffentlichkeit nicht oder nicht rechtzeitig zur Verfügung stellt,
5. entgegen Artikel 9 Absatz 9 Unterabsatz 2 Satz 2 oder Unterabsatz 3 eine Änderung des einheitlichen Registrierungsformulars bei der Bundesanstalt nicht oder nicht rechtzeitig hinterlegt,
6. einer vollziehbaren Anordnung nach Artikel 9 Absatz 9 Unterabsatz 4 Satz 1 zuwiderhandelt,
7. entgegen Artikel 9 Absatz 12 Unterabsatz 3 Buchstabe b das einheitliche Registrierungsformular nicht oder nicht rechtzeitig bei der Bundesanstalt hinterlegt oder es nicht oder nicht rechtzeitig dem Handelsregister nach § 8b des Handelsgesetzbuches zur Verfügung stellt,
8. entgegen Artikel 10 Absatz 1 Unterabsatz 2 bei der Bundesanstalt einen Nachtrag nicht, nicht richtig, nicht vollständig oder nicht rechtzeitig zur Billigung vorlegt,
9. entgegen Artikel 10 Absatz 2 das gebilligte Registrierungsformular der Öffentlichkeit nicht, nicht in der vorgeschriebenen Weise oder nicht rechtzeitig zur Verfügung stellt,
10. entgegen Artikel 19 Absatz 2 Satz 1 die Zugänglichkeit einer mittels Verweis in den Prospekt aufgenommenen Information nicht gewährleistet,
11. entgegen Artikel 19 Absatz 3 der Bundesanstalt eine dort genannte Information nicht, nicht richtig, nicht vollständig, nicht in der vorgeschriebenen Weise oder nicht rechtzeitig vorlegt,
12. entgegen Artikel 20 Absatz 1 einen Prospekt veröffentlicht,
13. entgegen Artikel 21 Absatz 1 oder 3 Unterabsatz 1 einen Prospekt nicht, nicht richtig, nicht vollständig, nicht in der vorgeschriebenen Weise oder nicht rechtzeitig der Öffentlichkeit zur Verfügung stellt,
14. entgegen Artikel 21 Absatz 3 Unterabsatz 2 ein dort genanntes Dokument, einen Nachtrag, eine endgültige Bedingung oder eine Kopie der Zusammenfassung nicht oder nicht rechtzeitig zur Verfügung stellt,

15. entgegen Artikel 21 Absatz 11 Satz 1 oder 2 eine kostenlose Version des Prospekts oder eine gedruckte Fassung nicht oder nicht rechtzeitig zur Verfügung stellt,

16. entgegen Artikel 22 Absatz 5 eine Mitteilung nicht oder nicht rechtzeitig macht oder eine Information nicht oder nicht rechtzeitig aufnimmt oder

17. entgegen Artikel 23 Absatz 1, auch in Verbindung mit Artikel 8 Absatz 10, einen Nachtrag nicht, nicht richtig, nicht vollständig, nicht in der vorgeschriebenen Weise oder nicht rechtzeitig veröffentlicht.

(4) Ordnungswidrig handelt, wer vorsätzlich oder leichtfertig

1. ohne Prospekt Wertpapiere später weiterveräußert oder als Finanzintermediär endgültig platziert, ohne dass die Voraussetzungen für eine prospektfreie Weiterveräußerung oder Platzierung nach Artikel 5 Absatz 1 Unterabsatz 1 Satz 2 oder Unterabsatz 2 der Verordnung (EU) 2017/1129 vorliegen,

2. einen Prospekt veröffentlicht, der die Informationen und Angaben nach Artikel 6 der Verordnung (EU) 2017/1129 nicht oder nicht in der vorgeschriebenen Weise enthält,

3. einen Prospekt veröffentlicht, dessen Zusammenfassung die Informationen und Warnhinweise nach Artikel 7 Absatz 1 bis 8, 10 und 11 der Verordnung (EU) 2017/1129 nicht oder nicht in der vorgeschriebenen Weise enthält,

4. endgültige Bedingungen, auch als Teil eines Basisprospekts oder Nachtrags, der Öffentlichkeit zur Verfügung stellt, die nicht oder nicht in der vorgeschriebenen Weise nach Artikel 8 Absatz 3 der Verordnung (EU) 2017/1129 festlegen, welche der in dem Basisprospekt enthaltenen Optionen in Bezug auf die Angaben, die nach der entsprechenden Wertpapierbeschreibung erforderlich sind, für die einzelne Emission gelten,

5. endgültige Bedingungen der Öffentlichkeit zur Verfügung stellt, die nicht den Anforderungen nach Artikel 8 Absatz 4 Unterabsatz 1 der Verordnung (EU) 2017/1129 an die Präsentationsform oder an die Darlegung entsprechen,

6. endgültige Bedingungen, auch als Teil eines Basisprospekts oder Nachtrags, der Öffentlichkeit zur Verfügung stellt, die nicht den Anforderungen des Artikels 8 Absatz 4 Unterabsatz 2 der Verordnung (EU) 2017/1129 entsprechen, indem sie Angaben enthalten, die nicht die Wertpapierbeschreibung betreffen, oder als Nachtrag zum Basisprospekt dienen,

7. endgültige Bedingungen, auch als Teil eines Basisprospekts oder Nachtrags, der Öffentlichkeit zur Verfügung stellt, die eine eindeutige und deutlich sichtbare Erklärung nach Artikel 8 Absatz 5 Unterabsatz 2 der Verordnung (EU) 2017/1129 nicht oder nicht vollständig enthalten,

8. eine Zusammenfassung für die einzelne Emission veröffentlicht, die nicht nach Artikel 8 Absatz 9 Unterabsatz 1 erster Teilsatz der Verordnung (EU) 2017/1129 den Anforderungen des Artikels 8 der Verordnung (EU) 2017/1129 an endgültige Bedingungen entspricht,

§ 24 WpPG Bußgeldvorschriften

9. endgültige Bedingungen, auch als Teil eines Basisprospekts oder Nachtrags, der Öffentlichkeit zur Verfügung stellt, denen nicht nach Artikel 8 Absatz 9 Unterabsatz 1 zweiter Teilsatz der Verordnung (EU) 2017/1129 die Zusammenfassung für die einzelne Emission angefügt ist,

10. endgültige Bedingungen, auch als Teil eines Basisprospekts oder Nachtrags, der Öffentlichkeit zur Verfügung stellt, denen eine Zusammenfassung für die einzelne Emission angefügt ist, die nicht den in Artikel 8 Absatz 9 Unterabsatz 2 der Verordnung (EU) 2017/1129 genannten Anforderungen entspricht,

11. endgültige Bedingungen, auch als Teil eines Basisprospekts oder Nachtrags, der Öffentlichkeit zur Verfügung stellt, die auf der ersten Seite nicht den in Artikel 8 Absatz 11 Satz 2 der Verordnung (EU) 2017/1129 genannten Warnhinweis enthalten,

12. ein einheitliches Registrierungsformular ohne vorherige Billigung durch die Bundesanstalt veröffentlicht, ohne dass die Voraussetzungen nach Artikel 9 Absatz 2 der Verordnung (EU) 2017/1129 für die Möglichkeit einer Hinterlegung ohne vorherige Billigung vorliegen,

13. einen Prospekt, auch unter Verwendung eines Registrierungsformulars oder eines einheitlichen Registrierungsformulars als Prospektbestandteil, veröffentlicht, der die nach Artikel 11 Absatz 1 der Verordnung (EU) 2017/1129 vorgeschriebenen Angaben und Erklärungen nicht oder nicht in der vorgeschriebenen Weise enthält,

14. einen vereinfachten Prospekt nach Artikel 14 der Verordnung (EU) 2017/1129 veröffentlicht, ohne zu den in Artikel 14 Absatz 1 der Verordnung (EU) 2017/1129 genannten Personen zu gehören, oder einen vereinfachten Prospekt veröffentlicht, der nicht aus den in Artikel 14 Absatz 1 der Verordnung (EU) 2017/1129 genannten Bestandteilen besteht oder die verkürzten Angaben nach Artikel 14 Absatz 2 der Verordnung (EU) 2017/1129 nicht oder nicht in der vorgeschriebenen Weise enthält,

15. einen EU-Wachstumsprospekt veröffentlicht, ohne zu den in Artikel 15 Absatz 1 der Verordnung (EU) 2017/1129 genannten Personen zu gehören, oder einen EU-Wachstumsprospekt veröffentlicht, der die in Artikel 15 Absatz 1 der Verordnung (EU) 2017/1129 genannten Bestandteile und Informationen nicht oder nicht in der vorgeschriebenen Weise enthält,

16. einen Prospekt veröffentlicht, der die Risikofaktoren nach Artikel 16 Absatz 1 bis 3 der Verordnung (EU) 2017/1129 nicht oder nicht in der vorgeschriebenen Weise darstellt,

17. einen Prospekt veröffentlicht, der die nach Artikel 17 Absatz 1 Buchstabe b der Verordnung (EU) 2017/1129 anzugebenden Informationen nicht enthält,

18. als Anbieter oder Zulassungsantragsteller den endgültigen Emissionspreis oder das endgültige Emissionsvolumen nicht spätestens am Tag der Veröffentlichung bei der Bundesanstalt nach Artikel 17 Absatz 2 erste Alternative der Verordnung (EU) 2017/1129 hinterlegt,

19. als Anbieter den endgültigen Emissionspreis oder das endgültige Emissionsvolumen nicht, nicht richtig, nicht in der nach Artikel 17 Absatz 2 zweite Alternative in Verbindung mit Artikel 21 Absatz 2 der Verordnung (EU) 2017/1129 vorgeschriebenen Weise oder nicht unverzüglich nach der Festlegung des endgültigen Emissionspreises und Emissionsvolumens der Öffentlichkeit zur Verfügung stellt,

20. nach der Verordnung (EU) 2017/1129 für einen Prospekt oder seine Bestandteile vorgeschriebene Informationen und Angaben nicht in den Prospekt aufnimmt, ohne dass die Voraussetzungen nach Artikel 18 der Verordnung (EU) 2017/1129 für eine Nichtaufnahme vorliegen,

21. eine Information mittels Verweis in den Prospekt aufnimmt, die einer der in Artikel 19 Absatz 1 der Verordnung (EU) 2017/1129 genannten Anforderungen nicht entspricht,

22. als Emittent, Anbieter oder Zulassungsantragsteller eine gesonderte Kopie der Zusammenfassung zur Verfügung stellt, die nicht nach Artikel 21 Absatz 3 Unterabsatz 3 der Verordnung (EU) 2017/1129 klar angibt, auf welchen Prospekt sie sich bezieht,

23. als Emittent, Anbieter oder Zulassungsantragsteller für den Zugang zu einem gebilligten Prospekt eine Zugangsbeschränkung nach Artikel 21 Absatz 4 der Verordnung (EU) 2017/1129 vorsieht,

24. als Emittent, Anbieter oder Zulassungsantragsteller einen gebilligten Prospekt nach seiner Veröffentlichung gemäß Artikel 21 Absatz 7 Unterabsatz 1 der Verordnung (EU) 2017/1129 nicht mindestens zehn Jahre lang auf den in Artikel 21 Absatz 2 der Verordnung (EU) 2017/1129 genannten Websites in elektronischer Form öffentlich zugänglich macht,

25. als Emittent, Anbieter oder Zulassungsantragsteller Hyperlinks für die mittels Verweis in den Prospekt aufgenommenen Informationen, Nachträge und/oder endgültigen Bedingungen für den Prospekt verwendet und diese nicht gemäß Artikel 21 Absatz 7 Unterabsatz 2 der Verordnung (EU) 2017/1129 funktionsfähig hält,

26. einen gebilligten Prospekt der Öffentlichkeit zur Verfügung stellt, der den Warnhinweis dazu, ab wann der Prospekt nicht mehr gültig ist, nach Artikel 21 Absatz 8 der Verordnung (EU) 2017/1129 nicht, nicht vollständig oder nicht in der vorgeschriebenen Weise enthält,

27. Einzeldokumente eines aus mehreren Einzeldokumenten bestehenden Prospekts im Sinne des Artikels 10 der Verordnung (EU) 2017/1129 veröffentlicht, die den Hinweis darauf, dass es sich bei jedem dieser Einzeldokumente lediglich um einen Teil des Prospekts handelt und wo die übrigen Einzeldokumente erhältlich sind, nach Artikel 21 Absatz 9 Satz 2 der Verordnung (EU) 2017/1129 nicht oder nicht vollständig enthalten,

28. einen Prospekt oder einen Nachtrag der Öffentlichkeit zur Verfügung stellt, dessen Wortlaut und Aufmachung nicht mit der von der zuständigen Behörde gebil-

ligten Fassung des Prospekts oder Nachtrags nach Artikel 21 Absatz 10 der Verordnung (EU) 2017/1129 identisch ist,

29. sich in Werbung auf ein öffentliches Angebot von Wertpapieren oder auf eine Zulassung zum Handel an einem geregelten Markt bezieht, die den nach Artikel 22 Absatz 2 der Verordnung (EU) 2017/1129 vorzusehenden Hinweis nicht oder nicht vollständig enthält,

30. sich in Werbung auf ein öffentliches Angebot von Wertpapieren oder auf eine Zulassung zum Handel an einem geregelten Markt bezieht, ohne sie klar als Werbung erkennbar zu machen oder ohne dass die darin enthaltenen Informationen den Anforderungen nach Artikel 22 Absatz 3 der Verordnung (EU) 2017/1129 entsprechen,

31. nicht nach Artikel 22 Absatz 4 der Verordnung (EU) 2017/1129 sicherstellt, dass mündlich oder schriftlich verbreitete Informationen über das öffentliche Angebot von Wertpapieren oder die Zulassung zum Handel an einem geregelten Markt mit den im Prospekt enthaltenen Informationen übereinstimmen,

32. einen Nachtrag veröffentlicht, in dem die Frist für das Widerrufsrecht des Anlegers und die Erklärung nach Artikel 23 Absatz 2 der Verordnung (EU) 2017/1129, auch in Verbindung mit Artikel 8 Absatz 10 der Verordnung (EU) 2017/1129, nicht oder nicht in der vorgeschriebenen Weise angegeben ist,

33. als Finanzintermediär, über den die Wertpapiere erworben oder gezeichnet werden, oder als Emittent, über den die Wertpapiere unmittelbar erworben oder gezeichnet werden, die Anleger nicht oder nicht rechtzeitig nach Artikel 23 Absatz 3 der Verordnung (EU) 2017/1129 informiert,

34. als Emittent, Anbieter oder Zulassungsantragsteller einen Nachtrag zu einem Registrierungsformular oder zu einem einheitlichen Registrierungsformular, das gleichzeitig als Bestandteil mehrerer Prospekte verwendet wird, veröffentlicht, ohne nach Artikel 23 Absatz 5 der Verordnung (EU) 2017/1129, auch in Verbindung mit Artikel 8 Absatz 10 der Verordnung (EU) 2017/1129, im Nachtrag alle Prospekte zu nennen, auf die er sich bezieht,

35. Wertpapiere nur in seinem Herkunftsmitgliedstaat öffentlich anbietet oder nur dort die Zulassung zum Handel an einem geregelten Markt beantragt und zu diesem Zweck einen Prospekt veröffentlicht, der nicht in einer nach § 21 in Verbindung mit Artikel 27 der Verordnung (EU) 2017/1129 anerkannten Sprache erstellt wurde,

36. Wertpapiere in einem oder mehreren anderen Mitgliedstaaten als seinem Herkunftsmitgliedstaat öffentlich anbietet oder dort die Zulassung zum Handel an einem geregelten Markt beantragt und zu diesem Zweck einen Prospekt veröffentlicht, der nicht in einer nach § 21 in Verbindung mit Artikel 27 Absatz 2 Unterabsatz 1 der Verordnung (EU) 2017/1129 anerkannten oder in einer in internationalen Finanzkreisen gebräuchlichen Sprache erstellt wurde,

37. Wertpapiere in mehr als einem Mitgliedstaat einschließlich des Herkunftsmitgliedstaats öffentlich anbietet oder dort die Zulassung zum Handel an einem geregelten Markt beantragt und zu diesem Zweck einen Prospekt veröffentlicht,

der nicht in einer nach § 21 in Verbindung mit Artikel 27 Absatz 3 Unterabsatz 1 der Verordnung (EU) 2017/1129 anerkannten Sprache oder in einer von den zuständigen Behörden der einzelnen Aufnahmemitgliedstaaten anerkannten Sprache oder in einer in internationalen Finanzkreisen gebräuchlichen Sprache erstellt wurde,

38. einen in englischer Sprache erstellten Prospekt veröffentlicht, der keine Übersetzung der in Artikel 7 der Verordnung (EU) 2017/1129 genannten Zusammenfassung oder im Falle eines EU-Wachstumsprospekts der speziellen Zusammenfassung gemäß Artikel 15 Absatz 2 der Verordnung (EU) 2017/1129 oder im Falle eines Basisprospekts der Zusammenfassung für die einzelne Emission in die deutsche Sprache enthält, oder

39. endgültige Bedingungen oder die Zusammenfassung für die einzelne Emission veröffentlicht, ohne dabei der für die endgültigen Bedingungen und die ihnen angefügte Zusammenfassung nach Artikel 27 Absatz 4 Unterabsatz 1 der Verordnung (EU) 2017/1129 geltenden Sprachregelung zu entsprechen.

(5) Die Ordnungswidrigkeit kann in den Fällen des Absatzes 1 Nummer 1 und 2 mit einer Geldbuße bis zu siebenhunderttausend Euro, in den Fällen des Absatzes 1 Nummer 3 Buchstabe a und Nummer 4 bis 6 und des Absatzes 2 Nummer 1 mit einer Geldbuße bis zu zweihunderttausend Euro und in den übrigen Fällen des Absatzes 1 mit einer Geldbuße bis zu hunderttausend Euro geahndet werden.

(6) Die Ordnungswidrigkeit kann in den Fällen des Absatzes 2 Nummer 2, der Absätze 3 und 4 mit einer Geldbuße bis zu siebenhunderttausend Euro geahndet werden. Gegenüber einer juristischen Person oder Personenvereinigung kann über Satz 1 hinaus eine höhere Geldbuße verhängt werden; diese darf den höheren der Beträge von fünf Millionen Euro und 3 Prozent des Gesamtumsatzes, den die juristische Person oder Personenvereinigung im der Behördenentscheidung vorangegangenen Geschäftsjahr erzielt hat, nicht überschreiten. Über die in den Sätzen 1 und 2 genannten Beträge hinaus kann die Ordnungswidrigkeit mit einer Geldbuße bis zum Zweifachen des aus dem Verstoß gezogenen wirtschaftlichen Vorteils geahndet werden. Der wirtschaftliche Vorteil umfasst erzielte Gewinne und vermiedene Verluste und kann geschätzt werden.

(7) Zur Ermittlung des Gesamtumsatzes im Sinne des Absatzes 6 Satz 2 gilt § 120 Absatz 23 Satz 1 des Wertpapierhandelsgesetzes entsprechend.

(8) § 17 Absatz 2 des Gesetzes über Ordnungswidrigkeiten ist nicht anzuwenden bei Sanktionstatbeständen, die in Absatz 6 in Bezug genommen werden.

(9) Verwaltungsbehörde im Sinne des § 36 Absatz 1 Nummer 1 des Gesetzes über Ordnungswidrigkeiten ist die Bundesanstalt.

Übersicht

	Rn.		Rn.
I. Überblick	1	d) Fehlverhalten bezüglich des einheitlichen Registrierungsformulars, § 24 Abs. 3 Nr. 4–7	53
1. Normhintergrund	1		
2. Geschützte Rechtsgüter	7		
3. Andere relevante Normen	8	e) Fehlverhalten bezüglich eines aus mehreren Dokumenten zusammengesetzten Prospekts, § 24 Abs. 3 Nr. 8 und 9	58
4. Kategorisierung der Ordnungswidrigkeiten	9		
5. Weitere Einordnung und Gliederung	13		
II. Regelungsgehalt	14	f) Fehlverhalten bezüglich Verweisen auf anderweitige Informationen zum Prospekt, § 24 Abs. 3 Nr. 10 und 11	60
1. Verstöße nach § 24 Abs. 1	14		
a) Öffentliches Angebot von Wertpapieren ohne Wertpapier-Informationsblatt, § 24 Abs. 1 Nr. 1	15		
		g) Fehlverhalten bezüglich der Billigung und Veröffentlichung von Prospekten, § 24 Abs. 3 Nr. 12–17	61
b) Veröffentlichung eines Wertpapier-Informationsblatts ohne behördliche Gestattung, § 24 Abs. 1 Nr. 2	22		
		4. Verstöße nach § 24 Abs. 4 (Weitere Verstöße gegen die ProspektVO)	67
c) Verstöße gegen Pflichten zur Aktualisierung eines Wertpapier-Informationsblatts, § 24 Abs. 1 Nr. 3 und 4	23	a) Verstoß gegen das Verbot der prospektfreien Weiterveräußerung oder Platzierung, § 24 Abs. 4 Nr. 1	68
d) Verstoß gegen die Pflicht zur Veröffentlichung eines (ggf. aktualisierten) Wertpapier-Informationsblatts, § 24 Abs. 1 Nr. 5	26	b) Veröffentlichung eines Prospekts unter Missachtung der Vorgaben für den Prospektinhalt, § 24 Abs. 4 Nr. 2 und 3	69
aa) Gänzliche Unterlassung der bzw. nicht rechtzeitige Veröffentlichung	28	c) Missachtung der Vorgaben für endgültige Bedingungen, § 24 Abs. 4 Nr. 4–11	70
bb) Nicht vollständige Veröffentlichung/Veröffentlichung in nicht vorgeschriebener Weise	29	d) Veröffentlichung eines einheitlichen Registrierungsformulars ohne vorherige Billigung, § 24 Abs. 4 Nr. 12	76
cc) Unrichtige Veröffentlichung	30	e) Formal fehlerhafte Prospektveröffentlichung, § 24 Abs. 4 Nr. 13	77
e) Verstoß gegen die Pflicht, das Wertpapier-Informationsblatt zugänglich zu machen, § 24 Abs. 1 Nr. 6	34	f) Unzulässige Veröffentlichung eines vereinfachten Prospekts für Sekundäremissionen, § 24 Abs. 4 Nr. 14	78
f) Verstöße gegen werbebezogene Anforderungen an Wertpapier-Informationsblätter, § 24 Abs. 1 Nr. 7–11	35	g) Unzulässige Veröffentlichung eines EU-Wachstumsprospekts, § 24 Abs. 4 Nr. 15	79
2. Verstöße nach § 24 Abs. 2	41	h) Veröffentlichung eines bezüglich der Risikofaktoren defizitären Prospekts, § 24 Abs. 4 Nr. 16	80
3. Verstöße nach § 24 Abs. 3 (Verstöße gegen die ProspektVO)	46		
a) Öffentliches Angebot von Wertpapieren ohne Prospekt, § 24 Abs. 3 Nr. 1	47	i) Fehlverhalten bezüglich der Festlegung des endgültigen Emissionskurses oder des endgültigen Emissionsvolumens, § 24 Abs. 4 Nr. 17–19	81
b) Weiterveräußerung an nicht qualifizierte Anleger ohne nach der ProspektVO erstellten Prospekt, § 24 Abs. 3 Nr. 2	50		
c) Fehlverhalten bezüglich der endgültigen Bedingungen zu einem Basisprospekt, § 24 Abs. 3 Nr. 3	51	j) Relevanz eines Fehlverhaltens wegen Nicht-Aufnahme von „erforderlichen Angaben" in den Prospekt, § 24 Abs. 4 Nr. 20?	82

k) Veröffentlichung eines bezüglich der Verweise defizitären Prospekts, § 24 Abs. 4 Nr. 21 83
l) Weitere Verstöße gegen Vorgaben zur Prospektveröffentlichung, § 24 Abs. 4 Nr. 22–28 84
m) Weitere werbungsbezogene Verstöße, § 24 Abs. 4 Nr. 29–31 ... 86
n) Weitere nachtragsbezogene Verstöße, § 24 Abs. 4 Nr. 32–34 ... 87
o) Verstöße bezüglich der für den Prospekt zu verwendenden Sprache, § 24 Abs. 4 Nr. 35–39 88
5. Rechtsfolge: § 24 Abs. 5–8 89
 a) Bußgeldrahmen für Verstöße gegen nationale Gebots- und Verbotsnormen, § 24 Abs. 5 90
 b) Bußgeldrahmen für Verstöße gegen die ProspektVO, § 24 Abs. 6–8 91
6. Zuständige Verwaltungsbehörde nach § 24 Abs. 9 94

III. **Allgemeines zum Recht der Ordnungswidrigkeiten und Verfahren**......... 95
1. Bußgeldfreie Bagatellverstöße und Opportunitätsprinzip................ 96

2. Verfahren........................ 98
3. Verantwortlichkeit und Zurechnung.. 100
 a) Täterschaft und Teilnahme....... 100
 b) Handeln für einen anderen und Verantwortlichkeit juristischer Personen...................... 102
 c) Pflichtendelegation und fortbestehende Pflichten 104
  aa) Pflichtendelegation 104
  bb) Inhaberverantwortlichkeit.... 105
4. Irrtum 107
 a) Tatbestandsirrtum............... 108
 b) Verbotsirrtum 109
5. Bußgeldhöhe und Verfall 110
 a) Höhe der Geldbuße 110
 b) Verfall....................... 113
6. Sonstige besonders relevante Regeln...................... 114
 a) Keine Ahndung des Versuchs 114
 b) Keine Rückwirkung oder rückwirkende Bußgeldverschärfung... 115
 c) Verjährung 116

I. Überblick

1. Normhintergrund

§ 24 tritt an die Stelle von § 35 a. F.[1] Grundlage der wesentlichen Änderungen im WpPG ist das Inkrafttreten der ProspektVO und das zu deren Aus- bzw. Durchführung ergangene „Gesetz zur weiteren Ausführung der EU-Prospektverordnung und zur Änderung von Finanzmarktgesetzen".[2] Durch dieses Gesetz wurde § 24 an die – vielfach direkt anwendbaren – unionsrechtlichen Vorgaben angepasst; zudem werden Verstöße gegen die Vorschriften zum Wertpapier-Informationsblatt im WpPG sanktioniert. Die Vorschrift hat sich damit einschneidend verändert, die Anzahl der Bußgeldtatbestände hat sich von 11 auf über 80[3] ebenso wie der Bußgeldrahmen erheblich erhöht. Dabei ist stets im Blick zu behalten, dass das Ordnungswidrigkeitenrecht in Deutschland verfassungsrechtlich vor dem Vorbehalt vorheriger gesetzlicher Regelung des Art. 103 Abs. 2 GG besonderen Bindungen unterliegt,[4] sodass strenge Anforderungen an die Klarheit der Ahndungsvoraussetzungen bestehen. Insofern ist aber anerkannt, dass sog. „statische Verweisungen" ins Unionrecht, d. h. die spezifische Nennung der jeweiligen Fundstelle im Amtsblatt der EU, verfassungsrechtlich unbedenklich sind und dies auch dann gilt, wenn die Fundstelle bei nachfolgenden Verweisungen nicht erneut angegeben wird, weil insofern lediglich der Gesetzgeber

1

---

1 Siehe dazu die Vorauflage, § 35 WpPG a. F.
2 BGBl. 2019 I, S. 1002.
3 *Groß*, WpPG, § 23 Rn. 1.
4 Vgl. dazu *Gürtler*, in: Göhler, OWiG, § 3 Rn. 1 ff.

§ 24 WpPG Bußgeldvorschriften

die erneute Angabe als entbehrlich angesehen haben dürfte.[5] Allerdings ist der Rechtsanwender umso mehr gehalten, die Vorschriften entsprechend den verfassungsrechtlichen Vorgaben eng auszulegen.

2 Die neue Regelung geht neben der ProspektVO als wichtigster Quelle auch auf die im Vorfeld ergangene Mitteilung der Kommission aus dem Jahre 2010[6] zurück.[7] Die Regierungsbegründung zur weitgehenden Neufassung des WpPG weist dazu darauf hin, dass § 24 das Bußgeldregime des bisherigen § 35 a.F. in Ausführung der sanktionsrechtlichen Vorgaben der ProspektVO sowie der Vorgaben im (neuen) WpPG, insbesondere zum Wertpapier-Informationsblatt, umsetzt.[8] § 24 legt zunächst in den Absätzen 1–4 die Ordnungswidrigkeitstatbestände fest und regelt dann in den Absätzen 5–8 den jeweils anwendbaren Bußgeldrahmen. Dabei sanktioniert § 24 Abs. 1 Verstöße gegen Normen des WpPG (im Zusammenhang mit dem Wertpapier-Informationsblatt), Abs. 2 Verstöße gegen bestimmte vollziehbare Anordnungen, während die Abs. 3 und 4 Verstöße gegen die ProspektVO regeln.[9] Schließlich entspricht die **Zuständigkeit** nach Abs. 9 derjenigen des § 35 Abs. 4 a.F.:[10] zuständige Behörde ist die **BaFin**.

3 Indem § 24 dabei schematisch an die Vorgaben aus der ProspektVO anknüpft, ist die Vorschrift nicht in allen Punkten gelungen. So erscheint einerseits das Netz der bußgeldbewehrten Tatbestände sehr engmaschig und teilweise lediglich formell fundiert. Vor allem aber führen das Wiederaufgreifen der bereits im Verkaufsprospektgesetz nicht immer klare Abgrenzungen zulassenden Tatbestandsmerkmale „nicht", „nicht richtig", „nicht vollständig", „nicht in der vorgeschriebenen Weise" und „nicht rechtzeitig" und die Vielzahl der Tatbestände dazu, dass sich selbst dem mit der Materie vertrauten Juristen erhebliche Zweifelsfragen stellen (dazu unten → Rn. 14 ff., passim).

4 Der Regelungszweck von § 24 erschließt sich zunächst anhand der Regierungsbegründung zur älteren, parallelen Vorschrift des VerkProspG aus dem Jahre 1990:[11]

5 „Es handelt sich bei den Zuwiderhandlungen um Taten, die unabhängig vom materiellen Unrecht begangen werden können, das in der Verwendung unrichtiger oder unvollständiger Verkaufsprospekte liegt. Es wird daher eine **auf formale Kriterien abgestellte Ahndungsmöglichkeit** geschaffen, die **im Vorfeld strafbaren Verhaltens**[12] besteht. Wenn und soweit gegen Strafvorschriften anderer Gesetze verstoßen wird, bleiben diese Vorschriften unberührt. Bei der Veröffentlichung eines unrichtigen oder unvollständigen Verkaufsprospekts kommt insbesondere eine Ahndung nach § 264a StGB in Betracht."

---

5 *Böse/Jansen*, in: Schwark/Zimmer, KMRK, § 24 Rn. 4; *Gurlit*, in: Assmann/Schlitt/von Kopp-Colomb, Prospektrecht Kommentar, § 24 Rn. 5.
6 Mitteilung der Europäischen Kommission vom 8.12.2010, Stärkung der Sanktionsregelungen im Finanzdienstleistungssektor, KOM (2010) 716 endg.
7 Ausführlich *Gurlit*, in: Assmann/Schlitt/von Kopp-Colomb, Prospektrecht Kommentar, § 24 Rn. 2.
8 BT-Drucks. 19/8005, S. 55.
9 Vgl. *Böse/Jansen*, in: Schwark/Zimmer, KMRK, § 24 Rn. 3.
10 Siehe auch die Regierungsbegründung zum Gesetz zur weiteren Ausführung der EU-Prospektverordnung und zur Änderung von Finanzmarktgesetzen, BT-Drucks. 19/8005, S. 55.
11 Vom 1.2.1990, BT-Drucks. 11/6340, S. 14.
12 Hervorhebung des Verfassers.

Im Jahre 2002 wurde die Vorschrift des § 17 VerkProspG zu Ordnungswidrigkeiten im 6
Rahmen des 4. FMFG um weitere Tatbestände ergänzt. Die Regierungsbegründung sagte
dazu:[13] „Die Ergänzung der Ordnungswidrigkeitstatbestände erfolgt zunächst aus systematischen Gründen. Die Nichteinhaltung der aufgezählten Normen ist ähnlich schwerwiegend für den Anlegerschutz wie die bereits in § 17 VerkProspG erfassten Tatbestände,
sodass eine Erfassung als Ordnungswidrigkeit erfolgt."

2. Geschützte Rechtsgüter

Ein Teil der Tatbestände soll die Kontrollbefugnisse der BaFin sichern, während ein an- 7
derer Teil primär auf die Verbesserung der Transparenz, der Integrität und des Anlegerschutzes zielt. Ziel der Regeln ist dabei einerseits der individuelle Anlegerschutz,[14] nach
überwiegender Ansicht aber andererseits vor allem die Funktionsfähigkeit des Kapitalmarkts, hinter welche die Individualinteressen zurücktreten sollen.[15] Entscheidend ist dabei aus Sicht des Anlegers die Frage, ob die in § 24 genannten Tatbestände **Schutznormen im Sinne von § 823 Abs. 2 BGB** (mit der Folge der Möglichkeit individueller deliktischer Ansprüche) sind. Hierbei ist zwischen den einzelnen Tatbeständen zu differenzieren: Einige sind **individualschützend**, andere sind es nicht. Dafür, § 24 grundsätzlich als
individualschützende Norm anzusehen, spricht vor allem der Anlegerschutz als eines von
zwei Hauptzielen des gemeinschaftsrechtlichen Wertpapierprospektrechts.[16]

3. Andere relevante Normen

§ 24 ist auf der Rechtsfolgenseite insbesondere i. Z. m. § 25 zu lesen, der nunmehr u. a. 8
auch die öffentliche Nennung derjenigen vorsieht, die einen Verstoß begangen haben, sowie i. Z. m. § 120 Abs. 12 WpHG.[17]

4. Kategorisierung der Ordnungswidrigkeiten

Die einzelnen Tatbestände des § 24 Abs. 1–4 verweisen jeweils auf andere Normen des 9
WpPG bzw. der ProspektVO, deren Voraussetzungen für die Tatbestandsverwirklichung

---

13 Vom 18.1.2002, BT-Drucks. 14/8017, S. 110f.
14 Dafür, dass der Anlegerschutz im Vordergrund der Bußgeldvorschriften steht, im Zusammenhang
mit dem VerkaufsprospektG, insbesondere *Lenz*, in: Assmann/Lenz/Ritz, VerkProspG, § 17 Rn. 3.
15 *Bruchwitz*, in: Arndt/Voß, VerkProspG, § 17 Rn. 11 m. w. N.; *Gurlit*, in: Assmann/Schlitt/von
Kopp-Colomb, Prospektrecht Kommentar, § 24 Rn. 2.
16 Siehe bereits die Nennung des Anlegerschutzes in den Erwägungsgründen 10, 16, 20 und 21
ProspektRL sowie nunmehr etwa in den Erwägungsgründen 7, 10 und 27 der ProspektVO; unklar,
aber im Ergebnis wohl eher skeptisch *Voß*, in: Just/Voß/Ritz/Zeising, WpPG a. F., § 30 Rn. 4, der
meint, die Individualinteressen würden lediglich als „Reflex" geschützt und träten hinter das
übergeordnete staatliche Interesse an der Existenz hochwertiger Prospekte zurück; ablehnend in
der Vorauflage *Assmann*, in: Assmann/Schlitt/von Kopp-Colomb, WpPG/VerkProspG, § 30
WpPG Rn. 4 („kein Schutzgesetzcharakter im Sinne des § 823 Abs. 2 BGB"), weiterhin vorsichtig *Gurlit*, in: Assmann/Schlitt/von Kopp-Colomb, Prospektrecht Kommentar, § 24 Rn. 2 (die
„Funktionsfähigkeit der Kapitalmärkte" als übergeordnetes Schutzgut); wie hier nunmehr *Böse/
Jansen*, in: Schwark/Zimmer, KMRK, § 24 Rn. 2.
17 Siehe auch dazu die Regierungsbegründung zum Gesetz zur weiteren Ausführung der EU-Prospektverordnung und zur Änderung von Finanzmarktgesetzen, BT-Drucks. 19/8005, 55.

ebenfalls zu prüfen sind, d.h. es sind sogenannte **Blanketttatbestände**: erst aus der Zusammenschau mit den jeweils genannten, anderweitig normierten Verhaltenspflichten ergibt sich der Gehalt der jeweiligen Sanktionsnorm.

10 Dabei handelt es sich zumeist um **echte Unterlassungsordnungswidrigkeiten** in Form **abstrakter Gefährdungsdelikte**, welche keinen konkreten Schaden eines Anlegers erfordern (siehe oben zur gewollten Vorverlagerung der Sanktion).

11 Unterschieden werden kann auch nach dem **Schweregrad des Unrechts auf der Handlungsebene**: Während § 24 Abs. 1, Abs. 3 und Abs. 4 Vorsatz oder Leichtfertigkeit erfordern, reicht für eine Verletzung von § 24 Abs. 2 Vorsatz oder (schlichte) Fahrlässigkeit.

12 Schließlich sehen § 24 Abs. 5, 6 (mit Abs. 7, 8) unterschiedlich schwere **Rechtsfolgen** für verschiedene Tatbestände vor, sodass eine Differenzierung nach der Schwere des Pflichtverstoßes erfolgt.

5. Weitere Einordnung und Gliederung

13 Im Anschluss an eine Kommentierung der Tatbestände und Rechtsfolgen des § 24 (sogleich → Rn. 14 ff.) ist auf einige allgemeine Bestimmungen des Rechts der Ordnungswidrigkeiten einzugehen (unten → Rn. 95 ff.), ohne deren Einbeziehung das Verständnis des § 24 unvollständig bliebe. Denn nach § 2 OWiG sind auf Ordnungswidrigkeiten die **allgemeinen Normen des OWiG** anwendbar.

II. Regelungsgehalt

1. Verstöße nach § 24 Abs. 1

14 § 24 Abs. 1 bedroht vorsätzliche oder leichtfertige Verstöße gegen die im Folgenden einzeln aufgelisteten gesetzlichen Pflichten i.Z.m. dem Wertpapier-Informationsblatt als Ordnungswidrigkeiten mit Geldbuße. Die Vorschrift ist nicht unionsrechtlich determiniert.[18] Die Nr. 1–6 zu § 24 Abs. 1 sanktionieren dabei Verstöße i.Z.m. der Erstellung, Gestattung oder Aktualisierung des Wertpapier-Informationsblatts, während die Nr. 7–11 Verstöße gegen die diesbezüglichen werbebezogenen Anforderungen ahnden.[19] **Vorsatz** bedeutet Wissen (kognitives Element) und Wollen (voluntatives Element) der Tatbestandsverwirklichung; dabei reicht bedingter Vorsatz aus, d.h. der Täter nimmt auf der voluntativen Seite den Eintritt des tatbestandlichen Erfolgs zumindest billigend in Kauf.[20] Für das „billigende Inkaufnehmen" reicht es dabei aus, dass der Täter den Eintritt des tatbestandlichen Erfolges für möglich hält und sich damit abfindet.[21] **Leichtfertigkeit** ist eine **gesteigerte Form der Fahrlässigkeit**. Während es für fahrlässiges Verhalten ausreicht, dass der Täter ihn betreffende Sorgfaltspflichten verletzt, obwohl er die Tatbestandsverwirklichung nach seinen subjektiven Kenntnissen und Fähigkeiten vorhersehen und vermeiden konnte,[22] erfordert Leichtfertigkeit, dass der Täter darüber hinaus dasjenige unbe-

---

18 Vgl. *Gurlit*, in: Assmann/Schlitt/von Kopp-Colomb, Prospektrecht Kommentar, § 24 Rn. 6.
19 *Gurlit*, in: Assmann/Schlitt/von Kopp-Colomb, Prospektrecht Kommentar, § 24 Rn. 6.
20 Vgl. *Groß*, Kapitalmarktrecht, § 24 WpPG Rn. 2; *Pelz*, in: Holzborn, WpPG, § 35 a.F. Rn. 30.
21 Vgl. *König*, in: Göhler, OWiG, § 10 Rn. 5 m.w.N.; *Fischer*, StGB, § 15 Rn. 5b m.w.N.
22 Ausführlich *Fischer*, StGB, § 15 Rn. 14, 17.

achtet lässt, was jedem anderen an seiner Stelle hätte einleuchten müssen,[23] und er in grober Achtlosigkeit nicht erkennt, dass er den Tatbestand verwirklicht, oder wenn er sich rücksichtslos über die klar erkannte Möglichkeit der Tatbestandsverwirklichung hinwegsetzt. Leichtfertigkeit kommt auch dann in Betracht, wenn der Täter eine besonders ernst zu nehmende Pflicht verletzt.[24] Allein die Erkenntnis der Möglichkeit einer Tatbestandsverwirklichung genügt indessen noch nicht zur Annahme von Leichtfertigkeit, solange der Täter darauf vertraute, der Tatbestand werde nicht verwirklicht.[25]

a) Öffentliches Angebot von Wertpapieren ohne Wertpapier-Informationsblatt, § 24 Abs. 1 Nr. 1

Die an § 35 Abs. 1 Nr. 1 a.F. angelehnte Vorschrift sanktioniert öffentliche Angebote von Wertpapieren entgegen § 4 Abs. 1 Satz 1. Nach § 4 Abs. 1 Satz 1 ist für im Inland öffentlich angebotene Wertpapiere in bestimmten Fällen, in denen kein Prospekt erforderlich ist, ein Wertpapier-Informationsblatt zu veröffentlichen. Der Begriff des öffentlichen Angebotes ist dabei in Art. 2 Nr. 2 i.V.m. Art. 2 lit. d der ProspektVO legaldefiniert. Anbieter im Sinne des Art. 2 Nr. 6 ist derjenige, der den Anlegern nach außen erkennbar für das öffentliche Angebot verantwortlich ist oder die öffentliche Platzierung der Wertpapiere veranlasst, letztlich derjenige, der das Angebot zum Abschluss eines Kaufvertrages abgibt oder (bei einer invitatio ad offerendum) ein derartiges Angebot entgegennimmt.[26] Das können der Emittent oder die Emission begleitende Dritte, regelmäßig Finanzdienstleister, sein. Erfolgt der Vertrieb durch eine Vertriebsorganisation oder ein Netz von angestellten oder freien Vermittlern, gilt als Anbieter derjenige, der die Verantwortung für die Vertriebsaktivitäten inne hat, was sich etwa anhand von Vereinbarungen mit dem Emittenten, Aufträgen an Unterbetriebe oder Provisionsvereinbarungen mit Vermittlern ergibt.[27] 15

Entscheidend für den Verstoß nach **§ 24 Abs. 1 Nr. 1** ist, dass der Pflicht zur Erstellung eines von der BaFin zu prüfenden Wertpapier-Informationsblatts nach dem WpPG unterliegende Wertpapiere zu einem Zeitpunkt **öffentlich angeboten** werden, zu dem noch kein von der BaFin gebilligtes Wertpapier-Informationsblatt (nach den Vorschriften des WpPG) veröffentlicht war. Für Letzteres muss es also entweder an einem gebilligten Wertpapier-Informationsblatt überhaupt fehlen oder an seiner Veröffentlichung. Erfasst sind damit folgende Grundfälle: 16

– Zum Zeitpunkt des öffentlichen Angebots wurde noch überhaupt kein Wertpapier-Informationsblatt bei der BaFin zur Billigung eingereicht.
– Es wurde zwar ein Entwurf eines Wertpapier-Informationsblatts zur Billigung eingereicht, diese Billigung hat indessen noch nicht stattgefunden (oder der Billigungsantrag

---

23 Ständige Rechtsprechung, siehe etwa BGH v. 9.11.1984 – 2 StR 257/84, BGHSt 33, 66, 67, m.w.N.; vgl. auch *Pelz*, in: Holzborn, WpPG, § 35 a.F. Rn. 32; *Groß*, Kapitalmarktrecht, § 35 WpPG.
24 *Becker*, in: Habersack/Mülbert/Schlitt, Kapitalmarktinformation, § 25 Rn. 25 mit Fn. 57.
25 BGH v. 23.2.1994 – 3 StR 572/93, StV 1994, 480.
26 Einzelheiten bei der Kommentierung zu → Art. 2 ProspektVO; vgl. auch *Pelz*, in: Holzborn, WpPG, § 35 a.F. Rn. 2.
27 Siehe die Regierungsbegründung zum WpPG a.F., BR-Drucks. 85/05, S. 62.

wurde zwischenzeitlich zurückgenommen), während gleichwohl ein öffentliches Angebot, etwa auf der Grundlage des Entwurfes des Wertpapier-Informationsblatts erfolgt.[28]
– Zwar wurde ein Wertpapier-Informationsblatt gebilligt, aber noch nicht veröffentlicht; gleichwohl beginnt das öffentliche Angebot.

17 Zu beachten ist zudem, dass auch die in § 4 Abs. 1 Satz 4 vorgesehenen Ausnahmen Anwendung finden (bereits erfolgte Erstellung (i) eines Basisinformationsblatts nach der VO 1286/2014 oder (ii) einer wesentlichen Anlegerinformation nach § 301 KAGB), deren Vorliegen jeweils ein Fehlverhalten ausschließt.

18 Fraglich ist, ob auch der Fall erfasst ist, dass zwar eine Veröffentlichung des gebilligten Wertpapier-Informationsblatts erfolgt ist, diese indessen nicht ordnungsgemäß ist. Indessen ist insofern § 24 Abs. 1 Nr. 5 lex specialis, welche die Anwendung von Abs. 1 Nr. 1 ausschließt,[29] zumal der Bußgeldrahmen nach § 24 Abs. 5 für Verstöße nach Abs. 1 Nr. 1 höher ist und Abs. 1 Nr. 1 diesen Fall gerade nicht explizit nennt.

19 Nicht erfasst sind auch Fälle, in denen ein öffentliches Angebot auf der Grundlage eines gebilligten und ordnungsgemäß veröffentlichten Wertpapier-Informationsblatts erfolgt, das aber inhaltlich fehlerhaft oder unvollständig ist;[30] diese Fälle werden allein durch die zivilrechtliche Prospekthaftung und ggf. durch § 264a StGB sanktioniert. Insofern kommt auch kein Verstoß gegen § 24 Abs. 1 Nr. 5 in Betracht.[31] Anders verhält es sich dagegen, sofern ein Wertpapier-Informationsblatt veröffentlicht wurde, das von dem tatsächlich gebilligten erheblich abweicht.[32]

20 Dagegen ist wegen des insoweit eindeutigen Wortlautes des Abs. 1 Nr. 1 und des im Anwendungsbereich des Art. 103 Abs. 2 GG geltenden Analogieverbotes ein Verstoß gegen § 4 Abs. 1 Satz 2 (noch kleinerer Gesamtgegenwert eines Angebots, nämlich von 100.000 EUR bis unter 1.000.000 EUR, das nach Art. 1 Abs. 3 UAbs. 1 ProspektVO außerhalb des Anwendungsbereichs der ProspektVO liegt) sanktionsfrei.[33] Ob das als „ungewollte Sanktionslücke" anzusehen ist,[34] soll hier dahinstehen, jedenfalls wäre eine solche Sanktionslücke unionsrechtlich nicht zu beanstanden. Falls für sachgerecht erachtet, müsste insofern der deutsche Gesetzgeber tätig werden.

21 Durch das in § 4 Abs. 1 Satz 1 enthaltene Merkmal „im Inland anbietet" erfolgt eine Abgrenzung zu Fällen, in denen ein Angebot im EWR-Ausland (ggf. aufgrund eines von der BaFin gebilligten Wertpapier-Informationsblatts) erfolgt. Solche Fälle sollten dagegen – schon aufgrund der fehlenden unionsweiten Geltung von Wertpapier-Informationsblättern

---

28 Vgl. zur parallelen Vorschrift zum Prospekt nach § 30 WpPG a. F.: *Voß*, in: Just/Voß/Ritz/Zeising, WpPG a. F., § 30 Rn. 47.
29 So im Ergebnis auch *Voß*, in: Just/Voß/Ritz/Zeising, WpPG a. F., § 30 Rn. 48, und *Pelz*, in: Holzborn, WpPG, § 35 a. F. Rn. 3.
30 So zur vergleichbaren Vorschrift für Prospekte nach § 35 WpPG a. F. auch *Pelz*, in: Holzborn, WpPG, § 35 a. F. Rn. 3; *Voß*, in: Just/Voß/Ritz/Zeising, WpPG a. F., § 30 Rn. 49 und *Assmann*, in: Assmann/Schlitt/von Kopp-Colomb, WpPG/VerkProspG, § 30 WpPG Rn. 26.
31 So auch zur vergleichbaren Vorschrift für Prospekte nach § 30 WpPG a. F. *Voß*, in: Just/Voß/Ritz/Zeising, WpPG a. F., § 30 Rn. 49.
32 Siehe dazu im Einzelnen die Kommentierung zu → § 4 Abs. 1 Nr. 5.
33 Ausführlich *Gurlit*, in: Assmann/Schlitt/von Kopp-Colomb, Prospektrecht Kommentar, § 24 Rn. 8.
34 So mit ausführlicher Begründung *Gurlit*, in: Assmann/Schlitt/von Kopp-Colomb, Prospektrecht Kommentar, § 24 Rn. 8.

i. S. d. sich allein auf Prospekte beziehenden Art. 24 ProspektVO, die ein erhebliches praktisches Hindernis darstellt – bei diesen relativ kleinen Angeboten eine äußerst seltene Ausnahme sein.

b) Veröffentlichung eines Wertpapier-Informationsblatts ohne behördliche Gestattung, § 24 Abs. 1 Nr. 2

Nach § 24 Abs. 1 Nr. 2 handelt ordnungswidrig, wer ein Wertpapier-Informationsblatt veröffentlicht, ohne dass zu diesem Zeitpunkt eine behördliche Gestattung der Veröffentlichung vorliegt. Erfasst wird damit jede Person, die eine solche Veröffentlichung vornimmt (Allgemeindelikt).[35]   22

c) Verstöße gegen Pflichten zur Aktualisierung eines Wertpapier-Informationsblatts, § 24 Abs. 1 Nr. 3 und 4

Die Nr. 3 und 4 zu § 24 Abs. 1 ahnden verschiedene Varianten von Verstößen gegen Pflichten zur Aktualisierung und zur Veröffentlichung eines Wertpapier-Informationsblatts, die sich als Sonderdelikt jeweils allein an den Anbieter richten.[36]   23

Dabei handelt nach Nr. 3 ordnungswidrig, wer a) entgegen § 4 Abs. 8 Satz 1 Angaben in einem Wertpapier-Informationsblatt nicht, nicht richtig, nicht vollständig oder nicht rechtzeitig aktualisiert oder b) eine aktualisierte Fassung nicht oder nicht rechtzeitig an die BaFin übermittelt. Eine solche Pflicht zur Aktualisierung entsteht immer dann, wenn zwischen der Gestattung und vor dem Schluss des öffentlichen Angebots ein wichtiger neuer Umstand eintritt oder eine wesentliche Unrichtigkeit in den relevanten Angaben im Wertpapier-Informationsblatt festgestellt wird.[37]   24

Nach Nr. 4 handelt ordnungswidrig, wer entgegen § 4 Abs 8 Satz 2 der Pflicht, das Datum der letzten Aktualisierung im Wertpapier-Informationsblatt zu nennen, nicht nachkommt.   25

d) Verstoß gegen die Pflicht zur Veröffentlichung eines (ggf. aktualisierten) Wertpapier-Informationsblatts, § 24 Abs. 1 Nr. 5

Nach § 4 Abs. 8 Satz 3 hat der Anbieter das gebilligte **aktualisierte** Wertpapier-Informationsblatt unverzüglich zu veröffentlichen. Zudem muss nach § 5 Abs. 3 das hinterlegte Wertpapier-Informationsblatt mindestens einen Werktag vor Beginn des öffentlichen Angebots nach den relevanten Bestimmungen in Art. 21 der ProspektVO veröffentlicht werden. Werktage sind Montag bis Samstag mit Ausnahme öffentlicher Feiertage, für die Fristberechnung gilt § 187 Abs. 2 BGB.[38]   26

Verstöße gegen die vorgenannten Pflichten zur Veröffentlichung des gebilligten Wertpapier-Informationsblatts sanktioniert **§ 24 Abs. 1 Nr. 5**, und zwar bei unterlassener, nicht rechtzeitiger, nicht vollständiger, nicht in der vorgeschriebenen Weise erfolgender oder nicht richtiger Veröffentlichung.   27

---

35 *Böse/Jansen*, in: Schwark/Zimmer, KMRK, § 24 Rn. 6.
36 So auch *Gurlit*, in: Assmann/Schlitt/von Kopp-Colomb, Prospektrecht Kommentar, § 24 Rn. 10.
37 *Böse/Jansen*, in: Schwark/Zimmer, KMRK, § 24 Rn. 7.
38 *Pelz*, in: Holzborn, WpPG, § 35 a. F. Rn. 16.

aa) Gänzliche Unterlassung der bzw. nicht rechtzeitige Veröffentlichung

28 **Nicht** veröffentlicht wurde das Wertpapier-Informationsblatt, wenn eine Veröffentlichung trotz Billigung gänzlich unterbleibt, d. h. unterlassen wird. Hierbei handelt es sich zwar wohl nach Vorstellung des Normgebers um den Grundfall. Indessen sind die folgenden Tatbestände von erheblicher Bedeutung. **Nicht rechtzeitig** erfolgt die Veröffentlichung, wenn sie nicht unverzüglich ist. Dies ist dann der Fall, wenn zu viel Zeit vergeht zwischen Billigung und Veröffentlichung. Dabei dürfte, sofern der Zeitpunkt der Billigung nicht im Einzelnen mit der BaFin abgestimmt ist, bei Billigung der BaFin nach 19.00 Uhr eine Veröffentlichung zumindest am nächsten Tag in der Regel noch unverzüglich sein; Einzelheiten hängen von der vorgesehenen Veröffentlichungsmodalität ab. Hiervon zu trennen ist der Fall, dass die Veröffentlichung zwar unverzüglich, aber nicht rechtzeitig vor Beginn des Angebotes erfolgt; diese Fallkonstellation unterfällt nicht § 24 Abs. 1 Nr. 5, sondern ggf. Nr. 1.

bb) Nicht vollständige Veröffentlichung/Veröffentlichung in nicht vorgeschriebener Weise

29 **Nicht vollständig** ist die Veröffentlichung, wenn sie zumindest einen Teil des von der BaFin gebilligten Wertpapier-Informationsblatts nicht enthält, was in der Praxis bei einem derart kurzen Dokument kaum relevant werden dürfte. Bei einem dreiteiligen Prospekt kommt etwa das Weglassen eines oder mehrerer Teile in Betracht, bei einem einteiligen Prospekt das Fehlen mindestens einer Textpassage. **Nicht in der vorgeschriebenen Weise** erfolgt die Veröffentlichung, wenn der Anbieter eine andere Art und Weise der Veröffentlichung wählt als die in Art. 21 Abs. 2 ProspektVO vorgesehenen.

cc) Unrichtige Veröffentlichung

30 Am schwierigsten zu bestimmen ist der Tatbestand der **nicht richtigen Veröffentlichung**. Es stellt sich die Frage nach der Einordnung als formeller oder materieller Verstoß.

31 Zunächst hilft es, dass der Tatbestand neben dem Merkmal „nicht in der vorgeschriebenen Weise" steht, sodass er etwas anderes meinen muss. Vom Wortlaut her hätte man ansonsten durchaus an eine unstatthafte Form der Veröffentlichung selbst denken können.

32 Im Wertpapierhandelsrecht meint das „nicht richtige Veröffentlichen" eine inhaltliche Unrichtigkeit der veröffentlichten Information.[39] Auch in der alten Nr. 4 zu § 30 Abs. 1 a. F. (zwischenzeitlich aufgehoben) wurde das jährliche Dokument teilweise dann als „nicht richtig" bereitgestellt angesehen, wenn die genannten Informationen inhaltlich nicht zutreffen.[40] Indessen ist – anders als bei Ad-hoc-Mitteilungen im Wertpapierhandelsrecht und bei der früher erforderlichen Veröffentlichung des jährlichen Dokuments nach dem WpPG – der Veröffentlichung eines Wertpapier-Informationsblatts das Billigungsverfahren durch die BaFin vorgeschaltet. In diesem Billigungsverfahren ist der Prüfungsmaßstab aber allein Vollständigkeit und vorgeschriebene Reihenfolge, § 4 Abs. 2. Zur Prüfung der inhaltlichen Richtigkeit des Wertpapier-Informationsdokuments (wie ja sogar auch des

---

39 *Vogel*, in: Assmann/Schneider, WpHG, § 39 WpHG a. F. Rn. 12.
40 Dazu die Darstellung in der Vorauflage, § 35 WpPG a. F. Rn. 33.

Wertpapierprospekts) ist die BaFin weder aufgerufen noch in der Lage.[41] Wenn es aber schon im Verfahren der Prüfung des Wertpapier-Informationsblatts nicht um die inhaltliche Richtigkeit geht, kann es erst recht nicht in einem nachgelagerten Bußgeldverfahren um diese inhaltliche Richtigkeit gehen.[42] Diese Auslegung wird auch durch den Wortlaut gestützt, bei dem sich die Worte „nicht richtig" stärker auf die Veröffentlichung beziehen als auf das Wertpapier-Informationsblatt selbst. Inhaltliche Mängel des Wertpapier-Informationsblatts werden im Bereich des Strafrechts ggf. durch § 264a StGB und § 400 Abs. 1 Nr. 1 AktG[43] und zivilrechtlich ggf. durch Prospekthaftungsansprüche (nach § 11) erfasst.

Damit bleibt als Auslegungsmöglichkeit für eine nicht richtige Veröffentlichung lediglich eine Abweichung gegenüber dem von der BaFin gebilligten Wertpapier-Informationsblatt.[44] Allerdings dürfte dabei zu differenzieren sein: 33

- Soweit nämlich eine von der gebilligten Version **offensichtlich erheblich abweichende Version** veröffentlicht wird, dürfte der Umstand der Billigung eines (anderen) Wertpapier-Informationsblatts irrelevant sein. Denn dann wird im Grunde ein Wertpapier ohne Veröffentlichung eines gebilligten Wertpapier-Informationsblatts öffentlich angeboten, § 24 Abs. 1 Nr. 1.
- Soweit dagegen eine von der gebilligten Version nicht offensichtlich erheblich abweichende Version des Wertpapier-Informationsblatts veröffentlicht wird, kommt Nr. 5 in Form der **nicht richtigen** Veröffentlichung zur Anwendung. In der Praxis in Betracht kommt etwa die Veröffentlichung der letzten bei der BaFin eingereichten Version ohne Einarbeitung der Kommentare.
- Zudem gibt es einen sanktionsfreien Raum bei Korrekturen von unterhalb der Nachtragspflicht liegenden Schreibfehlern oder kleineren inhaltlichen Unrichtigkeiten. Solche Korrekturen kann der Verpflichtete also ohne Gefahr eines Bußgeldes vornehmen.

e) Verstoß gegen die Pflicht, das Wertpapier-Informationsblatt zugänglich zu machen, § 24 Abs. 1 Nr. 6

Nach **Nr. 6** handelt ordnungswidrig, wer entgegen § 5 Abs. 3 Satz 2, ggf. i.V.m. § 4 Abs. 8 Satz 4 (aktualisiertes Wertpapier-Informationsblatt), als Anbieter nicht sicherstellt, dass ein Wertpapier-Informationsblatt für jedermann zugänglich ist.[45] Dabei werden die **Anforderungen an die Zugänglichkeit** durch den statisch in Bezug genommenen Art. 21 34

---

41 Dies würde die Anforderungen erheblich überspannen und müsste überdies, im Falle der inhaltlichen Unrichtigkeit, die Frage der Haftung der BaFin nach sich ziehen. Ergänzend sei zum parallelen Prospekt darauf hingewiesen, dass auch die an der Erstellung des Wertpapierprospekts mitwirkenden Rechtsanwälte in ihren **Disclosure Opinions** darauf hinweisen, dass sie keine Gewähr für die inhaltliche Richtigkeit des Prospekts übernehmen können.
42 Überzeugend *Voß*, in: Just/Voß/Ritz/Zeising, WpPG a.F., § 30 a.F. Rn. 76 und *Assmann*, in: Assmann/Schlitt/von Kopp-Colomb, WpPG/VerkProspG (Vorauflage), § 30 WpPG a.F. Rn. 36.
43 So zur Parallelvorschrift betreffend Wertpapierprospekte nach dem WpPG a.F. auch *Pelz*, in: Holzborn, WpPG, § 35 a.F. Rn. 18 und *Voß*, in: Just/Voß/Ritz/Zeising, WpPG a.F., § 30 Rn. 76; a.A. wohl *Gurlit*, in: Assmann/Schlitt/von Kopp-Colomb, Prospektrecht Kommentar, § 24 Rn. 10, derzufolge auch „unwahre Angaben" erfasst sind.
44 So zur Parallelvorschrift betreffend Wertpapierprospekte nach dem WpPG a.F. *Pelz*, in: Holzborn, WpPG, § 35 a.F. Rn. 18.
45 Vgl., auch zum Folgenden, *Gurlit*, in: Assmann/Schlitt/von Kopp-Colomb, Prospektrecht Kommentar, § 24 Rn. 11.

Abs. 4 ProspektVO konkretisiert: Für den Zugang darf weder eine Registrierung noch die Akzeptanz einer Haftungsbegrenzungsklausel noch die Entrichtung einer Gebühr erforderlich sein.

f) Verstöße gegen werbebezogene Anforderungen an Wertpapier-Informationsblätter, § 24 Abs. 1 Nr. 7–11

35 Nr. 7–11 ahnden detailliert Verstöße des Anbieters gegen die **werbebezogenen Anforderungen an Wertpapier-Informationsblätter** nach § 7. Dabei ist für den Begriff der Werbung die Legaldefinition in Art. 2 lit. k ProspektVO, ggf. ergänzt durch die die Kennzeichnungspflicht für an Kleinanleger gerichtete Werbung ergänzenden Bestimmungen in Art. 14 Abs. 1 lit. a und Abs. 2 VO (EU) 2019/979, heranzuziehen.[46]

36 Nach **Nr. 7** handelt ein Anbieter ordnungswidrig, wenn er in einschlägiger Werbung nicht für den in § 7 Abs. 1 geforderten Hinweis auf die Veröffentlichung eines Wertpapier-Informationsblatt sorgt unter Angabe, wo das Wertpapier-Informationsblatt zu erhalten ist. Ein Verstoß liegt dann vor, wenn der Anbieter einen der erforderlichen Hinweise in der Werbung unterlässt.

37 Nach **Nr. 8** handelt ein Anbieter ordnungswidrig, wenn er entgegen § 7 Abs. 2 nicht dafür sorgt, dass Werbung klar als solche gekennzeichnet ist. Die Kennzeichnungspflicht nach § 7 Abs. 2 wird dabei durch § 7 Abs. 6 und die darin genannten Vorgaben in Art. 14 Abs. 1 lit. a und Abs. 2 der VO (EU) 2019/979 konkretisiert.

38 Nach **Nr. 9** handelt ein Anbieter ordnungswidrig, wenn er entgegen § 7 Abs. 3 nicht dafür sorgt, dass eine in Werbung verwendete Information (i) weder unrichtig noch irreführend ist und (ii) mit den Informationen übereinstimmt, die im schon veröffentlichten oder noch zu veröffentlichenden Wertpapier-Informationsblatt enthalten sind. Ein solcher Verstoß liegt vor, wenn diese Informationen unrichtig oder zur Irreführung geeignet sind oder wenn sie nicht mit den Informationen des Wertpapier-Informationsblatts übereinstimmen.[47] Dabei wird man eine gewisse Wesentlichkeit für die Unrichtigkeit, die Eignung zur Irreführung und die fehlende Übereinstimmung zugrunde legen müssen, sodass nicht jede kleinste Ungenauigkeit oder Abweichung sofort zu einer Ordnungswidrigkeit führt (vgl. oben → Rn. 33).

39 Nach **Nr. 10** handelt ein Anbieter ordnungswidrig, wenn er entgegen § 7 Abs. 4 nicht dafür sorgt, dass alle mündlich und schriftlich verbreiteten Informationen zu einem Angebot, auch wenn sie nicht (oder nur am Rande) zu Werbezwecken dienen, mit den im Wertpapier-Informationsblatt enthaltenen Informationen übereinstimmen. Dabei wird die Abgrenzung zu Nr. 9 nicht immer klar und einzelfallbezogen zu klären sein. Zudem gilt auch hier das im Vorabsatz zur erforderlichen Wesentlichkeit Gesagte.

40 Schließlich handelt ein Anbieter nach **Nr. 11** ordnungswidrig, wenn er entgegen § 7 Abs. 5 bei einem Angebot wesentliche Informationen einem oder mehreren Anleger(n) offen legt, ohne diese in das Wertpapier-Informationsblatt (ggf. in aktualisierter Form) richtig, vollständig und rechtzeitig aufzunehmen. Diese, bereits begrifflich allein auf „wesentliche" Informationen bezogene Pflicht beschränkt sich nicht auf werbebezogene An-

---

46 Vgl., auch zum Folgenden, *Gurlit*, in: Assmann/Schlitt/von Kopp-Colomb, Prospektrecht Kommentar, § 24 Rn. 12.
47 *Gurlit*, in: Assmann/Schlitt/von Kopp-Colomb, Prospektrecht Kommentar, § 24 Rn. 12.

gaben, sondern dient allgemein der Gleichbehandlung der Anleger und der Vermeidung selektiver Information.[48]

2. Verstöße nach § 24 Abs. 2

Anders als nach Abs. 1 reicht für einen bußgeldbewehrten Verstoß gegen **§ 24 Abs. 2**, der an die Stelle von § 35 Abs. 2 a. F. tritt, jede Form der **Fahrlässigkeit** (dazu → Rn. 14) aus. Hintergrund dessen ist, dass es hier um die Nichtbefolgung vollziehbarer Anordnungen der BaFin geht, d. h. dem jeweiligen Täter das von ihm erwartete Verhalten klar vor Augen stehen sollte, zumal die erforderliche Rechtsbehelfsbelehrung auf die fehlende aufschiebende Wirkung eines Widerspruchs und einer Anfechtungsklage hinweisen sollte. Grob erfasst **§ 24 Abs. 2 Nr. 1** dabei Anordnungen, die sich auf den Vollzug der Anforderungen des WpPG beziehen, während **§ 24 Abs. 2 Nr. 2** dagegen Anordnungen zur Durchsetzung der ProspektVO betrifft.[49] Es handelt sich um sog. **verwaltungsakzessorische Tatbestände**, da eine Tatbestandsverwirklichung eine vollziehbare Anordnung der BaFin voraussetzt. Die **sofortige Vollziehbarkeit** der hier relevanten Anordnungen der BaFin nach § 18, d. h. die fehlende aufschiebende Wirkung von Widerspruch und Anfechtungsklage, ergibt sich aus § 20 Nr. 1. Will der Betroffene gegen die sofortige Vollziehbarkeit vorgehen, muss er dies durch Antrag an die BaFin nach § 80 Abs. 4 Satz 1 VwGO oder im Wege des vorläufigen verwaltungsgerichtlichen Rechtsschutzes nach § 80 Abs. 5 Satz 1 Fall 1 VwGO (Anordnung der aufschiebenden Wirkung durch das Gericht) machen. Ansonsten endet die Vollziehbarkeit natürlich auch mit Erfolg einer Anfechtungsklage im Hauptsacheverfahren. Der Verstoß gegen eine nicht (mehr) vollziehbare Anordnung ist nicht nach § 24 Abs. 2 ahndbar. 41

Für alle derartigen Anordnungen gilt, dass der Adressat aus der jeweiligen Verfügung ausreichend deutlich erkennen muss, welche Verhaltensweise(n) konkret von ihm verlangt wird bzw. werden.[50] Zudem ist, je nach den Umständen, eine angemessene Frist zu setzen.[51] Nur dann ist ein Verstoß zu ahnden. 42

Bei den relevanten vollziehbaren Anordnungen der BaFin nach **§ 24 Abs. 2 Nr. 1** handelt es sich im Einzelnen um folgende: 43

– Anordnungen zu Auskunfts- und Vorlagepflichten sowie zur Überlassung von Kopien nach § 18 Abs. 2 Nr. 1 zum Zwecke der Einhaltung des WpPG: Dabei besteht das Auskunftsrecht der BaFin gegenüber jedermann. Zu beachten ist hier das nach § 18 Abs. 9 ggf. bestehende Auskunftsverweigerungsrecht.
– Anordnungen zur Untersagung eines öffentlichen Angebots, weil der Anbieter entgegen § 4 Abs. 1 kein Wertpapier-Informationsblatt hinterlegt oder veröffentlicht hat (§ 18 Abs. 4 Satz 1 Nr. 5) oder entgegen § 4 Abs. 2 ein Wertpapier-Informationsblatt ohne behördliche Gestattung veröffentlicht wurde (§ 18 Abs. 4 Satz 1 Nr. 6).

---

48 Vgl. *Gurlit*, in: Assmann/Schlitt/von Kopp-Colomb, Prospektrecht Kommentar, § 24 Rn. 12 am Ende.
49 *Gurlit*, in: Assmann/Schlitt/von Kopp-Colomb, Prospektrecht Kommentar, § 24 Rn. 13.
50 So – jeweils zu den einzelnen Tatbeständen – auch *Gurlit*, in: Assmann/Schlitt/von Kopp-Colomb, Prospektrecht Kommentar, § 24 Rn. 14; vgl. auch *Böse/Jansen*, in: Schwark/Zimmer, KMRK, § 24 Rn. 11 ff.
51 *Böse/Jansen*, in: Schwark/Zimmer, KMRK, § 24 Rn. 11.

- Anordnungen nach pflichtgemäßem Ermessen zur Untersagung eines öffentlichen Angebots, weil gegen andere Bestimmungen des WpPG verstoßen wurde (§ 18 Abs. 4 Satz 2 Nr. 2).
- Anordnungen zur vorsorglichen Untersagung eines öffentlichen Angebots wegen des hinreichend begründeten Verdachts eines Verstoßes gegen das WpPG (§ 18 Abs. 4 Satz 3 Nr. 2) sowie Anordnungen zur befristeten Aussetzung eines öffentlichen Angebots wegen des hinreichend begründeten Verdachts eines Verstoßes gegen das WpPG (§ 18 Abs. 4 Satz 4 Nr. 1).
- Anordnungen zur (befristeten) Untersagung oder Anordnung der Unterlassung oder Aussetzung der Werbung für ein öffentliches Angebot wegen des hinreichenden Verdacht eines Verstoßes gegen das WpPG (§ 18 Abs. 5 Satz 2 Nr. 2): Dabei dürfte sich die Untersagung der Werbung in der Regel an Werbemedien richten, während sich Anordnungen zur Unterlassung und Aussetzung der Werbung an die Werbenden (Anbieter, Emittent, Zulassungsantragsteller und/oder Finanzintermediäre) richten.[52]
- Anordnungen an den Emittenten, alle bewertungsrelevanten wesentlichen Informationen zu einem Wertpapier bekannt zu machen (§ 18 Abs. 10 Satz 1). Hierzu wurde darauf hingewiesen, dass die BaFin selbst die Option besitzt, die Bekanntmachung vorzunehmen, sodass insofern Anordnungen nur selten zum Einsatz kommen dürften.[53]

44 Bei den relevanten vollziehbaren Anordnungen nach **§ 24 Abs. 2 Nr. 2** handelt es sich im Einzelnen um solche, die den ersten fünf Spiegelstrichen zu § 24 Abs. 2 Nr. 1 weitgehend entsprechen, sich aber jeweils auf die Durchsetzung der ProspektVO (und der dazu ergangenen VO (EU) 2019/979 und VO (EU) 2019/980 beziehen. So betrifft § 18 Abs. 2 Nr. 2 Auskunftsverlangen zur Überwachung der Einhaltung der Vorschriften der ProspektVO, § 18 Abs. 4 Satz 1 Nr. 1–4 die Untersagung eines öffentlichen Angebots wegen eines Verstoßes gegen die i.E. dort aufgezählten, den Prospekt betreffenden Vorschriften der ProspektVO, § 18 Abs. 4 Satz 2 Nr. 1 die Untersagung eines öffentlichen Angebots nach pflichtgemäßem Ermessen wegen eines Verstoßes gegen sonstige Bestimmungen der ProspektVO, § 18 Abs. 4 Satz 3 Nr. 1 und Satz 4 Nr. 2 Anordnungen zur vorsorglichen Untersagung eines öffentlichen Angebots wegen des hinreichend begründeten Verdachts eines Verstoßes gegen die ProspektVO bzw. Anordnungen zur befristeten Aussetzung eines öffentlichen Angebots wegen des hinreichend begründeten Verdachts eines Verstoßes gegen die ProspektVO, § 18 Abs. 5 Satz 2 Nr. 1 schließlich Anordnungen zur (befristeten) Untersagung oder Anordnung der Unterlassung oder Aussetzung der Werbung für ein öffentliches Angebot wegen des hinreichenden Verdacht eines Verstoßes gegen die ProspektVO.

45 Fraglich ist, ob auch die Missachtung einer **rechtswidrigen, vollziehbaren Anordnung** bußgeldbewehrt ist. Eindeutig ist dies für den Fall einer **nichtigen Anordnung** nach § 43 VwVfG: diese ist unbeachtlich und ein Verstoß gegen sie kann folglich auch nicht bußgeldbewehrt sein. Umstritten ist dies dagegen für einfach **rechtswidrige Anordnungen**. Teilweise wurde hierzu vertreten, dass die spätere Aufhebung eines rechtswidrigen Verwaltungsaktes nichts an der sofortigen Vollziehbarkeit ändere, sodass es auch bei der Sanktionierung bleibe.[54] Die Gegenmeinung argumentiert demgegenüber, dass in diesen Fällen ein außergesetzlicher Strafaufhebungsgrund eingreife, da es mit dem Rechtsstaats-

---

52 Vgl., auch zum Vorhergehenden, *Gurlit*, in: Assmann/Schlitt/von Kopp-Colomb, Prospektrecht Kommentar, § 24 Rn. 14.
53 *Gurlit*, in: Assmann/Schlitt/von Kopp-Colomb, Prospektrecht Kommentar, § 24 Rn. 14 am Ende.

prinzip unvereinbar sei, die Nichtbefolgung einer rechtswidrigen Verfügung zu sanktionieren.[55] Mit Blick auf Art. 103 Abs. 2 GG hat das BVerfG hierzu entschieden, dass der Gesetzgeber klar erkennen lassen muss, wenn auch der Verstoß gegen eine rechtswidrige Anordnung bußgeldrechtlich sanktioniert werden soll.[56] Im konkreten Fall geben die Gesetzesmaterialien hierauf keine Antwort. Dementsprechend dürfte das Argument durchgreifen, dass zwar ein Bedürfnis bestehen mag, Anordnungen der BaFin ohne zeitraubende Prüfung auf ihre Rechtmäßigkeit durchzusetzen,[57] im Zweifelsfall aber bei nicht rechtmäßigen Anordnungen kein Bedürfnis zur Verhängung eines Bußgeldes besteht.[58] Folglich ist die Missachtung einer rechtswidrigen Anordnung nicht bußgeldbewehrt. Jedenfalls sollte in diesen Fällen eine Einstellung aus Opportunitätsgründen nach § 47 Abs. 1 Satz 2 OWiG erfolgen.[59] In der Praxis erscheint diese Diskussion jedoch eher weniger relevant, da sich der Betroffene nur in besonderen Ausnahmefällen darauf verlassen können wird, dass eine Anordnung rechtswidrig ist und er sie deswegen nicht zu befolgen braucht.

3. Verstöße nach § 24 Abs. 3 (Verstöße gegen die ProspektVO)

§ 24 Abs. 3 normiert (wie auch Abs. 4) einen ausführlichen Katalog von Ordnungswidrigkeitstatbeständen, die **vorsätzliche oder leichtfertige**[60] **Verstöße** gegen unmittelbar anwendbare Vorschriften der ProspektVO sanktionieren, wie in Art. 38 Abs. 1 UAbs. 1 Satz 2 lit. a ProspektVO gefordert, und zieht damit die Grenze der bußgeldpflichtigen Tatbestände deutlich weiter als § 35 a. F.[61] Dabei erschließt sich die Systematik des Abs. 3 in Abgrenzung zu Abs. 4 nicht, zumal der in Abs. 6 für die jeweiligen Verstöße vorgesehene Bußgeldrahmen identisch ist. Die ordnungswidrigkeitsrechtliche Bebußung von Unionsrecht ist verfassungsrechtlich insoweit unbedenklich, wie der deutsche Gesetzgeber ausdrücklich eine statische Verweisung (mit ausdrücklicher Benennung der Fundstelle im Amtsblatt der EU) auf die ProspektVO gewählt hat.[62] Dies bedeutet aber auch, dass etwaige spätere Änderungen in der ProspektVO jeweils ein erneutes Tätigwerden des Gesetz-

46

---

54 BGH v. 23.7.1969 – 4 StR 371/68, BGHSt 23, 86, 94; OLG Köln v. 13.2.1990 – 2 Ws 648/89, wistra 1991, 74; in der Kommentarliteratur zuletzt ebenso *Gurlit*, in: Assmann/Schlitt/von Kopp-Colomb, Prospektrecht Kommentar, § 24 Rn. 13 unter Hinweis auf den Anlegerschutz und die aus ihrer Sicht fehlende Unzumutbarkeit, „da der Betroffene diese tatbestandliche Voraussetzung durch einen (erfolgreichen) Antrag auf Anordnung der aufschiebenden Wirkung nach § 80 Abs. 5 S. 1 Alt. 1 beseitigen kann".
55 OLG Frankfurt v. 21.8.1987 – 1 Ss488/86, GA 1987, 549; *Cramer/Heine*, in: Schönke/Schröder, StGB, Vorb. §§ 324 ff. Rn. 22.
56 BVerfG v. 1.12.1992 – 1 BvR 88/91, NJW 1993, 581, und BVerfG v. 7.3.1995 – 1 BvR 1564/92, NJW 1995, 3110, 3111.
57 So auch *Gurlit*, in: Assmann/Schlitt/von Kopp-Colomb, Prospektrecht Kommentar, § 24 Rn. 13.
58 So zur Vorgängervorschrift in § 35 Abs. 2 WpPG a.F.: *Pelz*, in: Holzborn, WpPG, § 35 a.F. Rn. 25 und *Assmann*, in: Assmann/Schlitt/von Kopp-Colomb, WpPG/VerkProspG, § 30 WpPG Rn. 48.
59 So zur Vorgängervorschrift in § 35 Abs. 2 WpPG a.F.: *Pelz*, in: Holzborn, WpPG, § 35 a.F. Rn. 25, im Anschluss an *Vogel*, in: Assmann/Schneider, WpHG, § 39 Rn. 42.
60 Siehe zu Vorsatz und Leichtfertigkeit → Rn. 14.
61 Regierungsbegründung, BT-Drucks. 19/8005, S. 55.
62 Siehe zur statischen Verweisung auch schon oben ganz zu Anfang der Kommentierung zu § 24 Rn. 1.

gebers erfordern, soweit ein Verstoß sanktioniert werden soll.[63] Die Verweisung auf die jeweiligen Vorschriften der ProspektVO, deren Nicht-Beachtung sanktioniert wird, erschwert dem Rechtsanwender das Verständnis erheblich. Gerade vor diesem Hintergrund ist eine enge, stark am Wortlaut arbeitende Auslegung geboten.

a) Öffentliches Angebot von Wertpapieren ohne Prospekt, § 24 Abs. 3 Nr. 1

47 Die der Vorgängernorm in § 35 Abs. 1 Nr. 1 a. F. entsprechende Vorschrift sanktioniert öffentliche Angebote von Wertpapieren entgegen Art. 3 Abs. 1 ProspektVO. Nach Art. 3 Abs. 1 ist – vorbehaltlich des Art. 1 Abs. 4 ProspektVO (prospektfreie Angebote) – für öffentlich angebotene Wertpapiere ein Prospekt zu veröffentlichen. Der Begriff des öffentlichen Angebotes ist dabei in Art. 2 lit. d ProspektVO legaldefiniert. Anbieter ist nach Art. 2 lit. i ProspektVO derjenige, der den Anlegern nach außen erkennbar für das öffentliche Angebot verantwortlich ist oder die öffentliche Platzierung der Wertpapiere veranlasst, letztlich derjenige, der das Angebot zum Abschluss eines Kaufvertrages abgibt oder (bei einer invitatio ad offerendum) ein derartiges Angebot entgegennimmt. Das können der Emittent oder die Emission begleitende Dritte, regelmäßig Finanzdienstleister, sein. Erfolgt der Vertrieb durch eine Vertriebsorganisation oder ein Netz von angestellten oder freien Vermittlern, gilt als Anbieter derjenige, der die Verantwortung für die Vertriebsaktivitäten inne hat, was sich etwa anhand von Vereinbarungen mit dem Emittenten, Aufträgen an Untervertriebe oder Provisionsvereinbarungen mit Vermittlern ergibt.

48 Entscheidend für den Verstoß nach **§ 24 Abs. 3 Nr. 1** ist, dass einer Prospektpflicht nach der ProspektVO unterliegende Wertpapiere zu einem Zeitpunkt öffentlich angeboten werden, zu dem noch kein (von der BaFin) gebilligter Prospekt veröffentlicht war. Für Letzteres muss es also entweder an einem gebilligten Wertpapierprospekt überhaupt fehlen oder an seiner Veröffentlichung. Erfasst sind damit folgende Grundfälle:

– Zum Zeitpunkt des öffentlichen Angebots wurde noch überhaupt kein Wertpapierprospekt (bei der BaFin) zur Billigung eingereicht.
– Es wurde zwar ein Entwurf eines Wertpapierprospekts zur Billigung eingereicht, diese Billigung hat indessen noch nicht stattgefunden (oder der Billigungsantrag wurde zwischenzeitlich zurückgenommen), während gleichwohl ein öffentliches Angebot, etwa auf der Grundlage des Entwurfes des Prospekts erfolgt.
– Zwar wurde ein Prospekt gebilligt, aber noch nicht veröffentlicht; gleichwohl beginnt das öffentliche Angebot.

49 Fraglich ist, ob auch der Fall erfasst ist, dass zwar eine Veröffentlichung des gebilligten Prospekts erfolgt ist, diese aber nicht im Einklang mit Art. 21 ProspektVO steht, d.h. es lediglich an einer ordnungsgemäßen Veröffentlichung fehlt. Insofern ist indessen § 24 Abs. 3 Nr. 13 lex specialis und schließt damit die Anwendung von Abs. 3 Nr. 1 aus. Nicht erfasst sind auch Fälle, in denen ein öffentliches Angebot auf der Grundlage eines gebilligten und ordnungsgemäß veröffentlichten Prospekts erfolgt, der aber inhaltlich fehlerhaft oder unvollständig ist; diese Fälle werden ggf. durch andere Bußgeldtatbestände, etwa in § 24 Abs. 4 Nr. 2 oder 3, erfasst.[64]

---

63 *Gurlit*, in: Assmann/Schlitt/von Kopp-Colomb, Prospektrecht Kommentar, § 24 Rn. 16.
64 *Gurlit*, in: Assmann/Schlitt/von Kopp-Colomb, Prospektrecht Kommentar, § 24 Rn. 17.

II. Regelungsgehalt § 24 WpPG

b) Weiterveräußerung an nicht qualifizierte Anleger ohne nach der ProspektVO erstellten Prospekt, § 24 Abs. 3 Nr. 2

Gegen § 24 Abs. 3 Nr. 2 verstößt, wer entgegen Art. 5 Abs. 2 ProspektVO die dort genannten Wertpapiere an nicht qualifizierte Anleger weiterveräußert, ohne dass ein für diesen Personenkreis geeigneter Prospekt erstellt wurde. Als Täter kommen Anbieter bzw. Veräußerer und von diesen beauftragte Personen in Betracht.[65] Hintergrund ist die nach Art. 5 Abs. 2 ProspektVO vorgesehene Beschränkung des Handels der dort genannten Nichtdividendenwerte auf qualifizierte Anleger, die nur dann auf nicht qualifizierte Anleger erweitert werden darf, wenn ein geeigneter Prospekt nach der ProspektVO erstellt wird. 50

c) Fehlverhalten bezüglich der endgültigen Bedingungen zu einem Basisprospekt, § 24 Abs. 3 Nr. 3

Nach Art. 8 Abs. 5 UAbs. 1 ProspektVO sind die endgültigen Bedingungen zu einem Basisprospekt, sofern nicht bereits im Basisprospekt oder in einem Nachtrag enthalten, bei Unterbreitung eines öffentlichen Angebots sobald wie möglich, sofern möglich vor Beginn des öffentlichen Angebots, ordnungsgemäß zu veröffentlichen und bei der BaFin (bzw. den anderen zuständigen Regulierern) zu hinterlegen. Gegen § 24 Abs. 3 Nr. 3 verstößt, wer diese Veröffentlichung der endgültigen Bedingungen nicht, nicht vorschriftsmäßig oder nicht rechtzeitig vornimmt oder diese Bedingungen nicht oder nicht rechtzeitig beim zuständigen Regulierer hinterlegt. Möglicher Täter ist wegen des ihn allein verpflichtenden Wortlauts von Art. 8 Abs. 5 UAbs. 1 der Emittent, was seine Repräsentanten i. S. v. § 9 OWiG einschließt.[66] 51

Eine gänzliche Unterlassung der Veröffentlichung liegt dann vor, wenn die endgültigen Bedingungen überhaupt nicht veröffentlicht werden (sog. echtes (Dauer-)Unterlassungsdelikt).[67] Nicht vorschriftsmäßig ist eine Veröffentlichung, die nicht in der erforderlichen Art und Weise erfolgt. Die Art und Weise der Veröffentlichung wird in Art. 21 Abs. 2 ProspektVO normiert, d. h. der Emittent hat die Wahl zwischen den dort genannten Veröffentlichungsmodalitäten. Soweit eine Veröffentlichung erfolgt, muss diese indessen auch den Vorgaben des Art. 21 Abs. 3 ProspektVO (leichte Zugänglichkeit in eigener Rubrik, herunterlad- und druckbar, elektronisches Dokument mit Suchfunktion, regelmäßig eine sog. PDF-Datei) entsprechen. Denn Art. 8 Abs. 5 UAbs. 1 ProspektVO bezieht sich auf Art. 21 ProspektVO insgesamt. Da Art. 21 Abs. 2 ProspektVO eine Veröffentlichung auf einer Website, d. h. per Internet, verlangt, dürfte Unverzüglichkeit unter normalen Umständen eine tagggleiche Veröffentlichung im Anschluss an die Fertigstellung erfordern. Eine spätere Veröffentlichung wäre dann nicht rechtzeitig. 52

---

65 *Böse/Jansen*, in: Schwark/Zimmer, KMRK, § 24 Rn. 14.
66 *Böse/Jansen*, in: Schwark/Zimmer, KMRK, § 24 Rn. 15.
67 Vgl. zur insoweit parallelen Vorschrift in § 35 Abs. 1 Nr. 2 WpPG a. F. (zur Veröffentlichung von Emissionspreis und -volumen) *Voß*, in: Just/Voß/Ritz/Zeising, WpPG a. F., § 30 Rn. 53; *Pelz*, in: Holzborn, WpPG, § 35 a. F. Rn. 6.

*d) Fehlverhalten bezüglich des einheitlichen Registrierungsformulars,
§ 24 Abs. 3 Nr. 4–7*

53 Die Bestimmungen in **§ 24 Abs. 3 Nr. 4–7** betreffen Fehlverhalten im Zusammenhang mit dem **einheitlichen Registrierungsformular**, sofern der Emittent diese in Art. 9 Abs. 1 ProspektVO vorgesehene Möglichkeit der Kapitalmarktkommunikation nutzt. Alleiniger Pflichtadressat für diese Tatbestände ist jeweils der Emittent.[68]

54 Dabei verstößt der Emittent gegen **Nr. 4**, wenn er entgegen Art. 9 Abs. 4 ProspektVO das (gebilligte oder ohne Billigung hinterlegte) einheitliche Registrierungsformular der Öffentlichkeit nicht oder nicht rechtzeitig zur Verfügung stellt. Für die (Art der) Veröffentlichung verweist Art. 9 Abs. 4 ProspektVO zwar auf Art. 21 ProspektVO; allerdings wird man einen Verstoß gegen die erforderliche Art der Veröffentlichung – siehe hierzu die Kommentierung oben → Rn. 52 – nicht als bußgeldbewehrt ansehen können, da Nr. 4, anders als etwa Nr. 3, 9 und 13, gerade nicht das Tatbestandsmerkmal „in der vorgeschriebenen Weise" enthält.[69]

55 **Nr. 5** bezieht sich auf die unterlassene oder nicht rechtzeitige Hinterlegung einer Änderung des einheitlichen Registrierungsformulars bei der BaFin und entspricht insofern Nr. 3, sofern ein Verstoß gegen die Anforderungen des Art. 9 Abs. 9 UAbs. 2 oder 3 ProspektVO erfolgt.

56 **Nr. 6** betrifft die Missachtung einer auf Art. 9 Abs. 9 UAbs. 4 gestützten vollziehbaren Anordnung der BaFin, welche zwecks Verständlichkeit eine konsolidierte Fassung des geänderten einheitlichen Registrierungsformulars verlangt. Die Vollziehbarkeit erfordert dabei mit Blick auf § 20 Nr. 1 allerdings eine gesonderte behördliche Anordnung nach § 80 Abs. 2 Satz 1 Nr. 4 VwGO.[70]

57 **Nr. 7** ahndet einen Verstoß gegen Art. 9 Abs. 12 UAbs. 3 lit. b ProspektVO, der eine rechtzeitige Hinterlegung des einheitlichen Registrierungsformulars bei der BaFin, letztlich zwecks Erfüllung der Pflicht zur Veröffentlichung des Jahres- und Halbjahresfinanzberichts nach der TransparenzRL, sowie eine rechtzeitige Übermittlung an das Handelsregister verlangt. Ein Verstoß kommt jeweils in Betracht bei gänzlicher Unterlassung oder nicht rechtzeitiger Pflichterfüllung. Hierbei dürfte aber einschränkend zu verlangen sein, dass mittels Hinterlegung die Erfüllung der Pflichten nach §§ 114, 115 WpHG (Veröffentlichung von Jahres- bzw. Halbjahresfinanzbericht) bezweckt wird, sodass nur in diesem Fall eine Ordnungswidrigkeit in Betracht kommt.[71]

*e) Fehlverhalten bezüglich eines aus mehreren Dokumenten zusammengesetzten
Prospekts, § 24 Abs. 3 Nr. 8 und 9*

58 **Nr. 8** sanktioniert einen Verstoß gegen Art. 10 Abs. 1 UAbs. 2 ProspektVO. Danach ist spätestens zum Zeitpunkt der Wertpapierbeschreibung und der Zusammenfassung ein **Nachtrag** zum einheitlichen Registrierungsformular vorzulegen, wenn nach der Billigung des Registrierungsformulars ein wichtiger neuer Umstand eintritt oder eine wesentliche

---

68 *Gurlit*, in: Assmann/Schlitt/von Kopp-Colomb, Prospektrecht Kommentar, § 24 Rn. 19.
69 Überzeugend *Gurlit*, in: Assmann/Schlitt/von Kopp-Colomb, Prospektrecht Kommentar, § 24 Rn. 19.
70 *Gurlit*, in: Assmann/Schlitt/von Kopp-Colomb, Prospektrecht Kommentar, § 24 Rn. 19.
71 Siehe *Gurlit*, in: Assmann/Schlitt/von Kopp-Colomb, Prospektrecht Kommentar, § 24 Rn. 19.

Unrichtigkeit oder Ungenauigkeit festgestellt wird und einer dieser beiden Umstände die Beurteilung der Wertpapiere beeinflussen kann. Ein Verstoß des insofern allein verantwortlichen Emittenten liegt vor, wenn er den Nachtrag der BaFin nicht, nicht richtig, nicht vollständig oder nicht rechtzeitig zur Billigung vorlegt. Inhalt und Umfang des erforderlichen Nachtrags ergeben sich dabei aus Art. 9 Abs. 10 i.V.m. Art. 23 ProspektVO, sodass dieses Merkmal nicht nur formell, sondern auch materiell zu verstehen ist.[72]

Art. 10 Abs. 2 ProspektVO verlangt, dass das Registrierungsformular der Öffentlichkeit nach der Billigung unverzüglich nach den Bestimmungen des Art. 21 ProspektVO zur Verfügung gestellt wird. An Verstöße dagegen knüpft Nr. 9 an, wenn das gebilligte Registrierungsformular nicht, nicht in der vorgeschriebenen Weise oder nicht rechtzeitig zur Verfügung gestellt wird. Die Formulierung „nicht in der vorgeschriebenen Weise" beinhaltet auch einen Verstoß gegen die Veröffentlichungsmodalitäten in Art. 21 Abs. 3 und 4 ProspektVO[73, 74].

59

f) Fehlverhalten bezüglich Verweisen auf anderweitige Informationen zum Prospekt, § 24 Abs. 3 Nr. 10 und 11

Art. 19 ProspektVO, der die Aufnahme von Informationen (in den Prospekt) mittels Verweises regelt, verlangt in Abs. 2 Satz 1 von dem Emittenten, Anbieter oder Zulassungsantragsteller, die Zugänglichkeit der Informationen in diesem Falle sicherzustellen. **Nr. 10** sanktioniert Verstöße dagegen. Allerdings bezieht sich Nr. 10 gerade nicht auf Art. 19 Abs. 2 Satz 2, der hierzu weitere Konkretisierungen zu Querverweisen und Hyperlinks enthält. Daraus ist zu folgern, dass die Zugänglichkeit der Informationen, auf die verwiesen wird, auch anderweitig jedenfalls so ausreichend sichergestellt werden kann, dass ein Verstoß gegen Art. 19 Abs. 2 Satz 2 nicht per se zu ahnden ist.[75] Art. 19 Abs. 3 ProspektVO bestimmt, dass der vorgenannte Personenkreis spätestens zum Zeitpunkt des Überprüfungsprozesses alle mittels Verweises in den Prospekt aufgenommenen Informationen der zuständigen Behörde in einem elektronischen Format mit Suchfunktion vorlegt, soweit die betreffenden Informationen nicht bereits zuvor von der Behörde gebilligt oder bei ihr hinterlegt wurden. Verstöße dagegen ahndet **Nr. 11**, und zwar wenn die Pflicht nicht, nicht richtig, nicht vollständig, nicht in der vorgeschriebenen Weise oder nicht rechtzeitig erfüllt wird.

60

g) Fehlverhalten bezüglich der Billigung und Veröffentlichung von Prospekten, § 24 Abs. 3 Nr. 12–17

Die **Nr. 12–17** regeln Verstöße bezüglich der Billigung und Veröffentlichung von Prospekten. **Nr. 12** sanktioniert das in Art. 20 Abs. 1 ProspektVO aufgestellte Gebot, einen Prospekt erst nach Billigung durch die BaFin zu veröffentlichen. Maßgeblich ist dabei – rein formell – eine Veröffentlichung zu einem Zeitpunkt, zu dem (noch) keine behördliche

61

---

72 So auch *Gurlit*, in: Assmann/Schlitt/von Kopp-Colomb, Prospektrecht Kommentar, § 24 Rn. 20 und *Böse/Jansen*, in: Schwark/Zimmer, KMRK, § 24 Rn. 17.
73 *Gurlit*, in: Assmann/Schlitt/von Kopp-Colomb, Prospektrecht Kommentar, § 24 Rn. 20.
74 Zum weiteren Erfordernis, auf den bloßen Teilcharakter des einheitlichen Registrierungsformulars hinzuweisen, siehe die Kommentierung unten in Rn. 84 zu § 24 Abs. 4 Nr. 27.
75 *Gurlit*, in: Assmann/Schlitt/von Kopp-Colomb, Prospektrecht Kommentar, § 24 Rn. 21.

Genehmigung vorliegt.[76] Es handelt sich um ein Allgemeindelikt, d. h. theoretisch kommt jeder in Betracht, der eine solche (ungebilligte) Veröffentlichung vornimmt.[77] Die Art der Veröffentlichung ist dabei nicht entscheidend.[78] Inhaltliche Abweichungen des veröffentlichten von dem behördlich gebilligten Prospekt werden dagegen allein durch Nr. 13 sowie § 24 Abs. 4 Nr. 28 erfasst.[79]

62 **Nr. 13** ahndet Verstöße gegen Art. 21 Abs. 1 und 3, UAbs. 1 ProspektVO, welche jeweils den Emittenten, Anbieter oder Zulassungsantragsteller betreffen. Begehungsformen sind in erster Linie das gänzliche Unterlassen der Veröffentlichung oder deren nicht rechtzeitige Vornahme; eine solche nicht rechtzeitige Veröffentlichung liegt ausweislich der Anforderungen in Art. 21 Abs. 1 UAbs. 1 ProspektVO vor, wenn sie erst nach Beginn des öffentlichen Angebots oder der Handelszulassung erfolgt.[80] Weitere Begehungsformen greifen ein, wenn der Prospekt nicht richtig, nicht vollständig oder nicht in der vorgeschriebenen Weise veröffentlicht wird. Unrichtig ist die Veröffentlichung, wenn Angaben sachlich unrichtig sind,[81] wobei § 24 Abs. 4 Nr. 28 die diesen Fall ausdrücklich betreffende Spezialregelung ist, soweit eine Abweichung vom gebilligten Prospekt in Betracht kommt.[82] Unvollständig ist die Veröffentlichung, wenn einzelne oder mehrere Teile fehlen. Nicht in der vorgeschriebenen Weise erfolgt die Veröffentlichung, wenn sie nicht in Einklang mit den Vorgaben des Art. 21 Abs. 3 UAbs. 1 steht. Hierzu zählt u. a. die Veröffentlichung in einer leicht zugänglichen eigenen Rubrik, als herunterlad- und druckbare Datei sowie in einem mit Suchfunktion ausgestatteten Format.[83]

63 Art. 21 Abs. 3 UAbs. 2 ProspektVO verlangt, dass der Emittent, Anbieter oder Zulassungsantragsteller mittels Verweises aufgenommene Informationen, Nachträge und etwaige endgültige Bedingungen sowie eine gesonderte Kopie der Zusammenfassung in derselben Rubrik wie den (Rest-)Prospekt der Öffentlichkeit zur Verfügung stellt, ggf. in Form eines Hyperlinks. **Nr. 14** betrifft Verstöße gegen diese Pflicht durch gänzliche Unterlassung und durch nicht rechtzeitige Veröffentlichung.

64 **Nr. 15** will es als Ordnungswidrigkeit ahnden, wenn unter Verstoß gegen Art. 21 Abs. 11 ProspektVO der Emittent, Anbieter oder Zulassungsantragsteller auf Verlangen eines potenziellen Anlegers nicht oder nicht rechtzeitig kostenlos den Prospekt auf einem dauerhaften Datenträger oder in einer gedruckten Fassung zur Verfügung stellt. Es handelt sich um eine „Bringschuld" des Verpflichteten, der den gewünschten Prospekt übersenden muss.[84] Da aber Art. 21 Abs. 11 ProspektVO keinen Anhaltspunkt für die Rechtzeitigkeit liefert, kann jedenfalls der Tatbestand „nicht rechtzeitig" angesichts der verfassungsrecht-

---

76 *Gurlit*, in: Assmann/Schlitt/von Kopp-Colomb, Prospektrecht Kommentar, § 24 Rn. 22 und *Böse/Jansen*, in: Schwark/Zimmer, KMRK, § 24 Rn. 19.
77 *Böse/Jansen*, in: Schwark/Zimmer, KMRK, § 24 Rn. 19.
78 Siehe zur damaligen Parallelvorschrift die Vorauflage, § 35 WpPG a. F., Rn. 38.
79 So auch *Gurlit*, in: Assmann/Schlitt/von Kopp-Colomb, Prospektrecht Kommentar, § 24 Rn. 22.
80 Siehe auch *Gurlit*, Assmann/Schlitt/von Kopp-Colomb, Prospektrecht Kommentar, § 24 Rn. 23.
81 So schon zur damaligen Parallelvorschrift in § 35 Abs. 1 Nr. 5 WpPG a. F. die Vorlauflage, § 35 WpPG a. F., Rn. 42; zum neuen Recht *Gurlit*, in: Assmann/Schlitt/von Kopp-Colomb, Prospektrecht Kommentar, § 24 Rn. 23.
82 A. A. offenbar, und ohne Zusammenschau mit § 24 Abs. 4 Nr. 28 WpPG, *Böse/Jansen*, in: Schwark/Zimmer, KMRK, § 24 Rn. 19.
83 *Gurlit*, in: Assmann/Schlitt/von Kopp-Colomb, Prospektrecht Kommentar, § 24 Rn. 23.
84 *Gurlit*, in: Assmann/Schlitt/von Kopp-Colomb, Prospektrecht Kommentar, § 24 Rn. 24; so auch *Berrar*, → Art. 21 ProspektVO Rn. 51.

lichen Bestimmtheitsanforderungen keine Anwendung finden.⁸⁵ Fraglich und eher zu verneinen ist damit aber auch die Verfassungsmäßigkeit der Tatbestandsvariante des gänzlichen Unterlassens. Dies ergibt sich zum einen aus der unklaren Bestimmung der gänzlichen Unterlassung angesichts fehlender Klarheit zur Frage der Rechtzeitigkeit. Zum anderen ist die Ahndung als Ordnungswidrigkeit (mit einem Bußgeldrahmen von bis zu 700.000 Euro) rechtspolitisch fragwürdig und erscheint unverhältnismäßig. Im Zeitalter weitestgehend zugänglicher moderner Kommunikation über das Internet – zumal der gebilligte Prospekt ja auch nach Art. 21 Abs. 5 ProspektVO auf der Internetseite der BaFin veröffentlicht wird und damit leicht zu finden ist – und in Deutschland weitestgehendem Zugang zu Druckern scheint die vorgenannte empfindliche Sanktion in einem deutlichen Missverhältnis zu dem zeitlichen und finanziellen Mehraufwand für den Anleger durch eigenen Ausdruck zu stehen. Dem dürfte auch das Unionsrecht nicht entgegenstehen, da Art. 38 Abs. 1 Satz 1 ProspektVO ja gerade verlangt, dass die Maßnahmen verhältnismäßig sein müssen.

Art. 22 Abs. 5 ProspektVO postuliert das Gebot der informationellen Gleichbehandlung **65** der Anleger durch Mitteilung wesentlicher, von einem Emittenten oder Anbieter einem oder mehreren ausgewählten Anlegern offengelegter Informationen gegenüber allen Anlegern, soweit kein Prospekt erforderlich ist, bzw. der Aufnahme dieser Informationen in den Prospekt oder einen Nachtrag, soweit ein Prospekt erforderlich ist. **Nr. 16** ahndet Verstöße dagegen, begegnet aber zumindest in der prospektfreien Variante wiederum erheblichen verfassungsrechtlichen Bedenken, da sich im Zweifelsfall nicht einwandfrei ermitteln lassen dürfte, welche Informationen in welcher Weise genau und insbesondere welchem weiteren Anlegerkreis zur Verfügung gestellt werden müssen, wenn es gerade an einem Prospekt mit seinen weitestgehend klaren Anforderungsvoraussetzungen und klaren Veröffentlichungsvorgaben fehlt.

Art. 23 Abs. 1 ProspektVO verlangt, dass der Emittent, Anbieter oder Zulassungsantrag- **66** steller jeden nach der Prospektbilligung neu auftretenden wichtigen Umstand und jede wesentliche Unrichtigkeit oder Ungenauigkeit im Prospekt, die jeweils für die Bewertung des Wertpapiers relevant sind, unverzüglich in einem zu erstellenden, zu billigenden und zu veröffentlichenden Nachtrag veröffentlicht. Verstöße hiergegen ahndet **Nr. 17**, sofern ein (gebilligter) Nachtrag nicht, nicht richtig, nicht vollständig, nicht in der vorgeschriebenen Weise oder nicht rechtzeitig **veröffentlicht** wird. Indem Nr. 17 allein auf die Veröffentlichungspflicht abstellt (und insofern von dem weiter reichenden Art. 23 Abs. 1 ProspektVO abweicht), wird die Pflicht, ggf. einen Nachtrag zu erstellen und der BaFin vorzulegen, nicht erfasst.⁸⁶ Die Anforderungen an die Art der Veröffentlichung bestimmen sich über den Verweis in Art. 23 Abs. 1 UAbs. 2 ProspektVO nach Art. 21 ProspektVO (siehe dazu → Rn. 52). Indem Nr. 17 allein auf Art. 23 Abs. 1 ProspektVO Bezug nimmt, werden

---

85 Überzeugend *Gurlit*, in: Assmann/Schlitt/von Kopp-Colomb, Prospektrecht Kommentar, § 24 Rn. 23; deswegen gibt der Autor seine hierzu noch in der Vorauflage vertretene Auffassung auf, vgl. § 35 WpPG a. F., Rn. 55.
86 So auch schon die Vorauflage zur Parallelvorschrift des § 35 Abs. 1 Nr. 9 WpPG a. F. Rn. 58 mit Feststellung einer Sanktionslücke; zum neuen Recht im Anschluss daran nunmehr ebenso *Gurlit*, in: Assmann/Schlitt/von Kopp-Colomb, Prospektrecht Kommentar, § 24 Rn. 24.

Fehler bezüglich der Hinweispflicht auf das Widerrufsrecht in Art. 23 Abs. 2 ProspektVO nicht erfasst; sie sind allein Gegenstand einer Ahndung nach § 24 Abs. 4 Nr. 32.[87]

4. Verstöße nach § 24 Abs. 4 (Weitere Verstöße gegen die ProspektVO)

67   § 24 Abs. 4 enthält eine umfängliche Auflistung weiterer Ordnungswidrigkeitstatbestände, die einen **vorsätzlichen oder leichtfertigen Verstoß** gegen weitere (d. h. nicht bereits durch § 24 Abs. 3 adressierte) unmittelbar anwendbare Pflichten aus der ProspektVO ahnden. Obwohl Abs. 4 – anders als Abs. 3 – nicht erneut die Fundstelle der ProspektVO im EU-Amtsblatt angibt, wird man dem deutschen Gesetzgeber zugutehalten können, dass er die erneute Angabe für entbehrlich hielt, dass in der Sache aber auch hier eine (verfassungsrechtlich zulässige) statische Verweisung (siehe dazu → Rn. 46, auch zur gebotenen engen Auslegung) gemeint war.[88]

a) Verstoß gegen das Verbot der prospektfreien Weiterveräußerung oder Platzierung, § 24 Abs. 4 Nr. 1

68   Art. 1 Abs. 4 lit. a–d ProspektVO sehen in der Praxis vielfach verwendete Ausnahmen von der Pflicht zur Erstellung und Veröffentlichung eines Wertpapierprospekts vor. Dann ist aber die Weiterveräußerung naturgemäß ebenfalls eingeschränkt, wie in Art. 5 Abs. 1 ProspektVO vorgesehen, damit die ansonsten bestehende Pflicht zur Erstellung eines Wertpapierprospekts nicht unterlaufen wird. § 24 Abs. 4 Nr. 1 ahndet vor diesem Hintergrund Verstöße gegen das in Art. 5 Abs. 1 UAbs. 1 Satz 2 und UAbs. 2 vorgesehene Verbot, Wertpapiere weiterzuveräußern oder endgültig zu platzieren, ohne dass die Voraussetzungen für eine prospektfreie Weiterveräußerung oder Platzierung vorliegen.

b) Veröffentlichung eines Prospekts unter Missachtung der Vorgaben für den Prospektinhalt, § 24 Abs. 4 Nr. 2 und 3

69   Nr. 2 ahndet Sachverhalte, in denen jemand einen Prospekt veröffentlicht, der die in Art. 6 ProspektVO vorgesehenen Angaben nicht oder nicht in der vorgeschriebenen Weise enthält. Da es um die Veröffentlichung geht, kommt als Täter jedermann in Betracht (Allgemeindelikt),[89] wenn auch in der Praxis wenig wahrscheinlich sein dürfte, dass es sich um jemand anderen als den Emittenten, Anbieter oder Zulassungsantragsteller handelt. Art. 6 ProspektVO ist die zentrale Norm zur Prospektvollständigkeit unter Einschluss der Prospektwahrheit sowie der Prospektklarheit und der Vorgaben für die Informationszuordnung, wenn der Prospekt aus mehreren Einzeldokumenten besteht. Dagegen bezieht sich **Nr. 3** auf Veröffentlichungen eines Prospekts, der die nach Art. 7 ProspektVO für die Zusammenfassung erforderlichen Informationen und Warnhinweise nicht oder nicht in der vorgeschriebenen (weitgehend formalen) Weise enthält. Ein Verstoß gegen die Nr. 2 und 3 lässt sich nicht von einem solchen gegen § 24 Abs. 3 Nr. 13 abgrenzen: Im Zweifelsfall

---

87 Siehe auch *Gurlit*, in: Assmann/Schlitt/von Kopp-Colomb, Prospektrecht Kommentar, § 24 Rn. 24.
88 So lässt sich bereits die Gesetzesbegründung lesen, BT-Drucks. 19/8005, S. 55; so auch die dazu bisher erschienene Literatur: *Böse/Jansen*, in: Schwark/Zimmer, KMRK, § 24 Rn. 4 und *Gurlit*, in: Assmann/Schlitt/von Kopp-Colomb, Prospektrecht Kommentar, § 24 Rn. 24
89 *Gurlit*, in: Assmann/Schlitt/von Kopp-Colomb, Prospektrecht Kommentar, § 24 Rn. 27.

dürfte bei Verstoß gegen die nach Abs. 3 Nr. 13 vorgesehene Modalität der „nicht vollständigen Veröffentlichung" jeweils auch ein Verstoß gegen Abs. 4 Nr. 2 oder Nr. 3 vorliegen. Richtig ist zwar, dass Abs. 3 Nr. 13 formal ein Sonderdelikt (für Emittenten, Anbieter oder Zulassungsantragsteller) regelt,[90] während ein Verstoß gegen Abs. 4 Nr. 2 und 3 von jedermann begangen werden kann. In der Praxis dürften allerdings auch Verstöße gegen Abs. 4 Nr. 2 und 3 eigentlich nur durch den vorgenannten Personenkreis in Betracht kommen. Zudem scheinen die Nr. 2 und 3 spezifischer, sodass deren Einordnung als leges speciales naheliegt. Wegen des gleichen Strafrahmens für Verstöße nach Abs. 3 und Abs. 4 gemäß § 24 Abs. 6 kann dies hier aber dahinstehen.

c) Missachtung der Vorgaben für endgültige Bedingungen, § 24 Abs. 4 Nr. 4–11

Die **Nr. 4–11** regeln in Ergänzung des Tatbestandes in § 24 Abs. 3 Nr. 3 (zur unterlassenen oder nicht rechtzeitigen Veröffentlichung bzw. Hinterlegung) Ordnungswidrigkeitstatbestände bei Missachtung der für die **endgültigen Bedingungen** geltenden Vorgaben. **Nr. 4** ahndet (formell als Allgemeindelikt) die Veröffentlichung von endgültigen Bedingungen, die entgegen Art. 8 Abs. 3 ProspektVO nicht oder nicht in der vorgeschriebenen Weise festlegen, welche der in dem Basisprospekt enthaltenen Optionen für die einzelne Emission gelten. Die vorgeschriebene Weise bezieht sich auf das Erfordernis in Art. 8 Abs. 3 ProspektVO, entweder auf die entsprechenden Rubriken des Basisprospekts zu verweisen oder die betreffenden Angaben zu wiederholen. Nicht von Nr. 4 erfasst ist dagegen die inhaltliche Unzulässigkeit einer gewählten Option, die sich nämlich schon aus dem Basisprospekt ergeben hätte.[91] 70

Nach Art. 8 Abs. 4 UAbs. 1 ProspektVO müssen die endgültigen Bedingungen in den Basisprospekt, in einem gesonderten Dokument oder in Nachträgen aufgenommen werden sowie in leicht zu analysierender und verständlicher Form abgefasst sein. An Verstöße gegen diese Vorgaben knüpft **Nr. 5** an, und zwar bei einer Veröffentlichung, die nicht diesen Anforderungen an die Präsentationsform oder Darlegung entspricht.[92] 71

Nr. 6 sanktioniert Verstöße gegen Art. 8 Abs. 4 UAbs. 2 ProspektVO, demzufolge die endgültigen Bedingungen nur die Wertpapierbeschreibung betreffende Angaben enthalten und nicht als Nachtrag zum Basisprospekt dienen dürfen. Denn Gegenstand von endgültigen Bedingungen sind allein wertpapierbezogene Angaben, die erst zum Zeitpunkt des Angebots feststehen und deshalb nicht in den Basisprospekt aufgenommen werden konnten; allerdings können der endgültige Emissionskurs und das endgültige Emissionsvolumen Teil der endgültigen Bedingungen sein, wie sich aus Art. 8 Abs. 4 UAbs. 2 Satz 2, Art. 17 Abs. 1 lit. b ProspektVO ergibt.[93] Tathandlung ist auch hier die Veröffentlichung. 72

Nach Art. 8 Abs. 5 UAbs. 2 ProspektVO müssen endgültige Bedingungen zudem eine eindeutige und deutlich sichtbare Erklärung zu bestimmten Formalien enthalten. **Nr. 7** ahndet Verstöße dagegen durch eine Veröffentlichung, die diese (eindeutige und deutlich sichtbare) Erklärung nicht oder nicht vollständig enthält. 73

---

90 *Gurlit*, in: Assmann/Schlitt/von Kopp-Colomb, Prospektrecht Kommentar, § 24 Rn. 27.
91 *Gurlit*, in: Assmann/Schlitt/von Kopp-Colomb, Prospektrecht Kommentar, § 24 Rn. 28.
92 Zum Gebot, die endgültigen Bedingungen in derselben Sprache abzufassen wie den Basisprospekt, das durch § 24 Abs. 4 Nr. 39 gesondert sanktioniert wird, siehe → Rn. 88.
93 Vgl. *Böse/Jansen*, in: Schwark/Zimmer, KMRK, § 24 Rn. 23 und *Gurlit*, in: Assmann/Schlitt/von Kopp-Colomb, Prospektrecht Kommentar, § 24 Rn. 28.

74 Die **Nr. 8–10** betreffen Verstöße im Zusammenhang mit der für die endgültigen Bedingungen erforderlichen **emissionsspezifischen Zusammenfassung** und knüpfen als Allgemeindelikte jeweils ebenfalls an die **Veröffentlichung** an.[94] **Nr. 8** sanktioniert Verstöße gegen Art. 8 Abs. 9 UAbs. 1, 1. Teilsatz ProspektVO, wenn die für die spezifische Emission veröffentlichte Zusammenfassung nicht den für endgültige Bedingungen geltenden Anforderungen entspricht. **Nr. 9** betrifft Verstöße gegen die aus Art. 8 Abs. 9 UAbs. 1, 2. Teilsatz ProspektVO folgende Pflicht, die Zusammenfassung den endgültigen Bedingungen anzufügen. **Nr. 10** bezieht sich auf Verstöße gegen die aus Art. 8 Abs. 9 UAbs. 2 ProspektVO folgenden Pflichten zum Inhalt, nämlich dass die (zu veröffentlichende) Zusammenfassung den gesammelten Anforderungen an eine Zusammenfassung nach Art. 7 ProspektVO entsprechen und darüber hinaus bestimmte Basisinformationen enthalten muss. Nach Ansicht von ESMA liegt ein Verstoß hiergegen auch dann vor, wenn die Zusammenfassung zusätzliche Angaben enthält, die nicht schon im Basisprospekt, den endgültigen Bedingungen oder in einem Nachtrag enthalten waren.[95]

75 **Nr. 11** schließlich sanktioniert Verstöße gegen die in Art. 8 Abs. 11 Satz 2 ProspektVO enthaltene Vorgabe, dass (zu veröffentlichende) endgültige Bedingungen unter den dort vorgesehenen Voraussetzungen des Ablaufs eines Basisprospekts und der Billigung eines Nachfolge-Basisprospekts einen deutlich sichtbaren Warnhinweis mit bestimmten Angaben enthalten müssen. Ein Verstoß liegt vor, sofern die Veröffentlichung ohne diesen Warnhinweis erfolgt.[96]

d) Veröffentlichung eines einheitlichen Registrierungsformulars ohne vorherige Billigung, § 24 Abs. 4 Nr. 12

76 **Nr. 12** betrifft, als Gegenstück zu § 24 Abs. 3 Nr. 12 für den Prospekt und in Ergänzung zu weiteren Ordnungswidrigkeitstatbeständen zum **einheitlichen Registrierungsformular** in § 24 Abs. 3 Nr. 4 –7,[97] die Ahndung der Veröffentlichung eines einheitlichen Registrierungsformulars ohne die erforderliche vorherige Billigung durch die BaFin. Insofern kann auf die Kommentierung zu § 24 Abs. 3 Nr. 12 verwiesen werden (siehe → Rn. 61). Allerdings ist hier die in Art. 9 Abs. 2 ProspektVO vorgesehene Ausnahme zu beachten, bei deren Eingreifen keine Billigung des einheitlichen Registrierungsformulars mehr erforderlich ist, sondern eine Hinterlegung ausreicht.

e) Formal fehlerhafte Prospektveröffentlichung, § 24 Abs. 4 Nr. 13

77 **Nr. 13** ahndet die Veröffentlichung eines Prospekts, auch unter Verwendung eines (einheitlichen) Registrierungsformulars, der die nach Art. 11 Abs. 1 ProspektVO vorgeschriebenen Angaben und Erklärungen nicht oder nicht in der vorgeschriebenen Weise enthält. Art. 11 Abs. 1 ProspektVO verlangt die explizite und eindeutige Übernahme der Verant-

---

94 *Gurlit*, in: Assmann/Schlitt/von Kopp-Colomb, Prospektrecht Kommentar, § 24 Rn. 29.
95 ESMA, Q&As on the Prospectus Regulation, ESMA/2019/ESMA31-62-1258, Stand 3.2.2023, Frage 13.1.
96 Vgl. *Gurlit*, in: Assmann/Schlitt/von Kopp-Colomb, Prospektrecht Kommentar, § 24 Rn. 29, die einen zu ahndenden Verstoß auch dann annehmen will, wenn es an der Voraussetzung der deutlichen Sichtbarkeit des Warnhinweises fehlt. Ich halte das für zweifelhaft und für eher nicht hinreichend bestimmt.
97 Siehe auch *Böse/Jansen*, in: Schwark/Zimmer, KMRK, § 24 Rn. 25.

wortung für den Prospekt durch die Prospektverantwortlichen nebst weiteren Einzelheiten dazu. Der Tatbestand greift ein, wenn in der veröffentlichten Prospektversion diese Angaben ganz oder teilweise fehlen oder sachlich unzutreffend[98] sind. Denn dann sind diese Erklärungen oder Angaben nicht in der vorgeschriebenen Weise erfolgt. Obwohl es sich formell um ein an die Veröffentlichung anknüpfendes und damit jedermann betreffendes Allgemeindelikt handelt, dürften in der Praxis auch hier eigentlich nur die dann auch zu nennenden Prospektverantwortlichen als Täter in Betracht kommen.

f) Unzulässige Veröffentlichung eines vereinfachten Prospekts für Sekundäremissionen, § 24 Abs. 4 Nr. 14

Nr. 14 sanktioniert die unzulässige Veröffentlichung eines **vereinfachten Prospekts für Sekundäremissionen** in drei Tatbestandsvarianten: Die erste Variante betrifft die Veröffentlichung eines derartigen Prospekts, ohne zu den in Art. 14 Abs. 1 ProspektVO genannten Personen zu gehören. In der Sache geht es um die Emission von Wertpapieren, die mit solchen bereits 18 Monate unter bestimmten weiteren Umständen zugelassenen Wertpapieren fungibel sind, bzw. um eine Veröffentlichung eines derartigen Prospekts für Nicht-Dividendenwerte, typischerweise Schuldverschreibungen, von einem Emittenten, dessen Dividendenpapiere bereits 18 Monate derart zugelassen waren. Dabei ist zunächst darauf hinzuweisen, dass der Kreis der Berechtigten in Art. 14 Abs. 1 ProspektVO durch die Einfügung eines neuen lit. d in UAbs. 1 aufgrund der Verordnung (EU) 2019/2115 erweitert wurde. Insofern kann die ansonsten für das Ordnungswidrigkeitenrecht geltende, verfassungsrechtlich gebotene Vorgabe der statischen Verweisung (dazu → Rn. 46) nicht aufrechterhalten werden: dieser Kreis der Berechtigten muss ebenfalls straffrei agieren dürfen, weswegen auch eine gesetzgeberische Klarstellung in Nr. 14 geboten ist.[99] Wichtiger noch ist der Umstand, dass der Tatbestand der Nr. 14, erste Variante, insofern „**regelungstechnisch missglückt**"[100] ist, als er die Unzulässigkeit der Veröffentlichung mit der fehlenden Berechtigung nach Art. 14 Abs. 1 ProspektVO kombiniert. Indessen begeht z.B. ein Zulassungsantragsteller, der nicht selbst privilegierter Emittent ist, kein prospektrechtliches Unrecht, wenn er einen zulässig von einem privilegierten Emittenten erstellten vereinfachten Prospekt veröffentlicht. Insoweit bedarf die erste Variante einer **teleologischen Reduktion**.[101] Die zweite Variante knüpft an die Veröffentlichung eines vereinfachten Prospekts an, der nicht aus den in Art. 14 Abs. 1 UAbs. 2 ProspektVO vorgeschriebenen Bestandteilen besteht: Zusammenfassung, spezielles Registrierungsformular und spezielle Wertpapierbeschreibung.[102] Die dritte Variante schließlich greift ein, wenn ein vereinfachter Prospekt veröffentlicht wird, der die nach Art. 14 Abs. 2 ProspektVO erforderlichen, verkürzten Angaben nicht oder nicht in der vorgeschriebenen Weise enthält. Dabei steht dem vollständigen Fehlen dieser Angaben ihre Unvollständigkeit gleich. Nicht in der vorgeschriebenen Weise liegen die relevanten verkürzten Angaben vor, wenn sie nicht – wie in Art. 14 Abs. 2 UAbs. 2 ProspektVO gefordert – in leicht zu analysierender, knap-

---

98 So auch *Gurlit*, in: Assmann/Schlitt/von Kopp-Colomb, Prospektrecht Kommentar, § 24 Rn. 31, auch zur Begründung im folgenden Satz.
99 *Gurlit*, in: Assmann/Schlitt/von Kopp-Colomb, Prospektrecht Kommentar, § 24 Rn. 32.
100 Begriff von *Gurlit*, in: Assmann/Schlitt/von Kopp-Colomb, Prospektrecht Kommentar, § 24 Rn. 32 siehe dort auch dezidiert zur nachfolgenden Begründung.
101 *Gurlit*, in: Assmann/Schlitt/von Kopp-Colomb, Prospektrecht Kommentar, § 24 Rn. 32.
102 *Böse/Jansen*, in: Schwark/Zimmer, KMRK, § 24 Rn. 27.

per und verständlicher Form präsentiert werden, die es den Anlegern ermöglicht, eine fundierte Anlageentscheidung zu treffen.[103] Dabei dürfen in Anbetracht der verwendeten unbestimmten Rechtsbegriffe und vor dem Hintergrund der im Ordnungswidrigkeitenrecht verfassungsrechtlich gebotenen engen Auslegung einmal mehr die Anforderungen nicht überspannt werden.

g) Unzulässige Veröffentlichung eines EU-Wachstumsprospekts, § 24 Abs. 4 Nr. 15

79   Nr. 15 entspricht für den (praktisch kaum oder gar nicht relevant gewordenen) **EU-Wachstumsprospekt** der ersten und dritten Tatbestandsvariante zu Nr. 14, nämlich der unzulässigen Veröffentlichung eines EU-Wachstumsprospekts, ohne zu den in Art. 15 ProspektVO genannten Personen zu gehören, bzw. der Veröffentlichung eines solchen Prospekts, der die genannten Bestandteile nicht oder nicht in der vorgeschriebenen Weise enthält. Hier kann im Wesentlichen auf die Ausführungen in → Rn. 78 mit der Maßgabe verwiesen werden, dass auch hier bezüglich der ersten Variante der Berechtigtenkreis durch die Verordnung (EU) 2019/2115 erweitert wurde und die vorgenannte teleologische Reduktion vorzunehmen ist[104] und bezüglich der zweiten Variante in Nr. 15 für die Veröffentlichung die vorzusehenden Bestandteile spezielle Zusammenfassung, spezielles Registrierungsformular und spezielle Wertpapierbeschreibung vollständig enthalten sein müssen und für die nicht vorschriftsmäßige Veröffentlichung maßgeblich ist, ob Defizite bei der erforderlichen verständlichen Sprache oder bei der Beachtung der standardisierten Reihenfolge in Abweichung von Art. 15 Abs. 1 ProspektVO auftreten. Bezüglich der vorschriftsmäßigen Veröffentlichung sind auch hier die Anforderungen nicht zu überspannen.

h) Veröffentlichung eines bezüglich der Risikofaktoren defizitären Prospekts, § 24 Abs. 4 Nr. 16

80   Art. 16 Abs. 1–3 ProspektVO setzt einen ersten, allgemeinen Rahmen für die im Prospekt anzugebenden **Risikofaktoren**. Hieran knüpft **Nr. 16** an, die es als Ordnungswidrigkeit sanktioniert, wenn jemand einen Prospekt veröffentlicht, der diesen Vorgaben zu Risikofaktoren nicht oder nicht in der vorgeschriebenen Weise folgt. Insoweit die Vorschrift lediglich auf Art. 16 Abs. 1–3 ProspektVO abstellt, kann aus einer Missachtung der hierzu ergangenen Konkretisierungen (etwa in Art. 7, Abs. 6 und 7 sowie in Art. 10 ProspektVO sowie in der DelVO 2019/980) und den zu Art. 16 Abs. 4 ProspektVO von ESMA aufgestellten Leitlinien[105] nicht zwangsläufig ein Verstoß gegen Nr. 16 gefolgert werden.[106] Zudem wird man davon ausgehen dürfen, dass ein von der BaFin geprüfter (und gebilligter) Prospekt insoweit für ordnungswidrigkeitsrechtliche Zwecke typischerweise nicht defizitär sein kann.

---

103 *Gurlit*, in: Assmann/Schlitt/von Kopp-Colomb, Prospektrecht Kommentar, § 24 Rn. 32.
104 *Gurlit*, in: Assmann/Schlitt/von Kopp-Colomb, Prospektrecht Kommentar, § 24 Rn. 33.
105 ESMA, Guidelines on Risk Factors under the Prospectus Regulation vom 1.10.2019, ESMA 31-62-1293.
106 *Gurlit*, in: Assmann/Schlitt/von Kopp-Colomb, Prospektrecht Kommentar, § 24 Rn. 34.

i) Fehlverhalten bezüglich der Festlegung des endgültigen Emissionskurses oder des endgültigen Emissionsvolumens, § 24 Abs. 4 Nr. 17–19

Nr. 17–19 betreffen Verstöße gegen Art. 17 ProspektVO: Gegen **Nr. 17** verstößt, wer einen Prospekt veröffentlicht, der die nach Art. 17 Abs. 1 lit. b ProspektVO erforderlichen Angaben zum Emissionskurs und -volumen nicht enthält, d. h. keine der dort angegebenen Alternativen. Dagegen richtet sich **Nr. 18** nur an Anbieter und Zulassungsantragsteller als mögliche Täter. Diese müssen den endgültigen Emissionskurs und das endgültige Emissionsvolumen nach Art. 17 Abs. 2 ProspektVO in unmittelbarem zeitlichem Zusammenhang mit der Veröffentlichung bei der BaFin hinterlegen; für die Wahrung dieses unmittelbaren zeitlichen Zusammenhangs wird man unter normalen Umständen eine Hinterlegung am Tag der Veröffentlichung verlangen dürfen (siehe → Rn. 52).[107] Aus der Formulierung in Nr. 18 („oder") folgt, dass eine Ordnungswidrigkeit bereits dann vorliegt, wenn eine der beiden Angaben nicht hinterlegt wird. Dagegen wird eine sachlich unrichtige Hinterlegung nicht sanktioniert.[108] **Nr. 19** schließlich verlangt im Anschluss an Art. 17 Abs. 2 am Ende, Art. 21 Abs. 2 ProspektVO ausschließlich vom Anbieter, den endgültigen Emissionspreis und das endgültige Emissionsvolumen unverzüglich nach deren Festlegung der Öffentlichkeit zur Verfügung zu stellen, und ahndet Verstöße hiergegen durch vollständige oder teilweise Unterlassung, nicht richtige, nicht in der vorgeschriebenen Weise erfolgende oder nicht unverzügliche Veröffentlichung. Auch insofern reicht jeweils für die Verwirklichung einer der verschiedenen Begehungsformen ein Fehler bei einer der erforderlichen Angaben.[109] Eine Unrichtigkeit liegt vor, wenn sachlich unzutreffende Angaben gemacht werden.[110] Nicht in der vorgeschriebenen Weise erfolgt die Veröffentlichung, wenn sie nicht entsprechend Art. 21 Abs. 2 ProspektVO auf einer der dort genannten Websites vorgenommen wird.[111] Unverzüglich ist die Veröffentlichung unter normalen Umständen nur, wenn sie am Tag der Hinterlegung erfolgt.[112]

81

j) Relevanz eines Fehlverhaltens wegen Nicht-Aufnahme von „erforderlichen Angaben" in den Prospekt, § 24 Abs. 4 Nr. 20?

Nr. 20 sanktioniert nach seinem Wortlaut denjenigen, der nach der ProspektVO für einen Prospekt erforderliche Angaben nicht aufnimmt, ohne dass die Voraussetzungen der Nicht-Aufnahme nach Art. 18 ProspektVO vorliegen. Danach würde an jeden denkbaren sachlichen Prospektfehler angeknüpft, der lediglich dann ausnahmsweise nicht zu ahnden

82

---

107 Vgl. auch *Böse/Jansen*, in: Schwark/Zimmer, KMRK, § 24 Rn. 29, und *Gurlit*, in: Assmann/Schlitt/von Kopp-Colomb, Prospektrecht Kommentar, § 24 Rn. 35.
108 So bereits die Vorauflage zur Parallelvorschrift in § 35 Abs. 1 Nr. 3 WpPG a. F., § 35 Rn. 27; ebenso im Anschluss an diese nunmehr auch *Böse/Jansen*, in: Schwark/Zimmer, KMRK, § 24 Rn. 29, und *Gurlit*, in: Assmann/Schlitt/von Kopp-Colomb, Prospektrecht Kommentar, § 24 Rn. 35.
109 *Gurlit*, in: Assmann/Schlitt/von Kopp-Colomb, Prospektrecht Kommentar, § 24 Rn. 35.
110 So bereits die Vorauflage zur Parallelvorschrift in § 35 Abs. 1 Nr. 2 WpPG a. F., § 35 Rn. 22; ebenso nunmehr im Anschluss an diese *Böse/Jansen*, in: Schwark/Zimmer, KMRK, § 24 Rn. 29, und *Gurlit*, in: Assmann/Schlitt/von Kopp-Colomb, Prospektrecht Kommentar, § 24 Rn. 35.
111 Vgl. *Gurlit*, Assmann/Schlitt/von Kopp-Colomb, Prospektrecht Kommentar, § 24 Rn. 35.
112 Dazu auch → Rn. 52 und bereits die Vorauflage zur Parallelvorschrift des § 35 Abs. 1 Nr. 2 WpPG a. F., § 35 Rn. 24, sowie die nunmehr erschienenen Kommentierungen zum geltenden Recht von *Böse/Jansen* und *Gurlit*, jeweils a. a. O.

wäre, wenn ein Rechtfertigungsgrund nach Art. 18 ProspektVO eingreift; zudem wäre bereits die Erstellung tatbestandsauslösend. Diese doppelt missglückte Art der Regelungstechnik, die generalklauselartig und bereits im Vorfeld der ansonsten allein erst relevanten Veröffentlichung von Prospekten, in denen spezifische Angaben fehlen (etwa § 24 Abs. 3 Nr. 3, 4 und 14 sowie § 24 Abs. 4 Nr. 2, 3, 7, 13 und 16), ansetzt, begegnet aufgrund des Bestimmtheitsgebots des Art. 103 Abs. 2 GG erheblichen verfassungsrechtlichen Bedenken; sie widerspricht zudem dem vom Gesetzgeber ansonsten in diesen Ordnungswidrigkeitstatbeständen verfolgten Regelungsansatz, im Wege der Blankettechnik genau auf die jeweils relevante unionsrechtliche Norm (aus der ProspektVO) zu verweisen.[113] Vor diesem Hintergrund kann die Regelung keine Anwendung finden.[114]

k) Veröffentlichung eines bezüglich der Verweise defizitären Prospekts, § 24 Abs. 4 Nr. 21

83 Art. 19 Abs. 1 ProspektVO enthält in seinen lit. a–k relativ detaillierte Vorgaben dazu, welche Informationen mittels eines **Verweises** in einen Prospekt aufgenommen werden können. Zudem wird dort u. a. bestimmt, dass solche Informationen zuvor oder gleichzeitig veröffentlicht worden sein müssen, dass sie dem Sprachregime des Art. 27 ProspektVO entsprechen müssen, dass es sich um die jüngsten dem Emittenten vorliegenden Informationen handeln muss und dass bei Teilverweisen eine Erklärung dazu nach genauerer Maßgabe aufzunehmen ist. Verstöße dagegen ahndet **Nr. 21** bei „Aufnahme" in den Prospekt. Allerdings sollte die Vorschrift in der Zusammenschau mit Nr. 2 gelesen werden, die selbst bei vollständig fehlenden Angaben (erst) die Veröffentlichung sanktioniert. Daraus wurde gefolgert, dass es widersprüchlich wäre, nach Nr. 21 bei einer lediglich fehlerhaften Verweisung bereits an den Zeitpunkt der Herstellung des Prospekts anzuknüpfen.[115] Zumindest im Ergebnis wird man kaum bei einem mangels Veröffentlichung nicht nach außen getretenem Prospekt bereits an die fehlerhafte Erstellung eine bußgeldrechtliche Sanktion knüpfen können, sodass zumindest de facto eine **Veröffentlichung** für einen tatbestandsmäßigen Verstoß erforderlich sein dürfte. Täter können als Prospektverantwortliche Emittent, Anbieter oder Zulassungsantragsteller (sowie ihre Repräsentanten) sein.[116]

l) Weitere Verstöße gegen Vorgaben zur Prospektveröffentlichung, § 24 Abs. 4 Nr. 22–28

84 Art. 21 ProspektVO enthält über etwaige, bereits ordnungswidrigkeitenrechtlich bei Verstößen nach § 24 Abs. 3 Nr. 13–15 zu ahndende Vorgaben hinaus weitere Bestimmungen, deren Missachtung i.E. in den **Nr. 22–28** des Abs. 4 sehr engmaschig geahndet wird. So betrifft **Nr. 22** Verstöße als Emittent, Anbieter oder Zulassungsantragsteller gegen Art. 21 Abs. 3 UAbs. 3, falls in einer gesonderten Kopie einer Zusammenfassung auf einer Website in derselben Rubrik wie der Prospekt nicht klar angegeben wird, auf welchen Prospekt sie sich bezieht. Denselben Personenkreis adressiert **Nr. 23**, wenn eine solche Person für

---

113 Dezidiert *Böse/Jansen*, in: Schwark/Zimmer, KMRK, § 24 Rn. 30, und *Gurlit*, in: Assmann/Schlitt/von Kopp-Colomb, Prospektrecht Kommentar, § 24 Rn. 36.
114 Letztlich ähnlich, dann im Ergebnis aber nicht klar: *Böse/Jansen* und *Gurlit*, jeweils a. a. O.
115 Überzeugend *Böse/Jansen*, in: Schwark/Zimmer, KMRK, § 24 Rn. 31; a. A. *Gurlit*, in: Assmann/Schlitt/von Kopp-Colomb, Prospektrecht Kommentar, § 24 Rn. 37.
116 *Gurlit*, in: Assmann/Schlitt/von Kopp-Colomb, Prospektrecht Kommentar, § 24 Rn. 37.

den Zugang zum Prospekt eine Zugangsbeschränkung schafft. Hierunter fallen etwa das Erfordernis einer Registrierung oder der Zustimmung zu einer Haftungsbegrenzung sowie die Entrichtung einer Gebühr.[117] **Nr. 24** ahndet Verstöße gegen das Gebot des Art. 21 Abs. 7 UAbs. 1 ProspektVO, gebilligte Prospekte nach ihrer Veröffentlichung auf der dafür genutzten Website mindestens zehn Jahre öffentlich zugänglich zu halten. **Nr. 25** sanktioniert die Vorgabe des Art. 21 Abs. 7 UAbs. 2 ProspektVO, für Verweise genutzte Hyperlinks für denselben Zeitraum funktionsfähig zu halten. Gegen **Nr. 26** verstößt jeder (also theoretisch nicht nur der Emittent, Anbieter oder Zulassungsantragsteller, die aber praktisch allein in Betracht kommen dürften), der einen Prospekt ohne den nach Art. 21 Abs. 8 ProspektVO erforderlichen Warnhinweis auf die zeitlich begrenzte Gültigkeit veröffentlicht. Dabei kommen als Begehungsmodalitäten das vollständige Unterlassen eines solchen Warnhinweises in Betracht sowie die Verwendung eines unvollständigen oder nicht in der vorgeschriebenen Weise erstellten Warnhinweises. Derart unvollständig kann ein Warnhinweis insbesondere dann sein, wenn er nicht den nach Art. 21 Abs. 8 Satz 2 erforderlichen Hinweis enthält, dass nach Ende der Gültigkeit keine Nachtragspflicht mehr besteht. Vorgeschrieben im Sinne der letzten Tatbestandsvariante ist in Art. 21 Abs. 8, dass der Warnhinweis gerade auch das „Ablaufdatum" deutlich sichtbar machen muss. **Nr. 27** betrifft Verstöße gegen Art. 21 Abs. 9 Satz 2 ProspektVO, nämlich bei Verwendung von gesonderten Einzeldokumenten, die erst als Gesamtheit einen Prospekt bilden, das Fehlen eines Hinweises in jedem dieser Dokumente, dass es sich lediglich um einen Prospektteil handelt und wo die übrigen Einzeldokumente erhältlich sind.

Nr. 28 schließlich betrifft Verstöße gegen das Gebot des Art. 21 Abs. 10 ProspektVO, dass der Wortlaut und die Aufmachung des Prospekts und etwaiger Nachträge, die veröffentlicht werden, mit der ursprünglichen, von der zuständigen Behörde des Herkunftsmitgliedstaats gebilligten Fassung identisch sein müssen. Allerdings könnte sich die Situation ergeben, dass der Emittent, Anbieter oder Zulassungsantragsteller nach Billigung **unwesentliche, unterhalb der Nachtragspflicht liegende Korrekturen** im Prospekt vornimmt. Dann stellt sich zunächst die Frage der Tatbestandsmäßigkeit. Insofern müsste es möglich sein, unterhalb der Nachtragspflicht liegende Schreibfehler oder kleinere inhaltliche Unrichtigkeiten (etwa eine offensichtlich unrichtig addierte Zahl im Finanzteil) zu korrigieren, welche zuvor alle Beteiligten übersehen hatten. Insofern ist der Ansicht zuzustimmen, dass „keine zu hohen Anforderungen" gestellt werden dürfen[118, 119]. Danach sind solche kleineren Korrekturen bereits nicht tatbestandsmäßig.

85

m) Weitere werbungsbezogene Verstöße, § 24 Abs. 4 Nr. 29–31

In Ergänzung zu § 24 Abs. 3 Nr. 16 beziehen sich die **Nr. 29–31** auf weitere Vorgaben des Art. 22 ProspektVO zu **Werbung** und sanktionieren Verstöße gegen diese. Ausgangspunkt ist dabei, dass die Anforderungen zu Werbung nach Art. 22 Abs. 1 sachlich nur insofern gelten, wie Emittent, Anbieter oder Zulassungsantragsteller einer **Prospektpflicht** unterliegen, Normadressaten der relevanten Beschränkungen aber alle Werbenden sind, insbe-

86

---

117 Siehe EuGH vom 15.5.2014 – C359/12, AG 2015, 234 ff.
118 Zum VerkProspG *Lenz*, in: Assmann/Lenz/Ritz, VerkProspG, § 17 Rn. 34; a. A. *Voß*, in: Just/Voß/Ritz/Zeising, WpPG a. F., § 30 Rn. 71 f., und *Bruchwitz*, in: Arndt/Voß, VerkProspG, § 17 Rn. 61.
119 Siehe auch allgemein zur Frage der Behandlung von bagatellhaften Verstößen → Rn. 96 f.

sondere auch Finanzintermediäre.[120] Nach Art. 22 Abs. 2 ProspektVO ist in jeder Werbung, die sich auf ein öffentliches Angebot oder auf eine Handelszulassung bezieht, auf die Veröffentlichung bzw. bevorstehende Veröffentlichung des Prospekts und dessen Fundort hinzuweisen. Fehlt ein solcher Hinweis oder ist er unvollständig, greift **Nr. 29** ein. Entgegen **Nr. 30** handelt ordnungswidrig, wer Werbung nicht nach Maßgabe des Art. 22 Abs. 3 ProspektVO als solche klar erkennbar macht oder werblich unrichtige, irreführende oder vom Prospekt abweichende Informationen verbreitet. Art. 22 Abs. 4 ProspektVO verlangt zudem, dass alle mündlich oder schriftlich verbreiteten Informationen über das öffentliche Angebot von Wertpapieren oder deren Handelszulassung mit den im Prospekt enthaltenen Informationen übereinstimmen, selbst wenn sie nicht werblichen Zwecken dienen. Verstöße hiergegen sanktioniert **Nr. 31**.

n) Weitere nachtragsbezogene Verstöße, § 24 Abs. 4 Nr. 32–34

87   Die **Nr. 32–34** beziehen sich auf Verstöße gegen Art. 23 ProspektVO und ergänzen § 24 Abs. 3 Nr. 17, der ebenfalls Defizite bei **Nachträgen** zum Prospekt sanktioniert. Nach Art. 23 Abs. 2 ProspektVO haben Anleger bei einem Nachtrag das Recht, ihre Zusagen innerhalb von zwei Arbeitstagen nach Veröffentlichung des Nachtrags zurückzuziehen. In dem Nachtrag müssen insbesondere der Inhaber des Widerrufsrechts und die Modalitäten der Ausübung dieses Rechts, gerade auch die Widerrufsfrist, genannt werden; zudem hat dies in einer deutlich sichtbaren Erklärung zu geschehen. Die Veröffentlichung eines Nachtrags, der diese Angaben nicht (vollständig) oder nicht in der vorgeschriebenen Weise enthält, fällt unter den Tatbestand der **Nr. 32**. Nicht in der vorgeschriebenen Weise erfolgt die Veröffentlichung dabei, wenn sie nicht deutlich sichtbar ist.[121] **Nr. 33** wendet sich ausschließlich an **Finanzintermediäre** und **Emittenten** und verlangt von diesen die Beachtung der Informationspflichten nach Art. 23 Abs. 3 ProspektVO. Danach sind der jeweilige Emittent und der jeweilige Finanzintermediär verpflichtet, soweit die Wertpapiere über sie erworben werden bzw. gezeichnet werden, die Anleger rechtzeitig über die mögliche Veröffentlichung eines Nachtrags und deren Ort zu informieren, sowie als Finanzintermediär zusätzlich über die Unterstützung der Anleger bei der Ausübung des Widerrufs. Die recht unklar formulierten Anforderungen in Art. 23 Abs. 3 ProspektVO dürften dabei so zu verstehen sein, dass im Regelfall ein hinreichend klarer Hinweis im Prospekt ausreicht, es dagegen nicht erforderlich ist, zusätzlich eine weitere Veröffentlichung mit einem Hinweis auf die generelle Möglichkeit eines Nachtrags vorzunehmen. Wichtig ist dabei jeweils die Vollständigkeit eines solchen Hinweises, sodass **Finanzintermediäre** ggf. einen weiteren Hinweis zu veröffentlichen haben, falls im Prospekt nicht auch schon deren Unterstützung der Anleger bei einem etwaigen Widerruf enthalten ist. Finanzintermediäre haben die Anleger zudem am Tag der Veröffentlichung des Nachtrags zu kontaktieren, § 23 Abs. 3 UAbs. 2 ProspektVO. **Nr. 34** schließlich ahndet Verstöße gegen die Pflicht von Emittent, Anbieter oder Zulassungsantragsteller aus Art. 23 Abs. 5 ProspektVO, bei Verwendung eines einheitlichen Registrierungsformulars im ggf. zu veröffentlichenden Nachtrag alle Prospekte zu benennen, auf die sich der Nachtrag bezieht.[122] Tatbestandlich ist eine insofern unvollständige Veröffentlichung.

---

120 Vgl. *Gurlit*, in: Assmann/Schlitt/von Kopp-Colomb, Prospektrecht Kommentar, § 24 Rn. 39.
121 Vgl. *Böse/Jansen*, in: Schwark/Zimmer, KMRK, § 24 Rn. 34 und *Gurlit*, in: Assmann/Schlitt/von Kopp-Colomb, Prospektrecht Kommentar, § 24 Rn. 40.
122 Vgl. *Böse/Jansen*, in: Schwark/Zimmer, KMRK, § 24 Rn. 34.

o) Verstöße bezüglich der für den Prospekt zu verwendenden Sprache, § 24 Abs. 4 Nr. 35–39

Die **Nr. 35–39** betreffen die bei der Prospekterstellung **zu verwendende Sprache** und knüpfen Ordnungswidrigkeitstatbestände an die **Veröffentlichung** eines Prospekts oder Prospektteils unter Verstoß gegen die dazu in Art. 27 ProspektVO, ggf. in Verbindung mit § 21, aufgestellten Anforderungen. Hier werden – im Anschluss an die ihrerseits schon unnötig komplizierte Auffächerung in Art. 27 ProspektVO[123] – zumeist eher theoretische Konstellationen kleinteilig geregelt. **Nr. 35** betrifft dabei die Veröffentlichung eines Prospekts entgegen den in § 21 WpPG i.V.m. Art. 27 ProspektVO aufgestellten Anforderungen an die anerkannte Sprache bei einem öffentlichen Angebot bzw. der Beantragung der Zulassung nur im Herkunftsmitgliedstaat: Hierfür wäre in Deutschland die deutsche Sprache zulässig sowie die englische Sprache bei Aufnahme einer deutschen Zusammenfassung. Ein Verstoß läge also bei Veröffentlichung eines Prospekts in einer anderen Sprache vor, sodass der Prospekt dann aber auch nicht von der BaFin gebilligt sein könnte und ein Fall von § 24 Abs. 3 Nr. 1 vorliegen müsste. Dabei ist allerdings für die Konstellation des Weglassens einer deutschen Zusammenfassung (auch bei EU-Wachstumsprospekten oder Basisprospekten) **Nr. 38** lex specialis, da die Vorschrift genau diesen Fall regelt. **Nr. 36** sanktioniert im Falle der in Art. 27 Abs. 2 ProspektVO geregelten Konstellation eines öffentlichen Angebots oder einer Zulassung nur in einem anderen Mitgliedstaat als dem Herkunftsstaat, also für hier relevante Sachverhalte typischerweise einer Notifizierung eines Prospekts nach Deutschland als Aufnahmestaat,[124] Verstöße gegen die dafür geltende Sprachregelung. Diese wird, falls nicht ausnahmsweise der Prospekt vollständig in deutscher Sprache erstellt ist, die englische Sprache und eine deutsche Zusammenfassung verlangen, sodass Veröffentlichungen in einer dritten Sprache tatbestandsmäßig wären. **Nr. 37** betrifft im Grunde dieselbe Konstellation wie Nr. 36, mit der – für die hier relevanten Zwecke aber irrelevanten – Abweichung, dass ggf. auch im Herkunftsmitgliedstaat ein öffentliches Angebot oder eine Zulassung stattfindet. Insofern gilt das zu Nr. 36 Gesagte. **Nr. 39** schließlich zielt auf Verstöße gegen Art. 27 Abs. 4 ProspektVO durch Nichteinhaltung der sprachlichen Vorgaben für die Veröffentlichung endgültiger Bedingungen und dazu gehöriger Zusammenfassungen. Diese sind in derselben Sprache abzufassen wie der Basisprospekt. Für Zwecke einer etwaigen Ahnung in Deutschland als Aufnahmemitgliedstaat käme also die Veröffentlichung unter Verwendung einer anderen Sprache als Deutsch oder Englisch (mit deutscher Zusammenfassung) sowie unter Abweichung von der Sprache des Basisprospekts in Betracht.

88

5. Rechtsfolge: § 24 Abs. 5–8

Die Regierungsbegründung zum Entwurf des – im Anschluss an das Inkrafttreten der ProspektVO – komplett neu zu fassenden Wertpapierprospektgesetzes nennt zu den **Absätzen 5 und 6** die wesentlichen Kriterien.[125] Während danach zu Abs. 5 (Bußgeldrahmen für Verstöße gegen rein nationale Gebots- und Verbotsnormen) die zentralen Punkte die

89

---

123 Siehe dazu die Kommentierung zu → Art. 27 Rn. 2.
124 Aber auch die umgekehrte Situation kommt in Betracht: Notifizierung aus Deutschland als Herkunftsstaat ins EWR-Ausland, wobei dann die Anforderungen an die zulässige Sprache individuell zu prüfen wären, zudem die Zuständigkeit der BaFin, dazu auch → Rn. 94.
125 BT-Drucks. 19/8005, S. 55 f.

Orientierung am Unrechtsgehalt der einzelnen Verstöße und eine angemessene Anhebung der Bußgeldhöhen sind, steht bei Abs. 6 (Bußgeldrahmen für Verstöße gegen die ProspektVO) die Umsetzung der Vorgaben zu Sanktionshöhen entsprechend Art. 38 Abs. 2 lit. c–e der ProspektVO im Vordergrund. Diese Unterscheidung ist für das Verständnis der jeweiligen Strafrahmen zentral. Die **Absätze 7 und 8** enthalten dann noch Präzisierungen zur Berechnung des Konzernumsatzes bzw. zur Abbedingung der in § 17 Abs. 2 OWiG vorgesehenen Halbierung des Höchstmaßes des Strafrahmens bei Fahrlässigkeit für Verstöße im Sinne von Abs. 6.

a) Bußgeldrahmen für Verstöße gegen nationale Gebots- und Verbotsnormen, § 24 Abs. 5

90 Abs. 5 enthält einen nach der Schwere des Verstoßes abgestuften Bußgeldrahmen, der die bislang vorgesehenen Obergrenzen deutlich[126] anhebt. Dabei bleibt der Strafrahmen deutlich hinter dem in Abs. 6 vorgesehenen zurück. Dies liegt daran, dass bei den nach Abs. 5 zu ahndenden Verstößen gegen das deutsche Recht, die kleinere Emissionen bis maximal 8 Mio. Euro Gesamtgegenwert erfassen, einerseits die möglichen gesamtwirtschaftlichen Schäden geringer sind und andererseits die betroffenen Emittenten typischerweise zu den kleinen und mittleren Unternehmen zählen, bei denen auch bei geringeren Bußgeldern eine abschreckende Wirkung zu erwarten ist.[127] Im Einzelnen sind drei Stufen vorgesehen: Als wegen ihres Gefährdungspotenzials für die Anleger besonders schwerwiegende Verstöße werden öffentliche Wertpapierangebote ohne Wertpapier-Informationsblatt (§ 24 Abs. 1 Nr. 1) und solche ohne ein durch die BaFin gestattetes Wertpapier-Informationsblatt (§ 24 Abs. 1 Nr. 2) mit einer Geldbuße bis zu 700.000 Euro bedroht. Mit einer Geldbuße bis zu 200.000 Euro werden Verstöße gegen formelle Anforderungen i. Z. m. dem Wertpapier-Informationsblatt (Abs. 1 Nr. 3 lit. a, Nr. 4–6) und gegen auf deutschen Vorgaben basierende Anordnungen der BaFin (Abs. 2 Nr. 1) sanktioniert. Schließlich werden mit einer Geldbuße bis zu 100.000 Euro Verstöße gegen die deutschen Bestimmungen zu Werbung (Abs. 1 Nr. 7–11) sowie gegen die Pflicht zur Übermittlung eines aktualisierten Wertpapier-Informationsblattes (Abs. 1 Nr. 3 lit. b) bedroht. Anders als nach Abs. 6 erfolgt **keine Erhöhung der betragsmäßigen Obergrenzen für juristische Personen**.[128] Alle diese Regelungen erscheinen sowohl in der absoluten Höhe als auch in der relativen Gewichtung nachvollziehbar und plausibel.

b) Bußgeldrahmen für Verstöße gegen die ProspektVO, § 24 Abs. 6–8

91 Abs. 6 setzt die Vorgaben für den Bußgeldrahmen in Art. 38 Abs. 2 lit. c–e ProspektVO i. Z. m. den Vorgaben zu den mindestens zu sanktionierenden Verstößen in Art. 38 Abs. 1 lit. a ProspektVO um.[129] Da die EU-rechtlichen Vorgaben dabei indessen in Anbetracht der weiterhin sehr unterschiedlichen Herangehensweisen der Mitgliedstaaten bezüglich sog. „verwaltungsrechtlicher Sanktionen"[130] sowohl sehr breit bezüglich der „mindestens" zu ahndenden Verstöße als auch sehr hart bezüglich der daran zu knüpfenden möglichen

---

126 Vgl. *Böse/Jansen*, in: Schwark/Zimmer, KMRK, § 24 Rn. 38.
127 Regierungsbegründung, BT-Drucks. 19/8005, S. 55.
128 Vgl. *Böse/Jansen*, in: Schwark/Zimmer, KMRK, § 24 Rn. 38.
129 Regierungsbegründung, BT-Drucks. 19/8005, S. 56.
130 Vgl. *von Buttlar*, EuZW 2020, 598 (598 und passim).

II. Regelungsgehalt § 24 WpPG

Strafrahmen („Mindestobergrenzen"[131]) geraten sind, kann der ebenfalls EU-rechtlichen Vorgabe in Art. 38 Abs. 1 ProspektVO nach „wirksamen, **verhältnismäßigen** und abschreckenden" Verwaltungsmaßnahmen lediglich auf der Ebene der Rechtsanwendung, nämlich durch Zumessung der individuellen Geldbuße, Rechnung getragen werden. Hierbei sind dementsprechend von der BaFin – unter Heranziehung gerade auch der unmittelbar anwendbaren gemeinschaftsrechtlichen Kriterien[132] in Art. 39 Abs. 1 lit. a–h ProspektVO – Augenmaß und Fingerspitzengefühl gefordert.

Insofern hat der Gesetzgeber in Anbetracht der vorgenannten weitgehenden EU-Mindestvorgaben, die ja allein eine weitere abstrakte Verschärfung zugelassen hätten, in **Abs. 6** zu Recht auf eine Abstufung des Bußgeldrahmens verzichtet und die in Art. 38 Abs. 2 lit. e vorgegebene Obergrenze von 700.000 Euro für Sanktionen gegen natürliche Personen einheitlich übernommen. Dabei werden nach Abs. 6 Satz 1 Verstößen gegen die ProspektVO (Abs. 3 und 4) solche gegen sich darauf beziehende Anordnungen der BaFin (Abs. 2 Nr. 2) gleichgestellt. Abs. 6 Satz 2 verschärft dies für juristische Personen als Verbandsgeldbuße durch die **Anhebung auf den höheren Betrag** von fünf Millionen Euro und drei Prozent des Gesamtumsatzes, den die juristische Person in dem der Behördenentscheidung vorangegangenen Geschäftsjahr erzielt hat. Im Ergebnis ist danach der höhere der beiden Werte maßgeblich,[133] wobei der Gesamtumsatz nach **Abs. 7** nach § 120 Abs. 23 Satz 1 WpHG zu berechnen ist. Für den Gesamtumsatz ist dabei der Konzern maßgeblich, dem die relevante juristische Person angehört. Überdies bestimmt Abs. 6 Satz 3, dass über die vorgenannten Beträge hinaus eine Ahndung bis zum Zweifachen des aus dem Verstoß gezogenen Vorteils erfolgen kann. Nach Abs. 6 Satz 4 erfasst der Vorteil gleichermaßen erzielte Gewinne und vermiedene Verluste und kann geschätzt werden.[134] **Abs. 8** schließlich legt noch fest, dass die ansonsten nach **§ 17 Abs. 2 OWiG** eingreifende Reduzierung der vorgenannten Höchstbeträge bei fahrlässigen Taten auf die Hälfte nicht eingreift, da die relevanten EU-Mindestvorgaben eine solche (abstrakte und allgemeine) Reduzierung nicht vorsehen.

Die **Zumessung** der jeweils konkreten Geldbuße erfolgt zunächst anhand der unmittelbar anwendbaren gemeinschaftsrechtlichen Kriterien in Art. 39 Abs. 1 ProspektVO. Danach sind alle relevanten Umstände zu berücksichtigen, unter denen Art. 39 Abs. 1 in den verschiedenen Buchstaben die folgenden beispielhaft, aber nicht abschließend[135] aufzählt: die Schwere und Dauer des Verstoßes, den Grad an Verantwortung des Betroffenen (sodass Raum besteht, fahrlässige Verstöße entsprechend geringer zu bestrafen[136]), dessen Finanzkraft, die Auswirkungen des Verstoßes auf die Interessen der (Klein-)Anleger,[137] die

---

131 Treffender Begriff von *Böse/Jansen*, in: Schwark/Zimmer, KMRK, § 24 Rn. 40.
132 Zu den Kriterien der Zumessung im Einzelnen siehe unten in → Rn. 93.
133 Vgl. *Böse/Jansen*, in: Schwark/Zimmer, KMRK, § 24 Rn. 39.
134 Vgl. auch *Gurlit*, in: Assmann/Schlitt/von Kopp-Colomb, Prospektrecht Kommentar, § 24 Rn. 55 ff. und *Böse/Jansen*, in: Schwark/Zimmer, KMRK, § 24 Rn. 39 f.
135 So auch *Gurlit*, in: Assmann/Schlitt/von Kopp-Colomb, Prospektrecht Kommentar, § 24 Rn. 59 m.w.N. und *Böse/Jansen*, in: Schwark/Zimmer, KMRK, § 24 Rn. 41.
136 So im Ergebnis auch *Gurlit*, in: Assmann/Schlitt/von Kopp-Colomb, Prospektrecht Kommentar, § 24 Rn. 60 m.w.N.
137 Der Gesetzeswortlaut in Art. 39 Abs. 1 lit. d stellt tatsächlich auf „…die Interessen der **Kleinanleger**" ab; gerade vor dem Hintergrund des nicht abschließenden Charakters der Aufzählung wird man indes davon ausgehen müssen, dass die Interessen aller Anleger zu berücksichtigen sind, damit also auch diejenigen der institutionellen Investoren.

Höhe der durch den Verstoß erzielten Gewinne bzw. vermiedenen Verluste sowie Dritten entstandenen Verluste, der Umfang der Zusammenarbeit mit den zuständigen Behörden, frühere Verstöße und neue Maßnahmen zur Vermeidung künftiger Verstöße.[138] Darüber hinaus sind auch die allgemeinen Kriterien aus dem OWiG heranzuziehen, insbesondere § 17 Abs. 3 Satz 1, demzufolge immer auch die Bedeutung der Tat und der den Täter treffende Vorwurf zu würdigen sind, soweit diese nicht ohnehin schon in die vorgenannten Kriterien nach Art. 39 Abs. 1 ProspektVO eingeflossen sind. Im Ergebnis lässt sich sagen, dass sich die Kriterien des Art. 39 ProspektVO zumindest im Wesentlichen bruchlos in die herkömmlichen Bußgeldbemessungskriterien des deutschen Ordnungswidrigkeitenrechts einordnen lassen.[139] Hinzuweisen ist noch darauf, dass die BaFin in Bagatellfällen in Orientierung an §§ 153 ff. StPO mit Blick auf das (geringe) öffentliche Interesse oder eine geringe Schuld das Verfahren auch jeweils einstellen kann.[140]

6. Zuständige Verwaltungsbehörde nach § 24 Abs. 9

94 Sachlich zuständige Behörde für die Verfolgung und Ahndung von Ordnungswidrigkeiten nach § 24 ist die **BaFin**, § 24 Abs. 9. Die örtliche Zuständigkeit der BaFin ergibt sich aus §§ 5 und 7 OWiG. Danach kommt es darauf an, ob der Täter an einem Ort im räumlichen Geltungsbereich des OWiG tätig geworden ist oder im Falle des Unterlassens hätte tätig werden müssen oder wo der zum Tatbestand gehörende Erfolg eingetreten ist bzw. der Tatbestand verwirklicht worden ist oder nach der Vorstellung des Täters hätte eintreten bzw. verwirklicht werden sollen, sog. **Territorialitätsprinzip**. Im Ergebnis können deshalb auch **Ausländer** oder **Gesellschaften mit Sitz im Ausland** Täter einer Ordnungswidrigkeit nach § 24 sein.[141]

III. Allgemeines zum Recht der Ordnungswidrigkeiten und Verfahren

95 § 2 OWiG bestimmt, dass das Gesetz über Ordnungswidrigkeiten u. a. auf Ordnungswidrigkeiten nach Bundesrecht wie im vorliegenden Fall Anwendung findet. Dies ist deswegen von Bedeutung, weil das OWiG zahlreiche Bestimmungen enthält, welche, sozusagen als „Allgemeiner Teil", relevante Einzelheiten regeln. Während an dieser Stelle keine erschöpfende Kommentierung des OWiG geleistet werden kann oder soll, ist doch auf einige besonders relevante Punkte hinzuweisen, nämlich auf Bagatellverstöße und Opportunitätsprinzip (→ Rn. 96 f.), das Verfahren (→ Rn. 98 f.), Verantwortlichkeit und Zurechnung (→ Rn. 100 ff.), Irrtum (→ Rn. 107 ff.), Bußgeldhöhe und verbundene Maßnahmen (→ Rn. 110 ff.) sowie einige sonstige besonders relevante Regeln (→ Rn. 114 ff.).

---

138 Vgl. *Gurlit*, in: Assmann/Schlitt/von Kopp-Colomb, Prospektrecht Kommentar, § 24 Rn. 59.
139 *Gurlit*, in: Assmann/Schlitt/von Kopp-Colomb, Prospektrecht Kommentar, § 24 Rn. 60 m. w. N.
140 Vgl. *Gurlit*, in: Assmann/Schlitt/von Kopp-Colomb, Prospektrecht Kommentar, § 24 Rn. 61 m. w. N., u. a. auch auf die hiesige Vorauflage, § 35 WpPG a. F., Rn. 69 sowie im Einzelnen → Rn. 96 f.
141 Vgl. die Vorauflage zur Parallelvorschrift in § 35 Abs. 4 a. F., § 35 WpPG Rn. 66.

1. Bußgeldfreie Bagatellverstöße und Opportunitätsprinzip

Nicht ausdrücklich im OWiG geregelt, aber trotzdem von erheblicher praktischer Relevanz ist zunächst die Frage der Behandlung von Bagatellverstößen, d.h. unerheblichen Unrichtigkeiten, Unvollständigkeiten, Formfehlern und Verspätungen. Umstritten ist, ob es für solche Bagatellverstöße einen nicht bußgeldbewehrten Bereich gibt. Dafür wird angeführt, dass mit Blick auf die nicht unerhebliche Bußgelddrohung solche Bagatellverstöße bereits nicht tatbestandsmäßig sind oder jedenfalls der BaFin Anlass geben, ihr Verfolgungsermessen im Sinne der Nichtverfolgung auszuüben.[142] Gemeint ist mit dem ersten Argument eine teleologische Reduktion. Die Gegenauffassung hält diesen Ansatz, insbesondere den Hinweis auf den hohen Bußgeldrahmen, weder für dogmatisch korrekt noch für rechtspolitisch zielführend. Deswegen soll der Umstand des Vorliegens eines Bagatellverstoßes erst auf der Ebene der Bußgeldzumessung berücksichtigt werden.[143]

96

Obwohl es schwerfällt, hier abstrakt eine für alle Einzelfälle angemessene Position zu beziehen, dürften im Ergebnis die besseren Argumente für die erstgenannte Auffassung eines grundsätzlich eröffneten bußgeldfreien Bagatellbereiches sprechen. Diese Argumente sind:

97

– die allgemein im Recht der Ordnungswidrigkeiten verfassungsrechtlich gebotene enge Auslegung und überhaupt die verfassungsrechtliche Überwölbung gerade dieses Rechtsbereichs,
– der Umstand, dass bei einzelnen Tatbeständen des § 24 Abs. 1–4 lediglich auf formale Verstöße abgestellt wird, ohne dass hierdurch erkennbar erhebliche schützenswerte Interessen betroffen sind, und schließlich
– das im Ordnungswidrigkeitenrecht geltende **Opportunitätsprinzip** nach § 47 Abs. 1 OWiG, demzufolge die Verfolgung und Einstellung von Ordnungswidrigkeiten im pflichtgemäßen Ermessen der BaFin als zuständiger Verfolgungsbehörde liegt. Im Gegensatz zu dem im Strafrecht für die Staatsanwaltschaft geltenden **Legalitätsprinzip** ist die BaFin danach gerade nicht gezwungen, bei dem Verdacht einer Ordnungswidrigkeit Ermittlungen aufzunehmen und ggf. eine Sanktion zu verhängen. Gerade Bagatellverstöße eignen sich aber offenbar für die Ausübung des Ermessens im Sinne einer Nichtverfolgung oder Einstellung.

2. Verfahren

Nach § 35 Abs. 1 OWiG ist die BaFin zuständig für die **Verfolgung**, d.h. die selbstständige und eigenverantwortliche Ermittlung sowie die Mitwirkung an einem etwaigen Gerichtsverfahren. Das Verfahren richtet sich dabei nach den §§ 46 ff. OWiG, nach denen sinngemäß die strafrechtlichen Verfahrensvorschriften, insbesondere der StPO, gelten, soweit nicht das OWiG etwas anderes bestimmt. Entschließt sich die BaFin zur Eröffnung eines Vorverfahrens, stehen ihr eine Reihe von Befugnissen zu. Unter anderem kann sie Zeugen und Sachverständige laden und vernehmen oder die Polizei um Ermittlungsmaßnahmen (§ 53 OWiG) bitten.

98

---

142 So *Vogel*, in: Assmann/Schneider, WpHG a.F., § 39 Rn. 12; zuletzt *Gurlit*, in: Assmann/Schlitt/von Kopp-Colomb, Prospektrecht Kommentar, § 24 Rn. 61.
143 Dezidiert *Voß*, in: Just/Voß/Ritz/Zeising, WpPG a.F., § 30 Rn. 102; zum VerkProspG auch schon *Bruchwitz*, in: Arndt/Voß, VerkProspG, § 17 Rn. 78.

99 Weiter erstreckt sich die Zuständigkeit der BaFin nach § 35 Abs. 2 OWiG auch auf die **Ahndung** bzw. die **Einstellung** des Verfahrens. Eine Ahndung erfolgt durch Erlass eines Bußgeldbescheides nach §§ 65 f. OWiG, eine Einstellung nach § 47 Abs. 1 Satz 2 OWiG. Im Falle des **Einspruchs** (§ 67 OWiG) gegen den Bußgeldbescheid der BaFin übersendet diese die Akten an die Staatsanwaltschaft, wenn sie den Bußgeldbescheid aufrechterhält, § 69 Abs. 3 OWiG. Wenn die **Staatsanwaltschaft** das Verfahren nicht einstellt, beginnt durch Vorlage der Akten beim Amtsgericht das **gerichtliche Verfahren**, §§ 61 ff. und 67 ff. OWiG.

3. Verantwortlichkeit und Zurechnung

a) Täterschaft und Teilnahme

100 Abweichend vom Strafrecht, das zwischen Täterschaft und Teilnahme (Anstiftung und Beihilfe) differenziert, gilt im Ordnungswidrigkeitenrecht nach § 14 Abs. 1 Satz 1 OWiG der **Einheitstäterbegriff**. Danach wird nicht zwischen Täterschaft und Teilnahme unterschieden.[144] Da es aber keine fahrlässige Beteiligung gibt, erfordert die Beteiligung vorsätzliches Mitwirken am vorsätzlichen Handeln oder Unterlassen eines anderen.[145] Weiter muss das jeweilige Verhalten für die Verwirklichung des Bußgeldtatbestandes ursächlich oder zumindest förderlich gewesen sein, d. h. die Tatbestandsverwirklichung muss erleichtert, intensiviert oder abgesichert worden sein.[146]

101 Nach § 14 Abs. 1 Satz 2 OWiG gilt dies auch dann, wenn **besondere persönliche Merkmale**, d. h. persönliche Eigenschaften, Verhältnisse oder Umstände nach § 9 Abs. 1 OWiG, welche die Möglichkeit der Ahndung begründen, nur bei einem Beteiligten vorliegen. Mit anderen Worten findet eine Überwälzung solcher persönlicher Merkmale[147] statt. Derartige besondere persönliche Merkmale sind bei § 24 die Eigenschaften als Anbieter, Zulassungsantragsteller, Emittent oder Adressat einer Anordnung der BaFin.[148] Obwohl nach § 24 teilweise nur einzelne der vorgenannten Personen verpflichtet sind, können damit – bei einem vorsätzlichen Mitwirken am pflicht- und rechtswidrigen Handeln oder Unterlassen einer solchen Person – auch Dritte, etwa an einer Emission mitwirkende **Berater**, wie z. B. Wirtschaftsprüfer oder Rechtsanwälte, sanktioniert werden.[149] Allerdings dürfte bei der Erteilung von Rechtsrat regelmäßig nicht von einem (auch nur bedingt) vorsätzlichen Verhalten auszugehen sein.[150]

---

144 Vgl. *Rönnau*, in: Haarmann/Schüppen, Frankfurter Kommentar zum WpÜG, vor § 60 Rn. 109 m. w. N.
145 BGH v. 6.4.1983 – 2 StR 546/82, NJW 1983, 2272.
146 *Rengier*, in: Karlsruher Kommentar zum OWiG, § 14 Rn. 22 f.
147 *Gurlit*, in: Assmann/Schlitt/von Kopp-Colomb, Prospektrecht Kommentar, § 24 Rn. 49.
148 *Pelz*, in: Holzborn, WpPG, § 35 a. F. Rn. 36.
149 *Voß*, in: Just/Voß/Ritz/Zeising, WpPG a. F., § 30 Rn. 30; *Rönnau*, in: Haarmann/Schüppen, Frankfurter Kommentar zum WpÜG, vor § 60 Rn. 113.
150 *Pelz*, in: Holzborn, WpPG, § 35 a. F. Rn. 36, im Anschluss an *Häcker*, in: Müller-Guggenberger/Bieneck, Hdb. des Wirtschaftsstrafrechts (Vorauflage), § 95 Rn. 12; ebenso nunmehr auch *Häcker/Trüde*, in: Müller-Guggenberger, Hdb. des Wirtschaftsstraf- und ordnungswidrigkeitenrechts, Kapitel 95 Rn. 17, und *Gurlit*, in: Assmann/Schlitt/von Kopp-Colomb, Prospektrecht Kommentar, § 24 Rn. 49.

b) Handeln für einen anderen und Verantwortlichkeit juristischer Personen

Zentral für Verantwortlichkeit und Zurechnung im Ordnungswidrigkeitenrecht sind die §§ 9 und 30 OWiG. § 9 OWiG regelt die **Organ- und Vertreterhaftung** und bestimmt, dass es bei einer gesetzlichen oder rechtsgeschäftlichen Vertretung, insbesondere für juristische Personen und rechtsfähige Personengesellschaften, auf besondere persönliche Merkmale (etwa die Eigenschaft als Anbieter, Emittent, Zulassungsantragsteller oder Adressat einer Anordnung der BaFin) nicht nur des Handelnden, sondern auch des Vertretenen ankommt. Die Norm stellt sicher, dass das Auseinanderfallen von Verpflichtetem und Handelndem nicht zu Ahndungslücken führt. § 30 Abs. 1 OWiG ergänzt, sozusagen als andere Seite der Medaille, die **Sanktionsmöglichkeit direkt gegen** den Vertretenen, insbesondere die **juristische Person und rechtsfähige Personengesellschaft**, wenn Pflichten der letztgenannten Person verletzt oder diese Person bereichert worden ist oder werden sollte. Damit sichert die Bestimmung die Gleichbehandlung von Einzelunternehmern, die naturgemäß selbst handeln, und Unternehmen, die in Form einer juristischen Person organisiert sind: bei beiden muss es für die Beurteilung der Schwere der Ordnungswidrigkeit und die daran zu knüpfende Sanktion letztlich auf das Unternehmen ankommen. Ordnungswidrigkeitenrechtlich erfasst sind damit in diesen Fällen sowohl der Vertreter als auch der Vertretene.[151]

102

Die BaFin geht in der Praxis bei Verstößen regelmäßig zunächst auf die **juristische Person** zu. Dagegen ahndet sie natürliche Personen nur, wenn der konkrete Einzelfall dies nahelegt; in Betracht kommt dies etwa bei besonders schweren persönlichen Verfehlungen der handelnden Person oder dann, wenn die betroffene juristische Person insolvent ist, sodass deren Ahndung nicht zielführend wäre.[152]

103

c) Pflichtendelegation und fortbestehende Pflichten

aa) Pflichtendelegation

§ 9 OWiG steht einer Pflichtendelegation nicht entgegen, sondern verweist vielmehr in Abs. 1 und Abs. 2 auf die Möglichkeit der **vertikalen Delegation** an bestimmte vertretungsberechtigte Organe oder Vertreter. Darüber hinaus besteht natürlich auch die Möglichkeit der **horizontalen Delegation**, etwa durch Aufgabenteilung innerhalb eines Kollegialorgans, z.B. des Vorstands einer Aktiengesellschaft. Infolge der Delegation trifft die Pflicht (auch) zum ordnungswidrigkeitenrechtlich relevanten Verhalten – im hier interessierenden Fall nach § 24 Abs. 1–4 – und damit die dementsprechende Verantwortlichkeit primär den Beauftragten bzw. Sachwalter. Andererseits kann sich der Delegierende, etwa der Betriebsinhaber oder der Vorstand, nicht allein durch die Delegation vollständig der Verantwortung entziehen. Vielmehr besteht dessen Pflicht weiter, und zwar einerseits bereits in der Pflicht zur angemessenen und sorgfältigen Auswahl des Beauftragten, andererseits in Form von Organisations- und Kontrollpflichten.[153] Durch Beachtung dieser Pflichten sollten betriebsbezogene Ordnungswidrigkeiten im Idealfall von vorneherein ausge-

104

---

151 *Gurlit*, in: Assmann/Schlitt/von Kopp-Colomb, Prospektrecht Kommentar, § 24 Rn. 51.
152 *Voß*, in: Just/Voß/Ritz/Zeising, WpPG a. F., § 30 Rn. 33.
153 *Pelz*, in: Holzborn, WpPG, § 35 a. F. Rn. 38.

schlossen sein.¹⁵⁴ Allerdings wird es immer auf eine **Einzelfallbetrachtung**¹⁵⁵ ankommen: sicher hilft es einerseits, und kann teilweise unabdingbar sein, geeignete formale Vorkehrungen zu treffen, wie etwa die Erstellung von entsprechenden Organisationsleitfäden und internen Richtlinien (insbesondere eines sogenannten „Code of Conduct") sowie die Beschäftigung einer Revisionsabteilung und in größeren Unternehmen von Compliance-Beauftragten;¹⁵⁶ mindestens genauso wichtig sind andererseits auch materielle Vorkehrungen, wie etwa eine dementsprechende Unternehmenskultur, die durch Transparenz, Offenheit und Ehrlichkeit geprägt ist. Dabei müssen aber die Aufsichtsmaßnahmen **erforderlich** und **zumutbar** sein, d.h. die Anforderungen dürfen nicht überspannt werden,¹⁵⁷ gerade im hier relevanten Ordnungswidrigkeitenrecht:¹⁵⁸ Fehler kommen in den besten Organisationen vor, das Ordnungswidrigkeitenrecht sollte immer nur als ultima ratio eingreifen.

bb) Inhaberverantwortlichkeit

105 In diesem Zusammenhang ist auch § 130 OWiG zu sehen, der als eigenständige Ordnungswidrigkeit ein Sonderdelikt, die sogenannte **Inhaberverantwortlichkeit**, normiert. Danach kann der Inhaber eines Betriebes oder Unternehmens bei vorsätzlicher oder (schlicht) **fahrlässiger** Unterlassung von Aufsichtsmaßnahmen mit einem dem Rahmen des § 35 entsprechenden Bußgeld sanktioniert werden, wenn eine Ordnungswidrigkeit begangen wird, die durch gehörige Aufsicht verhindert oder wesentlich erschwert worden wäre. Damit hat sich der Gesetzgeber für die sog. **Risikoerhöhungslehre** entschieden, d.h. es reicht aus, dass die Aufsichtspflichtverletzung zu einer wesentlichen Gefahrenerhöhung hinsichtlich der begangenen Zuwiderhandlung geführt hat bzw. der Unternehmer keine ausreichenden Anstrengungen zur Risikoverringerung unternommen hat.¹⁵⁹ Dies bedeutet aber auch, dass der Aufsichtspflichtige für **Exzesstaten**, also bei Fehlverhalten, das unabhängig von den getroffenen Vorkehrungen geschehen ist, nicht verantwortlich ist. Dabei ist die Zuwiderhandlung gegen Pflichten, die den Inhaber treffen und deren Verletzung mit Strafe oder Geldbuße bedroht ist, eine objektive Ahndungsbedingung, d.h. auf die Verletzung selbst brauchen sich Vorsatz bzw. Fahrlässigkeit des Täters nicht zu erstrecken.¹⁶⁰ Die verletzte Pflicht muss betriebsbezogen sein, wobei es sich bei den in § 24 Abs. 1–4 vorgesehenen Pflichten ausnahmslos um betriebsbezogene handelt, nämlich sol-

---

154 *Becker*, in: Habersack/Mülbert/Schlitt, Kapitalmarktinformation, § 25 Rn. 17.
155 Vgl. *Gürtler*, in: Göhler, OWiG, § 130 Rn. 10 m.w.N., und *Becker*, in: Habersack/Mülbert/Schlitt, Kapitalmarktinformation, § 25 Rn. 19.
156 Vgl. für Wertpapierdienstleistungsunternehmen auch die Organisationspflichten nach § 33 WpHG, dazu *Meyer/Paetzel*, in: Hirte/Möllers, Kölner Kommentar zum WpHG, § 33 Rn. 47 ff.
157 *Gürtler*, in: Göhler, OWiG, § 130 Rn. 12 m.w.N. insbesondere auch aus der Rechtsprechung; siehe auch dort in Rn. 15 den Hinweis, dass die Anforderungen nicht so streng sein dürfen, dass das bestehende Recht zur Delegation praktisch ausgeschaltet ist.
158 Sehr weit gehend insofern *Pelz*, in: Holzborn, WpPG, § 35 a.F. Rn. 39, der (im Rahmen des § 130 OWiG) u.a. „nicht anlassbezogen stichprobenartige Überprüfungen der Geschäftsabläufe in einer solchen Dichte" verlangt, „dass diese von den mit der Aufgabenerfüllung beauftragten Personen als Kontrolle wahrgenommen werden und geeignet sind, etwaige Verstöße aufzudecken".
159 *Gürtler*, in: Göhler, OWiG, § 130 Rn. 21.
160 *Gürtler*, in: Göhler, OWiG, § 130 Rn. 17 ff.

che, die mit der unternehmerischen Tätigkeit in Zusammenhang stehen.[161] Im Einzelnen beinhalten die in § 130 OWiG aufgestellten Pflichten

- die sorgfältige Auswahl der zuständigen Mitarbeiter,
- deren Organisation einschließlich fortlaufender Unterrichtung über die Einhaltung der gesetzlichen Vorschriften im Rahmen der betrieblichen Abläufe und
- deren Kontrolle einschließlich der Überwachung von Aufsichtspersonen.

Allerdings kann die Norm als **Auffangtatbestand** nur dann herangezogen werden, wenn der Betriebsinhaber weder Täter noch Beteiligter eines nach § 24 Abs. 1–4 relevanten Verhaltens ist.[162] Deswegen und wegen der regelmäßig parallelen Wertung des relevanten Pflichtenkreises zum vorstehenden Abs. aa) dürfte für die Anwendung des § 130 OWiG im hier untersuchten Bereich lediglich bei **einfach fahrlässiger**[163] Unterlassung von Aufsichtsmaßnahmen im Rahmen des § 35 Abs. 1 (der ja für direkte Verstöße ein **leichtfertiges Verhalten** verlangt) Raum sein. Dabei gilt es dann umso mehr, wie oben ausgeführt, die Anforderungen nicht zu überspannen. Zu erwähnen ist noch, dass Aufsichtspflichtverletzungen nach § 130 OWiG betriebsbezogen im Sinne von § 30 OWiG sind und damit den Durchgriff auf das Unternehmen ermöglichen. Außerdem sind auch Betriebsleiter und speziell aufsichtspflichtige Personen nach § 9 Abs. 2 Satz 1 Nr. 1 und 2 OWiG Normadressaten nach § 130 OWiG, sodass jeweils eine Zurechnung möglich ist.[164]

106

4. Irrtum

§ 11 OWiG unterscheidet, ebenso wie im Strafrecht, zwischen dem Vorsatz ausschließenden **Tatbestandsirrtum** (§ 11 Abs. 1) und dem nur bei Unvermeidbarkeit relevanten **Verbotsirrtum** (§ 11 Abs. 2).

107

a) Tatbestandsirrtum

Soweit es sich bei den Tatbeständen des § 24 um Blanketttatbestände handelt, wird der genaue Inhalt des jeweiligen Tatbestands erst durch die Ausfüllungsnorm ersichtlich, also die in den einzelnen Nummern von § 24 Abs. 1–4 jeweils genannte andere Vorschrift. Diese Ausfüllungsvorschriften gehören damit zum jeweiligen gesetzlichen Tatbestand.[165] Irrt sich der Täter über das Vorliegen tatsächlicher Umstände, liegt ein Tatbestandsirrtum vor. Dann kommt keine Ahndung wegen eines vorsätzlichen Deliktes in Betracht, sondern lediglich eine Ahndung wegen fahrlässigen Verhaltens. Ein Tatbestandsirrtum liegt etwa dann vor, wenn der Betroffene von der Existenz einer Anordnung keine Kenntnis besitzt oder irrig davon ausgeht, eine solche Anordnung sei nicht vollziehbar.[166] Gerade die Voll-

108

---

161 *Pelz*, in: Holzborn, WpPG, § 35 a. F. Rn. 39.
162 *Voß*, in: Just/Voß/Ritz/Zeising, WpPG a. F., § 30 Rn. 34 m. w. N.
163 Auf die Ausweitung des bußgeldbewehrten Bereichs insofern weist etwa *Gürtler*, in: Göhler, OWiG, § 130 Rn. 27, hin; so nunmehr auch *Gurlit*, in: Assmann/Schlitt/von Kopp-Colomb, Prospektrecht Kommentar, § 24 Rn. 54.
164 *Gürtler*, in: Göhler, OWiG, § 130 Rn. 3 und 7 ff.
165 *Pelz*, in: Holzborn, WpPG, § 35 a. F. Rn. 33, und *Rönnau*, in: Haarmann/Schüppen, Frankfurter Kommentar zum WpÜG, vor § 60 Rn. 85; etwas unklar, i. E. aber wohl a. A. *Voß*, in: Just/Voß/Ritz/Zeising, WpPG a. F., § 30 Rn. 22 m. w. N.
166 Beispiele nach *Pelz*, in: Holzborn, WpPG, § 35 a. F. Rn. 33, im Anschluss an *Rengier*, in: Karlsruher Kommentar zum OWiG, § 11 Rn. 14 und 18.

ziehbarkeit sollte indessen bei ordnungsgemäßer Belehrung in der Verfügung eigentlich klar sein, sodass ein diesbezüglicher Irrtum ausscheiden würde; umgekehrt dürfte bei fehlender oder falscher Belehrung ein solcher Irrtum regelmäßig in Betracht kommen und dann auch Zweifel an einem fahrlässigen Verhalten des Betroffenen wecken.

b) Verbotsirrtum

109 Ein Verbotsirrtum liegt vor, wenn dem Täter die Einsicht fehlt, etwas Unerlaubtes zu tun. Allerdings sind die Anforderungen an die Vermeidbarkeit eines Verbotsirrtums hoch: Nur wenn der Täter bei Anwendung der nach der Sachlage objektiv zu fordernden und nach seinen persönlichen Verhältnissen möglichen Sorgfalt das Unerlaubte seines Verhaltens nicht erkennen konnte, ist der Irrtum unvermeidbar; insbesondere müssen sich Rechtsunkundige an Auskunftspersonen wenden.[167] Die damit bestehende Prüfungspflicht und **Erkundigungsobliegenheit** ist umso strenger, je mehr der relevante Bußgeldtatbestand mit beruflichen oder gewerblichen Tätigkeiten, wie hier im Rahmen des § 24, in Verbindung steht.[168] Dabei darf sich ein Bürger, auch ein Unternehmer, auf die Auskunft einer nicht erkennbar völlig unzuständigen Behörde[169] oder auf diejenige der eigenen Rechtsabteilung oder eines extern beauftragten Rechtsanwalts, zumindest soweit ein Auftrag zur umfassenden Prüfung erteilt war und nicht erkennbar Eigeninteressen im Spiel sind oder anderweitig Umstände vorliegen, die zum Zweifel Anlass geben,[170] grundsätzlich verlassen. Dies kommt insbesondere in Betracht, wenn er sich gemäß Verlautbarungen der BaFin oder von ESMA (früher: CESR) verhalten hat, auch wenn sich diese später als unzutreffend erweisen.[171]

5. Bußgeldhöhe und Verfall

a) Höhe der Geldbuße

110 § 17 OWiG legt in Abs. 1 die **Mindesthöhe** der Geldbuße auf **fünf Euro** fest. Nach § 17 Abs. 2 OWiG **kann fahrlässiges Handeln nur mit der Hälfte des angedrohten Höchstmaßes** der Geldbuße geahndet werden, soweit das Gesetz Vorsatz und Fahrlässigkeit sanktioniert, ohne im Höchstmaß zu unterscheiden; danach reduzieren sich bei § 24 Abs. 1 und Abs. 2 Nr. 1 die bei fahrlässigem bzw. leichtfertigem[172] Verhalten zur Verfügung stehenden Strafrahmen auf die Hälfte. Wie in § 24 Abs. 8 ausdrücklich festgehalten und oben ausgeführt (siehe → Rn. 92), gilt dies **allerdings nicht für die gemeinschaftsrechtlichen determinierten Ordnungswidrigkeitatbestände in § 24 Abs. 2 Nr. 2, Abs. 3 und Abs. 4**. § 17 Abs. 3 OWiG bestimmt als Grundlagen der Bußgeldzumessung:

---

167 Ständige Rechtsprechung, siehe etwa BGH v. 23.12.1952 – 2 StR 612/52, BGHSt 4, 1, 5, und BGH v. 24.3.1953 – 5 StR 225/53, BGHSt 4, 347, 352.
168 *Rengier*, in: Karlsruher Kommentar zum OWiG, § 11 Rn. 65 f.; *Krennberger/Krumm*, OWiG, § 11 Rn. 32 ff.
169 BGH v. 2.2.2000 – 1 StR 597/99, NStZ 2000, 364.
170 *Pelz*, in: Holzborn, WpPG, § 35 a. F. Rn. 35, im Anschluss an *Rengier*, in: Karlsruher Kommentar zum OWiG, § 11 Rn. 76 ff., und *Gürtler*, in: Göhler, OWiG, § 11 Rn. 26b m. w. N.
171 *Böse/Jansen*, in: Schwark/Zimmer, KMRK, § 24 Rn. 36 im Anschluss an die hiesige Vorauflage: § 35 WpPG a. F. Rn. 81.
172 Vgl. *Gurlit*, in: Assmann/Schlitt/von Kopp-Colomb, Prospektrecht Kommentar, § 24 Rn. 60.

- die Bedeutung der Ordnungswidrigkeit,
- der den Täter treffende Vorwurf und
- die wirtschaftlichen Verhältnisse des Täters; diese wirtschaftlichen Verhältnisse sind für juristische Personen und rechtsfähige Personengesellschaften mit § 30 OWiG (insbesondere Abs. 3) zusammen zu lesen: Danach kommt es für die wirtschaftlichen Verhältnisse und den aus der Tat gezogenen wirtschaftlichen Vorteil auf die Gesellschaft an (dazu und zu den insofern zunächst heranzuziehenden Bestimmungen in Art. 39 Abs. 1 ProspektVO auch → Rn. 93 f.).

§ 17 Abs. 4 OWiG schließlich bestimmt, dass die Geldbuße den aus der Ordnungswidrigkeit gezogenen wirtschaftlichen Vorteil des Täters übersteigen soll, sog. **Gewinnabschöpfung**. § 17 Abs. 4 Satz 2 OWiG sieht hierzu sogar vor, dass das **gesetzliche Höchstmaß überschritten** werden darf, falls es zur Gewinnabschöpfung nicht ausreicht. Dies basiert auf der Überlegung, dass sich ordnungswidriges Verhalten für den Täter nicht lohnen soll.[173] Maßgeblich ist dabei das **Nettoprinzip**, d. h. zu berücksichtigen sind die Aufwendungen, welche der Täter zur Gewinnerzielung gemacht hat, und Gewinnminderungen nach der Tat, etwa Schadensersatzleistungen des Täters an geschädigte Anleger.[174] Allerdings sind die meisten Tatbestände des § 24 Abs. 1–4 als Verstöße gegen Veröffentlichungs-, Hinterlegungs- und Mitteilungspflichten so ausgestaltet, dass es kaum denkbar ist, dass der Täter durch einen Verstoß einen entsprechenden Vorteil erlangt. Zudem ist hier die als lex specialis heranzuziehende Regelung in § 24 Abs. 6 Satz 3 zu beachten (siehe → Rn. 92), derzufolge zusätzlich zu den vorgesehenen Geldbußen ein Ahndung bis zum Zweifachen des aus dem Verstoß gezogenen wirtschaftlichen Vorteils erfolgen kann.

111

In der Literatur wurde mit Blick auf die Funktionsfähigkeit des Kapitalmarkts, der durch unerlaubte öffentliche Angebote in seinem Kernbereich verletzt sei, und unter generalpräventiven Aspekten Kritik an der zurückhaltenden Handhabung der Gewinnabschöpfung durch die BaFin geäußert, und zwar sowohl im Bereich des Verkaufsprospektgesetzes[175] als auch des WpPG.[176] Dem ist zuzugeben, dass der Gesichtspunkt, dass sich ordnungswidriges Verhalten nicht lohnen soll, ein zentraler Aspekt des OWiG ist und die genannten Argumente schwer wiegen. Andererseits dürfte die Praxis der BaFin von der Erwägung getrieben sein, dass insbesondere in einem verhältnismäßig neuen (WpPG) und verhältnismäßig komplexen Rechtsgebiet[177] die bußgeldrechtliche Sanktionierung behutsam und mit Fingerspitzengefühl zu entwickeln ist. Mir erscheint das angemessen, gerade bei der Anwendung der zahlreichen neuen, mit einem sehr hohen Bußgeldrahmen ahndungsfähigen gemeinschaftsrechtlich determinierten Tatbestände (siehe → Rn. 91).

112

---
173 Ausführlich *Mitsch*, in: Karlsruher Kommentar zum OWiG, § 17 Rn. 118 ff.
174 *Gürtler*, in: Göhler, OWiG, § 17 Rn. 39 ff.
175 *Bruchwitz*, in: Arndt/Voß, VerkProspG, § 17 Rn. 44.
176 *Voß*, in: Just/Voß/Ritz/Zeising, WpPG a. F., § 30 Rn. 42.
177 Dazu oben Rn. 1 ff.

b) Verfall

113 § 29a OWiG regelt den Verfall. Danach kann die BaFin für den Fall,
- dass ein Bußgeldverfahren nicht eingeleitet oder eingestellt wird und
- eine Geldbuße nicht festgesetzt wird, der Täter aber für eine mit Geldbuße bedrohte Handlung oder aus ihr etwas erlangt hat,
- den Verfall eines **Geldbetrages** bis zu der Höhe anordnen, die dem Wert des Erlangten entspricht. Das Gleiche gilt, wenn ein Dritter etwas aus einer solchen Handlung erlangt hat, gegenüber dem Dritten. Dabei ist eine unmittelbare Kausalbeziehung zwischen der Tat und dem erlangten Vorteil erforderlich.

6. Sonstige besonders relevante Regeln

a) Keine Ahndung des Versuchs

114 Nach § 13 Abs. 2 OWiG kann der Versuch nur geahndet werden, wenn dies ausdrücklich bestimmt ist. Mangels einer solchen Bestimmung in § 24 bleibt der Versuch im hier interessierenden Bereich folglich ohne Rechtsfolgen.

b) Keine Rückwirkung oder rückwirkende Bußgeldverschärfung

115 Nach § 4 Abs. 1 OWiG gilt der Grundsatz der Tatzeitahndung, d.h. die nachträgliche Begründung oder Verschärfung der Sanktionierung ist ausgeschlossen. Nach § 4 Abs. 3 OWiG gilt sogar, dass bei zwischenzeitlicher Änderung des geltenden Gesetzes das mildeste Gesetz anzuwenden ist. Im Wertpapierprospektrecht können diese Normen nunmehr im Einzelfall zur Anwendung gelangen, wenn insoweit Änderungen der Tatbestandsmerkmale oder der an die Tatbestandserfüllung geknüpften Sanktionen bezüglich der an Verstöße gegen das WpPG selbst ansetzenden Tatbestände erfolgt sind.

c) Verjährung

116 Nach § 31 Abs. 2 Nr. 1 OWiG tritt in den hier relevanten Fällen des § 24 – mit einem Bußgeldrahmen von mehr als 15.000 Euro – **(Verfolgungs-)Verjährung** der Ordnungswidrigkeiten nach **drei Jahren** ein. Verjährungsbeginn ist dabei nach § 31 Abs. 3 OWiG mit Beendigung der Tathandlung bzw. eines ggf. später eingetretenen Erfolgs. Für die Unterlassungsdelikte nach § 24 ist letztlich maßgeblich, wann erstmalig die Möglichkeit zur bußgeldrechtlichen Ahndung bestanden hätte. Mit anderen Worten kommt es darauf an, wann der Täter die relevante Norm des § 24 Abs. 1–4 so verletzt hat, dass Tatvollendung eingetreten ist, etwa bei nicht erfolgender oder (regelmäßig früherer) nicht rechtzeitiger Veröffentlichung oder Hinterlegung.[178] **Vollstreckungsverjährung**, d.h. die fehlende Vollstreckbarkeit einer rechtskräftig festgesetzten Geldbuße, tritt nach **fünf Jahren** ein, § 34 OWiG.

---

178 Dagegen kommt es hier – anders als im Strafrecht bei unechten Unterlassungsdelikten, insbesondere Dauerdelikten wie etwa der Vorenthaltung von Beiträgen zur Sozialversicherung, dazu etwa *Bosch*, in: Schönke-Schröder, StGB, § 78a Rn. 6, und BGH v. 27.9.1991 – 2StR 315/91, wistra 1992, 23 – nicht darauf an, ob die Pflicht zum Handeln entfällt. A. A. *Voß*, in: Just/Voß/Ritz/Zeising, WpPG a. F., § 30 Rn. 43.

§ 25 WpPG
Maßnahmen bei Verstößen

(1) Im Falle eines Verstoßes gegen die in § 24 Absatz 1, 3 oder 4 genannten Vorschriften kann die Bundesanstalt zur Verhinderung weiterer Verstöße

1. auf ihrer Internetseite gemäß den Vorgaben des Artikels 42 der Verordnung (EU) 2017/1129 eine Bekanntgabe des Verstoßes unter Nennung der natürlichen oder juristischen Person oder der Personenvereinigung, die den Verstoß begangen hat, sowie der Art des Verstoßes veröffentlichen und

2. gegenüber der für den Verstoß verantwortlichen natürlichen oder juristischen Person oder Personenvereinigung anordnen, dass die den Verstoß begründenden Handlungen oder Verhaltensweisen dauerhaft einzustellen sind.

(2) Die Bekanntmachung nach Absatz 1 Nummer 1 darf nur diejenigen personenbezogenen Daten enthalten, die zur Identifizierung des Anbieters oder Emittenten erforderlich sind.

Übersicht

	Rn.		Rn.
I. Überblick	1	III. Anordnung nach § 25 Abs. 1 Nr. 2	7
II. Öffentliche Bekanntgabe nach § 25 Abs. 1 Nr. 1	3		

I. Überblick*

Der Regelungsgehalt des § 25 WpPG wurde durch das Gesetz zur weiteren Ausführung der ProspektVO neu in das WpPG aufgenommen. § 25 WpPG dient der Umsetzung von Art. 38 Abs. 2 lit. a und lit. b ProspektVO, der die unionsrechtliche Verpflichtung enthält, im innerstaatlichen Recht gesetzliche Grundlagen für Maßnahmen bei Verstößen gegen die ProspektVO einzuführen. Die BaFin erhält hiermit die in Art. 38 Abs. 2 lit. a und b der ProspektVO genannten Befugnisse zur Verhängung verwaltungsrechtlicher Maßnahmen; dies umfasst konkret sowohl die **Befugnis zur öffentlichen Bekanntmachung** einer behördlichen Entscheidung, mit der die Verantwortlichkeit einer natürlichen oder juristischen Person für einen solchen Verstoß festgestellt wird (§ 25 Abs. 1 Nr. 1 WpPG, insoweit Art. 38 Abs. 2 lit. a ProspektVO), als auch die **Befugnis zum Erlass einer** an die betreffende natürliche oder juristische Person gerichtete **Anordnung, den Verstoß einzustellen** (§ 25 Abs. 1 Nr. 2 WpPG, Art. 38 Abs. 2 lit. b ProspektVO).[1] 1

Diese Befugnisse sollen der BaFin bei Verstößen gegen die in § 25 Abs. 1 WpPG genannten Vorschriften zur Verhinderung weiterer Rechtsverstöße zustehen, womit nicht nur **Verstöße gegen Unionsrecht (§ 24 Abs. 3 und 4 WpPG)**, sondern auch Verstöße **gegen na-** 2

---

* Die Kommentierung gibt ausschließlich die persönliche Meinung der Autorin wieder. Dies gilt für sämtliche Ausführungen der Autorin in diesem Kommentar.
1 *Böse/Jansen*, in: Schwark/Zimmer, KMRK, § 25 WpPG Rn. 1.

tionales Recht (§ 24 Abs. 1 WpPG) erfasst sind. Abs. 2 begrenzt den Umfang der personenbezogenen Angaben, die nach Abs. 1 Nr. 1 veröffentlicht werden dürfen.

II. Öffentliche Bekanntgabe nach § 25 Abs. 1 Nr. 1

3 Die BaFin kann gemäß § 25 Abs. 1 Nr. 1 WpPG Verstöße gegen bestimmte prospektrechtliche Verpflichtungen auf ihrer Internetseite veröffentlichen. Erfasst werden von § 25 Abs. 1 Nr. 1 WpPG nur **Verstöße gegen die in § 24 Abs. 1, 3 und 4 WpPG genannten Vorschriften**, wohingegen Verstöße gegen behördliche Anordnungen (§ 24 Abs. 2 WpPG) nicht erfasst sind. Bei Letzteren wird entweder ein Verstoß gegen materielles Recht (also die in § 24 Abs. 1, 3 und 4 genannten Vorschriften) festgestellt, weshalb die Entscheidung bereits aus diesem Grund bekannt gemacht werden kann, oder es liegt ein Verstoß gegen verwaltungsrechtliche Mitwirkungspflichten wie das Auskunftsersuchen nach § 18 WpPG vor, der im Gewicht hinter dem Verstoß gegen materielles Recht zurückbleibt (vgl. Art. 42 Abs. 1 S. 3 ProspektVO). Nicht erforderlich für die Veröffentlichung ist indes die Rechts- oder Bestandskraft der Entscheidung.[2] Im Gegensatz zur zuvor in Art. 25 Abs. 2 der ProspektRL enthaltenen ähnlichen Regelung zielt Art. 38 Abs. 2 lit. a ProspektVO nicht darauf ab, der zuständigen Behörde die Veröffentlichung von ihr getroffener Maßnahmen und Sanktionen zu ermöglichen, sondern ist als verwaltungsrechtliche Maßnahme darauf gerichtet, einen von der Behörde festgestellten Verstoß publik zu machen.[3]

4 **Inhalt der öffentlichen Bekanntmachung** ist der Verstoß unter Nennung der **verantwortlichen Person** und die **Art des Verstoßes**. Hierbei sind die Vorschrift, gegen die verstoßen wurde, und die Art der Begehungsweise anzugeben. In Bezug auf die Person ist anzugeben, wer den Verstoß begangen hat, also gegenüber wem der Verstoß festgestellt worden ist bzw. gegenüber wem eine Verwaltungsmaßnahme verhängt wurde. Aufgrund von § 25 Abs. 2 darf die Bekanntgabe nach § 25 Abs. 1 Nr. 1 jedoch nur diejenigen personenbezogenen Daten enthalten, die zur Identifizierung des Emittenten oder Anbieters erforderlich sind.

5 Die Norm eröffnet dem Wortlaut nach die **Ermessensausübung** durch die Behörde. Der Gesetzgeber weist in der Gesetzesbegründung hier ausdrücklich darauf hin, dass bei Bestimmung der im konkreten Einzelfall anzuordnenden Maßnahme auf die **Vorgaben des Art. 39 ProspektVO** zu achten ist und bei der Ausübung des pflichtgemäßen Ermessens insbesondere die **Verhältnismäßigkeit der Maßnahme**, also ihre Geeignetheit, Erforderlichkeit und Angemessenheit zur Erreichung des angestrebten Zwecks, zu wahren sei.[4] Gleichzeitig wird mit dem Verweis auf die Vorgaben des Art. 42 ProspektVO im Regelfall eine **Reduktion des Ermessens** der Behörde einhergehen, da hiernach die Entscheidung, wegen eines Verstoßes gegen die ProspektVO eine verwaltungsrechtliche Sanktion oder andere verwaltungsrechtliche Maßnahme zu verhängen, unverzüglich nach Information der betroffenen Person hierüber von den zuständigen Behörden auf ihren offiziellen Websites veröffentlicht wird (siehe auch → Art. 42 Rn. 1).[5] Allerdings sieht Art. 42 Abs. 2

---

2 Vgl. *Gurlit*, in: Assmann/Schlitt/von Kopp-Colomb, Prospektrecht Kommentar, § 25 WpPG Rn. 6.
3 Ebenso *Ritz*, in: Just/Voß/Ritz/Zeising, Wertpapierprospektrecht, 2. Aufl. 2023, § 25 WpPG Rn. 1.
4 BT-Drucks. 19/8005, S. 56.
5 Vgl. hierzu auch *Ritz*, in: Just/Voß/Ritz/Zeising, Wertpapierprospektrecht, 2. Aufl. 2023, § 25 WpPG Rn. 10; *Böse/Jansen*, in: Schwark/Zimmer, KMRK, § 25 WpG Rn. 5

ProspektVO eine **Modifikation der Veröffentlichungspflicht** in bestimmten Fällen vor, wonach der Behörde eine **zeitliche Verschiebung** (Abs. 2 UAbs. 1 lit. a), die **Anonymisierung** (Abs. 2 UAbs. 1 lit. b) oder ein **Absehen** von der Veröffentlichung (Abs. 2 UAbs. 1 lit. c) der Bekanntmachung gestattet ist, wenn die **Veröffentlichung unverhältnismäßig** ist oder es hierdurch zur **Gefährdung der Finanzmarktstabilität** kommen könnte (siehe → Art. 42 ProspektVO Rn. 4 ff.).

Im Hinblick auf die **Dauer der Veröffentlichung** sieht § 25 WpPG keine Beschränkung vor, auch wird keine Löschung nach einer bestimmten Frist gefordert. Allerdings ist mit Art. 42 Abs. 4 ProspektVO eine **Mindestdauer** für die Veröffentlichung **von fünf Jahren** vorgegeben, die in Bezug auf personenbezogene Daten aufgrund des mit der Veröffentlichung verbundenen Eingriffs in die Grundrechte der betroffenen Personen gleichzeitig auch als Höchstdauer zu werten sein dürfte.[6]

III. Anordnung nach § 25 Abs. 1 Nr. 2

§ 25 Abs. 1 Nr. 2 begründet die Befugnis der BaFin, gegenüber einer für einen Verstoß verantwortlichen Person anzuordnen, dass sie die den Verstoß begründenden **Handlungen oder Verhaltensweisen dauerhaft einzustellen** hat.[7] Der BaFin wird mit der **Einstellungsanordnung** ermöglicht, dies sowohl einer natürlichen als auch einer juristischen Person oder Personenvereinigungen gegenüber anzuordnen.[8] Ihre Befugnis bezieht sich dabei auf Verstöße nach § 24 Abs. 1, 3 und 4 und dient der Verhinderung weiterer Verstöße. Sie ist damit eine Maßnahme der **Gefahrenabwehr** (verwaltungsrechtliche Maßnahme, Art. 38 Abs. 2 lit. b ProspektVO), bei der die BaFin nach pflichtgemäßem **Ermessen** entscheidet.[9] Die im konkreten Einzelfall anzuordnende Maßnahme muss geeignet, erforderlich und angemessen zur Erreichung des angestrebten Zwecks sein.

Als **Verwaltungsakt** im Sinne des § 35 VwVfG sind gegen die Anordnung Widerspruch und **Anfechtungsklage** nach § 42 VwGO zulässig. Aufgrund der spezialgesetzlichen Regelung in § 20 Nr. 1 WpPG haben Rechtsbehelfe gegen die Einstellungsanordnung jedoch **keine aufschiebende Wirkung**.[10]

---

6 Vgl. hierzu auch *Gurlit*, in: Assmann/Schlitt/von Kopp-Colomb, Prospektrecht Kommentar, § 25 WpPG Rn. 9; *Ritz*, in: Just/Voß/Ritz/Zeising, Wertpapierprospektrecht, 2. Aufl. 2023, § 25 WpPG Rn. 13.
7 *Böse/Jansen*, in: Schwark/Zimmer, KMRK, 25 WpG Rn. 8.
8 *Ritz*, in: Just/Voß/Ritz/Zeising, Wertpapierprospektrecht, 2. Aufl. 2023, § 25 Rn. 3.
9 *Böse/Jansen*, in: Schwark/Zimmer, KMRK, § 25 WpG Rn. 8.
10 Ebenso: *Gurlit*, in: Assmann/Schlitt/von Kopp-Colomb, Prospektrecht Kommentar, § 26 WpPG Rn. 17.

§ 26 WpPG
Datenschutz

Die Bundesanstalt darf personenbezogene Daten nur zur Erfüllung ihrer aufsichtlichen Aufgaben und für Zwecke der Zusammenarbeit nach Maßgabe der Artikel 33 und 34 der Verordnung (EU) 2017/1129 verarbeiten.

(nicht kommentiert)

§ 27 WpPG
Übergangsbestimmungen zur Aufhebung des Verkaufsprospektgesetzes

Für Ansprüche wegen fehlerhafter Prospekte, die nicht Grundlage für die Zulassung von Wertpapieren zum Handel an einer inländischen Börse sind und die vor dem 1. Juni 2012 im Inland veröffentlicht worden sind, sind das Verkaufsprospektgesetz und die §§ 44 bis 47 des Börsengesetzes jeweils in der bis zum 31. Mai 2012 geltenden Fassung weiterhin anzuwenden. Wurden Prospekte entgegen § 3 Absatz 1 Satz 1 in der bis zum 20. Juli 2019 geltenden Fassung nicht veröffentlicht, ist für daraus resultierende Ansprüche, die bis zum Ablauf des 31. Mai 2012 entstanden sind, das Verkaufsprospektgesetz in der bis zum 31. Mai 2012 geltenden Fassung weiterhin anzuwenden.

Übersicht

	Rn.		Rn.
I. Grundlagen	1	III. Haftung für fehlende Prospekten (Satz 2)	5
II. Haftung für fehlerhafte Prospekte (Satz 1)	3		

I. Grundlagen

Ausgangspunkt des § 27 bildet § 37 in der Fassung bis zum 30.6.2012, welcher Übergangsregelungen zu den Bestimmungen des VerkProspG, sowohl in der Fassung bis zum 31.5.2012 (ehemals Abs. 2), als auch in der Fassung vor dem 1.7.2005 (ehemals Abs. 1) zum Inhalt hatte. § 37 a. F. wurde durch Art. 6 des Gesetzes zur Novellierung des Finanzanlagenvermittler- und Vermögensanlagenrechts[1] eingefügt und durch Art. 1 des Gesetzes zur Umsetzung der RL 2010/73/EU wurden die Übergangsregelungen bezüglich des VerkProspG in der Fassung vor dem 1.7.2005 (ehemals Abs. 1) aufgehoben.[2] Die verbliebenen Übergangsregelungen zur Prospekthaftung (nunmehr Satz 1 und Satz 2) bezüglich des VerkProspG in der bis zum 31.5.2012 geltenden Fassung bildeten in der Folge den Restinhalt des § 37 WpPG in der Fassung ab dem 1.7.2012 bis zum 20.7.2019.[3] Durch das „Gesetz zur weiteren Ausführung der EU-Prospektverordnung und zur Änderung von Finanzmarktgesetzen"[4] wurden die Regelungen in den jetzigen § 27 verschoben und traten

---

[1] Gesetz zur Novellierung des Finanzanlagenvermittler- und Vermögensanlagenrechts v. 6.12.2011, BGBl. I, S. 2499; hierzu auch *Prescher*, in: Schwark/Zimmer, KMRK, § 27 WpPG Rn. 1.
[2] Gesetz zur Umsetzung der Richtlinie 2010/73/EU und zur Änderung des Börsengesetzes v. 29.6.2012, BGBl. I, S. 1379; weiter auch *Assmann*, in: Assmann/Schlitt/von Kopp-Colomb, Prospektrecht Kommentar, § 27 WpPG Rn. 1 f.
[3] *Assmann*, in: Assmann/Schlitt/von Kopp-Colomb, Prospektrecht Kommentar, § 27 WpPG Rn. 1.
[4] Gesetz zur weiteren Ausführung der EU-Prospektverordnung und zur Änderung von Finanzmarktgesetzen v. 8.7.2019, BGBl. I, S.1002.

zum 21.7.2019 in Kraft.[5] Im Rahmen der Verschiebung in den jetzigen § 27 wurden dem Wortlaut der Vorschrift – „entgegen § 3 Absatz 1 Satz 1" – die Wörter – „in der bis zum 20.7.2019 geltenden Fassung" – angefügt.[6]

2 Inhaltlich ergeben sich durch die Neuregelung keine gravierenden Änderungen, da § 27 gleichermaßen zu § 37 a. F. zwei Übergangsregelungen für Haftungsansprüche enthält:[7]

– Satz 1 regelt die Prospekthaftungsansprüche wegen fehlerhafter Prospekte, die nicht Grundlage für die Zulassung von Wertpapieren zum Handel an einer inländischen Börse sind.
– Satz 2 regelt die Haftungsansprüche wegen fehlenden Prospekts.

II. Haftung für fehlerhafte Prospekte (Satz 1)

3 § 27 Satz 1 bestimmt, dass für bestimmte **Ansprüche wegen fehlerhafter Prospekte** weiterhin das Verkaufsprospektgesetz und die §§ 44 bis 47 des Börsengesetzes jeweils in der bis zum 31.5.2012 geltenden Fassung anzuwenden sind. Satz 1 bildet damit das Gegenstück zu § 52 Abs. 8 BörsG.[8] Im Zusammenspiel mit dieser Vorschrift ergibt sich, dass im Rahmen des Satz 1 allein reine fehlerhafte Angebotsprospekte behandelt werden und nicht hingegen solche, die zugleich auch Grundlage für die Börsenzulassung waren.[9] Maßgeblich ist daher das Vorliegen eines öffentlichen Angebots. Diese jeweils entsprechende Gegenstücksregelung ist das Relikt einer von einem Dualismus geprägten Rechtslage zwischen Verkaufsprospekten für ein öffentliches Angebot von Wertpapieren einerseits und Prospekten für die Marktzulassung (Börsenzulassungsprospekt) andererseits.[10]

4 Diese Differenzierung beruhte letztlich auf den unterschiedlichen europäischen Rechtsquellen im Sinne der bis zum 1.6.2012 geltenden Zweiteilung des Prospekthaftungsrechts für Börsenzulassungsprospekte nach den §§ 44 ff. BörsG a. F. und für Angebotsprospekte nach den §§ 13 ff. VerkProspG a. F. Daher unterliegen reine Angebotsprospekte, die vor dem Gesetz zur Novellierung des Finanzanlagenvermittler- und Vermögensanlagenrechts und daher folglich vor dem Stichtag des 1.6.2012 veröffentlicht wurden, weiter dem Haftungsrecht gemäß den §§ 13 ff. VerkProspG a. F. i.V.m. den §§ 44 bis 47 BörsG a. F. Für Prospekte nach dem Stichtag gelten im Umkehrschluss das Haftungsregime des § 10 WpPG (vgl. hierzu → § 10 Rn. 4 ff.) und die hierfür maßgeblichen allgemeinen Verjährungsfristen des BGB.[11]

---

5 Hierzu auch *Assmann*, in: Assmann/Schlitt/von Kopp-Colomb, Prospektrecht Kommentar, § 27 WpPG Rn. 1; *Prescher*, in: Schwark/Zimmer, KMRK, § 27 WpPG Rn. 1.
6 Klarstellend *Assmann*, in: Assmann/Schlitt/von Kopp-Colomb, Prospektrecht Kommentar, § 27 WpPG Rn. 1.
7 Bereits zu § 37 a. F. *Schnorbus*, in: Berrar/Meyer/Müller et al., WpPG/EU-ProspektVO, 2. Aufl. 2017, § 37 WpPG Rn. 1.
8 Ebenso *Prescher*, in: Schwark/Zimmer, KMRK, § 27 WpPG Rn. 1; bereits auch zur alten Rechtslage *Schnorbus*, in: Berrar/Meyer/Müller et al., WpPG/EU-ProspektVO, 2. Aufl. 2017, § 37 WpPG Rn. 4.
9 *Assmann*, in: Assmann/Schlitt/von Kopp-Colomb, Prospektrecht Kommentar, § 27 WpPG Rn. 1.
10 In diese Richtung auch *Prescher*, in: Schwark/Zimmer, KMRK, § 27 WpPG Rn. 1; sowie bereits zur alten Rechtslage *Kunold/Schlitt*, BB 2004, 501, 502.
11 *Groß*, Kapitalmarktrecht, § 27 WpPG Rn. 1; *Prescher*, in: Schwark/Zimmer, KMRK, § 27 WpPG Rn. 2; sowie bereits hinsichtlich des § 37 Satz 1 a.F BT-Drucks. 17/6051, S. 47; bereits zu § 37

III. Haftung für fehlende Prospekten (Satz 2)

§ 27 Satz 2 bildet die Ergänzungsvorschrift zu Satz 1 der Norm. Inhalt ist nicht die Haftung wegen fehlerhafter, sondern wegen **fehlender Prospekte** und damit solcher, die entgegen § 3 Abs. 1 Satz 1 nicht veröffentlich wurden.[12] Maßgebliche Fassung ist dabei der Rechtsstand des § 3 Abs. 1 Satz 1 bis zum 20.7.2019, also vor Inkrafttreten der Änderungen durch das „Gesetz zur weiteren Ausführung der EU-Prospektverordnung und Änderung von Finanzmarktgesetzen".[13]

Ist der Anspruch bis zum Stichtag des 1.6.2012 entstanden, bestimmt sich der Inhalt und die Verjährung nach altem Recht. Maßgebliche Vorschrift des Verkaufsprospektgesetzes ist dabei § 13a VerkProspG a.F. i.V.m. den §§ 44ff. BörsG a.F. Ist der Anspruch wegen eines fehlenden Prospekts erst nach dem Stichtag entstanden, bestimmt sich der Anspruch nach den Regelungen des WpPG sowie wiederum nach den Verjährungsvorschriften des BGB. Maßgebliche Norm ist hierbei § 14 (vgl. hierzu → § 14 Rn. 1ff.).[14] Der Verweis in der RegBegr. zum Entwurf eines Gesetzes zur Novellierung des Finanzanlagenvermittler- und Vermögensanlagenrechts auf § 22[15] geht somit fehl.[16]

---

a.F. *Schnorbus*, in: Berrar/Meyer/Müller et al., WpPG/EU-ProspektVO, 2. Aufl. 2017, § 37 WpPG Rn. 2.
12 Vgl. auch *Prescher*, in: Schwark/Zimmer, KMRK, § 27 WpPG Rn. 2; *Groß*, Kapitalmarktrecht, § 27 WpPG Rn. 1; *Assmann*, in: Assmann/Schlitt/von Kopp-Colomb, Prospektrecht Kommentar, § 27 WpPG Rn. 1.
13 Vgl. hinsichtlich der maßgeblichen Fassung vgl. BT-Drucks. 19/8005, S. 56.
14 Ehemals § 24 a.F. und hierzu auch *Schnorbus*, in: Berrar/Meyer/Müller et al., WpPG/EU-ProspektVO, 2. Aufl. 2017, § 37 WpPG Rn. 3.
15 BT-Drucks. 17/6051, S. 47.
16 Ebenso *Groß*, Kapitalmarktrecht, § 27 WpPG Fn. 2 mit der Bezeichnung als „Versehen".

§ 28 WpPG
Übergangsbestimmungen zum Gesetz zur weiteren Ausführung der EU-Prospektverordnung und zur Änderung von Finanzmarktgesetzen

(1) Prospekte, die vor dem 21. Juli 2019 gebilligt wurden, unterliegen bis zum Ablauf ihrer Gültigkeit weiterhin dem Wertpapierprospektgesetz in der bis zum 20. Juli 2019 geltenden Fassung.

(2) Wertpapier-Informationsblätter, deren Veröffentlichung vor dem 21. Juli 2019 gestattet wurde, unterliegen weiterhin dem Wertpapierprospektgesetz in der bis zum 20. Juli 2019 geltenden Fassung. Anträge auf Gestattung der Veröffentlichung von Wertpapier-Informationsblättern, die vor dem 21. Juli 2019 gestellt wurden und bis zum 20. Juli 2019 einschließlich nicht beschieden sind, gelten als Anträge auf Gestattung der Veröffentlichung nach § 4 in der nach dem 21. Juli 2019 geltenden Fassung

Übersicht

	Rn.		Rn.
I. Grundlagen	1	III. Übergangsregelungen für Wertpapier-Informationsblätter (Abs. 2)	6
II. Übergangsregelung für Prospekte (Abs. 1)	2	1. Bereits gestattete Wertpapier-Informationsblätter (Satz 1)	7
1. Erfasste Anwendungsfälle	4	2. Laufende Gestattungsverfahren (Satz 2)	8
2. Nicht erfasste Anwendungsfälle	5		

I. Grundlagen

1 Die Vorschrift des § 28 trat zum 21.7.2019 in Kraft und dient als Übergangsbestimmung für Prospekte (Abs. 1) und Wertpapier-Informationsblätter (Abs. 2). Die Einführung der Norm ist Teil der grundlegenden Reformierung und Umgestaltung des WpPG im Zuge des „Gesetz(es) zur weiteren Ausführung der EU-Prospektverordnung und zur Änderung von Finanzmarktgesetzen".[1] § 28 ist Ausdruck des bereits in § 1 niedergelegten Grundsatzes, dass das WpPG allein „ergänzende Regelungen zu den Vorschriften" der ProspektVO enthält, denn Inhaltsgegenstand ist die formale Bestimmung des Restanwendungsbereiches für Prospekte respektive Wertpapier-Informationsblätter nach dem Wertpapierprospektgesetz in der bis zum 20.7.2019 geltenden Fassung.[2]

---

1 Gesetz zur weiteren Ausführung der EU-Prospektverordnung und zur Änderung von Finanzmarktgesetzen v. 8.7.2019, BGBl. I, S. 1002; weiter auch *Assmann*, in: Assmann/Schlitt/von Kopp-Colomb, Prospektrecht Kommentar, S. 28 WpPG Rn. 1.

2 *Assmann*, in: Assmann/Schlitt/von Kopp-Colomb, Prospektrecht Kommentar, § 28 WpPG Rn. 1 f.

II. Übergangsregelung für Prospekte (Abs. 1)

Gemäß § 28 Abs. 1 unterliegen vor dem 21.7.2019 gebilligte Prospekte weiterhin den Regelungen des bisherigen WpPG. Es handelt sich demnach um eine Übergangsvorschrift, welche an der Regelung in Art. 46 Abs. 3 ProspektVO (vgl. hierzu → Rn. 4) ausgerichtet ist und klarstellt, dass das nationale Recht, auf welches Art. 46 Abs. 3 ProspektVO verweist, das Wertpapierprospektgesetz in der bisher geltenden Fassung ist.[3] In den Anwendungsbereich der Vorschrift fallen nur vollständige Prospekte bestehend aus Wertpapierbeschreibung, Registrierungsformular und Zusammenfassung.[4]

Es sind zudem nur Prospekte erfasst, deren Billigung noch vor dem Stichtag des 21.7.2019 erfolgte. Diese unterliegen entweder, je nachdem was zuerst eintritt, bis zum Ablauf ihrer Gültigkeit oder während eines Zeitraums von zwölf Monaten nach dem 21.7.2019, weiterhin dem bisherigen nationalen Recht. Der Passus „gebilligt wurde" zeigt dabei auf, dass **das Billigungsverfahren** vor dem Stichtag **abgeschlossen sein** muss. Demnach unterliegen Prospekte, die zwar vor dem Stichtag erstellt und zur Prüfung bei der BaFin eingereicht wurden, nicht mehr der Übergangsregelung, wenn die Billigung nicht vor dem 21.7.2019 erfolgt ist.[5]

1. Erfasste Anwendungsfälle

Grundlegend erfasst § 28 Abs. 1 Anwendungsfälle, in denen ein vor dem Stichtag nach bisherigem Recht gebilligter Prospekt Nachträge erforderlich macht und welche infolgedessen auch nach dem Stichtag gemäß bisherigem Recht erfolgen sollen, solange der Prospekt noch gültig ist.[6] Insbesondere sind Regelungsziel der Vorschrift **folgende Anwendungsfälle**:

– Während der Gültigkeit von Basisprospekten, die nach bisherigem Recht gebilligt wurden, können auch nach dem Stichtag noch **endgültige Bedingungen** nach bisherigem Recht hinterlegt werden.[7] Dies ist notwendig, da der alte Basisprospekt in der Übergangszeit noch fort gilt und es somit erforderlich ist, dass auch die endgültigen Bedingungen, welche Teil des gebilligten Prospekts sind, auch nach bisherigem Recht hinterlegt werden können.[8]
– Die gleichen Überlegungsgründe gelten auch hinsichtlich der Hinterlegung **von endgültigen Emissionspreisen bzw. Emissionsvolumina** zu nach bisherigem Recht gebilligten und nach dem Stichtag noch gültigen Prospekten.[9]

---

3 BT-Drucks. 19/10000, S. 73.
4 ESMA, Questions and Answers on the Prospectus Regulation, ESMA31-62-1258 (Version 12, last updated on 3 February 2023), S. 22 (A1.2); *Prescher*, in: Schwark/Zimmer, KMRK, § 28 WpPG Rn. 2.
5 Ebenso *Prescher*, in: Schwark/Zimmer, KMRK, § 28 WpPG Rn. 2.
6 BT-Drucks. 19/10000, S. 73.
7 BT-Drucks. 19/10000, S. 73.
8 ESMA, Questions and Answers on the Prospectus Regulation, ESMA31-62-1258 (Version 12, last updated on 3 February 2023), S. 24 (A1.5); BT-Drucks. 19/10000, S. 73; *Prescher*, in: Schwark/Zimmer, KMRK, § 28 WpPG Rn. 3.
9 BT-Drucks. 19/10000, S. 73; *Prescher*, in: Schwark/Zimmer, KMRK, § 28 WpPG Rn. 3.

- Ebenso werden **Nachträge** erfasst.[10] Auch die Billigung und Hinterlegung dieser sollen während der Gültigkeit eines nach bisherigem Recht gebilligten Prospekts nach dem Stichtag noch gemäß bisherigem Recht erfolgen.[11] Denn der Nachtrag bezieht sich auf die im Prospekt enthaltenen Informationen und der Prospekt selbst unterliegt den nationalen Rechtsvorschriften.[12]
- Abschließend erfasst ist die nach dem Stichtag des 21.7.2019 erfolgte **Notifizierung** von einem vor dem Stichtag nach bisherigem Recht gebilligten Prospekt. Dies gilt ebenso für die **Notifizierung von Nachträgen**, welche nach dem Stichtag, aber nach bisherigem Recht zu einem vor dem Stichtag gebilligten und noch gültigen Prospekt gebilligt wurden.[13]

2. Nicht erfasste Anwendungsfälle

5   Hingegen sind vom Regelungsziel der Vorschrift verschiedene **Anwendungsfälle nicht erfasst**:

- Zum einen fällt **Werbung** nicht in den Anwendungsbereich des § 3, da Werbung keinen Teil des Prospekts darstellt und der Geltungsbereich des § 3 nach dem eindeutigen Wortlaut allein auf Prospekte beschränkt ist, die gemäß den nationalen Rechtsvorschriften genehmigt wurden.[14] Dies bedeutet, dass jegliche Werbung, die nach dem vollständigen Inkrafttreten der ProspektVO veröffentlicht wird, mit der ProspektVO übereinstimmen muss.[15] Dies führt dazu, dass der Emittent, sobald dieser auch gleichzeitig Werbender ist, zweispurige Anforderungen sowohl nach dem WpPG a. F. (etwa bezüglich Nachträgen zum Prospekt), als auch nach der ProspektVO (etwa bezüglich der Werbung zum Prospekt) zu erfüllen hat.
- Zum anderen ist es nicht möglich, ein nach der ProspektRL gebilligtes oder hinterlegtes **Registrierungsformular** als Bestandteil eines nach der ProspektVO gebilligten Prospekts zu verwenden.[16] Denn obwohl Registrierungsdokumente nach der ProspektRL gebilligt oder hinterlegt werden, gelten sie ohne Wertpapierbeschreibung und Zusammenfassung nicht als Prospekt.[17] Allerdings können Informationen aus einem Registrierungsformular, das gemäß den nationalen Gesetzen zur Umsetzung der ProspektRL gebilligt wurde, durch **einen Verweis gemäß Art. 19 Abs. 1 lit. a ProspektVO** (vgl.

---

10 ESMA, Questions and Answers on the Prospectus Regulation, ESMA31-62-1258 (Version 12, last updated on 3 February 2023), S. 23 (A1.4); *Prescher*, in: Schwark/Zimmer, KMRK, § 28 WpPG Rn. 3.
11 BT-Drucks. 19/10000, S. 73; *Prescher*, in: Schwark/Zimmer, KMRK, § 28 WpPG Rn. 3.
12 Dazu auch ESMA, Questions and Answers on the Prospectus Regulation, ESMA31-62-1258 (Version 12, last updated on 3 February 2023), S. 23 (A1.4).
13 BT-Drucks. 19/10000, S. 73.
14 ESMA, Questions and Answers on the Prospectus Regulation, ESMA31-62-1258 (Version 12, last updated on 3 February 2023), S. 21 (A1.1); *Prescher*, in: Schwark/Zimmer, KMRK, § 28 WpPG Rn. 4.
15 *Prescher*, in: Schwark/Zimmer, KMRK, § 28 WpPG Rn. 4.
16 ESMA, Questions and Answers on the Prospectus Regulation, ESMA31-62-1258 (Version 12, last updated on 3 February 2023), S. 22 (A1.2); *Prescher*, in: Schwark/Zimmer, KMRK, § 28 WpPG Rn. 4.
17 ESMA, Questions and Answers on the Prospectus Regulation, ESMA31-62-1258 (Version 12, last updated on 3 February 2023) (A1.2); *Prescher*, in: Schwark/Zimmer, KMRK, § 28 WpPG Rn. 4.

hierzu → Rn. 13 ff.) in einen Prospekt aufgenommen werden. Der Verweis muss jedoch den Offenlegungspflichten nach der ProspektVO genügen, was insbesondere die Aufnahme von zusätzlichen Informationen in den Prospekt erforderlich machen kann.[18]

III. Übergangsregelungen für Wertpapier-Informationsblätter (Abs. 2)

Abs. 2 beinhaltet Übergangsregelungen für **Wertpapier-Informationsblätter**. Zum einen enthält die Vorschrift Bestimmungen für Wertpapier-Informationsblätter, deren Veröffentlichung vor dem 21.7.2019 gestattet wurde (Satz 1) und zum anderen Bestimmungen für solche Blätter, die vor dem 21.7.2019 gestellt wurden und bis einschließlich dem 20.7.2019 nicht beschieden wurden (Satz 2). § 28 Abs. 2 entfaltet daher Bedeutung sowohl hinsichtlich der Verwendung von Wertpapier-Informationsblättern, als auch hinsichtlich der Haftung nach den §§ 11, 13, 15 und 16 (§§ 22a, 23a, 24a und § 25 a. F.) für fehlerhafte oder pflichtwidrig fehlende Wertpapier-Informationsblätter.[19]

6

1. Bereits gestattete Wertpapier-Informationsblätter (Satz 1)

Entsprechend der Regelung in Art. 46 Abs. 3 bestimmt Satz 1, dass für Wertpapier-Informationsblätter, deren Veröffentlichung gemäß dem bisherigen WpPG **bereits gestattet** wurde, weiter das bisherige WpPG gilt.[20] Die Gestattung der Veröffentlichung hat dabei vor dem 21.7.2019 zu erfolgen.

7

2. Laufende Gestattungsverfahren (Satz 2)

Satz 2 der Vorschrift stellt klar, dass Wertpapier-Informationsblätter, deren Veröffentlichung im Gegensatz zu Satz 1 **nicht** bis zum 20.7.2019 **gestattet wurde**, dem WpPG in der durch das „Gesetz zur weiteren Ausführung der EU-Prospektverordnung und Änderung von Finanzmarktgesetzen"[21] geänderten Fassung unterliegen. Dabei gelten Anträge auf Gestattung der Veröffentlichung nach dem bisherigen WpPG als Anträge auf Gestattung nach der neuen geltenden Fassung. Dies hat denn Sinn und Zweck, dass entsprechende Gestattungsverfahren nicht aufgrund der Neuregelungen des WpPG beendet werden müssen, sondern unter neuem Recht **weitergeführt** werden können.[22]

8

§§ 28a–30 (weggefallen)

§ 31 (jetzt § 20)

---

18 *Prescher*, in: Schwark/Zimmer, KMRK, § 28 WpPG Rn. 4.
19 *Assmann*, in: Assmann/Schlitt/von Kopp-Colomb, Prospektrecht Kommentar, § 28 WpPG Rn. 4.
20 BT-Drucks. 19/8005, S. 57.
21 Gesetz zur weiteren Ausführung der EU-Prospektverordnung und zur Änderung von Finanzmarktgesetzen v. 8.7.2019, BGBl. I, S. 1002.
22 BT-Drucks. 19/8005, S. 57; *Assmann*, in: Assmann/Schlitt/von Kopp-Colomb, Prospektrecht Kommentar, § 28 WpPG Rn. 7; *Prescher*, in: Schwark/Zimmer, KMRK, § 28 WpPG Rn. 4.

§ 32 WpPG
Auskunftspflicht von
Wertpapierdienstleistungsunternehmen (weggefallen)*

1 Aufgehoben durch Art. 3 Nr. 3 des Gesetzes zur weiteren Stärkung des Anlegerschutzes vom 9.7.2021 (BGBl. 2021, 2570) mit Wirkung zum 16.8.2021.

2 Aufgrund der in Art. 2 lit. e ProspektVO enthaltenen Verpflichtung für Wertpapierfirmen und Kreditinstitute, auf Antrag des Emittenten die Einstufung ihrer Kunden unter Einhaltung des einschlägigen Datenschutzes mitzuteilen, war die nationale Regelung in Art. 32 WpPG a. F. nicht mehr erforderlich.[1]

---

* Die Kommentierung gibt ausschließlich die persönliche Meinung der Autorin wieder. Dies gilt für sämtliche Ausführungen der Autorin in diesem Kommentar.
1 Vgl. BT-Drucks. 19/28166 v. 31.3.2021, 1, S. 39 zu Nr. 3.

3. Teil
Delegierte Verordnung (EU) 2019/979 der Kommission vom 14. März 2019

Kapitel I
Wesentliche Finanzinformationen in der Prospektzusammenfassung

Abschnitt 1
Inhalt der wesentlichen Finanzinformationen in der Prospektzusammenfassung

Art. 1 VO (EU) 2019/979
Mindestinhalt der wesentlichen Finanzinformationen in der Zusammenfassung des Prospekts

(1) Die wesentlichen Finanzinformationen in der Zusammenfassung des Prospekts setzen sich aus den in den Anhängen der Delegierten Verordnung (EU) 2019/980 der Kommission[1] angeführten Finanzinformationen zusammen.

(2) Sind Informationen, die in den einschlägigen Tabellen in den Anhängen I bis VI genannt werden, nicht in den Abschlüssen des Emittenten enthalten, so legt der Emittent stattdessen einen entsprechenden Posten aus seinen Abschlüssen offen.

(3) Der Emittent kann zusätzliche Posten oder alternative Leistungsmessgrößen in die Zusammenfassung des Prospekts aufnehmen, wenn es sich dabei um wesentliche Finanzinformationen über den Emittenten oder über die zum Handel an einem geregelten Markt angebotenen oder zugelassenen Wertpapiere handelt. Für die Zwecke des ersten Satzes sind alternative Leistungsmessgrößen finanzielle Messgrößen für die historische und künftige Vermögens, Finanz und Ertragslage, die nicht den im geltenden Rechnungslegungsrahmen definierten finanziellen Messgrößen entsprechen.

---

[1] Delegierte Verordnung (EU) 2019/980 der Kommission vom 14. März 2019 zur Ergänzung der Verordnung (EU) 2017/1129 des Europäischen Parlaments und des Rates hinsichtlich der Aufmachung, des Inhalts, der Prüfung und der Billigung des Prospekts, der beim öffentlichen Angebot von Wertpapieren oder bei deren Zulassung zum Handel an einem geregelten Markt zu veröffentlichen ist, und zur Aufhebung der Verordnung (EG) Nr. 809/2004 der Kommission einfügen.

(4) Emittenten, die keiner der in den Artikeln 2 bis 8 genannten Arten von Emittenten angehören, legen die in den Tabellen genannten wesentlichen Finanzinformationen vor, die ihrer Ansicht nach am ehesten der Art der ausgegebenen Wertpapiere entsprechen.

(5) Die wesentlichen Finanzinformationen sind für die Anzahl der Jahre vorzulegen, die nach der Delegierten Verordnung (EU) 2019/980 für die Art der Emission und die Art der ausgegebenen Wertpapiere erforderlich sind.

Übersicht

	Rn.		Rn.
I. Gesetzgebungsgeschichte und Hintergrund	1	IV. Umgang mit komplexer finanztechnischer Vorgeschichte und Pro-Forma-Finanzinformationen (Art. 9 Abs. 3 und 4)	13
II. Regelungszweck	6		
III. Darstellungsweise in Tabellenform und Anhänge I bis VI	7		
1. Wesentliche Finanzinformationen	8		
2. Umgang mit den Tabellen	9		

I. Gesetzgebungsgeschichte und Hintergrund

1 Art. 7 Abs. 1 der ProspektVO bestimmt, dass – sofern nicht eine der Ausnahmen in Abs. 1 Satz 2 greift – der Prospekt eine **Zusammenfassung** zu enthalten hat, die Anlegern unter anderem Aufschluss über Art und Risiken des Emittenten geben soll. Gem. Art. 7 Abs. 4 lit. b ProspektVO hat die Prospektzusammenfassung Basisinformationen über den Emittenten zu enthalten. Diese Basisinformationen sind in verschiedene Unterabschnitte zu gliedern. In einem Unterabschnitt sind unter der Überschrift „**Welches sind die wesentlichen Finanzinformationen über den Emittenten?**" ausgewählte wesentliche historische Finanzinformationen für jedes Geschäftsjahr des von den historischen Finanzinformationen abgedeckten Zeitraums (bzw. Zwischenzeitraums) zu präsentieren (→ Art. 7 ProspektVO Rn. 29). Ähnliches gilt im Falle einer Garantie, wo gem. Art. 7 Abs. 7 lit. c Ziffer iii ein Unterabschnitt „**Wird für die Wertpapiere eine Garantie gestellt**" aufzunehmen ist und dort wesentliche Finanzinformationen des Garantiegebers darzustellen sind. Diese Finanzinformationen sollen dem Investor eine Bewertung ermöglichen, inwiefern der Garantiegeber den Verpflichtungen aus der Garantie nachkommen kann (→ Art. 7 ProspektVO Rn. 41).

2 Die früher geltende VO (EG) 809/2004 enthielt Regelungen zur Prospektzusammenfassung in Anhang XXII. Dort sah Punkt B.7[1] die Aufnahme von wesentlichen historischen Finanzinformationen für jedes Geschäftsjahr vor, das von den historischen Finanzinformationen abgedeckt war. Genauere Hinweise, wie das Merkmal „wesentlich" zu verstehen sei, insbesondere vor dem Hintergrund, dass im Hauptteil des Prospekts auch ausgewählte Finanzinformationen aufzunehmen waren, gab es nicht.

3 Art. 7 Abs. 13 ProspektVO erteilte ESMA ein Mandat, technische Regulierungsstandards zu erarbeiten, aus denen sich Inhalt und Format der Darstellung dieser für die Prospekt-

---

[1] Anwendbar bei dem Registrierungsformular für Aktien (Anhang I).

zusammenfassung wesentlichen Finanzinformationen ergeben, und diese der EU-Kommission zu übermitteln. Dabei sollten die verschiedenen Arten von Wertpapieren und Emittenten berücksichtigt werden und sichergestellt werden, dass die Informationen präzise und verständlich sind. Darüber hinaus enthält Art. 7 Abs. 13 ProspektVO die Ermächtigung der EU-Kommission gem. Art. 290 AEUV,[2] die technischen Regulierungsstandards im Wege einer delegierten Verordnung zu erlassen.

Die EU-Kommission startete daraufhin gem. Art. 10 der ESMA-VO[3] einen Konsultationsprozess,[4] der mit einem Final Report über Draft regulatory technical standards under the Prospectus Regulation vom 17.7.2018[5] ("**RTS Final Report**") abgeschlossen wurde.[6] Dieser Entwurf leistete, unter Einbeziehung aller Stakeholder, die konzeptionelle Vorarbeit für die spätere delegierte Verordnung. ESMA entschied sich im Ansatz für die Bereitstellung spezifischer Tabellen mit den wesentlichen Finanzinformationen für verschiedene Arten von Emittenten und Wertpapieren und wollte es Emittenten gestatten, zusätzliche Informationen in die Zusammenfassung aufzunehmen.[7]

4

Die EU-Kommission erließ am 14.3.2019 die Delegierte Verordnung (EU) 2019/979[8] ("**VO (EU) 2019/979**") als Level-2-Maßnahme, die die Vorarbeiten des RTS Final Report der ESMA aufgreift. Im Vergleich zum RTS Final Report enthält die VO (EU) 2019/979 keine inhaltlichen Änderungen in Bezug auf die in Tabellenform zu machenden Angaben in der Prospektzusammenfassung. Die VO (EU) 2019/979 wurde zuletzt durch die Delegierte Verordnung (EU) 2020/1272 vom 4.6.2020[9] geändert. In Bezug auf die Prospektzusammenfassung wurde bei der Tabelle 3 redaktionell das fehlende dritte Vorjahresvergleichsjahr hinzugefügt.

5

---

2 Vertrag über die Arbeitsweise der Europäischen Union (konsolidierte Fassung), ABl. EU C 326 v. 26.10.2012, S. 1.
3 Verordnung (EU) Nr. 1095/2010 v. 24.11.2010 zur Errichtung einer Europäischen Aufsichtsbehörde (Europäische Wertpapier- und Marktaufsichtsbehörde), ABl. EU L 331 v. 15.12.2010, S. 84.
4 ESMA, Consultation Paper – Draft regulatory technical standards under the new Prospectus Regulation, ESMA 31-62-802, 15.12.2017.
5 ESMA, Final Report – Draft regulatory technical standards under the Prospectus Regulation, ESMA 31-62-1002, 17.7.2018.
6 Das Konsultationspapier sowie der RTS Final Report beziehen sich nicht nur auf die Prospektzusammenfassung, sondern auch auf die Veröffentlichung und Klassifizierung von Prospekten, Werbung, Nachträge und das Notifizierungsportal, die auf anderen Ermächtigungsgrundlagen innerhalb der ProspektVO beruhen.
7 ESMA, Final Report – Draft regulatory technical standards under the Prospectus Regulation, ESMA 31-62-1002, 17.7.2018, S. 89.
8 Delegierte Verordnung (EU) 2019/979 der Kommission v. 14.3.2019 zur Ergänzung der Verordnung (EU) 2017/1129 des Europäischen Parlaments und des Rates durch technische Regulierungsstandards für wesentliche Finanzinformationen in der Zusammenfassung des Prospekts, die Veröffentlichung und Klassifizierung von Prospekten, die Werbung für Wertpapiere, Nachträge zum Prospekt und das Notifizierungsportal, ABl. EU L 166 v. 21.6.2019, S. 1.
9 Delegierte Verordnung (EU) 2020/1272 der Kommission v. 4.6.2020 zur Änderung und Berichtigung der Delegierten Verordnung (EU) 2019/979 zur Ergänzung der Verordnung (EU) 2017/1129 des Europäischen Parlaments und des Rates durch technische Regulierungsstandards für wesentliche Finanzinformationen in der Zusammenfassung des Prospekts, die Veröffentlichung und Klassifizierung von Prospekten, die Werbung für Wertpapiere, Nachträge zum Prospekt und das Notifizierungsportal, ABl. EU L 300 v. 14.9.2020, S. 1.

II. Regelungszweck

6 Durch die Angabe von wesentlichen Finanzinformationen (engl. Key Financial Information) in der Zusammenfassung des Prospekts soll Anlegern ein kurzer Überblick über Vermögenswerte, Verbindlichkeiten und Rentabilität des Emittenten gegeben werden. Es sollen darüber hinaus alle wesentlichen Finanzinformationen präsentiert werden, die Anleger für eine erste Beurteilung der Finanz- und Ertragslage des Emittenten benötigen.[10]

III. Darstellungsweise in Tabellenform und Anhänge I bis VI

7 Hierfür enthalten die Anhänge I bis VI der VO (EU) 2019/979 Tabellen mit Vorgaben von bestimmten Posten aus der Gewinn- und Verlustrechnung, der Bilanz und ggf. Kapitalflussrechnung und zusätzlichen Informationen, die in der Prospektzusammenfassung enthalten sein müssen. Die Angabe der wesentlichen Finanzinformationen **in Tabellenform** ist gem. Art. 9 Abs. 1 VO (EU) 2019/979 verpflichtend. Dabei dürfte es mit Blick auf die Seitenzahlbeschränkung der Zusammenfassung (Art. 7 Abs. 3 ProspektVO) zulässig und ggf. sogar sinnvoll sein, sämtliche Informationen in einer Tabelle darzustellen anstatt in (bis zu) drei oder vier unterschiedlichen Tabellen.[11] Die in den Anhängen gewählte Reihenfolge der verschiedenen Abschlussbestandteile (Gewinn- und Verlustrechnung vor Bilanz und Bilanz vor ggf. Kapitalflussrechnung) scheint mit Blick auf ihre Relevanz für den Leser mit Bedacht gewählt worden zu sein. So werden bspw. bei Dividendenwerten regelmäßig Angaben aus der Gewinn- und Verlustrechnung eine höhere Bedeutung haben als etwa Angaben aus der Kapitalflussrechnung. Es ist daher empfehlenswert, nur aus guten Gründen von der vorgegebenen Reihenfolge abzuweichen. Darüber hinaus empfiehlt die ESMA in ihrem RTS Final Report, dass die Angabe der wesentlichen Finanzinformationen in der Zusammenfassung den Umfang von einer Seite nicht überschreiten sollte.[12] Diese Empfehlung ist jedoch nicht verbindlich.

1. Wesentliche Finanzinformationen

8 Grundlage für die in der Zusammenfassung enthaltenen wesentlichen Finanzinformationen sind stets die geprüften Abschlüsse des Emittenten, die als historische Finanzinformationen in den Prospekt aufzunehmen sind.[13] Sofern im Prospekt konsolidierte Abschlüsse und der letzte HGB-Einzelabschluss aufgenommen sind, sind in der Zusammenfassung grds. die Abschlussposten aus den konsolidierten Abschlüssen maßgebend, da diese gem. Punkt 18.1.6 VO (EU) 2019/980 stets in den Prospekt aufzunehmen sind. Mit der Aufnahme des HGB-Einzelabschlusses in den Prospekt werden hingegen bestimmte Informationszwecke verfolgt (VO (EU) 2019/980 Anh. 1 Punkt 18.1 Rn. 61), die nicht mit den gem. Anhang 1 anzugebenden Informationen korrelieren. Als Konsequenz aus der Verwendung von historischen Finanzinformationen können sog. zukunftsgerichtete Aussagen

---

10 Vgl. Erwägungsgrund 1 der VO (EU) 2019/979.
11 So auch ESMA, Final Report – Draft regulatory technical standards under the Prospectus Regulation, ESMA 31-62-1002, 17.7.2018, S. 89.
12 ESMA, Final Report – Draft regulatory technical standards under the Prospectus Regulation, ESMA 31-62-1002 v. 17.7.2018, S. 89.
13 Bspw. gem. Anhang I Abschnitt 18.

oder Gewinnprognosen-/schätzungen nicht in diesen Abschnitt der Prospektzusammenfassung aufgenommen werden.[14] Sofern eine Angabe nicht den Abschlüssen entnommen wurde, ist dies zu kennzeichnen.[15] Falls bestimmte, in den Tabellen grundsätzlich vorgesehene Bestandteile (bspw. Zwischenfinanzinformationen oder zweites und drittes Jahr) nicht in den historischen Finanzinformationen enthalten sein müssen, entfallen diesbezüglich in den Tabellen vorgesehene Angaben ersatzlos.[16]

2. Umgang mit den Tabellen

Je nach Art des Emittenten ist gem. Art. 2 bis 7 VO (EU) 2019/979 ein bestimmter Anhang einschlägig. Dasselbe gilt gem. Art. 8 VO (EU) 2019/979 für Garantiegeber. Sofern Emittenten keiner der genannten Gruppen von Emittenten angehören, können sie solche wesentlichen Finanzinformationen in die Zusammenfassung aufnehmen, die ihrer Ansicht nach am ehesten der Art der ausgegebenen Wertpapiere entsprechen (Art. 1 Abs. 4). Darüber hinaus sind die in den Tabellen der Anhänge enthaltenen Abschlussposten mit den Symbolen Sternchen („*"), Doppelkreuz („#") oder Tilde („~") versehen, die eine in den Tabellen näher beschriebene Bedeutung haben. 9

Die in den Tabellen mit einem Sternchen (*) gekennzeichneten Angaben sind für nach den IFRS bilanzierende Emittenten verpflichtend anzugeben. Sofern die Abschlüsse eines Emittenten die verpflichtend zu präsentierenden Abschlussposten anders bezeichnen, kann die alternative Bezeichnung ebenfalls in der Zusammenfassung genutzt werden.[17] Sofern die Abschlüsse eines Emittenten nicht die in den Anhängen geforderten Angaben enthalten, ist entweder ein **entsprechender Posten** aus den Abschlüssen des Emittenten (ggf. mit einer Erläuterung der Entsprechung) aufzunehmen, oder die Angabe des Postens entfällt ersatzlos. Eine Angabe des Postens etwa mit N/A bietet keinen Mehrwert für Anleger. Mit einem Doppelkreuz („#") gekennzeichnete Elemente sind dann verpflichtend anzugeben, wenn der Prospekt an anderer Stelle entsprechende Informationen enthält. Eine Tilde („~") kennzeichnet Angaben, bei denen in Bezug auf geschlossene Fonds die zum Zeitpunkt der Ermittlung des Nettoinventarwerts (NAV) als erfolgswirksam zum beizulegenden Zeitwert bewerteten Investitionen anzugeben sind. Dies betrifft aber nur Anhang VI für geschlossene Fonds (dort Tabelle 1). 10

Es ist möglich, **zusätzliche Abschlussposten** gem. Art. 1 Abs. 3 in die entsprechend einschlägigen Tabellen oder **alternative Leistungsmessgrößen** entweder in die einschlägigen Tabellen oder eine gesonderte Tabelle aufzunehmen. Voraussetzung hierfür ist allerdings, dass die zusätzlichen Informationen **wesentlich** sind und mit den vorgegebenen Informationen **kein klares Bild der Finanz- und Ertragslage** des Emittenten gezeichnet werden kann.[18] Eine genaue Definition, wann die Wesentlichkeitsgrenze überschritten ist, 11

---

14 So auch ESMA, Consultation Paper – Draft regulatory technical standards under the new Prospectus Regulation, ESMA 31-62-802, 15.12.2017, S. 12 mit Verweis auf Art. 7 Abs. 6 lit. b ProspektVO.
15 Art. 9 Abs. 2 VO (EU) 2019/979.
16 So ausdrücklich Anhang III, Tabelle 1 für das Jahr –2.
17 Im Falle von terminologischen Unschärfen bei der Bezeichnung der Abschlussposten empfiehlt sich zusätzlich der Blick in die englische Fassung der VO (EU) 2019/979 sowie in die englische IFRS-Terminologie.
18 Siehe Erwägungsgrund 2 der VO (EU) 2019/979.

enthält die VO (EU) 2019/979 nicht. Bei der Einschätzung, ob ein zusätzlicher Abschlussposten oder eine alternative Leistungsmessgröße wesentlich ist, kann maßgeblich sein, ob dieser im erheblichen Maße zu einem klaren Bild der Finanz- und Ertragslage beiträgt. Einer Erklärung, warum der Emittent den zusätzlichen Abschlussposten oder die Leistungsmessgröße als „wesentlich" betrachtet, bedarf es jedoch nicht. Darüber hinaus ist zu beachten, dass Finanzzahlen, die nach verschiedenen Rechnungslegungsstandards erstellt wurden, nur dann zusammen in einer Tabelle dargestellt werden sollten, wenn keine wesentlichen Unterschiede zwischen ihnen bestehen (VO (EU) 2019/980 Anh. 1 Punkt 18.1 Rn. 50).

12 Eine Definition der „alternativen Leistungsmessgröße" ist in Art. 1 Abs. 3 Satz 2 VO (EU) 2019/979 enthalten. Unter Berücksichtigung der englische Fassung der VO (EU) 2019/979 wird eindeutig, dass hier **Alternative Leistungskennzahlen** (engl. Alternative Performance Measures – „**APMs**") im Sinne der ESMA-Leitlinien – Alternative Leistungskennzahlen (APM)[19] gemeint sind. Daher sind für die Frage, ob eine APM vorliegt, ergänzend die erwähnten Leitlinien sowie die dazugehörenden Questions & Answers[20] zu berücksichtigen. Grundsätzlich sind die APMs, sofern es zum Verständnis notwendig ist, kurz zu erläutern. Es stellt sich daher die Frage, ob in der Zusammenfassung auch die für APMs gem. den ESMA-Leitlinien geltenden Darstellungsgrundsätze (Überleitung auf die in den Abschlüssen genannten Posten (Rz. 26), Erläuterung der Relevanz für den Emittenten (Rz. 33) sowie keine Vorrangstellung der APMs gegenüber Abschlussposten) beachtet werden müssen. In Bezug auf den letztgenannten Grundsatz stellt Erwägungsgrund 2 klar, dass er zu beachten ist, also APMs nicht stärker hervorgehoben werden dürfen als die historischen Finanzinformationen bzw. die aus diesen entnommenen Abschlussposten. Was die anderen Grundsätze angeht, kann aus dem Wortlaut des Abs. 3 ein solches Geltungserfordernis nicht abgeleitet werden. Sofern im Hauptteil des Prospekts eine Darstellung der APMs anhand der Leitlinien erfolgt, scheint eine Doppelung dieser Angaben nicht zwingend notwendig, da die Prospektzusammenfassung zusammen mit den anderen Teilen des Prospekts zu lesen ist (Art. 7 Abs. 1 Satz 1 ProspektVO. Zusätzliche Angaben zu den APMs auf der Grundlage der APM-Leitlinien bleiben in der Zusammenfassung grundsätzlich freiwillig.[21]

IV. Umgang mit komplexer finanztechnischer Vorgeschichte und Pro-Forma-Finanzinformationen (Art. 9 Abs. 3 und 4)

13 Im Falle einer komplexen finanztechnischen Vorgeschichte des Emittenten sind auch die diesbezüglichen wesentlichen Finanzinformationen entsprechend den einschlägigen Tabellen der Anhänge darzustellen (Art. 9 Abs. 4 VO (EU) 2019/979). Sofern die komplexe finanztechnische Vorgeschichte anhand von sog. kombinierten Abschlüssen präsentiert wird, sind die Informationen entsprechend aus diesen zu entnehmen. Sofern die komplexe finanztechnische Vorgeschichte allein mittels Aufnahme von historischen Finanzinforma-

---

19 ESMA, Leitlinien – Alternative Leistungskennzahlen (APM), ESMA/2015/141de, 5.10.2015.
20 ESMA, Questions and Answers – ESMA Guidelines on Alternative Performance Measures (APMs), ESMA32-51-370, 1.4.2022.
21 So wohl auch ESMA, Final Report – Draft regulatory technical standards under the Prospectus Regulation, ESMA 31-62-1002, 17.7.2018, S. 22.

tionen eines anderen Unternehmens dargestellt wird, sind neben den Finanzinformationen des Emittenten auch die Finanzinformationen des anderen Unternehmens gem. den einschlägigen Tabellen der Anhänge darzustellen. Dies können ggf. andere Anhänge als die für den Emittenten einschlägigen Anhänge sein (bspw. Anhänge für Emittenten von Dividendenwerten und jene für Kreditinstitute).

Sofern Pro-Forma-Finanzinformationen in den Prospekt aufgenommen wurden, sind Pro-Forma-Posten, die den in den Tabellen vorgegebenen Posten entsprechen, ebenfalls in die Zusammenfassung aufzunehmen. Dies kann entweder in zusätzlichen Spalten oder einer gesonderten Tabelle geschehen. Sofern es zum Verständnis notwendig ist, sind die Pro-Forma-Zahlen kurz zu erläutern. Wenn sich der Emittent zur Angabe von zusätzlichen Abschlussposten oder alternativen Leistungsmessgrößen entscheidet, können diese – sofern verfügbar – ebenfalls auf Pro-Forma-Basis angegeben werden. 14

Sofern der Prospekt nur qualitative Informationen und keine Pro-Forma-Finanzinformationen hinsichtlich der bedeutenden Bruttoveränderung enthält, sind entsprechende Erklärungen in die Zusammenfassung aufzunehmen. Diese Möglichkeit kommt zur Anwendung, wenn die Darstellung der Auswirkungen der bedeutenden Bruttoveränderung im Einklang mit Leitlinie 23 der ESMA-Leitlinien zu den Offenlegungspflichten nach der Prospektverordnung[22] ausnahmsweise durch erklärende Angaben erfolgt. 15

---

[22] ESMA, Leitlinien zu den Offenlegungspflichten nach der Prospektverordnung, ESMA32-382-1138, 4.3.2021.

Art. 2 VO (EU) 2019/979
Wesentliche Finanzinformationen für Nichtfinanzunternehmen, die Dividendenwerte emittieren

Handelt es sich beim Emittenten um ein Nichtfinanzunternehmen, das Dividendenwerte emittiert, so enthält die Zusammenfassung des Prospekts die in den Tabellen in Anhang I genannten wesentlichen Finanzinformationen.

Bei der Vorschrift des Art. 2 handelt es sich um eine reine Verweisungsnorm. Es wird auf die Kommentierung zu Art. 1 verwiesen.

Art. 3 VO (EU) 2019/979
Wesentliche Finanzinformationen für Nichtfinanzunternehmen, die Nichtdividendenwerte emittieren

Handelt es sich beim Emittenten um ein Nichtfinanzunternehmen, das Nichtdividendenwerte emittiert, so enthält die Zusammenfassung des Prospekts die in den Tabellen in Anhang II genannten wesentlichen Finanzinformationen.

Bei der Vorschrift des Art. 3 handelt es sich um eine reine Verweisungsnorm. Es wird auf die Kommentierung zu Art. 1 verwiesen.

Art. 4 VO (EU) 2019/979
Wesentliche Finanzinformationen für Kreditinstitute

Handelt es sich beim Emittenten um ein Kreditinstitut, so enthält die Zusammenfassung des Prospekts die in den Tabellen in Anhang III genannten wesentlichen Finanzinformationen.

Bei der Vorschrift des Art. 4 handelt es sich um eine reine Verweisungsnorm. Es wird auf die Kommentierung zu Art. 1 verwiesen.

Art. 5 VO (EU) 2019/979
Wesentliche Finanzinformationen für Versicherungsgesellschaften

Handelt es sich beim Emittenten um eine Versicherungsgesellschaft, so enthält die Zusammenfassung des Prospekts die in den Tabellen in Anhang IV genannten wesentlichen Finanzinformationen.

Bei der Vorschrift des Art. 5 handelt es sich um eine reine Verweisungsnorm. Es wird auf die Kommentierung zu Art. 1 verwiesen.

Art. 6 VO (EU) 2019/979
Wesentliche Finanzinformationen für Zweckgesellschaften, die forderungsbesicherte Wertpapiere emittieren

Handelt es sich beim Emittenten um eine Zweckgesellschaft, die forderungsbesicherte Wertpapiere emittiert, so enthält die Zusammenfassung des Prospekts die in den Tabellen in Anhang V genannten wesentlichen Finanzinformationen.

Bei der Vorschrift des Art. 6 handelt es sich um eine reine Verweisungsnorm. Es wird auf die Kommentierung zu Art. 1 verwiesen.

Art. 7 VO (EU) 2019/979
Wesentliche Finanzinformationen für geschlossene Fonds

Handelt es sich beim Emittenten um einen geschlossenen Fonds, so enthält die Zusammenfassung des Prospekts die in den Tabellen in Anhang VI genannten wesentlichen Finanzinformationen.

Bei der Vorschrift des Art. 7 handelt es sich um eine reine Verweisungsnorm. Es wird auf die Kommentierung zu Art. 1 verwiesen.

Art. 8 VO (EU) 2019/979
Wesentliche Finanzinformationen für Garantiegeber

Wird eine Garantie für die Wertpapiere gestellt, so sind die wesentlichen Finanzinformationen über den Garantiegeber unter Verwendung der Tabellen in den Anhängen I bis VI so darzustellen, als wäre der Garantiegeber der Emittent der gleichen Art von Wertpapieren, die Gegenstand der Garantie sind. Wird die Garantie für forderungsbesicherte Wertpapiere gestellt, so sind die wesentlichen Finanzinformationen über den Garantiegeber so darzustellen, als wäre der Garantiegeber der Emittent der zugrunde liegenden Wertpapiere.

Bei der Vorschrift des Art. 8 handelt es sich um eine reine Verweisungsnorm. Es wird auf die Kommentierung zu Art. 1 verwiesen.

Abschnitt 2
Aufmachung der wesentlichen Finanzinformationen in der Prospektzusammenfassung

Art. 9 VO (EU) 2019/979
Aufmachung der wesentlichen Finanzinformationen in der Zusammenfassung des Prospekts

(1) Die wesentlichen Finanzinformationen sind in Tabellenform gemäß den Tabellen in den Anhängen I bis VI darzustellen.

(2) Historische Finanzinformationen in der Zusammenfassung des Prospekts, die nicht dem Abschluss entnommen wurden, sind als solche zu kennzeichnen.

(3) Betreffen in die Zusammenfassung des Prospekts aufzunehmende Pro-forma-Informationen die in der entsprechenden Tabelle der Anhänge I bis VI genannten wesentlichen Finanzinformationen, so sind diese Pro-forma-Informationen entweder in zusätzlichen Spalten in den Tabellen in den Anhängen I bis VI oder in einer gesonderten Tabelle darzustellen. Soweit dies zum Verständnis erforderlich ist, ist den Pro-forma-Informationen eine kurze Erläuterung der in den zusätzlichen Spalten oder der gesonderten Tabellen angegebenen Zahlen beizufügen.

(4) Werden im Falle einer bedeutenden Bruttoveränderung nur qualitative Informationen in den Prospekt aufgenommen, wird eine entsprechende Erklärung in die Zusammenfassung dieses Prospekts aufgenommen.

(5) Hat der Emittent eine komplexe finanztechnische Vorgeschichte im Sinne des Artikels 18 der Delegierten Verordnung (EU) 2019/980, so sind die wesentlichen Finanzinformationen in der Zusammenfassung des Prospekts im Einklang mit dem Prospekt und unter Verwendung der einschlägigen Tabellen in den Anhängen I bis VI darzustellen.

Es wird auf die Kommentierung zu Art. 1 verwiesen.

Kapitel II
Veröffentlichung des Prospekts

Art. 10 VO (EU) 2019/979
Veröffentlichung des Prospekts

(1) Enthält ein Prospekt – unabhängig davon, ob er aus einem einzigen Dokument oder aus mehreren Einzeldokumenten besteht – Hyperlinks zu Websites, so wird in den Prospekt eine Erklärung darüber aufgenommen, dass die Informationen auf den Websites nicht Teil des Prospekts sind und nicht von der zuständigen Behörde geprüft oder gebilligt wurden. Diese Anforderung gilt nicht für Hyperlinks zu Informationen, die mittels Verweis aufgenommen wurden.

(2) Wird ein Prospekt gemäß Artikel 21 Absatz 2 der Verordnung (EU) 2017/1129 veröffentlicht, so werden auf den für die Veröffentlichung des Prospekts genutzten Websites Maßnahmen ergriffen, die verhindern, dass Personen mit Wohnsitz in anderen Mitgliedstaaten oder Drittländern als denjenigen, in denen die Wertpapiere öffentlich angeboten werden, angesprochen werden.

Übersicht

	Rn.		Rn.
I. Vorbemerkung	1	III. Vorkehrungen gegen Zugriff durch nicht angesprochene Anleger (Art. 10 Abs. 2)	5
II. Warnhinweis bei der Aufnahme von Hyperlinks (Art. 10 Abs. 1)	2		

I. Vorbemerkung

Art. 10 ergänzt bzw. konkretisiert die prospektrechtlichen Billigungs- und Veröffentlichungsvorschriften und steht damit im **Regelungszusammenhang mit Art. 20 und Art. 21 ProspektVO** (bereits → Art. 21 ProspektVO Rn. 5). 1

II. Warnhinweis bei der Aufnahme von Hyperlinks (Art. 10 Abs. 1)

Enthält ein Prospekt Hyperlinks zu Websites, ist nach Art. 10 Abs. 1 Satz 1 in den Prospekt eine **Erklärung** darüber aufzunehmen, dass die Informationen auf den verlinkten Websites nicht Teil des Prospekts sind und nicht von der zuständigen Behörde geprüft oder gebilligt wurden. 2

Art. 10 Abs. 1 enthält damit eine **inhaltliche Anforderung an den Prospekt** und ist demzufolge **Billigungsvoraussetzung** und daher entgegen der Überschrift des Art. 10 im Zusammenhang mit Art. 20 ProspektVO statt mit Art. 21 ProspektVO zu lesen.[1] Anders als 3

---

[1] Ebenso *Kunold*, in: Assmann/Schlitt/von Kopp-Colomb, Prospektrecht Kommentar, Art. 21 ProspektVO Rn. 33.

seine Vorgängervorschrift Art. 6 Abs. 1 lit. c VO (EU) 2016/301 enthält Art. 10 Abs. 1 Satz 1 **kein Verbot mehr**, Hyperlinks in den Prospekt aufzunehmen, sondern setzt die Zulässigkeit gerade voraus. Mit der Neuregelung akzeptiert der europäische Gesetzgeber nun offenbar die Gefahr einer Quasi-Einbeziehung nicht von der zuständigen Behörde geprüfter und gebilligter Informationen in den Prospekt,[2] verlangt jedoch gewissermaßen als Korrektiv zum Schutz der Anleger einen entsprechenden Warnhinweis.

4 Ergänzend regelt **Art. 10 Abs. 1 Satz 2**, dass die Verpflichtung zur Aufnahme eines Warnhinweises nicht für Hyperlinks zu Informationen gilt, die **mittels Verweis in den Prospekt aufgenommen** wurden (sog. Incorporation by Reference, vgl. Art. 19 ProspektVO). Im Hinblick auf derartige Hyperlinks ist eine entsprechende Erklärung im Prospekt nicht nur verzichtbar, sondern sie wäre auch falsch, denn mittels Verweis in den Prospekt aufgenommene Informationen sind selbstverständlich Teil des Prospekts und damit auch Gegenstand der Prüfung und Billigung durch die zuständige Behörde.[3] Genau betrachtet hat Art. 10 Abs. 1 Satz 2 daher nur klarstellenden Charakter.

III. Vorkehrungen gegen Zugriff durch nicht angesprochene Anleger (Art. 10 Abs. 2)

5 Art. 10 Abs. 2 entspricht weitestgehend der Vorgängervorschrift Art. 6 Abs. 3 VO (EU) 2016/301 und betrifft **Zugangsbeschränkungen für den nach Art. 21 veröffentlichten Prospekt**, um die ungewollte Ansprache bestimmter Investoren zu vermeiden. Die Vorschrift bestimmt, dass auf den gemäß Art. 21 Abs. 2 für die Prospektveröffentlichung genutzten Websites Maßnahmen zu ergreifen sind, die verhindern, dass Personen mit Wohnsitz in anderen Mitgliedstaaten oder Drittländern als denjenigen, in denen die Wertpapiere öffentlich angeboten werden, angesprochen werden. **Adressat** der Pflicht nach Art. 10 Abs. 2 ist daher derjenige, auf dessen Website der Prospekt veröffentlicht wird, d. h. der Emittent, der Zulassungsantragsteller, platzierende oder verkaufende Finanzintermediäre oder der Betreiber des geregelten Marktes, an dem die Zulassung zum Handel beantragt wurde (näher zu den Websites nach Art. 21 Abs. 2 und den für sie verantwortlichen Personen → Art. 21 ProspektVO Rn. 28 ff.).

6 Üblicherweise werden derartige Vorkehrungen gegen den Zugriff von Anlegern, an die das Angebot nicht gerichtet sein soll, zum einen durch **vorgeschaltete Hinweise (sog. Disclaimer)** und zum anderen durch die technisch zwingende, vorgeschaltete Verpflichtung zur Angabe bestimmter Informationen, bevor Zugriff gewährt wird (sog. **Filter**), umgesetzt (näher → Art. 2 ProspektVO Rn. 51 im Rahmen der Diskussion des Begriffs „öffentliches Angebot").[4] Dass Disclaimer bzw. Filter keine **unzulässigen Haftungsbegrenzungsklauseln** nach Art. 21 Abs. 4 Satz 1 ProspektVO darstellen, folgt unmittelbar aus Art. 21 Abs. 4 Satz 2 ProspektVO, der explizit klarstellt, dass „Warnhinweise, die angeben, im Rahmen welcher Rechtsordnungen ein Angebot unterbreitet oder eine Zulassung

---

2 Zum Regelungszweck des Hyperlink-Verbotes unter altem Recht vgl. *Berrar*, in: Berrar/Meyer/Müller et al., WpPG/EU-ProspektVO, 2. Aufl. 2017, Art. 6 TRS Rn. 8.
3 *Groß*, Kapitalmarktrecht, Art. 19 ProspektVO Rn. 2.
4 *Schlitt/Singhof/Schäfer*, BKR 2005, 251, 258 m. w. N. in Fn. 131 (zur Rechtslage in den USA) und Fn. 132.

III. Vorkehrungen gg. Zugriff durch nicht angesprochene Anleger **Art. 10 VO (EU) 2019/979**

zum Handel erteilt wird", nicht als derartige Haftungsbegrenzungsklauseln angesehen werden (dazu bereits → Art. 21 ProspektVO Rn. 34). Unter altem Recht war dies im Nachgang zur sog. Timmel-Entscheidung des EuGH zunächst nicht ganz sicher (näher → Art. 21 ProspektVO Rn. 34). Ferner ergibt sich aus Art. 21 Abs. 4 Satz 2 ProspektVO (indirekt) auch, dass Disclaimer bzw. Filter die **leichte Zugänglichkeit zum Prospekt**, die nach Art. 21 Abs. 3 UAbs. 1 ProspektVO erforderlich ist, nicht einschränken. Denn es würde keinen Sinn ergeben, wenn diese Maßnahmen im Rahmen des Art. 21 Abs. 4 ausdrücklich zulässig wären, sie zugleich aber gegen Art. 21 Abs. 3 verstoßen würden (zur Zulässigkeit vor dem Hintergrund des Art. 21 Abs. 3 bereits → Art. 21 ProspektVO Rn. 31). Zudem liegt es auf der Hand, dass nach Art. 21 Abs. 3 ProspektVO nicht verboten sein kann, was nach Art. 10 Abs. 2 geboten ist (→ Art. 21 ProspektVO Rn. 31).

Die Vorgaben aus Art. 10 Abs. 2 decken sich weitgehend mit den in Deutschland sogar schon vor Geltung der Vorgängernorm Art. 6 Abs. 3 VO (EU) 2016/301 **bei Kapitalmarkttransaktionen üblichen Vorkehrungen**. Bereits nach einer Bekanntmachung des Bundesaufsichtsamtes für den Wertpapierhandel zum Verkaufsprospektgesetz von 1999 konnte ein Angebot an deutsche Anleger ausgeschlossen werden, wenn aus einem an hervorgehobener Stelle (z.B. Seitenbeginn) stehenden und in deutscher Sprache verfassten Hinweis unmissverständlich hervorging, dass eine Zeichnung für Anleger in Deutschland nicht möglich sei ("Disclaimer"). Daneben seien angemessene Vorkehrungen zu treffen, dass Anleger von Deutschland aus die Wertpapiere nicht erwerben können.[5] 7

Die **Filter** werden **in der Praxis** vorwiegend so aufgesetzt, dass nur die Eingabe eines Wohnorts (mit Postleitzahl) in einem Land, in dem das Angebot als öffentliches Angebot durchgeführt wird, und die Anerkennung bestimmter Hinweise zum Angebot es erlauben, Zugriff auf den Prospekt zu erhalten. (Privat-)Anleger aus anderen Ländern können – sofern sie nicht wissentlich Falschangaben machen – wegen dieser Filter keinen Zugang zum Prospekt erlangen. Hinter dem Filter besteht (selbstverständlich) nur Zugang zu der gebilligten Prospektfassung, d.h. zum Beispiel nicht etwa auch zu separat erstellten englischsprachigen sog. Offering Circulars. Letztere dienen der Durchführung von Privatplatzierung in Ländern, in denen kein öffentliches Angebot durchgeführt wird, und werden von den beteiligten Konsortialbanken an Investoren geschickt, von denen die Konsortialbanken wissen, dass es sich um institutionelle Anleger handelt, deren Ansprache in dem betreffenden Land kein öffentliches Angebot auslöst (z.B. sog. Qualified Institutional Buyers nach Rule 144A unter dem U.S.-amerikanischen Securities Act von 1933). 8

Die Verpflichtungen nach Art. 10 Abs. 2 betreffen ausschließlich die **Website, über die die Veröffentlichung erfolgt**. Dass die zuständige Behörde des Herkunftsmitgliedstaats nach Art. 21 Abs. 5 UAbs. 1 Satz 1 ProspektVO den gleichen Prospekt ohne etwaige Hinweise oder Zugangsbeschränkungen auf ihrer Website veröffentlicht (→ Art. 21 ProspektVO Rn. 36), wird durch Art. 10 Abs. 2 weder beeinträchtigt noch hat diese ungeschützte Zugriffsmöglichkeit eine Rückwirkung auf die Verpflichtungen der Adressaten des Art. 10 Abs. 2 (→ Rn. 5). 9

---

5 Unter I. 2 b) a.E. der Bekanntmachung des BAWe zum Wertpapier-Verkaufsprospektgesetz vom 6.9.1999, Bundesanzeiger Nr. 177 vom 21.9.1999, S. 16180. Näher *von Kopp-Colomb/Lenz*, BKR 2002, 5, 6; *Lenz/Ritz*, WM 2000, 904, 905 f.

Kapitel III
Maschinenlesbare Daten für die Klassifizierung von Prospekten

Art. 11 VO (EU) 2019/979
Daten für die Klassifizierung von Prospekten

Bei der Übermittlung einer elektronischen Kopie eines gebilligten Prospekts, einschließlich etwaiger Prospektnachträge sowie gegebenenfalls der endgültigen Bedingungen, an die ESMA übermittelt die zuständige Behörde der ESMA ebenfalls die für die Klassifizierung der Prospekte relevanten begleitenden Daten im Einklang mit den Tabellen in Anhang VII.

(nicht kommentiert)

Art. 12 VO (EU) 2019/979
Praktische Modalitäten zur Gewährleistung der Maschinenlesbarkeit der Daten

Die zuständige Behörde übermittelt die in Artikel 11 genannten begleitenden Daten in einem einheitlichen XML-Format im Einklang mit der Aufmachung und den Standards in den Tabellen in Anhang VII.

(nicht kommentiert)

Kapitel IV
Werbung

Art. 13 VO (EU) 2019/979
Kennzeichnung des Prospekts

Unterliegt der Emittent, der Anbieter oder die die Zulassung zum Handel an einem geregelten Markt beantragende Person der Pflicht zur Erstellung eines Prospekts, ist der Prospekt in einer Werbung eindeutig zu kennzeichnen, und zwar durch:

a) die eindeutige Angabe der Website, auf der der Prospekt veröffentlicht wurde oder veröffentlicht werden wird, wenn die Werbung in schriftlicher Form und auf andere Weise als auf elektronischem Wege verbreitet wird;

b) einen Hyperlink zum Prospekt und zu den relevanten endgültigen Bedingungen eines Basisprospekts, wenn die Werbung in schriftlicher Form auf elektronischem Wege verbreitet wird oder – wenn der Prospekt noch nicht veröffentlicht wurde – durch Aufnahme eines Hyperlinks zur Website, auf der der Prospekt veröffentlicht wird;

c) die Aufnahme genauer Informationen über den Ort, an dem der Prospekt erhältlich ist, sowie genauer Informationen über das Angebot von Wertpapieren oder die Zulassung zum Handel an einem geregelten Markt, auf das bzw. die er sich bezieht, wenn die Werbung in einer Form oder auf einem Wege verbreitet wird, die nicht in den Anwendungsbereich der Buchstaben a oder b fallen.

Siehe Kommentierung zu Art. 22 ProspektVO.

Art. 14 VO (EU) 2019/979
Inhalt

(1) Werbung, die an potenzielle Kleinanleger verbreitet wird, umfasst folgende Elemente:

a) das Wort „Werbung" auf deutlich sichtbare Weise. Wird Werbung in mündlicher Form verbreitet, ist der Zweck der Botschaft zu Beginn der Mitteilung eindeutig anzugeben;

b) wenn die Werbung einen Verweis auf einen von einer zuständigen Behörde gebilligten Prospekt enthält, eine Erklärung, dass die Billigung des Prospekts nicht als Befürwortung der angebotenen oder zum Handel an einem geregelten Markt zugelassenen Wertpapiere zu verstehen ist;

c) wenn die Werbung einen Verweis auf einen von einer zuständigen Behörde gebilligten Prospekt enthält, eine Empfehlung, dass potenzielle Anleger den Prospekt lesen, bevor sie eine Anlageentscheidung treffen, um die potenziellen Risiken und Chancen der Entscheidung, in die Wertpapiere zu investieren, vollends zu verstehen;

d) den Warnhinweis gemäß Artikel 8 Absatz 3 Buchstabe b der Verordnung (EU) Nr. 1286/2014 des Europäischen Parlaments und des Rates,[1] wenn:

  i) sich die Werbung auf andere komplexe Wertpapiere als die in Artikel 25 Absatz 4 Buchstabe a Ziffern i, ii und vi der Richtlinie 2014/65/EU des Europäischen Parlaments und des Rates[2] genannten Finanzinstrumenten bezieht, und

  ii) der Warnhinweis in der Zusammenfassung des Prospekts enthalten ist oder in diese aufgenommen wird.

(2) Werbung in schriftlicher Form, die an potenzielle Kleinanleger verbreitet wird, muss sich in ihrer Aufmachung und Länge hinreichend vom Prospekt unterscheiden, sodass keine Verwechslung mit dem Prospekt möglich ist.

Siehe Kommentierung zu Art. 22 ProspektVO.

---

[1] Verordnung (EU) Nr. 1286/2014 des Europäischen Parlaments und des Rates vom 26.11.2014 über Basisinformationsblätter für verpackte Anlageprodukte für Kleinanleger und Versicherungsanlageprodukte (PRIIP) (ABl. L 352 vom 9.12.2014, S. 1).

[2] Richtlinie 2014/65/EU des Europäischen Parlaments und des Rates vom 15.5.2014 über Märkte für Finanzinstrumente sowie zur Änderung der Richtlinien 2002/92/EG und 2011/61/EU (ABl. L 173 vom 12.6.2014, S. 349).

Art. 15 VO (EU) 2019/979
Verbreitung der Werbung

(1) Werbung, die an potenzielle Anleger verbreitet wird, ist entsprechend zu ändern, wenn

a) in der Folge gemäß Artikel 23 der Verordnung (EU) 2017/1129 ein Nachtrag zum Prospekt veröffentlicht wird;

b) der im Nachtrag zum Prospekt genannte wichtige neue Umstand bzw. die darin genannte wesentliche Unrichtigkeit oder wesentliche Ungenauigkeit dazu führt, dass die zuvor verbreitete Werbung wesentliche ungenaue oder irreführende Informationen enthält.

Unterabsatz 1 ist nicht anwendbar nach der endgültigen Schließung des öffentlichen Angebots oder nach dem Zeitpunkt, zu dem der Handel an einem geregelten Markt beginnt – je nachdem, welches der spätere Zeitpunkt ist.

(2) Gemäß Absatz 1 geänderte Werbung ist potenziellen Anlegern nach Veröffentlichung des Nachtrags zum Prospekt unverzüglich zur Verfügung zu stellen, und muss Folgendes enthalten:

a) einen eindeutigen Verweis auf die ungenaue oder irreführende Fassung der Werbung;

b) eine Erklärung, dass die Werbung geändert wurde, da sie wesentliche ungenaue oder irreführende Informationen enthielt;

c) eine klare Beschreibung der Unterschiede zwischen den beiden Fassungen der Werbung.

(3) Mit Ausnahme von mündlich verbreiteter Werbung wird gemäß Absatz 1 geänderte Werbung mindestens auf denselben Wegen verbreitet wie die vorherige Werbung.

Übersicht

	Rn.		Rn.
I. Vorbemerkung	1	III. Inhalt und Art der Verbreitung der geänderten Werbung	
II. Pflicht zur Änderung der Werbung (Art. 15 Abs. 1)	2	(Art. 15 Abs. 2 und Abs. 3)	5

I. Vorbemerkung

Art. 15 ergänzt Art. 22 ProspektVO und betrifft die Frage, wie sich ein **Prospektnachtrag** gemäß Art. 23 ProspektVO auf an **Kleinanleger** verbreitete **Werbung** auswirkt. Die Vorschrift tritt an die Stelle des aufgehobenen Art. 11 VO (EU) 2016/301, mit dem sie im Wesentlichen übereinstimmt.[1]

1

---

[1] Näher zum alten Recht *Berrar*, in: Berrar/Meyer/Müller et al., WpPG/EU-ProspektVO, 2. Aufl. 2017, Art. 11 TRS.

II. Pflicht zur Änderung der Werbung (Art. 15 Abs. 1)

2 Nach **Art. 15 Abs. 1 UAbs. 1** ist **Werbung**, die an potenzielle Kleinanleger verbreitet wird, entsprechend zu **ändern**, wenn in der Folge ein Nachtrag gemäß Art. 23 ProspektVO veröffentlicht wird und der im Nachtrag genannte wichtige neue Umstand bzw. die darin genannte wesentliche Unrichtigkeit oder wesentliche Ungenauigkeit dazu führt, dass die zuvor verbreitete Werbung wesentliche ungenaue oder irreführende Informationen enthält (zum Begriff des Kleinanlegers → Art. 22 ProspektVO Rn. 30).

3 Die Regelung dient dem **Anlegerschutz**, indem sie eine Art „Informationsgleichlauf" von Prospekt und Werbung, die sich schließlich beide auf den gleichen zugrunde liegenden Sachverhalt (Angebot bzw. Zulassung) beziehen, sicherstellt. **Adressat** der Pflichten nach Art. 15 ist grundsätzlich jeder, der die entsprechende Werbung verbreitet, wobei wegen des subjektiven Elements des Begriffs „Werbung" (→ Art. 22 ProspektVO Rn. 11 f.) neben Emittent, Anbieter, Zulassungsantragsteller, Großaktionär oder sonstigen unmittelbar Betroffenen, außenstehende Dritte, die nicht im Auftrag oder für Rechnung eines der Beteiligten handeln, in der Praxis ausscheiden sollten (vgl. dazu auch → Art. 22 ProspektVO Rn. 10).

4 In **zeitlicher Hinsicht** begrenzt Art. 15 Abs. 1 UAbs. 2 die Pflicht zur Änderung der Werbung auf die endgültige Schließung des öffentlichen Angebots bzw. den Zeitpunkt, zu dem der Handel an einem geregelten Markt beginnt, je nachdem, was später erfolgt.[2] Die Frist knüpft dabei an die Nachtragspflicht in Art. 23 Abs. 1 UAbs. 1 ProspektVO an, wenngleich dort nicht von der „endgültigen Schließung des öffentlichen Angebots", sondern von dem „Auslaufen der Angebotsfrist" die Rede ist. Es ist nicht ersichtlich, warum der europäische Gesetzgeber von dem bereits unter altem Recht bestehenden zeitlichen Gleichlauf von Nachtragspflicht und Änderungspflicht[3] abweichen wollte. Im Ergebnis erlischt daher mit dem Ende der Nachtragspflicht auch die Verpflichtung zur Veröffentlichung einer geänderten Werbung.

III. Inhalt und Art der Verbreitung der geänderten Werbung (Art. 15 Abs. 2 und Abs. 3)

5 Gemäß **Art. 15 Abs. 2 lit. a bis c** muss geänderte Werbung einen eindeutigen Verweis auf die ungenaue oder irreführende Fassung der (vorhergehenden) Werbung enthalten. Ferner ist eine Erklärung dahingehend aufzunehmen, dass die Werbung geändert wurde, da sie wesentliche ungenaue oder irreführende Informationen enthielt, unter klarer Beschreibung der Unterschiede zwischen den beiden Fassungen der Werbung. Dass Art. 15 Abs. 2 sehr **detaillierte inhaltliche Vorgaben** aufstellt, wie die Änderungspflicht nach Art. 15 Abs. 1 zu erfüllen ist, passt systematisch zur unmittelbar davorstehenden Vorschrift des Art. 14, die ebenfalls vor dem Hintergrund des Kleinanlegerschutzes inhaltliche Elemente der Werbung (bei ihrer initialen Verbreitung) detailliert vorgibt (→ Art. 22 ProspektVO Rn. 30 f.). Insofern bilden Art. 14, gewissermaßen als Grundnorm für „Kleinanleger-Wer-

---

[2] *Schlitt/Ries*, in: Assmann/Schlitt/von Kopp-Colomb, Prospektrecht Kommentar, Art. 22 Rn. 13.
[3] Dazu *Berrar*, in: Berrar/Meyer/Müller et al., WpPG/EU-ProspektVO, 2. Aufl. 2017, Art. 11 TRS Rn. 6.

bung" und Art. 15 als ergänzende Vorschrift für die Änderung dieser Werbung, eine **regelungssystematische Einheit**.

Die geänderte Werbung ist nach **Art. 15 Abs. 2 unverzüglich nach Veröffentlichung des Nachtrags** zur Verfügung zu stellen (näher zur Veröffentlichung des Nachtrags → Art. 23 ProspektVO Rn. 129 ff.). Gemäß **Art. 15 Abs. 3** ist die geänderte Werbung, mit Ausnahme mündlich verbreiteter Werbung, mindestens **auf demselben Wege zu verbreiten** wie die ursprüngliche Werbung. Die Ausnahme für mündlich verbreitete Werbung umfasst dabei insbesondere sogenannte **Roadshows**, auch wenn dabei Begleitmaterialien wie Handouts oder Präsentationen verwendet werden, es muss also keine gänzlich neue Roadshow organisiert werden.[4] Allerdings bezieht sich die Ausnahme nur auf die Art der Verbreitung und entbindet nicht von der generellen Pflicht, eine geänderte Werbung zu verbreiten. Hierbei sollte diejenige Veröffentlichungsmethode ausgewählt werden, die die bestmögliche Erreichbarkeit der Teilnehmer der Roadshow gewährleistet. Je nach Art der Roadshow und der Teilnehmer kommt zum Beispiel eine Pressemitteilung, eine Veröffentlichung im Internet oder eine direkte Ansprache der Teilnehmer in Betracht.[5]

---

4 ESMA, Questions and Answers – Prospectuses (Version 12 – February 2023), Frage 17.1.
5 ESMA, Questions and Answers – Prospectuses (Version 12 – February 2023), Frage 17.1.

Art. 16 VO (EU) 2019/979
Informationen über Angebote von Wertpapieren

(1) In mündlicher oder schriftlicher Form zu Werbe- oder anderen Zwecken offengelegte Informationen über ein öffentliches Angebot von Wertpapieren oder eine Zulassung zum Handel an einem geregelten Markt dürfen

a) den Informationen im Prospekt nicht widersprechen;

b) nicht auf Informationen verweisen, die im Widerspruch zu den im Prospekt enthaltenen Informationen stehen;

c) die im Prospekt enthaltenen Informationen nicht in wesentlich unausgewogener Weise darstellen, etwa durch stärkere Hervorhebung positiver Aspekte gegenüber negativen Aspekten dieser Informationen oder durch Auslassung oder selektive Darstellung bestimmter Informationen;

d) keine alternativen Leistungsmessgrößen enthalten, es sei denn, diese sind im Prospekt enthalten.

(2) Für die Zwecke von Absatz 1 umfassen die Informationen im Prospekt entweder die in einem bereits veröffentlichten Prospekt enthaltenen Informationen oder, falls der Prospekt später veröffentlicht wird, die in den Prospekt aufzunehmenden Informationen.

(3) Für die Zwecke von Absatz 1 Buchstabe d umfassen alternative Leistungsmessgrößen finanzielle Messgrößen für die historische und künftige Vermögens-, Finanz- und Ertragslage, die nicht den im geltenden Rechnungslegungsrahmen definierten finanziellen Messgrößen entsprechen.

Übersicht

	Rn.		Rn.
I. Vorbemerkung	1	III. Zeitlicher Anwendungsbereich (Art. 16 Abs. 2)	6
II. Inhaltliche Anforderungen des Art. 16 Abs. 1 lit. a bis d, Abs. 3	2		

I. Vorbemerkung

1 Art. 16 konkretisiert das **Konsistenzgebot** des Art. 22 Abs. 4 ProspektVO (näher → Art. 22 ProspektVO Rn. 39 ff.) und entspricht dabei weitgehend seiner Vorgängernorm[1] Art. 12 VO (EU) 2016/301.[2] Das Konsistenzgebot des Art. 22 Abs. 4 ProspektVO besagt, dass alle mündlich oder schriftlich verbreiteten Informationen über das öffentliche Angebot von Wertpapieren oder die Zulassung zum Handel an einem geregelten Markt, auch wenn sie nicht Werbezwecken dienen, mit den im Prospekt enthaltenen Angaben überein-

---

1 Dazu *Berrar*, in: Berrar/Meyer/Müller et al., WpPG/EU-ProspektVO, 2. Aufl. 2017, Art. 12 TRS.
2 *Schlitt/Ries*, in: Assmann/Schlitt/von Kopp-Colomb, Prospektrecht Kommentar, Art. 22 ProspektVO Rn. 20.

stimmen müssen. Wie in Art. 22 Abs. 4 ProspektVO sind in Art. 16 ebenfalls nur die konkret über das Angebot bzw. die Zulassung verbreiteten Informationen erfasst („über ein öffentliches Angebot von Wertpapieren oder eine Zulassung"), d.h. insbesondere nicht Informationen, die das Geschäft des Emittenten betreffen oder dessen Finanzangaben (→ Art. 22 ProspektVO Rn. 40).

II. Inhaltliche Anforderungen des Art. 16 Abs. 1 lit. a bis d, Abs. 3

Art. 16 Abs. 1 lit. a statuiert, dass offengelegte Informationen nicht im **Widerspruch zu den im Prospekt enthaltenen Informationen** stehen dürfen, und geht damit letztlich nicht über die Feststellungen von Art. 22 Abs. 3 und Abs. 4 ProspektVO hinaus. Daran ändert auch die Tatsache nichts, dass Art. 22 Abs. 4 ProspektVO auf „verbreitete" Informationen abstellt, während Art. 16 Abs. 1 lit. a den Begriff der „offengelegten" Informationen verwendet, was rein vom Wortsinn her weniger als ein „Verbreiten" sein könnte. Denn ein Blick sowohl in die englische („disclosed") als auch die französische („divulguée") Sprachfassung des Art. 22 Abs. 4 ProspektVO legt nahe, dass auch in der deutschen Fassung die „Offenlegung" der passendere Begriff gewesen wäre. Jedenfalls sollte der vom Gesetzgeber letztlich gewählte Begriff der „Verbreitung" nicht dahin ausgelegt werden, dass er mehr als eine „Offenlegung" umfasst.

In **Art. 16 Abs. 1 lit. b** wird zusätzlich klargestellt, dass die Informationen auch nicht auf **andere Informationen verweisen** dürfen, die im Widerspruch zu den im Prospekt enthaltenen Informationen stehen. Es leuchtet ein, dass Art. 16 Abs. 1 lit. b eine Umgehung des lit. a verhindern will und unter dem Gesichtspunkt des Anlegerschutzes seine Berechtigung hat. Gleichwohl ist festzuhalten, dass die Vorschrift gewissermaßen den „Radius" überprüfbarer Informationen erheblich erweitert und dadurch die Handhabung des Tatbestands tendenziell **rechtsunsicher** macht. Wird beispielsweise in schriftlicher Werbung unter „Kontakt" oder an anderer wenig prominenter Stelle die URL der Website des Emittenten aufgenommen, würde eine strenge Wortlautauslegung des Art. 16 Abs. 1 lit. b dazu führen, dass keinerlei Information auf der gesamten Website des Emittenten im Widerspruch zu sämtlichen Informationen im Prospekt stehen dürfte. Ein solches Ergebnis erscheint unbillig und ginge wohl selbst vor dem Hintergrund eines angemessenen Anlegerschutzes zu weit. Daher sollten aufgrund einer **Sinn-und-Zweck-Betrachtung** jedenfalls solche Informationen aus dem Tatbestand des Art. 16 Abs. 1 lit. b ausgeklammert werden, die erkennbar in keinerlei Zusammenhang mit dem prospektgegenständlichen öffentlichen Angebot oder der Zulassung zum Handel an einem geregelten Markt stehen. Bezogen auf das o. g. Beispiel der Unternehmenswebsite würde das bedeuten, dass etwa Informationen aus dem Bereich „Investor Relations" (insbesondere dort abrufbare Präsentationen) eher dem Tatbestand des Art. 16 Abs. 1 lit. b unterfielen als z.B. Informationen aus der Website-Rubrik „Karriere".

Art. 16 Satz 1 lit. c bestimmt weiterhin, dass die zu Werbe- oder anderen Zwecken offengelegten Informationen die im Prospekt enthaltenen Informationen nicht in **wesentlich unausgewogener Weise** darstellen dürfen. Als Beispiel erwähnt die Norm die stärkere Hervorhebung positiver Aspekte gegenüber negativen Aspekten oder die Auslassung oder selektive Darstellung bestimmter Informationen. Inwieweit ein solch gefordertes möglichst ausgewogenes Bild mit der Natur der Werbung, bestimmte Tatsachen vordergründig und stärker zu betonen, um einen gewünschten Entschluss des Publikums zu bestärken, vereinbar ist, bleibt, wie schon unter altem Recht, offen. Vor allem liefert die Norm gerade keine Antwort auf die Frage, wann tatsächlich ein wesentlich unausgewogenes Bild vorliegt. Problematisch erscheint hier vor allem, dass die Unterscheidung zwischen Werbung und Prospekt (mit der Folge der Prospekthaftung) weiter erschwert wird (zu dieser Abgrenzung bereits → Art. 22 ProspektVO Rn. 16 ff.). Anders als ein Prospekt erhebt Werbung gerade nicht den Anspruch und darf auch nicht den Eindruck erwecken, alle relevanten Informationen zu enthalten (→ Art. 22 ProspektVO Rn. 17, 20). Werbeaussagen haben also stets einen vorselektierten Informationsgehalt. Dass diese Selektion zugunsten des Verwenders der Werbung stattfindet, lässt zwangsläufig eine gewisse „Unausgewogenheit" entstehen. Wollte man Werbung streng „ausgewogen" gestalten, nähme man ihr letztlich den werbenden Charakter. Diese Überlegungen sollten in die Auslegung des wertungsbasierten Tatbestandsmerkmals der „Wesentlichkeit" in Art. 16 Abs. 1 lit. c einfließen.

5 Art. 16 Abs. 1 lit. d legt schließlich fest, dass die offengelegten Informationen keine **alternativen Leistungsmessgrößen** enthalten dürfen, es sei denn, diese sind auch im Prospekt enthalten. Alternative Leistungsmessgrößen sind nach **Art. 16 Abs. 3** finanzielle Messgrößen für die historische und künftige Vermögens-, Finanz- und Ertragslage, die nicht den im geltenden Rechnungslegungsrahmen definierten finanziellen Messgrößen entsprechen. Weitere Informationen und Hinweise zu alternativen Leistungsmessgrößen finden sich in den entsprechenden Guidelines der ESMA.[3] Hintergrund des Art. 16 Abs. 1 lit. d ist, dass alternative Leistungsmessgrößen Anlageentscheidungen in besonderem Maße beeinflussen können.[4]

III. Zeitlicher Anwendungsbereich (Art. 16 Abs. 2)

6 Hinsichtlich des zeitlichen Anwendungsbereichs stellt Art. 16 Abs. 2 klar, dass Bezugnahmen in Art. 16 Abs. 1 auf Informationen im Prospekt entweder die in einem bereits veröffentlichten Prospekt enthaltenen Informationen oder, falls der Prospekt später veröffentlicht wird, die in den Prospekt aufzunehmenden Informationen betreffen können. In der **Praxis** spielen beide Perspektiven eine Rolle. So sind etwa im Rahmen eines IPO-Prozesses die im **Vorfeld der Prospektbilligung und -veröffentlichung** von den Konsortialbanken erstellten Präsentationen (insbesondere im Rahmen sog. „Early Look"- oder „Pilot Fishing"-Meetings) am späteren Prospektinhalt zu messen, während **nach Billigung und Veröffentlichung** regelmäßig Informationen im Rahmen von Roadshows und Begleitdokumenten wie Handouts (→ Art. 15 Rn. 6) verbreitet werden.

---

3 Vgl. ESMA, Guidelines on Alternative Performance Measures, Stand: 30.6.2015. Für die Darstellung im Prospekt vgl. beispielsweise Ziffer 2.9 im Prospekt der Dr. Ing. h.c. F. Porsche Aktiengesellschaft vom 19.9.2022.
4 Vgl. Erwägungsgrund 12 der VO (EU) 2019/979.

Art. 17 VO (EU) 2019/979
Verfahren für die Zusammenarbeit zwischen den zuständigen Behörden

(1) Ist die zuständige Behörde eines Mitgliedstaats, in dem eine Werbung verbreitet wird, der Ansicht, dass der Inhalt dieser Werbung nicht mit den im Prospekt enthaltenen Angaben übereinstimmt, kann sie die zuständige Behörde des Herkunftsmitgliedstaats um Amtshilfe ersuchen. Auf Verlangen teilt die zuständige Behörde des Mitgliedstaats, in dem die Werbung verbreitet wird, der zuständigen Behörde des Herkunftsmitgliedstaats Folgendes mit:

a) die Gründe für die Annahme, dass der Inhalt der Werbung nicht mit den Informationen im Prospekt übereinstimmt;

b) die entsprechende Werbung und erforderlichenfalls eine Übersetzung der Werbung in die Sprache des Prospekts oder in eine in der internationalen Finanzwelt gebräuchliche Sprache.

(2) Die zuständige Behörde des Herkunftsmitgliedstaats teilt der zuständigen Behörde des Mitgliedstaats, in dem die Werbung verbreitet wird, so bald wie möglich die Ergebnisse ihrer Beurteilung der Frage mit, ob die Werbung mit den Informationen im Prospekt übereinstimmt.

Übersicht

	Rn.		Rn.
I. Überblick	1	III. Mitteilungspflicht der Behörde des Herkunftsstaates (Art. 17 Abs. 2)	4
II. Amtshilfeersuchen und zu übermittelnde Angaben (Art. 17 Abs. 1)	3		

I. Überblick*

Die Befugnis zur **Kontrolle von Werbung** liegt gemäß Art. 22 Abs. 6 UAbs. 1 Prospekt-VO grundsätzlich bei der **Aufsichtsbehörde des Mitgliedstaates, in dem die Werbung verbreitet wird** (→ vgl. Art. 22 Abs. 6 ProspektVO Rn. 51). Sofern zwischen dieser und der Behörde des Herkunftsmitgliedstaates keine abweichende Vereinbarung im Sinne des Art. 22 Abs. 8 ProspektVO getroffen wurde, die der Behörde des Herkunftsmitgliedstaates die originäre Kontrollbefugnis zuweist, erfolgt allenfalls eine **Unterstützung „falls erforderlich"** der originär nach Art. 22 Abs. 6 UAbs. 1 zuständigen Behörde **durch** die zuständige **Behörde des Herkunftsmitgliedstaates** bei der Beurteilung der Frage, ob die Werbung mit den Informationen im Prospekt übereinstimmt (Art. 22 Abs. 6 UAbs. 2 ProspektVO). 1

---

* Die Kommentierung gibt ausschließlich die persönliche Meinung der Autorin wieder. Dies gilt für sämtliche Ausführungen der Autorin in diesem Kommentar.

2 Zwecks Regelung dieser erforderlichen Unterstützung der zuständigen Behörde und der damit verbundenen Zusammenarbeit der Behörden im Bereich der Werbung enthält Art. 22 Abs. 9 ProspektVO eine Ermächtigungsgrundlage für die Kommission zur Schaffung von technischen Regulierungsstandards. Der hierauf beruhende Art. 17 VO (EU) 2019/979 konkretisiert das **Verfahren für die Zusammenarbeit** zwischen den zuständigen Behörden bei Werbung, welches nach Erwägungsgrund 13 der VO (EU) 2019/979 dem **angemessenen Schutz der Anleger in den Aufnahmemitgliedstaaten** dient.[1] Da die zuständigen Behörden der Aufnahmemitgliedstaaten die Prospekte nicht prüfen, kann die zuständige Behörde, die zur Ansicht gelangt, der Inhalt dieser Werbung stimme nicht mit den im Prospekt enthaltenen Angaben überein, sich für die Beurteilung der Frage nach der Übereinstimmung der Werbung mit dem Inhalt des Prospekts nach Art. 17 mit einem **Amtshilfeersuchen** an die Behörde des Herkunftsstaates wenden. Verpflichtet, ein solches Ersuchen auf Amtshilfe zu stellen, wird sie durch Art. 17 jedoch nicht, denn die originäre Zuständigkeit nach Art. 22 Abs. 6 ProspektVO bleibt von den technischen Regulierungsstandards unberührt.

II. Amtshilfeersuchen und zu übermittelnde Angaben (Art. 17 Abs. 1)

3 Im Rahmen des Amtshilfeersuchens soll gemäß Erwägungsgrund 13 zur VO (EU) 2019/979 die anfragende Behörde der zuständigen Behörde des Herkunftsmitgliedstaats **alle Informationen übermitteln, die für die Beurteilung der Frage nach der Übereinstimmung** der Werbung mit dem Inhalt des Prospekts durch die zuständige Behörde des Herkunftsmitgliedstaats **relevant sind**.[2] Art. 17 Abs. 1 nennt hierfür konkret die Angabe der **Gründe für die Annahme**, dass der Inhalt der Werbung nicht mit den Informationen im Prospekt übereinstimmt (Art. 17 Abs. 1 lit. a) neben der entsprechenden **Werbung und** erforderlichenfalls einer **Übersetzung** derselben **in die Sprache des Prospekts** oder in eine in der internationalen Finanzwelt gebräuchliche Sprache (Art. 17 Abs. 1 lit. b). Um sicherzustellen, dass die Anleger im Aufnahmemitgliedstaat nicht durch die Tatsache benachteiligt werden, dass die zuständigen Behörden des Aufnahmemitgliedstaats die Prospekte nicht überprüfen, und sie genügend Zeit haben, das betreffende öffentliche Angebot zu analysieren, soll die **Übermittlung innerhalb eines angemessenen Zeitrahmens** erfolgen.[3] Eine nähere Konkretisierung, was als „angemessener Zeitrahmen" betrachtet wird, findet sich in den technischen Regulierungsstandards indes nicht.

III. Mitteilungspflicht der Behörde des Herkunftsstaates (Art. 17 Abs. 2)

4 Die zuständige Behörde im Aufnahmemitgliedstaat sollte alle Informationen erhalten, die sie benötigt, um die Einhaltung der Vorschriften für Werbetätigkeiten in ihrem Zuständig-

---

1 Vgl. Erwägungsgrund 13 VO (EU) 2019/979.
2 Vgl. Erwägungsgrund 13 VO (EU) 2019/979.
3 Vgl. Erwägungsgrund 13 VO (EU) 2019/979.

keitsbereich kontrollieren zu können.[4] Daher wird die zuständige Behörde des Herkunftsmitgliedstaats durch Art. 17 Abs. 2 verpflichtet, der zuständigen Behörde des Mitgliedstaats, in dem die Werbung verbreitet wird, die **Ergebnisse ihrer Beurteilung** der Frage, ob die Werbung mit den Informationen im Prospekt übereinstimmt, **so bald wie möglich mitzuteilen.**

---

4 Vgl. Erwägungsgrund 13 VO (EU) 2019/979.

Kapitel V
Nachträge zum Prospekt

Art. 18 VO (EU) 2019/979
Veröffentlichung eines Nachtrags zum Prospekt

(1) Ein Nachtrag zum Prospekt wird in folgenden Fällen veröffentlicht:

a) bei Veröffentlichung neuer geprüfter Jahresabschlüsse durch:

   i) einen Emittenten, wenn der Prospekt sich auf Aktien oder andere übertragbare, aktienähnliche Wertpapiere bezieht;

   ii) einen Emittenten der zugrunde liegenden Aktien oder anderer übertragbarer, aktienähnlicher Wertpapiere im Falle der in Artikel 19 Absatz 2 oder Artikel 20 Absatz 2 der Delegierten Verordnung (EU) 2019/980 genannten Wertpapiere; oder

   iii) einen Emittenten der Aktien, die den in den Artikeln 6 und 14 der Delegierten Verordnung (EU) 2019/980 genannten Zertifikaten zugrunde liegen;

b) bei Veröffentlichung einer Gewinnprognose oder -schätzung durch den Emittenten nach der Billigung des Prospekts, wenn nach der Delegierten Verordnung (EU) 2019/980 die Aufnahme einer Gewinnprognose oder -schätzung in den Prospekt erforderlich ist;

c) bei der Aufnahme einer Änderung oder einer Rücknahme einer Gewinnprognose oder -schätzung in den Prospekt;

d) bei Veränderungen der Kontrollverhältnisse bei:

   i) einem Emittenten, wenn der Prospekt sich auf Aktien oder andere übertragbare, aktienähnliche Wertpapiere bezieht;

   ii) einem Emittenten der zugrunde liegenden Aktien oder anderer übertragbarer, aktienähnlicher Wertpapiere, wenn sich der Prospekt auf in Artikel 19 Absatz 2 oder Artikel 20 Absatz 2 der Delegierten Verordnung (EU) 2019/980 genannte Wertpapiere bezieht; oder

   iii) einem Emittenten der Aktien, die den in den Artikeln 6 und 14 der Delegierten Verordnung (EU) 2019/980 genannten Zertifikaten zugrunde liegen;

e) bei einem neuen öffentlichen Übernahmeangebot von Dritten im Sinne von Artikel 2 Absatz 1 Buchstabe a der Richtlinie 2004/25/EG des Europäischen Parlaments und des Rates[1] oder bei Vorliegen des Ergebnisses eines öffentlichen Übernahmeangebots bezüglich:

   i) des Eigenkapitals des Emittenten, wenn der Prospekt sich auf Aktien oder andere übertragbare, aktienähnliche Wertpapiere bezieht;

   ii) des Eigenkapitals des Emittenten der zugrunde liegenden Aktien oder anderer übertragbarer, aktienähnlicher Wertpapiere, wenn sich der Prospekt auf die

---

[1] Richtlinie 2004/25/EG des Europäischen Parlaments und des Rates vom 21.4.2004 betreffend Übernahmeangebote (ABl. L 142 vom 30.4.2004, S. 12).

in Artikel 19 Absatz 2 oder Artikel 20 Absatz 2 der Delegierten Verordnung (EU) 2019/980 genannten Wertpapiere bezieht; oder

iii) des Eigenkapitals des Emittenten der Zertifikaten zugrunde liegenden Aktien, wenn der Prospekt im Einklang mit den Artikeln 6 und 14 der Delegierten Verordnung (EU) 2019/980 erstellt wird;

f) bei Eintreten des Falls, dass das Geschäftskapital laut der in einen Prospekt aufgenommenen Erklärung zum Geschäftskapital im Hinblick auf die aktuellen Verpflichtungen des Emittenten eine ausreichende bzw. nicht ausreichende Höhe erreicht in Bezug auf:

i) Aktien oder andere übertragbare, aktienähnliche Wertpapiere;
ii) Wertpapiere gemäß Artikel 19 Absatz 2 der Delegierten Verordnung (EU) 2019/980;
iii) Zertifikate auf Aktien gemäß den Artikeln 6 und 14 der Delegierten Verordnung (EU) 2019/980.

g) bei Antrag eines Emittenten auf Zulassung zum Handel an mindestens einem zusätzlichen geregelten Markt in mindestens einem zusätzlichen Mitgliedstaat oder geplantem öffentlichen Angebot in mindestens einem zusätzlichen Mitgliedstaat, der nicht im Prospekt genannt wird;

h) im Falle eines Prospekts, der sich auf in Artikel 19 Absatz 2 oder Artikel 20 Absatz 2 der Delegierten Verordnung (EU) 2019/980 genannte Aktien oder die darin genannten übertragbaren, aktienähnlichen Wertpapiere bezieht, wenn eine bedeutende neue finanzielle Verpflichtung zu einer bedeutenden Bruttoveränderung gemäß Artikel 1 Buchstabe e der genannten delegierten Verordnung führen könnte;

i) bei Erhöhung des aggregierten Nominalbetrags des Angebotsprogramms.

Siehe Kommentierung zu Art. 23 ProspektVO.

Kapitel VI
Technische Modalitäten für den Betrieb des Notifizierungsportals

Art. 19 VO (EU) 2019/979
Hochladen von Unterlagen und begleitenden Daten

Beim Hochladen der in Artikel 25 Absatz 6 der Verordnung (EU) 2017/1129 genannten Unterlagen in das Notifizierungsportal stellt die zuständige Behörde sicher, dass diese Unterlagen ein mit Suchfunktion ausgestattetes, jedoch nicht editierbares elektronisches Format aufweisen und die in den Tabellen in Anhang VII genannten begleitenden Daten in einem einheitlichen XML-Format übermittelt werden.

Übersicht

	Rn.		Rn.
I. Vorbemerkung zu Kapitel VI	1	II. Übermittlung durch die nationalen Behörden an das Notifizierungsportal	3

I. Vorbemerkung zu Kapitel VI*

1   Das von ESMA geführte und über deren Website zu erreichende „Register III Documents"[1] erfüllt eine **Doppelfunktion** nach der ProspektVO. Gemäß Art. 21 Abs. 6 ProspektVO ist die ESMA verpflichtet, einen kostenlos zugänglichen **Speichermechanismus** einzurichten und zu betreiben, der die **gebilligten und an ESMA übermittelten Dokumente der Öffentlichkeit** nach Art. 21 ProspektVO **zur Verfügung stellt**. Gleichzeitig hat sie ein sogenanntes **Notifizierungsportal** einzurichten und zu betreiben, welches als **zentrale Stelle für alle Notifizierungen und deren Bekanntmachungen** fungiert und über welches die beteiligten Behörden einerseits die zu übermittelnden Dokumente und deren Klassifizierungsdaten einspielen und andererseits diese auch abrufen (→ Art. 25 Abs. 6 ProspektVO) können. Mit Errichtung des ESMA-Notifizierungsportals wurde die vor Inkrafttreten der ProspektVO verwendete Praxis der überwiegenden Übermittlung der Dokumente im Rahmen von Notifizierungen mittels E-Mail von der nationalen Behörde des Herkunftsstaats an eine oder mehrere Behörden des Aufnahmestaates bzw. der Aufnahmestaaten durch ein zentrales Portal abgelöst.

2   Die Vorschriften des Kapitels VI legen die **technischen Modalitäten für den Betrieb** des bei der ESMA aufzubauenden und zu betreibenden **Notifizierungsportals** fest. Die Regelungen konkretisieren die **Pflichten** sowohl **für** die **meldenden nationalen Behörden** (Art. 19 VO (EU) 2019/979) als auch **für ESMA** (Art. 20 f. VO (EU) 2019/979), die bei

---

* Die Kommentierung gibt ausschließlich die persönliche Meinung der Autorin wieder. Dies gilt für sämtliche Ausführungen der Autorin in diesem Kommentar.

1 Abrufbar unter https://registers.esma.europa.eu/publication/searchRegister?core=esma_registers_priii_documents.

der Errichtung und Nutzung des Notifizierungsportals zu beachten sind. Sie bilden damit die technische Grundlage für die Übermittlung der Notifizierung eines Prospekts und zugleich die Grundlage für die Nutzung des Europäischen Passes (→ vgl. Art. 24 Prospekt-VO) für Prospekte. ESMA hat dabei sicherzustellen, dass das Notifizierungsportal die **Sicherheit und Integrität** der zwischen den zuständigen Behörden **ausgetauschten Informationen** wahrt.[2] Die Übermittlung dieser Daten bleibt allerdings, wie auch Erwägungsgrund 23 zur VO (EU) 2019/979 klarstellt, weiterhin die Aufgabe der zuständigen Behörden.

II. Übermittlung durch die nationalen Behörden an das Notifizierungsportal

Die BaFin als gemäß § 17 WpPG in Deutschland zuständige Behörde übermittelt nach Art. 25 Abs. 6 UAbs. 1 ProspektVO eine **elektronische Kopie des gebilligten Dokuments** (je nach Fallkonstellation des Prospekts, Registrierungsformulars oder Nachtrags) sowie eine **Bescheinigung über die Billigung**, aus der hervorgeht, dass der Prospekt, das Registrierungsformular oder der Nachtrag im Einklang mit dieser Verordnung erstellt wurde (engl. Certificate of Approval, CoA), sowie ggf. eine **Übersetzung des Prospekts und jeglicher Zusammenfassung**. Ferner sind auch die hinterlegten **Endgültigen Bedingungen** des Basisprospekts zu übermitteln. Für die Übermittlung sind die nationalen Behörden aufgrund von Art. 25 Abs. 6 UAbs. 2 ProspektVO zur Nutzung des von der ESMA bereitgestellten **Notifizierungsportals verpflichtet,** weshalb die Vorgaben von ESMA an Dateiformate für die vorgenannten Dokumente einzuhalten sind. Diese Vorgaben schlagen auf die vom Prospektersteller zwecks Billigung eines Prospekts einzureichenden Dokumente durch.

3

Ferner sind gemeinsam mit der Kopie des Prospekts oder des entsprechenden Nachtrages bei dessen Notifizierung auch die erforderlichen **Daten für eine Klassifizierung** im Notifizierungsportal zu übermitteln. Ein Teil der in den Tabellen des Anhang VII der VO (EU) 2019/979 genannten **für die Klassifizierung erforderlichen Daten (sog. Metadaten)** wird von der BaFin bei Einreichung im Rahmen des Billigungsverfahrens eines Dokuments **vom Antragsteller elektronisch** über das MVP-Fachverfahren **abgefragt** (→ Anhang VII). Der Antragsteller ist somit für die Richtigkeit der Angaben weitgehend verantwortlich. Nicht abgefragte Daten werden durch die BaFin ergänzt, welche anschließend den vollständigen Datensatz an das von ESMA betriebene Notifizierungsportal übermittelt. Ein Abruf der Daten durch Marktteilnehmer über eine von ESMA zur Verfügung gestellte Datenbank, etwa zwecks Erstellung von Statistiken durch Dritte, ist nicht möglich.

4

---

2 Vgl. Erwägungsgrund 23 VO (EU) 2019/979.

Art. 20 VO (EU) 2019/979
Verarbeitung und Meldung von Unterlagen und begleitenden Daten*

(1) Die ESMA stellt sicher, dass das Notifizierungsportal automatisch alle hochgeladenen Unterlagen und begleitenden Daten verarbeitet und prüft und der die Daten übermittelnden zuständigen Behörde meldet, ob das Hochladen erfolgreich war und etwaige Fehler darin enthalten sind.

(2) Die ESMA stellt sicher, dass das Notifizierungsportal den jeweils zuständigen Behörden Meldungen von hochgeladenen Unterlagen und begleitenden Daten übermittelt.

1 Die Norm verpflichtet mit Abs. 1 die ESMA einerseits zur **Verarbeitung und** andererseits auch zur **Überprüfung** der von den zuständigen Behörden der Herkunftsstaaten übermittelten Unterlagen und Daten. Die übermittelnden Behörden werden darüber informiert, ob die Übermittlung der Unterlagen („das Hochladen") erfolgreich war und ob die Meldungen etwaige Fehler enthalten. Mangels Prüfungsrecht der ESMA in Bezug auf die Inhalte der Dokumente kann hierbei aber nur ein **formaler Abgleich der Dokumente mit** den ebenfalls **übermittelten Daten zur Klassifizierung** erfolgen sowie eine Überprüfung, ob die Dokumente den **technischen Anforderungen** an das Notifizierungsportal entsprechen.[1] Die übermittelnde Behörde enthält bei entsprechender Fehlerfeststellung dann eine entsprechende **Fehlermeldung durch die ESMA**.

2 Hingegen wird die ESMA durch Abs. 2 zur Übermittlung **eingehender Meldungen** an die zuständigen Behörden verpflichtet. Damit ersetzt das Notifizierungsportal der ESMA die zuvor mittels E-Mail durchgeführte Übermittlung von Billigungsbestätigungen und gebilligten Dokumenten an die Behörden der Aufnahmestaaten bei Notifizierungen. Die Möglichkeit zum Abruf der die Meldung betreffenden Daten durch die empfangende Behörde wird durch Art. 21 sichergesellt.

---

* Die Kommentierung gibt ausschließlich die persönliche Meinung der Autorin wieder. Dies gilt für sämtliche Ausführungen der Autorin in diesem Kommentar.

1 Vgl. hierzu auch *von Kopp-Colomb*, in: Assmann/Schlitt/von Kopp-Colomb, Prospektrecht Kommentar, Art. 25 ProspektVO Rn. 22, der diese Prüfung als Validitätsprüfung zusammenfasst.

Art. 21 VO (EU) 2019/979
Herunterladen von Unterlagen und begleitenden Daten*

Die ESMA stellt sicher, dass das Notifizierungsportal den jeweils zuständigen Behörden hochgeladene Unterlagen und begleitende Daten bereitstellt.

Mit Art. 21 VO (EU) 2019/979 wird der Zugriff der zuständigen nationalen Behörden auf die sie betreffenden Unterlagen und begleitenden Daten über das bei der ESMA eingerichtete Notifizierungsportal garantiert. ESMA muss daher sicherstellen, dass durch das Notifizierungsportal die hochgeladenen Unterlagen, also die gebilligten Dokumente sowie die entsprechenden Billigungsbestätigungen, sowie die begleitenden Daten auch zum Abruf bereitgestellt werden. Nicht erforderlich ist hingegen, dass die Unterlagen und Daten selbst an die Behörde übermittelt werden, vielmehr müssen die Behörden die Unterlagen und Daten im Notifizierungsportal eigenständig abrufen, da ESMA nach Art. 20 Abs. 2 VO (EU) 2019/979 verpflichtet ist, die Meldungen an die Behörden zu übermitteln. Zur Übermittlung der Daten bleiben indes die nationalen Behörden selbst verpflichtet (→ Art. 19 Rn. 2). 1

---

* Die Kommentierung gibt ausschließlich die persönliche Meinung der Autorin wieder. Dies gilt für sämtliche Ausführungen der Autorin in diesem Kommentar.

Kapitel VII
Schlussbestimmungen

Art. 22 VO (EU) 2019/979
Aufhebung

Die Delegierte Verordnung (EU) Nr. 382/2014 wird aufgehoben.

Die Verordnung (EU) 2016/301 wird aufgehoben.

(nicht kommentiert)

Art. 22a VO (EU) 2019/979
Zusammenfassungen von Prospekten für Dividendenwerte emittierende Nichtfinanzunternehmen, die im Zeitraum vom 21. Juli 2019 bis zum 16. September 2020 gebilligt wurden

Zusammenfassungen von Prospekten, die die in Anhang I Tabelle 3 zu liefernden Angaben enthalten und im Zeitraum vom 21. Juli 2019 bis zum 16. September 2020 gebilligt wurden, bleiben bis zum Ende der Geltungsdauer dieser Prospekte gültig.

(nicht kommentiert)

Art. 23 VO (EU) 2019/979
Inkrafttreten*

Diese Verordnung tritt am zwanzigsten Tag nach ihrer Veröffentlichung im Amtsblatt der Europäischen Union in Kraft.

Sie gilt ab dem 21. Juli 2019.

Diese Verordnung ist in allen ihren Teilen verbindlich und gilt unmittelbar in jedem Mitgliedstaat.

Die Delegierte Verordnung VO (EU) 2019/979 wurde am 21.6.2019 im Amtsblatt der Europäischen Union veröffentlicht und trat somit am 11.7.2019 in Kraft. Die Regelung schafft einen **Gleichlauf mit dem Geltungsbeginn** der Regelungen **der ProspektVO**, welche die zuvor geltenden europäischen Regelungen des Prospektrechts (ProspektRL und die Durchführungsverordnung zur ProspektRL) abschaffte. Die in der VO (EU) 2019/979 geregelten **Regulatorischen Technischen Standards (RTS)** gelten daher ebenfalls ab dem 21.7.2019 unmittelbar in jedem Mitgliedstaat. 1

Hierdurch erfolgte die weitere **Harmonisierung des EU-Prospektrechts** für die Zulassung von Wertpapieren in geregelten Märkten und das öffentliche Angebot von Wertpapieren. Einer Umsetzung durch den nationalen Gesetzgeber bedarf es nicht mehr, das **Unionsrecht** ist nunmehr **direkt und unmittelbar anzuwenden**, der ohnehin geltende Grundsatz der unmittelbaren Wirkung von europäischen Verordnungen wurde nochmals in Satz 3 statuiert. 2

---

* Die Kommentierung gibt ausschließlich die persönliche Meinung der Autorin wieder. Dies gilt für sämtliche Ausführungen der Autorin in diesem Kommentar.

Anhänge

Anhang I VO (EU) 2019/979
Nichtfinanzunternehmen (Dividendenwerte)

- Bei Eingaben, die durch ein Sternchen („*") gekennzeichnet sind, handelt es sich um obligatorische Angaben oder entsprechende Informationen, falls der Emittent nicht die internationalen Rechnungslegungsstandards (IFRS) anwendet. Der Emittent kann Informationen, die im Wesentlichen den in der Tabelle aufgeführten Informationen entsprechen, unter einem anderen Titel präsentieren, sofern er diesen alternativen Titel in seinem Abschluss verwendet.
- Bei Eingaben, die durch ein Doppelkreuz („#") gekennzeichnet sind, handelt es sich um obligatorische Angaben, wenn die entsprechenden Informationen an anderer Stelle im Prospekt erscheinen.
- Bei Eingaben, die durch eine Tilde („~") gekennzeichnet sind, sind bei Bezug auf geschlossene Fonds die zum Zeitpunkt der Ermittlung des Nettoinventarwerts (NAV) als erfolgswirksam zum beizulegenden Zeitwert bewerteten Investitionen anzugeben.

Tabelle 1: Gewinn- und Verlustrechnung – Nichtfinanzunternehmen (Dividendenwerte)

	Jahr	Jahr −1	Jahr −2	Zwischengewinn- und -verlustrechnung	Zwischengewinn- und -verlustrechnung im Vergleich zum gleichen Zeitraum des Vorjahres
*Einnahmen insgesamt					
*operativer Gewinn/Verlust oder andere vergleichbare Messgröße für die Ertragslage, die der Emittent in den Abschlüssen verwendet					
*Nettogewinn/-verlust (bei konsolidierten Jahresabschlüssen der den Anteilseignern des Mutterunternehmens zuzurechnende Nettogewinn/-verlust)					
#Einnahmenwachstum im Jahresvergleich					
#Betriebsgewinnspanne					
#Nettogewinnspanne					
#Ergebnis je Aktie					

Tabelle 2: Bilanz – Nichtfinanzunternehmen (Dividendenwerte)

	Jahr	Jahr −1	Jahr −2	Zwischen-bilanz
*Vermögenswerte insgesamt				
*Eigenkapital insgesamt				
#Nettofinanzierungsschulden (langfristige Verbindlichkeiten plus kurzfristige Schulden abzüglich Barmittel)				

Tabelle 3: Kapitalflussrechnung – Nichtfinanzunternehmen (Dividendenwerte)

	Jahr	Jahr −1	Jahr −2	Zwischen-kapital-fluss-rechnung	Kapitalfluss-rechnung im Vergleich zum gleichen Zeit-raum des Vor-jahres
*relevante Netto-Cashflows aus der laufenden Geschäftstätigkeit und/oder Cashflows aus Investitionstätigkeiten und/oder Cashflows aus Finanzierungs-tätigkeiten					

(nicht kommentiert)

Anhang II VO (EU) 2019/979
Nichtfinanzunternehmen (Nichtdividendenwerte)

- Bei Eingaben, die durch ein Sternchen („*") gekennzeichnet sind, handelt es sich um obligatorische Angaben oder entsprechende Informationen, falls der Emittent nicht die internationalen Rechnungslegungsstandards (IFRS) anwendet. Der Emittent kann Informationen, die im Wesentlichen den in der Tabelle aufgeführten Informationen entsprechen, unter einem anderen Titel präsentieren, sofern er diesen alternativen Titel in seinem Abschluss verwendet.
- Bei Eingaben, die durch ein Doppelkreuz („#") gekennzeichnet sind, handelt es sich um obligatorische Angaben, wenn die entsprechenden Informationen an anderer Stelle im Prospekt erscheinen.
- Bei Eingaben, die durch eine Tilde („~") gekennzeichnet sind, sind bei Bezug auf geschlossene Fonds die zum Zeitpunkt der Ermittlung des Nettoinventarwerts (NAV) als erfolgswirksam zum beizulegenden Zeitwert bewerteten Investitionen anzugeben.

Tabelle 1: Gewinn- und Verlustrechnung – Nichtdividendenwerte

	Jahr	Jahr –1	Zwischengewinn- und -verlustrechnung	Zwischengewinn- und -verlustrechnung im Vergleich zum gleichen Zeitraum des Vorjahres
*operativer Gewinn/Verlust oder andere vergleichbare Messgröße für die Ertragslage, die der Emittent in den Abschlüssen verwendet				

Tabelle 2: Bilanz – Nichtdividendenwerte

	Jahr	Jahr –1	Zwischenbilanz
*Nettofinanzverbindlichkeiten (langfristige Verbindlichkeiten plus kurzfristige Schulden abzüglich Barmittel)			
#Liquiditätskoeffizient (Verhältnis Umlaufvermögen/kurzfristige Verbindlichkeiten)			
#Verhältnis Fremdkapital/Eigenkapital (Summe der Verbindlichkeiten/Summe des Aktionärskapitals)			
#Zinsdeckungsquote (betriebliche Erträge/Zinsaufwand)			

Tabelle 3: Kapitalflussrechnung – Nichtdividendenwerte

	Jahr	Jahr –1	Zwischen-kapitalfluss-rechnung	Zwischenkapital-flussrechnung im Vergleich zum gleichen Zeitraum des Vorjahres
*Netto-Cashflows aus der laufenden Geschäftstätigkeit				
*Netto-Cashflows aus Finanzierungstätig-keiten				
*Netto-Cashflow aus Investitionstätigkeiten				

(nicht kommentiert)

Anhang III VO (EU) 2019/979
Kreditinstitute (Dividendenwerte und Nichtdividendenwerte)

– Bei Eingaben, die durch ein Sternchen („*") gekennzeichnet sind, handelt es sich um obligatorische Angaben oder entsprechende Informationen, falls der Emittent nicht die internationalen Rechnungslegungsstandards (IFRS) anwendet. Der Emittent kann Informationen, die im Wesentlichen den in der Tabelle aufgeführten Informationen entsprechen, unter einem anderen Titel präsentieren, sofern er diesen alternativen Titel in seinem Abschluss verwendet.
– Bei Eingaben, die durch ein Doppelkreuz („#") gekennzeichnet sind, handelt es sich um obligatorische Angaben, wenn die entsprechenden Informationen an anderer Stelle im Prospekt erscheinen.
– Bei Eingaben, die durch eine Tilde („~") gekennzeichnet sind, sind bei Bezug auf geschlossene Fonds die zum Zeitpunkt der Ermittlung des Nettoinventarwerts (NAV) als erfolgswirksam zum beizulegenden Zeitwert bewerteten Investitionen anzugeben.

Tabelle 1: Gewinn- und Verlustrechnung – Kreditinstitute

	Jahr	Jahr –1	Jahr –2 [1]	Zwischengewinn- und -verlustrechnung	Zwischengewinn- und -verlustrechnung im Vergleich zum gleichen Zeitraum des Vorjahres
*Nettozinserträge (oder Äquivalent)					
*Nettoertrag aus Gebühren und Provisionen					
*Nettowertminderung finanzieller Vermögenswerte					
*Nettohandelsergebnis					
*Messgröße für die Ertragslage, die der Emittent in den Abschlüssen verwendet, z. B. operativer Gewinn					
*Nettogewinn/-verlust (bei konsolidierten Jahresabschlüssen der den Anteilseignern des Mutterunternehmens zuzurechnende Nettogewinn/-verlust)					
#Ergebnis je Aktie (nur bei Aktienemittenten)					

[1] Geben Sie bitte die wesentlichen Finanzinformationen für die Anzahl von Jahren an, für die die entsprechende Auskunftspflicht gemäß der Delegierten Verordnung (EU) Nr. 980/2019 gilt.

Tabelle 2: Bilanz – Kreditinstitute

	Jahr	Jahr −1	Jahr −2[1]	Zwischenbilanz	#Wert als Ergebnis des jüngsten aufsichtlichen Überprüfungs- und Bewertungsprozesses („SREP")
*Vermögenswerte insgesamt					
*vorrangige Forderungen					
*nachrangige Forderungen					
*Darlehen und Forderungen gegenüber Kunden (netto)					
*Einlagen von Kunden					
*Eigenkapital insgesamt					
#notleidende Kredite (basierend auf Nettobuchwert)/Kredite und Forderungen					
#harte Kernkapitalquote (CET1) oder je nach Emission andere relevante prudenzielle Kapitaladäquanzquote					
#Gesamtkapitalquote					
#nach dem geltenden Rechtsrahmen berechnete Verschuldungsquote					

[1] Geben Sie bitte die wesentlichen Finanzinformationen für die Anzahl von Jahren an, für die die entsprechende Auskunftspflicht gemäß der Delegierten Verordnung (EU) Nr. 980/2019 gilt.

(nicht kommentiert)

Anhang IV VO (EU) 2019/979
Versicherungsunternehmen (Dividendenwerte und Nichtdividendenwerte)

– Bei Eingaben, die durch ein Sternchen („*") gekennzeichnet sind, handelt es sich um obligatorische Angaben oder entsprechende Informationen, falls der Emittent nicht die internationalen Rechnungslegungsstandards (IFRS) anwendet. Der Emittent kann Informationen, die im Wesentlichen den in der Tabelle aufgeführten Informationen entsprechen, unter einem anderen Titel präsentieren, sofern er diesen alternativen Titel in seinem Abschluss verwendet.
– Bei Eingaben, die durch ein Doppelkreuz („#") gekennzeichnet sind, handelt es sich um obligatorische Angaben, wenn die entsprechenden Informationen an anderer Stelle im Prospekt erscheinen.
– Bei Eingaben, die durch eine Tilde („~") gekennzeichnet sind, sind bei Bezug auf geschlossene Fonds die zum Zeitpunkt der Ermittlung des Nettoinventarwerts (NAV) als erfolgswirksam zum beizulegenden Zeitwert bewerteten Investitionen anzugeben.

Tabelle 1: Gewinn- und Verlustrechnung – Versicherungsunternehmen

	Jahr	Jahr –1	Jahr 2[(1)]	Zwischengewinn- und -verlustrechnung	Zwischengewinn- und -verlustrechnung im Vergleich zum gleichen Zeitraum des Vorjahres
*Netto-Prämienaufkommen					
*Nettoleistungen und -ansprüche					
*Ergebnis vor Steuern					
*operativer Gewinn (aufgeschlüsselt nach Lebens- und Nichtlebensversicherung)					
*Nettogewinn/-verlust (bei konsolidierten Jahresabschlüssen der den Anteilseignern des Mutterunternehmens zuzurechnende Nettogewinn/-verlust)					
#Einnahmenwachstum im Jahresvergleich (Netto-Prämienaufkommen)					
#Ergebnis je Aktie (nur bei Aktienemittenten)					

[(1)] Geben Sie bitte die wesentlichen Finanzinformationen für die Anzahl von Jahren an, für die die entsprechende Auskunftspflicht gemäß der Delegierten Verordnung (EU) Nr. 980/2019 gilt.

Versicherungsunternehmen (Dividenden- u. Nichtdividendenwerte) **Anh. IV VO (EU) 2019/979**

Tabelle 2: Bilanz – Versicherungsunternehmen

	Jahr	Jahr –1	Jahr –2[(1)]	Zwischen-bilanz
*Investitionen einschließlich finanzieller Vermögenswerte im Zusammenhang mit fondsgebundenen Verträgen				
*Vermögenswerte insgesamt				
*Verbindlichkeiten aus Versicherungsverträgen				
*finanzielle Verbindlichkeiten				
*Gesamtverbindlichkeiten				
*Eigenkapital insgesamt				
#Solvabilitätsquote (Solvency-II-Koeffizient – SII-Koeffizient) oder je nach Emission andere relevante prudenzielle Kapitaladäquanzquote				
#Schadenquote				
#kombinierte Quote (Forderungen + Ausgaben/Prämien für den Zeitraum)				

[(1)] Geben Sie bitte die wesentlichen Finanzinformationen für die Anzahl von Jahren an, für die die entsprechende Auskunftspflichtgemäß der Delegierten Verordnung (EU) Nr. 980/2019 gilt.

(nicht kommentiert)

Anhang V VO (EU) 2019/979
Zweckgesellschaften, die forderungsbesicherte Wertpapiere emittieren

- Bei Eingaben, die durch ein Sternchen („*") gekennzeichnet sind, handelt es sich um obligatorische Angaben oder entsprechende Informationen, falls der Emittent nicht die internationalen Rechnungslegungsstandards (IFRS) anwendet. Der Emittent kann Informationen, die im Wesentlichen den in der Tabelle aufgeführten Informationen entsprechen, unter einem anderen Titel präsentieren, sofern er diesen alternativen Titel in seinem Abschluss verwendet.
- Bei Eingaben, die durch ein Doppelkreuz („#") gekennzeichnet sind, handelt es sich um obligatorische Angaben, wenn die entsprechenden Informationen an anderer Stelle im Prospekt erscheinen.
- Bei Eingaben, die durch eine Tilde („~") gekennzeichnet sind, sind bei Bezug auf geschlossene Fonds die zum Zeitpunkt der Ermittlung des Nettoinventarwerts (NAV) als erfolgswirksam zum beizulegenden Zeitwert bewerteten Investitionen anzugeben.

Tabelle 1: Gewinn- und Verlustrechnung von Zweckgesellschaften in Bezug auf forderungsbesicherte Wertpapiere

	Jahr	Jahr –1
*Nettogewinn/-verlust		

Tabelle 2: Bilanz von Zweckgesellschaften in Bezug auf forderungsbesicherte Wertpapiere

	Jahr	Jahr –1
*Summe der Vermögenswerte		
*Gesamtverbindlichkeiten		
*als erfolgswirksam zum beizulegenden Zeitwert bewertet designierte finanzielle Vermögenswerte		
*finanzielle Vermögenswerte aus derivativen Finanzinstrumenten		
*nichtfinanzielle Vermögenswerte, die für die Geschäftstätigkeit des Unternehmens von wesentlicher Bedeutung sind		
*als erfolgswirksam zum beizulegenden Zeitwert bewertet designierte finanzielle Verbindlichkeiten		
*finanzielle Verbindlichkeiten aus derivativen Finanzinstrumenten		

(nicht kommentiert)

Anhang VI VO (EU) 2019/979
Geschlossene Fonds

- Bei Eingaben, die durch ein Sternchen („*") gekennzeichnet sind, handelt es sich um obligatorische Angaben oder entsprechende Informationen, falls der Emittent nicht die internationalen Rechnungslegungsstandards (IFRS) anwendet. Der Emittent kann Informationen, die im Wesentlichen den in der Tabelle aufgeführten Informationen entsprechen, unter einem anderen Titel präsentieren, sofern er diesen alternativen Titel in seinem Abschluss verwendet.
- Bei Eingaben, die durch ein Doppelkreuz („#") gekennzeichnet sind, handelt es sich um obligatorische Angaben, wenn die entsprechenden Informationen an anderer Stelle im Prospekt erscheinen.
- Bei Eingaben, die durch eine Tilde („~") gekennzeichnet sind, sind bei Bezug auf geschlossene Fonds die zum Zeitpunkt der Ermittlung des Nettoinventarwerts (NAV) als erfolgswirksam zum beizulegenden Zeitwert bewerteten Investitionen anzugeben.

Tabelle 1: Zusätzliche Informationen in Bezug auf geschlossene Fonds

Anteilsklasse	Gesamtnetto- inventarwert	Anzahl der Anteile	~NAV/Anteil oder Marktpreis/Anteil	#historische Wertentwicklung des Fonds
A	XXX	XX	X	
	Insgesamt	Insgesamt		

Tabelle 2: Gewinn- und Verlustrechnung – geschlossene Fonds

	Jahr	Jahr –1	Jahr –2	Zwischenge- winn- und -verlust- rechnung	Zwischengewinn- und -verlustrech- nung im Ver- gleich zum glei- chen Zeitraum des Vorjahres
*Nettoerträge insgesamt/Netto- anlageerträge oder Gesamterträge vor Betriebskosten					
*Nettogewinn/-verlust					
*Erfolgsgebühr (aufgelaufen/ ausgezahlt)					
*Verwaltungsgebühr (aufgelaufen/ ausgezahlt)					
*sonstige wesentliche Vergütungen (aufgelaufen/ausgezahlt) für Dienst- leister					
#Ergebnis je Aktie					

Anh. VI VO (EU) 2019/979 Geschlossene Fonds

Tabelle 3: Bilanz – geschlossene Fonds

	Jahr	Jahr –1	Jahr –2	Zwischenbilanz
*Nettovermögen insgesamt				
*Verschuldungsquote				

(nicht kommentiert)

Anhang VII VO (EU) 2019/979
An die ESMA zu übermittelnde maschinenlesbare Daten

Tabelle 1

Nummer	Feld	Zu meldender Inhalt	Formate und Standards für die Meldung
1.	Nationale Kennung	Von der übermittelnden nationalen zuständigen Behörde vergebene eindeutige Kennung des hochgeladenen Datensatzes	{ALPHANUM-50}
2.	Verbundene nationale Kennung	Von der übermittelnden nationalen zuständigen Behörde vergebene eindeutige Kennung des Datensatzes, auf den sich der hochgeladene Datensatz bezieht Wird nicht gemeldet, wenn die verbundene nationale Kennung nicht anwendbar ist	{ALPHANUM-50}
3.	Übermittelnder Mitgliedstaat	Ländercode des Mitgliedstaats, der den hochgeladenen Datensatz gebilligt hat oder bei dem der hochgeladene Datensatz eingereicht wurde	{COUNTRYCODE_2}
4.	Empfangende Mitgliedstaaten	Ländercode des Mitgliedstaats/der Mitgliedstaaten, dem/denen der hochgeladene Datensatz zu melden oder zu übermitteln ist Bei Angabe mehrerer Mitgliedstaaten ist Feld 4 so oft auszufüllen wie erforderlich	{COUNTRYCODE_2}

Anh. VII VO (EU) 2019/979 An die ESMA zu übermittelnde maschinenlesbare Daten

Nummer	Feld	Zu meldender Inhalt	Formate und Standards für die Meldung
5.	Art des Dokuments	Art der hochgeladenen Dokumente	Auswahl aus vordefinierten Feldern: – „BPFT" – Basisprospekt mit endgültigen Bedingungen – „BPWO" – Basisprospekt ohne endgültige Bedingungen – „STDA" – eigenständiger Prospekt – „REGN" – Registrierungsformular – „URGN" – einheitliches Registrierungsformular – „SECN" – Wertpapierbeschreibung – „FTWS" – endgültige Bedingungen, einschließlich Zusammenfassung der einzelnen Emission im Anhang – „SMRY" – Zusammenfassung – „SUPP" – Nachtrag – „SUMT" – Übersetzung der Zusammenfassung – „COAP" – Bescheinigung über die Billigung – „AMND" – Änderung Bei Angabe mehrerer Dokumente ist Feld [5] so oft auszufüllen, wie für die Beschreibung jedes Dokuments des Datensatzes erforderlich
6.	Struktur	Für den Prospekt gewähltes Format	Auswahl aus vordefinierten Feldern: – „SNGL" – Prospekt aus einem einzigen Dokument – „SPWS" – Prospekt aus separaten Dokumenten mit Zusammenfassung – „SPWO" – Prospekt aus separaten Dokumenten ohne Zusammenfassung
7.	Datum der Billigung oder Hinterlegung	Datum, an dem der hochgeladene Datensatz gebilligt oder hinterlegt wurde	{DATEFORMAT}
8.	Sprache	EU-Amtssprache, in der der hochgeladene Datensatz abgefasst ist	{LANGUAGE}

Nummer	Feld	Zu meldender Inhalt	Formate und Standards für die Meldung
9.	Standardisierte Bezeichnung des Anbieters	Bei natürlichen Personen Name und Vorname des Anbieters Bei Angabe mehrerer Anbieter ist Feld [9] so oft auszufüllen wie erforderlich	{ALPHANUM-280}
10.	Standardisierte Bezeichnung des Garantiegebers	Bei natürlichen Personen Name und Vorname des Garantiegebers Bei Angabe mehrerer Garantiegeber ist Feld [10] so oft auszufüllen wie erforderlich	{ALPHANUM-280}
11.	LEI des Emittenten	Rechtsträgerkennung des Emittenten Bei Angabe mehrerer Emittenten ist Feld [11] so oft auszufüllen wie erforderlich	{LEI}
12.	LEI des Anbieters	Rechtsträgerkennung des Anbieters Bei Angabe mehrerer Anbieter ist Feld [12] so oft auszufüllen wie erforderlich	{LEI}
13.	LEI des Garantiegebers	Rechtsträgerkennung des Garantiegebers Bei Angabe mehrerer Garantiegeber ist Feld [13] so oft auszufüllen wie erforderlich	{LEI}
14.	Wohnsitz des Anbieters	Bei natürlichen Personen Wohnsitz des Anbieters Bei Angabe mehrerer Anbieter ist Feld [14] so oft auszufüllen wie erforderlich	{COUNTRYCODE_2}
15.	Wohnsitz des Garantiegebers	Bei natürlichen Personen Wohnsitz des Garantiegebers Bei Angabe mehrerer Garantiegeber ist Feld [15] so oft auszufüllen wie erforderlich	{COUNTRYCODE_2}
16.	FISN	Kurzbezeichnung des Finanzinstruments Dieses Feld ist für jede ISIN auszufüllen	{FISN}
17.	ISIN	Internationale Wertpapierkennnummer	{ISIN}

Anh. VII VO (EU) 2019/979 An die ESMA zu übermittelnde maschinenlesbare Daten

Nummer	Feld	Zu meldender Inhalt	Formate und Standards für die Meldung
18.	CFI	Klassifizierungscode für Wertpapiere Dieses Feld ist für jede ISIN auszufüllen	{CFI_CODE}
19.	Währung der Emission	Code der Währung, auf die der Nominal- oder Nennwert lautet Dieses Feld ist für jede ISIN auszufüllen	{CURRENCYCODE_3}
20.	Stückelung	Nominal- oder Nennwert pro Einheit in der Emissionswährung Dieses Feld ist für jede ISIN auszufüllen Feld für Wertpapiere mit fester Stückelung	{DECIMAL-18/5}
21.	Kennung oder Name des Basiswerts	ISIN-Code des zugrunde liegenden Wertpapiers/Indexes oder Name des zugrunde liegenden Wertpapiers/Indexes, falls es keine ISIN gibt Ein Wertpapierkorb ist entsprechend zu kennzeichnen Feld für Wertpapiere mit festem Basiswert. Dieses Feld ist für jede ISIN solcher Wertpapiere auszufüllen.	Bei einem einzigen Basiswert: – Wertpapier oder Index mit ISIN: {ISIN} – Index ohne ISIN: {INDEX} – Ansonsten: {ALPHANUM-50} Bei mehreren Basiswerten (mindestens zwei): „BSKT"
22.	Fälligkeitstermin bzw. Verfalldatum	Fälligkeitstermin bzw. Verfalldatum des Wertpapiers Dieses Feld ist für jede ISIN auszufüllen Feld für Wertpapiere mit festem Fälligkeitstermin	{DATEFORMAT} Bei Schuldverschreibungen ohne feste Fälligkeit (Perpetuals) ist in Feld 22 der Wert 9999–12–31 anzugeben
23.	Angebotenes Volumen	Anzahl der angebotenen Wertpapiere Dieses Feld ist nur für Dividendenwerte auszufüllen Dieses Feld ist für jede anwendbare ISIN auszufüllen	{INTEGER-18} Wert, Wertespanne oder Höchstwert

Nummer	Feld	Zu meldender Inhalt	Formate und Standards für die Meldung
24.	Angebotener Preis	Preis pro angebotenem Wertpapier als monetärer Wert. Die Währung des Preises ist die Emissionswährung Dieses Feld ist nur für Dividendenwerte auszufüllen Dieses Feld ist für jede anwendbare ISIN auszufüllen	{DECIMAL-18/5} Wert, Wertespanne oder Höchstwert „PNDG" falls der angebotene Preis nicht anwendbar, aber noch zu prüfen ist („pending") „NOAP" falls der angebotene Preis nicht anwendbar ist
25.	Angebotener Gegenwert	Angebotener Gesamtbetrag als monetärer Wert in der Emissionswährung Dieses Feld ist für jede ISIN auszufüllen	{DECIMAL-18/5} Wert, Wertespanne oder Höchstwert „PNDG" falls der angebotene Gegenwert nicht anwendbar, aber noch zu prüfen ist „NOAP" falls der angebotene Gegenwert nicht anwendbar ist
26.	Art des Wertpapiers	Klassifizierung der Kategorien von Dividenden- und Nichtdividendenwerten Dieses Feld ist für jede ISIN auszufüllen	Auswahl aus vordefinierten Feldern: Eigenkapital – „SHRS": Aktien – „UCEF": Anteile an geschlossenen Fonds – „CVTS": Wandelanleihen – „DPRS": Aktienzertifikate – „OTHR": Sonstige Anteilsrechte Fremdkapital – „DWLD": Schuldpapiere mit einer Mindeststückelung von 100 000 EUR – „DWHD": Schuldpapiere mit einer Stückelung von weniger als 100 000 EUR – „DLRM": Schuldpapiere mit einer Stückelung von weniger als 100 000 EUR, die an einem geregelten Markt gehandelt werden, zu dem nur qualifizierte Anleger Zugang haben – „ABSE": ABS – „DERV": Derivative Wertpapiere

Nummer	Feld	Zu meldender Inhalt	Formate und Standards für die Meldung
27.	Art des Angebots/der Zulassung	Taxonomie gemäß Prospektverordnung und MiFID/MiFIR	Auswahl aus vordefinierten Feldern: – „IOWA": Erstplatzierung ohne Zulassung zum Handel/Notierung – „SOWA": Zweitplatzierung ohne Zulassung zum Handel/Notierung – „IRMT": Erstzulassung zum Handel an einem geregelten Markt – „IPTM": Erstzulassung zum Handel an einem geregelten Markt nach vorherigem Handel an einem MTF – „IMTF": Erstzulassung zum Handel an einem MTF mit öffentlichem Angebot – „SIRM": Sekundäremission an einem geregelten Markt oder MTF
28.	Merkmale des Handelsplatzes, an dem das Wertpapier erstmals zum Handel zugelassen ist	Taxonomie gemäß Prospektverordnung und MiFID/MiFIR	Auswahl aus vordefinierten Feldern: – „RMKT": RM, zu dem alle Anleger Zugang haben – „RMQI": RM oder Segment eines RM, zu dem nur qualifizierte Anleger Zugang haben – „MSGM": MTF, das ein KMU-Wachstumsmarkt ist – „MLTF": MTF, das kein KMU-Wachstumsmarkt ist
29.	Offenlegungsregelung	Nummer des Anhangs, nach der der Prospekt gemäß der Delegierten Verordnung (EU) [] der Kommission erstellt wird Bei Angabe mehrerer Anhänge ist Feld 29 so oft auszufüllen wie erforderlich	{INTEGER-2} von 1 bis [29]

Nummer	Feld	Zu meldender Inhalt	Formate und Standards für die Meldung
30.	Kategorie des EU-Wachstumsprospekts	Grund für die Verwendung eines EU-Wachstumsprospekts	Auswahl aus vordefinierten Feldern: – „S15A": KMU nach Artikel 15 Absatz 1 Buchstabe a der Prospektverordnung – „I15B": anderer Emittent als KMU nach Artikel 15 Absatz 1 Buchstabe b der Prospektverordnung – „I15C": anderer Emittent als KMU nach Artikel 15 Absatz 1 Buchstabe c der Prospektverordnung – „O15D": Anbieter von Wertpapieren nach Artikel 15 Absatz 1 Buchstabe d der Prospektverordnung

Tabelle 2

Symbol	Datentyp	Definition
{ALPHANUM-n}	Bis zu n alphanumerische Zeichen	Freier Text
{CFI_CODE}	6 Zeichen	CFI-Code gemäß ISO 10962
{COUNTRYCODE_2}	2 alphanumerische Zeichen	Aus 2 Buchstaben bestehender Ländercode gemäß dem Alpha-2-Ländercode nach ISO 3166-1
{DATEFORMAT}	Daten im Format JJJJ-MM-TT Daten sind in UTC zu melden	Datumsformat nach ISO 8601
{LANGUAGE}	2-stelliger Buchstabencode	ISO 639-1
{LEI}	20 alphanumerische Zeichen	Kennung für juristische Personen (Rechtsträgerkennung) gemäß ISO 17442
{FISN}	35 alphanumerische Zeichen mit folgender Struktur	FISN-Code gemäß ISO 18774
{ISIN}	12 alphanumerische Zeichen	ISIN-Code gemäß ISO 6166
{CURRENCYCODE_3}	3 alphanumerische Zeichen	Aus 3 Buchstaben bestehender Währungscode gemäß den Währungscodes nach ISO 4217

Symbol	Datentyp	Definition
{DECIMAL-n/m}	Dezimalzahl von bis zu n Stellen insgesamt, von denen bis zu m Stellen Bruchziffern sein können	Numerisches Feld Dezimalzeichen ist ein Punkt (.) Werte werden gerundet und nicht abgeschnitten
{INTEGER-n}	Ganze Zahl mit bis zu n Ziffern insgesamt	Numerisches Feld
{INDEX}	4 Buchstaben	„EONA" – EONIA „EONS" – EONIA SWAP „EURI" – EURIBOR „EUUS" – EURODOLLAR „EUCH" – EuroSwiss „GCFR" – GCF REPO „ISDA" – ISDAFIX „LIBI" – LIBID „LIBO" – LIBOR „MAAA" – Muni AAA „PFAN" – Pfandbriefe „TIBO" – TIBOR „STBO" – STIBOR „BBSW" – BBSW „JIBA" – JIBAR „BUBO" – BUBOR „CDOR" – CDOR „CIBO" – CIBOR „MOSP" – MOSPRIM „NIBO" – NIBOR „PRBO" – PRIBOR „TLBO" – TELBOR „WIBO" – WIBOR „TREA" – Treasury „SWAP" – SWAP „FUSW" – Future SWAP

I. Überblick zur Datenerhebung

1 Die **Art und Weise der Erfassung** der begleitenden Klassifizierungsdaten durch die zuständigen nationalen Behörden ist nach den nationalen Vorgaben und Verfahren unterschiedlich, obwohl ihr **Zweck**, das reibungslose und zeitnahe Funktionieren des Notifizierungsportals zu ermöglichen,[1] gleich ist. Die folgenden Ausführungen beschränken sich daher auf das Verfahren zur Erfassung durch die BaFin.

2 Die Übermittlung der durch Art. 11 und 12 VO (EU) 2019/979 i.V.m. Anhang VII spezifizierten **Klassifizierungsdaten (sog. Metadaten)** durch die BaFin an ESMA erfolgt für einige Meldedaten auf Grundlage der im Prospektverfahren vom Antragsteller oder dessen Bevollmächtigten übermittelten Angaben. Hierzu ist im Meldevorgang bei der BaFin

---

1 Vgl. Erwägungsgrund 23 zu VO (EU) 2019/979.

ein **Webformular im MVP-Fachverfahren Prospekte** (EU-VO/WpPG/VermAnlG) implementiert, welches durch den Antragsteller oder dessen meldeberechtigten Bevollmächtigten auszufüllen ist.

Die BaFin weist auf ihrer Internetseite[2] und regelmäßig zusätzlich in ihren sog. Anhörungsschreiben im Rahmen der Prospektprüfung darauf hin, dass sie (seit dem Stichtag 21.7.2019) keine Prospekte mehr billigen kann, bevor ihr nicht alle einschlägigen Metadaten zu dem Dokument übermittelt worden sind. Sollten hingegen bei der ersten Einreichung zur Billigung noch nicht alle das Dokument betreffenden Metadaten bekannt sein, kann die Einreichung trotzdem fristauslösend erfolgen. Im Rahmen der Anhörung wird dann von der Behörde auf die noch fehlenden Metadaten hingewiesen. Spätestens mit Übermittlung der finalen Prospektfassung sind jedoch die über das MVP-Portal abgefragten Metadaten soweit vollständig und kohärent zum Prospekt zu übermitteln. 3

Ein **Teil der Metadaten** wird **BaFin-seitig ausgefüllt** (Nationale Kennung (bei Ersteinreichung), Übermittelnder Mitgliedstaat, Struktur, Datum der Billigung oder Hinterlegung, Standardisierte Bezeichnung des Anbieters, Standardisierte Bezeichnung des Garantiegebers, Wohnsitz des Anbieters, Wohnsitz des Garantiegebers, Art des Wertpapiers, Offenlegungsregelung und Kategorie des EU-Wachstumsprospekts), dennoch bedarf es einer **manuellen Eingabe im Webformular durch den Antragsteller** oder dessen Bevollmächtigten für folgende Angaben: Nationale Kennung (bei der Wiedereinreichung zur Billigung, anzugeben unter „ID gem. Eingangsbestätigung"), Verbundene nationale Kennung, Empfangende Mitgliedstaaten, Art des Dokuments, Sprache, LEI des Emittenten, LEI des Anbieters, LEI des Garantiegebers, FISN, ISIN, CFI, Währung der Emission, Stückelung, Kennung oder Name des Basiswerts, Fälligkeitstermin bzw. Verfalldatum, Angebotenes Volumen, Angebotener Preis, Angebotener Gegenwert, Art des Angebots/der Zulassung und Merkmale des Handelsplatzes, an dem das Wertpapier erstmals zum Handel zugelassen ist. Auf die korrekte Eingabe der Daten ist besonderes Augenmerk zu legen, denn im Hinblick auf diese Daten sind Format und Kohärenz der Angaben zu den Angaben im Prospekt durch den Antragsteller/Meldende Person sicherzustellen. 4

II. Spezifikation der Metadatenfelder

Die Eingaben zu den einzelnen **Metadaten-Feldern** im Fachverfahren Prospekte (EU-VO/WpPG/VermAnlG) der BaFin sind wie folgt vorzunehmen:[3] 1

---

[2] Vgl. BaFin, II. Billigungsverfahren 2. Ablauf des Prospektprüfungsverfahrens, abrufbar unter https://www.bafin.de/DE/Aufsicht/Prospekte/Wertpapiere/ErstellungBilligung/erstellung_billigung_node.html.

[3] Vgl. hierzu BaFin, Informationsblatt zum Fachverfahren Prospekte (EU-VO/WpPG/VermAnlG) für Prospekte/Nachträge gem. EU-VO (Stand: 23.1.2023), S. 12 ff., abrufbar unter Permanent Link: https://www.bafin.de/ref/19602894.

Anh. VII VO (EU) 2019/979 An die ESMA zu übermittelnde maschinenlesbare Daten

Tabelle 2

1 Nationale Kennung	Für dieses Feld ist bei Ersteinreichung eines Dokuments **keine manuelle Eingabe** des Melders erforderlich. Die nationale Kennung (auch: Prospekt-ID) wird erstmals in der von der BaFin gemäß Art. 45 VO (EU) 2019/980 zu übermittelnden Bestätigung des Eingangs bzw. der Hinterlegung vergeben und dem Meldenden mitgeteilt. Die Information wird daher durch die BaFin ausgefüllt und an ESMA gemeldet. Bei Wiedereinreichung des Dokuments zur Billigung ist sie hingegen vom Meldenden in dem Feld „ID gem. Eingangsbestätigung" anzugeben.
2 Verbundene nationale Kennung (MVP: ID des zugehörigen Prospekts)	Sofern das einzureichende Dokument mit einem weiteren Dokument verbunden ist, sind folgende Informationen anzugeben, um das Dokument den bereits hinterlegten Dokumenten eindeutig zuordnen zu können. So ist bei Einreichung von Nachträgen auf Prospekte/Registrierungsformulare die Prospekt-ID des nachzutragenden Prospekts/Registrierungsformulars anzugeben. Handelt es sich bei dem Dokument um eine Änderung eines hinterlegten oder gebilligten einheitlichen Registrierungsformulars (URD), so ist die Prospekt-ID des URD anzugeben. Bei Einreichung von Wertpapierbeschreibungen und Zusammenfassungen, die gemeinsam mit einem Registrierungsformular oder einem einheitlichen Registrierungsformular einen aus mehreren Einzeldokumenten bestehenden Prospekt gemäß Art. 10 ProspektVO bilden sollen, ist die jeweilige Prospekt-ID des Registrierungsformulars bzw. des einheitlichen Registrierungsformulars mitzuteilen, welches Bestandteil des Prospekts wird. Ferner ist bei der Einreichung eines Basisprospekts, in welchen Angaben aus einem zuvor gebilligten Registrierungsformular nach Art. 19 ProspektVO per Verweis in den Basisprospekt einbezogen werden sollen, auch die Prospekt-ID des Registrierungsformulars mitzuteilen.
3 Übermittelnder Mitgliedstaat	Für dieses Feld ist **keine manuelle Eingabe des** Melders erforderlich, da die Information durch die BaFin ausgefüllt und an ESMA gemeldet wird.
4 Empfangende Mitgliedstaaten (MVP: Notifizierung an Aufnahmestaatbehörde von)	Im Falle eines Antrages auf Notifizierung des eingereichten Dokuments sind hier die jeweiligen Mitgliedstaaten einzutragen, an deren zuständige Behörden das Dokument gemäß Art. 25 bzw. Art. 26 ProspektVO von der BaFin übermittelt werden soll.
5 Art des Dokuments	In diesem Feld ist der Typ des hochgeladenen Dokuments anhand der zur Verfügung gestellten Auswahlliste einzutragen, die die in Tabelle 1 aufgeführten Abkürzungen für die unterschiedlichen Dokumenttypen enthält. Hierbei ist eine Mehrfachauswahl möglich, wenn multiple Dokumente eingereicht werden.
6 Struktur	Zur Auswahl stünden gemäß Tabelle 1 die Formatangaben „SNGL" bei einem aus einem einzigen Dokument bestehenden Prospekt, „SPWS" bei einem aus separaten Dokumenten gebildeten Prospekt, der eine Zusammenfassung beinhaltet, und „SPWO" für einen Prospekt aus mehreren separaten Dokumenten ohne eine Zusammenfassung. Da diese Information durch die BaFin ausgefüllt wird, ist hier keine manuelle Eingabe des Melders erforderlich.
7 Datum der Billigung oder Hinterlegung	Für dieses Feld ist **keine manuelle Eingabe** des Melders erforderlich. Die Information wird durch die BaFin ausgefüllt und an ESMA gemeldet.

8 Sprache	Zur Auswahl stehen hier aufgrund der sprachlichen Anforderungen in § 21 WpPG als Prospektsprache die deutsche Sprache oder die englische Sprache.
9 Standardisierte Bezeichnung des Anbieters	Für dieses Feld ist **keine manuelle Eingabe** des Melders erforderlich. Die Information wird durch die BaFin ausgefüllt und an ESMA gemeldet.
10 Standardisierte Bezeichnung des Garantiegebers	Für dieses Feld ist **keine manuelle Eingabe** des Melders erforderlich. Die Information wird durch die BaFin ausgefüllt und an ESMA gemeldet.
11 LEI des Emittenten	Der Prospektersteller ist zur Aufnahme der Legal Entity Identifier (LEI) des Emittenten im Prospekt als Pflichtangabe verpflichtet. Daher muss zwingend für den Emittenten eine LEI beantragt werden, welche ebenfalls als Meldedatensatz zur Verfügung zu stellen ist. Die 20-stellige, alphanumerisch aufgebaute LEI muss dem ISO-Standard 17442 genügen.
12 LEI des Anbieters	Der Prospektersteller ist zur Aufnahme der Legal Entity Identifier (LEI) des oder der Anbieter(s) im Prospekt verpflichtet, sofern ein Angebot erfolgt. Die 20-stellige, alphanumerisch aufgebaute LEI muss dem ISO-Standard 17442 genügen und für das Prospektverfahren als Meldedatensatz zur Verfügung gestellt werden. Da es im Gegensatz zum Emittenten auch mehrere Anbieter eines Wertpapiers geben kann, ist hier die Mehrfacheingabe möglich und erforderlich, wenn mehrere Personen die Anbietereigenschaft aufweisen.
13 LEI des Garantiegebers	Der Prospektersteller ist zur Aufnahme der Legal Entity Identifier (LEI) des oder der Garantiegeber(s) im Prospekt verpflichtet, sofern eine Garantie vorgesehen ist. Die 20-stellige, alphanumerisch aufgebaute LEI muss dem ISO-Standard 17442 genügen und für das Prospektverfahren als Meldedatensatz zur Verfügung gestellt werden. Da es im Gegensatz zum Emittenten auch mehrere Garantiegeber in Bezug auf ein Wertpapier geben kann, ist hier eine Mehrfacheingabe möglich und erforderlich, wenn mehrere Personen als Garantiegeber fungieren.
14 Wohnsitz des Anbieters	Für dieses Feld ist **keine manuelle Eingabe** des Melders erforderlich. Die Information wird durch die BaFin ausgefüllt und an ESMA gemeldet.
15 Wohnsitz des Garantiegebers	Für dieses Feld ist **keine manuelle Eingabe** des Melders erforderlich. Die Information wird durch die BaFin ausgefüllt und an ESMA gemeldet.
16 FISN	Die Abkürzung steht für Financial Instrument Short Name gem. ISO 18774. Der FISN-Code besteht aus höchstens 35 Zeichen und setzt sich aus dem Namen des Emittenten mit (regelmäßig) maximal 15 alphanumerischen Zeichen, einem Schrägstrich „/" als Trennzeichen zwischen dem Namen des Emittenten und der Beschreibung des Instruments sowie einer Beschreibung des Instruments mit einer maximalen Länge von 19 alphanumerischen Zeichen zusammen, wobei die verfügbare Länge des Emittenten-Namens vollständig ausgenutzt wurde. Die Eingabe erfolgt daher alphanumerisch mit bis zu 35 Stellen.
17 ISIN	Die Abkürzung steht für International Securities Identification Number gem. ISO 6166. Die ISIN besteht aus einer zwölfstelligen Buchstaben-Zahlen-Kombination und identifiziert das Wertpapier eindeutig. Die Eingabe erfolgt daher alphanumerisch mit 12 Stellen.

18 CFI	Die Abkürzung steht für Classification of Financial Instruments gem. ISO 10962. Der CFI-Code ist ein aus sechs Buchstaben bestehender Code zur Beschreibung der Struktur und Funktionsweise jedes Finanzinstruments. Die Eingabe erfolgt daher mit 6 Stellen ausschließlich in Großbuchstaben.
19 Währung der Emission (MVP: Emissionswährung)	Die Eingabe erfolgt mit drei Stellen in Großbuchstaben gem. ISO 4217.
20 Stückelung	Die Eingabe erfolgt mit einer bis zu 18-stelligen Zahl mit bis zu 5 Nachkommastellen.
21 Kennung oder Name des Basiswerts	In diesem Feld ist die Kennung oder Bezeichnung des Basiswerts einzutragen, sofern ein solcher vorhanden ist. – ISIN → Die Eingabe erfolgt daher alphanumerisch mit 12 Stellen. – INDEX → Die Eingabe erfolgt nur in Großbuchstaben gemäß der Liste in Tabelle 2 des Anhangs VII der VO 2019/980 und ist vierstellig. – Kurzbezeichnung → Die Eingabe erfolgt alphanumerisch mit bis zu 50 Stellen.
22 Fälligkeitstermin bzw. Verfalldatum (MVP: Fälligkeitstermin oder Verfalltag)	Die Angabe erfolgt in folgendem Datumsformat: „tt.mm.jjjj".
23 Angebotenes Volumen (MVP: Angebotsvolumen)	Hier erfolgt die Eingabe in Abhängigkeit von der Angebotsstruktur: Bei einem Einzelwert ist nur das linke Feld, bei einer Spanne beide Felder und bei einem Maximalwert nur das rechte Feld zu befüllen. Es sind bis zu 18 Stellen erlaubt, jedoch keine Nachkommastellen. Für die Eingabe werden nur Zahlen akzeptiert.
24 Angebotener Preis (MVP: Angebotspreis)	Hier erfolgt die Eingabe in Abhängigkeit von der Angebotsstruktur: Bei einem Einzelwert ist nur das linke Feld, bei einer Spanne beide Felder und bei einem Maximalwert nur das rechte Feld zu befüllen. Auch wenn eine Preisangabe nicht anwendbar oder nicht verfügbar ist, ist dieses Feld zu befüllen (Preis nicht anwendbar (NOAP); Preis nicht verfügbar (PNDG)). Es sind insgesamt bis zu 18 Stellen mit einschließlich bis zu 5 Nachkommastellen erlaubt. Für die Eingabe werden nur Zahlen akzeptiert.
25 Angebotener Gegenwert (MVP: Gesamtgegenwert des Angebots)	Die Angaben zum angebotenen Gegenwert erfolgen ebenfalls in Abhängigkeit von der Angebotsstruktur: Bei einem Einzelwert ist nur das linke Feld, bei einer Spanne beide Felder und bei einem Maximalwert nur das rechte Feld auszufüllen. Sofern kein Angebot erfolgt, ist die Angabe „nicht anwendbar (NOAP)" auszuwählen, während die Auswahl „nicht verfügbar (PNDG)" zu treffen ist, wenn zwar ein Angebot erfolgt, aber derzeit keine Angaben zum angebotenen Gegenwert möglich sind. Das Feld erlaubt eine bis zu 18-stellige Angabe, wobei nur Zahlen mit bis zu 5 Nachkommastellen erlaubt sind.
26 Art des Wertpapiers	Für dieses Feld ist **keine manuelle Eingabe** des Melders erforderlich, da die Information durch die BaFin ausgefüllt und an ESMA gemeldet wird.
27 Art des Angebots/der Zulassung (MVP: Typ des Angebots und/oder der Zulassung)	Die Angabe hat gemäß den Vorgaben in Tabelle 2 des Anhangs VII der VO 2019/980 zu erfolgen.

28 Merkmale des Handelsplatzes (MVP: Klassifizierung des Handelsplatzes)	Die Merkmale des Handelsplatzes, an dem das Wertpapier erstmals zum Handel zugelassen ist, sind anzugeben. Sofern keine Notierung erfolgt, kann die Angabe entfallen. (Liste Abkürzungen gem. RTS).
29 Offenlegungsregelung	Für dieses Feld ist **keine manuelle Eingabe** des Melders erforderlich, da die Information durch die BaFin ausgefüllt und an ESMA gemeldet wird.
30 Kategorie des EU-Wachstumsprospekts	Für dieses Feld ist **keine manuelle Eingabe** des Melders erforderlich, da die Information durch die BaFin ausgefüllt und an ESMA gemeldet wird.
Extrafeld 1 Bail-In-Fähigkeit	Diese Angabe ist eine über die Angaben im Anhang VII der VO (EU) 2019/980 hinausgehend von ESMA gewünschte Information, die ebenfalls im Rahmen des MVP-Meldeverfahrens abgefragt wird.

II. Spezifikation der Meldefelder — Anh. VII VO (EU) 2019/979

2.f Merkmale des Handelsplatzes (MVFR Klasse) zielten des Handelsplatzes)	Die Merkmale des Handelsplatzes, an dem das Wertpapier erstmals zum Handel zugelassen ist, sind anzugeben. Sofern keine Notierung erfolgt, kann die Angabe entfallen (LI mit Abkürzungen gem. RTS).
2.g Offener Angebotszeitraum	Ein dieses Feld ist keine manuelle Eingabe des Melders erforderlich, da die Information durch die Daten automatisch an BaFin gemeldet wird
3.0 Kategorie des EU-Wachstumsprospektes	Für dieses Feld ist keine manuelle Eingabe des Melders erforderlich, da die Information durch die Daten eingestellt und an BaFin gemeldet wird
Rasterfeld 1 Bail-In-Fähigkeit	Diese Angabe ist entsprechend der Vorgaben im Anhang VII der VO (EU) 2019/980 bei Ausgabe und von BaFin gewünschter Information, die ebenfalls im Rahmen des MVP-Melders entfallen, abgefragt wird.

4. Teil
Delegierte Verordnung (EU) 2019/980 der Kommission vom 14. März 2019

Kapitel I
Begriffsbestimmung

Art. 1 VO (EU) 2019/980
Begriffsbestimmungen

Für die Zwecke dieser Verordnung gelten folgende Begriffsbestimmungen:

a) „Forderungsbesicherte Wertpapiere" („Asset backed securities/ABS") bezeichnet Nichtdividendenwerte, die

   i) einen Anspruch auf Vermögenswerte darstellen, einschließlich der Rechte, mit denen eine Bedienung dieser Vermögenswerte durch ihre Inhaber sowie der Eingang oder der pünktliche Eingang der in diesem Rahmen zahlbaren Beträge bei den Inhabern dieser Vermögenswerte sichergestellt werden soll;

   ii) durch Vermögenswerte unterlegt sind und die Bedingungen der Wertpapiere nach diesen Vermögenswerten berechnete Zahlungen vorsehen;

b) „gleichwertiger Drittlandsmarkt" bezeichnet einen Drittlandsmarkt, der gemäß den Anforderungen in Artikel 25 Absatz 4 Unterabsätze 3 und 4 der Richtlinie 2014/65/EU des Europäischen Parlaments und des Rates als einem geregelten Markt gleichwertig eingestuft wurde;

c) „Gewinnschätzung" bezeichnet eine Gewinnprognose für ein abgelaufenes Geschäftsjahr, für das die Ergebnisse noch nicht veröffentlicht wurden;

d) „Gewinnprognose" bezeichnet eine Erklärung, in der ausdrücklich oder implizit eine Zahl oder eine Mindest- bzw. Höchstzahl für die wahrscheinliche Höhe der Gewinne oder Verluste im laufenden Geschäftsjahr oder in zukünftigen Geschäftsjahren genannt wird, oder die Daten enthält, aufgrund derer die Berechnung einer solchen Zahl für künftige Gewinne oder Verluste möglich ist, selbst wenn keine bestimmte Zahl genannt wird und das Wort „Gewinn" nicht erscheint;

e) „bedeutende Bruttoveränderung" bezeichnet eine mehr als 25 %ige Schwankung bei einem oder mehreren Indikatoren für den Umfang der Geschäftstätigkeiten des Emittenten.

An dieser Stelle erfolgt keine Kommentierung des Begriffs der „forderungsbesicherten Wertpapiere" nach lit. a, da in diesem Kommentar auch die dazu einschlägige Vorschrift in Art. 10 dieser VO nicht kommentiert wird. **1**

2 Wichtig sind die Begriffe der „**Gewinnschätzung**" nach lit. c sowie der „**Gewinnprognose**" nach lit. d. Für diese beiden Begriffe wird auf die Kommentierung zu Art. 6 Prospekt-VO (→ Art. 6 ProspektVO Rn. 27 ff., insbesondere 29 ff.) verwiesen. Zu den diesbezüglich in den Prospekt aufzunehmenden Angaben siehe auch → **Anhang 1 Abschnitt 11** dieser VO.

3 Die in lit. b und lit. e definierten Begriffe erscheinen dort hinreichend klar definiert und bedürfen daher keiner Kommentierung.

Kapitel II
Inhalt des Prospekts

Abschnitt 1
Mindestangaben in den Registrierungsformularen

Art. 2 VO (EU) 2019/980
Registrierungsformular für Dividendenwerte

(1) Das Registrierungsformular für Dividendenwerte muss die in Anhang 1 genannten Angaben enthalten, es sei denn, es wird gemäß Artikel 9, 14 oder 15 der Verordnung (EU) 2017/1129 erstellt.

(2) Abweichend von Absatz 1 kann das Registrierungsformular für die im Folgenden aufgeführten Wertpapiere, sofern es sich dabei nicht um Aktien oder andere übertragbare, aktienähnliche Wertpapiere handelt, im Falle von Wertpapieren für Kleinanleger gemäß Artikel 7 oder im Falle von Wertpapieren für Großanleger gemäß Artikel 8 erstellt werden:

a) in Artikel 19 Absatz 1 und Artikel 20 Absatz 1 genannte Wertpapiere;

b) in Artikel 19 Absatz 2 genannte Wertpapiere, wenn diese in Aktien umtausch- oder wandelbar sind, die von einem zur Unternehmensgruppe dieses Emittenten gehörenden Unternehmen begeben wurden oder noch begeben werden und nicht zum Handel an einem geregelten Markt zugelassen sind;

c) in Artikel 20 Absatz 2 genannte Wertpapiere, wenn diese zur Zeichnung oder zum Erwerb von Aktien berechtigen, die aktuell oder künftig vom Emittenten oder von einem zur Unternehmensgruppe dieses Emittenten gehörenden Unternehmen begeben werden und nicht zum Handel an einem geregelten Markt zugelassen sind.

Art. 2 trägt die Überschrift „Registrierungsformular für Dividendenwerte" und verweist auf Anhang 1, der die in das Registrierungsformular aufzunehmenden **Mindestangaben** vorgibt. Im Rahmen der Neufassung wurde die Überschrift an die in der ProspektVO angelegte Kategorisierung zwischen Dividendenwerten und Nichtdividendenwerten angepasst und dadurch klargestellt, dass die Vorschrift (und konsequent Anhang 1) grds. auf **Dividendenwerte allgemein** – und nicht auf Aktien beschränkt – anwendbar ist.[1] Die für Dividendenwerte geltenden Offenlegungsvorschriften sind aufgrund des Risikoprofils dieser Papiere insgesamt strenger als die für Nichtdividendenwerte geltenden Vorschriften.

1

---

[1] In der Vorgängervorschrift (Art. 4 VO (EG) 809/2004) lautete die Überschrift „Schema für das Registrierungsformular für Aktien". Der Text der Vorschrift selbst umfasste allerdings neben Aktien auch übertragbare, Aktien gleichzustellende sowie bestimmte andere Wertpapiere.

2 Der **Anwendungsbereich** der Vorschrift und konsequent von Anhang 1 erstreckt sich – vorbehaltlich der in Art. 2 Abs. 2 genannten, weitgehenden Ausnahmen (siehe → Rn. 7 ff.) – auf sog. Dividendenwerte. Dividendenwerte sind gemäß Art. 2 lit. b ProspektVO **Aktien** und andere, **Aktien gleichzustellende übertragbare Wertpapiere** sowie jede **andere Art übertragbarer Wertpapiere**, die das Recht verbriefen, bei Umwandlung dieses Wertpapiers oder Ausübung des verbrieften Rechts die erstgenannten Wertpapiere zu erwerben.[2] Voraussetzung hierfür ist, dass die letztgenannten Wertpapiere (d. h. die „andere Art übertragbarer Wertpapiere") vom Emittenten der zugrunde liegenden Aktien oder von einer zur Unternehmensgruppe dieses Emittenten gehörenden Einrichtung begeben wurden. Auf die Kommentierung von Art. 2 lit. b ProspektVO wird verwiesen.

3 Art. 2 erfasst zunächst **Aktien** (Inhaber-, Namens-, Stamm- und Vorzugsaktien sowie Aktien und **aktienähnliche Anteilsscheine** ausländischer Gesellschaften, soweit sie fungibel sind).[3] Je nach Ausgestaltung und bilanzieller Behandlung können auch **Hybridanleihen** mit unendlicher Laufzeit sowie **Genussrechte**[4] als andere, Aktien gleichzustellende übertragbare Wertpapiere unter Art. 2 fallen.[5] Zertifikate, die Aktien vertreten (Depositary Receipts), fallen hingegen – obwohl sie die zugrunde liegenden Aktien verbriefen – nicht in den Anwendungsbereich von Anhang 1, da sie nicht als Dividendenwerte gelten.[6] Für sie gilt Art. 6 VO (EU) 2019/980, der für die Mindestangaben für das Registrierungsformular auf Anhang 5 verweist (der freilich seinerseits vollumfänglich auf Anhang 1 verweist).[7] Auf die entsprechende Kommentierung wird verwiesen.

4 Art. 2 erfasst ferner **Wandelschuldverschreibungen** (Convertible Bonds) oder **Optionsanleihen** (Bonds with warrants), die in Aktien des Emittenten (oder in andere, Aktien gleichzustellende übertragbare Wertpapiere des Emittenten) gewandelt werden können.[8] Aber auch Wandelschuldverschreibungen oder Optionsanleihen, die von einer (in der Praxis häufig ausländischen) **Finanzierungstochter** emittiert und in Aktien (oder andere, Aktien gleichzustellende übertragbare Wertpapiere) der Konzernmuttergesellschaft gewandelt werden können, fallen unter Art. 2 VO (EU) 2019/980, da in diesem Fall die Wandelschuldverschreibung oder Optionsanleihe von einer zum Konzern des (Aktien-)Emit-

---

2 *Schlitt*, in: Habersack/Mülbert/Schlitt, Kapitalmarktinformation, § 3 Rn. 23–24.
3 *Voß*, in: Just/Voß/Ritz/Zeising, Wertpapierprospektrecht, Anhang 1 VO (EU) 2019/980 Rn. 1.
4 Dazu ausführlich *Bauerschmidt*, in: Assmann/Schlitt/von Kopp-Colomb, Prospektrecht Kommentar, Art. 2 ProspVO Rn. 27; *Schlitt*, in: Habersack/Mülbert/Schlitt, Kapitalmarktinformation, § 3 Rn. 25. Zum alten Recht: *Foelsch*, in: Holzborn, WpPG, § 2 Rn. 8, wonach bei Genussscheinen auf die Gestaltung im Einzelfall abzustellen ist.
5 Zum alten Recht: *Schnorbus*, in: Berrar/Meyer/Müller et al., WpPG/EU-ProspektVO, 2. Aufl. 2017, § 2 WpPG Rn. 21.
6 ESMA, Questions and Answers on the Prospectus Regulation (ESMA31-62-1258), 3.2.2023, A6.2: „[T]he GDRs will not qualify as equity securities, as defined in Article 2(b) PR, but they will qualify as non-equity securities in accordance with Article 2(c) PR." Siehe auch *Groß*, Kapitalmarktrecht, Art. 2 ProspVO Rn. 3. Zum alten Recht: *Schlitt/Schäfer*, AG 2005, 498, 499 Fn. 14; *Foelsch*, in: Holzborn, WpPG, § 2 Rn. 8. A. A. (zum alten Recht) *Schnorbus*, in: Berrar/Meyer/Müller et al., WpPG/EU-ProspektVO, 2. Aufl. 2017, § 2 WpPG Rn. 20 m. w. N.
7 *Groß*, Kapitalmarktrecht, Art. 2 ProspVO Rn. 3; *Schlitt*, in: Habersack/Mülbert/Schlitt, Kapitalmarktinformation, § 3 Rn. 26.
8 *Groß*, Kapitalmarktrecht, Art. 2 ProspVO Rn. 3; *Schlitt*, in: Habersack/Mülbert/Schlitt, Kapitalmarktinformation, § 3 Rn. 23–24. Zum alten Recht: *Foelsch*, in: Holzborn, WpPG, § 2 Rn. 8.

tenten gehörenden Gesellschaft begeben wurden.[9] Wird eine Optionsanleihe aufgetrennt, ist das resultierende Optionsrecht (wie auch andere Formen der Naked Warrants) ein Dividendenwert, während die Anleihekomponente als Nichtdividendenwert einzuordnen ist.[10] Die noch in der Vorgängervorschrift (Art. 4 VO (EG) 809/2004) enthaltene Einschränkung, dass für das Vorliegen eines Dividendenwertes die zugrunde liegenden Aktien noch nicht emittiert sind, ist mit der Neufassung durch die VO (EU) 2019/980 entfallen. (Zu beachten sind allerdings die Rückausnahmen in Art. 2 Abs. 2 lit. a bis c, die es zumindest dem Wortlaut nach ermöglichen, Equity-linked-Instrumente wie Wandelschuldverschreibungen, Optionsanleihen und Umtauschanleihen weitgehend für Zwecke der Prospekterstellung als Nichtdividendenwerte zu behandeln und somit den Anhängen für Nichtdividendenwerte zuzuordnen, siehe hierzu → Rn. 7 ff.).

In den Anwendungsbereich von Art. 2 fallen u. E. grundsätzlich auch **Pflichtwandelanleihen** (Mandatory Convertible Bonds).[11] Zwar verbriefen sie nicht primär das Recht des Anlegers, bei Wandlung die Aktien (oder andere, Aktien gleichzustellende übertragbare Wertpapiere) des Emittenten zu erwerben, sondern die korrespondierende Verpflichtung. Aus teleologischer Sicht und unter Berücksichtigung des vom Anleger mit der Investition einzugehenden Risikos kann dies aber nicht dazu führen, dass Art. 2 (und konsequent Anhang 1) auf diese nicht anwendbar sein soll. 5

Von Art. 2 **nicht erfasst** werden dagegen **Umtauschanleihen** und **Aktienanleihen**, soweit sie sich nicht auf Aktien (oder andere, Aktien gleichzustellende übertragbare Wertpapiere) des Emittenten oder einer Konzerngesellschaft des Emittenten beziehen.[12] Auch sog. **Covered Warrants** oder **Reverse Convertibles** werden nicht erfasst. Covered Warrants sind Schuldverschreibungen, die häufig von Banken oder anderen Finanzmarktteilnehmern ausgegeben werden und die das Recht auf den physischen Bezug von Aktien anderer Aktienemittenten verbriefen. Die emittierende Bank hat sich diese Aktien, die bereits ausgegeben und zum Handel zugelassen sind, beschafft oder beschafft sie sich im Falle der Geltendmachung des Lieferungsanspruchs. Bei Reverse Convertibles behält sich der Emittent (häufig eine Bank oder ein anderer Finanzmarktteilnehmer) das Recht vor, statt Rückzahlung der Anleihe zum Nominalbetrag eine von vornherein festgelegte Stückzahl von Aktien eines anderen Aktienemittenten zu liefern. Auch sonstige **derivative Instrumente**, die als Basiswert auf bereits gehandelte Aktien bezogen sind, fallen nicht in den Anwendungsbereich von Art. 2 VO (EU) 2019/980. 6

Ausgenommen von Art. 2 und somit den Anforderungen des Anhangs 1 sind zunächst Registrierungsformulare für Dividendenwerte, die nach Art. 9, 14 oder 15 ProspektVO zu 7

---

9 *Bauerschmidt*, in: Assmann/Schlitt/von Kopp-Colomb, Prospektrecht Kommentar, Art. 2 ProspektVO Rn. 29; *Schlitt*, in: Habersack/Mülbert/Schlitt, Kapitalmarktinformation, § 3 Rn. 23–24. Zum Begriff des Konzerns siehe Abschnitt 6 von Anhang 1 und die dortige Kommentierung.

10 *Groß*, Kapitalmarktrecht, Art. 2 ProspektVO Rn. 3; a.A. *Schlitt*, in: Habersack/Mülbert/Schlitt, Kapitalmarktinformation, § 3 Rn. 23–24.

11 *Bauerschmidt*, in: Assmann/Schlitt/von Kopp-Colomb, Prospektrecht Kommentar, Art. 2 ProspektVO Rn. 28; *Schlitt*, in: Habersack/Mülbert/Schlitt, Kapitalmarktinformation, § 3 Rn. 23–24 Fn. 31. *Ritz*, in: Just/Voß/Ritz/Zeising, Wertpapierprospektrecht, 2. Aufl. 2023, Art. 2 ProspektVO Rn. 69.

12 *Groß*, Kapitalmarktrecht, Art. 2 ProspektVO Rn. 3; zum alten Recht: *Foelsch*, in: Holzborn, WpPG, § 2 Rn. 8.

erstellen sind. Folglich muss das Registrierungsformular nicht nach Anhang 1 erstellt werden, wenn:

- der Prospekt gemäß Art. 9 ProspektVO in Form eines **einheitlichen Registrierungsformulars** erstellt wird (in diesem Fall gilt Art. 3 VO (EU) 2019/980 i.V.m. Anhang 2).
- wenn die vereinfachten Offenlegungsregelungen für **Sekundäremissionen** gemäß Art. 14 ProspektVO eingreifen (in diesem Fall gilt Art. 4 VO (EU) 2019/980 i.V.m. Anhang 3).
- es sich um das Registrierungsformular eines **EU-Wachstumsprospekts** gemäß Art. 15 ProspektVO handelt (in diesem Fall gilt Art. 28 VO (EU) 2019/980 i.V.m. Anhang 24).

Auf die jeweilige Kommentierung wird verwiesen.

8 Durch die Änderungsverordnung der Kommission vom 4.6.2020 (VO (EU) 2020/1273) wurde darüber hinaus eine Reihe weiterer Dividendenwerte **vom Anwendungsbereich des Art. 2 (und mithin Anhang 1) ausgenommen**.[13] Dies wird damit begründet, dass einige Dividendenwerte wie bestimmte Arten von wandelbaren, austauschbaren und derivativen Wertpapieren vor ihrer Wandlung bzw. der Ausübung der mit ihnen verbundenen Rechte **mit Nichtdividendenwerten vergleichbar** sind und die Emittenten dieser Papiere daher an den für Nichtdividendenwerte geltenden (vereinfachten) Offenlegungsvorschriften gemessen werden sollen.[14] Daher **kann** das Registrierungsformular für die im Folgenden aufgeführten Wertpapiere abweichend von Art. 2 Abs. 1 gemäß Art. 7 (Registrierungsformular für Nichtdividendenwerte für Kleinanleger) bzw. gemäß Art. 8 (Registrierungsformular für Nichtdividendenwerte für Großanleger) erstellt werden:

- in Art. 19 Abs. 1 und Art. 20 Abs. 1 VO (EU) 2019/980 genannte Wertpapiere. Dies umfasst zum einen Dividendenwerte, die in bereits **zum Handel an einem regulierten Markt zugelassene Aktien** umtausch- oder wandelbar sind (Art. 19 Abs. 1). Zum anderen umfasst dies Dividendenwerte, die zur Zeichnung oder zum Erwerb von Aktien berechtigen, die aktuell oder künftig begeben werden und zum Handel an einem regulierten Markt zugelassen sind (Art. 20 Abs. 1).
- in Art. 19 Abs. 2 VO (EU) 2019/980 genannte Wertpapiere, wenn diese Dividendenwerte in Aktien umtausch- oder wandelbar sind, die begeben wurden oder noch begeben werden und **nicht zum Handel an einem regulierten Markt zugelassen** sind.
- in Art. 20 Abs. 2 VO (EU) 2019/980 genannte Wertpapiere, wenn diese Dividendenwerte zur Zeichnung oder zum Erwerb von Aktien berechtigen, die aktuell oder künftig begeben werden und **nicht zum Handel an einem regulierten Markt zugelassen** sind.

Die Erleichterungen gelten ausdrücklich nicht für Aktien oder andere übertragbare, aktienähnliche Wertpapiere.

9 Um von der privilegierenden Regelung von Art. 2 Abs. 2 VO (EU) 2019/980 zu profitieren, müssen die betreffenden Wertpapiere also entweder in Aktien umtausch- oder wan-

---

13 Delegierte Verordnung (EU) 2020/1273 der Kommission vom 4.6.2020 zur Änderung und Berichtigung der Delegierten Verordnung (EU) 2019/980 zur Ergänzung der Verordnung (EU) 2017/1129 des Europäischen Parlaments und des Rates hinsichtlich der Aufmachung, des Inhalts, der Prüfung und der Billigung des Prospekts, der beim öffentlichen Angebot von Wertpapieren oder bei deren Zulassung zum Handel an einem regulierten Markt zu veröffentlichen ist.
14 Kommission, Verordnung 2020/1273, Begründungerwägung Nr. 1.

delbar sein oder zur Zeichnung oder zum Erwerb von Aktien berechtigen. Dabei ist stets erforderlich (und nicht nur dort, wo dies in Art. 2, Art. 19 oder Art. 20 VO (EU) 2019/980 ausdrücklich vorgesehen ist), dass die Wertpapiere vom Emittenten der zugrunde liegenden Aktien oder von einem Konzernunternehmen des Aktienemittenten begeben werden,[15] da es sich bei den betreffenden Wertpapieren sonst gar nicht um Dividendenwerte i. S. d. Art. 2 lit. b ProspektVO handeln würde (siehe → Rn. 2) und Art. 2 VO (EU) 2019/980 von vornherein nicht anwendbar wäre. Dabei greift Art. 2 Abs. 2 VO (EU) 2019/980, wenn die zugrunde liegenden Aktien zum Handel an einem regulierten Markt zugelassen sind (Art. 19 Abs. 1 und Art. 20 Abs. 1) oder wenn die zugrunde liegenden Aktien nicht an einem regulierten Markt zugelassen sind (Art. 19 Abs. 2 und Art. 20 Abs. 2). Sofern diese Voraussetzungen tatbestandlich erfüllt sind, kann das Registrierungsformular gemäß Art. 7 bzw. 8 VO (EU) 2019/980 anhand der (Mindest-)Vorgaben für das Registrierungsformular für Nichtdividendenwerte (Anhang 6 bzw. 7) erstellt werden. Auf die entsprechende Kommentierung wird verwiesen.

Inhalt und Reichweite der vorstehend beschriebenen Ausnahmen des Art. 2 Abs. 2 lit. a bis c mit ihren Verweisen auf Art. 19 und Art. 20 VO (EU) 2019/980 sind nicht eindeutig. Der Wortlaut scheint nahezulegen, dass **Equity-linked-Instrumente** wie Wandelschuldverschreibungen, Optionsanleihen oder Umtauschanleihen (soweit sie überhaupt als Dividendenwerte qualifizieren) **weitgehend von dem Erfordernis, das Registrierungsformular gemäß Anhang 1 aufzustellen, ausgenommen** sind und statt dessen den Anhängen für Nichtdividendenwerte unterstellt werden können. Möglicherweise liegt dem die Erwägung zugrunde, dass in Bezug auf Instrumente, bei denen es allein in der Hand des Investors liegt, Rückzahlung oder statt dessen Wandlung bzw. Umtausch in Aktien zu wählen, eine Behandlung des Instruments als Nichtdividendenwert passender (und auch risikogerecht) ist. Konsequent würde dies jedoch bedeuten, dass z. B. Pflichtwandelanleihen, bei denen die oben genannte Entscheidung nicht beim Investor, sondern beim Emittenten liegt, weiterhin dem für Dividendenwerte eigentlich geltenden Regime (d. h. Anhang 1) unterfallen müssten.

10

---

15 Die deutsche Fassung der VO (EU) 2019/980 spricht in Art. 2 Abs. 2 uneinheitlich einmal von einem „zur Unternehmensgruppe dieses Emittenten gehörenden Unternehmen" (lit. b) und einmal vom „Emittenten oder einem zur Unternehmensgruppe dieses Emittenten gehörenden Unternehmen" (lit. c), während die englische und französische Fassung einheitlich „an entity belonging to the issuer's group" bzw. „une entité appartenant au groupe de l'émetteur" verwendet. In Art. 19 und 20 wird wiederum auf allen drei Sprachen einheitlich vom Emittenten und dessen Konzernunternehmen gesprochen. Für eine unterschiedliche Behandlung der beiden Fälle ist u. E. kein Grund erkennbar.

Art. 3 VO (EU) 2019/980
Einheitliches Registrierungsformular

Ein gemäß Artikel 9 der Verordnung (EU) 2017/1129 erstelltes Registrierungsformular muss die in Anhang 2 der vorliegenden Verordnung genannten Angaben enthalten.

1 Art. 3 konkretisiert die **inhaltlichen Anforderungen an das einheitliche Registrierungsformular**, das gemäß Art. 9 Verordnung (EU) 2017/1129 (ProspektVO)[1] von Emittenten, die häufig Wertpapiere anbieten oder zulassen, erstellt werden kann. Das einheitliche Registrierungsformular gemäß Art. 9 ProspektVO kann durch Verweis nach Art. 19 ProspektVO in einen einteiligen Prospekt einbezogen oder als Bestandteil eines dreiteiligen Angebots- oder Zulassungsprospekts (zur Unterscheidung dieser Prospektarten → Art. 6 Abs. 3 ProspektVO und die dortige Kommentierung) verwendet werden. Dadurch lassen sich der administrative Aufwand und die Kosten der Prospekterstellung reduzieren und eine Beschleunigung des späteren Prospektbilligungsverfahrens bei der Emission von Wertpapieren erreichen. So lassen sich Marktfenster kurzfristig nutzen (→ Art. 9 ProspektVO Rn. 2, 5). Das einheitliche Registrierungsformular enthält die Emittentenangaben, die für Angebote aller Arten von Wertpapieren und/oder Zulassungen von Wertpapieren an einem geregelten Markt relevant sind.

2 Die Vorschrift des Art. 3 stellt dabei eine reine Verweisungsnorm ohne eigenen Regelungsgehalt dar. Sie verweist hinsichtlich der in ein einheitliches Registrierungsformular aufzunehmenden Mindestangaben vollumfänglich auf das in Anhang 2 VO (EU) 2019/980 enthaltene Schemata für das einheitliche Registrierungsformular (→ Anhang 2).

3 Weitere Vorschriften der VO (EU) 2019/980 zum einheitlichen Registrierungsformular sind zudem in folgenden Regelungen enthalten:

- Art. 24 Abs. 4 und 5 (Aufmachung des einheitlichen Registrierungsformulars);
- Art. 35 (Umfang der Prüfung des einheitlichen Registrierungsformulars);
- Art. 41 (Verhältnismäßiger Ansatz bei der Überprüfung des einheitlichen Registrierungsformulars);
- Art. 42 (Einreichung eines Antrags auf Hinterlegung eines einheitlichen Registrierungsformulars oder diesbezüglicher Änderungen);
- Art. 45 (Bestätigung des Eingangs eines Antrags auf Hinterlegung eines einheitlichen Registrierungsformulars oder einer diesbezüglichen Änderung).

---

1 Verordnung (EU) 2017/1129 des Europäischen Parlaments und Rates vom 14.6.2017 über den Prospekt, der beim öffentlichen Angebot von Wertpapieren oder bei deren Zulassung zum Handel an einem geregelten Markt zu veröffentlichen ist und zur Aufhebung der Richtlinie 2003/71/EG.

Art. 4 VO (EU) 2019/980
Registrierungsformular für Sekundäremissionen von Dividendenwerten

(1) Ein gemäß Artikel 14 der Verordnung (EU) 2017/1129 erstelltes spezielles Registrierungsformular für Dividendenwerte muss die in Anhang 3 der vorliegenden Verordnung genannten Angaben enthalten.

(2) Abweichend von Absatz 1 kann das Registrierungsformular für die im Folgenden aufgeführten Wertpapiere, sofern es sich dabei nicht um Aktien oder andere übertragbare, aktienähnliche Wertpapiere handelt, gemäß Artikel 9 erstellt werden:

a) in Artikel 19 Absatz 1 und Artikel 20 Absatz 1 genannte Wertpapiere;

b) in Artikel 19 Absatz 2 genannte Wertpapiere, wenn diese in Aktien umtausch- oder wandelbar sind, die von einem zur Unternehmensgruppe dieses Emittenten gehörenden Unternehmen begeben wurden oder noch begeben werden und nicht zum Handel an einem geregelten Markt zugelassen sind;

c) in Artikel 20 Absatz 2 genannte Wertpapiere, wenn diese zur Zeichnung oder zum Erwerb von Aktien berechtigen, die aktuell oder künftig vom Emittenten oder von einem zur Unternehmensgruppe dieses Emittenten gehörenden Unternehmen begeben werden und nicht zum Handel an einem geregelten Markt zugelassen sind.

Siehe Kommentierung zu Art. 14 ProspektVO.

Art. 5 VO (EU) 2019/980
Registrierungsformular für Anteilsscheine von Organismen für gemeinsame Anlagen des geschlossenen Typs

Bei Anteilsscheinen, die von Organismen für gemeinsame Anlagen des geschlossenen Typs ausgegeben werden, muss das Registrierungsformular die in Anhang 4 genannten Angaben enthalten.

(nicht kommentiert)

Art. 6 VO (EU) 2019/980
Registrierungsformular für Zertifikate, die Aktien vertreten

Bei Zertifikaten, die Aktien vertreten, muss das Registrierungsformular die in Anhang 5 genannten Angaben enthalten.

Übersicht

	Rn.		Rn.
I. Einführung und Anwendungsbereich	1	**II. Grundstruktur eines Depositary-Receipts-Programms**	19
1. Überblick	1		
2. Grundstruktur und Vorteile	7	**III. Besondere Offenlegungsanforderungen für Depositary Receipts**	20
3. Abgrenzung gegenüber sog. Aktien- und Discountzertifikaten	10		
4. Zulassungsfolgepflichten	12		

I. Einführung und Anwendungsbereich

1. Überblick

Art. 6 der VO (EU) 2019/980 verweist für Registrierungsformulare, die sich auf Zertifikate beziehen, welche Aktien vertreten, auf Anhang 5 als für die Mindestangaben maßgeblichen Anhang. Art. 6 der VO (EU) 2019/980 ist im Zusammenhang mit Art. 14 der VO (EU) 2019/980 zu lesen, welcher bei Zertifikaten, die Aktien vertreten, für die Wertpapierbeschreibung auf Anhang 13 als für die Mindestangaben maßgeblichen Anhang verweist. Anhang 5 (Registrierungsformular für Zertifikate, die Aktien vertreten) wiederum verweist für die zwingend erforderlichen Inhalte eines Registrierungsformulars für Zertifikate, die Aktien vertreten, auf Anhang 1 (Registrierungsformular für Dividendenwerte) (bzw., sofern der Emittent der zugrundliegenden Aktien den Offenlegungsanforderungen von Art. 14 Abs. 1 ProspektVO genügt und deshalb **von dem vereinfachten Offenlegungsregime für Sekundäremissionen Gebrauch machen kann**, auf Anhang 3). Demgegenüber begnügt sich Anhang 13 nicht mit einem Verweis auf Anhang 11 (Wertpapierbeschreibung für Dividendenwerte), sondern führt selbst sämtliche Offenlegungsanforderungen für die Wertpapierbeschreibung für Zertifikate, die Aktien vertreten, auf. Trotzdem korrespondiert ein Großteil der von Anhang 13 verlangten Angaben in der Wertpapierbeschreibung mit den Informationsanforderungen von Anhang 11, wobei sowohl Angaben zu den zugrunde liegenden Aktien als auch Angaben zu den die Aktien vertretenden Zertifikaten verlangt werden.[1] 1

---

1 Aufgrund der indirekten Verbindung zwischen dem Anleger und den Aktien, die Zertifikaten zugrunde liegen, ist es wichtig, dass der Anleger Informationen zum Emittenten der zugrunde liegenden Aktien erhält. Der Prospekt für Zertifikate, die Wertpapiere vertreten, hat deshalb neben Angaben zum Zertifikat und dessen Emittenten auch Angaben zu den zugrunde liegenden Aktien und den Emittenten dieser zugrunde liegenden Aktien zu enthalten. Dies ergibt sich bereits aus Erwägungsgrund 6 der VO (EU) 2019/980.

Art. 6 VO (EU) 2019/980 Registrierungsformular für Zertifikate, die Aktien vertreten

2 Die Aufteilung in einen Anhang für das Registrierungsformular und einen separaten Anhang für die Wertpapierbeschreibung ist neu, aber konsistent mit der grundsätzlichen Trennung zwischen den Anhängen für Registrierungsformulare und Wertpapierbeschreibungen, wie sie die **ProspektVO** für alle Wertpapier- und Transaktionstypen vorsieht. Die VO (EG) 809/2004 enthielt demgegenüber für Zertifikate, die Aktien vertreten, einen einheitlichen Anhang X, der nicht nach Anforderungen für das Registrierungsformular und Anforderungen für die Wertpapierbeschreibung unterschied. Die **nunmehrige Aufteilung in zwei Anhänge** lässt keine Zweifel daran bestehen, dass auch ein Prospekt für Zertifikate, die Aktien vertreten, als ein **dreiteiliger Prospekt** mit den Einzeldokumenten Registrierungsformular, Wertpapierbeschreibung und Zusammenfassung erstellt werden kann.[2]

3 Der Anwendungsbereich von **Art. 6 und Art. 14 der VO (EU) 2019/980** und den zugehörigen Anhängen betrifft **Mindestangaben für Prospekte**, die ein öffentliches Angebot bzw. die Börsenzulassung (an einem regulierten Markt) von Zertifikaten, die Aktien vertreten, zum Gegenstand haben.[3] Die Aktien, die den Zertifikaten zugrunde liegen, werden von einer **Depotbank** („Depositary") im Regelfall treuhänderisch für die Inhaber der Zertifikate gehalten; die Aktien werden sozusagen „**zweitverbrieft**".[4] Zumeist verwahrt eine Hinterlegungsstelle („Custodian Bank") die Aktien für den Depositary. Der **Depositary** emittiert die Zertifikate, in denen er sich – vereinfacht beschrieben – gegenüber den Investoren **schuldrechtlich verpflichtet**, die wirtschaftliche Position aus den Aktien an den Zertifikatsinhaber zu vermitteln und die Rechte aus den Aktien grundsätzlich nach Weisung und für Rechnung des Zertifikatsinhabers auszuüben. Bei den **Zertifikaten selbst** handelt es sich nach deutschem Rechtsverständnis um **Schuldverschreibungen**.[5] Üblicherweise werden solche **Zertifikate (Hinterlegungsscheine)** als **Depositary Receipts (DR)** bezeichnet. Bei Emissionen in den Vereinigten Staaten von Amerika lautet die übliche Bezeichnung **American Depositary Receipts (ADR)**, bei Emissionen außerhalb der Vereinigten Staaten von Amerika wird von Global Depositary Receipts (GDR) gesprochen.[6] Die deutschrechtliche Einordnung der Depositary Receipts als Schuldverschreibungen entspricht auch der Einordnung aus prospektrechtlicher Sicht. So stellen die „Questions and Answers on the Prospectus Regulation" der European Securities and Markets Authority[7] (ESMA) klar, dass **Global Depositary Receipts nicht als Dividendenwerte im Sinne von Art. 2 lit. b ProspektVO qualifizieren**, sondern als Nichtdividen-

---

[2] Zum alten Recht: *Kopp/Metzner*, in: Berrar/Meyer/Müller et al., WpPG/EU-ProspektVO, 2. Aufl. 2017, Anhang X ProspektVO Rn. 13.

[3] In der VO (EG) 809/2004 nahm Art. 13 Bezug auf „Zertifikate, die Wertpapiere vertreten". Erst die Überschrift von Anhang X, auf welchen Art. 13 VO (EG) 809/2004 verwies, stellte klar, dass es sich um „Zertifikate, die Aktien vertreten" handeln muss. Diese Ungenauigkeit des Art. 13 VO (EG) 809/2004 ist in der VO (EU) 2019/980 beseitigt; sie nimmt einheitlich Bezug auf „Zertifikate, die Aktien vertreten". Zum alten Recht: *Kopp/Metzner*, in: Berrar/Meyer/Müller et al., WpPG/EU-ProspektVO, 2. Aufl. 2017, Art. 13 ProspektVO Rn. 1.

[4] *Harrer*, in: Drinhausen/Eckstein, Beck'sches Handbuch der AG, § 20 Rn. 104 ff.; *Butzke*, in: Marsch-Barner/Schäfer, Handbuch börsennotierte AG, § 6 Rn. 50; *Strauch/Miller*, ebenda, § 11 Rn. 36 ff.

[5] *Trapp*, in: Habersack/Mülbert/Schlitt, Unternehmensfinanzierung, § 37 Rn. 26; *Schneider/Schneider*, in: Assmann/Uwe H. Schneider/Mülbert, Wertpapierhandelsrecht, Band II, 8. Aufl. 2023, § 33 WpHG Rn. 103.

[6] Zum alten Recht: *Rahlf*, in: Holzborn, WpPG, Anhang X ProspektVO Rn. 1.

[7] ESMA, Questions and Answers on the Prospectus Regulation, ESMA/2019/ESMA31-62-1258, Version 12 v. 3.2.2023.

denwerte im Sinne von Art. 2 lit. c ProspektVO.[8] ESMA führt dazu weiter aus, dass sich die Bestimmung des Herkunftsmitgliedstaats des Depositary nach Art. 2 m) ProspektVO richtet, was bedeutet, dass die für Nichtdividendenwerte geltenden Regelungen dieser Norm Anwendung finden. **Art. 2 m) ProspektVO** sieht **grundsätzlich ein emissionsspezifisches Wahlrecht des Emittenten** vor (Mitgliedstaat, in dem der Emittent seinen Sitz hat; Mitgliedstaat, in dem die Depositary Receipts öffentlich angeboten oder in dem sie an einem geregelten Markt zugelassen werden sollen). Voraussetzung ist dabei, dass die Mindeststückelung 1.000 EUR beträgt oder die Nichtdividendenwerte (hier: Depositary Receipts) das Recht verbriefen, bei Umwandlung des Wertpapiers oder Ausübung des verbrieften Rechts übertragbare Wertpapiere zu erwerben, sofern der Emittent der Nichtdividendenwerte nicht der Emittent der zugrunde liegenden Wertpapiere oder eine zur Unternehmensgruppe des letztgenannten Emittenten gehörende Einrichtung ist. Sofern die Depositary Receipts ihrem Inhaber das Recht einräumen, die Lieferung der durch die Depositary Receipts vertretenen Aktien zu verlangen, sollte im Regelfall dem Emittenten ein freies emissionsspezifisches Wahlrecht zustehen.[9]

ADR-Emissionen können grundsätzlich „**unsponsored**" oder „**sponsored**" sein. „Unsponsored" sind sie dann, wenn die ADRs von dem Depositary in Bezug auf bereits ausgegebene und üblicherweise bereits an einer anderen Börse notierte Aktien ausgegeben werden, ohne dass zwischen dem Depositary und dem Emittenten der zugrunde liegenden Aktien eine Vereinbarung besteht. „Sponsored" sind ADRs dann, wenn es eine Vereinbarung (Deposit Agreement) zwischen dem Emittenten und dem Depositary gibt. In der Regel initiiert der Emittent das ADR-Programm. Bei den „**sponsored**" **ADR-Programmen** unterscheidet man zwischen **drei „Levels"**: Level-1-Programme haben die Einbeziehung der ADRs in den OTC-Handel (Freiverkehr) in den USA zum Gegenstand, die Registrierungsanforderungen sind weniger streng als bei Level 2 und Level 3; es wird lediglich das Deposit Agreement zur Registrierung vorgelegt. Level-2-Programme haben eine Börsennotierung der ADRs (ohne Möglichkeit der Kapitalaufnahme) zum Gegenstand. Level-3-Programme haben das öffentliche Angebot von ADRs zum Gegenstand, denen Aktien aus einer Neuemission des Emittenten zugrunde liegen und somit der Kapitalaufnahme durch den Emittenten dienen. Für Level-3-Programme gelten in den USA die strengsten Registrierungsanforderungen.[10]

In jüngerer Zeit wird der europäische Markt für Depositary Receipts stark von Emittenten aus Asien, insbesondere China geprägt.[11] Häufig besteht bereits eine Notierung der zugrunde liegenden Aktien an einer Börse im Heimatmarkt des Unternehmens; zwingende

---

8 ESMA, Questions and Answers on the Prospectus Regulation, ESMA/2019/ESMA31-62-1258, Version 12 v. 3.2.2023, Frage 6.2. Zu anderen Fragen, die Depositary Receipts betreffen, siehe Frage 14.11 (Antrag auf Zulassung einer „Bis-zu"-Anzahl von GDRs ist zulässig).
9 *Bauerschmidt*, in: Assmann/Schlitt/von Kopp-Colomb, Prospektrecht Kommentar, Art. 2 ProspektVO Rn. 108.
10 *Harrer*, in: Drinhausen/Eckstein, Beck'sches Handbuch der AG, § 20 Rn. 100 ff.; *Werlen/Sulzer*, in: Habersack/Mülbert/Schlitt, Unternehmensfinanzierung, § 45 Rn. 196; *Wieneke*, AG 2001, 504 ff.
11 Deutsche Bank, Depositary Receipts 2022 in Review, https://adr.db.com/drwebrebrand/media/publications/deutsche-bank-depositary-receipts-2022-in-review (zuletzt abgerufen am 20.9.2023), S. 8.

Voraussetzung ist dies aber nicht. Wichtige Börsenplätze für GDR-Emissionen und Börsenzulassungen in Europa sind London und Luxemburg.[12] Die schweizerische **SIX Swiss Exchange** hat gemeinsam mit den zuständigen chinesischen Behörden und den Börsen in Shanghai und Shenzhen 2022 ein **„Stock Connect"-System** erarbeitet, das chinesischen Unternehmen **Zugang zum Schweizer Kapitalmarkt** (und umgekehrt) **über Depositary Receipts** ermöglicht. Im Jahr 2022 haben neun chinesische Unternehmen ihre ersten Global Depositary Receipts bei der **SIX Swiss Exchange** zugelassen.[13]

6 Auch an deutschen Börsen, vor allem an der Frankfurter Wertpapierbörse, werden zahlreiche Depositary Receipts im Freiverkehr gehandelt. Für die **bloße Einbeziehung von Depositary Receipts zum Handel im Freiverkehr** besteht – anders als bei einer Zulassung zum Handel an einem regulierten Markt – regelmäßig **keine Prospektpflicht** (solange eine Prospektpflicht nicht durch ein öffentliches Angebot ausgelöst wird). Aktien und Zertifikate, die Aktien vertreten, können ohne einen Antrag auch durch Beschluss der Deutsche Börse AG (§ 10 Abs. 2 AGB Freiverkehr Frankfurter Wertpapierbörse) in das Quotation Board des Freiverkehrs der Frankfurter Wertpapierbörse einbezogen werden. Aktien und Zertifikate, die Aktien vertreten, können nur dann in das Quotation Board des Freiverkehrs der Frankfurter Wertpapierbörse einbezogen werden, wenn diese zum Handel an einem von der **Deutsche Börse AG** anerkannten in- oder ausländischen börsenmäßigen Handelsplatz zugelassen sind (§ 12 AGB Freiverkehr Frankfurter Wertpapierbörse).[14] Demgegenüber ist ein **Prospekt erforderlich, wenn die Depositary Receipts in einem Mitgliedstaat des EWR öffentlich angeboten werden oder zum Handel an einem regulierten Markt zugelassen werden sollen.** Prospektpflichtige Depositary-Receipts-Transaktionen kamen in Deutschland bisher nur vereinzelt vor,[15] wohingegen prospekt-

---

12 Zum alten Recht: *Rahlf*, in: Holzborn, WpPG, Anhang X ProspektVO Rn. 1; Deutsche Bank, Depositary Receipts 2022 in Review, https://adr.db.com/drwebrebrand/media/publications/deutsche-bank-depositary-receipts-2022-in-review (zuletzt abgerufen am 20.9.2023), S. 9.
13 Deutsche Bank, Depositary Receipts 2022 in Review, https://adr.db.com/drwebrebrand/media/publications/deutsche-bank-depositary-receipts-2022-in-review (zuletzt abgerufen am 20.9.2023), S. 9, vgl. hierzu auch den Prospekt der Lepu Medical Technology (Beijing) Co. Ltd., eines chinesischen Unternehmens, vom 15.9.2015, dessen GDRs ebenfalls an der SIX Swiss Exchange gelistet sind, https://en.lepumedical.com/final-gdr-prospectus.pdf (zuletzt abgerufen am 20.9.2023).
14 *Trapp*, in: Habersack/Mülbert/Schlitt, Unternehmensfinanzierung, § 37 Rn. 62 ff.
15 Soweit erkennbar, sind derzeit keine Global Depositary Receipts am regulierten Markt der Frankfurter Wertpapierbörse gelistet. In der Vergangenheit waren die Global Depositary Receipts der IBS Group Holding Limited (Prospekt vom 5.11.2010) gelistet, die mittlerweile aber nicht mehr gelistet sind. Ein Beispiel für einen Prospekt betreffend Global Depositary Receipts ist der Prospekt von Ming Yang Smart Energy Group Limited, einem chinesischen Unternehmen, für die Zulassung an der Londoner Wertpapierbörse vom 8.7.2022 (der Prospekt richtet sich nach den Anforderungen des englischen Rechts). Ein weiteres Beispiel für einen Prospekt betreffend GDRs, welche an der SIX Swiss Exchange gelistet wurden, ist der Prospekt der Lepu Medical Technology (Beijing) Co. Ltd. vom 15.9.2022 (der Prospekt richtet sich nach den Anforderungen des schweizerischen Rechts).

pflichtige Depositary-Receipts-Emissionen bzw. Listings in London häufiger anzutreffen sind.

2. Grundstruktur und Vorteile

Grundidee eines Depositary-Receipts-Programms ist es, einem ausländischen Emittenten Zugang zu einem europäischen (oder dem US-amerikanischen) Kapitalmarkt und den dort agierenden Investoren zu verschaffen. So kann beispielsweise die **Marktliquidität an der Zielbörse,** an der die Depositary Receipts gelistet werden, **höher** sein **als** die Liquidität der Aktien des Emittenten **an seiner Heimatbörse.** Weitere **Vorteile** eines Depositary-Receipts-Programms für **den Emittenten können eine Verbreiterung und Diversifikation** seiner **Investorenbasis** sowie eine **höhere Visibilität bei Investoren und Kunden** sein. Zusätzliche Vorteile für Investoren können sich aus den in Europa (und in den USA) etablierten Clearing-Systemen ergeben. Möglicherweise unterliegen Investoren auch internen Beschränkungen hinsichtlich der Währung der Instrumente, in die sie investieren dürfen. Depositary Receipts können in der Währung des Zielmarktes begeben werden (z. B. in US-Dollar oder Euro), während die zugrunde liegenden Aktien auf die Währung des Heimatmarktes des Emittenten lauten; der Depositary nimmt den notwendigen Umtausch der ausländischen Währung in die Währung der Depositary Receipts vor (z. B. beim Erhalt von Dividendenzahlungen des Emittenten). 7

Als **Alternative** zu einem **Depositary-Receipts-Programm** kommt grundsätzlich auch ein **direktes Listing der Aktien des ausländischen Emittenten an der europäischen Zielbörse** in Betracht. Regulatorische Vorgaben im Heimatmarkt des ausländischen Emittenten können ein direktes Listing an einer europäischen Zielbörse jedoch beschränken oder erschweren, etwa durch gesetzliche Vorgaben des Heimatmarktes dahingehend, dass es nicht oder nur mit behördlicher Genehmigung gestattet ist, die Aktien an einer Börse außerhalb des Heimatmarkts zum Handel zuzulassen, oder dass nur ein bestimmter Prozentsatz des Grundkapitals des Emittenten an einer Börse außerhalb des Heimatmarktes zugelassen werden darf. Häufig bestehen auch Hindernisse im Hinblick auf die Einbeziehung der Aktien des ausländischen Emittenten in die Clearing-Systeme im Zielmarkt. 8

Möglicherweise ergeben sich mittelbare **volumenmäßige Beschränkungen** aber auch für ein Depositary-Receipts-Programm, wenn das Übernahmerecht des Heimatmarktes des Emittenten den Depositary als Kontrollinhaber über die den Zertifikaten zugrunde liegenden Aktien behandelt. In diesem Fall müsste das Volumen des Depositary-Receipts-Programms unterhalb der Schwelle zu einem Kontrollerwerb verbleiben. 9

3. Abgrenzung gegenüber sog. Aktien- und Discountzertifikaten

Der **Anwendungsbereich von Art. 6 und Art. 14 der VO (EU) 2019/980** und den zugehörigen Anhängen setzt voraus, dass es sich um „**Aktien vertretende Zertifikate**" handelt. Dieser Wortlaut stellt klar, dass nur solche Depositary-Receipt-Strukturen erfasst werden sollen. Schuldverschreibungen, deren Bedingungen zwar auf Aktien Bezug nehmen und deren Verzinsung bzw. Rückzahlung (z. B. Höhe der Verzinsung, Höhe des Rückzahlungsbetrags, Rückzahlung in Aktien anstelle von Geld) von der Entwicklung der in Bezug genommenen Aktie abhängt (z. B. sog. Aktienzertifikate oder Discount-Zertifikate), fallen nicht in den Anwendungsbereich. Dies ist der Tatsache geschuldet, dass **dort** 10 keine treuhänderische Depositary-Struktur, in welcher die zugrunde liegenden Aktien als solche verbrieft werden, besteht, die Zertifikate mithin nicht die Aktie vertreten.[16]

11 Derselbe Wortlaut („Zertifikate, die Aktien vertreten") findet sich auch in § 12 BörsZulV. Diese Norm enthält eine **Sonderregelung für die Zulassung von aktienvertretenden Zertifikaten zum regulierten Markt** in Deutschland. § 12 Abs. 1 BörsZulV verlangt, dass der Emittent der vertretenen Aktien den Zulassungsantrag mitunterzeichnet, die Voraussetzungen nach §§ 1 bis 3 BörsZulV erfüllt und sich verpflichtet, die in den §§ 40 und 41 BörsG genannten Pflichten zu erfüllen. Zudem müssen die Zertifikate die in den §§ 4 bis 10 BörsZulV genannten Voraussetzungen erfüllen und der Emittent der Zertifikate muss die Gewähr für die Erfüllung seiner Pflichten gegenüber den Zertifikateinhabern übernehmen. Soweit der **Emittent** seinen **Sitz außerhalb des EWR** hat und die Aktien weder in dem Sitzstaat des Emittenten noch in dem Staat ihrer hauptsächlichen Verbreitung an einem regulierten Markt zugelassen sind, muss außerdem glaubhaft gemacht werden, dass die Zulassung nicht aus Gründen des Schutzes des Publikums unterblieben ist (§ 12 Abs. 2 BörsZulV).

4. Zulassungsfolgepflichten

12 Es stellt sich die **grundsätzliche Frage**, ob der **Depositary als „Emittent" im Sinne der im WpHG vorgesehenen Zulassungsfolgepflichten anzusehen** ist (was zur Folge hätte, dass die Zulassungsfolgepflichten vom Depositary zu erfüllen wären) oder ob nicht vielmehr der Emittent der zugrundeliegenden Aktien auch als Emittent für die Zwecke der Zulassungsfolgepflichten des WpHG zu betrachten ist.

13 Die **BaFin** hat sich hierzu bislang nicht, jedenfalls nicht offiziell, geäußert. Literatur hierzu ist äußerst spärlich. Es ist unseres Erachtens grundsätzlich davon auszugehen, dass entsprechend Art. 2 Abs. 1 d) der Transparenzrichtlinie[17] für Zwecke der Zulassungsfolgepflichten der **Emittent der zugrunde liegenden Aktien** (auch wenn sie nicht zum Handel an einem regulierten Markt in Deutschland oder im EWR zugelassen sind) im Hinblick auf die zum Handel zugelassenen Depositary Receipts **als Emittent im Sinne der relevanten Vorschriften des WpHG** gilt und daher ihn die anwendbaren Zulassungsfolgepflichten treffen. So hat bei einem Depositary-Receipt-Programm, welches im regulierten Markt einer deutschen Börse zum Handel zugelassen ist, der Emittent der zugrunde liegenden Aktien beispielsweise gemäß § 114 WpHG Jahresfinanzberichte zu veröffentlichen.[18] Dagegen ist **§ 115 Abs. 1 WpHG** betreffend die Veröffentlichung von Halbjahresfinanzberichten **nicht einschlägig**; diese Vorschrift gilt nicht für Instrumente, die unter § 2 Abs. 1 Nr. 2 WpHG fallen, wozu auch Depositary Receipts („Hinterlegungsscheine,

---

16 *Trapp*, in: Habersack/Mülbert/Schlitt, Unternehmensfinanzierung, § 37 Rn. 26.
17 Art. 2 Abs. 1 lit. d der Transparenzrichtlinie (RL 2004/109/EG, ABl. Nr. L 390 vom 31.12.2004 in der Fassung nach RL 2013/50/EU, ABl. Nr. L 294 vom 6.11.2013) lautet: „Im Falle von Zertifikaten, die zum Handel an einem geregelten Markt zugelassen sind, gilt als Emittent der Emittent der vertretenen Wertpapiere, wobei es unerheblich ist, ob diese Wertpapiere zum Handel an einem geregelten Markt zugelassen sind oder nicht."
18 Jedenfalls dann, wenn der Emittent als Inlandsemittent qualifiziert, wobei auch Drittstaatenemittenten als Inlandsemittent qualifizieren können (es sei denn, sie haben wirksam einen anderen Herkunftsstaat gewählt). Möglicherweise kommen Ausnahmen bzw. Erleichterungen nach der Vorschrift des § 118 Abs. 4 WpHG in Betracht.

die Aktien vertreten", vgl. § 2 Abs. 31 WpHG) gehören, selbst wenn diese von einem Inlandsemittenten begeben werden.

Der Emittent der zugrunde liegenden Aktien scheint somit für Zwecke der **Zulassungsfolgepflichten** so behandelt zu werden, als wäre er Emittent der (zum Handel an einem regulierten Markt in Deutschland zugelassenen) Depositary Receipts. **Anwendbar** auf den **Emittenten der zugrunde liegenden Aktien** sind demnach auch die Informationspflichten gemäß § **48 Abs. 1 Nr. 1 bis Nr. 5 WpHG**, wobei für diese Bestimmungen (sowie für § 49 Abs. 3 Nr. 1 WpHG) auf der Seite der Informationsberechtigten die Inhaber der Depositary Receipts den Inhabern der vertretenen Aktien gleichzustellen sind (vgl. § 48 Abs. 3 WpHG). Das bedeutet, dass die Informationen vom Emittenten der zugrunde liegenden Aktien auch den Inhabern der Depositary Receipts zur Verfügung zu stellen sind. Zu beachten ist, dass sich neben den Zulassungsfolgepflichten aus dem WpHG aus ggf. anwendbaren Börsenregularien weitere Zulassungsfolgepflichten ergeben können, so z. B. bei einer Zulassung zum Prime Standard, einem Marktsegment mit weiteren Zulassungsfolgepflichten an der Frankfurter Wertpapierbörse (vgl. hierzu die §§ 48 ff. der Börsenordnung für die Frankfurter Wertpapierbörse in der Fassung vom 2.10.2023). 14

In Bezug auf die Beteiligungstransparenz gemäß § 33 ff. WpHG gilt gemäß § 33 Abs. 1 Satz 2 WpHG der Inhaber der Depositary Receipts als Inhaber der Stimmrechte aus den zugrunde liegenden Aktien, nur diesen treffen die Mitteilungspflichten aus §§ 33 ff. WpHG, nicht den Depositary. Unseres Erachtens trifft den Inhaber der Depositary Receipts eine Stimmrechtsmitteilungspflicht aber nicht, wenn (was regelmäßig der Fall sein dürfte) die zugrunde liegenden Aktien nur an einem Markt in einem Drittstaat zugelassen sind. 15

Ist Gegenstand des Prospekts (auch) die Börsenzulassung der Depositary Receipts, ist es vor dem dargestellten Hintergrund sinnvoll, einen Abschnitt in den Prospekt aufzunehmen, der die **Zulassungsfolgepflichten**, die sich aus der Zulassung der Depositary Receipts zum Börsenhandel aus Gesetz oder Börsenregularien ergeben, und ggf. sonstige Veröffentlichungspflichten des Emittenten der zugrunde liegenden Aktien beschreibt. Hierbei können ggf. bestehende Abweichungen von den Transparenzpflichten, die für Aktienemittenten gelten, dargestellt werden. 16

Auch die den Emittenten betreffenden Vorschriften der Marktmissbrauchsverordnung sind zu berücksichtigen, wobei erneut auf den Emittenten der zugrunde liegenden Aktien abzustellen ist. Bei Zulassung der Depositary Receipts an einem regulierten Markt unterliegt der Emittent der zugrunde liegenden Aktien der **Ad-hoc-Publizität** gemäß Art. 17 Marktmissbrauchsverordnung, der Pflicht, ein **Insiderverzeichnis** zu führen (Art. 18 Marktmissbrauchsverordnung), sowie den Regeln in Bezug auf **Eigengeschäfte von Führungskräften** (Art. 19 Marktmissbrauchsverordnung). Diese Sichtweise wird durch die **(wenngleich nicht völlig eindeutige) Definition von „Emittent" in Art. 3 Abs. 1 Nr. 21 Marktmissbrauchsverordnung gestützt**. Hiernach ist ein „Emittent" eine juristische Person des privaten oder öffentlichen Rechts, die Finanzinstrumente emittiert oder deren Emission vorschlägt, wobei der Emittent im Fall von Hinterlegungsscheinen, die Finanzinstrumente repräsentieren, der Emittent des repräsentierten Finanzinstruments ist. Diese emittentenspezifischen Pflichten greifen bei Zulassung der Depositary Receipts an einem regulierten Markt, aber auch bei Einbeziehung der Depositary Receipts in den Freiverkehr. In letzterem Fall aber nur, sofern die Einbeziehung zum Handel im Freiverkehr der Depositary Receipts vom Emittenten beantragt oder genehmigt wurde. 17

18 Darüber hinaus finden die in der Marktmissbrauchsverordnung enthaltenen **Regelungen zum Insiderrecht** auf Depositary Receipts Anwendung. Denn **Depositary Receipts sind als Insiderpapiere zu qualifizieren** und unterliegen somit dem Insiderrecht (Art. 14, 8, 10 Marktmissbrauchsverordnung). Dies gilt sowohl für am regulierten Markt gehandelte als auch für zum Handel im Freiverkehr zugelassene Depositary Receipts. Hierbei wird es für die Frage, ob eine Insiderinformation vorliegt, in der Regel auf die Verhältnisse bei dem Emittenten der zugrunde liegenden Aktien – und nicht bei der die Zertifikate emittierenden Depotbank – ankommen.

II. Grundstruktur eines Depositary-Receipts-Programms

19 Die **Prospektanforderungen für Depositary Receipts** leiten sich aus der Grundstruktur eines Depositary-Receipts-Programms ab, die nachstehend kurz skizziert wird.

- Aktien eines Emittenten werden bei dem Depositary bzw. bei einer im Heimatmarkt des Emittenten ansässigen Bank, die die Aktien als Hinterlegungsstelle für den Depositary verwahrt („Custodian Bank"), hinterlegt. Die Aktien können neu emittierte Aktien oder bereits existierende Aktien sein. Diese können auch bereits an einer anderen Börse notieren, müssen es aber nicht. Depositary Receipts können sich dabei auf eine einzelne Aktie, eine Mehrzahl von Aktien der gleichen Gattung oder nur auf einen Bruchteil einer Aktie beziehen.[19]
- Der **Depositary** erlangt das **rechtliche Eigentum** an den **Aktien**.[20]
- Der Depositary emittiert **Depositary Receipts**, welche **die Aktien vertreten**. Im Regelfall hält der Depositary die zugrunde liegenden Aktien **treuhänderisch** für die Inhaber der Depositary Receipts, im Rahmen eines **schuldrechtlichen Vertragsverhältnisses** zwischen Depositary und dem Inhaber der Depositary Receipts. Dabei verpflichtet sich der Depositary, die Rechtsstellung aus den zugrunde liegenden Aktien weitestgehend dem Inhaber der Depositary Receipts zu vermitteln. Der Inhaber der Depositary Receipts hat daher im Regelfall wirtschaftliches Eigentum an den zugrunde liegenden Aktien.[21]
- Das **Deposit Agreement** ist **Kernstück** eines **Depositary-Receipts-Programms** und Grundlage für die Verbriefung der zugrunde liegenden Aktien in den Depositary Receipts. Obwohl Teile des Deposit Agreements standardisiert sind, gibt es **verschiedene Gestaltungsvarianten**, die oft auch abhängig von rechtlichen Vorgaben im Heimatmarkt des Emittenten der zugrunde liegenden Aktien sind.

In einem Deposit Agreement werden üblicherweise geregelt: das **Rechtsverhältnis zwischen dem Emittenten der zugrunde liegenden Aktien und dem Depositary**; die Rechte und Pflichten des Depositary gegenüber dem Emittenten; die Bedingungen der Depositary Receipts, aus denen sich die Rechte der Inhaber der Depositary Receipts ergeben; die von den Inhabern der Depositary Receipts zu zahlende Vergütung an den Depositary. Wichtige Regelungskomplexe sind dabei u.a.: die Hinterlegung der Aktien; die

---

19 Vgl. *Harrer*, in: Drinhausen/Eckstein, Beck'sches Handbuch der AG, § 20 Rn. 99 ff.; *Wieneke*, AG 2001, 504, 505.
20 Ganz h. M., vgl. *Harrer*, in: Drinhausen/Eckstein, Beck'sches Handbuch der AG, § 20 Rn. 104 m. w. N.
21 Ebenso *Harrer*, in: Drinhausen/Eckstein, Beck'sches Handbuch der AG, § 20 Rn. 104; *Wieneke*, AG 2001, 504, 508 („wirtschaftlicher Eigentümer").

Emission und Lieferung der Depositary Receipts; die Ausgabe zusätzlicher Aktien durch den Emittenten und die Einlieferung zusätzlicher Aktien zur Verwahrung an den Depositary; die Übertragung und Rückgabe von Depositary Receipts im Umtausch gegen die zugrunde liegenden Aktien; die Ausübung der Stimmrechte der Aktien durch den Depositary; diesbezügliche Weisungsrechte der Inhaber der Depositary Receipts; Regelungen zur Teilnahme und Stimmrechtsausübung in der Hauptversammlung; Stimmrechtsmitteilungspflichten; Weiterleitung von Dividenden, Sachdividenden und anderen Ausschüttungen durch den Depositary an die Inhaber der Depositary Receipts; Ausübung von Bezugsrechten durch den Depositary bzw. deren Verwertung zugunsten der Inhaber des Depositary Receipts; Informationspflichten des Depositary; die Einhaltung der regulatorischen Vorgaben durch den Emittenten; Haftungsbeschränkungen zugunsten des Depositary.

III. Besondere Offenlegungsanforderungen für Depositary Receipts

Vor dem Hintergrund der Struktur eines Depositary-Receipts-Programms lassen sich für die **Prospektanforderungen** folgende **Grundsätze** ableiten: Der Umstand, dass die Depositary Receipts die zugrunde liegenden Aktien vertreten, bedingt, dass sich die Anforderungen an die Offenlegung in erster Linie auf den Emittenten der zugrunde liegenden Aktien und die zugrunde liegenden Aktien selbst beziehen. Daher verweist Anhang 5 der VO (EU) 2019/980 (Registrierungsformular für Zertifikate, die Aktien vertreten) auch vollumfänglich auf Anhang 1 (Registrierungsformular für Dividendenwerte) und verlangt darüber hinaus lediglich weitere Angaben über den Emittenten der Zertifikate (siehe → Anhang 5, Abschnitt 2).

Anhang 13 (Wertpapierbeschreibung für Zertifikate, die Aktien vertreten) arbeitet dagegen nicht mit einem Verweis auf Anhang 11 (Wertpapierbeschreibung für Dividendenwerte), sondern führt sämtliche Offenlegungsanforderungen – also sowohl diejenigen, die sich auf die zugrunde liegenden Aktien, als auch diejenigen, die sich auf die Zertifikate beziehen (siehe → Anhang 13, Abschnitt 2 „Angaben zu den Zertifikaten") – gesondert auf (siehe hierzu auch → Rn. 2). Der Grundaufbau von Anhang 13 ist wie folgt:

- **Abschnitt 1** von Anhang 13 (**Grundlegende Angaben**) enthält neben der Erklärung zum Geschäftskapital (Punkt 1.1) und den Angaben zur Kapitalausstattung und Verschuldung (Punkt 1.2) die Offenlegungsanforderungen aus Anhang 11, die sich auf die zugrunde liegenden Aktien beziehen. Beides sind Punkte, die in Anhang X zur VO (EG) 809/2004 nicht enthalten waren. Dies ist darauf zurückzuführen, dass die rechtliche Einordnung von Hinterlegungsscheinen mit Erlass der ProspektVO geändert wurde. Diese werden nun als mit Dividendenwerten vergleichbar angesehen. Aufgrund dieser Tatsache sind nun auch Angaben zum Geschäftskapital sowie der Kapitalisierungs- und Verschuldungstabelle zu machen. Im Rahmen der ProspektRL (RL 2003/71/EG) waren Hinterlegungsscheine in deren Erwägungsgrund 12 dagegen noch als Nichtdividendenwerte qualifiziert worden, weswegen diese Angaben nicht notwendig waren. Dieser Erwägungsgrund wurde nicht in die ProspektVO übernommen.[22]

---

22 ESMA, Consultation Paper: Draft technical advice on format and content of the prospectus, https://www.esma.europa.eu/sites/default/files/library/esma31-62-532_cp_format_and_content_of_the_prospectus.pdf (zuletzt abgerufen am 20.9.2023), S. 151.

- Abschnitt 2 enthält dann die **Angaben zu den Zertifikaten**, **Abschnitt 3** Angaben zum **Angebot der Zertifikate**, **Abschnitt 4** Angaben zu Zulassung und Handel der Zertifikate und **Abschnitte 5 und 6** enthalten schließlich weitere **angebotsbezogene Angaben** (Gründe für das Angebot, Verwendung der Emissionserlöse, Kosten des Angebots) sowie die wertpapierspezifischen Risikofaktoren.

22 Trotz der starken Orientierung von Anhang 5 und Anhang 13 an den korrespondierenden Anhängen 1 und 11 gibt es **einige wenige Besonderheiten bezüglich der Offenlegungsanforderungen in Bezug auf Zertifikate, die Aktien vertreten**. Diese sollen bereits im Folgenden überblicksartig näher erläutert werden (eine detaillierte Auseinandersetzung erfolgt im Rahmen der Kommentierung von Anhang 5 und Anhang 13).

- **Verantwortlichkeitserklärung**: Da es zwei „Emittenten" gibt, den Emittenten der zugrunde liegenden Aktien und den Emittenten der Depositary Receipts, sind Besonderheiten in Bezug auf die Verantwortlichkeitserklärung zu beachten (siehe hierzu im Detail die Kommentierung zu Anhang 5).
- **Depositary-Receipts-spezifische Offenlegungsanforderungen**: Aufgrund der **doppelstöckigen Struktur** (zugrunde liegenden Aktien und Emittent der Aktien einerseits, Depositary Receipts und Emittent der Depositary Receipts andererseits) ergeben sich zusätzliche Depositary-Receipts-spezifische Offenlegungsanforderungen. Diese umfassen insbesondere die „Angaben über den Emittenten der Zertifikate, die die Aktien vertreten" gemäß Anhang 5 Abschnitt 2 und die „Angaben zu den Zertifikaten" gemäß Anhang 13 Abschnitt 2. Im Rahmen der zuletzt genannten Anforderungen sind u. a. das Deposit Agreement und die Bedingungen der Depositary Receipts darzustellen, sodass den Investoren die rechtlichen Verhältnisse zwischen den Beteiligten und die Rechte, die ein Inhaber eines Depositary Receipts hat, transparent dargestellt werden.

23 **Einige Abweichungen** zwischen dem damaligen Anhang X der VO (EG) 809/2004 und dem damaligen Anhang I der VO (EG) 809/2004 sind **im Zuge der Novellierung** der Prospektverordnung durch die ProspektVO und die VO (EU) 2019/980 **weggefallen.** Hierzu zählen:

- **Finanzangaben**: Anhang X der VO (EG) 809/2004 enthielt eine eigenständige Regelung für die Anforderungen an die in den Prospekt aufzunehmenden Finanzangaben. Der damalige Anhang X Ziffer 20.1a sah in bestimmten Konstellationen **für Drittstaatenemittenten** (der zugrunde liegenden Aktien) **gewisse Erleichterungen im Hinblick auf die in den Prospekt aufzunehmenden historischen Finanzangaben** vor. Zudem enthielt der damalige Anhang X anders als der damalige Anhang I keine Anforderung zur Aufnahme von Pro-forma-Finanzangaben. **Diese Besonderheiten sind in Anhang 5 der VO (EU) 2019/980 weggefallen.** Anhang 5 verweist schlichtweg auf Anhang 1 und die dort geltenden Anforderungen im Hinblick auf Finanzinformationen (Abschnitt 18). Abschnitt 18 in Anhang 1 enthält keine Sonderregelungen für Zertifikate, die Aktien vertreten. Somit gilt das normale „Programm" ohne Erleichterungen für Drittstaatenemittenten. Das bedeutet insbesondere, dass Finanzabschlüsse nach nationalen Rechnungslegungsstandards nur dann aufgenommen werden dürfen, wenn sie denen der Verordnung (EG) Nr. 1606/2002 (IFRS) gleichwertig sind (und dies von der Kommission festgestellt wurde).
- **Working Capital Statement und Kapitalisierungs- und Verschuldungstabelle**: In der VO (EG) 809/2004 sah Anhang X – abweichend von den Mindestanforderungen

III. Besondere Offenlegungsanforderungen für Depositary Receipts Art. 6 VO (EU) 2019/980

des damaligen Anhangs III – nicht das Erfordernis vor, eine Erklärung zum Geschäftskapital („Working Capital Statement") abzugeben bzw. eine Kapitalisierungs- und Verschuldungstabelle aufzunehmen. Diese Inkongruenz wurde durch die ProspektVO und die VO (EU) 2019/980 nun behoben. So sieht Anhang 13 der VO (EU) 2019/980 gleich unter Punkt 1.1 die Erklärung zum Geschäftskapital („Working Capital Statement") sowie unter Punkt 1.2 die Kapitalisierungs- und Verschuldungstabelle vor (zu den Hintergründen für diese Änderung siehe → Rn. 21).

Art. 7 VO (EU) 2019/980
Registrierungsformular für Nichtdividendenwerte für Kleinanleger

Bei anderen als den in Artikel 8 Absatz 2 genannten Nichtdividendenwerten muss das Registrierungsformular die in Anhang 6 genannten Angaben enthalten, es sei denn, es wird gemäß den Artikeln 9, 14 oder 15 der Verordnung (EU) 2017/1129 erstellt oder enthält die in Anhang 1 der vorliegenden Verordnung genannten Angaben.

1 In den Anwendungsbereich von Art. 7 der VO (EU) 2019/980 fallen Emissionen für Nichtdividendenwerte mit einer Stückelung von weniger als 100.000 EUR bzw. bei Wertpapieren ohne Nennwert solche, die bei der Emission für einen Mindestbetrag von weniger als 100.000 EUR erworben werden können. Im Rahmen der Novellierung der Prospektverordnung im Jahr 2012 ist der entsprechende Schwellenwert von 50.000 EUR auf 100.000 EUR erhöht worden.[1] Hinsichtlich der Regelungstechnik fällt auf, dass Art. 7 der VO (EU) 2019/980 Bezug auf den in Art. 2 lit. c der ProspektVO definierten Begriff der Nichtdividendenwerte nimmt und für diese die Vorgaben des Anhang 6 der VO (EU) 2019/980 für grundsätzlich anwendbar erklärt. Ausgenommen von diesem Grundsatz sind die in Art. 8 Abs. 2 der VO (EU) 2019/980 genannten Nichtdividendenwerte – also solche, die entweder an Märkten gehandelt werden sollen, zu denen ausschließlich qualifizierte Anleger Zugang haben oder die eine Mindeststückelung von 100.000 EUR aufweisen oder bei denen mangels Nennwert die Mindestanlagesumme diesem Betrag entspricht. Darüber hinaus werden vom Anwendungsbereich des Art. 7 der VO (EU) 2019/980 solche Registrierungsformulare ausgenommen, die gemäß Art. 9, 14 oder 15 der ProspektVO erstellt werden, es sich also um einheitliche Registrierungsformulare, solche für Sekundäremissionen oder Wachstumsprospekte handelt.[2] Des Weiteren wird ein Registrierungsformular von den Anforderungen des Anhangs 6 der VO (EU) 2019/980 befreit, wenn es den Anforderungen des Anhangs 1 der VO (EU) 2019/980 entspricht, also jenen für Dividendenwerte. Hier hat der Verordnungsgeber den „A-maiore-ad-minus"-Schluss in der Verordnung verankert, konkret: Bei Einhaltung der Anforderungen an ein ausführlicheres Registrierungsformular müssen die an sich ausreichenden, weniger ausführlichen Mindestangaben nicht zusätzlich enthalten sein.

2 Die Abgrenzung zu den in Art. 2 der VO (EU) 2019/980 genannten Wertpapieren, für deren Registrierungsformular Anhang 1 einschlägig ist, kann insbesondere bei **Genussscheinen** schwierig sein, da diese häufig sowohl einen eigen- als auch fremdkapitalartigen Charakter aufweisen.[3] Aufgrund der fehlenden gesetzlichen Definition für Genussscheine und der daraus resultierenden großen Gestaltungsspielräume der beteiligten Parteien[4] ist die Einordnung von Genussscheinen immer anhand der konkreten Ausgestaltung

---

[1] Vgl. Art. 1 Nr. 6 der VO (EU) Nr. 486/2012 der Kommission vom 30.3.2012.
[2] Vgl. *Seitz/Maier*, in: Assmann/Schlitt/von Kopp-Colomb, Prospektrecht Kommentar, Anhang 6 VO (EU) 2019/980 Rn. 2f.
[3] *Bauerschmidt*, in: Assmann/Schlitt/von Kopp-Colomb, Prospektrecht Kommentar, Art. 2 ProspektVO Rn. 27; *Schlitt*, in Habersack/Mülbert/Schlitt, Kapitalmarktinformation, § 3 Rn. 25.
[4] *Habersack*, in: MünchKomm-AktG, 5. Aufl. 2021, § 221 Rn. 64.

der Emissionsbedingungen zu entscheiden.[5] Einen Anhalt für die Einordnung eines Genussscheins kann seine bilanzielle Behandlung nach den einschlägigen Rechnungslegungsvorschriften bieten.[6] Diese Einordnung ist gleichwohl nicht in allen Fällen zwingend. Die von *Baums* vertretene Unterscheidung nach „anteilsähnlichen Genussrechten" und „Genussobligationen" ermöglicht eine nachvollziehbare Abgrenzung zwischen Genussrechten, die als Eigenkapitalinstrumente und solchen, die als Fremdkapitalinstrumente strukturiert sind.[7] Dieser Unterscheidung folgend, wäre bei „anteilsähnlichen Genussrechten" aufgrund der aktienähnlichen Ausgestaltung Anhang 1 zu beachten und bei „Genussobligationen" Anhang 6. Maßgebliches Unterscheidungskriterium neben anderen ist nach *Baums* die Frage, ob der Anspruch auf Rückzahlung des eingesetzten Kapitals von Gewinnen und Verlusten des Emittenten abhängig ist (eigenkapitalähnlich) oder nicht (fremdkapitalähnlich).[8] Erwägungsgrund 24 der VO (EU) 2019/980 eröffnet ferner die Möglichkeit für die billigende Behörde im Fall, dass ein anzubietendes Instrument nicht eindeutig einem Anhang zuzuordnen ist, die Informationen abzufordern, die aus Sicht der Behörde notwendig sind, um den Investoren eine fundierte Anlageentscheidung zu ermöglichen. Es wäre der Behörde damit auch möglich, sowohl Elemente von Anhang 1, als auch von Anhang 6 zu fordern.

Eine Einzelfallentscheidung, welcher Anhang einschlägig ist, dürfte auch für moderne Instrumente wie etwa **Security Token** gelten. Dabei wird hier, analog zur Sichtweise der BaFin, unter einem Token ein digitalisierter Vermögenswert verstanden, dem eine bestimmte Funktion oder ein bestimmter Wert zugesprochen wird.[9] Ein sogenannter „Security Token" ist demnach ein Token, welcher Rechte repräsentiert, die auch in einem Wertpapier verbrieft werden können, und welcher übertragbar und handelbar ist. Er umfasst nach dem hier vertretenen Verständnis als Oberbegriff auch Kryptowertpapiere nach dem eWpG und tokenisierte Wertpapiere sui generis.[10] Die Frage, ob Prospektrecht für Security Token gilt, hat die BaFin in ihrer Verwaltungspraxis positiv entschieden.[11] Diese Ansicht ist auch konsistent mit dem Entwurf der Verordnung on Markets in Crypto-assets, and amending Directive (EU) 2019/1937 vom 24.9.2020 (MiCa), denn die in der MiCa vorgesehene Pflicht zur Veröffentlichung eines White Papers, welche in Konkurrenz zum bestehenden Prospektrecht stehen könnte, besteht nur für Instrumente, die von der MiCa erfasst werden. Ausweislich Art. 2 Abs. 2 Nr. 2 des MiCa-Entwurfs sind jedoch Wertpapiere im Sinne von Art. 4 Abs. 1 Nr. 15 der

3

---

5 Für einen Überblick über die verschiedenen Typen von Genussrechten vgl. z.B. *Habersack*, in: MünchKomm-AktG, 5. Aufl. 2021, § 221 Rn. 75 ff.
6 Vgl. *Ritz/Zeising*, in: Just/Voß/Ritz/Zeising, Wertpapierprospektrecht, 2. Aufl. 2023, Art. 2 ProspektVO Rn. 71.
7 *Baums*, Recht der Unternehmensfinanzierung, § 13, § 39 IV 1.
8 *Baums*, Recht der Unternehmensfinanzierung, § 39 IV 1. Im Ergebnis scheint auch *Bauerschmidt*, in: Assmann/Schlitt/von Kopp-Colomb, Prospektrecht Kommentar, Art. 2 ProspektVO Rn. 27, auf die Unterscheidung nach Gewinn-/Verlustbeteiligung abzustellen, denn die von ihnen angeführten Tier-2-Instrumente nach Art. 63 Verordnung (EU) Nr. 575/2013 sind regelmäßig mit einem (nachrangigen) Anspruch auf Rückzahlung des eingesetzten Kapitals ohne Verlustbeteiligung ausgestattet. Genussrechte nach dem alten § 10 Abs. 5 KWG, der eine Verlustbeteiligung forderte, sind indessen nicht mehr üblich.
9 *Weiß*, Fachartikel Tokenisierung erschienen im BaFinJournal 4/2019.
10 *Vig*, BKR 2022, 442, 443.
11 BaFin, Zweites Hinweisschreiben zu Prospekt- und Erlaubnispflichten im Zusammenhang mit der Ausgabe sogenannter Krypto-Token, S. 6.

Richtlinie 2014/65/EU nicht Gegenstand der MiCa. Diese Qualifikation als Wertpapier dürfte für die meisten Security Token gegeben sein.[12]

4 Im Zusammenhang mit Security Token ist im Hinblick auf die Frage, welcher prospektrechtliche Anhang Anwendung findet, auf das Recht abzustellen, welches durch die Token repräsentiert wird.[13] In Fällen, in denen Mitgliedschaftsrechte und andere Rechte repräsentiert werden, die typischerweise Eigenkapitalgebern zustehen, dürfte Anhang 1, bei reinen Zins- und Kapitalrückzahlungsansprüchen Anhang 6 einschlägig sein. Auch in diesem Fall dürfte der billigenden Behörde im Lichte von Erwägungsgrund 24 der VO (EU) 2019/980 das Ermessen zustehen, Informationen in den Prospekt aufnehmen zu lassen, die für die Investoren nach Einschätzung der Behörde notwendig sind.

5 Durch die Beschränkung des Anwendungsbereichs auf das Registrierungsformular für Emissionen mit einer Stückelung bzw. Mindestanlagesumme von weniger als 100.000 EUR unterscheidet sich Art. 7 (und der entsprechende Anhang 6 der VO (EU) 2019/980) von Art. 8 (und dem entsprechenden Anhang 7 der VO (EU) 2019/980), welche ebenfalls das Registrierungsformular für Schuldtitel und derivative Wertpapiere behandeln, jedoch nur solche mit einer Stückelung bzw. Mindestanlagesumme von mehr als 100.000 EUR. Das Registrierungsformular nach Art. 8 und Anhang 7 enthält weniger strenge Vorgaben als das Registrierungsformular nach Art. 7 und Anhang 6, da der Verordnungsgeber davon ausgeht, dass bei einer Stückelung bzw. Mindestanlagesumme von weniger als 100.000 EUR auch Privatanleger angesprochen werden (können), die in der Regel ein anderes Informationsbedürfnis haben als professionelle Investoren.[14]

6 Zu beachten ist auch, dass der frühere Art. 14 und der ihm korrespondierende Anhang XI der VO (EG) 809/2004 für Registrierungsformulare von Banken in Bezug auf Schuldtitel, derivative Wertpapiere und sonstige nicht unter Art. 4 der VO (EG) 809/2004 fallende Wertpapiere aufgehoben wurde. Praktisch bedeutsam ist die Unterscheidung zwischen Banken und anderen Unternehmen also nur noch im Zusammenhang mit der Prospektzusammenfassung. Gemäß Art. 4 der VO (EU) 2019/979 bestehen für Kreditinstitute andere Anforderungen als an andere Unternehmen. Relevanz entfaltet dies zum Beispiel im Hinblick auf das Erfordernis einer Kapitalflussrechnung, wenn die Emittentin nach den nationalstaatlichen Rechnungslegungsgrundsätzen (local GAAP), also zum Beispiel nach HGB bilanziert. In der Zusammenfassung ist gemäß Anhang III der VO (EU) 2019/979 keine Kapitalflussrechnung erforderlich. Dies lässt jedoch nicht den Schluss zu, dass die Kapitalflussrechnung auch im Registrierungsformular entbehrlich ist, wie dies noch nach Anhang XI Prospektverordnung a. F. der Fall war. Dies ergibt sich im Fall des Registrierungsformulars für Nichtdividendenwerte für Kleinanleger aus Anhang 6 Punkt 11.1.5.

7 Für die einzelnen inhaltlichen Anforderungen von Anhang 6 wird auf die dortige Kommentierung verwiesen (→ Anhang 6 VO (EU) 2019/980 Rn. 1 ff.).

---

12 So auch *Vig*, BKR 2022, 442, 443, wobei hier nicht nach den unterschiedlichen Anhängen differenziert wird.
13 So auch *Romba/Patz*, RdF 2019, 298, 301, 304; siehe hierzu im Grundsatz *Schwennicke*, in: Omlor/Link, Kryptowährungen und Token, Kap. 8 Rn. 24 f., 51 ff.
14 Vgl. Erwägungsgrund 7 der VO (EU) 2019/980; auch schon Erwägungsgrund 14 der VO (EG) 809/2004, der allerdings (fälschlicherweise) noch von einem Schwellenwert von 50.000 EUR ausgeht; und inhaltlich unverändert, jedoch zur VO (EG) 809/2004: *Glismann*, in: Holzborn, WpPG, Anhang IV ProspektVO Rn. 1.

Art. 8 VO (EU) 2019/980
Registrierungsformular für Nichtdividendenwerte für Großanleger

(1) Bei den in Absatz 2 genannten Nichtdividendenwerten muss das Registrierungsformular die in Anhang 7 genannten Angaben enthalten, es sei denn, es wird gemäß den Artikeln 9, 14 oder 15 der Verordnung (EU) 2017/1129 erstellt oder enthält die in Anhang 1 oder 6 der vorliegenden Verordnung genannten Angaben.

(2) Die in Absatz 1 genannte Anforderung gilt für Nichtdividendenwerte, die eine der folgenden Voraussetzungen erfüllen:

a) sie sollen ausschließlich an einem geregelten Markt oder in einem bestimmten Segment eines solchen gehandelt werden, zu dem ausschließlich qualifizierte Anleger zu Zwecken des Handels mit diesen Wertpapieren Zugang erhalten;

b) sie haben eine Mindeststückelung von 100 000 EUR oder können – wenn es sich um nennwertlose Wertpapiere handelt – bei der Emission nur für mindestens 100 000 EUR pro Stück erworben werden.

Art. 8 der VO (EU) 2019/980 verweist bei Nichtdividendenwerten mit einer Mindeststückelung von 100.000 EUR oder – sofern nennwertlos – einem Mindestanlagebetrag von 100.000 EUR, hinsichtlich der Angaben für das Registrierungsformular für Nichtdividendenwerte auf das in Anhang 7 festgelegte Schema. Allerdings ist der Mindestbetrag von 100.000 EUR, der zum Erwerb eines entsprechenden Nichtdividendenwertes notwendig ist, nicht mehr das alleinige Kriterium, welches aus Sicht des Verordnungsgebers eine weniger umfangreiche Offenlegung im Registrierungsformular rechtfertigt. Neu hinzugekommen ist die in Abs. 2 lit. a genannte Variante, dass die fraglichen Wertpapiere ausschließlich an Börsensegmenten gehandelt werden, zu denen nur qualifizierte Anleger Zugang haben.[1] Es ist jedoch festzuhalten, dass es solche exklusiven Marktsegmente – sofern ersichtlich – zur Zeit, wenn überhaupt, nur vereinzelt gibt.[2] 1

Mit Ausnahme der erforderlichen Mindeststückelung von 100.000 EUR und der Notierung an einem nur für qualifizierte Anleger zugänglichen Marktsegment ist der Anwendungsbereich deckungsgleich mit Art. 7 der VO (EU) 2019/980. Zur Abgrenzung von unter Art. 2 der VO (EU) 2019/980 fallenden Wertpapieren vgl. die Kommentierung zu Art. 7 und Anhang 6 (→ Art. 7 Rn. 1 ff. und Anh. 6 Rn. 2). 2

Für das Registrierungsformular gelten nach Art. 8 und Anhang 7 weniger strenge Vorgaben als für das Registrierungsformular nach Art. 7 und Anhang 6. Der Verordnungsgeber geht davon aus, dass bei einer Stückelung von weniger als 100.000 EUR auch Privatanleger angesprochen werden, die in der Regel ein anderes Informationsbedürfnis haben als professionelle Investoren, da Letzteren häufig noch weitere Informationsquellen zur Verfügung stehen.[3] Entsprechend enthält das Registrierungsformular nach Anhang 7 z. B. 3

---

1 Vgl. etwa Erwägungsgrund 21 der ProspektVO.
2 Etwa das „Qualified Investor Segment" der Wiener Börse.
3 Vgl. Erwägungsgrund 7 der VO (EU) 2019/980; auch schon Erwägungsgrund 14 der VO (EG) 809/2004, der allerdings (fälschlicherweise) noch von einem Schwellenwert von 50.000 EUR aus-

kein Erfordernis zur Aufnahme von ausgewählten Finanzinformationen und von Angaben zu neuen Produkten und Märkten, Investitionen oder Trends.

4 Die Bedeutung von Anhang 7 für die Emissionspraxis ist eher begrenzt.[4] Dies liegt daran, dass nach Art. 1 Abs. 4 lit. c ProspektVO für ein öffentliches Angebot von Wertpapieren mit einer Mindeststückelung von 100.000 EUR kein Wertpapierprospekt erforderlich ist, ein solcher also nur dann erforderlich wird, wenn die Wertpapiere zum Handel an einem regulierten Markt zugelassen werden sollen oder vom Emittenten auf freiwilliger Basis erstellt wird.

5 Für die einzelnen inhaltlichen Anforderungen von Anhang 7 VO (EU) 2019/980 wird auf die dortige Kommentierung verwiesen (→ Anh. 7 Rn. 1 ff.).

---

geht; und inhaltlich unverändert, jedoch zur VO (EG) 809/2004: *Glismann*, in: Holzborn, WpPG, Anhang IV ProspektVO Rn. 1.

4 Vgl. *Seitz/Maier*, in: Assmann/Schlitt/von Kopp-Colomb, Prospektrecht Kommentar, Anhang 7 VO (EU) 2019/980 Rn. 9.

Art. 9 VO (EU) 2019/980
Registrierungsformular für Sekundäremissionen von Nichtdividendenwerten

Ein gemäß Artikel 14 der Verordnung (EU) 2017/1129 erstelltes spezielles Registrierungsformular für Nichtdividendenwerte muss die in Anhang 8 der vorliegenden Verordnung genannten Angaben enthalten, es sei denn, es enthält die in Anhang 3 der vorliegenden Verordnung genannten Angaben.

In Art. 9 der VO (EU) 2019/980 wird der Anhang 8 als maßgeblich für Registrierungsformulare bei Sekundäremissionen erklärt. Es wird hier Bezug genommen auf den Art. 14 der ProspektVO, in welchem festgelegt wird, dass in bestimmten Sonderkonstellationen die Veröffentlichung eines vereinfachten Prospekts ausreicht. Dies ist dann der Fall, wenn Wertpapiere öffentlich angeboten oder zum Handel an einem geregelten Markt zugelassen werden sollen, die aus einer Aufstockung von Nichtdividendenwerten stammen und die aufzustockenden Nichtdividendenwerte in den letzten 18 Monaten vor der Emission der fungiblen Wertpapiere ununterbrochen zum Handel an einem geregelten Markt oder KMU Wachstumsmarkt zugelassen waren. Das gleiche gilt, wenn ein Emittent Nichtdividendenwerte emittieren möchte und seine Dividendenwerte in den 18 Monaten vor Emission der Nichtdividendenwerte an einem geregelten Markt oder KMU-Wachstumsmarkt zugelassen waren oder wenn ein (vom Emittenten verschiedener) Dritter Nichtdividendenwerte öffentlich anbieten oder zum Handel an einem geregelten Markt zulassen möchte, die in den letzten 18 Monaten vor dem entsprechenden Angebotsbeginn oder der Zulassung zum Handel ununterbrochen an einem geregelten Markt oder einem KMU-Wachstumsmarkt zugelassen waren. Aus Art. 14 ProspektVO folgt, dass die Emittenten für einen vereinfachten Prospekt optieren können. Das lässt den Umkehrschluss zu, dass auch ein herkömmlicher Prospekt erstellt und benutzt werden könnte.[1] 1

Die Vorschriften des Art. 14 ProspektVO und ihr folgend des Art. 9 der VO (EU) 2019/980 sind durch die Reform des Prospektrechts neu aufgenommen worden. Der Grund für ihre Aufnahme ist in einem der Grundprinzipien der Kapitalmarktunion zu suchen, nämlich der Vereinfachung des Zugangs zu den Kapitalmärkten.[2] Der Verordnungsgeber geht von der Prämisse aus, dass der vereinfachte Prospekt das Schutzniveau für die Investoren nicht negativ beeinflusst. Diese Annahme lässt sich damit begründen, dass der vereinfachte Prospekt nur dann zum Einsatz kommen kann, wenn den Investoren schon eine Fülle an Informationen über Wertpapier und Emittent zur Verfügung steht, da der Emittent bereits den aus der Transparenzrichtlinie folgenden Offenlegungspflichten unterliegt.[3] Diese Einschätzung ist durchaus plausibel, insbesondere da ein Verstoß gegen Transparenzpflichten sanktionsbewehrt ist und die Informationen über das Wertpapier, welche in den vereinfachten Prospekt aufzunehmen sind, in den wesentlichen Punkten nicht verkürzt werden dürfen. 2

---

1 Ebenso *Groß*, Kapitalmarktrecht, Art. 14 ProspektVO Rn. 2 f.
2 Erwägungsgrund 1 der ProspektVO.
3 Erwägungsgründe 21 und 22 zur ProspektVO.

3 Inhaltlich weichen die nach Anhang 8 zu liefernden Informationen deutlich von den Anforderungen für Primäremissionen ab. So ist es zum Beispiel nach Art. 14 Abs. 3 lit. c der ProspektVO ausreichend, im Hinblick auf die Beschreibung des Emittenten „eine knappe Zusammenfassung der gemäß der Verordnung (EU) Nr. 596/2014 (Marktmissbrauchsverordnung) in den 12 Monaten vor der Billigung des Prospekts offengelegten relevanten Informationen" aufzunehmen.

4 Für die einzelnen inhaltlichen Anforderungen von Anhang 8 VO (EU) 2019/980 wird auf die dortige Kommentierung verwiesen (→ Anh. 8 Rn. 1 ff.).

Art. 10 VO (EU) 2019/980
Registrierungsformular für forderungsbesicherte Wertpapiere („Asset backed securities/ABS")

Abweichend von den Artikeln 7 und 8 muss ein Registrierungsformular für forderungsbesicherte Wertpapiere die in Anhang 9 genannten Angaben enthalten.

(nicht kommentiert)

Art. 11 VO (EU) 2019/980
Registrierungsformular für Nichtdividendenwerte, die von Drittländern und deren regionalen und lokalen Gebietskörperschaften begeben werden

Abweichend von den Artikeln 7 und 8 muss ein Registrierungsformular für Nichtdividendenwerte, die von Drittländern oder deren regionalen oder lokalen Gebietskörperschaften begeben werden, die in Anhang 10 genannten Angaben enthalten.

Übersicht

	Rn.		Rn.
I. Einführung	1	a) Kein Opt-in für Mitgliedstaaten	16
II. Hintergrund der Vorschrift	3	b) Erfüllung von Markterwartungen als Argument für die Prospekterstellung	17
III. Anwendungsbereich	6		
1. Drittländer	7	c) Prospektpflicht aufgrund der angestrebten Zulassung zum Handel an einem regulierten Markt	18
2. Regionale und lokale Gebietskörperschaften von Drittländern	8		
3. Anwendbarkeit bei Staatsgarantien	10		
4. EU-Mitgliedstaaten	14	IV. Arten von Wertpapieren	19

I. Einführung

1 Art. 11 betrifft einen **Sonderfall der Prospekterstellung** für Emissionen von Drittländern und ihren regionalen und lokalen Gebietskörperschaften. Die Regelung behandelt lediglich die Anforderungen an die emittentenbezogenen Angaben, d.h. die Erstellung des Registrierungsformulars, und verweist hierfür auf Anhang 10. Abweichend von der alten Parallelregelung in Art. 19 Abs. 2 der früheren VO (EG) 809/2004, wonach ausdrücklich nicht nach der Art der zu begebenen Wertpapiere differenziert wurde, bezieht sich Art. 11 indes nur auf Nichtdividendenwerte. Freilich kann diese Wortlautänderung auch als klarstellende Korrektur eines vorherigen redaktionellen Versehens angesehen werden. Denn die in Frage stehenden Emittenten können typischerweise naturgemäß keine Dividendenwerte begeben; auch andere Instrumente wie Zertifikate, die Aktien vertreten, oder forderungsbesicherte Wertpapiere (Asset-backed Securities, „ABS") begeben diese Emittenten in der Praxis nicht, da deren Aufsetzung und Emission umfassende interne Prozesse und Risikomanagementfunktionen erfordern und sie daher nur von Banken bzw. – im Falle von ABS-Transaktionen – auch durch Unternehmen der Realwirtschaft begeben werden.[1] Zertifikate werden dabei in großer Zahl, aber kleinen Emissionsvolumina, ausgegeben und sprechen nur ausgewählte Investorenkreise an. Auch ABS werden aufgrund der hohen Komplexität nur an spezialisierte Investoren platziert. Staaten dagegen haben einen hohen

---

[1] Für Zertifikate statt vieler *Lemke*, in: Zerey, Finanzderivate, 5. Aufl. 2023, § 25 Rn. 13; *Eck*, in: Zerey, Finanzderivate, 5. Aufl. 2023, § 8 Rn. 1, 8 f., auch dazu, dass Emittenten für einen liquiden Sekundärmarkt sorgen müssen. Zur Strukturierung von Asset-backed Securities statt vieler *Rinne*, in: Ellenberger/Bunte, Bankrechts-Handbuch, § 95 Rn. 1 ff., 10 ff.; *Kaiser*, in: Eilers/Rödding/Schmalenbach, Unternehmensfinanzierung, Abschnitt E.III Rn. 83 ff. m.w.N.

Finanzierungsbedarf und begeben daher relativ einfach ausgestaltete Nichtdividendenwerte, mit denen sie eine maximale Anzahl von Investoren erreichen können, die bevorzugt die Schuldverschreibungen bis zur Endfälligkeit halten („Buy-and-hold").

Aus deutscher Sicht ist die Regelung als Nachfolgeregelung des § 42 BörsZulV anzusehen, der im Zuge des EU-Prospektrichtlinie-Umsetzungsgesetzes vom 22.6.2005[2] weggefallen war. Dort waren im Abschnitt „Prospektinhalt in Sonderfällen" die Anforderungen an einen Börsenzulassungsprospekt für die amtliche Notierung von Schuldverschreibungen von Staaten, Gebietskörperschaften und zwischenstaatlichen Einrichtungen statuiert. Der konkret geforderte Prospektinhalt für die Emissionen dieser Emittenten[3] hatte wie auch die Anforderungen des Anhangs 10 (früher Anhang XVI der VO (EG) 809/2004) den Anspruch, die Praxis der in der Vergangenheit gebilligten Prospekte zu reflektieren.[4]

II. Hintergrund der Vorschrift

Die Sondervorschrift in Art. 11 berücksichtigt das sich stark von anderen Emittenten unterscheidende „Geschäftsmodell" und die sehr spezielle organisationsrechtliche Struktur der hiervon erfassten Emittenten. Die in Anhang 6 bzw. 7 geforderten Angaben lassen sich zu einem erheblichen Teil für Staatsemittenten nicht sinnvoll subsumieren. Zudem kann die emittentenbezogene Darstellung im Vergleich zu anderen Emittenten (wie Unternehmen oder Kreditinstitute) auf wesentliche Aspekte beschränkt werden, da kreditrelevante Informationen bereits nicht unerheblich öffentlich bekannt sind.

Die Vorgängerregelung in Art. 19 der früheren VO (EG) 809/2004 erfasste noch die EU-Mitgliedstaaten, obwohl die Prospektregeln an sich gemäß Art. 1 Abs. 2 lit. b RL 2003/71/EG nicht auf diese anwendbar waren (dazu → Rn. 14 ff.). Diese Ausnahmevorschrift wurde in Art. 1 Abs. 2 lit. b ProspektVO aufrechterhalten. Zudem führt der Gesetzgeber in den Erwägungsgründen aus, dass die Prospektanforderungen nicht auf Mitgliedstaaten anwendbar sein sollten,[5] und schließt die Möglichkeit eines freiwilligen Opt-in entgegen der früheren Rechtslage aus (vgl. Art. 4 ProspektVO). Die Streichung der Mitgliedstaaten aus dem Anwendungsbereich des neuen Art. 11 war daher erforderlich geworden und stellt letztlich eine Fortentwicklung bisheriger Überlegungen dar.

Bei der Herausnahme von EU-Mitgliedstaaten aus der Prospektpflicht hat man es indes belassen. Als Argument hierfür wird oftmals angeführt, dass die EU-Mitgliedstaaten über überdurchschnittliche Kreditratings verfügen, sodass die Information der pozentiellen Anleger über einen Prospekt weniger relevant erscheint.[6] Tatsächlich finden sich indes auch außerhalb der EU zahlreiche Staaten mit exzellenter Bonität, über die zudem bereits mannigfaltige Informationen über die Kreditwürdigkeit in der Öffentlichkeit breit zugänglich sind. Allerdings hat sich in der Vergangenheit gezeigt, dass es auch bei Staaten

---
2 BGBl. I 2005, S. 1716.
3 Dazu im Einzelnen: *Breuer*, in: Holzborn, WpPG, Anhang XVI ProspektVO Rn. 5.
4 Vgl. CESR, Advice on Level 2 implementing measures for the Prospectus Directive, Ref: CESR/03-399 von Dezember 2003, III.2 Tz. 42 und Annex B; dazu auch Begr. RegE BörsZulV, BR-Drucks. 72/87, S. 67, 84.
5 Erwägungsgrund 9 ProspektVO.
6 Kritisch *Groß*, Kapitalmarktrecht, § 37 BörsG Rn. 1; *Heidelbach*, in: Schwark/Zimmer, KMRK, § 37 BörsG Rn. 1; *Trapp*, in: Habersack/Mülbert/Schlitt, Unternehmensfinanzierung, § 37 Rn. 23.

zu Zahlungsschwierigkeiten kommen kann (u. a. Argentinien, Griechenland oder siehe auch die EU-Finanzmarktkrise) und demnach die Anleger grundsätzlich ein Informationsbedürfnis besitzen.[7] Es ist daher sinnvoll, auch für Staatsemittenten Anforderungen an die Prospektgestaltung zu statuieren. Dies auf Drittländer zu beschränken, lässt sich damit begründen, dass das europäische Anlegerpublikum aufgrund der geographischen Nähe sowie der politischen und wirtschaftlichen Verbindungen innerhalb des europäischen Binnenmarkts mit kreditrelevanten Informationen über die EU-Mitgliedstaaten wahrscheinlicher und vermutlich auch besser vertraut ist und mithin nicht zwingend über einen Prospekt informiert werden muss. Dagegen spricht aber, dass auch EU-Mitgliedstaaten nicht vor Zahlungsschwierigkeiten gefeit sind und daher Verluste für Schuldverschreibungsgläubiger drohen können. Die EU ist offenbar der Ansicht, dass diesem Risiko nicht mit Informationen in Prospekten gegenübergetreten werden muss.

III. Anwendungsbereich

6 In der Vorgängerregelung Art. 19 VO (EG) 809/2004 galten die besonderen Prospektanforderungen zwar noch für einen weiteren Anwendungsbereich wie auch für die EU-Mitgliedstaaten. **Praktische Relevanz** erhielt die Vorschrift aber ohnehin lediglich in Bezug auf die Emissionen von Drittländern und deren Gebietskörperschaften.

1. Drittländer

7 Art. 19 VO (EG) 809/2004 sprach noch von „Drittstaaten", worin allerdings nur eine terminologische Anpassung an die Formulierung in Art. 2 lit. m Ziffer iii ProspektVO zu erblicken ist. Es sind mithin die gleichen Staaten adressiert. Als Drittländer gelten somit alle solche Staaten, die nicht Mitgliedstaaten der EU oder des EWR sind.[8] Der Begriff ist in der ProspektVO nicht explizit definiert. In Art. 2 lit. m Ziffer iii ProspektVO wird der Begriff allerdings verwendet. Danach können in Drittländern ansässige Emittenten, die nicht unter die dort zuvor genannten Bestimmungen fallen und daher über keinen Sitz in einem Mitgliedstaat verfügen, den Herkunftsmitgliedstaat wählen. Der Terminus „Mitgliedstaat" umfasst nach der Ergänzung der ProspektVO in den Anhang des EWR-Abkommens[9] auch die EWR-Mitgliedstaaten, namentlich Island, Liechtenstein und Norwegen. In Einzelfällen kann die Qualifizierung als Drittland jedoch schwierig sein; unstreitig gelten zum Beispiel überseeische Länder oder Hoheitsgebiete von EU-Mitgliedstaaten, wie Französisch-Polynesien, Grönland oder die niederländischen Antillen, als Drittländer, da die europäischen Verträge gemäß Art. 355 Abs. 2 i.V.m. Anhang II AEUV nicht auf

---

7 Vgl. dazu *Groß*, Kapitalmarktrecht, § 37 BörsG Rn. 1; *Heidelbach*, in: Schwark/Zimmer, KMRK, § 37 BörsG Rn. 1; *Trapp*, in: Habersack/Mülbert/Schlitt, Unternehmensfinanzierung, § 37 Rn. 23; kritisch auch *Gebhardt*, in: Schäfer/Hamann, Kapitalmarktgesetze, § 36 BörsG Rn. 2.
8 Statt vieler *Bauerschmidt*, in: Assmann/Schlitt/von Kopp-Colomb, Prospektrecht Kommentar, Art. 2 ProspektVO Rn. 111; *Grana*, CFL 2012, 283, 284.
9 Art. 1 Abs. 2 lit. a des Beschlusses des Gemeinsamen EWR-Ausschusses Nr. 84/2019 v. 29.3.2019 zur Änderung des Anhangs IX (Finanzdienstleistungen) des EWR-Abkommens, ABl. EU Nr. L 235 v. 12.9.2019, S. 5; dazu auch *Bauerschmidt*, in: Assmann/Schlitt/von Kopp-Colomb, Prospektrecht Kommentar, Art. 2 ProspektVO Rn. 111.

III. Anwendungsbereich **Art. 11 VO (EU) 2019/980**

diese räumlich anwendbar sind.[10] Mit dem Austritt des Vereinigten Königreichs aus der Europäischen Union (sog. Brexit)[11] ist dieses auch mit Ablauf des 31.12.2020 ein Drittland geworden. Für britische Hoheitsgebiete, wie die Britischen Jungferninseln, Bermuda oder die Kanalinseln, galt dies bereits vor dem Brexit, für die britische Kronkolonie Gibraltar indes erst seit dem Austrittsdatum am 31.12.2020.[12]

2. Regionale und lokale Gebietskörperschaften von Drittländern

Für die Anwendbarkeit des Art. 11 muss die in Frage stehende regionale oder lokale Gebietskörperschaft eines Drittlands hinreichende Selbstverwaltungsbefugnisse besitzen. Das kann zum Beispiel dadurch zum Ausdruck kommen, dass die Verwaltungseinheit einen eigenen, gesondert gewählten Verwaltungsaufbau, eigene Steuer-, Gesetzgebungs- und/oder Verordnungskompetenz besitzt. Zu den regionalen und lokalen Gebietskörperschaften würden daher in Deutschland auf Basis von Art. 28 GG insbesondere die Bundesländer gehören, aber auch die Kreise, Städte und Gemeinden.[13] 8

Der Grad der Selbstverwaltungsbefugnisse ist daher für jeden Einzelfall zu prüfen und differiert in den Drittländern stark. Darunter fallen zum Beispiel nicht territoriale Untergliederungen, die vergleichbar mit den französischen Departementen oder den niederländischen Waterschappen wären, da diese keine hinreichende föderalistische Selbständigkeit im Sinne der oben genannten Kompetenzen besitzen.[14] Sie sind lediglich geographische Untergliederungen des jeweiligen Nationalstaats zur Verwaltungsvereinfachung der jeweiligen zentralen Regierung. 9

3. Anwendbarkeit bei Staatsgarantien

Spätestens vor dem Hintergrund der Finanzkrise von 2008/2009 haben zahlreiche Staaten zur Ankurbelung des Kapitalmarkts direkt oder indirekt Staatsgarantien insbesondere an Kreditinstitute gewährt. Fraglich ist daher, ob Art. 11 auch solche Emissionen von Nichtdividendenwerten umfasst, die **von Drittländern oder ihren Gebietskörperschaften garantiert** worden sind. Der Wortlaut gibt hierfür an sich nur wenig her, da nur von „von Drittländern oder [...] ihren Gebietskörperschaften *begeben* worden" die Rede ist. Die 10

---

10 *Bauerschmidt*, in: Assmann/Schlitt/von Kopp-Colomb, Prospektrecht Kommentar, Art. 2 ProspektVO Rn. 111; vgl. *Schmalenbach*, in: Calliess/Ruffert, EUV/AEUV, Art. 355 AEUV Rn. 6; vgl. *Ritz*, in: Just/Voß/Ritz/Zeising, Wertpapierprospektrecht Art. 2 ProspektVO Rn. 335.
11 Art. 126 des Abkommens über den Austritt des Vereinigten Königreichs Großbritannien und Nordirland aus der Europäischen Union und der Europäischen Atomgemeinschaft, ABl. EU Nr. C 384 I v. 12.11.2019, S. 1.
12 Vgl. Art. 355 Abs. 3 AEUV, EuGH, Urt. v. 12.9.2006 – C-145/04 Rn. 19 (Spanien/Vereinigtes Königreich); dazu *Schmalenbach*, in: Calliess/Ruffert, EUV/AEUV, Art. 355 AEUV Rn. 9; *Bauerschmidt*, in: Assmann/Schlitt/von Kopp-Colomb, Prospektrecht Kommentar, Art. 2 ProspektVO Rn. 111.
13 *Bauerschmidt*, in: Assmann/Schlitt/von Kopp-Colomb, Prospektrecht Kommentar, Art. 1 ProspektVO Rn. 31; *R. Müller*, Kommentar zum WpPG, in: Das Deutsche Bundesrecht (III H 39), 2. Online-Auflage 2017, § 1 Rn. 4; vgl. z. B. für Hessen auch Art. 137 Abs. 1 und 2 der hessischen Verfassung zum selbständigen Verwaltungsrecht der Gemeinden und Gemeindeverbände.
14 Vgl. *Breuer*, in: Holzborn, WpPG, Anhang XVI ProspektVO Rn. 5.

„Begebung" einer Schuldverschreibung könnte daher womöglich nicht solche Garantien umfassen.

11 In Bezug auf Emissionen mit Garantien von EU-Mitgliedstaaten hatte die European Securities and Markets Authority (ESMA) sich noch zur alten Rechtslage dahingehend geäußert, dass die besonderen Anforderungen des Art. 19 i.V.m. Anhang XVI VO (EG) 809/2004 auch für derartig garantierte Emissionen gelten sollten.[15] Auch für den Fall, dass eine Emission von einem OECD-Staat von außerhalb der EU garantiert wurde, gab es unter altem Recht Erleichterungen bei der Prospektgestaltung nach Art. 20 i.V.m. Anhang XVII der früheren VO (EG) 809/2004. Auf dieser Basis ließ sich argumentieren, dass eine Privilegierung auch für Garantien von Drittstaaten gelten müsse. Wie dargestellt, ist der Anwendungsbereich des heutigen Art. 11 (vormals Art. 19 VO (EG) 809/2004) mit der ProspektVO indes mit der entfallenden Erfassung der EU-Mitgliedstaaten eingeschränkt und Art. 20 VO (EG) der früheren 809/2004 ersatzlos gestrichen worden. Unverändert blieb aber, dass ein Garant im Prospekt so dargestellt werden muss wie der Emittent der gleichen Art von Wertpapieren (vgl. Anhang 21 Abschnitt 3 VO (EU) 2019/980, vgl. zur früheren Rechtslage Anhang VI Ziff. 3 VO (EG) Nr. 809/2004). Zudem leitet sich – unabhängig davon, ob das Drittland oder die Gebietskörperschaft die Schuldverschreibungen direkt begibt oder sie garantiert – das Ausfallrisiko wesentlich von der Kreditwürdigkeit des Drittlandes ab, sodass sich die Investitionsentscheidung der Anleger in Bezug auf emittentenbezogene Informationen auf die Analyse des Drittlands fokussiert. Das Informationsbedürfnis des Anlegers ist demnach bei der Garantie gleich. Garantien von Drittländern oder ihren Gebietskörperschaften fallen demnach ebenso in den Anwendungsbereich des Art. 11.

12 Praktisch kann es bei garantierten Emissionen mitunter zu Schwierigkeiten bei der Beschaffung der Informationen über den Garanten kommen. Der Emittent könnte einerseits Schwierigkeiten haben, die entsprechenden Informationen über den garantierenden Staat zu erhalten, andererseits könnte man argumentieren, dass ohnehin bereits umfassende Informationen über einen Staat öffentlich verfügbar sind. Im Ergebnis besteht indes ein Informationsbedürfnis auch bei Staatsemittenten (siehe → Rn. 5). Außerdem mag ein Emittent staatlich garantierter Schuldverschreibungen im Einzelfall mit Blick auf die allgemeine Anforderung nach Art. 6 ProspektVO an die **Vollständigkeit des Prospektes** gehalten sein, Angaben über den (staatlichen) Garantiegeber aufzunehmen, wenn diese erforderlich sind, um eine informierte Anlageentscheidung zu ermöglichen.

13 Zu beachten sind in den Fällen von Garantien von Drittländern möglicherweise Regelungen vergleichbar zum EU-Beihilferecht nach Art. 107, 108 AEUV. Ähnliche Regelungen gibt es zum Beispiel in abgeschwächter Form von der Welthandelsorganisation (World Trade Organisation – WTO).[16] Allgemein gesprochen sind nach derartigen Regelungen zum Beispiel aus staatlichen Mitteln gewährte Beihilfen, die durch die Begünstigung bestimmter Unternehmen oder Produktionszweige den Wettbewerb verfälschen oder zu verfälschen drohen, grundsätzlich mit fairen Wettbewerbsbedingungen nicht zu vereinbaren.

---

15 ESMA, Questions and Answers – Prospectuses (25th Updated Version – July 2016), Frage 70, S. 57; CESR, Advice on Level 2 implementing measures for the Prospectus Directive, Ref. CESR/03-399 von Dezember 2003, III.2 Tz. 45.

16 Vgl. Art. VI General Agreement on Tariffs and Trades (GATT), zum Ganzen Tebano, in: Ales/Bell/Deinert/Robin-Olivier, International and European Labour Law, 2018, Art. 107 AEUV Rn. 3.

Im Prospekt wäre demnach gegebenenfalls darzustellen, dass etwaige finanzielle Unterstützungen nicht mit gesetzlichen Verboten von staatlichen Zuwendungen kollidieren.

4. EU-Mitgliedstaaten

Nach Art. 19 der früheren VO (EG) 809/2004 galten die besonderen Prospektanforderungen auch für EU-Mitgliedstaaten. EU-Mitgliedstaaten im Sinne des Art. 19 der früheren VO (EG) 809/2004 waren seit 1.7.2013 alle 28 europäischen Staaten, die den EU-Vertrag, zuletzt geändert durch den Vertrag von Lissabon in 2007, unterzeichnet haben und damit Mitglied der Europäischen Union sind. Mit dem Ausstieg des Vereinigten Königreichs zum 31.12.2020 (Brexit) sind es nunmehr nur noch 27 Mitgliedstaaten. Die vorherige Erstreckung auch auf Registrierungsformulare für Emissionen von Wertpapieren von Mitgliedstaaten war mit Blick auf den damals geltenden Art. 1 Abs. 2 lit. b RL 2003/71/EG an sich überraschend. Die Überlegung für die Einführung einer solchen Vorschrift war, dass es bei den einzelnen nationalen Umsetzungen der Richtlinie Unterschiede geben könnte, da die Mitgliedstaaten die vom Anwendungsbereich der Richtlinie ausgenommenen Tatbestände entweder als Ausnahmen zur Prospektpflicht national regeln oder eigenen nationalen Anforderungen unterstellen könnten.[17] Diese Befürchtung realisierte sich allerdings nicht, da die meisten Mitgliedstaaten die Emissionen von sich und anderen Mitgliedstaaten in ihren jeweiligen nationalen Umsetzungen vom Anwendungsbereich ausnahmen.[18] Mit der Regelung des Prospektrechts in einer unmittelbar in den Mitgliedstaaten geltenden EU-Verordnung ist diese Möglichkeit ohnehin obsolet geworden. Darüber hinaus haben die Mitgliedstaaten in ihrer Emissionspraxis auch von der Ausnahme in Art. 1 Abs. 2 lit. b RL 2003/71/EG soweit ersichtlich stets Gebrauch gemacht[19] und nicht etwa freiwillig einen Prospekt nach der ProspektRL bzw. der früheren VO (EG) 809/2004 erstellt, sodass die Regelungen zum Prospektinhalt auch praktisch nicht relevant wurden.[20] Nachdem die Ausnahme vom Anwendungsbereich für Mitgliedstaaten in Art. 1 Abs. 2 lit. b ProspektVO ebenfalls unverändert beibehalten wurde,[21] ist die Anpassung des Anwendungsbereichs des Art. 11 VO (EU) 2019/980 daher nur konsequente Folge. 14

Dieses Ergebnis folgt darüber hinaus zudem auch dahingehenden Überlegungen, dass bei Emissionen von Mitgliedstaaten kein Informationsbedürfnis bei den Anlegern besteht. Das Committee of European Securities Regulators (CESR) – als Vorgänger der ESMA – zum Beispiel hatte bereits unter früherer Rechtslage mit Blick auf die hohe Kreditwürdigkeit der EU-Mitgliedstaaten geäußert, dass die Information des Anlegerpublikums bei diesen Emittenten nicht erforderlich erscheine oder zumindest auf bestimmte administra- 15

---

17 Begr. RegE EU-Prospektrichtlinie-Umsetzungsgesetz, BT-Drucks. 15/4999, S. 27; dazu *Breuer*, in: Holzborn, WpPG, Anhang XVI ProspektVO Rn. 4; *Kunold/Schlitt*, BB 2004, 501, 503; *Grana*, WM 2014, 1069, 1072; *Crüwell*, AG 2003, 243, 245.
18 So z.B. das Vereinigte Königreich, die Niederlande, die Republik Irland, Luxemburg, differenzierend in Österreich und umfassend in Deutschland in § 1 Abs. 2 Nr. 2 WpPG a. F.
19 So auch schon zur alten Rechtslage die Einschätzung von *Grana*, WM 2014, 1069, 1072; vgl. auch die Nachweise in Fn. 25.
20 Für den Fall der Garantie durch einen Mitgliedstaat sah bereits Art. 8 Abs. 3a Richtlinie 2010/73/EU vor, dass keine Beschreibung des Garanten erforderlich sei.
21 Vgl. dazu Erwägungsgrund 9 ProspektVO.

tive Angaben beschränkt werden könne.[22] Mit der Einführung des Art. 8 Abs. 3a RL 2003/71/EG durch die ÄnderungsRL zur ProspektRL zum 1.7.2012 waren auch schon keine Angaben zu EU-Mitgliedstaaten als Garantiegeber zu liefern.[23] Die erfolgte Neugestaltung des Art. 11 führt demnach die einzelnen Überlegungsstränge zusammen.

a) Kein Opt-in für Mitgliedstaaten

16 Nach Art. 1 Abs. 3 RL 2003/71/EG war ein freiwilliges Opt-in in den Anwendungsbereich der RL 2003/71/EG zumindest zulässig. Art. 4 ProspektVO eröffnet diese Möglichkeit der freiwilligen Prospekterstellung zwar grundsätzlich ebenso, limitiert dies aber auf bestimmte in Art. 1 und 3 ProspektVO genannte Ausnahmetatbestände, nicht aber auf Art. 1 Abs. 2 ProspektVO, wo die Nichtanwendbarkeit der ProspektVO auf Mitgliedstaaten geregelt ist. In Erwägungsgrund 9 der ProspektVO heißt es dementsprechend auch, dass die Regelungen „nicht auf Mitgliedstaaten anwendbar sein sollten". Man hat sich demnach bewusst dafür entschieden, dass Mitgliedstaaten – entsprechend der bisherigen Emissionspraxis – keinen Prospekt nach der ProspektVO erstellen.

b) Erfüllung von Markterwartungen als Argument für die Prospekterstellung

17 Eventuell vorhandene Markterwartungen an die Dokumentation können mit Vertriebsdokumenten in der vor Geltung der RL 2003/71/EG für Prospekte verwendeten Form befriedigt werden.[24] Mitgliedstaaten erstellen, wenn überhaupt, als **reine Vertriebsmaterialien** Dokumente, die deutlich kürzer und ausdrücklich nicht im Einklang mit den Anforderungen der ProspektVO stehen (sog. Information Memorandum, Offering Circular oder Simplified (Base) Prospectus).[25] Dabei erscheint die Bezeichnung solcher Dokumente als „Prospekt" irreführend und steht auch nicht mit der Verwaltungspraxis der ESMA in Einklang.[26] Diese Dokumente enthalten typischerweise durchaus emittentenbezogene Anga-

---

22 CESR, Advice on Level 2 implementing measures for the Prospectus Directive, Ref. CESR/03-399 von Dezember 2003, III.2 Tz. 41.
23 Vgl. auch so noch Art. 47 Abs. 2 Luxemburger Prospektgesetz.
24 An den bereits vorhandenen Prospekten hatte man sich auch schon im Rahmen der Beratungen zu Anhang XVI der VO (EG) Nr. 809/2004 orientiert, vgl. CESR, Advice on Level 2 implementing measures for the Prospectus Directive, Ref: CESR/03-399 von Dezember 2003, III.2 Tz. 41–42.
25 Zum Beispiel die jeweiligen Prospekte der folgenden Emittenten: 80.000.000.000 USD Programme for the Issuance of Debt Instruments der Republik Italien vom 11.12.2013; unlimitiertes Global Medium Term Note Programme der Republik Lettland vom 7.6.2013; 50.000.000.000 EUR Euro Medium Term Note Programme der Republik Polen vom 26.2.2014; 2.000.000.000 USD 5,25% Schuldverschreibungen fällig in 2024 von der Republik Slowenien vom 13.2.2014; 9.000.000.000 EUR Medium Term Note Programme der Republik Zypern vom 17.6.2011. Die Bundesrepublik Deutschland stellt für ihre Schuldverschreibungen lediglich die Emissionsbedingungen auf der Website der Bundesrepublik Deutschland – Finanzagentur GmbH zur Verfügung, abrufbar unter www.deutsche-finanzagentur.de (Stand 30.9.2023). Soweit ersichtlich wurden in der Vergangenheit nur in Bezug auf US-Dollar-Emissionen jeweils kurze Informationsmemoranden erstellt, die aber beide keine emittentenbezogenen Darstellungen enthielten, vgl. Information Memorandum zu den 5.000.000.000 USD 3,875% Schuldverschreibungen fällig in 2010 vom 27.5.2005 und zu den 4.000.000.000 USD 1,50% Schuldverschreibungen fällig in 2012 vom 16.9.2009.
26 Siehe auch die Empfehlung der ESMA, Questions and Answers on the Prospectus Regulation, ESMA/2019/ESMA31-62-1258 (Version 12, last updated on 3 February 2023), Frage 14.2, S. 62,

ben wie Informationen zu den politischen Verhältnissen und internationalen Beziehungen, Schwerpunktindustrien, Arbeitsmarkt, Öffentlicher Haushalt, Handelsbilanz, Finanzsystem, Steuerregelungen sowie eine Beschreibung der Emissionsbedingungen und Aussagen zu Verkaufsbeschränkungen, Besteuerungsregelungen und sonstige allgemeine Bestimmungen (sog. Boilerplate Language).[27] Zum Teil enthalten solche Offering Circulars aber auch nahezu keine emittentenbezogenen Angaben, sondern beschränken sich neben den auf die Wertpapiere bezogenen Aussagen auf die Darstellung zum Beispiel der Haushaltssituation und der neuesten wirtschaftlichen Entwicklungen.[28]

c) Prospektpflicht aufgrund der angestrebten Zulassung zum Handel an einem regulierten Markt

Anleiheemissionen von Mitgliedstaaten sehen in der Regel auch eine Zulassung zum Handel an einem geregelten Markt vor. In Deutschland besteht gemäß § 32 Abs. 3 Nr. 2 BörsG für die **Zulassung** von Wertpapieren zum regulierten Markt, für die nach Art. 1 Abs. 2 ProspektVO kein Prospekt veröffentlicht werden muss, keine Prospektpflicht. Zudem sind Schuldverschreibungen des Bundes, seiner Sondervermögen und seiner Bundesländer sowie von EU-/EWR-Mitgliedstaaten nach § 37 BörsG kraft Gesetzes an jeder inländischen Börse zum Handel im regulierten Markt zugelassen. Auch die gewünschte Börsenzulassung würde damit keine Pflicht zur Erstellung eines Prospekts nach den Anforderungen der ProspektVO begründen.

IV. Arten von Wertpapieren

Die Anwendbarkeit von Art. 11 ist auf von den fraglichen Staaten begebene Nichtdividendenwerte beschränkt. Die Vorgängerregelung in Art. 19 Abs. 2 der früheren VO (EG) 809/2004 hatte dagegen ausdrücklich vorgesehen, dass nicht nach der Art der emittierten Wertpapiere differenziert werde und sich daher die Anforderungen an das Registrierungsformular immer nach Anhang XVI VO (EG) 809/2004 richten sollten. Die Neuregelung erscheint daher prima facie zwar als eine Einschränkung des Anwendungsbereichs gegenüber der alten Rechtslage. Sie lässt sich aber auch als eine Klarstellung des in der Praxis verwendeten Instrumentenuniversums der relevanten Emittenten begreifen. Ohnehin begeben diese in der Regel lediglich (großvolumige) einfach strukturierte Schuldverschreibungen (plain vanilla) und aus der Natur der Sache insbesondere keine Aktien (vgl. Anhang 1), aber auch keine aktienvertretenden Zertifikate (Anhang 5) oder Asset-backed-Securities (vgl. Anhang 9) o.Ä. Eine Differenzierung wäre daher eher künstlich.

---

wonach der Begriff „Prospectus" nicht für Dokumente verwendet werden soll, die nicht im Einklang mit der ProspektVO erstellt worden sind. Der Begriff wird jedoch gleichwohl der Einfachheit halber mitunter auch für diese Dokumente benutzt.

27 Vgl. z.B. Prospekt zu 2.000.000.000 USD 5,25% Schuldverschreibungen fällig in 2024 von der Republik Slowenien vom 13.2.2014; 9.000.000.000 EUR Medium Term Note Programme der Republik Zypern vom 17.6.2011.

28 So die Prospekte zu den folgenden Programmen: 80.000.000.000 USD Programme for the Issuance of Debt Instruments der Republik Italien vom 11.12.2013; 50.000.000.000 EUR Euro Medium Term Note Programme der Republik Polen vom 26.2.2014; unlimitiertes Global Medium Term Note Programme der Republik Lettland vom 7.6.2013.

Abschnitt 2
Mindestangaben in der Wertpapierbeschreibung

Art. 12 VO (EU) 2019/980
Wertpapierbeschreibung für Dividendenwerte oder von Organismen für gemeinsame Anlagen des geschlossenen Typs ausgegebene Anteilsscheine

Bei Dividendenwerten oder von Organismen für gemeinsame Anlagen des geschlossenen Typs ausgegebenen Anteilsscheinen muss die Wertpapierbeschreibung die in Anhang 11 genannten Angaben enthalten, es sei denn, sie wird gemäß den Artikeln 14 oder 15 der Verordnung (EU) 2017/1129 erstellt.

Übersicht

	Rn.		Rn.
I. Regelungsgegenstand	1	3. Schuldtitel	4
II. Erfasste Wertpapiere	2	4. Anteile an Organismen für gemeinsame Anlagen	5
1. Aktien	2		
2. Gleichzustellende Wertpapiere	3	III. Ausnahme	6

I. Regelungsgegenstand

1 Art. 12 VO (EU) 2019/980 legt fest, dass die Wertpapierbeschreibung für Dividendenwerte oder von Organismen für gemeinsame Anlagen des geschlossenen Typs ausgegebene Anteilsscheine die in Anhang 11 festgelegten Angaben enthalten muss. Dividendenwerte sind Aktien und Wandel- und Optionsanleihen, wenn sie vom Aktienemittenten selbst oder einem seiner Konzernunternehmen begeben werden (Art. 2 lit. b ProspektVO).[1]

II. Erfasste Wertpapiere

1. Aktien

2 Der Begriff **Dividendenwerte** umfasst zunächst Aktien jeder Gattung, da Angaben gefordert werden, die die mit den Wertpapieren einhergehenden Rechte und das Verfahren für die Ausübung dieser Rechte betreffen (vgl. Art. 2 lit. b ProspektVO).

2. Gleichzustellende Wertpapiere

3 **Aktien gleichzustellende Wertpapiere** sind neben **ausländischen Wertpapieren**, die wie Aktien ausgestaltet sind, **Wandelschuldverschreibungen auf eigene Aktien** und

---

1 *Groß*, Kapitalmarktrecht, Art. 2 ProspektVO Rn. 3.

Genussscheine, die nicht schuldverschreibungsähnlich ausgestaltet sind. Aktienvertretende Zertifikate (sogenannte Depository Receipts) fallen hingegen nicht unter Anhang 11 VO (EU) 2019/980, sondern unter Anhang 5 VO (EU) 2019/980.[2] Ob entsprechende Wertpapiere aktien- oder schuldverschreibungsähnlich ausgestaltet sind, ist anhand einer Würdigung der Ausgestaltung im Einzelfall zu entscheiden. Kriterien können dabei die Art der Erfolgsbeteiligung, die Rückzahlungsmodalitäten, die Dauer der Kapitalüberlassung sowie der Rang im Insolvenzfall sein.[3] Voraussetzung für Aktien gleichzustellende Wertpapiere ist, dass sie vom Emittenten der zugrunde liegenden Aktien oder von einer zur Unternehmensgruppe dieses Emittenten gehörenden Einrichtung begeben wurden (vgl. Art. 2 lib. b ProspektVO).

3. Schuldtitel

Für **Aktien mit Optionsscheinen**, die zum Erwerb von nicht zum Handel an einem geregelten Markt zugelassenen Aktien des Emittenten oder eines dazugehörigen Konzernunternehmen berechtigen, muss die Wertpapierbeschreibung ebenfalls die in Anhang 11 VO (EU) 2019/980 genannten Angaben enthalten.[4] Der Anwendungsbereich dieser Vorschrift ist beschränkt, da die zu beziehenden Aktien in der Regel börsennotiert sein dürften.

4

4. Anteile an Organismen für gemeinsame Anlagen

Neben Dividendenwerten ist Art. 12 VO (EU) 2019/980 auch auf von Organismen für gemeinsame Anlagen des geschlossenen Typs ausgegebene Anteilsscheine anwendbar. Bei Organismen für gemeinsame Anlagen handelt es sich um Investmentfonds und Investmentgesellschaften (vgl. Art. 2 lit. p und q ProspektVO). Da die ProspektVO nicht auf Anteilsscheine anwendbar ist, die von Organismen für gemeinsame Anlagen eines anderen als des geschlossenen Typs ausgegeben werden (vgl. Art. 1 Abs. 2 lit. a ProspektVO), findet auch Art. 12 VO (EU) 2019/980 nur auf solche des geschlossenen Typs, also geschlossene Investmentfonds, Anwendung.

5

III. Ausnahme

Anhang 11 VO (EU) 2019/980 ist nicht anzuwenden, wenn die Wertpapierbeschreibung gemäß den Art. 14 oder 15 der ProspektVO erstellt wird. Dies betrifft Sekundäremissionen (siehe hierzu die Kommentierung zu → Art. 14 PropspektVO Rn. 1, 11) und die Veröffentlichung eines EU-Wachstumsprospekts (siehe hierzu die Kommentierung zu → Art. 15 PropspektVO Rn. 10 ff.).

6

Der Verordnungsgeber begründet dies damit, dass bei Wertpapieren, die zum Handel an einem geregelten Markt zugelassen sind, bereits Informationen über den Emittenten der (zu beziehenden) Aktien erhältlich sind. Bei Sekundäremissionen ist deshalb ein verein-

7

---

2 *Groß*, Kapitalmarktrecht, Art. 2 ProspektVO Rn. 3.
3 Vgl. *Rauch*, in: Holzborn, WpPG, Art. 6 ProspektVO Rn. 3 f.
4 So die bis zum 21.7.2020 geltenden ESMA, Questions and Answers – Prospectuses, ESMA31-62-780 (Version 30, last updated on 8 April 2019), Frage 28.

fachter Prospekt ausreichend.[5] Dasselbe gilt für Wertpapiere, die an KMU-Wachstumsmärkten gehandelt werden und den dortigen Vorschriften zur laufenden Offenlegung unterliegen.[6]

---

5 Vgl. Erwägungsgrund 48 ProspektVO.
6 Vgl. Erwägungsgrund 49 ProspektVO.

Art. 13 VO (EU) 2019/980
Wertpapierbeschreibung für Sekundäremissionen von Dividendenwerten oder Anteilsscheinen, die von Organismen für gemeinsame Anlagen des geschlossenen Typs ausgegeben werden

(1) Eine gemäß Artikel 14 der Verordnung (EU) 2017/1129 erstellte spezielle Wertpapierbeschreibung für Dividendenwerte oder von Organismen für gemeinsame Anlagen des geschlossenen Typs ausgegebene Anteilsscheine muss die in Anhang 12 der vorliegenden Verordnung genannten Angaben enthalten.

(2) Abweichend von Absatz 1 muss die spezielle Wertpapierbeschreibung für die in Artikel 19 Absätze 1 und 2 und Artikel 20 Absätze 1 und 2 genannten Wertpapiere, sofern es sich dabei nicht um Aktien oder andere übertragbare, aktienähnliche Wertpapiere handelt, gemäß Artikel 17 erstellt werden.

Siehe Kommentierung zu Art. 14 ProspektVO.

Art. 14 VO (EU) 2019/980
Wertpapierbeschreibung für Zertifikate, die Aktien vertreten

Bei Zertifikaten, die Aktien vertreten, muss die Wertpapierbeschreibung die in Anhang 13 genannten Angaben enthalten.

Siehe hierzu die vorstehenden Ausführungen zu Art. 6 der VO (EU) 2019/980 sowie die Kommentierung zu Anhang 13.

Art. 15 VO (EU) 2019/980
Wertpapierbeschreibung für Nichtdividendenwerte für Kleinanleger

Bei den nicht in Artikel 8 Absatz 2 genannten Nichtdividendenwerten muss die Wertpapierbeschreibung die in Anhang 14 der vorliegenden Verordnung genannten Angaben enthalten, es sei denn, es wird gemäß den Artikeln 14 oder 15 der Verordnung (EU) 2017/1129 eine spezielle Wertpapierbeschreibung erstellt.

Art. 15 der VO (EU) 2019/980 stellt fest, dass die Wertpapierbeschreibung für Nichtdividendenwerte für Kleinanleger (also mit einer Stückelung oder Mindestanlagesumme von weniger als 100.000 EUR) nach dem Schema in Anhang 14 der VO (EU) 2019/980 zu erstellen ist. Wie bereits bei der Kommentierung von Art. 7 der VO (EU) 2019/980 ausgeführt, wird im Hinblick auf die Bestimmung des Begriffs Nichtdividendenwerte auf die Definition in Art. 2 lit. c der ProspektVO verwiesen. Nichtdividendenwerte sind demnach alle Wertpapiere, die keine Dividendenwerte im Sinne von Art. 2 lit. b der ProspektVO sind (→ Art. 7 ProspektVO Rn. 1). Die Abgrenzung zu den Dividendenwerten kann insbesondere bei Genussscheinen relevant werden (→ Art. 7 VO 2019/980 Rn. 2).[1] 1

Art. 15 der VO (EU) 2019/980 eröffnet den Anwendungsbereich von Anhang 14 der VO (EU) 2019/980 für alle Nichtdividendenwerte. Die Aufteilung zwischen Schuldtiteln, bei denen der Emittent – zusätzlich zu etwaigen Zinszahlungen – jedenfalls verpflichtet ist, dem Anleger den Nominalwert vollständig (zurück)zuzahlen und solchen, bei denen der Rückzahlungsbetrag von der Wertentwicklung eines Basiswerts abhängt und daher nicht zwingend 100 % des eingesetzten Kapitals bzw. des Nennwerts ist, wurde allerdings aufgegeben. Die aus der VO (EG) 809/2004 bekannte Trennung zwischen den Anhängen V und XII ist nicht länger vorgesehen. Erfasst sind damit, wenn man deutsche zivilrechtliche Kriterien anlegt, vornehmlich Inhaberschuldverschreibungen nach §§ 793 ff. BGB, nach denen auch die Mehrzahl der strukturierten Produkte (Zertifikate) ausgestaltet ist. Ausweislich Erwägungsgrund 12 der VO (EU) 2019/980 hat der Verordnungsgeber aber den erhöhten Informationsbedarf im Falle von basiswertbezogenen Wertpapieren berücksichtigt und trägt ihm durch die in Anhang 14 geforderten Informationen Rechnung. 2

Unterschieden wird jedoch zwischen den in Art. 8 Abs. 2 der VO (EU) 2019/980 genannten Nichtdividendenwerten und den sonstigen. Bei den in Art. 8 Abs. 2 der VO (EU) 2019/980 genannten Nichtdividendenwerten handelt es sich um solche, die ausschließlich an einem geregelten Markt oder in einem bestimmten Segment eines solchen gehandelt werden, zu dem nur qualifizierte Anleger Zugang erhalten oder die eine Mindeststückelung oder einen Mindestanlagebetrag von 100.000 EUR verlangen. Die Unterscheidung zwischen Nichtdividendenwerten, die einen Mindesteinsatz von 100.000 EUR erfordern, und solchen, die mit geringerem Kapitaleinsatz erworben werden können, ist indessen schon von den Vorgängervorschriften bekannt. Die Aufnahme der Ausnahme für den Handel an spezialisierten Handelsplätzen, zu denen nur qualifizierte Anleger Zugang ha- 3

---

[1] Vgl. dazu im Einzelnen auch *Bauerschmidt*, in: Assmann/Schlitt/von Kopp-Colomb, Prospektrecht Kommentar, Art. 2 ProspektVO Rn. 27; *Schlitt*, in: Habersack/Mülbert/Schlitt, Kapitalmarktinformation, § 3 Rn. 25.

ben, ist eine konsequente Weiterentwicklung des ursprünglichen Rechtsgedankens, dass qualifizierte Investoren ein anderes Informationsbedürfnis haben.[2] Ferner ist auch in der ProspektVO erstmals die Rede von Börsensegmenten, die ausschließlich qualifizierten Anlegern zugänglich sind. Folgerichtig sind die Anforderungen für die Offenlegung im Hinblick auf solche Nichtdividendenwerte für „Großkunden" geringer als für Kleinanleger.

4 Eine weitere Ausnahme betrifft Sekundäremissionen gemäß Art. 14 der ProspektVO und Nichtdividendenwerte, für die ein sogenannter EU-Wachstumsprospekt nach Art. 15 der ProspektVO veröffentlich wurde. Beide Fallgruppen tragen dem Wunsch zum erleichterten Kapitalmarktzugang Rechnung, der einer der Grundgedanken der Kapitalmarktunion ist.[3] Dem Investorenschutz ist im Falle von Sekundäremissionen dadurch Genüge getan, dass über den Emittenten die gemäß Transparenzrecht notwendigen Informationen öffentlich verfügbar sind.[4] Im Hinblick auf den Wachstumsprospekt ist die vom „Standardprospekt" abweichende Informationsdichte einer gesetzgeberischen Wertentscheidung geschuldet. Der Verordnungsgeber geht davon aus, dass der Aufwand für die Erstellung eines Wertpapierprospekts gemäß Art. 13 der ProspektVO in einem ungünstigen Verhältnis zum Nutzen einer vergleichsweise kleinen Emission steht. Aus Sicht des Verordnungsgebers ist daher lediglich eine „verhältnismäßige Offenlegung" erforderlich.[5] In Anbetracht der – zumindest im deutschen Markt – in den letzten Jahren gesunkenen Kosten für die Erstellung eines Wertpapierprospekts und der Möglichkeit, im „Normalprospekt" unter Umständen granularer auf die Situation der Emittentin einzugehen und so auch Argumente für die Abwehr einer möglichen Prospekthaftungsklage besser im Prospekt anlegen zu können, erscheint es fraglich, ob der Wachstumsprospekt in seiner jetzigen Form die an ihn gerichteten hohen Erwartungen in Mitgliedstaaten mit einem erfahrenen Kapitalmarktumfeld und dementsprechend effizienter Prospekterstellung erfüllen kann.[6]

5 Bei derivativen, also an einen Basiswert gekoppelten Nichtdividendenwerten, die zur Zeichnung oder zum Erwerb von Aktien berechtigen können, sieht Art. 20 der VO (EU) 2019/980 vor, dass zusätzliche Informationen beizubringen sind, die in Anhang 17 ausgeführt werden. Der Verordnungsgeber hat sich mithin zu einem modularen System entschlossen, das die Flexibilität eröffnet, weitergehende Informationspflichten zu statuieren, wenn ein besonderes Bedürfnis hierfür vorliegt. Dies wird insbesondere durch die abgestufte Informationsdichte deutlich, welche durch die Unterscheidung in den Abs. 1 und 2 von Art. 20 der VO (EU) 2019/980 zwischen Erwerb von Aktien mit und ohne Handelszulassung vorgenommen wird. Diese Unterscheidung ist gleichwohl nicht neu, sondern aus der Prospektverordnung in alter Fassung bekannt. Zu weiteren Einzelheiten wird auf die Kommentierung von Art. 20 VO (EU) 2019/980 verwiesen.

---

2 Vgl. Erwägungsgrund 7 der VO 2019/980; auch schon Erwägungsgrund 14 der VO (EG) 809/2004, der allerdings (fälschlicherweise) noch von einem Schwellenwert von 50.000 EUR ausgeht; und inhaltlich unverändert, jedoch zur VO (EG) 809/2004 *Glismann*, in: Holzborn, WpPG, Anhang IV ProspektVO Rn. 1.
3 Vgl. Erwägungsgrund 1 zur ProspektVO.
4 Vgl. *Groß*, in: Ebenroth/Boujong/Joost/Strohn, HGB, Art. 14 ProspektVO Rn. 1 f., und *Schlitt*, in: Habersack/Mülbert/Schlitt, Kapitalmarktinformation, § 3 Rn. 36.
5 Vgl. Erwägungsgrund 51 der ProspektVO.
6 Ausweislich des ESMA, Prospectus Activity Reports 2020, Kapitel 4, Rn 32, wurden in der gesamten EU im Jahr 2020 339 Wachstumsprospekte und Prospekte für Sekundärmarktemissionen gebilligt, was einem Anteil von etwa 13 % entspricht.

Wertpapierbeschreibung für Nichtdividendenwerte für Kleinanleger Art. 15 VO (EU) 2019/980

Das modulare System wendet der Verordnungsgeber auch in Art. 19 der VO (EU) 2019/980 an, der sich mit Wandel- und Umtauschanleihen befasst und auch zwischen Aktien mit und ohne Handelszulassung unterscheidet. 6

Für die einzelnen inhaltlichen Anforderungen von Anhang 14 der VO (EU) 2019/980 wird auf die dortige Kommentierung verwiesen (→ Anhang 14 Rn. 1 ff.). 7

Art. 16 VO (EU) 2019/980
Wertpapierbeschreibung für Nichtdividendenwerte für Großanleger

Bei den in Artikel 8 Absatz 2 genannten Nichtdividendenwerten muss die Wertpapierbeschreibung die in Anhang 15 genannten Angaben enthalten, es sei denn, sie enthält die in Anhang 14 genannten Angaben oder es wird gemäß den Artikeln 14 oder 15 der Verordnung (EU) 2017/1129 eine spezielle Wertpapierbeschreibung erstellt.

1 Nach Art. 16 der VO (EU) 2019/980 richten sich die Mindestangaben bei der Wertpapierbeschreibung für Nichtdividendenwerte mit einer Mindeststückelung bzw. einem Mindestanlagebetrag von 100.000 EUR nach Anhang 15 der VO (EU) 2019/980. Der Anwendungsbereich entspricht grundsätzlich dem des Art. 15 der VO (EU) 2019/980 mit dem Unterschied, dass hier eine Mindeststückelung bzw. ein Mindestanlagebetrag von 100.000 EUR vorausgesetzt ist. Eingeschlossen sind also auch hier Zertifikate, bei denen der Rückzahlungsbetrag verschieden von 100% sein kann. Da nach Art. 1 Abs. 4 lit. c und d der ProspektVO für das öffentliche Angebot von Wertpapieren mit einer Mindeststückelung bzw. einem Mindestanlagebetrag von 100.000 EUR keine Pflicht zur Veröffentlichung eines Prospekts besteht, beschränkt sich der praktische Anwendungsbereich auf freiwillig erstellte Prospekte und solche für Nichtdividendenwerte, die zum Handel an einem organisierten Markt zugelassen werden.[1]

2 Unsicherheiten im Hinblick auf den Anwendungsbereich der Vorgängervorschrift hat der Verordnungsgeber durch die pauschale Bezugnahme auf Nichtdividendenwerte für Großanleger ausgeräumt.[2]

3 Der Verordnungsgeber legt fest, dass die Wertpapierbeschreibung für Nichtdividendenwerte grundsätzlich den in Anhang 15 aufgeführten Anforderungen genügen muss. Ausnahmen hiervon sind möglich, wenn der Emittent freiwillig die umfangreicheren Angaben gemäß Anhang 14, also die Angaben für Kleinanleger macht, oder ein Prospekt für Sekundäremissionen oder ein Wachstumsprospekt erstellt wird. Im Hinblick auf Prospekte für Sekundärmarkttransaktionen und Wachstumsprospekte kann auf die entsprechende Kommentierung zu Art. 15 VO (EU) 2019/980 verwiesen werden, da insofern kein Unterschied besteht (→ Art. 15 Rn. 1 ff.).

4 Die Wertpapierbeschreibung nach Art. 16 und Anhang 15 enthält weniger strenge Vorgaben als die Wertpapierbeschreibung nach Art. 15 und Anhang 14, da der Verordnungsgeber davon ausgeht, dass bei einer Stückelung von weniger als 100.000 EUR auch Privatanleger angesprochen werden, die in der Regel ein anderes Informationsbedürfnis ha-

---

[1] Vgl. *Seitz/Maier*, in: Assmann/Schlitt/von Kopp-Colomb, Prospektrecht Kommentar, Anhang 15 VO 2019/980 Rn. 6.
[2] Siehe *Wolf/Wink*, in: Berrar/Meyer/Müller et al., WpPG/EU-ProspektVO, 2. Aufl. 2017, Art. 16 Rn. 2.

ben als professionelle Investoren.³ So müssen zum Beispiel nicht die Gründe für das Angebot offengelegt werden oder Angaben zur Verwendung der Erträge gemacht werden.⁴

Für die einzelnen inhaltlichen Anforderungen von Anhang 15 VO (EU) 2019/980 wird auf die dortige Kommentierung verwiesen (→ Anhang 15 Rn. 1 ff.). 5

---

3 Vgl. Erwägungsgrund 7 der VO 2019/980; auch schon Erwägungsgrund 14 der VO (EG) 809/2004, der allerdings (fälschlicherweise) noch von einem Schwellenwert von 50.000 EUR ausgeht; und inhaltlich unverändert, jedoch zur VO (EG) 809/2004 *Glismann*, in: Holzborn, WpPG, Anhang IV ProspektVO Rn. 1.
4 Vgl. *Seitz/Maier*, in: Assmann/Schlitt/von Kopp-Colomb, Prospektrecht Kommentar, Anhang 15 VO 2019/980 Rn. 9, der noch weitere Beispiele aufführt.

Art. 17 VO (EU) 2019/980
Wertpapierbeschreibung für Sekundäremissionen von Nichtdividendenwerten

Eine gemäß Artikel 14 der Verordnung (EU) 2017/1129 erstellte spezielle Wertpapierbeschreibung für Nichtdividendenwerte muss die in Anhang 16 der vorliegenden Verordnung genannten Angaben enthalten.

1 Art. 17 der VO (EU) 2019/980 trägt dem Umstand Rechnung, dass das Instrument des Prospekts für Sekundäremissionen erst mit der novellierten Prospektverordnung eingeführt wurde. Folgerichtig gibt es in Anhang 16 eine Auflistung der Mindestanforderungen für die Wertpapierbeschreibung eines solchen Prospekts. Im Hinblick auf den Anwendungsbereich des Art. 17 gilt grundsätzlich das zu Art. 15 Gesagte mit der Einschränkung, dass es sich hier nur um Nichtdividendenwerte aus Sekundäremissionen handelt.

2 Im Hinblick auf die Nutzung einer nach Art. 17 der VO (EU) 2019/980 erstellten Wertpapierbeschreibung ist zu beachten, dass Art. 14 Abs. 1 der ProspektVO vorgibt, dass diese nur vom jeweiligen Emittenten für die Emission von Wertpapieren benutzt werden darf, die mit bereits mindestens während der letzten 18 Monate ununterbrochen an einem geregelten Markt oder KMU-Wachstumsmarkt zugelassenen Wertpapieren fungibel sind oder von Anbietern (die vom Emittenten verschieden sind), die Wertpapiere anbieten möchten, welche mindestens während der letzten 18 Monate ununterbrochen zum Handel an einem geregelten Markt oder an einem KMU-Wachstumsmarkt zugelassen waren. Diese Regelung bedeutet im Umkehrschluss, dass Emittenten, deren Aktien mindestens während der letzten 18 Monate vor der Emission ununterbrochen an einem geregelten Markt oder einem KMU-Wachstumsmarkt zugelassen waren, zwar ein vereinfachtes Registrierungsformular benutzen dürfen, aber eine Wertpapierbeschreibung nach Art. 15 bzw. Art. 16 der VO (EU) 2019/980 zu erstellen haben. Diese Wertentscheidung des Verordnungsgebers ist durchaus nachvollziehbar, denn in den Fällen, in denen es bereits fungible Wertpapiere gibt bzw. bereits börsennotierte Wertpapiere von einem Dritten angeboten werden sollen, ist davon auszugehen, dass es eine ausführliche Wertpapierbeschreibung im Prospekt zur ursprünglichen Emission gibt.[1] Es entsteht demnach kein Informationsnachteil für die Investoren, denn in keinem der beiden Fälle können die Bedingungen der Wertpapiere geändert werden.

3 Für die einzelnen inhaltlichen Anforderungen von Anhang 17 VO (EU) 2019/980 wird auf die dortige Kommentierung verwiesen.

---

1 Vgl. Erwägungsgründe 48 und 50 der ProspektVO.

Abschnitt 3
Im Prospekt zu liefernde zusätzliche Angaben

Art. 18 VO (EU) 2019/980
Komplexe finanztechnische Vorgeschichte und bedeutende finanzielle Verpflichtungen von Dividendenwertemittenten

(1) Hat der Emittent eines Dividendenwertes eine komplexe finanztechnische Vorgeschichte oder ist er eine bedeutende finanzielle Verpflichtung eingegangen, müssen im Prospekt zu einem anderen Unternehmen als dem Emittenten die in Absatz 2 genannten zusätzlichen Angaben geliefert werden.

(2) Zusätzliche Angaben zu einem anderen Unternehmen als dem Emittenten sind sämtliche in den Anhängen 1 und 20 genannte Angaben, die die Anleger für ein fundiertes Urteil im Sinne von Artikel 6 Absatz 1 und Artikel 14 Absatz 2 der Verordnung (EU) 2017/1129 benötigen, so als wäre der Dividendenwert von diesem Unternehmen begeben worden.

Diesen zusätzlichen Angaben muss eine Erläuterung vorausgehen, aus der klar hervorgeht, warum die Anleger die Angaben für ein fundiertes Urteil benötigen, und entnommen werden können, wie sich die komplexe finanztechnische Vorgeschichte oder die bedeutende finanzielle Verpflichtung auf den Emittenten oder die Geschäftstätigkeit des Emittenten auswirkt.

(3) Für die Zwecke des Absatzes 1 wird ein Emittent als Emittent mit komplexer finanztechnischer Vorgeschichte erachtet, wenn alle nachstehend genannten Bedingungen erfüllt sind:

a) zum Zeitpunkt der Prospekterstellung stellen die in den maßgeblichen Anhängen genannten Angaben das Unternehmen des Emittenten nicht zutreffend dar;

b) die unter Buchstabe a genannte unzutreffende Darstellung schränkt die Anleger in ihrer Fähigkeit ein, sich ein fundiertes Urteil im Sinne von Artikel 6 Absatz 1 und Artikel 14 Absatz 2 der Verordnung (EU) 2017/1129 zu bilden;

c) damit sich die Anleger ein fundiertes Urteil im Sinne von Artikel 6 Absatz 1 und Artikel 14 Absatz 2 der Verordnung (EU) 2017/1129 bilden können, sind zusätzliche Angaben zu einem anderen Unternehmen als dem Emittenten erforderlich.

(4) Für die Zwecke des Absatzes 1 ist eine bedeutende finanzielle Verpflichtung eine verbindliche Vereinbarung über eine Transaktion, die bei einem oder mehreren Indikatoren für den Umfang der Geschäftstätigkeiten des Emittenten voraussichtlich eine mehr als 25 %ige Schwankung bewirkt.

Übersicht

	Rn.		Rn.
I. Bedeutung und Regelungsgegenstand	1	4. Ermessen der Billigungsbehörde	18
1. Bedeutung und systematische Stellung sowie Hintergrund der Regelung	1	a) Kriterien	20
a) Regelungslücke in der ehemaligen VO (EG) 809/2004	1	aa) Art der Wertpapiere (Art. 36 Abs. 2 lit. a)	20
		bb) Vorhandensein weiterer Angaben (Art. 36 Abs. 2 lit. b)	21
b) Verhältnis zu Anhang 1 Punkt 18.4	5		
2. Regelungsgegenstand	6	cc) Wirtschaftlicher Charakter der Transaktion (Art. 36 Abs. 2 lit. c)	23
a) Komplexe finanztechnische Vorgeschichte (Abs. 3)	7		
b) Bedeutende finanzielle Verpflichtungen (Abs. 4)	9	dd) Aufwand für den Emittenten (Art. 36 Abs. 2 lit. d)	24
II. Rechtsfolgen des Art. 18	10	b) Ermessensmaßstab	25
1. Aufnahme von Angaben zu einem anderen Unternehmen als dem Emittenten	10	c) Prüfung im Einzelfall	26
2. Aufnahme von Finanzinformationen einer anderen Gesellschaft	14	5. Sog. kombinierte Finanzinformationen	27
3. Aufnahme von Pro-forma-Finanzinformationen	16		

I. Bedeutung und Regelungsgegenstand

1. Bedeutung und systematische Stellung sowie Hintergrund der Regelung

a) Regelungslücke in der ehemaligen VO (EG) 809/2004

1   Schon kurz nach der Umsetzung der ehemaligen EU-ProspektRL in deutsches Recht erwiesen sich die **Vorgaben der damals geltenden VO (EG) 809/2004** für die in den Prospekt aufzunehmenden Finanzinformationen als **unzureichend**, wenn sich die Unternehmensstruktur des Emittenten kurz vor Prospektveröffentlichung verändert hatte oder auch eine solche Veränderung in naher Zukunft zu erwarten war. Viele Fälle ließen sich nicht ohne Weiteres unmittelbar unter die Voraussetzungen der VO (EG) 809/2004 für die Aufnahme von Pro-forma-Finanzinformationen subsumieren, da noch keine bedeutende Brutto-Veränderung eingetreten, sondern deren künftiger Eintritt „nur" wahrscheinlich war. In anderen Fällen lag zwar unstreitig eine bedeutende Bruttoveränderung vor; jedoch erschien fraglich, ob die Darstellung der Vermögens-, Finanz- und Ertragslage auch unter Einbeziehung von Pro-forma-Finanzinformationen ausreichte, um ein „zutreffendes Urteil" über den Emittenten im Sinne des damaligen § 5 Abs. 1 WpPG zu ermöglichen. Wurde beispielsweise ein bestehender Geschäftsbetrieb in eine neu gegründete Holdinggesellschaft eingebracht, die dann Wertpapiere öffentlich anbot und deren Zulassung zum Börsenhandel beantragte, konnte mit historischen und Pro-forma-Finanzinformationen des Emittenten mitunter nur ein relativ kurzer Zeitraum (maximal das letzte Geschäftsjahr des Emittenten) abgedeckt werden, obwohl das in den Emittenten eingebrachte operative Geschäft bereits drei Jahre oder länger betrieben wurde und insoweit auch historische Finanzinformationen vorlagen, freilich solche eines nicht mit dem Emittenten identischen Rechtsträgers. Denn unter Emittent ist damals wie heute diejenige Rechtspersönlichkeit

zu verstehen, die die angebotenen oder zuzulassenden Wertpapiere ausgegeben hat (**rechtlicher Emittentenbegriff**).[1]

In Deutschland behalf sich damals die **Praxis** damit, weitere, nach der damals geltenden VO (EG) 809/2004 nicht verlangte Finanzinformationen freiwillig in den Prospekt aufzunehmen. So war im Fall des Börsengangs der Praktiker Bau- und Heimwerkermärkte Holding AG im November 2005 der Emittent erst wenige Wochen vor Prospektveröffentlichung gegründet worden, wies also außer seiner Gründungsbilanz keine historischen Finanzinformationen auf. In den Emittenten war der Geschäftsbereich Praktiker der Metro AG eingebracht worden, der im Wesentlichen aus der Praktiker Bau- und Heimwerkermärkte AG bestand, die neben einigen Zu- und Abgängen von Tochtergesellschaften aus dem Metro-Konzern noch um einige bis dahin in der Metro AG befindliche Stabsfunktionen ergänzt wurde. Pro-forma-Finanzinformationen hätten wegen der erst kurze Zeit zurückliegenden Gründung des Emittenten nur für dessen laufendes Geschäftsjahr erstellt werden können und wären daher für das von dem Prospekt nach § 5 Abs. 1 WpPG (a. F.) zu ermöglichende „zutreffende Urteil über die Vermögenswerte und Verbindlichkeiten, die Finanzlage" des Emittenten unzureichend gewesen. Dieses Dilemma wurde dadurch gelöst, dass zum einen die vorliegenden historischen Finanzinformationen der operativen Tochtergesellschaft Praktiker Bau- und Heimwerkermärkte AG für die letzten drei Jahre in den Prospekt aufgenommen wurden, die während dieses Zeitraums große Teile des zum Konzern des Emittenten gehörenden operativen Geschäfts betrieben hatte. Zum anderen konnte der Geschäftsbereich Praktiker der Metro AG (also das Geschäft der operativen Tochtergesellschaft des Emittenten und die diesem zugeordneten Stabsfunktionen der Konzernmutter) in sog. **kombinierten Finanzinformationen** (Combined Financial Statements → Rn. 27) für drei Jahre dargestellt werden. Denn dieser war zwar auf unterschiedliche rechtliche Einheiten verteilt, stand aber während des gesamten Berichtszeitraumes unter einheitlicher Leitung (*control*).[2]

Diese **pragmatischen Lösungen** führten zwar zu Ergebnissen, die gemessen an den Vorgaben des § 5 Abs. 1 WpPG (a. F.) und auch aus vermarktungstechnischen Gesichtspunkten zufriedenstellen konnten. Jedoch war dies nur auf **freiwilliger Basis** möglich. Es erschien fraglich, ob die BaFin die Billigung des Prospektes von der Aufnahme solcher zusätzlicher Finanzinformationen hätte abhängig machen können, obwohl diese in der VO (EG) 809/2004 nicht vorgesehen waren. Denn nach der ursprünglichen Fassung des Art. 3 Abs. 2 Satz 3 VO (EG) 809/2004 durften Billigungsbehörden nur die Aufnahme solcher Informationsbestandteile verlangen, die in den Anhängen I bis XVII der VO (EG) 809/2004 genannt sind. Auf Empfehlung von CESR erließ deshalb die EU-Kommission im Jahr 2007 die die VO (EG) 809/2004 ergänzende VO (EG) 211/2007, durch die Art. 4a eingeführt wurde. Danach sind in den Prospekt sämtliche Informationen aufzunehmen, die der Anleger benötigt, um sich ein fundiertes Urteil über die Finanzlage und die Zu-

---

[1] *Fingerhut/Voß*, in: Just/Voß/Ritz/Zeising, WpPG, 2009, Anhang I ProspektVO Rn. 305.
[2] Siehe zu den Einzelheiten den Prospekt der Praktiker Bau- und Heimwerkermärkte Holding AG vom 4.11.2005, insbesondere die Erläuterungen im Gruppenanhang der IFRS-Combined Financial Statements zum 31.12.2004 von Praktiker („Geschäftsbereich Praktiker der METRO AG") auf S. F-31 f.

kunftsaussichten des Emittenten zu bilden.³ Dadurch wurde sichergestellt, dass Art. 5 Abs. 1 der vormaligen EU-ProspektRL auch in den Fällen seine volle Wirkung entfalten konnte, in denen die Finanzlage des Emittenten so eng mit der anderer Gesellschaften verbunden ist, dass ohne Finanzinformationen dieser anderen Gesellschaften keine uneingeschränkte Erfüllung der Vorgaben dieser Bestimmung gewährleistet wäre.

4 In der aktuellen VO (EU) 2019/980 wurde diese Regelung um die Notwendigkeit der Aufnahme zusätzlicher Angaben erweitert, die sich nicht ausschließlich auf die Finanzinformationen beschränken.

b) Verhältnis zu Anhang 1 Punkt 18.4

5 Art 18 VO (EU) 2019/980 ändert grundsätzlich nichts an dem Erfordernis zur Aufnahme von **Pro-forma-Finanzinformationen** nach den Anhängen 1 und 20 der VO (EU) 2019/980. Die Regelung ist nach dem Wortlaut des Art. 18 der VO (EU) 2019/980 ausdrücklich auf den Fall beschränkt, dass die nach den **Vorgaben der Anhänge 1 und 20** der VO (EU) 2019/980 aufzunehmenden historischen Finanzinformationen des Emittenten und etwaige weitere Finanzinformationen **nicht ausreichen**, um dem Anleger ein fundiertes Urteil über die Vermögenswerte und Verbindlichkeiten, die Finanzlage, die Gewinne und Verluste, die Zukunftsaussichten des Emittenten und jedes Garantiegebers sowie über die mit diesen Wertpapieren verbundenen Rechte zu bilden, es sei denn, Pro-forma-Finanzinformationen liefern keinen zusätzlichen Informationsgehalt. So ist es bei sog. kombinierten Abschlüssen (*Combined Financial Statements* → Rn. 27) in der Regel der Fall, dass diese den Konsolidierungskreis nach Vollzug der Transaktionen bereits abbilden und somit Pro-forma-Finanzinformationen keine wesentlichen neuen Informationen liefern, sofern lediglich eine Holding über den bestehenden Geschäftsbetrieb gesetzt wird.

2. Regelungsgegenstand

6 Art. 18 VO (EU) 2019/980 verlangt vom Emittenten in Fällen der **komplexen finanztechnischen Vorgeschichte** oder einer von dem Emittenten eingegangenen **bedeutenden finanziellen Verpflichtung,** über den Katalog der Mindestangaben der Anhänge der VO (EU) 2019/980 hinaus, **weitere Informationen über ein anderes Unternehmen** in den Prospekt aufzunehmen, wenn dies erforderlich ist, damit der Prospekt den allgemeinen Grundsätzen nach Art. 6 Abs. 1 der ProspektVO genügt. Dabei ist der Anwendungsbereich auf **Registrierungsformulare** (bzw. einteilige Prospekte) **für Dividendenwerte (Aktien)** beschränkt, wie sich aus der Überschrift des Art. 18 der VO (EU) 2019/980 ergibt.[4]

---

3 Verordnung (EG) Nr. 211/2007 v. 27.2.2007 zur Änderung der Verordnung (EG) Nr. 809/2004 zur Umsetzung der Richtlinie 2003/71/EG des Europäischen Parlaments und des Rates in Bezug auf die Finanzinformationen, die bei Emittenten mit komplexer finanztechnischer Vorgeschichte oder bedeutenden finanziellen Verpflichtungen im Prospekt enthalten sein müssen, ABl. EU Nr. L 61 vom 28.2.2007, S. 24, Erwägungsgründe 2–4.

4 So bereits zur alten Regelung: *Pföhler/Erchinger/Doleczik/Küster/Feldmüller*, WPg 2014, 475, 481 zur (freiwilligen) Anwendung von Finanzinformationen im Sinne von Art. 4a bei Anleiheemissonen.

a) Komplexe finanztechnische Vorgeschichte (Abs. 3)

Der Begriff der **komplexen finanztechnischen Vorgeschichte** (*complex financial history*) ist in Art. 18 Abs. 3 VO (EU) 2019/980 definiert. Der Verordnungsgeber hat sich dabei für eine recht abstrakte Umschreibung entschieden, die insbesondere keine quantitativen Kriterien enthält. Die Definition ist weitgehend unverändert im Vergleich zu der Definition in Art. 4a Abs. 4 der früher geltenden VO (EG) 809/2004. Dies wurde damals in Erwägungsgrund 9 der VO (EG) 211/2007 damit begründet, dass eine umfassende Aufstellung aller Fälle einer komplexen finanztechnischen Vorgeschichte des Emittenten nicht möglich sei. Neue, innovative Transaktionsformen könnten sonst aus einer solchen Aufstellung herausfallen. Daher wurde die Definition der Umstände, unter denen die finanztechnische Vorgeschichte des Emittenten als komplex zu betrachten ist, weit gefasst.

7

Eine komplexe finanztechnische Vorgeschichte liegt daher vor, wenn die folgenden **Voraussetzungen kumulativ vorliegen**:

8

aa) Zum Zeitpunkt der Prospekterstellung stellen die in den maßgeblichen Anhängen genannten Angaben das Unternehmen des Emittenten nicht zutreffend dar. Bei dem Unternehmensbegriff kommt es hier nicht auf die Geschäftslage, sondern auf den Umfang der Geschäftstätigkeit des Emittenten an. Das zeigen nicht nur die ansonsten unverändert gebliebenen weiteren Anforderungen, sondern auch der Wortlaut der englischen Sprachfassung. Dort wird nämlich auf „the accurate presentation of the business undertaking" abgestellt, also auf den gesamten Geschäftsbetrieb des Emittenten, nicht aber auf die Geschäftslage. Somit sind hier weiterhin Fälle gemeint, in denen die insbesondere die historischen Finanzinformationen des Emittenten nicht die gesamte gegenwärtige Geschäftstätigkeit abdecken, da ein Teil davon in der Vergangenheit von Unternehmen betrieben wurde, die während der von den historischen Finanzinformationen abzubildenden Perioden nicht zum Konzern des Emittenten gehörten. Historisch sollten die folgenden Beispiele abgedeckt werden:[5]
(1) Der Emittent hat einen bedeutenden Erwerb getätigt, der noch nicht in seinem Abschluss ausgewiesen ist.
(2) Bei dem Emittenten handelt es sich um eine neu gegründete Holdinggesellschaft.
(3) Der Emittent setzt sich aus Gesellschaften zusammen, die zwar gemeinsamen Kontrolle unterstanden oder sich in gemeinsamem Besitz befunden haben, aber juristisch gesehen nie eine Gruppe waren.
(4) Der Emittent wurde im Rahmen einer Aufspaltung eines Unternehmens als eigenständige juristische Person gegründet (Entsprechendes gilt in Fällen der Abspaltung oder Ausgliederung).

In Fall (1) fragt sich indes, worin sich diese Konstellation von dem Fall einer bedeutenden Bruttoveränderung infolge einer Unternehmenstransaktion unterscheidet, die nach Anhang 1 Punkt 18.4 der VO (EU) 2019/980 (grds.) durch Pro-forma-Finanzinformationen abzubilden ist. Hier dürfte sich jedenfalls auf der ersten Prüfungsstufe der Anwendungsbereich von Art. 18 und Punkt 18.4 des Anhangs 1 überschneiden. Die zusätzlichen Anforderungen des Art. 18 VO (EU) 2019/980 kommen jedoch nur bei Vorliegen von dessen weiteren Voraussetzungen (→ bb) und → cc)) zur Anwen-

---

5 Ähnlich die Beispiele bei *Böttcher*, BaFin-Workshop 2009, Präsentation „Complex Financial History in der Fallpraxis" vom 9.11.2009, S. 10.

dung. Die Besonderheit der „komplexen finanztechnischen Vorgeschichte" dürfte weiterhin darin liegen, dass anders als nach der rein quantitativen Betrachtung bei Anwendung des Kriteriums der bedeutenden Bruttoveränderung das Kriterium der komplexen finanztechnischen Vorgeschichte auf die „operative Geschäftstätigkeit" abstellt, mithin also die Natur des von dem Emittenten betriebenen Geschäfts und darauf, ob diese in seinen historischen Finanzinformationen ausreichend abgebildet wird. Besonders augenfällig wird dies bei kurz vor Durchführung eines öffentlichen Angebotes und der (erstmaligen) Zulassung ihrer Wertpapiere neu gegründeten Holdinggesellschaften, in die ein in anderen Gesellschaften betriebenes Geschäft eingebracht wird. Die historischen Finanzinformationen einer solchen Gesellschaft bestehen häufig nur aus deren Gründungsbilanz und sind dementsprechend inhaltsleer, während von den früheren Unternehmensträgern mitunter eine mehrjährige Finanzhistorie vorhanden ist. Als Beispiel kann die kurz vor dem Börsengang gegründete Praktiker Bau- und Heimwerkermärkte Holding AG gelten (dazu → Rn. 2).

bb) Die sich aus vorstehend „aa)" ergebende **Ungenauigkeit beeinträchtigt** die Fähigkeit des Anlegers, sich ein **fundiertes Urteil** über den Emittenten i. S. v. Art. 6 Abs. 1 der ProspektVO bilden (Art. 18 Abs. 3 lit. b VO (EU) 2019/980).
Diese Voraussetzung engt den Anwendungsbereich der komplexen finanztechnischen Vorgeschichte auf die Fälle ein, in denen der Umfang der Angaben des insbesondere nicht in den historischen Finanzinformationen abgebildeten Teils so wesentlich ist, dass dies erhebliche Auswirkungen auf das nach Art. 6 Abs. 1 der ProspektVO vom Anleger zu bildende fundierte (Gesamt-)Urteil des Anlegers über die Vermögens-, Finanz- und Ertragslage sowie die Zukunftsaussichten des Emittenten zur Folge hat. Kriterien sind hierbei insbesondere:
– Haben sich **wesentliche Veränderungen im Konsolidierungskreis** des Emittenten ergeben?
– Bildet die Gewinn- und Verlustrechnung des Emittenten das **aktuelle operative Geschäft** des Emittenten für einen **angemessenen Zeitraum** ab?[6]

Keine wesentliche Beeinträchtigung dürfte in folgenden Konstellationen gegeben sein:
(1) Die Veränderung des operativen Geschäfts des Emittenten im Vergleich zu dem von den historischen Finanzinformationen abgebildeten Geschäftsbetrieb ist so unbedeutend, dass sie durch eine rein beschreibende Darstellung in dem Prospekt ohne die Aufnahme zusätzlicher Finanzinformationen ausreichend dargestellt werden kann. Dies wird insbesondere solche Situationen betreffen, in denen die quantitativen Auswirkungen der Veränderung des Geschäftsbetriebes unterhalb der 25%-Schwelle liegen, bei deren Überschreiten nach Art. 18 Abs. 4 der VO (EU) 2019/980 eine bedeutende Brutto-Veränderung vorliegt.
(2) Die Veränderung des operativen Geschäfts des Emittenten ist zwar wesentlich, deren Darstellung in weiteren in den Prospekt aufgenommenen Finanzinformationen erscheint aber ausreichend (insbesondere in Bezug auf die Darstellung der Ertragsentwicklung in der Gewinn- und Verlustrechnung → Anhang 20 Rn. 11 f.).

---

6 *Arnold/Lehmann*, 4. Workshop der BaFin „Praxiserfahrungen mit dem Wertpapierprospektgesetz (WpPG)", Präsentation „'Complex Financial History' und weitere Neuerungen bei den Finanzinformationen" vom 4.9.2007, S. 12.

cc) Die zur Bildung eines fundierten Urteils über den Emittenten i.S.v. Art. 6 Abs. 1 Abs. 1 der ProspektVO benötigten Informationen sind **Gegenstand von Finanzinformationen einer anderen Gesellschaft** (Art. 18 Abs. 3 lit. c VO (EU) 2019/980).
Die zum vollständigen Bild des operativen Geschäfts des Emittenten fehlenden Informationen finden sich bei dem Erwerb eines bestehenden Geschäftsbetriebes regelmäßig in Finanzinformationen einer anderen Gesellschaft, insbesondere des bisherigen Unternehmensträgers.

b) Bedeutende finanzielle Verpflichtungen (Abs. 4)

Art. 18 VO (EU) 2019/980 betrifft weiterhin den Fall, dass der Emittent **bedeutende finanzielle Verpflichtungen** eingegangen ist: Diese liegen vor, wenn der Emittent eine verbindliche Vereinbarung über eine Transaktion eingegangen ist, die bei einem oder mehreren Indikationen für den Umfang der Geschäftstätigkeit eine mehr als 25 %ige Schwankung bewirkt. Unter einer **verbindlichen Vereinbarung** ist eine schuldrechtlich bindende Verpflichtung zur Durchführung der Transaktion zu verstehen. Eine bloße Vorvereinbarung wie ein „Letter of Intent", „Memorandum of Understanding" oder sog. „Heads of Agreement" dürften dagegen grds. nicht ausreichen. Denn bei Abschluss solcher Vereinbarungen sind typischerweise zwischen den Parteien noch nicht alle Regelungen getroffen, von denen deren Bindungswillen abhängt.[7] Eine Verpflichtung zum Abschluss des Hauptvertrages und zur Durchführung der Transaktion statuiert eine Vorfeldvereinbarung wie ein Letter of Intent typischerweise gerade nicht.[8] Auf weitere Ausführungen in der Kommentierung zu Anhang 1 Punkt 18.4 (→ Rn. 12) wird verwiesen.

9

II. Rechtsfolgen des Art. 18

1. Aufnahme von Angaben zu einem anderen Unternehmen als dem Emittenten

In Fällen der komplexen finanztechnischen Vorgeschichte oder bedeutenden finanziellen Verpflichtung **müssen Informationen zu einer anderen Gesellschaft** in den Prospekt genommen werden (Art. 18 Abs. 1 VO (EU) 2019/980). Das bedeutet aber auch: Die eigenen historischen Finanzinformationen des Emittenten sind immer aufzunehmen. Das ergibt sich aus den allgemeinen Regeln, die von Art. 18 VO (EU) 2019/980 unberührt bleiben (insbesondere Punkt 18.1 des Anhangs 1).

10

Welche Angaben zu der anderen Gesellschaft zu machen sind, regelt Abs. 2 UAbs. 1 des Art. 18. Zusätzliche Angaben sind demnach sämtliche in den Anhängen 1 und 20 genannten Angaben, die die Anleger für ein fundiertes Urteil im Sinne von Art. 6 Abs. 1 und Art. 14 Abs. 2 der ProspektVO benötigen. Das bedeutet, dass die Angaben nunmehr **nicht mehr auf Finanzinformationen beschränkt** sind. Neben diesen sind somit grundsätzlich

11

---

7 Insoweit auf die Umstände des Einzelfalls abstellend *Schlitt/Ries/Kunold*, in: Assmann/Schlitt/von Kopp-Colomb, Prospektrecht Kommentar, Anhang 1 Abschnitt 18 VO (EU) 2019/980 Rn. 260; dagegen schon bei Abschluss eines Letter of Intent grds. eine bedeutende finanzielle Verpflichtung bejahend *Schlitt/Schäfer*, AG 2008, 525, 531 (dort Fn. 71).
8 *Seibt*, in: Seibt, Beck'sches Formularbuch Mergers & Acquisitions, Abschnitt B.VIII, Tz. 1, 2; *Geyrhalter/Zirngibl/Strehle*, DStR 2006, 1559 f.

alle sonstigen gem. den vorgenannten Anhängen zu machenden Angaben in den Prospekt aufzunehmen, im Sinne einer Doppelung der Angaben für die andere Gesellschaft.

12 Diesen zusätzlichen Angaben muss gem. Abs. 2 UAbs. 2 eine Erläuterung vorausgehen, aus der klar hervorgeht, warum die Anleger die Angaben für ein fundiertes Urteil benötigen und wie sich die komplexe finanztechnische Vorgeschichte oder die bedeutende finanzielle Verpflichtung auf den Emittenten oder die Geschäftstätigkeit des Emittenten auswirkt.

13 Einziges Korrektiv zu dieser breiten gesetzlichen Anforderung ist, dass Anleger diese **Informationen für ein fundiertes Urteil** im Sinne von Art. 6 Abs. 1 und Art. 14 Abs. 2 der ProspektVO **benötigen**. In der Praxis ist zu beobachten, dass viele Emittenten, sich auf die Aufnahme von Finanzinformationen, insb. auf kombinierte Abschlüsse oder Pro-forma-Finanzinformationen beschränken, ohne jedoch die in Anhängen 1 und 20 geforderten Angaben vollständig zu erbringen. Daraus kann geschlossen werden, dass Emittenten den Finanzinformationen mit Blick auf Art. 6 eine entscheidende Bedeutung für Anleger zumessen, hinter der andere Informationen zurücktreten können. Da der Emittent mit seinem Geschäftsmodell im Prospekt durch die gem. Anhang 1 gemachten Angaben zu beschreiben ist, werden viele Angaben zum anderen Unternehmen, wie bspw. Angaben zur Geschäftstätigkeit gem. Abschnitt 5 bereits durch die entsprechende Beschreibung des Emittenten abgedeckt. Andere Angaben, wie bspw. Angaben zu den verantwortlichen Personen gem. Anhang 1 Abschnitt 1 sind von vornherein nur auf den rechtlichen Emittenten bezogen.

2. Aufnahme von Finanzinformationen einer anderen Gesellschaft

14 Sofern die eigenen Finanzinformationen des Emittenten nicht ausreichen, damit der Prospekt die Anforderungen des Art. 6 Abs. 1 der ProspektVO erfüllt (Art. 18 Abs. 3 lit. a), sind gem. Abs. 2 i.V.m. Anhang 1 Abschnitt 18, historische Finanzinformationen der anderen Gesellschaft in den Prospekt aufzunehmen.[9] Zu den Anforderungen an diese Finanzinformationen gilt das in der Kommentierung zu Abschnitt 18 Gesagte entsprechend.

15 Die Regelung knüpft an den Tatbestandsvoraussetzungen einer **komplexen finanztechnischen Vorgeschichte** nach Art. 18 Abs. 3 an, die u. a. vorliegt, wenn die für die Bildung des fundierten Urteils nach Art. 6 Abs. 1 der ProspektVO benötigten Informationen über die operative Geschäftstätigkeit des Emittenten Gegenstand von Finanzinformationen eines anderes Unternehmen sind (→ Rn. 8). Sie gilt aber auch für **bedeutende finanzielle Verpflichtungen**. Die in diesen Fällen für eine vollständige Darstellung des Emittenten (insbesondere seiner Zukunftsaussichten nach Vollzug der insoweit vereinbarten Transaktion) erforderlichen zusätzlichen Informationen sind regelmäßig in Finanzinformationen eines erworbenen Unternehmens oder des Veräußerers zu finden (→ Rn. 21 f.). Der Emittent muss insofern die Verantwortung für die Finanzinformationen einer anderen Gesellschaft übernehmen.

---

9 *Böttcher*, BaFin-Workshop 2009, Präsentation „Complex Financial History in der Fallpraxis" vom 9.11.2009, S. 11.

3. Aufnahme von Pro-forma-Finanzinformationen

Nach Art. 18 Abs. 2 UAbs. 1 haben die aufzunehmenden Angaben (der Finanzinformationen einer anderen Gesellschaft) auch gemäß Anhang 20 der VO (EU) 2019/980 erstellte **Pro-forma-Finanzinformationen** umfassen. Ist der Emittent bedeutende finanzielle Verpflichtungen eingegangen, können gem. Art. 18 Abs. 4 die Auswirkungen der Transaktion, zu der sich der Emittent verpflichtet hat, in Pro-forma-Informationen vorweggenommen werden, sodass es keiner Pro-forma-Finanzinformationen der anderen Gesellschaft mehr bedarf, da diese mit denen des Emittenten identisch wären.

Aus Erwägungsgrund 10 der VO (EG) 211/2007 ergab sich für die früher geltende VO (EG) 809/2004, dass keine zusätzlichen Finanzinformationen in den Fällen aufzunehmen sind, wenn etwaige Pro-forma-Informationen für den Anleger ausreichen, um sich ein fundiertes Urteil zu bilden. Obwohl diese Erwägung offenbar nicht mehr ausdrücklich bei der VO (EU) 2019/980 zum Tragen kam, spielt seine Grundannahme unverändert eine Rolle (→ Rn. 25).

4. Ermessen der Billigungsbehörde

Art. 18 VO (EU) 2019/980 enthält nicht mehr die explizite Möglichkeit der Billigungsbehörde, bei Vorliegen einer komplexen finanztechnischen Vorgeschichte vom Emittenten verlangen zu können, bestimmte Teile von Finanzinformationen einer anderen Gesellschaft in den Prospekt aufzunehmen (vormals: Art. 4a Abs. 1 S. 2 VO (EG) 809/2004). Vielmehr verlangt Art. 18 Abs. 1 in Verbindung mit Abs. 3 die Aufnahme von zusätzlichen Informationen einer anderen Gesellschaft, wenn die Aufnahme dieser Informationen für ein fundiertes Urteil notwendig ist. Bei der Beurteilung, ob die Aufnahme zusätzlicher Informationen für ein fundiertes Urteil notwendig ist, stehen sowohl dem Emittenten als auch der Billigungsbehörde ein entsprechender Beurteilungs- und Ermessensspielraum zu, der sich für die Billigungsbehörde aus Art. 36 Abs. 1 lit. b und Abs. 2 VO (EU) 2019/980 ergibt.[10] Wenn die Behörde zu dem Schluss kommt, dass der Prospekt mit Blick auf die komplexe finanztechnische Vorgeschichte wegen der fehlenden Aufnahme von Informationen zu einem anderen Unternehmen (Art. 18 Abs. 2 VO (EU) 2019/980) unvollständig ist, muss sie die Billigung des Prospekts versagen.

Die Billigungsbehörden sind gehalten, ihre Anforderungen in Bezug auf weitere beizubringende Informationen an den Charakteristika des Einzelfalls auszurichten, wobei Art. 36 Abs. 2 VO (EU) 2019/980 hierbei konkrete Kriterien vorgibt.

a) Kriterien

aa) Art der Wertpapiere (Art. 36 Abs. 2 lit. a)

Das Kriterium der Art der Wertpapiere nach lit. a erscheint inhaltsleer, beziehen sich die zusätzlichen Anforderungen des Art. 18 VO (EU) 2019/980 doch nur auf Aktien, also Wertpapiere, die untereinander in ihrer Wesensart grundsätzlich gleich sind.

---

10 Ähnlich wohl *Geyer/Schelm*, BB 2019, 1731, 1739.

bb) Vorhandensein weiterer Angaben (Art. 36 Abs. 2 lit. b)

21 Die Faktoren in lit b) sind in zwei Kategorien zu unterteilen. Das Unterkriterium der **bereits im Prospekt enthaltenen Angaben** greift Gesichtspunkte auf, die bereits auf der Tatbestandsebene, d. h. bei Prüfung der Voraussetzungen des Art. 18 Abs. 2 geprüft werden müssen. Die Pflicht zur Aufnahme zusätzlicher Angaben zu einem anderen Unternehmen greift nur, wenn Anleger diese Informationen „für ein fundiertes Urteil im Sinne von Art. 6 Abs. 1 und Art. 14 Abs. 2 der ProspektVO" benötigen. Mit anderen Worten: Wenn die bereits im Prospekt enthaltenen Angaben nach Art und Umfang ausreichend zur Einhaltung der Anforderungen des Art. 6 Abs. 1 der ProspektVO sind, ist Art. 18 Abs. 1 VO (EU) 2019/980 schon tatbestandlich nicht einschlägig. Die Aufnahme zusätzlicher Angaben, insb. Finanzinformationen, ist dann auch nicht erforderlich (→ Rn. 13).

22 Größere Bedeutung hat das Kriterium des **Vorhandenseins von Informationen eines anderen Unternehmens** als dem Emittenten **in einem anderen Prospekt**. Da solche Informationen den Vorgaben der VO (EU) 2019/980 grundsätzlich entsprechen müssen, können sie, vorausgesetzt, der Prospekt ist hinreichend aktuell, unverändert für den Prospekt des Emittenten übernommen werden könnten.

cc) Wirtschaftlicher Charakter der Transaktion (Art. 36 Abs. 2 lit. c)

23 Die Billigungsbehörde hat zudem den **wirtschaftlichen Charakter der Transaktion** zu berücksichtigen, mit denen der Emittent sein Unternehmen oder einen Teil desselben erworben oder veräußert hat, sowie die **spezielle Art des Unternehmens**, das Gegenstand der Transaktion ist. Dieses Kriterium erscheint ebenfalls inhaltsleer.

dd) Aufwand für den Emittenten (Art. 36 Abs. 2 lit. d)

24 Zudem hat die Billigungsbehörde die Möglichkeit des Emittenten zu berücksichtigen, sich unter vertretbarem **Aufwand** Informationen über das andere Unternehmen zu beschaffen. Dies kann insbesondere im Zusammenhang mit einer feindlichen Übernahme von Bedeutung sein, bei der nur ein eingeschränkter Zugang zum Zielunternehmen besteht. Genauso könnte es unverhältnismäßig sein, Finanzinformationen zu verlangen, die zum Zeitpunkt der Prospekterstellung noch nicht vorliegen, oder die Prüfung oder Neuerstellung zusätzlicher Finanzinformationen zu verlangen, wenn der damit erzielbare Nutzen die mit der Prüfung oder Erstellung verbunden Kosten übersteigt. Sollten bspw. außerhalb eines Prospekts geeignete Informationen, insbesondere Finanzinformationen, vorhanden sein, wäre so zu prüfen, ob diese den Anforderungen der VO (EU) 2019/980 im Hinblick auf Mindestbestandteile und die angewandten Rechnungslegungs- und Prüfungsstandards entsprechen. Nur dann kann die Billigungsbehörde unter Anwendung ihres Ermessens (→ Rn. 25) deren Aufnahme verlangen. Bedürfen die Finanzinformationen Anpassungen oder Ergänzungen, wäre zu prüfen, ob die Anfertigung dieser Anpassungen oder Ergänzungen mit Blick auf den Aufwand für den Emittenten noch verhältnismäßig wäre. Ein Beispiel hierfür wäre, wenn bei dem Unternehmen die in Punkt 18.1.5 des Anhangs 1 vorgesehenen Mindestbestandteile, fehlen, weil sie nach nationalen Rechnungslegungsgrundsätzen nicht erforderlich sind, etwa die nach HGB nicht vorgesehenen Bestandteile Eigenkapitalveränderungsrechnung und Kapitalflussrechnung fehlen (→ Anh. 1 Punkt 18.1 Rn. 54). Sie kann ggf. nicht verlangt werden.

b) Ermessensmaßstab

Die in Art. 36 Abs. 2 lit. a bis d VO (EU) 2019/980 konkretisieren die für die Ermessensausübung der Billigungsbehörde maßgeblichen Gesichtspunkte. Hinzu kommen die aus dem allgemeinen Verwaltungsrecht kommenden Prinzipien der Verhältnismäßigkeit, also Erforderlichkeit und Zumutbarkeit bzw. Angemessenheit.[11] Dabei wird auf eine möglichst **geringe Belastung** des Emittenten abgestellt. Genauer: Kann die Einhaltung der inhaltlichen Vorgaben des Art. 6 Abs. 1 ProspektVO und Art. 18 Abs. 2 VO (EU) 2019/980 (~ Darstellung sämtlicher für ein fundiertes Urteil in der Anlageentscheidung erforderlichen Informationen) im Einzelfall auf verschiedenen Wegen erfüllt werden, so ist der kostengünstigsten bzw. der mit dem geringsten Aufwand verbundenen Variante der Vorzug zu geben. Freilich dürfte es für einen Verzicht auf die Erstellung von Pro-forma-Finanzinformationen nicht ausreichen, darauf zu verweisen, dass deren Erstellung einen zeitlichen und finanziellen Mehraufwand erfordert verglichen mit der bloßen Aufnahme der existierenden historischen Finanzinformationen eines erworbenen Unternehmens, wenn ansonsten der Erstellung der Pro-forma-Finanzinformationen keine wesentlichen Hindernisse (etwa der mangelnde Zugang zum Rechnungswesen der erworbenen Gesellschaft) entgegenstehen.

25

c) Prüfung im Einzelfall

Vor diesem Hintergrund stellt sich die Frage, wie mit diesen untereinander verschränkten Vorgaben in der Prüfung eines konkreten Einzelfalles umzugehen ist. Es dürfte sich folgende **Reihenfolge der Prüfung** empfehlen:

26

1. Liegt ein Fall der komplexen finanztechnischen Vorgeschichte oder eine bedeutende finanzielle Verpflichtung i. S. v. Art. 18 vor?
2. Wenn ja: Welche (Finanz-)Informationen des Emittenten sind nach den Anhängen 1 und 20 der VO (EU) 2019/980 in den Prospekt aufzunehmen, insbesondere historische Finanzinformationen nach Punkt 18.1 Anhang 1, Zwischenfinanzinformationen nach Punkt 18.2 Anhang 1 oder Pro-forma-Finanzinformationen nach Punkt 18.4 Anhang 1?
3. Reichen diese Informationen als Grundlage einer fundierten Anlageentscheidung aus, d. h. enthalten sie alle wesentlichen Informationen über Vermögenswerte und Verbindlichkeiten, die Finanzlage, die Gewinne und Verluste, die Zukunftsaussichten des Emittenten, und zwar unter Berücksichtigung der komplexen finanztechnischen Vorgeschichte, und/oder der vom Emittenten eingegangenen bedeutenden Verpflichtungen?
4. Wenn nein: Welche weiteren Informationen aus den Anhängen 1 und 20 der VO (EU) 2019/980 stehen in Bezug auf das andere Unternehmen zur Verfügung oder können erstellt werden, um die Anforderungen nach Art. 6 Abs. 1 der ProspektVO zu erfüllen: insbesondere vorhandene historische Finanzinformationen anderer Gesellschaften, Pro-forma-Finanzinformationen, andere Finanzinformationen, z. B. sog. kombinierte Finanzinformationen (→ Anhang 1 Abschnitt 18 Rn. 15).
5. Ergibt die Prüfung nach Ziff. 4 mehrere geeignete Alternativen: Welche ist diejenige, die den Emittenten im Hinblick auf Kosten und Aufwand am wenigsten belastet?

---

11 *Kopp/Ramsauer*, VwVfG, § 40 Rn. 48 ff.; *Sachs*, in: Stelkens/Bonk/Sachs, VwVfG, § 40 Rn. 83; auch *Schlitt/Ries/Kunold*, in: Assmann/Schlitt/von Kopp-Colomb, Prospektrecht Kommentar, Anhang 1 VO (EU) 2019/980 Rn. 264.

5. Sog. kombinierte Finanzinformationen

27 Die möglichen Fallgestaltungen einer komplexen finanztechnischen Vorgeschichte sind vielfältig, sodass eine umfassende Darstellung aller denkbarer Einzelfälle nicht möglich erscheint.[12] Freilich verdient eine Konstellation besondere Erwähnung, die gerade in der IPO-Praxis immer wieder auftaucht. Es handelt sich um die Situation, dass sich die operative Geschäftätigkeit des Emittenten aus Aktivitäten zusammensetzt, die zwar in der Vergangenheit einer **gemeinsamen Kontrolle** unterstanden, nicht jedoch eine abgeschlossene gesellschaftsrechtliche Einheit bildeten. Dies ist geradezu der klassische Fall der Abtrennung eines Geschäftsbereiches eines Konzerns im Rahmen eines Börsengangs. Wirtschaftlicher Hintergrund ist regelmäßig eine Neufokussierung des Kerngeschäfts des bisherigen Mutterkonzerns. In deren Rahmen werden Randaktivitäten, die bislang teils von der Konzernmutter selbst, teils durch den Geschäftsbereich zugeordnete Tochtergesellschaften betrieben wurden und damit innerhalb des Konzerns bereits eine wirtschaftliche Einheit bildeten (möglicherweise sogar in der historischen Segmentberichterstattung), zu einer neuen rechtlichen Einheit unter einer (u. U. völlig neu gegründeten) Spitzengesellschaft umstrukturiert. Wurde das vom Emittenten zum Zeitpunkt der Prospektveröffentlichung betriebene Unternehmen während des nach Punkt 18.1 Anhang 1 der VO (EU) 2019/980 in historischen Finanzinformationen dazustellenden Drei-Jahres-Zeitraumes also zwar durch andere, nicht von dem Emittenten beherrschten Gesellschaften betrieben, standen diese aber während dieses Zeitraumes unter derselben **Beherrschung** (*control*),[13] ergeben sich Darstellungsmöglichkeiten, die für das Urteil des Anlegers über den Emittenten zum Zeitpunkt des Angebots nützlicher erscheinen als die in Anhängen 1 und 20 sowie in Art. 18 der VO (EU) 2019/980 vorgesehen. Denn der Zeitraum, der von Pro-forma-Finanzinformationen nach Anhang 20 der VO (EU) 2019/980 abgebildet werden kann, darf maximal bis zum Beginn des letzten abgeschlossenen Geschäftsjahres des Emittenten in die Vergangenheit zurückreichen.

28 Wurde die aktuelle operative Geschäftstätigkeit des Emittenten in rechtlichen Einheiten betrieben, die unter einer einheitlichen Leitung standen und daher demselben **Konsolidierungskreis** angehörten, entfallen die sonst bei der nachträglichen konsolidierten Darstellung von bisher konzernfremden Aktivitäten erforderlichen Anpassungen an die Rechnungslegungsgrundsätze und -strategien (wie z. B. Ausübung von Bilanzierungswahlrechten) des Emittenten, wie sie bei der Erstellung von Pro-forma-Finanzinformationen unter Verwendung von Abschlüssen bisher konzernfremder Einheiten der Fall wären. Im Rahmen der Konzernberichterstattung der früheren Konzernmutter mussten nämlich die nun unter der Leitung des Emittenten verbundenen Einheiten schon bisher nach einheitlichen Methoden Rechnung legen.[14] In diesem Fall kann eine historische Darstellung der nun dem Emittenten zugeordneten Geschäftsaktivitäten in Form von sog. **kombinierten Abschlüssen** (Combined Financial Statements) erfolgen.[15] Solche kombinierte Finanzinformationen können sowohl bisher rechtliche selbstständige Unternehmen eines Konzerns zusammenfassen als auch rechtlich unselbstständige Einheiten aus demselben Konsolidie-

---

12 Vgl. auch Erwägungsgrund 6 der VO (EG) 211/2007.
13 Zum Begriff der Beherrschung nach IAS 27.4 und deren Bedeutung für die Bestimmung des Konsolidierungskreises *Rabenhorst*, in: Marsch-Barner/Schäfer, Handbuch börsennotierte AG, Rn. 58.53 f.
14 IFRS 10.19.
15 *Deubert/Almeling*, in: Deubert/Förschle/Störk, Sonderbilanzen, Kapitel F Rn. 1, 10.

rungskreis (z. B. Sparten oder Zweigniederlassungen) einschließen.[16] Für kombinierte Finanzinformationen gibt es weder im HGB noch im europäischen Rechtsraum ausdrückliche Regelungen;[17] in der Literatur werden sie bisweilen auch als **Gruppenabschlüsse** bezeichnet.[18] Für kombinierte Finanzinformationen, die eine Teilmenge des in einen historischen Konzernabschluss einbezogenen Konsolidierungskreises abbilden, aber keine Zusammenfassung mehrerer solcher Teilmengen darstellen, wird auch der Begriff **Carve-Out-Abschluss** verwendet.[19]

In diesem Zusammenhang wird zudem unter Verweis auf entsprechende Konzepte der US-amerikanischen und britischen Rechnungslegungspraxis erwogen, inwieweit dieselben Überlegungen auch gelten können, wenn die betreffenden Geschäftseinheiten zwar nicht unter derselben Beherrschung (Common Control) betrieben wurden, aber unter gemeinsamer Führung standen (Common Management). Um einen kombinierten Abschluss aufstellen zu können, müssten dann aber noch weitere Umstände hinzukommen wie etwa gemeinsame Interessen auf der Ebene der Anteilseigner, Führung als ökonomische Einheit in der Vergangenheit oder Personalunion im Management der betreffenden Einheiten.[20] In der Emissionspraxis erscheint dies bislang aber ungebräuchlich. Aus praktischen Erwägungen, etwa mit Blick auf den Aufwand bei der Erstellung und die Möglichkeit eine sog. *true and fair view* Bescheinigung zu erhalten (→ Rn. 30), dürfte auch in dieser Fallgruppe maßgeblich sein, ob die betreffenden Einheiten in den darzustellenden Berichtszeiträumen nach einheitlichen Methoden Rechnung gelegt haben, sodass sich der Anpassungsaufwand und die sich daraus ergebenden Unsicherheiten in Grenzen halten. Dies dürfte sich auch aus den Anforderungen ergeben, an die die BaFin jedenfalls bisher die Aufnahme von kombinierten Finanzinformationen geknüpft hat (→ Rn. 31). 29

Ziel kombinierter Finanzinformationen ist es, ein den tatsächlichen Verhältnissen entsprechendes Bild der Vermögens-, Finanz- und Ertragslage der von ihnen dargestellten „Gruppe" zu vermitteln. Dies ergibt sich zwar nicht unmittelbar aus den IFRS (die, wie gesagt, für Gruppenabschlüsse keine ausdrücklichen Regelungen vorsehen), wird jedoch aus einer entsprechenden Anwendung der Regelungen über den Konzernabschluss (namentlich IAS 27) hergeleitet.[21] Sie können in der Regel einer **Abschlussprüfung** unterzogen werden, da sie bis auf die zeitlich vorgezogene Zusammenfassung der erfassten wirtschaftlichen Einheiten zu einem vor ihrer tatsächlichen Zusammenführung liegenden Zeitpunkt kaum oder keine fiktiven Elemente enthalten und insbesondere keine methodischen Anpassungen erforderlich machen, wie sie für Pro-forma-Finanzinformationen typisch wä- 30

---

16 Dazu instruktiv – auch in Abgrenzung zu Konzernabschlüssen einerseits und Pro-forma-Abschlüssen andererseits: *Schindler/Böttcher/Roß*, WPg 2001, 22, 24 f.; *Heiden*, Pro-forma-Berichterstattung, 2006, Tz. 4.4.2.4 (S. 211 ff.); *Deubert/Almeling*, in: Deubert/Förschle/Störk, Sonderbilanzen, Kapitel F Rn. 8; *Erchinger/Doleczik/Küster/Schmitz*-Renner, WPg 2015, 224, 232; weiter nach unterschiedlichen Fallgruppen systematisierend *Pföhler/Erchinger/Doleczik/Küster/Feldmüller*, WPg 2014, 475, 477.
17 Zum Regelungsverzicht des IFRS 3 in Bezug auf Transaktionen unter gemeinsamer Kontrolle *Lüdenbach/Hoffmann/Freiberg*, IFRS-Kommentar, § 31 Rn. 191.
18 *Deubert/Almeling*, in: Deubert/Förschle/Störk, Sonderbilanzen, Kapitel F Rn. 1, 10.
19 *Deubert/Almeling*, in: Deubert/Förschle/Störk, Sonderbilanzen, Kapitel F Rn. 4; in der Begrifflichkeit leicht abweichend *Pföhler/Erchinger/Doleczik/Küster/Feldmüller*, WPg 2014, 475, 477.
20 *Erchinger/Doleczik/Küster/Schmitz/Renner*, WPg 2015, 224, 234.
21 *Deubert/Almeling*, in: Deubert/Förschle/Störk, Sonderbilanzen, Kapitel F Rn. 29.

ren.[22] Sofern die Prüfung zu keinen Einwendungen führt, kann der Prüfer auf dieser Grundlage auch bescheinigen, dass diese kombinierten Finanzinformationen ein den tatsächlichen Verhältnissen entsprechendes Bild (*true and fair view*) der Vermögens-, Finanz- und Ertragslage der dargestellten wirtschaftlichen Einheit vermitteln.[23] Kann eine solche Bescheinigung in den Prospekt aufgenommen werden, wendet die BaFin auf kombinierte Finanzinformationen nicht die zeitlichen Beschränkungen für Pro-forma-Finanzinformationen an; vielmehr kann in diesem Fall eine Darstellung über den in Punkt 18.1. des Anhangs 1 der VO (EU) 2019/980 vorgesehenen Zeitraum der letzten drei Geschäftsjahre erfolgen.[24]

31 Nach Auffassung der BaFin umfassen kombinierte Finanzinformationen regelmäßig:

– mehrere Gesellschaften und/oder Geschäftsfelder, die in der Vergangenheit demselben Konsolidierungskreis angehörten,
– mehrere (typischerweise drei) Geschäftsjahre,
– die alle ausdrücklich von der Bescheinigung des Wirtschaftsprüfers als geprüft erfasst werden.[25]

32 Zu letzterem Punkt ist anzumerken, dass im Rahmen einer Abschlussprüfung die nach den einschlägigen Rechnungslegungsgrundsätzen in einen Abschluss aufzunehmenden **Vorjahreszahlen** Bestandteil eines zu prüfenden Jahresabschlusses werden und damit auch Gegenstand der betreffenden Abschlussprüfung sind.[26] Sind Vorjahreszahlen zutreffend ausgewiesen und erläutert worden, ist weder im Bestätigungsvermerk noch im Prüfungsurteil darauf hinzuweisen, da diese vom Umfang der Abschlussprüfung erfasst sind. Dementsprechend bezieht sich die Aussage eines uneingeschränkten Bestätigungsvermerks bzw. des darin enthaltenen Prüfungsurteils, dass die Prüfung zu keinen Einwendungen geführt hat, auch auf die Angabe zu den Vorjahreszahlen, ohne dass diese ausdrücklich genannt werden müssen. Gleiches gilt auch bei einer freiwilligen Angabe von Vorjahreszahlen (wie z.B. eines weiteren Vergleichsjahres).[27] Ist ein konsolidierter Abschluss nicht nach den gesetzlichen Bestimmungen erstellt worden (wie im Fall des sog. kombinierten Abschlusses in Bezug auf die Bestimmungen über die Konsolidierung – deren Voraussetzungen bei kombinierten Abschlüssen typischerweise fingiert werden), wurde er aber nach den Grundsätzen der Abschlussprüfung geprüft, kommt anstelle eines Bestäti-

---

22 *Schindler/Böttcher/Roß*, WPg 2001, 22, 25; *d'Arcy*, in: Holzborn, WpPG, Anh. 2 ProspektVO Rn. 11.
23 So schon der – zwischenzeitlich aufgehobene – IDW Prüfungshinweis: Bestätigungsvermerke und Bescheinigungen zu Konzernabschlüssen bei Börsengängen an den Neuen Markt (IDW PH 9.400.4 vom 28.9.2000, abgedruckt in WPg 2000, 1073, Tz. 19 ff.; aus dem jüngeren Schrifttum *Deubert/Almeling*, in: Deubert/Förschle/Störk, Sonderbilanzen, Kapitel F Rn. 109; *Meyer*, in: Habersack/Mülbert/Schlitt, Unternehmensfinanzierung, 36.46; *Schlitt*, in: Habersack/Mülbert/Schlitt, Kapitalmarktinformation, § 4 Rn. 71.
24 Dazu *Meyer*, Accounting 2/2006, 11, 13, anhand des Beispiels des Börsengangs der Praktiker Bau- und Heimwerkermärkte Holding AG; *Böttcher*, BaFin-Workshop 2009, Präsentation „Complex Financial History in der Fallpraxis" vom 9.11.2009, S. 13; *Meyer*, in: Habersack/Mülbert/Schlitt, Unternehmensfinanzierung, 36.46; *Schlitt*, in: Habersack/Mülbert/Schlitt, Kapitalmarktinformation, § 4 Rn. 71.
25 *Böttcher*, BaFin-Workshop 2009, Präsentation „Complex Financial History in der Fallpraxis" vom 9.11.2009, S. 14.
26 IDW Prüfungsstandard: Prüfung von Vergleichsangaben über Vorjahre (IDW PS 318), Tz. 7 f.
27 IDW Prüfungsstandard: Prüfung von Vergleichsangaben über Vorjahre (IDW PS 318), Tz. 18.

gungsvermerkes nur die Erteilung einer Bescheinigung in Betracht, in der die angewandten Rechnungslegungsgrundsätze anzusprechen sind. Ansonsten gelten die Grundsätze für Bescheinigungen und Bestätigungsvermerke entsprechend. Es kommt im Einzelfall also auf die konkrete Formulierung der Bescheinigung an, die mit der BaFin im Vorfeld abgestimmt werden sollte.

Nach Auffassung der BaFin ist die Aufnahme solcher kombinierter Finanzinformationen aus Gründen der Übersichtlichkeit und Verständlichkeit u. U. der Aufnahme einer Vielzahl von historischen Abschlüssen der nunmehr in den Emittenten integrierten Teileinheiten vorzuziehen.[28] Anwendungsfälle für kombinierte Finanzinformationen sind insbesondere die Abspaltung, Aufspaltung[29] oder Ausgliederung[30] mit nachfolgender Börsenzulassung der Aktien des übernehmenden Rechtsträgers sowie die Umstrukturierung von Konzernaktivitäten, die in eine bestehende oder neue Konzernobergesellschaft eingebracht werden und bei der die Aktien dieser neuen Obergesellschaft eines Teilkonzerns nachfolgend öffentlich angeboten oder zum Börsenhandel zugelassen werden.[31]

33

---

28 *Böttcher*, BaFin-Workshop 2009, Präsentation „Complex Financial History in der Fallpraxis" vom 9.11.2009, S. 13.
29 Beispiel: Abspaltung der LANXESS Aktiengesellschaft von der Bayer AG, dazu *Heiden*, Pro-forma-Berichterstattung, 2006, Tz. 4.4.2.4 (S. 215).
30 Beispiel: Ausgliederung des Geschäftsbereichs Halbleitertechnologien der Siemens AG auf die Infineon Technologies AG, deren Aktien im März 2000 nach erfolgter Ausgliederung öffentlich angeboten und zum Börsenhandel zugelassen wurden, dazu *Schindler/Böttcher/Roß*, WPg 2001, 22, 24 f.; *Heiden*, Pro-forma-Berichterstattung, 2006, Tz. 4.4.2.4 (S. 216).
31 Beispiel: Börsengang der Praktiker Bau- und Heimwerkermärkte Holding AG im Jahre 2005, einer neu gegründeten Holding-Gesellschaft, in die Metro AG die Anteile an ihrer Tochtergesellschaft Praktiker Bau- und Heimwerkermärkte AG (mit den meisten ihrer Tochtergesellschaften) sowie einige ihrer eigenen Geschäftsaktivitäten eingebracht hatte, die ihrem Geschäftsbereich „Praktiker" zugeordnet waren.

Art. 19 VO (EU) 2019/980
Wertpapiere, die in Aktien wandel- oder umtauschbar sind

(1) Sind Wertpapiere in bereits zum Handel an einem geregelten Markt zugelassene Aktien umtausch- oder wandelbar, hat die Wertpapierbeschreibung als zusätzliche Information die in Anhang 17 Punkt 2.2.2 genannten Angaben zu enthalten.

(2) Sind Wertpapiere in Aktien wandel- oder umtauschbar, die vom Emittenten oder von einem zur Unternehmensgruppe dieses Emittenten gehörenden Unternehmen begeben wurden oder noch begeben werden und nicht zum Handel an einem geregelten Markt zugelassen sind, hat die Wertpapierbeschreibung auch die folgenden zusätzlichen Angaben zu enthalten:

a) die in Anhang 11 Punkte 3.1 und 3.2 genannten Angaben zum Emittenten oder zu dem zur Unternehmensgruppe des Emittenten gehörenden Unternehmen;

b) die in Anhang 18 genannten Angaben zur zugrunde liegenden Aktie.

(3) Sind Wertpapiere in Aktien wandel- oder umtauschbar, die von einem Drittemittenten begeben wurden oder noch begeben werden und nicht zum Handel an einem geregelten Markt zugelassen sind, hat die Wertpapierbeschreibung als zusätzliche Information die in Anhang 18 genannten Angaben zu enthalten.

Übersicht

	Rn.		Rn.
I. Regelungsgegenstand	1	1. Erfasste Wertpapiere	2
II. Anwendungsbereich	2	2. Emittent der Aktien	3

I. Regelungsgegenstand

1 Art. 19 VO (EU) 2019/980 legt in Verbindung mit Anhang 17 VO (EU) 2019/980 zusätzliche Angaben in der Wertpapierbeschreibung für bestimmte Wertpapiere, die ein Bezugsrecht auf Aktien vermitteln, fest. In Betracht kommen vor allem **Wandelanleihen, Optionsanleihen** sowie **bestimmte Formen von Optionsscheinen**.[1] Die nach Anhang 18 VO (EU) 2019/980 erforderlichen Angaben sind ergänzend zu einem jeweilig anwendbaren Anhang 11 bis 16 zur VO (EU) 2019/980 aufzunehmen. Zweck der Regelung ist es, das Informationsbedürfnis der Anleger zu befriedigen, wenn über die zu beziehenden Aktien keine öffentlich verfügbaren Informationen vorhanden sind, da diese nicht zum Handel an einem geregelten Markt zugelassen sind.[2]

---

1 *Preuße*, in: Holzborn, WpPG, Art. 17 ProspektVO Rn. 1.
2 Vgl. Erwägungsgrund 11 VO (EU) 2019/980.

II. Anwendungsbereich

1. Erfasste Wertpapiere

Das prospektgegenständliche Wertpapier muss nach dem Ermessen des Emittenten oder des Anlegers oder aufgrund der bei der Emission festgelegten Bedingungen in Aktien umgewandelt oder umgetauscht werden können. Da Art. 19 VO (EU) 2019/980, anders als noch Art. 17 der VO (EG) 809/2004, ausdrücklich von Aktien und nicht von Dividendenwerten spricht, sind Aktien gleichzustellende, übertragbare Wertpapiere nicht erfasst.

2. Emittent der Aktien

Art. 19 VO (EU) 2019/980 unterscheidet zwischen Wertpapieren, die in bereits zum Handel an einem geregelten Markt zugelassene Aktien umtausch- oder wandelbar sind (Abs. 1), die in Aktien des Emittenten oder eines zur Unternehmensgruppe des Emittenten gehörenden Unternehmen, die nicht zum Handel an einem geregelten Markt zugelassen sind, wandel- oder umtauschbar sind (Abs. 2), und Wertpapieren, die in Aktien von einem Drittemittenten wandel- oder umtauschbar sind, die nicht zum Handel an einem geregelten Markt zugelassen sind (Abs. 3).

Wenn die Wertpapiere in **bereits zum Handel an einem geregelten Markt zugelassene Aktien** umtausch- oder wandelbar sind, hat die Wertpapierbeschreibung als zusätzliche Information die in Anhang 17 Punkt 2.2.2 genannten Angaben zu enthalten. Hierbei handelt es sich um Angaben zur Art des Basiswerts, die es dem Anleger ermöglichen, Informationen über die Aktien einzuholen.

Werden die **Aktien vom Emittenten oder einem der gleichen Gruppe angehörigen Unternehmen** emittiert und sind nicht zum Handel an einem geregelten Markt zugelassen, muss der Wertpapierprospekt Angaben zum Emittenten oder zu dem zur Unternehmensgruppe des Emittenten gehörenden Unternehmen enthalten (Anhang 11 Punkte 3.1 und 3.2). Daneben sind zusätzlich die in Anhang 18 genannten Angaben zur zugrunde liegenden Aktie aufzunehmen. Dies beinhaltet insbesondere die nach dem **Registrierungsformular für Sekundäremissionen von Dividendenwerten** (Art. 4 und Anhang 3 VO (EU) 2019/980, vgl. die Kommentierung zu → Art. 14 ProspektVO Rn. 1 ff. und Anhang 3) oder beim **EU-Wachstumsprospekt für Dividendenwerte** (Art. 28 und Anhang 24 VO (EU) 2019/980, vgl. → Anhang 24 Rn. 1 ff.) erforderlichen Angaben.

Handelt es sich um **Aktien eines Drittemittenten**, die nicht zum Handel an einem geregelten Markt zugelassen sind, hat die Wertpapierbeschreibung als zusätzliche Information ebenfalls die in Anhang 18 genannten Angaben zu enthalten.

Art. 20 VO (EU) 2019/980
Wertpapiere, die zu an einen Basiswert gekoppelten Zahlungs- oder Lieferverpflichtungen führen

(1) Bei Wertpapieren außer den in Artikel 19 genannten, die zur Zeichnung oder zum Erwerb von Aktien berechtigen, die aktuell oder künftig vom Emittenten oder von einem zur Unternehmensgruppe dieses Emittenten gehörenden Unternehmen begeben werden und zum Handel an einem geregelten Markt zugelassen sind, hat die Wertpapierbeschreibung als zusätzliche Information die in Anhang 17 genannten Angaben zu enthalten.

(2) Bei Wertpapieren außer den in Artikel 19 genannten, die zur Zeichnung oder zum Erwerb von Aktien berechtigen, die aktuell oder künftig vom Emittenten oder von einem zur Unternehmensgruppe dieses Emittenten gehörenden Unternehmen begeben werden und nicht zum Handel an einem geregelten Markt zugelassen sind, hat die Wertpapierbeschreibung auch die folgenden zusätzlichen Angaben zu enthalten:

a) die in Anhang 17 genannten Angaben außer den unter Punkt 2.2.2 dieses Anhangs genannten Angaben;

b) die in Anhang 18 genannten Angaben zur zugrunde liegenden Aktie.

(3) Bei Wertpapieren außer den in Artikel 19 genannten, die an einen anderen Basiswert als die in den Absätzen 1 und 2 genannten Aktien gekoppelt sind, hat die Wertpapierbeschreibung als zusätzliche Information die in Anhang 17 genannten Angaben zu enthalten.

Übersicht

	Rn.		Rn.
I. Einführung	1	7. Der jetzige Ansatz	14
1. Grundgedanke der Norm	1	8. Erwägungsgrund 12	15
2. Konkretisierung der in Art. 6 der ProspektVO normierten Generalklausel	2	9. Aufbau der Vorschrift	20
3. Besondere Herausforderungen im Hinblick auf die Verständlichkeit	3	10. Zusätzliches Modul im Gegensatz zu einem eigenständigen Schema	25
4. Vorgeschichte der Norm	6	11. Aufgabe des Gedankens, dass derivative Wertpapiere eine eigenständige dritte Kategorie von Wertpapieren darstellen	26
5. Ursprünglicher Ansatz: Dritte Kategorie von Wertpapieren mit Auffangfunktion	7	II. Die einzelnen Tatbestandselemente	29
6. Veränderung durch die DelVO (EU) Nr. 759/2013: Ansatz zu einer positiven Umschreibung des Anwendungsbereichs ohne Aufgabe der Auffangfunktion	11	1. Begriff des Derivats	29
		2. Begriff des Basiswerts	42
		3. Art der Kopplung	46
		4. Wertpapier	49

I. Einführung

1. Grundgedanke der Norm

Art. 20 VO (EU) 2019/980 ergänzt die ProspektVO im Hinblick auf den Inhalt der Wertpapierbeschreibung für Wertpapiere, **die an einen Basiswert gekoppelt sind**. Bei solchen Wertpapieren sind zusätzliche Angaben erforderlich. Welche Angaben dies sind, ergibt sich aus Anhang 17.

2. Konkretisierung der in Art. 6 der ProspektVO normierten Generalklausel

Es handelt sich bei Art. 20 um eine **Konkretisierung der in Art. 6 ProspektVO enthaltenen allgemeinen Regel**, wonach ein Prospekt die erforderlichen Informationen enthält, die für den Anleger wesentlich sind, um sich ein fundiertes Urteil über die in Art. 6 Abs. 1 ProspektVO aufgeführten Gegenstände bilden zu können. Im Vordergrund steht dabei im vorliegenden Zusammenhang der in Art. 6 Abs. 1 lit. b der ProspektVO genannte Aspekt der mit den Wertpapieren verbundenen Rechte. Sind diese Rechte an einen Basiswert gekoppelt, dann benötigt der Anleger die hierauf bezogenen Angaben. Er kann seine Rechte ansonsten nicht verstehen.

3. Besondere Herausforderungen im Hinblick auf die Verständlichkeit

Besonderen Herausforderungen begegnet bei den oft komplexen derivativen Wertpapieren die in Art. 6 Abs. 2 der ProspektVO normierte Anforderung, dass die in einem Prospekt enthaltenen Informationen in leicht zu analysierender, knapper und **verständlicher Form** geschrieben und präsentiert werden müssen. Erwägungsgrund 18 der früheren VO (EG) 809/2004, die in Art. 15 eine Vorgängervorschrift enthielt, forderte insbesondere eine klare und umfassende Erläuterung, wie der Wert der Anlage durch den Wert des Basistitels beeinflusst wird. Hierzu „sollten die Emittenten – auf freiwilliger Basis – auf **zweckmäßige Beispiele** zurückgreifen können. So könnten einige komplexe derivative Wertpapiere anhand von Beispielen sicherlich am Besten erläutert werden."

Ähnliche Probleme stellen sich auch, wenn es darum geht, die **zivilrechtliche Wirksamkeit** der Bedingungen von derivativen Wertpapieren sicherzustellen. Die Herausforderungen sind in diesem zivilrechtlichen Zusammenhang sogar noch größer. Welche Aspekte in dieser Hinsicht relevant werden, lässt sich nämlich nur schwer vorhersehen und die genauen Auswirkungen von Bestimmungen können durchaus von detaillierten Auslegungsfragen abhängen. Bloße Beispiele sind hier jedenfalls nicht genügend, sondern allenfalls ergänzend sinnvoll. Prospektrechtlich hingegen kommt es eher darauf an, dass der Anleger seine Rechte und insbesondere die Abhängigkeit seiner Anlage vom Basiswert sowie die damit verbundenen Risiken grundsätzlich verstanden hat.

Eine möglichst **einfache und verständliche Sprache** empfiehlt sich bei derivativen Wertpapieren in besonderem Maße. Auf den im Zusammenhang mit einer Reihe von derivativen Wertpapieren verbreiteten Jargon sollte entweder verzichtet werden oder die entsprechenden Termini sollten zumindest nachvollziehbar und – wie im oben zitierten Erwägungsgrund empfohlen – nicht zuletzt anhand von Beispielen erläutert werden.

4. Vorgeschichte der Norm

6   Art. 20 ist vor dem Hintergrund der Vorgängervorschriften und einer Entwurfsfassung zu sehen. Die gesetzgeberische Intention ergibt sich, wie im Unionsrecht üblich, aus den Erwägungsgründen, wobei die mit der Bestimmung verfolgte Absicht neben dem Wortlaut der Norm eher eine größere Rolle spielt, als dies bei Bestimmungen deutschen Rechts der Fall ist.

5. Ursprünglicher Ansatz: Dritte Kategorie von Wertpapieren mit Auffangfunktion

7   Art. 20 ersetzt Art. 15 der früheren VO (EG) 809/2004 der Kommission vom 29.4.2004. Art. 15 der früheren VO (EG) 809/2004 galt zuletzt in der Fassung, die er durch die Delegierte Verordnung (EU) Nr. 759/2013 der Kommission vom 30.4.2013 gefunden hatte.

8   Die ursprüngliche Fassung von Art. 15 der VO (EG) 809/2004 lautete wie folgt:

Artikel 15 Schema für die Wertpapierbeschreibung für derivative Wertpapiere

1. Bei der Wertpapierbeschreibung für derivative Wertpapiere werden die Informationen nach dem in Anhang XII festgelegten Schema zusammengestellt.

2. Das Schema gilt für Wertpapiere, die nicht in den Anwendungsbereich der in den Artikeln 6, 8 und 16 genannten anderen Schemata für Wertpapierbeschreibungen fallen, einschließlich solcher, bei denen die Zahlungs- und/oder Lieferverpflichtungen an einen Basiswert gebunden sind.

9   Im Vordergrund stand bei diesem ursprünglichen Ansatz der **Derivatebegriff** sowie der Gedanke, dass es neben den Aktien und Schuldtiteln eine **dritte Kategorie von Wertpapieren** gebe, nämlich die derivativen Wertpapiere. Im Hinblick auf den Anwendungsbereich wurde eindeutig darauf abgestellt, dass die betreffenden Wertpapiere nicht vom Anwendungsbereich anderer Schemata erfasst wurden. Das Schema für derivative Wertpapiere hatte also eindeutig Auffangcharakter. Ein eigenes positives Kriterium für den Anwendungsbereich des Schemas gab es nicht. Wertpapiere, bei denen die Zahlungs- und/oder Lieferverpflichtungen an einen Basiswert gebunden sind, sollten lediglich unter anderem von dieser Auffangkategorie von „anderen" Wertpapieren erfasst werden.

10   Dem entsprachen auch **die damaligen Erwägungsgründe** der früheren VO (EG) 809/2004. Erwägungsgrund 18 der früheren VO (EG) 809/2004 lautete wie folgt:

„Das Schema ‚Wertpapierbeschreibung für derivative Wertpapiere' sollte auf Titel Anwendung finden, die nicht von anderen Schemata und Modulen abgedeckt sind. Der Anwendungsbereich dieses Schemas wird durch den Verweis auf zwei allgemeine Kategorien von Aktien und Schuldtiteln bestimmt. Um mittels einer klaren und umfassenden Erläuterung den Anlegern dabei zu helfen, zu verstehen, wie der Wert ihrer Anlage durch den Wert des Basistitels beeinflusst wird, sollten die Emittenten – auf freiwilliger Basis – auf zweckmäßige Beispiele zurückgreifen können. So könnten einige komplexe derivative Wertpapiere anhand von Beispielen sicherlich am Besten erläutert werden."

6. Veränderung durch die DelVO (EU) Nr. 759/2013: Ansatz zu einer positiven Umschreibung des Anwendungsbereichs ohne Aufgabe der Auffangfunktion

Die Delegierte Verordnung (EU) Nr. 759/2013 der Kommission vom 30.4.2013 sah in Art. 1 Abs. 3 folgende Neufassung von Art. 15 Abs. 2 der früheren VO 809/2004 vor: 11

> (2) Mit Ausnahme der in Artikel 6 Absatz 3, Artikel 8 Absätze 3 und 5 und Artikel 16 Absätze 3 und 5 genannten Fälle gilt das Schema für Wertpapiere, auf die die in den Artikeln 6, 8 und 16 genannten anderen Schemata für Wertpapierbeschreibungen keine Anwendung finden. Das Schema gilt für bestimmte Wertpapiere, bei denen die Zahlungs- und/oder Lieferverpflichtungen an einen Basiswert gekoppelt sind.

Damit trat neben die fortbestehende **Auffangfunktion** eine positive Umschreibung des Anwendungsbereichs, ohne dass das Verhältnis der positiven und negativen Bestimmung klar war. 12

Erwägungsgrund 2–7 der Delegierten VO Nr. 759/2013 befasste sich ausführlich mit in Aktien wandel- oder umtauschbaren Wertpapieren und den je nach Umständen unterschiedlichen Informationsbedürfnissen der Anleger, während derivative Wertpapiere im Übrigen nicht angesprochen wurden. Die Abgrenzung dieser Umtausch- oder Wandelpapiere von den derivativen Wertpapieren dürfte auch das Hauptanliegen hinter dem oben zitierten Art. 15 Abs. 2 der früheren VO (EG) 809/2004 gewesen sein. 13

7. Der jetzige Ansatz

Art. 20 beruht nunmehr auf einem **neuen Ansatz**. Der Gedanke einer Auffangvorschrift wurde aufgegeben. Auch der Begriff der derivativen Wertpapiere kommt im Wortlaut der Norm nicht vor. Allein maßgeblich ist die **Kopplung des Wertpapiers an einen Basiswert**. Damit tritt der ebenso klare wie auch berechtigte Sinn der Norm deutlich hervor. Wo ein Wertpapier an einen Basiswert anknüpft, d.h. die Zahlungs- bzw. Lieferpflicht von diesem abhängig macht, benötigt der Anleger hierzu entsprechende Informationen, um sich ein fundiertes Urteil bilden zu können. Dem entspricht auch die Tatsache, dass die Norm nunmehr nicht mehr auf ein eigenes Schema, sondern lediglich einen zusätzlichen Baustein des Prospektrechts („Building-Block") verweist, der die im Hinblick auf die Kopplung an einen Basiswert erforderlichen zusätzlichen Angaben nennt. 14

8. Erwägungsgrund 12

Erwägungsgrund 12 fasst die hinter Art. 20 stehenden Überlegungen wie folgt zusammen: 15

> „Derivative Wertpapiere sind für die Anleger mit besonderen Risiken verbunden, da beispielsweise die Verluste die getätigte Investition übersteigen können und der Basiswert nicht immer zum Handel an einem geregelten Markt zugelassen ist und somit möglicherweise keine Informationen über diesen Basiswert verfügbar sind. Auch weisen einige Nichtdividendenwerte wie strukturierte Anleihen bestimmte Merkmale eines derivativen Wertpapiers auf. Daher sollte die Wertpapierbeschreibung zusätzliche Angaben zum Basiswert eines derivativen Wertpapiers oder zur derivativen Komponente des Nichtdividendenwerts sowie gegebenenfalls einen Hinweis darauf enthalten, dass Verluste für die Anleger nicht ausgeschlossen werden können."

16 Die Bezugnahme auf **Verluste, die die getätigte Investition übersteigen** können, dürfte auf einem Fehlverständnis der Funktionsweise von derivativen Wertpapieren beruhen. Derivative Wertpapiere, bei denen die Verluste die getätigte Investition übersteigen können, kommen in der Praxis nicht vor. Sie sind zudem aus einer Vielzahl von Gründen praktisch ausgeschlossen. Es handelt sich bei den derivativen Wertpapieren fast ausschließlich um Schuldtitel. Sie sind in Deutschland durch Inhaberpapiere verbrieft. Der jeweilige Inhaber ist dem Emittenten deswegen nicht bekannt. Die Papiere verbriefen zudem einseitig Forderungen des Inhabers gegenüber dem Emittenten, sodass sich Ansprüche auf weitere Zahlungen jedenfalls nicht aus dem Wertpapier ergeben können.

17 Derartige Papiere sind zudem übertragbar. Dies ist auch eine prospektrechtliche Voraussetzung (Art. 2 lit. a) ProspektVO. Übertragbar sind das Wertpapier und die mit diesem verbrieften Rechte. Für Pflichten des Anlegers gibt es jedenfalls bei den Schuldtiteln keinen Raum. Solche Pflichten könnten sich allenfalls aus vertraglichen Vereinbarungen ergeben. Solche Vereinbarungen würden aber der nach Art. 2 lit. a ProspektVO erforderlichen Übertragbarkeit entgegenstehen. Aus einer weitergehenden Verlusttragung des Anlegers würde sich zudem die Notwendigkeit einer Bonitätsprüfung des Anlegers durch den Emittenten ergeben, was aber mit der Anonymität des Inhabers gegenüber dem Emittenten unvereinbar ist.

18 Die Bezugnahme auf die weitergehende Verlusttragung dürfte also auf einem reinen **Missverständnis** beruhen. Offenbar wurde hier zu Unrecht an sogen. OTC-Derivate gedacht, die vertraglicher Natur sind. Zutreffend wäre es, wenn auf das mit dem Basiswert verbundene zusätzliche Risiko hingewiesen worden wäre. Zutreffend wäre auch der Hinweis gewesen, dass das Risiko höher als bei einer Direktanlage in dem Basiswert sein kann (etwa aufgrund eines Hebels).

19 Richtig ist außerdem der im Erwägungsgrund enthaltene Hinweis auf die möglicherweise **nicht ohne Weiteres verfügbaren Informationen** zum Basiswert. Auch wird zu Recht in erster Linie auf Nichtdividendenwerte Bezug genommen.

9. Aufbau der Vorschrift

20 Der Aufbau der Vorschrift ist nicht geglückt. **Der Grundgedanke**, dass nämlich Wertpapiere, die an einen Basiswert anknüpfen, hierauf bezogene zusätzliche Angaben erfordern, **hätte an den Anfang gehört**. Bei der von der Kommission am 28. November 2018 veröffentlichten Entwurfsfassung[1] der Delegierten Verordnung (EU) Nr. 2017/890 war dies auch noch der Fall.

---

[1] Entwurfsfassung der Europäischen Kommission zur Delegierten Verordnung (EU) Nr. 2017/890 Ref. Ares (2018) 6089173. Der jetzige Artikel 20 war in der Entwurfsfassung noch Artikel 19 und bezog sich auf den damaligen Anhang 16. Er lautete (in der allein verfügbaren englischen Sprachfassung) wie folgt:
„Securities giving rise to payment or delivery obligations linked to an underlying asset
1. For securities giving rise to payment or delivery obligations linked to an underlying asset, the securities note shall also contain the additional information referred to in Annex 16.
However, the securities note does not need to contain the information referred to in item 2.2.2 of Annex 16 where the securities referred to in the first subparagraph include a right to acquire any of the following:
(a) the issuer's shares where those shares are not admitted to trading on a regulated market;

Stattdessen befassen sich die ersten beiden Absätze der Norm mit einem Detailproblem, 21
nämlich speziell den Wertpapieren, die zur Zeichnung oder zum Erwerb von Aktien desselben Emittenten oder einer Konzerngesellschaft des Emittenten berechtigen. Sind diese Aktien zum Handel an einem geregelten Markt zugelassen (Abs. 1), hat die Wertpapierbeschreibung die in Anhang 17 genannten Angaben zu enthalten. Die Rechtsfolge ist dann also dieselbe wie nach Abs. 3. Sind die entsprechenden Aktien nicht zum Handel an einem geregelten Markt zugelassen, gilt abweichend von Abs. 1 Punkt 2.2.2 nicht. Stattdessen sind die in Anhang 18 genannten Angaben zur zugrunde liegenden Aktie erforderlich.

Abs. 3 beruht auf dem oben genannten Grundgedanken, dass nämlich die Kopplung eines 22
Wertpapiers an einen Basiswert hierauf bezogene zusätzliche Informationen erfordert. Problematisch ist allerdings der Wortlaut des Abs. 3. Die Formulierung im Hinblick auf die beiden ersten Absätze der Norm wird der Sache nicht gerecht. Während im Hinblick auf Art. 19 die dort genannten Wertpapiere ausgenommen sind, nimmt die in Abs. 3 enthaltene Abgrenzung von den ersten beiden Absätzen auf die dort genannten Basiswerte Bezug und lautet dahin, dass die von Abs. 3 erfassten Wertpapiere sich auf einen anderen Basiswert als die in den Abs. 1 und 2 genannten Aktien beziehen müssen.

Diese Vorgehensweise trägt der Tatsache nicht hinreichend Rechnung, dass sich die 23
Abs. 1 und 2 nicht nur auf bestimmte Basiswerte, nämlich Aktien desselben Emittenten bzw. eines Konzernunternehmens des Emittenten beziehen, sondern auch auf eine bestimmte Verknüpfung der Rechte aus dem Wertpapier mit diesen Aktien abstellen. Es muss sich nach den Abs. 1 und 2 jeweils um Wertpapiere handeln, die zur Zeichnung bzw. zum Erwerb der betreffenden Aktien berechtigen. Daraus ergibt sich die Frage: Was gilt, wenn sich ein Wertpapier zwar auf diese Aktien bezieht, der Bezug aber nicht in einem Recht auf Zeichnung bzw. zum Erwerb besteht? Der Anleger benötigt die Informationen in Bezug auf den Basiswert und die Art der Verkopplung zweifellos auch in diesem Fall. Es dürfte sich also um ein **Redaktionsversehen** handeln. Abs. 3 sollte in dem Sinne gelesen werden, dass er **alle nicht bereits von den ersten beiden Absätzen bzw. von Art. 19 erfassten Wertpapiere umfasst**, die an einen Basiswert gekoppelt sind. Abs. 3 normiert also die Grundregel, dass alle an einen Basiswert gekoppelten Wertpapiere die zusätzlichen Angaben nach Anhang 17 erfordern. Diese Grundregel unterliegt nur der Ausnahme, dass solche Wertpapiere nicht erfasst sind, die entweder Art. 19 oder den ersten beiden Absätzen von Art. 20 unterfallen.

Neu ist der Aufbau von Art. 20 auch insofern, als es nunmehr nicht mehr eine einheitliche 24
Bestimmung des Anwendungsbereichs, sondern drei Absätze gibt, die jeweils einzelne Anwendungsbereiche festlegen, auch wenn sich die Rechtsfolgen und die Voraussetzungen teils gleichen.

(b) the shares issued by an entity belonging to the issuer's group, where those shares are not admitted to trading on a regulated market.
2. The securities note for the securities referred to in paragraph 1 shall contain only the information referred to in item 2.2.2 of Annex 16 as additional information where those securities are exchangeable or convertible into shares admitted to trading on a regulated market other than the shares of the issuer."

10. Zusätzliches Modul im Gegensatz zu einem eigenständigen Schema

25 Art. 20 verweist anders als die Vorgängervorschrift des Art. 15 der früheren VO (EG) 809/2004 **nicht mehr auf ein eigenständiges Schema** für derivative Wertpapiere, sondern **lediglich auf ein Modul ("Building-Block")**, das zusätzliche Angaben aufführt, die im Hinblick auf die Kopplung des Wertpapiers an einen Basiswert erforderlich sind. Dem entspricht auch die systematische Stellung der Norm als Teil von Kapitel II (Inhalt des Prospekts) und Abschnitt 3 (im Prospekt zu liefernde zusätzliche Angaben).

11. Aufgabe des Gedankens, dass derivative Wertpapiere eine eigenständige dritte Kategorie von Wertpapieren darstellen

26 Art. 20 **verabschiedet sich von dem Gedanken**, dass derivative Wertpapiere eine neben Aktien und Schuldtitel tretende **dritte Kategorie** von Wertpapieren darstellen. Vielmehr stellt das derivative Element nunmehr eine besondere Eigenschaft des Wertpapiers dar, die hinzutritt und grundsätzlich sowohl Aktien als auch Schuldtiteln zukommen kann. Gleichzeitig wird diese Eigenschaft, d.h. das derivative Element, mit der Kopplung an einen Basiswert gleichgesetzt, sodass der Begriff klare begriffliche Konturen hat. Er bringt damit den prospektrechtlich entscheidenden Gedanken, nämlich die Verkopplung mit einem Basiswert und die daher erforderlichen zusätzlichen Informationen, klar zum Ausdruck.

27 Die Abgrenzung der derivativen Wertpapiere von Aktien und Schuldtiteln spielt anders als bei der Vorgängervorschrift inzwischen keine Rolle mehr. Damit haben sich auch die in diesem Zusammenhang in der Vorauflage ausführlich erörterten Probleme erledigt.

28 Rein tatsächlich sind derivative, d.h. auf einen Basiswert bezogene, Wertpapiere ganz überwiegend Wertpapiere, die Forderungen verbriefen, wobei diese Forderungen auf einen Basiswert bezogen sind. Aktien mit einem derivativen Element sind begrifflich vorstellbar, kommen aber praktisch kaum vor.

II. Die einzelnen Tatbestandselemente

1. Begriff des Derivats

29 Die Vorgängervorschrift des Art. 15 der Delegierten VO Nr. 759/2013 gab Anlass zu Erörterungen des **Derivatebegriffs**. Im Hinblick auf Art. 20 ist hierzu nun folgendes zu sagen. Der Begriff des Derivats kommt im Wortlaut der Norm nicht vor. Stattdessen ist allein von an Basiswerte gekoppelten Wertpapieren die Rede. Auch die Überschrift von Anhang 17 bezieht sich allein auf Wertpapiere, die zu an einen Basiswert gekoppelten Zahlungs- und Lieferverpflichtungen führen, ohne dass der Begriff des derivativen Wertpapiers gebraucht wird. Erwägungsgrund 12 bezieht sich auf derivative Wertpapiere. Dieser Begriff sollte aber als bloße Umschreibung des an einen Basiswert gekoppelten Wertpapiers angesehen werden. Weitere Voraussetzungen sind damit nicht verbunden.

30 Der in dieser Weise verstandene Begriff des derivativen Wertpapiers erfasst gerade auch Instrumente, die in anderem Zusammenhang unter Umständen nicht als Derivate bezeichnet würden. „Derivativ" heißt also nicht mehr als nur **„von einem Basiswert abgeleitet"**

oder auf einen Basiswert bezogen. Weitere Eigenschaften wie ein bestimmtes Risikoprofil sind also keine Voraussetzung. Es muss sich also nicht etwa aus der Art der Kopplung für sich genommen noch ein zusätzliches Risiko ergeben.

Zu diesen von Art. 20 erfassten an Basiswerte gekoppelten Wertpapieren gehören insbesondere die Schuldverschreibungsprodukte, die das Risikoprofil des Basiswerts „eins zu eins", d. h. ohne Hebel oder sonstige Veränderung, abbilden. Solche Wertpapiere unterscheiden sich von einer Direktanlage im zugrundeliegenden Basiswert hauptsächlich durch die Zwischenschaltung eines Emittenten. 31

Der Emittent agiert in diesem Fall wirtschaftlich wie ein **Intermediär**. Allerdings steht es ihm nach den Bedingungen der Wertpapiere meist frei, ob er Absicherungsgeschäfte tätigt und, wenn ja, wie er dies tut. Wirtschaftlich ähnelt dies einem Kommissionsgeschäft, bei dem es dem Kommissionär freisteht, ob er das Ausführungsgeschäft tatsächlich abschließt, und bei dem vereinbart wird, dass über ein hypothetisches Ausführungsgeschäft abgerechnet wird. 32

Zwar gibt es in diesem Fall im Hinblick auf das mit dem Basiswert verbundene Risiko keine Risikosteigerung (etwa durch einen Hebel). Das zusätzliche Risiko besteht typischerweise allein in der Möglichkeit des Ausfalls des Emittenten. Selbst dieses Risiko ist aber keine begriffliche Voraussetzung der derivativen Wertpapiere. Es würde sich also nichts ändern, wenn es durch entsprechende Besicherung ausgeschlossen würde. Art. 20 ist ohnehin Teil der Regeln in Bezug auf die Wertpapierbeschreibung. Um die Beschreibung des Emittenten und die mit dem Emittenten zusammenhängenden Risiken geht es dabei nicht. Entscheidend ist nicht der Vergleich mit einem Direktinvestment im Basiswert, soweit dieses angesichts der Art des Basiswerts überhaupt möglich ist, sondern der Vergleich mit Wertpapieren, die z. B. einfache Zahlungsansprüche oder Mitgliedschaftsrechte verbriefen, ohne dass eine externe Bezugsgröße eine Rolle spielt. 33

Zusätzliche Risiken aufgrund der Art der Kopplung oder zusätzliche Risiken im Vergleich zu einer Direktanlage sind also keine Voraussetzung der Anwendung der Norm. Sie führen aber zu besonderem Erläuterungsbedarf im Rahmen von Punkt 2.1.1 von Anhang 17. Anhang 17 verlangt nämlich eine klare und umfassende Erläuterung, die den Anlegern verständlich macht, wie der Wert ihrer Anlage durch den Wert des Basisinstruments beeinflusst wird. Es geht hier also um die Art der Kopplung. Diese ist besonders wichtig, wo die Art der Verknüpfung mit dem Basiswert für sich genommen besondere Risiken erzeugt. All dies ist aber nicht Voraussetzung des Art. 20 und damit der Anwendbarkeit des Anhang 17. Es genügt für Art. 20, dass ein Wertpapier überhaupt an einen Basiswert anknüpft. Schon dies löst grundsätzlich einen besonderen Informationsbedarf aus. 34

Durch eine entsprechende **Modifikation der Verknüpfung** mit dem Basiswert (insbesondere durch einen hierbei eingeführten Hebel) kann das derivative Wertpapier auch eine derivative Komponente im üblichen Sinne des Begriffs des Derivats erhalten. Die Zahlungs- bzw. Lieferpflicht des Emittenten kann auch so ausgestaltet werden, dass das verbriefte Recht eine durch Barausgleich oder (seltener) Lieferung zu erfüllende Option darstellt. Diese besondere Gestaltung (im Gegensatz zur einfachen linearen Verknüpfung mit dem Basiswert) ist aber keine begriffliche Voraussetzung des derivativen Wertpapiers und die Zwischenschaltung des Emittenten kann andere Gründe als die Erzeugung eines Derivats im klassischen Sinne haben. Es kann z. B. so sein, dass die Direktanlage unpraktisch ist (so die Anlage unmittelbar in Rohstoffen oder die Anlage eines vergleichsweise 35 geringfügigen Betrags in einem Aktienkorb, der einen anerkannten Index nachbildet). Anlagen in derivativen Wertpapiere erfüllen nämlich nicht selten eine ähnliche Funktion wie Fondsanlagen und werden auch teils als mögliche Alternative zu Fondsanlagen wahrgenommen. Es wird in diesen Fällen oft als nachgeordnete Frage der technischen Ausgestaltung angesehen, dass die Anlage über eine Schuldverschreibung im Gegensatz zur Beteiligung an einem Fondsvermögen erfolgt.

36 Der **Begriff des Derivats im Sinne des § 2 Abs. 2 WpHG bzw. 1 Abs. 11 Satz 4 KWG** ist unerheblich. Es handelte sich um einen grundlegend anderen Begriff. Es gibt derivative Wertpapiere, die das wertpapiermäßig verbriefte Gegenstück zu den in § 2 Abs. 2 WpHG bzw. 1 Abs. 11 Satz 4 KWG genannten Derivaten darstellen. Das gilt z. B. für Optionsscheine. Es gibt aber auch zahlreiche derivative Wertpapiere, bei denen die Verknüpfung mit dem Basiswert so einfach ist, dass das Geschäft im Wesentlichen auf die Zwischenschaltung eines Emittenten als Intermediär hinausläuft. Es ist auch denkbar, dass das Risiko gegenüber einer Direktanlage im Basiswert reduziert wird (z. B. durch einen teilweisen Kapitalschutz). Hierauf kommt es für Art. 20 nicht an. Ausreichend ist, dass das Wertpapier überhaupt an einen Basiswert anknüpft.

37 Ebenfalls unerheblich ist, ob die derivativen Wertpapiergeschäfte **Termingeschäfte** darstellen. Der BGH[2] hat den Begriff des Termingeschäfts dahingehend definiert, dass es sich um standardisierte Verträge handele, die von beiden Seiten erst zu einem späteren Zeitpunkt, dem Ende der Laufzeit, zu erfüllen seien und einen Bezug zu einem Terminmarkt haben. Die besondere Gefährlichkeit dieser Geschäfte, vor der nicht börsentermingeschäftsfähige Anleger durch § 53 ff. BörsG a. F. geschützt werden sollten, bestehe darin, dass sie – anders als Kassageschäfte, bei denen der Anleger sofort Barvermögen oder einen Kreditbetrag einsetzen müsse – durch den hinausgeschobenen Erfüllungszeitpunkt zur Spekulation auf eine günstige, aber ungewisse Entwicklung des Marktpreises in der Zukunft verleiten, die die Auflösung des Terminengagements ohne Einsatz eigenen Vermögens und ohne Aufnahme eines förmlichen Kredits durch ein gewinnbringendes Glattstellungsgeschäft ermöglichen solle. Typischerweise seien mit Börsentermingeschäften die Risiken der Hebelwirkung und des Totalverlustes des angelegten Kapitals sowie die Gefahr, planwidrig zusätzliche Mittel einsetzen zu müssen, verbunden.

38 Zweifellos stellen Optionsscheine, die zu den klassischen derivativen Wertpapieren gehören, Termingeschäfte in diesem Sinne dar. Für die ebenso unzweifelhaft zu den derivativen Wertpapieren zählenden (nicht gehebelten) Indexzertifikate gilt dies aber gerade nicht. Sie stellen Kassageschäfte dar. Derivate sind solche Anlagen nur in dem Sinne, dass die Anlage nicht unmittelbar in dem Basiswert, sondern in einem anderen hierauf bezogenen Instrument und damit unter Zwischenschaltung des Emittenten erfolgt. Der Begriff „derivativ" ist in diesem Fall gleichbedeutend mit „synthetisch" oder „mittelbar".

39 Der Begriff des Termingeschäfts ist für Art. 20 daher ohne Bedeutung. Allein maßgeblich ist die Kopplung an einen Basiswert und das damit entstehende zusätzliche Informationsbedürfnis. Richtig ist lediglich, dass nach Anhang 17 nicht nur der Basiswert (Punkt 2.1), sondern auch die Art der Verknüpfung des Wertpapiers (Punkt 2.1.1) zu beschreiben ist und dass nicht nur mit dem Basiswert Risiken verbunden sein können, sondern sich zusätzliche Risiken aus der Art der Verknüpfung ergeben können.

---

2 Urt. vom 13.7.2004 – XI ZR 178/03, NJW 2004, 2967.

Art. 20 dient also nicht etwa einem ins Prospektrecht transponierten Schutz vor den besonderen Risiken von Derivaten. Der Art. 20 und Anhang 17 zugrundeliegende Grundgedanke ist wesentlich einfacher: Bestehen die mit einem Wertpapier verbundenen Rechte weder allein in den für die Aktienanlage typischen mitgliedschaftlichen Rechten noch in einem Anspruch auf Zahlung eines festen Geldbetrags, sondern ist die Rückzahlung bzw. sonstige Leistung von einem Basiswert oder überhaupt einem zukünftigen ungewissen Ereignis abhängig, bedarf der Anleger im Hinblick hierauf besonderer Informationen. Es ist dieses zusätzliche Informationsbedürfnis und nicht die besondere Gefährlichkeit der derivativen Wertpapiere, die zusätzliche Angaben in der Wertpapierbeschreibung erforderlich macht.

Das Verständnis des Begriffs der Derivate speziell im Zusammenhang mit deutschen Normen bzw. in der deutschen Rechtsprechung ist schließlich schon deswegen unmaßgeblich, weil es sich bei Art. 20 um **autonom auszulegendes Unionsrecht** handelt. Zuständig für die Auslegung wäre letztlich der EuGH, auch wenn es im Rahmen des Prospektrechts kaum zu gerichtlichen Auseinandersetzungen kommt, sodass mit Vorlagen an den EuGH nicht zu rechnen ist.

2. Begriff des Basiswerts

Der Begriff des Basiswerts ist **weit**. Dies kommt in der englischen Sprachfassung („underlying") noch deutlicher zum Ausdruck. Der Begriff „**underlying**" sagt nicht mehr als das „Zugrundeliegende". Die deutsche Fassung der Vorgängervorschriften nahm demgegenüber ursprünglich auf „Wertpapier/Aktie" Bezug, was ein sehr viel engeres Verständnis nahelegte. Schon die ursprüngliche deutsche Fassung wurde aber trotz dieses Wortlauts in einem weiten Sinne verstanden. Durch die Delegierte Verordnung (EU) Nr. 759/2013 vom 30.4.2013 wurde der deutsche Wortlaut dieser Auslegung angepasst und die Worte „Wertpapier/Aktie" durch das Wort „Basiswert" ersetzt.

Dieser Begriff ist in einem **rein funktionellen Sinn** zu verstehen, d. h. im Sinne einer bloßen Bezugsgröße für das Wertpapier. Es muss sich beim Basiswert insbesondere nicht um ein Wertpapier oder überhaupt etwas handeln, das für sich genommen einen Vermögenswert darstellt und Gegenstand einer direkten Anlage sein könnte. Es kann sich auch um eine andere variable Messgröße (wie insbesondere einen Index) oder um künftige ungewisse Ereignisse handeln.

Im Zusammenhang mit den Vorgängervorschriften, die gegenüber den Aktien und Schuldtiteln Auffangcharakter hatten, war die Verknüpfung mit einem Basiswert bei den die Praxis dominierenden Schuldtiteln das Gegenstück zum einfachen Schuldtitel. Dieser Vergleich ist nach wie vor eine sinnvolle Richtschnur. Grundsätzlich führt jede Abhängigkeit der vom Emittenten geschuldeten Leistung von einem externen Faktor zu einem derivativen, d. h. einem an einen Basiswert gekoppelten Wertpapier. Dies ist unabhängig davon, worum es sich bei dem externen Faktor handelt.

Anhang 17 verdeutlicht in Punkt 2.2 und insbesondere Punkt 2.2.2 **das weite Spektrum möglicher Basiswerte**. Es kann, muss sich aber nicht um ein Wertpapier handeln. Mögliche Basiswerte sind auch Referenzeinheiten oder Referenzverbindlichkeiten im Zusammenhang mit kreditgebundenen („credit-linked") Wertpapieren. Der Basiswert kann auch ein Index sein. Bei dem Index muss es sich nicht um einen bereits vorhandenen externen

Index handeln. Der Index kann vom Emittenten oder einem Konzernunternehmen des Emittenten zusammengestellt werden. Auch Basiswerte, die in keine der vorgenannten Kategorien fallen, können, wie im vorletzten Absatz von Punkt 2.2.2 betont, einen Basiswert darstellen. Schließlich kann der Basiswert einen Korb von Basiswerten darstellen.

3. Art der Kopplung

46 Die **Art der Kopplung** ist – wie oben schon ausgeführt – **gleichgültig**. Es kann sich um eine einfache lineare Verknüpfung handeln oder auch eine solche, die einen Hebel bzw. ein Terminelement oder eine Option mit sich bringt. Die Verknüpfung zwischen Wertpapier und Basiswert kann hochkomplex sein, sodass sie allein mit mathematischen Formeln zutreffend und präzise umschrieben werden kann.

47 Wichtig ist allerdings, dass die verbrieften Rechte vom Basiswert abhängig sind bzw. von diesem **aufgrund der rechtlichen Ausgestaltung des Wertpapiers** beeinflusst werden. Die bloße auf anderen Gründen beruhende Relevanz einer externen Bezugsgröße für den Wert des Wertpapiers reicht nicht aus (z. B. die Relevanz eines Marktzinssatzes für ein festverzinsliches Wertpapier).

48 Relevant ist die Art der Verkopplung zwischen Basiswert und Wertpapier freilich insofern, als sie zu den Punkten gehört, zu denen nach Anhang 17 Angaben erforderlich sind. Für das Ausmaß der erforderlichen zusätzlichen Informationen hat die Art der Verknüpfung von Basiswert und Wertpapier also durchaus Bedeutung.

4. Wertpapier

49 Gemeinsame Voraussetzung der drei Absätze von Art. 20 ist, dass es sich um Wertpapiere handeln muss. Nicht erfasst sind daher **OTC-Derivate und an Terminbörsen gehandelte Derivate**. Diese kommen nämlich jeweils durch vertragliche Vereinbarungen aufgrund von Rahmenverträgen oder der Regelwerke von Terminbörsen zustande und ihr Handel besteht auch nicht in der Übertragung von Rechtspositionen (insbesondere nicht wertpapiermäßig verbrieften Rechtspositionen), sondern darin, dass jeweils vertragliche Vereinbarungen beendet, neu abgeschlossen oder verändert werden.

50 Von den Terminbörsen sind freilich die (ggf. spezialisierten) Börsen bzw. Börsensegmente zu unterscheiden, an denen wertpapiermäßig verbriefte Derivate gehandelt werden. Die an diesen Börsen bzw. Börsensegmenten gehandelten Papiere stellen in der Regel an Basiswerte gekoppelte Wertpapiere im Sinne des Art. 20 dar und sind daher auch in Regel prospektrechtlich derivative Wertpapiere.

51 Im Konsultationsverfahren der Kommission war eine **Klarstellung** dahingehend gefordert worden, dass börsengehandelte Derivatekontrakte nicht dem Anwendungsbereich der Prospektpflicht unterfallen.[3] Eine solche Klarstellung ist nicht erfolgt. Sie ist auch nicht erforderlich und wäre in der Delegierten Verordnung auch systematisch verfehlt gewesen. Es genügt insoweit zur Abgrenzung das Erfordernis eines Wertpapiers und die Tatsache, dass Derivatekontrakte nicht wertpapiermäßig verbrieft sind. Der Begriff des Wertpapiers

---

3 Entwurfsfassung der Europäischen Kommission zur Delegierten Verordnung (EU) Nr. 2017/890, Ref. Ares (2018)6089173.

ist in Art. 2 lit. a ProspektVO geregelt. Auch Erwägungsgrund 10 (Satz 2) der ProspektVO bestätigt, dass zwar einige der unter die ProspektVO fallenden Wertpapiere an Basiswerte anknüpfen, dass aber nicht etwa auf die Voraussetzung eines Wertpapiers im Sinne der ProspektVO verzichtet werden soll.

Art. 21 VO (EU) 2019/980
Forderungsbesicherte Wertpapiere
(„Asset backed securities/ABS")

Bei forderungsbesicherten Wertpapieren hat die Wertpapierbeschreibung auch die in Anhang 19 genannten zusätzlichen Angaben zu enthalten.

(nicht kommentiert)

Art. 22 VO (EU) 2019/980
Garantien

Bei Nichtdividendenwerten, die Garantien einschließen, hat die Wertpapierbeschreibung auch die in Anhang 21 genannten zusätzlichen Angaben zu enthalten.

Die von Art. 22 bzw. Anhang 21 der VO (EU) 2019/980 geforderten Angaben sind für Prospekte von Nichtdividendenwerten relevant, die von Dritten mit Garantien ausgestattet sind. Zum Begriff der Nichtdividendenwerte wird auf die Ausführungen bei Art. 15 der VO (EU) 2019/980 verwiesen (→ Art. 15 Rn. 1 ff.). 1

Die Formulierung „Garantien einschließen" bzw. „include guarantees" ist freilich nicht ganz geglückt, denn zivilrechtlich wird das Wertpapier, welches die zu garantierenden Forderungen kreiert, nie gleichzeitig auch die Garantie beinhalten bzw. „einschließen". Die Garantie wird immer ein vom Leistungsversprechen des Emittenten verschiedenes Garantieversprechen des Garanten sein.[1] Allerdings ist Erwägungsgrund 14 der VO (EU) 2019/980 ausreichend deutlich, um den Willen des Verordnungsgebers so erkenntlich zu machen, dass eine gekünstelte Diskussion darüber, was eine „eingeschlossene Garantie" sei, entbehrlich ist. Gemäß diesem Erwägungsgrund erstreckt sich der Anwendungsbereich auf Wertpapiere, bei denen die Zahlungsverpflichtungen des Emittenten garantiert wird, also die ordnungsgemäße Leistung auf die Verpflichtungen aus dem Wertpapier durch einen Dritten sichergestellt wird. Da Garantien, zumal in unterschiedlichen Rechtsordnungen, vielerlei Gestalt haben können, sah es der Verordnungsgeber nachvollziehbarerweise als erforderlich an, die Emittenten auf eine Beschreibung der Garantie zu verpflichten, welche Investoren in die Lage versetzt, die Eigenschaften der Garantie beurteilen zu können.[2] 2

Für die einzelnen inhaltlichen Anforderungen von Anhang 21 VO (EU) 2019/980 wird auf die dortige Kommentierung verwiesen (→ Anhang 21 Rn. 2 ff.). 3

---
1 Vgl. *Fest*, in: Ebenroth/Boujong/Joost/Strohn, HGB, § 348 Rn. 33.
2 Vgl. Erwägungsgrund 14 der VO (EU) 2019/980.

Art. 23 VO (EU) 2019/980
Zustimmung

Stimmt der Emittent oder die für die Erstellung eines Prospekts verantwortliche Person der in Artikel 5 Abs. 1 der Verordnung (EU) 2017/1129 genannten Verwendung zu, hat der Prospekt alle nachstehend genannten zusätzlichen Angaben zu enthalten:

a) wenn diese Zustimmung einem oder mehreren spezifischen Finanzintermediär(en) erteilt wird, die in Anhang 22 Punkte 1 und 2A genannten Angaben;

b) wenn diese Zustimmung allen Finanzintermediären erteilt wird, die in Anhang 22 Punkte 1 und 2B genannten Angaben.

Übersicht

	Rn.		Rn.
I. Überblick	1	3. Zustimmung an alle Finanzintermediäre	26
II. Hintergrund der Vorschrift	3	4. Zeitliche Beschränkung der Zustimmung	29
1. Ausgangspunkt vor der ÄnderungsRL 2010/73/EU	3	IV. Sonstige Bedingungen für die Zustimmung	32
2. Fragen der Prospektpflicht	6	1. Marktübliche Bedingungen für die Zustimmungserteilung	33
a) Weiterplatzierung über eine Vertriebskaskade (Retail Cascade)	7	a) Herkömmliche Schuldverschreibungen	33
b) Begriff des Finanzintermediärs	9	b) Empfehlung des Deutsche Derivate Verbands und der Deutschen Kreditwirtschaft	38
c) Prospektpflicht des Emittenten und des Anbieters für Weiterplatzierungen	11	2. ICMA-Empfehlung von September 2015	40
d) Prospekthaftung durch den Emittenten/Prospektveranlasser	15	3. Rechtsfolge der Nichteinhaltung von Bedingungen	43
III. Erteilung einer Zustimmung	17		
1. Spannungsfeld zwischen Platzierungserfolg und Prospekthaftungs- und Nachtragspflicht	17		
2. Zustimmung an spezifische Finanzintermediäre	20		

I. Überblick

1   Die Vorschrift konkretisiert die Erteilung der Zustimmung zur Verwendung eines Prospekts gemäß Art. 5 Abs. 1 UAbs. 2 ProspektVO[1] durch den Emittenten oder die Person, die für den Prospekt verantwortlich ist. Bei einer Anleiheemission gibt der Emittent die Schuldverschreibungen in der Regel nicht direkt an den Endinvestor aus, sondern platziert die Anleihe an ein Bankenkonsortium, das die Weiterveräußerung über eine Vertriebskette von mehreren Finanzintermediären bewerkstelligt (**Vertriebskaskade** – Retail Cascade → Rn. 3). Würde der Prospektverantwortliche den in dieser Vertriebskette folgenden Finanzintermediären keine Zustimmung zur Prospektverwendung erteilen, müssten diese bei jeder Weiterveräußerung die Prospektpflicht nach Art. 5 Abs. 1 UAbs. 1 ProspektVO

---

[1] Richtigerweise sollte mit Blick auf § 183 Satz 1 BGB von einer Einwilligung gesprochen werden.

prüfen und gegebenenfalls **einen eigenen Prospekt erstellen und billigen lassen**. Art. 23 verweist auf die in Bezug auf die Zustimmung erforderlichen Angaben, die im Prospekt enthalten sein müssen und sich im Einzelnen aus Anhang 22 ergeben. Art. 23 differenziert dabei zwischen einer Zustimmung an spezifische Finanzintermediäre (lit. a) und einer solchen an alle Finanzintermediäre (lit. b). Die Vorgängerregelung hatte in einem Absatz 2 noch statuiert, dass ein neuer Prospekt zu erstellen ist, sollte der Finanzintermediär nicht alle im Prospekt enthaltenen Bedingungen einhalten. Im Zuge der Novellierung hielt man diese Klarstellung nicht mehr für erforderlich.

Das Erfordernis der Erteilung der Zustimmung zur Verwendung des Prospekts war mit der ÄnderungsRL 2010/73/EU zur ProspektRL neu eingefügt worden und sollte insbesondere ein „**Level playing field**" innerhalb der EU-Mitgliedstaaten ermöglichen. Denn die Frage der Prospektpflicht war von den Mitgliedstaaten auf den einzelnen Stufen der Vertriebskaskade in Nuancen in den jeweiligen lokalen Gesetzen ursprünglich unterschiedlich umgesetzt worden (dazu sogleich). 2

II. Hintergrund der Vorschrift

1. Ausgangspunkt vor der ÄnderungsRL 2010/73/EU

Nach deutscher Rechtslage vor den Änderungen gemäß der ÄnderungsRL 2010/73/EU zur RL 2003/71/EG galt die Weiterveräußerung im Hinblick auf eine Prospektpflicht als unproblematisch. Denn § 3 Abs. 1 Satz 2 WpPG a.F. sah vor, dass eine Prospektpflicht nicht gelte, wenn „ein Prospekt nach dem WpPG bereits veröffentlicht worden ist". Danach war für den Weitervertrieb im Wege des öffentlichen Angebots nach Abschluss der ursprünglichen Platzierung an die im Orderbuch des Bankenkonsortiums befindlichen Erwerber (**Primärmarktplatzierung**)[2] keine Veröffentlichung eines weiteren Prospekts erforderlich. Dies hatte gerade bei dem Vertrieb von Anleiheemissionen an Privatanleger in Deutschland besondere praktische Relevanz. Insbesondere bei den Mitgliedern der sog. Finanzverbünde (Genossenschaftsbanken sowie Institute des Deutschen Sparkassen- und Giroverbands) werden Schuldverschreibungen häufig zunächst von den jeweiligen Spitzenorganisationen des Verbunds erworben, um sie sodann über die Mitglieder des Ver- 3

---

2 Der Begriff „Primärmarkt" ist gesetzlich nicht definiert und wird uneinheitlich verwendet. Darunter wird zumeist die Phase von der Begebung der Anleihe bis zur Veräußerung an die im Orderbuch des Bankenkonsortiums befindlichen Erwerber verstanden, vgl. *Hartwig-Jacob*, Die Vertragsbeziehungen und die Rechte der Anleger bei internationalen Anleiheemissionen, 2001, S. 12; *Oulds*, in: Kümpel/Mülbert/Früh/Seyfried, Bank- und Kapitalmarktrecht, Rn. 10.37 f. Nach anderer Ansicht könnte die Primärmarktphase erst enden, wenn (i) die Anleihe zum Börsenhandel zugelassen ist (so offenbar *Lehmann*, in: MünchKomm-BGB, Bd. 11, Internationales Finanzmarktrecht, Rn. 37, freilich ohne Hinweis darauf, wie die Abgrenzung zum Sekundärmarkt erfolgen soll, wenn die Schuldverschreibungen nicht zum Handel zugelassen sind) oder (ii) der Endinvestor die Schuldverschreibung erworben hat, d.h. ein Erwerber, der das Ziel des Investments und nicht eine Weiterveräußerung als Intermediär verfolgt (*Lemke/von Livonius*, Bankrecht und Bankpraxis, Emissionsgeschäft, 2. Aufl. 2020, Rn. 10/1, 267). Zu Überlegungen, den Terminus „Primärmarkt" im Rahmen der Novellierung der EU-ProspektRL zu definieren: Art. 4 Satz 2 ÄnderungsRL 2010/73/EU; ESMA response to the European Commission consultation on the review of the Prospectus Directive, Dok. 2015/ESMA/857 v. 13.5.2015, Ziff. 66, S. 15. Eine Definition wurde indes letztlich nicht aufgenommen.

bunds an deren Privatkunden zu vertreiben. Erst diese Kunden erwerben die Anleihe als eigene Geldanlage und beabsichtigen gegebenenfalls, in diesem Wertpapier bis zu dessen Endfälligkeit investiert zu bleiben (sog. **Endinvestor**). Diese Folge von Weiterveräußerungen wird als **Vertriebskette oder Vertriebskaskade** (Retail Cascade) bezeichnet. Hintergrund des § 3 Abs. 1 Satz 2 WpPG a. F. war die Annahme, dass nach dem Ende des Angebots die Sekundärmarkttransparenz für hinreichende und aktualisierte Informationen Sorge tragen sollte.[3] Freilich überzeugte diese Überlegung, wenn überhaupt, nur bei einer Zulassung zum Handel an einem regulierten Markt und mit Blick auf die Anwendungsbereiche der Ad-hoc-Publizität und der Nachtragspflicht nur bedingt.

4 Anders als in Deutschland war die Rechtslage aber zum Beispiel im **Vereinigten Königreich**. Die vorgenannte, im WpPG enthaltene Regelung fehlte dort. Bereits im Jahre 2007 hatte die **United Kingdom Listing Authority** deshalb in einer Veröffentlichung[4] darauf hingewiesen, dass verschiedene Angaben nach dem damaligen Art. 23 Abs. 4 VO (EG) 809/2004 (in Art. 18 Abs. 2 ProspektVO überführt) nicht in den Prospekt aufgenommen werden müssten, wenn dies nicht angemessen erscheine. Dann müsse aber im Prospekt ein Hinweis enthalten sein, dass der Investor überprüfen müsse, ob sein Verkäufer mit dem Emittenten zusammenarbeitet und zur Prospektverwendung befugt ist. Sollte dies nicht der Fall sein, sollte der Anleger dann auch keine Ansprüche gegenüber dem Emittenten aus einem fehlerhaften Prospekt geltend machen können.[5]

5 Die Unterschiede in den nationalen Umsetzungen waren **nicht mit dem Harmonisierungsgedanken der EU** vereinbar. Geeinigt hat man sich daher im Rahmen der ÄnderungsRL zur ProspektRL letztlich auf die im Vereinigten Königreich bereits vorher geltende Praxis. Nunmehr war zur Vermeidung der Prospekterstellung die Zustimmung des Emittenten erforderlich. Dieses Konzept wurde auch im Rahmen der ProspektVO als bewährt beibehalten.

2. Fragen der Prospektpflicht

6 Nach Art. 5 Abs. 1 UAbs. 1 ProspektVO ist grundsätzlich bei jeder Weiterplatzierung der Wertpapiere die Prospektpflicht für das öffentliche Angebot zu prüfen. Auch bei einer Weiterplatzierung ist mithin die **Definition des öffentlichen Angebots** aus Art. 2 lit. d ProspektVO als Maßstab heranzuziehen (zum Begriff → Art. 2 ProspektVO Rn. 42 ff.). Nach Art. 5 Abs. 1 UAbs. 2 ProspektVO ist aber bei einer Weiterplatzierung und jeder endgültigen Platzierung von Wertpapieren durch Finanzintermediäre kein weiterer Prospekt erforderlich, wenn ein gültiger Prospekt (Art. 12 Abs. 1 ProspektVO) sowie die Zustimmung des Emittenten bzw. Prospektverantwortlichen zur Prospektverwendung vorliegt.

---

3 *R. Müller*, Kommentar zum WpPG, in: Das Deutsche Bundesrecht (III H 39), 2. Online-Auflage 2017 § 3 Rn. 1.

4 United Kingdom Listing Authority („UKLA") in List! Nr. 16 vom Juli 2007, S. 11; zum Ganzen: § 90 Financial Services and Markets Act 2000.

5 UKLA in List! Nr. 16 vom Juli 2007, S. 11. Die ESMA bzw. deren Vorgängerorganisation CESR bestätigten diesen Ansatz in ihren jeweiligen FAQ bis zur Einfügung der Regelung in der ÄnderungsRL 2010/71/EU zur ProspektRL.

a) Weiterplatzierung über eine Vertriebskaskade (Retail Cascade)

In der Praxis erfolgt der Vertrieb weiterhin insbesondere bei Nichtdividendenwerten an nicht-institutionelle Investoren (Retail) oft nicht direkt im Rahmen der Primärmarktplatzierung, sondern über die Vertriebskaskade (ausführlich → Rn. 3). Die Weiterveräußerungen erfolgen dabei im Regelfall zu unterschiedlichen Konditionen, insbesondere zu unterschiedlichen Verkaufspreisen.[6]

Charakteristisch für die Retailkaskade ist auch, dass die Primärmarktplatzierung typischerweise von der Prospektpflicht nach zum Beispiel Art. 1 Abs. 4 Satz 1 lit. a ProspektVO ausgenommen ist. Dies liegt daran, dass das Emissionskonsortium grundsätzlich nur mit institutionellen Investoren interagiert, die große Volumina übernehmen, um diese anschließend an ihre (Retail-)Kunden weiterzuveräußern. Die technische Abwicklung der Primäremission mit im Zweifel tausenden, teils in kleinen Beträgen erwerbenden, Endinvestoren wäre logistisch in der für diese Emissionen üblichen sehr kurzen Abwicklungszeit schwer zu bewerkstelligen, zumal das Bankenkonsortium wahrscheinlich ohnehin nicht genügend Kleinanleger in der Vermarktungszeit von wenigen Tagen einwerben könnte.[7] Später in der Vertriebskette ist indes zu prüfen, ob ein prospektpflichtiges Angebot besteht.

b) Begriff des Finanzintermediärs

Der Prospekt der Primärmarktplatzierung kann über die Zustimmung zur Verwendung des Prospekts nach Art. 5 Abs. 1 UAbs. 2 ProspektVO nur dann für die Weiterplatzierung in der Vertriebskette genutzt werden, wenn die Weiterveräußerung durch einen Finanzintermediär erfolgt. Der Begriff des Finanzintermediärs ist allerdings weder in der ProspektVO noch in der VO (EU) 2019/980 selbst legaldefiniert. Allgemein ist ein Finanzintermediär eine Finanzinstitution, die Kapitalgeber (Investor) und Kapitalsuchende zusammenbringt. Im Wesentlichen lassen sich somit **Kreditinstitute, Finanzdienstleistungsinstitute, Investmentgesellschaften und Venture Capital Fonds** unter den Begriff des „Finanzintermediärs" im Sinne des Art. 23 subsumieren (Finanzintermediäre im engeren Sinne).[8] In der deutschen Umsetzung der Vorgängerregelung in Art. 3 Abs. 2 UAbs. 3 ProspektRL durch § 3 Abs. 3 WpPG a.F. wurde zu Recht auf Institute im Sinne des § 1 Abs. 1b KWG abgestellt, die also Bankgeschäfte nach § 1 Abs. 1 KWG oder Finanzdienstleistungen nach § 1 Abs. 1a KWG erbringen. Über § 53 Abs. 1 Satz 1 KWG fallen hierunter sodann auch Unternehmen mit Sitz im Ausland, die eine Zweigstelle im Inland unterhalten, bzw. über § 53b Abs. 1 Satz 1 und Abs. 7 KWG unter anderem CRR-Kreditinstitute oder Wertpapierhandelsunternehmen mit Sitz in einem EWR-Mitgliedstaat. Derartige Institute gelten auch weiterhin als Finanzintermediäre.

Nicht unter den Begriff des Finanzintermediärs im Sinne des Art. 5 Abs. 1 UAbs. 2 ProspektVO fallen dagegen Finanzintermediäre im weiteren Sinne, die insbesondere den Handel zwischen Kapitalgebern und -nehmern ermöglichen oder erleichtern, wie zum

---

6 *Ritz*, in: Just/Voß/Ritz/Zeising, Wertpapierprospektrecht, 2. Aufl. 2023, Art. 5 ProspektVO Rn. 3 ff.; *Oulds*, WM 2011, 1452, 1454.
7 Eine Prospektpflicht resultiert jedoch unter Umständen aus der angestrebten Zulassung an einem regulierten Markt.
8 Vgl. *Rudolph*, Unternehmensfinanzierung und Kapitalmarkt, 2006, S. 520 ff.; *Kuthe*, in: Holzborn, WpPG, Art. 20a ProspektVO Rn. 4.

Beispiel Kreditinstitute in ihrer Funktion als Zahlstellen, Börsendienste oder Finanzmakler. Denn hierbei handelt es sich lediglich um die technische Abwicklung eines Erwerbsvorgangs.[9]

c) Prospektpflicht des Emittenten und des Anbieters für Weiterplatzierungen

11 Bei jeder Weiterveräußerung würde gemäß Art. 5 Abs. 1 UAbs. 1 Satz 1 ProspektVO grundsätzlich ein neuer Prospekt **durch den jeweiligen Weiterveräußerer** erstellt werden müssen, wenn die Verkaufstätigkeit ein öffentliches Angebot darstellt. Dies würde den Vertrieb von Schuldverschreibungen über die Vertriebskaskade nicht nur **erheblich verteuern und aufwändiger machen**. Vielmehr dürfte ein Finanzintermediär, der nicht in unmittelbarem Kontakt zum Emittenten steht, schon faktisch kaum in der Lage sein, einen Prospekt zu erstellen, da ihm die dafür erforderlichen Informationen fehlen. Es ist damit für die Finanzintermediäre von essenzieller Bedeutung, dass sie den bereits vorhandenen Prospekt verwenden können.

12 In der Literatur wird teilweise vertreten, dass im Falle einer von vornherein intendierten Weiterplatzierung der Wertpapiere die **Prospektpflicht des Emittenten** aus der **Gesamtschau der Vertriebskette** resultiert, der Emittent demnach als Anbieter auch der Weiterplatzierungen anzusehen ist.[10] Dafür spricht, dass die Vertriebskette zum Platzierungserfolg beiträgt und demnach auch im Interesse des Emittenten liegt. Für eine Gesamtschau hätte auch der Wortlaut des § 3 Abs. 2 Satz 3 WpPG a. F. gesprochen, wonach ein Prospekt bei einer Platzierung insbesondere durch ein Kreditinstitut im Sinne des § 1 Abs. 1b KWG dann zu veröffentlichen war, wenn die „endgültige Platzierung" keine der in § 3 Abs. 2 Satz 1 WpPG a. F. (vgl. die Ausnahmen von der Prospektpflicht, die nunmehr in Art. 1 Abs. 4 ProspektVO geregelt sind) genannten Ausnahmen von der Prospektpflicht erfüllte.

13 Die gesetzliche Regelung kennt allerdings nur den Begriff des „Angebots" und enthält nicht etwa Kriterien für die Abgrenzung eines Angebots und eines eventuellen Folgeangebots. Daher kann auch kein Grad des Zusammenwirkens zwischen Emittent und Finanzintermediär ermittelt werden, woraus eine Folge von (mehreren) Weiterveräußerungen ein einheitliches Angebot begründet, das dem Emittenten zugerechnet werden könnte.[11] Schließlich gilt nach der allgemeinen Definition gemäß Art. 2 lit. i ProspektVO als „**Anbieter**" eine Person oder Gesellschaft, die Wertpapiere öffentlich anbietet. Dies muss nicht zwingend der Emittent sein, sondern ist grundsätzlich derjenige, der nach außen erkennbar den Investoren gegenüber als Anbieter auftritt und/oder die Vertriebsorganisation zu verantworten hat.[12] Hat der Emittent die Weiterveräußerung aktiv begünstigt oder befördert, eine sonstige Kontrolle über den Transaktionsablauf ausgeübt[13] oder besteht eine

---

9 Ausführlich dazu: *Kuthe*, in: Holzborn, WpPG, Art. 20a ProspektVO Rn. 4 ff.
10 *Poelzig*, in: Assmann/Schlitt/von Kopp-Colomb, Prospektrecht Kommentar, Art. 5 ProspektVO Rn. 5; *Heidelbach/Preuße*, BKR 2008, 10; vgl. *Schnorbus*, AG 2008, 389, 406.
11 *R. Müller*, Kommentar zum WpPG, in: Das Deutsche Bundesrecht (III H 39), 2. Online-Ausgabe 2017, § 3 Rn. 10; vgl. auch *Schnorbus*, AG 2008, 389, 405 f.; *Ritz*, in: Just/Voß/Ritz/Zeising, Wertpapierprospektrecht, 2. Aufl. 2023, Art. 5 ProspektVO Rn. 15 f.
12 *Poelzig*, in: Assmann/Schlitt/von Kopp-Colomb, Prospektrecht Kommentar, Art. 3 ProspektVO Rn. 17; *Grundmann*, in: Schimansky/Bunte/Lwowski, KMRK, § 112 Rn. 57.
13 Siehe *Schnorbus*, AG 2008, 389, 390; *Bauerschmidt*, in: Assmann/Schlitt/von Kopp-Colomb, Prospektrecht Kommentar, Art. 2 ProspektVO Rn. 87.

aktive Zusammenarbeit zwischen dem Emittenten und dem Finanzintermediär mit dem Ziel der Durchführung eines öffentlichen Angebots, kann das Angebot ihm entsprechend zugerechnet werden.[14] Das ist allerdings nicht mehr möglich, wenn die Weiterveräußerung in keinem Zusammenhang mit der Erstplatzierung steht oder für den Emittenten keine Weiterveräußerungsabsicht erkennbar war.[15] Wenn die Weiterveräußerungen **nicht vom Willen des Emittenten** erfasst werden,[16] können diese ihm folglich auch nicht zugerechnet werden und er scheidet als Anbieter aus. Spiegelbildlich besteht in solchen Fällen auch keine Prospekthaftung gemäß § 9 WpPG; in der Praxis vereinbaren Emittenten grundsätzlich mit den Ersterwerbern auch sogenannte Verkaufsbeschränkungen (Selling Restrictions), um dieses Risiko zusätzlich zu reduzieren (vgl. zum Ganzen → Art. 2 ProspektVO Rn. 133 ff., 139).[17]

Selbst wenn aber der Emittent in Bezug auf die Weiterveräußerungen nicht als „Anbieter" anzusehen ist und sein Angebot der Wertpapiere im Rahmen der Primärmarktplatzierung unter eine Ausnahme von der Prospektpflicht nach Art. 1 Abs. 4 ProspektVO fällt, **sollte der Emittent erwägen**, einen Prospekt selbst zu erstellen und eine Zustimmung zur Prospektverwendung an Finanzintermediäre zu erteilen. Denn die Finanzintermediäre besitzen grundsätzlich keine detaillierten Kenntnisse insbesondere über den Emittenten und können mithin nur schwerlich einen mit der VO (EU) 2019/980 konformen Prospekt erstellen. Das Volumen des Orderbuchs bei der Primärmarktbegebung wird aber auch von der Weiterveräußerungsmöglichkeit durch die (ersten) Erwerber beeinflusst und dadurch auch die Preisfestsetzung der Schuldverschreibungen tangiert. Damit hat der Emittent ein ureigenes Interesse daran, dass über Finanzintermediäre **eine Vertriebskette zur optimalen Ausplatzierung der Emission** entsteht. Die Entscheidung, einer Verwendung des Prospekts durch Finanzintermediäre zuzustimmen, dürfte umso leichter fallen, wenn der Emittent aufgrund einer angestrebten Zulassung der Schuldverschreibungen zu einem regulierten Markt einen Prospekt ohnehin erstellen muss. Abzuwägen sind letztlich die Vorteile der Erteilung der Zustimmung zur Prospektverwendung an Finanzintermediäre gegenüber dem **Nachteil der längeren Nachtragspflicht** nach Art. 23 ProspektVO (→ Rn. 18). 14

d) Prospekthaftung durch den Emittenten/Prospektveranlasser

Fraglich ist aber bei vorhandenem Prospekt, wie weit die Verantwortung des Emittenten (bzw. Prospektveranlassers) für die Prospektrichtigkeit in der Vertriebskette reicht.[18] Die 15

---

14 *Schnorbus*, AG 2008, 389, 406; *Heidelbach/Preuße*, BKR 2008, 10; *Schneider/Haag*, Capital Markets Law Journal 2007, 370, 376.
15 *R. Müller*, Kommentar zum WpPG, in: Das Deutsche Bundesrecht (III H 39), 2. Online-Auflage 2017, § 2 Rn. 13; vgl. *Groß*, Kapitalmarktrecht, Art. 5 ProspektVO Rn. 1.
16 Vgl. European Securities Markets Expert Group (ESME), Report on Directive 2003/71/EC of the European Parliament and of the Council on the prospectus to be published when securities are offered to the public or admitted to trading – Report, 5.9.2007, S. 15; zustimmend: *Ritz*, in: Just/Voß/Ritz/Zeising, Wertpapierprospektrecht, 2. Aufl. 2023, Art. 5 ProspektVO Rn. 15; *Schnorbus*, AG 2008, 389, 391.
17 *Mayston*, in: Heidel, Aktienrecht und Kapitalmarktrecht, § 2 WpPG Rn. 34; *Poelzig*, in: Assmann/Schlitt/von Kopp-Colomb, Prospektrecht Kommentar, Art. 5 ProspektVO Rn. 7.
18 Vgl. dazu bereits CESR's Report on the supervisory functioning of the Prospectus Directive and Regulation, Juni 2007, Rn. 98 f., 102; Centre for Strategy and Evaluation Services (CSES), Study

European Securities Market Expert Group (ESME)[19] hatte sich einmal dahingehend geäußert, dass Emittenten weder dazu verpflichtet werden sollten, (i) einen Prospekt zu erstellen, wenn ihr jeweiliges Angebot unter einer der Prospektausnahmen nach dem jetzigen Art. 1 Abs. 4 ProspektVO fällt, noch (ii) einen bestehenden Prospekt über Nachträge im Sinne des Art. 23 ProspektVO aktualisieren zu müssen. Dafür sollte nach Ansicht der ESME sprechen, dass ansonsten die „übliche Prospekthaftung" (ohne freilich auf die Frage einzugehen, welches nationale Prospekthaftungsregime anwendbar sein würde) sowie das Widerrufsrecht nach Art. 23 Abs. 2 ProspektVO entstehen könnten.[20] Gleichwohl ist schwer nachvollziehbar, warum der Emittent bzw. Prospektveranlasser, wenn er sich für ein Zusammenwirken mit Finanzintermediären zur Ermöglichung von Weiterveräußerungen entschieden hat, für den Prospekt, den er selbst aufgrund seines Kenntnisvorsprungs in Bezug auf die dafür erforderlichen Informationen erstellt hat, nicht haftbar gemacht werden sollte.

16 Hat der Emittent sich mithin für die Erteilung der Zustimmung zur Prospektverwendung zur Ermöglichung der Weiterveräußerung entschieden, so haftet er für die Richtigkeit des Prospekts **nach den allgemeinen Grundsätzen** der jeweilig anwendbaren nationalen **Prospekthaftungsvorschriften**. Nach § 9 Abs. 1 WpPG ist der Emittent daher unter bestimmten Voraussetzungen als Prospektverantwortlicher oder als Person, von dem der Erlass des Prospekts ausgeht (sog. Prospektveranlasser), dem Erwerber der Wertpapiere zur Erstattung des Erwerbspreises, inklusive eventueller Transaktionskosten, verpflichtet. Denn nach der Rechtsprechung[21] und herrschenden Lehre[22] ist es nicht erforderlich, dass der Prospektveranlasser nach außen in Erscheinung tritt, sondern es genügt, dass er ein eigenes wirtschaftliches Interesse an der Emission hegt und einen unvollständigen oder unrichtigen Prospekt veranlasste oder die Prospektveröffentlichung mit seiner Kenntnis erfolgte (dazu → § 9 WpPG Rn. 68 ff.).

---

on the impact of the Prospectus Regime on EU Financial Markets, Final Report, Juni 2008, S. 62–68.

19 Diese Expertengruppe war von der EU-Kommission im März 2006 eingesetzt worden, um rechtliche und wirtschaftliche Empfehlungen in Bezug auf die Anwendung und Implementierung der auf Wertpapiere bezogenen Richtlinien (z. B. Prospektrichtlinie, Marktmissbrauchsrichtlinie oder Transparenzrichtlinie) abzuleiten und die EU-Kommission entsprechend zu beraten. Sie bestand aus 20 Mitgliedern – im Wesentlichen Vertreter aus Investmentbanken, Anwaltskanzleien und bedeutenden Emittenten aus der EU. Die Gruppe stellte planmäßig ihre Arbeit zum Dezember 2009 ein.

20 ESME, Report on Directive 2003/71/EC of the European Parliament and of the Council on the prospectus to be published when securities are offered to the public or admitted to trading – Report, 5.9.2007, S. 15.

21 BGH, Urt. v. 16.11.1978 – II ZR 94/77, BGHZ 72, 382, 387; BGH, Urt. v. 18.9.2012 – XI ZR 344/11, NZG 2012, 1262, 1266 („Wohnungsbau Leipzig-West"); BGH, Urt. v. 22.1.2019 – II ZB 18/17, NZG 2019, 664, 665.

22 *Assmann*, in: Assmann/Schlitt/von Kopp-Colomb, Prospektrecht Kommentar, § 9 WpPG Rn. 89; *Beck*, NZG 2014, 1411 ff.; *Groß*, Kapitalmarktrecht, § 9 WpPG Rn. 47; *Mülbert/Steup*, in: Habersack/Mülbert/Schlitt, Unternehmensfinanzierung, Rn. 41.81.

III. Erteilung einer Zustimmung

1. Spannungsfeld zwischen Platzierungserfolg und Prospekthaftungs- und Nachtragspflicht

Aus Sicht der Platzeure wäre es wünschenswert, die Weiterveräußerung uneingeschränkt und jederzeit verfolgen zu können und demnach auch die Zustimmung zur Prospektverwendung entsprechend zu erhalten. 17

Der damit gesteigerte Platzierungserfolg entspricht auch dem grundsätzlichen Interesse des Emittenten. Allerdings erweitert der Emittent mit der Erteilung der Zustimmung auch sein potenzielles **Prospekthaftungsrisiko** (vgl. → Rn. 15 f.). Darüber hinaus trifft den Emittenten als Prospektverantwortlichen auch die **Nachtragspflicht gemäß Art. 23 ProspektVO**. Sollten sich also im Prospekt enthaltene Informationen nachträglich als in wesentlichen Punkten als überholt oder unvollständig erweisen, muss der Emittent bis zum Schluss des öffentlichen Angebots den Prospekt durch einen Nachtrag ergänzen. Dies ist gerechtfertigt, da der Emittent eventuellen Anpassungsbedarf beim Prospekt am besten einzuschätzen vermag (vgl. zur Nachtragspflicht → Art. 23 ProspektVO Rn. 85 ff.). 18

Mit der bestehenden Prospekthaftung und Nachtragspflicht, während Finanzintermediäre den Prospekt verwenden können, wird der Emittent zur **Haftungsminimierung** die Zustimmung zur Prospektverwendung an bestimmte Voraussetzungen knüpfen. Platzeure, mit denen der Emittent oder Prospektveranlasser offenkundig nicht kooperiert, können demnach nicht den bereits vorhandenen Prospekt verwenden.[23] Folglich wird das (prospektpflichtige) Angebot solcher Finanzintermediäre dem Emittenten auch nicht zugerechnet.[24] Es kommt auch nicht etwa ein Prospektfehler in Betracht, wenn die Darstellung einer nicht vom Emittenten veranlassten Vertriebskette fehlt, da der Prospekt lediglich die in zumutbarer Weise zu ermittelnden Angaben enthalten muss.[25] Es erscheint auch zweifelhaft, ob die Darstellung der Vertriebskette für die Beurteilung der Wertpapiere wesentlich i. S. v. § 9 Abs. 1 Satz 1 WpPG ist. 19

2. Zustimmung an spezifische Finanzintermediäre

Die Zustimmung zur Prospektverwendung kann auf „spezifische", also bestimmte Finanzintermediäre beschränkt werden. Dabei ist vor allem an die Emissionsbanken zu denken, die vom Emittenten mit der Durchführung der Platzierung beauftragt wurden oder im Falle einer Emission unter einem Emissionsprogramm (Debt Issuance Programme) von ihm als sog. Platzeure (Dealer) unter dem Programm bestimmt wurden. Oftmals sind aber zum Zeitpunkt der Begebung der Schuldverschreibungen die im Rahmen des Weitervertriebs beteiligten Intermediäre noch nicht abschließend bekannt. In diesem Fall wäre durch die Einschränkung der Finanzintermediäre, denen der Emittent die Verwendung des Prospekts gestattet, die **Flexibilität bei der Weiterveräußerung eingeschränkt**. Theore- 20

---

23 *Poelzig*, in: Assmann/Schlitt/von Kopp-Colomb, Prospektrecht Kommentar, Art. 5 ProspektVO Rn. 8 f.; *Schlitt/Schäfer*, AG 2005, 498, 501.
24 *Straßner/Grosjean*, in: Heidel, Aktienrecht und Kapitalmarktrecht, § 3 WpPG Rn. 15; *Holzborn/Israel*, in: Holzborn, WpPG, § 3 Rn. 22; *Poelzig*, in: Assmann/Schlitt/von Kopp-Colomb, Prospektrecht Kommentar, Art. 5 ProspektVO Rn. 7.
25 *Heidelbach/Preuße*, BKR 2008, 10, 11; *Holzborn/Israel*, in: Holzborn, WpPG, § 3 Rn. 22.

tisch könnte diese Einschränkung die Attraktivität der angebotenen Schuldverschreibungen schmälern und negative Auswirkungen auf die Preisfestsetzung der Anleihe haben. Im Zweifel werden die daraus resultierenden Preisnachteile allerdings nur schwer quantifizierbar sein.

21 Der Vorteil bei dieser Art der Zustimmungserteilung ist allerdings, dass der Emittent genaue **Kenntnis von den Finanzintermediären** hat, die den Prospekt für das Angebot verwenden wollen, bzw. sich diese Informationen mit überschaubarem Aufwand beschaffen kann.

22 Die Regelungen sehen in solchen Fällen analog Punkt 2A.2 des Anhangs 22 zumeist vor, dass die endgültigen Bedingungen im Sinne des Art. 8 Abs. 4 ProspektVO die **ursprünglich ermächtigten Finanzintermediäre** (Initial Authorised Offerors) auflisten und im Falle einer nach Veröffentlichung der endgültigen Bedingungen erfolgten Zustimmung zur Prospektverwendung für bestimmte Finanzintermediäre (Authorised Offerors) diese auf der Website des Emittenten aufgeführt werden.

23 Regelmäßig finden sich in Prospekten Hinweise dahingehend, dass ein Investor möglicherweise **zu anderen Konditionen** von seinem Verkäufer erwirbt, als dies im Prospekt dargestellt wird. Emissionspreis, Zuteilungen, Kosten- und Valutierungsregelungen etc. würden sich aus dem gesonderten Rechtsverhältnis zwischen Erwerber und Verkäufer ergeben und es würde im Hinblick auf den Erwerbsvorgang nicht etwa ein Rechtsverhältnis mit dem Emittenten begründet werden.

24 Außerdem sehen die Prospekte die Regelung vor, dass der Investor selbst überprüfen muss, ob es einen **Prospektverantwortlichen** im Sinne des Art. 11 ProspektVO gibt, d.h. im Zweifel, ob der Intermediär mit Zustimmung des Emittenten handelt und damit der Emittent auch die Prospekthaftung übernimmt.[26]

25 Für den konkreten Inhalt der zusätzlichen Informationen verweist Art. 23 lit. a auf die Punkte 1 und 2A des Anhangs 22 der VO (EU) 2019/980 (→ Anhang 22 Rn. 9 f.). Die Praxis hält diese vorhandenen Mindestvorgaben ein, ohne in der Regel darüber hinausgehende Angaben zur Verfügung zu stellen.

3. Zustimmung an alle Finanzintermediäre

26 Weitaus üblicher ist in der Praxis allerdings die Erteilung der Zustimmung an jegliche Finanzintermediäre. Hintergrund hierfür ist, dass hinsichtlich der Auswahl der Erwerber und deren Weiterveräußerungsmöglichkeit nur so **höchstmögliche Flexibilität** herrscht. In Emissionsprogrammen wird die Zustimmung in der Regel allerdings nur für ein bestimmtes (öffentliches) Angebot einer spezifischen Emission erteilt und nicht etwa für alle Emissionen unter dem jeweiligen Emissionsprogramm.

27 Die Regelungen zur Zustimmungserteilung an alle Finanzintermediäre sehen nach Punkt 2B des Anhangs 22 vor, dass ein Finanzintermediär im Falle einer Prospektverwendung dies vorab auf seiner Website mit dem Hinweis bekannt geben muss, die Voraussetzungen der Zustimmung entsprechend einzuhalten.

---

26 Vgl. auch UKLA in List! Nr. 16 vom Juli 2007, S. 11; vgl. zur Zulässigkeit solcher Klauseln im Lichte des § 16 Abs. 1 WpPG → § 16 WpPG Rn. 1 ff.

Die konkret erforderlichen zusätzlichen Informationen für diese Art der Zustimmungserteilung resultieren aus Punkt 1 und Punkt 2B des Anhangs 22 der VO (EU) 2019/980, auf die Art. 23 lit. b verweist (→ Anhang 22 Rn. 11). In der Praxis werden in der Regel **lediglich diese Mindeststandards** erfüllt. 28

4. Zeitliche Beschränkung der Zustimmung

Eine Beschränkung der Zustimmung erfolgt in der Regel in zeitlicher Hinsicht. Neben der nach Art. 12 ProspektVO allgemeinen zeitlichen Beschränkung der Gültigkeit des Prospekts von zwölf Monaten nach Veröffentlichung desselben kann die Geltung der Zustimmung an die Prospektverwendung durch Finanzintermediäre ebenfalls eingeschränkt werden. 29

Als Indikation für die zeitliche Befristung der Zustimmungserteilung (**Consent Period**) könnte die Dauer angesetzt werden, die für die vollständige Durchführung der Platzierung an die Endinvestoren zu erwarten ist. Grundsätzlich geht man davon aus, dass dies bei einer großvolumigen Emission (ab 500 Millionen EUR – sog. Benchmarkbond) mit kleiner Stückelung (üblicherweise 1.000 EUR – sog. Retailbond) nach ca. sechs Wochen der Fall sein sollte. Für Schuldverschreibungen in sog. Nischenwährungen, wie Norwegische Kronen oder Australische Dollar, würde eher eine Periode von vier bis sechs Wochen angesetzt; bei Euro-Anleihen mit großer Stückelung (über 100.000 EUR – sog. Wholesale Bond) ist diese Periode üblicherweise leicht verkürzt und liegt eher bei zwei bis vier Wochen. 30

Bei der Festlegung der Consent Period ist es von wesentlicher Bedeutung, welches Produkt angeboten wird und wie groß das Investoreninteresse ist. Besteht eine große Nachfrage nach der zu emittierenden Emission, gehört auch die Consent Period zu den Kriterien, bei denen der Emittent zurückhaltend bleiben und die Frist entsprechend kurz ansetzen kann. In guten Märkten und in der Regel nur bei erstklassigen Emittenten wird in der Praxis sodann auch die Consent Period teilweise mit der Offer Period gleichgesetzt und nur für bis zum Begebungstag (Issue Date) oder ähnlich kurz festgelegt. 31

IV. Sonstige Bedingungen für die Zustimmung

Die Zustimmung zur Prospektverwendung ist in der Praxis zum Teil an die Einhaltung weiterer Bedingungen für die Zustimmung gebunden, die im Prospekt niedergelegt sind. Hält der Finanzintermediär diese Bedingungen ein, übernimmt der Emittent explizit die Haftung für die Richtigkeit des Prospekts auch in Bezug auf die erfolgten Weiterveräußerungen. Hat der Finanzintermediär die Bedingungen hingegen nicht eingehalten, trifft diesen die Pflicht, einen neuen Prospekt zu erstellen (→ Rn. 42). 32

1. Marktübliche Bedingungen für die Zustimmungserteilung

a) Herkömmliche Schuldverschreibungen

In der Praxis von Schuldverschreibungen mit regelmäßiger Zinszahlung und Rückzahlung des Kapitals (herkömmliche Schuldverschreibungen) finden sich verschiedene Vorausset- 33 zungen, die an die Zustimmung des Emittenten geknüpft sind. Grundsätzlich wird im Prospekt der an Art. 5 Abs. 1 UAbs. 2 ProspektVO gekoppelte Hinweis aufgenommen, dass die Zustimmung nur erteilt wird, solange ein nach Art. 12 ProspektVO gültiger Prospekt vorliegt. Darüber hinaus werden gemäß Punkt 1.4 des Anhangs 22 die (EU-Mitglied-)Staaten aufgeführt, in denen der Prospekt für ein öffentliches Angebot verwendet werden kann (Public Offer Jurisdictions). Die Liste dieser Länder besteht aus dem Herkunftsstaat, in dem der Prospekt gebilligt worden ist, und den Mitgliedstaaten, in die die Billigung gemäß Art. 24, 25 ProspektVO notifiziert worden ist (Europäischer Pass). Entsprechend Punkt 2B.1 des Anhangs 22 wird an die Zustimmung auch die Verpflichtung gebunden, dass der jeweilige Finanzintermediär auf seiner Website bekannt gibt, den betreffenden Prospekt zu verwenden und sich dabei an die im Prospekt aufgeführten Verkaufsbeschränkungen (Selling Restrictions) und die Bedingungen an die Zustimmungserteilung zu halten.

34 Nach Punkt 1.6 des Anhangs 22 findet sich im Prospekt auch der Hinweis, dass ein Platzeur bzw. ein nachfolgender Finanzintermediär dem Investor die zum Zeitpunkt des Angebots aktuellen **Informationen zu den Wertpapieren** zur Verfügung stellen muss. Dies betrifft zum einen etwaige Nachträge im Sinne des Art. 23 ProspektVO, die seit der Prospektveröffentlichung publiziert worden sind. Kritik in Literatur und Praxis[27] hat dabei insbesondere die Einführung des Art. 23 Abs. 3 ProspektVO erfahren, wonach ein Finanzintermediär seine Kunden über „mögliche Nachträge", deren Ort und Zeit der Veröffentlichung sowie über die Hilfe im Falle der Widerrufsausübung informieren soll sowie diese am Tag (!) der Veröffentlichung eines Nachtrags zu „kontaktieren" habe. Die erhobenen Bedenken wurden zum Teil mit dem durch VO (EU) 2021/337 eingeführten und zeitlich begrenzt geltenden Art. 23 Abs. 3a ProspektVO aufgegriffen (ausführlich → Art. 23 ProspektVO Rn. 178 ff.).

35 Zum anderen enthalten die aktuellen Informationen zu den Wertpapieren aber auch konkrete Preisinformationen wie insbesondere den Platzierungspreis, der entsprechend der Marktentwicklung Schwankungen ausgesetzt und dementsprechend in den einzelnen Stufen der Vertriebskaskade unterschiedlich sein kann.

36 Insgesamt lässt sich damit sagen, dass die Marktteilnehmer zumeist nur die **gesetzlichen Vorgaben erfüllen** und **keine zusätzlichen Bedingungen** statuieren. Zusammen mit der zeitlichen Einschränkung der Zustimmungserteilung werden die zum Teil unterschiedlichen Interessen des Emittenten und der Finanzintermediäre hinreichend in Ausgleich gebracht.

37 Bei **Emissionsprogrammen** (Debt Issuance Programme) findet sich zudem der Hinweis, dass die Zustimmung nur für eine ganz konkrete Emission unter dem Programm erteilt worden ist und nicht etwa für alle Ziehungen unter dem Programm. Auch wird im Prospekt bzw. in den endgültigen Bedingungen eine Angebotsfrist (Offer Period) festgelegt, in der das Angebot stattfindet. Die Periode für die Zustimmungserteilung (Consent Period) entspricht insbesondere bei Emittenten mit guter Bonität oft der Angebotsfrist (vgl. zum Ganzen → Rn. 31 f.). Die Bedingungen der Zustimmungserteilung weisen in solchen Fäl-

---

[27] Statt vieler *Geyer/Schelm*, BB 2019, 1731, 1739; *Seitz*, in: Assmann/Schlitt/von Kopp-Colomb, Prospektrecht Kommentar, Art. 23 ProspektVO Rn. 115; *Schrader*, WM 2021, 471, 476; *Oulds/Wöckener*, RdF 2020, 4, 8.

len dann regelmäßig darauf hin, dass eine Zustimmung nur für eine Veräußerung während dieser Consent Period als erteilt gilt.

b) Empfehlung des Deutsche Derivate Verbands und der Deutschen Kreditwirtschaft

Der Deutsche Derivate Verband (DDV) und die Deutsche Kreditwirtschaft (DK) haben einen eigenen Standard für die Emission von zum Beispiel Zertifikaten, Optionsscheinen, Aktien- und Indexanleihen entwickelt und gehen noch etwas weiter als die im Markt üblichen Zustimmungen bei herkömmlichen Schuldverschreibungen. Danach soll es keine Zustimmung an spezifische Finanzintermediäre geben, sondern die Emittenten sollen **an alle Finanzintermediäre** im Sinne des Art. 5 Abs. 1 UAbs. 2 ProspektVO eine Zustimmung zur Prospektverwendung für die Dauer der Gültigkeit des Prospekts erteilen. Die Zustimmung wird dabei typischerweise auf der Website des Emittenten veröffentlicht und in den Basisprospekt aufgenommen. Als **Bedingungen** werden lediglich vorgesehen, dass der jeweilige Finanzintermediär (i) die anwendbaren Verkaufsbeschränkungen einzuhalten und (ii) dem Investor den Prospekt mit den endgültigen Bedingungen sowie sämtlichen bei der Übergabe verfügbaren Nachträgen zu übergeben hat. 38

Dementsprechend sind die Emittenten solcher Schuldverschreibungen gehalten, **für die gesamte Dauer des Prospekts die Aktualität und Richtigkeit** zu gewährleisten. Diese sehr großzügige Zustimmung zur Prospektverwendung liegt im Wesentlichen darin begründet, dass Zertifikate und sonstige oben genannte Wertpapiere in der Regel in zahlreichen, meist kleinvolumigen Emissionen unter einem Emissionsprogramm begeben werden und daher der Emittent ohnehin den Prospekt zum Programm permanent aktuell halten muss, um jederzeit emissionsfähig zu sein. 39

2. ICMA-Empfehlung von September 2015

Die International Capital Markets Association (ICMA) hat für Schuldverschreibungen eine Empfehlung für eine zu verwendende Formulierung der Zustimmungserteilung veröffentlicht.[28] Die ICMA differenziert dabei zwischen der **spezifischen und generellen Zustimmung**; im Falle ersterer sind keinerlei Bedingungen vorgesehen. Im Falle der **generellen Zustimmung** für die Finanzintermediäre schlägt die ICMA allerdings die **Aufzählung zahlreicher Bedingungen** vor. Danach soll der Finanzintermediär neben der Einhaltung der allgemeinen Verkaufsbeschränkungen und der Einhaltung sonstiger rechtlicher Vorgaben (einschließlich Regelungen betreffend der Angemessenheit- und Geeignetheitsprüfung) auch bestätigen, dass 40

(i) die Zielmarktbestimmung vom Hersteller, wie im Prospekt dargestellt, berücksichtigt wird,
(ii) eventuell erhaltene oder gezahlte Provisionen nach jeweiligem anwendbarem Recht wirksam begründet und dem Investor gegenüber transparent offengelegt worden sind,
(iii) der Finanzintermediär die entsprechend notwendigen aufsichtsrechtlichen Zulassungen und Genehmigungen besitzt,

---

28 ICMA Primary Market Handbook, Appendix A16 – Sub-EUR 100.000 denomination bonds under the EEA Prospectus Regulation and retail cascade legends, v. September 2015 mit Anpassungen im März 2020, S. A16-7 ff.

(iv) der Finanzintermediär insbesondere anwendbare Regelungen zur Bekämpfung von Geldwäsche, Bestechung und Korruption sowie sonstige regulatorische Vorgaben zur Identifizierung und Legitimationsprüfung von Kunden (Know your customer) einhält,

(v) der Finanzintermediär die für die Zwecke von (iii) vom Investor erhaltenen Legitimationsnachweise dem Emittenten oder den ursprünglichen Platzeuren zur Verfügung stellen würde, wenn dies im Rahmen von behördlichen Aufsichts- oder sonstigen Steuer- oder Beschwerdeverfahren erforderlich werden würde,

(vi) der Finanzintermediär keinen Rechtsverstoß des Emittenten oder der ursprünglichen Platzeure verursacht oder diese zu einer Pflicht zur Hinterlegung von Dokumentation oder einem Billigungsersuchen in jeglicher Rechtsordnung veranlasst,

(vii) der Finanzintermediär von potenziellen Anlegern schriftliche Zeichnungsaufträge oder zumindest Aufzeichnungen von allen Investorenanfragen geordnet nach Kundengruppen bereithält,

(viii) der Finanzintermediär über tatsächliche oder vermutete Verstöße gegen diese Bedingungen sofort dem Emittenten und den ursprünglichen Platzeuren Nachricht geben und entsprechende Maßnahmen zur Einhaltung der Vorschriften einleiten wird,

(ix) keine über den Prospekt hinausgehenden Informationen an potenzielle Investoren weitergeleitet werden und jegliche Kommunikation zum einen fair, vollständig, nicht missverständlich sowie allgemein rechtskonform ist und zum anderen darin zum Ausdruck gebracht wird, dass diese Informationen nicht vom Emittenten stammen und dieser daher auch keine Haftung für die Richtigkeit übernimmt, und

(x) der Finanzintermediär keine Namen, Logos oder Ähnliches der ursprünglichen Platzeure, des Emittenten oder deren jeweiligen Konzerngesellschaften verwenden wird.

41 Die ICMA-Empfehlung sieht schließlich auch eine Haftungsfreistellung (Indemnification) des Emittenten und der ursprünglichen Platzeure durch den entsprechenden Finanzintermediär für den Fall einer Verletzung dieser Bedingungen vor.

42 Die meisten in der ICMA-Empfehlung vorgesehenen Bedingungen wiederholen die ohnehin bestehenden gesetzlichen Verpflichtungen der Finanzintermediäre.[29] Die ausdrückliche Nennung im Prospekt spiegelt daher primär die angloamerikanische Rechtskultur wider, wohingegen aus deutschrechtlicher Sicht eine Auflistung nicht unbedingt erforderlich ist. Daher haben sich die ICMA-Empfehlungen, insbesondere die explizite Haftungsfreistellung, **hierzulande auch nicht flächendeckend durchgesetzt**.

3. Rechtsfolge der Nichteinhaltung von Bedingungen

43 Rechtsfolge eines Verstoßes gegen die Bedingungen ist die **Pflicht zur Erstellung eines neuen Prospekts** nach Art. 5 Abs. 1 UAbs. 1 ProspektVO. Der frühere Art. 20a Abs. 2 VO (EG) 809/2004 hatte hierzu noch eine explizite Klarstellung enthalten, auf die aber in Art. 23 zu Recht verzichtet werden konnte. Sind die Voraussetzungen für die Zustimmung nicht erfüllt, ist der Finanzintermediär als Anbieter im Sinne des Art. 2 lit. i ProspektVO zu qualifizieren und damit grundsätzlich prospektpflichtig (dazu ausführlich → Art. 2 ProspektVO Rn. 125 ff.).

---

29 Vgl. z. B. §§ 63, 70, 80, 83 WpHG.

Kapitel III
Aufmachung des Prospekts

Art. 24 VO (EU) 2019/980
Aufmachung eines Prospekts

(1) Wird ein Prospekt als ein einziges Dokument erstellt, muss er folgende Elemente umfassen:

a) ein Inhaltsverzeichnis;

b) einer Zusammenfassung, sofern in Artikel 7 der Verordnung (EU) 2017/1129 verlangt;

c) den in Artikel 16 der Verordnung (EU) 2017/1129 genannten Risikofaktoren;

d) allen anderen in den Anhängen genannten, in diesem Prospekt zu liefernden Angaben.

Der Emittent, der Anbieter oder die die Zulassung zum Handel an einem geregelten Markt beantragende Person kann entscheiden, in welcher Reihenfolge die in den Anhängen genannten Angaben im Prospekt aufgeführt werden.

(2) Wird ein Prospekt in Form mehrerer Einzeldokumente erstellt, müssen das Registrierungsformular und die Wertpapierbeschreibung folgende Elemente umfassen:

a) ein Inhaltsverzeichnis;

b) den in Artikel 16 der Verordnung (EU) 2017/1129 genannten Risikofaktoren;

c) allen anderen in den Anhängen genannten Angaben, die in diesem Registrierungsformular oder dieser Wertpapierbeschreibung zu liefern sind.

Der Emittent, der Anbieter oder die die Zulassung zum Handel an einem geregelten Markt beantragende Person kann entscheiden, in welcher Reihenfolge die in den Anhängen genannten Angaben im Registrierungsformular und in der Wertpapierbeschreibung aufgeführt werden.

(3) Wenn das Registrierungsformular in Form eines einheitlichen Registrierungsformulars erstellt wird, kann der Emittent die in Absatz 2 Buchstabe b genannten Risikofaktoren zusammen mit den in Absatz 2 Buchstabe c genannten Angaben aufführen, sofern diese Risikofaktoren als eigenständiger Abschnitt erkennbar bleiben.

(4) Wird ein einheitliches Registrierungsformular für die Zwecke von Artikel 9 Absatz 12 der Verordnung (EU) 2017/1129 verwendet, sind die darin enthaltenen Angaben gemäß der Delegierten Verordnung (EU) 2019/815 der Kommission zu präsentieren.

(5) Weicht die Reihenfolge der in Absatz 1 Buchstabe d und Absatz 2 Buchstabe c genannten Angaben von der Reihenfolge dieser Angaben in den Anhängen ab, können die zuständigen Behörden eine Liste mit Querverweisen anfordern, aus der hervorgeht, auf welche Punkte in den Anhängen sich diese Angaben beziehen.

Aus der in Unterabsatz 1 genannten Liste mit Querverweisen geht ferner hervor, ob bestimmte, in den Anhängen genannte Punkte aufgrund der Art des Emittenten, der Wertpapiere, des Angebots oder der Zulassung zum Handel nicht in den Prospektentwurf aufgenommen wurden.

(6) Wird keine Liste mit Querverweisen gemäß Absatz 5 verlangt oder eine solche vom Emittenten, vom Anbieter oder von der die Zulassung zum Handel an einem geregelten Markt beantragenden Person nicht freiwillig vorgelegt, ist am Rand des Prospektentwurfs zu vermerken, welchen Angaben im Prospektentwurf die relevanten Informationsbestandteile in den Anhängen entsprechen.

Übersicht

	Rn.		Rn.
I. Regelungsgegenstand	1	1. Abweichende Präsentation der Risikofaktoren	10
II. Zwingender Aufbau des einteiligen Prospekts	2	2. Präsentationsvorgaben für Zwecke der Regelberichterstattung	11
1. Klares und detailliertes Inhaltsverzeichnis	3	V. Darstellung der erforderlichen Informationsbestandteile	12
2. Zusammenfassung	4	1. Freie Festlegung der Reihenfolge	12
3. Risikofaktoren	6	2. Aufstellung der Querverweise für die Prüfung des Prospekts	15
III. Zwingender Aufbau des mehrteiligen Prospekts	9	2. Randverweise für die Prüfung des Prospekts	19
IV. Besonderheiten bei Verwendung eines einheitlichen Registrierungsformulars	10		

I. Regelungsgegenstand

1 Die Vorschrift **konkretisiert** Art. 13 ProspektVO. Sie enthält Vorgaben zum **Aufbau** des ein- oder mehrteiligen Prospekts (Abs. 1 und 2) sowie zum Aufbau des einheitlichen Registrierungsformulars (Abs. 3 und 4). Die Gliederung für den ein- oder mehrteiligen Prospekt ist verbindlich, was jedenfalls der englischen Fassung der VO (EU) 2019/980 zu entnehmen ist („composed of the following elements set out in the following order").[1] Dadurch wird aber lediglich vorgegeben, dass Inhaltsverzeichnis, Zusammenfassung und Risikofaktoren (in dieser Reihenfolge) den übrigen Prospektangaben nach Art. 13 i.V.m. den Anhängen der VO (EU) 2019/980 vorangestellt werden müssen. In der Festlegung der Reihenfolge der nach den Anhängen erforderlichen Informationsbestandteile ist der Prospektersteller frei (Art. 24 Abs. 1 UAbs. 2, Abs. 2 UAbs. 2 VO (EU) 2019/980). Bei Abweichungen von der Reihenfolge der in Abs. 1 lit. d und Abs. 2 lit. c genannten Angaben in den Anhängen kann die zuständige Behörde aber eine Liste mit Informationsbestandteilen in den Anhängen (sog. **Überkreuz-Checkliste**) für die Prüfung des Prospekts verlangen (Art. 24 Abs. 5 VO (EU) 2019/980). Aus ihr soll sich ergeben, wo die von den An-

---

[1] Vgl. ESMA, Questions and Answers on the Prospectus Regulation, ESMA/2019/ESMA31-62-1258 (Version 12, last updated on 3 February 2023), Q14.9 („mandatory"); zum alten Recht siehe ESMA, Questions and Answers – Prospectuses (30th Updated Version – April 2019), Nr. 9; *Singhof*, in: Berrar/Meyer/Müller et al., WpPG/EU-ProspektVO, 2. Aufl. 2017, Art. 25 ProspektVO Rn. 1.

hängen geforderten Informationsbestandteile im Prospekt aufgeführt sind. Alternativ ist am Rand des Prospektentwurfs zu vermerken, welchen Angaben im Prospektentwurf die relevanten Informationsbestandteile in den Anhängen entsprechen (Art. 24 Abs. 6 VO (EU) 2019/980). Sofern die von der EU-Kommission Ende 2022 veröffentlichten Entwürfe von Rechtsakten im Rahmen der EU-Kapitalmarktunion („**EU-Listing Act**"[2]) so umgesetzt werden, werden die Änderungen der ProspektVO auch Anpassungen in der VO (EU) 2019/980 zur Folge haben. Dies wird auch Art. 24 VO (EU) 2019/980 betreffen, weil nach Art. 6 Abs. 2 ProspektVO-E die Prospektangaben im Hauptteil standardisiert, also in einer verbindlichen Reihenfolge präsentiert werden sollen, um gleiche Wettbewerbsbedingungen in der EU zu erreichen und die Vergleichbarkeit der Prospekte zu verbessern. In der Marktpraxis hat sich bereits eine weitgehend einheitliche Prospektdarstellung herausgebildet, die aber offenbar nach dem Eindruck der EU-Kommission noch nationale Besonderheiten aufweist. Jedenfalls würde sich dann eine Überkreuz-Checkliste erübrigen, und es wäre der jeweiligen Billigungsbehörde allenfalls noch anzugeben, welche Angaben nicht gemacht wurden, weil sie nicht einschlägig waren (→ Rn. 17).

II. Zwingender Aufbau des einteiligen Prospekts

Art. 24 Abs. 1 VO (EU) 2019/980 enthält die Vorgaben für den Prospekt, der als ein einziges Dokument erstellt wird. Der einteilige Prospekt ist danach **wie folgt aufzubauen**: An erster Stelle muss ein **Inhaltsverzeichnis** stehen. Dieses muss trotz des gegenüber Art. 24 Abs. 1 VO (EG) 809/2004 geänderten Wortlauts nach wie vor „klar und detailliert" sein. Dies folgt aus den Kriterien für die Prüfung der Verständlichkeit der im Prospekt enthaltenen Angaben in Art. 37 VO (EU) 2019/980, die weiterhin ein „klares und detailliertes" Inhaltsverzeichnis vorsehen (Abs. 1 lit. a). Diesem Inhaltsverzeichnis folgt die **Zusammenfassung**, sofern sie in Art. 7 ProspektVO verlangt wird, und die Angabe der in Art. 16 ProspektVO genannten **Risikofaktoren**, die mit dem Emittenten und den Wertpapieren, die Bestandteil der Emission sind, einhergehen bzw. verbunden sind. Daran schließen sich alle anderen in den Anhängen genannten Angaben an, die für den jeweiligen Prospekt einschlägig („zu liefern") sind. Von dieser **verbindlichen Gliederung** kann nicht abgewichen werden.[3] Sie gilt auch für den Basisprospekt nach Art. 8 ProspektVO. In der Sache vorgegeben wird aber – wie erwähnt – nur, dass Inhaltsverzeichnis, Zusammenfassung und Risikofaktoren den übrigen Prospektangaben nach den Anhängen der VO (EU) 2019/980 vorangestellt werden müssen. In der Darstellung des Hauptteils des Pros-

---

2 Proposal for a Regulation of the European Parliament and of the Council amending Regulations (EU) 2017/1129, (EU) No 596/2014 and (EU) No 600/2014 to make public markets in the Union more attractive for companies and to facilitate access to capital markets for small and medium-sized enterprises, COM(2022) 762 final.
3 Vgl. ESMA, Questions and Answers on the Prospectus Regulation, ESMA/2019/ESMA31-62-1258 (Version 12, last updated on 3 February 2023), Q14.9; *Schlitt*, in: Habersack/Mülbert/Schlitt, Kapitalmarktinformation, § 4 Rn. 26; *Schlitt/Ries*, in: Assmann/Schlitt/von Kopp-Colomb, Prospektrecht Kommentar, Art. 6 ProspektVO Rn. 26; *Seitz*, in: Assmann/Schlitt/von Kopp-Colomb, Prospektrecht Kommentar, Art. 13 ProspektVO Rn. 37; zum alten Recht ESMA, Questions and Answers – Prospectuses (30th Updated Version – April 2019), Nr. 9; *Meyer*, in: Habersack/Mülbert/Schlitt, Unternehmensfinanzierung, Rn. 36.21; *Singhof*, in: Berrar/Meyer/Müller et al., WpPG/EU-ProspektVO, 2. Aufl. 2017, Art. 25 ProspektVO Rn. 2; **a. A.** *Scholl/Döhl*, in: Assmann/Schlitt/von Kopp-Colomb, Prospektrecht Kommentar, Art. 16 ProspektVO Rn. 3.

pekts (der „anderen in den Anhängen genannten ... Angaben", Art. 24 Abs. 1 lit. c VO (EU) 2019/980) ist der Ersteller daher weitgehend frei (→ Rn. 12 ff.).[4] Als zulässig angesehen wird auch, dass der Prospekt ein **Deckblatt** (Umschlag – Cover Note) hat, das einige Kerninformationen enthält (z.B. Name und Sitz des Emittenten; Anzahl der angebotenen bzw. zuzulassenden Wertpapiere, Wertpapier-Kennnummer; beteiligte Konsortialbanken).[5] Dieses Deckblatt kann selbstverständlich nicht als Ersatz für die Zusammenfassung oder bestimmte Offenlegungspflichten nach der ProspektVO angesehen werden; die ESMA hat auch dies vorsorglich klargestellt.[6] Gleiches gilt für ein weiteres vorangestelltes Deckblatt mit Warnhinweisen hinsichtlich der Verteilung bzw. untersagten Verteilung des Prospekts in unterschiedlichen Jurisdiktionen.

1. Klares und detailliertes Inhaltsverzeichnis

3   An den Anfang des Prospekts ist ein „klares und detailliertes" Inhaltsverzeichnis zu stellen. Dadurch soll die Auswertung des Prospekts erleichtert werden. Wie oben bereits erwähnt (→ Rn. 2), hat sich durch die Streichung der beiden Adjektive in Art. 24 Abs. 1 lit. a VO (EU) 2019/980 materiell nichts geändert (vgl. Art. 37 Abs. 1 VO (EU) 2019/980). Um die Attribute der **Klarheit und Detailliertheit** erfüllen zu können, muss das Inhaltverzeichnis eine gewisse Tiefe aufweisen und darf sich nicht in einer bloßen Inhaltsübersicht erschöpfen, aus der nicht ohne Weiteres hervorgeht, in welchem Abschnitt sich die Mindestangaben zu den einschlägigen Anhängen der VO (EU) 2019/980 befinden.[7] Das Inhaltsverzeichnis muss daher alle Kapitelüberschriften und die Überschriften der Unterkapitel (erste und zweite Ebene) enthalten und auf der fortlaufenden Nummerierung der Prospektseiten aufbauen (ein Beispiel für eine Aktienemission steht unter → Rn. 13).[8]

2. Zusammenfassung

4   Dem Inhaltsverzeichnis folgt eine Zusammenfassung des Prospekts, sofern sie nach Art. 7 ProspektVO verlangt wird (Art. 24 Abs. 1 lit. b ProspektVO). Die Zusammenfassung muss nach der grundlegenden Überarbeitung der rechtlichen Grundlagen bestimmte **Basisinformationen** zur Emission in kurzer Form und in klarer, präziser und für die Anleger allgemein verständlicher Sprache (Art. 7 Abs. 3 Satz 1, Satz 2 lit. a und b ProspektVO) sowie **Warnhinweise** über den Charakter und eingeschränkten Umfang ihres Inhalts

---

4 *Schlitt/Ries*, in: Assmann/Schlitt/von Kopp-Colomb, Prospektrecht Kommentar, Art. 6 ProspektVO Rn. 26; *Seitz*, in: Assmann/Schlitt/von Kopp-Colomb, Prospektrecht Kommentar, Art. 13 ProspektVO Rn. 37; *Singhof/Weber*, in: Habersack/Mülbert/Schlitt, Unternehmensfinanzierung, Rn. 3.89.
5 ESMA, Questions and Answers on the Prospectus Regulation, ESMA/2019/ESMA31-62-1258 (Version 12, last updated on 3 February 2023), Q14.9; zum alten Recht ESMA, Questions and Answers – Prospectuses (30th Updated Version – April 2019), Nr. 9.
6 ESMA, Questions and Answers on the Prospectus Regulation, ESMA/2019/ESMA31-62-1258 (Version 12, last updated on 3 February 2023), Q14.9; zum alten Recht ESMA, Questions and Answers – Prospectuses (30th Updated Version – April 2019), Nr. 9.
7 Vgl. zum alten Recht *Fingerhut/Voß*, in: Just/Voß/Ritz/Zeising, WpPG, 2009, Vor Anhang I Rn. 27.
8 Vgl. *Apfelbacher/Metzner*, BKR 2006, 81, 85. Sofern ein Unterkapitel mehr als zehn Seiten umfasste, hielten es *Apfelbacher/Metzner* für ratsam, auch die Überschriften der in diesem Unterkapital enthaltenen Absätze (dritte Ebene) in das Inhaltsverzeichnis aufzunehmen. Das hat sich nicht durchgesetzt.

(Art. 7 Abs. 4 lit. a, Abs. 5 Satz 2 ProspektVO) umfassen. Wegen der näheren Einzelheiten zu **Form** und **Inhalt** der Zusammenfassung wird auf → Art. 7 ProspektVO Rn. 8 ff. verwiesen. Betrifft der Prospekt die Zulassung von Nichtdividendenwerten zum Handel an einem geregelten Markt, ist die Zusammenfassung entbehrlich, sofern a) diese Wertpapiere ausschließlich an einem geregelten Markt oder in einem bestimmten Segment eines solchen gehandelt werden sollen, zu dem ausschließlich qualifizierte Anleger zu Zwecken des Handels mit diesen Wertpapieren Zugang haben, oder b) diese Wertpapiere eine Mindeststückelung von 100.000 Euro haben (Art. 7 Abs. 1 UAbs. 2 ProspektVO). In diesem Fall gestattet es die ESMA, dass der Emittent bei Bedarf an der Stelle einen Abschnitt „Übersicht" (Overview) in den Prospekt aufnimmt, an der üblicherweise die Zusammenfassung steht (→ Art. 7 ProspektVO Rn. 7).[9]

Die Zusammenfassung ist in derselben **Sprache** wie der ursprüngliche (Basis-)Prospekt zu erstellen, Art. 27 Abs. 1, Abs. 4 ProspektVO (→ Art. 27 ProspektVO Rn. 23). Ist ein Prospekt für ein öffentliches Angebot in Deutschland nicht in deutscher, sondern in englischer Sprache verfasst, ist immer auch eine deutschsprachige Zusammenfassung erforderlich (§ 21 Abs. 2 WpPG; siehe dort → Rn. 2). In diesem Fall kann die erforderliche **Übersetzung der Zusammenfassung** in die deutsche Sprache unmittelbar der ersten (englischsprachigen) Zusammenfassung folgen. Dies gilt jedoch nicht für mögliche Übersetzungen der Zusammenfassung in eine Amtssprache oder anerkannte Sprache eines Aufnahmemitgliedstaats, die dem Antrag auf Notifizierung nach Art. 25 Abs. 2 ProspektVO ggf. beizufügen ist, sofern die zuständige Behörde des Aufnahmemitgliedstaats dies nach Art. 27 Abs. 2 UAbs. 2 und Abs. 3 UAbs. 2 ProspektVO verlangt. Dies hat aber weniger mit den Aufbauregeln als mit dem Umstand zu tun, dass der Prospekt nur die von der zuständigen Behörde des Herkunftsmitgliedstaats gebilligten Teile enthalten darf. Diese Übersetzungen können jedoch nach der Unterschriftsseite als Anhang zum Prospekt z. B. mit folgendem Hinweis abgedruckt werden: „The following translations of the Summary of the Securities Prospectus in the [French] and [Italian] languages are not part of the Securities Prospectus and have not been approved by the German Financial Supervisory Authority (Bundesanstalt für Finanzdienstleistungsaufsicht)." Im Einzelnen kommt es dabei auf die Verwaltungspraxis der zuständigen Behörde im jeweiligen Aufnahmemitgliedstaat an. Nicht in allen Aufnahmemitgliedstaaten ist eine Übersetzung in eine Amtssprache erforderlich, sondern es kann in manchen Staaten auch eine englischsprachige Zusammenfassung verwendet werden (siehe dazu auch → Art. 7 ProspektVO Rn. 2 f.).[10]

5

3. Risikofaktoren

Der Zusammenfassung muss ein separater Abschnitt „Risikofaktoren" folgen (Art. 24 Abs. 1 lit. c ProspektVO). Die materiellen Anforderungen an diesen Abschnitt werden ausführlich in Art. 16 ProspektVO geregelt (zu den Einzelheiten siehe dort → Rn. 9 ff.). Der Abschnitt „Risikofaktoren" enthält eine **Aufstellung von Risiken**, die für den Emit-

6

---

9 ESMA, Questions and Answers on the Prospectus Regulation, ESMA/2019/ESMA31-62-1258 (Version 12, last updated on 3 February 2023), Q14.9; zum alten Recht ESMA, Questions and Answers – Prospectuses (30th Updated Version –April 2019); siehe auch *Scholl/Döhl*, in: Assmann/Schlitt/von Kopp-Colomb, Prospektrecht Kommentar, Art. 16 ProspektVO Rn. 7.

10 Vgl. die Übersicht der ESMA, Information Note – Language accepted for scrutiny of the Prospectus and translation requirements for Summaries, ESMA32-384-5080, 28 January 2020.

tenten und/oder die Wertpapiere **spezifisch** und **im Hinblick auf eine fundierte Anlageentscheidung von wesentlicher Bedeutung** sind (vgl. Art. 16 Abs. 1 ProspektVO, für Aktienemissionen Anhang 1 Punkt 3.1 VO (EU) 2019/980 und Anhang 11 Punkt 2.1 VO (EU) 2019/980). Die international etablierte Praxis der separaten und konzentrierten Darstellung von Risikofaktoren wurde in Deutschland erst mit Inkrafttreten des WpPG erstmals verbindlich festgelegt.[11] Der Abschnitt ist zwingend mit der Überschrift „Risikofaktoren" zu versehen (siehe z. B. Anhang 1 Punkt 3.1 VO (EU) 2019/980).[12]

7 Vorgaben für den **Aufbau des Abschnitts** „Risikofaktoren" ergeben sich daraus, dass die Risikofaktoren entsprechend ihrer Beschaffenheit in eine begrenzte Anzahl von Kategorien einzustufen sind und für jede Kategorie entsprechend der Beurteilung des Emittenten, Anbieters oder Zulassungsantragstellers (Art. 16 Abs. 1 UAbs. 2 ProspektVO) die wesentlichen Risikofaktoren an erster Stelle zu nennen sind (Art. 16 Abs. 1 UAbs. 4 ProspektVO). Im Großen und Ganzen folgt daraus eine Untergliederung nach emittenten- und wertpapierspezifischen Risiken, also in 1. „Risiken im Zusammenhang mit der Geschäftstätigkeit der Gruppe (Risks Related To The Group's Business)" und in 2. „Risiken im Zusammenhang mit den Aktien und der Börsenzulassung (Risks Related To The Offer Shares And The Admission To Trading)". Dies entspricht auch der Aufteilung des Abschnitts „Risikofaktoren" beim mehrteiligen Prospekt. Weitergehend sind abhängig vom Risikoprofil des Emittenten im Rahmen der emittentenspezifischen Risiken folgende **Untergliederungen** möglich: 1.1 „Risks Related To The Group's Operation/Business Model/ Strategy", 1.2. „Legal, Regulatory and Tax Risks", 1.3. „Financial and Accounting Risks", 1.4. „Risks Related To The Group's Separation from [...] Group", 1.5 „Risks Related To The Group's Shareholder Structure". Innerhalb dieser sachlichen Zuordnung sind die Risiken nach der Eintrittswahrscheinlichkeit und der Größe des möglichen Schadens bzw. der negativen Auswirkungen im Falle ihres Eintritts zu sortieren (ausf. → Art. 16 ProspektVO Rn. 22 f.).[13] Für die bessere Lesbarkeit erhält jeder Risikofaktor eine fettgedruckte Überschrift. Hierfür hat sich etabliert, die **Überschrift eines Risikofaktors** satzmäßig auszuformulieren, da dieser Satz dann für die nicht unproblematische Kurzdarstellung der Risiken in der Zusammenfassung verwendet werden kann (Art. 7 Abs. 6 lit. c ProspektVO).[14] Diese Darstellung der Risikofaktoren in der Zusammenfassung ist allerdings auf fünfzehn Risikofaktoren begrenzt (Art. 7 Abs. 10 ProspektVO).[15]

---

11 Vgl. *Schlitt/Singhof/Schäfer*, BKR 2005, 251, 252. Zuvor war dies nur vorgesehen in Ziff. 4.1 der freiwillig zu beachtenden Going-Public-Grundsätze der Deutsche Börse AG i. d. F. v. 1.8.2004, dazu *Meyer*, WM 2002, 1864, 1869; *Schlitt/Smith/Werlen*, AG 2002, 478, 482 f.
12 So auch *Scholl/Döhl*, in: Assmann/Schlitt/von Kopp-Colomb, Prospektrecht Kommentar, Art. 16 ProspektVO Rn. 3.
13 *Schlitt*, in: Habersack/Mülbert/Schlitt, Kapitalmarktinformation, § 5 Rn. 51; *Scholl/Döhl*, in: Assmann/Schlitt/von Kopp-Colomb, Prospektrecht Kommentar, Art. 16 ProspektVO Rn. 42 ff. Das entspricht dem Konzept von Ziff. 4.1.2 Going-Public-Grundsätze; so auch *Meyer*, in: Habersack/ Mülbert/Schlitt, Unternehmensfinanzierung, Rn. 36.53.
14 Zutr. *Meyer*, in: Habersack/Mülbert/Schlitt, Unternehmensfinanzierung, Rn. 36.53; *Schlitt*, in: Habersack/Mülbert/Schlitt, Kapitalmarktinformation, § 4 Rn. 51. Zu Recht krit. zum Erfordernis einer verkürzten Darstellung der Risikofaktoren in der Zusammenfassung *Apfelbacher/Metzner*, BKR 2006, 81, 85.
15 Vgl. *Schlitt*, in: Assmann/Schlitt/von Kopp-Colomb, Prospektrecht Kommentar, Art. 16 ProspektVO Rn. 61; zu möglichen Haftungsrisiken aufgrund dieser Begrenzung *Sieven/Flatt*, BKR 2021, 564, 570; *Schulz*, WM 2018, 212, 218; *Geyer/Schelm*, BB 2019, 1731, 1734.

Einen **Verweis** auf die anderen Abschnitte des Prospekts dürfen die Risikofaktoren ebenso 8
wenig enthalten wie auf andere Dokumente, vielmehr müssen sie aus sich heraus verständlich sein (→ Art. 19 ProspektVO Rn. 38).[16] Anderenfalls könnte der zwingende Aufbau des Prospekts und die vorgesehene konzentrierte Darstellung der Risiken ausgehebelt werden. Dies widerspräche dem Anlegerschutz, der gerade durch eine hervorgehobene, zusammenhängende und konzentrierte Darstellung der Risikofaktoren sichergestellt werden soll. Lediglich bei komplexen Wertpapierstrukturen (Derivaten) mag gelegentlich ein Verweis auf die Darstellung in den Bedingungen angezeigt sein, um die Risikofaktoren nicht zu überfrachten.[17] Zulässig ist es auch, den Risikofaktoren folgenden **allgemeinen Hinweis** voranzustellen, der im Wesentlichen darauf hindeutet, dass hier entsprechend den gesetzlichen Vorgaben nur die für eine Anlageentscheidung wesentlichen emittenten- und wertpapierspezifischen Risiken wiedergegeben werden. Anzutreffen ist z. B. folgende Formulierung:

> In considering whether to invest in the ordinary bearer shares with no par value (auf den Inhaber lautende Stammaktien ohne Nennbetrag) (the „Ordinary Shares") of [...] Aktiengesellschaft (hereinafter the „Company" or „[...] AG"), investors should carefully consider the following risks in this prospectus (the „Prospectus"). In the Prospectus, references to the terms „[...]" or „Group" are references to the Company and its consolidated subsidiaries collectively. References to „[...]" pertain to the Group's [...] segment. References to „[...]" pertain to the Group's [...] segment.
>
> According to Article 16 of Regulation (EU) 2017/1129 of the European Parliament and of the Council of June 14, 2017 on the prospectus to be published when securities are offered to the public or admitted to trading on a regulated market, as amended (the „Prospectus Regulation") (as supplemented by Commission delegated Regulation (EU) 2019/980 and Commission delegated Regulation (EU) 2019/979), the risk factors featured in a prospectus must be limited to risks which are specific to the issuer and/or to the securities and which are material for investors in making an informed investment decision. Therefore, the following risks are only those risks that are – based on the Company's current assessment – material and specific to the Company and the Ordinary Shares.
>
> The following risk factors are categorized into sub-categories based on their nature. In each category the most material risk factors, in the assessment undertaken by the Company, taking into account the expected magnitude of their negative impact on the Company and the probability of their occurrence, are set out first, with the two most material risk factors mentioned at the beginning of each category. The risks mentioned may materialize individually or cumulatively.

III. Zwingender Aufbau des mehrteiligen Prospekts

Art. 24 Abs. 2 VO (EU) 2019/980 enthält die Vorgaben für die Einzelbestandteile des Pro- 9
spekts, der **in Form mehrerer Einzeldokumente** erstellt wird. Dies ist auch für Basisprospekte relevant. Das Registrierungsformular und die Wertpapierbeschreibung sind jeweils

---

16 Vgl. *Schlitt*, in: Habersack/Mülbert/Schlitt, Kapitalmarktinformation, § 4 Rn. 51; zum alten Recht *Schlitt/Schäfer*, AG 2008, 525, 534; *Klöckner/Assion*, in: Holzborn, WpPG, § 11 Rn. 22.
17 Vgl. zum alten Recht *Klöckner/Assion*, in: Holzborn, WpPG, § 11 Rn. 22.

wie folgt aufzubauen: An erster Stelle steht jeweils ein Inhaltsverzeichnis (Art. 24 Abs. 2 lit. a VO (EU) 2019/980; → Rn. 3), dem die Angabe der Risikofaktoren nach Art. 16 ProspektVO folgt (Art. 24 Abs. 2 lit. b VO (EU) 2019/980). Der Abschnitt „Risikofaktoren" enthält entweder die Risikofaktoren, die mit dem Emittenten verbunden sind (**Registrierungsformular**), oder die Risikofaktoren, die mit der Art des Wertpapiers, das Bestandteil der Emission ist, verbunden sind (**Wertpapierbeschreibung**); allgemein dazu → Rn. 6 ff. sowie Anhang 1 Punkt 3.1 und Anhang 11 Punkt 2.1 VO (EU) 2019/980. Dies entspricht im Übrigen der vorgesehenen Aufteilung der notwendigen Angaben auf beide Dokumente. Dem schließen sich alle anderen in den Anhängen genannten Angaben an, die in dem Registrierungsformular oder der Wertpapierbeschreibung zu liefern sind (Art. 24 Abs. 2 lit. c VO (EU) 2019/980). Der wesentliche Unterschied zum zwingenden Aufbau des einteiligen Prospekts besteht danach in der **Aufteilung des Inhaltsverzeichnisses und der Risikofaktoren** auf das Registrierungsformular und die Wertpapierbeschreibung. Registrierungsformular und Wertpapierbeschreibung enthalten keine eigene Zusammenfassung; vielmehr ist zur Vervollständigung des mehrteiligen Prospekts eine separate Zusammenfassung zu erstellen (und zu billigen), die den Gesamtinhalt des Prospekts abdeckt (→ Art. 10 ProspektVO Rn. 15 f.). Wenn sie zu einem Dokument als Wertpapierprospekt zusammengeführt werden, geschieht dies in der Reihenfolge „Zusammenfassung – Wertpapierbeschreibung – Registrierungsformular".

IV. Besonderheiten bei Verwendung eines einheitlichen Registrierungsformulars

1. Abweichende Präsentation der Risikofaktoren

10 Art. 24 Abs. 3 VO (EU) 2019/980 ermöglicht es dem Emittenten, bei Verwendung eines einheitlichen Registrierungsformulars die in Abs. 2 lit. b genannten Risikofaktoren zusammen mit den in Abs. 2 lit. c genannten Angaben aufzuführen, sofern diese Risikofaktoren als eigenständiger Abschnitt erkennbar bleiben. Zweck ist Regelung ist es, für das „multifunktionale" Dokument, das für eine Vielzahl von Emissionen verwendet werden kann, zusätzliche Flexibilität beim Aufbau zu schaffen. Letztlich bewirkt dies aber keinen großen Unterschied, da es bei einer abgrenzbaren abschnittsweisen Darstellung bleiben muss.

2. Präsentationsvorgaben für Zwecke der Regelberichterstattung

11 Art. 24 Abs. 4 VO (EU) 2019/980 sieht vor, dass die in einem einheitlichen Registrierungsformular enthaltenen Angaben gemäß VO (EU) 2019/985 zu präsentieren sind, wenn es (auch) für die Regelberichterstattung nach Art. 9 Abs. 12 ProspektVO verwendet wird (siehe dazu → Art. 9 ProspektVO Rn. 34 ff.). Hintergrund der Regelung ist die Vorstellung des Verordnungsgebers, dass eine bereits durch das einheitliche Registrierungsformular erfüllte Regelpublizität bzgl. der im Jahresfinanzbericht gemäß Art. 4 EU-RL 2004/109/EG offenzulegenden Informationen eine nochmalige Veröffentlichung nicht mehr erforderlich macht. Um diesen Zweck zu erfüllen, muss das einheitliche Registrierungsformular nicht nur rechtzeitig vier Monate nach Ablauf des Geschäftsjahres veröffentlicht worden sein (Art. 9 Abs. 12 ProspektVO), sondern auch die erforderlichen Informationen in

der durch VO (EU) 2019/985 vorgegebenen Form präsentieren. Die Entlastung von einer doppelten Veröffentlichungspflicht ist gut gemeint, allerdings wird die durch das einheitliche Registrierungsformular geschaffene alternative Möglichkeit in der Praxis nicht wirklich angenommen.[18]

V. Darstellung der erforderlichen Informationsbestandteile

1. Freie Festlegung der Reihenfolge

Aus Art. 24 Abs. 5 VO (EU) 2019/980 folgt, dass sowohl bei der Erstellung eines einteiligen als auch eines mehrteiligen Prospekts freigestellt ist, die Reihenfolge der in Abs. 1 lit. d und Abs. 2 lit. c genannten Angaben in den Anhängen festzulegen.[19] Diese Freizügigkeit ist einerseits dem Umstand geschuldet, dass sich der Katalog verpflichtend vorgesehener Mindestangaben (Art. 13 ProspektVO) nach dem **Baukastenprinzip** an den Einzelbestandteilen Registrierungsformular und Wertpapierbeschreibung des mehrteiligen Prospekts orientiert (vgl. Anhänge 1 und 11 für Aktienemissionen), die bei Erstellung eines einteiligen Prospekts zusammenzuführen sind. Andererseits ist sie erforderlich, weil die Emission bestimmter Wertpapiere eine **Kombination** von Anhängen mit zum Teil gleich lautenden Offenlegungspflichten verlangt.[20] Beide Umstände machen es nahezu unmöglich, die Gliederungen der Anhänge einzuhalten.[21]

12

In der Praxis hat sich für die Gliederung der Prospekte ein „**Marktstandard**" herausgebildet, der mit der schon seit langem etablierten (internationalen) Marktpraxis übereinstimmt.[22] Dies betrifft die Terminologie und die Darstellungsreihenfolge. Aufgrund der üblichen Darstellung aller anderen Angaben, die Gegenstand der Anhänge der VO (EU) 2019/980 sind, ergibt sich am Beispiel einer Aktienemission regelmäßig folgende **Grobgliederung** (erste Ebene) für das **Inhaltsverzeichnis** eines Prospekts:

13

---

18 Skeptisch auch *Groß*, Kapitalmarktrecht, Art. 9 ProspektVO Rn. 15; *Schulz* WM 2016, 1417, 1422.
19 Vgl. *Seitz*, in: Assmann/Schlitt/von Kopp-Colomb, Prospektrecht Kommentar, Art. 13 ProspektVO Rn. 37.
20 Vgl. *Schlitt/Schäfer*, AG 2005, 498, 503 und dort Fn. 73; *Schlitt/Singhof/Schäfer*, BKR 2005, 251, 252.
21 Ähnlich *Schlitt*, in: Habersack/Mülbert/Schlitt, Kapitalmarktinformation, § 4 Rn. 27; *Meyer*, in: Habersack/Mülbert/Schlitt, Unternehmensfinanzierung, Rn. 36.22.
22 Siehe nur die Nachweise bei *Apfelbacher/Metzner*, BKR 2006, 81, 85 (dort Fn. 49).

Inhaltsverzeichnis
Zusammenfassung des Prospekts[23]
A. Risikofaktoren
B. Allgemeine Informationen (einschl. verantwortliche Personen)
C. Das Angebot
D. Emissionserlös und Kosten des Angebots und Börsenzulassung
E. Gründe für das Angebot und die Börsenzulassung sowie Verwendung des Emissionserlöses
F. Verwässerung
G. Allgemeine Bestimmungen zur Gewinnverwendung und zu Dividendenzahlungen, Dividendenpolitik und anteiliges Ergebnis
H. Kapitalausstattung, Finanzverschuldung und Erklärung zum Geschäftskapital
I. Gewinnprognose
J. Ausgewählte Konzernfinanzinformationen [Die Akquisition des Geschäftsbereichs [...] der [...]]
[Pro-forma-Finanzangaben]
K. Darstellung und Analyse der Vermögens-, Finanz- und Ertragslage
L. Marktüberblick
M. Geschäftstätigkeit
N. Regulatorisches Umfeld
O. Geschäfte und Rechtsbeziehungen mit nahe stehenden Personen
P. Wesentliche Aktionäre
Q. Allgemeine Informationen über die Gesellschaft und die Gruppe
R. Angaben über das Kapital
S. Angaben über die Organe und das obere Management der Gesellschaft
T. Aktienübernahme
U. Besteuerung in der Bundesrepublik Deutschland[24]
V. Finanzteil
W. Glossar
X. Jüngster Geschäftsgang und Aussichten

14 Grundsätzlich sind die Informationsbestandteile so sortiert, dass Wiederholungen beim **mehrteiligen Wertpapierprospekt**, also im Registrierungsformular einerseits und in der Wertpapierbeschreibung andererseits, nicht vorkommen sollten. Gelingt dies nicht, ist ein Verweis zwischen den beiden – auch separat veröffentlichen – Dokumenten zulässig.[25] In der Praxis ergeben sich daraus am Beispiel einer Aktienemission regelmäßig folgende **Inhaltsverzeichnisse** (erste Ebene) für die einzelnen Bestandteile eines dreiteiligen Prospekts:

---

23 Ggf. ist eine deutsche Übersetzung zu ergänzen, wenn der Prospekt in englischer Sprache verfasst ist.
24 Ggf. sind weitere Jurisdiktionen zu ergänzen, in denen ein öffentliches Angebot durchgeführt wird.
25 ESMA, Questions and Answers – Prospectuses (25th Updated Version – July 2016), Nr. 10.

Inhaltsverzeichnis Zusammenfassung[26]

A. Einleitung mit Warnhinweisen
B. Basisinformationen über den Emittenten
C. Basisinformationen über die Wertpapiere
D. Basisinformationen über das öffentliche Angebot und/oder die Zulassung der Wertpapiere

Inhaltsverzeichnis Wertpapierbeschreibung

A. Risikofaktoren
B. Allgemeine Informationen (einschl. verantwortliche Personen)
C. Das Angebot
D. Emissionserlös und Kosten des Angebots und Börsenzulassung
E. Gründe für das Angebot und die Börsenzulassung sowie Verwendung des Emissionserlöses
F. Verwässerung
G. Kapitalausstattung, Finanzverschuldung und Erklärung zum Geschäftskapital
H. Aktienübernahme
I. Besteuerung in der Bundesrepublik Deutschland[27]

Inhaltsverzeichnis Registrierungsformular

A. Risikofaktoren
B. Billigung, Veröffentlichung und Gültigkeit des Registrierungsformulars
C. Allgemeine Angaben (einschl. verantwortliche Personen)
D. Allgemeine Bestimmungen zur Gewinnverwendung und zu Dividendenzahlungen; Dividendenpolitik und anteiliges Ergebnis
E. Ausgewählte Konzernfinanzinformationen
F. Darstellung und Analyse der Vermögens-, Finanz- und Ertragslage
G. Marktüberblick
H. Geschäftstätigkeit
I. Regulatorisches Umfeld
J. Geschäfte und Rechtsbeziehungen mit nahe stehenden Personen
K. Wesentliche Aktionäre
L. Allgemeine Informationen über die Gesellschaft und die Gruppe
M. Angaben über das Kapital
N. Angaben über die Organe und das obere Management der Gesellschaft

---

26 Ggf. ist eine deutsche Übersetzung zu ergänzen, wenn der Prospekt in englischer Sprache verfasst ist.
27 Ggf. sind weitere Jurisdiktionen zu ergänzen, in denen ein öffentliches Angebot durchgeführt wird.

O. Finanzteil
P. Glossar
Q. Jüngster Geschäftsgang und Aussichten

2. Aufstellung der Querverweise für die Prüfung des Prospekts

15 Wenn die **Reihenfolge der Angaben** gemäß Abs. 1 lit. d und Abs. 2 lit. c von der Reihenfolge dieser Angaben in den Anhängen der VO (EU) 2019/980 **abweicht**, können die zuständigen Behörden nach Art. 24 Abs. 5 UAbs. 1 VO (EU) 2019/980 vom Ersteller des Prospekts eine Liste mit Querverweisen anfordern, aus der hervorgeht, auf welche Punkte in den Anhängen sich diese Angaben beziehen.

16 Eine solche Liste der Querverweise oder auch sog. **Überkreuz-Checkliste ("ÜKL")** soll der zuständigen Behörde die Prüfung des Prospekts im Rahmen des Billigungsverfahrens erleichtern.[28] Die Bestimmung sieht die Liste nicht verpflichtend vor, sondern überlässt es den Behörden zu entscheiden, ob sie diese Hilfe in Anspruch nehmen wollen („*können*"). Veröffentlicht wird die Querverweisliste nicht, liegt also auch den Anlegern bei ihrer Investitionsentscheidung nicht vor.[29] Die Querverweisliste ist der zuständigen Behörde **„auf elektronischem Wege und in einem durchsuchbarem elektronischem Format"** zu übermitteln (Art. 42 Abs. 2 lit. a VO (EU) 2019/980). Dies entspricht den Vorgaben für den Prospektentwurf (Art. 42 Abs. 1 VO (EU) 2019/980). Konkret bedeutet dies, dass „ausschließlich das MVP-Portal, Fachverfahren, Prospekte (VO/WpPG/VermAnlG), ii) Einreichung Prospekte/Nachträge gem. VO"" zu verwenden ist.[30] Die Querverweisliste kann auch „auf eigene Initiative" erstellt werden (vgl. Art. 42 Abs. 2 lit. a VO (EU) 2019/980). Schon nach Inkrafttreten des WpPG im Jahr 2005 hat sich allerdings schnell gezeigt, dass die BaFin die Notwendigkeit der Erstellung der Überkreuz-Checkliste nicht im Einzelfall prüft, sondern ihre Vorlage zur Regelpflicht erklärt hat. Das ist ihr im Rahmen ihrer Verwaltungspraxis unbenommen.[31] Angesichts der etablierten, von den Anhängen abweichenden Prospektgliederungen (siehe → Rn. 13 f.) kommt die Überkreuz-Checkliste daher bei (nahezu) sämtlichen Billigungsverfahren zum Einsatz, wenn der Prospekt keine Querverweise am Rand vermerkt hat (→ Rn. 19). Grundsätzlich ist die Liste auch bereits mit dem ersten Prospektentwurf einzureichen.[32] Anders als nach alter Rechtslage beginnt die maßgebliche Prüfungsfrist nach Art. 20 Abs. 2 UAbs. 1 ProspektVO nicht erst mit Ein-

---

28 Vgl. BaFin-Workshop: 100 Tage WpPG, Präsentation „Das Hinterlegungsverfahren" vom 3.11.2005, S. 4; Muster der Überkreuz-Checkliste für Vermögensanlagen-Verkaufsprospekte (zuletzt geändert am 27.9.2022), verfügbar unter www.bafin.de.
29 *Groß*, Kapitalmarktrecht, Art. 18 ProspektVO Rn. 6.
30 BaFin, Prospekterstellung und Billigungsverfahren – Rechtslage seit dem 21.7.2019, Ziff. II. 2 (verfügbar unter www.bafin.de).
31 So auch die aktuelle Praxis: BaFin, Neue Regeln für Wertpapierprospekte nach EU-Prospektverordnung 2017/1129 – Frequently Asked Questions (zuletzt geändert am 6.10.2021), Ziff. IX; BaFin, Prospekterstellung und Billigungsverfahren – Rechtslage seit dem 21.7.2019, Ziff. II. 2 (beide Dokumente verfügbar unter www.bafin.de); siehe auch *von Kopp-Colomb*, in: Assmann/Schlitt/ von Kopp-Colomb, Prospektrecht Kommentar, Art. 20 ProspektVO Rn. 18 („ist…beizufügen").
32 Vgl. BaFin, Neue Regeln für Wertpapierprospekte nach EU-Prospektverordnung 2017/1129 – Frequently Asked Questions (zuletzt geändert am 6.10.2021), Ziff. IX; BaFin, Prospekterstellung

reichung der Überkreuz-Checkliste zu laufen, sondern die zuständige Behörde muss auch bei Unvollständigkeit der eingereichten Unterlagen reagieren (Art. 20 Abs. 4 ProspektVO).[33]

In der Überkreuz-Checkliste sind nach wie vor die Seiten zu nennen, auf denen die jeweiligen Angaben im Prospekt gefunden werden können (so ausdrücklich noch Art. 25 Abs. 4 Satz 2 VO (EG) 809/2004). In der Reihenfolge der einschlägigen Anhänge sind daher für jede Mindestangabe die **Prospektseiten** aufzuführen, auf denen die diesbezüglichen Informationen zu finden sind. Üblicherweise werden dafür die Seitenzahlen angegeben, wenngleich auch der Verweis auf Abschnittsüberschriften oder Gliederungsnummern für möglich gehalten wird.[34] Nach Art. 24 Abs. 5 UAbs. 2 VO (EU) 2019/980 geht aus der Liste mit Querverweisen ferner hervor, ob bestimmte in den Anhängen genannte Punkte aufgrund der Art des Emittenten, der Wertpapiere oder der Zulassung zum Handel nicht in den Prospektentwurf aufgenommen wurden. Mit anderen Worten: Ist eine in den Anhängen vorgesehene **Angabe nicht einschlägig**, muss dies in der Überkreuz-Checkliste ausdrücklich vermerkt werden (Negativattest).[35] Ist eine Angabe „aus der Rechtsnatur der Sache heraus und/oder aus tatsächlichen Gründen nicht möglich", kann fraglich sein, ob zusätzlich auch die Aufnahme eines Hinweises im Prospekt, warum die Angabe nicht gemacht werden kann, erforderlich ist. Richtigerweise sollte dies nur erforderlich sein, wenn die Anhänge der VO (EU) 2019/980 eine Negativaussage im Prospekt ausdrücklich verlangen (vgl. auch Erwägungsgrund 25 der VO (EU) 2019/980 („gestattet […], in den Anhängen aufgeführte Angaben auszulassen, wenn diese […] nicht zutreffen."))[36] oder wenn nach Abwägung im Einzelfall sicherheitshalber eine Fehlanzeige angezeigt ist.[37]

Auswirkungen auf die Überkreuz-Checkliste haben auch die in Art. 26 Abs. 1 bis 3 VO (EU) 2019/980 enthaltenen konkreten Vorgaben, welche Informationen in den Basisprospekt aufgenommen werden müssen und welche Informationen Gegenstand der endgültigen Bedingungen sein dürfen (siehe näher → Art. 25 Rn. 4 ff.). Soweit die Angaben für die Wertpapierbeschreibung in drei **Kategorien A, B und C** eingeteilt sind (Art. 26 VO (EU) 2019/980; siehe dort → Rn. 6 ff.), soll die Überkreuz-Checkliste „aus Gründen der Selbstüberprüfung und zur Vereinfachung der Prüfung durch die BaFin" um die Erläuterung ergänzt werden, ob eine Angabe der Kategorie A, B oder C angehört.[38]

---

und Billigungsverfahren – Rechtslage seit dem 21.7.2019, Ziff. II. 2 (beide Dokumente verfügbar unter www.bafin.de).
33 *von Kopp-Colomb*, in: Assmann/Schlitt/von Kopp-Colomb, Prospektrecht Kommentar, Art. 20 ProspektVO Rn. 22; anders zum alten Recht *Friedl*, in: Just/Voß/Ritz/Zeising, WpPG, 2009, § 12 WpPG Rn. 9.
34 Vgl. *von Kopp-Colomb*, in: Assmann/Schlitt/von Kopp-Colomb, Prospektrecht Kommentar, Art. 20 ProspektVO Rn. 18.
35 *Groß*, Kapitalmarktrecht, Art. 18 ProspektVO Rn. 6; *von Kopp-Colomb*, in: Assmann/Schlitt/von Kopp-Colomb, Prospektrecht Kommentar, Art. 20 ProspektVO Rn. 18 („kurz zu erklären"); *Schlitt/Ries*, in: Assmann/Schlitt/von Kopp-Colomb, Prospektrecht Kommentar, Art. 18 ProspektVO Rn. 11 (durch ein „n.a.").
36 *Schlitt/Ries*, in: Assmann/Schlitt/von Kopp-Colomb, Prospektrecht Kommentar, Art. 18 ProspektVO Rn. 11.
37 *Groß*, Kapitalmarktrecht, Art. 18 ProspektVO Rn. 6; siehe zum alten Recht noch *Apfelbacher/Metzner*, BKR 2006, 81, 84.
38 BaFin, Häufig gestellte Fragen zum neuen Basisprospektregime vom 31.5.2012 (zuletzt geändert am 4.6.2014), I. 1; verfügbar unter www.bafin.de.

2. Randverweise für die Prüfung des Prospekts

19 Alternativ zur freiwilligen oder von der zuständigen Behörde verlangten Übermittlung einer Querverweisliste eröffnet Art. 24 Abs. 6 VO (EU) 2019/980 die Möglichkeit, den zur Billigung einzureichenden Prospektentwurf, der Angaben in einer anderen Reihenfolge als in den Anhängen der VO (EU) 2019/980 enthält, mit **Randverweisen** zu versehen, aus denen hervorgeht, welchen Angaben im Prospektentwurf die relevanten Informationsbestandteile in den Anhängen entsprechen. Ein solcher mit Randverweisen versehener Prospektentwurf ist damit die zwingende Mindestanforderung, um der zuständigen Behörde die Prüfung im Billigungsverfahren zu erleichtern. Einem solchen Prospektentwurf ist nach wie vor ein Dokument beizufügen, aus dem – ähnlich einer Querverweisliste – ggf. alle relevanten Informationsbestandteile in den Anhängen der VO (EU) 2019/980 aufgeführt sind, die nicht in den Prospekt aufgenommen wurden. Auch wenn dies nicht mehr ausdrücklich geregelt ist, sollte nicht zweifelhaft sein, dass der endgültige Prospekt(-entwurf) natürlich nicht mehr mit Randverweisen versehen sein darf (vgl. noch Art. 4 Abs. 1 Satz 2 TRS a. F.).[39] Für die Prüfung bringt dies auch keinen Nachteil, weil in diesem Stadium nicht mehr mit einer erstmaligen Aufnahme relevanter Informationsbestandteile aus den Anhängen zu rechnen ist und immer auch eine änderungsmarkierter Prospektentwurf eingereicht wird.

20 Üblicherweise wird in der Überkreuz-Checkliste der Text des jeweiligen Anhangs mit Prospektseiten, auf der die entsprechenden Angaben zu finden sind, wiedergegeben:

Prospekt der [...] AG vom [...]
Überkreuz-Checkliste

ANHANG	Seiten(n)/Page(s)
Anhang 1 – Registrierungsformular für Dividendenwerte	
ABSCHNITT 1. VERANTWORTLICHE PERSONEN, ANGABEN VON SEITEN DRITTER, SACHVERSTÄNDIGENBERICHTE UND BILLIGUNG DURCH DIE ZUSTÄNDIGE BEHÖRDE	
Punkt 1.1. Nennung aller Personen, die für die Angaben im Registrierungsformular bzw. für bestimmte Teile der Angaben verantwortlich sind. Im letzteren Fall sind die entsprechenden Teile anzugeben. Handelt es sich um natürliche Personen, zu denen auch Mitglieder des Verwaltungs-, Leitungs- oder Aufsichtsorgans des Emittenten gehören, sind Name und Funktion dieser Person zu nennen. Bei juristischen Personen sind Name und eingetragener Sitz der Gesellschaft anzugeben.	
[...]	
Anhang 11 – Wertpapierbeschreibung für Dividendenwerte oder von Organismen für gemeinsame Anlagen des geschlossenen Typs ausgegebene Anteilsscheine	
[...]	

---

39 Ausdrücklich BaFin, Neue Regeln für Wertpapierprospekte nach EU-Prospektverordnung 2017/1129 – Frequently Asked Questions (zuletzt geändert am 6.10.2021), Ziff. X (verfügbar unter www.bafin.de).

Art. 25 VO (EU) 2019/980
Aufmachung eines Basisprospekts

(1) Wird ein Basisprospekt als ein einziges Dokument erstellt, muss er folgende Elemente umfassen:

a) ein Inhaltsverzeichnis;

b) einer allgemeinen Beschreibung des Angebotsprogramms;

c) den in Artikel 16 der Verordnung (EU) 2017/1129 genannten Risikofaktoren;

d) allen anderen in den Anhängen dieser Verordnung genannten Angaben, die in den Basisprospekt aufzunehmen sind.

Der Emittent, der Anbieter oder die die Zulassung zum Handel an einem geregelten Markt beantragende Person kann entscheiden, in welcher Reihenfolge die in den Anhängen genannten Angaben im Basisprospekt aufgeführt werden.

(2) Wird ein Basisprospekt in Form mehrerer Einzeldokumente erstellt, müssen das Registrierungsformular und die Wertpapierbeschreibung folgende Elemente umfassen:

a) ein Inhaltsverzeichnis;

b) einer allgemeinen Beschreibung des Angebotsprogramms in der Wertpapierbeschreibung;

c) den in Artikel 16 der Verordnung (EU) 2017/1129 genannten Risikofaktoren;

d) allen anderen in den Anhängen dieser Verordnung genannten Angaben, die in das Registrierungsformular und in die Wertpapierbeschreibung aufzunehmen sind.

Der Emittent, der Anbieter oder die die Zulassung zum Handel an einem geregelten Markt beantragende Person kann entscheiden, in welcher Reihenfolge die in den Anhängen genannten Angaben im Registrierungsformular und in der Wertpapierbeschreibung aufgeführt werden.

(3) Ein Emittent, ein Anbieter oder eine Person, die die Zulassung zum Handel an einem geregelten Markt beantragt, kann zwei oder mehrere Basisprospekte in einem einzigen Dokument zusammenfassen.

(4) Wird das Registrierungsformular in Form eines einheitlichen Registrierungsformulars erstellt, kann der Emittent die in Absatz 2 Buchstabe c genannten Risikofaktoren zusammen mit den in Absatz 2 Buchstabe d genannten Angaben aufführen, sofern diese Risikofaktoren als eigenständiger Abschnitt erkennbar bleiben.

(5) Wird ein einheitliches Registrierungsformular für die Zwecke von Artikel 9 Absatz 12 der Verordnung (EU) 2017/1129 verwendet, sind die darin enthaltenen Angaben gemäß der Delegierten Verordnung (EU) 2019/815 der Kommission zu präsentieren.

(6) Weicht die Reihenfolge der in Absatz 1 Buchstabe d und Absatz 2 Buchstabe d genannten Angaben von der Reihenfolge dieser Angaben in den Anhängen ab, können

die zuständigen Behörden eine Liste mit Querverweisen anfordern, aus der hervorgeht, auf welche Punkte in den Anhängen sich diese Angaben beziehen.

Aus der in Unterabsatz 1 genannten Liste mit Querverweisen geht ferner hervor, ob bestimmte, in den Anhängen genannte Punkte aufgrund der Art des Emittenten, der Wertpapiere, des Angebots oder der Zulassung zum Handel nicht in den Basisprospektentwurf aufgenommen wurden.

(7) Wird keine Liste mit Querverweisen gemäß Absatz 6 verlangt oder eine solche vom Emittenten, vom Anbieter oder von der die Zulassung zum Handel an einem geregelten Markt beantragenden Person nicht freiwillig vorgelegt, ist am Rand des Basisprospektentwurfs zu vermerken, welchen Angaben im Basisprospektentwurf die relevanten Informationsbestandteile in den Anhängen entsprechen.

Übersicht

	Rn.		Rn.
I. Regelungsgegenstand des Art. 25	1	IV. Mehrere Basisprospekte in einem Dokument	11
II. Aufbau des einteiligen Basisprospekts	4	V. Basisprospekt mit einheitlichem Registrierungsformular	12
III. Aufbau des Basisprospekts in Form mehrerer Einzeldokumente	8	VI. Liste mit Querverweisen	15

I. Regelungsgegenstand des Art. 25

1 Art. 25 regelt in näherer Ausgestaltung von Art. 8 ProspektVO **Formatfragen zum Basisprospekt**.[1] Dabei orientiert sich die Vorschrift zunächst an Art. 24, der die Aufmachung von Prospekten generell beschreibt, ergänzt dann aber Aspekte, die sich speziell auf den Basisprospekt beziehen, wie z. B. eine allgemeine Beschreibung des Angebotsprogramms oder eine Regelung zur Situation, dass mehrere Basisprospekte in einem Dokument zusammengefasst werden.

2 Die weitgehende Wiederholung der Inhalte von Art. 24 wäre von der Systematik her nicht notwendig, da auch Basisprospekte Prospekte sind und Art. 24 daher auch für Basisprospekte gelten würde. In der Wiederholung zeigt sich aber die Intention des Verordnungsgebers, in Art. 25 nicht nur die für Basisprospekte spezifischen Aspekte zu nennen, sondern alle für einen Basisprospekt relevanten Formatbestimmungen in einer Vorschrift zusammenzuführen. Insofern ist Art. 25 die speziellere Vorschrift für Basisprospekte, die Art. 24 vorgeht.

3 Die Formatanforderungen des Art. 25 stehen, jedenfalls den Titeln zufolge, den Inhaltsbestimmungen in Art. 26 gegenüber. Diese Abgrenzung ist konzeptionell simpel, in der Realität aber nicht einfach vorzunehmen und in der praktischen Umsetzung nicht durchgehend erfolgt. So finden sich in Art. 25 auch Elemente, die eher den Inhalt eines Basisprospekts beschreiben. Eine mögliche Verbesserung wäre die Zusammenlegung der beiden Artikel im Rahmen einer nächsten Reform. Alternativ könnte man den Titel von Art. 26

---

1 Siehe dazu auch Art. 13 Abs. 1 ProspektVO.

treffender nur auf den zulässigen Inhalt der endgültigen Bedingungen beziehen und Art. 25 mit „Aufmachung und Inhalt eines Basisprospekts" betiteln.

II. Aufbau des einteiligen Basisprospekts

Art. 25 **Abs. 1** beschreibt den formalen Aufbau eines Basisprospekts mit den Abschnitten Inhaltsverzeichnis, allgemeine Beschreibung des Angebotsprogramms und Risikofaktoren vor den sonstigen Angaben zum Emittenten und den Wertpapieren. In der Praxis gestatten die Billigungsbehörden, dass ein informatives Deckblatt[2] und einige Seiten an wichtigen Hinweisen noch davor gesetzt werden können.[3] Im Unterschied zu Abs. 2, der den Aufbau des Basisprospekts in mehreren Einzeldokumenten zum Gegenstand hat, behandelt Abs. 1 den Grundfall, dass der Basisprospekt als ein einziges Dokument erstellt wird, also den sog. einteiligen Basisprospekt.

Art. 25 Abs. 1 will die verschiedenen Elemente nicht nur benennen, sondern auch deren **Reihenfolge** im Basisprospekt bestimmen.[4] Aus dem Wortlaut „muss er folgende Elemente umfassen:" ergibt sich das nicht mehr zwingend. Darin ist aber eher eine Nachlässigkeit in der Formulierung zu sehen, die auch bei den Elementen b), c) und d) erkennbar wird, insofern sie grammatikalisch nicht sauber an den Einleitungssatz anschließen. Die Vorgängervorschrift Art. 26 Abs. 1 VO (EG) 809/2004 hatte das mit der einleitenden Formulierung „so ist der Basisprospekt wie folgt aufzubauen:" noch klarer zum Ausdruck gebracht. Eine Änderung des Regelungswillens ist an dieser Stelle nicht auszumachen, zumal die Elemente im Wesentlichen die gleichen geblieben sind. Auch UAbs. 2 legt das nahe, wenn dort nur innerhalb des Elements d) die Reihenfolge zur Disposition gestellt wird. Zudem würde es andernfalls keinen Sinn ergeben, mit Element c) die Risikofaktoren separat aufzuführen, da sie zu den Angaben gehören, die ohnehin unter Element d) fallen.

Art. 25 Abs. 1 **UAbs. 2** entspricht Art. 26 Abs. 2 Satz 1 VO (EG) 809/2004 und wiederholt den Inhalt von Art. 24 Abs. 1 UAbs. 2, nämlich dass es dem Prospektersteller freisteht, die Reihenfolge der in den Anhängen genannten Angaben zum Emittenten und den Wertpapieren[5] festzulegen.[6] Dies hat die Befugnis der zuständigen Behörden zur Folge, vom Prospektersteller eine Liste mit Querverweisen anzufordern, Abs. 6.

Einzige inhaltliche Veränderung in der Liste der Elemente ist im Vergleich zur Vorgängervorschrift Art. 26 Abs. 1 VO (EG) 809/2004 der Wegfall der Zusammenfassung. Auch wenn es in Art. 25 primär um den formellen Aufbau des Basisprospekts geht, bestätigt sich hier dennoch, nicht zuletzt in Gegenüberstellung zu Art. 24 Abs. 1, der Wille des Ge-

---

2 Vgl. *Seitz*, in: Assmann/Schlitt/von Kopp-Colomb, Prospektrecht Kommentar, Art. 8 ProspektVO Rn. 46.
3 Gestützt von ESMA, Questions and Answers on the Prospectus Regulation, ESMA/2019/ESMA31-62-1258 (Version 12, last updated on 3 February 2023), Antwort zu Frage 14.9.
4 Im Ergebnis auch *Seitz*, in: Assmann/Schlitt/von Kopp-Colomb, Prospektrecht Kommentar, Art. 8 ProspektVO Rn. 46.
5 Also die Reihenfolge innerhalb des 4. in UAbs. 1 genannten Abschnitts.
6 Siehe auch die dortige Kommentierung.

setzgebers, im Basisprospekt selbst keine Zusammenfassung mehr vorzusehen.[7] An die Stelle der Zusammenfassung ist in Element b) die **allgemeine Beschreibung des Angebotsprogramms** getreten, die vorher in Art. 22 Abs. 5 Nr. 3 VO (EG) 809/2004 geregelt war und hier einen sinnvollen Platz gefunden hat. Dieses Element ist eine willkommene Verpflichtung, erlaubt es doch, eine übliche und hilfreiche Übersicht über die wesentlichen Merkmale des Emissionsprogramms in den Basisprospekt einzufügen. Zu diesen Merkmalen gehören z.B. die beteiligten Emittenten, die an den Emissionen unter dem Programm beteiligten Banken (sog. Dealer) und Zahlstellen, das Programmvolumen, die zulässigen Stückelungen und Laufzeiten der Wertpapiere, die vorgesehenen Wertpapierstrukturen und die zur Verfügung stehenden Börsenzulassungen.

III. Aufbau des Basisprospekts in Form mehrerer Einzeldokumente

8   Art. 25 **Abs. 2** beschreibt den Aufbau eines Basisprospekts, der in Form von mehreren Einzeldokumenten i.S.v. Art. 8 Abs. 6 UAbs. 1 und Art. 10 ProspektVO erstellt wird, d.h. eines sog. mehrteiligen Basisprospekts. Dabei entspricht Abs. 2 weitestgehend Abs. 1, denn für den mehrteiligen Basisprospekt sind keine anderen Inhalte gefordert als für den einteiligen Basisprospekt, sie sind lediglich auf zwei Dokumente aufgeteilt.

9   Einzige Berechtigung für die gesonderte Behandlung sind zusätzliche Hinweise dazu, in welchem der beiden Teile sich ein Element befinden soll. So ist die **allgemeine Beschreibung des Angebotsprogramms** in die Wertpapierbeschreibung aufzunehmen. Für das Inhaltsverzeichnis und die Risikofaktoren wird keine Bestimmung vorgenommen. Allerdings fungiert die Wertpapierbeschreibung in der Praxis als der Sammelort für alle nicht emittentenbezogenen Teile eines einteiligen Basisprospekts. Im Registrierungsformular findet sich somit die Emittentenbeschreibung einschließlich Risikofaktoren zum Emittenten, während alle anderen Teile, einschließlich Inhaltsverzeichnis, in der Wertpapierbeschreibung Platz finden. Die Anordnung der Reihenfolge in Abs. 2 kommt daher praktisch vor allem in der Wertpapierbeschreibung zum Tragen.

10 Zu Art. 25 Abs. 2 **UAbs. 2** siehe die Kommentierung zu Abs. 1 UAbs. 2 (→ Rn. 6), zu lesen mit Bezug auf Art. 24 Abs. 2.

IV. Mehrere Basisprospekte in einem Dokument

11 Art. 25 **Abs. 3** gestattet, inhaltlich unverändert zu Art. 26 Abs. 8 VO (EG) 809/2004, dass mehrere Basisprospekte in einem Dokument zusammengefasst werden. Das ist z.B. dann praktisch, wenn ein Emittent zugleich Garant ist für seine Finanzierungsgesellschaft und die Basisprospekte beider Gesellschaften in einem Dokument zusammenführen möchte.

---

7 Dies ergibt sich unmittelbar bereits aus Art. 8 Abs. 8 ProspektVO, siehe die dortige Kommentierung; *Seitz*, in: Assmann/Schlitt/von Kopp-Colomb, Prospektrecht Kommentar, Art. 8 ProspektVO Rn. 45.

V. Basisprospekt mit einheitlichem Registrierungsformular

Art. 25 Abs. 4 und 5 regeln Sonderfragen für den Fall, dass ein mehrteiliger Basisprospekt mit einem **einheitlichen Registrierungsformular** gem. Art. 9 ProspektVO[8] erstellt wird. 12

Art. 25 **Abs. 4** gestattet dem Emittenten in dieser Konstellation, die Risikofaktoren zusammen mit den sonstigen Angaben nach Abs. 2 lit. d aufzuführen, sofern sie als eigenständiger Abschnitt erkennbar bleiben. Da die Risikofaktoren hinsichtlich der Wertpapiere ohnehin Teil der Wertpapierbeschreibung sind, kann sich diese Privilegierung nur auf die Risikofaktoren zum Emittenten beziehen. Diese dürfen demnach auch in der Wertpapierbeschreibung platziert werden. 13

Art. 25 **Abs. 5** stellt klar, dass sich der Aufbau des einheitlichen Registrierungsformulars nach der VO (EU) 2019/815[9] statt nach Abs. 2 richtet, wenn es für die Zwecke von Art. 9 Abs. 12 verwendet wird, d.h. wenn es den Jahresfinanzbericht bzw. den Halbjahresfinanzbericht ersetzend erstellt wurde. 14

VI. Liste mit Querverweisen

Art. 25 **Abs. 6 UAbs. 1** folgt inhaltlich Art. 26 Abs. 3 Satz 1 VO (EG) 809/2004: Weicht die Reihenfolge der Angaben aufgrund der in Abs. 1 UAbs. 2 und Abs. 2 UAbs. 2 gestatteten Wahlmöglichkeit des Prospekterstellers von derjenigen ab, die in den relevanten Anhängen vorgesehen ist, so kann die zuständige Behörde vom Prospektersteller eine **Liste mit Querverweisen** (sog. Überkreuz-Checkliste) anfordern. In der Praxis wird eine solche Querverweisliste für alle Basisprospekte erstellt. Die Seitenangaben müssen nicht zwingend in Form von Seitenzahlen erfolgen, sondern sind auch als Verweise auf Abschnittsüberschriften denkbar;[10] die Angabe von Seitenzahlen ist aber behördenfreundlicher und üblicher. Neu ist die ausdrückliche Regelung in **UAbs. 2**, dass die Liste mit Querverweisen auch angeben muss, ob bestimmte in den Anhängen genannte Punkte aufgrund der Art des Emittenten, des Angebots oder der Zulassung zum Handel im Entwurf des eingereichten Basisprospekts ausgelassen wurden.[11] 15

Art. 25 **Abs. 7** bestimmt, dass in den Fällen, in denen keine Liste mit Querverweisen eingereicht wird, am **Rand** des Entwurfs des Basisprospekts anzugeben ist, welchen Informationsbestandteilen in den Anhängen die gemachten Angaben jeweils entsprechen. Das gilt jedenfalls dann, wenn die zuständige Behörde eine Querverweisliste zwar nach Abs. 6 anfordern könnte, dies aber unterlässt, und der Prospektersteller die Liste auch nicht freiwillig einreicht. Da diese beiden Varianten im Verordnungstext mit einem „oder" verbunden sind, ist nicht eindeutig, ob Abs. 7 insgesamt nur bei einer veränderten Reihenfolge der Angaben greift oder darüber hinaus auch bei Nichteinreichen einer Liste bei unverän- 16

---

8 Siehe die dortige Kommentierung.
9 Delegierte Verordnung (EU) 2019/815 v. 17.12.2018 zur Ergänzung der Richtlinie 2004/109/EG im Hinblick auf technische Regulierungsstandards für die Spezifikation eines einheitlichen elektronischen Berichtsformats, ABL. EU Nr. L 143 v. 29.5.2019, S. 1.
10 Weiterhin relevant: *Glismann*, in: Holzborn, WpPG, § 6 Rn. 17.
11 Zur Auslassung von Informationen siehe auch Art. 18 ProspektVO.

derter Reihenfolge. Da beide Mittel der einfacheren Prüfung durch die zuständige Behörde dienen, ist von Ersterem auszugehen. Im Ergebnis ist dies nicht von praktischer Relevanz, da stets die eine oder die andere Methode verwandt wird, um die Durchsicht der zuständigen Behörde zu erleichtern und zu beschleunigen.

Art. 26 VO (EU) 2019/980
Im Basisprospekt und in den endgültigen Bedingungen zu liefernde Angaben

(1) Der Basisprospekt muss die in den Anhängen 14 bis 19 und 27 unter „Kategorie A" eingestuften Angaben enthalten.

(2) Der Basisprospekt muss die in den Anhängen 14 bis 19 und 27 unter „Kategorie B" eingestuften Angaben enthalten, mit Ausnahme derjenigen Einzelheiten, die zum Zeitpunkt der Billigung des Basisprospekts nicht vorliegen. Solche Einzelheiten sind dann in den endgültigen Bedingungen zu liefern.

(3) Die endgültigen Bedingungen müssen die in den Anhängen 14 bis 19 und 27 unter „Kategorie C" eingestuften Angaben enthalten, es sei denn, diese liegen zum Zeitpunkt der Billigung des Basisprospekts vor; sollte dies der Fall sein, können sie stattdessen in den Basisprospekt aufgenommen werden.

(4) Neben den in den Absätzen 2 und 3 genannten Angaben dürfen die endgültigen Bedingungen nur die in Anhang 28 genannten Angaben enthalten. Aus dem in Artikel 8 Absatz 2 Buchstabe a der Verordnung (EU) 2017/1129 genannten Formular für die endgültigen Bedingungen muss hervorgehen, welche der in Anhang 28 der vorliegenden Verordnung genannten Angaben in den endgültigen Bedingungen festzulegen sind.

(5) Die endgültigen Bedingungen dürfen den Angaben im Basisprospekt nicht widersprechen.

Übersicht

	Rn.		Rn.
I. Regelungsgegenstand des Art. 26	1	2. Kategorie B (Art. 26 Abs. 2)	8
II. Flexibilitätsgrad für Angaben in endgültigen Bedingungen	2	3. Kategorie C (Art. 26 Abs. 3)	11
III. Definitionen der Kategorien A, B und C	5	IV. Zusätzliche Anforderungen für endgültige Bedingungen	15
1. Kategorie A (Art. 26 Abs. 1)	6		

I. Regelungsgegenstand des Art. 26

Art. 26 beschränkt den Umfang, in dem Pflichtangaben im Basisprospekt offengelassen werden dürfen, um sie erst im Wege der endgültigen Bedingungen zu ergänzen. Das Regelungskonzept wurde schon 2012 durch die VO (EU) 486/2012[1] im Rahmen der Revision der EU-ProspektRL[2] als Art. 2a neu in die frühere VO (EG) 809/2004 aufgenommen und setzte die lang bestehende Forderung der Aufsichtsbehörden nach einer konkreteren

1

---
1 VO (EU) Nr. 486/2012 der Kommission vom 30.3.2012 zur Änderung der Verordnung (EG) Nr. 809/2004 in Bezug auf Aufmachung und Inhalt des Prospekts, des Basisprospekts, der Zusammenfassung und der endgültigen Bedingungen und in Bezug auf die Angabepflichten.
2 Siehe z. B. Erwägungsgrund 4 der EU-Verordnung 486/2012.

und weitergehenden Begrenzung des Inhalts der endgültigen Bedingungen um. Zugleich führt Art. 26 Anhang 28[3] ein und damit eine Liste weiterer zulässiger Angaben in den endgültigen Bedingungen.

II. Flexibilitätsgrad für Angaben in endgültigen Bedingungen

2   Generell geht es dem Verordnungsgeber darum, zu vermeiden, dass die endgültigen Bedingungen Angaben enthalten, die aus Sicht der Aufsichtsbehörden der Billigung unterliegen sollten.[4] Die Regelung ist als Reaktion des Verordnungsgebers auf in der früheren Praxis anzutreffende, weit ausgreifende endgültige Bedingungen insbesondere von Bankemittenten zu verstehen.[5] Anders als der Titel von Art. 26 nahelegt, geht es nicht darum, welche **Angaben in den endgültigen Bedingungen** geliefert werden *müssen* – alle Pflichtangaben könnten prinzipiell im Basisprospekt enthalten sein –, sondern darum, welche Angaben in den endgültigen Bedingungen enthalten sein *dürfen*.[6] Während es dem grundsätzlichen Konzept des Basisprospekts aus Art. 8 ProspektVO entspricht, dass bestimmte Angaben im Basisprospekt ausgelassen werden und der Ergänzung durch die endgültigen Bedingungen vorbehalten bleiben dürfen, gab es auch schon vor der Einführung des Regelungskonzepts Vorgaben, welche Angaben für die endgültigen Bedingungen infrage kommen.

3   So bestimmte Art. 22 Abs. 4 der früheren VO (EG) 809/2004 zeitweise, dass endgültige Bedingungen nur Angaben aus den Anhängen für Wertpapierbeschreibungen enthalten dürfen. Art. 22 Abs. 2 der früheren VO (EG) 809/2004 erlaubte schon zuvor, dass im Basisprospekt Informationsbestandteile ausgelassen werden dürfen, die zum Zeitpunkt der Billigung nicht bekannt sind und erst zum Zeitpunkt der jeweiligen Emission bestimmt werden können, was die Ergänzung dieser Informationsbestandteile in den endgültigen Bedingungen impliziert. Weitere Beschränkungen ergaben sich aus Veröffentlichungen der zuständigen Behörden und deren Billigungspraxis. Zudem hatte sich der EuGH in der Rechtssache Timmel[7] mit der Frage beschäftigt, ob Informationen, die zum Zeitpunkt der Erstellung eines Basisprospekts noch nicht bekannt waren, jedoch zu einem späteren Zeitpunkt bekannt geworden sind, in einen **Nachtrag** aufzunehmen sind und dies unter der Voraussetzung bejaht, dass es sich bei den jeweiligen Informationen um wesentliche Angaben nach Art. 16 ProspektRL handelt.[8]

4   Nun regeln **Art. 26 Abs. 1 bis 3** die Abgrenzung zwischen Basisprospekt und endgültigen Bedingungen unter jeweiligem Verweis auf die wertpapierbeschreibenden Anhänge 14 bis 19 und 27.[9] Darin wird jede Angabe, die in die Wertpapierbeschreibung nach Maßgabe des jeweils anwendbaren Anhangs zur Delegierten Verordnung (EU) 2019/980 aufzunehmen ist, einer der Kategorien des Art. 26 zugewiesen. Anders als unter der früheren VO

---

3 Siehe die dortige Kommentierung.
4 Siehe Erwägungsgrund 5 der VO (EU) 486/2012.
5 Vgl. *von Kopp-Colomb/Seitz*, WM 2012, 1220, 1222, mit dem Verweis auf das Ziel einer Erhöhung der Kontrolldichte.
6 Vgl. *Seitz*, in: Assmann/Schlitt/von Kopp-Colomb, Prospektrecht Kommentar, Art. 8 ProspektVO Rn. 56.
7 EuGH (Zweite Kammer), Urt. v. 15.5.2014 – C-359/12 (Timmel/Aviso Zeta AG ua).
8 Anmerkung *Russ*, EuZW 2014, 581, 584; dazu auch *Bauerschmidt*, BKR 2019, 324, 329.
9 Siehe die dortigen Kommentierungen.

(EG) 809/2004, die sich dafür eines eigenen Anhangs XX bediente, erfolgt dies nun effizienter direkt innerhalb der einzelnen Anhänge 14 bis 19 und 27 am Ende jeder Mindestangabe. Indem die definierten Kategorien unterschiedlich flexible Regelungen vorsehen, wird durch die Zuordnung zu den Kategorien der **Flexibilitätsgrad** bestimmt, mit dem Angaben den endgültigen Bedingungen vorbehalten bleiben dürfen. Dies wurde in Art. 2a der früheren VO (EG) 809/2004 noch in einem einleitenden Satz zum Ausdruck gebracht – in Art. 26 setzt der Verordnungsgeber es nun als verstanden voraus. So ist vor allem aus dem Kontext mit Art. 15–17, 19–21 und 31 zu entnehmen, dass Art. 26 nicht die erforderlichen Mindestangaben eines Basisprospekts und der zugehörigen endgültigen Bedingungen hinsichtlich der Wertpapierbeschreibung regelt, sondern die zulässige Aufteilung der anderweit festgelegten Mindestangaben zwischen Basisprospekt und den endgültigen Bedingungen. Mit der Regelung wird die Flexibilität für Emittenten jedenfalls erheblich **eingeschränkt**.[10]

III. Definitionen der Kategorien A, B und C

Anstelle der früheren abstrakten Zweiteilung zwischen Basisprospekt und endgültigen Bedingungen sieht Art. 26 eine **gestufte Regelung** vor, die für jede Mindestangabe der Wertpapierbeschreibung eine konkrete Vorgabe macht. Der Verordnungsgeber hat dabei die Erkenntnis umgesetzt, dass bei typisierender Betrachtung nicht jede Angabe gleich billigungsrelevant ist und sich für drei Stufen entschieden, die Kategorien genannt werden. Die drei Kategorien sind wie im Folgenden beschrieben definiert.

1. Kategorie A (Art. 26 Abs. 1)

Angaben, die Kategorie A zugeordnet sind, müssen nach Art. 26 Abs. 1 stets **vollständig** im Basisprospekt enthalten sein. Eine auch nur teilweise Verlagerung in die endgültigen Bedingungen ist nicht zulässig.

Diese Kategorie ist damit die unflexibelste. Das Konzept des Basisprospekts wird in diesem Umfang ganz ausgeschaltet. Auf die Frage, ob die Informationen zum Zeitpunkt der Billigung überhaupt vorliegen, kommt es nicht an.[11] Soweit nicht Art. 17 ProspektVO eingreift, müssen Angaben der Kategorie A, die erst nach Billigung vorliegen oder sich nach Billigung ändern, im Wege des Nachtrags nach Art. 23 ProspektVO in den Basisprospekt aufgenommen werden.

---

10 Noch zur Vorgängervorschrift: *Glismann*, in: Holzborn, WpPG, Art. 2a ProspVO Rn. 1; *Röhrborn*, in: Heidel, Aktienrecht und Kapitalmarktrecht, § 6 WpPG Rn. 10; *Heidelbach/Preuße*, BKR 2012, 397, 398; zur Entwicklung dorthin vgl. *Bauer*, CFL 2012, 91, 92.
11 ESMA beschreibt eine Ausnahme hinsichtlich der Angabe der Art des Basiswerts: ESMA, Questions and Answers on the Prospectus Regulation, ESMA/2019/ESMA31-62-1258 (Version 12, last updated on 3 February 2023), Antwort zu Frage 12.2.

2. Kategorie B (Art. 26 Abs. 2)

8   Angaben, die Kategorie B zugeordnet sind, müssen nach Art. 26 Abs. 2 im Basisprospekt enthalten sein, abgesehen von Einzelheiten, die bei der Billigung des Basisprospekts noch nicht vorliegen. Diese dürfen in die endgültigen Bedingungen verlagert werden.

9   Der Verordnungsgeber rückt damit insofern von der bisherigen Definition der Kategorie B in Art. 2a Abs. 1 Satz 1 lit. b der früheren VO (EG) 809/2004 ab, als die zusätzliche Anforderung, dass der Basisprospekt alle grundsätzlichen Punkte der geforderten Informationen enthalten muss, fallengelassen wird. Dies hat die ESMA nicht daran gehindert, diese zusätzliche Anforderung als in Art. 26 Abs. 2 impliziert auf Level 3 wieder einzuführen.[12] So interpretiert stellt die Definition von Kategorie B damit weiterhin grundsätzliche Punkte und unbekannte Einzelheiten gegenüber, was nicht zu einer passgenauen Abgrenzung führt. Es sind durchaus Punkte vorstellbar, die nicht grundsätzlicher Natur sind, also nicht in den Basisprospekt müssen, aber bei Billigung bekannt sind und daher nicht in die endgültigen Bedingungen aufgenommen werden dürfen. Im Ergebnis sind in Kategorie B also **alle grundsätzlichen** Informationen und **alle bei Billigung bekannten** Informationen in den Basisprospekt aufzunehmen.

10   Nach Auffassung der ESMA[13] kommen daher umgekehrt nur folgende Angaben als relevante Einzelheiten in Betracht, die bei der Billigung des Basisprospekts noch nicht bekannt sind und daher den endgültigen Bedingungen vorbehalten bleiben dürfen: Beträge, Währungen, Datumsangaben, Zeiträume, Prozentsätze, Referenzsätze, Bildschirmseiten, Namen und Ortsangaben. Diese Einschränkung diene der Rechtssicherheit und der Harmonisierung der endgültigen Bedingungen. ESMA stellt zugleich klar, dass in den endgültigen Bedingungen die Angabe der relevanten Einzelheiten nicht zwingend auf die Lückenfüllung mit Verweis auf die betreffenden grundsätzlichen Punkte beschränkt ist, sondern dass auch die Möglichkeit besteht, dazu diese grundsätzlichen Punkte zu replizieren und zusammen mit den eingefüllten relevanten Angaben wiederzugeben. Dies ist im Interesse der Verständlichkeit der endgültigen Bedingungen zu begrüßen.

3. Kategorie C (Art. 26 Abs. 3)

11   Die endgültigen Bedingungen müssen nach Art. 26 Abs. 3 alle Angaben, die Kategorie C zugewiesen sind, enthalten. Sofern diese Angaben bei Billigung des Basisprospekts vorliegen, können sie jedoch auch in den Basisprospekt aufgenommen werden.

12   Damit gewährt der Verordnungsgeber für Kategorie C **volle Optionalität**: Dem Prospektersteller ist freigestellt, eine Angabe der Kategorie C erst in den endgültigen Bedingungen im Zusammenhang mit einer Emission bekannt zu machen. Alternativ kann er sie bereits in den Basisprospekt aufnehmen und damit die zulässige Flexibilität aufgeben, wo sie nicht benötigt wird. Dass zu letzterem die Angaben bei Billigung bereits vorliegen müssen, ist selbstverständlich und bedeutet keine wirkliche Einschränkung. Die endgültigen Bedingungen *müssen* Angaben also nur insofern enthalten, als diese *spätestens* dort vor-

---

12 ESMA, Questions and Answers on the Prospectus Regulation, ESMA/2019/ESMA31-62-1258 (Version 12, last updated on 3 February 2023), Antwort zu Frage 11.2.

13 ESMA, Questions and Answers on the Prospectus Regulation, ESMA/2019/ESMA31-62-1258 (Version 12, last updated on 3 February 2023), Antwort zu Frage 11.2.

liegen müssen. Das ergibt sich aber bereits aus den jeweiligen Artikeln zu Mindestangaben in Prospekten, hier bezogen auf die Zusammenschau aus Basisprospekt und endgültigen Bedingungen.

Anders noch als in Art. 2a Abs. 1 Satz 1 lit. c der früheren VO (EG) 809/2004 ist es keine Bedingung mehr für die Aufnahme in die endgültigen Bedingungen, dass eine Angabe erst nach der Billigung bekannt wird. In der Praxis hat sich daraus allerdings keine Verschiebung von Angaben in die endgültigen Bedingungen ergeben, da es sich bei Angaben der Kategorie C ohnehin im Wesentlichen um solche handelt, die nicht für alle geplanten Emissionen von vornherein feststehen, sondern sich je nach den Umständen der jeweiligen Emission verändern. Ebenfalls im Unterschied zur Vorgängervorschrift spricht Art. 26 Abs. 3 nicht mehr davon, dass für jede Angabe aus Kategorie C im Basisprospekt eine Auslassung vorgesehen werden muss. Allerdings werden Angaben aus Kategorie C in der Praxis regelmäßig im Basisprospekt **angelegt** sein, sei es auch nur in Form einer bemerkbaren Lücke, um eine erkennbare, transparente Verbindung zwischen Basisprospekt und endgültigen Bedingungen zu schaffen. Dabei handelt es sich typischerweise um Verweise auf die spätere Angabe in den endgültigen Bedingungen oder um Platzhalter im Text der Anleihebedingungen.

Da alle Mindestangaben für die Wertpapierbeschreibung nach den einschlägigen Anhängen der ProspektVO in eine der drei Kategorien fallen, ist Kategorie C zugleich eine Mindestanforderung, wenn auch keine strenge.

IV. Zusätzliche Anforderungen für endgültige Bedingungen

Art. 26 Abs. 4 Satz 1 führt **Anhang 28** ein und erlaubt, dass die darin genannten acht zusätzlichen Angaben in endgültigen Bedingungen enthalten sein dürfen.[14] Es handelt sich um freiwillige Angaben, die nicht von den jeweiligen wertpapierbeschreibenden Anhängen gefordert sind. Das Konzept entspricht dem der Vorgängervorschrift Art. 22 Abs. 4 lit. b VO (EG) 809/2004 mit dem zugehörigen Anhang XXI.

Art. 26 Abs. 4 Satz 2 schränkt darüber hinaus ein, dass nur jene Angaben aus der Liste in die endgültigen Bedingungen einer konkreten Emission aufgenommen werden dürfen, die bereits im **Formular** für die endgültigen Bedingungen nach Art. 8 Abs. 2 lit. a ProspektVO angelegt wurden. Es bietet sich daher an, im Formular alle Angaben vorzusehen und im Rahmen einer konkreten Emission ggf. als „Nicht anwendbar" zu neutralisieren.

Art. 26 Abs. 5 schließlich stellt klar, dass die endgültigen Bedingungen den Angaben im Basisprospekt **nicht widersprechen** dürfen. Damit wird der Gedanke von Art. 22 Abs. 4 UAbs. 2 der früheren VO (EG) 809/2004 aufgegriffen, dass die Angaben im Basisprospekt durch die endgültigen Bedingungen weder verändert noch ersetzt werden dürfen; in diesen Fällen käme es sonst zu einem Widerspruch. Auch Art. 2a Abs. 2 der früheren VO (EG) 809/2004 hatte eine vergleichbare Schlagrichtung, wenn er im Kontext von endgültigen Bedingungen für Veränderungen im Basisprospekt auf die Verpflichtung zur Erstellung und Billigung eines Nachtrags verwies – im Gegensatz zur Veränderung mittels der endgültigen Bedingungen. Im Ergebnis geht es bei den verschiedenen Ansätzen stets darum, dass die nicht zu billigenden endgültigen Bedingungen nicht den gebilligten

---

14 Siehe die dortige Kommentierung.

Basisprospekt modifizieren, sondern ihn lediglich im erlaubten Rahmen ergänzen.[15] Relevant werden kann das Widerspruchsverbot letztlich nur bei Angaben der Kategorie C: Angaben der Kategorie A dürfen nicht in die endgültigen Bedingungen aufgenommen werden und Angaben der Kategorie B nur insoweit sie bei Billigung des Basisprospekts nicht vorliegen.

---

15 Vgl. *Seitz*, in: Assmann/Schlitt/von Kopp-Colomb, Prospektrecht Kommentar, Art. 8 ProspektVO Rn. 55.

Art. 27 VO (EU) 2019/980
Prospektzusammenfassung

(1) Ein Überblicksabschnitt im Prospekt darf nur dann als „Zusammenfassung" bezeichnet werden, wenn er die in Artikel 7 der Verordnung (EU) 2017/1129 festgelegten Anforderungen erfüllt.

(2) Ist die Zusammenfassung eines Prospekts gemäß Artikel 23 der Verordnung (EU) 2017/1129 zu ergänzen, sind die neuen Angaben so in die Zusammenfassung einzufügen, dass die Änderungen für die Anleger leicht erkennbar sind. Zur Einfügung der neuen Angaben wird entweder eine neue Zusammenfassung erstellt oder die bestehende ergänzt.

Übersicht

	Rn.		Rn.
I. Anforderungen an die Verwendung des Begriffs „Zusammenfassung" (Abs. 1) ..	1	II. Nachtrag zur Zusammenfassung (Abs. 2)	3

I. Anforderungen an die Verwendung des Begriffs „Zusammenfassung" (Abs. 1)

Art. 27 Abs. 1 stellt klar, dass der Begriff „Zusammenfassung" im Zusammenhang mit Wertpapierprospekten als Terminus technicus zu verstehen ist. Als solcher ist er untrennbar mit den detaillierten Anforderungen des Art. 7 ProspektVO verbunden. 1

Besondere Bedeutung erlangt die Regelung in den Fällen, in denen nach Art. 7 Abs. 1 UAbs. 2 ProspektVO ein Prospekt (ausnahmsweise) keine Zusammenfassung enthalten muss (→ Art. 7 ProspektVO Rn. 4). Wird überobligationsmäßig dennoch eine Zusammenfassung freiwillig in einen (zu billigenden) Prospekt aufgenommen, gelten für diese die gesetzlichen Anforderungen für die Prospektzusammenfassung nach der ProspektVO ebenso. Denn nach Art. 27 darf eine **freiwillige überblicksartige Darstellung** nur als Zusammenfassung bezeichnet werden, wenn sie alle für Zusammenfassungen nach Art. 7 ProspektVO vorgeschriebenen Angaben enthält. Dies dürften auch für die ergänzenden Vorgaben nach Art. 1–8 VO (EU) 2017/979 gelten (→ Art. 7 ProspektVO Rn. 7). Soll eine überblicksartige Darstellung in einem von der Pflicht zu Zusammenfassung befreiten Prospekt, etwa mit Blick auf dessen rein institutionellen Adressatenkreis „schlanker" ausfallen oder nicht den Formalien des Art. 7 ProspektVO folgen, darf eine solche Darstellung nicht als Zusammenfassung bezeichnet werden. In der Praxis finden sich bisweilen solche Prospektabschnitte, die beispielsweise als „Überblick" oder „Overview" bezeichnet werden. 2

II. Nachtrag zur Zusammenfassung (Abs. 2)

Abs. 2 regelt den Umgang mit der Zusammenfassung im Fall eines Nachtrags. Er korrespondiert insofern mit Art. 23 Abs. 1 UAbs. 2 ProspektVO. Danach sind bei Veröffentli- 3 chung eines Nachtrags auch die Zusammenfassung und deren etwaige Übersetzungen erforderlichenfalls durch die im Nachtrag enthaltenen neuen Informationen zu ergänzen. Dies trägt dem für die Zusammenfassung geltenden Gebot der **Konsistenz** mit den anderen Teilen des Prospekts nach Art. 7 Abs. 2 Satz 2 Hs. 2 ProspektVO Rechnung. Danach müssen die in der Zusammenfassung enthaltenen Informationen mit jenen in den anderen Teilen des Prospekts übereinstimmen. Anderenfalls verlöre die Zusammenfassung auch ihre Haftungsprivilegierung nach Art. 11 Abs. 2 UAbs. 2 ProspektVO (bzw. § 12 Abs. 2 Nr. 5 WpPG). Danach besteht ein Prospekthaftungsanspruch zwar nicht, wenn er sich ausschließlich auf Angaben in der Zusammenfassung oder einer Übersetzung stützt. Dies gilt aber nur, sofern diese Angaben nicht im Widerspruch zu den anderen Teilen des Prospekts stehen (→ Art. 7 ProspektVO Rn. 9).

4 Die Regelung stellt zudem sicher, dass die Zusammenfassung auch nach Eintritt eines die Nachtragspflicht auslösenden Umstandes die für sie geltenden allgemeinen Anforderungen nach Art. 7 Abs. 2 Satz 1 ProspektVO erfüllt. Danach sind die in der Zusammenfassung enthaltenen Informationen **präzise, redlich, klar und nicht irreführend** darzustellen (→ Art. 7 ProspektVO Rn. 8).

5 Die Bestimmung konkretisiert dabei in Abs. 2 Satz 1 auch die Ausgestaltung des Nachtrags in Bezug auf die Zusammenfassung. Danach sind die neuen Angaben so in die Zusammenfassung einzufügen, dass die **Änderungen für die Anleger leicht erkennbar sind**. Dies hat seinen Hintergrund darin, dass so sichergestellt werden soll, dass die Zusammenfassung ihrem spezifischen Zweck weiterhin Rechnung trägt. Denn nach Erwägungsgrund 28 ProspektVO dient die Zusammenfassung dazu, dem Anleger in kurzer Zeit eine Entscheidung über die weitere Befassung mit den Wertpapieren zu ermöglichen, die Gegenstand des Prospekts sind (→ Art. 7 ProspektVO Rn. 8).

6 Dabei weist Art. 27 Abs. 2 Satz 2 ausdrücklich darauf hin, dass zur Einfügung der neuen Angaben sowohl die Möglichkeit der Erstellung einer **neuen Zusammenfassung** als auch der **Ergänzung der bestehenden Zusammenfassung** besteht. Dies werden die Prospektverantwortlichen danach zu entscheiden haben, wie dem Grundsatz der leichten Lesbarkeit und Verständlichkeit binnen kurzer Zeit (→ Rn. 5) angemessen Rechnung getragen werden kann. Die Betonung der Möglichkeit, eine vollständig neue Zusammenfassung zu erstellen, dürfte den Hintergrund haben, dass vermieden werden soll, dass der Nachtrag zur Zusammenfassung die Gestalt eines schwer verständlichen Lückentextes annimmt. Je komplexer und umfangreicher also der im Nachtrag darzustellende Sachverhalt ist, umso eher dürfte daher die Erstellung einer neuen Zusammenfassung in Erwägung zu ziehen sein, insbesondere wenn der Nachtrag mehrere Abschnitte der Zusammenfassung betrifft.

Kapitel IV
Der EU-Wachstumsprospekt

Art. 28 VO (EU) 2019/980
Registrierungsformular beim EU-Wachstumsprospekt für Dividendenwerte

(1) Ein gemäß Artikel 15 der Verordnung (EU) 2017/1129 erstelltes spezielles Registrierungsformular für Dividendenwerte muss die in Anhang 24 der vorliegenden Verordnung genannten Angaben enthalten.

(2) Abweichend von Absatz 1 kann das spezielle Registrierungsformular für die folgenden Wertpapiere, sofern es sich dabei nicht um Aktien oder andere übertragbare, aktienähnliche Wertpapiere handelt, gemäß Artikel 29 erstellt werden:

a) in Artikel 19 Absatz 1 und Artikel 20 Absatz 1 genannte Wertpapiere;

b) in Artikel 19 Absatz 2 genannte Wertpapiere, wenn diese in Aktien umtausch- oder wandelbar sind, die von einem zur Unternehmensgruppe dieses Emittenten gehörenden Unternehmen begeben wurden oder noch begeben werden und nicht zum Handel an einem geregelten Markt zugelassen sind;

c) in Artikel 20 Absatz 2 genannte Wertpapiere, wenn diese zur Zeichnung oder zum Erwerb von Aktien berechtigen, die aktuell oder künftig vom Emittenten oder von einem zur Unternehmensgruppe dieses Emittenten gehörenden Unternehmen begeben werden und nicht zum Handel an einem geregelten Markt zugelassen sind.

Es wird auf die Kommentierung zu → Anhang 24 VO (EU) 2019/980 Rn. 1 ff. und → Anhang 25 VO (EU) 2019/980 Rn. 1 ff. verwiesen.

Art. 29 VO (EU) 2019/980
Registrierungsformular beim EU-Wachstumsprospekt für Nichtdividendenwerte

Ein gemäß Artikel 15 der Verordnung (EU) 2017/1129 erstelltes spezielles Registrierungsformular für Nichtdividendenwerte muss die in Anhang 25 der vorliegenden Verordnung genannten Angaben enthalten.

Es wird auf die Kommentierung zu → Anhang 25 VO (EU) 2019/980 Rn. 1 ff. verwiesen.

Art. 30 VO (EU) 2019/980
Wertpapierbeschreibung beim EU-Wachstumsprospekt für Dividendenwerte

(1) Eine gemäß Artikel 15 der Verordnung (EU) 2017/1129 erstellte spezielle Wertpapierbeschreibung für Dividendenwerte muss die in Anhang 26 der vorliegenden Verordnung genannten Angaben enthalten.

(2) Abweichend von Absatz 1 muss die spezielle Wertpapierbeschreibung für die in Artikel 19 Absätze 1 und 2 und Artikel 20 Absätze 1 und 2 genannten Wertpapiere, sofern es sich dabei nicht um Aktien oder andere übertragbare, aktienähnliche Wertpapiere handelt, gemäß Artikel 31 erstellt werden.

Es wird auf die Kommentierung zu → Anhang 26 VO (EU) 2019/980 Rn. 1 ff. und → Anhang 27 VO (EU) 2019/980 Rn. 1 ff. verwiesen.

Art. 31 VO (EU) 2019/980
Wertpapierbeschreibung beim EU-Wachstumsprospekt für Nichtdividendenwerte

Eine gemäß Artikel 15 der Verordnung (EU) 2017/1129 erstellte spezielle Wertpapierbeschreibung für Nichtdividendenwerte muss die in Anhang 27 der vorliegenden Verordnung genannten Angaben enthalten.

Es wird auf die Kommentierung zu → Anhang 27 VO (EU) 2019/980 Rn. 1 ff. verwiesen.

Art. 32 VO (EU) 2019/980
Aufmachung des EU-Wachstumsprospekts

(1) Wird ein EU-Wachstumsprospekt als ein einziges Dokument erstellt, muss er folgende Elemente in der angegebenen Reihenfolge umfassen:

a) ein Inhaltsverzeichnis;

b) sofern zutreffend, alle gemäß Artikel 19 der Verordnung (EU) 2017/1129 mittels Verweis aufgenommenen Angaben;

c) die spezielle Zusammenfassung;

d) wenn er in Form eines Basisprospekts erstellt wird, eine allgemeine Beschreibung des Angebotsprogramms;

e) je nach Art des Wertpapiers die in Anhang 24 Abschnitt 1 und Anhang 26 Abschnitt 1 oder die in Anhang 25 Abschnitt 1 und Anhang 27 Abschnitt 1 dieser Verordnung genannten Angaben;

f) je nach Art des Wertpapiers die in Anhang 24 Abschnitt 2 oder Anhang 25 Abschnitt 2 genannten Angaben;

g) bei Dividendenwerten die in Anhang 26 Punkt 2.1 genannten Angaben und, wenn Dividendenwerte von einem Emittenten mit einer Marktkapitalisierung über 200 000 000 EUR ausgegeben werden, die in Anhang 26 Punkt 2.2 genannten Angaben;

h) je nach Art des Wertpapiers die in Anhang 24 Abschnitt 3 und Anhang 26 Abschnitt 3 oder die in Anhang 25 Abschnitt 3 und Anhang 27 Abschnitt 2 genannten Angaben;

i) je nach Art des Wertpapiers die in Anhang 26 Abschnitt 4 oder Anhang 27 Abschnitt 3 genannten Angaben;

j) je nach Art des Wertpapiers die in Anhang 26 Abschnitt 5 oder Anhang 27 Abschnitt 4 genannten Angaben;

k) je nach Art des Wertpapiers die in Anhang 24 Abschnitt 4 oder Anhang 25 Abschnitt 4 genannten Angaben;

l) je nach Art des Wertpapiers die in Anhang 24 Abschnitt 5 oder Anhang 25 Abschnitt 5 genannten Angaben;

m) je nach Art des Wertpapiers die in Anhang 24 Abschnitt 6 oder Anhang 25 Abschnitt 6 genannten Angaben;

n) bei Nichtdividendenwerten, die Garantien einschließen, die in Anhang 27 Abschnitt 5 genannten Angaben;

o) je nach Art des Wertpapiers die in Anhang 24 Abschnitt 7 oder Anhang 25 Abschnitt 7 genannten Angaben.

p) wenn Angaben zu der zugrunde liegenden Aktie gemäß Artikel 19 Absatz 2 Buchstabe b, Artikel 19 Absatz 3 oder Artikel 20 Absatz 2 Buchstabe b erforderlich sind, je nach Art des Wertpapiers die in Anhang 26 Abschnitt 6 oder die in Anhang 27 Abschnitt 6 genannten Angaben;

q) stimmt der Emittent oder die für die Erstellung eines Prospekts verantwortliche Person der in Artikel 5 Absatz 1 der Verordnung (EU) 2017/1129 genannten Verwendung zu, je nach Art der Wertpapiere die in Anhang 26 Abschnitt 7 oder in Anhang 27 Abschnitt 7 genannten Angaben.

(2) Wird ein EU-Wachstumsprospekt in Form mehrerer Einzeldokumente erstellt, müssen das Registrierungsformular und die Wertpapierbeschreibung für den EU-Wachstumsprospekt folgende Elemente in der angegebenen Reihenfolge umfassen:

a) Registrierungsformular für den EU-Wachstumsprospekt:
   i) ein Inhaltsverzeichnis;
   ii) sofern zutreffend, alle gemäß Artikel 19 der Verordnung (EU) 2017/1129 mittels Verweis aufgenommenen Angaben;
   iii) alle anderen in den Anhängen 24 oder 25 genannten Angaben, die je nach Art des Wertpapiers in der gleichen Reihenfolge wie die in den Anhängen aufgeführten Abschnitte im Registrierungsformular für den EU-Wachstumsprospekt geliefert werden müssen.

b) Wertpapierbeschreibung für den EU-Wachstumsprospekt:
   i) ein Inhaltsverzeichnis;
   ii) sofern zutreffend, alle gemäß Artikel 19 der Verordnung (EU) 2017/1129 mittels Verweis aufgenommenen Angaben;
   iii) im Falle eines Basisprospekts eine allgemeine Beschreibung des Programms;
   iv) alle anderen in den Anhängen 26 oder 27 genannten Angaben, die je nach Art des Wertpapiers in der gleichen Reihenfolge wie die in den Anhängen aufgeführten Abschnitte in der Wertpapierbeschreibung für den EU-Wachstumsprospekt geliefert werden müssen.

(3) Ein entweder aus einem einzigen Dokument oder aus mehreren Einzeldokumenten bestehender EU-Wachstumsprospekt kann als Basisprospekt gestaltet sein.

(4) Die in Artikel 15 Absatz 1 der Verordnung (EU) 2017/1129 genannten KMU, Emittenten und Anbieter halten die Reihenfolge der Abschnitte in den Anhängen ein. Innerhalb dieser Abschnitte können sie jedoch von der Reihenfolge der Informationsbestandteile abweichen.

Übersicht

	Rn.		Rn.
I. Erstellung als einziges Dokument	1	III. Basisprospekt	5
II. Erstellung in mehreren Einzeldokumenten	3		

I. Erstellung als einziges Dokument

1 Art. 32 VO (EU) 2019/980 **legt die Elemente und ihre Reihenfolge des ein- und mehrteiligen EU-Wachstumsprospekts fest**. Dabei kann ein EU-Wachstumsprospekt ebenso

wie ein Standardprospekt nach der ProspektVO entweder als ein Gesamtdokument oder in Form separater Einzeldokumente erstellt werden. Die VO (EG) 809/2004 enthielt bis auf die in den Anhängen vorgeschriebenen Mindestangaben keine Regelungen zur generellen Aufmachung von Prospekten von KMU und Emittenten mit geringer Marktkapitalisierung (sog. „**Small Caps**").

Bei der **Erstellung als einziges Gesamtdokument** müssen alle gesetzlich vorgeschriebenen Angaben bzw. Informationen in diesem Dokument aufgenommen sein. Entscheiden sich Emittenten für die Erstellung des EU-Wachstumsprospekts als ein einziges Gesamtdokument, ist nach Art. 32 Abs. 1 VO (EU) 2019/980 eine spezielle, bindende Reihenfolge vorgeschrieben, die zwingend eingehalten werden muss (vgl. Art. 32 Abs. 1 und Abs. 4 VO (EU) 2019/980). Da der EU-Wachstumsprospekt insbesondere für KMU den Verwaltungsaufwand verringern soll, sollte die Erstellung des EU-Wachstumsprospekts durch Festlegung einer **fixen Reihenfolge**, in der die Angaben zu präsentieren sind, nach dem gesetzgeberischen Gedanken vereinfacht werden.[1] Mit dieser Reihenfolge wird die jeweilige Position für alle Abschnitte der jeweils anwendbaren Anhänge eindeutig vorgegeben (vgl. Art. 32 Abs. 1 und Abs. 4 VO (EU) 2019/980). De facto ergibt sich aus der durch die Kommission festgelegten Reihenfolge teilweise ein Wechsel zwischen Informationen zum Emittenten (Registrierungsformular in Anhang 24 oder Anhang 25 VO (EU) 2019/980) und zu den angebotenen Wertpapieren (Wertpapierbeschreibung in Anhang 26 oder Anhang 27 VO (EU) 2019/980), der bisher bereits aus der Praxis zum alten Prospektrecht bekannt war, allerdings bislang nicht verbindlich normiert wurde.[2] Gerade für den Standardprospekt wurde nach der ProspektVO sowie der VO (EU) 2019/980 von der Einführung einer vorgeschriebenen Reihenfolge abgesehen (vgl. Art. 24 Abs. 1 VO (EU) 2019/980).[3]

II. Erstellung in mehreren Einzeldokumenten

Bei der **Erstellung in Form separater Einzeldokumente** ist der Aufbau des Registrierungsformulars und der Wertpapierbeschreibung im jeweils anwendbaren Anhang der VO (EU) 2019/980 für den EU-Wachstumsprospekt dargelegt (vgl. Art. 32 Abs. 2 VO (EU) 2019/980). Die entsprechenden Anhänge der VO (EU) 2019/980 unterteilen sich in verschiedene Abschnitte und die Reihenfolge dieser Abschnitte muss nach Art. 32 Abs. 4 VO (EU) 2019/980 von den KMU, Emittenten und Anbietern unbedingt eingehalten werden. Um sicherzustellen, dass die Angaben kohärent und in einer den unterschiedlichen Geschäftsmodellen entsprechenden Art und Weise präsentiert werden, kann die Reihenfolge der Informationsbestandteile innerhalb jedes Abschnitts jedoch flexibel gehandhabt werden (vgl. Art. 32 Abs. 4 VO (EU) 2019/980).[4]

In der Praxis erscheint die Erstellung eines EU-Wachstumsprospekts als ein einziges Gesamtdokument wie auch beim Standardprospekt als die bevorzugte Variante.[5] Dies mag

---

1 Erwägungsgrund 18 der VO (EU) 2019/980.
2 *Möller/Zieglfrum*, BKR 2020, 161, 163.
3 Vgl. auch *Möller/Zieglfrum*, BKR 2020, 161, 163.
4 Vgl. auch Erwägungsgrund 18 der VO (EU) 2019/980.
5 Vgl. z. B. EU-Wachstumsprospekt der GERMAN REAL ESTATE CAPITAL S.A. v. 18.6.2020, https://www.gre-etp.de/wp-content/uploads/2020/06/200618_GREC_Prospekt.pdf (zuletzt abgerufen am 15.3.2023), sowie EU-Wachstumsprospekt der Coreo AG v. 14.8.2020, https://www.coreo.

zum einen daran liegen, dass auch der in Form separater Einzeldokumente erstellte EU-Wachstumsprospekt wie auch der Standardprospekt trotz seiner zwölfmonatigen Gültigkeit nach Art. 12 Abs. 2 ProspektVO der Aktualisierungspflicht unterliegt,[6] zum anderen, dass die Erstellung in separaten Einzeldokumenten für KMU und z. B. Emittenten mit geringer Marktkapitalisierung, für die die Erstellung eines EU-Wachstumsprospekt in nur einem Gesamtdokument bereits i. d. R. eine größere Hürde bedeutet, einen nochmal erhöhten Verwaltungsaufwand bedeuten könnte.

III. Basisprospekt

5 Ein entweder aus einem einzigen Dokument oder aus mehreren separaten Einzeldokumenten bestehender EU-Wachstumsprospekt kann nach Art. 32 Abs. 3 VO (EU) 2019/980, wie auch der Standardprospekt, **als Basisprospekt gestaltet sein**. In der Praxis dürfte die Möglichkeit der Ausgestaltung eines EU-Wachstumsprospekts eher von geringerer Bedeutung sein, da der Basisprospekt, soweit keine inhaltlichen Erleichterungen greifen, bereits allen für den Prospekt geltenden Bestimmungen genügen muss, d. h. er muss die für das Registrierungsformular und die Wertpapierbeschreibungen geforderten Angaben aufweisen,[7] lediglich bestimmte Informationen können in den sog. endgültigen Bedingungen aufgenommen werden, weshalb in einem solchen Fall die Offenlegungsanforderungen für KMU und z. B. Emittenten mit geringer Marktkapitalisierung relativ schwierig zu erfüllen sein dürften.

---

de/fileadmin/Investor_Relations/Anleihe_2020-2025/Coreo_AG_-_Prospectus_-_14._August_2020.pdf (zuletzt abgerufen am 15.3.2023).
6 *Schlitt*, in: Habersack/Mülbert/Schlitt, Kapitalmarktinformation, § 4 Rn. 3.
7 *Groß*, in: Ebenroth/Boujong/Joost/Strohn, HGB, Art. 8 ProspektVO Rn. 5.

Art. 33 VO (EU) 2019/980
Spezielle Zusammenfassung für den EU-Wachstumsprospekt

(1) Die spezielle Zusammenfassung für den EU-Wachstumsprospekt muss Basisinformationen enthalten, die es den Anlegern ermöglichen, sich ein Bild vom Emittenten, vom Garantiegeber und von den angebotenen Wertpapieren sowie von den damit verbundenen Risiken zu machen.

(2) Die Angaben in der speziellen Zusammenfassung müssen präzise, redlich, klar und nicht irreführend sein.

(3) Die spezielle Zusammenfassung muss mit den anderen Teilen des EU-Wachstumsprospekts übereinstimmen.

(4) Die spezielle Zusammenfassung ist als kurze Unterlage abzufassen, die prägnant formuliert und ausgedruckt maximal sechs DIN-A4-Seiten lang ist. Die spezielle Zusammenfassung muss

a) in einer Weise präsentiert und gestaltet sein, die leicht verständlich ist, wobei eine lesbare Zeichengröße zu verwenden ist;

b) in einer klaren, nicht technischen und präzisen Sprache abgefasst sein, die den Anlegern das Verständnis erleichtert.

Unterabsatz 1 gilt auch, wenn die Angaben tabellarisch präsentiert werden.

(5) Die spezielle Zusammenfassung muss die in Anhang 23 genannten Angaben enthalten.

(6) Die spezielle Zusammenfassung darf keine Querverweise auf andere Teile des EU-Wachstumsprospekts oder Angaben in Form eines Verweises enthalten.

(7) In der speziellen Zusammenfassung können zur Darstellung der in Anhang 22 Abschnitte 2, 3 und 4 genannten Angaben Unterüberschriften verwendet werden.

(8) Die Gesamtzahl der in Anhang 23 Punkte 2.3.1, 3.3(d) und 3.4.1 genannten und in die spezielle Zusammenfassung aufgenommenen Risikofaktoren darf nicht über 15 hinausgehen.

(9) Bei Wertpapieren, die auch der Verordnung (EU) Nr. 1286/2014 des Europäischen Parlaments und des Rates unterliegen, kann die zuständige Behörde des Herkunftsmitgliedstaates die in Artikel 15 Absatz 1 der Verordnung (EU) 2017/1129 genannten KMU, Emittenten und Anbieter auffordern, die in Anhang 23 Abschnitt 3 der vorliegenden Verordnung genannten Angaben durch die in Artikel 8 Absatz 3 Buchstaben c bis i der Verordnung (EU) Nr. 1286/2014 genannten Angaben zu ersetzen.

(10) Wenn die zuständige Behörde des Herkunftsmitgliedstaates keine Ersetzung nach Absatz 9 fordert, können die in Artikel 15 Absatz 1 der Verordnung (EU) 2017/1129 genannten KMU, Emittenten und Anbieter die in Anhang 23 Abschnitt 3 der vorliegenden Verordnung genannten Angaben durch die in Artikel 8 Absatz 3 Buchstaben c bis i der Verordnung (EU) Nr. 1286/2014 genannten Angaben ersetzen.

(11) Werden die in den Absätzen 9 und 10 genannten Angaben ersetzt, sind diese als eigener Abschnitt in die spezielle Zusammenfassung einzufügen und muss klar erkennbar sein, dass dieser Abschnitt die in Artikel 8 Absatz 3 Buchstaben c bis i der Verordnung (EU) Nr. 1286/2014 genannten Angaben enthält.

(12) Die in Absatz 4 genannte maximale Länge der speziellen Zusammenfassung erhöht sich um

a) eine zusätzliche DIN-A4-Seite, wenn die spezielle Zusammenfassung Angaben zu einer für die Wertpapiere gestellten Garantie enthält;

b) zwei zusätzliche DIN-A4-Seiten, wenn eine spezielle Zusammenfassung für mehrere Wertpapiere, die sich nur in sehr wenigen Einzelheiten, etwa in Bezug auf den Emissionspreis oder den Fälligkeitstermin unterscheiden, erstellt wird;

c) drei zusätzliche DIN-A4-Seiten, wenn Angaben gemäß den Absätzen 9 und 10 ersetzt werden.

Für die Zwecke des Buchstaben c können für jedes Wertpapier drei zusätzliche DIN-A4-Seiten verwendet werden, wenn die spezielle Zusammenfassung für mehrere Wertpapiere, die sich nur in einigen sehr wenigen Details, etwa in Bezug auf den Emissionspreis oder den Fälligkeitstermin, unterscheiden, erstellt wird.

Übersicht

	Rn.		Rn.
I. Generelles	1	2. Aufbau	4
II. Anforderungen	3	3. Inhalt	6
1. Sprache	3		

I. Generelles

1   Für EU-Wachstumsprospekte muss auf der Grundlage des Art. 33 VO (EU) 2019/980 eine sog. **„spezielle Zusammenfassung"** erstellt werden, die in ihren Anforderungen durch Anhang 23 VO (EU) 2019/980 näher konkretisiert wird (vgl. Art. 33 und Anhang 23 VO (EU) 2019/980). Dabei gilt die generelle Pflicht zur Erstellung einer solchen speziellen Zusammenfang **ebenso für Emissionen von Dividendenwerte als auch für Emissionen von Nichtdividendenwerten** (vgl. Art. 33 und Anhang 23 VO (EU) 2019/980). Wie grundsätzlich auch die Prospektzusammenfassung für den Standardprospekt stellt die spezielle Zusammenfassung dabei einen vorgeschriebenen Prospektbestandteil des EU-Wachstumsprospekts dar.[1] Zwar wurden für den Standardprospekt in der ProspektVO bzw. der VO (EU) 2019/980 bestimmte Ausnahmen von der Pflicht zur Erstellung einer Zusammenfassung aufgenommen (vgl. Art. 7 Abs. 1 Satz 2 ProspektVO), diese finden sich so jedoch nicht in der Regelung des Art. 33 VO (EU) 2019/980 zur speziellen Zusammenfassung wieder. Dies erscheint folgerichtig, da auch die für den Standardprospekt vorgesehenen Ausnahmen lediglich die Zulassung von Nichtdividendenwerten zum Handel

---

1 *Möller/Ziegltrum*, BKR 2020, 161, 163.

an einem geregelten Markt betreffen und damit also auch beim Standardprospekt gerade nicht für öffentliche Angebote gelten.

Im Vergleich zu der im Aufbau veränderten und auch verkürzten Prospektzusammenfassung für Standardprospekte (vgl. Art. 7 Abs. 3 Satz 1 ProspektVO) wurde die von dieser an manchen Stellen abweichende spezielle Zusammenfassung für den EU-Wachstumsprospekt **noch weiter verschlankt**, um zu gewährleisten, dass die spezielle Zusammenfassung längenmäßig dem verringerten Umfang des EU-Wachstumsprospekts angepasst ist.[2] Dennoch sollte die spezielle Zusammenfassung des EU-Wachstumsprospekts wie auch die Zusammenfassung für den Standardprospekt den Anlegern jene Basisinformationen liefern, die sie für die Entscheidung benötigen, welche Wertpapierangebote aus dem gesamten Prospekt sie eingehender prüfen wollen.[3] Daher sollte sie die wesentlichen Merkmale des Emittenten, der angebotenen Wertpapiere und die damit verbundenen Risiken vermitteln sowie die allgemeinen Bedingungen des Angebots enthalten. Außerdem sollte sie, da sie nur eine Einführung in den EU-Wachstumsprospekt darstellt und zusammen mit den anderen Teilen des Prospekts gelesen werden muss, inhaltlich mit diesen anderen Teilen in Einklang stehen.[4]

2

II. Anforderungen

1. Sprache

Da es die Intention der EU-Gesetzgeber bei Einführung des EU-Wachstumsprospekts war, es dem Anleger zu ermöglichen, sich ein Bild vom Emittenten, vom Garantiegeber, von den angebotenen Wertpapieren sowie von den damit verbundenen Risiken zu machen (vgl. Art. 33 Abs. 1 VO (EU) 2019/980),[5] muss die spezielle Zusammenfassung, um dies sicherzustellen, nach Art. 33 Abs. 2 VO (EU) 2019/980 **präzise, redlich, klar und nicht irreführend** formuliert werden.

3

2. Aufbau

Die spezielle Zusammenfassung ist ausweislich Art. 33 Abs. 4 VO (EU) 2019/980 als kurze Unterlage abzufassen, die prägnant formuliert und **ausgedruckt maximal sechs DIN-A4-Seiten lang** ist. Sie muss dabei dennoch in einer Weise präsentiert und gestaltet sein, die leicht verständlich ist, wobei eine lesbare Zeichengröße zu verwenden ist, auch wenn die Angaben tabellarisch präsentiert werden, und in einer klaren, nicht technischen und präzisen Sprache abgefasst sein, die den Anlegern das Verständnis erleichtert. In bestimmten Ausnahmefällen gemäß Art. 33 Abs. 12 VO (EU) 2019/980, z. B. wenn die spezielle Zusammenfassung Angaben zu einer für die Wertpapiere gestellten Garantie enthält oder wenn eine spezielle Zusammenfassung für mehrere Wertpapiere erstellt wird, die sich nur in sehr wenigen Einzelheiten unterscheiden (etwa in Bezug auf den Emissionspreis oder den Fälligkeitstermin), kann sich die erlaubte Seitenzahl für die spezielle Zusammenfassung um bis zu maximal sechs Seiten erhöhen.

4

---

2 Vgl. Erwägungsgrund 20 der VO (EU) 2019/980; *Möller/Zieglrum*, BKR 2020, 161, 163.
3 Vgl. Erwägungsgrund 20 der VO (EU) 2019/980.
4 Vgl. Erwägungsgrund 20 der VO (EU) 2019/980.
5 Vgl. auch Erwägungsgrund 20 der VO (EU) 2019/980.

5   Zur Darstellung der in Anhang 23 VO (EU) 2019/980, welcher die Anforderungen an den Inhalt der speziellen Zusammenfassung näher konkretisiert, enthaltenen Abschnitte 2, 3 und 4 genannten Angaben dürfen Emittenten nach Art. 33 Abs. 7 VO (EU) 2019/980 Unterüberschriften verwenden, die zur Übersichtlichkeit der speziellen Zusammenfassung beitragen können (vgl. Art. 33 Abs. 7 VO (EU) 2019/980), wovon in der Praxis auch überwiegend Gebrauch gemacht wird.[6] Nach Art. 33 Abs. 8 VO (EU) 2019/980 darf die Gesamtzahl der in Anhang 23 VO (EU) 2019/980 Punkte 2.3.1, 3.3(d) und 3.4.1 genannten und in die spezielle Zusammenfassung aufgenommenen **Risikofaktoren nicht über 15 hinausgehen**. Dies bedeutet wiederum grundsätzlich nicht, dass im Registrierungsformular bzw. der Wertpapierbeschreibung für den EU-Wachstumsprospekt nicht mehr Risikofaktoren aufgenommen werden können, aus denen indes dann bis zu 15 ausgewählt und in der speziellen Zusammenfassung nochmal abgebildet werden können.[7]

3. Inhalt

6   Inhaltlich muss die spezielle Zusammenfassung dabei nach Art. 33 Abs. 4 VO (EU) 2019/980 mit den übrigen Teilen des EU-Wachstumsprospektes übereinstimmen, wobei sie hingegen gemäß Art. 33 Abs. 6 VO (EU) 2019/980 **keine Querverweise** auf andere Teile des EU-Wachstumsprospekts oder Angaben in Form eines Verweises enthalten darf. Die spezielle Zusammenfassung unterscheidet sich insofern nicht von der Zusammenfassung für den Standardprospekt (vgl. Art. 33 Abs. 2, Abs. 3 und Abs. 6 VO (EU) 2019/980). Das Verbot zur Aufnahme von Querverweisen soll dazu dienen, dass „die Zusammenfassung nicht zu einer reinen Zusammenstellung von Links und Querverweisen wird".[8]

7   Für Wertpapiere, die in den Geltungsbereich der Verordnung (EU) Nr. 1286/2014 des Europäischen Parlaments und des Rates über Basisinformationsblätter für verpackte Anlageprodukte für Kleinanleger und Versicherungsanlageprodukte („**PRIIP-Verordnung**") fallen, kann nach Art. 33 Abs. 9 VO (EU) 2019/980 die zuständige Behörde des Herkunftsmitgliedstaates die in Art. 15 Abs. 1 ProspektVO genannten KMU, Emittenten und Anbieter, die zur Erstellung eines EU-Wachstumsprospekts berechtigt sind, auffordern, den Abschnitt „Basisinformationen über die Wertpapiere" der speziellen Zusammenfassung mit bestimmten Teilen des Inhalts des Basisinformationsblatts ersetzen.[9] Wird eine solche Ersetzung nicht durch die zuständige Behörde gefordert, können KMU, Emittenten und Anbieter, die zur Erstellung eines EU-Wachstumsprospekts berechtigt sind, diese dennoch gemäß Art. 33 Abs. 9 VO (EU) 2019/980 nach Belieben vornehmen.

---

6 Vgl. z. B. EU-Wachstumsprospekt der Coreo AG v. 14.8.2020, https://www.coreo.de/fileadmin/Investor_Relations/Anleihe_2020-2025/Coreo_AG_-_Prospectus_-_14._August_2020.pdf (zuletzt abgerufen am 15.3.2023).
7 Vgl. dazu *Groß*, in: Ebenroth/Boujong/Joost/Strohn, HGB, Art. 7 ProspektVO Rn. 3.
8 Begründung der Europäischen Kommission zum Vorschlag der ProspektVO, COM(2015) 583 final, S. 16.
9 Dies betrifft die Angaben in Art. 8 Abs. 3 lit. c–i der PRIIP-Verordnung.

Art. 34 VO (EU) 2019/980
Nachträge zur speziellen Zusammenfassung des EU-Wachstumsprospekts

Ist die spezielle Zusammenfassung eines EU-Wachstumsprospekts gemäß Artikel 23 der Verordnung (EU) 2017/1129 zu ergänzen, sind die neuen Angaben so in die spezielle Zusammenfassung einzufügen, dass die Änderungen für die Anleger leicht erkennbar sind. Zur Einfügung der neuen Angaben wird entweder eine neue spezielle Zusammenfassung erstellt oder die bestehende ergänzt.

Grundsätzlich sollte jeder wichtige neue Umstand und jede wesentliche Unrichtigkeit oder jede wesentliche Ungenauigkeit, welche die Bewertung der Anlage beeinflussen könnten und nach der Veröffentlichung sowohl eines Standardprospekts als auch eines EU-Wachstumsprospekts, aber beispielsweise vor dem Schluss des öffentlichen Angebots auftreten, von den Anlegern angemessen bewertet werden können und demzufolge ist eine **unverzügliche Billigung und Verbreitung eines Nachtrags zu einem Standardprospekt oder einem EU-Wachstumsprospekt** erforderlich.[1] Der Wortlaut in Art. 34 VO (EU) 2019/980 ist identisch mit dem des Art. 27 Abs. 2 VO (EU) 2019/980 betreffend Nachträge zur Zusammenfassung beim Standardprospekt, weshalb sich für den EU-Wachstumsprospekt im Vergleich zum Standardprospekt für das „Wie" im Falle von Nachträgen zur speziellen Zusammenfassung keine Besonderheiten ergeben. 1

Maßgeblich ist zunächst, dass eine Pflicht zur Ergänzung nach Art. 23 ProspektVO vorliegen muss. Dies betrifft nach Art. 23 ProspektVO jede wesentliche Unrichtigkeit oder jede wesentliche Ungenauigkeit in Bezug auf die im jeweiligen Prospekt enthaltenen Angaben, welche die Bewertung der Wertpapiere beeinflussen können, unabhängig davon, ob es sich um einen Standardprospekt oder einen EU-Wachstumsprospekt handelt (→ vgl. Art. 23 ProspektVO Rn. 17 ff.). Um vor diesem Hintergrund eine einheitliche Anwendung der ProspektVO zu gewährleisten und technischen Entwicklungen auf den Finanzmärkten Rechnung zu tragen, soll mit der VO (EU) 2019/979 festgelegt werden, unter welchen Umständen die Veröffentlichung eines Nachtrags zum Prospekt erforderlich ist.[2] Insbesondere in Art. 18 VO (EU) 2019/979 wird nun ein Minimum an Situationen festgelegt, in denen ein unverzüglicher Nachtrag zu erstellen ist.[3] Im Gegensatz zu Art. 34 VO (EU) 2019/980, legt Art. 18 VO (EU) 2019/979 insofern die Rahmenbedingungen für das generelle „Ob" im Falle von Nachträgen zu Zusammenfassungen verschiedener Prospektarten fest. 2

Neue Angaben sind nach Art. 34 VO (EU) 2019/980 so in die spezielle Zusammenfassung einzufügen, dass die Änderungen **für die Anleger leicht erkennbar** sind. Emittenten, die einen EU-Wachstumsprospekt erstellen, bleibt indes nach Art. 34 VO (EU) 2019/980 anheimgestellt, ob sie zur Einfügung der neuen Angaben **entweder eine neue spezielle Zusammenfassung erstellen oder die bestehende ergänzen**. In der Praxis dürfte zu erwarten sein, dass KMU, Emittenten und Anbieter, die zur Erstellung eines EU-Wachstums- 3

---
1 Vgl. Erwägungsgrund 65 der ProspektVO.
2 Vgl. Erwägungsgrund 14 der VO (EU) 2019/979.
3 Vgl. Erwägungsgrund 14 der VO (EU) 2019/979 sowie Erwägungsgrund 65 der ProspektVO.

prospekts berechtigt sind, insbesondere vor dem Hintergrund, dass die Erstellung einer neuen speziellen Zusammenfassung für solche Unternehmen einen erhöhten Aufwand bedeuten würde, wohl eher von der Möglichkeit zur Ergänzung der bereits bestehenden speziellen Zusammenfassung Gebrauch machen werden.

Kapitel V
Prüfung und Billigung des Prospekts und Überprüfung des einheitlichen Registrierungsformulars

Art. 35 VO (EU) 2019/980
Umfang der Prüfung

Für die Zwecke der Prospektprüfung und der Überprüfung des einheitlichen Registrierungsformulars sind Verweise auf den Prospekt als Verweise auf den Prospekt oder einen seiner Bestandteile zu verstehen, also auch ein einheitliches Registrierungsformular, unabhängig davon, ob es zur Billigung eingereicht oder ohne vorherige Billigung hinterlegt wurde, und etwaige Änderungen daran sowie Nachträge zum Prospekt.

Siehe Kommentierung zu Art. 20 ProspektVO.

Art. 36 VO (EU) 2019/980
Kriterien für die Prüfung der Vollständigkeit der im Prospekt enthaltenen Angaben

(1) Bei der Prüfung der Vollständigkeit der in einem Prospektentwurf enthaltenen Angaben berücksichtigen die zuständigen Behörden alle folgenden Punkte:

a) je nach Art des Emittenten, Art der Ausgabe, Art des Wertpapiers und Art des Angebots oder der Zulassung zum Handel, ob der Prospektentwurf gemäß der Verordnung (EU) 2017/1129 und der vorliegenden Verordnung erstellt wurde;

b) ob der Emittent wie in Artikel 18 dargelegt eine komplexe finanztechnische Vorgeschichte hat oder eine bedeutende finanzielle Verpflichtung eingegangen ist.

(2) Für die Zwecke von Absatz 1 Buchstabe b können die zuständigen Behörden vom Emittenten die Aufnahme, Änderung oder Entfernung von Angaben aus einem Prospektentwurf verlangen, wobei sie Folgendes berücksichtigen:

a) die Art der Wertpapiere;

b) die bereits im Prospekt enthaltenen Angaben und das Vorhandensein und den Inhalt von bereits im Prospekt eines anderen Unternehmens als dem Emittenten enthaltenen Angaben sowie die anwendbaren Rechnungslegungs- und Prüfungsgrundsätze;

c) den wirtschaftlichen Charakter der Transaktionen, mit denen der Emittent sein Unternehmen oder einen Teil desselben erworben oder veräußert hat, sowie die spezielle Art des Unternehmens;

d) ob sich der Emittent mit vertretbarem Aufwand Informationen über dieses andere Unternehmen beschaffen kann.

Übersicht

	Rn.		Rn.
I. Überblick zum Prüfungsmaßstab nach Art. 36 ff.	1	III. Ergänzende Angaben gemäß Art. 36 Abs. 2	7
II. Formelle Vollständigkeitsprüfung nach Art. 36 Abs. 1	4		

I. Überblick zum Prüfungsmaßstab nach Art. 36 ff.*

1   Die zuständige Behörde wendet bei der Prüfung des Prospekts den in Art. 2 lit. r Prospekt-VO vorgegebenen **Prüfungsmaßstab** an, sie prüft die Angaben daher auf **Vollständigkeit, Kohärenz und Verständlichkeit**. Der Umfang der in den Prospekt aufzunehmenden Angaben orientiert sich dabei an der Art des Emittenten bzw. Anbieters oder Garantie-

---

* Die Kommentierung gibt ausschließlich die persönliche Meinung der Autorin wieder. Dies gilt für sämtliche Ausführungen der Autorin in diesem Kommentar.

gebers sowie der Art der Wertpapiere, wobei die Pflichtangaben sich nach den jeweils einschlägigen Anhängen der VO (EU) 2019/980 bestimmen. Um die praktische Anwendung unionsweit einheitlicher Standards durch die zuständigen Behörden bei der Prüfung der Prospektentwürfe sicherzustellen[1] und mit dem Ziel, die Prospekte für Anleger verständlicher werden zu lassen,[2] wurden die **Kriterien für die Prüfung** des Prospekts unter Ausnutzung der in Art. 20 Abs. 11 ProspektVO enthaltenen Ermächtigung in Art. 36 ff. der VO (EU) 2019/980 **durch technische Regulierungsstandards konkretisiert**. Die Anwendung dieser Prüfungskriterien beschränkt sich jedoch nicht nur auf die Prüfung des Prospektentwurfs, sondern gilt für sämtliche Einzelbestandteile des Prospekts, somit auch für das einheitliche Registrierungsformular und alle Prospektnachträge.[3]

Im Rahmen der Prospektprüfung ist die BaFin allerdings nicht auf die Kontrolle der Vollständigkeit, Kohärenz und Verständlichkeit beschränkt. Vielmehr kann sie die **Prüfung den speziellen Merkmalen des Prospekts anpassen** und die **Aufnahme zusätzlicher Angaben** im Prospekt nach Art. 32 Abs. 1 UAbs. 1 lit. a ProspektVO i.V.m. § 18 Abs. 1 WpPG verlangen, wenn dies aus Gründen des Anlegerschutzes geboten ist.[4] Hingegen ist sie nicht verpflichtet, die Bonität des Emittenten oder die inhaltliche Richtigkeit der Angaben im Prospekt zu prüfen.[5] Eine umfassende Pflicht zur Amtsermittlung im Hinblick auf die inhaltliche Richtigkeit des Prospekts besteht nicht, weshalb auch keine Pflicht besteht, umfassend Informationen einzuholen, um die Angaben im Prospekt im Einzelnen überprüfen zu können (→ vgl. hierzu auch Art. 20 ProspektVO Rn. 15), jedoch kann sie die Angaben im Prospekt zur Überprüfung stellen, wenn ihr Umstände bekannt sind, die im Widerspruch zu den Angaben im Prospekt stehen oder diese zweifelhaft erscheinen lassen.

Mit Art. 41 VO (EU) 2019/980 wurde den zuständigen Behörden die Möglichkeit eingeräumt, bei der Prüfung von Prospekten und zuvor hinterlegten einheitlichen Registrierungsformularen, die sie bereits geprüft bzw. überprüft und/oder zuvor gebilligt haben, einen verhältnismäßigen Ansatz anzuwenden. Dieser Ansatz ermöglicht es den Behörden, sich auf die Änderungen zu konzentrieren, die an dem zuvor gebilligten oder geprüften Dokument vorgenommen wurden, anstatt den Prospekt in seiner Gesamtheit zu prüfen.

II. Formelle Vollständigkeitsprüfung nach Art. 36 Abs. 1

Die Prüfung der Vollständigkeit des Prospekts durch die zuständige Behörde erfolgt anhand des in Art. 13 ProspektVO i.V.m. den für den Emittenten und die Wertpapierart einschlägigen Anhängen der VO (EU) 2019/980 vorgeschriebenen Mindestinhalts. Art. 36 Abs. 1 lit. a VO (EU) 2019/980 stellt klar, dass in diesem Zusammenhang sich der Pros-

---

1 Vgl. Erwägungsgrund 21 und 31 VO (EU) 2019/980.
2 Merkblatt der BaFin zur Prüfung von Wertpapierprospekten auf Verständlichkeit, Gz: WA 51-Wp 7115-2019/0099, I. Rechtliche Vorgaben, S. 2; abrufbar unter Permalink https://www.bafin.de/ref/19598478.
3 Vgl. Erwägungsgrund 21 VO (EU) 2019/980.
4 Vgl. Erwägungsgrund 22 VO (EU) 2019/980.
5 Ebenfalls verneinend in Bezug auf die Prüfung der inhaltlichen Richtigkeit *von Kopp-Colomb*, in: Assmann/Schlitt/von Kopp-Colomb, Prospektrecht Kommentar, Art. 20 ProspektVO Rn. 45.

pektinhalt nach Art des Emittenten, Art der Ausgabe, Art des Wertpapiers und Art des Angebots oder der Zulassung zum Handel richtet.[6]

5 Diese Vollständigkeitsprüfung der Behörde ist nur **weitgehend** eine **formale Prüfung**, bei der mit Hilfe der bei Ersteinreichung übermittelten Liste der Querverweise (Überkreuz-Checkliste → Art. 42 Rn. 8) ein Abgleich zwischen den im Prospekt enthaltenen Informationen und den erforderlichen Angaben nach der ProspektVO, der VO (EU) 2019/980 und deren Anhängen erfolgt. Im Hinblick auf die Analyse, ob bestimmte Anforderungen der ProspektVO bzw. der VO (EU) 2019/980 überhaupt bzw. in ausreichendem Umfang durch den Prospekt abgedeckt werden, erfordert sie **häufig** auch eine **materielle, inhaltliche Wertung** der Angaben. So kann es für größere Effizienz bei der Erstellung des Prospekts und zur Vermeidung unnötigen Aufwands im Einzelfall gestattet sein, in den maßgeblichen Anhängen aufgeführte Angaben auszulassen, wenn diese auf den Emittenten oder auf die angebotenen oder zum Handel an einem geregelten Markt zugelassenen Wertpapiere nicht zutreffen.[7] Um der Behörde die Überprüfung dieser Auslassungen zu ermöglichen und sie von einem bloßen Fehlen der Angabe abzugrenzen, ist für die Auslassung eine entsprechende Kennzeichnung und Begründung im Rahmen der mit dem Prospektentwurf einzureichenden Überkreuz-Checkliste (→ Art. 42 Rn. 8) erforderlich.

6 Darüber hinaus kann der Emittent nach Art. 36 Abs. 2 verpflichtet sein, **weitere Angaben in den Prospekt aufzunehmen**, die so nicht nach den konkret anzuwendenden Anhängen der VO (EU) 2019/980 gefordert sind, welche aber erforderlich sind, um dem Anleger ein fundiertes Urteil i. S. d. Art. 6 Abs. 1 ProspektVO zu ermöglichen. Ferner ist er grundsätzlich berechtigt, **freiwillig zusätzliche Angaben in den Prospekt aufzunehmen**, sofern hierdurch nicht eine Beeinträchtigung der Verständlichkeit erfolgt.

III. Ergänzende Angaben gemäß Art. 36 Abs. 2

7 Ergänzend verlangt Art. 36 Abs. 1 lit. b VO (EU) 2019/980 bei der Prüfung der Vollständigkeit eine **besondere Beachtung** bei Emittenten von Dividendenwerten mit **einer komplexen finanztechnischen Vorgeschichte** (zur Definition vgl. Art. 18 Abs. 3 VO (EU) 2019/980) oder solchen, die eine **bedeutende finanzielle Verpflichtung (zur Definition vgl. Art. 18 Abs. 4** VO (EU) 2019/980) eingegangen sind.[8] Begründet wird dieser zusätzliche Aspekt damit, dass Anleger nachvollziehen können sollten, in welcher Lage sich ein Emittent mit komplexer finanztechnischer Vorgeschichte befindet und welche Auswirkungen bei einer mit einer bedeutenden finanziellen Verpflichtung einhergehenden Transaktion zu erwarten sind.[9]

8 Art. 36 Abs. 2 VO (EU) 2019/980 ermöglicht der Behörde deshalb, die **Aufnahme weiterer Informationen** (vgl. Art. 18 Abs. 2 i.V.m. Art. 18 Abs. 1 VO (EU) 2019/980) zu verlangen, sofern der Emittent eine komplexe finanztechnische Vorgeschichte hat oder eine bedeutende finanzielle Verpflichtung eingegangen ist, d.h. die BaFin ist nicht auf die Prü-

---

6 Vgl. hierzu auch *Ritz*, in: Just/Voß/Ritz/Zeising, Wertpapierprospektrecht, 2. Aufl. 2023 § 2 WpPG Rn. 297.
7 Vgl. Erwägungsgrund 25 VO (EU) 2019/980.
8 *Von Kopp-Colomb*, in: Assmann/Schlitt/von Kopp-Colomb, Prospektrecht Kommentar, Art. 20 ProspektVO Rn. 45.
9 So der Erwägungsgrund 9 VO (EU) 2019/980.

fung der vorgelegten Informationen beschränkt.[10] Sie kann in diesem Zusammenhang unter bestimmten Voraussetzungen die Aufnahme, Änderung oder Entfernung von Angaben aus dem Prospekt verlangen.[11] Hierbei hat sie jedoch die in Buchstabe a bis d genannten Aspekte zu berücksichtigen.

---

10 Im Ergebnis auch *Groß*, Kapitalmarktrecht, Art. 20 ProspektVO Rn. 9.
11 *Ritz*, in: Just/Voß/Ritz/Zeising, Wertpapierprospektrecht, 2. Aufl. 2023, § 2 WpPG Rn. 297.

Art. 37 VO (EU) 2019/980
Kriterien für die Prüfung der Verständlichkeit der im Prospekt enthaltenen Angaben

(1) Bei der Prüfung der Verständlichkeit der in einem Prospektentwurf enthaltenen Angaben berücksichtigen die zuständigen Behörden alle folgenden Punkte:

a) ob der Prospektentwurf über ein klares und detailliertes Inhaltsverzeichnis verfügt;

b) ob der Prospektentwurf frei von unnötigen Wiederholungen ist;

c) ob zusammenhängende Angaben gruppiert sind;

d) ob im Prospektentwurf eine leicht lesbare Schriftgröße verwendet wird;

e) ob die Struktur des Prospektentwurfs den Anlegern das Verständnis des Inhalts ermöglicht;

f) ob im Prospektentwurf die Bestandteile mathematischer Formeln definiert sind und, sofern zutreffend, die Produktstruktur klar beschrieben wird;

g) ob der Prospektentwurf in einfacher Sprache gehalten ist;

h) ob die Art der Geschäftstätigkeit des Emittenten und seine Haupttätigkeiten im Prospektentwurf klar beschrieben werden;

i) ob im Prospektentwurf handels- oder branchenspezifische Begriffe erläutert werden.

Allerdings dürfen die zuständigen Behörden die Buchstaben g, h und i außer Acht lassen, wenn ein Prospektentwurf ausschließlich für die Zwecke der Zulassung von Nichtdividendenwerten zum Handel an einem geregelten Markt verwendet wird, für die Artikel 7 der Verordnung (EU) 2017/1129 keine Zusammenfassung vorschreibt.

(2) Für die Zwecke von Absatz 1 dürfen die zuständigen Behörden im Einzelfall verlangen, dass zusätzlich zu den in Artikel 7 der Verordnung (EU) 2017/1129 und Artikel 33 der vorliegenden Verordnung genannten Angaben bestimmte im Prospektentwurf enthaltene Angaben in die Zusammenfassung übernommen werden.

Übersicht

	Rn.		Rn.
I. Überblick und Regelungsgegenstand	1	III. Ergänzungen der Angaben in der Zusammenfassung gem. Art. 37 Abs. 2	9
II. Die Prüfungskriterien des Art. 37 Abs. 1	2		

I. Überblick und Regelungsgegenstand*

Gemäß dem sich aus der Definition des Begriffs der „Billigung" in Art. 2 lit. r Prospekt-VO ergebenden Prüfungsmaßstab handelt es sich bei der **Verständlichkeit** der im Prospekt enthaltenen Informationen neben deren Vollständigkeit und Kohärenz um eine **weitere wesentliche Voraussetzung für die Billigung** von Prospekten. Die Nichtbeachtung der in Art. 37 VO (EU) 2019/980 konkretisierten Anforderungen an die Verständlichkeit kann zur Unverständlichkeit des Prospekts und zur Versagung der Billigung des Prospekts führen.[1] Ab einem gewissen Grad der Unverständlichkeit kann gleichermaßen auch von der Unvollständigkeit des Prospekts gesprochen werden. Unter Ausnutzung der in Art. 20 Abs. 11 ProspektVO enthaltenen Ermächtigung konkretisiert Art. 37 Abs. 1 VO (EU) 2019/980 den Begriff der Verständlichkeit durch die Aufnahme eines bei der Verständlichkeitsprüfung der im Prospekt enthaltenen Angaben durch die zuständige Behörde zu beachtenden **Katalogs von Kriterien.** Art. 37 Abs. 2 VO (EU) 2019/980 eröffnet unter dem Aspekt der Verständlichkeit die Möglichkeit zur Ergänzung von Angaben in der Zusammenfassung des Prospekts, die über die in Art. 7 ProspektVO genannten Informationen in die Zusammenfassung aufgenommen werden können.

1

II. Die Prüfungskriterien des Art. 37 Abs. 1

Dem im Rahmen der Verständlichkeitsprüfung durch die zuständige Behörde zu beachtenden Katalog von Kriterien ist zu entnehmen, dass die **Prospektstruktur**, die **Aufmachung** und die **verwendete Sprache** zentrale Aspekte der Verständlichkeit darstellen. Dass dieser **Katalog** jedoch **nicht abschließend** ist, ergibt sich aus der in Art. 40 VO (EU) 2019/980 eingeräumten Möglichkeit für die zuständige Behörde, im Einzelfall weitere Kriterien heranziehen, um die Verständlichkeit der im Prospekt enthaltenen Angaben zu prüfen.

2

Gleichzeitig ist bei der **Verständlichkeitsprüfung** der in Art. 6 Abs. 2 ProspektVO enthaltene Grundsatz, wonach die Informationen in einem Prospekt **in leicht zu analysierender, knapper und verständlicher Form** zu erstellen und zu präsentieren sind, einzuhalten. Hierbei ist die in der deutschen Praxis bereits seit dem BGH-Urteil aus dem Jahr 1982 etablierte Formulierung zu berücksichtigen, dass die formale Gestaltung und inhaltliche Darstellung dem **Erkenntnis-** und **Verständnishorizont eines „durchschnittlichen Anlegers"** gerecht werden muss, „der zwar eine Bilanz zu lesen versteht, aber nicht unbedingt mit der in eingeweihten Kreisen gebräuchlichen Schlüsselsprache vertraut zu sein braucht" und der den Prospekt einer „unbefangenen Betrachtung" unterzieht.[2] Die BaFin verfolgt nach eigenen Angaben bei der Prüfung von Prospekten und der Berücksichtigung der Vorgaben aus Art. 37 VO (EU) 2019/980 keinen „One size fits all"-Ansatz, sondern betrachtet für die Bewertung der Verständlichkeit den konkreten Einzelfall, wobei der Ge-

3

---

* Die Kommentierung gibt ausschließlich die persönliche Meinung der Autorin wieder. Dies gilt für sämtliche Ausführungen der Autorin in diesem Kommentar.
1 BaFin, Merkblatt zur Prüfung von Wertpapierprospekten auf Verständlichkeit, Gz: WA 51-Wp 7115-2019/0099 (nachfolgend: BaFin, Merkblatt zur Verständlichkeit), II. Konkretisierung der Anforderungen, S. 2; abrufbar unter Permalink https://www.bafin.de/ref/19598478.
2 BGH, WM 1982, 862, 863 = NJW 1982, 2823, 2824; OLG Düsseldorf, WM 1985, 586, 592; OLG Frankfurt, WM 2004, 1831, 1835.

genstand des Prospekts und dessen Struktur im Rahmen einer Gesamtschau bewertet werden.[3]

4 Der **Kriterienkatalog** in Art. 37 Abs. 1 VO (EU) 2019/980 verlangt zunächst, dass der Prospekt über ein **klares und detailliertes Inhaltsverzeichnis** verfügt **(Art. 37 Abs. 1 lit. a)**. In der Praxis hat sich mittlerweile die Aufnahme eines mit einer Nummerierung versehenen Inhaltsverzeichnisses durchgesetzt. Der Prospekt muss **frei von unnötigen Wiederholungen** sein (Art. 37 Abs. 1 lit. b) und **zusammenhängende Angaben** sind darin **gruppiert (Art. 37 Abs. 1 lit. c)**. Ferner ist für den Prospekt eine **leicht lesbare Schriftgröße** zu verwenden **(Art. 37 Abs. 1 lit. d)**. Eine Konkretisierung des Begriffs „leicht lesbare" Schriftgröße wurde hierbei vermieden, was auch dem Umstand der digitalen Veröffentlichung der Prospekte geschuldet sein mag, der nunmehr im Gegensatz zu den früher in gedruckter Form vorgehaltenen Prospektexemplaren die Lesbarkeit kleiner Schriftgrößen ermöglicht. Dennoch wird die Grenze der Lesbarkeit erreicht sein, wenn sich die einzelne Prospektseite nicht mehr auf einem handelsüblichen Monitor abbilden lässt, um eine lesbare Schriftgröße zu erhalten. Insbesondere aufgrund der maximal zulässigen Seitenanzahl für die Zusammenfassung des Prospekts kann die Frage der leicht lesbaren Schriftgröße jedoch wieder an Relevanz für den Prospektersteller gewinnen.

5 Die **Struktur des Prospekts soll** den Anlegern das **Verständnis des Inhalts ermöglichen (Art. 37 Abs. 1 lit. e)**. Die BaFin bezieht in ihrem zur Prüfung der Verständlichkeit veröffentlichten Merkblatt diesen Punkt insbesondere auf Basisprospekte und stellt folgende Aspekte besonders heraus: die Vermeidung eines zu modularen Aufbaus bei Basisprospekten für eine große Anzahl sehr unterschiedlicher Produkte bei gleichzeitig klar erkennbarer Abgrenzung und Erkennbarkeit der verschiedenen Produkte im Prospekt sowie eine kurze Erklärung der Funktionsweise und Struktur eines Basisprospekts und seiner Elemente einschließlich der endgültigen Bedingungen.[4] Bezüglich des **modularen Aufbaus von Basisprospekten für eine große Anzahl sehr unterschiedlicher Produkte** befindet die BaFin, dass diese sehr umfangreichen Prospekte mit vielen sehr unterschiedlichen Produkten „**nicht anlegerfreundlich** und insbesondere für Kleinanleger oft nur **schwer handhabbar**" seien, insbesondere wenn eine zu modulare oder „verschachtelte" Struktur des Basisprospekts im Hinblick auf die verschiedenen Produkte und Varianten hinzukomme. Zwar ließen sich durch Kombination zahlreicher modularer Bausteine und Optionen sehr viele unterschiedliche Produkte generieren, die potenziellen Produktvarianten, die Identifikation und die Zuordnung der relevanten Informationen könnten vom Leser jedoch oft kaum nachvollzogen werden. Im Ergebnis führe dies zur Unverständlichkeit des Prospekts. Hingegen führe die Vermeidung einer zu hohen Zahl verschiedener Produkte bzw. Varianten in einem Basisprospekt regelmäßig zu einem in Struktur und Umfang verständlicheren und damit dem Anleger zugänglicheren Prospekt. Gleiches solle durch Zusammenfassung in erster Linie ähnlicher Produkte in einem Basisprospekt und Trennung stark unterschiedlicher Produkte durch Verwendung mehrerer getrennter Basisprospekte bzw. Wertpapierbeschreibungen bei mehrteiligen Prospekten erreicht werden. Im Ergebnis lehnt die BaFin somit einen modularen Basisprospekt nicht vollständig ab, verweist jedoch darauf, dass dieser nur in Grenzen für den Anleger verständlich sein wird. Eine solche Grenze ergibt sich dort, wo eine modulare Struktur sich nicht mehr durch ein kla-

---

[3] BaFin, Merkblatt zur Verständlichkeit, Abschnitt II. 2, S. 3 f.
[4] BaFin, Merkblatt zur Verständlichkeit, Abschnitt II. 2, S. 3.

res Inhaltsverzeichnis darstellen lässt, mittels dessen die einzelnen Module eindeutig identifiziert und den verschiedenen Produkten zugeordnet werden können. Eine kurze **Erläuterung der grundsätzlichen Struktur und Funktionsweise** des Basisprospekts kann hingegen die Verständlichkeit der Struktur erhöhen und wird bei komplexeren Basisprospekten von der BaFin als naheliegend gesehen. Soweit diese Erläuterung längere Ausführungen erfordert, wird dies hingegen als ein Indiz für eine zu komplexe Struktur des Basisprospekts bewertet.[5] Die Verständlichkeit beeinträchtigen können jedoch auch **übermäßige Verweise** innerhalb eines Prospekts **oder unspezifische Verweise**, bei denen der Leser nicht genau erkennen kann, auf welchen Aspekt Bezug genommen werde.[6] Auch in den Fällen, in denen die Einbeziehungsregelung des Art. 19 ProspektVO derart genutzt wird, dass der Prospekt selbst nicht mehr als ein Mantel-Dokument mit Verweis auf eine große Anzahl anderer Quellen ist, kann die zuständige Behörde feststellen, dass die Verständlichkeit nicht erfüllt ist.[7] Im Ergebnis ist daher festzuhalten, dass allein der Umfang eines Prospektes kein Indiz für eine fehlende Verständlichkeit bietet und auch die Nutzung der gesetzlich vorgesehenen Möglichkeit eines Basisprospekts oder der Verweistechnik diesen nicht per se strukturell unverständlich sein lässt. Allerdings sollte der Basisprospekt eine Struktur aufweisen, die es ermöglicht, schnell und eindeutig die maßgeblichen Informationen zum gewünschten Produkt zu finden.

Ferner sind im Prospekt die **Bestandteile mathematischer Formeln** zu definieren und die **Produktstruktur**, sofern zutreffend, klar zu beschreiben **(Art. 37 Abs. 1 lit. f)**. Gerade bei derivativen Wertpapieren sollte eine verständliche Beschreibung der Funktionsweise erfolgen, hierzu zählt auch, dass die Produkte nicht irreführend bezeichnet werden sollten.[8] Die BaFin bewertet die Aufnahme von Beispielrechnungen/Musterszenarien für die Beschreibung der Funktionsweise von derivativen Wertpapieren, einschließlich einer grafischen Veranschaulichung zur Verdeutlichung der Funktionsweise, hierbei als förderlich.[9]

Der Prospekt soll in **einfacher Sprache** gehalten sein **(Art. 37 Abs. 1 lit. g)** und die Art der **Geschäftstätigkeit des Emittenten und** seine **Haupttätigkeiten** klar beschreiben **(Art. 37 Abs. 1 lit. h)**. Daneben sind verwendete **handels- oder branchenspezifische Begriffe** im Prospekt zu erläutern **(Art. 37 Abs. 1 lit. i)**. Hinsichtlich der Anforderung nach einer einfachen Sprache erläutert die BaFin in ihrem Merkblatt: „Die Verwendung von einfacher und unkomplizierter Sprache ist die Grundvoraussetzung für die Erstellung leicht lesbarer Prospekte." Besonderes Augenmerk sei dazu auf eine verständliche grammatikalische Ausdrucksweise, die Verwendung einfacher Satzkonstruktionen und Vermeidung überlanger Sätze gelegt. Die Vermeidung von Fachbegriffen und Abkürzungen wird soweit möglich empfohlen. Sofern Fachbegriffe für die Darstellung notwendig sind, sind diese auch aus dem Erfordernis in Art. 37 Abs. 1 lit. i im Prospekt (in der Regel bei der

---

5 BaFin, Merkblatt zur Verständlichkeit, Abschnitt II. 2, S. 3 f.
6 *Ritz*, in: Just/Voß/Ritz/Zeising, Wertpapierprospektrecht, 2. Aufl. 2023, Art. 2 ProspektVO Rn. 305.
7 Vgl. ESMA, Final Report – Technical advice under the Prospectus Regulation, ESMA31-62-800, 28.3.2018, Rn. 849 (S. 213).
8 ESMA, Report Peer Review on good practice in the approval process, ESMA 2012/300, S. 16; *von Kopp-Colomb*, in: Assmann/Schlitt/von Kopp-Colomb, Prospektrecht Kommentar, Art. 20 ProspektVO Rn. 48.
9 BaFin, Merkblatt zur Verständlichkeit, Abschnitte II. 3 und II. 4, S. 5.

ersten Verwendung) zu definieren. Bei einer Häufung von Fachbegriffen und Abkürzungen ist deren (zusätzliche) Aufnahme in ein Glossar empfehlenswert.

8 Im Rahmen der Verständlichkeitsprüfung ist ferner der **Adressatenkreis**, an den sich der Prospekt richtet, zu berücksichtigen, sodass höhere Anforderungen an einen Prospekt, der sich an **Kleinanleger** richtet, gestellt werden müssen als bei einem Prospekt, der sich ausschließlich an **qualifizierte Anleger** richtet. Dies kommt deutlich in dem in Art. 37 Abs. 1 Satz 2 enthaltenen Hinweis zum Ausdruck, wonach die lit. g, h und i für bestimmte Prospekte von der Behörde außer Acht gelassen werden können. Diese Sichtweise wird auch durch die Empfehlung des Peer Review Comittee an ESMA im Peer Review von 2022[10] unterstützt, worin ersteres zu dem Ergebnis gelangt, ESMA zur **Erwägung weiterer Leitlinien im Bereich der Verständlichkeit** aufzufordern, um einen konvergenten Ansatz der nationalen Aufsichtsbehörden[11] bei der Anwendung des Erfordernisses der einfachen Sprache zu fördern und gleichzeitig die Durchsetzung dieser Vorschrift zu erleichtern. Diese Leitlinien sollten zwischen an Kleinanleger adressierten Prospekten, für die strengere Anforderungen gelten, und Prospekten, die sich an qualifizierte Anleger richten, unterscheiden.[12] Ferner spricht das Peer Review Comittee die Empfehlung aus, sich bei der Prüfung von Prospekten, die nicht ausschließlich für die Zulassung von Nichtdividendenwerten zum Handel an einem geregelten Markt verwendet werden, für die eine Zusammenfassung gemäß Art. 7 ProspektVO nicht erforderlich ist, in Bezug auf die Verständlichkeit auf komplexe sprachliche, rechtliche, technische oder branchenspezifische Begriffe, Formeln und Akronyme zu konzentrieren.[13]

III. Ergänzungen der Angaben in der Zusammenfassung gem. Art. 37 Abs. 2

9 Aus Gründen der Verständlichkeit dürfen im Einzelfall auch Informationen in die Zusammenfassung aufgenommen werden, die über die in Art. 7 ProspektVO und Art. 33 VO (EU) 2019/980 genannten Angaben hinausgehen. Dies stellt Art. 37 Abs. 2 ausdrücklich klar und betont auch, dass die Behörde die Aufnahme dieser Angaben in der Zusammenfassung verlangen kann.

---

10 ESMA, Peer review of the scrutiny and approval procedures of prospectuses by competent authorities – Peer review report, ESMA42-111-7170, 21.7.2022 (nachfolgend: ESMA, Peer Review 2022), https://www.esma.europa.eu/sites/default/files/library/esma42-111-7170_final_report_-_prospectus_peer_review.pdf (zuletzt abgerufen am 24.9.2023).
11 Vgl. zum Erfordernis des konvergenten Ansatzes aller zuständigen Behörden bei der Prüfung von Prospekten auf Vollständigkeit, Kohärenz und Verständlichkeit auch den Erwägungsgrund 60 ProspektVO.
12 Vgl. ESMA, Peer Review 2022, Rn. 320 ff.
13 Vgl. ESMA, Peer Review 2022, Rn. 322.

Art. 38 VO (EU) 2019/980
Kriterien für die Prüfung der Kohärenz der im Prospekt enthaltenen Angaben*

Bei der Prüfung der Kohärenz der im Prospekt enthaltenen Angaben berücksichtigt die zuständige Behörde alle folgenden Punkte:

a) ob zwischen den im Prospektentwurf enthaltenen Informationsbestandteilen, einschließlich der mittels Verweis aufgenommenen Informationen, keine wesentlichen Abweichungen festzustellen sind;

b) ob etwaige an anderer Stelle im Prospektentwurf erwähnte wesentliche und spezifische Risiken in den Abschnitt über Risikofaktoren aufgenommen wurden;

c) ob die Angaben in der Zusammenfassung den Angaben an anderer Stelle im Prospektentwurf entsprechen;

d) ob alle etwaigen Zahlen zur Verwendung von Erlösen der Höhe der erzielten Erlöse entsprechen und ob die angegebene Verwendung der Erlöse der angegebenen Strategie des Emittenten entspricht;

e) ob die Beschreibung des Emittenten in den Angaben zur Geschäfts- und Finanzlage, die historischen Finanzinformationen, die Beschreibung der Aktivitäten des Emittenten und die Beschreibung der Risikofaktoren kohärent sind;

f) ob die Erklärung zum Geschäftskapital den Risikofaktoren, dem Vermerk des Abschlussprüfers, der Verwendung der Erlöse, der angegebenen Strategie des Emittenten und der Finanzierung dieser Strategie entspricht.

Die Konkretisierung des sich aus der Definition des Begriffs der „Billigung" in Art. 2 lit. r ProspektVO ergebenden Prüfungsmaßstabes „Kohärenz" durch Art. 38 VO (EU) 2019/980 liefert **keine allgemeine Definition** für diesen Begriff, sondern beschränkt sich auf eine **Aufzählung** der bei der Kohärenzprüfung **zu berücksichtigenden Einzelaspekte**. Aus dem in der englischen Sprachfassung der ProspektVO in Art. 2 lit. r verwendeten Begriff der „consistency" ergibt sich jedoch, dass der Prospekt in sich konsistent, also frei von Widersprüchen und in sich schlüssig sein soll. Hierfür sprechen auch die in den einzelnen Punkten gewählten Formulierungen wie „keine wesentlichen Abweichungen festzustellen sind", „etwaige an anderer Stelle im Prospektentwurf erwähnte wesentliche und spezifische Risiken in den Abschnitt über Risikofaktoren aufgenommen wurden" und „die Angaben [….] den Angaben an anderer Stelle [...] entsprechen". 1

Die Kohärenzprüfung erfordert von der zuständigen Behörde die **Prüfung des Prospekts „aus sich selbst heraus"**, d.h. inwieweit der Prospekt ohne Rückgriff auf weiteres Wissen über die Gesellschaft frei von Widersprüchen ist. Die Behörde prüft daher als Einzelaspekte, ob 2

---

* Die Kommentierung gibt ausschließlich die persönliche Meinung der Autorin wieder. Dies gilt für sämtliche Ausführungen der Autorin in diesem Kommentar.

- zwischen den im Prospektentwurf enthaltenen Informationsbestandteilen, einschließlich der mittels Verweis aufgenommenen Informationen, keine wesentlichen Abweichungen festzustellen sind (lit. a);
- etwaige an anderer Stelle im Prospektentwurf erwähnte wesentliche und spezifische Risiken in den Abschnitt über Risikofaktoren aufgenommen wurden (lit. b);
- die Angaben in der Zusammenfassung den Angaben an anderer Stelle im Prospektentwurf entsprechen (lit. c);
- alle etwaigen Zahlen zur Verwendung von Erlösen der Höhe der erzielten Erlöse entsprechen und ob die angegebene Verwendung der Erlöse der angegebenen Strategie des Emittenten entspricht (lit. d);
- die Beschreibung des Emittenten in den Angaben zur Geschäfts- und Finanzlage, die historischen Finanzinformationen, die Beschreibung der Aktivitäten des Emittenten und die Beschreibung der Risikofaktoren kohärent sind (lit. e) und ob
- die Erklärung zum Geschäftskapital den Risikofaktoren, dem Vermerk des Abschlussprüfers, der Verwendung der Erlöse, der angegebenen Strategie des Emittenten und der Finanzierung dieser Strategie entspricht (lit. f).

3 Die über den Prospektentwurf **hinausgehenden Informationen**, die der zuständigen Behörde zur Kenntnis gelangt sind (bspw. aufgrund von Presseberichten oder Angaben aus anderen veröffentlichten Dokumenten) und deren Informationsgehalt als wesentlich im Sinne des Art. 6 Abs. 1 ProspektVO bewertet wird, sind dabei im Rahmen der Kohärenzprüfung **nicht zu berücksichtigen**. Sie betreffen vielmehr die Frage der Vollständigkeit der Angaben im Prospekt und wären vor diesem Aspekt von der Behörde zu überprüfen. Anders stellt sich die Beurteilung bei Angaben dar, die in einem gesonderten Dokument enthalten sind, die jedoch mit dem zu prüfenden Dokument einen aus mehreren Einzeldokumenten bestehenden Prospekt im Sinne des Art. 6 Abs. 3 ProspektVO bilden sollen, oder mittels Verweises aus anderen Dokumenten in den Prospekt einbezogene Informationen. Diese **Einzeldokumente, die gemeinsam den Prospekt bilden, unterliegen der Kohärenzprüfung**, sodass im Rahmen der Kohärenzprüfung eines mehrteiligen Prospekts die Prüfung der Kohärenz der Angaben in der Zusammenfassung, dem Registrierungsformular bzw. dem einheitlichen Registrierungsformular nebst Änderungen und der Wertpapierbeschreibung zu erfolgen hat.[1] Hinsichtlich der Kohärenzprüfung **per Verweis einbezogener Informationen** stellt Art. 38 lit. a deren Erforderlichkeit unmissverständlich klar. Uneindeutig ist hingegen der **Umfang der Kohärenzprüfung bei Nachträgen**, welche gemäß Art. 23 Abs. 1 UAbs. 2 ProspektVO auf die gleiche Art und Weise wie der Prospekt zu billigen sind. Daraus ließe sich schließen, dass die Prüfung des Nachtrags in Bezug auf die Kohärenzprüfung ebenso nur auf die im Nachtrag enthaltenen Angaben zu begrenzen ist.[2] Jedoch wird der Inhalt des Prospekts aufgrund des Nachtrages ab dessen Billigung entsprechend dem Inhalt des Nachtrages verändert, sodass der Prospekt ab diesem Zeitpunkt in der durch den Nachtrag erhaltenen Fassung existiert (vgl. hierzu auch

---

1 Ebenso *Ritz*, in: Just/Voß/Ritz/Zeising, Wertpapierprospektrecht, 2. Aufl. 2023, Art. 2 ProspektVO Rn. 301; *Preuße*, in: Holzborn, WpPG, § 13 Rn. 2.
2 So *von Kopp-Colomb*, in: Assmann/Schlitt/von Kopp-Colomb, Prospektrecht Kommentar, Art. 20 ProspektVO Rn. 47 mit den Argumenten, Art. 23 ProspektVO verweise nur auf den für die Prüfung von Prospekten geltenden Maßstab und die für die Prüfung von Nachträgen geltende kürzere Prüfungsfrist im Interesse einer zügigen Billigung, die einer sehr umfassenden Prüfung entgegenstehe; *Ritz*, in: Just/Voß/Ritz/Zeising, Wertpapierprospektrecht, 2. Aufl. 2023, Art. 2 ProspektVO Rn. 302; *Preuße*, in: Holzborn, WpPG, § 13 Rn. 21.

→ Art. 20 Rn. 18 und → Art. 23 Rn. 120). Ferner sind für die Zwecke der Prospektprüfung nach Art. 35 VO 2019/980 „Verweise auf den Prospekt als solche auf den Prospekt oder einen seiner Bestandteile zu verstehen, also auch ein einheitliches Registrierungsformular […] sowie Nachträge zum Prospekt", was für eine Zusammenschau der Angaben mit dem bereits gebilligten Prospekt bei der Kohärenzprüfung des Nachtrages spricht.

Mit der Kohärenzprüfung ist **keine Überprüfung der inhaltlichen Richtigkeit der Angaben** verbunden.[3] Bei Aufnahme von sich widersprechenden Angaben im Prospekt kann die Behörde daher nicht von sich aus feststellen, welche der Angaben zutreffend ist, auch wenn der Sachzusammenhang für die Richtigkeit der einen Angabe sprechen mag. Die Inkohärenz der Angaben ist gegenüber dem Prospektersteller zu rügen und er ist zur Auflösung des Widerspruchs aufzufordern. Anderenfalls besteht bei Pflichtangaben aufgrund der Widersprüchlichkeit der Angaben eine Unvollständigkeit des Prospekts an dieser Stelle.

Obwohl die Prüfung derart auf den Prospektinhalt beschränkt ist, und trotz der mittlerweile bestehenden technischen Möglichkeiten aufgrund des Erfordernisses der Einreichung als elektronisch durchsuchbares Dokument, stellt die Kohärenzprüfung aufgrund des Umfangs der Prospekte und der Vielschichtigkeit einiger Sachverhalte, die unter verschiedenen Aspekten und an unterschiedlichen Stellen im Prospekt zu erörtern sind, einen nicht zu unterschätzenden Aufwand bei der Prospekterstellung und -prüfung dar.[4]

---

[3] Ebenso *Ritz*, in: Just/Voß/Ritz/Zeising, Wertpapierprospektrecht, Art. 2 ProspektVO Rn. 298.
[4] Ähnlich *von Kopp-Colomb*, in: Assmann/Schlitt/von Kopp-Colomb, Prospektrecht Kommentar, Art. 20 ProspektVO Rn. 46, der die Kohärenzprüfung als eine „angesichts der teilweise recht umfangreichen Prospekte und der Prüfungsfristen eine nicht zu unterschätzende Herausforderung" beschreibt.

Art. 39 VO (EU) 2019/980
Prüfung der im Prospekt bestimmter Kategorien von Emittenten enthaltenen Angaben

Die zuständigen Behörden können unter Berücksichtigung der Tätigkeiten bestimmter, unter eine der Kategorien in Anhang 29 fallender Kategorien von Emittenten die Aufnahme zusätzlicher Angaben in den Prospekt verlangen.

Übersicht

	Rn.		Rn.
I. Einleitung	1	4. In der wissenschaftlichen Forschung tätige Gesellschaften	50
II. ESMA-Empfehlungen zu den Specialist Issuers	7	a) Definition	51
1. Immobiliengesellschaften	10	b) Relevante Kapitalmarkttransaktionen	52
a) Definition	11	c) Verpflichtung zur Offenlegung spezifischer Informationen	53
b) Relevante Kapitalmarkttransaktionen	16	5. Start-up-Unternehmen	55
c) Vorgaben für das Bewertungsgutachten	18	a) Definition	57
		b) Relevante Kapitalmarkttransaktionen	59
d) Allgemeine Geschäftsbedingungen für die Ausreichung des Bewertungsgutachtens	26	c) Verpflichtung zur Offenlegung spezifischer Informationen	60
e) Verwendungsverbote und -beschränkungen für das Bewertungsgutachten	27	d) Special Purpose Acquisition Companies (SPACs)	68
		aa) Merkmale von SPACs	68
f) Haftungsausschlüsse für das Bewertungsgutachten	28	bb) Zusätzliche Prospektangaben für SPACs	71
g) Pro-forma-Finanzinformationen	31	6. Schifffahrtsgesellschaften	75
h) REIT-AG	32	a) Definition	76
2. Bergbaugesellschaften	33	b) Relevante Kapitalmarkttransaktionen	77
a) Definition	34		
b) Relevante Kapitalmarkttransaktionen	37	c) Verpflichtung zur Offenlegung spezifischer Informationen	78
c) Verpflichtung zur Offenlegung spezifischer Informationen	38	d) Bewertungsgutachten	79
d) Vorgaben für den Expertenbericht	41	7. Andere Emittenten mit besonderen Geschäftsbereichen	82
3. Investmentgesellschaften	45		

I. Einleitung

1 Die Verordnung (EG) Nr. 809/2004 hat einen besonderen Typus von Emittenten, den „Specialist Issuer" eingeführt, der aufgrund seiner besonderen **Art oder Dauer der Geschäftstätigkeit** bestimmten erweiterten Anforderungen bezüglich des Inhalts seines Prospekts unterliegt.[1] Näher ausgestaltet wurden die gesetzlichen Vorgaben durch Erwä-

---

1 Siehe dazu bereits *Schnorbus*, WM 2009, 249 ff.; ferner *Schlitt*, in: Assmann/Schlitt/von Kopp-Colomb, WpPG/VermAnlG, 3. Aufl. 2017, Anhang XIX ProspektVO Rn. 1 ff.

gungsgrund 22 der VO (EG) 809/2004 und insbesondere durch Rn. 128 ff. der ESMA-Empfehlungen aus dem Jahr 2013.[2]

Die Delegierte Verordnung (EU) 2019/980 zur Ergänzung der ProspektVO („VO (EU) 2019/980") greift den Begriff des Specialist Issuers in Art. 39 auf und übernimmt in ihrem Anhang 29 die Kategorien relevanter Specialist Issuers gegenüber der VO (EG) 809/2004 inhaltlich unverändert. Sie führt zugleich den systematischen Ansatz fort, dass es für Prospekte von Specialist Issuern keine eigenständigen Mindestanforderungen gibt, die in Form eines separaten Schemas an die Stelle der üblichen Anhänge zur VO (EU) 2019/980 treten. Vielmehr können nach Art. 39 VO (EU) 2019/980 die zuständigen Behörden ergänzend zu den wertpapierabhängigen Mindestinformationen die Aufnahme zusätzlicher Angaben in den Prospekt verlangen, ohne dass deren Umfang in der VO (EU) 2019/980 oder anderen verbindlichen Unionsrechtsakten näher bestimmt wäre.

2

Eine Rechtfertigung für zusätzliche Offenlegungsanforderungen an Specialist Issuers ergibt sich gemäß Erwägungsgrund 23 der VO (EU) 2019/980 daraus, dass diese Emittenten sehr spezifischen Geschäften nachgehen, weswegen ein umfassendes Verständnis der von diesen Emittenten ausgegebenen Wertpapiere eine profunde Kenntnis ihrer Tätigkeit voraussetzt. Deshalb sollten die zuständigen Behörden nach Erwägungsgrund 23 der VO (EU) 2019/980 einen verhältnismäßigen Ansatz verfolgen und verlangen können, dass solche Emittenten spezifische, ihren Tätigkeiten angepasste Informationen in ihren Prospekt mitaufnehmen. Die aufzunehmenden Angaben unterscheiden sich nach Kategorie des Specialist Issuer und ergänzen die nach anderen Anhängen der VO (EU) 2019/980 darzustellenden Informationen unabhängig von der konkreten Form des Prospekts. Dies kann dazu führen, dass ein Start-up-Unternehmen möglicherweise einerseits Erleichterungen im Rahmen eines EU-Wachstumsprospekts nutzen kann, gleichzeitig aber zusätzliche Angaben als Specialist Issuer veröffentlichen muss. Konkretisierend geht Erwägungsgrund 23 der VO (EU) 2019/980 auf das Beispiel der Immobiliengesellschaft ein. Von dieser könne verlangt werden, einen Bewertungsbericht mit allen für die Zwecke der Bewertung relevanten Einzelheiten zu wesentlichen Immobilien vorzulegen. Letztendlich greift die VO (EU) 2019/980 damit die ESMA-Empfehlungen zu Immobiliengesellschaften als Specialist Issuers[3] auf.

3

---

2 ESMA, ESMA update of the CESR recommendations – The consistent implementation of Commission Regulation (EC) No 809/2004 implementing the Prospectus Directive, ESMA/2013/319 vom 20.3.2013 („ESMA-Empfehlungen"). Die Europäische Wertpapier- und Marktaufsichtsbehörde (European Securities and Markets Authority – ESMA) hat als Nachfolgebehörde des Ausschusses der Europäischen Wertpapierbehörden (Committee of European Securities Regulators – CESR) mit Wirkung zum 1.1.2011 sämtliche Kompetenzen des CESR übernommen. Die ursprünglichen CESR-Empfehlungen für eine europaweit konsistente Anwendung der ProspektVO aus dem Jahre 2005 hat die ESMA im Jahre 2013 aktualisiert und im März 2021 durch Leitlinien (ESMA32-382-1138) ersetzt. Die neuen Leitlinien enthalten jedoch keine Aussagen zu Specialist Issuers. Diesbezüglich sollen die aktualisierten CESR-Empfehlungen weiterhin angewendet werden, „soweit sie mit der Prospektverordnung kompatibel sind", siehe ESMA, Questions and Answers on the Prospectus Regulation, ESMA31-62-1258, Version 11 vom 12.10.2022, 2.1, S. 25; siehe auch ESMA, Public Statement – Update on the process of revising the guidance published under the Prospectus Directive and applicability of the CESR recommendations concerning specialist issuers, ESMA31-62-1491 vom 30.9.2020, S. 3.
3 ESMA, ESMA/2013/319, Rn. 128, 130.

4 Aufbauend auf dieser Erwägung ermächtigt Art. 39 der VO (EU) 2019/980 die zuständige Behörde bei Emittenten, die unter Berücksichtigung der Art oder Dauer ihrer Tätigkeiten in eine der in Anhang 29 der VO (EU) 2019/980 genannten Kategorien fallen, die Aufnahme zusätzlicher Angaben in den Prospekt zu verlangen, ohne selbst inhaltliche Vorgaben hinsichtlich dieser Angaben zu enthalten.

5 Die Liste im Anhang 29 der VO (EU) 2019/980 nennt folgende Kategorien von Emittenten:
   – **Immobiliengesellschaften** („Property Companies"),
   – **Bergbaugesellschaften** („Mineral Companies"),
   – **Investmentgesellschaften** („Investment Companies"),
   – in der **wissenschaftlichen Forschung tätige Gesellschaften** („Scientific Research Based Companies"),
   – **Start-up-Unternehmen der** („Start-up Companies"),
   – **Schifffahrtsgesellschaften** („Shipping Companies").

6 Ein Emittent kann aufgrund der unterschiedlichen Dimensionen gleichzeitig mehreren Kategorien unterfallen, was zur Folge hat, dass Angaben für alle einschlägigen Kategorien erforderlich werden. Im Fall einer in der wissenschaftlichen Forschung tätigen Gesellschaft ist dies notwendigerweise so, da es sich definitionsgemäß stets um ein Start-up-Unternehmen handeln muss (→ Rn. 71).

II. ESMA-Empfehlungen zu den Specialist Issuers

7 Basierend auf den Vorgaben der VO (EG) 809/2004 enthalten die **ESMA-Empfehlungen** in Rn. 128 ff. umfassende Aussagen zu Specialist Issuers. Die Empfehlungen dienen als Auslegungshilfe für die zuständigen nationalen Behörden sowie Emittenten und Anbieter von Wertpapieren, die der Verordnung (EU) 2017/1129 („ProspektVO") unterfallen.[4] Nicht anwendbar sind sie daher beispielsweise auf Wertpapier-Informationsblätter nach § 4 WpPG, Verkaufsprospekte nach §§ 6 ff. VermAnlG oder Vermögensanlageninformationsblätter nach § 13 VermAnlG. Während die ESMA im Zuge der Neuregelung des Prospektrechts den Großteil ihrer Empfehlungen durch Leitlinien („ESMA-Leitlinien")[5] nach Art. 16 der Verordnung (EU) Nr. 1095/2010 („ESMA-Verordnung") ersetzte, hat sie ihre Empfehlungen zu Specialist Issuers bisher weder überarbeitet noch aufgehoben. Emittenten und zuständige Behörden sollen diese daher grundsätzlich weiterhin anwenden.[6]

8 Bei den ESMA-Empfehlungen handelt es sich nicht um einen verbindlichen Rechtsetzungsakt der EU, sondern um eine reine Koordinationsmaßnahme. Sie binden weder Emittenten noch die zuständigen nationalen Behörden, sondern ermächtigen die zuständigen nationalen Behörden lediglich nach Art. 39 VO (EU) 2019/980, zusätzliche Angaben

---

[4] Verschiedene Begrifflichkeiten in den ESMA-Empfehlungen, wie die englische Definition des Begriffs der „Immobiliengesellschaft" und der „in der wissenschaftlichen Forschung tätigen Gesellschaften" sind sprachlich wenig gelungen und teilweise selbst für Muttersprachler nicht verständlich; vgl. z. B. *Höninger/Eckner*, in: Holzborn, WpPG, Art. 23 ProspektVO Rn. 87.

[5] ESMA, Leitlinien zu den Offenlegungspflichten nach der Prospektverordnung, ESMA32-382-1138 vom 4.3.2021.

[6] ESMA, ESMA31-62-1491, S. 3.

zu fordern.⁷ Da die ESMA-Empfehlungen im Jahr 2013 als Aktualisierung der früheren CESR-Empfehlungen und nicht formal als Leitlinien oder Empfehlungen nach Art. 16 der ESMA-Verordnung erlassen wurden, müssen sich die zuständigen nationalen Behörden auch nicht dazu erklären, ob und ggf. warum sie die Empfehlungen nicht anwenden.⁸ Gleichwohl orientiert sich die Praxis der BaFin regelmäßig sehr eng an Verlautbarungen der ESMA,⁹ sodass im Ergebnis Emittenten die ESMA-Empfehlungen in Deutschland beachten müssen (→ Vor Art. 1 ff. ProspektVO Rn. 6). Vor diesem Hintergrund ist davon auszugehen, dass sich die BaFin bis zu einer Neuregelung durch ESMA weiterhin nach den bisherigen ESMA-Empfehlungen zu den Specialist Issuers richten wird.

Im Zuge der Anpassung und Modernisierung des Rahmens für die Europäischen Aufsichtsbehörden im Bereich Finanzmärkte hatte die Europäische Kommission im Jahr 2017 vorgeschlagen, die Zuständigkeit für die Billigung von Specialist-Issuer-Prospekten von den nationalen Behörden auf ESMA zu übertragen.¹⁰ Dadurch hätte ESMA die Möglichkeit erhalten, die Einhaltung ihrer Empfehlungen direkt zu kontrollieren. Dieser Vorschlag wurde jedoch im weiteren Gesetzgebungsverfahren verworfen.¹¹ 9

1. Immobiliengesellschaften

Die weitaus häufigste Form des Specialist Issuer ist die Immobiliengesellschaft. Da deren Immobilienportfolio regelmäßig die Unternehmensbewertung prägt, ist die zentrale zusätzliche Anforderung an Immobiliengesellschaften im Zusammenhang mit der Veröffentlichung eines Prospekts bei Kapitalmarkttransaktionen die Aufnahme eines **Bewer-** 10

---

7 ESMA-Empfehlungen, ESMA/2013/319, Rn. 9; CESR, CESR's consultation for the consistent implementation of the European Commission's Regulation on Prospectuses n° 809/2004, CESR/05-055b, Februar 2005, Rn. 66.
8 ESMA, ESMA/2013/319, S. 4.
9 Ausdrücklich bestätigt dies die BaFin für Leitlinien und Q&As der Europäischen Aufsichtsbehörden, jedoch ohne explizite Aussage zu ESMA-Stellungnahmen: https://www.bafin.de/DE/RechtRegelungen/Leitlinien_und_Q_and_A_der_ESAs/Leitlinien_und_Q_and_A_der_ESAs_node.html (zuletzt aufgerufen am 4.1.2023).
10 Art. 9 Abs. 10 des Vorschlags für eine Verordnung des Europäischen Parlaments und des Rates zur Änderung der Verordnung (EU) Nr. 1093/2010 zur Errichtung einer Europäischen Aufsichtsbehörde (Europäische Bankenaufsichtsbehörde), der Verordnung (EU) Nr. 1094/2010 zur Errichtung einer Europäischen Aufsichtsbehörde (Europäische Aufsichtsbehörde für das Versicherungswesen und die betriebliche Altersversorgung), der Verordnung (EU) Nr. 1095/2010 zur Errichtung einer Europäischen Aufsichtsbehörde (Europäische Wertpapier- und Marktaufsichtsbehörde), der Verordnung (EU) Nr. 345/2013 über Europäische Risikokapitalfonds, der Verordnung (EU) Nr. 346/2013 über Europäische Fonds für soziales Unternehmertum, der Verordnung (EU) Nr. 600/2014 über Märkte für Finanzinstrumente, der Verordnung (EU) 2015/760 über europäische langfristige Investmentfonds, der Verordnung (EU) 2016/1011 über Indizes, die bei Finanzinstrumenten und Finanzkontrakten als Referenzwert oder zur Messung der Wertentwicklung eines Investmentfonds verwendet werden, und der Verordnung (EU) 2017/1129 über den Prospekt, der beim öffentlichen Angebot von Wertpapieren oder bei deren Zulassung zum Handel auf einem geregelten Markt zu veröffentlichen ist, COM(2017) 536 final (ESA-Verordnung) sowie Art. 9 Abs. 10 des geänderten Vorschlags, COM(2018) 646 final.
11 Vgl. den geänderten Art. 9 Abs. 10 im Bericht des Ausschusses für Wirtschaft und Währung des Europäischen Parlaments, A8-0013/2019 sowie die finale Verordnung (EU) 2019/2175; *Achtelik/Mohn*, WM 2019, 2339, 2344 f.

tungsgutachtens in Bezug auf das Immobilienvermögen. Die BaFin verfügt dabei mittlerweile über eine umfangreiche Billigungspraxis.[12]

a) Definition

11 Nach den ESMA-Empfehlungen sind unter Immobiliengesellschaften („Property Companies") solche Emittenten zu verstehen, deren Hauptaktivität im Bereich des (direkten oder indirekten) **Haltens** sowie des **Erwerbs** und der **Entwicklung** von Immobilien als Investition oder zur Vermietung liegt.[13] Dabei sollen sowohl Grundeigentum, im Erbbaurecht gehaltene Immobilien, Mietimmobilien als auch sonstige, diesen Kategorien entsprechende Formen des Immobilienbesitzes unter den Immobilienbegriff fallen. Als Immobilien gelten auch **Kavernen und sonstige unterirdische Hohlräume**.

12 Die BaFin subsumiert unter diese Definition zutreffend solche Immobiliengesellschaften, die Immobilien direkt oder indirekt zum Zwecke der Vermietung oder der Selbstnutzung erschließen und/oder halten, z. B. Wohnungsbaugesellschaften mit eigenem Bestand, Konzerngesellschaften für selbst genutzte Gewerbeimmobilien oder Anlagegesellschaften.[14] Ein Hauptanwendungsfall der Immobiliengesellschaft ist der **Real Estate Investment**

---

12 Siehe z. B.: Prospekte der Vonovia SE (ehemals Deutsche Annington Immobilien SE) vom 22.11.2021, vom 11.11.2016, vom 16.6.2015, vom 13.10.2014 und vom 19.6.2013; EU-Wachstumsprospekt der publity AG (Anbieter) im Hinblick auf Aktien der PREOS Global Office Real Estate & Technology AG vom 26.11.2020; Prospekt der publity AG vom 23.11.2020; Prospekt der FCR Immobilien Aktiengesellschaft vom 23.10.2020; Prospekt der GORE German Office Real Estate AG vom 3.12.2019; Prospekte der Deutsche Industrie REIT-AG vom 30.10.2019 und vom 13.12.2018; Prospekt der Aroundtown SA vom 17.12.2019; Prospekt der Gateway Real Estate AG vom 20.3.2019; Prospekt der ERWE Immobilien AG vom 10.12.2018; Prospekt der Coreo AG vom 26.11.2018; Prospekt der Consus Real Estate AG vom 6.7.2018; Prospekte der TLG Immobilien AG vom 31.1.2017 und vom 14.10.2014; Prospekt der Deutsche Konsum REIT-AG vom 6.2.2017; Prospekt der OFFICEFIRST Immobilien AG vom 30.9.2016; Prospekte der HAMBORNER REIT AG vom 12.9.2016 und vom 29.6.2012; Prospekte der ADLER Real Estate AG vom 10.6.2016 und vom 24.4.2014; Prospekte der Deutsche Wohnen AG (nunmehr Deutsche Wohnen SE) vom 20.5.2015, vom 3.9.2014 und vom 16.9.2013; Prospekt der WESTGRUND Aktiengesellschaft vom 9.9.2014; Prospekt der OCM Real Estate Holding AG (Prime Office AG) vom 20.1.2014; Prospekt der LEG Immobilien AG vom 18.1.2013; Prospekt der TAG Immobilien AG vom 22.11.2012; Prospekt der Peach Property Group (Deutschland) AG vom 29.10.2012; Prospekt der IVG Immobilien-Management Holding AG (IVG Immobilien Management REIT-AG) vom 20.7.2012.
13 ESMA, ESMA/2013/319, Rn. 129; *Schlitt*, in: Habersack/Mülbert/Schlitt, Kapitalmarktinformation, § 4 Rn. 107; vgl. zur VO (EG) 809/2004: *Götze/Hütte*, NZG 2007, 334, 335; *Schnorbus*, WM 2009, 249, 250; *Höninger/Eckner*, in: Holzborn, WpPG, Art. 23 ProspektVO Rn. 11 (nur „Halten"). Demgegenüber definierte die Europäische Kommission in Art. 9 Abs. 1 ihres Entwurfs der ESA-Verordnung, der in diesem Punkt nicht verabschiedet wurde, Immobiliengesellschaften als „Unternehmen, deren Haupttätigkeiten die in Anhang I Abschnitt L der Verordnung (EG) Nr. 1893/2006 des Europäischen Parlaments und des Rates [NACE Revision 2] genannten Wirtschaftszweige betreffen", COM(2017) 536 final sowie COM(2018) 646 final.
14 Vgl. *Schlitt*, in: Habersack/Mülbert/Schlitt, Kapitalmarktinformation, § 4 Rn. 107; zur VO (EG) 809/2004: BaFin, Der Prospekt für Immobiliengesellschaften/Property Companies: besondere Anforderungen und Entwicklungen, Präsentation vom 4.9.2007, S. 3; *Schlitt/Schäfer*, AG 2008, 525, 535; *Schlitt*, in: Assmann/Schlitt/von Kopp-Colomb, WpPG/VermAnlG, 3. Aufl. 2017, Anhang XIX ProspektVO Rn. 4.

Trust („REIT"), der in Deutschland in Form der REIT-Aktiengesellschaft durch das REIT-Gesetz geregelt ist.[15] Der Unternehmensgegenstand der REIT-Aktiengesellschaft ist auf den Erwerb, das Halten, die Verwaltung und die Veräußerung von Immobilien fokussiert.

Keine Immobiliengesellschaften sind dagegen solche Gesellschaften, deren Unternehmensgegenstand nicht auf eine dauerhafte Bewirtschaftung eigener Immobilien gerichtet ist. Das betrifft Gesellschaften, die auf Kauf, Renovierung und Weiterverkauf von Immobilien („value add" und „manage to core"), reine Projektentwicklung oder Immobilienhandel fokussiert sind.[16] In diesen Fällen kann durchaus auch eine gewisse **Haltedauer** bestehen, ohne dass sich an dem Nichtvorliegen einer Immobiliengesellschaft etwas ändert. Die BaFin geht dabei von einem **Richtwert von einem Jahr** aus.[17] Das betrifft namentlich Emittenten, die auf die sog. „**Privatisierung**" von Eigentumswohnungen spezialisiert sind, also den Erwerb von Wohnungsportfolios oder Wohnungsgesellschaften mit dem Ziel der anschließenden oder mittelfristigen Veräußerung einzelner Eigentumswohnungen an bisherige Mieter, neue Selbstnutzer und Privatinvestoren.[18] Ebenfalls nicht unter den Begriff der Immobiliengesellschaft fallen **Immobiliendienstleister**, -finanzierer und Fonds-Konzeptionäre ohne nennenswerte Immobilienanlagen.[19]

Die Behandlung der Immobilien als Vermögenswerte in der **Bilanz** der betreffenden Gesellschaft gibt einen gewissen Anhaltspunkt, und zwar unter dem Aspekt, ob sie als **langfristiges Vermögen** (Anlagevermögen) oder **kurzfristiges Vermögen** (Vorräte, Umlaufvermögen) gebucht werden. Bei der Buchung in das (langfristige) Anlagevermögen spricht vieles für eine Einordnung als Immobiliengesellschaft im Sinne von ESMA, während die Behandlung als Vorräte innerhalb des (kurzfristigen) Umlaufvermögens dagegen spricht.

Weitere Voraussetzung ist, dass die betreffende Gesellschaft **überwiegend die Zwecke einer Immobiliengesellschaft** im Sinne der ESMA-Definition verfolgt. Das sollte dann

---

15 Vgl. zur VO (EG) 809/2004: BaFin, Der Prospekt für Immobiliengesellschaften/Property Companies: besondere Anforderungen und Entwicklungen, Präsentation vom 4.9.2007, S. 13; im Ergebnis auch *Schlitt*, in: Habersack/Mülbert/Schlitt, Kapitalmarktinformation, § 4 Rn. 112; *Vaupel*, in: Habersack/Mülbert/Schlitt, Unternehmensfinanzierung, Rn. 24.93; *Voigt*, in: Seibt/Konradi, Handbuch REIT-Aktiengesellschaft, Teil C, Rn. 299; *Schnorbus*, WM 2009, 249, 250; *Götze/Hütte*, NZG 2007, 334, 335.
16 Vgl. *Schlitt*, in: Habersack/Mülbert/Schlitt, Kapitalmarktinformation, § 4 Rn. 107; zur VO (EG) 809/2004: BaFin, Der Prospekt für Immobiliengesellschaften/Property Companies: besondere Anforderungen und Entwicklungen, Präsentation vom 4.9.2007, S. 4.
17 Vgl. zur VO (EG) 809/2004: BaFin, Der Prospekt für Immobiliengesellschaften/Property Companies: besondere Anforderungen und Entwicklungen, Präsentation vom 4.9.2007, S. 4; *Schlitt/Schäfer*, AG 2008, 525, 535; ebenso *Schlitt*, in: Habersack/Mülbert/Schlitt, Kapitalmarktinformation, § 4 Rn. 107; unter Umständen kann jedoch auch eine längere durchschnittliche Haltedauer vorliegen, ohne dass der Emittent ein Bewertungsgutachten aufnehmen muss, vgl. Prospekt der FCR Immobilien AG vom 12.2.2019 (durchschnittliche Haltedauer von rund zwei bis drei Jahren zusammen mit „kurzzeitiger und untergeordneter Vereinnahmung von Mieterlösen").
18 Vgl. Prospekt der PATRIZIA Immobilien AG vom 17.3.2006 (kein Bewertungsgutachten).
19 Vgl. Prospekt der Linus Digital Finance AG vom 11.5.2021 und Prospekt der IC Immobilien Holding AG vom 25.7.2006 (jeweils kein Bewertungsgutachten).

der Fall sein, wenn mindestens die Hälfte der bilanziellen Aktiva Immobilienvermögen darstellt oder das Immobiliengeschäft i. S. d. ESMA-Empfehlungen mindestens 50% zum Gesamtumsatz oder Gewinn beiträgt.[20] Insgesamt können diese Größenangaben aber nur als „Daumenregel" dienen; konkrete Vorgaben durch ESMA oder die BaFin für Immobiliengesellschaften existieren bisher nicht. Im Einzelfall mag es aber auch von Bedeutung sein, dass sich eine Immobiliensparte eines Konzerns im Markt als unabhängige Gesellschaft darstellt.

b) Relevante Kapitalmarkttransaktionen

16 Die ESMA-Empfehlungen gelten für Immobiliengesellschaften, die einen Prospekt für ein öffentliches Angebot oder die Zulassung zum Handel von **Aktien**, **Schuldtiteln** mit einer **Stückelung von weniger als 50.000 EUR**, die **durch Immobilien gesichert** sind (einschließlich Wandelanleihen), sowie aktienvertretenden **Zertifikaten** mit einer **Stückelung von weniger als 50.000 EUR** erstellen.[21] Der Schwellenwert trägt dem Umstand Rechnung, dass bei einer Stückelung ab 50.000 EUR normalerweise nur qualifizierte Anleger Wertpapiere erwerben, die nicht der Information durch ein Bewertungsgutachten bedürfen.

17 Das bedeutet, dass durch Immobiliengesellschaften ausgegebene Anleihen (als Nichtdividendenwerte) sowie Wandelanleihen (als Dividendenwerte) jedenfalls dann nicht dem Erfordernis des Bewertungsgutachtens im Prospekt unterliegen, wenn entweder die **Stückelung jeweils mindestens 50.000 EUR** beträgt oder die jeweilige Anleihe nicht **durch Immobilien gesichert** ist.[22] Gegebenenfalls sind entsprechende Angaben nach Art. 6 der ProspektVO erforderlich, was im Einzelfall zu prüfen ist.

---

20 Vgl. zur VO (EG) 809/2004: *Schlitt*, in: Assmann/Schlitt/von Kopp-Colomb, WpPG/VermAnlG, 3. Aufl. 2017, Anhang XIX ProspektVO Rn. 4; zu Gewinn- und Umsatzbeitrag auch *Höninger/Eckner*, in: Holzborn, WpPG, Art. 23 ProspektVO Fn. 15.
21 ESMA, ESMA/2013/319, Rn. 128.
22 Vgl. auch *Krug*, in: Hopt/Seibt, Schuldverschreibungsrecht, Rn. 5.84; nach *Wiegel*, Die Prospektrichtlinie und Prospektverordnung, S. 285 (noch zur Rechtslage unter der Prospektrichtlinie/VO (EG) 809/2004), soll es dagegen nicht darauf ankommen, ob die Anleihe durch die Immobilien gesichert ist, sodass jede Anleihe mit einer Stückelung von unter 50.000 EUR den ESMA-Empfehlungen unterliegen würde. Begründung hierfür ist, dass der Emittent für Anleihen letztlich mit allen Aktiva hafte, sodass die Schuldtitel „automatisch durch die Immobilien besichert" wären. Diese Auslegung überzeugt jedoch nicht. Sie widerspricht dem insoweit eindeutigen Wortlaut der ESMA-Empfehlungen und berücksichtigt nicht den Umstand, dass es für die Anleihegläubiger einen substanziellen Unterschied ergibt, ob die Anleihe vorrangig durch die Immobilien als maßgebliches Vermögen des Emittenten gesichert ist oder die Anleihegläubiger sich die Insolvenzmasse mit sämtlichen anderen unbesicherten Gläubigern teilen müssen. Im Übrigen hatte CESR zunächst Bewertungsgutachten für sämtliche Prospekte von Immobiliengesellschaften vorgesehen (vgl. CESR, CESR/04-225b, Rn. 137 ff.), beschränkte in Reaktion auf Kritik verschiedener Beteiligter im Rahmen des Konsultationsverfahrens dann jedoch den Anwendungsbereich auf bestimmte ausgewählte Wertpapiertransaktionen (vgl. CESR, CESR/05-055b, Rn. 69).

c) Vorgaben für das Bewertungsgutachten

Das Bewertungsgutachten muss nach den ESMA-Empfehlungen[23] und der Praxis der BaFin[24] besondere inhaltliche und verfahrensmäßige Anforderungen erfüllen. Danach muss das Bewertungsgutachten

- von einem unabhängigen Gutachter/Experten erstellt werden;
- das Datum oder die Daten der Inspektion der Grundstücke angeben;
- alle wichtigen Details der wesentlichen Grundstücke enthalten, die für die Bewertung erforderlich sind;
- datiert sein und für jedes Grundstück den Bewertungsstichtag angeben, wobei die Bewertung nicht länger als ein Jahr vor der Veröffentlichung des Prospekts liegen darf und der Emittent eine Versicherung abzugeben hat, dass seit dem Stichtag keine wesentlichen Änderungen eingetreten sind;
- eine Zusammenfassung bezüglich Eigentum, Miete, Gesamtwert und weiterer Daten enthalten; und
- sofern eine Abweichung gegenüber der Bewertung im letzten Jahres- oder Konzernabschluss vorliegt, eine Begründung dafür enthalten.

Mangels weiterer Vorgaben der VO (EG) Nr. 809/2004, der ProspektVO, der VO (EU) 2019/980 oder der ESMA-Empfehlungen muss die Praxis bei der Frage der Unabhängigkeit des Gutachters/Experten auf die einschlägigen berufsrechtlichen Bestimmungen der Immobiliengutachter oder anderenfalls auf die Grundsätze anderer Gutachter, insbesondere der Wirtschaftsprüfer, zurückgreifen.[25] So nehmen relevante Bewertungsgutachten regelmäßig auf die „International Standards for the Valuation of Real Estate for Investment Purposes" und/oder die „RICS Valuation – Global Standards der Royal Institution of Chartered Surveyors – RICS", das sog. „Red Book", Bezug.[26] Laut dessen „Professional standards"-Abschnitt (insbesondere „PS 2 Ethics, competency, objectivity and disclosures") müssen RICS-Mitglieder, die Wertermittlungen durchführen, **unabhängig, inte-**

---

23 Vgl. ESMA, ESMA/2013/319, Rn. 130.
24 Vgl. zur VO (EG) 809/2004: BaFin, Der Prospekt für Immobiliengesellschaften/Property Companies: besondere Anforderungen und Entwicklungen, Präsentation vom 4.9.2007, S. 10f.
25 Denkbar ist auch eine zusätzliche Orientierung an den Grundsätzen des ehemaligen § 77 Abs. 2 InvG; vgl. zur VO (EG) 809/2004: *Voigt*, in: Seibt/Konradi, Handbuch REIT-Aktiengesellschaft, Teil C, Rn. 303; *Götze/Hütte*, NZG 2007, 332, 336; *Schnorbus*, WM 2009, 249, 251.
26 Vgl. z.B. Prospekte der Vonovia SE vom 22.11.2021, S. V-5 und V-56 (CBRE), V-96 (Savills), V-138 (Jones Lang LaSalle) und vom 11.11.2016, S. V-8; Prospekt der publity AG vom 23.11.2020, S. M-45; Prospekt der FCR Immobilien Aktiengesellschaft vom 23.10.2020, S. M-4; Prospekt der Aroundtown SA vom 17.12.2019, S. B-1; Prospekte der Deutsche Industrie REIT-AG vom 30.10.2019, vom 13.12.2018 und vom 6.2.2017, jeweils S. G-2; Prospekt der Gateway Real Estate AG vom 20.3.2019; S. V-1 Rn. 12; Prospekt der ERWE Immobilien AG vom 10.12.2018, S. W-4; Prospekt der Coreo AG vom 26.11.2018, S. F1; Prospekt der Consus Real Estate AG vom 6.7.2018, S. V-4; Prospekt der Deutsche Konsum REIT-AG vom 6.2.2017, S. G-1, 1; Prospekt der TLG Immobilien AG vom 31.1.2017, S. V-6; Prospekt der OFFICEFIRST Immobilien AG vom 30.9.2016, S. V-6; Prospekte der HAMBORNER REIT AG vom 12.9.2016, S. M-1, und vom 29.6.2012, S. M-2; Prospekt der ADLER Real Estate AG vom 10.6.2016, S. W-41; Prospekte der Deutsche Wohnen AG (nunmehr Deutsche Wohnen SE) vom 20.5.2015, vom 3.9.2014, jeweils S. V-1, und vom 16.9.2013, S. E-1; Prospekt der WESTGRUND Aktiengesellschaft vom 9.9.2014, S. V-1, V-36, V-68 und V-100; Prospekt der IVG Immobilien-Management Holding AG (IVG Immobilien Management REIT-AG) vom 20.7.2012, S. A-1.

ger und objektiv handeln. Zudem weisen Immobiliengutachter in der Regel auf die Einhaltung des Verhaltenskodex und der ethischen Standards der „International Valuation Standards" hin. Zur Bestätigung der erforderlichen Unabhängigkeit erklären die Immobiliengutachter bisweilen, dass sie in keinem **direkten oder indirekten persönlichen oder geschäftlichen Verhältnis** zu dem gegenständlichen Portfolio oder Unternehmen stehen, das zu einem Interessenkonflikt führen könnte.[27] Daneben weisen sie mitunter auf die **Unabhängigkeit der Höhe der Vergütung** von dem Inhalt des zusammenfassenden Berichts bzw. der Bewertungsergebnisse, teils durch Nennung einer Maximalvergütung,[28] hin.[29] **Frühere Tätigkeiten** des Immobiliengutachters für den Emittenten, etwa bei der Fair-Value-Bewertung im Rahmen der regulären Abschlussprüfung, begründen nach allgemeinen Grundsätzen noch **keinen Interessenkonflikt**, der die Unabhängigkeit des Experten für Zwecke der ESMA-Empfehlungen in Frage stellt.[30]

20 Das Gutachten muss **alle relevanten Daten** hinsichtlich bedeutender Immobilien, die für die Bewertung notwendig sind, enthalten. Dazu gehört eine Zusammenfassung, die gesondert die Anzahl sowie die Gesamtwerte aller Miet- und Eigentumsgrundstücke angibt. Bei Objekten mit negativen Werten sind diese gesondert auszuweisen und dürfen nicht als Gesamtwert mit den anderen Bewertungen angegeben werden. Sofern Immobilien aufgrund verschiedener Bewertungsgrundlagen bewertet wurden, sind diese gesondert anzugeben. Werden verschiedene Ansätze genutzt, sollten die Objekte in verschiedene Bewertungskategorien eingeteilt werden, damit sie den unterschiedlichen Bewertungsverfahren unterzogen werden können.[31] Zudem sind etwaige Bewertungsunterschiede im Vergleich zum letzten Jahres- oder Konzernabschluss zu erläutern.[32]

---

27 Vgl. z. B. Prospekte der Vonovia SE vom 22.11.2021, S. V-12 und vom 11.11.2016, S. V-10 und V-57 (CBRE); Prospekt der publity AG vom 23.11.2020, S. M-5, Rn. 1.8, S. M-19, Rn. 2.4, S. M-30; Prospekt der Gateway Real Estate AG vom 20.3.2019; S. V-1, Rn. 12; Prospekt der DIC Asset AG vom 24.4.2006, S. G-7.
28 Vgl. z. B. Prospekt der Gagfah S. A. vom 6.10.2006, S. 149.
29 Siehe z. B.: Prospekt der publity AG vom 23.11.2020, S. M-5, Rn. 1.8, S. M-19, Rn. 2.4, S. M-30; Prospekt der Gateway Real Estate AG vom 20.3.2019, S. V-1, Rn. 12; Prospekt der Deutsche Annington Immobilien SE (nunmehr Vonovia SE) vom 16.6.2015, S. V-10; Prospekt der LEG Immobilien AG vom 18.1.2013, S. V-7; Prospekt der ADLER Real Estate AG vom 24.4.2014, S. W-21 f.
30 Vgl. auch Prospekt der Vonovia SE vom 22.11.2021, S. V-102 (Savills); Prospekt der publity AG vom 23.11.2020, S. M-50; Prospekt der Gateway Real Estate AG vom 20.3.2019; S. V-1, Rn. 15; Prospekt der Consus Real Estate AG vom 6.7.2018, S. V-4; Prospekt der Deutsche Konsum REIT-AG vom 6.2.2017, S. G-1, 2 (mit Hinweis auf regelmäßige zukünftige Bewertungen für bilanzielle Zwecke); Prospekt der HAMBORNER REIT AG vom 12.9.2016, S. M-1, und vom 29.6.2012, S. M-2; Prospekt der IVG Immobilien-Management Holding AG (IVG Immobilien Management REIT-AG) vom 20.7.2012, S. A-2; vgl. zu bestimmten Offenlegungspflichten bei früherer Bewertungstätigkeit die RICS Valuation – Global Standards, PS 2 section 5.
31 Vgl. Prospekt der Deutsche Annington Immobilien SE (nunmehr Vonovia SE) vom 16.6.2015, S. V-49 ff., oder Prospekt der LEG Immobilien AG vom 18.1.2013, S. V-15 ff. Die Objekte werden grundsätzlich in drei verschiedene Bewertungskategorien eingeteilt, und damit einem unterschiedlichen Bewertungsverfahren unterzogen. So gab es „reine Desktop-Bewertungen", Außenbesichtigungen („Drive-by") sowie Innenbesichtigungen.
32 ESMA, ESMA/2013/319, Rn. 130; *A. Meyer*, in: Habersack/Mülbert/Schlitt, Unternehmensfinanzierung, Rn. 36.74; *Schlitt*, in: Assmann/Schlitt/von Kopp-Colomb, WpPG/VermAnlG, 3. Aufl. 2017, Anhang XIX Rn. 5.

Die ESMA-Empfehlungen treffen bewusst keine Aussage zu dem **anwendbaren Wertansatz und Bewertungsverfahren**, sondern überlassen die Entscheidung den zuständigen nationalen Wertpapieraufsichtsbehörden.[33] In BaFin-Billigungsverfahren ist es gängige Praxis, die Bewertung nach dem internationalen Rechnungslegungsstandard **IAS 40** vorzunehmen, der Ansatz und Bewertung von als Finanzinvestitionen gehaltenen Immobilien regelt; hierunter fällt regelmäßig der weitaus größte Teil des Vermögens der Immobiliengesellschaft.[34] Entscheidend ist, dass im Rahmen der Prospekterstellung dieselben Bewertungsmaßstäbe angelegt werden, die auch für einen folgenden Konzernabschluss der börsennotierten Aktiengesellschaft zu gelten haben. Insofern ist IAS 40 für die nach IFRS zu erstellenden Konzernabschlüsse der in einem organisierten Markt börsennotierten Immobiliengesellschaft maßgebend.[35] 21

Das Gutachten muss datiert sein, das **Datum der tatsächlichen Begutachtung** der jeweiligen Immobilien enthalten (etwa durch Besichtigung vor Ort oder Prüfung von Unterlagen) sowie den **Stichtag für die Bewertung** aller Immobilien ausweisen. Der Stichtag darf nicht **länger als ein Jahr** vor dem Publikationsdatum des Prospekts zurückliegen; zudem muss der Emittent im Prospekt **bestätigen**, dass keine wesentlichen Änderungen seit dem Stichtag der Bewertung eingetreten sind.[36] Inspektionen durch den Emittenten oder den Wirtschaftsprüfer (etwa im Rahmen der Abschlussprüfung) genügen grundsätzlich nicht. 22

Zulässig ist die Aufnahme von **mehreren verschiedenen Gutachten** im Prospekt (von unterschiedlichen oder demselben Gutachter), die jeweils ein anderes Immobilienportfolio oder einen anderen Bewertungsstichtag abdecken.[37] Das spielt gerade bei internationalen Portfolios eine wichtige Rolle (Aufteilung nach Länderportfolios). Voraussetzung ist 23

---

33 Vgl. CESR, CESR/05-055b, Rn. 70.
34 Vgl. Prospekte der Vonovia SE (ehemals Deutsche Annington Immobilien SE) vom 22.11.2021, S. 55, vom 11.11.2016, S. 69 und vom 16.6.2015, S. 33; Prospekt der publity AG vom 23.11.2020, S. 134, 424; Prospekt der Gateway Real Estate AG vom 20.3.2019, S. 83; Prospekt der Deutsche Industrie REIT-AG vom 13.12.2018, S. G-4; Prospekt der Consus Real Estate AG vom 6.7.2018, S. 37 f.; Prospekte der Deutsche Wohnen AG (nunmehr Deutsche Wohnen SE) vom 20.5.2015, S. 25 und V-9, vom 3.9.2014, S. 25 und V-6, und vom 16.9.2013, S. 27 und E-6; Prospekt der LEG Immobilien AG vom 18.1.2013, S. 25.
35 Nach IAS 40 sind Immobilien bei Zugang mit den Anschaffungs- oder Herstellungskosten zu bewerten. Hinsichtlich der Folgebewertung gibt IAS 40 den Gesellschaften ein Bewertungswahlrecht zwischen dem Modell des beizulegenden Zeitwerts („Fair-Value-Model") und dem Anschaffungskostenmodell („Cost-Model"), welches einheitlich für alle Immobilien ausgeübt werden muss. Der beizulegende Zeitwert spiegelt den Marktwert der Immobilie am Bilanzstichtag wider, wobei Gewinne und Verluste aufgrund der Änderung des Zeitwerts in der betreffenden Periode erfolgswirksam erfasst werden müssen. Das Anschaffungskostenmodell schreibt den Ansatz gemäß IAS 16, d. h. Anschaffungskosten abzüglich kumulierter Abschreibungen und kumulierter Wertminderungsaufwendungen, vor.
36 *Schlitt*, in: Habersack/Mülbert/Schlitt, Kapitalmarktinformation, § 4 Rn. 108; zur VO (EG) 809/2004: *Schlitt*, in: Assmann/Schlitt/von Kopp-Colomb, WpPG/VermAnlG, 3. Aufl. 2017, Anhang XIX ProspektVO Rn. 5.
37 Vgl. z. B. Prospekt der Vonovia SE vom 22.11.2021; Prospekt der publity AG vom 23.11.2020; Prospekt der Aroundtown SA vom 17.12.2019; Prospekt der ADLER Real Estate AG vom 10.6.2016; Prospekt der WESTGRUND Aktiengesellschaft vom 9.9.2014; Prospekt der TAG Immobilien AG vom 22.11.2012; Prospekt der Peach Property Group (Deutschland) AG vom 29.10.2012; Prospekt der TAG Tegernsee Immobilien- und Beteiligungs-Aktiengesellschaft vom 12.5.2006 und Prospekt der Bau-Verein zu Hamburg Aktien-Gesellschaft vom 12.5.2006.

lediglich, dass jedes einzelne Gutachten und jeder einzelne Gutachter die Anforderungen der ESMA-Empfehlungen erfüllt. Zulässig sind auch Gutachten (**Hauptgutachten**), die auf zuvor erstellten Gutachten basieren und sich auf die Prüfung der formalen Einhaltung der ESMA-Empfehlungen sowie der Marktkonformität von Wertansätzen zum Verkehrswert beschränken.[38] Von einer Mitveröffentlichung der einzelnen Gutachten kann abgesehen werden. Für den Gutachter des im Prospekt veröffentlichten Gutachtens ergibt sich hieraus der Vorteil, dass er auf die zuvor erstellten Gutachten verweisen kann.

24 Im Übrigen ist auch die Aufnahme weiterer **freiwilliger Informationen** in das Bewertungsgutachten möglich, aber nicht unbedingt ratsam. Umgekehrt muss der Prospekt nicht das vollständige Bewertungsgutachten enthalten. Es genügt die Veröffentlichung in **zusammengefasster Form** („Condensed Report").[39] Dementsprechend finden sich in den meisten Prospekten von Immobiliengesellschaften lediglich zusammengefasste Bewertungsgutachten.[40]

25 Die Bestellung des Gutachters erfolgt durch **privatrechtlichen Gutachtervertrag**. Generell ist es ratsam, dass der Emittent (und gegebenenfalls die begleitenden Banken) die wesentlichen Einzelheiten des Bewertungsgutachtens vorab mit dem Gutachter vereinbaren (etwa in einem sog. Engagement Letter oder Instruction Letter). Dazu gehören u. a. folgende Punkte:

– Auftraggeber und Adressat des Gutachtens (Emittent und begleitende Banken);
– zu bewertende Immobilien;
– Bewertungsverfahren (institutionelle Investoren erwarten, dass hier die Standards der „Royal Institution of Chartered Surveyors" vereinbart werden);
– Bewertungsstichtag, Zeitpunkte der Inspektionen;
– Art der Wertermittlung (Innenbesichtigung, „Drive by", Desktop);
– Zweck der Bewertung, Verwendungszweck und entsprechende Zustimmung (Veröffentlichung in einem Prospekt nach Maßgabe der ESMA-Empfehlungen);
– Format des Gutachtens;
– Liefertermine (grundsätzlich vor der ersten Einreichung des Prospektentwurfs bei der BaFin);
– Aktualisierung nach Stichtag (Bestätigung der Bewertung gegenüber Emittent und Banken zum Zeitpunkt der Veröffentlichung des Prospekts sowie zum Zeitpunkt der Lieferung der Wertpapiere an Investoren);

---

38 Vgl. Prospekt der Deutsche Annington Immobilien SE (nunmehr Vonovia SE) vom 16.6.2015, S. V-17 f.
39 ESMA, ESMA/2013/319, Rn. 128 a. E.; *Vaupel*, in: Habersack/Mülbert/Schlitt, Unternehmensfinanzierung, Rn. 24.95; zur VO (EG) 809/2004: *Harrer*, in: Drinhausen/Eckstein, Beck'sches Handbuch der AG, § 20 Rn. 223.
40 Siehe z. B.: Prospekte der Vonovia SE (ehemals Deutsche Annington Immobilien SE) vom 22.11.2021, vom 11.11.2016 und vom 16.6.2015; Prospekt der publity AG vom 23.11.2020; Prospekt der Aroundtown SA vom 17.12.2019; Prospekt der ERWE Immobilien AG vom 10.12.2018; Prospekt der Coreo AG vom 26.11.2018; Prospekt der Consus Real Estate AG vom 6.7.2018; Prospekte der ADLER Real Estate AG vom 10.6.2016 und vom 24.4.2014; Prospekt der Deutsche Wohnen AG (nunmehr Deutsche Wohnen SE) vom 20.5.2015; Prospekt der TLG Immobilien AG vom 14.10.2014; Prospekt der LEG Immobilien AG vom 18.1.2013.

- Verweis auf allgemeine Geschäftsbedingungen (insbesondere auf Haftungsbeschränkung → Rn. 29);
- Sprache des Gutachtens bzw. Übersetzung zur Verwendung im regelmäßig englischsprachigen Prospekt.

d) Allgemeine Geschäftsbedingungen für die Ausreichung des Bewertungsgutachtens

Nicht in das Bewertungsgutachten aufgenommen werden dürfen die **Allgemeinen Geschäftsbedingungen** des Gutachters.[41] Dafür spricht auch der Vergleich zum Prüfungsvermerk des Wirtschaftsprüfers, der vielfach zwingender Prospektbestandteil[42] ist und ebenfalls nicht durch die Allgemeinen Geschäftsbedingungen des Wirtschaftsprüfers begleitet werden darf. 26

e) Verwendungsverbote und -beschränkungen für das Bewertungsgutachten

Weiter darf das Gutachten **keine Verwendungsverbote** enthalten, jedenfalls wenn sie dem Prospektzweck zuwiderlaufen.[43] Damit dürfen entsprechende Verbote insbesondere dann nicht aufgenommen werden, wenn sie dem Anlegerschutz und/oder den Prinzipien der Klarheit und Markteffizienz, die dazu dienen, das Vertrauen in die Wertpapiermärkte zu erhöhen, widersprechen. Unschädlich sind jedoch **legitime Verwendungsbeschränkungen**, etwa der Hinweis, der Verwendung des Gutachtens für andere Zwecke als für die Billigung und Veröffentlichung des Prospekts zu widersprechen.[44] Diese Hinweise dürften mit dem von der BaFin aufgestellten Verbot, Allgemeine Geschäftsbedingungen und Verwendungsverbote in den Prospekt aufzunehmen, nicht kollidieren. Solche Klauseln verstoßen nicht gegen das Prinzip des Anlegerschutzes und des Vertrauens in die Wertpapiermärkte, sondern geben nur den vertragsgemäßen Verwendungszweck wieder. 27

---

41 *Schlitt*, in: Habersack/Mülbert/Schlitt, Kapitalmarktinformation, § 4 Rn. 111; vgl. zur VO (EG) 809/2004: BaFin, Der Prospekt für Immobiliengesellschaften/Property Companies: besondere Anforderungen und Entwicklungen, Präsentation vom 4.9.2007, S. 11; *Schlitt*, in: Assmann/Schlitt/von Kopp-Colomb, WpPG/VermAnlG, 3. Aufl. 2017, Anhang XIX ProspektVO Rn. 5.
42 Vgl. Anhang 1, Punkt 18.1.1; Anhang 6, Punkt 11.1.1; Anhang 7, Punkt 11.1.1; Anhang 9, Punkt 8.2.a; Anhang 24, Punkt 5.1.1; Anhang 25, Punkt 5.1.1 VO (EU) 2019/980.
43 Vgl. zur VO (EG) 809/2004: BaFin, Der Prospekt für Immobiliengesellschaften/Property Companies: besondere Anforderungen und Entwicklungen, Präsentation vom 4.9.2007, S. 11; *Schlitt*, in: Assmann/Schlitt/von Kopp-Colomb, WpPG/VermAnlG, 3. Aufl. 2017, Anhang XIX ProspektVO Rn. 5.
44 Vgl. z. B. Prospekte der Vonovia SE (ehemals Deutsche Annington Immobilien SE) vom 22.11.2021, S. V-10 und V-55 (CBRE), V-105 (Savills), V-143 (Jones Lang LaSalle) vom 11.11.2016, S. V-7 und vom 16.6.2015, S. V-39; Prospekt der publity AG vom 23.11.2020, S. M-23, M-43; Prospekt der Deutsche Industrie REIT-AG vom 30.10.2019, S. E-6; Prospekt der Coreo AG vom 26.11.2018, S. F11; Prospekte der HAMBORNER REIT AG vom 12.9.2016, S. M-9, und vom 29.6.2012, S. M-11; Prospekt der ADLER Real Estate AG vom 10.6.2016, S. W-40; Prospekte der Deutsche Wohnen AG (nunmehr Deutsche Wohnen SE) vom 20.5.2015, S. V-8, vom 3.9.2014, S. V-6, und vom 16.9.2013, S. E-6; Prospekt der WESTGRUND Aktiengesellschaft vom 9.9.2014, S. V-4, V-39, V-71 und V-103; Prospekt der LEG Immobilien AG vom 18.1.2013, S. V-5; Prospekt der TAG Immobilien AG vom 22.11.2012, S. W-27, W-44; Prospekt der IVG Immobilien-Management Holding AG (IVG Immobilien Management REIT-AG) vom 20.7.2012, S. A-9.

f) Haftungsausschlüsse für das Bewertungsgutachten

28 Wie jeder Gutachter in Kapitalmarkttransaktionen, dessen Arbeitsergebnisse im Prospekt veröffentlicht oder anderweitig darin verwertet werden, versucht auch der Immobiliengutachter, seine Haftung zu beschränken. Als Anspruchsteller kommen in erster Linie der **Emittent** (als Auftraggeber des Gutachtens) und die begleitenden **Banken** (als weitere Auftraggeber oder Prospektverantwortliche[45]) in Betracht. Zu erwägen ist je nach Einzelfall auch eine Haftung gegenüber den **Investoren** nach den Grundsätzen der Einbeziehung Dritter in den Schutzbereich des Vertrages zwischen Gutachter und Emittent[46] oder als Prospektverantwortlicher nach § 9 Abs. 1 Satz 1 Nr. 1 i.V.m. § 8 WpPG.[47]

29 Soweit es dabei um die Haftungsregelung im Innenverhältnis der Parteien geht, ist dies eine Frage der Verhandlungsautonomie sowie der jeweils verlangten Sorgfaltsmaßstäbe (zur Etablierung einer sog. Due Diligence Defense), um eine Prospekthaftung der gesetzlichen Prospektverantwortlichen zu vermeiden. Die entsprechenden Regelungen werden in zivilrechtlichen Vereinbarungen mit dem Gutachter getroffen. So wie bei Verwendungsverboten und -beschränkungen ist die **Aufnahme einer Haftungsbeschränkung zugunsten des Gutachters in den Prospekt** indessen an dem Prospektzweck zu messen. Haftungsausschlüsse dürfen daher dann nicht in den Prospekt aufgenommen werden, wenn sie dem Anlegerschutz und/oder den Prinzipien der Klarheit und Markteffizienz, die dazu dienen, das Vertrauen in die Wertpapiermärkte zu erhöhen, widersprechen. Das ist insbesondere der Fall, wenn die Ausführungen zur Haftungsbeschränkung Zweifel an der Richtigkeit und Vollständigkeit des Prospekts hervorrufen können.

30 Die BaFin akzeptiert in der Praxis allerdings keine Aufnahme von Haftungsausschlüssen in Prospekte. Auch Formulierungen wie „die Eilbedürftigkeit des Auftrages prägte wesentlich die auftragsgemäß und nachfolgend beschriebene Vorgehensweise und Prüfungstiefe",[48] werden von der BaFin nicht mehr akzeptiert, da eine solche Aussage, auch wenn sie nicht unter einer Überschrift „Haftungsausschluss" erfolgt, eine Aussage zur Verhinderung/Einschränkung möglicher Haftung darstellt. Zudem stellt eine solche Qualifikation des Gutachtens die gesamte Bewertung in Frage und gibt dem Investor nicht viel mehr als einen Anhaltspunkt für den Wert der Immobilien. Zulässig sind in diesem Zusammenhang jedenfalls solche Aussagen, die lediglich den **Umfang der Prüfung** beschreiben und dementsprechend einschränken, sich also auf eine eingeschränkte Prüfung

---

45 In diesem Fall geht es um die Vermeidung eines Haftungsregresses der Bank gegen den Gutachter im Falle von fehlerhaften Angaben im Prospekt.

46 Vgl. zur Haftung des Wirtschaftsprüfers für fehlerhafte Prüfungsberichte im Prospekt die – insgesamt zu Recht – restriktive Rechtsprechung des BGH: BGH, AG 2020, 549; DB 2007, 1635; AG 2006, 453; zur Haftung der Wirtschaftsprüfungsgesellschaft für ein falsches Testat in Wertpapierprospekt nach den Grundsätzen des Vertrages mit Schutzwirkung zugunsten Dritter BGH, NJW 2014, 2345; vgl. zur Haftung des Wirtschaftsprüfers nach den Grundsätzen der Prospekthaftung BGH, BeckRS 2018, 39821.

47 Eine Prospektverantwortung von Experten ist grundsätzlich abzulehnen; allein das Interesse an der Vergütung genügt nicht, um ein für die Prospektverantwortung erforderliches „eigenes geschäftliches Interesse an der Emission" zu begründen; vgl. statt aller *Assmann/Kumpan*, in: Assmann/Schütze/Buck-Heeb, Handbuch des Kapitalanlagerechts, § 5 Rn. 163.

48 So noch Prospekt der TAG Tegernsee Immobilien- und Beteiligungs-Aktiengesellschaft vom 12.5.2006, S. W-3; Prospekt der Bau-Verein zu Hamburg Aktien-Gesellschaft vom 12.5.2006, S. W-3. Es handelt sich jeweils um dasselbe Gutachten. Die Bau-Verein zu Hamburg Aktien-Gesellschaft war seinerzeit Tochtergesellschaft der TAG.

und damit im Ergebnis auf den angewendeten Sorgfaltsmaßstab beziehen, etwa die Beschreibung der Informationsgrundlage und der angewandten Sorgfalt.[49]

g) Pro-forma-Finanzinformationen

Jenseits der ESMA-Empfehlungen kann eine besondere Herausforderung für Immobiliengesellschaften im Hinblick auf eine Änderung der ESMA-Vorgaben zu Pro-forma-Finanzinformationen bestehen. Nach den überarbeiteten ESMA-Leitlinien zur ProspektVO soll ein Emittent Pro-forma-Finanzinformationen bereits dann in den Prospekt aufnehmen, wenn er mehrere Transaktionen durchführt oder sich zu deren Durchführung verpflichtet, die zwar nicht für sich genommen, wohl aber in Summe die 25%-Schwelle bei einem oder mehreren Indikatoren überschreiten.[50] Bei den nicht ungewöhnlichen unterjährigen Veränderungen im Bestandsportfolio einer Immobiliengesellschaft können sich hieraus komplexe Prüfungen ergeben, insbesondere da oftmals keine Vorjahresabschlüsse für das erworbene Portfolio in seiner konkreten Zusammensetzung vorliegen. 31

h) REIT-AG

Bei einer REIT-AG sind zusätzlich spezifische Risikofaktoren im Prospekt aufzunehmen.[51] Diese sollen darauf hinweisen, dass aufgrund einer Änderung in der Aktionärsstruktur die steuerlichen Vorteile oder gar der REIT-Status entfallen können.[52] Dabei ist auch auf die Finanzierungsrisiken und steuerlichen Risiken einzugehen.[53] Schließlich sind 32

---

49 Vgl. „Valuation Instructions", „Assumptions" und „Sources of Information", „Leistungsabgrenzung", „Annahmen" bzw. „Informationsquellen" und „Datengrundlage" in den folgenden Prospekten: Vonovia SE (ehemals Deutsche Annington Immobilien SE) vom 22.11.2021, S. V-9 und V-54 (CBRE), V-107 f., V-124 ff. (Savills), V-158 ff. (Jones Lang LaSalle), vom 11.11.2016, S. V-10 und vom 16.6.2015, S. V-7 und V-10; Prospekt der publity AG vom 23.11.2020, S. M-46 ff.; Deutsche Industrie REIT-AG vom 30.10.2019, S. E-7; Gateway Real Estate AG vom 20.3.2019; S. V-1, Rn. 17 ff.; Coreo AG vom 26.11.2018, S. F 8 ff.; Deutsche Konsum REIT-AG vom 6.2.2017, S. G-1, 6 ff.; Prospekte der HAMBORNER REIT AG vom 12.9.2016, S. M-7 ff., und vom 29.6.2012, S. M-8 ff.; Deutsche Wohnen AG (nunmehr Deutsche Wohnen SE) vom 20.5.2015, S. V-7 und V-10; Prospekt der WESTGRUND Aktiengesellschaft vom 9.9.2014, S. V-6 f. und V-21 ff., V-41 f. und V-54 ff., V-73 f. und V-86 ff. sowie V-105 und V-119; LEG Immobilien AG vom 18.1.2013, S. V-5 und V-7; Prospekt der TAG Immobilien AG vom 22.11.2012, S. W-21 ff. und W-38 ff.; Prospekt der IVG Immobilien-Management Holding AG (IVG Immobilien Management REIT-AG) vom 20.7.2012, S. A-6 ff. Anders noch zum Ausschluss verdeckter Mängel der Prospekt der Windsor AG vom 26.1.2007, S. 225.
50 ESMA, ESMA32-382-1138, Rn. 91.
51 Vgl. *Schlitt*, in: Habersack/Mülbert/Schlitt, Kapitalmarktinformation, § 4 Rn. 112; zur VO (EG) 809/2004: *Schlitt*, in: Assmann/Schlitt/von Kopp-Colomb, WpPG/VermAnlG, 3. Aufl. 2017, Anhang XIX ProspektVO Rn. 6; auch zu weiteren Besonderheiten des Prospekts einer REIT-AG: *Voigt*, in: Seibt/Konradi, Handbuch REIT-Aktiengesellschaft, Teil C, Rn. 283 ff.; *Götze/Hütte*, NZG 2007, 332, 334 ff.
52 Vgl. *Schlitt*, in: Habersack/Mülbert/Schlitt, Kapitalmarktinformation, § 4 Rn. 112; zur VO (EG) 809/2004: *Schlitt*, in: Assmann/Schlitt/von Kopp-Colomb, WpPG/VermAnlG, 3. Aufl. 2017, Anhang XIX ProspektVO Rn. 6; *Voigt*, in: Seibt/Konradi, Handbuch REIT-Aktiengesellschaft, Teil C, Rn. 296.
53 Vgl. *Schlitt*, in: Habersack/Mülbert/Schlitt, Kapitalmarktinformation, § 4 Rn. 112; zur VO (EG) 809/2004: *Schlitt*, in: Assmann/Schlitt/von Kopp-Colomb, WpPG/VermAnlG, 3. Aufl. 2017, An-

noch die steuerlichen Auswirkungen auf die Geschäftstätigkeit und die Bilanzstrukturvorgaben zu benennen.[54]

2. Bergbaugesellschaften

33 Die zentrale zusätzliche Anforderung an Bergbaugesellschaften im Zusammenhang mit der Veröffentlichung eines Prospekts bei Kapitalmarkttransaktionen ist die Aufnahme zusätzlicher **spezifischer Informationen** über ihre Geschäftstätigkeit.

a) Definition

34 Bergbaugesellschaften („Mineral Companies")[55] sind nach den ESMA-Empfehlungen[56] Unternehmen mit wesentlichen Bergbauprojekten („Material Mineral Projects").[57] Der Begriff „Bergbauprojekte" umfasst die Exploration, Erschließung, Planung und Förderung von Mineralien, womit Erze, Industrieminerale, Steine, Erden, Edelsteine, Kohlenwasserstoffe (wie etwa Rohöl, Naturgas und Ölschiefer) sowie feste Brennstoffe (wie etwa Kohle und Torf) gemeint sind.[58]

35 Wesentlich ist ein Bergbauprojekt, wenn aus Investorensicht die Bewertung eines Vorkommens bzw. Projektes notwendig ist, um ein fundiertes Urteil über die Aussichten des Emittenten treffen zu können.[59] Dabei ist die Wesentlichkeit im Verhältnis aller Bergbauprojekte des Emittenten zu dessen Konzern zu betrachten.[60]

36 Die ESMA-Empfehlungen sehen eine Bewertung der Bergbauprojekte in den folgenden zwei Situationen als notwendig an:[61] Einerseits, wenn das Projekt dazu dient, die Minera-

---

hang XIX ProspektVO Rn. 6; *Voigt*, in: Seibt/Konradi, Handbuch REIT-Aktiengesellschaft, Teil C, Rn. 292 f.; *Götze/Hütte*, NZG 2007, 332, 334 f.

54 Vgl. *Schlitt*, in: Habersack/Mülbert/Schlitt, Kapitalmarktinformation, § 4 Rn. 112; zur VO (EG) 809/2004: *Schlitt*, in: Assmann/Schlitt/von Kopp-Colomb, WpPG/VermAnlG, 3. Aufl. 2017, Anhang XIX ProspektVO Rn. 6.

55 Der Begriff der Bergbaugesellschaft, wie ihn auch die deutschsprachige Fassung der VO (EU) 2019/980 verwendet, ist gegenüber dem englischsprachigen Begriff „mineral companies" sprachlich zu eng, da die Regelung etwa auch die Förderung von Öl und Gas erfasst, vgl. zur VO (EG) 809/2004: *Höninger/Eckner*, in: Holzborn, WpPG, Art. 23 ProspektVO Rn. 14.

56 ESMA, ESMA/2013/319, Rn. 131.

57 Vgl. zur VO (EG) 809/2004: *Höninger/Eckner*, in: Holzborn, WpPG, Art. 23 ProspektVO Rn. 15, übersetzen den Begriff als „bedeutende mineralische Projekte". Demgegenüber definierte die Europäische Kommission in Art. 9 Abs. 1 ihres Entwurfs der ESA-Verordnung, der in diesem Punkt nicht verabschiedet wurde, Bergbauunternehmen als „Unternehmen, deren Haupttätigkeiten die in Anhang I Abschnitt B Abteilungen 05 bis 08 der Verordnung (EG) Nr. 1893/2006 [NACE Revision 2] genannten Wirtschaftszweige betreffen", COM(2017) 536 final sowie COM(2018) 646 final.

58 Vgl. ESMA, ESMA/2013/319, Rn. 131 b).

59 Vgl. ESMA, ESMA/2013/319, Rn. 131 c); ESMA Feedback Statement, Consultation Paper on proposed amendments to the ESMA update of the CESR recommendations for the consistent implementation of the Prospectuses Regulation regarding mineral companies, ESMA/2013/318 vom 20.3.2013, Rn. 19.

60 Vgl. ESMA, ESMA/2013/319, Rn. 131 c); ESMA, ESMA/2013/318, Rn. 16.

61 Vgl. ESMA, ESMA/2013/319, Rn. 131 c).

lien für ihren Wiederverkaufswert als Rohstoffe zu fördern, und Unsicherheit bezüglich der wirtschaftlich förderbaren Rohstoffmengen oder der technischen Umsetzung der Förderung besteht, und andererseits, wenn die Mineralien zur Verwendung in der eigenen industriellen Produktion (also nicht zum Verkauf) gefördert werden und Unsicherheit bezüglich der nötigen Rohstoffmenge oder der technischen Umsetzung der Förderung besteht.

b) Relevante Kapitalmarkttransaktionen

Nach den ESMA-Empfehlungen sollen Prospekte von solchen Bergbaugesellschaften über die bereits bestehenden Offenlegungspflichten hinaus weitere für diese Branche spezifische Informationen enthalten, sofern diese Prospekte für ein öffentliches Angebot oder die Zulassung zum Handel von **Aktien**, **Schuldtiteln**,[62] **Zertifikaten, die Aktien vertreten**, oder **Wertpapieren derivativer Art** mit einer **Stückelung von weniger als 100.000 EUR** erstellt werden.[63] 37

c) Verpflichtung zur Offenlegung spezifischer Informationen

Unabhängig von der Dauer der bisherigen Tätigkeit als Bergbaugesellschaft sollen nach den ESMA-Empfehlungen folgende zusätzliche Informationen[64] mit in den Prospekt aufgenommen werden, wobei alle Inkonsistenzen zu bereits veröffentlichten Informationen zu erklären sind:[65] 38

– detaillierte Angaben über die mineralischen Ressourcen, und soweit erforderlich nach einem oder mehreren Berichtsstandards gemäß Anhang I der ESMA-Empfehlungen auch eine getrennte Darstellung der Reserven sowie Explorationsergebnisse;
– erwartete Dauer, in der die Reserven abgebaut werden;
– Angaben über die Dauer und die wesentlichen Bestimmungen der Lizenzen oder Konzessionen und die rechtlichen, wirtschaftlichen und ökologischen Bedingungen für ihre Nutzung;
– Angaben bezüglich des Fortschritts der gegenwärtigen Arbeiten, inklusive einer Angabe über die Zugänglichkeit der Mineralvorkommen; und
– Erläuterung außergewöhnlicher Faktoren, die die oben verlangten Informationen beeinflusst haben.

---

62 Siehe etwa den Wertpapierprospekt der Deutsche Rohstoff AG vom 7.6.2013.
63 ESMA, ESMA/2013/319, Rn. 131; ESMA, ESMA/2012/607, Rn. 23. Anders als bei Immobiliengesellschaften und bei Schifffahrtsgesellschaften erhöhte ESMA den Schwellenwert für die Stückelung im Zuge der Überarbeitung der ESMA-Empfehlungen im Jahr 2013 entsprechend der Änderung in der ProspektRL und der VO (EG) 809/2004 von 50.000 EUR auf 100.000 EUR.
64 ESMA, ESMA/2013/319, Rn. 132.
65 Vgl. aus der Billigungspraxis der BaFin zu dieser Kategorie von Specialist Issuers: Prospekt der Deutsche Rohstoff AG vom 7.11.2019, Prospekt der Tantalus Rare Earths AG vom 30.3.2015 und Prospekt der PEARL GOLD AG vom 14.9.2012; aus der Billigungspraxis der CSSF zudem Prospekte der Deutsche Oel & Gas S.A. vom 27.11.2014 und 30.6.2017.

39 Falls die in dem Prospekt beschriebene Transaktion dazu führt, dass Pro-forma-Finanzinformationen erstellt werden müssen,[66] sollte der Emittent die obigen Informationen zusätzlich für die von der wesentlichen Transaktion betroffenen Vermögensgegenstände veröffentlichen und separat von den sonstigen Vermögenswerten darstellen.[67]

40 Ist die Veröffentlichung bestimmter Informationen durch das Wertpapierrecht anderer Staaten außerhalb des Europäischen Wirtschaftsraums verboten, so kann der Emittent auf die Veröffentlichung dieser Information verzichten, vorausgesetzt er identifiziert die ausgelassene Information und benennt die entsprechende gesetzliche bzw. behördliche Vorgabe.[68]

d) Vorgaben für den Expertenbericht

41 Ist der Prospekt für das Angebot oder die Zulassung von Aktien oder Zertifikaten, die Aktien vertreten, mit einer Stückelung von weniger als 100.000 EUR bestimmt, so sollte er zusätzlich einen Expertenbericht[69] („Competent Person's Report") enthalten, da bei diesen Wertpapieren im Gegensatz zu Nichtdividendenwerten ein erhöhtes Informationsinteresse an der Bewertung des Anlagevermögens und der Aussichten des Unternehmens besteht.[70] Dieser Expertenbericht muss die folgenden Voraussetzungen erfüllen:[71]

– Der Expertenbericht ist von einer Person zu erstellen, die entweder die einschlägigen Kompetenzanforderungen eines der in Anhang I der ESMA-Empfehlungen aufgelisteten Branchenstandards erfüllt oder, falls es keine solche Vorgaben gibt, ein entsprechend qualifiziertes und ordentliches Mitglied des einschlägigen Berufsverbandes ist und wenigstens fünf Jahre relevante Berufserfahrung in der von ihr ausgeübten Tätigkeit sowie im Umgang mit dem von der Bergbaugesellschaft geförderten Mineral (→ Rn. 34) vorweisen kann. Zudem muss die Person unabhängig von der Gesellschaft, ihren Führungskräften und Gremienmitgliedern sowie ihren sonstigen Beratern sein; ferner darf sie keine wirtschaftlichen Interessen an dem Emittenten oder den zu bewertenden Vermögenswerten haben und nicht in Abhängigkeit zu der Bewertung der Gesellschaft oder der Zulassung vergütet werden.

– Der Bericht darf nicht sechs Monate älter als der Prospekt sein. Der Emittent hat dabei zu versichern, dass seit der Erstellung des Berichts keine wesentlichen Veränderungen eingetreten sind, deren Nichterwähnung den Bericht missverständlich werden lässt.

– Der Bericht hat Angaben über die mineralischen Ressourcen und, soweit dies nach einem oder mehreren Berichtsstandards gemäß Anhang I der ESMA-Empfehlungen erforderlich ist, eine Darstellung der Reserven sowie Explorationsergebnisse zu enthalten.

---

66 Siehe dazu Anhang 1, Punkt 18.4.1; Anhang 3, Punkt 11.5; Anhang 24, Punkt 5.7 VO (EU) 2019/980.
67 ESMA, ESMA/2013/319, Rn. 132.
68 ESMA, ESMA/2013/319, Rn. 133 iv).
69 Der Expertenbericht ist zusätzlich zu den in jedem Fall offenzulegenden spezifischen Informationen (→ Rn. 38 ff.) zu erstatten.
70 So ESMA, ESMA/2013/318, Rn. 22 und ESMA-Consultation Paper, Rn. 23.
71 Vgl. ESMA, ESMA/2013/319, Rn. 133; Beispiele sind der Prospekt der Tantalus Rare Earths AG vom 30.3.2015, S. W-1 ff., die Prospekte der Deutsche Oel & Gas S.A. vom 30.6.2017 und vom 27.11.2014, jeweils S. W-1 ff. oder der Prospekt der PEARL GOLD AG vom 14.9.2012, S. S-1 ff.

– Zudem hat der Bericht Informationen über die Bergbauprojekte der Gesellschaft zu enthalten. Diese Informationen sind für Bergbauprojekte im engeren und sprachlich eigentlichen Sinne nach Anhang II der ESMA-Empfehlungen und für Projekte der Öl- und Gasförderung nach Anhang III der ESMA-Empfehlungen zu erstellen.
– Die in dem Bericht enthaltenen und die im Prospekt veröffentlichten Informationen dürfen nicht im Widerspruch zueinander stehen.[72]

Ein Expertenbericht ist jedoch nicht erforderlich, wenn die Aktien schon zum Handel an einem regulierten Markt im Europäischen Wirtschaftsraum, einem von der Europäischen Kommission als gleichwertig anerkannten Markt eines Drittstaates oder einem „angemessenen multilateralen Handelssystem" („Appropriate Multi-lateral Trading Facility") zugelassen sind.[73] Was unter einem „angemessenen" multilateralen Handelssystem zu verstehen ist, ist nach Einführung der ProspektVO unklar. Zuvor wurde die „Angemessenheit" durch Verweis auf Art. 26a Abs. 2 lit. a bis c der VO (EG) 809/2004 definiert. Diese Bestimmung legte fest, welche Regulierungsanforderungen (namentlich zu Jahres- und Halbjahresfinanzberichterstattung, Ad-hoc-Publizität, Insiderhandels- und Marktmanipulationsverbot) ein multilaterales Handelssystem erfüllen musste, damit dort notierte Emittenten von den vereinfachten Offenlegungsregeln für Sekundäremissionen Gebrauch machen konnten. Wollte man diesen Verweis als statischen verstehen, könnten diese konkreten Voraussetzungen weiter angewendet werden, wobei im Geltungsbereich der Verordnung (EU) Nr. 596/2014 (Marktmissbrauchsverordnung) durch deren Ausweitung des Insiderhandels- und Marktmanipulationsverbots sowie der Ad-hoc-Publizität auf multilaterale Handelssysteme diesen drei Voraussetzungen keine Bedeutung mehr zukäme. Unter der ProspektVO gibt es in Art. 14 einen entsprechenden Katalog mit Anforderungen an ein multilaterales Handelssystem allerdings nicht mehr; stattdessen wird jenseits eines regulierten Marktes für die Privilegierung bei Sekundäremissionen nur noch die Zulassung zu einem KMU-Wachstumsmarkt als nach Art. 33 der Richtlinie 2014/65/EU (MiFID II) in besonders registrierter Form des multilateralen Handelssystems anerkannt. ESMAs Aussage, die ESMA-Empfehlungen seien weiter anwendbar, soweit sie mit der neuen ProspektVO kompatibel seien,[74] könnte hier in letzterem Sinn zu verstehen sein. 42

Zusätzlich muss der Emittent seit mindestens drei Jahren jährlich detaillierte Angaben über die mineralischen Ressourcen und, soweit nach einem oder mehreren Berichtsstandards gemäß Anhang I der ESMA-Empfehlungen erforderlich, eine getrennte Darstellung der Reserven sowie Explorationsergebnisse veröffentlicht haben.[75] Ist es dem Emittenten nicht möglich, im Jahresbericht alle Arten von Mineralien bzw. soweit erforderlich die Reserven und Explorationsergebnisse auszuweisen, weil dies durch das Wertpapierrecht anderer Staaten außerhalb des Europäischen Wirtschaftsraums verboten ist, so kann das Erfordernis als erfüllt angesehen werden, sofern die Informationen für die erlaubten Arten erbracht wurden.[76] 43

Hat der Emittent noch nicht für drei Geschäftsjahre berichtet, so gilt das letztgenannte Erfordernis dennoch als erfüllt, sofern der Emittent seit der Zulassung seiner Aktien zum 44

---

72 ESMA, ESMA/2013/319, Rn. 133 iii).
73 Vgl. ESMA, ESMA/2013/319, Rn. 133 ii).
74 ESMA, ESMA31-62-1258, Version 10 vom 27.7.2021, 2.1, S. 25.
75 ESMA, ESMA/2013/319, Rn. 133 ii).
76 ESMA, ESMA/2013/319, Rn. 133 ii).

Handel an einem regulierten Markt im Europäischen Wirtschaftsraum oder einem als gleichwertig anerkannten Markt eines Drittstaates die dort erforderlichen Angaben für jeden jährlichen Berichtszeitraum erbracht hat oder an einem entsprechenden multilateralen Handelssystem jährlich detaillierte Angaben über die mineralischen Ressourcen gemacht, und soweit erforderlich nach einem oder mehreren Berichtsstandards gemäß Anhang I der ESMA-Empfehlungen auch eine getrennte Darstellung der Reserven sowie Explorationsergebnisse erbracht hat und zudem im Zusammenhang mit der Zulassung einen „Competent Person's Report" einer entsprechend qualifizierten, erfahrenen und von ihm unabhängigen Person veröffentlicht hat, welcher die mineralischen Ressourcen und soweit erforderlich die Reserven (separat aufgelistet) und die Explorationsergebnisse enthält.

3. Investmentgesellschaften

45 Obwohl der Katalog des Anhangs 29 der VO (EU) 2019/980 explizit auch Investmentgesellschaften („Investment Companies") enthält, treffen die ESMA-Empfehlungen zu diesen keine Aussagen. Ursprünglich hatte CESR spezifische Empfehlungen auch für Investmentgesellschaften vorgesehen, ließ diese aber in Folge erheblicher Kritik im Rahmen des Konsultationsverfahrens fallen.[77] Die Kritik bezog sich insbesondere auf die von CESR vorgesehene **Definition** von Investmentgesellschaften als Unternehmen, deren Zweck im vollständigen oder überwiegenden Investieren des Kapitals in Finanz-/Kapitalanlagen („Investments") mit dem Ziel der Risikomischung besteht.[78] Diese Definition wurde als unklar und zu wenig von anderen Investment-Unternehmungen wie z. B. geschlossenen Fonds, Emittenten von forderungsbesicherten Wertpapieren („Asset Backed Securities" – „ABS") und Organismen für gemeinsame Anlagen in Wertpapieren (OGAW; „Undertakings for Collective Investments in Transferable Securities" – „UCITS") betrachtet.[79]

46 Ungeachtet der fehlenden ESMA-Empfehlungen haben die zuständigen nationalen Behörden auf Grundlage des Art. 39 i.V.m. Anhang 29 das Recht, **besondere Informationsanforderungen** an Investmentgesellschaften zu stellen. Dabei erscheint ein Rückgriff auf die oben genannte Definition wegen der schwierigen Abgrenzbarkeit als ungeeignet. Die zuständigen nationalen Behörden müssten demnach eine eigene Auslegung des Begriffs Investmentgesellschaft vornehmen, was die Konvergenz der Prospektanforderungen beeinträchtigen könnte.

47 Ohnehin kommt Art. 39 VO (EU) 2019/980 für Investmentgesellschaften allenfalls begrenzte Bedeutung zu. In Deutschland unterliegen diese vorrangig den Bestimmungen des Kapitalanlagegesetzbuchs (KAGB), da Investmentgesellschaften i. S. v. Art. 39 i.V.m. mit Anhang 29 VO (EU) 2019/980 grundsätzlich als Investmentvermögen in der Rechtsform der Investmentaktiengesellschaft oder Investmentkommanditgesellschaft zu verstehen sind (vgl. § 1 Abs. 11 KAGB). Entsprechend erfolgt eine Prospektbilligung regelmäßig nicht nach der ProspektVO.[80] Begeben Investmentgesellschaften übertragbare Wertpa-

---

77 CESR, CESR/05-055b, Rn. 77 f.
78 CESR, CESR/04-225b, Rn. 168.
79 CESR, CESR/05-055b, Rn. 77 f.
80 Vgl. zur VO (EG) 809/2004: *Schlitt*, in: Assmann/Schlitt/von Kopp-Colomb, WpPG/VermAnlG, 3. Aufl. 2017, Anhang XIX ProspektVO Rn. 14; *Höninger/Eckner*, in: Holzborn, WpPG, Art. 23 ProspektVO Rn. 18.

piere nach der ProspektVO bzw. dem WpPG, können die Anforderungen an das Registrierungsformular für durch Organismen für gemeinsame Anlagen in Wertpapieren des geschlossenen Typs emittierte Wertpapiere nach Art. 5 i.V.m. Anhang 4 VO (EU) 2019/980 einschlägig sein.

Sollte die zuständige nationale Behörde in diesem Fall die Aufnahme zusätzlicher Angaben nach Art. 39 VO (EU) 2019/980 von Emittenten verlangen, könnte sie hinsichtlich des Umfangs auf die bereits in den CESR-Konsultationen veröffentlichten zusätzlichen Informationspflichten zurückgreifen. 48

Als besondere Informationspflichten hatte CESR u. a. vorgesehen:[81] 49

– Angaben zu der Erfahrung der Vorstände und der Manager im Bereich des Investment-Managements;
– die Namen jeglicher Gesellschaften oder Gruppen (wenn es sich um andere als den Emittenten handelt), welche die Investments verwalten, zusammen mit der Angabe der Bedingungen und Laufzeiten der Beauftragung, der Grundlage für deren Bezahlung und jeglicher Vereinbarung in Bezug auf die Beendigung der Beauftragung;
– relevante Einzelheiten hinsichtlich aller vom Emittenten getätigten Investments (einschließlich Schuldverschreibungen und Derivaten), die einen wertmäßigen Anteil von mehr als 5 % des gesamten Anlagevermögens („gross/total assets of the issuer") betragen;
– bestimmte relevante Angaben zu lokalem Steuerrecht;
– Informationen über die Wertermittlung hinsichtlich der Investitionen;
– eine Beschreibung der Dividendenpolitik des Emittenten, die Einzelheiten hinsichtlich der Politik zur Ausschüttung der aus der Entwicklung der Investitionen entstehenden Überschüsse;
– eine Beschreibung der verfolgten Investitionspolitik; eine Erklärung, bis zu welchem Ausmaß der Emittent beabsichtigt, Darlehen aufzunehmen, um die angestrebten Investitionsziele zu erreichen; und
– sofern der Emittent beabsichtigt, in andere Investmentgesellschaften zu investieren, welche die gleiche oder eine ähnliche Investitionspolitik verfolgen, sollte der Emittent eine Erläuterung der Risiken hinsichtlich des Wertes der Sicherheiten, die mit diesen Investitionen verbunden sind, vornehmen. Falls Investitionen in weniger als 20 Gesellschaften geplant sind, soll dies gesondert erklärt werden.

4. In der wissenschaftlichen Forschung tätige Gesellschaften

Die zentrale zusätzliche Anforderung an in der wissenschaftlichen Forschung tätige Gesellschaften im Zusammenhang mit der Veröffentlichung eines Prospekts ist die Aufnahme zusätzlicher **spezifischer Informationen** über ihre Geschäftstätigkeit. 50

a) Definition

In der wissenschaftlichen Forschung tätige Gesellschaften („scientific research based companies") sind nach der ESMA[82] eine besondere Unterkategorie von **Start-up-Unter-** 51

---

81 CESR, CESR/04-225b, Rn. 170.
82 ESMA, ESMA/2013/319, Rn. 134.

nehmen (→ Rn. 55 ff.), die hauptsächlich in der **Laborforschung** und in der **Entwicklung von chemischen oder biologischen Produkten** oder Prozessen (einschließlich Unternehmen in den Bereichen **Pharma**, **Diagnostik** und **Agrarwirtschaft**) tätig sind. Die Prospektpraxis ist hier in Deutschland bisher wenig entwickelt, da Börsengänge in der Forschung tätiger Unternehmen selten innerhalb der ersten drei Jahre nach Gründung erfolgen und die Unternehmen ihre Eigenkapitalfinanzierung (insbesondere durch Börsengänge) oft am US-amerikanischen Kapitalmarkt durchführen.[83]

b) Relevante Kapitalmarkttransaktionen

52 Die ESMA-Empfehlungen[84] finden **ausschließlich** Anwendung auf Prospekte für **Aktien** und nicht – wie etwa im Fall von Immobiliengesellschaften oder Schifffahrtsgesellschaften – zusätzlich auch auf Prospekte für Anleihen (einschließlich Wandelanleihen).[85] Aufgrund des eindeutigen Wortlauts, der Systematik und der Geschichte der ESMA-Empfehlungen gelten die zusätzlichen Angaben auch nicht für eigenkapitalbasierte Produkte und sonstige Anleihen. Gegebenenfalls sind bei Anleihen entsprechende Angaben aber nach Art. 6 der ProspektVO erforderlich, was im Einzelfall zu prüfen ist. Entgegen ihrem Wortlaut gelten die ESMA-Empfehlungen jedoch nicht nur bei der Ausgabe von Aktien durch den Emittenten (also namentlich bei Kapitalerhöhungen), sondern bei **jedem prospektpflichtigen öffentlichen Angebot oder jeder Zulassung von Aktien** einer in der wissenschaftlichen Forschung tätigen Gesellschaft zum Handel an einem regulierten Markt.[86] Auch eine bloße Umplatzierung durch einen Großaktionär verbunden mit einem öffentlichen Angebot unterliegt somit den Vorgaben der ESMA-Empfehlungen.

c) Verpflichtung zur Offenlegung spezifischer Informationen

53 In der wissenschaftlichen Forschung tätige Gesellschaften sollen nach den ESMA-Empfehlungen folgende spezifische Informationen im Prospekt veröffentlichen:[87]

– Einzelheiten über die Tätigkeiten der laborgestützten Forschung und Entwicklung (soweit für Investoren wesentlich); dies umfasst gewährte Patente sowie den Abschluss von wichtigen Testreihen hinsichtlich der Wirksamkeit der Produkte. Sollten keine relevanten Einzelheiten vorliegen, ist eine „Negativ-Erklärung" abzugeben;[88]
– Einzelheiten der relevanten gemeinsamen Expertise und der Erfahrung der Schlüsselmitarbeiter im operativen Bereich;[89]

---

83 Beispiele aus der jüngeren Vergangenheit sind Evotec (IPO 2021), Atai Life Sciences (IPO 2021), CureVac (IPO 2020), BioNTech SE (IPO 2019) und Morphosys (IPO 2018).
84 ESMA, ESMA/2013/319, Rn. 134.
85 CESR, CESR/05-055b, Rn. 82.
86 Vgl. CESR, CESR/05-055b, Rn. 82.
87 ESMA, ESMA/2013/319, Rn. 134 (i)–(iv); zur VO (EG) 809/2004: *Höninger/Eckner*, in: Holzborn, WpPG, Art. 23 ProspektVO Rn. 32 ff.
88 Soweit angemessen, sollen diese Informationen unter den Gliederungspunkten „Forschung und Entwicklung" oder „Patente und Lizenzen" offengelegt werden; vgl. zur VO (EG) 809/2004: *Schnorbus*, WM 2009, 249, 256.
89 In einem vorherigen Entwurf der ESMA-Empfehlungen war noch die Offenlegung in Bezug auf einzelne Schlüsselmitarbeiter vorgesehen; aufgrund der Kritik von Marktteilnehmern sieht die finale Fassung nur noch die Darstellung der Expertise und Erfahrung der Gesamtheit der Schlüsselmitarbeiter der Gesellschaft vor (vgl. CESR, CESR/05-055b, Rn. 80).

- Informationen über gemeinschaftliche Forschungs- und Entwicklungsvereinbarungen mit Organisationen, die eine hohe Reputation innerhalb der Industrie genießen (soweit für Investoren wesentlich). Bei Fehlen solcher Verträge, eine Erläuterung, inwieweit das Nichtvorhandensein das Renommee oder die Qualität der Forschung beeinflussen kann; sowie
- eine umfassende Beschreibung jedes Produkts in der Entwicklung, welchem ein wesentlicher Einfluss auf die Zukunftsaussichten des Emittenten zukommen kann.

Als Unterkategorie von Start-up-Unternehmen sollen in der wissenschaftlichen Forschung tätige Gesellschaften im Übrigen auch die für Start-up-Unternehmen erforderlichen Informationen (→ Rn. 60 ff.) in den Prospekt aufnehmen.[90]

5. Start-up-Unternehmen

Im Gegensatz zu den übrigen Specialist-Issuer-Kategorien bestimmen sich Start-up-Unternehmen nach der Dauer, nicht der Art der Tätigkeit des Emittenten. Indem zusätzliche Anforderungen an den Prospekt eines Start-up-Unternehmens gestellt werden, besteht ein gewisses Spannungsverhältnis zu dem andererseits verfolgten Ziel, kleinere und mittlere Unternehmen von bürokratischem Aufwand zu entlasten,[91] wie es sich beispielsweise in den reduzierten Anforderungen an einen EU-Wachstumsprospekt nach Art. 15 der ProspektVO i.V.m. den Anhängen 23 ff. der VO (EU) 2019/980 niederschlägt. Nicht vollständig klar ist im Fall eines EU-Wachstumsprospekts auch, wie angesichts des in Art. 32 der VO (EU) 2019/980 verbindlich festgelegten Prospektaufbaus zusätzliche Informationen aufzunehmen wären; hier würde sich ggf. eine Darstellung im Rahmen der Angaben nach Abschnitt 2 der Anhänge 24 oder 25 anbieten.

Die zentrale zusätzliche Anforderung an Start-up-Unternehmen im Zusammenhang mit der Veröffentlichung eines Prospekts ist die Aufnahme spezifischer Informationen, insbesondere der Diskussion des Geschäftsplans („Business Plan"); Besonderheiten gelten freilich für SPACs.

a) Definition

Start-up-Unternehmen sind nach der ESMA Gesellschaften, die **weniger als drei Jahre in ihrer Branche tätig** sind.[92] Da § 3 BörsZulV für die Zulassung von Aktien zum regulierten Markt grundsätzlich ein mindestens dreijähriges Bestehen des Emittenten als Unternehmen voraussetzt, war diese Kategorie von Specialist Issuern vor dem jüngsten Aufkommen von SPACs selten. Im Regelfall handelt es sich um Gesellschaften, die weniger als drei Jahre existiert haben. Jedoch kann diese Empfehlung auch auf Emittenten, die be-

---

90 ESMA, ESMA/2013/319, Rn. 134 a. E.; vgl. zur VO (EG) 809/2004: *Schlitt*, in: Assmann/Schlitt/ von Kopp-Colomb, WpPG/VermAnlG, 3. Aufl. 2017, Anhang XIX ProspektVO Rn. 17; *Höninger/Eckner*, in: Holzborn, WpPG, Art. 23 ProspektVO Rn. 37.
91 Vgl. die Begründung zum Vorschlag für eine Verordnung des Europäischen Parlaments und des Rates über den Prospekt, der beim öffentlichen Angebot von Wertpapieren oder bei deren Zulassung zum Handel zu veröffentlichen ist, COM(2015) 583 final, passim; zudem Verordnung (EU) 2019/2115 zur Förderung der Nutzung von KMU-Wachstumsmärkten, insbesondere Erwägungsgrund 5.
92 ESMA, ESMA/2013/319, Rn. 136.

reits länger als drei Jahre als Gesellschaft bestanden haben, Anwendung finden, wenn die Gesellschaft innerhalb der letzten drei Jahre **ihre Geschäftstätigkeit insgesamt geändert** hat.[93]

58 Gesellschaften, die in der gleichen Branche langjährig tätig sind, werden aber nicht dadurch zum Start-up, dass sie auf eine neu errichtete Gesellschaft **verschmolzen** werden; entscheidend ist die Dauer der Geschäftstätigkeit in einer vergleichbaren Branche.[94] Gesellschaften, die zu dem Zweck gegründet wurden, als **Holdinggesellschaft** zu agieren, stellen keine Start-up-Unternehmen dar,[95] selbst wenn zum Prospektdatum Holdingfunktionen zwar vorgesehen, aber noch nicht wahrgenommen werden.[96] Nach diesen Grundsätzen wird es sich im Zusammenhang mit Spaltungen nach § 123 UmwG oder anderen Formen der Reorganisation eines bestehenden Konzerns trotz oftmals erst kurzer Bestehensdauer des Emittenten ebenfalls regelmäßig nicht um Start-up-Unternehmen handeln.[97] Wegen ihrer dauerhaft fehlenden Geschäftstätigkeit stellen auch primär zum Zwecke der Emission von Wertpapieren gegründete **Zweckgesellschaften** („Special Purpose Vehicles" – „SPVs")[98] keine Start-up-Unternehmen dar.[99] Die Einstufung von **REITs** hängt insbesondere davon ab, ob die Einbringung des Immobiliengeschäfts in den Vor-REIT aus einem bereits eigenständigen Teilbetrieb erfolgte oder nicht.[100]

b) Relevante Kapitalmarkttransaktionen

59 Die ESMA-Empfehlungen für Start-up-Unternehmen beziehen sich ebenso wie im Fall von in der wissenschaftlichen Forschung tätigen Gesellschaften nur auf Prospekte für

---

[93] ESMA, ESMA/2013/319, Rn. 136; vgl. auch die zwischenzeitlich aus den ESMA Q&A zur VO (EG) 809/2004 (ESMA31-62-780) gestrichene Antwort auf Frage Nr. 68 (Disclosure for Mineral Companies in the CESR Recommendations) der CESR-Frequently Asked Questions (12th Updated Version – November 2010), S. 48. Beispiele: Prospekte der Altech Advanced Materials AG vom 18.5.2020 und vom 28.11.2019; Prospekt der Godewind Immobilien AG vom 27.3.2018; Prospekt der Viridax Corporation vom 3.8.2006; vgl. zur VO (EG) 809/2004: *Höninger/Eckner*, in: Holzborn, WpPG, Art. 23 ProspektVO Rn. 20.

[94] Vgl. auch *Schlitt*, in: Habersack/Mülbert/Schlitt, Kapitalmarktinformation, § 4 Rn. 106; zur Rechtslage unter der ProspektRL/VO (EG) 809/2004: *Wiegel*, Die Prospektrichtlinie und Prospektverordnung, S. 289 f.; *Schnorbus*, WM 2009, 249, 256.

[95] Vgl. auch CESR, CESR/05-055b, Rn. 87; zur VO (EG) 809/2004: *Höninger/Eckner*, in: Holzborn, WpPG, Art. 23 ProspektVO Rn. 21.

[96] Vgl. Prospekt der SYNLAB AG vom 19.4.2021. Dort war der Vollzug der Einbringung operativer Tochtergesellschaften durch die Altaktionäre erst nach Ablauf der IPO-Zeichnungsfrist vorgesehen.

[97] Vgl. beispielsweise Prospekt der Daimler Truck Holding AG vom 26.11.2021; Prospekt der Vitesco Technologies Group Aktiengesellschaft vom 7.9.2021; Prospekt der Vantage Towers AG vom 8.3.2021; Prospekt der Nagarro SE vom 8.12.2020; Prospekt der Siemens Healthineers AG vom 5.3.2018; Prospekt der innogy SE vom 23.9.2016; Prospekt der Covestro AG vom 18.9.2015.

[98] ESMA, Final Report – Technical advice under the Prospectus Regulation, ESMA31-62-800 vom 28.3.2018, Art. A lit. (l).

[99] ESMA, ESMA/2013/319, Rn. 136.

[100] Vgl. zur Rechtslage unter der ProspektRL/VO (EG) 809/2004: *Schnorbus*, WM 2009, 249, 256; *Götz/Hütte*, NZG 2007, 332, 336. So wurde die Alstria Office AG nicht als Start-up-Gesellschaft eingestuft, obwohl die Emittentin selbst erst weniger als ein Jahr rechtlich existierte, vgl. Prospekt der Alstria Office AG vom 20.3.2007.

Aktien und nicht auf Anleihen (einschließlich Wandelanleihen). Das folgt eindeutig aus dem Wortlaut[101] sowie der Entstehungsgeschichte[102] der ESMA-Empfehlungen. Gleichermaßen gelten die ESMA-Empfehlungen nicht nur bei der Ausgabe von Aktien durch den Emittenten, sondern bei jedem prospektpflichtigen **öffentlichen Angebot** und jeder **Zulassung von Aktien** eines Start-up-Unternehmens (→ Rn. 52).

c) Verpflichtung zur Offenlegung spezifischer Informationen

Die ESMA-Empfehlungen[103] sehen für Start-up-Unternehmen als wesentliche zusätzliche Information, die in den Prospekt mit aufzunehmen ist, die **Diskussion des Geschäftsplans und der strategischen Ziele** des Emittenten vor. Dazu gehört die Erörterung der wichtigsten Annahmen für die operative und strategische Planung, insbesondere im Hinblick auf die Entwicklung des zukünftigen Umsatzes sowie die Einführung von neuen Produkten und/oder Dienstleistungen in den nächsten beiden Geschäftsjahren. Erforderlich ist ferner eine Sensitivitätsanalyse für den Geschäftsplan im Hinblick auf Veränderungen der Hauptannahmen. 60

Nach den ESMA-Empfehlungen sind Emittenten nicht verpflichtet, einen **Geschäftsplan mit Finanzinformationen** vorzulegen. Teilweise ist jedoch bezweifelt worden, dass die Darstellung des Geschäftsplans ohne Nennung konkreter Zahlen überhaupt möglich ist und darüber hinaus eine Unternehmensbewertung erlaubt.[104] Aussagekräftigere Beschreibungen, etwa zu den zugrunde liegenden Annahmen oder dem Erreichen der Gewinnzone, sind insofern zwar in der Tat nicht zu erwarten; diese (eingeschränkte) Vorgabe überzeugt gleichwohl, weil sie den zuständigen Wertpapieraufsichtsbehörden die notwendige Flexibilität lässt und signifikante Haftungsrisiken vermeidet, die bei der Angabe von in die Zukunft gerichteten Planungszahlen drohen.[105] Die Praxis hat sich auf diese Vorgabe seit Langem eingestellt.[106] 61

Sofern der Geschäftsplan eines Start-up-Unternehmens eine **Gewinnprognose** enthält, ist diese in den Prospekt aufzunehmen.[107] In diesem Fall war unter der VO (EG) 809/2004 gemäß den ESMA-Empfehlungen zudem ein Bericht eines Wirtschaftsprüfers nach Nr. 13.2 des Anhangs I der VO (EG) 809/2004 erforderlich.[108] Angesichts der bewussten Streichung der Nr. 13.2 des Anhangs I der VO (EG) 809/2004 zumindest für den Prospekt von Emittenten, welche keine Specialist Issuers sind, ist es jedoch fraglich, ob die an sich fortgeltenden ESMA-Empfehlungen insofern als „niederrangiges Recht" der Entscheidung des Verordnungsgebers vorgehen. ESMA begründete in ihren Vorbereitungsarbeiten zur VO (EU) 2019/980 die Streichung (trotz Widerspruchs im Rahmen des Konsultations- 62

---

101 ESMA, ESMA/2013/319, Rn. 135.
102 CESR, CESR/05-055b, Rn. 94.
103 ESMA, ESMA/2013/319, Rn. 137 f.; vgl. zur Rechtslage unter der ProspektRL/VO (EG) 809/2004 auch *Wiegel*, Die Prospektrichtlinie und Prospektverordnung, S. 290; *Schlitt/Singhof/Schäfer*, BKR 2005, 251, 254; *Schnorbus*, WM 2009, 249, 256.
104 Vgl. hierzu auch *Wiegel*, Die Prospektrichtlinie und Prospektverordnung, S. 290; *Schlitt/Schäfer*, AG 2005, 498, 505.
105 Vgl. CESR, CESR/05-055b, Rn. 83–85.
106 Vgl. bereits Prospekt der Viridax Corporation vom 3.8.2006, F-46 ff.; Prospekt der Frogster Interactive Pictures AG vom 30.1.2006, S. 40 ff.
107 ESMA, ESMA/2013/319, Rn. 137 f.
108 ESMA, ESMA/2013/319, Rn. 137; vgl. Prospekt der Sportpark AG vom 15.11.2006, S. 76.

verfahrens) damit, dass der Bericht zusätzliche Kosten beim Emittenten verursache, der Nutzen für Investoren unklar sei und dieser insbesondere im Hinblick auf die zukunftsbezogene Aussage der Gewinnprognose keine höhere Verlässlichkeit biete.[109]

63 Vor diesem Hintergrund kann nicht davon ausgegangen werden, dass ESMA die diesbezügliche frühere Empfehlung aufrechterhalten will. Zudem sollen die ESMA-Empfehlungen nur insoweit weiterhin Anwendung finden, als sie mit der ProspektVO vereinbar sind.[110] Dies erscheint angesichts der bewussten Entscheidung des Verordnungsgebers und des nunmehr ins Leere gehenden Verweises aus den ESMA-Empfehlungen auf die gestrichene Nr. 13.2 des Anhangs I der VO (EG) 809/2004 mehr als zweifelhaft. Es ist daher davon auszugehen, dass nach neuer Rechtslage auch Start-up-Unternehmen keinen Bericht eines Wirtschaftsprüfers in den Prospekt aufnehmen müssen, auch nicht im Falle einer Gewinnprognose im Geschäftsplan.

64 Im Übrigen soll der Prospekt folgende Informationen enthalten:[111]
– Angaben über den Zeitpunkt der tatsächlichen Aufnahme der Hauptgeschäftstätigkeit, auch wenn der Geschäftsgegenstand sich in den letzten drei Jahren vollständig geändert hat;
– das Ausmaß, in dem die Geschäftstätigkeit des Emittenten auf bestimmte Schlüsselpersonen angewiesen ist (soweit wesentlich);
– gegenwärtige und zukünftig erwartete Wettbewerber im Markt;
– Abhängigkeit von einer begrenzten Anzahl von Kunden und Zulieferern; und
– für den Geschäftsbetrieb erforderliche Vermögensgegenstände, die nicht im Eigentum des Emittenten stehen.

65 Ferner kann ein von einem unabhängigen Gutachter erstelltes **Bewertungsgutachten** über die Dienstleistungen und Produkte des Emittenten mit in den Prospekt aufgenommen werden.[112] Anders als bei den meisten anderen Formen von Specialist Issuers kann die Aufnahme eines solchen Gutachtens allerdings von einem Start-up-Unternehmen nicht verbindlich verlangt werden; vielmehr steht die Entscheidung über die Beifügung im Belieben des Emittenten.[113] Jedenfalls zur Vermeidung einer Prospekthaftung nach § 9 Abs. 1 Satz 1 Nr. 1 i.V.m. § 8 WpPG werden Emittent und begleitende Banken prüfen, ein solches Gutachten in Auftrag zu geben, ohne dass es notwendigerweise im Prospekt veröffentlicht wird.

66 Neben einem Geschäftsplan soll für Start-up-Unternehmen, die noch nicht über einen geprüften Abschluss über ein volles Geschäftsjahr verfügen, die Aufnahme eines **geprüften**

---

109 Vgl. ESMA, ESMA31-62-800, Rn. 130; ESMA, ESMA Consultation Paper – Draft technical advice on format and content of the prospectus, ESMA31-62-532 vom 6.7.2017, Rn. 73.
110 Vgl. ESMA, ESMA31-62-1258, Version 10 vom 27.7.2021, 2.1, S. 25.
111 ESMA, ESMA/2013/319, Rn. 136, 138; *Höninger/Eckner*, in: Holzborn, WpPG, Art. 23 ProspektVO Rn. 38 ff.
112 ESMA, ESMA/2013/319, Rn. 139.
113 Zunächst stellte CESR in ihrem Konsultationspapier (CESR's recommendations for the consistent implementation of the European Commission's Regulation on Prospectuses n° 809/2004, CESR/04-225b, Juni 2004, Rn. 189 f.) die Frage eines Expertengutachtens über den Wert der Dienstleistungen und Produkte ausdrücklich zur Diskussion. Aufgrund der vorgebrachten Einwände entschied sie sich letztlich für einen fakultativen Bericht, vgl. CESR, CESR/05-055b, Rn. 88–91.

Zwischenabschlusses erforderlich sein.[114] Dieser hat grundsätzlich eine Bilanz, eine Gewinn- und Verlustrechnung, eine Eigenkapitalveränderungsrechnung, eine Kapitalflussrechnung sowie erläuternde Anmerkungen zu enthalten. Sofern jedoch im Fall eines EU-Wachstumsprospekts bei einem nach nationalen Rechnungslegungsstandards aufgestellten Abschluss eine Eigenkapitalveränderungsrechnung und eine Kapitalflussrechnung selbst im geprüften Jahres-/Konzernabschluss gem. Art. 32 i.V.m. Anhang 24 bzw. 25 Punkt 5.1.5 VO (EU) 2019/980 nicht erforderlich sind, können diese Elemente auch für einen geprüften Zwischenabschluss im Rahmen der zusätzlichen Anforderungen an Start-up-Unternehmen nicht verlangt werden.

Im Übrigen kann sich bei Start-up-Unternehmen im Rahmen der normalen Anhangangaben das Thema **Pro-forma-Finanzinformationen** stellen, wenn eine bedeutende Brutto-Veränderung der Geschäftstätigkeit des Emittenten im Sinne des Art. 1 lit. e VO (EU) 2019/980 i.V.m. Rn. 86 ff. der ESMA-Leitlinien vorliegt. Die Aufnahme von Pro-forma-Finanzinformationen hat jedoch nur sehr begrenzte Aussagekraft, wenn für den Emittenten keine Finanzinformationen über ein volles abgeschlossenes Geschäftsjahr, sondern nur über ein Rumpfgeschäftsjahr oder nur für einen Teilkonzern vorliegen und damit der erforderliche Vergleichszeitraum für die Ermittlung der Brutto-Veränderung fehlt.[115] Jedenfalls sofern auch keine Finanzinformationen für einen vollständigen Zwischenberichtszeitraum bestehen, sind keine Pro-forma-Finanzinformationen, dafür aber eine entsprechende Erläuterung zum Hintergrund in den Prospekt aufzunehmen.[116]

67

---

114 Vgl. zur Rechtslage unter der ProspektRL/VO (EG) 809/2004: *Just*, ZIP 2009, 1698, 1699.
115 Nach den ESMA-Leitlinien, Rn. 89 soll die Beurteilung auf jährlicher Basis anhand von Zahlen aus dem Jahresabschluss, die einen Zeitraum von zwölf Monaten abdecken, erfolgen; zur Rechtslage unter der ProspektRL/VO (EG) 809/2004 ebenso *Kunold*, in: Assmann/Schlitt/von Kopp-Colomb, WpPG/VermAnlG, 3. Aufl. 2017, Anhang XXI ProspektVO Rn. 225; vgl. auch *A. Meyer*, in: Berrar/Meyer/Müller et al., WpPG/EU-ProspektVO, 2. Aufl., Anhang I, Rn. 10, der unter Umständen ein Abstellen auf einen längeren Zeitraum und/oder die letzte Zwischenberichtsperiode für möglich hält.
116 Vgl. Prospekt der Frogster Interactive Pictures AG vom 30.1.2006, S. 12 und S. 60: „Die Frogster Interactive Pictures AG hat am 6.4.2005 die Pointsoft Deutschland GmbH übernommen. Die Frogster Interactive Pictures AG verzichtete auf die Angabe von Pro-forma-Finanzinformationen, weil eine bedeutende Brutto-Veränderung der Geschäftstätigkeit der Emittentin im Sinne der EG-Verordnung 809/2004 und der ESMA-Empfehlungen schon deshalb nicht vorliegt, weil kein Vergleichszeitraum besteht, gegenüber dem eine Brutto-Veränderung zu ermitteln wäre, da es sich bei der Emittentin um ein ‚Start-up' mit Gründung am 9.11.2004 handelt und somit in 2004 nur ein Rumpfgeschäftsjahr vorliegt." Insbesondere im Fall von Prospekten für de-SPAC-Transaktionen verlangt jedoch die Luxemburger „Commission de Surveillance du Secteur Financier (CSSF)", die wegen der Verwendung Luxemburger Gesellschaftsformen regelmäßig für die Prüfung von (de-)SPAC-Prospekten zuständig ist, Pro-forma-Finanzinformationen. Dies gilt sogar für Perioden, die wegen der erst kurzen Bestehensdauer des SPAC in dessen Abschluss nur für einen mitunter sehr kurzen Teil (evtl. nur wenige Tage) und nur im Abschluss der Zielgesellschaft vollständig erfasst sind, vgl. Prospekte der 468 SPAC I SE (nunmehr tonies SE) vom 26.11.2021, S. 95 ff. und der Lakestar SPAC I SE (nunmehr HomeToGo SE) vom 21.9.2021, S. 76 ff.

d) Special Purpose Acquisition Companies (SPACs)

aa) Merkmale von SPACs

68 Bei **Special Purpose Acquisition Companies (SPACs)** handelt es sich aufgrund ihres kurzen Bestehens um einen klassischen Fall eines Start-up-Unternehmens.[117] Diese Zweckgesellschaften erwerben am Kapitalmarkt die Mittel für die spätere Akquisition eines Unternehmens und nehmen somit ihr operatives Geschäft erst nach dem Börsengang auf.[118] Anders als bei einem sogenannten Blind-Pool ist der SPAC auf den Erwerb eines einzigen Zielunternehmens ausgerichtet, bei dem die SPAC-Aktionäre aufgrund eines Zustimmungsvorbehalts der Hauptversammlung ein Mitspracherecht haben und, sofern sie von der beschlossenen Übernahme nicht überzeugt sind, ihre Anteile zum ursprünglichen IPO-Preis des SPAC zurückgeben können.[119] Mit der Übernahme des Zielunternehmens wird der SPAC von einer inoperativen Zweckgesellschaft zur Obergesellschaft eines operativ tätigen Konzerns und verliert dadurch seine Eigenart als SPAC (sogenannte de-SPAC-Transaktion).

69 In Abweichung von dem grundsätzlichen Erfordernis eines dreijährigen Bestehens nach § 3 Abs. 1 BörsZulV lässt die Frankfurter Wertpapierbörse im Rahmen einer Ermessensentscheidung Anteile an SPACs zum regulierten Markt nach § 3 Abs. 2 BörsZulV zu, wenn dies im Interesse des Emittenten und des Publikums liegt. Hiervon geht die Geschäftsführung der Börse beim Vorliegen der folgenden Voraussetzungen aus:[120]

---

117 Näher zur Rechtslage unter der ProspektRL/VO (EG) 809/2004 *Harrer*, in: Habersack/Mülbert/Schlitt, Unternehmensfinanzierung, Rn. 4.172; *Just*, ZIP 2009, 1698 ff.; *Schlitt*, in: Assmann/Schlitt/von Kopp-Colomb, WpPG/VermAnlG, 3. Aufl. 2017, Anhang XIX ProspektVO Rn. 19; *Schanz*, NZG 2011, 1407, 1411; *Selzner*, ZHR 174 (2010), 318–362.

118 Bereits vor der jüngsten SPAC-Welle gab es oft auch als „Blind Pools" bezeichnete ähnliche Beispiele, z.B. in Form sogenannter Yieldcos, d.h. börsennotierte Unternehmen, die Anlagen zur Erzeugung von Strom aus erneuerbaren Energien in ihrem Portfolio bündeln. Je nach Zeitpunkt des Erwerbs des Startportfolios kann die Aufnahme von Pro-forma-Finanzinformationen in den Prospekt notwendig sein, um so die Auswirkungen von kürzlich abgeschlossenen oder laufenden Projekterwerben auf die historischen Finanzinformationen zu erläutern, sofern es sich dabei um bereits im Betrieb befindliche Anlagen handelt. Bei neu entwickelten Projekten, deren Anlagen noch keine (nennenswerten) Umsätze generiert haben, dürften Pro-forma-Finanzinformationen jedenfalls dann keine sinnvollen Informationen für Investoren darstellen, wenn die Anlagen in der Bilanz des erwerbenden SPACs mit ihrem Kaufpreis angesetzt werden. Weiteres früheres Beispiel zur Finanzierung eines Akquisitionsvorhabens durch einen Börsengang: Godewind Immobilien AG, Prospekt vom 27.3.2018.

119 Vgl. *Oechsler/Dörrhöfer*, ZIP 2022, 609; *Hell*, BKR 2021, 26, 27 f.; *Schalast/Geurts/Türkmen*, BB 2021, 1283, 1284; *Seiler/Widder*, BKR 2021, 676, 676 f.; *Swalve*, NZG 2021, 909, 909 f.; zur VO (EG) 809/2004 bereits: *Schanz*, NZG 2011, 1407, 1408 f.; keine Beschränkung auf ein einziges Zielunternehmen: *Harrer*, in: Habersack/Mülbert/Schlitt, Unternehmensfinanzierung, Rn. 4.157 ff. („einen (oder mehrere) noch nicht konkretisierte Unternehmenserwerb(e)").

120 https://www.deutsche-boerse-cash-market.com/dbcm-de/primary-market/going-public/listing-trends/SPAC (zuletzt aufgerufen am 29.12.2022). In den Jahren 2021 und 2022 ließ die Frankfurter Wertpapierbörse die folgenden SPACs, allesamt in Luxemburg registrierte SEs, zum Handel zu: SMG European Recovery SPAC SE (erster Handelstag: 1.6.2022), 468 SPAC I SE (erster Handelstag: 20.1.2022), GFJ ESG Acquisition I SE (erster Handelstag: 19.10.2021), OboTech Acquisition SE (erster Handelstag: 4.5.2021), 468 SPAC I SE (erster Handelstag: 30.4.2021, nach abgeschlossenem de-SPAC nunmehr Tonies SE), Lakestar SPAC I SE (erster Handelstag: 21.2.2021, nach abgeschlossenem de-SPAC nunmehr HomeToGo SE).

- Der Emissionserlös ist auf ein verzinsliches Treuhandkonto einzuzahlen,
- der Verwendungszweck des Emissionserlöses wird im Prospekt detailliert dargestellt,
- der SPAC weist nach, dass die Gesellschaft zeitlich befristet ist und im Falle ihrer Auflösung das Treuhandvermögen an die Anleger ausgeschüttet wird, und
- es ist sichergestellt, dass die Gesellschafter mit einer Mehrheit von „mindestens 50%"[121] über die Verwendung des Treuhandvermögens entscheiden.

Ein SPAC veröffentlicht über seine Lebenszeit in der Regel zwei Wertpapierprospekte: den ersten für seinen eigenen IPO, in dem die Mittel für die angestrebte spätere Übernahme eingenommen werden. In diesem Prospekt werden die Eigenheiten des SPAC-IPO in besonderem Maße deutlich, da der SPAC zu diesem Zeitpunkt weder über eine Geschäftstätigkeit noch über eine nennenswerte finanzielle Vorgeschichte verfügt. Einen zweiten Prospekt erstellt der SPAC, sofern er ein Übernahmeziel ausgemacht und sich mit den Altgesellschaftern über eine Übernahme verständigt hat, im Rahmen der de-SPAC-Transaktion. Dieser dient als Grundlage für die Zulassung der neuen Aktien, die im Zusammenhang mit der Übernahme den Altgesellschaftern der Zielgesellschaft gewährt werden, zum Handel im regulierten Markt. Je nach zeitlicher Strukturierung beschreibt der de-SPAC-Prospekt den SPAC noch als eigenständigen Emittenten, der einen Übernahmevertrag mit der Zielgesellschaft abgeschlossen hat. Sofern die Übernahme bei der Prospektbilligung bereits vollzogen ist, ist der Emittent nicht mehr SPAC, sondern bereits Obergesellschaft des erworbenen operativen Unternehmens bzw. Konzerns, wodurch die Besonderheiten des SPAC entfallen. In diesem Fall handelt es sich in Abhängigkeit von dem Zielunternehmen oftmals nicht mehr um ein Start-up-Unternehmen. 70

bb) Zusätzliche Prospektangaben für SPACs

Da SPACs grundsätzlich die Definition des Start-up-Unternehmens erfüllen, wären im Hinblick auf die Inhalte des Prospekts die ESMA-Empfehlungen anwendbar, sodass die zuständige nationale Behörde die Aufnahme der oben (→ Rn. 60 ff.) dargestellten zusätzlichen Angaben in den Prospekt verlangen könnte.[122] Hiervon ausgenommen werden müssten jedoch in jedem Fall die Angaben zur operativen Historie, da eine solche aufgrund der Eigenart der SPACs nicht besteht.[123] 71

Vor dem Hintergrund des mit der ESMA-Stellungnahme vom 15.7.2021[124] ausdrücklich verfolgten Ziels, eine kohärente Aufsichtspraxis unter den zuständigen nationalen Behörden zu schaffen,[125] ist im Ergebnis jedoch davon auszugehen, dass im Hinblick auf SPAC-Prospekte ausschließlich diese Stellungnahme zu berücksichtigen ist und die ESMA-Empfehlungen keine Anwendung finden.[126] 72

---

121 Gemeint sind wohl „mehr als 50%".
122 So zur VO (EG) 809/2004: *Harrer*, in: Habersack/Mülbert/Schlitt, Unternehmensfinanzierung, Rn. 4.172; *Schlitt*, in: Assmann/Schlitt/von Kopp-Colomb, WpPG/VermAnlG, 3. Aufl. 2017, Anhang XIX ProspektVO Rn. 19; *Schanz*, NZG 2011, 1407, 1411; *Selzner*, ZHR 174 (2010), 318, 329.
123 Zur Rechtslage unter der ProspektRL/VO (EG) 809/2004: *Just*, ZIP 2009, 1698, 1699; vgl. auch *Selzner*, ZHR 174 (2010), 318, 330.
124 ESMA, Public Statement – SPACs: prospectus disclosure and investor protection considerations, ESMA32-384-5209 vom 15.7.2021.
125 ESMA, ESMA32-384-5209, S. 1, 7.
126 Näher *Schnorbus/Kornack*, BB 2022, 1667, 1672.

73 Im Hinblick auf die Prospektangaben von SPACs besteht die ESMA-Stellungnahme aus zwei Teilen: einem Abschnitt, der den zuständigen nationalen Behörden Empfehlungen gibt, auf welche bestehenden Mindestangaben aus den Anhängen der VO (EU) 2019/980 sie bei ihrer Prüfung von SPAC-Prospekten ein besonderes Augenmerk legen sollten,[127] sowie einem zweiten Abschnitt mit zusätzlichen Angaben, deren Aufnahme die nationalen Behörden regelmäßig verlangen sollten („additional disclosure likely to be required to satisfy the [Prospectus Regulation]").

74 Vorbehaltlich weiterer Anforderungen der zuständigen nationalen Behörde aufgrund der Besonderheiten des mitgliedstaatlichen Gesellschaftsrechts oder der Gepflogenheiten des betroffenen Markts sollte der Emittent nach der ESMA-Stellungnahme in einen Prospekt für einen SPAC-IPO oder insbesondere eine de-SPAC-Transaktion zusätzlich zu den jeweiligen Anhangangaben folgende Informationen aufnehmen:[128]

– mögliche Rolle und zukünftige Vergütung der Sponsoren nach dem Erwerb der Zielgesellschaft,
– zukünftige Beteiligung („Shareholdings") der Sponsoren und anderer verbundener Parteien am Grundkapital,
– mögliche Veränderungen der Unternehmensführung („Governance") nach dem Erwerb der Zielgesellschaft und
– Details über mögliche Szenarien, die sich ergeben könnten, sofern die Sponsoren kein geeignetes Erwerbsziel ermitteln, einschließlich möglicher Szenarien, wie der Abwicklung des Emittenten und des Delisting der Aktien.

6. Schifffahrtsgesellschaften

75 Die zentrale zusätzliche Anforderung an Schifffahrtsgesellschaften im Zusammenhang mit der Veröffentlichung eines Prospekts ist die Aufnahme zusätzlicher **spezifischer Informationen** über ihre Geschäftstätigkeit sowie eines **Bewertungsgutachtens in Bezug auf die Schiffsflotte**.[129]

---

[127] ESMA, ESMA32-384-5209, S. 3 ff. Genannt werden zahlreiche Angaben aus den Anhängen 1 und 11 zu den Themenbereichen Risikofaktoren, Strategie und Ziele, Treuhandkonten und Reinvestment der Erlöse, relevante Erfahrung und wichtigste Tätigkeiten der Mitglieder der Verwaltungs-, Leitungs- und Aufsichtsorgane, Interessenkonflikte der Sponsoren, Aktien, Warrants und Aktionärsrechte, Hauptaktionäre, Geschäfte mit verbundenen Parteien, wesentliche Interessen, Erlöse aus dem Angebot, Absicht bestimmter Personen, das Angebot zu zeichnen und Angebotspreis, vgl. zu den Einzelheiten *Schnorbus/Kornack*, BB 2022, 1667, 1672 f.; *Fuhrmann*, ZBB 2021, 390, 396 ff.

[128] ESMA, ESMA32-3843-5209, S. 7; kritisch zu Art. 39 VO (EU) 2019/980 als Rechtsgrundlage sowie der Verfügbarkeit der Informationen *Fuhrmann*, ZBB 2021, 390, 406, allerdings offenbar nur bezogen auf den IPO-Prospekt des SPAC ohne Berücksichtigung des Zulassungsprospekts im Rahmen der de-SPAC-Transaktion.

[129] Vgl. aus der Billigungspraxis der BaFin etwa Prospekt der Hapag-Lloyd Aktiengesellschaft vom 14.10.2015 (mit Nachträgen vom 27.10.2015 und 30.10.2015); Prospekt der HCI Hammonia Shipping AG vom 22.6.2007; Prospekt der Marenave Schiffahrts AG vom 18.9.2006.

a) Definition

Schifffahrtsgesellschaften im Sinne der ESMA-Empfehlungen[130] sind Gesellschaften, die die **Seeschifffahrt** mit Fracht- und/oder Personenschiffen betreiben. Dabei können derartige Schiffe im Eigentum der Gesellschaft stehen („own"), geleast sein („lease") oder – z.B. im Rahmen eines Betriebsführungsvertrages – durch diese lediglich aktiv verwaltet werden („manage"). Die Schifffahrt muss der **Hauptgeschäftsbereich** des Emittenten sein; das ist jedenfalls dann nicht mehr der Fall, wenn das Schifffahrtsgeschäft weniger als 50% der Umsätze und/oder Kosten repräsentiert.[131] Nach dem (insofern) klaren Wortlaut gelten die ESMA-Empfehlungen nur für die Seeschifffahrt, aber **nicht für die Binnenschifffahrt**.[132]

76

b) Relevante Kapitalmarkttransaktionen

Ebenso wie für Immobiliengesellschaften (→ Rn. 16f.) gelten die ESMA-Empfehlungen[133] in Bezug auf Schifffahrtsgesellschaften nur für einen eingeschränkten Kreis von Kapitalmarkttransaktionen, nämlich für ein öffentliches Angebot oder die Zulassung zum Handel von **Aktien**, **Schuldtiteln** mit einer **Stückelung von weniger als 50.000 EUR**, die durch Schiffe gesichert sind (einschließlich Wandelanleihen), sowie **Zertifikaten, die Aktien vertreten**, mit einer **Stückelung von weniger als 50.000 EUR**, die hier entsprechend Anwendung finden.[134]

77

c) Verpflichtung zur Offenlegung spezifischer Informationen

Nach den ESMA-Empfehlungen[135] sollte der Prospekt folgende spezifische Informationen vorsehen:

78

– **Schiffsmanagementverträge**: den Namen jeder Gesellschaft oder Gruppe, die die Schiffe managt (sofern nicht identisch mit dem Emittenten), die Bedingungen und

---

130 ESMA, ESMA/2013/319, Rn. 141; zur alten Rechtslage: BaFin, Der Prospekt für Immobiliengesellschaften/Property Companies: besondere Anforderungen und Entwicklungen, Präsentation vom 4.9.2007, S. 20.
131 Vgl. CESR, CESR/05-055b, Rn. 96f. Siehe exemplarisch Prospekte der TUI AG vom 6.10.2021, 30.12.2020 und 31.8.2005, die keine spezifischen Angaben nach den ESMA-Empfehlungen für den Schifffahrtsbereich enthalten.
132 So wohl auch zur Rechtslage unter der ProspektRL/VO (EG) 809/2004: BaFin, Der Prospekt für Immobiliengesellschaften/Property Companies: besondere Anforderungen und Entwicklungen, Präsentation vom 4.9.2007, S. 20.
133 ESMA, ESMA/2013/319, Rn. 140. Demgegenüber definierte die Europäische Kommission in Art. 9 Abs. 1 ihres Entwurfs der ESA-Verordnung, der in diesem Punkt nicht verabschiedet wurde, Schifffahrtsunternehmen als „Unternehmen, deren Haupttätigkeiten die in Anhang I Abschnitt H Abteilung 50 der Verordnung (EG) Nr. 1893/2006 [NACE Revision 2] genannten Wirtschaftszweige betreffen", COM(2017) 536 final sowie COM(2018) 646 final.
134 CESR, CESR/05-055b, Rn. 98; vgl. zur VO (EG) 809/2004: *Schlitt*, in: Assmann/Schlitt/von Kopp-Colomb, WpPG/VermAnlG, 3. Aufl. 2017, Anhang XIX ProspektVO Rn. 22; *Höninger/Eckner*, in: Holzborn, WpPG, Art. 23 ProspektVO Rn. 43.
135 ESMA, ESMA/2013/319, Rn. 142; vgl. auch zur Rechtslage unter der ProspektRL/VO (EG) 809/2004: BaFin, Der Prospekt für Immobiliengesellschaften/Property Companies: besondere Anforderungen und Entwicklungen, Präsentation vom 4.9.2007, S. 21.

Laufzeiten des jeweiligen Vertrages, die Grundlagen für die Vergütung und Vereinbarungen in Bezug auf die Beendigung;
- **wesentliche Schiffe**: alle relevanten Informationen hinsichtlich jedes bedeutenden Schiffes, das der Emittent direkt oder indirekt managt oder least oder das diesem gehört. Dazu gehören insbesondere Angaben zu dem Modell, dem Ort der Registrierung des Schiffes, dem Eigentümer des Schiffes, der Finanzierung und der Kapazität des Schiffes;[136]
- **Verträge zum Bau von wesentlichen Schiffen**: sofern der Emittent Verträge zur Herstellung neuer Schiffe oder zur Erneuerung bestehender Schiffe abgeschlossen hat, detaillierte Informationen hinsichtlich jedes bedeutenden Schiffes (dies beinhaltet genaue Angaben hinsichtlich der Kosten und der Finanzierung der Schiffe – Refinanzierung („Refund"), Garantien, Verpflichtungsschreiben („Letter of Commitment"), die Art der Charter („Charter Type"), Größe, Kapazität und andere relevante Details).

d) Bewertungsgutachten

79 Neben diesen spezifischen Informationen soll der Emittent eine Zusammenfassung eines Wertgutachtens („Condensed Valuation Report") in den Prospekt aufnehmen.[137] In Betracht kommt dabei die Aufnahme **mehrerer Gutachten** (unterschiedlicher Gutachter oder desselben Gutachters), etwa wenn verschiedene Schiffstypen vorhanden sind (siehe auch zu der gleichen Frage bei Bewertungsgutachten für Immobiliengesellschaften → Rn. 23).[138] Das Bewertungsgutachten muss durch einen **erfahrenen und unabhängigen Gutachter** erstellt werden und folgende **Angaben** umfassen:[139]

- Zeitpunkte der Inspektionen der Schiffe und von wem die Inspektionen jeweils durchgeführt wurden;
- alle relevanten Einzelheiten für die Bewertung (Schätzungsmethode) im Hinblick auf die bedeutenden Schiffe;
- Einzelheiten zu den Schiffen, deren Erwerb durch die Emission finanziert werden soll;
- Datum des Bewertungsgutachtens und Stichtag („Effective Date") der Bewertung für jedes bedeutende Schiff. Der Stichtag darf nicht **länger als ein Jahr** vor dem Publikationsdatum des Prospekts liegen; zudem muss der Emittent im Prospekt **bestätigen**, dass keine wesentlichen Änderungen seit dem Stichtag der Bewertung eingetreten sind; und

---

136 Je nach Größe der Schiffsflotte kann eine tabellarische Darstellung mit den relevanten Informationen geboten, aber auch ausreichend sein; vgl. aus der Billigungspraxis der BaFin etwa Prospekt der Hapag-Lloyd Aktiengesellschaft vom 14.10.2015 (mit Nachträgen vom 27.10.2015 und 30.10.2015), S. 210–212.
137 ESMA, ESMA/2013/319, Rn. 143; vgl. auch zur Rechtslage unter der ProspektRL/VO (EG) 809/2004: BaFin, Der Prospekt für Immobiliengesellschaften/Property Companies: besondere Anforderungen und Entwicklungen, Präsentation vom 4.9.2007, S. 21; *Schlitt*, in: Assmann/Schlitt/von Kopp-Colomb, WpPG/VermAnlG, 3. Aufl. 2017, Anhang XIX ProspektVO Rn. 23.
138 Vgl. Prospekt der HCI Hammonia Shipping AG vom 22.6.2007, S. 95 ff.
139 ESMA, ESMA/2013/319, Rn. 144; vgl. auch zur Rechtslage unter der ProspektRL/VO (EG) 809/2004: BaFin, Der Prospekt für Immobiliengesellschaften/Property Companies: besondere Anforderungen und Entwicklungen, Präsentation vom 4.9.2007, S. 21.

– ggf. eine Erläuterung der Unterschiede zwischen den Zahlen aus dem Wertgutachten und den entsprechenden Zahlen, die der Emittent in seinem letzten Jahresabschluss oder konsolidierten Abschluss veröffentlicht hat.

Die ESMA-Empfehlungen treffen bewusst keine Aussage zu dem **anwendbaren Wertansatz und Bewertungsverfahren** für Schifffahrtsgesellschaften, sondern überlassen die Entscheidung den zuständigen nationalen Behörden.[140] Wie bei Immobiliengesellschaften ist im Rahmen der Prospekterstellung daher im Ausgangspunkt die Bewertungsmethodik zu wählen, die auch bei der Erstellung des Konzernabschlusses zur Anwendung kommt. Allerdings existiert für die Schiffsbewertung kein dem bei Immobiliengesellschaften in aller Regel zur Anwendung kommenden IAS 40 (→ Rn. 21) vergleichbarer Bewertungsstandard.[141]

80

Das Bewertungsgutachten für Schifffahrtsgesellschaften entspricht im Übrigen in weiten Teilen den Anforderungen des Bewertungsgutachtens für **Immobiliengesellschaften**, sodass auf die dortigen Ausführungen zu den weiteren Kriterien des Gutachtens verwiesen wird (→ Rn. 18 ff.). Ein zusammengefasster Bericht ist nicht erforderlich, wenn die Schifffahrtsgesellschaft nicht beabsichtigt, mit dem Emissionserlös zumindest ein weiteres Schiff zu erwerben und sie die Schiffe seit erstmaliger Aufnahme in die Bilanz nicht einer Neubewertung unterzogen hat und darauf ausdrücklich hinweist.[142] Auch im Falle eines sog. „**Blind-Pool**",[143] bei dem die Schiffsflotte durch eingeworbenes Kapital erst aufgebaut wird, sind spezifische Ausführungen zu den Schiffen sowie die Aufnahme eines

81

---

140 Vgl. CESR, CESR/05-055b, Rn. 105 f.
141 Daher sind Schiffe als Sachanlagen nach IAS 16 zu ihren Anschaffungskosten abzüglich plangemäßer Abschreibungen oder zu einem niedrigeren Zeitwert zu bewerten. Die Frage der Abwertung zum niedrigeren beizulegenden Zeitwert orientiert sich an IAS 36, bei dessen Anwendung allerdings die Besonderheiten des Geschäftsmodells des jeweiligen Emittenten zu berücksichtigen sind. So wird bei sog. Linienreedereien ein Impairment-Test nach IAS 36 auf Ebene des einzelnen Schiffs grundsätzlich nicht in Betracht kommen, da die Nutzung der Schiffe auf verschiedenen Routen und die Austauschbarkeit des einzelnen Schiffs eine für die Bewertung von Zahlungsströmen zu den einzelnen Schiffen erforderliche Zuordnung unmöglich macht (davon unberührt bleibt die Berücksichtigung von Besonderheiten, wie z. B. Beschädigungen beim einzelnen Schiff). Vielmehr findet methodisch eine Gesamtbegutachtung des Schiffsportfolios statt, in der die Eignung der Schiffsflotte zur Erreichung der im Geschäftsplan festgelegten Geschäftsziele bewertet wird, nicht aber eine Einzelbewertung und -inspektion einzelner Schiffe, wie sie Rn. 144 b) der ESMA-Empfehlungen zu erwarten scheint. Der so ermittelte Gesamtwert ist anschließend nach einem Scoring-Model auf die einzelnen Schiffe der Flotte herunterzubrechen. Dies hat auch Eingang in die Billigungspraxis der BaFin gefunden (vgl. Prospekt der Hapag-Lloyd Aktiengesellschaft vom 14.10.2015 (mit Nachträgen vom 27.10.2015 und 30.10.2015), S. V-5 ff.). Eine Einzelbewertung ist indes in aller Regel bei sog. Charterreedereien geboten, deren Geschäftsmodell in der Vermietung von Frachtschiffen an Linienreedereien besteht. Hier kann jedes Schiff für sich genommen als zahlungsmittelgenerierende Einheit betrachtet werden. Eine Aufwertung der Schiffe über die Anschaffungskosten hinaus ist dagegen (anders als nach IAS 40 bei Immobilien) sowohl bei der Gesamtbetrachtung des Schiffsportfolios als auch bei der Einzelbewertung der Schiffe grundsätzlich nicht vorgesehen.
142 ESMA, ESMA/2013/319, Rn. 145. Die Formulierung der ESMA-Empfehlungen ist zwar nicht eindeutig; richtigerweise ist aber von einer „und"-, nicht von einer „oder"-Verknüpfung der gesamten Voraussetzungen auszugehen.
143 Vgl. zur VO (EG) 809/2004: *Schlitt*, in: Assmann/Schlitt/von Kopp-Colomb, WpPG/VermAnlG, 3. Aufl. 2017, Anhang XIX ProspektVO Rn. 24; vgl. etwa Prospekt der HCI Hammonia Shipping AG vom 22.6.2007 und Prospekt der Marenave Schiffahrts AG vom 18.9.2006; zum ver-

Bewertungsgutachtens nicht erforderlich (weil nicht möglich), es sei denn, deren Lieferung ist bereits vertraglich gesichert. In diesem Fall wird es sich jedoch regelmäßig zugleich um ein Start-up-Unternehmen i. S. d. Anhang 29 lit. e VO (EU) 2019/980 handeln, sodass ein Geschäftsplan erforderlich ist.[144]

7. Andere Emittenten mit besonderen Geschäftsbereichen

82 Fraglich ist, ob noch **andere Emittenten** mit besonderen Geschäftsbereichen (wie etwa Luftfahrtgesellschaften oder Finanzdienstleistungsunternehmen[145]) als Specialist Issuers zu qualifizieren sind. Die Auflistung in Anhang 29 zur VO (EU) 2019/980 ist jedoch abschließend.[146] Im Rahmen des Art. 23 Abs. 1 UAbs. 2 der VO (EG) 809/2004 konnten Mitgliedstaaten einen Antrag zur Aufnahme weiterer Kategorien von Unternehmen in das „Verzeichnis bestimmter Kategorien von Emittenten" mittels des Komitologieverfahrens nach Art. 24 der früheren ProspekRL stellen. Mit der Neuregelung des europäischen Prospektrechts ist diese Möglichkeit entfallen; eine vergleichbare Regelung findet sich in Art. 39 VO (EU) 2019/980 nicht.

---

gleichbaren Fall eines Blind-Pool bei einer Immobiliengesellschaft: Prospekt der Godewind Immobilien AG vom 27.3.2018.

144 Zur Rechtslage unter der ProspektRL/VO (EG) 809/2004: BaFin, Der Prospekt für Immobiliengesellschaften/Property Companies: besondere Anforderungen und Entwicklungen, Präsentation vom 4.9.2007, S. 21. Vgl. etwa Prospekt der Marenave Schiffahrts AG vom 18.9.2006, S. 135 ff.: Der Prospekt enthält nach dem Finanzteil noch einen Geschäftsplan (Business-Szenarien). Hierin aufgeführt sind Annahmen hinsichtlich des Umfangs der zu kaufenden Schiffe (einschließlich des erwarteten Kaufpreises, Charterrate und Kosten für den Schiffsbetrieb), Annahmen zu den allgemeinen Verwaltungskosten, Kosten im Zusammenhang mit der Gründung und der Börseneinführung, Finanzierungsmaßnahmen, Annahmen der Besteuerung und auf diesen Annahmen basierend verschiedene Geschäftsentwicklungsszenarien. Abschließend findet sich eine Bescheinigung einer Wirtschaftsprüfungsgesellschaft hinsichtlich der korrekten Berechnung der konsolidierten Ergebnisberechnungen im Rahmen der drei Szenarien.

145 Das US-amerikanische Kapitalmarktrecht sieht dagegen spezifische Offenlegungspflichten für „Bank Holding Companies" vor, die sinngemäß auf ausländische Banken Anwendung finden. Siehe Industry Guide 3: Statistical Disclosure by Bank Holding Companies („Guide 3"). Diese Vorgaben an den Prospekt spielen auch für deutsche Emittenten eine Rolle, sofern sich das Angebot von Wertpapieren auch auf die USA – üblicherweise im Wege einer Privatplatzierung nach Rule 144A des US Securities Act von 1933 – erstreckt. Zu den spezifischen Informationen nach Guide 3 gehören statistische Daten für die letzten drei Jahre, insbesondere (i) durchschnittliche Bilanzdaten, (ii) durchschnittliche Zinserträge und -aufwendungen, (iii) Änderungen der Zinserträge und -aufwendungen für die letzten zwei Jahre samt Analyse, ob diese durch Änderungen der zugrunde liegenden Bestandsgrößen oder der Zinssätze verursacht wurden, (iv) Aufschlüsselung der Wertpapier-Portfolios nach bestimmten Kategorien sowie für den letzten Bilanzstichtag Fälligkeitsanalyse des Wertpapier-Portfolios und bestimmte Angaben über Portfoliokonzentrationen, (v) Aufschlüsselung des Darlehens-Portfolios nach bestimmten sektoralen und geographischen Kriterien sowie für den letzten Bilanzstichtag Fälligkeits- und Sensitivitätsanalyse des Darlehens-Portfolios gegenüber Zinsänderungen, (vi) Übersicht über überfällige und Problemdarlehen, (vii) Einzel- und Pauschalwertberichtigungen sowie Abschreibungen auf Darlehen samt Aufschlüsselung nach bestimmten sektoralen und geographischen Kriterien, (viii) Angaben zum Einlagengeschäft, (ix) bestimmte Profitabilitätskennzahlen auf Grundlage der Bilanz sowie (x) Angaben zu kurzfristigen Verbindlichkeiten.

146 Vgl. jeweils noch zu Anhang XIX der VO (EG) 809/2004 *Wiegel*, Die Prospektrichtlinie und Prospektverordnung, S. 285; *Schnorbus*, WM 2009, 249, 259.

Andere Emittenten mit besonderen Geschäftsbereichen können jedoch **freiwillig** zusätzliche, den Besonderheiten der jeweiligen Geschäftstätigkeit Rechnung tragende Informationen in den Prospekt aufnehmen;[147] unter Umständen kann deren Aufnahme unter dem Gesichtspunkt der Wesentlichkeit für den Anleger nach Art. 6 der ProspektVO sogar erforderlich sein. Gleiches gilt für Emittenten, die zwar unter die in Anhang 29 zur VO (EU) 2019/980 genannten Kategorien fallen, aber nicht etwaige weitere Voraussetzungen der ESMA-Empfehlungen (z.B. Schwellenwerte oder nur bestimmte erfasste Kapitalmarkttransaktionen) erfüllen. Auch in diesem Fall ist die freiwillige Orientierung an den ESMA-Empfehlungen zulässig und gegebenenfalls ratsam.

83

---

[147] Allgemein für die Zulässigkeit freiwilliger Zusatzangaben ggf. unter Beachtung etwaiger Regelungen der ProspektVO oder VO (EU) 2019/980 auch *Schlitt/Ries*, in: Assmann/Schlitt/von Kopp-Colomb, Prospektrecht Kommentar, Art. 13 ProspektVO Rn. 25.

Art. 40 VO (EU) 2019/980
Zusätzliche Kriterien für die Prüfung der Vollständigkeit, Kohärenz und Verständlichkeit der im Prospekt enthaltenen Angaben*

Sollte der Anlegerschutz dies erfordern, kann die zuständige Behörde zusätzlich zu den in den Artikeln 36, 37 und 38 genannten Kriterien weitere heranziehen, um die im Prospektentwurf enthaltenen Angaben auf ihre Vollständigkeit, Verständlichkeit und Kohärenz hin zu prüfen.

1 Um die Prüfung den speziellen Merkmalen eines Prospekts anzupassen, sollten die zuständigen Behörden, wenn sie den Prospektentwurf auf seine Vollständigkeit, Verständlichkeit und Kohärenz hin überprüfen, deshalb **erforderlichenfalls zusätzliche Kriterien bei der Prospektprüfung** heranziehen dürfen. Ziel ist es, hierdurch ein **hohes Maß an Anlegerschutz** sicherzustellen.[1]

2 Allerdings hat sich im Rahmen des ESMA Peer Review 2022[2] herausgestellt, dass das **Verständnis über und die Anwendung von zusätzlichen Kriterien** durch die unterschiedlichen nationalen Behörden **stark differiert**. Hierin liegen vor allem zwei Risiken: Erstens, ob die zur Anwendung gelangenden zusätzlichen Kriterien in einem angemessenen Verhältnis zu den **Risiken** für die Anleger stehen, wobei die legitimen Interessen des Emittenten berücksichtigt wurden, und **ob der Prospekt das geeignete Instrument ist, um etwaigen Risiken für die Anleger zu begegnen**. Zweitens können die zusätzlichen Kriterien, die von Fall zu Fall angewandt werden, in ihrer Anwendung zu **ungleichen Wettbewerbsbedingungen** zwischen den Emittenten und den verschiedenen Rechtsordnungen führen.

3 Gemäß ESMA Peer Review 2022[3] wendet eine **Mehrheit** der zuständigen nationalen Behörden, darunter auch die BaFin, derzeit **keine zusätzlichen Kriterien für die Prüfung der Vollständigkeit, Kohärenz und Verständlichkeit der in den Prospekten enthaltenen Informationen** an, während mehr als ein Drittel der zuständigen nationalen Behörden zusätzliche Kriterien für die Prüfung der in Prospekten enthaltenen Informationen anwendet und sechs zuständige nationale Behörden solche Kriterien formalisiert haben. Jedoch scheinen bei den nationalen Behörden bereits unterschiedliche Ansichten darüber zu bestehen, was als „zusätzliche Kriterien" zu betrachten ist. Einige nationale Behörden sehen bestimmte Praktiken als zusätzliche Kriterien an, während andere dies nicht tun. Das Peer Review Commitee äußerte daher den **Vorschlag, dass der Begriff „Kriterien" weiter geklärt werden sollte**, um eine einheitliche Umsetzung durch die nationalen Auf-

---

* Die Kommentierung gibt ausschließlich die persönliche Meinung der Autorin wieder. Dies gilt für sämtliche Ausführungen der Autorin in diesem Kommentar.
1 Erwägungsgrund 22 VO (EU) 980/2019.
2 ESMA, Peer review of the scrutiny and approval procedures of prospectuses by competent authorities – Peer review report, ESMA42-111-7170, 21.7.2022 (nachfolgend: ESMA, Peer Review 2022), https://www.esma.europa.eu/sites/default/files/library/esma42-111-7170_final_report_-_prospectus_peer_review.pdf (zuletzt abgerufen am 24.5.2023).
3 ESMA, Peer Review 2022, Rn. 201 ff.

sichtsbehörden zu fördern. Ob sich die Europäische Kommission zu einer Klärung des Begriffs, ggf. auch unter Rückgriff auf technische Unterstützung der ESMA, entschließen wird, ist bislang offen.

Art. 41 VO (EU) 2019/980
Verhältnismäßiger Ansatz bei der Prüfung von Prospektentwürfen und der Überprüfung des einheitlichen Registrierungsformulars

(1) Wenn sich der erste Entwurf eines einer zuständigen Behörde vorgelegten Prospekts im Wesentlichen mit einem bereits von dieser Behörde gebilligten Prospekt deckt und in diesem Prospektentwurf alle Änderungen gegenüber dem bereits gebilligten Prospekt hervorgehoben sind, muss die zuständige Behörde lediglich diese Änderungen sowie alle hiervon betroffenen Angaben prüfen und zu diesem Zweck die in den Artikeln 36, 37 und 38 genannten Kriterien heranziehen.

(2) Wenn ein bereits überprüftes, ohne vorherige Billigung hinterlegtes einheitliches Registrierungsformular oder eine Änderung an einem solchen geprüft wird, müssen die zuständigen Behörden die in den Artikeln 36, 37 und 38 genannten Kriterien nur auf die noch nicht überprüften Teile des einheitlichen Registrierungsformulars oder die noch nicht überprüfte Änderung anwenden.

(3) Enthält der erste Entwurf eines Prospekts Angaben mittels eines Verweises auf ein Dokument, das gemäß der Verordnung (EU) 2017/1129 oder gemäß den nationalen Bestimmungen zur Umsetzung der Richtlinie 2003/71/EG des Europäischen Parlaments und des Rates gebilligt wurde, müssen die zuständigen Behörden nur die in Artikel 38 der vorliegenden Verordnung genannten Kriterien zur Prüfung dieser Angaben anwenden.

(4) Bei der Anwendung der Absätze 1, 2 oder 3 fordern die zuständigen Behörden den Emittenten, den Anbieter oder die die Zulassung zum Handel an einem geregelten Markt beantragende Person auf, zu bestätigen, dass alle Angaben im endgültigen Prospektentwurf oder einheitlichen Registrierungsformular aktuell sind und alle in den Anhängen genannten und für diesen Prospekt oder dieses einheitliche Registrierungsformular maßgeblichen Informationen enthalten.

(5) Werden der zuständigen Behörde im Anschluss daran weitere Prospektentwürfe vorgelegt, muss sie bei der Prüfung dieser Folgeentwürfe die in den Artikeln 36, 37 und 38 genannten Kriterien nur auf die Änderungen im Vergleich zum Vorentwurf und alle von diesen Änderungen betroffenen Angaben anwenden.

(nicht kommentiert)

Art. 42 VO (EU) 2019/980
Einreichung eines Antrags auf Billigung eines Prospektentwurfs oder Hinterlegung eines einheitlichen Registrierungsformulars oder diesbezüglicher Änderungen

(1) Jeder Prospektentwurf ist der zuständigen Behörde auf elektronischem Wege in einem durchsuchbaren elektronischen Format zu übermitteln.

Bei Einreichung des ersten Prospektentwurfs hat der Emittent, der Anbieter oder die die Zulassung zum Handel an einem geregelten Markt beantragende Person der zuständigen Behörde eine Kontaktstelle zu nennen, der die zuständige Behörde alle Benachrichtigungen auf elektronischem Wege schriftlich übermitteln kann.

(2) Ebenfalls auf elektronischem Wege und in einem durchsuchbaren elektronischen Format ist der zuständigen Behörde Folgendes zu übermitteln:

a) die Liste der Querverweise, falls von der zuständigen Behörde gemäß Artikel 24 Absatz 5 angefordert oder auf eigene Initiative übermittelt;

b) wird keine Liste mit Querverweisen angefordert, ein Dokument, das alle in den Anhängen genannten Punkte nennt, die mit Blick auf die Art des Emittenten, der Wertpapiere, des Angebots oder der Zulassung zum Handel nicht in den Prospektentwurf aufgenommen wurden;

c) alle gemäß Artikel 19 der Verordnung (EU) 2017/1129 mittels Verweis in den Prospekt aufgenommenen Angaben, sofern diese nicht schon von derselben zuständigen Behörde gebilligt oder bei dieser in einem durchsuchbaren elektronischen Format hinterlegt wurden;

d) alle begründeten Anträge an die zuständige Behörde auf Genehmigung der in Artikel 18 der Verordnung (EU) 2017/1129 genannten Nichtaufnahme bestimmter Angaben in den Prospekt;

e) alle Anträge an die zuständige Behörde auf eine in Artikel 25 Absatz 1 der Verordnung (EU) 2017/1129 genannte Notifizierung;

f) alle Anträge an die zuständige Behörde auf eine in Artikel 26 Absatz 2 der Verordnung (EU) 2017/1129 genannte Notifizierung;

g) ein nach Artikel 26 Absatz 4 der Verordnung (EU) 2017/1129 vorgeschriebener Anhang, es sei denn, nach Artikel 7 Absatz 1 Unterabsatz 2 der genannten Verordnung ist keine Zusammenfassung erforderlich;

h) für den Fall, dass der Emittent den Entwurf eines einheitlichen Registrierungsformulars zur Billigung vorlegt oder ein einheitliches Registrierungsformular ohne vorherige Billigung hinterlegt und den Status eines Daueremittenten anstrebt, eine Bestätigung des Emittenten, dass seines Wissens alle nach den nationalen Bestimmungen zur Umsetzung der Richtlinie 2004/109/EG des Europäischen Parlaments und des Rates, sofern anwendbar, und nach der Verordnung (EU) Nr. 596/2014 der Europäischen Parlaments und des Rates zu liefernden Angaben während der letzten 18 Monate oder seit Beginn der Pflicht zur Lieferung dieser Angaben – je nachdem, welcher Zeitraum der Kürzere ist – gemäß diesen Rechtsakten hinterlegt und veröffentlicht wurden;

i) wird ein einheitliches Registrierungsformular ohne vorherige Billigung hinterlegt, eine Erklärung, inwieweit einer Aufforderung auf Änderung oder auf Lieferung zusätzlicher Angaben gemäß Artikel 9 Absatz 9 Unterabsatz 2 der Verordnung (EU) 2017/1129 im einheitlichen Registrierungsformular Rechnung getragen wurde;

j) alle anderen von der zuständigen Behörde für die Zwecke der Prüfung und der Billigung des Prospekts oder der Prüfung und Billigung des einheitlichen Registrierungsformulars geforderten Angaben.

(3) Ist ein ohne vorherige Billigung hinterlegtes einheitliches Registrierungsformular gemäß Artikel 24 Absatz 6 mit Randbemerkungen versehen, ist eine identische Fassung ohne Randbemerkungen beizufügen.

(4) Wird ein einheitliches Registrierungsformular ohne vorherige Billigung hinterlegt oder ein einheitliches Registrierungsformular geändert, sind die in Absatz 2 Buchstaben a, b, c, d, h und i genannten Angaben bei Hinterlegung des einheitlichen Registrierungsformulars bei der zuständigen Behörde vorzulegen, während die in Absatz 2 Buchstabe j genannten Angaben während des Überprüfungsprozesses vorzulegen sind. In allen anderen Fällen sind die in Absatz 2 genannten Angaben der zuständigen Behörde mit dem ersten Prospektentwurf oder während des Prüfverfahrens vorzulegen.

(5) Teilt ein Daueremittent der zuständigen Behörde gemäß Artikel 20 Absatz 6 Unterabsatz 1 Satz 2 der Verordnung (EU) 2017/1129 mit, dass er einen Antrag auf Billigung eines Prospektentwurfs stellen will, muss diese Mitteilung schriftlich und auf elektronischem Wege erfolgen.

Den in Unterabsatz 1 genannten Angaben muss zu entnehmen sein, welche Anhänge für diesen Prospektentwurf relevant sind.

Übersicht

	Rn.		Rn.
I. Einleitung	1	III. Begleitdokumente und Anträge,	
II. Art. 42 Abs. 1 UAbs. 1	3	Art. 42 Abs. 2	7

I. Einleitung*

1 Art. 42 VO (EU) 2019/980 regelt auf Grundlage der in Art. 20 Abs. 11 ProspektVO vorgesehenen Ermächtigung zum Erlass von Durchführungsverordnungen in Bezug auf das Verfahren für die Billigung von Prospekten die **formellen Anforderungen an die Übermittlung** eines zur Billigung einzureichenden Prospektentwurfs bzw. einheitlichen Regi-

---

* Die Kommentierung gibt ausschließlich die persönliche Meinung der Autorin wieder. Dies gilt für sämtliche Ausführungen der Autorin in diesem Kommentar.

strierungsformulars sowie eines zur Hinterlegung einzureichenden einheitlichen Registrierungsformulars an die zuständige Behörde. Ferner werden der Umfang und die Beschaffenheit der ebenfalls zu übermittelnden erforderlichen Anträge und Begleitdokumente festgelegt. Ausweislich des Erwägungsgrundes 26 zur VO (EU) 2019/980 dient die Angabe, welche Unterlagen den zuständigen Behörden auf den einzelnen Stufen des Billigungsverfahrens vorzulegen sind, der Gewährleistung der Sicherheit des Billigungsverfahrens.[1]

Der in Art. 35 VO (EU) 2019/980 enthaltene Hinweis stellt hierbei klar, dass diese Anforderungen sowohl bei Einreichung eines in einem einzigen Dokument erstellten Prospekts als auch bei einem in mehreren Einzeldokumenten (Registrierungsformular, Wertpapierbeschreibung und Zusammenfassung) erstellten Prospekt im Sinne des Art. 6 Abs. 3 zur Billigung sowie bei Einreichung eines einheitlichen Registrierungsformulars zur Billigung oder zu dessen bloßer Hinterlegung gleichermaßen gelten.

II. Art. 42 Abs. 1 UAbs. 1

1. Elektronisch durchsuchbares Dokument

Jeder Prospektentwurf muss ein **elektronisch durchsuchbares Dokument** darstellen. Begründet ist dies dadurch, dass den zuständigen Behörden die Suche nach speziellen Begriffen und Stichworten im vorgelegten Dokument ermöglicht wird, um ein wirksames und zeitgerechtes Prüfverfahren der Prospekte zu gewährleisten.[2] Insbesondere vor dem Hintergrund des Umfangs der (Basis-)Prospekte und der durchzuführenden Vollständigkeits- und Kohärenzprüfung stellt die Durchsuchbarkeit des elektronischen Dokuments eine unverzichtbare Eigenschaft dar.

Weitere Vorgaben in Bezug auf das Dokument lassen sich aus der VO (EU) 2019/980 nicht ableiten, ergeben sich aber aus dem von der BaFin für die Übermittlung bereitgestellten Meldeverfahren (MVP-Fachverfahren Prospekte (EU-VO/WpPG/VermAnlG)) (siehe hierzu → Rn. 5) bzw. indirekt aus den Anforderungen des von ESMA geführten Prospektregisters („Prospectus III Documents").[3] Für die technischen Einzelheiten in Bezug auf das Dateiformat der Meldedatei (sog. Containerdatei in Form eines ZIP-Archivs) und die Dateien innerhalb der Meldedatei (pdf-Dokumente), den Dateinamen der Meldedatei und der darin beinhalteten Dateien sowie die Größenbegrenzung der übermittelbaren Datei (max. 204.800 kB) wird auf das **Informationsblatt zum Fachverfahren Prospekte (EU-VO/WpPG/VermAnlG)** für Prospekte/Nachträge gem. EU-VO (Stand: 23.1.2023)[4] verwiesen.

---

1 Erwägungsgrund 26 VO (EU) 2019/980.
2 Erwägungsgrund 28 VO (EU) 2019/980.
3 Das von ESMA geführte Register ist über deren Website einsehbar, erreichbar über https://registers.esma.europa.eu/publication/searchRegister?core=esma_registers_priii_documents
4 Abrufbar unter https://www.bafin.de/SharedDocs/Downloads/DE/dl_mvp-portal_Infoblatt_zum_fachverfahren_einreichung_prospekte.pdf?__blob=publicationFile&v.

2. Übermittlung auf elektronischem Wege

5 Ferner sind die elektronisch durchsuchbaren Dokumente gemäß Abs. 1 **auf elektronischem Wege** an die Behörde zu **übermitteln**. Zum Zwecke der elektronischen Übermittlung steht bei der BaFin allein das behördeneigene **Melde- und Veröffentlichungsportal** (kurz: MVP-Portal) zur Verfügung.[5] Zur Nutzung des MVP-Portals ist zunächst eine Selbstregistrierung als „Melder" erforderlich, die eine Anmeldung mit einem Benutzerkonto ermöglicht. Ferner ist die Freischaltung zum MVP-Fachverfahren zur elektronischen Hinterlegung von Prospekten, Nachträgen, endgültigen Angebotsbedingungen, (einheitlichen) Registrierungsformularen sowie Wertpapier-Informationsblättern (WIBs) samt Aktualisierungen (Fachverfahren „Prospekte (Prospekte (EU-VO/WpG/VermAnlG)") bei der BaFin zu beantragen. Nach Prüfung der eingereichten Unterlagen und Vorliegen aller Voraussetzungen schaltet die BaFin den Antragsteller für das Fachverfahren frei und informiert ihn per E-Mail über die Freischaltung.[6] Im Falle eines Berechtigten Dritten informiert die BaFin darüber hinaus den Emittenten, Anbieter bzw. Zulassungsantragsteller per E-Mail über die Freischaltung des Berechtigten Dritten per E-Mail. Ein Fehlen der entsprechenden Zugänge bzw. der Freischaltung zum Fachverfahren am gewünschten Einreichungszeitpunkt birgt für den Prospekteinreicher das Risiko einer Verzögerung des Prüfungsverfahrens, insbesondere bei zuvor (im Rahmen einer sog. Voranfrage) erfolgter Abstimmung über einen Zeitplan in Bezug auf das Billigungsverfahren oder aber wenn ein zeitlicher Engpass auf Seiten des Emittenten und/oder Anbieters aufgrund des Ablaufs der Gültigkeit des Vorgängerprospekts besteht.

3. Benennung einer Kontaktstelle (Art. 42 Abs. 1 UAbs. 2)

6 Bei Einreichung des ersten Prospektentwurfs hat der Emittent, der Anbieter oder die die Zulassung zum Handel an einem geregelten Markt beantragende Person der BaFin eine **Kontaktstelle** zu **benennen**, der die BaFin alle Benachrichtigungen auf elektronischem Wege übermitteln kann. Dies wird regelmäßig die Person des Einreichenden sein. Hierbei können neben der übermittelnden Person **auch weitere Personen** benannt werden, mit denen die BaFin kommunizieren kann, immer vorausgesetzt, eine entsprechende Berechtigung dieser Personen liegt vor und wird der Behörde nachgewiesen, sodass diese Personen ebenfalls über einen eigenen Zugang zum MVP-Portal und zum Fachverfahren Prospekte verfügen. Die Erforderlichkeit der bislang von der BaFin stets geforderten Faxnum-

---

[5] BaFin, Neue Regeln für Wertpapierprospekte nach EU-Prospektverordnung 2017/1129 – Frequently Asked Questions, VIII. (Stand: 6.10.2021), Permalink: https://www.bafin.de/ref/19644840.

[6] BaFin, Informationsblatt zum Fachverfahren Prospekte (EU-VO/WpG/VermAnlG) für Prospekte/Nachträge gem. EU-VO (nachfolgend: BaFin, Informationsblatt Fachverfahren), Stand: 23.1.2023, S. 5. Für die erforderlichen Voraussetzungen und beizubringenden Unterlagen für eine Anmeldung zum MVP-Fachverfahren Prospekte wird auf die von der BaFin auf ihrer Homepage veröffentlichten „Neue Regeln für Wertpapierprospekte nach EU-Prospektverordnung 2017/1129 – Frequently Asked Questions, Abschnitt XIII, Welche Dokumente sind für die Anmeldung zum MVP-Fachverfahren zur elektronischen Hinterlegung von Prospekten, Nachträgen, endgültigen Angebotsbedingungen, (einheitlichen) Registrierungsformularen sowie Wertpapier-Informationsblättern (WIBs) samt Aktualisierungen erforderlich?" verwiesen, abrufbar unter Permalink https://www.bafin.de/ref/19644840 (Stand: 6.10.2021).

mer der Kontaktperson[7] wird aufgrund der nunmehr in beide Richtungen erfolgenden Kommunikation durch Einführung einer Postfachfunktion im MVP-Fachverfahren Prospekte für obsolet gehalten.

III. Begleitdokumente und Anträge, Art. 42 Abs. 2

Art. 42 Abs. 2 beinhaltet **detaillierte Regelungen zu den Begleitdokumenten und Anträgen**, welche der Emittent **über das MVP-Portal** ebenfalls in einem **durchsuchbaren elektronischen Format** bei der BaFin einreichen muss. Diese sind grundsätzlich zusammen mit dem ersten Prospektentwurf vorzulegen. Bei bloßer Hinterlegung eines einheitlichen Registrierungsformular ohne Billigung (siehe Art. 9 Abs. 3 ProspektVO) sind die Begleitdokumente grundsätzlich bereits mit der Hinterlegung vorzulegen.[8]

Bei den Begleitdokumenten handelt es zunächst um eine **Liste der Querverweise (in der Praxis** auch als **Überkreuz-Checkliste** bezeichnet) (**Art. 42 Abs. 2 lit. a**), falls der Prospekt nicht in der Reihenfolge der Anhänge aufgebaut ist oder der Prospekt keine Querverweise am Rand vermerkt hat (siehe Art. 24 Abs. 6 VO (EU) 2019/980). Aus dieser Liste muss hervorgehen, welche Punkte der Anhänge mit Blick auf die Art des Emittenten, der Wertpapiere, des Angebots oder der Zulassung zum Handel nicht in den Prospektentwurf aufgenommen wurden, zusammen mit einer Begründung, warum dies der Fall ist. Hierdurch sollen Verzögerungen im Prüfverfahren so gering wie möglich gehalten werden, indem die zuständige Behörde unzutreffende oder nicht relevante Informationspflichten rasch erkennen kann.[9] Sofern die Einreichung einer Überkreuz-Checkliste nicht notwendig ist, müssen diese Angaben zu den **in den Anhängen genannten Punkten, die mit Blick auf die Art des Emittenten der Wertpapiere, des Angebots oder der Zulassung zum Handel nicht in den Prospektentwurf aufgenommen wurden**, der BaFin in einem separaten Dokument übermittelt werden (Art. 42 Abs. 2 lit. b).[10] Für größere Effizienz bei der Erstellung des Prospekts und zur Vermeidung unnötigen Aufwands sollte es gestattet sein, in den Anhängen aufgeführte Angaben auszulassen, wenn diese auf den Emittenten oder auf die angebotenen oder zum Handel an einem geregelten Markt zugelassenen Wertpapiere nicht zutreffen.[11] Hiervon zu unterscheiden sind solche Sachverhalte, die unter Art. 18 ProspektVO fallen, also wenn trotz Vorliegens des Sachverhalts auf die Aufnahme der Angabe im Prospekt verzichtet werden soll (vgl. Kommentierung zu Art. 18 ProspektVO sowie → Rn. 10).

Ferner sind alle gemäß Art. 19 ProspektVO **mittels Verweis in den Prospekt aufgenommenen Angaben** zu übermitteln (Art. 42 Abs. 2 lit. c). Dies ist nicht erforderlich, sofern diese bereits von der BaFin gebilligt oder bei dieser in einem durchsuchbaren elektronischen Format hinterlegt wurden. Sofern die Angaben bereits hinterlegt wurden, wird je-

---

7 Vgl. BaFin, Neue Regeln für Wertpapierprospekte nach EU-Prospektverordnung 2017/1129 – Frequently Asked Questions, Abschnitt VIII.
8 BaFin, Merkblatt zur Prüfung von Wertpapierprospekten auf Verständlichkeit, Gz: WA 51-Wp 7115-2019/0099 (nachfolgend: BaFin, Merkblatt zur Verständlichkeit), Abschnitt X, abrufbar unter Permalink https://www.bafin.de/ref/19598478.
9 Erwägungsgrund 30 VO (EU) 2019/980.
10 BaFin, Merkblatt zur Prüfung von Wertpapierprospekten auf Verständlichkeit, Gz: WA 51-Wp 7115-2019/0099, Abschnitt X, abrufbar unter Permalink https://www.bafin.de/ref/19598478.
11 Vgl. auch Erwägungsgrund 25 VO 2019/980.

doch ein entsprechender Hinweis als erforderlich gesehen, der die entsprechende Hinterlegung näher konkretisiert.

10 Sofern die in Art. 18 ProspektVO genannte **Nichtaufnahme bestimmter Angaben** im Prospekt begehrt wird, sind ferner alle **entsprechenden Anträge einschließlich einer Begründung** dieser Anträge einzureichen (Art. 42 Abs. 2 lit. d). Für die Voraussetzungen der Nichtaufnahme wird auf die Kommentierung zu Art. 18 ProspektVO verwiesen.

11 Bei begehrter **Notifizierung des zur Billigung eingereichten Dokuments** müssen für Prospekte alle Anträge auf die in Art. 25 Abs. 1 genannte Notifizierung und für Registrierungsformulare einschließlich einheitlicher Registrierungsformulare alle Anträge auf die in Art. 26 Abs. 2 genannte Notifizierung eingereicht werden (Art. 42 Abs. 2 lit. e und f). Bei **Beantragung** der Notifizierung eines Registrierungsformulars oder eines einheitlichen Registrierungsformulars ist nach Art. 42 Abs. 2 lit. g auch der dazu notwendige Anhang (Art. 26 Abs. 4 ProspektVO), welcher den emittentenbezogenen Teil der Zusammenfassung enthält, einzureichen, es sei denn, es liegt ein Fall nach Art. 7 Abs. 1 UAbs. 2 ProspektVO vor und es wird keine Zusammenfassung erforderlich.[12]

12 Darüber hinaus sind alle anderen von der BaFin für die Zwecke der Prüfung und Billigung des Prospekts oder der Prüfung und Billigung des einheitlichen Registrierungsformulars ggf. **geforderten Angaben (Art. 42 Abs. 2 lit. j)** einzureichen.

13 **Besonderheiten** bestehen zusätzlich für die **Einreichung einheitlicher Registrierungsformulare** (Art. 9 ProspektVO) und diesbezüglicher **Änderungen** (Art. 9 Abs. 7 ProspektVO), denn diese erfordern die Übermittlung zusätzlicher Erklärungen und Unterlagen von Emittenten, die ein einheitliches Registrierungsformular hinterlegen oder zur Billigung einreichen. Konkret zu übermitteln ist jedenfalls eine **Bestätigung des Emittenten**, dass seines Wissens alle nach den nationalen Bestimmungen zur Umsetzung der Transparenzrichtlinie 2004/109/EG, sofern anwendbar, und nach der Marktmissbrauchsverordnung 596/2014 zu liefernden Angaben während der letzten 18 Monate oder seit Beginn der Pflicht zur Lieferung dieser Angaben – je nachdem, welcher Zeitraum der Kürzere ist – gemäß diesen Rechtsakten hinterlegt und veröffentlicht wurden (**Art. 42 Abs. 2 lit. h**). Wird ein einheitliches Registrierungsformular ohne vorherige Billigung hinterlegt, ist ferner eine **Erklärung zur** aufgrund eines Überprüfungsprozesses ergangenen **Aufforderung auf Änderung oder Lieferung zusätzlicher Angaben** gemäß Art. 9 Abs. 9 UAbs. 2 ProspektVO, die erläutert, inwieweit im einheitlichen Registrierungsformular dieser Aufforderung Rechnung getragen wurde (**Art. 42 Abs. 2 lit. i**), beizufügen. Sofern ein ohne vorherige Billigung hinterlegtes einheitliches Registrierungsformular Randbemerkungen gemäß Art. 24 Abs. 6 VO (EU) 2019/980 enthält, ist zudem eine identische Fassung des Dokuments ohne Randbemerkungen beizufügen.

---

12 Siehe auch BaFin, Neue Regeln für Wertpapierprospekte nach EU-Prospektverordnung 2017/1129 – Frequently Asked Questions, Abschnitt III.3.

Art. 43 VO (EU) 2019/980
Änderungen an einem Prospektentwurf während des Billigungsverfahrens

(1) In jeder nach dem ersten Prospektentwurf vorgelegten Fassung sind die Änderungen gegenüber dem Vorentwurf kenntlich zu machen und ist eine Fassung ohne solche Markierungen beizufügen. Wurden nur begrenzte Änderungen vorgenommen, akzeptieren die zuständigen Behörden auch markierte Auszüge des Vorentwurfs.

(2) Haben die zuständigen Behörden dem Emittenten, dem Anbieter oder der die Zulassung zum Handel an einem geregelten Markt beantragenden Person gemäß Artikel 45 Absatz 2 mitgeteilt, dass der Prospektentwurf die in Artikel 20 Absatz 4 der Verordnung (EU) 2017/1129 genannten Standards der Vollständigkeit, der Verständlichkeit und der Kohärenz nicht erfüllt, ist dem nachfolgend vorgelegten Prospektentwurf eine Erläuterung beizufügen, aus der hervorgeht, wie die von den zuständigen Behörden aufgezeigten Probleme angegangen wurden.

(3) Sind die an einem Prospektentwurf vorgenommenen Änderungen selbsterklärend oder werden die von der zuständigen Behörde aufgezeigten Probleme dadurch eindeutig behoben, ist ein Hinweis auf die Stellen, an denen die Änderungen zur Behebung dieser Probleme vorgenommen wurden, für die Zwecke von Absatz 2 als ausreichend zu erachten.

(nicht kommentiert)

Art. 44 VO (EU) 2019/980
Antrag auf Billigung des endgültigen Prospektentwurfs*

(1) Der endgültige Prospektentwurf ist zusammen mit allen in Artikel 42 Absatz 2 genannten Angaben, die sich im Vergleich zur Vorfassung geändert haben, außer den unter den Buchstaben a und h genannten, zur Billigung vorzulegen. Der endgültige Prospektentwurf darf nicht mit Randbemerkungen versehen sein.

(2) Wurden keine Änderungen an den in Artikel 42 Absatz 2 genannten Angaben vorgenommen, hat der Emittent, der Anbieter oder die die Zulassung zum Handel an einem geregelten Markt beantragende Person dies auf elektronischem Wege schriftlich zu bestätigen.

1 Nach Durchführung der Prüfung durch die zuständige Behörde unter Anwendung der Prüfungsstandards der Vollständigkeit, Kohärenz und Verständlichkeit und sobald der Prospekt alle erforderlichen Angaben enthält, alle etwaigen Unverständlichkeiten und etwaigen Widersprüchlichkeiten entfernt wurden, kann der Prospekt von der zuständigen Behörde im Sinne des Art. 2 lit. r ProspektVO gebilligt werden.

2 Art. 44 bestimmt hierzu in Ausführung der in Art. 20 Abs. 11 ProspektVO enthaltenen Ermächtigungsgrundlage, in welcher Form und mit welchen zusätzlichen Angaben bzw. Bestätigungen der endgültige Prospektentwurf vorzulegen ist. Hierzu ist der endgültige Prospektentwurf in einem durchsuchbaren elektronischen Format über das MVP-Portal Fachverfahren Prospekte zu übermitteln. Dieser endgültige Prospektentwurf darf gemäß Art. 22 Abs. 1 Satz 2 nicht mit Randbemerkungen gemäß Art. 24 Abs. 6 VO (EU) 2019/980 versehen sein. Dem endgültigen Prospektentwurf sind alle in Art. 42 Abs. 2 genannten Begleitdokumente, die sich im Vergleich zur Vorfassung geändert haben, beizufügen. Von der BaFin nicht verlangt werden in diesem Zusammengang eine (erneute) Überkreuz-Checkliste sowie die Bestätigung eines Daueremittenten bzgl. Transparenzrichtlinie und Marktmissbrauchsverordnung. Sofern keine Änderungen an den in Art. 42 Abs. 2 genannten Begleitdokumenten erfolgt sind, müssen diese Dokumente nicht erneut eingereicht werden. Der Emittent, der Anbieter oder die die Zulassung zum Handel an einem geregelten Markt beantragende Person hat in diesem Fall eine Bestätigung über das MVP-Portal vorzulegen, dass keine Änderungen an den Begleitdokumenten vorgenommen wurden.[1]

---

* Die Kommentierung gibt ausschließlich die persönliche Meinung der Autorin wieder. Dies gilt für sämtliche Ausführungen der Autorin in diesem Kommentar.
1 Vgl. hierzu BaFin, Neue Regeln für Wertpapierprospekte nach EU-Prospektverordnung 2017/1129 – Frequently Asked Questions, X. Wie ist der endgültige Prospektentwurf der BaFin ab dem 21.7.2019 zu übermitteln und welche Begleitdokumente werden für die Billigung des endgültigen Prospektentwurfs benötigt?, abrufbar unter Permalink https://www.bafin.de/ref/19644840 (Stand: 6.10.2021).

Art. 45 VO (EU) 2019/980
Bestätigung des Eingangs eines Antrags auf Billigung eines Prospektentwurfs oder der Hinterlegung eines einheitlichen Registrierungsformulars oder einer diesbezüglichen Änderung und Bearbeitung eines Antrags auf Billigung eines Prospektentwurfs

(1) Die zuständigen Behörden bestätigen den Eingang des ersten Antrags auf Billigung eines Prospektentwurfs, die Hinterlegung eines einheitlichen Registrierungsformulars gemäß Artikel 9 Absatz 2 Unterabsatz 2 der Verordnung (EU) 2017/1129 oder die Änderung an diesem einheitlichen Registrierungsformular so schnell wie möglich, spätestens aber bis zum Geschäftsschluss des zweiten Arbeitstages nach Antragseingang oder Hinterlegung in schriftlicher Form auf elektronischem Wege.

Bei Eingang des ersten Antrags auf Billigung eines Prospektentwurfs und Hinterlegung eines einheitlichen Registrierungsformulars oder einer Änderung daran teilt die zuständige Behörde dem Emittenten, dem Anbieter oder der die Zulassung zum Handel an einem geregelten Markt beantragenden Person Folgendes mit:

a) das Aktenzeichen des Antrags oder der Hinterlegung;

b) die Kontaktstelle bei der zuständigen Behörde, an die Anfragen zum Antrag oder zur Hinterlegung gerichtet werden können.

(2) Wenn der Prospektentwurf nicht den Standards der Vollständigkeit, Verständlichkeit und Kohärenz entspricht und damit die für die Billigung erforderlichen Voraussetzungen nicht erfüllt oder Änderungen oder zusätzliche Angaben notwendig sind, teilen die zuständigen Behörden dies dem Emittenten, Anbieter oder der die Zulassung zum Handel an einem geregelten Markt beantragenden Person auf elektronischem Wege schriftlich mit.

Wenn das in Artikel 9 Absatz 2 Unterabsatz 2 der Verordnung (EU) 2017/1129 genannte einheitliche Registrierungsformular oder eine Änderung daran nicht den Standards der Vollständigkeit, Verständlichkeit und Kohärenz entspricht oder Änderungen oder zusätzliche Angaben notwendig sind, teilen die zuständigen Behörden dies dem Emittenten auf elektronischem Wege schriftlich mit. Ist dieser Mangel nach Artikel 9 Absatz 9 Unterabsatz 3 der Verordnung (EU) 2017/1129 unverzüglich zu beheben, teilt die zuständige Behörde dies dem Emittenten mit.

(3) Die zuständige Behörde teilt dem Emittenten, dem Anbieter oder der die Zulassung zum Handel an einem geregelten Markt beantragenden Person ihre Entscheidung bezüglich der Billigung des Prospektentwurfs so schnell wie möglich, spätestens aber bis zum Geschäftsschluss des Tages, an dem diese Entscheidung gefällt wird, auf elektronischem Wege schriftlich mit.

(nicht kommentiert)

Kapitel VI
Schlussbestimmungen

Art. 46 VO (EU) 2019/980
Aufhebung*

Die Verordnung (EG) Nr. 809/2004 wird aufgehoben.

1   Die Neuordnung des Prospektregimes durch Schaffung einer unmittelbar geltenden Prospektverordnung (ProspektVO) und delegierten Verordnungen (VO (EU) 2019/979 und VO (EU) 2019/980) zwecks stärkerer Harmonisierung des Prospektrechts machte die Aufhebung der bislang geltenden EU-ProspektVO zur ProspektRL erforderlich.

2   Die Aufhebung der Durchführungsverordnung erfolgte aufgrund des in Art. 47 VO (EU) 2019/980 geregelten Inkrafttretens der delegierten Verordnung zum 21.7.2019 aus Gründen der Kohärenz zur Anwendung der ProspektVO.[1]

---

* Die Kommentierung gibt ausschließlich die persönliche Meinung der Autorin wieder. Dies gilt für sämtliche Ausführungen der Autorin in diesem Kommentar.
1 Vgl. Erwägungsgrund 33 VO (EU) 2019/980.

Art. 46a VO (EU) 2019/980
Im Zeitraum 21. Juli 2019 bis 16. September 2020 gebilligte Prospekte*

Prospekte, die im Zeitraum 21. Juli 2019 bis 16. September 2020 gebilligt wurden, behalten ihre Gültigkeit bis zum Ende ihrer Geltungsdauer.

Die Regelung bestimmt, dass im Interesse der Rechtssicherheit Prospekte, die im Zeitraum 21.7.2019 bis 16.9.2020 gebilligt wurden, ihre Gültigkeit bis zum Ende ihrer Geltungsdauer behalten.[1]   1

Die Regelung bezieht sich unzweifelhaft nur auf vollständige Prospekte und nicht auch auf deren einzelne Bestandteile, wie etwa ein Registrierungsformular, eine Wertpapierbeschreibung oder eine Zusammenfassung. Dennoch wurde dies durch ESMA nochmals, allerdings in Bezug auf Art. 46 Abs. 3 VO (EU) 2019/980 i.d.F. vom 30.6.2017, eindeutig klargestellt.[2]   2

---

* Die Kommentierung gibt ausschließlich die persönliche Meinung der Autorin wieder. Dies gilt für sämtliche Ausführungen der Autorin in diesem Kommentar.
1 Erwägungsgrund 11 zur Delegierten Verordnung (EU) 2020/1273 der Kommission vom 4.6.2020 zur Änderung und Berichtigung der Delegierten Verordnung (EU) 2019/980 zur Ergänzung der Verordnung (EU) 2017/1129 des Europäischen Parlaments und des Rates hinsichtlich der Aufmachung, des Inhalts, der Prüfung und der Billigung des Prospekts, der beim öffentlichen Angebot von Wertpapieren oder bei deren Zulassung zum Handel an einem geregelten Markt zu veröffentlichen ist, ABl. EU L 300 vom 14.9.2020, S. 6–23.
2 ESMA, Questions and Answers on the Prospectus Regulation (12th Updated Version- Februrary 2023) A 1.2, S. 22: „Article 46(3) of the Prospectus Regulation only applies to full prospectuses (i.e. a registration document, securities note and summary) approved or filed in accordance with the national laws implementing the Prospectus Directive."

Art. 47 VO (EU) 2019/980
Inkrafttreten und Anwendung*

Diese Verordnung tritt am zwanzigsten Tag nach ihrer Veröffentlichung im Amtsblatt der Europäischen Union in Kraft.

Sie gilt ab dem 21. Juli 2019.

Diese Verordnung ist in allen ihren Teilen verbindlich und gilt unmittelbar in jedem Mitgliedstaat.

1 Die VO (EU) 2019/980 wurde am 21.6.2019 im Amtsblatt der Europäischen Union veröffentlicht und trat somit am 11.7.2019 in Kraft. Die Regelung schafft einen Gleichlauf mit dem Geltungsbeginn der Regelungen der ProspektVO, sodass die hierin geregelten Standards ebenfalls ab dem 21.7.2019 unmittelbar in jedem Mitgliedstaat gelten.

2 Hierdurch erfolgte die weitere Harmonisierung des EU-Prospektrechts für die Zulassung von Wertpapieren in geregelten Märkten und das öffentliche Angebot von Wertpapieren. Einer Umsetzung durch den nationalen Gesetzgeber bedarf es nicht mehr, das Unionsrecht ist nunmehr direkt und unmittelbar anzuwenden.

---

* Die Kommentierung gibt ausschließlich die persönliche Meinung der Autorin wieder. Dies gilt für sämtliche Ausführungen der Autorin in diesem Kommentar.

Anhänge

Teil A
Registrierungsformulare

Anhang 1 VO (EU) 2019/980
Registrierungsformular für Dividendenwerte

Abschnitt 1
Verantwortliche Personen, Angaben von Seiten Dritter, Sachverständigenberichte und Billigung durch die zuständige Behörde

Punkt 1.1

Nennung aller Personen, die für die Angaben im Registrierungsformular bzw. für bestimmte Teile der Angaben verantwortlich sind. Im letzteren Fall sind die entsprechenden Teile anzugeben. Handelt es sich um natürliche Personen, zu denen auch Mitglieder des Verwaltungs-, Leitungs- oder Aufsichtsorgans des Emittenten gehören, sind Name und Funktion dieser Person zu nennen. Bei juristischen Personen sind Name und eingetragener Sitz der Gesellschaft anzugeben.

Punkt 1.2

Erklärung der für das Registrierungsformular verantwortlichen Personen, dass die Angaben im Registrierungsformular ihres Wissens nach richtig sind und dass das Registrierungsformular keine Auslassungen enthält, die die Aussage verzerren könnten. Gegebenenfalls Erklärung der für bestimmte Abschnitte des Registrierungsformulars verantwortlichen Personen, dass die in den Teilen des Registrierungsformulars genannten Angaben, für die sie verantwortlich sind, ihres Wissens nach richtig sind und dass diese Teile des Registrierungsformulars keine Auslassungen beinhalten, die die Aussage verzerren könnten.

Punkt 1.3

Wird in das Registrierungsformular eine Erklärung oder ein Bericht einer Person aufgenommen, die als Sachverständiger handelt, so sind folgende Angaben zu dieser Person zu machen:

a) Name,

b) Geschäftsadresse,

c) Qualifikationen,

d) das wesentliche Interesse am Emittenten, falls vorhanden.

Wurde die Erklärung oder der Bericht auf Ersuchen des Emittenten erstellt, ist anzugeben, dass diese Erklärung oder dieser Bericht mit Zustimmung der Person, die den Inhalt dieses Teils des Registrierungsformulars für die Zwecke des Prospekts gebilligt hat, aufgenommen wurde.

Punkt 1.4

Wurden Angaben vonseiten Dritter übernommen, ist zu bestätigen, dass diese Angaben korrekt wiedergegeben wurden und nach Wissen des Emittenten und soweit für ihn aus den von diesem Dritten veröffentlichten Angaben ersichtlich, nicht durch Auslassungen unkorrekt oder irreführend gestaltet wurden. Darüber hinaus hat der Emittent die Quelle(n) der Angaben zu nennen.

Punkt 1.5

Eine Erklärung, dass

a) [das Registrierungsformular/der Prospekt] durch [Bezeichnung der zuständigen Behörde] als zuständige Behörde gemäß Verordnung (EU) 2017/1129 gebilligt wurde,

b) die [Bezeichnung der zuständigen Behörde] [dieses Registrierungsformular/diesen Prospekt] nur bezüglich der Standards der Vollständigkeit, Verständlichkeit und Kohärenz gemäß der Verordnung (EU) 2017/1129 billigt,

c) eine solche Billigung nicht als eine Befürwortung des Emittenten, der Gegenstand [dieses Registrierungsformulars/dieses Prospekts] ist, erachtet werden sollte.

Übersicht

	Rn.		Rn.
I. Regelungsgegenstand und -zweck	1	III. Erklärung zur sorgfältigen Prospekterstellung (Punkt 1.2)	10
1. Regelungsgegenstand	1		
2. Regelungszweck	2	IV. Übernommene Erklärungen oder Berichte eines Sachverständigen (Punkt 1.3)	12
II. Angaben zu verantwortlichen Personen (Punkt 1.1)	4		
1. Adressatenkreis	4	V. Von Dritten in den Prospekt übernommene Angaben (Punkt 1.4)	20
a) Begriff der verantwortlichen Person	4		
b) Natürliche und juristische Personen	7		
2. Teilverantwortung	8	VI. Billigung und Billigungsbehörde	24

I. Regelungsgegenstand und -zweck

1. Regelungsgegenstand

1 Ziff. 1 konkretisiert die Erfüllung der allgemeinen Anforderungen des Art. 11 Abs. 1 Satz 2 ProspektVO. Punkt 1.1 entspricht im Wesentlichen Art. 11 Abs. 1 Satz 2 Hs. 1 ProspektVO; Punkt 1.2 ist das Äquivalent von Art. 11 Abs. 1 Satz 2 Hs. 2 ProspektVO. Auf die Kommentierungen zu Art. 11 und § 8 WpPG wird verwiesen.

2. Regelungszweck

2 Zweck der Mindestangabe nach Abschnitt 1 ist – wie schon bei Art. 11 Abs. 1 Satz 2 ProspektVO – die Information über die persönlichen Angaben zu den **Personen**, die für den Inhalt des Prospekts die **Verantwortung** übernehmen oder auf die **Prospektangaben zurückzuführen** sind, ohne dass sie für den ganzen Prospekt Verantwortung übernehmen.

3 Die Angabe der Prospektverantwortlichen wird mit deren Erklärung verbunden, dass der Prospekt nach ihrem Wissen **richtig und vollständig** ist. Diese Angaben dienen zugleich der Identifikation der Personen, die nach § 9 Abs. 1 Satz 1 Nr. 1 WpPG als Prospektverantwortliche der Haftung für die Richtigkeit und Vollständigkeit des Prospektes in Bezug

auf die für die Beurteilung der Wertpapiere wesentlichen Angaben unterliegen.[1] Eine materielle Haftungsregelung stellt Punkt 1 indes nicht dar.[2]

II. Angaben zu verantwortlichen Personen (Punkt 1.1)

1. Adressatenkreis

a) Begriff der verantwortlichen Person

Nach Punkt 1.1 sind die für den Prospekt verantwortlichen Personen vollständig anzugeben („aller"). Welche Personen dies im Einzelnen sind, kann je nach Art des Prospekts unterschiedlich sein. Die ProspektVO gibt in Art. 11 Abs. 1 Satz 1 insoweit nur vor, dass zumindest der Emittent oder dessen Verwaltungs-, Leitungs- oder Aufsichtsorgan, der Anbieter, die die Zulassung zum Handel an einem geregelten Markt beantragende Person oder der Garantiegeber für die Richtigkeit der in einem Prospekt und Nachträgen dazu enthaltenen Angaben haftet. Zur Frage, welche dieser Personen konkret die Verantwortung für den Prospekt zu übernehmen haben, verweist Art. 11 Abs. 1 Satz 1 ProspektVO auf das **nationale Recht**.[3]   4

Konkret hängen die für den Prospekt bzw. das Registrierungsformular verantwortlichen Personen von dessen Verwendungszweck ab. Für Prospekte, die zur Durchführung eines **öffentliches Angebots** von Wertpapieren gem. Art. 3 Abs. 1 ProspektVO erstellt werden, hat auf jeden Fall deren **Anbieter** die Verantwortung zu übernehmen, § 8 Satz 2 WpPG (→ § 8 Rn. 5).   5

Soll aufgrund des Prospekts die **Zulassung** von Wertpapieren gem. Art 3 Abs. 3 ProspektVO zu einem geregelten Markt (Art. 2 lit. j ProspektVO, Art. 4 Abs. 1 Nr. 21 MiFID II, § 2 Abs. 11 WpHG, z.B. dem regulierten Markt an einer deutschen Wertpapierbörse)[4] zugelassen werden, muss nach § 8 Satz 3 WpPG neben dem Emittenten auch das zusammen mit diesem die Zulassung beantragende Kreditinstitut, Wertpapierinstitut oder nach § 35 Abs. 1 Satz 1 oder § 53b Abs. 1 Satz 1 KWG tätige Unternehmen (zusammen **Zulassungsantragsteller**, vgl. § 32 Abs. 2 BörsG)[5] die Verantwortung für den Prospekt übernehmen.   6

b) Natürliche und juristische Personen

Aus dem Vorgenannten ergibt sich, dass die verantwortlichen Personen in erster Linie **juristische Personen** sind. Für diese sind deren Name (handelsrechtlich „**Firma**", § 17   7

---

1 Ähnlich *Alfes/Wienecke*, in: Holzborn, WpPG, Anhang I ProspektVO Rn. 3 mit dem Hinweis auf die neben den Prospektverantwortlichen i.S.v. § 21 Abs. 1 Satz 1 Nr. 1 WpPG der gesetzlichen Prospekthaftung nach dem WpPG unterliegenden Prospektveranlasser i.S.v. § 21 Abs. 1 Satz 1 Nr. 2 WpPG.
2 *Voß*, in: Just/Voß/Ritz/Zeising, Wertpapierprospektrecht, Anhang 1 VO (EU) 2019/980 Rn. 3.
3 So auch ESMA, Questions and Answers on the Prospectus Regulation, ESMA31-62-1258, 3.2.2023, Antwort auf Frage 10.1b.
4 Dazu *Assmann*, in: Assmann/Uwe H. Schneider/Mülbert, Wertpapierhandelsrecht, 8. Aufl. 2023, § 2 WpHG Rn. 210 ff. insbesondere Rn. 215; *Kumpan*, in: Schwark/Zimmer, KMRK, § 2 WpHG Rn. 186.
5 Dazu *Trapp*, in: Habersack/Mülbert/Schlitt, Unternehmensfinanzierung, § 37 Rn. 37.40.

HGB) und der eingetragene Sitz der Gesellschaft anzugeben. Bei **natürlichen Personen** sind deren **Name** und ihre **Funktion** zu nennen. Natürliche Personen, die als Organe juristischer Personen handeln, werden durch die Angabe der juristischen Person als Prospektverantwortlichem nicht selbst zu verantwortlichen Personen.[6] Siehe zu den weiteren Einzelheiten auch → § 8 WpPG Rn. 5 ff.

2. Teilverantwortung

8 Nach deutschem Recht übernehmen die Prospektverantwortlichen die **Verantwortung für den Prospekt insgesamt**.[7] Daneben hat die Verantwortung für bestimmte Teilabschnitte des Prospektes im deutschen Recht nach traditionellem Verständnis keine eigenständige Bedeutung. Dies wird indes teilweise insoweit in Frage gestellt, als neben der Gesamtverantwortung von Anbieter und Zulassungsantragsteller die Teilverantwortung weiterer Personen erwogen wird, zumindest aus anderen Rechtsgründen als der gesetzlichen Prospekthaftung.[8]

9 Werden im Prospekt fachliche Erklärungen von Experten abgedruckt, etwa des Abschlussprüfers des Emittenten nach Anhang 1 Punkt 18.1.1 oder Punkt 18.4, so ist dieser nur für diese Erklärung selbst verantwortlich, nicht aber für den betreffenden Prospektabschnitt, sodass es sich auch hierbei nicht um einen Fall der Teilverantwortung handelt.

III. Erklärung zur sorgfältigen Prospekterstellung (Punkt 1.2)

10 Nach Punkt 1.2 müssen die für den Prospekt verantwortlichen Personen erklären, dass die Angaben im Prospekt (bzw. Registrierungsformular) ihres Wissens nach richtig sind und dieser (dieses) keine Auslassungen enthält, die die Aussage verzerren könnten. Eine entsprechende Erklärung haben die ggf. für bestimmte Abschnitte des Prospekts (bzw. Registrierungsformulars) verantwortlichen Personen in Bezug auf die in den betreffenden Teilen des Prospektes enthaltenen Angaben zu treffen. In der Sache bedeutet dies, dass der Prospekt alle nach Maßgabe von Art. 6 ProspektVO und § 9 WpPG für die Anlageentscheidung erforderlichen wesentlichen Angaben enthält und dass diese zutreffend sind.

---

6 *Schlitt/Ries*, in: Assmann/Schlitt/von Kopp-Colomb, Prospektrecht Kommentar, Anhang I VO (EU) 2019/980 Rn. 7; *Alfes/Wienecke*, in: Holzborn, WpPG, Anhang I ProspektVO Rn. 5.
7 *Schlitt/Ries*, in: Assmann/Schlitt/von Kopp-Colomb, Prospektrecht Kommentar, Anhang I VO (EU) 2019/980 Rn. 8 f.; *Pankoke*, in: Just/Voß/Ritz/Zeising, Wertpapierprospektrecht, 2. Aufl. 2023, Art. 11 ProspektVO Rn. 8; ausführlich *Mülbert/Steup*, in: Habersack/Mülbert/Schlitt, Unternehmensfinanzierung, § 41 Rn. 41.85 ff.; ebenso *Habersack*, in: Habersack/Mülbert/Schlitt, Kapitalmarktinformation, § 28 Rn. 30.
8 So etwa *Groß*, Kapitalmarktrecht, § 9 WpPG Rn. 48 ff.; *Heidelbach*, in: Schwark/Zimmer, KMRK, § 8 WpPG Rn. 11; *Mülbert/Steup*, in: Habersack/Mülbert/Schlitt, Unternehmensfinanzierung, § 41 Rn. 41.89; so auch im Zusammenhang mit der Haftung einer Wirtschaftsprüfungsgesellschaft für eine Bescheinigung zu einer Gewinnprognose BGH v. 24.4.2014 – III ZR 156/13 = WM 2014, 935.

Eine typische Formulierung lautet:[9] 11

> [Issuer] with registered seat in [place], Federal Republic of Germany („Germany") and business address is in [address], Germany, is registered with the Commercial Register (Handelsregister) maintained by the Local Court (Amtsgericht) of [place] under HRB XXXX (hereinafter also the „Company"). The Company, together with [bank] [address], Germany, LEI XXXXX, each assume responsibility for the contents of the prospectus (the „Prospectus") pursuant to Section 8 of the German Securities Prospectus Act (Wertpapierprospektgesetz) and Article 11 para. 1 of Regulation (EU) 2017/1129 (the „Prospectus Regulation") and hereby declare that, to the best of their knowledge, the information contained in the Prospectus is in accordance with the facts and that the Prospectus makes no omission likely to affect its import.

IV. Übernommene Erklärungen oder Berichte eines Sachverständigen (Punkt 1.3)

Werden Erklärungen oder Berichte eines Sachverständigen in den Prospekt aufgenommen, sind nach Punkt 1.3 UAbs. 1 **Angaben zur Person des Sachverständigen** zu machen. Im Einzelnen sind dies Name (lit. a), Geschäftsadresse (lit. b) und Qualifikationen (lit. c) des Sachverständigen, ferner – sofern relevant – sein wesentliches Interesse am Emittenten (lit. d → Rn. 16). Bei dem Sachverständigen kann es sich um eine natürliche oder juristische Person handeln.[10] 12

Im Regelfall sind Emittenten nicht verpflichtet, sie betreffende Erklärungen oder Gutachten eines Sachverständigen in den Prospekt aufzunehmen. Eine Ausnahme gilt im Fall des Art. 39 VO (EU) 2019/980. Danach kann die Billigungsbehörde bei Emittenten, deren Tätigkeit in eine der in Anhang 29 VO (EU) 2019/980 genannten Kategorien fällt, die Aufnahme zusätzlicher Angaben in den Prospekt verlangen. Dieser Anhang enthält ein **Verzeichnis bestimmter Kategorien von Emittenten** (sog. Specialist Issuers), im einzelnen Immobiliengesellschaften, Bergbaugesellschaften, Investmentgesellschaften, in der wissenschaftlichen Forschung tätige Gesellschaften, Start-up-Unternehmen und Schifffahrtsgesellschaften. 13

Erwägungsgrund 23 VO (EU) 2019/980 konkretisiert die Möglichkeit, für solche bestimmten Emittenten zusätzliche Angaben im Prospekt zu verlangen, damit, dass wegen ihres sehr **spezifischen Geschäftsgegenstandes** ein (für eine fundierte Anlageentscheidung erforderliches) umfassendes Verständnis der von diesen Emittenten ausgegebenen Wertpapiere eine profunde Kenntnis ihrer Tätigkeiten voraussetzt. Die Billigungsbehörde soll in diesen Fällen verlangen können, dass diese spezialisierten Emittenten spezifische, ihren Tätigkeiten angepasste und über die von nicht spezialisierten Emittenten verlangten Informationen hinausgehende Angaben in ihren Prospekt aufnehmen. Dabei soll sie einen verhältnismäßigen Ansatz verfolgen. Als Beispiel werden in Erwägungsgrund 23 VO (EU) 2019/980 Immobiliengesellschaften aufgeführt. Von diesen kann verlangt werden, 14

---

9 Siehe etwa Prospekt zum Börsengang der IONOS Group SE vom 27.1.2023, abrufbar von der Prospektdatenbank der BaFin https://www.bafin.de/DE/PublikationenDaten/Datenbanken/Prospektdatenbanken/Wertpapiere/wertpapiere_aktuell_artikel.html?nn=7846390#doc7846268body Text3.
10 ESMA, Leitlinien zu den Offenlegungspflichten nach der Prospektverordnung, ESMA32-382-113, 4.3.2021, Leitlinie 46 Rn. 217.

einen **Bewertungsbericht** mit allen für die Zwecke der Bewertung relevanten Einzelheiten zu wesentlichen Immobilien vorzulegen. ESMA hat diese Anforderungen in ihrer Aktualisierung der CESR-Empfehlungen zur konsistenten Umsetzung der früheren VO (EC) 809/2004 zur Konkretisierung der Mindestinformationen zur früheren ProspektRL konkretisiert.[11] Diese Ausführungen gelten auch nach Ersetzung der ProspektRL durch die ProspektVO und der früheren VO (EU) 809/2004 durch die VO (EU) 2019/980. Denn die ESMA Leitlinien und die ESMA Q&A zur ProspektVO äußern sich zum Thema Specialist Issuer nicht und die insoweit geltenden Anforderungen haben sich im Zuge der Gesetzesänderung nicht nennenswert verändert (→ Art. 13 ProspektVO Rn. 40 f.).[12]

15 Ist der Emittent in den vorgenannten Fällen ausnahmsweise verpflichtet, ein Sachverständigengutachten aufzunehmen, sind die Angaben nach Punkt 1.3 in den Prospekt aufzunehmen.[13] Entsprechendes gilt auch, wenn der Emittent sich dazu entscheidet, freiwillig ein Sachverständigengutachten in den Prospekt aufzunehmen. Letzteres kommt in der Praxis aber kaum vor.[14]

16 Aufgrund **gesetzlicher Verpflichtung** (also nicht freiwillig oder aufgrund einer behördlichen Ermessensentscheidung nach Art. 39) in den Prospekt aufzunehmende Erklärungen und Berichte wie insbesondere die wiederzugebenden Bestätigungsvermerke der Abschlussprüfer lösen dagegen kein Angabeerfordernis nach Punkt 1.3 aus.[15] In Bezug auf den bzw. die Abschlussprüfer des Emittenten, die die in den Prospekt aufgenommenen historischen Finanzinformationen geprüft haben, gelten die Angabepflichten nach Abschnitt 2, die Punkt 1.3 ohnehin als Spezialregelung vorgehen.

17 Hat der Sachverständige, dessen Erklärung oder Bericht in den Prospekt aufgenommen wurde, wesentliche **Interessen an dem Emittenten**, sind diese anzugeben. Dies dient der Aufklärung der Anleger in Bezug auf mögliche Interessenkonflikte des Sachverständigen. Nach Auffassung von ESMA[16] sind dabei die folgenden Faktoren zu berücksichtigen:

---

11 ESMA update of the CESR recommendations „The consistent implementation of Commission Regulation (EC) No 809/2004 implementing the Prospectus Directive" v. 20.3.2013, ESMA/2013/319, Abschnitt III. 1 Rn. 128 ff.; dazu auch *Schnorbus* WM 2009, 249; *Meyer*, in: Habersack/Mülbert/Schlitt, Unternehmensfinanzierung, § 36 Rn. 36.73 f.
12 ESMA, Questions and Answers on the Prospectus Regulation, ESMA/2019/ESMA31-62-1258, Version 12 vom 3.2.2023, Antwort A2.1 auf Frage Q2.1.
13 *Schlitt/Ries*, in: Assmann/Schlitt/von Kopp-Colomb, Prospektrecht Kommentar, Anhang 1 VO (EU) 2019/980 Rn. 15; so schon zum früheren Recht *Alfes/Wieneke*, in: Holzborn, WpPG, Anhang I ProspektVO Rn. 206; *Voß*, in: Just/Voß/Ritz/Zeising, Wertpapierprospektrecht, Anhang 1 VO (EU) 2019/980 Rn. 18.
14 *Alfes/Wieneke*, in: Holzborn, WpPG, Anhang I ProspektVO Rn. 206; ebenso *Kopp/Metzner*, in: Berrar/Meyer/Müller et al., WpPG/EU-ProspektVO, 2. Aufl. 2017, Anhang I ProspektVO Ziff. 23 Rn. 1.
15 *Schlitt/Ries*, in: Assmann/Schlitt/von Kopp-Colomb, Prospektrecht Kommentar, Anhang 1 VO (EU) 2019/980 Rn. 14; *Voß*, in: Just/Voß/Ritz/Zeising, Wertpapierprospektrecht, Anhang 1 VO (EU) 2019/980 Rn. 17.
16 ESMA, Leitlinien zu den Offenlegungspflichten nach der Prospektverordnung, ESMA32-382-113, 4.3.2021, Leitlinie 46 Rn. 210 ff.

- **Wertpapierbesitz**: Besitz an Wertpapieren des Emittenten und seiner verbundenen Unternehmen sowie darauf bezogene Derivate wie Optionen oder Bezugsrechte),[17] frühere **Beschäftigung oder Vergütung**: jede frühere Beschäftigung beim Emittenten oder jede Form der früher vom Emittenten erhaltenen Vergütung,[18]
- **Mitgliedschaften**: vergangene oder aktuelle Mitgliedschaft in einem Organ des Emittenten,[19] wohl auch Mitgliedschaft in einem sonstigen, vom Emittenten eingerichteten Gremium wie einem Beirat sowie
- **Verbundenheit mit Finanzintermediären**, die an dem Angebot oder der Börsenzulassung der Wertpapiere beteiligt sind.[20]

Das Vorliegen dieser Interessen ist durch die Prospektverantwortlichen, insbesondere den Emittenten, zu ermitteln. Auf dieser Grundlage ist zu prüfen, ob einer oder mehrere dieser Gesichtspunkte unter Berücksichtigung der Art der angebotenen Wertpapiere zu einem wesentlichen Interesse führt.[21] Im Prospekt ist sodann anzugeben, dass nach Kenntnis der Prospektverantwortlichen diese Kriterien (oder gegebenenfalls andere relevante Kriterien für Interessen des Sachverständigen) berücksichtigt wurden, um das wesentliche Interesse des Sachverständigen umfassend zu beschreiben.[22] Dabei müssen diese Angaben jedoch nur so detailliert erfolgen, wie diese Angabe als für eine Anlageentscheidung als wesentlich anzusehen ist.[23]

18

Wurde eine in den Prospekt aufgenommene Erklärung eines Sachverständigen oder ein von diesem angefertigter Bericht auf Ersuchen des Emittenten erstellt, ist nach Punkt 1.3 Abs. 2 im Prospekt anzugeben, dass diese Erklärung oder dieser Bericht mit Zustimmung des betreffenden Sachverständigen aufgenommen wurde.[24] Diese ist rechtzeitig vor Prospektbilligung, sinnvollerweise bereits vor der ersten Einreichung einer Prospektfassung einzuholen, die die Sachverständigenerklärung bzw. dessen Bericht enthält.

19

---

17 ESMA, Leitlinien zu den Offenlegungspflichten nach der Prospektverordnung, ESMA32-382-113, 4.3.2021, Leitlinie 46 Rn. 213.
18 ESMA, Leitlinien zu den Offenlegungspflichten nach der Prospektverordnung, ESMA32-382-113, 4.3.2021, Leitlinie 46 Rn. 214.
19 ESMA, Leitlinien zu den Offenlegungspflichten nach der Prospektverordnung, ESMA32-382-113, 4.3.2021, Leitlinie 46 Rn. 215.
20 ESMA, Leitlinien zu den Offenlegungspflichten nach der Prospektverordnung, ESMA32-382-113, 4.3.2021, Leitlinie 46 Rn. 216.
21 ESMA, Leitlinien zu den Offenlegungspflichten nach der Prospektverordnung, ESMA32-382-113, 4.3.2021, Leitlinie 46 Rn. 211.
22 ESMA, Leitlinien zu den Offenlegungspflichten nach der Prospektverordnung, ESMA32-382-113, 4.3.2021, Leitlinie 46 Rn. 212.
23 *Schlitt/Ries*, in: Assmann/Schlitt/von Kopp-Colomb, Prospektrecht Kommentar, Anhang 1 VO (EU) 2019/980 Rn. 17; *Voß*, in: Just/Voß/Ritz/Zeising, Wertpapierprospektrecht, Anhang 1 VO (EU) 2019/980 Rn. 20, ebenso *Kopp/Metzner*, in: Berrar/Meyer/Müller et al., WpPG/EU-ProspektVO, 2. Aufl. 2017, Anhang I ProspektVO Ziff. 23 Rn. 2.
24 *Schlitt/Ries*, in: Assmann/Schlitt/von Kopp-Colomb, Prospektrecht Kommentar, Anhang 1 VO (EU) 2019/980 Rn. 16; *Voß*, in: Just/Voß/Ritz/Zeising, Wertpapierprospektrecht, Anhang 1 VO (EU) 2019/980 Rn. 19.

V. Von Dritten in den Prospekt übernommene Angaben (Punkt 1.4)

20 Punkt 1.4 betrifft Angaben, die von Dritten übernommen wurden. Dies betrifft beispielsweise allgemein zugängliche Informationen oder auch allgemeine Marktstudien. Die Regelung soll sicherstellen, dass solche Informationen richtig wiedergegeben werden und dass diese nicht ungeprüft übernommen werden.

21 Daher ist im Prospekt zunächst ausdrücklich die **korrekte Wiedergabe** zu bestätigen. Weiterhin ist anzugeben, dass nach Wissen des Emittenten und soweit für ihn aus den von diesem Dritten veröffentlichten Angaben ersichtlich, diese nicht durch Auslassungen unkorrekt oder irreführend gestaltet wurden. Aus der Formulierung geht hervor, dass nur die richtige und im Wesentlichen vollständige Wiedergabe der Angaben erklärt werden muss, nicht jedoch ihre materiellen Richtigkeit.[25]

22 Regelmäßig findet sich bei Angaben, die von dritter Seite übernommen werden, ein **Warnhinweis**. So wird etwa bei Marktstudien oft erwähnt, dass diese Marktdaten und Informationen enthalten, die weder der Emittent noch die Emissionsbanken selbst überprüft haben. Weiterhin wird darauf verwiesen, dass sie auf Annahmen beruhen können, die weder präzise noch sachgerecht und oft zukunftsgerichtet sind und mitunter auch spekulativen Charakter haben. Dabei wird häufig betont, dass die Prospektverantwortlichen deshalb für diese Angaben keine Verantwortung übernehmen können und deren Richtigkeit nicht garantieren.[26] Ungeachtet solcher „Disclaimer" und der nach Ziff. 23.1 Satz 1 offenbar auf die korrekte Wiedergabe beschränkten Verpflichtung der Prospektverantwortlichen erscheint es indes ratsam, die von Dritten übernommenen Angaben auf Plausibilität zu prüfen. Denn auch wenn man sich auf Angaben Dritter grundsätzlich verlassen kann, wird jedenfalls bei erkennbar falschen oder widersprüchlichen Informationen Dritter eine Haftung der Prospektverantwortlichen erwogen (→ § 12 WpPG Rn. 22).[27]

23 Darüber hinaus hat der Emittent nach Punkt 1.4 Satz 2 die **Quelle(n)** der Angaben zu nennen. Dabei erscheint es empfehlenswert, dass die Quellenangabe unmittelbar an der Stelle der betreffenden Angabe Dritter erfolgt, etwa in einer Klammer oder Fußnote.[28] Angegeben werden sollten zumindest der Name des Dritten, von dem die Information stammt,

---

[25] *Kopp/Metzner*, in: Berrar/Meyer/Müller et al., WpPG/EU-ProspektVO, 2. Aufl. 2017, Anhang I ProspektVO Ziff. 23 Rn. 3.

[26] *Kopp/Metzner*, in: Berrar/Meyer/Müller et al., WpPG/EU-ProspektVO, 2. Aufl. 2017, Anhang I ProspektVO Ziff. 23 Rn. 4; *Schlitt/Ries*, in: Assmann/Schlitt/von Kopp-Colomb, Prospektrecht Kommentar, Anhang 1 VO (EU) 2019/980 Rn. 16; *Voß*, in: Just/Voß/Ritz/Zeising, Wertpapierprospektrecht, Anhang 1 VO (EU) 2019/980 Rn. 22; *Alfes/Wieneke*, in: Holzborn, WpPG, Anhang I ProspektVO Rn. 207.

[27] *Mülbert/Steup*, in: Habersack/Mülbert/Schlitt, Unternehmensfinanzierung, § 41 Rn. 41.118 ff.; *Gillessen/Krämer*, in: Marsch-Barner/Schäfer, Handbuch börsennotierte AG, § 10 Rn. 10.455; *Groß*, Kapitalmarktrecht, § 9 WpPG Rn. 103.

[28] *Kopp/Metzner*, in: Berrar/Meyer/Müller et al., WpPG/EU-ProspektVO, 2. Aufl. 2017, Anhang I ProspektVO Ziff. 23 Rn. 5; *Schlitt/Ries*, in: Assmann/Schlitt/von Kopp-Colomb, Prospektrecht Kommentar, Anhang 1 VO (EU) 2019/980 Rn. 20; *Voß*, in: Just/Voß/Ritz/Zeising, Wertpapierprospektrecht, Anhang 1 VO (EU) 2019/980 Rn. 23.

der Name der betreffenden Publikation sowie ihr Erscheinungsjahr. Eine genaue Seitenzahl, Randnummer o. Ä. wird nicht für erforderlich gehalten.[29]

VI. Billigung und Billigungsbehörde

Nach Punkt 1.5 sind zudem Angaben zur behördlichen Billigung des Prospekts nach Art. 20 ProspektVO aufzunehmen. Danach ist zunächst zu erklären, dass der Prospekt durch die zu benennende für die **Billigung zuständige Behörde** gemäß der ProspektVO gebilligt wurde (lit. a). Des Weiteren ist anzugeben, dass die Behörde den Prospekt in Bezug auf Vollständigkeit, Verständlichkeit und Kohärenz nach Maßgabe der ProspektVO billigt (lit. b). Schließlich ist klarzustellen, dass die Billigung nicht als Befürwortung des Emittenten, der Gegenstand des Prospekts ist, verstanden werden sollte.

24

Ein Beispiel für eine Erklärung nach Punkt 1.5 lautet:

25

> Dieser Prospekt wurde von der BaFin in ihrer Eigenschaft als zuständige Behörde im Sinne der Prospektverordnung in der Bundesrepublik Deutschland gebilligt. Die BaFin billigt diesen Prospekt ausschließlich aufgrund der Übereinstimmung mit den durch die Prospektverordnung vorgegebenen Standards der Vollständigkeit, Verständlichkeit und Kohärenz. Die Billigung darf nicht als Befürwortung der Emittentin und als Bestätigung der Qualität der Wertpapiere, die Gegenstand dieses Prospektes sind, verstanden werden. Anleger sollten eine eigene Bewertung der Eignung einer Anlage in die Wertpapiere treffen.

---

29 *Kopp/Metzner*, in: Berrar/Meyer/Müller et al., WpPG/EU-ProspektVO, 2. Aufl. 2017, Anhang I ProspektVO Ziff. 23 Rn. 5; *Schlitt/Ries*, in: Assmann/Schlitt/von Kopp-Colomb, Prospektrecht Kommentar, Anhang 1 VO (EU) 2019/980 Rn. 21; *Alfes/Wieneke*, in: Holzborn, WpPG, Anhang I ProspektVO Rn. 207; *Voß*, in: Just/Voß/Ritz/Zeising, Wertpapierprospektrecht, Anhang 1 VO (EU) 2019/980 Rn. 24.

Abschnitt 2
Abschlussprüfer

Punkt 2.1
Name und Anschrift der Abschlussprüfer des Emittenten, die für den von den historischen Finanzinformationen abgedeckten Zeitraum zuständig waren (einschließlich ihrer Mitgliedschaft in einer Berufsvereinigung).

Punkt 2.2
Wurden Abschlussprüfer während des von den historischen Finanzinformationen abgedeckten Zeitraums abberufen, nicht wiederbestellt oder haben sie ihr Mandat selbst niedergelegt, so sind entsprechende Einzelheiten anzugeben, wenn sie von wesentlicher Bedeutung sind.

Übersicht

	Rn.		Rn.
I. Überblick und Regelungsgegenstand	1	III. Angaben zum Wechsel des Abschlussprüfers	8
II. Angaben zum Abschlussprüfer	2		

I. Überblick und Regelungsgegenstand

1   Abschnitt 2 sieht vor, dass der Prospekt Angaben zum **Abschlussprüfer** des Emittenten, verschiedene Informationen über diesen und ggf. über dessen Wechsel zu enthalten hat. Die Identität der Abschlussprüfer ist gem. Art. 7 Abs. 6 lit. a Ziff. v ProspektVO zusätzlich auch in der Prospektzusammenfassung anzugeben (→ Art. 7 ProspektVO Rn. 28). Daneben stehen Angaben gemäß Punkt 18.3.2 VO (EU) 2019/980 über die Prüfung der historischen Finanzinformationen und sonstiger Informationen, die von den Abschlussprüfern geprüft wurden (→ Anh. 1 Punkt 18.3 Rn. 121). In der Praxis ist häufig zu beobachten, dass im Prospekt diese Angabe zusammen mit den Angaben gem. Abschnitt 2 an einer Stelle zusammengefasst werden. Abschnitt 2 entspricht, mit Ausnahme minimaler redaktioneller Änderungen, dem alten Wortlaut von Anhang I Ziff. 2 der früher geltenden VO (EG) 809/2004.

II. Angaben zum Abschlussprüfer

2   Punkt 2.1 verlangt Angaben zum **Abschlussprüfer** des Emittenten für den von den historischen Finanzinformationen abgedeckten Zeitraum. Er verlangt nicht die Angabe des gesetzlichen Abschlussprüfers für das laufende Geschäftsjahr, der vom Prüfer der historischen Finanzinformationen abweichen kann. Diese Angaben müssen den Namen und die Anschrift des Abschlussprüfers sowie Angaben zur Mitgliedschaft in einer Berufsvereinigung umfassen. Hatte der Emittent in diesem Zeitraum **mehrere Abschlussprüfer**, so sind alle Abschlussprüfer zu nennen.[1]

3   Die Angabe zum Abschlussprüfer bezieht sich dem Wortlaut nach auf den von den historischen Finanzinformationen abgedeckten Zeitraum und nicht auf die Prüfung der in den

---

1 Ähnlich *Alfes/Wieneke*, in: Holzborn, WpPG, Anhang I ProspektVO Rn. 7.

Prospekt aufzunehmenden historischen Finanzinformationen selbst. Vor diesem Hintergrund ist fraglich, ob mit dieser Angabe der **gesetzliche Abschlussprüfer**, also bspw. im Falle eines deutschen Emittenten der gem. § 318 HGB für die gesetzliche Abschlussprüfung bestellte Abschlussprüfer, gemeint ist oder der **Abschlussprüfer**, der die in den Prospekt aufgenommenen historischen Finanzinformationen geprüft hat. Dieser ist zwar regelmäßig, aber nicht zwingend identisch, da die historischen Finanzinformationen wiederum nicht zwingend mit den aufgrund handelsrechtlicher Berichtspflichten aufgestellten gesetzlichen Jahres- bzw. Konzernabschlüssen identisch sein müssen (→ Anhang 1 Punkt 18.1 Rn. 6). Abschlussprüfer ist kein in den §§ 316ff. HGB, im Berufsrecht oder im Wertpapierprospektrecht abschließend legaldefinierter Begriff. Mit Angabe der jeweiligen **Prüfer der im Prospekt enthaltenen historischen Finanzinformationen** wird der Wortlaut des Punktes 2.1 vollumfänglich erfüllt.[2] Sofern der gesetzliche Abschlussprüfer für die Jahre, die von den historischen Finanzinformationen abgedeckt sind, nicht mit dem oder den Prüfern der historischen Finanzinformationen identisch sein sollte, bietet seine Angabe Anlegern keinen Mehrwert, da die entsprechenden Jahres- oder Konzernabschlüsse nicht in den Prospekt aufgenommen wurden.

Der Name des Abschlussprüfers ist zu nennen.[3] Bei Wirtschaftsprüfungsgesellschaften ist hierfür die Angabe der Firmierung ausreichend. Es bedarf keiner namentlichen Nennung der Unterzeichner des Bestätigungsvermerks. Für die Angabe zur Anschrift ist die Nennung der **Geschäftsanschrift** ausreichend.[4] Bei Wirtschaftsprüfungsgesellschaften reicht insofern die Anschrift der mit der Prüfung betrauten Zweigniederlassung. 4

Bezüglich der Angabe zur Mitgliedschaft in einer „Berufsvereinigung" ist fraglich, welche Angabe hier zu machen ist. Wirtschaftsprüfer und Wirtschaftsprüfungsgesellschaften bzw. vereidigte Buchprüfer und Buchprüfungsgesellschaften sind aufgrund Gesetz Mitglieder der **Wirtschaftsprüferkammer KöR**.[5] Die Wirtschaftsprüferkammer ist u. a. für die Bestellung, Anerkennung der Wirtschaftsprüfer bzw. Wirtschaftsprüfungsgesellschaften bzw. für den Widerruf der Zulassung zuständig und hat, gemeinsam mit der Abschlussprüferaufsichtsstelle (APAS) beim Bundesamt für Wirtschaft und Ausfuhrkontrolle, die Fachaufsicht über die Wirtschaftsprüfer inne.[6] Diese Aufgaben der Wirtschaftsprüferkammer sind für Anleger von Relevanz und aus diesen Gründen ist die Angabe der Mitgliedschaft in der Wirtschaftsprüferkammer ausreichend, um die Vorgabe des Punktes 2.1 zu erfüllen.[7] 5

---

2 Anders noch in Aufl. 2 zur VO (EG) 809/2004; wie hier wohl auch *Schlitt/Ries*, in: Assmann/Schlitt/von Kopp-Colomb, Prospektrecht Kommentar, Anhang 1 VO (EU) 2019/980 Rn. 24.
3 *Fingerhut/Voß*, in: Just/Voß/Ritz/Zeising, WpPG, 2009, Anhang I ProspektVO Rn. 40.
4 *Fingerhut/Voß*, in: Just/Voß/Ritz/Zeising, WpPG, 2009, Anhang I ProspektVO Rn. 39 f.; *Alfes/Wieneke*, in: Holzborn, WpPG, Anhang I ProspektVO Rn. 8; *Schlitt/Ries*, in: Assmann/Schlitt/von Kopp-Colomb, Prospektrecht Kommentar, Anhang 1 VO (EU) 2019/980 Rn. 24.
5 Mitglieder in der Wirtschaftsprüferkammer sind nach §§ 58 Abs. 1, 128 Abs. 3 WPO u. a. alle Wirtschaftsprüfer und Wirtschaftsprüfungsgesellschaften; vgl. *Naumann*, in: WP Handbuch 2021, Abschnitt A Rn. 647.
6 § 4 Abs. 1 WPO.
7 Im Ergebnis ebenso *Fingerhut/Voß*, in: Just/Voß/Ritz/Zeising, WpPG, 2009, Anhang I ProspektVO Rn. 41; *Schlitt/Ries*, in: Assmann/Schlitt/von Kopp-Colomb, Prospektrecht Kommentar, Anhang 1 VO (EU) 2019/980 Rn. 25.

6 Die Angabe von davon unabhängig bestehenden **freiwilligen Mitgliedschaften** in privaten Berufsvereinigungen wie bspw. dem Institut der Wirtschaftsprüfer e. V. (IDW) ist zusätzlich auf freiwilliger Basis möglich,[8] aber nicht zwingend erforderlich. Mit der Mitgliedschaft im IDW können verschiedene Interessen[9] verknüpft sein.

7 Hat der Abschlussprüfer des Emittenten seinen Sitz im Ausland (z. B. weil der Emittent seinen Sitz im Ausland hat) gelten die vorstehenden Erläuterungen entsprechend. Es ist die gesetzliche Mitgliedschaft in der Berufsvereinigung des jeweiligen Landes anzugeben.[10]

III. Angaben zum Wechsel des Abschlussprüfers

8 In Ergänzung zu Punkt 2.1 verlangt Punkt 2.2 eine Angabe zum **Wechsel** des Abschlussprüfers während des von den historischen Finanzinformationen abgedeckten Zeitraums. Dies kommt vor, falls ein Abschlussprüfer abberufen wurde, nicht wiederbestellt wurde oder sein Mandat niedergelegt hat. In diesen Fällen sind entsprechende Einzelheiten aufzunehmen, sofern sie von wesentlicher Bedeutung sind.

9 **Einzelheiten** können **von wesentlicher Bedeutung** sein, wenn es bspw. unterschiedliche Meinungen über die Testierfähigkeit eines Abschlusses gab,[11] eine Aufsichtsbehörde den Wechsel des Abschlussprüfers forderte, der Abschlussprüfer wegen Befangenheit ausgetauscht wurde[12] oder anderweitige Interessenkonflikte aufgetreten sind.

10 Nicht von wesentlicher Bedeutung dürfte es sein, wenn der Wechsel auf einer freien Entscheidung der Gesellschaft beruht oder wenn der Abschlussprüfer aufgrund gesetzlicher Vorgaben wechselte.[13] So schreibt für Unternehmen von öffentlichem Interesse (sog. Public Interest Entities (PIEs)[14] Art. 17 VO 537/2014 eine **externe Rotation, also einen Wechsel des Abschlussprüfers,** nach grundsätzlich 10 Jahren vor.[15]

---

8 Ebenso *Fingerhut/Voß*, in: Just/Voß/Ritz/Zeising, WpPG, 2009, Anhang I ProspektVO Rn. 42; *Schlitt/Ries*, in: Assmann/Schlitt/von Kopp-Colomb, Prospektrecht Kommentar, Anhang 1 VO (EU) 2019/980 Rn. 25.

9 Das IDW bspw. tritt u. a. für Interessen des Berufsstandes und seiner Mitglieder ein und erhebt den Anspruch eine Qualitätsgemeinschaft zu sein; vgl. *Naumann*, in: WP Handbuch 2021, Abschnitt A Rn. 618 und 621.

10 *Alfes/Wieneke*, in: Holzborn, WpPG, Anhang I ProspektVO Rn. 9.

11 *Fingerhut/Voß*, in: Just/Voß/Ritz/Zeising, WpPG, 2009, Anhang I ProspektVO Rn. 48; *Schlitt/Ries*, in: Assmann/Schlitt/von Kopp-Colomb, Prospektrecht Kommentar, Anhang 1 VO (EU) 2019/980 Rn. 26.

12 § 319 Abs. 2 HGB; *Alfes/Wieneke*, in: Holzborn, WpPG, Anhang I ProspektVO Rn. 10.

13 *Fingerhut/Voß*, in: Just/Voß/Ritz/Zeising, WpPG, 2009, Anhang I ProspektVO Rn. 47; *Schlitt/Ries*, in: Assmann/Schlitt/von Kopp-Colomb, Prospektrecht Kommentar, Anhang 1 VO (EU) 2019/980 Rn. 26.

14 Die Richtlinie 2014/56/EU, ABl. EU L 158 v. 16.4.2014 definiert Public Interest Entities (PIEs) als (i) Unternehmen, deren Wertpapiere im geregelten Markt börslich gehandelt werden, (ii) Kreditinstitute, (iii) Versicherungen oder (iv) Unternehmen, die von den EU-Mitgliedstaaten als *PIE* bezeichnet werden, weil sie z. B. aufgrund der Art ihrer Geschäftstätigkeit, ihrer Größe oder der Anzahl ihrer Beschäftigten von erheblicher öffentlicher Bedeutung sind.

15 Siehe hierzu *Schmidt/Nagel*, in: Beck'scher Bilanz-Kommentar, 12. Aufl. 2020, § 319a HGB Rn. 170 ff. (§ 319a HGB wurde durch das Gesetz zur Stärkung der Finanzmarktintegrität (FISG), BGBl. I 2021, S. 1534 ff.) gestrichen.)

III. Angaben zum Wechsel des Abschlussprüfers **Anh. 1 VO (EU) 2019/980**

Sofern der gesetzliche Abschlussprüfer für das aktuelle Geschäftsjahr, das nicht von den historischen Finanzinformationen umfasst ist, ein anderer Abschlussprüfer sein wird, als der oder die Abschlussprüfer, die die historischen Finanzinformationen geprüft haben, ist eine entsprechende Angabe nach Abschnitt 2 nicht zwingend vorgesehen. In diesem Fall empfiehlt sich eine Angabe mit Blick auf die allgemeinen Regelungen in Art. 6 Prospekt-VO dennoch. Es ist nicht verständlich, warum die Angabe der Abschlussprüfer, die für den von den historischen Finanzinformationen abgedeckten Zeitraum zuständig waren, entsprechend Abschnitt 2 und Art. 6 VO (EU) 2019/980 von Gesetzes wegen für Anleger wesentliche Informationen sein sollen, die Identität des aktuellen bzw. für das folgende Geschäftsjahr bestellten Prüfers jedoch nicht. 11

Abschnitt 3
Risikofaktoren

Punkt 3.1

Eine Beschreibung der wesentlichen Risiken, die dem Emittenten eigen sind, in einer begrenzten Anzahl an Kategorien in einer Rubrik mit der Überschrift „Risikofaktoren".

In jeder Kategorie werden die gemäß der Bewertung durch den Emittenten, Anbieter oder die die Zulassung zum Handel an einem geregelten Markt beantragenden Person wesentlichsten Risiken, unter Berücksichtigung der negativen Auswirkungen auf den Emittenten und der Wahrscheinlichkeit ihres Eintretens, zuerst angeführt. Die Risiken werden durch den Inhalt des Registrierungsformulars bestätigt.

I. Wesentliche Risiken und Kategorisierung

1 Risikofaktoren sind ein zwingender Bestandteil eines jeden Prospekts. Dies ergibt sich aus Art. 24 Abs. 1 lit. c und Abs. 2 lit. b bzw. aus Art. 25 Abs. 1 lit. c und Abs. 2 lit. b VO (EU) 2019/980 sowie aus den Schemata, die der VO (EU) 2019/980 als Anhänge angefügt sind und die in Prospekte mindestens aufzunehmenden Angaben im Einzelnen aufführen. Hierzu zählt – etwa neben Abschnitt 2 von Anhang 11 zur VO (EU) 2019/980 – auch Abschnitt 3 von Anhang 1.

2 Abschnitt 3 von Anhang 1 zur VO (EU) 2019/980 weist den Emittenten an, die wesentlichen Risiken, die dem Emittenten eigen sind, im Prospekt anzugeben. Dies soll in einem eigenen, mit „Risikofaktoren" überschriebenen Prospektkapitel und dort unterteilt in eine **begrenzte Anzahl an Kategorien** erfolgen. Dabei sind die im Rahmen einer durch die Prospektverantwortlichen vorzunehmenden Bewertung (Kriterien: negative Auswirkungen auf den Emittenten und Wahrscheinlichkeit ihres Eintretens) als **wesentlichste Risiken** identifizierten Risiken zuerst anzuführen; diese Vorgabe umfasst laut BaFin nur die zwei wesentlichsten, nicht aber etwaige weitere besonders wesentliche Risiken.[1] Ferner sollen die aufgezeigten Risiken **durch den Inhalt des Prospekts bestätigt** werden.

II. Risikooffenlegung im Kontext

3 Für sich genommen betrifft die in Abschnitt 3 von Anhang 1 zur VO (EU) 2019/980 enthaltene Vorgabe ausschließlich **emittentenbezogene Risiken** („die dem Emittenten eigen sind"), da Anhang 1 nur das Registrierungsformular für Dividendenwerte betrifft. Die Vorgabe aus Abschnitt 3 von Anhang 1 zur VO (EU) 2019/980 wird jedoch ergänzt durch den beinahe gleichlautenden Abschnitt 2 von Anhang 11 zur VO (EU) 2019/980 (Wertpapierbeschreibung für Dividendenwerte), der ausschließlich die sog. **wertpapierbezogenen Risiken** betrifft („die den angebotenen und/oder zum Handel zuzulassenden Wertpapieren eigen sind"). Zusammengenommen ergibt sich damit das im Prospekt darzustellende **Risikoprofil des Emittenten und der angebotenen bzw. zuzulassenden Wertpapiere**, das regelmäßig sowohl aus emittenten- als auch aus wertpapierbezogenen Risikofaktoren besteht. Soweit sich die Verpflichtung zur Offenlegung der (emittentenbezogenen) Risiken aus Abschnitt 3

---

1 BaFin, Neue Regeln für Wertpapierprospekte nach EU-Prospektverordnung 2017/1129 – Frequently Asked Questions, Stand: 6.10.2021, Nr. V.3.

ergibt, sind seit der Neufassung des europäischen Prospektrechts die formalen und inhaltlichen Einzelheiten der Risikooffenlegung (einschließlich des Spezifitäts-, des Wesentlichkeits- und des Bestätigungskriteriums sowie der Vorgaben bezüglich Kategorisierung und Reihung) **zentral und umfassend in Art. 16 ProspektVO geregelt**, auf dessen Kommentierung hiermit verwiesen wird.

Abschnitt 4
Angaben zum Emittenten

Punkt 4.1
Gesetzliche und kommerzielle Bezeichnung des Emittenten.

Punkt 4.2
Ort der Registrierung des Emittenten, seine Registrierungsnummer und Rechtsträgerkennung (LEI).

Punkt 4.3
Datum der Gründung der Gesellschaft und Existenzdauer des Emittenten, soweit diese nicht unbefristet ist.

Punkt 4.4
Sitz und Rechtsform des Emittenten, Rechtsordnung, unter der er tätig ist, Land der Gründung der Gesellschaft; Anschrift und Telefonnummer seines eingetragenen Sitzes (oder Hauptort der Geschäftstätigkeit, falls nicht mit dem eingetragenen Sitz identisch), etwaige Website des Emittenten mit einer Erklärung, dass die Angaben auf der Website nicht Teil des Prospekts sind, sofern diese Angaben nicht mittels Verweises in den Prospekt aufgenommen wurden.

Übersicht

	Rn.		Rn.
I. Einleitung	1	IV. Gründung und Existenzdauer	4
II. Bezeichnung des Emittenten	2	V. Rechtsform und Sitz; Rechtsordnung und Gründungsland; Kontaktdaten	5
III. Registrierung	3		

I. Einleitung

1   Abschnitt 4 erfordert zunächst die Angabe einer Reihe von (insbesondere gesellschaftsrechtlichen) **Formalien, die dem Anleger vorwiegend dazu dienen, den Emittenten eindeutig zu identifizieren.** Diese Angaben finden sich in der Praxis meist in dem Abschnitt „Allgemeine Informationen über die Gesellschaft".[1] Die Vorschrift wurde im Rahmen der Neufassung durch die VO (EU) 2019/980 – neben kleineren redaktionellen Änderungen – um das Erfordernis der Angabe der Rechtsträgerkennung (Legal Entity Identifier, kurz „LEI") sowie des Hinweises auf die Website des Emittenten ergänzt (→ Rn. 3 und 5).[2] Ferner verlangte die Vorgängervorschrift (Anhang I, Ziffer 5 VO (EG) 809/2004) über die formellen Identifikationsmerkmale des Emittenten hinaus auch Angaben zu wichtigen Ereignissen in der Geschäftsentwicklung des Emittenten (Ziffer 5.1.5) sowie Angaben zu Investitionen (Ziffer 5.2). Die entsprechenden Angabeerfordernisse wurden im Rahmen der Neufassung durch die VO (EU) 2019/980 als sachnäher in Abschnitt 5

---

1   *Schlitt/Ries*, in: Assmann/Schlitt/von Kopp-Colomb, Prospektrecht Kommentar, Anhang 1 DelVO 2019/980 Rn. 48; vgl. zum Beispiel den Kapitalerhöhungsprospekt der Vonovia SE vom 21.11.2021, den Kapitalerhöhungsprospekt der Deutsche Lufthansa AG vom 20.9.2021 oder den Kapitalerhöhungsprospekt der TAG Immobilien AG vom 8.7.2022.
2   ESMA, Consultation Paper – Draft technical advice on format and content of the prospectus (ESMA31-62-532), 6.7.2017, Rn. 61.

(Überblick über die Geschäftstätigkeit) – dort Punkt 5.3 (wichtige Ereignisse in der Geschäftsentwicklung des Emittenten) bzw. Punkt 5.7 (Investitionen) – verschoben.[3] Auf die Kommentierung von Abschnitt 5 (Punkt 5.3 und Punkt 5.7) wird verwiesen.

II. Bezeichnung des Emittenten

Zu den gesellschaftsrechtlichen Formalien gehört gemäß Punkt 4.1 zunächst die gesetzliche Bezeichnung des Emittenten, also bei einem deutschen Emittenten die **Firma** (§ 17 HGB, § 4 AktG – der Name, unter dem Geschäfte betrieben und Unterschriften abgegeben werden) bzw. bei ausländischen Emittenten die Entsprechung hierzu. Tritt der Emittent am Markt mit einer (im Regelfall aus seiner Firma abgeleiteten) kommerziellen Bezeichnung (häufig eine gängige Abkürzung oder die Firma ohne die Rechtsformbezeichnung) auf, ist auch diese anzugeben.[4]

III. Registrierung

Der Ort der Registrierung des Emittenten und seine Registrierungsnummer gemäß Punkt 4.2 betrifft die **Handelsregisternummer** unter Angabe des **örtlich zuständigen Handelsregistergerichts** bzw. – bei ausländischen Emittenten – vergleichbare Angaben.[5] Wie bereits in Art. 13 Abs. 1 ProspektVO angelegt, fordert die VO (EU) 2019/980 nunmehr zusätzlich auch die Angabe der **Rechtsträgerkennung** des Emittenten (Legal Entity Identifier, kurz LEI), die bei einer vom Legal Entity Identifier Regulatory Oversight Committee anerkannten Stelle angefordert werden kann.[6]

IV. Gründung und Existenzdauer

Das Datum der Gründung des Emittenten bezieht sich auf das Datum, zu dem der Emittent als juristische Person (nur solche kommen für Zwecke des Anhangs 1 in Betracht) entstanden ist. Für die Aktiengesellschaft ist damit der **Zeitpunkt der Eintragung im Handelsregister** gemeint,[7] und nicht das Datum der notariellen Beurkundung der Sat-

---

3 ESMA, Consultation Paper – Draft technical advice on format and content of the prospectus (ESMA31-62-532), 6.7.2017, Rn. 61; *Schlitt/Ries*, in: Assmann/Schlitt/von Kopp-Colomb, Prospektrecht Kommentar, Anhang 1 VO (EU) 2019/980 Rn. 48.
4 *Schlitt/Ries*, in: Assmann/Schlitt/von Kopp-Colomb, Prospektrecht Kommentar, Anhang 1 VO (EU) 2019/980 Rn. 49; zum alten Recht: *Alfes/Wieneke*, in: Holzborn, WpPG, Anhang I ProspektVO Rn. 22.
5 *Schlitt/Ries*, in: Assmann/Schlitt/von Kopp-Colomb, Prospektrecht Kommentar, Anhang 1 VO (EU) 2019/980 Rn. 50; zum alten Recht: *Alfes/Wieneke*, in: Holzborn, WpPG, Anhang I ProspektVO Rn. 23. Nicht gemeint ist hingegen die durch europäisches Sekundärrecht für Kapitalgesellschaften vorgesehene europaweit einheitliche Handelsregisternummer („Kennung") gemäß RL 2017/1132, ABl. L 169 vom 30.6.2017, S. 46.
6 ESMA, Consultation Paper – Draft technical advice on format and content of the prospectus (ESMA31-62-532), 6.7.2017, Rn. 61; *Schlitt/Ries*, in: Assmann/Schlitt/von Kopp-Colomb, Prospektrecht Kommentar, Anhang 1 VO (EU) 2019/980 Rn. 50.
7 Zum alten Recht: *Alfes/Wieneke*, in: Holzborn, WpPG, Anhang I ProspektVO Rn. 24.

zung[8] oder der Übernahme der Aktien durch die Gründer (also das Datum der Errichtung). Der Meinungsstreit dahingehend hat freilich kaum praktische Bedeutung, wenn man sowohl das Beurkundungsdatum als auch das Datum der Eintragung im Handelsregister angibt.[9] Ist der Emittent durch einen umwandlungsrechtlichen Vorgang, wie Verschmelzung durch Neugründung oder Spaltung zur Neugründung, entstanden, so ist insoweit ebenfalls auf das Datum der Wirksamkeit des umwandlungsrechtlichen Vorgangs abzustellen, mithin auf das Datum der Eintragung im Handelsregister des übernehmenden Rechtsträgers.[10] Zudem empfiehlt es sich in diesen Fällen, die dem umwandlungsrechtlichen Vorgang vorangegangenen Entwicklungen kurz zu skizzieren.[11] Eine etwaige Nachgründung (§ 52 AktG) wäre thematisch ebenfalls in diesem Abschnitt zu verorten (auch wenn deren Angabe von Punkt 4.3 formaliter nicht zwingend erscheint). Die Existenzdauer börsenfähiger Gesellschaftsformen ist regelmäßig unbegrenzt. Die BaFin wünscht insoweit eine ausdrückliche Angabe.[12]

V. Rechtsform und Sitz; Rechtsordnung und Gründungsland; Kontaktdaten

5   Gemäß Punkt 4.4 ist die Rechtsform des Emittenten anzugeben. Im Rahmen des Anhangs 1 kommen insoweit alle **Gesellschaftsformen** in Betracht, **deren Anteile börsenfähig sind**, also die Rechtsformen der Aktiengesellschaft (AG) einschließlich der Sonderform der Immobilien-Aktiengesellschaft (REIT-AG), Kommanditgesellschaft auf Aktien (KGaA), Societas Europaea (SE)[13] sowie alle vergleichbaren ausländischen Rechtsformen. Die Rechtsform ist in ausgeschriebener Schreibweise anzugeben.[14] Ferner ist der **satzungsmäßige Sitz** des Emittenten anzugeben (der bei deutschen Emittenten auch im Handelsregister vermerkt ist).[15] Bei einem etwaigen Doppelsitz sind entsprechend beide Orte anzugeben. Die Angabe der Rechtsordnung, unter welcher der Emittent tätig ist, be-

---

8   So aber *Schlitt/Ries*, in: Assmann/Schlitt/von Kopp-Colomb, Prospektrecht Kommentar, Anhang 1 VO (EU) 2019/980 Rn. 51; *Voß*, in: Just/Voß/Ritz/Zeising, Wertpapierprospektrecht, Anhang 1 VO (EU) 2019/980 Rn. 58.

9   Vgl. z. B. den IPO-Prospekt der Vantage Towers AG vom 21.3.2021 und den Zulassungsprospekt der Daimler Truck AG vom 26.11.2021.

10 So zum alten Recht auch: *Fingerhut/Voß*, in: Just/Voß/Ritz/Zeising, WpPG, 2009, Anhang I ProspektVO Rn. 97. A. A. zum neuen Recht (Datum der Beurkundung): *Schlitt/Ries*, in: Assmann/Schlitt/von Kopp-Colomb, Prospektrecht Kommentar, Anhang 1 VO (EU) 2019/980 Rn. 51; *Voß*, in: Just/Voß/Ritz/Zeising, Wertpapierprospektrecht, Anhang 1 VO (EU) 2019/980 Rn. 58.

11 *Schlitt/Ries*, in: Assmann/Schlitt/von Kopp-Colomb, Prospektrecht Kommentar, Anhang 1 VO (EU) 2019/980 Rn. 51. Vgl. etwa den IPO-Prospekt der Vantage Towers AG vom 8.3.2021 und (wenngleich noch nach altem Recht) den IPO-Prospekt der Siemens Healthineers AG vom 5.3.2018.

12 Kritisch *Schlitt/Ries*, in: Assmann/Schlitt/von Kopp-Colomb, Prospektrecht Kommentar, Anhang 1 VO (EU) 2019/980 Rn. 51 („Förmelei").

13 *Schlitt/Ries*, in: Assmann/Schlitt/von Kopp-Colomb, Prospektrecht Kommentar, Anhang 1 VO (EU) 2019/980 Rn. 52.

14 *Schlitt/Ries*, in: Assmann/Schlitt/von Kopp-Colomb, Prospektrecht Kommentar, Anhang 1 VO (EU) 2019/980 Rn. 52; *Voß*, in: Just/Voß/Ritz/Zeising, Wertpapierprospektrecht, Anhang 1 VO (EU) 2019/980 Rn. 59.

15 *Schlitt/Ries*, in: Assmann/Schlitt/von Kopp-Colomb, Prospektrecht Kommentar, Anhang 1 VO (EU) 2019/980 Rn. 52.

trifft die **nach dem Gesellschaftsstatut anwendbaren Regelungen**.[16] Dies wird u. a. aus der englischen Fassung der Vorschrift deutlich, die insoweit die Angabe der „legislation under which the issuer operates" fordert. Gemeint ist also die einschlägige gesellschaftsrechtliche Rechtsordnung, nicht aber (bei deutschen Gesellschaften) die Gesamtheit der deutschen Rechtsordnung.[17] Im Regelfall ergibt sich diese Angabe bereits aus der Rechtsform des Emittenten. In der Praxis wird üblicherweise die Formulierung „… auf Grundlage deutschen Rechts operierend" („operating under German law") bzw. „deutschem Recht unterliegend" („governed by German law") verwendet.[18] Ist eine Gesellschaft international aktiv (sei es grenzüberschreitend, über Niederlassungen oder Tochtergesellschaften), müssen diese Rechtsordnungen an dieser Stelle keine Erwähnung finden.[19] Sonderfragen können sich bei einer Sitzverlegung in das Ausland ergeben. Zu nennen ist darüber hinaus das Land der Gründung, das im Regelfall mit der Rechtsordnung, unter welcher der Emittent tätig ist, identisch sein wird. Die ebenfalls nach Punkt 4.4 anzugebenden Kontaktdaten des Emittenten umfassen die (ladungsfähige) Geschäftsanschrift und Telefonnummer des eingetragenen Sitzes bzw. der Hauptverwaltung.[20] Schließlich ist – seit der Neufassung durch die VO (EU) 2019/980[21] – auch ein **Hinweis auf die Website** des Emittenten aufzunehmen sowie zu Klarstellungszwecken eine Erklärung, dass die Angaben auf der Website nicht Teil des Prospekts sind (sofern sie nicht mittels Verweises in den Prospekt aufgenommen wurden).[22]

---

16 A. A. *Schlitt/Ries*, in: Assmann/Schlitt/von Kopp-Colomb, Prospektrecht Kommentar, Anhang 1 VO (EU) 2019/980 Rn. 52 (sämtliche Jurisdiktionen, in denen der Emittent tätig ist).
17 A. A. offenbar *Voß*, in: Just/Voß/Ritz/Zeising, Wertpapierprospektrecht, Anhang 1 VO (EU) 2019/980 Rn. 59.
18 Vgl. den IPO-Prospekt der AUTO1 Group SE vom 25.1.2021 und den Kapitalerhöhungsprospekt der Deutsche Lufthansa AG vom 20.9.2021.
19 A. A. *Schlitt/Ries*, in: Assmann/Schlitt/von Kopp-Colomb, Prospektrecht Kommentar, Anhang 1 VO (EU) 2019/980 Rn. 52; *Voß*, in: Just/Voß/Ritz/Zeising, Wertpapierprospektrecht, Anhang 1 VO (EU) 2019/980 Rn. 59.
20 *Schlitt/Ries*, in: Assmann/Schlitt/von Kopp-Colomb, Prospektrecht Kommentar, Anhang 1 VO (EU) 2019/980 Rn. 52; *Voß*, in: Just/Voß/Ritz/Zeising, Wertpapierprospektrecht, Anhang 1 VO (EU) 2019/980 Rn. 59.
21 ESMA, Consultation Paper – Draft technical advice on format and content of the prospectus (ESMA31-62-532), 6.7.2017, Rn. 61.
22 *Schlitt/Ries*, in: Assmann/Schlitt/von Kopp-Colomb, Prospektrecht Kommentar, Anhang 1 VO (EU) 2019/980 Rn. 52; *Voß*, in: Just/Voß/Ritz/Zeising, Wertpapierprospektrecht, Anhang 1 VO (EU) 2019/980 Rn. 60.

Abschnitt 5
Überblick über die Geschäftstätigkeit

Punkt 5.1

Haupttätigkeitsbereiche

Punkt 5.1.1

Beschreibung der Wesensart der Geschäfte des Emittenten und seiner Haupttätigkeiten (sowie der damit im Zusammenhang stehenden Schlüsselfaktoren) unter Angabe der wichtigsten Arten der vertriebenen Produkte und/oder erbrachten Dienstleistungen, und zwar für jedes Geschäftsjahr innerhalb des Zeitraums, der von den historischen Finanzinformationen abgedeckt wird;

Punkt 5.1.2

Angabe etwaiger wichtiger neuer Produkte und/oder Dienstleistungen, die eingeführt wurden, und – in dem Maße, wie die Entwicklung neuer Produkte oder Dienstleistungen offengelegt wurde – Angabe des Stands ihrer Entwicklung.

Punkt 5.2

Wichtigste Märkte

Beschreibung der wichtigsten Märkte, auf denen der Emittent tätig ist, einschließlich einer Aufschlüsselung der Gesamtumsatzerträge nach Geschäftssegment und geografischem Markt für jedes Geschäftsjahr innerhalb des Zeitraums, der von den historischen Finanzinformationen abgedeckt wird.

Punkt 5.3

Wichtige Ereignisse in der Entwicklung der Geschäftstätigkeit des Emittenten.

Punkt 5.4

Strategie und Ziele

Beschreibung der Geschäftsstrategie und -ziele des Emittenten, sowohl in finanzieller als auch in einer etwaigen nichtfinanziellen Hinsicht. In dieser Beschreibung sind auch die zukünftigen Herausforderungen und die Aussichten des Emittenten zu berücksichtigen.

Punkt 5.5

Kurze Angaben über die etwaige Abhängigkeit des Emittenten in Bezug auf Patente und Lizenzen, Industrie-, Handels- oder Finanzierungsverträge oder neue Herstellungsverfahren, wenn diese Faktoren von wesentlicher Bedeutung für die Geschäftstätigkeit oder die Rentabilität des Emittenten sind.

Punkt 5.6

Grundlage für etwaige Angaben des Emittenten zu seiner Wettbewerbsposition.

Punkt 5.7

Investitionen

Punkt 5.7.1

Beschreibung (einschließlich des Betrages) der wesentlichen Investitionen des Emittenten für jedes Geschäftsjahr, und zwar für den Zeitraum, der von den historischen Finanzinformationen abgedeckt wird, bis zum Datum des Registrierungsformulars.

Punkt 5.7.2

Beschreibung aller wesentlichen laufenden oder bereits fest beschlossenen Investitionen des Emittenten, einschließlich ihrer geografischen Verteilung (Inland und Ausland) und der Finanzierungsmethode (Eigen- oder Fremdfinanzierung).

Punkt 5.7.3
Beizubringen sind Angaben über Gemeinschaftsunternehmen und Unternehmen, an denen der Emittent einen Teil des Eigenkapitals hält, dem bei der Bewertung seiner eigenen Vermögens-, Finanz- und Ertragslage voraussichtlich eine erhebliche Bedeutung zukommt.

Punkt 5.7.4
Beschreibung etwaiger Umweltfragen, die die Verwendung der Sachanlagen durch den Emittenten beeinflussen könnten.

Übersicht

	Rn.		Rn.
I. Überblick	1	7. Investitionen	19
II. Relevante Angaben	4	a) Definition	20
1. Geschäftsmodell und Haupttätigkeitsbereiche	4	b) Auswahlkriterien	23
2. Wichtigste Märkte	8	c) Getätigte, laufende und künftige Investitionen	25
3. Wichtige Ereignisse	10	d) Gemeinschaftsunternehmen und Beteiligungen	29
4. Strategie und Ziele	12	e) Umweltfragen	32
5. Abhängigkeiten	15	III. Informationsbasis	34
6. Grundlage für Angaben zur Wettbewerbsposition	17	IV. ESG-Offenlegung in Aktienprospekten	39

I. Überblick

Abschnitt 5 verlangt vom Emittenten einen Überblick über seine Geschäftstätigkeit (und die seines Konzerns). Die unter diesem Aspekt im Einzelnen geforderten Angaben wurden im Rahmen der Neufassung durch die VO (EU) 2019/980 **aus Gründen des engeren Sachzusammenhangs**[1] **teilweise neu zusammengefasst.** Die Punkte 5.1 und 5.2 (Haupttätigkeitsbereiche, wichtigste Märkte) sowie die Punkte 5.5 und 5.6 (Abhängigkeiten, Grundlage für Angaben zur Wettbewerbsposition) fanden sich bis auf kleinere redaktionelle Veränderungen so bereits in der Vorgängervorschrift (Ziffer 6 von Anhang I zur ProspektVO 2004). Das Erfordernis, Angaben zu wichtigen Ereignissen in der Entwicklung der Geschäftstätigkeit des Emittenten (Punkt 5.3) und zu Investitionen (Punkt 5.7.1 und 5.7.2) zu machen, fand sich in der Vergangenheit im Abschnitt zu den Angaben über den Emittenten (vormals Ziffer 5 von Anhang I zur VO (EG) 809/2004). Das Erfordernis von Angaben über Gemeinschaftsunternehmen und Beteiligungen (Punkt 5.7.3) war in der Vergangenheit in Ziffer 25 und die Pflicht zur Beschreibung etwaiger Umweltfragen (Punkt 5.7.4) im Abschnitt zu Sachanlagen (Ziffer 8 von Anhang I zur VO (EG) 809/2004) enthalten. Die Beschreibung der Geschäftsstrategie und -ziele des Emittenten (Punkt 5.4) wurde als verpflichtender Bestandteil des Überblicks über die Geschäftstätigkeit neu aufgenommen.[2]

1

---

1 ESMA, Consultation Paper – Draft technical advice on format and content of the prospectus (ESMA31-62-532), 6.7.2017, Rn. 63: „more natural grouping".
2 ESMA, Consultation Paper – Draft technical advice on format and content of the prospectus (ESMA31-62-532), 6.7.2017, Rn. 62.

2 Die nach Abschnitt 5 geforderten Angaben zum „Geschäftsüberblick" werden in der Praxis überwiegend in dem Prospektabschnitt „Geschäftstätigkeit" (Business) abgehandelt. In der Praxis enthält der Prospektabschnitt – im Anschluss an einen Überblick (Overview) – neben den Angaben nach Abschnitt 5 regelmäßig weitere von der VO (EU) 2019/980 **anderweitig geforderte Pflichtangaben** zu Forschung und Entwicklung (Punkt 7.1.2), wesentlichen Verträgen (Abschnitt 20), Beschäftigten (Abschnitt 15) und Gerichts- und Schiedsverfahren (Punkt 18.6) sowie freiwillige Angaben zu Wettbewerbsstärken, IT- und IP-Ausstattung und Versicherungsschutz des Emittenten.[3] Regelmäßig wurden auch schon in der Vergangenheit die – damals noch unter dem Aspekt der „Angaben über den Emittenten" zu machenden – Angaben zu wichtigen Ereignissen in der Entwicklung der Geschäftstätigkeit des Emittenten und zu Investitionen sowie die (damals noch freiwillige) Beschreibung der Strategie und Ziele der Emittentin in den Abschnitt „Geschäftstätigkeit" aufgenommen.[4] Umgekehrt finden sich die Angaben zu den wichtigsten Märkten (Punkt 5.2) und die Grundlage für Angaben zur Wettbewerbsposition des Emittenten (Punkt 5.6) typischerweise in einem gesonderten Prospektabschnitt unter der Überschrift „Markt und Wettbewerb" (Market and Competition) und die Angaben zu den Investitionen des Emittenten (Punkt 5.7) üblicherweise in der MD&A (siehe → Rn. 8, 17 und 19).

3 Der Prospektabschnitt zur „Geschäftstätigkeit" bildet, zusammen mit den Risikofaktoren und den Angaben zur Geschäfts- und Finanzlage (MD&A), das „Herzstück" des Prospekts.[5] Die Darstellung der Geschäftstätigkeit ist – im Lichte des **Vollständigkeitsgrundsatzes** (Art. 20 Abs. 4 ProspektVO) – bisweilen kein einfaches Unterfangen, da dem Prospektadressaten in klar strukturierter, auch für Laien verständlicher Weise die oftmals komplexen wirtschaftlichen Aktivitäten des Emittenten (bzw. des Konzerns) und seiner Stellung im Wettbewerb nahe zu bringen sind.[6]

II. Relevante Angaben

1. Geschäftsmodell und Haupttätigkeitsbereiche

4 Punkt 5.1.1 fordert zunächst eine Beschreibung der Wesensart der Geschäfte des Emittenten. Damit sind die **wesentlichen Charakteristika des Geschäftsmodells**[7] des Emittenten gemeint. Dies richtet den Blick darauf, welchen Nutzen und Wert das Unternehmen für seine Kunden generiert, auf welcher Stufe der Wertschöpfung das Unternehmen steht und wie das Unternehmen in seiner spezifischen Marktstellung Gewinne erwirtschaftet (oder erwirtschaften will). Damit eng verbunden sind die wesentlichen Aspekte der **Wettbewerbsstärken** (meist im Kapitel „Geschäftstätigkeit" dargestellt) und der **Schlüssel-**

---

3 Siehe auch *Schlitt/Ries*, in: Assmann/Schlitt/von Kopp-Colomb, Prospektrecht Kommentar, Anhang 1 VO (EU) 2019/980 Rn. 53. Vgl. den Kapitalerhöhungsprospekt der Vonovia SE vom 22.11.2021 und den IPO-Prospekt der SUSE S.A. vom 5.5.2021.
4 Vgl. den IPO-Prospekt der HelloFresh SE vom 21.10.2017.
5 *Schlitt/Ries*, in: Assmann/Schlitt/von Kopp-Colomb, Prospektrecht Kommentar, Anhang 1 VO (EU) 2019/980 Rn. 53 („Kernstück"); *Voß*, in: Just/Voß/Ritz/Zeising, Wertpapierprospektrecht, Anhang 1 VO (EU) 2019/980 Rn. 61.
6 Zum alten Recht: *Alfes/Wieneke*, in: Holzborn, WpPG, Anhang I ProspektVO Rn. 33.
7 *Schlitt/Ries*, in: Assmann/Schlitt/von Kopp-Colomb, Prospektrecht Kommentar, Anhang 1 VO (EU) 2019/980 Rn. 54.

faktoren, welche die Geschäftstätigkeit wesentlich beeinflussen und die unternehmerischen Aktivitäten prägen (meist im Kapitel „Darstellung und Analyse der Vermögens-, Finanz- und Ertragslage" dargestellt).[8] Zur Beschreibung der Wesensart der Geschäfte des Emittenten gehört auch eine Beschreibung der Beschaffung, der Produktion, der wesentlichen Kundenbeziehungen bzw. der Kundenstruktur und des Vertriebs.[9]

Punkt 5.1.1 fordert ferner eine Beschreibung der Haupttätigkeiten des Emittenten, was freilich mit der Beschreibung des Geschäftsmodells untrennbar verbunden ist. Welche geschäftlichen Aktivitäten zu den „Haupttätigkeiten" („principal activities") gehören, lässt sich der VO (EU) 2019/980 unmittelbar nicht entnehmen. Letztlich geht es darum, das Wesentliche vom Unwesentlichen zu trennen, und den Prospektadressaten nicht mit Informationen zu überfrachten. Im Regelfall umfassen die unternehmerischen Aktivitäten mehrere Hauptaktivitäten, sodass es zunächst darum geht, die **Haupttätigkeiten zu definieren** und voneinander abzugrenzen. Im Rahmen der Finanzberichterstattung liegen der Bestimmung der berichtspflichtigen Segmente ähnliche Erwägungen zugrunde. So weisen berichtspflichtige Segmente vergleichbare wirtschaftliche Merkmale und einen gewissen Mindestumfang auf.[10] Insoweit spricht viel dafür, die Haupttätigkeiten des Emittenten – sofern einschlägig – entsprechend der **Segmentberichterstattung** zu definieren, zumal auch die nach Punkt 5.2 geforderten Umsatzangaben hierauf Bezug nehmen.[11]

5

Sind sonach die Hauptaktivitäten identifiziert, ist die notwendige „Tiefe" der Beschreibung der jeweiligen Haupttätigkeit zu bestimmen, also der **Detailgrad der Beschreibung**. Dies wiederum hängt – im Lichte des Vollständigkeitsgrundsatzes (Art. 20 Abs. 4 ProspektVO) – von einer Vielzahl von Faktoren ab, die im jeweiligen **Einzelfall** angemessen zu berücksichtigen sind, wie relativer Umsatz und Ertrag, Wachstumsperspektiven, Risiken, strategische Bedeutung und Komplexität der Aktivitäten. Sämtliche relevanten Tätigkeitsbereiche sind dabei konkret und möglichst präzise, jedoch gleichwohl verständlich und prägnant darzustellen.[12] Im Rahmen der Beschreibung der Haupttätigkeiten sind auch die wichtigsten Arten der vertriebenen Produkte und erbrachten Dienstleistungen anzugeben, einschließlich (gemäß Punkt 5.1.2) wichtiger neuer Produkte und/oder Dienstleistungen unter Angabe des Stands der Entwicklung, sofern dieser bereits offengelegt wurde.[13] Im Rahmen dieser Darstellung werden in der Prospektpraxis regelmäßig auch Abbildun-

6

---

8 Vgl. hierzu *Schlitt/Ries*, in: Assmann/Schlitt/von Kopp-Colomb, Prospektrecht Kommentar, Anhang 1 VO (EU) 2019/980 Rn. 54 („key drivers" und „Wettbewerbsstärken"); *Voß*, in: Just/Voß/Ritz/Zeising, Wertpapierprospektrecht, Anhang 1 VO (EU) 2019/980 Rn. 62 f.
9 *Schlitt/Ries*, in: Assmann/Schlitt/von Kopp-Colomb, Prospektrecht Kommentar, Anhang 1 VO (EU) 2019/980 Rn. 54: „Kern des Unternehmens".
10 Vgl. dazu die quantitativen Schwellenwerte nach IFRS 8.13, die jedoch lediglich einen ersten Richtwert vermitteln.
11 *Schlitt/Ries*, in: Assmann/Schlitt/von Kopp-Colomb, Prospektrecht Kommentar, Anhang 1 VO (EU) 2019/980 Rn. 53. Zum alten Recht: *Alfes/Wieneke*, in: Holzborn, WpPG, Anhang I ProspektVO Rn. 35.
12 *Schlitt/Ries*, in: Assmann/Schlitt/von Kopp-Colomb, Prospektrecht Kommentar, Anhang 1 VO (EU) 2019/980 Rn. 55: „möglichst eingängige Schilderung"; *Voß*, in: Just/Voß/Ritz/Zeising, Wertpapierprospektrecht, Anhang 1 VO (EU) 2019/980 Rn. 62.
13 *Schlitt/Ries*, in: Assmann/Schlitt/von Kopp-Colomb, Prospektrecht Kommentar, Anhang 1 VO (EU) 2019/980 Rn. 54. Zum alten Recht: *Alfes/Wieneke*, in: Holzborn, WpPG, Anhang I ProspektVO Rn. 38 zum Geheimhaltungsbedürfnis des Emittenten; *Wiegel*, Prospektrichtlinie und Prospektverordnung, 2008, S. 225 f. zum Maßstab der Wichtigkeit.

gen (Graphiken, Flow-Charts etc.) verwendet, z. B. zur Visualisierung des vertriebenen Produkts und seiner Funktionsweise oder zur Darstellung von Produktionsabläufen. Dabei ist im Einklang mit der (diesbezüglich eher restriktiven) Verwaltungspraxis der BaFin sorgfältig darauf zu achten, dass solche Abbildungen einen echten, **erläuternden Mehrwert** enthalten und nicht etwa nur aus optischen und Marketinggründen in den Prospekt aufgenommen werden. Im Rahmen des EU Listing Act soll die Verwendung von Charts und Grafiken zukünftig in größerem Umfang erlaubt sein.

7 Die Beschreibung des Geschäftsmodells und der Haupttätigkeitsbereiche muss die Geschäftsjahre umfassen, die von den historischen Finanzinformationen abgedeckt sind, mithin also die **letzten drei abgeschlossenen Geschäftsjahre** (sowie die aktuelle Zwischenperiode). Selbstverständlich erfolgt die Darstellung nicht getrennt für jedes Geschäftsjahr. Gefordert (und ausreichend) ist, über wesentlichen Veränderungen und Entwicklungen während der letzten drei Geschäftsjahre (sowie der aktuellen Zwischenperiode) zu berichten (siehe → Rn. 9).[14]

2. Wichtigste Märkte

8 Gemäß Punkt 5.2 sind die wichtigsten Märkte zu beschreiben, auf denen der Emittent tätig ist. Neben den **Marktanteilen des Emittenten** und der Angabe **wesentlicher Wettbewerber** sollten auch **relevante Marktentwicklungen**, wie etwa Nachfrageüberhang/Überkapazitäten, Marktstruktur und Wachstumsaussichten beschrieben werden. Auch regulatorische Entwicklungen können von Relevanz sein, wenngleich solche häufiger zusammengefasst in einem gesonderten Prospektkapitel „Rechtliches und regulatorisches Umfeld" (Legal and Regulatory Environment) dargestellt werden (siehe Abschnitt 9 von Anhang 1 zur VO (EU) 2019/980). Die Marktabgrenzung erfolgt dabei nicht zwingend nach kartellrechtlichen Erwägungen und kann sich demgemäß auch an einer industrieüblichen Sichtweise orientieren.[15] Die Kriterien der Marktabgrenzung sollten freilich dargestellt und erläutert werden. Neben den **Produktmärkten** sind auch die **wesentlichen geografischen Märkte** zu beschreiben. Auch insoweit bietet die Segmentberichterstattung den richtigen Ansatzpunkt zu deren Identifizierung.[16] Die deskriptive Darstellung ist durch Angabe der Segmentumsätze zu ergänzen (üblicherweise in Form einer Tabelle). In der Praxis wird der Darstellung der wichtigsten Märkte – zusammen mit der Grundlage für Angaben zur Wettbewerbsposition des Emittenten (Punkt 5.6) – meistens ein separater Prospektabschnitt, üblicherweise unter der Überschrift „Markt und Wettbewerb" (Market and Competition), gewidmet (siehe → Rn. 17).[17] Soweit möglich, sollen die Angaben zu den Märkten auf **unabhängigen Quellen** beruhen oder durch diese belegt werden (siehe dazu → Rn. 34 ff.).

---

14 *Schlitt/Ries*, in: Assmann/Schlitt/von Kopp-Colomb, Prospektrecht Kommentar, Anhang 1 VO (EU) 2019/980 Rn. 54.
15 *Voß*, in: Just/Voß/Ritz/Zeising, Wertpapierprospektrecht, Anhang 1 VO (EU) 2019/980 Rn. 65.
16 Die durch IFRS 8.13 lit. (a) festgelegte Bezugsgröße von 10 % der Umsätze vermittelt insoweit auch bei der Bestimmung wichtiger Märkte zumindest eine – einzelfallbezogen zu modifizierende – erste Orientierungshilfe. Insoweit ähnlich *Schlitt/Ries*, in: Assmann/Schlitt/von Kopp-Colomb, Prospektrecht Kommentar, Anhang 1 VO (EU) 2019/980 Rn. 56. Zum alten Recht: *Alfes/Wieneke*, in: Holzborn, WpPG, Anhang I ProspektVO Rn. 40.
17 Vgl. den IPO-Prospekt der AUTO1 Group SE vom 25.1.2021 oder den Kapitalerhöhungsprospekt der Deutsche Lufthansa AG vom 20.9.2021.

Die in der VO (EG) 809/2004 enthaltene Vorgabe, dass, wenn die Geschäftstätigkeit oder die wichtigsten Märkte des Emittenten von **außergewöhnlichen Faktoren** beeinflusst wurden, diese offenzulegen sind (vormals Ziffer 6.3.), findet sich in der VO (EU) 2019/980 nicht mehr. Laut ESMA wurde sie durch das neu eingeführte Erfordernis, die **Geschäftsstrategie und -ziele** des Emittenten zu beschreiben (Punkt 5.4), ersetzt, dessen Anwendungsbereich – da nicht auf außergewöhnliche Faktoren beschränkt – weiter sei und die Darstellung außergewöhnlicher Faktoren daher mit umfasse.[18] Wenngleich diese Begründung angesichts der retrospektiven Natur der in der ehemaligen Ziffer 6.3. verlangten Angaben und der prospektiven Natur der im neuen Punkt 5.4 verlangten Angaben nicht restlos zu überzeugen vermag, sind unter dem Blickwinkel des Vollständigkeitsgrundsatzes (Art. 20 Abs. 4 ProspektVO) Angaben zu außergewöhnlichen Faktoren, welche die Geschäftstätigkeit oder die wichtigsten Märkte des Emittenten in der jüngeren Vergangenheit beeinflusst haben, jedenfalls weiterhin zu verlangen (siehe → Rn. 12).

3. Wichtige Ereignisse

Unter Punkt 5.3 sind wichtige Ereignisse in der Entwicklung der Geschäftstätigkeit des Emittenten, also „**Meilensteine**" in der historischen Entwicklung der Gesellschaft, darzustellen. Während gemäß Punkt 5.1.1 (Haupttätigkeitsbereiche) die Entwicklung der Geschäftstätigkeit innerhalb des Zeitraums, der von den historischen (in den Prospekt aufzunehmenden) Finanzinformationen abgedeckt ist, darzustellen ist, findet sich in Punkt 5.3 **keine derartige zeitliche Beschränkung**. Aus diesem systematischen Zusammenhang lässt sich ersehen, dass es in Punkt 5.3 insbesondere um solche – sowohl positiven als auch negativen[19] – Entwicklungen geht, die weiter zurückliegen, gleichwohl aber aus Anlegersicht von Interesse sind.[20] Ferner können Änderungen in der strategischen Ausrichtung des Unternehmens, gesellschaftsrechtliche Umstrukturierungsmaßnahmen, wesentliche Änderungen im Aktionärskreis, Auslandsexpansion oder Akquisitionen zu den wesentlichen Entwicklungsstufen eines Unternehmens gehören. Im Falle einer Transaktion, die zu einer **bedeutenden Bruttoveränderung** i. S. d. Art. 1 lit. e der VO (EU) 2019/980 geführt hat (oder führen wird), ist auf Konsistenz der Darstellung mit den nach Punkt 18.4.1 von Anhang 1 zu machenden Angaben zu achten.[21]

In der Praxis werden die von Punkt 5.3 geforderten „Meilensteine" in der historischen Entwicklung des Emittenten meist – zusammen mit den Formalien des Abschnitts 4 (Angaben zum Emittenten) – im Prospektkapitel „Allgemeine Angaben über die Gesellschaft" (General Information about the Company) dargestellt.[22] Freilich spricht auch

---

18 ESMA, Consultation Paper – Draft technical advice on format and content of the prospectus (ESMA31-62-532), 6.7.2017, Rn. 62.
19 *Schlitt/Ries*, in: Assmann/Schlitt/von Kopp-Colomb, Prospektrecht Kommentar, Anhang 1 VO (EU) 2019/980 Rn. 58; *Voß*, in: Just/Voß/Ritz/Zeising, Wertpapierprospektrecht, Anhang 1 VO (EU) 2019/980 Rn. 68.
20 Siehe z. B. die Partnerschaften der SUSE S.A. mit SAP, Microsoft und VMware, vgl. IPO-Prospekt der SUSE S.A. vom 5.5.2021.
21 Vgl. auch *Schlitt/Ries*, in: Assmann/Schlitt/von Kopp-Colomb, Prospektrecht Kommentar, Anhang 1 VO (EU) 2019/980 Rn. 58.
22 Vgl. den IPO-Prospekt der Vantage Towers AG vom 8.3.2021 oder den Zulassungsprospekt der Bike24 Holding AG vom 15.6.2021.

nichts dagegen, die historische Entwicklung im Abschnitt „Geschäftstätigkeit"[23] oder gar in einem gesonderten Abschnitt zu skizzieren. Sind wichtige Ereignisse in diesem Sinne nicht eingetreten, ist nach Ansicht der BaFin eine entsprechende **Negativaussage** in den Prospekt aufzunehmen.[24]

4. Strategie und Ziele

12   Mit der VO (EU) 2019/980 haben Emittenten erstmals verpflichtend eine Beschreibung ihrer Geschäftsstrategie und -ziele vorzulegen. In der Praxis war eine Darstellung der Strategie und der Ziele des Emittenten schon in der Vergangenheit üblich, meist in einem mit „Strategie" (Strategy) oder „Stärken und Strategie" (Strengths and Strategy) bezeichneten Unterabschnitt des Prospektkapitels „Geschäftstätigkeit".[25] Die VO (EU) 2019/980 vollzieht insofern die Entwicklung in der Praxis nach.[26] ESMA hält Angaben über die Geschäftsstrategie und -ziele des Emittenten für zentrale Informationselemente für die Anlageentscheidung von Investoren, insbesondere im Kontext eines IPO.[27] Zweck der Offenlegung ist danach, Investoren eine sachdienliche und gezielte Darstellung zu bieten und einen klaren Einblick zu ermöglichen, welche **spezifischen Ziele** der Emittent verfolgt und welchen **spezifischen Herausforderungen** er sich ausgesetzt sieht.[28]

13   Die Darstellung der Geschäftsstrategie und -ziele des Emittenten hat sowohl **finanzielle als auch nichtfinanzielle Aspekte** zu umfassen. Bei der Darstellung der finanziellen Seite der Geschäftsstrategie und -ziele des Emittenten ist im Kontext eines Angebots neuer Aktien des Emittenten, in dessen Rahmen dem Emittenten Erlöse zufließen sollen, auf eine enge Verzahnung mit der Offenlegung zur beabsichtigten Verwendung der Erlöse aus dem Angebot (Punkt 3.4 von Anhang 11 zur VO (EU) 2019/980) und zu zukünftigen Investitionen und deren Finanzierung (Punkt 5.7.2 bzw. 8.5) zu achten (siehe → Rn. 25 ff.). Es sollte für Investoren klar erkennbar sein, dass die von ihnen investierten und dem Emittenten zufließenden Mittel der Förderung der Geschäftsstrategie und -ziele dienen. Ferner sind in der Darstellung der Geschäftsstrategie und -ziele auch die zukünftigen Herausforderungen und die Aussichten des Emittenten zu berücksichtigen. Nach dem Verständnis der ESMA sind unter diesem Blickwinkel, sofern zutreffend, auch **außergewöhnlichen Faktoren** darzustellen, welche die Geschäftstätigkeit oder die wichtigsten Märkte des Emittenten in der jüngeren Vergangenheit beeinflusst haben (siehe → Rn. 9).[29] Damit sind all jene Faktoren gemeint, welche die **Stetigkeit der Ertragskraft** des Unternehmens in Frage stellen und daher für eine Einschätzung der Zukunftsaussichten des Emittenten und

---

23   Vgl. den IPO-Prospekt der Compleo Changing Solutions AG vom 8.10.2020.
24   Kritisch *Schlitt/Ries*, in: Assmann/Schlitt/von Kopp-Colomb, Prospektrecht Kommentar, Anhang 1 VO (EU) 2019/980 Rn. 59 (aufgrund mangelnden Informationsinteresses des Anlegers abzulehnen).
25   Vgl. den Kapitalerhöhungsprospekt der Deutsche Bank AG vom 20.3.2017.
26   ESMA, Consultation Paper – Draft technical advice on format and content of the prospectus (ESMA31-62-532), 6.7.2017, Rn. 62.
27   ESMA, Consultation Paper – Draft technical advice on format and content of the prospectus (ESMA31-62-532), 6.7.2017, Rn. 62.
28   ESMA, Final Report – Technical advice under the Prospectus Regulation (ESMA31-62-800), 28.3.2018, Rn. 173.
29   ESMA, Consultation Paper – Draft technical advice on format and content of the prospectus (ESMA31-62-532), 6.7.2017, Rn. 62.

ihrer daraus resultierenden Bewertungsrelevanz von wesentlicher Bedeutung sind. Anders gewendet handelt es sich hierbei um Sachverhalte tatsächlicher oder rechtlicher Natur, die für den Emittenten nicht vorhersehbar waren und mit deren Eintritt er im Rahmen des normalen Geschäftsverlaufs nicht zu rechnen brauchte.[30] In der Praxis werden derartige außergewöhnliche Faktoren jedoch nicht im Prospektkapitel „Geschäftätigkeit" oder gar dem Unterkapitel „Strategie", sondern meist im Rahmen der Darstellung der Vermögens-, Finanz- und Ertragslage diskutiert. Typische Beispiele hierfür sind wesentliche Einflüsse aufgrund von Akquisitionen oder Desinvestitionen, die Bildung oder Auflösung wesentlicher Rückstellungen (insbesondere im Zusammenhang mit Restrukturierungen), ungewöhnliche Marktverwerfungen (wie z. B. aufgrund der Corona-Pandemie) oder vorübergehende staatliche Absatzförderungs- oder Stützungsmaßnahmen (wie z. B. die „Abwrackprämie" bzw. „Umweltprämie"[31] oder die „Corona-Hilfen"[32]), Betriebsstilllegungen und sonstige (auch positive) Ereignisse, die sich als „Einmaleffekte" charakterisieren lassen.

Der Darstellung der Geschäftsstrategie und -ziele im Prospekt kommt insbesondere im Zusammenhang mit **Angebotsprospekten** eine zentrale Bedeutung für die Vermarktung der anzubietenden Aktien zu. Sie wird daher üblicherweise in enger Abstimmung mit den für die Vermarktung zuständigen Syndikatsbanken entwickelt. Sie ist Teil der – ebenfalls von den Syndikatsbanken mitentwickelten – Equity Story und spiegelt sich auch in den verschiedenen im Zusammenhang mit der Transaktion zu verwendenden Präsentationen (Pilot Fishing Presentation, Early Look Presentation, Analyst Presentation, Investor Presentation etc.). Dabei ist streng darauf zu achten, dass die in diesen Präsentationen enthaltenen bzw. etwaigen Investoren und/oder Analysten zur Verfügung gestellten Informationen mit den Informationen im Prospekt übereinstimmen und die Investoren und/oder Analysten insbesondere nicht mehr Informationen erhalten als das Publikum mittels des Prospekts (Art. 22 Abs. 3 bis 5 ProspektVO). Die Geschäftsstrategie und -ziele werden üblicherweise unter einigen wenigen Unterüberschriften knapp und griffig dargestellt und die in dem betreffenden Prospektabschnitt verwendete Sprache weist – wie auch bei den regelmäßig in unmittelbarer Nähe (freiwillig) dargestellten Wettbewerbsstärken – häufig einen etwas stärker werbenden Charakter auf als in anderen Prospektabschnitten. Der Prospektersteller ist hier gehalten (bzw. von den Beratern dazu anzuhalten), mit Augenmaß vorzugehen und darauf zu achten, dass Aussagen, die einen Vergleich mit anderen Wettbewerbern ziehen oder implizieren, ggf. **mit einer objektiven Quelle untermauert** werden (siehe → Rn. 17).

5. Abhängigkeiten

Punkt 5.5 erfordert Angaben über etwaige bestehende Abhängigkeiten des Emittenten in Bezug auf **Patente und Lizenzen, Industrie-, Handels- oder Finanzierungsverträge oder neue Herstellungsverfahren**, sofern und soweit diese Faktoren für die Geschäftstä-

---

30 Zum alten Recht: *Fingerhut/Voß*, in: Just/Voß/Ritz/Zeising, WpPG, 2009, Anhang I ProspektVO Rn. 126.
31 Vgl. z. B. den Wertpapierprospekt der Volkswagen Aktiengesellschaft vom 23.3.2010, S. 80, 124.
32 Siehe den Kapitalerhöhungsprospekt der TUI AG vom 6.10.2021 (in einem gesonderten Kapitel „The Stabilisation Package") oder den IPO-Prospekt der HolidayCheck Group vom 21.1.2021 (in den Kapiteln „Capitalisation and Indebtedness" und „Material Contracts").

tigkeit oder die Rentabilität des Emittenten von wesentlicher Bedeutung sind. Wann diese Faktoren für den Emittenten „wesentliche Bedeutung" erlangen, lässt die VO (EU) 2019/980 offen. Wesentlich sind im Hinblick auf Punkt 5.1 zunächst diejenigen Faktoren, welche den Kern der wirtschaftlichen Aktivitäten des Emittenten in einer Weise betreffen, dass der Emittent seine Geschäftstätigkeit bei ihrem Wegfall gar nicht, nur in eingeschränkter Form oder nicht mit dem gleichen wirtschaftlichen Erfolg ausüben kann.[33]

16 Bestehen keine Abhängigkeiten des Emittenten von den genannten Faktoren, sollte zumindest vorsorglich eine entsprechende **Negativaussage** in den Prospekt aufgenommen werden.[34] Dies ergibt sich aus der insoweit deutlicheren englischsprachigen Fassung der Vorschrift, die eine Aussage auch dahingehend zu verlangen scheint, in welchem Maße („…to the extent to which…") Abhängigkeiten des Emittenten bestehen. Die Praxis verfährt entsprechend.[35]

6. Grundlage für Angaben zur Wettbewerbsposition

17 Gemäß Punkt 5.6 muss der Prospekt die Grundlagen für etwaige Angaben des Emittenten zu seiner Wettbewerbsposition enthalten. Die VO (EU) 2019/980 schreibt sonach nicht vor, dass der Emittent im Prospekt Angaben zu seiner Wettbewerbsposition macht.[36] Nur für den Fall, dass derartige Angaben im Prospekt enthalten sind, ist auch deren Grundlage anzugeben.[37] Eine Angabe zur Wettbewerbsposition ist eine Angabe, die einen **Vergleich mit anderen Wettbewerbern** zieht oder impliziert. Dies gilt für entsprechende Angaben auf Beschaffungs- ebenso wie auf Vertriebsseite.[38] Ist der Emittent auf verschiedenen Märkten (aufgrund verschiedener Geschäftsbereiche oder aufgrund breiter geografischer Ausrichtung) tätig und macht insofern Angaben zur Wettbewerbsposition, sind **Grundlagen für alle entsprechenden Aussagen anzugeben** (vgl. hierzu → Rn. 8 f.).[39] Beispiele für Angaben zur Wettbewerbsposition sind Angaben, das Unternehmen sei „führend" oder gehöre zu „den führenden Anbietern" seiner Branche. Bei derartigen Angaben schwingt

---

33 Ähnlich *Schlitt/Ries*, in: Assmann/Schlitt/von Kopp-Colomb, Prospektrecht Kommentar, Anhang 1 VO (EU) 2019/980 Rn. 60, die insoweit darauf abstellen wollen, ob ein möglicher Wegfall eines gewerblichen Schutzrechts oder eines Vertrages als Risiko in den Abschnitt „Risikofaktoren" aufzunehmen wäre.

34 Ebenso *Schlitt/Ries*, in: Assmann/Schlitt/von Kopp-Colomb, Prospektrecht Kommentar, Anhang 1 VO (EU) 2019/980 Rn. 60; *Voß*, in: Just/Voß/Ritz/Zeising, Wertpapierprospektrecht, Anhang 1 VO (EU) 2019/980 Rn. 70.

35 Vgl. etwa den Kapitalerhöhungsprospekt der TAG Immobilien AG vom 8.7.2022 oder den Kapitalerhöhungsprospekt der Instone Real Estate Group AG vom 27.8.2020; vgl. zur entsprechenden Praxis in der Vergangenheit *Alfes/Wieneke*, in: Holzborn, WpPG, Anhang I ProspektVO Rn. 42.

36 A. A. *Schlitt/Ries*, in: Assmann/Schlitt/von Kopp-Colomb, Prospektrecht Kommentar, Anhang 1 VO (EU) 2019/980 Rn. 62, wonach etwaige Wettbewerber ausdrücklich im Prospekt genannt werden müssen.

37 *Schlitt/Ries*, in: Assmann/Schlitt/von Kopp-Colomb, Prospektrecht Kommentar, Anhang 1 VO (EU) 2019/980 Rn. 61; *Voß*, in: Just/Voß/Ritz/Zeising, Wertpapierprospektrecht, Anhang 1 VO (EU) 2019/980 Rn. 71.

38 *Schlitt/Ries*, in: Assmann/Schlitt/von Kopp-Colomb, Prospektrecht Kommentar, Anhang 1 VO (EU) 2019/980 Rn. 63. Zum alten Recht: *Alfes/Wieneke*, in: Holzborn, WpPG, Anhang I ProspektVO Rn. 43.

39 *Schlitt/Ries*, in: Assmann/Schlitt/von Kopp-Colomb, Prospektrecht Kommentar, Anhang 1 VO (EU) 2019/980 Rn. 61.

oft in gewissem Maße ein werbender Aspekt mit.[40] Dem wird durch Punkt 5.6 insoweit eine Schranke auferlegt, als auch die Grundlage derartiger Aussagen anzugeben ist. Damit sind primär objektive Grundlagen gemeint, also ein **objektiver Referenzmaßstab**, der die getroffene Aussage zur Wettbewerbsposition hinreichend stützt (siehe dazu im Einzelnen → Rn. 34 ff.).

Die Grundlage für Angaben zur Wettbewerbsposition des Emittenten findet sich – zusammen mit der Darstellung der wichtigsten Märkte gemäß Punkt 5.2 – üblicherweise in einem eigenen Prospektabschnitt unter der Überschrift „Markt und Wettbewerb" (Market and Competition).

7. Investitionen

Punkt 5.7 fordert Angaben über Investitionen des Emittenten,[41] und zwar über (i) wesentliche Investitionen, die während des Zeitraums getätigt worden sind, der von den **historischen Finanzinformationen abgedeckt** wird bis zum Datum des Prospekts (Punkt 5.7.1), sowie (ii) wesentliche **laufende** Investitionen – mithin solche, die begonnen, aber noch nicht abgeschlossen worden sind – und **künftige** Investitionen, die von den Verwaltungsorganen des Emittenten bereits fest beschlossen worden sind (Punkt 5.7.2.). Außerdem sind Angaben zu bestimmten Gemeinschaftsunternehmen (Punkt 5.7.3.) sowie zu Umweltfragen im Zusammenhang mit der Verwendung der Sachanlagen durch den Emittenten zu machen (Punkt 5.7.4).

a) Definition

Die VO (EU) 2019/980 enthält keine Definition des Begriffs „Investitionen". Aus Punkt 5.7.1 wird jedoch deutlich, dass die Angaben über (getätigte) Investitionen in ihrem Bezug zu den historischen Finanzinformationen zu sehen sind.[42] Die Angaben dienen sonach deren Erläuterung, sodass auch deren Begriffsverständnis zugrunde zu legen ist. Die Angaben über Investitionen haben ihren Aufsatzpunkt in der Kapitalflussrechnung (Mittelfluss aus Investitionstätigkeit).

Zu den Investitionen zählen (entsprechend IAS 7.6 und 7.16) sämtliche **Auszahlungen für Vermögenswerte**, die dazu bestimmt sind, dem Geschäftsbetrieb längerfristig sowohl zur Erhaltung und Erweiterung gegenwärtiger als auch zum Aufbau oder Erwerb neuer Aktivitäten zu dienen. Zu den Investitionen gehören **grundsätzlich auch Finanzinvestitionen** (ausgenommen Zahlungsmitteläquivalente). Beispielhaft seien hier genannt die Beschaffung von Sachanlagen, immateriellen und sonstigen langfristigen Vermögenswerten, Auszahlungen für aktivierte Entwicklungskosten und selbsterstellte Sachanlagen, Erwerb von Unternehmen oder Unternehmensbeteiligungen sowie die Kreditvergabe (sofern es sich bei dem Emittenten nicht um ein Finanzinstitut handelt).

---

40 Vgl. zu diesem Aspekt (zum alten Recht) *Fingerhut/Voß*, in: Just/Voß/Ritz/Zeising, WpPG, 2009, Anhang I ProspektVO Rn. 136.
41 Ist der Emittent Muttergesellschaft eines Konzerns, sind die Angaben auf Konzernebene zu machen und dürfen nicht auf solche des Emittenten beschränkt bleiben.
42 Ähnlich (zum alten Recht) *Fingerhut/Voß*, in: Just/Voß/Ritz/Zeising, WpPG, 2009, Anhang I ProspektVO Rn. 107.

22 Punkt 5.7 differenziert bei den Informationsanforderungen hinsichtlich getätigter, laufender und künftiger Investitionen nicht zwischen Investitionen in Sachanlagen und Beteiligungen einerseits und Finanzanlagen andererseits, sondern verwendet einheitlich den Begriff „Investitionen".

b) Auswahlkriterien

23 Die Punkte 5.7.1 und 5.7.2 fordern nur Angaben über die **„wesentlichen"** Investitionen (in der englischen Sprachfassung: material investments). Welche Investitionen im Einzelnen zu den wesentlichen Investitionen eines Emittenten gehören, lässt die VO (EU) 2019/980 jedoch offen. Unter der VO (EG) 809/2004 umfasste die Offenlegungspflicht nur die „wichtigsten" Investitionen (in der englischen Sprachfassung: principal investments) und war damit etwas enger gefasst. Hierzu wurde vereinzelt ein Schwellenwert von 10 % bezogen auf den Umsatz vertreten. Überwiegend wurde dies jedoch nicht für einen geeigneten Maßstab erachtet und für eine weniger starre, an festen numerischen Größen oder Verhältniszahlen orientierte Betrachtung unter Berücksichtigung des Zwecks der (damaligen) Ziffer 5.2 geworben.[43]

24 Unter Rückgriff auf den **allgemeinen Wesentlichkeitsgrundsatz** (Art. 6 Abs. 1 Prospekt-VO) liegt es nahe, die Vorschrift so auszulegen, dass Angaben über solche Investitionen gefordert sind, die für den Emittenten – entweder aufgrund ihres Volumens oder aus anderen Gründen – von einigem Gewicht sind und daher auch **aus Anlegersicht** Bedeutung erlangen. Die Größenordnung einer Investition ist sicher ein wichtiges Kriterium, um sie den wesentlichen Investitionen zuzuordnen. Daher empfiehlt es sich zunächst, im Rahmen einer quantitativen Betrachtung auf Grundlage eines Vergleichs der einzelnen Investitionen mit dem Gesamtinvestitionsvolumen des betreffenden Geschäftsjahres größere Investitionen von kleineren Investitionen zu unterscheiden.[44] Beträgt der Anteil einer einzelnen Investition **mehr als 10 % des Gesamtinvestitionsvolumens**, wird man in der Praxis im Regelfall dazu tendieren, die Investition zu den wesentlichen zu rechnen. Neben der quantitativen Betrachtung ist aber auch eine qualitative (Einzel-)Betrachtung anzulegen, wonach u. U. auch volumenmäßig kleinere Investitionen wesentlich im Sinne der Punkte 5.7.1 und 5.7.2 sein können. Hierbei ist das **individuelle Profil** der Investitionen dahingehend zu analysieren, welche besonderen **Risiken** (oder **Chancen**) sie bergen oder inwieweit sie sonst von **den üblichen Investitionen der Gesellschaft abweichen**.[45] Investitionen in ein neues oder junges Geschäftsfeld oder einen neuen geographischen Markt werden tendenziell eher zu den wesentlichen Investitionen zählen als Investitionen zur Instandhaltung langjähriger Betriebsstandorte. Werden Investitionen im Prospekt als „Wachstumstreiber", „strategische Akquisition" oder als „Investition in die Zukunft" präsentiert, gehören sie grundsätzlich zu den wesentlichen.

---

43 Siehe die Vorauflage *Kopp/Metzner*, in: Berrar/Meyer/Müller et al., WpPG/EU-ProspektVO, 2. Aufl. 2017, Anhang I ProspektVO Rn. 12; ferner *Fingerhut/Voß*, in: Just/Voß/Ritz/Zeising, WpPG, 2009, Anhang I ProspektVO Rn. 108; *Schlitt/Schäfer*, in: Assmann/Schlitt/von Kopp-Colomb, WpPG/VermAnlG, 3. Aufl. 2017, Anhang I ProspektVO Rn. 59.

44 *Schlitt/Ries*, in: Assmann/Schlitt/von Kopp-Colomb, Prospektrecht Kommentar, Anhang 1 VO (EU) 2019/980 Rn. 65; *Voß*, in: Just/Voß/Ritz/Zeising, Wertpapierprospektrecht, Anhang 1 VO (EU) 2019/980 Rn. 75.

45 *Schlitt/Ries*, in: Assmann/Schlitt/von Kopp-Colomb, Prospektrecht Kommentar, Anhang 1 VO (EU) 2019/980 Rn. 65.

c) Getätigte, laufende und künftige Investitionen

Aufgrund des **Zusammenhangs mit der Kapitalflussrechnung** finden sich die Angaben zu Investitionen in der Praxis meist im Abschnitt „Darstellung und Analyse der Vermögens-, Finanz- und Ertragslage des Emittenten" (Management's Discussion and Analysis oder **MD&A**), der die Angaben zur Geschäfts- und Finanzlage (Operating and Financial Review) entsprechend Abschnitt 7 enthält. Häufig finden sich Beschreibungen bestimmter Investitionen – z.B. solche, die strategische Akquisitionen von Gesellschaften oder Vermögensgegenständen betreffen – (zusätzlich) auch im Kapitel zur „Geschäftstätigkeit" (Business).[46] Empfehlenswert[47] erscheint es, der Beschreibung der Investitionen in der MD&A eine Tabelle voranzustellen, welche den Gesamtbetrag der Investitionen in den jeweiligen Geschäftsjahren bzw. Zwischenperioden beziffert.[48] Eine Aufteilung nach Segmenten (sofern relevant) erhöht die Transparenz, ist aber formaliter nicht zwingend geboten. 25

Bezüglich der wesentlichen Investitionen, die innerhalb des von den historischen Finanzinformationen abgedeckten Zeitraums bis zum Datum des Prospekts getätigt wurden, ist gemäß Punkt 5.7.1 eine **Beschreibung** erforderlich, einschließlich der Angabe des Betrags der jeweiligen Investition.[49] Die Beschreibung umfasst dabei im Regelfall **Art, Höhe, Fristigkeit und Zielsetzung** der Investition. Im Unterschied zu Ziffer 5.7.2 (laufende und bereits fest beschlossene Investitionen) ist eine Angabe hinsichtlich der geografischen Verteilung und der Finanzierungsart nicht explizit gefordert.[50] Ein Grund für diese unterschiedliche Berichtstiefe ist allerdings nicht ersichtlich. Im Zweifel wird sich der geografische Schwerpunkt der Investitionen, ggf. auch die Finanzierungsart, allerdings ohnehin aus der Beschreibung ergeben. 26

Hinsichtlich laufender Investitionen und bereits fest beschlossener Investitionen wurde in der Vergangenheit dahingehend unterschieden, dass für Erstere eine Beschreibung (englische Sprachfassung: a description) einschließlich geografischer Verteilung und Finanzierung offenzulegen war, wohingegen für Letztere lediglich Angaben (englische Sprachfassung: information) zu machen waren.[51] Mit der Zusammenfassung von Ziffer 5.2.2 und 5.2.3 im gemeinsamen Punkt 5.7.2 sind nunmehr für beide Arten von Investitionen Beschreibungen (einschließlich geografischer Verteilung und Finanzierung) offenzulegen. Bei **laufenden Investitionen** handelt es sich um Investitionsprojekte, die vom Emittenten **bereits begonnen, aber noch nicht abgeschlossen** wurden, und daher weiteren zukünftigen Kapitalbedarf auslösen werden. Hierfür verlangt Punkt 5.7.2 – wie schon zuvor Ziffer 27

---

46 Vgl. auch *Schlitt/Ries*, in: Assmann/Schlitt/von Kopp-Colomb, Prospektrecht Kommentar, Anhang 1 VO (EU) 2019/980 Rn. 64.
47 Nach *Schlitt/Ries*, in: Assmann/Schlitt/von Kopp-Colomb, Prospektrecht Kommentar, Anhang 1 VO (EU) 2019/980 Rn. 66 zwingend.
48 Zum alten Recht: *Fingerhut/Voß*, in: Just/Voß/Ritz/Zeising, WpPG, 2009, Anhang I ProspektVO Rn. 109.
49 *Schlitt/Ries*, in: Assmann/Schlitt/von Kopp-Colomb, Prospektrecht Kommentar, Anhang 1 VO (EU) 2019/980 Rn. 65.
50 A.A. *Schlitt/Ries*, in: Assmann/Schlitt/von Kopp-Colomb, Prospektrecht Kommentar, Anhang 1 VO (EU) 2019/980 Rn. 66.
51 Siehe zum alten Recht die Vorauflage; a.A. offenbar *Schlitt/Schäfer*, in: Assmann/Schlitt/von Kopp-Colomb, WpPG/VermAnlG, 3. Aufl. 2017, Anhang I ProspektVO Rn. 61; *Fingerhut/Voß*, in: Just/Voß/Ritz/Zeising, WpPG, 2009, Anhang I ProspektVO Rn. 111.

6.2.2 – eine Beschreibung, die auch **Angaben über die geografische Verteilung** (Angabe der einzelnen Länder)[52] und die **Art der Finanzierung** enthalten, mithin ob eine eigen- oder fremdfinanzierte Investition vorliegt.[53] Bei fest beschlossenen Investitionen handelt es sich um Investitionsprojekte, die von den Verwaltungsorganen des Emittenten (bei der AG: Vorstand, ggf. mit Zustimmung des Aufsichtsrats) **bereits verbindlich beschlossen** worden sind. Auch für solche (zukünftigen) Investitionen ist nunmehr eine Beschreibung (einschließlich Angaben über die geografische Verteilung und die Art der Finanzierung – siehe oben) vorzulegen. Der in Punkt 8.5 enthaltenen Pflicht, voraussichtliche Quellen für die zur Erfüllung der Investitionsverpflichtungen erforderlichen Finanzierungsmittel anzugeben, kommt insoweit kein eigener Anwendungsbereich zu. Weder bei laufenden Investitionen noch bei fest beschlossenen Investitionen wird – im Unterschied zu Punkt 5.7.1 (abgeschlossene Investitionen) – die Angabe des Betrags der jeweiligen Investitionen explizit verlangt.[54] Ggf. bietet es sich zumindest bei laufenden Investitionen gleichwohl an, das **prognostizierte Gesamtvolumen** des noch ausstehenden Kapitalbedarfs anzugeben. Auch bei fest beschlossenen Investitionen mag es im Einzelfall sinnvoll erscheinen, das Gesamt-Investitionsbudget zu beziffern, sodass die Größenordnung des künftigen Kapitalbedarfs deutlich wird.

28 In Angebotsprospekten ist bei den Angaben zu wesentlichen Investitionen, die der Emittent mit Hilfe der aus dem Emissionserlös zufließenden Mittel finanzieren will, darüber hinaus auf einen **Gleichklang mit der Darstellung der Verwendung des Emissionserlöses** nach Ziffer 3.4 von Anhang 11 zur VO (EU) 2019/980 und der Strategie des Emittenten (siehe → Rn. 12 ff.) zu achten.[55]

d) Gemeinschaftsunternehmen und Beteiligungen

29 Nach Punkt 5.7.3 sind in den Prospekt Angaben über **Gemeinschaftsunternehmen (Joint Ventures)** und Unternehmen aufzunehmen, an denen der Emittent einen **Teil des Eigenkapitals hält**, soweit diesem bei der Bewertung seiner eigenen Vermögens-, Finanz- und Ertragslage voraussichtlich eine erhebliche Bedeutung zukommt. Die Angaben nach Punkt 5.7.3 ergänzen die nach Punkt 6.2 (wichtigste Tochtergesellschaften) erforderliche Darstellung der wichtigsten Tochtergesellschaften und sind in der Regel im Abschnitt „Allgemeine Angaben über den Emittenten" (General Information about the Company) in Form einer einheitlichen tabellarischen Übersicht enthalten.[56] Während es im Rahmen der Darstellung nach Punkt 6.2 primär um eine Einschätzung des Emittenten hinsichtlich der Bedeutung seiner Tochtergesellschaften und anderen mit ihm verbundenen Beteiligungen

---

52 *Schlitt/Ries*, in: Assmann/Schlitt/von Kopp-Colomb, Prospektrecht Kommentar, Anhang 1 VO (EU) 2019/980 Rn. 66; *Voß*, in: Just/Voß/Ritz/Zeising, Wertpapierprospektrecht, Anhang 1 VO (EU) 2019/980 Rn. 76.

53 *Schlitt/Ries*, in: Assmann/Schlitt/von Kopp-Colomb, Prospektrecht Kommentar, Anhang 1 VO (EU) 2019/980 Rn. 66; *Voß*, in: Just/Voß/Ritz/Zeising, Wertpapierprospektrecht, Anhang 1 VO (EU) 2019/980 Rn. 76.

54 A. A. *Voß*, in: Just/Voß/Ritz/Zeising, Wertpapierprospektrecht, Anhang 1 VO (EU) 2019/980 Rn. 76; *Schlitt/Ries*, in: Assmann/Schlitt/von Kopp-Colomb, Prospektrecht Kommentar, Anhang 1 VO (EU) 2019/980 Rn. 66.

55 *Schlitt/Ries*, in: Assmann/Schlitt/von Kopp-Colomb, Prospektrecht Kommentar, Anhang 1 VO (EU) 2019/980 Rn. 66.

56 Vgl. den Kapitalerhöhungsprospekt der TUI AG vom 21.11.2021.

für die Gruppe des Emittenten geht, steht im Rahmen von Punkt 5.7.3 die **(voraussichtliche) Relevanz für die Bewertung der Vermögens-, Finanz- und Ertragslage des Emittenten** im Vordergrund. Letztendlich werden Punkt 6.2 und Punkt 5.7.3 in der Praxis aber „zusammen gelesen" und ihre Anforderungen in einer einheitlichen Tabelle erfüllt (siehe die Kommentierung zu → Anhang 1 Abschnitt 6 Punkt 6.2 Rn. 5).

Um welche Unternehmen es sich bei Punkt 5.7.3 handeln kann und unter welchen Umständen der Beteiligung daran eine offenlegungspflichtige (voraussichtlich) erhebliche Bedeutung beizumessen ist, wird von der VO (EU) 2019/980 nicht definiert. Nach den diesbezüglichen Vorgaben der ESMA kann ein die Kriterien von Punkt 5.7.3 erfüllendes Unternehmen z. B. ein verbundenes Unternehmen (also etwa ein Unternehmen, auf das der Emittent einen maßgeblichen Einfluss ausübt), ein nicht konsolidiertes Tochterunternehmen (also bei dem der Emittent die Beteiligung als bloße Finanzbeteiligung hält) oder ein Unternehmen, an dem der Emittent weniger als 20 % des Kapitals hält, sein.[57] Danach sind Angaben jedenfalls für solche Unternehmen erforderlich, an denen der Emittent eine direkte oder indirekte Beteiligung hält, deren **Buchwert** (oder im Falle einer erst kürzlich durchgeführten Akquisition der Kaufpreis) **mindestens 10 % des Nettovermögens des Emittenten** ausmacht oder die **mindestens 10 % des Reingewinns oder -verlustes des Emittenten** beiträgt, wobei als Maßstab grundsätzlich die Werte zum Ende der jüngsten Berichtsperiode heranzuziehen sind.[58] Bei Vorliegen eines Konzerns sind hingegen die Schwellenwerte von mindestens 10 % des konsolidierten Konzernnettovermögens oder 10 % des Konzernreingewinns/-verlusts maßgeblich.[59] Darüber hinaus kann sich auch für weitere Beteiligungen eine gesonderte erhebliche Bedeutung ergeben, etwa im Fall ihrer besonderen strategischen Bedeutung.[60]

Die nach Punkt 5.7.3 zu machenden Angaben und deren Umfang ergeben sich laut ESMA daraus, dass Investoren aus diesen **Art, Umfang und die finanziellen Auswirkungen der Beteiligung** ersehen können sollen.[61] Grundsätzlich hat der Prospektersteller daher den Namen, den Sitz, den Unternehmensgegenstand und, falls verfügbar, den Legal Entity Identifyer (LEI) der Beteiligung, den vom Emittenten gehaltenen Anteil am Kapital und – falls nicht identisch – der gehaltenen Stimmrechte, das Grundkapital, Rückstellungen, den Gewinn bzw. Verlust aus gewöhnlicher Geschäftstätigkeit nach Steuern für das letzte abgeschlossene Geschäftsjahr, den vom Emittenten für die gehaltene Beteiligung veranschlagten Buchwert, auf die Beteiligung ggf. ausstehende Einzahlungen, den Betrag der im letzten Geschäftsjahr erhaltenen Dividendenzahlungen sowie die Bezifferung der jeweils gegenseitigen Verschuldung im Verhältnis des Emittenten zu der Beteiligung anzugeben.[62] Zu Beteiligungen, an denen der Emittent mindestens 10 % des Kapitals hält,

---

57 ESMA, Leitlinien zu den Offenlegungspflichten nach der Prospektverordnung (ESMA32-382-1138), 4.3.2021, Rn. 220.
58 ESMA, Leitlinien zu den Offenlegungspflichten nach der Prospektverordnung (ESMA32-382-1138), 4.3.2021, Rn. 221.
59 ESMA, Leitlinien zu den Offenlegungspflichten nach der Prospektverordnung (ESMA32-382-1138), 4.3.2021, Rn. 221.
60 Zum alten Recht: *Schlitt/Schäfer*, in: Assmann/Schlitt/von Kopp-Colomb, WpPG/VermAnlG, 3. Aufl. 2017, Anhang I ProspektVO Rn. 312.
61 ESMA, Leitlinien zu den Offenlegungspflichten nach der Prospektverordnung (ESMA32-382-1138), 4.3.2021, Rn. 218 (Leitlinie 47).
62 ESMA, Leitlinien zu den Offenlegungspflichten nach der Prospektverordnung (ESMA32-382-1138), 4.3.2021, Rn. 221.

soll der Prospekterseller zumindest den Namen, den Sitz, den Unternehmensgegenstand und, falls verfügbar, den Legal Entity Identifyer (LEI) der betreffenden Beteiligungen sowie den vom Emittenten gehaltenen Anteil am Kapital und – falls nicht identisch – der gehaltenen Stimmrechte offenlegen, sofern diese (verkürzten) Angaben auf Investoren nicht irreführend wirken.[63] In dem Fall, dass die Beteiligung keinen Jahresabschluss veröffentlicht bzw. dass alle hiernach erforderlichen Angaben im Konzernabschluss des Emittenten (oder gesonderten, im Prospekt enthaltenen Abschlüssen) enthalten sind, kann von der Aufnahme bestimmter bzw. aller hiernach erforderlichen Angaben abgesehen werden.[64]

e) Umweltfragen

32 Nach Punkt 5.7.4 sind im Rahmen der Darstellung der Sachanlagen im Prospekt auch etwaige Umweltfragen zu skizzieren, welche die **Verwendung der Sachanlagen**[65] durch den Emittenten beeinflussen können. Eine systematische Auslegung der Norm, die deren Stellung innerhalb der Angaben zu den Investitionen berücksichtigt, legt zunächst nahe, dass sich die Angaben zu den Umweltfragen primär auf etwaige drohende Beeinträchtigungen der Nutzbarkeit der Sachanlagen beziehen sollen.[66] Die Prospektpraxis scheint jedoch einen weiteren Maßstab anzulegen und nimmt Punkt 5.7.4 als Aufsatzpunkt für eine Darstellung umweltbezogener Faktoren, die mit der Geschäftstätigkeit des Emittenten in Zusammenhang stehen. So finden sich unter diesem Blickwinkel häufig nicht nur Angaben zur **Emission von Schadstoffen** im Rahmen der Produktion oder anderweitigen Verwendung von Sachanlagen im laufenden Geschäftsbetrieb,[67] sondern auch Informationen über die Möglichkeit der **Verunreinigung von Böden** oder der sonstigen Hervorrufung von Umweltschädigungen und hiergegen getroffene Maßnahmen oder in den als Sachanlagen aufzuführenden Grundstücken vorhandene Altlasten.[68] Bisweilen werden in diesem Zusammenhang auch **ESG-Aspekte**, d. h. insbesondere Bemühungen des Emittenten um ein umwelt- und klimaverträgliches Wirtschaften, also das „E" (Environment) in „ESG" betreffend, bis hin zur Auflistung oder Darstellung etwaiger, von spezialisierten Ratingagenturen ausgestellter **ESG-Ratings** aufgenommen.[69]

---

63 ESMA, Leitlinien zu den Offenlegungspflichten nach der Prospektverordnung (ESMA32-382-1138), 4.3.2021, Rn. 222.
64 ESMA, Leitlinien zu den Offenlegungspflichten nach der Prospektverordnung (ESMA32-382-1138), 4.3.2021, Rn. 219 und 223.
65 Zum (prospektrechtlich nicht definierten) Begriff der Sachanlage nach bilanzrechtlichem Verständnis (Immobilien, technische Anlagen und Maschinen sowie dazugehörige Betriebs- und Geschäftsausstattung) *Schlitt/Ries*, in: Assmann/Schlitt/von Kopp-Colomb, Prospektrecht Kommentar, Anhang 1 VO (EU) 2019/980 Rn. 66; vgl. auch *Schubert/Huber*, in: Beck'scher Bilanz-Kommentar, § 266 HGB Rn. 47–50.
66 *Schlitt/Ries*, in: Assmann/Schlitt/von Kopp-Colomb, Prospektrecht Kommentar, Anhang 1 VO (EU) 2019/980 Rn. 69.
67 Vgl. etwa den Prospekt der Deutsche Lufthansa AG vom 20.9.2021 (Schall- und Schadstoffemissionen der betriebenen Flugzeuge sowie Boden- und Wasserverschmutzung der genutzten Grundstücke).
68 Zu mangelnden Angaben in einem Fondsprospekt in Bezug auf Altlasten eines Grundstücks des Immobilienfonds, siehe KG Berlin, Urt. v. 27.8.2015, ZIP 2016, 626.
69 Z. B. Kapitalerhöhungsprospekt der KION GROUP AG vom 19.11.2020.

Abhängig von Art und Umfang der Geschäftstätigkeit des Emittenten mag die Grenze der nach Punkt 5.7.4 darzustellenden Umweltfragen zu der nach Abschnitt 3 (in Verbindung mit Art. 16 ProspektVO) erforderlichen Offenlegung von Risikofaktoren zuweilen fließend sein. Entsprechendes gilt, wenn die Geschäftstätigkeit des Emittenten selbst Umweltrisiken (Hochwasser, Fluten, Erdbeben) ausgesetzt ist.[70] Soweit aus den nach Punkt 5.7.4 darzustellenden Umweltfragen wesentliche Risiken herrühren, sind diese jedenfalls in dem Kapitel „Risikofaktoren" darzustellen.[71] Zu den gesetzlichen Rahmenbedingungen in Bezug auf ESG-Offenlegung → Rn. 39 ff.

III. Informationsbasis

Soweit möglich, sollen die Angaben zu den Märkten und zur Wettbewerbsposition (Punkt 5.2 und 5.6) auf **objektiven, unabhängigen Quellen** beruhen oder durch diese belegt werden.[72] Es empfiehlt sich, bereits in einem frühen Stadium diejenigen nach Möglichkeit unabhängigen Studien und Research-Berichte auszuwählen, die als Grundlage bzw. Referenz für Marktangaben im Prospekt dienen sollen. Bei der Auswahl sollte darauf geachtet werden, dass sich die Marktsicht und -einschätzung des Managements des Emittenten mit der Marktsicht und -einschätzung der ausgewählten Studien annähernd deckt bzw. „kompatibel" ist.[73] Da Markt- und Nachfrageeinschätzungen in der Regel auch in den bewertungsrelevanten Business Plan einfließen, muss auch Konsistenz zwischen den diesbezüglich im Business Plan zugrunde gelegten Daten und den der Managementsicht entsprechenden Prospektdaten bestehen. Unter Umständen kann es ebenfalls ratsam sein, Marktangaben mehrerer Studien in den Prospekt aufzunehmen, um transparent zu machen, dass voneinander abweichende Markteinschätzungen existieren.[74] Zu denken ist insbesondere an Fälle, in denen vorhandene Studien erheblich voneinander abweichen oder die relevanten Märkte jung oder besonders dynamisch sind. In diesem Fall sollte jedoch auch die fundierte Markteinschätzung des Managements deutlich gemacht werden.[75] Werden Marktangaben auf Basis einer Marktstudie im Prospekt aufgenommen, so ist darauf zu achten, dass die (in der Regel verkürzte und nur auszugsweise) Wiedergabe im Prospekt repräsentativ für die Gesamtaussage der Marktstudie ist und diese nicht verfälscht (z. B. durch Auslassung von Angaben in der Studie, die eine negativere Markteinschätzung nahelegen).[76] Schließlich muss der Emittent sicherstellen, dass er berechtigt ist, die von ihm im Prospekt verwendeten Quellen im Prospekt anzugeben bzw. zu zitieren.

---

70 *Schlitt/Ries*, in: Assmann/Schlitt/von Kopp-Colomb, Prospektrecht Kommentar, Anhang 1 VO (EU) 2019/980 Rn. 69; *Voß*, in: Just/Voß/Ritz/Zeising, Wertpapierprospektrecht, Anhang 1 VO (EU) 2019/980 Rn. 79 f.
71 *Schlitt/Ries*, in: Assmann/Schlitt/von Kopp-Colomb, Prospektrecht Kommentar, Anhang 1 VO (EU) 2019/980 Rn. 69.
72 *Schlitt/Ries*, in: Assmann/Schlitt/von Kopp-Colomb, Prospektrecht Kommentar, Anhang 1 VO (EU) 2019/980 Rn. 61.
73 *Schlitt/Ries*, in: Assmann/Schlitt/von Kopp-Colomb, Prospektrecht Kommentar, Anhang 1 VO (EU) 2019/980 Rn. 62.
74 *Schlitt/Ries*, in: Assmann/Schlitt/von Kopp-Colomb, Prospektrecht Kommentar, Anhang 1 VO (EU) 2019/980 Rn. 62.
75 *Schlitt/Ries*, in: Assmann/Schlitt/von Kopp-Colomb, Prospektrecht Kommentar, Anhang 1 VO (EU) 2019/980 Rn. 62.
76 LG Hamburg, Urt. v. 17.11.2015 – 328 O 12/14, BeckRS 2015, 20429 ff.

35 Liegen keine unabhängigen, aussagekräftigen Studien oder Research-Berichte über die relevante Markt- und Wettbewerbssituation vor, beauftragen Emittenten bisweilen eine Unternehmensberatung oder ein sonstiges Research-Institut mit der **Erstellung einer entsprechenden Studie**. Diese Studie bildet dann die Grundlage für die Aussagen zu Markt und Wettbewerb.[77] Im Prospekt ist darauf hinzuweisen, dass die Studie im Auftrag des Emittenten erstellt wurde. Hat der Emittent im Zusammenhang mit der Erstellung der Studie Daten zur Verfügung gestellt oder einen sonstigen Beitrag zur Erstellung der Studie geleistet, sollte ggf. auch auf diesen Umstand hingewiesen werden. Zudem kann es ratsam sein, mit dem Verfasser der Studie zu vereinbaren, dass der Emittent berechtigt ist, diese im Prospekt zu zitieren.

36 Sind objektive Grundlagen zu den Angaben zur Wettbewerbsposition des Emittenten nicht vorhanden und werden solche auch nicht durch eine eigens erstellte Marktstudie ermittelt, ist im Einklang mit der BaFin-Praxis darauf hinzuweisen, dass die Aussage auf einer **Einschätzung des Emittenten** beruht.[78] Diese muss freilich vertretbar und nachvollziehbar sein, will man hieraus resultierende **Haftungsrisiken** vermeiden.

37 Die im Prospekt verwendeten Quellen (einschließlich etwaiger unabhängiger oder vom Emittenten in Auftrag gegebener Marktstudien oder (ESG-)Ratings) sind gemäß Punkt 1.4 von Anhang 1 zur VO (EU) 2019/980 im Prospekt anzugeben. In der Praxis geschieht dies regelmäßig in einem mit „**Quellen von Marktdaten**" (Sources of Market Data) oder ähnlich betitelten Unterabschnitt des Kapitels „Allgemeine Informationen" (General Information). Der betreffende Unterabschnitt enthält regelmäßig – neben den gemäß Punkt 1.4 erforderlichen Bestätigungen und einigen Warnhinweisen – eine Auflistung der im Prospekt verwendeten Quellen.

38 Auch im Zusammenhang mit ESG-bezogenen Angaben (Punkt 5.7.4) legen Emittenten zunehmend Wert auf eine ausführliche und aussagekräftige Darstellung ihrer „**ESG-Compliance**". So finden sich in der jüngeren Prospektpraxis zunehmend umfangreiche Ausführungen zu Bemühungen, Initiativen und Strategien der Emittenten in umweltbezogenen, sozialen und Governance-Belangen („**ESG-Strategie**"), häufig gepaart mit Angaben zu entsprechenden **Zertifizierungen**. Emittenten, für die – aus geschäftlichen, Vermarktungs- oder ethischen Gründen – ihre „ESG-Compliance" eine besondere Bedeutung hat, beauftragen im Vorfeld des Angebots bzw. der Zulassung eine externe, spezialisierte Ratingagentur mit einem ESG-Audit und nehmen das daraus gewonnene „**ESG-Rating**" im Prospekt auf. Im Prospekt ist sodann darauf hinzuweisen, dass das Rating im Auftrag des Emittenten erteilt wurde bzw. welchen Beitrag der Emittent dazu geleistet hat. Dabei ist vorab mit der Ratingagentur abzustimmen, dass der Emittent berechtigt ist, das ESG-Rating und ggf. eine arrondierende Erläuterung im Prospekt zu veröffentlichen (vgl. → Rn. 34). Die mit der Aufnahme eines ESG-Ratings verbundenen Haftungsrisiken sollten bedacht werden.

---

77 Vgl. z.B. den Zulassungsprospekt von Bike24 AG vom 15.6.2021 und den IPO-Prospekt der MeinAuto Group AG vom 3.5.2021 (die in diesen Prospekten angegebenen Marktinformationen basierten u.a. auf Studien von Roland Berger bzw. OC&C, welche die Emittenten jeweils in Auftrag gegeben hatten).

78 *Schlitt/Ries*, in: Assmann/Schlitt/von Kopp-Colomb, Prospektrecht Kommentar, Anhang 1 VO (EU) 2019/980 Rn. 62; *Voß*, in: Just/Voß/Ritz/Zeising, Wertpapierprospektrecht, Anhang 1 VO (EU) 2019/980 Rn. 72.

IV. ESG-Offenlegung in Aktienprospekten

Die **Offenlegung von ESG-Aspekten**, insbesondere in Bezug auf „E" (Environmental), hat in den vergangenen Jahren **enorm an Bedeutung gewonnen**. Richtlinien, Verordnungen und Gesetze in verschiedenen Bereichen wurden erlassen, die u. a. auch die Offenlegung von ESG-Aspekten adressieren. Es ist davon auszugehen, dass die Bedeutung der Offenlegung von ESG-Aspekten auch in Wertpapierprospekten weiterhin zunehmen wird. Vor diesem Hintergrund wird im Folgenden die **derzeitige Rechtslage in Bezug auf ESG-Offenlegung in Aktienprospekten** dargestellt und ein Ausblick auf aktuelle Entwicklungen gegeben.

39

Die **ProspektVO** und die **VO (EU) 2019/980** enthalten **keine expliziten Anforderungen an ESG-Offenlegung**. Dennoch hat sich die Relevanz von ESG-Erwägungen für Anlageentscheidungen in den letzten Jahren signifikant gesteigert, weshalb es angezeigt ist, ESG-Gesichtspunkte bei der Prospekterstellung zu berücksichtigen. So hat die **ESMA** im Juli 2023 eine **Erklärung zu der Offenlegung von Nachhaltigkeitsaspekten in Prospekten** veröffentlicht.[79] Darin weist ESMA darauf hin, dass sie die Nachhaltigkeitsoffenlegung in Prospekten beobachtet und bis zur Umsetzung der Neuregelungen im EU Listing Act[80] und in der vorgeschlagenen Green Bond Regulation[81] **Nachhaltigkeitsoffenlegung in Prospekten nach den derzeit geltenden allgemeinen Grundsätzen** erwartet, insbesondere vor dem Hintergrund der hohen Bedeutung dieser Aspekte für Investoren. ESMA weist auf den **Wesentlichkeitsgrundsatz** hin, nachdem alle für die Anlageentscheidung wesentlichen Informationen offenzulegen sind, sowie auf Präambel 54 der ProspektVO, der vorsieht, dass u. a. umwelt- und sozialpolitische Umstände sowie Faktoren in Bezug auf die Unternehmensführung ebenfalls spezifische und wesentliche Risiken für den Emittenten und seine Wertpapiere darstellen können und in diesem Fall offen zu legen sind. ESMA gibt weitere Hinweise zu der Nachhaltigkeitsoffenlegung in Prospekten auf Basis des derzeit geltenden ProspektVO. Der Vollständigkeit halber zu erwähnen ist in diesem Zusammenhang Punkt 5.7.4 von Anhang 1 zur VO (EU) 2019/980, der vorsieht, dass im Rahmen der Darstellung der Sachanlagen zu skizzieren ist, inwiefern bestimmte Umweltfragen die Verwendung der Sacheinlagen beeinträchtigen können. Auch dies ist ein Ansatzpunkt für Nachhaltigkeitsoffenlegung nach geltendem Prospektrecht. Siehe → Rn. 32 und Rn. 38. Vor dem Hintergrund der ESMA Veröffentlichung zum Thema Nachhaltigkeit ist klar, dass die Aufsichtsbehörden das Thema der ESG-Offenlegung besonders im Fokus haben werden.

40

Die Entwicklung der Offenlegung von ESG-Aspekten in Wertpapierprospekten ist stark im Fluss und wird erheblich von anderen **Offenlegungsvorschriften**, die allerdings **nicht unmittelbar auf die Prospekterstellung anwendbar** sind, beeinflusst. Zu diesen Offenlegungsvorschriften gehören insbesondere:

41

---

79 ESMA, Public Statement – Sustainability disclosure in prospectuses, 11 July 2023, ESMA32-1399193447-441.
80 Vorschlag für eine Verordnung des Europäischen Parlaments und des Rates zur Änderung der Verordnung (EU) 2017/1129 und EU Nr. 600/2014 zur Steigerung der Attraktivität der öffentlichen Kapitalmärkte in der Union für Unternehmen und zur Erleichterung des Kapitalzugangs für kleine und mittlere Unternehmen, COM(2022) 762 final.
81 Vorschlag für eine Verordnung des Europäischen Parlaments und des Rates über europäische grüne Anleihen, COM/2021/391 final.

- Verordnung (EU) 2019/2088 über nachhaltigkeitsbezogene Offenlegungspflichten im Finanzsektor (**OffenlegungsVO**): Diese sieht u. a. vor, dass sog. **Finanzmarktteilnehmer** (insbesondere Versicherungsunternehmen, Wertpapierfirmen oder Kreditinstitute, die Portfolioverwaltung erbringen, AIF-/OGAW-Verwaltungsgesellschaften und bestimmte andere Finanzunternehmen) auf ihren Internetseiten Informationen zur Einbeziehung von Nachhaltigkeitsrisiken bei ihren Investitionsentscheidungsprozessen sowie Auswirkungen nachteiliger Nachhaltigkeitsauswirkungen auf Unternehmensebene veröffentlichen müssen. Anzugeben ist auch, inwieweit die Vergütungspolitik mit der Einbeziehung von Nachhaltigkeitsrisiken im Einklang steht. Zudem sieht die OffenlegungsVO – im Zusammenspiel mit der TaxonomieVO – **vorvertragliche produktspezifische Offenlegungspflichten** vor, die sich auf das konkrete **Finanzprodukt** beziehen. Die Intensität dieser produktspezifischen Offenlegungspflichten richtetet sich danach, inwieweit das Produkt als umweltfreundlich oder nachhaltig beworben wird. Der Anwendungsbereich der OffenlegungsVO ist auf die Finanzmarktteilnehmer (siehe oben) beschränkt; zusätzlich sind die produktspezifischen Offenlegungspflichten auf Finanzprodukte im Sinne der OffenlegungsVO beschränkt, wozu Wertpapiere (insbesondere Aktien) nicht gehören.[82] Insofern können aus der OffenlegungsVO selbst **keine zwingenden Offenlegungsanforderungen für Aktienprospekte** abgeleitet werden.
- Verordnung (EU) 2020/825 über die Einrichtung eines Rahmens zur Erleichterung nachhaltiger Investitionen (**TaxonomieVO**) soll ein einheitliches Klassifizierungssystem zur Einstufung von wirtschaftlichen Tätigkeiten als „ökologisch nachhaltig" errichten. Vom Anwendungsbereich der TaxonomieVO sind Finanzmarktteilnehmer im Sinne der OffenlegungsVO erfasst, die Finanzprodukte im Sinne der OffenlegungsVO bereitstellen. Sie müssen – im Zusammenspiel mit der OffenlegungsVO – **produktspezifische vorvertragliche Informationen** sowie regelmäßige Berichte offenlegen. Auch hieraus ergeben sich **keine zwingenden Offenlegungsanforderungen für Aktienprospekte**. Die TaxonomieVO schreibt allerdings auch vor, dass alle Unternehmen (also auch solche, die nicht Finanzmarktteilnehmer im Sinne der OffenlegungsVO sind), die nach der Richtlinie 2013/34/EU (abgeändert durch die Richtlinie 2014/95, „**Non Financial Reporting Directive**") verpflichtet sind, eine nichtfinanzielle Erklärung zu veröffentlichen, in dieser Erklärung anzugeben haben, inwiefern die wirtschaftlichen Tätigkeiten des Unternehmens ökologisch nachhaltig im Sinne der TaxonomieVO sind. In Deutschland ist die Non Financial Reporting Directive mit der Einführung der §§ 289a ff. HGB umgesetzt worden. Gemäß § 289b Abs. 1 HGB sind Kapitalgesellschaften, die Große Unternehmen i.S.d § 267 Abs. 3 HGB sind, die also im Jahresdurchschnitt 500 Arbeitnehmer haben und die gemäß § 264d HGB kapitalmarktorientiert sind, dazu verpflichtet, die nichtfinanzielle Erklärung in den Lagebericht des Unternehmens aufzunehmen. Auch Kreditinstitute und Versicherungsunternehmen haben ihren Lagebericht um eine nichtfinanzielle Erklärung zu erweitern. Dies gilt unabhängig von einer Kapitalmarktorientierung im Sinne des § 264d HGB. Jedoch müssen sie „groß" in entsprechender Anwendung des § 267 Abs. 3 Satz 1 HGB sein und im Jahresdurchschnitt mehr als 500 Arbeitnehmer beschäftigen. Der Kreis derjenigen Unternehmen, die eine nichtfinanzielle Erklärung im Lagebericht aufzunehmen hat, wird sich infolge der Umsetzung der Richtlinie (EU) 2022/2464 (**CSRD**) voraussichtlich erweitern. Die **CSRD erweitert den Anwendungsbereich auf große Unternehmen, auch wenn sie nicht börsennotiert sind, sowie börsennotierte mittlere**

---

[82] *Ruttloff/Bingel/Bühler*, BB 2023, 1158; *Kumpan*, ZHR 187 (2023), 300.

und kleine Unternehmen. Die CSRD führt außerdem zusätzliche Berichtspflichten und -standards ein. Insofern wird sich der Kreis derjenigen Unternehmen erweitern, die zur Abgabe einer nichtfinanziellen Erklärung (und damit verbundener Nachhaltigkeitsberichterstattung) im Lagebericht verpflichtet sind und diese Unternehmen müssen in ihrer nichtfinanziellen Erklärung im **Lagebericht** darstellen, inwiefern die wirtschaftlichen Tätigkeiten des Unternehmens ökologisch nachhaltig im Sinne der TaxonomieVO sind. Allerdings beziehen sich diese Pflichten **allein auf den Lagebericht**. Aus der Prospekt-VO und der VO (EU) 2019/980 ergibt sich bislang **keine Pflicht, den Lagebericht in den Prospekt aufzunehmen** (obwohl dies auf freiwilliger Basis möglich wäre).

Auch wenn diese Offenlegungsvorschriften nach jetziger Rechtslage nicht direkt anwendbar auf die Erstellung von Aktienprospekten sind, beeinflussen sie diese doch auf verschiedene Weise. Zum einen ist offensichtlich, dass Unternehmen, die diesen Offenlegungsvorschriften unterliegen, auf eine **Konsistenz** dieser Offenlegungen mit den Offenlegungen in Prospekten achten müssen. Macht beispielsweise ein Unternehmen im Rahmen einer nichtfinanziellen Erklärung Angaben zu Nachhaltigkeitsaspekten, im Einklang mit der TaxonomieVO, so wird das Unternehmen bei Vorbereitung eines Wertpapierprospekts darauf achten müssen, dass der Prospekt alle wesentlichen Nachhaltigkeitsangaben abdeckt und diese konsistent mit den Angaben im Lagebericht sind. Auch IPO Kandidaten, die erst nach dem IPO verpflichtet sind, eine nichtfinanzielle Erklärung abzugeben, werden berücksichtigen müssen, dass zukünftig ihr Lagebericht solche Angaben enthalten wird und Diskrepanzen zur Prospektoffenlegung ggf. schon vorrauschauend vermieden werden sollten. **42**

Der **EU Listing Act** soll die ProspektVO dahingehend ändern, dass **zukünftig Aktienprospekte die Nachhaltigkeitsberichterstattung eines Emittenten enthalten müssen**. Erwägungsgrund 23 des Vorschlags ist nachstehend in Teilen wiedergegeben, um die rechtlichen Auswirkungen zu verdeutlichen: **43**

> Angesichts der zunehmenden Bedeutung von Nachhaltigkeitsfragen berücksichtigen Anleger zunehmend Informationen zu ESG-Aspekten, um fundierte Anlageentscheidungen zu treffen. Es ist daher notwendig, Greenwashing zu verhindern, indem festgelegt wird, dass ESG-bezogene Informationen gegebenenfalls im Prospekt für öffentlich angebotene oder zum Handel an einem geregelten Markt zugelassene Dividendenwerte oder Nichtdividendenwerte enthalten sein müssen. [...]Unternehmen, die Dividendenwerte öffentlich anbieten oder die Zulassung zum Handel von Dividendenwerten an einem geregelten Markt beantragen, sollten daher für die von den historischen Finanzinformationen abgedeckten Zeiträume den Lagebericht und den konsolidierten Lagebericht, der die Nachhaltigkeitsberichterstattung gemäß der Richtlinie 2013/34/EU des Europäischen Parlaments und des Rates enthält, mittels Verweis in den Prospekt aufnehmen.

Aus diesen Gründen soll der **Lagebericht**, gegebenenfalls **einschließlich der Nachhaltigkeitsberichterstattung**, nach dem derzeitigen Stand des EU Listing Acts **zukünftig in den Prospekt aufgenommen werden**. Unternehmen, die nach der CSRD dazu verpflichtet sind, die Nachhaltigkeitsberichterstattung in den Lagebericht aufzunehmen, werden diese nach Vorstellung des EU Listing Acts in den Prospekt aufnehmen müssen. Aufgrund der Verflechtungen zwischen der TaxonomieVO und der CSRD enthält die Nachhaltigkeitsberichterstattung im Lagebericht insbesondere auch die Darstellung der ökologischen Nachhaltigkeit der Wirtschaftstätigkeiten des Unternehmens auf Basis der TaxonomieVO. Es bleibt abzuwarten, wie sich die Diskussion zu den Vorschlägen des EU Listing Acts und die Prospektpraxis diesbezüglich entwickeln wird. **44**

Abschnitt 6
Organisationsstruktur

Punkt 6.1
Ist der Emittent Teil einer Gruppe, kurze Beschreibung der Gruppe und der Stellung des Emittenten innerhalb dieser Gruppe. Dies kann in Form oder unter Beifügung eines Diagramms der Organisationsstruktur erfolgen, sofern dies zur Darstellung der Struktur hilfreich ist.

Punkt 6.2
Auflistung der wichtigsten Tochtergesellschaften des Emittenten, einschließlich Name, Land der Gründung oder des Sitzes, Anteil an gehaltenen Beteiligungsrechten und – falls nicht identisch – Anteil der gehaltenen Stimmrechte.

Übersicht

	Rn.		Rn.
I. Überblick	1	III. Tochtergesellschaften	5
II. Darstellung der Gruppe des Emittenten	2		

I. Überblick

1 Abschnitt 6 verlangt eine Darstellung der Organisationsstruktur. Gemeint ist damit nicht die Organisation, Governance und Geschäftsverteilung innerhalb des Emittenten, sondern die **gesellschafts- bzw. konzernrechtliche Struktur** des Unternehmensverbundes, an dessen Spitze der Emittent steht oder dem der Emittent angehört. Die Angabeerfordernisse erstrecken sich einerseits auf die **Konzernstruktur im Ganzen** (und die Stellung des Emittenten darin) (Punkt 6.1) und andererseits auf die **Tochtergesellschaften des Emittenten** (Punkt 6.2). Ziel der Vorschrift ist es zum einen, Anlegern ein Verständnis über die bestehende gesellschafts- und konzernrechtliche Einbettung, Verflechtungen und Abhängigkeiten des Emittenten zu verschaffen, weshalb die Vorschrift gemeinsam mit den Abschnitten 16 (Hauptaktionäre) und 17 (Geschäfte mit verbundenen Parteien) zu lesen ist (siehe insb. → Rn. 3). Zum anderen sollen Anleger über die „Aufgabenverteilung" zwischen den und die relative Wichtigkeit der Gesellschaften innerhalb des Konzerns aufgeklärt werden (siehe insb. → Rn. 6), weshalb die Vorschrift auch zusammen mit Punkt 5.7.3 (Gemeinschaftsunternehmen und Beteiligungen) zu lesen ist. Die Vorschrift entspricht, abgesehen von der ausdrücklichen Ergänzung der Möglichkeit in Punkt 6.1, von einer grafischen Darstellung der Organisationsstruktur (Diagramm) Gebrauch zu machen, und einer klarstellenden Änderung in Punkt 6.2 der Vorgängervorschrift in der VO (EG) 809/2004 (Ziffer 7 von Anhang I).

II. Darstellung der Gruppe des Emittenten

2 Die Darstellung der Organisationsstruktur des Emittenten erfordert nach Punkt 6.1 Angaben für den Fall, dass der Emittent Teil einer Gruppe ist. Der Begriff der „Gruppe" wird durch die VO (EU) 2019/980 – wie bereits durch die VO (EG) 809/2004 – selbst nicht definiert. Aus Sicht der deutschen Rechtsordnung ist eine Gruppe gleichbedeutend mit

dem in § 18 AktG legaldefinierten Begriff des Konzerns.[1] Die Qualifikation des Emittenten als Konzernunternehmen bestimmt sich daher in Deutschland traditionell nach den §§ 15 bis 19 AktG.[2] Angesichts des erklärten Strebens nach zunehmender Angleichung des materiellen Rechts und der aufsichtsrechtlichen Praxis (aufsichtsrechtliche Konvergenz) innerhalb der EU erscheint es indes naheliegend und sinnvoll, stattdessen auf den **Gruppenbegriff der IAS-Konzernrechnungslegung** abzustellen; damit würde eine europaweit einheitliche Definition verwendet, die zudem mit dem Gruppenbegriff korreliert, der den im Prospekt aufzunehmenden Konzernabschlüssen (Punkt 18.1.3) zugrunde liegt.

Punkt 6.1 enthält mit der Beschreibung der Konzernstruktur einerseits und der Stellung des Emittenten innerhalb des Konzerns andererseits ein **doppeltes Angabeerfordernis**.[3] Bereits unter der VO (EG) 809/2004 empfahl es sich, die Darstellung der Konzernstrukturen insbesondere bei komplexen Struktursachverhalten aus Gründen der Verständlichkeit mittels eines Schaubildes in den Prospekt aufzunehmen bzw. entsprechend zu ergänzen.[4] Die Möglichkeit, die erforderlichen Angaben in Form oder unter Beifügung eines Diagramms der Organisationsstruktur (Group Chart) bereitzustellen, wurde nun auf Empfehlung der ESMA hin explizit in den Wortlaut der Norm aufgenommen. Eine grafische Darstellung der Konzernstruktur erhöht danach die Verständlichkeit für den Anleger, ohne dabei notwendigerweise zu höheren Kosten beim Emittenten zu führen.[5] Die Angaben über die Stellung des Emittenten innerhalb des Konzerns dienen darüber hinaus der Information potenzieller Anleger im Hinblick auf die den Emittenten betreffenden Beherrschungsstrukturen.[6] Die Beschreibung der Stellung des Emittenten kann es mithin auch erfordern, eventuelle Abhängigkeiten zu anderen Unternehmen der Gruppe darzustellen, sodass dieses Erfordernis auch im Zusammenhang mit den Angaben nach Punkt 16.3 zu sehen ist (siehe → Rn. 1).[7] Die Darstellung im Prospekt sollte daher auch eine Darstellung bestehender **Beherrschungs- und/oder Gewinnabführungsverträge** umfassen.[8] Ist der Emittent selbst abhängiges Unternehmen innerhalb eines Konzerns, sind die Beherrschungsverhältnisse detailliert darzustellen; dies umfasst ggf. auch die Darstellung von personellen Verflechtungen und damit verbundenen Interessenkonflikten. In diesem Zu-

---

1 *Schlitt/Ries*, in: Assmann/Schlitt/von Kopp-Colomb, Prospektrecht Kommentar, Anhang 1 VO (EU) 2019/980 Rn. 70; *Voß*, in: Just/Voß/Ritz/Zeising, Wertpapierprospektrecht, Anhang 1 VO (EU) 2019/980 Rn. 81.
2 *Voß*, in: Just/Voß/Ritz/Zeising, Wertpapierprospektrecht, Anhang 1 VO (EU) 2019/980 Rn. 81.
3 Zum alten Recht: *Fingerhut/Voß*, in: Just/Voß/Ritz/Zeising, WpPG, 2009, Anhang I ProspektVO Rn. 138.
4 *Schlitt/Ries*, in: Assmann/Schlitt/von Kopp-Colomb, Prospektrecht Kommentar, Anhang 1 VO (EU) 2019/980 Rn. 73. Zum alten Recht: *Fingerhut/Voß*, in: Just/Voß/Ritz/Zeising, WpPG, 2009, Anhang I ProspektVO Rn. 138 unter Hinweis auf entsprechende Anregungen der BaFin; *Alfes/Wieneke*, in: Holzborn, WpPG, Anhang I ProspektVO Rn. 44.
5 ESMA, Consultation Paper – Draft technical advice on format and content of the prospectus (ESMA31-62-532), 6.7.2017, Rn. 64. Siehe auch *Schlitt/Ries*, in: Assmann/Schlitt/von Kopp-Colomb, Prospektrecht Kommentar, Anhang 1 VO (EU) 2019/980 Rn. 72.
6 Zum alten Recht: *Alfes/Wieneke*, in: Holzborn, WpPG, Anhang I ProspektVO Rn. 44.
7 *Schlitt/Ries*, in: Assmann/Schlitt/von Kopp-Colomb, Prospektrecht Kommentar, Anhang 1 VO (EU) 2019/980 Rn. 72. Zum alten Recht: *Alfes/Wieneke*, in: Holzborn, WpPG, Anhang I ProspektVO Rn. 44.
8 Siehe BGH, WM 2021, 1479, 1486 und (zum alten Recht) BGH, WM 2012, 2147, 2150 (Wohnungsbau Leipzig-West); siehe auch (zum alten Recht): *Alfes/Wieneke*, in: Holzborn, WpPG, Anhang I ProspektVO Rn. 44.

sammenhang sind auch die allgemeinen rechtlichen Rahmenbedingungen für **Vertrags- bzw. faktische Konzerne** darzustellen. In einem solchen Fall wird in der Regel auch der Offenlegung nach Abschnitt 16 (Hauptaktionäre) und Abschnitt 17 (Geschäfte mit verbundenen Parteien) eine besondere Bedeutung zukommen.[9] Ändert sich die Stellung des Emittenten infolge des Angebots, ist dieser Umstand ebenfalls darzustellen.[10] Handelt es sich bei dem Emittenten um eine reine Holding, kann es neben dem Hinweis auf das Vorliegen einer Holdingstruktur ebenfalls erforderlich sein, eine entsprechende Beschreibung der Stellung des Emittenten aufzunehmen.[11] Zudem soll nach Ansicht der BaFin klargestellt werden, ob der Emittent ausschließlich Holdingfunktionen ausübt oder darüber hinausgehend auch operativ tätig ist.

4 Ziel der Darstellung muss, ggf. im Zusammenhang mit anderen Prospektabschnitten, sein, die **Beherrschungsverhältnisse** in der Gruppe und **das Zusammenspiel bzw. die Funktionen der einzelnen Gruppengesellschaften** in der Gruppe transparent zu machen.

III. Tochtergesellschaften

5 Nach Punkt 6.2 ist zu den Angaben über die Organisationsstruktur eine **Auflistung der wichtigsten Tochtergesellschaften** des Emittenten in den Prospekt aufzunehmen, die Name, das Land der Gründung oder des Sitzes sowie den Anteil an gehaltenen Beteiligungsrechten und ggf. abweichenden Stimmrechten enthalten muss. Diese Angaben werden in der Regel durch die nach Punkt 5.7.3 zusätzlich geforderten Angaben über Gemeinschaftsunternehmen (Joint Ventures) und Beteiligungen weiter ergänzt.[12] Regelmäßig wird im Abschnitt „Allgemeine Informationen über den Emittenten" (General Information on the Company) eine tabellarische Übersicht der „wichtigsten Tochtergesellschaften" im Sinne von Punkt 6.2 bzw. der „Gemeinschaftsunternehmen und Beteiligungen" im Sinne von Punkt 5.7.3 aufgenommen (vgl. die Kommentierung zu → Anhang 1 Abschnitt 5 Punkt 5.7.3 Rn. 29). Im Regelfall werden weitergehende Beschreibungen der Tätigkeiten und Beiträge der „wichtigsten Tochtergesellschaften" an anderen Stellen im Prospekt enthalten sein, etwa – in Bezug auf operativ tätige Gesellschaften oder strategische Beteiligungen – in dem Kapitel „Geschäftstätigkeit" (Business), oder – etwa in Bezug auf Finanzbeteiligungen – in dem Kapitel „Angaben zur Geschäfts- und Finanzlage" (Management's Discussion and Analysis).

---

9 Vgl. zu den mit der im Wege einer Sacheinlage erfolgenden Übertragung eines Aktienpakets auf eine Tochtergesellschaft erforderlichen Offenlegungen (nach altem Recht) BGH, NZG 2015, 32 ff. (Telekom-Musterentscheid).

10 *Schlitt/Ries*, in: Assmann/Schlitt/von Kopp-Colomb, Prospektrecht Kommentar, Anhang 1 VO (EU) 2019/980 Rn. 72; *Voß*, in: Just/Voß/Ritz/Zeising, Wertpapierprospektrecht, Anhang 1 VO (EU) 2019/980 Rn. 83; vgl. etwa den Zulassungsprospekt der Daimler Truck Holding AG vom 26.11.2021 (Entstehung einer Holdingstruktur als Folge einer Abspaltung und Ausgliederung).

11 *Schlitt/Ries*, in: Assmann/Schlitt/von Kopp-Colomb, Prospektrecht Kommentar, Anhang 1 VO (EU) 2019/980 Rn. 71; *Voß*, in: Just/Voß/Ritz/Zeising, Wertpapierprospektrecht, Anhang 1 VO (EU) 2019/980 Rn. 82. Vgl. den Zulassungsprospekt der Daimler Truck Holding AG vom 26.11.2021.

12 Siehe die dortige Kommentierung und ESMA, Leitlinien zu den Offenlegungspflichten nach der Prospektverordnung (ESMA32-382-1138), 4.3.2021, V.17, Rn. 218 ff.

Der Begriff der „wichtigsten Tochtergesellschaften" wird von der VO (EU) 2019/980 – wie bereits von der VO (EG) 809/2004 – selbst nicht definiert. Der Begriff lässt sich mithilfe des Konzepts des „beherrschenden Einflusses" gemäß § 290 HGB[13] und damit – wie bereits im Zusammenhang mit dem Begriff der „Gruppe" (siehe → Rn. 2) – einer in der deutschen Rechtsordnung verankerten Kategorie erfassen.[14] Auch hier dürfte es jedoch im Sinne einer kohärenten Rechtsanwendung zielführender sein, mit der in der **IAS-Konzernrechnungslegung** verwendeten Kategorie der **Tochtergesellschaft** (Subsidiary) und dem zugrunde liegenden **Beherrschungskonzept** (Control) zu operieren (siehe → Rn. 2). Aus den so identifizierten Tochtergesellschaften sind sodann mittels einer wertenden Betrachtung die wichtigsten zu bestimmen, die gemäß Punkt 6.2 offenzulegen sind. Dabei dürfte es sich häufig um Gesellschaften handeln, zu welchen ohnehin bereits unter dem Blickwinkel von Punkt 5.7.3 (und den diesen konkretisierenden ESMA-Vorgaben[15]) Angaben zu machen sind, und insoweit eine gewisse Überschneidung bestehen. Letztendlich werden Punkt 6.2 und Punkt 5.7.3 daher in der Praxis „zusammen gelesen" und ihre Anforderungen in einer einheitlichen Tabelle erfüllt (vgl. die Kommentierung zu → Anhang 1 Abschnitt 5 Punkt 5.7.3 Rn. 29). In diese Auflistung sind unter dem Blickwinkel des Vollständigkeitsgebots (Art. 20 Abs. 4 ProspektVO) schließlich auch solche Gesellschaften mit aufzunehmen, die zwar nicht als Tochtergesellschaften i.S.v. Punkt 6.2 qualifizieren oder die quantitativen Vorgaben der ESMA für bedeutende Beteiligungen i.S.v. Punkt 5.7.3[16] erfüllen, die aber (aus anderen Gründen) besonders bedeutend sind, etwa weil ihnen für das Geschäftsmodell oder die Geschäftsstrategie des Emittenten eine zentrale Rolle zukommt.[17] Insoweit obliegt die Bestimmung der wichtigsten Tochtergesellschaften bzw. der bedeutenden Beteiligungen im Einzelfall primär der **Einschätzung des Emittenten**.[18]

6

Als Name ist in Punkt 6.2 die **Firma** anzugeben.[19] Weiterhin scheint gemäß Punkt 6.2 nach Wahl des Emittenten[20] alternativ das Land der Gründung oder des (satzungsmäßigen) Sitzes anzugeben zu sein. Da in der Praxis regelmäßig die Punkt 6.2 und die Punkt 5.7.3 unterfallenden Gesellschaften zumindest teilweise deckungsgleich sind (siehe → Rn. 6), sollte – im Einklang mit der für Punkt 5.7.3 geltenden ESMA-Anforderung[21] – der **Sitz der Beteiligungsgesellschaft** angegeben werden. Die Praxis verfährt überwie-

7

---

13 Vgl. dazu etwa *Busse von Colbe/Fehrenbacher*, in: MünchKomm-HGB, § 290 Rn. 9.
14 Zum alten Recht: *Alfes/Wieneke*, in: Holzborn, WpPG, Anhang I ProspektVO Rn. 45; *Wiegel*, Die Prospektrichtlinie und Prospektverordnung, 2008, S. 245.
15 ESMA, Leitlinien zu den Offenlegungspflichten nach der Prospektverordnung (ESMA32-382-1138), 4.3.2021, V.17, Rn. 218 ff.
16 ESMA, Leitlinien zu den Offenlegungspflichten nach der Prospektverordnung (ESMA32-382-1138), 4.3.2021, V.17, Rn. 221–222.
17 *Schlitt/Ries*, in: Assmann/Schlitt/von Kopp-Colomb, Prospektrecht Kommentar, Anhang 1 VO (EU) 2019/980 Rn. 74.
18 So zum alten Recht auch *Fingerhut/Voß*, in: Just/Voß/Ritz/Zeising, WpPG, 2009, Anhang I ProspektVO Rn. 141.
19 Zum alten Recht: *Fingerhut/Voß*, in: Just/Voß/Ritz/Zeising, WpPG, 2009, Anhang I ProspektVO Rn. 141; *Alfes/Wieneke*, in: Holzborn, WpPG, Anhang I ProspektVO Rn. 45.
20 Zum alten Recht: *Fingerhut/Voß*, in: Just/Voß/Ritz/Zeising, WpPG, 2009, Anhang I ProspektVO Rn. 141.
21 ESMA, Leitlinien zu den Offenlegungspflichten nach der Prospektverordnung (ESMA32-382-1138), 4.3.2021, V.17, Rn. 218.

gend entsprechend.[22] Bei ausländischen Tochtergesellschaften ist auf einen Gleichklang mit den Angaben zu den wichtigsten Märkten nach Punkt 5.2 zu achten.[23] Etwaige Divergenzen zwischen den ausländischen Tochtergesellschaften und den wichtigsten Märkten sollten an geeigneter Stelle im Prospekt erläutert werden. Der Anteil an gehaltenen Beteiligungsrechten wird in der Regel dem Anteil am gezeichneten Kapital entsprechen.[24] In der Praxis finden sich zudem weitere, über die gemäß Punkt 6.2 verlangten Angaben hinausgehende Informationen,[25] die teilweise auf die für Punkt 5.7.3 geltenden ESMA-Vorgaben zurückzuführen sein dürften.[26] Sinnvoll wird es in der Regel sein, den **Unternehmensgegenstand** und die **Funktion bzw. Bedeutung** der Tochtergesellschaft innerhalb der Gruppe darzustellen, aber gemäß Punkt 5.7.3 und den genannten ESMA-Vorgaben auch Angaben zu Grundkapital, Rückstellungen, Gewinn/Verlust, Buchwert, ausstehenden Einzahlungen, Dividendenzahlungen sowie bestehenden Kreditverhältnissen zwischen Emittent und der jeweiligen Gesellschaft zu machen (vgl. die Kommentierung zu → Anhang 1, Abschnitt 5, Punkt 5.7.3 Rn. 31).

8   Die Angaben nach Punkt 6.2 sind grundsätzlich **zum Prospektdatum** aufzunehmen. Sofern sich allerdings seit einem zeitlich davorliegenden maßgeblichen Stichtag keine wesentlichen Änderungen ergeben haben, kann nach Auffassung der BaFin eine entsprechende Erklärung aufgenommen werden.[27]

---

22 Vgl. etwa den Kapitalerhöhungsprospekt der TUI AG vom 2.11.2021 oder den Kapitalerhöhungsprospekt der Vonovia SE vom 22.11.2021.
23 *Schlitt/Ries*, in: Assmann/Schlitt/von Kopp-Colomb, Prospektrecht Kommentar, Anhang 1 VO (EU) 2019/980 Rn. 75.
24 Zum alten Recht: *Alfes/Wieneke*, in: Holzborn, WpPG, Anhang I ProspektVO Rn. 45.
25 Zum alten Recht ebenso: *Alfes/Wieneke*, in: Holzborn, WpPG, Anhang I ProspektVO Rn. 45.
26 Vgl. etwa den Zulassungsprospekt der Siemens Energy AG vom 7.9.2020, der für die Tochtergesellschaften der Emittentin neben dem Sitz u. a. den Unternehmensgegenstand, gezeichnetes Kapital, Eigenkapital, Forderungen/Verbindlichkeiten gegenüber dem Emittenten, Jahresergebnis nennt.
27 Zum alten Recht: *Fingerhut/Voß*, in: Just/Voß/Ritz/Zeising, WpPG, 2009, Anhang I ProspektVO Rn. 143.

Abschnitt 7
Angaben zur Geschäfts- und Finanzlage

Punkt 7.1
Finanzlage
Punkt 7.1.1
Sofern nicht an anderer Stelle im Registrierungsformular vermerkt und sofern für das Verständnis der Geschäftstätigkeit des Emittenten insgesamt erforderlich, ein die tatsächlichen Verhältnisse wiedergebender Bericht über den Geschäftsverlauf und das Geschäftsergebnis sowie über die Stellung des Emittenten für jedes Jahr und jeden Zwischenzeitraum, für den historische Finanzinformationen verlangt werden, einschließlich der Ursachen wesentlicher Veränderungen.

Der Bericht besteht aus einer ausgewogenen und umfassenden Analyse des Geschäftsverlaufs und des Geschäftsergebnisses sowie der Stellung des Emittenten und entspricht dem Umfang und der Komplexität der Geschäftstätigkeit.

Soweit für das Verständnis des Geschäftsverlaufs, des Geschäftsergebnisses oder der Stellung des Emittenten nötig, umfasst die Analyse sowohl wesentliche finanzielle als auch, sofern angemessen, wesentliche nichtfinanzielle Leistungsindikatoren, die für das spezielle Unternehmen relevant sind. Die Analyse umfasst, sofern angemessen, Verweise auf im Jahresabschluss ausgewiesene Beträge und weitere Erläuterungen dazu.

Punkt 7.1.2
Sofern nicht an anderer Stelle im Registrierungsformular vermerkt und sofern für das Verständnis der Geschäftstätigkeit des Emittenten insgesamt erforderlich, gibt der Bericht auch Aufschluss über:

a) die wahrscheinliche zukünftige Entwicklung des Emittenten;

b) Aktivitäten im Bereich Forschung und Entwicklung.

Den unter Punkt 7.1 genannten Anforderungen kann durch die Aufnahme des in den Artikeln 19 und 29 der Richtlinie 2013/34/EU des Europäischen Parlaments und des Rates* genannten Lageberichts entsprochen werden.

Punkt 7.2
Betriebsergebnis
Punkt 7.2.1
Angaben zu wichtigen Faktoren, einschließlich ungewöhnlicher oder seltener Vorfälle oder neuer Entwicklungen, die die Geschäftserträge des Emittenten wesentlich beeinträchtigen, und über das Ausmaß, in dem die Erträge auf diese Weise beeinflusst wurden.

Punkt 7.2.2
Falls die historischen Finanzinformationen wesentliche Veränderungen bei den Nettoumsätzen oder den Nettoerträgen ausweisen, sind die Gründe für diese Veränderungen in einer ausführlichen Erläuterung darzulegen.

---

* Richtlinie 2013/34/EU des Europäischen Parlaments und des Rates vom 26. Juni 2013 über den Jahresabschluss, den konsolidierten Abschluss und damit verbundene Berichte von Unternehmen bestimmter Rechtsformen und zur Änderung der Richtlinie 2006/43/EG des Europäischen Parlaments und des Rates und zur Aufhebung der Richtlinien 78/660/EWG und 83/349/EWG des Rates (ABl. L 182 vom 29.6.2013, S. 19).

Übersicht

	Rn.		Rn.
I. Regelungsgegenstand und -zweck	1	2. Zeitraum	5
1. Regelungsgegenstand	1	3. Verlässlichkeit	6
2. Regelungszweck	2	4. Vergleichbarkeit	7
II. Allgemeine Anforderungen	3	III. Inhalt	13
1. Adressatenkreis	4		

I. Regelungsgegenstand und -zweck

1. Regelungsgegenstand

1 Ergänzend zur Aufnahme rein zahlenmäßiger Finanzangaben im Finanzteil des Prospekts (die sog. F-Pages) hat der Textteil eine beschreibende Darstellung und Erläuterung der Finanzinformationen zu enthalten, die sog. Angaben zur Geschäfts- und Finanzlage oder auch nach dem Begriff der englischen Sprachversion (Operating and Financial Review) kurz „OFR" genannt. Der Abschnitt OFR ist der aus der US-amerikanischen Prospektpraxis bekannten **MD&A** (Management's Discussion and Analysis) nachempfunden, die über das Vordringen der von US-Standards geprägten internationalen Prospektpraxis bereits unter Geltung der fast inhaltsgleichen Vorgängervorschrift in Anhang I Abschnitt 9 der früheren VO (EG) 809/2004 und sogar schon vor Umsetzung der ProspektRL zunehmend die Ausgestaltung von Prospekten deutscher Emittenten beeinflusst hat.[1]

2. Regelungszweck

2 Zweck des OFR ist es, den Anlegern zu helfen, die **Geschäftstätigkeit, Finanzlage und Leistungsfähigkeit des Emittenten zu beurteilen** und über wesentliche Veränderungen bei den Ergebnissen des Emittenten zu informieren (grds. für den Zeitraum der letzten drei Geschäftsjahre und etwaiger Zwischenberichtsperioden des laufenden Geschäftsjahres).[2] Dazu ist eine Analyse des Geschäftsverlaufs und der Finanzlage vorzunehmen. Zudem sollen die wesentlichen Risiken und Unsicherheiten für die weitere wirtschaftliche Entwicklung des Emittenten und deren (mögliche) Ursachen erläutert werden. Dabei wird eine Darstellung aus der **Perspektive der Unternehmensleitung** erwartet.[3] Der Schwerpunkt der Darstellung sollte auf den Umständen liegen, die aus Sicht des Emittenten für seine Geschäftstätigkeit insgesamt von Bedeutung sind. Darunter können auch einzelne relevante Geschäftsfelder oder Segmente fallen, die dann in der Darstellung entsprechend hervorzuheben sind.[4]

---

[1] Vgl. den Überblick bei *Meyer*, in: Habersack/Mülbert/Schlitt, Unternehmensfinanzierung, § 36 Rn. 47 ff.; zur Entstehungsgeschichte *Kopp*, RIW 2002, 661.
[2] Vgl. ESMA, Leitlinien zu den Offenlegungspflichten nach der Prospektverordnung vom 4.3.2021 (ESMA-Leitlinien), Rn. 15.
[3] ESMA-Leitlinien, Rn. 16.
[4] ESMA-Leitlinien, Rn. 16. Vgl. ähnlich bereits unter altem Recht: ESMA's update of the CESR recommendations – The consistent implementation of Commission Regulation No 809/2004 implementing the Prospectus Directive, Ref: ESMA/2011/81 vom 23.3.2011 (ESMA-Empfehlungen), Rn. 27.

II. Allgemeine Anforderungen

In ihren Leitlinien zu den Offenlegungspflichten nach der Prospektverordnung formuliert ESMA übergeordnete Grundsätze der OFR. Danach sollen die für den Prospekt verantwortlichen Personen sicherstellen, dass die Angaben zur Geschäfts- und Finanzlage auf den Adressatenkreis zugeschnitten sind, den relevanten Zeitraum abdecken und inhaltlich sowohl verlässlich als auch vergleichbar sind.[5] Die BaFin stimmt mit den Leitlinien der ESMA überein und wendet die deutsche Fassung der Leitlinien vollumfänglich in ihrer Aufsichtspraxis an.[6]

1. Adressatenkreis

Bei der Erstellung des OFR soll das Hauptaugenmerk auf die Erläuterung jener Umstände gelegt werden, die für **Anleger** von Bedeutung sind. Dabei dürfen **keine detaillierten Kenntnisse** über das Geschäft des Emittenten oder die wesentlichen Merkmale seines Geschäftsumfelds vorausgesetzt werden.[7] Es darf folglich nicht unterstellt werden, dass der Adressatenkreis nur aus „qualifizierten Investoren" besteht.[8] Das bedeutet jedoch nicht, dass die zu erläuternden Abschlussposten aus den historischen Finanzangaben des Emittenten in ihrer allgemeinen Bedeutung und Systematik lehrbuchartig zu erläutern wären. Hier erweist sich die Anfang der 1980er Jahre durch den BGH entwickelte Formel des „durchschnittlichen Anlegers, der zwar eine Bilanz zu lesen versteht, aber nicht unbedingt mit der in eingeweihten Kreisen gebräuchlichen Schlüsselsprache vertraut zu sein braucht"[9] als wegweisend. Sie kann auch in Bezug auf den Abschnitt OFR grds. weiterhin als Maßstab herangezogen werden.[10]

2. Zeitraum

Im Abschnitt OFR ist die wirtschaftliche Entwicklung des Emittenten während der Perioden zu beschreiben, für die **historische Finanzinformationen** in den Prospekt aufgenommen werden müssen. Dabei sollten die Trends und Faktoren herausgearbeitet werden, die für die Beurteilung der Entwicklung des Emittenten in der Vergangenheit relevant sind und die sich wahrscheinlich auf die künftige Geschäftstätigkeit des Emittenten und die Erreichung seiner Ziele auswirken.[11] Schwerpunktmäßig werden derartige Trends und Faktoren in der Praxis typischerweise in einem speziellen Unterabschnitt des Abschnitts OFR diskutiert („Key Factors Affecting Our Business"[12] o. Ä.). Inhaltlich umfasst die Dar-

---

5 ESMA-Leitlinien, Rn. 17.
6 Vgl. die Veröffentlichung „Wertpapierprospekte: BaFin wendet ESMA-Leitlinien zu den Prospektanforderungen an" vom 15.4.2021 auf der Website der BaFin.
7 ESMA-Leitlinien, Rn. 18.
8 A. A. *Alfes/Wienecke*, in: Holzborn, WpPG, Anhang I ProspektVO Rn. 50.
9 BGH, 12.7.1982 – II ZR 175/81, WM 1982, 862, 863 („Beton- und Monierbau").
10 Auf diesen Zusammenhang weisen auch *Fingerhut/Voß*, in: Just/Voß/Ritz/Zeising, WpPG, 2009, Anhang I ProspektVO Rn. 154, hin; weitergehend *Alfes/Wienecke*, in: Holzborn, WpPG, Anhang I ProspektVO Rn. 50, die in erster Linie professionelle oder institutionelle Anleger als Adressaten sehen.
11 ESMA-Leitlinien, Rn. 19.
12 Vgl. z. B. den Prospekt der AUTO1 Group SE vom 25.1.2021, S. 50.

stellung in der Regel eine Reihe von umsatzrelevanten Faktoren, wie etwa die Entwicklung der Nachfrage, sowie kostenrelevante Faktoren wie beispielsweise geographische Expansion, Marketing, Forschung und Entwicklung (vgl. zu letzteren auch die ausdrückliche Erwähnung in Punkt 7.1.2 Abs. 1 lit. b).

3. Verlässlichkeit

6 Unter dem Erfordernis der Verlässlichkeit verstehen die ESMA-Leitlinien, dass die OFR **neutral** und nicht verzerrt sind sowie **positive und negative Aspekte** in **ausgewogener Weise** darstellen.[13] Das bedeutet: Insbesondere ist eine anpreisende oder euphorische Heraushebung positiver Entwicklungen und Geschäftschancen zu vermeiden. Werden wesentliche Umstände an anderer Stelle im Prospekt dargestellt, dann ist darauf zu achten, dass Investoren nicht durch die Auslassung der betreffenden Darstellung im Abschnitt OFR in die Irre geführt werden. Die unter altem Recht zur früheren VO (EG) 809/2004 erlassenen ESMA-Empfehlungen stellten klar, dass ein ausdrücklicher Verweis auf die betreffende andere Prospektpassage hierfür jedoch regelmäßig ausreichen soll.[14] Zwar findet sich in den ESMA-Leitlinien unter neuem Recht eine solche Klarstellung nicht mehr, ein entsprechender Verweis innerhalb des Prospekts sollte jedoch grds. auch weiterhin eine Irreführung des Anlegers ausschließen.

4. Vergleichbarkeit

7 Nach den ESMA-Leitlinien sollen Anleger in der Lage sein, die Informationen in den OFR mit ähnlichen Informationen an anderen Stellen im Prospekt vergleichen zu können, beispielsweise in den historischen Finanzinformationen des Emittenten für den Betrachtungszeitraum.[15] Die unter altem Recht geltenden ESMA-Empfehlungen führten darüber hinaus aus, dass die Vergleichbarkeit verbessert werde, wenn die beschriebenen Parameter allgemein oder jedenfalls in der betreffenden Branche üblich und anerkannt seien.[16] Dass sich die Darstellung im Rahmen der aufgrund der darzustellenden Abschlüsse ohnehin bestehenden Vorgaben auf **übliche Kennzahlen** konzentrieren sollte, ist letztlich ein allgemeiner Gedanke, der auch ohne eine entsprechende Klarstellung in den ESMA-Leitlinien unter neuem Recht selbstverständlich weiterhin gilt. Dies folgt zudem ohnehin aus vermarktungstechnischen Gründen: Je mehr ein Emittent eine eigene, im Markt unübliche Methodik verwendet, umso schwerer wird es ihm fallen, Investoren von der Verlässlichkeit und Aussagekraft seiner Finanzangaben zu überzeugen. Ist es aufgrund der Besonderheiten des Emittenten und seines Geschäftsbetriebes unausweichlich, eher ungewöhnliche Kennzahlen darzustellen, so folgt daraus ein erhöhter Erläuterungsbedarf im Abschnitt OFR.

8 Für die Verwendung sog. Alternativer Leistungskennzahlen (**Alternative Performance Measures, APM**) hat ESMA im Oktober 2015 Leitlinien herausgegeben, die für Emittenten, Prospektverantwortliche und die für die Billigung von Prospekten zuständigen Behör-

---

13 ESMA-Leitlinien, Rn. 20. Ähnlich bereits ESMA-Empfehlungen, Rn. 27.
14 ESMA-Empfehlungen, Rn. 32 (Abs. 3).
15 ESMA-Leitlinien, Rn. 21.
16 ESMA-Empfehlungen, Rn. 32 (Abs. 4).

den der Mitgliedstaaten gelten.[17] Sie betreffen die Darstellung von Finanzkennzahlen außerhalb der eigentlichen Jahres-, Konzern- und Zwischenabschlüsse in Prospekten, Lageberichten oder Ad-hoc-Mitteilungen nach § 15 WpHG a.F. bzw. Art. 17 Marktmissbrauchsverordnung.[18] Konkret verstehen die Leitlinien unter APM Finanzkennzahlen der vergangenen oder zukünftigen finanziellen Leistung, Finanzlage oder Kapitalflüsse mit Ausnahme von solchen Finanzkennzahlen, die bereits in den einschlägigen Rechnungslegungsstandards für Jahres-, Konzern- und Zwischenabschlüsse definiert oder konkretisiert sind.[19] Man bezeichnet daher solche Kennzahlen auch als **Non-GAAP Financial Measures**. In Prospekte aufgenommene Kennzahlen, für die das Prospektrecht (insbesondere die ProspektVO und die einschlägigen Delegierten Verordnungen) bereits konkrete Anforderungen vorsieht, wie etwa für Pro-forma-Finanzinformationen, Geschäfte mit verbundenen Parteien, Gewinnprognosen, Gewinnschätzungen, Erklärungen zum Geschäftskapital sowie Kapitalbildung und Verschuldung, werden von den Leitlinien ebenfalls nicht erfasst. Ebenso wenig gelten diese für aufsichtlich vorgegebene Kennzahlen einschließlich solcher nach der Kapitaladäquanzverordnung und -Richtlinie (sog. CRR[20] bzw. CRD IV[21]).[22] Schließlich finden die Leitlinien keine Anwendung auf nicht finanzielle Kennzahlen wie etwa die Anzahl von Mitarbeitern oder Zeichnern, den Umsatz pro Quadratmeter oder soziale und umweltbezogene Kennzahlen wie Treibhausgasemissionen, Aufschlüsselung der Belegschaft nach Vertragsart oder geografischer Lage, Angaben zu bedeutenden Beteiligungen, zu Erwerb oder Veräußerung eigener Anteile oder der Gesamtzahl der Stimmrechte. Gleiches gilt für Informationen über die Einhaltung von vertraglichen Bedingungen oder gesetzlichen Anforderungen wie etwa Verpflichtungen aus Kreditverträgen (financial covenants) oder die Grundlage für die Berechnung der Vergütung von Vorstand und Führungskräften.[23]

APM müssen nach den ESMA-Leitlinien definiert, mit aussagekräftigen Kennzeichnungen ausgestattet und aus den Abschlüssen des Emittenten abgeleitet werden. Zumeist werden dabei bestimmten Abschlussposten Beträge abgezogen oder hinzugerechnet; die Überleitung ist unter Angabe der wesentlichen Überleitungsposten darzustellen und zu erläutern.[24] Sofern APM aus (noch) nicht veröffentlichten Abschlüssen abgeleitet werden, muss die

9

---

17 ESMA, Leitlinien Alternative Leistungskennzahlen (APM) vom 5.10.2015, ref. ESMA//2015/1415de.
18 ESMA, Leitlinien Alternative Leistungskennzahlen (APM) vom 5.10.2015, ref. ESMA//2015/1415de, Tz. 3.
19 ESMA, Leitlinien Alternative Leistungskennzahlen (APM) vom 5.10.2015, ref. ESMA//2015/1415de, Tz. 17.
20 Verordnung (EU) Nr. 575/2013 des Europäischen Parlaments und des Rates vom 26.6.2013 über Aufsichtsanforderungen an Kreditinstitute und Wertpapierfirmen und zur Änderung der Verordnung (EU) Nr. 646/2012, ABl. EU Nr. L 176 vom 27.6.2013, S. 1 (CRR).
21 Richtlinie 2013/36/EU des Europäischen Parlaments und des Rates vom 26.6.2013 über den Zugang zur Tätigkeit von Kreditinstituten und die Beaufsichtigung von Kreditinstituten und Wertpapierfirmen, zur Änderung der Richtlinie 2002/87/EG und zur Aufhebung der Richtlinien 2006/48/EG und 2006/49/EG, ABl. EU Nr. L 176 vom 27.6.2013, S. 338 (CRD IV).
22 ESMA, Leitlinien Alternative Leistungskennzahlen (APM) vom 5.10.2015, ref. ESMA//2015/1415de, Tz. 4.
23 ESMA, Leitlinien Alternative Leistungskennzahlen (APM) vom 5.10.2015, ref. ESMA//2015/1415de, Tz. 19.
24 ESMA, Leitlinien Alternative Leistungskennzahlen (APM) vom 5.10.2015, ref. ESMA//2015/1415de, Tz. 18, 26 ff.

Überleitungsrechnung von solchen Posten ausgehen, die in Abschlüssen des Emittenten enthalten wären, würden diese veröffentlicht werden. Das heißt: Die unmittelbar übergeleiteten Posten, auf denen ein APM basiert, müssen unter Beachtung des Grundsatzes der Methodenstetigkeit zu dem letzten Jahres- bzw. Konzernabschluss des Emittenten ermittelt worden sein.[25] Wie bei Jahres-, Konzern- und Zwischenabschlüssen nach anerkannten Rechnungslegungsstandards sollten APM zusammen mit Vergleichsangaben zu entsprechenden vorangegangenen Zeiträumen dargestellt werden, typischerweise dem vorangegangenen Geschäftsjahr oder der korrespondierenden (Zwischen-)Berichtsperiode innerhalb des Vorjahres.[26] Über die Darstellungsperioden hinweg ist auch bei der Ermittlung der APM die Methodenstetigkeit zu wahren; Abweichungen sind zu erläutern.[27]

10 Als **Beispiele für APM** nennen die Leitlinien: operatives Ergebnis, Bareinnahmen, Ergebnis vor Einmalaufwendungen, Ergebnis vor Zinsen, Steuern, Abschreibung und Amortisation (EBITDA), Nettoverschuldung oder eigenständiges Wachstum.[28] Verwendete APM müssen in für den Anleger verständlicher Form definiert werden. Dabei sind die Grundlage ihrer Berechnung sowie die ihnen zugrunde liegenden wesentlichen Annahmen zu benennen. Ferner ist anzugeben, ob sie sich auf das (erwartete) Ergebnis des vergangenen oder zukünftigen Berichtszeitraums beziehen.[29] APM sind zudem mit aussagekräftigen Bezeichnungen zu versehen, aus denen sich ihr Inhalt und die Grundlage für ihre Berechnung erkennen lassen.[30] Zu optimistische oder positive Kennzeichnungen wie „Gewinngarantie" oder „zugesicherte Erträge" haben dabei ebenso zu unterbleiben wie bereits in den einschlägigen Rechnungslegungsstandards (anderweitig) definierte Bezeichnungen oder auch solche, die diesen verwirrend ähnlich sind.[31] Positionen, die sich auf vergangene Zeiträume ausgewirkt haben und auch Auswirkungen auf zukünftige Zeiträume haben können, dürfen nicht als einmalig, selten oder außerordentlich bezeichnet werden (im Gegensatz zu Umstrukturierungskosten oder Abschreibungen).[32]

11 Bei der **Darstellung** von APM ist deren Verwendung, ihre Relevanz für den Emittenten sowie ihre Verlässlichkeit so zu erläutern, dass Anleger diese nachvollziehen können.[33]

---

25 ESMA, Leitlinien Alternative Leistungskennzahlen (APM) vom 5.10.2015, ref. ESMA//2015/1415de, Tz. 31.
26 ESMA, Leitlinien Alternative Leistungskennzahlen (APM) vom 5.10.2015, ref. ESMA//2015/1415de, Tz. 37 ff.
27 ESMA, Leitlinien Alternative Leistungskennzahlen (APM) vom 5.10.2015, ref. ESMA//2015/1415de, Tz. 41 ff.
28 ESMA, Leitlinien Alternative Leistungskennzahlen (APM) vom 5.10.2015, ref. ESMA//2015/1415de, Tz. 18.
29 ESMA, Leitlinien Alternative Leistungskennzahlen (APM) vom 5.10.2015, ref. ESMA//2015/1415de, Tz. 20 f.
30 ESMA, Leitlinien Alternative Leistungskennzahlen (APM) vom 5.10.2015, ref. ESMA//2015/1415de, Tz. 22.
31 ESMA, Leitlinien Alternative Leistungskennzahlen (APM) vom 5.10.2015, ref. ESMA//2015/1415de, Tz. 23 f.
32 ESMA, Leitlinien Alternative Leistungskennzahlen (APM) vom 5.10.2015, ref. ESMA//2015/1415de, Tz. 25.
33 ESMA, Leitlinien Alternative Leistungskennzahlen (APM) vom 5.10.2015, ref. ESMA//2015/1415de, Tz. 9, 33 f.

APM dürfen nicht gegenüber unmittelbar aus den Abschlüssen des Emittenten stammenden Kennzahlen vorrangig verwendet werden und von letzteren nicht ablenken.[34]

Vor dem Hintergrund des prospektrechtlichen **Konsistenzgebots** (→ Art. 22 ProspektVO Rn. 39 ff.) verlangt Art. 16 Abs. 1 lit. d VO (EU) 2019/979, dass in **mündlichen oder schriftlichen Informationen** über ein öffentliches Angebot von Wertpapieren oder eine Zulassung zum Handel an einem geregelten Markt keine APM enthalten sein dürfen, es sei denn, diese sind auch im Prospekt enthalten.[35] Mit dieser Regelung trägt der europäische Gesetzgeber dem Umstand Rechnung, dass APM Anlageentscheidungen in besonderem Maße beeinflussen können.[36]

12

III. Inhalt

Gegenstand der Darstellung im Abschnitt OFR sind die im Finanzteil des Prospekts enthaltenen **historischen Finanzangaben**. Dabei sollen diejenigen Entwicklungen und Faktoren herausgearbeitet werden, die für eine **Beurteilung der Geschäftstätigkeit, Finanzlage und Leistungsfähigkeit** des Emittenten während der im Finanzteil dargestellten Berichtsperioden maßgeblich sind.[37] Im Grundsatz geht die BaFin davon aus, dass auf sämtliche Abschlüsse einzugehen ist, die im Finanzteil des Prospekts abgedruckt sind. Die Differenzierung der inhaltlichen Anforderungen in Punkt 7.1 und Punkt 7.2 ist – nicht zuletzt auch wegen der unsystematischen Struktur sowie der unpräzisen und lückenhaften Terminologie – vordergründig unklar. Punkt 7.1 verlangt gemäß seiner Überschrift Angaben zur „Finanzlage", also strenggenommen zur Passivseite der Bilanz. In den Unterpunkten 7.1.1 und 7.1.2 findet sich dieser Begriff dann allerdings nicht mehr. Stattdessen verlangt Punkt 7.1.1 einen Bericht über „den Geschäftsverlauf und das Geschäftsergebnis sowie über die Stellung des Emittenten". Dies umfasst wohl jedenfalls – wie bereits unter altem Recht nach Ziff. 9.1 des Anhangs I zur früheren VO (EG) 809/2004 – eine Beschreibung der durch die Gewinn- und Verlustrechnung reflektierten Ertragslage (→ Art. 6 ProspektVO Rn. 23). Punkt 7.2 stellt in seiner Überschrift sodann auf das „Betriebsergebnis" ab, wobei auch hier die Unterpunkte 7.2.1 und 7.2.2 diesen Begriff nicht mehr aufgreifen, sondern Angaben zu „Geschäftserträgen" bzw. „Nettoumsätzen" und „Nettoerträgen" fordern. In der Sache geht es dabei – ähnlich wie bereits nach Ziff. 9.2 des Anhangs I zur früheren VO (EG) 809/2004 – um einen Teilausschnitt der Gewinn- und Verlustrechnung, nämlich das Ergebnis aus dem ordentlichen Geschäftsbetrieb. Dazu müssten dann beispielsweise außerplanmäßige Abschreibungen, Erträge aus der Veräußerung von Finanzanlagen oder Umstrukturierungsaufwand ausgeblendet werden. Letztlich wird man aber Punkt 7.1 und Punkt 7.2 einschließlich ihrer Überschriften und Unterpunkte nicht isoliert nebeneinander betrachten dürfen, sondern – entsprechend der Systematik von Ziff. 9 des Anhangs I zur früheren VO (EG) 809/2004 – vielmehr Punkt 7.2 als Präzisierung von Punkt 7.1 dergestalt zu verstehen haben, dass bei der Beschreibung der Ertragslage zwi-

13

---

34 ESMA, Leitlinien Alternative Leistungskennzahlen (APM) vom 5.10.2015, ref. ESMA//2015/1415de, Tz. 35 f.
35 Vgl. dazu auch ESMA, Questions and Answers on the Prospectus Regulation vom 3.2.2023, Frage 7.2.
36 Vgl. Erwägungsgrund 12 der VO (EU) 2019/979.
37 ESMA-Leitlinien, Rn. 15.

schen Aufwendungen und Erträgen aus dem operativen Geschäft und sonstigen Aufwendungen und Erträgen zu unterscheiden ist.[38]

14 Letztlich ist auf die wesentlichen Inhalte der im Finanzteil abgedruckten **Abschlüsse in ihrer Gesamtheit** (also einschließlich der in Punkt 7.1 und Punkt 7.2 nicht genannten Vermögenslage, d. h. der Aktivseite der Bilanz) und deren Entwicklung während der abgebildeten Zeiträume einzugehen.[39] Wie sich bereits aus der besonderen Hervorhebung der **Ertragslage** durch Punkt 7.2 ergibt, liegt dabei ein gewisser Schwerpunkt auf der Darstellung der Ertragsentwicklung, mithin der Erläuterung der Gewinn- und Verlustrechnung.[40] Dies zeigen auch die ESMA-Leitlinien, die vorwiegend die Darstellung der Ertragslage erläutern.

15 Insbesondere ist auf **wichtige Faktoren** einzugehen, die die Geschäftserträge des Emittenten wesentlich beeinträchtigen, und auf das Ausmaß, in dem die Erträge auf diese Weise beeinflusst wurden (vgl. Punkt 7.2.1). Soweit es für das Verständnis insbesondere des Geschäftsverlaufs bzw. des Geschäftsergebnisses des Emittenten nötig ist, können dazu neben wesentlichen finanziellen grds. auch wesentliche nichtfinanzielle Leistungsindikatoren verwendet werden (nonfinancial key performance indicators oder key value drivers), wenn sie für das spezielle Unternehmen relevant sind (vgl. Punkt 7.1.1 Abs. 3). Dazu können neben Angaben zum Geschäftsumfeld auch solche zu Umweltschutzanforderungen oder den Mitarbeitern des Emittenten gehören.[41] Andere Beispiele sind Auftragsvolumen oder Absatzzahlen, ggf. nach Geschäftssegmenten oder Vertriebsregionen untergliedert. Bei der Darstellung der Ertragsentwicklung werden zudem häufig die in der Unternehmenskommunikation gebräuchlichen Ertragskennzahlen wie EBIT oder EBITDA verwendet, die den Investoren eine Vergleichbarkeit mit Wettbewerbern ermöglichen, wiewohl diese in den Rechnungslegungsstandards nicht definiert sind (zu den von ESMA entwickelten Leitlinien für die Verwendung solcher **Alternative Performance Measures (APM)** oder auch **Non-GAAP Financial Measures** → Rn. 8 ff.).[42]

16 Des Weiteren sind die wesentlichen **Bestandteile der Erträge und des Kapitalflusses** darzustellen.[43] In diesem Zusammenhang ist darauf einzugehen, inwieweit diese wiederkehrend bzw. dauerhaft sind.[44] Dadurch sollen Investoren in die Lage versetzt werden, die

---

38 So schon unter der alten Rechtslage *Fingerhut/Voß*, in: Just/Voß/Ritz/Zeising, WpPG, 2009, Anhang I ProspektVO Rn. 160; *Alfes/Wienecke*, in: Holzborn, WpPG, Anhang I ProspektVO Rn. 50.
39 *Fingerhut/Voß*, in: Just/Voß/Ritz/Zeising, WpPG, 2009, Anhang I ProspektVO Rn. 157 f.
40 Zur Veranschaulichung (noch unter alter Rechtslage): Im Wertpapierprospekt der Deutsche Bank Aktiengesellschaft vom 5.6.2014 nehmen von den 57 Seiten des Abschnittes MD&A die Ausführungen zur Ertragslage ca. 45 Seiten ein; im Prospekt der Covestro AG vom 18.9.2015 entfallen von insgesamt 54 Seiten auf die Ertragslage ca. 18 Seiten. Ähnlich auch weiterhin unter neuer Rechtslage: Beispielsweise nehmen im Prospekt der Dr. Ing. h.c. F. Porsche Aktiengesellschaft vom 19.11.2022 von den 52 Seiten des Abschnitts MD&A die Unterabschnitte „Explanation of Income Statement Items" und „Results of Operations" zusammen 13 Seiten ein, im Prospekt der IONOS Group SE vom 27.1.2023 sind es 11 von 34 Seiten.
41 Unter altem Recht so bereits ESMA-Empfehlungen, Rn. 28, wenngleich die unter neuem Recht geltenden ESMA-Leitlinien dies nicht mehr so ausdrücklich klarstellen.
42 *Schlitt/Ries*, in: Assmann/Schlitt/von Kopp-Colomb, Prospektrecht Kommentar, Anhang 1 VO (EU) 2019/980 Rn. 85.
43 ESMA-Leitlinien, Rn. 22.
44 ESMA-Leitlinien, Rn. 23 verwendet die Formulierung „spezifische einmalige Posten".

künftige Entwicklung der Erträge und der Kapitalflüsse leichter beurteilen können.[45] In diesem Zusammenhang stellen die ESMA-Leitlinien ferner klar, dass die Diskussion der finanziellen Leistungsfähigkeit des Emittenten im Rahmen der OFR unter Berücksichtigung der Ziele des Emittenten zu erfolgen hat.[46]

Wesentliche Veränderungen bei den Nettoumsätzen oder Nettoerträgen sind zu beschreiben und die Gründe für diese Veränderungen in einer ausführlichen Erläuterung darzulegen (vgl. Punkt 7.2.2). Zu den Angaben der wichtigen Faktoren zählen auch **ungewöhnliche oder seltene Vorfälle (d.h. Sonder- und Einmaleffekte) oder neue Entwicklungen**, die die Geschäftserträge des Emittenten wesentlich beeinträchtigt haben (vgl. dazu Punkt 7.2.1). Dies gilt auch dann, wenn diese nicht quantifiziert werden können.[47] Das bedeutet, dass kurzfristige Schwankungen, insbesondere aufgrund einzelner Aufträge oder erkennbar vorübergehender Marktentwicklungen (z. B. sonderkonjunkturelle Einflüsse wie der Nachfrageschub in der Automobilindustrie aufgrund der sog. Abwrackprämie im Jahr 2009) nicht überbetont werden dürfen. Anders gewendet: Der nur vorübergehende Einfluss solcher Ereignisse auf die Geschäftsentwicklung darf nicht unerwähnt bleiben. Der Anleger soll dadurch beurteilen können, inwiefern es sich bei den einzelnen Bestandteilen der Erträge und des Kapitalflusses sowie einzelnen Vermögenswerten und Verbindlichkeiten um wiederkehrende Positionen handelt.[48] Zudem ist auch auf Ausschüttungen an Gesellschafter und Aktienrückkäufe einzugehen.[49] Die Vorgabe, die für die Geschäftsentwicklung des Emittenten bedeutsamen **Rahmenbedingungen**, insbesondere in politischer, wirtschaftlicher oder steuerlicher Hinsicht, zu erörtern (vgl. Ziff. 9.2.3 Anhang I zur früheren VO (EG) 809/2004), findet sich in Abschnitt 7 des Anhangs I der VO (EU) 2019/980 nicht mehr. Jedoch werden sich Angaben dazu auch ohne explizite Bestimmung in Abschnitt 7 regelmäßig im Prospekt finden, insbesondere aufgrund der Vorgaben in Abschnitt 9 (Regelungsumfeld).

Nach Punkt 7.1.2 Abs. 2 können bestimmte Angaben zur Geschäfts- und Finanzlage des Emittenten auch durch die Aufnahme des in den Art. 19 und 29 der Richtlinie 2013/34/EU des Europäischen Parlaments und des Rates[50] genannten **Lageberichts** gemacht werden. Wie sich aus der entsprechenden Leitlinie der ESMA ergibt, sollten die für den Prospekt verantwortlichen Personen in diesem Fall sicherstellen, dass der Lagebericht verständlich ist und mit dem Prospekt übereinstimmt.[51] Dazu zählt insbesondere eine Überprüfung des Lageberichts dahingehend, ob Informationen über Betriebsergebnisse und die Eigenkapitalausstattung sowie etwaige zukunftsorientierte Informationen wie Trends und Gewinnprognosen auf dem neuesten Stand sind.[52] Soweit dies nicht der Fall ist, sind im Prospekt die

---

45 ESMA-Leitlinien, Rn. 22.
46 ESMA-Leitlinien, Rn. 22 a. E., 23.
47 ESMA-Leitlinien, Rn. 23.
48 ESMA-Leitlinien, Rn. 22.
49 ESMA-Leitlinien, Rn. 22.
50 Richtlinie 2013/34/EU des Europäischen Parlaments und des Rates vom 26. Juni 2013 über den Jahresabschluss, den konsolidierten Abschluss und damit verbundene Berichte von Unternehmen bestimmter Rechtsformen und zur Änderung der Richtlinie 2006/43/EG des Europäischen Parlaments und des Rates und zur Aufhebung der Richtlinien 78/660/EWG und 83/349/EWG des Rates (ABl. L 182 vom 29.6.2013, S. 19).
51 ESMA-Leitlinien, Rn. 26.
52 ESMA-Leitlinien, Rn. 27.

19 Im Hinblick darauf, dass die historischen Finanzinformationen nach Punkt 18.1 grds. nach den IFRS und primär auf konsolidierter Basis zu erstellen sind, bilden die aufgenommenen **IFRS-Konzernabschlüsse** den Schwerpunkt der Darstellung im Abschnitt OFR. Anhand dieser Abschlüsse ist die Entwicklung der Gesellschaft über den Darstellungszeitraum hinweg (also i.d.R. drei Geschäftsjahre) zu erläutern. Nach der Verwaltungspraxis der BaFin ist zudem der nach HGB erstellte Einzelabschluss für das letzte Geschäftsjahr in den Prospekt aufzunehmen.[54] Grund dafür ist die Bedeutung des **HGB-Einzelabschlusses** als Grundlage für die Bemessung der Gewinnausschüttung und die steuerliche Gewinnermittlung. Die Ausführungen zum HGB-Einzelabschluss, die meist den Abschnitt OFR abschließen, beschränken sich daher in der Regel auf die Beschreibung der dafür maßgeblichen Abschlussposten, also Jahresüberschuss bzw. -fehlbetrag sowie den daraus abgeleiteten Bilanzgewinn bzw. -verlust, ferner ggf. die darauf basierenden Dividendenausschüttungen bzw. den Gewinnverwendungsvorschlag von Vorstand und Aufsichtsrat, jeweils im Vergleich zum Vorjahr auf der Grundlage der im Jahresabschluss enthaltenen Vergleichsangaben für das Vorjahr nach § 265 Abs. 2 HGB.[55]

20 Neben der Erörterung der Finanzinformationen selbst war früher eine Darstellung der Unterschiede in der Rechnungslegung nach HGB, IFRS und US-GAAP üblich. Hiervon ist die Praxis auch bei Emissionen in die USA abgekommen.[56] Seit die SEC bei ausländischen Emittenten (grds.) Finanzinformationen nach IFRS akzeptiert,[57] wird allgemein unterstellt, dass auch US-Investoren mit der IFRS-Bilanzierung ausreichend vertraut sind, sodass es einer Erläuterung der Unterschiede nicht mehr bedarf. Das gilt erst recht im Fall von Angeboten, die sich in den USA nur an qualifizierte institutionelle Investoren (qualified institutional buyers oder auch QIBs) richten. Der in der Vergangenheit bisweilen aufgenommene ausdrückliche Hinweis im Prospekt, dass auf eine Überleitungsrechnung der IFRS-Abschlüsse auf US-GAAP und eine Beschreibung der Unterschiede verzichtet wurde, ist mittlerweile eher unüblich.

---

53 ESMA-Leitlinien, Rn. 27.
54 Dazu *Schlitt/Schäfer*, AG 2005, 498, 503; *Apfelbacher/Metzner*, BKR 2006, 81, 88; *Meyer*, in: Habersack/Mülbert/Schlitt, Unternehmensfinanzierung, § 36 Rn. 30; *Schlitt/Ries*, in: Assmann/Schlitt/von Kopp-Colomb, Prospektrecht Kommentar, Anhang 1 VO (EU) 2019/980 Rn. 86.
55 Vgl. beispielsweise die relativ knappe Darstellung im Wertpapierprospekt der Dr. Ing. h.c. F. Porsche Aktiengesellschaft vom 19.11.2022, Seite F-416 ff. sowie bereits unter alter Rechtslage die Ausführungen im Wertpapierprospekt der Deutsche Bank Aktiengesellschaft vom 5.6.2014, S. 203 f.
56 So aber noch *Schlitt/Ries*, in: Assmann/Schlitt/von Kopp-Colomb, Prospektrecht Kommentar, Anhang 1 VO (EU) 2019/980 Rn. 87 ff.; wie hier *Alfes/Wienecke*, in: Holzborn, WpPG, Anhang I ProspektVO Rn. 51.
57 Dazu *Strauch*, in: Marsch-Barner/Schäfer, Handbuch börsennotierte AG, 3. Aufl. 2014, § 11 Rn. 30 f.; *Greene/Rosen/Silverman/Braverman/Sperber*, U.S. Regulation of the International Securities and Derivatives Markets, § 3.04 [1].

Abschnitt 8
Eigenkapitalausstattung

Punkt 8.1
Angaben über die Eigenkapitalausstattung des Emittenten (sowohl kurz- als auch langfristig).

Punkt 8.2
Erläuterung der Quellen und der Beträge des Kapitalflusses des Emittenten und eine ausführliche Darstellung dieser Posten.

Punkt 8.3
Angaben über den Fremdfinanzierungsbedarf und die Finanzierungsstruktur des Emittenten.

Punkt 8.4
Angaben zu jeglichen Beschränkungen des Rückgriffs auf die Eigenkapitalausstattung, die die Geschäfte des Emittenten direkt oder indirekt wesentlich beeinträchtigt haben oder beeinträchtigen könnten.

Punkt 8.5
Angaben über voraussichtliche Quellen für Finanzierungsmittel, die zur Erfüllung der in 5.7.2 genannten Verpflichtungen erforderlich sind.

Übersicht

	Rn.		Rn.
I. Überblick	1	4. Beschränkung des Rückgriffs auf die (Eigen-)Kapitalausstattung	15
II. Relevante Angaben	4	5. Finanzierungsquellen künftiger Investitionen	20
1. Kurz- und langfristige (Eigen-)Kapitalausstattung des Emittenten	4		
2. Kapitalflüsse	8	III. Informationsbasis und Prospektdarstellung	24
3. Fremdfinanzierungsbedarf und Finanzierungsstruktur des Emittenten	10		

I. Überblick

Abschnitt 8 ergänzt die Angaben zu Abschnitt 7 von Anhang 1 (Angaben zur Geschäfts- und Finanzlage)[1] und Punkt 3.2 von Anhang 11 zur VO (EU) 2019/980 (Kapitalausstattung und Verschuldung)[2] und verlangt Offenlegungen zur (Eigen-)Kapitalausstattung des Emittenten, den Kapitalflüssen (Cashflows), dem Fremdfinanzierungsbedarf und der Finanzierungsstruktur im Allgemeinen, zu Beschränkungen des Rückgriffs auf die (Eigen-)Kapitalausstattung und zu den Finanzierungsquellen für Investitionsvorhaben. Die deutsche Sprachfassung der VO (EU) 2019/980 verwendet den Begriff der Eigenkapitalausstattung sowohl in der Überschrift zu Abschnitt 8 als auch in Punkt 8.1 (kurz- und langfristige Eigenkapitalausstattung) und Punkt 8.4 (Beschränkung des Rückgriffs auf die

1

---

1 *Schlitt/Ries*, in: Assmann/Schlitt/von Kopp-Colomb, Prospektrecht Kommentar, Anhang 1 VO (EU) 2019/980 Rn. 90; *Voß*, in: Just/Voß/Ritz/Zeising, Wertpapierprospektrecht, Anhang 1 VO (EU) 2019/980 Rn. 102.
2 *Schlitt/Ries*, in: Assmann/Schlitt/von Kopp-Colomb, Prospektrecht Kommentar, Anhang 1 VO (EU) 2019/980 Rn. 90.

Eigenkapitalausstattung). Die englische Sprachfassung hingegen verwendet hier den breiter gefassten Begriff der „Capital Resources" (Kapitalausstattung). Hiernach wäre nach Abschnitt 8 generell sowie insbesondere nach Punkt 8.1 und Punkt 8.4 neben der Eigenkapitalausstattung auch die Fremdkapitalausstattung des Emittenten in den Blick zu nehmen. Dass dies der Systematik des Abschnitts nicht fremd wäre und der Abschnitt thematisch **über die Eigenkapitalausstattung hinaus auch die Fremdkapitalausstattung** des Emittenten einbezieht, zeigen bereits die Punkte 8.3 und 8.5, wonach auch Angaben zum Fremdfinanzierungsbedarf und zur Finanzierungsstruktur im Allgemeinen (Punkt 8.3) sowie allgemein zu den Finanzierungsquellen für Investitionsvorhaben (Punkt 8.5) zu machen sind. Insofern empfiehlt es sich im Interesse der Transparenz und Vollständigkeit, auch die Angaben zu Punkt 8.1 und Punkt 8.4 umfassend zur Kapitalausstattung des Emittenten (d.h. einschließlich Eigen- und Fremdkapital) zu machen (siehe auch → Rn. 6 und 15).

2 Die Betrachtung gemäß Abschnitt 8 richtet sich anders als bei den Angaben zur Geschäfts- und Finanzlage nach Abschnitt 7 von Anhang 1 zur VO (EU) 2019/980 **nicht nur auf bereits abgelaufene Zeiträume**, sondern **auch auf die Zukunft**.[3] Ziel der Darstellung muss es sein, dem Investor – aus der Sicht des Managements – ein **Bild von der Finanzierungsstruktur des Emittenten** zu vermitteln, insbesondere von dem Verhältnis von Eigenkapital zu Fremdkapital, den wesentlichen vertraglichen Bedingungen des bestehenden Fremdkapitals, der Historie der Cashflows (insbesondere der inneren Finanzierungskraft des Unternehmens aus der Erzielung von Cashflows aus dem operativen Geschäft) und dem erwarteten zukünftigen Fremdfinanzierungsbedarf. Die Praxis stellt die gemäß Abschnitt 8 verlangten Informationen überwiegend im Kapitel „Darstellung und Analyse der Vermögens-, Finanz- und Ertragslage" (Management's Discussion and Analysis) zusammen (siehe → Rn. 25).

3 Die durch die VO (EU) 2019/980 eingeführten Änderungen gegenüber der Vorgängervorschrift aus der VO (EG) 809/2004 sind überwiegend redaktioneller Natur (siehe aber → Rn. 23). Auch orientieren sich die die Eigenkapitalausstattung betreffenden **ESMA-Leitlinien**[4] weitgehend am (durch die ESMA-Leitlinien weitgehend ersetzten) ESMA-Update der CESR-Empfehlungen von 2013,[5] sodass diese im Kern erhalten bleiben.[6]

II. Relevante Angaben

1. Kurz- und langfristige (Eigen-)Kapitalausstattung des Emittenten

4 Punkt 8.1 verlangt Angaben sowohl über die kurz- als auch die langfristige (Eigen-)Kapitalausstattung des Emittenten.

---

3 *Voß*, in: Just/Voß/Ritz/Zeising, Wertpapierprospektrecht, Anhang 1 VO (EU) 2019/980 Rn. 103.
4 ESMA, Leitlinien zu den Offenlegungspflichten nach der Prospektverordnung (ESMA32-382-1138), 4.3.2021, Rn. 29–46 (Leitlinien 5 bis 9).
5 ESMA, Update of the CESR recommendations, the consistent implementation of Commission Regulation (EC) No. 809/2004 implementing the Prospectus Directive (ESMA/2013/319), 20.3.2013.
6 So ESMA, Consultation Paper – Draft Guidelines on disclosure requirements under the Prospectus Regulation (ESMA31-62-1239), 12.7.2019, Rn. 21–24.

Unter dem Blickwinkel der Eigenkapitalausstattung verlangt Punkt 8.1 weniger eine Beschreibung der Aktien des Emittenten, der **mit einer Aktie verbundenen Rechte** oder der **Entwicklung der Aktienanzahl**. Diese erfolgt zumeist in einem eigenen, eher rechtstechnischen Abschnitt mit „Angaben über das Kapital der Gesellschaft" (Share Capital of the Company).[7] Der Offenlegung nach Punkt 8.1 liegt primär eine **bilanzielle und wirtschaftliche Betrachtungsweise** zugrunde. Entsprechend üblich ist die Darstellung im Kapitel „Darstellung und Analyse der Vermögens-, Finanz- und Ertragslage" (Management's Discussion and Analysis) (siehe → Rn. 25). Dabei kommt die Differenzierung zwischen kurz- und langfristigem Eigenkapital bei deutschen Emittenten nicht zum Tragen, da gesellschaftsrechtlich sämtliches echtes Eigenkapital (gezeichnetes Kapital) dauerhafter Natur ist.

Im Interesse der Transparenz und Vollständigkeit sollten unter dem Blickwinkel von Punkt 8.1 neben Angaben zur Eigenkapitalausstattung auch Angaben zur **kurz- und langfristigen Fremdkapitalausstattung**, d.h. zu kurz- und langfristigen Verbindlichkeiten, des Emittenten gemacht werden (siehe → Rn. 1). Die Praxis verfährt entsprechend.[8]

Sonach wird im Kapitel „Darstellung und Analyse der Vermögens-, Finanz- und Ertragslage" (Management's Discussion and Analysis) in der Regel die Entwicklung aller in der Bilanz ausgewiesenen **Bestandteile des Eigenkapitals** (insbesondere gezeichnetes Kapital, Kapitalrücklagen, Gewinnrücklagen, sonstige Rücklagen) **und des Fremdkapitals** (insbesondere Verbindlichkeiten aus Anleihen, gegenüber Kreditinstituten, aus Lieferung und Leistung und erhaltene Anzahlungen auf Bestellungen sowie Verbindlichkeiten gegenüber verbundenen Unternehmen) dargestellt.[9] Die Darstellung erfolgt dabei (zumeist tabellarisch) für den von den im Prospekt enthaltenen Finanzinformationen abgedeckten Zeitraum, begleitet von einer **Beschreibung der einzelnen Positionen und ihrer Veränderung im Periodenvergleich**. Dabei werden die wesentlichen Ereignisse und Entwicklungen dargestellt, die den Veränderungen zugrunde liegen. Um dem Investor das Verhältnis von Eigenkapital zu Fremdkapital zu verdeutlichen, empfiehlt sich die Angabe des Verhältnisses von Fremd- zu Eigenkapital (Debt/Equity Ratio) sowie dessen Entwicklung; möglicherweise bietet sich die Angabe weiterer Kennzahlen an, die die Finanzierungsstruktur des Emittenten transparent machen (z.B. Verhältnis zwischen Gewinn und Zinsaufwand, Verhältnis zwischen Eigenkapital und langfristigen Vermögenswerten).[10] Welche Kennzahlen sinnvoll und aussagekräftig sind, wird von der konkreten Finanzierungs-

---

7 Zum alten Recht: *Fingerhut/Voß*, in: Just/Voß/Ritz/Zeising, WpPG, 2009, Anhang I ProspektVO Rn. 164.
8 Vgl. den IPO-Prospekt der Mister Spex SE vom 22.6.2021 oder den Zulassungsprospekt der Vulcan Energy Resources Limited vom 11.2.2022.
9 Siehe auch § 266 Abs. 3 A. und C. HGB.
10 So noch ausdrücklich ESMA, Update of the CESR recommendations – The consistent implementation of Commission Regulation (EC) No. 809/2004 implementing the Prospectus Directive (ESMA/2013/319), 20.3.2013, Rn. 33; zum alten Recht: *Alfes/Wieneke*, in: Holzborn, WpPG, Anhang I ProspektVO Rn. 60. In diesem Zusammenhang ist jedoch zu beachten, dass die Verwendung alternativer Leistungskennzahlen außerhalb des Prospekts, selbst im Rahmen rein mündlicher Investorenkommunikation, dazu führen kann, dass diese im Prospekt aufzunehmen sind, vgl. ESMA, Questions and Answers on the Prospectus Regulation (ESMA31-62-1258), Version 12 v. 3.2.2023, A7.2.

situation des Emittenten abhängen. Grundlage für die Darstellung sind die **Angaben in der Konzernbilanz** des Emittenten.[11]

2. Kapitalflüsse

8 Gemäß Punkt 8.2 sind die **Quellen und die Beträge des Kapitalflusses** (Cashflow) des Emittenten zu erläutern und diese Posten ausführlich darzustellen. Dadurch soll dem Anleger eine Beurteilung der „finanziellen Gesundheit" des Emittenten ermöglicht und Aufschluss darüber gegeben werden, inwieweit der Emittent die zur Substanzerhaltung des bilanzierten Vermögens sowie für ggf. beabsichtigte Erweiterungsinvestitionen erforderlichen Mittel selbst erwirtschaften kann.[12] Aufzuzeigen sind gemäß den Vorgaben der ESMA[13] im Einzelnen die folgenden Aspekte: Erstens die **Kapitalzuflüsse und -abflüsse** im letzten Berichtszeitraum und in jedem nachfolgenden Zwischenberichtszeitraum.[14] Dabei wird es sich in der Regel empfehlen, den gesamten Zeitraum der im Prospekt in Bezug genommenen historischen Finanzinformationen abzudecken.[15] Die Praxis verfährt entsprechend.[16] Zweitens alle sich daraus ergebenden **wesentlichen Veränderungen** der Kapitalflüsse des Emittenten.[17] Und schließlich alle **ungenutzten wesentlichen Liquiditätsquellen** (siehe dazu auch → Rn. 20–21).[18]

9 Ausgangspunkt der Darstellung ist in der Regel die **Kapitalflussrechnung**, die Teil des Konzernabschlusses ist.[19] Hierbei wird die Mittelherkunft aus den verschiedenen Tätigkeiten des Unternehmens (laufende Geschäftstätigkeit, Investitions- und Finanzierungstätigkeit) und die Mittelverwendung in diesen Bereichen dargestellt.[20] Der Wortlaut von Punkt 8.1 verlangt für Prospektzwecke eine „ausführliche Darstellung" dieser Posten. In der Praxis wird üblicherweise die Kapitalflussrechnung in diesem Abschnitt wiedergegeben und dann – unterteilt nach Cashflow aus betrieblicher Tätigkeit, Cashflow aus Investi-

---

11 Vorsicht ist bei der Verwendung sog. alternativer Leistungskennzahlen geboten. Solche müssen den Anforderungen der ESMA, Leitlinien Alternative Leistungskennzahlen (APM) (ESMA// 2015/1415de), 5.10.2015, entsprechen.
12 *Schlitt/Ries*, in: Assmann/Schlitt/von Kopp-Colomb, Prospektrecht Kommentar, Anhang 1 VO (EU) 2019/980 Rn. 91; *Voß*, in: Just/Voß/Ritz/Zeising, Wertpapierprospektrecht, Anhang 1 VO (EU) 2019/980 Rn. 103.
13 ESMA, Leitlinien zu den Offenlegungspflichten nach der Prospektverordnung (ESMA32-382-1138), 4.3.2021, Rn. 29 (Leitlinie 5) und 30.
14 ESMA, Leitlinien zu den Offenlegungspflichten nach der Prospektverordnung (ESMA32-382-1138), 4.3.2021, Rn. 29 (Leitlinie 5) und 30.
15 *Schlitt/Ries*, in: Assmann/Schlitt/von Kopp-Colomb, Prospektrecht Kommentar, Anhang 1 VO (EU) 2019/980 Rn. 91.
16 Vgl. den Kapitalerhöhungsprospekt der Vonovia SE vom 22.11.2021 oder den IPO-Prospekt der AUTO1 Group SE vom 25.1.2021.
17 ESMA, Leitlinien zu den Offenlegungspflichten nach der Prospektverordnung (ESMA32-382-1138), 4.3.2021, Rn. 29 (Leitlinie 5); *Schlitt/Ries*, in: Assmann/Schlitt/von Kopp-Colomb, Prospektrecht Kommentar, Anhang 1 VO (EU) 2019/980 Rn. 91; *Kuthe/Zipperle*, AG 2020, R264, R264.
18 ESMA, Leitlinien zu den Offenlegungspflichten nach der Prospektverordnung (ESMA32-382-1138), 4.3.2021, Rn. 29 (Leitlinie 5); *Schlitt/Ries*, in: Assmann/Schlitt/von Kopp-Colomb, Prospektrecht Kommentar, Anhang 1 VO (EU) 2019/980 Rn. 91; *Kuthe/Zipperle*, AG 2020, R264, R264.
19 *Voß*, in: Just/Voß/Ritz/Zeising, Wertpapierprospektrecht, Anhang 1 VO (EU) 2019/980 Rn. 103.
20 *Störk/Rimmelspacher*, in: Beck'scher Bilanz-Kommentar, HGB § 297 Rn. 20.

tionstätigkeit und Cashflow aus Finanzierungstätigkeit – der Cashflow für jede Periode durch Angabe der relevanten Beträge sowie der zugrunde liegenden Ereignisse oder Entwicklungen, die Grundlage für die maßgeblichen Mittelzuflüsse bzw. Mittelabflüsse sowie deren Entwicklung waren, erläutert. Hierbei sollte besonderes Augenmerk auf die Darstellung dazu gelegt werden, **worauf Mittelzuflüsse bzw. Mittelabflüsse aus der laufenden Geschäftstätigkeit zurückzuführen sind** und inwieweit die Mittelzuflüsse aus der laufenden Geschäftstätigkeit den Betriebskapitalbedarf des Emittenten abdecken bzw. nicht abdecken. Denn diese Angaben sind für die Einschätzung der operativen Ertragskraft des Emittenten von Bedeutung.

3. Fremdfinanzierungsbedarf und Finanzierungsstruktur des Emittenten

Nach Punkt 8.3 sind Angaben über den Fremdfinanzierungsbedarf und die Finanzierungsstruktur des Emittenten zu machen. 10

Unter dem Blickwinkel der **Finanzierungsstruktur** werden im Prospekt zumeist die Bestandteile des in der Bilanz ausgewiesenen Fremdkapitals für den von den im Prospekt enthaltenen Finanzinformationen abgedeckten Zeitraum aufgenommen (zum Eigenkapital siehe bereits → Rn. 4 ff.). Daran schließt sich in der Regel eine knappe Beschreibung der den **wichtigsten Fremdverbindlichkeiten** zugrunde liegenden Vertragsverhältnisse und von deren Konditionen an. Hierbei ist neben den Nominalbeträgen, der Verzinsung,[21] wichtigen Kündigungsregelungen, Sicherheiten, Rückzahlungsmodalitäten und sonstigen wesentlichen Bedingungen insbesondere auch auf das Fälligkeitsprofil einzugehen; ggf. empfiehlt sich auch ein Verweis auf eine ausführliche Darstellung im Abschnitt zu „Wesentlichen Verträgen" (Material Agreements).[22] Der Investor soll ein Bild davon bekommen, welche bereits jetzt bekannten Zins- und Rückzahlungspflichten in Zukunft auf den Emittenten zukommen, sodass er das **Refinanzierungsrisiko** einschätzen kann. Auch bestehende, nicht ausgeschöpfte Kreditlinien sind darzustellen. Üblicherweise wird auch auf außerbilanziell bestehende finanzielle Verpflichtungen (z.B. Abnahmepflichten aus Lieferverträgen oder Garantieverhältnisse) eingegangen. Häufig wird in diesem Zusammenhang ergänzend auch die Eigenkapitalquote, gelegentlich die prozentualen Anteile verschiedener Fremdkapitalinstrumente angegeben.[23] 11

Gemäß Punkt 8.3 sind auch Angaben über den **Fremdfinanzierungsbedarf** zu machen. Hierbei ist auf den Zusammenhang mit Punkt 3.1 von Anhang 11 zur VO (EU) 2019/980 (Erklärung zum Geschäftskapital), das sog. „Working Capital Statement", zu achten.[24] Soweit ein akuter, bislang ungedeckter Fremdfinanzierungsbedarf bestehen sollte, wird es in der Regel nicht möglich sein, eine uneingeschränkte Erklärung zum Geschäftskapital (sog. „Clean Working Capital Statement") abzugeben. Dabei sind die erwarteten Emissionserlöse grundsätzlich nicht zu berücksichtigen (siehe die Kommentierung zu → Anhang 11, Punkt 3.1 VO (EU) 2019/980). Soweit der Emittent einen Fremdfinanzierungsbedarf 12

---

21 Siehe auch ESMA, Leitlinien zu den Offenlegungspflichten nach der Prospektverordnung (ESMA32-382-1138), 4.3.2021, Rn. 33.
22 Siehe die Kommentierung zu Abschnitt 20 von Anhang 1 zur VO (EU) 2019/980.
23 *Schlitt/Ries*, in: Assmann/Schlitt/von Kopp-Colomb, Prospektrecht Kommentar, Anhang 1 VO (EU) 2019/980 Rn. 92; *Kuthe/Zipperle*, AG 2020, R264.
24 Vgl. auch *Schlitt/Ries*, in: Assmann/Schlitt/von Kopp-Colomb, Prospektrecht Kommentar, Anhang 1 VO (EU) 2019/980 Rn. 95.

antizipiert und dieser z. B. durch eine bestehende Kreditlinie abgedeckt ist (siehe → Rn. 7), ist der erwartete Fremdfinanzierungsbedarf gemeinsam mit der für die Abdeckung dieses Bedarfs **vorgesehenen Finanzierungsquelle** anzugeben (siehe Punkt 8.5).

13 Die Darstellung von Fremdfinanzierungsbedarf und Finanzierungsstruktur des Emittenten soll auch auf die internen Leitlinien des Emittenten eingehen, in denen die „**funding and treasury policies**" festgelegt werden.[25] Hierbei sind beispielsweise das Liquiditätsmanagement des Emittenten und interne Kontrollmechanismen zur Überwachung des Liquiditätsmanagements darzustellen.[26] Des Weiteren ist aufzuzeigen, in welcher Währung **freie Finanzmittel** gehalten werden, in welchem Umfang Finanzverbindlichkeiten zu **festen Zinssätzen** bestehen und in welchem Maße **Finanzinstrumente zur Absicherung von Risiken** (hedging) eingesetzt werden.[27]

14 Kreditinstitute, Versicherungs- und Rückversicherungsunternehmen und andere Unternehmen, die der **Finanzaufsicht** unterliegen, sollten ihre „funding and treasury policies" vor dem Hintergrund der für sie **geltenden Eigenmittel- und Liquiditätsanforderungen** darstellen; für diese Unternehmen mag es sich auch anbieten, die Darstellung ggf. durch aufsichtsrechtliche Kennzahlen anzureichern.[28]

4. Beschränkung des Rückgriffs auf die (Eigen-)Kapitalausstattung

15 Punkt 8.4 verlangt Angaben zu jeglichen **Beschränkungen des Rückgriffs auf die Eigenkapitalausstattung**, die die Geschäfte des Emittenten direkt oder indirekt wesentlich beeinträchtigt haben oder beeinträchtigen könnten. Im Interesse der Transparenz und Vollständigkeit sollten unter dem Blickwinkel von Punkt 8.4 neben Angaben zu relevanten Beschränkungen des Rückgriffs auf die Eigenkapitalausstattung auch solche betreffend die **Fremdkapitalausstattung** gemacht werden (siehe → Rn. 1). Hierfür spricht, dass die ESMA im Kontext von Punkt 8.4 auch Offenlegungen zu Beschränkungen betreffend die Nutzung von Kreditfazilitäten verlangt (siehe → Rn. 18).[29] In zeitlicher Hinsicht ist sowohl auf in der Vergangenheit liegende wesentliche Beeinträchtigungen der Geschäfte des Emittenten durch solche Beschränkungen einzugehen als auch auf in der Zukunft möglicherweise erfolgende wesentliche Beeinträchtigungen.[30]

16 In der Darstellung ist darauf einzugehen, ob und in welchem Umfang wesentliche rechtliche oder wirtschaftliche Beschränkungen mit Blick darauf bestehen, ob **Tochterunter-**

---

25 ESMA, Leitlinien zu den Offenlegungspflichten nach der Prospektverordnung (ESMA32-382-1138), 4.3.2021, Rn. 32 (Leitlinie 6).
26 ESMA, Leitlinien zu den Offenlegungspflichten nach der Prospektverordnung (ESMA32-382-1138), 4.3.2021, Rn. 33; *Schlitt/Ries*, in: Assmann/Schlitt/von Kopp-Colomb, Prospektrecht Kommentar, Anhang 1 VO (EU) 2019/980 Rn. 92; *Kuthe/Zipperle*, AG 2020, R264.
27 ESMA, Leitlinien zu den Offenlegungspflichten nach der Prospektverordnung (ESMA32-382-1138), 4.3.2021, Rn. 33; *Schlitt/Ries*, in: Assmann/Schlitt/von Kopp-Colomb, Prospektrecht Kommentar, Anhang 1 VO (EU) 2019/980 Rn. 92; *Kuthe/Zipperle*, AG 2020, R264.
28 ESMA, Leitlinien zu den Offenlegungspflichten nach der Prospektverordnung (ESMA32-382-1138), 4.3.2021, Rn. 34, wobei ESMA ausdrücklich darauf hinweist, dass dies für sich genommen keine Verpflichtung zur Offenlegung aufsichtsrechtlicher Kennzahlen darstellt.
29 ESMA, Leitlinien zu den Offenlegungspflichten nach der Prospektverordnung (ESMA32-382-1138), 4.3.2021, Rn. 39 (Leitlinie 8).
30 *Voß*, in: Just/Voß/Ritz/Zeising, Wertpapierprospektrecht, Anhang 1 VO (EU) 2019/980 Rn. 104.

nehmen Finanzmittel (etwa in Form von Bardividenden, Darlehen oder Vorauszahlungen) an den Emittenten abführen können. Sofern wesentliche Beschränkungen bestehen, ist ferner aufzuzeigen, welche Auswirkungen diese Beschränkungen auf die Fähigkeit des Emittenten, seinen **Zahlungsverpflichtungen nachzukommen**, in der Vergangenheit hatten oder nach Erwartung des Emittenten in der Zukunft haben könnten.[31]

Entsprechende Beschränkungen können sich etwa aus gesellschaftsrechtlichen Gründen (insb. Beschränkungen aufgrund des Grundsatzes der Kapitalerhaltung nach § 30 GmbHG, § 57 AktG),[32] aus steuerlichen Gründen oder aus Devisenkontrollen ergeben.[33] Die ESMA hebt ferner Abflüsse bei Dividendenausschüttungen (Dividend Leakage) hervor, wobei sie anfallende Kapitalertragsteuer ausdrücklich nicht unter diesen Begriff fasst.[34] Zwar seien solche Abflüsse nicht Beschränkungen im engeren Sinne, jedoch könnten sie die Fähigkeit des Emittenten, seinen Verpflichtungen nachzukommen, beeinträchtigen und seien daher in die Darstellung aufzunehmen.[35] 17

Beschränkungen des Rückgriffs auf die Kapitalausstattung können sich weiterhin aus **restriktiven Abreden oder Bedingungen (Covenants) aus Kreditverträgen** ergeben.[36] Sofern der Emittent mit Kreditgebern Abreden oder Bedingungen vereinbart hat, welche die Nutzung von Kreditmitteln erheblich beschränken, sind diese laut ESMA-Leitlinien offenzulegen.[37] Laufen Verhandlungen mit Kreditgebern über solche Abreden oder Bedingungen, ihre Anwendung, Reichweite und/oder Ausnahmen davon, ist dieser Umstand ebenfalls im Prospekt darzulegen.[38] Sollte eine Verletzung solcher Abreden oder Bedingungen (Covenant Breach) bereits eingetreten oder absehbar sein, sind in den Prospekt Informationen über die Konsequenzen der (absehbaren) Verletzung darzulegen sowie zu erläutern, wie der Emittent Abhilfe zu schaffen gedenkt.[39] 18

Einer entsprechenden Offenlegung bedarf es laut ESMA-Leitlinien auch in Fällen von **Beschränkungen des Rückgriffs auf die Kapitalausstattung, die ähnlich wirken wie res-** 19

---

31 ESMA, Leitlinien zu den Offenlegungspflichten nach der Prospektverordnung (ESMA32-382-1138), 4.3.2021, Rn. 36 (Leitlinie 7); *Schlitt/Ries*, in: Assmann/Schlitt/von Kopp-Colomb, Prospektrecht Kommentar, Anhang 1 VO (EU) 2019/980 Rn. 93; *Kuthe/Zipperle*, AG 2020, R264.
32 *Schlitt/Ries*, in: Assmann/Schlitt/von Kopp-Colomb, Prospektrecht Kommentar, Anhang 1 VO (EU) 2019/980 Rn. 93; *Kuthe/Zipperle*, AG 2020, R264, R265.
33 ESMA, Leitlinien zu den Offenlegungspflichten nach der Prospektverordnung (ESMA32-382-1138), 4.3.2021, Rn. 37.
34 ESMA, Leitlinien zu den Offenlegungspflichten nach der Prospektverordnung (ESMA32-382-1138), 4.3.2021, Rn. 37. Als Beispiel führt die ESMA den gedachten Fall an, bei dem eine Muttergesellschaft 70% an einer Tochtergesellschaft hält, diese kontrolliert und daher voll konsolidiert, jedoch nur 70% der Dividenden erhält; siehe auch *Schlitt/Ries*, in: Assmann/Schlitt/von Kopp-Colomb, Prospektrecht Kommentar, Anhang 1 VO (EU) 2019/980 Rn. 93; *Kuthe/Zipperle*, AG 2020, R264, R265.
35 ESMA, Leitlinien zu den Offenlegungspflichten nach der Prospektverordnung (ESMA32-382-1138), 4.3.2021, Rn. 37.
36 ESMA, Leitlinien zu den Offenlegungspflichten nach der Prospektverordnung (ESMA32-382-1138), 4.3.2021, Rn. 39 ff. (Leitlinie 8).
37 ESMA, Leitlinien zu den Offenlegungspflichten nach der Prospektverordnung (ESMA32-382-1138), 4.3.2021, Rn. 39 (Leitlinie 8).
38 ESMA, Leitlinien zu den Offenlegungspflichten nach der Prospektverordnung (ESMA32-382-1138), 4.3.2021, Rn. 39 (Leitlinie 8).
39 ESMA, Leitlinien zu den Offenlegungspflichten nach der Prospektverordnung (ESMA32-382-1138), 4.3.2021, Rn. 40 (Leitlinie 8).

triktive **Abreden oder Bedingungen aus Kreditverträgen**.[40] Hierzu zählen etwa Bedingungen aus Finanzierungen aus staatlichen Quellen (z. B. Zuschüsse und Subventionen) und Bedingungen aus Eigenkapitalfinanzierungen[41] oder Beschränkungen unter regulatorischen Gesichtspunkten wie einer zu geringen Eigenmittel- bzw. Kernkapitalquote eines Kredit- oder Finanzdienstleistungsinstituts nach den anwendbaren bankrechtlichen Bestimmungen.[42]

5. Finanzierungsquellen künftiger Investitionen

20 Punkt 8.5 erfordert Angaben über **voraussichtliche Quellen für Finanzierungsmittel**, die zur Erfüllung der in Punkt 5.7.2 genannten Verpflichtungen erforderlich sind.[43] Bei den dort genannten Verpflichtungen handelt es sich um wesentliche laufende oder bereits fest beschlossene Investitionen (siehe im Einzelnen dazu die Kommentierung zu → Anhang 1, Abschnitt 5, Punkt 5.7.2 Rn. 27). Finanzierungsquellen können beispielsweise Kreditlinien, Darlehen, Subventionen oder Anleihen sein, aber auch vorhandene Liquidität oder zukünftig erwartete Mittelzuflüsse beispielsweise aus operativer Tätigkeit.[44]

21 ESMA verlangt unter dem Blickwinkel von Punkt 8.5 ausdrücklich **Angaben zur Liquidität**.[45] Insofern sollte transparent werden, ob bzw. in welcher Höhe freie Liquidität vorhanden ist und wie sich der Liquiditätsbestand während des Geschäftsjahres (oder während des gesamten Zeitraums der im Prospekt in Bezug genommenen historischen Finanzinformationen) entwickelt hat. Auch sollte in diesem Zusammenhang erkennbar werden, falls sich aus der Historie oder der Art der Geschäftstätigkeit bestimmte typische Muster (z. B. Saisonalitäten) im Hinblick auf die unterjährige Entwicklung der Liquidität ergeben. Insoweit kommt es zu Überschneidungen mit den von der ESMA unter Punkt 8.2 verlangten Angaben (siehe → Rn. 8).[46]

22 Ferner soll die Darstellung laut ESMA Informationen über die Höhe von aufgenommenen **Krediten**, die Saisonabhängigkeit des **Kreditbedarfs** (ausgedrückt durch den höchsten Kreditbetrag im betreffenden Berichtszeitraum) und das Laufzeitprofil von genutzten Krediten sowie von (noch) nicht in Anspruch genommenen Kreditlinien enthalten.[47] Sofern relevant für das Verständnis der Eigenkapitalausstattung des Emittenten, sollten ferner Forderungen und Verbindlichkeiten des Emittenten aus Lieferungen und Leistungen

---

40 ESMA, Leitlinien zu den Offenlegungspflichten nach der Prospektverordnung (ESMA32-382-1138), 4.3.2021, Rn. 41.
41 ESMA, Leitlinien zu den Offenlegungspflichten nach der Prospektverordnung (ESMA32-382-1138), 4.3.2021, Rn. 41.
42 *Schlitt/Ries*, in: Assmann/Schlitt/von Kopp-Colomb, Prospektrecht Kommentar, Anhang 1 VO (EU) 2019/980 Rn. 93; *Voß*, in: Just/Voß/Ritz/Zeising, Wertpapierprospektrecht, Anhang 1 VO (EU) 2019/980 Rn. 105.
43 *Schlitt/Ries*, in: Assmann/Schlitt/von Kopp-Colomb, Prospektrecht Kommentar, Anhang 1 VO (EU) 2019/980 Rn. 94.
44 *Voß*, in: Just/Voß/Ritz/Zeising, Wertpapierprospektrecht, Anhang 1 VO (EU) 2019/980 Rn. 106.
45 ESMA, Leitlinien zu den Offenlegungspflichten nach der Prospektverordnung (ESMA32-382-1138), 4.3.2021, Rn. 43 (Leitlinie 9).
46 Vgl. ESMA, Leitlinien zu den Offenlegungspflichten nach der Prospektverordnung (ESMA32-382-1138), 4.3.2021, Rn. 29 (Leitlinie 5).
47 ESMA, Leitlinien zu den Offenlegungspflichten nach der Prospektverordnung (ESMA32-382-1138), 4.3.2021, Rn. 44.

aufgezeigt werden.[48] Insbesondere sollte laut ESMA aus dem Prospekt die Wesentlichkeit von Forderungen und/oder Verbindlichkeiten des Emittenten aus **Lieferungen und Leistungen** hervorgehen.[49] Hierzu kann es sich empfehlen, etwaige Risiken im Zusammenhang mit der Finanzierung solcher Forderungen zu benennen.[50] Sofern zutreffend sollte dies entsprechend auch im Risikoteil reflektiert sein. Darüber hinaus sollte der Emittent laut ESMA angeben, ob ein erheblicher Teil seiner Forderungen und/oder Verbindlichkeiten aus Lieferungen und Leistungen eine Laufzeit von mehr als 12 Monaten hat.[51]

Im Rahmen der Neufassung durch die VO (EU) 2019/980 ist Ziffer 8.1 von Anhang 1 zur VO (EG) 809/2004 (Angaben über bestehende oder geplante wichtige Sachanlagen) entfallen und konsequent auch der – in der Vorgängervorschrift (Ziffer 10.5 von Anhang I zur VO (EG) 809/2004) noch enthaltene – Verweis darauf in Punkt 8.5. In der Sache dürfte sich hieraus jedoch keine nennenswerte Änderung ergeben, da „geplante wichtige Sachanlagen" vom Begriff der „wesentlichen … bereits fest beschlossenen Investitionen" (Punkt 5.7.2) umfasst sein dürften. 23

III. Informationsbasis und Prospektdarstellung

Die für die Angaben nach Abschnitt 8 erforderlichen Informationen lassen sich im Ausgangspunkt überwiegend aus den **Abschlüssen des Emittenten** einschließlich der Lageberichte entnehmen (z. B. Eigenkapitalausstattung und Finanzierungsstruktur aus der Bilanz, Quellen und Beträge des Kapitalflusses aus der Kapitalflussrechnung). Informationen, die sich nicht den Abschlüssen entnehmen lassen (z. B. Beschränkungen des Rückgriffs auf die (Eigen-)Kapitalausstattung) bzw. Informationen zu den zukunftsgerichteten Angaben (z. B. Fremdfinanzierungsbedarf, voraussichtliche Quellen für Finanzierungsmittel für Investitionen), sind im Rahmen der sog. **Management Due Diligence** vom Management des Emittenten abzufragen, mit diesem zu erörtern und ggf. zu plausibilisieren. 24

Die Angaben nach Abschnitt 8 werden meist in das Kapitel „Darstellung und Analyse der Vermögens-, Finanz- und Ertragslage" (Management's Discussion and Analysis) eingebettet. Sie werden dort typischerweise bei der Erläuterung der „Vermögens- und Finanzlage" (Financial Position) (insbesondere die Angaben gemäß Punkt 8.1 und 8.3 (soweit die Finanzierungsstruktur betreffend)) und der Erläuterung der „Liquidität und Kapitalausstattung" (Liquidity and Capital Resources) (insbesondere die Angaben gemäß Punkt 8.2 und 8.5) ausgeführt. Üblicherweise folgt die Darstellung innerhalb des Unterkapitels „Liquidität und Kapitalausstattung" (ggf. mit gewissen Abweichungen) dem folgenden Aufbau: Diskussion Kapitalflüsse (Cashflows), Investitionsausgaben, diesbezüglicher Finanzierungsbedarf und Finanzierungsquellen (Capital Expenditures oder Investments), Fi- 25

---

48 ESMA, Leitlinien zu den Offenlegungspflichten nach der Prospektverordnung (ESMA32-382-1138), 4.3.2021, Rn. 45.
49 ESMA, Leitlinien zu den Offenlegungspflichten nach der Prospektverordnung (ESMA32-382-1138), 4.3.2021, Rn. 45.
50 ESMA, Leitlinien zu den Offenlegungspflichten nach der Prospektverordnung (ESMA32-382-1138), 4.3.2021, Rn. 45.
51 ESMA, Leitlinien zu den Offenlegungspflichten nach der Prospektverordnung (ESMA32-382-1138), 4.3.2021, Rn. 45.

nanzverbindlichkeiten (Financial Liabilities) und Eventualverbindlichkeiten und sonstige finanzielle Verpflichtungen (Contingent Liabilities and Other Financial Obligations).[52]

26 Abschnitt 8 überschneidet sich teilweise mit Abschnitt 7 (Angaben zur Geschäfts- und Finanzlage), Anhang 11 Punkt 3.1 (Erklärung zum Geschäftskapital) und Punkt 3.2 (Kapitalausstattung und Verschuldung) sowie mit den in den Prospekt aufgenommenen Finanzinformationen.[53] Die ESMA hat daher klargestellt, dass zur Vermeidung von Wiederholungen und zur Sicherstellung der Kohärenz **Verweise** möglich sind.[54]

---

52 Vgl. den IPO-Prospekt der Mister Spex SE vom 22.6.2021, den Zulassungsprospekt der Bike24 Holding AG vom 15.6.2021 oder den Kapitalerhöhungsprospekt der HolidayCheck Group AG vom 21.1.2021.

53 *Schlitt/Ries*, in: Assmann/Schlitt/von Kopp-Colomb, Prospektrecht Kommentar, Anhang 1 VO (EU) 2019/980 Rn. 90.

54 ESMA, Leitlinien zu den Offenlegungspflichten nach der Prospektverordnung (ESMA32-382-1138), 4.3.2021, Rn. 31, 35, 38 und 46.

Abschnitt 9
Regelungsumfeld

Punkt 9.1
Beschreibung des Regelungsumfelds, in dem der Emittent tätig ist und das seine Geschäfte wesentlich beeinträchtigen könnte, sowie Angaben zu staatlichen, wirtschaftlichen, steuerlichen, monetären oder politischen Strategien oder Faktoren, die die Geschäfte des Emittenten direkt oder indirekt wesentlich beeinträchtigt haben oder beeinträchtigen könnten.

Übersicht

	Rn.		Rn.
I. Herleitung	1	1. Regelungsumfeld	4
II. Regelungsgegenstand	4	2. Strategien oder Faktoren	8

I. Herleitung

Unter der Überschrift „Regelungsumfeld" (Abschnitt 9) verlangt Punkt 9.1 einerseits eine Beschreibung des Regelungsumfelds, in dem der Emittent tätig ist und das seine Geschäfte wesentlich beeinträchtigen könnte, sowie andererseits Angaben zu staatlichen, wirtschaftlichen, steuerlichen, monetären oder politischen Strategien oder Faktoren, die die Geschäfte des Emittenten direkt oder indirekt wesentlich beeinträchtigt haben oder beeinträchtigen könnten. Letztere waren gemäß Ziffer 9.2 (Betriebsergebnisse) von Anhang I schon unter der VO (EG) 809/2004 in den Wertpapierprospekt aufzunehmen.[1] Die VO (EG) 809/2004 sah jedoch weder dort noch in den Angaben zum Emittenten (Ziffer 5 von Anhang I zur VO (EG) 809/2004), zur Geschäftstätigkeit des Emittenten (Ziffer 6 von Anhang I zur VO (EG) 809/2004) oder sonst eine Beschreibung des den Emittenten und dessen Geschäftstätigkeit umgebenden Regelungsumfeldes ausdrücklich vor. Abschnitt 9 verlangt nun erstmals ausdrücklich – neben Angaben zu den o. g. Strategien und Faktoren – eine Beschreibung des Regelungsumfelds (Regulatory Environment), in dem der Emittent tätig ist und das seine Geschäfte wesentlich beeinträchtigen könnte. Die VO (EU) 2019/980 trägt damit dem thematischen Näheverhältnis der beiden Komplexe **Regelungsumfeld einerseits sowie Faktoren und Strategien andererseits** Rechnung, löst Faktoren und Strategien aus dem Abschnitt Betriebsergebnisse heraus und fasst die beiden Komplexe in einem eigenen, gemeinsamen Punkt zusammen. Eine inhaltliche Änderung hinsichtlich des Komplexes Faktoren und Strategien soll damit nicht verbunden sein.[2]

In der Praxis war es ohnehin bereits vor Inkrafttreten der ProspektVO und der VO (EU) 2019/980 üblich, eine Darstellung des Regelungsumfelds – meist kombiniert mit Faktoren und Strategien[3] – in den Wertpapierprospekt aufzunehmen, wenn dies für das Verständnis der Geschäftstätigkeit des Emittenten bzw. ihrer rechtlichen Rahmenbedingungen und Grenzen

---

1 Vgl. zum alten Recht: *Alfes/Wieneke*, in: Holzborn, WpPG, Anhang I ProspektVO Rn. 58; *Wiegel*, Prospektrichtlinie und Prospektverordnung, 2008, S. 247.
2 ESMA, Consultation Paper – Draft technical advice on format and content of the prospectus (ESMA31-62-532), 6.7.2017, Rn. 69.
3 Siehe aber den Kapitalerhöhungsprospekt der Deutsche Bank AG vom 20.3.2017, in dem zwischen „Regulation and Supervision" und „Regulatory Reform" unterschieden wird.

erforderlich war.[4] Dies galt insbesondere für Emittenten aus **regulierten Branchen** (wie z. B. der Finanz-, Chemie- oder Pharmabranche)[5] oder **subventionierten Branchen** (wie z. B. erneuerbare Energie)[6] sowie für Emittenten mit **starkem Bezug zum Ausland**.[7] Die Darstellung erfolgte in der Praxis damals wie heute regelmäßig in einem eigenen Prospektkapitel unter der Überschrift „Rechtliche Rahmenbedingungen", „Rechtliches und Regulatorisches Umfeld" (Legal and Regulatory Environment) oder „Regulierung und Aufsicht" (Regulation and Supervision).

3 Abschnitt 9 sieht eine Beschreibung des Regelungsumfelds, in dem der Emittent tätig ist und das seine Geschäfte wesentlich beeinträchtigen könnte, nunmehr ausdrücklich vor. Entsprechende Angaben zählen daher zu den unter der VO (EU) 2019/980 zwingend aufzunehmenden Mindestangaben. Das Regelungsumfeld des Emittenten ist deshalb auch dann zu beschreiben, wenn es zum Verständnis der Geschäftstätigkeit des Emittenten bzw. ihrer rechtlichen Rahmenbedingungen und Grenzen nicht zwingend erforderlich wäre bzw. weder die hohe Regulierungsdichte der Branche des Emittenten noch dessen starker Auslandsbezug (siehe → Rn. 2) dies nahelegt. In der Praxis empfiehlt sich – wie bereits in der Vergangenheit üblich – eine **abgeschlossene und in sich schlüssige Darstellung** in einem separaten Prospektkapitel unter einer entsprechenden Überschrift (siehe → Rn. 2).

II. Regelungsgegenstand

1. Regelungsumfeld

4 Mit dem Regelungsumfeld ist traditionell das rechtliche und regulatorische Regelwerk gemeint, innerhalb dessen der Emittent im Rahmen seiner Geschäftstätigkeit agiert und insoweit es für ihn von besonderer Bedeutung ist. Die Beschreibung des Regelungsumfelds hat sich an den allgemeinen Grundsätzen zu orientieren, wonach die Informationen in einem Prospekt „**in leicht zu analysierender, knapper und verständlicher Form** geschrieben und präsentiert" werden sollen (Art. 6 Abs. 2 ProspektVO).

5 Die Materie ist also zunächst **auf das Wesentliche reduziert** darzustellen. Insofern ist der Prospektersteller von vornherein gehalten, Prioritäten zu setzen und auf die Gesetze, Vorschriften und Regelungskomplexe zu fokussieren, die das Geschäft des Emittenten **in besonderem Maße beeinflussen**. Allgemeine Ausführungen zum bürgerlich- oder handelsrechtlichen Vertrags- oder Schuldrecht oder zum allgemeinen Verwaltungsrecht sind dem Verständnis der spezifischen rechtlichen Rahmenbedingungen der Geschäftstätigkeit des Emittenten typischerweise nicht förderlich und daher überflüssig. Der Gegenstand der Darstellung folgt vielmehr konkret aus der Geschäftstätigkeit des Emittenten und den

---

4 Zum alten Recht: *Schlitt/Schäfer*, in: Assmann/Schlitt/von Kopp-Colomb, WpPG/VermAnlG, 3. Aufl. 2017, Anhang I ProspektVO Rn. 72.
5 Vgl. etwa den IPO-Prospekt der Deutsche Pfandbriefbank AG vom 7.7.2015 und den Kapitalerhöhungsprospekt der Deutsche Bank AG vom 20.3.2017.
6 Vgl. etwa (bereits nach neuem Recht) den IPO-Prospekt der SUMMIQ AG vom 23.11.2019.
7 Vgl. diesbezüglich etwa den IPO-Prospekt der Siemens Healthineers AG vom 5.3.2018 oder den Kapitalerhöhungsprospekt der Deutsche Bank AG vom 20.3.2017; zum alten Recht: *Schlitt/Schäfer*, in: Assmann/Schlitt/von Kopp-Colomb, WpPG/VermAnlG, 3. Aufl. 2017, Anhang I ProspektVO Rn. 72.

hierfür besonders relevanten rechtlichen Vorgaben und ist daher **stark branchen- und tätigkeitsabhängig**. Insofern wird das regulatorische Umfeld häufig getrennt für die einzelnen Geschäftsfelder des Emittenten angegeben.[8] Betreibt ein Emittent Geschäftsfelder oder Produktionsstätten im Ausland, sind auch Angaben zu einschlägigen ausländischen Regelungen zu machen.[9]

Ferner sind die Angaben **in verständlicher Sprache und doch präzise** zu machen. So ist der Prospektersteller gehalten, die etwaige Komplexität des zu beschreibenden Regelwerks so zu reduzieren, dass sie für einen durchschnittlichen Anleger zu bewältigen ist, und gleichwohl die maßgeblichen Elemente nicht über Gebühr zu vereinfachen oder zu verschweigen. Für Emittenten aus regulierten Branchen, insbesondere der Finanzindustrie, stellt dies häufig eine gewisse Herausforderung dar. Schließlich hat die Beschreibung gemäß Abschnitt 9 darauf zu fokussieren, inwieweit das Regelungsumfeld die Geschäfte des Emittenten wesentlich beeinträchtigen könnten. Der Prospektersteller hat also (zumindest auch) eine risikoorientierte Perspektive anzulegen und die Darstellung so zu gestalten, dass sie auch etwaige Beeinträchtigungen der Geschäftstätigkeit des Emittenten in den Blick nimmt. Vor diesem Hintergrund sind im Bankensektor Darstellungen unter anderem der aufsichtsrechtlichen Eigenmittel- und Liquiditätsanforderungen, der Regelungen betreffend den Eigenhandel, des Sanierungs- und Abwicklungsregimes, des Einlagensicherungssystems, der Vorgaben für die Managervergütung sowie aufsichtsrechtlicher Befugnisse der BaFin und der Europäischen Zentralbank üblich; hier fällt der betreffende Prospektabschnitt regelmäßig auch etwas komplexer und umfangreicher aus.[10] Im Retail- bzw. e-Commerce-Sektor stehen hingegen üblicherweise die Themen Verbraucherschutz, Datenschutz, IP/IT und Cybersecurity im Vordergrund; der betreffende Prospektabschnitt ist hier meist vergleichsweise kompakt.[11]

6

Die Darstellung des Regelungsumfelds ersetzt – trotz ihrer **risikoorientierten Perspektive** – nicht die gemäß Abschnitt 3 erforderliche emittentenbezogene Risikooffenlegung. Vielmehr sind emittentenbezogene Risiken, soweit sie wesentlich und spezifisch sind, unter der entsprechenden Überschrift gesammelt darzustellen (siehe → Abschnitt 3 von Anhang 1 VO (EU) 2019/980). Jedoch kann die Beschreibung des Regelungsumfelds gemäß Abschnitt 9 dazu dienen, die Wesentlichkeit der in den Risikofaktoren dargestellten rechtlichen, regulatorischen und ggf. auch steuerlichen Risiken im Sinne von Abschnitt 3 und Art. 16 Abs. 1 ProspektVO zu bestätigen. Verweise auf die entsprechenden Risikofaktoren sind freilich ohne Weiteres zulässig und im Einzelfall auch geboten.

7

---

8 *Schlitt/Ries*, in: Assmann/Schlitt/von Kopp-Colomb, Prospektrecht Kommentar, Anhang 1 VO (EU) 2019/980 Rn. 96.
9 *Schlitt/Ries*, in: Assmann/Schlitt/von Kopp-Colomb, Prospektrecht Kommentar, Anhang 1 VO (EU) 2019/980 Rn. 97.
10 Siehe für Prospekte nach altem Recht den Kapitalerhöhungsprospekt der Deutsche Bank AG vom 20.7.2017 oder den IPO-Prospekt der Deutsche Pfandbriefbank AG vom 7.7.2015; für Prospekte aus dem Finanzdienstleistungssektor nach neuem Recht siehe den IPO-Prospekt der EV Digital Invest AG vom 14.4.2022 oder den Zulassungsprospekt der Linus Digital Finance AG vom 11.5.2021.
11 Siehe z. B. den Kapitalerhöhungsprospekt der HolidayCheck AG vom 21.1.2021 und den IPO-Prospekt der Mister Spex SE vom 22.6.2021.

2. Strategien oder Faktoren

8   Neben der Beschreibung des Regelungsumfelds hat der Prospektersteller Angaben zu staatlichen, wirtschaftlichen, steuerlichen, monetären oder politischen Strategien (Policies) oder Faktoren zu machen, die die Geschäfte des Emittenten direkt oder indirekt **wesentlich beeinträchtigt haben oder beeinträchtigen könnten**. Es dürften hiermit zum einen (im weitesten Sinne) **politische Entwicklungen, Tendenzen und Maßnahmen** gemeint sein, die sich zwar (noch) nicht in Form von konkreten gesetzgeberischen oder Verwaltungsmaßnahmen oder sonst für den Emittenten verbindlichen Vorschriften manifestiert haben, aber die Konturen zukünftig zu erlassender Maßnahmen oder Regelungen bereits erkennen lassen. Beispiele sind etwa völkerrechtliche Abkommen, Entscheidungen internationaler Organisationen, staatliche Übereinkommen im Rahmen internationaler oder zwischenstaatlicher Foren, Koalitionsverträge oder Richtlinien-, Verordnungs- oder Gesetzentwürfe und ähnliche vorbereitende Maßnahmen. Zum anderen können hierzu unter Umständen auch **nichtstaatliche Initiativen** wie z. B. Initiativen von Parteien, einflussreichen Lobbyverbänden oder Interessenvertretungen und anderen Organisationen zählen, soweit zu erwarten ist, dass hiervon (negative) Auswirkungen auf die Geschäfte des Emittenten ausgehen oder ausgehen könnten. Die Angaben zu den Strategien und Faktoren sind – ähnlich wie die Beschreibung des Regelungsumfelds (siehe → Rn. 4) – in hohem Maße **branchen- und tätigkeitsabhängig** und haben darauf zu fokussieren, inwieweit die Strategien oder Faktoren die Geschäfte des Emittenten direkt oder indirekt wesentlich beeinträchtigt haben oder beeinträchtigen könnten. Der Prospektersteller hat also auch insoweit eine risikoorientierte Perspektive anzulegen und die Darstellung so zu gestalten, dass sie zumindest auch etwaige Beeinträchtigungen der Geschäftstätigkeit des Emittenten in den Blick nimmt (siehe → Rn. 4 und 5).

Abschnitt 10
Trendinformationen

Punkt 10.1
Eine Beschreibung
a) der wichtigsten aktuellen Trends bei Produktion, Umsatz und Vorräten sowie bei Kosten und Verkaufspreisen zwischen dem Ende des letzten Geschäftsjahres und dem Datum des Registrierungsformulars;
b) jeder wesentlichen Änderung der Finanz- und Ertragslage der Gruppe seit dem Ende des letzten Berichtszeitraums, für den bis zum Datum des Registrierungsformulars Finanzinformationen veröffentlicht wurden. Ansonsten ist eine negative Erklärung abzugeben.

Punkt 10.2
Angabe aller bekannten Trends, Unsicherheiten, Anfragen, Verpflichtungen oder Vorfälle, die die Aussichten des Emittenten nach vernünftigem Ermessen zumindest im laufenden Geschäftsjahr wesentlich beeinflussen werden.

Übersicht

	Rn.		Rn.
I. Regelungsgegenstand	1	III. Exogene Trends mit Auswirkungen auf das laufende Geschäftsjahr (Punkt 10.2)	7
II. Endogene Trends bis zum Prospektdatum (Punkt 10.1)	5		

I. Regelungsgegenstand

Unter Trendinformationen sind gemeinhin Informationen über die aktuelle Geschäftsentwicklung und die Rahmenbedingungen des Emittenten zu verstehen. In den aufsichtlichen Verlautbarungen wird auf den Begriff der **Trendinformationen** – wie unter Geltung der nahezu identischen Vorgängervorschrift in Anhang I Abschnitt 12 der früheren VO (EG) 809/2004 – nur wenig eingegangen. Bedeutung hat er hierbei vor allem in Abgrenzung zu Gewinnprognosen und -schätzungen erlangt. So bestätigt ESMA, dass eine allgemeine Diskussion der Zukunft oder der Geschäftserwartungen des Emittenten im Kapitel über Trendinformationen normalerweise keine Gewinnprognose oder -schätzung darstellt.[1] Während Letztere in Art. 1 lit. c und d VO (EU) 2019/980 definiert sind, findet sich im Prospektrecht keine Definition des Begriffs „Trendinformation". Auch ESMA bleibt eine solche Definition weiterhin schuldig.

Anhand der Beschreibung in Punkt 10.1 lit. a und Punkt 10.2 wird man Trendinformationen vor allem als Angaben über **operative Kennzahlen** des Emittenten aus der jüngsten Vergangenheit sowie über **aktuelle Umstände** verstehen können, von denen nach vernünftigem Ermessen erwartet wird, dass sie einen erheblichen Einfluss auf die Entwick-

1

2

---

1 ESMA, Questions and Answers on the Prospectus Regulation, ESMA/2019/ESMA31-62-1258, Version 12 v. 3.2.2023, Abschnitt 7.3. Vgl. ähnlich bereits unter altem Recht: ESMA update of the CESR recommendations – The consistent implementation of Commission Regulation (EC) No 809/2004 implementing the Prospectus Directive, Ref: ESMA/2011/81 vom 23.3.2011 (ESMA-Empfehlungen), Rn. 49.

lung des **Emittenten** im **laufenden Geschäftsjahr** haben werden, ferner ggf. Ausführungen zu diesen Auswirkungen (→ Art. 6 ProspektVO Rn. 28).[2] Letztlich schreibt die VO (EU) 2019/980, wie bereits zuvor die frühere VO (EG) 809/2004, damit das Erfordernis von Angaben über den jüngsten Geschäftsgang und die Geschäftsaussichten des Emittenten nach § 11 VerkProspV a. F. bzw. § 29 BörsZulV a. F. fort. Durch Punkt 10.1 lit. b wurden die erforderlichen Trendinformationen gegenüber der Rechtslage unter der früheren VO (EG) 809/2004 dahingehend erweitert, dass nun auch Angaben über wesentliche Änderungen der Finanz- und Ertragslage der **Gruppe** seit dem Ende des letzten Berichtszeitraums zu erfolgen haben.

3   Im **Prospekt** sind Trendinformationen typischerweise im letzten Abschnitt „Recent Developments and Trend Information" enthalten. Haben bestimmte Trends bereits in der Vergangenheit das Geschäft des Emittenten beeinflusst, kann es erforderlich sein, diese auch in einem Unterabschnitt „Key Factors Affecting Our Business" o. Ä. in den Angaben zur Geschäfts- und Finanzlage (operating and financial review) zu beschreiben, etwa unter der Überschrift „Management's Discussion and Analysis of Net Assets, Financial Condition and Results of Operations" (→ Anhang 1 Abschnitt 7 Rn. 5 VO (EU) 2019/980).[3]

4   Anders als bei Gewinnprognosen und -schätzungen, deren Aufnahme in den Prospekt nach Abschnitt 11 des Anhang I der VO (EU) 2019/980 grds. nur nach vorheriger Veröffentlichung verpflichtend ist, besteht für den Prospektersteller (also vor allem den Emittenten) stets die **Pflicht zur Aufnahme** von Angaben zu aktuellen Trends nach Maßgabe des Abschnitts 10.[4] Dies kann freilich nur verlangt werden, soweit sie dem Ersteller bekannt sind.[5] Die Berücksichtigung öffentlich bekannter Branchen- und Marktentwicklungen wird man indes verlangen können.[6] Dagegen besteht keine Pflicht der Unternehmensleitung des Emittenten, sich zu den erwarteten Auswirkungen dieser Trends auf das Unternehmen zu äußern.[7]

II. Endogene Trends bis zum Prospektdatum (Punkt 10.1)

5   Die geforderten Trendinformationen trennt die VO (EU) 2019/980 in zwei Kategorien. In Punkt 10.1 des Anhangs I werden **unternehmensinterne Entwicklungen** des Emittenten (lit. a) bzw. der Gruppe (lit. b) seit dem Ende des letzten Geschäftsjahres bis zum Datum des Prospekts aufgeführt. Wie sich aus der Angabe dieses Zeitraums ergibt, sollen diese Informationen die aus den historischen Finanzinformationen abzulesende Geschäftsentwicklung und deren Erläuterung im Abschnitt „Angaben zur Geschäfts- und Finanzlage" (siehe → Anhang I Abschnitt 7 Rn. 3 zur Beschreibung von bereits in der Vergangenheit

---

2 Ähnlich *Schlitt/Ries*, in: Assmann/Schlitt/von Kopp-Colomb, Prospektrecht Kommentar, Anhang I VO (EU) 2019/980 Rn. 99.
3 *Schlitt/Ries*, in: Assmann/Schlitt/von Kopp-Colomb, Prospektrecht Kommentar, Anhang I VO (EU) 2019/980 Rn. 100.
4 *Fingerhut/Voß*, in: Just/Voß/Ritz/Zeising, WpPG, 2009, ProspektVO Anhang I Rn. 179.
5 *Rieckhoff*, BKR 2011, 221, 223.
6 So in den USA U.S. Securities and Exchange Commission, Commission Guidance Regarding Management's Discussion and Analysis of Financial Condition and Results of Operations, Release No's. 33-8350; 34-48960; FR-72; 17 CFR Parts 211, 231 and 241 vom 29.12.2003; dazu auch *Rieckhoff*, BKR 2011, 221, 223.
7 *Rieckhoff*, BKR 2011, 221, 224.

relevanten Trends sowie allgemeiner zu Angaben zur Geschäfts- und Finanzlage → Anhang I Abschnitt 7 Rn. 1 ff.) anhand der für die Geschäftsleitung des Emittenten erkennbaren Entwicklung fortschreiben. Damit sollen Anleger in die Lage versetzt werden, zumindest Anhaltspunkte für die mögliche Entwicklung des Emittenten im laufenden Geschäftsjahr zu erkennen. Hier ergibt sich auch eine Parallele zur Lageberichterstattung nach §§ 289, 315 HGB, insbesondere zur sog. Prognoseberichterstattung nach § 289 Abs. 1 Satz 4 und § 315 Abs. 1 Satz 4 HGB, wonach im (Konzern-)Lagebericht die voraussichtliche Entwicklung mit ihren wesentlichen Chancen und Risiken zu beurteilen und zu erläutern ist. Wiewohl der (Konzern-)Lagebericht nicht in den Prospekt aufgenommen werden muss,[8] kann dieser zum einen als (ggf. aktualisierungsbedürftige) Grundlage für die Darstellung der Trendinformationen herangezogen werden. Zum anderen ist darauf zu achten, dass Inkonsistenzen zur Darstellung im (Konzern-)Lagebericht vermieden und dort getroffene, mittlerweile überholte Aussagen aktualisiert bzw. korrigiert werden.[9]

Im Einzelnen nennt Punkt 10.1 lit. a in Bezug auf die Geschäftsentwicklung des Emittenten die Kategorien **Produktion**, **Umsatz** und **Vorräte** sowie **Kosten** und **Verkaufspreise**, auf deren Entwicklung seit dem Ende des letzten Geschäftsjahres bis zum Datum des Prospekts einzugehen ist. Diese Aufzählung von betriebswirtschaftlichen Parametern ist beispielhaft zu verstehen, da sie je nach Branche des Emittenten mehr oder weniger bedeutsam sind.[10] Jedoch sind nur die wichtigsten Trends zu beschreiben, d.h. wesentliche Entwicklungen, die dazu führen oder führen können, dass sich das aus den anderen Teilen des Prospekts, insbesondere den historischen Finanzinformationen, sonst ergebende Gesamtbild des Emittenten anders darstellt. Gleiches gilt für die nach Punkt 10.1 lit. b erforderliche Beschreibung von wesentlichen Änderungen der Finanz- und Ertragslage der Gruppe. Leitbild zur Auslegung des Begriffs der „Wesentlichkeit" ist auch hier die informierte Anlageentscheidung i.S.v. Art. 6 ProspektVO, d.h. der Prospekt muss ein „fundiertes Urteil" über den Emittenten und die Wertpapiere ermöglichen. Über aktuelle Trends ist daher jedenfalls dann zu berichten, wenn sie notwendig sind, um eine Anlageentscheidung zu treffen (→ Art. 6 ProspektVO Rn. 9 ff.). 6

III. Exogene Trends mit Auswirkungen auf das laufende Geschäftsjahr (Punkt 10.2)

Punkt 10.2 ergänzt die aufzunehmenden Trendinformationen um **unternehmensexterne Umstände**, soweit sie dem Emittenten bekannt sind. Dazu gehören insbesondere marktbezogene Faktoren wie die **Nachfrage** (nach den Produkten des Emittenten) und **Unsicherheiten in Bezug auf die Märkte**, in denen er tätig ist. Dieser Begriff ist weit auszulegen und kann sowohl die Verhältnisse auf den Rohstoff- und Absatzmärkten, aber auch das allgemeine wirtschaftliche und politische Umfeld betreffen, soweit ein konkreter Emittentenbezug besteht. Allgemeine Aussagen über die Weltwirtschaft oder -politik dürften dagegen nicht erforderlich sein. Des Weiteren nennt Punkt 10.2 „Verpflichtungen oder Vorfälle". **Verpflichtungen** betrifft vor allem seit dem Ende des letzten Geschäftsjahres 7

---

8 *Heidelbach/Doleczik*, in: Schwark/Zimmer, KMRK, 4. Aufl. 2010, § 7 Rn. 20; *Meyer*, in: Habersack/Mülbert/Schlitt, Unternehmensfinanzierung, § 36 Rn. 31.
9 So schon *Groß*, Kapitalmarktrecht, §§ 13–32 BörsZulV a. F. Rn. 20.
10 *Alfes/Wienecke*, in: Holzborn, WpPG, Anhang I ProspektVO Rn. 64.

getätigte Geschäftsabschlüsse, aber auch sonstige Verbindlichkeiten, etwa vom Emittenten zu erfüllende oder gegen ihn geltend gemachte Gewährleistungs- oder Schadensersatzansprüche. Unter **Vorfälle** lassen sich Ereignisse subsumieren, die unmittelbar oder mittelbar Auswirkungen auf den Emittenten haben können, ohne dass sie schon in konkreten Verbindlichkeiten (oder auch Geschäftschancen) resultieren. Sämtlichen vorgenannten Umständen muss gemein sein, dass sie (aus der Sicht der Prospektverantwortlichen, vor allem des Emittenten) nach vernünftigem Ermessen voraussichtlich die (Geschäfts-)Aussichten des Emittenten zumindest im laufenden Geschäftsjahr wesentlich beeinflussen dürften. Die aufzunehmenden Trendinformationen sind qualitativ zu beschreiben.[11] Das Verständnis, es müssten hier zudem qualitative Aussagen zu den erwarteten Umsätzen und Erträgen oder zu einer erwarteten insgesamt eher positiven oder negativen Geschäftsentwicklung getroffen werden,[12] lässt sich so dem Wortlaut nicht entnehmen und wäre insbesondere hinsichtlich des letzten Gesichtspunkts inhaltlich wohl eher dem Abschnitt 11 des Anhangs I der VO (EU) 2019/980 zuzuordnen.

---

[11] Ebenso *Schlitt/Ries*, in: Assmann/Schlitt/von Kopp-Colomb, Prospektrecht Kommentar, Anhang 1 VO (EU) 2019/980 Rn. 99.
[12] In diese Richtung *Alfes/Wienecke*, in: Holzborn, WpPG, Anhang I ProspektVO Rn. 64.

Abschnitt 11
Gewinnprognosen oder Schätzungen

Punkt 11.1

Hat ein Emittent eine (noch ausstehende und gültige) Gewinnprognose oder -schätzung veröffentlicht, ist diese Prognose oder Schätzung in das Registrierungsformular aufzunehmen. Wurde eine Gewinnprognose oder -schätzung veröffentlicht und ist diese noch ausstehend, jedoch nicht mehr gültig, ist eine entsprechende Erklärung abzugeben und ist darzulegen, warum eine solche Prognose oder Schätzung nicht mehr gültig ist. Eine solche ungültige Prognose oder Schätzung unterliegt nicht den unter den Punkten 11.2 und 11.3 genannten Anforderungen.

Punkt 11.2

Nimmt ein Emittent eine neue Gewinnprognose oder -schätzung oder eine bereits einmal veröffentlichte Gewinnprognose oder -schätzung gemäß Punkt 11.1 auf, hat die Gewinnprognose oder -schätzung klar und unmissverständlich zu sein und sie hat eine Erläuterung der wichtigsten Annahmen, auf die der Emittent seine Prognose oder Schätzung gestützt hat, zu umfassen.

Die Prognose oder Schätzung entspricht den folgenden Grundsätzen:

a) Bei den Annahmen sollte klar zwischen jenen unterschieden werden, die Faktoren betreffen, die die Mitglieder des Verwaltungs-, Leitungs- oder Aufsichtsorgans beeinflussen können, und Annahmen in Bezug auf Faktoren, die klar außerhalb des Einflussbereiches der Mitglieder des Verwaltungs-, Leitungs- oder Aufsichtsorgans liegen.

b) Die Annahmen müssen plausibel, für die Anleger leicht verständlich, spezifisch sowie präzise sein und dürfen nicht der üblichen Exaktheit der Schätzungen entsprechen, die der Prognose zugrunde liegen.

c) Die im Rahmen einer Prognose getroffenen Annahmen lenken die Aufmerksamkeit des Anlegers auf jene Unsicherheitsfaktoren, die das Ergebnis der Prognose wesentlich verändern könnten.

Punkt 11.3

Der Prospekt enthält eine Erklärung, dass die Gewinnprognose oder -schätzung folgende zwei Kriterien erfüllt:

a) Vergleichbarkeit mit den historischen Finanzinformationen,

b) Konsistenz mit den Rechnungslegungsmethoden des Emittenten.

Übersicht

	Rn.		Rn.
I. Regelungsgegenstand	1	2. Konsistenz der Erstellung; vergleichbar mit historischen Finanzinformationen	26
1. Bedeutung	1		
2. Begriffe	4	3. Reichweite	30
a) Gewinnprognose	4	**III. Ermittlung der Gewinnprognose**	31
b) Gewinnschätzung	8	1. Erfassung von Geschäftsvorfällen im Prognosezeitraum	32
3. Freiwilligkeit oder Aufnahmepflicht	11		
a) Allgemeine Regelung	11	2. Identifikation ergebnisrelevanter Faktoren	33
b) Ausstehende Gewinnprognose	14		
c) Sonderfall: Gewinnprognose eines erworbenen Unternehmens	21	3. Treffen von Annahmen	36
		4. Ableitung der Gewinnprognose	41
II. Anforderungen an Gewinnprognosen	22	5. Erklärung seitens des Emittenten zur Gewinnprognose	42
1. Allgemeine Anforderungen an die Darstellung	23	**IV. Bericht eines Wirtschaftsprüfers**	43

I. Regelungsgegenstand

1. Bedeutung

1 Die Erwartungen in Bezug auf den **künftigen Gewinn** eines Emittenten sind bei Aktienemissionen ebenso bedeutsam wie sensibel. Die Aussicht auf Teilhabe an den künftigen Gewinnen des Emittenten – sei es in Form ausgeschütteter Dividenden, sei es in Form von Kursgewinnen aufgrund der im Markt aufgrund der Gewinnerwartungen entstehenden Nachfrage nach den Aktien des Emittenten – ist von **zentraler Bedeutung** für die Vermarktung öffentlich angebotener Aktien. Daher besteht ein erhebliches Interesse der Anleger an Aussagen zu künftigen Gewinnerwartungen. Da alle Werbeaussagen in Bezug auf ein öffentliches Angebot von Wertpapieren nach Art. 22 Abs. 3 und 4 ProspektVO mit den Aussagen des Prospektes konsistent sein müssen, sind etwaige bei der Vermarktung verwendete Aussagen über die Gewinnaussichten des Emittenten grds. in den Prospekt aufzunehmen. Zugleich unterliegen zukunftsgerichtete Aussagen in Bezug auf erwartete Gewinne naturgemäß Prognoserisiken, sodass stets die Möglichkeit besteht, dass sich die Prognose im Nachhinein als unrichtig herausstellt.[1] Dessen ungeachtet unterliegen Prognosen wie alle anderen Angaben im Prospekt der Prospekthaftung nach §§ 9 ff. WpPG.[2] Zwar erkennt die Rechtsprechung an, dass für Prognosen keine Richtigkeitsgewähr übernommen werden kann. Jedoch müssen sie ausreichend durch Tatsachen gestützt und kaufmännisch vertretbar sein.[3] Zudem sind sie nach den bei der Prospekterstellung gegebenen Verhältnissen und unter Berücksichtigung der sich abzeichnenden Risiken zu erstellen. Dabei muss für eine Prognose, die mit erheblichen Risiken verbunden ist (etwa weil sie sich auf einen langen Zeitraum bezieht – im vom BGH in der Entscheidung vom 12.7.1982[4] zu entscheidenden Fall 25 Jahre), aus den Erfahrungen in der Vergangenheit vorsichtig kalkulierend auf die Zukunft geschlossen werden (→ Art. 6 Rn. 40).[5] Daher ist die Prospektpraxis darauf bedacht, zukunftsgerichtete Aussagen so zu formulieren, dass diese hinreichend realistisch und allgemein gehalten sind und daraus gerade keine Aufnahme einer Gewinnprognose resultiert, deren Erstellung und ggf. Prüfung umfangreiche Vorbereitung erfordert. Auch wenn die in Ziff. 13.2 der früher geltenden VO (EG) 809/2004 verankerte gesetzliche Prüfungspflicht nun entfallen ist, ist in der Praxis dennoch zu beobachten, dass die emissionsbegleitenden Banken auf eine Prüfung der Gewinnprognose mit einer entsprechenden Berichterstattung im Comfort Letter bestehen (→ Rn. 43).

2 Art. 6 Abs. 1 lit. a ProspektVO gibt grundsätzlich vor, dass im Prospekt die „Aussichten" des Emittenten beschrieben werden müssen. Darauf aufbauend regelt Abschnitt 11 des Annex 1 der VO (EU) 2019/980 die **Vorgaben für die Aufnahme von Gewinnprognosen**. Die Aufnahme von Gewinnprognosen ist nicht grundsätzlich verpflichtend. Sofern jedoch eine Gewinnprognose aussteht, hat der Emittent sich im Prospekt hierzu zu äußern,

---

1 *Fleischer*, AG 2006, 2; *Seibt/Huizinga*, CFL 2010, 289, 290.
2 Grundlegend BGH, 12.7.1982 – II ZR 175/81, WM 1982, 862, 865 („Beton- und Monierbau"); *Groß*, Kapitalmarktrecht, § 9 WpPG Rn. 52.
3 BGH, 12.7.1982 – II ZR 175/81, WM 1982, 862, 865 („Beton- und Monierbau"); dazu *Groß*, Kapitalmarktrecht, § 9 WpPG Rn. 65; *Fleischer*, AG 2006, 2, 7; *Veil*, AG 2006, 690, 696; *Seibt/Huizinga*, CFL 2010, 289, 298.
4 BGH, 12.7.1982 – II ZR 175/81, WM 1982, 862, 865 („Beton- und Monierbau").
5 BGH, 23.4.2012 – II ZR 75–10, NZG 2012, 789, 790.

was zu einer Aufnahme der Gewinnprognose in den Prospekt führen kann (zu den Einzelheiten → Rn. 19 f.).

Das Institut der Wirtschaftsprüfer in Deutschland (**IDW**) hat zur Erstellung von Gewinnprognosen und -schätzungen jeweils einen **Rechnungslegungs-**[6] und einen **Prüfungshinweis**[7] veröffentlicht. Als private berufsständische Organisation kann das IDW zwar keine rechtliche Legitimation zur verbindlichen Auslegung des Prospektrechts in Anspruch nehmen. Seine Standards prägen jedoch die berufsständischen Sorgfaltsanforderungen an die Tätigkeit von Wirtschaftsprüfern in Deutschland. In der Billigungspraxis der BaFin werden Gewinnprognosen, die den Vorgaben der diesbezüglichen Rechnungslegungshinweise entsprechen, akzeptiert.

2. Begriffe

a) Gewinnprognose

In Art. 1 lit. d der VO (EU) 2019/980 wird **Gewinnprognose** definiert als eine Erklärung, in der eine Zahl oder ein Mindest- bzw. Höchstbetrag für die **wahrscheinliche Höhe der Gewinne oder Verluste** im laufenden Geschäftsjahr und/oder in den folgenden Geschäftsjahren genannt wird. Unter Gewinn ist dabei nach Auffassung des IDW das durch ein Unternehmen erwirtschaftete und nach anerkannten Rechnungslegungsgrundsätzen ermittelte Periodenergebnis zu verstehen.[8]

Die Angabe kann **ausdrücklich oder auch implizit** erfolgen. Dabei reicht es nach der Definition in Art. 1 lit. d der VO (EU) 2019/980 aus, wenn der betreffende Text Daten enthält, auf deren Grundlage der künftige Gewinn oder Verlust zahlenmäßig berechnet werden kann, selbst wenn keine bestimmte Zahl genannt wird und das Wort „Gewinn" keine Erwähnung findet.[9] Die Auffassung des IDW, dass sich eine Gewinnprognose daher auch auf einen sonstigen Posten der Gewinn- und Verlustrechnung des Emittenten oder eine sonstige Kennzahl beziehen könne, sofern dieser „indikativ" für das Periodenergebnis sei,[10] erscheint insoweit missverständlich. Der Begriff der Indikation ist durch das in der Legaldefinition vorgegebene Kriterium der zahlenmäßigen Berechenbarkeit des Periodenergebnisses auf der Grundlage der betreffenden Ergebnisgröße einzuschränken. Zu Recht ist das IDW dagegen zurückhaltend bei Ergebniskennzahlen, die in den anwendbaren Rechnungslegungsgrundsätzen nicht vorgesehen sind, aber für Analysezwecke erstellt werden (sog. Non-GAAP Measures oder auch Alternative Performance Measures, APM). Diese sollen nur dann unter den Begriff „Gewinn" subsumiert werden können, wenn sie sich auf in der Gewinn- und Verlustrechnung des Emittenten aufgeführte Abschlussposten

---

6 IDW Rechnungslegungshinweis: Erstellung von Gewinnprognosen und -schätzungen nach den besonderen Anforderungen der Prospektverordnung (IDW RH HFA 2.003), veröffentlicht in WPg Supplement 1/2008, S. 41; Aktualisierung vom 2.12.2019 veröffentlicht in IDW Life 3/2020, S. 147.
7 IDW Prüfungshinweis: Prüfung von Gewinnprognosen und -schätzungen i. S. v. IDW RH HFA 2.003 (IDW PH 9.910.1), veröffentlicht in WPg Supplement 1/2008, S. 12; Aktualisierung vom 14.2.2020 veröffentlicht in IDW Life 3/2020, S. 150.
8 IDW RH HFA 2.003, Tz. 2.
9 ESMA, Questions and Answers on the Prospectus Regulation, ESMA/2019/ESMA31-62-1258 (Version 11, zuletzt aktualisiert am 12.10.2022), Antwort zu Q7.3.
10 IDW RH HFA 2.003, Tz. 2.

zurückführen lassen.[11] Auch hier geht die Begriffsbestimmung des IDW über den Wortlaut der VO (EU) 2019/980 hinaus. Es ist insoweit zu ergänzen, dass solche Ergebniskennzahlen nur dann unter den Gewinnbegriff der VO (EU) 2019/980 fallen, wenn das künftige Periodenergebnis daraus zahlenmäßig ermittelt werden kann.[12] Unter **Gewinnprognose** versteht das IDW sodann – insoweit wieder konsistent mit der Legaldefinition – eine (schriftliche) Darstellung, in der eine Zahl oder auch eine Bandbreite für die wahrscheinliche Höhe des Periodenergebnisses genannt wird oder Angaben enthält, aufgrund derer eine solche Zahl oder Bandbreite „eindeutig" berechnet werden kann.[13]

6 Aufgrund der weiten Definition der VO (EU) 2019/980 stellt sich die Frage, wie eine Gewinnprognose von den nach Abschnitt 10 des Anhangs I der VO (EU) 2019/980 zwingend in Prospekte bzw. Registrierungsformulare für Aktien aufzunehmenden **Trendinformationen** abzugrenzen ist, die typischerweise Bestandteil des Abschnitts „Recent Developments and Outlook" sind. Jene Trendinformationen werden nach Punkt 10.1 des Anhangs 1 näher bestimmt als Angaben über

– die wichtigsten aktuellen Trends bei Produktion, Umsatz und Vorräten sowie Kosten und Verkaufspreisen („endogene Trends", Punkt 10.1 lit. a des Anhangs 1) seit dem Ende des letzten Geschäftsjahres bis zum Datum des Registrierungsformulars, sowie
– bekannte Trends, Unsicherheiten, Anfragen,[14] Verpflichtungen oder Vorfälle, die die Aussichten des Emittenten nach vernünftigem Ermessen zumindest im laufenden Geschäftsjahr wesentlich beeinflussen dürften („exogene Trends", Punkt 10.2 des Anhangs 1).

7 Die Abgrenzung wird in den **Fragen & Antworten der ESMA** zur ProspektVO aufgegriffen und behandelt.[15] Danach sollten Gewinnprognosen nicht mit der Veröffentlichung bekannter Trends oder sonstiger tatsächlicher Angaben verwechselt werden, auch wenn diese wesentliche Auswirkungen auf die Geschäftsaussichten des Emittenten haben können. Kriterien für diese Abgrenzung werden freilich nicht genannt, jedoch werden Beispiele zur Abgrenzung gegeben. Aus diesen Beispielen lässt sich ableiten, dass eine allgemeine (verbale) Diskussion von Trends und der davon abgeleiteten Zukunftsaussichten des Emittenten typischerweise noch keine Gewinnprognose darstellt, jedenfalls solange sie keine Zahlenangaben über die wahrscheinliche Höhe des noch nicht veröffentlichten Jahresergebnisses enthalten oder Daten angegeben werden, anhand derer eine Gewinngröße berechnet werden kann.[16]

---

11 IDW RH HFA 2.003, Tz. 2.
12 So auch an anderer Stelle im IDW Rechnungslegungshinweis IDW RH HFA 2.003 (Tz. 15), der bei den Anforderungen an die Darstellung einer Gewinnprognose eine eindeutige Berechenbarkeit des prognostizierten Gewinns bzw. der Gewinnbandbreite verlangt.
13 IDW RH HFA 2.003, Tz. 3.
14 Die englische Fassung der VO (EU) 2019/980 spricht weiterhin von „demands", also Nachfragen.
15 ESMA, Questions and Answers on the Prospectus Regulation, ESMA/2019/ESMA31-62-1258 (Version 11, zuletzt aktualisiert am 12.10.2022), Antwort zu Q7.3.
16 ESMA, Questions and Answers on the Prospectus Regulation, ESMA/2019/ESMA31-62-1258 (Version 11, zuletzt aktualisiert am 12.10.2022), Antwort zu Q7.3.; ähnlich *Fingerhut/Voß*, in: Just/Voß/Ritz/Zeising, WpPG, 2009, Anhang I ProspektVO Rn. 192.

b) Gewinnschätzung

Der Begriff der Gewinnschätzung bezeichnet einen Unterfall der Gewinnprognose. Nach Art. 1 lit. c der VO (EU) 2019/980 ist darunter eine **Gewinnprognose für ein abgelaufenes Geschäftsjahr** zu verstehen, für das die Ergebnisse noch nicht veröffentlicht wurden. Dies schließt auch den Fall sog. vorläufiger Jahreszahlen („Headline Figures") ein, die ein Emittent vorab, d. h. vor Veröffentlichung des geprüften Abschlusses, im Rahmen eines sog. Earnings Release bekannt gibt.[17]

8

Diese stellen noch kein veröffentlichtes Periodenergebnis dar. Denn ihnen liegt noch kein bereits verbindlich aufgestellter oder gar festgestellter Jahresabschluss zugrunde, sondern nur Überblickszahlen aus dem Rechnungswesen, die im Rahmen der Fertigstellung (und Prüfung) des Abschlusses noch zu verifizieren und zu konkretisieren sind. Erst mit der **Aufstellung** findet die Führung der Handelsbücher ihren periodischen Abschluss, indem sich die bilanzpolitischen Überlegungen des Vorstands zu entscheidungsreifen Vorlagen konkretisieren.[18] Durch die sich für gesetzliche Abschlüsse daran anschließende **Feststellung bzw. Billigung** des Abschlusses durch den Aufsichtsrat wird der Abschluss für die Gesellschaftsorgane und die Aktionäre der Gesellschaft verbindlich. Dann ist eine verbindliche Aussage über die Vermögens-, Finanz- und Ertragslage, mithin auch über das Periodenergebnis getroffen.[19] Bei zuvor veröffentlichten Headline Figures wird deshalb auch deutlich gemacht, dass diese im Hinblick auf die noch ausstehende Fertigstellung und Feststellung des zugrunde liegenden Abschlusses nur vorläufig und ungeprüft sind.[20] Dies gilt insbesondere auch im Hinblick darauf, dass selbst ein fehlerfrei erstellter Abschluss bis zum Zeitpunkt der Aufstellung (§ 252 Abs. 1 Nr. 4 HGB) bzw. Vorlage an den Aufsichtsrat nach IAS 10.6 ff. dem Wertaufhellungsprinzip unterliegt und damit Gegenstand von daraus folgenden Änderungen sein kann.[21] Da der Abschluss bis zur Feststellung durch den Aufsichtsrat noch verändert werden kann, kann auch ein aufgestellter, aber noch nicht festgestellter bzw. nicht gebilligter Abschlussentwurf der Wertaufhellung unterliegen; die Wertaufhellungsperiode endet letztlich erst mit dem der Feststellung unmittelbar vorangehenden Beginn der Beschlussfassung des Aufsichtsrates.[22]

9

---

17 *Pföhler/Pfennig/Knappe/Zeitler*, WPg 1017, 1043, 1043.
18 *Koch*, AktG, § 172 Rn. 2; *Drygala*, in: Schmidt/Lutter, AktG, § 172 Rn. 4.
19 *Drygala*, in: Schmidt/Lutter, AktG, § 172 Rn. 7.
20 Beispiel: Investor Relations Release der Daimler AG vom 5.2.2015. Darin wurden vorläufige Finanzinformationen für den Konzern der Daimler AG und seine Geschäftsfelder für das Jahr 2014 veröffentlicht, darunter ein erwartetes Konzernergebnis von 7,3 Mrd. EUR. Die Veröffentlichung enthielt den Hinweis: „Die Ergebnisse in diesem Dokument sind vorläufig und wurden weder durch den Aufsichtsrat bereits genehmigt noch von dem externen Wirtschaftsprüfer geprüft." Der als Teil des Geschäftsberichts veröffentlichte Konzernabschluss samt sog. Bilanzeid nach § 37v Abs. 2 Nr. 3 WpHG i.V.m. §§ 264 Abs. 2 Satz 3 HGB und 289 Abs. 1 Satz 5 HGB sowie der Bestätigungsvermerk des Abschlussprüfers trugen dagegen das Datum 13.2.2015, ebenso der Konzernabschluss.
21 Für die HGB-Bilanzierung *Störk/Büssow*, in: Beck'scher Bilanz-Kommentar, § 252 Rn. 40, 53; für die Bilanzierung nach IFRS *Lüdenbach/Hoffmann/Freiberg*, IFRS-Kommentar, § 4 Rn. 1 ff., insbes. Rn. 9.
22 *Drygala*, in: Schmidt/Lutter, AktG, § 172 Rn. 4; für die Bilanzierung nach IFRS *Lübbig/Kühnel*, in: Brune/Driesch/Schulz-Danso/Senger, Beck'sches IFRS-Handbuch, § 2 Rn. 106; *Lüdenbach/Hoffmann/Freiberg*, IFRS-Kommentar, § 4 Rn. 9.

10 Vorläufige ungeprüfte vor Feststellung des zugrundeliegenden Abschlusses veröffentlichte sog. Headline Figures sind deshalb vielmehr geradezu das **Paradebeispiel der Gewinnschätzung**. Sie geben aufgrund der bereits tatsächlich verbuchten Geschäftsvorfälle der abgeschlossenen Periode einen im Vergleich zur Prognose für die noch laufende Periode konkreteren Ausblick auf das endgültige Ergebnis. In der Vergangenheit war für diese Fälle das Konstrukt der „Gewinnschätzung auf Basis vorläufiger Zahlen"[23] einschlägig. Bei diesem bestand unter bestimmten Voraussetzungen die Möglichkeit, auf die Aufnahme des „Berichts des Wirtschaftsprüfers" in den Prospekt zu verzichten. Durch den generellen Wegfall der Prüfungspflicht in der VO (EU) 2019/980 hat dieser Ausnahmetatbestand seinen Anwendungsbereich verloren.

3. Freiwilligkeit oder Aufnahmepflicht

a) Allgemeine Regelung

11 Unter der früher geltenden VO (EG) 809/2004 war die Aufnahme von Gewinnprognosen dem Grunde nach freiwillig.[24] Nur sofern in einem noch gültigen Prospekt des Emittenten eine Gewinnprognose veröffentlicht war, sollte der Emittent sich im aktuellen Prospekt hierzu äußern (Ziff. 13.4 VO (EG) 809/2004).

12 Diese Freiwilligkeits-Prämisse wurde durch die VO (EU) 2019/980 geändert und gilt nur noch, falls der Emittent keine noch ausstehende Gewinnprognose oder -schätzung veröffentlicht hat.[25] Falls der Emittent doch eine noch ausstehende Gewinnprognose oder -schätzung veröffentlicht hat, hat er diese, sofern die Prognose weiterhin gültig ist, entsprechend der Regelung in Punkt 11.1 in den Prospekt aufzunehmen. Falls nicht, ist im Prospekt eine entsprechende Erklärung abzugeben. Hintergrund für diese Änderung war, dass laut dem früher geltenden ESMA Update of the CESR Recommendations eine ausstehende Gewinnprognose im Falle von **Aktienemissionen**, insbesondere bei Börsengängen für Anleger, eine **wesentliche Information** darstellt.[26] Für eine solche bestand aus Sicht der ESMA eine **Pflicht zur Äußerung zu der getroffenen Gewinnprognose** im Hinblick auf den Grundsatz der Prospektvollständigkeit nach Art. 5 Abs. 1 der früher geltenden EU-ProspektRL (2003/71/EG) (§ 5 Abs. 1 WpPG a.F.). Diese Auffassung der ESMA, als eine auf Level 3 des Lamfalussy-Verfahrens getroffene Äußerung, wurde von vielen kritisch gesehen, da sie der normativen Wertung der einschlägigen Bestimmung der EU auf der VO (EG) 809/2004 auf übergeordneter Stufe 2 widersprach.[27]

13 Die ESMA hat an ihrer Ansicht im Rahmen der Entwicklung des Regelungsrahmens unterhalb der neuen ProspektVO festgehalten. Die geäußerte Kritik wurde von der ESMA

---

23 Vgl. hierzu *Meyer*, in: Berrar/Meyer/Müller et al., WpPG/EU-ProspektVO, 2. Aufl. 2017, Anhang I ProspektVO Punkt 13 Rn. 46.
24 *Meyer*, in: Berrar/Meyer/Müller et al., WpPG/EU-ProspektVO, 2. Aufl. 2017, Anhang I ProspektVO Punkt 13 Rn. Rn. 13 ff.
25 *Geyer/Schelm*, BB 2019, 1731, 1738.
26 ESMA, Update of CESR recommendations, ESMA/2011/81 v. 23.3.2011, Rn. 44.
27 Wie hier *Fingerhut/Voß*, in: Just/Voß/Ritz/Zeising, WpPG, 2009, Anhang I ProspektVO Rn. 188; zur früher geltenden ProspektVO *Schlitt*, in: Assmann/Schlitt/von Kopp-Colomb, WpPG/Verk-ProspG, 2. Aufl. 2010, Anhang I ProspektVO Rn. 117; *Seibt/Huizinga*, CFL 2010, 289, 301.

jedoch aufgenommen und die Auffassung der ESMA auf deren Vorschlag[28] direkt in der VO (EU) 2019/980 auf Level 2 verankert.

b) Ausstehende Gewinnprognose

Die VO (EU) 2019/980 differenziert in ihrer Regelung in Punkt 11.1 ausschließlich danach, ob der Emittent eine Gewinnprognose oder -schätzung veröffentlicht hat, die noch **ausstehend** ist. Eine Definition, wann eine Prognose oder Schätzung „aussteht", ist weder in der VO (EU) 2019/980 noch in den ESMA-Leitlinien oder den ESMA Fragen und Antworten zur ProspektVO zu finden.[29] Als „ausstehend" wird eine Prognose zu bezeichnen sein, wenn der Zeitpunkt oder Zeitraum, auf den sie sich bezieht, noch nicht erreicht bzw. noch nicht abgelaufen ist, es also noch nicht entschieden ist, ob die Prognose zutrifft oder nicht. Dies ist auch insbesondere dann der Fall, wenn eine die Prognose betreffende Periode abgelaufen ist, für sie aber noch kein Jahres- oder Konzernabschluss aufgestellt bzw. festgestellt oder gebilligt wurde (→ Rn. 9). 14

Dabei kommt es nicht darauf an, in welchem Medium die Gewinnprognose oder -schätzung veröffentlicht wurde. Die Gewinnprognose kann also in einem früheren Prospekt, der noch gültig ist, einem (Konzern-)Lagebericht oder im Rahmen der Regelpublizität am Kapitalmarkt oder in einem sonstigen Rahmen veröffentlicht sein. Die früher geltende Differenzierung zwischen einer in einem Prospekt veröffentlichten, ausstehenden Gewinnprognose, zu der sich der Emittent äußern sollte (Ziff. 13.4 VO (EG) 809/2004), und anderswo veröffentlichten, ausstehenden Gewinnprognosen ist damit weggefallen. 15

Ob eine Gewinnprognose vorliegt, ist anhand der unter → 4 ff. dargelegten Kriterien zu ermitteln. Dabei ist jedoch fraglich, ob die üblichen im Rahmen der Kapitalmarktkommunikation von Emittenten getroffenen zukunftsgerichteten Aussagen in Bezug auf die erwartete Ertragsentwicklung Gewinnprognosen enthalten können. Dabei ginge es freilich zu weit, jede Aussage zu künftigen Ertragskennzahlen gleich als Gewinnschätzung oder -prognose anzusehen. Hat ein Unternehmen zum Beispiel Planzahlen, Gewinnziele oder Projektionen veröffentlicht, kann nicht automatisch unterstellt werden, dass damit bereits eine Aussage verbunden wäre, dass diese mit der nach Art. 1 lit. d VO (EU) 2019/980 erforderlichen Wahrscheinlichkeit erreicht würden. Denn selbst gesteckte Ziele sind regelmäßig in erster Linie interner und externer Leistungsanreiz, erheben aber nicht notwendigerweise den Anspruch, in einer Weise auf Tatsachen gestützt zu sein, wie es im Hinblick auf die Haftungswirkung in einer Prospektdarstellung der Fall wäre. Das wäre auch nicht sachgerecht – aus dem Setzen (auch ehrgeiziger) Ziele kann nicht ohne Weiteres geschlossen werden, dass deren Erreichung aufgrund konkreter Tatsachen als wahrscheinlich erwartet wird. Vielmehr dienen Planung und Zielsetzung regelmäßig dazu, die Mitarbeiter des Unternehmens zu motivieren, für den Eintritt dieser konkreten Tatsachen zu sorgen. Auch Ertragskennzahlen, diesbezügliche Vorhersagen, wie sie im Rahmen von Bilanzpressekonferenzen, Investorentreffen oder Analystenkonferenzen auch unterjährig be- 16

---

28 ESMA, Consultation Paper, Draft technical advice on format and content of the prospectus (ESMA31-62-532), 6.7.2017, Rn. 74.
29 In ihrem Final Report, Technical advice under the Prospectus Regulation, ESMA31-62-800, 28.3.2018, Rn. 81, sieht ESMA keine Notwendigkeit einer eigenständigen Definition und verweist auf die Verwendung des Begriffs in den CESR Recommendations, Rn. 43 ff. Dort findet sich allerdings keine Definition des Begriffs.

kannt gegeben werden, sind jedenfalls dann keine Gewinnprognosen, wenn sich daraus der Gewinn nicht mathematisch ermitteln lässt. Werden also Roherträge des Unternehmens oder einzelner Geschäftsbereiche veröffentlicht, so liegt damit noch keine Gewinnprognose für das Gesamtunternehmen vor, da der Gewinn selbst nicht allein aus diesen Zahlen rechnerisch abgeleitet werden kann, sei es, dass die Ergebnisse anderer Geschäftsbereiche zu einem völlig anderen Gesamtbild führen können, sei es, dass nicht operative Ergebnisfaktoren, wie z.B. Abschreibung auf Beteiligungen, das operative Ergebnis signifikant verändern. Entsprechend sind sog. Projektionen zu behandeln, also zukunftsgerichtete, ggf. sogar langfristige Aussagen des Managements, die auf Hypothesen beruhen, deren Eintritt nicht als überwiegend wahrscheinlich angesehen werden kann (→ Art. 6 ProspektVO Rn. 30 ff.).

17 Besondere Bedeutung gewinnt die Frage nach einer etwaigen Pflicht zur Äußerung zu außerhalb des Prospektes getroffenen Gewinnprognosen in Anbetracht der Anforderungen an die Prognoseberichterstattung im Lagebericht bzw. Konzernlagebericht nach DRS 20. Abhängig von der durch den Vorstand gewählten Form der Prognoseberichterstattung kann diese nach Auffassung der ESMA eine außerhalb des Prospektes getätigte Prognose darstellen, die in einen Prospekt jedenfalls für eine Aktienemission aufgenommen werden müsste, sofern sie weiterhin Gültigkeit hat (→ Art. 6 ProspektVO Rn. 35).

18 Sofern eine ausstehende Gewinnprognose vorliegt, hat der Emittent gem. Punkt 11.1 zu prüfen, ob die Gewinnprognose weiterhin gültig ist. Maßgeblicher Zeitpunkt hierfür ist regelmäßig das Datum des Prospekts.

19 Kommt der Emittent zum Schluss, dass die Gewinnprognose **nicht mehr gültig** ist, hat er im Prospekt auf diesen Umstand hinzuweisen. Der Emittent hat darüber hinaus darzulegen, warum eine solche Prognose nicht mehr gültig ist. Die begleitenden ESMA-Leitlinien enthalten keine Vorgabe hinsichtlich der Art und Tiefe der Begründung, sodass die Begründung entsprechend allgemein und vielfältig ausfallen kann. Punkt 11.1 stellt darüber hinaus klar, dass für eine ungültige Prognose oder Schätzung die unter den Punkten 11.2 und 11.3 genannten Anforderungen nicht gelten. Daneben kann für ad-hoc-pflichtige Emittenten in diesem Fall unter bestimmten Voraussetzungen eine Pflicht zu einer Ad-hoc-Veröffentlichung der Prognoseänderung bestehen.[30]

20 Wenn der Emittent zu dem Schluss kommt, dass die ausstehende Gewinnprognose **weiterhin gültig** ist, ist diese gem. Punkt 11.1 **in den Prospekt aufzunehmen**. Hierfür gelten die in Punkt 11.2 gemachten Anforderungen (→ Rn. 22 ff.) sowie die in Punkt 11.3 geforderte Erklärung (→ Rn. 42). In der Praxis wird es häufig so sein, dass die ausstehende Gewinnprognose (etwa in Konzern-/Lageberichten) diesen Anforderungen nicht entspricht, da für diese keine den Vorgaben der VO (EU) 2019/980 entsprechenden Anforderungen für ihre Erstellung existieren. Daher werden solche ausstehenden Prognosen für Prospektzwecke entsprechend zu ergänzen sein.

c) Sonderfall: Gewinnprognose eines erworbenen Unternehmens

21 Die ESMA-Leitlinien enthalten ferner Vorgaben für die Behandlung von Gewinnprognosen eines bedeutenden Unternehmens, das vom Emittenten erworben wurde. Hat ein solch erworbenes Unternehmen also Gewinnprognosen abgegeben, die noch ausstehend sind,

---

[30] *Seibt/Kraack*, BKR 2020, 313, 316.

soll der Emittent im ersten Schritt prüfen, ob es angebracht ist, im Prospekt eine Aussage zu treffen, ob die Gewinnprognose des erworbenen Unternehmens noch zutrifft oder nicht.[31] Der Emittent soll ferner die Folgen des Erwerbs und der Gewinnprognose des anderen Unternehmens auf seine eigene Finanzlage untersuchen. Dazu gehört auch, zu prüfen, ob die Gewinnprognose oder -schätzung des bedeutenden Unternehmens nach denselben Rechnungslegungsgrundsätzen erstellt wurde wie die des Emittenten. Auf dieser Grundlage soll der Emittent sodann in dem Prospekt in derselben Weise berichten, als ob er selbst eine Gewinnprognose getroffen hätte.[32] Das bedeutet, dass alle Anforderungen, die an eine eigene Gewinnprognose oder -schätzung gestellt werden, auch in Bezug auf eine Gewinnprognose des anderen Unternehmens zu beachten sind (→ Rn. 22 ff.). Legt man die vorstehend beschriebene Auffassung von ESMA zugrunde, wäre der Emittent somit verpflichtet, sich im Prospekt zu einer Gewinnprognose zu äußern, die er gar nicht selbst getroffen hat. Hier erscheint es immer noch **fraglich**, ob sich eine solche Pflicht zur Aussage zu Gewinnprognosen in einem Prospekt noch auf die **gesetzlichen Anforderungen** stützen lässt. Indes dürfte der Anwendungsbereich dieser Empfehlungen voraussichtlich eher gering sein. Zudem legen die **typischen Umstände einer Unternehmensakquisition** nahe, dass die Aussage zur historischen Gewinnprognose des erworbenen Unternehmens regelmäßig nur lauten kann, dass diese nicht mehr aufrechterhalten wird, mit der Folge, dass dies gem. Punkt 11.1 im Prospekt offenzulegen ist. Denn zum einen dürfte der im Rahmen der einem Erwerb meist vorgeschalteten Due-Diligence-Untersuchung erlangte Zugang zum Rechnungswesen und zur Unternehmensplanung der Zielgesellschaft den Emittenten nicht in die Lage versetzen, sich die Prognose des bisherigen Managements zu eigen zu machen. Zum anderen wird der Erwerb regelmäßig dazu führen, dass die von dem Zielunternehmen angewandten Rechnungslegungsgrundsätze sowie Ausweis- und Bewertungsmethoden an jene des Emittenten anzupassen sind, zu dessen Konsolidierungskreis das Zielunternehmen künftig gehört. Dies kann wesentliche Veränderungen auch bei der Ermittlung von Ertragskennzahlen zur Folge haben. Ferner dürften historische Gewinnprognosen auf der Unternehmensplanung und -strategie des bisherigen Managements beruhen. Diese Vorgaben dürften sich regelmäßig infolge des Erwerbs verändern, insbesondere wenn das Zielunternehmen in den Konzern des Emittenten integriert und ggf. strategisch neu ausgerichtet und/oder umstrukturiert wird. Damit werden die historischen Gewinnprognosen eines Zielunternehmens in aller Regel schon aufgrund dieser übergeordneten Gesichtspunkte hinfällig sein. Eine diesbezügliche Prospektdarstellung wird sich in aller Regel auf die Darstellung dieser Zusammenhänge beschränken (dürfen).

II. Anforderungen an Gewinnprognosen

In der VO (EU) 2919/980 werden in den Punkten 11.2 und 11.3 des Anhangs I bestimmte Anforderungen festgelegt, die in einen Prospekt aufgenommene Gewinnprognosen zu erfüllen haben. Dabei wird in Punkt 11.2 besonderes Augenmerk auf die Darstellung der einer Gewinnprognose zugrunde liegenden Annahmen gelegt. Der neue Punkt 11.3 enthält Vorschriften über eine zusammen mit der Gewinnprognose abzugebende Erklärung

---

31 ESMA, Leitlinien zu den Offenlegungspflichten nach der Prospektverordnung, ESMA32-382-1138, 4.3.2021, Rn. 61.
32 ESMA, Leitlinien zu den Offenlegungspflichten nach der Prospektverordnung, ESMA32-382-1138, 4.3.2021, Rn. 62.

des Emittenten. Flankiert werden diese Regelungen durch die Leitlinien der ESMA in Bezug auf Gewinnprognosen auf Level 3.

1. Allgemeine Anforderungen an die Darstellung

23 Um die nach Punkt 11.3 des Anhangs I erforderliche Erklärung abgeben zu können, muss eine Gewinnprognose auf einer Grundlage erstellt werden, die mit den historischen Finanzinformationen vergleichbar ist. In den ESMA-Leitlinien finden sich darüber hinaus detaillierte Hinweise zur Ausgestaltung von Gewinnprognosen. Dabei wird zunächst betont, dass die Emittenten und sonstigen Prospektverantwortlichen sicherzustellen haben, dass die Gewinnprognosen für die Anleger nicht irreführend sind[33] – das ist letztlich nur ein Hinweis auf die ohnehin geltenden allgemeinen Prospektgrundsätze (→ Art. 6 ProspektVO Rn. 7f., 40). Darüber hinaus werden die folgenden Grundprinzipien für die Erstellung von Gewinnprognosen festgelegt:[34]

- **Verständlichkeit**: Gewinnprognosen dürfen keine Ausführungen enthalten, die wegen ihrer Komplexität oder ihres Umfanges aus Anlegersicht nicht mehr verständlich sind (zu dem bei der Prospekterstellung zugrunde zu legenden Empfängerhorizont → Art. 6 ProspektVO Rn. 54).
- **Verlässlichkeit**: Eine Gewinnprognose muss auf einer gründlichen Analyse des von dem Emittenten betriebenen Geschäfts basieren. Diese ist auf Tatsachen und nicht auf Hypothesen betreffend die Strategie, Planung und Risikoanalyse zu stützen.
- **Vergleichbarkeit**: Gewinnprognosen müssen sich an den tatsächlichen Ergebnissen des Emittenten messen lassen können, d.h. mit dessen historischen Finanzinformationen vergleichbar sein. Insoweit greift ESMA das in Punkt 11.3 des Anhangs I in Bezug auf die Grundlage der Gewinnprognose festgelegte Prinzip der Vergleichbarkeit auf und erstreckt dieses auf die Prognose selbst.
- **Relevanz**: Gewinnprognosen müssen als Grundlage für eine Anlageentscheidung geeignet sein, d.h. Anleger insbesondere dabei unterstützen, frühere Bewertungen oder Einschätzungen zu bestätigen oder zu korrigieren.

24 Aus den ESMA-Leitlinien wird deutlich, dass bei der Aufstellung von Gewinnprognosen oder -schätzungen darauf zu achten ist, dass die Ableitung der Gewinngröße hinreichend verständlich dargestellt wird. So ist beispielsweise darauf zu achten, dass die Ergebnisgröße, auf die sich die Gewinnprognose bezieht, in dem später veröffentlichten Abschluss oder Lagebericht ausgewiesen wird, sodass die Prognose und die im späteren Abschluss oder Lagebericht enthaltene Ist-Zahl unmittelbar miteinander verglichen werden können.[35] Darüber hinaus ist bei der Verwendung von sog. Alternative Performance Measures darauf zu achten, dass die nach Ziffer 26 der ESMA-Leitlinien zu Alternativen Leistungskennzahlen[36] geforderte Überleitung auch in den Erläuterungen zur Gewinnprognose ent-

---

33 ESMA, Leitlinien zu den Offenlegungspflichten nach der Prospektverordnung, ESMA32-382-1138, 4.3.2021, Rn. 47.
34 ESMA, Leitlinien zu den Offenlegungspflichten nach der Prospektverordnung, ESMA32-382-1138, 4.3.2021, Rn. 50ff.
35 ESMA, Leitlinien zu den Offenlegungspflichten nach der Prospektverordnung, ESMA32-382-1138, 4.3.2021, Rn. 51.
36 ESMA, Leitlinien – Alternative Leistungskennzahlen (APM), ESMA/2015/141de, 5.10.2015.

halten ist. Sollte sich die Gewinnprognose nicht auf das Ergebnis vor Steuern beziehen, muss darauf geachtet werden, dass die steuerlichen Effekte verständlich gemacht werden.

Die Gewinnprognose muss entweder den **prognostizierten Gewinn** oder zumindest eine durch **Mindest- und Höchstzahl** konkretisierte Bandbreite angeben. Ausnahmsweise kann eine verbale Darstellung in Betracht kommen, wenn diese die **Berechnung** des prognostizierten Gewinns bzw. der Gewinnbandbreite ermöglicht.[37] 25

2. Konsistenz der Erstellung; vergleichbar mit historischen Finanzinformationen

Die Gewinnprognose muss auf einer Grundlage erstellt werden, die mit den historischen Finanzinformationen vergleichbar ist. Daraus wird man folgern können, dass das Datenmaterial, auf dem die Gewinnprognose basiert, nach denselben Rechnungslegungsgrundsätzen und -methoden erstellt worden sein muss, wie sie auch den historischen Finanzinformationen, also der Regelberichterstattung des Emittenten, zugrunde liegen.[38] Stammen diese Informationen aus dem Rechnungswesen des Emittenten, wird man grundsätzlich hiervon ausgehen können. 26

Das Postulat der **Konsistenz** beschränkt sich nach dem IDW-Rechnungslegungshinweis nicht auf die bei der Erstellung angewandten Methoden, sondern erstreckt sich auch auf die **ausgewiesenen Positionen** selbst. Wenn nämlich anstelle des Periodenergebnisses ein anderer Posten der Gewinn- und Verlustrechnung oder eine sonstige Kennzahl dargestellt werden soll, so ist anzugeben, dass diese nach Auffassung des Emittenten Indizwirkung für das Periodenergebnis hat.[39] Sofern es sich dabei um Kennzahlen handelt, die in den anwendbaren Rechnungslegungsgrundsätzen nicht vorgesehen sind, aber für Analysezwecke erstellt werden (sog. Non-GAAP Measures, zu diesen auch Alternative Performance Measures genannten Kennzahlen → Anhang 1 VO (EU) 2019/980 Abschnitt 7 Rn. 8 ff.),[40] so sind sie nach dem IDW-Rechnungslegungshinweis auf die in der Gewinn- und Verlustrechnung ausgewiesenen Abschlussposten überzuleiten.[41] 27

In den **Erläuterungen** zur Gewinnprognose sind die angewandten Rechnungslegungsgrundsätze und -methoden darzustellen.[42] Soweit Methodenstetigkeit mit den im Prospekt aufgenommenen historischen Finanzinformationen besteht, kann auf deren Anhangangaben verwiesen werden.[43] In den Erläuterungen ist dann vor allem auf etwaige Abweichungen einzugehen.[44] Ferner sind außergewöhnliche Ergebnisse, Ergebnisse aus nicht wiederkehrenden Aktivitäten sowie außergewöhnliche Steueraufwendungen in den Erläu- 28

---

37 IDW RH HFA 2.003, Tz. 15.
38 IDW RH HFA 2.003, Tz. 12
39 IDW RH HFA 2.003, Tz. 20.
40 Beispiele hierfür sind die in der Kapitalmarktpraxis häufig verwandten Positionen EBIT (Earnings Before Income and Tax) oder EBITDA (Earnings Before Income Tax Depreciation and Amortisation), die in den Rechnungslegungsgrundsätzen nicht definiert sind und daher nicht einheitlich berechnet werden, *Schanz*, Börseneinführung, § 7 Rn. 6 ff.
41 IDW RH HFA 2.003, Tz. 20.
42 IDW RH HFA 2.003, Tz. 19.
43 IDW RH HFA 2.003, Tz. 19.
44 IDW RH HFA 2.003, Tz. 19.

terungen gesondert darzustellen,[45] da diese die Vergleichbarkeit mit den historischen Finanzinformationen beeinträchtigen.

29 Zudem empfiehlt das IDW in die Erläuterungen zur Gewinnschätzung einen allgemeinen **Warnhinweis** aufzunehmen, dass Gewinnprognosen ihrem Wesen nach unsicher sind und dass deshalb das tatsächliche Ergebnis von der Prognose abweichen kann.[46] Das IDW empfiehlt daher folgende Formulierung:

„Da die Gewinnschätzung auf der Grundlage von Annahmen über vergangene Ereignisse und Handlungen erstellt wird, ist sie naturgemäß mit erheblichen Unsicherheiten behaftet. Aufgrund dieser Unsicherheiten ist es möglich, dass der tatsächliche Gewinn der Gesellschaft wesentlich vom geschätzten Gewinn abweicht."

3. Reichweite

30 Im Hinblick auf die mit der Länge des Prognosezeitraums zunehmende Prognoseunsicherheit empfiehlt das IDW, dass eine Gewinnprognose **höchstens das laufende sowie das folgende Geschäftsjahr** umfassen soll. Ein längerer Prognosezeitraum soll allenfalls dann in Betracht kommen, wenn im Einzelfall hinreichend verlässliche Annahmen für einen längeren Zeitraum getroffen werden können.[47]

III. Ermittlung der Gewinnprognose

31 Der IDW-Rechnungslegungshinweis beschreibt auch das methodische Vorgehen bei der Ermittlung einer Gewinnprognose. Dabei sind vier Schritte vorgesehen.

1. Erfassung von Geschäftsvorfällen im Prognosezeitraum

32 Die während des Zeitraums, auf den sich die Prognose bezieht (Prognosezeitraum), bis zum Zeitpunkt der Erstellung der Gewinnprognose eingetretenen und im Rechnungswesen des Emittenten abgebildeten Geschäftsvorfälle sind vom Emittenten zu erfassen.

2. Identifikation ergebnisrelevanter Faktoren

33 Für den Teil des Prognosezeitraums, für den keine erfassten Geschäftsvorfälle vorliegen, muss der Emittent sodann die Faktoren bestimmen, die das während dieses Zeitraums erwirtschaftete Ergebnis beeinflussen können. Nach den ESMA-Empfehlungen sind dabei insbesondere die folgenden Gesichtspunkte zu berücksichtigen:[48]

- frühere Ergebnisse, Marktanalyse, strategische Entwicklungen, Marktanteil und Marktstellung des Emittenten,
- Finanzlage des Emittenten und deren mögliche Veränderung,

---

45 IDW RH HFA 2.003, Tz. 21.
46 IDW RH HFA 2.003, Tz. 26.
47 IDW RH HFA 2.003, Tz. 14.
48 ESMA, Leitlinien zu den Offenlegungspflichten nach der Prospektverordnung, ESMA32-382-1138, 4.3.2021, Rn. 48.

– Auswirkungen eines Erwerbs oder einer Veräußerung, einer Strategieänderung oder wesentlicher Änderungen bei Umweltangelegenheiten und Technologien,
– Änderungen des rechtlichen und steuerlichen Umfelds,
– Verpflichtungen gegenüber Dritten.

Das IDW ergänzt bzw. konkretisiert in seinem Rechnungslegungshinweis die folgenden Aspekte:[49]

– Vermögens-, Finanz- und Ertragslage des Unternehmens in der Vergangenheit,
– Markt- und Wettbewerbssituation des Unternehmens,
– mengen- und preismäßige Entwicklung der Absatz- und Beschaffungsmärkte,
– Fremdwährungs- und Zinsentwicklung,
– Änderungen des wirtschaftlichen, rechtlichen und technologischen Umfelds,
– Änderungen der Unternehmensstrategie,
– Investitions- und Finanzierungsmaßnahmen, einschließlich Erwerb oder Veräußerung von Beteiligungen und/oder Unternehmensteilen,
– Marktanalysen und -studien Dritter.

Zusammenfassen lassen sich diese Vorgaben dahingehend, dass Gewinnprognosen zwar durchaus auf Erfahrungswerte aus vergangenen Perioden gestützt werden können, dass dabei aber Veränderungen des wirtschaftlichen Umfeldes und dieses beeinflussende Faktoren einbezogen werden müssen. Dabei sind alle Erkenntnisse zu berücksichtigen, die zum Zeitpunkt der Erstellung der Gewinnprognose für die Unternehmensleitung des Emittenten verfügbar sind.[50] Nach dem IDW-Rechnungslegungshinweis sind diese Grundlagen der Erstellung in **Erläuterungen** anzugeben, die der eigentlichen Gewinnprognose beizufügen sind.[51]

3. Treffen von Annahmen

Zu den im vorangehend beschriebenen Schritt identifizierten gewinnbeeinflussenden Faktoren sind sodann **Annahmen** zu treffen. Die wichtigsten Annahmen, auf die der Emittent seine Prognose oder Schätzung gestützt hat, müssen nach Punkt 11.2 des Anhangs I VO (EU) 2019/980 in den **Erläuterungen** zur Prognose dargestellt werden.

Dabei ist gem. Punkt 11.2 lit. a klar zu trennen zwischen Annahmen[52]
– in Bezug auf die Faktoren, die die Mitglieder der Verwaltungs-, Geschäftsführungs- und Aufsichtsorgane[53] des Emittenten beeinflussen können ("endogene Faktoren", im IDW-Rechnungslegungshinweis „**Handlungen**" genannt[54]), und

---

49 IDW RH HFA 2.003, Tz. 10.
50 IDW RH HFA 2.003, Tz. 11.
51 IDW RH HFA 2.003, Tz. 3.
52 Dies betonend auch der BaFin-Workshop am 28.5.2008, Präsentation „Die Darstellung historischer Finanzinformationen im Wertpapierprospekt" (*Jäger*), S. 14; ebenso *Pföhler/Riese*, WPg 2014, 1184, 1192.
53 Mithin also Mitglieder des Vorstands oder Aufsichtsrates einer AG, KGaA oder dualistischen SE sowie des Verwaltungsrates einer monistischen SE.
54 So die Terminologie in IDW RH HFA 2.003, Tz. 5, 25.

– in Bezug auf Faktoren, die klar außerhalb des Einflussbereiches der vorgenannten Organmitglieder des Emittenten liegen („exogene Faktoren", im IDW-Rechnungslegungshinweis als „**Ereignisse**" bezeichnet[55]).

38 Diese Annahmen müssen **sachgerecht** sein und dürfen **untereinander nicht im Widerspruch** stehen. Dabei kann auf Erfahrungswerte zurückgegriffen werden, sofern jedenfalls die Geschäftsleitung des Emittenten den üblichen Geschehensablauf erwartet. Umgekehrt können Entwicklungen, deren Eintritt zwar möglich ist, von der Geschäftsleitung aber gerade nicht erwartet wird (hypothetische Annahmen), der Gewinnprognose nicht zugrunde gelegt werden.[56] Das gilt insbesondere bei (externen) Ereignissen.[57] Zudem sind beim Treffen der Annahmen sämtliche Erkenntnisse zu berücksichtigen, die der Geschäftsleitung des Emittenten zum Zeitpunkt der Erstellung der Prognose zur Verfügung stehen.[58] Dabei hat die Geschäftsleitung des Emittenten als bestmögliche Annahme entweder den Erwartungswert der mit ihrer Eintrittswahrscheinlichkeit gewichteten Alternativen zu wählen oder die von ihm als am wahrscheinlichsten angesehene Alternative zugrunde zu legen.[59]

39 Die Erläuterung der Annahmen muss nach Punkt 11.2 lit. b des Anhangs I **plausibel**, für den Anleger **leicht verständlich, spezifisch und präzise** sein. Nach dem Wortlaut der deutschen Sprachfassung dürfen sie zudem „nicht der üblichen Exaktheit der Schätzungen entsprechen, die der Prognose zu Grunde liegen". Diese Anforderung bestand bereits in Ziff. 13.1 der früher geltenden VO (EG) 809/2004 und ist so nicht verständlich. Leider wurde dies im Rahmen der Erarbeitung der deutschen Fassung der VO (EU) 2019/980 nicht korrigiert. Einmal mehr hilft der Vergleich mit der englischen Sprachfassung, die der deutschen Übersetzung zugrunde lag. Dort heißt es an dieser Stelle „the assumptions must be readily understandable by investors, specific and precise and not relate to the general accuracy of the estimates underlying the forecast". Die Vorgabe lautet also, dass die Annahmen sich auf konkrete Faktoren beziehen müssen und dass deshalb keine allgemeinen Annahmen in Bezug auf die der Prognose zugrunde liegenden Daten zulässig sind.[60] Werden außer dem Jahresergebnis auch Prognosen in Bezug auf weitere Posten der Gewinn- und Verlustrechnung angegeben, so sind diese in den der Gewinnprognose beizufügenden **Erläuterungen** darzustellen. Dabei sind die für die jeweilige Angabe zugrunde gelegten Annahmen deutlich voneinander abzugrenzen.[61]

40 In Bezug auf **Gewinnschätzungen** führt ESMA aus, dass diese in geringerem Umfang von Annahmen abhängen.[62] Denn sie beziehen sich auf bereits erfolgte wirtschaftliche Vorgänge. Auch wenn der auf diese Periode bezogene Abschluss noch nicht erstellt wurde (sonst bedürfte es ja auch keiner Schätzung des Periodenergebnisses), geht ESMA davon aus, dass eine Gewinnschätzung weniger auf Annahmen über den Geschäftsverlauf als größtenteils auf Schätzungen der Auswirkungen der Geschäftsvorfälle der abgeschlosse-

---

55 So die Terminologie in IDW RH HFA 2.003, Tz. 5, 25.
56 IDW RH HFA 2.003, Tz. 8.
57 *Pföhler/Riese*, WPg 2014, 1184, 1191.
58 IDW RH HFA 2.003, Tz. 11.
59 *Pföhler/Riese*, WPg 2014, 1184, 1191.
60 Erläuternd dazu *Pföhler/Riese*, WPg 2014, 1184, 1192 f.
61 IDW RH HFA 2.003, Tz. 16.
62 ESMA, Leitlinien zu den Offenlegungspflichten nach der Prospektverordnung, ESMA32-382-1138, 4.3.2021, Rn. 58.

nen Periode beruht. Dementsprechend nimmt auch das IDW an, dass Gewinnschätzungen i. d. R. auf den im Rechnungswesen bereits erfassten Geschäftsvorfällen basieren und nur in geringem Umfang (wenn überhaupt) auf Annahmen zu stützen sind.[63] Diese haben sich dann konsequenterweise auf die noch nicht erfolgte buchhalterische Verarbeitung bereits getätigter Handlungen und eingetretener Ereignisse zu beziehen.[64]

4. Ableitung der Gewinnprognose

Schließlich ist die Gewinnprognose aus den erfassten Geschäftsvorfällen und den in Bezug auf die zuvor identifizierten ergebnisrelevanten Faktoren getroffenen Annahmen abzuleiten. Dabei ist neben der sachlichen und rechnerischen Richtigkeit auch auf die stetige Anwendung der Rechnungslegungsgrundsätze und -methoden des Emittenten zu achten (→ Rn. 26). 41

5. Erklärung seitens des Emittenten zur Gewinnprognose

Im Vergleich zu den früher geltenden Regeln zur Gewinnprognose sieht Punkt 11.3 des Anhang I der VO (EU) 2019/980 vor, dass in den Prospekt eine Erklärung des Emittenten zur Gewinnprognose aufzunehmen ist. Es ist insofern zu bestätigen, dass die Gewinnprognose mit den historischen Finanzinformationen vergleichbar und mit den Rechnungslegungsmethoden des Emittenten konsistent ist. Vorbehalte oder Einschränkungen dieser Erklärung sind nicht möglich und werden seitens der BaFin nicht akzeptiert.[65] Der erste zu bestätigende Punkt entspricht dem Punkt aus den ESMA-Leitlinien, wonach Gewinnprognosen so zu erstellen sind, dass die Anleger sie leicht mit den im Prospekt angegebenen historischen Finanzinformationen und Zwischenfinanzinformationen vergleichen können (→ Rn. 23).[66] Der zweite zu bestätigende Punkt entspricht dem Erfordernis des IDW RH HFA 2.003 ab, wonach bei der Gewinnprognose dieselben Rechnungslegungsgrundsätze sowie Ausweis-, Bilanzierungs- und Bewertungsmethoden wie im letzten Abschluss zugrunde zu legen sind (→ Rn. 26).[67] Darüber hinaus hat sich die Erklärung in der deutschen Fassung der VO (EU) 2019/980 auf die Gewinnprognose selbst zu beziehen, während die englische Fassung auf ihren Erstellungsprozess abstellt.[68] In der Praxis wird die Erklärung – je nach Sprache des Prospekts – auf die eine oder andere Weise zu formulieren sein. Ein praktisch erheblicher Unterschied ist jedoch nicht gegeben. 42

IV. Bericht eines Wirtschaftsprüfers

Zunächst ist festzuhalten, dass die in Ziff. 13.2 der früher geltenden VO (EG) 809/2004 verankerte gesetzliche Prüfungspflicht nun entfallen ist. ESMA hatte im Gesetzgebungs- 43

---

63 IDW RH HFA 2.003, Tz. 5.
64 IDW RH HFA 2.003, Tz. 25.
65 ESMA, Leitlinien zu den Offenlegungspflichten nach der Prospektverordnung, ESMA32-382-1138, 4.3.2021, Rn. 60.
66 ESMA, Leitlinien zu den Offenlegungspflichten nach der Prospektverordnung, ESMA32-382-1138, 4.3.2021, Rn. 53.
67 IDW RH HFA 2.003, Tz. 12.
68 *Geyer/Schelm*, BB 2019, 1731, 1738.

verfahren die Auffassung vertreten, dass die Aufnahme einer Bescheinigung über die Prüfung der Gewinnprognose oder Gewinnschätzung in den Prospekt mit zusätzlichen Kosten für die Emittentin verbunden ist, ohne dass dadurch ein besonderer Mehrwert entsteht.[69] Es besteht jedoch weiterhin die Möglichkeit, die Gewinnprognose freiwillig prüfen zu lassen. Die Bescheinigung über die Durchführung der Prüfung ist nicht zur Veröffentlichung bzw. zur Aufnahme in den Prospekt bestimmt.[70] In der Praxis ist jedoch zu beobachten, dass die emissionsbegleitenden Banken auf eine Prüfung der Gewinnprognose mit einer entsprechenden Berichterstattung im Comfort Letter bestehen.[71]

44 IDW PH 9.910.1 legt dar, wie ein Wirtschaftsprüfer eine solche Prüfung durchzuführen hat. Voraussetzung für die Prüfung ist eine im Einklang mit IDW RH HFA 2.003 erstellte Gewinnprognose oder Gewinnschätzung. Zur Durchführung der Prüfung nach dem IDW Prüfungshinweis muss der Wirtschaftsprüfer in ausreichendem Umfang mit der Geschäftstätigkeit sowie den Rechnungslegungsgrundsätzen und -methoden des Emittenten vertraut sein. Üblicherweise, so der IDW Prüfungshinweis, werden diese Kenntnisse durch die Prüfung oder zumindest die prüferische Durchsicht des letzten (Zwischen-)Abschlusses des Emittenten gewonnen.[72] In seiner Berichterstattung bestätigt der Wirtschaftsprüfer, dass die Prognose nach seiner Auffassung auf der angegebenen Grundlage **ordnungsgemäß erstellt** wurde und dass die Grundlagen der Gewinnprognose mit den Rechnungslegungsgrundsätzen sowie Ausweis-, Bilanzierungs- und Bewertungsmethoden des Emittenten **konsistent** sind.

45 In aller Regel wird die Prüfung der Gewinnprognose oder Gewinnschätzung – schon aufgrund der Vertrautheit mit dem Zahlenwerk und den Systemen des Rechnungswesens der Emittentin – durch deren Abschlussprüfer durchgeführt. Dabei ist jedoch zu berücksichtigen, dass die Prüfung von Gewinnprognosen in Deutschland eine freiwillige Prüfungsleistung darstellt, die den Fee-Cap-Beschränkungen des Art. 4 Abs. 2 EU-Abschlussprüferverordnung (VO (EU) 537/2014) unterliegt, sofern die Emittentin ein Unternehmen von öffentlichem Interesse (EU-PIE) ist.[73] Danach ist die Höhe des Gesamthonorars für zulässige Nichtprüfungsleistungen auf maximal 70 % des Durchschnitts der Prüfungshonorare der letzten drei aufeinanderfolgenden Geschäftsjahre begrenzt. Honorare u. a. für Comfort Letter sowie Prüfung von Gewinnprognosen und auch Pro-forma-Finanzinformationen sind – da nicht gesetzlich vorgeschrieben – als zulässige Nichtprüfungsleistungen bei der Ermittlung des Fee Cap zu berücksichtigen. Als Folge davon ist zu erwarten, dass es Abschlussprüfern bei drohender Überschreitung des Fee Cap nicht mehr opportun erscheint, einen Comfort Letter bzw. eine Bescheinigung über die Prüfung einer Gewinnprognose oder Pro-forma-Finanzinformationen zu erteilen, da die Einhaltung der geltenden Qualitätsstandards gegen eine risikoadäquate Vergütung nicht (mehr) möglich ist.[74]

---

69 ESMA, Final Report, Technical advice under the Prospectus Regulation, ESMA31-62-800, 28.3.2018, Tz. 130.
70 IDW PH 9.910.1, Tz. 5
71 IDW PH 9.910.1, Tz. 4.
72 Vgl. IDW PH 9.960.3, Tz. 4.
73 Der Fee Cap greift ab dem 4. Jahr des Bestehens der Eigenschaft als Unternehmen von öffentlichem Interesse, siehe das IDW-Positionspapier „EU-Regulierung der Abschlussprüfung" v. 7.12.2021.
74 *Pföhler/Döpfner/Doleczik/Meyer zu Schwabedissen/Picard/Jezussek/Weiser*, WPg 2022, 1007, 1008.

Sollten die emissionsbegleitenden Banken dennoch eine entsprechende Prüfung verlangen, muss ein anderer Wirtschaftsprüfer, der nicht Abschlussprüfer der Emittentin ist, hiermit beauftragt werden. Die oben genannten Grundsätze gelten dann analog.[75]

Die Prüfung der Gewinnprognose bezieht sich auf die folgenden Punkte: 46

- *Erstellung der Gewinnprognose.* Die Prüfung, ob die Gewinnprognose in Übereinstimmung mit den in den Erläuterungen zur Gewinnprognose dargestellten Grundlagen erfolgte, betrifft zunächst deren **sachlich und rechnerisch richtige Ermittlung** auf der Grundlage der von der Unternehmensleitung des Emittenten identifizierten Faktoren und getroffenen Annahmen sowie der in den Erläuterungen dargestellten Rechnungslegungsmethoden.[76] Dabei sind die von der Unternehmensleitung getroffenen Annahmen (→ Rn. 36) nicht Gegenstand der Prüfung.[77] Die im Schrifttum vertretene Auffassung, dass Wirtschaftsprüfer die Annahmen ausnahmsweise dennoch prüfen, wenn sie offensichtlich falsch sind,[78] findet keine Stütze im IDW Prüfungshinweis. Jedoch wird ein Prüfer von ihm ohne spezifisch darauf gerichtete Prüfung festgestellte Fehler in den der Gewinnprognose zugrunde liegenden Annahmen nicht übergehen, sondern vielmehr auf Korrektur des Fehlers bestehen, ohne dass er hierfür freilich eine Rechtspflicht übernimmt. Was der Prüfer jedoch untersucht, sind die **organisatorischen Maßnahmen**, die der Emittent zur Ermittlung der den Gewinn beeinflussenden Faktoren sowie der Annahmen über diese Faktoren getroffen hat.[79]
- *Grundlagen der Gewinnprognose.* Weiterer Gegenstand der Prüfung sind die Grundlagen der Gewinnprognose. Diese werden anhand der Erläuterungen zur Gewinnschätzung mit den bei der Erstellung des letzten veröffentlichten Abschlusses angewandten Rechnungslegungsgrundsätzen und -methoden sowie den Ausweis-, Bilanzierungs- und Bewertungsmethoden der Emittentin verglichen. Sofern sich Abweichungen ergeben, wird ferner geprüft, ob sie ausreichend in den Erläuterungen zur Gewinnprognose dargestellt sind (→ Rn. 28).

Der IDW Prüfungshinweis enthält in seinen Anhängen **Mustertexte für Bescheinigungen** zu Gewinnprognosen und -schätzungen, die auch eine Erläuterung des in dem Prüfungshinweis beschriebenen Umfangs der Prüfung enthalten. Ebenso enthält der IDW-Prüfungshinweis entsprechende Musterformulierungen für die Berichterstattung im Rahmen eines Comfort Letter. 47

Die Ausführungen über die Prüfung der Gewinnprognose in den vorangegangenen Textziffern gelten ebenso für die Prüfung einer Gewinnschätzung. 48

Sofern sich die Aufnahme einer Gewinnprognose in den Prospekt daraus ergibt, dass der (Konzern-)Lagebericht eine ausstehende und gültige Gewinnprognose enthält, ist zu beachten, dass die Prüfung einer im Lagebericht befindlichen Gewinnprognose nicht mit einer Prüfung im Sinne des IDW Prüfungshinweises vergleichbar ist. Während die Prüfung des (Konzern-)Lageberichts gem. IDW PS 350 (nF) darauf ausgerichtet ist, ob der (Konzern-)Lagebericht mit dem (Konzern- bzw.) Jahresabschluss in Einklang steht und insgesamt ein zutreffendes Bild von der Lage des (Konzerns bzw.) Unternehmens vermittelt 49

---

75 IDW PH 9.910.2, Rn 7.
76 Vgl. IDW PH 9.910.1, Tz. 14.
77 Vgl. IDW PH 9.910.1, Tz. 13.
78 *Fingerhut/Voß*, in: Just/Voß/Ritz/Zeising, WpPG, 2009, Anhang I ProspektVO Rn. 203.
79 Vgl. IDW PH 9.910.1, Tz. 15.

sowie die Chancen und Risiken der zukünftigen Entwicklung zutreffend dargestellt sind,[80] ist Ziel der Prüfung einer Gewinnprognose (wie oben beschrieben) die Bestätigung der rechnerisch richtigen Ermittlung sowie die Aufstellung im Einklang mit den Bilanzierungs- und Bewertungsmethoden der Emittentin sowie den von der Unternehmensleitung identifizierten Faktoren und getroffenen Annahmen.

50 Folglich kann das Prüfungsurteil über den Lagebericht (insgesamt) nicht genutzt werden, um die Erklärung des Emittenten zur Gewinnprognose zu stützen. Damit der Wirtschaftsprüfer über die Prüfung der Gewinnprognose berichten kann, sind in aller Regel weitergehende umfangreiche Prüfungshandlungen erforderlich, beispielsweise in Bezug auf die getroffenen Faktoren und Annahmen und ob die Gewinnprognose im Einklang mit den Bilanzierungs- und Bewertungsmethoden der Emittentin stehen.

---

80 Vgl. § 322 Abs. 6 Satz 1 HGB.

Abschnitt 12
Verwaltungs-, Leitungs- und Aufsichtsorgan und oberes Management

Punkt 12.1

Name und Geschäftsanschrift folgender Personen sowie Angabe ihrer Stellung beim Emittenten und der wichtigsten Tätigkeiten, die sie neben der Tätigkeit beim Emittenten ausüben, sofern diese für den Emittenten von Bedeutung sind:

a) Mitglieder des Verwaltungs-, Leitungs- oder Aufsichtsorgans;

b) persönlich haftende Gesellschafter bei einer Kommanditgesellschaft auf Aktien;

c) Gründer, wenn es sich um eine Gesellschaft handelt, die seit weniger als fünf Jahren besteht;

d) sämtliche Mitglieder des oberen Managements, die für die Feststellung relevant sind, ob der Emittent über die für die Führung der Geschäfte erforderliche Kompetenz und Erfahrung verfügt.

Art einer etwaigen verwandtschaftlichen Beziehung zwischen den unter den Buchstaben a bis d genannten Personen.

Für jedes Mitglied des Verwaltungs-, Leitungs- oder Aufsichtsorgans des Emittenten und für jede der in Unterabsatz 1 Buchstaben b und d genannten Personen detaillierte Angabe der einschlägigen Managementkompetenz und -erfahrung sowie folgende Angaben:

a) Namen sämtlicher Unternehmen und Gesellschaften, bei denen die besagte Person während der letzten fünf Jahre Mitglied des Verwaltungs-, Leitungs- oder Aufsichtsorgans bzw. Partner war, unter Angabe der Tatsache, ob die Mitgliedschaft in diesen Organen oder als Partner weiter fortbesteht. Es ist nicht erforderlich, sämtliche Tochtergesellschaften des Emittenten aufzulisten, bei denen die betreffende Person ebenfalls Mitglied des Verwaltungs-, Leitungs- oder Aufsichtsorgans ist;

b) detaillierte Angaben zu etwaigen Schuldsprüchen in Bezug auf betrügerische Straftaten während zumindest der letzten fünf Jahre;

c) detaillierte Angaben über etwaige Insolvenzen, Insolvenzverwaltungen, Liquidationen oder unter Zwangsverwaltung gestellte Unternehmen in Zusammenhang mit den in Unterabsatz 1 unter Buchstaben a und d genannten Personen, die in diesen Funktionen zumindest in den vergangenen fünf Jahren tätig waren;

d) detaillierte Angaben zu etwaigen öffentlichen Anschuldigungen und/oder Sanktionen in Bezug auf die genannten Personen vonseiten der gesetzlichen Behörden oder der Regulierungsbehörden (einschließlich bestimmter Berufsverbände) und eventuell Angabe des Umstands, ob diese Personen jemals von einem Gericht für die Mitgliedschaft im Verwaltungs-, Leitungs- oder Aufsichtsorgan eines Emittenten oder für die Tätigkeit im Management oder die Führung der Geschäfte eines Emittenten während zumindest der letzten fünf Jahre als untauglich angesehen wurden.

Liegen keine der genannten Umstände vor, ist eine entsprechende Erklärung abzugeben.

Punkt 12.2

Verwaltungs-, Leitungs- und Aufsichtsorgan und oberes Management – Interessenkonflikte

Potenzielle Interessenkonflikte zwischen den Verpflichtungen der unter Punkt 12.1 genannten Personen gegenüber dem Emittenten und ihren privaten Interessen oder sonstigen Verpflichtungen müssen klar angegeben werden. Falls keine derartigen Konflikte bestehen, ist eine entsprechende Erklärung abzugeben.

Ferner ist jegliche Vereinbarung oder Abmachung mit den Hauptaktionären, Kunden, Lieferanten oder sonstigen Personen zu nennen, aufgrund deren eine unter Punkt 12.1 genannte Person zum Mitglied eines Verwaltungs-, Leitungs- oder Aufsichtsorgans bzw. zum Mitglied des oberen Managements bestellt wurde.

Zudem sind die Einzelheiten aller Veräußerungsbeschränkungen anzugeben, die die unter Punkt 12.1 genannten Personen für die von ihnen gehaltenen Wertpapiere des Emittenten für einen bestimmten Zeitraum vereinbart haben.

Übersicht

	Rn.		Rn.
I. **Überblick**	1	c) Interessenkonflikte	17
II. **Anforderungen**	5	d) Grundlagen der Bestellung	21
1. Relevante Organe/Personen	5	e) Veräußerungsbeschränkungen	22
2. Relevante Angaben	11	III. **Informationsbasis und Prospekt-**	
a) Angaben zur Person	11	**darstellung**	23
b) Angaben zur Management-kompetenz und -erfahrung	13		

I. Überblick

1 Die Mindestanforderungen an die Offenlegung im Prospekt in Bezug auf Verwaltungs-, Leitungs- und Aufsichtsorgane sowie das obere Management zielen darauf ab, Informationen zur Verfügung zu stellen, die es den Investoren ermöglichen, sich ein Bild von der **Expertise und den Qualifikationen** der für die Führung des Emittenten verantwortlichen Personen und ihrer **Beziehungen zu dem Emittenten und zu anderen Unternehmen** zu machen. Unter diesem Blickwinkel ist auch die Offenlegung von detaillierten Informationen über betrügerische Straftaten, öffentliche Anschuldigungen oder verhängte Sanktionen sowie die Beteiligung an Insolvenzen gefordert. Erstgenanntes kann die Integrität einer Führungsperson in Frage stellen; ob letztgenanntes Indiz für fehlende Qualifikation ist, wird von den Umständen des Insolvenzfalles abhängen. Ein weiterer Schwerpunkt der Offenlegung zielt darauf ab, andere Organstellungen oder Beziehungen der betreffenden Personen transparent zu machen, welche deren zeitliche Verfügbarkeit für die Führungsaufgaben beim Emittenten einschränken oder potenzielle Interessenkonflikte, also die Gefahr, dass sie die Interessen anderer Unternehmungen oder Personen über die Interessen des Emittenten stellen könnten, begründen.

2 Die Angaben nach Abschnitt 12 von Anhang 1 zur VO (EU) 2019/980 sind in Zusammenhang mit den sie ergänzenden Angaben nach Abschnitt 13 (Vergütungen und sonstige Leistungen), Abschnitt 14 (Praktiken der Geschäftsführung) und Punkt 15.2 (Aktienbesitz und Aktienoptionen) zu sehen.[1] Darüber hinaus können sich auch mittelbar Offenlegungspflichten des Emittenten in Bezug auf seine Organe im Prospekt ergeben. So sieht Punkt 14.4 vor, dass der Emittent (auch ein Börsenneuling) eine Erklärung dahingehend abgeben muss, ob bzw. inwieweit er den auf ihn anwendbaren Corporate-Governance-Regelungen genügen wird. Für deutsche Emittenten resultiert daraus die Verpflichtung, im Prospekt eine **Entsprechenserklärung zum Deutschen Corporate Governance Kodex** abzugeben und bei Nichteinhaltung einer Empfehlung des Kodex zu erklären, warum der

---

[1] Siehe jeweils die dortige Kommentierung.

Emittent diese Empfehlung nicht einhält.[2] Auf diese Weise können sich aus dem Deutschen Corporate Governance Kodex mittelbar Offenlegungspflichten (insbesondere auch zur Organvergütung) ergeben, die im Rahmen der Prospekterstellung zu berücksichtigen sind. Ferner sind – neben den eher retrospektiven Angaben gemäß Abschnitt 12 – seit der Neufassung durch die VO (EU) 2019/980 auch **zukünftige Änderungen in der Zusammensetzung des Leitungsorgans** (und von Ausschüssen) anzugeben, sofern diese bereits beschlossen wurden (Punkt 14.5).

Offenlegungspflichten in Bezug auf die Organmitglieder können sich schließlich aus anderen Ziffern des Anhangs 1 zur VO (EU) 2019/980 ergeben. Hier sei insbesondere Abschnitt 17 (Geschäfte mit verbundenen Parteien) genannt.[3] Organmitglieder gehören zu den mit dem Emittenten verbundenen Parteien im Sinne von Abschnitt 17. Daher sind beispielsweise **Geschäfte, die zwischen Emittent und Vorstands- oder Aufsichtsratsmitgliedern bestehen** (z.B. Kredite, Beratungsverträge mit Aufsichtsratsmitgliedern), im Prospekt offenzulegen. 3

Im Prospekt werden alle diese Angaben in der Regel in einem eigenen Kapitel über die „Organe des Emittenten" (Governing Bodies of the Company) zusammengefasst (siehe → Rn. 23 ff.).[4] Durch die VO (EU) 2019/980 eingeführte Änderungen von Abschnitt 12 gegenüber der Vorgängervorschrift aus der VO (EG) 809/2004 (Ziffer 14) sind fast ausschließlich redaktioneller Natur. 4

II. Anforderungen

1. Relevante Organe/Personen

Punkt 12.1 zählt zunächst diejenigen Personen auf, für die Angaben zu machen sind. Hierzu gehören die Mitglieder des **Aufsichtsrats** und des **Vorstands**, Mitglieder des **oberen Managements**, bei einer KGaA die **persönlich haftenden Gesellschafter** und, wenn der Emittent seit weniger als fünf Jahren besteht, die **Gründer** des Emittenten.[5] Zu Letzteren setzen Abschnitt 12 ff. von Anhang 1 zur VO (EU) 2019/980 implizit voraus, dass es sich dabei um natürliche Personen handelt. Bei einer Gründung durch juristische Personen sind entsprechend deren Name, Sitz und Unternehmensgegenstand anzugeben.[6] 5

Allerdings folgt das Offenlegungskonzept der Abschnitte 12, 13 und 14 von Anhang 1 zur VO (EU) 2019/980 einem **abgestuften Modell** und es sind nicht sämtliche Angaben zu allen in Punkt 12.1 genannten Personengruppen zu machen. So sind etwa – während Inte- 6

---

2 Der Deutsche Corporate Governance Kodex ist selbst dann nicht auf ausländische Emittenten anwendbar, wenn diese (ausschließlich) an einem regulierten Markt in Deutschland gelistet sind, vgl. dritter Absatz der Präambel des Deutschen Corporate Governance Kodex („deutsche börsennotierte Gesellschaften").
3 Siehe die dortige Kommentierung.
4 *Schlitt/Ries*, in: Assmann/Schlitt/von Kopp-Colomb, Prospektrecht Kommentar, Anhang 1 VO (EU) 2019/980 Rn. 106.
5 Zum relevanten Gründungsdatum einer Gesellschaft siehe vorstehend zu Punkt 4.1 Rn. 4; zum alten Recht bzgl. Ziffer 5.1.3 von Anhang I zur VO (EG) 809/2004 *Fingerhut/Voß*, in: Just/Voß/Ritz/Zeising, WpPG, 2009, Anhang I ProspektVO Rn. 96.
6 *Schlitt/Ries*, in: Assmann/Schlitt/von Kopp-Colomb, Prospektrecht Kommentar, Anhang 1 VO (EU) 2019/980 Rn. 111.

ressenkonflikte (Punkt 12.2) für alle genannten Personengruppen offenzulegen sind – die Angaben zur einschlägigen Managementkompetenz und -erfahrung sowie zu betrügerischen Straftaten, öffentlichen Anschuldigungen, verhängten Sanktionen und die Beteiligung an Insolvenzen nicht für Gründer und letztere auch nicht für persönlich haftende Gesellschafter einer KGaA zu machen (Punkt 12.1). Abschnitt 13 (Vergütung und sonstige Leistungen) findet grundsätzlich nur auf Organmitglieder und das obere Management und Abschnitt 14 (Praktiken der Geschäftsführung) sogar nur auf Organmitglieder Anwendung.

7 In Bezug auf die Organmitglieder sind die Angaben grundsätzlich nur für die **aktuell als Organmitglieder bestellten Personen** zu machen.[7] Dies gilt entsprechend für Personen, die zum oberen Management gehören. Auch in Bezug auf beurlaubte oder freigestellte Personen, deren organschaftliche Bestellung bzw. deren Anstellungsverhältnis noch besteht, sind die Angaben, unter Offenlegung der Beurlaubung oder Freistellung sowie der Gründe dafür, im Prospekt vorzusehen. Besteht hinreichende Klarheit, dass ein Organmitglied zu einem festgelegten Zeitpunkt aus seiner Funktion ausscheiden wird, so ist auch dieser Umstand offenzulegen. Ist eine Person als zukünftiges Organmitglied bereits per entsprechendem Beschluss vorgesehen bzw. bestellt, sind die Angaben gemäß Punkt 14.5 auch in Bezug auf diese Person aufzunehmen. Soweit ein solcher Beschluss noch nicht gefasst wurde, die Bestellung aber vorgesehen ist, empfiehlt es sich, die Angaben betreffend diese Person dennoch vorsorglich aufzunehmen.[8] Dies kann beispielsweise der Fall sein, wenn ein Generalbevollmächtigter eines Kreditinstituts zur Bestellung als Vorstand vorgesehen ist, aber die Zulassung als Geschäftsleiter durch die Bundesanstalt für Finanzdienstleistungsaufsicht noch nicht vorliegt.

8 Der Wortlaut des Punktes 12.1 erfasst demgegenüber nicht Mitglieder eines Beirats. Vorsorglich sollten jedoch – auch unter Haftungsgesichtspunkten – grundsätzlich die Angaben, die für Mitglieder des Aufsichtsrats zu machen sind, auch für Mitglieder des Beirats in den Prospekt aufgenommen werden. Dies empfiehlt sich insbesondere dann, wenn davon auszugehen ist, dass der Beirat Einfluss auf den Emittenten und die Organe des Emittenten (etwa in Form einer besonderen fachlichen Expertise)[9] nehmen kann, oder wenn der Beirat gemäß seiner Geschäftsordnung bzw. dem Gesellschaftsvertrag des Emittenten über Zustimmungs- oder andere Mitwirkungsrechte verfügt.[10]

---

[7] *Voß*, in: Just/Voß/Ritz/Zeising, Wertpapierprospektrecht, Anhang 1 VO (EU) 2019/980 Rn. 133.

[8] Vgl. zu den Angaben betreffend zukünftige, ausscheidende sowie bereits ausgeschiedene Organmitglieder beispielsweise den Zulassungsprospekt der Siemens Energy AG vom 7.9.2020 (insbesondere Wechsel mehrerer Aufsichtsratsmitglieder bedingt durch das Wirksamwerden der Abspaltung (Spin-Off) von der Siemens AG). Die BaFin hat in der Vergangenheit vereinzelt betont, dass sämtliche Aussagen hinsichtlich noch nicht bestellter Organmitglieder sowie der gemäß Ziffer 14 von Anhang I zur VO (EG) 809/2004 darzustellenden Informationen bis zur Wirksamkeit der Bestellung unter Vorbehalt anzugeben sind.

[9] Vgl. beispielsweise den Prospekt der WILEX AG vom 6.8.2012 (medizinischer Beirat, dessen Expertise u. a. bei der Festlegung künftiger Entwicklungsstrategien von Arzneimitteln besondere Relevanz besitzt, deren Erforschung, Herstellung, Zulassung und Vertrieb die Geschäftstätigkeit des Emittenten ausmachen).

[10] *Voß*, in: Just/Voß/Ritz/Zeising, Wertpapierprospektrecht, Anhang 1 VO (EU) 2019/980 Rn. 134, a. A. *Schlitt/Ries*, in: Assmann/Schlitt/von Kopp-Colomb, Prospektrecht Kommentar, Anhang 1 VO (EU) 2019/980 Rn. 110. Eine zwingende Aufnahme der Angaben auch zu Beiratsmitgliedern

Unter Punkt 12.1 Abs. 1 lit. d fallen diejenigen Mitglieder des oberen Managements, deren Erfahrungen und Kenntnisse für die Leitung des Unternehmens relevant sind.[11] Ob es solche Personen im Unternehmen des Emittenten gibt, ist in erster Linie vom Emittenten einzuschätzen.[12] Grundsätzlich fallen hierunter nur solche Mitglieder des oberen Managements, die **für das Unternehmen eine vergleichbare Bedeutung haben wie Vorstandsmitglieder**.[13] Hierunter werden in der Regel nicht sämtliche Mitglieder der zweiten Managementebene fallen, sondern, wenn überhaupt, allenfalls einige wenige Manager. Zu denken ist etwa an die Geschäftsführer wesentlicher Tochterunternehmen,[14] schwer ersetzbare Know-how-Träger, die für die Führung des Unternehmens zentral sind,[15] Generalbevollmächtigte des Emittenten[16] oder Personen, denen die eigenverantwortliche Leitung wesentlicher Segmente oder Geschäftsbereiche des Emittenten obliegt.[17] Der Begriff des oberen Managements deckt sich indes nicht mit dem (engen Begriff) der Person, die Führungsaufgaben wahrnimmt, in Art. 3 Abs. 1 Marktmissbrauchsverordnung, wovon nach der Verwaltungspraxis der BaFin nur Personen erfasst sind, die strategische Entscheidungen für das Gesamtunternehmen treffen können. Spätestens bei Vorliegen eines Zustimmungsvorbehalts des Vorstands ist eine Person nicht als Mitglied des oberen Managements einzustufen.[18]

9

Aufgrund der **Einschätzungsprärogative des Emittenten** enthalten Prospekte vielfach keine Angaben zu Mitgliedern des oberen Managements oder beschränken sich auf den Hinweis, dass der Emittent aufgrund seiner Organisationsstruktur nicht über ein oberes Management (im Sinne der VO (EU) 2019/980) verfüge.[19] Immerhin sind in Fällen, in

10

---

sollte u. E. – abhängig von den Umständen des Einzelfalls – wahrscheinlich eher die Ausnahme sein.

11 *Voß*, in: Just/Voß/Ritz/Zeising, Wertpapierprospektrecht, Anhang 1 VO (EU) 2019/980 Rn. 136; zum alten Recht *Wiegel*, Die Prospektrichtlinie und Prospektverordnung, 2008, S. 249.
12 *Schlitt/Ries*, in: Assmann/Schlitt/von Kopp-Colomb, Prospektrecht Kommentar, Anhang 1 VO (EU) 2019/980 Rn. 109.
13 Ähnlich auch *Voß*, in: Just/Voß/Ritz/Zeising, Wertpapierprospektrecht, Anhang 1 VO (EU) 2019/980 Rn. 136, der insoweit auf den Begriff des „leitenden Angestellten" im Sinne von § 14 Abs. 2 Satz 1 KSchG abstellen will. Zum alten Recht ebenso *Alfes/Wieneke*, in: Holzborn, WpPG, Anhang I ProspektVO Rn. 69.
14 *Schlitt/Ries*, in: Assmann/Schlitt/von Kopp-Colomb, Prospektrecht Kommentar, Anhang 1 VO (EU) 2019/980 Rn. 109; vgl. insoweit etwa den Prospekt der Deutsche Wohnen AG vom 27.11.2013 (Geschäftsführer einer direkten Tochtergesellschaft, die sämtliche Wohnimmobilien im Portfolio des Emittenten bewirtschaftet), den Prospekt der CANCOM SE vom 15.11.2013 (Geschäftsführer einer zur Evaluierung und Erschließung des amerikanischen Marktes gegründeten Tochtergesellschaft) oder den Prospekt der BAUER AG vom 16.6.2006 („Geschäftsführer der großen Konzerngesellschaften").
15 Vgl. insoweit den IPO-Prospekt der Katek SE vom 21.4.2021 (COO und wichtiger Know-how-Träger).
16 Vgl. beispielsweise den Prospekt der Deutsche Wohnen AG vom 27.11.2013 und Prospekt der Bastei Lübbe AG vom 13.9.2013 (im Rahmen eines Beratervertrages).
17 Vgl. etwa den IPO-Prospekt der Katek SE vom 21.4.2021 (COO und wichtiger Know-how-Träger) und Prospekt der Sky Deutschland AG vom 21.1.2013.
18 *Schlitt/Ries*, in: Assmann/Schlitt/von Kopp-Colomb, Prospektrecht Kommentar, Anhang 1 VO (EU) 2019/980 Rn. 109; vgl. auch Emittentenleitfaden der BaFin, 5. Aufl., Stand: 22.4.2020, Modul C., II.1.2.1 (Personen, die Führungsaufgaben wahrnehmen).
19 Vgl. beispielsweise den IPO-Prospekt der Exasol AG vom 14.5.2020 sowie die Prospekte der Gigaset AG vom 27.9.2013 und der Praktiker AG vom 29.11.2012.

denen relevante Mitglieder des oberen Managements identifiziert worden sind, zu diesen nicht nur die Angaben nach Abschnitt 12, sondern auch die nach Abschnitt 13 (Vergütung und andere Leistungen) zu machen (siehe → Rn. 6). In der Praxis finden sich daher nur selten Angaben zu Mitgliedern des oberen Managements.[20]

2. Relevante Angaben

a) Angaben zur Person

11 Für alle Personen, die zu den in Punkt 12.1 Abs. 1 lit. a bis d aufgeführten Personengruppen gehören, sind folgende Angaben zu machen:

12 Zu nennen sind der **vollständige Name** und die (ladungsfähige) Geschäftsanschrift. Die **Adresse des Emittenten** reicht hierfür aus; die Angabe der Privatadresse ist nicht erforderlich.[21] Anzugeben sind weiterhin die **Positionen**, die die betreffende Person beim Emittenten innehat. Außerdem sind die **wichtigsten Tätigkeiten** anzugeben, die die betreffende Person **neben der Tätigkeit beim Emittenten** ausübt, sofern diese Tätigkeiten für den Emittenten von Bedeutung sind. Eingrenzungen nur auf Tätigkeiten in kommerziellen Unternehmen, entgeltliche Tätigkeiten, auf Tätigkeiten in Organen von Unternehmen oder sonstige Eingrenzungen sind vom Wortlaut nicht vorgesehen.[22] Ob eine Tätigkeit für den Emittenten von Bedeutung ist, ist in erster Linie vom Emittenten zu beurteilen. Maßgeblich dürfte hierbei sein, ob sich aus der Tätigkeit wesentliche zeitliche Konflikte oder Interessenkonflikte ergeben können.[23] Offenzulegen sind außerdem etwaige **verwandtschaftliche Beziehungen** zwischen Personen, die zu den in Punkt 12.1 a) bis d) aufgeführten Personengruppen gehören. Ob verwandtschaftliche Beziehungen bestehen, ist nach den maßgeblichen Vorschriften des BGB (§§ 1297 ff. BGB) zu beurteilen.[24]

---

20 Siehe die Fn. 14, 15, 16 und 17.
21 *Voß*, in: Just/Voß/Ritz/Zeising, Wertpapierprospektrecht, Anhang 1 VO (EU) 2019/980 Rn. 137. In der Praxis findet sich daher vielfach die Formulierung: „Die Mitglieder des Vorstands sind über die Geschäftsadresse der Gesellschaft erreichbar" oder die englische Entsprechung.
22 Der Begriff ist daher nicht deckungsgleich mit § 285 Nr. 10 HGB (Angabe von Mitgliedschaften in Aufsichtsräten und anderen Kontrollgremien im Sinne des § 125 Abs. 1 Satz 5 AktG), so auch *Schlitt/Ries*, in: Assmann/Schlitt/von Kopp-Colomb, Prospektrecht Kommentar, Anhang 1 VO (EU) 2019/980 Rn. 106. Ebenso *Voß*, in: Just/Voß/Ritz/Zeising, Wertpapierprospektrecht, Anhang 1 VO (EU) 2019/980 Rn. 138.
23 Vgl. beispielsweise den Kapitalerhöhungsprospekt der HolidayCheck Group AG vom 21.1.2021 (ein Mitglied des Aufsichtsrats des Emittenten ist gleichzeitig Mitglied des Beirats der Burda Digital SE, des Hauptaktionärs der Emittentin, sowie Mitglied des Aufsichtsrats der Falkensteiner Michaeler Tourism Group AG, einem Kunden und zugleich potenziellen Wettbewerber des Emittenten). *Voß*, in: Just/Voß/Ritz/Zeising, Wertpapierprospektrecht, Anhang 1 VO (EU) 2019/980 Rn. 138.
24 *Schlitt/Ries*, in: Assmann/Schlitt/von Kopp-Colomb, Prospektrecht Kommentar, Anhang 1 VO (EU) 2019/980 Rn. 107; *Voß*, in: Just/Voß/Ritz/Zeising, Wertpapierprospektrecht, Anhang 1 VO (EU) 2019/980 Rn. 139.

b) Angaben zur Managementkompetenz und -erfahrung

Für alle Personen, die zu den in Punkt 12.1 Abs. 1 lit. a, b und d aufgeführten Personengruppen gehören (d.h. lediglich mit Ausnahme der Gründer – siehe aber → Rn. 15, 3. Spiegelstrich), sind außerdem folgende Angaben zu machen: 13

Zunächst sind für die betreffenden Personen detaillierte Angaben zur **einschlägigen Managementkompetenz und -erfahrung** zu machen. Dies geschieht in der Praxis regelmäßig durch eine deskriptive Darstellung des Lebenslaufs (zumeist mit Geburtsdatum, Ausbildung/Studium, beruflicher Laufbahn seit Berufsbeginn unter Nennung der Unternehmen, bei denen die betreffende Person tätig war, der Positionen und der wesentlichen Aufgaben, die die betreffende Person dort ausübte, sowie der jeweils relevanten Zeiträume). 14

Anzugeben sind für den **Zeitraum der letzten fünf Jahre** (ab dem Datum des Prospekts)[25] ferner folgende Informationen: 15

– Punkt 12.1 Abs. 3 lit. a: Die **Namen sämtlicher Unternehmen und Gesellschaften**, bei denen die betreffende Person innerhalb der letzten fünf Jahre Mitglied eines Verwaltungs-, Leitungs- oder Aufsichtsorgans bzw. Partner war. Offenzulegen ist auch, ob diese Ämter fortbestehen oder wann sie geendet haben. Nicht erforderlich ist es, sämtliche Tochtergesellschaften des Emittenten aufzulisten, bei denen die betreffende Person ebenfalls Mitglied des Verwaltungs-, Leitungs- oder Aufsichtsorgans ist. Allerdings kann es im Einzelfall ratsam sein, besonders wichtige konzerninterne Positionen offenzulegen, insbesondere dann, wenn sich daraus Interessenkonflikte ergeben können. In Fällen, in denen eine Person innerhalb einer konzernfremden Gruppe in einer Vielzahl von Gesellschaften (z.B. Objekt- oder Projektgesellschaften) Organstellungen innehat oder innehatte, ist es ggf. möglich, nur die wesentlichen Konzerngesellschaften zu nennen und auf weitere Organmitgliedschaften in weiteren, untergeordneten Gruppengesellschaften hinzuweisen.[26]

– Punkt 12.1 Abs. 3 lit. b: Detaillierte Angaben zu etwaigen **Schuldsprüchen** in Bezug auf **betrügerische Straftaten**. Darunter fallen z.B. Verurteilungen wegen Betrugs, Untreue, Steuerhinterziehung, Marktmanipulation, Insiderhandel, Bilanzfälschung, Urkundenfälschung, Falschangabe-Delikte, Insolvenzdelikte.[27] Dabei ist es nicht erforderlich, dass das Urteil rechtskräftig geworden ist; vielmehr sind auch erstinstanzliche Urteile anzugeben. Ein rechtskräftiger Strafbefehl in Bezug auf eine betrügerische Straftat ist ebenfalls offenzulegen (vgl. § 410 Abs. 3 StPO). Der Erlass eines Strafbefehls, gegen den vollumfänglich Einspruch erhoben wurde, qualifiziert nicht als Schuldspruch, steht aber einer Eröffnung des Hauptverfahrens gleich (§ 407 Abs. 1

---

25 Voß, in: Just/Voß/Ritz/Zeising, Wertpapierprospektrecht, Anhang 1 VO (EU) 2019/980 Rn. 140.
26 Vgl. beispielsweise den Zulassungsprospekt der Daimler Truck Holding AG vom 26.11.2021 (ein Mitglied des Aufsichtsrats der Emittentin war von 2014 bis 2020 Vorstandsmitglied und bekleidete zugleich Organstellungen („further seats within subsidiaries of") in Tochterunternehmen der Scania CV AB) oder den Zulassungsprospekt der The Social Chain AG vom 11.11.2021 (ein zukünftiges Mitglied des Vorstands ist zugleich Geschäftsführer der DS Holding GmbH und verschiedener ihrer Tochterunternehmen („Various Subsidiaries")). Voß, in: Just/Voß/Ritz/Zeising, Wertpapierprospektrecht, Anhang 1 VO (EU) 2019/980 Rn. 140.
27 Eine erste, wenn auch nicht abschließende Orientierungshilfe gibt § 6 Abs. 2 Satz 2 Nr. 3 GmbHG, der Personen, die bestimmte Straftaten begangen haben, für die Dauer von fünf Jahren (ab Rechtskraft des Urteils) davon ausschließt, als Geschäftsführer einer GmbH tätig zu sein; Entsprechendes gilt gemäß § 76 Abs. 3 Satz 1 Nr. 3 AktG für den Vorstand einer AG.

Satz 4 StPO) und ist deshalb ggf. als „öffentliche Anschuldigung" im Sinne von Punkt 12.1 Abs. 3 lit. d offenzulegen.
- Punkt 12.1 Abs. 3 lit. c: Detaillierte Angaben zu **Insolvenzen, Insolvenzverwaltungen, Liquidationen oder unter Zwangsverwaltung gestellten Unternehmen,** an denen Mitglieder des Aufsichtsrats, des Vorstands oder des oberen Managements des Emittenten beteiligt waren (das Offenlegungserfordernis gilt somit nicht nur nicht für Gründer, sondern auch nicht für persönlich haftende Gesellschafter einer KGaA), allerdings nur dann, wenn sie während der letzten fünf Jahre Mitglied des Aufsichtsrats, des Vorstands oder des oberen Managements der insolventen, liquidierten oder unter Zwangsverwaltung gestellten Gesellschaft waren.[28] Unter die offenzulegenden Insolvenzverfahren fallen nicht nur abgeschlossene Insolvenzverfahren, sondern **laut ESMA auch laufende oder bevorstehende** Verfahren.[29] Dazu zählen auch eingeleitete Insolvenzverfahren, die später aufgehoben wurden oder werden sollen, z.B. infolge der Bestätigung eines Insolvenzplans (vgl. §§ 258, 254 InsO). In der Regel wird es sinnvoll und möglicherweise auch erforderlich sein, Angaben zu den Gründen für die Eröffnung des Insolvenzverfahrens und die Umstände des Abschlusses bzw. der Aufhebung zu machen. Abhängig von den Umständen mag es auch angezeigt sein, zu der Art der Verantwortung und Involvierung der betreffenden Person in Bezug auf die Insolvenz Stellung zu nehmen.[30] Angaben in Bezug auf Restrukturierungssachen nach dem Unternehmensstabilisierungs- und -restrukturierungsgesetz (StaRUG) sind vom Wortlaut der Vorschrift zwar nicht erfasst, aufgrund der Sachnähe zum Themenkomplex Insolvenzen und Zwangsverwaltung empfiehlt es sich jedoch, falls zutreffend, im Interesse der Transparenz, entsprechende Angaben zu machen.
- Punkt 12.1 Abs. 3 lit. d: Detaillierte Angaben zu **öffentlichen Anschuldigungen** oder **Sanktionen** durch gesetzliche oder Regulierungsbehörden oder Berufsverbände innerhalb der letzten fünf Jahre.[31] Gemäß der BaFin-Praxis stellt erst die **Erhebung der öffentlichen Klage** eine öffentliche Anschuldigung dar, nicht aber bereits Ermittlungen der Staatsanwaltschaft im Rahmen eines Ermittlungsverfahrens aufgrund eines Anfangsverdachts (§ 152 Abs. 2 StPO).[32] Erst mit Erhebung der öffentlichen Klage geht die Staatsanwaltschaft von einem hinreichenden Tatverdacht und somit von einer überwiegenden Wahrscheinlichkeit für eine Verurteilung aus (vgl. § 170 Abs. 1 StPO). Vor-

---

28 Vgl. darüber hinausgehend jedoch die Nennung eines Mitglieds des Aufsichtsrats als Mitglied des – vom Wortlaut des Abschnitts 12 von Anhang 1 zur VO (EU) 2019/980 nicht erfassten – Beirats einer insolventen Gesellschaft im Zulassungsprospekt der Novem Group S.A. vom 15.7.2021.
29 ESMA, Questions and Answers on the Prospectus Regulation (ESMA31-62-1258), Version 12 v. 3.2.2023, A14.4.
30 Vgl. etwa den IPO-Prospekt der SFC Energy AG vom 11.7.2022 (ein Mitglied des Aufsichtsrats genehmigte als Aufsichtsratsmitglied der ALNO AG einen Antrag auf Eröffnung eines Insolvenzverfahrens in Eigenverwaltung).
31 Die durch die VO (EU) 2019/980 (und ebenso zuvor auch die VO (EG) 809/2004) implementierte Fünf-Jahres-Grenze gilt trotz ihres teilweise missverständlichen Wortlauts nach vorzugswürdiger Ansicht nicht nur für eine Untauglichkeitserklärung durch ein Gericht, sondern darüber hinaus auch für die Anschuldigungen durch Behörden und Berufsverbände. Ebenso *Voß*, in: Just/Voß/ Ritz/Zeising, Wertpapierprospektrecht, Anhang 1 VO (EU) 2019/980 Rn. 144.
32 *Schlitt/Ries*, in: Assmann/Schlitt/von Kopp-Colomb, Prospektrecht Kommentar, Anhang 1 VO (EU) 2019/980 Rn. 108; *Voß*, in: Just/Voß/Ritz/Zeising, Wertpapierprospektrecht, Anhang 1 VO (EU) 2019/980 Rn. 142. Siehe auch BGH, Urt. v. 16.6.2015 – VI ZR 104/14.

sorglich sollte eine Anklageerhebung auch dann im Prospekt dargestellt werden, wenn es später zu einer Verfahrenseinstellung gekommen ist.[33] Lehnt jedoch das Gericht die Eröffnung des Hauptverfahrens ab (vgl. § 204 Abs. 1 StPO), spricht viel dafür, dass auch die vom Gericht abgelehnte öffentliche Klage der Staatsanwaltschaft nicht mehr als prospektrelevant zu qualifizieren sein sollte. Nicht ausgeschlossen ist es allerdings, dass sich aus den konkreten Umstände ergibt, dass auch eine staatsanwaltschaftliche Ermittlung eine für Investoren wesentliche und damit offenlegungspflichtige Information ist.[34] Sofern ein Gericht innerhalb der letzten fünf Jahre eine **Person als untauglich befunden** hat, ein Unternehmen zu führen oder zu beaufsichtigen, ist auch dies offenzulegen.[35] Hierunter können beispielsweise die Verhängung eines Berufsverbots gemäß § 70 StGB oder das Verbot gemäß § 6 Abs. 2 Satz 2 Nr. 3 GmbHG bzw. § 76 Abs. 3 Satz 1 Nr. 3 AktG fallen, infolge der Begehung von Insolvenzstraftaten oder anderen dort aufgezählten Straftaten als Geschäftsführer einer GmbH bzw. als Vorstand einer AG tätig zu sein. Unbeschadet ihrer Qualifikation als „Behörde" (und nicht als „Gericht") sollte vorsorglich auch die **Beurteilung der BaFin in Bezug auf eine Person**, als Geschäftsleiter eines Kreditinstituts, Finanzdienstleistungsinstituts oder einer Versicherungsgesellschaft wegen fehlender Zuverlässigkeit nicht geeignet zu sein, offengelegt werden.

Sofern für eine Person keine oder einzelne der vorstehenden Informationsanforderungen nicht zutreffen (z. B. weil in den letzten fünf Jahren kein Schuldspruch oder keine Beteiligung an einer Insolvenz vorliegt), ist eine explizite **Negativerklärung** in den Prospekt aufzunehmen. Nach teilweise vertretener Ansicht soll unter Hinweis auf den Wortlaut von Punkt 1.2 auch insoweit die Aufnahme eines einschränkenden Zusatzes „nach Kenntnis" statthaft sein.[36] Demgegenüber weisen andere darauf hin, dass die Einschränkung der Aussagen nach Abschnitt 12 auf das „beste Wissen" des Emittenten nach Auffassung der BaFin als unzulässige Einschränkung einer Pflichtangabe beanstandet wurde.[37]

16

c) Interessenkonflikte

Gemäß Punkt 12.2 sind potenzielle **Interessenkonflikte** zwischen den Verpflichtungen[38] der in Punkt 12.1 genannten Personen **gegenüber dem Emittenten** und ihren **privaten Interessen oder sonstigen Verpflichtungen** klar anzugeben. Zunächst ist vorsorglich davon auszugehen, dass Angaben zu Interessenkonflikten tatsächlich für alle Personen, die

17

---

33 *Schlitt/Ries*, in: Assmann/Schlitt/von Kopp-Colomb, Prospektrecht Kommentar, Anhang 1 VO (EU) 2019/980 Rn. 108; *Voß*, in: Just/Voß/Ritz/Zeising, Wertpapierprospektrecht, Anhang 1 VO (EU) 2019/980 Rn. 144.
34 Zum alten Recht offenlassend: BGH, NJW 2015, 236 Rn. 115 (Telekom-Musterentscheid).
35 *Voß*, in: Just/Voß/Ritz/Zeising, Wertpapierprospektrecht, Anhang 1 VO (EU) 2019/980 Rn. 144.
36 *Voß*, in: Just/Voß/Ritz/Zeising, Wertpapierprospektrecht, Anhang 1 VO (EU) 2019/980 Rn. 145 („dass die genannten Angaben ihres Wissens nach richtig sind").
37 *Schlitt/Ries*, in: Assmann/Schlitt/von Kopp-Colomb, Prospektrecht Kommentar, Anhang 1 VO (EU) 2019/980 Rn. 112. Zum alten Recht: *Schlitt/Schäfer*, AG 2008, 525, 534.
38 Für die Auslegung des Begriffs des Interessenkonfliktes verweisen *Alfes/Wieneke*, in: Holzborn, WpPG, Anhang 1 ProspektVO Rn. 71, zum alten Recht auf die Empfehlung der EU-Kommission vom 15.2.2005 zu den Aufgaben von nicht geschäftsführenden Direktoren/Aufsichtsratsmitgliedern börsennotierter Gesellschaften sowie zu den Ausschüssen des Verwaltungs-/Aufsichtsrats (2005/162/EG, ABl. L 52 vom 25.2.2005).

zu den in Punkt 12.1 Abs. 1 lit. a bis d genannten Personengruppen gehören, zu machen sind.[39] Angesichts der Zwischenüberschrift, die sich nur auf Interessenkonflikte bei den „Verwaltungs-, Leitungs- und Aufsichtsorganen und dem oberen Management" bezieht, erscheint dies nicht eindeutig, zumal die Offenlegung bezüglich Interessenkonflikten für Investoren primär im Hinblick auf diejenigen Personen von Interesse ist, die maßgeblichen Einfluss auf die Unternehmensführung haben, also in erster Linie die Mitglieder des Aufsichtsrats, des Vorstands und des oberen Managements. Gleichwohl bezieht sich die Norm ihrem Wortlaut nach auf die „in Punkt 12.1 genannten Personen" (einschließlich persönlich haftende Gesellschafter bei der KGaA und Gründer), ohne eine weitere Eingrenzung vorzunehmen.

18 Gute Unternehmensführung beinhaltet geeignete Maßnahmen seitens des Emittenten, um bestehende **Interessenkonflikte zu identifizieren** und geeignete **Regelungen für den Umgang mit ihnen** zu schaffen. Insofern ist der Emittent gefragt, die erforderlichen Informationen, die ihn in die Lage versetzen zu beurteilen, ob und in welchem Umfang potenzielle Interessenkonflikte bestehen, von den betreffenden Personen zu beschaffen.[40] Es gehört auch zu den gesellschaftsrechtlichen Pflichten der Organmitglieder und des oberen Managements, bestehende Interessenkonflikte gegenüber den Organen des Emittenten offenzulegen. Die gesellschaftsrechtlichen Offenlegungspflichten der Organmitglieder gegenüber dem Emittenten beziehen sich grundsätzlich auf bestehende Interessenkonflikte, nicht aber auf potenzielle Interessenkonflikte.[41] Insofern geht die prospektrechtliche Offenlegungspflicht nach Punkt 12.2 weiter, als dort auch potenzielle Interessenkonflikte offenzulegen sind, wobei es ohnehin keine klaren Grenzen zwischen bestehenden und potenziellen Interessenkonflikten zu geben scheint.

19 (Potenzielle) Interessenkonflikte können insbesondere dann vorliegen, wenn Organe **Doppelmandate** ausüben, zum Beispiel als Vorstandsmitglied beim Emittenten und als Vorstandsmitglied des Hauptaktionärs des Emittenten,[42] oder Beteiligungen am Emittenten oder einem Tochter- oder Mutterunternehmen des Emittenten oder entsprechende Aktien-

---

39 A. A. wohl *Voß*, in: Just/Voß/Ritz/Zeising, Wertpapierprospektrecht, Anhang 1 VO (EU) 2019/980 Rn. 146 („Führungs- und Kontrollpersonal"); unklar insoweit zum alten Recht *Alfes/Wieneke*, in: Holzborn, WpPG, Anhang I ProspektVO Rn. 71, die lediglich von Organmitgliedern sprechen.
40 Zum alten Recht ähnlich bereits CESR Prospectus Consultation Feedback Statement, Juli 2003, CESR/03-209, Tz. 50, vgl. jedoch auch das CESR Prospectus Consultation Feedback Statement, September 2003, CESR/03-301, Tz. 124, demzufolge dem Emittenten unbekannte Tatsachen gerade nicht in den Prospekt aufzunehmen seien, da es sich hierbei um eine allgemeine Regel handele; siehe dazu *Voß*, in: Just/Voß/Ritz/Zeising, Wertpapierprospektrecht, Anhang 1 VO (EU) 2019/980 Rn. 147.
41 Vgl. dazu etwa *Kremer*, in: Kremer u. a., Deutscher Corporate Governance Kodex, E.1 Rn. 5.
42 Vgl. ergänzend beispielsweise den Kapitalerhöhungsprospekt der HolidayCheck Group AG vom 21.1.2021 (Mitglieder des Aufsichtsrats des Emittenten sind zugleich der Mitglieder von Verwaltungsräten innerhalb der Burda-Group, deren Mutterunternehmen, Burda Digital SE, Hauptaktionär des Emittenten ist), den IPO-Prospekt der Vantage Towers AG vom 8.3.2021 (fünf Mitglieder des Aufsichtsrats bekleiden leitende Positionen bei Vodafone und halten Aktien der Vodafone Group Plc) oder den IPO-Prospekt der Mister Spex SE vom 22.6.2021 (ein Aufsichtsratsmitglied des Emittenten ist Head of M&A und Co-Chief Integration Officer der Essilor Luxottica SA, einem Ankerinvestor und zugleich Hauptlieferanten des Emittenten).

optionen halten.⁴³ In einem solchen Fall bedarf es der Offenlegung zu den möglichen Interessenkonflikten und zu den geltenden Regeln für deren Behandlung und den Pflichten des Doppelmandatsträgers gegenüber dem Emittenten einerseits und gegenüber dem Hauptaktionär andererseits. Ähnliche Transparenzanforderungen werden bestehen, wenn ein Organmitglied des Emittenten **von einem Beratungsunternehmen entsendet** ist (z.B. als Chief Restructuring Officer in einer Restrukturierungssituation), an dem die betreffende Person weiterhin beispielsweise als Partner beteiligt ist.⁴⁴ Entsprechendes gilt in Fällen, in denen die Gründer oder Organmitglieder des Emittenten parallel zu ihrer Rolle beim Emittenten in derselben Branche – u. U. ohne eine Organfunktion bei einer anderen Gesellschaft wahrzunehmen – andere, eigene Geschäftsinteressen verfolgen, wie dies bei sog. **Special Acquisition Purpose Companies (SPACs)** häufig der Fall ist.⁴⁵ Interessenkonflikte können sich unter Umständen auch aus konzerninternen Verpflichtungen ergeben, beispielsweise dann, wenn ein Vorstandsmitglied des Emittenten auch **Geschäftsführer einer wesentlichen Tochtergesellschaft** ist oder in einem Unternehmen mit mehreren Marken eine Marke leitet.⁴⁶ Auch aus **Verträgen** (z.B. Beraterverträge von Organmitgliedern – etwa Aufsichtsräten – oder diesen nahestehenden Personen) mit dem Emittenten oder Tochtergesellschaften des Emittenten oder aus Mandaten oder Rechtsbeziehungen zu Kunden oder Lieferanten des Emittenten können sich offenlegungspflichtige Interessenkonflikte ergeben;⁴⁷ solche Verträge sind ohnehin auch gemäß Punkt 14.2 offenzulegen.⁴⁸ Etwaige Risiken im Zusammenhang mit Interessenkonflikten sind ggf. im Kapitel Risikofaktoren darzustellen.⁴⁹

---

43 Vgl. hierzu beispielsweise den IPO-Prospekt der SFC Energy AG vom 11.7.2022, den IPO Prospekt der Vonovia SE vom 22.11.2021, den Kapitalerhöhungsprospekt der TUI AG vom 6.10.2021 oder den IPO Prospekt der AUTO1 Group SE vom 25.1.2021.
44 Vgl. Prospekt der Q-Cells SE vom 28.9.2010 (Tätigkeit eines Vorstandsmitglieds im Rahmen eines Beratungsvertrages, das zugleich Geschäftsführer des für den Emittenten tätigen Beratungsunternehmens ist).
45 Vgl. z.B. den Zulassungsprospekt der Lakestar SPAC I SE vom 19.2.2021, den Zulassungsprospekt der OboTech Acquisition SE vom 3.5.2021 oder den Zulassungsprospekt der 468 SPAC I SE vom 29.4.2021.
46 Vgl. den Kapitalerhöhungsprospekt der Vonovia SE vom 22.11.2021 (ein Vorstandsmitglied ist Partei eines Service Agreements mit einer Tochtergesellschaft (BUWOG Bauen und Wohnen GmbH) und CEO einer weiteren Tochtergesellschaft (BUWOG AG)).
47 Vgl. den Kapitalerhöhungsprospekt der Vonovia SE vom 22.11.2021 (ein Vorstandsmitglied ist Partei eines Service Agreements mit einer Tochtergesellschaft (BUWOG Bauen und Wohnen GmbH) und CEO einer weiteren Tochtergesellschaft (BUWOG AG)) und den Prospekt der Bastei Lübbe AG vom 13.9.2013 (Beratervertrag des früheren Vorsitzenden der Geschäftsführung des Emittenten).
48 Siehe zu den diesbezüglichen Offenlegungspflichten nach altem Recht in einem Fondsprospekt BGH, NJW-RR 2021, 1129, wonach der „Prospekt [...] die wesentlichen kapitalmäßigen und personellen Verflechtungen zwischen einerseits der Fondsgesellschaft, ihren Geschäftsführern und beherrschenden Gesellschaftern und andererseits den Unternehmen sowie deren Geschäftsführern und beherrschenden Gesellschaftern, in deren Hand die Beteiligungsgesellschaft die nach dem Prospekt durchzuführenden Vorhaben ganz oder wesentlich gelegt hat, darzustellen und über die diesem Personenkreis gewährten Sonderzuwendungen oder Sondervorteile aufzuklären [hat]."
49 Vgl. den Zulassungsprospekt der Lakestar SPAC I SE vom 19.2.2021, den Zulassungsprospekt der OboTech Acquisition SE vom 3.5.2021 oder den Zulassungsprospekt der 468 SPAC I SE vom 29.4.2021.

20 Der **Umfang der Offenlegung ist individuell zu bestimmen** und wird sich grundsätzlich nach dem Gefahrenpotenzial des (potenziellen) Interessenkonflikts und seiner Relevanz für den Emittenten richten.[50] Regelmäßig genügt jedoch ein abstrakt gehaltener Hinweis, aus dem der Kern des Konflikts erkennbar wird;[51] die Darlegung von Einzelheiten dürfte lediglich bei schwerwiegenden Interessenkonflikten in Betracht kommen. Es ist jedoch darauf zu achten, dass (potenzielle) Interessenkonflikte expressis verbis auch als solche bezeichnet werden.[52] Sofern für eine Person keine (potenziellen) Interessenkonflikte bestehen, ist dieser Umstand ebenfalls durch eine entsprechende **Negativerklärung** in den Prospekt aufzunehmen. Nach Ansicht der BaFin ist eine Beschränkung dieser Angabe auf die Kenntnis des Emittenten unstatthaft.

d) Grundlagen der Bestellung

21 Zu nennen sind nach Punkt 12.2 auch **Vereinbarungen** oder **Abmachungen** (z. B. in Form von Absichtserklärungen) mit Hauptaktionären, Kunden, Lieferanten oder sonstigen Personen, aufgrund deren eine Person zum Mitglied des Vorstands, des Aufsichtsrats oder des oberen Managements bestellt wurde. Hier kommen insbesondere **Gesellschaftervereinbarungen** in Betracht, die Entsendungsrechte oder anderweitige schuldrechtliche Rechte zur Bestimmung von Organmitgliedern beinhalten.[53]

e) Veräußerungsbeschränkungen

22 Schließlich hat der Emittent nach Punkt 12.2 detaillierte Angaben („Einzelheiten") in Bezug auf jegliche Veräußerungsbeschränkungen zu machen, welche die in Punkt 12.1 genannten Personen für die von ihnen gehaltenen Wertpapiere (mithin Aktien, Optionen etc.)[54] des Emittenten für einen bestimmten Zeitraum vereinbart haben. Umfasst werden insbesondere die (auch) nach Punkt 7.4 von Anhang 11 zur VO (EU) 2019/980 offenzulegenden sog. **Lock-up-Vereinbarungen.**[55] Das Offenlegungserfordernis korreliert eng mit und ergänzt Punkt 15.2, wonach in Bezug auf Mitglieder des Verwaltungs-, Leitungs- oder Aufsichtsorgans und, soweit zutreffend, des oberen Managements Angaben über ihren

---

50 Vor dem Hintergrund, dass der Prospekt in der Regel einer breiten Öffentlichkeit zugänglich gemacht werden wird, kann in diesem Zusammenhang zudem ein gewisses Spannungsverhältnis in Bezug auf die den Organen gegenüber dem Emittenten obliegenden Offenlegungspflichten (vgl. etwa Empfehlungen E.1, E.2 und E.3 DCGK) einerseits und etwaigen gegenläufigen Verschwiegenheitsverpflichtungen (z. B. nach § 116 i.V.m. § 93 Abs. 1 Satz 3 AktG) andererseits bestehen.
51 Ähnlich *Voß*, in: Just/Voß/Ritz/Zeising, Wertpapierprospektrecht, Anhang 1 VO (EU) 2019/980 Rn. 148; zum alten Recht *Alfes/Wieneke*, in: Holzborn, WpPG, Anhang I ProspektVO Rn. 71, denen zufolge der „Grund" für einen möglichen Interessenkonflikt anzugeben ist.
52 Vgl. Punkt 12.2 („klar angegeben"); ebenso *Voß*, in: Just/Voß/Ritz/Zeising, Wertpapierprospektrecht, Anhang 1 VO (EU) 2019/980 Rn. 148; zum alten Recht ebenso *Alfes/Wieneke*, in: Holzborn, WpPG, Anhang I ProspektVO Rn. 71.
53 Siehe beispielsweise den Kapitalerhöhungsprospekt der TUI AG vom 6.10.2021 (im Rahmen einer Vereinbarung mit dem Wirtschaftsstabilisierungsfonds („WSF") sind zwei Mitglieder des Aufsichtsrats vom WSF nominiert worden).
54 Vgl. Anhang 1 Punkt 15.2; *Voß*, in: Just/Voß/Ritz/Zeising, Wertpapierprospektrecht, Anhang 1 VO (EU) 2019/980 Rn. 150.
55 *Voß*, in: Just/Voß/Ritz/Zeising, Wertpapierprospektrecht, Anhang 1 VO (EU) 2019/980 Rn. 150; vgl. zum alten Recht ausführlich *Alfes/Wieneke*, in: Holzborn, WpPG, Anhang I ProspektVO Rn. 72; *Grüger*, BKR 2008, 101, 102 f. (insbesondere zur Bedeutung für potenzielle Investoren).

Aktienbesitz und etwaige Optionen auf Aktien des Emittenten beizubringen sind (siehe → Anhang 1 Abschnitt 15 Punkt 15.2 Rn. 7 ff.).

III. Informationsbasis und Prospektdarstellung

Im Prospekt werden die Angaben zu den Organen, ihrer Vergütung, ihren anderen Ämtern, zu (potenziellen) Interessenkonflikten und zur Corporate Governance in der Regel in einem **eigenen Kapitel** über die „Organe des Emittenten" (Governing Bodies of the Company) zusammengefasst. Vorangestellt finden sich regelmäßig ein Überblick über die Organe des Emittenten und Ausführungen zur Unternehmensverfassung auf Grundlage der diese prägenden rechtlichen Vorgaben; dabei greift die Praxis weitgehend auf standardisierte Formulierungen zurück.[56]

Einige der von Abschnitt 12 geforderten Informationen sind dem Emittenten möglicherweise noch nicht bekannt. Insofern ist es erforderlich, dass der Emittent diese Informationen im Rahmen der Prospekterstellung von den betroffenen Personen einholt. Dies geschieht in der Praxis durch Verwendung sog. **Director and Officer Questionnaires** (D&Q Questionnaires).[57] Dabei handelt es sich um schriftliche Fragebögen, in denen die relevanten Informationsanforderungen des Abschnitts 12 in Form möglichst leicht verständlicher Fragen von den betreffenden Personen abgefragt werden. Empfehlenswert ist es, dass der Fragebogen darauf hinweist, dass die Angaben sorgfältig zu machen sind, da sie für den Prospekt vorgesehen sind und sich bei unrichtigen oder unvollständigen Angaben **Haftungsrisiken für den Emittenten** ergeben. In der Regel werden auch Informationen, die im Rahmen der Abschnitte 13, 14, 15 und 17 relevant sind, abgefragt (z. B. Angaben zu Besitz von Aktien bzw. Aktienoptionen, Angaben zu der betreffenden Person nahestehenden Personen). Denkbar ist darüber hinaus, weitere, Due Diligence-bezogene Fragen aufzunehmen, z. B. in Bezug auf Kenntnisse der betreffenden Person zu Bestechungsvorgängen, Spenden, schwarzen Konten oder Geldwäsche.

Wann die D&O Questionnaires sinnvollerweise einzuholen sind, wird von den Umständen, insbesondere der Anzahl der zu befragenden Personen, abhängen. Die Prospektangaben sind **grundsätzlich zum Datum des Prospekts** zu machen. In der Praxis nimmt die Einholung der Questionnaires jedoch in der Regel einen etwas längeren Zeitraum in Anspruch, da sich oft auch nach Eingang der Questionnaires noch Nachfragen ergeben. Sinnvoll scheint im Normalfall, die Questionnaires vor der ersten Einreichung des Prospekts bei der BaFin einzuholen, dann jedoch relativ kurz vor der Prospektveröffentlichung eine weitere schriftliche Bestätigung der betreffenden Personen einzuholen, dass sich keine Änderungen gegenüber dem ersten Questionnaire ergeben haben. Verbunden damit könnte der Emittent den betreffenden Personen die für diese relevanten Prospektpassagen übermitteln, um ihnen eine nochmalige Überprüfung zu ermöglichen. In jedem Fall sollte der D&O Questionnaire darauf hinweisen, dass der Ausfüllende Änderungen, die sich nach

---

56 *Schlitt/Ries*, in: Assmann/Schlitt/von Kopp-Colomb, Prospektrecht Kommentar, Anhang 1 VO (EU) 2019/980 Rn. 106.
57 *Schlitt/Ries*, in: Assmann/Schlitt/von Kopp-Colomb, Prospektrecht Kommentar, Anhang 1 VO (EU) 2019/980 Rn. 106. Vgl. zum Ursprung der D&Q Questionnaires *Schlitt/Schäfer*, AG 2008, 525, 534.

Versendung des Questionnaires an den Emittenten ergeben, dem Emittenten mitzuteilen hat.

26 In der aktuellen Prospektpraxis ist es nicht mehr üblich, darauf hinzuweisen, dass die im Prospekt angegebenen Informationen, die der Emittent im Wege der D&O Questionnaires eingeholt hat, auf Basis schriftlicher Auskünfte der betroffenen Personen erfolgen.[58] Der Emittent sollte sicherstellen, dass alle Questionnaires von den Ausfüllenden persönlich unterzeichnet wurden, vollständig ausgefüllt sind und keine erkennbaren Widersprüche aufweisen. Darüber hinaus sollten die ausgefüllten Questionnaires vom Emittenten aufbewahrt werden.

---

58 A.A. *Schlitt/Ries*, in: Assmann/Schlitt/von Kopp-Colomb, Prospektrecht Kommentar, Anhang 1 VO (EU) 2019/980 Rn. 112.

Abschnitt 13
Vergütungen und sonstige Leistungen

Für das letzte abgeschlossene Geschäftsjahr sind für die in Punkt 12.1 Unterabsatz 1 unter Buchstaben a und d genannten Personen folgende Angaben zu machen:

Punkt 13.1

Betrag der Vergütungen (einschließlich etwaiger erfolgsgebundener oder nachträglicher Vergütungen) und Sachleistungen, die diesen Personen vom Emittenten und seinen Tochterunternehmen für Dienstleistungen gezahlt oder gewährt wurden, die für den Emittenten oder seine Tochtergesellschaften von jeglicher Person in jeglicher Funktion erbracht wurden.

Diese Angaben sind auf Einzelfallbasis beizubringen, es sei denn, eine individuelle Offenlegung ist im Herkunftsland des Emittenten nicht erforderlich und wird vom Emittenten nicht auf eine andere Art und Weise öffentlich vorgenommen.

Punkt 13.2

Gesamthöhe der vom Emittenten oder seinen Tochtergesellschaften gebildeten Reserven oder Rückstellungen für Pensions- und Rentenzahlungen oder ähnliche Leistungen.

Übersicht

	Rn.		Rn.
I. Überblick	1	2. Relevante Angaben	3
II. Anforderungen	2	3. Relevanter Zeitraum	6
1. Relevante Personen	2	III. Informationsbasis und Prospektdarstellung	7

I. Überblick

Die intensive Diskussion der Vorstands- und Managementvergütung in den Jahren seit der Finanzmarktkrise hat dazu geführt, dass der diesbezüglichen Offenlegung in den Finanzabschlüssen und Prospekten börsennotierter Gesellschaften besondere Aufmerksamkeit gewidmet wird. So sehen §§ 285 Nr. 9, 314 Abs. 1 Nr. 6 HGB für deutsche Gesellschaften in Bezug auf die Vergütung der Organmitglieder umfassende Offenlegungspflichten im Zusammenhang mit der Erstellung des Anhangs vor; die hiernach zu machenden Angaben sind **aggregiert auf Ebene der jeweiligen Personengruppe** (d.h. jeweils gesondert für die Mitglieder des Geschäftsführungsorgans, des Aufsichtsrats oder des Beirats) zu machen. Für börsennotierte Gesellschaften ist gemäß § 162 AktG ein **Vergütungsbericht** zu erstellen, in dem über diese Angaben hinaus auch für jedes Vorstands- und Aufsichtsratsmitglied **individualisierte Angaben zur Vergütung** zu machen sind (siehe auch Grundsatz 26 DCGK).[1] Die zwischenzeitlich bestehende Möglichkeit, auf Grundlage eines entsprechenden Beschlusses der Hauptversammlung der Gesellschaft von der individualisierten Offenlegung abzusehen (§§ 286 Abs. 5 Satz 1 bzw. 314 Abs. 2 Satz 2 a.F. HGB), besteht nicht mehr.[2] Dessen ungeachtet sind die Anforderungen nach Abschnitt 13 an die Offenlegung bezüglich der Vergütung im Prospekt zunächst **eigenständig** und nicht in jeglicher Hinsicht deckungsgleich mit den handels- und gesellschaftsrechtlichen Anforde- 1

---

1 *Bachmann*, in: Kremer u.a., DCGK, Grundsatz 25 Rn. 1.
2 Vgl. *Poelzig*, in: MünchKomm-HGB, § 285 Rn. 161.

rungen.³ Für **Kredit- und Finanzdienstleistungsinstitute** gelten besondere Anforderungen, die sich aus bankaufsichtsrechtlichen Vorschriften ergeben.⁴

II. Anforderungen

1. Relevante Personen

2   Die Angaben nach Abschnitt 13 sind nicht nur für Organmitglieder, sondern **für alle in Punkt 12.1 Abs. 1 lit. a und d genannten Personengruppen** in den Prospekt aufzunehmen, sodass ggf. auch die Mitglieder des oberen Managements erfasst werden (vgl. dazu die Kommentierung zu → Anhang 1 Abschnitt 12 Punkt 12.1 Rn. 5 ff.). Vorsorglich sollten die Angaben auch für Mitglieder der in Punkt 12.1 Abs. 1 lit. a und d genannten Personengruppen gemacht werden, die während des letzten Geschäftsjahrs als Organmitglieder bzw. Mitglieder des oberen Managements ausgeschieden sind („Für das letzte abgeschlossene Geschäftsjahr ... gezahlt oder gewährt wurden."). Dem Wortlaut nach nicht erforderlich ist dagegen in der Regel die Aufnahme von Angaben zu Organmitgliedern bzw. Mitgliedern des oberen Managements, die ihre Tätigkeit erst nach dem letzten abgeschlossenen Geschäftsjahr aufgenommen haben, sowie von Beiratsmitgliedern.⁵ Gleichwohl wird in der Praxis häufig – unter dem Blickwinkel des Abschnitts 17 und im Kapitel über „Geschäfte mit verbundenen Parteien" (Related-Party Transactions) – die **zwischen dem Ende des letzten abgeschlossenen Geschäftsjahres und dem Prospektdatum** insgesamt an Organmitglieder ausgereichte Vergütung offengelegt oder auf eine entsprechende Offenlegung im Abschnitt „Organe des Emittenten" (Governing Bodies of the Company) verwiesen.⁶

2. Relevante Angaben

3   Es sind sämtliche **Vergütungen und Sachleistungen** offenzulegen, die vom Emittenten selbst oder von Tochtergesellschaften des Emittenten an die relevanten Personen – gleich in welcher Funktion handelnd („in jeglicher Funktion") – gewährt wurden. Die Angaben sind grundsätzlich für jede Person, die zu einer der in Punkt 12.1 Abs. 1 lit. a und d genannten Personengruppen gehört, **auf Einzelbasis, d. h. individualisiert**, vorzunehmen, es sei denn, dass eine individuelle Offenlegung im Herkunftsstaat des Emittenten nicht erforderlich ist und der Emittent diese Angaben auch nicht auf eine andere Art und Weise

---

3   Dies gilt beispielsweise für die lediglich nach § 285 Nr. 9 bzw. § 314 Nr. 6 HGB bestehenden Offenlegungspflichten für die Mitglieder eines Beirats, die nach dem Wortlaut von Punkt 12.1 von Anhang 1 zur VO (EU) 2019/980 gerade nicht erfasst werden.

4   Vgl. Art. 450 der Verordnung über Aufsichtsanforderungen an Kreditinstitute und Wertpapierfirmen (CRR) (Verordnung (EU) Nr. 575/2013, ABl. Nr. L 176 vom 27.6.2013, L 321 vom 30.11.2013); EBA, Leitlinien für eine solide Vergütungspolitik gemäß Artikel 74 Absatz 3 und Artikel 75 Absatz 2 der Richtlinie 2013/36/EU und Angaben gemäß Artikel 450 der Verordnung (EU) Nr. 575/2013 (EBA/GL/2015/22), 27.6.2016; § 16 InstitutsVergV (Institutsvergütungsverordnung, BGBl. I vom 19.12.2013, S. 4270).

5   Zum alten Recht: *Alfes/Wieneke*, in: Holzborn, WpPG, Anhang I ProspektVO Rn. 73 a. E., *Fingerhut/Voß*, in: Just/Voß/Ritz/Zeising, WpPG, 2009, Anhang I ProspektVO Rn. 235.

6   Vgl. den Zulassungsprospekt der Vulcan Energy Resources Ltd. vom 11.2.2022 einerseits und den IPO-Prospekt der Mister Spex SE vom 22.6.2021 andererseits.

veröffentlicht.[7] Für deutsche Gesellschaften sehen §§ 285 Nr. 9, 314 Abs. 1 Nr. 6 HGB insoweit grundsätzlich nur eine auf Ebene der jeweiligen Personengruppe (d.h. jeweils gesondert für die Mitglieder des Geschäftsführungsorgans, des Aufsichtsrats oder des Beirats) **aggregierte Offenlegung** vor.[8] Eine Ausnahme existiert insofern nur für nicht börsennotierte Gesellschaften mit einem Einpersonen-Vorstand, da sich anhand der Angaben die Bezüge der Person feststellen lassen.[9] Für börsennotierte Gesellschaften, deren Herkunftsstaat Deutschland ist, ergibt sich ohnehin aus § 162 AktG, dass die Angaben **auf individualisierter Basis** vorzunehmen sind. Eine Offenlegung lediglich für jede Personengruppe ist für deutsche börsennotierte Aktiengesellschaften somit nicht (mehr) zulässig (siehe → Rn. 1).

Nach Punkt 13.1 sind detaillierte Angaben zu den einzelnen **Vergütungsbestandteilen** zu machen, die sich – neben **Festvergütung** – gemäß dem Wortlaut in **variable Vergütung** und **nachvertragliche Vergütungen** (z.B. Karenzentschädigungen bei nachvertraglichen Wettbewerbsverboten) unterteilen lassen.[10] Ferner sind auch Angaben zu gewährten **Sachleistungen** zu machen, die z.B. Krankenversicherungsleistungen, Dienstwagen, Handybenutzung sowie andere geldwerte Vorteile umfassen. Der Wert der Sachleistungen insgesamt ist zu ermitteln (bzw. ggf. zu schätzen) und als Geldbetrag anzugeben.[11] Darüber hinaus sind ESMA zufolge weitere Angaben erforderlich, wenn der Emittent Vergütungen nach einem **Bonus- oder Gewinnbeteiligungsprogramm** gezahlt hat.[12] In diesem Fall sollten auch das entsprechende Programm (selbst dann, wenn dieses nicht schriftlich formalisiert ist),[13] dessen wesentliche Bedingungen und die Grundlage für die Beteiligung der relevanten Personen daran im Prospekt näher erläutert werden.[14] Sofern **aktienbasierte Vergütungen** (gleich ob in Form von Aktien, Aktienoptionen, virtuellen Aktien etc.) gewährt wurden, sind Angaben zur Gesamtzahl der betreffenden Wertpapiere, zu deren Bezug die Optionen berechtigen, dem Ausübungspreis, ggf. dem Erwerbspreis für die Optionen, dem Ausübungszeitraum und das Verfallsdatum für die Optionen in den Prospekt aufzunehmen.[15] In diesem Zusammenhang kommt es zu Überschneidungen mit den

4

---

7 *Voß*, in: Just/Voß/Ritz/Zeising, Wertpapierprospektrecht, Anhang 1 VO (EU) 2019/980 Rn. 152; *Schlitt/Ries*, in: Assmann/Schlitt/von Kopp-Colomb, Prospektrecht Kommentar, Anhang 1 VO (EU) 2019/980 Rn. 113.
8 *Schlitt/Ries*, in: Assmann/Schlitt/von Kopp-Colomb, Prospektrecht Kommentar, Anhang 1 VO (EU) 2019/980 Rn. 113.
9 *Schlitt/Ries*, in: Assmann/Schlitt/von Kopp-Colomb, Prospektrecht Kommentar, Anhang 1 VO (EU) 2019/980 Rn. 113.
10 *Schlitt/Ries*, in: Assmann/Schlitt/von Kopp-Colomb, Prospektrecht Kommentar, Anhang 1 VO (EU) 2019/980 Rn. 114.
11 ESMA, Leitlinien zu den Offenlegungspflichten nach der Prospektverordnung (ESMA32-382-1138), 4.3.2021, Rn. 193; *Voß*, in: Just/Voß/Ritz/Zeising, Wertpapierprospektrecht, Anhang 1 VO (EU) 2019/980 Rn. 153.
12 ESMA, Leitlinien zu den Offenlegungspflichten nach der Prospektverordnung (ESMA32-382-1138), 4.3.2021, Rn. 190 (Leitlinie 40).
13 ESMA, Leitlinien zu den Offenlegungspflichten nach der Prospektverordnung (ESMA32-382-1138), 4.3.2021, Rn. 191.
14 ESMA, Leitlinien zu den Offenlegungspflichten nach der Prospektverordnung (ESMA32-382-1138), 4.3.2021, Rn. 191.
15 Siehe ESMA, Leitlinien zu den Offenlegungspflichten nach der Prospektverordnung (ESMA32-382-1138), 4.3.2021, Rn. 192.

nach Punkt 15.2 zu Aktienbesitz und Aktienoptionen zu machenden Angaben (siehe → Anhang 1 Abschnitt 15 Punkt 15.2 Rn. 7 ff.).

5 Schließlich sind nach Punkt 13.2 die Gesamtbeträge der für Leistungen an die relevanten Personen[16] gebildeten **Pensions- oder Rentenrückstellungen** anzugeben. Die Angaben sollten mit den diesbezüglichen Angaben in den Finanzabschlüssen des Emittenten – soweit dort spezifisch für die relevanten Personen bzw. Personengruppen ausgewiesen – konsistent sein. Etwaige Risiken im Zusammenhang mit Pensionsrückstellungen sind ggf. im Kapitel Risikofaktoren darzustellen.[17]

3. Relevanter Zeitraum

6 Die Angaben sind **für das letzte abgeschlossene Geschäftsjahr** des Emittenten zu machen (siehe aber → Rn. 2). Soweit es sich bei den Vergünstigungen und sonstigen Leistungen im Sinne von Abschnitt 13 zugleich um Geschäfte mit verbundenen Parteien handelt, überschneiden sich die Offenlegungsanforderungen teilweise mit denen aus Abschnitt 17 (vgl. → Rn. 2). Dabei ist jedoch zu beachten, dass Geschäfte mit verbundenen Parteien nicht nur für das letzte abgeschlossene Geschäftsjahr, sondern gemäß Punkt 17.1 für den gesamten Zeitraum der in den Prospekt aufgenommenen historischen Finanzinformationen bis zum Datum des Prospekts aufzunehmen sind (siehe → Anhang 1 Abschnitt 17 Punkt 17.1 Rn. 11).

III. Informationsbasis und Prospektdarstellung

7 Die Informationen sollten dem Emittenten aus dessen **Rechnungslegung** vorliegen. Auf Konsistenz der Angaben im Prospekt mit den in den Finanzabschlüssen des Emittenten enthaltenen Angaben ist zu achten. Übernahmen aus dem oder Bezugnahmen auf den **Vergütungsbericht** (siehe → Rn. 1) lässt ESMA ausdrücklich zu.[18] Aufgrund der teilweisen Überschneidung der Anforderungen unter Abschnitt 13 mit denen unter Abschnitt 17 (Geschäfte mit verbundenen Parteien) finden sich in der Praxis häufig Querverweise zwischen der Darstellung der Organvergütung im Prospektabschnitt zu den Organen der Gesellschaft (Governing Bodies of the Company) und dem Prospektabschnitt zu Geschäften mit verbundenen Parteien (Related-Party Transactions).

---

16 A.A. *Schlitt/Ries*, in: Assmann/Schlitt/von Kopp-Colomb, Prospektrecht Kommentar, Anhang 1 VO (EU) 2019/980 Rn. 115 (für alle Beschäftigten); siehe auch die Vorauflage.
17 *Voß*, in: Just/Voß/Ritz/Zeising, Wertpapierprospektrecht, Anhang 1 VO (EU) 2019/980 Rn. 154.
18 ESMA, Leitlinien zu den Offenlegungspflichten nach der Prospektverordnung (ESMA32-382-1138), 4.3.2021, Rn. 194.

Abschnitt 14
Praktiken des Leitungsorgans

Für das letzte abgeschlossene Geschäftsjahr des Emittenten sind – sofern nichts anderes angegeben ist – in Bezug auf die unter Punkt 12.1 Unterabsatz 1 Buchstabe a genannten Personen folgende Angaben vorzulegen:

Punkt 14.1

Ggf. Ende der laufenden Mandatsperiode und Zeitraum, während dessen die betreffende Person ihre Aufgabe wahrgenommen hat.

Punkt 14.2

Angaben über die Dienstleistungsverträge, die zwischen den Mitgliedern des Verwaltungs-, Leitungs- oder Aufsichtsorgans und dem Emittenten bzw. seinen Tochtergesellschaften geschlossen wurden und die bei Beendigung des Dienstleistungsverhältnisses Vergünstigungen vorsehen. Falls keine derartigen Vergünstigungen vorgesehen sind, ist eine entsprechende Erklärung abzugeben.

Punkt 14.3

Angaben zum Audit-Ausschuss und zum Vergütungsausschuss des Emittenten, einschließlich der Namen der Ausschussmitglieder und einer Zusammenfassung der Satzung des Ausschusses.

Punkt 14.4

Erklärung, ob der Emittent der/den auf ihn anwendbaren Corporate-Governance-Regelung(en) genügt. Sollte der Emittent einer solchen Regelung nicht folgen, ist eine entsprechende Erklärung zusammen mit einer Erläuterung aufzunehmen, aus der hervorgeht, warum der Emittent dieser Regelung nicht Folge leistet.

Punkt 14.5

Potenzielle wesentliche Auswirkungen auf die Unternehmensführung einschließlich zukünftiger Änderungen in der Zusammensetzung des Leitungsorgans und von Ausschüssen (sofern dies durch das Leitungsorgan und/oder in der Hauptversammlung schon beschlossen wurde).

Übersicht

	Rn.		Rn.
I. Überblick	1	III. Corporate-Governance-bezogene Angaben	8
II. Personenbezogene Angaben	2	1. Ausschüsse	8
1. Mandatsperiode	3	2. Corporate Governance	9
2. Dienstleistungsverträge	4	3. Auswirkungen auf die Unternehmensführung	15

I. Überblick

Die nach Abschnitt 14 von Anhang 1 zur VO (EU) 2019/980 offenzulegenden Angaben betreffen bestimmte Praktiken der Verwaltungs-, Leitungs- und Aufsichtsorgane des Emittenten. Dabei verlangt die Vorschrift zum einen Angaben betreffend die **Mandatsperiode** und den **Inhalt bestehender Dienstleistungsverträge** (personenbezogene Angaben) und zum anderen Angaben zu bestimmten beim Emittenten eingerichteten **Ausschüssen**, dessen **Corporate Governance** und **Auswirkungen auf die Unternehmensführung (Corporate-Governance-bezogene Angaben). Die Offenlegungen hierzu finden sich in der Regel – zusammen mit den sachlich verwandten Offenlegungen zu den Abschnitten 12 und 13[1] – im Prospektkapitel über die „Organe des Emittenten" (Governing Bodies of the Company).

II. Personenbezogene Angaben

2 Die Angaben gemäß Punkt 14.1 und 14.2 sind nur in Bezug auf die Mitglieder der Verwaltungs-, Leitungs- und Aufsichtsorgane des Emittenten zu machen.[2] In zeitlicher Hinsicht ist das letzte abgeschlossene Geschäftsjahr des Emittenten maßgeblich (siehe aber → Rn. 15).

1. Mandatsperiode

3 Gemäß Punkt 14.1 ist zunächst anzugeben, seit wann das Mandat des jeweiligen Organmitglieds besteht und wann es endet (sog. Mandatsperiode). Diesbezüglich kommt es auf die **organschaftliche Bestellung** des Organmitglieds durch gesellschaftsrechtlichen Akt des bestellenden Gremiums an. In der Regel wird diese zeitlich parallel zu Abschluss und Laufzeit des Anstellungsvertrags des betreffenden Organmitglieds sein, zwingend ist dies aber nicht.

2. Dienstleistungsverträge

4 Gemäß Punkt 14.2 ist offenzulegen, ob Dienstleistungsverträge der Organmitglieder mit dem Emittenten selbst oder seinen Tochtergesellschaften bestehen, die bei Beendigung des Dienstleistungsverhältnisses Vergünstigungen vorsehen; in diesem Fall sind auch die wesentlichen Eckpunkte der bestehenden Dienstleistungsverträge offenzulegen. Zunächst fallen hierunter die **Anstellungsverträge** mit den Organmitgliedern. Hierbei werden in der Regel allerdings keine umfangreichen Details offengelegt. Ausreichend erscheint im Regelfall die Offenlegung der Laufzeit, der Vergütung und (wie in Punkt 14.2 explizit verlangt) der vereinbarten Vergünstigungen für den Fall der Beendigung des Anstellungsvertrags (sog. „Golden Handshakes").[3] Über den Wortlaut hinaus sollten auch solche Vergünstigungen angegeben werden, die (unabhängig vom Fortbestand des Anstellungsvertrags) im Falle einer Übernahme oder eines anderweitigen **Kontrollwechsels** in Bezug auf den Emittenten zu gewähren sind. Die Anforderungen des § 315a Nr. 8 und 9 HGB an die Offenlegung im Lagebericht von börsennotierten Unternehmen orientieren sich auch an dem Eintritt eines Kontrollwechsels bzw. einer Übernahme; sie gehen insoweit über die Anforderungen nach Punkt 14.2 hinaus, als dass die in den Lagebericht aufzunehmenden Angaben nicht auf Organmitglieder beschränkt sind.

5 Zwar erschöpft sich das Angabeerfordernis nach Punkt 14.2 dem Wortlaut nach auf Dienstleistungsverträge, die für den Fall der Beendigung bestimmte Vergünstigungen vor-

---
1 Siehe jeweils die dortige Kommentierung.
2 *Voß*, in: Just/Voß/Ritz/Zeising, Wertpapierprospektrecht, Anhang 1 VO (EU) 2019/980 Rn. 155.
3 Ähnlich *Schlitt/Ries*, in: Assmann/Schlitt/von Kopp-Colomb, Prospektrecht Kommentar, Anhang 1 VO (EU) 2019/980 Rn. 116.

sehen. Jedoch sollten im Interesse der Transparenz und unter Berücksichtigung von Punkt 13.1 (Betrag der Vergütungen und Sachleistungen) und Abschnitt 17 (Geschäfte mit verbundenen Parteien) auch Dienstleistungsverträge offengelegt werden, die **keine solchen Vergünstigungen** vorsehen (beispielsweise Beratungsverträge mit einzelnen Mitgliedern des Aufsichtsrats).[4]

Es besteht eine Überschneidung mit den nach Punkt 13.1 über Vergütungen und Sachleistungen in den Prospekt aufzunehmenden Angaben. Zudem können die nach Punkt 14.2 zu machenden Angaben Anhaltspunkte für **mögliche Interessenkonflikte** enthalten, sodass entsprechende Angaben nach Punkt 12.2 erforderlich werden.[5] Schließlich können sich zudem Offenlegungspflichten in Verbindung mit Abschnitt 17 auch daraus ergeben, dass **Beratungsverträge** mit Unternehmen oder Personen bestehen, die den Organmitgliedern des Emittenten im Sinne von Abschnitt 17 nahestehen. Im Rahmen der Prospekterstellung ist daher besonders auf die Kohärenz der Angaben nach den Punkten 14.2, 13.1, 12.2 sowie Abschnitt 17 zu achten.

Bestehen keine Dienstleistungs- bzw. Beratungsverträge in Bezug auf ein Organmitglied, ist dies in Form eines ausdrücklichen **Negativtestats** im Prospekt anzugeben.

III. Corporate-Governance-bezogene Angaben

1. Ausschüsse

Gemäß Punkt 14.3 sind in Bezug auf den **Audit-Ausschuss** (Prüfungsausschuss) und den **Vergütungsausschuss** Angaben einschließlich der Namen der Ausschussmitglieder und einer Zusammenfassung der Satzung des Ausschusses zu machen. Empfehlenswert ist es auch hier, ggf. Angaben zu der Dauer des Ausschussmandats der betreffenden Organmitglieder, zur Rollenverteilung der Ausschussmitglieder (Vorsitzender, stellvertretender Vorsitzender) und zur Häufigkeit der Sitzungen des Ausschusses zu machen. Bestehen weitere Ausschüsse, wird es in der Regel sinnvoll sein, eine ähnliche Beschreibung auch für die anderen Ausschüsse aufzunehmen. Die Praxis verfährt entsprechend.[6] Neben Angaben zu den Ausschussmitgliedern verlangt Punkt 14.3 eine Zusammenfassung der Satzung des Ausschusses.[7] Für die deutsche Praxis dürfte hiermit die üblicherweise existierende **Geschäftsordnung des Ausschusses** gemeint sein. Während nach altem Recht nur die Aufgabenstellung des Ausschusses darzustellen war, ist nun dessen Geschäftsordnung im Ganzen (Zuständigkeit, Mitgliedschaft, Einberufung, Quorum, Mehrheitserfordernisse etc.) knapp darzustellen. Eine detailliertere Beschreibung der Geschäftsordnung liegt dann nahe, wenn der Ausschuss nicht lediglich beratende und empfehlende, sondern **beschließende Funktion** hat. Bestehen keine Ausschüsse, sind die Angaben nach Punkt

---

4 Nach *Alfes/Wieneke*, in: Holzborn, WpPG, Anhang I ProspektVO Rn. 75 ist hier (nach altem Recht) zu beachten, dass sich Überschneidungen zu den Kapiteln „Bezüge und Vergünstigungen" und „Interessenkonflikte" ergeben können.
5 *Schlitt/Ries*, in: Assmann/Schlitt/von Kopp-Colomb, Prospektrecht Kommentar, Anhang 1 VO (EU) 2019/980 Rn. 116; *Voß*, in: Just/Voß/Ritz/Zeising, Wertpapierprospektrecht, Anhang 1 VO (EU) 2019/980 Rn. 156.
6 Vgl. den Kapitalerhöhungsprospekt der Deutsche Lufthansa AG vom 20.9.2021 oder den IPO-Prospekt der Mister Spex SE vom 22.6.2021.
7 Nach altem Recht: „Zusammenfassung der Aufgabenstellung".

14.3 entbehrlich.[8] Im Zusammenhang mit Punkt 14.4 ist jedoch darauf hinzuweisen, dass in diesem Fall insoweit von den Regelungen des **Deutschen Corporate Governance Kodex** abgewichen würde, als Grundsatz 14 DCGK („Ein Prüfungsausschuss ist einzurichten.") und Empfehlung D.4 DCGK („Der Aufsichtsrat soll einen Nominierungsausschuss bilden [...]") die Bildung von Ausschüssen durch den Aufsichtsrat ausdrücklich vorsehen.[9] Bei Kredit- und Finanzdienstleistungsinstituten ist auf die **zusätzlichen bankaufsichtsrechtlichen Anforderungen** an Aufsichtsratsausschüsse (Risikoausschuss, Vergütungskontrollausschuss) gemäß den Regelungen des KWG zu achten (vgl. z.B. § 25d Abs. 7 bis 12 KWG).

2. Corporate Governance

9 Punkt 14.4 verlangt eine eigenständige Erklärung darüber, ob der Emittent den auf ihn anwendbaren Corporate-Governance-Regelungen entspricht. Soweit dies nicht der Fall ist, ist zu erläutern, **von welchen Regelungen abgewichen wird** und aus welchen Gründen. Durch die VO (EU) 2019/980 wurde die Vorschrift gegenüber der Vorgängervorschrift in der VO (EG) 809/2004 dergestalt geändert, dass es nunmehr auf die **auf den Emittenten anwendbaren** und nicht mehr auf die im Land der Gründung des Emittenten geltenden Corporate-Governance-Regelungen ankommt. Hierdurch soll dem Anlegerinteresse an möglichst bedeutsamer Offenlegung, insbesondere bei einem Auseinanderfallen des Ortes der Gründung, der operativen Tätigkeit und/oder der Börsennotierung eines Emittenten Rechnung getragen werden.[10]

10 Für deutsche börsennotierte Emittenten, d.h. deutsche Emittenten, deren Aktien zu einem regulierten Markt zugelassen sind (§ 161 S. 1 i.V.m. § 3 Abs. 2 AktG), sowie für deutsche Emittenten, deren Aktien zwar nicht an einem regulierten Markt zugelassen sind, die aber andere Wertpapiere emittiert haben, die an einem organisierten Markt notieren, und deren Aktien auf eigene Veranlassung über ein multilaterales Handelssystem gehandelt werden (§ 161 S. 2 AktG), gilt der **Deutsche Corporate Governance Kodex**. Dabei ist der Emittent nicht verpflichtet, den Vorgaben des Deutschen Corporate Governance Kodex zu entsprechen; vielmehr ist ein Emittent gemäß § 161 AktG nur verpflichtet, jährlich zu erklären, ob den Empfehlungen des Deutschen Corporate Governance Kodex entsprochen wurde und wird oder welche Empfehlungen nicht angewandt wurden oder werden und warum nicht (sog. **Entsprechenserklärung**). Die Erklärung ist auf der Internetseite der Gesellschaft dauerhaft öffentlich zugänglich zu machen. Die pflichtigen (Aktien-)Gesellschaften müssen ferner eine Erklärung zur Unternehmensführung in ihren Lagebericht aufnehmen, die unter anderem die Entsprechenserklärung enthält (§ 289f Abs. 2 Nr. 1 HGB). Gemäß § 285 Satz 1 Nr. 16 HGB ist außerdem im Anhang zum Einzelabschluss anzugeben, dass die nach § 161 AktG vorgeschriebene Erklärung abgegeben wurde und wo sie öffentlich gemacht wurde (zum Konzernabschluss siehe § 314 Abs. 1 Nr. 8 HGB).

11 Punkt 14.4 wird von der BaFin dahingehend ausgelegt, dass die nach Punkt 14.4 abzugebende Erklärung eine **eigenständige Erklärung** des Emittenten ist. Eine bloße Bezugnahme auf eine vom Emittenten bereits gemäß § 161 AktG veröffentlichte Entsprechens-

---

8 *Voß*, in: Just/Voß/Ritz/Zeising, Wertpapierprospektrecht, Anhang 1 VO (EU) 2019/980 Rn. 157.
9 Zum alten Recht: *Alfes/Wieneke*, in: Holzborn, WpPG, Anhang I ProspektVO Rn. 75.
10 ESMA, Consultation Paper – Draft technical advice on format and content of the prospectus (ESMA31-62-532), 6.7.2017, Rn. 78.

erklärung ist demnach nicht ausreichend.[11] Im Prospekt sind bei Abweichungen von den Empfehlungen des Deutschen Corporate Governance Kodex zudem auch die Gründe für die Abweichung offenzulegen.[12]

Ferner ist es nach Ansicht der BaFin unbeachtlich, ob der Emittent dem Anwendungsbereich des § 161 AktG bereits unterfällt, da der Wortlaut von Punkt 14.4 nicht zwischen börsennotierten und (noch) nicht börsennotierten Emittenten unterscheidet.[13] Auch Emittenten, die im Rahmen eines IPO (Initial Public Offering – Börsengang) erstmals eine Börsennotierung ihrer Wertpapiere an einem regulierten Markt anstreben, haben nach Punkt 14.4 eine Entsprechenserklärung abzugeben und zu erklären, ob sie die Empfehlungen des Deutschen Corporate Governance Kodex in Zukunft einhalten werden.[14] Soweit dies künftig nicht vorgesehen ist oder bereits vorzeitig feststeht, dass bestimmte Vorgaben nach der Börsennotierung nicht eingehalten werden bzw. eingehalten werden können, ist dieser Umstand bereits im Prospekt selbst mit einer entsprechenden Begründung offenzulegen.[15]

Zu nennen sind etwa Abweichungen bei der Besetzung der Mitglieder des Aufsichtsrats (Empfehlungen C.1 bis C.5 DCGK)[16] sowie der Vergütung des Vorstands (Empfehlungen G.1 bis G.16 DCGK).[17] Angesichts der zum Teil anspruchsvollen Anforderungen des Deutschen Corporate Governance Kodex, etwa in Bezug auf die im Kodex geforderten Angaben zur Vergütung und Ausgestaltung der Vergütungssysteme,[18] Compliance sowie Diversität bei Besetzung von Organen und Führungskräften[19] ist es naheliegend, dass insbesondere Börsenneulinge einige der Empfehlungen möglicherweise nicht einhalten werden. Im Rahmen der Vorbereitung auf einen Börsengang sollte deshalb frühzeitig geprüft werden, inwieweit mit Abweichungen von den Empfehlungen des Deutschen Corporate Governance Kodex zu rechnen ist.

Bei deutschen Emittenten, die – etwa weil ihre Aktien nicht zu einem regulierten Markt zugelassen sind oder werden sollen – nicht dem Deutschen Corporate Governance Kodex unterfallen, sowie bei ausländischen Emittenten (auf die der Deutsche Corporate Governance Kodex ebenfalls nicht anwendbar ist)[20] ist häufig eine knappe Erläuterung zu fin-

---

11 *Schlitt/Ries*, in: Assmann/Schlitt/von Kopp-Colomb, Prospektrecht Kommentar, Anhang 1 VO (EU) 2019/980 Rn. 117; *Voß*, in: Just/Voß/Ritz/Zeising, Wertpapierprospektrecht, Anhang 1 VO (EU) 2019/980 Rn. 158.
12 *Schlitt/Ries*, in: Assmann/Schlitt/von Kopp-Colomb, Prospektrecht Kommentar, Anhang 1 VO (EU) 2019/980 Rn. 118.
13 *Voß*, in: Just/Voß/Ritz/Zeising, Wertpapierprospektrecht, Anhang 1 VO (EU) 2019/980 Rn. 159.
14 *Schlitt/Ries*, in: Assmann/Schlitt/von Kopp-Colomb, Prospektrecht Kommentar, Anhang 1 VO (EU) 2019/980 Rn. 119. Zum alten Recht *Alfes/Wieneke*, in: Holzborn, WpPG, Anhang I ProspektVO Rn. 76.
15 Zum alten Recht: *Alfes/Wieneke*, in: Holzborn, WpPG, Anhang I ProspektVO Rn. 76.
16 Vgl. etwa den Kapitalerhöhungsprospekt der TAG Immobilien AG vom 8.7.2022 oder den Zulassungsprospekt der Daimler Truck Holding AG vom 26.11.2021.
17 Vgl. dazu beispielsweise den IPO-Prospekt der Friedrich Vorwerk Group SE vom 15.3.2021 oder den IPO-Prospekt der AUTO1 Group SE vom 25.1.2021.
18 Siehe etwa für die Mitglieder des Vorstands Empfehlungen G.1 bis G.13 und G.15 bis G.16 DCGK bzw. für die Mitglieder des Aufsichtsrats Empfehlung G.17 DCGK.
19 Siehe etwa für die Mitglieder des Vorstands Empfehlung B.1, für die Mitglieder des Aufsichtsrats Empfehlung C.1 und für Führungskräfte Empfehlung A.2.
20 Vgl. den dritten Absatz der Präambel des Deutsche Corporate Governance Kodex.

den, dass und weshalb der **Deutsche Corporate Governance Kodex** auf die Gesellschaft **keine Anwendung** findet.[21] Bisweilen findet sich ein Hinweis, dass der Emittent beabsichtigt, die Regelungen des Deutschen Corporate Governance Kodex – ggf. mit bestimmten Ausnahmen – **freiwillig** zu befolgen.[22]

3. Auswirkungen auf die Unternehmensführung

15 Die VO (EU) 2019/980 fordert im neu eingeführten Punkt 14.5 von Anhang 1 zusätzlich Angaben über potenzielle **wesentliche Auswirkungen auf die Unternehmensführung** (englische Sprachfassung: Potential material impacts on the corporate governance). Insbesondere sind **zukünftige Änderungen der Zusammensetzung** des Leitungsorgans oder von Ausschüssen zu nennen, sofern sie bereits durch das Leitungsorgan und/oder die Hauptversammlung beschlossen wurden. Mittels dieses zusätzlichen Offenlegungserfordernisses soll verhindert werden, dass absehbare Änderungen in der Leitung des Emittenten nicht im Prospekt dargestellt werden.[23] Was außerhalb von Änderungen der Zusammensetzung des Leitungsorgans oder von Ausschüssen von dem Begriff Unternehmensführung umfasst sein soll, bleibt unklar. Die ESMA macht hierfür kein Auslegungsangebot, sondern sieht vielmehr den Emittenten selbst in der Pflicht, den Begriff anhand der von ihm selbst angenommenen Regelungen zur Unternehmensführung auszufüllen.[24] Im Wesentlichen dürfte es sich um die Themenkomplexe handeln, die prospektrechtlich in den Abschnitten 12 (Management), 13 (Vergütung) und Abschnitt 14 Punkte 1 bis 4 (Praktiken des Leitungsorgans) zusammengefasst sind. In der Praxis hat der Prospektverantwortliche daher sorgfältig zu überprüfen, ob in diesen Bereichen – neben dem Status quo zum Zeitpunkt der Prospektbilligung (und dem jeweils einschlägigen Zeitraum vorher) – noch bereits beschlossene, zukünftige (wesentliche) Änderungen oder Entwicklungen darzustellen sind.

---

21 Vgl. z. B. den Zulassungsprospekt der Vulcan Energy Resources Ltd vom 11.2.2022 oder den Zulassungsprospekt der Novem Group S.A. vom 15.7.2021.
22 Vgl. z. B. den IPO-Prospekt der SUSE S.A. vom 5.5.2021 oder den Zulassungsprospekt der Lakestar SPAC I SE vom 19.2.2021.
23 ESMA, Consultation Paper – Draft technical advice on format and content of the prospectus (ESMA31-62-532), 6.7.2017, Rn. 77.
24 ESMA, Final Report – Technical advice under the Prospectus Regulation (ESMA31-62-800), 28.3.2018, Rn. 144.

Abschnitt 15
Beschäftigte

Punkt 15.1
Entweder Angabe der Zahl der Beschäftigten zum Ende des Berichtzeitraums oder Angabe des Durchschnitts für jedes Geschäftsjahr in dem Zeitraum, auf den sich die historischen Finanzinformationen beziehen, bis zum Datum der Erstellung des Registrierungsformulars (und Angabe etwaiger wesentlicher Veränderungen bei diesen Zahlen). Sofern möglich und wesentlich, Aufschlüsselung der beschäftigten Personen nach Haupttätigkeitskategorie und Ort der Tätigkeit. Beschäftigt der Emittent eine erhebliche Zahl von Zeitarbeitskräften, ist die durchschnittliche Zahl dieser Zeitarbeitskräfte während des letzten Geschäftsjahrs anzugeben.

Punkt 15.2
Aktienbesitz und Aktienoptionen
In Bezug auf die in Punkt 12.1 Unterabsatz 1 unter Buchstaben a und d genannten Personen sind so aktuelle Angaben wie möglich über ihren Aktienbesitz und etwaige Optionen auf Aktien des Emittenten beizubringen.

Punkt 15.3
Beschreibung etwaiger Vereinbarungen über eine Beteiligung der Beschäftigten am Kapital des Emittenten.

Übersicht

	Rn.		Rn.
I. Beschäftigte	1	III. Mitarbeiterbeteiligungen	9
II. Aktienbesitz und Aktienoptionen	7		

I. Beschäftigte

Punkt 15.1 verlangt Angaben zu den Beschäftigten des Emittenten. Die durch die VO (EU) 2019/980 eingeführten Änderungen gegenüber der Vorgängervorschrift aus der VO (EG) 809/2004 (Ziffer 17) sind rein redaktioneller Natur. In der Praxis finden sich die Angaben zu den Beschäftigten des Emittenten meistens im Prospektabschnitt über den „Geschäftsbetrieb" (Business) in einem entsprechenden Unterabschnitt zu den „Beschäftigten" (Employees). Der **Begriff des Beschäftigten** im Sinne der VO (EU) 2019/980 ist nicht eindeutig. Nach einer Auffassung umfasst der Begriff neben Arbeitnehmern im sozialversicherungsrechtlichen Sinne auch freie Mitarbeiter, Zeitarbeitskräfte und Auszubildende.[1] Eine andere Auffassung will für die Zwecke des Prospektrechts hingegen sämtliche arbeitsrechtlich relevanten Arbeitnehmergruppen, mithin auch sämtliche arbeitnehmerähnliche Personen einschließlich der in Heimarbeit Beschäftigten und ihnen Gleichgestellte, nicht jedoch Bewerber(-innen) sowie ausgeschiedene Personen miteinbeziehen.[2] Bei der Angabe im Prospekt sollte jedenfalls durch entsprechende Fußnoten oder Erläute-

1

---

1 Zum alten Recht: *Alfes/Wieneke*, in: Holzborn, WpPG, Anhang I ProspektVO Rn. 77.
2 *Voß*, in: Just/Voß/Ritz/Zeising, Wertpapierprospektrecht, Anhang 1 VO (EU) 2019/980 Rn. 163.

rungen klargestellt werden, welche Personengruppen bei der Berechnung berücksichtigt wurden.[3]

2   In zeitlicher Hinsicht erlaubt die VO (EU) 2019/980 zwei alternative Vorgehensweisen: Entweder die Angabe der Zahl der Beschäftigten zum Ende des Berichtzeitraums für jedes Geschäftsjahr in dem Zeitraum, auf den sich die historischen Finanzinformationen beziehen, bis zum Datum der Erstellung des Registrierungsformulars; das bedeutet, dass normalerweise **(stichtagsbezogene) Angaben zum Geschäftsjahresende** der drei letzten Geschäftsjahre (und ggf. dem Ende eines Zwischenberichtszeitraums) sowie zum Datum des Prospekts zu machen sind.[4] Oder die Angabe des **Durchschnitts für jedes Geschäftsjahr** in dem Zeitraum, auf den sich die historischen Finanzinformationen beziehen, bis zum Datum der Erstellung des Registrierungsformulars; hiernach sind normalerweise (Durchschnitts-)Angaben zu den drei letzten Geschäftsjahren (und ggf. einem Zwischenberichtszeitraum) sowie zum verbleibenden Zeitraum bis zum Datum des Prospekts zu machen. In der Praxis hat sich derweil folgende (von der BaFin akzeptierte) **kombinierte Vorgehensweise** durchgesetzt: Für die Vergangenheit – und zwar für die zurückliegenden Geschäftsjahre wie auch für einen etwa relevanten Zwischenberichtszeitraum, nicht aber für den Zeitraum bis zum Datum des Prospekts – werden in einer Tabelle Durchschnittszahlen angegeben und zum Datum des Prospekts wird im Fließtext eine stichtagsbezogene Angabe gemacht.[5] Soweit es dem Emittenten nicht möglich ist, zum Aufstellungsdatum des Prospekts genaue oder aktuelle Angaben zu machen, gestattet die BaFin auf einen kurz davor liegenden Zeitpunkt abzustellen, sofern der Emittent im Prospekt in Übereinstimmung mit Punkt 15.1 bestätigt, dass seit dem früheren Datum keine Veränderungen von wesentlicher Bedeutung eingetreten sind.[6] Im Interesse der Verständlichkeit sollte der Emittent, ggf. in Form von Fußnoten, stets genau angegeben, ob es sich um stichtagsbezogene Angaben (Geschäftsjahresende, Quartalsende etc.) oder um Durchschnittszahlen während des relevanten Zeitraums (Geschäftsjahr, Quartal etc.) handelt und ob es sich um Kopfzahlen oder um auf volle Stellen hochgerechnete Zahlen (sog. Full Time Equivalents – FTE) handelt.[7]

3   Sofern eine Unterteilung nach Haupttätigkeitskategorien oder Ort der Tätigkeit möglich und wesentlich ist, sind entsprechende zusätzliche Angaben aufzunehmen.[8] Dabei werden unter dem Aspekt der **Haupttätigkeitskategorien** regelmäßig Funktionsbereiche wie z.B. Verwaltung, Produktion, Operations, Customer Services, Vertrieb, Marketing ange-

---

3 *Schlitt/Ries*, in: Assmann/Schlitt/von Kopp-Colomb, Prospektrecht Kommentar, Anhang 1 VO (EU) 2019/980 Rn. 120.
4 *Schlitt/Ries*, in: Assmann/Schlitt/von Kopp-Colomb, Prospektrecht Kommentar, Anhang 1 VO (EU) 2019/980 Rn. 120.
5 Vgl. den IPO-Prospekt ABOUT YOU Holding AG vom 15.6.2021 oder den IPO-Prospekt der fashionette AG vom 20.10.2022.
6 *Voß*, in: Just/Voß/Ritz/Zeising, Wertpapierprospektrecht, Anhang 1 VO (EU) 2019/980 Rn. 162. Zum alten Recht *Alfes/Wieneke*, in: Holzborn, WpPG, Anhang I ProspektVO Rn. 77, die für die Frage der Wesentlichkeit auf einen Richtwert von 10% abstellen wollen.
7 Vgl. zu den beiden Angabealternativen auch: *Voß*, in: Just/Voß/Ritz/Zeising, Wertpapierprospektrecht, Anhang 1 VO (EU) 2019/980 Rn. 165.
8 Ähnlich: *Schlitt/Ries*, in: Assmann/Schlitt/von Kopp-Colomb, Prospektrecht Kommentar, Anhang 1 VO (EU) 2019/980 Rn. 121 (Aufschlüsselung „soweit möglich"); *Voß*, in: Just/Voß/Ritz/Zeising, Wertpapierprospektrecht, Anhang 1 VO (EU) 2019/980 Rn. 166.

geben, während unter dem **Ort der Tätigkeit** die jeweiligen Arbeits- bzw. Standorte angegeben werden.[9] Entsprechend weitergehende Angaben kommen insbesondere für international tätige Unternehmen oder Unternehmen mit verschiedenen Geschäftssegmenten in Betracht.

Soweit Inkonsistenzen zu den **Angaben zu Arbeitnehmern im Anhang** bzw. im Jahresabschluss auftreten, sollten die Abweichungen erklärend erläutert werden. Ist der Emittent Mutterunternehmen eines Konzerns, empfiehlt es sich zudem, die Angaben sowohl **auf Einzelbasis als auch auf Konzernbasis** zu machen. Falls es dem Verständnis der Investoren dienlich ist, bietet sich – auch unter dem Blickwinkel von Punkt 6.2 (wichtigste Tochtergesellschaften) und Punkt 5.7.3 (Gemeinschaftsunternehmen und Beteiligungen) – auch eine nach einzelnen Konzerngesellschaften und Beteiligungen aufgeschlüsselte Darstellung an.[10]

4

Emittenten, die eine erhebliche Anzahl von **Zeitarbeitskräften** beschäftigen, müssen deren durchschnittliche Zahl für den Zeitraum des letzten Geschäftsjahres angeben. Jedenfalls immer dann, wenn der Einsatz von Zeitarbeitskräften ein nicht unwesentlicher Teil des Geschäftsmodells bzw. der Kostenstruktur des Emittenten oder eines seiner Geschäftsbereiche ist, empfehlen sich entsprechende zusätzliche Angaben.[11]

5

Bestehen **Tarifverträge**, werden deren wesentliche Inhalte in der Regel dargestellt. Gleiches gilt für die Angabe, ob der Emittent dem Mitbestimmungsrecht unterliegt.[12] Dies gilt insbesondere in Fällen, in denen sich aus entsprechenden tarifvertraglichen Regelungen Einschränkungen beispielsweise in Bezug auf die Möglichkeit von Stellenabbau bzw. Umstrukturierungen ergeben (z. B. Standortgarantien); ebenso kann es abhängig von den Umständen des Einzelfalls geboten sein, Angaben zu Lohnverhandlungen, Streiks oder anderen Arbeitskampfmaßnahmen aufzunehmen.

6

II. Aktienbesitz und Aktienoptionen

Da sich die in Punkt 15.2 getroffene Regelung auf Angaben zum Aktienbesitz und zu Aktienoptionen von Personen im Sinne von Punkt 12.1 UAbs. 1 lit. a und d und somit auf die Organmitglieder und ggf. Mitglieder des oberen Managements bezieht, während sich die übrigen nach Abschnitt 15 erforderlichen Angaben auf die Beschäftigen des Emittenten beziehen, erscheint Punkt 15.2 innerhalb des durch Abschnitt 15 erfassten Regelungskomplexes als Fremdkörper. Daher empfiehlt es sich, die Angaben nach Punkt 15.2 mit denje-

7

---

9 Vgl. z. B. den Zulassungsprospekt der Acorn HoldCo, Inc. vom 7.7.2022 oder den Kapitalerhöhungsprospekt der TUI AG vom 6.10.2021.
10 Vgl. z. B. den Zulassungsprospekt der Vulcan Energy Resources Ltd. vom 11.2.2022.
11 *Schlitt/Ries*, in: Assmann/Schlitt/von Kopp-Colomb, Prospektrecht Kommentar, Anhang 1 VO (EU) 2019/980 Rn. 121, verwenden als Vergleichsmaßstab die Gesamtzahl der Beschäftigten. *Voß*, in: Just/Voß/Ritz/Zeising, Wertpapierprospektrecht, Anhang 1 VO (EU) 2019/980 Rn. 167, nennt insoweit eine erste Orientierungsgröße in Höhe von 50 % der Beschäftigten des Emittenten; *Alfes/Wieneke*, in: Holzborn, WpPG, Anhang I ProspektVO Rn. 77 wollen (zum alten Recht) hingegen auf § 267 Abs. 5 HGB abstellen.
12 Zum alten Recht: *Alfes/Wieneke*, in: Holzborn, WpPG, Anhang I ProspektVO Rn. 78.

nigen nach Abschnitt 13 (Vergütungen und besondere Leistungen) zu verbinden.[13] Die Praxis verfährt entsprechend und macht die nach Punkt 15.2 geforderten Angaben nicht im Prospektabschnitt über den „Geschäftsbetrieb" (Business) bzw. im Unterabschnitt zu den „Beschäftigten" (Employees), sondern im Prospektabschnitt über die „Organe der Gesellschaft" (Governing Bodies of the Company) bzw. im entsprechenden Unterabschnitt über den Vorstand bzw. Aufsichtsrat.[14] Die **Angaben zu Aktien und Aktienoptionen** sind nicht zuletzt im Hinblick auf das durch Punkt 15.2 statuierte **Aktualitätserfordernis** („so aktuelle Angaben wie möglich") regelmäßig auch Bestandteil der **D&O Questionnaires**, die vom Rechtsberater des Emittenten an dessen Organmitglieder und ggf. Mitglieder von dessen oberem Management ausgegeben und von diesen ausgefüllt werden,[15] da der Emittent insbesondere im Hinblick auf den Aktienbestand der Organmitglieder und des oberen Managements allenfalls eingeschränkt Einblick hat.[16] Soweit Organmitglieder oder Mitglieder des oberen Managements des Emittenten zu den Hauptaktionären des Emittenten zählen, werden die Angaben regelmäßig doppelt, d.h. sowohl im Prospektabschnitt über die „Organe der Gesellschaft" (Governing Bodies of the Company) als auch im Prospektabschnitt „Hauptaktionäre" (Major Shareholders), gemacht.[17]

8 Die Angaben zum Besitz von Aktien und Optionen auf Aktien des Emittenten werden regelmäßig in Form einer **tabellarischen Übersicht** mit zusätzlichen Angaben und Erläuterungen, manchmal in Form von Fußnoten, gemacht.[18] Hinsichtlich gehaltener Aktienoptionen sind in der Regel insbesondere Angaben über den Ausübungszeitpunkt und die jeweiligen Voraussetzungen der Optionsausübung in den Prospekt aufzunehmen.[19] Kommt es im Zuge des Angebots zu einer Abgabe von Aktien, sind die Angaben nach der Verwaltungspraxis der BaFin zudem um die Anzahl der nach dem Angebot (voraussichtlich) noch gehaltenen Aktien zu ergänzen.[20] Gemäß dem Sinn und Zweck der Vorschrift, über das Ausmaß der Beteiligung des Managements am Emittenten Auskunft zu geben, sind dabei nicht nur von den betreffenden Personen direkt gehaltene, sondern auch indirekt – etwa über eigene Vermögensverwaltungs- oder Beteiligungsgesellschaften – gehaltene

---

13 Ähnlich: *Schlitt/Ries*, in: Assmann/Schlitt/von Kopp-Colomb, Prospektrecht Kommentar, Anhang 1 VO (EU) 2019/980 Rn. 122; *Voß*, in: Just/Voß/Ritz/Zeising, Wertpapierprospektrecht, Anhang 1 VO (EU) 2019/980 Rn. 168; ähnlich (zum alten Recht) *Alfes/Wieneke*, in: Holzborn, WpPG, Anhang I ProspektVO Rn. 79.
14 Vgl. den Kapitalerhöhungsprospekt der TUI AG vom 6.10.2021 und den IPO-Prospekt der Mister Spex SE vom 22.6.2021.
15 Siehe die Kommentierung zu → Abschnitt 12 Rn. 23 ff.
16 *Schlitt/Ries*, in: Assmann/Schlitt/von Kopp-Colomb, Prospektrecht Kommentar, Anhang 1 VO (EU) 2019/980 Rn. 123.
17 Vgl. z.B. den Zulassungsprospekt der Vulcan Energy Resources Ltd. vom 11.2.2022 oder den IPO-Prospekt der fashionette AG vom 20.10.2020.
18 Vgl. z.B. den Kapitalerhöhungsprospekt der TUI AG vom 6.10.2021.
19 *Schlitt/Ries*, in: Assmann/Schlitt/von Kopp-Colomb, Prospektrecht Kommentar, Anhang 1 VO (EU) 2019/980 Rn. 123; *Voß*, in: Just/Voß/Ritz/Zeising, Wertpapierprospektrecht, Anhang 1 VO (EU) 2019/980 Rn. 170.
20 *Schlitt/Ries*, in: Assmann/Schlitt/von Kopp-Colomb, Prospektrecht Kommentar, Anhang 1 VO (EU) 2019/980 Rn. 122; *Voß*, in: Just/Voß/Ritz/Zeising, Wertpapierprospektrecht, Anhang 1 VO (EU) 2019/980 Rn. 169.

Aktien und Optionen offenzulegen.[21] Auch sind die Angaben zum Aktienbesitz und Aktienoptionen – anders als die nach Punkt 16.1 (Beteiligungen am Emittenten) offenzulegenden Informationen – unabhängig davon zu machen, ob die Beteiligung nach nationalem Recht meldepflichtig ist oder nicht.[22]

III. Mitarbeiterbeteiligungen

Nach Punkt 15.3 ist schließlich eine Beschreibung von Vereinbarungen über eine Beteiligung der Beschäftigten am Kapital des Emittenten in den Prospekt aufzunehmen. Erfasst werden sowohl Vereinbarungen über von dem Angebot unabhängige **Arbeitnehmerbeteiligungsprogramme** (z. B. Aktienoptionsprogramme) als auch das **bevorzugte Angebot von Aktien**, die selbst Gegenstand des Prospekts sind.[23] In zuletzt genannten Konstellationen bestehen regelmäßig Überschneidungen mit den Angaben nach Punkt 5.2.3 (Offenlegung vor der Zuteilung) von Anhang 11 zur VO (EU) 2019/980.[24]

9

Der Wortlaut der VO (EU) 2019/980 verlangt hinsichtlich der Mitarbeiterbeteiligungen eine **Beschreibung** (und nicht lediglich Angaben), sodass detaillierte Informationen in den Prospekt aufzunehmen sind, die die **wesentlichen Eckpunkte der Programme** (Adressatenkreis, Voraussetzungen und Bedingungen der Kapitalbeteiligung, wie etwa Haltefristen sowie den Umfang bereits erfolgter Beteiligungen) darstellen.[25] In der Prospektpraxis werden neben den Aktienoptionsprogrammen regelmäßig auch die sonstigen **Bonus- oder Beteiligungsprogramme** selbst für den Fall dargestellt, dass sie keine Kapitalbeteiligung vorsehen (wie beispielsweise sog. Phantom Stocks, VSOP).[26]

10

---

21 *Voß*, in: Just/Voß/Ritz/Zeising, Wertpapierprospektrecht, Anhang 1 VO (EU) 2019/980 Rn. 168. Als Orientierungshilfe für eine Zurechnung dürften sich hier die Zurechnungsvorschriften von § 30 Abs. 1 und 2 WpÜG anbieten.
22 Siehe die dortige Kommentierung.
23 *Schlitt/Ries*, in: Assmann/Schlitt/von Kopp-Colomb, Prospektrecht Kommentar, Anhang 1 VO (EU) 2019/980 Rn. 124; *Voß*, in: Just/Voß/Ritz/Zeising, Wertpapierprospektrecht, Anhang 1 VO (EU) 2019/980 Rn. 171.
24 *Voß*, in: Just/Voß/Ritz/Zeising, Wertpapierprospektrecht, Anhang 1 VO (EU) 2019/980 Rn. 171.
25 *Schlitt/Ries*, in: Assmann/Schlitt/von Kopp-Colomb, Prospektrecht Kommentar, Anhang 1 VO (EU) 2019/980 Rn. 124; *Voß*, in: Just/Voß/Ritz/Zeising, Wertpapierprospektrecht, Anhang 1 VO (EU) 2019/980 Rn. 172.
26 Vgl. z.B. den IPO-Prospekt der AUTO1 Group SE vom 25.1.2021 (Virtual Shares und Virtual Bonus Pool Shares).

Abschnitt 16
Hauptaktionäre

Punkt 16.1

Soweit dem Emittenten bekannt, Angabe jeglicher Person, die nicht Mitglied des Verwaltungs-, Leitungs- oder Aufsichtsorgans ist und die direkt oder indirekt eine Beteiligung am Eigenkapital des Emittenten oder den entsprechenden Stimmrechten hält, die nach nationalem Recht zu melden ist, einschließlich der Höhe der Beteiligung dieser Person zum Datum des Registrierungsformulars. Falls eine solche Person nicht existiert, ist eine entsprechende Erklärung abzugeben.

Punkt 16.2

Angabe, ob die Hauptaktionäre des Emittenten unterschiedliche Stimmrechte haben. Falls solche Stimmrechte nicht bestehen, ist eine entsprechende Erklärung abzugeben.

Punkt 16.3

Soweit dem Emittenten bekannt, Angabe, ob an dem Emittenten unmittelbare oder mittelbare Beteiligungen oder Beherrschungsverhältnisse bestehen und wer diese Beteiligungen hält bzw. diese Beherrschung ausübt. Beschreibung der Art und Weise einer derartigen Beherrschung und der vorhandenen Maßnahmen zur Verhinderung des Missbrauchs einer solchen Beherrschung.

Punkt 16.4

Sofern dem Emittenten bekannt, Beschreibung etwaiger Vereinbarungen, deren Ausübung zu einem späteren Zeitpunkt zu einer Änderung in der Beherrschung des Emittenten führen könnte.

Übersicht

	Rn.		Rn.
I. Überblick	1	IV. Beteiligungs- und Beherrschungsverhältnisse	11
II. Angaben zu Hauptaktionären	2		
III. Angaben zu unterschiedlichen Stimmrechten	10	V. Vereinbarungen, die zu Änderungen in der Beherrschung führen können	16

I. Überblick

1 Die Vorgaben gemäß Abschnitt 16 dienen dazu, potenzielle Investoren über Eckdaten der aktuellen **Gesellschafterstruktur** des Emittenten zu informieren. Zu diesem Zwecke sollen die Hauptaktionäre des Emittenten – soweit diesem bekannt – offengelegt werden. Die Zusammensetzung der Hauptaktionäre des Emittenten kann für die Anlageentscheidung eines Investors eine zentrale Rolle spielen. Dies gilt etwa dann, wenn einer oder mehrere der Hauptaktionäre gemeinsam eine **beherrschende Stellung** beim Emittenten innehaben und dessen strategische Ausrichtung beeinflussen oder gar steuern können. Die im Rahmen der Neufassung durch die VO (EU) 2019/980 eingeführten Änderungen gegenüber der Vorgängervorschrift (Ziffer 18 von Anhang I zur VO (EG) 809/2004) sind überwiegend redaktioneller Natur (siehe aber Rn. → 8 und 11).

II. Angaben zu Hauptaktionären

Die Offenlegungspflicht nach Punkt 16.1 knüpft an **Beteiligungen am Eigenkapital** oder den **Stimmrechten** des Emittenten an. Nach dem Wortlaut von Punkt 16.1 sind – wie schon in der Vergangenheit – solche Beteiligungen offenzulegen, die nach nationalem Recht meldepflichtig sind. Im Rahmen der Neufassung durch die VO (EU) 2019/980 wurde bewusst darauf verzichtet, einen eigenen, prospektrechtlichen Schwellenwert festzulegen.[1] Die hiernach zu machenden Angaben finden sich häufig in einem eigenen Prospektabschnitt „Hauptaktionäre" (Major Shareholders), regelmäßig in Form einer **tabellarischen Übersicht** mit zusätzlichen Angaben und Erläuterungen in Form von Fußnoten.[2]

2

Maßgeblich sind – jedenfalls für deutsche Emittenten – die **wertpapierhandelsrechtlichen Vorschriften der Beteiligungstransparenz** (§§ 33 ff. WpHG). Diese Vorschriften sind allerdings nur direkt anwendbar, wenn der Emittent bereits an einem regulierten Markt notiert (und die Bundesrepublik Deutschland sein Herkunftsstaat im Sinne dieser Vorschriften) ist. Ist dies der Fall, kann der Emittent seine Offenlegung im Prospekt auf die ihm vorliegenden und veröffentlichten Meldungen gemäß §§ 33 ff. WpHG stützen. §§ 33 ff. WpHG verlangen eine Offenlegung ab einer **Stimmrechtsbeteiligung von 3 %**.[3] Aufgrund der Zurechnungsvorschriften des § 34 WpHG sind in den Fällen, in denen eine Zurechnung der Stimmrechte an einen Dritten stattfindet, der selbst die Aktien nicht unmittelbar hält, **auch mittelbare Beteiligungen** gemäß §§ 33 ff. WpHG offenzulegen. Auf Grundlage solcher Meldungen sind daher auch die mittelbar Beteiligten im Prospekt offen zu legen, und zwar grundsätzlich bis zum letzten Meldepflichtigen in der Kette. Es empfiehlt sich, im Prospekt klarzustellen, dass die Angaben auf den veröffentlichten Stimmrechtsmitteilungen beruhen, auf die der Emittent letztendlich angewiesen ist;[4] idealerweise sollte für jede Angabe auch das Datum der relevanten Stimmrechtsmitteilung angegeben werden. Auch ein Hinweis darauf, dass die Meldepflichten nach §§ 33 ff. WpHG abhängig von den in § 33 WpHG vorgesehenen Schwellenwerten (3 %, 5 %, 10 %, 15 %, 20 %, 25 %, 30 %, 50 %, 75 % der Stimmrechte) sind und dass Veränderungen der Stimmrechtsbeteiligung der Meldepflichtigen seit den letzten Meldungen, die keine Schwellenberührung auslösen, nicht meldepflichtig sind, wird häufig aufgenommen. Eine eigenständige Pflicht des Emittenten zur Nachforschung oder Überprüfung hinsichtlich der gehaltenen Beteiligungen kann der VO (EU) 2019/980 nämlich nicht entnommen werden.[5] Fraglich ist, was in dem Fall zu tun ist, wenn der Emittent davon Kenntnis hat, dass die tatsächlichen Beteiligungsverhältnisse von der Meldelage erheblich abweichen. In der Regel dürfte es sich in dieser Situation empfehlen, zunächst auf eine Klärung mit dem

3

---

1 ESMA, Final Report – Technical advice under the Prospectus Regulation (ESMA31-62-800), 28.3.2018, Rn. 142.
2 *Schlitt/Ries*, in: Assmann/Schlitt/von Kopp-Colomb, Prospektrecht Kommentar, Anhang 1 VO (EU) 2019/980 Rn. 127. Vgl. z. B. den Kapitalerhöhungsprospekt der TUI AG vom 6.10.202 oder den IPO-Prospekt der Mister Spex SE vom 22.6.2021.
3 *Schlitt/Ries*, in: Assmann/Schlitt/von Kopp-Colomb, Prospektrecht Kommentar, Anhang 1 VO (EU) 2019/980 Rn. 125; *v. Hein*, in: Schwark/Zimmer, KMRK, § 33 WpHG Rn. 18, 32.
4 *Voß*, in: Just/Voß/Ritz/Zeising, Wertpapierprospektrecht, Anhang 1 VO (EU) 2019/980 Rn. 179.
5 *Schlitt/Ries*, in: Assmann/Schlitt/von Kopp-Colomb, Prospektrecht Kommentar, Anhang 1 VO (EU) 2019/980 Rn. 126; *Voß*, in: Just/Voß/Ritz/Zeising, Wertpapierprospektrecht, Anhang 1 VO (EU) 2019/980 Rn. 179; ähnlich (zum alten Recht) *Alfes/Wieneke*, in: Holzborn, WpPG, Anhang I ProspektVO Rn. 81.

betroffenen Aktionär oder Meldepflichtigen hinzuwirken. Führt dies nicht zum Erfolg, kann es angezeigt sein, mit der BaFin Rücksprache zu halten. Der Wortlaut von Punkt 16.1 bezieht sich ausschließlich auf Beteiligungen am Eigenkapital oder den Stimmrechten des Emittenten, nicht auf Instrumente im Sinne von § 38 WpHG, die den Inhaber berechtigen oder ihm ermöglichen, stimmberechtigte Aktien des Emittenten zu erwerben. Allerdings dürfte die Offenlegung solcher Positionen gemäß Punkt 16.4 oder aus allgemeinen Wesentlichkeitserwägungen geboten sein.

4 Notieren die Aktien des (deutschen) Emittenten dagegen (bislang) nicht bereits an einem organisierten Markt,[6] sind §§ 33 ff. WpHG (bis zur Börsennotierung) nicht auf Beteiligungen am Emittenten anwendbar; eine entsprechende Meldehistorie, auf die der Emittent die Angaben nach Punkt 16.1 stützen könnte, liegt daher nicht vor. Dennoch wird der Emittent in den meisten Fällen Kenntnis von seinen Aktionären haben, und zwar regelmäßig auch über die Informationen hinaus, die er auf Basis der aktienrechtlichen Meldepflichten der Aktionäre (nach § 20 AktG bei >25 % und >50 % der Aktien) erlangt hat.[7] Auch hier gilt grundsätzlich, dass **direkte und indirekte Beteiligungsstrukturen** sichtbar zu machen sind, soweit sie dem Emittenten bekannt sind. Ein Hinweis im Prospekt darauf, dass die **Angaben nach Kenntnis des Emittenten** gemacht werden, ist üblich. Fraglich ist, ab welchen Beteiligungsquoten in diesem Fall Angaben zu machen sind. Obwohl §§ 33 ff. WpHG nicht direkt anwendbar sind, erscheint es sinnvoll – eine entsprechende Kenntnis des Emittenten vorausgesetzt –, sich an den dort enthaltenen Schwellenwerten zu orientieren.[8] Dies gilt insbesondere dann, wenn der Emittent eine Notierung an einem regulierten Markt anstrebt, da jeder, dem (ggf. unter Anwendung der Zurechnungsvorschriften des § 34 WpHG) im Zeitpunkt der erstmaligen Zulassung der Aktien des Emittenten zum Handel an einem regulierten Markt 3 % oder mehr der Stimmrechte des Emittenten zustehen, diesen Umstand gemäß § 33 Abs. 2 WpHG zu melden hat.[9] Daher bietet es sich in einem solchen Fall an, die **unmittelbar nach Börsenzulassung zu erwartende Meldesituation** (soweit möglich) bereits im Prospekt widerzuspiegeln. Für die Offenlegung von indirekten Beteiligungen können die Zurechnungsnormen des § 34 WpHG als Orientierungshilfe dienen.

5 Im Hinblick auf ausländische Emittenten lässt sich der jeweils anwendbare Schwellenwert der VO (EU) 2019/980 nicht zweifelsfrei entnehmen. So geht aus der deutschen Sprachfassung von Punkt 16.1 („Beteiligung […] die nach nationalem Recht zu melden ist […]") nicht eindeutig hervor, ob die verlangte Offenlegung der Beteiligungsverhältnisse sich bei ausländische Emittenten nach deren Heimatrecht oder nach dem nationalen Recht der avisierten Notierung richtet. Die englische („[…] the issuer's national law") und die französische („législation nationale applicable à celui-ci") Sprachfassung sind jedoch da-

---

6 Zu denken ist auch an eine Notierung an einem nicht regulierten Markt, wie z. B. dem Scale-Segment im Freiverkehr der Frankfurter Wertpapierbörse.
7 *Schlitt/Ries*, in: Assmann/Schlitt/von Kopp-Colomb, Prospektrecht Kommentar, Anhang 1 VO (EU) 2019/980 Rn. 126. Zum alten Recht: *Alfes/Wieneke*, in: Holzborn, WpPG, Anhang I ProspektVO Rn. 81, die etwa auf die Kenntnis des Emittenten für den Fall der Ausgabe von Namensaktien oder der Umwandlung des Emittenten in eine AG, KGaA oder SE zum Zwecke eines Börsengangs hinweisen.
8 A. A. offenbar *Voß*, in: Just/Voß/Ritz/Zeising, Wertpapierprospektrecht, Anhang 1 VO (EU) 2019/980 Rn. 175, jedoch unter Hinweis auf eine gegenläufige, sich an § 21 WpHG (heute: § 33 WpHG) orientierende Verwaltungspraxis der BaFin.
9 *v. Hein*, in: Schwark/Zimmer, KMRK, § 33 WpHG Rn. 32.

hingehend klarer formuliert, dass das **Heimatrecht** des Emittenten gemeint ist. Daher ist im Falle ausländischer Emittenten grundsätzlich zu überprüfen, ob und falls ja welche Beteiligungstransparenzvorschriften nach dessen Heimatrecht auf diesen Anwendung finden. Sofern die Aktien des ausländischen Emittenten bereits in dessen Heimatstaat notiert sind, ist auf das dortige Regelwerk der kapitalmarktrechtlichen Beteiligungstransparenz und die dort geltenden Meldeschwellen zurückzugreifen.[10] Innerhalb der EU dürften damit weitgehend einheitlich die durch die Transparenzrichtlinie[11] harmonisierten Schwellenwerte (5 %, 10 %, 15 %, 20 %, 25 %, 30 %, 50 %, 75 % der Stimmrechte) gelten, soweit nicht Mitgliedstaaten – wie Deutschland – **zusätzliche Meldeschwellen** eingezogen haben. Auch wenn die Aktien des ausländischen Emittenten dort nicht notiert sind, erscheint es sinnvoll – eine entsprechende Kenntnis des Emittenten vorausgesetzt –, sich an den dort geltenden Meldeschwellen zu orientieren. Die Praxis verfährt entsprechend.[12] Sollte ein entsprechendes Regelwerk nicht zur Verfügung stehen oder sich (z.B. aufgrund von internationalen Standards deutlich abweichenden Schwellenwerten) nicht anbieten, dürfte es sich empfehlen, die hiesigen Meldeschwellen zum Maßstab zu nehmen (siehe → Rn. 4); dies gilt vor allen Dingen dann, wenn der Emittent eine Notierung an einem regulierten Markt in Deutschland anstrebt. Ggf. ist dies im Rahmen des Billigungsverfahrens mit der BaFin abzustimmen.

Bei **Kapitalerhöhungen** oder **Umplatzierungen von Aktien** verändern sich die Beteiligungsverhältnisse infolge der Transaktion in der Regel; dies gilt auch für Bezugsangebote, da nicht notwendigerweise alle Aktionäre (selbst) von ihren Bezugsrechten Gebrauch machen. Üblicherweise werden daher der Tabelle, in der die Beteiligungsverhältnisse (Ist-Stand) dargestellt werden, ein oder zwei Spalten hinzugefügt, welche die **voraussichtlichen Beteiligungsverhältnisse nach der Transaktion** enthalten. Die diesen zusätzlichen Spalten zugrunde liegenden Annahmen werden in Fußnoten erläutert (z.B. in der Annahme, dass sämtliche angebotenen Aktien platziert werden). 6

Nach dem Wortlaut von Punkt 16.1 sind nur solche Beteiligungen offenzulegen, die **nicht von Mitgliedern des Verwaltungs-, Leitungs- oder Aufsichtsorgans** des Emittenten gehalten werden. Allerdings statuiert Punkt 15.2 (Aktienbesitz und Aktienoptionen) ohnehin die Pflicht, in Bezug auf diese Personen möglichst aktuelle Angaben über deren Aktienbesitz und etwaige Optionen auf Aktien des Emittenten beizubringen – unabhängig davon, ob die Beteiligung nach nationalem Recht meldepflichtig ist oder nicht.[13] Die gemäß diesem Punkt geforderten Angaben werden regelmäßig in einem gesonderten Unterabschnitt im Prospektabschnitt zu den „Organen der Gesellschaft" (Governing Bodies of the Company) gemacht. Soweit die von Mitgliedern des Verwaltungs-, Leitungs- oder Aufsichtsorgans des Emittenten gehaltenen Aktien die jeweils anwendbaren Meldeschwellen 7

---

10 Vgl. den Zulassungsprospekt der Vulcan Energy Resources Limited vom 11.2.2022 (auf die in Australien geltende 5 %-Schwelle rekurrierend).
11 RL 2004/109/EG des Europäischen Parlaments und des Rates vom 15. Dezember 2004, ABl. L 390/38, 13.12.2004, zuletzt geändert durch VO (EU) 2021/337 des Europäischen Parlaments und des Rates vom 16. Februar 2021, ABl. L 68/1, 26.2.2021.
12 Wertpapierprospekt der Global Fashion Group S.A. (Luxemburg) vom 17.6.2019 und Wertpapierprospekt der Abacus Medicine A/S (Dänemark) vom 22.5.2019.
13 Siehe die dortige Kommentierung.

überschreiten, werden diese üblicherweise zusätzlich im Prospektabschnitt „Hauptaktionäre" (Major Shareholders) aufgeführt.[14]

8 In die Vorschrift neu eingefügt wurde das Erfordernis, die Angaben zu den Beteiligungen am Eigenkapital oder den Stimmrechten des Emittenten **zum Datum des Registrierungsformulars** zu machen. Das Fehlen eines entsprechenden Angabeerfordernisses in der Vorgängervorschrift sei eine (unbeabsichtigte) Lücke[15] und der Aufwand und die Kosten für eine tagggleiche Angabe seien in Kauf zu nehmen.[16] Die in der Vergangenheit verbreitete Vorgehensweise, aus Gründen der Praktikabilität ein kurz vor dem Prospektdatum gelegenes Datum zu wählen, ist damit nicht mehr zulässig.

9 Soweit keine wesentlichen Aktionäre an dem Emittenten beteiligt sind, ist ein ausdrückliches **Negativtestat** in den Prospekt aufzunehmen.[17] Gleiches gilt auch in Fällen, in denen dem Emittenten keine Kenntnisse über seine Aktionärsstruktur vorliegen; die Erklärung kann sich dabei aufgrund des klaren Wortlauts in Punkt 16.1 auf sein Wissen beschränken.[18]

III. Angaben zu unterschiedlichen Stimmrechten

10 Angaben nach Punkt 16.2 sind in erster Linie dann zu machen, wenn der Emittent **Stammaktien** und **stimmrechtslose Vorzugsaktien** (§ 12 Abs. 1 Satz 2 AktG) ausgegeben hat.[19] Auch wenn **satzungsmäßige Entsendungsrechte** in Bezug auf Aufsichtsratsmitglieder bestehen, sollten diese angegeben werden (vgl. auch Punkt 12.2). Soweit den Hauptaktionären keine unterschiedlichen Stimmrechte an dem Emittenten zustehen, ist ein ausdrückliches **Negativtestat** in den Prospekt aufzunehmen.

IV. Beteiligungs- und Beherrschungsverhältnisse

11 Punkt 16.3 verlangt die Offenlegung von (direkten und indirekten) Beteiligungs- und Beherrschungsverhältnissen, ohne diese Begriffe näher zu definieren. Der Zweck des Angabeerfordernisses besteht darin, potenziellen Anlegern auch im Hinblick auf die Bestim-

---

14 Vgl. Prospekt den Zulassungsprospekt der Vulcan Energy Resources Limited vom 11.2.2022 oder den IPO-Prospekt der fashionette AG vom 20.10.2020.
15 ESMA, Consultation Paper – Draft technical advice on format and content of the prospectus (ESMA31-62-532), 6.7.2017, Rn. 79.
16 ESMA, Final Report – Technical advice under the Prospectus Regulation (ESMA31-62-800), 28.3.2018, Rn. 185.
17 Ähnlich *Schlitt/Ries*, in: Assmann/Schlitt/von Kopp-Colomb, Prospektrecht Kommentar, Anhang 1 VO (EU) 2019/980 Rn. 127; *Voß*, in: Just/Voß/Ritz/Zeising, Wertpapierprospektrecht, Anhang 1 VO (EU) 2019/980 Rn. 178.
18 *Schlitt/Ries*, in: Assmann/Schlitt/von Kopp-Colomb, Prospektrecht Kommentar, Anhang 1 VO (EU) 2019/980 Rn. 127.
19 *Schlitt/Ries*, in: Assmann/Schlitt/von Kopp-Colomb, Prospektrecht Kommentar, Anhang 1 VO (EU) 2019/980 Rn. 127; *Voß*, in: Just/Voß/Ritz/Zeising, Wertpapierprospektrecht, Anhang 1 VO (EU) 2019/980 Rn. 180.

mung der **strategischen Ausrichtung** und spätere **Gewinnausschüttungen** ein vollständiges Bild über die Verflechtung und Kapitalstruktur des Emittenten zu vermitteln.[20]

Der Begriff Beherrschung (engl. Sprachfassung: control) wird in der VO (EU) 2019/980 nicht definiert. Unter den Begriff fallen dabei auf jeden Fall alle **Beherrschungsverhältnisse im Sinne des Konzernrechts** (vgl. §§ 308 ff. AktG für den Vertragskonzern und §§ 311 ff. AktG für den faktischen Konzern), sodass Punkt 16.3 die Anforderungen der Darstellung nach Punkt 6.1 (Organisationsstruktur) ergänzt bzw. erweitert.[21] Da es sich bei dem Begriff Beherrschung vorliegend aber um einen autonomen, europarechtlichen Begriff handelt, der u. E. zudem im Sinne des Wesentlichkeitsprinzips (Art. 6 Abs. 1 ProspektVO) auszulegen ist, umfasst er hiernach **auch andere Verhältnisse**, die – ohne eine Beherrschung im o. g. Sinne darzustellen – anderweitig einen **wesentlichen Einfluss auf die Unternehmensführung** ermöglichen.[22] Unter diesem Blickwinkel dürfte etwa auch die Ausübung von Kontrolle im Sinne des § 29 Abs. 2 WpÜG (≥ 30 % Stimmrechtsbeteiligung) über den Emittenten vom Begriff der Beherrschung umfasst sein.

Punkt 16.3 verlangt insbesondere bei **mittelbaren Beherrschungsverhältnissen** eine weitergehende Beschreibung der tatsächlichen oder rechtlichen Grundlage des Beherrschungsverhältnisses und der Art und Weise der durch das Beherrschungsverhältnis vermittelten Kontrolle. Zu beachten ist insoweit auch die noch zu § 13 VerkProspG, § 44 BörsG ergangene Wohnungsbau-Leipzig-West-Entscheidung des BGH.[23] Der dieser Entscheidung zugrunde liegende Sachverhalt betraf den eher ungewöhnlichen Fall, dass der Emittent als abhängiges Unternehmen Teil eines **Vertragskonzerns** war. Der Emittent hatte mit der Konzernmuttergesellschaft einen **Gewinnabführungs- und Beherrschungsvertrag** geschlossen. Das Gericht erachtete die ohne weitergehende Erläuterungen erfolgte Angabe der Höhe der von der Konzernmuttergesellschaft am Emittenten gehaltenen Beteiligung sowie den Hinweis auf einen mit der Konzernmuttergesellschaft abgeschlossenen Gewinnabführungs- und Beherrschungsvertrags für sich genommen als nicht ausreichend. Erforderlich sei vielmehr eine konkrete Darstellung der bestehenden **Einflussnahmemöglichkeiten** der insoweit beherrschenden Muttergesellschaft. Insbesondere bedurfte es nach Ansicht des BGH eines Hinweises auf § 308 Abs. 1 Satz 2 AktG, wonach dem Emittenten als beherrschter Gesellschaft auch für diesen **nachteilige Weisungen** erteilt werden können, soweit sie den Belangen des herrschenden Unternehmens oder anderen Konzerngesellschaften dienen.[24]

Neben der Beschreibung von Beherrschungs- bzw. Gewinnabführungsverträgen kommen insbesondere Gesellschaftervereinbarungen, Poolverträge, Stimmbindungsverträge, Be-

---

20 *Schlitt/Ries*, in: Assmann/Schlitt/von Kopp-Colomb, Prospektrecht Kommentar, Anhang 1 VO (EU) 2019/980 Rn. 128; *Voß*, in: Just/Voß/Ritz/Zeising, Wertpapierprospektrecht, Anhang 1 VO (EU) 2019/980 Rn. 181.
21 Zum alten Recht: *Alfes/Wieneke*, in: Holzborn, WpPG, Anhang I ProspektVO Rn. 82.
22 Zu Angaben bei Unternehmen, die im Familienbesitz stehen, siehe *Voß*, in: Just/Voß/Ritz/Zeising, Wertpapierprospektrecht, Anhang 1 VO (EU) 2019/980 Rn. 184.
23 BGH, Urteil v. 18.9.2012, XI ZR 344/11 = NZG 2012, 1262 (Wohnungsbau Leipzig-West), anders BGH NJW-RR 2021, 1058, 1062 in einem Fall, in dem der Beherrschungsvertrag kein Mehr an Weisungsbefugnis bewirkte.
24 Kritisch hierzu etwa *Wieneke*, NZG 2012, 1420, 1422.

vollmächtigungen zur Stimmrechtsausübung und Acting in Concert in Betracht.[25] Im Rahmen von Börsengängen werden vorhandene **Gesellschaftervereinbarungen** und darin enthaltene Stimmbindungsverträge im Zeitpunkt des Börsengangs häufig aufgehoben oder abgeändert. Jedenfalls die bestehen bleibenden Regelungen solcher Vereinbarungen sind gemäß Punkt 16.3 offenzulegen.[26] Unter „Maßnahmen zur Verhinderung des Missbrauchs einer solchen Beherrschung" fallen insbesondere die Mechanismen des Aktienrechts zum Schutz der abhängigen Gesellschaft im faktischen Konzern (z.B. Abhängigkeitsbericht gemäß § 312 AktG).[27]

15 Neben Beherrschungs- sind gemäß Punkt 16.3 auch **Beteiligungsverhältnisse** offenzulegen („ [...] unmittelbare oder mittelbare Beteiligungen oder Beherrschungsverhältnisse [...]"). Insoweit überschneidet sich das Angabeerfordernis jedoch mit den Vorgaben aus Punkt 16.1, wonach Angaben über direkte und indirekte Beteiligungen am Emittenten zu machen sind (siehe → Rn. 2 ff.).

V. Vereinbarungen, die zu Änderungen in der Beherrschung führen können

16 Gemäß Punkt 16.4 sind Vereinbarungen zu beschreiben, deren Ausübung zu einem späteren Zeitpunkt zu einer Änderung in der Beherrschung des Emittenten führen könnte. Unter diesem Blickwinkel sollten sicherlich solche Vereinbarungen beschrieben werden, deren Ausübung dazu führen kann, dass eine Person eine **konzernrechtliche Beherrschungsposition** (§§ 308ff., 311ff. AktG) oder Kontrolle im Sinne des § 29 Abs. 2 WpÜG über den Emittenten gewinnt oder verliert (vgl. → Rn. 12).[28] Der Wesentlichkeitsgrundsatz gebietet es u.E., darüber hinaus auch solche Vereinbarungen zu beschreiben, die – obwohl sie nicht zu einem Kontrollwechsel im Sinne des Übernahmerechts führen – zu **wesentlichen Veränderungen in der Beteiligungsstruktur** führen können (vgl. → Rn. 13–15),[29] soweit der Sachverhalt nicht bereits durch das Offenlegungserfordernis gemäß Punkt 19.1.6 (Optionsrechte auf Aktien des Emittenten bzw. das Kapital anderer Gruppenmitglieder) erfasst ist.[30] Unter Punkt 16.4 fallen insbesondere **Optionsrechte** (Call-Rechte oder Put-Rechte), die auf den physischen Erwerb von stimmberechtigten

---

25 Ähnlich *Schlitt/Ries*, in: Assmann/Schlitt/von Kopp-Colomb, Prospektrecht Kommentar, Anhang 1 VO (EU) 2019/980 Rn. 128. Zum alten Recht: *Fingerhut/Voß*, in: Just/Voß/Ritz/Zeising, WpPG, 2009, Anhang I ProspektVO Rn. 282.
26 Vgl. etwa den IPO Prospekt der Dr. Ing. h.c. F. Porsche AG vom 19.9.2022.
27 *Schlitt/Ries*, in: Assmann/Schlitt/von Kopp-Colomb, Prospektrecht Kommentar, Anhang 1 VO (EU) 2019/980 Rn. 128. Zum alten Recht: *Alfes/Wieneke*, in: Holzborn, WpPG, Anhang I ProspektVO Rn. 82 nennen darüber hinaus entsprechende Regelungen in der Satzung des Emittenten oder in einem Unternehmensvertrag.
28 Ebenso *Schlitt/Ries*, in: Assmann/Schlitt/von Kopp-Colomb, Prospektrecht Kommentar, Anhang 1 VO (EU) 2019/980 Rn. 129, die zumindest in Fällen einer (geplanten) Zulassung der Aktien des Emittenten an einem regulierten Markt entsprechend verfahren wollen.
29 Wohl auch *Schlitt/Ries*, in: Assmann/Schlitt/von Kopp-Colomb, Prospektrecht Kommentar, Anhang 1 VO (EU) 2019/980 Rn. 130, wonach vor allem Aktienoptionen anzugeben sind, deren Ausübung zu einer Verschiebung der Mehrheitsverhältnisse führen kann.
30 Vgl. auch ESMA, Leitlinien zu den Offenlegungspflichten nach der Prospektverordnung (ESMA32-382-1138), 4.3.2021, V.13 (Leitlinie 43).

Aktien gerichtet sind.[31] Mit dem Wortlaut von Punkt 16.4 nur schwerlich vereinbar wäre es, auf der Basis von Punkt 16.4 auch Angaben zu Instrumenten mit reinem Barausgleich (Cash Settlement) zu verlangen. Die Erforderlichkeit von Angaben zu entsprechenden Instrumenten ließe sich, soweit der Emittent Kenntnis[32] von ihnen hat, abhängig von den konkreten Gegebenheiten allenfalls aus dem Wesentlichkeitsprinzip ableiten. Auch **Vorkaufsrechte** und **Andienungsrechte**, die beispielsweise in Gesellschafterverträgen vereinbart sind (siehe → Rn. 14), können unter Punkt 16.4 fallen.[33] Werden dem Punkt 16.4 unterfallende Vereinbarungen im Hinblick auf die mit einer Kontrollerlangung nach Zulassung der Aktien an einem organisierten Markt andernfalls letztendlich einhergehenden Verpflichtung zur Abgabe eines Angebots an alle Aktionäre gemäß § 30 WpÜG vor einem Börsengang aufgehoben (siehe → Rn. 14), kann eine detaillierte Beschreibung regelmäßig unterbleiben, sofern die Vereinbarungen weder fortgelten noch anderweitig wiederaufleben, nachdem bereits Aktien durch Außenstehende erworben worden sind.[34]

---

[31] *Schlitt/Ries*, in: Assmann/Schlitt/von Kopp-Colomb, Prospektrecht Kommentar, Anhang 1 VO (EU) 2019/980 Rn. 130; *Voß*, in: Just/Voß/Ritz/Zeising, Wertpapierprospektrecht, Anhang 1 VO (EU) 2019/980 Rn. 189. Siehe hierzu auch die Offenlegungsanforderungen gemäß Punkt 19.1.6 sowie auch ESMA, Leitlinien zu den Offenlegungspflichten nach der Prospektverordnung (ESMA32-382-1138), 4.3.2021, V.13 (Leitlinie 43).

[32] Kenntnis liegt vor, sofern es sich um mitteilungspflichtige Finanzinstrumente handelt, die den Mitteilungspflichten des WpHG unterliegen, und in Bezug auf die vom Mitteilungspflichtigen auch tatsächlich entsprechende Mitteilungen gemacht wurden.

[33] *Schlitt/Ries*, in: Assmann/Schlitt/von Kopp-Colomb, Prospektrecht Kommentar, Anhang 1 VO (EU) 2019/980 Rn. 130.

[34] *Schlitt/Ries*, in: Assmann/Schlitt/von Kopp-Colomb, Prospektrecht Kommentar, Anhang 1 VO (EU) 2019/980 Rn. 131.

Abschnitt 17
Geschäfte mit verbundenen Parteien

Punkt 17.1
Anzugeben sind Einzelheiten zu Geschäften mit verbundenen Parteien (die in diesem Sinne diejenigen sind, die in den Standards dargelegt werden, die im Einklang mit der Verordnung (EG) Nr. 1606/2002 des Europäischen Parlaments und des Rates angenommen wurden, die der Emittent während des Zeitraums abgeschlossen hat, der von den historischen Finanzinformationen abgedeckt wird, bis zum Datum der Erstellung des Registrierungsformulars. Dies hat in Übereinstimmung mit dem jeweiligen Standard zu erfolgen, der mit der Verordnung (EG) Nr. 1606/2002 eingeführt wurde (falls anwendbar).

Finden diese Standards auf den Emittenten keine Anwendung, sollten die folgenden Angaben offengelegt werden:

a) Art und Umfang der Geschäfte, die als einzelnes Geschäft oder insgesamt für den Emittenten von wesentlicher Bedeutung sind. Erfolgt der Abschluss derartiger Geschäfte mit verbundenen Parteien nicht auf marktkonforme Weise, ist zu erläutern, weshalb. Im Falle ausstehender Darlehen einschließlich Garantien jeglicher Art ist der ausstehende Betrag anzugeben;

b) Betrag oder Prozentsatz, zu dem die Geschäfte mit verbundenen Parteien Bestandteil des Umsatzes des Unternehmens sind.

Übersicht

	Rn.		Rn.
I. Überblick	1	III. Nahestehende Unternehmen und Personen im Sinne von IAS 24	6
II. Anwendungsbereich	3	IV. Relevante Angaben	9
1. IAS-Verordnung	3	V. Informationsbasis und Praxisdarstellung	12
2. Andere Emittenten	4		

I. Überblick

1 Abschnitt 17 von Anhang 1 zur VO (EU) 2019/980 verlangt die Offenlegung bestimmter **Geschäfte mit verbundenen Parteien**. Solche Geschäfte tragen das **besondere Risiko** in sich, dass sie zu Konditionen abgeschlossen werden, die unter fremden Dritten nicht realisiert worden wären – d.h. einem sog. **Drittvergleich** nicht standhalten – und somit die Vermögens-, Finanz- und Ertragslage des Emittenten beeinflussen können. Außerdem können die Beziehungen und Geschäfte mit verbundenen Personen auf das Geschäftsgebaren sowie auf das strategische Handeln des Emittenten Auswirkungen haben und von Relevanz für das Verständnis der Geschäftstätigkeit des Emittenten sein.[1] Daher sind diese Geschäfte und Beziehungen im Prospekt gemäß Abschnitt 17 von Anhang 1 zur VO (EU) 2019/980 transparent zu machen.

2 Der Wortlaut der Vorschrift ist in der VO (EU) 2019/980 gegenüber dem Wortlaut der Vorgängervorschrift in der VO (EG) 809/2004 (Ziffer 19) nahezu unverändert geblieben. Abgesehen von geringfügigen redaktionellen Änderungen ist allein das Wort „müssen" in

---

1 *Hennrichs/Schubert*, in: MünchKomm-BilR, IAS 24 Rn. 2.

Punkt 17.1 UAbs. 2 durch das Wort „sollen" ersetzt worden. Die Änderung lässt sich u. U. im Hinblick auf die für Drittstaatsemittenten bestehende Möglichkeit deuten, anstelle von IAS 24 einen anderen, äquivalenten Rechnungslegungsstandard anzuwenden (siehe → Rn. 4). In der englischen Fassung (must) und französischen Fassung (doivent être) wurde allerdings keine entsprechende Änderung vorgenommen. Dem im Rechtsetzungsverfahren von verschiedenen Seiten geäußerten Petitum, die Pflicht zur Offenlegung der Geschäfte mit nahestehenden Personen – da bereits im Konzernanhang offengelegt und deshalb überflüssig – zu streichen, sind ESMA und Kommission nicht gefolgt.[2]

II. Anwendungsbereich

1. IAS-Verordnung

Punkt 17.1 UAbs. 1 verweist für Emittenten, auf welche die IAS-Verordnung (VO (EG) Nr. 1606/2002)[3] anwendbar ist, auf **IAS 24** (Angaben über Beziehungen zu nahe stehenden Unternehmen und Personen; Related Party Disclosure).[4] In den Anwendungsbereich fallen Emittenten, die (i) dem Recht eines Mitgliedstaats unterfallen, (ii) einen Konzernabschluss aufstellen und (iii) deren Wertpapiere an einem regulierten Markt zugelassen sind bzw. die einen entsprechenden Zulassungsantrag gestellt haben.[5] Der Verweis auf IAS 24 bezieht sich in diesem Fall sowohl auf die **Definition von nahestehenden Personen und Unternehmen** als auch auf den **Umfang und Inhalt der Offenlegung**. Wesentlicher Beweggrund für den Verweis war es, zwei voneinander abweichende Offenlegungsstandards im Prospektrecht einerseits und in den Rechnungslegungsvorschriften andererseits zu vermeiden. Interessant ist, dass IAS 24 anders als Abschnitt 17 nicht nur die Beschreibung von „**Geschäften**" (Transactions) mit nahestehenden Unternehmen und Personen verlangt, sondern auch die Beschreibung „**sonstiger bestehender Beziehungen**" (Outstanding Balances) mit nahestehenden Unternehmen und Personen. Trotzdem sollte der Umfang der Offenlegung im Prospekt gegenüber der Offenlegung im Konzernanhang nach IAS 24 aus Gründen der Konsistenz nicht nur auf Geschäfte im engeren Sinne eingegrenzt werden, sondern auch sonstige Beziehungen umfassen.[6] Auch sehen weder Punkt 17.1 UAbs. 1 noch IAS 24 für Emittenten, die der IAS-Verordnung unterfallen, ausdrücklich eine Pflicht zur Offenlegung darüber vor, ob bzw. welche Geschäfte nicht „at arm's lengths" ausgestaltet sind und weshalb. Ebenso wenig wird von solchen Emittenten ausdrücklich verlangt, dass der Betrag oder der Prozentsatz, zu dem die Geschäfte mit verbundenen Parteien Bestandteil ihres Umsatzes sind, offengelegt werden (siehe aber → Rn. 5).

---

2 ESMA, Final Report – Technical advice under the Prospectus Regulation (ESMA31-62-800), 28.3.2018, Rn. 162, 177.
3 VO (EG) Nr. 1606/2002 vom 19.7.2002, ABl. L 243 S. 1 vom 11.9.2002 (in der durch die VO (EG) Nr. 297/2008 vom 11.3.2008, ABl. L 97 S. 62 geänderten Fassung).
4 *Schlitt/Ries*, in: Assmann/Schlitt/von Kopp-Colomb, Prospektrecht Kommentar, Anhang 1 VO (EU) 2019/980 Rn. 132; *Voß*, in: Just/Voß/Ritz/Zeising, Wertpapierprospektrecht, Anhang 1 VO (EU) 2019/980 Rn. 192.
5 Zum alten Recht: *Fingerhut/Voß*, in: Just/Voß/Ritz/Zeising, WpPG, 2009, Anhang I ProspektVO Rn. 290.
6 Siehe aber *Schlitt/Ries*, in: Assmann/Schlitt/von Kopp-Colomb, Prospektrecht Kommentar, Anhang 1 VO (EU) 2019/980 Rn. 135, wonach die aufzuführenden Geschäfte von wesentlicher Bedeutung für den Emittenten sein müssen (vgl. auch Punkt 17.1 UAbs. 2 lit. a).

2. Andere Emittenten

4 Für Emittenten, auf welche die IAS-Verordnung **nicht anwendbar** ist, legt Punkt 17.1 UAbs. 2 lit. a und b den Umfang der Offenlegung fest.[7] Bei diesen Emittenten handelt es sich um Gesellschaften, die nicht dem Recht eines Mitgliedstaats unterfallen (sog. Drittstaatsemittenten), die keinen Konzernabschluss aufstellen (z. B. Emittenten, die über gar keine Tochtergesellschaften verfügen) oder die an einem nicht-regulierten Markt notiert sind oder eine solche Notierung anstreben. Solche Emittenten haben Geschäfte mit nahestehenden Parteien zunächst auch anhand der in **IAS 24 enthaltenen Definitionen** zu identifizieren.[8] Allein (Drittstaats-)Emittenten, die einen Rechnungslegungsstandard nutzen, der gemäß einer entsprechenden Entscheidung der Kommission **äquivalent zu IFRS bzw. IAS** ist und Vorgaben betreffend Geschäfte mit nahestehenden Personen enthält, sollen bei der Identifizierung der relevanten Geschäfte auf die Definitionen des entsprechenden Rechnungslegungsstandards zurückgreifen.[9] Sodann haben Emittenten, auf welche die IAS-Verordnung nicht anwendbar ist, nach Punkt 17.1 UAbs. 2 lit. a Art und Umfang der so identifizierten Geschäfte darzustellen, soweit sie einzeln oder in ihrer Gesamtheit für den Emittenten von **wesentlicher Bedeutung** sind.[10] Für Geschäfte mit nahestehenden Personen, die **nicht zu marktgerechten Bedingungen** (at arm's lengths) abgeschlossen werden, sind die Gründe anzugeben.[11] Die Marktkonformität eines Geschäfts richtet sich danach, ob es mit demselben Inhalt auch mit einem außenstehenden Dritten geschlossen worden wäre (sog. **Drittvergleich**).[12] Ferner ist im Falle ausstehender Darlehen einschließlich Garantien jeglicher Art der ausstehende Betrag anzugeben. Abschnitt 17 UAbs. 2 lit. b verlangt außerdem, dass – im Falle von Umsatzgeschäften[13] – der Betrag oder der Prozentsatz, zu dem die Geschäfte mit verbundenen Parteien Bestandteil des Umsatzes des Emittenten sind, offengelegt werden.[14] Darüber hinaus soll laut ESMA auch der Betrag oder der Prozentsatz angegeben werden, zu dem die Geschäfte mit verbundenen Parteien Bestandteil der Aktiva oder Verbindlichkeiten des Emittenten darstellen.[15]

---

[7] Siehe dazu auch ESMA, Leitlinien zu den Offenlegungspflichten nach der Prospektverordnung (ESMA32-382-1138), 4.3.2021, Rn. 195 ff. (Leitlinie 41).

[8] ESMA, Leitlinien zu den Offenlegungspflichten nach der Prospektverordnung (ESMA32-382-1138), 4.3.2021, Rn. 198.

[9] ESMA, Leitlinien zu den Offenlegungspflichten nach der Prospektverordnung (ESMA32-382-1138), 4.3.2021, Rn. 199.

[10] Siehe Fn. 6.

[11] *Schlitt/Ries*, in: Assmann/Schlitt/von Kopp-Colomb, Prospektrecht Kommentar, Anhang 1 VO (EU) 2019/980 Rn. 136; *Voß*, in: Just/Voß/Ritz/Zeising, Wertpapierprospektrecht, Anhang 1 VO (EU) 2019/980 Rn. 200.

[12] *Schlitt/Ries*, in: Assmann/Schlitt/von Kopp-Colomb, Prospektrecht Kommentar, Anhang 1 VO (EU) 2019/980 Rn. 136; *Voß*, in: Just/Voß/Ritz/Zeising, Wertpapierprospektrecht, Anhang 1 VO (EU) 2019/980 Rn. 200.

[13] *Schlitt/Ries*, in: Assmann/Schlitt/von Kopp-Colomb, Prospektrecht Kommentar, Anhang 1 VO (EU) 2019/980 Rn. 138.

[14] *Schlitt/Ries*, in: Assmann/Schlitt/von Kopp-Colomb, Prospektrecht Kommentar, Anhang 1 VO (EU) 2019/980 Rn. 136 mit Verweis auf die IOSCO International Disclosure Standards for Cross-Border Offerings and Initial Listings by Foreign Issuers und auf IAS 24, wonach der Umfang der Geschäfte so wiederzugeben ist, dass der „Effekt der Geschäftsbeziehung" auf den Abschluss nachvollzogen werden kann.

[15] ESMA, Leitlinien zu den Offenlegungspflichten nach der Prospektverordnung (ESMA32-382-1138), 4.3.2021, Rn. 197 (Leitlinie 41).

ESMA verlangt ferner, dass Emittenten, auf welche die IAS-Verordnung nicht anwendbar ist, bestätigen, dass die Zustimmungsprozedere für Geschäfte mit nahestehenden Personen eingehalten worden sind, und Offenlegungen gemäß Art. 9c der Aktionärsrechterichtlinie[16] aufnehmen.[17] Nach Art. 9c Abs. 2 der Aktionärsrechterichtlinie sind Informationen zur Art des Verhältnisses zu den nahestehenden Personen, die Namen der nahestehenden Personen, das Datum und der Wert des Geschäfts sowie alle weiteren Informationen offenzulegen, die erforderlich sind, um zu bewerten, ob das Geschäft aus Sicht der Gesellschaft und der Aktionäre, die nicht als nahestehende Person qualifizieren (einschließlich der Minderheitsaktionäre), angemessen und vernünftig ist.

Aus Gründen der Klarheit, Vollständigkeit und Konsistenz dürfte es grundsätzlich aus Investorensicht wünschens- und aus Emittentensicht empfehlenswert sein, wenn der Emittent explizit bestätigt, dass die Geschäfte bzw. Beziehungen mit nahestehenden Unternehmen und Personen zu **„Arm's lengths"-Konditionen** ausgestaltet sind bzw., soweit dies nicht der Fall ist, offenlegt, welche Geschäfte bzw. Beziehungen einem Drittvergleich nicht standhalten und weshalb (vgl. → Rn. 4). Jedenfalls bei wesentlichen Geschäften sollten daher auch Emittenten, die der IAS-Verordnung unterfallen, entsprechende Erklärungen im Prospekt aufnehmen.[18] Dasselbe gilt für die Angabe des Betrages oder des Prozentsatzes, zu dem die Geschäfte mit verbundenen Parteien **Bestandteil des Umsatzes** bzw. der **Aktiva oder Verbindlichkeiten** des Emittenten sind (vgl. → Rn. 4). So empfiehlt es sich auch für Emittenten, auf welche die IAS-Verordnung anwendbar ist, bei (Umsatz-)Geschäften mit nahestehenden Unternehmen oder Personen deren prozentualen Anteil am Umsatz bzw. der Aktiva oder Verbindlichkeiten des Emittenten offenzulegen, zumindest wenn dieser einen nicht unerheblichen Umfang einnimmt oder in den vergangenen Jahren eingenommen hat.[19]

III. Nahestehende Unternehmen und Personen im Sinne von IAS 24

Dem Emittenten **nahestehende Unternehmen und Personen** sind nach den in IAS 24 enthaltenen Definitionen insbesondere:
- Mitglieder des Vorstands und des Aufsichtsrates des Emittenten sowie deren nahe Familienangehörige (z. B. Ehepartner, Lebenspartner, eigene Kinder, Kinder des Lebenspartners sowie sonstige eigene Angehörige und Angehörige des Lebenspartners);
- Unternehmen, die von Mitgliedern des Vorstands oder des Aufsichtsrats des Emittenten oder deren nahen Familienangehörigen unmittelbar oder mittelbar beherrscht werden oder auf die diese einen maßgeblichen Einfluss ausüben können (z. B. durch Vertrag oder Absprachen);

---

16 RL 2007/36/EG vom 11.7.2007, ABl. L 184 S. 17 vom 14.7.2007 (in der zuletzt durch die RL (EU) 2017/828 vom 17.5.2017, ABl. L 132 S. 1 vom 20.5.2017 geänderten Fassung).
17 ESMA, Leitlinien zu den Offenlegungspflichten nach der Prospektverordnung (ESMA32-382-1138), 4.3.2021, Rn. 200.
18 Schlitt/Ries, in: Assmann/Schlitt/von Kopp-Colomb, Prospektrecht Kommentar, Anhang 1 VO (EU) 2019/980 Rn. 136.
19 Schlitt/Ries, in: Assmann/Schlitt/von Kopp-Colomb, Prospektrecht Kommentar, Anhang 1 VO (EU) 2019/980 Rn. 138 unter Bezugnahme auf § 11 Abs. 2 TranspRLDV.

- Unternehmen und natürliche Personen, die
  - direkt oder indirekt durch eine oder mehrere Zwischenstufen den Emittenten beherrschen oder mit diesem unter gemeinsamer Kontrolle einer anderen Gesellschaft stehen (dies schließt Holdinggesellschaften und Schwestergesellschaften ein);
  - durch ihren Anteilsbesitz direkt oder indirekt einen maßgeblichen Einfluss auf den Emittenten ausüben können; oder
  - an der gemeinsamen Führung des Emittenten beteiligt sind;

  sowie jeweils nahe Familienangehörige dieser Personen.

- Assoziierte Unternehmen, also Unternehmen, bei denen ein Stimmrechtsanteil zwischen 20 % und 50 % besteht; sowie
- Joint Ventures, an denen der Emittent beteiligt ist.[20]

7   Die das erforderliche Näheverhältnis begründenden Umstände beruhen überwiegend auf den Konzepten **Beherrschung** (Control), **maßgeblicher Einfluss** (Significant Influence) und **gemeinschaftliche Führung** (Joint Control). Diese Konzepte sind wiederum im Rahmen von IAS bzw. IFRS definiert und gehen in ihrer Zusammenschau über das im deutschen Aktienrecht bekannte Konzept der verbundenen Unternehmen (§ 15 AktG) hinaus.

8   Ist der Emittent Mutterunternehmen eines Konzerns, besteht nach IAS 24 (und somit auch nach Abschnitt 17 von Anhang 1 zur VO (EU) 2019/980) grundsätzlich keine Pflicht, Geschäfte und Beziehungen zu Tochtergesellschaften, die in der Konzernbilanz im Wege der Konsolidierung eliminiert werden, im Anhang des Konzernabschlusses darzustellen.[21] Dies entspricht auch der – im Prospektkontext für den Investor regelmäßig zentralen – Betrachtung auf „Gruppenebene". Abhängig von den konkreten Umständen mag es von Fall zu Fall aber sinnvoll und empfehlenswert sein, **bestimmte konzerninterne Beziehungen** an dieser oder anderer Stelle im Prospekt offenzulegen, beispielsweise um die Geschäftstätigkeit der Gesellschaft und die Verortung der verschiedenen Funktionen im Konzern darzustellen oder um konzerninterne Geschäfte, die Risiken für die Vermögens-, Finanz- und Ertragslage des Emittenten aufweisen, transparent zu machen.[22] Geschäfte und Beziehungen mit Beteiligungsunternehmen, die nach der **Equity-Methode** im Konzernabschluss berücksichtigt werden und nicht in den Konsolidierungskreis des Emitten-

---

20 Vgl. *Schlitt/Ries*, in: Assmann/Schlitt/von Kopp-Colomb, Prospektrecht Kommentar, Anhang 1 VO (EU) 2019/980 Rn. 133.
21 *Schlitt/Ries*, in: Assmann/Schlitt/von Kopp-Colomb, Prospektrecht Kommentar, Anhang 1 VO (EU) 2019/980 Rn. 134, 137 (mit Verweis auf IAS 24 Punkt 4 Satz 2 und § 11 Abs. 2 TranspRLDV).
22 Vgl. hierzu BGH, NZG 2015, 32 ff. (Telekom-Musterentscheid). Hier befand der BGH, dass die Übertragung eines erheblichen Aktienpakets vom Emittenten auf eine Konzerntochter im Wege einer Sacheinlage (sogenannte Umhängung) im Prospekt exakt zu beschreiben ist und nicht als Verkauf innerhalb des Konzerns deklariert werden darf. Ferner, so der BGH, sei im Prospekt zu erläutern, dass der im Jahr der Umhängung durch die Aufdeckung stiller Reserven erzielte Buchgewinn bei einer später erforderlich werdenden Sonderabschreibung des Beteiligungsbuchwerts an der Konzerntochter zu einem entsprechenden Verlust des Emittenten in künftigen Geschäftsjahren führen kann, der die Dividendenerwartungen der neu geworbenen Aktionäre beeinträchtigt.

ten fallen, unterfallen dagegen den Offenlegungspflichten gemäß IAS 24 und Abschnitt 17 von Anhang 1 zur VO (EU) 2019/980.[23]

IV. Relevante Angaben

Zu den nach IAS 24 **offenzulegenden Geschäften und Rechtsbeziehungen** zählen z. B.: 9
- Verkauf oder Kauf von Waren, Grundeigentum oder anderen Vermögensgegenständen;
- Erbringung oder Inanspruchnahme von Dienstleistungen;
- Leasingverhältnisse;
- Transfer von Dienstleistungen im Bereich Forschung und Entwicklung oder aufgrund von Lizenzvereinbarungen, Kooperationsvereinbarungen;
- Finanzierungsverträge (Darlehen, Kapitaleinlagen in Form von Bar- und Sacheinlagen);
- Gewährung von Bürgschaften und Sicherheiten;
- Begleichung von Verbindlichkeiten.

Gemäß IAS 24 sind zu den **relevanten Geschäftsvorfällen** mit nahestehenden Personen folgende Angaben zu machen: 10
- Art der Beziehung zu den jeweiligen nahe stehenden Personen;
- Informationen über die Geschäftsvorfälle und die Forderungen und Verbindlichkeiten zwischen den nahe stehenden Unternehmen und Personen und dem Emittenten;
- Mindestangaben zum Verständnis der Auswirkungen der Beziehungen auf den Abschluss.

Hierzu gehören:
- Betrag/Höhe der Geschäftsvorfälle (prozentuale oder deskriptive Angaben genügen nicht);
- die Höhe der ausstehenden Salden, einschließlich Verpflichtungen und ihre Bedingungen und Konditionen, u. a., ob eine Besicherung besteht, sowie die Art der Leistungserfüllung und Einzelheiten über gewährte oder erhaltene Garantien;
- Wertberichtigungen auf ausstehende Salden; und
- Aufwand aus Abwertung uneinbringlicher oder zweifelhafter Forderungen gegenüber nahestehenden Unternehmen und Personen.

Abschnitt 17 legt fest, dass die Angaben im Prospekt für den **gesamten Zeitraum** zu machen sind, der von den im Prospekt enthaltenen historischen Finanzinformationen abgedeckt wird (regelmäßig drei Geschäftsjahre, bei Sekundäremissionen grds. ab dem Datum des letzten Abschlusses[24]) bis zum Datum des Prospekts. Demnach sind grundsätzlich auch bereits erfüllte und nicht mehr bestehende Geschäfte oder mittlerweile aufgelöste Beziehungen darzustellen, sofern sie in früheren, aber noch von den historischen Finanzinformationen abgedeckten Zeiträumen bestanden. Ferner sind – für den Zeitraum vom letzten Bilanzstichtag der im Prospekt enthaltenen historischen Finanzinformationen bis 11

---

23 *Schlitt/Ries*, in: Assmann/Schlitt/von Kopp-Colomb, Prospektrecht Kommentar, Anhang 1 VO (EU) 2019/980 Rn. 134.
24 ESMA, Leitlinien zu den Offenlegungspflichten nach der Prospektverordnung (ESMA32-382-1138), 4. März 2021, Rn. 196 (Leitlinie 41).

zum Datum des Prospekts – auch Geschäfte aufzunehmen, die nicht bereits in den im Prospekt enthaltenen historischen Finanzinformationen abgebildet sind.

V. Informationsbasis und Praxisdarstellung

12 In der Prospektpraxis wird die Offenlegung gemäß Abschnitt 17 in einem **eigenständigen Kapitel** „Geschäfte und Rechtsbeziehungen zu nahestehenden Personen" (Transactions and Legal Relationships with Related Parties) zusammengefasst. Vorstands- und Aufsichtsratsvergütung sowie Kredit- oder sonstige Verträge mit Mitgliedern des Vorstands oder des Aufsichtsrats werden in der Regel bereits in dem Kapitel „Organe des Emittenten" (Governing Bodies of the Company) beschrieben, auf die **verwiesen** werden kann. Soweit Geschäfte oder Rechtsbeziehungen zu nahestehenden Personen auf Verträgen beruhen, die als wesentliche Verträge unter der entsprechenden Überschrift zusammengefasst sind (Abschnitt 20 von Anhang 1 zur VO (EU) 2019/980), kann auch hierauf verwiesen werden. Einer eigenständigen (und damit doppelten) Darstellung im Kapitel „Geschäfte und Rechtsbeziehungen zu nahestehenden Personen" bedarf es in diesen Fällen nicht.

13 Als Ausgangspunkt für die Erstellung des Kapitels „Geschäfte und Rechtsbeziehungen zu nahestehenden Personen" wird in der Regel die diesbezügliche **Offenlegung in den Anhängen zu den historischen Finanzabschlüssen** sein. Soweit der Emittent eine abhängige Aktiengesellschaft im Sinne von § 311ff. AktG ist, kann außerdem auf den Abhängigkeitsbericht gemäß § 312 AktG zurückgegriffen werden. In einem ersten Schritt identifiziert man sämtliche nahestehenden Unternehmen und Personen; dabei legt man grundsätzlich die Ergebnisse der Wirtschaftsprüfer zugrunde, überprüft aber anhand der **Due Diligence**, ob es Hinweise auf weitere relevante Geschäfte bzw. Beziehungen gibt. In den **D&O Questionnaires** werden regelmäßig auch die Beziehungen zu nahestehenden Personen von den Mitgliedern des Aufsichtsrats und des Vorstands abgefragt. In einem zweiten Schritt wird man die relevanten Geschäfte und Beziehungen beschreiben. Dabei ist auf inhaltliche Konsistenz der Prospektoffenlegung mit der Darstellung in den Anhängen und ggf. dem Abhängigkeitsbericht (der der Öffentlichkeit jedoch, anders als die Anhänge, nicht zugänglich ist) zu achten. Dennoch wird man in der Regel nicht lediglich die Angaben in den Anhängen zu den Finanzabschlüssen kopieren, sondern die Beschreibung mit Erkenntnissen über die Verträge aus der Due Diligence anreichern und durch Querverweise sinnvolle Bezüge zu Darstellungen in anderen Prospektteilen herstellen. Ziel muss es dabei sein, dem Prospektleser die bestehenden Verträge und Beziehungen zu erklären und ihr jeweiliges Volumen sowie ihre Bedeutung für die Geschäftstätigkeit und die Vermögens-, Finanz- und Ertragslage des Emittenten unter Einhaltung der Vorgaben von IAS 24 transparent zu machen.

Abschnitt 18
Finanzinformationen über die Vermögens-, Finanz- und Ertragslage des Emittenten

Punkt 18.1
Historische Finanzinformationen

Punkt 18.1.1
Aufzunehmen sind hier die geprüften historischen Finanzinformationen, die die letzten drei Geschäftsjahre abdecken (bzw. einen entsprechenden kürzeren Zeitraum, während dessen der Emittent tätig war), sowie ein Bestätigungsvermerk des Abschlussprüfers für jedes Geschäftsjahr.

Punkt 18.1.2
Änderung des Bilanzstichtages

Hat der Emittent in der Zeit, für die historische Finanzinformationen beizubringen sind, seinen Bilanzstichtag geändert, so decken die geprüften historischen Finanzinformationen mindestens 36 Monate oder – sollte der Emittent seiner Geschäftstätigkeit noch keine 36 Monate nachgegangen sein – den gesamten Zeitraum seiner Geschäftstätigkeit ab.

Punkt 18.1.3
Rechnungslegungsstandards

Die Finanzinformationen sind gemäß der internationalen Rechnungslegungsstandards, wie sie gemäß Verordnung (EG) Nr. 1606/2002 in der Union anzuwenden sind, zu erstellen.

Falls die Verordnung (EG) Nr. 1606/2002 nicht anwendbar ist, sind die Finanzinformationen entsprechend folgender Standards zu erstellen:

a) den nationalen Rechnungslegungsstandards eines Mitgliedstaats bei Emittenten aus dem EWR, wie nach Richtlinie 2013/34/EU gefordert;

b) den nationalen Rechnungslegungsstandards eines Drittlandes, die denen der Verordnung (EG) Nr. 1606/2002 gleichwertig sind, bei Emittenten aus Drittländern. Wenn solche Rechnungslegungsstandards eines Drittlandes jenen der Verordnung (EG) Nr. 1606/2002 nicht gleichwertig sind, sind die Abschlüsse in Übereinstimmung mit dieser Verordnung neu zu erstellen.

Punkt 18.1.4
Änderung des Rechnungslegungsrahmens

Die letzten geprüften historischen Finanzinformationen, die Vergleichsinformationen für das vorangegangene Jahr enthalten, müssen in einer Form dargestellt und erstellt werden, die mit den Rechnungslegungsstandards konsistent ist, gemäß denen der folgende Jahresabschluss des Emittenten erscheint, wobei die Rechnungslegungsstandards und -strategien sowie die Rechtsvorschriften zu berücksichtigen sind, die auf derlei Jahresabschlüsse Anwendung finden.

Änderungen innerhalb des auf einen Emittenten anwendbaren Rechnungslegungsrahmens machen allein für die Zwecke des Prospekts keine Neuerstellung der geprüften Abschlüsse erforderlich. Beabsichtigt der Emittent jedoch die Anwendung neuer Rechnungslegungsstandards in seinem nächsten veröffentlichten Abschluss, muss zumindest ein vollständiger Abschluss (wie durch IAS 1 „Darstellung des Abschlusses" festgelegt und wie in Verordnung (EG) Nr. 1606/2002 angeführt) einschließlich Vergleichsinformationen in einer Form dargestellt werden, die mit der konsistent ist, die im folgenden Jahresabschluss des Emittenten zur Anwendung gelangen wird, wobei die Rechnungslegungsstandards und -strategien sowie die Rechtsvorschriften zu berücksichtigen sind, die auf derlei Jahresabschlüsse Anwendung finden.

Punkt 18.1.5

Wurden die geprüften Finanzinformationen gemäß nationaler Rechnungslegungsstandards erstellt, müssen diese zumindest Folgendes enthalten:

a) die Bilanz,

b) die Gewinn- und Verlustrechnung,

c) eine Übersicht, aus der entweder alle Veränderungen im Eigenkapital oder nur die Veränderungen im Eigenkapital hervorgehen, die sich nicht aus Eigenkapitaltransaktionen mit Eigenkapitalgebern oder Ausschüttungen an diese ergeben,

d) die Kapitalflussrechnung,

e) die Rechnungslegungsmethoden und erläuternde Anmerkungen.

Punkt 18.1.6

Konsolidierte Abschlüsse

Erstellt der Emittent sowohl einen Einzelabschluss als auch einen konsolidierten Abschluss, so ist zumindest der konsolidierte Abschluss in das Registrierungsformular aufzunehmen.

Punkt 18.1.7

Alter der Finanzinformationen

Der Bilanzstichtag des letzten Jahres geprüfter Finanzinformationen darf nicht länger zurückliegen als:

a) 18 Monate ab dem Datum des Registrierungsformulars, wenn der Emittent geprüfte Zwischenabschlüsse in sein Registrierungsformular aufnimmt; oder

b) 16 Monate ab dem Datum des Registrierungsformulars, wenn der Emittent ungeprüfte Zwischenabschlüsse in sein Registrierungsformular aufnimmt.

Übersicht

	Rn.		Rn.
I. Überblick und praktische Relevanz	1	b) Endorsement-spezifische Fragestellungen	27
II. Historische Finanzinformationen (Punkt 18.1.1)	5	c) Anwendbarkeit der IAS-Verordnung auf deutsche Emittenten	29
1. Grundlage für die Aufnahme von Abschlüssen	8	d) Ausnahme: Nationale Rechnungslegungsstandards	32
2. Umgang mit (Konzern-)Lagebericht und Segmentberichterstattung	9	2. Drittstaatenemittenten	34
3. Historische Finanzinformationen bei Emittenten mit komplexer finanztechnischer Vorgeschichte	13	V. Änderung des Rechnungslegungsrahmens (Konsistenzerfordernis – Punkt 18.1.4)	40
4. Präsentation der historischen Finanzinformationen	18	1. Hintergrund	42
III. Abzudeckender Zeitraum und Änderung des Bilanzstichtages (Punkt 18.1.2)	19	2. Wechsel des Rechnungslegungsrahmens im folgenden Abschluss	44
		3. Folgen des Konsistenzerfordernisses und Darstellungsweise	46
IV. Rechnungslegungsstandards (Punkt 18.1.3)	24	4. Geänderte Standards oder Bilanzierungs- und Bewertungsmethoden	51
1. Emittenten, die ihren Sitz im EWR haben	25	VI. Mindestbestandteile für historische Finanzinformationen nach nationalen Rechnungslegungsvorschriften (Punkt 18.1.5)	54
a) Vorrang der IAS-Verordnung	25		

VII. Zwingende Aufnahme des konsolidierten Abschlusses (Punkt 18.1.6) ... 59
1. Überblick und Regelungsgehalt 59
2. Zusätzliche Aufnahme des letzten Jahresabschlusses 61
3. Anforderungen an den zusätzlich aufzunehmenden Jahresabschluss ... 63

VIII. Maximales Alter der jüngsten geprüften Finanzinformationen (Punkt 18.1.7) 65
1. Überblick und Regelungsgehalt 65
2. Prospekte ohne geprüfte Zwischenfinanzinformationen 67
3. Prospekte mit geprüften Zwischenfinanzinformationen 68

I. Überblick und praktische Relevanz

Abschnitt 18 des Anhangs 1 regelt insgesamt die Aufnahme von historischen Finanzinformationen in den Prospekt und die Darstellung der Vermögens-, Finanz- und Ertragslage des Emittenten. Punkt 18.1.1 enthält die Grundregel, dass geprüfte historische Finanzinformationen für die letzten drei Geschäftsjahre und entsprechende Bestätigungsvermerke des Abschlussprüfers in den Prospekt aufzunehmen sind. Punkt 18.1 gliedert sich in sieben Unterpunkte, die diese Grundregel näher ausführen. Flankiert werden die Regeln zur Aufnahme der historischen Finanzinformationen durch Anforderungen an deren Prüfung (Punkt 18.3), der möglichen Aufnahme von Zwischenfinanzinformationen (Punkt 18.2) und Pro-Forma-Finanzinformationen (Punkt 18.4). Abgerundet wird die Darstellung der Vermögens-, Finanz-, und Ertragslage des Emittenten durch die Beschreibung von wesentlichen Veränderungen seit dem letzten Abschlussstichtag (Punkt 18.7). 1

Im Vergleich zur früher geltenden VO 809/2004 wurde die alte Regelung in Anhang 1, Ziffer 20 weitestgehend in die neue Prospektverordnung übernommen. Es fand allerdings eine Umgruppierung einzelner Punkte statt. Auch wurden Punkte umformuliert, um ihren Wortlaut weitestmöglich an die Begrifflichkeiten der Transparenzrichtlinie,[1] Bilanzrichtlinie[2] und die IAS-Verordnung[3] anzupassen.[4] Nicht in die VO (EU) 2019/980 übernommen wurden Regelungen für den Fall, dass der Emittent weniger als ein Jahr in seiner aktuellen Wirtschaftsbranche tätig war. 2

Die historischen Finanzinformationen stellen regelmäßig einen umfangreichen und inhaltlich wichtigen Teil des Prospekts dar.[5] Sie sollen den Anlegern eine Beurteilung der Finanz-, Vermögens- und Ertragslage des Emittenten ermöglichen.[6] Die historischen Finanzinformationen sind darüber hinaus Grundlage der Angaben zur Geschäfts- und Finanzlage gem. Abschnitt 7 – auch Management's Discussion and Analysis (MD&A) oder 3

---

1 Richtlinie 2004/109/EG vom 15.12.2004, ABl. EU L 390 v. 31.12.2004, S. 38, zuletzt geändert durch Art. 2 VO (EU) 2021/337 v. 16.2.2021.
2 Richtlinie 2013/34/EU vom 26.6.2013, ABl. EU L 182 v. 29.6.2013, S. 19, zuletzt geändert durch Richtlinie 2021/2101/EU v. 24.11.2021.
3 Verordnung (EG) Nr. 1606/2002 v. 19.7.2002, ABl. EU L 243 v. 11.9.2002, S. 1, zuletzt geändert durch Verordnung (EG) Nr. 297/2008 v. 11.6.2008.
4 Siehe ESMA, Consultation Paper – Draft technical advice on format and content of the prospectus, ESMA31-62-532, 6.7.2017, Rn. 80.
5 *Meyer*, Accounting 2/2006, 11; *Kunold*, in: Assmann/Schlitt/von Kopp-Colomb, Prospektrecht Kommentar, Anhang 1 VO (EU) 2019/980 Rn. 139.
6 So instruktiv zur früher geltenden VO 809/2004: CESR's advice to the European Commission on a possible amendment to Regulation (EC) 809/2004 regarding the historical financial information which must be included in a prospectus, October 2005, S. 5, Rn. 15.

Operating and Financial Review (OFR) genannt. Informationen aus den historischen Finanzinformationen können auch Gegenstand der Beschreibung der Geschäftstätigkeit des Emittenten sowie der Risikofaktoren sein.

4 In der Praxis wird ausgehend von den (aufgrund von handelsrechtlichen Berichtspflichten[7]) verfügbaren historischen Jahres- (= Einzel-) bzw. Konzernabschlüssen zu prüfen sein, inwiefern diese den Anforderungen der ProspektVO genügen. Falls keine solchen Abschlüsse verfügbar sind, ist zu prüfen, durch welche Form von Abschlüssen die Anforderungen am sinnvollsten erfüllt werden können. Insbesondere vor einem IPO werden in vielen Fällen keine geprüften historischen Finanzinformationen für drei Jahre vorliegen, die nach den International Financial Reporting Standards (IFRS, wie sie in der EU anzuwenden sind) aufgestellt wurden. Sofern die Geschäftstätigkeit des Emittenten weniger als die letzten drei Geschäftsjahre andauerte, genügt es, geprüfte historische Finanzinformationen für einen entsprechend kürzeren Zeitraum aufzunehmen (→ Rn. 23). Falls die Zulassung der Aktien an einem regulierten Markt vorgesehen ist, ist allerdings – sofern ein Konzern besteht – ein IFRS-Konzernabschluss für mindestens das letzte Geschäftsjahr erforderlich, das von den historischen Finanzinformationen abgedeckt wird (siehe Punkt 18.1.4). Die Erstellung und Prüfung von historischen Finanzinformationen ist zeit- und kostenintensiv. Aus diesem Grund ist es äußerst empfehlenswert, diesen Themenkreis frühzeitig zwischen dem Emittenten, den Wirtschaftsprüfern, den begleitenden Rechtsanwälten, den Emissionsbanken und ggf. der BaFin abzustimmen.

II. Historische Finanzinformationen (Punkt 18.1.1)

5 Gem. Punkt 18.1.1 sind geprüfte historische Finanzinformationen für die letzten drei Geschäftsjahre und entsprechende Bestätigungsvermerke des Abschlussprüfers in den Prospekt aufzunehmen. Der Begriff „historische Finanzinformation" wird weder in der ProspektVO noch in der VO (EU) 2019/980 legaldefiniert, obwohl Anhang 1 der VO (EU) 2019/980 auf den Begriff an verschiedenen Stellen Bezug nimmt. Aus den verschiedenen Anforderungen in Punkt 18.1.1 wird deutlich, dass darunter geprüfte Abschlüsse zu verstehen sind.

6 Sofern die aufgrund von handelsrechtlichen Berichtspflichten des Emittenten aufgestellten Jahres- und/oder Konzernabschlüsse den Anforderungen in Punkt 18.1.1 entsprechen, werden diese üblicherweise in den Prospekt als historische Finanzinformationen aufzunehmen sein. Zwingend ist deren Aufnahme wegen der Konzeption von Punkt 18.1 jedoch nicht. Punkt 18.1.1 macht keine Vorgaben hinsichtlich des Grundes ihrer Erstellung. Daher ist es Emittenten möglich, nur für Prospektzwecke Abschlüsse zu erstellen und diese als historische Finanzinformationen in einen Prospekt aufzunehmen. Punkt 18.1 differenziert auch nicht zwischen Jahres- und Konzernabschlüssen, sodass die dort enthaltenen Vorgaben grundsätzlich auf Jahres- und Konzernabschlüsse anwendbar sind. Erstellt ein Emittent, bspw. aufgrund von handelsrechtlichen Berichtspflichten, Jahres- und Konzernabschlüsse, sind die Vorgaben von Punkt 18.1.1 durch die Konzernabschlüsse zu erfüllen (→ Rn. 59 ff.). Ist ein Emittent hingegen nicht zur Aufstellung von Konzernabschlüssen

---

7 Gemeint sind hier Konzern- oder Jahres- (Einzel-)abschlüsse, die aufgrund nationalen Rechts erstellt und ggf. veröffentlicht werden müssen. Soweit nicht anders angegeben, bezieht sich die Kommentierung auf deutsche handelsrechtliche Vorschriften.

verpflichtet, können die Vorgaben durch die Jahresabschlüsse des Emittenten erfüllt werden. Unter Umständen kann jedoch die Aufnahme eines freiwilligen Konzernabschlusses nützlich sein, um die Geschäftstätigkeit des Emittenten (inklusive Tochterunternehmen) umfassend darzustellen.

Die einzelnen Bestandteile von Jahres- und Konzernabschlüssen, die aufgrund von handelsrechtlichen Berichtspflichten erstellt werden, können variieren und hängen von verschiedenen Faktoren, wie den zugrunde liegenden Rechnungslegungsgrundsätzen oder bestehender Kapitalmarktorientierung bzw. Größenkriterien, ab. Aufgrund des grundsätzlichen Vorrangs der Rechnungslegung nach der IAS-Verordnung gem. Punkt 18.1.3 und mit Blick auf die Mindestbestandteile in Punkt 18.1.5 haben Abschlüsse, die in den Prospekt aufgenommen werden, grundsätzlich eine Bilanz, eine Gewinn- und Verlustrechnung, eine Übersicht zu Veränderungen im Eigenkapital (Eigenkapitalspiegel),[8] eine Kapitalflussrechnung und einen Anhang zu enthalten.

1. Grundlage für die Aufnahme von Abschlüssen

Die aufgrund von handelsrechtlichen Berichtspflichten erstellten Jahres- und Konzernabschlüsse eines Emittenten können als historische Finanzinformation in den Prospekt aufgenommen werden. Dabei ist es unerheblich, ob der gesellschaftsrechtliche Vorgang ihrer Feststellung bzw. Billigung abgeschlossen ist. Bei freiwillig erstellten Konzernabschlüssen bedarf es ebenfalls lediglich der Unterzeichnung, um damit zu dokumentieren, dass und wann der Vorgang der Aufstellung verantwortlich abgeschlossen wurde. Einer vorausgehenden Offenlegung eines Abschlusses (§ 325 HGB) bedarf es aus prospektrechtlichen Vorschriften ebenfalls nicht. Allerdings sei auf § 3 Abs. 1 BörsZulV hingewiesen, wonach die gesetzlichen Abschlüsse für die letzten drei Geschäftsjahre vor dem Zulassungsantrag nach den handelsrechtlichen Vorschriften offengelegt sein müssen. Dies beinhaltet auch die Frage, ob die Offenlegung gem. § 328 HGB im einheitlichen europäischen elektronischen Berichtsformat (European Single Electronic Reporting Format – ESEF) zu erfolgen hat.[9] Dies ist jedoch nur der Fall, sofern die Gesellschaft bereits vor IPO Inlandsemittent gem. § 2 Abs. 14 WpHG ist (und keine Ausnahme nach § 327a HGB besteht), was bei den meisten Gesellschaften nicht der Fall sein dürfte.

2. Umgang mit (Konzern-)Lagebericht und Segmentberichterstattung

Emittenten haben gegebenenfalls neben dem Abschluss (z. B. aufgrund von handelsrechtlichen Berichtspflichten oder auf freiwilliger Basis) Lageberichte erstellt. Der Lagebericht ist nach deutschem Handelsrecht nicht Bestandteil des Jahres- bzw. Konzernabschlusses[10] und enthält u.a. zusätzliche Informationen zum Geschäftsverlauf, zur Lage, der voraussichtlichen Entwicklung und zu den Risiken sowie Chancen der voraussichtlichen Entwicklung.[11] Es ist möglich, anstatt im Abschluss im Lagebericht, punktuell An-

---

8 Aus diesen müssen entweder alle Veränderungen im Eigenkapital hervorgehen oder Veränderungen im Eigenkapital mit Ausnahme der Kapitaltransaktionen mit Eigentümern oder Ausschüttungen an diese zu entnehmen sein.
9 Art. 3 der Delegierten Verordnung (EU) 2019/815, ABl. EU L 143 v. 29.5.2019, S. 1.
10 *Störk/Rimmelspacher*, in: Beck'scher Bilanz-Kommentar, § 264 HGB Rn. 10.
11 Siehe DRS 20.

gaben zu machen, die originär Bestandteile des Abschlusses (nämlich der Anhangangaben) sind, sofern der Abschluss zulässigerweise auf die entsprechende Angabe im Lagebericht verweist. Um eine hieraus resultierende (teilweise) Aufnahme des Lageberichtes in den Prospekt zur vollständigen Abbildung des Abschlusses zu vermeiden, ist es empfehlenswert, auf diese Möglichkeit bei der Aufstellung des Abschlusses zu verzichten und diese Angaben im Abschluss zu machen.

10 Da der (Konzern-)Lagebericht nach handelsrechtlichen Vorschriften und nicht nach IFRS erstellt wird und auch nicht zu den in Punkt 18.1.5 genannten Mindestbestandteilen gehört, ist seine Aufnahme in den Prospekt grundsätzlich nicht zwingend.[12] Eine freiwillige Aufnahme ist zwar möglich,[13] wird allerdings im Regelfall aus folgenden Gründen nicht anzuraten sein: Bei einer Aufnahme des (Konzern-)Lageberichts sind ggf. weitergehende prospektrechtliche Darstellungsanforderungen sowie Anforderungen an die Aktualität der Angaben zu prüfen, sodass eine (vollständige) Aufnahme in der Regel nicht geboten sein wird. Sofern der (Konzern-)Lagebericht wesentliche Informationen im Sinne von Art. 6 Abs. 1 lit. a ProspektVO enthält, sind diese entsprechend den Darstellungsanforderungen eines Wertpapierprospekts auch in den Prospekt zu übernehmen.[14] Diese werden typischerweise Informationen zu den Risikofaktoren (Art. 16 ProspektVO), Angaben zur Geschäfts- und Finanzlage (Abschnitt 7 VO (EU) 2019/980), Trendinformation (Abschnitt 10 VO (EU) 2019/980) und Gewinnprognose oder -schätzung (Abschnitt 11 VO (EU) 2019/980) sein.

11 Anders als der (Konzern-)Lagebericht ist die Segmentberichterstattung (sofern sie verpflichtend ist[15] oder auf freiwilliger Basis erstellt wird) originärer Bestandteil des Anhangs. Als solcher ist die Segmentberichterstattung folglich auch in den Prospekt (mit) aufzunehmen. Bei einem diversifizierten Unternehmen mit verschiedenen Geschäftsbereichen zielt die Segmentberichterstattung darauf ab, Informationen über die wesentlichen Geschäftsfelder und -regionen eines Unternehmens zur Verfügung zu stellen und dadurch Investoren einen verbesserten Einblick in die Vermögens-, Finanz- und Ertragslage zu gewähren.[16]

12 Anhang 1 Punkt 5.1.1 fordert eine Darstellung der Geschäftstätigkeit des Emittenten anhand seiner Haupttätigkeitsbereiche. Es ist daher empfehlenswert, die Haupttätigkeitsbereiche entsprechend der Segmentberichterstattung zu definieren (siehe dazu auch → Anhang 1 Punkt 5.1 Rn. 5). Darüber hinaus wird oftmals aus Vermarktungsgründen die Darstellung der Angaben zur Geschäfts- und Finanzlage gem. Abschnitt 7 VO (EU) 2019/980 anhand der Segmente gewünscht. Vor diesem Hintergrund kann es auch empfehlenswert sein, eine Segmentberichterstattung auf freiwilliger Basis zu erstellen, die dann als Abschlussbestandteil entsprechend in den Prospekt aufzunehmen ist.

---

12 *Meyer*, Accounting 2/2006, 12; *Apfelbacher/Metzner*, BKR 2006, 81, 88; *Alfes/Wieneke*, in: Holzborn, WpPG, Anhang I ProspektVO Rn. 89.
13 *Alfes/Wieneke*, in: Holzborn, WpPG, Anhang I ProspektVO Rn. 89.
14 Im Ergebnis ähnlich *Meyer*, Accounting 2/2006, 12; *Apfelbacher/Metzner*, BKR 2006, 88; *Kunold*, in: Assmann/Schlitt/von Kopp-Colomb, Prospektrecht Kommentar, Anhang 1 VO (EU) 2019/980 Rn. 184.
15 Siehe hierzu IFRS 8.2.
16 *Orth*, in: Beck'sches Handbuch der Rechnungslegung, 2022, C 630, Rn. 39.

3. Historische Finanzinformationen bei Emittenten mit komplexer finanztechnischer Vorgeschichte

Art. 6 Abs. 1 ProspektVO bestimmt, dass der Prospekt alle wesentlichen Informationen über den Emittenten, also die Rechtspersönlichkeit, die gem. Art. 2 lit. h ProspektVO die Wertpapiere begibt, enthalten muss (sog. rechtlicher Emittentenbegriff → Art. 6 Rn. 14). Entsprechend sind in den Prospekt grundsätzlich die historischen Finanzinformationen des Emittenten aufzunehmen. **13**

Es kommt allerdings häufiger vor, dass die historischen Finanzinformationen eines Emittenten nur bedingt aussagekräftig sind und sich aus ihnen nur bedingt Rückschlüsse aus der Vergangenheit für die zukünftige (wirtschaftliche) Entwicklung ableiten.[17] Dann ist zu prüfen, ob bei dem Emittenten eine komplexe finanztechnische Vorgeschichte im Sinne des Art. 18 Abs. 3 VO (EU) 2019/980 vorliegt. Dies betrifft bspw. Emittenten, bei denen es zu Umstrukturierungen gekommen ist.[18] Der klassische Fall einer solchen Umstrukturierung liegt vor, wenn vor dem beabsichtigten IPO ein einzelner oder verschiedene Geschäftsbereiche eines Unternehmens unter einer neuen Holdinggesellschaft, die als Emittent fungiert, zusammengefasst wurde oder in einen bestehenden Teilkonzern mit dem Emittenten als Muttergesellschaft eingebracht wurde. **14**

In Ergänzung zum Jahresabschluss des Emittenten eröffnen in dieser Situation Art. 18 Abs. 1 und 2 VO (EU) 2019/980 die Möglichkeit der Aufnahme von historischen Finanzinformationen von einem anderen Unternehmen als dem Emittenten, womit eine vom Emittenten zu unterscheidende, andere wirtschaftliche Einheit gemeint ist. Dies wird in der Praxis häufig durch die Aufnahme von sog. kombinierten Finanzinformationen (combined financial statements) oder Carve-out-Finanzinformationen gelöst, deren Erstellung nach IFRS unter bestimmten Umständen möglich ist.[19] Diese Finanzinformationen müssen allerdings die vergangenen drei Geschäftsjahre abdecken und mit einem Bestätigungsvermerk versehen sein, der den Anforderungen von Punkt 18.3 genügt. In der Praxis eröffnet sich hier die Möglichkeit, drei Geschäftsjahre in einem Abschluss unter IFRS zusammenzufassen.[20] **15**

Die Voraussetzung kann auch – je nach Ausgangslage – durch die Aufnahme von historischen Finanzinformationen einer anderen Gesellschaft als dem Emittenten erfüllt werden. In diesem Fall sind bzgl. dieser historischen Finanzinformationen gem. Art. 18 Abs. 2 VO (EU) 2019/980 sämtliche Voraussetzungen der Anhänge 1 und 20 und insb. die Regelungen in Punkt 18.1 zu beachten. **16**

Mit Blick auf Emittenten, die eine bedeutende finanzielle Verpflichtung im Sinne von Art. 18 Abs. 4 eingegangen sind, wird auf die Kommentierung zu den Pro-Forma-Finanzinformationen in Punkt 18.4 verwiesen. **17**

---

17 Instruktiv: Erwägungsgrund 5 der Verordnung (EG) Nr. 211/2007 v. 27.2.2007 (außer Kraft getreten).
18 *Meyer*, Accounting 2/2006, 11; *Alfes/Wieneke*, in: Holzborn, WpPG, Anhang I ProspektVO Rn. 88; *Kunold*, in: Assmann/Schlitt/von Kopp-Colomb, Prospektrecht Kommentar, Anhang 1 VO (EU) 2019/980 Rn. 140.
19 Siehe hierzu *Deubert/Ameling*, in: Deubert/Förschle/Störk, Sonderbilanzen, 6. Aufl. 2021, Kap. F.
20 Siehe hierfür z. B. die Prospekte der Daimler Truck Holding AG (26.11.2021), Vitesco Technologies Group Aktiengesellschaft (7.9.2021) oder Siemens Energy AG (7.9.2020).

4. Präsentation der historischen Finanzinformationen

18 Das Format zur Präsentation der historischen Finanzinformationen kann frei gewählt werden, sofern die Vorgaben von Punkt 18.1 eingehalten werden.[21] In der Praxis ist es üblich, den Prospekt in einen beschreibenden (Haupt-)Teil und einen Finanzteil (sog. F-Pages) zu gliedern. Gem. etablierter Verwaltungspraxis der BaFin ist der Finanzteil durch eine Inhaltsübersicht zu gliedern. Der Finanzteil enthält regelmäßig neben den historischen Finanzinformationen (Punkt 18.1), einschließlich der dazugehörenden Bestätigungsvermerke, auch Zwischenfinanzinformationen (Punkt 18.2). Pro-Forma-Finanzinformationen werden hingegen weit überwiegend im Hauptteil des Prospekts dargestellt.[22] Bezüglich der historischen Finanzinformationen ist grundsätzlich auch der Weg der Aufnahme mittels Verweis eröffnet.[23] Dazu müssen jedoch die Voraussetzungen des Art. 19 ProspektVO erfüllt sein und es darf nicht dazu führen, dass durch das Absehen vom Abdruck der Anlegerschutz beeinträchtigt wird im Sinne einer zu komplexen Zurverfügungstellung von Informationen durch den Emittenten[24] (→ Art. 19 ProspektVO Rn. 2).

III. Abzudeckender Zeitraum und Änderung des Bilanzstichtages (Punkt 18.1.2)

19 Die historischen Finanzinformationen für die letzten drei Geschäftsjahre sind in den Prospekt aufzunehmen. Die ProspektVO und die VO (EU) 2019/980 definieren ein Geschäftsjahr nicht. Unter dem Geschäftsjahr ist der Zeitraum zwischen zwei Bilanzstichtagen zu verstehen.[25] Ein Geschäftsjahr ist nicht notwendigerweise mit dem Kalenderjahr gleichzusetzen, umfasst aber normalerweise zwölf Monate (§ 240 Abs. 2 HGB). Drei Geschäftsjahre würden demzufolge einen Zeitraum von 36 Monaten umfassen. Durch Punkt 18.1.2 wird die Verzahnung zwischen der Vorgabe, historische Finanzinformationen für drei Geschäftsjahre in den Prospekt aufzunehmen, und dem durch sie grundsätzlich abzudeckenden 36-Monats-Zeitraum gewährleistet.

20 Punkt 18.1.2 entspricht der Vorgängerregelung in Ziffer 20.1 Satz 2 der früher geltenden VO 809/2004, die zur Klarstellung im Zuge der Einführung der komplexen finanztechnischen Vorgeschichte[26] in die Verordnung aufgenommen wurde. Hintergrund war eine Diskussion, ob die Änderung des Bilanzstichtags eine Fallgruppe der komplexen finanztechnischen Vorgeschichte darstellt, was die EU-Kommission richtigerweise verneint hat.[27]

---

[21] ESMA, Questions and Answers on the Prospectus Regulation, ESMA/2019/ESMA31-62-1258 (Version 11, zuletzt aktualisiert am 12.10.2022), Antwort zu Q7.1.
[22] Neueste Beispiele für Pro-Forma-Finanzinformation im Hauptteil des Prospekts: Cherry AG (15.6.2021) oder Vantage Towers AG (8.3.2021) sowie als Bestandteil des Finanzteils: CHORUS Clean Energy AG (19.6.2015).
[23] *Lenz/Heine*, NZG 2019, 766, 769.
[24] Erwägungsgrund 58 zur ProspektVO, siehe auch *Lenz/Heine*, NZG 2019, 766, 766, *Scholl/Döhl*, in: Assmann/Schlitt/von Kopp-Colomb, Prospektrecht Kommentar, Art. 19 ProspektVO Rn. 3.
[25] *Winnefeld*, Bilanz-Handbuch, 5. Aufl. 2015, Kapitel C, Rn. 150.
[26] Verordnung (EG) Nr. 211/2007, ABl. L 61 v. 28.2.2007, S. 24.
[27] EU-Kommission, Working Document ESC/17/2006; zum Hintergrund siehe *Kunold*, in: Assmann/Schlitt/von Kopp-Colomb, Prospektrecht Kommentar, Anhang 1 VO (EU) 2019/980 Rn. 157.

III. Abzudeckender Zeitraum und Änderung des Bilanzstichtages Anh. 1 VO (EU) 2019/980

Sofern die letzten drei Geschäftsjahre eines Emittenten einen Zeitraum von weniger als 36 Monaten abdecken, müssen solche Emittenten aufgrund von Punkt 18.1.2 geprüfte historische Finanzinformationen für mindestens 36 Monate in den Prospekt aufnehmen.[28] Andernfalls würde bei solchen Emittenten ein informatorisches Defizit, im Vergleich zu Emittenten mit Geschäftsjahren, die jeweils zwölf Monate abdecken, entstehen. Dies hat zur Folge, dass solche Emittenten einen Abschluss für (mindestens) ein weiteres Geschäftsjahr in den Prospekt aufnehmen müssen und möglicherweise insgesamt ein längerer Zeitraum als die 36 Monate im Prospekt präsentiert wird.

21

Dass die letzten drei Geschäftsjahre weniger als 36 Monate abdecken, ist bei Emittenten der Fall, die während der letzten drei Geschäftsjahre ihren Bilanzstichtag geändert und ein Rumpfgeschäftsjahr[29] gebildet haben, das weniger als zwölf Monate umfasst. Bei Emittenten mit Rumpfgeschäftsjahren würden drei Geschäftsjahre entsprechend weniger als 36 Monate abbilden.[30]

22

Nur sofern die Geschäftstätigkeit des Emittenten keine 36 Monate abdeckt, ist es zulässig, geprüfte historische Finanzinformationen aufzunehmen, die diesen kürzeren Zeitraum vollständig abdecken. Da der Wortlaut der Vorschrift an die Geschäftstätigkeit anknüpft, ist dies bei Gesellschaften der Fall, die weniger als drei Jahre existieren – sog. „Start-up-Unternehmen" im Sinne von Anhang 29 lit. e VO (EU) 2019/980.[31] Gleiches soll für den Ausnahmefall gelten, dass die Emittenten innerhalb der letzten drei Geschäftsjahre ihr Geschäftsmodell komplett geändert haben.[32] In diesem Fall wären die historischen Finanzinformationen, die nicht die aktuelle Geschäftstätigkeit abdecken, unbrauchbar, um als Grundlage für eine fundiertes Urteil über die Vermögens-, Finanz- und Ertragslage des Emittenten im Sinne des Art. 6 Abs. 1 lit. a der ProspektVO zu dienen. Diese Fallkonstellationen sind von Fällen der komplexen finanztechnischen Vorgeschichte abzugrenzen, bei denen ein oder mehrere bestehende Geschäftsbereiche eines Unternehmens unter einer neuen Holdinggesellschaft, zwecks Börsennotierung dieses Emissionsvehikels, zusammengefasst werden (siehe oben → Rn. 14 ff.) Dort würde eine neu gegründete, als Emittent fungierende reine Zweckgesellschaft (special purpose vehicle – SPV) mangels Geschäftstätigkeit nicht als Start-up-Unternehmen zu qualifizieren sein.[33]

23

---

28 *Alfes/Wieneke*, in: Holzborn, WpPG, Anhang I ProspektVO Rn. 95; *Fingerhut/Voß*, in: Just/Voß/Ritz/Zeising, WpPG, 2009, Anhang I ProspektVO Rn. 309.
29 Nach handelsrechtlichen Rechnungslegungsgrundsätzen darf ein Geschäftsjahr 12 Monate nicht überschreiten (§ 240 Abs. 2 Satz 2 HGB), nach IFRS hingegen theoretisch schon (IAS 1.36), siehe jedoch § 299 Abs. 1 HGB.
30 *Fingerhut/Voß*, in: Just/Voß/Ritz/Zeising, WpPG, 2009, Anhang I ProspektVO Rn. 309; *Kunold*, in: Assmann/Schlitt/von Kopp-Colomb, Prospektrecht Kommentar, Anhang 1 VO (EU) 2019/980 Rn. 157.
31 Neue Level-3-Regelungen zu den sog. Specialist Issuern in Anhang 29 sind derzeit noch nicht verfügbar. Bis dahin bleiben auf Start-up-Unternehmen die Empfehlungen des ESMA update of the CESR Recommendations, ESMA/2001/81 v. 23.3.2011 anwendbar (siehe ESMA, Stellungnahme 31-62-1491 v. 30.9.2020). Diese sehen als Korrektiv zur fehlenden 3-Jahres-Finanzhistorie die Diskussion des Business Plans und weitere Angaben vor (Rn. 137); siehe auch *Schnorbus/Kornack*, BB 2022, 1667, 1669.
32 ESMA, ESMA update of the CESR recommendations, ESMA/2011/81, 23.3.2011, Rn. 136; siehe auch *Schnorbus/Kornack*, BB 2022, 1667, 1669.
33 *Schnorbus/Kornack*, BB 2022, 1667, 1669; ESMA, ESMA update of the CESR recommendations, ESMA/2011/81, 23.3.2011, Rn. 136.

IV. Rechnungslegungsstandards (Punkt 18.1.3)

24 Punkt 18.1.3 gibt vor, nach welchen Rechnungslegungsstandards die historischen Finanzinformationen zu erstellen sind. Er stellt einen Grundsatz für alle Emittenten mit Sitz im Europäischen Wirtschaftsraum (EWR)[34] auf und enthält eine Sonderregel für Drittstaatenemittenten, d.h. Emittenten, die ihren Sitz außerhalb des EWR haben (Punkt 18.1.3 lit. b). Punkt 18.1.3 entspricht inhaltlich der Vorgängerregelung in Ziffer 20.1 Satz 3f. der früher geltenden VO 809/2004.

1. Emittenten, die ihren Sitz im EWR haben

a) Vorrang der IAS-Verordnung

25 Emittenten mit Sitz im EWR haben gem. Punkt 18.1.3 grundsätzlich historische Finanzinformationen in den Prospekt aufzunehmen, die nach den Vorgaben der IAS-Verordnung[35] erstellt worden sind. Die diesen Finanzinformationen zugrunde liegenden Rechnungslegungsstandards sind demnach IFRS, wie sie in der EU anzuwenden sind („EU-IFRS"). Dies sind gem. Art. 2 IAS-Verordnung die International Accounting Standards (IAS)[36], die International Financial Reporting Standards (IFRS) und damit verbundene Auslegungen (SIC/IFRIC-Interpretationen)[37] sowie deren spätere Änderungen und Auslegungen sowie künftige Standards und Auslegungen, die vom International Accounting Standards Board (IASB)[38] herausgegeben oder angenommen wurden (IASB-IFRS[39]), die durch die EU-Kommission gem. Art. 3 IAS-Verordnung ins europäische Recht übernommen wurden.

26 Die EU-IFRS sind wegen des europäischen Übernahmeverfahrens[40] (sog. Endorsement – auch Komitologieverfahren genannt) nicht in allen Belangen mit den IASB-IFRS identisch. Unterschiede können sich bspw. ergeben, wenn auf europäischer Ebene beschlossen wird, einzelne Standards oder Auslegungen nicht zu übernehmen oder aufgrund der zeitlichen Verzögerung durch das Übernahmeverfahren.[41] Der zusätzliche Zeitbedarf durch

---

34 Mitglied des EWR sind alle EU-Mitgliedstaaten sowie Island, Liechtenstein und Norwegen. Nach dem Austritt Großbritanniens aus der EU wurden die bis dahin in der EU geltenden IFRS in Großbritannien übernommen. Neuere IFRS werden im Rahmen des britischen Übernahmeverfahrens adaptiert (UK-adopted international accounting standards). Eine Anerkennung der Gleichwertigkeit dieser „britischen IFRS" steht derzeit noch aus.

35 Verordnung (EG) Nr. 1606/2002 v. 19.7.2002, ABl. EU L 243 v. 11.9.2002, S. 1, zuletzt geändert durch Verordnung (EG) Nr. 297/2008 v. 11.6.2008.

36 Die IAS wurden von der Vorgängerinstitution des IASB, dem International Accounting Standards Committee (IASC), herausgegeben und gelten fort.

37 Siehe *Winnefeld*, Bilanz-Handbuch, 5. Aufl. 2015, Einführung, Rn. 207.

38 Die Normsetzung der IFRS erfolgt durch das IASB, eine private Organisation (siehe hierzu *Driesch*, in: Driesch/Riese/Schlüter/Senger, Beck'sches IFRS-Handbuch, § 1 Rn. 16), was der Ausgangspunkt für die Notwendigkeit einer Einbettung in nationales/europäisches Recht durch die IAS-Verordnung war.

39 Im Folgenden wird der Begriff „IFRS" für das gesamte Normenwerk verwendet.

40 Zum Komitologieverfahren bezüglich der IFRS vgl. u.a. *Driesch*, in: Driesch/Riese/Schlüter/Senger, Beck'sches IFRS-Handbuch, 6. Aufl. 2020, § 1 Rn. 71ff.

41 *Driesch*, in: Driesch/Riese/Schlüter/Senger, Beck'sches IFRS-Handbuch, § 1 Rn. 74.

das europäische Übernahmeverfahren für die IFRS beträgt in der Regel mehrere Monate.[42]

b) Endorsement-spezifische Fragestellungen

Hinsichtlich des Zeitpunkts, ab wann die entsprechenden IFRS in der EU anwendbar sein müssen, enthält Punkt 18.1.3 keine konkreten Vorgaben. Allerdings enthalten die jeweiligen EU-IFRS dezidierte Regelungen zum Zeitpunkt ihres Inkrafttretens und Übergangsvorschriften. Typischerweise wird dabei eine verbindliche Anwendung ab einem bestimmten Geschäftsjahr vorgesehen und eine freiwillige frühere Anwendung unter bestimmten Auflagen erlaubt. 27

Es ist allerdings möglich, dass es – trotz der erwähnten Übergangsvorschriften – zu einer zeitlichen Verzögerung bei der Übernahme von IASB-IFRS im Rahmen des Komitologie-Verfahrens kommt und sich die Frage stellt, ob Emittenten einzelne vom IASB verabschiedete, aber (noch) nicht oder nicht vollständig in der EU übernommene IFRS auf freiwilliger Basis anwenden dürfen. Hierfür geben IAS 8.10 bis IAS 8.12 sowie die Kommentierung der EU-Kommission zu bestimmten Artikeln der IAS-Verordnung aus November 2003[43] Lösungsmöglichkeiten vor. 28

c) Anwendbarkeit der IAS-Verordnung auf deutsche Emittenten

Art. 4 der IAS-Verordnung verpflichtet Gesellschaften, die dem Recht eines EU-Mitgliedstaates unterliegen, ihre konsolidierten Abschlüsse nach EU-IFRS aufzustellen, wenn am jeweiligen Bilanzstichtag ihre Wertpapiere in einem EU-Mitgliedstaat zum Handel an einem organisierten Markt gemäß § 2 Abs. 11 WpHG[44] zugelassen sind. Darüber hinaus gibt Art. 5 IAS-Verordnung den Mitgliedstaaten Wahlrechte zur Anwendung der EU-IFRS in Bezug auf Jahresabschlüsse und Konzernabschlüsse nicht-börsennotierter Gesellschaften.[45] Die EU-Mitgliedstaaten haben diese Wahlrechte unterschiedlich ausgeübt.[46] 29

Die Verpflichtung zur Aufstellung eines Konzernabschlusses wird von der IAS-Verordnung nicht geregelt. Sie richtet sich für deutsche Mutterunternehmen nach den §§ 290 ff. HGB.[47] Deutschland hat Art. 4 der IAS-Verordnung in § 315e Abs. 1 HGB umgesetzt und von den Wahlrechten nach Art. 5 IAS-Verordnung teilweise Gebrauch gemacht. Nach § 315e Abs. 2 HGB sind neben bereits am organisierten Markt notierten Mutterunternehmen auch Mutterunternehmen, die zum Bilanzstichtag die Zulassung ihrer Wertpapiere zu einem organisierten Markt beantragt haben, verpflichtet, ihre Konzernabschlüsse nach den in der EU anwendbaren IFRS aufzustellen.[48] 30

---

42 *Pellens/D. Jödicke/R. Jödicke*, BB 2007, 2503, 2503.
43 EU-Kommission, Kommentare zu bestimmten Artikeln der Verordnung (EG) Nr. 1606/2002 (IAS-VO) v. November 2003. Die IAS-VO-Kommentare beziehen sich auf den ehemaligen IAS 1.22 (1997), dessen Inhalt fast deckungsgleich in IAS 8.10–8.12 enthalten ist.
44 D. h. einem geregelten Markt im Sinne des Art. 4 Abs. 1 Ziffer 21 der Richtlinie 2014/65/EU über Märkte für Finanzinstrumente (MiFID); zu den organisierten bzw. geregelten Märkten in Deutschland gehört z. B. der regulierte Markt der Frankfurter Wertpapierbörse.
45 *Driesch*, in: Driesch/Riese/Schlüter/Senger, Beck'sches IFRS-Handbuch, § 1 Rn. 70.
46 *Driesch*, in: Driesch/Riese/Schlüter/Senger, Beck'sches IFRS-Handbuch, § 1 Rn. 77.
47 *Grottel/Kehrer*, in: Beck'scher Bilanz-Kommentar, § 315e Rn. 5.
48 *Grottel/Kehrer*, in: Beck'scher Bilanz-Kommentar, § 315e Rn. 13.

31 Sofern eine Zulassung von Wertpapieren an einem organisierten Markt nicht vorliegt[49] oder zum Bilanzstichtag nicht beantragt war (was bei vielen Gesellschaften, die einen IPO planen, der Fall sein wird), besteht eine solche Pflicht nicht. Sie sind verpflichtet, konsolidierte Abschlüsse nach Handelsrecht (§§ 290 ff. HGB) zu erstellen. Gleiches gilt für Unternehmen, die nicht verpflichtet sind, Konzernabschlüsse aufzustellen.[50] Inwiefern diese Abschlüsse für Prospektzwecke ausreichen, siehe die Kommentierung zu Punkt 18.1.4 sowie 18.1.5.

d) Ausnahme: Nationale Rechnungslegungsstandards

32 Sofern die IAS-Verordnung nicht anwendbar ist und auch die EU-IFRS nicht auf freiwilliger Basis angewandt werden, sind historische Abschlüsse gem. nationaler Rechnungslegungsstandards eines EU-Mitgliedstaates grundsätzlich zulässig (Punkt 18.1.3 lit. a), vorbehaltlich der Regelungen in Punkt 18.1.4 und Punkt 18.1.5 (siehe Kommentierung dort → Rn. 40 ff., 54 ff.). Für deutsche Emittenten sind nationale Rechnungslegungsstandards die handelsrechtlichen Rechnungslegungsgrundsätze.

33 Unabhängig von der Regelung in Punkt 18.1.4 ist Unternehmen, die eine Zulassung ihrer Wertpapiere an einem organisierten Markt planen, zu empfehlen, frühzeitig zu prüfen, ob sie nicht aus Vermarktungsgründen auf freiwilliger Basis die Konzernabschlüsse für sämtliche in den Prospekt aufzunehmenden Geschäftsjahre nach EU-IFRS aufstellen sollten.[51] Konzernrechnungslegungspflichtige Unternehmen haben die gesetzliche Möglichkeit im Sinne eines Wahlrechts nach § 315e Abs. 3 HGB, ihre Konzernabschlüsse nach EU-IFRS aufzustellen.[52] Von der (zusätzlichen) Aufstellung eines Konzernabschlusses nach § 290 HGB wäre das Mutterunternehmen dann befreit.[53] Einzelabschlüsse nach EU-IFRS gem. § 325 Abs. 2a HGB können deutsche Emittenten dagegen nur zusätzlich zu den handelsrechtlichen Jahresabschlüssen erstellen.[54]

2. Drittstaatenemittenten

34 Außerhalb des EWR ist die IAS-Verordnung nicht anwendbar. Daher werden Emittenten aus Drittstaaten ihre gesetzlichen Abschlüsse nicht nach EU-IFRS aufstellen müssen. Ob die Rechnungslegungsstandards des Drittstaates ausreichen, regelt Punkt 18.1.3 lit. b. Sofern die nationalen Rechnungslegungsstandards gleichwertig mit EU-IFRS sind, können die historischen Finanzinformationen entsprechend diesem nationalen Rechnungsle-

---

49 Entweder weil gar keine Zulassung existiert oder Wertpapiere nur in den Freiverkehr einbezogen wurden.
50 *Kunold*, in: Assmann/Schlitt/von Kopp-Colomb, Prospektrecht Kommentar, Anhang 1 VO (EU) 2019/980 Rn. 162; *Alfes/Wieneke*, in: Holzborn, WpPG, Anhang I ProspektVO Rn. 102.
51 Ähnlich *Alfes/Wieneke*, in: Holzborn, WpPG, Anhang I ProspektVO Rn. 100; siehe auch *Busse von Colbe/Fehrenbacher*, in: MünchKomm-HGB, 4. Aufl. 2020, § 315e Rn. 34 ff.
52 *Grottel/Kehrer*, in: Beck'scher Bilanz-Kommentar, § 315e Rn. 17; *Alfes/Wieneke*, in: Holzborn, WpPG, Anhang I ProspektVO Rn. 100.
53 *Busse von Colbe/Fehrenbacher*, in: MünchKomm-HGB, 4. Aufl. 2020, § 315e Rn. 12.
54 *Hennrichs*, in: MünchKomm-BilR, 2013, Einführung Rn. 51; § 325 Abs. 2a HGB befreit nur von der Offenlegung des HGB-Einzelabschlusses, nicht aber von dessen Aufstellung.

gungsstandard in den Prospekt aufgenommen werden.[55] Sofern keine Gleichwertigkeit gegeben ist, sind zwingend EU-IFRS-Abschlüsse in den Prospekt aufzunehmen, was ggf. zu einer zusätzlichen Aufstellungspflicht führt.[56] Maßstab für die Gleichwertigkeit eines Rechnungslegungsstandards sind die EU-IFRS und nicht die IASB-IFRS.

Art. 35 der früher geltenden VO 809/2004 legte fest, welche Rechnungslegungsstandards für historische Finanzinformationen von Drittstaatenemittenten gleichwertig sind. In der neuen ProspektVO oder den delegierten Verordnungen gibt es jedoch keine Regelung, die Art. 35 VO 809/2004 entspricht. 35

Insofern gilt jedoch die Verordnung (EG) Nr. 1569/2007,[57] die einen Mechanismus zur Festlegung der Gleichwertigkeit allgemein anerkannter Rechnungslegungsgrundsätze (GAAP) eines Drittstaates zu EU-IFRS einrichtet. Dies entscheidet gem. dieser Verordnung die EU-Kommission in Eigeninitiative oder auf Antrag der zuständigen Behörde des Mitgliedstaats oder des Drittstaats. Nach Art. 2 dieser Verordnung kommt es dabei entscheidend darauf an, ob Anleger in die Lage versetzt werden, eine vergleichbare Bewertung der Vermögens-, Finanz- und Ertragslage sowie der Aussichten eines Emittenten vorzunehmen. Dabei sind die nach den GAAP des Drittstaats aufgestellten Abschlüsse mit EU-IFRS-Abschlüssen zu vergleichen. Fällt dieser Vergleich positiv aus, wird unterstellt, dass Anleger wahrscheinlich die gleichen Entscheidungen zum Erwerb, Halten oder Veräußern von Wertpapieren treffen würden. 36

Vor diesem Hintergrund entschied die Europäische Kommission im Dezember 2008, dass ab dem 1.1.2009 für die Erstellung historischer Finanzinformationen drei Rechnungslegungsstandards als gleichwertig anzusehen sind.[58] Zu diesen zählen: 37

– die vom IASB erlassenen IFRS, sofern der Anhang zum geprüften Abschluss eine ausdrückliche und uneingeschränkte Erklärung enthält, wonach dieser Abschluss gemäß IAS 1 (Darstellung des Abschlusses) den IFRS entspricht,
– US GAAP und
– japanische GAAP.

Des Weiteren entschied die Kommission mit Durchführungsbeschluss vom 11.4.2012, dass ab dem 1.1.2012 für die Erstellung historischer Finanzinformationen drei weitere Rechnungslegungsstandards als gleichwertig anzusehen sind.[59] Dies sind: 38

– die GAAP der Volksrepublik China,
– die GAAP Kanadas und
– die GAAP der Republik (Süd) Korea.

---

55 *Kunold*, in: Assmann/Schlitt/von Kopp-Colomb, Prospektrecht Kommentar, Anhang 1 VO (EU) 2019/980 Rn. 165; *Alfes/Wieneke*, in: Holzborn, WpPG, Anhang I ProspektVO Rn. 104.
56 *Alfes/Wieneke*, in: Holzborn, WpPG, Anhang I ProspektVO Rn. 105.
57 Zuletzt geändert durch die Delegierte Verordnung (EU) 2015/1605 v. 12.6.2015.
58 Europäische Kommission, Entscheidung 2008/961/EG v. 12.12.2008, ABl. EU L 340, S. 112.
59 Durchführungsbeschluss der Kommission v. 11.4.2012 zur Änderung der Entscheidung 2008/961/EG über die Verwendung der nationalen Rechnungslegungsgrundsätze bestimmter Drittländer und der International Financial Reporting Standards durch Wertpapieremittenten aus Drittländern bei der Erstellung ihrer konsolidierten Abschlüsse (2012/194/EU), ABl. EU L 103, S. 49.

39 Die befristete Anerkennung der Gleichwertigkeit indischer GAAP ist 2017 ausgelaufen und wurde bislang nicht erneuert.[60]

V. Änderung des Rechnungslegungsrahmens (Konsistenzerfordernis – Punkt 18.1.4)

40 Ergänzt werden die Regeln zu den zulässigen Rechnungslegungsstandards durch Punkt 18.1.4. Er regelt, dass Emittenten ihre letzten geprüften historischen Finanzinformationen in einer Form erstellen müssen, die mit dem folgenden Jahresabschluss des Emittenten konsistent ist. Die Norm kann zur Folge haben, dass ein Emittent für Prospektzwecke einen weiteren Abschluss aufstellen muss, sofern die aufgrund von handelsrechtlichen Berichtspflichten vorhandenen historischen Finanzinformationen nicht dieser Anforderung genügen. Deswegen ist es empfehlenswert, dieses Thema frühzeitig mit den Wirtschaftsprüfern, den begleitenden Rechtsanwälten, den Emissionsbanken und ggf. der BaFin abzustimmen.

41 Punkt 18.1.4 Abs. 1 entspricht in seiner Konzeption Ziffer 20.1 Abs. 2 der früher geltenden VO 809/2004. Im Zuge des Konsultationsprozesses zur VO (EU) 2019/980 sah ESMA in Bezug auf das Konsistenzerfordernis ein Geschäftsjahr mit Vorjahresvergleichszahlen (statt vormals 2 Geschäftsjahren) als ausreichend an.[61] Darüber hinaus wurde direkt in VO (EU) 2019/980 klargestellt, wie mit Änderungen innerhalb des Rechnungslegungsrahmens umgegangen werden sollte. Dies war unter der früher geltenden VO 809/2004 noch Gegenstand des ESMA update of the CESR Recommendations auf Level 3.

1. Hintergrund

42 Emittenten haben aufgrund der IAS-Verordnung, nach erfolgter Zulassung ihrer Wertpapiere zum Handel an einem organisierten Markt,[62] ihre konsolidierten Abschlüsse für das Geschäftsjahr, in dem die Zulassung erfolgte und alle nachfolgenden Jahre, in denen die Zulassung besteht, nach EU-IFRS aufzustellen (→ Rn. 29).[63] Für deutsche Emittenten gilt dies gem. § 315e Abs. 2 HGB sogar ab Beantragung der Zulassung. Sofern keine Zulassung an einem organisierten Markt erfolgen soll,[64] besteht diese Pflicht nicht. Allerdings können Emittenten auch auf freiwilliger Basis, bspw. zur Kommunikation in den Kapital-

---

60 Durchführungsbeschluss der Kommission v. 23.9.2015 zur Änderung der Entscheidung 2008/961/EG über die Verwendung der nationalen Rechnungslegungsgrundsätze bestimmter Drittländer und der International Financial Reporting Standards durch Wertpapieremittenten aus Drittländern bei der Erstellung ihrer konsolidierten Abschlüsse (2015/1612), ABl. EU L 249, S. 26.
61 ESMA, Consultation Paper – Draft technical advice on format and content of the prospectus, ESMA31-62-532, 6.7.2017, Rn. 82; insofern missverständlich ESMA, Leitlinien zu den Offenlegungspflichten nach der Prospektverordnung, ESMA32-382-1138, 4.3.2021, Rn. 72.
62 Also nicht bei einer bloßen Einbeziehung in den Freiverkehr (§ 48 BörsG) und unabhängig davon, ob der Zulassung ein öffentliches Angebot vorausging.
63 Art. 4 IAS-Verordnung.
64 Bspw. IPO mit anschließender Einbeziehung in den Freiverkehr, etwa Scale Segment der Frankfurter Wertpapierbörse.

markt, gem. § 315e Abs. 3 HGB einen EU-IFRS-Abschluss aufstellen, der von der Pflicht, einen handelsrechtlichen, konsolidierten Abschluss zu erstellen, befreit.[65]

Konsolidierte historische Finanzinformationen der letzten drei Geschäftsjahre vor dem IPO, die aufgrund von handelsrechtlichen Berichtspflichten erstellt wurden, werden im Regelfall nicht nach EU-IFRS aufgestellt worden sein. Hier würde sich aufgrund der oben dargestellten Regeln der Rechnungslegungsrahmen des nächsten Abschlusses ändern und die Abschlüsse im Prospekt, auf deren Basis Anleger ihre Investitionsentscheidung getroffen haben, wären mit den zukünftigen Abschlüssen des Emittenten nicht vergleichbar. Das Konsistenzerfordernis in Punkt 18.1.4 soll genau bei diesen Emittenten eine Vergleichbarkeit der historischen Finanzinformationen sicherstellen und zwar in zwei Richtungen: Die historischen Finanzinformationen im Prospekt sollen sowohl untereinander als auch mit der künftigen jährlichen und unterjährigen Berichterstattung des Emittenten vergleichbar sein.[66]

2. Wechsel des Rechnungslegungsrahmens im folgenden Abschluss

Für die Anwendung des Konsistenzerfordernisses ist entscheidend, dass der folgende Abschluss des Emittenten nach einem anderen Rechnungslegungsrahmen aufgestellt wird als die vorangegangenen Abschlüsse. Der folgende Abschluss ist dabei der Abschluss, dessen Bilanzstichtag auf den letzten im Prospekt aufgenommenen Abschluss folgt.[67] Ein Wechsel des Rechnungslegungsrahmens ist beispielsweise dann gegeben, wenn ein Emittent wegen § 315e Abs. 1 oder 2 HGB seinen nächsten Konzernabschluss gem. EU-IFRS aufstellen wird.[68] Da die Vorschrift auf den Wechsel des Rechnungslegungsrahmens abstellt, gilt sie auch für Emittenten, die freiwillig den Rechnungslegungsrahmen wechseln[69] und

---

65 *Busse von Colbe/Fehrenbacher*, in: MünchKomm-HGB, 4. Aufl. 2020, § 315e Rn. 12.
66 So in Bezug auf die entsprechende Regelung der früher geltenden ProspektVO (VO 809/2004): CESR's Advice on Level 2 Implementing Measures for the Prospectus Directive, December 2003, Rn. 22; *Alfes/Wieneke*, in: Holzborn, WpPG, Anhang I ProspektVO Rn. 113, was aufgrund der Vorjahresvergleichszahlen weiterhin zutrifft.
67 Anders wohl *Kunold*, in: Assmann/Schlitt/von Kopp-Colomb, Prospektrecht Kommentar, Anhang 1 VO (EU) 2019/980 Rn. 179.
68 Die Wirkung der Vorschrift wird von ESMA in ihren Leitlinien zu den Offenlegungspflichten nach der Prospektverordnung (ESMA32-382-1138) v. 4.3.2021, Rn. 63 ff. mit dem nachfolgenden Beispielen erläutert und kommt dadurch zum gleichen Ergebnis: Lässt ein Emittent erstmalig Aktien an einem organisierten Markt zu und hat er seine konsolidierten Abschlüsse in den letzten Jahren (Geschäftsjahre 1, 2 und 3, wobei Geschäftsjahr 3 das aktuellste Geschäftsjahr ist) nach nationalen Regeln aufgestellt, ändert sich für diesen Emittenten durch die Beantragung der Zulassung der Wertpapiere der Rechnungslegungsrahmen für den Abschluss, in dessen Geschäftsjahr die Zulassung beantragt wird. Dies ist der Fall, wenn die Zulassung nach Ende des Geschäftsjahres 3 stattfindet. Dann ist der konsolidierte Abschluss des Geschäftsjahres 4, der in der Regel Anfang des Geschäftsjahres 5 veröffentlicht wird, der nächste veröffentlichte Abschluss im Sinne des Punkt 18.1.4. Dieser ist dann gemäß Art. 4 IAS-Verordnung nach den EU-IFRS aufzustellen. In diesem Fall ist der Emittent gem. Punkt 18.1.4 grundsätzlich verpflichtet, die Finanzinformationen, die das letzte Geschäftsjahr (3) abdecken, einschließlich der Vorjahresvergleichszahlen, neu zu formulieren (ESMA-Leitlinien, Rn. 66).
69 Bspw. nach einem Listing im Freiverkehr.

beispielsweise beabsichtigen, künftig von § 315e Abs. 3 HGB Gebrauch zu machen.[70] Das Informationsbedürfnis der Anleger ist im Fall eines freiwilligen Wechsels des Rechnungslegungsrahmens dem Fall eines erzwungenen gesetzlichen Wechsels vergleichbar.

45 Sofern mangels eines Konzernsachverhaltes ausschließlich Jahresabschlüsse (= Einzelabschlüsse) in den Prospekt aufgenommen werden, findet aufgrund der Zulassung von Wertpapieren an einem regulierten Markt kein Wechsel des Rechnungslegungsrahmens von Gesetzes wegen statt. Es wäre jedoch möglich, dass solch ein Emittent aufgrund einer grenzüberschreitenden Sitzverlegung zukünftig einen anderen nationalen Rechnungslegungsrahmen anzuwenden hat.[71] Dann würde sich ebenfalls der Rechnungslegungsrahmen ändern. Ebenso verhält es sich, wenn ein Emittent zukünftig von der Regelung des § 325 Abs. 2a HGB Gebrauch machen möchte und nach der Zulassung einen IFRS-Einzelabschluss offenlegen möchte.

3. Folgen des Konsistenzerfordernisses und Darstellungsweise

46 Nach Punkt 18.1.4 muss der letzte Abschluss der geprüften historischen Finanzinformationen in einer Form erstellt werden, die mit dem folgenden Abschluss des Emittenten konsistent ist. Dies bedeutet, dass mindestens der letzte Konzernabschluss der historischen Finanzinformationen des Prospekts in der Regel nach den in der EU anzuwendenden IFRS aufzustellen sein wird. Liegt ein solcher nicht bereits aufgrund der handelsrechtlichen Berichtspflichten vor, ist ein solcher Abschluss aufgrund der prospektrechtlichen Pflicht neu zu erstellen und zu prüfen. Auf den zusätzlich zu den Konzernabschlüssen in den Prospekt aufzunehmenden Jahresabschluss (Einzelabschluss) (siehe Kommentierung zu Punkt 18.1.6) findet Punkt 18.1.4 keine Anwendung, selbst wenn von § 325 Abs. 2a HGB Gebrauch gemacht wird.

47 Punkt 18.1.4 kann dazu führen, dass die in den Prospekt aufzunehmenden historischen Finanzinformationen unterschiedlichen Rechnungslegungsrahmen folgen. Für diese Fälle empfiehlt ESMA bzgl. der Darstellung der historischen Finanzinformationen im Prospekt einen **Brückenansatz** („**bridge approach**").[72]

48 Ein nach EU-IFRS aufgestellter Abschluss enthält Vorjahresvergleichsinformationen des vorangegangenen Geschäftsjahres (IAS 1.38). Diese Vorjahresvergleichsinformationen sind notwendiger Bestandteil des Abschlusses. Sie ermöglichen dem Anleger einen einfachen Vergleich mit dem vorangegangenen Geschäftsjahr. Ein Abschluss beinhaltet folglich Informationen zu zwei Geschäftsjahren. Bei erstmaliger Anwendung der IFRS ist zudem IFRS 1 zu berücksichtigen, was zur Folge hat, dass alle Perioden des Abschlusses gem. IFRS aufzustellen sind.[73] Bezüglich der Vergleichsinformationen nimmt der Ab-

---

70 ESMA, Leitlinien zu den Offenlegungspflichten nach der Prospektverordnung, ESMA32-382-1138, 4.3.2021, Rn. 64.; deutschen Emittenten wird beispielsweise durch § 315e Abs. 3 HGB teilweise ein entsprechendes Wahlrecht eingeräumt.
71 ESMA, Leitlinien zu den Offenlegungspflichten nach der Prospektverordnung, ESMA32-382-1138, 4.3.2021, Rn. 63.
72 ESMA, Leitlinien zu den Offenlegungspflichten nach der Prospektverordnung, ESMA32-382-1138, 4.3.2021, Rn. 71 ff.
73 *Driesch*, in: Driesch/Riese/Schlüter/Senger, Beck'sches IFRS-Handbuch, § 44 Rn. 38.

schlussprüfer als Bestandteil der Abschlussprüfung bestimmte Prüfungshandlungen vor.[74] Stellt er dabei Einwendungen fest, würde er entsprechend berichten.[75]

Der Brückenansatz führt dazu, dass im Prospekt die mittlere Periode (Geschäftsjahr 2) in den Vorjahresvergleichszahlen des Abschlusses für das Geschäftsjahr 3 gem. EU-IFRS (also dem neuen Rechnungslegungsrahmen) dargestellt wird und im Abschluss für das Geschäftsjahr 2 entsprechend den nationalen Rechnungslegungsvorschriften (also dem alten Rechnungslegungsrahmen). Die mittlere Periode für die Finanzinformationen dient insofern als „Brücke", und Umstellungseffekte zwischen den Rechnungslegungsrahmen werden erkennbar, was auch durch die entsprechenden Überleitungen von der nationalen Rechnungslegung auf die IFRS des Gesamtergebnisses und Eigenkapital nach IFRS 1, Tz. 24 innerhalb des IFRS-Abschlusses unterstrichen wird.

49

Im Finanzteil (sog. F-Pages) des Prospekts wird dem Brückenansatz bereits durch die entsprechende Aufnahme der historischen Finanzinformationen genügt. Im beschreibenden Teil (bspw. in der Prospektzusammenfassung und in den Angaben zur Geschäfts- und Finanzlage (MD&A)) ist bzgl. des Brückenansatzes zu beachten, dass aus Verständlichkeitsgründen Finanzzahlen, die nach verschiedenen Rechnungslegungsrahmen erstellt wurden, nur dann zusammen dargestellt werden sollten, sofern keine wesentlichen Unterschiede zwischen ihnen bestehen.[76] Zahlen, die nach verschiedenen Rechnungslegungsrahmen erstellt wurden, sind aber nur bedingt miteinander vergleichbar. Diesen liegen häufig verschiedene Prämissen und Wertungskonzepte zugrunde, die teilweise zu erheblichen Ausweisdifferenzen oder Wertansätzen führen können. Zugleich muss erkennbar sein, nach welchem Rechnungslegungsrahmen die einzelnen Zahlenangaben erstellt wurden.[77] Anderenfalls könnten Anleger verwirrt werden.

50

4. Geänderte Standards oder Bilanzierungs- und Bewertungsmethoden

Punkt 18.1.4 stellt in Abs. 2 klar, dass das Konsistenzerfordernis des Abs. 1 keine Anwendung findet, wenn im nächsten Abschluss nicht der angewandte Rechnungslegungsrahmen wechselt, aber sich einzelne angewandte Rechnungslegungsstandards ändern, bspw. neue Standards hinzukommen.[78] In diesem Fall ist es nicht notwendig, einen Abschluss für Prospektzwecke aufzunehmen, der genau diese Änderungen antizipiert, bzw. es sind die auf den Rechnungslegungsstandard anwendbaren Übergangsvorschriften zu beachten. Die Änderung von Rechnungslegungsstandards innerhalb eines Rechnungslegungsrahmens erfolgt nach den spezifischen, hierfür im Rechnungslegungsrahmen bzw. -standard vorgegebenen Regeln.

51

Hintergrund der Regelung ist, dass die von Emittenten zukünftig anzuwendenden Rechnungslegungsstandards normalerweise sicherstellen, dass der Leser in dem jeweiligen Ab-

52

---

74 IDW PS 318: Prüfung von Vergleichsangaben über Vorjahre, v. 24.11.2010.
75 IDW PS 318, Tz. 18 ff.
76 ESMA, Leitlinien zu den Offenlegungspflichten nach der Prospektverordnung, ESMA32-382-1138, 4.3.2021, Rn.78.
77 Ähnlich auch *Kunold*, in: Assmann/Schlitt/von Kopp-Colomb, Prospektrecht Kommentar, Anhang 1 VO (EU) 2019/980 Rn. 177; *Alfes/Wieneke*, in: Holzborn, WpPG, Anhang I ProspektVO Rn. 116.
78 Bspw. ist IFRS 17 – Versicherungsverträge in Abschlüssen für Geschäftsjahre, die ab dem 1.1.2023 beginnen, zwingend anzuwenden.

schluss über im Vergleich zum vorangegangenen Abschluss geänderte Bilanzierungs- und Bewertungsmethoden informiert wird.[79] Sie sehen Lösungen vor, die auf die Gewährleistung der historischen Vergleichbarkeit zwischen der letzten im Prospekt präsentierten Periode und dem folgenden Abschluss abzielen, und daher ist keine darüber hinausgehende Regelung erforderlich. Gleiches gilt, wenn sich Bilanzierungs- und Bewertungsmethoden zukünftig ändern werden.

53 Der Satz 2 des Abs. 2 scheint nur klarstellende Funktion in Bezug auf Abs. 1 zu haben, ohne eine weiterreichende materiell-rechtliche Wirkung.[80]

VI. Mindestbestandteile für historische Finanzinformationen nach nationalen Rechnungslegungsvorschriften (Punkt 18.1.5)

54 Für historische Finanzinformationen, die nach nationalen Rechnungslegungsvorschriften aufgestellt wurden, schreibt Punkt 18.1.5 Mindestbestandteile vor. Punkt 18.1.5 entspricht, abgesehen von redaktionellen Änderungen, Ziffer 20.1 Abs. 4 der früher geltenden VO 809/2004. Die historischen Finanzinformationen haben dementsprechend mindestens eine Bilanz, eine Gewinn- und Verlustrechnung, eine Übersicht zu Veränderungen im Eigenkapital (Eigenkapitalspiegel),[81] eine Kapitalflussrechnung und einen Anhang zu enthalten. Eine Segmentberichterstattung ist nicht erforderlich und kann nur aufgrund von Rechnungslegungsgrundsätzen verpflichtend sein.[82] Die Regelung gilt für alle drei Geschäftsjahre,[83] für die die historischen Finanzinformationen beizubringen sind, mit der Folge, dass ggf. fehlende Bestandteile nachträglich im Einklang mit Leitlinie 17 der ESMA-Leitlinien zu den Offenlegungspflichten nach der Prospektverordnung[84] aufzustellen sind.

55 Hintergrund der Regelung ist, dass sich nach handelsrechtlichen Rechnungslegungsgrundsätzen aufgestellte Abschlüsse deutscher Emittenten in ihren Bestandteilen unterscheiden können. Mit der Regelung in Punkt 18.1.5 soll erreicht werden, dass ihr Informationsgehalt nicht hinter dem Informationsgehalt von IFRS-Abschlüssen zurückbleibt.

56 Die handelsrechtlichen Bestandteile hängen im Wesentlichen von anzuwendenden Größenkriterien oder einer bestehenden Kapitalmarktorientierung gem. § 264d HGB ab sowie davon, ob es sich um Jahres- oder Konzernabschlüsse handelt: Jahresabschlüsse deutscher Kapitalgesellschaften, die keine Kleinstkapitalgesellschaften oder kapitalmarktorientiert sind, beinhalten gem. § 264 Abs. 1 Satz 1 HGB lediglich Bilanz, Gewinn- und Verlustrechnung und Anhang, also nicht alle Mindestbestandteile des Punkt 18.1.5. Konzernabschlüsse deutscher Kapitalgesellschaften enthalten gemäß § 297 HGB alle erforder-

---

79 *Driesch*, in: Driesch/Riese/Schlüter/Senger, Beck'sches IFRS-Handbuch, § 45 Rn. 15.
80 ESMA, Final Report – Technical advice under the Prospectus Regulation, 28.3.2018, Rn. 155.
81 Aus diesen müssen entweder alle Veränderungen im Eigenkapital hervorgehen oder Veränderungen im Eigenkapital mit Ausnahme der Kapitaltransaktionen mit Eigentümern oder Ausschüttungen an diese zu entnehmen seien.
82 Siehe hierzu IFRS 8.2.
83 *Meyer*, Accounting 2/2006, 12.
84 ESMA, Leitlinien zu den Offenlegungspflichten nach der Prospektverordnung, ESMA32-382-113, 4.3.2021, Leitlinie 17 (Rn. 84 ff.).

lichen Bestandteile.⁸⁵ Darüber hinaus haben kapitalmarktorientierte Kapitalgesellschaften, die nicht zur Aufstellung eines Konzernabschlusses verpflichtet sind, nach § 264 Abs. 1 Satz 2 HGB ihren Jahresabschluss um eine Kapitalflussrechnung und einen Eigenkapitalspiegel zu erweitern.⁸⁶

Emittenten, deren aufgestellte Abschlüsse nicht alle geforderten Bestandteile enthalten, müssen ihre Abschlüsse nicht neu aufstellen.⁸⁷ Die betroffenen Abschlüsse sind nur um die fehlenden Bestandteile nachträglich zu ergänzen.⁸⁸ Bereits der den zusätzlichen Abschlusselementen zugrunde liegende Jahresabschluss⁸⁹ hat ein den tatsächlichen Verhältnissen entsprechendes Bild der Vermögens-, Finanz- und Ertragslage zu vermitteln (§ 264 Abs. 2 HGB). Durch die zusätzlichen Abschlusselemente wird diese Aussage nicht verändert.⁹⁰ 57

Nachträglich erstellte Elemente sind durch Ableitung aus den jeweiligen Abschlüssen sowie der zugrunde liegenden Buchführung in Übereinstimmung mit den anwendbaren nationalen Rechnungslegungsstandards aufzustellen.⁹¹ Zur Prüfung dieser zusätzlichen Abschlusselemente → Punkt 18.3 Rn. 20 ff. 58

VII. Zwingende Aufnahme des konsolidierten Abschlusses (Punkt 18.1.6)

1. Überblick und Regelungsgehalt

Erstellt der Emittent sowohl Jahresabschlüsse (= Einzelabschlüsse) als auch Konzernabschlüsse, so sind gemäß Punkt 18.1.6 „zumindest" (also immer) die Konzernabschlüsse in das Registrierungsformular aufzunehmen. Stellt ein Emittent hingegen keine Konzernabschlüsse auf und liegen für diesen Emittenten nur Jahresabschlüsse vor, sind die Vorgaben in Punkt 18.1.1 durch die Jahresabschlüsse erfüllt, da Punkt 18.1.6 keine Anwendung auf Emittenten findet, die keine Konzernabschlüsse erstellen. 59

Punkt 18.1.6 entspricht ohne inhaltliche Änderung Ziffer 20.3 der früher geltenden VO 809/2004. Vor Inkrafttreten der VO 809/2004 waren bis Mitte 2005 beide Arten von Abschlüssen für die letzten drei Geschäftsjahre in den Prospekt aufzunehmen, sofern der Emittent sowohl Jahres- als auch Konzernabschlüsse aufstellt.⁹² Vor dem Hintergrund der durch die Ziffer 20.3 der VO 809/2004 geänderten Rechtslage stellte sich die Frage, ob und, wenn ja, in welchen Fällen auch die Jahresabschlüsse des Emittenten in den Prospekt 60

---

85 *Alfes/Wieneke*, in: Holzborn, WpPG, Anhang I ProspektVO Rn. 134.
86 *Störk/Rimmelspacher*, in: Beck'scher Bilanz-Kommentar, § 264 Rn. 5.
87 *Alfes/Wieneke*, in: Holzborn, WpPG, Anhang I ProspektVO Rn. 136.
88 IDW PH 9.960.2 Rn. 3; *Fingerhut/Voß*, in: Just/Voß/Ritz/Zeising, WpPG, 2009, Anhang I ProspektVO Rn. 336.
89 Der Konzernabschluss hat nach § 297 Abs. 2 HGB ein den tatsächlichen Verhältnissen entsprechendes Bild der Vermögens-, Finanz- und Ertragslage zu vermitteln.
90 IDW PH 9.960.2 Rn. 3.
91 IDW PH 9.960.2 Rn. 4; ESMA, Leitlinien zu den Offenlegungspflichten nach der Prospektverordnung, ESMA32-382-113, 4.3.2021, Leitlinie 17.
92 Zur Entstehungsgeschichte vgl. *Fingerhut/Voß*, in: Just/Voß/Ritz/Zeising, WpPG, 2009, Anhang I ProspektVO Rn. 368 ff.

aufzunehmen sind. Die Formulierung „zumindest" würde dabei grundsätzlich die Möglichkeit eröffnen, zusätzlich zu den Konzernabschlüssen die Aufnahme von Jahresabschlüssen des Emittenten für drei Geschäftsjahre im Prospekt zu verlangen.[93]

2. Zusätzliche Aufnahme des letzten Jahresabschlusses

61 Gemäß einer mittlerweile seit über 15 Jahren etablierten Verwaltungspraxis der BaFin ist neben Konzernabschlüssen auch der handelsrechtliche Jahresabschluss (= Einzelabschluss) für das letzte Geschäftsjahr in den Prospekt aufzunehmen.[94] Diese Verwaltungspraxis gründet auf der Überlegung, dass der handelsrechtliche Jahresabschluss im Vergleich zum Konzernabschluss wesentliche zusätzliche Informationen enthält, die für Investoren von Interesse sind, und damit seine Aufnahme dem Grundsatz der Vollständigkeit und Wesentlichkeit des Prospektinhalts gem. Art. 6 Abs. 1 ProspektVO dient.[95] Der handelsrechtliche Jahresabschluss einer Kapitalgesellschaft dient neben der Information u.a. auch der gesellschaftsrechtlichen Kapitalerhaltung und der Ermittlung des ausschüttungsfähigen Gewinns.[96] Zur Information der Anleger über diese Punkte ist der letzte Jahresabschluss mit Blick auf dessen Aktualität ausreichend. Demgegenüber besitzen Konzernabschlüsse im Wesentlichen nur eine Informationsfunktion.[97]

62 Für ausländische Emittenten gilt die vorstehende deutsche Verwaltungspraxis entsprechend. Auch diese Emittenten haben (sofern existent) den letzten Einzelabschluss in den Wertpapierprospekt aufnehmen, wenn dieser eine ähnliche Funktion erfüllt wie der deutsche Jahresabschluss.[98]

3. Anforderungen an den zusätzlich aufzunehmenden Jahresabschluss

63 Ein Jahresabschluss enthält bei Kapitalgesellschaften in der Regel die Bestandteile nach §§ 242 und 264 Abs. 1 Satz 1 HGB. Dies sind eine Bilanz, eine Gewinn- und Verlustrech-

---

93 So *Holzborn/Israel*, ZIP 2005, 1668, 1672, denen *Alfes/Wieneke*, in: Holzborn, WpPG, Anhang I ProspektVO Rn. 153, Voraufl. Rn. 107 im Grundsatz zustimmen, aber aus Zweckmäßigkeitsgründen die Aufnahme des letzten Jahresabschlusses ausreichen lassen; a. A. *Schlitt/Singhof/Schäfer*, BKR 2005, 251, 253.
94 *Schlitt*, in: Habersack/Mülbert/Schlitt, Kapitalmarktinformation, § 4 Rn. 54; *Schlitt/Schäfer*, AG 2008, 525, 530; *Kunold*, in: Assmann/Schlitt/von Kopp-Colomb, Prospektrecht Kommentar, Anhang 1 VO (EU) 2019/980 Rn. 186; *Alfes/Wieneke*, in: Holzborn, WpPG, Anhang I ProspektVO Rn. 153; *Fingerhut/Voß*, in: Just/Voß/Ritz/Zeising, WpPG, 2009, Anhang I ProspektVO Rn. 370.
95 Ähnlich *Alfes/Wieneke*, in: Holzborn, WpPG, Anhang I ProspektVO Rn. 153; *Fingerhut/Voß*, in: Just/Voß/Ritz/Zeising, WpPG, 2009, Anhang I ProspektVO Rn. 370.
96 *Störk/Rimmelspacher*, in: Beck'scher Bilanz-Kommentar, § 264 Rn. 39; *Kunold*, in: Assmann/Schlitt/von Kopp-Colomb, Prospektrecht Kommentar, Anhang 1 VO (EU) 2019/980 Rn. 186; *Alfes/Wieneke*, in: Holzborn, WpPG, Anhang I ProspektVO Rn. 153; *Fingerhut/Voß*, in: Just/Voß/Ritz/Zeising, WpPG, 2009, Anhang I ProspektVO Rn. 370.
97 *Grottel/Kreher*, in: Beck'scher Bilanz-Kommentar, § 290 HGB Rn. 1.
98 *Kunold*, in: Assmann/Schlitt/von Kopp-Colomb, Prospektrecht Kommentar, Anhang 1 VO (EU) 2019/980 Rn. 187; *Fingerhut/Voß*, in: Just/Voß/Ritz/Zeising, WpPG, 2009, Anhang I ProspektVO Rn. 370; abwägender *Alfes/Wieneke*, in: Holzborn, WpPG, Anhang I ProspektVO Rn. 155.

nung und ein Anhang.⁹⁹ Kleinstkapitalgesellschaften dürfen sogar unter den Voraussetzungen des § 264 Abs. 1 Satz 5 HGB auf einen Anhang verzichten. Daher erfüllen diese handelsrechtlichen Jahresabschlüsse nicht die Vorgaben an die Mindestbestandteile nach Punkt 18.1.5. Eine Ausdehnung der Anforderungen des Punktes 18.1.5 auf den Jahresabschluss, der neben den Konzernabschlüssen in den Prospekt aufgenommen wird, ist indes nicht erforderlich. Handelsrechtliche Jahresabschlüsse enthalten ihre wesentlichen zusätzlichen Informationen (→ Rn. 61) gegenüber einem Konzernabschluss bereits, wenn sie nach den Regeln des HGB aufgestellt wurden.¹⁰⁰ Die Informationsanforderungen des Punktes 18.1.5 sind durch die aufzunehmenden Konzernabschlüsse bereits vollständig erfüllt.¹⁰¹

Der Jahresabschluss muss wegen der Vorgabe in Punkt 18.3 (→ Punkt 18.3 Rn. 2) geprüft sein. Aus diesem Grunde ist auch der entsprechende Bestätigungsvermerk in den Prospekt aufzunehmen. Sollte keine Prüfungspflicht gem. § 316 HGB für den Jahresabschluss bestehen (bspw. im Fall einer Holdinggesellschaft), ist die Prüfung gleichwohl auf freiwilliger Basis durchzuführen, um die Verlässlichkeit für die Anleger sicherzustellen. 64

VIII. Maximales Alter der jüngsten geprüften Finanzinformationen (Punkt 18.1.7)

1. Überblick und Regelungsgehalt

Punkt 18.1.7 regelt in einer umständlichen Formulierung, wie alt die letzten geprüften Finanzinformationen in einem Wertpapierprospekt sein dürfen. Dabei ist zu beachten, dass unabhängig von dieser Regelung Punkt 18.2.1 Abs. 2 Satz 1 Emittenten zur Aufnahme von Zwischenfinanzinformationen zwingt, sofern das Registrierungsformular mehr als neun Monate nach Ablauf des letzten geprüften Finanzjahrs erstellt wird (→ Punkt 18.2.1 Rn. 10). Vor diesem Hintergrund differenziert Punkt 18.1.7 zwischen Fällen, in denen der Emittent geprüfte (Ausnahme) oder ungeprüfte Zwischenabschlüsse in den Prospekt aufnimmt. 65

Punkt 18.1.7 entspricht im Wesentlichen Ziffer 20.5 der früher geltenden VO 809/2004, mit der Änderung, dass das Datum des Registrierungsformulars,¹⁰² sofern ungeprüfte Zwischenabschlüsse aufgenommen werden, nunmehr 16 und nicht mehr 15 Monate nach dem Bilanzstichtag des letzten geprüften Abschlusses liegen darf. Der Verordnungsgeber hat 66

---

99 Nach § 264 Abs. 1 Satz 2 HGB haben kapitalmarktorientierte Unternehmen eine Kapitalflussrechnung und ein Eigenkapitalspiegel nur dann zu erstellen, wenn kein Konzernabschluss aufgestellt wird. Eine Kapitalflussrechnung und einen Eigenkapitalspiegel fordert § 297 HGB in diesen Fällen für den Konzernabschluss.

100 Im Ergebnis ebenso *Kunold*, in: Assmann/Schlitt/von Kopp-Colomb, Prospektrecht Kommentar, Anhang 1 VO (EU) 2019/980 Rn. 189; *Alfes/Wieneke*, in: Holzborn, WpPG, Anhang I Prospekt-VO Rn. 156.

101 Stellt ein Emittent hingegen keine Konzernabschlüsse auf und liegen für diesen Emittenten nur Einzelabschlüsse vor, sind die Vorgaben von Punkt 18.1.5 durch die Einzelabschlüsse zu erfüllen.

102 Damit ist das auf dem Prospekt angegebene Datum seiner Erstellung und nicht sein Billigungsdatum gemeint, auch wenn dies in der Praxis regelmäßig zusammenfällt, so auch *Kunold*, in: Assmann/Schlitt/von Kopp-Colomb, Prospektrecht Kommentar, Anhang 1 VO (EU) 2019/980 Rn. 192.

es allerdings versäumt, die Begrifflichkeiten „Zwischenabschlüsse" in Punkt 18.1.7 und „vierteljährliche oder halbjährliche Finanzinformationen" in Punkt 18.2.1 zu vereinheitlichen.[103] Zur Vermarktung der Emission werden in der Praxis möglichst aktuelle Finanzangaben des Emittenten erwartet, weswegen üblicherweise diese Regeln von praktischen Erfordernissen überlagert werden und üblicherweise Zwischenfinanzinformationen vor Ablauf dieser Fristen aufgenommen werden (→ Punkt 18.2 Rn. 12 f.) bzw. aktuellere Abschlüsse.[104] Dies hat seinen Hintergrund insbesondere in den Vorgaben für die Abgabe einer sog. Negative Assurance in Bezug auf durchgeführte Untersuchungshandlungen im Comfort Letter, den der Wirtschaftsprüfer typischerweise in Bezug auf einen Wertpapierprospekt abgibt.[105]

2. Prospekte ohne geprüfte Zwischenfinanzinformationen

67 Nach Punkt 18.1.7 lit. b des Anhangs 1 darf zum Datum des Prospektes der Bilanzstichtag des letzten durch geprüfte Finanzinformationen dargestellten Geschäftsjahres maximal 16 Monate verstrichen sein. Dies gilt grds. unabhängig davon, dass in diesem Fall nach Punkt 18.2.1 Abs. 2 Satz 1 des Anhangs 1 aktuellere Zwischenfinanzinformationen in den Prospekt aufgenommen werden müssen, denn in Prospekte aufgenommene Zwischenfinanzinformationen werden in aller Regel keiner Abschlussprüfung unterzogen. Daher wird hier zunächst von dieser Konstellation als Grundfall ausgegangen, bevor auf den anderenfalls (nämlich bei ausnahmsweise geprüften Zwischenfinanzinformationen) geltenden lit. a eingegangen wird. Soll also ein Prospekt nach Ablauf der ersten vier Monate des laufenden Geschäftsjahres veröffentlicht werden, muss der Jahresabschluss des vorvergangenen Geschäftsjahres in geprüfter Form in den Prospekt aufgenommen werden.

3. Prospekte mit geprüften Zwischenfinanzinformationen

68 Sind nach Punkt 18.2 in den Prospekt aufzunehmende Zwischenfinanzinformationen jedoch (ausnahmsweise) geprüft, so dürfen nach Punkt 18.1.7 lit. a die jüngsten im Prospekt offengelegten geprüften Finanzinformationen nicht älter sein als 18 Monate, bezogen auf das Prospektdatum. Mit den (jüngsten) „geprüften Finanzinformationen" sind dabei die historischen Finanzinformationen nach Punkt 18.1 des Anhangs 1 gemeint, also Finanzinformationen, die sich auf ein gesamtes Geschäftsjahr beziehen. Damit ist also nicht der in diesem Fall ebenfalls geprüfte und aktuellere Zwischenabschluss gemeint.

---

103 Es ist weiterhin davon auszugehen, dass die Begrifflichkeiten identisch sind, auch wenn die diesbezügliche Klarstellung in den ESMA-Leitlinien zu den Offenlegungspflichten nach der Prospektverordnung (ESMA32-382-1138) v. 4.3.2021 entfallen ist (siehe zur Vorgängervorschrift: ESMA, ESMA update of CESR recommendations, ESMA/2011/81, 23.3.2011, Rn. 100).
104 *Meyer*, in: Habersack/Mülbert/Schlitt, Unternehmensfinanzierung, § 36 Rn. 36.38.
105 *Meyer*, in: Habersack/Mülbert/Schlitt, Unternehmensfinanzierung, § 36 Rn. 36.38; zum Comfort Letter etwa *Gillessen/Krämer*, in: Marsch-Barner/Schäfer, Handbuch börsennotierte AG, § 10 Rn. 10.291, 10.368.

Punkt 18.2
Zwischenfinanzinformationen und sonstige Finanzinformationen
Punkt 18.2.1
Hat der Emittent seit dem Datum des letzten geprüften Abschlusses vierteljährliche oder halbjährliche Finanzinformationen veröffentlicht, so sind diese in das Registrierungsformular aufzunehmen. Wurden diese vierteljährlichen oder halbjährlichen Finanzinformationen einer teilweisen oder vollständigen Prüfung unterworfen, so sind die entsprechenden Vermerke ebenfalls aufzunehmen. Wurden die vierteljährlichen oder halbjährlichen Finanzinformationen keiner prüferischen Durchsicht oder Prüfung unterzogen, so ist dies anzugeben.

Wurde das Registrierungsformular mehr als neun Monate nach Ablauf des letzten geprüften Finanzjahres erstellt, muss es Zwischenfinanzinformationen enthalten, die u. U. keiner Prüfung unterzogen wurden (auf diesen Fall muss eindeutig hingewiesen werden) und die sich zumindest auf die ersten sechs Monate des Geschäftsjahres beziehen sollten.

Zwischenfinanzinformationen, erstellt entsprechend den Anforderungen der Verordnung (EG) Nr. 1606/2002.

Bei Emittenten, die nicht der Verordnung (EG) Nr. 1606/2002 unterliegen, müssen diese Zwischenfinanzinformationen einen Vergleich mit dem gleichen Zeitraum des letzten Geschäftsjahres beinhalten, es sei denn, diese Anforderung ist durch Vorlage der Bilanzdaten zum Jahresende entsprechend dem maßgebenden Regelwerk der Rechnungslegung erfüllt.

Übersicht

	Rn.		Rn.
I. Regelungsgegenstand	1	3. Inhaltliche Anforderungen	16
II. Aufnahme von Zwischenfinanzinformationen (Punkt 18.2)	3	a) Anforderungen für Emittenten im Anwendungsbereich der IAS-Verordnung	17
1. Aufnahme wegen vorheriger Veröffentlichung (Punkt 18.2.1 Abs. 1)	3	b) Anforderungen für Emittenten außerhalb des Anwendungsbereichs der IAS-Verordnung	22
2. Aufnahme wegen Fristablauf (Punkt 18.2.1 Abs. 2)	10		

I. Regelungsgegenstand

Punkt 18.2 des Anhangs 1 stellt im Zusammenspiel mit Punkt 18.1.7 und Punkt 18.7 die Aktualität der in den Prospekt aufgenommenen historischen Finanzinformationen sicher. Generell gilt zwar, dass der Prospekt zu seinem Datum richtig und vollständig sein muss (→ Art. 6 ProspektVO Rn. 8); die Aufnahme eines vollständigen Zwischenabschlusses mit Stichtag auf den Zeitpunkt der Prospektveröffentlichung ist jedoch praktisch nicht möglich. So folgt die VO (EU) 2019/980 dem Prinzip der EU-Transparenzrichtlinie[1] und sieht (nach Ablauf einer gewissen Karenzzeit) eine Aktualisierung der historischen Finanzinformationen durch die Aufnahme eines (verkürzten) Zwischenabschlusses vor, ebenso wie dies im Rahmen der Regelberichterstattung börsennotierter Emittenten nach

1

---
1 Richtlinie 2004/109/EG v. 15.12.2004, zuletzt geändert durch Art. 2 VO (EU) 2021/337 v. 16.2.2021.

der EU-Transparenzrichtlinie vorgeschrieben ist. Die dann immer noch bestehende Aktualitätslücke wird durch Punkt 18.7 des Anhangs 1 geschlossen.

2 Die Regelungen zur Aufnahme von Zwischenfinanzinformationen entsprechen im Wesentlichen denen der früher geltenden VO 809/2004. Dies wird insbesondere deutlich, wenn man die englische Fassung von Punkt 18.2 VO (EU) 2019/980 mit Ziff. 20.6 der VO 809/2004 vergleicht. In der deutschen Fassung der VO (EU) 2019/980 wurden sprachlich einige Ungenauigkeiten im Vergleich zu ihrer Vorgängerregelung beseitigt, dafür aber auch neue geschaffen. Einzig neu hinzugekommen ist eine Referenz auf die IAS-Verordnung,[2] nach der (sofern anwendbar) Zwischenfinanzinformationen aufgestellt werden müssen.

II. Aufnahme von Zwischenfinanzinformationen (Punkt 18.2)

1. Aufnahme wegen vorheriger Veröffentlichung (Punkt 18.2.1 Abs. 1)

3 Wurden seit dem Stichtag des letzten in den Prospekt aufgenommenen geprüften Jahresabschlusses durch den Emittenten **Quartals- oder Halbjahresfinanzinformationen veröffentlicht**, sind diese nach Punkt 18.2.1 Abs. 1 Satz 1 des Anhangs 1 in den Prospekt aufzunehmen. Das gebietet schon das Prinzip der Richtigkeit und Vollständigkeit des Prospekts in Art. 6 ProspektVO.[3]

4 Falls diese Zwischenfinanzinformationen einer „teilweisen" oder vollständigen **Prüfung** unterzogen wurden, so muss der entsprechende „Vermerk" abgedruckt werden. Der Blick in die englische Fassung der VO (EU) 2019/980 bestätigt, dass es sich bei einer (den deutschen und internationalen Prüfungsstandards unbekannten) „teilweisen" Prüfung um eine prüferische Durchsicht (engl. Review) handelt und in der deutschen Fassung hier eine Übersetzungsunschärfe besteht. Hingegen beseitigt wurde die in der VO 809/2004 bestehende Unschärfe, dass der „Bericht" des Prüfers über die Prüfung oder prüferische Durchsicht aufzunehmen sei. Punkt 18.2.1 spricht nun klar vom „Vermerk", was sich auf die Bescheinigung nach prüferischer Durchsicht (engl. Review Report) bezieht und nicht auf einen u. U. ebenfalls vorliegenden Prüfungsbericht.[4] Wurden die Zwischenfinanzinformationen weder geprüft noch prüferisch durchgesehen, ist diese Tatsache nach Punkt 18.2.1 Abs. 1 Satz 3 des Anhangs 1 anzugeben. In der Praxis werden die Zwischenfinanzinformationen als **„ungeprüft"** gekennzeichnet.

---

2 Verordnung (EG) Nr. 1606/2002 v. 19.7.2002, zuletzt geändert durch Verordnung (EG) Nr. 297/2008 v. 11.3.2008.

3 In diesem Zusammenhang bemerkenswert ist der Umstand, dass die Veröffentlichung von Zwischenfinanzinformationen keine zwingende Nachtragspflicht bei einem gültigen Wertpapierprospekt auslöst, ESMA, Questions and Answers on the Prospectus Regulation (Version 11, zuletzt aktualisiert am 12.10.2022), Antwort zu Q8.1.

4 So bereits nach altem Recht zur parallelen Fragestellung im Hinblick auf den Prüfungsbericht bzw. Bestätigungsvermerk bei historischen Finanzinformationen klarstellend BaFin, Workshop: 100 Tage WpPG, Präsentation „Entwicklung der Verwaltungspraxis zu Finanzinformationen im Prospekt nach WpPG" v. 3.11.2005, S. 14; zur Unterscheidung zwischen Bescheinigung und Bericht bei der prüferischen Durchsicht WP-Handbuch 2021, Hauptband, Kap. P Rn. 113 ff. (Bescheinigung) und 173 ff. (Bericht).

Der Begriff der **prüferischen Durchsicht** und die an sie zu stellenden Anforderungen sind – anders als im Fall der Abschlussprüfung (siehe Punkt 18.3.1 Abs. 1 und 2 des Anhangs 1) – in der VO (EU) 2019/980 nicht näher geregelt. Auch ESMA hat insoweit keine Konkretisierungen vorgenommen. Im Rahmen der europäischen Vorgaben für die Regelpublizität beschränkt sich Art. 5 Abs. 5 der EU-Transparenzrichtlinie insoweit darauf, dass im Falle einer prüferischen Durchsicht eines Halbjahresfinanzberichtes die Bescheinigung des Prüfers bei Veröffentlichung des Halbjahresfinanzberichts wiederzugeben ist. Von der in Art. 5 Abs. 6 UAbs. 2 lit. b der EU-Transparenzrichtlinie enthaltenen Ermächtigung, die Art der prüferischen Durchsicht zu präzisieren, hat die EU-Kommission bislang keinen Gebrauch gemacht. Gleiches gilt für das Bundesfinanzministerium, dem § 115 Abs. 6 Nr. 1 WpHG eine ähnliche Ermächtigung gibt. Eine rudimentäre Regelung zur prüferischen Durchsicht findet sich im deutschen Recht immerhin in der Regelung zum Halbjahresfinanzbericht in § 115 Abs. 5 Satz 3 WpHG. Der Abschlussprüfer soll danach aufgrund der prüferischen Durchsicht ausschließen können, dass der im Halbjahresbericht enthaltene verkürzte Abschluss und der Zwischenlagebericht in wesentlichen Belangen den anzuwendenden Rechnungslegungsgrundsätzen widersprechen. Das Ergebnis der prüferischen Durchsicht hat er in einer Bescheinigung zusammenzufassen, die mit dem Halbjahresfinanzbericht zu veröffentlichen ist. Diese Beschreibung findet sich auch in dem einschlägigen Prüfungsstandard des IDW, der für die Durchführung einer prüferischen Durchsicht durch einen deutschen Wirtschaftsprüfer maßgeblich ist.[5] Demnach ist die prüferische Durchsicht keine etwa in ihrem Umfang reduzierte Abschlussprüfung, sondern eine kritische Würdigung des Abschlusses (und ggf. des Lageberichts) auf der Grundlage einer Plausibilitätsbeurteilung.[6] Dieses Verständnis einer prüferischen Durchsicht ist auch außerhalb Deutschlands üblich, wie sich beispielsweise aus den einschlägigen Standards des International Auditing and Assurance Standards Board (IAASB) ergibt.[7] Der deutsche Prüfungsstandard für die prüferische Durchsicht von Abschlüssen IDW PS 900 entspricht dabei dem internationalen Standard für eine prüferische Durchsicht, ISRE 2400.[8] Das IAASB hat zudem einen gesonderten Standard für die prüferische Durchsicht von Zwischenabschlüssen erlassen (ISRE 2410).[9] Dieser findet Anwendung, sofern der Abschlussprüfer mit der prüferischen Durchsicht von Zwischenabschlüssen beauftragt ist. ISRE 2410 berücksichtigt jene Besonderheiten, die sich aus der Vorbefassung des Abschlussprüfers mit dem Rechnungswesen der Gesellschaft im Rahmen der Abschlussprüfung ergeben.[10] Für die Zwecke des Punkts 18.2.1 ergibt sich hieraus, dass eine

5

---

5 IDW Prüfungsstandard: Grundsätze für die prüferische Durchsicht von Abschlüssen (IDW PS 900), Tz. 6.
6 IDW Prüfungsstandard: Grundsätze für die prüferische Durchsicht von Abschlüssen (IDW PS 900), Tz. 6.
7 International Federation of Accountants, Handbook of International Quality Control, Auditing, Review, Other Assurance, and related services, Pronouncements Part II – International Standard on Review Engagements 2400 (previously ISA 910): Engagement to review financial statements (ISRE 2400), Tz. 3, www.ifac.org.
8 IDW Prüfungsstandard: Grundsätze für die prüferische Durchsicht von Abschlüssen (IDW PS 900), Tz. 4 sowie 34; klarstellend in Bezug auf den neu bezeichneten Standard ISRE 2400: WP-Handbuch 2021, Hauptband, Kap. P Rn. 24.
9 IDW PS 900 gilt für die prüferische Durchsicht allgemein und damit auch für die prüferische Durchsicht von Zwischenabschlüssen (siehe Tz. 3).
10 International Federation of Accountants, Handbook of International Quality Control, Auditing, Review, Other Assurance, and related services, Pronouncements Part II – International Standard

prüferische Durchsicht gemäß den Standards IDW PS 900, ISRE 2400 oder ISRE 2410 als prüferische Durchsicht im Sinne der EU-Prospektverordnung gilt.[11]

6 Emittenten von Aktien oder Schuldtiteln, die zum Handel an einem organisierten Markt (wie z. B. dem regulierten Markt einer deutschen Wertpapierbörse) zugelassen sind, müssen nach § 115 Abs. 1 Satz 1 WpHG[12] neun Monate nach dem Ende des letzten Geschäftsjahres einen Zwischenbericht über die ersten sechs Monate des laufenden Geschäftsjahres veröffentlichen (sog. **Halbjahresfinanzbericht**).[13] Es steht dem Emittenten frei, ob er den im Halbjahresfinanzbericht enthaltenen verkürzten Abschluss und den Zwischenlagebericht einer prüferischen Durchsicht unterziehen lassen möchte.[14] Sofern eine entsprechende Bestellung für die prüferische Durchsicht gem. § 115 Abs. 5 Satz 2 WpHG vorliegt, muss eine nach der Durchführung erstellte **Bescheinigung** gem. § 115 Abs. 5 Satz 4 WpHG zusammen mit dem Halbjahresfinanzbericht veröffentlicht werden. In diesem Fall ist die Bescheinigung über die prüferische Durchsicht gem. Punkt 18.2.1 Satz 2 in den Prospekt aufzunehmen. In diesem Fall werden die Zwischenfinanzinformationen als „ungeprüft" gekennzeichnet. Mitunter werden aber auch Wirtschaftsprüfer beauftragt, Halbjahres- oder Quartalsfinanzberichte (siehe unten) einer prüferischen Durchsicht **zu rein internen Zwecken** des Emittenten zu unterziehen, ohne dass eine Bescheinigung veröffentlicht wird.[15] In diesem Fall muss der Prospekt keine Bescheinigung enthalten.[16] Dies gilt auch, wenn über das Ergebnis der prüferischen Durchsicht ohne Erteilung einer Bescheinigung in einem Comfort Letter berichtet wird, der an den Emittenten und die eine Wertpapieremission begleitenden Banken gerichtet ist.[17]

7 Mit Umsetzung der TransparenzRL-ÄnderungsRL zum 26.11.2015[18] entfielen die Pflichten für Inlandsemittenten, deren Aktien zum Börsenhandel in einem regulierten Markt zugelassen sind, während eines Geschäftshalbjahres eine Zwischenmitteilung der Geschäftsführung[19] sowie Quartalsfinanzberichte[20] zu veröffentlichen. Vor diesem Hintergrund änderte auch die Frankfurter Wertpapierbörse (FWB) ihre Anforderungen an die Finanzberichterstattung für Emittenten, deren Aktien im Teilbereich des regulierten Marktes mit

---

on Review Engagements 2410: Review of interim financial information performed by the independent auditor of the entity (ISRE 2410), Tz. 3 f., www.ifac.org.

11 Ebenso im Zusammenhang mit der prüferischen Durchsicht von Halbjahresfinanzberichten nach § 115 Abs. 5 WpHG *Hönsch*, in: Assmann/Uwe H. Schneider/Mülbert, Wertpapierhandelsrecht, 7. Aufl. 2019, § 115 WpHG Rn. 44.
12 Basierend auf Art. 5 EU-Transparenzrichtlinie.
13 Empfehlung F.2 des Deutschen Corporate Governance Kodex empfiehlt insofern eine Veröffentlichung binnen 45 Tagen.
14 *Heidelbach/Doleczik*, in: Schwark/Zimmer, KMRK, § 115 WpHG Rn. 41 f.; *Hönsch*, in: Assmann/Uwe H. Schneider/Mülbert, Wertpapierhandelsrecht, 7. Aufl. 2019, § 115 WpHG Rn. 36; eine Vollprüfung wäre ebenfalls möglich.
15 *Heidelbach/Doleczik*, in: Schwark/Zimmer, KMRK, § 115 WpHG Rn. 41; *Hönsch*, in: Assmann/Uwe H. Schneider/Mülbert, Wertpapierhandelsrecht, 7. Aufl. 2019, § 115 WpHG Rn. 36.
16 *Schlitt/Singhof/Schäfer*, BKR 2005, 251, 252 f.; *Kunold*, in: Assmann/Schlitt/von Kopp-Colomb, Prospektrecht Kommentar, Anhang 1 VO (EU) 2019/980 Rn. 203.
17 Dazu IDW PS 910 Rn. 67, IDW PS 900 Rn. 8, 14.
18 Richtlinie 2013/50/EU v. 22.10.2013, ABl. EU L 294 v. 6.11.2013, S. 13 (EU-TransparenzRL-Änderungs-RL), in deutsches Recht umgesetzt durch Gesetz zur Umsetzung der Transparenzrichtlinie-Änderungsrichtlinie v. 20.11.2015, BGBl. I, S. 2029.
19 § 37x Abs. 1, 2 WpHG a. F.
20 § 37x Abs. 3 WpHG a. F.

weiteren Zulassungsfolgepflichten (Prime Standard) zugelassen sind.[21] Diese sind nunmehr nach § 53 BörsO FWB verpflichtet, eine sog. **Quartalsmitteilung** zum Stichtag des ersten und des dritten Quartals eines jeden Geschäftsjahres zu veröffentlichen.[22] Darin sind nach § 53 Abs. 2 Satz 3 BörsO FWB die wesentlichen Ereignisse und Geschäfte des Mitteilungszeitraums im Unternehmen des Emittenten und ihre Auswirkungen auf dessen Finanzlage zu erläutern sowie die Finanzlage und das Geschäftsergebnis des Emittenten im Mitteilungszeitraum zu beschreiben. Damit verwendet die BörsO FWB weiterhin die Formulierung des § 37x Abs. 2 WpHG a. F. für die frühere Zwischenmitteilung der Geschäftsführung, ergänzt um einen Prognoseveränderungsbericht. Daher wird davon ausgegangen, dass die für diese entwickelten inhaltlichen Anforderungen für die Quartalsmitteilung nach der BörsO FWB herangezogen werden können.[23] Weitere Vorschriften, wie bspw. ein dem DRS 16 vergleichbares Regelungswerk für Quartalsmitteilungen, existieren nicht.[24] Damit bleiben die inhaltlichen Vorgaben für Quartalsmitteilungen hinter den Vorgaben für einen Halbjahresfinanzbericht zurück; insbesondere reicht eine rein beschreibende Darstellung ohne zusätzliches Zahlenwerk oder gar eine Bilanz- oder Gewinn- und Verlustrechnung aus.[25] Aus diesem Grunde kommt es auf den Umfang der in der Quartalsmitteilung enthaltenen Finanzinformationen an, ob sie Gegenstand einer prüferischen Durchsicht oder gar Prüfung durch den Wirtschaftsprüfer sein kann.[26] Regelmäßig genügen Quartalsmitteilungen indes nicht den Anforderungen von ESMA an Zwischenfinanzinformationen im Sinne von Anhang 1, Punkt 18.2.1, die sich im Wesentlichen an den Anforderungen an Zwischenfinanzberichte nach der EU-Transparenzrichtlinie orientieren und daher grds. den Vorgaben von IAS 34 für Zwischenabschlüsse genügen müssen.[27] Eine seit der Veröffentlichung des letzten Jahres- oder Zwischenabschlusses veröffentlichte Quartalsmitteilung (ohne Zwischenabschluss) stellt daher keine „vierteljährliche Finanzinformation" i. S. v. Punkt 18.2.1 dar und ist daher auch nicht als solche in den Prospekt aufzunehmen. Gleichwohl kann eine Quartalsmitteilung als eine unterjährig vorzulegende Finanzinformation gem. Art. 19 Abs. 1 lit. d ProspektVO in den Prospekt mit einbezogen werden (siehe → Art. 19 ProspektVO Rn. 18). Unabhängig davon sind die darin enthaltenen Informationen bei der Prospekterstellung zu berücksichtigen und ggf. zu aktualisieren, etwa bei der Erstellung der Trendinformationen nach Abschnitt 10 oder den wesentlichen Veränderungen in der Finanzlage nach Punkt 18.7 des Anhangs 1.[28]

---

21 Bekanntmachung der Geschäftsführung der Frankfurter Wertpapierbörse v. 25.11.2015; Xetra-Rundschreiben 124/15 der Frankfurter Wertpapierbörse v. 18.11.2015.
22 Früher war ein Quartalsfinanzbericht nach den Vorgaben für einen Halbjahresfinanzbericht erforderlich.
23 Erläuterungen der Deutsche Börse AG zu Folgepflichten im regulierten Markt, www.deutsche-boerse-cash-market.com.
24 *Wunderlich*, in: Habersack/Mülbert/Schlitt, Kapitalmarktinformationen, § 9 Rn. 60.
25 Dazu *Meyer*, in: Marsch-Barner/Schäfer, Handbuch börsennotierte AG, Rn. 7.52 sowie in der 1. Aufl. zu diesem Werk, Kommentierung zu Anh. I Ziff. 20.5 und 20.6 Rn. 11.
26 *Wunderlich*, in: Habersack/Mülbert/Schlitt, Kapitalmarktinformationen, § 9 Rn. 60. Dazu *Meyer*, in: Marsch-Barner/Schäfer, Handbuch börsennotierte AG, Rn. 7.56; *Rabenhorst*, in: Marsch-Barner/Schäfer, Handbuch börsennotierte AG, Rn. 59.32.
27 ESMA, Leitlinien zu den Offenlegungspflichten nach der Prospektverordnung, ESMA32-382-1138, 4.3.2021, Leitlinie 28, Tz. 127.
28 Für die frühere Zwischenmitteilung der Geschäftsführung angedeutet in: BaFin, Präsentation „'Complex Financial History' und weitere Neuerungen bei den Finanzinformationen" v. 4.9.2007

8 Dies gilt auch, wenn eine Quartalsmitteilung Bestandteile eines IAS 34-konformen Zwischenabschlusses (bspw. (verkürzte) Bilanz und (verkürzte) Gewinn- und Verlustrechnung) enthält. Solange die Quartalsmitteilung keinen vollständigen IAS 34-konformen Zwischenabschluss enthält, ist sie keine „vierteljährliche Finanzinformation" i. S. v. Punkt 18.2.1.

9 Veröffentlicht ein Emittent (statt Quartalsmitteilungen) auf freiwilliger Basis **Quartalsfinanzberichte** gem. § 115 Abs. 7 WpHG, entsprechend den Vorgaben des WpHG für Halbjahresfinanzberichte, ersetzen diese gemäß § 53 Abs. 6 BörsO FWB die Quartalsmitteilung. Die Pflicht zur Veröffentlichung einer Bescheinigung aufgrund prüferischer Durchsicht gilt nur, sofern die Voraussetzungen des § 115 Abs. 7 i.V.m. Abs. 5 WpHG erfüllt sind. Es besteht die Pflicht zur Aufnahme des im Quartalsfinanzbericht enthaltenen Zwischenabschlusses in den Prospekt gem. Punkt 18.2.1 Satz 2.

2. Aufnahme wegen Fristablauf (Punkt 18.2.1 Abs. 2)

10 Wurde der Prospekt mehr als **neun Monate nach Ablauf des letzten Geschäftsjahres** erstellt (für das nach Punkt 18.1 Anhang 1 geprüfte historische Finanzinformationen beizubringen sind), ist nach Punkt 18.2.1 Abs. 2 des Anhangs 1 auf jeden Fall die Aufnahme von Zwischenfinanzinformationen erforderlich, die zumindest die ersten sechs Monate des (laufenden) Geschäftsjahres darstellen. Damit trägt die ProspektVO dem Gebot der Prospektaktualität als Ausprägung der allgemeinen Prospektanforderungen nach Art. 6 i.V.m. Art. 23 ProspektVO Rechnung.

11 Diese müssen nicht geprüft oder einer prüferischen Durchsicht unterzogen sein, sind dann aber ausdrücklich als „**ungeprüft**" zu bezeichnen. Anders als bei Punkt 18.2.1 Abs. 1 muss bei der Aufnahme von Zwischenfinanzinformationen nach dem Wortlaut von Punkt 18.2.1 Abs. 2 des Anhangs 1 auf deren prüferische Durchsicht nicht hingewiesen werden; erst recht ist die Aufnahme einer etwa erteilten Bescheinigung nicht vorgesehen.

12 Die Einhaltung der Pflicht zur Aufnahme von Zwischenfinanzinformationen nach Punkt 18.2.1 Abs. 2 des Anhangs 1 bereitet Emittenten, deren Wertpapiere bereits am regulierten Markt notiert sind, keine Schwierigkeiten. Denn nach § 115 Abs. 1 WpHG müssen sie spätestens neun Monate nach Beginn des Geschäftsjahres einen Halbjahresfinanzbericht veröffentlichen. Daher ist für sie typischerweise ausschließlich Abs. 1 einschlägig; mit dessen Einhaltung sind dann im Geltungsbereich von Abs. 2 dessen Anforderungen stets erfüllt.[29]

13 Zudem führen Regelungen aus **Berufsstandards der Wirtschaftsprüfer** dazu, dass in der Emissionspraxis faktisch kürzere Fristen zu berücksichtigen sind. So erwarten Emissionsbanken üblicherweise, dass der Abschlussprüfer des Emittenten in Bezug auf die im Prospekt enthaltenen Finanzinformationen einen **Comfort Letter** erteilt.[30] Dieser dient

---

(*Arnold/Lehmann*), S. 25 („wegen fehlender Quantifizierung nicht gem. Anh. I Ziff. 20.6 VO im Finanzteil").

29 BaFin, Präsentation „‚Complex Financial History' und weitere Neuerungen bei den Finanzinformationen" v. 4.9.2007 (*Arnold/Lehmann*), S. 24.

30 *Gillessen/Krämer*, in: Marsch-Barner/Schäfer, Handbuch börsennotierte AG, Rn. 10.291 ff.; *Kunold*, in: Habersack/Mülbert/Schlitt, Unternehmensfinanzierung, Rn. 34.1 m.w.N.

den Prospektverantwortlichen neben ihrer eigenen Qualitätskontrolle als Nachweis, dass bei der Prospektdarstellung mit der erforderlichen Sorgfalt bezogen auf die im Comfort Letter getroffenen Aussagen vorgegangen wurde.[31] Er dient somit der Dokumentation der sorgfältigen Emissionsvorbereitung in einem etwaigen Prospekthaftungsprozess und kann zur Führung des Entlastungsbeweises nach § 12 Abs. 1 WpPG oder, im Falle einer zusätzlichen Privatplatzierung in den USA nach Rule 144A, nach Rule 10b-5 zum U.S. Securities Exchange Act herangezogen werden.[32]

Wesentlicher Bestandteil des Comfort Letters ist die sog. **Negative Assurance**, eine negativ formulierte Aussage über Veränderungen von Abschlussposten seit dem Stichtag des letzten in den Prospekt aufgenommenen geprüften oder prüferisch durchgesehenen Abschlusses. Darin bestätigt der Prüfer, dass ihm aufgrund der von ihm durchgeführten Untersuchungshandlungen (regelmäßig: Lesen von Vorstands- und Aufsichtsratsprotokollen sowie Befragung von für das Rechnungswesen zuständigen Mitarbeitern der Gesellschaft) nichts zur Kenntnis gekommen ist, was für ihn Anlass zur Annahme wäre, dass sich bestimmte Abschlussposten gegenüber dem letzten Abschluss verändert haben.[33] Nach den für die Abgabe von Comfort Letters maßgeblichen Standards des Instituts der Wirtschaftsprüfer in Deutschland (IDW PS 910) darf ein Wirtschaftsprüfer eine Aussage in Form einer Negative Assurance nicht mehr treffen, wenn seit dem Stichtag des letzten geprüften oder prüferisch durchgesehenen Abschlusses 135 oder mehr Tage verstrichen sind (sog. **135-Tage-Regel**).[34] Gleiches gilt für den Comfort Letter, der entsprechend den U.S.-Berufsstandards (i.d.R. AU-C 920) auf das im Rahmen der Privatplatzierung in den USA erstellte Offering Circular erteilt wird.[35] Aus diesem Grund werden in Prospekte in aller Regel so aktuelle Zwischenabschlüsse aufgenommen und diese einer prüferischen Durchsicht unterzogen, dass der von der Negative Assurance abzudeckende Zeitraum kürzer als 135 Tage ist, unabhängig davon, ob nach Punkt 18.2.1 eine Pflicht zur Aufnahme von Zwischenfinanzinformationen besteht. Daneben gebietet auch das Interesse der Investoren an möglichst aktuellen Finanzangaben die Aufnahme möglichst aktueller Zwischenfinanzinformationen schon im Hinblick auf die Vermarktbarkeit einer Emission.

Hat der Emittent im Falle der Veröffentlichung eines Prospektes in seinem vierten Geschäftsquartal bereits einen Zwischenbericht zum dritten Quartal veröffentlicht (sog. Neunmonatszahlen), soll nach der Auffassung der ESMA die Aufnahme von Zwischenfinanzinformationen sowohl für das erste Halbjahr des laufenden Geschäftsjahres als auch für das dritte Quartal erforderlich sein. Dies gilt jedoch nur soweit, als dadurch keine Du-

---

31 IDW PS 910 Tz. 8.
32 *Meyer*, WM 2003, 1745, 1746.
33 *Gillessen/Krämer*, in: Marsch-Barner/Schäfer, Handbuch börsennotierte AG, Rn. 10.365 f.; *Kunold*, in: Habersack/Mülbert/Schlitt, Unternehmensfinanzierung, 34.34.
34 IDW Prüfungsstandard: Grundsätze für die Erteilung eines Comfort Letter (IDW PS 910) v. 4.3.2004, WPg 2004, 342, 351 (Tz. 73); dazu *Meyer*, WM 2003, 1745, 1753. Zum Hintergrund der 135-Tage-Regel siehe auch *Meyer*, in: Kümpel/Mülbert/Früh/Seyfried, Bankrecht und Kapitalmarktrecht, 15. Teil Rn. 15.441 Fn. 1; *Kunold*, in: Habersack/Mülbert/Schlitt, Unternehmensfinanzierung, Rn. 34.35 ff. jeweils m.w.N.
35 Hier ist jedoch zu berücksichtigen, dass die 135 Tage nach den US-Berufsstandards anders berechnet werden als im PS 910.

plizierung der Information erfolgt.[36] Da aber ein Quartalsfinanzbericht zum Ende des dritten Quartals des laufenden Geschäftsjahrs nach den hierfür maßgeblichen IAS 34 (dort Ziff. 20) stets auch eine Darstellung der Entwicklung seit dem Beginn des Geschäftsjahres enthält, dürfte die zusätzliche Aufnahme von Finanzangaben zum Ende des ersten Geschäftshalbjahres regelmäßig keinen zusätzlichen Erkenntnisgewinn bringen.[37] Deshalb wird darauf in der Praxis normalerweise verzichtet.[38]

3. Inhaltliche Anforderungen

16 Bei den inhaltlichen Anforderungen an die aufzunehmenden Zwischenfinanzinformationen orientiert sich Punkt 18.2.1 an dem für den Emittenten geltenden Rechnungslegungsrahmen[39] und unterscheidet danach, ob die IAS-Verordnung Anwendung findet.

a) Anforderungen für Emittenten im Anwendungsbereich der IAS-Verordnung

17 Hierfür verweist Punkt 18.2.1 Abs. 3 in einem unvollständigen Satz auf die Anforderungen der IAS-Verordnung und damit auf den geltenden International Accounting Standard 34 („**IAS 34**") für Zwischenberichterstattung.[40] Daraus kann geschlossen werden, dass diese Anforderung für Emittenten gilt, die in den Anwendungsbereich der IAS-Verordnung fallen, also deren Wertpapiere bereits an einem regulierten Markt zugelassen sind („**kapitalmarktorientierte Emittenten**"), die konzernrechnungslegungspflichtig sind oder freiwillig nach IFRS bilanzieren.[41]

18 Ein Zwischenabschluss nach IAS 34 weist alle Bestandteile eines konsolidierten Jahresabschlusses nach IFRS auf. Jedoch stellt IAS 34 Ziff. 6 klar, dass der Zwischenabschluss lediglich eine **Aktualisierung des letzten Jahresabschlusses** darstellt und sich deshalb auf neue Tätigkeiten, Ereignisse und Umstände konzentrieren kann. Bereits berichtete Informationen müssen nicht wiederholt werden. Im Einzelnen muss ein solcher Zwischenabschluss nach IAS 34 Ziff. 8, 20 die vorgenannten Mindestbestandteile für die folgenden Perioden enthalten:

– (verkürzte) **Bilanz:** zum Ende der aktuellen Zwischenberichtsperiode und eine vergleichende Bilanz zum Ende des unmittelbar vorangegangenen Geschäftsjahres, die dem entsprechenden Jahresabschluss entnommen werden kann;

---

36 ESMA, Leitlinien zu den Offenlegungspflichten nach der Prospektverordnung, ESMA32-382-1138, 4.3.2021, Leitlinie 27 Rn. 126(ii).
37 *Fingerhut/Voß*, in: Just/Voß/Ritz/Zeising, WpPG, 2009, Anhang I ProspektVO Rn. 390 „jedenfalls bei solchen Quartalsberichten, die den Anforderungen von Art. 5 TransparenzRL bzw. § 37w WpHG insgesamt genügen"; ebenso *Alfes/Wieneke*, in: Holzborn, WpPG, Anhang I ProspektVO Rn. 172.
38 In diesem Sinne auch *Kunold*, in: Assmann/Schlitt/von Kopp-Colomb, Prospektrecht Kommentar, Anhang 1 VO (EU) 2019/980 Rn. 198.
39 ESMA, Leitlinien zu den Offenlegungspflichten nach der Prospektverordnung, ESMA32-382-1138, 4.3.2021, Leitlinie 28.
40 Übernommen durch VO (EG) Nr. 1126/2008 v. 3.11.2008, zuletzt geändert durch VO (EU) 2021/1421 v. 30.8.2021.
41 § 115 Abs. 3 Satz 3 WpHG.

- (verkürzte) **Gesamtergebnisrechnung**:[42] für die aktuelle Zwischenberichtsperiode sowie vom Beginn des Geschäftsjahres bis zum Zwischenberichtstermin, mit vergleichenden Gesamtergebnisrechnungen für die jeweils vergleichbaren Zwischenberichtsperioden des Vorjahres;
- (verkürzte) **Eigenkapitalveränderungsrechnung**: für die Periode vom Beginn des aktuellen Geschäftsjahres bis zum Zwischenberichtsstichtag mit einer vergleichenden Aufstellung für die vergleichbare Berichtsperiode des Vorjahres und
- (verkürzte) **Kapitalflussrechnung:** für den Zeitraum vom Beginn des aktuellen Geschäftsjahres bis zum Zwischenberichtsstichtag, mit einer vergleichenden Aufstellung für die entsprechende Berichtsperiode des Vorjahres.

Hinzu kommen **ausgewählte erläuternde Anhangangaben**. Dabei geht es im Wesentlichen um eine Ergänzung bzw. Aktualisierung der Anhangangaben aus dem letzten Jahres- bzw. Konzernabschluss, nicht um eine Wiederholung derselben. Sofern dieselben Bilanzierungs- und Bewertungsmethoden des letzten Konzernabschlusses verwendet wurden und keine wesentlichen neuen Sachverhalte aufgetreten sind, ist dieser Fakt zu erläutern und eine zusammenfassende Darstellung der wesentlichen Rechnungslegungsmethoden nicht erforderlich. Nur soweit Abweichungen bestehen, sind diese darzustellen. Die Mindestanforderungen an einen solchen verkürzten Anhang sind in IAS 34 Ziff. 15 ff. erläutert. 19

Einen Zwischenlagebericht sieht IAS 34 nicht vor. Dieser ist vielmehr ein spezifisches Erfordernis der EU-Transparenzrichtlinie, die den Zwischenlagebericht in Art. 5 Abs. 2 lit. b auch gesondert aufführt (ebenso § 115 Abs. 2 Nr. 2 WpHG). Vereinzelt wird gefordert, dass kapitalmarktorientierte Emittenten den gesamten Halbjahresfinanzbericht in den Prospekt aufnehmen müssten, also neben dem verkürzten Abschluss auch den Zwischenlagebericht nach § 115 Abs. 2 Nr. 1, Abs. 4 WpHG und den sog. Bilanzeid nach § 115 Abs. 2 Nr. 3 WpHG.[43] Dieses Erfordernis lässt sich aber weder der EU-Prospektverordnung noch den ESMA-Empfehlungen entnehmen. Im Gegenteil: Diese stellen sogar ausdrücklich darauf ab, dass der in den Halbjahresfinanzbericht aufgenommene verkürzte Abschluss, nicht aber der ganze Halbjahresfinanzbericht, aufzunehmen sei.[44] Es wäre auch nicht nachzuvollziehen, weshalb bei den historischen Finanzinformationen der Lagebericht nicht aufzunehmen ist (und das ergibt sich eindeutig aus → Punkt 18.1.5 Rn. 11) im Fall der Zwischenfinanzinformationen aber doch.[45] Demzufolge begnügt sich die Praxis mit der bloßen Aufnahme des verkürzten Abschlusses, ohne Zwischenlagebericht und ohne Bilanzeid.[46] 20

Sofern es sich bei dem kapitalmarktorientierten Emittenten um einen Inlandsemittenten i.S.v. § 2 Abs. 14 WpHG handelt, der konzernrechnungslegungspflichtig ist (und das dürfte die weit überwiegende Mehrzahl sein), ist dieser ohnehin verpflichtet, einen **Halb-** 21

---

42 Entweder als eine Gesamtergebnisrechnung, die neben der Gewinn- und Verlustrechnung auch das sonstige Ergebnis umfasst, oder als separate Gewinn- und Verlustrechnung plus eine Aufstellung des sonstigen Ergebnisses (IAS 1.10A).
43 *Fingerhut/Voß*, in: Just/Voß/Ritz/Zeising, WpPG, 2009, Anhang I ProspektVO Rn. 398.
44 ESMA, Leitlinien zu den Offenlegungspflichten nach der Prospektverordnung, ESMA32-382-1138, 4.3.2021, Leitlinie 27.
45 Wie hier ablehnend *Alfes/Wieneke*, in: Holzborn, WpPG, Anhang I ProspektVO Rn. 172, 180.
46 *Kunold*, in: Assmann/Schlitt/von Kopp-Colomb, Prospektrecht Kommentar, Anhang 1 VO (EU) 2019/980 Rn. 206.

jahresfinanzbericht für den Konzern gem. §§ 115, 117 WpHG[47] zu veröffentlichen (siehe oben). Durch den Konzern-Halbjahresfinanzbericht erübrigt sich (anders als beim Jahresfinanzbericht) gem. § 117 Nr. 2 WpHG die Veröffentlichung eines Halbjahresfinanzberichts auf Ebene des Mutterunternehmens gem. § 115 WpHG.[48] Der (verkürzte) Abschluss gem. § 117 Nr. 2 WpHG[49] ist als Konzernzwischenabschluss nach den Vorgaben der IFRS für Zwischenberichterstattung (**IAS 34**) zu erstellen und hat damit alle oben aufgeführten Bestandteile zu enthalten.[50] Darüber hinaus hat das Deutsche Rechnungslegungs Standards Committee e. V. (DRSC) den Deutschen Rechnungslegungsstandard Nr. 16 (DRS 16)[51] für die Halbjahresfinanzberichterstattung aufgestellt, der die gesetzlichen Rahmenbedingungen für die Halbjahresberichterstattung konkretisiert. Dieser ist zwingend zu beachten.[52]

b) Anforderungen für Emittenten außerhalb des Anwendungsbereichs der IAS-Verordnung

22 Ist der Emittent kapitalmarktorientiert, aber **nicht konzernabschlusspflichtig**, besteht keine Pflicht zur Anwendung der IFRS gem. Art. 4 der IAS-Verordnung. Nach § 115 Abs. 3 Satz 1 WpHG muss dann der verkürzte Abschluss des Halbjahresfinanzberichts auch nur aus Bilanz, Gewinn- und Verlustrechnung sowie einem Anhang bestehen. Dementsprechend können solche Emittenten in Zwischenfinanzinformationen, die sie in ihren Wertpapierprospekt aufnehmen, auf eine Eigenkapitalveränderungsrechnung und eine Kapitalflussrechnung verzichten.[53]

23 Für bisher **nicht kapitalmarktorientierte Emittenten** enthält Punkt 18.2.1, Abs. 4 lediglich die Voraussetzung, dass die Zwischenfinanzinformationen einen Vergleich mit dem gleichen Zeitraum des letzten Geschäftsjahres beinhalten müssen. Weitere Anforderungen stellt die VO (EU) 2019/980 nicht. Dennoch ist davon auszugehen, dass der Zwischenabschluss mindestens aus Bilanz, Gewinn- und Verlustrechnung sowie einem Anhang bestehen muss.[54]

---

47 Basierend auf Art. 5 der EU-Transparenzrichtlinie.
48 *Hönsch*, in: Assmann/Uwe H. Schneider/Mülbert, Wertpapierhandelsrecht, 7. Aufl. 2019, § 117 WpHG Rn. 6; BaFin, Emittentenleitfaden Modul A, 2018, IV.3.1.2.2.
49 Basierend auf Art. 5 Abs. 3 der EU-Transparenzrichtlinie.
50 *Hutter/Kaulamo*, NJW 2007, 550, 551.
51 Deutscher Rechnungslegungs Standard Nr. 16 DRS 16 Halbjahresfinanzberichterstattung, Bekanntmachung im Bundesanzeiger (Amtlicher Teil), B2, v. 4.12.2012 (zuletzt geändert durch DRÄS 7).
52 *Heidelbach/Doleczik*, in: Schwark/Zimmer, KMRK, § 115 WpHG Rn. 35.
53 ESMA, Leitlinien zu den Offenlegungspflichten nach der Prospektverordnung, ESMA32-382-1138, 4.3.2021, Leitlinie 28 Rn. 127, auch wenn sie durch DRS 16 Tz. 16 empfohlen werden.
54 Vormals: ESMA update of CESR recommendations, ESMA/2011/81 v. 23.3.2011, Rn. 104, die jedoch nicht in die neuen Leitlinien übernommen wurde. ESMA schätzte ihren Gehalt als „irrelevant" ein.

Punkt 18.3

Prüfung der historischen jährlichen Finanzinformationen

Punkt 18.3.1

Die historischen jährlichen Finanzinformationen müssen unabhängig geprüft worden sein. Der Bestätigungsvermerk des Abschlussprüfers wird in Übereinstimmung mit der Richtlinie 2006/43/EG des Europäischen Parlaments und des Rates und mit der Verordnung (EU) Nr. 537/2014 des Europäischen Parlaments und des Rates erstellt. Sind die Richtlinie 2006/43/EG und die Verordnung (EU) Nr. 537/2014 nicht anwendbar, müssen die historischen jährlichen Finanzinformationen in Übereinstimmung mit den in dem jeweiligen Mitgliedstaat anwendbaren Prüfungsstandards oder gleichwertigen Grundsätzen geprüft worden sein, oder es muss für das Registrierungsformular vermerkt werden, ob sie in Übereinstimmung mit den in dem jeweiligen Mitgliedstaat anwendbaren Prüfungsstandards oder gleichwertigen Grundsätzen ein den tatsächlichen Verhältnissen entsprechendes Bild vermitteln.

Punkt 18.3.1a

Sofern Bestätigungsvermerke des Abschlussprüfers über die historischen Finanzinformationen von den Abschlussprüfern abgelehnt wurden beziehungsweise sofern sie Vorbehalte, Meinungsänderungen oder eine Hervorhebung eines Sachverhalts enthalten oder wenn sie eingeschränkt erteilt wurden, ist der Grund dafür anzugeben und sind diese Vorbehalte, Änderungen, die eingeschränkte Erteilung oder diese Hervorhebung eines Sachverhalts in vollem Umfang wiederzugeben.

Punkt 18.3.2

Angabe sonstiger Informationen im Registrierungsformular, die von den Abschlussprüfern geprüft wurden.

Punkt 18.3.3

Wurden die Finanzinformationen im Registrierungsformular nicht dem geprüften Jahresabschluss des Emittenten entnommen, so sind die Quelle dieser Informationen und die Tatsache anzugeben, dass die Informationen ungeprüft sind.

Übersicht

	Rn.		Rn.
I. Überblick	1	3. Prüfung gem. gleichwertiger Grundsätze	16
II. Erfordernis einer unabhängigen Prüfung (Punkt 18.3.1)	5	4. „Vermerk", ob die Abschlüsse ein den tatsächlichen Verhältnissen entsprechendes Bild vermitteln	19
III. Anforderungen an den Bestätigungsvermerk (Punkt 18.3.1)	8	5. Prüfung nachträglich erstellter Abschlusselemente	20
1. Grundsatz: Bestätigungsvermerk in Übereinstimmung mit der Abschlussprüfer-RL 2006 und der Abschlussprüfer-VO 2014	9	IV. Ergänzende Hinweise, eingeschränkter Bestätigungsvermerk, Versagungsvermerk (Punkt 18.3.1a)	24
2. Ausnahme: Prüfung gem. den im Mitgliedstaat anwendbaren Prüfungsstandards oder gleichwertigen Grundsätzen	12	V. Angaben zu sonstigen geprüften Informationen (Punkt 18.3.2)	30
		VI. Angaben zu sonstigen Finanzinformationen (Punkt 18.3.3)	31

Anh. 1 VO (EU) 2019/980 Punkt 18.3 Prüfung der historischen Finanzinformationen

I. Überblick

1 Gem. Punkt 18.1.1 sind in den Prospekt geprüfte historische Finanzinformationen aufzunehmen, die grundsätzlich die letzten drei Geschäftsjahre abdecken, sowie ein Bestätigungsvermerk[1] des Abschlussprüfers für jedes aufzunehmende Geschäftsjahr. Dabei ist gefordert, dass der oder die Bestätigungsvermerke jedes dieser Geschäftsjahre explizit abdecken. Da die gem. deutschen Prüfungsstandards erteilten Bestätigungsvermerke regelmäßig nur das letzte Geschäftsjahr explizit abdecken, folgt hieraus regelmäßig eine Aufnahme von drei Abschlüssen in den Prospekt.[2] Für die Prüfung spielt es keine Rolle, ob es sich um einen Einzel- oder konsolidierten Abschluss handelt. Es ist auch unerheblich, ob für die historischen Finanzinformationen vor Aufnahme in den Börsenprospekt eine gesetzliche Prüfungspflicht bestand (bspw. gem. §§ 316 ff. HGB) oder diese einer freiwilligen Abschlussprüfung unterzogen wurden.[3]

2 Zweck der Regelung ist, die Verlässlichkeit der historischen Finanzinformationen sicherzustellen. Investoren sollen auf diese vertrauen können. Aus diesem Grunde ist es nicht möglich, in den Prospekt historische Finanzinformationen für volle Geschäftsjahre aufzunehmen, die keiner Prüfung unterzogen wurden.[4] Dies gilt nicht für die Vorjahresvergleichsperiode des ältesten in den Prospekt aufgenommenen Abschlusses. Die Anforderungen an die Prüfung werden in Punkt 18.3 konkretisiert.

3 Dem Grunde nach vergleichbare Anforderungen bestehen bei der Aufnahme von Pro-forma-Finanzinformationen gem. Punkt 18.4.1 Anhang I VO (EU) 2019/980. Dagegen ist die nach der VO (EG) 809/2004 noch vorgesehene Pflicht zur Aufnahme des „Berichts eines unabhängigen Buchprüfers oder Abschlussprüfers"[5] für den Fall, dass eine Gewinnprognose oder Schätzung (vgl. Abschnitt 11) in den Prospekt aufgenommen wird, in der aktuellen VO (EU) 2019/980 ersatzlos entfallen. Als Hintergrund für die Streichung dieses Erfordernisses führt ESMA unter anderem an, dass ein solches zusätzliche Kosten für den Emittenten verursachen würde, ohne dass der Mehrwert für die Investoren klar sei.[6]

4 Mit Blick auf die früher geltende VO (EG) 809/2004 wurden die Vorgaben für die Prüfung der historischen Finanzinformationen zwar im Detail, aber nicht im Kern verändert. Auch wenn der genaue Hintergrund der Änderungen unklar ist, sollte wohl generell eine Anglei-

---

1 Prüfungsberichte gem. § 321 HGB sind hingegen nicht aufzunehmen. Diese sind nicht an die Öffentlichkeit gerichtet.
2 Vgl. IDW PS 318 Rn. 18, wonach das Prüfungsurteil lediglich die Angabe der Vorjahresvergleichszahlen und deren Prüfung gem. besagten Standards beinhaltet, nicht jedoch deren materielle Prüfung.
3 Letzteres wird bspw. bei der Aufnahme von kombinierten oder Carve-out-Abschlüssen der Fall sein, die nur für Zwecke des Prospekts erstellt wurden.
4 Ähnlich *Meyer*, Accounting 2/2006, 12; *Fingerhut/Voß*, in: Just/Voß/Ritz/Zeising, WpPG, 2009, Anhang I ProspektVO Rn. 304.
5 Siehe IDW PH 9.910.1: Prüfung von Gewinnprognosen und -schätzungen i. S. von IDW RH HFA 2.003.
6 Siehe ESMA, Final Report – Technical advice under the Prospectus Regulation, 28.3.2018, Rn. 130.

chung an die Terminologie der „Abschlussprüfer-RL 2006"[7] und der „Abschlussprüfer-VO 2014"[8] erreicht werden.[9]

II. Erfordernis einer unabhängigen Prüfung (Punkt 18.3.1)

Gem. Punkt 18.3.1 müssen die historischen Finanzinformationen **unabhängig** geprüft sein. Dies ist notwendig, da regelmäßig nur die Prüfung durch einen vom geprüften Unternehmen (bzw., im Fall eines konsolidierten Abschlusses, von der geprüften Gruppe) unabhängigen Dritten die Verlässlichkeit der Informationen sicherstellt. Prüfungen von Abschlussprüfern mit Sitz in der EU müssen aufgrund der anzuwendenden Regelungen stets „unabhängig" erfolgen. Bei Prüfungen von Abschlussprüfern aus Drittländern ist dies anhand der beachteten Prüfungsgrundsätze und berufsständischen Vorgaben im Einzelfall zu beurteilen.

Wie die „Unabhängigkeit" ausgestaltet und sichergestellt werden soll, wird weder in der ProspektVO noch in der VO (EU) 2019/980 geregelt. Dies ist vielmehr Gegenstand allgemeiner Regelungen zur Abschlussprüfung. Auf europäischer Ebene sind hier die Abschlussprüfer-RL 2006 (Art. 22 ff.) und die Abschlussprüfer-VO 2014 sowie die Empfehlung der Europäischen Kommission zur Unabhängigkeit des Abschlussprüfers[10] zu nennen. In Deutschland wurden diese Vorgaben in den §§ 319 ff. HGB umgesetzt[11] und jüngst durch das Gesetz zur Stärkung der Finanzmarktintegrität (FISG)[12] weiter geschärft. Darüber hinaus flankieren und konkretisieren § 43 WPO und § 2 der Berufssatzung für Wirtschaftsprüfer/vereidigte Buchprüfer die Unabhängigkeitsanforderungen weiter und u. U. sind Vorgaben zur Unabhängigkeit durch den IESBA Code of Ethics for Professional Accountants zu beachten, der vom International Ethics Standards Board for Accountants erlassen wurde. Welche Vorschriften konkret bei einer Prüfung von historischen Finanzinformationen oder Pro-Forma-Finanzinformationen durch den Prüfer anwendbar sind, ist eine Frage des Einzelfalls.

Mit Blick auf Art. 10 Abs. 2 lit. f Abschlussprüfer-VO 2014 sieht der IDW Prüfungsstandard (PS) 400 n. F. (10.2021) vor, dass der Bestätigungsvermerk eine Erklärung zur Unabhängigkeit zu enthalten hat. Eine komplementäre Vorschrift findet sich im internationalen Prüfungsstandard (International Standards on Auditing – ISA) 700 (Revised). Zur Dokumentation haben deutsche Abschlussprüfer Angaben zur Unabhängigkeit gem. § 51b Abs. 5 Satz 2 WPO in ihren Prüfungsakten zu dokumentieren. Darüber hinaus existieren weitere Dokumentations- und Informationsvorgaben, die ggf. zu beachten sind.[13]

---

7 Richtlinie 2006/43/EG v. 17.5.2006 über Abschlussprüfungen von Jahresabschlüssen und konsolidierten Abschlüssen, ABl. EU L 157 v. 9.6.2006, S. 87, zuletzt geändert durch Richtlinie 2014/56/EU v. 16.4.2014.
8 Verordnung (EU) Nr. 537/2014 v. 16.4.2014 über die Abschlussprüfung bei Unternehmen von öffentlichem Interesse, ABl. EU L 158 v. 27.5.2014, S. 77.
9 Siehe ESMA, Consultation Paper – Draft technical advice on format and content of the prospectus, ESMA31-62-532, 6.7.2017, Rn. 80.
10 Empfehlungen der Europäischen Kommission 2002/590/EG v. 16.5.2002 zur Unabhängigkeit des Abschlussprüfers in der EU – Grundprinzipien (ABl. EG L 191 v. 19.7.2002, S. 22 ff.).
11 *Justenhoven/Nagel*, in: Beck'scher Bilanz-Kommentar, Vor § 319 Rn. 1.
12 BGBl. I 2021, S. 1534.
13 Bspw. Art. 6 Abs. 2 lit. a und Art. 11 Abs. 2 lit. a Abschlussprüfer-VO 2014.

III. Anforderungen an den Bestätigungsvermerk (Punkt 18.3.1)

8 Jedes Geschäftsjahr, das von den historischen Finanzinformationen umfasst ist, muss durch einen in den Prospekt aufzunehmenden **Bestätigungsvermerk**[14] des Abschlussprüfers abgedeckt sein.[15] Der Bestätigungsvermerk unterrichtet Außenstehende grundsätzlich über das Ergebnis der Abschlussprüfung, d. h. beispielsweise Aktionäre, potenzielle Investoren und andere Marktteilnehmer.[16]

1. Grundsatz: Bestätigungsvermerk in Übereinstimmung mit der Abschlussprüfer-RL 2006 und der Abschlussprüfer-VO 2014

9 Gem. Punkt 18.3.1 muss der Bestätigungsvermerk in Übereinstimmung mit der Abschlussprüfer-RL 2006 und der Abschlussprüfer-VO 2014 erteilt worden sein. Es ist unklar, was genau mit dieser Art der Verzahnung bezweckt werden soll bzw. ob sie sich auf die anzuwendenden Prüfungsstandards und/oder die Unabhängigkeitsregeln bezieht und/oder allein auf die Art und Weise, wie der Bestätigungsvermerk zu erteilen ist.

10 Die Abschlussprüfer-RL 2006 ist nicht unmittelbar anwendbar, sondern bedarf der Umsetzung in nationales Recht. Die in ihr konkret zum Bestätigungsvermerk enthaltenen Regelungen (Art. 27 und 28) beziehen sich allerdings nur auf die Art und Weise seiner Unterzeichnung im Falle der Prüfung durch eine Prüfungsgesellschaft und schaffen für die EU-Kommission unter gewissen Voraussetzungen die Möglichkeit, einen eigenen Standard für Bestätigungsvermerke zu erlassen. Daher war diesbezüglich keine Umsetzung der Abschlussprüfer-RL 2006 in deutsches Recht erforderlich.[17] Vor diesem Hintergrund bleibt unklar, was der Gesetzgeber mit dem Verweis auf die Abschlussprüfer-RL 2006 bezweckte.

11 Die Abschlussprüfer-VO 2014 ist gem. ihres Art. 1 bei der Prüfung von Unternehmen von öffentlichem Interesse (Public Interest Entities, im Folgenden „**PIEs**" genannt) anwendbar. Sofern also keine Kapitalmarktorientierung (§ 264d HGB) besteht, ist sie nur in bestimmten Ausnahmefällen anwendbar.[18] Ihr Anwendungsbereich wird regelmäßig bei den Registrierungsformularen für Sekundäremissionen von Dividendenwerten oder Nichtdividendenwerten eröffnet sein. Trotz der Unklarheiten, die der Verweis auf die Abschlussprüfer-RL 2006 eröffnet, wird ein **gesetzlicher Bestätigungsvermerk gem. § 322 HGB** bei einem **PIE** in Übereinstimmung mit der Abschlussprüfer-RL 2006 und der Abschlussprüfer-VO 2014[19] erteilt.

---

14 Gem. IDW PS 400 (n. F.) Tz. 31 wird der Bestätigungsvermerk als „Bestätigungsvermerk des unabhängigen Abschlussprüfers" überschrieben bzw. gem. ISA 700 (Revised) Tz. A.15 als „Independent Auditor's Report". Beides sind Bestätigungsvermerke und daher wird im Folgenden von „Bestätigungsvermerk" gesprochen.
15 *Meyer*, Accounting 2/2006, 12.
16 *Plendl*, in: WP Handbuch 2021, Abschnitt M Rn. 8; *Justenhoven/Küster/Bernhardt*, in: Beck'scher Bilanz-Kommentar, § 322 Rn. 8.
17 Siehe hierzu *Ebke*, in: MünchKomm-HGB, 4. Aufl. 2020, § 322 Rn. 10.
18 So z. B. bei CRR-Kreditinstituten gem. § 1 Abs. 3d Satz 1 KWG, soweit sie nicht nach § 2 Abs. 1 Nr. 1 und 2 KWG ausgenommen sind.
19 Siehe hierzu auch den Wortlaut des Bestätigungsvermerks gem. IDW PS 400 n. F. Rn. 46.

2. Ausnahme: Prüfung gem. den im Mitgliedstaat anwendbaren Prüfungsstandards oder gleichwertigen Grundsätzen

Sofern die Abschlussprüfer-RL 2006 und die Abschlussprüfer-VO 2014 nicht anwendbar sind, müssen gem. Punkt 18.3.1 Abs. 2 die historischen jährlichen Finanzinformationen in Übereinstimmung mit den im Mitgliedstaat anwendbaren Prüfungsstandards oder Drittstaaten nach gleichwertigen Grundsätzen geprüft sein. In der Praxis wird diese Vorgabe für das Registrierungsformular für Dividendenwerte die Regel sein, da die Abschlussprüfer-VO 2014 nur in Ausnahmefällen bereits anwendbar sein wird. Anders als bei den anzuwendenden Rechnungslegungsstandards wird nicht zwischen Emittenten aus dem EWR und aus Drittstaaten unterschieden, sodass für beide Arten von Emittenten die gleichen Regelungen gelten. 12

Ganz grundsätzlich gilt dabei, dass die Abschlussprüfung darauf ausgerichtet sein muss, ein Prüfungsurteil darüber abzugeben, ob der zugrunde liegende Abschluss ein den tatsächlichen Verhältnissen entsprechendes Bild (sog. true and fair view) der Vermögens-, Finanz- und Ertragslage des Unternehmens oder des Konzerns vermittelt.[20] Diese Aussage ist immanenter Teil des Bestätigungsvermerks gem. § 322 Abs. 3 Satz 1 HGB und gem. IDW PS 400 n. F., Rz. A38. 13

In Deutschland wird der rechtliche Rahmen für **gesetzliche Abschlussprüfungen** im HGB (§§ 316 ff. HGB) vorgegeben. Gem. § 317 Abs. 5 HGB sind bei der Abschlussprüfung die internationalen Prüfungsstandards (International Standards of Auditing-ISA) und damit zusammenhängende Stellungnahmen und Standards des International Auditing and Assurance Standards Board (IAASB) anzuwenden, soweit sie von der EU-Kommission im Wege eines Komitologieverfahrens angenommen worden sind.[21] Dies ist bislang noch nicht erfolgt.[22] Sobald es zu einer Annahme der ISAs durch die EU-Kommission kommen sollte, wären Abschlussprüfer verpflichtet, sie bei der Durchführung von gesetzlich vorgeschriebenen Abschlussprüfungen anzuwenden.[23] Solange dies nicht erfolgt ist, sind die vom IDW festgestellten deutschen Grundsätze ordnungsgemäßer Abschlussprüfung (berufsständische **Prüfungsstandards**[24]) anzuwenden, die zwar keinen Gesetzesrang haben, aber eine mittelbare und daher faktische Bindungswirkung entfalten.[25] 14

Im Hinblick auf Emittenten mit Sitz außerhalb Deutschlands, aber innerhalb der europäischen Union sind die **in dem anderen Mitgliedstaat gültigen Prüfungsstandard**s insofern maßgeblich. 15

---

20 Sehr deutlich in der englischen Fassung, die hier erheblich von der schwer nachvollziehbaren deutschen Fassung abweicht.
21 *Merkt*, in: Hopt, HGB, 41. Aufl. 2022, § 317 Rn. 16.
22 https://www.wpk.de/mitglieder/mitglieder-fragen-wpk-antwortet/alle/2020/single-view/anwendung-der-international-standards-on-auditing-isa-in-deutschland/ (Abruf: 14.9.2023).
23 *Schüppen*, in: Heidel/Schall, HGB, 3. Aufl. 2020, § 317 Rn. 33.
24 Siehe hierzu: IDW Verlautbarungen, F&A zur Einführung der ISA [DE] und Einzelfragen bei der Anwendung ausgewählter ISA [DE], Punkt 2.2.
25 *Haarmann*, in: Hense/Ulrich, WPO Kommentar, 4. Aufl. 2022, § 43 Rn. 66; *Justenhoven/Küster/Bernhardt*, in: Beck'scher Bilanz-Kommentar, § 317 Rn. 127.

3. Prüfung gem. gleichwertiger Grundsätze

16 Die Prüfung muss entweder in Übereinstimmung mit den in dem jeweiligen Mitgliedstaat anwendbaren Prüfungsstandards oder **gleichwertigen Grundsätzen** geprüft worden sein. Was ein gleichwertiger Grundsatz ist, wird in der ProspektVO nicht näher definiert; es wird auch keine Vorgabe zur Feststellung der Gleichwertigkeit gemacht. Vor dem Hintergrund des Investorenschutzes sollten nur solche Prüfungsstandards als gleichwertig gelten, die eine den deutschen bzw. internationalen Standards entsprechende Verlässlichkeit der im Abschluss enthaltenen Informationen sicherstellen.[26] (Mit-)entscheidend hierfür dürfte sein, ob der Prüfungsstandard ein Prüfungsurteil gem. dem True-and-Fair-View-Prinzip vorsieht (siehe → Rn. 19).

17 Die ISAs sind aufgrund des Verweises in Art. 26 Abschlussprüfer-RL 2006 und in § 317 Abs. 5 HGB als gleichwertige Prüfungsstandards anzusehen.[27] In der Regel ergeben sich – abgesehen von besonderen Regelungserfordernissen aufgrund gesetzlich zwingender Vorschriften für die Abschlussprüfung – nur wenige Unterschiede zwischen den Anforderungen der IDW Prüfungsstandards und den ISAs. Zudem werden die ISAs national durch die IDW Prüfungsstandards umgesetzt.[28]

18 Darüber hinaus sind, von der Verwaltungspraxis der BaFin ausgehend, die vom Public Company Accounting Oversight Board herausgegebenen U.S.-amerikanischen Prüfungsgrundsätze sowie australische Prüfungsstandards als gleichwertig anerkannt. Es wird außerdem vertreten, dass aufgrund der Anerkennung der Gleichwertigkeit der Rechnungslegungsstandards (siehe Kommentierung zu → Punkt 18.1 Rn. 39 ff.) auch die japanischen sowie chinesischen, kanadischen und südkoreanischen Prüfungsstandards als gleichwertig gelten sollten.[29] Dies erscheint jedoch mangels Korrelation zwischen Rechnungslegungsstandards, Prüfungsstandards und dem Aufsichtsregime über Abschlussprüfer zweifelhaft.

4. „Vermerk", ob die Abschlüsse ein den tatsächlichen Verhältnissen entsprechendes Bild vermitteln

19 In der deutschen Fassung der VO (EU) 2019/980 (Punkt 18.3.1 Abs. 2, 2. Alternative) findet sich noch eine dritte Variante. Nach dieser scheint man im Registrierungsformular vermerken zu können, ob die Abschlüsse in Übereinstimmung mit den im Mitgliedstaat anwendbaren Prüfungsgrundsätzen oder gleichwertigen Grundsätzen ein den tatsächlichen Verhältnissen entsprechendes Bild vermitteln. Im Vergleich mit der englischen Fas-

---

26 Vgl. zur Rolle von Prüfungsstandards bei cross-border offerings and listings auch das „IOSCO Statement on International Auditing Standards" v. 11.6.2009.

27 *Kunold*, in: Assmann/Schlitt/von Kopp-Colomb, Prospektrecht Kommentar, Anhang 1 VO (EU) 2019/980 Rn. 216; *Fingerhut/Voß*, in: Just/Voß/Ritz/Zeising, WpPG, 2009, Anhang I ProspektVO Rn. 341.

28 IDW Verlautbarungen, F&A zur Einführung der ISA [DE] und Einzelfragen bei der Anwendung ausgewählter ISA [DE], Punkt 2.2.

29 So *Kunold*, in: Assmann/Schlitt/von Kopp-Colomb, Prospektrecht Kommentar, Anhang 1 VO (EU) 2019/980 Rn. 216; *Fingerhut/Voß*, in: Just/Voß/Ritz/Zeising, 2009, Anhang I ProspektVO Rn. 342.

sung[30] wird jedoch deutlich, dass es sich hier um eine sprachliche Ungenauigkeit der deutschen Fassung handelt. Diese Variante hat keinen eigenen Anwendungsbereich über die oben dargestellten Varianten hinaus und spielt daher in der Praxis keine Rolle.

5. Prüfung nachträglich erstellter Abschlusselemente

Punkt 18.1.5 schreibt die Bestandteile vor, die ein in den Prospekt aufzunehmender Abschluss gem. nationaler Rechnungslegungsstandards enthalten muss.[31] Das deutsche Handelsrecht macht die einzelnen gesetzlichen Bestandteile eines Abschlusses allerdings von bestimmten Größenkriterien der aufstellenden Gesellschaft abhängig. Es kann daher vorkommen, dass die historischen Finanzinformationen des Emittenten keine Kapitalflussrechnung und keinen Eigenkapitalspiegel beinhalten.[32]

Der geprüfte Abschluss einer solchen Gesellschaft vermittelt auch ohne diese Bestandteile ein den tatsächlichen Verhältnissen entsprechendes Bild der Vermögens-, Finanz- und Ertragslage (§ 264 Abs. 2 HGB), wie durch das Handelsgesetzbuch definiert, das durch den in den Prospekt aufzunehmenden Bestätigungsvermerk bescheinigt wird (§ 322 Abs. 3 Satz 1 HGB u. IDW PS 400 n. F. Rz. A38).[33] Aus diesem Grunde ist die entsprechende Vorgabe von Punkt 18.3.1, 2. Absatz bereits vollständig erfüllt. Eine erneute Aufstellung inkl. der zusätzlichen Abschlusselemente und Prüfung des bereits geprüften Jahres- oder Konzernabschlusses ist daher nicht erforderlich.[34]

Um Punkt 18.1.5 zu entsprechen, können deutsche Emittenten aus dem Abschluss und der zugrunde liegenden Buchführung in Übereinstimmung mit den angewandten Rechnungslegungsgrundsätzen Kapitalflussrechnung und/oder Eigenkapitalspiegel ableiten.[35] Dieses Vorgehen steht im Einklang mit Leitlinie 17 der ESMA-Leitlinien zu den Offenlegungspflichten nach der Prospektverordnung.[36]

Werden solche **zusätzliche Abschlusselemente** zur Erfüllung von Punkt 18.1.5 und zur Ergänzung eines Jahres- bzw. Konzernabschlusses erstellt, ist fraglich, ob diese geprüft sein müssen. Punkt 18.1.1 enthält den vor die Klammer gezogenen Grundsatz, dass die historischen Finanzinformationen geprüft sein müssen. Insofern besteht mit dem IDW PH 9.960.2 ein nationaler Standard für die Prüfung von zusätzlichen Abschlusselementen, der diesen Grundsatz entsprechend erfüllt. Auch wenn sich der IDW PH 9.960.2 noch auf die früher geltende VO (EG) 809/2004 bezieht, hat sich an der Konstellation, die er be-

---

30 „The historical annual financial information must be audited or reported on as to whether or not, for the purposes of the registration document, it gives a true and fair view in accordance with auditing standards applicable in a Member State or an equivalent standard."
31 Dies sind in Anwendung der handelsrechtlichen Grundsätze (Konzern-)Bilanz, (Konzern-)Gewinn- und Verlustrechnung, (Konzern-)Eigenkapitalspiegel, (Konzern-)Kapitalflussrechnung und (Konzern-)Anhang.
32 Bspw. im Falle einer nach HGB bilanzierenden Kapitalgesellschaft, die nicht zur Aufstellung eines Konzernabschlusses verpflichtet ist und nicht kapitalmarktorientiert ist (§ 264 Abs. 1 Satz 2 HGB).
33 IDW PH 9.960.2 Rn. 3.
34 *Alfes/Wieneke*, in: Holzborn, WpPG, Anhang I ProspektVO Rn. 136.
35 IDW PH 9.960.2 Rn. 4.
36 ESMA, Leitlinien zu den Offenlegungspflichten nach der Prospektverordnung, ESMA32-382-1138, 4.3.2021.

handelt, nichts geändert. Daher bleibt er auch auf die Nachfolgeregelung in VO (EU) 2019/980 anwendbar. Es genügt, wenn bei nachträglich erstellten Elementen eine separate **Prüfungsbescheinigung** neben den **Bestätigungsvermerken** in den Prospekt aufgenommen wird.[37] Die Prüfungsbescheinigung dokumentiert das Ergebnis der Prüfung nach außen.

IV. Ergänzende Hinweise, eingeschränkter Bestätigungsvermerk, Versagungsvermerk (Punkt 18.3.1a)

24 Aus Punkt 18.3.1a wird deutlich, dass ein **uneingeschränkter** Bestätigungsvermerk **keine zwingende Voraussetzung** für die Billigung des Wertpapierprospektes ist.[38] Gleichwohl dürfte ein eingeschränkter Bestätigungsvermerk oder gar ein Versagungsvermerk das Finden einer emissionsbegleitenden Bank und das praktische Gelingen der Transaktion deutlich erschweren.[39] Es ist fraglich, ob die unkorrigierte Aufnahme eines Abschlusses, dessen Prüfung in einer Einschränkung oder gar Versagung des Bestätigungsvermerkes mündet, aufgrund der Einschränkung der Darstellung der Vermögens-, Finanz- oder Ertragslage und der darauf aufbauenden Darstellung im Wertpapierprospekt aus Anlegerschutz- und Informationsaspekten überhaupt anzuraten ist. Eine Erklärung der Nichtabgabe eines Prüfungsurteils durch den Abschlussprüfer gem. IDW PS 405 (n. F.) Rz. 37 ff. ist hingegen nicht ausreichend.

25 Die deutschen Prüfungsstandards regeln, wie mit Modifikationen des Prüfungsurteils bzw. dessen Versagung (IDW PS 405 n. F. (10.2021)) und ergänzenden Hinweisen (IDW PS 406 n. F. (10.2021)) umzugehen ist. Die deutschen Prüfungsstandards orientieren sich insofern an den ISA, die in ISA 705 und 706 (Revised) ähnliche Regelungen vorsehen.

26 Sofern Risiken festgestellt werden, die den Fortbestand des Unternehmens gefährden, ist auf sie gem. § 322 Abs. 2 Satz 3 HGB gesondert einzugehen. Dies erfolgt im Bestätigungsvermerk durch einen Hinweis auf wesentliche Unsicherheiten im Zusammenhang mit der Fortführung der Unternehmenstätigkeit.[40] Sofern der Abschlussprüfer der Auffassung ist, dass ein Sachverhalt von grundlegender Bedeutung für das Verständnis des Abschlusses vorliegt – unabhängig davon, ob dieser Sachverhalt im Abschluss oder Lagebericht dargestellt wurde oder nicht –, ist auf diesen Sachverhalt im Bestätigungsvermerk hinzuweisen. Man spricht, je nachdem, von einem „Hinweis zur Hervorhebung eines Sachverhalts"[41] oder einem „Hinweis auf einen sonstigen Sachverhalt".[42] Solche Hinweise sind im Bestätigungsvermerk in einem gesonderten Abschnitt mit einer entsprechenden Überschrift aufzunehmen.[43]

27 Sofern der Abschlussprüfer zu dem Schluss kommt, dass Einwendungen gegen den Abschluss/Lagebericht bzw. bestehende Prüfungshemmnisse wesentlich, aber nicht umfas-

---

37 *Fingerhut/Voß*, in: Just/Voß/Ritz/Zeising, WpPG, 2009, Anhang I ProspektVO Rn. 337.
38 Anders bspw. in den USA, wo die Securities and Exchange Commission (SEC) grundsätzlich uneingeschränkte Bestätigungsvermerke fordert (Finanical Reporting Manual 4220).
39 Ähnlich *Alfes/Wieneke*, in: Holzborn, WpPG, Anhang I ProspektVO Rn. 164.
40 IDW PS 400 n. F. (10.2021) Rn. A52.
41 IDW PS 406 n. F. (20.2021) Rn. 8 lit. a.
42 IDW PS 406 n. F. (20.2021) Rn. 8 lit. b.
43 IDW PS 406 n. F. (10.2021) Rn. 13.

send sind, hat er das Prüfungsurteil einzuschränken.⁴⁴ Das **eingeschränkte Urteil** ist in der Überschrift kenntlich zu machen.⁴⁵

Sofern das Prüfungsurteil versagt wurde, ist der Vermerk gem. § 322 Abs. 4 Satz 2 HGB nicht als „Bestätigungsvermerk" zu bezeichnen, sondern gem. IDW PS 405 n. F. (10.2021) Rz. 3 als „**Versagungsvermerk**". Der Abschlussprüfer hat ein Prüfungsurteil zu versagen, wenn Einwendungen nicht nur wesentlich, sondern umfassend sind.⁴⁶

In all diesen Fällen sind die Gründe für die entsprechende (eingeschränkte) Erteilung bzw. Nichterteilung in vollem Umfang wiederzugeben. Hierzu sollte sich, so eng wie möglich, an die vom Wirtschaftsprüfer gewählten Ausformulierung gehalten werden. Die Formulierungen im Bestätigungsvermerk hierzu sind dafür ausgelegt, klar formuliert und allgemeinverständlich zu sein.⁴⁷

V. Angaben zu sonstigen geprüften Informationen (Punkt 18.3.2)

Sollten neben den historischen Finanzinformationen **weitere Informationen** im Prospekt vom Abschlussprüfer geprüft worden sein, so ist dies im Prospekt anzugeben. Dies können bspw. (ausnahmsweise) geprüfte Zwischenabschlüsse, Pro-Forma-Finanzinformationen oder Prüfungen von Sacheinlagen sein.⁴⁸ Sofern rechtlich möglich, ist es aus Transparenzgründen und wegen Art. 6 Abs. 1 ProspektVO überlegenswert, entsprechende **Prüfungsbescheinigungen** ebenfalls in den Prospekt aufzunehmen, sofern nicht ohnehin, wie bspw. bei den Pro-Forma-Finanzinformationen, eine Pflicht hierzu besteht. Eine generelle Pflicht zur Aufnahme besteht jedoch nicht.⁴⁹

VI. Angaben zu sonstigen Finanzinformationen (Punkt 18.3.3)

Enthält der Prospekt **Finanzinformationen, die nicht dem geprüften Jahresabschluss des Emittenten entnommen wurden**, so sieht Punkt 18.3.3 vor, dass der Emittent die Quelle dieser Daten und die Tatsache, dass die Daten **ungeprüft** sind, anzugeben hat. Der „Jahresabschluss" bezieht sich hierbei auf die gem. den Punkten 18.1.5 und 18.1.6 aufzunehmenden Abschlüsse. Sonstige Finanzinformationen nach 18.3.3 umfassen in der Regel Informationen, Zahlenaufstellungen, Verhältniskennzahlen oder sonstige Daten, welche die Leistung oder Performance des Emittenten beschreiben, die nicht aus den Abschlüssen des Emittenten entnommen oder abgeleitet werden können.⁵⁰ Solche Finanzinformationen ergänzen die in den Abschlüssen des Emittenten enthaltenen Angaben und dienen häufig

---

44 IDW PS 405 n. F. (10.2021) Rn. 10; *Ebke*, in: MünchKomm-HGB, 4. Aufl. 2020, § 322 Rn. 38.
45 IDW PS 405 n. F. (10.2021) Rn. 23 ff.
46 IDW PS 405 n. F. (10.2021) Rn. 12.
47 § 322 Abs. 2 Satz 2 HGB; IDW PS 405 n. F. (10.2021) Rn. 6.
48 *Fingerhut/Voß*, in: Just/Voß/Ritz/Zeising, WpPG, 2009, Anhang I ProspektVO Rn. 380.
49 So auch *Kunold*, in: Assmann/Schlitt/von Kopp-Colomb, Prospektrecht Kommentar, Anhang 1 VO (EU) 2019/980 Rn. 221; anders noch in der Vorauflage.
50 So vormals: ESMA, ESMA update of CESR recommendations, ESMA/2011/81, 23.3.2011, Rn. 95, die jedoch in den neuen ESMA-Leitlinien zu den Offenlegungspflichten nach der Prospektverordnung ersatzlos gestrichen wurde. Der Hintergrund für die Streichung ist unklar. Allerdings wird sich an dieser Einschätzung nichts grundsätzlich geändert haben.

Analysezwecken. Dabei kann es sich insbesondere auch um sog. alternative Leistungskennzahlen (Alternative Performance Measures – APM) handeln, für deren Darstellung zusätzlich die ESMA-Leitlinien für APM vom 5.10.2015 nebst Q&As (Stand: 1.4.2021) zu beachten sind. In der Praxis sieht man, dass im Fall einer komplexen finanztechnischen Vorgeschichte mit Angaben, die aus dem Jahresabschluss einer anderen Gesellschaft stammen, entsprechend umgegangen wird.

Punkt 18.4
Pro-forma-Finanzinformationen
Punkt 18.4.1
Im Falle einer bedeutenden Brutto-Veränderung ist zu beschreiben, wie die Transaktion ggf. die Aktiva und Passiva sowie die Erträge des Emittenten beeinflusst hätte, wenn sie zu Beginn des Berichtszeitraums oder zum Berichtszeitpunkt durchgeführt worden wäre.

Dieser Anforderung wird normalerweise durch die Aufnahme von Pro-forma-Finanzinformationen Genüge getan.

Diese Pro-forma-Finanzinformationen sind gemäß Anhang 20 zu erstellen und müssen die darin geforderten Angaben enthalten. Den Pro-forma-Finanzinformationen ist ein Vermerk beizufügen, der von unabhängigen Buchprüfern oder Abschlussprüfern erstellt wurde.

Übersicht

	Rn.		Rn.
I. Regelungsgegenstand	1	**III. Pro-forma-Finanzinformationen**	15
II. Pflicht zur Aufnahme von Pro-forma-Finanzinformationen	5	1. Pflicht zur Aufnahme	15
1. Bedeutende Bruttoveränderung	5	a) Regelfall	15
a) Strukturverändernde Transaktion	6	b) Ausnahmen	16
b) 25%-Veränderung	7	2. Berichtszeitraum	18
c) Größenindikatoren	8	3. Bestandteile von Pro-forma-Finanzinformationen	19
d) Alternativkriterien?	11	4. Vermerk eines Wirtschaftsprüfers	20
e) Noch nicht vollzogene Transaktion	12	5. Freiwillige Aufnahme von Pro-forma-Finanzinformationen	21
f) Mehrere Unternehmenstransaktionen	14		

I. Regelungsgegenstand

Die bloße Darstellung historischer Finanzinformationen (wie sie nach Punkt 18.1 des Anhangs I gefordert ist) reicht bisweilen nicht aus, um dem Publikum ein zutreffendes Urteil über die Vermögens-, Finanz- und Ertragslage sowie die Zukunftsaussichten des Emittenten zu ermöglichen, wie dies Art. 6 Abs. 1 ProspektVO verlangt. So ist im Falle eines Börsengangs die Unternehmensstruktur eines Emittenten, dessen Aktien künftig an der Börse notiert werden sollen, oft Ergebnis erheblicher **Umstrukturierungen**. Denn häufig dient das mit einem Börsengang einhergehende öffentliche Angebot von Wertpapieren den bisherigen Aktionären zum Ausstieg aus ihrer Beteiligung.[1] Dies gilt insbesondere im Fall von Private Equity Investoren; bei deren Beteiligungen ist die Konzernstruktur vor dem Ausstieg vor allem von Anforderungen der steueroptimierten Akquisitionsfinanzierung getrieben.[2] Zudem entspricht die Haltedauer von Private Equity Investoren häufig nicht

1

---

[1] Zur Motivation für Aktienplatzierungen aus Aktionärssicht vgl. *Meyer*, in: Marsch-Barner/Schäfer, Handbuch börsennotierte AG, § 7 Rn. 7.8.
[2] Zur Problematik einer steueroptimierten Akquisitionsfinanzierung im Hinblick auf den späteren Ausstieg vgl. *Hasselbach/Rödding*, in: Eilers/Rödding/Schmalenbach, Unternehmensfinanzierung, Kapitel I Rn. 55 f.

dem Drei-Jahres-Zeitraum des Punkts 18.1 des Anhangs I.[3] Das hat zur Konsequenz, dass die gesellschaftsrechtliche Struktur des Emittenten während des grundsätzlich im Prospekt darzustellenden Drei-Jahres-Zeitraums oft erheblichen Veränderungen unterworfen ist.

2 Die eingangs geschilderte Problematik ist aber nicht nur auf der Emission vorangehende Umstrukturierungen oder gar auf Börsengänge beschränkt. So dient bei bereits börsennotierten Unternehmen eine Emission neuer Aktien häufig zur Finanzierung oder Refinanzierung eines Unternehmenskaufs. Dieser kann so bedeutend sein, dass er zu einer **nachhaltigen Veränderung von Charakter und Struktur** des bisherigen Unternehmens führt.

3 Den vorgenannten Konstellationen gemeinsam ist der Umstand, dass das Unternehmen des Emittenten (so wie es zum Zeitpunkt des auf einen Prospekt gestützten Angebots besteht) in den historischen Finanzinformationen des Emittenten möglicherweise nicht zutreffend abgebildet ist. Steht die Durchführung einer geplanten Unternehmenstransaktion zum Zeitpunkt der Prospekterstellung noch aus, so besteht zumindest die Gefahr, dass durch die Darstellung des bisherigen Unternehmens des Emittenten dessen Zukunftsaussichten nicht verlässlich abgeleitet werden können.

4 Bereits im Rahmen der früher geltenden VO (EG) 809/2004 hat die Europäische Kommission versucht, diesem Umstand dadurch Rechnung zu tragen, dass durch die Aufnahme von Pro-forma-Finanzinformationen dargestellt werden soll, wie sich eine bedeutende Unternehmenstransaktion auf die wirtschaftlichen Verhältnisse des Emittenten auswirkt.

II. Pflicht zur Aufnahme von Pro-forma-Finanzinformationen

1. Bedeutende Bruttoveränderung

5 Pro-forma-Finanzinformationen sind nach Punkt 18.4.1 des Anhangs I in den Prospekt aufzunehmen, wenn eine **bedeutende Bruttoveränderung** erfolgt ist. Diese muss während des laufenden oder des letzten abgeschlossenen Geschäftsjahres eingetreten sein. Diese zeitliche Begrenzung ergibt sich mittelbar aus den Zeiträumen, die nach Punkt 2.2 des Anhang 20 der VO (EU) 2019/980 durch Pro-forma-Finanzinformationen dargestellt werden dürfen (→ Anhang 20 Rn. 33 ff.).[4] Ferner können Pro-forma-Finanzinformationen auch bei einer erwarteten bedeutenden Bruttoveränderung aufgrund einer noch bevorstehenden Transaktion in Form einer bedeutenden finanziellen Verpflichtung in den Prospekt aufgenommen werden (→ Rn. 12).

---

3 So lag beispielsweise zwischen dem Einstieg der US-Beteiligungsgesellschaft Lindsay, Goldberg & Bessemer (LGB) bei dem deutschen Stahlhandelsunternehmen Klöckner & Co. im Jahre 2005 und der Teilveräußerung ihrer Beteiligung im Rahmen des Börsengangs der Klöckner & Co. AG (heute: Klöckner & Co. SE) im Juni 2006 nur ca. ein Jahr, währenddessen das Unternehmen grundlegend umstrukturiert wurde.

4 *Kunold*, in: Assmann/Schlitt/von Kopp-Colomb, Prospektrecht Kommentar, Anhang 1 VO (EU) 2019/980 Rn. 230.

a) Strukturverändernde Transaktion

Der Begriff der bedeutenden Bruttoveränderung war in der Ausgangsversion der früher geltenden VO (EG) 809/2004 im Haupttext nicht definiert; eine Definition enthielt jedoch Erwägungsgrund 9. In der neuen VO (EU) 2019/980 findet sich eine Definition der „bedeutenden Bruttoveränderung" in Art. 1 lit. e. Danach soll eine bedeutende Bruttoveränderung vorliegen, wenn als Folge einer **speziellen Transaktion** eine mehr als 25%ige Schwankung in Bezug auf einen oder mehrere Indikatoren, die den Umfang der Geschäftstätigkeit des Emittenten bestimmen, erfolgt. Für den Begriff der „**Transaktion**" findet sich weder in der ProspektVO, der VO (EU) 2019/980 noch in den Verlautbarungen von ESMA eine Definition. Aus der Verwendung des Begriffs kann aber geschlossen werden, dass es sich dabei um eine „Unternehmenstransaktion" handeln muss, d.h. eine Transaktion, die zu einer **Änderung der Unternehmensstruktur** führt, wie z.B. dem Erwerb oder der Veräußerung von Geschäftsanteilen einer anderen Gesellschaft (Share Deal) oder der zu einem Geschäftsbetrieb gehörenden Vermögensgegenstände (Asset Deal), wie es in der Regel bei einem Unternehmenserwerb (Business Combination) gemäß IFRS 3 der Fall ist.[5] Dagegen soll der Erwerb weiterer Anteile einer bereits zuvor voll konsolidierten Tochtergesellschaft oder der bloße Formwechsel des Emittenten keine „Transaktion" darstellen, die Pro-forma-Finanzinformationen erforderlich macht. Denn dadurch verändert sich die Unternehmensstruktur in der Regel nicht wesentlich.[6] Anderes mag gelten, wenn der Hinzuerwerb von Anteilen eines Unternehmens, an dem der Emittenten bereits beteiligt ist, erstmals zu dessen Vollkonsolidierung führt.[7] Dies kann auch der Fall sein, wenn die Beteiligung des Emittenten in der Vergangenheit zwar unterhalb der die Konsolidierung auslösenden Kontrollschwelle lag, er aber aufgrund seines daher vermuteten maßgeblichen Einflusses auf das „assoziierte" Unternehmen die Beteiligung an diesem in der Vergangenheit nach der Equity-Methode zu bewerten hatte.[8] Denn Vermögenswerte, Eigenkapital, Schulden, Aufwendungen oder Erträge eines „at equity" zu bewertenden assoziierten Unternehmens sind in den Konzernabschluss des Großaktionärs nicht einzubeziehen. Die Aufstockung der Beteiligung über die 50%-Schwelle, die zur Folge hat, dass das Beteiligungsunternehmen nunmehr im Konzernabschluss des Emitten-

---

5 *Fingerhut/Voß*, in: Just/Voß/Ritz/Zeising, WpPG, 2009, Anhang I ProspektVO Rn. 351; für den Formwechsel ebenso IDW RH HFA 1.004, Tz. 4.
6 IDW Rechnungslegungshinweis: Erstellung von Pro-forma-Finanzinformationen (IDW RH HFA 1.004) (Stand: 12.7.2017), Tz. 3, veröffentlicht in WPg 2017, Tz. 4; ebenso *Fingerhut/Voß*, in: Just/Voß/Ritz/Zeising, WpPG, 2009, Anhang I ProspektVO Rn. 351; *Kunold*, in: Assmann/Schlitt/von Kopp-Colomb, Prospektrecht Kommentar, Anhang 1 VO (EU) 2019/980 Rn. 229.
7 Bei dem für die Prospektdarstellung grundsätzlich maßgeblichen IFRS-Konzernabschluss kommt es für die Konsolidierung im Konzernabschluss des Mutterunternehmens nach IFRS 10 auf die Beherrschung („Power") des Tochterunternehmens durch das Mutterunternehmen an. Diese wird widerlegbar vermutet, wenn die Mutter (mittelbar oder unmittelbar) über mehr als die Hälfte der Stimmrechte an der Tochter verfügt, siehe dazu *Rabenhorst*, in: Marsch-Barner/Schäfer, Handbuch börsennotierte AG, § 58 Rn. 58.53 ff.; *Brune*, in: Brune/Driesch//Schulz-Danso/Senger, Beck'sches IFRS-Handbuch, § 30 Rn. 32.
8 Assoziierte Unternehmen des Emittenten sind nach IAS 28.2 solche, auf die der Emittent maßgeblichen Einfluss ausüben kann, ohne sie beherrschen zu können. Dies wird widerleglich vermutet, wenn der Emittent 20% oder mehr der Stimmrechte hält, IAS 28.6. Im Konzernabschluss des Emittenten sind Anteile an assoziierten Unternehmen nach IAS 28.13 grds. nach der Equity-Methode zu bewerten, dazu auch *Rabenhorst*, in: Marsch-Barner/Schäfer, Handbuch börsennotierte AG, § 58 Rn. 58.71 ff.

ten konsolidiert werden muss, kann daher zu einer „bedeutenden Bruttoveränderung" im Konzernabschluss des Emittenten führen und damit die Pflicht zur Erstellung von Pro-forma-Finanzinformationen auslösen.

b) 25%-Veränderung

7   Seit der Ergänzung der früheren VO (EG) 809/2004 durch die VO (EG) 211/2007[9] definierte Art. 4a der früheren VO (EG) 809/2004 in seinem Abs. 6 den Begriff der **bedeutenden Bruttoveränderung** als eine **mehr als 25%ige Veränderung** der Situation eines Emittenten, und zwar gemessen im Verhältnis zu einem oder mehreren Größenindikatoren für seine Geschäftstätigkeit. Diese Definition wurde in Art. 1 lit. e der VO (EU) 2019/980 unverändert übernommen.

c) Größenindikatoren

8   In den ESMA-Leitlinien wird die Anwendung der 25%-Veränderungsregel konkretisiert. Danach soll der Umfang der Transaktion (Size of the Transaction) ins Verhältnis gesetzt werden zum Umfang der Geschäftstätigkeit des Emittenten (Size of the Issuer's Business) vor der Transaktion, und zwar anhand angemessener **Größenindikatoren**. Im Falle eines Unternehmenskaufs dürfte dabei mit „Umfang der Transaktion" die Größe des Erwerbsobjekts gemeint sein. Eine Transaktion führt dabei zu einer bedeutenden Bruttoveränderung, wenn die Veränderung bei zumindest einem der Größenindikatoren größer als 25% ist. Das bedeutet: Infolge der Transaktion verändert sich der betreffende Indikator im Vergleich zur Situation vor den Transaktionen in mindestens dieser Größenordnung.[10] Die ESMA-Leitlinien führen ferner beispielhaft die folgenden Abschlussposten als grds. geeignete Indikatoren auf:[11]

– Gesamtvermögenswerte (Total Assets),
– Einnahmen (Revenue),
– Gewinn oder Verlust (Profit or Loss).

9   Andere Kennzahlen können insbesondere dann herangezogen werden, wenn die vorgenannten Kriterien zu einem unpassenden Ergebnis führen oder den Besonderheiten der jeweiligen Branche des Emittenten nicht ausreichend Rechnung tragen. Der Emittent wird in diesem Fall die Unangemessenheit mit der für die Billigung zuständigen Behörde zu besprechen haben und sollte sinnvollerweise aus seiner Sicht angemessenere Kategorien für die Beurteilung der Größenordnung der infolge einer Transaktion eingetretenen Veränderung benennen.[12] Während beispielsweise Industrieunternehmen nach allgemeinen

---

9   Verordnung (EG) Nr. 211/2007 der Kommission vom 27.2.2007 zur Änderung der Verordnung (EG) Nr. 809/2004 zur Umsetzung der Richtlinie 2003/71/EG des Europäischen Parlaments und des Rates in Bezug auf die Finanzinformationen, die bei Emittenten mit komplexer finanztechnischer Vorgeschichte oder bedeutenden finanziellen Verpflichtungen im Prospekt enthalten sein müssen, ABl. EU Nr. L 61 vom 28.2.2007, S. 24.
10 ESMA, Leitlinien zu den Offenlegungspflichten nach der Prospektverordnung, ESMA32-382-1138, 4.3.2021, Rn. 88.
11 ESMA, Leitlinien zu den Offenlegungspflichten nach der Prospektverordnung, ESMA32-382-1138, 4.3.2021, Rn. 86.
12 ESMA, Leitlinien zu den Offenlegungspflichten nach der Prospektverordnung, ESMA32-382-1138, 4.3.2021, Rn. 87; enger *d'Arcy/Kahler*, in: Holzborn, WpPG, Anh. I ProspektVO Rn. 149

Regeln (§ 275 Abs. 2 Nr. 1 HGB, IAS 1.82(a)) ihre Umsatzerlöse für die Berichtsperiode in einer Position ausweisen, sehen die speziellen Rechnungslegungsvorschriften für Kreditinstitute eine Gliederung nach einzelnen Ergebniskomponenten vor (vgl. § 340a Abs. 2 Satz 2 HGB i.V.m. § 2 Abs. 1 RechKredV i.V.m. Formblatt 2).[13] Denkbar ist daher, bei einem Kreditinstitut anstelle der von ESMA aufgeführten Umsatzerlöse die Summe der dergestalt aufgegliederten Ergebniskomponenten (mitunter freiwillig als sog. „Gesamterträge" außerhalb des eigentlichen Abschlusses ausgewiesen)[14] als Kriterium für die Anwendung der 25%-Regel heranzuziehen.

Nach Auffassung von ESMA sollen die für den 25%-Test heranzuziehenden Größenindikatoren den jeweils **letzten veröffentlichten Jahresabschlüssen des Emittenten** entnommen werden.[15] Sofern diese durch außergewöhnliche Entwicklungen verzerrt sein sollten, ist dies gegenüber der Billigungsbehörde darzulegen. Gegebenenfalls kann eine alternative Vergleichsbetrachtung über einen längeren Zeitraum (z.B. die letzten drei Geschäftsjahre) und/oder die letzte Zwischenberichtsperiode vorgenommen werden.

d) Alternativkriterien?

Bisweilen wird sogar vorgeschlagen, sich im Einzelfall gänzlich von dem 25%-Kriterium zu lösen und stattdessen beispielsweise auf die Relation zwischen Anschaffungskosten und Bilanzsumme des Emittenten abzustellen, wie sie nach **Regulation S-X** Rule 11-01(b)(1) i.V.m. Rule 1-02(w)(1) zum U.S. Securities Act von 1933 für die Pflicht zur Aufnahme von Pro-forma-Finanzinformationen in ein Registration Statement nach dem U.S. Securities Act von 1933 für ein öffentliches Angebot in den USA maßgeblich wären.[16] Ein solches Verlangen könnte eine Billigungsbehörde jedoch weder auf Punkt 18.4 des Anhangs I noch auf Art. 18 VO (EU) 2019/980 stützen, sondern allenfalls auf Art. 6 Abs. 1 der ProspektVO. Es erscheint aber fraglich, ob die Aufnahme von Informationsbestandteilen, die ausdrücklich in den Bestimmungen der VO (EU) 2019/980 über Mindestangaben geregelt ist, auch verlangt werden kann, wenn die tatbestandlichen Vorausset-

---

(„die von ESMA geforderte Flexibilität [wird] nicht explizit nachvollzogen") mit Verweis auf IDW RH HFA 1.004 (Stand: 12.7.2017) Tz. 7. Der IDW Prüfungshinweis dürfte jedoch schon nach seinem Wortlaut („Pro-forma-Finanzinformationen sind nur bei relevanten Unternehmenstransaktionen erforderlich. Hiervon ist auszugehen, wenn mindestens eines der nachfolgenden Kriterien erfüllt ist") nicht abschließend gemeint sein.

13 Dazu WP-Handbuch, Kreditinstitute, 2020, Rn. 533; *Krumnow/Sprißler/Bellavite-Hövermann* et al., Rechnungslegung der Kreditinstitute, 2. Aufl. 2004, § 2 RechKredV Rn. 15; *Neuweiler*, in: Brune/Driesch/Schulz-Danso/Senger, Beck'sches IFRS-Handbuch, § 39 Rn. 81 f., *Löw*, Rechnungslegung für Banken nach IFRS, 2. Aufl. 2005, Tz. 3.2.1.; *Lüdenbach/Hoffmann/Freiberg*, IFRS-Kommentar, § 38 Rn. 14, die darauf hinweisen, dass sich die Gliederung der Gewinn- und Verlustrechnung im Banken-Konzernabschluss nach IFRS in der Praxis regelmäßig an die Gliederung nach der RechKredV anlehnt.

14 Beispiele: die im Konzernabschluss der Deutsche Bank Aktiengesellschaft für 2009 in der Übersicht („Der Konzern im Überblick") sowie in Lagebericht und Anhang ausgewiesenen „Erträge insgesamt" oder die in der Übersicht „Der Postbank Konzern in Zahlen" sowie in der Segmentberichterstattung im Rahmen des Konzernabschlusses 2009 der Deutsche Postbank AG ausgewiesenen „Gesamterträge".

15 ESMA, Leitlinien zu den Offenlegungspflichten nach der Prospektverordnung, ESMA32-382-1138, 4.3.2021, Rn. 86.

16 *Kunold*, in: Assmann/Schlitt/von Kopp-Colomb, Prospektrecht Kommentar, Anhang 1 VO (EU) 2019/980 Rn. 233.

zungen für deren Aufnahme nicht vorliegen. Es dürfte sich in diesem Fall wohl eher um eine freiwillige Aufnahme von Pro-forma-Finanzinformationen handeln.

e) Noch nicht vollzogene Transaktion

12 Vor Inkrafttreten der VO (EG) 211/2007, die Art. 4a und mit ihm die komplexe finanztechnische Vorgeschichte in die früher geltende VO (EG) 809/2004 einführte, bestand Unklarheit darüber, ob Pro-forma-Finanzinformationen nur erforderlich werden, wenn eine bedeutende Bruttoveränderung bereits eingetreten ist oder schon, wenn mit ihrem Eintreten aufgrund des Fortschritts einer **noch nicht vollzogenen Transaktion** gerechnet werden muss. Art. 4a bestimmte nun, dass zusätzliche Informationsbestandteile, insbesondere Finanzinformationen, u. a. dann in einen Prospekt aufgenommen werden müssen, wenn der Emittent eine verbindliche Vereinbarung über eine Transaktion eingegangen ist, die nach ihrer Durchführung voraussichtlich eine bedeutende Bruttoveränderung bewirken wird (Art. 4a Abs. 5). Diese Regelung wurde in die neue VO (EU) 2019/980 in Art. 18 Abs. 4 übertragen. In diesem Fall sind gem. Art. 18 Abs. 2 sämtliche in den Anhängen 1 und 20 genannten Angaben zu machen, die Anleger für ein fundiertes Urteil im Sinne von Art. 6 Abs. 1 und Art. 14 Abs. 2 der ProspektVO benötigen. Es sind darunter grundsätzlich u. a. die Finanzinformationen einer anderen Gesellschaft als dem Emittenten (etwa der Zielgesellschaft einer Akquisition) und Pro-forma-Finanzinformationen aufzunehmen.

13 Eine bedeutende finanzielle Verpflichtung und damit eine verbindliche Vereinbarung über eine Transaktion besteht auch dann, wenn der Abschluss der Unternehmenstransaktion an Bedingungen geknüpft ist, die außerhalb des Einflussbereichs der Emittentin liegen, z. B. die Zustimmung einer Regulierungsbehörde oder das Vorliegen einer Finanzierungsvereinbarung, sofern diese Bedingungen mit hinreichender Wahrscheinlichkeit eintreten werden.[17]

f) Mehrere Unternehmenstransaktionen

14 Hat der Emittent im relevanten Zeitraum **mehrere Unternehmenstransaktionen** durchgeführt, ist zur Beurteilung des Überschreitens der Pro-forma-Schwelle jeweils von den davor zuletzt erstellten historischen Finanzinformationen auszugehen. Etwaige zwischenzeitlich bereits erstellte Pro-forma-Finanzinformationen (etwa in einem Prospekt), die eine der Unternehmenstransaktionen reflektieren, bleiben für die Ermittlung der Schwellenwerte bei der Prüfung des Vorliegens einer bedeutenden Bruttoveränderung außer Betracht.[18] Zur früher geltenden VO (EG) 809/2004 vertrat ESMA die Ansicht, dass im Falle mehrerer Transaktionen zu prüfen sei, ob eine dieser Transaktionen, und nicht alle Transaktionen insgesamt, die 25%-Schwelle überschreitet, und wenn dies der Fall ist, auch nur die Transaktion in den Pro-forma-Finanzinformationen darzustellen ist, die diese Schwelle überschreitet.[19] Diese Auffassung hat sich zur neuen VO (EU) 2019/980 grundlegend geändert. Im Falle mehrerer Transaktionen, die für sich genommen die 25%-Schwelle

---

17 IDW HFA 1.004 Tz. 5.
18 ESMA, Leitlinien zu den Offenlegungspflichten nach der Prospektverordnung, ESMA32-382-1138, 4.3.2021, Rn. 90.
19 ESMA, Questions and Answers – Prospectuses, ESMA31-62-780 (30th Updated Version – April 2019), Frage 52 unter Aa).

nicht überschreiten, aber dies zusammengenommen tun, sind grundsätzlich Pro-forma-Finanzinformationen in den Prospekt aufzunehmen.[20] In diesen Fällen sind grundsätzlich alle Transaktionen in den Pro-forma-Finanzinformationen abzubilden.[21] Eine Ausnahme hiervon ist nur möglich, wenn die Erstellung der Pro-forma-Finanzinformationen unverhältnismäßig aufwendig ist, wobei die Kosten für die Erstellung gegen den zu erwartenden Informationswert für einen Anleger abzuwägen sind.[22] Wenn von der Ausnahme Gebrauch gemacht werden soll, ist dies der für die Prospektbilligung zuständigen Behörde zu erläutern. Hierzu weist die BaFin darauf hin, dass dies bereits vor der Ersteinreichung des Prospekts mit der BaFin erfolgen sollte.[23] Als möglicherweise unverhältnismäßigen Aufwand sieht ESMA eine Situation an, in der sich durch eine erste Transaktion die Gesamtvermögenswerte um 27% erhöhen und durch eine weitere Transaktion um 1%. In diesem Fall ließe sich argumentieren, dass die Erstellung von Pro-forma-Finanzinformationen für die 1%ige Erhöhung unverhältnismäßig aufwendig sei.[24] Ab einer 20%igen Veränderung wird es nach Auffassung der ESMA nur in seltenen Fällen möglich sein zu argumentieren, dass die Angabe von Informationen unverhältnismäßig aufwändig sei. Darüber hinaus zeigt ESMA an einem weiteren Beispiel differenzierte Lösungsmöglichkeiten auf.[25]

III. Pro-forma-Finanzinformationen

1. Pflicht zur Aufnahme

a) Regelfall

Wurde eine bedeutende Bruttoveränderung nach den vorstehenden Kriterien festgestellt, so ist nach Punkt 18.4.1 Abs. 1 des Anhangs I die Art und Weise zu beschreiben, wie die Transaktion ggf. die **Aktiva und Passiva** sowie die **Erträge des Emittenten** beeinflusst hätte, wenn das Unternehmen des Emittenten in der durch die Transaktion geschaffenen Struktur bereits während des gesamten Berichtszeitraumes bestanden hätte.[26] Nach Punkt

15

---

20 ESMA, Leitlinien zu den Offenlegungspflichten nach der Prospektverordnung, ESMA32-382-1138, 4.3.2021, Rn. 91; *Kunold*, in: Assmann/Schlitt/von Kopp-Colomb, Prospektrecht Kommentar, Anhang 1 VO (EU) 2019/980 Rn. 235.
21 ESMA, Leitlinien zu den Offenlegungspflichten nach der Prospektverordnung, ESMA32-382-1138, 4.3.2021, Rn. 91; *Kunold*, in: Assmann/Schlitt/von Kopp-Colomb, Prospektrecht Kommentar, Anhang 1 VO (EU) 2019/980 Rn. 235.
22 ESMA, Leitlinien zu den Offenlegungspflichten nach der Prospektverordnung, ESMA32-382-1138, 4.3.2021, Rn. 91; *Kunold*, in: Assmann/Schlitt/von Kopp-Colomb, Prospektrecht Kommentar, Anhang 1 VO (EU) 2019/980 Rn. 236.
23 https://www.bafin.de/SharedDocs/Veroeffentlichungen/DE/Meldung/2021/meldung_2021_04_15_ESMA-Leitlinien_zu_Prospektanforderungen.html (zuletzt abgerufen am 14.9.2023).
24 ESMA, Leitlinien zu den Offenlegungspflichten nach der Prospektverordnung, ESMA32-382-1138, 4.3.2021, Rn. 92; *Kunold*, in: Assmann/Schlitt/von Kopp-Colomb, Prospektrecht Kommentar, Anhang 1 VO (EU) 2019/980 Rn. 236.
25 ESMA, Leitlinien zu den Offenlegungspflichten nach der Prospektverordnung, ESMA32-382-1138, 4.3.2021, Rn. 92; *Kunold*, in: Assmann/Schlitt/von Kopp-Colomb, Prospektrecht Kommentar, Anhang 1 VO (EU) 2019/980 Rn. 236.
26 IDW Rechnungslegungshinweis: Erstellung von Pro-forma-Finanzinformationen (IDW RH HFA 1.004) (Stand: 12.7.2017), Tz. 3, veröffentlicht in WPg 2017, 1088.

18.4.1 Abs. 2 des Anhangs I hat dies **„normalerweise" durch Pro-forma-Finanzinformationen** zu erfolgen.

b) Ausnahmen

16 Mit dem Zusatz **„normalerweise"** in Punkt 18.4.1 Abs. 2 des Anhangs I signalisiert der Verordnungsgeber freilich, dass er zwar grundsätzlich davon ausgeht, dass in diesen Fällen Pro-forma-Finanzinformationen nach Maßgabe der Anforderungen des Anhangs 20 aufzunehmen sind. Jedoch wird zugleich anerkannt, dass unter bestimmten Umständen eine Aufnahme von Pro-forma-Finanzinformationen nicht möglich ist.[27] Da es sich damit bei den Pro-forma-Finanzinformationen nicht um nach der VO (EU) 2019/980 zwingend in den Prospekt aufzunehmende Angaben handelt, kann der Emittent unter Billigung der zuständigen Aufsichtsbehörde[28] auf die Aufnahme verzichten, vorausgesetzt jedoch, dass bei der Beschreibung der Auswirkungen der Transaktion Art. 6 der ProspektVO beachtet wird.[29] Jedoch ist dies auf Ausnahmefälle zu beschränken. Bei vollzogenen Transaktionen, bei denen grds. Pro-forma-Finanzinformationen aufzunehmen sind, wird man vom Emittenten verlangen können, dass er sich mit zumutbarem Aufwand um die Erstellung von Pro-forma-Finanzinformationen und den Zugang der dazu erforderlichen Informationen bemüht.[30] Als mögliche Ausnahmen hiervon erkennt ESMA in ihren Leitlinien in einer nicht abschließenden Aufzählung verschiedene Fälle an, und zwar den mangelnden Zugang zu den erforderlichen Finanzinformationen der Zielgesellschaft einer Akquisition, z.B. im Fall eines feindlichen Übernahmeangebotes, nicht ausreichende Finanzinformationen im Falle des Erwerbs eines Vermögenswerts oder den Fall, wenn die Pro-forma-Finanzinformationen die Auswirkungen der Transaktion nicht genau beschreiben würden.[31] In diesen Fällen soll der Emittent nach Auffassung von ESMA den Erfordernissen des Punkts 18.4.1 genügen, nachdem er sich hierzu mit den zuständigen Behörden abgestimmt hat,[32] entweder (a) durch einen Bestandteil der Pro-forma-Finanzinformationen, (b) durch relevante Elemente von Pro-forma-Finanzinformationen oder (c) erklärende Angaben, also eine **beschreibende verbale Darstellung**, die nicht den Anforderungen des Anhangs 20 entsprechen muss.[33] Wird anstelle von Pro-forma-Finanzinformationen eine beschreibende Darstellung aufgenommen, ist für den Leser deutlich wahrnehmbar klarzustellen, dass es sich dabei gerade nicht um Pro-forma-Finanzinformationen handelt.[34]

---

27 *Kunold*, in: Assmann/Schlitt/von Kopp-Colomb, Prospektrecht Kommentar, Anhang 1 VO (EU) 2019/980 Rn. 241.
28 ESMA, Leitlinien zu den Offenlegungspflichten nach der Prospektverordnung, ESMA32-382-1138, 4.3.2021, Rn. 111.
29 ESMA, Leitlinien zu den Offenlegungspflichten nach der Prospektverordnung, ESMA32-382-1138, 4.3.2021, Rn. 110.
30 *Kunold*, in: Assmann/Schlitt/von Kopp-Colomb, Prospektrecht Kommentar, Anhang 1 VO (EU) 2019/980 Rn. 241.
31 ESMA, Leitlinien zu den Offenlegungspflichten nach der Prospektverordnung, ESMA32-382-1138, 4.3.2021, Rn. 109.
32 ESMA, Leitlinien zu den Offenlegungspflichten nach der Prospektverordnung, ESMA32-382-1138, 4.3.2021, Rn. 111.
33 ESMA, Leitlinien zu den Offenlegungspflichten nach der Prospektverordnung, ESMA32-382-1138, 4.3.2021, Rn. 108.
34 So wohl auch *Fingerhut*, in: Just/Voß/Ritz/Zeising, WpPG, 2009, Anhang II ProspektVO Rn. 7.

Einen weiteren Sonderfall der Abweichung vom Grundsatz der Aufnahme von Pro-forma-Finanzinformationen bei Vorliegen einer bedeutenden Bruttoveränderung stellen sog. „erläuternde Finanzinformationen" dar, wie sie in **Angebotsunterlagen nach dem WpÜG** zu finden sind. Mitunter werden diese auch als „illustrative Finanzinformationen" bezeichnet.[35] Sie haben ihre Grundlage in § 11 Abs. 2 Satz 3 Nr. 1 WpÜG. Danach muss die Angebotsunterlage Angaben zu den erwarteten Auswirkungen eines erfolgreichen Angebots auf die Vermögens-, Finanz- und Ertragslage des Bieters enthalten. Hier verlangt die BaFin eine detaillierte Darstellung der Vermögens-, Finanz- und Ertragslage des Bieters nach einem (unterstellten) erfolgreichen Angebot anhand betriebswirtschaftlicher Kennzahlen und auf der Grundlage des zuletzt vom Bieter veröffentlichen Geschäfts- oder Zwischenberichts.[36] Die Praxis nimmt insoweit typischerweise eine – mitunter auch als „Pro-forma" bezeichnete – hypothetische Darstellung wesentlicher Positionen von Bilanz sowie Gewinn- und Verlustrechnung sowie ggf. eine hypothetische Kapitalflussrechnung in die Angebotsunterlage auf, die eine vollständige Annahme des Angebots fingiert.[37] Bei der Erstellung dieser Angaben ist der Bieter jedoch grds. auf die von der Zielgesellschaft veröffentlichten Jahres- und Zwischenabschlüsse angewiesen. Der Vorstand der Zielgesellschaft wird dem Bieter regelmäßig den Zugang zu den Unterlagen des Rechnungswesens der Zielgesellschaft unter Verweis auf seine Verschwiegenheitpflicht nach § 93 Abs. 1 Satz 3 AktG verwehren, insbesondere bei einem sog. feindlichen Übernahmeangebot.[38] Angebotsunterlagen enthalten daher häufig darauf hinweisende Vorbehalte.[39] Mithin können die zur Erstellung von Pro-forma-Finanzinformationen nach den Vorgaben der VO (EU) 2019/980 erforderlichen Anpassungen an die Rechnungslegungsmethoden (d.h. Ausweis-, Bilanzierungs- und Bewertungsmethoden) des Emittenten (vgl. Punkt 2.1 des Anhangs 20 → Anhang 20 Rn. 29 ff.) nicht vorgenommen werden. Denn dazu ist der Zugang zum Rechnungswesen der Zielgesellschaft erforderlich, der nicht durch diesbezügli- **17**

---

35 *Beine/Döpfner/Mehren*, WPg 2019, 72, 76.
36 *Lenz/Linke*, AG 2002, 361, 363; *Lenz/Behnke*, BKR 2003, 43, 46; kritisch dazu *Meyer*, in: Assmann/Pötzsch/Schneider, WpÜG, § 11 Rn. 105, *Seydel*, in: Hirte/Mock/Schwarz/Seibt, Kölner Kommentar zum WpÜG, § 11 Rn. 63 jeweils m.w.N.
37 Vgl. nur Angebotsunterlage für das Übernahmeangebot der Robert Bosch GmbH an die Aktionäre der aleo solar Aktiengesellschaft vom 27.8.2009, S. 34 ff.; Angebotsunterlage für das Übernahmeangebot der OEP Technologie B.V. an die Aktionäre der SMARTRAC N.V. vom 8.10.2010, S. 30 ff.; zu dieser Thematik *Wackerbarth*, in: MünchKomm-AktG, 5. Auf. 2021, § 11 WpÜG Rn. 42; *Geibel/Süßmann*, in: Angerer/Geibel/Süßmann, WpÜG, 3. Aufl. 2017, § 11 Rn. 22; *Seydel*, in: Hirte/Mock/Schwarz/Seibt, Kölner Kommentar zum WpÜG, § 11 Rn. 63 f.
38 Zur Problematik vgl. beispielsweise *Koch*, AktG, 16. Aufl. 2022, § 93 Rn. 67; *Arnold*, in: Marsch-Barner/Schäfer, Handbuch börsennotierte AG, § 22 Rn. 25 ff.; *Drinkuth*, ebenda, § 60 Rn. 171; *Wiesner*, in: Hoffmann-Becking, Münchener Handbuch des Gesellschaftsrechts, § 19 Rn. 25 f.
39 Angebotsunterlage für das Übernahmeangebot der Robert Bosch GmbH an die Aktionäre der aleo solar Aktiengesellschaft vom 27.8.2009, S. 33: „Auch wenn beide Unternehmen nach IFRS bilanzieren, liegen den Abschlüssen unterschiedliche Bilanzierungs- und Bewertungsmethoden sowie Bilanzierungsrichtlinien zugrunde. Die Quantifizierung der Auswirkungen dieser Unterschiede ist dem Bieter nicht möglich. Diese Auswirkungen sind dementsprechend nicht berücksichtigt." Ein entsprechender Hinweis findet sich auch in der Angebotsunterlage für das Übernahmeangebot der Deutsche Bank Aktiengesellschaft an die Aktionäre der Deutsche Postbank AG vom 6.10.2010, S. 53.

che Annahmen ersetzt werden kann.[40] Bei mangelndem Zugang zur Zielgesellschaft ist ein Wirtschaftsprüfer regelmäßig auch an der Erteilung der nach Abschnitt 3 des Anhangs 20 der VO (EU) 2019/980 in Bezug auf Pro-forma-Finanzinformationen in den Prospekt aufzunehmenden Bescheinigung gehindert.[41] Es handelt sich bei den in eine Angebotsunterlage nach dem WpÜG aufzunehmenden „erläuternden Finanzinformationen" damit in aller Regel nicht um Pro-forma-Finanzinformationen im Sinne der VO (EU) 2019/980. Erfolgt die Veröffentlichung eines Prospektes jedoch im Zusammenhang mit einem Übernahmeangebot durch den Emittenten, so ist dieser regelmäßig schon aus Gründen der Prospektvollständigkeit nach Art. 6 ProspektVO gehalten, die für die Erwerber der auf der Grundlage des Prospektes angebotenen Wertpapiere wesentlichen Inhalte der Angebotsunterlage in den Prospekt aufzunehmen. Hat das Übernahmeangebot (jedenfalls im Falle seiner vollständigen Annahme) eine bedeutende Bruttoveränderung zur Folge, sodass grds. Pro-forma-Finanzinformationen in den Prospekt aufzunehmen wären, können erläuternde Finanzinformationen, die für die Zwecke der Angebotsunterlage erstellt wurden, in den Prospekt anstelle von Pro-forma-Finanzinformationen aufgenommen werden, sofern die Erstellung letzterer nicht möglich ist (beispielsweise mangels Zugang zum Rechnungswesen der Zielgesellschaft). Dabei ist darauf zu achten, dass diese erläuternden Finanzinformationen im Prospekt keinesfalls als Pro-forma-Finanzinformationen bezeichnet werden dürfen. Denn die dafür geltenden Anforderungen erfüllen die „erläuternden Finanzangaben" gerade nicht. Darauf ist im Prospekt deutlich hinzuweisen, um eine diesbezügliche Irreführung der Anleger zu verhindern.

2. Berichtszeitraum

18 Der **Berichtszeitraum**, für den grds. Pro-forma-Finanzinformationen zu erstellen sind, wird in Punkt 18.4.1 nicht näher bestimmt. Dieser ergibt sich aber aus Anhang 20, der die Anforderungen an Pro-forma-Finanzinformationen konkretisiert. Denn nach Punkt 18.4.1 Abs. 2, 3 erfolgt die geforderte Beschreibung der Auswirkungen der Transaktion normalerweise durch die Aufnahme von Pro-forma-Finanzinformationen, die gemäß Anhang 20 zu erstellen sind. Daraus ergibt sich dann auch insbesondere, dass Pro-forma-Finanzinformationen keinen weiter in der Vergangenheit liegenden Zeitraum abdecken dürfen als das letzte abgeschlossene Geschäftsjahr des Emittenten (vgl. Punkt 2.2 des Anhangs 20) und die etwaig im Prospekt enthaltene letzte Zwischenberichtsperiode.

3. Bestandteile von Pro-forma-Finanzinformationen

19 Die Auswirkungen der Transaktion auf die Aktiva und Passiva sind grds. in einer **Pro-forma-Bilanz** abzubilden (vgl. Punkt 1.1 lit. b des Anhangs 20). Dabei ist zu unterstellen, dass die Transaktion zum Bilanzstichtag jener Bilanz bereits vollzogen wurde.[42] Einflüsse auf die Erträge des Emittenten sind grds. in einer **Pro-forma-Gewinn- und Verlustrech-**

---

40 IDW Rechnungslegungshinweis: Erstellung von Pro-forma-Finanzinformationen (IDW RH HFA 1.004) (Stand: 12.7.2017), veröffentlicht in IDW Life 2017, 1088 ff., Tz. 16.
41 IDW Prüfungshinweis: Prüfung von Pro-forma-Finanzinformationen (IDW PH 9.960.1) (Stand: 12.7.2017), veröffentlicht in IDW Life 2017, 1094 ff., Tz. 4, 11, 12 und 15.
42 ESMA, Leitlinien zu den Offenlegungspflichten nach der Prospektverordnung, ESMA32-382-1138, 4.3.2021, Leitlinie 20, Rn. 97.

nung darzustellen, die unterstellt, dass der Vollzug der abzubildenden Transaktion bereits zu Beginn der dargestellten Berichtsperiode erfolgt wäre.[43]

4. Vermerk eines Wirtschaftsprüfers

Den Pro-forma-Finanzinformationen muss nach Punkt 18.4.1 Abs. 3 des Anhangs I ein **Vermerk eines unabhängigen Buch- oder Abschlussprüfers** beigefügt werden. Dieser wird ebenfalls in Anhang 20 Abschnitt 3 konkretisiert. Für Deutschland hat das IDW in IDW PH 9.960.1 entsprechende Musterformulierungen für die Bescheinigung des Wirtschaftsprüfers bereitgestellt.

20

5. Freiwillige Aufnahme von Pro-forma-Finanzinformationen

Hat ein Emittent eine oder mehrere Unternehmenstransaktionen durchgeführt oder ist hierzu eine bedeutende finanzielle Verpflichtung eingegangen, die aufgrund ihres Umfangs die Aufnahme von Pro-forma-Finanzinformationen nicht erforderlich machen, also unterhalb der 25%-Schwelle liegen, kann er mitunter dennoch daran interessiert sein, Pro-forma-Finanzinformationen zu erstellen und in den Prospekt aufzunehmen, die die Auswirkungen dieser Transaktionen veranschaulichen. Dies gilt insbesondere in den Fällen, in denen eine Kapitalerhöhung für die (Re-)Finanzierung einer oder mehrerer Akquisitionen erfolgt. Die Platzierungschancen für die neuen Aktien hängen maßgeblich von der Equity Story des Emittenten ab, die in diesem Fall stark von den getätigten Zukäufen und den sich daraus ergebenden Entwicklungsperspektiven geprägt wird. Zu deren Beurteilung erwarten Investoren regelmäßig eine Darstellung der Auswirkungen der Akquisitionen in der Gestalt von Pro-forma-Finanzinformationen. Werden also Pro-forma-Finanzinformationen **freiwillig** in den Prospekt aufgenommen, gelten für diese dieselben Anforderungen, als ob sie zwingend aufzunehmen wären, insbesondere also jene des Anhangs 20 der VO (EU) 2019/980.

21

---

43 ESMA, Leitlinien zu den Offenlegungspflichten nach der Prospektverordnung, ESMA32-382-1138, 4.3.2021, Leitlinie 19, Rn. 93.

Punkt 18.5
Dividendenpolitik

Punkt 18.5.1

Beschreibung der Politik des Emittenten auf dem Gebiet der Dividendenausschüttungen und etwaiger diesbezüglicher Beschränkungen. Verfolgt der Emittent keine derartige Politik, ist eine negative Erklärung abzugeben.

Punkt 18.5.2

Angabe des Betrags der Dividende pro Aktie für jedes Geschäftsjahr innerhalb des von den historischen Finanzinformationen abgedeckten Zeitraums. Wurde die Zahl der Aktien am Emittenten geändert, ist eine Bereinigung zu Vergleichszwecken vorzunehmen.

Übersicht

	Rn.		Rn.
I. Dividendenpolitik	1	II. Betrag der Dividende	5

I. Dividendenpolitik

1   Gemäß Punkt 18.5.1 hat der Emittent im Prospekt seine **Strategie auf dem Gebiet der Dividendenausschüttungen**, in anderen Worten seine Dividendenpolitik, zu beschreiben. In der Praxis geschieht dies typischerweise in einem eigenen, mit „Dividend Policy; Results and Dividends per Share" überschriebenen Prospektabschnitt.[1] Die Dividendenpolitik umfasst die **Kriterien**, anhand derer der Emittent in der Vergangenheit etwaige Dividendenzahlungen (und deren Höhe) festgelegt hat und – für prospektive Anleger noch wichtiger – anhand derer diese Festlegung in der Zukunft getroffen werden soll.[2] U.E. handelt es sich auch bei einer auf Wachstum und infolgedessen auf **Nichtausschüttung** von Gewinnen ausgerichteten Strategie um eine Dividendenstrategie im Sinne von Punkt 18.5.1 (siehe aber → Rn. 4). In diesen Fällen empfiehlt sich eine Beschreibung dahingehend, dass, weshalb und über welchen Zeitraum hinweg der Emittent nicht beabsichtigt, Gewinne an die Aktionäre auszuschütten.

2   In der Praxis wird die Beschreibung der Dividendenpolitik regelmäßig mit einer **Darstellung der (aktien-)rechtlichen Vorgaben**, denen die Festlegung etwaiger Dividendenzahlungen (und deren Höhe) unterliegt, eingeleitet.[3] In diesem Zusammenhang finden sich häufig Erläuterungen, auf welcher Grundlage die Höhe des ausschüttungsfähigen Gewinns bestimmt wird (bei der deutsche Aktiengesellschaft der Einzelabschluss gemäß HGB, siehe § 174 Abs. 1 Satz 2 AktG) und welche Organe des Emittenten bei der Festlegung der Höhe der auszuschüttenden Dividende mitwirken (bei der deutschen Aktiengesellschaft Vorschlag des Vorstands (§ 170 Abs. 2 Nr. 2), Prüfung durch den Aufsichtsrat

---

1   Vgl. z.B. den IPO-Prospekt der ABOUT YOU Holding AG vom 15.6.2021 oder den IPO-Prospekt der AUTO1 Group SE vom 25.1.2021.
2   *Schlitt/Ries*, in: Assmann/Schlitt/von Kopp-Colomb, Prospektrecht Kommentar, Anhang 1 VO (EU) 2019/980 Rn. 278.
3   *Schlitt/Ries*, in: Assmann/Schlitt/von Kopp-Colomb, Prospektrecht Kommentar, Anhang 1 VO (EU) 2019/980 Rn. 278. Vgl. z.B. den Kapitalerhöhungsprospekt der Vonovia SE vom 22.11.2021 oder den Zulassungsprospekt der Siemens Energy AG vom 7.9.2020.

(§ 171 Abs. 1 Satz 1 AktG) und Beschluss der Hauptversammlung (§ 174 Abs. 1 Satz 2 AktG)). Bei ausländischen Emittenten finden sich entsprechende Darstellungen.[4]

Neben der Dividendenpolitik sind **Beschränkungen** darzustellen, denen der Emittent im Hinblick auf seine Dividendenpolitik bzw. etwaige Dividendenausschüttungen unterliegt. Hierzu zählen etwa **aktienrechtliche Ausschüttungsbeschränkungen** (z. B. § 254 Abs. 1 AktG, § 268 Abs. 8 HGB), die ggf. bereits im Rahmen der zuvor erwähnten Darstellung beschrieben werden (→ Rn. 2), sowie **aufsichtsrechtliche Ausschüttungsbeschränkungen**.[5] Daneben kommen auch **vertragliche Vereinbarungen** mit Dritten wie bspw. Kreditverträge in Betracht, wonach eine Dividendenausschüttung während der Laufzeit des Kredits nur bei Erfüllung gewisser finanzieller Kennzahlen (Covenants) zulässig ist.[6] 3

Sofern der Emittent keine Dividendenpolitik verfolgt, ist seit der Neufassung durch die VO (EU) 2019/980 eine entsprechende **Negativerklärung** in den Prospekt aufzunehmen.[7] 4

II. Betrag der Dividende

Ferner muss der Emittent gemäß Punkt 18.5.2 für jedes Geschäftsjahr innerhalb des Zeitraums, der von den historischen Finanzinformationen umfasst ist (regelmäßig drei Geschäftsjahre, vgl. Punkt 18.1.1 von Anhang 1 zur VO (EU) 2019/980), den **Betrag der Dividende pro Aktie** angeben. In der Praxis erfolgt dies regelmäßig in Form einer Tabelle, in der – neben dem Betrag der Dividende pro Aktie – für jedes der betreffenden Geschäftsjahre auch das jeweilige Ergebnis (nicht-konsolidiert und konsolidiert) pro Aktie gezeigt wird.[8] Soweit der Emittent in diesem Zeitraum noch als GmbH firmierte und noch keine Aktien, sondern – ggf. nur wenige – GmbH-Geschäftsanteile bestanden, sind entsprechende erläuternde Angaben zu machen und Angaben zu Ausschüttungen in den entsprechenden Kontext zu stellen.[9] Wurde in diesem Zeitraum keine Dividenden an die Aktionäre ausgeschüttet, ist dies anzugeben. 5

In Fällen, in denen sich die Anzahl der Aktien im betreffenden Zeitraum geändert hat, muss die **Zahl der Aktien bereinigt** werden, um es dem Anleger zu ermöglichen, die 6

---

4 Vgl. z. B. den Zulassungsprospekt der Acorn HoldCo, Inc. vom 7.7.2022, den Zulassungsprospekt der Vulcan Energy Resources Ltd. vom 11.2.2022 oder den Zulassungsprospekt der Novem Group S.A. vom 15.7.2021.
5 *Schlitt/Ries*, in: Assmann/Schlitt/von Kopp-Colomb, Prospektrecht Kommentar, Anhang 1 VO (EU) 2019/980 Rn. 278. Siehe z. B. Empfehlung der Europäischen Zentralbank vom 27.3.2020 zu Dividendenausschüttungen während der COVID-19-Pandemie und zur Aufhebung der Empfehlung EZB/2020/1, ABl. 2020, 30.3.2020, C 102 I/1.
6 *Schlitt/Ries*, in: Assmann/Schlitt/von Kopp-Colomb, Prospektrecht Kommentar, Anhang 1 VO (EU) 2019/980 Rn. 278. Zum alten Recht: *Alfes/Wieneke*, in: Holzborn, WpPG, Anhang I ProspektVO Rn. 189.
7 ESMA, Final Report – Technical Advice under the Prospectus Regulation (ESMA31-62-800), 28.3.2018, Rn. 710 lit. g. Nach *Schlitt/Ries*, in: Assmann/Schlitt/von Kopp-Colomb, Prospektrecht Kommentar, Anhang 1 VO (EU) 2019/980 Rn. 278 soll dieses Angabeerfordernis (und die daraus erwachsende öffentliche „Prangerwirkung") den Emittenten zur einer aktiven Dividendenpolitik veranlassen.
8 *Schlitt/Ries*, in: Assmann/Schlitt/von Kopp-Colomb, Prospektrecht Kommentar, Anhang 1 VO (EU) 2019/980 Rn. 279.
9 *Schlitt/Ries*, in: Assmann/Schlitt/von Kopp-Colomb, Prospektrecht Kommentar, Anhang 1 VO (EU) 2019/980 Rn. 279.

historischen Werte miteinander zu vergleichen. Eine solche Änderung kann bspw. auf eine Kapitalerhöhung aus Gesellschaftsmitteln oder die Ausgabe von Mitarbeiteraktien zurückgehen.[10] Eine **Berechnungsmethode** schreibt die VO (EU) 2019/980 – wie bereits die Vorgängervorschrift (Ziffer 20.7 von Anhang I zur VO (EG) 809/2004) – nicht vor. Es ist deshalb möglich (und in der Praxis verbreitet), auf die am jeweiligen Bilanzstichtag bestehende Anzahl und/oder auf die in den betreffenden Geschäftsjahren jeweils durchschnittlich bestehenden Aktien abzustellen.[11] Letztere Darstellung entspricht der Berechnungsweise nach IAS 33 und schafft dadurch einen Gleichlauf zwischen den Angaben im Prospekthauptteil und denen im jeweiligen Konzernabschluss.[12]

7 Gelegentlich findet sich in der Praxis der **vorsorgliche Hinweis**, dass in der Vergangenheit ausgeschüttete Dividenden nicht notwendigerweise eine Indikation hinsichtlich zukünftig auszuschüttender Dividenden geben. Ebenso findet sich verbreitet der Hinweis, dass keine Zusicherung dahingehend gemacht werden kann, dass in der Zukunft ausschüttungsfähige Gewinne erwirtschaftet werden und dass, sollten solche erwirtschaftet werden, diese auch an die Aktionäre ausgeschüttet werden.

---

10 *Schlitt/Ries*, in: Assmann/Schlitt/von Kopp-Colomb, Prospektrecht Kommentar, Anhang 1 VO (EU) 2019/980 Rn. 280. Zum alten Recht: *Alfes/Wieneke*, in: Holzborn, WpPG, Anhang I ProspektVO Rn. 190.
11 Schlitt/Ries, in: Assmann/Schlitt/von Kopp-Colomb, Prospektrecht Kommentar, Anhang 1 VO (EU) 2019/980 Rn. 280. Zum alten Recht: *Alfes/Wieneke*, in: Holzborn, WpPG, Anhang I ProspektVO Rn. 190.
12 *Schlitt/Ries*, in: Assmann/Schlitt/von Kopp-Colomb, Prospektrecht Kommentar, Anhang 1 VO (EU) 2019/980 Rn. 280.

Punkt 18.6
Gerichts- und Schiedsgerichtsverfahren
Angaben über etwaige staatliche Interventionen, Gerichts- oder Schiedsgerichtsverfahren (einschließlich derjenigen Verfahren, die nach Kenntnis des Emittenten noch anhängig sind oder eingeleitet werden könnten), die im Zeitraum der mindestens 12 letzten Monate stattfanden und die sich in jüngster Zeit erheblich auf die Finanzlage oder die Rentabilität des Emittenten und/oder der Gruppe ausgewirkt haben oder sich in Zukunft auswirken könnten. Ansonsten ist eine negative Erklärung abzugeben.

Nach Punkt 18.6 haben Emittenten Angaben zu bestimmten staatlichen Interventionen, Gerichts- oder Schiedsgerichtsverfahren zu machen. Die Vorschrift wurde weitgehend unverändert aus der VO (EG) 809/2004 (dort Ziffer 20.8) übernommen. Die deutsche Sprachfassung der VO (EU) 2019/980 ist im Hinblick auf den Begriff „staatliche Interventionen" etwas missglückt. Aus dem Kontext – Gerichts- oder Schiedsgerichtsverfahren – sowie anhand der englischen und der französischen Sprachfassung (governmental ... proceedings bzw. procédure administrative) wird jedoch erkennbar, dass damit **öffentlich-rechtliche bzw. verwaltungsrechtliche Verfahren** gemeint sind. Dabei ist der Begriff weit zu verstehen und umfasst etwa Untersuchungen der BaFin, Ermittlungen von Staatsanwaltschaft oder Steuerbehörden sowie Verfahren anderer (Aufsichts-)Behörden. Auch der Begriff des Gerichts- bzw. des Schiedsgerichtsverfahrens ist weit zu verstehen und umfasst grundsätzlich **jegliche Art von Verfahren vor jeglicher Art von Gerichts- bzw. Schiedsgerichtsbarkeit**, gleich ob staatlicher oder privater Natur. Einschränkungen der geforderten Darstellung ergeben sich in sachlicher Hinsicht und zeitlicher Hinsicht (→ Rn. 2 und 3). Durch die Ersetzung des Wortes „oder" (in der VO (EG) 809/2004) durch das Wort „und" (in der VO (EU) 2019/980) wurde klargestellt, dass die sachliche und die zeitliche Einschränkung kumulativ gelten. In der Praxis wird die entsprechende Offenlegung häufig übergreifend mit dem Begriff „Rechtsstreitigkeiten" (Legal Proceedings) bezeichnet (siehe → Rn. 4). 1

Rechtsstreitigkeiten sind gemäß Punkt 18.6 nur insoweit darzustellen, als sie sich in jüngster Zeit **erheblich** auf die Finanzlage oder die Rentabilität des Emittenten und/oder dessen Konzern ausgewirkt haben oder sich in Zukunft auswirken könnten.[1] Dabei ist bei potenziellen zukünftigen Auswirkungen auf die Finanzlage oder die Rentabilität des Emittenten und/oder dessen Konzern unter der VO (EU) 2019/980 – wie bereits unter der Vorgängervorschrift[2] – nicht relevant, wie hoch die Wahrscheinlichkeit eingeschätzt wird, dass es zu einer (erheblichen) Auswirkung kommt; die bloße Möglichkeit, dass das Verfahren (erhebliche) Auswirkungen zeitigen kann, ist ausreichend. Der geforderten Offenlegung liegt also zunächst eine **finanzielle Logik** zugrunde, die auch anhand dessen deutlich wird, dass Punkt 18.6 (Gerichts- und Schiedsverfahren) Teil von Abschnitt 18 betreffend die Finanzinformationen über die Vermögens-, Finanz- und Ertragslage des Emittenten ist. Allerdings ist die Einschränkung und die ihr zugrunde liegende finanzielle Logik nicht als alleiniger Maßstab zu verstehen. Schon zur Vorgängervorschrift unter der VO (EG) 809/2004 wurde vertreten, dass Auswirkungen als erheblich anzusehen sind, soweit 2

---

[1] *Schlitt/Ries*, in: Assmann/Schlitt/von Kopp-Colomb, Prospektrecht Kommentar, Anhang 1 VO (EU) 2019/980 Rn. 281; *Schlitt*, in: Habersack/Mülbert/Schlitt, Kapitalmarktinformation, § 4 Rn. 99.
[2] Zum alten Recht: *Alfes/Wieneke*, in Holzborn, WpPG, Anhang I ProspektVO Rn. 191.

diese **geeignet sind, eine Reaktion des Marktes hervorzurufen**.[3] Die Reichweite der geforderten Offenlegung bestimmt sich nach deren Sinn und Zweck, den Investor über **zentrale Verfahrens- und Prozessrisiken**, denen der Emittent bzw. sein Konzern ausgesetzt war, ist oder zu werden erwartet, aufzuklären. Insofern korreliert die Offenlegung eng mit der Risikooffenlegung gemäß Artikel 16 ProspektVO, die häufig auch einen oder mehrere Risikofaktoren hinsichtlich bestehender oder möglicher Prozessrisiken enthält (z. B.: The Company is exposed to risks from ongoing and potential future litigation and other legal and regulatory actions and risks, and …).[4] Angesichts dessen sind – über den Wortlaut hinaus und im Einklang mit dem Wesentlichkeits- und Vollständigkeitsgrundsatz (Art. 6 Abs. 1 und Art. 20 Abs. 4 ProspektVO) – Rechtsstreitigkeiten darzustellen, soweit sie aus Sicht eines Investors **für die Anlageentscheidung wesentlich** sind. Hierunter fallen bspw. Verfahren und Prozesse, die oder deren Ausgang zwar für sich genommen keine erhebliche Auswirkung auf die Finanzlage oder die Rentabilität des Emittenten oder seines Konzerns haben, aber mit denen ein hohes **Reputationsrisiko** verbunden ist oder die – sofern zum Nachteil des Emittenten entschieden – eine große Zahl weiterer, ähnlich gelagerter Verfahren nach sich ziehen könnten, die wiederum in Summe eine erhebliche Auswirkung auf die Finanzlage oder die Rentabilität des Emittenten oder seines Konzerns haben könnten.

3   Die Rechtsstreitigkeiten müssen, wie bereits nach der VO (EG) 809/2004, im Zeitraum der **vergangenen zwölf Monate** (ab dem Datum des Prospekts) stattgefunden haben. Dies umfasst Verfahren, die in diesem Zeitraum anhängig waren und/oder abgeschlossen wurden, sowie Verfahren, die zum Datum des Prospekts noch anhängig sind. Darüber hinaus sind auch Angaben zu solchen Verfahren zu machen, die **nach der Kenntnis des Emittenten eingeleitet werden könnten**. Dabei dürfte es sich um Sachverhalte handeln, bei denen der Emittent etwa angesichts des vorausgegangenen (anwaltlichen) Schriftverkehrs davon ausgeht, dass die förmliche Einleitung eines Rechtsstreits fest zu erwarten ist und/oder unmittelbar bevorsteht. Der in Punkt 18.6 genannte Zwölfmonatszeitraum bezieht sich auf das Verfahren, nicht auf den Zeitpunkt des Eintritts der von dem Verfahren ausgehenden oder zu erwartenden Auswirkungen. Dieser kann sowohl in der (jüngeren) Vergangenheit als auch in der Gegenwart oder der Zukunft liegen.

4   In der Praxis finden sich die Angaben zu den Rechtsstreitigkeiten üblicherweise in einem mit „Rechtsstreitigkeiten" (Legal Proceedings) überschriebenen Unterabschnitt des Prospektkapitels über die Geschäftstätigkeit des Emittenten (Business).[5] Die Angaben sollten den Investor in **knapper, präziser Form** über die **wesentlichen Eckdaten** der relevanten Verfahren aufklären. Zumeist enthält die Darstellung Angaben zu den Verfahrensbeteiligten, zum Verfahrensgegenstand (z. B. Schadensersatzforderung; Unterlassungsklage) zur Art des Verfahrens (z. B. Zivilverfahren; aufsichtsrechtliches Bußgeldverfahren) und der damit befassten (Schieds-)Gerichtsbarkeit (z. B. Oberlandesgericht Frankfurt; BaFin), zum Streitwert, zu zentralen Meilensteinen im Verfahrensverlauf (z. B. nicht rechtskräftige Entscheidung der Vorinstanz) sowie zum letzten Stand des Verfahrens (z. B. gerichtliche Anhörung zur Erörterung des Sach- und Streitstands).[6] Im Gegensatz hierzu dürfte

---

3 Zum alten Recht: *Wiegel*, Die Prospektrichtlinie und die Prospektverordnung, 2008, S. 222.
4 Vgl. z. B. den Zulassungsprospekt der Daimler Truck Holding AG vom 26.11.2021.
5 Vgl. etwa den Kapitalerhöhungsprospekt der HolidayCheck Group AG vom 21.1.2021 und den IPO-Prospekt der hGears AG vom 7.5.2021.
6 Vgl. etwa den Zulassungsprospekt der Siemens Energy AG vom 7.9.2020.

der an die Detailliertheit der Darstellung anzulegende Maßstab bei potenziellen zukünftigen Verfahren (siehe → Rn. 3) eher gering sein. Angesichts des Sinn und Zwecks der Offenlegung, die nicht zuletzt risikogetrieben ist (siehe → Rn. 2), finden sich in der Praxis überwiegend Darstellungen von Verfahren, in denen der Emittent Beklagter (**Passivprozesse**) oder Gegenstand von behördlichen Ermittlungen ist,[7] und **weniger Aktivprozesse**, in denen der Emittent eigene Rechte und Interessen geltend macht (es sei denn, die Aktivprozesse sind aufgrund ihrer Bedeutung oder Natur so wesentlich, dass sie eine Offenlegung erfordern). Sind mehrere Verfahren darzustellen, bietet es sich unter Umständen an, die Darstellung ähnlich gelagerter Verfahren unter einer Zwischenüberschrift zusammenzufassen oder diese gar zusammenfassend zu beschreiben.[8]

Führt der Emittent oder die Mitglieder seines Konzerns keine einschlägigen Verfahren und steht dies auch nicht zu befürchten, ist dies in Form einer **Negativerklärung** anzugeben.[9]   5

---

[7] Vgl. etwa den IPO-Prospekt der ABOUT YOU Holding AG vom 15.1.2021.
[8] Vgl. etwa den Zulassungsprospekt der Daimler Truck Holding AG vom 26.11.2021.
[9] Zum alten Recht: *Wiegel*, Die Prospektrichtlinie und die Prospektverordnung, 2008, S. 222.

Punkt 18.7
Wesentliche Veränderungen in der Finanzlage des Emittenten

Punkt 18.7.1
Beschreibung jeder wesentlichen Veränderung in der Finanzlage der Gruppe, die seit dem Ende des Stichtags eingetreten ist, für den entweder geprüfte Abschlüsse oder Zwischenfinanzinformationen veröffentlicht wurden. Ansonsten ist eine negative Erklärung abzugeben.

Übersicht

	Rn.		Rn.
I. Überblick	1	II. Finanzlage	3

I. Überblick

1   Abschnitt 18.7 fordert eine **Beschreibung der wesentlichen Veränderungen in der Finanzlage des Emittenten** (bzw. falls zutreffend des Konzerns),[1] die sich **nach dem Stichtag** der in den Prospekt aufgenommenen historischen Finanzinformation (Abschlüsse oder Zwischenfinanzinformationen) ereignet haben. Die Vorschrift dient dazu, hinsichtlich der für Investoren besonders wichtigen Informationskategorie Finanzlage (Financial Position) die **zeitliche Lücke** zwischen dem Stichtag der in den Prospekt aufgenommenen historischen Finanzinformation und dem Datum des Prospekts zu schließen.

2   Die Vorgängervorschrift zu Punkt 18.7 (Ziffer 20.9 von Anhang I zur VO (EG) 809/2004) sah eine zweigliedrige Offenlegung vor und verlangte neben der Beschreibung von wesentlichen Veränderungen in der Finanzlage auch eine Beschreibung von wesentlichen Veränderungen in der Handelsposition (Trading Position). Im Rahmen der Neufassung durch die VO (EU) 2019/980 wurde die Offenlegung bezüglich der Handelsposition – da laut ESMA über die Auslegung des Begriffes im Markt Uneinigkeit geherrscht habe – unter den geläufigeren Begriff der Finanz- und Ertragslage (Financial Performance) gefasst (Punkt 10.1 lit. b) und dem Abschnitt 10 (Trendinformationen) zugeschlagen.[2]

II. Finanzlage

3   Die VO (EU) 2019/980 enthält – wie bereits die ProspektVO 2004 – **keine Legaldefinition** des Begriffs der Finanzlage.[3] Es liegt daher nahe, ihn konsistent mit Punkt 7.1 (vormals Ziffer 9.1) auszulegen.[4] Insofern ist er nicht etwa so zu verstehen, dass nur über we-

---

1 *Schlitt/Ries*, in: Assmann/Schlitt/von Kopp-Colomb, Prospektrecht Kommentar, Anhang 1 VO (EU) 2019/980 Rn. 282; *Voß*, in: Just/Voß/Ritz/Zeising, Wertpapierprospektrecht, Anhang 1 VO (EU) 2019/980 Rn. 404.
2 ESMA, Final Report – Technical advice under the Prospectus Regulation (ESMA31-62-800), 28.3.2018, Rn. 68, 174; ESMA, Consultation Paper – Draft technical advice on format and content of the prospectus (ESMA31-62-532), 6.7.2017, Rn. 70; zustimmend *Schlitt/Ries*, in: Assmann/Schlitt/von Kopp-Colomb, Prospektrecht Kommentar, Anhang 1 VO (EU) 2019/980 Rn. 285.
3 *Schlitt/Ries*, in: Assmann/Schlitt/von Kopp-Colomb, Prospektrecht Kommentar, Anhang 1 VO (EU) 2019/980 Rn. 282.
4 *Schlitt/Ries*, in: Assmann/Schlitt/von Kopp-Colomb, Prospektrecht Kommentar, Anhang 1 VO (EU) 2019/980 Rn. 284.

sentliche Veränderungen von Bilanzpositionen (Vermögenslage) nach dem Stichtag der in den Prospekt aufgenommenen historischen Finanzinformation zu berichten sei. Vielmehr ist der Begriff im Lichte des Vollständigkeitsgebots (Art. 20 Abs. 4 ProspektVO) dahingehend auszulegen, dass der Emittent **wesentliche Veränderungen aller wichtigen Finanzkennzahlen** (einschließlich – aber nicht beschränkt auf – wichtige Positionen der Bilanz, der Gewinn- und Verlustrechnung sowie der Kapitalflussrechnung) zu beschreiben hat, die seit dem Stichtag der in den Prospekt aufgenommenen historischen Finanzinformation eingetreten sind.[5] Deshalb hat der Emittent bei der Prospekterstellung die wesentlichen, im Kapitel „Darstellung und Analyse der Vermögens-, Finanz- und Ertragslage" (Management's Discussion and Analysis) diskutierten Kennzahlen **sorgfältig daraufhin zu überprüfen**, ob es seit dem Stichtag der in den Prospekt aufgenommenen historischen Finanzinformation zu einer wesentlichen Veränderung gekommen ist, und diese ggf. zu beschreiben.[6] Umfasst der Prospekt einen (ungeprüften) Zwischenabschluss, ist es insoweit ausreichend, auf die „Darstellung und Analyse der Vermögens-, Finanz- und Ertragslage" zu verweisen und seinen Inhalt summarisch wiederzugeben.[7]

Die VO (EU) 2019/980 enthält auch keinen Hinweis, wann eine Veränderung der Finanzlage als wesentlich zu betrachten ist.[8] Es ist deshalb eine **wertende (Einzelfall-)Betrachtung** der betreffenden Kennzahlen vorzunehmen, um die Wesentlichkeit etwaiger Veränderungen zu ermitteln.[9] Abstrakte, etwa in Prozent ausgedrückte Veränderungsschwellenwerte können dabei bestenfalls als erster Anhaltspunkt dienen.[10] Wesentliche Veränderungen der Finanzlage können beispielsweise Unternehmenserwerbe, die Zerstörung einer Produktionsstätte oder umfangreiche Transaktionen in Bezug auf Stammaktien sein.[11] 4

Ergibt sich aus der Prüfung der Kennzahlen, dass es seit dem Stichtag der in den Prospekt aufgenommenen historischen Finanzinformation zu keinen wesentlichen Veränderungen gekommen ist, ist dies in Form einer **Negativerklärung** klarzustellen.[12] 5

---

5 Ähnlich *Schlitt/Ries*, in: Assmann/Schlitt/von Kopp-Colomb, Prospektrecht Kommentar, Anhang 1 VO (EU) 2019/980 Rn. 284. Zum alten Recht: *Alfes/Wieneke*, in: Holzborn, WpPG, Anhang I ProspektVO Rn. 192; i. E. auch *Wiegel*, Die Prospektrichtlinie und Prospektverordnung, 2008, S. 221.
6 *Schlitt/Ries*, in: Assmann/Schlitt/von Kopp-Colomb, Prospektrecht Kommentar, Anhang 1 VO (EU) 2019/980 Rn. 284.
7 *Schlitt/Ries*, in: Assmann/Schlitt/von Kopp-Colomb, Prospektrecht Kommentar, Anhang 1 VO (EU) 2019/980 Rn. 284.
8 *Schlitt/Ries*, in: Assmann/Schlitt/von Kopp-Colomb, Prospektrecht Kommentar, Anhang 1 VO (EU) 2019/980 Rn. 282. Zum alten Recht: *Wiegel*, Die Prospektrichtlinie und Prospektverordnung, 2008, S. 220 a. E.
9 *Schlitt/Ries*, in: Assmann/Schlitt/von Kopp-Colomb, Prospektrecht Kommentar, Anhang 1 VO (EU) 2019/980 Rn. 282. Zum alten Recht ähnlich: *Wiegel*, Die Prospektrichtlinie und Prospektverordnung, 2008, S. 221.
10 *Schlitt/Ries*, in: Assmann/Schlitt/von Kopp-Colomb, Prospektrecht Kommentar, Anhang 1 VO (EU) 2019/980 Rn. 282. Zum alten Recht ähnlich *Wiegel*, Die Prospektrichtlinie und Prospektverordnung, 2008, S. 221.
11 *Voß*, in: Just/Voß/Ritz/Zeising, Wertpapierprospektrecht, Anhang 1 VO (EU) 2019/980 Rn. 405. Zum alten Recht *Alfes/Wieneke*, in: Holzborn, WpPG, Anhang I ProspektVO Rn. 192 mit Verweis auf die Beispiele in IAS 10.22.
12 *Voß*, in: Just/Voß/Ritz/Zeising, Wertpapierprospektrecht, Anhang 1 VO (EU) 2019/980 Rn. 409. Zum alten Recht *Alfes/Wieneke*, in: Holzborn, WpPG, Anhang I ProspektVO Rn. 192; *Wiegel*, Die Prospektrichtlinie und Prospektverordnung, 2008, S. 220.

Anh. 1 VO (EU) 2019/980 Punkt 18.7 Wesentliche Veränderungen in der Finanzlage

6   Die gemäß Punkt 18.7 (und Punkt 10.1 lit. b) zu machenden Angaben finden sich in der Praxis regelmäßig im Kapitel „Jüngste Entwicklungen und Ausblick" (Recent Developments and Outlook) am Ende des Prospekts.[13] Sie werden aber häufig auch unter einer eigenen Unterüberschrift (Significant changes in financial performance or financial position) im Abschnitt „Darstellung und Analyse der Vermögens-, Finanz- und Ertragslage" aufgenommen.[14]

---

13 *Schlitt/Ries*, in: Assmann/Schlitt/von Kopp-Colomb, Prospektrecht Kommentar, Anhang 1 VO (EU) 2019/980 Rn. 286. Vgl. zum Beispiel den Kapitalerhöhungsprospekt der TAG Immobilien AG vom 8.7.2022, den Zulassungsprospekt der Vulcan Energy Resources Ltd. vom 11.2.2022, den Kapitalerhöhungsprospekt der Vonovia SE vom 22.11.2021 oder den Zulassungsprospekt der Novem Group S.A. vom 15.7.2021.
14 Vgl. zum Beispiel den IPO-Prospekt der Katek SE vom 21.4.2021, den Zulassungsprospekt der 468 SPAC I SE vom 29.4.2021 oder den IPO-Prospekt der Friedrich Vorwerk Group SE vom 15.3.2021.

Abschnitt 19
Weitere Angaben

Punkt 19.1

Aktienkapital

Angaben unter den Punkten 19.1.1 bis 19.1.7 in den historischen Finanzinformationen zum Stichtag der jüngsten Bilanz:

Punkt 19.1.1

Höhe des ausgegebenen Kapitals und für jede Gattung des Aktienkapitals:

a) der Gesamtbetrag des genehmigten Aktienkapitals des Emittenten;

b) Zahl der ausgegebenen und voll eingezahlten Aktien und Zahl der ausgegebenen und nicht voll eingezahlten Aktien;

c) Nennwert pro Aktie bzw. Meldung, dass die Aktien keinen Nennwert haben, und

d) Abgleich zwischen der Zahl der ausstehenden Aktien zu Beginn und zum Ende des Geschäftsjahres.

Wurde mehr als 10 % des Kapitals während des Zeitraums, auf den sich die historischen Finanzinformationen beziehen, mit anderen Aktiva als Barmitteln eingezahlt, so ist dies anzugeben.

Punkt 19.1.2

Sollten Aktien vorhanden sein, die nicht Bestandteil des Eigenkapitals sind, so sind die Anzahl und die wesentlichen Merkmale dieser Aktien anzugeben.

Punkt 19.1.3

Angabe der Anzahl, des Buchwertes sowie des Nennbetrags der Aktien, die Bestandteil des Eigenkapitals des Emittenten sind und die vom Emittenten selbst oder in seinem Namen oder von Tochtergesellschaften des Emittenten gehalten werden.

Punkt 19.1.4

Angabe etwaiger wandelbarer Wertpapiere, umtauschbarer Wertpapiere oder etwaiger Wertpapieren mit Optionsscheinen, wobei die geltenden Bedingungen und Verfahren für die Wandlung, den Umtausch oder die Zeichnung darzulegen sind.

Punkt 19.1.5

Angaben über eventuelle Akquisitionsrechte und deren Bedingungen und/oder über Verpflichtungen in Bezug auf genehmigtes, aber noch nicht ausgegebenes Kapital oder in Bezug auf eine Kapitalerhöhung.

Punkt 19.1.6

Angaben, ob auf den Anteil eines Mitglieds der Gruppe ein Optionsrecht besteht oder ob bedingt oder bedingungslos vereinbart wurde, einen Anteil an ein Optionsrecht zu knüpfen, sowie Einzelheiten über solche Optionen, die auch jene Personen betreffen, die diese Optionsrechte erhalten haben.

Punkt 19.1.7

Die Entwicklung des Aktienkapitals mit besonderer Hervorhebung der Angaben über etwaige Veränderungen, die während des von den historischen Finanzinformationen abgedeckten Zeitraums erfolgt sind.

Punkt 19.2

Satzung und Statuten der Gesellschaft

Punkt 19.2.1

Anzugeben sind das Register und ggf. die Nummer, unter der die Gesellschaft in das Register eingetragen ist, sowie eine kurze Beschreibung der Zielsetzungen des Emittenten und an welcher Stelle sie in der aktuellen Satzung und den aktuellen Statuten der Gesellschaft verankert sind.

Punkt 19.2.2

Gibt es mehr als eine Gattung vorhandener Aktien, Beschreibung der Rechte, Vorrechte und Beschränkungen, die an jede Gattung gebunden sind.

Punkt 19.2.3

Kurze Beschreibung etwaiger Bestimmungen der Satzung und der Statuten des Emittenten sowie der Gründungsurkunde oder sonstiger Satzungen, die u. U. eine Verzögerung, einen Aufschub oder sogar die Verhinderung eines Wechsels in der Kontrolle des Emittenten bewirken.

Übersicht

	Rn.		Rn.
I. Überblick	1	5. Angaben zu Akquisitionsrechten und genehmigtem/bedingtem Kapital (Punkt 19.1.5)	14
II. Angaben zum Aktienkapital (Punkt 19.1)	3	6. Optionsrechte auf Aktien des Emittenten bzw. das Kapital anderer Gruppenmitglieder (Punkt 19.1.6)	15
1. Angaben zum Grundkapital des Emittenten (Punkt 19.1.1)	4	7. Angaben zur Entwicklung des Aktienkapitals (Punkt 19.1.7)	16
2. Angaben zu nicht zum Eigenkapital des Emittenten zählenden Aktien (Punkt 19.1.2)	11	**III. Angaben zur Satzung und den Statuten der Gesellschaft (Punkt 19.2)**	17
3. Angaben zu vom Emittenten selbst gehaltenen Aktien (Punkt 19.1.3)	12		
4. Angaben zu Wandel- und Optionsanleihen (Punkt 19.1.4)	13		

I. Überblick

1 Nach Abschnitt 19 sind in den Prospekt „zusätzliche Angaben" zum Aktienkapital sowie zu Satzung und Statuten des Emittenten aufzunehmen. Die Vorgängervorschrift (Ziffer 21 von Anhang I zur VO (EG) 809/2004) wurde insbesondere im Zusammenhang mit dem Aktienkapital des Emittenten zuweilen als eine Art „**Sammelbecken von Angabeerfordernissen**" verstanden.[1] Die Norm ist – wie schon die Vorgängervorschrift – als europäische Regelung nicht auf die Begrifflichkeiten und Feinheiten des deutschen Aktienrechts abgestimmt und bringt daher einen gewissen **Auslegungsbedarf** mit sich,[2] wenngleich die Neufassung im Rahmen der VO (EU) 2019/980 diese Problematik teilweise adressiert hat (siehe → Rn. 2). Die Angaben zum Aktienkapital des Emittenten nach Punkt 19.1 erfolgen regelmäßig in einem eigenen Abschnitt unter der Überschrift „Angaben über das Kapital

---

1 *Voß*, in: Just/Voß/Ritz/Zeising, Wertpapierprospektrecht, Anhang 1 VO (EU) 2019/980 Rn. 410 unter Hinweis auf die IOSCO International Disclosure Standards for Cross-Border Offerings and Initial Listings of Foreign Issuers, September 1998, Anhang X (Additional Information).

2 *Voß*, in: Just/Voß/Ritz/Zeising, Wertpapierprospektrecht, Anhang 1 VO (EU) 2019/980 Rn. 410.

der Gesellschaft" (Information on the Company's Capital),³ die Angaben zu Satzung und Statuten des Emittenten nach Punkt 19.2 finden sich üblicherweise auf verschiedene Abschnitte verteilt, darunter „Angaben über das Kapital der Gesellschaft" und „Angaben zu den Organen der Gesellschaft" (Governing Bodies of the Company).

Die Neufassung der Vorschrift im Rahmen der VO (EU) 2019/980 beschränkt sich – neben einer Reihe redaktioneller Anpassungen – im Wesentlichen auf zwei Aspekte. Zum einen wurden in der deutschen Sprachfassung einige Begrifflichkeiten im Unterabschnitt zum Aktienkapital (Punkt 19.1) besser auf das deutsche Aktienrecht abgestimmt. So wurden etwa die Begriffe „Aktienkategorie" und „zugelassenen Aktien" in den Punkten 19.1.1 Satz 1 Hs. 1 und 19.1.1 Satz 1 lit. a durch die in der deutschen Aktienrechtsdogmatik gängigen Begriffe „Aktiengattung" und „genehmigtes Aktienkapital" ersetzt. Hierdurch sind eine Reihe von Auslegungsfragen obsolet geworden.⁴ Zum anderen wurden im Unterabschnitt zu Satzung und Statuten (Punkt 19.2) die Angabeerfordernisse über Bestimmungen betreffend die Mitglieder von Vorstand und Aufsichtsrat, Änderungen der mit den Aktien verbundenen Rechte, Einberufung und Teilnahmebedingungen der Hauptversammlung, Beteiligungstransparenz und Bedingungen für Änderungen des Eigenkapitals (vormals Ziffer 21.2.2, 21.2.4, 21.2.5, 21.2.8 und 21.2.8) zur Verringerung des Verwaltungsaufwandes ersatzlos gestrichen. Hintergrund der Streichung ist die im Rahmen der Neufassung durch die VO (EU) 2019/980 erfolgte Änderung in Abschnitt 21 (Verfügbare Dokumente), wonach die verfügbaren Dokumente (darunter die aktuelle Satzung und Statuten des Emittenten) nunmehr zwingend online bereitzustellen sind. Da diese Dokumente hiernach für Investoren leicht zugänglich sind, bedarf es aus Sicht der ESMA keiner weitreichenden Wiedergabe von Satzungs- bzw. Statutenbestimmungen mehr im Prospekt.⁵ Die Beibehaltung der verbleibenden Angabeerfordernisse sei bei Aktientransaktionen – insbesondere im Falle der erstmaligen Emission von Aktien durch einen Emittenten – dadurch gerechtfertigt, dass weder Investoren noch Aufsichtsbehörden mit dem Emittenten vertraut sind bzw. – bei Bestimmungen bezüglich eines Kontrollwechsels (Punkt 19.2.3) – dass diese im Zusammenhang mit einer Investitionsentscheidung wesentlich sind.⁶ Bemerkenswert ist schließlich, dass laut ESMA die Informationen zu den gestrichenen Angabeerfordernissen, soweit sie wesentlich für Investoren und deren Rechte sind, gemäß dem Vollständigkeitsgrundsatz (Art. 20 Abs. 4 ProspektVO) auch in Zukunft in den Prospekt aufzunehmen sein sollen.⁷ Insofern empfiehlt es sich für Emittenten in der Praxis, im Rahmen der Prospekterstellung auch die **gestrichenen Angabeerfordernisse daraufhin zu überprüfen, ob sie im konkreten Fall einschlägig sind** und, falls ja, ob die entsprechenden Angaben für Investoren und deren Rechte wesentlich sein können. Entsprechend sind in der Prospektpraxis auch keine nennenswerten, durch die Neufassung

---

3 *Schlitt/Ries*, in: Assmann/Schlitt/von Kopp-Colomb, Prospektrecht Kommentar, Anhang 1 VO (EU) 2019/980 Rn. 287.
4 Vgl. noch die Vorauflage.
5 ESMA, Final Report – Technical advice under the Prospectus Regulation (ESMA31-62-800), 28.3.2018, Rn. 159; ESMA, Consultation Paper – Draft technical advice on format and content of the prospectus (ESMA31-62-532), 6.7.2017, Rn. 86.
6 ESMA, Consultation Paper – Draft technical advice on format and content of the prospectus (ESMA31-62-532), 6.7.2017, Rn. 86.
7 ESMA, Final Report – Technical advice under the Prospectus Regulation (ESMA31-62-800), 28.3.2018, Rn. 159.

des Punktes 19.2 begründeten Veränderungen der satzungs- und statutenbezogenen Offenlegungen zu erkennen.

II. Angaben zum Aktienkapital (Punkt 19.1)

3   Die nach Punkt 19.1 aufzunehmenden zusätzlichen Angaben im Zusammenhang mit dem Aktienkapital des Emittenten sind zum **Stichtag der jüngsten Bilanz**, die Bestandteil der historischen Finanzinformationen ist, zu machen. Damit stellt die VO (EU) 2019/980 auf das letzte für die aufzunehmenden historischen Finanzinformationen relevante Geschäftsjahr bzw. einen ggf. existierenden Zwischenberichtszeitraum ab.[8] Gleichwohl ist es empfehlenswert und nach derzeitiger Praxis üblich, im Prospekt **aktuellere Angaben zum Zeitpunkt der Prospektbilligung** durch die BaFin zu machen.[9]

1. Angaben zum Grundkapital des Emittenten (Punkt 19.1.1)

4   Nach Punkt 19.1.1 Satz 1 Hs. 1 ist mit der Höhe des ausgegebenen Kapitals zunächst die **Höhe des Grundkapitals** des Emittenten im Sinne von §§ 1 Abs. 2, 6 AktG anzugeben.[10] Darüber hinaus sind für jede **Gattung** des Aktienkapitals weitere Angaben erforderlich.

5   Nach Punkt 19.1.1 Satz 1 lit. a ist der Gesamtbetrag des **genehmigten Kapitals** des Emittenten in den Prospekt aufzunehmen. Damit ist das genehmigte Kapital im Sinne der §§ 202 ff. AktG gemeint.[11] Die Auslegungsbedürftigkeit der Vorgängervorschrift („Zahl der zugelassenen Aktien")[12] ist damit obsolet geworden. Dem Angabeerfordernis kann, wie in der Prospektpraxis üblich, durch wörtliche Aufnahme der **einschlägigen Satzungsbestimmung** (bzw. einer englischen Übersetzung davon) Genüge getan werden.[13]

6   Des Weiteren ist nach Punkt 19.1.1 Satz 1 lit. b die **Zahl der ausgegebenen Aktien** anzugeben, wobei zwischen voll eingezahlten und nicht voll eingezahlten Aktien zu unter-

---

8   *Schlitt/Ries*, in: Assmann/Schlitt/von Kopp-Colomb, Prospektrecht Kommentar, Anhang 1 VO (EU) 2019/980 Rn. 287; *Voß*, in: Just/Voß/Ritz/Zeising, Wertpapierprospektrecht, Anhang 1 VO (EU) 2019/980 Rn. 411 f. Zum alten Recht *Alfes/Wieneke*, in: Holzborn, WpPG, Anhang I ProspektVO Rn. 193.

9   *Schlitt/Ries*, in: Assmann/Schlitt/von Kopp-Colomb, Prospektrecht Kommentar, Anhang 1 VO (EU) 2019/980 Anhang 1, Rn. 287 gehen aufgrund des Prinzips der Vollständigkeit und Richtigkeit von einer entsprechenden Pflicht zur Angabe wesentlicher Änderungen bis zum Zeitpunkt der Prospektbilligung aus; *Voß*, in: Just/Voß/Ritz/Zeising, Wertpapierprospektrecht, Anhang 1 VO (EU) 2019/980 Rn. 411 f. Zum alten Recht *Alfes/Wieneke*, in: Holzborn, WpPG, Anhang I ProspektVO Rn. 193.

10 *Schlitt/Ries*, in: Assmann/Schlitt/von Kopp-Colomb, Prospektrecht Kommentar, Anhang 1 VO (EU) 2019/980 Rn. 288; *Voß*, in: Just/Voß/Ritz/Zeising, Wertpapierprospektrecht, Anhang 1 VO (EU) 2019/980 Rn. 413. Zum alten Recht *Alfes/Wieneke*, in: Holzborn, WpPG, Anhang I ProspektVO Rn. 193.

11 *Schlitt/Ries*, in: Assmann/Schlitt/von Kopp-Colomb, Prospektrecht Kommentar, Anhang 1 VO (EU) 2019/980 Rn. 288; *Voß*, in: Just/Voß/Ritz/Zeising, Wertpapierprospektrecht, Anhang 1 VO (EU) 2019/980 Rn. 414. Zum alten Recht *Alfes/Wieneke*, in: Holzborn, WpPG, Anhang I ProspektVO Rn. 193.

12 Siehe noch die Vorauflage.

13 *Voß*, in: Just/Voß/Ritz/Zeising, Wertpapierprospektrecht, Anhang 1 VO (EU) 2019/980 Rn. 414.

scheiden ist. Letzteres ist jedoch bei deutschen Aktiengesellschaften gemäß § 10 Abs. 2 AktG nur für den in der Praxis seltenen Fall der Ausgabe von Namensaktien denkbar.[14]

Punkt 19.1.1 Satz 1 lit. c erfordert für Nennbetragsaktien im Sinne von § 8 Abs. 1 Alt. 1 AktG die **Angabe des Nennwerts je Aktie**. Handelt es sich hingegen um Stückaktien (§ 8 Abs. 1 Alt. 2 AktG), die gemäß § 8 Abs. 3 Satz 1 AktG auf keinen Nennbetrag lauten, ist ein entsprechender Hinweis in den Prospekt aufzunehmen, der üblicherweise um den **auf die einzelne Stückaktie entfallenden Betrag des Grundkapitals** nach § 9 Abs. 1 AktG (geringster Ausgabebetrag) ergänzt wird.[15]

7

Nach Punkt 19.1.1 Satz 1 lit. d Satz 1 sind Angaben zum Abgleich der Zahl derjenigen Aktien zu machen, die zu Beginn und zum Ende des Geschäftsjahres ausstehen. Der im deutschen Recht nicht bekannte Terminus bzw. das zugrunde liegende Konzept der „**ausstehenden Aktien**" (engl. Sprachfassung: Shares Outstanding)[16] wird unterschiedlich beurteilt. Teilweise wird die Ansicht vertreten, mit den noch ausstehenden Aktien seien diejenigen Aktien gemeint, auf die noch Einlagen ausstehen.[17] Eine andere Auffassung nimmt hingegen eine Abgrenzung anhand der englischen Bedeutung des Terminus „Outstanding Shares" als Gegenbegriff zu den eigenen Aktien des Emittenten (Treasury "Shares) vor, sodass es sich bei den ausstehenden Aktien um die im Umlauf befindlichen Aktien handele.[18] Der Begriff der ausstehenden Aktien ließe sich schließlich auch in dem Sinne verstehen, dass er die Gesamtheit der vom Emittenten emittierten Aktien meint. In jedem Falle kommt dem Angabeerfordernis nach Punkt 19.1.1 Satz 1 lit. d in Anbetracht der Überschneidungen mit den nach Punkt 19.1.1 Satz 1 lit. b, Punkt 19.1.3 bzw. 19.1.7 zu machenden Angaben für den deutschen Rechtskreis **keine gesonderte Bedeutung** zu.[19]

8

Schließlich sind nach Punkt 19.1.1 Satz 2 für den Fall, dass während des Zeitraums, auf den sich die historischen Finanzinformationen beziehen, **mehr als 10 % des Aktienkapitals mit anderen Vermögensgegenständen als Barmitteln eingezahlt** wurden, entsprechende Angaben in den Prospekt aufzunehmen. Zu nennen sind insbesondere die Ausgabe von Aktien im Rahmen von Kapitalerhöhungen aus Gesellschaftsmitteln bzw. Kapitalerhöhungen gegen Sacheinlage.[20] Insoweit kann sich eine gewisse Überschneidung mit den nach Punkt 19.1.7 erforderlichen Angaben ergeben.

9

---

14 *Schlitt/Ries*, in: Assmann/Schlitt/von Kopp-Colomb, Prospektrecht Kommentar, Anhang 1 VO (EU) 2019/980 Rn. 288.
15 *Schlitt/Ries*, in: Assmann/Schlitt/von Kopp-Colomb, Prospektrecht Kommentar, Anhang 1 VO (EU) 2019/980 Rn. 288; *Voß*, in: Just/Voß/Ritz/Zeising, Wertpapierprospektrecht, Anhang 1 VO (EU) 2019/980 Rn. 416. Zum alten Recht: *Alfes/Wieneke*, in: Holzborn, WpPG, Anhang I ProspektVO Rn. 193.
16 *Schlitt/Ries*, in: Assmann/Schlitt/von Kopp-Colomb, Prospektrecht Kommentar, Anhang 1 VO (EU) 2019/980 Rn. 288.
17 *Voß*, in: Just/Voß/Ritz/Zeising, Wertpapierprospektrecht, Anhang 1 VO (EU) 2019/980 Rn. 417.
18 Zum alten Recht: *Alfes/Wieneke*, in: Holzborn, Anhang I ProspektVO Rn. 193.
19 Vgl. *Schlitt/Ries*, in: Assmann/Schlitt/von Kopp-Colomb, Prospektrecht Kommentar, Anhang 1 VO (EU) 2019/980 Rn. 287 („in Deutschland keinen Anwendungsfall"). Zum alten Recht i.E. wohl auch *Alfes/Wieneke*, in: Holzborn, WpPG, Anhang I ProspektVO Rn. 193.
20 *Schlitt/Ries*, in: Assmann/Schlitt/von Kopp-Colomb, Prospektrecht Kommentar, Anhang 1 VO (EU) 2019/980 Rn. 288. Zum alten Recht: *Alfes/Wieneke*, in: Holzborn, WpPG, Anhang I ProspektVO Rn. 193, die zudem auch Verschmelzungen im Sinne von § 69 Abs. 1 UmwG erfasst sehen wollen.

10 In der Prospektpraxis ist es zudem üblich, in den Abschnitt mit den Angaben über das Kapital des Emittenten weitere **freiwillige Angaben** zu den (in der Satzung festgelegten) Modalitäten der Verbriefung der Aktien aufzunehmen, die regelmäßig in Form von Globalurkunden erfolgt. In diesem Fall wird ebenfalls angegeben, bei welcher Wertpapiersammelbank die Globalurkunden hinterlegt wurden.[21]

2. Angaben zu nicht zum Eigenkapital des Emittenten zählenden Aktien (Punkt 19.1.2)

11 Weiter sind nach Punkt 19.1.2 die Anzahl und die wesentlichen Merkmale von Aktien anzugeben, die nicht Bestandteil des Eigenkapitals des Emittenten sind. Gemäß § 1 Abs. 2 AktG stellen Aktien jedoch einen Bruchteil des Grundkapitals des Emittenten und damit nach deutschem Bilanzrecht als Teil des gezeichneten Kapitals im Sinne von § 266 Abs. 3 lit. a I. HGB[22] letztendlich Eigenkapital des Emittenten dar.[23] Der Vorschrift kann daher **im deutschen Rechtskreis grundsätzlich kein eigenständiger Anwendungsbereich** beigemessen werden.[24] Ausnahmen kommen lediglich für die vom Emittenten zur Einziehung erworbenen Aktien, deren Nennbetrag gemäß § 272 Abs. 1a HGB vom gezeichneten Kapital abzusetzen ist, sowie für solche Aktien in Betracht, die nach den gemäß der IAS-Verordnung (VO (EG) Nr. 1606/2002)[25] übernommenen Rechnungslegungsstandards vom Grundkapital ausgenommen sind.[26]

3. Angaben zu vom Emittenten selbst gehaltenen Aktien (Punkt 19.1.3)

12 Punkt 19.1.3 erfordert die Angabe der **Anzahl**, des **Buchwerts** sowie des **Nennbetrags** solcher Aktien, die Bestandteil des Eigenkapitals des Emittenten sind, soweit sie vom Emittenten selbst bzw. (treuhänderisch) von Dritten im Namen des Emittenten oder von Tochtergesellschaften des Emittenten gehalten werden.[27] Eine etwaige Zurechnung von Aktien, die von Dritten gehalten werden, richtet sich dabei aus systematischen Erwägungen nach § 71d AktG und nicht etwa nach dem (weiterreichenden) § 34 WpHG.[28] Dadurch soll potenziellen Anlegern neben der Bereitstellung von Informationen zur Kapitalerhal-

---

21 Vgl. den IPO-Prospekt der AUTO1 Group SE vom 25.1.2021 oder den Zulassungsprospekt der Siemens Energy AG vom 7.9.2020; *Voß*, in: Just/Voß/Ritz/Zeising, Wertpapierprospektrecht, Anhang 1 VO (EU) 2019/980 Rn. 418. Zum alten Recht *Alfes/Wieneke*, in: Holzborn, WpPG, Anhang I ProspektVO Rn. 193.
22 *Schubert/Waubke*, in: Beck'scher Bilanz-Kommentar, § 266 Rn. 170.
23 *Voß*, in: Just/Voß/Ritz/Zeising, Wertpapierprospektrecht, Anhang 1 VO (EU) 2019/980 Rn. 419. Zum alten Recht *Alfes/Wieneke*, in: Holzborn, WpPG, Anhang I ProspektVO Rn. 193.
24 So auch *Schlitt/Ries*, in: Assmann/Schlitt/von Kopp-Colomb, Prospektrecht Kommentar, Anhang 1 VO (EU) 2019/980 Rn. 288.
25 VO (EG) Nr. 1606/2002 vom 19.7.2002, ABl. L 243, S. 1 vom 11.9.2002 (in der durch die VO (EG) Nr. 297/2008 vom 11.3.2008, ABl. L 97, S. 62 geänderten Fassung).
26 *Voß*, in: Just/Voß/Ritz/Zeising, Wertpapierprospektrecht, Anhang 1 VO (EU) 2019/980 Rn. 419. Zum alten Recht *Alfes/Wieneke*, in: Holzborn, WpPG, Anhang I ProspektVO Rn. 193.
27 *Schlitt/Ries*, in: Assmann/Schlitt/von Kopp-Colomb, Prospektrecht Kommentar, Anhang 1 VO (EU) 2019/980 Rn. 289.
28 *Schlitt/Ries*, in: Assmann/Schlitt/von Kopp-Colomb, Prospektrecht Kommentar, Anhang 1 VO (EU) 2019/980 Rn. 289. Zum alten Recht: *Alfes/Wieneke*, in: Holzborn, WpPG, Anhang I ProspektVO Rn. 195.

tung auch vermittelt werden, inwieweit der Emittent in der Lage ist, Aktien zum Zwecke von Akquisitionen oder anderweitigen Transaktionen zu nutzen.[29] In der Praxis findet sich üblicherweise auch eine Wiedergabe etwaiger von der Hauptversammlung des Emittenten erteilter **Ermächtigungen zum Erwerb (§ 71 Abs. 1 Nr. 8 AktG) bzw. zur Veräußerung eigener Aktien** (bzw. eine englische Übersetzung davon). Unbeachtlich für das Angabeerfordernis nach Punkt 19.1.3 ist jedoch, ob der Erwerb der Aktien nach § 71 AktG zulässig war.[30]

4. Angaben zu Wandel- und Optionsanleihen (Punkt 19.1.4)

Nach dem Wortlaut von Punkt 19.1.4 sind grundsätzlich Angaben über Wertpapiere zu machen, die zu einer Wandlung bzw. einem Umtausch in Aktien des Emittenten bzw. zum Bezug solcher Aktien berechtigen. Anzugeben sind neben bereits ausgegebenen Wandel- und Optionsanleihen unter dem Blickwinkel des Vollständigkeitsgebots (Art. 20 Abs. 4 ProspektVO) auch solche, die erst aufgrund einer bestehenden Ermächtigung der Hauptversammlung unter den Voraussetzungen des § 221 Abs. 2 AktG noch ausgegeben werden können. Darzustellen sind ferner die diesbezüglich geltenden **Bedingungen und Modalitäten** für den Bezug von Aktien.[31] Nach der herrschenden Meinung kann jedoch auf entsprechende Angaben zu Umtauschanleihen verzichtet werden, die im Gegensatz zu Wandelanleihen gerade nicht zum Tausch in Aktien der ausgebenden Gesellschaft, sondern lediglich im Bestand des Emittenten befindlicher Aktien einer anderen Gesellschaft berechtigen.[32] Dasselbe gilt für Angaben zu von Dritten emittierten Umtauschanleihen, die zum Umtausch in (bereits ausgegebene) Aktien des Emittenten berechtigten.[33] Maßgebliches Ziel des Angabeerfordernisses nach Punkt 19.1.4 ist es, potenziellen Investoren die Einschätzung einer aufgrund der Ausgabe neuer Aktien möglichen **künftigen Verwässerung** zu ermöglichen. Daraus folgt des Weiteren, dass es – trotz der ausdrücklichen Bezugnahme auf „Wertpapiere" – auf eine Verbriefung der Wandel- und Optionsrechte nicht ankommt, sodass insbesondere **auch unverbriefte Optionen**, etwa im Rahmen der Gewährung sogenannter „Stock Options" im Sinne von § 192 Abs. 2 Nr. 3 AktG, oder Wandeldarlehen darzustellen sind.[34]

13

---

29 *Voß*, in: Just/Voß/Ritz/Zeising, Wertpapierprospektrecht, Anhang 1 VO (EU) 2019/980 Rn. 420. Zum alten Recht *Alfes/Wieneke*, in: Holzborn, WpPG, Anhang I ProspektVO Rn. 195.
30 *Voß*, in: Just/Voß/Ritz/Zeising, Wertpapierprospektrecht, Anhang 1 VO (EU) 2019/980 Rn. 420. Zum alten Recht *Alfes/Wieneke*, in: Holzborn, WpPG, Anhang I ProspektVO Rn. 195.
31 *Schlitt/Ries*, in: Assmann/Schlitt/von Kopp-Colomb, Prospektrecht Kommentar, Anhang 1 VO (EU) 2019/980 Rn. 290.
32 Ähnlich *Schlitt/Ries*, in: Assmann/Schlitt/von Kopp-Colomb, Prospektrecht Kommentar, Anhang 1 VO (EU) 2019/980 Rn. 290; *Voß*, in: Just/Voß/Ritz/Zeising, Wertpapierprospektrecht, Anhang 1 VO (EU) 2019/980 Rn. 421. Zum alten Recht *Alfes/Wieneke*, in: Holzborn, WpPG, Anhang I ProspektVO Rn. 196, die jedoch darauf hinweisen, dass eine entsprechende Darstellung solcher Instrumente regelmäßig im Rahmen der nach Ziffer 22 von Anhang I zur VO (EG) 809/ 2004 (heute: Abschnitt 20 von Anhang 1 VO (EU) 2019/980) zu machenden Angaben erforderlich sein wird.
33 *Schlitt/Ries*, in: Assmann/Schlitt/von Kopp-Colomb, Prospektrecht Kommentar, Anhang 1 VO (EU) 2019/980 Rn. 290, wonach dem Emittenten keine diesbezügliche Nachforschungspflicht aufgebürdet werden darf.
34 *Voß*, in: Just/Voß/Ritz/Zeising, Wertpapierprospektrecht, Anhang 1 VO (EU) 2019/980 Rn. 422. Zum alten Recht *Alfes/Wieneke*, in: Holzborn, WpPG, Anhang I ProspektVO Rn. 196.

5. Angaben zu Akquisitionsrechten und genehmigtem/bedingtem Kapital (Punkt 19.1.5)

14 Nach Punkt 19.1.5 sind Angaben über eventuelle Akquisitionsrechte und deren Bedingungen und/oder über Verpflichtungen in Bezug auf genehmigtes, aber noch nicht ausgegebenes Kapital oder in Bezug auf eine Kapitalerhöhung des Emittenten in den Prospekt aufzunehmen. Soweit die Vorschrift auf **genehmigtes Kapital** Bezug nimmt, ist für dem deutschen Aktienrecht unterfallende Emittenten neben dem genehmigten Kapital im eigentlichen Sinne (§ 202 AktG) auch das **bedingte Kapital** (§ 192 Abs. 1 AktG) gemeint.[35] Allerdings haben für solche Emittenten die nach Punkt 19.1.5 erforderlichen Angaben vor dem Hintergrund des § 187 Abs. 1 AktG, wonach Rechte auf den Bezug neuer Aktien stets unter dem Vorbehalt des Bezugsrechts der (existierenden) Aktionäre stehen, regelmäßig keine Bedeutung.[36] In systematischer Hinsicht steht das Angabeerfordernis nach Punkt 19.1.5 in einem engen Zusammenhang mit den bereits nach Punkt 19.1.4 zu machenden Angaben. Insbesondere die von ESMA als Akquisitionsrechte im Sinne von Punkt 19.1.5 beispielhaft benannten **Wandel- und Optionsanleihen**[37] vermitteln letztendlich einen zu einer Kapitalerhöhung beim Emittenten führenden schuldrechtlichen Anspruch zum Erwerb entsprechender Mitgliedschaftsrechte. Hierunter fallen ggf. auch **Rechte aus Mitarbeiterbeteiligungsprogrammen und andere Optionsrechte und -programme**.[38] Nach den ESMA-Leitlinien sind insbesondere der Betrag sämtlicher ausgegebener Wertpapiere, die einen Anspruch auf den Erwerb von Aktienkapital gewähren, die Höhe des genehmigten oder bedingten Kapitals, die zeitliche Befristung hinsichtlich des genehmigten Kapitals, Angaben zu den bevorzugt bezugsberechtigten Personen sowie die näheren Bedingungen, Modalitäten und das Verfahren zur Ausgabe der Aktien in den Prospekt aufzunehmen.[39] In der Praxis hat es sich eingebürgert, den Inhalt der **entsprechenden Hauptversammlungsbeschlüsse** (bzw. eine englische Übersetzung davon) sowie die **Satzungsbestimmungen** zum genehmigten und bedingten Kapital des Emittenten (bzw. eine englische Übersetzung davon) in den Prospekt aufzunehmen.[40]

6. Optionsrechte auf Aktien des Emittenten bzw. das Kapital anderer Gruppenmitglieder (Punkt 19.1.6)

15 Punkt 19.1.6 erfordert (in teilweiser Überschneidung mit Punkt 19.1.5) Angaben über **bestehende Optionsrechte** auf Aktien des Emittenten oder das Kapital eines anderen Mitglieds seiner „Gruppe", d.h. in der deutschen gesellschaftsrechtlichen Terminologie sei-

---

35 *Schlitt/Ries*, in: Assmann/Schlitt/von Kopp-Colomb, Prospektrecht Kommentar, Anhang 1 VO (EU) 2019/980 Rn. 291.
36 *Voß*, in: Just/Voß/Ritz/Zeising, Wertpapierprospektrecht, Anhang 1 VO (EU) 2019/980 Rn. 422. Zum alten Recht *Alfes/Wieneke*, in: Holzborn, WpPG, Anhang I ProspektVO Rn. 197.
37 ESMA, Leitlinien zu den Offenlegungspflichten nach der Prospektverordnung (ESMA32-382-1138), 4.3.2021, Rn. 202.
38 *Schlitt/Ries*, in: Assmann/Schlitt/von Kopp-Colomb, Prospektrecht Kommentar, Anhang 1 VO (EU) 2019/980 Rn. 291.
39 ESMA, Leitlinien zu den Offenlegungspflichten nach der Prospektverordnung (ESMA32-382-1138), 4.3.2021, Rn. 201 (Leitlinie 42).
40 Ähnlich *Schlitt/Ries*, in: Assmann/Schlitt/von Kopp-Colomb, Prospektrecht Kommentar, Anhang 1 VO (EU) 2019/980 Rn. 291. Zum alten Recht: *Alfes/Wieneke*, in: Holzborn, WpPG, Anhang I ProspektVO Rn. 197

nes Konzerns.[41] Neben der Bezeichnung und dem Umfang der Optionsrechte sind laut ESMA auch Angaben über den Ausübungspreis (wobei hierfür die Angabe einer Spanne ausreichend ist),[42] die bei Gewährung geleistete/zu leistende Gegenleistung und Ausübungszeitraum (einschließlich Verfallsdatum) sowie etwaige aus ihrer Ausübung resultierende Verwässerungseffekte aufzunehmen.[43] Letztere sind nur insoweit darzustellen, als solche Effekte **wesentlich** sind, wobei die Wesentlichkeit in diesem Zusammenhang nach dem allgemeinen Wesentlichkeitsprinzip (Art. 6 ProspektVO) zu bestimmen ist.[44] Schließlich sollen auch Angaben zu den Optionsrechtsinhabern aufgenommen werden, wobei insoweit eine anonymisierte Zusammenfassung nach Kategorien (z. B. Vorstandsmitglieder, Mitarbeiter, Dritte etc.), unter Angabe etwaiger Veräußerungsbeschränkungen, genügt.[45]

7. Angaben zur Entwicklung des Aktienkapitals (Punkt 19.1.7)

Schließlich sind gemäß Punkt 19.1.7 neben den Angaben zum gegenwärtigen Stand des Aktienkapitals (Punkt 19.1.1 Satz 1 Hs.1) auch solche zu seiner Entwicklung unter besonderer Hervorhebung der Angaben über etwaige Veränderungen, die während des von den historischen Finanzinformationen abgedeckten Zeitraums erfolgt sind, in den Prospekt aufzunehmen. Aus einem Umkehrschluss aus dem Wortlaut der Vorschrift ergibt sich, dass die betreffenden Angaben nicht nur für den Zeitraum zu machen sind, der von den historischen Finanzinformationen abgedeckt ist.[46] Vielmehr sind das **Grundkapital des Emittenten bei der Gründung** sowie **alle nachfolgenden, wesentlichen Kapitalveränderungen** überblicksartig im Prospekt anzugeben.[47] Dabei sind laut ESMA[48] die Veränderungen im Einzelnen sowie der Preis der Aktien und weitere wesentliche Einzelheiten bezüglich der Aktien anzugeben. Die jeweiligen Ereignisse, die zur Veränderung des Aktienkapitals geführt haben, sind gesondert voneinander unter jeweiliger Angabe der Höhe der Veränderung des Grundkapitals einschließlich der Anzahl und Gattung der Aktien darzustellen.[49] Dabei sollten auch etwaige **Änderungen bei den Stimmrechten** (ggf. auf-

16

---

41 Vgl. zum Begriff der „Gruppe" vorstehend zu Punkt 6.1 → Rn. 2; *Schlitt/Ries*, in: Assmann/Schlitt/von Kopp-Colomb, Prospektrecht Kommentar, Anhang 1 VO (EU) 2019/980 Rn. 292.
42 ESMA, Leitlinien zu den Offenlegungspflichten nach der Prospektverordnung (ESMA32-382-1138), 4.3.2021, Rn. 204.
43 ESMA, Leitlinien zu den Offenlegungspflichten nach der Prospektverordnung (ESMA32-382-1138), 4.3.2021, Rn. 203 (Leitlinie 43); *Schlitt/Ries*, in: Assmann/Schlitt/von Kopp-Colomb, Prospektrecht Kommentar, Anhang 1 VO (EU) 2019/980 Rn. 292.
44 ESMA, Leitlinien zu den Offenlegungspflichten nach der Prospektverordnung (ESMA32-382-1138), 4.3.2021, Rn. 203 (Leitlinie 43).
45 ESMA, Leitlinien zu den Offenlegungspflichten nach der Prospektverordnung (ESMA32-382-1138), 4.3.2021, Rn. 204; *Schlitt/Ries*, in: Assmann/Schlitt/von Kopp-Colomb, Prospektrecht Kommentar, Anhang 1 VO (EU) 2019/980 Rn. 292.
46 *Schlitt/Ries*, in: Assmann/Schlitt/von Kopp-Colomb, Prospektrecht Kommentar, Anhang 1 VO (EU) 2019/980 Rn. 293.
47 *Schlitt/Ries*, in: Assmann/Schlitt/von Kopp-Colomb, Prospektrecht Kommentar, Anhang 1 VO (EU) 2019/980 Rn. 293.
48 ESMA, Leitlinien zu den Offenlegungspflichten nach der Prospektverordnung (ESMA32-382-1138), 4.3.2021, Rn. 205 (Leitlinie 44); *Voß*, in: Just/Voß/Ritz/Zeising, Wertpapierprospektrecht, Anhang 1 VO (EU) 2019/980 Rn. 425. Zum alten Recht: *Alfes/Wieneke*, in: Holzborn, WpPG, Anhang I ProspektVO Rn. 200.
49 ESMA, Leitlinien zu den Offenlegungspflichten nach der Prospektverordnung (ESMA32-382-1138), 4.3.2021, Rn. 206; *Voß*, in: Just/Voß/Ritz/Zeising, Wertpapierprospektrecht, Anhang 1 VO

geschlüsselt nach Aktiengattung) dargestellt werden.[50] Neben dem Preis der Aktien – bei Kapitalerhöhungen der Ausgabe- bzw. bei Kapitalherabsetzungen durch Einziehung von Aktien das Einziehungsentgelt – gehören zu den anderen wichtigen Einzelheiten z. B. Angaben zum Einlagegegenstand und dessen Bewertung bei Sachkapitalerhöhungen,[51] etwa gewährte Abschläge oder sonstige präferenzielle Bedingungen.[52] Im Falle von Kapitalherabsetzungen werden außerdem Angaben zu den dafür ausschlaggebenden Gründen und dem Umfang erwartet.[53] In der Praxis hat sich eine einheitliche, **chronologische Auflistung** der jeweiligen Kapitalmaßnahmen einschließlich der Angabe des jeweiligen Datums des Beschlusses der Hauptversammlung des Emittenten und, soweit möglich, des Datums der (voraussichtlichen) Eintragung der Durchführung im Handelsregister gemäß § 188 AktG sowie weiterer Angaben gemäß den oben aufgeführten Anforderungen eingebürgert.[54]

III. Angaben zur Satzung und den Statuten der Gesellschaft (Punkt 19.2)

17 Nach Punkt 19.2 sind in den Prospekt zusätzliche Angaben zur Satzung und zu den Statuten, etwa den **Geschäftsordnungen von Vorstand und Aufsichtsrat**, des Emittenten aufzunehmen. Im Rahmen der Neufassung der Vorschrift durch die VO (EU) 2019/980 wurden eine Reihe der in der Vorgängervorschrift enthaltenen Angabeerfordernisse ersatzlos gestrichen, wodurch die Vorschrift substanziell gekürzt wurde; ein nennenswerter, diese Entwicklung reflektierender Wandel in der Prospektpraxis ist jedoch nicht zu erkennen (siehe → Rn. 2). Infolge der hohen Regelungsdichte im deutschen Aktienrecht enthalten die Satzungen deutscher Aktiengesellschaften zu einigen der nach Punkt 19.2 zu machenden Angaben keine oder nur spärliche Regelungen, sodass die reine Bezugnahme auf die Satzung des Emittenten Teile des Angabeerfordernisses leerlaufen lassen würde.[55] Es entspricht daher der ständigen Praxis, Angaben zu den in den Unterziffern enthaltenen Themen nicht nur insoweit aufzunehmen, als sich hierzu auch Regelungen in der Satzung der Emittenten und ihren Statuten finden, sondern darüber hinaus jedenfalls auch die entsprechenden **grundlegenden gesetzlichen Bestimmungen** in komprimierter Form darzustel-

---

(EU) 2019/980 Rn. 425. Zum alten Recht: *Alfes/Wieneke*, in: Holzborn, WpPG, Anhang I ProspektVO Rn. 200.

50 ESMA, Leitlinien zu den Offenlegungspflichten nach der Prospektverordnung (ESMA32-382-1138), 4.3.2021, Rn. 206.

51 *Schlitt/Ries*, in: Assmann/Schlitt/von Kopp-Colomb, Prospektrecht Kommentar, Anhang 1 VO (EU) 2019/980 Rn. 293; *Voß*, in: Just/Voß/Ritz/Zeising, Wertpapierprospektrecht, Anhang 1 VO (EU) 2019/980 Rn. 425. Zum alten Recht: *Alfes/Wieneke*, in: Holzborn, WpPG, Anhang I ProspektVO Rn. 200, die zudem auch nähere Angaben für den Fall der Heilung erfolgter zunächst unwirksamer verdeckter Sacheinlagen für erforderlich halten.

52 ESMA, Leitlinien zu den Offenlegungspflichten nach der Prospektverordnung (ESMA32-382-1138), 4.3.2021, Rn. 207.

53 ESMA, Leitlinien zu den Offenlegungspflichten nach der Prospektverordnung (ESMA32-382-1138), 4.3.2021, Rn. 208; *Voß*, in: Just/Voß/Ritz/Zeising, Wertpapierprospektrecht, Anhang 1 VO (EU) 2019/980 Rn. 425.

54 *Voß*, in: Just/Voß/Ritz/Zeising, Wertpapierprospektrecht, Anhang 1 VO (EU) 2019/980 Rn. 425. Zum alten Recht: *Alfes/Wieneke*, in: Holzborn, WpPG, Anhang I ProspektVO Rn. 200.

55 *Schlitt/Ries*, in: Assmann/Schlitt/von Kopp-Colomb, Prospektrecht Kommentar, Anhang 1 VO (EU) 2019/980 Rn. 294.

len.⁵⁶ Diese Vorgehensweise kommt auch dem Informationsbedürfnis jener internationaler Investoren entgegen, die mit den Vorgaben des deutschen Aktien-, Kapitalmarkt- und Übernahmerechts nicht vertraut sind. Da es sich bei den betreffenden gesetzlichen Bestimmungen um allgemeinverbindliche und vom jeweiligen Emittenten unabhängige Regelungen handelt, erfolgt diese Darstellung weitestgehend standardisiert.⁵⁷ Die nach Punkt 19.2 erforderlichen Angaben werden zumeist im jeweiligen Sachzusammenhang, d. h. z. B. in den Kapiteln „Allgemeine Informationen über den Emittenten" (General Information on the Company), „Geschäftstätigkeit" (Business) oder „Organe der Gesellschaft" (Governing Bodies of the Company), aufgenommen.⁵⁸

Unter Punkt 19.2.1 ist – für dem deutschen Aktienrecht unterliegende Emittenten – das **zuständige Handelsregister und die Handelsregisternummer** des Emittenten anzugeben. Dies geschieht meistens im Abschnitt „Allgemeine Informationen über den Emittenten".⁵⁹ Bei der nach Punkt 19.2.1 weiterhin erforderlichen Beschreibung der Zielsetzungen des Emittenten handelt es sich nach deutschem Recht um die Wiedergabe des **Gesellschaftszwecks** bzw. **Unternehmensgegenstands** im Sinne von § 23 Abs. 3 Nr. 2 AktG, die regelmäßig im Kapitel „Allgemeine Informationen über den Emittenten" (General Information on the Company) oder „Geschäftstätigkeit" (Business) erfolgt. Diesem Erfordernis kann durch die wörtliche Aufnahme der entsprechenden Satzungsbestimmung (bzw. einer englischen Übersetzung davon) Genüge getan werden.⁶⁰

18

Nach Punkt 19.2.2 ist für jede Aktiengattung im Sinne von § 11 AktG der vorhandenen Aktien eine **Beschreibung der damit verbundenen Rechte, Vorrechte und Beschränkungen** in den Prospekt aufzunehmen, die üblicherweise zusammen mit den nach Punkt 19.1.1 erforderlichen weiteren Angaben zum Grundkapital des Emittenten erfolgt.⁶¹ Regelmäßig wird es sich hierbei um die Darstellung von Stammaktien und den damit verbundenen Rechten, Vorrechten und Beschränkungen sowie – sofern der Emittent Stamm- und Vorzugsaktien ausgegeben hat – der **Unterschiede zwischen Stamm- und Vorzugsaktien** handeln.⁶² ESMA verlangt insoweit insbesondere die Aufnahme von Angaben zur Dividendenberechtigung (einschließlich der Verfallsfrist), zu Stimmrechten (vor allem bei stimmrechtslosen Vorzugsaktien gemäß § 139 Abs. 1 AktG), zur Gewinnanteilsberechtigung, zur Berechtigung zur anteiligen Teilhabe am Liquidationserlös, zu für eine

19

---

56 *Schlitt/Ries*, in: Assmann/Schlitt/von Kopp-Colomb, Prospektrecht Kommentar, Anhang 1 VO (EU) 2019/980 Rn. 294.
57 *Schlitt/Ries*, in: Assmann/Schlitt/von Kopp-Colomb, Prospektrecht Kommentar, Anhang 1 VO (EU) 2019/980 Rn. 294. Zum alten Recht: *Alfes/Wieneke*, in: Holzborn, WpPG, Anhang I ProspektVO Rn. 201.
58 *Voß*, in: Just/Voß/Ritz/Zeising, Wertpapierprospektrecht, Anhang 1 VO (EU) 2019/980 Rn. 426. Zum alten Recht: *Alfes/Wieneke*, in: Holzborn, WpPG, Anhang I ProspektVO Rn. 201.
59 *Schlitt/Ries*, in: Assmann/Schlitt/von Kopp-Colomb, Prospektrecht Kommentar, Anhang 1 VO (EU) 2019/980 Rn. 295.
60 *Schlitt/Ries*, in: Assmann/Schlitt/von Kopp-Colomb, Prospektrecht Kommentar, Anhang 1 VO (EU) 2019/980 Rn. 295. Zum alten Recht: *Alfes/Wieneke*, in: Holzborn, WpPG, Anhang I ProspektVO Rn. 201.
61 *Schlitt/Ries*, in: Assmann/Schlitt/von Kopp-Colomb, Prospektrecht Kommentar, Anhang 1 VO (EU) 2019/980 Rn. 296; *Voß*, in: Just/Voß/Ritz/Zeising, Wertpapierprospektrecht, Anhang 1 VO (EU) 2019/980 Rn. 428. Zum alten Recht: *Alfes/Wieneke*, in: Holzborn, WpPG, Anhang I ProspektVO Rn. 201.
62 Vgl. darüber hinaus zu sogenannten „Tracking Stocks" *Schlitt/Ries*, in: Assmann/Schlitt/von Kopp-Colomb, Prospektrecht Kommentar, Anhang 1 VO (EU) 2019/980 Rn. 296 m.w.N.

Einziehung geltenden Vorschriften, zu etwaigen noch zu leistenden Einzahlungen (siehe dazu aber → Rn. 6) sowie zu etwaigen Vorschriften über etwaige Bevorzugung oder Benachteiligung von (bestehenden oder zukünftigen) Aktionären aufgrund der von ihnen gehaltenen Anzahl an Aktien.[63] Hat der Emittent **vinkulierte Namensaktien** ausgegeben, ist die hieraus erwachsende Veräußerungsbeschränkung zu beschreiben sowie im Falle einer (avisierten) Börsenzulassung die Gewährleistung ihrer freien Handelbarkeit.[64] In der Praxis finden sich hierzu weitgehend standardisierte Prospektabschnitte, in denen zudem Angaben über die allgemeinen Bestimmungen für den Fall einer Liquidation des Emittenten, Erläuterungen zu Bezugsrechten sowie den Ausschluss von Minderheitsaktionären enthalten sind.[65]

20 Nach Punkt 19.2.3 ist eine kurze Beschreibung von etwaig in der Satzung und den Statuten des Emittenten sowie der Gründungsurkunde oder sonstigen Satzungen enthaltenen Bestimmungen, die unter Umständen eine **Verzögerung, einen Aufschub oder sogar die Verhinderung eines Wechsels in der Kontrolle** des Emittenten bewirken können, aufzunehmen. Erläuterungsbedürftig sind daher etwa Satzungsbestimmungen im Sinne von §§ 33a ff. WpÜG (die in der Praxis freilich kaum Bedeutung haben), die Ausnahmeregelungen unter anderem von der für den Vorstand des von einem Übernahmeangebot betroffenen Emittenten grundsätzlich gemäß § 33 WpÜG bestehenden Neutralitätspflicht enthalten.[66] Entsprechendes gilt für **vinkulierte Namensaktien** bzw. für den Fall gemäß § 101 Abs. 2 AktG bestehender Entsenderechte in den Aufsichtsrat, jeweils in (teilweiser) Überschneidung mit den nach Punkt 19.2.2 zu machenden Angaben. Nicht von Punkt 19.2.3 erfasst werden hingegen auf die Erschwerung eines Kontrollwechsels abzielende **schuldrechtliche Vereinbarungen** (sogenannte „Poison Pills"), deren Erläuterung jedoch im Rahmen der nach Abschnitt 20 zu den wesentlichen Verträgen zu machenden Angaben geboten sein kann.[67]

21 In der Praxis finden sich darüber hinaus üblicherweise allgemeine Ausführungen zur deutschen Corporate Governance, zur Beteiligungspublizität (§§ 33 ff. WpHG) sowie zu Übernahmeangeboten nach dem WpÜG.[68]

---

63 ESMA, Leitlinien zu den Offenlegungspflichten nach der Prospektverordnung (ESMA32-382-1138), 4.3.2021, Rn. 209 (Leitlinie 45).
64 *Schlitt/Ries*, in: Assmann/Schlitt/von Kopp-Colomb, Prospektrecht Kommentar, Anhang 1 VO (EU) 2019/980 Rn. 297.
65 *Schlitt/Ries*, in: Assmann/Schlitt/von Kopp-Colomb, Prospektrecht Kommentar, Anhang 1 VO (EU) 2019/980 Rn. 297. Vgl. z. B. IPO-Prospekt der Vantage Towers AG vom 8.3.2021 sowie den Zulassungsprospekt der Linus Digital Finance AG vom 11.5.2021.
66 *Schlitt/Ries*, in: Assmann/Schlitt/von Kopp-Colomb, Prospektrecht Kommentar, Anhang 1 VO (EU) 2019/980 Rn. 297, wonach aufgrund der grundsätzlichen Neutralitätspflicht i. d. R. kein Anwendungsbereich für Punkt 19.2.3 besteht. Zum alten Recht: *Alfes/Wieneke*, in: Holzborn, WpPG, Anhang I ProspektVO Rn. 201.
67 Dazu (zum alten Recht) *Alfes/Wieneke*, in: Holzborn, WpPG, Anhang I ProspektVO Rn. 201.
68 Zum alten Recht: *Alfes/Wieneke*, in: Holzborn, WpPG, Anhang I ProspektVO Rn. 202.

Abschnitt 20
Wesentliche Verträge

Zusammenfassung jedes in den letzten beiden Jahren vor der Veröffentlichung des Registrierungsformulars abgeschlossenen wesentlichen Vertrags (bei denen es sich nicht um jene handelt, die im Rahmen der normalen Geschäftstätigkeit abgeschlossen wurden), bei dem der Emittent oder ein sonstiges Mitglied der Gruppe eine Vertragspartei ist.

Zusammenfassung aller sonstigen zum Datum des Registrierungsformulars bestehenden Verträge (mit Ausnahme von Verträgen, die im Rahmen der normalen Geschäftstätigkeit abgeschlossen wurden), die von Mitgliedern der Gruppe abgeschlossen wurden und eine Bestimmung enthalten, der zufolge ein Mitglied der Gruppe eine Verpflichtung eingeht oder ein Recht erlangt, die bzw. das für die Gruppe von wesentlicher Bedeutung ist.

Übersicht

	Rn.		Rn.
I. Überblick	1	2. Sonstige bestehende Verträge von wesentlicher Bedeutung	10
II. Relevante Angaben	7	III. Informationsbasis und Prospektdarstellung	11
1. Wesentliche Verträge der beiden letzten Geschäftsjahre	7		

I. Überblick

Abschnitt 20 erfordert die Aufnahme von Angaben in den Prospekt über **wesentliche Verträge** (UAbs. 1) und sonstige bestehende **Verträge von wesentlicher Bedeutung** (UAbs. 2). Die Vorschrift in der VO (EU) 2019/980 wurde gegenüber der Vorgängervorschrift in der VO (EG) 809/2004 (Ziffer 22 von Anhang I) nur unwesentlich und nur redaktionell geändert, sodass die auf Grundlage der VO (EG) 809/2004 entwickelten Grundsätze zu den „Material Agreements" im Wesentlichen Bestand haben. 1

Die Antwort auf die Frage, unter welchen Voraussetzungen ein Vertrag als wesentlich im Sinne von Abschnitt 20 gilt, ergibt sich weder aus Anhang 1 noch aus der VO (EU) 2019/980 selbst. Auch ESMA hat nicht konkretisiert, welche Anforderungen Abschnitt 20 an die Wesentlichkeit im Einzelnen stellt. 2

Die Wesentlichkeit eines Vertrags lässt sich jedenfalls **nicht allein anhand von quantitativen Schwellenwerten** bestimmen. Vielmehr sind eine ganze Reihe von Kriterien zu berücksichtigen, die Einfluss auf die Wesentlichkeit haben können und möglicherweise auch erst bei einer Gesamtbetrachtung zu einer Wesentlichkeit führen. Als zu eng wird es angesehen, nur Verträge von ganz herausragender Bedeutung für den Emittenten als wesentlich zu qualifizieren.[1] Wann ein Vertrag eines Mitglieds der Gruppe von wesentlicher Bedeutung für den Emittenten ist, obliegt zunächst dessen **eigener Beurteilung**[2] und wird 3

---

[1] *Voß*, in: Just/Voß/Ritz/Zeising, Wertpapierprospektrecht, Anhang 1 VO (EU) 2019/980 Rn. 432.
[2] Siehe ESMA, Final Report – Technical advice under the Prospectus Regulation (ESMA31-62-800), 28.3.2018, Rn. 176.

insbesondere davon abhängen, welche **Bedeutung der Vertrag für die Geschäftstätigkeit und die Finanzlage** des Emittenten bzw. der Gruppe hat.[3]

4 **Kriterien, die zur Bestimmung der Wesentlichkeit herangezogen werden** können, umfassen etwa die Bedeutung der bezogenen oder abgesetzten Ware oder Dienstleistung oder der erhaltenen Finanzierung für den Emittenten, die Stellung des Vertragspartners (insbesondere, wenn Waren oder Dienstleistungen nur von einer begrenzten Zahl von Marktteilnehmern bezogen oder nur von wenigen Marktteilnehmern abgenommen werden können), Exklusivitätsklauseln, Kündigungsregelungen (insbes. Change-of-Control-Bestimmungen), das Vertragsvolumen, die Vertragsdauer und -laufzeit, die kurzfristige Ersetzbarkeit des Vertrags bei Wegfall des Vertragspartners und mit dem Vertrag verbundene Risiken und die Bedeutung des Vertrags für die Finanzlage des Emittenten.[4]

5 Inhaltlich differenziert Abschnitt 20 nicht nach dem Vertragsgegenstand, sodass grundsätzlich sämtliche Verträge des Emittenten oder eines Konzernunternehmens, **unabhängig vom jeweiligen Vertragsgegenstand**, erfasst werden können. Abhängig von der Geschäftstätigkeit des Emittenten und der jeweiligen Bedeutung des Vertrags für diese und die Finanzlage des Emittenten ist insbesondere bei wichtigen Bezugs-, Liefer-,[5] Kredit-, Finanzierungs-, strategischen Kooperations-, Investitions-, Marketing-, Vertriebs-, Akquisitions-, Veräußerungs- und ggf. auch bei Miet-, Leasing- oder Dienstverträgen zu prüfen, ob diese unter Abschnitt 20 fallen (siehe dazu → Rn. 11). Sektorübergreifend finden sich in Wertpapierprospekten besonders häufig **Zusammenfassungen von Finanzierungsverträgen**.[6]

6 Sollten keine Verträge im Sinne der Abschnitt 20 vorliegen, ist die **Aufnahme eines Negativattests in den Prospekt entbehrlich**.[7]

II. Relevante Angaben

1. Wesentliche Verträge der beiden letzten Geschäftsjahre

7 Zeitlich werden von Punkt 20.1 UAbs. 1 nur solche wesentlichen Verträge erfasst, die **in den letzten beiden Jahren vor der Prospektveröffentlichung abgeschlossen** wurden. Abzustellen ist ausschließlich auf den Zeitpunkt des Vertragsschlusses. Nicht maßgeblich ist, ob der Vertrag zum Zeitpunkt der Prospektveröffentlichung bereits vollständig durch-

---

3 *Schlitt/Ries*, in: Assmann/Schlitt/von Kopp-Colomb, Prospektrecht Kommentar, Anhang 1 VO (EU) 2019/980 Rn. 298; *Voß*, in: Just/Voß/Ritz/Zeising, Wertpapierprospektrecht, Anhang 1 VO (EU) 2019/980 Rn. 432.

4 Ähnlich *Schlitt/Ries*, in: Assmann/Schlitt/von Kopp-Colomb, Prospektrecht Kommentar, Anhang 1 VO (EU) 2019/980 Rn. 298; *Voß*, in: Just/Voß/Ritz/Zeising, Wertpapierprospektrecht, Anhang 1 VO (EU) 2019/980 Rn. 432. Zum alten Recht: *Alfes/Wieneke*, in: Holzborn, WpPG, Anhang I ProspektVO Rn. 203.

5 Nach *Schlitt/Ries*, in: Assmann/Schlitt/von Kopp-Colomb, Prospektrecht Kommentar, Anhang 1 VO (EU) 2019/980 Rn. 298 werden etwa Lieferverträge für unabdingbar zur Produktion erforderliche Güter erfasst, sofern der Vertragspartner ein (Quasi-)Monopol beansprucht.

6 Siehe z.B. den Kapitalerhöhungsprospekt der Vonovia SE vom 22.11.2021 oder den Kapitalerhöhungsprospekt der TUI AG vom 6.10.2021.

7 *Voß*, in: Just/Voß/Ritz/Zeising, Wertpapierprospektrecht, Anhang 1 VO (EU) 2019/980 Rn. 436.

geführt wurde oder wegen erfolgter Vertragsbeendigung oder aus anderen Gründen bei Prospektveröffentlichung keine Rechtsfolgen mehr aufweist.[8]

Sachlich werden sämtliche wesentlichen Verträge erfasst, bei denen der Emittent oder ein sonstiges Mitglied der Gruppe (gemeint sind Unternehmen des Konzerns)[9] **Vertragspartei** ist. Mit Blick auf einen Vertrag, der von einem Konzernunternehmen des Emittenten abgeschlossen wurde, muss dieser **von besonderer Bedeutung für die Geschäftstätigkeit des Emittenten** sein, nicht lediglich für die Geschäftstätigkeit des Konzernunternehmens.[10] Besondere Bedeutung entfalten Verträge von Konzernunternehmen für den Emittenten jedenfalls dann, wenn der Emittent von deren Bestand und Erfüllung abhängig ist[11] oder wenn sie anderweitig für die Geschäftstätigkeit oder die Finanzlage des Emittenten von signifikanter Bedeutung sind.

8

Nicht frei von Zweifeln ist der Bedeutungsgehalt des einschränkenden Klammerzusatzes (sowohl in Punkt 20.1 UAbs. 1 als auch in Punkt 20.1 UAbs. 2), wonach nur solche wesentlichen Verträge zusammenzufassen sind, bei denen es sich nicht um jene handelt, die im Rahmen der normalen Geschäftstätigkeit abgeschlossen wurden.[12] Auch hat ESMA hier bewusst auf eine Konkretisierung verzichtet und klargestellt, dass der Emittent in der Lage sei, dies zu bestimmen, und es **Sache des Emittenten** sei, zu bestimmen, welche Verträge im Rahmen der normalen Geschäftstätigkeit abgeschlossen wurden und welche nicht.[13] Verstünde man den Begriff „normale Geschäftstätigkeit" (Ordinary Course of Business) als den in der Satzung angegebenen Geschäftszweck,[14] käme man zu dem Ergebnis, dass sämtliche Verträge, die im Rahmen des Geschäftszwecks abgeschlossen wurden, nicht gemäß Abschnitt 20 zusammenzufassen wären, selbst wenn sie von außerordentlicher Bedeutung für den Emittenten wären. Es wäre jedoch unsachgemäß und auch mit Blick auf die Grundsätze der Wesentlichkeit und Vollständigkeit (Art. 6 Abs. 1 und Art. 20 Abs. 4 ProspektVO) nicht angemessen, eine Pflicht zur Offenlegung sämtlicher im Rahmen des Geschäftszwecks eingegangenen wesentlichen Verträge grundsätzlich entfallen zu lassen.[15] „Normale Geschäftstätigkeit" ist deshalb dahingehend auszulegen, dass damit routinemäßiges, allgemeines Tagesgeschäft gemeint ist. Entscheidend ist letztendlich, ob einem Vertrag in einer Gesamtschau eine besondere Bedeutung zukommt,[16] die ihn als wesentlich qualifiziert, unabhängig davon, ob es sich um ein Geschäft im Rahmen der normalen Geschäftstätigkeit handelt oder nicht.

9

---

8 *Voß*, in: Just/Voß/Ritz/Zeising, Wertpapierprospektrecht, Anhang 1 VO (EU) 2019/980 Rn. 432.
9 *Schlitt/Ries*, in: Assmann/Schlitt/von Kopp-Colomb, Prospektrecht Kommentar, Anhang 1 VO (EU) 2019/980 Rn. 298; *Voß*, in: Just/Voß/Ritz/Zeising, Wertpapierprospektrecht, Anhang 1 VO (EU) 2019/980 Rn. 436 (für Abschnitt 20.2).
10 *Voß*, in: Just/Voß/Ritz/Zeising, Wertpapierprospektrecht, Anhang 1 VO (EU) 2019/980 Rn. 432. Zum alten Recht: *Alfes/Wieneke*, in: Holzborn, WpPG, Anhang I ProspektVO Rn. 204.
11 *Voß*, in: Just/Voß/Ritz/Zeising, Wertpapierprospektrecht, Anhang 1 VO (EU) 2019/980 Rn. 432.
12 Zum alten Recht: *Alfes/Wieneke*, in: Holzborn, WpPG, Anhang I ProspektVO Rn. 203.
13 ESMA, Final Report – Technical advice under the Prospectus Regulation (ESMA31-62-800), 28. März 2018, Rn. 176.
14 Zum alten Recht: *Fingerhut/Voß*, in: Just/Voß/Ritz/Zeising, WpPG, 2009, Anhang I ProspektVO Rn. 435.
15 *Schlitt/Ries*, in: Assmann/Schlitt/von Kopp-Colomb, Prospektrecht Kommentar, Anhang 1 VO (EU) 2019/980 Rn. 298.
16 Zum alten Recht: *Alfes/Wieneke*, in: Holzborn, WpPG, Anhang I ProspektVO Rn. 203.

2. Sonstige bestehende Verträge von wesentlicher Bedeutung

10 Was der Unterschied zwischen „wesentlichen Verträgen" im Sinne von Punkt 20.1 UAbs. 1 und „Verträgen, die eine Bestimmung enthalten, der zufolge ein Mitglied der Gruppe eine Verpflichtung oder ein Recht erlangt, die bzw. das für die Gruppe von wesentlicher Bedeutung ist" im Sinne von Punkt 20.1 UAbs. 2 sein soll, ist unklar. In der Praxis wird daher auch **nicht zwischen Verträgen nach Punkt 20.1 UAbs. 1 und Verträgen nach Punkt 20.1 UAbs. 2 unterschieden**; das Wesentlichkeitserfordernis und die Interpretation dieses Erfordernisses wird einheitlich auf alle Vertragsverhältnisse angewendet. Anders als Punkt 20.1 UAbs. 1 enthält Punkt 20.1 UAbs. 2 aber keine zeitliche Beschränkung mit Blick auf das Abschlussdatum des Vertrags. Punkt 20.1 UAbs. 2 stellt zeitlich vielmehr auf die zum Zeitpunkt der Prospektveröffentlichung bestehenden sonstigen Verträge von wesentlicher Bedeutung ab, unabhängig vom Datum des Vertragsabschlusses. Insofern erweitert Punkt 20.1 UAbs. 2 den Kreis der offenzulegenden wesentlichen Verträge dahingehend, dass wesentliche Verträge, die zum Datum der Prospektveröffentlichung bestehen, die aber vor mehr als zwei Jahren vor Prospektveröffentlichung abgeschlossen wurden, auch offenzulegen sind, was vor dem Hintergrund des allgemeinen prospektrechtlichen Wesentlichkeitsprinzips (Art. 6 Abs. 1 ProspektVO 2017) ohnehin geboten erscheint. Von Punkt 20.1 UAbs. 1 nicht erfasste Verträge, die zum Datum der Prospektveröffentlichung nicht mehr bestehen, werden allerdings auch nicht von Punkt 20.1 UAbs. 2 erfasst und müssen deshalb nicht gemäß Abschnitt 20 offengelegt werden.

III. Informationsbasis und Prospektdarstellung

11 Die Identifizierung derjenigen Verträge, die als wesentlich einzustufen sind, ist Teil der **Legal Due Diligence**. Als Ausgangspunkt dient regelmäßig eine auf den Emittenten, seine Größe und Geschäftstätigkeit sowie die Branche, in der der Emittent tätig ist, zugeschnittene Informations- und Dokumentenanforderungsliste (Legal Due Diligence Request List). Regelmäßig werden darin – in Abstimmung mit der Emittentin – zumindest in Bezug auf bestimmte Vertragstypen (z. B. Liefer- oder Vertriebsverträge; Finanzierungsverträge) zunächst **quantitative Schwellen** angegeben, ab deren Erreichung Verträge für Zwecke der Legal Due Diligence bereitzustellen sind. Hierfür hat sich in der Praxis eine Größenordnung im Bereich von um **die 5% der Aktiva, der Umsatzerlöse oder des Vorsteuergewinns** eingebürgert. Diese Schwellenwerte sind in der Regel lediglich ein erstes Indiz für eine gewisse Substanz der Verträge; zumeist werden nicht alle Verträge, die diese Schwellenwerte erreichen, wesentliche Verträge im Sinne von Abschnitt 20 sein. Häufig lassen sich viele Vertragsverhältnisse bereits in dieser Phase ausscheiden, wenn es offensichtlich an einer ausreichenden Bedeutung der Vertragsverhältnisse fehlt. Umgekehrt mag es jedoch auch Verträge geben, deren Wesentlichkeit sich nicht sinnvoll aus dem Erreichen oder Überschreiten einer quantitativen Schwelle ersehen lässt. Beispiele sind Verträge über die Gewährung von Lizenzen, deren Verlust sich nachhaltig negativ auf das Geschäft der Emittentin auswirken würde, oder für das Geschäft der Emittentin wichtige Verträge, die im Falle der Beendigung durch den Vertragspartner nicht ohne Weiteres ersetzt werden könnten. Manche Verträge, wie etwa wichtige Finanzierungsverträge oder Verträge betreffend große Akquisitionen oder Veräußerungen werden sich auch ohne weitere Diskussion als wesentliche Verträge einordnen lassen. Dies gilt insbeson-

dere, wenn aufgrund der Akquisitionen oder Veräußerungen gemäß Punkt 18.4 Pro-forma-Finanzinformationen in den Prospekt aufzunehmen sind. In manchen Fällen wird sich die **Wesentlichkeit allerdings nicht alleine aus dem Vertragsdokument** ergeben. In Bezug auf solche Verträge ist ggf. durch Rückfragen oder Diskussion mit dem Emittenten herauszufinden, welche kommerzielle, finanzielle und strategische Bedeutung dem jeweiligen Vertragsverhältnis zukommt.

Die Angaben nach Abschnitt 20 finden sich im Prospekt meist in einem eigenen Prospektabschnitt mit dem Titel „Wesentliche Verträge" (Material Agreements) oder in einem Unterabschnitt des Abschnitts „Geschäftstätigkeit" (Business). Dabei ist auf **Konsistenz der Angaben mit den Angaben in anderen Prospektteilen** zu achten, in denen die entsprechenden Verträge oder die darauf basierenden Geschäftsverhältnisse meist in weniger rechtlicher Darstellung zur Sprache kommen (etwa in (anderen) Unterabschnitten des Abschnitts „Geschäftstätigkeit" oder dem Abschnitt „Angaben zur Geschäfts- und Finanzlage" (Management's Discussion and Analysis)). Häufig finden sich an solchen Stellen **Querverweise** auf den Abschnitt bzw. Unterabschnitt „Wesentliche Verträge", um dem Anleger einen schnellen Zugriff auf die Zusammenfassung der betreffenden Verträge zu ermöglichen. Auch im Abschnitt „Geschäfte mit verbundenen Parteien" (Related Party-Transactions) finden sich – soweit solche Geschäfte auf als wesentlich identifizierten Verträgen beruhen – anstelle von oder ergänzend zu den Angaben zu den entsprechenden Geschäften häufig Querverweise auf den Abschnitt bzw. Unterabschnitt „Wesentliche Verträge", um die Konsistenz sicherzustellen und unnötige Doppeldarstellungen zu vermeiden. Soweit in einem solchen Falle die **Zusammenfassung** eines Vertrages im Abschnitt bzw. Unterabschnitt „Wesentliche Verträge" die Darstellung eines Geschäfts mit verbundenen Parteien ersetzen soll, ist freilich darauf zu achten, dass die Zusammenfassung neben den Anforderungen gemäß Abschnitt 20 auch die Anforderungen gemäß Abschnitt 17 von Anhang 1 zur VO (EU) 2019/980 erfüllt. 12

Aus Abschnitt 20 folgt keine Verpflichtung, wesentliche Verträge zu veröffentlichen oder Investoren in anderer Form zur Einsicht zugänglich zu machen.[17] Die VO (EU) 2019/980 verlangt ausdrücklich nur die Aufnahme einer Zusammenfassung dieser Verträge in den Prospekt. Wie detailliert die Zusammenfassung zu sein hat, ergibt sich aus Abschnitt 20 nicht. Allerdings kann aus der Formulierung in anderen Anhängen der Prospektverordnung (etwa Abschnitt 14 von Anhang 3 und Abschnitt 13 von Anhang 6 zur VO (EU) 2019/980), die auf eine „kurze Zusammenfassung" wesentlicher Verträge verweisen, geschlossen werden, dass die von Abschnitt 20 geforderte Zusammenfassung einen **höheren Detaillierungsgrad** erfordert, da in Abschnitt 20 das Adjektiv „kurz" nicht aufgenommen wurde.[18] Bei der Zusammenfassung wesentlicher Verträge müssen sich Emittenten daher an den in Art. 6 ProspektVO enthaltenen allgemeinen Grundsätzen für die Prospekterstellung orientieren.[19] 13

Ziel der Darstellung muss es insbesondere sein, die **Bedeutung der jeweiligen Verträge für die Geschäftstätigkeit und die Finanzlage des Emittenten** aufzuzeigen. Der Detail- 14

---

17 Zum alten Recht: ESMA, Questions and Answers – Prospectuses – 30th Updated Version – April 2019 (ESMA/2016/1133), 8.4.2019, Frage 73.
18 So bereits in Ziffer 22 von Anhang I zur VO (EG) 809/2004.
19 Zum alten Recht: ESMA, Questions and Answers – Prospectuses – 30th Updated Version – April 2019 (ESMA31-62-780), 8.4.2019, Frage 73.

lierungsgrad und Inhalt der zusammenfassenden Darstellung muss geeignet sein, dem Investor ein zutreffendes Bild zu ermöglichen, das bei der Prüfung der Frage, ob in die Wertpapiere investiert werden sollte, behilflich ist. Die zusammenfassende Darstellung sollte dabei alle maßgeblichen Informationen enthalten, die ein Investor vernünftigerweise erwarten darf, um ein **zutreffendes Urteil über die wirtschaftliche Bedeutung des Vertrags**, die Vertragsrisiken und die wesentlichen Konditionen des Vertrags fällen zu können.[20] Abhängig von Vertragstyp und -inhalt mag es sich anbieten, zu den Leistungspflichten, der Preisgestaltung, dem Vertrags- bzw. Liefervolumen, Liefer- bzw. Abnahmeverpflichtungen, den Gewährleistungs- und Haftungsregelungen, der Laufzeit, den Kündigungsregelungen (insb. Change-of-Control-Bestimmungen), eventuellen Vertragsstrafen, Wettbewerbsbeschränkungen, Exklusivitätsregelungen oder einer Sicherheitenbestellung Beschreibungen aufzunehmen; hierbei werden in der Regel abstrakte Beschreibungen ausreichen, die dem Leser eine ausreichende Vorstellung von den **zugrunde liegenden Vertragsmechanismen und Prinzipien** (beispielsweise im Hinblick auf die Preisgestaltung oder Kündigungsmöglichkeiten) vermitteln, ohne die genaue Vertragsvergütung bzw. Preisgestaltung offen zu legen.[21] Es kann sich auch anbieten, bestimmte Vertragstypen mit vergleichbaren Bestimmungen in nur einer gemeinsamen, abstrahierenden Darstellung zusammenzufassen.[22] Häufig werden ähnlich gelagerte Verträge (z. B. Finanzierungsverträge oder Akquisitionsverträge) unter einer entsprechenden Unterüberschrift zusammengefasst. Sofern die konkrete Beschreibung etwa von Preisgestaltungsklauseln, Liefer- und Abnahmeverpflichtungen oder Exklusivitätsvereinbarungen mit berechtigten Geheimhaltungsinteressen des Emittenten kollidieren, ist an Art. 18 Abs. 1 lit. b ProspektVO zu denken, der die BaFin zur **Gestattung einer Nichtaufnahme** von Angaben unter den dort genannten Voraussetzungen ermächtigt.[23] Der Anwendungsbereich der Vorschrift ist jedoch eng begrenzt und eine Gestattung der BaFin lässt das Haftungsrisiko unberührt.[24] Insofern dürfte es regelmäßig vorzugswürdig sein, mit abstrahierenden Beschreibungen zu arbeiten, die eine angemessene **Balance zwischen dem Informationsinteresse des Investors und dem Geheimhaltungsinteresse des Emittenten** und seiner Geschäftspartner herstellen. Sofern in Bezug auf die Verträge Geheimhaltungspflichten bestehen, ist eine vorherige Abstimmung mit dem Vertragspartner erforderlich;[25] eine Befreiung von der Pflicht zur Darstellung erfolgt nicht alleine aufgrund des Bestehens einer Geheimhaltungsvereinbarung.

---

20 *Schlitt/Ries*, in: Assmann/Schlitt/von Kopp-Colomb, Prospektrecht Kommentar, Anhang 1 VO (EU) 2019/980 Rn. 298. Zum alten Recht: ESMA, Questions and Answers – Prospectuses – 30th Updated Version – April 2019 (ESMA31-62-780), 8.4.2019, Frage 73.
21 *Schlitt/Ries*, in: Assmann/Schlitt/von Kopp-Colomb, Prospektrecht Kommentar, Anhang 1 VO (EU) 2019/980 Rn. 299; *Voß*, in: Just/Voß/Ritz/Zeising, Wertpapierprospektrecht, Anhang 1 VO (EU) 2019/980 Rn. 434.
22 *Schlitt/Ries*, in: Assmann/Schlitt/von Kopp-Colomb, Prospektrecht Kommentar, Anhang 1 VO (EU) 2019/980 Rn. 301.
23 Zum alten Recht: *Fingerhut/Voß*, in: Just/Voß/Ritz/Zeising, WpPG, 2009, Anhang I ProspektVO Rn. 437; *Alfes/Wieneke*, in: Holzborn, WpPG, Anhang I ProspektVO Rn. 205.
24 *Groß*, Kapitalmarktrecht, Art. 18 ProspektVO, Rn. 2.
25 *Schlitt/Ries*, in: Assmann/Schlitt/von Kopp-Colomb, Prospektrecht Kommentar, Anhang 1 VO (EU) 2019/980, Rn. 300.

Abschnitt 21
Verfügbare Dokumente

Abzugeben ist eine Erklärung, dass während der Gültigkeitsdauer des Registrierungsformulars ggf. die folgenden Dokumente eingesehen werden können:

a) die aktuelle Satzung und die aktuellen Statuten des Emittenten;

b) sämtliche Berichte, Schreiben und sonstigen Dokumente, Bewertungen und Erklärungen, die von einem Sachverständigen auf Ersuchen des Emittenten erstellt bzw. abgegeben wurden, sofern Teile davon in das Registrierungsformular eingeflossen sind oder in ihm darauf verwiesen wird.

Die Website, auf der die Dokumente eingesehen werden können, ist anzugeben.

Übersicht

	Rn.		Rn.
I. Einleitung	1	III. Dokumente	5
II. Inhalt der Erklärung	2		

I. Einleitung

Nach Abschnitt 21 ist eine Erklärung über die **verfügbaren Dokumente** sowie die Angabe der **Website**, auf der die Dokumente eingesehen werden können, in den Prospekt aufzunehmen. Die Erklärung erfolgt üblicherweise im Abschnitt „Allgemeine Informationen" (General Information) unter einer eigenen Zwischenüberschrift (Documents available for Inspection).[1] 1

II. Inhalt der Erklärung

Die Vorgaben nach Abschnitt 21 statuieren – wie schon die entsprechenden Vorgaben in der VO (EG) 809/2004 (Ziffer 24 von Anhang I) – **keine eigenständige Offenlegungspflicht**. Sie knüpfen vielmehr an die „ggf." in den einzelnen Mitgliedstaaten bestehenden gesellschaftsrechtlichen Publizitätspflichten an.[2] Existieren derartige Dokumente bzw. Pflichten nicht, greift auch das entsprechende Angabeerfordernis nach Abschnitt 21 nicht ein. Besteht hingegen eine Pflicht zur Offenlegung, ist nach dem Wortlaut grundsätzlich eine die genannten Dokumente beinhaltende Erklärung aufzunehmen.[3] In der Praxis hat 2

---

1 *Schlitt/Ries*, in: Assmann/Schlitt/von Kopp-Colomb, Prospektrecht Kommentar, Anhang 1 VO (EU) 2019/980 Rn. 303.

2 *Voß*, in: Just/Voß/Ritz/Zeising, Wertpapierprospektrecht, Anhang 1 VO (EU) 2019/980 Rn. 437. Zum alten Recht: *Alfes/Wieneke*, in: Holzborn, WpPG, Anhang I ProspektVO Rn. 208.

3 Weitergehend *Voß*, in: Just/Voß/Ritz/Zeising, Wertpapierprospektrecht, Anhang 1 VO (EU) 2019/980 Rn. 438. Zum alten Recht: *Alfes/Wieneke*, in: Holzborn, WpPG, Anhang I ProspektVO Rn. 208, die eine detaillierte, einzelne Auflistung der Dokumente für erforderlich halten.

sich die Auflistung der konkret für die **Einsichtnahme zur Verfügung stehenden Dokumente** etabliert.[4]

3   Der Emittent hat nach Abschnitt 21 die **Website** anzugeben, auf der die Dokumente eingesehen werden können. Die noch von der VO (EG) 809/2004 eingeräumte Möglichkeit, neben der oder alternativ zur Angabe der Website einen Ort (meistens der Sitz der Emittentin) anzugeben, wo die Dokumente physisch in Papierform eingesehen werden können,[5] besteht unter der VO (EU) 2019/980 nicht mehr. Um Aufwand und Kosten für Emittenten zu verringern, Investoren den Zugang zu den Dokumenten zu erleichtern und eine gleiche Ausgangslage für den Zugang der Investoren zu den Dokumenten zu schaffen, sieht die VO (EU) 2019/980 **nur noch die elektronische Bereitstellung** auf einer Website vor.[6] In der Praxis wird meist auf die Website bzw. die „Investor Relations"-Website des Emittenten verwiesen.[7] Verfügt der Emittent über keine (eigene) Website, so kann auf die Angabe verzichtet oder aber die Website eines Dritten (z. B. der Muttergesellschaft) angegeben werden.[8]

4   Um einem möglichen Haftungsrisiko entgegenzuwirken wird der Angabe der Website in der Praxis meist ein **Warnhinweis** hinzugefügt, wonach Informationen auf der Website bzw. Informationen, die über die Website zugänglich sind, weder Bestandteil des Prospekts sind noch mittels Verweis in diesen aufgenommen werden.[9]

III. Dokumente

5   Ist der Emittent eine deutsche Aktiengesellschaft, muss die Erklärung im Regelfall die **aktuelle Satzung** enthalten.[10] Die Ergänzung des Wortes „aktuell" ist darauf zurückzuführen, dass nach Erfahrung der ESMA in der Vergangenheit oft überholte Dokumente bereitgehalten wurden.[11]

6   Darüber hinaus sind in der Erklärung, sofern zutreffend, sämtliche Berichte, Schreiben und sonstigen Dokumenten, Bewertungen und Erklärungen, die von einem **Sachverständigen** auf Ersuchen des Emittenten erstellt bzw. abgegeben wurden, anzugeben, sofern Teile davon in den Prospekt eingeflossen sind oder in ihm darauf verwiesen wird. Für diese Do-

---

4 *Schlitt/Ries*, in: Assmann/Schlitt/von Kopp-Colomb, Prospektrecht Kommentar, Anhang 1 VO (EU) 2019/980 Rn. 304. Siehe z. B. den IPO-Prospekt der Mister Spex SE vom 22.6.2021 oder den IPO-Prospekt der Friedrich Vorwerk Group SE vom 15.3.2021.
5 Siehe noch die Vorauflage.
6 ESMA, Final Report – Technical advice under the Prospectus Regulation (ESMA31-62-800), 28.3.2018, Rn. 108 und 110; ESMA, Consultation Paper – Draft technical advice on format and content of the prospectus (ESMA31-62-532), 6.7.2017, Rn. 87.
7 Siehe z. B. den Zulassungsprospekt der Vulcan Energy Resources Ltd. vom 11.2.2022 oder den IPO-Prospekt der Vantage Towers AG vom 8.3.2021.
8 ESMA, Final Report – Technical advice under the Prospectus Regulation (ESMA31-62-800), 28.3.2018, Rn. 110.
9 Siehe z. B. den Kapitalerhöhungsprospekt der Vonovia SE vom 22.11.2021 oder den IPO-Prospekt der AUTO1 Group SE vom 25.1.2021.
10 *Schlitt/Ries*, in: Assmann/Schlitt/von Kopp-Colomb, Prospektrecht Kommentar, Anhang 1 VO (EU) 2019/980 Rn. 306.
11 ESMA, Consultation Paper – Draft technical advice on format and content of the prospectus (ESMA31-62-532), 6.7.2017, Rn. 86.

kumente hat die ESMA[12] klargestellt, dass sich der Zusatz für Dokumente, die „von einem Sachverständigen auf Ersuchen des Emittenten erstellt bzw. abgegeben wurden", nur auf die genannten Bewertungen und Erklärungen bezieht, sodass die Erklärung auch etwaige **Sachverständigengutachten** (beispielsweise das Wertgutachten, wenn es sich bei dem Emittenten um eine Immobiliengesellschaft im Sinne von Anhang 29 zur VO (EU) 2019/980 handelt) vorbehaltlich ihrer Aufnahme in den Prospekt beinhalten muss.[13]

Für die – noch von der VO (EG) 809/2004 geforderte – Aufnahme der historischen Finanzinformationen bestand, soweit sie gemäß der VO (EG) 809/2004 ohnehin in den Prospekt aufzunehmen waren, bereits unter der VO (EG) 809/2004 kein Anwendungsbereich.[14] Die Angabe wurde deshalb in der VO (EU) 2019/980 als überflüssig gestrichen.[15] In der Praxis nehmen Emittenten dennoch überwiegend **(freiwillig) auch die historischen Finanzinformationen**, die gemäß Abschnitt 18 in den Prospekt aufzunehmen sind, in die Erklärung auf, häufig verbunden mit dem Hinweis auf die Erhältlichkeit künftiger Geschäfts- und Zwischenberichte des Emittenten.[16]

7

---

12 ESMA, Questions and Answers on the Prospectus Regulation (ESMA31-62-1258), 12.10.2022, A14.8.
13 *Schlitt/Ries*, in: Assmann/Schlitt/von Kopp-Colomb, Prospektrecht Kommentar, Anhang 1 VO (EU) 2019/980 Rn. 306.
14 Siehe dazu die Vorauflage.
15 ESMA, Consultation Paper – Draft technical advice on format and content of the prospectus (ESMA31-62-532), 6.7.2017, Rn. 87.
16 *Schlitt/Ries*, in: Assmann/Schlitt/von Kopp-Colomb, Prospektrecht Kommentar, Anhang 1 VO (EU) 2019/980 Rn. 307. Siehe z. B. den IPO-Prospekt der SUSE S.A. vom 5.5.2021 oder den Zulassungsprospekt der Siemens Energy AG vom 7.9.2020.

Anhang 2 VO (EU) 2019/980
Einheitliches Registrierungsformular

Abschnitt 1
Offenzulegende Angaben über den Emittenten

Punkt 1.1
Der Emittent legt Angaben entsprechend den in Anhang 1 genannten Angabevorschriften für das Registrierungsformular für Dividendenwerte offen.

Punkt 1.2
Wird das einheitliche Registrierungsformular gebilligt, ist Anhang 1 Punkt 1.5 mit einer Erklärung zu ergänzen, dass das einheitliche Registrierungsformular für die Zwecke eines öffentlichen Angebots von Wertpapieren oder einer Zulassung zum Handel an einem geregelten Markt verwendet werden kann, sofern dieses durch etwaige Änderungen, eine Wertpapierbeschreibung und eine gemäß Verordnung (EU) 2017/1129 gebilligte Zusammenfassung vervollständigt wird.

Wird das einheitliche Registrierungsformular ohne vorherige Billigung hinterlegt und veröffentlicht, ist Anhang 1 Punkt 1.5 durch eine Erklärung zu ersetzen, aus der hervorgeht, dass

a) das einheitliche Registrierungsformular bei [Bezeichnung der zuständigen Behörde] als zuständiger Behörde gemäß Verordnung (EU) 2017/1129 ohne vorherige Billigung gemäß Artikel 9 der Verordnung (EU) 2017/1129 hinterlegt wurde;

b) das einheitliche Registrierungsformular für die Zwecke eines öffentlichen Angebots von Wertpapieren oder einer Zulassung zum Handel an einem geregelten Markt verwendet werden kann, sofern dieses durch [Bezeichnung der zuständigen Behörde einfügen] zusammen mit etwaigen Änderungen, einer Wertpapierbeschreibung und einer gemäß Verordnung (EU) 2017/1129 gebilligten Zusammenfassung gebilligt wird.

Übersicht

	Rn.
I. Regelungsgegenstand und Normzusammenhang	1
II. Offenzulegende Angaben über den Emittenten (Anhang 2 Abschnitt 1)	3
1. Anwendbarkeit des Schemas für das Registrierungsformular für Dividendenwerte gemäß Anhang 1 (Anhang 2 Abschnitt 1 Punkt 1.1)	4
a) Allgemein	4
b) Erleichterungen in Bezug auf den Aufbau des einheitlichen Registrierungsformulars	7
aa) Allgemeine Anforderungen	7
bb) Darstellung der Risikofaktoren	9
cc) Darstellung der historischen Finanzinformationen	11
2. Zusätzliche Erklärungen des Emittenten (Anhang 2 Abschnitt 1 Punkt 1.2)	12

I. Regelungsgegenstand und Normzusammenhang

1　Anhang 2 normiert innerhalb des durch Art. 13 Abs. 2 ProspektVO[1] gesteckten Rahmens die in einem **einheitlichen Registrierungsformular** gemäß Art. 9 Abs. 1 ProspektVO of-

---

[1] Verordnung (EU) 2017/1129 des Europäischen Parlaments und Rates vom 14.6.2017 über den Prospekt, der beim öffentlichen Angebot von Wertpapieren oder bei deren Zulassung zum Handel an einem geregelten Markt zu veröffentlichen ist und zur Aufhebung der Richtlinie 2003/71/EG.

fenzulegenden **Mindestangaben über den Emittenten**. Anhang 2 findet über die Verweisungsnorm in Art. 3 Anwendung und **konkretisiert** die in Art. 9 Abs. 1 ProspektVO enthaltenen inhaltlichen Vorgaben für die Erstellung des einheitlichen Registrierungsformulars.

Das einheitliche Registrierungsformular ist eine Sonderform des für die Emittentenangaben vorgesehenen Prospektbestandteils Registrierungsformular, die Daueremittenten einen schnelleren und kosteneffizienteren Zugang zum Kapitalmarkt[2] ermöglichen soll. Ein im Wege der sog. Rahmenregistrierung[3] vorab durch die zuständige Billigungsbehörde gebilligtes oder ein bei ihr hinterlegtes einheitliches Registrierungsformular ermöglicht es, während dessen Gültigkeit wiederholt Wertpapieremissionen vorzunehmen und Marktfenster kurzfristig zu nutzen, indem die Wertpapierbeschreibung und Zusammenfassung für die konkrete Emission erst kurz vor dem öffentlichen Angebot und/oder der Börsenzulassung der Wertpapiere an einem geregelten Markt erstellt sowie gebilligt (und veröffentlicht) werden (Art. 10 Abs. 3 ProspektVO und die dortige Kommentierung → Art. 10 ProspektVO Rn. 17 ff.). Das einheitliche Registrierungsformular kann per Verweis in den einteiligen Prospekt (bestehend aus den Prospektabschnitten (einheitliches) Registrierungsformular, Wertpapierbeschreibung und Zusammenfassung) einbezogen oder in (gebilligter) Form als Bestandteil eines aus mehreren Einzeldokumenten bestehenden Prospekts verwendet werden.[4] Dieser so erstellte Prospekt wird schneller gebilligt, weil die Billigungsfrist sich von zehn Arbeitstagen auf fünf verkürzt (Art. 20 Abs. 6 ProspektVO). Neben diesen Erleichterungen im Billigungsverfahren, sind bei Erstellung eines einheitlichen Registrierungsformulars nach Anhang 2 auch **Modifizierungen bei der Darstellung der Emittentenangaben** möglich.

II. Offenzulegende Angaben über den Emittenten (Anhang 2 Abschnitt 1)

Der für die Erstellung des einheitlichen Registrierungsformulars maßgebliche Anhang 2 umfasst einen Abschnitt über die „**offenzulegenden Angaben über den Emittenten**". Dieser Abschnitt ist wiederum in zwei Punkte gegliedert. Punkt 1.1 erklärt die Angabevorschriften für das Registrierungsformular für Dividendenwerte gemäß Anhang 1 für anwendbar. Punkt 1.2 enthält Vorgaben für zusätzliche Erklärungen des Emittenten, die in Abhängigkeit davon, ob das einheitliche Registrierungsformular von der zuständigen Billigungsbehörde gebilligt oder bei dieser hinterlegt wird, in das einheitliche Registrierungsformular aufzunehmen sind.

---

2 Erwägungsgrund 43 ProspektVO; *Schlitt/Ries*, in: Assmann/Schlitt/von Kopp-Colomb, Prospektrecht Kommentar, Anhang 2 VO (EU) 2019/980 Rn. 1.

3 *Groß*, Kapitalmarktrecht, Art. 9 ProspektVO Rn. 2; *Schlitt/Ries*, in: Assmann/Schlitt/von Kopp-Colomb, Prospektrecht Kommentar, Art. 9 ProspektVO Rn. 6; *Assmann/Buck-Heeb*, in: Assmann/Schütze/Buck-Heeb, Handbuch des Kapitalanlagerechts, § 1 Rn. 72a; *Bauerschmidt*, BKR 2019, 324, 329.

4 *Groß*, Kapitalmarktrecht, Art. 9 ProspektVO Rn. 4; BaFin Workshop v. 28.5.2019, Aufmachung des ein- bzw. mehrteiligen Prospekts sowie eines Basisprospekts, S. 17.

1. Anwendbarkeit des Schemas für das Registrierungsformular für Dividendenwerte gemäß Anhang 1 (Anhang 2 Abschnitt 1 Punkt 1.1)

a) Allgemein

4   Damit eine Rahmenregistrierung mittels eines „einheitlichen" und damit flexibel für die Emission von Dividendenwerten und Nichtdividendenwerten verwendbaren Registrierungsformulars[5] möglich ist, sind gemäß Anhang 2 Abschnitt 1 Punkt 1.1 bei der Erstellung des einheitlichen Registrierungsformulars die **Pflichtangaben** in Bezug auf den Emittenten entsprechend dem in Anhang 1 festgelegten Schema für das **Registrierungsformular für Dividendenwerte** offenzulegen.[6] Dieses Schema stellt das umfassendste und strengste Schema für ein Registrierungsformular dar.[7] Dies gilt auch dann, wenn der Emittent künftig eine Emission von Nichtdividendenwerten unter Verwendung des einheitlichen Registrierungsformulars beabsichtigt.[8] Bezüglich der einzelnen Pflichtangaben, die gemäß Anhang 2 i.V.m. Anhang 1 in einem einheitlichen Registrierungsformular offenzulegen sind, siehe im Einzelnen die Kommentierung zu Anhang 1.

5   Nach dem Schema für das Registrierungsformular für Dividendenwerte gemäß Anhang 1 sind im Unterschied zu den für die Emission von Nichtdividendenwerten relevanten Anhängen (siehe dazu im Einzelnen die Anhänge 6–8 und 10 und die dortige Kommentierung) beispielsweise Angaben zur Geschäfts- und Finanzlage (Anhang 1 Abschnitt 7), zur Eigenkapitalausstattung (Anhang 1 Abschnitt 8), zum Regelungsumfeld (Anhang 1 Abschnitt 9), zu Beschäftigten (Anhang 1 Abschnitt 15), zu Geschäften mit verbundenen Parteien (Anhang 1 Abschnitt 17) und zur Dividendenpolitik (Anhang 1 Punkt 18.5) des Emittenten erforderlich. Ferner verlangt Anhang 1 einen erhöhten Detaillierungsgrad in Bezug auf die Darstellung zahlreicher Emittentenangaben, wie beispielsweise zu den Praktiken des Leitungsorgans (Anhang 1 Abschnitt 14), den Überblick über die Geschäftstätigkeit (Anhang 1 Abschnitt 5), bei dem u. a. auch Investitionen detailliert beschrieben werden müssen (Anhang 1 Punkt 5.7), oder im Hinblick auf die in das Registrierungsformular aufzunehmenden historischen Finanzinformationen (Anhang 1 Abschnitt 18 Punkt 18.1), des Aktienkapitals und der Satzung und Statuten (Anhang 1 Abschnitt 19 Punkt 19.1 und 19.2) des Emittenten. Die vom Normgeber bezweckte **Multifunktionalität des einheitlichen Registrierungsformulars** geht damit zulasten seiner Attraktivität, da Emittenten von Nichtdividendenwerten den strengeren Offenlegungsstandard für die Emission von Dividendenwerten anwenden müssen.

6   Trotz der mit dem einheitlichen Registrierungsformular einhergehenden Erleichterungen im Billigungsverfahren ist dessen **praktische Bedeutung daher bislang gering geblie-**

---

5   Erwägungsgrund 39 ProspektVO; *Oulds*, in: Kümpel/Mülbert/Früh/Seyfried, Bank- und Kapitalmarktrecht, Rn. 15.719.
6   *Groß*, Kapitalmarktrecht, Art. 9 ProspektVO Rn. 4.
7   *Schlitt/Ries*, in: Assmann/Schlitt/von Kopp-Colomb, Prospektrecht Kommentar, Anhang 2 VO (EU) 2019/980, Rn. 3; *Oulds*, in: Kümpel/Mülbert/Früh/Seyfried, Bank- und Kapitalmarktrecht, Rn. 15.719; *Bronger/Scherer*, WM 2017, 460, 464; *Zivny/Mock*, EU-ProspektVO/KMG 2019, Art. 9 ProspektVO Rn. 8.
8   *Groß*, Kapitalmarktrecht, Art. 9 ProspektVO Rn. 4; *Oulds/Wöckener*, RdF 2020, 4, 6; *Oulds*, in: Kümpel/Mülbert/Früh/Seyfried, Bankrecht und Kapitalmarktrecht, Rn. 15.719; *Grundmann/Möslein*, in: Grundmann, Bankvertragsrecht, Investmentbanking Band II, 2021, Sechster Teil, Marktregeln, Rn. 141.

ben.⁹ Für Anleiheemissionen, die Emittenten in der Regel für die regelmäßige Finanzierung am Kapitalmarkt nutzen, steht mit dem Basisprospekt nach Art. 8 ProspektVO ein für den erleichterten Zugang zum Kapitalmarkt effizienteres Instrument mit einem deutlich niedrigeren Offenlegungsstandard zur Verfügung,¹⁰ weshalb Emittenten von Nichtdividendenwerten im Regelfall auf die Möglichkeit der Erstellung eines Basisprospekts zurückgreifen werden.

b) Erleichterungen in Bezug auf den Aufbau des einheitlichen Registrierungsformulars

aa) Allgemeine Anforderungen

Der Aufbau eines einheitlichen Registrierungsformulars hat sich zunächst an dem **Aufbau des in Anhang 1 vorgegebenen Schemas für das Registrierungsformular für Dividendenwerte** zu orientieren. Dabei ist Emittenten ausweislich Erwägungsgrund 15 zur VO (EU) 2019/980 aufgrund des Mehrzweckcharakters dieses Formulars in Bezug auf die Reihenfolge der darin zu liefernden Angaben größere Flexibilität einzuräumen. Daher muss bei Erstellung des einheitlichen Registrierungsformulars die in dem Schema vorgegebene Reihenfolge der Pflichtangaben nicht zwingend eingehalten werden. Vielmehr ist der Ersteller bei der Festlegung der Reihenfolge der nach Anhang 1 in das einheitliche Registrierungsformular aufzunehmenden Pflichtangaben frei (vgl. auch Art. 24 Abs. 2 UAbs. 2). Bei Abweichungen von der in Anhang 1 vorgegebenen Reihenfolge kann die zuständige Behörde gemäß Art. 24 Abs. 5 allerdings eine Aufstellung von Querverweisen (sog. Überkreuz-Checkliste) für die Prüfung des einheitlichen Registrierungsformulars verlangen, in der angeben ist, auf welcher Seite des einheitlichen Registrierungsformulars die erforderlichen Mindestangaben dargestellt werden.

7

Die Gestaltungsmöglichkeiten des einheitlichen Registrierungsformulars nach Anhang 2 i.V.m. Anhang 1 unterliegen darüber hinaus freilich auch den allgemeinen Anforderungen an die Erstellung eines Prospekts, insbesondere den Standards der Vollständigkeit, Verständlichkeit und Kohärenz (Art. 9 Abs. 8 UAbs. 2). Die in das einheitliche Registrierungsformular aufgenommenen Angaben dürfen daher insbesondere nicht widersprüchlich zu den Angaben in dem später erstellten Prospekt bzw. Prospektbestandteilen sein und sollten zudem keine Dopplungen enthalten. Soweit Widersprüche oder Dopplungen bei der späteren Prospekterstellung offenbar werden, ist vor Verwendung des einheitlichen Registrierungsformulars gegebenenfalls eine Aktualisierung der darin erhaltenen Informationen durch eine Änderung gemäß Art. 9 Abs. 7 ProspektVO erforderlich.

8

bb) Darstellung der Risikofaktoren

Ein wichtiger Bestandteil des einheitlichen Registrierungsformulars ist die Darstellung der Risikofaktoren nach Maßgabe der Anforderungen des Anhang 2 i.V.m. Anhang 1 Abschnitt 3. Da das einheitliche Registrierungsformular lediglich Emittentenangaben ent-

9

---

9 *Schlitt/Ries*, in: Assmann/Schlitt/von Kopp-Colomb, Prospektrecht Kommentar, Anhang 2 VO (EU) 2019/980 Rn. 4; *Seitz/Maier*, in: Assmann/Schlitt/von Kopp-Colomb, Prospektrecht Kommentar, Anhang 6 VO (EU) 2019/980 Rn. 14.
10 *Meyer*, in: Marsch-Barner/Schäfer, Handbuch börsennotierte AG, § 7 Rn. 7.100e; *Oulds/Wöckener*, RdF 2020, 4, 6.

hält, sind in das einheitliche Registrierungsformular auch lediglich die für den Emittenten spezifischen und wesentlichen Risikofaktoren aufzunehmen, während die wertpapierspezifischen Risikofaktoren erst bei der konkreten Emission der betreffenden Wertpapiere in dem später zu erstellenden Angebots- und/oder Zulassungsprospekt zu ergänzen sind. Bezüglich des Aufbaus dieser in das einheitliche Registrierungsformular aufzunehmenden emittentenbezogenen Risikofaktoren bietet Art. 24 Abs. 3 im Unterschied zur Darstellung der Risikofaktoren in einem allein nach Anhang 1 erstellten „einfachen" Registrierungsformular eine Modifizierungsmöglichkeit, indem die Risikofaktoren in einem einheitlichen Registrierungsformular zusammen mit den übrigen Pflichtangaben und **nicht gesondert in einem eigenen Kapitel dargestellt** werden können. Allerdings müssen die Risikofaktoren auch dann als eigener Abschnitt erkennbar bleiben.[11] Ob diese Modifizierungsmöglichkeit, die keinerlei Auswirkungen auf die inhaltliche Darstellung der Risikofaktoren in einem einheitlichen Registrierungsformular hat, insofern eine für den Emittenten spürbare Erleichterung mit sich bringt, ist vor diesem Hintergrund zweifelhaft.

10 Bezüglich der weiteren inhaltlichen Anforderungen an die Darstellung der Risikofaktoren in einem (einheitlichen) Registrierungsformular siehe im Einzelnen die Kommentierung zu Anhang 1 Abschnitt 3 → Anhang 1 Abschnitt 3 Rn. 1 ff.

cc) Darstellung der historischen Finanzinformationen

11 Erleichterungen bei der Erstellung des einheitlichen Registrierungsformulars ergeben sich darüber hinaus durch die Möglichkeit, die historischen Finanzabschlüsse der letzten drei Geschäftsjahre gemäß Anhang 1 Abschnitt 18 sowie unter Einhaltung der gemäß Art. 24 Abs. 4 geltenden zusätzlichen Anforderungen der DelVO (EU) 2019/815[12] mittels Verweis in das einheitliche Registrierungsformular aufzunehmen. Siehe hierzu Art. 9 Abs. 6 ProspektVO und die dortige Kommentierung (→ Art. 9 ProspektVO Rn. 25).

2. Zusätzliche Erklärungen des Emittenten (Anhang 2 Abschnitt 1 Punkt 1.2)

12 Um Rechtssicherheit zu gewährleisten und die Transparenz für Anleger zu erhöhen,[13] hat ein Emittent in einem einheitlichen Registrierungsformular anzugeben, ob dieses von der zuständigen Behörde gebilligt oder ohne vorherige Billigung hinterlegt und veröffentlicht wurde. Diese Vorgabe wird in Anhang 2 Punkt 1.2 in der Form von speziellen Erklärungen konkretisiert, die (im Fall der Billigung) in Ergänzung bzw. (im Fall der Hinterlegung) in Ersetzung der nach Anhang 1 Abschnitt 1 Punkt 1.5 erforderlichen Erklärung des Emittenten (siehe im Einzelnen die Kommentierung zu Anhang 1 Abschnitt 1 Punkt 1.5 → Anhang 1 Abschnitt 1 Rn. 24 f.) in das einheitliche Registrierungsformular aufzunehmen ist.

---

11 *Schlitt/Ries*, in: Assmann/Schlitt/von Kopp-Colomb, Prospektrecht Kommentar, Anhang 2 VO (EU) 2019/980 Rn. 7.
12 Delegierte Verordnung (EU) 2019/815 der Kommission vom 17.12.2018 zur Ergänzung der Richtlinie 2004/109/EG des Europäischen Parlaments und des Rates im Hinblick auf technische Regulierungsstandards für die Spezifikation eines einheitlichen elektronischen Berichtsformats (ABl. L 143 vom 29.5.2019, S. 1).
13 Erwägungsgrund 3 VO (EU) 2019/980.

Wird das einheitliche Registrierungsformular gebilligt, muss dieses zusätzlich die Erklärung enthalten, dass es für Zwecke eines öffentlichen Angebots von Wertpapieren oder der Zulassung an einem geregelten Markt verwendet werden kann, sofern es zuvor durch etwaige Änderungen, eine Wertpapierbeschreibung und eine gebilligte Zusammenfassung vervollständigt wird (Anhang 2 Abschnitt 1 Punkt 1.2 UAbs. 1). Wird das einheitliche Registrierungsformular dagegen nicht gebilligt, sondern lediglich bei der zuständigen Behörde hinterlegt und veröffentlicht, ist stattdessen eine Erklärung aufzunehmen, dass das einheitliche Registrierungsformular a) bei der zuständigen Behörde ohne vorherige Billigung hinterlegt wurde und b) für die Zwecke eines öffentlichen Angebots von Wertpapieren oder einer Zulassung zum Handel an einem geregelten Markt verwendet werden kann, sofern das einheitliche Registrierungsformular zusammen mit etwaigen Änderungen, einer Wertpapierbeschreibung und gebilligten Zusammenfassung gebilligt wird (Anhang 2 Abschnitt 1 Punkt 1.2 UAbs. 2). 13

Anhang 3 VO (EU) 2019/980
Registrierungsformular für Sekundäremissionen von Dividendenwerten

Abschnitt 1
Verantwortliche Personen, Angaben von Seiten Dritter, Sachverständigenberichte und Billigung durch die zuständige Behörde

Punkt 1.1

Nennung aller Personen, die für die Angaben im Registrierungsformular bzw. für bestimmte Teile der Angaben verantwortlich sind. Im letzteren Fall sind die entsprechenden Teile anzugeben. Handelt es sich um natürliche Personen, zu denen auch Mitglieder des Verwaltungs-, Leitungs- oder Aufsichtsorgans des Emittenten gehören, sind Name und Funktion dieser Person zu nennen. Bei juristischen Personen sind Name und eingetragener Sitz der Gesellschaft anzugeben.

Punkt 1.2

Erklärung der für das Registrierungsformular verantwortlichen Personen, dass die Angaben im Registrierungsformular ihres Wissens nach richtig sind und dass das Registrierungsformular keine Auslassungen enthält, die die Aussage verzerren könnten.

Gegebenenfalls Erklärung der für bestimmte Abschnitte des Registrierungsformulars verantwortlichen Personen, dass die in den Teilen des Registrierungsformulars genannten Angaben, für die sie verantwortlich sind, ihres Wissens nach richtig sind und dass diese Teile des Registrierungsformulars keine Auslassungen beinhalten, die die Aussage verzerren könnten.

Punkt 1.3

Wird in das Registrierungsformular eine Erklärung oder ein Bericht einer Person aufgenommen, die als Sachverständiger handelt, so sind folgende Angaben zu dieser Person zu machen:

a) Name,

b) Geschäftsadresse,

c) Qualifikationen,

d) das wesentliche Interesse am Emittenten, falls vorhanden.

Wurde die Erklärung oder der Bericht auf Ersuchen des Emittenten erstellt, ist anzugeben, dass diese Erklärung oder dieser Bericht mit Zustimmung der Person, die den Inhalt dieses Teils des Registrierungsformulars für die Zwecke des Prospekts gebilligt hat, aufgenommen wurde.

Punkt 1.4

Wurden Angaben vonseiten Dritter übernommen, ist zu bestätigen, dass diese Angaben korrekt wiedergegeben wurden und nach Wissen des Emittenten und soweit für ihn aus den von diesem Dritten veröffentlichten Angaben ersichtlich, nicht durch Auslassungen unkorrekt oder irreführend gestaltet wurden. Darüber hinaus hat der Emittent die Quelle(n) der Angaben zu nennen.

Punkt 1.5

Eine Erklärung, dass

a) [das Registrierungsformular/der Prospekt] durch [Bezeichnung der zuständigen Behörde] als zuständiger Behörde gemäß Verordnung (EU) 2017/1129 gebilligt wurde,

b) die [Bezeichnung der zuständigen Behörde] [dieses Registrierungsformular/diesen Prospekt] nur bezüglich der Standards der Vollständigkeit, Verständlichkeit und Kohärenz gemäß der Verordnung (EU) 2017/1129 billigt,

c) eine solche Billigung nicht als eine Befürwortung des Emittenten, der Gegenstand [dieses Registrierungsformulars/dieses Prospekts] ist, erachtet werden sollte,

d) [das Registrierungsformular/der Prospekt] als Teil eines vereinfachten Prospekts gemäß Artikel 14 der Verordnung (EU) 2017/1129 erstellt wurde.

Abschnitt 2
Abschlussprüfer

Punkt 2.1
Namen der Abschlussprüfer des Emittenten, die für den von den historischen Finanzinformationen abgedeckten Zeitraum zuständig waren (einschließlich ihrer Mitgliedschaft in einer Berufsvereinigung).

Abschnitt 3
Risikofaktoren

Punkt 3.1
Eine Beschreibung der wesentlichen Risiken, die dem Emittenten eigen sind, in einer begrenzten Anzahl an Kategorien in einer Rubrik mit der Überschrift „Risikofaktoren".

In jeder Kategorie werden die gemäß der Bewertung durch den Emittenten, Anbieter oder die die Zulassung zum Handel an einem geregelten Markt beantragenden Person wesentlichsten Risiken, unter Berücksichtigung der negativen Auswirkungen auf den Emittenten und der Wahrscheinlichkeit ihres Eintretens, zuerst angeführt. Die Risiken werden durch den Inhalt des Registrierungsformulars bestätigt.

Abschnitt 4
Angaben zum Emittenten

Punkt 4.1
Gesetzliche und kommerzielle Bezeichnung des Emittenten.

Punkt 4.2
Sitz und Rechtsform des Emittenten, Rechtsträgerkennung (LEI), Rechtsordnung, unter der er tätig ist, Land der Gründung der Gesellschaft; Anschrift und Telefonnummer seines eingetragenen Sitzes (oder Hauptort der Geschäftstätigkeit, falls nicht mit dem eingetragenen Sitz identisch), etwaige Website des Emittenten mit einer Erklärung, dass die Angaben auf der Website nicht Teil des Prospekts sind, sofern diese Angaben nicht mittels Verweises in den Prospekt aufgenommen wurden.

Abschnitt 5
Überblick über die Geschäftstätigkeit

Punkt 5.1

Kurze Beschreibung:

a) der wichtigsten Haupttätigkeitsbereiche des Emittenten,

b) etwaiger bedeutender Änderungen, die sich seit dem Ende des von dem zuletzt veröffentlichten geprüften Abschluss abgedeckten Zeitraums auf den Betrieb und die Haupttätigkeiten des Emittenten ausgewirkt haben, einschließlich des Folgenden:
   i) Angabe etwaiger wichtiger neuer Produkte und Dienstleistungen,
   ii) Angaben zum Stand der Entwicklung neuer Produkte oder Dienstleistungen, soweit deren Entwicklung öffentlich bekannt gegeben wurde,
   iii) Angaben zu etwaigen wesentlichen Änderungen des Regelungsumfelds seit dem von dem zuletzt veröffentlichten geprüften Abschluss abgedeckten Zeitraums.

Punkt 5.2

Investitionen

Punkt 5.2.1

Beschreibung der wesentlichen seit dem Datum des zuletzt veröffentlichten Abschlusses laufenden und/oder bereits fest beschlossenen Investitionen und der voraussichtlichen Quelle für Finanzierungsmittel.

Abschnitt 6
Trendinformationen

Punkt 6.1

Eine Beschreibung

a) der wichtigsten aktuellen Trends bei Produktion, Umsatz und Vorräten sowie bei Kosten und Verkaufspreisen zwischen dem Ende des letzten Geschäftsjahres und dem Datum des Registrierungsformulars;

b) jeder wesentlichen Änderung der Finanz- und Ertragslage der Gruppe seit dem Ende des letzten Berichtszeitraums, für den bis zum Datum des Registrierungsformulars Finanzinformationen veröffentlicht wurden – ansonsten ist eine negative Erklärung abzugeben;

c) bekannter Trends, Unsicherheiten, Nachfragen, Verpflichtungen oder Vorfälle, die voraussichtlich die Aussichten des Emittenten zumindest im laufenden Geschäftsjahr wesentlich beeinflussen dürften.

Abschnitt 7
Gewinnprognosen oder -schätzungen

Punkt 7.1

Hat ein Emittent eine (noch ausstehende und gültige) Gewinnprognose oder -schätzung veröffentlicht, ist diese Prognose oder Schätzung in das Registrierungsformular aufzunehmen. Wurde eine Gewinnprognose oder -schätzung veröffentlicht und ist diese noch ausstehend, jedoch nicht mehr gültig, ist eine entsprechende Erklärung abzugeben und ist darzulegen, warum eine solche Prognose oder Schätzung nicht mehr gültig ist. Eine solche ungültige Prognose oder Schätzung unterliegt nicht den unter den Punkten 7.2 und 7.3 genannten Anforderungen.

Punkt 7.2

Nimmt ein Emittent eine neue Gewinnprognose oder -schätzung oder eine bereits einmal veröffentlichte Gewinnprognose oder -schätzung gemäß Punkt 7.1 auf, hat die Gewinnprognose oder -schätzung klar und unmissverständlich zu sein und sie hat eine Erläuterung der wichtigsten Annahmen, auf die der Emittent seine Prognose oder Schätzung gestützt hat, zu umfassen.

Die Prognose oder Schätzung entspricht den folgenden Grundsätzen:

a) Bei den Annahmen sollte klar zwischen jenen unterschieden werden, die Faktoren betreffen, die die Mitglieder des Verwaltungs-, Leitungs- oder Aufsichtsorgans beeinflussen können, und Annahmen in Bezug auf Faktoren, die klar außerhalb des Einflussbereiches der Mitglieder des Verwaltungs-, Leitungs- oder Aufsichtsorgans liegen.

b) Die Annahmen müssen plausibel, für die Anleger leicht verständlich, spezifisch sowie präzise sein und dürfen nicht der üblichen Exaktheit der Schätzungen entsprechen, die der Prognose zugrunde liegen.

c) Die im Rahmen einer Prognose getroffenen Annahmen lenken die Aufmerksamkeit der Anlegers auf jene Unsicherheitsfaktoren, die das Ergebnis der Prognose wesentlich verändern könnten.

Punkt 7.3

Der Prospekt enthält eine Erklärung, dass die Gewinnprognose oder -schätzung folgende zwei Kriterien erfüllt:

a) Vergleichbarkeit mit den historischen Finanzinformationen,

b) Konsistenz mit den Rechnungslegungsmethoden des Emittenten.

Abschnitt 8
Verwaltungs-, Leitungs- und Aufsichtsorgan und oberes Management

Punkt 8.1

Name und Geschäftsanschrift folgender Personen sowie Angabe ihrer Stellung beim Emittenten und der wichtigsten Tätigkeiten, die sie neben der Tätigkeit beim Emittenten ausüben, sofern diese für den Emittenten von Bedeutung sind:

a) Mitglieder des Verwaltungs-, Leitungs- oder Aufsichtsorgans;

b) persönlich haftende Gesellschafter bei einer Kommanditgesellschaft auf Aktien;

c) Gründer, wenn es sich um eine Gesellschaft handelt, die seit weniger als fünf Jahren besteht;

d) sämtliche Mitglieder des oberen Managements, die für die Feststellung relevant sind, ob der Emittent über die für die Führung der Geschäfte erforderliche Kompetenz und Erfahrung verfügt.

Art einer etwaigen verwandtschaftlichen Beziehung zwischen den unter den Buchstaben a bis d genannten Personen.

Soweit noch nicht offengelegt und im Falle neuer Mitglieder des Verwaltungs-, Leitungs- oder Aufsichtsorgans des Emittenten (seit dem Datum des letzten geprüften Jahresabschlusses) und von jeder in Unterabsatz 1 unter Buchstaben b und d genannten Person, die folgenden Angaben:

a) Namen sämtlicher Unternehmen und Gesellschaften, bei denen die besagte Person während der letzten fünf Jahre Mitglied des Verwaltungs-, Leitungs- oder Aufsichtsorgans bzw. Partner war, unter Angabe der Tatsache, ob die Mitgliedschaft in diesen Organen oder als Partner weiter fortbesteht. Es ist nicht erforderlich, sämtliche Tochtergesellschaften des Emittenten aufzulisten, bei denen die betreffende Person ebenfalls Mitglied des Verwaltungs-, Leitungs- oder Aufsichtsorgans ist;

b) detaillierte Angaben zu etwaigen Schuldsprüchen in Bezug auf betrügerische Straftaten während zumindest der letzten fünf Jahre;

c) detaillierte Angaben über etwaige Insolvenzen, Insolvenzverwaltungen, Liquidationen oder unter Zwangsverwaltung gestellte Unternehmen in Zusammenhang mit den in Unterabsatz 1 unter Buchstaben a und d genannten Personen, die in diesen Funktionen zumindest in den vergangenen fünf Jahren tätig waren;

d) detaillierte Angaben zu etwaigen öffentlichen Anschuldigungen und/oder Sanktionen in Bezug auf die genannten Personen vonseiten der gesetzlichen Behörden oder der Regulierungsbehörden (einschließlich bestimmter Berufsverbände) und eventuell Angabe des Umstands, ob diese Personen jemals von einem Gericht für die Mitgliedschaft im Verwaltungs-, Leitungs- oder Aufsichtsorgan eines Emittenten oder für die Tätigkeit im Management oder die Führung der Geschäfte eines Emittenten während zumindest der letzten fünf Jahre als untauglich angesehen wurden.

Liegen keine der genannten Umstände vor, ist eine entsprechende Erklärung abzugeben.

Punkt 8.2

Potenzielle Interessenkonflikte zwischen den im Namen des Emittenten von den unter Punkt 8.1 genannten Personen übernommenen Verpflichtungen und ihren privaten Interessen oder sonstigen Verpflichtungen sind klar anzugeben. Falls keine derartigen Konflikte bestehen, ist eine entsprechende Erklärung abzugeben.

Ferner ist jegliche Vereinbarung oder Abmachung mit den Hauptaktionären, Kunden, Lieferanten oder sonstigen Personen zu nennen, aufgrund deren eine unter Punkt 8.1 genannte Person zum Mitglied des Verwaltungs-, Leitungs- oder Aufsichtsorgans bzw. zum Mitglied des oberen Managements bestellt wurde.

Zudem sind die Einzelheiten aller Veräußerungsbeschränkungen anzugeben, die die unter Punkt 8.1 genannten Personen für die von ihnen gehaltenen Wertpapiere des Emittenten für einen bestimmten Zeitraum vereinbart haben.

Abschnitt 9
Hauptaktionäre

Punkt 9.1

Soweit dem Emittenten bekannt, Angabe jeglicher Person, die nicht Mitglied des Verwaltungs-, Leitungs- oder Aufsichtsorgans ist und die direkt oder indirekt eine Beteiligung am Eigenkapital des Emittenten oder den entsprechenden Stimmrechten hält, die nach nationalem Recht zu melden ist, einschließlich des Betrags der Beteiligung dieser Person zum Datum des Registrierungsformulars. Falls solche Personen nicht existieren, ist eine entsprechende Erklärung abzugeben.

Punkt 9.2

Angabe, ob die Hauptaktionäre des Emittenten unterschiedliche Stimmrechte haben. Falls solche Stimmrechte nicht bestehen, ist eine entsprechende Erklärung abzugeben.

Punkt 9.3

Soweit dem Emittenten bekannt, Angabe, ob an dem Emittenten unmittelbare oder mittelbare Beteiligungen oder Beherrschungsverhältnisse bestehen und wer diese Beteiligungen hält bzw. diese Beherrschung ausübt. Beschreibung der Art und Weise einer derartigen Beherrschung und der vorhandenen Maßnahmen zur Verhinderung des Missbrauchs einer solchen Beherrschung.

Punkt 9.4

Sofern dem Emittenten bekannt, Beschreibung etwaiger Vereinbarungen, deren Ausübung zu einem späteren Zeitpunkt zu einer Änderung in der Beherrschung des Emittenten führen könnte.

Abschnitt 10
Geschäfte mit verbundenen Parteien

Punkt 10.1

Anzugeben sind Einzelheiten über Geschäfte mit verbundenen Parteien (die in diesem Sinne diejenigen sind, die in den Standards dargelegt werden, die gemäß der Verordnung (EG) Nr. 1606/2002 angenommen wurden), die der Emittent seit dem Datum des letzten Abschlusses abgeschlossen hat. Diese Einzelheiten sind gemäß dem entsprechenden Standard darzulegen, der mit der Verordnung (EG) Nr. 1606/2002 eingeführt wurde (falls anwendbar).

Finden diese Standards auf den Emittenten keine Anwendung, sollten die folgenden Angaben offengelegt werden:

a) Art und Umfang der Geschäfte, die als einzelnes Geschäft oder insgesamt für den Emittenten von wesentlicher Bedeutung sind. Erfolgt der Abschluss derartiger Geschäfte mit verbundenen Parteien nicht auf marktkonforme Weise, ist zu erläutern, weshalb. Im Falle ausstehender Darlehen einschließlich Garantien jeglicher Art ist der ausstehende Betrag anzugeben;

b) Betrag oder Prozentsatz, zu dem die Geschäfte mit verbundenen Parteien Bestandteil des Umsatzes des Unternehmens sind.

Abschnitt 11
Finanzinformationen über Vermögens-, Finanz- und Ertragslage des Emittenten

Punkt 11.1

Abschlüsse

Abschlüsse (Jahres- und Halbjahresabschlüsse), die die 12 Monate vor der Billigung des Prospekts abdecken, sind zu veröffentlichen.

Wurde sowohl ein Jahres- als auch ein Halbjahresabschluss veröffentlicht, ist nur der Jahresabschluss erforderlich, sofern dieser jünger als der Halbjahresabschluss ist.

Punkt 11.2

Prüfung der jährlichen Finanzinformationen

Punkt 11.2.1

Bestätigungsvermerk

Der Jahresabschluss muss unabhängig geprüft worden sein. Der Bestätigungsvermerk wird in Übereinstimmung mit der Richtlinie 2006/43/EG und der Verordnung (EU) Nr. 537/2014 erstellt.

Sind die Richtlinie 2006/43/EG und die Verordnung (EU) Nr. 537/2014 nicht anwendbar, muss der Jahresabschluss in Übereinstimmung mit den in dem jeweiligen Mitgliedstaat anwendbaren Prüfungsstandards oder gleichwertigen Grundsätzen geprüft worden sein, oder es muss für das

Registrierungsformular vermerkt werden, ob er in Übereinstimmung mit den in dem jeweiligen Mitgliedstaat anwendbaren Prüfungsstandards oder gleichwertigen Grundsätzen ein den tatsächlichen Verhältnissen entsprechendes Bild vermittelt. Ansonsten müssen folgende Informationen in das Registrierungsformular aufgenommen werden:

a) eine eindeutige Erklärung dahingehend, welche Prüfungsstandards zugrunde gelegt wurden;

b) eine Erläuterung für die Fälle, in denen von den Internationalen Prüfungsstandards in erheblichem Maße abgewichen wurde.

Punkt 11.2.1a

Sofern Bestätigungsvermerke des Abschlussprüfers über den Jahresabschluss von den Abschlussprüfern abgelehnt wurden beziehungsweise sofern sie Vorbehalte, Meinungsänderungen oder eine Hervorhebung eines Sachverhalts enthalten oder wenn sie eingeschränkt erteilt wurden, ist der Grund dafür anzugeben und sind diese Vorbehalte, Änderungen, die eingeschränkte Erteilung oder diese Hervorhebung eines Sachverhalts in vollem Umfang wiederzugeben.

Punkt 11.2.2

Angabe sonstiger Informationen im Registrierungsformular, die von den Abschlussprüfern geprüft wurden.

Punkt 11.2.3

Wurden die Finanzinformationen im Registrierungsformular nicht dem geprüften Jahresabschluss des Emittenten entnommen, so sind die Quelle dieser Daten und die Tatsache anzugeben, dass die Daten ungeprüft sind.

Punkt 11.3

Gerichts- und Schiedsgerichtsverfahren

Angaben über etwaige staatliche Interventionen, Gerichts- oder Schiedsgerichtsverfahren (einschließlich derjenigen Verfahren, die nach Kenntnis des Emittenten noch anhängig sind oder eingeleitet werden könnten), die im Zeitraum der mindestens 12 letzten Monate stattfanden und die sich in jüngster Zeit erheblich auf die Finanzlage oder die Rentabilität des Emittenten und/oder der Gruppe ausgewirkt haben oder sich in Zukunft auswirken könnten. Ansonsten ist eine negative Erklärung abzugeben.

Punkt 11.4

Wesentliche Veränderungen in der Finanzlage des Emittenten

Beschreibung jeder wesentlichen Veränderung in der Finanzlage der Gruppe, die seit dem Ende des Stichtags eingetreten ist, für den entweder geprüfte Abschlüsse oder Zwischenfinanzinformationen veröffentlicht wurden. Ansonsten ist eine negative Erklärung abzugeben.

Punkt 11.5

Pro-forma-Finanzinformationen

Im Falle einer bedeutenden Brutto-Veränderung ist zu beschreiben, wie die Transaktion ggf. die Aktiva und Passiva sowie die Erträge des Emittenten beeinflusst hätte, wenn sie zu Beginn des Berichtszeitraums oder zum Berichtszeitpunkt durchgeführt worden wäre.

Dieser Anforderung wird normalerweise durch die Aufnahme von Pro-forma-Finanzinformationen Genüge getan. Diese Pro-forma-Finanzinformationen sind gemäß Anhang 20 zu erstellen und müssen die darin geforderten Angaben enthalten.

Den Pro-forma-Finanzinformationen ist ein Vermerk beizufügen, der von unabhängigen Buchprüfern oder Abschlussprüfern erstellt wurde.

Punkt 11.6
Dividendenpolitik
Beschreibung der Politik des Emittenten auf dem Gebiet der Dividendenausschüttungen und etwaiger diesbezüglicher Beschränkungen.

Punkt 11.6.1
Angabe des Betrags der Dividende pro Aktie für das letzte Geschäftsjahr. Wurde die Zahl der Aktien des Emittenten geändert, ist eine Bereinigung zu Vergleichszwecken vorzunehmen.

Abschnitt 12
Weitere Angaben

Punkt 12.1
Aktienkapital
Angaben unter den Punkten 12.1.1 und 12.1.2 im Jahresabschluss zum Stichtag der jüngsten Bilanz.

Punkt 12.1.1
Angabe etwaiger wandelbarer Wertpapiere, umtauschbarer Wertpapiere oder etwaiger Wertpapieren mit Optionsscheinen, wobei die geltenden Bedingungen und Verfahren für die Wandlung, den Umtausch oder die Zeichnung darzulegen sind.

Punkt 12.1.2
Angaben über eventuelle Akquisitionsrechte und deren Bedingungen und/oder über Verpflichtungen in Bezug auf genehmigtes, aber noch nicht ausgegebenes Kapital oder in Bezug auf eine Kapitalerhöhung.

Abschnitt 13
Rechtlich geforderte Offenlegungen

Punkt 13.1
Zusammenfassung der gemäß der Verordnung (EU) Nr. 596/2014 in den letzten 12 Monaten offengelegten Informationen, die zum Datum des Prospekts relevant sind. Die Zusammenfassung wird in einer leicht zu analysierenden, knappen und verständlichen Form präsentiert und darf keine Wiederholung bereits gemäß Verordnung (EU) Nr. 596/2014 veröffentlichter Informationen darstellen.

Die Zusammenfassung wird in eine begrenzte Anzahl von themenbezogenen Kategorien unterteilt.

Abschnitt 14
Wesentliche Verträge

Punkt 14.1
Kurze Zusammenfassung jedes in den letzten beiden Jahren vor der Veröffentlichung des Registrierungsformulars abgeschlossenen wesentlichen Vertrags (bei denen es sich nicht um jene handelt, die im Rahmen der normalen Geschäftstätigkeit abgeschlossen wurden), bei dem der Emittent oder ein sonstiges Mitglied der Gruppe eine Vertragspartei ist.

Kurze Zusammenfassung aller sonstigen zum Datum des Registrierungsformulars bestehenden Verträge (mit Ausnahme von Verträgen, die im Rahmen der normalen Geschäftstätigkeit abgeschlossen wurden), die von Mitgliedern der Gruppe abgeschlossen wurden und eine Bestimmung enthalten, der zufolge ein Mitglied der Gruppe eine Verpflichtung eingeht oder ein Recht erlangt, die bzw. das für die Gruppe von wesentlicher Bedeutung ist.

Abschnitt 15
Verfügbare Dokumente

Punkt 15.1
Abzugeben ist eine Erklärung, dass während der Gültigkeitsdauer des Registrierungsformulars ggf. die folgenden Dokumente eingesehen werden können:

a) die aktuelle Satzung und die aktuellen Statuten des Emittenten;

b) sämtliche Berichte, Schreiben und sonstigen Dokumente, Bewertungen und Erklärungen, die von einem Sachverständigen auf Ersuchen des Emittenten erstellt bzw. abgegeben wurden, sofern Teile davon in das Registrierungsformular eingeflossen sind oder in ihm darauf verwiesen wird.

Die Website, auf der die Dokumente eingesehen werden können, ist anzugeben.

Siehe Kommentierung zu Art. 14 ProspektVO.

Anhang 4 VO (EU) 2019/980
Registrierungsformular für die Anteilsscheine von Organismen für gemeinsame Anlagen des geschlossenen Typs

Zusätzlich zu den in diesem Anhang geforderten Angaben müssen für einen Organismus für gemeinsame Anlagen die in Anhang 1 dieser Verordnung in den Abschnitten/Punkten 1, 2, 3, 4, 6, 7.1, 7.2.1, 8.4, 9 (wobei sich die Beschreibung des Regelungsumfelds, in dem der Emittent tätig ist, nur auf jenes Regelungsumfeld beziehen muss, das für die Anlagen des Emittenten relevant ist), 11, 12, 13, 14, 15.2, 16, 17, 18 (ausgenommen für Pro-forma-Finanzinformationen), 19, 20 und 21 geforderten Angaben, oder, wenn ein Organismus für gemeinsame Anlagen den Anforderungen von Artikel 14 Absatz 1 der Verordnung (EU) 2017/1129 entspricht, die in Anhang 3 dieser Verordnung in den Abschnitten/Punkten 1, 2, 3, 4, 7, 8, 9, 10, 11 (mit Ausnahme von Pro-forma-Finanzinformationen), 12, 13, 14 und 15 geforderten Angaben gemacht werden.

Werden Anteilsscheine von einem Organismus für gemeinsame Anlagen, der als gemeinsamer Fonds gegründet wurde und von einem Fondsmanager verwaltet wird, ausgegeben, werden die Angaben gemäß Anhang 1 Abschnitte/Punkte 6, 12, 13, 14, 15.2, 16 und 20 dieser Verordnung in Bezug auf den Fondsmanager offengelegt, während die Angaben gemäß Anhang 1 Punkte 2, 4 und 18 dieser Verordnung sowohl in Bezug auf den Fonds als auch den Fondsmanager offengelegt werden.

Abschnitt 1
Anlageziel und Anlagepolitik

Punkt 1.1

a) Beschreibung der Anlagepolitik, -strategie und -ziele des Organismus für gemeinsame Anlagen;

b) Angaben dazu, wo der Basisorganismus bzw. die Basisorganismen für gemeinsame Anlagen niedergelassen ist bzw. sind, wenn der Organismus für gemeinsame Anlagen ein aus Fonds bestehender Fonds ist;

c) Beschreibung der Art der Vermögenswerte, in die der Organismus für gemeinsame Anlagen investieren darf;

d) die Techniken, die angewendet werden dürfen und die damit einhergehenden Risiken sowie die Umstände, unter denen durch den Organismus für gemeinsame Anlagen Leverage-Effekte genutzt werden dürfen;

e) Art und Herkunft der zulässigen Leverage-Finanzierung und damit verbundene Risiken;

f) etwaige Beschränkungen für die Nutzung von Leverage-Effekten und etwaige Vereinbarungen zur Wiederverwendung von Sicherheiten und Vermögenswerten;

g) der maximale Umfang des Einsatzes von Leverage-Effekten im Namen des Organismus für gemeinsame Anlagen.

Punkt 1.2

Beschreibung der Verfahren, mit denen der Organismus für gemeinsame Anlagen seine Anlagestrategie oder Anlagepolitik oder beides ändern kann.

Punkt 1.3

Leverage-Limits, denen der Organismus für gemeinsame Anlagen unterliegt. Sind keine Obergrenzen vorhanden, ist dies anzugeben.

Punkt 1.4

Status des Organismus für gemeinsame Anlagen, der durch eine Regulierungs- oder Aufsichtsbehörde kontrolliert wird, und Angabe des Namens/der Namen der Regulierungs- bzw. Aufsichtsbehörde(n) im Land seiner Gründung.

Punkt 1.5

Profil eines typischen Anlegers, auf den der Organismus für gemeinsame Anlagen zugeschnitten ist.

Punkt 1.6

Erklärung, mit der festgestellt wird, dass

a) [das Registrierungsformular/der Prospekt] durch [Bezeichnung der zuständigen Behörde] als zuständiger Behörde gemäß Verordnung (EU) 2017/1129 gebilligt wurde,

b) die [Bezeichnung der zuständigen Behörde] [dieses Registrierungsformular/diesen Prospekt] nur bezüglich der Standards der Vollständigkeit, Verständlichkeit und Kohärenz gemäß der Verordnung (EU) 2017/1129 billigt,

c) eine solche Billigung nicht als eine Befürwortung des Emittenten, der Gegenstand [dieses Registrierungsformulars/dieses Prospekts] ist, erachtet werden sollte.

Abschnitt 2
Anlagebeschränkungen

Punkt 2.1

Ggf. Angabe der Anlagebeschränkungen, denen der Organismus für gemeinsame Anlagen unterliegt, und Angabe, wie die Wertpapierinhaber über Maßnahmen informiert werden, die der Vermögensverwalter im Falle eines Verstoßes gegen die Beschränkungen ergreift.

Punkt 2.2

Bestimmte Angaben müssen offengelegt werden, wenn mehr als 20 % der Bruttovermögenswerte eines Organismus für gemeinsame Anlagen wie folgt angelegt werden (es sei denn, die Erstellung des Registrierungsformulars für eine Gesellschaft ergibt sich aus der Anwendung der Punkte 2.3. oder 2.5.):

a) direkte oder indirekte Anlage oder Ausleihung an jeden einzelnen Basisemittenten (einschließlich seiner Tochtergesellschaften oder verbundenen Unternehmen);

b) Anlage in einen Organismus oder mehrere Organismen für gemeinsame Anlagen, die über die 20 % ihrer Bruttovermögenswerte hinaus in andere Organismen für gemeinsame Anlagen (des geschlossenen oder des offenen Typs) investieren dürfen;

c) Exponierung in Bezug auf die Bonität oder die Solvenz einer anderen Gegenpartei (einschließlich Tochtergesellschaften oder verbundenen Unternehmen);

Die im Einleitungssatz genannten Angaben umfassen in den folgenden Fällen das Folgende:

i) Sind die zugrunde liegenden Wertpapiere nicht zum Handel an einem geregelten Markt, einem gleichwertigen Drittlandsmarkt oder einem KMU-Wachstumsmarkt zugelassen, Angaben über jeden Basisemittenten/jeden Organismus für gemeinsame Anlagen/jede Gegenpartei, so als wäre er ein Emittent im Sinne der Mindestangaben für das Registrierungsformular für Dividendenwerte (im Fall von Buchstabe a)) oder im Sinne der Mindestangaben für das Registrierungsformular für Anteilsscheine, die von Organismen für gemeinsame Anlagen des geschlossenen Typs ausgegeben werden (im Fall von Buchstabe b)) oder im Sinne der Mindestangaben für das Registrierungsformular für Nichtdividendenwerte für Großanleger (im Falle von Punkt c));

ii) wenn die Wertpapiere, die von einem Basisemittenten/einem Organismus für gemeinsame Anlagen/einer Gegenpartei ausgegeben wurden, bereits zum Handel auf einem geregelten Markt, einem gleichwertigen Drittlandsmarkt oder einem KMU-Wachstumsmarkt zugelassen sind, oder wenn die Verpflichtungen von einem Unternehmen garantiert werden, dessen Wertpapiere bereits zum Handel auf einem geregelten oder gleichwertigen Markt oder einem KMU-Wachstumsmarkt zugelassen sind, Name, Anschrift, Land der Gründung, Art der Geschäftstätigkeit und Name des Marktes, auf dem seine Wertpapiere zugelassen werden.

Die unter den Punkten (i) und (ii) genannten Angabevorschriften gelten nicht, wenn die 20%-Grenze aus folgenden Gründen überschritten wird: Wertsteigerungen und Wertminderungen, Wechselkursänderungen oder Erhalt von Rechten, Gratifikationen, Leistungen in Form von Kapital oder sonstigen Maßnahmen, die jeden Inhaber einer Anlage betreffen, sofern der Vermögensverwalter den Schwellenwert berücksichtigt, wenn er die Veränderungen im Anlageportfolio analysiert.

Kann durch den Organismus für gemeinsame Anlagen gegenüber der zuständigen Behörde glaubhaft dargelegt werden, dass die unter Punkt (i) geforderten Angaben insgesamt oder teilweise nicht zugänglich sind, müssen durch den Organismus für gemeinsame Anlagen alle ihm zugänglichen Angaben, von denen er Kenntnis hat und/oder soweit für ihn aus den durch den Basisemittenten/den Organismus für gemeinsame Anlage/die Gegenpartei veröffentlichten Angaben ersichtlich, offengelegt werden, um den unter Punkt (i) genannten Anforderung so weit wie möglich zu entsprechen. In diesem Fall muss der Prospekt einen sichtbaren Warnhinweis enthalten, dass dem Organismus für gemeinsame Anlagen bestimmte Informationsbestandteile, die in den Prospekt aufgenommen hätten werden müssen, nicht zugänglich waren, und daher nur ein geringeres Offenlegungsniveau in Bezug auf einen angegebenen Basisemittenten, Organismus für gemeinsame Anlagen oder eine angegebene Gegenpartei möglich war.

Punkt 2.3

Investiert ein Organismus für gemeinsame Anlagen über die Grenze von 20% seiner Bruttovermögenswerte hinaus in andere Organismen für gemeinsame Anlagen (des offenen und/oder des geschlossenen Typs), ist diese Anlage und die Streuung des Risikos bei diesen Anlagen zu beschreiben. Zusätzlich findet Punkt 2.2 so auf alle Basisanlagen des Organismus für gemeinsame Anlagen Anwendung, als wären diese direkt getätigt worden.

Punkt 2.4

Werden hinsichtlich Punkt 2.2 Buchstabe c Sicherheiten zur Abdeckung des Teils des Risikos in Bezug auf eine Gegenpartei gestellt, bei der die Anlage über die 20%-Grenze der Bruttovermögenswerte des Organismus für gemeinsame Anlagen hinausgeht, sind die Einzelheiten derartiger Sicherheitsvereinbarungen anzugeben.

Punkt 2.5

Legt ein Organismus für gemeinsame Anlagen über die Anlagegrenze von 40% seiner Bruttovermögenswerte hinaus in einen anderen Organismus für gemeinsame Anlagen an, muss eine der nachfolgend genannten Informationen veröffentlicht werden:

a) Angaben über jeden „Basis"-Organismus für gemeinsame Anlagen, so als wäre er ein Emittent im Sinne der Mindestangaben, wie in diesem Anhang dargelegt;

b) wenn die Wertpapiere, die von einem Organismus für gemeinsame Anlagen ausgegeben wurden, bereits zum Handel auf einem geregelten Markt, einem gleichwertigen Drittlandsmarkt oder einem KMU-Wachstumsmarkt zugelassen sind, oder wenn die Verpflichtungen von einem Unternehmen garantiert werden, dessen Wertpapiere bereits zum Handel auf einem geregelten oder gleichwertigen Markt oder einem KMU-Wachstumsmarkt zugelassen sind, dann Name, Anschrift, Land der Gründung, Art der Geschäftstätigkeit und Name des Marktes, auf dem seine Wertpapiere zugelassen werden.

Kann durch den Organismus für gemeinsame Anlagen gegenüber der zuständigen Behörde glaubhaft dargelegt werden, dass die unter Punkt (i) geforderten Angaben insgesamt oder teilweise nicht zugänglich sind, müssen durch den Organismus für gemeinsame Anlagen alle ihm zugänglichen Angaben, von denen er Kenntnis hat und/oder soweit für ihn aus den durch den Basisemittenten/den Organismus für gemeinsame Anlage/die Gegenpartei veröffentlichten Angaben ersichtlich, offengelegt werden, um den unter Buchstabe a genannten Anforderungen so weit wie möglich zu entsprechen. In diesem Fall muss der Prospekt einen sichtbaren Warnhinweis enthalten, dass dem Organismus für gemeinsame Anlagen bestimmte Informationsbestandteile, die in den Prospekt aufgenommen hätten werden müssen, nicht zugänglich waren, und daher nur ein geringeres Offenlegungsniveau in Bezug auf einen angegebenen Basisemittenten, Organismus für gemeinsame Anlagen oder eine angegebene Gegenpartei möglich war.

Punkt 2.6

Physische Warengeschäfte

Investiert ein Organismus für gemeinsame Anlagen direkt in physische Waren/Güter, Angabe dieser Tatsache und des investierten Prozentsatzes der Bruttovermögenswerte.

Punkt 2.7

Organismen für gemeinsame Anlagen, die in Immobilien investieren

Hält ein Organismus für gemeinsame Anlagen als Teil seines Anlageziels Immobilien, sind diese Tatsache und der Prozentsatz des Portfolios zu veröffentlichen, der in Immobilien investiert werden soll. Ferner sind eine Beschreibung der Immobilie und etwaige bedeutende Kosten, die mit dem Erwerb und dem Halten einer solchen Immobilie einhergehen, offenzulegen. Zudem ist ein Bewertungsgutachten für die Immobilie(n) beizubringen.

Die unter Punkt 4.1 genannten Angabevorschriften finden Anwendung auf:

a) jene Stelle, die das Bewertungsgutachten erstellt;

b) eine andere Stelle, die für die Verwaltung der Immobilie zuständig ist.

Punkt 2.8

Derivative Finanzinstrumente/Geldmarktinstrumente/Währungen

Investiert ein Organismus für gemeinsame Anlagen in derivative Finanzinstrumente, Geldmarktinstrumente oder Währungen, die nicht dem Ziel einer effizienten Portfolioverwaltung dienen (und zwar ausschließlich, um das Anlagerisiko in den Basisanlagen eines Organismus für gemeinsame Anlagen zu reduzieren, zu übertragen oder auszuschließen, wozu auch eine Technik oder Instrumente zur Absicherung gegen Wechselkurs- und Kreditrisiken gehören können), so ist anzugeben, ob diese Anlagen für das Hedging oder für Anlagezwecke verwendet werden und zu beschreiben, wo und wie das Risiko in Bezug auf diese Anlagen gestreut wird.

Punkt 2.9

Punkt 2.2 gilt nicht für Anlagen in Wertpapiere, die von einer Regierung, den öffentlichen Organen und Stellen eines Mitgliedstaats, seinen regionalen und lokalen Gebietskörperschaften oder von einem OECD-Land ausgegeben oder garantiert werden.

Punkt 2.10

Punkt 2.2 Buchstabe a gilt nicht für Organismen für gemeinsame Anlagen, deren Anlageziel darin besteht, ohne wesentliche Änderung einen Index nachzubilden, der sich auf ein großes Wertpapierspektrum stützt und allgemein anerkannt ist. Beizufügen ist eine Erklärung mit Einzelheiten zu dem Ort, wo Informationen zu diesem Index erhältlich sind.

Abschnitt 3
Dienstleister eines Organismus für gemeinsame Anlagen

Punkt 3.1
Angabe des tatsächlichen oder geschätzten Höchstbetrages der wesentlichen Vergütungen, die ein Organismus für gemeinsame Anlagen direkt oder indirekt für jede Dienstleistung zu zahlen hat, die im Rahmen von Vereinbarungen erbracht wurden, die zum Termin der Abfassung des Registrierungsformulars oder davor geschlossen wurden, und eine Beschreibung, wie diese Vergütungen berechnet werden.

Punkt 3.2
Beschreibung jeglicher Vergütung, die von einem Organismus für gemeinsame Anlagen direkt oder indirekt zu zahlen ist und nicht Punkt 3.1 zugeordnet werden kann, dennoch aber wesentlich ist oder sein könnte.

Punkt 3.3
Erhält ein Dienstleister eines Organismus für gemeinsame Anlagen Leistungen von Seiten Dritter (also nicht vom Organismus für gemeinsame Anlagen) für die Erbringung einer Dienstleistung für eben diesen Organismus für gemeinsame Anlagen, und können diese Leistungen nicht dem Organismus für gemeinsame Anlagen zugeordnet werden, so ist darüber eine Erklärung abzugeben und ggf. der Name der dritten Partei, und eine Beschreibung der Wesensmerkmale der Leistungen beizubringen.

Punkt 3.4
Die Identität der Dienstleister und eine Beschreibung ihrer Verpflichtungen und der Rechte des Anlegers.

Punkt 3.5
Beschreibung potenzieller wesentlicher Interessenkonflikte, die ein Dienstleister eines Organismus für gemeinsame Anlagen eventuell zwischen seinen Verpflichtungen gegenüber diesem Organismus und Verpflichtungen gegenüber Dritten und ihren sonstigen Interessen sieht. Beschreibung etwaiger Vereinbarungen, die zur Behebung derartiger Interessenkonflikte eingegangen wurden.

Abschnitt 4
Vermögensverwalter/Vermögensberater

Punkt 4.1
Für jeden Vermögensverwalter Beibringung von Informationen, wie sie gemäß den Punkten 4.1 bis 4.4 offenzulegen sind, und falls erheblich gemäß Punkt 5.3 von Anhang 1. Ebenfalls Beschreibung seines Regulierungsstatus und seiner Erfahrungen.

Punkt 4.2
Bei Unternehmen, die eine Anlageberatung in Bezug auf die Vermögenswerte eines Organismus für gemeinsame Anlagen vornehmen, sind der Name und eine kurze Beschreibung des Unternehmens beizubringen.

(nicht kommentiert)

Anhang 5 VO (EU) 2019/980
Registrierungsformular für Zertifikate, die Aktien vertreten

Abschnitt 1
Angaben über den Emittenten der zugrunde liegenden Aktien

Bei Zertifikaten, die Aktien vertreten, sind Angaben zum Emittenten der zugrunde liegenden Aktien gemäß Anhang 1 dieser Verordnung vorzulegen.

Bei Zertifikaten, die Aktien vertreten und die Anforderungen in Artikel 14 Absatz 1 der Verordnung (EU) 2017/1129 erfüllen, sind Angaben über den Emittenten der zugrunde liegenden Aktien gemäß Anhang 3 dieser Verordnung vorzulegen.

1 Anhang 5 verweist für das **Registrierungsformular für Zertifikate, die Aktien vertreten**, vollumfänglich auf Anhang 1. Dabei spezifiziert **Abschnitt 1 von Anhang 5**, dass die Angaben nach Anhang 1 „zum Emittenten der zugrunde liegenden Aktien […] vorzulegen" sind. Demnach sind die Angaben nach Anhang 1 nur in Bezug auf den Emittenten der zugrunde liegenden Aktien zu machen, grundsätzlich aber nicht in Bezug auf den Emittenten der Zertifikate. Für Letzteren sind im Registrierungsformular grundsätzlich nur Angaben nach Abschnitt 2 des Anhangs 5 zu machen. Da somit im Hinblick auf die Angaben zum Emittenten der zugrunde liegenden Aktien ein **Gleichlauf mit Anhang 1 gegeben** ist, wird insoweit auf die Kommentierung zu Anhang 1 verwiesen. Dabei sind jedoch die im Folgenden dargestellten Besonderheiten zu berücksichtigen:

– **Anhang 1, Punkt 1.1 und Punkt 1.2 – Verantwortliche Personen**: Aufgrund der doppelstöckigen Struktur von Depositary Receipts stellt sich die Frage, ob (und ggf. in welchem Umfang) neben dem Emittenten der zugrunde liegenden Aktien (und den begleitenden Konsortialbanken bzw. dem die Börsenzulassung begleitenden Kreditinstitut) auch der **Depositary als Emittent der Depositary Receipts** eine **verantwortliche Person** im Sinne des Punktes 1.1 ist und eine Erklärung gemäß Punkt 1.2 abgeben muss. Die Praxis der BaFin ging in der Vergangenheit dahin, dass der **Emittent der zugrundeliegenden Aktien** eine **uneingeschränkte Verantwortlichkeitserklärung in Bezug auf den gesamten Prospekt** abzugeben hat, während der Depositary eine Verantwortlichkeitserklärung nur in Bezug auf diejenigen Prospektabschnitte abgeben muss, die unmittelbar den Depositary betreffen. Dies sind jene Prospektabschnitte, in denen die Depositary Receipts und der Depositary beschrieben werden. Diese sind genau zu bezeichnen. In der Regel betrifft das primär die Angaben in Anhang 5 Abschnitt 2 (Angaben über den Emittenten der Zertifikate) sowie die Angaben in Anhang 13 Abschnitt 2 (Angaben zu den Zertifikaten).[1] Diese Praxis ist auch mit dem Wortlaut

---

[1] So enthält beispielsweise der Prospekt der IBS Group Holding Limited folgende Verantwortlichkeitserklärung des Depositary: „The [Depositary], … as depositary, assumes responsibility for the content of the sections: Terms and Conditions of the Global Depositary Receipts, Summary of the Provisions relating to the GDRs while in Master Form, Additional Information regarding the GDRs and Information relating to the Depositary, pursuant to Section 5 para. 4 German Securities Prospectus Act …; and declares that the information contained in these sections is, to its knowledge, in accordance with the facts and contains no material omission with respect to the information to be included in the Prospectus pursuant to Annex 10 items 26 and 28 of the European Com-

von Anhang 1 Punkt 1.1 bzw. Punkt 1.2 vereinbar, der explizit die Übernahme der Prospektverantwortung für „bestimmte Teile" bzw. „bestimmte Abschnitte des Prospekts" zulässt. Für den Depositary wäre es unangemessen, ihm die Verantwortung für den gesamten Prospekt aufzuerlegen. Durch den **unmissverständlichen Hinweis** in der **Verantwortlichkeitserklärung**, dass der **Depositary nur in Bezug auf bestimmte Prospektabschnitte die Verantwortung übernimmt,** wird der Anleger entsprechend aufgeklärt. Dem Anleger stehen außerdem die anderen Prospektverantwortlichen (Emittent der zugrunde liegenden Aktien sowie die begleitenden Konsortialbanken bzw. der listing agent) als potenzielle Anspruchsgegner einer etwaigen Prospekthaftung zur Verfügung, und zwar für den Prospekt in vollem Umfang (zu der Verantwortlichkeitserklärung im Übrigen siehe die Kommentierung zu → Anhang 1 Punkt 1.2).[2]
- **Anhang 1, Abschnitt 2 – Abschlussprüfer**: Erforderlich sind nur die Angaben über den Abschlussprüfer des Emittenten der zugrunde liegenden Aktien; Angaben über den Abschlussprüfer des Depositary sind dagegen ebenso wenig angezeigt wie die Aufnahme von Finanzberichten des Depositary.
- **Anhang 1, Abschnitt 3 – Risikofaktoren**: Abschnitt 3 von Anhang 1 verlangt eine Beschreibung der wesentlichen emittentenspezifischen Risiken (→ dazu die Kommentierung zu Abschnitt 3 von Anhang 1 sowie zu Art. 16 ProspektVO). Es handelt sich hierbei um Risiken, die für den Emittenten, seine Geschäftstätigkeit, die Märkte, auf denen er tätig ist, seine konkrete finanzielle, steuerliche, rechtliche und regulatorische Position spezifisch sind. Beispiele für solche emittentenbezogene Risiken sind Risiken aus Rechtsstreitigkeiten des Emittenten, Risiken aus dem Betrieb der Produktionsanlagen oder dem Verkauf der Produkte des Emittenten, konkrete steuerliche Risiken, denen der Emittent unterliegt, Risiken aus Finanzierungen des Emittenten etc. Daneben sind gemäß Punkt 5.3.1 von Anhang 13 auch Risiken in Bezug auf die Depositary Receipts (insbesondere auch Risiken, die sich aus der Depositary-Receipts-Struktur ergeben können) sowie Risiken im Zusammenhang mit einem etwaigen Angebot der Depositary Receipts aufzunehmen (wertpapierspezifische Risiken, siehe dazu die Kommentierung zu → Anhang 13 Rn. 26).
- **Anhang 1, Abschnitt 17 – Geschäfte mit verbundenen Unternehmen**: Erforderlich sind dem Grundprinzip von Anhang 5 bzw. Anhang 1 entsprechend **nur Angaben in Bezug auf den Emittenten der zugrunde liegenden Aktien.** Werden die Finanzberichte des Emittenten der zugrunde liegenden Aktien nach ausländischen Rechnungslegungsgrundsätzen erstellt, stellt sich die Frage, ob sich der Emittent der zugrunde liegenden Aktien zur Erfassung des Kreises der nahestehenden Unternehmen und Personen auf die Definition des ausländischen Rechnungslegungsstandards stützen darf. Während die mittlerweile durch die ESMA-Leitlinien zu den Offenlegungspflichten nach der Pros-

---

mission Regulation (EC) 809/2004 ..., and that it has taken all reasonable care to ensure that the information contained in these sections is, to the best of its knowledge, in accordance with the facts and contains no omission with respect to the information to be included in the Prospectus pursuant to Annex 10 items 26 and 28 of the Regulation 809/2004 likely to affect its import." Vgl. Prospekt der IBS Group Holding Limited vom 5.11.2010, S. 69.

2 Dagegen enthält z. B. der Prospekt der Ming Yang Smart Energy Group Limited, eines chinesischen Unternehmens, für die Zulassung an der Londoner Wertpapierbörse vom 8.7.2022 lediglich eine Verantwortlichkeitserklärung des Emittenten der zugrunde liegenden Aktien. Vgl. S. 225 des Prospekts Ming Yang Smart Energy Group Limited vom 8.7.2022, wobei sich die Erstellung des Prospekts nach englischem Recht richtete.

pektverordnung (die „ESMA-Leitlinien")[3] abgelösten ESMA-Recommendations[4] diesbezüglich noch die Empfehlung enthielten, dass zur Erfassung der nahestehenden Unternehmen und Personen gleichwohl auf die IAS-Definition abzustellen ist, sehen die **ESMA-Leitlinien** mittlerweile vor, dass dem Emittenten der zugrunde liegenden Aktien in einer solchen Situation erlaubt ist, auf die **Definition gemäß dem von ihm angewendeten Rechnungslegungsstandard abzustellen**, wenn es sich bei diesem um einen als gleichwertig anerkannten Rechnungslegungsstandard im Sinne der Prospektverordnung handelt.[5] Während nach altem Prospektrecht für Emittenten aus Drittstaaten noch Ausnahmen vom Erfordernis der Gleichwertigkeit ausländischer Rechnungslegungsstandards für Prospekte für Zertifikate, die Aktien vertreten, bestanden, gibt es diese im neuen Prospektrecht nicht mehr. Auf die Kommentierung zu Abschnitt 17 von Anhang 1 wird verwiesen.

Abschnitt 2
Angaben über den Emittenten der Zertifikate

Punkt 2.1
Name, eingetragener Sitz, Rechtsträgerkennung (LEI) und Hauptverwaltung, falls nicht mit dem eingetragenen Sitz identisch.

Punkt 2.2
Datum der Gründung der Gesellschaft und Existenzdauer der emittierenden Gesellschaft, außer wenn unbegrenzt.

Punkt 2.3
Rechtsordnung, unter der der Emittent tätig ist, und Rechtsform, die er unter dieser Rechtsordnung angenommen hat.

2 **Abschnitt 2 von Anhang 5** erfordert die Aufnahme von Prospektangaben über den Emittenten der aktienvertretenden Zertifikate. Emittent der Zertifikate ist der Depositary (De-

---

3 ESMA, Leitlinien zu den Offenlegungspflichten nach der Prospektverordnung v. 4.3.2021, ESMA32-382-1138.
4 ESMA, Update of the CESR recommendations, The consistent implementation of Commission Regulation (EC) No. 809/2004 implementing the Prospectus Directive v. 20.3.2013, ESMA/2013/319, Rn. 149.
5 ESMA, Leitlinien zu den Offenlegungspflichten nach der Prospektverordnung v. 4.3.2021, ESMA32-382-1138, Rn. 199. Die Gleichwertigkeit eines Rechnungslegungsstandards richtet sich nach der Verordnung (EG) Nr. 1569/2007 vom 21.12.2007, ABl. Nr. L 340 vom 22.12.2007. Derzeit gelten gemäß der Entscheidung der Kommission 2008/961/EG vom 12.12.2008, ABl. Nr. L 340 vom 19.12.2008, geändert durch den Durchführungsbeschluss der Kommission 2012/194/EU vom 11.4.2012, ABl. Nr. L 103 vom 13.4.2012, geändert durch den Durchführungsbeschluss (EU) 2015/1612 der Kommission vom 23.9.2015, ABl. Nr. L 249 vom 25.9.2015, folgende Rechnungslegungsstandards als gleichwertig: (i) die International Financial Reporting Standards (IFRS), sofern der Anhang zum geprüften Abschluss eine ausdrückliche und uneingeschränkte Erklärung enthält, wonach dieser Abschluss gemäß IAS 1 *Darstellung des Abschlusses* den International Financial Reporting Standards entspricht, (ii) die Generally Accepted Accounting Principles (GAAP) Japans, (iii) der Vereinigten Staaten von Amerika, (iv) der Volksrepublik China, (v) Kanadas, und (vi) der Republik Korea. Außerdem können Drittstaatenemittenten ihre jährlichen und halbjährlichen konsolidierten Abschlüsse für vor dem 1.4.2016 beginnende Geschäftsjahre nach den Generally Accepted Accounting Principles der Republik Indien erstellen.

potbank). Die hier **geforderten Angaben** sind **überschaubar**. Ausreichend ist eine kurze Beschreibung, in der Name, Sitz, Rechtsträgerkennung (Legal Entity Identifyer, LEI), Hauptverwaltung, Gründungsdatum, Existenzdauer, Rechtsform und die Rechtsordnung des Depositary angegeben werden. Empfehlenswert ist außerdem, kurz die rechtliche Stellung des Depositary als Kredit- oder Finanzdienstleistungsinstitut sowie das für den Depositary aufsichtsrechtlich relevante Regime zu bezeichnen.

Weitere Angaben zum Depositary werden nicht verlangt, insbesondere sind keine Finanzangaben zum Depositary im Prospekt aufzunehmen. Anhang 5 liegt das Prinzip zugrunde, dass die Anlageentscheidung des Investors sich auf die zugrunde liegenden Aktien bezieht; daher blickt Anhang 5 im Zusammenspiel mit Anhang 1 grundsätzlich – mit Ausnahme der gemäß Abschnitt 2 zu machenden Angaben – durch den Depositary hindurch auf den Emittenten der zugrunde liegenden Aktien. 3

Anhang 6 VO (EU) 2019/980
Registrierungsformular für Nichtdividendenwerte für Kleinanleger

Übersicht

	Rn.		Rn.
I. Abgrenzung zu anderen Anhängen der VO (EU) 2019/980	1	8. Gewinnprognosen oder -schätzungen (Abschnitt 8)	37
II. Einzelne Anforderungen von Anhang 6 .	2	9. Verwaltungs-, Leitungs- und Aufsichtsorgane (Abschnitt 9)	40
1. Verantwortliche Personen (Abschnitt 1)	2	10. Hauptaktionäre (Abschnitt 10)	42
2. Abschlussprüfer (Abschnitt 2)	4	11. Finanzinformationen über die Vermögens-, Finanz- und Erfolgslage des Emittenten (Abschnitt 11)	43
3. Risikofaktoren (Abschnitt 3)	7		
4. Angaben zum Emittenten (Abschnitt 4)	18	12 Weitere Angaben (Abschnitt 12)	50
5. Überblick über die Geschäftstätigkeit (Abschnitt 5)	25	13. Wesentliche Verträge (Abschnitt 13) ..	53
		14. Verfügbare Dokumente (Abschnitt 14)	56
6. Organisationsstruktur (Abschnitt 6)...	29		
7. Trendinformationen (Abschnitt 7)	31		

I. Abgrenzung zu anderen Anhängen der VO (EU) 2019/980

1 Zur Abgrenzung des Anwendungsbereichs von Anhang 6 zu anderen Anhängen der VO (EU) 2019/980 wird auf die Kommentierung zu Art. 7 VO (EU) 2019/980 verwiesen (→ Art. 7 Rn. 1 ff.).

II. Einzelne Anforderungen von Anhang 6

1. Verantwortliche Personen (Abschnitt 1)

Abschnitt 1
Verantwortliche Personen, Angaben von Seiten Dritter, Sachverständigenberichte und Billigung durch die zuständige Behörde

Punkt 1.1

Nennung aller Personen, die für die Angaben im Registrierungsformular bzw. für bestimmte Teile der Angaben verantwortlich sind. Im letzteren Fall sind die entsprechenden Teile anzugeben. Handelt es sich um natürliche Personen, zu denen auch Mitglieder des Verwaltungs-, Leitungs- oder Aufsichtsorgans des Emittenten gehören, sind Name und Funktion dieser Person zu nennen. Bei juristischen Personen sind Name und eingetragener Sitz der Gesellschaft anzugeben.

Punkt 1.2

Erklärung der für das Registrierungsformular verantwortlichen Personen, dass die Angaben im Registrierungsformular ihres Wissens nach richtig sind und dass das Registrierungsformular keine Auslassungen enthält, die die Aussage verzerren könnten.

Gegebenenfalls Erklärung der für bestimmte Abschnitte des Registrierungsformulars verantwortlichen Personen, dass die in den Teilen des Registrierungsformulars genannten Angaben, für die sie verantwortlich sind, ihres Wissens nach richtig sind und dass diese Teile des Registrierungsformulars keine Auslassungen beinhalten, die die Aussage verzerren könnten.

Punkt 1.3

Wird in das Registrierungsformular eine Erklärung oder ein Bericht einer Person aufgenommen, die als Sachverständiger handelt, so sind folgende Angaben zu dieser Person zu machen:

a) Name,

b) Geschäftsadresse,

c) Qualifikationen,

d) das wesentliche Interesse am Emittenten, falls vorhanden.

Wurde die Erklärung oder der Bericht auf Ersuchen des Emittenten erstellt, ist anzugeben, dass diese Erklärung oder dieser Bericht mit Zustimmung der Person, die den Inhalt dieses Teils des Registrierungsformulars für die Zwecke des Prospekts gebilligt hat, aufgenommen wurde.

Punkt 1.4

Wurden Angaben von Seiten Dritter übernommen, ist zu bestätigen, dass diese Angaben korrekt wiedergegeben wurden und nach Wissen des Emittenten und soweit für ihn aus den von diesem Dritten veröffentlichten Angaben ersichtlich, nicht durch Auslassungen unkorrekt oder irreführend gestaltet wurden. Darüber hinaus hat der Emittent die Quelle(n) der Angaben zu nennen.

Punkt 1.5

Eine Erklärung, dass

a) [das Registrierungsformular/der Prospekt] durch [Bezeichnung der zuständigen Behörde] als zuständiger Behörde gemäß Verordnung (EU) 2017/1129 gebilligt wurde,

b) die [Bezeichnung der zuständigen Behörde] [dieses Registrierungsformular/diesen Prospekt] nur bezüglich der Standards der Vollständigkeit, Verständlichkeit und Kohärenz gemäß der Verordnung (EU) 2017/1129 billigt,

c) eine solche Billigung nicht als eine Befürwortung des Emittenten, der Gegenstand [dieses Registrierungsformulars/dieses Prospekts] ist, erachtet werden sollte.

Der Wortlaut der Punkte 1.1 bis 1.5 von Anhang 6 VO (EU) 2019/980 ist identisch mit dem Wortlaut der Punkte 1.1 bis 1.5 von Anhang 1 VO (EU) 2019/980; auf die Kommentierung der Punkte 1.1 bis 1.5 von Anhang 1 VO (EU) 2019/980 wird daher verwiesen (→ Anhang 1 VO 2019/980 Abschnitt 1 Rn. 1 ff.).

Eine Besonderheit gegenüber Aktienemissionen kann sich bei Schuldtiteln und derivativen Wertpapieren insbesondere aus dem Umstand ergeben, dass bestimmte Personen nur für bestimmte Abschnitte des Registrierungsformulars die Verantwortung übernehmen; der Wortlaut von Punkt 1.1 lässt dies ausdrücklich zu. Von Bedeutung kann dies vor allem bei Basisprospekten sein, bei denen mehrere Emittenten in den Basisprospekt aufgenommen werden bzw. in denen ein Garant in das Registrierungsformular aufgenommen wird.[1] Die Möglichkeit, die Verantwortlichkeit auf bestimmte Teile des Prospekts zu beschränken, ist jedoch im Lichte des Art. 11 Abs. 1 ProspektVO zu sehen, der vorschreibt, dass es

---

1 *Seitz/Maier*, in: Assmann/Schlitt/von Kopp-Colomb, Prospektrecht Kommentar, Anhang 6 VO (EU) 2019/980 Rn. 16.

zumindest einen Gesamtverantwortlichen für den Prospekt geben muss. Diese Anforderung setzt § 8 WpPG in deutsches (und für den Fall von der Luxemburger Aufsicht gebilligter Prospekte Art. 5 des Luxemburger Prospektgesetzes vom 16. Juli 2019 in Luxemburger) Recht um. Insofern ist die Möglichkeit zur teilweisen Verantwortungsübernahme lediglich als zusätzliche Variante zu sehen.[2]

2. Abschlussprüfer (Abschnitt 2)

Abschnitt 2
Abschlussprüfer

Punkt 2.1

Name und Anschrift der Abschlussprüfer des Emittenten, die für den von den historischen Finanzinformationen abgedeckten Zeitraum zuständig waren (einschließlich ihrer Mitgliedschaft in einer Berufsvereinigung).

Punkt 2.2

Wurden Abschlussprüfer während des von den historischen Finanzinformationen abgedeckten Zeitraums abberufen, nicht wieder bestellt oder haben sie ihr Mandat selbst niedergelegt, so sind entsprechende Einzelheiten anzugeben, wenn sie von wesentlicher Bedeutung sind.

4 Der Wortlaut der Punkte 2.1 und 2.2 von Anhang 6 VO (EU) 2019/980 ist identisch mit dem Wortlaut der Punkte 2.1 und 2.2 von Anhang 1 VO (EU) 2019/980; auf die Kommentierung der Punkte 2.1 und 2.2 von Anhang 1 VO (EU) 2019/980 wird daher verwiesen (→ Anhang 1 Abschnitt 2 Rn. 1 ff.).

5 Da nach Punkt 11.1 Anhang 6 die historischen Finanzinformationen des Emittenten für die letzten zwei Geschäftsjahre in den Prospekt aufzunehmen sind, sieht Punkt 2.1 vor, dass der zuständige Abschlussprüfer mit Namen und Anschrift im Prospekt benannt werden muss. Dieser kann eine juristische oder natürliche Person sein;[3] in der Praxis wird es sich allerdings in der Regel um eine Wirtschaftsprüfungsgesellschaft handeln. Die Mitgliedschaft des Abschlussprüfers in einer Berufsvereinigung ist ebenfalls anzugeben. Bei Wirtschaftsprüfern bzw. Wirtschaftsprüfungsgesellschaften mit Sitz in Deutschland handelt es sich hierbei um die Pflichtmitgliedschaft in der Wirtschaftsprüferkammer, von der die genossenschaftlichen Prüfungsverbände, die Prüfungsstellen der Sparkassen- und Giroverbände sowie die überörtlichen Prüfungseinrichtungen für öffentliche Körperschaften ausgenommen sind, § 58 Abs. 2 Wirtschaftsprüferordnung.[4]

6 Punkt 2.2 schreibt daneben vor, dass „entsprechende Einzelheiten" zu veröffentlichen sind, sofern ein Abschlussprüfer während des Berichtszeitraums abberufen, nicht wieder

---

2 *Heidelbach*, in: Schwark/Zimmer, KMRK, § 8 WpPG Rn. 11; ESMA, Questions and Answers on the Prospectus Regulation, ESMA/2019/ESMA 31-61-1258, Version 12 vom 3,2.2023, Antwort auf Frage 10.1b.

3 Vgl. *Justenhoven/Nagel*, Beck'scher Bilanz-Kommentar, § 319 HGB Rn. 8; *Ebke*, in: Münch-Komm-HGB, 4. Aufl. 2020, § 319 Rn. 10; inhaltlich unverändert, jedoch zur VO (EG) 809/2004 *Glismann*, in: Holzborn, WpPG, Anhang IV ProspektVO Rn. 5.

4 Zur (freiwilligen) Angabe der Mitgliedschaft im IDW vgl. *Schlitt/Ries*, in: Assmann/Schlitt/von Kopp-Colomb, Prospektrecht Kommentar, Anhang 1 VO (EU) 2019/980 Rn. 25, sowie *Müller*, in: Berrar/Meyer/Müller et al., WpPG/EU-ProspektVO, 2. Aufl. 2017, Anhang 1 Ziff. 2 Rn. 5.

bestellt oder das Mandat niedergelegt wurde, soweit diese von wesentlicher Bedeutung sind. Dies dürfte jedenfalls dann nicht der Fall sein, wenn der Wechsel des Wirtschaftsprüfers turnusmäßig erfolgt ist.[5]

3. Risikofaktoren (Abschnitt 3)

Abschnitt 3
Risikofaktoren

Punkt 3.1
Eine Beschreibung der wesentlichen Risiken, die dem Emittenten eigen sind und die die Fähigkeit des Emittenten beeinflussen können, seinen sich aus den Wertpapieren ergebenden Verpflichtungen nachzukommen, in einer begrenzten Anzahl an Kategorien in einer Rubrik mit der Überschrift „Risikofaktoren".

In jeder Kategorie werden die gemäß der Bewertung des Emittenten, Anbieters oder der die Zulassung zum Handel an einem geregelten Markt beantragenden Person wesentlichsten Risiken, unter Berücksichtigung der negativen Auswirkungen auf den Emittenten und der Wahrscheinlichkeit ihres Eintretens, zuerst angeführt. Die Risikofaktoren werden durch den Inhalt des Registrierungsformulars bestätigt.

Der Begriff der Risikofaktoren wird in Art. 16 ProspektVO erläutert. Zu den Einzelheiten kann daher auf die Kommentierung von Art. 16 verwiesen werden (→ Art. 16 ProspektVO Rn. 6 ff.). Gemäß Erwägungsgrund 54 der ProspektVO sind diese vor allem aufzunehmen, um sicherzustellen, dass die Anleger eine fundierte Bewertung der Risiken vornehmen und ihre Anlageentscheidungen in voller Kenntnis der Sachlage treffen können. Dabei legt der Verordnungsgeber Wert darauf, dass ein Prospekt keine ausschließlich allgemeinen Risikofaktoren enthält, die nur der Haftungsreduzierung dienen. Dies soll verhindern, dass wichtige Risiken im Wust der allgemeinen Risiken verschleiert werden.[6] Wie für den Rest des Prospekts soll auch für die Risikofaktoren eine leicht zu analysierende, knappe und verständliche Form gelten. Der Verordnungsgeber weist in Erwägungsgrund 54 der ProspektVO auch ausdrücklich darauf hin, umwelt- und sozialpolitische Umstände sowie Faktoren in Bezug auf die Unternehmensführung in die Analyse der Risiken einzubeziehen, die ein Unternehmen betreffen können. Dies ist durchaus folgerichtig, denn es darf mittlerweile als gesichert angesehen werden, dass Nachlässigkeiten im Hinblick auf die sog. „ESG-Themen" durchaus Folgen haben können, die sich auf die wirtschaftliche Situation eines Unternehmens auswirken.[7]

7

---

5 Inhaltlich unverändert, jedoch zur VO (EG) 809/2004 *Glismann*, in: Holzborn, WpPG, Anhang IV ProspektVO Rn. 5; *Fingerhut/Voß*, in: Just/Voß/Ritz/Zeising, Wertpapierprosprektrecht, 2. Aufl. 2023, Anhang 1 VO (EU) 2019/980 Rn. 31.
6 Vgl. *Geyer/Schelm*, BB 2019, 1731, 1734; ESMA, Leitlinien zu den Risikofaktoren im Rahmen der Prospektverordnung, ESMA31-62-1293 DE, 1.10.2019, Leitlinie 11 Rn. 43.
7 Weiterführend *Oulds/Kopp*, in: Hopt/Seibt, Schuldverschreibungsrecht, 2. Aufl. 2023, Teil 5 Kap. 2 Rn. 2.129, wobei die Einschränkung auf gefahrgeneigte Unternehmungen recht eng zu sein scheint; *Stolz/Wellerdt*, WM 2022, 654, 658; für Unternehmen der Finanzbranche vgl. das „Merkblatt zum Umgang mit Nachhaltigkeitsrisiken", welches die BaFin am 20.12.2019 veröffentlicht hat (aktuelle Fassung vom 12.1.2020).

8   Für die in Anhang 6 beschriebenen Wertpapiere, also Nichtdividendenwerte für Kleinanleger, wird in Abschnitt 3 konkretisiert, dass solche Risikofaktoren offenzulegen sind, welche die Fähigkeit des Emittenten beeinträchtigen können, seinen Verpflichtungen gegenüber den Anlegern nachzukommen, also insbesondere bei Fälligkeit Zinszahlungen bzw. die Rückzahlung des Nennbetrags an die Anleger zu leisten. Diese Fähigkeit wird naturgemäß insbesondere dann beeinträchtigt werden, wenn sich die Bonität des Emittenten verschlechtert.[8]

9   Dieser Maßstab für die inhaltliche Darstellung der Risikofaktoren ist insbesondere von dem Maßstab zu unterscheiden, der für die Beschreibung von Risikofaktoren für Aktien und aktienähnliche Wertpapiere anzulegen ist. Aktieninvestoren werden (Teil-)Eigentümer eines Unternehmens, für ihre Anlageentscheidung kommt es daher regelmäßig eher auf das zukünftige Wachstum eines Unternehmens und eine entsprechend positive Wertentwicklung der Aktie an. Demgegenüber ist ein Investor in Schuldtitel lediglich Fremdkapitalgeber, dem es eher um die Fähigkeit des Emittenten geht, seinen Zahlungsverpflichtungen nachkommen zu können.[9] Dies kommt auch in der Formulierung von Abschnitt 3 in Anhang 6 im Vergleich zu der Formulierung des entsprechenden Abschnitt 3 in Anhang 1 zum Ausdruck, welcher den Wortlaut „die die Fähigkeit des Emittenten beeinflussen können, seinen sich aus den Wertpapieren ergebenden Verpflichtungen nachzukommen" nicht enthält. Daraus folgt (und dem entspricht auch die Praxis), dass in Wertpapierprospekten für Nichtdividendenwerte nach Anhang 6 Risiken in der Regel weniger umfangreich zu beschreiben sind als in einem Registrierungsformular für Aktien oder aktienähnliche Wertpapiere.[10] Gleichwohl ist auch bei Nichtdividendenwerten die Darstellung der Risikofaktoren ein wesentlicher Bestandteil des Registrierungsformulars und nimmt in der Praxis entsprechend viel Raum ein.

10 Der Aufbau und die Präsentation der Risikofaktoren ist nunmehr stärker durch den Verordnungsgeber vorgegeben als früher. Die Risikofaktoren sind in „eine begrenzte Anzahl" von Kategorien einzuteilen und innerhalb dieser Kategorien anhand der Wesentlichkeit des einzelnen beschriebenen Risikos zu sortieren, wobei die wesentlichsten Risikofaktoren innerhalb einer Kategorie an erster Stelle zu nennen sind. Ferner können die einzelnen Risikofaktoren mit den Qualitätseinteilungen „gering", „mittel" oder „hoch" bezeichnet werden.[11] Wichtig ist darüber hinaus die Beschreibung der Folge der Realisierung des Risikos.[12]

11 Was eine „begrenzte Anzahl" von Kategorien ist, dürfte sich kaum mit einer konkreten, allgemeingültigen Zahl festlegen lassen.[13] Da aber die Maxime der leichten Analysierbarkeit gilt und die im Prospekt dargestellten Risiken wesentlich sein müssen, dürfte eine gewisse Zurückhaltung angebracht sein, wenn die Aufteilung in eine größere Anzahl von

---

8   Inhaltlich unverändert, jedoch zur VO (EG) 809/2004 *Glismann*, in: Holzborn, WpPG, Anhang IV ProspektVO Rn. 8.
9   Vgl. *Schlitt*, in: Assmann/Schlitt/von Kopp-Colomb, Prospektrecht Kommentar, Art. 16 ProspektVO Rn. 52
10 Vgl. *Schlitt*, in: Assmann/Schlitt/von Kopp-Colomb, Prospektrecht Kommentar, Art. 16 ProspektVO Rn. 52 f.
11 Vgl. hierzu *Sieven/Flatt*, BKR 2020, 564, 568 f.; *Geyer/Schelm*, BB 2019, 1731, 1734.
12 *Geyer/Schelm*, BB 2019, 1731, 1734.
13 ESMA, Leitlinien zu den Risikofaktoren im Rahmen der Prospektverordnung, ESMA31-62-1293 DE, 1.10.2019, Rn. 39, solle die Anzahl der Kategorien zehn grundsätzlich nicht übersteigen.

Kategorien nicht – vor dem Hintergrund der konkreten Geschäftstätigkeit des Emittenten – der besseren Übersichtlichkeit dient.[14]

Schwieriger wird es für Emittenten regelmäßig bei der Ordnung der Risikofaktoren nach Wesentlichkeit. Unter bestimmten Umständen kann im Hinblick auf die „Wesentlichkeit" ein Spannungsverhältnis zwischen Eintrittswahrscheinlichkeit und mutmaßlicher negativer Folge bei Realisierung des Risikos entstehen. Das unwahrscheinliche Risiko kann erheblich schlimmere Auswirkungen haben und daher unter Umständen „wesentlicher" sein. Insgesamt ist zu beachten, dass den Emittenten im Hinblick auf die Beurteilung der Wesentlichkeit ein erheblicher Ermessensspielraum zuzugestehen ist, der sich nicht zuletzt damit begründet, dass die Emittenten für den Prospekt haften.[15] 12

In der Praxis hat es sich gezeigt, dass von der Qualitätseinteilung „gering", „mittel", „hoch" eher zurückhaltender Gebrauch gemacht wird.[16] 13

Bei der Emission von Schuldverschreibungen von Emittenten, die gleichzeitig auch Aktienemittenten sind, bietet es sich an, einen Gleichlauf der Risikodarstellung zwischen Veröffentlichungen, die aus Verpflichtungen als Aktienemittent herrühren, und solchen in Schuldverschreibungsprospekten herzustellen. Häufig folgt in diesem Zusammenhang die Darstellung im Schuldverschreibungsprospekt den aktienspezifischen Veröffentlichungen, sofern diese auch Informationen beinhalten, welche „die Fähigkeit des Emittenten beeinflussen können, seinen sich aus den Wertpapieren ergebenden Verpflichtungen nachzukommen". 14

Die Darstellung der Risikofaktoren soll in „leicht zu analysierender, knapper und verständlicher Form" erfolgen.[17] Insbesondere die Anforderung „knapp" führt häufig zu einem gewissen Zielkonflikt, da dies zum einen verlangt, dass in den Risikofaktoren selbst die faktischen Grundlagen des jeweiligen Risikos (z.B. Art der Geschäftstätigkeit des Emittenten) zumindest kurz beschrieben werden, zum anderen die Risikofaktoren aus Gründen der Verständlichkeit aber nicht zu ausführlich abgefasst sein sollen. Dies wird zusätzlich dadurch erschwert, dass ein Verweis von den Risikofaktoren auf andere Teile des Prospekts nach der Verwaltungspraxis der BaFin unzulässig sein soll. Die BaFin begründet diese Einschränkung regelmäßig mit dem Hinweis, dass die Risikofaktoren aus sich heraus verständlich sein müssen.[18] Diese Auslegung ist allerdings nicht zwingend, so fordern etwa die ESMA Leitlinien, dass die Spezifität eines Risikofaktors durch Angaben 15

---

14 Vgl. auch *Oulds/Wöckener*, RdF 2020, 4, 9 sowie die ESMA, Leitlinien zu den Risikofaktoren im Rahmen der Prospektverordnung, ESMA31-62-1293 DE, 1.10.2019, Rn. 38.

15 *Geyer/Schelm*, BB 2019, 1731, 1734; dies ist außerdem der Umkehrschluss aus Leitlinie 22 der ESMA, Leitlinien zu den Risikofaktoren im Rahmen der Prospektverordnung, ESMA31-62-1293 DE, 1.10.2019.

16 So auch *Oulds/Wöckener*, RdF 2020, 4, 9; *Scholl/Döhl*, in: Assmann/Schlitt/von Kopp-Colomb, Prospektrecht Kommentar, Art. 16 ProspektVO Rn. 29.

17 Erwägungsgrund 54 der ProspektVO; *Schlitt/Ries*, in: Assmann/Schlitt/von Kopp-Colomb, Prospektrecht Kommentar, Anhang 1 VO (EU) 2019/980 Rn. 31 und inhaltlich unverändert, jedoch zur VO (EG) 809/2004 *Glismann*, in: Holzborn, WpPG, Anhang IV ProspektVO Rn. 8.

18 *Schlitt/Ries*, in: Assmann/Schlitt/von Kopp-Colomb, Prospektrecht Kommentar, Anhang 1 VO (EU) 2019/980 Rn. 33; *Voß*, in: Just/Voß/Ritz/Zeising, Wertpapierprospektrecht, 2. Aufl. 2023, Anhang 1 VO (EU) 2019/980 Rn. 39.

an „anderer Stelle des Prospekts nachgewiesen" werden soll.[19] Ein inhaltliches Zusammenspiel zwischen Risikofaktoren und der Emittentenbeschreibung ist also ausdrücklich erwünscht und ein entsprechender Verweis wäre insofern folgerichtig, als er die Lesbarkeit erhöhen und den „Nachweis" erleichtern würde.

16 Es ist nicht erforderlich, alle nur denkbaren Risiken in den Wertpapierprospekt aufzunehmen, da dies mit dem Gebot der Einfachheit und Verständlichkeit nicht zu vereinbaren wäre. Es sind vielmehr nur diejenigen tatsächlichen und potenziellen Risiken darzustellen, die aus Sicht des Emittenten für die Investoren bei ihrer Anlageentscheidung wesentlich sind und von denen der Emittent im Zeitpunkt der Veröffentlichung des Wertpapierprospekts auch Kenntnis hat.[20] Auf diesen Umstand wird in Wertpapierprospekten zulässigerweise im Abschnitt „Risikofaktoren" einleitend hingewiesen. Nicht ausdrücklich verboten ist es, im Abschnitt Risikofaktoren auf Maßnahmen einzugehen, welche die dargestellten Risiken relativieren (sog. „mitigating factors"). Gemäß den ESMA-Leitlinien sind mitigierende Darstellungen jedoch zu vermeiden und sie dürfen nur eingesetzt werden, um die Eintrittswahrscheinlichkeit eines Risikos zu illustrieren, nicht jedoch um das Risiko als solches zu relativieren.[21]

17 Formal ist zu beachten, dass die Risikofaktoren zwingend nach dem Inhaltsverzeichnis sowie der Zusammenfassung, aber vor allen anderen Informationsbestandteilen im Wertpapierprospekt darzustellen sind (vgl. Art. 24 Abs. 1 lit. c VO 2019/980). Daneben verlangt Abschnitt 3 von Anhang 6 eine eigene Rubrik im Prospekt mit der Überschrift „Risikofaktoren". Daraus folgt, dass der Abschnitt Risikofaktoren im Wertpapierprospekt eindeutig erkennbar sein muss. Da es sich bei den Risikofaktoren um einen zentralen Bestandteil des Prospekts handelt, der für die Anlageentscheidung der Investoren maßgeblich ist, dürfen Schriftgröße und Druckbild der Risikofaktoren nicht suggerieren, dass es sich um einen unwichtigen Prospektteil handelt.

4. Angaben zum Emittenten (Abschnitt 4)

Abschnitt 4
Angaben zum Emittenten

Punkt 4.1
Geschäftsgeschichte und Geschäftsentwicklung des Emittenten
Punkt 4.1.1
Gesetzliche und kommerzielle Bezeichnung des Emittenten
Punkt 4.1.2
Ort der Registrierung des Emittenten, seine Registrierungsnummer und seine Rechtsträgerkennung (LEI).

---

19 ESMA, Leitlinien zu den Risikofaktoren im Rahmen der Prospektverordnung, ESMA31-62-1293 DE, 1.10.2019, Rn. 32.
20 Inhaltlich unverändert, jedoch zur VO EG 809/2004 *Glismann*, in: Holzborn, WpPG, Anhang IV ProspektVO Rn. 9; vgl. auch Erwägungsgrund 54 der ProspektVO.
21 Vgl. ESMA, Leitlinien zu den Risikofaktoren im Rahmen der Prospektverordnung, ESMA31-62-1293 DE, 1.10.2019, Rn. 30; inhaltlich unverändert, jedoch zur VO (EG) 809/2004 *Glismann*, in: Holzborn, WpPG, Anhang IV ProspektVO Rn. 10.

Punkt 4.1.3

Datum der Gründung der Gesellschaft und Existenzdauer des Emittenten, soweit diese nicht unbefristet ist.

Punkt 4.1.4

Sitz und Rechtsform des Emittenten, Rechtsordnung, unter der er tätig ist, Land der Gründung der Gesellschaft; Anschrift und Telefonnummer seines eingetragenen Sitzes (oder Hauptort der Geschäftstätigkeit, falls nicht mit dem eingetragenen Sitz identisch), etwaige Website des Emittenten mit einer Erklärung, dass die Angaben auf der Website nicht Teil des Prospekts sind, sofern diese Angaben nicht mittels Verweises in den Prospekt aufgenommen wurden.

Punkt 4.1.5

Jüngste Ereignisse, die für den Emittenten eine besondere Bedeutung haben und die in hohem Maße für eine Bewertung der Solvenz des Emittenten relevant sind.

Punkt 4.1.6

Angabe der Ratings, die für einen Emittenten in dessen Auftrag oder in Zusammenarbeit mit ihm beim Ratingverfahren erstellt wurden. Kurze Erläuterung der Bedeutung der Ratings, wenn sie erst unlängst von der Ratingagentur erstellt wurden.

Punkt 4.1.7

Angaben zu wesentlichen Veränderungen in der Schulden- und Finanzierungsstruktur des Emittenten seit dem letzten Geschäftsjahr.

Punkt 4.1.8

Beschreibung der erwarteten Finanzierung der Tätigkeiten des Emittenten.

Punkt 4.1.1 bis Punkt 4.1.4 sind identisch mit Punkt 4.1 bis 4.4 von Anhang 1 der VO (EU) 2019/980; auf die Kommentierung von Punkt 4.1 bis 4.4 von Anhang 1 der VO (EU) 2019/980 wird daher verwiesen (→ Anhang 1 Abschnitt 4 Rn. 1 ff.). 18

Punkt 4.1.5 umfasst eine Darstellung jüngster Ereignisse, die für den Emittenten eine besondere Bedeutung haben und in hohem Maße für eine Bewertung der Solvenz des Emittenten relevant sind. Ob solche Ereignisse eingetreten sind, hängt stark vom Einzelfall und von der Einschätzung des Emittenten ab.[22] Umfasst sind sowohl negative als auch positive Ereignisse.[23] Entscheidend für die Bestimmung der Wesentlichkeit ist, ob das Ereignis potenziell geeignet ist, die Fähigkeit des Emittenten zu beeinträchtigen, seinen Verpflichtungen unter den Wertpapieren nachzukommen.[24] Mögliche Beispiele für Ereignisse, die in erheblichem Maß für die Solvenz des Emittenten relevant sind, sind drohende Kreditausfälle oder die Zahlungsunfähigkeit eines wesentlichen Kunden oder die unvorhergesehene deutliche Erhöhung von Rohstoff- oder Energiepreisen, aber auch die Akquise eines neuen wesentlichen Kunden. 19

Hinsichtlich der zeitlichen Komponente enthält Punkt 4.1.5 keine weiteren Vorgaben außer der Vorgabe „in jüngster Zeit". Es ist fraglich, ob dieser zusätzlichen zeitlichen Kom- 20

---

22 *Seitz/Maier*, in: Assmann/Schlitt/von Kopp-Colomb, Prospektrecht Kommentar, Anhang 6 VO (EU) 2019/980 Rn. 50.
23 *Seitz/Maier*, in: Assmann/Schlitt/von Kopp-Colomb, Prospektrecht Kommentar, Anhang 6 VO (EU) 2019/980 Rn. 51; *Voß*, in: Just/Voß/Ritz/Zeising, Wertpapierprospektrecht, 2. Aufl. 2023, Anhang 1 VO (EU) 2019/980 Rn. 68.
24 *Seitz/Maier*, in: Assmann/Schlitt/von Kopp-Colomb, Prospektrecht Kommentar, Anhang 6 VO (EU) 2019/980 Rn. 51.

ponente neben der Wesentlichkeit eine eigenständige Bedeutung zukommt. Denn liegt das Ereignis schon länger zurück, hat aber noch in erheblichem Maß Bedeutung für die Solvenz des Emittenten, liegt es nahe, zumindest eine kurze Beschreibung in den Wertpapierprospekt aufzunehmen, sofern dieses Ereignis nicht schon anderweitig Niederschlag in der Beschreibung des Emittenten gefunden hat. Umgekehrt dürften kurz zurückliegende Ereignisse, die ihre Bedeutung für die Solvenz des Emittenten verloren haben, in der Regel nicht in den Wertpapierprospekt aufzunehmen sein.[25] Ist ein Ereignis in den im Wertpapierprospekt enthaltenen Finanzinformationen bereits hinreichend abgebildet, kann dies ein Indiz sein, es im Hauptteil des Wertpapierprospekts nicht noch einmal gesondert darzustellen.[26] Es ist hierbei jedoch zu beachten, dass Anhang 6 im Gegensatz zu Anhang 1 Abschnitt 7 der VO (EU) 2019/980 keine gesonderte Darstellung der Geschäfts- und Finanzlage des Emittenten für den von den historischen Finanzinformationen abgedeckten Zeitraum verlangt. Daher erscheint es ratsam, auch vor dem letzten Bilanzstichtag eingetretene Ereignisse im Wertpapierprospekt zumindest kurz darzustellen, solange sie weiterhin in erheblichem Maß für die Solvenz des Emittenten relevant sind.

21   Punkt 4.1.6 befasst sich mit der Darstellung etwaiger Bonitätsbeurteilungen des Emittenten durch externe Ratingagenturen.[27] Aus der Wortwahl „in dessen Auftrag oder in Zusammenarbeit mit ihm beim Ratingverfahren" kann geschlossen werden, dass unter diesem Verordnungspunkt im Prospekt nur solche Ratings wiederzugeben sind, die unter Mitwirkung des Emittenten zustande gekommen sind. Eine Nennung von sog. „unsolicited ratings", also Ratings, die von Ratingagenturen gegen oder zumindest ohne den Willen des Emittenten erstellt wurden, ist nicht verpflichtend.[28] Es ist umgekehrt aber auch nicht erforderlich, dass der Emittent im Zusammenhang mit der geplanten Emission von Nichtdividendenwerten ein Rating einholt.[29] Bei der Angabe eines Ratings ist zu beachten, dass nach Art. 4 Abs. 1 UAbs. 2 der Verordnung (EG) Nr. 1060/2009 (sog. Rating-Verordnung)[30] bei der Aufnahme in den Prospekt oder dem darin enthaltenen Verweis darauf anzugeben ist, ob die betreffende Ratingagentur ihren Sitz in der EU hat und nach der Verordnung (EG) Nr. 1060/2009 ordnungsgemäß registriert wurde. Darauf weist auch ESMA in ihren Q&A zur ProspektVO hin.[31] Auch sog. „unsolicited" Ratings sind nach der Rating-Verordnung von der Definition des Ratings erfasst (vgl. Art. 3 Abs. 1 lit. a und lit. x VO (EG) Nr. 1060/2009). Die Regelung des Art. 4 Abs. 1 UAbs. 2 der VO (EG) Nr. 1060/2009 differenziert jedoch insoweit nicht. Daher dürfte im Fall der (freiwilligen)

---

25 Ähnlich zur VO (EG) 809/2004 *Glismann*, in: Holzborn, WpPG, Anhang IV ProspektVO Rn. 13, die von „aktuellen Ereignissen" spricht.
26 Weitgehend inhaltlich unverändert, jedoch zur VO (EG) 809/2004 *Glismann*, in: Holzborn, WpPG, Anhang IV ProspektVO Rn. 13, nach dem nur solche Ereignisse als relevant eingeschätzt werden, die nach dem Stichtag der letzten Abschlüsse eingetreten sind.
27 Zu Ratings und ihrer Bedeutung bei Anleiheemissionen vgl. etwa *Dörscher*, in: Hopt/Seibt, Schuldverschreibungsrecht, 2. Aufl. 2023, Teil 5 Kap. 9 Rn. 9.15 ff.
28 Zum Begriff des „unsolicited rating" vgl. *Foerster*, in: Habersack/Mülbert/Schlitt, Kapitalmarktinformation, § 24 Rn. 29.
29 Vgl. ESMA, ESMA Final Report Technical advice under the Prospectus Regulation, ESMA31-62-800, 28.3.2018, Rn. 243.
30 Verordnung (EG) Nr. 1060/2009 v. 16.9.2009 über Ratingagenturen, ABl. EG Nr. L 302 v. 17.11.2009, S. 1.
31 ESMA, Questions and Answers on the Prospectus Regulation, ESMA/2019/ESMA31-62-1258, Version 12 v. 3.2.2023, Antwort auf Frage 14.13.

Aufnahme eines Unsolicited Rating ebenfalls ein solcher Hinweis aufzunehmen sein (dazu auch → Anhang 14 Rn. 47 ff.).

Ferner verlangt der Verordnungsgeber eine Erläuterung der Bedeutung des Ratings, allerdings nur, wenn es erst „unlängst" erstellt wurde. Im Hinblick auf eine mögliche Prospekthaftung wird ein Emittent darauf zu achten haben, dass bei der Beschreibung der Bedeutung des Ratings keine eigenen Interpretationen einfließen, sondern die entsprechenden Angaben der jeweiligen Ratingagenturen wiedergegeben werden. Wann ein Rating als „unlängst" erteilt gilt, lässt sich kaum trennscharf angeben. Ausgehend von der Ratio der Vorschrift, nämlich dem Schutz der Investoren durch Transparenz,[32] kann davon ausgegangen werden, dass eine Erläuterung jedenfalls dann in den Prospekt aufzunehmen ist, wenn das Rating so neu ist, dass es noch nicht in anderen öffentlich zugänglichen Quellen (etwa sog. Ad-hoc-Meldungen des Emittenten) veröffentlicht ist.

Unter Punkt 4.1.7 ist anzugeben, ob sich die Schulden- und Finanzierungsstruktur des Emittenten seit dem Ende des letzten Geschäftsjahres wesentlich verändert hat. Hierbei ist zunächst festzuhalten, dass der zu beobachtende Zeitraum lediglich den Zeitraum zwischen Ende des letzten Geschäftsjahres und dem Datum der Billigung des Prospekts umfasst. Hiermit soll die Informationslücke geschlossen werden, die für den Zeitraum entsteht, der nicht von testierten Finanzinformationen abgedeckt wird, denn es wird ausdrücklich auf das Ende des Geschäftsjahres und nicht auf den Zeitraum seit dem Stichtag für Zwischenfinanzinformationen Bezug genommen. Ferner sind nur Angaben zu machen, wenn sich wesentliche Veränderungen ergeben haben. Die Beurteilung der Wesentlichkeit liegt in der Verantwortung des Emittenten, und auch hier wird ihm im Hinblick auf eine mögliche Prospekthaftung ein relativ weitgehender Beurteilungsspielraum einzuräumen sein. Als Kontrollfrage mag allerdings dienen, dass der Emittent sich fragt, ob die Information von einem verständigen Anleger bei der der Anlageentscheidung zugrunde liegenden Beurteilung der Situation des Emittenten berücksichtigt würde. Zu Veränderungen in der Schulden- und Finanzierungsstruktur gehört insbesondere eine Veränderung des Verschuldungsgrades (Leverage), aber auch das Hinzutreten oder Wegfallen bestimmter Finanzierungsgeber kann zu berichten sein, wenn dies für den Emittenten im konkreten Fall bedeutsam ist.

Die Beschreibung der erwarteten Finanzierung der Tätigkeit des Emittenten, wie sie unter Punkt 4.1.8 gefordert wird, geht in eine ähnliche Richtung wie die Offenlegung von bereits beschlossenen Investitionen und deren Finanzierung, wie sie etwa unter Punkt 5.7 von Anhang 1 der VO (EU) 2019/980 gefordert wird. Auch hier soll der Emittent offenlegen, welche Finanzierungsquellen er für den zukünftigen Geschäftsbetrieb nutzen will. Es geht also um eine zukunftsgerichtete Aussage, die im Fall des Anhangs 6 nicht nur auf die geplanten Investitionen beschränkt, sondern auf den gesamten Geschäftsbetrieb ausgerichtet ist. Anzugeben ist insbesondere, ob Fremd- oder Eigenkapitalmittel für die Finanzierung eingesetzt und wie diese beschafft werden sollen. Es kann dabei zwar davon ausgegangen werden, dass der Emittent eine gewisse Einschätzungsprärogative hat. Gleichwohl sollten die Angaben, obwohl zukunftsgerichtet, genügend gesichert sein und über eine reine Absicht hinausgehen.

---

32 ESMA, ESMA Final Report Technical advice under the Prospectus Regulation, ESMA31-62-800, 28.3.2018, Rn. 242.

5. Überblick über die Geschäftstätigkeit (Abschnitt 5)

Abschnitt 5
Überblick über die Geschäftstätigkeit

Punkt 5.1
Haupttätigkeitsbereiche
Punkt 5.1.1
Beschreibung der Haupttätigkeiten des Emittenten, einschließlich:
a) der wichtigsten Arten der vertriebenen Produkte und/oder erbrachten Dienstleistungen;
b) Angabe etwaiger wichtiger neuer Produkte oder Tätigkeiten;
c) die wichtigsten Märkte, auf denen der Emittent tätig ist.
Punkt 5.2
Grundlage für etwaige Angaben des Emittenten zu seiner Wettbewerbsposition.

25 Gemäß Abschnitt 5 hat der Emittent Angaben hinsichtlich seiner Haupttätigkeiten unter Angabe der wichtigsten Arten der vertriebenen Produkte und/oder erbrachten Dienstleistungen sowie etwaiger wichtiger neuer Produkte und/oder Dienstleistungen zu machen (Punkt 5.1.1). Weiter hat nach Punkt 5.1.1 lit. c eine kurze Beschreibung der wichtigsten Märkte, auf denen der Emittent tätig ist, zu erfolgen. Schließlich ist nach Punkt 5.2 die Grundlage für etwaige Angaben des Emittenten zu seiner Wettbewerbsposition darzustellen. Die Beschreibung der Geschäftstätigkeit soll dazu dienen, den Investor in die Lage zu versetzen, sich ein Bild über die Geschäftstätigkeit und das Marktumfeld zu machen. Obwohl der Umfang der Geschäftsbeschreibung nach Abschnitt 5 von Anhang 6 der VO (EU) 2019/980 weniger umfangreich ist als in Abschnitt 5 von Anhang 1, kann auf die Kommentierung dazu verwiesen werden (→ Anhang 1 Abschnitt 5 Rn. 1 ff.).

26 Die Beschreibung der Geschäftstätigkeit ist nach Abschnitt 5 in die Beschreibung der Haupttätigkeitsbereiche, die wichtigsten Märkte sowie die Grundlage für etwaige Aussagen zur Wettbewerbsposition des Emittenten untergliedert. In der Praxis wird die Reihenfolge in Abschnitt 5 in Wertpapierprospekten regelmäßig nicht eingehalten. In diesem Fall kann die Billigungsbehörde nach Art. 24 Abs. 5 bzw. Art. 25 Abs. 6 der VO (EU) 2019/980 eine Liste mit Querverweisen anfordern, aus der hervorgeht, auf welche Punkte in den Anhängen sich welche Prospektabschnitte beziehen (sog. Überkreuz-Checkliste). Werden im Prospekt Angaben zur Wettbewerbsposition gemacht (was nach dem Wortlaut der ProspektVO fakultativ ist), sind die entsprechenden Quellen für die Wettbewerbsposition anzugeben, wobei die Quelle idealerweise ein neutraler Dritter ist.[33]

27 Unter dem Begriff der Haupttätigkeitsbereiche (Punkt 5.1.1) muss eine Beschreibung der Haupttätigkeiten des Emittenten unter Angabe der wichtigsten Arten der vertriebenen Produkte und/oder erbrachten Dienstleistungen und der Angabe etwaiger wichtiger neuer Produkte und/oder Dienstleistungen erfolgen. Dabei fällt im Vergleich zu Punkt 5.1.1 von Anhang 1 neben dem geringeren Umfang auf, dass Anhang 6 nicht vorschreibt, dass die Beschreibung der Geschäftstätigkeit zeitlich jedenfalls den Zeitraum abdecken muss, der

---

33 Vgl. *Seitz/Maier*, in: Assmann/Schlitt/von Kopp-Colomb, Prospektrecht Kommentar, Anhang 6 VO (EU) 2019/980 Rn. 60.

auch von den im Wertpapierprospekt enthaltenen historischen Finanzinformationen abgedeckt ist.[34] Ob daraus folgt, dass für die Beschreibung der Geschäftstätigkeit allein auf das Datum des Registrierungsformulars abzustellen ist,[35] erscheint aus Kohärenzgesichtspunkten zumindest zweifelhaft, da der Prospekt auch Finanzinformationen der letzten beiden Geschäftsjahre enthalten muss. Jedenfalls sollte eine Beschreibung der Geschäftstätigkeit einen Zeitraum umfassen, der für ein Verständnis der Beschreibung der gegenwärtigen (also zum Zeitpunkt der Prospektbilligung) Geschäftstätigkeit des Emittenten erforderlich ist.

Weiter hat eine kurze Beschreibung der wichtigsten Märkte zu erfolgen, auf denen der Emittent tätig ist, Punkt 5.1.1 lit. c. An die Darstellung nach Punkt 5.1.1 lit. c werden zwar geringere Anforderungen als nach Punkt 5.2 Anhang 1 gestellt, eine kurze Einteilung nach Tätigkeitsbereichen und nach geographischen bzw. produktspezifischen Märkten kann sich aber auch hier empfehlen.

6. Organisationsstruktur (Abschnitt 6)

Abschnitt 6
Organisationsstruktur

Punkt 6.1
Ist der Emittent Teil einer Gruppe, kurze Beschreibung der Gruppe und der Stellung des Emittenten innerhalb dieser Gruppe. Dies kann in Form oder unter Beifügung eines Diagramms der Organisationsstruktur erfolgen, sofern dies zur Darstellung der Struktur hilfreich ist.

Punkt 6.2
Ist der Emittent von anderen Unternehmen der Gruppe abhängig, ist dies klar anzugeben und die Abhängigkeit zu erläutern.

Ist der Emittent Teil einer Gruppe, hat nach Punkt 6.1 eine kurze Beschreibung des Konzerns und der Stellung des Emittenten innerhalb dessen zu erfolgen. Ausdrücklich weist der Verordnungsgeber nun darauf hin, dass die Beschreibung der Stellung innerhalb des Konzerns nicht ausschließlich sprachlich zu erfolgen hat. Es können zur Verdeutlichung auch Diagramme in den Prospekt aufgenommen werden. Das Recht, Diagramme in den Prospekt aufzunehmen, besteht für den Emittenten allerdings nur, sofern dies zur Verdeutlichung der Konzernstruktur hilfreich ist. Da dies in aller Regel der Fall sein dürfte, ist die Einschränkung eher akademischer Natur. Eine Billigungsbehörde dürfte kaum die Aufnahme eines Diagramms mit dem Argument versagen, dass es nicht dem besseren Verständnis der Konzernstruktur dient. Allzu künstlerische Darstellungen, welche die eigentliche Struktur eher verschleiern, können gleichwohl von der Behörde beanstandet werden. Es geht hier aber mutmaßlich seltener um das „Ob" der Aufnahme eines Diagramms, als vielmehr um die konkrete Ausgestaltung des Diagramms, also das „Wie".

Ist der Emittent von anderen Unternehmen innerhalb des Konzerns abhängig, hat gemäß Punkt 6.2 eine klare Angabe und Erläuterung dieser Abhängigkeit zu erfolgen. Der An-

---

34 Vgl. *Seitz/Maier*, in: Assmann/Schlitt/von Kopp-Colomb, Prospektrecht Kommentar, Anhang 6 VO (EU) 2019/980 Rn. 57.
35 So etwa *Seitz/Maier*, in: Assmann/Schlitt/von Kopp-Colomb, Prospektrecht Kommentar, Anhang 6 VO (EU) 2019/980 Rn. 57.

leger soll durch die Beschreibung erkennen können, welchen Abhängigkeiten der Emittent unterliegt und wie abhängig bzw. unabhängig er seine Entscheidungen treffen kann. Dabei ist der Wortlaut von Punkt 6.2 weit gefasst. Es sind nicht nur diejenigen Strukturen offenzulegen, die nach geltendem Recht ohnehin offengelegt werden müssen. Vielmehr sind auch vertragliche Beziehungen darzustellen, aus denen besondere finanzielle Abhängigkeiten folgen.[36] Eine Liste der wichtigsten Tochtergesellschaften des Emittenten (vgl. Punkt 6.2 Anhang 1 VO (EU) 2019/980) muss allerdings nicht beigefügt werden.

7. Trendinformationen (Abschnitt 7)

Abschnitt 7
Trendinformationen

Punkt 7.1

Eine Beschreibung

a) jeder wesentlichen Verschlechterung der Aussichten des Emittenten seit dem Datum des letzten veröffentlichten geprüften Abschlusses;

b) jeder wesentlichen Änderung der Finanz- und Ertragslage der Gruppe seit dem Ende des letzten Berichtszeitraums, für den bis zum Datum des Registrierungsformulars Finanzinformationen veröffentlicht wurden.

Falls keiner der oben genannten Punkte zutrifft, gibt der Emittent eine entsprechende Erklärung ab, dass derartige Änderungen nicht gegeben sind.

Punkt 7.2

Angabe aller bekannten Trends, Unsicherheiten, Anfragen, Verpflichtungen oder Vorfälle, die die Aussichten des Emittenten nach vernünftigem Ermessen zumindest im laufenden Geschäftsjahr wesentlich beeinflussen werden.

31 Nach Abschnitt 7 von Anhang 6 VO (EU) 2019/980 sind sogenannte Trendinformationen im Wertpapierprospekt darzustellen. Hinsichtlich der Anforderungen an die Offenlegung der „Trendinformationen" ist zwischen mehreren Informationen zu unterscheiden. Punkt 7.1 lit. a verlangt zunächst die Aufnahme jeder wesentlichen Verschlechterung der Aussichten des Emittenten seit „dem Datum des letzten veröffentlichten geprüften Abschlusses". Hierbei ist nunmehr ein Gleichlauf zur englischen Sprachfassung hergestellt worden („date of its last published audited financial statements"). Richtigerweise ist mithin nicht auf den Zeitpunkt der Veröffentlichung, sondern auf den Stichtag des letzten geprüften Abschlusses abzustellen.[37] Eine Verschlechterung der Aussichten des Emittenten ist jedenfalls dann gegeben, wenn die Geschäftsführung zu der Überzeugung gelangt, dass sich die äußeren Umstände derart verändert haben, dass ein (zukünftiger) negativer Einfluss

---

36 Vgl. *Seitz/Maier*, in: Assmann/Schlitt/von Kopp-Colomb, Prospektrecht Kommentar, Anhang 6 VO (EU) 2019/980 Rn. 63; inhaltlich unverändert, jedoch zur VO (EG) 809/2004 *Glismann*, in: Holzborn, WpPG, Anhang IV ProspektVO Rn. 16.

37 Vgl. *Seitz/Maier*, in: Assmann/Schlitt/von Kopp-Colomb, Prospektrecht Kommentar, Anhang 6 VO (EU) 2019/980 Rn. 66.

auf den Geschäftsgang des Emittenten zu erwarten ist.[38] Ob eine solche Änderung wesentlich ist, hat der Emittent nach eigenem Ermessen zu beurteilen.

Punkt 7.1 lit. b verlangt eine Offenlegung wesentlicher Änderungen der Finanz- und Ertragslage seit dem Ende des letzten Berichtszeitraums, für den Finanzinformationen veröffentlicht wurden. Bemerkenswert ist hier, dass nicht auf geprüfte Finanzinformationen abgestellt wird. Es kommt allein darauf an, dass Finanzinformationen faktisch veröffentlicht wurden, was auch ungeprüfte Zwischenfinanzinformationen einschließt. Das Bezugsdatum für die Beurteilung, welches die letzten veröffentlichten Finanzinformationen sind, ist „das Datum des Registrierungsformulars", womit höchstwahrscheinlich das Billigungsdatum gemeint ist. Beachtlich ist ferner, dass die Verordnung auf die Finanz- und Ertragslage „der Gruppe" Bezug nimmt. Aus dieser Formulierung kann nicht geschlossen werden, dass im Falle von nichtkonzernangehörigen Emittenten keine Angaben zu machen sind. Umgekehrt folgt aus der Formulierung allerdings, dass auch dann Angaben zu machen sind, wenn die Finanz- und Ertragslage des Emittenten weitgehend unverändert ist, der Konzern aber Änderungen erfahren hat, welche den Emittenten wesentlich betreffen. Die Formulierung „Änderung der Finanz- und Ertragslage" umfasst sowohl positive als auch negative Veränderungen.[39] Die Feststellung einer Änderung in der Finanz- und Ertragslage ist objektiv nachvollziehbar, ob eine solche jedoch wesentlich ist, hat der Emittent ebenfalls im eigenen Ermessen zu entscheiden. 32

Liegt weder eine maßgebliche Verschlechterung der Aussichten noch eine Änderung der Finanz- und Ertragslage vor, ist eine Negativerklärung dahingehend abzugeben, dass keine der beiden Änderungen vorliegt. Bei der Formulierung der Negativerklärung ist darauf zu achten, dass sie sich eng am Wortlaut von Punkt 7.1 orientiert. Die BaFin akzeptiert im Rahmen ihrer Prospektbilligungspraxis keine wesentlichen Abweichungen in der Formulierung der Negativerklärung vom Verordnungswortlaut.[40] Sollte es tatsächlich eine negative Änderung in den Aussichten gegeben haben, sollten die entsprechenden Umstände genau beschrieben werden, damit der Investor sich möglichst umfassend und konkret über die Änderungen informieren kann.[41] 33

In der Praxis werden in Wertpapierprospekten neben den Angaben nach Punkt 7.1 häufig auch die von Punkt 11.5.1 von Anhang 6 geforderte Negativerklärung oder Angaben zu Veränderungen der Finanzlage der Gruppe, die seit dem Ende des Stichtags eingetreten ist (für den entweder geprüfte Finanzinformationen oder Zwischenfinanzinformationen veröffentlicht wurden), in einem Abschnitt „Geschäftsgang und Aussichten" dargestellt. Im Gegensatz zu Punkt 11.5.1 von Anhang 6 verlangt Punkt 7.1 aber nur eine Beschreibung (bzw. Negativerklärung) bezüglich der Aussichten des Emittenten, nicht bezüglich der tatsächlichen Veränderungen in der Finanzlage oder der Handelsposition der Gruppe. Die von Punkt 7.1 und 11.5.1 von Anhang 6 verlangten Negativerklärungen dürfen aber ggf. in einer einheitlichen Negativerklärung zusammengefasst werden. 34

---

38 Vgl. *Seitz/Maier*, in: Assmann/Schlitt/von Kopp-Colomb, Prospektrecht Kommentar, Anhang 6 VO (EU) 2019/980 Rn. 65 ff.
39 Vgl. inhaltlich gleich, jedoch zur VO (EG) 809/2004 *Glismann*, in: Holzborn, WpPG, Anhang IV ProspektVO Rn. 17.
40 Vgl. *Seitz/Maier*, in: Assmann/Schlitt/von Kopp-Colomb, Prospektrecht Kommentar, Anhang 6 VO (EU) 2019/980 Rn. 71.
41 Inhaltlich gleich, jedoch zur VO (EG) 809/2004 *Glismann*, in: Holzborn, WpPG, Anhang IV ProspektVO Rn. 17.

35 Neben den gemäß Punkt 7.1 erforderlichen Angaben sind nach Punkt 7.2 Informationen über alle bekannten Trends, Unsicherheiten, Anfragen, Verpflichtungen oder Vorfälle, die die Aussichten des Emittenten nach vernünftigem Ermessen zumindest im laufenden Geschäftsjahr wesentlich beeinflussen werden, in den Prospekt aufzunehmen. Im Gegensatz zu den Angaben nach Punkt 7.1 lit. a sind hier auch positive Trends zu nennen, die einen wesentlichen Einfluss auf die Aussichten des Emittenten haben dürften.[42] Im Gegensatz zu Punkt 7.1 verlangt Punkt 7.2 keine Negativerklärung, wenn es aus Sicht des Emittenten keine entsprechenden Trends oder Umstände gibt. Liegen solche wesentlichen Umstände vor, sind sie aber unter dem Gesichtspunkt der vollständigen Information der Anleger in den Wertpapierprospekt aufzunehmen.[43]

36 Zu beachten ist weiter, dass Gewinnprognosen und Trendinformationen (vgl. Anhang 1 Abschnitt 11; Anhang 6 Abschnitt 8 der VO (EU) 2019/980) sich in der Praxis oft nur marginal unterscheiden. Hauptunterschied ist, dass die Gewinnprognose nicht nur generische Aussagen zu den Zukunftsaussichten des Emittenten macht, sondern aufgrund der zur Verfügung gestellten Informationen die Ermittlung der künftigen Gewinne bzw. Verluste des Emittenten ermöglicht.[44]

8. Gewinnprognosen oder -schätzungen (Abschnitt 8)

Abschnitt 8
Gewinnprognosen oder -schätzungen

Punkt 8.1
Nimmt ein Emittent auf freiwilliger Basis eine (noch ausstehende und gültige) Gewinnprognose oder -schätzung auf, muss diese in das Registrierungsformular aufgenommene Prognose oder Schätzung die unter den Punkten 8.2 und 8.3 angeführten Angaben enthalten. Wurde eine Gewinnprognose oder -schätzung veröffentlicht und ist diese noch ausstehend, jedoch nicht mehr gültig, ist eine entsprechende Erklärung abzugeben und ist darzulegen, warum eine solche Prognose oder Schätzung nicht mehr gültig ist. Eine solche ungültige Prognose oder Schätzung unterliegt nicht den unter den Punkten 8.2 und 8.3 genannten Anforderungen.

Punkt 8.2
Entscheidet sich der Emittent gemäß Punkt 8.1 dafür, eine neue Gewinnprognose oder -schätzung aufzunehmen, oder nimmt er gemäß Punkt 8.1 eine bereits veröffentlichte Gewinnprognose oder -schätzung auf, hat die Gewinnprognose oder -schätzung klar und unmissverständlich zu sein und hat sie eine Erläuterung der wichtigsten Annahmen, auf die der Emittent seine Prognose oder Schätzung gestützt hat, zu umfassen.

Die Prognose oder Schätzung entspricht den folgenden Grundsätzen:

a) Bei den Annahmen sollte klar zwischen jenen unterschieden werden, die Faktoren betreffen, die die Mitglieder des Verwaltungs-, Leitungs- oder Aufsichtsorgans beeinflussen können,

---

[42] Vgl. *Seitz/Maier*, in: Assmann/Schlitt/von Kopp-Colomb, Prospektrecht Kommentar, Anhang 6 VO (EU) 2019/980 Rn. 73; inhaltlich gleich, jedoch zur VO (EG) 809/2004 *Glismann*, in: Holzborn, WpPG, Anhang IV ProspektVO Rn. 17.
[43] Vgl. *Seitz/Maier*, in: Assmann/Schlitt/von Kopp-Colomb, Prospektrecht Kommentar, Anhang 6 VO (EU) 2019/980 Rn. 74; *Voß*, in: Just/Voß/Ritz/Zeising, Wertpapierprospektrecht, 2. Aufl. 2023, Anhang 1 VO (EU) 2019/980 Rn. 406 f.
[44] Vgl. ESMA, Questions and Answers on the Prospectus Regulation, ESMA/2019/ESMA31-61-1258, Version 12 v. 3.2.2023, Antwort auf Frage 7.3.

und Annahmen in Bezug auf Faktoren, die klar außerhalb des Einflussbereiches der Mitglieder des Verwaltungs-, Leitungs- oder Aufsichtsorgans liegen.

b) Die Annahmen müssen plausibel, für die Anleger leicht verständlich, spezifisch sowie präzise sein und dürfen nicht der üblichen Exaktheit der Schätzungen entsprechen, die der Prognose zugrunde liegen, und

c) die im Rahmen einer Prognose getroffenen Annahmen lenken die Aufmerksamkeit des Anlegers auf jene Unsicherheitsfaktoren, die das Ergebnis der Prognose wesentlich verändern könnten.

Punkt 8.3

Der Prospekt enthält eine Erklärung, dass die Gewinnprognose oder -schätzung folgende zwei Kriterien erfüllt:

a) Vergleichbarkeit mit den historischen Finanzinformationen,

b) Konsistenz mit den Rechnungslegungsmethoden des Emittenten.

Abschnitt 8 gibt Emittenten die Möglichkeit, Gewinnprognosen oder -schätzungen in den Wertpapierprospekt aufzunehmen. Abschnitt 8 nimmt mit der darin enthaltenen Wahlmöglichkeit für den Emittenten eine Sonderstellung in dem durch Zwang geprägten Regime der Mindestangaben ein. Wegen der hohen Anforderungen und des damit verbundenen Aufwands ist die Aufnahme von Gewinnprognosen oder -schätzungen bei Emissionen von Nichtdividendenwerten nach Anhang 6 in der Praxis die absolute Ausnahme.[45]   37

Auch wenn der Emittent in einer anderen Veröffentlichung eine entsprechende Gewinnprognose oder -schätzung (Art. 1 lit. c und d VO (EU) 2019/980)[46] abgegeben hat, führt dies nicht zwangsläufig dazu, dass daraus eine Verpflichtung zur Aufnahme der Gewinnprognose oder -schätzung in den Wertpapierprospekt folgt.[47] Etwas anderes kann dann gelten, wenn in den Vermarktungsmaterialien für die konkrete Emission eine Gewinnprognose bzw. -schätzung aufgenommen bzw. als eine für die Anleger wesentliche Information dargestellt wird.[48] Die Verpflichtung zur Aufnahme der Gewinnprognose bzw. -schätzung folgt in diesen Fällen aus Art. 22 Abs. 5 ProspektVO und der darin enthaltenen Verpflichtung, dass sämtliche wesentliche Informationen, die in Werbematerialien im Zusammenhang mit den im Prospekt beschriebenen Wertpapieren enthalten sind, auch zwingend mit dem Wertpapierprospekt übereinstimmen müssen. Um dieser schwierigen Wesentlichkeitsabwägung zu entgehen, ist es in der Regel ratsam, eine bestehende Gewinnprognose bzw. -schätzung auch nicht in andere Vermarktungsmaterialien (z. B. die Roadshowpräsentation) aufzunehmen, wenn eine Aufnahme in den Wertpapierprospekt vermieden werden soll.[49]   38

---

45 *Seitz/Maier*, in: Assmann/Schlitt/von Kopp-Colomb, Prospektrecht Kommentar, Anhang 6 VO (EU) 2019/980 Rn. 77.

46 „Gewinnprognose" genauer festgelegt durch ESMA, Questions and Answers on the Prospectus Regulation, ESMA/2019/ESMA31-61-1258, Version 12 v. 3.2.2023, Antwort auf Frage 7.3.

47 Vgl. *Seitz/Maier*, in: Assmann/Schlitt/von Kopp-Colomb, Prospektrecht Kommentar, Anhang 6 VO (EU) 2019/980 Rn. 75.

48 *Seitz/Maier*, in: Assmann/Schlitt/von Kopp-Colomb, Prospektrecht Kommentar, Anhang 6 VO (EU) 2019/980 Rn. 77.

49 Vgl. inhaltlich unverändert, jedoch zur VO (EG) 809/2004 *Holzborn/Israel*, ZIP 2005, 1668, 1672.

39 Im Hinblick auf die inhaltlichen Anforderungen an eine Gewinnprognose kann auf die Kommentierung zu Abschnitt 11 von Anhang 1 VO (EU) 2019/980 verwiesen werden, die inhaltlich im Wesentlichen übereinstimmt (→ Anhang 1 Abschnitt 11).

9. Verwaltungs-, Leitungs- und Aufsichtsorgane (Abschnitt 9)

Abschnitt 9
Verwaltungs-, Leitungs- und Aufsichtsorgane

Punkt 9.1
Name und Geschäftsanschrift folgender Personen sowie Angabe ihrer Stellung beim Emittenten und der wichtigsten Tätigkeiten, die sie neben der Tätigkeit beim Emittenten ausüben, sofern diese für den Emittenten von Bedeutung sind:

a) Mitglieder des Verwaltungs-, Leitungs- oder Aufsichtsorgans;

b) persönlich haftende Gesellschafter bei einer Kommanditgesellschaft auf Aktien.

Punkt 9.2
Interessenkonflikte von Verwaltungs-, Leitungs- und Aufsichtsorganen Potenzielle Interessenkonflikte zwischen den Verpflichtungen der unter Punkt 9.1 genannten Personen gegenüber dem Emittenten und ihren privaten Interessen oder sonstigen Verpflichtungen müssen klar angegeben werden. Falls keine derartigen Konflikte bestehen, ist eine entsprechende Erklärung abzugeben.

40 Punkt 9.1 verlangt, dass die Namen und die Geschäftsanschrift von Mitgliedern der Verwaltungs-, Leitungs- und Aufsichtsorgane, bei einer Kommanditgesellschaft auf Aktien des persönlich haftenden Gesellschafters anzugeben sind. Zudem muss ihre Stellung beim Emittenten unter Angabe der wichtigsten Tätigkeiten, die sie außerhalb des Emittenten ausüben, dargestellt werden, sofern diese für den Emittenten von Bedeutung sind. Von einer „Bedeutung" für den Emittenten kann etwa dann ausgegangen werden, wenn die anderen Mandate Potenzial für Interessenskonflikte bergen.

41 Weiter müssen gemäß Punkt 9.2 – so wie auch in Punkt 12.2 von Anhang 1 – in Bezug auf den in Punkt 9.1 genannten Personenkreis potenzielle Interessenkonflikte zwischen den Verpflichtungen gegenüber dem Emittenten sowie ihren privaten Interessen oder sonstigen Verpflichtungen klar angegeben werden. Falls keine derartigen Konflikte bestehen, ist eine entsprechende Negativerklärung abzugeben.[50] Zu beachten ist, dass Punkt 9.2 nur von potenziellen Interessenkonflikten spricht. Bestehen allerdings zum Zeitpunkt der Prospektveröffentlichung tatsächliche Interessenkonflikte, müssen diese auch in den Prospekt aufgenommen werden,[51] ggf. mit einem Hinweis darauf, wie der Emittent mit diesen Interessenkonflikten umgeht bzw. diese adressiert.

---

50 Vgl. *Seitz/Maier*, in: Assmann/Schlitt/von Kopp-Colomb, Prospektrecht Kommentar, Anhang 6 VO (EU) 2019/980 Rn. 81.

51 Vgl. *Seitz/Maier*, in: Assmann/Schlitt/von Kopp-Colomb, Prospektrecht Kommentar, Anhang 6 VO (EU) 2019/980 Rn. 81.

10. Hauptaktionäre (Abschnitt 10)

Abschnitt 10
Hauptaktionäre

Punkt 10.1
Soweit dem Emittenten bekannt, Angabe, ob an dem Emittenten unmittelbare oder mittelbare Beteiligungen oder Beherrschungsverhältnisse bestehen und wer diese Beteiligungen hält bzw. diese Beherrschung ausübt. Beschreibung der Art und Weise einer derartigen Beherrschung und der vorhandenen Maßnahmen zur Verhinderung des Missbrauchs einer solchen Beherrschung.

Punkt 10.2
Sofern dem Emittenten bekannt, Beschreibung etwaiger Vereinbarungen, deren Ausübung zu einem späteren Zeitpunkt zu einer Änderung in der Beherrschung des Emittenten führen könnte.

Punkt 10.1 und Punkt 10.2 sind mit Punkt 16.3 und 16.4 von Anhang 1 VO (EU) 2019/980 inhaltsgleich, daher kann auf die Kommentierung zu diesen Ziffern verwiesen werden (→ Anhang 1 Abschnitt 16 Rn. 11 ff.).

42

11. Finanzinformationen über die Vermögens-, Finanz- und Erfolgslage des Emittenten (Abschnitt 11)

Abschnitt 11
Finanzinformationen über die Vermögens-, Finanz- und Erfolgslage des Emittenten

Punkt 11.1
Historische Finanzinformationen
Punkt 11.1.1
Beizubringen sind geprüfte historische Finanzinformationen, die die letzten zwei Geschäftsjahre abdecken (bzw. einen entsprechenden kürzeren Zeitraum, während dessen der Emittent tätig war), sowie ein Bestätigungsvermerk des Abschlussprüfers für jedes Geschäftsjahr.
Punkt 11.1.2
Änderung des Bilanzstichtages
Hat der Emittent in der Zeit, für die historische Finanzinformationen beizubringen sind, seinen Bilanzstichtag geändert, so decken die geprüften historischen Finanzinformationen mindestens 24 Monate oder – sollte der Emittent seiner Geschäftstätigkeit noch keine 24 Monate nachgegangen sein – den gesamten Zeitraum seiner Geschäftstätigkeit ab.
Punkt 11.1.3
Rechnungslegungsstandards
Die Finanzinformationen sind gemäß der internationalen Rechnungslegungsstandards, wie sie gemäß Verordnung (EG) Nr. 1606/2002 in der Union anzuwenden sind, zu erstellen.
Falls die Verordnung (EG) Nr. 1606/2002 nicht anwendbar ist, sind die Finanzinformationen entsprechend einem der folgenden Standards zu erstellen:

a) den nationalen Rechnungslegungsstandards eines Mitgliedstaats bei Emittenten aus dem EWR, wie in der Richtlinie 2013/34/EU gefordert;

b) den nationalen Rechnungslegungsstandards eines Drittlandes, die denen der Verordnung (EG) Nr. 1606/2002 gleichwertig sind, bei Emittenten aus Drittländern. Wenn solche Rechnungslegungsstandards eines Drittlandes jenen der Verordnung (EG) Nr. 1606/2002 nicht gleichwertig sind, sind die Abschlüsse in Übereinstimmung mit dieser Verordnung neu zu erstellen.

Punkt 11.1.4

Änderung des Rechnungslegungsrahmens

Die letzten geprüften historischen Finanzinformationen, die Vergleichsinformationen für das vorangegangene Jahr enthalten, müssen in einer Form dargestellt und erstellt werden, die mit den Rechnungslegungsstandards konsistent ist, gemäß denen der folgende Jahresabschluss des Emittenten erscheint.

Änderungen innerhalb des bestehenden Rechnungslegungsrahmens des Emittenten machen keine Neuerstellung des geprüften Abschlusses erforderlich. Beabsichtigt der Emittent jedoch die Anwendung neuer Rechnungslegungsstandards in seinem nächsten veröffentlichten Abschluss, muss das letzte Abschlussjahr gemäß den neuen Standards aufbereitet und geprüft werden.

Punkt 11.1.5

Wurden die geprüften Finanzinformationen gemäß nationaler Rechnungslegungsgrundsätze erstellt, dann müssen die unter dieser Rubrik geforderten Finanzinformationen zumindest Folgendes enthalten:

a) die Bilanz,

b) die Gewinn- und Verlustrechnung,

c) die Kapitalflussrechnung,

d) die Rechnungslegungsmethoden und erläuternde Anmerkungen.

Punkt 11.1.6

Konsolidierte Abschlüsse

Erstellt der Emittent sowohl einen Einzelabschluss als auch einen konsolidierten Abschluss, so ist zumindest der konsolidierte Abschluss in das Registrierungsformular aufzunehmen.

Punkt 11.1.7

Alter der Finanzinformationen

Der Bilanzstichtag des letzten Jahres geprüfter Finanzinformationen darf nicht länger als 18 Monate ab dem Datum des Registrierungsformulars zurückliegen.

Punkt 11.2

Zwischenfinanzinformationen und sonstige Finanzinformationen

Punkt 11.2.1

Hat der Emittent seit dem Datum des letzten geprüften Abschlusses vierteljährliche oder halbjährliche Finanzinformationen veröffentlicht, so sind diese in das Registrierungsformular aufzunehmen. Wurden diese vierteljährlichen oder halbjährlichen Finanzinformationen einer Prüfung oder prüferischen Durchsicht unterzogen, so sind die entsprechenden Vermerke ebenfalls aufzunehmen. Wurden die vierteljährlichen oder halbjährlichen Finanzinformationen keiner prüferischen Durchsicht oder Prüfung unterzogen, so ist dies anzugeben.

Wurde das Registrierungsformular mehr als neun Monate nach Ablauf des letzten geprüften Finanzjahres erstellt, muss es Zwischenfinanzinformationen enthalten, die u. U. keiner Prüfung unterzogen wurden (auf diesen Fall muss eindeutig hingewiesen werden) und die sich zumindest auf die ersten sechs Monate des Geschäftsjahres beziehen sollten.

Zwischenfinanzinformationen, erstellt je nach Fall entsprechend den Anforderungen der Richtlinie 2013/34/EU oder der Verordnung (EG) Nr. 1606/2002.

Bei Emittenten, die weder der Richtlinie 2013/34/EU noch der Verordnung (EG) Nr. 1606/2002 unterliegen, müssen diese Zwischenfinanzinformationen einen Vergleich mit dem gleichen Zeitraum des letzten Geschäftsjahres beinhalten, es sei denn, diese Anforderung ist durch Vorlage der Bilanzdaten zum Jahresende erfüllt.

Punkt 11.3

Prüfung der historischen jährlichen Finanzinformationen

Punkt 11.3.1

Die historischen jährlichen Finanzinformationen müssen unabhängig geprüft worden sein. Der Bestätigungsvermerk des Abschlussprüfers wird in Übereinstimmung mit der Richtlinie 2014/56/EU und der Verordnung (EU) Nr. 537/2014 erstellt.

Sind die Richtlinie 2014/56/EU und die Verordnung (EU) Nr. 537/2014 nicht anwendbar,

a) müssen die historischen Finanzinformationen in Übereinstimmung mit den in dem jeweiligen Mitgliedstaat anwendbaren Prüfungsstandards oder gleichwertigen Grundsätzen geprüft worden sein, oder es muss für das Registrierungsformular vermerkt werden, ob sie in Übereinstimmung mit den in dem jeweiligen Mitgliedstaat anwendbaren Prüfungsstandards oder gleichwertigen Grundsätzen ein den tatsächlichen Verhältnissen entsprechendes Bild vermitteln.

b) Sofern Bestätigungsvermerke des Abschlussprüfers über die historischen Finanzinformationen Vorbehalte, Meinungsänderungen oder eine Hervorhebung eines Sachverhalts enthalten oder wenn sie eingeschränkt erteilt wurden, sind diese Vorbehalte, Änderungen, die eingeschränkte Erteilung oder die Hervorhebung eines Sachverhalts in vollem Umfang wiederzugeben und die Gründe dafür anzugeben.

Punkt 11.3.2

Angabe sonstiger Informationen im Registrierungsformular, die von den Abschlussprüfern geprüft wurden.

Punkt 11.3.3

Wurden die Finanzinformationen im Registrierungsformular nicht dem geprüften Jahresabschluss des Emittenten entnommen, so sind die Quelle dieser Daten und die Tatsache anzugeben, dass die Daten ungeprüft sind.

Punkt 11.4

Gerichts- und Schiedsgerichtverfahren

Punkt 11.4.1

Angaben über etwaige staatliche Interventionen, Gerichts- oder Schiedsgerichtsverfahren (einschließlich derjenigen Verfahren, die nach Kenntnis des Emittenten noch anhängig sind oder eingeleitet werden könnten), die im Zeitraum der mindestens 12 letzten Monate stattfanden und die sich in jüngster Zeit erheblich auf die Finanzlage oder die Rentabilität des Emittenten und/oder der Gruppe ausgewirkt haben oder sich in Zukunft auswirken könnten. Ansonsten ist eine negative Erklärung abzugeben.

Punkt 11.5

Wesentliche Veränderungen in der Finanzlage des Emittenten

Punkt 11.5.1

Beschreibung jeder wesentlichen Veränderung in der Finanzlage der Gruppe, die seit dem Ende des Stichtags eingetreten ist, für den entweder geprüfte Finanzinformationen oder Zwischenfinanzinformationen veröffentlicht wurden. Ansonsten ist eine negative Erklärung abzugeben.

43 Abschnitt 11 von Anhang 6 enthält weitgehend gleiche Anforderungen wie Abschnitt 18 von Anhang 1 VO (EU) 2019/980, insofern kann grundsätzlich auf die Kommentierung zu Abschnitt 18 von Anhang 1 VO (EU) 2019/980 verwiesen werden (→ Anhang 1 Abschnitt 18 Rn. 1 ff.). Im Vergleich zu Abschnitt 18 Anhang 1 VO (EU) 2019/980 ist auf die folgenden Unterschiede hinzuweisen:

44 Historische Finanzinformationen sind nur für die letzten zwei Geschäftsjahre (anstatt wie in Anhang 1 für die letzten drei Geschäftsjahre) beizubringen. Grund hierfür ist das unterschiedliche Informationsbedürfnis von Aktieninvestoren und Anlegern in Nichtdividendenwerte, da Aktionäre Eigentümer des entsprechenden Emittenten werden, während Investoren in Nichtdividendenwerte Fremdkapitalgeber sind, deren Informationsbedürfnis sich in der Beurteilung der Schuldendienstfähigkeit erschöpft.[52]

45 Die historischen Finanzinformationen müssen nicht zwingend eine Eigenkapitalveränderungsrechnung enthalten (vgl. Punkt 18.1.5 lit. c von Anhang 1). Ob dies in der Praxis Bedeutung erlangt, ist allerdings fraglich, da auch die nach Anhang 6 in den Prospekt aufzunehmenden Finanzinformationen im Regelfall nach IAS/IFRS zu erstellen sind. Punkt 11.1.3 IAS 1 sieht die Eigenkapitalveränderungsrechnung zwingend als Bestandteil eines Abschlusses vor.[53]

46 Die Aufnahme von Pro-Forma-Finanzinformationen ist im Gegensatz zu Punkt 18.4 von Anhang 1 nicht erforderlich. Auch die Regelung in Art. 18 VO (EU) 2019/980 zu Emittenten mit komplexer finanztechnischer Vorgeschichte oder bedeutenden finanziellen Verpflichtungen gilt nur für Registrierungsformulare von Aktienemittenten. In Einzelfällen kann es aber aufgrund des Erfordernisses einer ausreichenden Information von Anlegern erforderlich sein, bestimmte Sonderformen von Finanzinformationen (z. B. sog. „Combined Financials") in den Prospekt aufzunehmen.[54]

47 Die Aufnahme der Beschreibung der Dividendenpolitik des Emittenten ist bei Nichtdividendenwerten nach Anhang 6 nicht erforderlich (siehe Punkt 18.5 von Anhang 1).

48 Punkt 11.1.7 verlangt, dass der Bilanzstichtag des letzten Jahres geprüfter Finanzinformationen nicht länger als 18 Monate als das Datum des Registrierungsformulars zurückliegt. Die Bestimmung enthält aber keine wie in Punkt 18.1.7 von Anhang 1 enthaltene Differenzierung für das Alter der in den Prospekt aufzunehmenden Finanzinformationen je nach der Qualität von in den Prospekt aufgenommenen Zwischenabschlüssen. Denn danach darf der Bilanzstichtag im Falle von geprüften Zwischenabschlüssen 18 Monate und im Falle von ungeprüften Zwischenabschlüssen 16 Monate vor dem Datum des Registrierungsformulars liegen.

49 Ähnlich wie bei Aktienemissionen verlangt auch Punkt 11.1.6 nicht ausdrücklich, dass der Emittent neben Konzernabschlüssen auch den Einzelabschluss des Emittenten in den Prospekt mit aufnimmt. Allerdings verlangt die Bundesanstalt für Finanzdienstleistungs-

---

52 Vgl. CESR/03-208, CESR's Advice on Level 2 Implementing Measures for the Prospectus Directive, Rn. 56.
53 Siehe Ziffer 106 und 107 von IAS 1.
54 Vgl. *Seitz/Maier*, in: Assmann/Schlitt/von Kopp-Colomb, Prospektrecht Kommentar, Anhang 6 VO (EU) 2019/980 Rn. 92.

aufsicht ungeachtet dieses Wortlauts wie bei Aktienemissionen die Aufnahme des Einzelabschlusses des Emittenten für das letzte volle Geschäftsjahr.[55] Aufgrund der Bedeutung des Einzelabschlusses für die Ausschüttungsbemessung, die steuerliche Gewinnermittlung, die Ermittlung des haftungsrelevanten Kapitals sowie bestimmte aufsichtsrechtliche Zwecke[56] ist diese Praxis nachvollziehbar.

12. Weitere Angaben (Abschnitt 12)

Abschnitt 12
Weitere Angaben

Punkt 12.1
Aktienkapital
Anzugeben sind der Betrag des ausgegebenen Kapitals, die Zahl und Gattungen der Aktien, aus denen es sich zusammensetzt, einschließlich deren Hauptmerkmale; der Teil des ausgegebenen, aber noch nicht eingezahlten Kapitals mit Angabe der Zahl oder des Gesamtnennwerts und der Art der noch nicht voll eingezahlten Aktien, eventuell aufgegliedert nach der Höhe, bis zu der sie bereits eingezahlt wurden.

Punkt 12.2
Satzung und Statuten der Gesellschaft
Anzugeben sind das Register und ggf. die Nummer, unter der die Gesellschaft in das Register eingetragen ist, sowie eine Beschreibung der Zielsetzungen des Emittenten und an welcher Stelle sie in der Satzung und den Statuten der Gesellschaft verankert sind.

Die meisten der nach Punkt 12.1 und 12.2 erforderlichen Angaben finden sich auch in Punkt 19.1 und 19.2.1 von Anhang 1 VO (EU) 2019/980; insofern kann auf die Kommentierung von Punkt 19.1 und 19.2.1 von Anhang 1 verwiesen werden (→ Anhang 1 Abschnitt 19 Rn. 1 ff.). 50

Die von Punkt 12.1 geforderten Angaben beziehen sich auf den Betrag des Grund- oder Stammkapitals des Emittenten sowie die Zahl und Art der Aktien,[57] aus denen sich das Grundkapital zusammensetzt, sowie deren „Hauptmerkmale". Unter letzteren sind die wesentlichen Rechte, die sich aus den Aktien ergeben, zu verstehen (also insbesondere die Ausgestaltung des Stimmrechts, der Dividendenrechte sowie des Rechts zur Beteiligung am Liquidationserlös). Daneben ist darauf hinzuweisen, wenn bereits ausgegebene Aktien nicht voll eingezahlt sind. In der Praxis kommt dies aber kaum vor. Bei deutschen Aktiengesellschaften ist dies nur bei Namensaktien gem. § 10 Abs. 2 AktG möglich.[58] 51

---

55 Vgl. *Seitz/Maier*, in: Assmann/Schlitt/von Kopp-Colomb, Prospektrecht Kommentar, Anhang 6 VO (EU) 2019/980 Rn. 89; *Voß*, in: Just/Voß/Ritz/Zeising, Wertpapierprospektrecht, 2. Aufl. 2023, Anhang 1 VO (EU) 2019/980 Rn. 268 ff.
56 Inhaltlich unverändert, jedoch zur VO (EG) 809/2004 *Glismann*, in: Holzborn, WpPG, Anhang IV ProspektVO Rn. 50.
57 Bei Emittenten mit einer anderen Rechtsform sind die entsprechenden Gesellschaftsanteile (z. B. GmbH-Geschäftsanteile oder Kommanditanteile) ebenfalls zu beschreiben.
58 *Schlitt/Ries*, in: Assmann/Schlitt/von Kopp-Colomb, Prospektrecht Kommentar, Anhang 1 VO (EU) 2019/980 Rn. 288.

52 Weiter verlangt Punkt 12.2, dass das Register und ggf. die Nummer, unter der die Gesellschaft in das Register eingetragen ist, angegeben wird. Diese Angaben werden auch von Punkt 4.1.2 von Anhang 6 verlangt; insofern hat Punkt 12.2 keine eigenständige Bedeutung.[59] Darüber hinaus verlangt Punkt 12.2, dass „eine Beschreibung der Zielsetzungen des Emittenten" sowie die Stellen, an denen diese Zielsetzungen in der Satzung oder im Gesellschaftsvertrag des Emittenten verankert sind, in den Prospekt aufgenommen werden. Damit gemeint ist die Aufnahme einer Beschreibung des satzungsmäßigen Gesellschaftsgegenstands des Emittenten in den Prospekt.

13. Wesentliche Verträge (Abschnitt 13)

Abschnitt 13
Wesentliche Verträge

Punkt 13.1
Kurze Zusammenfassung aller abgeschlossenen wesentlichen Verträge, die nicht im Rahmen der normalen Geschäftstätigkeit abgeschlossen wurden und die dazu führen könnten, dass jedwedes Mitglied der Gruppe eine Verpflichtung oder ein Recht erlangt, die bzw. das für die Fähigkeit des Emittenten, seinen Verpflichtungen gegenüber den Wertpapierinhabern in Bezug auf die ausgegebenen Wertpapiere nachzukommen, von wesentlicher Bedeutung ist.

53 Punkt 13.1 verlangt eine kurze Zusammenfassung aller bestehenden wesentlichen Verträge, die nicht im Rahmen der normalen Geschäftstätigkeit abgeschlossen wurden. Eine Pflicht zur Darstellung solcher Verträge besteht jedoch nur, wenn die Verträge eine wesentliche Bedeutung für die Fähigkeit des Emittenten haben können, seine Verpflichtungen aus dem emittierten Wertpapier zu erfüllen. Beachtlich ist hierbei, dass der Verordnungsgeber auch mittelbare Einflüsse erfassen möchte. Es kommt daher nicht allein auf die Verträge an, die der Emittent selbst abgeschlossen hat, sondern es sind alle Verträge auf ihre mögliche wesentliche Bedeutung zu analysieren und ggf. beschreiben, die sämtliche Mitglieder der Gruppe, welcher der Emittent angehört, abgeschlossen haben. Die doppelte Wesentlichkeitsschwelle (wesentlicher Vertrag und wesentliche Bedeutung) dürfte in der Praxis dazu führen, dass nur wenige Verträge in Betracht kommen. Anzumerken bleibt ferner, dass der Verordnungsgeber nicht etwa von einer wesentlichen Beeinträchtigung für die Fähigkeit des Emittenten spricht, seine Verpflichtungen aus dem Wertpapier zu erfüllen, sondern von einer wesentlichen Bedeutung. Das heißt, es wären grundsätzlich auch Verträge erfasst, die sich wesentlich positiv auf die Fähigkeit des Emittenten auswirken, seinen Verpflichtungen aus den Wertpapieren nachzukommen.

54 Abschnitt 13 ist ähnlich wie Punkt 20.1 von Anhang 1 VO (EU) 2019/980 formuliert; es kann daher grundsätzlich auf die Kommentierung von Punkt 20.1 von Anhang 1 VO (EU) 2019/980 verwiesen werden (→ Anhang 1 Abschnitt 20 Rn. 1 ff.). Allerdings unterscheidet sich der Wortlaut von Punkt 13.1 in einigen Details von Punkt 20.1 von Anhang 1. So verlangt Punkt 13.1 lediglich eine „kurze" Zusammenfassung und verzichtet – anders als Punkt 20.1 des Anhangs 1 – auf eine Differenzierung zwischen wesentlichen Verträgen, die in den letzten zwei Jahren vor Veröffentlichung des Registrierungsformulars abge-

---

59 *Seitz/Maier*, in: Assmann/Schlitt/von Kopp-Colomb, Prospektrecht Kommentar, Anhang 6 VO (EU) 2019/980 Rn. 95.

schlossen wurden, und sonstigen wesentlichen Verträgen, die bei Veröffentlichung des Registrierungsformulars bestehen. Entscheidend für die Aufnahme in den Wertpapierprospekt soll sein, ob der Vertrag eine Verpflichtung oder ein Recht begründet, „die bzw. das für die Fähigkeit des Emittenten, seinen Verpflichtungen gegenüber den Wertpapierinhabern in Bezug auf die ausgegebenen Wertpapiere nachzukommen, von wesentlicher Bedeutung ist". Darunter können auch Verträge fallen, die mehr als zwei Jahre vor Veröffentlichung des Registrierungsformulars abgeschlossen worden sind. Denn der Verordnungsgeber hat offenbar auf die in Punkt 20.1 von Anhang 1 gewählte Begrenzung auf zwei Jahre verzichtet.[60] Begründen lässt sich diese Abweichung damit, dass es in Anhang 6 auf Verträge ankommt, die einen wesentlichen Einfluss auf die Schuldendienstfähigkeit des Emittenten haben. Ein solcher Einfluss kann auch aus älteren Verträgen herrühren. Der Maßstab von Anhang 6 wird hierdurch auch nicht strenger als der Maßstab von Anhang 1, denn die unter Punkt 20.1 von Anhang 1 darzustellenden Verträge beziehen sich auf die gesamte Geschäftstätigkeit und nicht nur auf die Schuldendienstfähigkeit.

Der inhaltliche Umfang der Zusammenfassung der Verträge richtet sich nach dem Maßstab von Art. 6 Abs. 1 der ProspektVO, d. h. es sind (nur) diejenigen Informationen bezüglich des jeweiligen Vertrags in den Wertpapierprospekt aufzunehmen, die für die Anlageentscheidung der Investoren von Bedeutung sind.[61]

14. Verfügbare Dokumente (Abschnitt 14)

Abschnitt 14
Verfügbare Dokumente

Punkt 14.1
Abzugeben ist eine Erklärung, dass während der Gültigkeitsdauer des Registrierungsformulars ggf. die folgenden Dokumente eingesehen werden können:

a) die aktuelle Satzung und die aktuellen Statuten des Emittenten;

b) sämtliche Berichte, Schreiben und sonstigen Dokumente, Bewertungen und Erklärungen, die von einem Sachverständigen auf Ersuchen des Emittenten erstellt bzw. abgegeben wurden, sofern Teile davon in das Registrierungsformular eingeflossen sind oder in ihm darauf verwiesen wird.

Die Website, auf der die Dokumente eingesehen werden können, ist anzugeben.

Abschnitt 14 von Anhang 6 ist nahezu wortgleich mit Abschnitt 21 von Anhang 1 VO (EU) 2019/980; auf die entsprechende Kommentierung kann daher verwiesen werden (→ Anhang 1 Abschnitt 20 Rn. 1 ff.).

---

60 Anders *Seitz/Maier*, in: Assmann/Schlitt/von Kopp-Colomb, Prospektrecht Kommentar, Anhang 6 VO (EU) 2019/980 Rn. 97.
61 Vgl. ESMA, Questions and Answers regarding Prospectuses, ESMA/2019/ESMA31-62-780, Version 30 v. 8.4.2019, Antwort auf Frage 73.

Anhang 7 VO (EU) 2019/980
Registrierungsformular für Nichtdividendenwerte für Großanleger

Übersicht

	Rn.		Rn.
I. Einleitung	1	6. Organisationsstruktur (Abschnitt 6)	9
II. Einzelne Mindestangaben von Anhang 7	2	7. Trendinformationen (Abschnitt 7)	10
1. Verantwortliche Personen, Angaben von Seiten Dritter, Sachverständigenberichte und Billigung durch die zuständige Behörde (Abschnitt 1)	2	8. Gewinnprognosen oder -schätzungen (Abschnitt 8)	11
		9. Verwaltungs-, Leitungs- und Aufsichtsorgane (Abschnitt 9)	12
2. Abschlussprüfer (Abschnitt 2)	3	10. Hauptaktionäre (Abschnitt 10)	13
3. Risikofaktoren (Abschnitt 3)	4	11. Finanzinformationen über die Vermögens-, Finanz- und Ertragslage des Emittenten (Abschnitt 11)	14
4. Angaben zum Emittenten (Abschnitt 4)	5	12. Wesentliche Verträge (Abschnitt 12)	18
5. Überblick über die Geschäftstätigkeit (Abschnitt 5)	8	13. Verfügbare Dokumente (Abschnitt 13)	19

I. Einleitung

1 Zur Abgrenzung des Anwendungsbereichs von Anhang 7 zu anderen Anhängen der VO (EU) 2019/980 wird auf die Kommentierung zu Art. 8 VO (EU) 2019/980 verwiesen (→ Art. 8 Rn. 1 ff.).

II. Einzelne Mindestangaben von Anhang 7

1. Verantwortliche Personen, Angaben von Seiten Dritter, Sachverständigenberichte und Billigung durch die zuständige Behörde (Abschnitt 1)

Abschnitt 1
Verantwortliche Personen, Angaben von Seiten Dritter, Sachverständigenberichte und Billigung durch die zuständige Behörde

Punkt 1.1
Nennung aller Personen, die für die Angaben im Registrierungsformular bzw. für bestimmte Teile der Angaben verantwortlich sind. Im letzteren Fall sind die entsprechenden Teile anzugeben. Handelt es sich um natürliche Personen, zu denen auch Mitglieder des Verwaltungs-, Leitungs- oder Aufsichtsorgans des Emittenten gehören, sind Name und Funktion dieser Person zu nennen. Bei juristischen Personen sind Name und eingetragener Sitz der Gesellschaft anzugeben.

Punkt 1.2

Erklärung der für das Registrierungsformular verantwortlichen Personen, dass die Angaben im Registrierungsformular ihres Wissens nach richtig sind und dass das Registrierungsformular keine Auslassungen enthält, die die Aussage verzerren könnten.

Gegebenenfalls Erklärung der für bestimmte Abschnitte des Registrierungsformulars verantwortlichen Personen, dass die in den Teilen des Registrierungsformulars genannten Angaben, für die sie verantwortlich sind, ihres Wissens nach richtig sind und dass diese Teile des Registrierungsformulars keine Auslassungen beinhalten, die die Aussage verzerren könnten.

Punkt 1.3

Wird in das Registrierungsformular eine Erklärung oder ein Bericht einer Person aufgenommen, die als Sachverständiger handelt, so sind folgende Angaben zu dieser Person zu machen:

a) Name,

b) Geschäftsadresse,

c) Qualifikationen,

d) das wesentliche Interesse am Emittenten, falls vorhanden.

Wurde die Erklärung oder der Bericht auf Ersuchen des Emittenten erstellt, ist anzugeben, dass diese Erklärung oder dieser Bericht mit Zustimmung der Person, die den Inhalt dieses Teils des Registrierungsformulars für die Zwecke des Prospekts gebilligt hat, aufgenommen wurde.

Punkt 1.4

Wurden Angaben von Seiten Dritter übernommen, ist zu bestätigen, dass diese Angaben korrekt wiedergegeben wurden und nach Wissen des Emittenten und soweit für ihn aus den von diesem Dritten veröffentlichten Angaben ersichtlich, nicht durch Auslassungen unkorrekt oder irreführend gestaltet wurden. Darüber hinaus hat der Emittent die Quelle(n) der Angaben zu nennen.

Punkt 1.5

Eine Erklärung, dass

a) [das Registrierungsformular/der Prospekt] durch [Bezeichnung der zuständigen Behörde] als zuständiger Behörde gemäß Verordnung (EU) 2017/1129 gebilligt wurde,

b) die [Bezeichnung der zuständigen Behörde] [dieses Registrierungsformular/diesen Prospekt] nur bezüglich der Standards der Vollständigkeit, Verständlichkeit und Kohärenz gemäß der Verordnung (EU) 2017/1129 billigt,

c) eine solche Billigung nicht als eine Befürwortung des Emittenten, der Gegenstand [dieses Registrierungsformulars/dieses Prospekts] ist, erachtet werden sollte.

Der Wortlaut der Punkte 1.1. bis 1.5 ist identisch mit dem Wortlaut der Punkte 1.1 bis 1.5 von Anhang 1 der VO (EU) 2019/980; auf die entsprechende Kommentierung wird daher verwiesen (→ Anhang 1 Abschnitt 1 Rn. 1 ff.). Zu Besonderheiten gegenüber Aktienemissionen (→ Anhang 6 Rn. 3).

2

2. Abschlussprüfer (Abschnitt 2)

Abschnitt 2
Abschlussprüfer

Punkt 2.1
Name und Anschrift der Abschlussprüfer des Emittenten, die für den von den historischen Finanzinformationen abgedeckten Zeitraum zuständig waren (einschließlich ihrer Mitgliedschaft in einer Berufsvereinigung).

Punkt 2.2
Wurden Abschlussprüfer während des von den historischen Finanzinformationen abgedeckten Zeitraums abberufen, nicht wieder bestellt oder haben sie ihr Mandat selbst niedergelegt, so sind entsprechende Einzelheiten anzugeben, wenn sie von wesentlicher Bedeutung sind.

3   Der Wortlaut der Punkte 2.1. und 2.2 ist identisch mit dem Wortlaut der Punkt 2.1 und 2.2 von Anhang 1 der VO (EU) 2019/980; auf die entsprechende Kommentierung wird daher verwiesen (→ Anhang 1 Abschnitt 2 Rn. 1 ff.).

3. Risikofaktoren (Abschnitt 3)

Abschnitt 3
Risikofaktoren

Punkt 3.1
Eine Beschreibung der wesentlichen Risiken, die dem Emittenten eigen sind und die die Fähigkeit des Emittenten beeinflussen können, seinen sich aus den Wertpapieren ergebenden Verpflichtungen nachzukommen, in einer begrenzten Anzahl an Kategorien in einer Rubrik mit der Überschrift „Risikofaktoren".

In jeder Kategorie werden die gemäß der Bewertung des Emittenten, Anbieters oder der die Zulassung zum Handel an einem geregelten Markt beantragenden Person wesentlichsten Risiken, unter Berücksichtigung der negativen Auswirkungen auf den Emittenten und der Wahrscheinlichkeit ihres Eintretens, zuerst angeführt. Die Risikofaktoren werden durch den Inhalt des Registrierungsformulars bestätigt.

4   Der Wortlaut von Punkt 3.1 ist im Wesentlichen identisch mit dem Wortlaut von Abschnitt 3 Anhang 6 der VO (EU) 2019/980; auf die Kommentierung von Abschnitt 3 Anhang 6 wird daher verwiesen (→ Anhang 6 Rn. 7 ff.).

4. Angaben zum Emittenten (Abschnitt 4)

Abschnitt 4
Angaben zum Emittenten

Punkt 4.1
Geschäftsgeschichte und Geschäftsentwicklung des Emittenten
Punkt 4.1.1
Gesetzliche und kommerzielle Bezeichnung des Emittenten.

Punkt 4.1.2

Ort der Registrierung des Emittenten, seine Registrierungsnummer und Rechtsträgerkennung (LEI).

Punkt 4.1.3

Datum der Gründung der Gesellschaft und Existenzdauer des Emittenten, soweit diese nicht unbefristet ist.

Punkt 4.1.4

Sitz und Rechtsform des Emittenten, Rechtsordnung, unter der er tätig ist, Land der Gründung der Gesellschaft; Anschrift und Telefonnummer seines eingetragenen Sitzes (oder Hauptort der Geschäftstätigkeit, falls nicht mit dem eingetragenen Sitz identisch), etwaige Website des Emittenten mit einer Erklärung, dass die Angaben auf der Website nicht Teil des Prospekts sind, sofern diese Angaben nicht mittels Verweises in den Prospekt aufgenommen wurden.

Punkt 4.1.5

Jüngste Ereignisse, die für den Emittenten eine besondere Bedeutung haben und die in hohem Maße für eine Bewertung der Solvenz des Emittenten relevant sind.

Punkt 4.1.6

Angabe der Ratings, die für den Emittenten in dessen Auftrag oder in Zusammenarbeit mit ihm beim Ratingverfahren erstellt wurden.

Der Wortlaut der Punkte 4.1.1 bis 4.1.4 ist identisch mit dem Wortlaut der Punkte 4.1 bis 4.4 von Anhang 1 der VO (EU) 2019/980, auf die entsprechende Kommentierung wird daher verwiesen (→ Anhang 1 Abschnitt 4 Rn. 1 ff.). 5

Der Wortlaut der Punkte 4.1.5 und 4.1.6 ist im Wesentlichen identisch mit dem Wortlaut der Punkte 4.1.5 und 4.1.6 von Anhang 6 der VO (EU) 2019/980; auf die entsprechende Kommentierung wird daher verwiesen (→ Anhang 6 VO Rn. 19 ff.). Einzig zu bemerken ist, dass in Anhang 7 auf eine Erläuterung der Bedeutung des Ratings verzichtet wird, was vor dem Hintergrund der jeweils adressierten Investoren und der Prämisse, jeden Prospekt so schlank und einfach wie möglich zu gestalten, folgerichtig ist. 6

Bedingt durch das unterschiedliche Informationsbedürfnis der Anleger sind Angaben zu Veränderungen in der Schulden- und Finanzierungsstruktur und die Beschreibung der erwarteten Finanzierung des Emittenten – anders als bei Punkten 4.1.7 und 4.1.8 von Anhang 6 VO (EU) 2019/980 zu Nichtdividendenwerten für Kleinanleger – grundsätzlich nicht erforderlich. Falls die entsprechenden Angaben allerdings von derartiger Bedeutung sind, dass sich nur mit ihnen ein vollständiges Bild, insbesondere über die Solvenz des Emittenten ergeben würde, muss eine entsprechende Beschreibung in das Registrierungsformular aufgenommen werden, da der Emittent ansonsten Gefahr läuft, dass sein Prospekt als unvollständig oder irreführend angesehen werden kann.[1] 7

---

1 Vgl. *Seitz/Maier*, in: Assmann/Schlitt/von Kopp-Colomb, Prospektrecht Kommentar, Anhang 6 VO (EU) 2019/980 Rn. 50 f., Anhang 7 Rn. 13.

5. Überblick über die Geschäftstätigkeit (Abschnitt 5)

Abschnitt 5
Überblick über die Geschäftstätigkeit

Punkt 5.1
Haupttätigkeitsbereiche

Punkt 5.1.1
Beschreibung der Haupttätigkeiten des Emittenten unter Angabe der wichtigsten Arten der vertriebenen Produkte und/oder erbrachten Dienstleistungen.

Punkt 5.1.2
Grundlage für etwaige Angaben des Emittenten zu seiner Wettbewerbsposition.

8 Der Wortlaut der Punkte 5.1.1 und 5.1.2 ist im Großen und Ganzen inhaltsgleich mit den Punkten 5.1.1 und 5.2 von Anhang 6 VO (EU) 2019/980; auf die Kommentierung hierzu kann daher verwiesen werden (→ Anhang 6 Rn. 25 ff.). Im Gegensatz zu den Mindestangaben nach Anhang 6 nicht erforderlich sind an dieser Stelle Angaben zu neuen Produkten bzw. Dienstleistungen und zu den für den Emittenten wichtigsten Märkten.

6. Organisationsstruktur (Abschnitt 6)

Abschnitt 6
Organisationsstruktur

Punkt 6.1
Ist der Emittent Teil einer Gruppe, kurze Beschreibung der Gruppe und der Stellung des Emittenten innerhalb dieser Gruppe. Dies kann in Form oder unter Beifügung eines Diagramms der Organisationsstruktur erfolgen, sofern dies zur Darstellung der Struktur hilfreich ist.

Punkt 6.2
Ist der Emittent von anderen Unternehmen der Gruppe abhängig, ist dies klar anzugeben und die Abhängigkeit zu erläutern.

9 Abschnitt 6 von Anhang 7 ist inhaltsgleich mit Abschnitt 6 von Anhang 6 VO (EU) 2019/980; auf die entsprechende Kommentierung kann daher verwiesen werden (→ Anhang 6 Rn. 29 f.).

7. Trendinformationen (Abschnitt 7)

Abschnitt 7
Trendinformationen

Punkt 7.1
Eine Beschreibung

a) jeder wesentlichen Verschlechterung der Aussichten des Emittenten seit dem Datum des letzten veröffentlichten geprüften Abschlusses; und

b) jeder wesentlichen Änderung der Finanz- und Ertragslage der Gruppe seit dem Ende des letzten Berichtszeitraums, für den bis zum Datum des Registrierungsformulars Finanzinformationen veröffentlicht wurden.

Falls keiner der oben genannten Punkte zutrifft, sollte der Emittent (eine) entsprechende negative Erklärung(en) abgeben.

Punkt 7.1. ist Punkt 7.1 von Anhang 6 VO (EU) 2019/980 sehr ähnlich; auf die entsprechende Kommentierung kann daher verwiesen werden (→ Anhang 6 Rn. 31 ff.). Allerdings ist zu beachten, dass in Anhang 6 eine Negativerklärung ausdrücklich vorgeschrieben ist, während Anhang 7 diesbezüglich nur eine „Soll-Vorschrift" enthält. Dieser Verzicht auf eine verpflichtende Negativerklärung lässt sich mit dem Erfahrungsstand der angesprochenen Investoren rechtfertigen, für welche die Appellfunktion einer Negativerklärung weniger bedeutsam ist. Darüber hinaus sind im Gegensatz zu Anhang 6 keine Angaben zu Informationen über bekannte Trends, Unsicherheiten, Anfragen, Verpflichtungen oder Vorfälle, die voraussichtlich die Aussichten des Emittenten zumindest im laufenden Geschäftsjahr wesentlich beeinflussen dürften, im Registrierungsformular erforderlich. Es gilt jedoch auch hier, dass der Emittent entscheiden muss, ob ein Trend oder eines der anderen genannten Ereignisse so erheblich für das eigene Geschäftsmodell ist, dass der Prospekt ohne entsprechende Erwähnung unvollständig oder irreführend wäre. 10

8. Gewinnprognosen oder -schätzungen (Abschnitt 8)

Abschnitt 8
Gewinnprognosen oder -schätzungen

Punkt 8.1
Nimmt ein Emittent auf freiwilliger Basis eine Gewinnprognose oder -schätzung auf, hat die Gewinnprognose oder -schätzung klar und unmissverständlich zu sein und hat sie eine Erläuterung der wichtigsten Annahmen, auf die der Emittent seine Prognose oder Schätzung gestützt hat, zu umfassen.

Die Prognose oder Schätzung entspricht den folgenden Grundsätzen:

a) Bei den Annahmen sollte klar zwischen jenen unterschieden werden, die Faktoren betreffen, die die Mitglieder des Verwaltungs-, Leitungs- oder Aufsichtsorgans beeinflussen können, und Annahmen in Bezug auf Faktoren, die klar außerhalb des Einflussbereiches der Mitglieder des Verwaltungs-, Leitungs- oder Aufsichtsorgans liegen.

b) Die Annahmen müssen plausibel, für die Anleger leicht verständlich, spezifisch sowie präzise sein und dürfen nicht der üblichen Exaktheit der Schätzungen entsprechen, die der Prognose zugrunde liegen.

c) Die im Rahmen einer Prognose getroffenen Annahmen lenken die Aufmerksamkeit des Anlegers auf jene Unsicherheitsfaktoren, die das Ergebnis der Prognose wesentlich verändern könnten.

Punkt 8.2
Der Prospekt enthält eine Erklärung, dass die Gewinnprognose oder -schätzung folgende zwei Kriterien erfüllt:

a) Vergleichbarkeit mit den historischen Finanzinformationen,

b) Konsistenz mit den Rechnungslegungsmethoden des Emittenten.

11 Die Punkte 8.1 und 8.2 sind im Wesentlichen inhaltsgleich mit den Punkten 8.2 und 8.3 von Anhang 6 VO (EU) 2019/980, insofern kann auf die entsprechende Kommentierung zu den Punkten 8.2 und 8.3 von Anhang 6 verwiesen werden (→ Anhang 6 Rn. 37 f.). Im Gegensatz zu Abschnitt 8 Anhang 6 VO (EU) 2019/980 wird aber keine Aussage zu ungültigen, aber noch ausstehenden Prognosen getroffen.

9. Verwaltungs-, Leitungs- und Aufsichtsorgane (Abschnitt 9)

Abschnitt 9
Verwaltungs-, Leitungs- und Aufsichtsorgane

Punkt 9.1

Name und Geschäftsanschrift folgender Personen sowie Angabe ihrer Stellung beim Emittenten und der wichtigsten Tätigkeiten, die sie neben der Tätigkeit beim Emittenten ausüben, sofern diese für den Emittenten von Bedeutung sind:

a) Mitglieder des Verwaltungs-, Leitungs- oder Aufsichtsorgans;

b) persönlich haftende Gesellschafter bei einer Kommanditgesellschaft auf Aktien.

Punkt 9.2

Interessenkonflikte von Verwaltungs-, Leitungs- und Aufsichtsorganen

Potenzielle Interessenkonflikte zwischen den Verpflichtungen der unter Punkt 9.1 genannten Personen gegenüber dem Emittenten und ihren privaten Interessen oder sonstigen Verpflichtungen müssen klar angegeben werden. Falls keine derartigen Konflikte bestehen, ist eine entsprechende Erklärung abzugeben.

12 Abschnitt 9 von Anhang 7 ist inhaltsgleich mit Abschnitt 9 von Anhang 6 VO (EU) 2019/980, auf die entsprechende Kommentierung kann daher verwiesen werden (→ Anhang 6 Rn. 40 f.).

10. Hauptaktionäre (Abschnitt 10)

Abschnitt 10
Hauptaktionäre

Punkt 10.1

Soweit dem Emittenten bekannt, Angabe, ob an dem Emittenten unmittelbare oder mittelbare Beteiligungen oder Beherrschungsverhältnisse bestehen und wer diese Beteiligungen hält bzw. diese Beherrschung ausübt. Beschreibung der Art und Weise einer derartigen Beherrschung und der vorhandenen Maßnahmen zur Verhinderung des Missbrauchs einer solchen Beherrschung.

Punkt 10.2

Sofern dem Emittenten bekannt, Beschreibung etwaiger Vereinbarungen, deren Ausübung zu einem späteren Zeitpunkt zu einer Änderung in der Beherrschung des Emittenten führen könnte.

13 Die Punkte 10.1 und 10.2 sind inhaltsgleich mit den Punkten 16.3 und 16.4 von Anhang 1 VO (EU) 2019/980; auf die entsprechende Kommentierung kann daher verwiesen werden (→ Anhang 1 Abschnitt 16 Rn. 1 ff.).

11. Finanzinformationen über die Vermögens-, Finanz- und Ertragslage des Emittenten (Abschnitt 11)

Abschnitt 11
Finanzinformationen über die Vermögens-, Finanz- und Ertragslage des Emittenten

Punkt 11.1
Historische Finanzinformationen

Punkt 11.1.1

Beizubringen sind historische Finanzinformationen, die die letzten zwei Geschäftsjahre abdecken (mindestens 24 Monate), bzw. einen entsprechenden kürzeren Zeitraum, während dessen der Emittent tätig war, sowie ein Bestätigungsvermerk des Abschlussprüfers für jedes Geschäftsjahr.

Punkt 11.1.2
Änderung des Bilanzstichtages

Hat der Emittent in der Zeit, für die historische Finanzinformationen beizubringen sind, seinen Bilanzstichtag geändert, so decken die geprüften historischen Finanzinformationen mindestens 24 Monate oder – sollte der Emittent seiner Geschäftstätigkeit noch keine 24 Monate nachgegangen sein – den gesamten Zeitraum seiner Geschäftstätigkeit ab.

Punkt 11.1.3
Rechnungslegungsstandards

Die Finanzinformationen sind gemäß der internationalen Rechnungslegungsstandards, wie sie gemäß Verordnung (EG) Nr. 1606/2002 in der Union anzuwenden sind, zu erstellen.

Falls die Verordnung (EG) Nr. 1606/2002 nicht anwendbar ist, sind Abschlüsse entsprechend folgender Standards zu erstellen:

a) den nationalen Rechnungslegungsstandards eines Mitgliedstaats für Emittenten aus dem EWR, wie nach Richtlinie 2013/34/EU gefordert;

b) den nationalen Rechnungslegungsstandards eines Drittlandes, die denen der Verordnung (EG) Nr. 1606/2002 gleichwertig sind, bei Emittenten aus Drittländern.

Ansonsten müssen folgende Angaben in das Registrierungsformular aufgenommen werden:

a) eine eindeutige Erklärung dahin gehend, dass die in das Registrierungsformular aufgenommenen Finanzinformationen nicht nach den durch die Verordnung (EG) Nr. 1606/2002 in das Unionsrecht übernommenen International Financial Reporting Standards erstellt wurden und sich für den Fall, dass die Verordnung (EG) Nr. 1606/2002 auf die historischen Finanzinformationen angewandt worden wäre, wesentlich unterscheiden könnten.

b) Unmittelbar nach den historischen Finanzinformationen sind die Unterschiede zwischen der von der Union verabschiedeten Verordnung (EG) Nr. 1606/2002 und den Rechnungslegungsgrundsätzen in einer Beschreibung darzulegen, die der Emittent bei der Erstellung seines Jahresabschlusses zugrunde gelegt hat.

Punkt 11.1.4

Wurden die geprüften Finanzinformationen gemäß nationaler Rechnungslegungsgrundsätze erstellt, dann müssen die Finanzinformationen zumindest Folgendes enthalten:

a) die Bilanz,

b) die Gewinn- und Verlustrechnung,

c) die Rechnungslegungsmethoden und erläuternde Anmerkungen.

Punkt 11.1.5

Konsolidierte Abschlüsse

Erstellt der Emittent sowohl einen Einzelabschluss als auch einen konsolidierten Abschluss, so ist zumindest der konsolidierte Abschluss in das Registrierungsformular aufzunehmen.

Punkt 11.1.6

Alter der Finanzinformationen

Der Bilanzstichtag des letzten Jahres geprüfter Finanzinformationen darf nicht länger als 18 Monate ab dem Datum des Registrierungsformulars zurückliegen.

Punkt 11.2

Prüfung der historischen Finanzinformationen

Punkt 11.2.1

Die historischen Finanzinformationen müssen unabhängig geprüft worden sein. Der Bestätigungsvermerk des Abschlussprüfers wird in Übereinstimmung mit der Richtlinie 2014/56/EU und der Verordnung (EU) Nr. 537/2014 erstellt.

Sind die Richtlinie 2014/56/EU und die Verordnung (EU) Nr. 537/2014 nicht anwendbar,

a) müssen die historischen Finanzinformationen in Übereinstimmung mit den in dem jeweiligen Mitgliedstaat anwendbaren Prüfungsstandards oder gleichwertigen Grundsätzen geprüft worden sein, oder es muss für das Registrierungsformular vermerkt werden, ob sie in Übereinstimmung mit den in dem jeweiligen Mitgliedstaat anwendbaren Prüfungsstandards oder gleichwertigen Grundsätzen ein den tatsächlichen Verhältnissen entsprechendes Bild vermitteln.

Ansonsten müssen folgende Informationen in das Registrierungsformular aufgenommen werden:

i) eine eindeutige Erklärung dahingehend, welche Prüfungsstandards zugrunde gelegt wurden;

ii) eine Erläuterung für die Fälle, in denen von den Internationalen Prüfungsstandards in erheblichem Maße abgewichen wurde;

b) Sofern Bestätigungsvermerke des Abschlussprüfers über die historischen Finanzinformationen Vorbehalte, Meinungsänderungen oder eine Hervorhebung eines Sachverhalts enthalten oder wenn sie eingeschränkt erteilt wurden, sind diese Vorbehalte, Änderungen, die eingeschränkte Erteilung oder die Hervorhebung eines Sachverhalts in vollem Umfang wiederzugeben und die Gründe dafür anzugeben.

Punkt 11.2.2

Angabe sonstiger Informationen im Registrierungsformular, die von den Abschlussprüfern geprüft wurden.

Punkt 11.2.3

Wurden die Finanzinformationen im Registrierungsformular nicht dem geprüften Jahresabschluss des Emittenten entnommen, so sind die Quelle dieser Daten und die Tatsache anzugeben, dass die Daten ungeprüft sind.

Punkt 11.3

Gerichts- und Schiedsgerichtsverfahren

Punkt 11.3.1

Angaben über etwaige staatliche Interventionen, Gerichts- oder Schiedsgerichtsverfahren (einschließlich derjenigen Verfahren, die nach Kenntnis des Emittenten noch anhängig sind oder eingeleitet werden könnten), die im Zeitraum der mindestens 12 letzten Monate stattfanden und die sich in jüngster Zeit erheblich auf die Finanzlage oder die Rentabilität des Emittenten und/oder der Gruppe ausgewirkt haben oder sich in Zukunft auswirken könnten. Ansonsten ist eine negative Erklärung abzugeben.

Punkt 11.4
Wesentliche Veränderungen in der Finanzlage des Emittenten
Punkt 11.4.1
Beschreibung jeder wesentlichen Veränderung in der Finanzlage der Gruppe, die seit dem Ende des Stichtags eingetreten ist, für den entweder geprüfte Finanzinformationen oder Zwischenfinanzinformationen veröffentlicht wurden. Ansonsten ist eine negative Erklärung abzugeben.

Abschnitt 11 von Anhang 7 ist in weiten Teilen inhaltsgleich mit Abschnitt 18 von Anhang 1 bzw. Abschnitt 11 von Anhang 6 VO (EU) 2019/980; auf die entsprechenden Kommentierungen wird verwiesen (→Anhang 1 Abschnitt 18 Rn. 1 ff. und Anhang 6 Rn. 43 ff.). Auf die folgenden Unterschiede zu Abschnitt 11 von Anhang 6 ist aber hinzuweisen: 14

Die in den Wertpapierprospekt aufzunehmenden historischen Finanzinformationen müssen nicht zwingend nach den IFRS/IAS bzw. anderen anwendbaren und äquivalenten internationalen Rechnungslegungsstandards erstellt worden sein. Ist dies nicht der Fall, ist eine eindeutige Erklärung dahingehend in den Wertpapierprospekt aufzunehmen, dass die in das Registrierungsformular aufgenommenen Finanzinformationen nicht nach den internationalen Rechnungslegungsstandards erstellt sind und die Finanzinformationen erhebliche Unterschiede gegenüber dem Fall aufweisen, dass die internationalen Rechnungslegungsstandards angewendet worden wären. Darüber hinaus müssen unmittelbar nach den historischen Finanzinformationen die Unterschiede zwischen den angewandten Rechnungslegungsgrundsätzen und den internationalen Rechnungslegungsstandards in Form einer Beschreibung dargelegt werden (vgl. Punkt 11.1.3). 15

Im Gegensatz zu den Anhängen 1 und 6 der VO (EU) 2019/980 ist die Aufnahme einer Kapitalflussrechnung in den Prospekt nicht erforderlich. 16

Abweichend von den Anhängen 1 und 6 der VO (EU) 2019/980 besteht bei Anhang 7 keine Verpflichtung, Zwischenfinanzinformationen in den Wertpapierprospekt aufzunehmen. 17

12. Wesentliche Verträge (Abschnitt 12)

Abschnitt 12
Wesentliche Verträge

Punkt 12.1
Kurze Zusammenfassung aller abgeschlossenen wesentlichen Verträge, die nicht im Rahmen der normalen Geschäftstätigkeit abgeschlossen wurden und die dazu führen könnten, dass jedwedes Mitglied der Gruppe eine Verpflichtung oder ein Recht erlangt, die bzw. das für die Fähigkeit des Emittenten, seinen Verpflichtungen gegenüber den Wertpapierinhabern in Bezug auf die ausgegebenen Wertpapiere nachzukommen, von wesentlicher Bedeutung ist.

18 Abschnitt 12 von Anhang 7 ist inhaltsgleich mit Abschnitt 13 von Anhang 6 VO (EU) 2019/980; auf die Kommentierung zu Abschnitt 13 von Anhang 6 kann daher verwiesen werden (→ Anhang 6 Rn. 53 ff.).

13. Verfügbare Dokumente (Abschnitt 13)

Abschnitt 13
Verfügbare Dokumente

Punkt 13.1
Abzugeben ist eine Erklärung, dass während der Gültigkeitsdauer des Registrierungsformulars ggf. die folgenden Dokumente eingesehen werden können:

a) die aktuelle Satzung und die aktuellen Statuten des Emittenten;

b) sämtliche Berichte, Schreiben und sonstigen Dokumente, Bewertungen und Erklärungen, die von einem Sachverständigen auf Ersuchen des Emittenten erstellt bzw. abgegeben wurden, sofern Teile davon in das Registrierungsformular eingeflossen sind oder in ihm darauf verwiesen wird.

Die Website, auf der die Dokumente eingesehen werden können, ist anzugeben

19 Abschnitt 13 von Anhang 7 ist inhaltsgleich mit Abschnitt 21 von Anhang 1 VO (EU) 2019/980; auf die entsprechende Kommentierung kann daher verwiesen werden (→ Anhang 1 Abschnitt 21 Rn. 1 ff.).

Anhang 8 VO (EU) 2019/980
Registrierungsformular für Sekundäremissionen von Nichtdividendenwerten

Übersicht

	Rn.		Rn.
I. Einleitung	1	7. Gewinnprognosen oder -schätzungen (Abschnitt 7)	9
II. Einzelne Mindestangaben von Anhang 8	2	8. Verwaltungs-, Leitungs- und Aufsichtsorgan und oberes Management (Abschnitt 8)	10
1. Verantwortliche Personen, Angaben von Seiten Dritter, Sachverständigenberichte und Billigung durch die zuständige Behörde (Abschnitt 1)	2	9. Hauptaktionäre (Abschnitt 9)	11
2. Abschlussprüfer (Abschnitt 2)	3	10. Finanzinformationen über die Vermögens-, Finanz- und Ertragslage des Emittenten (Abschnitt 10)	12
3. Risikofaktoren (Abschnitt 3)	4	11. Rechtlich geforderte Offenlegungen (Abschnitt 11)	16
4. Angaben zum Emittenten (Abschnitt 4)	5	12. Wesentliche Verträge (Abschnitt 12)	20
5. Überblick über die Geschäftstätigkeit (Abschnitt 5)	7	13. Verfügbare Dokumente (Abschnitt 13)	21
6. Trendinformationen (Abschnitt 6)	8		

I. Einleitung

Zur Abgrenzung des Anwendungsbereichs von Anhang 8 zu anderen Anhängen der VO (EU) 2019/980 wird auf die Kommentierung zu Art. 9 VO (EU) 2019/980 verwiesen (→ Art. 9 Rn. 1 ff.). 1

II. Einzelne Mindestangaben von Anhang 8

1. Verantwortliche Personen, Angaben von Seiten Dritter, Sachverständigenberichte und Billigung durch die zuständige Behörde (Abschnitt 1)

Abschnitt 1
Verantwortliche Personen, Angaben von Seiten Dritter, Sachverständigenberichte und Billigung durch die zuständige Behörde

Punkt 1.1
Nennung aller Personen, die für die Angaben im Registrierungsformular bzw. für bestimmte Teile der Angaben verantwortlich sind. Im letzteren Fall sind die entsprechenden Teile anzugeben. Handelt es sich um natürliche Personen, zu denen auch Mitglieder des Verwaltungs-, Leitungs- oder Aufsichtsorgans des Emittenten gehören, sind Name und Funktion dieser Person zu nennen. Bei juristischen Personen sind Name und eingetragener Sitz der Gesellschaft anzugeben.

Punkt 1.2

Erklärung der für das Registrierungsformular verantwortlichen Personen, dass die Angaben im Registrierungsformular ihres Wissens nach richtig sind und dass das Registrierungsformular keine Auslassungen enthält, die die Aussage verzerren könnten.

Gegebenenfalls Erklärung der für bestimmte Abschnitte des Registrierungsformulars verantwortlichen Personen, dass die in den Teilen des Registrierungsformulars genannten Angaben, für die sie verantwortlich sind, ihres Wissens nach richtig sind und dass diese Teile des Registrierungsformulars keine Auslassungen beinhalten, die die Aussage verzerren könnten.

Punkt 1.3

Wird in das Registrierungsformular eine Erklärung oder ein Bericht einer Person aufgenommen, die als Sachverständiger handelt, so sind folgende Angaben zu dieser Person zu machen:

a) Name,

b) Geschäftsadresse,

c) Qualifikationen,

d) das wesentliche Interesse am Emittenten, falls vorhanden.

Wurde die Erklärung oder der Bericht auf Ersuchen des Emittenten erstellt, ist anzugeben, dass diese Erklärung oder dieser Bericht mit Zustimmung der Person, die den Inhalt dieses Teils des Registrierungsformulars für die Zwecke des Prospekts gebilligt hat, aufgenommen wurde.

Punkt 1.4

Wurden Angaben von Seiten Dritter übernommen, ist zu bestätigen, dass diese Angaben korrekt wiedergegeben wurden und nach Wissen des Emittenten und soweit für ihn aus den von diesem Dritten veröffentlichten Angaben ersichtlich, nicht durch Auslassungen unkorrekt oder irreführend gestaltet wurden. Darüber hinaus hat der Emittent die Quelle(n) der Angaben zu nennen.

Punkt 1.5

Eine Erklärung, dass

a) [das Registrierungsformular/der Prospekt] durch [Bezeichnung der zuständigen Behörde] als zuständiger Behörde gemäß Verordnung (EU) 2017/1129 gebilligt wurde,

b) die [Bezeichnung der zuständigen Behörde] [dieses Registrierungsformular/diesen Prospekt] nur bezüglich der Standards der Vollständigkeit, Verständlichkeit und Kohärenz gemäß der Verordnung (EU) 2017/1129 billigt,

c) eine solche Billigung nicht als eine Befürwortung des Emittenten, der Gegenstand [dieses Registrierungsformulars/dieses Prospekts] ist, erachtet werden sollte.

2 Der Wortlaut der Punkte 1.1. bis 1.5 ist identisch mit dem Wortlaut der Punkte 1.1 bis 1.5 von Anhang 1 der VO (EU) 2019/980; auf die entsprechende Kommentierung wird daher verwiesen (→ Anhang 1 Abschnitt 1 Rn. 1 ff.). Zu Besonderheiten gegenüber Aktienemissionen vgl. → Anhang 6 VO (EU) 2019/980 Rn. 3.

2. Abschlussprüfer (Abschnitt 2)

Abschnitt 2
Abschlussprüfer

Punkt 2.1
Name und Anschrift der Abschlussprüfer des Emittenten, die für den von den historischen Finanzinformationen abgedeckten Zeitraum zuständig waren (einschließlich ihrer Mitgliedschaft in einer Berufsvereinigung).

Der Wortlaut von Punkt 2.1 ist identisch mit dem Wortlaut von Punkt 2.1 von Anhang 1 der VO (EU) 2019/980; auf die entsprechende Kommentierung wird daher verwiesen (→ Anhang 1 Abschnitt 2 Rn. 1 ff.). Beachtlich ist jedoch, dass Anhang 8 keine Ziffer 2.2 vorsieht, wie etwa Anhang 1. Es ist somit für das Registrierungsformular für Sekundäremissionen von Nichtdividendenwerten entbehrlich, über die Abberufung von Wirtschaftsprüfern zu berichten.

3. Risikofaktoren (Abschnitt 3)

Abschnitt 3
Risikofaktoren

Punkt 3.1
Eine Beschreibung der wesentlichen Risiken, die dem Emittenten eigen sind und die die Fähigkeit des Emittenten beeinflussen können, seinen sich aus den Wertpapieren ergebenden Verpflichtungen nachzukommen, in einer begrenzten Anzahl an Kategorien in einer Rubrik mit der Überschrift „Risikofaktoren".

In jeder Kategorie werden die gemäß der Bewertung des Emittenten, Anbieters oder der die Zulassung zum Handel an einem geregelten Markt beantragenden Person wesentlichsten Risiken, unter Berücksichtigung der negativen Auswirkungen auf den Emittenten und der Wahrscheinlichkeit ihres Eintretens, zuerst angeführt. Die Risikofaktoren werden durch den Inhalt des Registrierungsformulars bestätigt.

Der Wortlaut von Punkt 3.1 ist im Wesentlichen identisch mit dem Wortlaut von Abschnitt 3 Anhang 6 VO (EU) 2019/980; auf die Kommentierung von Abschnitt 3 Anhang 6 wird daher verwiesen (→ Anhang 6 Rn. 7 ff.).

4. Angaben zum Emittenten (Abschnitt 4)

Abschnitt 4
Angaben zum Emittenten

Punkt 4.1
Gesetzliche und kommerzielle Bezeichnung des Emittenten.
Punkt 4.2
Sitz und Rechtsform des Emittenten, Rechtsordnung, unter der er tätig ist, Land der Gründung der Gesellschaft; Anschrift und Telefonnummer seines eingetragenen Sitzes (oder Hauptort der Geschäftstätigkeit, falls nicht mit dem eingetragenen Sitz identisch), etwaige Website des Emit-

tenten mit einer Erklärung, dass die Angaben auf der Website nicht Teil des Prospekts sind, sofern diese Angaben nicht mittels Verweises in den Prospekt aufgenommen wurden.

5   Der Wortlaut der Punkte 4.1 und 4.2 ist identisch mit dem Wortlaut der Punkte 4.1.1 und 4.1.4 von Anhang 1 der VO (EU) 2019/980; auf die entsprechende Kommentierung wird daher verwiesen (→ Anhang 1 Abschnitt 4 Rn. 1 ff.).

6   Die Punkte 4.1, 4.1.2, 4.1.3 und 4.1.5 sowie 4.1.6 Anhang 1 entfallen in Anhang 8. Der Entfall ist im Zusammenhang mit Sekundäremissionen folgerichtig, denn diese Informationen wurden bereits im Rahmen der Primäremission offengelegt, während die Punkte 4.1 und 4.2 das Minimum dessen sind, was zur eindeutigen Identifizierung des Emittenten notwendig ist.

5. Überblick über die Geschäftstätigkeit (Abschnitt 5)

Abschnitt 5
Überblick über die Geschäftstätigkeit

Punkt 5.1
Beschreibung der Haupttätigkeiten des Emittenten unter Angabe der wichtigsten Arten der vertriebenen Produkte und/oder erbrachten Dienstleistungen.

7   Der Wortlaut von Punkt 5.1 ist inhaltsgleich mit Punkt 5.1.1 von Anhang 7; auf die Kommentierung hierzu kann daher verwiesen werden (→ Anhang 7 Rn. 8). Im Gegensatz zu den Mindestangaben nach Anhang 6 nicht erforderlich sind an dieser Stelle Angaben zu neuen Produkten bzw. Dienstleistungen und zu den für den Emittenten wichtigsten Märkten.

6. Trendinformationen (Abschnitt 6)

Abschnitt 6
Trendinformationen

Punkt 6.1
Eine Beschreibung

a) jeder wesentlichen Verschlechterung der Aussichten des Emittenten seit dem Datum des letzten veröffentlichten geprüften Abschlusses; und

b) jeder wesentlichen Änderung der Finanz- und Ertragslage der Gruppe seit dem Ende des letzten Berichtszeitraums, für den bis zum Datum des Registrierungsformulars Finanzinformationen veröffentlicht wurden.

Falls weder Buchstabe a) noch Buchstabe b) zutreffen, sollte der Emittent eine entsprechende negative Erklärung abgeben.

Punkt 6.2 (nur für Kleinanleger)
Angabe aller bekannten Trends, Unsicherheiten, Anfragen, Verpflichtungen oder Vorfälle, die die Aussichten des Emittenten nach vernünftigem Ermessen zumindest im laufenden Geschäftsjahr wesentlich beeinflussen werden.

Die Punkte 6.1. und 6.2 sind den Punkten 7.1 und 7.2 von Anhang 6 VO (EU) 2019/980 sehr ähnlich; auf die entsprechende Kommentierung kann daher verwiesen werden (→ Anhang 6 Rn. 31 ff.). Allerdings ist zu beachten, dass in Anhang 6 eine Negativerklärung ausdrücklich vorgeschrieben ist, während Anhang 8 diesbezüglich nur eine „Soll-Vorschrift" enthält. Dieser Verzicht auf eine verpflichtende Negativerklärung lässt sich mit der Tatsache rechtfertigen, dass die Negativerklärung ggf. im Prospekt für die Primäremission enthalten ist. Darüber hinaus ist beachtlich, dass die Angaben zu Informationen über bekannte Trends nur im Falle von Prospekten für Kleinanleger erforderlich ist. Es gilt jedoch auch für den Fall eines Prospekts für Großanleger, dass der Emittent entscheiden muss, ob ein Trend oder eines der anderen genannten Ereignisse so erheblich für das eigene Geschäftsmodell ist, dass der Prospekt ohne entsprechende Ausführungen unvollständig oder irreführend wäre.

7. Gewinnprognosen oder -schätzungen (Abschnitt 7)

Abschnitt 7
Gewinnprognosen oder -schätzungen

Punkt 7.1

Nimmt ein Emittent auf freiwilliger Basis eine (noch ausstehende und gültige) Gewinnprognose oder -schätzung auf, muss diese in das Registrierungsformular aufgenommene Prognose oder Schätzung die unter den Punkten 7.2 und 7.3 angeführten Angaben enthalten. Wurde eine Gewinnprognose oder -schätzung veröffentlicht und ist diese noch ausstehend, jedoch nicht mehr gültig, ist eine entsprechende Erklärung abzugeben und ist darzulegen, warum eine solche Prognose oder Schätzung nicht mehr gültig ist. Eine solche ungültige Prognose oder Schätzung unterliegt nicht den unter den Punkten 7.2 und 7.3 genannten Anforderungen.

Die Aufnahme der Gewinnprognose oder -schätzung liegt im Ermessen des Emittenten. Wird eine solche Gewinnprognose oder -schätzung aufgenommen, enthält das Registrierungsformular die unter den Punkten 7.2 und 7.3 angeführten Angaben.

Punkt 7.2

Nimmt ein Emittent eine neue Gewinnprognose oder -schätzung oder eine bereits einmal veröffentlichte Gewinnprognose oder -schätzung gemäß Punkt 7.1 auf, hat die Gewinnprognose oder -schätzung klar und unmissverständlich zu sein und sie hat eine Erläuterung der wichtigsten Annahmen, auf die der Emittent seine Prognose oder Schätzung gestützt hat, zu umfassen.

Die Prognose oder Schätzung entspricht den folgenden Grundsätzen:

a) Bei den Annahmen sollte klar zwischen jenen unterschieden werden, die Faktoren betreffen, die die Mitglieder des Verwaltungs-, Leitungs- oder Aufsichtsorgans beeinflussen können, und Annahmen in Bezug auf Faktoren, die klar außerhalb des Einflussbereiches der Mitglieder des Verwaltungs-, Leitungs- oder Aufsichtsorgans liegen.

b) Die Annahmen müssen plausibel, für die Anleger leicht verständlich, spezifisch sowie präzise sein und dürfen nicht der üblichen Exaktheit der Schätzungen entsprechen, die der Prognose zugrunde liegen. und

c) Die im Rahmen einer Prognose getroffenen Annahmen lenken die Aufmerksamkeit des Anlegers auf jene Unsicherheitsfaktoren, die das Ergebnis der Prognose wesentlich verändern könnten.

Punkt 7.3
Der Prospekt enthält eine Erklärung, dass die Gewinnprognose oder -schätzung folgende zwei Kriterien erfüllt:

a) Vergleichbarkeit mit den historischen Finanzinformationen,

b) Konsistenz mit den Rechnungslegungsmethoden des Emittenten.

9   Punkte 7.1, 7.2 und 7.3 sind im Wesentlichen inhaltsgleich mit Punkten 8.1, 8.2 und 8.3 von Anhang 6 VO (EU) 2019/980, insofern kann auf die entsprechende Kommentierung zu Punkten 8.1, 8.2 und 8.3 von Anhang 6 verwiesen werden (→ Anhang 6 Rn. 37 ff.). Im Gegensatz zu Abschnitt 8 Anhang 6 VO (EU) 2019/980 wird aber in Punkt 7.1 ausdrücklich das Ermessen des Emittenten betont, das dieser im Hinblick auf die Veröffentlichung einer Gewinnprognose hat. Die Formulierung von Punkt 7.2 weicht etwas von Punkt 8.2 von Anhang 6 ab, ohne jedoch erkennbar einen anderen Regelungsgehalt zu haben, denn die englischen Sprachfassungen von Punkt 7.2 Anhang 8 und 8.2 Anhang 6 sind identisch.

8. Verwaltungs-, Leitungs- und Aufsichtsorgan und oberes Management (Abschnitt 8)

Abschnitt 8
Verwaltungs-, Leitungs- und Aufsichtsorgan und oberes Management

Punkt 8.1
Name und Geschäftsanschrift folgender Personen sowie Angabe ihrer Stellung beim Emittenten und der wichtigsten Tätigkeiten, die sie neben der Tätigkeit beim Emittenten ausüben, sofern diese für den Emittenten von Bedeutung sind:

a) Mitglieder des Verwaltungs-, Leitungs- oder Aufsichtsorgans;

b) persönlich haftende Gesellschafter bei einer Kommanditgesellschaft auf Aktien.

Punkt 8.2
Potenzielle Interessenkonflikte zwischen den Verpflichtungen der unter Punkt 8.1 genannten Personen gegenüber dem Emittenten und ihren privaten Interessen oder sonstigen Verpflichtungen sind klar anzugeben. Falls keine derartigen Konflikte bestehen, ist eine entsprechende Erklärung abzugeben.

10   Abschnitt 8 von Anhang 8 ist inhaltsgleich mit Abschnitt 9 von Anhang 6 VO (EU) 2019/980, auf die entsprechende Kommentierung kann daher verwiesen werden (→ Anhang 6 Rn. 40 f.).

9. Hauptaktionäre (Abschnitt 9)

Abschnitt 9
Hauptaktionäre

Punkt 9.1
Soweit dem Emittenten bekannt, Angabe, ob an dem Emittenten unmittelbare oder mittelbare Beteiligungen oder Beherrschungsverhältnisse bestehen und wer diese Beteiligungen hält bzw.

diese Beherrschung ausübt. Beschreibung der Art und Weise einer derartigen Beherrschung und der vorhandenen Maßnahmen zur Verhinderung des Missbrauchs einer solchen Beherrschung.

Punkt 9.2

Sofern dem Emittenten bekannt, Beschreibung etwaiger Vereinbarungen, deren Ausübung zu einem späteren Zeitpunkt zu einer Änderung in der Beherrschung des Emittenten führen könnte.

Punkte 9.1 und 9.2 sind inhaltsgleich mit Punkten 16.3 und 16.4 von Anhang 1 VO (EU) 2019/980; auf die entsprechende Kommentierung kann daher verwiesen werden (→ Anhang 1 Abschnitt 16 Rn. 11 ff.). 11

10. Finanzinformationen über die Vermögens-, Finanz- und Ertragslage des Emittenten (Abschnitt 10)

Abschnitt 10
Finanzinformationen über die Vermögens-, Finanz- und Ertragslage des Emittenten

Punkt 10.1

Abschlüsse

Zu veröffentlichende Abschlüsse (Jahres- und Halbjahresabschlüsse), die die 12 Monate vor der Billigung des Prospekts abdecken.

Wurde sowohl ein Jahres- als auch ein Halbjahresabschluss veröffentlicht, ist nur der Jahresabschluss erforderlich, sofern dieser jünger als der Halbjahresabschluss ist.

Punkt 10.2

Prüfung der historischen Finanzinformationen

Punkt 10.2.1

Bestätigungsvermerk des Abschlussprüfers

Der Jahresabschluss muss unabhängig geprüft worden sein. Der Bestätigungsvermerk des Abschlussprüfers wird in Übereinstimmung mit der Richtlinie 2014/56/EU und der Verordnung (EU) Nr. 537/2014 erstellt.

Sind die Richtlinie 2014/56/EU und die Verordnung (EU) Nr. 537/2014 nicht anwendbar,

a) muss der Jahresabschluss in Übereinstimmung mit den in dem jeweiligen Mitgliedstaat anwendbaren Prüfungsstandards oder gleichwertigen Grundsätzen geprüft worden sein, oder es muss für das Registrierungsformular vermerkt werden, ob er in Übereinstimmung mit den in dem jeweiligen Mitgliedstaat anwendbaren Prüfungsstandards oder gleichwertigen Grundsätzen ein den tatsächlichen Verhältnissen entsprechendes Bild vermittelt.

Ansonsten müssen folgende Informationen in das Registrierungsformular aufgenommen werden:
i) eine eindeutige Erklärung dahingehend, welche Prüfungsstandards zugrunde gelegt wurden;
ii) eine Erläuterung für die Fälle, in denen von den Internationalen Prüfungsstandards in erheblichem Maße abgewichen wurde;

b) sofern Bestätigungsvermerke des Abschlussprüfers für einen Jahresabschluss Vorbehalte, Meinungsänderungen oder eine Hervorhebung eines Sachverhalts enthalten oder wenn sie eingeschränkt erteilt wurden, sind diese Vorbehalte, Änderungen, die eingeschränkte Erteilung oder die Hervorhebung eines Sachverhalts in vollem Umfang wiederzugeben und die Gründe dafür anzugeben.

Punkt 10.2.2

Angabe sonstiger Informationen im Registrierungsformular, die von den Abschlussprüfern geprüft wurden.

Punkt 10.2.3

Wurden die Finanzinformationen im Registrierungsformular nicht dem geprüften Jahresabschluss des Emittenten entnommen, so sind die Quelle dieser Daten und die ungeprüften Daten anzugeben.

Punkt 10.3

Gerichts- und Schiedsgerichtsverfahren

Angaben über etwaige staatliche Interventionen, Gerichts- oder Schiedsgerichtsverfahren (einschließlich derjenigen Verfahren, die nach Kenntnis des Emittenten noch anhängig sind oder eingeleitet werden könnten), die im Zeitraum der mindestens 12 letzten Monate stattfanden und die sich in jüngster Zeit erheblich auf die Finanzlage oder die Rentabilität des Emittenten und/oder der Gruppe ausgewirkt haben oder sich in Zukunft auswirken könnten. Ansonsten ist eine negative Erklärung abzugeben.

Punkt 10.4

Wesentliche Veränderungen in der Finanzlage des Emittenten

Beschreibung jeder wesentlichen Veränderung in der Finanzlage der Gruppe, die seit dem Ende des Stichtags eingetreten ist, für den entweder geprüfte Abschlüsse oder Zwischenfinanzinformationen veröffentlicht wurden. Ansonsten ist eine negative Erklärung abzugeben.

12 Abschnitt 10 von Anhang 8 ist in weiten Teilen inhaltsgleich mit Abschnitt 18 von Anhang 1 bzw. Abschnitt 11 von Anhang 6 VO (EU) 2019/980; auf die entsprechenden Kommentierungen wird verwiesen (→ Anhang 1 Abschnitt 18 Rn. 1 ff. und Anhang 6 Rn. 43 ff.). Auf die folgenden Unterschiede zu Abschnitt 11 von Anhang 6 ist aber hinzuweisen:

13 Es ist nur ein Zeitraum von zwölf Monaten abzudecken, für den Finanzinformationen vorgelegt werden müssen. Hinsichtlich der weiteren Informationen sind die Investoren auf die Informationen im Prospekt der Primäremission verwiesen. Stehen sowohl Halbjahres- als auch Jahresabschluss zur Verfügung, reicht die Aufnahme des Jahresabschlusses, wenn dieser jünger ist als der Halbjahresabschluss.

14 Die in den Wertpapierprospekt aufzunehmenden historischen Finanzinformationen müssen nicht zwingend nach den IFRS/IAS bzw. anderen anwendbaren und äquivalenten internationalen Rechnungslegungsstandards erstellt worden sein. Ist dies nicht der Fall, ist eine eindeutige Erklärung dahingehend in den Wertpapierprospekt aufzunehmen, dass die in das Registrierungsformular aufgenommenen Finanzinformationen nicht nach den internationalen Rechnungslegungsstandards erstellt sind und die Finanzinformationen erhebliche Unterschiede gegenüber dem Fall aufweisen, dass die internationalen Rechnungslegungsstandards angewendet worden wären. Darüber hinaus müssen unmittelbar nach den historischen Finanzinformationen die Unterschiede zwischen den angewandten Rechnungslegungsgrundsätzen und den internationalen Rechnungslegungsstandards in Form einer Beschreibung dargelegt werden (vgl. Punkt 10.2.1).

Im Gegensatz zu den Anhängen 1, 6 und 7 der VO (EU) 2019/980 gibt es keine Auflistung der Mindestanforderungen an die Finanzinformationen, wenn sie nicht nach IFRS erstellt wurden. 15

11. Rechtlich geforderte Offenlegungen (Abschnitt 11)

Abschnitt 11
Rechtlich geforderte Offenlegungen

Punkt 11.1
Zusammenfassung der gemäß der Verordnung (EU) Nr. 596/2014 in den letzten 12 Monaten offengelegten Informationen, die zum Datum des Prospekts relevant sind. Die Zusammenfassung wird in einer leicht zu analysierenden, knappen und verständlichen Form präsentiert und darf keine Wiederholung bereits gemäß Verordnung (EU) Nr. 596/2014 veröffentlichter Informationen darstellen.

Die Zusammenfassung wird in eine begrenzte Anzahl von themenbezogenen Kategorien unterteil

Der Abschnitt 11 von Anhang 8 findet keine Entsprechung in den Anhängen 6 oder 7. Er stellt die Verbindung zur Primäremission her. Gemäß Punkt 11.1 sind alle Informationen durch den Emittenten zusammenzufassen und in den Prospekt zur Sekundäremission aufzunehmen, die dieser nach der Marktmissbrauchsverordnung ((EU) Nr. 596/2014) zu veröffentlichen hatte, sofern sie „zum Datum des Prospekts relevant sind". Mit dieser Angabe ist zwar eine eindeutige zeitliche Abgrenzung vorgenommen, aber es bleibt auslegungsbedürftig, was inhaltlich „relevant" ist. Am ehesten scheinen solche Informationen gemeint, die ein verständiger Anleger benötigt, um eine informierte Investitionsentscheidung treffen zu können, da ansonsten der Prospekt ggf. nicht vollständig oder irreführend wäre. Es sind also im Kontext von Nichtdividendenwerten jedenfalls die Pflichtveröffentlichungen zusammenzufassen, die einen inhaltlichen Bezug zur Bonität des Emittenten haben können und damit zu seiner Fähigkeit, die Nichtdividendenwerte zurückzuzahlen. Dabei ist in erster Linie an sog. Ad-hoc-Mitteilungen nach Art. 17 der Marktmissbrauchsverordnung zu denken. 16

Bemerkenswert ist das Abstellen des Verordnungsgebers auf die Marktmissbrauchsverordnung und nicht etwa auf die Transparenzrichtlinie. Hierdurch kommt zum Ausdruck, dass nicht die umfassende Information des Anlegers gewünscht wird, sondern ein Fokus auf außergewöhnliche Sachverhalte gelegt werden soll. 17

Im Hinblick auf die Art und Weise der Darstellung wird die einfache Wiedergabe der bereits veröffentlichten Informationen ausgeschlossen. Vielmehr soll der Emittent eine unabhängige Zusammenfassung anfertigen, die thematisch zu sortieren ist. 18

Eine Negativerklärung für den Fall, dass es in den letzten zwölf Monaten keine Pflichtveröffentlichung nach der Marktmissbrauchsverordnung gegeben hat, ist nicht vorgesehen. 19

12. Wesentliche Verträge (Abschnitt 12)

Abschnitt 12
Wesentliche Verträge

Punkt 12.1
Kurze Zusammenfassung aller abgeschlossenen wesentlichen Verträge, die nicht im Rahmen der normalen Geschäftstätigkeit abgeschlossen wurden und die dazu führen könnten, dass jedwedes Mitglied der Gruppe eine Verpflichtung oder ein Recht erlangt, die bzw. das für die Fähigkeit des Emittenten, seinen Verpflichtungen gegenüber den Wertpapierinhabern in Bezug auf die ausgegebenen Wertpapiere nachzukommen, von wesentlicher Bedeutung ist.

20 Abschnitt 12 von Anhang 8 ist inhaltsgleich mit Abschnitt 13 von Anhang 6 VO (EU) 2019/980; auf die Kommentierung zu Abschnitt 13 von Anhang 6 kann daher verwiesen werden (→ Anhang 6 Rn. 53 ff.).

13. Verfügbare Dokumente (Abschnitt 13)

Abschnitt 13
Verfügbare Dokumente

Punkt 13.1.
Abzugeben ist eine Erklärung, dass während der Gültigkeitsdauer des Registrierungsformulars ggf. die folgenden Dokumente eingesehen werden können:

a) die aktuelle Satzung und die aktuellen Statuten des Emittenten;

b) sämtliche Berichte, Schreiben und sonstigen Dokumente, Bewertungen und Erklärungen, die von einem Sachverständigen auf Ersuchen des Emittenten erstellt bzw. abgegeben wurden, sofern Teile davon in das Registrierungsformular eingeflossen sind oder in ihm darauf verwiesen wird.

Die Website, auf der die Dokumente eingesehen werden können, ist anzugeben.

21 Abschnitt 13 von Anhang 8 ist inhaltsgleich mit Abschnitt 21 von Anhang 1 VO (EU) 2019/980; auf die entsprechende Kommentierung kann daher verwiesen werden (→ Anhang 1 Abschnitt 21 Rn. 1 ff.).

Anhang 9 VO (EU) 2019/980
Registrierungsformular für forderungsbesicherte Wertpapiere („ASSET-BACKED SECURITIES/ABS")

Abschnitt 1
Verantwortliche Personen, Angaben von seiten Dritter, Sachverständigenberichte und Billigung durch die zuständige Behörde

Punkt 1.1

Nennung aller Personen, die für die Angaben im Registrierungsformular bzw. für bestimmte Teile der Angaben verantwortlich sind. Im letzteren Fall sind die entsprechenden Teile anzugeben. Handelt es sich um natürliche Personen, zu denen auch Mitglieder des Verwaltungs-, Leitungs- oder Aufsichtsorgans des Emittenten gehören, sind Name und Funktion dieser Person zu nennen. Bei juristischen Personen sind Name und eingetragener Sitz der Gesellschaft anzugeben.

Punkt 1.2

Erklärung der für das Registrierungsformular verantwortlichen Personen, dass die Angaben im Registrierungsformular ihres Wissens nach richtig sind und dass das Registrierungsformular keine Auslassungen enthält, die die Aussage verzerren könnten.

Gegebenenfalls Erklärung der für bestimmte Abschnitte des Registrierungsformulars verantwortlichen Personen, dass die in den Teilen des Registrierungsformulars genannten Angaben, für die sie verantwortlich sind, ihres Wissens nach richtig sind und dass diese Teile des Registrierungsformulars keine Auslassungen beinhalten, die die Aussage verzerren könnten.

Punkt 1.3

Wird in das Registrierungsformular eine Erklärung oder ein Bericht einer Person aufgenommen, die als Sachverständiger handelt, so sind folgende Angaben zu dieser Person zu machen:

a) Name,

b) Geschäftsadresse,

c) Qualifikationen,

d) das wesentliche Interesse am Emittenten, falls vorhanden.

Wurde die Erklärung oder der Bericht auf Ersuchen des Emittenten erstellt, so ist zu erklären, dass diese Erklärung oder dieser Bericht mit der Zustimmung vonseiten der Person, die den Inhalt dieses Teils des Registrierungsformulars für die Zwecke des Prospekts gebilligt hat, aufgenommen wurde.

Punkt 1.4

Sofern Angaben vonseiten Dritter übernommen wurden, ist zu bestätigen, dass diese Angaben korrekt wiedergegeben wurden und dass – soweit es dem Emittenten bekannt ist und er aus den von dieser dritten Partei veröffentlichten Informationen ableiten konnte – keine Tatsachen fehlen, die die wiedergegebenen Informationen unkorrekt oder irreführend gestalten würden. Darüber hinaus hat der Emittent die Quelle(n) der Informationen anzugeben.

Punkt 1.5

Eine Erklärung, dass

a) [das Registrierungsformular/der Prospekt] durch [Bezeichnung der zuständigen Behörde] als zuständiger Behörde gemäß Verordnung (EU) 2017/1129 gebilligt wurde,

b) die [Bezeichnung der zuständigen Behörde] [dieses Registrierungsformular/diesen Prospekt] nur bezüglich der Standards der Vollständigkeit, Verständlichkeit und Kohärenz gemäß der Verordnung (EU) 2017/1129 billigt,

c) eine solche Billigung nicht als eine Befürwortung des Emittenten, der Gegenstand [dieses Registrierungsformulars/dieses Prospekts] ist, erachtet werden sollte.

Abschnitt 2
Abschlussprüfer

Punkt 2.1

Name und Anschrift der Abschlussprüfer des Emittenten, die für den von den historischen Finanzinformationen abgedeckten Zeitraum zuständig waren (einschließlich jedweder Mitgliedschaft in einer Berufsvereinigung).

Abschnitt 3
Risikofaktoren

Punkt 3.1

Eine Beschreibung der wesentlichen Risiken, die dem Emittenten eigen sind, in einer begrenzten Anzahl an Kategorien in einer Rubrik mit der Überschrift „Risikofaktoren".

In jeder Kategorie werden die gemäß der Bewertung des Emittenten, Anbieters oder der die Zulassung zum Handel an einem geregelten Markt beantragenden Person wesentlichsten Risiken, unter Berücksichtigung der negativen Auswirkungen auf den Emittenten und der Wahrscheinlichkeit ihres Eintretens, zuerst angeführt. Die Risikofaktoren werden durch den Inhalt des Registrierungsformulars bestätigt.

Abschnitt 4
Angaben zum Emittenten

Punkt 4.1

Erklärung, ob der Emittent als eine Zweckgesellschaft gegründet wurde oder als Unternehmen für den Zweck der Emission von ABS.

Punkt 4.2

Gesetzliche und kommerzielle Bezeichnung des Emittenten und Rechtsträgerkennung (LEI).

Punkt 4.3

Ort der Registrierung des Emittenten und seine Registrierungsnummer.

Punkt 4.4

Datum der Gründung der Gesellschaft und Existenzdauer des Emittenten, soweit diese nicht unbefristet ist.

Punkt 4.5

Sitz und Rechtsform des Emittenten, Rechtsordnung, unter der er tätig ist, Land der Gründung der Gesellschaft; Anschrift und Telefonnummer seines eingetragenen Sitzes (oder Hauptort der Geschäftstätigkeit, falls nicht mit dem eingetragenen Sitz identisch), etwaige Website des Emittenten oder Website einer Drittpartei oder eines Garantiegebers mit einer Erklärung, dass die

Angaben auf der Website nicht Teil des Prospekts sind, sofern diese Angaben nicht mittels Verweises in den Prospekt aufgenommen wurden.

Punkt 4.6

Angabe des Betrags des genehmigten und ausgegebenen Kapitals sowie des Kapitals, dessen Ausgabe bereits genehmigt ist, sowie Zahl und Gattung der Wertpapiere, aus denen es sich zusammensetzt.

Abschnitt 5
Überblick über die Geschäftstätigkeit

Punkt 5.1

Kurze Beschreibung der Haupttätigkeitsbereiche des Emittenten.

Abschnitt 6
Verwaltungs-, Leitungs- und Aufsichtsorgane

Punkt 6.1

Name und Geschäftsanschrift folgender Personen sowie Angabe ihrer Stellung beim Emittenten und der wichtigsten Tätigkeiten, die sie neben der Tätigkeit beim Emittenten ausüben, sofern diese für den Emittenten von Bedeutung sind:

a) Mitglieder des Verwaltungs-, Leitungs- oder Aufsichtsorgans;

b) persönlich haftende Gesellschafter bei einer Kommanditgesellschaft auf Aktien.

Abschnitt 7
Hauptaktionäre

Punkt 7.1

Sofern dem Emittenten bekannt, Angabe, ob an dem Emittenten unmittelbare oder mittelbare Beteiligungen oder Beherrschungsverhältnisse bestehen, und wer diese Beteiligungen hält bzw. diese Beherrschung ausübt. Beschreibung der Art und Weise einer derartigen Kontrolle und der vorhandenen Maßnahmen zur Verhinderung des Missbrauchs einer derartigen Kontrolle.

Abschnitt 8
Finanzinformationen über Vermögens-, Finanz- und Ertragslage des Emittenten

Punkt 8.1

Hat ein Emittent seit seiner Gründung oder Niederlassung noch nicht mit der Geschäftstätigkeit begonnen und wurde zum Termin der Abfassung des Registrierungsformulars noch kein Abschluss erstellt, so ist in dem Registrierungsformular ein entsprechender Vermerk aufzunehmen.

Punkt 8.2

Historische Finanzinformationen

Hat ein Emittent seit seiner Gründung oder Niederlassung bereits mit der Geschäftstätigkeit begonnen und wurde ein Jahresabschluss erstellt, so sind in dem Registrierungsformular geprüfte historische Finanzinformationen aufzunehmen, die die letzten zwei Geschäftsjahre abdecken (zumindest 24 Monate bzw. einen entsprechenden kürzeren Zeitraum, während dessen der Emittent tätig war), sowie ein Bestätigungsvermerk des Abschlussprüfers für jedes Geschäftsjahr.

Punkt 8.2.1

Änderung des Bilanzstichtages

Hat der Emittent in der Zeit, für die historische Finanzinformationen beizubringen sind, seinen Bilanzstichtag geändert, so decken die historischen Finanzinformationen mindestens 24 Monate oder – sollte der Emittent seiner Geschäftstätigkeit noch keine 24 Monate nachgegangen sein – den gesamten Zeitraum seiner Geschäftstätigkeit ab.

Punkt 8.2.2

Rechnungslegungsstandards

Die Finanzinformationen sind gemäß der internationalen Rechnungslegungsstandards, wie sie gemäß Verordnung (EG) Nr. 1606/2002 in der Union anzuwenden sind, zu erstellen.

Falls die Verordnung (EG) Nr. 1606/2002 nicht anwendbar ist, ist der Abschluss entsprechend folgender Standards zu erstellen:

a) den nationalen Rechnungslegungsstandards eines Mitgliedstaats für Emittenten aus dem EWR, wie nach Richtlinie 2013/34/EU gefordert;

b) den nationalen Rechnungslegungsstandards eines Drittlandes, die denen der Verordnung (EG) Nr. 1606/2002 gleichwertig sind, bei Emittenten aus Drittländern. Wenn solche Rechnungslegungsstandards eines Drittlandes jenen der Verordnung (EG) Nr. 1606/2002 nicht gleichwertig sind, sind die Abschlüsse in Übereinstimmung mit der Verordnung (EG) Nr. 1606/2002 neu zu erstellen.

Punkt 8.2.3

Änderung des Rechnungslegungsrahmens

Die geprüften historischen Finanzinformationen des Vorjahres, die Vergleichsinformationen für das vorangegangene Jahr enthalten, müssen in einer Form dargestellt und erstellt werden, die mit den Rechnungslegungsstandards konsistent ist, gemäß denen der folgende Jahresabschluss des Emittenten erscheint, wobei die Rechnungslegungsstandards und -strategien sowie die Rechtsvorschriften zu berücksichtigen sind, die auf derlei Jahresabschlüsse Anwendung finden.

Änderungen innerhalb des bestehenden Rechnungslegungsrahmens des Emittenten machen keine Neuerstellung des geprüften Abschlusses erforderlich. Beabsichtigt der Emittent jedoch die Anwendung neuer Rechnungslegungsstandards in seinem nächsten veröffentlichten Abschluss, muss zumindest ein vollständiger Abschluss (wie durch IAS 1 „Darstellung des Abschlusses" festgelegt) einschließlich Vergleichsinformationen in einer Form dargestellt werden, die mit der konsistent ist, die im folgenden Jahresabschluss des Emittenten zur Anwendung gelangen wird, wobei die Rechnungslegungsstandards und -strategien sowie die Rechtsvorschriften zu berücksichtigen sind, die auf derlei Jahresabschlüsse Anwendung finden.

Punkt 8.2.4

Wurden die geprüften Finanzinformationen gemäß nationaler Rechnungslegungsgrundsätze erstellt, dann müssen die unter dieser Rubrik geforderten Finanzinformationen zumindest Folgendes enthalten:

a) die Bilanz,

b) die Gewinn- und Verlustrechnung,

c) die Rechnungslegungsmethoden und erläuternde Anmerkungen.

Punkt 8.2.a

Dieser Absatz (Punkte 8.2.a, 8.2.a.1, 8.2.a.2 und 8.2.a.3) ist nur für die Ausgabe von ABS mit einer Mindeststückelung von 100 000 EUR oder solchen anzuwenden, die ausschließlich an einem geregelten Markt und/oder in einem bestimmten Segment eines solchen gehandelt werden sollen, zu dem ausschließlich qualifizierte Anleger zu Zwecken des Handels mit den Wertpapieren Zugang haben.

Historische Finanzinformationen

Hat ein Emittent seit seiner Gründung oder Niederlassung bereits mit der Geschäftstätigkeit begonnen und wurde ein Jahresabschluss erstellt, so sind in dem Registrierungsformular historische Finanzinformationen aufzunehmen, die die letzten zwei Geschäftsjahre abdecken (zumindest 24 Monate bzw. einen entsprechenden kürzeren Zeitraum, während dessen der Emittent tätig war), sowie ein Bestätigungsvermerk des Abschlussprüfers für jedes Geschäftsjahr.

Punkt 8.2.a.1

Rechnungslegungsstandards

Die Finanzinformationen sind gemäß der International Financial Reporting Standards, wie sie gemäß Verordnung (EG) Nr. 1606/2002 in der Union anzuwenden sind, zu erstellen.

Falls die Verordnung (EG) Nr. 1606/2002 nicht anwendbar ist, ist der Abschluss entsprechend folgender Standards zu erstellen:

a) den nationalen Rechnungslegungsstandards eines Mitgliedstaats bei Emittenten aus dem EWR, wie in der Richtlinie 2013/34/EU gefordert;

b) den nationalen Rechnungslegungsstandards eines Drittlandes, die denen der Verordnung (EG) Nr. 1606/2002 gleichwertig sind, bei Emittenten aus Drittländern.

Ansonsten müssen folgende Angaben in das Registrierungsformular aufgenommen werden:

a) Eine hervorgehobene Erklärung dahingehend, dass die in das Registrierungsformular aufgenommenen Finanzinformationen nicht gemäß der von der Union verabschiedeten Verordnung (EG) Nr. 1606/2002 erstellt wurden und dass die Finanzinformationen erhebliche Unterschiede aufweisen könnten, wenn die Verordnung (EG) Nr. 1606/2002 doch auf die historischen Finanzinformationen angewandt worden wäre.

b) Unmittelbar nach den historischen Finanzinformationen sind die Unterschiede zwischen der von der Union verabschiedeten Verordnung (EG) Nr. 1606/2002 und den Rechnungslegungsgrundsätzen in einer Beschreibung darzulegen, die der Emittent bei der Erstellung seines Jahresabschlusses zugrunde gelegt hat.

Punkt 8.2.a.2

Wurden die geprüften Finanzinformationen gemäß nationaler Rechnungslegungsstandards erstellt, müssen diese zumindest Folgendes enthalten:

a) die Bilanz,

b) die Gewinn- und Verlustrechnung,

c) die Rechnungslegungsmethoden und erläuternde Anmerkungen.

Punkt 8.2.a.3

Bestätigungsvermerk

Die historischen jährlichen Finanzinformationen müssen unabhängig geprüft worden sein. Der Bestätigungsvermerk wird in Übereinstimmung mit der Richtlinie 2006/43/EG und der Verordnung (EU) Nr. 537/2014 erstellt.

Sind die Richtlinie 2006/43/EG und die Verordnung (EU) Nr. 537/2014 nicht anwendbar, müssen die historischen Finanzinformationen in Übereinstimmung mit den in dem jeweiligen Mitgliedstaat anwendbaren Prüfungsstandards oder gleichwertigen Grundsätzen geprüft worden sein, oder es muss für das Registrierungsformular vermerkt werden, ob sie in Übereinstimmung mit den in dem jeweiligen Mitgliedstaat anwendbaren Prüfungsstandards oder gleichwertigen Grundsätzen ein den tatsächlichen Verhältnissen entsprechendes Bild vermitteln. Ansonsten müssen folgende Informationen in das Registrierungsformular aufgenommen werden:

a) eine eindeutige Erklärung dahingehend, welche Prüfungsstandards zugrunde gelegt wurden;

b) eine Erläuterung für die Fälle, in denen von den Internationalen Prüfungsstandards in erheblichem Maße abgewichen wurde.

Punkt 8.2.a.4

Es ist eine Erklärung abzugeben, dass die historischen Finanzinformationen geprüft wurden. Sofern Bestätigungsvermerke des Abschlussprüfers über die historischen Finanzinformationen von den Abschlussprüfern abgelehnt wurden beziehungsweise sofern sie Vorbehalte, Meinungsänderungen oder eine Hervorhebung eines Sachverhalts enthalten oder wenn sie eingeschränkt erteilt wurden, ist der Grund dafür anzugeben und sind diese Vorbehalte, Änderungen, die eingeschränkte Erteilung oder diese Hervorhebung eines Sachverhalts in vollem Umfang wiederzugeben.

Punkt 8.3

Gerichts- und Schiedsgerichtsverfahren

Angaben über etwaige staatliche Interventionen, Gerichtsverfahren oder Schiedsgerichtsverfahren (einschließlich derjenigen Verfahren, die nach Kenntnis des Unternehmens noch anhängig sind oder eingeleitet werden könnten), die im Zeitraum der mindestens 12 letzten Monate stattfanden und die sich in jüngster Zeit erheblich auf die Finanzlage oder die Rentabilität des Emittenten und/oder der Gruppe ausgewirkt haben oder sich in Zukunft auswirken können. Ansonsten ist eine negative Erklärung abzugeben.

Punkt 8.4

Bedeutende negative Veränderungen in der Finanzlage des Emittenten

Hat ein Emittent einen Jahresabschluss erstellt, so ist darin eine Erklärung aufzunehmen, der zufolge sich seine Finanzlage oder seine Aussichten seit dem Datum des letzten veröffentlichten und geprüften Jahresabschlusses nicht negativ verändert hat bzw. haben. Ist eine bedeutende negative Veränderung eingetreten, so ist sie im Registrierungsformular zu erläutern.

Abschnitt 9
Verfügbare Dokumente

Punkt 9.1

Abzugeben ist eine Erklärung, dass während der Gültigkeitsdauer des Registrierungsformulars ggf. die folgenden Dokumente eingesehen werden können:

a) die aktuelle Satzung und die aktuellen Statuten des Emittenten;

b) sämtliche Berichte, Schreiben und sonstigen Dokumente, historischen Finanzinformationen, Bewertungen und Erklärungen, die von einem Sachverständigen auf Ersuchen des Emittenten abgegeben wurden, sofern Teile davon in das Registrierungsformular eingefügt worden sind oder in ihm darauf verwiesen wird.

Die Website, auf der die Dokumente eingesehen werden können, ist anzugeben.

(nicht kommentiert)

Anhang 10 VO (EU) 2019/980
Registrierungsformular für Nichtdividendenwerte, die von Drittländern und deren regionalen und lokalen Gebietskörperschaften begeben werden (Schema)

Abschnitt 1
Verantwortliche Personen, Angaben von Seiten Dritter, Sachverständigenberichte und Billigung durch die zuständige Behörde

Punkt 1.1

Nennung aller Personen, die für die Angaben im Registrierungsformular bzw. für bestimmte Teile der Angaben verantwortlich sind. Im letzteren Fall sind die entsprechenden Teile anzugeben. Handelt es sich um natürliche Personen, zu denen auch Mitglieder des Verwaltungs-, Leitungs- und Aufsichtsorgans des Emittenten gehören, sind Name und Funktion dieser Person zu nennen. Bei juristischen Personen sind Name und eingetragener Sitz der Gesellschaft anzugeben.

Punkt 1.2

Erklärung der für das Registrierungsformular verantwortlichen Personen, dass die Angaben im Registrierungsformular ihres Wissens nach richtig sind und dass das Registrierungsformular keine Auslassungen enthält, die die Aussage verzerren können.

Ggf. Erklärung der für bestimmte Abschnitte des Registrierungsformulars verantwortlichen Personen, dass die in den Teilen des Registrierungsformulars genannten Angaben, für die sie verantwortlich sind, ihres Wissens nach richtig sind und dass diese Teile keine Auslassungen beinhalten, die die Aussage verzerren können.

Punkt 1.3

Wird in das Registrierungsformular eine Erklärung oder ein Bericht einer Person aufgenommen, die als Sachverständiger handelt, so sind folgende Angaben zu dieser Person zu machen:

a) Name,

b) Geschäftsadresse,

c) Qualifikationen,

d) das wesentliche Interesse am Emittenten, falls vorhanden.

Wurde die Erklärung oder der Bericht auf Ersuchen des Emittenten erstellt, ist anzugeben, dass diese Erklärung oder dieser Bericht mit Zustimmung der Person, die den Inhalt dieses Teils des Registrierungsformulars gebilligt hat, aufgenommen wurde.

Soweit dem Emittenten bekannt, sind Angaben über etwaige Interessen des Sachverständigen beizubringen, die sich auf seine Unabhängigkeit bei der Abfassung des Berichts auswirken können.

Punkt 1.4
Eine Erklärung, dass

a) [das Registrierungsformular/der Prospekt] durch [Bezeichnung der zuständigen Behörde] als zuständiger Behörde gemäß Verordnung (EU) 2017/1129 gebilligt wurde,

b) die [Bezeichnung der zuständigen Behörde] [dieses Registrierungsformular/diesen Prospekt] nur bezüglich der Standards der Vollständigkeit, Verständlichkeit und Kohärenz gemäß der Verordnung (EU) 2017/1129 billigt,

c) eine solche Billigung nicht als eine Befürwortung des Emittenten, der Gegenstand [dieses Registrierungsformulars/dieses Prospekts] ist, erachtet werden sollte.

Abschnitt 2
Risikofaktoren

Punkt 2.1

Eine Beschreibung der wesentlichen Risiken, die dem Emittenten eigen sind, in einer begrenzten Anzahl an Kategorien in einer Rubrik mit der Überschrift „Risikofaktoren".

In jeder Kategorie werden die gemäß der Bewertung des Emittenten, Anbieters oder der die Zulassung zum Handel an einem geregelten Markt beantragenden Person wesentlichsten Risiken, unter Berücksichtigung der negativen Auswirkungen auf den Emittenten und der Wahrscheinlichkeit ihres Eintretens, zuerst angeführt.

Die Risikofaktoren werden durch den Inhalt des Registrierungsformulars bestätigt.

Abschnitt 3
Angaben zum Emittenten

Punkt 3.1

Geschäftsgeschichte und Geschäftsentwicklung des Emittenten

Gesetzlicher Name des Emittenten und kurze Beschreibung seiner Stellung im nationalen öffentlichen Rahmen.

Punkt 3.2

Sitz oder geografische Belegenheit sowie Rechtsform des Emittenten, seine Kontaktadresse und Telefonnummer und etwaige Website des Emittenten mit einer Erklärung, dass die Angaben auf der Website nicht Teil des Prospekts sind, sofern diese Angaben nicht mittels Verweises in den Prospekt aufgenommen wurden.

Punkt 3.3

Alle etwaigen Ereignisse aus jüngster Zeit, die für die Bewertung seiner Zahlungsfähigkeit relevant sind.

Punkt 3.4

Beschreibung des wirtschaftlichen Umfelds des Emittenten, insbesondere aber:

a) der Wirtschaftsstruktur mit detaillierten Angaben zu den Hauptwirtschaftszweigen;

b) des Bruttoinlandsprodukts mit einer Aufschlüsselung nach Wirtschaftszweigen für die letzten beiden Geschäftsjahre.

Punkt 3.5

Allgemeine Beschreibung des politischen Systems des Emittenten und der Regierung, einschließlich detaillierter Angaben zu dem verantwortlichen Organ, dem der Emittent untersteht.

Punkt 3.6

Alle Ratings, die für den Emittenten in dessen Auftrag oder in Zusammenarbeit mit ihm beim Ratingverfahren erstellt wurden.

Abschnitt 4
Öffentliche Finanzen und Handel

Punkt 4.1

Angaben zu den nachfolgend genannten Punkten für die letzten beiden Geschäftsjahre, die dem Datum der Erstellung des Registrierungsformulars vorausgehen:

a) Steuer- und Haushaltssystem;
b) Bruttostaatsverschuldung, einschließlich einer Übersicht über die Verschuldung, die Fälligkeitsstruktur der ausstehenden Verbindlichkeiten (unter besonderer Kennzeichnung der Verbindlichkeiten mit einer Restlaufzeit von weniger als einem Jahr), die Schuldentilgung und die Teile der Verschuldung, die in nationaler Währung sowie in Fremdwährung notiert sind;
c) Zahlen für den Außenhandel und die Zahlungsbilanz;
d) Devisenreserven einschließlich möglicher Belastungen dieser Reserven, wie Termingeschäfte oder Derivate;
e) Finanzlage und Ressourcen, einschließlich in einheimischer Währung verfügbarer Bareinlagen;
f) Zahlen für Einnahmen und Ausgaben.

Beschreibung der Audit-Verfahren und der Verfahren der externen Prüfung der Abschlüsse des Emittenten.

Abschnitt 5
Wesentliche Veränderungen

Punkt 5.1

Einzelheiten über wesentliche Veränderungen seit Ende des letzten Geschäftsjahres bei den Angaben, die gemäß Punkt 4 beigebracht wurden. Ansonsten ist eine negative Erklärung abzugeben.

Abschnitt 6
Gerichts- und Schiedsgerichtsverfahren

Punkt 6.1

Angaben über etwaige staatliche Interventionen, Gerichts- oder Schiedsgerichtsverfahren (einschließlich derjenigen Verfahren, die nach Kenntnis des Emittenten noch anhängig sind oder eingeleitet werden könnten), die im Zeitraum der mindestens letzten 12 Monate stattfanden und die sich in jüngster Zeit erheblich auf die Finanzlage des Emittenten ausgewirkt haben oder sich in Zukunft auswirken könnten. Ansonsten ist eine negative Erklärung abzugeben.

Punkt 6.2

Angaben über eine etwaige Immunität, die der Emittent bei Gerichtsverfahren genießt.

Abschnitt 7
Verfügbare Dokumente

Punkt 7.1

Abzugeben ist eine Erklärung, dass während der Gültigkeitsdauer des Registrierungsformulars ggf. die folgenden Dokumente eingesehen werden können:

a) Finanzberichte und Bestätigungsvermerke des Abschlussprüfers über den Emittenten für die beiden letzten Geschäftsjahre und Budget für das laufende Geschäftsjahr;
b) sämtliche Berichte, Schreiben und sonstige Dokumente, Bewertungen und Erklärungen, die von einem Sachverständigen auf Ersuchen des Emittenten erstellt bzw. abgegeben wurden, sofern Teile davon in das Registrierungsformular eingeflossen sind oder in ihm darauf verwiesen wird.

Die Website, auf der die Dokumente eingesehen werden können, ist anzugeben.

Anh. 10 VO (EU) 2019/980 Registrierungsformular für Nichtdividendenwerte

Übersicht

	Rn.		Rn.
I. Einführung	1	c) Punkt 3.3.	28
II. Erstellung des Registrierungsformulars	5	d) Punkt 3.4.	31
1. Verantwortliche Person	5	e) Punkt 3.5.	34
a) Punkt 1.1.	5	f) Punkt 3.6.	35
b) Punkt 1.2.	10	4. Öffentliche Finanzen und Handel	36
c) Punkt 1.3.	11	5. Wesentliche Veränderungen	37
2. Risikofaktoren	13	6. Gerichts- und Schiedsgerichtsverfahren	38
a) Darstellung von spezifischen Risiken	14	a) Punkt 6.1.	38
b) Typische Risikofaktoren	18	b) Punkt 6.2.	41
3. Angaben über den Emittenten	21	8. Einsehbare Dokumente	42
a) Punkt 3.1.	22	**III. Exkurs: Alleviated Prospectus in Luxemburg**	43
b) Punkt 3.2.	26		

I. Einführung

1 Anhang 10 enthält das Schema zur Erstellung eines Registrierungsformulars für Wertpapiere, die von Drittländern und ihren regionalen und lokalen Gebietskörperschaften ausgegeben werden.

2 Grundlage für die Vorgaben nach diesem Anhang sind nach den Beratungen des Committee of European Securities Regulators (CESR als Vorgängerinstitution der European Securities and Markets Authority – ESMA) die von der International Organisation of Securities Commissions (IOSCO)[1] veröffentlichten Offenlegungsstandards. Die ursprünglich nur auf Dividendenpapiere anwendbaren Standards wurden im Rahmen der CESR-Beratungen auch für Nichtdividendenwerte allgemein[2] und für unter Anhang 10 fallende öffentlich-rechtliche Emittenten im Besonderen als hilfreich angesehen.[3]

3 Zum Teil stellen die Vorgaben die gleichen Anforderungen wie an Registrierungsformulare für Emissionen von Dividendenwerten (Anhang 1), Nichtdividendenwerten (Anhang 6 und 7), durch Vermögenswerte unterlegte Wertpapiere (Asset-backed Securities) (Anhang 9) oder Zertifikate, die Aktien vertreten (Anhang 5). Naturgemäß bestehen im Detail indes wesentliche Unterschiede, sodass **gesonderte Anhänge für öffentlich-rechtliche Emittenten notwendig** waren. Im Rahmen der CESR-Beratungen hat man bei der Aufstellung der Anforderungen versucht, das Informationsinteresse der Investoren mit der Tatsache in Ausgleich zu bringen, dass über die Staaten und ihre Gebietskörperschaften

---

1 Die IOSCO ist ein Verband von Aufsichtsbehörden für Kapitalmärkte. Mitglieder sind die Aufsichtsbehörden aus über 100 Staaten, die ca. 90 % des weltweiten Kapitalmarkts regulieren. Die IOSCO soll hohe regulatorische Standards fördern und den Mitgliedsaufsichtsbehörden eine Plattform bieten, ihre Aufsichtsarbeit zu koordinieren und zu verbessern. Die IOSCO wurde 1983 gegründet und hat ihren Sitz in Madrid.
2 CESR, Advice on Level 2 implementing measures for the Prospectus Directive, Ref. CESR/03-208 von Juli 2003, Tz. 56; CESR, Consultation Paper on CESR's advice on possible Level 2 implementing measures for the proposed Prospectus Directive, Ref: CESR/02.185b von Oktober 2002, Tz. 125.
3 CESR, Advice on Level 2 implementing measures for the Prospectus Directive, Ref: CESR/03-399 von Dezember 2003, III.2 Tz. 40–47.

bereits zahlreiche Informationen in der Öffentlichkeit vorhanden sind; zudem ging CESR davon aus, dass die Ausfallwahrscheinlichkeit bei diesen Emittenten geringer als bei anderen Emittenten ist und damit auch das Informationsbedürfnis der potenziellen Anleger.[4] Dafür hat man sich an den Inhalten bereits von öffentlich-rechtlichen Emittenten veröffentlichter Prospekte orientiert.[5] So sind auch nach Anhang 10 unter anderem Angaben zur Prospektverantwortlichkeit, zu Risikofaktoren und zur Wirtschafts- und Finanzlage des Emittenten erforderlich. An geeigneten Stellen werden daher Verweise auf die Kommentierungen zu den anderen Anhängen, insbesondere Anhang 1, gegeben.

Im Zuge der Novellierung zum 21.7.2019 wurde der Anwendungsbereich des Art. 11 insbesondere mit der Herausnahme der Mitgliedstaaten eingeschränkt (dazu → Art. 11 Rn. 4 f., 14 ff.). Dies hatte indes nur geringe Auswirkungen auf den spezifischen Wortlaut des dazugehörigen Anhangs 10. Die vorgenommenen Anpassungen sind auf Formulierungsänderungen und zum Teil eine Veränderung des Aufbaus limitiert, betreffen aber weniger den sachlichen Inhalt. Bei relevanten Änderungen wird im Folgenden an der entsprechenden Stelle gesondert darauf hingewiesen. 4

II. Erstellung des Registrierungsformulars

1. Verantwortliche Person

a) Punkt 1.1

Der Punkt 1.1 entspricht wortgleich dem Punkt 1.1 von Anhang 1 oder auch Anhang 5, 6, 7 und 9; es kann daher im Wesentlichen auf die Kommentierungen dort verwiesen werden. 5

Punkt 1.1 beinhaltet keine materielle Haftungsregelung, sondern spiegelt lediglich Art. 11 Abs. 1 ProspektVO bzw. die deutsche Umsetzung in § 8 WpPG. Die nach Punkt 1.1 erforderliche Aussage bildet also die Grundlage dafür, wer als **Prospektverantwortlicher im Sinne der materiellen Prospekthaftungsnorm** in § 9 oder § 10 WpPG angesehen werden kann. Die Prospekte enthalten im Abschnitt „Verantwortung für den Inhalt dieses Prospekts" (Responsibility Statement) die entsprechende Aussage darüber, wer die Verantwortung für die Richtigkeit und Vollständigkeit der im Prospekt enthaltenen Informationen übernimmt. 6

Dies wird in erster Linie der **Emittent** selbst sein, kann aber auch der **Anbieter** im Sinne des Art. 2 lit. i ProspektVO oder der **Zulassungsantragsteller** sein. Zum zuletzt Genannten gehört nach den deutschen Prospekthaftungsgrundsätzen in § 8 Satz 3 WpPG auch das Kreditinstitut, mit dem der Emittent die Zulassung der Wertpapiere beantragt. Dient der Prospekt der Zulassung der Wertpapiere zum Handel in einem regulierten Markt, muss er nach § 8 Satz 3 WpPG zwingend auch von dem Kreditinstitut unterzeichnet werden, das die Zulassung beantragt (dazu → § 8 WpPG Rn. 10 ff.). Darüber hinaus muss gemäß § 8 7

---

4 Staatsfinanzkrisen aus jüngerer Zeit, wie in Argentinien und Griechenland, dürften diese Annahme jedoch mittlerweile in Frage gestellt haben, kritisch auch *Groß*, Kapitalmarktrecht, § 37 BörsG Rn. 1; *Heidelbach*, in Schwark/Zimmer, KMRK, § 37 BörsG Rn. 1; *Trapp*, in: Habersack/Mülbert/Schlitt, Unternehmensfinanzierung, § 37 Rn. 23.
5 CESR, Advice on Level 2 implementing measures for the Prospectus Directive, Ref: CESR/03-399 von Dezember 2003, III.2 Tz. 41–42.

Satz 4 WpPG auch ein eventuell vorhandener Garantiegeber die Verantwortung für den Inhalt des Prospekts übernehmen.

8 Bei den für Anhang 10 relevanten Emissionen ist daher der Staat bzw. die betreffende Gebietskörperschaft **mit seiner/ihrer amtlichen Bezeichnung** anzugeben, die im Regelfall auch die Staatsform des Staates erkennen lässt. Diese Angaben sind grundsätzlich in der Verfassung des jeweiligen Staats bzw. in der die Gebietskörperschaft begründenden Rechtsgrundlage verankert.

9 Neben dem Namen ist noch der **Sitz** anzugeben. Die Formulierung in Punkt 1.1 „Sitz der Gesellschaft" ist im Zusammenhang mit öffentlich-rechtlichen Schuldnern eher unglücklich, aber dem Umstand geschuldet, dass der Punkt 1.1 aus zum Beispiel Anhang 1 unverändert übernommen wurde. Hier wird der eingetragene Sitz der für die Emission der öffentlichen Hand verantwortlichen Stelle angegeben, oftmals ist dies das Finanzministerium.[6]

b) Punkt 1.2

10 Die in Punkt 1.2 geforderte Erklärung wird im Regelfall durch **wörtliche Wiederholung des Verordnungstextes** wiedergegeben (vgl. → Anhang 1 VO (EU) 2019/980 Punkt 1 Rn. 10 f.). Der Wortlaut in Punkt 1.2 wich unter der Vorgängerregelung noch leicht von den entsprechenden Ziffern der anderen Anhänge ab. Diese inhaltlich wenig nachvollziehbare Abweichung ist in Anhang 10 nunmehr beseitigt und die Erklärungen in Punkt 1.2 in allen Anhängen identisch.

c) Punkt 1.3

11 Die Vorgabe ist gegenüber der Vorgängerregelung inhaltlich nahezu unverändert geblieben und nur als bisherige Punkt 7 in Punkt 1.3 verschoben worden. Werden Erklärungen oder Berichte von Dritten als Sachverständige in den Prospekt aufgenommen, ist daher weiterhin darauf unter Angabe des Namens, der Geschäftsadresse und Qualifikation des Sachverständigen entsprechend hinzuweisen. Neu hinzugekommen ist lediglich eine Information über eventuelle Interessen des Sachverständigen am Emittenten, um potenzielle Interessenkonflikte zu identifizieren und transparent machen zu können.

12 Nach Absatz 3 der Punkt 1.3 sind zudem wie bisher, soweit dem Emittenten bekannt, etwaige Interessen des Sachverständigen anzugeben, die sich **auf seine Unabhängigkeit** bei Abfassung des Berichts **auswirken können**. Die Formulierung unterscheidet sich von den entsprechenden in anderen Anhängen,[7] da man im Rahmen der Konsultationen davon

---

6 Zum Beispiel jeweils die Prospekte für 1.000.000.000 USD 3,15% Schuldverschreibungen fällig 2023 und 1.000.000.000 USD 4,50% Schuldverschreibungen fällig 2043 jeweils der Republik Israel vom 27.9.2012, ergänzt zum 6.3.2013, S. S-36; 1.000.000.000 EUR 4,125% Schuldverschreibungen fällig 2023 der Republik Türkei vom 3.2.2011, ergänzt zum 11.4.2014, S. 18; 250.000.000 USD 5,50% Schuldverschreibungen fällig 2042 des Königreichs Marokko vom 28.5.2013, S. (i). Siehe auch die Empfehlung der ESMA, Questions and Answers on the Prospectus Regulation, ESMA/2019/ESMA31-62-1258 (Version 12, last updated on 3 February 2023), Frage 14.2, S. 62, wonach der Terminus „Prospectus" nicht für Dokumente verwendet werden soll, die nicht im Einklang mit der ProspektRL erstellt worden sind. Der Begriff wird hier gleichwohl der Einfachheit halber auch für diese Dokumente benutzt.

7 Siehe z. B. Anhang I Punkt 23; Anhang IV Punkt 16 und Anhang IX Punkt 13.

ausging, dass bei öffentlichen Emittenten der typische Sachverständige in den seltensten Fällen ein Interesse an dem jeweiligen Staat oder dessen Gebietskörperschaft haben dürfte.[8] Daher ist hier nicht wie bei anderen Emissionen die Bestätigung der Richtigkeit und Vollständigkeit der Informationen des Dritten unter Angabe der Quellen erforderlich.

2. Risikofaktoren

Der Prospekt für die Emission von Drittländern oder ihren Gebietskörperschaften hat wie Prospekte für andere Arten von Emissionen auch Risikofaktoren zu enthalten, die die Fähigkeit des Emittenten beeinträchtigen könnten, seinen Verpflichtungen aus den Wertpapieren nachzukommen. Punkt 2.1 ist in Umsetzung der Änderungen in Art. 16 Abs. 1 ProspektVO angepasst worden,[9] wenn auch die Vorgaben nur recht grob gespiegelt werden. Die beschriebenen Risiken müssen insbesondere für den Emittenten spezifisch und für eine fundierte Anlageentscheidung wesentlich sein. Dabei muss auch die Wahrscheinlichkeit des Eintritts und das Ausmaß einer negativen Auswirkung beurteilt werden.[10]   13

a) Darstellung von spezifischen Risiken

Insbesondere diese Vorgabe beruht nach den Beratungen des CESR auf den Offenlegungsstandards der IOSCO. Die CESR gelangte zu der Überzeugung, dass bei Investoren in Schuldverschreibungen generell ein Interesse **an der Zahlungsfähigkeit des Emittenten** besteht.[11] Auch Prospekte von öffentlich-rechtlichen Emittenten sollen daher ein gewisses Mindestmaß an Informationen zum Emittenten enthalten (vgl. → Rn. 3) und auch Risikofaktoren angeben, die die Zahlungspflichten des Emittenten tangieren könnten.[12]   14

Danach müssen im Prospekt die für den Emittenten spezifischen Risiken dargestellt werden. Diese sollen **transparent und übersichtlich** gestaltet sein sowie in Kategorien geordnet mit jeweils dem wichtigsten Risikofaktor an der ersten Stelle der betreffenden Kategorie.[13] Keine Rolle spielt, ob die Risiken aus internen, der Machtsphäre des Emittenten entstammenden, oder externen Faktoren resultieren.   15

---

8 CESR, Advice on Level 2 implementing measures for the Prospectus Directive – Consultation Paper, Ref: CESR/03-210b von Juli 2003, III.1 Tz. 41; vgl. ESMA, ESMA update of the CESR recommendations – The consistent implementation of Commission Regulation (EC) No 809/2004 implementing the Prospectus Directive, ESMA/2013/319 v. 20.3.2013 („ESMA-Empfehlungen"), III.2h Tz. 156 ff.

9 Dazu allgemein: *Geyer/Schelm*, BB 2019, 1731, 1734 f.; *Oulds/Woeckener*, RdF 2020, 4, 8 f.; siehe auch ESMA, Guidelines on risk factors under the Prospectus Regulation, 29.3.2019, ESMA31-62-1217.

10 Dazu *Bronger/Scherer*, WM 2017, 460, 466; *Oulds*, in: Kümpel/Mülbert/Früh/Seyfried, Bankrecht und Kapitalmarktrecht, Rn. 15.728.

11 Vgl. CESR, Advice on Level 2 implementing measures for the Prospectus Directive, Ref. CESR/03-208 von Juli 2003, Tz. 56.

12 Vgl. CESR, Advice on Level 2 implementing measures for the Prospectus Directive, Ref: CESR/03-399 von Dezember 2003, III.2 Tz. 41 ff., 46.

13 Vgl. Art. 16 Abs. 1 Satz 6 VO (EU) 2017/1129; dazu ESMA, Guidelines on risk factors under the Prospectus Regulation, 29.3.2019, ESMA31-62-1217, Guideline 4, Punkt 27, S. 36 sowie Guideline 10 und 11, S. 39; *Geyer/Schelm*, BB 2019, 1731, 1734 f.; *Oulds/Woeckener*, RdF 2020, 4, 9; vgl. zu den derzeit angedachten Änderungen → Art. 16 ProspektVO Rn. 20 ff.

16 Es ist nicht erforderlich, im Rahmen der Risikofaktoren auch auf vorhandene Chancen zu verweisen.[14] Dies widerspräche bereits dem Wortlaut von Punkt 2. **Aus haftungsrechtlicher Sicht** wird der Emittent aber ebenso kein Interesse daran haben können, sich übertrieben positiv darzustellen. Dies hat in der Praxis dazu geführt, dass die Risikofaktoren oftmals umfangreich waren und deswegen die Anforderungen angepasst wurden.[15]

17 Schwierig kann im Einzelfall die **Abgrenzung zu bestimmten emittentenbezogenen Darstellungen** sein, wie zum Beispiel die für die Bewertung der Zahlungsfähigkeit des Emittenten relevanten Ereignisse aus jüngerer Zeit nach Punkt 3.3. Grundsätzlich würde im Rahmen der Emittentenangaben gemäß Punkt 3.3 das eigentliche Ereignis dargestellt werden (zum Beispiel Angaben zur Handelsbeziehung mit der EU) und bei den Risikofaktoren nach Punkt 2 die möglichen Konsequenzen oder Risiken für die Entwicklung des Emittenten (zum Beispiel Auswirkungen für die Wirtschaftskraft des Emittenten, wenn die Nachfrage aus der EU erheblich nachlassen würde).[16]

b) Typische Risikofaktoren

18 Typischerweise sind im Risikoabschnitt unter anderem **Angaben zu politischen Risiken** (aktuelle Unruhen innerhalb des Landes oder in angrenzenden Staaten, anstehende politische Wahlen), **wirtschaftlichen Risiken** (Abhängigkeit von Nachfragen/Lieferungen aus spezifischen Regionen oder nach/von bestimmten Produkten/Bodenschätzen), Haushaltsdefiziten, zu (globalen) Finanzkrisen und deren Auswirkungen auf die lokale Kreditwirtschaft, Ratings und deren Ausblick sowie die Konsequenzen für die Kursentwicklung der ausstehenden Schuldverschreibungen und die Refinanzierungsmöglichkeit des Emittenten zu finden.

19 Insbesondere bei Emittenten, deren Rechtsordnung sich relativ deutlich von westlich geprägten Jurisdiktionen unterscheidet, wird es im Rahmen der Risikofaktoren auch Hinweise darauf geben, dass Investoren im Einzelfall Schwierigkeiten haben könnten, ihre Ansprüche gegen den Emittenten in dessen Heimatrechtsordnung durchzusetzen bzw. im Ausland erhaltene Urteile gegen den Emittenten zu vollstrecken.[17] In diesem Zusammenhang enthalten die Prospekte auch Hinweise auf eine etwa vorhandene **Immunität des jeweiligen Emittenten**. Grundsätzlich geht die herrschende Meinung zwar davon aus, dass privatrechtlich begründete Verbindlichkeiten von Staaten auch gegenüber privaten Gläubigern rechtsverbindlich sind.[18] Dies gilt zumindest gegenüber Privatpersonen auch dann, wenn sich der Staat aufgrund von Zahlungsunfähigkeit auf Staatsnotstand beruft oder auf eine mit der Gläubigermehrheit freiwillig zustande gekommene Umschuldung

---

14 So auch *Breuer*, in: Holzborn, WpPG, Anhang XVI ProspektVO Rn. 11.
15 Dazu ESMA, Guidelines on risk factors under the Prospectus Regulation, 29.3.2019, ESMA31-62-1217, Guideline 2, Punkt 22; siehe auch *Geyer/Schelm*, BB 2019, 1731, 1734.
16 Vgl. z. B. die Risikofaktoren im Prospekt von den 250.000.000 USD 5,50 % Schuldverschreibungen fällig 2042 des Königreichs Marokko vom 28.5.2013, S. 1 ff., 26 ff.
17 Z. B. die Prospekte von 25.000.000.000 USD Global Medium-Term Note Program der Republik Libanon vom 2.4.2014, S. (v) und 24; 250.000.000 USD 5,50 % Schuldverschreibungen fällig 2042 des Königreichs Marokko vom 28.5.2013, S. 5; 1.000.000.000 EUR 4,125 % Schuldverschreibungen fällig 2023 der Republik Türkei vom 3.2.2011, ergänzt zum 11.4.2014, S. 12.
18 BVerfG, Beschl. v. 30.4.1963 – 2 BvM 1/62, BVerfGE 16, 27 ff. (Iran-Beschluss); BGH, Urt. v. 24.2.2015 – XI ZR 193/14, BKR 2015, 254 (Argentinien); *v. Schönfeld*, NJW 1986, 2980, 2984; *Siebel*, Rechtsfragen internationaler Anleihen, 1997, S. 142 ff., 153 ff.

verweisen kann.[19] In der Vergangenheit haben vereinzelte Staaten zur Vermeidung eventueller Rechtsunsicherheiten in den jeweiligen Anleihebedingungen auf die **Immunität explizit verzichtet** (Waiver of Immunity).[20] Üblich ist allerdings ein eingeschränkter Verzicht auf Immunität, in dem zum Beispiel darauf hingewiesen wird, dass der Verzicht nicht in Bezug auf Vollstreckungen in im Land des Emittenten belegene Vermögenswerte oder konsularisch genutzte Grundstücke und Gebäude gilt, allgemein im Einklang mit dem US Foreign Sovereign Immunities Act von 1976 stehen muss oder generell nicht für das Gebiet der Vereinigten Staaten gilt.[21] Die Hinweise auf US-Recht sind typischerweise bei Schuldverschreibungen enthalten, die unter US-Recht begeben worden sind.[22] Eine Einschränkung des Verzichts auf Immunität ist jedenfalls nach Völkerrecht zulässig.[23]

Verschiedentlich findet sich auch der Risikofaktor, dass bestimmte Regelungen der Emissionsbedingungen über sogenannte **Umschuldungsklauseln** („Collective Action Clauses")[24] nachträglich geändert werden können, ohne dass dafür die Zustimmung *aller* Gläubiger erforderlich ist.[25] In erster Linie ist hier an Mehrheitsentscheidungen der Anleger zu denken, die im Zweifel auf Vorschlag des Schuldners bestimmte Klauseln der Emissionsbedingungen nachträglich ändern.[26] Handelt es sich bei dem Emittenten um einen Staat, ist auch die Möglichkeit in Erwägung zu ziehen, dass **dieser einseitig die gesetzliche**

---

19 BGH, Urt. v. 24.2.2015 – XI ZR 193/14, BKR 2015, 254 (Argentinien).
20 Zum Beispiel OLG Frankfurt a. M., Urt. v. 13.6.2006 – 8 U 107/03, NJW 2006, 2931 zu einer Argentinien-Anleihe nach deutschem Recht; dazu *Keller*, in: Baums/Cahn, Reform des Schuldverschreibungsrechts, 2004, S. 157, 162; *Cranshaw*, DZWiR 2007, 133 ff.; *Einsele*, WM 2009, 289 ff.; *Kleinlein*, NJW 2007, 2591, 2593; 25.000.000.000 USD Global Medium-Term Note Program der Republik Libanon vom 2.4.2014, S. 123; 250.000.000 USD 5,50% Schuldverschreibungen fällig 2042 des Königreichs Marokko vom 28.5.2013, S. 91; sehr eingeschränkt und einen Verzicht auf Immunität nur in Bezug auf Streitigkeiten erhoben beim Gerichtsstand New York erklärend: Prospekt der 2.000.000.000 USD 5,875 % Schuldverschreibungen fällig 2025 der Republik Südafrika vom 18.12.2009, ergänzt am 12.9.2013, S. S-15 und S. 10.
21 Siehe z. B. die jeweiligen Prospekte der 1.000.000.000 USD 4,50% Schuldverschreibungen fällig 2043 der Republik Israel vom 27.9.2012, ergänzt zum 6.3.2013, S. S-7; 25.000.000.000 USD Global Medium-Term Note Program der Republik Libanon vom 2.4.2014, S. 24; 250.000.000 USD 5,50% Schuldverschreibungen fällig 2042 des Königreichs Marokko vom 28.5.2013, S. 5.
22 Neben englischem Recht ist global die Wahl von US-Recht, insbesondere das Recht des Bundesstaats New York, häufig als das auf die Anleihe anwendbare Recht bei Staatsanleihen anzutreffen.
23 BVerfG, Beschl. v. 6.12.2006 – 2 BvM 9/03, WM 2007, 57 ff.; vgl. *Baars/Böckel*, ZBB 2004, 445, 452 f.; *Kleinlein*, NJW 2007, 2591 ff.; *Mayer*, WM 2008, 425.
24 Allgemein hierzu *Oulds*, in: Veranneman, SchVG, Vor § 5 Rn. 25 ff. m. w. N.
25 Prospekte zu den 1.000.000.000 USD 4,50% Schuldverschreibungen fällig 2043 der Republik Israel vom 27.9.2012, ergänzt zum 6.3.2013, S. S-9; 25.000.000.000 USD Global Medium-Term Note Program der Republik Libanon vom 2.4.2014, S. 24; 2.000.000.000 USD 5,875 % Schuldverschreibungen fällig 2025 der Republik Südafrika vom 18.12.2009, ergänzt am 12.9.2013, S. S-14.
26 Vgl. für die EU-Mitgliedstaaten das Übereinkommen im Vertrag zur Errichtung des Europäischen Stabilitätsmechanismus (ESM-Vertrag) vom 2.2.2012, wonach ab 1.1.2013 bei Emissionen von EU-Mitgliedstaaten die Emissionsbedingungen Umschuldungsklauseln enthalten sollen, vgl. Erwägungsgrund 11 und Art. 12 Abs. 3 des ESM-Vertrages, abgedruckt unter BT-Drucks. 17/9045 vom 20.3.2012, S. 6 ff.; dazu allgemein der Überblick von *Kube*, WM 2012, 245 ff. Die deutsche Umsetzung des ESM-Vertrags erfolgte im BSchuWG, Gesetz vom 13.9.2012, BGBl. I, S. 1914 mit Geltung ab dem 19.9.2012.

Grundlage seiner ausstehenden, seinem eigenen Recht unterliegenden Emissionen **nachträglich ändert** und damit die Ansprüche der Anleihegläubiger (zu seinen Gunsten) anpasst. Zu denken ist hier beispielhaft an die Gesetzesänderungen der Republik Griechenland in 2012, die im Rahmen der Staatskrise nachträglich in die griechischem Recht unterliegenden Schuldverschreibungen Collective Action Clauses eingebaut hat. Soweit ersichtlich, hat noch kein Staat auf dieses spezielle Risiko bei Staatsanleihen in den Risikofaktoren hingewiesen. Angesichts der nunmehr vorhandenen Präzedenzfälle erscheint indes ein Hinweis dahingehend, dass der Staat die gesetzlichen Grundlagen seiner dem eigenen Recht unterstehenden ausstehenden Schuldverschreibungen nachträglich eigenmächtig ändern und daher auch die Ansprüche der Anleihegläubiger sogar gänzlich ohne deren Zustimmung anpassen könnte, als angemessen.

3. Angaben über den Emittenten

21 Auch in Prospekten nach Anhang 10 sind Angaben zum Emittenten erforderlich; die Vorgaben unterscheiden sich indes aufgrund des wesentlich anderen Status des Emittenten erheblich von denen, die nach Anhang 6 bzw. 7 für Emissionen von Nichtdividendenwerten durch nichtstaatliche Emittenten bestehen. Anhang 10 ist im Rahmen der Novellierung im Jahr 2019 im Vergleich zur Vorgängerregelung in Anhang XVI der früheren VO (EU) 809/2004 lediglich in Nuancen geändert worden.

a) Punkt 3.1

22 Der Punkt 3.1 hat im Zuge der Novellierung eine neue Überschrift erhalten, inhaltlich ist die Bestimmung indes unverändert geblieben. Der Wortlaut der Überschrift erscheint zum einen wenig passend zum in diesem Punkt letztlich abgefragten Inhalt, zum anderen sind die Termini „Geschäftsgeschichte" und „Geschäftsentwicklung" in Bezug auf die unter den Anhang 10 fallenden Emittenten zumindest unglücklich. Mit Blick auf die englische Fassung, die neutral von „History and development of the issuer" spricht, erscheint dies aber vernachlässigbar. Eine kurze historische Einordnung des Emittenten erfolgt oftmals ohnehin bei den Emittentendarstellungen.[27]

23 Nach Punkt 3.1 ist der **gesetzliche Name des Emittenten** und seine Stellung im nationalen öffentlichen Rahmen anzugeben. Der gesetzliche Name des Emittenten ergibt sich, wie bereits ausgeführt (oben → Rn. 8) typischerweise aus der Verfassung des Staats bzw. der die Gebietskörperschaft begründenden gesetzlichen Ermächtigungsgrundlage.[28] Oftmals wird in diesem Zusammenhang auf das zuständige Ministerium innerhalb der Landesregierung hingewiesen.

24 Zum „**nationalen öffentlichen Rahmen**" im Sinne der Punkt 3.1 gibt es in der Regel Ausführungen zur Staatsorganisation, den Staatsorganen und ihre einzelnen Kompetenzen hinsichtlich zum Beispiel Gesetzgebung. Bei Gebietskörperschaften, wie in Deutschland einem Bundesland, würde auf das föderalistische System hingewiesen werden und das

---

27 Vgl. z. B. Prospekt des 20.000.000.000 USD Global Medium Term Note Programme der Arabischen Republik von Ägypten vom 18.2.2019, S. 23 ff., 35 ff.; Prospekt der 1.400.000.000 USD 5,875 % Schuldverschreibungen fällig 2032 und 1.600.000.000 USD 7,3 % Schuldverschreibungen fällig 2052 jeweils der Republik Südafrika vom 30.4.2020, ergänzt am 13.4.2022, S. S-6.
28 Für den Bund würde sich dies aus Art. 20 GG ergeben.

Verhältnis zwischen Bund und Länder sowie die Kompetenzverteilung in einzelnen Bereichen beschrieben werden. Detaillierte Angaben zum politischen System erfolgen indes unter Punkt 3.5.

Auch wenn die Vorschrift von der Stellung des Emittenten „im nationalen öffentlichen Rahmen" spricht, nutzen die Emittenten im Regelfall die Gelegenheit, auch ihre **Stellung im internationalen Rahmen** zu beschreiben. Typischerweise werden daher die Mitgliedschaft in Gemeinschaften wie den Vereinten Nationen (UN), der Europäischen Union (EU), der Nordatlantikpakt-Organisation (North Atlantic Treaty Organisation – NATO), der Organisation für wirtschaftliche Zusammenarbeit und Entwicklung (Organisation for Economic Cooperation and Development – OECD) und der Greater Arab Free Trade Area (GAFTA) oder aktuelle Bemühungen, in eine bestimmte Gemeinschaft aufgenommen zu werden,[29] beschrieben. 25

b) Punkt 3.2

Nach Punkt 3.2 sind neben der Rechtsform des Emittenten auch seine Kontaktdaten sowie seine **geographische Lage** (Kontinent, Anrainerstaaten, Landesgröße, Bevölkerungszahl) anzugeben. Statt „Rechtsform" würde hier wahrscheinlich besser „**Staatsform**" passen. Jedenfalls werden in der Regel zur Reflexion des Punkts 3.2 Angaben zur Bestimmung und Legitimierung des Staatsoberhaupts, Vorhandensein einer Gewaltenteilung sowie die Einordnung des Emittenten zum Beispiel als (parlamentarische) Demokratie oder Monarchie getätigt.[30] Als Kontaktdaten wird die Anschrift des für die Emissionen zuständigen Ministeriums nebst Telefonnummer aufgeführt. 26

Mit der Neufassung des Anhangs durch VO (EU) 2019/980 wurde noch ein Hinweis ergänzt, dass eventuelle Angaben auf der Website des Emittenten nur Bestandteil des Prospekts werden, wenn sie ausdrücklich durch Verweis einbezogen worden sind. Dies spiegelt die zunehmende Information der potenziellen Anleger über das Internet wider und entspricht den Anforderungen aus Art. 19 Abs. 1 ProspektVO. 27

c) Punkt 3.3

Nach Punkt 3.3 sind **Ereignisse aus jüngster Zeit** anzugeben, die für die Bewertung der Zahlungsfähigkeit des Emittenten relevant sind. Hierunter fallen nicht nur Ereignisse mit negativem Einfluss, sondern auch – mangels Einschränkung im Wortlaut – positive Faktoren. Irrelevant ist auch, ob das jeweilige Ereignis nationalen oder internationalen Ursprung hat. Die Relevanz ergibt sich daraus, ob aus Sicht des durchschnittlichen Anlegers – als Adressat des Prospekts (vgl. → § 9 WpPG Rn. 36 ff.)[31] – die Darstellung des relevan- 28

---

29 Vgl. z. B. den Prospekt der 2.750.000.000 USD 9,375 % Schuldverschreibungen fällig 2033 der Republik Türkei vom 6.5.2020, ergänzt zum 19.1.2023, S. S-20 ff. im Hinblick auf den gewünschten Eintritt in die EU und ausführlich zum Verhältnis zu anderen Staaten.
30 Siehe exemplarisch Prospekt des 20.000.000.000 USD Global Medium Term Note Programme der Arabischen Republik von Ägypten vom 18.2.2019, S. 41 ff.
31 Grundlegend: BGH, Urt. v. 12.7.1982 – II ZR 175/81, WM 1982, 862, 865 (BuM); OLG Düsseldorf, Urt. v. 5.4.1984 – 6 U 239/82, WM 1984, 586, 591 f.; OLG Frankfurt a. M., Urt. v. 6.7.2004 – 5 U 122/03, ZIP 2004, 1411, 1412: „ein Anleger, der nicht mit allen Einzelheiten vertraut ist, jedoch im Stande ist, eine Bilanz zu lesen"; BGH, Urt. v. 18.9.2012 – XI ZR 344/11, WM 2012, 2147, 2150 (Wohnungsbau Leipzig).

ten Ereignisses dazu geeignet ist, das Urteil über die Vermögenswerte und Verbindlichkeiten, die Finanz- und Ertragslage sowie die Zukunftsaussichten des Emittenten im Sinne des Art. 6 Abs. 1 ProspektVO zu beeinflussen.

29 In Abgrenzung zu Punkt 2 (siehe → Rn. 13) würde im Rahmen der Darstellung zu Punkt 3.3 die **Hintergrundinformation oder Ausgangslage** beschrieben, aus denen eventuell gewisse Risiken resultieren könnten, die im Rahmen der Risikofaktoren behandelt werden würden.[32]

30 Die Referenz auf „jüngste Ereignisse" rührt daher, dass in diesem Zusammenhang nicht auf Ereignisse eingegangen werden muss, die bereits in Rechnungsabschlüssen reflektiert sind. Es geht vielmehr um die Ereignisse, die nach Abschluss des letzten Geschäftsjahres aufgetreten sind.[33] Der Terminus „Geschäftsjahr" ist etwas missverständlich und in Bezug auf die öffentlichen Emittenten somit als **„Rechnungsjahr"** zu lesen. In Deutschland wäre das für zum Beispiel den Bund gemäß § 4 Haushaltsgrundsätzegesetz (HGrG) und § 4 Bundeshaushaltsordnung (BHO) mit dem Kalenderjahr gleichzusetzen.

d) Punkt 3.4

31 Zur Einhaltung der Vorgaben aus Punkt 3.4 sind detaillierte Angaben zum **Wirtschaftsumfeld des Emittenten**, wie Hauptwirtschaftszweige und das Bruttoinlandsprodukt aufgeschlüsselt nach den Wirtschaftszweigen, für die letzten beiden Geschäftsjahre zu machen.

32 Fraglich ist, ab wann es sich um einen **Hauptwirtschaftszweig** handelt. Die VO (EU) 2019/980 enthält hierzu keinen Richtwert, sodass zum Teil in der Literatur als Orientierung die alte Fassung des § 20 Abs. 1 Nr. 3 BörsZulV herangezogen wird,[34] der zu den wesentlichen Geschäftszweigen eines Emittenten solche zählte, die zehn Prozent vom Umsatz bzw. – bezogen auf die öffentlichen Emittenten – vom Bruttoinlandsprodukt ausmachten. Im Wesentlichen stellt diese Grenze eine sinnvolle grobe Richtschnur dar, die aber im Einzelfall konkret reflektiert werden muss. Im Lichte der Anforderungen des Art. 6 Abs. 1 ProspektVO wird der Emittent hiervon unter einer Einzelfallbetrachtung unter Umständen abweichen müssen.

33 Wie dargestellt, ist der Terminus „Geschäftsjahr" als „Rechnungsjahr" zu verstehen und mit dem Kalenderjahr gleichzusetzen. Punkt 3.4 fordert analog den Erfordernissen für Emittenten von Nichtdividendenwerten (vgl. Anhang 6 und 7) die Angabe der beiden letzten Rechnungsjahre.

e) Punkt 3.5

34 Zu Punkt 3.5 erfolgen eine detailliertere **Beschreibung des politischen Systems** des Emittenten und der Regierung sowie Angaben zu dem Organ, dem der Emittent untersteht. Insbesondere werden hier die Verfassung, Verfassungsorgane, Regierungsform, Ge-

---

32 *Breuer*, in: Holzborn, WpPG, Anhang XVI ProspektVO Rn. 20.
33 So auch *Breuer*, in: Holzborn, WpPG, Anhang XVI ProspektVO Rn. 21; vgl. *Voß*, in: Just/Voß/Ritz/Zeising, Wertpapierprospektrecht, Anhang 1 VO (EU) 2019/980 Rn. 404 ff.
34 Vgl. *Fingerhut/Voß*, in: Just/Voß/Ritz/Zeising, WpPG, 2009, Anhang XI ProspektVO Rn. 5; *Breuer*, in: Holzborn, WpPG, Anhang XVI ProspektVO Rn. 24 m. w. N. zum Streitstand unter der alten Rechtslage.

waltenteilung, Wahl- und Parteiensystem sowie die aktuellen Besetzungen der wichtigsten Funktionen und Repräsentanz der Parteien in den jeweiligen Gremien (Parlament, Rat) beschrieben.[35]

f) Punkt 3.6

Punkt 3.6 ist neu durch VO (EU) 2019/980 eingeführt worden, wonach die vorhandenen Ratings des Emittenten aufgeführt werden sollen. Die Vorgabe stellt fest, dass hier lediglich mit den Ratingagenturen abgestimmte und beauftragte Ratings genannt werden müssen („solicited ratings") und nicht solche, die – durchaus bei prominenten Emittenten üblich – aus Eigeninitiative einer Ratingagentur ermittelt worden sind („unsolicited ratings"). Die Formulierung findet sich identisch in Punkt 4.1.6 in Anhang 7 für Nichtdividendenwerte für Großanleger („Wholesale"). Wie dort fehlt hier dagegen die Anforderung wie in Punkt 4.1.6 Satz 2 in Anhang 6 für Nichtdividendenwerte für Kleinanleger („Retail"), dass eine Erklärung über die Bedeutung der Ratings ergänzt werden soll, wenn das Rating erst kürzlich erstellt worden ist. Dies ist der allgemeinen Erwartung geschuldet, dass die unter Anhang 10 fallenden Emittenten grundsätzlich über eine vermeintlich hohe Kreditwürdigkeit verfügen und daher geringere Anforderungen an die Prospektinformationen gestellt werden können (dazu kritisch → Rn. 3 oben).

35

4. Öffentliche Finanzen und Handel

Nach Punkt 4 sind detaillierte Angaben insbesondere in Bezug auf **Steuer- und Haushaltssystem**, **Bruttostaatsverschuldung** einschließlich einer Fälligkeitsstruktur, Außenhandel, Zahlungsbilanz, Devisenreserven und Einnahmen-/Ausgaben-Aufstellung für die letzten beiden Rechnungsjahre im Prospekt aufzuführen. Interessant ist dabei, dass die Forderung nach einer Beschreibung *der* Audit-Verfahren und *der* **Verfahren der externen Prüfung der Abschlüsse** des Emittenten in der deutschen Fassung offenbar voraussetzt, dass solche Verfahren vorhanden sind, wohingegen die englische Fassung („any auditing") Ausführungen hierzu nur verlangt, wenn solche existieren. Es ist davon auszugehen, dass es sich hierbei um Schwächen bei der Erstellung der deutschen Fassung handelt und auch die Formulierung in der deutschen Sprachfassung „der Verfahren" so zu lesen ist, dass die Angabe nur erforderlich ist, wenn es tatsächlich solche Verfahren gibt.[36] Denn eine Rechnungsprüfung erfolgt bei Staaten und ihren Gebietskörperschaften eher selten.[37] Fehlt es

36

---

35 Vgl. hierzu z.B. die ausführliche Beschreibung des politischen Systems im Prospekt der 500.000.000 USD 4,25% Schuldverschreibungen fällig 2022 und 250.000.000 USD 5,50% Schuldverschreibungen fällig 2042 jeweils des Königreichs Marokko vom 28.5.2013, S. 19 ff.; Prospekt des 20.000.000.000 USD Global Medium Term Note Programme der Arabischen Republik von Ägypten vom 18.2.2019, S. 41 ff.
36 Im Ergebnis auch *Breuer*, in: Holzborn, WpPG, Anhang XVI ProspektVO Rn. 26, die dies offenbar aber aus einer Maßgeblichkeit der englischen Fassung der ProspektVO herleitet.
37 Auf keinerlei Audit-Verfahren oder externe Prüfung weisen z.B. hin: die jeweiligen Prospekte der 1.000.000.000 USD 3,15% Schuldverschreibungen fällig 2023 und 1.000.000.000 USD 4,50% Schuldverschreibungen fällig 2043 jeweils der Republik Israel vom 27.9.2012, ergänzt zum 6.3.2013; vgl. auch die Prospekte von den 25.000.000.000 USD Global Medium-Term Note Program der Republik Libanon vom 2.4.2014, S. 21 f.; 250.000.000 USD 5,50% Schuldverschreibungen fällig 2042 des Königreichs Marokko vom 28.5.2013, S. (v) und 6; 1.000.000.000 EUR 4,125% Schuldverschreibungen fällig 2023 der Republik Türkei vom 3.2.2011, ergänzt zum

an einem solchen Verfahren, resultiert die Möglichkeit des Weglassens der Information zu Punkt 4 Satz 2 aus Art. 18 Abs. 2 ProspektVO. Zum Teil finden sich in Prospekten allerdings auch entsprechende Risikofaktoren, dass die enthaltenen Finanzinformationen ungenau sind und möglicherweise revidiert werden müssen, weil sie zum Beispiel auf statistischen Werten basieren, die sich nachträglich als nicht korrekt herausstellen können.[38]

5. Wesentliche Veränderungen

37 Der Prospekt hat eine Angabe zu wesentlichen Veränderungen zu den unter Punkt 4 gemachten Angaben seit dem Ende des letzten Geschäftsjahrs zu enthalten. Die Veränderungen sind in diesem Zusammenhang wie unter Punkt 3.3 nicht auf negative Veränderungen beschränkt (siehe → Rn. 28). Bei fehlenden Veränderungen ist eine negative Erklärung abzugeben, die in der Regel durch Wiederholung des Verordnungswortlauts abgegeben wird. Der Punkt 5 ist im Zuge der VO (EU) 2019/980 sprachlich geschärft worden, ohne die grundsätzlichen inhaltlichen Anforderungen zu verändern.

6. Gerichts- und Schiedsgerichtsverfahren

a) Punkt 6.1

38 Nach Punkt 6.1 ist die Angabe von staatlichen Interventionen, Gerichts- oder Schiedsgerichtsverfahren der letzten zwölf Monate erforderlich, die sich **auf die Finanzlage des Emittenten erheblich auswirken** können oder ausgewirkt haben. Zu nennen sind auch Verfahren, die noch anhängig sind oder eingeleitet werden könnten.

39 Im Einzelfall kann die Ermittlung der „**Erheblichkeit**" **des Verfahrens** für die Finanzlage des Emittenten schwierig sein. Auch hier lässt sich die Schwelle von zehn Prozent des Bruttoinlandsprodukts, wie zur Wesentlichkeit im Rahmen von Punkt 3.4 (siehe → Rn. 32), heranziehen. Diese muss aber im Rahmen einer Einzelfallentscheidung gegebenenfalls angepasst werden. Aus deutscher Sicht lässt sich die Finanzlage nämlich in Anlehnung an § 264 Abs. 2 HGB als die Beschreibung der Finanzierung und der künftigen Liquidität des Emittenten begreifen.[39] Aus zum Beispiel Reputationsgesichtspunkten könnten aber auch Rechtsstreitigkeiten unterhalb dieser Schwelle einen bedeutenden Einfluss auf die Finanzierungsmöglichkeit und damit auf die Finanzlage des Emittenten haben, sodass diese auch im Prospekt Eingang finden sollten.

40 Sind keine erheblichen Verfahren aus Sicht des Emittenten erwähnenswert, ist eine entsprechende Negativaussage aufzuführen, die in der Praxis grundsätzlich durch Wiederholung des Verordnungstexts gewährt wird.

11.4.2014; **anders** der Prospekt der 2.000.000.000 USD 5,875 % Schuldverschreibungen fällig 2025 der Republik Südafrika vom 18.12.2009, ergänzt am 12.9.2013, S. S-43, mit dem Verweis auf einen „Auditor General of South Africa", der entsprechende Prüfungsberichte gegenüber jedem Interessierten abgibt.

38 Prospekt zum 25.000.000.000 USD Global Medium-Term Note Program der Republik Libanon vom 2.4.2014, S. 21 f.; vgl. auch den Prospekt zu den 250.000.000 USD 5,50 % Schuldverschreibungen fällig 2042 des Königreichs Marokko vom 28.5.2013, S. (v) und 6.

39 Vgl. statt vieler: *Merkt*, in: Hopt, HGB, 42. Aufl. 2023, § 264 Rn. 15.

b) Punkt 6.2

Nach Punkt 6.2 sind auch Angaben zur **eventuell vorhandenen Immunität**, die der Emittent bei Gerichtsverfahren genießen würde, zu tätigen. An dieser Stelle kann ein Emittent auch einen Verzicht auf die Immunität erklären (Waiver of Immunity)[40] bzw. wie üblich auf die Einschränkungen und Voraussetzungen der Verzichtserklärung eingehen. Zum Teil werden diese Erläuterungen aber – abgesehen von einem Hinweis in den Anleihebedingungen – im Rahmen der eigentlichen Emittentenbeschreibung eher kurz und schwerpunktmäßig im Abschnitt „Risikofaktoren" abgehandelt.[41] Es sei daher hier auf die Ausführungen oben zu Punkt 2 (→ Rn. 13 ff.) hingewiesen.

41

8. Einsehbare Dokumente

Der Wortlaut des Punkts 8 ist von der Zielrichtung her identisch mit dem in Punkt 24 des Anhangs 1 und nur auf die jeweilige Besonderheit des Emittenten sprachlich angepasst, sodass diesbezüglich auf die Kommentierung zu Anhang I verwiesen werden kann (dazu → Anhang 1 Punkt 24 Rn. 1 ff.).

42

III. Exkurs: Alleviated Prospectus in Luxemburg

In Luxemburg, als wichtiger europäischer Markt für die Billigung von Prospekten insbesondere für Nichtdividendenwerte, enthält das dortige Gesetz zum Prospektrecht vom 16.7.2019 (Loi relative aux prospectus pour valeures mobilières – Luxemburger Prospektgesetz) eine eigene nationale Vorschrift für **öffentliche Angebote** und für die **Zulassung zu einem regulierten Markt** von Wertpapieren in Luxemburg, die aber nicht in den Anwendungsbereich der ProspektVO fallen. Praktisch relevant ist diese Variante insbesondere für Emittenten, die nach Art. 1 Abs. 2 lit. b und d ProspektVO nicht in den Anwendungsbereich der ProspektVO fallen.

43

Für diese Konstellationen ist nach Teil III des Luxemburger Prospektgesetzes die Erstellung eines sogenannten Alleviated Prospectus grundsätzlich erforderlich.[42] Eine **Ausnahme von dieser Prospektpflicht** besteht unter anderem nach Art. 18 Abs. 2 Nr. 9 des Luxemburger Prospektgesetzes für Emissionen des Großherzogtums Luxemburg und

44

---

40 Keinen Verzicht erklärt zum Beispiel die Republik Südafrika im Prospekt ihrer 2.000.000.000 USD 5,875% Schuldverschreibungen fällig 2025 vom 18.12.2009, ergänzt am 12.9.2013, S. S-15.
41 Vgl. die Prospekte der 1.000.000.000 USD 3,15% Schuldverschreibungen fällig 2023 und 1.000.000.000 USD 4,50% Schuldverschreibungen fällig 2043 jeweils der Republik Israel vom 27.9.2012, ergänzt zum 6.3.2013, S. S-7, S-36 und 8; 25.000.000.000 USD Global Medium-Term Note Program der Republik Libanon vom 2.4.2014, S. (v); 250.000.000 USD 5,50% Schuldverschreibungen fällig 2042 des Königreichs Marokko vom 28.5.2013, S. (iii) und 5; 1.000.000.000 EUR 4,125% Schuldverschreibungen fällig 2023 der Republik Türkei vom 3.2.2011, ergänzt zum 11.4.2014, S. S-12 und 12.
42 Ein solcher ist z.B. von den folgenden Emittenten erstellt worden: Prospekt zum unlimitierten Debt Issuance Programme vom Land Nordrhein-Westfalen vom 7.7.2022; Prospekt zum 8.000.000.000 EUR Debt Issuance Programme vom Land Sachsen-Anhalt vom 4.3.2022; Prospekt der KfW für ihr unlimitiertes KfW Note Programme vom 20.6.2022.

seiner Gebietskörperschaften sowie für EU/EWR-Mitgliedstaaten. Von Gebietskörperschaften der zuletzt Genannten ist dagegen mithin ein Alleviated Prospectus zu erstellen, obgleich diese nicht unter die ProspektVO fallen.

45 Der Alleviated Prospectus ist nicht prospektverordnungskonform sowie damit auch nicht in andere EU-Mitgliedstaaten notifizierbar. Er kann lediglich für die Börsenzulassung und für ein öffentliches Angebot in Luxemburg genutzt werden (vgl. Art. 18 Abs. 1 bzw. Art. 40 Abs. 1 Luxemburger Prospektgesetz). Für ein grenzüberschreitendes Angebot in anderen Ländern müsste demnach von Ausnahmen von der Prospektpflicht nach Art. 1 Abs. 2 lit. b ProspektVO Gebrauch gemacht werden. Zum Teil erfolgt ein Angebot in Ländern außerhalb von Luxemburg prospektfrei; der Alleviated Prospectus dient in diesen Ländern dann als **reines Vertriebsdokument**.[43]

46 Voraussetzung für ein öffentliches Angebot in Luxemburg ist nach Teil III des Luxemburger Prospektgesetzes, dass ein Alleviated Prospectus nach **Billigung** durch die Commission de Surveillance du Secteur Financier (CSSF) vor Beginn des Angebots veröffentlicht wurde (Art. 20 Abs. 1 Luxemburger Prospektgesetz). Im Falle einer angestrebten Zulassung zum regulierten Markt in Luxemburg ist die Luxemburger Börse für die Billigung des Prospekts zuständig (Art. 43 Abs. 1 Luxemburger Prospektgesetz). In beiden Konstellationen hat der Alleviated Prospectus alle **Informationen zum Emittenten und den Wertpapieren** zu enthalten, die den Erfordernissen von Art. 6 Abs. 1 ProspektVO entsprechen, vgl. Art. 21 Abs. 1 und Art. 44 Abs. 1 Luxemburger Prospektgesetz. Der konkrete Inhalt kann dabei zwar im Zweifel von der jeweils billigenden Behörde bestimmt werden.[44] Art. 18 Abs. 6 Luxemburger Prospektgesetz enthält indes eine Auflistung der mindestens erforderlichen Informationen für Emissionen von Nichtdividendenwerten der in Art. 18 Abs. 2 Nr. 9 genannten Staaten bzw. Gebietskörperschaften. Eine entsprechende Enumeration enthält auch Art. 41 Abs. 2 Luxemburger Prospektgesetz für die Zulassung zu einem regulierten Markt. Die CSSF hatte zudem noch unter alter Rechtslage in einer Verlautbarung mitgeteilt, dass Emittenten bei der Erstellung des Prospekts für ein öffentliches Angebot im Anwendungsbereich des Teils III des Luxemburger Prospektrechts sich nach den entsprechenden Anhängen der damaligen VO (EG) 809/2004 (jetzt VO (EU) 2019/980, also insbesondere Anhang 10) oder den Anhängen der Börsenregularien der Luxemburger Börse (dort in der aktuellen Fassung insbesondere Anhang IV) richten können.[45] Dies gilt in der Praxis noch immer. Die Börsenregularien der Luxemburger Börse regeln explizit in deren Teil 2 Ziff. 103 Entsprechendes für die Frage der Zulassung zum regulierten Markt.

47 Die billigende Behörde übernimmt wie unter dem Regime der ProspektVO keine verbindliche Aussage über das ökonomische Potenzial der Transaktion oder die Solvenz des Emittenten (vgl. Art. 34 Abs. 3 bzw. 43 Abs. 4 des Luxemburger Umsetzungsgesetz). In der Praxis wird der Alleviated Prospectus von Emittenten dazu genutzt, einen wesentli-

---

43 *A. Meyer*, in: Habersack/Mülbert/Schlitt, Unternehmensfinanzierung, § 36 Rn. 13.
44 Vgl. zum Beispiel Art. 18 Abs. 6, 20 Abs. 4, 21 Abs. 1, 22, 25 und 35 des Luxemburger Prospektgesetzes für ein öffentliches Angebot und Art. 43 Abs. 3, 44 Abs. 2, 45 Abs. 3, 47 und 57 des Luxemburger Prospektgesetzes iVm Luxembourg Stock Exchange Listing Rules für eine Zulassung zum regulierten Markt.
45 CSSF-Rundschreiben 05/210 vom 10.10.2005, www.cssf.lu (Stand: 10.2.2023).

chen kürzeren Prospekt zu erstellen. Allerdings ist auch dieser wie prospektverordnungskonforme Prospekte gemäß Art. 12 Abs. 1 ProspektVO lediglich zwölf Monate nach Billigung gültig und muss daher zum Beispiel im Falle von Emissionsprogrammen ebenso jährlich aktualisiert werden.

Teil B
Wertpapierbeschreibungen

Anhang 11 VO (EU) 2019/980
Wertpapierbeschreibung für Dividendenwerte oder von Organismen für gemeinsame Anlagen des geschlossenen Typs ausgegebene Anteilsscheine Anwendungsbereich[1]

Zum Anwendungsbereich von Anhang 11 siehe die Kommentierung zu → Art. 12 VO (EU) 2019/980.

Abschnitt 1
Verantwortliche Personen, Angaben von Seiten Dritter, Sachverständigenberichte und Billigung durch die zuständige Behörde

Punkt 1.1

Nennung aller Personen, die für die Angaben in der Wertpapierbeschreibung bzw. für bestimmte Teile der Angaben verantwortlich sind. Im letzteren Fall sind die entsprechenden Teile anzugeben. Handelt es sich um natürliche Personen, zu denen auch Mitglieder des Verwaltungs-, Leitungs- oder Aufsichtsorgans des Emittenten gehören, sind Name und Funktion dieser Person zu nennen. Bei juristischen Personen sind Name und eingetragener Sitz der Gesellschaft anzugeben.

Punkt 1.2

Erklärung der für die Wertpapierbeschreibung verantwortlichen Personen, dass die Angaben in der Wertpapierbeschreibung ihres Wissens nach richtig sind und dass die Wertpapierbeschreibung keine Auslassungen enthält, die die Aussage verzerren könnten.

Gegebenenfalls Erklärung der für bestimmte Abschnitte der Wertpapierbeschreibung verantwortlichen Personen, dass die in den Teilen der Wertpapierbeschreibung genannten Angaben, für die sie verantwortlich sind, ihres Wissens nach richtig sind und dass diese Teile der Wertpapierbeschreibung keine Auslassungen beinhalten, die die Aussage verzerren könnten.

Punkt 1.3

Wird in die Wertpapierbeschreibung eine Erklärung oder ein Bericht einer Person aufgenommen, die als Sachverständiger handelt, so sind folgende Angaben zu dieser Person zu machen:

a) Name,

b) Geschäftsadresse,

c) Qualifikationen,

d) das wesentliche Interesse am Emittenten, falls vorhanden.

Wurde die Erklärung oder der Bericht auf Ersuchen des Emittenten erstellt, so ist zu erklären, dass diese Erklärung oder dieser Bericht mit Zustimmung der Person, die den Inhalt dieses Teils der Wertpapierbeschreibung für die Zwecke des Prospekts gebilligt hat, aufgenommen wurde.

---

1 Der Verfasser dankt Frau Rechtsanwältin *Dr. Camilla Kehler-Weiß* und Frau Rechtsanwältin *Isabel Willius* für die tatkräftige Unterstützung.

Punkt 1.4

Wurden Angaben von Seiten Dritter übernommen, ist zu bestätigen, dass diese Angaben korrekt wiedergegeben wurden und nach Wissen des Emittenten und soweit für ihn aus den von diesem Dritten veröffentlichten Angaben ersichtlich, nicht durch Auslassungen unkorrekt oder irreführend gestaltet wurden. Darüber hinaus hat der Emittent die Quelle(n) der Angaben zu nennen.

Punkt 1.5

Eine Erklärung, dass

a) [diese Wertpapierbeschreibung/dieser Prospekt] durch [Bezeichnung der zuständigen Behörde] als zuständiger Behörde gemäß Verordnung (EU) 2017/1129 gebilligt wurde,

b) [Bezeichnung der zuständigen Behörde] [diese Wertpapierbeschreibung/diesen Prospekt] nur bezüglich der Standards der Vollständigkeit, Verständlichkeit und Kohärenz gemäß der Verordnung (EU) 2017/1129 billigt,

c) eine solche Billigung nicht als Bestätigung der Qualität der Wertpapiere, die Gegenstand [dieser Wertpapierbeschreibung/dieses Prospekts] sind, erachtet werden sollte und

d) Anleger ihre eigene Bewertung der Eignung dieser Wertpapiere für die Anlage vornehmen sollten.

Die in Anhang 11 Ziffer 1 VO (EU) 2019/980 geforderten Angaben stimmen weitgehend mit den Vorgaben von Anhang 1 Ziffer 1 VO (EU) 2019/980 überein. Eigenständige Bedeutung erlangen die Regelungen im Fall eines dreiteiligen Prospekts (Art. 8 Abs. 6 ProspektVO), der beim Angebot oder der Zulassung von Aktien aber die Ausnahme ist.[2] In der Regel werden Prospekte bei Aktienemissionen als einteiliger Prospekt gestaltet. In diesem Fall ist eine Wiederholung der Verantwortlichkeitserklärung in der Beschreibung des Angebotsteils nicht erforderlich.[3] 1

Zu den Einzelheiten siehe die Kommentierung zu →Anhang 1 VO (EU) 2019/980 Rn. 1 ff. 2

Abschnitt 2
Risikofaktoren

Punkt 2.1

Eine Beschreibung der wesentlichen Risiken, die den angebotenen und/oder zum Handel zuzulassenden Wertpapieren eigen sind, in einer begrenzten Anzahl an Kategorien in einer Rubrik mit der Überschrift „Risikofaktoren".

In jeder Kategorie werden die gemäß der Bewertung des Emittenten, Anbieters oder der die Zulassung zum Handel an einem geregelten Markt beantragenden Person wesentlichsten Risiken, unter Berücksichtigung der negativen Auswirkungen auf den Emittenten und die Wertpapiere und der Wahrscheinlichkeit ihres Eintretens, zuerst angeführt. Die Risiken werden durch den Inhalt der Wertpapierbeschreibung bestätigt.

---

2 Vgl. aber beispielsweise den dreiteiligen Prospekt der Commerzbank Aktiengesellschaft vom 14.5.2013, den dreiteiligen Prospekt der Deutsche Bank Aktiengesellschaft vom 3.6.2014 sowie den dreiteiligen Prospekt der UmweltBank Aktiengesellschaft Nürnberg vom 26.6.2019.
3 *Schlitt/Ries*, in: Assmann/Schlitt/von Kopp-Colomb, Prospektrecht Kommentar, Anhang 11 Abschnitt 1 VO (EU) 2019/980 Rn. 3; *Fingerhut/Voß*, in: Just/Voß/Ritz/Zeising, WpPG, 2009, Anhang III ProspektVO Rn. 2; *Rauch*, in: Holzborn, WpPG, Anhang III ProspektVO Rn. 2.

Übersicht

	Rn.		Rn.
I. Überblick und Regelungsgegenstand	3	II. Typische Risikofaktoren	7

I. Überblick und Regelungsgegenstand

3   Zusätzlich zu den nach Anhang 1 Abschnitt 3 VO (EU) 2019/980 offenzulegenden Risiken in Bezug auf den Emittenten selbst oder die Branche, in der er tätig ist (siehe die Kommentierung zu → Anhang 1 Abschnitt 3 VO (EU) 2019/980 Rn. 3), verlangt Anhang 11 Abschnitt 2 VO (EU) 2019/980, dass im gleichen Abschnitt Risikofaktoren dargestellt werden, die für die anzubietenden und/oder zum Handel an einem geregelten Markt zuzulassenden Wertpapiere von Bedeutung sind, wenn es darum geht, das mit diesen Wertpapieren verbundene Marktrisiko zu bewerten. Nach der Praxis der BaFin gelten für die Darstellung dieser wertpapierbezogenen Risikofaktoren im Übrigen die gleichen Grundsätze wie für die unternehmens- und branchenbezogenen Risikofaktoren: Erlaubt sind weder Verweise auf andere Teile des Prospekts (vgl. Art. 7 Abs. 11 ProspektVO, Art. 27 Abs. 1 VO (EU) 2019/980 für die Zusammenfassung)[4] noch die Beschreibung von Chancen, die die Risiken mindern (sog. Mitigating Language).[5] Die ESMA hat in Bezug auf die Spezifizität, Wesentlichkeit und die Einstufung in Risikokategorien Leitlinien im Sinne von Art. 16 Abs. 4 ProspektVO erstellt.[6] Die BaFin teilte mit, die Leitlinien in ihrer Aufsichtspraxis anzuwenden.[7]

4   Es sollen nur die Risikofaktoren in den Prospekt aufgenommen werden, die der Anleger für eine fundierte Anlageentscheidung benötigt, Art. 16 Abs. 1 ProspektVO. In der Praxis werden die verschiedenen Risikofaktoren insbesondere danach unterschieden, ob sie für den Emittenten oder für die Wertpapiere spezifisch und wesentlich sind.[8] Wann ein Risikofaktor die nötige Spezifität aufweist, geht nicht direkt aus der ProspektVO hervor. Die ESMA hat in ihren Leitlinien zu den Risikofaktoren die Anforderungen konkretisiert. Die Risikofaktoren sollen eine klare und direkte Verbindung zwischen dem Risikofaktor und dem Emittenten oder den Wertpapieren herstellen und speziell für den Emittenten und die Wertpapiere verfasst werden.[9] Die Wesentlichkeit der Risikofaktoren soll auf der Grundlage der Wahrscheinlichkeit ihres Eintretens und des zu erwartenden Umfangs ihrer negativen Auswirkungen beurteilt werden, Art. 16 Abs. 1 UAbs. 2 ProspektVO.

---

4 *Schlitt*, in: Habersack/Mülbert/Schlitt, Kapitalmarktinformation, § 4 Rn. 51.
5 *Schlitt/Ries*, in: Assmann/Schlitt/von Kopp-Colomb, Prospektrecht Kommentar, Anhang 11 Abschnitt 2 VO (EU) 2019/980 Rn. 5; *Fingerhut/Voß*, in: Just/Voß/Ritz/Zeising, WpPG, 2009, Anhang III ProspektVO Rn. 7; ESMA Guidelines on risk factors under the Prospectus Regulation vom 1.10.2019, ESMA31-62-1293, Leitlinie 5 Rn. 30 f.
6 ESMA Guidelines on risk factors under the Prospectus Regulation vom 1.10.2019, ESMA31-62-1293.
7 https://www.bafin.de/SharedDocs/Veroeffentlichungen/DE/Meldung/2019/meldung_191121_ESMA_Leitlinien.html (zuletzt abgerufen am 16.1.2023).
8 *Oulds/Wöckener*, RdF 2020, 4; *Sieven/Flatt*, BKR 2020, 564.
9 ESMA Guidelines on risk factors under the Prospectus Regulation vom 1.10.2019, ESMA31-62-1293, Leitlinie 1.

Die Risikofaktoren sollen in eine begrenzte Zahl an Kategorien mit aussagekräftigen Überschriften zusammengefasst werden (Art. 16 Abs. 1 UAbs. 4 ProspektVO).[10] Die Zahl der Kategorien soll grundsätzlich zehn nicht übersteigen.[11] ESMA nennt in ihren Leitlinien Beispiele für entsprechende Kategorien für emittentenbezogene und wertpapierbezogene Risikofaktoren.[12] Die aktien- und angebots-/zulassungsbezogenen Risikofaktoren finden sich in der Regel am Ende des Abschnitts „Risikofaktoren" und sind durch eine Zwischenüberschrift von den übrigen Risikofaktoren abgesetzt. Häufig werden hier auch Risiken im Hinblick auf die Aktionärsstruktur nach Abschluss des prospektgegenständlichen Angebots bzw. der Börsenzulassung dargestellt (beispielsweise in Bezug auf die beherrschende Stellung oder, gemessen an der üblichen Hauptversammlungspräsenz, faktische Stimmenmehrheit einzelner Gesellschafter auf künftigen Hauptversammlungen des Emittenten). Die wesentlichsten Risiken sind an erster Stelle zu nennen, Art. 16 Abs. 1 UAbs. 4 ProspektVO. Nicht erforderlich ist, dass sämtliche Risiken innerhalb einer Kategorie nach ihrer Wesentlichkeit gereiht werden.[13] Ausreichend ist, nur die wesentlichsten Risiken einer Kategorie an erster Stelle zu nennen. Die BaFin geht in ihrer Praxis davon aus, dass dies grundsätzlich zumindest die zwei wesentlichsten Risiken umfasst.[14] In jedem Fall muss aus den Gründen der Verständlichkeit im Prospekt deutlich werden, welche der Risiken vom Prospektersteller als die wesentlichsten in den jeweiligen Kategorien angesehen werden.

5

Jeder Risikofaktor ist angemessen zu beschreiben und zu erläutern, wie er sich auf den Emittenten oder die Wertpapiere auswirken kann (vgl. Art. 1 Abs. 1 UAbs. 2 ProspektVO). In ihrer Aufsichtspraxis achtet die BaFin zudem darauf, dass in einem Risikofaktor nicht mehrere strukturell verschiedene Risiken beschrieben sind. Die Beschreibung erfordert Angaben im Prospekt zur Beurteilung der Wesentlichkeit der Risiken durch den Prospektersteller. Die beiden Faktoren der Wahrscheinlichkeit ihres Eintretens und des zu erwartenden Umfangs der negativen Auswirkungen sind im Prospekt offenzulegen. Die Auswirkungen der Risiken müssen angemessen erläutert werden.[15] ESMA konkretisiert die Erläuterungen von möglichen negativen Auswirkungen. Sie sollen anhand quantitativer Information oder, wenn solche nicht verfügbar oder zweckmäßig sind, unter Verwendung eines qualitativen Ansatzes beschrieben werden.[16] Eine Einordnung der Risikofakto-

6

---

10 ESMA Guidelines on risk factors under the Prospectus Regulation vom 1.10.2019, ESMA31-62-1293, Leitlinie 7.
11 ESMA Guidelines on risk factors under the Prospectus Regulation vom 1.10.2019, ESMA31-62-1293, Leitlinie 9 Rn. 39.
12 ESMA Guidelines on risk factors under the Prospectus Regulation vom 1.10.2019, ESMA31-62-1293, Leitlinie 7 Rn. 35 f.
13 ESMA Guidelines on risk factors under the Prospectus Regulation vom 1.10.2019, ESMA31-62-1293, Leitlinie 7 Rn. 34.
14 BaFin, Neue Regeln für Wertpapierprospekte nach EU-Prospektverordnung 2017/1129 – Frequently Asked Questions, V.3. https://www.bafin.de/DE/Aufsicht/Prospekte/Wertpapiere/Neue EUProspektverordnung/FAQ.html (zuletzt abgerufen am 16.1.2023); *Sieven/Flatt*, BKR 2020, 564.
15 *Sieven/Flatt*, BKR 2020, 564.
16 ESMA Guidelines on risk factors under the Prospectus Regulation vom 1.10.2019, ESMA31-62-1293, Leitlinie 4 Rn. 28.

ren in die Wesentlichkeitskategorien „gering", „mittel" oder „hoch", die den Emittenten zusätzlichen Haftungsrisiken aussetzen würde, muss nicht erfolgen.[17]

II. Typische Risikofaktoren

7 Die angebots- und aktienbezogenen Risikofaktoren sind weitgehend standardisiert und abhängig vom Transaktionstyp.[18]

8 So enthalten Wertpapierprospekte für **Börsengänge** regelmäßig Hinweise auf das Risiko, dass (i) bestimmte Großaktionäre auch weiterhin einen wesentlichen Teil der Aktien halten und Einfluss ausüben können und sich ihre Interessen nicht notwendigerweise mit denen der Minderheitsaktionäre decken, (ii) künftige Aktienverkäufe von bestehenden Aktionären negative Auswirkungen auf den Aktienkurs des Emittenten haben können, (iii) die Aktien bislang noch an keiner Börse gehandelt wurden und nicht sichergestellt ist, dass ein liquider Handel stattfinden wird, (iv) der Aktienkurs volatil sein kann und Aktionäre möglicherweise einen großen Teil ihres oder ihr gesamtes Investment verlieren können, (v) möglicherweise keine weiteren Aktien von bestehenden Aktionären verkauft werden und der Streubesitz deshalb beschränkt bleiben kann, (vi) das Angebot unter bestimmten Umständen nicht durchgeführt wird und dass Anlegern, die bereits Aktien gezeichnet haben, gezahlte Kommissionen oder Gebühren nicht erstattet werden, (vi) künftige Aktienemissionen des Emittenten den von einem Anleger erworbenen Anteil verwässern können sowie (vii) der Emittent aufgrund der Börsennotierung weitergehenden Veröffentlichungs- und Organisationspflichten ausgesetzt ist als bisher und diese unter Umständen nicht erfüllen kann.

9 Neben den oben genannten Risiken (iv) und (vi) enthalten Wertpapierprospekte für **Bezugsrechtsemissionen** häufig Risikofaktoren in Bezug auf (i) die Entwicklung eines liquiden Bezugsrechtshandels, (ii) den Hinweis, dass die Konsortialbanken vom Übernahmevertrag zurücktreten können und Bezugsrechte dann verfallen, sowie (iii) dass der Preis für die Ausübung der Bezugsrechte möglicherweise höher ist als der Börsenkurs nach Abschluss des Bezugsangebots.

10 Ergänzend werden bei speziellen Transaktionstypen weitere Risikofaktoren aufgenommen, beispielsweise Hinweise auf die Möglichkeit vermehrter Abverkäufe im Fall eines **Börsengangs im Wege der Abspaltung**, bei dem den Aktionären der abspaltenden Gesellschaft die neuen Aktien der abgespaltenen Gesellschaft ohne deren Zutun automatisch zugebucht werden (sog. „Flow-Back"-Risiko).[19]

---

17 ESMA Guidelines on risk factors under the Prospectus Regulation vom 1.10.2019, ESMA31-62-1293, Leitlinie 4 Rn. 28; vgl. hierzu auch die Kommentierung zu Art. 16 ProspektVO.
18 *Schlitt/Ries*, in: Assmann/Schlitt/von Kopp-Colomb, Prospektrecht Kommentar, Anhang 11 Abschnitt 2 VO (EU) 2019/980 Rn. 8; *Rauch*, in: Holzborn, WpPG, Anhang III ProspVO Rn. 2.
19 Siehe z. B. die Wertpapierprospekte der Siemens Energy AG aus dem September 2020 sowie der Vitesco Technologies Group AG aus dem September 2022.

Abschnitt 3
Grundlegende Angaben

Punkt 3.1
Erklärung zum Geschäftskapital

Erklärung des Emittenten, dass das Geschäftskapital seiner Meinung nach seine derzeitigen Anforderungen deckt. Ansonsten ist darzulegen, wie das zusätzlich erforderliche Geschäftskapital beschafft werden soll.

Punkt 3.2
Kapitalausstattung und Verschuldung

Aufzunehmen ist eine Übersicht über Kapitalausstattung und Verschuldung (wobei zwischen garantierten und nicht garantierten, besicherten und unbesicherten Verbindlichkeiten zu unterscheiden ist) zu einem Zeitpunkt, der höchstens 90 Tage vor dem Datum des Dokuments liegt. Der Begriff „Verschuldung" bezieht sich auch auf indirekte Verbindlichkeiten und Eventualverbindlichkeiten.

Im Falle wesentlicher Änderungen bei der Kapitalausstattung und Verschuldung des Emittenten innerhalb der Periode von 90 Tagen sind mittels einer ausführlichen Darstellung solcher Änderungen oder einer Aktualisierung dieser Zahlen zusätzliche Angaben zu machen.

Punkt 3.3
Interessen natürlicher und juristischer Person, die an der Emission/dem Angebot beteiligt sind

Beschreibung aller für die Emission wesentlichen Interessen, einschließlich Interessenskonflikten, unter Angabe der betreffenden Person und der Art der Interessen.

Punkt 3.4
Gründe für das Angebot und Verwendung der Erträge

Angabe der Gründe für das Angebot und ggf. des geschätzten Nettobetrages der Erträge, aufgegliedert nach den wichtigsten Verwendungszwecken und dargestellt nach Priorität dieser Verwendungszwecke.

Wenn der Emittent weiß, dass die voraussichtlichen Erträge nicht ausreichen werden, um alle vorgeschlagenen Verwendungszwecke zu finanzieren, sind der Betrag und die Quellen anderer Mittel anzugeben. Auch muss die Verwendung der Erträge im Detail dargelegt werden, insbesondere wenn sie außerhalb der normalen Geschäftstätigkeit zum Erwerb von Aktiva verwendet, zur Finanzierung des angekündigten Erwerbs anderer Unternehmen oder zur Begleichung, Reduzierung oder vollständigen Tilgung der Schulden eingesetzt werden.

Übersicht

	Rn.		Rn.
I. Überblick und Regelungsgegenstand	11	2. Darstellungsweise	31
II. Punkt 3.1 – Erklärung zum Geschäftskapital	12	3. Aktualität der Angaben	32
		4. Aufnahme ergänzender Informationen	36
1. Inhalt der Erklärung	13	IV. Punkt 3.3 – Interessen natürlicher und juristischer Person, die an der Emission/dem Angebot beteiligt sind	41
2. Unqualifizierte/qualifizierte Erklärung	16		
3. Prüfungsschritte und Berechnung	19		
4. Standort im Prospekt	25	V. Punkt 3.4 – Gründe für das Angebot und die Verwendung der Erträge	45
III. Punkt 3.2 – Kapitalausstattung und Verschuldung	26	1. Gründe für das Angebot	47
1. Inhalt	26	2. Geplante Verwendung	48

I. Überblick und Regelungsgegenstand

11 Anhang 11 Abschnitt 3 ProspektVO verlangt die Aufnahme einer Reihe für Prospektzwecke grundlegender Angaben. Streng genommen handelt es sich um einen Systembruch,[20] da es sich jedenfalls bei Punkt 3.1 und Punkt 3.2 um Informationen über den Emittenten und nicht um Angaben zu den Aktien handelt, die Gegenstand des Angebots beziehungsweise der Zulassung sind.

II. Punkt 3.1 – Erklärung zum Geschäftskapital

12 Anhang 11 Punkt 3.1 VO (EU) 2019/980 verlangt vom Emittenten eine Erklärung darüber, dass das Geschäftskapital bzw. Nettoumlaufvermögen (Working Capital) für seine derzeitigen Bedürfnisse ausreicht. Kann dies nicht bestätigt werden, ist anzugeben, wie das zusätzlich erforderliche Geschäftskapital beschafft werden soll.

1. Inhalt der Erklärung

13 ESMA konkretisiert den Inhalt der abzugebenden Erklärung in ihren „Guidelines on disclosure requirements under the Prospectus Regulation"[21] weiter. Es soll entweder die Erklärung abgegeben werden, dass der Emittent nach seiner Einschätzung über ausreichendes Geschäftskapital für einen Zeitraum von mindestens 12 Monaten verfügt (qualifizierte Erklärung) oder dass der Emittent nach seiner Einschätzung nicht über ausreichendes Geschäftskapital verfügt und wie er beabsichtigt, das zusätzlich benötigte Geschäftskapital zu beschaffen (unqualifizierte Erklärung).[22] Hierbei ist zu prüfen, ob der Emittent fähig ist, auf Bar- und andere liquide Mittel zuzugreifen, um seine Verbindlichkeiten zu bedienen, wenn sie fällig werden.[23] Die Erklärung muss klar und deutlich sein, sodass es für Investoren offenkundig ist, ob der Emittent über ausreichend Geschäftskapital verfügt.[24] Es ist jedoch nicht zulässig, lediglich zu erklären, dass der Emittent nicht in der Lage ist, zu bestätigen, ob die Gesellschaft über ausreichend Geschäftskapital verfügt.[25]

14 Mit Blick auf die zwölfmonatige Gültigkeit eines Prospekts (vgl. Art. 12 Abs. 1 ProspektVO) sollen *die derzeitigen Bedürfnisse* des Emittenten mindestens die folgenden zwölf Monate nach Prospektbilligung umfassen.[26] Dies deckt sich auch mit dem Zeitraum, den Geschäftsleiter nach nationalen und internationalen Rechnungslegungsstandards bei der Erstellung des Jahresabschlusses im Hinblick auf die Fortführungsprognose (going concern) anwenden müssen.[27] Sofern ein Emittent bereits Kenntnis davon hat, dass nach Ablauf von zwölf Monaten nach Prospektbilligung Schwierigkeiten bei der Aufbringung

---

20 *Fingerhut/Voß*, in: Just/Voß/Ritz/Zeising, WpPG, 2009, Anhang III ProspektVO Rn. 16; *Kuntz*, in: Ekkenga, Handbuch der AG-Finanzierung, Kapitel 8 Rn. 196.
21 ESMA Guidelines on disclosure requirements under the Prospectus Regulation vom 4.3.2021, ESMA32-382-1138 („ESMA-Empfehlungen"), Rn. 128 ff.
22 ESMA-Empfehlungen, Rn. 128 ff.
23 ESMA-Empfehlungen, Rn. 130.
24 ESMA-Empfehlungen, Rn. 137 ff.
25 ESMA-Empfehlungen, Rn. 134.
26 ESMA-Empfehlungen, Rn. 129; *Rauch*, in: Holzborn, WpPG, Anhang III ProspektVO Rn. 6.
27 IAS 1, Rn. 26; ESMA-Empfehlungen, Rn. 131.

ausreichenden Geschäftskapitals auftreten können, soll die Aufnahme weiterer Informationen in den Wertpapierprospekt erwogen werden.[28]

Sofern der Emittent Teil einer Gruppe ist und der Wertpapierprospekt konsolidierte Finanzinformationen der Gruppe enthält, was regelmäßig der Fall sein wird, muss sich die Erklärung zum Geschäftskapital entsprechend auf den Kapitalbedarf der gesamten Gruppe beziehen.[29] Bei der Erstellung der Erklärung zum Geschäftskapital soll der Emittent dabei die Ausgestaltung von Konzernfinanzierungen und Beschränkungen des Kapitalflusses innerhalb der Gruppe in seine Erwägungen einbeziehen.[30] Es bleibt aber auch in diesem (Regel-)Fall des Konzernbezugs eine Erklärung des Emittenten, nicht eine Erklärung der (nicht-rechtsfähigen) Gruppe.

2. Unqualifizierte/qualifizierte Erklärung

Bei der Formulierung der Erklärung ist zwischen einer unqualifizierten (Clean Working Capital Statement) und einer qualifizierten Aussage (Qualified Working Capital Statement) zu unterscheiden.[31]

Eine unqualifizierte Aussage steht nicht unter Annahmen, Bedingungen oder Vorbehalten und nennt keine weiteren Voraussetzungen oder Risiken.[32] Eine typische Formulierung für eine unqualifizierte Erklärung zum Geschäftskapital kann lauten: „Nach Einschätzung der Gesellschaft wird die Gruppe aus heutiger Sicht in der Lage sein, allen Zahlungsverpflichtungen im geplanten Geschäftsbetrieb nachzukommen, die mindestens in den nächsten zwölf Monaten ab dem Datum dieses Prospekts fällig werden."[33] Im Falle einer unqualifizierten Erklärung soll der Emittent ebenfalls darstellen, ob die Erlöse des Angebots in die Berechnung des Geschäftskapitals mit einbezogen wurden.[34]

Sofern ein Emittent nicht in der Lage ist, eine unqualifizierte Erklärung zum Geschäftskapital abzugeben, muss die Erklärung dahingehend abgeändert werden, dass das Geschäftskapital nicht genügt, um den fälligen Zahlungsverpflichtungen in den kommenden zwölf Monaten nachzukommen. Ein Verzicht auf die Erklärung ist (auch in einem solchen

---

28 ESMA-Empfehlungen, Rn. 154; vgl. ebenfalls *Schlitt/Ries*, in: Assmann/Schlitt/von Kopp-Colomb, Prospektrecht Kommentar, Anhang 11 Abschnitt 3 VO (EU) 2019/980 Rn. 12; sich in jedem Fall für eine Offenlegung aussprechend: *Fingerhut/Voß*, in: Just/Voß/Ritz/Zeising, WpPG, 2009, Anhang III ProspektVO Rn. 24; *Meyer*, in: Habersack/Mülbert/Schlitt, Unternehmensfinanzierung, § 36 Rn. 50.
29 ESMA-Empfehlungen, Rn. 155 f.; *Schlitt/Ries*, in: Assmann/Schlitt/von Kopp-Colomb, Prospektrecht Kommentar, Anhang 11 Abschnitt 3 VO (EU) 2019/980 Rn. 11; *Fingerhut/Voß*, in: Just/Voß/Ritz/Zeising, WpPG, 2009, Anhang III ProspektVO Rn. 22; *Rauch*, in: Holzborn, WpPG, Anhang III ProspektVO Rn. 4.
30 ESMA-Empfehlungen, Rn. 156.
31 ESMA-Empfehlungen, Rn. 128 ff.
32 ESMA-Empfehlungen, Rn. 132; *Schlitt/Ries*, in: Assmann/Schlitt/von Kopp-Colomb, Prospektrecht Kommentar, Anhang 11 Abschnitt 3 VO (EU) 2019/980 Rn. 14; *Fingerhut/Voß*, in: Just/Voß/Ritz/Zeising, WpPG, 2009, Anhang III ProspektVO Rn. 23; *Rauch*, in: Holzborn, WpPG, Anhang III ProspektVO Rn. 6.
33 ESMA-Empfehlungen, Rn. 139; *Schlitt/Ries*, in: Assmann/Schlitt/von Kopp-Colomb, Prospektrecht Kommentar, Anhang 11 Abschnitt 3 VO (EU) 2019/980 Rn. 14.
34 ESMA-Empfehlungen, Rn. 133.

Fall) nicht möglich.[35] Weiterhin soll der Emittent offenlegen, ab welchem Zeitpunkt das Geschäftskapital nicht mehr ausreicht, in welchem Umfang erforderliche Mittel voraussichtlich fehlen werden, auf welche Weise diese Mittel aufgebracht werden sollen, damit ausreichendes Geschäftskapital zur Verfügung steht, und welche Auswirkungen dies auf die Gesellschaft hat.[36] Die Anleger sollen über die Dringlichkeit und das Ausmaß des Problems informiert werden.[37] Hier kann beispielsweise auf eine geplante Refinanzierung, die Neuverhandlung bestehender oder neuer Darlehensfinanzierungen, eine Verringerung geplanter Investitionen, eine angepasste Akquisitionsstrategie oder den Verkauf von Vermögenswerten hingewiesen werden.[38] Weiterhin soll der Emittent eine Einschätzung abgeben, für wie wahrscheinlich er die Aufbringung der weiteren Mittel hält.[39] Sofern aus Sicht des Emittenten ein Insolvenzrisiko besteht,[40] muss dieses ebenfalls deutlich offengelegt und in der Regel zusätzlich ein entsprechender Risikofaktor aufgenommen werden.[41]

3. Prüfungsschritte und Berechnung

19 Bevor ein Emittent die Erklärung zum Geschäftskapital abgeben kann, sollen nach den Vorstellungen der ESMA bestimmte Prüfungsschritte durchlaufen werden, ähnlich wie für Zwecke einer „Going concern-Prognose" im Rahmen der Erstellung des Jahresabschlusses.[42] So sollen (nicht zu veröffentlichende) prospektive Finanzinformationen erstellt werden, die die bisherigen Kapitalflüsse, die Gewinn- und Verlustrechnung sowie die Bilanz fortschreiben. Die Kapitalflüsse aus dem operativen Geschäft sowie die Bedingungen und zugrunde liegenden geschäftlichen Erwägungen bestehender Bank- und anderer Finanzierungen sind zu analysieren. Weiterhin sollen ESMA zufolge die Strategie und Planung sowie das damit verbundene Realisierungs-Risiko berücksichtigt werden und im Wege einer Sensitivitätsanalyse die Geschäftsplanung und Strategie einer kritischen Prüfung, insbesondere im Hinblick auf Risiken bei ihrer Umsetzung unterzogen werden.[43] Es besteht jedoch keine Verpflichtung zur Dokumentation dieser Prüfungsschritte oder gar zur Aufnahme einer Bescheinigung eines Wirtschaftsprüfers in den Prospekt. Im Falle eines börsenreifen Neuemittenten bzw. einer bereits börsennotierten Gesellschaft sollte die entsprechende Prüfung – sofern sie überhaupt gesondert erforderlich ist – mit Blick auf die bereits für Abschlusszwecke bestehenden (laufenden) Prüfungs- und Analyseverfahren auf Gesellschaftsseite keinen wesentlichen Mehraufwand bedeuten.

---

35 *Kuntz*, in: Ekkenga, Handbuch der AG-Finanzierung, Kapitel 8 Rn. 196.
36 ESMA-Empfehlungen, Rn. 140 ff.; *Rauch*, in: Holzborn, WpPG, Anhang III ProspektVO Rn. 6; *Meyer*, in: Habersack/Mülbert/Schlitt, Unternehmensfinanzierung, § 36 Rn. 50.
37 ESMA-Empfehlungen, Rn. 142, 143.
38 ESMA-Empfehlungen, Rn. 144.
39 ESMA-Empfehlungen, Rn. 144; *Schlitt/Ries*, in: Assmann/Schlitt/von Kopp-Colomb, Prospektrecht Kommentar, Anhang 11 Abschnitt 3 VO (EU) 2019/980 Rn. 15.
40 Vgl. aber beispielsweise den Wertpapierprospekt der Steilmann SE vom 12.10.2015, der eine unqualifizierte Erklärung zum Geschäftskapital enthielt, während die Gesellschaft am 23.3.2016 Insolvenzantrag stellte.
41 ESMA-Empfehlungen, Rn. 131; *Schlitt/Ries*, in: Assmann/Schlitt/von Kopp-Colomb, Prospektrecht Kommentar, Anhang 11 Abschnitt 3 VO (EU) 2019/980 Rn. 16; *Rauch*, in: Holzborn, WpPG, Anhang III ProspektVO Rn. 6.
42 ESMA-Empfehlungen, Rn. 135 f.; *Schlitt/Ries*, in: Assmann/Schlitt/von Kopp-Colomb, Prospektrecht Kommentar, Anhang 11 Abschnitt 3 VO (EU) 2019/980 Rn. 18.
43 ESMA-Empfehlungen, Rn. 136.

In Großbritannien ist eine Prüfung durch einen externen (Wirtschafts-)Prüfer hingegen 20 üblich. So sehen die Regeln der britischen FCA für eine Zulassung von Aktien zur „Official list" an der Londoner Börse vor, dass vom Emissionsbegleiter der zuständigen Behörde gegenüber erklärt werden muss, dass ein ausreichendes Geschäftskapital besteht.[44] Zur Absicherung dieser Bestätigung wird vom Abschlussprüfer ein sog. „Working Capital Report" bzw. „Working Capital Comfort Letter" erstellt. Der Wirtschaftsprüfer bestätigt hierin, dass die Erklärung nach seiner Einschätzung nach Durchführung ordnungsgemäßer Untersuchungen abgegeben und die Vorhersagen im Hinblick auf das Geschäftskapital ordnungsgemäß auf Basis der von den Leitungsorganen der Gesellschaft getroffenen Annahmen erstellt wurden. Der Bericht wird nicht in den Prospekt aufgenommen und auch nicht anderweitig veröffentlicht, ist aber Teil der in Großbritannien üblichen Due Diligence der beteiligten Konsortialbanken.

Die Berechnung des Geschäftskapitals kann laut ESMA grundsätzlich die Erlöse des Angebots umfassen. Sie sollen jedoch nur dann miteinbezogen werden, wenn und soweit das Angebot auf der Grundlage einer festen Verpflichtung gezeichnet wird (Firm Commitment Underwriting) oder wenn unwiderrufliche Zusagen für den Erwerb der Wertpapiere gemacht worden sind (Irrevocable Undertakings).[45] Die Anleger sollen keiner Unsicherheit in Bezug auf die Qualität der Zeichnung der Wertpapiere ausgesetzt werden. Die Erlöse des Angebots sind deshalb nicht in die Berechnung miteinzubeziehen, wenn sie nicht mit Bestimmtheit berechnet werden können, wie beispielsweise wenn kein Mindestpreis festgesetzt ist (zum Angebotspreis siehe → Rn. 118) oder die Zeichnungsvereinbarung vorsieht, die Wertpapiere ohne eine feste Zusage bestmöglich zu platzieren (Best Efforts Underwriting, siehe dazu → Rn. 125). 21

Das Geschäftskapital soll auf der Basis aller Zahlungen berechnet werden, die innerhalb 22 der nächsten zwölf Monate ab Billigung des Prospekts mit hinreichender Wahrscheinlichkeit unter Berücksichtigung der geplanten Strategie eingehen oder zur Zahlung fällig werden. Ist der Emittent bereits eine Verpflichtung eingegangen, innerhalb der nächsten zwölf Monate ab Billigung des Prospekts ein anderes Unternehmen zu erwerben, sollen die Auswirkungen der Übernahme bei der Berechnung berücksichtigt werden.[46]

Darüber hinaus sieht die ESMA weitere Kriterien für die Berechnung des Geschäftskapitals für Kreditinstitute im Sinne des Art. 2 lit. g ProspektVO vor.[47] Sie sollen insbesondere ihre Verschuldungsquote und relevante aufsichtsrechtliche Anforderungen berücksichtigen, sodass das Geschäftskapital die Besonderheiten des Geschäftsmodells reflektiert. EU-Kreditinstitute sollen die Verschuldungsquoten entsprechend den Verordnungen über die Aufsichtsanforderungen an Kreditinstitute und Wertpapierfirmen[48] berechnen und die Angemessenheit ihres internen Kapitals berücksichtigen. 23

Ebenfalls weitere Kriterien für die Berechnung des Geschäftskapitals bestimmt die ESMA 24 für Versicherungsunternehmen und Rückversicherungsunternehmen im Sinne der Solva-

---

44 Listing Rules, FCA Handbook, Ziffer 6.1.16R/6.1.17G.
45 ESMA-Empfehlungen, Rn. 146 ff.
46 ESMA-Empfehlungen, Rn. 152 f.
47 ESMA-Empfehlungen, Rn. 157 ff.
48 Verordnung (EU) Nr. 575/2013 des Europäischen Parlaments und des Rates vom 26.6.2013; VO (EU) 2015/61 der Kommission vom 10.10.2014; Durchführungsverordnung (EU) Nr. 680/2014 der Kommission.

bilitäts-II-Richtlinie.⁴⁹ Sie sollen ihre Berechnung auf die Messgrößen stützen, die sie der Aufsichtsbehörde zur Überwachung ihres Liquiditätsrisikos vorgelegt haben.⁵⁰

4. Standort im Prospekt

25 In der Regel findet sich die Erklärung zum Geschäftskapital im gleichen Abschnitt wie die Angaben zu Kapitalbildung und Verschuldung unterhalb der entsprechenden Tabellen.⁵¹

III. Punkt 3.2 – Kapitalausstattung und Verschuldung

1. Inhalt

26 Anhang 11 Punkt 3.2 VO (EU) 2019/980 sieht vor, dass eine Übersicht zu Kapitalbildung und Verschuldung des Emittenten und dessen Kapitalausstattung in den Prospekt aufgenommen werden muss. Die VO (EU) 2019/980 legt dabei fest, dass zwischen garantierten und nicht garantierten, besicherten und unbesicherten Verbindlichkeiten zu unterscheiden ist.

27 Der Begriff Verschuldung umfasst auch indirekte Verbindlichkeiten und Eventualverbindlichkeiten. Diese Begriffe definiert ESMA wie folgt:⁵²

28 Indirekte Verbindlichkeiten: Alle Verpflichtungen, die der Emittent (auf konsolidierter Basis) nicht direkt eingegangen ist, die ihn aber unter bestimmten Umständen treffen können, so zum Beispiel ein Garantieversprechen für ein Darlehen einer dritten Partei, die nicht Teil der Gruppe des Emittenten ist, für den Fall, dass der Darlehensnehmer das Darlehen nicht zurückzahlt.

29 Eventualverbindlichkeiten: Der maximale Gesamtbetrag, den der Emittent in Bezug auf Verpflichtungen leisten müsste, die er zwar eingegangen ist, deren finaler Betrag jedoch derzeit noch nicht mit Sicherheit feststeht, unabhängig vom wahrscheinlichen finalen Betrag, so beispielsweise eine Mehrwertsteuerverpflichtung für Waren in einem Warenlager, wenn der an die Finanzbehörden zu zahlende Betrag für eine bestimmte Periode nicht nur von den vom Emittenten tatsächlich angeschafften und gelagerten Waren, sondern vom Umfang des tatsächlichen Weiterverkaufs an die Kunden abhängt.

30 Diese Definitionen entsprechen nicht der Definition nach deutschen und internationalen Rechnungslegungsvorschriften. Die Darstellung ist insoweit abgestimmt auf den jeweiligen Emittenten anzupassen. Sie soll Anlegern einen Überblick über die wesentlichen Verbindlichkeiten ermöglichen, die nicht in der Tabelle zur Liquidität enthalten sind.⁵³ Als wesentliche Verbindlichkeiten gelten beispielsweise Rückstellungen, die in den Jahresabschlüssen ausgewiesen werden, eine Garantie zur Erfüllung eines Bankkredits an eine

---

49 Richtlinie 2009/138/EG des Europäischen Parlaments und des Rates vom 25.11.2009.
50 ESMA-Empfehlungen, Rn. 162 ff.
51 *Meyer*, in: Habersack/Mülbert/Schlitt, Unternehmensfinanzierung, § 36 Rn. 50.
52 ESMA-Empfehlungen, Rn. 186.
53 ESMA-Empfehlungen, Rn. 185.

Einheit, die nicht zur Gruppe des Emittenten gehört, falls diese Einheit mit der Rückzahlung des Kredits in Verzug gerät, oder eine feste Zusage, in den nächsten zwölf Monaten einen Vermögenswert zu erwerben oder zu errichten.[54]

2. Darstellungsweise

Die Übersicht zur Kapitalbildung und Verschuldung erfolgt in Tabellenform in einem eigenen Prospektabschnitt („Kapitalisierung und Verschuldung"), wobei die ESMA-Empfehlungen weitergehende Hinweise zu Aufbau und Inhalt der Tabellen enthalten.[55] Zwar sind die Hinweise der ESMA für Emittenten rechtlich nicht bindend, gleichwohl jedoch verlangt die BaFin in ihrer Verwaltungspraxis eine genaue Umsetzung der entsprechenden Vorgaben. Die Tabelle zur Kapitalisierung soll die laufenden Verbindlichkeiten, langfristigen Verbindlichkeiten und das Eigenkapital darstellen. Ergänzt werden die Angaben durch eine Tabelle zur Liquidität („statement of indebtedness").[56] Sofern der Emittent Teil einer Gruppe ist, müssen sich die Angaben auf die gesamte Gruppe beziehen.[57] Indirekte Verbindlichkeiten und Eventualverbindlichkeiten sollen nicht in der Tabelle selbst dargestellt werden, sondern in einem gesonderten Paragraphen im Anschluss beschrieben werden. Die Beschreibung soll Informationen zum Betrag und eine Analyse der Art der Verbindlichkeiten enthalten.[58]

31

3. Aktualität der Angaben

Die Übersicht zur Kapitalbildung und Verschuldung darf nicht älter als 90 Tage vor dem Datum des Prospekts sein. Die Frist ist ab dem Datum der Prospektbilligung zu berechnen.[59] Teilweise wird vertreten, dass dieses Verständnis nicht mit der VO (EU) 2019/980 vereinbar sei und auf das Datum der Prospekterstellung abgestellt werden müsse, da der Emittent auf den Billigungszeitpunkt keinen Einfluss habe.[60] In der Praxis hat diese Frage wenig Bedeutung, da Prospekte von der BaFin in der Regel nach entsprechender Abstimmung untertägig gebilligt werden und somit Erstellungs- und Billigungsdatum übereinstimmen.

32

Die aktuellen ESMA-Empfehlungen sehen keine Möglichkeit für Emittenten vor, auch ältere, dem Jahresabschluss entstammende Angaben aufzunehmen, solange diese von der Erklärung begleitet werden, dass bis zum Datum des Prospekts keine wesentliche Ände-

33

---

54 Vgl. ESMA-Empfehlungen, Rn. 186.
55 Vgl. ESMA-Empfehlungen, Rn. 166 ff.
56 *Rauch*, in: Holzborn, WpPG, Anhang III ProspektVO Rn. 14; *Schlitt/Ries*, in: Assmann/Schlitt/ von Kopp-Colomb, Prospektrecht Kommentar, Anhang Abschnitt 3 VO (EU) 2019/980 Rn. 20; *Fingerhut/Voß*, in: Just/Voß/Ritz/Zeising, WpPG, 2009, Anhang III ProspektVO Rn. 33.
57 ESMA-Empfehlungen, Rn. 177.
58 ESMA-Empfehlungen, Rn. 185.
59 So auch ESMA in den bis zum 4.5.2021 geltenden ESMA update of the CESR recommendations, ESMA/2013/319, vom 20.3.2013, Rn. 127.
60 *Rauch*, in: Holzborn, WpPG, Anhang III ProspektVO Rn. 15; *Fingerhut/Voß*, in: Just/Voß/Ritz/ Zeising, WpPG, 2009, Anhang III ProspektVO Rn. 36.

rungen eingetreten sind.[61] Dies entspricht der restriktiven Praxis der BaFin, die fordert, dass die Angaben tatsächlich nicht älter als 90 Tage sind.[62]

34 Sofern die Angaben nicht einem geprüften oder prüferisch durchgesehenen Jahres- oder Zwischenabschluss, sondern beispielsweise der Monatsberichterstattung eines Emittenten entstammen, kann eine Bestätigung der Richtigkeit der Angaben durch einen Wirtschaftsprüfer im Comfort Letter Schwierigkeiten bereiten.

35 Sind zwischen dem Datum der Übersicht zur Kapitalbildung und Verschuldung und dem Billigungsdatum wesentliche Veränderungen eingetreten, so ist dies mittels einer ausführlichen Darstellung solcher Änderungen oder einer Aktualisierung dieser Zahlen klarzustellen und zu erläutern, da die Übersicht ansonsten irreführend sein könnte.[63]

4. Aufnahme ergänzender Informationen

36 Regelmäßig enthalten Prospekte mehrere vergleichende Spalten, die beispielsweise die Angaben aus dem letzten Jahresabschluss, die entsprechenden Zahlen aus dem letzten (nicht mehr als 90 Tage zurückliegenden) Zwischenabschluss sowie eine prospektive Darstellung unter Berücksichtigung der geplanten Verwendung des Emissionserlöses zeigen. Darüber hinaus werden häufig weitere Spalten in die Tabelle zur Kapitalisierung und Verschuldung aufgenommen, um beispielsweise kurz vor Veröffentlichung des Prospekts durchgeführte Kapitalmaßnahmen oder sonstige Umstrukturierungen sowie bestimmte künftige Ereignisse darzustellen.

37 Die Empfehlungen der ESMA legen fest, unter welchen Voraussetzungen solche zusätzlichen Spalten zulässig sind.[64] Danach soll es, sofern der Prospekt aufgrund einer vergangenen oder künftigen bedeutenden Brutto-Veränderung Pro-forma-Finanzinformationen enthält, zulässig sein, eine Spalte mit der Pro-forma-Kapitalisierung und Verschuldung aufzunehmen, vorausgesetzt die Darstellung ist konsistent mit der Darstellung der Pro-forma-Finanzinformationen an anderer Stelle im Prospekt. Erfolgte Anpassungen können durch einen Verweis auf die Pro-forma-Finanzinformationen erläutert werden. Sofern eine jüngst erfolgte komplexe Veränderung die Aufnahme von Pro-forma-Finanzinformationen in den Prospekt nicht erfordert, bleibt es dem Prospektersteller überlassen, freiwillige (vollständige) Pro-forma-Finanzinformationen und eine entsprechende zusätzliche Spalte aufzunehmen. Werden freiwillige Pro-forma-Finanzinformationen nicht aufgenommen, darf eine zusätzliche Spalte nur eingefügt werden, wenn sie verständlich und leicht zu analysieren ist.

38 Bei einfachen vergangenen Änderungen, die keine Pro-forma-Finanzinformation auslösen, soll nach ESMA besonderes Augenmerk auf die Konsistenz und Verständlichkeit zusätzlicher Angaben in der Tabelle zur Kapitalisierung und Verschuldung gelegt und, sofern die Informationen nicht einfach nachvollziehbar und analysierbar sind, auf eine Darstellung verzichtet werden. Unproblematisch ist dann nach ESMA die Aufnahme einer

---

61 Anders noch das bis zum 4.5.2021 geltende ESMA update of the CESR recommendations, ESMA/2013/319, vom 20.3.2013, Rn. 127; ESMA Final Report on Guidelines on prospectus disclosure requirements, ESMA31-62-1426, Rn. 237.
62 *Meyer*, in: Habersack/Mülbert/Schlitt, Unternehmensfinanzierung, § 36 Rn. 49.
63 ESMA-Empfehlungen, Rn. 171 f.
64 ESMA-Empfehlungen, Rn. 171 ff.

zusätzlichen Spalte zur Illustration einfach zu erläuternder Veränderungen, sofern die entsprechenden Anpassungen verständlich sind.

ESMA fordert Zurückhaltung, wenn (ohne die Aufnahme von Pro-forma-Finanzinformationen) künftige Veränderungen wie beispielsweise der Ausgang des prospektgegenständlichen Angebots in einer zusätzlichen Spalte reflektiert werden sollen. Der Prospektersteller muss in diesem Fall ausreichend verdeutlichen, dass das gezeigte künftige Ergebnis nicht notwendigerweise so eintreten muss. Sofern im Prospekt eine Preisspanne angegeben wird, soll zur Berechnung der Emissionserlöse der Mindestpreis angenommen werden. Transaktionskosten sollen auf dieser Grundlage ebenfalls berücksichtigt werden. Andere künftige Ereignisse sollen nur in Ausnahmefällen in einer zusätzlichen Spalte reflektiert werden, wenn dies sachlich erforderlich ist. Eine entsprechende Darstellung birgt nach ESMA eine erhöhte Gefahr für die Verständlichkeit und Konsistenz des Prospekts, etwa wenn der Emittent seine künftige Fremdkapitalstruktur darstellen möchte, die entsprechenden Verhandlungen mit einem oder mehreren Kreditinstituten aber noch nicht abgeschlossen sind.[65]

39

Die Aufnahme zusätzlicher Spalten in Bezug auf kürzlich erfolgte oder künftige (nicht pro-forma-pflichtige) Veränderungen löst nach ESMA für sich genommen selbstverständlich auch keine Pro-forma-Pflicht im Sinne von Anhang 20 VO (EU) 2019/980 aus.[66]

40

IV. Punkt 3.3 – Interessen natürlicher und juristischer Person, die an der Emission/dem Angebot beteiligt sind

Anhang 11 Punkt 3.3 VO (EU) 2019/980 verlangt die Beschreibung jeglicher Interessen, die für die Emission/das Angebot von wesentlicher Bedeutung sind. Dabei sind die beteiligten Personen zu spezifizieren und die Art der Interessen darzulegen.

41

Nach ESMA sind von dieser Regelung Personen bzw. Parteien erfasst, die ein wesentliches Interesse am Emittenten oder dem Angebot haben, einschließlich Beratern, Finanzintermediären und Experten.[67] Das jeweilige Interesse ist ebenso darzulegen wie mögliche Interessenkonflikte. Zu berücksichtigende Interessen sind insbesondere, ob die Personen bzw. Parteien Eigenkapitalbeteiligungen am Emittenten oder einem Tochterunternehmen halten, ein direktes oder indirektes wirtschaftliches Interesse am Erfolg der Emission haben oder ob Absprachen oder Vereinbarungen mit den Hauptaktionären des Emittenten bestehen.[68] Beispiele für am Angebot beteiligte Personen sind:

42

– die das Angebot bzw. die Zulassung begleitenden Konsortialbanken, deren Vergütung regelmäßig vom Emissionserlös abhängt;
– IPO-Berater, deren Vergütung vom Emissionserlös abhängig ist;
– unter Umständen die Parteien weiterer vertraglicher Vereinbarungen wie bestehender Bankfinanzierungen oder auch Designated Sponsor-Vereinbarungen;
– unter Umständen am Emittenten oder einer seiner Tochtergesellschaften beteiligte Organmitglieder des Emittenten;

---

65 Vgl. ESMA-Empfehlungen, Rn. 173.
66 ESMA-Empfehlungen, Rn. 174.
67 ESMA-Empfehlungen, Rn. 225.
68 ESMA Empfehlungen, Rn. 226.

- veräußernde Aktionäre, sofern diese eine nennenswerte Beteiligung am Emittenten oder seinen Tochtergesellschaften halten;
- Aktionäre, die Partei einer sog. Backstop-Vereinbarung sind, in der sie sich verpflichten bzw. ihnen das Recht eingeräumt wird, nicht platzierte Aktien zu beziehen, und die dafür unter Umständen eine Vergütung aus dem Emissionserlös erhalten;
- Personen, die eine bevorrechtigte Zuteilung von Aktien erhalten.

43 Nicht unter die Vorschrift fallen Vereinbarungen mit begleitenden Anwälten, die eine sog. Performance Fee enthalten, da diese regelmäßig nicht an den Emissionserlös, sondern an die Qualität der erbrachten Leistung anknüpft.[69]

44 Die Angaben zu Interessen Dritter sind in der Regel Bestandteil des Abschnitts „Das Angebot".

V. Punkt 3.4 – Gründe für das Angebot und die Verwendung der Erträge

45 Die Gründe für das Angebot und die Verwendung der Emissionserlöse sind nur bei Durchführung eines öffentlichen Angebots aufzunehmen, da nur in diesem Fall überhaupt Erträge anfallen. Bei einem reinen Börsenzulassungsprospekt ist Punkt 3.4 mithin nicht anwendbar.[70]

46 Die entsprechenden Angaben sollen den Anleger darüber in Kenntnis setzen, für welche Zwecke das von ihm eingebrachte Kapital verwendet werden soll, und müssen deshalb ausreichend konkret sein.

1. Gründe für das Angebot

47 Nach dem Wortlaut von Anhang 11 Punkt 3.4 VO (EU) 2019/980 sind zunächst die Gründe für das Angebot zu nennen. In der Praxis beschränkt sich der entsprechende Abschnitt regelmäßig auf die Darstellung der geplanten Verwendung der durch das Angebot erzielten Emissionserlöse. Bei Prospekten, die im Zusammenhang mit dem erstmaligen Angebot von Aktien im Rahmen des Börsengangs eines Emittenten erstellt werden, findet sich teils zusätzlich eine kurze Beschreibung der Gründe für den Börsengang (z. B. Zugang zu den Kapitalmärkten etc.).

2. Geplante Verwendung

48 Aufgrund der bezweckten Aufklärung von Investoren über die Verwendung der eingeworbenen Mittel sind sehr vage Formulierungen im Hinblick auf die geplante Erlösverwendung wie „zur Stärkung des Geschäftskapitals", „für den Ausbau der Geschäftstätigkeit", „aus Gewinnerzielungsabsicht" oder „zur Absicherung von Risiken" in aller Regel nicht

---

69 *Schlitt/Ries*, in: Assmann/Schlitt/von Kopp-Colomb, Prospektrecht Kommentar, Anhang 11 Abschnitt 3 VO (EU) 2019/980 Rn. 25.
70 *Rauch*, in: Holzborn, WpPG, Anhang III ProspektVO Rn. 28; *Schlitt/Ries*, in: Assmann/Schlitt/von Kopp-Colomb, Prospektrecht Kommentar, Anhang 11 Abschnitt 3 VO (EU) 2019/980 Rn. 26; a. A. und für eine Angabe der Gründe für die Börsenzulassung: *Fingerhut/Voß*, in: Just/Voß/Ritz/Zeising, WpPG, 2009, Anhang III ProspektVO Rn. 49.

ausreichend[71] und müssen um konkretere Vorhaben ergänzt werden. In der Regel stehen die Angaben zur Erlösverwendung im Zusammenhang mit den Angaben zur Strategie des Emittenten und den geplanten Investitionen (vgl. Anhang 1 Punkt 5.7.2 VO (EU) 2019/980). Dies kann selbstverständlich nur dann gelten, wenn tatsächlich solche Verwendungsvorhaben bestehen. Eine zu detaillierte Aufstellung kann im Übrigen im Widerspruch zum Interesse des Emittenten stehen, sich eine gewisse Flexibilität bei der Verwendung der Erlöse zu bewahren.[72] Beispiele für entsprechende Konkretisierungen sind die Rückführung einer bestimmten Finanzierung oder die Durchführung einer Unternehmensakquisition.

Nach der Verwaltungspraxis der BaFin ist bei der Angabe mehrerer Verwendungszwecke zwischen diesen eine Gewichtung vorzunehmen. Dies sollte allerdings nicht zu einer genauen Bezifferung bzw. einer prozentualen Aufteilung des Emissionserlöses auf einzelne Verwendungszwecke führen, da dies den Emittenten in zu hohem Maße bindet.[73] In diese Richtung geht allerdings die Verwaltungspraxis der BaFin, die häufig eine prozentuale Aufteilung des Emissionserlöses verlangt, sofern mehrere konkrete Verwendungszwecke angegeben werden. 49

Eine Pflicht zur Quantifizierung kann sich im Übrigen ergeben, wenn der Prospekt nach Anhang 1 Ziffer 5.7.2 VO (EU) 2019/980 Angaben zu geplanten Investitionen enthält. Sollen diese Investitionen aus dem Emissionserlös finanziert werden, ist an beiden Stellen des Prospekts ein entsprechender Hinweis aufzunehmen. 50

Reicht der Emissionserlös zur Finanzierung des angegebenen Verwendungszwecks nicht aus, ist darzustellen, wie der fehlende Betrag finanziert werden soll. Dies kann beispielsweise bedeuten, dass eine Fremdfinanzierungszusage angegeben werden muss, um den geplanten Verwendungszweck zu plausibilisieren, ohne dass hier allzu detaillierte Angaben zu verlangen sind.[74] 51

Üblicherweise erfolgt die Darstellung der Verwendung des Emissionserlöses in einem eigenen Abschnitt des Prospekts, der auf die Beschreibung des Angebots folgt. 52

Abschnitt 4
Angaben über die anzubietenden bzw. zum Handel zuzulassenden Wertpapiere

Punkt 4.1
Beschreibung von Art und Gattung der angebotenen und/oder zum Handel zuzulassenden Wertpapiere, einschließlich der internationalen Wertpapier-Identifikationsnummer (ISIN).

---

71 Vgl. jeweils mit weiteren Beispielen: *Rauch*, in: Holzborn, WpPG, Anhang III ProspektVO Rn. 20a; *Schlitt/Ries*, in: Assmann/Schlitt/von Kopp-Colomb, Prospektrecht Kommentar, Anhang 11 Abschnitt 3 VO (EU) 2019/980 Rn. 27; *Fingerhut/Voß*, in: Just/Voß/Ritz/Zeising, WpPG, 2009, Anhang III ProspektVO Rn. 50.
72 *Rauch*, in: Holzborn, WpPG, Anhang III ProspektVO Rn. 20a; *Schlitt/Ries*, in: Assmann/Schlitt/von Kopp-Colomb, Prospektrecht Kommentar, Anhang 11 Abschnitt 3 VO (EU) 2019/980 Rn. 27; *Fingerhut/Voß*, in: Just/Voß/Ritz/Zeising, WpPG, 2009, Anhang III ProspektVO Rn. 50.
73 *Schlitt/Ries*, in: Assmann/Schlitt/von Kopp-Colomb, Prospektrecht Kommentar, Anhang 11 Abschnitt 3 VO (EU) 2019/980 Rn. 28.
74 *Rauch*, in: Holzborn, WpPG, Anhang III ProspektVO Rn. 20a; *Fingerhut/Voß*, in: Just/Voß/Ritz/Zeising, WpPG, 2009, Anhang III ProspektVO Rn. 54.

Punkt 4.2

Rechtsvorschriften, auf deren Grundlage die Wertpapiere geschaffen wurden.

Punkt 4.3

Angabe, ob es sich bei den Wertpapieren um Namens- oder Inhaberpapiere handelt und ob sie in Stückeform oder stückelos vorliegen. In letzterem Fall sind Name und Anschrift des die Buchungsunterlagen führenden Instituts zu nennen.

Punkt 4.4

Währung der Wertpapieremission.

Punkt 4.5

Beschreibung der mit den Wertpapieren verbundenen Rechte einschließlich etwaiger Beschränkungen und des Verfahrens zur Ausübung dieser Rechte.

a) Dividendenrechte:
   i) Feste(r) Termin(e), zu dem/denen der Anspruch entsteht;
   ii) Verjährungsfrist für den Verfall der Dividendenberechtigung und Angabe des entsprechenden Begünstigten;
   iii) Dividendenbeschränkungen und Verfahren für gebietsfremde Wertpapierinhaber;
   iv) Dividendensatz bzw. Methode zu dessen Berechnung, Häufigkeit und Art der Zahlungen (kumulativ oder nichtkumulativ).

b) Stimmrechte;

c) Bezugsrechte bei Angeboten zur Zeichnung von Wertpapieren derselben Gattung;

d) Recht auf Beteiligung am Gewinn des Emittenten;

e) Recht auf Beteiligung am Liquidationserlös;

f) Tilgungsklauseln;

g) Wandelbedingungen.

Punkt 4.6

Bei Neuemissionen Angabe der Beschlüsse, Ermächtigungen und Billigungen, aufgrund deren die Wertpapiere geschaffen und/oder emittiert wurden oder werden sollen.

Punkt 4.7

Bei Neuemissionen Angabe des voraussichtlichen Emissionstermins.

Punkt 4.8

Beschreibung aller etwaigen Beschränkungen für die Übertragbarkeit der Wertpapiere.

Punkt 4.9

Erklärung zur Existenz auf den Emittenten anzuwendender nationaler Rechtsvorschriften zu Übernahmen, die solche Übernahmen behindern könnten, sofern vorhanden.

Kurze Beschreibung der Rechte und Verpflichtungen des Aktionärs im Falle obligatorischer Übernahmeangebote und/oder von Ausschluss- oder Andienungsregeln in Bezug auf die Wertpapiere.

Punkt 4.10

Angabe öffentlicher Übernahmeangebote vonseiten Dritter in Bezug auf das Eigenkapital des Emittenten, die während des letzten oder im Verlauf des derzeitigen Geschäftsjahres erfolgten. Zu nennen sind dabei der Kurs oder die Wandelbedingungen für derlei Angebote sowie das Resultat.

Punkt 4.11

Warnhinweis, dass sich die Steuergesetzgebung des Mitgliedstaats des Anlegers und des Gründungsstaats des Emittenten auf die Erträge aus den Wertpapieren auswirken könnten.

Angaben zur steuerlichen Behandlung der Wertpapiere, wenn die angebotene Anlage eine für diese Art von Anlagen gedachte Steuerregelung nach sich zieht.

Punkt 4.12

Gegebenenfalls die potenzielle Auswirkung auf die Anlagen im Fall der Abwicklung nach Maßgabe der Richtlinie 2014/59/EU des Europäischen Parlaments und des Rates.

Punkt 4.13

Sofern der Anbieter nicht dieselbe Person wie der Emittent ist, Angabe der Identität und der Kontaktdaten des Anbieters der Wertpapiere und/oder der die Zulassung zum Handel beantragenden Person einschließlich der Rechtsträgerkennung (LEI), falls der Anbieter Rechtspersönlichkeit hat.

Übersicht

	Rn.		Rn.
I. Überblick und Regelungsgegenstand	53	X. Punkt 4.9 – Erklärungen zur Existenz nationaler Rechtsvorschriften zu Übernahmen und kurze Beschreibung der Rechte und Verpflichtungen des Aktionärs im Falle obligatorischer Übernahmeangebote und/oder Ausschluss- und Andienungsregeln in Bezug auf die Wertpapiere	77
II. Punkt 4.1. – Beschreibung von Art und Gattung der Wertpapiere	54		
III. Punkt 4.2 – Rechtsvorschriften, auf deren Grundlage die Wertpapiere geschaffen wurden	56		
IV. Punkt 4.3 – Angaben zur Verbriefung	57		
V. Punkt 4.4 – Währung der Wertpapieremission	59	1. Auf den Emittenten anzuwendende nationale Rechtsvorschriften zu Übernahmen, die solche Übernahmen behindern können	77
VI. Punkt 4.5 – Beschreibung der mit den Wertpapieren verbundenen Rechte	60		
1. Dividenden	61	2. Obligatorische Übernahmeangebote	78
2. Stimmrechte	67	3. Ausschluss- und Andienungsregeln	79
3. Bezugsrechte	68	XI. Punkt 4.10 – Angabe öffentlicher Übernahmeangebote vonseiten Dritter in Bezug auf das Eigenkapital des Emittenten	81
4. Recht auf Beteiligung am Gewinn und an Liquidationserlösen	69		
5. Tilgungsklauseln und Wandelbedingungen	71	XII. Punkt 4.11 – Angaben zur Besteuerung	82
VII. Punkt 4.6 – Angabe zu Beschlüssen, Ermächtigungen und Billigungen für die Schaffung der Wertpapiere und/oder deren Emission	72	XIII. Punkt 4.12 – Angaben zu potenziellen Auswirkungen im Fall der Abwicklung	86
VIII. Punkt 4.7 – Angabe des erwarteten Emissionstermins der Wertpapiere	73	XIV. Punkt 4.13 – Angaben zu Identität und Kontaktdaten des Anbieters der Wertpapiere	87
IX. Punkt 4.8 – Beschreibung aller etwaigen Beschränkungen für die Übertragbarkeit der Wertpapiere	74		

I. Überblick und Regelungsgegenstand

53 Anhang 11 Punkt 4 VO (EU) 2019/980 fordert Angaben über die anzubietenden bzw. zum Handel zuzulassenden Wertpapiere.

II. Punkt 4.1. – Beschreibung von Art und Gattung der Wertpapiere

54 Zunächst sind Art und Gattung der anzubietenden oder zum Handel zuzulassenden Wertpapiere anzugeben. Bei Aktien umfasst dies in Bezug auf deren Art Stückaktien oder Nennbetragsaktien (vgl. § 8 AktG) und in Bezug auf deren Gattung Stammaktien oder Vorzugsaktien (vgl. §§ 11, 12 AktG).[75] Neben der reinen Bezeichnung von Art bzw. Gattung ist eine kurze Erläuterung aufzunehmen, um dem Anleger ein hinreichendes Verständnis des betreffenden Wertpapiers zu verschaffen.[76]

55 Ferner muss die internationale Wertpapier-Identifikationsnummer (International Security Identification Number – ISIN) angegeben werden. In Deutschland müssen darüber hinaus zusätzlich zur ISIN die vergebene WKN (Wertpapierkennnummer) sowie üblicherweise der Common Code und das Börsenkürzel angegeben werden.[77]

III. Punkt 4.2 – Rechtsvorschriften, auf deren Grundlage die Wertpapiere geschaffen wurden

56 Nach Anhang 11 Punkt 4.2 VO (EU) 2019/980 sind zudem Angaben zu den Rechtsvorschriften, auf deren Grundlage die Wertpapiere geschaffen wurden, zu machen.[78] Eine nähere Beschreibung einzelner Vorschriften oder Gesetze ist entgegen dem missverständlichen Wortlaut der deutschen Sprachfassung der VO (EU) 2019/980 jedoch nicht gefordert, was insbesondere ein Vergleich mit der englischen Sprachfassung („legislation under which the securities have been created") zeigt.[79] Es genügt also die Angabe, dass die Aktien oder andere unter Anhang 11 VO (EU) 2019/980 fallende Wertpapiere nach deutschem Recht geschaffen wurden.

---

75 *Schlitt/Ries*, in: Assmann/Schlitt/von Kopp-Colomb, Prospektrecht Kommentar, Anhang 11 Abschnitt 4 VO (EU) 2019/980 Rn. 32; *Fingerhut/Voß*, in: Just/Voß/Ritz/Zeising, WpPG, 2009, Anhang III ProspektVO Rn. 59; *Rauch*, in: Holzborn, WpPG, Anhang III ProspektVO Rn. 23; siehe hierzu auch *Gätsch*, in: Marsch-Barner/Schäfer, Handbuch börsennotierte AG, § 4 Rn. 37 f.
76 *Fingerhut/Voß*, in: Just/Voß/Ritz/Zeising, WpPG, 2009, Anhang III ProspektVO Rn. 59.
77 *Rauch*, in: Holzborn, WpPG, Anhang III ProspektVO Rn. 25.
78 *Schlitt/Ries*, in: Assmann/Schlitt/von Kopp-Colomb, Prospektrecht Kommentar, Anhang 11 Abschnitt 4 VO (EU) 2019/980 Rn. 33.
79 Siehe auch *Rauch*, in: Holzborn, WpPG, Anhang III ProspektVO Rn. 26; *Fingerhut/Voß*, in: Just/Voß/Ritz/Zeising, WpPG, 2009, Anhang III ProspektVO Rn. 60; *Schlitt/Ries*, in: Assmann/Schlitt/von Kopp-Colomb, Prospektrecht Kommentar, Anhang 11 Abschnitt 4 VO (EU) 2019/980 Rn. 33.

IV. Punkt 4.3 – Angaben zur Verbriefung

Anhang 11 Punkt 4.3 VO (EU) 2019/980 ergänzt die nach Punkt 4.1 erforderlichen Informationen um die Angabe, ob es sich um Namens- oder Inhaberpapiere (vgl. § 10 Abs. 1 AktG) handelt. Ferner muss die Verbriefung beschrieben werden. Dabei ist sowohl die derzeitige Form der Verbriefung anzugeben, als auch die Tatsache, ob ein Anspruch auf Einzelverbriefung besteht oder dieser ausgeschlossen ist (vgl. § 10 Abs. 5 AktG).[80]

Sofern die Wertpapiere stückelos sind, ist der Name und die Adresse[81] des Instituts zu nennen, das die Buchungsunterlagen führt. In Deutschland sind Wertpapiere, die zum Handel an einer deutschen Börse zugelassen werden sollen, in der Regel durch Globalurkunden verbrieft bei der Clearstream Banking AG (der einzigen deutschen Clearing- und Settlement-Stelle) in Girosammelverwahrung zu geben. (Ebenfalls darstellungspflichtige) Ausnahmen können für Wertpapiere ausländischer Emittenten bestehen, etwa für die 2013 eingeführten sog. dematerialisierten Wertpapiere (titres dématerialisés) nach Luxemburger Recht. Diese Aktienart wird nicht mehr durch Globalurkunden verbrieft, sondern einem von der Luxemburger Verwahrstelle (organisme de liquidation), beispielsweise LuxCSD, gehaltenen Emissionskonto (compte d'émission) gutgeschrieben und über die speziell eingerichtete Verbindung (CSD-Link) zwischen LuxCSD und Clearstream Banking AG an deutschen Börsen handelbar gemacht. Die Übertragung der Wertpapiere erfolgt durch Umbuchung auf ein anderes Wertpapierkonto (virement de compte à compte).

V. Punkt 4.4 – Währung der Wertpapieremission

Die Währung der Wertpapieremission ist üblicherweise bereits Bestandteil des Deckblatts des Prospekts, auf dem das Emissionsvolumen in Euro (oder einer anderen Währung) angegeben wird.[82]

VI. Punkt 4.5 – Beschreibung der mit den Wertpapieren verbundenen Rechte

Anhang 11 Punkt 4.5 VO (EU) 2019/980 verlangt die Darstellung der Rechte, die an die Wertpapiere gebunden sind. Dabei ist zu beachten, dass die geforderten Angaben sich teilweise an anderen Rechtsordnungen, die weitere Gestaltungsmöglichkeiten vorsehen, orientieren und im deutschen Aktienrecht keine Entsprechung haben.[83]

---

80 *Schlitt/Ries*, in: Assmann/Schlitt/von Kopp-Colomb, Prospektrecht Kommentar, Anhang 11 Abschnitt 4 VO (EU) 2019/980 Rn. 34; *Fingerhut/Voß*, in: Just/Voß/Ritz/Zeising, WpPG, 2009, Anhang III ProspektVO Rn. 63; *Rauch*, in: Holzborn, WpPG, Anhang III ProspektVO Rn. 29.
81 Nach der Verwaltungspraxis der BaFin bedarf es einer Angabe der Haus- und nicht lediglich der Postanschrift.
82 *Schlitt/Ries*, in: Assmann/Schlitt/von Kopp-Colomb, Prospektrecht Kommentar, Anhang 11 Abschnitt 4 VO (EU) 2019/980 Rn. 35; *Fingerhut/Voß*, in: Just/Voß/Ritz/Zeising, WpPG, 2009, Anhang III ProspektVO Rn. 62; *Rauch*, in: Holzborn, WpPG, Anhang III ProspektVO Rn. 29.
83 *Fingerhut/Voß*, in: Just/Voß/Ritz/Zeising, WpPG, 2009, Anhang III ProspektVO Rn. 67.

1. Dividenden

61 So fordert Punkt 4.5 zunächst in Ergänzung von Anhang 1 Punkt 18.5 VO (EU) 2019/980 (siehe Kommentierung zu →Anhang 1 VO (EU) 2019/980) die Aufnahme von Angaben zu **festen Terminen für den Beginn der Dividendenberechtigung**. Nach deutschem Aktienrecht bestehen indes keine festen Termine für den Beginn der Dividendenberechtigung.[84] Vielmehr entsteht die Dividendenberechtigung mit einem wirksamen Beschluss der Hauptversammlung über die Gewinnverwendung (§ 58 Abs. 3 i.V.m. § 174 AktG). Da die Hauptversammlung nicht jährlich zu einem festen Termin stattfindet, sondern lediglich innerhalb der ersten acht Monate des Geschäftsjahrs abgehalten werden muss (vgl. § 175 Abs. 1 Satz 2 AktG), ist die Angabe eines bestimmten Termins für den Beginn der Dividendenberechtigung nicht möglich.

62 In den Prospekt aufzunehmen ist jedoch der Zeitpunkt, zu dem die Dividendenzahlung fällig wird. Nach § 58 Abs. 4 Satz 2 AktG ist die Zahlung der Dividende durch die Gesellschaft am dritten auf den Hauptversammlungsbeschluss folgenden Geschäftstag fällig.[85] Durch Hauptversammlungsbeschluss oder in der Satzung kann eine spätere Fälligkeit festgelegt werden (vgl. § 58 Abs. 4 Satz 3 AktG). Bis zum 31.12.2016 war dagegen mangels ausdrücklicher Regelung im Aktiengesetz die Zahlung der Dividende durch die Gesellschaft nach allgemeinen zivilrechtlichen Grundsätzen sofort fällig (§ 271 BGB).[86] Weiterhin kann die Hauptversammlung beschließen, keine Dividende auszuschütten, sondern den Gewinn in die Gewinnrücklagen der Gesellschaft einzustellen (§ 174 Abs. 2 Nr. 3 AktG) oder vorzutragen (§ 174 Nr. 4 AktG). Auch dieser Umstand ist im Prospekt zu beschreiben. Ferner ist die **Verjährungsfrist für den Verfall der Dividendenberechtigung** darzustellen. Nach deutschem Recht verjährt der Dividendenanspruch im Regelfall nach Ablauf der dreijährigen Regelverjährungsfrist (§ 195 BGB).[87]

63 Die nach Punkt 4.5 darzulegenden **Dividendenbeschränkungen** umfassen sowohl mögliche aktien- bzw. handelsrechtliche Ausschüttungssperren als auch Beschränkungen aufgrund von Vereinbarungen mit Dritten, beispielsweise in Kreditverträgen (Covenants), nach denen eine Dividendenzahlung nur bei Erreichen bestimmter Kennzahlen zulässig ist.[88] Ferner fordert Punkt 4.5, dass das **Verfahren für gebietsfremde Wertpapierinhaber** beschrieben wird. Gemeint ist, wie Aktionäre mit Wohnsitz außerhalb Deutschlands ihre Dividendenrechte geltend machen können. Zwar hängt das entsprechende Verlangen bzw. dessen Form grundsätzlich nicht vom Wohnsitz des Aktionärs ab.[89] Üblicherweise enthält der Prospekt aber einen speziellen Hinweis für Aktionäre, die ihre Aktien über eine nicht-deutsche Depotbank halten, dass das Verfahren zur Gutschrift der Dividende mit der betreffenden Depotbank abgestimmt werden sollte (während im Falle deutscher De-

---

84 *Fingerhut/Voß*, in: Just/Voß/Ritz/Zeising, WpPG, 2009, Anhang III ProspektVO Rn. 68.
85 § 58 Abs. 4 AktG eingefügt durch das „Gesetz zur Änderung des Aktiengesetzes (Aktienrechtsnovelle 2016)", BGBl. I 2015, S. 2565
86 Siehe *Ihrig/Wandt*, BB 2016, 6, 14.
87 *Bayer*, in: MünchKomm-AktG, § 58 Rn. 112; *Fingerhut/Voß*, in: Just/Voß/Ritz/Zeising, WpPG, 2009, Anhang III ProspektVO Rn. 68; *Schlitt/Ries*, in: Assmann/Schlitt/von Kopp-Colomb, Prospektrecht Kommentar, Anhang 11 Abschnitt 4 VO (EU) 2019/980 Rn. 36; *Rauch*, in: Holzborn, WpPG, Anhang III ProspektVO Rn. 26.
88 *Schlitt/Ries/Kunhold*, in: Assmann/Schlitt/von Kopp-Colomb, Prospektrecht Kommentar, Anhang 1 Abschnitt 18 VO (EU) 2019/980 Rn. 278.
89 *Fingerhut/Voß*, in: Just/Voß/Ritz/Zeising, WpPG, 2009, Anhang III ProspektVO Rn. 73.

potbanken die von der Sammelverwahrstelle (Clearstream) weitergeleiteten Dividenden automatisch gutgeschrieben werden).

Weiterhin ist der **Dividendensatz oder die Methode zu dessen Berechnung** anzugeben. Zum Zeitpunkt der Prospekterstellung kann der (künftige) Dividendensatz regelmäßig nicht angegeben werden, da noch kein Gewinnverwendungsbeschluss der Hauptversammlung (siehe oben → Rn. 61) vorliegt.[90] Häufig wird allerdings eine Aussage über die Absicht der Gesellschaft, gegebenenfalls Dividenden auszuschütten, sowie, falls einschlägig, über die vergangene Ausschüttungspraxis bzw. Dividendenpolitik aufgenommen. In speziellen Fällen findet sich auch eine konkrete Aussage zur Höhe des geplanten Dividendenbetrags etwa für das laufende Geschäftsjahr. In diesen Fällen ist darauf zu achten, dass die Überleitung einer an dem Konzernergebnis oder bekannten Kerngrößen orientierten Dividendenpolitik auf den nach deutschem AktG und HGB maßgeblichen Bilanzgewinn des Einzelabschlusses des Emittenten hinreichend deutlich wird. 64

Die VO (EU) 2019/980 fordert ferner die Angabe der **Häufigkeit** und der **kumulativen oder nichtkumulativen Art der Zahlungen**. Anders als in anderen Rechtsordnungen (wie z. B. den USA, Großbritannien und Japan), in denen auch die quartalsweise Zahlung von Dividenden üblich ist,[91] erfolgt die Dividendenzahlung bei deutschen Aktiengesellschaften praktisch ausschließlich jährlich. Die Möglichkeit zur Zahlung von Zwischendividenden in Form eines Abschlags auf die Dividende ist sehr restriktiv geregelt und hat in der Praxis keine Bedeutung (vgl. § 59 AktG).[92] Eine echte Zwischendividende in Form von Zahlungen auf den vorläufigen Bilanzgewinn des laufenden Geschäftsjahres ist von § 59 AktG jedoch nicht gedeckt und nach deutschem Aktienrecht unzulässig.[93] 65

Die Angaben zu Dividenden finden sich (gemeinsam mit den von Anhang 1 Punkt 18.5 VO (EU) 2019/980 geforderten Informationen) in einem eigenen Prospektabschnitt („Dividendenpolitik"). 66

2. Stimmrechte

Nach Anhang 11 Punkt 4.5 VO (EU) 2019/980 sind weiterhin die mit den Aktien verbundenen **Stimmrechte** und das Verfahren ihrer Ausübung sowie etwaige Beschränkungen zu beschreiben. Dabei ist gegebenenfalls auf unterschiedliche Stimmrechte der Aktionäre einzugehen,[94] also beispielsweise auszuführen, ob stimmrechtslose Vorzugsaktien ausgegeben wurden oder gesetzliche Stimmverbote bestehen.[95] Zum Verfahren der Stimmrechtsausübung wird in der Regel lediglich festgestellt, dass die Aktionäre ihre Stimmrechte in der Hauptversammlung ausüben. Regelmäßig finden sich die entsprechenden Angaben in einem Unterabschnitt „Allgemeine und Besondere Angaben über die Aktien" im Rahmen des Prospektabschnitts zur Beschreibung des Angebots. 67

---

90 Insoweit sind nach Ziffer 18.5, Anhang 1 VO (EU) 2019/980 Angaben zur Dividendenpolitik zu machen.
91 *Siebel/Gebauer*, AG 1999, 385, 391 ff.
92 *Cahn*, in: Spindler/Stilz, AktG, § 59 Rn. 6.
93 *Cahn*, in: Spindler/Stilz, AktG, § 59 Rn. 21.
94 *Fingerhut/Voß*, in: Just/Voß/Ritz/Zeising, WpPG, 2009, Anhang III ProspektVO Rn. 73, *Rauch*, in: Holzborn, WpPG, Anhang III ProspektVO Rn. 35.
95 *Rauch*, in: Holzborn, WpPG, Anhang III ProspektVO Rn. 35.

3. Bezugsrechte

68 Die geforderte Beschreibung von **Bezugsrechten bei Angeboten zur Zeichnung von Wertpapieren derselben Gattung** erschöpft sich im Falle deutscher Emittenten in einer generischen Darstellung des aktienrechtlichen Bezugsrechts bestehender Aktionäre (§ 186 Abs. 1 AktG). Diese ist auch nicht lediglich in Prospekte für Zwecke einer Bezugsrechtsemission, sondern in sämtliche Prospekte aufzunehmen, die eine Zulassung und/oder ein öffentliches Angebot von Aktien deutscher Emittenten zum Gegenstand haben. Die Informationen finden sich in der Regel in einem entsprechenden Unterabschnitt des Kapitels zum Kapital der Gesellschaft.

4. Recht auf Beteiligung am Gewinn und an Liquidationserlösen

69 Im Gegensatz zur Beschreibung der Dividendenberechtigung im Sinne eines konkreten Zahlungsanspruchs geht es bei der Darstellung des **Rechts auf Beteiligung am Gewinn des Emittenten** um den allgemeinen mitgliedschaftlichen Gewinnanspruch des Aktionärs gegen die Gesellschaft (vgl. § 58 Abs. 4 AktG).[96] Dieser wird (sehr knapp) ebenfalls im Kapitel zur Dividendenpolitik erläutert.

70 Die Beschreibung des **Rechts auf Beteiligung am Liquidationserlös** der Gesellschaft (vgl. § 271 Abs. 1 AktG) findet sich regelmäßig in dem das Angebot beschreibenden Abschnitt sowie (ausführlicher) in dem Prospektabschnitt zum Kapital der Gesellschaft.

5. Tilgungsklauseln und Wandelbedingungen

71 Zu **Tilgungsklauseln** (Redemption Provisions) und **Wandelbedingungen** (Reversion Provisions) in Bezug auf Aktien sind im Falle deutscher Emittenten keine Angaben erforderlich, da diese Instrumente dem deutschen Aktienrecht fremd sind.[97]

VII. Punkt 4.6 – Angabe zu Beschlüssen, Ermächtigungen und Billigungen für die Schaffung der Wertpapiere und/oder deren Emission

72 Bei Neuemissionen (also nicht bei der Zulassung oder dem Angebot bereits bestehender Wertpapiere) sind die zugrunde liegenden Beschlüsse der Hauptversammlung bzw. des Vorstands und Aufsichtsrats darzustellen. Dies umfasst Rechtshandlungen des Emittenten und nicht von Dritten.[98] Sofern die entsprechenden Beschlüsse, etwa bei Ausnutzung eines genehmigten Kapitals, im Zeitpunkt der Prospektbilligung noch nicht gefasst wurden, von Bedingungen Dritter abhängig sind oder widerrufen werden können, ist hierauf unter Nennung des voraussichtlichen Beschlussdatums und einer Erläuterung der Konsequen-

---

96 *Fingerhut/Voß*, in: Just/Voß/Ritz/Zeising, WpPG, 2009, Anhang III ProspektVO Rn. 82.
97 *Schlitt/Ries*, in: Assmann/Schlitt/von Kopp-Colomb, Prospektrecht Kommentar, Anhang 11 Abschnitt 4 VO (EU) 2019/980 Rn. 36; *Fingerhut/Voß*, in: Just/Voß/Ritz/Zeising, WpPG, 2009, Anhang III ProspektVO Rn. 85.
98 ESMA, Questions and Answers on the Prospectus Regulation (Version 11 – 12.10.2022, ESMA31-62-1258), Frage 14.3.

zen im Fall, dass der erforderliche Beschluss nicht gefasst wird, hinzuweisen.[99] Verläuft die spätere Beschlussfassung dann innerhalb dieses Rahmens und weichen weder Beschlussinhalt noch Zeitpunkt wesentlich von den Angaben im Prospekt ab, ist ein Prospektnachtrag im Sinne von Art. 23 ProspektVO für diese nicht erforderlich.[100] Bestehen weitere Zustimmungserfordernisse, Vorbehalte oder Bedingungen, beispielsweise Beschlüsse weiterer Gremien wie Beiräte oder einer Behörde, so ist hierauf ebenfalls hinzuweisen.[101]

VIII. Punkt 4.7 – Angabe des erwarteten Emissionstermins der Wertpapiere

Ferner ist bei Neuemissionen der erwartete Emissionstermin anzugeben. Nach der Verwaltungspraxis der BaFin handelt es sich dabei um das Datum der Ausgabe der neuen Aktien. Da in Deutschland (anders als zum Teil in anderen Rechtsordnungen) die Emission üblicherweise indirekt erfolgt, die Aktien also nicht von den Anlegern selbst, sondern von einer oder mehreren Emissionsbanken mit der Verpflichtung gezeichnet werden, die entsprechenden Aktien den Anlegern zum Erwerb bzw. Bezug anzubieten, sollte richtigerweise auf den Termin abgestellt werden, an dem die Aktien schließlich beim jeweiligen Anleger eingebucht werden.[102] In der Regel finden sich sowohl das Datum der voraussichtlichen Eintragung der Kapitalerhöhung im Handelsregister als auch das der Einbuchung der Aktien in die Depots der Anleger in einem überblicksartigen Zeitplan im Prospektabschnitt „Das Angebot". 73

IX. Punkt 4.8 – Beschreibung aller etwaigen Beschränkungen für die Übertragbarkeit der Wertpapiere

Die Beschreibung aller etwaigen Beschränkungen der Übertragbarkeit der Wertpapiere erfordert zunächst die Beschreibung etwaiger Vinkulierungen. Die Ausgabe vinkulierter Namensaktien i. S. v. § 68 Abs. 2 AktG ist bei börsennotierten Aktiengesellschaften (mit 74

---

99 *Schlitt/Ries*, in: Assmann/Schlitt/von Kopp-Colomb, Prospektrecht Kommentar, Anhang 11 Abschnitt 4 VO (EU) 2019/980 Rn. 37, *Fingerhut/Voß*, in: Just/Voß/Ritz/Zeising, WpPG, 2009, Anhang III ProspektVO Rn. 82; ESMA-Questions and Answers on the Prospectus Regulation (Version 11 – 12.10.2022, ESMA31-62-1258), Frage 14.3.
100 *Schlitt/Ries*, in: Assmann/Schlitt/von Kopp-Colomb, Prospektrecht Kommentar, Anhang 11 Abschnitt 4 VO (EU) 2019/980 Rn. 37.
101 ESMA, Questions and Answers on the Prospectus Regulation (Version 11 – 12.10.2022, ESMA31-62-1258), Frage 66.
102 *Schlitt/Ries*, in: Assmann/Schlitt/von Kopp-Colomb, Prospektrecht Kommentar, Anhang 11 Abschnitt 4 VO (EU) 2019/980 Rn. 38; *Rauch*, in: Holzborn, WpPG, Anhang III ProspektVO Rn. 42; andere Ansicht: *Fingerhut/Voß*, in: Just/Voß/Ritz/Zeising, WpPG, 2009, Anhang III ProspektVO Rn. 85, die auf das Datum der Entstehung der Aktien gem. § 212 AktG, das heißt der Eintragung der Kapitalerhöhung ins Handelsregister, abstellen.

Ausnahme bestimmter Industrien aufgrund gesetzlicher Vorgaben zum Aktionärskreis[103]) selten. Die Ausgabe vinkulierter Inhaberaktien ist in Deutschland nicht möglich.[104]

75 Unabhängig von einer möglichen Vinkulierung sind im Fall von Namensaktien auch Angaben zum Erwerb dieser Aktien und der Eintragung in das Aktionärsregister zu machen.

76 Neben diesen gesetzlichen bzw. satzungsmäßigen Beschränkungen sind auch vertragliche Vereinbarungen darzustellen und Angaben zu sog. Marktschutz- bzw. Lock-Up-Vereinbarungen[105] mit bestehenden bzw. abgebenden Aktionären aufzunehmen.[106] Verkaufsbeschränkungen im Hinblick auf die prospektgegenständlichen Wertpapiere (sog. Selling Restrictions), die die Übertragbarkeit in bestimmten Rechtsordnungen beschränken, fallen demgegenüber richtigerweise nicht unter Punkt 4.8.[107] Bei diesen handelt es sich vielmehr um einen Teil der Vereinbarung zwischen Emittent und Emissionsbegleiter(n) zum Vertrieb der Wertpapiere, dessen Darstellung unter Anhang 11 Punkt 5.4.3 VO (EU) 2019/980 geboten ist (siehe auch → Rn. 123 ff.).[108]

X. Punkt 4.9 – Erklärungen zur Existenz nationaler Rechtsvorschriften zu Übernahmen und kurze Beschreibung der Rechte und Verpflichtungen des Aktionärs im Falle obligatorischer Übernahmeangebote und/oder Ausschluss- und Andienungsregeln in Bezug auf die Wertpapiere

1. Auf den Emittenten anzuwendende nationale Rechtsvorschriften zu Übernahmen, die solche Übernahmen behindern können

77 Anhang 11 Punkt 4.9 VO (EU) 2019/980 verpflichtet den Prospektersteller zunächst, eine Erklärung abzugeben zur Existenz auf den Emittenten anzuwendender nationaler Rechtsvorschriften zu Übernahmen, die solche Übernahmen behindern könnten, sofern vorhanden. Zu beschreiben sind insbesondere Regelungen von Mitgliedstaaten, die von der Opt-out-Möglichkeit gemäß Art. 12 Abs. 1 der Richtlinie 2004/25/EG des Europäischen Parlaments und des Rates betreffend Übernahmeangebote (Übernahmerichtlinie) Gebrauch gemacht haben.

Deutschland hat im Wege der Umsetzung der Übernahmerichtlinie von dieser Möglichkeit Gebrauch gemacht, sodass grundsätzlich das Verhinderungsverbot nach § 33 WpÜG greift.[109] Sofern die Zielgesellschaft nicht gemäß §§ 33a, 33b WpÜG in der Satzung vor-

---

103 Vinkulierungen sind z.B. gesetzlich vorgeschrieben bei börsennotierten Luftverkehrsgesellschaften (§ 2 Abs. 1 LuftNaSiG) und privaten Rundfunkveranstaltern (§§ 21 Abs. 2 Ziffer 1, Abs. 6 und 7, 29 des Rundfunkstaatsvertrags v. 31.8.1991, i.d.F. v. 1.1.2001), siehe *Cahn*, in: Spindler/Stilz, AktG, § 68 Rn. 30).
104 *Cahn*, in: Spindler/Stilz, AktG, § 68 Rn. 28.
105 Zu Begriff und Inhalt siehe *Singhof/Weber*, in: Habersack/Mülbert/Schlitt, Unternehmensfinanzierung, § 2 Rn. 31, siehe auch die Kommentierung zu Anhang 11, Abschnitt 7.4.
106 Zur Funktionsweise von Lock-up-Vereinbarungen, siehe *Grüger*, WM 2010, 247, 247 f.
107 So *Rauch*, in: Holzborn, WpPG, Anhang III ProspektVO Rn. 43; *Fingerhut/Voß*, in: Just/Voß/Ritz/Zeising, WpPG, 2009, Anhang III ProspektVO Rn. 97.
108 So auch *Schlitt/Ries*, in: Assmann/Schlitt/von Kopp-Colomb, Prospektrecht Kommentar, Anhang 11 Abschnitt 4 VO (EU) 2019/980 Rn. 39.
109 *Schlitt*, in MünchKomm-AktG, WpÜG § 33 Rn. 20.

sieht, sich dem europäischen Verhinderungsverbot zu unterwerfen (Opt-in), unterliegt sie den allgemeinen Regelungen des § 33 WpÜG, die im Vergleich zum europäischen Verhinderungsverbot weniger streng sind.[110]

2. Obligatorische Übernahmeangebote

Anhang 11 Punkt 4.9 VO (EU) 2019/980 verpflichtet den Prospektersteller, Angaben zu einem etwaigen laufenden „obligatorischen Übernahmeangebot" sowie zu Ausschluss- und Andienungsregeln in Bezug auf die prospektgegenständlichen Wertpapiere zu machen. Nach dem Wertpapiererwerbs- und Übernahmegesetz ist ein „obligatorisches Übernahmeangebot" (Pflichtangebot im Sinne von § 35 WpÜG) abzugeben, wenn in Bezug auf bereits börsennotierte Aktien die Grenze von 30% der gesamten Stimmrechte in Bezug auf den betreffenden Emittenten erreicht bzw. überschritten wird.[111] Sofern ein Aktionär zum Zeitpunkt der Zulassung der Aktien bereits über 30% der Stimmrechte hält, ist dies für Zwecke von Punkt 4.9 unbeachtlich.[112] Bereits die Pflicht zur Abgabe eines Pflichtangebots, also der Umstand der Kontrollerlangung selbst, der gem. § 35 Abs. 1 Satz 1 WpÜG innerhalb von sieben Werktagen zu veröffentlichen ist, stellt aber für sich genommen eine wesentliche Angabe dar, die in den Prospekt aufgenommen werden muss.[113] Auch wenn ein Übernahmeangebot nicht in diesem Sinne „besteht", enthält der Prospekt in aller Regel eine überblicksartige Zusammenfassung der insoweit bestehenden rechtlichen Situation.

78

3. Ausschluss- und Andienungsregeln

Angaben zu Ausschluss- oder Andienungsregeln umfassen die Darstellung der Möglichkeiten, Aktionäre (auch) gegen ihren Willen aus der Gesellschaft auszuschließen (sog. „Squeeze Out" bzw. „Sell out"). Neben der Darstellung des übernahmerechtlichen Squeeze Out i. S. d. §§ 39, 39a WpÜG[114] fallen hierunter die Darstellung des aktienrechtlichen (§ 327a AktG)[115] und des umwandlungsrechtlichen (§ 62 Abs. 5 UmwG) Squeeze Out.[116] Ferner ist im Zusammenhang mit dem übernahmerechtlichen Squeeze Out die Möglichkeit der Andienung von Aktien (§ 39c WpÜG)[117] darzustellen. Allgemeine Ausführungen zu diesen Rechtsinstituten finden sich in der Regel in dem Prospektabschnitt, der das Kapital der Gesellschaft und anwendbare Vorschriften beschreibt.

79

Sofern im Einzelfall Aktionärsvereinbarungen bestehen, die Ausschluss- oder Andienungsrechte enthalten, sind diese als wesentliche Informationen ebenfalls in den Prospekt aufzunehmen. Soweit entsprechende Vereinbarungen (wie bei Börsengängen üblich) spätestens mit der Notierungsaufnahme beendet werden, aber zum Zeitpunkt der Billigung

80

---

110 *Stephan*, in Assmann/Pötzsch/Schneider, WpÜG, § 33a Rn. 1.
111 Vgl. *Krause/Pötzsch*, in: Assmann/Pötzsch/Schneider, WpÜG, § 35 Rn. 65.
112 *Schlitt/Ries*, in: Assmann/Schlitt/von Kopp-Colomb, Prospektrecht Kommentar, Anhang 11 Abschnitt 4 VO (EU) 2019/980 Rn. 40.
113 Siehe auch *Fingerhut/Voß*, in: Just/Voß/Ritz/Zeising, WpPG, 2009, Anhang III ProspektVO Rn. 100 f.
114 *Seiler* in: Assmann/Pötzsch/Schneider, WpÜG, § 39a Rn. 1 f.
115 *Singhof*, in: Spindler/Stiltz, AktG, § 327a Rn. 1 f.
116 *Diekmann*, in: Semler/Stengel/Leonard, UmwG, § 62 Rn. 1.
117 *Seiler*, in: Assmann/Pötzsch/Schneider, WpÜG, § 39c Rn. 1 f.

des Prospekts noch bestehen, ist auf diesen Umstand hinzuweisen. Eine detaillierte Beschreibung der Vereinbarung ist dann jedoch entbehrlich.[118]

XI. Punkt 4.10 – Angabe öffentlicher Übernahmeangebote vonseiten Dritter in Bezug auf das Eigenkapital des Emittenten

81 Aufzunehmen sind nach Anhang 11 Punkt 4.10 VO (EU) 2019/980 Angaben zu abgeschlossenen Übernahmeangeboten, die Dritte während des letzten oder im laufenden Geschäftsjahr in Bezug auf die Aktien des Prospekterstellers abgegeben haben. Darzustellen sind insbesondere die Bedingungen für das Übernahmeangebot sowie das Ergebnis des betreffenden Angebots. Die entsprechenden Angaben sind jedoch nicht zwingend im Prospekt selbst zu machen.[119] Eine Aufnahme der Informationen durch Verweis auf die Angebotsunterlage gem. Art. 19 Abs. 1 ProspektVO ist zulässig (vgl. Kommentierung zu → Art. 19 ProspektVO Rn. 16).

XII. Punkt 4.11 – Angaben zur Besteuerung

82 Anhang 11 Punkt 4.11 VO (EU) 2019/980 verlangt einen Warnhinweis, dass sich die Steuergesetzgebung des Mitgliedstaats des Anlegers und des Gründungsstaats des Emittenten auf die Erträge aus den Wertpapieren auswirken könnten.

83 Daneben sind bestimmte Angaben in Bezug auf die steuerliche Behandlung der Wertpapiere aufzunehmen, wenn die angebotene Anlage eine besondere Steuerregelung nach sich zieht, beispielsweise bei der Anlage in Wertpapieren, die für den Anleger mit Steuervorteilen verbunden sind. Solche Informationen sind bei der grenzüberschreitenden Zulassung in Bezug auf das Land des eingetragenen Sitzes des Emittenten sowie auf die Länder, in denen der Prospekt gebilligt wurde und in denen der Prospekt notifiziert werden soll, aufzunehmen.[120]

84 ESMA hat klargestellt, dass eine umfassende Darstellung des Steuersystems in den entsprechenden Ländern weder erforderlich noch erwünscht ist, jedoch ein Hinweis an die Anleger aufgenommen werden sollte, sich im Hinblick auf die steuerlichen Auswirkungen der Anlage angemessen beraten zu lassen.[121] Allgemeine Informationen zur Besteuerung der Erträge aus den Wertpapieren sind nicht erforderlich, da sie für den einzelnen Anleger von geringem zusätzlichem Informationswert sind und aufgrund ihrer Kostspieligkeit ein Hemmnis für grenzüberschreitende Angebote darstellen können (vgl. Erwägungsgrund 47 der ProspektVO).[122]

---

118 *Fingerhut/Voß*, in: Just/Voß/Ritz/Zeising, WpPG, 2009, Anhang III ProspektVO Rn. 100 f.; *Schlitt/Ries*, in: Assmann/Schlitt/von Kopp-Colomb, Prospektrecht Kommentar, Anhang 11 Abschnitt 4 VO (EU) 2019/980 Rn. 40; *Fingerhut/Voß*, in: Just/Voß/Ritz/Zeising, WpPG, 2009, Anhang III ProspektVO Rn. 82.
119 *Schlitt/Ries*, in: Assmann/Schlitt/von Kopp-Colomb, Prospektrecht Kommentar, Anhang 11 Abschnitt 4 VO (EU) 2019/980 Rn. 41.
120 So die bis zum 21.7.2020 geltenden ESMA-Questions and Answers – Prospectuses (30th Updated Version – April 2019, ESMA31-62-780), Frage 45.
121 So die bis zum 21.7.2020 geltenden ESMA-Questions and Answers – Prospectuses (30th Updated Version – April 2019, ESMA31-62-780), Frage 45.
122 *Schmitt/Bhatti/Storck*, in ZEuP 2019, 287.

Üblicherweise werden neben dem Warnhinweis die Besonderheiten der Besteuerung von Wertpapieren in Deutschland angegeben, also insbesondere die Abführung von Kapitalertragsteuer. Gegenständliche Einnahmen sind neben der Dividende auch Sonderausschüttungen oder Liquidationserlöse.

XIII. Punkt 4.12 – Angaben zu potenziellen Auswirkungen im Fall der Abwicklung

Nach Anhang 11 Punkt 4.12 VO (EU) 2019/980 sind gegebenenfalls die potenziellen Auswirkungen auf die Anlagen im Fall der Abwicklung nach Maßgabe der Richtlinie 2014/59/EU des Europäischen Parlaments und des Rates (Richtlinie zur Festlegung eines Rahmens für die Sanierung und Abwicklung von Kreditinstituten und Wertpapierfirmen) anzugeben. Dies betrifft nur Kreditinstitute, Wertpapierfirmen, Finanzinstitute, Finanzholdinggesellschaften und Mutterfinanzholdinggesellschaften, die in der Europäischen Union niedergelassen sind.

XIV. Punkt 4.13 – Angaben zu Identität und Kontaktdaten des Anbieters der Wertpapiere

Anhang 11 Punkt 4.13 VO (EU) 2019/980 verlangt die Angabe der Identität und der Kontaktdaten des Anbieters der Wertpapiere und/oder der die Zulassung zum Handel beantragenden Person einschließlich der Rechtsträgerkennung (LEI), falls der Anbieter Rechtspersönlichkeit hat, sofern der Anbieter nicht dieselbe Person wie der Emittent ist.

Anbieter im Sinne des Art. 2 lit. i ProspektVO sind Rechtspersönlichkeiten oder natürliche Personen, die Wertpapiere öffentlich anbieten. In der Regel wird als Anbieter angesehen, wer im Rahmen das Angebots nach außen auftritt und die Verantwortlichkeit bezüglich des öffentlichen Angebots innehat.[123] Neben dem Emittenten können somit auch die Emissionsbanken Anbieter sein, da sie in der Regel im Außenauftritt der Emission durch Marketingmaßnahmen erkennbar sind.[124] In der Praxis werden regelmäßig die Emissionsbanken als Anbieter im Prospekt genannt.

Abschnitt 5
Konditionen des öffentlichen Angebots von Wertpapieren

Punkt 5.1
Konditionen, Angebotsstatistiken, erwarteter Zeitplan und erforderliche Maßnahmen für die Antragstellung
Punkt 5.1.1
Angebotskonditionen.

---

[123] *Voß*, in ZBB 2018, 305; *Preuße*, in Schwark/Zimmer, KMRK, § 2 WpPG Rn. 34; *Groß*, Kapitalmarktrecht, § 2 WpPG Rn. 29.
[124] *Preuße*, in Schwark/Zimmer, KMRK, § 2 WpPG Rn. 40.

Punkt 5.1.2

Gesamtsumme der Emission/des Angebots, wobei zwischen den zum Verkauf und den zur Zeichnung angebotenen Wertpapieren zu unterscheiden ist; ist der Betrag nicht festgelegt, Angabe des maximalen Emissionsvolumens der anzubietenden Wertpapiere (sofern verfügbar) und Beschreibung der Vereinbarungen und des Zeitraums für die Ankündigung des endgültigen Angebotsbetrags an das Publikum.

Ist eine Angabe des maximalen Emissionsvolumens der Wertpapiere im Prospekt nicht möglich, wird im Prospekt angeführt, dass eine Zusage zum Erwerb oder zur Zeichnung der Wertpapiere innerhalb von mindestens zwei Arbeitstagen nach Hinterlegung des Emissionsvolumens der öffentlich anzubietenden Wertpapiere widerrufen werden kann.

Punkt 5.1.3

Frist – einschließlich etwaiger Änderungen –, innerhalb derer das Angebot gilt, und Beschreibung des Antragsverfahrens.

Punkt 5.1.4

Zeitpunkt und Umstände, zu dem bzw. unter denen das Angebot widerrufen oder ausgesetzt werden kann, und Angabe, ob der Widerruf nach Beginn des Handels erfolgen kann.

Punkt 5.1.5

Beschreibung einer etwaigen Möglichkeit zur Reduzierung der Zeichnungen und der Art und Weise der Erstattung des zu viel gezahlten Betrags an die Zeichner.

Punkt 5.1.6

Einzelheiten zum Mindest- und/oder Höchstbetrag der Zeichnung (entweder in Form der Anzahl der Wertpapiere oder des aggregierten zu investierenden Betrags).

Punkt 5.1.7

Angabe des Zeitraums, während dessen ein Antrag zurückgezogen werden kann, sofern dies den Anlegern gestattet ist.

Punkt 5.1.8

Methode und Fristen für die Bedienung der Wertpapiere und ihre Lieferung.

Punkt 5.1.9

Umfassende Beschreibung der Modalitäten und des Termins für die öffentliche Bekanntgabe der Angebotsergebnisse.

Punkt 5.1.10

Verfahren für die Ausübung eines etwaigen Vorzugszeichnungsrechts, die Verhandelbarkeit der Zeichnungsrechte und die Behandlung nicht ausgeübter Zeichnungsrechte.

Punkt 5.2

Verteilungs- und Zuteilungsplan

Punkt 5.2.1

Angabe der verschiedenen Kategorien der potenziellen Investoren, denen die Wertpapiere angeboten werden. Werden die Papiere gleichzeitig an den Märkten zweier oder mehrerer Staaten angeboten und ist eine bestimmte Tranche einigen dieser Märkte vorbehalten, so ist diese Tranche anzugeben.

Punkt 5.2.2

Soweit dem Emittenten bekannt, Angabe, ob Hauptaktionäre oder Mitglieder des Leitungs-, Aufsichts- oder Verwaltungsorgans des Emittenten an der Zeichnung teilnehmen wollen oder ob Personen mehr als 5 % des Angebots zeichnen wollen.

Punkt 5.2.3

Offenlegung vor der Zuteilung:

a) Aufteilung des Angebots in Tranchen, einschließlich der institutionellen Tranche, der Privatkundentranche und der Tranche für die Beschäftigten des Emittenten und sonstige Tranchen;

b) Bedingungen, zu denen eine Rückforderung verlangt werden kann, Höchstgrenze einer solchen Rückforderung und alle eventuell anwendbaren Mindestprozentsätze für einzelne Tranchen;

c) Zu verwendende Zuteilungsmethode oder -methoden für die Privatkundentranche und die Tranche für die Beschäftigten des Emittenten im Falle der Mehrzuteilung dieser Tranchen;

d) Beschreibung einer etwaigen vorher festgelegten Vorzugsbehandlung, die bestimmten Kategorien von Anlegern oder bestimmten Gruppen Nahestehender (einschließlich friends and family-Programme) bei der Zuteilung vorbehalten wird, des Prozentsatzes des für die Vorzugsbehandlung vorgesehenen Angebots und der Kriterien für die Aufnahme in derlei Kategorien oder Gruppen;

e) Angabe des Umstands, ob die Behandlung der Zeichnungen oder der bei der Zuteilung zu zeichnenden Angebote eventuell von der Gesellschaft abhängig gemacht werden kann, durch die oder mittels deren sie vorgenommen werden;

f) Angestrebte Mindesteinzelzuteilung, falls vorhanden, innerhalb der Privatkundentranche;

g) Bedingungen für das Schließen des Angebots sowie der Termin, zu dem das Angebot frühestens geschlossen werden darf;

h) Angabe der Tatsache, ob Mehrfachzeichnungen zulässig sind und wenn nicht, wie trotzdem auftauchende Mehrfachzeichnungen behandelt werden.

Punkt 5.2.4

Verfahren zur Meldung gegenüber den Zeichnern über den zugeteilten Betrag und Angabe, ob eine Aufnahme des Handels vor der Meldung möglich ist.

Punkt 5.3

Preisfestsetzung

Punkt 5.3.1

Angabe des Preises, zu dem die Wertpapiere voraussichtlich angeboten werden, und etwaiger Kosten und Steuern, die dem Zeichner oder Käufer in Rechnung gestellt werden.

Ist der Preis nicht bekannt, dann gemäß Artikel 17 der Verordnung (EU) 2017/1129 Angabe entweder:

a) des Höchstkurses, soweit vorhanden;

b) der Bewertungsmethoden und -kriterien und/oder der Bedingungen, nach denen der endgültige Emissionskurs festgelegt wurde oder wird, und eine Erläuterung etwaiger Bewertungsmethoden.

Können weder a) noch b) in der Wertpapierbeschreibung angegeben werden, wird in der Wertpapierbeschreibung angeführt, dass eine Zusage zum Erwerb oder zur Zeichnung der Wertpapiere innerhalb von bis zu zwei Arbeitstagen nach Hinterlegung des endgültigen Emissionskurses der öffentlich anzubietenden Wertpapiere widerrufen werden kann.

Punkt 5.3.2

Verfahren für die Offenlegung des Angebotspreises.

Punkt 5.3.3

Verfügen die Aktionäre des Emittenten über Vorkaufsrechte und werden diese Rechte eingeschränkt oder entzogen, ist die Basis des Emissionspreises anzugeben, wenn die Emission in bar erfolgt, zusammen mit den Gründen und den Begünstigten einer solchen Beschränkung oder eines solchen Entzugs.

Punkt 5.3.4

Besteht tatsächlich oder potenziell ein wesentlicher Unterschied zwischen dem öffentlichen Angebotspreis und den effektiven Barkosten der von Mitgliedern des Verwaltungs-, Leitungs- oder Aufsichtsorgans oder des oberen Managements sowie von nahestehenden Personen bei Transaktionen im letzten Jahr erworbenen Wertpapiere oder deren Recht darauf, ist ein Vergleich des öffentlichen Beitrags zum vorgeschlagenen öffentlichen Angebot und der effektiven Bar-Beiträge dieser Personen einzufügen.

Punkt 5.4

Platzierung und Übernahme (Underwriting)

Punkt 5.4.1

Name und Anschrift des Koordinators bzw. der Koordinatoren des gesamten Angebots sowie einzelner Angebotsteile und – soweit dem Emittenten oder dem Anbieter bekannt – Name und Anschrift derjenigen, die das Angebot in den verschiedenen Ländern platzieren.

Punkt 5.4.2

Name und Anschrift etwaiger Zahlstellen und Verwahrstellen in jedem Land.

Punkt 5.4.3

Name und Anschrift der Institute, die bereit sind, eine Emission auf Grund einer festen Zusage zu zeichnen, und Name und Anschrift der Institute, die bereit sind, eine Emission ohne feste Zusage oder „zu den bestmöglichen Bedingungen" zu platzieren. Angabe der Hauptmerkmale der Vereinbarungen, einschließlich der Quoten. Wird die Emission nicht zur Gänze übernommen, ist eine Erklärung zum verbleibenden Teil einzufügen. Angabe des Gesamtbetrages der Übernahmeprovision und der Platzierungsprovision.

Punkt 5.4.4

Datum, zu dem der Emissionsübernahmevertrag geschlossen wurde oder wird.

Übersicht

	Rn.		Rn.
I. Überblick und Regelungsgegenstand	89	8. Bedienung der Wertpapiere und Lieferung	101
II. Punkt 5.1 – Bedingungen, Angebotsstatistiken, erwarteter Zeitplan und erforderliche Maßnahmen für die Antragstellung	90	9. Offenlegung des Angebotsergebnisses	102
		10. Bezugsrechte	103
1. Konditionen des Angebots	90	**III. Punkt 5.2 – Verteilungs- und Zuteilungsplan**	104
2. Gesamtsumme der Emission einschließlich deren Festlegung	91	1. Investorenkategorien	105
3. Angebotsfrist	96	2. Teilnahme bestimmter Personen	106
4. Möglicher Widerruf des Angebots	97	3. Angebotstranchen und Zuteilung	107
5. Nachträgliche Reduzierung der Zeichnungen	98	4. Vorzugsbehandlung einzelner Gruppen	112
6. Mindest- und/oder Höchstbetrag der Zeichnung	99	**IV. Punkt 5.3 – Preisfestsetzung**	117
		V. Punkt 5.4 – Übernahme der Aktien	123
7. Rücknahme des Zuteilungsantrags durch den Anleger	100		

I. Überblick und Regelungsgegenstand

Anhang 11 Punkt 5 VO (EU) 2019/980 fordert eine detaillierte Beschreibung der Ausgestaltung des Angebots im Prospekt. Handelt es sich um einen reinen Zulassungsprospekt i. S. d. § 32 Abs. 3 Nr. 2 BörsG, ist lediglich Ziffer 5.4.2 (Angaben zu Zahl- und Verwahrstellen) zu beachten. 89

II. Punkt 5.1 – Bedingungen, Angebotsstatistiken, erwarteter Zeitplan und erforderliche Maßnahmen für die Antragstellung

1. Konditionen des Angebots

Zunächst sind die **Konditionen, denen das Angebot unterliegt**, darzustellen. Hierunter fallen beispielsweise ein Mindestemissionsvolumen, Mindestordergrößen, Orderlimits, die Preisspanne, innerhalb derer Erwerbsangebote abgegeben werden können, und, sofern dieser bereits feststeht, der Emissionspreis.[125] 90

2. Gesamtsumme der Emission einschließlich deren Festlegung

Ferner ist die **Gesamtsumme der Emission/des Angebots** anzugeben, wobei zwischen bereits existierenden, von den bestehenden Aktionären zum Verkauf angebotenen, und jungen, noch zu schaffenden Wertpapieren zu unterscheiden ist. Gesamtsumme meint dabei die Anzahl der angebotenen Aktien und nicht die Anzahl, multipliziert mit deren Nennwert.[126] Während bei Bezugsrechtsemissionen, sofern keine „bis zu"-Kapitalerhöhung erfolgt, die Gesamtsumme der Emission im Grundsatz bereits zu Beginn des Angebots feststeht, ist dies bei nachfrageabhängigen Börsengängen oder Sekundärplatzierungen im Zeitpunkt der Prospektbilligung in der Regel nicht der Fall. 91

Kann der **Gesamtemissionsbetrag nicht im Vorhinein festgelegt werden**, so muss das maximale Emissionsvolumen, sofern verfügbar, und eine **Beschreibung der diesbezüglichen Vereinbarungen und des Zeitpunkts für die Ankündigung des endgültigen Angebotsbetrags an das Publikum** in den Prospekt aufgenommen werden. Eine rein abstrakte Umschreibung des erst in der Zukunft zu bestimmenden Angebotsvolumens genügt nach der Verwaltungspraxis der BaFin nicht. Vielmehr sind zahlenmäßige Angaben im Sinne eines „bis zu"-Betrags des maximalen Angebotsvolumens erforderlich.[127] Begründet wird die Aufforderung zur Aufnahme einer Maximalzahl von Aktien insbesondere damit, dass der Prospekt andernfalls inhaltlich in die Nähe eines für Aktienemissionen nicht vorgesehenen Basisprospekts gerate. Mit Blick auf den Zeitpunkt der Ankündi- 92

---

125 Vgl. *Schlitt/Ries*, in: Assmann/Schlitt/von Kopp-Colomb, Prospektrecht Kommentar, Anhang 11 Abschnitt 5 VO (EU) 2019/980 Rn. 46; *Fingerhut/Voß*, in: Just/Voß/Ritz/Zeising, WpPG, 2009, Anhang III ProspektVO Rn. 114; *Rauch*, in: Holzborn, WpPG, Anhang III ProspektVO Rn. 53.
126 *Fingerhut/Voß*, in: Just/Voß/Ritz/Zeising, WpPG, 2009, Anhang III ProspektVO Rn. 117.
127 *Singhof/Weber*, in: Habersack/Mülbert/Schlitt, Unternehmensfinanzierung, § 4 Rn. 76; *Schlitt/Ries*, in: Assmann/Schlitt/von Kopp-Colomb, Prospektrecht Kommentar, Anhang 11 Abschnitt 5 VO (EU) 2019/980 Rn. 485; kritisch zu dieser Praxis: *Fingerhut/Voß*, in: Just/Voß/Ritz/Zeising, WpPG, 2009, Anhang III ProspektVO Rn. 117.

gung des endgültigen Angebotsbetrags ist die Nennung einer Zeitspanne ausreichend, innerhalb derer dann die entsprechende Veröffentlichung erfolgen wird.[128]

93 Ist jedoch die Angabe des maximalen Emissionsvolumens im Prospekt nicht möglich, muss im Prospekt angeführt werden, dass eine Zusage zum Erwerb oder zur Zeichnung der Wertpapiere innerhalb von mindestens zwei Arbeitstagen nach Hinterlegung des Emissionsvolumens der öffentlich anzubietenden Wertpapiere widerrufen werden kann.

94 Nicht zulässig ist die Nennung eines „bis zu"-Betrags nach der Verwaltungspraxis der BaFin jedoch bei der Nennung des Angebotsvolumens auf dem Deckblatt des Prospekts. Nach Auffassung der BaFin erfolgt das Angebot, selbst wenn die endgültige Zahl der letztlich auszugebenden Aktien von der Annahmequote abhängt und daher im Zeitpunkt der Prospektbilligung noch nicht feststeht, stets in vollem Umfang. Der Umstand, dass diese Gesamtzahl der angebotenen Aktien gegebenenfalls nicht voll ausgeschöpft wird, ist sodann im Prospekt näher zu beschreiben.

95 Das endgültige Emissionsvolumen ist nach Art. 17 Abs. 2 ProspektVO nach der Festlegung bei der zuständigen Behörde zu hinterlegen und in Übereinstimmung mit den allgemeinen Veröffentlichungsvorschriften zu veröffentlichen. Diese Veröffentlichung ist als solche kein Nachtrag im Sinne des Art. 23 ProspektVO (siehe die Kommentierung zu → Art. 17 ProspektVO).[129] Daneben kann die Anzahl der angebotenen oder zuzulassenden neuen und/oder bestehenden Aktien im Übrigen durch Nachtrag (Art. 23 ProspektVO) verringert oder auch erhöht werden, ohne dass diese Änderung der Angebotsbedingungen zwingend mit der Rücknahme des alten und Abgabe eines neuen (erneut prospektpflichtigen) Angebots einhergehen muss.[130] Wird daneben, was insbesondere in Zeiten volatiler Kapitalmärkte erforderlich sein kann, auch der Zeitraum des prospektgegenständlichen Angebots verlängert, so erfordert dies, im Gegensatz zur Verkürzung der Angebotsfrist (siehe die Kommentierung zu → Art. 17 ProspektVO Rn. 44 ff.),[131] gegebenenfalls einen weiteren Prospektnachtrag (siehe die Kommentierung zu → Art. 17 ProspektVO Rn. 44 ff.).[132] Eine Erhöhung der Anzahl der angebotenen oder zuzulassenden neuen und/oder bestehenden Aktien ist nach Auffassung der BaFin jedoch nur zulässig, wenn es sich innerhalb desselben Angebots oder derselben Zulassung um Aktien mit identischer Ausstattung handelt. Entsprechend unzulässig ist beispielsweise die nachträgliche Erweiterung des prospektgegenständlichen Angebots um ein neues Angebot oder eine neue Zulassung von Aktien des Emittenten mit abweichender Dividendenberechtigung. Verändert ein Nachtrag die Anzahl der Angebotsaktien, sind insbesondere auch die Angaben, die in Abhängigkeit von der Anzahl der angebotenen Aktien stehen, zu aktualisieren (z. B. Angaben zur Verwässerung, Angaben zu den Brutto- und Nettoerlösen und zur Erlösverwendung, mögliche Angaben zur künftigen Kapitalisierung und Verschuldung sowie zur künftigen Aktionärsstruktur).

---

128 Gem. Art. 17 Abs. 2 ProspektVO im Wege der Volumenbekanntmachung; ein Nachtrag ist nicht erforderlich. Siehe die Kommentierung zu → Art. 17 ProspektVO; so auch *Schlitt/Ries*, in: Assmann/Schlitt/von Kopp-Colomb, Prospektrecht Kommentar, Anhang 11 Abschnitt 5 VO (EU) 2019/980 Rn. 48.
129 *Groß*, Kapitalmarktrecht, Art. 17 (EU) 2017/1129 Rn. 5; *Lenz/Heine*, AG 2019, 451.
130 *Berrar*, in: Berrar/Meyer/Müller et al., WpPG/EU-PrsopektVO, 2. Aufl. 2017, § 16 WpPG Rn. 66 f.
131 *Groß*, Kapitalmarktrecht, Art. 23 (EU) 2017/1129 Rn. 18.
132 *Groß*, Kapitalmarktrecht, Art. 23 (EU) 2017/1129 Rn. 18.

3. Angebotsfrist

Weiterhin ist die **Frist, einschließlich etwaiger Änderungen, innerhalb der das Angebot gilt, und eine Beschreibung des Antragsverfahrens in den Prospekt** aufzunehmen. Darzustellen sind der Angebotszeitraum sowie die Stellen, bei denen Angebote zum Erwerb von Aktien abgegeben werden können (**Zeichnungs- bzw. Bezugsstellen**). Diese Zeichnungs- bzw. Bezugsstellen, die nicht mit der Zahlstelle nach Anhang 11 Punkt 5.4.2 VO (EU) 2019/980 identisch sind, müssen mit ihrer Firma und Adresse angegeben werden. Nach der Verwaltungspraxis der BaFin hat der Angebotszeitraum spätestens 2 Monate nach dem Zeitpunkt der Prospektbilligung zu beginnen.[133] Verzögert sich der Angebotsbeginn, ist der gebilligte Prospekt laufend auf eventuell notwendige Nachträge zu überprüfen.[134] Der Prospekt muss spätestens mit Beginn des öffentlichen Angebots zur Verfügung gestellt werden. Bei Börsengängen, das heißt beim erstmaligen öffentlichen Angebot bislang nicht zugelassener Aktien, muss das öffentliche Angebot zudem gem. Art. 21 Abs. 1 UA. 2 ProspektVO mindestens sechs Arbeitstage vor dem Ende des Angebots zur Verfügung gestellt werden. Dies begründet eine Mindestangebotsdauer bei erstmaligen öffentlichen Angeboten von Aktien.[135] In der Regel werden für Beginn und Ende der Zeichnungsfrist konkrete Daten angegeben; sofern sich diese nach Billigung ändern, werden die Daten im Wege eines Nachtrags korrigiert.[136]

96

4. Möglicher Widerruf des Angebots

Nach Punkt 5.1.4 sind ferner **der Zeitpunkt und die Umstände, zu dem bzw. unter denen das Angebot widerrufen oder ausgesetzt werden kann, und die Tatsache, ob der Widerruf nach Beginn des Handels erfolgen kann**, zu beschreiben. Gemeint sind die Bedingungen, denen die Durchführung des Angebots nach den Vereinbarungen zwischen Emittent und Emissionsbegleiter im Übernahmevertrag unterliegt.[137] Hierunter fallen beispielsweise das Ausbleiben einer Verschlechterung der Vermögens-, Finanz- und Ertragslage des Emittenten oder einer sonstigen wesentlichen nachteiligen Änderung der Verhältnisse, die den Erfolg des Angebots in Frage stellen.[138] Sofern der Widerruf nach Handelsbeginn möglich ist, muss dies gesondert dargestellt werden.

97

---

133 *Schlitt/Ries*, in: Assmann/Schlitt/von Kopp-Colomb, Prospektrecht Kommentar, Anhang 11 Abschnitt 5 VO (EU) 2019/980 Rn. 50.
134 *Schlitt/Ries*, in: Assmann/Schlitt/von Kopp-Colomb, Prospektrecht Kommentar, Anhang 11 Abschnitt 5 VO (EU) 2019/980 Rn. 50.
135 *Groß*, Kapitalmarktrecht, Art. 21 (EU) 2017/1129 Rn. 3.
136 Die Ansicht von *Fingerhut/Voß*, in: Just/Voß/Ritz/Zeising, WpPG, 2009, Anhang III ProspektVO Rn. 131, es sei praktisch nicht möglich, konkrete Daten anzugeben, da der Emittent nicht wissen könne, wann der Prospekt gebilligt werde, scheint vor dem Hintergrund des tatsächlichen Ablaufs eines Billigungsverfahrens praxisfremd.
137 *Schlitt/Ries*, in: Assmann/Schlitt/von Kopp-Colomb, Prospektrecht Kommentar, Anhang 11 Abschnitt 5 VO (EU) 2019/980 Rn. 50; *Fingerhut/Voß*, in: Just/Voß/Ritz/Zeising, WpPG, 2009, Anhang III ProspektVO Rn. 136.
138 Vgl. *Haag*, in: Habersack/Mülbert/Schlitt, Unternehmensfinanzierung, § 29 Rn. 74.

5. Nachträgliche Reduzierung der Zeichnungen

98 Nach Punkt 5.1.5 muss zudem etwaige Möglichkeiten von Anlegern beschrieben werden, bereits platzierte Orders (**Zeichnungen**) **nachträglich zu reduzieren**. In diesem Zusammenhang ist auch zu erläutern, auf welchem Weg in diesem Fall bereits gezahlte **Zeichnungsgebühren erstattet** werden. Die Möglichkeit, Zeichnungsangebote nachträglich zu reduzieren, ist in der Regel nicht vorgesehen. Allerdings besteht bis zum Ende der Zeichnungsfrist für Anleger faktisch die Möglichkeit, ihre Order zurückzunehmen (s. u.), sodass ein Anleger durch Rücknahme der bestehenden und Platzierung einer neuen (reduzierten) Order im Ergebnis seine Order reduzieren kann.

6. Mindest- und/oder Höchstbetrag der Zeichnung

99 Punkt 5.1.6 fordert die Angabe von Einzelheiten zum **Mindest- und/oder Höchstbetrag der Zeichnung** (entweder in Form der Anzahl der Wertpapiere oder des aggregierten zu investierenden Betrags). Auch diese Beschränkung besteht jedoch regelmäßig nicht und ist dann auch nicht zu erwähnen.

7. Rücknahme des Zuteilungsantrags durch den Anleger

100 Nach Punkt 5.1.7 ist der **Zeitraum** anzugeben, während dessen der **Anleger seinen Antrag** (auf Zuteilung von Wertpapieren) **zurückziehen** kann, sofern dies gestattet ist. Nach herrschender Meinung stellt die Aufforderung zur Zeichnung durch Emittenten und Konsortialbanken bei bezugsrechtsfreien Emissionen (also insbesondere bei Börsengängen) eine invitatio ad offerendum im Sinne des Zivilrechts dar (vgl. die Kommentierung zu → Art. 2 ProspektVO Rn. 57).[139] Während der Zeichnungsfrist bis zur endgültigen Zuteilung ist der Anleger nicht an sein Angebot gebunden und kann dieses jederzeit zurückziehen.[140] Eine gesetzliche Widerrufsmöglichkeit des Anlegers besteht unter Umständen auch noch nach Vertragsschluss, wenn vor Ende des öffentlichen Angebots bzw., wenn dies später erfolgt, vor Einführung der Wertpapiere in den Handel, ein Nachtrag veröffentlicht wird und dem Anleger deshalb gemäß Art. 23 Abs. 2 UA. 1 ProspektVO ein zweitägiges Widerrufsrecht zusteht.[141]

8. Bedienung der Wertpapiere und Lieferung

101 Nach Punkt 5.1.8 sind weiterhin Angaben zu der **Methode** und den **Fristen** für die **Bedienung der Wertpapiere und ihre Lieferung** zu machen. Die *Bedienung der Wertpapiere*

---

139 *Singhof/Weber*, in: Habersack/Mülbert/Schlitt, Unternehmensfinanzierung, § 3 Rn. 76; *Singhof*, in: MünchKomm-HGB, Bd. 6, Emissionsgeschäft, Rn. 85; *Schlitt/Ries*, in: Assmann/Schlitt/von Kopp-Colomb, Prospektrecht Kommentar, Anhang 11 Abschnitt 5 VO (EU) 2019/980 Rn. 52; *Fingerhut/Voß*, in: Just/Voß/Ritz/Zeising, WpPG, 2009, Anhang III ProspektVO Rn. 139.
140 *Singhof/Weber*, in: Habersack/Mülbert/Schlitt, Unternehmensfinanzierung, § 3 Rn. 82 m. w. N.; *Schlitt/Ries*, in: Assmann/Schlitt/von Kopp-Colomb, Prospektrecht Kommentar, Anhang 11 Abschnitt 5 VO (EU) 2019/980 Rn. 52; *Fingerhut/Voß*, in: Just/Voß/Ritz/Zeising, WpPG, 2009, Anhang III ProspektVO Rn. 139.
141 *Singhof/Weber*, in: Habersack/Mülbert/Schlitt, Unternehmensfinanzierung, § 3 Rn. 82.

meint die Zahlungsmodalitäten zur Entrichtung des Erwerbspreises.[142] Anzugeben ist also, auf welche Weise und zu welchem Zeitpunkt der Anleger den Erwerbspreis zu zahlen hat. In der Regel enthalten Prospekte hier lediglich die Angabe, dass die Lieferung der Aktien gegen Zahlung des Angebotspreises erfolgt und die Aktien den Aktionären im Wege eines Bucheintrags als Miteigentumsanteil an der Globalurkunde zur Verfügung gestellt werden.[143] Die Lieferung erfolgt dann durch Einbuchung des entsprechenden Miteigentumsanteils auf dem Konto der Depotbank des jeweiligen Anlegers bei der die Globalurkunde verwahrenden Wertpapiersammelbank, also in der Regel der Clearstream Banking AG, Frankfurt am Main. Die Depotbank wiederum schreibt den entsprechenden Anteil dem bei ihr geführten Depot des Anlegers gut.

9. Offenlegung des Angebotsergebnisses

Sofern der Prospekt nicht bereits alle Angaben zum Billigungszeitpunkt enthält, ist nach Punkt 5.1.9 eine **umfassende Beschreibung der Modalitäten und des Termins für die öffentliche Bekanntgabe der Angebotsergebnisse** aufzunehmen. Relevant wird dies, wenn der Angebotspreis bzw. das endgültige Volumen zum Billigungszeitpunkt noch nicht feststehen, also vor allem bei Börsengängen und Bezugsrechtsemissionen mit nachfolgender Volumen- oder Preisfestsetzung.[144] Dabei ist im Prospekt auf die nach Art. 17 Abs. 2 ProspektVO zu machende Bekanntmachung hinzuweisen und sowohl die Art der Veröffentlichung als auch der voraussichtliche Zeitpunkt anzugeben. Da zu dem geplanten Veröffentlichungszeitpunkt in der Regel bereits der Antrag auf Zulassung der prospektgegenständlichen Wertpapiere zum Börsenhandel gestellt wurde[145] oder bei einer Zweitplatzierung oder Bezugsrechtsemission bestehende Wertpapiere des Emittenten bereits zum Börsenhandel zugelassen sind, sind der endgültige Emissionspreis und das Emissionsvolumen regelmäßig im Wege der Ad-hoc-Mitteilung nach Art. 17 Abs. 1 MarktmissbrauchsVO zu veröffentlichen.

102

10. Bezugsrechte

Punkt 5.1.10 fordert die Darstellung des **Verfahrens für die Ausübung eines etwaigen Vorzugszeichnungsrechts,**[146] **die Verhandelbarkeit der Zeichnungsrechte und die Behandlung der nicht ausgeübten Zeichnungsrechte** und ist dementsprechend im Zusammenhang mit Bezugsrechtsemissionen relevant. Die aufzunehmenden Angaben finden sich sämtlich im Bezugsangebot gem. § 186 Abs. 5 Satz 2 AktG, das in der Regel vollumfänglich im Prospekt abgedruckt wird. Anzugeben ist insbesondere, wie die Aktionäre ihr

103

---

142 Vgl. den englischen Wortlaut von Punkt 5.1.8 Anhang 11 der VO (EU) 2019/980: „Method and time limits for paying up the securities and for delivery of the securities".

143 *Fingerhut/Voß*, in: Just/Voß/Ritz/Zeising, WpPG, 2009, Anhang III ProspektVO Rn. 141 hält die Angabe einer „Kontonummer" für erforderlich.

144 *Schlitt/Ries*, in: Assmann/Schlitt/von Kopp-Colomb, Prospektrecht Kommentar, Anhang 11 Abschnitt 5 VO (EU) 2019/980 Rn. 54.

145 Vgl. Art. 17 Abs. 1 UAbs. 3 MAR.

146 Die englische Fassung der ProspektVO spricht von „pre-emption" oder „subscription rights", sodass davon ausgegangen werden kann, dass Vorzugs- hier „Bezugsrechte" meinen.

Bezugsrecht ausüben können, ob ein Bezugsrechtshandel stattfindet und was mit nicht ausgeübten Bezugsrechten geschieht.

III. Punkt 5.2 – Verteilungs- und Zuteilungsplan

104 Anhang 11 Punkt 5.2 VO (EU) 2019/980 fordert Angaben zur Aufteilung der Wertpapiere und deren Zuteilung.

1. Investorenkategorien

105 Zunächst sind nach Punkt 5.2.1 die **verschiedenen Kategorien der potenziellen Investoren, denen die Wertpapiere angeboten werden**, zu nennen. Insbesondere ist hier auf ein etwaiges Angebot an institutionelle Investoren, Privatanleger und/oder Mitarbeiter einzugehen. Sofern das **Angebot gleichzeitig auf Märkten in zwei oder mehreren Staaten** erfolgt und eine **bestimmte Angebotstranche bestimmten Märkten** vorbehalten ist, muss dies angegeben werden. Entsprechende Informationen zur geografischen Verteilung sind in der Praxis selten anzutreffen, da sich die Beteiligten in der Regel weitestmögliche Flexibilität bei der Platzierung erhalten möchten.[147]

2. Teilnahme bestimmter Personen

106 Nach Punkt 5.2.2 ist, soweit dem Emittenten bekannt, anzugeben, ob **Hauptaktionäre oder Mitglieder des Leitungs-, Aufsichts- oder Verwaltungsorgans des Emittenten** an der Zeichnung teilnehmen wollen oder ob einzelne **Personen mehr als 5 % des Angebots** zeichnen wollen. Dies kann beispielsweise bei Bezugsrechtsemissionen der Fall sein, wenn ein (Groß-)Aktionär sich im Vorfeld durch ein sog. „Irrevocable Commitment" verpflichtet, seine Bezugsrechte auszuüben und ggf. nicht bezogene Aktien zu kaufen, und so sein Vertrauen in den Emittenten dokumentiert.[148] Daneben kann dies der Fall sein, wenn ein Cornerstone Investor sich bereits vor Veröffentlichung des Prospekts dazu verpflichtet hat, mehr als 5 % des Angebots zu zeichnen.[149]

3. Angebotstranchen und Zuteilung

107 Nach Punkt 5.2.3 lit. a bis h müssen Angaben zur beabsichtigten Durchführung der Zuteilung gemacht werden. In Ergänzung der von Punkt 5.2.1 geforderten Angaben ist etwa mitzuteilen, ob das Angebot verschiedene **Tranchen** (beispielsweise eine **institutionelle Tranche**, eine **Privatkundentranche** oder eine **Tranche für die Beschäftigten** des Emit-

---

147 *Schlitt/Ries*, in: Assmann/Schlitt/von Kopp-Colomb, Prospektrecht Kommentar, Anhang 11 Abschnitt 5 VO (EU) 2019/980 Rn. 56.
148 *Schlitt/Ries*, in: Assmann/Schlitt/von Kopp-Colomb, Prospektrecht Kommentar, Anhang 11 Abschnitt 5 VO (EU) 2019/980 Rn. 57; siehe beispielsweise die Prospekte der TUI AG sowie das zugehörige Bezugsangebot aus Januar und Oktober 2021.
149 Siehe beispielsweise die Prospekte der Vantage Towers AG aus März 2021 und der SUSE S.A. aus Mai 2021.

tenten) umfasst. Unterschiedliche, prozentual bezifferte Tranchen sind in der Praxis allerdings selten anzutreffen.

Ferner sind die Bedingungen anzugeben, zu denen eine **Rückforderung** (Claw Back) verlangt werden kann. Auch ist die **Höchstgrenze** einer solchen Rückforderung und alle eventuell anwendbaren **Mindestprozentsätze** für einzelne Tranchen aufzuführen. 108

Sog. „Claw Back"-Strukturen haben in den letzten Jahren vor allem bei Bezugsrechtsemissionen mit Vorabplatzierung an Bedeutung gewonnen.[150] Um mit Blick auf die mindestens zweiwöchige Bezugsfrist das Platzierungsrisiko aufgrund unsicherer Nachfrage und volatiler Märkte zu senken, werden dabei ein Teil oder sogar alle Aktien vor Beginn der Bezugsfrist im Rahmen einer Privatplatzierung vorab (bei institutionellen Investoren) platziert.[151] Der Platzierungspreis wird im Rahmen eines Bookbuilding-Verfahrens ermittelt und in der Folge als Bezugspreis dem öffentlichen Angebot zugrunde gelegt. Mit Blick auf das gesetzliche Bezugsrecht der Aktionäre können die neuen Aktien den Investoren in der Vorabplatzierung aber noch nicht abschließend, sondern nur vorbehaltlich der Ausübung des Bezugsrechts der Aktionäre („subject to claw back") zugeteilt werden. Üben Aktionäre während der anschließenden Bezugsfrist ihr Bezugsrecht aus, erfolgt in entsprechendem Umfang eine Zuteilung an diese Aktionäre und die Zuteilung an die Vorabplatzierungsinvestoren ist hinfällig. Die mit der bedingten Zuteilung verbundenen Unsicherheiten werden die Vorabplatzierungsinvestoren häufig nur akzeptieren, wenn zumindest ein Teil der neu zu schaffenden Aktien bereits ohne Vorbehalt zuteilbar ist.[152] Um eine solche sog. bezugsrechtsfreie Tranche zu schaffen, verzichten in diesen Fällen einer oder mehrere Großaktionäre des Emittenten auf die Ausübung (eines Teils) ihrer Bezugsrechte.[153] Die Vorabplatzierung selbst ist regelmäßig nicht Gegenstand des Prospekts, da sie nach Art. 1 Abs. 4 lit. a ProspektVO prospektfrei erfolgen kann. Dennoch sind die Eckdaten der Privatplatzierung, einschließlich des Claw Back, jedenfalls im Rahmen des abgedruckten Bezugsangebots gemäß Punkt 5.2.3 zu beschreiben. 109

Nach Punkt 5.2.3 (c) ist bzw. sind ferner die **angewendete/n Zuteilungsmethode** oder **-methoden für die Privatkundentranche** und die **Tranche für die Beschäftigten des Emittenten** im Falle der **Mehrzuteilung** dieser Tranchen anzugeben. Bei der Zuteilung von Aktien werden von den Konsortialbanken in Deutschland weiterhin die „Grundsätze für die Zuteilung von Aktienemissionen an Privatanleger", die am 7.6.2000 von der Börsensachverständigenkommission beim Bundesministerium der Finanzen herausgegeben wurden, beachtet. Sie haben zwar keinen normativen Charakter, ihre Einhaltung ent- 110

---

150 Vgl. etwa die Bezugsrechtsemissionen mit Vorabplatzierung der HeidelbergCement AG im September 2009, der Continental AG im Januar 2010, der Volkswagen Aktiengesellschaft im März/April 2010 und der TAG Immobilien AG im Dezember 2012.
151 *Hahne/Seiler/Rath*, CFL 2013, 171, 171; *Herfs*, in: Habersack/Mülbert/Schlitt, Unternehmensfinanzierung, § 5 Rn. 14; *Singhof*, FS Uwe H. Schneider, 2011, S. 1261, 1266f., 1283 ff.; *Schlitt/Schäfer*, CFL 2011, 410, 413 ff.
152 Vgl. etwa die Bezugsrechtsemissionen der Continental AG im Januar 2010 und der Volkswagen Aktiengesellschaft im März/April 2010.
153 Eine Ausnahme hiervon stellt beispielsweise die Bezugsrechtsemission der TAG Immobilien AG im Dezember 2012 dar, bei der keine bezugsrechtsfreie Tranche vorlag, also die gesamte Vorabplatzierung „subject to claw back" erfolgte; vgl. im Übrigen zur Ausgestaltung des Verzichts auf das Bezugsrecht und den steuerlichen Konsequenzen *Hahne/Seiler/Rath*, CFL 2013, 171.

spricht aber der Marktpraxis.[154] Ziel dieser Zuteilungsgrundsätze ist es, Transparenz über das Zuteilungsverfahren herzustellen.[155] Es soll jedoch nicht in das Ermessen des Emittenten über die Zuteilung eingegriffen werden. Der Begriff „Mehrzuteilung" in der deutschen Sprachfassung der VO (EU) 2019/980 ist insofern irreführend, da hiermit, wie ein Vergleich mit der englischen Sprachfassung der Verordnung zeigt, die Überzeichnung („over subscription") und nicht etwa eine Mehrzuteilung für Stabilisierungszwecke („over allotment") gemeint ist.[156]

111 Sofern zum Zeitpunkt der Prospektbilligung noch keine konkrete Zuteilungsmethode bestimmt wurde, ist dies im Prospekt offenzulegen und anzugeben, dass das Zuteilungsverfahren im Einklang mit den oben genannten „Grundsätzen für die Zuteilung von Aktienemissionen an Privatanleger" (etwa durch Losverfahren, nach Ordergrößen, anhand einer bestimmter Quote, nach dem Zeitpunkt des Eingangs des Kaufangebots oder nach anderen sachgerechten Kriterien[157]) erfolgt.

4. Vorzugsbehandlung einzelner Gruppen

112 Weiterhin ist eine etwaige vorher festgelegte **Vorzugsbehandlung**, die bestimmten Kategorien von Anlegern oder bestimmten Gruppen nahestehender Personen (einschließlich **Friends-and-Family-Programmen**[158]) bei der Zuteilung vorbehalten ist, zu beschreiben. Zu nennen sind dabei insbesondere der **Prozentsatz** des für die Vorzugsbehandlung vorgesehenen Angebotsteils und die **Kriterien für die Einteilung** in die entsprechenden Kategorien oder Gruppen. Zusätzlich ist anzugeben, wie im Fall der Überzeichnung vorgegangen wird.

113 Offenzulegen ist auch, ob die **Behandlung der Zeichnungen** oder der bei **Zuteilung zu zeichnenden Angebote vom Emittenten abhängig** gemacht werden kann, sowie die eventuell **angestrebte Mindesteinzelzuteilung** innerhalb der Privatkundentranche.

114 Ferner sind die Bedingungen für das **Schließen des Angebots** sowie der **Termin, zu dem das Angebot frühestens geschlossen** werden darf, anzugeben. Gemeint ist nicht die Nennung des planmäßigen Angebotsendes, sondern eine mögliche vorzeitige Beendigung des Angebots. Prospekte bei Börsengängen enthalten häufig den Vorbehalt, dass der Emittent bzw. verkaufende Aktionär und die begleitenden Banken sich das Recht vorbehalten, die Zeichnungsfrist zu verkürzen und das Angebot vorzeitig zu beenden.

115 Weiterhin muss angegeben werden, ob **Mehrfachzeichnungen** zulässig sind und, wenn nicht, wie dennoch auftauchende Mehrfachzeichnungen behandelt werden.

---

154 *Fingerhut/Voß*, in: Just/Voß/Ritz/Zeising, WpPG, 2009, Anhang III ProspektVO Rn. 163; *Meyer*, in: Kümpel/Mülbert/Früh/Seyfried, Bankrecht und Kapitalmarktrecht, Aktienemissionsgeschäft, Rn. 15.528.
155 *Singhof/Weber*, in: Habersack/Mülbert/Schlitt, Unternehmensfinanzierung, § 3 Rn. 83.
156 *Fingerhut/Voß*, in: Just/Voß/Ritz/Zeising, WpPG, 2009, Anhang III ProspektVO Rn. 162.
157 Vgl. Art. 12 der Grundsätze für die Zuteilung von Aktienemissionen an Privatanleger.
158 Friends-and-Family-Programme waren vor allem zu Zeiten des Neuen Markts populär, vgl. *Schlitt/Ries*, in: Assmann/Schlitt/von Kopp-Colomb, Prospektrecht Kommentar, Anhang 11 Abschnitt 5 VO (EU) 2019/980 Rn. 58.

Nach Punkt 5.2.4 ist zu erläutern, wie **Zeichner über den zugeteilten Betrag informiert** 116
werden. Diesbezüglich enthalten Prospekte in der Regel die Angabe, dass sich Anleger zu einem bestimmten Zeitpunkt bei den Konsortialbanken über die ihnen zugeteilte Anzahl an Wertpapieren informieren können. Ziffer 4 der Zuteilungsgrundsätze der Börsensachverständigenkommission beschreibt das entsprechende Verfahren. Ferner ist anzugeben, ob eine **Aufnahme des Handels vor der Mitteilung über den zugeteilten Betrag** möglich ist.

IV. Punkt 5.3 – Preisfestsetzung

Anhang 11 Punkt 5.3 VO (EU) 2019/980 verlangt verschiedene Angaben zur Preisfestsetzung, die einen wesentlichen Teil der Angebotsbeschreibung ausmachen. 117

Ist der **Angebotspreis** (bei Durchführung eines Festpreisverfahrens) zum Billigungszeitpunkt bereits **bekannt**, ist dieser nach Anhang 11 Punkt 5.3.1 VO (EU) 2019/980 zu nennen. Der Fall einer **späteren Festlegung des Emissionspreises** (im Falle der Durchführung eines Bookbuilding-Verfahrens) wird von Ziffer 5.3.1 Abs. 2 erfasst, der insoweit Art. 17 ProspektVO ergänzt (zu den verschiedenen Preisfestsetzungsverfahren vgl. die Kommentierung zu → Art. 17 ProspektVO Rn. 25 ff.). Dabei sind der Höchstpreis (soweit vorhanden) sowie die Bewertungsmethoden und -kriterien und/oder Bedingungen anzugeben, nach denen der endgültige Emissionskurs festgelegt wird (vgl. zu den verschiedenen Verfahren der Preisermittlung die Kommentierung zu → Art. 17 ProspektVO Rn. 25 ff.), einschließlich einer Erläuterung etwaiger Bewertungsmethoden. Kann keine dieser Angaben gemacht werden, ist anzuführen, dass eine Zusage zum Erwerb oder zur Zeichnung der Wertpapiere innerhalb von bis zu zwei Arbeitstagen nach Hinterlegung des endgültigen Emissionskurses der Wertpapiere widerrufen werden kann. 118

Ferner sind **Kosten und Steuern** anzugeben, die dem Zeichner oder Käufer in Rechnung gestellt werden (können). Erfasst werden insbesondere sog. Stempelsteuern (Stamp Duties) oder vom Emittenten erhobene Kosten, sodass die Regelung im Hinblick auf deutsche Emittenten regelmäßig keine Anwendung findet.[159] Häufig wird stattdessen jedoch ein (freiwilliger) Hinweis auf Zeichnungsgebühren, die Anlegern von den Banken in Rechnung gestellt werden, aufgenommen. 119

Nach Punkt 5.3.2 darzustellen ist das Verfahren für die **Offenlegung des Angebotspreises**, das wie oben dargestellt von dem gewählten Verfahren zur Preisermittlung (Festpreisverfahren oder Bookbuilding) abhängt (siehe die Kommentierung zu → Art. 17 ProspektVO Rn. 25 ff.). 120

Bei Kapitalerhöhungen sind gem. Punkt 5.3.3 Angaben zu machen, wenn die **Vorkaufs- (gemeint sind Bezugs-)Rechte eingeschränkt oder entzogen** werden. Es sind also die Gründe für einen etwaigen Bezugsrechtsausschluss (etwa in Bezug auf Aktienspitzen aufgrund des Bezugsverhältnisses) bzw. für die Verwertung nicht ausgeübter Bezugsrechte (Verfall oder bestmöglicher Verkauf an Dritte) darzustellen.[160] In diesem Fall ist auch anzugeben, auf welcher Grundlage der Emissionspreis ermittelt wird. 121

---

[159] *Schlitt/Ries*, in: Assmann/Schlitt/von Kopp-Colomb, Prospektrecht Kommentar, Anhang 11 Abschnitt 5 VO (EU) 2019/980 Rn. 60.
[160] *Fingerhut/Voß*, in: Just/Voß/Ritz/Zeising, WpPG, 2009, Anhang III ProspektVO Rn. 196; *Schlitt/Ries*, in: Assmann/Schlitt/von Kopp-Colomb, Prospektrecht Kommentar, Anhang 11 Abschnitt 5 VO (EU) 2019/980 Rn. 61.

122 Sofern **Vorstands- oder Aufsichtsratsmitglieder oder Mitglieder des oberen Managements** (vgl. die Kommentierung zu → Anhang I Ziffer 14 Rn. 1 f.) oder andere dem Emittenten **nahestehende Personen**, z. B. Großaktionäre, im Jahr vor der Prospektbilligung **Wertpapiere** oder Rechte zum Erwerb von Wertpapieren zu einem **Preis erworben haben**, der **tatsächlich oder potenziell wesentlich vom Angebotspreis abweicht**, ist dies nach Punkt 5.3.4 offenzulegen, wobei dann sowohl das Volumen als auch die tatsächlichen Barkosten dieser Käufe anzugeben sind.[161] Eine wesentliche Abweichung vom Angebotspreis im Sinne der Vorschrift soll vorliegen, wenn der in dem jeweiligen Vorerwerb gezahlte Preis mehr als 5 % unter- oder oberhalb des Angebotspreises bzw. außerhalb der im Prospekt genannten Preisspanne lag.[162]

V. Punkt 5.4 – Übernahme der Aktien

123 Nach Anhang 11 Punkt 5.4 VO (EU) 2019/980 sind Angaben zur Übernahme der Aktien zu machen, die sich in der Regel in einem eigenen Prospektabschnitt finden. Hier sind zunächst der **Name und die Anschrift der Koordinatoren** des Angebots (gemeint sind die Konsortialbanken einschließlich des Konsortialführers[163]) sowie, sofern dem Emittenten oder Anbieter bekannt, Name und Anschrift der Verkaufsstellen (Selling Agents[164]) in den einzelnen Ländern, in denen das Angebot stattfindet, zu nennen.

124 Obgleich inhaltlich keine Frage der Aktienübernahme, fordert Punkt 5.4.2 die Aufnahme von Angaben zu **Zahl- und Verwahrstellen**. Dabei müssen Name und Anschrift der **Zahlstelle** i. S. d. § 54 Abs. 2 AktG aufgenommen werden, wobei sich die entsprechenden Angaben regelmäßig in einem Abschnitt „Allgemeine Informationen über die Gesellschaft und die Gruppe" finden. Seit die Pflicht, Aktien gem. § 123 AktG im Vorfeld von Hauptversammlungen zu hinterlegen, durch das UMAG[165] abgeschafft wurde, haben deutsche Aktiengesellschaften keine Verwahrstelle mehr, die angegeben werden müsste. Ebenfalls unter den Begriff der Verwahrstelle kann aber auch die Wertpapiersammelbank bei der die Aktien (girosammel-)verwahrt werden, fallen,[166] die auch bereits nach Anhang 11 Punkt 4.3 VO (EU) 2019/980 zu nennen ist.

125 Nach Punkt 5.4.3 sind zudem Name und Anschrift sämtlicher Institute zu nennen, die bereit sind, die gesamte oder einen Teil der Emission aufgrund einer festen Zusage (sog. **Firm** oder **Hard Underwriting**) zu übernehmen oder die Wertpapiere ohne eine solche feste Zusage bestmöglich (sog. **Best Efforts Underwriting**) zu platzieren.[167] Sofern

---

161 *Schlitt/Ries*, in: Assmann/Schlitt/von Kopp-Colomb, Prospektrecht Kommentar, Anhang 11 Abschnitt 5 VO (EU) 2019/980 Rn. 62.
162 *Schlitt/Ries*, in: Assmann/Schlitt/von Kopp-Colomb, Prospektrecht Kommentar, Anhang 11 Abschnitt 5 VO (EU) 2019/980 Rn. 62; *Fingerhut/Voß*, in: Just/Voß/Ritz/Zeising, WpPG, 2009, Anhang III ProspektVO Rn. 196.
163 *Fingerhut/Voß*, in: Just/Voß/Ritz/Zeising, WpPG, 2009, Anhang III ProspektVO Rn. 201.
164 *Fingerhut/Voß*, in: Just/Voß/Ritz/Zeising, WpPG, 2009, Anhang III ProspektVO Rn. 201.
165 Gesetz zu Unternehmensintegrität und Modernisierung des Anfechtungsrechts, BGBl. 2005 I, S. 2802 f.
166 *Schlitt/Ries*, in: Assmann/Schlitt/von Kopp-Colomb, Prospektrecht Kommentar, Anhang 11 Abschnitt 5 VO (EU) 2019/980 Rn. 65.
167 Vgl. zu den unterschiedlichen Platzierungsformen: *Singhof*, in: MünchKomm-HGB, Bd. 6, Emissionsgeschäft, Rn. 9 ff.

mehrere Institute an der Platzierung beteiligt sind, müssen die jeweiligen Übernahmequoten angegeben werden. Ferner sind der Zeitpunkt des Abschlusses des Übernahmevertrags, die Höhe der mit den Emissionsbanken vereinbarten Provisionen und sonstige wesentliche Inhalte des Übernahmevertrags zu beschreiben. In der Regel wird insoweit überblicksartig auf bestimmte Kündigungsrechte der Konsortialbanken etwa bei höherer Gewalt (Force Majeure Event) sowie vereinbarte Haftungsfreistellungen zugunsten der Konsortialbanken hingewiesen.[168] Zusätzlich werden regelmäßig die Veräußerungsbeschränkungen (Selling Restrictions), denen sich die Konsortialbanken bei der Vermarktung der prospektgegenständlichen Wertpapiere unterwerfen, aufgenommen.

Abschnitt 6
Zulassung zum Handel und Handelsmodalitäten

Punkt 6.1
Angabe, ob die angebotenen Wertpapiere Gegenstand eines Antrags auf Zulassung zum Handel sind oder sein werden und auf einem geregelten Markt oder Drittlandsmarkt, KMU-Wachstumsmarkt oder MTF platziert werden sollen, wobei die jeweiligen Märkte zu nennen sind. Dieser Umstand ist anzugeben, ohne den Eindruck zu erwecken, dass die Zulassung zum Handel auf jeden Fall erteilt wird.

Falls bekannt, sollten die ersten Termine angegeben werden, zu denen die Wertpapiere zum Handel zugelassen sind.

Punkt 6.2
Anzugeben sind alle geregelten Märkte, Drittlandsmärkte, KMU-Wachstumsmärkte oder MTFs, an denen nach Wissen des Emittenten bereits Wertpapiere der gleichen Gattung wie die angebotenen oder zuzulassenden Wertpapiere zum Handel zugelassen sind.

Punkt 6.3
Falls gleichzeitig oder fast gleichzeitig zum Antrag auf Zulassung der Wertpapiere zum Handel an einem geregelten Markt Wertpapiere der gleichen Gattung privat gezeichnet oder platziert werden, oder falls Wertpapiere anderer Gattungen für eine öffentliche oder private Platzierung geschaffen werden, sind Einzelheiten zur Natur dieser Geschäfte sowie zur Zahl, zu den Merkmalen und zum Preis der Wertpapiere anzugeben, auf die sie sich beziehen.

Punkt 6.4
Im Falle der Zulassung zum Handel an einem geregelten Markt, detaillierte Angaben zu den Instituten, die aufgrund einer bindenden Zusage als Intermediäre im Sekundärhandel tätig sind und über An- und Verkaufskurse Liquidität zur Verfügung stellen, sowie eine Beschreibung der Hauptbedingungen ihrer Zusage.

Punkt 6.5
Detailangaben zu einer etwaigen Stabilisierung gemäß den Punkten 6.5.1 bis 6.6 im Falle einer Zulassung zum Handel an einem geregelten Markt, Drittlandsmarkt, KMU-Wachtumsmarkt oder MTF, wenn ein Emittent oder ein Aktionär mit einer Verkaufsoption eine Mehrzuteilungsoption erteilt hat oder ansonsten vorgeschlagen wird, dass Kursstabilisierungsmaßnahmen im Zusammenhang mit einem Angebot zu ergreifen sind.

---

168 *Schlitt/Ries*, in: Assmann/Schlitt/von Kopp-Colomb, Prospektrecht Kommentar, Anhang 11 Abschnitt 5 Rn. 64.

Punkt 6.5.1

Die Tatsache, dass die Stabilisierung eingeleitet werden kann, dass es keine Gewissheit dafür gibt, dass sie eingeleitet wird und jederzeit gestoppt werden kann;

Punkt 6.5.1.1

die Tatsache, dass die Stabilisierungstransaktionen auf eine Stützung des Marktpreises der Wertpapiere während des Stabilisierungszeitraums abzielen;

Punkt 6.5.2

Beginn und Ende des Zeitraums, während dessen die Stabilisierung erfolgen kann;

Punkt 6.5.3

die Identität der für die Stabilisierungsmaßnahmen nach jeder Rechtsordnung verantwortlichen Person, es sei denn, sie ist zum Zeitpunkt der Veröffentlichung nicht bekannt;

Punkt 6.5.4

die Tatsache, dass die Stabilisierungstransaktionen zu einem Marktpreis führen können, der über dem liegt, der sich sonst ergäbe.

Punkt 6.5.5

Der Ort, an dem die Stabilisierung vorgenommen werden kann einschließlich, sofern relevant, der Bezeichnung des Handelsplatzes bzw. der Handelsplätze.

Punkt 6.6

Mehrzuteilung und Greenshoe-Option

Im Falle der Zulassung zum Handel an einem geregelten Markt, KMU Wachstumsmarkt oder MTF:

a) Existenz und Umfang einer etwaigen Mehrzuteilungsmöglichkeit und/oder Greenshoe-Option;

b) Dauer einer etwaigen Mehrzuteilungsmöglichkeit und/oder Greenshoe-Option;

c) etwaige Bedingungen für die Inanspruchnahme einer etwaigen Mehrzuteilungsmöglichkeit oder Ausübung der Greenshoe-Option.

Übersicht

	Rn.		Rn.
I. Überblick und Regelungsgegenstand	126	IV. Punkt 6.3 – Privatplatzierungen	130
II. Punkt 6.1 – Zulassung der Wertpapiere zum Handel auf einem geregelten oder gleichwertigen Markt	127	V. Punkt 6.4 – Angaben zu Finanzintermediären	133
		VI. Punkt 6.5 – Stabilisierung	134
III. Punkt 6.2 – Wertpapiere der gleichen Gattung, die bereits zum Handel auf einem geregelten oder gleichwertigen Markt zugelassen sind	129	VII. Punkt 6.6 – Mehrzuteilung und Greenshoe-Option	135

I. Überblick und Regelungsgegenstand

126 Anhang 11 Punkt 6 VO (EU) 2019/980 verlangt eine detaillierte Darstellung der Handelszulassung und der Handelsregeln für die prospektgegenständlichen Wertpapiere. Während einzelne Angaben (z. B. nach Anhang 11 Punkt 6.2 VO (EU) 2019/980) auch für einen

reinen Angebotsprospekt relevant sind, geht es Punkt 6 im Kern um Prospekte, die jedenfalls auch der Zulassung von Wertpapieren zum Handel an einem geregelten Markt dienen.[169]

II. Punkt 6.1 – Zulassung der Wertpapiere zum Handel auf einem geregelten oder gleichwertigen Markt

Nach Anhang 11 Punkt 6.1 VO (EU) 2019/980 muss der Prospekt Angaben zur beabsichtigten Zulassung der Wertpapiere zum Handel auf einem geregelten oder Drittlandsmarkt, KMU-Wachstumsmarkt oder MTF enthalten. Es muss dementsprechend offengelegt werden, ob bereits ein Zulassungsantrag gestellt wurde oder ob die Absicht besteht, einen solchen Antrag zu stellen. Der jeweilige geregelte[170] bzw. der Drittlandsmarkt, KMU-Wachstumsmarkt oder MTF sind mit Namen und Sitz zu benennen. Darüber hinaus sollte auch das konkrete Marktsegment (z.B.: Prime Standard oder General Standard des regulierten Markts der Frankfurter Wertpapierbörse), in dem die Wertpapiere notiert werden sollen, in den Prospekt aufgenommen werden.[171]

127

Anzugeben sind zusätzlich die ersten Termine der Zulassung, soweit diese zum Zeitpunkt der Prospekterstellung bereits bekannt sind. Wie Anhang 11 Punkt 6.1 Satz 2 VO (EU) 2019/980 ausdrücklich klarstellt, darf durch den Prospekt nicht der Eindruck vermittelt werden, „dass die Zulassung zum Handel auf jeden Fall erteilt wird". Dem kann durch die Verwendung des Wortes „voraussichtlich" entsprochen werden.[172]

128

III. Punkt 6.2 – Wertpapiere der gleichen Gattung, die bereits zum Handel auf einem geregelten oder gleichwertigen Markt zugelassen sind

Nach Anhang 11 Punkt 6.2 VO (EU) 2019/980 müssen der geregelte Markt oder Drittlandsmärkte, KMU-Wachstumsmärkte oder MTFs benannt werden, an denen bereits Wertpapiere der gleichen Gattung wie die Wertpapiere, die aufgrund des zu erstellenden Prospekts angeboten oder zum Handel zugelassen werden sollen, zum Handel zugelassen sind. Die Regelung ist insbesondere im Zusammenhang mit Kapitalmaßnahmen bereits börsennotierter Aktiengesellschaften relevant.[173] Zu den verschiedenen Aktiengattungen (siehe bereits die Kommentierung zu → Anhang 11 Punkt 4.1 der VO (EU) 2019/980 oben unter → Rn. 54).

129

---

169 *Fingerhut/Voß*, in: Just/Voß/Ritz/Zeising, WpPG, 2009, Anhang III ProspektVO Rn. 214.
170 Die geregelten Märkte im Anwendungsbereich der EU-ProspektRL werden jährlich im Amtsblatt der Europäischen Union veröffentlicht; vgl. im Übrigen zur Definition des „geregelten" bzw. „organisierten" Marktes auch die Kommentierung zu § 2 WpPG.
171 Siehe hierzu *Schlitt/Ries*, in: Assmann/Schlitt/von Kopp-Colomb, Prospektrecht Kommentar, Anhang 11 Abschnitt 6 VO (EU) 2019/980 Rn. 67.
172 *Fingerhut/Voß*, in: Just/Voß/Ritz/Zeising, WpPG, 2009, Anhang III ProspektVO Rn. 217; *Schlitt/Ries*, in: Assmann/Schlitt/von Kopp-Colomb, Prospektrecht Kommentar, Anhang 11 Abschnitt 6 VO (EU) 2019/980 Rn. 67.
173 *Schlitt/Ries*, in: Assmann/Schlitt/von Kopp-Colomb, Prospektrecht Kommentar, Anhang 11 Abschnitt 6 VO (EU) 2019/980 Rn. 68.

IV. Punkt 6.3 – Privatplatzierungen

130 Soweit Wertpapiere der gleichen Gattung wie die prospektgegenständlichen Wertpapiere **gleichzeitig oder fast gleichzeitig im Wege einer Privatplatzierung** angeboten werden, sind Einzelheiten zu diesen Geschäften sowie zur Zahl, den Merkmalen und dem Preis der jeweiligen Wertpapiere anzugeben. Entsprechendes gilt für den Fall, dass Wertpapiere anderer Gattungen (des gleichen Emittenten) für eine öffentliche oder private Platzierung geschaffen werden.

131 Der Anwendungsbereich von Anhang 11 Punkt 6.3 VO (EU) 2019/980 umfasst insbesondere Privatplatzierungen, die gem. Art. 1 Abs. 4 lit. a, b ProspektVO von der Prospektpflicht ausgenommen sind, weil sie sich ausschließlich an qualifizierte Anleger oder an weniger als 150 nicht qualifizierte Anleger je Mitgliedstaat des Europäischen Wirtschaftsraums richten.[174]

132 Die Darstellung der Einzelheiten der jeweiligen Privatplatzierung wird regelmäßig hinter der sonstigen Informationsdichte der darzustellenden Angaben bei der Prospekterstellung für beispielsweise ein öffentliches Angebot nach Anhang 11 der VO (EU) 2019/980 zurückbleiben.[175] Dem Informationsbedürfnis des Anlegers ist Genüge getan, wenn die nach Anhang 11 Punkt 6.3 VO (EU) 2019/980 erforderlichen Angaben aufgenommen werden, d.h. die Anzahl der Aktien, ihr Anteil am Grundkapital des Emittenten und ihre Gattung sowie eine Darstellung der Anzahl der Investoren, die im Rahmen der Privatplatzierung Aktien übernehmen werden oder übernommen haben, und der Preis der Wertpapiere. Weitere Angaben im Hinblick auf diese Platzierungen sind für den Anleger, der die Wertpapiere im Rahmen eines gleichzeitig oder annähernd gleichzeitig stattfindenden öffentlichen Angebots oder im Sekundärmarkt erwirbt, nicht entscheidungserheblich.

V. Punkt 6.4 – Angaben zu Finanzintermediären

133 Anhang 11 Punkt 6.4 VO (EU) 2019/980 verlangt die Offenlegung der wesentlichen Bedingungen sog. **„Designated Sponsor"-Verträge**. Die Bestellung eines Designated Sponsor ist zwar keine Zulassungsvoraussetzung im engeren Sinne. Jedoch ist ausreichende Liquidität in der Aktie beispielsweise Voraussetzung für eine Teilnahme am fortlaufenden XETRA-Handel, die wiederum Bedingung für die Aufnahme in einen der Auswahlindizes der Frankfurter Wertpapierbörse ist. Aus diesen Gründen werden in der Regel ein oder mehrere Designated Sponsors bestellt, die für entsprechende Handelsliquidität sorgen. Der Designated Sponsor verpflichtet sich insbesondere gegenüber dem Emittenten, mehrmals börsentäglich verbindliche Kauf- oder Verkaufsangebote (in Gestalt von Brief- und Geldkursen[176]) für die Wertpapiere zu stellen und so einen liquiden Handel in den Wert-

---

[174] Noch zur alten Rechtslage siehe *Fingerhut/Voß*, in: Just/Voß/Ritz/Zeising, WpPG, 2009, Anhang III ProspektVO Rn. 222.

[175] *Schlitt/Ries* in: Assmann/Schlitt/von Kopp-Colomb, Prospektrecht Kommentar, Anhang 11 Abschnitt 6 VO (EU) 2019/980 Rn. 69; a.A.: *Fingerhut/Voß*, in: Just/Voß/Ritz/Zeising, WpPG, 2009, Anhang III ProspektVO Rn. 223, der die Aufnahme der Angaben nach Anhang III Ziffer 5 EU-ProspVO für erforderlich hält.

[176] *Fingerhut/Voß*, in: Just/Voß/Ritz/Zeising, WpPG, 2009, Anhang III ProspektVO Rn. 224.

papieren sicherzustellen.[177] Punkt 6.4 verlangt „detaillierte" Angaben zu dem Institut bzw. den Instituten, die die Funktion als Designated Sponsor einnehmen.[178] Die Anforderungen der BaFin an den Umfang der Darstellung der wesentlichen Bedingungen des Designated Sponsor Agreements und der Person des Designated Sponsor sind in der Verwaltungspraxis gleichwohl angemessen moderat geblieben.[179] In der Regel wird lediglich angegeben, welche Kreditinstitute (einschließlich ihrer Adresse) als Designated Sponsor verpflichtet wurden, und eine generische Beschreibung der Tätigkeit aufgenommen.

VI. Punkt 6.5 – Stabilisierung

Anhang 11 Punkt 6.5 VO (EU) 2019/980 verlangt die Aufnahme verschiedener Informationen in den Prospekt, die inhaltlich den vor Beginn eines öffentlichen Angebots zu veröffentlichenden Angaben nach Art. 5 MarktmissbrauchsVO in Verbindung mit Art. 6 der VO (EU) 2016/1052 vom 8.3.2016 entsprechen. Gem. Anhang 11 Punkt 6.5 VO (EU) 2019/980 sind Detailangaben zu einer etwaigen Stabilisierung gemäß den Punkten 6.51 bis 6.6 zu machen, wenn der Emittent oder ein abgebender Aktionär eine **Mehrzuteilungsoption** (Over Allotment Option) erteilt hat oder ansonsten **Kursstabilisierungsmaßnahmen** vorgeschlagen wurden. Dabei soll insbesondere darauf hingewiesen werden, dass die Stabilisierung eingeleitet werden kann, dass keine Gewissheit darüber besteht, ob entsprechende Maßnahmen tatsächlich eingeleitet werden, und dass diese jederzeit beendet werden können. Daneben soll darauf hingewiesen werden, dass die Stabilisierungstransaktionen auf eine Stützung des Marktpreises der Wertpapiere während des Stabilisierungszeitraums abzielen. Zusätzlich müssen Beginn und Ende des Zeitraums, in dem die Stabilisierung stattfinden kann, genannt werden sowie die Identität der für die Stabilisierungsmaßnahmen nach jeder Rechtsordnung verantwortlichen Person, soweit bekannt. Im Rahmen eines Börsengangs wird dementsprechend in der Regel darauf hingewiesen, dass Stabilisierungsmaßnahmen durch die beteiligten Konsortialbanken bzw. den aus dem Kreis der Konsortialbanken ausgewählten Stabilisierungsmanager ergriffen werden können. Außerdem bedarf es der Klarstellung, dass etwaige Stabilisierungstransaktionen (ihrem Zweck entsprechend) zu einem Marktpreis der Wertpapiere führen können, der über dem Preis liegt, der sich ohne Durchführung einer Stabilisierungstransaktion ergäbe. Zusätzlich muss der Ort, an dem die Stabilisierung vorgenommen werden kann, angegeben werden. Sofern dies relevant ist, muss auch der Handelsplatz bezeichnet werden.

134

---

177 *Meyer*, in: Marsch-Barner/Schäfer, Handbuch börsennotierte AG, § 8 Rn. 11; *Seiffert/Lembke*, in: Kümpel/Mülbert/Früh/Seyfried, Bankrecht und Kapitalmarktrecht, Rn. 14.289.
178 *Fingerhut/Voß*, in: Just/Voß/Ritz/Zeising, WpPG, 2009, Anhang III ProspektVO Rn. 226; siehe zum nicht synonym gebrauchten Begriff des Market Makers, § 23 Abs. 4 WpHG.
179 *Schlitt/Ries*, in: Assmann/Schlitt/von Kopp-Colomb, Prospektrecht Kommentar, Anhang 11 Abschnitt 6 VO (EU) 2019/980 Rn. 70; vgl. für ein solches Darstellungsbeispiel *Fingerhut/Voß*, in: Just/Voß/Ritz/Zeising, WpPG, 2009, Anhang III ProspektVO Rn. 226.

VII. Punkt 6.6 – Mehrzuteilung und Greenshoe-Option

135 Punkt 6.6 verlangt schließlich Angaben zu **Mehrzuteilungsmöglichkeiten** und einer **Greenshoe-Option**.[180] Aufzunehmen sind danach die Existenz und der Umfang sowie die Dauer einer etwaigen Mehrzuteilungsmöglichkeit und/oder Greenshoe-Option einschließlich der Bedingungen für ihre Inanspruchnahme oder Ausübung. Zusammen mit den von Anhang 11 Punkt 6.5 VO (EU) 2019/980 geforderten Angaben ergänzt diese Darstellung im Prospekt die allgemeinen Transparenzanforderungen an eine Stabilisierung nach Art. 5 MarktmissbrauchsVO in Verbindung mit Art. 6 der VO (EU) 2016/1052 vom 8.3.2016.

Abschnitt 7
Wertpapierinhaber mit Verkaufsposition

Punkt 7.1
Name und Anschrift der Person oder des Instituts, die/das Wertpapiere zum Verkauf anbietet; Wesensart etwaiger Positionen oder sonstiger wesentlicher Verbindungen, die die Personen mit Verkaufspositionen in den letzten drei Jahren bei dem Emittenten oder etwaigen Vorgängern oder verbundenen Unternehmen innehatte oder mit diesen unterhielt.

Punkt 7.2
Zahl und Gattung der von jedem Wertpapierinhaber mit Verkaufsposition angebotenen Wertpapiere.

Punkt 7.3
Verkauft ein Großaktionär die Wertpapiere, Angabe des Umfangs seiner Beteiligung sowohl vor als auch unmittelbar nach der Emission.

Punkt 7.4
Im Zusammenhang mit Lock-up-Vereinbarungen ist Folgendes anzugeben:
a) beteiligte Parteien;
b) Inhalt und Ausnahmen der Vereinbarung;
c) der Zeitraum des „Lock-up".

Übersicht

	Rn.		Rn.
I. Überblick und Regelungsgegenstand	136	IV. Ziffer 7.3 – Verkauf der Wertpapiere durch einen Großaktionär	141
II. Punkt 7.1 – Anbieter und Wertpapierinhaber mit Verkaufspositionen	137	V. Ziffer 7.4 – Lock-up-Vereinbarungen	142
III. Punkt 7.2 – Zahl und Kategorie der Wertpapiere	140		

---

180 Siehe *Feuring/Berrar*, in: Habersack/Mülbert/Schlitt, Unternehmensfinanzierung, § 39 Rn. 51; *Singhof*, in: Habersack/Mülbert/Schlitt, Kapitalmarktinformation, § 22 Rn. 19.

I. Überblick und Regelungsgegenstand

Anhang 11 Punkt 7 VO (EU) 2019/980 fordert verschiedene Angaben zu den Anbietern der Wertpapiere sowie, sofern einschlägig, zu Wertpapierinhabern mit Verkaufspositionen und etwaigen vertraglichen Veräußerungsbeschränkungen (sog. Lock-up-Vereinbarungen).

136

II. Punkt 7.1 – Anbieter und Wertpapierinhaber mit Verkaufspositionen

Anhang 11 Punkt 7.1 Halbsatz 1 VO (EU) 2019/980 verlangt zunächst die Angabe von Name und Anschrift der „Anbieter" der prospektgegenständlichen Wertpapiere. Ob es sich hierbei tatsächlich um den Emittenten und die Emissionsbanken handelt,[181] erscheint mit Blick auf Anhang 11 Punkt 5.4 VO (EU) 2019/980, der „detaillierte Angaben zum Koordinator bzw. den Koordinatoren des globalen Angebots" fordert, zweifelhaft. Wie sich aus dem Titel von Punkt 7 sowie einer Gesamtschau der Punkte 7.1, 7.2 und 7.3 ergibt, geht es vielmehr um Angaben zu den Wertpapierinhabern mit Verkaufspositionen, also in der Praxis etwaigen veräußernden Aktionären. Dies verdeutlicht auch die englische Sprachfassung der VO (EU) 2019/980, die insoweit von „name and business address of the person or entity offering to sell the securities" spricht.[182]

137

In Bezug auf diese Wertpapierinhaber mit Verkaufspositionen sind etwaige Positionen oder sonstige wesentliche Verbindungen offenzulegen, die diese Personen in den letzten drei Jahren bei dem Emittenten oder etwaigen Vorgängern oder verbundenen Unternehmen innehatten oder mit diesen unterhielten. In Betracht kommen beispielsweise für den Emittenten wesentliche Gesellschafterdarlehen, die aufgrund ihrer Darlehenssumme in den Prospekt aufzunehmen sind, oder Vorstands- bzw. Aufsichtsratsmandate.

138

Als Wertpapierinhaber mit Verkaufspositionen kommen dabei nicht nur Aktionäre in Betracht, die im Rahmen einer sog. Sekundärtranche (einen Teil ihrer) Aktien verkaufen. Bei Börsengängen stellen bestehende Aktionäre darüber hinaus häufig den Konsortialbanken Wertpapiere im Wege der Wertpapierleihe zur Verfügung, die die Konsortialbanken zur Bedienung der Mehrzuteilungsoption verwenden.[183] In diesem Fall müssen sich die Angaben auch auf diese Aktien beziehen. Räumt der verleihende Aktionär den Konsortialbanken zusätzlich eine Greenshoe-Option ein, die es den Banken ermöglicht, von dem betreffenden Aktionär Aktien im Umfang der Mehrzuteilung zu erwerben, so wird – wenn Stabilisierungsmaßnahmen unterbleiben und demnach zwecks Rückführung der Aktienleihe die Greenshoe-Option ausgeübt wird – im Ergebnis der Platzierungserlös aus der Mehrzuteilung an den betreffenden Aktionär ausgekehrt.

139

---

181 So *Schlitt/Ries*, in: Assmann/Schlitt/von Kopp-Colomb, Prospektrecht Kommentar, Anhang 11 Abschnitt 7 VO (EU) 2019/980 Rn. 73.
182 So wohl auch *Fingerhut/Voß*, in: Just/Voß/Ritz/Zeising, WpPG, 2009, Anhang III ProspektVO Rn. 233 f.
183 *Rauch*, in: Holzborn, WpPG, Anhang III ProspektVO Rn. 110.

III. Punkt 7.2 – Zahl und Kategorie der Wertpapiere

140 Anhang 11 Punkt 7.2 VO (EU) 2019/980 verlangt die Zahl und Gattung der von jedem Wertpapierinhaber mit Verkaufspositionen angebotenen Wertpapiere. Diese Angaben finden sich üblicherweise in Form einer Tabelle, die die Aktionärsstruktur vor und nach Durchführung der Kapitalmarkttransaktion, in einem eigenen Abschnitt „Aktionärsstruktur" darstellt.[184] Sofern Angebotspreis bzw. -volumen zum Billigungszeitpunkt noch nicht endgültig feststehen, empfiehlt es sich, die künftige Aktionärsstruktur unter Zugrundelegung verschiedener Annahmen anzugeben. So hängt die Verteilung der Aktien zum Beispiel davon ab, inwieweit die Mehrzuteilungs- bzw. die Greenshoe-Optionen ausgeübt werden, ob die Platzierung der Aktien vollständig gelingt und zu welchem Kurs die betreffenden Aktien von den Investoren übernommen werden.

IV. Ziffer 7.3 – Verkauf der Wertpapiere durch einen Großaktionär

141 Verkauft ein Großaktionär die Wertpapiere, verlangt Anhang 11 Punkt 7.3 VO (EU) 2019/980 die Angabe des Umfangs seiner Beteiligung sowohl vor als auch unmittelbar nach der Emission.

V. Ziffer 7.4 – Lock-up-Vereinbarungen

142 Wertpapierinhaber mit Verkaufsposition unterwerfen sich regelmäßig gegenüber den Konsortialbanken vertraglichen Veräußerungsbeschränkungen (sog. Marktschutz- oder Lock-up-Vereinbarungen).[185] Darin verpflichten sie sich, bestimmte Transaktionen, die die zu begebenden Wertpapiere betreffen, während eines bestimmten Zeitraums, z.B. innerhalb von sechs Monaten nach Abschluss eines öffentlichen Angebots, zu unterlassen oder nur unter bestimmten Voraussetzungen durchzuführen. So kann die Veräußerung von Wertpapieren während dieses Zeitraums von der Zustimmung der Emissionsbanken oder davon abhängig gemacht werden, dass sich der Erwerber der Wertpapiere entsprechenden Beschränkungen unterwirft (sog. Travelling Lock-up). Im Prospekt offenzulegen sind insbesondere die Identität der Parteien, eine Beschreibung der unter dem Lock-up geltenden Beschränkungen, Ausnahmen von diesen Beschränkungen sowie die Dauer der Haltefrist.

143 Die Vereinbarung vertraglicher Veräußerungsbeschränkungen kann unter anderem Auswirkungen darauf haben, ob die Aktien, die Gegenstand der Vereinbarung sind, dem nach § 9 BörsZulV erforderlichen **Streubesitz** (Free Float) zuzurechnen sind. Die Frankfurter Wertpapierbörse legt den Begriff des Streubesitzes entsprechend den Vorgaben des „Leitfadens zu den Aktienindizes der Deutsche Börse AG" aus, nach denen Aktien nicht dem Streubesitz zuzurechnen sind, die einer vertraglichen Sperrfrist von mindestens sechs Monaten unterliegen.[186] Aus diesem Grund kann es geboten sein, eine Veräußerungsbeschränkung lediglich für einen Zeitraum von 180 Tagen und nicht für sechs Monate zu

---

184 *Fingerhut/Voß*, in: Just/Voß/Ritz/Zeising, WpPG, 2009, Anhang III ProspektVO Rn. 236.
185 Zu den Einzelheiten siehe *Singhof/Weber*, in: Habersack/Mülbert/Schlitt, Unternehmensfinanzierung, § 3 Rn. 36 f.
186 Vgl. Ziffer 2.3 Nr. 2 des Leitfadens zu den Aktienindizes der Deutsche Börse AG, Version 9.2.4.

vereinbaren, damit die Aktien zum Zeitpunkt der Zulassungsentscheidung nicht dem Streubesitz entzogen sind.

Neben Lock-up-Vereinbarungen werden auch wirtschaftlich gleichwertige Vereinbarungen wie etwa Optionsgeschäfte oder Marktschutzvereinbarungen von der Offenlegungspflicht erfasst.[187] Unter Marktschutzvereinbarungen werden allgemein solche Vereinbarungen verstanden, in denen sich Aktionäre unabhängig von einer etwaigen Verkaufsposition in der prospektgegenständlichen Transaktion verpflichten, es zu unterlassen, bestimmte Kapitalmarkttransaktionen (beispielsweise Kapitalerhöhungen oder größere Abverkäufe) zu initiieren, durchzuführen oder auf sonstige Weise zu unterstützen.[188] Entsprechende Informationen sind für den Kapitalmarkt von wesentlicher Bedeutung, um das Risiko künftiger Kursschwankungen (durch größere Abverkäufe) oder Verwässerung (durch Eigenkapitalmaßnahmen) einschätzen zu können. 144

Abschnitt 8
Kosten der Emission/des Angebots

Punkt 8.1
Angabe der Gesamtnettoerträge und Schätzung der Gesamtkosten der Emission/des Angebots.

Übersicht

	Rn.		Rn.
I. Überblick und Regelungsgegenstand	145	2. Verteilung des Emissionserlöses	151
II. Emissionserlös	146	III. Gesamtkosten der Emission	152
1. Erforderliche Angaben	146		

I. Überblick und Regelungsgegenstand

Anhang 11 Punkt 8.1 VO (EU) 2019/980 fordert die Angabe der Gesamtnettoerträge und eine Schätzung der Gesamtkosten der Emission bzw. des Angebots. Die Darstellung im Prospekt erfolgt in der Regel im Abschnitt „Gründe für das Angebot" unter den Ausführungen zur „Verwendung der Erträge".[189] Bei einem reinen Zulassungsprospekt[190] ist (trotz des lediglich auf ein Angebot bezogenen Wortlauts der Vorschrift) eine Angabe der Kosten der Zulassung erforderlich; im Übrigen ist die Vorschrift nicht anwendbar, da kein Emissionserlös entsteht. Die Gesamtnettoerträge berechnen sich aus dem erwarteten Bruttoemissionserlös abzüglich der erwarteten Emissionskosten. 145

---

187 *Fingerhut/Voß*, in: Just/Voß/Ritz/Zeising, WpPG, 2009, Anhang III ProspektVO Rn. 238; *Kuntz*, in: Ekkenga, Handbuch der AG-Finanzierung, Kapitel 8 Rn. 198.
188 *Schlitt/Ries*, in: Assmann/Schlitt/von Kopp-Colomb, Prospektrecht Kommentar, Anhang 11 Abschnitt 7 VO (EU) 2019/980 Rn. 77.
189 *Schlitt/Ries*, in: Assmann/Schlitt/von Kopp-Colomb, Prospektrecht Kommentar, Anhang 11 Abschnitt 8 VO (EU) 2019/980 Rn. 79.
190 *Fingerhut/Voß*, in: Just/Voß/Ritz/Zeising, WpPG, 2009, Anhang III ProspektVO Rn. 244; *Rauch*, in: Holzborn, WpPG, Anhang III ProspektVO Rn. 114.

II. Emissionserlös

1. Erforderliche Angaben

146 Der (Brutto-)Emissionserlös berechnet sich aus dem Angebotspreis und der Anzahl zu platzierender Aktien. Die erforderlichen Angaben zum Emissionserlös richten sich nach dem jeweiligen Preisfestsetzungsverfahren.

147 Liegt dem Angebot ein **Festpreis** zugrunde und steht die zu platzierende Anzahl von Aktien zum Billigungszeitpunkt ebenfalls bereits fest (siehe hierzu die Kommentierung zu Anhang 11 Punkt 5.1), kann der (Brutto-)Emissionserlös zum Billigungszeitpunkt bereits berechnet und im Prospekt angegeben werden, was häufig bei großvolumigen Bezugsrechtsemissionen der Fall ist.

148 Stehen der Angebotspreis oder die Anzahl der zu platzierenden Aktien zum Zeitpunkt der Prospektbilligung noch nicht endgültig fest, ist eine Schätzung des erwarteten Emissionserlöses anzugeben.[191]

149 Bei Durchführung eines **Bookbuilding-Verfahrens** wird im Prospekt lediglich eine Preisspanne angegeben, innerhalb derer der endgültige Angebotspreis bestimmt wird. Die Schätzung des Emissionserlöses kann dann auf Basis des Mittelwerts dieser Preisspanne, der mit der Maximalzahl der angebotenen Aktien multipliziert wird, erfolgen.[192] In diesem Fall ist es ferner möglich und üblich, einen Mindest- und Maximalemissionserlös anzugeben, indem die Maximalzahl der angebotenen Aktien mit dem jeweils untersten und höchsten Wert der Preisspanne multipliziert wird.[193]

150 Etwas anderes gilt beim sog. **entkoppelten Bookbuilding-Verfahren** (Decoupled Bookbuilding) (zu den Einzelheiten siehe Kommentierung zu → Art. 17 ProspektVO Rn. 14),[194] bei dem auf die Angabe einer Preisspanne sowie einer Maximalzahl angebotener Aktien im Prospekt aufgrund von Bewertungsunsicherheiten, z.B. bei einem volatilen Marktumfeld, gänzlich verzichtet wird.[195] Die Preisspanne sowie die Maximalzahl der angebotenen Aktien werden vielmehr auf Grundlage von Gesprächen mit ausgewählten Anlegern, die den veröffentlichten Prospekt bereits auswerten konnten, festgelegt und in einem Nachtrag nach Art. 23 ProspektVO vor Beginn des eigentlichen Angebots veröffentlicht.[196] Dieser Nachtrag enthält dann ebenfalls eine konkretisierte Schätzung des Emissionserlöses sowie der Kosten. Jedoch ist nach der Verwaltungspraxis der BaFin auch in diesen Fällen bereits eine Schätzung des erwarteten Emissionserlöses in den Prospekt aufzuneh-

---

[191] *Schlitt/Ries*, in: Assmann/Schlitt/von Kopp-Colomb, Prospektrecht Kommentar, Anhang 11 Abschnitt 8 VO (EU) 2019/980 Rn. 80; *Fingerhut/Voß*, in: Just/Voß/Ritz/Zeising, WpPG, 2009, Anhang III ProspektVO Rn. 247; im Ergebnis auch *Rauch*, in: Holzborn, WpPG, Anhang III ProspektVO Rn. 116.

[192] *Schlitt/Ries*, in: Assmann/Schlitt/von Kopp-Colomb, Prospektrecht Kommentar, Anhang 11 Abschnitt 8 VO (EU) 2019/980 Rn. 80; *Rauch*, in: Holzborn, WpPG, Anhang III ProspektVO Rn. 116.

[193] *Fingerhut/Voß*, in: Just/Voß/Ritz/Zeising, WpPG, 2009, Anhang III ProspektVO Rn. 247.

[194] *Schlitt/Ries*, in: Assmann/Schlitt/von Kopp-Colomb, Prospektrecht Kommentar, Anhang 11 Abschnitt 8 VO (EU) 2019/980 Rn. 80.

[195] Vgl. *Fingerhut/Voß*, in: Just/Voß/Ritz/Zeising, WpPG, 2009, Anhang III ProspektVO Rn. 248.

[196] *Schlitt/Ries*, in: Assmann/Schlitt/von Kopp-Colomb, Prospektrecht Kommentar, Art. 17 (EU) 2017/1129 Rn. 16f.

men. Dabei soll der untere Wert der Spanne nicht weniger als 50% des oberen Wertes der Spanne betragen.[197] Erforderlich ist ferner die Angabe einer maximalen Gesamtzahl der angebotenen Wertpapiere (vgl. Anhang 11 Punkt 5.1.2 VO (EU) 2019/980).[198]

2. Verteilung des Emissionserlöses

Des Weiteren ist im Prospekt darzulegen, wie der Emissionserlös unter den Personen, die Wertpapiere im Rahmen des Angebots veräußern, verteilt wird. Insbesondere bei gemischten Primär- und Sekundärplatzierungen, bei denen neben neuen Aktien aus einer Kapitalerhöhung des Emittenten auch bestehende Aktien einzelner Aktionäre angeboten werden, ist klarzustellen, dass der Erlös aus dem Verkauf bestehender Aktien nicht dem Emittenten, sondern den verkaufenden Aktionären zufließt.[199] 151

III. Gesamtkosten der Emission

Es muss eine Schätzung der Gesamtkosten der Emission aufgenommen werden, die zur Berechnung des Netto-Emissionserlöses vom Bruttoerlös abgezogen werden. Die Gesamtkosten der Emission umfassen die Kosten für die Börsenzulassung und -einführung, die Erstellung, Billigung, Veröffentlichung und Verbreitung des Prospekts einschließlich des Drucks, Kosten der Handelsregistereintragung, Vermarktungskosten, einschließlich der Kosten, die im Zusammenhang mit Investorengesprächen und Roadshows anfallen, sowie Provisionen der Emissionsbanken und Vergütungen für Rechtsanwälte, Wirtschaftsprüfer und sonstige Berater (z.B. IPO-Berater, IR-Berater).[200] Teils können diese Kosten zum Zeitpunkt der Billigung nur geschätzt werden, etwa wenn – was regelmäßig bei den Bankenprovisionen der Fall sein wird – einzelne Vergütungsbestandteile erfolgsabhängig ausgestaltet sind und damit vom endgültigen Emissionsvolumen und -preis abhängen. 152

Im Prospekt ist ferner die Verteilung der Kostentragung zwischen den an der Emission Beteiligten anzugeben. 153

Bei (reinen) Zulassungsprospekten wird die Angabe der Zulassungskosten als ausreichend erachtet.[201] 154

---

197 *Schlitt/Ries*, in: Assmann/Schlitt/von Kopp-Colomb, Prospektrecht Kommentar, Art. 17 (EU) 2017/1129 Rn. 14.
198 *Fingerhut/Voß*, in: Just/Voß/Ritz/Zeising, WpPG, 2009, Anhang III ProspektVO Rn. 249; *Rauch*, in: Holzborn, WpPG, Anhang III ProspektVO Rn. 116.
199 *Schlitt/Ries*, in: Assmann/Schlitt/von Kopp-Colomb, Prospektrecht Kommentar, Anhang 11 Abschnitt 8 VO (EU) 2019/980 Rn. 81; *Fingerhut/Voß*, in: Just/Voß/Ritz/Zeising, WpPG, 2009, Anhang III ProspektVO Rn. 250.
200 *Schlitt/Ries*, in: Assmann/Schlitt/von Kopp-Colomb, Prospektrecht Kommentar, Anhang 11 Abschnitt 8 VO (EU) 2019/980 Rn. 83; *Fingerhut/Voß*, in: Just/Voß/Ritz/Zeising, WpPG, 2009, Anhang III ProspektVO Rn. 252; *Rauch*, in: Holzborn, WpPG, Anhang III ProspektVO Rn. 115.
201 *Schlitt/Ries*, in: Assmann/Schlitt/von Kopp-Colomb, Prospektrecht Kommentar, Anhang 11 Abschnitt 8 VO (EU) 2019/980 Rn. 83; *Fingerhut/Voß*, in: Just/Voß/Ritz/Zeising, WpPG, 2009, Anhang III ProspektVO Rn. 253.

Abschnitt 9
Verwässerung

Punkt 9.1

Vergleich

a) des Anteils am Aktienkapital und an den Stimmrechten für bestehende Aktionäre vor und nach der aus dem öffentlichen Angebot resultierenden Kapitalerhöhung unter der Annahme, dass existierende Aktionäre die neuen Aktien nicht zeichnen;

b) des Nettovermögenswertes pro Aktie zum Datum der letzten Bilanz vor dem öffentlichen Angebot (Verkaufsangebot und/oder Kapitalerhöhung) und des Ausgabekurses im Rahmen dieses öffentlichen Angebots.

Punkt 9.2

Kommt es für existierende Aktionäre unabhängig von einer Ausübung ihres Bezugsrechts zu einer Verwässerung, da ein Teil der relevanten Aktienemission bestimmten Anlegern vorbehalten ist (z. B. bei einer Platzierung bei institutionellen Anlegern in Kombination mit einem Angebot an Aktionäre), Angabe der Verwässerung, zu der es für existierende Aktionäre kommen wird, auch wenn sie ihr Bezugsrecht ausüben (zusätzlich zu der unter Punkt 9.1 beschriebenen Situation, wenn sie dies nicht tun).

Übersicht

	Rn.		Rn.
I. Überblick und Regelungsgegenstand	155	III. Punkt 10.2 – Geprüfte Angaben	157
II. Punkt 10.1 – Berater	156		

I. Überblick und Regelungsgegenstand

155 Anhang 11 Punkt 9 VO (EU) 2019/980 fordert die Aufnahme von Angaben zur Verwässerung, d. h. zu der durch die Ausgabe neuer Aktien bedingten Verringerung des Werts der Aktien eines Anlegers. Die Regelung bezieht sich ausdrücklich auch auf reine Zulassungsprospekte, wenn im Zusammenhang mit der Zulassung (prospektfrei) neue Aktien (z. B. im Wege einer Privatplatzierung) ausgegeben werden und dadurch eine Verwässerung eintritt.[202]

II. Punkt 9.1 – Vergleich

156 Nach Anhang 11 Punkt 9.1 VO (EU) 2019/980 ist ein Vergleich des Anteils am Aktienkapital und an den Stimmrechten für bestehende Aktionäre vor und nach der aus dem öffentlichen Angebot resultierenden Kapitalerhöhung unter der Annahme, dass existierende Aktionäre die neuen Aktien nicht zeichnen, sowie ein Vergleich des Nettovermögenswertes pro Aktie zum Datum der letzten Bilanz vor dem öffentlichen Angebot und des Ausgabekurses im Rahmen dieses öffentlichen Angebots aufzunehmen.

---

[202] So auch in Bezug auf die VO (EG) 809/2004: *Rauch*, in: Holzborn, WpPG, Anhang III ProspektVO Rn. 117; *Schlitt/Ries*, in: Assmann/Schlitt/von Kopp-Colomb, Prospektrecht Kommentar, Anhang 11 Abschnitt 9 VO (EU) 2019/980 Rn. 85.

Darzustellen ist die *wirtschaftliche* und die *mitgliedschaftliche* Verwässerung der Anleger. Inwieweit durch die Ausgabe neuer Aktien eine Verwässerung des Anlegers eintritt, beurteilt sich danach, in welchem Umfang sich sein Anteil am „Gesamtwert" des Emittenten verändert.[203] Zu berücksichtigen sind daneben jedoch auch sein Stimmrechtsanteil und die mitgliedschaftlichen Vermögensrechte, insbesondere das Dividendenrecht. 157

Zur Bestimmung der Verwässerung werden somit zum einen das Aktienkapital und die Stimmrechte für bestehende Aktionäre vor und nach der Kapitalerhöhung verglichen. Dies steht unter der Annahme, dass existierende Aktionäre die neuen Aktien nicht zeichnen. Daneben wird zusätzlich der Angebotspreis mit dem rechnerischen Anteil einer Aktie am Gesamtwert des Emittenten (unter Berücksichtigung des dem Emittenten zufließenden Teil des (Netto-)Emissionserlöses) verglichen. In der Praxis wird der Gesamtwert eines Emittenten dabei üblicherweise im Wege einer bilanziellen Betrachtung ermittelt. Zugrunde gelegt wird der Nettobuchwert zum letzten Abschlussstichtag (Quartalsende), d.h. die Gesamtaktiva abzüglich des Firmenwerts und anderer immaterieller Anlagenwerte sowie Verbindlichkeiten, Rückstellungen und abgegrenzter Erträge.[204] Alternative – wenn auch in der Vergangenheit weniger gebräuchliche – Bewertungsmethoden wie das Ertragswertverfahren oder die Discounted-Cash-Flow-Methode[205] stellen keinen Vergleich im Sinne der VO (EU) 2019/980 dar. 158

Der auf diese Weise ermittelte Nettobuchwert wird dann um den dem Emittenten zufließenden Teil des (Netto-)Emissionserlöses angepasst, d.h. es ist darzustellen, um welchen Betrag sich der Nettobuchwert zum letzten Abschlussstichtag erhöht hätte, wenn der Emissionserlös aus dem Angebot dem Emittenten bereits zu diesem Stichtag zugeflossen wäre.[206] 159

Die unmittelbare Verwässerung der Anleger, die neue Aktien im Zuge des Angebotes erwerben, besteht in der Differenz zwischen dem gezahlten Angebotspreis und dem um den Emissionserlös angepassten Nettobuchwert je Aktie (bezogen auf die erhöhte Anzahl von Aktien nach Durchführung des Angebots). Je nach Wert des Emittenten und Höhe des Angebotspreises kann sich dies für den Anleger als Verwässerung oder unmittelbarer Wertzuwachs darstellen. Erfolgt im Prospekt die Angabe einer Preisspanne, wird diese Differenz häufig für verschiedene Punkte der Preisspanne (z.B. für das untere Ende, die Mitte und das obere Ende der Preisspanne) angegeben. Im Prospekt wird die unmittelbare Verwässerung in der Praxis sowohl betragsmäßig als auch prozentual anzugeben.[207] 160

---

203 *Schlitt/Ries*, in: Assmann/Schlitt/von Kopp-Colomb, Prospektrecht Kommentar, Anhang 11 Abschnitt 9 VO (EU) 2019/980 Rn. 84; *Fingerhut/Voß*, in: Just/Voß/Ritz/Zeising, WpPG, 2009, Anhang III ProspektVO Rn. 259.
204 *Schlitt/Ries*, in: Assmann/Schlitt/von Kopp-Colomb, Prospektrecht Kommentar, Anhang 11 Abschnitt 9 VO (EU) 2019/980 Rn. 84; *Fingerhut/Voß*, in: Just/Voß/Ritz/Zeising, WpPG, 2009, Anhang III ProspektVO Rn. 259; *Rauch*, in: Holzborn, WpPG, Anhang III ProspektVO Rn. 119.
205 *Fingerhut/Voß*, in: Just/Voß/Ritz/Zeising, WpPG, 2009, Anhang III ProspektVO Rn. 259; *Rauch*, in: Holzborn, WpPG, Anhang III ProspektVO Rn. 119.
206 *Schlitt/Ries*, in: Assmann/Schlitt/von Kopp-Colomb, Prospektrecht Kommentar, Anhang 11 Abschnitt 9 VO (EU) 2019/980 Rn. 84.
207 *Fingerhut/Voß*, in: Just/Voß/Ritz/Zeising, WpPG, 2009, Anhang III ProspektVO Rn. 260.

III. Punkt 9.2 – Verwässerung bestehender Aktionäre bei Zeichnung des Angebots

161 Kommt es für existierende Aktionäre unabhängig von einer Ausübung ihres Bezugsrechts zu einer Verwässerung, da ein Teil der relevanten Aktienemission bestimmten Anlegern vorbehalten ist, ist anzugeben, wie sich der Anteil eines bestehenden Aktionärs am Gesamtwert des Emittenten verändert, wenn im Zuge eines Angebots neue Aktien begeben werden und die betreffenden Aktionäre ihr Bezugsrecht ausüben und diese Aktien zeichnen. Dies ist ergänzend zur Situation unter Punkt 9.1 darzustellen, in der vorausgesetzt wird, dass die Aktionäre ihr Bezugsrecht nicht ausüben. Es ist somit ebenfalls die wirtschaftliche und mitgliedschaftliche Verwässerung in Bezug auf die Altaktionäre darzulegen und wiederum entsprechende Vergleiche darzustellen.

162 Zum einen ist somit anzugeben, wie hoch das Aktienkapital und die Stimmrechte für bestehende Aktionäre vor und nach der Kapitalerhöhung waren. Zum anderen ist der Nettobuchwert je Aktie zum letzten Abschlussstichtag anzugeben (bezogen auf die Anzahl von Aktien vor Durchführung des Angebots) und wie hoch dieser gewesen wäre, wenn der Emissionserlös aus dem Angebot dem Emittenten bereits zu diesem Stichtag zugeflossen wäre (bezogen auf die erhöhte Anzahl von Aktien nach Durchführung des Angebots).[208] Die Differenz der beiden Werte zeigt die unmittelbare Verwässerung der Beteiligung der Altaktionäre pro Aktie.[209] Abhängig vom Wert des Emittenten und dem dem Emittenten zufließenden (Netto-)Emissionserlös kann sich dies für den bestehenden Aktionär (unabhängig davon, ob er neue Aktien zeichnet oder nicht) ebenfalls als Wertzuwachs oder Verwässerung darstellen. Auch diese Angabe wird üblicherweise sowohl als absoluter Betrag als auch als Prozentsatz im Prospekt aufgenommen.

Abschnitt 10
Weitere Angaben

Punkt 10.1
Werden an einer Emission beteiligte Berater in der Wertpapierbeschreibung genannt, ist anzugeben, in welcher Funktion sie gehandelt haben.

Punkt 10.2
Es ist anzugeben, welche anderen in der Wertpapierbeschreibung enthaltenen Angaben von Abschlussprüfern geprüft oder durchgesehen wurden, über die die Abschlussprüfer einen Vermerk erstellt haben. Der Vermerk ist wiederzugeben oder bei entsprechender Erlaubnis der zuständigen Behörden zusammenzufassen.

---

208 *Fingerhut/Voß*, in: Just/Voß/Ritz/Zeising, WpPG, 2009, Anhang III ProspektVO Rn. 261; *Rauch*, in: Holzborn, WpPG, Anhang III ProspektVO Rn. 120.
209 *Schlitt/Ries*, in: Assmann/Schlitt/von Kopp-Colomb, Prospektrecht Kommentar, Anhang 11 Abschnitt 9 VO (EU) 2019/980 Rn. 84.

Übersicht

	Rn.		Rn.
I. Überblick und Regelungsgegenstand	163	III. Punkt 10.2 – Geprüfte Angaben	165
II. Punkt 10.1 – Berater	164		

I. Überblick und Regelungsgegenstand

Anhang 11 Punkt 10 VO (EU) 2019/980 zählt zusätzliche Angaben auf, die die an einer Emission beteiligten Berater und Abschlussprüfer betreffen. **163**

II. Punkt 10.1 – Berater

So ist nach Punkt 10.1 die Funktion von Beratern zu erläutern, wenn diese ausdrücklich im Prospekt genannt werden. In Betracht kommen hier beispielsweise Rechtsanwälte, M&A- oder IPO-Berater sowie Steuerberater. Deren Nennung im Prospekt ist im deutschen Eigenkapitalmarkt jedoch unüblich. Für eine *Nennung* im Sinne von Punkt 10.1 genügt es nicht, wenn die betreffenden Personen im Zusammenhang mit anderen Pflichtangaben, beispielsweise bei der Darstellung der Interessen Dritter an der Emission nach Punkt 3.3, aufgeführt werden.[210] In anderen (auch europäischen) Rechtsordnungen hingegen ist die Aufnahme der Namen und Adressen sowie der Rolle der Rechtsberater von Banken und Emittenten auf der letzten Seite des Prospekts üblich. **164**

III. Punkt 10.2 – Geprüfte Angaben

Sofern ein Prospekt neben den nach Anhang 1 Abschnitt 18 VO (EU) 2019/980 aufzunehmenden Finanzinformationen weitere Angaben enthält, die vom Abschlussprüfer geprüft oder prüferisch durchgesehen wurden, ist dies anzugeben. Voraussetzung ist, dass der Abschlussprüfer – etwa bei Aufnahme zusätzlicher Abschlüsse in den Prospekt – einen Bestätigungsvermerk bzw. eine Bescheinigung über die prüferische Durchsicht erstellt hat.[211] Der jeweilige Bestätigungsvermerk bzw. die Bescheinigung über die prüferische Durchsicht sind dann im Prospekt abzudrucken. **165**

---

210 *Schlitt/Ries*, in: Assmann/Schlitt/von Kopp-Colomb, Prospektrecht Kommentar, Anhang 11 Abschnitt 10 VO (EU) 2019/980 Rn. 86; *Fingerhut/Voß*, in: Just/Voß/Ritz/Zeising, WpPG, 2009, Anhang III ProspektVO Rn. 264.

211 *Fingerhut/Voß*, in: Just/Voß/Ritz/Zeising, WpPG, 2009, Anhang III ProspektVO Rn. 265.

Anhang 12 VO (EU) 2019/980
Wertpapierbeschreibung für Sekundäremissionen von Dividendenwerten oder Anteilsscheinen, die von Organismen für gemeinsame Anlagen des geschlossenen Typs ausgegeben werden

Abschnitt 1
Verantwortliche Personen, Angaben von Seiten Dritter, Sachverständigenberichte und Billigung durch die zuständige Behörde

Punkt 1.1
Nennung aller Personen, die für die Angaben in der Wertpapierbeschreibung bzw. für bestimmte Teile der Angaben verantwortlich sind. Im letzteren Fall sind die entsprechenden Teile anzugeben. Handelt es sich um natürliche Personen, zu denen auch Mitglieder des Verwaltungs-, Leitungs- oder Aufsichtsorgans des Emittenten gehören, sind Name und Funktion dieser Person zu nennen. Bei juristischen Personen sind Name und eingetragener Sitz der Gesellschaft anzugeben.

Punkt 1.2
Erklärung der für die Wertpapierbeschreibung verantwortlichen Personen, dass die Angaben in der Wertpapierbeschreibung ihres Wissens nach richtig sind und dass die Wertpapierbeschreibung keine Auslassungen enthält, die die Aussage verzerren könnten.

Gegebenenfalls Erklärung der für bestimmte Abschnitte der Wertpapierbeschreibung verantwortlichen Personen, dass die in den Teilen der Wertpapierbeschreibung genannten Angaben, für die sie verantwortlich sind, ihres Wissens nach richtig sind und dass diese Teile der Wertpapierbeschreibung keine Auslassungen beinhalten, die die Aussage verzerren könnten.

Punkt 1.3
Wird in die Wertpapierbeschreibung eine Erklärung oder ein Bericht einer Person aufgenommen, die als Sachverständiger handelt, so sind folgende Angaben zu dieser Person zu machen:

a) Name,

b) Geschäftsadresse,

c) Qualifikationen,

d) das wesentliche Interesse am Emittenten, falls vorhanden.

Wurde die Erklärung oder der Bericht auf Ersuchen des Emittenten erstellt, so ist zu erklären, dass diese Erklärung oder dieser Bericht mit Zustimmung der Person, die den Inhalt dieses Teils der Wertpapierbeschreibung für die Zwecke des Prospekts gebilligt hat, aufgenommen wurde.

Punkt 1.4
Wurden Angaben von Seiten Dritter übernommen, ist zu bestätigen, dass diese Angaben korrekt wiedergegeben wurden und nach Wissen des Emittenten und soweit für ihn aus den von diesem Dritten veröffentlichten Angaben ersichtlich, nicht durch Auslassungen unkorrekt oder irreführend gestaltet wurden. Darüber hinaus hat der Emittent die Quelle(n) der Angaben zu nennen.

Punkt 1.5

Eine Erklärung, dass

a) [diese Wertpapierbeschreibung/dieser Prospekt] durch [Bezeichnung der zuständigen Behörde] als zuständiger Behörde gemäß Verordnung (EU) 2017/1129 gebilligt wurde,

b) [Bezeichnung der zuständigen Behörde] [diese Wertpapierbeschreibung/diesen Prospekt] nur bezüglich der Standards der Vollständigkeit, Verständlichkeit und Kohärenz gemäß der Verordnung (EU) 2017/1129 billigt,

c) eine solche Billigung nicht als Bestätigung der Qualität der Wertpapiere, die Gegenstand [dieser Wertpapierbeschreibung/dieses Prospekts] sind, erachtet werden sollte,

d) Anleger ihre eigene Bewertung der Eignung dieser Wertpapiere für die Anlage vornehmen sollten,

e) [diese Wertpapierbeschreibung/dieser Prospekt] als Teil eines vereinfachten Prospekts gemäß Artikel 14 der Verordnung (EU) 2017/1129 erstellt wurde.

Abschnitt 2
Risikofaktoren

Punkt 2.1

Eine Beschreibung der wesentlichen Risiken, die den angebotenen und/oder zum Handel zuzulassenden Wertpapieren eigen sind, in einer begrenzten Anzahl an Kategorien in einer Rubrik mit der Überschrift „Risikofaktoren".

In jeder Kategorie werden die gemäß der Bewertung des Emittenten, Anbieters oder der die Zulassung zum Handel an einem geregelten Markt beantragenden Person wesentlichsten Risiken, unter Berücksichtigung der negativen Auswirkungen auf den Emittenten und die Wertpapiere und der Wahrscheinlichkeit ihres Eintretens, zuerst angeführt. Die Risiken werden durch den Inhalt der Wertpapierbeschreibung bestätigt.

Abschnitt 3
Grundlegende Angaben

Punkt 3.1

Interessen natürlicher und juristischer Personen, die an der Emission/dem Angebot beteiligt sind.

Beschreibung aller für die Emission wesentlichen Interessen, einschließlich Interessenskonflikten, unter Angabe der betreffenden Personen und der Art der Interessen.

Punkt 3.2

Gründe für das Angebot und die Verwendung der Erträge

Angabe der Gründe für das Angebot und ggf. des geschätzten Nettobetrages der Erträge, aufgegliedert nach den wichtigsten Verwendungszwecken und dargestellt nach Priorität dieser Verwendungszwecke. Wenn der Emittent weiß, dass die voraussichtlichen Erträge nicht ausreichen werden, um alle vorgeschlagenen Verwendungszwecke zu finanzieren, sind der Betrag und die Quellen anderer Mittel anzugeben. Auch muss die Verwendung der Erträge im Detail dargelegt werden, insbesondere wenn sie außerhalb der normalen Geschäftstätigkeit zum Erwerb von Aktiva verwendet, zur Finanzierung des angekündigten Erwerbs anderer Unternehmen oder zur Begleichung, Reduzierung oder vollständigen Tilgung der Schulden eingesetzt werden.

Punkt 3.3

Erklärung zum Geschäftskapital

Erklärung des Emittenten, dass das Geschäftskapital seiner Meinung nach seine derzeitigen Anforderungen deckt. Ansonsten ist darzulegen, wie das zusätzlich erforderliche Geschäftskapital beschafft werden soll.

Punkt 3.4

Kapitalausstattung und Verschuldung

Aufzunehmen ist eine Übersicht über Kapitalausstattung und Verschuldung (wobei zwischen garantierten und nicht garantierten, besicherten und unbesicherten Verbindlichkeiten zu unterscheiden ist) zu einem Zeitpunkt, der höchstens 90 Tage vor dem Datum des Dokuments liegt. Der Begriff „Verschuldung" bezieht sich auch auf indirekte Verbindlichkeiten und Eventualverbindlichkeiten.

Im Falle wesentlicher Änderungen bei der Kapitalausstattung und Verschuldung des Emittenten innerhalb der Periode von 90 Tagen sind mittels einer ausführlichen Darstellung solcher Änderungen oder einer Aktualisierung dieser Zahlen zusätzliche Angaben zu machen.

Abschnitt 4
Angaben über die anzubietenden bzw. zum Handel zuzulassenden Wertpapiere

Punkt 4.1

Beschreibung von Art, Gattung und Emissionsvolumen der angebotenen und/oder zum Handel zuzulassenden Wertpapiere, einschließlich der internationalen Wertpapier-Identifikationsnummer (ISIN).

Punkt 4.2

Währung der Wertpapieremission.

Punkt 4.3

Bei Neuemissionen Angabe der Beschlüsse, Ermächtigungen und Billigungen, aufgrund deren die Wertpapiere geschaffen und/oder emittiert wurden oder werden sollen.

Punkt 4.4

Beschreibung aller etwaigen Beschränkungen für die Übertragbarkeit der Wertpapiere.

Punkt 4.5

Warnhinweis, dass sich die Steuergesetzgebung des Mitgliedstaats des Anlegers und des Gründungsstaats des Emittenten auf die Erträge aus den Wertpapieren auswirken könnten.

Angaben zur steuerlichen Behandlung der Wertpapiere, wenn die angebotene Anlage eine für diese Art von Anlagen gedachte Steuerregelung nach sich zieht.

Punkt 4.6

Sofern der Anbieter nicht dieselbe Person wie der Emittent ist, Angabe der Identität und der Kontaktdaten des Anbieters der Wertpapiere und/oder der die Zulassung zum Handel beantragenden Person einschließlich der Rechtsträgerkennung (LEI), falls der Anbieter Rechtspersönlichkeit hat.

Punkt 4.7

Beschreibung der mit den Wertpapieren verbundenen Rechte einschließlich etwaiger Beschränkungen und des Verfahrens zur Ausübung dieser Rechte.

a) Dividendenrechte:
   i) fester/e Termin/e, zu dem/denen der Anspruch entsteht;
   ii) Verjährungsfrist für den Verfall der Dividendenberechtigung und Angabe des entsprechenden Begünstigten;
   iii) Dividendenbeschränkungen und Verfahren für gebietsfremde Wertpapierinhaber;
   iv) Dividendensatz bzw. Methode für dessen Berechnung, Häufigkeit und Art der Zahlungen (kumulativ oder nichtkumulativ).

b) Stimmrechte;

c) Bezugsrechte bei Angeboten zur Zeichnung von Wertpapieren derselben Gattung;

d) Recht auf Beteiligung am Gewinn des Emittenten;

e) Recht auf Beteiligung am Liquidationserlös;

f) Tilgungsklauseln;

g) Wandelbedingungen.

Punkt 4.8

Erklärung zur Existenz auf den Emittenten anzuwendender nationaler Rechtsvorschriften zu Übernahmen, die solche Übernahmen behindern könnten, sofern vorhanden.

Punkt 4.9

Angabe öffentlicher Übernahmeangebote vonseiten Dritter in Bezug auf das Eigenkapital des Emittenten, die während des letzten oder im Verlauf des derzeitigen Geschäftsjahres erfolgten. Zu nennen sind dabei der Kurs oder die Wandelbedingungen für derlei Angebote sowie das Resultat.

Abschnitt 5
Konditionen des Angebots

Punkt 5.1

Konditionen, Angebotsstatistiken, erwarteter Zeitplan und erforderliche Maßnahmen für die Antragstellung.

Punkt 5.1.1

Angebotskonditionen.

Punkt 5.1.2

Frist – einschließlich etwaiger Änderungen – innerhalb derer das Angebot gilt, Beschreibung des Antragsverfahrens und Angabe des Emissionstermins neuer Wertpapiere.

Punkt 5.1.3

Beschreibung einer etwaigen Möglichkeit zur Reduzierung der Zeichnungen und der Art und Weise der Erstattung des zu viel gezahlten Betrags an die Zeichner.

Punkt 5.1.4

Einzelheiten zum Mindest- und/oder Höchstbetrag der Zeichnung (entweder in Form der Anzahl der Wertpapiere oder des aggregierten zu investierenden Betrags).

Punkt 5.1.5

Methode und Fristen für die Bedienung der Wertpapiere und ihre Lieferung.

Punkt 5.1.6

Umfassende Beschreibung der Modalitäten und des Termins für die öffentliche Bekanntgabe der Angebotsergebnisse.

Punkt 5.1.7

Verfahren für die Ausübung eines etwaigen Vorzugszeichnungsrechts, die Verhandelbarkeit der Zeichnungsrechte und die Behandlung nicht ausgeübter Zeichnungsrechte.

Punkt 5.1.8

Gesamtsumme der Emission/des Angebots, wobei zwischen den zum Verkauf und den zur Zeichnung angebotenen Wertpapieren zu unterscheiden ist; ist der Betrag nicht festgelegt, Angabe des Volumens der anzubietenden Wertpapiere (sofern verfügbar) und Beschreibung der Vereinbarungen und des Zeitpunkts für die Ankündigung des endgültigen Angebotsbetrags an das Publikum.

Ist eine Angabe des maximalen Emissionsvolumens der anzubietenden Wertpapiere in der Wertpapierbeschreibung nicht möglich, wird in der Wertpapierbeschreibung angeführt, dass eine Zusage zum Erwerb oder zur Zeichnung der Wertpapiere innerhalb von bis zu zwei Arbeitstagen nach Hinterlegung der Zahl der öffentlich anzubietenden Wertpapiere widerrufen werden kann.

Punkt 5.1.9

Zeitpunkt und Umstände, zu dem bzw. unter denen das Angebot widerrufen oder ausgesetzt werden kann, und Angabe, ob der Widerruf nach Beginn des Handels erfolgen kann.

Punkt 5.1.10

Angabe des Zeitraums, während dessen ein Antrag zurückgezogen werden kann, sofern dies den Anlegern gestattet ist.

Punkt 5.2

Verteilungs- und Zuteilungsplan

Punkt 5.2.1

Verfahren zur Meldung gegenüber den Zeichnern über den zugeteilten Betrag und Angabe, ob eine Aufnahme des Handels vor der Meldung möglich ist.

Punkt 5.2.2

Soweit dem Emittenten bekannt, Angabe, ob Hauptaktionäre oder Mitglieder des Leitungs-, Aufsichts- oder Verwaltungsorgans des Emittenten an der Zeichnung teilnehmen wollen oder ob Personen mehr als 5 % des Angebots zeichnen wollen.

Punkt 5.3

Preisfestsetzung

Punkt 5.3.1

Angabe des Preises, zu dem die Wertpapiere voraussichtlich angeboten werden, und etwaiger Kosten und Steuern, die dem Zeichner oder Käufer in Rechnung gestellt werden.

Ist der Preis nicht bekannt, dann gemäß Artikel 17 der Verordnung (EU) 2017/1129 Angabe entweder:

a) des Höchstkurses von Wertpapieren, soweit vorhanden;

b) der Bewertungsmethoden und -kriterien und/oder der Bedingungen, nach denen der endgültige Emissionskurs festzulegen ist, und eine Erläuterung etwaiger Bewertungsmethoden.

Können weder a) noch b) in der Wertpapierbeschreibung angegeben werden, wird in Wertpapierbeschreibung angeführt, dass eine Zusage zum Erwerb oder zur Zeichnung der Wertpapie-

re innerhalb von bis zu zwei Arbeitstagen nach Hinterlegung des endgültigen Emissionskurses der öffentlich anzubietenden Wertpapiere widerrufen werden kann.

Punkt 5.3.2

Verfahren für die Offenlegung des Angebotspreises.

Punkt 5.3.3

Verfügen die Aktionäre des Emittenten über Vorkaufsrechte und werden diese Rechte eingeschränkt oder entzogen, ist die Basis des Emissionspreises anzugeben, wenn die Emission in bar erfolgt, zusammen mit den Gründen und den Begünstigten einer solchen Beschränkung oder eines solchen Entzugs.

Punkt 5.4

Platzierung und Übernahme (Underwriting)

Punkt 5.4.1

Name und Anschrift des Koordinators/der Koordinatoren des gesamten Angebots oder einzelner Teile des Angebots und – sofern dem Emittenten oder dem Bieter bekannt – Angaben zu den Platzierern in den einzelnen Ländern des Angebots.

Punkt 5.4.2

Name und Anschrift etwaiger Zahlstellen und Verwahrstellen in jedem Land.

Punkt 5.4.3

Name und Anschrift der Institute, die bereit sind, eine Emission aufgrund einer festen Zusage zu zeichnen, und Name und Anschrift der Institute, die bereit sind, eine Emission ohne feste Zusage oder „zu den bestmöglichen Bedingungen" zu platzieren. Angabe der Hauptmerkmale der Vereinbarungen, einschließlich der Quoten. Wird die Emission nicht zur Gänze übernommen, ist eine Erklärung zum verbleibenden Teil einzufügen. Angabe des Gesamtbetrags der Übernahmeprovision und der Platzierungsprovision.

Punkt 5.4.4

Datum, zu dem der Emissionsübernahmevertrag geschlossen wurde oder wird.

Abschnitt 6
Zulassung zum Handel und Handelsmodalitäten

Punkt 6.1

Angabe, ob die angebotenen Wertpapiere Gegenstand eines Antrags auf Zulassung zum Handel sind oder sein werden und auf einem geregelten Markt, sonstigen gleichwertigen Drittlandsmärkten oder einem KMU-Wachstumsmarkt platziert werden sollen, wobei die jeweiligen Märkte zu nennen sind. Dieser Umstand ist anzugeben, ohne den Eindruck zu erwecken, dass die Zulassung zum Handel auf jeden Fall erteilt wird. Falls bekannt, sollten die ersten Termine angegeben werden, zu denen die Wertpapiere zum Handel zugelassen sind.

Punkt 6.2

Anzugeben sind alle geregelten Märkte, gleichwertigen Drittlandsmärkte oder KMU-Wachstumsmärkte, an denen nach Wissen des Emittenten bereits Wertpapiere der gleichen Gattung wie die angebotenen oder zuzulassenden Wertpapiere zum Handel zugelassen sind.

Punkt 6.3

Falls gleichzeitig oder fast gleichzeitig zur Schaffung von Wertpapieren, für die eine Zulassung zum Handel auf einem geregelten Markt beantragt werden soll, Wertpapiere der gleichen Gattung privat gezeichnet oder platziert werden, oder falls Wertpapiere anderer Gattungen für eine öffentliche oder private Platzierung geschaffen werden, sind Einzelheiten zur Natur dieser Geschäfte sowie zur Zahl und den Merkmalen der Wertpapiere anzugeben, auf die sie sich beziehen.

Punkt 6.4

Detaillierte Angaben zu den Instituten, die aufgrund einer festen Zusage als Intermediäre im Sekundärhandel tätig sind und über An- und Verkaufskurse Liquidität zur Verfügung stellen, sowie Beschreibung der Hauptbedingungen ihrer Zusage.

Abschnitt 7
Wertpapierinhaber mit Verkaufsposition

Punkt 7.1

Lock-up-Vereinbarungen:

In Zusammenhang mit Lock-up-Vereinbarungen ist Folgendes anzugeben:

a) beteiligte Parteien,

b) Inhalt und Ausnahmen der Vereinbarung,

c) der Zeitraum des „Lock-up".

Abschnitt 8
Kosten der Emission/des Angebots

Punkt 8.1

Angabe der Gesamtnettoerträge und Schätzung der Gesamtkosten der Emission/des Angebots.

Abschnitt 9
Verwässerung

Punkt 9.1

Vergleich

a) des Anteils am Aktienkapital und an den Stimmrechten für bestehende Aktionäre vor und nach der aus dem öffentlichen Angebot resultierenden Kapitalerhöhung unter der Annahme, dass existierende Aktionäre die neuen Aktien nicht zeichnen;

b) des Nettovermögenswertes pro Aktie zum Datum der letzten Bilanz vor dem öffentlichen Angebot (Verkaufsangebot und/oder Kapitalerhöhung) und des Ausgabekurses im Rahmen dieses öffentlichen Angebots.

Punkt 9.2

Kommt es für existierende Aktionäre unabhängig von einer Ausübung ihres Bezugsrechts zu einer Verwässerung, da ein Teil der relevanten Aktienemission bestimmten Anlegern vorbehalten ist (z. B. bei einer Platzierung bei institutionellen Anlegern in Kombination mit einem Angebot an Aktionäre), sollte die Verwässerung angegeben werden, zu der es für existierende Aktionäre kommen wird, auch wenn sie ihr Bezugsrecht ausüben (zusätzlich zu der Situation, wenn sie dies nicht tun).

Abschnitt 10
Weitere Angaben

Punkt 10.1
Werden an einer Emission beteiligte Berater in der Wertpapierbeschreibung genannt, ist anzugeben, in welcher Funktion sie gehandelt haben.

Punkt 10.2
Es ist anzugeben, welche anderen in der Wertpapierbeschreibung enthaltenen Angaben von Abschlussprüfern geprüft oder durchgesehen wurden, über die die Abschlussprüfer einen Vermerk erstellt haben. Der Vermerk ist wiederzugeben oder bei entsprechender Erlaubnis der zuständigen Behörden zusammenzufassen.

Siehe Kommentierung zu Art. 14 ProspektVO.

Anhang 13 VO (EU) 2019/980
Wertpapierbeschreibung für Zertifikate, die Aktien vertreten

1 Im Folgenden ist der Wortlaut von Anhang 13 wiedergegeben. Anders als Anhang 5 verweist **Anhang 13** nicht lediglich auf den korrespondierenden Anhang für die Wertpapierbeschreibung von Dividendenwerten (Anhang 11), sondern **führt selbst sämtliche Offenlegungsanforderungen auf**. Trotzdem korrespondiert ein Großteil der von Anhang 13 verlangten Angaben in der Wertpapierbeschreibung mit den Informationsanforderungen von Anhang 11, wobei nach Anhang 13 neben den Angaben zu den zugrunde liegenden Aktien auch Angaben zu den die Aktien vertretenden Zertifikaten zu machen sind. Die Reihenfolge der Offenlegungsanforderungen in Anhang 13 folgt nicht stringent der Reihenfolge von Anhang 11.

2 Während sich **Abschnitt 1** (Grundlegende Angaben) auf **Angaben zum Emittenten** der zugrunde liegenden Aktien und Angaben zu den zugrunde liegenden Aktien bezieht, bezieht sich **Abschnitt 2** (Angaben zu den Zertifikaten) auf Informationen zu den Zertifikaten selbst.

3 **Abschnitt 3** (Angaben über die Bedingungen und Voraussetzungen des Angebots von Zertifikaten), **Abschnitt 4** (Zulassung zum Handel und Handelsregeln bei Zertifikaten), **Abschnitt 5** (Gründe für das Angebot und die Verwendung der Erträge) und **Abschnitt 6** (Kosten der Emission/des Angebots von Zertifikaten) haben **Informationen** zum Gegenstand, **die sich auf das Angebot bzw. die Zulassung der Zertifikate beziehen**. Dies umfasst u. a. Informationen zum Angebot, zur Zulassung zum Handel, zur Verwendung der Emissionserlöse, zu Interessen der an der Emission beteiligten Personen und zu den Kosten des Angebots.

4 Punkt 5.3 von Anhang 13 fordert die Offenlegung von **wesentlichen Risiken, die den „angebotenen und/oder zum Handel zuzulassenden Wertpapieren eigen sind"** (sog. wertpapierspezifische Risiken). Dies wird im Prospektkapitel „Risikofaktoren" abgedeckt. Hier sind insbesondere solche spezifischen **Risiken** darzulegen, die sich **aus der Depositary-Receipts-Struktur** und der Natur der Depositary Receipts ergeben (siehe dazu die Kommentierung zu → Rn. 26).[1]

5 Soweit der jeweilige Abschnitt oder Punkt von Anhang 13 erwähnenswerte Unterschiede zu den Anforderungen nach Anhang 11 enthält, geht die nachstehende Kommentierung hierauf ein. Soweit die Anforderungen des jeweiligen Abschnitts oder Punkts von Anhang 13 dagegen (weitgehend) deckungsgleich mit den Anforderungen der entsprechenden Abschnitte bzw. Punkte von Anhang 11 sind, wird auf die Kommentierung der jeweils entsprechenden Abschnitte bzw. Punkte in Anhang 11 verwiesen.

---

[1] Siehe hierzu auch den Prospekt der Ming Yang Smart Energy Group Limited, eines chinesischen Unternehmens, für die Zulassung an der Londoner Wertpapierbörse vom 8.7.2022 („Risks relating to the GDRs and this Offering", S. 29–34). Vgl. dazu ebenfalls den Prospekt der Lepu Medical Technology (Beijing) Co. Ltd., eines chinesischen Unternehmens, für die Zulassung an der Schweizer Wertpapierbörse vom 15.9.2022 („Risks relating to the GDRs and the Offering", S. 18).

Abschnitt 1
Grundlegende Angaben

Punkt 1.1

Erklärung zum Geschäftskapital: Erklärung des Emittenten der zugrunde liegenden Wertpapiere, dass das Geschäftskapital seiner Meinung nach seine derzeitigen Anforderungen deckt. Ansonsten ist darzulegen, wie das zusätzlich erforderliche Geschäftskapital beschafft werden soll.

Punkt 1.2

Kapitalausstattung und Verschuldung: Aufzunehmen ist eine Übersicht über Kapitalausstattung und Verschuldung des Emittenten der zugrunde liegenden Wertpapiere (wobei zwischen garantierten und nicht garantierten, besicherten und nicht besicherten Verbindlichkeiten zu unterscheiden ist) zu einem Zeitpunkt, der höchstens 90 Tage vor dem Datum des Dokuments liegt. Der Begriff „Verschuldung" bezieht sich auch auf indirekte Verbindlichkeiten und Eventualverbindlichkeiten.

Im Falle wesentlicher Änderungen bei der Kapitalausstattung und Verschuldung des Emittenten innerhalb der Periode von 90 Tagen sind mittels einer ausführlichen Darstellung solcher Änderungen oder einer Aktualisierung dieser Zahlen zusätzliche Angaben zu machen.

Punkt 1.3

Beschreibung von Art und Gattung der zugrunde liegenden Aktien einschließlich der internationalen Wertpapier-Identifikationsnummer (International Security Identification Number – ISIN)

Punkt 1.4

Rechtsvorschriften, auf deren Grundlage die Wertpapiere geschaffen wurden.

Punkt 1.5

Angabe, ob es sich bei den zugrunde liegenden Aktien um Namenspapiere oder um Inhaberpapiere handelt und ob die zugrunde liegenden Aktien verbrieft oder stückelos sind. In letzterem Fall sind Name und Anschrift des die Buchungsunterlagen führenden Instituts zu nennen.

Punkt 1.6

Währung der zugrunde liegenden Aktien.

Punkt 1.7

Beschreibung der Rechte – einschließlich ihrer etwaigen Beschränkungen –, die an die zugrunde liegenden Aktien gebunden sind, und des Verfahrens zur Ausübung dieser Rechte.

Punkt 1.8

Dividendenrechte:

a) fester/e Termin/e, zu dem/denen der Anspruch entsteht;

b) Verjährungsfrist für den Verfall der Dividendenberechtigung und Angabe des entsprechenden Begünstigten;

c) Dividendenbeschränkungen und Verfahren für gebietsfremde Wertpapierinhaber;

d) Dividendensatz bzw. Methode für dessen Berechnung, Häufigkeit und Art der Zahlungen (kumulativ oder nichtkumulativ).

Punkt 1.9

Stimmrechte;

Bezugsrechte bei Angeboten zur Zeichnung von Wertpapieren derselben Gattung;

Recht auf Beteiligung am Gewinn des Emittenten;

Recht auf Beteiligung am Liquidationserlös;

Tilgungsklauseln;

Wandelbedingungen.

Punkt 1.10

Emissionstermin für die zugrunde liegenden Aktien, wenn für die Emission der Zertifikate neue zugrunde liegenden Aktien zu schaffen sind und sie zum Zeitpunkt der Emission der Zertifikate nicht existierten.

Punkt 1.11

Sind für die Emission der Zertifikate neue zugrunde liegende Aktien zu schaffen, so sind die Beschlüsse, Bevollmächtigungen und Billigungen anzugeben, auf deren Grundlage die neuen zugrunde liegenden Aktien geschaffen wurden oder noch werden oder ausgegeben wurden oder noch werden.

Punkt 1.12

Darstellung etwaiger Beschränkungen für die Übertragbarkeit der zugrunde liegenden Wertpapiere.

Punkt 1.13

Warnhinweis, dass sich die Steuergesetzgebung des Mitgliedstaats des Anlegers und des Gründungsstaats des Emittenten auf die Erträge aus den Wertpapieren auswirken könnten.

Angaben zur steuerlichen Behandlung der Wertpapiere, wenn die angebotene Anlage eine für diese Art von Anlagen gedachte Steuerregelung nach sich zieht.

Punkt 1.14

a) Erklärung zur Existenz auf den Emittenten anzuwendender nationaler Rechtsvorschriften zu Übernahmen, die solche Übernahmen behindern könnten, sofern vorhanden.

b) Kurze Beschreibung der Rechte und Verpflichtungen des Aktionärs im Falle obligatorischer Übernahmeangebote und/oder von Ausschluss- oder Andienungsregeln in Bezug auf die Wertpapiere.

Punkt 1.15

Angabe öffentlicher Übernahmeangebote von Seiten Dritter in Bezug auf das Eigenkapital des Emittenten, die während des letzten oder im Verlauf des derzeitigen Geschäftsjahres erfolgten. Zu nennen sind dabei der Kurs oder die Wandelbedingungen für derlei Angebote sowie das Resultat.

Punkt 1.16

Gegebenenfalls die potenzielle Auswirkung auf die Anlagen im Fall der Abwicklung nach Maßgabe der Richtlinie 2014/59/EU.

Punkt 1.17

Lock-up-Vereinbarungen:

a) Anzugeben sind die beteiligten Parteien,

b) Inhalt und Ausnahmen der Vereinbarung,

c) Der Zeitraum des „Lock-up".

Punkt 1.18

Angaben über Aktionäre, die ihre Aktien eventuell veräußern.

Punkt 1.19
Verwässerung
Punkt 1.19.1
Vergleich

a) des Anteils am Aktienkapital und an den Stimmrechten für bestehende Aktionäre vor und nach der aus dem öffentlichen Angebot resultierenden Kapitalerhöhung unter der Annahme, dass existierende Aktionäre die neuen Aktien nicht zeichnen;

b) des Nettovermögenswertes pro Aktie zum Datum der letzten Bilanz vor dem öffentlichen Angebot (Verkaufsangebot und/oder Kapitalerhöhung) und des Ausgabekurses im Rahmen dieses öffentlichen Angebots.

Punkt 1.19.2

Kommt es für existierende Aktionäre unabhängig von einer Ausübung ihres Bezugsrechts zu einer Verwässerung, da ein Teil der relevanten Aktienemission bestimmten Anlegern vorbehalten ist (z. B. bei einer Platzierung bei institutionellen Anlegern in Kombination mit einem Angebot an Aktionäre), Angabe der Verwässerung, zu der es für existierende Aktionäre kommen wird, auch wenn sie ihr Bezugsrecht ausüben (zusätzlich zu der unter 1.19.1 beschriebenen Situation, wenn sie dies nicht tun).

Punkt 1.20

Zusätzliche Angaben, wenn die gleiche Gattung der zugrunde liegenden Aktien wie die zugrunde liegenden Aktien, für die die Zertifikate ausgestellt wurden, gleichzeitig oder fast gleichzeitig angeboten oder zum Handel zugelassen werden.

Punkt 1.20.1

Falls gleichzeitig oder fast gleichzeitig zur Schaffung von Zertifikaten, für die eine Zulassung zum Handel auf einem geregelten Markt beantragt werden soll, zugrunde liegende Aktien der gleichen Gattung wie diejenigen, für die die Zertifikate ausgestellt wurden, privat gezeichnet oder platziert werden, sind Einzelheiten zur Natur dieser Geschäfte sowie zur Zahl und den Merkmalen der zugrunde liegenden Aktien anzugeben, auf die sie sich beziehen.

Punkt 1.20.2

Angabe sämtlicher geregelten oder gleichwertigen Märkte, auf denen nach Kenntnis des Emittenten der Zertifikate zugrunde liegende Aktien der gleichen Gattung wie diejenigen, für die die Zertifikate ausgestellt wurden, angeboten oder zum Handel zugelassen werden.

Punkt 1.20.3

Soweit dem Emittenten der Zertifikate bekannt, Angabe, ob Hauptaktionäre oder Mitglieder des Verwaltungs-, Leitungs- oder Aufsichtsorgans des Emittenten an der Zeichnung teilnehmen wollen oder ob Personen mehr als 5 % des Angebots zeichnen wollen.

Nach alter Rechtslage war es nach dem Wortlaut von Anhang X der VO (EG) 809/2004 für Depositary-Receipt-Prospekte nicht erforderlich, eine **Erklärung zum Geschäftskapital** („working capital statement", vgl. Anhang III Ziffer 3.1 VO (EG) 809/2004) abzugeben bzw. eine **Kapitalisierungs- und Verschuldungstabelle** (vgl. Anhang III Ziffer 3.2 VO (EG) 809/2004) aufzunehmen. Anhang 13 Abschnitt 1 Punkt 1.1. und Punkt 1.2 schließen diese Lücke jetzt und verlangen ausdrücklich eine **Erklärung zum Geschäftskapital und eine Kapitalisierungs- und Verschuldungstabelle** in Bezug auf den Emittenten der zugrunde liegenden Aktien. Siehe zu den Hintergründen die Kommentierung zu → Art. 6 Rn. 21.

6

7 Die gemäß Anhang 13 Ziffer 1 Punkt 1.1 und Punkt 1.2 zu machenden Angaben entsprechen denjenigen nach Anhang 11 Abschnitt 3 Punkt 3.1 und Punkt 3.2. Erforderlich sind nur Angaben in Bezug auf den Emittenten der zugrunde liegenden Aktien.

8 Abschnitt 1 Punkt 1.3 bis Punkt 1.20.3 verlangen detaillierte Prospektangaben zu den Aktien, die den Depositary Receipts zugrunde liegen. Die Punkte 1.3 bis 1.20.3 korrespondieren weitgehend mit verschiedenen (zum Teil verstreuten) Punkten des Anhangs 11 (insbesondere Abschnitt 4 (Angaben über die anzubietenden bzw. zum Handel zuzulassenden Wertpapiere), Abschnitt 7 (Wertpapierinhaber mit Verkaufsposition) und Abschnitt 9 (Verwässerung)). Insofern sind die **Offenlegungsanforderungen** in Bezug auf die den Depositary Receipts zugrunde liegenden Aktien **weitgehend deckungsgleich** mit den Offenlegungsanforderungen, die Anhang 11 für Angebote bzw. die Zulassung von Aktien vorsieht.

9 U. a. sind daher Angaben zu der Aktiengattung, den mit der Aktie verbundenen Rechten, den Rechtsgrundlagen der Aktienbegebung, der Wertpapierkennnummer, der Währung des Nominalbetrags der Aktien, den Dividendenrechten, den Stimmrechten, den Rechten bei Liquidation, Übertragungsbeschränkungen, steuerlichen Aspekten, den auf den Emittenten und den Erwerb der Aktien anwendbaren Übernahmeregelungen, den Lock-up-Vereinbarungen und – neu – ggf. den potenziellen Auswirkungen auf die zugrunde liegenden Aktien im Fall einer Abwicklung nach Maßgabe der Sanierungs- und Abwicklungsrichtlinie (2014/59/EU) und der Verwässerung der Aktionäre der zugrunde liegenden Aktien infolge des Angebots der Depositary Receipts in den Prospekt aufzunehmen.

10 In der Regel empfiehlt sich eine **Beschreibung der gesellschaftsrechtlichen Rahmenbedingungen des Emittenten**, die einen Bezug zum Grundkapital des Emittenten aufweisen. Dabei sollten insbesondere die folgenden Fragen adressiert werden: Wie werden Kapitalerhöhungsbeschlüsse und andere wichtige Maßnahmen des Emittenten nach dem anwendbaren gesellschaftsrechtlichen Regime beschlossen und was sind diesbezügliche Mehrheits- und Registereintragungserfordernisse? Bestehen gesetzliche Bezugsrechte? Können diese ausgeschlossen werden? Falls ja, unter welchen Bedingungen? Welche Rechte werden durch die Aktien verbrieft? Sind es Inhaber- oder Namensaktien? Bestehen Stimmrechte? Wie werden sie ausgeübt? Besteht eine rechtliche Grundlage für die Begebung von Wandelschuldverschreibungen oder bestehen sonstige rechtliche Grundlagen, die zu einer Verwässerung bestehender Aktionäre bzw. Depositary-Receipt-Inhaber führen könnten? Hat der Emittent ein genehmigtes oder ein bedingtes Kapital? Sind die Aktien dividendenberechtigt? Dividendenhistorie und Dividendenpolitik? Wie werden Aktien übertragen? Gibt es dafür Zustimmungsvorbehalte oder Registrierungserfordernisse? Wie hat sich das Kapital des Emittenten in den letzten drei Jahren entwickelt? Diese **detaillierte Beschreibung** dient insbesondere auch als Grundlage für die Beschreibung, wie der Inhaber der Depositary Receipts Einfluss auf die Ausübung dieser Rechte aus den zugrunde liegenden Aktien nehmen kann.

11 In einem Prospekt für Depositary Receipts bietet es sich an, einen Abschnitt „Angaben zu den zugrunde liegenden Aktien" aufzunehmen und dort die von Abschnitt 1 Punkt 1.3 bis Punkt 1.20.3 geforderten Angaben zu bündeln.

12 Da der Emittent der zugrunde liegenden Aktien und die zugrunde liegenden Aktien typischerweise einer ausländischen Rechtsordnung unterliegen, empfiehlt sich in der Regel eine **tendenziell umfassende und detaillierte Darstellung**, sodass **Besonderheiten der**

ausländischen Rechtsordnung gegenüber den üblichen deutschen oder europäischen Rechtsstrukturen und -prinzipien **transparent** werden.

Die folgende Tabelle zeigt die Abschnitte und Punkte in Anhang 11, die mit den Punkten 1.3 bis Punkt 1.20.3 von Anhang 13 korrespondieren. Dabei bezieht sich die Offenlegung nach Anhang 13 in den Punkten 1.3 bis 1.20.3 grundsätzlich auf die den Depositary Receipts zugrunde liegenden Aktien; die korrespondierenden Angaben in Anhang 11 beziehen sich auf die direkt angebotenen oder zuzulassenden Aktien. Für Zwecke der Offenlegung nach Anhang 13 für Depositary Receipts kann man sich deshalb an der Kommentierung der korrespondierenden Offenlegungsanforderungen von Anhang 11 orientieren.

13

	Anhang 13	Anhang 11
Punkt 1.3	Art und Gattung	Punkt 4.1
Punkt 1.4	Rechtsvorschriften, auf deren Grundlage die Wertpapiere geschaffen werden	Punkt 4.2
Punkt 1.5	Namenspapiere oder Inhaberpapiere	Punkt 4.3
Punkt 1.6	Währung	Punkt 4.4
Punkt 1.7	Beschreibung der Rechte	Punkt 4.5
Punkt 1.8	Dividendenrechte	Punkt 4.5a
Punkt 1.9	Stimmrechte, Bezugsrechte, Gewinnbeteiligung, Beteiligung am Liquidationserlös, Tilgungsklauseln, Wandelbedingungen	Punkt 4.5b–4.5g
Punkt 1.10	Emissionstermin (bei Schaffung neuer zugrunde liegender Aktien)	Punkt 4.7 Werden die zugrunde liegenden Aktien erst nach dem Emissionstermin der Depositary Receipts begeben, ist im Prospekt offenzulegen, wann die zugrunde liegenden Aktien begeben werden sollen.
Punkt 1.11	Beschlüsse	Punkt 4.6 Werden die den Depositary Receipts zugrunde liegenden Aktien (teilweise) neu begeben, sind die gesellschaftsrechtlichen Grundlagen (z. B. relevante Satzungsgrundlagen, Organbeschlüsse, Registereintragungen etc.) der neuen Aktien anzugeben.
Punkt 1.12	Übertragungsbeschränkungen	Punkt 4.8
Punkt 1.13	Steuerhinweise	Punkt 4.11
Punkt 1.14	Übernahmerecht	Punkt 4.9

	Anhang 13	**Anhang 11**
Punkt 1.15	Übernahmeangebote	Punkt 4.10
Punkt 1.16	Anwendbarkeit Abwicklungs- und Sanierungsrichtlinie	Punkt 4.12
Punkt 1.17	Lock-up-Vereinbarungen	Punkt 7.4
Punkt 1.18.1	Veräußerer	Punkt 7.1
Punkt 1.19	Verwässerung	Punkt 9
Punkt 1.19.1	Verwässerung, wenn Aktionäre nicht zeichnen	Punkt 9.1
Punkt 1.19.2	Verwässerung, wenn Aktionäre zeichnen	Punkt 9.2 Die Angaben zur Verwässerung beziehen sich auf die zugrunde liegenden Aktien und die Aktionäre des Emittenten der zugrunde liegenden Aktien (sofern neue Aktien im Zuge der Einrichtung oder Erhöhung des Depositary-Receipt-Programms ausgegeben werden). Sind Depositary Receipts bereits ausgegeben und werden weitere Depositary Receipts ausgegeben, sollten die Angaben auch die Verwässerung der bereits existierenden Inhaber von Depositary Receipts umfassen. Auch der Unterschied zwischen Emissionspreis und anteiligem Buchwert ist aufzuzeigen.
Punkt 1.20.1	Angaben zu Parallelangeboten	Punkt 6.3 Finden in engem zeitlichem Zusammenhang mit der Begebung der Depositary Receipts Privatplatzierungen von Aktien statt, die der Gattung der den Depositary Receipts zugrunde liegenden Aktien entsprechen, sind Angaben zu solchen „Parallelplatzierungen" im Prospekt aufzunehmen. Es erscheint empfehlenswert, Angaben auch dann aufzunehmen, wenn der Emittent der zugrunde liegenden Aktien in engem zeitlichem Zusammenhang Wertpapiere ausgibt, die nicht der Gattung der zugrunde liegenden Aktien entsprechen.
Punkt 1.20.2	Angaben zu anderen Märkten	Punkt 6.2/6.1 Sämtliche Märkte, auf denen die zugrunde liegenden Aktien gehandelt werden, sind im Prospekt anzugeben. Werden die Depositary Receipts auf mehreren Märkten gehandelt, sollten auch diese Märkte angegeben werden.

	Anhang 13	**Anhang 11**
Punkt 1.20.3	Zeichnung durch Hauptaktionäre/Organmitglieder	Punkt 5.2.2 Die Anforderung nach Punkt 1.20.3 Anhang 13 bezieht sich auf das Angebot der Depositary Receipts. Soweit Hauptaktionäre oder Organmitglieder des Emittenten der zugrunde liegenden Aktien an dem Angebot der Zertifikate mit mehr als 5% des Angebots teilnehmen wollen, ist dies im Prospekt offenzulegen. Findet in unmittelbarem zeitlichem Zusammenhang ein Angebot von zugrunde liegenden Aktien statt, scheint es sinnvoll, dieses Offenlegungserfordernis entsprechend für das Angebot der zugrunde liegenden Aktien anzuwenden.

Abschnitt 2
Angaben zu den Zertifikaten

Punkt 2.1

Angabe der Anzahl der durch jedes Zertifikat vertretenen Aktien.

Punkt 2.2

Beschreibung von Art und Gattung der anzubietenden und/oder zum Handel zuzulassenden Zertifikate.

Punkt 2.3

Rechtsvorschriften, auf deren Grundlage die Zertifikate geschaffen wurden.

Punkt 2.4

Angabe, ob es sich bei den Zertifikaten um Namenspapiere oder um Inhaberpapiere handelt und ob sie verbrieft oder stückelos sind. In letzterem Fall sind der Name und die Anschrift des die Buchungsunterlagen führenden Instituts zu nennen.

Punkt 2.5

Währung der Zertifikate

Punkt 2.6

Beschreibung der Rechte – einschließlich ihrer etwaigen Beschränkungen –, die an die Zertifikate gebunden sind, und des Verfahrens zur Ausübung dieser Rechte.

Punkt 2.7

Wenn sich die Dividendenrechte, die an die Zertifikate gebunden sind, von jenen unterscheiden, die im Zusammenhang mit den zugrunde liegenden Aktien bekannt gegeben werden, sind folgende Angaben zu Dividendenrechten zu machen:

a) fester/e Termin/e, zu dem/denen der Anspruch entsteht;

b) Verjährungsfrist für den Verfall der Dividendenberechtigung und Angabe des entsprechenden Begünstigten;

c) Dividendenbeschränkungen und Verfahren für gebietsfremde Wertpapierinhaber;

d) Dividendensatz bzw. Methode für dessen Berechnung, Häufigkeit und Art der Zahlungen (kumulativ oder nichtkumulativ).

Punkt 2.8

Wenn sich die Stimmrechte, die an die Zertifikate gebunden sind, von jenen unterscheiden, die im Zusammenhang mit den zugrunde liegenden Aktien bekannt gegeben werden, sind folgende Angaben zu diesen Rechten zu machen:

a) Stimmrechte;

b) Bezugsrechte bei Angeboten zur Zeichnung von Wertpapieren derselben Gattung;

c) Recht auf Beteiligung am Gewinn des Emittenten;

d) Recht auf Beteiligung am Liquidationserlös;

e) Tilgungsklauseln;

f) Wandelbedingungen.

Punkt 2.9

Beschreibung der Ausübung und Nutzung der Rechte, die an die zugrunde liegenden Aktien gebunden sind – und insbesondere der Stimmrechte –, der Bedingungen, zu denen der Emittent von Zertifikaten derlei Rechte ausüben kann und der geplanten Maßnahmen, mit denen die Anweisungen vonseiten der Inhaber der Zertifikate eingeholt werden. Ebenfalls Beschreibung des Rechts auf Beteiligung am Gewinn und am Liquidationserlös, d.h. eines Rechts, das nicht auf den Inhaber der Zertifikate übertragen wird.

Punkt 2.10

Erwarteter Emissionstermin für die Zertifikate.

Punkt 2.11

Darstellung etwaiger Beschränkungen für die Übertragbarkeit der Zertifikate.

Punkt 2.12

Warnhinweis, dass sich die Steuergesetzgebung des Mitgliedstaats des Anlegers und des Gründungsstaats des Emittenten auf die Erträge aus den Wertpapieren auswirken könnten.

Angaben zur steuerlichen Behandlung der Zertifikate, wenn die angebotene Anlage eine für diese Art von Anlagen gedachte Steuerregelung nach sich zieht.

Punkt 2.13

Bankgarantien oder sonstige Garantien, die für die Zertifikate gestellt werden und die Verpflichtungen des Emittenten unterlegen sollen.

Punkt 2.14

Möglichkeit des Umtausches der Zertifikate in ursprüngliche Aktien und Verfahren für einen solchen Umtausch.

I. Einführung

14   Anhang 13 Abschnitt 2 verlangt detaillierte Angaben zu den Depositary Receipts und orientiert sich dabei inhaltlich und weitgehend auch formal an den Offenlegungserfordernissen, die Anhang 13 Abschnitt 1 Punkt 1.3 bis Punkt 1.13 für die zugrunde liegenden Aktien statuiert.

15   **Kernstück** der erforderten Offenlegung ist die **Beschreibung der Rechtsstellung, welche durch die Zertifikate vermittelt wird** (Punkt 2.6 ff). Hierzu gehört eine Beschreibung der von den zugrunde liegenden Aktien abgeleiteten Rechte in Bezug auf Dividendenzahlungen und Stimmrechte (Punkt 2.7, Punkt 2.8), die dem Depositary gegenüber

dem Emittenten in Bezug auf die zugrunde liegenden Aktien aus dem Deposit Agreement zustehen, sowie der korrespondierenden Weisungs- und sonstigen Rechte des Inhabers der Depositary Receipts gegenüber dem Depositary aus den Depositary Receipts (Punkt 2.9).

Auf einige ausgewählte **Schwerpunkte der Offenlegung** zu den Depositary Receipts wird im Folgenden eingegangen. Es bietet sich an, die von Anhang 13 Abschnitt 2 in Bezug auf die Depositary Receipts geforderten Angaben im Prospekt in einem Abschnitt zusammenzufassen. 16

II. Schwerpunkte der Prospektoffenlegung bezüglich der Depositary Receipts gemäß Anhang 13 Abschnitt 2

Mittelpunkt der Prospektangaben bezüglich der Depositary Receipts ist die **Beschreibung der Regelungen des Deposit Agreement**, aus dem sich auch die Bedingungen der Depositary Receipts ergeben. Das Deposit Agreement ist die rechtliche Grundlage für die Grundstruktur eines Depositary-Receipt-Programms. 17

Besonderer Fokus liegt dabei auf der Beschreibung der Regelungen und Mechanismen, welche das Deposit Agreement bzw. die Bedingungen der Depositary Receipts dahingehend vorsehen, dass die wirtschaftliche Position aus den zugrunde liegenden Aktien möglichst weitgehend an die Inhaber der Depositary Receipts vermittelt wird. Deposit Agreement und Depositary Receipts unterliegen in der Regel ausländischem Recht. 18

Selbstverständlich sind zu allen Punkten von Anhang 13 Abschnitt 2 Angaben zu machen. **Schwerpunkte der Prospektdarstellung** werden dabei in der Praxis insbesondere in **folgenden Themenbereichen** liegen:[2] 19

- Beschreibung der **beteiligten Parteien** (Depositary; Emittent; Custodian, der die zugrunde liegenden Aktien für den Depositary verwahrt) und des anwendbaren Rechts (Deposit Agreement, Depositary Receipts). Der vollständige Abdruck des Deposit Agreement oder der Terms and Conditions der Depositary Receipts im Prospekt ist nicht erforderlich;
- Beschreibung der **Verbriefung** der Depositary Receipts;
- Beschreibung des **Rechts der Inhaber** der Depositary Receipts, Herausgabe der zugrunde liegenden Aktien gegen Eintausch der Depositary Receipts zu verlangen, und des diesbezüglichen Verfahrens sowie der Regelungen zur Ausgabe weiterer Deposi-

---

2 Siehe hierzu im Prospekt der Ming Yang Smart Energy Group Limited, eines chinesischen Unternehmens, für die Zulassung an der Londoner Wertpapierbörse vom 8.7.2022 die umfassende Offenlegung in den Kapiteln „Terms and Conditions of the Global Depositary Receipts", „Summary of the Provisions relating to the Global Depositary Receipts whilst in Master Form" und „Description of Arrangements to Safeguard the Rights of the Holders of the Global Depositary Receipts", S. 171–201. Siehe hierzu auch den Prospekt der Lepu Medical Technology (Beijing) Co. Ltd., eines chinesischen Unternehmens, für die Zulassung an der Schweizer Wertpapierbörse vom 15.9.2022 und die darin enthaltene Offenlegung in den Kapiteln „Terms and Conditions of the Global Depositary Receipts", „Summary of the Provisions relating to the Global Depositary Receipts whilst in Master Form" und „Description of Arrangements to Safeguard the Rights of the Holders of the Global Depositary Receipts", S. 230–273.

tary Receipts gegen Einlieferung zusätzlicher Aktien beim Depositary (bzw. beim Custodian);
- Beschreibung der **Regelungen** bezüglich der **Übertragung** von Depositary Receipts;
- Beschreibung der Regelungen bezüglich der **Weiterleitung von Dividenden** und sonstigen Ausschüttungen auf die zugrunde liegenden Aktien durch den Depositary an die Inhaber der Depositary Receipts;
- Beschreibung des **Verfahrens bei Bezugsrechtsangeboten des Emittenten der zugrunde liegenden Aktien** (hier gilt üblicherweise als Grundsatz, dass die Inhaber der Depositary Receipts den Depositary dahingehend anweisen können, die Bezugsrechte für Rechnung der Inhaber auszuüben und an die Inhaber entsprechende neue Depositary Receipts für die bezogenen Aktien zu begeben) sowie der korrespondierenden Informationspflichten des Depositary gegenüber den Inhabern der Depositary Receipts;
- Beschreibung der Regelungen zum **Umtausch von Geldern durch den Depositary** in andere Währungen (Beispiel: Dividende erfolgt in US-Dollar; weiterzuleitende Beträge an Inhaber der Depositary Receipts erfolgen in Euro) sowie Beschreibung der Regelungen zu Auszahlungen durch den Depositary an die Inhaber von Depositary Receipts;
- Beschreibung der Regelungen für den Fall, dass **sonstige Kapitalmaßnahmen** oder eine Reorganisation des Emittenten stattfinden;
- Beschreibung **steuerrechtlicher Aspekte** der Depositary Receipts (z.B. Besteuerung der vom Depositary durchgereichten Dividenden auf die zugrunde liegenden Aktien etc.);
- Beschreibung der Regelungen zur **Ausübung der Stimmrechte** aus den zugrunde liegenden Aktien (hier gilt üblicherweise der Grundsatz, dass die Inhaber der Depositary Receipts das Recht haben, dem Depositary Anweisungen in Bezug auf die Ausübung der Stimmrechte zu geben) sowie Beschreibung der korrespondierenden Informationspflichten des Depositary gegenüber den Inhabern der Depositary Receipts;
- Beschreibung der **Haftungsregelungen** für den **Depositary** – üblich sind weitreichende Haftungsbeschränkungen des Depositary;
- Beschreibung der **Gebühren und Kostenersatzansprüche** des Depositary;
- Beschreibung der **Kündigungs- und Nachfolgeregelungen**;
- Beschreibung der Regelungen, die für **Änderungen des Deposit Agreement** gelten;
- Beschreibung der **Verfahrensregeln**, die für Mitteilungen (insbesondere zur Erfüllung der Informationspflichten des Depositary) unter dem Deposit Agreement gelten;
- Beschreibung etwaiger **Beschränkungen für die freie Übertragbarkeit der Wertpapiere** (insbesondere: Angabe von Verkaufsbeschränkungen („selling restrictions")).

20 Sinnvoll ist es auch, Ausführungen dazu aufzunehmen, welche **Rechte den Inhabern der Depositary Receipts im Falle der Insolvenz des Depositary** und des Custodian zustehen.[3]

21 Die in Abschnitt 2 von Anhang 13 der VO (EU) 2019/980 gegenüber den Ziffern 28 und 29 von Anhang X der VO (EG) 809/2004 eingeführten Änderungen sind überschaubar und weitgehend redaktioneller Natur. Beispielsweise wurde mit Punkt 2.1 die Verpflichtung neu eingeführt, die genaue Anzahl der durch jedes Zertifikat vertretenen Aktien anzugeben, was aber ohnehin selbstverständlich sein sollte. Zudem wurde in Punkt 2.12 das

---

[3] Siehe hierzu den Prospekt der Ming Yang Smart Energy Group Limited, S. 200 f., sowie den Prospekt der Lepu Medical Technology (Beijing) Co. Ltd., S. 271 ff.

Erfordernis neu eingeführt, einen Warnhinweis dahingehend aufzunehmen, dass sich die Steuergesetzgebung des Mitgliedstaats des Anlegers und des Gründungsstaats des Emittenten auf die Erträge aus den Wertpapieren auswirken kann.

Abschnitt 3
Angaben über die Bedingungen und Voraussetzungen des Angebots von Zertifikaten

Punkt 3.1
Konditionen, Angebotsstatistiken, erwarteter Zeitplan und erforderliche Maßnahmen für die Antragstellung.

Punkt 3.1.1
Gesamtsumme der Emission/des Angebots, wobei zwischen den zum Verkauf und den zur Zeichnung angebotenen Wertpapieren zu unterscheiden ist; ist der Betrag nicht festgelegt, Angabe des maximalen Emissionsvolumens der anzubietenden Wertpapiere (sofern verfügbar) und Beschreibung der Vereinbarungen und des Zeitraums für die Ankündigung des endgültigen Angebotsbetrags an das Publikum.

Ist eine Angabe des maximalen Emissionsvolumens der anzubietenden Wertpapiere im Prospekt nicht möglich, wird im Prospekt angeführt, dass eine Zusage zum Erwerb oder zur Zeichnung der Wertpapiere innerhalb von mindestens zwei Arbeitstagen nach Hinterlegung des Emissionsvolumens der öffentlich anzubietenden Wertpapiere widerrufen werden kann.

Punkt 3.1.2
Frist – einschließlich etwaiger Änderungen – innerhalb derer das Angebot gilt, und Beschreibung des Antragsverfahrens.

Punkt 3.1.3
Zeitpunkt und Umstände, zu dem bzw. unter denen das Angebot widerrufen oder ausgesetzt werden kann, und Angabe, ob der Widerruf nach Beginn des Handels erfolgen kann.

Punkt 3.1.4
Beschreibung der Möglichkeit zur Reduzierung der Zeichnungen und der Art und Weise der Erstattung des zu viel gezahlten Betrags an die Zeichner.

Punkt 3.1.5
Einzelheiten zum Mindest- und/oder Höchstbetrag der Zeichnung (entweder in Form der Anzahl der Wertpapiere oder des aggregierten zu investierenden Betrags).

Punkt 3.1.6
Angabe des Zeitraums, während dessen ein Antrag zurückgezogen werden kann, sofern dies den Anlegern gestattet ist.

Punkt 3.1.7
Methode und Fristen für die Bedienung der Wertpapiere und ihre Lieferung.

Punkt 3.1.8
Umfassende Beschreibung der Modalitäten und des Termins für die öffentliche Bekanntgabe der Angebotsergebnisse.

Punkt 3.1.9
Verfahren für die Ausübung eines etwaigen Vorzugszeichnungsrechts, die Verhandelbarkeit der Zeichnungsrechte und die Behandlung nicht ausgeübter Zeichnungsrechte.

Punkt 3.2

Verteilungs- und Zuteilungsplan

Punkt 3.2.1

Angabe der verschiedenen Kategorien der potenziellen Investoren, denen die Wertpapiere angeboten werden. Werden die Papiere gleichzeitig an den Märkten zweier oder mehrerer Staaten angeboten und ist eine bestimmte Tranche einigen dieser Märkte vorbehalten, so ist diese Tranche anzugeben.

Punkt 3.2.2

Soweit dem Emittenten bekannt, Angabe, ob Hauptaktionäre oder Mitglieder des Leitungs-, Aufsichts- oder Verwaltungsorgans des Emittenten an der Zeichnung teilnehmen wollen oder ob Personen mehr als 5 % des Angebots zeichnen wollen.

Punkt 3.2.3

Offenlegung vor der Zuteilung:

a) Aufteilung des Angebots in Tranchen, einschließlich der institutionellen Tranche, der Privatkundentranche und der Tranche für die Beschäftigten des Emittenten und sonstige Tranchen;

b) Bedingungen, zu denen eine Rückforderung eingesetzt werden kann, Höchstgrenze einer solchen Rückforderung und alle eventuell anwendbaren Mindestprozentsätze für einzelne Tranchen;

c) zu verwendende Zuteilungsmethode oder -methoden für die Privatkundentranche und die Tranche für die Beschäftigten des Emittenten im Falle der Mehrzuteilung dieser Tranchen;

d) Beschreibung einer etwaigen vorher festgelegten Vorzugsbehandlung, die bestimmten Kategorien von Anlegern oder bestimmten Gruppen Nahestehender (einschließlich friends and family-Programme) bei der Zuteilung vorbehalten wird, des Prozentsatzes des für die Vorzugsbehandlung vorgesehenen Angebots und der Kriterien für die Aufnahme in derlei Kategorien oder Gruppen;

e) Angabe des Umstands, ob die Behandlung der Zeichnungen oder der bei der Zuteilung zu zeichnenden Angebote eventuell von der Gesellschaft abhängig gemacht werden kann, durch die oder mittels deren sie vorgenommen werden;

f) angestrebte Mindesteinzelzuteilung, falls vorhanden, innerhalb der Privatkundentranche;

g) Bedingungen für das Schließen des Angebots sowie der Termin, zu dem das Angebot frühestens geschlossen werden darf;

h) Angabe der Tatsache, ob Mehrfachzeichnungen zulässig sind und wenn nicht, wie trotzdem auftauchende Mehrfachzeichnungen behandelt werden.

Punkt 3.2.4

Verfahren zur Meldung gegenüber den Zeichnern über den zugeteilten Betrag und Angabe, ob eine Aufnahme des Handels vor der Meldung möglich ist.

Punkt 3.3

Preisfestsetzung

Punkt 3.3.1

Angabe des Preises, zu dem die Wertpapiere voraussichtlich angeboten werden, und etwaiger Kosten und Steuern, die dem Zeichner oder Käufer in Rechnung gestellt werden.

Ist der Preis nicht bekannt, dann gemäß Artikel 17 der Verordnung (EU) 2017/1129 Angabe entweder:

a) des Höchstkurses der Wertpapiere, soweit vorhanden; oder

b) der Bewertungsmethoden und -kriterien und/oder der Bedingungen, nach denen der endgültige Emissionskurs festgelegt wurde oder wird, und eine Erläuterung etwaiger Bewertungsmethoden.

Können weder a) noch b) im Prospekt angegeben werden, wird im Prospekt angeführt, dass eine Zusage zum Erwerb oder zur Zeichnung der Wertpapiere nach Hinterlegung des endgültigen Emissionskurses der öffentlich anzubietenden Wertpapiere für nicht weniger als zwei Arbeitstage widerrufen werden kann.

Punkt 3.3.2

Verfahren für die Offenlegung des Angebotspreises.

Punkt 3.3.3

Besteht tatsächlich oder potenziell ein wesentlicher Unterschied zwischen dem öffentlichen Angebotspreis und den effektiven Barkosten der von Mitgliedern des Verwaltungs-, Leitungs- oder Aufsichtsorgans oder des oberen Managements sowie von nahe stehenden Personen bei Transaktionen im letzten Jahr erworbenen Wertpapiere oder deren Recht darauf, ist ein Vergleich des öffentlichen Beitrags zum vorgeschlagenen öffentlichen Angebot und der effektiven Bar-Beiträge dieser Personen einzufügen.

Punkt 3.4

Platzierung und Übernahme (Underwriting)

Punkt 3.4.1

Name und Anschrift des Koordinators/der Koordinatoren des gesamten Angebots sowie einzelner Angebotsteile und – soweit dem Emittenten oder Anbieter bekannt – Name und Anschrift derjenigen, die das Angebot in den verschiedenen Ländern platzieren.

Punkt 3.4.2

Name und Anschrift etwaiger Zahlstellen und Verwahrstellen in jedem Land.

Punkt 3.4.3

Name und Anschrift der Institute, die bereit sind, eine Emission aufgrund einer festen Zusage zu zeichnen, und Name und Anschrift der Institute, die bereit sind, eine Emission ohne feste Zusage oder „zu den bestmöglichen Bedingungen" zu platzieren. Angabe der Hauptmerkmale der Vereinbarungen, einschließlich der Quoten. Wird die Emission nicht zur Gänze übernommen, ist eine Erklärung zum verbleibenden Teil einzufügen. Angabe des Gesamtbetrags der Übernahmeprovision und der Platzierungsprovision.

Punkt 3.4.4

Datum, zu dem der Emissionsübernahmevertrag geschlossen wurde oder wird.

Anhang 13 Abschnitt 3 adressiert die **Prospektoffenlegung in Bezug auf die Bedingungen des Angebots der Depositary Receipts**. Die Anforderungen entsprechen weitgehend den Anforderungen, die Anhang 11 Abschnitt 5 (Konditionen des öffentlichen Angebots von Wertpapieren) für Aktienemissionen in Bezug auf die Bedingungen des Angebots vorsieht. Insofern wird auf die Kommentierung zu Anhang 11 Abschnitt 5 verwiesen. U. a. sind insbesondere **detaillierte Angaben zu Clearing und Settlement der Depositary Receipts** aufzunehmen. 22

Die Überschriften der Abschnitte 2 und 3 verwenden **nicht mehr** (wie noch Anhang X der VO (EG) 809/2004) den Begriff „**Hinterlegungsscheine**", sondern nunmehr den der „**Zertifikate**". Diese Änderung ist jedoch **lediglich sprachlicher Natur**. Die notwendi- 23 gen Angaben zur Gesamtsumme des Emissionsvolumens finden sich im Vergleich zu Ziffer 29.1.1 von Anhang X der VO (EG) 809/2004 nun in Punkt 3.1.1 in Anhang 13. Neu eingeführt wurde dort die Möglichkeit zur **Angabe des maximalen Emissionsvolumens** der anzubietenden Wertpapiere. Darüber hinaus sind die Angaben zu einer Greenshoe-Option, die zuvor in Ziffer 29.1.4 und den Unterpunkten 29.1.4.1 bis 29.1.4.3 von Anhang X verortet waren, jetzt in gebündelter Form in Punkt 4.6 enthalten. Des Weiteren wurden die in Ziffer 29.3 von Anhang X der VO (EG) 809/2004 befindlichen Angaben zur Preisfestsetzung in Punkt 3.3 verschoben. Inhaltlich sollten die vorgenommenen Änderungen jedoch keinen maßgeblichen Einfluss auf die Offenlegungspraxis haben; im Übrigen ist der Wortlaut der Regelungen bis auf die oben dargestellten Änderungen weitgehend identisch zu dem in Ziffer 29 der VO (EG) 809/2004.

Abschnitt 4
Zulassung zum Handel und Handelsregeln bei Zertifikaten

Punkt 4.1

Angabe, ob die angebotenen Wertpapiere Gegenstand eines Antrags auf Zulassung zum Handel sind oder sein werden und auf einem geregelten Markt oder gleichwertigen Drittlandsmarkt, KMU-Wachstumsmarkt oder MTF platziert werden sollen, wobei die jeweiligen Märkte zu nennen sind. Dieser Umstand ist anzugeben, ohne den Eindruck zu erwecken, dass die Zulassung zum Handel auf jeden Fall erteilt wird. Falls bekannt, sollten die ersten Termine angegeben werden, zu denen die Wertpapiere zum Handel zugelassen sind.

Punkt 4.2

Anzugeben sind alle geregelten Märkte oder gleichwertigen Drittlandsmärkte, KMU-Wachstumsmärkte oder MTFs, an denen nach Wissen des Emittenten bereits Wertpapiere der gleichen Gattung wie die angebotenen oder zuzulassenden Wertpapiere zum Handel zugelassen sind.

Punkt 4.3

Falls gleichzeitig oder fast gleichzeitig zur Schaffung von Wertpapieren, für die eine Zulassung zum Handel auf einem geregelten Markt beantragt werden soll, Wertpapiere der gleichen Gattung privat gezeichnet oder platziert werden, oder falls Wertpapiere anderer Gattungen für eine öffentliche oder private Platzierung geschaffen werden, sind Einzelheiten zur Natur dieser Geschäfte sowie zur Zahl und den Merkmalen der Wertpapiere anzugeben, auf die sie sich beziehen.

Im Falle der Zulassung zum Handel an einem geregelten Markt, detaillierte Angaben zu den Instituten, die aufgrund einer festen Zusage als Intermediäre im Sekundärhandel tätig sind und über An- und Verkaufskurse Liquidität zur Verfügung stellen, sowie Beschreibung der Hauptbedingungen ihrer Zusage.

Punkt 4.4

Emissionspreis der Wertpapiere

Detailangaben zur Stabilisierung Hat ein Emittent oder ein Aktionär mit einer Verkaufsposition eine Mehrzuteilungsoption erteilt, oder wird ansonsten vorgeschlagen, dass Kursstabilisierungsmaßnahmen im Zusammenhang mit einem Angebot zu ergreifen sind, so ist Folgendes zu beachten:

die Tatsache, dass die Stabilisierung eingeleitet werden kann, dass es keine Gewissheit dafür gibt, dass sie eingeleitet wird und jederzeit gestoppt werden kann.

Punkt 4.5

Die Tatsache, dass die Stabilisierungstransaktionen auf eine Stützung des Marktpreises der Wertpapiere während des Stabilisierungszeitraums abzielen.

Beginn und Ende des Zeitraums, während dessen die Stabilisierung erfolgen kann.

Die Identität der für die Stabilisierungsmaßnahmen nach jeder Rechtsordnung verantwortlichen Person, es sei denn, sie ist zum Zeitpunkt der Veröffentlichung nicht bekannt.

Die Tatsache, dass die Stabilisierungstransaktionen zu einem Marktpreis führen können, der über dem liegt, der sich sonst ergäbe.

Punkt 4.6

Der Ort, an dem die Stabilisierung vorgenommen werden kann einschließlich, sofern relevant, der Bezeichnung des Handelsplatzes bzw. der Handelsplätze.

Mehrzuteilung und Greenshoe-Option

Im Falle der Zulassung zum Handel an einem geregelten Markt:

a) Existenz und Umfang einer etwaigen Mehrzuteilungsmöglichkeit und/oder Greenshoe-Option;

b) Dauer einer etwaigen Mehrzuteilungsmöglichkeit und/oder Greenshoe-Option;

c) etwaige Bedingungen für die Inanspruchnahme einer etwaigen Mehrzuteilungsmöglichkeit oder Ausübung der Greenshoe-Option.

Anhang 13 Abschnitt 4 betrifft die **Prospektoffenlegung in Bezug auf die Börsenzulassung und den Börsenhandel der Depositary Receipts**. Die Anforderungen entsprechen weitgehend denjenigen, die Anhang 11 Abschnitt 6 für Aktienemissionen in Bezug auf die Börsenzulassung und den Börsenhandel der Aktien vorsieht. Insofern wird auf die Kommentierung zu Anhang 11 Abschnitt 6 verwiesen. Obwohl von Anhang 13 Abschnitt 4 nicht explizit als Mindestanforderung vorgesehen, kann es empfehlenswert sein, auch Angaben zu den Zulassungsfolgepflichten zu machen, die sich aus der Zulassung der Depositary Receipts zum Börsenhandel aus Gesetz oder Börsenregularien ergeben. Hierbei können ggf. bestehende Abweichungen von den Transparenzpflichten, die für Aktienemittenten gelten, dargestellt werden. 24

Die Änderungen von Abschnitt 4 von Anhang 13 gegenüber der Vorgängervorschrift in Ziffer 30 von Anhang X sind überwiegend redaktioneller Natur. Der in Ziffer 30.1 von Anhang X der VO (EG) 809/2004 („Zulassung zum Handel und Handelsregeln bei Zertifikaten, die Aktien vertreten") verwendete Passus „sonstigen gleichwertigen Märkten" wurde in Punkt 4.1 von Abschnitt 4 in Anhang 13 der VO (EU) 2019/980 durch „gleichwertigen Drittlandsmarkt, KMU-Wachstumsmarkt oder MTF" ersetzt. Hierdurch wurde der ursprünglich verwendete Begriff der „sonstigen Märkte" präzisiert. Punkt 4.3 wurde in der Neufassung in Anhang 13 ein zusätzlicher Absatz angefügt. Im Fall der Zulassung zum Handel an einem geregelten Markt statuiert dieser zusätzliche Absatz Pflichten für die involvierten Institute, die aufgrund einer festen Zusage als Intermediäre im Sekundärhandel tätig werden. Besagte Institute müssen aufgrund des neu angefügten Absatzes die Hauptbedingungen für ihre Zusage offenlegen. Die in Ziffern 30.5 bis 30.9 von Anhang X der VO (EG) 809/2004 enthaltenen Regelungen zur Stabilisierung wurden in den Punkten 4.4 und 4.5 zusammengefasst. Dabei wurde Punkt 4.5 dahingehend erweitert, dass auch die Abzielung der Stabilisierungstransaktionen auf eine Stützung des Marktpreises offengelegt werden muss. 25

Abschnitt 5
Grundlegende Angaben über die Emission von Zertifikaten

Punkt 5.1
Gründe für das Angebot und die Verwendung der Erträge
Punkt 5.1.1
Angabe der Gründe für das Angebot und ggf. des geschätzten Nettobetrages der Erträge, aufgegliedert nach den wichtigsten Verwendungszwecken und dargestellt nach Priorität dieser Verwendungszwecke. Wenn der Emittent weiß, dass die voraussichtlichen Erträge nicht ausreichen werden, um alle vorgeschlagenen Verwendungszwecke zu finanzieren, sind der Betrag und die Quellen anderer Mittel anzugeben. Auch muss die Verwendung der Erträge im Detail dargelegt werden, insbesondere wenn sie außerhalb der normalen Geschäftstätigkeit zum Erwerb von Aktiva verwendet, zur Finanzierung des angekündigten Erwerbs anderer Unternehmen oder zur Begleichung, Reduzierung oder vollständigen Tilgung der Schulden eingesetzt werden.

Punkt 5.2
Interessen natürlicher und juristischer Personen, die an der Emission/dem Angebot beteiligt sind.
Punkt 5.2.1
Beschreibung aller für die Emission wesentlichen Interessen, einschließlich Interessenskonflikten, unter Angabe der betreffenden Personen und der Art der Interessen.

Punkt 5.3
Risikofaktoren
Punkt 5.3.1
Eine Beschreibung der wesentlichen Risiken, die den angebotenen und/oder zum Handel zuzulassenden Wertpapieren eigen sind, in einer begrenzten Anzahl an Kategorien in einer Rubrik mit der Überschrift „Risikofaktoren".

In jeder Kategorie werden die gemäß der Bewertung des Emittenten, Anbieters oder der die Zulassung zum Handel an einem geregelten Markt beantragenden Person wesentlichsten Risiken, unter Berücksichtigung der negativen Auswirkungen auf den Emittenten und die Wertpapiere und der Wahrscheinlichkeit ihres Eintretens, zuerst angeführt. Die Risiken werden durch den Inhalt des Prospekts bestätigt.

26 Anhang 13 Abschnitt 5 verlangt die Aufnahme von Angaben zu den Gründen für das Angebot, der Verwendung der Erlöse, den Interessen von an der Emission beteiligten Personen, Interessenkonflikten sowie von Risiken, die „den angebotenen und/oder zum Handel zuzulassenden Wertpapieren [Depositary Receipts] eigen sind" (sog. wertpapierspezifische Risiken). Die Anforderungen entsprechen grundsätzlich den Anforderungen, die in Anhang 11 für Aktienemissionen enthalten sind (Anhang 11 Punkt 3.1, Punkt 3.3, Punkt 3.4).

Insofern wird auf die Kommentierung zu den entsprechenden Punkten des Anhangs 11 verwiesen.

Zu den **Risiken, die** den Depositary Receipts eigen sind, und die gemäß Punkt 5.3.1 **offenzulegen sind**, können u. a. gehören:

– die **Inhaber von Depositary Receipts haben kein Eigentum an den zugrunde liegenden Aktien, kein direktes Stimmrecht und kein direktes Bezugsrecht**; aus der indirekten Struktur ergibt sich im Vergleich zu einem Direktinvestment in die zugrunde liegenden Aktien insgesamt eine schwächere Rechtsposition;

- sich ggf. aus dem Deposit Agreement ergebende Einschränkungen der Rechtsposition der Inhaber der Depositary Receipts;
- das **Insolvenz- und Kreditrisiko des Depositary/Custodian**;[4]
- die ggf. bestehende Möglichkeit zur Abänderung des Deposit Agreement ohne Zustimmung der Investoren;
- mögliche **regulatorische Risiken im Heimatmarkt des Emittenten** der zugrunde liegenden Aktien, die auch die Stellung bzw. die Rechte der Inhaber der Depositary Receipts beeinträchtigen können;
- **bestehende Wechselkursrisiken**, wenn die Währung der Depositary Receipts von der Währung der zugrunde liegenden Aktien abweicht;
- die ggf. überwiegende Belegenheit von Vermögenswerten des Emittenten der zugrunde liegenden Aktien im Ausland; Klagen können möglicherweise nicht oder nur eingeschränkt außerhalb des Heimatstaats des Emittenten anhängig gemacht werden, Urteile von Gerichten in Jurisdiktionen, die außerhalb des Heimatstaates des Emittenten ansässig sind, werden möglicherweise im Heimatstaat des Emittenten nicht anerkannt oder sind dort nicht vollstreckbar.

Die durch Abschnitt 5 von Anhang 13 der VO (EU) 2019/980 gegenüber der Vorgängervorschrift in Ziffer 31 von Anhang X der VO (EG) 809/2004 eingeführten Änderungen sind weitgehend sprachlicher Natur. Beispielsweise verwendet Überschrift in Abschnitt 5 nun nicht mehr, wie noch in der alten Fassung, den Begriff des „Hinterlegungsscheins" (siehe → Rn. 23). Erwähnenswert ist die Anpassung von Punkt 5.3.1 von Abschnitt 13, welcher die Offenlegung von Risikofaktoren betrifft. Die Formulierung von Punkt 5.3.1 folgt den Änderungen, die auch in Anhang 1 Punkt 3.1 und Anhang 11 Punkt 2.1 bezüglich der Mindestanforderungen an die Offenlegung von Risikofaktoren eingeführt wurden und welche auf die von Art. 16 ProspektVO eingeführten, umfassenden Neuerungen bezüglich der Risikooffenlegung zurückgehen (siehe hierzu die Kommentierung zu → Art. 16 Rn. 5). So verlangt Punkt 5.3.1 jetzt u. a., dass in jeder Kategorie von Risikofaktoren die „wesentlichsten Risiken, unter Berücksichtigung der negativen Auswirkungen auf den Emittenten und die Wertpapiere und der Wahrscheinlichkeit ihres Eintretens, zuerst angeführt" werden und dass die „Risiken [...] durch den Inhalt des Prospekts bestätigt" werden. 27

Abschnitt 6
Kosten der Emission/des Angebots von Zertifikaten

Punkt 6.1
Angabe der Gesamtnettoerträge und Schätzung der Gesamtkosten der Emission/des Angebots.

Anhang 13 Punkt 6.1 verlangt **Angaben zu den Gesamtnettoerträgen und (schätzungshalber) zu den Kosten** der Emission der Depositary Receipts. Diese Anforderung entspricht derjenigen, die Anhang 11 Punkt 8.1 für Aktienemissionen vorsieht. Insofern wird auf die Kommentierung zu Anhang 11 Punkt 8.1 verwiesen. 28

---

4 Vgl. S. 183 ff. des Prospekts der Softline Holding PLC vom 27.10.2021, wobei sich die Erstellung des Prospekts nach englischem Recht richtet und sich die Beschreibung der insolvenzrechtlichen Aspekte im Prospektkapitel „Description of Arrangements to Safeguard the Rights of the Holders of the GDRs" befindet.

Anhang 14 VO (EU) 2019/980
Wertpapierbeschreibung für Nichtdividendenwerte für Kleinanleger

Übersicht

	Rn.		Rn.
I. Allgemeines	1	3. Grundlegende Angaben (Abschnitt 3)	15
II. Abgrenzung zu anderen Anhängen der VO (EU) 2019/980	2	4. Angaben über die anzubietenden bzw. zum Handel zuzulassenden Wertpapiere (Abschnitt 4)	19
III. Einzelne Anforderungen von Anhang 14	3	5. Konditionen des öffentlichen Angebots von Wertpapieren (Abschnitt 5)	43
1. Verantwortliche Personen, Angaben von Seiten Dritter, Sachverständigenberichte und Billigung durch die zuständige Behörde (Abschnitt 1)	3	6. Zulassung zum Handel und Handelsmodalitäten (Abschnitt 6)	45
2. Risikofaktoren (Abschnitt 2)	4	7. Weitere Angaben (Abschnitt 7)	46

I. Allgemeines

1 Im Hinblick auf die Darstellung des Anhangs 14 fällt auf, dass er im Gegensatz zu etwa Anhang 11 noch eine dritte Spalte aufweist. In dieser mit Kategorie überschriebenen Spalte finden sich Buchstaben von A bis C. Es handelt sich hierbei um die in Art. 26 VO (EU) 2019/980 angelegten Kategorien für die Aufnahme von Informationen in Basisprospekte. Demnach ist ein Basisprospekt nur billigungsfähig, wenn er Angaben zu allen mit Kategorie A gekennzeichneten Punkten bereits zum Zeitpunkt der Billigung enthält. Punkte, die der Kategorie B unterfallen, verlangen Angaben, sofern diese zum Zeitpunkt der Billigung des Basisprospekts schon bekannt sind, Angaben zu Kategorie-B-Punkten, die erst zum Zeitpunkt der Emission vorliegen, müssen in die endgültigen Bedingungen der Emission aufgenommen werden. Im Hinblick auf die mit Kategorie C gekennzeichneten Punkte geht der Verordnungsgeber davon aus, dass sie im Regelfall erst zum Zeitpunkt der Emission zur Verfügung stehen. Entsprechende Angaben müssen daher in den endgültigen Bedingungen aufgenommen werden. Kommt es ausnahmsweise vor, dass bereits zum Zeitpunkt der Billigung des Basisprospekts Angaben vorliegen, die der Kategorie C unterfallen, können sie auch schon in den Basisprospekt aufgenommen werden. Die Einordnung der Kategorien folgt im Wesentlichen der Regelung in Art. 2a VO 809/2004 i.V.m. Anhang XX. Im Hinblick auf die Details der Kategorisierung wird auf die Kommentierung zu Art. 26 VO (EU) 2019/980 verwiesen (→ Art. 26 Rn. 1 ff.).

II. Abgrenzung zu anderen Anhängen der VO (EU) 2019/980

2 Zur Abgrenzung des Anwendungsbereichs von Anhang 14 zu anderen Anhängen der VO (EU) 2019/980 wird auf die Kommentierung zu Art. 15 VO (EU) 2019/980 verwiesen (→ Art. 15 Rn. 1 ff.).

III. Einzelne Anforderungen von Anhang 14

1. Verantwortliche Personen, Angaben von Seiten Dritter, Sachverständigenberichte und Billigung durch die zuständige Behörde (Abschnitt 1)

Abschnitt 1
Verantwortliche Personen, Angaben von Seiten Dritter, Sachverständigenberichte und Billigung durch die zuständige Behörde

Punkt 1.1
Nennung aller Personen, die für die Angaben in der Wertpapierbeschreibung bzw. für bestimmte Teile der Angaben verantwortlich sind. Im letzteren Fall sind die entsprechenden Teile anzugeben. Handelt es sich um natürliche Personen, zu denen auch Mitglieder des Verwaltungs-, Leitungs- oder Aufsichtsorgans des Emittenten gehören, sind Name und Funktion dieser Person zu nennen. Bei juristischen Personen sind Name und eingetragener Sitz der Gesellschaft anzugeben.

Punkt 1.2
Erklärung der für die Wertpapierbeschreibung verantwortlichen Personen, dass die Angaben in der Wertpapierbeschreibung ihres Wissens nach richtig sind und dass die Wertpapierbeschreibung keine Auslassungen enthält, die die Aussage verzerren könnten.

Gegebenenfalls Erklärung der für bestimmte Abschnitte der Wertpapierbeschreibung verantwortlichen Personen, dass die in den Teilen der Wertpapierbeschreibung genannten Angaben, für die sie verantwortlich sind, ihres Wissens nach richtig sind und dass diese Teile der Wertpapierbeschreibung keine Auslassungen beinhalten, die die Aussage verzerren könnten.

Punkt 1.3
Wird in die Wertpapierbeschreibung eine Erklärung oder ein Bericht einer Person aufgenommen, die als Sachverständiger handelt, so sind folgende Angaben zu dieser Person zu machen:

a) Name,

b) Geschäftsadresse,

c) Qualifikationen,

d) das wesentliche Interesse am Emittenten, falls vorhanden.

Wurde die Erklärung oder der Bericht auf Ersuchen des Emittenten erstellt, so ist zu erklären, dass diese Erklärung oder dieser Bericht mit Zustimmung der Person, die den Inhalt dieses Teils der Wertpapierbeschreibung für die Zwecke des Prospekts gebilligt hat, aufgenommen wurde.

Punkt 1.4
Wurden Angaben von Seiten Dritter übernommen, ist zu bestätigen, dass diese Angaben korrekt wiedergegeben wurden und nach Wissen des Emittenten und soweit für ihn aus den von diesem Dritten veröffentlichten Angaben ersichtlich, nicht durch Auslassungen unkorrekt oder irreführend gestaltet wurden. Darüber hinaus hat der Emittent die Quelle(n) der Angaben zu nennen.

Punkt 1.5
Eine Erklärung, dass

a) [diese Wertpapierbeschreibung/dieser Prospekt] durch [Bezeichnung der zuständigen Behörde] als zuständiger Behörde gemäß Verordnung (EU) 2017/1129 gebilligt wurde,

b) [Bezeichnung der zuständigen Behörde] [diese Wertpapierbeschreibung/diesen Prospekt] nur bezüglich der Standards der Vollständigkeit, Verständlichkeit und Kohärenz gemäß der Verordnung (EU) 2017/1129 billigt,

c) eine solche Billigung nicht als Bestätigung der Qualität der Wertpapiere, die Gegenstand [dieser Wertpapierbeschreibung/dieses Prospekts] sind, erachtet werden sollte und

d) Anleger ihre eigene Bewertung der Eignung dieser Wertpapiere für die Anlage vornehmen sollten.

3   Abschnitt 1 von Anhang 14 ist weitgehend inhaltsgleich mit Abschnitt 1 von Anhang 1, sodass auf die Kommentierung zu Abschnitt 1 von Anhang 1 VO (EU) 2019/980 verwiesen werden kann (→ Anhang 1 Abschnitt 1 Rn. 1 ff.). Zur insbesondere bei Basisprospekten bedeutsamen Übernahme der Verantwortung (nur) für bestimmte Abschnitte der Wertpapierbeschreibung vgl. Rn. 2 zu Abschnitt 1 von Anhang 6 VO (EU) 2019/980 (→ Anhang 6 Rn. 2).

2. Risikofaktoren (Abschnitt 2)

Abschnitt 2
Risikofaktoren

Punkt 2.1
Eine Beschreibung der wesentlichen Risiken, die den angebotenen und/oder zum Handel zuzulassenden Wertpapieren eigen sind, in einer begrenzten Anzahl an Kategorien in einer Rubrik mit der Überschrift „Risikofaktoren".
Offenzulegende Risiken umfassen

a) jene, die sich aus dem Grad der Nachrangigkeit eines Wertpapiers ergeben, sowie die Auswirkungen auf die voraussichtliche Höhe oder den voraussichtlichen Zeitpunkt der Zahlungen an die Inhaber von Wertpapieren im Rahmen eines Insolvenzverfahrens oder eines vergleichbaren Verfahrens, einschließlich, soweit relevant, der Insolvenz eines Kreditinstituts oder dessen Abwicklung oder Umstrukturierung gemäß der Richtlinie 2014/59/EU und,

b) werden die Wertpapiere garantiert, die spezifischen und wesentlichen Risiken bezüglich des Garantiegebers, soweit diese für seine Fähigkeit, seinen Verpflichtungen aus der Garantie nachzukommen, relevant sind.

In jeder Kategorie werden die gemäß der Bewertung des Emittenten, Anbieters oder der die Zulassung zum Handel an einem geregelten Markt beantragenden Person wesentlichsten Risiken, unter Berücksichtigung der negativen Auswirkungen auf den Emittenten und die Wertpapiere und der Wahrscheinlichkeit ihres Eintretens, zuerst angeführt. Die Risiken werden durch den Inhalt der Wertpapierbeschreibung bestätigt.

4   Abschnitt 2 von Anhang 14 verlangt unter der Rubrik „Risikofaktoren" eine Beschreibung der wesentlichen Risiken, die den im Prospekt beschriebenen Wertpapieren eigen sind. Die Beschreibung hat in einer begrenzten Anzahl von Kategorien zu erfolgen. Die Wortlaute von Abschnitt 2 Anhang 14, Abschnitt 2 von Anhang 11, Abschnitt 2 von Anhang 15 und Punkt 1.1 von Anhang 17 sind ähnlich, daher kann auf die Kommentierung zu diesen Ziffern von Anhang 11 VO (EU) 2019/980 verwiesen werden (→ Anhang 11 Rn. 3 ff.). Im Gegensatz zu Punkt 1.1 von Anhang 17 (Angaben zu Wertpapieren, die zu an einen Basiswert gekoppelten Zahlungs- und Lieferverpflichtungen führen) muss bei

Abschnitt 2 von Anhang 14 allerdings nicht darauf verwiesen werden, dass der Anleger ggf. den Wert seiner Anlage ganz oder teilweise verlieren könnte. Die Motivation des Verordnungsgebers für diese Unterscheidung liegt am ehesten im Anwendungsbereich von Anhang 14 begründet, der sich mit solchen Nichtdividendenwerte befasst, bei denen stets eine vollständige Rückzahlung des Nominalbetrags erfolgen soll.[1] Das grundsätzlich bestehende Emittentenausfallrisiko ist im Rahmen der emittentenspezifischen Risikofaktoren genauer auszuführen. Im Rahmen der wertpapierspezifischen Risikofaktoren erfolgt daher in der Regel ein generischer Hinweis auf das Insolvenzrisiko.[2]

Anders als Abschnitt 2 von Anhang 11 VO (EU) 2019/980 enthält Abschnitt 2 von Anhang 14 die Anforderung, spezifische Risikofaktoren aufzunehmen, die sich a) mit der Rangstellung der Wertpapiere in der Insolvenz des Emittenten und b) im Falle von garantierten Nichtdividendenwerten mit den spezifischen und wesentlichen Risiken befassen, die Relevanz für die Fähigkeit des Garantiegebers haben, den Verpflichtungen aus der Garantie nachzukommen. 5

Die Auswirkungen von Bestimmungen in den Anleihebedingungen, die zu einer Nachrangigkeit der im Prospekt beschriebenen Nichtdividendenwerte gegenüber sonstigen Verbindlichkeiten des Emittenten führen, haben ggf. erheblich nachteilige Auswirkungen auf die Aussichten eines Investors, im Falle der Insolvenz des Emittenten seine Forderungen aus den betreffenden Nichtdividendenwerten erfüllt zu erhalten. Dies ist etwa bei sog. Hybridanleihen und eigenkapitalwirksamen Schuldverschreibungen von Banken und Versicherungen der Fall. Im Sinne der Transparenz ist daher auf eine Darstellung zu achten, die es einem verständigen Anleger ermöglicht, seine Rangstellung in der Insolvenz des Emittenten zu erfassen. In der Praxis wird diese Anforderung in Anhang 14 vermutlich zunehmend an Bedeutung verlieren, da nachrangige Instrumente vermehrt nur noch mit einer Stückelung von 100.000 EUR emittiert werden. Dies liegt nicht zuletzt an der großen Zurückhaltung, welche Aufsichtsbehörden in Bezug auf den Vertrieb von Hybridanleihen an Kleinanleger an den Tag legen.[3] 6

Die Verpflichtung zur Beschreibung der Risikofaktoren bezüglich eines etwaigen Garantiegebers erfolgt in Umsetzung von Art. 16 Abs. 3 der ProspektVO und nimmt dessen Wortlaut auf. Im Hinblick auf die in Abschnitt 3 von Anhang 21 niedergelegte Verpflichtung, dass ein Garantiegeber so zu beschreiben ist wie ein Emittent, stellt sich die systematische Frage, ob die unternehmensbezogenen Risiken des Garantiegebers nicht eher in einem den emittentenspezifischen Risiken ähnelnden Abschnitt der Risikofaktoren zu verorten wären als bei den wertpapierbezogenen Risikofaktoren. Im Ergebnis ergibt sich jedoch kein Unterschied, denn der Wortlaut von Abschnitt 2.1 lit. b von Anhang 14 entspricht letztlich dem von Abschnitt 3 von Anhang 6. Inhaltlich kann daher auf die Ausfüh- 7

---

1 *Seitz/Maier*, in: Assmann/Schlitt/von Kopp-Colomb, Prospektrecht Kommentar, Anhang 17 VO (EU) 2019/980 Rn. 16.
2 *Seitz/Maier*, in: Assmann/Schlitt/von Kopp-Colomb, Prospektrecht Kommentar, Anhang 14 VO (EU) 2019/980 Rn. 40.
3 Vgl. etwa die Veröffentlichung „Restrictions on the retail distribution of registered capital instruments" der britischen FCA aus dem Juni 2015 oder den Artikel von *Tophoven/Becker/Yoo*, CoCo-Bonds: Risiken für Privatanleger vom 1.10.2014, erschienen im BaFinJournal Oktober 2014. Auch die mit dem Bundesministerium der Finanzen abgestimmten Musterbedingungen für AT-1-Instrumente, welche der Bundesverband deutscher Banken auf seiner Website bereithält, sehen eine Mindeststückelung von 100.000 EUR vor.

rungen zu Abschnitt 3 von Anhang 6 VO (EU) 2019/980 verwiesen werden (→ Anhang 6 Rn. 7 ff.).

8 Für den Aufbau und die Präsentation der Risikofaktoren, den Maßstab für die inhaltliche Darstellung und weitere formale Fragen kann auf die Kommentierung zu Abschnitt 3 von Anhang 6 VO (EU) 2019/980 verwiesen werden (→ Anhang 6 Rn. 10 ff.). In der Praxis werden aus Übersichtlichkeitsgründen die emittentenspezifischen und die wertpapierspezifischen Risikofaktoren in der Regel getrennt voneinander dargestellt, auch wenn es zwischen beiden Abschnitten gelegentlich Überschneidungen gibt, die möglichst genau voneinander abgegrenzt werden sollten.[4]

9 In der Praxis haben sich typische Risikofaktoren herausgebildet, die im Fall von Abschnitt 2 von Anhang 14 in der Regel in den Wertpapierprospekt aufzunehmen sind. Dazu gehören insbesondere Verlust- bzw. Ausfallrisiko, Liquiditätsrisiko bzw. Marktpreisrisiko, Renditerisiken, Währungsrisiken, Wiederanlagerisiken und das Risiko, im Rahmen einer Gläubigerversammlung zur Änderung der Anleihebedingungen überstimmt zu werden. Daneben sind je nach Struktur des betreffenden Wertpapiers ggf. weitere Risikofaktoren in den Prospekt aufzunehmen.

10 Unter dem Verlust- bzw. Ausfallrisiko ist das Risiko zu verstehen, dass der Emittent seinen Zahlungsverpflichtungen unter den Wertpapieren nicht Folge leisten kann bzw. dass der Anleger einen Teil seiner Anlage in die Wertpapiere verliert, z. B. bei einem Verkauf der Wertpapiere am Markt oder durch das Entstehen von zusätzlichen Transaktionskosten.[5] Bei unbesicherten Wertpapieren wird häufig zusätzlich ein Hinweis dahingehend aufgenommen, dass das Wertpapier gegenüber besicherten Finanzierungen des Emittenten strukturell nachrangig ist, weil die besicherten Gläubiger vorrangig Zugriff auf bestimmte Vermögenswerte des Emittenten haben. Daneben wird – soweit zutreffend – häufig darauf hingewiesen, dass das Wertpapier den Emittenten nicht davon abhält, weiteres Fremdkapital aufzunehmen, was wiederum das Verlust- bzw. Ausfallrisiko unter dem betreffenden Wertpapier erhöhen kann, wenn dadurch die Gesamtverschuldung ansteigt.

11 Weiter ist in den Risikofaktoren auf das Renditerisiko hinzuweisen.[6] Bei einem variablen Zinssatz hängt dieser von einem Basiswert ab (z. B. einem Referenzzinssatz wie dem EURIBOR), d. h. es ist möglich, dass der Zinssatz bei negativer Entwicklung des Basiswerts geringer ausfällt als erwartet oder die Verzinsung sogar ganz entfällt. Im Zusammenhang mit sog. Sustainability-Linked-Nichtdividendenwerten ist ggf. auf die Abhängigkeit der Rendite vom Erreichen oder Verfehlen der vom Emittenten in Aussicht genommenen Nachhaltigkeitsziele hinzuweisen.[7] Auch bei festverzinslichen Wertpapieren ist nach herrschender Meinung in der Regel darauf hinzuweisen, dass die Rendite unter dem betreffenden Wertpapier ggf. geringer ausfällt als der Betrag, den der Anleger durch die Investition

---

[4] Vgl. *Seitz/Maier*, in: Assmann/Schlitt/von Kopp-Colomb, Prospektrecht Kommentar, Anhang 14 VO (EU) 2019/980 Rn. 32.

[5] Vgl. *Seitz/Maier*, in: Assmann/Schlitt/von Kopp-Colomb, Prospektrecht Kommentar, Anhang 14 VO (EU) 2019/980 Rn. 38, 40.

[6] So auch *Seitz/Maier*, in: Assmann/Schlitt/von Kopp-Colomb, Prospektrecht Kommentar, Anhang 14 VO (EU) 2019/980 Rn. 36, 39.

[7] Weiterführend *Oulds/Kopp*, in: Hopt/Seibt, Schuldverschreibungsrecht, 2. Aufl. 2023, Teil 5 Kap. 2 Rn. 2.132.

in ein anderes Wertpapier hätte erzielen können.[8] Der letzte Punkt ist jedoch nicht zwingend, da sich der Emittent nicht an Spekulationen hinsichtlich möglicher Renditen anderer Finanzprodukte beteiligen muss.

Unter dem Währungsrisiko versteht man das Risiko, dass, wenn die Wertpapiere z. B. in Euro denominiert sind, der Anleger aber seine Investitionen in einer anderen Währung als Euro tätigt, er einem Wechselkursrisiko ausgesetzt ist.[9] Dasselbe gilt, wenn der Zinssatz von einem Basiswert abhängt, der nicht in Euro, sondern in einer anderen Währung gehandelt wird. 12

Das Wiederanlagerisiko bezeichnet hingegen das Risiko, dass der Anleger z. B. bei einer vorzeitigen Rückzahlung nicht davon ausgehen kann, die erhaltenen Mittel wieder zu denselben Konditionen anlegen zu können.[10] 13

Weitere Risiken, die in der Praxis häufiger anzutreffen sind, sind Risiken im Zusammenhang mit der Anwendbarkeit des Gesetzes über Schuldverschreibungen aus Gesamtemissionen, Liquiditätsrisiken (also das Risiko, dass für die Wertpapiere kein liquider (Sekundär-)Markt entsteht) sowie Risiken, die sich aus einer potenziellen Änderung der steuerlichen Behandlung der Wertpapiere ergeben können. Abhängig von der Repräsentationsform der Wertpapiere sind ggf. zusätzliche Risiken für Instrumente, die durch Token repräsentiert und unter Nutzung der Distributed Ledger Technologie (Blockchain) aufgezeichnet werden, darzulegen. Zu denken ist hier etwa an mögliche Hackerangriffe oder den Verlust des sog. Private Key.[11] Im Zusammenhang mit nachhaltigen Finanzinstrumenten (sog. Green Bonds oder Social Bonds) ist es angezeigt, darauf hinzuweisen, dass die Instrumente während ihrer Laufzeit ihre Eigenschaft z. B. als Green Bond verlieren können und dementsprechend auf Investorenseite nicht mehr zur Erfüllung der gesetzlichen Nachhaltigkeitserfordernisse eingesetzt werden können.[12] 14

3. Grundlegende Angaben (Abschnitt 3)

Abschnitt 3
Grundlegende Angaben

Punkt 3.1
Interessen natürlicher und juristischer Personen, die an der Emission/dem Angebot beteiligt sind.
Beschreibung aller für die Emission wesentlichen Interessen, einschließlich Interessenskonflikten, unter Angabe der betreffenden Personen und der Art der Interessen.

---

8 Vgl. *Seitz/Maier*, in: Assmann/Schlitt/von Kopp-Colomb, Prospektrecht Kommentar, Anhang 14 VO (EU) 2019/980 Rn. 39.
9 Vgl. *Seitz/Maier*, in: Assmann/Schlitt/von Kopp-Colomb, Prospektrecht Kommentar, Anhang 17 VO (EU) 2019/980 Rn. 39.
10 Vgl. *Seitz/Maier*, in: Assmann/Schlitt/von Kopp-Colomb, Prospektrecht Kommentar, Anhang 17 VO (EU) 2019/980 Rn. 38.
11 Vgl. hierzu *Gaberle/Kühn*, in: Omlor/Link, Kryptowährungen und Token, 2021, Kap. 4 Rn. 151 ff.
12 *Oulds/Kopp*, in: Hopt/Seibt, Schuldverschreibungsrecht, 2. Aufl. 2023, Teil 5 Kap. 2 Rn. 2.130 mit weiteren Ausführungen.

Punkt 3.2
Gründe für das Angebot und die Verwendung der Erträge
Gründe für das öffentliche Angebot oder die Zulassung zum Handel. Gegebenenfalls Angabe der geschätzten Gesamtkosten der Emission/des Angebots und der geschätzten Nettoerlöse. Die Kosten und Erlöse sind jeweils nach den einzelnen wichtigsten Zweckbestimmungen aufzuschlüsseln und nach Priorität dieser Zweckbestimmungen darzustellen. Wenn der Emittent weiß, dass die voraussichtlichen Erträge nicht ausreichen werden, um alle vorgeschlagenen Verwendungszwecke zu finanzieren, sind der Betrag und die Quellen anderer Mittel anzugeben.

15 Die Anforderungen von Punkt 3.1 und Punkt 3.2 stimmen im Hinblick auf die Offenlegung von Interessen und die Verwendung der Emissionserlöse mit den inhaltlichen Anforderungen von Punkt 3.3 und Punkt 3.4 von Anhang 11 VO (EU) 2019/980 überein, daher kann auf die Kommentierung zu dieser Ziffer verwiesen werden (→ Anhang 11 Rn. 41 ff.).

16 Nach Punkt 3.1 sind jegliche Interessen – einschließlich Interessenkonflikte –, die für die Emission/das Angebot von wesentlicher Bedeutung sind, zu beschreiben, wobei die betroffenen Personen zu spezifizieren und die Art der Interessen darzulegen sind. Das wohl am häufigsten anzutreffende Interesse am Verkauf der Wertpapiere – über das Interesse des Emittenten an der Aufnahme von Finanzierungsmitteln in Form von Fremdkapital hinaus – ist das Provisionsinteresse der Emissionsbanken, die für die Platzierung der Wertpapiere am Markt vom Emittenten eine Provision erhalten. Diese Angaben sind nach Punkt 5.4.3 von Anhang 14 in den Prospekt aufzunehmen. Mögliche andere – wesentliche – Interessen können erfolgsbasierte Vergütungen von Beratern, Finanzintermediären oder Sachverständigen sein[13] oder bei strukturierten Verzinsungen z. B. Verwaltungs- oder ähnliche Gebühren im Hinblick auf den zugrunde liegenden Basiswert.[14] Aber auch Fremdkapitalgeber des Emittenten können ein offenzulegendes Interesse an der Emission haben, wenn sie mit dem Emittenten verabredet haben, dass die Emissionserlöse zur Rückführung der bestehenden Verbindlichkeiten dienen. Dies dürfte dann der Fall sein, wenn die Anleiheemission nicht zur gewöhnlichen Finanzierungstätigkeit des Emittenten gehört.

17 Nach Punkt 3.2 sind die Gründe für das Angebot darzulegen. Durch die Angabe von Gründen für die Emission des Wertpapiers und über die Verwendung der Erträge soll für den Anleger transparent gemacht werden, was mit seinem investierten Geld geschieht. Dies ist in jüngster Zeit insbesondere bei sog. Green Bonds oder Social Bonds praktisch geworden, bei denen die Emittentin ihre Absicht erklärt hat (inwieweit es sich hier um ein klagbares/schadensersatzbewehrtes Versprechen handelt, ist Frage der Umstände des Einzelfalls), die Emissionserlöse einzusetzen, um „nachhaltige" Projekte umzusetzen. Es handelt sich hierbei um sog. „Use of Proceeds Bonds".[15] Hiervon zu unterscheiden sind sog. „Sustainability Linked Bonds", bei denen der Emittent einen Strafzins zahlen muss/ eine Zinsermäßigung erhält, wenn er bestimmte, selbst gesteckte Nachhaltigkeitsziele ver-

---

13 Vgl. *Voß*, in: Just/Voß/Ritz/Zeising, Wertpapierprospektrecht, 2. Aufl. 2023, Anhang 1 VO (EU) 2019/980 Rn. 394.
14 Vgl. *Seitz/Maier*, in: Assmann/Schlitt/von Kopp-Colomb, Prospektrecht Kommentar, Anhang 14 VO (EU) 2019/980 Rn. 61.
15 Vgl. *Jäger/Ringel/Schiereck*, ZBB 2021, 209, 210; *Oulds/Kopp*, in: Hopt/Seibt, Schuldverschreibungsrecht, 2. Aufl. 2023, Teil 5 Kap. 2 Rn. 2.133, 134.

fehlt/erreicht.[16] Bei diesen Instrumenten sind Ausführungen im Rahmen der Angaben nach Punkt 3.2 entbehrlich, wenn die Emissionserlöse für allgemeine Unternehmenszwecke eingesetzt werden.[17] Bei Use of Proceeds Bonds sind indessen möglichst genaue Angaben über das nachhaltige Projekt und die entsprechende Verwendung der Emissionserlöse zu machen. Einen weiteren Aspekt bringt zukünftig Art. 14 der EU Green Bond Verordnung, der in das Prospektrecht eingreift. Nach Art. 14 Abs. 4 dieser Verordnung ist der sogenannte CapEx Plan, welcher im Hinblick auf die Verwendung der Emissionserlöse zu erstellen ist, in den Prospekt aufzunehmen. Ferner bedeutet die Tatsache, dass Art. 14 Abs. 3 der EU Green Bond Verordnung festlegt, dass das Green Bond Factsheet nach Anhang I der EU Green Bond Verordnung eine „vorgeschriebene Information" nach Art. 19 Abs. 1 lit. c der ProspektVO eine Abkehr von der bisherigen Praxis.[18] Bisher wurde die Ansicht vertreten, dass Dokumente, die in Zusammenhang mit Green Bonds erstellt werden, nicht in den Prospekt aufgenommen werden müssen. Darüber hinaus verlangt Punkt 3.2 eine Prioritätenliste, in der alle Zwecke nach ihrer Wichtigkeit sortiert aufgeführt werden, falls die Emissionserlöse für mehrere Zwecke vorgesehen sind. Des Weiteren muss auch offengelegt werden, welche alternativen Finanzierungsquellen in welcher Höhe genutzt werden sollen, falls die Emissionserlöse nicht ausreichen, um alle Ziele in der Prioritätenliste zu erreichen. Zu beachten ist, dass es sich hierbei um Angaben zu zukünftigen Maßnahmen handelt. Bei der Formulierung ist entsprechende Vorsicht geboten, wenn Unsicherheiten im Hinblick auf die Umsetzung der beabsichtigten Maßnahmen bestehen.

Ferner müssen die geschätzten Gesamtkosten für die Emission/das Angebot aufgeführt werden, sofern solche anfallen, sowie der unter Zugrundelegung dieser Kosten ermittelte geschätzte Nettobetrag der Emissionserlöse.[19] Es ist davon auszugehen, dass eine stichpunktartige Aufzählung ausreichend ist, da Punkt 3.2 im Gegensatz zu Punkt 3.4 von Anhang 11 keine „detaillierte Beschreibung" der Verwendung der Erträge verlangt.[20]

18

4. Angaben über die anzubietenden bzw. zum Handel zuzulassenden Wertpapiere (Abschnitt 4)

Abschnitt 4
Angaben über die anzubietenden bzw. zum Handel zuzulassenden Wertpapiere

Punkt 4.1
a) Beschreibung der Art und der Gattung der Wertpapiere, die öffentlich angeboten und/oder zum Handel zugelassen werden sollen.
b) Die internationale Wertpapier-Identifikationsnummer (ISIN) für die unter a) genannten Gattungen von Wertpapieren.

Punkt 4.2
Rechtsvorschriften, auf deren Grundlage die Wertpapiere geschaffen wurden.

---

16 Vgl. *Schlee/Rojahn*, DB Beilage 20/2021, 48 f.
17 *Oulds/Kopp*, in: Hopt/Seibt, Schuldverschreibungsrecht, 2. Aufl. 2023, Teil 5 Kap. 2 Rn. 2.133.
18 *Biedermann/Pichler*, DB 2023, 2676, 2680.
19 *Seitz/Maier*, in: Asmann/Schlitt/von Kopp-Colomb, Prospektrecht Kommentar, Anhang 14 VO (EU) 2019/980 Rn. 66.
20 Vgl. *Seitz/Maier*, in: Assmann/Schlitt/von Kopp-Colomb, Prospektrecht Kommentar, Anhang 14 VO (EU) 2019/980 Rn. 65.

Punkt 4.3

a) Angabe, ob es sich bei den Wertpapieren um Namens- oder Inhaberpapiere handelt und ob sie in Stückeform oder stückelos vorliegen.

b) Im Falle von stückelos registrierten Wertpapieren, Name und Anschrift des die Buchungsunterlagen führenden Instituts.

Punkt 4.4

Gesamtemissionsvolumen der öffentlich angebotenen/zum Handel zugelassenen Wertpapiere. Ist das Emissionsvolumen nicht festgelegt, Angabe des maximalen Emissionsvolumens der anzubietenden Wertpapiere (sofern verfügbar) und Beschreibung der Vereinbarungen und des Zeitpunkts für die Ankündigung des endgültigen Angebotsbetrags an das Publikum.

Ist eine Angabe des maximalen Emissionsvolumens der anzubietenden Wertpapiere in der Wertpapierbeschreibung nicht möglich, wird in der Wertpapierbeschreibung angeführt, dass eine Zusage zum Erwerb oder zur Zeichnung der Wertpapiere innerhalb von bis zu zwei Arbeitstagen nach Hinterlegung des Emissionsvolumens der öffentlich anzubietenden Wertpapiere widerrufen werden kann.

Punkt 4.5

Währung der Wertpapieremission.

Punkt 4.6

Relativer Rang der Wertpapiere in der Kapitalstruktur des Emittenten im Fall einer Insolvenz, gegebenenfalls mit Angaben über ihre Nachrangigkeitsstufe und die potenziellen Auswirkungen auf die Anlagen im Fall der Abwicklung nach Maßgabe der Richtlinie 2014/59/EU.

Punkt 4.7

Beschreibung der mit den Wertpapieren verbundenen Rechte einschließlich etwaiger Beschränkungen und des Verfahrens zur Ausübung dieser Rechte.

Punkt 4.8

a) Nominaler Zinssatz;

b) Bestimmungen zur Zinsschuld;

c) Datum, ab dem die Zinsen fällig werden;

d) Zinsfälligkeitstermine;

e) Gültigkeitsdauer der Ansprüche auf Zins- und Kapitalrückzahlungen.

Ist der Zinssatz nicht festgelegt,

a) Angabe der Art des Basiswerts;

b) Beschreibung des Basiswerts, auf den sich der Zinssatz stützt;

c) Methode, die zur Verknüpfung des Zinssatzes mit dem Basiswert verwendet wird;

d) Angaben darüber, wo Angaben über die vergangene und künftige Wertentwicklung des Basiswertes und seine Volatilität auf elektronischem Wege eingeholt werden können und ob dies mit Kosten verbunden ist;

e) Beschreibung aller etwaigen Ereignisse, die eine Störung des Marktes oder der Abrechnung bewirken und den Basiswert beeinflussen;

f) alle Anpassungsregeln in Bezug auf Ereignisse, die den Basiswert betreffen;

g) Name der Berechnungsstelle;

h) wenn das Wertpapier eine derivative Komponente bei der Zinszahlung hat, eine klare und umfassende Erläuterung, die den Anlegern verständlich macht, wie der Wert ihrer Anlage durch den Wert des Basisinstruments/der Basisinstrumente beeinflusst wird, insbesondere in Fällen, in denen die Risiken am offensichtlichsten sind.

Punkt 4.9

a) Fälligkeitstermin.

b) Detailangaben zu den Tilgungsmodalitäten, einschließlich der Rückzahlungsverfahren. Wird auf Initiative des Emittenten oder des Wertpapierinhabers eine vorzeitige Tilgung ins Auge gefasst, so ist diese unter Angabe der Tilgungskonditionen zu beschreiben.

Punkt 4.10

a) Angabe der Rendite.

b) Beschreibung der Methode zur Berechnung der Rendite in Buchstabe a in Kurzform.

Punkt 4.11

Vertretung der Inhaber von Nichtdividendenwerten unter Angabe der die Anleger vertretenden Organisation und der für diese Vertretung geltenden Bestimmungen. Angabe der Website, auf der die Öffentlichkeit die Verträge, die diese Repräsentationsformen regeln, kostenlos einsehen kann.

Punkt 4.12

Bei Neuemissionen Angabe der Beschlüsse, Ermächtigungen und Billigungen, aufgrund deren die Wertpapiere geschaffen und/oder emittiert wurden oder werden sollen.

Punkt 4.13

Angabe des Emissionstermins oder bei Neuemissionen des voraussichtlichen Emissionstermins.

Punkt 4.14

Beschreibung aller etwaigen Beschränkungen für die Übertragbarkeit der Wertpapiere.

Punkt 4.15

Warnhinweis, dass sich die Steuergesetzgebung des Mitgliedstaats des Anlegers und des Gründungsstaats des Emittenten auf die Erträge aus den Wertpapieren auswirken könnten.

Angaben zur steuerlichen Behandlung der Wertpapiere, wenn die angebotene Anlage eine für diese Art von Anlagen gedachte Steuerregelung nach sich zieht.

Punkt 4.16

Sofern der Anbieter nicht dieselbe Person wie der Emittent ist, Angabe der Identität und der Kontaktdaten des Anbieters der Wertpapiere und/oder der die Zulassung zum Handel beantragenden Person einschließlich der Rechtsträgerkennung (LEI), falls der Anbieter Rechtspersönlichkeit hat.

Nach Abschnitt 4 von Anhang 14 muss die Wertpapierbeschreibung Angaben über die anzubietenden bzw. zum Handel zuzulassenden Wertpapiere enthalten.

Nach Punkt 4.1 lit. a hat eine Beschreibung der Art und der Gattung der anzubietenden und/oder zum Handel zuzulassenden Wertpapiere in der Wertpapierbeschreibung zu erfolgen. Dabei sind jedenfalls die Angaben aufzunehmen, die erforderlich sind, um die Art des Wertpapiers zu identifizieren, also in der Regel eine Kurzbeschreibung der zivil- und wertpapierrechtlichen Merkmale der jeweiligen Wertpapiere. Es ist demnach anzugeben, ob es sich etwa um Inhaberschuldverschreibungen oder andere Instrumente handelt. Sofern eine tokenbasierte Emission durch sog. Security Token repräsentiert wird, hat unter dieser Rubrik eine Beschreibung der Eigenschaften des Tokens zu erfolgen.[21] Auch bei der Emission eines elektronischen Wertpapiers im Sinne von § 2 eWpG wird an dieser Stelle eine Darstellung der Eigenschaften des elektronischen Wertpapiers erfolgen.[22]

21 Nach Punkt 4.1 lit. b ist mindestens die ISIN (International Security Identification Number) der im Prospekt beschriebenen Wertpapiere anzugeben. Die Wiedergabe weiterer Wertpapierkennnummern, wie etwa der deutschen WKN oder des CUSIP Codes kann ebenfalls erfolgen. Nicht zu vergessen ist, dass WM Datenservice, welcher unter anderem für die Vergabe der deutschen Wertpapier-Kenn-Nummer (WKN) und der International Security Identification Number (ISIN) für deutsche Emittenten verantwortlich ist, eine sogenannte ITR (International Token Reference) für tokenbasierte Emissionen vergeben kann.[23] Die Praxis zeigt, dass Behörden zuweilen auch bei tokenbasierten Emissionen auf der Angabe entsprechender Kennnummern bestehen.[24]

22 Gemäß Punkt 4.2 sind die Rechtsvorschriften anzugeben, auf deren Grundlage die Wertpapiere geschaffen wurden. Damit ist in aller Regel die Rechtsordnung gemeint, welche für die Anleihebedingungen der Wertpapiere wesentlich ist.[25] Nicht erforderlich ist eine explizite Auflistung aller Normen, die der Emission zugrunde liegen. Am Beispiel des deutschen Rechts festmachend, ist es zum Beispiel nicht erforderlich, §§ 793 ff. BGB oder die für die Übertragung wichtigen §§ 398 ff. und §§ 929 ff. BGB explizit zu nennen und zu beschreiben.

23 Nach Punkt 4.3 lit. a und b ist anzugeben, ob es sich bei den Wertpapieren um Namenspapiere oder um Inhaberpapiere handelt und ob die Wertpapiere verbrieft oder stückelos sind. Gem. Punkt 4.3 lit. b sind für stückelos registrierte Wertpapiere der Name und die Anschrift des die Buchungsunterlagen führenden Instituts anzugeben. Hierdurch soll dem Bedürfnis des Investors Rechnung getragen werden, Informationen darüber zu erhalten, wo sein Wertpapier verwahrt wird. Andernfalls kann es zu Schwierigkeiten bei der Durchsetzung der durch das Wertpapier verkörperten Rechte kommen, weil der Investor keine physische Urkunde hat, mit der er im Prozess Beweis führen kann. In der Praxis sind hier Angaben über den Registerführer von Namenspapieren und elektronischen Wertpapieren oder die Wertpapiersammelbank bei Girosammelverwahrung zu machen.[26]

24 Namenspapiere sind im Zusammenhang mit Emissionen, bei denen die zu emittierenden Instrument deutschem Recht unterliegen, nicht von Bedeutung, weil diese nach dem deutschen Wertpapierbegriff (mit Ausnahme der Namensaktie) keine Wertpapiere im engeren Sinne sind. Sie gelten als Vermögensanlagen, deren Prospektregime sich nicht nach dem Wertpapierprospektgesetz bzw. der ProspektVO, sondern nach dem Vermögensanlagenge-

---

21 Siehe zum Begriff Security Token siehe etwa *Omlor/Möslein*, in: Ellenberger/Bunte, Bankrechts-Handbuch, § 34 IV 2; *Kleinert/Mayer*, EuZW 2019, 857.
22 Zur Emission von elektronischen Wertpapieren *Bartlitz*, NJW 2022, 1981; *Omlor*, RDi 2021, 371.
23 Siehe https://www.wmdatenservice.com/en/product/itr/.
24 Vgl. etwa das zweite Hinweisschreiben zu Prospekt- und Erlaubnispflichten im Zusammenhang mit der Ausgabe sogenannter Krypto-Token der BaFin, aus dem deutlich wird, dass die BaFin das Prospektrecht auch auf Tokenemissionen anwendet.
25 Vgl. *Seitz/Maier*, in: Assmann/Schlitt/von Kopp-Colomb, Prospektrecht Kommentar, Anhang 14 VO (EU) 2019/980 Rn. 79.
26 Vgl. *Seitz/Maier*, in: Assmann/Schlitt/von Kopp-Colomb, Prospektrecht Kommentar, Anhang 14 VO (EU) 2019/980 Rn. 85.

setz richtet,[27] vgl. § 1 Abs. 2 Nr. 6 Vermögensanlagengesetz. Für Wertpapiere, die anderen Rechtsordnungen unterfallen, kann dies anders sein, wie etwa bei „registered bonds" nach englischem Recht. Die theoretische Möglichkeit der Registrierung einer deutschrechtlichen Namensschuldverschreibung auf den Namen einer Wertpapiersammelbank kann hier mangels praktischer Relevanz außer Acht bleiben.[28]

Daneben verlangt Punkt 4.3 die Angabe, ob die Wertpapiere verbrieft oder stückelos sind. Es wird also nach der Unterscheidung zwischen Bucheffekten, bei denen die Gläubiger in ein Schuldenbuch eingetragen werden, und verbrieften Wertpapieren gefragt. Das deutsche Recht kannte bis vor Kurzem nur die Schuldverschreibungen des Bundes und der Länder, die ohne Verbriefung auskommen und im Bundesschuldbuch (§§ 5 ff. BSchuWG) bzw. den Landesschuldbüchern geführt werden. Andere Rechtsordnungen, wie etwa die französische, kannten solche dematerialisierten Wertpapiere auch für private Anwendungen. Durch Inkrafttreten des Gesetzes über elektronische Wertpapiere hat auch das deutsche Recht einen wichtigen Schritt in Richtung dematerialisierter Wertpapiere gemacht. Der deutsche Gesetzgeber behandelt gemäß § 2 Abs. 3 eWpG auch ein elektronisches Wertpapier als Sache, um dadurch die Anwendung der gewohnten sachenrechtlichen Konzepte wie Besitz und Eigentum zu ermöglichen.[29] Gegenwärtig ist eine gewisse Zurückhaltung der institutionellen Marktteilnehmer bei der Emission von Wertpapieren nach dem eWpG zu beobachten, weil die Verwahrangebote der großen Marktteilnehmer noch fehlen. Aufgrund der eingespielten und durch Aufsicht und Wirtschaftsprüfer akzeptierten Praxis bei global verbrieften Wertpapieren steht zu erwarten, dass die Umstellung auf „elektronische Wertpapiere" nicht über Nacht passieren wird. Es wird daher bei Schuldverschreibungen, die unter deutschem Recht begeben werden, eine Verbriefung bis auf Weiteres regelmäßig gegeben sein. Diese erfolgt in der Praxis zumeist über die Verbriefung in einer Globalurkunde (im Gegensatz zur Einzelverbriefung).[30] Für den Fall der stückelos registrierten Wertpapiere ist der Name und die Anschrift des die Buchungsunterlagen führenden Instituts anzugeben.[31] Dies dürfte im Falle elektronischer Wertpapiere nach eWpG die registerführende Stelle des § 7 eWpG oder, im Falle von Kryptowertpapieren, des § 17 eWpG sein. Anders stellt sich die Situation im Hinblick auf tokenbasierte Emissionen außerhalb des eWpG dar. In diesen Fällen dürfte es naheliegen, ebenfalls von einer stückelosen Emission auszugehen. Die ProspektVO ist grundsätzlich technologieneutral.[32] Die Anforderung, Aussagen zum „die Buchungsunterlagen führenden Institut" zu treffen, ist mithin im Zusammenhang mit tokenbasierten Wertpapieren teleologisch auszulegen. Die Angaben zum Buchungsunterlagen führenden Institut sollen

25

---

27 Vgl. *Seitz/Maier*, in: Assmann/Schlitt/von Kopp-Colomb, Prospektrecht Kommentar, Anhang 14 VO (EU) 2019/980 Rn. 82; inhaltlich unverändert, jedoch zur VO (EG) 809/2004 *Zeising*, in: Just/Voß/Ritz/Zeising, WpPG, 2009, Anhang V ProspektVO Rn. 15.
28 Vgl. jedoch *Horn*, BKR 2009, 446, 447.
29 Vgl. etwa *Müller*, in: Müller/Pieper, eWpG, § 2 Rn. 19 m.w.N.
30 Vgl. *Seitz/Maier*, in: Assmann/Schlitt/von Kopp-Colomb, Prospektrecht Kommentar, Anhang 14 VO (EU) 2019/980 Rn. 83.
31 Vgl. *Seitz/Maier*, in: Assmann/Schlitt/von Kopp-Colomb, Prospektrecht Kommentar, Anhang 14 VO (EU) 2019/980 Rn. 85.
32 Vgl. zur Pflicht zur Veröffentlichung eines Prospekts nach ProspektVO etwa *Kleinert/Mayer*, EuZW 2019, 857, 860, und die ständige Verwaltungspraxis der BaFin (siehe etwa Zweites Hinweisschreiben zu Prospekt- und Erlaubnispflichten im Zusammenhang mit der Ausgabe sogenannter Krypto-Token vom 16.8.2019).

den Investor in die Lage versetzen, seine durch das Wertpapier verkörperten Rechte effektiv durchsetzen zu können. Es ist daher erforderlich, dass die grundsätzliche Funktionsweise der für die Aufzeichnung des Security Tokens genutzten Blockchain erläutert wird. Nur auf diese Weise kann der Investor in die Lage versetzt werden, sich die Daten zu besorgen, die er benötigt, um das Bestehen seines Anspruchs im Prozess zu beweisen.[33] Ferner sind das Zusammenspiel zwischen private[34] und public key[35] bzw. der Aufbewahrung des private key in einer sog. Wallet[36] darzulegen. Denn die Zuschreibung des private key in einer Wallet dürfte der Buchung entsprechen, welche die VO (EU) 2019/980 vor Augen hat. Freilich ist anzuerkennen, dass es bei tokenbasierten Emissionen außerhalb des eWpG (§ 16 Abs. 2 eWpG schreibt vor, dass der Emittent eine registerführende Stelle zu benennen hat) schwerer sein kann, Aussagen zum „die Buchungsunterlagen führenden Institut" zu treffen, da die Blockchaintechnologie ihrem Wesen nach dezentral ist und daher keine zentrale Buchungsstelle vorhanden ist. Es ist daher davon auszugehen, dass die Blockchain als solche als Buchungsstelle anzusehen und dementsprechend zu beschreiben ist.

26 Nach Punkt 4.4 ist das Gesamtemissionsvolumen anzugeben bzw., sofern dies zum Zeitpunkt der Prospektbilligung (noch) nicht festgelegt ist, das maximale Emissionsvolumen und die Modalitäten, anhand derer der endgültige Angebotsbetrag bekanntgemacht wird. Zu weiteren Einzelheiten wird auf die Kommentierung von Art. 17 VO (EU) 2019/980 verwiesen (→ Art. 17 Rn. 1 ff.).

27 Sofern es nicht möglich ist, das maximale Emissionsvolumen anzugeben, ist der Emittent verpflichtet, den Investoren das Recht einzuräumen, innerhalb von bis zu zwei Arbeitstagen nach Hinterlegung des tatsächlichen Emissionsvolumens etwaige Zeichnungszusagen zu widerrufen. Dies ist entsprechend auch im Prospekt offenzulegen. Da Zeichnungen von Wertpapieren in der Regel im Rahmen einer invitatio ad offerendum erfolgen, dürfte es sich bei dem „Widerruf" nach deutschem zivilrechtlichen Verständnis um die Rücknahme des Angebots zum Kaufvertragsschluss durch den Investor handeln. Der Emittent hat demnach diese Möglichkeit zur Rücknahme in den Zeichnungsunterlagen anzulegen.

28 Nach Punkt 4.5 ist die Währung der Wertpapieremission anzugeben; nach Punkt 4.6 der relative Rang der zu emittierenden Wertpapiere in der Kapitalstruktur des Emittenten. Diese Information soll die Anleger darüber informieren, in welchem Rang die Inhaber der Wertpapiere gegenüber anderen Gläubigern des Emittenten für den Fall der Insolvenz oder der Liquidation des Emittenten stehen.[37]

29 Nach Punkt 4.7 sind die Rechte, die an die Wertpapiere gebunden sind – einschließlich ihrer etwaigen Beschränkungen –, und das Verfahren zur Ausübung dieser Rechte zu beschreiben.

---

33 Zur zivilrechtlichen Behandlung von Token siehe etwa *Kaulartz/Matzke*, NJW 2018, 3278, OLG Düsseldorf, BKR, 2021, 514; *Schmidt*, JuS 2022, 77.
34 Der private Schlüssel dient zum Signieren (also zum digitalen Unterschreiben) von Datensätzen; *Kaulartz*, in: Möslein/Omlor, FinTech Handbuch, § 5 Rn. 29.
35 Der öffentliche Schlüssel kann zum Verschlüsseln von Daten dienen, die dann nur mit dem dazugehörigen privaten Schlüssel wieder entschlüsselt werden können; *Kaulartz*, in: Möslein/Omlor, FinTech Handbuch, § 5 Rn. 29.
36 Eine Wallet ist eine Software oder Hardware, die dem Speichern von privaten und öffentlichen Schlüsseln für den Token-Inhaber dient; *Kaulartz*, in: Möslein/Omlor, FinTech Handbuch, § 5 Rn. 35.
37 Vgl. *Seitz/Maier*, in: Assmann/Schlitt/von Kopp-Colomb, Prospektrecht Kommentar, Anhang 14 VO (EU) 2019/980 Rn. 91 f.

Die effizienteste Möglichkeit, die Rechte aus dem Wertpapier und ihrer Beschränkungen zu beschreiben, wird regelmäßig die Aufnahme der Emissionsbedingungen (Terms and Conditions) in den Wertpapierprospekt sein.[38] Gelegentlich sieht man auch ausdrückliche Beschreibungen bestimmter Rechte, die über den reinen Abdruck der Emissionsbedingungen hinausgehen, in einer gesonderten Rubrik. Hierbei ist darauf zu achten, dass keine Widersprüche zwischen Beschreibung und Emissionsbedingungen entstehen. Auch wenn die Emissionsbedingungen im Prospekt abgedruckt werden, ist festzustellen, dass ein Prozess, in dem Rechte aus einer Schuldverschreibung geltend gemacht werden sollen, ausschließlich auf die Emissionsbedingungen zu stützen ist, wie sie der Globalurkunde beigefügt sind. Sollten die Emissionsbedingungen im Prospekt von denen an der Globalurkunde abweichen, kann hierauf unter Umständen ein Ersatzanspruch gestützt werden. Zu denken wäre etwa an einen Anspruch aus §§ 9 f. WpPG, denn der Prospekt dürfte in diesem Punkt unrichtig sein, weil er nicht die tatsächlich bestehenden Rechte aus dem Wertpapier beschreibt. Zu beachten ist bei der Formulierung von Emissionsbedingungen, dass diese vom BGH in ständiger Rechtsprechung als allgemeine Geschäftsbedingungen angesehen werden.[39] Daher sind die Transparenzanforderungen von § 305c Abs. 1 BGB ebenso wie jene nach § 3 Schuldverschreibungsgesetz zu beachten.[40] Zudem ist auch das Verfahren zu beschreiben, in dem die Rechte ausgeübt werden können. Daher muss in den Emissionsbedingungen und in einer etwaigen Beschreibung der Emissionsbedingungen im Prospekt dargestellt werden, wie Investoren etwaige vorzeitige Kündigungsrechte oder sonstige Rechte geltend machen können. Dies betrifft etwa, in welcher Form und Sprache und mit welchen inhaltlichen Angaben Ausübungserklärungen wann an wen zu übermitteln sind.

Punkt 4.8 verlangt eine nähere Beschreibung der Angaben, die hinsichtlich des Zinssatzes und der Bestimmung der Zinsschuld in der Wertpapierbeschreibung zu machen sind. Jedenfalls anzugeben sind in der Wertpapierbeschreibung die allgemeinen Parameter der Verzinsung, also der nominale Zinssatz, das Datum, ab dem die Zinsen zahlbar werden, Zinsfälligkeitstermine sowie die „Gültigkeitsdauer" der Ansprüche auf Zins- und Kapitalrückzahlungen, also Angaben zu etwaigen Vorlegungsfristen und den Verjährungsfristen für Zinsforderungen (vgl. § 801 BGB) und Kapitalrückzahlungsforderungen.[41] Bei der Verzinsung ist der Emittent in seiner Gestaltung frei, dementsprechend viele Gestaltungsmöglichkeiten stehen dem Emittenten zur Strukturierung der Verzinsung offen.[42]

---

38 Vgl. *Seitz/Maier*, in: Assmann/Schlitt/von Kopp-Colomb, Prospektrecht Kommentar, Anhang 14 VO (EU) 2019/980 Rn. 95.
39 BGH, ZIP 2009, 1558, 1559; BGHZ 28, 259 ff.; 163, 311, 314 m.w.N.; *R. Müller/Schmidtbleicher*, in: Kümpel/Mülbert/Früh/Seyfried, Bankrecht und Kapitalmarktrecht, 6. Aufl. 2022, 15. Teil Rn. 15.235 ff. m.w.N.; *Artzinger-Bolten/Wöckener*, in: Hopt/Seibt, Schuldverschreibungsrecht, 2. Aufl. 2023, § 3 SchVG Rn. 30.
40 BGH, BKR 2009, 513, 515; kritisch zur Einordnung als AGB *Assmann*, WM 2005, 1053, 1057f; *Ekkenga*, ZHR 160 (1996) 59, 71 ff.; zum Meinungsstand *Veranneman*, in: Veranneman, SchVG, Vorbemerkung zu § 5 Rn. 1 ff.
41 Vgl. *Seitz/Maier*, in: Assmann/Schlitt/von Kopp-Colomb, Prospektrecht Kommentar, Anhang 14 VO (EU) 2019/980 Rn. 100; inhaltlich unverändert, jedoch zur VO (EG) 809/2004 *Glismann*, in: Holzborn, WpPG, Anhang V ProspektVO Rn. 16.
42 Dazu *Seitz/Maier*, in: Assmann/Schlitt/von Kopp-Colomb, Prospektrecht Kommentar, Anhang 14 VO (EU) 2019/980 Rn. 9; *R. Müller/Schmidtbleicher*, in: Kümpel/Mülbert/Früh/Seyfried, Bankrecht und Kapitalmarktrecht, 15. Teil Rn. 15.250 ff.; *Oulds*, in: Hopt/Seibt, Schuldverschreibungsrecht, 2. Aufl. 2023, Teil 5 Kap. 4 Rn. 4.54 ff.

31 Die in der Praxis der Unternehmensfinanzierung am häufigsten anzutreffenden Konstellationen sind die klassischen festverzinslichen Anleihen, bei denen in bestimmten Abständen (viertel-, halb- oder jährlich) Zinsen an die Anleger ausgezahlt werden. Möglich ist aber auch eine Thesaurierung der Zinsen über die Laufzeit.[43] Daneben ist auch eine variable Verzinsung anzutreffen, deren Höhe von der Entwicklung eines Referenzzinssatzes oder eines anderen Basiswerts abhängig ist; häufig werden dafür gängige Referenzzinssätze wie der EURIBOR verwendet.[44] Die Reform der sog. Benchmarks, in deren Folge u. a. der LIBOR als Referenzzins wegfallen wird, hat in der Praxis dazu geführt, dass umfangreiche Regelungen für den Fall in die Emissionsbedingungen aufgenommen werden, dass der ursprünglich angegebene Referenzzinssatz während der Laufzeit nicht mehr zu ermitteln ist. Im Zusammenhang mit der Formulierung dieser Rückfallpositionen ist darauf zu achten, dass sie verständlich formuliert werden und in der Praxis handhabbar sind. Ferner ist eine derivative Ausgestaltung des Zinssatzes, also z. B. eine Abhängigkeit von Rohstoffen, anderen Wertpapieren oder Indizes denkbar.[45] Zur Abgrenzung der Anwendbarkeit von Anhang 14 und Anhang 17 spielt eine mögliche derivative Ausgestaltung des Zinssatzes allerdings keine Rolle; alleine entscheidend ist, ob der Emittent aufgrund der Emissionsbedingungen verpflichtet ist, dem Anleger 100% des Nominalwertes zurückzuzahlen oder nicht.

32 Bei der Verwendung eines Basiswerts zur Ermittlung der Zinszahlungen verlangt Punkt 4.8 die Aufnahme weiterer Informationen in die Wertpapierbeschreibung. So muss eine Erklärung zur Art des Basiswerts und eine Beschreibung des Basiswerts, auf den sich der Zinssatz stützt, aufgenommen werden. Als Basiswert kommen etwa Referenzzinssätze, Referenzindizes, inflationsbezogene Referenzwerte oder aber auch Rohwarenpreise in Betracht. Ferner ist die Methode anzugeben, welche zur Anwendung kommt, um die Verbindung von Basiswert und Zinssatz herzustellen. Angaben, wo Informationen über die vergangene und künftige Wertentwicklung des Basiswertes und seine Volatilität auf elektronischem Wege eingeholt werden können und ob hierfür Kosten anfallen, sind ebenfalls zu machen. Des Weiteren sind eine Beschreibung etwaiger Ereignisse, die eine Störung des Markts oder der Abrechnung bewirken und den Basiswert beeinflussen, Anpassungsregeln in Bezug auf Ereignisse, die den Basiswert betreffen, sowie der Name der Berechnungsstelle aufzunehmen, die für die Berechnung des Zinssatzes auf Grundlage des Basiswerts verantwortlich ist.

33 Wenn das Wertpapier bei der Zinszahlung eine derivative Komponente aufweist, ist nach Punkt 4.8 lit. h den Anlegern klar und umfassend zu erläutern, wie der Wert ihrer Anlage durch den Wert des Basisinstruments/der Basisinstrumente beeinflusst wird, insbesondere in Fällen, in denen die Risiken am offensichtlichsten sind. Dieses Erfordernis findet sich

---

43 Vgl. *Voß*, in: Just/Voß/Ritz/Zeising, Wertpapierprospektrecht, 2. Aufl. 2023, Anhang 1 VO (EU) 2019/980 Rn. 394.

44 Vgl. *R. Müller/Schmidtbleicher*, in: Kümpel/Mülbert/Früh/Seyfried, Bankrecht und Kapitalmarktrecht, 15. Teil Rn. 15.250 ff.; *Oulds*, in: Hopt/Seibt, Schuldverschreibungsrecht, 2. Aufl. 2023, Teil 5 Kap. 4 Rn. 4.54 ff.

45 Vgl. *R. Müller/Schmidtbleicher*, in: Kümpel/Mülbert/Früh/Seyfried, Bankrecht und Kapitalmarktrecht, 15. Teil Rn. 15.257 f.

auch in Ziff. 2.1.1 von Anhang 17 VO (EU) 2019/980; insofern kann auf die entsprechende Kommentierung verwiesen werden (→ Anhang 17 Rn. 1 ff.).[46]

Ebenfalls anzutreffen sind Nullkuponanleihen, die keine laufende Verzinsung aufweisen, sondern deren Zinssatz sich aus der Differenz des Ausgabebetrags und des Rückzahlungsbetrags ergibt.[47] Eine andere bisweilen anzutreffende Gestaltung sind sog. Stufenzins-Anleihen, bei denen der Zinssatz beim Eintreten bestimmter Ereignisse nach oben (Step-Up) oder nach unten (Step-Down) verändert wird.[48] Anknüpfungspunkte für einen solchen Step-Up oder Step-Down können z. B. Änderungen im Rating des Emittenten oder die Veränderung bestimmter Verschuldungskennzahlen des Emittenten sein, um das dadurch geänderte Risikoprofil für den Anleger im Zinssatz entsprechend abzubilden. Neuerdings sieht man solche Zinsanpassungen auch in Abhängigkeit von der Erreichung oder Verfehlung bestimmter Nachhaltigkeitsziele, man spricht dann von „sustainability linked bonds". Bei diesen Instrumenten trifft man regelmäßig aufwändig formulierte Leistungskennzahlen an, sog. Key Performance Indicators (KPIs), in denen der Emittent festlegt, welche Veränderungen in seinem Geschäftsbetrieb er anstrebt. Die Reduktion des Ausstoßes von Treibhausgasen (auf Brutto- oder Nettobasis, also unter Berücksichtigung von Emissionszertifikaten oder nicht), die Reduktion von Betriebsunfällen oder der Anteil von nicht männlichen Mitgliedern in der Geschäftsführung sind mögliche Ziele, die sich der Emittent steckt.[49] Wenn nachhaltigkeitsbezogene Anleihen mit langer Laufzeit emittiert werden sollen, sind regelmäßig Möglichkeiten zur Dynamisierung/Änderung der Leistungskennzahlen anzutreffen, um auf aktuelle Entwicklungen reagieren zu können. Hierbei ist darauf zu achten, dass die Möglichkeiten des Emittenten transparent dargestellt werden, um spätere Auseinandersetzungen darüber, ob eine – ggf. einseitige – Maßnahme des Emittenten noch von den Anleihebedingungen gedeckt, ist zu vermeiden.

34

Nach Punkt 4.9 lit. a sind der Fälligkeitstermin und nach Punkt 4.9 lit. b die Tilgungsmodalitäten einschließlich der Rückzahlungsverfahren zu nennen. Hierbei wird zwischen der regulären Tilgung und der möglichen vorzeitigen Tilgung unterschieden, die sowohl auf Initiative des Emittenten als auch auf Initiative des Wertpapierinhabers erfolgen kann. Es handelt es sich um sog. Put- bzw. Call-Möglichkeiten, also Rechte zur ordentlichen Kündigung einer Schuldverschreibung, welche dem Emittenten (Call) oder dem Wertpapierinhaber (Put) in den Emissionsbedingungen eingeräumt werden können. Die Angaben nach Punkt 4.9 können ebenso wie die Beschreibung der mit den Wertpapieren verbundenen Rechte in der Regel durch die Aufnahme der Emissionsbedingungen in den Prospekt erfüllt werden. Im Falle von amortisierenden Anleihen ist ein Tilgungsplan in die Anleihebedingungen aufzunehmen, aus dem sich der jeweilige zurückzuzahlende Betrag, der Fälligkeitstermin für die Rückzahlung und der verbleibende ausstehende Nennbetrag ergibt.

35

---

46 Vgl. *Seitz/Maier*, in: Assmann/Schlitt/von Kopp-Colomb, Prospektrecht Kommentar, Anhang 14 VO (EU) 2019/980 Rn. 104.
47 Vgl. *Seitz/Maier*, in: Assmann/Schlitt/von Kopp-Colomb, Prospektrecht Kommentar, Anhang 14 VO (EU) 2019/980 Rn. 99.
48 Vgl. *Seitz/Maier*, in: Assmann/Schlitt/von Kopp-Colomb, Prospektrecht Kommentar, Anhang 14 VO (EU) 2019/980 Rn. 99.
49 *Oulds/Kopp*, in: Hopt/Seibt, Schuldverschreibungsrecht, 2. Aufl. 2023, Teil 5 Kap. 2 Rn. 2.10 f.

Im Fall der – eher seltenen[50] – Amortisation (also Tilgung während der Laufzeit) oder der Möglichkeit zur Teilkündigung einer Anleihe ist darauf zu achten, dass dies auch in den anderen Teilen der Anleihebedingungen konsistent nachvollzogen wird. So ist zu berücksichtigen, dass sich der Nennbetrag der Anleihe reduziert, Zinsen etwa nur noch auf den ausstehenden Nennbetrag und nicht mehr auf den ursprünglichen Nennbetrag zu berechnen sind. Ferner ist anzugeben, wie die Teilrückzahlungen erfolgen sollen, ob einzelne Stücke ausgelost und komplett getilgt werden oder alle Stücke anteilig herabgeschrieben werden sollen. Regelmäßig verweisen die Anleihebedingungen an dieser Stelle auf die einschlägigen Regelungen des Clearingsystems, um die praktische Umsetzung sicherstellen zu können. Da die Bedingungen der gängigen Clearingsysteme im Internet öffentlich zugänglich sind, sollte dem Transparenzgebot Genüge getan sein, denn insbesondere bei langen Laufzeiten birgt die starre Festlegung auf entweder die Auslosung oder anteilige Herabschreibung die Gefahr der praktischen Undurchführbarkeit, wenn das Clearingsystem seine Vorgehensweise ändert.

36 Nach Punkt 4.10 lit. a muss die Rendite des Wertpapiers angegeben werden und nach Punkt 4.10 lit. b ist die Methode zur Berechnung der Rendite in Kurzform zu beschreiben. Die Berechnung der Rendite wird jedenfalls zumindest den Ausgabepreis und den Zinssatz der Wertpapiere zu berücksichtigen haben. Aus diesem Grund ist die Angabe der Rendite zum Zeitpunkt der Emission immer dann nicht möglich, wenn der Zinssatz gemäß den Emissionsbedingungen variabel ist.[51] In diesem Fall erscheint es zulässig, keine Angaben zur Renditeberechnung zu machen, da Erwägungsgrund 25 der VO (EU) 2019/980 die Möglichkeit anerkennt, dass Angaben, die von den Anhängen zur VO (EU) 2019/980 gefordert werden, ausgelassen werden, wenn diese nicht einschlägig sind.[52] Weiter gibt die ProspektVO nicht vor, nach welcher Methode die Renditeberechnung zu erfolgen hat (z. B. einfache Rendite, Rendite zur Endfälligkeit, Vorsteuerrendite, Rendite nach Steuern),[53] sodass die Wertpapierbeschreibung klar machen sollte, welche Renditeberechnung herangezogen wurde. In der Praxis wird häufig die sog. ICMA Methode (Rule 803) herangezogen, welche eine auf die Endfälligkeit bezogene Renditerechnung ist.[54]

37 Nach Punkt 4.11 ist eine etwaige Vertretung von Schuldtitelinhabern unter Angabe der die Anleger vertretenden Organisation und der auf die Vertretung anwendbaren Bestimmungen in die Wertpapierbeschreibung mit aufzunehmen. Dabei ist auch der Ort anzugeben, an dem die Verträge eingesehen werden können, die diese Vertretung regeln. Der Verordnungsgeber hat hier die im angelsächsischen Rechtsraum gebräuchlichen Konstruktionen vor Augen, bei denen ein Treuhänder die Rechte eines Kollektives von Anleihegläubigern wahrnimmt. In Bezug auf den deutschen Rechtsraum ist hiermit am ehesten eine Vertretung der Anleihegläubiger durch einen gemeinsamen Vertreter nach § 5 SchVG

---

50 R. *Müller/Schmidtbleicher*, in: Kümpel/Mülbert/Früh/Seyfried, Bankrecht und Kapitalmarktrecht, 15. Teil Rn. 254.
51 Vgl. *Seitz/Maier*, in: Assmann/Schlitt/von Kopp-Colomb, Prospektrecht Kommentar, Anhang 14 VO (EU) 2019/980 Rn. 109.
52 Vgl. *Seitz/Maier*, in: Assmann/Schlitt/von Kopp-Colomb, Prospektrecht Kommentar, Anhang 14 VO (EU) 2019/980 Rn. 109; inhaltlich unverändert, jedoch zur VO (EG) 809/2004 *Glismann*, in: Holzborn, WpPG, Anhang V ProspektVO Rn. 18.
53 Vgl. *Seitz/Maier*, in: Assmann/Schlitt/von Kopp-Colomb, Prospektrecht Kommentar, Anhang 14 VO (EU) 2019/980 Rn. 109.
54 *Patrick J Brown*, Bond Markets – Structures and Yield Calculations, 1998, S. 26.

gemeint. Eine solche ist immer dann möglich ist, wenn die Emissionsbedingungen deutschem Recht unterstehen und die Anleihebedingungen ausdrücklich vorsehen, dass die Anleihegläubiger zur Wahrnehmung ihrer Rechte einen gemeinsamen Vertreter für alle Gläubiger bestellen können.[55]

Nach Punkt 4.12 sind im Falle von Neuemissionen zusätzlich zu den nach Punkt 4.2 anzugebenden Rechtsgrundlagen für die Schaffung der Wertpapiere die Beschlüsse, Ermächtigungen und Billigungen, die die Grundlage für die erfolgte bzw. noch zu erfolgende Schaffung der Wertpapiere und/oder deren Emission bilden, anzugeben. Zu denken ist an Vorstands-, Aufsichtsrats-, oder Gesellschafterbeschlüsse bzw. sonstige nach der Satzung des Emittenten vorgeschriebene Gremienbeschlüsse oder -entscheidungen.[56] **38**

Nach Punkt 4.13 ist der Emissionstermin bzw., im Falle von Neuemissionen, der erwartete Emissionstermin der Wertpapiere anzugeben. Dies ergibt sich daraus, dass der tatsächliche Emissionstermin unter Umständen zum Zeitpunkt des Beginns eines öffentlichen Angebots noch nicht feststeht. Als Emissionstermin gilt bei globalverbrieften Wertpapieren grundsätzlich der Tag, an dem die Wertpapiere bei der oder den Wertpapiersammelbank(en) erstmals in das System eingebucht werden,[57] da erst mit Einbuchung in das System die Rechte am Wertpapiersammelbestand entstehen. Diese Einbuchung hat die Folge, dass die Miteigentumsanteile an der Globalurkunde gem. § 929 Satz 1 BGB sachenrechtlich übertragen werden können und somit eine Lieferung der Wertpapiere an die Anleger durch Buchung in deren Wertpapierdepots möglich ist. Da bei Veröffentlichung des Wertpapierprospekts häufig noch nicht genau feststeht, wann es tatsächlich zur Einlieferung der Globalurkunde bei der Wertpapiersammelbank kommen wird, kann ein voraussichtlicher Emissionstermin in die Wertpapierbeschreibung eingefügt werden.[58] **39**

Nach Punkt 4.14 sind alle etwaigen Beschränkungen für die Übertragbarkeit der Wertpapiere anzugeben. Abzustellen ist hierbei auf mögliche rechtliche Beschränkungen für die Übertragbarkeit, wie etwa Einträge in Register oder Zustimmungsvorbehalte (wie etwa bei den vinkulierten Namensaktien der Lufthansa, für die dieser Anhang freilich nicht einschlägig ist). Im Zusammenhang mit Inhaberschuldverschreibungen nach deutschem Recht ist die praktische Relevanz dieser Vorschrift relativ gering, da diese grundsätzlich frei übertragbar sind. Fraglich ist, ob unter diesem Punkt auch etwaige Verkaufsbeschränkungen zu nennen sind.[59] Dagegen spricht, dass die Verkaufsbeschränkungen, wie sie häufig in Prospekten abgedruckt sind, die Wiedergabe vertraglicher Vereinbarungen sind, welche der Emittent mit seinen Vertriebspartnern getroffen hat. Diese vertraglichen Regelungen in Vertriebs- oder Kaufverträgen haben keine dinglichen Auswirkungen auf die Übertragbarkeit der Wertpapiere. Mit ihnen versucht sich der Emittent vielmehr davor zu schützen, dass die von ihm emittierten Wertpapiere in rechtlich unzulässiger Weise ver- **40**

---

55 Sog. „Ermächtigungslösung", vgl. *Veranneman*, in: Veranneman, SchVG, § 5 Rn. 4.
56 Inhaltlich unverändert, jedoch zur VO (EG) 809/2004 *Glismann*, in: Holzborn, WpPG, Anhang V ProspektVO Rn. 20.
57 Vgl. *Seitz/Maier*, in: Assmann/Schlitt/von Kopp-Colomb, Prospektrecht Kommentar, Anhang 14 VO (EU) 2019/980 Rn. 117; inhaltlich unverändert, jedoch zur VO (EG) 809/2004 *Glismann*, in: Holzborn, WpPG, Anhang V ProspektVO Rn. 21.
58 Vgl. *Seitz/Maier*, in: Assmann/Schlitt/von Kopp-Colomb, Prospektrecht Kommentar, Anhang 14 VO (EU) 2019/980 Rn. 117.
59 Bejahend zur VO (EG) 809/2004 wohl *Zeising*, in: Just/Voß/Ritz/Zeising, WpPG, 2009, Anhang V ProspektVO Rn. 56.

trieben werden, etwa weil besondere Anforderungen für den Vertrieb (z.B. Registrierungserfordernisse in den USA) verletzt werden. Sollte ein regelwidriger Vertrieb erfolgen und der Emittent in Anspruch genommen werden, bietet sich dem Emittenten durch die Vereinbarung der Verkaufsbeschränkungen die Möglichkeit, Regress beim abredewidrig handelnden Vertriebspartner zu nehmen. Die Beschreibung der vertraglich vereinbarten Verkaufsbeschränkungen sollte demnach eher unter den Punkten 5.1.1 oder 5.4.3 vorgenommen werden, weil nicht die Übertragbarkeit der Wertpapiere eingeschränkt wird, sondern lediglich die Möglichkeit der Vertriebspartner, bestimmte Vertriebsaktivitäten vorzunehmen, ohne Schadensersatzansprüche des Emittenten zu riskieren.

41 Nach Punkt 4.15 ist ein Warnhinweis dergestalt in den Prospekt aufzunehmen, dass sich die Steuergesetzgebungen des Mitgliedstaats des Anlegers und des Gründungsstaats des Emittenten auf die Erträge aus den Wertpapieren auswirken können. Weitere Angaben zur steuerlichen Behandlung der Wertpapiere sind nur dann erforderlich, wenn „die angebotene Anlage eine für diese Art von Anlagen gedachte Steuerregelung nach sich zieht". Dies ist ein deutlicher Unterschied zur alten Rechtslage, nach der für jedes Land, in das eine Notifizierung des Wertpapierprospekts erfolgte, ein entsprechender Abschnitt zum jeweils geltenden Steuerrecht in den Wertpapierprospekt aufgenommen wurde.[60] Nach neuem Recht ist dies nicht mehr ohne Weiteres erforderlich. Eine entsprechende Beschreibung der Besteuerung ist dann erforderlich, wenn es spezielle steuerrechtliche Vorschriften (nur) für die Art des anzubietenden Wertpapiers gibt,[61] was jedenfalls bei festverzinslichen Inhaberschuldverschreibungen regelmäßig nicht der Fall sein sollte. Bei entsprechender Beschreibung der Besteuerung sollte jedoch der Hinweis mit aufgenommen werden, dass es sich hierbei nicht um eine steuerliche Beratung handelt und die Ausführungen keine individuelle Beratung des Anlegers zu ersetzen vermögen.[62]

42 Nach Punkt 4.16 sind Identität und Kontaktdaten (einschließlich LEI) des Anbieters von Wertpapieren oder desjenigen, der den Antrag auf Zulassung zum Handel der Wertpapiere stellt, offenzulegen, wenn keine Personenidentität mit dem Emittenten besteht.

5. Konditionen des öffentlichen Angebots von Wertpapieren (Abschnitt 5)

Abschnitt 5
Konditionen des öffentlichen Angebots von Wertpapieren

Punkt 5.1
Konditionen, Angebotsstatistiken, erwarteter Zeitplan und erforderliche Maßnahmen für die Antragstellung.

Punkt 5.1.1
Angebotskonditionen.

---

60 Vgl. *Seitz/Maier*, in: Assmann/Schlitt/von Kopp-Colomb, Prospektrecht Kommentar, Anhang 14 VO (EU) 2019/980 Rn. 121.
61 Vgl. *Seitz/Maier*, in: Assmann/Schlitt/von Kopp-Colomb, Prospektrecht Kommentar, Anhang 14 VO (EU) 2019/980 Rn. 121.
62 Vgl. ESMA, Questions and Answers regarding Prospectuses, ESMA/2019/ESMA31-62-780, Version 30 v. 8.4.2019, Antwort auf Frage 45.

Punkt 5.1.2

Frist – einschließlich etwaiger Änderungen – innerhalb derer das Angebot gilt. Beschreibung des Antragsverfahrens.

Punkt 5.1.3

Beschreibung der Möglichkeit zur Reduzierung der Zeichnungen und der Art und Weise der Erstattung des zu viel gezahlten Betrags an die Zeichner.

Punkt 5.1.4

Einzelheiten zum Mindest- und/oder Höchstbetrag der Zeichnung (entweder in Form der Anzahl der Wertpapiere oder der aggregierten zu investierenden Summe).

Punkt 5.1.5

Methode und Fristen für die Bedienung der Wertpapiere und ihre Lieferung.

Punkt 5.1.6

Umfassende Beschreibung der Modalitäten und des Termins für die öffentliche Bekanntgabe der Angebotsergebnisse.

Punkt 5.1.7

Verfahren für die Ausübung eines etwaigen Vorzugszeichnungsrechts, die Verhandelbarkeit der Zeichnungsrechte und die Behandlung nicht ausgeübter Zeichnungsrechte.

Punkt 5.2

Verteilungs- und Zuteilungsplan.

Punkt 5.2.1

Angabe der verschiedenen Kategorien der potenziellen Investoren, denen die Wertpapiere angeboten werden.

Werden die Papiere gleichzeitig an den Märkten zweier oder mehrerer Staaten angeboten und ist eine bestimmte Tranche einigen dieser Märkte vorbehalten, so ist diese Tranche anzugeben.

Punkt 5.2.2

Verfahren zur Meldung gegenüber den Zeichnern über den zugeteilten Betrag und Angabe, ob eine Aufnahme des Handels vor der Meldung möglich ist.

Punkt 5.3

Preisfestsetzung

Punkt 5.3.1

a) Angabe des Preises, zu dem die Wertpapiere voraussichtlich angeboten werden.

b) Ist eine Angabe des voraussichtlichen Preises nicht möglich, Beschreibung der Methode zur Preisfestsetzung gemäß Artikel 17 der Verordnung (EU) 2017/1129 und des Verfahrens für seine Veröffentlichung.

c) Angabe der Kosten und Steuern, die dem Zeichner oder Käufer in Rechnung gestellt werden. Unterliegt der Emittent der Verordnung (EU) Nr. 1286/2014 oder der Richtlinie 2014/65/EU, Aufnahme der im Preis enthaltenen Kosten, soweit bekannt.

Punkt 5.4

Platzierung und Übernahme (Underwriting)

Punkt 5.4.1

Name und Anschrift des Koordinators/der Koordinatoren des gesamten Angebots oder einzelner Teile des Angebots und – sofern dem Emittenten oder dem Bieter bekannt – Angaben zu den Platzierern in den einzelnen Ländern des Angebots.

Punkt 5.4.2

Name und Anschrift etwaiger Zahlstellen und Verwahrstellen in jedem Land.

Punkt 5.4.3

Name und Anschrift der Institute, die bereit sind, eine Emission aufgrund einer festen Zusage zu zeichnen, und Name und Anschrift der Institute, die bereit sind, eine Emission ohne feste Zusage oder „zu den bestmöglichen Bedingungen" zu platzieren. Angabe der Hauptmerkmale der Vereinbarungen, einschließlich der Quoten. Wird die Emission nicht zur Gänze übernommen, ist eine Erklärung zum verbleibenden Teil einzufügen. Angabe des Gesamtbetrags der Übernahmeprovision und der Platzierungsprovision.

Punkt 5.4.4

Datum, zu dem der Emissionsübernahmevertrag geschlossen wurde oder wird.

43 Im Gegensatz zu den Angaben nach Abschnitt 4 von Anhang 14, die sich auf die Beschreibung der mit den Wertpapieren verbundenen Rechte beziehen, behandelt Abschnitt 5 die Angebotsbedingungen des eigentlichen (öffentlichen) Angebots der Wertpapiere und die sich damit auf den konkreten Erwerb der Wertpapiere, Platzierung, Zuteilung, Lieferung etc. beziehenden Angebotsbedingungen.[63]

44 Die nach Abschnitt 5 aufzunehmenden Angaben sind in weiten Teilen inhaltsgleich mit den Angaben in Abschnitt 5 von Anhang 11, weshalb weitestgehend wie folgt auf die Kommentierung zu Abschnitt 5 von Anhang 11 verwiesen werden kann:

– Punkt 5.1.1 Anhang 14: vgl. Punkt 5.1.1 Anhang 11;
– Punkt 5.1.2 Anhang 14: vgl. Punkt 5.1.3 Anhang 11;
– Punkt 5.1.3 Anhang 14: vgl. Punkt 5.1.5 Anhang 11;
– Punkt 5.1.4 Anhang 14: vgl. Punkt 5.1.6 Anhang 11;
– Punkt 5.1.5 Anhang 14: vgl. Punkt 5.1.8 Anhang 11;
– Punkt 5.1.6 Anhang 14: vgl. Punkt 5.1.9 Anhang 11;
– Punkt 5.1.7 Anhang 14: vgl. Punkt 5.1.10 Anhang 11;
– Punkt 5.2.1 Anhang 14: vgl. Punkt 5.2.1 Anhang 11;
– Punkt 5.2.2 Anhang 14: vgl. Punkt 5.2.4 Anhang 11;
– Punkt 5.3.1 Anhang 14: vgl. Punkt 5.3.1 und 5.3.2 (letzteres hinsichtlich des Verfahrens zur Offenlegung des Angebotspreises) Anhang 11;
– Punkt 5.4.1 Anhang 14: vgl. Punkt 5.4.1 Anhang 11;
– Punkt 5.4.2 Anhang 14: vgl. Punkt 5.4.2 Anhang 11;
– Punkt 5.4.3 Anhang 14: vgl. Punkt 5.4.3 Anhang 11;
– Punkt 5.4.4 Anhang 14: vgl. Punkt 5.4.4 Anhang 11.

---

63 Vgl. *Seitz/Maier*, in: Assmann/Schlitt/von Kopp-Colomb, Prospektrecht Kommentar, Anhang 4 VO (EU) 2019/980.

6. Zulassung zum Handel und Handelsmodalitäten (Abschnitt 6)

Abschnitt 6
Zulassung zum Handel und Handelsmodalitäten

Punkt 6.1

a) Angabe, ob die angebotenen Wertpapiere Gegenstand eines Antrags auf Zulassung zum Handel sind oder sein werden und auf einem geregelten Markt, auf sonstigen Drittlandsmärkten, KMU-Wachstumsmarkt oder MTF platziert werden sollen, wobei die jeweiligen Märkte zu nennen sind. Dieser Umstand ist anzugeben, ohne den Eindruck zu erwecken, dass die Zulassung zum Handel auf jeden Fall erteilt wird.

b) Falls bekannt, sollten die ersten Termine angegeben werden, zu denen die Wertpapiere zum Handel zugelassen sind.

Punkt 6.2

Anzugeben sind alle geregelten Märkte, Drittlandsmärkte, KMU-Wachstumsmärkte oder MTFs, an denen nach Wissen des Emittenten bereits Wertpapiere der gleichen Gattung wie die öffentlich angebotenen oder zuzulassenden Wertpapiere zum Handel zugelassen sind.

Punkt 6.3

Im Falle der Zulassung zum Handel an einem geregelten Markt, Name und Anschrift der Institute, die aufgrund einer festen Zusage als Intermediäre im Sekundärhandel tätig sind und über An- und Verkaufskurse Liquidität zur Verfügung stellen, sowie Beschreibung der Hauptbedingungen ihrer Zusage.

Punkt 6.4

Emissionspreis der Wertpapiere

Die Angaben in Punkten 6.1, 6.2 und 6.3 von Anhang 14 VO (EU) 2019/980 sind inhaltsgleich mit den Mindestangaben in Ziff. 6.1, 6.2 und 6.4 von Anhang 11 VO (EU) 2019/980, sodass auf die entsprechende Kommentierung verwiesen werden kann (→ Anhang 11 Rn. 126 ff.). Lediglich Punkt 6.4, also die Angabe des Emissionspreises findet in Anhang 11 keine Entsprechung. Bei dieser Angabe ist der Preis gemeint, zu dem die Wertpapiere angeboten werden, mithin im Zuge des Primärmarktgeschäfts vom Emittenten an die ersten Investoren, also regelmäßig die Mitglieder des die Emission begleitenden Bankenkonsortiums verkauft werden.[64] Diese Angabe ist erforderlich, um die Angaben des Emittenten zum Nettoemissionserlöses zu plausibilisieren. Die Angabe des Emissionspreises erfolgt regelmäßig durch die Angabe eines Prozentsatzes vom Nennbetrag.[65]

45

---

64 Vgl. *Seitz/Maier*, in: Assmann/Schlitt/von Kopp-Colomb, Prospektrecht Kommentar, Anhang 14 VO (EU) 2019/980 Rn. 158.
65 Zur Ermittlung des Preises einer Anleihe vgl. *Dörscher*, in: Hopt/Seibt, Schuldverschreibungsrecht, 2. Aufl. 2023, Teil 5 Kap. 9 Rn. 9.34 ff.

7. Weitere Angaben (Abschnitt 7)

Abschnitt 7
Weitere Angaben

Punkt 7.1

Werden an einer Emission beteiligte Berater in der Wertpapierbeschreibung genannt, ist anzugeben, in welcher Funktion sie gehandelt haben.

Punkt 7.2

Es ist anzugeben, welche anderen in der Wertpapierbeschreibung enthaltenen Angaben von Abschlussprüfern geprüft oder durchgesehen wurden, über die die Abschlussprüfer einen Vermerk erstellt haben. Der Vermerk ist wiederzugeben oder bei entsprechender Erlaubnis der zuständigen Behörden zusammenzufassen.

Punkt 7.3

Angabe der Ratings, die im Auftrag des Emittenten oder in Zusammenarbeit mit ihm beim Ratingverfahren für Wertpapiere erstellt wurden. Kurze Erläuterung der Bedeutung der Ratings, wenn sie erst unlängst von der Ratingagentur erstellt wurden.

Punkt 7.4

Wird die Zusammenfassung teilweise durch die in Artikel 8 Absatz 3 unter den Buchstaben c bis i der Verordnung (EU) Nr. 1286/2014 genannten Angaben ersetzt, müssen all diese Angaben offengelegt werden, soweit dies noch nicht an anderer Stelle in der Wertpapierbeschreibung geschehen ist.

46 Die Punkte 7.1 und 7.2 von Anhang 14 sind inhaltsgleich mit den Mindestangaben in Punkt 10.1 und 10.2 von Anhang 11; auf die Kommentierung zu Punkt 10.1 und 10.2 von Anhang 11 VO (EU) 2019/980 kann daher verwiesen werden (→ Anhang 11 Rn. 163 ff.).

47 Nach Punkt 7.3 müssen die Ratings, die Schuldtiteln auf Anfrage des Emittenten oder in Zusammenarbeit mit dem Emittenten beim Ratingverfahren für Wertpapiere zugewiesen wurden, angegeben werden. Anders als bei der ähnlichen Regelung zum Rating des Emittenten im Registrierungsformular (→ Anhang 6 Rn. 16) ist hier ein Rating der jeweiligen Emission gemeint.[66] Weiter hat eine kurze Erläuterung der Bedeutung der Ratings zu erfolgen, wenn sie erst unlängst von der Ratingagentur erstellt wurden.[67] Hinzuweisen ist auf Art. 4 Abs. 1 UAbs. 2 der Verordnung (EG) Nr. 1060/2009 (sog. Rating-Verordnung),[68] wonach der Prospekt auch die Angabe enthalten muss, ob die jeweilige Ratingagentur ihren Sitz in der EU hat und nach der Verordnung (EG) Nr. 1060/2009 ordnungsgemäß registriert wurde.[69] Darauf weist ESMA in ihren Q&A zur ProspektVO ausdrücklich hin.[70]

---

66 Zur Unterscheidung zwischen Unternehmens- bzw. Emittentenrating vgl. *Foerster*, in: Habersack/Mülbert/Schlitt, Kapitalmarktinformation, § 24 Rn. 16.
67 Zum Emissionsrating vgl. etwa *Dörscher*, in: Hopt/Seibt, Schuldverschreibungsrecht, 2. Aufl. 2023, Teil 5 Kap. 9 Rn. 9.24.
68 Verordnung (EG) Nr. 1060/2009 v. 16.9.2009 über Ratingagenturen, ABl. EG Nr. L 302 v. 17.11.2009, S. 1.
69 Vgl. *Seitz/Maier*, in: Assmann/Schlitt/von Kopp-Colomb, Prospektrecht Kommentar, Anhang 14 VO (EU) 2019/980 Rn. 162.
70 ESMA, Questions and Answers on the Prospectus Regulation, ESMA/2019/ESMA31-62-1258, Version 12 v. 3.2.2023, Antwort auf Frage 14.13.

Punkt 7.4 beschäftigt sich mit der Möglichkeit, welche Art. 7 Abs. 7 der ProspektVO bereithält. Nach dieser Vorschrift darf ein Emittent, der sowohl ein Basisinformationsblatt gemäß Verordnung (EU) 1286/2014 (sog. PRIIP-Verordnung)[71] als auch eine Prospektzusammenfassung nach Art. 7 der ProspektVO zu erstellen hat, die wertpapierbezogenen Angaben der Zusammenfassung durch das Basisinformationsblatt ersetzen.[72] Sollte der Emittent von dieser Möglichkeit Gebrauch machen, stellt Punkt 7.4 sicher, dass solche Informationen aus dem Basisinformationsblatt, die nach Anhang 14 eigentlich nicht als in die Wertpapierbeschreibung aufzunehmende Mindestinformationen gefordert sind, (dennoch) auch im Hauptteil des Prospekts wiedergegeben werden. Dies hat seinen Grund darin, dass nach Art. 7 Abs. 2 Satz 2 ProspektVO die Informationen in der Zusammenfassung mit den in den anderen Teilen des Prospektes enthaltenen Informationen übereinstimmen müssen.[73] Es geht um die Angaben gemäß Art. 8 Abs. 3 lit. c bis i von Verordnung (EU) 1286/2014. Einige für das Basisinformationsblatt geforderte Angaben sind sinngemäß auch von Anhang 14 umfasst. Allerdings gibt es auch Abweichungen. So sind im Basisinformationsblatt zum Beispiel eine Beschreibung des Kleinanlegertyps, an den das anzubietende Instrument vermarktet werden soll, Aussagen über möglichen Kapitalschutz, modellierte Performanceszenarien, Mindesthaltedauern bzw. Folgen einer Desinvestition oder Möglichkeiten der Beschwerde anzugeben, welche in Anhang 14 keine Entsprechung finden. Diese sind daher nach Punkt 7.4 explizit aufzunehmen. In der Praxis ist die Heranziehung eines sog. PRIIPS-KID anstelle der wertpapierbezogenen Angaben der Zusammenfassung freilich selten zu beobachten.[74]

48

---

71 Verordnung (EU) Nr. 1286/2014 v. 26.11.2014 über Basisinformationsblätter für verpackte Anlageprodukte für Kleinanleger und Versicherungsanlageprodukte (PRIIP), ABl. EU Nr. L 352, 9.12.2014, S. 1.
72 Vgl. Erwägungsgrund 32 der ProspektVO.
73 *Seitz/Maier*, in: Assmann/Schlitt/von Kopp-Colomb, Prospektrecht Kommentar, Anhang 14 VO (EU) 2019/980 Rn. 164.
74 *Scholl/Döhl*, in: Assmann/Schlitt/von Kopp-Colomb, Prospektrecht Kommentar, Art. 7 ProspektVO Rn. 58.

Anhang 15 VO (EU) 2019/980
Wertpapierbeschreibung für Nichtdividendenwerte für Großanleger

Übersicht

	Rn.		Rn.
I. Einleitung	1	5. Zulassung zum Handel und Handelsmodalitäten (Abschnitt 5)	7
II. Einzelne Anforderungen von Anhang 15	2	6. Kosten der Zulassung zum Handel (Abschnitt 6)	9
1. Verantwortliche Personen (Abschnitt 1)	2	7. Weitere Angaben (Abschnitt 7)	10
2. Risikofaktoren (Abschnitt 2)	3		
3. Grundlegende Angaben (Abschnitt 3)	4		
4. Angaben zu den zum Handel zuzulassenden Wertpapieren (Abschnitt 4)	5		

I. Einleitung

1 Zur Abgrenzung des Anwendungsbereichs von Anhang 15 zu anderen Anhängen der VO (EU) 2019/980 wird auf die Kommentierung zu Art. 16 VO (EU) 2019/980 verwiesen (→ Art. 16 Rn. 1 ff.).

II. Einzelne Anforderungen von Anhang 15

1. Verantwortliche Personen (Abschnitt 1)

Abschnitt 1
Verantwortliche Personen

Punkt 1.1

Nennung aller Personen, die für die Angaben in der Wertpapierbeschreibung bzw. für bestimmte Teile der Angaben verantwortlich sind. Im letzteren Fall sind die entsprechenden Teile anzugeben. Handelt es sich um natürliche Personen, zu denen auch Mitglieder des Verwaltungs-, Leitungs- oder Aufsichtsorgans des Emittenten gehören, sind Name und Funktion dieser Person zu nennen. Bei juristischen Personen sind Name und eingetragener Sitz der Gesellschaft anzugeben.

Punkt 1.2

Erklärung der für den Prospekt verantwortlichen Personen, dass sie die erforderliche Sorgfalt haben walten lassen, um sicherzustellen, dass die im Prospekt genannten Angaben ihres Wissens nach richtig sind und keine Tatsachen ausgelassen worden sind, die die Aussage des Prospekts wahrscheinlich verändern. Ggf. Erklärung der für bestimmte Abschnitte des Prospekts verantwortlichen Personen, dass sie die erforderliche Sorgfalt haben walten lassen, um sicherzustellen, dass die in dem Teil des Prospekts genannten Angaben, für die sie verantwortlich sind, ihres Wissens nach richtig sind und keine Tatsachen ausgelassen worden sind, die die Aussage des Prospekts wahrscheinlich verändern.

Punkt 1.3

Wird in die Wertpapierbeschreibung eine Erklärung oder ein Bericht einer Person aufgenommen, die als Sachverständiger handelt, so sind folgende Angaben zu dieser Person zu machen:

a) Name,

b) Geschäftsadresse,

c) Qualifikationen,

d) das wesentliche Interesse am Emittenten, falls vorhanden.

Wurde die Erklärung oder der Bericht auf Ersuchen des Emittenten erstellt, so ist zu erklären, dass diese Erklärung oder dieser Bericht mit Zustimmung der Person, die den Inhalt dieses Teils der Wertpapierbeschreibung für die Zwecke des Prospekts gebilligt hat, aufgenommen wurde.

Punkt 1.4

Wurden Angaben von Seiten Dritter übernommen, ist zu bestätigen, dass diese Angaben korrekt wiedergegeben wurden und nach Wissen des Emittenten und soweit für ihn aus den von diesem Dritten veröffentlichten Angaben ersichtlich, nicht durch Auslassungen unkorrekt oder irreführend gestaltet wurden. Darüber hinaus hat der Emittent die Quelle(n) der Angaben zu nennen.

Punkt 1.5

Eine Erklärung, dass

a) [diese Wertpapierbeschreibung/dieser Prospekt] durch [Bezeichnung der zuständigen Behörde] als zuständiger Behörde gemäß Verordnung (EU) 2017/1129 gebilligt wurde,

b) [Bezeichnung der zuständigen Behörde] [diese Wertpapierbeschreibung/diesen Prospekt] nur bezüglich der Standards der Vollständigkeit, Verständlichkeit und Kohärenz gemäß der Verordnung (EU) 2017/1129 billigt,

c) eine solche Billigung nicht als Bestätigung der Qualität der Wertpapiere, die Gegenstand [dieser Wertpapierbeschreibung/dieses Prospekts] sind, erachtet werden sollte, und

d) Anleger ihre eigene Bewertung der Eignung dieser Wertpapiere für die Anlage vornehmen sollten.

Abschnitt 1 von Anhang 15 ist inhaltsgleich mit Abschnitt 1 von Anhang 1 VO (EU) 2019/980; auf die entsprechende Kommentierung kann daher verwiesen werden (→ Anhang 1 Abschnitt 1 Rn. 1 ff.). Zur insbesondere bei Basisprospekten bedeutsamen Übernahme der Verantwortung (nur) für bestimmte Abschnitte der Wertpapierbeschreibung vgl. Rn. 2 zu Abschnitt 1 von Anhang 6 VO (EU) 2019/980 (→ Anhang 6 Rn. 2). 2

2. Risikofaktoren (Abschnitt 2)

Abschnitt 2
Risikofaktoren

Punkt 2.1

Eine Beschreibung der wesentlichen Risiken, die den angebotenen und/oder zum Handel zuzulassenden Wertpapieren eigen sind, in einer begrenzten Anzahl an Kategorien in einer Rubrik mit der Überschrift „Risikofaktoren".

Offenzulegende Risiken umfassen

a) jene, die sich aus dem Grad der Nachrangigkeit eines Wertpapiers ergeben, sowie die Auswirkungen auf die voraussichtliche Höhe oder den voraussichtlichen Zeitpunkt der Zahlungen an die Inhaber von Wertpapieren im Rahmen eines Insolvenzverfahrens oder eines vergleichbaren Verfahrens, einschließlich, soweit relevant, der Insolvenz eines Kreditinstituts oder dessen Abwicklung oder Umstrukturierung gemäß der Richtlinie 2014/59/EU und,

b) werden die Wertpapiere garantiert, die spezifischen und wesentlichen Risiken bezüglich des Garantiegebers, soweit diese für seine Fähigkeit, seinen Verpflichtungen aus der Garantie nachzukommen, relevant sind.

In jeder Kategorie werden die gemäß der Bewertung des Emittenten, Anbieters oder der die Zulassung zum Handel an einem geregelten Markt beantragenden Person wesentlichsten Risiken, unter Berücksichtigung der negativen Auswirkungen auf den Emittenten und die Wertpapiere und der Wahrscheinlichkeit ihres Eintretens, zuerst angeführt. Die Risiken werden durch den Inhalt der Wertpapierbeschreibung bestätigt.

3   Abschnitt 2 von Anhang 15 ist identisch mit Abschnitt 2 zu Anhang 14 VO (EU) 2019/980; auf die entsprechende Kommentierung kann daher verwiesen werden (→ Anhang 14 Rn. 4 ff.). Ob die Detailtiefe der Risikofaktoren in Anhang 15 geringer ausfallen kann als bei Anhang 14, erscheint vor dem Hintergrund einer möglichen Prospekthaftung nach Art. 11 ProspektVO zumindest nicht eindeutig,[1] da Art. 11 ProspektVO seinem Wortlaut nach nicht nach verschiedenen Anlegerklassen differenziert.[2] Auch die Tatsache, dass der Verordnungsgeber in der Formulierung von Abschnitt 2 der Anhänge 14 und 15 eine solche Differenzierung nicht vornimmt, spricht dafür, die Risikofaktoren in ähnlicher Detailtiefe wie bei Anhang 14 darzustellen. Gleichwohl ist zu beachten, dass sowohl Art. 16 ProspektVO als auch Erwägungsgrund 54 der ProspektVO darauf abstellen, dass die Risiken so zu beschreiben sind, dass eine fundierte Anlageentscheidung der Investoren ermöglicht wird. Hierbei darf unterstellt werden, dass professionelle Anleger ein anderes Informationsbedürfnis haben als Kleinanleger.[3] Für den Fall, dass ein und derselbe Emittent jeweils einen Prospekt für Kleinanleger und professionelle Anleger in einem gewissen zeitlichen Zusammenhang veröffentlichen sollte (etwa Basisprospekt für laufende Finanzierung und einen Standalone-Prospekt für eine Sondersituation, etwa eine Hybridanleihe), dürfte es sich aus Haftungsgesichtspunkten empfehlen, einen Gleichlauf der Risikofaktoren zu gewährleisten.

---

[1] Vgl. *Seitz/Maier*, in: Assmann/Schlitt/von Kopp-Colomb, Prospektrecht Kommentar, Anhang 15 VO (EU) 2019/980 Rn. 15.

[2] Vgl. zu einer ähnlichen Konstellation z. B. *Groß*, Kapitalmarktrecht, § 9 WpPG Rn. 53 ff.

[3] Vgl. auch ESMA, Leitlinien zu den Risikofaktoren im Rahmen der Prospektverordnung vom 1.10.2019 Rn. 15, wo auch eine nach Anlegern unterschiedene Darstellung der Risikofaktoren angedeutet wird. Die Unterscheidung auf Erwägungsgrund 7 der VO (EU) 2019/980 zu stützen, wie dies *Seitz/Maier*, in: Assmann/Schlitt/von Kopp-Colomb, Prospektrecht Kommentar, Anhang 15 VO (EU) 2019/980 Rn. 15 tun, erscheint nicht zwingend, da Erwägungsgrund 7 eher die grundsätzliche Unterscheidung zwischen den Anlegern und die daraus abgeleitete Notwendigkeit, nach Anhängen für Kleinanleger und professionelle Anleger zu differenzieren, meint. Jedenfalls trägt die Formulierung „[...] sollten daher [...] andere Angaben enthalten müssen [...]" nicht den Schluss auf eine ausschließlich andere „Detailtiefe".

3. Grundlegende Angaben (Abschnitt 3)

Abschnitt 3
Grundlegende Angaben

Punkt 3.1
Interessen natürlicher und juristischer Personen, die an der Emission beteiligt sind.
Beschreibung aller für die Emission wesentlichen Interessen, einschließlich Interessenskonflikten, unter Angabe der betreffenden Personen und der Art der Interessen.
Punkt 3.2
Die Zweckbestimmung der Erlöse und die geschätzten Nettoerlöse.

Die Mindestangaben nach Abschnitt 3 von Anhang 15 sind denen in Abschnitt 3 von Anhang 14 VO (EU) 2019/980 ähnlich; auf die entsprechende Kommentierung kann daher grundsätzlich verwiesen werden (→ Anhang 14 Rn. 15 ff.). Im Gegensatz zu Punkt 3.2 von Anhang 14 wird allerdings in Anhang 15 die Angabe von Gründen für das Angebot nicht gefordert. Ferner ist bei Punkt 3.2 des Anhangs 15 die Angabe der geschätzten Gesamtkosten, die Prioritätenliste bei der Verwendung der Erlöse und die Angabe alternativer Finanzierungsquellen für den Fall, dass die Nettoerlöse nicht ausreichen, entbehrlich.

4

4. Angaben zu den zum Handel zuzulassenden Wertpapieren (Abschnitt 4)

Abschnitt 4
Angaben zu den zum Handel zuzulassenden Wertpapieren

Punkt 4.1
Gesamtbetrag der zum Handel zuzulassenden Wertpapiere.
Punkt 4.2
a) Beschreibung von Art und Gattung der zum Handel zuzulassenden Wertpapiere;
b) Die internationale Wertpapier-Identifikationsnummer (ISIN).
Punkt 4.3
Rechtsvorschriften, auf deren Grundlage die Wertpapiere geschaffen wurden.
Punkt 4.4
a) Angabe, ob es sich bei den Wertpapieren um Namenspapiere oder um Inhaberpapiere handelt und ob die Wertpapiere verbrieft oder stückelos sind.
b) Im Falle von stückelos registrierten Wertpapieren, Name und Anschrift des die Buchungsunterlagen führenden Instituts.
Punkt 4.5
Währung der Wertpapieremission.
Punkt 4.6
Relativer Rang der Wertpapiere in der Kapitalstruktur des Emittenten im Fall einer Insolvenz, gegebenenfalls mit Angaben über ihre Nachrangigkeitsstufe und die potenziellen Auswirkungen auf die Anlagen im Fall der Abwicklung nach Maßgabe der Richtlinie 2014/59/EU.

Punkt 4.7

Beschreibung der Rechte – einschließlich ihrer etwaigen Beschränkungen –, die an die Wertpapiere gebunden sind, und des Verfahrens zur Ausübung dieser Rechte.

Punkt 4.8

a) Nominaler Zinssatz;

b) Bestimmungen zur Zinsschuld;

c) Datum, ab dem die Zinsen fällig werden;

d) Zinsfälligkeitstermine;

e) Gültigkeitsdauer der Ansprüche auf Zins- und Kapitalrückzahlungen.

Ist der Zinssatz nicht festgelegt,

a) Angabe der Art des Basiswerts;

b) Beschreibung des Basiswerts, auf den sich der Zinssatz stützt;

c) Methode, die zur Verknüpfung des Zinssatzes mit dem Basiswert verwendet wird;

d) Beschreibung aller etwaigen Ereignisse, die eine Störung des Marktes oder der Abrechnung bewirken und den Basiswert beeinflussen;

e) alle Anpassungsregeln in Bezug auf Ereignisse, die den Basiswert betreffen;

f) Name der Berechnungsstelle.

Punkt 4.9

a) Fälligkeitstermin.

b) Detailangaben zu den Tilgungsmodalitäten, einschließlich der Rückzahlungsverfahren. Wird auf Initiative des Emittenten oder des Wertpapierinhabers eine vorzeitige Tilgung ins Auge gefasst, so ist sie unter Angabe der Tilgungsbedingungen und -voraussetzungen zu beschreiben.

Punkt 4.10

Angabe der Rendite.

Punkt 4.11

Vertretung der Schuldtitelinhaber unter Angabe der die Anleger vertretenden Organisation und der für diese Vertretung geltenden Bestimmungen. Angabe der Website, auf der die Anleger die Verträge, die diese Repräsentationsformen regeln, kostenlos einsehen können.

Punkt 4.12

Angabe der Beschlüsse, Ermächtigungen und Billigungen, aufgrund deren die Wertpapiere geschaffen und/oder emittiert wurden.

Punkt 4.13

Emissionstermin der Wertpapiere.

Punkt 4.14

Beschreibung aller etwaigen Beschränkungen für die Übertragbarkeit der Wertpapiere.

Punkt 4.15

Sofern der Anbieter nicht dieselbe Person wie der Emittent ist, Angabe der Identität und der Kontaktdaten des Anbieters der Wertpapiere und/oder der die Zulassung zum Handel beantragenden Person einschließlich der Rechtsträgerkennung (LEI), falls der Anbieter Rechtspersönlichkeit hat.

Abschnitt 4 von Anhang 15 weist einen nahezu identischen Wortlaut mit Abschnitt 4 von Anhang 14 VO (EU) 2019/980 auf; auf die Kommentierung zu Abschnitt 4 Anhang 14 kann daher verwiesen werden (→ Anhang 14 Rn. 19 ff.).

Auf die folgenden Abweichungen zu Abschnitt 4 von Anhang 14 ist jedoch hinzuweisen:

- Punkt 4.1 verlangt die Angabe des Gesamtbetrags der Wertpapiere, die zum Handel zuzulassen sind. Verfügen die Wertpapiere nicht über einen Nennbetrag, ist die Anzahl der Wertpapiere anzugeben, die zum Handel zugelassen werden sollen.[4] Die entsprechende Angabe ist in Anhang 14 unter Punkt 4.4 zu machen, wobei hier noch Detailregelungen für den Fall getroffen werden, dass das Gesamtemissionsvolumen zum Zeitpunkt der Prospektbilligung noch nicht feststeht. Die Tatsache, dass Anhang 15 vom Gesamtbetrag der Wertpapiere und Anhang 14 vom Gesamtemissionsvolumen spricht, führt nicht zu einer unterschiedlichen Bewertung.
- Anders als Punkt 4.8 von Anhang 14 verlangt Punkt 4.8 von Anhang 15 nicht, dass Angaben, wo Informationen über die vergangene und künftige Wertentwicklung des Basiswertes und seine Volatilität eingeholt werden können, in den Wertpapierprospekt aufzunehmen sind.
- Abweichend von Punkt 4.8 von Anhang 14 verlangt Punkt 4.8 von Anhang 15 nicht, dass für den Fall, dass der Zinssatz eine derivative Komponente aufweist, den Anlegern zu erläutern ist, wie der Wert ihrer Anlage durch den Wert des Basiswerts beeinflusst wird.
- Bei der Angabe der Rendite ist anders als in Punkt 4.9 von Anhang 14 nicht die Methode zur Berechnung der Rendite darzulegen.
- Punkt 4.13 verlangt die Aufnahme des erwarteten Emissionstermins in den Wertpapierprospekt nicht nur im Fall von Neuemissionen.
- Warnhinweise zur Besteuerung bzw. Angaben zur steuerlichen Behandlung sind im Gegensatz zu Punkt 4.15 von Anhang 14 nicht erforderlich.

5. Zulassung zum Handel und Handelsmodalitäten (Abschnitt 5)

Abschnitt 5
Zulassung zum Handel und Handelsmodalitäten

Punkt 5.1
a) Angabe des geregelten Marktes oder anderen Drittlandsmarktes, KMU-Wachstumsmarktes oder MTFs, an dem die Wertpapiere gehandelt werden und für die ein Prospekt veröffentlicht wurde.
b) Falls bekannt, sollten die ersten Termine angegeben werden, zu denen die Wertpapiere zum Handel zugelassen sind.

Punkt 5.2
Name und Anschrift etwaiger Zahlstellen und Verwahrstellen in jedem Land.

---

4 *Seitz/Maier*, in: Assmann/Schlitt/von Kopp-Colomb, Prospektrecht Kommentar, Anhang 15 VO (EU) 2019/980 Rn. 21; inhaltlich unverändert, jedoch zur VO (EG) 809/2004 *Glismann*, in: Holzborn, WpPG, Anhang XIII ProspektVO Rn. 11.

7 Punkt 5.1 verlangt die Aufnahme von Angaben über den Markt, auf dem die Wertpapiere gehandelt werden. Wenn möglich, sollen daneben die frühestmöglichen Termine für die Zulassung der Wertpapiere zum Handel aufgenommen werden. Wie Punkt 6.2 von Anhang 11 dient dies dazu, den Anleger darüber zu informieren, an welcher Börse und ab welchem Zeitpunkt die Wertpapiere an der Börse gehandelt werden können.[5]

8 Daneben sind auch der Name und die Anschrift der Zahlstellen und Verwahrstellen in jedem Land in den Prospekt aufzunehmen. Diesbezüglich kann auf die Kommentierung zu Punkt 5.4.2 von Anhang 11 VO (EU) 2019/980 verwiesen werden (→ Anhang 11 Rn. 124).

6. Kosten der Zulassung zum Handel (Abschnitt 6)

Abschnitt 6
Kosten der Zulassung zum Handel

Punkt 6.1
Angabe der geschätzten Gesamtkosten für die Zulassung zum Handel.

9 Punkt 6.1 verlangt die Aufnahme von Angaben über die geschätzten Gesamtkosten für die Zulassung der Wertpapiere zum Handel. Diese Regelung findet keine wörtliche Entsprechung in Anhang 14. Allerdings verlangt Punkt 3.2 von Anhang 14 die Angabe der „geschätzten Gesamtkosten der Emission". Eine am Wortlaut orientierte Auslegung wird somit zu dem Schluss führen, dass der Verordnungsgeber unterschiedliche Angaben verlang und somit sind vorliegend nur die Kosten zu nennen, welche an die Börsen für die Notierungsaufnahme zu zahlen sind.[6]

7. Weitere Angaben (Abschnitt 7)

Abschnitt 7
Weitere Angaben

Punkt 7.1
Werden in der Wertpapierbeschreibung Berater genannt, ist anzugeben, in welcher Funktion sie gehandelt haben.
Punkt 7.2
Es ist anzugeben, welche anderen in der Wertpapierbeschreibung enthaltenen Informationen von gesetzlichen Abschlussprüfern geprüft oder durchgesehen wurden, über die die Abschlussprüfer einen Vermerk erstellt haben. Der Vermerk ist wiederzugeben oder bei entsprechender Erlaubnis der zuständigen Behörden zusammenzufassen.

---

5 *Seitz/Maier*, in: Assmann/Schlitt/von Kopp-Colomb, Prospektrecht Kommentar, Anhang 15 VO (EU) 2019/980 Rn. 27; inhaltlich unverändert, jedoch zur VO (EG) 809/2004 *Glismann*, in: Holzborn, WpPG, Anhang XIII ProspektVO Rn. 24.
6 *Seitz/Maier*, in: Assmann/Schlitt/von Kopp-Colomb, Prospektrecht Kommentar, Anhang 15 VO (EU) 2019/980 Rn. 30.

Punkt 7.3
Angabe der Ratings, die im Auftrag des Emittenten oder in Zusammenarbeit mit ihm beim Ratingverfahren für Wertpapiere erstellt wurden. Kurze Erläuterung der Bedeutung der Ratings, wenn sie erst unlängst von der Ratingagentur erstellt wurden.

Abschnitt 7 von Anhang 15 ist nahezu inhaltsgleich mit den Angaben nach Abschnitt 7 von Anhang 14 VO (EU) 2019/980; auf die entsprechende Kommentierung kann daher verwiesen werden (→ Anhang 14 Rn. 46 ff.). Allerdings enthält Anhang 15 keinen Punkt 7.4, der in Anhang 14 die Pflicht statuiert, eine Zusammenfassung der im Hinblick auf die Marktmissbrauchsverordnung vom Emittenten veröffentlichte Mitteilungen in den Prospekt aufzunehmen. 10

Anhang 16 VO (EU) 2019/980
Wertpapierbeschreibung für Sekundäremissionen von Nichtdividendenwerten

Übersicht

Rn.

I. Allgemeines 1
II. Abgrenzung zu anderen Anhängen der VO (EU) 2019/980 2
III. Einzelne Anforderungen von Anhang 16 3
   1. Verantwortliche Personen, Angaben von Seiten Dritter, Sachverständigenberichte und Billigung durch die zuständige Behörde (Abschnitt 1) 3
   2. Risikofaktoren (Abschnitt 2) 4
   3. Grundlegende Angaben (Abschnitt 3) .. 5

Rn.

4. Angaben über die anzubietenden bzw. zum Handel zuzulassenden Wertpapiere (Abschnitt 4) 8
5. Konditionen des Angebots (Nur Kleinanleger) (Abschnitt 5) 11
6. Zulassung zum Handel und Handelsmodalitäten (Abschnitt 6) 13
7. Weitere Angaben (Abschnitt 7) 14

I. Allgemeines

1 Im Hinblick auf die Darstellung des Anhang 16 fällt auf, dass er wie etwa Anhang 14 noch eine dritte Spalte aufweist. In dieser mit Kategorie überschriebenen Spalte finden sich **Buchstaben von A bis C**. Es handelt sich hierbei um die in Art. 26 VO (EU) 2019/980 angelegten **Kategorien für die Aufnahme von Informationen in Basisprospekte**. Im Hinblick auf die Details der Kategorisierung wird auf die Kommentierung zu Art. 26 VO (EU) 2019/980 und zu Anhang 14 verwiesen (→ Art. 26 Rn. 1 ff.; Anhang 14 Rn. 1). Bemerkenswert ist zusätzlich, dass es bei bestimmten Punkten des Anhangs 16 Klammerzusätze mit dem Text „nur Kleinanleger" bzw. „nur Großanleger" gibt. Hierdurch kommt zum Ausdruck, dass Angaben nur erforderlich sind, wenn die beschriebenen Wertpapiere (auch) Kleinanlegern bzw. ausschließlich Großanlegern angeboten werden sollen. Die Definition von Klein- bzw. Großanlegern folgt der in Art. 7 und 8 VO (EU) 2019/980 angelegten Logik. Danach gelten als **Nichtdividendenwerte für Großanleger** solche, die entweder (i) ausschließlich an einem geregelten Markt oder in einem Segment eines solchen gehandelt werden, zu dem ausschließlich qualifizierte Anleger zu Zwecken des Handels mit diesen Wertpapieren Zugang erhalten (Art. 8 Abs. 2 lit. a VO (EU) 2019/980) oder (ii) eine Mindeststückelung von 100.000 EUR aufweisen oder – im Fall nennwertloser Wertpapiere – bei der Emission nur für eine Gegenleistung von mindestens 100.000 EUR pro Stück erworben werden können (Art. 8 Abs. 2 lit. a VO (EU) 2019/980). Als **Nichtdividendenwerte für Kleinanleger** gelten umgekehrt nach Art. 7 VO (EU) 2019/980 alle anderen Nichtdividendenwerte, die nicht die Voraussetzungen der Kategorien des Art. 8 Abs. 2 VO (EU) 2019/980 erfüllen.

II. Abgrenzung zu anderen Anhängen der VO (EU) 2019/980

Zur Abgrenzung des Anwendungsbereichs von Anhang 16 zu anderen Anhängen der VO (EU) 2019/980 wird auf die Kommentierung zu Art. 17 VO (EU) 2019/980 verwiesen (→ Art. 17 Rn. 1 ff.). 2

III. Einzelne Anforderungen von Anhang 16

1. Verantwortliche Personen, Angaben von Seiten Dritter, Sachverständigenberichte und Billigung durch die zuständige Behörde (Abschnitt 1)

Abschnitt 1
Verantwortliche Personen, Angaben von Seiten Dritter, Sachverständigenberichte und Billigung durch die zuständige Behörde

Punkt 1.1
Nennung aller Personen, die für die Angaben in der Wertpapierbeschreibung bzw. für bestimmte Teile der Angaben verantwortlich sind. Im letzteren Fall sind die entsprechenden Teile anzugeben. Handelt es sich um natürliche Personen, zu denen auch Mitglieder des Verwaltungs-, Leitungs- oder Aufsichtsorgans des Emittenten gehören, sind Name und Funktion dieser Person zu nennen. Bei juristischen Personen sind Name und eingetragener Sitz der Gesellschaft anzugeben.

Punkt 1.2
Erklärung der für die Wertpapierbeschreibung verantwortlichen Personen, dass die Angaben in der Wertpapierbeschreibung ihres Wissens nach richtig sind und dass die Wertpapierbeschreibung keine Auslassungen enthält, die die Aussage verzerren könnten.

Gegebenenfalls Erklärung der für bestimmte Abschnitte der Wertpapierbeschreibung verantwortlichen Personen, dass die in den Teilen der Wertpapierbeschreibung genannten Angaben, für die sie verantwortlich sind, ihres Wissens nach richtig sind und dass diese Teile der Wertpapierbeschreibung keine Auslassungen beinhalten, die die Aussage verzerren könnten.

Punkt 1.3
Wird in die Wertpapierbeschreibung eine Erklärung oder ein Bericht einer Person aufgenommen, die als Sachverständiger handelt, so sind folgende Angaben zu dieser Person zu machen:

a) Name,

b) Geschäftsadresse,

c) Qualifikationen,

d) das wesentliche Interesse am Emittenten, falls vorhanden.

Wurde die Erklärung oder der Bericht auf Ersuchen des Emittenten erstellt, so ist zu erklären, dass diese Erklärung oder dieser Bericht mit Zustimmung der Person, die den Inhalt dieses Teils der Wertpapierbeschreibung für die Zwecke des Prospekts gebilligt hat, aufgenommen wurde.

Punkt 1.4
Wurden Angaben von Seiten Dritter übernommen, ist zu bestätigen, dass diese Angaben korrekt wiedergegeben wurden und nach Wissen des Emittenten und soweit für ihn aus den von diesem Dritten veröffentlichten Angaben ersichtlich, nicht durch Auslassungen unkorrekt oder

irreführend gestaltet wurden. Darüber hinaus hat der Emittent die Quelle(n) der Angaben zu nennen.

Punkt 1.5

Eine Erklärung, dass

a) [diese Wertpapierbeschreibung/dieser Prospekt] durch [Bezeichnung der zuständigen Behörde] als zuständiger Behörde gemäß Verordnung (EU) 2017/1129 gebilligt wurde,

b) [Bezeichnung der zuständigen Behörde] [diese Wertpapierbeschreibung/diesen Prospekt] nur bezüglich der Standards der Vollständigkeit, Verständlichkeit und Kohärenz gemäß der Verordnung (EU) 2017/1129 billigt,

c) eine solche Billigung nicht als Bestätigung der Qualität der Wertpapiere, die Gegenstand [dieser Wertpapierbeschreibung/dieses Prospekts] sind, erachtet werden sollte,

d) Anleger ihre eigene Bewertung der Eignung dieser Wertpapiere für die Anlage vornehmen sollten und

e) [diese Wertpapierbeschreibung/dieser Prospekt] als vereinfachter Prospekt gemäß Artikel 14 der Verordnung (EU) 2017/1129 erstellt wurde.

3   Abschnitt 1 von Anhang 16 ist weitgehend inhaltsgleich mit Abschnitt 1 von Anhang 1, sodass auf die Kommentierung zu Abschnitt 1 von Anhang 1 verwiesen werden kann (→ Anhang 1 Abschnitt 1 Rn. 1 ff.). Zur insbesondere bei Basisprospekten bedeutsamen Übernahme der Verantwortung (nur) für bestimmte Abschnitte der Wertpapierbeschreibung vgl. Rn. 3 zu Abschnitt 1 von Anhang 6 (→ Anhang 6 Rn. 3). Lediglich die unter lit. e aufgeführte Verpflichtung, zu erklären, dass es sich bei dem entsprechenden Dokument um einen vereinfachten Prospekt für Sekundäremissionen nach Art. 14 ProspektVO handelt, ist exklusiv in Anhang 16 enthalten und im Hinblick auf den Anwendungsbereich folgerichtig.

2. Risikofaktoren (Abschnitt 2)

Abschnitt 2
Risikofaktoren

Punkt 2.1

Eine Beschreibung der wesentlichen Risiken, die den angebotenen und/oder zum Handel zuzulassenden Wertpapieren eigen sind, in einer begrenzten Anzahl an Kategorien in einer Rubrik mit der Überschrift „Risikofaktoren".

Offenzulegende Risiken umfassen

a) jene, die sich aus dem Grad der Nachrangigkeit eines Wertpapiers ergeben, sowie die Auswirkungen auf die voraussichtliche Höhe oder den voraussichtlichen Zeitpunkt der Zahlungen an die Inhaber von Wertpapieren im Rahmen eines Insolvenzverfahrens oder eines vergleichbaren Verfahrens, einschließlich, soweit relevant, der Insolvenz eines Kreditinstituts oder dessen Abwicklung oder Umstrukturierung gemäß der Richtlinie 2014/59/EU und,

b) werden die Wertpapiere garantiert, die spezifischen und wesentlichen Risiken bezüglich des Garantiegebers, soweit diese für seine Fähigkeit, seinen Verpflichtungen aus der Garantie nachzukommen, relevant sind.

In jeder Kategorie werden die gemäß der Bewertung des Emittenten, Anbieters oder der die Zulassung zum Handel an einem geregelten Markt beantragenden Person wesentlichsten Risiken, unter Berücksichtigung der negativen Auswirkungen auf den Emittenten und die Wertpapiere und der Wahrscheinlichkeit ihres Eintretens, zuerst angeführt. Die Risiken werden durch den Inhalt der Wertpapierbeschreibung bestätigt.

Abschnitt 2 von Anhang 16 verlangt unter der Rubrik „Risikofaktoren" eine Beschreibung der wesentlichen Risiken, die den im Prospekt beschriebenen Wertpapieren eigen sind. Die inhaltlichen Anforderungen sind identisch mit denen aus Anhang 14 VO (EU) 2019/980. Auf die entsprechende Kommentierung kann daher verwiesen werden (→ Anhang 14 Rn. 4 ff.). 4

3. Grundlegende Angaben (Abschnitt 3)

Abschnitt 3
Grundlegende Angaben

Punkt 3.1
Interessen natürlicher und juristischer Personen, die an der Emission/dem Angebot beteiligt sind.
Beschreibung aller für die Emission wesentlichen Interessen, einschließlich Interessenskonflikten, unter Angabe der betreffenden Personen und der Art der Interessen.

Punkt 3.2 (nur Kleinanleger)
Gründe für das öffentliche Angebot oder die Zulassung zum Handel (sofern diese nicht in der Gewinnerzielung und/oder der Absicherung bestimmter Risiken liegen). Im Falle eines öffentlichen Angebots, Angabe der geschätzten Gesamtkosten der Emission/des Angebots und der geschätzten Nettoerlöse. Die Kosten und Erlöse sind jeweils nach den einzelnen wichtigsten Zweckbestimmungen aufzuschlüsseln und nach Priorität dieser Zweckbestimmungen darzustellen. Wenn der Emittent weiß, dass die voraussichtlichen Erträge nicht ausreichen werden, um alle vorgeschlagenen Verwendungszwecke zu finanzieren, sind der Betrag und die Quellen anderer Mittel anzugeben.

Punkt 3.3 (nur Großanleger)
Gründe für die Ausgabe (sofern diese nicht in der Gewinnerzielung und/oder der Absicherung bestimmter Risiken liegen)

Die Anforderungen von Punkt 3.1 und Punkt 3.2 stimmen im Hinblick auf die Offenlegung von Interessen und die Verwendung der Emissionserlöse mit den inhaltlichen Anforderungen von Punkt 3.1 und Punkt 3.2 von Anhang 14 VO (EU) 2019/980 im Wesentlichen überein, daher kann auf die Kommentierung zu dieser Ziffer verwiesen werden (→ Anhang 14 Rn. 15 ff.). 5

Es ist jedoch zu beachten, dass Angaben zu Punkt 3.2 nur notwendig sind, wenn es sich um Wertpapiere für Kleinanleger i. S. v. Art. 7 VO (EU) 2019/980 handelt. Ferner ist die Einschränkung bemerkenswert, wonach Angaben zu den Gründen für das öffentliche Angebot/die Zulassung zum Handel nur erforderlich sind, wenn das Angebot oder die Zulassung zum Handel nicht mit Gewinnerzielungsabsicht und/oder nicht zur Risikoabsicherung erfolgen. Mit dieser Einschränkung hat der Verordnungsgeber eine Einschränkung wieder aufgegriffen, die bereits etwa in Punkt 3.2 von Anhang V der VO (EU) 809/2004 angewandt wurde. Ebenso wie bei der alten Rechtslage ist auch hier davon auszugehen, dass Gewinnerzielungsabsicht bzw. Risikoabsicherung durch die Emission von Schuld- 6 verschreibungen regelmäßig nur bei Kreditinstituten vorkommt.[1] Regelmäßig sind also die Angaben nur bei diesen Emissionen entbehrlich. Eine Erklärung, warum keine Angaben unter diesem Punkt gemacht werden, wenn einer der beiden Ausnahmetatbestände erfüllt ist, ist nach dem Wortlaut der Verordnung nicht notwendig. Ebenfalls beachtlich ist die Tatsache, dass Angaben zu Kosten und Nettoerlösen nur bei einem öffentlichen Angebot notwendig sind, nicht bei einem Prospekt, der bei Sekundäremissionen nur der Börsenzulassung dient.[2]

7   Punkt 3.3 ist nur im Falle von Emissionen mit einer Stückelung/einem Mindestanlagebetrag von 100.000 EUR anwendbar, also einer an Großanleger gerichteten Emission. Hier gilt ebenfalls die Ausnahme für Emissionen in Gewinnerzielungsabsicht und/oder zur Absicherung von Risiken (Hedging). Angaben sind nur im Hinblick auf die Gründe für die Emission zu machen. Angaben zu Kosten und Nettoerlösen sind entbehrlich. Die Formulierung „Gründe für die Ausgabe" in der deutschen Sprachfassung der VO (EU) 2019/980 ist nicht geglückt, da das Wort Ausgabe mehrdeutig verstanden werden kann, aber in der Zusammenschau mit der englischen Sprachfassung „reasons for the issuance" genügend bestimmt.

4. Angaben über die anzubietenden bzw. zum Handel zuzulassenden Wertpapiere (Abschnitt 4)

Abschnitt 4
Angaben über die anzubietenden bzw. zum Handel zuzulassenden Wertpapiere

Punkt 4.1
a) Beschreibung der Art, der Gattung und Emissionsvolumen der angebotenen und/oder zum Handel zuzulassenden Wertpapiere;
b) internationale Wertpapier-Identifikationsnummer (ISIN) der angebotenen und/oder zum Handel zuzulassenden Wertpapiere.

Punkt 4.2
Währung der Wertpapieremission.

Punkt 4.3
Bei Neuemissionen Angabe der Beschlüsse, Ermächtigungen und Billigungen, aufgrund deren die Wertpapiere geschaffen und/oder emittiert wurden oder werden sollen.

Punkt 4.4
Beschreibung aller etwaigen Beschränkungen für die Übertragbarkeit der Wertpapiere.

Punkt 4.5 (nur Kleinanleger)
Warnhinweis, dass sich die Steuergesetzgebung des Mitgliedstaats des Anlegers und des Gründungsstaats des Emittenten auf die Erträge aus den Wertpapieren auswirken könnten.
Angaben zur steuerlichen Behandlung der Wertpapiere, wenn die angebotene Anlage eine für diese Art von Anlagen gedachte Steuerregelung nach sich zieht.

---

1 Vgl. etwa *Glismann*, in: Holzborn, WpPG, Anhang V ProspektVO Rn. 8.
2 *Seitz/Maier*, in: Assmann/Schlitt/von Kopp-Colomb, Prospektrecht Kommentar, Anhang 16 VO (EU) 2019/980 Rn. 13.

Punkt 4.6

Sofern der Anbieter nicht dieselbe Person wie der Emittent ist, Angabe der Identität und der Kontaktdaten des Anbieters der Wertpapiere und/oder der die Zulassung zum Handel beantragenden Person einschließlich der Rechtsträgerkennung (LEI), falls der Anbieter Rechtspersönlichkeit hat.

Punkt 4.7

Relativer Rang der Wertpapiere in der Kapitalstruktur des Emittenten im Fall einer Insolvenz, gegebenenfalls mit Angaben über ihre Nachrangigkeitsstufe und die potenziellen Auswirkungen auf die Anlagen im Fall der Abwicklung nach Maßgabe der Richtlinie 2014/59/EU.

Punkt 4.8

Beschreibung der mit den Wertpapieren verbundenen Rechte, einschließlich aller etwaigen Beschränkungen dieser Rechte.

Punkt 4.9

a) Nominaler Zinssatz;

b) Bestimmungen zur Zinsschuld;

c) Datum, ab dem die Zinsen zahlbar werden und Zinsfälligkeitstermine;

d) Gültigkeitsdauer der Ansprüche auf Zins- und Kapitalrückzahlungen.

Ist der Zinssatz nicht festgelegt,

a) Angabe der Art des Basiswerts;

b) Beschreibung des Basiswerts, auf den sich der Zinssatz stützt und der Methode, die zur Verknüpfung des Zinssatzes mit dem Basiswert verwendet wird;

c) im Falle von Nichtdividendenwerten für Kleinanleger Angaben darüber, wo Angaben über die vergangene und künftige Wertentwicklung des Basiswertes und seine Volatilität eingeholt werden können;

d) Beschreibung aller etwaigen Ereignisse, die eine Störung des Marktes oder der Abrechnung bewirken und den Basiswert beeinflussen;

e) alle Anpassungsregeln in Bezug auf Ereignisse, die den Basiswert betreffen;

f) Name der Berechnungsstelle;

g) im Falle von Nichtdividendenwerten für Kleinanleger und wenn das Wertpapier eine derivative Komponente bei der Zinszahlung hat, eine klare und umfassende Erläuterung, die den Anlegern verständlich macht, wie der Wert ihrer Anlage durch den Wert des Basisinstruments/der Basisinstrumente beeinflusst wird, insbesondere in Fällen, in denen die Risiken am offensichtlichsten sind.

Punkt 4.10

a) Fälligkeitstermin.

b) Detailangaben zu den Tilgungsmodalitäten, einschließlich der Rückzahlungsverfahren. Wird auf Initiative des Emittenten oder des Wertpapierinhabers eine vorzeitige Tilgung ins Auge gefasst, so ist sie unter Angabe der Tilgungsbedingungen und -voraussetzungen zu beschreiben.

Punkt 4.11

a) Angabe der Rendite.

b) Im Falle von Nichtdividendenwerten für Kleinanleger Beschreibung der Methode zur Berechnung der Rendite in Kurzform.

Punkt 4.15

Vertretung der Inhaber von Nichtdividendenwerten unter Angabe der die Anleger vertretenden Organisation und der für diese Vertretung geltenden Bestimmungen. Angabe der Website, auf der die Öffentlichkeit die Verträge, die diese Repräsentationsformen regeln, kostenlos einsehen kann.

Punkt 4.16

Gibt es kein Angebot, der Emissionstermin der Wertpapiere.

8 Nach Abschnitt 4 von Anhang 16 muss die Wertpapierbeschreibung Angaben über die anzubietenden bzw. zum Handel zuzulassenden Wertpapiere enthalten. Die zu veröffentlichenden Angaben sind im Großen und Ganzen mit den nach Anhang 14 VO (EU) 2019/980 erforderlichen Angaben vergleichbar, sodass auf die dortige Kommentierung verwiesen werden kann (→ Anhang 14 Rn. 19 ff.).

9 Es ist jedoch beachtlich, dass die Nummerierung in Anhang 16 ohne ersichtlichen Grund von der in Anhang 14 abweicht. Darüber hinaus springt sowohl in der deutschen als auch in der englischen Sprachfassung die Nummerierung der einzelnen Punkte von 4.11 auf 4.15, sodass die Punkte 4.12 bis 4.14 nicht berücksichtigt wurden. Auch hierfür ist kein Grund ersichtlich. Mithin kann von einem redaktionellen Versehen ausgegangen werden.[3]

10 Auf folgende Unterschiede zu Anhang 14 soll im Einzelnen eingegangen werden.

Abschnitt 4 von Anhang 16 fordert keine Angaben zu den Rechtsvorschriften, auf deren Grundlage die Wertpapiere geschaffen wurden, wie dies bspw. nach Punkt 4.2 von Anhang 14 notwendig wäre. Ferner ist – anders als in Punkt 4.3 von Anhang 14 – keine Angabe dazu gefordert, ob es sich bei den Wertpapieren um Namens- oder Inhaberpapiere handelt.

Punkt 4.1 von Anhang 16 verlangt ausdrücklich eine Angabe des Emissionsvolumens. Eine Angabe, die etwa in Punkt 4.1 von Anhang 14 nicht verlangt wird. Allerdings lässt sich hieraus kein qualitativer Unterschied ableiten, denn die Angabe zum Emissionsvolumen ist auch in Anhang 14 erforderlich, allerdings unter Punkt 4.4. Im Hinblick auf das Emissionsvolumen ist zudem beachtlich, dass diese Information auch unter Punkt 5.1.8 von Anhang 16 gefordert wird. Eine doppelte Angabe desselben Betrages ist jedoch nicht erforderlich.[4] Allerdings wird man im Zusammenhang mit Sekundäremissionen, auf die sich Anhang 16 bezieht, in den Fällen der Sekundäremission von fungiblen Wertpapieren zwischen dem Gesamtvolumen der Emission nach der Sekundäremission und dem Volumen der Sekundäremission für sich genommen zu unterscheiden haben, denn im Rahmen der Sekundäremission wird nur das Volumen derselben angeboten/gelistet. Aus Transparenzgesichtspunkten sind daher gegebenenfalls beide Beträge so anzugeben, dass der Investor eindeutig zuordnen kann, welcher Nennbetrag im Rahmen der Sekundäremission angeboten/notiert wird und wie hoch der Gesamtnennbetrag nach erfolgter Sekundäremission ist.

---

3 *Seitz/Maier*, in: Assmann/Schlitt/von Kopp-Colomb, Prospektrecht Kommentar, Anhang 16 VO (EU) 2019/980 Rn. 16 f.

4 So auch *Seitz/Maier*, in: Assmann/Schlitt/von Kopp-Colomb, Prospektrecht Kommentar, Anhang 16 VO (EU) 2019/980 Rn. 21.

Die Angabe von Beschlüssen, Ermächtigungen und Billigungen, welche für die Schaffung der Wertpapiere notwendig sind, ist auch nach Punkt 4.3 von Anhang 16 notwendig. Allerdings besteht ein Unterschied zu Punkt 4.12 von Anhang 15 insofern, als dass Punkt 4.3 von Anhang 16 nur auf Neuemissionen Bezug nimmt.[5] Das lässt den Umkehrschluss zu, dass Angaben hierzu entbehrlich sind, wenn es sich um ein Angebot oder eine Zulassung nach Art. 14 Abs. 1 lit. c ProspektVO, also im Zusammenhang mit bereits emittierten Wertpapieren, handelt.

Gemäß Punkt 4.8 von Anhang 16 sind Angaben zu den durch die Wertpapiere verbrieften Rechten und deren etwaige Beschränkungen aufzunehmen. Insofern gibt es keinen Unterschied zu Punkt 4.7 von Anhang 14. Allerdings enthält Punkt 4.8 von Anhang 16 nicht die Notwendigkeit, Einzelheiten hinsichtlich des Verfahrens zur Ausübung der verbrieften Rechte aufzunehmen. Der Verordnungsgeber hat hier also eine Erleichterung vorgesehen.[6]

Punkt 4.9 von Anhang 16 beschäftigt sich mit der Verzinsung der zu beschreibenden Wertpapiere. Es besteht hier hinsichtlich der anzugebenden Informationen ein weitgehender Gleichlauf mit den Anforderungen aus Punkt 4.8 von Anhang 14. Allerdings sieht Punkt 4.9 von Anhang 16 nicht vor, dass Angaben zur Gültigkeitsdauer der Ansprüche auf Zins- und Kapitalrückzahlungen zu machen sind. Ebenfalls ist nach Punkt 4.9 von Anhang 16 nicht erforderlich, die „elektronische Quelle" von Informationen über die vergangene und zukünftige Wertentwicklung des Basiswerts und dessen Volatilität anzugeben, oder ob Kosten mit dem Abruf dieser Informationen verbunden sind. Diese Angaben sind gemäß Punkt 4.8 von Anhang 14 notwendig. In der Praxis dürfte von dieser Erleichterung jedoch regelmäßig kein Gebrauch gemacht werden, insbesondere wenn es sich um Wertpapiere für Kleinanleger handelt.[7]

Bemerkenswert ist die begriffliche Unterscheidung zwischen der „Vertretung von Schuldtitelinhabern" (debt securities holders) in Punkt 4.15 von Anhang 16 und „Vertretung von Inhabern von Nichtdividendenwerten" (non-equity security holders) in Punkt 4.11 von Anhang 14. Da sich allerdings sowohl Anhang 14 als auch Anhang 16 auf Nichtdividendenwerte beziehen, ist davon auszugehen, dass aus der unterschiedlichen Bezeichnung keine unterschiedliche Behandlung folgen sollte.[8]

Schließlich erfordert Punkt 4.16 von Anhang 16 die Angabe des Emissionstermins nur, wenn es kein Angebot gibt, und unterscheidet sich dadurch von Punkt 4.13 von Anhang 14, der die Angabe des (voraussichtlichen) Emissionstermins uneingeschränkt verlangt. Die Einschränkung im Hinblick auf das Angebot lässt sich am ehesten dadurch erklären, dass unter Punkt 5.1.2 von Anhang 16 im Falle eines öffentlichen Angebots von neu emittierten Wertpapieren an Kleinanleger Informationen zum Emissionstag erfolgen müssen, während die in Abschnitt 6 von Anhang 16 zur Börsenzulassung geforderten Informatio-

---

5 *Seitz/Maier*, in: Assmann/Schlitt/von Kopp-Colomb, Prospektrecht Kommentar, Anhang 16 VO (EU) 2019/980 Rn. 23.
6 So auch *Seitz/Maier*, in: Assmann/Schlitt/von Kopp-Colomb, Prospektrecht Kommentar, Anhang 16 VO (EU) 2019/980 Rn. 28.
7 *Seitz/Maier*, in: Assmann/Schlitt/von Kopp-Colomb, Prospektrecht Kommentar, Anhang 16 VO (EU) 2019/980 Rn. 31.
8 So auch *Seitz/Maier*, in: Assmann/Schlitt/von Kopp-Colomb, Prospektrecht Kommentar, Anhang 16 VO (EU) 2019/980 Rn. 35.

nen nicht zwangsläufig Informationen zum Emissionstag enthalten müssen. Vor dem Hintergrund, dass Prospekte für Sekundäremissionen erleichterte Veröffentlichungsanforderungen enthalten sollen, wäre eine Abweichung von Anhang 14 erklärlich. Zwingend ist die Einschränkung indessen nicht, weil im Falle eines Angebots an Großanleger keine Angabe des Emissionstages erforderlich wäre.

5. Konditionen des Angebots (Nur Kleinanleger) (Abschnitt 5)

Abschnitt 5
Konditionen des Angebots (Nur Kleinanleger)

Punkt 5.1
Konditionen, Angebotsstatistiken, erwarteter Zeitplan und erforderliche Maßnahmen für die Antragstellung.

Punkt 5.1.1
Angebotskonditionen.

Punkt 5.1.2
Frist – einschließlich etwaiger Änderungen – innerhalb derer das Angebot gilt. Beschreibung des Antragsverfahrens und Angabe des Emissionstermins neuer Wertpapiere.

Punkt 5.1.3
Beschreibung der Möglichkeit zur Reduzierung der Zeichnungen und der Art und Weise der Erstattung des zu viel gezahlten Betrags an die Zeichner.

Punkt 5.1.4
Einzelheiten zum Mindest- und/oder Höchstbetrag der Zeichnung (entweder in Form der Anzahl der Wertpapiere oder der aggregierten zu investierenden Summe).

Punkt 5.1.5
Methode und Fristen für die Bedienung der Wertpapiere und ihre Lieferung.

Punkt 5.1.6
Umfassende Beschreibung der Modalitäten und des Termins für die öffentliche Bekanntgabe der Angebotsergebnisse.

Punkt 5.1.7
Verfahren für die Ausübung eines etwaigen Vorzugszeichnungsrechts, die Verhandelbarkeit der Zeichnungsrechte und die Behandlung nicht ausgeübter Zeichnungsrechte.

Punkt 5.1.8
Gesamtsumme der Emission/des Angebots; ist der Betrag nicht festgelegt, Angabe des Emissionsvolumens der anzubietenden Wertpapiere (sofern verfügbar) und Beschreibung der Vereinbarungen und des Zeitpunkts für die Ankündigung des endgültigen Angebotsbetrags an das Publikum.

Ist eine Angabe des maximalen Emissionsvolumens der anzubietenden Wertpapiere im Prospekt nicht möglich, wird im Prospekt angeführt, dass eine Zusage zum Erwerb oder zur Zeichnung der Wertpapiere innerhalb von mindestens zwei Arbeitstagen nach Hinterlegung des Emissionsvolumens der öffentlich anzubietenden Wertpapiere widerrufen werden kann.

Punkt 5.2
Verteilungs- und Zuteilungsplan.

Punkt 5.2.1

Verfahren zur Meldung gegenüber den Zeichnern über den zugeteilten Betrag und Angabe, ob eine Aufnahme des Handels vor der Meldung möglich ist.

Punkt 5.3

Preisfestsetzung

Punkt 5.3.1

a) Angabe des Preises, zu dem die Wertpapiere voraussichtlich angeboten werden, oder

b) Methode, nach der der Preis festgesetzt wird, und Verfahren für seine Bekanntgabe.

c) Angabe der Kosten und Steuern, die dem Zeichner oder Käufer in Rechnung gestellt werden. Unterliegt der Emittent der Verordnung (EU) Nr. 1286/2014 oder der Richtlinie 2014/65/EU, Aufnahme der im Preis enthaltenen Kosten, soweit bekannt.

Punkt 5.4

Platzierung und Übernahme (Underwriting)

Punkt 5.4.1

Name und Anschrift des Koordinators/der Koordinatoren des gesamten Angebots oder einzelner Teile des Angebots und – sofern dem Emittenten oder dem Bieter bekannt – Angaben zu den Platzierern in den einzelnen Ländern des Angebots.

Punkt 5.4.2

Name und Anschrift etwaiger Zahlstellen und Verwahrstellen in jedem Land.

Punkt 5.4.3

Name und Anschrift der Institute, die bereit sind, eine Emission aufgrund einer festen Zusage zu zeichnen, und Name und Anschrift der Institute, die bereit sind, eine Emission ohne feste Zusage oder „zu den bestmöglichen Bedingungen" zu platzieren. Angabe der Hauptmerkmale der Vereinbarungen, einschließlich der Quoten. Wird die Emission nicht zur Gänze übernommen, ist eine Erklärung zum verbleibenden Teil einzufügen. Angabe des Gesamtbetrags der Übernahmeprovision und der Platzierungsprovision.

Punkt 5.4.4

Datum, zu dem der Emissionsübernahmevertrag geschlossen wurde oder wird.

Im Gegensatz zu den Angaben nach Abschnitt 4 von Anhang 16, die sich auf die Beschreibung der mit den Wertpapieren verbundenen Rechte beziehen, behandelt Abschnitt 5 die Angebotsbedingungen des eigentlichen (öffentlichen) Angebots der Wertpapiere und die sich damit auf den konkreten Erwerb der Wertpapiere, Platzierung, Zuteilung, Lieferung etc. beziehenden Angebotsbedingungen.[9] Beachtlich ist jedoch, dass diese Angaben nur zu machen sind, wenn es sich um ein Angebot an Kleinanleger handelt.

Die nach Abschnitt 5 aufzunehmenden Angaben sind in weiten Teilen inhaltsgleich mit den Angaben in Abschnitt 5 von Anhang 11, weshalb weitestgehend wie folgt auf die Kommentierung zu Abschnitt 5 von Anhang 11 verwiesen werden kann:

– Punkt 5.1.1 Anhang 16: vgl. Punkt 5.1.1 Anhang 11;
– Punkt 5.1.2 Anhang 16: vgl. Punkt 5.1.3 Anhang 11, es ist jedoch beachtlich, dass Punkt 5.1.2 von Anhang 16 im Falle von neuen Wertpapieren die Angabe des Emis-

---

9 Vgl. *Seitz/Maier*, in: Assmann/Schlitt/von Kopp-Colomb, Prospektrecht Kommentar, Anhang 14 VO (EU) 2019/980.

sionstags verlangt. Diese Ergänzung ist notwendig, um im Lichte der Einschränkung in Punkt 4.1.6 von Anhang 16 sicherzustellen, dass der Emissionstermin bei Prospekten für Kleinanleger enthalten ist (→ siehe oben Rn. 10);
– Punkt 5.1.3 Anhang 16: vgl. Punkt 5.1.5 Anhang 11;
– Punkt 5.1.4 Anhang 16: vgl. Punkt 5.1.6 Anhang 11;
– Punkt 5.1.5 Anhang 16: vgl. Punkt 5.1.8 Anhang 11;
– Punkt 5.1.6 Anhang 16: vgl. Punkt 5.1.9 Anhang 11;
– Punkt 5.1.7 Anhang 16: vgl. Punkt 5.1.10 Anhang 11;
– Punkt 5.1.8 Anhang 16: vgl. Punkt 5.1.2 Anhang 11;
– Punkt 5.2.1 Anhang 16: vgl. Punkt 5.2.4 Anhang 11;
– Punkt 5.3.1 Anhang 16: vgl. Punkt 5.3.1 und 5.3.2 (letzteres hinsichtlich des Verfahrens zur Offenlegung des Angebotspreises) Anhang 11;
– Punkt 5.4.1 Anhang 16: vgl. Punkt 5.4.1. Anhang 11;
– Punkt 5.4.2 Anhang 16: vgl. Punkt 5.4.2 Anhang 11;
– Punkt 5.4.3 Anhang 16: vgl. Punkt 5.4.3 Anhang 11;
– Punkt 5.4.4 Anhang 16: vgl. Punkt 5.4.4 Anhang 11.

Eine Erleichterung für Sekundäremissionen hat der Verordnungsgeber dadurch vorgenommen, dass auf die Beschreibung der verschiedenen Kategorien der potenziellen Investoren, wie sie etwa Punkt 5.2.1 von Anhang 14 vorsieht, verzichtet.[10]

6. Zulassung zum Handel und Handelsmodalitäten (Abschnitt 6)

Abschnitt 6
Zulassung zum Handel und Handelsmodalitäten

Punkt 6.1
Angabe, ob die angebotenen Wertpapiere Gegenstand eines Antrags auf Zulassung zum Handel sind oder sein werden und auf einem geregelten Markt, sonstigen gleichwertigen Drittlandsmärkten oder einem KMU-Wachstumsmarkt platziert werden sollen, wobei die jeweiligen Märkte zu nennen sind. Dieser Umstand ist anzugeben, ohne den Eindruck zu erwecken, dass die Zulassung zum Handel auf jeden Fall erteilt wird. Falls bekannt, sollten die ersten Termine angegeben werden, zu denen die Wertpapiere zum Handel zugelassen sind.

Punkt 6.2 (nur Kleinanleger)
Anzugeben sind alle geregelten Märkte, gleichwertigen Drittlandsmärkte, KMU-Wachstumsmärkte oder MTFs, an denen nach Wissen des Emittenten bereits Wertpapiere der gleichen Gattung wie die öffentlich angebotenen oder zuzulassenden Wertpapiere zum Handel zugelassen sind.

Punkt 6.3 (nur Kleinanleger)
Emissionspreis der Wertpapiere

Punkt 6.4 (nur Großanleger)
Angabe der geschätzten Gesamtkosten für die Zulassung zum Handel.

---

10 *Seitz/Maier*, in: Assmann/Schlitt/von Kopp-Colomb, Prospektrecht Kommentar, Anhang 16 VO (EU) 2019/980 Rn. 39.

Punkt 6.5
Name und Anschrift der Zahl- und Verwahrstellen in jedem Land.

Die Angaben in den Punkten 6.1 und 6.2 von Anhang 16 sind inhaltsgleich mit den Mindestangaben in Punkten 6.1 und 6.2 von Anhang 11 VO (EU) 2019/980, sodass auf die entsprechende Kommentierung verwiesen werden kann (→ Anhang 11 Rn. 126 ff.). Die Nennung des Emissionspreises für Kleinanleger in Punkt 6.3 findet ihre Entsprechung in Punkt 6.4 von Anhang 14 VO (EU) 2019/980, siehe also die dortige Kommentierung (→ Anhang 14 Rn. 45). Die nach Punkt 6.4 von Anhang 16 für Großanleger geforderte Angabe der Kosten für die Zulassung zum Handel entspricht Punkt 6.1 von Anhang 15 VO (EU) 2019/980 (→ Anhang 15 Rn. 9). Die Informationen zu den Zahl- und Verwahrstellen gemäß Punkt 6.5 von Anhang 16 sind dieselben wie unter Punkt 5.4.2 von Anhang 11 VO (EU) 2019/980, sodass auf die Kommentierung dort verwiesen werden kann (→ Anhang 11 Rn. 124). Die Abfrage der Daten zu Zahl- und Verwahrstellen wird in Anhang 16 sowohl unter Punkt 5.4.2 als auch unter Punkt 6.5 vorgenommen. Eine inhaltliche Unterscheidung gibt es nicht, die Angabe hat nur einmal zu erfolgen, auch wenn im Wege der Sekundäremission die betreffenden Wertpapiere sowohl öffentlich angeboten als auch zum Börsenhandel zugelassen werden.[11]

13

7. Weitere Angaben (Abschnitt 7)

Abschmitt 7
Weitere Angaben

Punkt 7.1
Werden an einer Emission beteiligte Berater in der Wertpapierbeschreibung genannt, ist anzugeben, in welcher Funktion sie gehandelt haben.

Punkt 7.2
Es ist anzugeben, welche anderen in der Wertpapierbeschreibung enthaltenen Angaben von Abschlussprüfern geprüft oder durchgesehen wurden, über die die Abschlussprüfer einen Vermerk erstellt haben. Der Vermerk ist wiederzugeben oder bei entsprechender Erlaubnis der zuständigen Behörden zusammenzufassen.

Punkt 7.3 (nur Kleinanleger)
Angabe der Ratings, die im Auftrag des Emittenten oder in Zusammenarbeit mit ihm beim Ratingverfahren für Wertpapiere erstellt wurden. Kurze Erläuterung der Bedeutung der Ratings, wenn sie erst unlängst von der Ratingagentur erstellt wurden.

Punkt 7.4 (nur Großanleger)
Angabe der geschätzten Gesamtkosten für die Zulassung zum Handel.

Punkt 7.5 (nur Großanleger)
Angabe der Ratings, die im Auftrag des Emittenten oder in Zusammenarbeit mit ihm beim Ratingverfahren für Wertpapiere erstellt wurden.

---

11 Ebenso *Seitz/Maier*, in: Assmann/Schlitt/von Kopp-Colomb, Prospektrecht Kommentar, Anhang 16 VO (EU) 2019/980 Rn. 46.

14 Die Punkte 7.1 und 7.2 von Anhang 16 sind inhaltsgleich mit den Mindestangaben in Punkt 10.1 und 10.2 von Anhang 11 VO (EU) 2019/980; auf die Kommentierung zu Punkt 10.1 und 10.2 von Anhang 11 VO (EU) 2019/980 kann daher verwiesen werden (→ Anhang 11 Rn. 163 ff.).

15 Nach Punkt 7.3 müssen im Falle von Prospekten für Kleinanleger die Ratings, die den Schuldtiteln auf Anfrage des Emittenten oder in Zusammenarbeit mit dem Emittenten beim Ratingverfahren für Wertpapiere zugewiesen wurden, angegeben werden. Der Wortlaut von Punkt 7.3 von Anhang 16 ist identisch mit demjenigen von Punkt 7.3 von Anhang 14 VO (EU) 2019/980, siehe daher die dortige Kommentierung (→ Anhang 14 Rn. 47).

16 Punkt 7.4 ist nur bei Prospekten für Großanleger einschlägig und wortgleich mit Punkt 6.1 von Anhang 15 VO (EU) 2019/980; die Kommentierung für diese Vorschrift gilt mithin auch hier (→ Anhang 15 Rn. 9). Auf die inhaltliche Dopplung mit Punkt 6.4 von Anhang 16 wurde bereits oben (→ Rn. 13) hingewiesen.

17 Punkt 7.5 ist ebenfalls nur für Großanleger einschlägig. Er entspricht im Wesentlichen Punkt 7.3 von Anhang 15 VO (EU) 2019/980, auf dessen Kommentierung hier verwiesen wird (→ Anhang 15 Rn. 10). Der Verordnungsgeber hat im Zusammenhang mit Prospekten für Sekundäremissionen eine Vereinfachung für Großanleger vorgesehen, indem er die Erläuterung der Bedeutung des Ratings nicht fordert.

Teil C
In einen Prospekt aufzunehmende weitere Angaben

Anhang 17 VO (EU) 2019/980
Wertpapiere, die zu an einen Basiswert gekoppelten Zahlungs- und Lieferverpflichtungen führen

Abschnitt 1
Risikofaktoren

Punkt 1.1

Klare Angabe der Risikofaktoren, die für die Bewertung des mit den anzubietenden und/oder zum Handel zuzulassenden Wertpapieren verbundenen Marktrisikos von wesentlicher Bedeutung sind, unter der Rubrik „Risikofaktoren". Ggf. müssen diese einen Risikohinweis darauf enthalten, dass der Anleger seinen Kapitaleinsatz ganz oder teilweise verlieren könnte, sowie gegebenenfalls einen Hinweis darauf, dass die Haftung des Anlegers nicht auf den Wert seiner Anlage beschränkt ist, sowie eine Beschreibung der Umstände, unter denen es zu einer zusätzlichen Haftung kommen kann und welche finanziellen Folgen dies voraussichtlich nach sich zieht.

Abschnitt 2
Angaben über die anzubietenden bzw. zum Handel zuzulassenden Wertpapiere

Punkt 2.1

Angaben zu den Wertpapieren

Punkt 2.1.1

Klare und umfassende Erläuterung, die den Anlegern verständlich macht, wie der Wert ihrer Anlage durch den Wert des Basisinstruments/der Basisinstrumente beeinflusst wird, insbesondere in Fällen, in denen die Risiken am offensichtlichsten sind, es sei denn, die Wertpapiere haben eine Mindeststückelung von 100 000 EUR, können lediglich für mindestens 100 000 EUR pro Wertpapier erworben werden oder werden an einem geregelten Markt oder in einem bestimmten Segment eines solchen gehandelt, zu dem ausschließlich qualifizierte Anleger Zugang erhalten.

Punkt 2.1.2

Verfalltag oder Fälligkeitstermin der derivativen Wertpapiere und ihr Ausübungstermin oder letzter Referenztermin.

Punkt 2.1.3

Beschreibung des Abrechnungsverfahrens für die derivativen Wertpapiere.

Punkt 2.1.4

Eine Beschreibung

a) der Ertragsmodalitäten bei derivativen Wertpapieren;

b) Zahlungs- oder Liefertermin;

c) Berechnungsweise.

Punkt 2.2

Angaben zum Basiswert

Punkt 2.2.1

Ausübungspreis oder endgültiger Referenzpreis des Basiswerts.

Punkt 2.2.2

Erklärung zur Art des Basiswerts.

Angaben darüber, wo Angaben zum Basiswert und über die vergangene und künftige Wertentwicklung dieses Basiswertes und seine Volatilität auf elektronischem Wege eingeholt werden können und ob dies mit Kosten verbunden ist.

Handelt es sich bei dem Basiswert um ein Wertpapier, Angabe:

a) des Namens des Wertpapieremittenten;

b) der internationalen Wertpapier-Identifikationsnummer (ISIN);

handelt es sich beim Basiswert um eine Referenzeinheit oder eine Referenzverbindlichkeit (für Credit-linked-Wertpapiere):

a) besteht die Referenzeinheit oder Referenzverbindlichkeit aus einer einzigen Einheit oder Verbindlichkeit oder im Falle eines Pools von Basiswerten, wenn eine einzige Referenzeinheit oder Referenzverbindlichkeit einen Anteil am Pool von mindestens 20 % hat:
  i) verfügt die Referenzeinheit (oder der Emittent der Referenzverbindlichkeit), nach Kenntnis des Emittenten und/oder soweit für ihn aus den von der Referenzeinheit (oder vom Emittenten der Referenzverbindlichkeit) veröffentlichten Informationen ersichtlich, über keine zum Handel an einem geregelten Markt, gleichwertigen Drittlandsmarkt oder KMU-Wachstumsmarkt zugelassene Wertpapiere, Angaben zur Referenzeinheit (oder zum Emittenten der Referenzverbindlichkeit), als wäre sie (bzw. er) der Emittent (in Übereinstimmung mit dem Registrierungsformular für Nichtdividendenwerten für Großanleger);
  ii) verfügt die Referenzeinheit (oder der Emittent der Referenzverbindlichkeit), nach Kenntnis des Emittenten und/oder soweit für ihn aus den von der Referenzeinheit (oder vom Emittenten der Referenzverbindlichkeit) veröffentlichten Informationen ersichtlich, über zum Handel an einem geregelten Markt, gleichwertigen Drittlandsmarkt oder KMU-Wachstumsmarkt zugelassene Wertpapiere, Angabe des Namens, der ISIN, der Anschrift, des Landes der Gründung, der Branche bzw. Branchen, in der bzw. in denen die Referenzeinheit (oder der Emittent der Referenzverbindlichkeit) tätig ist, und des Namens des Marktes, an dem die Wertpapiere zugelassen sind.

b) Im Falle eines Basiswerte-Pools, wenn eine einzige Referenzeinheit oder Referenzverbindlichkeit einen Anteil am Pool von mindestens 20 % hat:
  i) die Namen der Referenzeinheiten oder der Emittenten der Referenzverbindlichkeit und
  ii) der ISIN.

Wenn es sich bei dem Basiswert um einen Index handelt:

a) Bezeichnung des Indexes;

b) Beschreibung des Indexes, wenn er vom Emittenten oder einer derselben Gruppe angehörenden juristischen Person zusammengestellt wird;

c) Beschreibung des Indexes, der durch eine juristische oder natürliche Person zur Verfügung gestellt wird, die in Verbindung mit dem Emittenten oder in dessen Namen handelt, es sei denn, der Prospekt enthält die folgenden Erklärungen:
  i) sämtliche Regeln des Indexes und Informationen zu seiner Wertentwicklung sind kostenlos auf der Website des Emittenten oder des Indexanbieters abrufbar;

ii) die Regeln des Indexes (einschließlich Indexmethode für die Auswahl und die Neuabwägung der Indexbestandteile, Beschreibung von Marktstörungen und Anpassungsregeln) basieren auf vorher festgelegten und objektiven Kriterien.

Buchstaben b und c kommen nicht zur Anwendung, sofern der Administrator des Index in das von der ESMA geführte öffentliche Register gemäß Artikel 36 der Verordnung (EU) 2016/1011 eingetragen ist.

d) Wird der Index nicht vom Emittenten zusammengestellt, den Ort, wo Informationen zu diesem Index erhältlich sind.

Wenn es sich bei dem Basiswert um einen Zinssatz handelt, eine Beschreibung des Zinssatzes.

Fällt der Basiswert nicht in die oben genannten Kategorien, enthält die Wertpapierbeschreibung gleichwertige Angaben.

Besteht der Basiswert aus einem Korb von Basiswerten, eine wie oben beschriebene Angabe für jeden einzelnen Basiswert und Angabe der entsprechenden Gewichtung jedes einzelnen Basiswertes im Korb.

Punkt 2.2.3

Beschreibung aller etwaigen Kreditereignisse oder Ereignisse, die eine Störung des Marktes oder der Abrechnung bewirken und den Basiswert beeinflussen.

Punkt 2.2.4

Anpassungsregeln in Bezug auf Ereignisse, die den Basiswert betreffen.

Abschnitt 3

Weitere Angaben

Punkt 3.1

Im Prospekt ist anzugeben, ob der Emittent nach erfolgter Emission Informationen veröffentlichen will oder nicht. Hat er dies angekündigt, so gibt er im Prospekt an, welche Informationen er vorlegen wird und wo sie erhältlich sein werden.

Übersicht

	Rn.		Rn.
I. Einführung...............	1	III. Angaben zu den Wertpapieren......	14
II. Risikofaktoren............	6	IV. Angaben zum Basiswert..........	35

I. Einführung

Anhang 17 befasst sich mit Wertpapieren, die zu **an einen Basiswert geknüpften Zahlungs- und Lieferverpflichtungen** führen. Soweit im Text dieses Anhangs der Begriff der derivativen Wertpapiere verwendet wird (Punkt 2.1.2, 2.1.3, 2.1.4), ist dies lediglich ein Synonym, d. h. eine Bezugnahme auf Wertpapiere, die an einen Basiswert gebunden sind (vgl. → Art. 20 Rn. 29 ff.). 1

Anhang 17 unterscheidet sich grundlegend von der Vorgängervorschrift des Anhangs XII DelVO (EU) Nr. 759/2013. Es handelt sich **nicht mehr um ein eigenes Schema**. Vielmehr konzentriert sich Anhang 17 auf die zusätzlichen Angaben, die wegen der Kopplung an den Basiswert erforderlich sind. Deswegen ist der Anhang auch deutlich knapper. Er 2 beschränkt sich auf die Aspekte, die die Besonderheit von derivativen Wertpapieren ausmachen, nämlich die Kopplung an den Basiswert.

3   Die Verbindlichkeit des Anhangs ergibt sich aus Art. 20. Im Hinblick auf den Anwendungsbereich des Anhangs und die zugrunde liegende Begrifflichkeit wird auf die Kommentierung von Art. 20 verwiesen.

4   Derivative Wertpapiere sind in der Praxis **nahezu ausnahmslos Schuldtitel** (Nichtdividendenwerte).[1] Die Notwendigkeit zusätzlicher Angaben ergibt sich aus dem Umstand, dass es zu Verlusten und auch einem Totalverlust auch dann kommen kann, wenn der Emittent leistungsfähig bleibt. Derivative Wertpapiere erzeugen deswegen ein Informationsbedürfnis, das der derivativen Komponente der Wertpapiere Rechnung trägt. Diese weitergehenden Anforderungen betreffen hauptsächlich den Basiswert und die Art der Verknüpfung des Wertpapiers mit dem Basiswert. Auch die Risikofaktoren müssen insbesondere der derivativen Komponente Rechnung tragen.

5   Anhang 17 gliedert sich **in drei Abschnitte**, die sich mit den Risikofaktoren, den Angaben über die Wertpapiere und weitere Informationen befassen. Kern des zusätzlichen Informationsbedürfnisses sind zum einen der Basiswert (Punkt 2.2) und zum anderen die Art und Weise, wie das Wertpapier an den Basiswert gekoppelt ist (Punkt 2.1).

II. Risikofaktoren

6   Die Risikofaktoren bei derivativen Wertpapieren müssen **insbesondere die aus der Bindung an den Basiswert resultierenden Risiken** deutlich herausstellen. Dabei handelt es sich zum einen um die mit dem Basiswert verbundenen Risiken und zum anderen um die Risiken, die sich aus der Art der Kopplung des Wertpapiers an den Basiswert (insbesondere einen etwaigen Hebel) ergeben.

7   Die im Wortlaut des Punkts 1.1 enthaltene Bezugnahme auf das mit den Wertpapieren verbundene **Marktrisiko** wird den derivativen Wertpapieren nicht gerecht. Das Marktrisiko ist das Risiko aufgrund allgemeiner Änderungen im Markt. Marktrisiken sind zum Beispiel das Zinssatzrisiko, das Aktienkursrisiko und das Wechselkursrisiko bei Währungen. Damit wird aber gerade kein besonderes Risiko von derivativen Wertpapieren umschrieben. Auch bei Aktien und Schuldtiteln ist der Anleger solchen Risiken ausgesetzt. Ebenso wenig beschreibt der Begriff des Marktrisikos die typischerweise mit derivativen Wertpapieren verbundenen Risiken.

8   Da der Basiswert selbst kein Wertpapier sein muss, können auch Risiken einbezogen werden (z.B. die Kreditrisiken aus Darlehen oder Risiken aufgrund anderer variabler Größen), die sonst entweder gar nicht oder jedenfalls nicht in der Form von Wertpapieren Gegenstand von Anlagen sein können. Außerdem kann das Risikoprofil durch die Art der Verknüpfung des Wertpapiers mit dem Basiswert so gestaltet werden, wie dies aus wirtschaftlicher Sicht wünschenswert ist. Es kann durch ein Options- oder Terminelement ver-

---

1   Der Terminus „Schuldtitel" wird in der VO (EG) Nr. 809/2004 vom 29.4.2004 und der DelVO (EU) Nr. 759/2013 verwendet (vgl. dort auch Erwägungsgrund 9). Die DelVO (EU) 2017/1129 spricht stattdessen ganz überwiegend nur noch von Nichtdividendenwerten (vgl. dort insbesondere Art. 15 und 16). Dieser Terminus geht auf die ProspektRL (RL 2003/71/EG) zurück (vgl. die dortige Definition in Art. 2 (c)), hat sich aber im allgemeinen Sprachgebrauch nicht durchgesetzt.

ändert werden. Die Anlage kann gegenüber einer Direktanlage „gehebelt" werden. Das Risiko kann aber umgekehrt gemindert werden. Es kann insbesondere ein gewisser Kapitalschutz vorgesehen sein. Dies erklärt auch die enorme Vielgestaltigkeit der derivativen Wertpapiere. Sie beruht auf der grundsätzlich unbeschränkten Vielfalt der möglichen Basiswerte sowie der Gestaltungsfreiheit bei der Art der Verknüpfung und damit dem Zuschnitt des Risikoprofils der Anlage.

Marktrisiken mögen daher je nach der Art des derivativen Wertpapiers eine erhebliche und vielleicht auch die entscheidende Rolle spielen (z. B. bei auf Rohstoffen bezogenen Zertifikaten). Das ist aber keineswegs stets so und nicht einmal typischerweise der Fall. 9

Wie bei anderen Wertpapieren, sind die Risikofaktoren in einem besonderen Abschnitt darzustellen. In der englischen Sprachfassung tritt die **hervorgehobene Darstellung** („prominent disclosure") in den Vordergrund. In der deutschen Sprachfassung wird betont, dass die Angaben „klar" sein müssen. Letzteres ist bei derivativen Wertpapieren aufgrund von deren Komplexität nicht immer einfach. Satz 2 bezieht sich auf das Risiko, dass der Anleger seinen Kaptaleinsatz ganz oder teilweise verliert. Gemeint sein dürfte in erster Linie das mit derivativen Wertpapieren verbundene spezielle Risiko, dass ein solcher Verlust allein wegen der Kopplung an den Basiswert eintritt, d. h. auch dann, wenn der Emittent leistungsfähig bleibt. Dass der Kapitaleinsatz überhaupt ganz oder teilweise verloren werden kann, ist demgegenüber keine Besonderheit von derivativen Wertpapieren. 10

Zu der zuletzt genannten, möglicherweise **nicht auf den Kapitaleinsatz beschränkten Haftung des Anlegers** sowie einer Beschreibung der Umstände, unter denen es zu einer zusätzlichen Haftung kommen kann und welche finanziellen Folgen dies voraussichtlich nach sich zieht, ist folgendes zu sagen. Eine solche Nachschusspflicht kommt bei derivativen Wertpapieren nicht vor. Sie beschränkt sich in der Praxis auf börsengehandelte bzw. auch außerhalb von Börsen abgeschlossene Derivatekontrakte, d. h. solche Derivate, die typischerweise wechselseitige Pflichten vorsehen. Diese Kontrakte fallen aber nicht unter das Prospektrecht und sind deswegen im vorliegenden Zusammenhang irrelevant. 11

Der entsprechende Text in Punkt 1.1 dürfte auf demselben Irrtum beruhen wie der Text von Erwägungsgrund 12. Es ist insoweit auf die Kommentierung zu Art. 20 (→ Art. 20 Rn. 16) zu verweisen. Wertpapiere mit Nachschusspflicht sind schon deswegen praktisch schwer vorstellbar, weil Wertpapiere in aller Regel einseitige Verpflichtungen des Emittenten verbriefen. Sollte ein Wertpapier tatsächlich einmal mit einer Nachschusspflicht für den Anleger verbunden sein, würde es freilich wegen der völlig außergewöhnlichen Natur einer solchen Gestaltung umso mehr eines sehr deutlichen Risikohinweises bedürfen. 12

Zur Hervorhebung genügt es, dass die Risikofaktoren **in einem besonderen Abschnitt** unter dieser Überschrift beschrieben werden, dass die Darstellung durch Teilüberschriften klar gegliedert wird und dass die Darstellung nur die Risiken hervorhebt und diese nicht zusammen mit anderen (insbesondere auch positiven Aspekten) erörtert und so in einen relativierenden Zusammenhang stellt. Diese Maßgabe hat rechtspolitisch Vorteile. Sie zwingt den Prospektersteller, an einer Stelle vollständig und in konzentrierter Form über alle wesentlichen Gefahren Rechenschaft abzulegen, die mit dem derivativen Wertpapier aus Sicht des Anlegers verbunden sind. Die einseitige Aneinanderreihung von Negativszenarien kann zwar bei der Lektüre auch zu einer Abstumpfung führen. Auch wird der Anleger mit der Hauptaufgabe, nämlich dem Problem der Gewichtung der Risiken und 13 der Abwägung gegen die Chancen gerade allein gelassen. Dennoch ist diese separate Darstellung der Risiken klar gewollt.

III. Angaben zu den Wertpapieren

14 **Punkt 2.1.1** verlangt eine klare und umfassende Erläuterung, die den Anlegern verständlich macht, wie der Wert ihrer Anlage durch den Wert des Basisinstruments bzw. der Basisinstrumente beeinflusst wird. Der Begriff des **Basisinstruments** suggeriert einen Basiswert, der selbst ein Wertpapier darstellt. Dennoch hat die hier verwendete Terminologie (Basisinstrument anstelle von Basiswert) keine besondere Bedeutung. Der Begriff des Basisinstruments ist hier also in demselben Sinne wie Basiswert zu verstehen. Er umfasst insbesondere auch Basiswerte, die keine Wertpapiere sind.

15 Punkt 2.1.1 ist vor folgendem Hintergrund zu sehen. Die Notwendigkeit der **Beschreibung der mit den Wertpapieren verbundenen Rechte** ergibt sich bereits aus Punkt 4.7 von Anhang 14 (Wertpapierbeschreibung für Nichtdividendenwerte für Kleinanleger) bzw. Punkt 4.7 von Anhang 15 (Wertpapierbeschreibung für Nichtdividendenwerte für Großanleger). Bei Dividendenwerten ergibt sich die Notwendigkeit der Beschreibung der mit den Wertpapieren verbundenen Rechte aus Punkt 4.5 von Anhang 11.

16 Die Art und Weise, wie die durch die Wertpapiere verbrieften Rechte an den Basiswert gekoppelt sind, ist daher bereits **Teil der Beschreibung der Rechte**. Die von Punkt 2.1.1 geforderten Angaben sind dafür kein Ersatz. Sie ergänzen die Beschreibung der Rechte vielmehr dadurch, dass erläutert wird, wie der Basiswert und insbesondere Schwankungen des Basiswerts den Wert der Wertpapiere beeinflussen. Allein diese Erläuterung der Wertbeeinflussung wäre nicht ausreichend. Der Anleger muss zunächst verstehen, welche Rechte ihm das Wertpapier verschafft.

17 Das Recht kann zum Beispiel darin bestehen, zu einem festgelegten Preis in Zukunft ein bestimmtes Wertpapier zu erwerben. Die Umschreibung dieses Rechts wird von Punkt 2.1.1 bereits vorausgesetzt. Hinzukommen müssen nach Punkt 2.1.1 lediglich spezielle Angaben zur Wertbeeinflussung. So wäre zum Beispiel im Fall einer verbrieften Kaufoption zu erläutern, dass diese nur dann einen Wert hat, wenn der festgelegte Kaufpreis niedriger ist als der Marktpreis zum Zeitpunkt der Ausübung der Option.

18 Die Kopplung des Wertpapiers an den Basiswert besteht **stets in der inhaltlichen Ausgestaltung der verbrieften Rechte**. Denn der Anhang bezieht sich auf Wertpapiere, „die zu an einen Basiswert gekoppelten Zahlungs- und Lieferverpflichtungen führen" (vgl. die Überschrift des Anhangs). Diese Kopplung der Pflichten des Emittenten an den Basiswert ist bereits Teil der Beschreibung der mit dem Wertpapier verbundenen Rechte.

19 Eng hiermit verbunden ist der folgende Aspekt. **Die bloße Wertbeeinflussung als solche** macht aus einem externen Faktor noch keinen Basiswert. So können z. B. Rohstoffpreise oder Wechselkurse von entscheidender Bedeutung für das Geschäft eines Emittenten sein. Das kann zur Folge haben, dass Veränderungen dieser externen Größe sich rein tatsächlich stets auf den Wert des Wertpapiers auswirken. Trotzdem handelt es sich bei dem externen Faktor nicht allein wegen dieser Wertbeeinflussung um einen Basiswert. Ein Basiswert ist nur eine Bezugsgröße, wenn Rechte aufgrund des Wertpapiers an diese Bezugsgröße gekoppelt sind.

Die Kopplung kann darin bestehen, dass **der Basiswert selbst Gegenstand des verbrieften Rechts ist** (Lieferung eines bestimmten zugrunde liegenden anderen Wertpapiers, Lieferung eines bestimmten Rohstoffs). Das Recht kann aber auch einen anderen Gegenstand haben, insbesondere eine Zahlung, die aber **ihrem Inhalt nach** (insbesondere im Hinblick auf die Höhe der Zahlung) von dem Basiswert abhängig ist. Oft wird dabei an den variablen Wert des Basiswerts, d. h. den Wert der zugrunde liegenden Aktie oder den Stand des Index angeknüpft. 20

Die Verknüpfung kann aber darin bestehen, dass gerade die Lieferung zu einem bereits festgelegten Preis erfolgen soll. Der Wert des Basiswerts zum Zeitpunkt der Lieferung ist dann nicht für das verbriefte Recht relevant, bestimmt aber dessen Wert. Schließlich kann es z. B. auch auf den Eintritt von Kreditereignissen oder anderen Ereignissen in Bezug auf den Basiswert ankommen. Streng genommen wäre dann der Marktzinssatz der Basiswert jeder festverzinslichen Anleihe. Soweit wird man aber nicht gehen können. Ebenso ließe sich in Bezug auf eine in einer Fremdwährung denominierte Anleihe sagen, dass die Fremdwährung den Basiswert der Anleihe darstellt. Auch das wird man aber zumindest bei den wichtigen Währungen nicht sagen können. 21

Entscheidend ist stets, ob die mit dem Wertpapier verbundenen Rechte an die externe Bezugsgröße anknüpfen. Die Kopplung kann hochkomplex sein, muss aber bestehen. Sie muss Teil der Ausgestaltung der mit dem Wertpapier verbundenen Rechte sein. Bei Schuldtiteln ist sie typischerweise Teil der Faktoren, die die Pflichten des Emittenten bestimmen. **Eine bloß wirtschaftliche Relevanz** eines variablen Faktors für den Wert des Wertpapiers macht aus diesem Faktor **keinen Basiswert**. 22

Nur vor dem vorstehend beschriebenen Hintergrund, dass die Beschreibung der Rechte und damit deren Verknüpfung mit dem Basiswert bereits vorausgesetzt wird, rechtfertigt sich auch die in Punkt 2.1.1 geregelte **Entbehrlichkeit der Erläuterung** der Wertbeeinflussung, wenn die Wertpapiere eine Mindeststückelung von 100.000 Euro haben, lediglich für mindestens 100.000 Euro pro Wertpapier erworben werden oder in einem geregelten Markt oder einem bestimmten Segment eines solchen gehandelt werden, zu dem ausschließlich qualifizierte Anleger Zugang haben. Die **Angaben zu dem verbrieften Recht** und damit auch der Kopplung des Rechts an den Basiswert sind nämlich auch bei hinreichend kundigen Anlegern erforderlich. Sie sind **stets unverzichtbar**. Auch müssen sie durch den Prospekt zur Verfügung gestellt werden. Denn im Rahmen des modernen Giroeffektenverkehrs erhält der Anleger keine Wertpapierurkunde, aus der die Bedingungen ersichtlich wären. Lediglich die Erläuterung, wie sich die Verknüpfung der verbrieften Rechte mit dem Basiswert auf den Wert auswirkt, ist ein Aspekt, der bei hinreichend kundigen Anlegern entbehrlich ist. 23

Die in Punkt 2.1.1 geforderte Fokussierung insbesondere auf die Risiken, die am **offensichtlichsten** sind, erscheint widersinnig. Der Zusammenhang müsste ja gerade umgekehrt sein. Die Erläuterung ist umso mehr erforderlich, als die Zusammenhänge *nicht* offensichtlich sind. Der englische Text („especially in the circumstances where the risks *are most evident*") erscheint gleichermaßen widersinnig. Sinnvoll wäre aber die Hervorhebung insbesondere der Szenarien, in denen sich die Kopplung an den Basiswert besonders deutlich für den Anleger auswirkt (zum Beispiel die völlige Wertlosigkeit einer Option, die nicht „im Geld ist"). 24

25 **Punkt 2.1.2** bezieht sich auf **die maßgeblichen Termine**. Es werden folgende Begriffe genannt: „Verfalltag oder Fälligkeitstermin, Ausübungstermin oder letzter Referenztermin". Die Termini in der englischen Sprachfassung sind „expiration or maturity date, exercise date or final reference date".

26 Hierzu ist Folgendes zu sagen: Das Datum, zu dem der Emittent leistungspflichtig ist, muss auch bei gewöhnlichen Schuldtiteln angegeben werden. Dies zeigen jeweils Punkt 4.9 lit. a und Punkt 4.8 lit. d von Anhang 14 und Anhang 15. Insoweit handelt es sich also nicht um eine Besonderheit von derivativen Wertpapieren.

27 Bei derivativen Wertpapieren spielt aber noch ein anderer Aspekt eine wesentliche Rolle. Basiswerte unterliegen laufenden Schwankungen. Die Verknüpfung mit dem Basiswert dient hauptsächlich dazu, dass mit diesen Schwankungen verbundene Risiko- und Chancenprofile durch ein entsprechendes Wertpapier zum Gegenstand einer übertragbaren Anlageform gemacht werden.

28 Deswegen bedarf es typischerweise der Festlegung eines bestimmten Termins, der als Stichtag für die Bestimmung der Zahlungs- bzw. Lieferverpflichtungen des Emittenten dient. Dieser Termin muss nicht mit dem Termin übereinstimmen, an dem der Emittent zu leisten hat. Er kann ihm vorhergehen.

29 Die Begriffe **Verfallstag** (expiration date) und **Ausübungstag** (exercise date) sind insbesondere im Zusammenhang mit Optionen üblich. Die sog. amerikanische Option kann zu jedem Zeitpunkt bis zum **Verfallstag** ausgeübt werden, während die sog. europäische Option lediglich am Verfallstag ausgeübt werden kann. Es kann sich bei dem maßgeblichen Tag um den Termin handeln, an dem ein Gestaltungsrecht ausgeübt werden kann. Häufig wird es aber sinnvoll sein, eine automatische Ausübung vorzusehen, wenn das derivative Wertpapier „im Geld" ist, d. h. beispielsweise, wenn eine Kaufoption zu einem Kauf unter Marktwert berechtigt.

30 Der Begriff des **Referenztermins** ist insbesondere bei Indexzertifikaten gebräuchlich. Der Indexstand zum Referenztermin bestimmt bei Indexzertifikaten die Leistungspflichten des Emittenten. Der Erfolg oder Misserfolg der Anlage hängt also davon ab, wie sich der Indexstand vom Zeitpunkt der Anlage bis zu diesem Referenztermin entwickelt.

31 Eine einheitliche Terminologie wird durch Punkt 2.1.2 nicht vorgegeben. Dies wäre angesichts der Vielgestaltigkeit der derivativen Wertpapiere auch nicht möglich. Entscheidend ist, dass die Angaben klar und verständlich sind. Das erfordert regelmäßig eine klare Erläuterung der verwendeten Termini.

32 **Punkt 2.1.3** verlangt eine Beschreibung der **Abrechnungsverfahren** für derivative Wertpapiere. Der deutsche Terminus legt einen Barausgleich nahe, d. h. die Bestimmung einer möglichen Zahlungspflicht. Der in der englischen Sprachfassung verwendete Begriff der „**settlement procedure**" ist in mehrfacher Hinsicht weiter. Er schließt auch eine mögliche Lieferpflicht des Emittenten mit ein. Auch bezeichnet er nicht lediglich die Bestimmung der Leistung, sondern auch deren Erbringung. Es geht also auch um die Abwicklung durch Erfüllung des aufgrund des Wertpapiere Geschuldeten.

33 **Punkt 2.1.4** verlangt die Angabe a) der **Ertragsmodalitäten** bei derivativen Wertpapieren, b) des **Zahlungs- oder Liefertermins** sowie c) der **Berechnungsweise**. Die englische Sprachfassung macht den inneren Zusammenhang dieser drei Punkte deutlicher als die deutsche. „A description of: (a) how any return on derivative securities takes place;

(b) the payment or delivery date; (c) the way it is calculated." Mit Ertrag (return) ist dabei entgegen dem üblichen Wortsinns nicht lediglich ein etwaiger über den Anlagebetrag hinausgehender Betrag gemeint, sondern die Gesamtheit dessen, was dem Anleger aufgrund des Wertpapiers zusteht.

Buchstabe (a) bezieht sich auf den etwaigen laufenden Ertrag (analog zu den Zinsen bei Schuldtiteln oder den Dividenden bei Aktien) bzw. die Leistungspflichten zum Abschluss der Anlage (analog zur Kapitalrückzahlung bei Schuldtiteln). **Buchstabe (b)** bezieht sich auf die Termine dieser laufenden bzw. abschließenden Leistungen. Dieser Buchstabe bestätigt auch, dass die in Punkt 2.1.2 genannten Termine eine andere Funktion, nämlich die eines Stichtags im Hinblick auf den Basiswert, haben. **Buchstabe (c)** bezieht sich auf die Berechnungsweise. Besonders die englische Sprachfassung macht deutlich, dass es sich um die Berechnung des laufenden bzw. abschließenden Ertrags handelt. 34

IV. Angaben zum Basiswert

Punkt 2.2 verlangt Angaben zum **Basiswert**. Die zunächst in **Punkt 2.2.1** genannten Aspekte (Ausübungspreis und Referenzpreis) betreffen allerdings gerade nicht Eigenschaften des Basiswerts, sondern solche des Wertpapiers. Der Sinn des **Ausübungs- und Referenzpreises** liegt gerade darin, dass diese Preise vom Marktpreis des Basiswertes unabhängig sind. Beide Aspekte gehören daher zur Art und Weise, wie das Wertpapier mit dem Basiswert verknüpft wird. Es handelt sich um Eigenschaften des Wertpapiers und nicht des Basiswerts. Zu welchem Kaufpreis eine Option ausgeübt werden kann, ist ebenso wie der Ausübungszeitpunkt Teil der Option und nicht etwa Teil des Kaufgegenstands. Der Ausübungs- und Referenzpreis gehört daher eigentlich systematisch zu Punkt 2.1 (Angaben zu den Wertpapieren). 35

Punkt 2.2.2 verlangt Erklärungen zur **Art des Basiswerts**. Die Bestimmung zeigt, wie breit das Spektrum möglicher Basiswerte ist. Es kann sich, wie der Wortlaut von Punkt 2.2.2 zeigt, insbesondere um ein anderes Wertpapier, eine Referenzeinheit oder Referenzverbindlichkeit sowie einen Index handeln. Es kann aber auch Basiswerte geben, die in keine dieser Kategorien fallen. Dies betont der vorletzte Satz von Punkt 2.2.2. Schließlich kann der Basiswert auch aus einem Korb von Basiswerten handeln. 36

Anzugeben ist, **wo Angaben** über dessen vergangene oder künftige Wertentwicklung sowie seine Volatilität auf elektronischem Wege **eingeholt werden können** und ob dies mit Kosten verbunden ist. Der Wortlaut legt die Vorstellung nahe, dass die Angaben nach Abs. 1 auf elektronischem Wege zumindest typischerweise verfügbar sind, wenn auch nicht notwendigerweise kostenfrei. 37

Eine **Pflicht des Emittenten**, für diese Verfügbarkeit zu sorgen, besteht demgegenüber nicht ohne Weiteres und lässt sich jedenfalls **nicht** aus Anhang 17 ableiten. Vielmehr bestätigt Punkt 3.1, dass Anhang 17 gerade nicht auf der Annahme einer entsprechenden Pflicht beruht („ob"). Deswegen soll der Emittent angeben, ob er nach erfolgter Emission Informationen veröffentlichen will oder nicht. 38

Je nach der Art des Basiswerts wäre der Emittent auch gar nicht in der Lage, die elektronische Verfügbarkeit der entsprechenden Angaben sicherzustellen. So kann es sich bei dem 39

Basiswert um einen Index handeln, den nicht der Emittent zusammenstellt (vgl. Punkt 2.2.2. lit. d).

40 Handelt es sich um ein **Wertpapier**, sind der Name des Emittenten und die Wertpapier-Identifikationsnummer anzugeben. Die Angabe ist aber nur erforderlich, wenn es eine solche Identifikationsnummer gibt. Der Basiswert muss ohnehin kein Wertpapier sein. Es kann sich auch um ein Instrument handeln (z. B. einen Schuldschein), für das typischerweise keine Identifikationsnummern vergeben werden. Es kann sich auch um ein Wertpapier im Sinne des Prospektrechts handeln, für das aber dennoch keine Identifikationsnummer existiert (z. B. bei einem ausländischen Wertpapier).

41 Punkt 2.2.2 regelt außerdem die notwendigen Angaben bei **auf Kreditrisiken bezogenen (credit-linked) Wertpapieren**. Die in diesem Zusammenhang verwendete Terminologie entspricht den die Dokumentation von Kreditderivaten dominierenden ISDA Credit Derivatives Definitions. Der deutsche Terminus „Referenzeinheit" ist eine Übersetzung von „reference entity". Gemeint ist der Schuldner, auf dessen Bonität sich das Kreditderivat bezieht.

42 Satz 2 unterscheidet danach, ob der Basiswert ein Wertpapier (1. Halbsatz) oder eine Referenzverbindlichkeit oder Referenzeinheit (2. Halbsatz) ist. Zu berücksichtigen ist allerdings, dass eine Referenzverbindlichkeit ein Schuldtitel, d. h. ein Wertpapier sein kann.

43 Die dann folgende Regelung ist alles andere als übersichtlich. Ihr Sinn erschließt sich weder auf den ersten noch den zweiten Blick. Bereits die zweite Alternative von Buchstabe a erfasst nämlich den Fall eines Pools von Basiswerten, bei dem eine einzige Referenzeinheit oder Referenzverbindlichkeit einen Anteil am Pool von mindestens 20% hat. Derselbe Fall wird aber in Buchstabe b erneut angesprochen.

44 Erst der Vergleich mit der englischen und französischen Sprachfassung zeigt, dass bei der deutschen Fassung **ein gravierender Fehler** vorliegt. Buchstabe b) soll nämlich gerade die Referenzeinheiten und Referenzverbindlichkeiten betreffen, die weniger als 20% des Pools ausmachen („in the case of a pool of underlying, where a single reference entity or reference obligation represents *less than 20% of the pool*", „dans le cas d'un panier de sous-jacents dont chaque entité de référence ou obligation de référence représente *moins de 20%*"). Der deutsche Wortlaut („im Falle eines Basiswerte-Pools, wenn eine einzige Referenzeinheit oder Referenzverbindlichkeit einen Anteil am Pool von *mindestens 20%* hat") setzt umgekehrt voraus, dass der Anteil 20% bzw. höher ist und damit gerade nicht geringer als 20%.

45 Ein weiterer Mangel aller Sprachfassungen ist der Grundansatz: Buchstaben a und b beziehen sich jeweils auf den gesamten Pool und setzen voraus, dass sämtliche Basiswerte entweder mindestens 20% oder sämtliche Basiswerte weniger als 20% ausmachen. Selbstverständlich kann beides **auch kombiniert werden**. Die Regelung sollte trotzdem in dem Sinne verstanden werden, dass die Offenlegungspflichten in Bezug auf die Referenzeinheit bzw. die Referenzverbindlichkeit von dem Gewicht der einzelnen Referenzeinheit bzw. der einzelnen Referenzverbindlichkeit abhängen, sodass beide Regelungen auch bei demselben Wertpapier nebeneinander zur Anwendung kommen können.

46 Die erforderlichen Angaben im Hinblick auf Referenzeinheiten oder Referenzverbindlichkeiten, die weniger als 20% ausmachen, beschränken sich auf den Namen der Referenzeinheit bzw. den Emittenten der Referenzverbindlichkeit sowie die ISIN. Letzteres

setzt voraus, dass es die ISIN überhaupt gibt. Dies ist aber bei Referenzeinheiten bzw. Referenzverbindlichkeiten nicht notwendigerweise der Fall. Eine Referenzeinheit, d. h. der Emittent, kann von vornherein keine ISIN haben. Denn die Referenzeinheit ist ja kein Wertpapier, sondern eine Person, nämlich die des Schuldners, auf dessen Bonität es ankommt. Einer Referenzverbindlichkeit ist eine ISIN nur dann zugewiesen, wenn die Referenzverbindlichkeit in einem Wertpapier besteht. Dies ist nicht der Fall, wenn es sich um ein nicht verbrieftes Darlehen (insbesondere auch ein Schuldscheindarlehen oder eine durch eine Namensschuldverschreibung verbriefte Verbindlichkeit handelt).

Buchstabe a Ziff. i bzw. ii unterscheiden danach, ob die Referenzeinheit über Wertpapiere verfügt, die zum Handel an einem regelten Markt zugelassen sind, bzw. eine der weiteren vergleichbaren in der Norm genannten Situationen gegeben ist. In diesem Fall genügen einige wenige Angaben, die dem Anleger das Auffinden der Informationen ermöglichen, die mit diesen Wertpapieren verbunden sind (Ziff. ii). Ist dies nicht der Fall, sind die in dem Registrierungsformular für Nichtdividendenwerte für Großanleger vorgesehenen Informationen erforderlich. 47

Der Anhang bezieht sich sodann auf den Fall, dass der Basiswert ein **Index** ist. Stets ist die **Bezeichnung** des Index, d. h. dessen Name, anzugeben. 48

Den weiteren Regelungen **fehlt eine klare Systematik**. Weder sind die verschiedenen Fallgruppen klar voneinander unterschieden noch ist nachvollziehbar, warum lediglich einzelne Aspekte geregelt werden und wie mit den nicht ausdrücklich erfassten Fällen umgegangen werden soll. 49

Die Voraussetzungen nach den Buchstaben b, c und d im Hinblick auf die Person, die den Index zusammenstellt, überschneiden sich teilweise. Es ist unklar, ob in dem in Buchstabe d genannten Fall der bloße Verweis auf den Ort, wo Informationen erhältlich sind, ausreicht. 50

Sinnvollerweise sollten **zwei Fragen im Vordergrund** stehen: Sind die erforderlichen Informationen voraussichtlich während der gesamten Laufzeit des Wertpapiers zuverlässig außerhalb des Prospekts verfügbar? Hat der Emittent selbst direkt oder mittelbar Einfluss auf den Index und damit auf seine eigenen Leistungspflichten? Das erste Kriterium vermindert und das zweite Kriterium erhöht die Informationsbedürfnisse des Anlegers. Leider sind diese Kriterien nicht konsequent und stimmig umgesetzt worden. 51

Im Fall einer **Eintragung des Administrators des Index** in das öffentliche Register nach Art. 36 der VO (EU) 2016/1011 sollen die Buchstaben b und c nicht anwendbar sein. Es soll also auf eine Beschreibung des Index verzichtet werden können. 52

Die Ausnahme von dem Erfordernis einer Beschreibung des Index in **Buchstabe c Ziff. i und ii** ist im Hinblick auf die dahinter stehenden Wertungen nur schwer nachvollziehbar. Auf „**vorher festgelegten und objektiven Kriterien**" beruhende Indexregeln dürfen danach auf der Website des Emittenten oder Indexanbieters laufend zur Verfügung gestellt werden. Der Mangel an vorher festgelegten und objektiven Kriterien schließt hingegen einen dynamischen, fortzuschreibenden Index aus. Dabei wäre ein solcher gerade dann erforderlich und sinnvoll. Umgekehrt darf ein sehr offener, mit einem erheblichen Ermessen verbundener Index paradoxerweise allein im ursprünglichen Prospekt beschrieben werden. 53

54 Ist der Basiswert ein **Zinssatz**, dann bedarf es stets einer Beschreibung dieses Basiswertes.

55 Der vorletzte Satz von Punkt 2.2.2 zeigt, dass es auch **andere Basiswerte** als Wertpapiere, Referenzeinheiten oder Referenzverbindlichkeiten, Indices und Zinssätze gibt. Die vorstehend behandelten Regeln für diese Basiswerte sollen jedoch insofern einen Anhalt für die erforderlichen Angaben geben, als auch bei anderen Basiswerten **gleichwertige Angaben** erforderlich sind. **Gleichwertig** bedeutet dabei mindestens ebenso hilfreich im Hinblick auf die Informationsbedürfnisse des Anlegers.

56 Nach dem letzten Satz ist schließlich bei einem Korb von Basiswerten selbstverständlich auch die **Gewichtung des einzelnen Basiswerts** anzugeben. Im Hinblick auf die Granularität der Angaben für jeden einzelnen Basiswert kann in geeigneten Fällen auf das bei Kreditderivaten maßgebliche 20%-Kriterium zurückgegriffen werden.

57 Punkt **2.2.3** bezieht sich auf „**Störungen des Marktes oder der Abrechnung**". Hierbei geht es nicht um lediglich wirtschaftliche Ereignisse, die den Basiswert prägen, sondern um Ereignisse, die die normale Funktionsweise der Verknüpfung des Wertpapiers an den Basiswert berühren, weil sie zum Beispiel mit sich bringen, dass der Basiswert nicht zur Verfügung steht. Kreditereignisse sind in erster Linie für Wertpapiere relevant, die an Kreditrisiken gebunden sind (Credit-linked-Wertpapiere). Solche Ereignisse gehören gerade zum normalen bei Kreditderivaten vorgesehenen Ablauf. Punkt 2.2.3 bezieht sich insgesamt lediglich auf die Angaben zu den möglichen Störungen und weniger auf die Frage, wie diesen Störungen zu begegnen ist.

58 Die in **Punkt 2.2.4** genannten **Anpassungsregeln** sind die Regeln, die für den Fall von Störungen im Sinne des Punkt 2.2.3 vorgesehen sind. Erforderlich sind zum Beispiel Ersatzanknüpfungen, wenn der Basiswert als Bezugsgröße nicht zur Verfügung steht oder auf die übliche Art und Weise nicht bestimmt werden kann.

59 Punkt **3.1** verpflichtet lediglich zu Angaben, **ob** der Emittent nach erfolgter Emission Informationen veröffentlichen will oder nicht. Eine Verpflichtung hierzu ergibt sich aus Punkt 3.1, wie der eindeutige Wortlaut zeigt, gerade nicht. Sind solche Informationen vom Emittenten angekündigt, muss er freilich im Prospekt angeben, wo sie erhältlich sein werden. Es liegt auf der Hand, dass sich solche Informationen bei derivativen Wertpapieren gerade auch auf den Basiswert beziehen können.

Anhang 18 VO (EU) 2019/980
Zugrunde liegende Aktie

Abschnitt 1
Beschreibung der zugrunde liegenden Aktie

Punkt 1.1

Nennung aller Personen, die für die Angaben in der Wertpapierbeschreibung bzw. für bestimmte Teile der Angaben verantwortlich sind. Im letzteren Fall sind die entsprechenden Teile anzugeben. Handelt es sich um natürliche Personen, zu denen auch Mitglieder des Verwaltungs-, Leitungs- oder Aufsichtsorgans des Emittenten gehören, sind Name und Funktion dieser Person zu nennen. Bei juristischen Personen sind Name und eingetragener Sitz der Gesellschaft anzugeben.

Punkt 1.1.

Beschreibung von Art und Gattung der Aktien.

Punkt 1.2.

Rechtsvorschriften, auf deren Grundlage die Aktien geschaffen wurden oder werden sollen.

Punkt 1.3.

a) Angabe, ob es sich um Namens- oder Inhaberpapiere handelt und ob sie in Stückeform oder stückelos vorliegen.

b) Im Falle von stückelos registrierten Wertpapieren, Name und Anschrift des die Buchungsunterlagen führenden Instituts.

Punkt 1.4.

Angabe der Währung der Emission.

Punkt 1.5.

Beschreibung der mit den Wertpapieren verbundenen Rechte, einschließlich aller etwaigen Beschränkungen dieser Rechte, und des Verfahrens zur Wahrnehmung dieser Rechte:

a) Dividendenrechte:
  i) fester/e Termin/e, zu dem/denen der Anspruch entsteht;
  ii) Verjährungsfrist für den Verfall der Dividendenberechtigung und Angabe des entsprechenden Begünstigten;
  iii) Dividendenbeschränkungen und Verfahren für gebietsfremde Wertpapierinhaber;
  iv) Dividendensatz bzw. Methode für dessen Berechnung, Häufigkeit und Art der Zahlungen (kumulativ oder nichtkumulativ).

b) Stimmrechte;

c) Bezugsrechte bei Angeboten zur Zeichnung von Wertpapieren derselben Gattung;

d) Recht auf Beteiligung am Gewinn des Emittenten;

e) Recht auf Beteiligung am Liquidationserlös;

f) Tilgungsklauseln;

g) Wandelbedingungen.

Punkt 1.6.

Bei Neuemissionen Angabe der Beschlüsse, Ermächtigungen und Billigungen, aufgrund deren die Aktien geschaffen und/oder emittiert wurden oder werden sollen, und Angabe des Emissionstermins.

Punkt 1.7.

Angabe des Orts und des Zeitpunkts der erfolgten bzw. noch zu erfolgenden Zulassung der Papiere zum Handel.

Punkt 1.8.

Darstellung etwaiger Beschränkungen für die Übertragbarkeit der Papiere.

Punkt 1.9.

Erklärung zur Existenz auf den Emittenten anzuwendender nationaler Rechtsvorschriften zu Übernahmen, die solche Übernahmen behindern könnten, sofern vorhanden. Kurze Beschreibung der Rechte und Verpflichtungen des Aktionärs im Falle von obligatorischen Übernahmeangeboten, Ausschluss oder Andienung.

Punkt 1.10.

Angabe öffentlicher Übernahmeangebote für das Eigenkapital des Emittenten, die Dritte während des letzten oder des laufenden Geschäftsjahres unterbreitet haben. Zu nennen sind dabei der Kurs oder die Wandelbedingungen für derlei Angebote sowie das Resultat.

Punkt 1.11. Vergleich

a) des Anteils am Aktienkapital und an den Stimmrechten für bestehende Aktionäre vor und nach der aus dem öffentlichen Angebot resultierenden Kapitalerhöhung unter der Annahme, dass existierende Aktionäre die neuen Aktien nicht zeichnen;

b) des Nettovermögenswertes pro Aktie zum Datum der letzten Bilanz vor dem öffentlichen Angebot (Verkaufsangebot und/oder Kapitalerhöhung) und des Ausgabekurses im Rahmen dieses öffentlichen Angebots.

Abschnitt 2
Zur Verfügung zu stellende Informationen für den Fall, dass der Emittent des Basistitels ein Unternehmen derselben Gruppe ist

Punkt 2.1

Ist der Emittent des Basistitels ein Unternehmen derselben Gruppe, sind für diesen Emittenten die gleichen Angaben zu liefern, wie im Registrierungsformular für Dividendenwerte oder, falls zutreffend, im Registrierungsformular für Sekundäremissionen von Dividendenwerten oder im Registrierungsformular bei EU-Wachstumsprospekt für Dividendenwerte verlangt.

Im Hinblick auf die nach Abschnitt 1 Punkte 1.1 bis 1.10 erforderlichen Angaben wird auf die Kommentierung zu Anhang 11 Abschnitt 4 VO (EU) 2019/980 verwiesen, zu Punkt 1.11 auf die Kommentierung zu Anhang 11 Abschnitt 9 VO (EU) 2019/980. Zu Abschnitt 2 siehe die Kommentierung zu Art. 19 VO (EU) 2019/980.

Anhang 19 VO (EU) 2019/980
Forderungsbesicherte Wertpapiere

Abschnitt 1
Die Wertpapiere

Punkt 1.1

Erklärung, dass eine Mitteilung an die ESMA erfolgt ist oder diese beabsichtigt ist, um den Vorschriften hinsichtlich einfacher, transparenter und standardisierter Verbriefung (STS) sofern zutreffend zu entsprechen. Ebenso sollte die Bedeutung einer solchen Mitteilung erläutert und ein Verweis auf die oder ein Hyperlink zu der Datenbank der ESMA mit dem Hinweis eingefügt werden, dass die STS-Mitteilung dort heruntergeladen werden kann, sofern dies als nötig erachtet wird.

Punkt 1.2

Enthält der Prospekt eine Erklärung, dass die Transaktion den Vorschriften hinsichtlich STS entspricht, ein Warnhinweis, dass der STS-Status einer Transaktion nicht statisch ist und dass Anleger den aktuellen Status der Transaktion auf der Website der ESMA überprüfen sollten.

Punkt 1.3

Mindeststückelung einer Emission.

Punkt 1.4

Werden Angaben zu einem nicht an der Emission beteiligten Unternehmen/Schuldner veröffentlicht, ist zu bestätigen, dass die das Unternehmen/den Schuldner betreffenden Angaben korrekt den vom Unternehmen/Schuldner selbst publizierten Informationen entnommen wurden. Nach Wissen des Emittenten und soweit für ihn aus den von dem Unternehmen bzw. Schuldner veröffentlichten Angaben ersichtlich, wurden die Angaben nicht durch Auslassungen irreführend gestaltet.

Darüber hinaus ist/sind die Quelle(n) der in der Wertpapierbeschreibung enthaltenen Informationen, d. h. die Fundstelle der vom Unternehmen oder Schuldner selbst publizierten Angaben zu nennen.

Abschnitt 2
Die Basiswerte

Punkt 2.1

Es ist zu bestätigen, dass die der Emission zugrunde liegenden verbrieften Aktiva so beschaffen sind, dass sie die Erwirtschaftung von Finanzströmen gewährleisten, die alle für die Wertpapiere fälligen Zahlungen abdecken.

Punkt 2.2

Liegt der Emission ein Pool von Einzelaktiva zugrunde, sind folgende Angaben zu liefern:

Punkt 2.2.1

Die für diesen Aktiva-Pool geltende Rechtsordnung.

Punkt 2.2.2

a) Im Falle einer kleineren Zahl von leicht identifizierbaren Schuldnern ist eine allgemeine Beschreibung jedes Schuldners beizubringen.

b) In allen anderen Fällen eine Beschreibung der allgemeinen Charakteristika der Schuldner und des wirtschaftlichen Umfelds.

c) Im Zusammenhang mit den unter Buchstabe b genannten Schuldnern, etwaige globale statistische Daten in Bezug auf die verbrieften Aktiva.

Punkt 2.2.3

Rechtsnatur der Aktiva.

Punkt 2.2.4

Der Fälligkeitstermin bzw. die Fälligkeitstermine der Aktiva.

Punkt 2.2.5

Betrag der Aktiva.

Punkt 2.2.6

Die Beleihungsquote oder den Grad der Besicherung.

Punkt 2.2.7

Die Methode der Entstehung oder der Schaffung der Aktiva sowie bei Darlehen oder Kreditverträgen die Hauptdarlehenskriterien und einen Hinweis auf etwaige Darlehen, die diesen Kriterien nicht genügen, sowie etwaige Rechte oder Verpflichtungen im Hinblick auf die Zahlung weiterer Vorschüsse.

Punkt 2.2.8

Hinweis auf wichtige Zusicherungen und Sicherheiten, die dem Emittenten in Bezug auf die Aktiva gemacht oder gestellt wurden.

Punkt 2.2.9

Etwaige Substitutionsrechte für die Aktiva und eine Beschreibung der Art und Weise, wie die Aktiva ersetzt werden können, und der Art der substituierbaren Aktiva; sollte die Möglichkeit einer Substitution durch Aktiva einer anderen Gattung oder Qualität bestehen, ist dies anzugeben und sind die Auswirkungen einer solchen Substitution darzulegen.

Punkt 2.2.10

Beschreibung sämtlicher relevanter Versicherungspolicen, die für die Aktiva abgeschlossen wurden. Eine Konzentration bei ein und derselben Versicherungsgesellschaft sollte gemeldet werden, wenn sie für die Transaktion von wesentlicher Bedeutung ist.

Punkt 2.2.11

Setzen sich die Aktiva aus Schuldverschreibungen von maximal fünf Schuldnern zusammen, bei denen es sich um juristische Personen handelt, oder werden diese von maximal fünf juristischen Personen garantiert oder sind einem Schuldner oder einem die Schuldverschreibungen garantierenden Unternehmen 20 oder mehr Prozent der Aktiva zuzurechnen oder werden, nach Kenntnis des Emittenten und/oder soweit für ihn aus den von dem/den Schuldner(n) veröffentlichten Informationen ersichtlich, 20 oder mehr Prozent der Aktiva von einem einzigen Garantiegeber garantiert, so ist eine der beiden folgenden Angaben zu machen:

a) Angaben über jeden Schuldner oder Garantiegeber, als wäre er ein Emittent, der für Nichtdividendenwerte mit einer Mindeststückelung von 100 000 EUR oder solche, die an einem geregelten Markt oder in einem speziellen Segment davon, zu dem nur qualifizierte Anleger zum Zwecke des Handels mit solchen Wertpapieren Zugang haben, gehandelt werden sollen, ein Registrierungsdokument zu erstellen hat;

b) wenn es sich um einen Schuldner oder Garantiegeber handelt, dessen Wertpapiere bereits zum Handel an einem geregelten Markt, gleichwertigen Drittlandsmarkt oder KMU-Wachstumsmarkt zugelassen sind, sein Name, seine Anschrift, das Land seiner Gründung, seine wesentlichen Geschäftstätigkeiten/seine Anlagestrategie und die Bezeichnung des Marktes, an dem seine Wertpapiere zugelassen sind.

Punkt 2.2.12

Besteht zwischen dem Emittenten, dem Garantiegeber und dem Schuldner eine Beziehung, die für die Emission von wesentlicher Bedeutung ist, sind die wichtigsten Aspekte dieser Beziehung im Detail zu erläutern.

Punkt 2.2.13

Umfassen die Aktiva Verpflichtungen, die an einem geregelten Markt oder gleichwertigen Drittlandsmarkt oder an einem KMU-Wachstumsmarkt gehandelt werden, eine kurze Beschreibung der Wertpapiere und des Marktes und ein elektronischer Link, unter dem Unterlagen hinsichtlich der Verpflichtungen auf dem geregelten Markt oder gleichwertigen Drittlandsmarkt oder KMU-Wachstumsmarkt verfügbar sind.

Punkt 2.2.14

Umfassen die Aktiva nicht an einem geregelten oder gleichwertigen Drittlandsmarkt oder KMU-Wachstumsmarkt gehandelte Schuldverschreibungen, sind die wichtigsten Konditionen hinsichtlich dieser Schuldverschreibungen darzulegen.

Punkt 2.2.15

Umfassen die Aktiva Dividendenwerte, die zum Handel an einem geregelten oder gleichwertigen Drittlandsmarkt oder einem KMU-Wachstumsmarkt zugelassen sind, ist Folgendes anzugeben:

a) eine Beschreibung der Wertpapiere;

b) eine Beschreibung des Markts, an dem sie gehandelt werden, einschließlich seines Gründungsdatums, der Art und Weise, wie Kursinformationen veröffentlicht werden, der täglichen Handelsvolumina, der Bedeutung des Markts in seinem Land, der für den Markt zuständigen Regulierungsbehörde und ein elektronischer Link, unter dem Unterlagen hinsichtlich der Wertpapiere auf dem geregelten Markt oder gleichwertigen Drittlandsmarkt oder KMU-Wachstumsmarkt verfügbar sind;

c) die Abstände, in denen die Kurse der einschlägigen Wertpapiere veröffentlicht werden.

Punkt 2.2.16

Umfassen mehr als 10 % der Aktiva Dividendenwerte, die nicht an einem geregelten oder gleichwertigen Drittlandsmarkt oder KMU-Wachstumsmarkt gehandelt werden, sind eine Beschreibung dieser Dividendenwerte sowie Angaben für jeden Emittenten dieser Wertpapiere beizubringen, die den Angaben vergleichbar sind, die im Registrierungsformular für Dividendenwerte oder, sofern zutreffend, im Registrierungsformular für Wertpapiere, die von Organismen für gemeinsame Anlagen des geschlossenen Typs ausgegeben werden, verlangt werden.

Punkt 2.2.17

Ist ein wesentlicher Teil der Aktiva durch Immobilien besichert oder unterlegt, ist ein Gutachten für diese Immobilien vorzulegen, in dem sowohl die Immobilien selbst als auch die Kapitalfluss- und Einkommensströme geschätzt werden.

Dieser Offenlegung muss nicht nachgekommen werden, wenn es sich um eine Emission von Wertpapieren handelt, die durch Hypothekendarlehen unterlegt sind, wobei die Immobilien als Sicherheiten dienen, sofern diese Immobilien im Hinblick auf die Emission nicht neu geschätzt wurden und klar ist, dass es sich bei den besagten Schätzungen um diejenigen handelt, die zum Zeitpunkt des ursprünglichen Hypothekendarlehens vorgenommen wurden.

Punkt 2.3

In Bezug auf einen aktiv gemanagten Pool von Aktiva, die die Emission unterlegen, sind folgende Angaben beizubringen.

Punkt 2.3.1

Gleichwertige Angaben wie in 2.1 und 2.2, um eine Bewertung der Art, der Qualität, der Hinlänglichkeit und der Liquidität der im Portfolio gehaltenen Aktiva vornehmen zu können, die der Besicherung der Emission dienen.

Punkt 2.3.2

Die Parameter, innerhalb deren die Anlagen getätigt werden können; Name und Beschreibung des für die Verwaltung zuständigen Unternehmens, einschließlich einer Beschreibung des in diesem Unternehmen vorhandenen Sachverstands bzw. der bestehenden Erfahrungen; Zusammenfassung der Bestimmungen über die Abbestellung eines solchen Unternehmens und die Bestellung einer anderen Verwaltungsgesellschaft und Beschreibung der Beziehung dieses Unternehmens zu allen anderen an der Emission beteiligten Parteien.

Punkt 2.4

Schlägt ein Emittent vor, weitere Wertpapiere zu emittieren, die von denselben Aktiva unterlegt werden, ist eine entsprechende eindeutige Erklärung abzugeben und – sofern nicht diese neuen Wertpapiere mit den Kategorien der bestehenden Schuldtitel fungibel oder diesen nachgeordnet sind – eine Beschreibung der Art und Weise, wie die Inhaber der bestehenden Schuldtitel unterrichtet werden sollen.

Abschnitt 3
Struktur und Kapitalfluss

Punkt 3.1

Beschreibung der Struktur der Transaktion einschließlich eines Überblicks über die Transaktion und die Kapitalflüsse und eines Strukturdiagramms.

Punkt 3.2

Beschreibung der an der Emission beteiligten Unternehmen und der von ihnen auszuführenden Aufgaben zusätzlich zu den Angaben über direkte und indirekte Besitz- oder Kontrollverhältnisse zwischen diesen Unternehmen.

Punkt 3.3

Beschreibung der Methode und des Datums des Verkaufs, der Übertragung, der Novation oder der Zession der Aktiva bzw. etwaiger sich aus den Aktiva ergebenden Rechte und/oder Pflichten gegenüber dem Emittenten, oder ggf. der Art und Weise und der Frist, auf die bzw. innerhalb deren der Emittent die Erträge der Emission vollständig investiert haben wird.

Punkt 3.4

Erläuterung des Mittelflusses, einschließlich

Punkt 3.4.1

a) der Art und Weise, wie der sich aus den Aktiva ergebende Kapitalfluss den Emittenten in die Lage versetzen soll, seinen Verpflichtungen gegenüber den Wertpapierinhabern nachzukommen, einschließlich, falls nötig:

b) einer Tabelle mit der Bedienung der finanziellen Verpflichtungen sowie einer Beschreibung der Annahmen, die der Erstellung dieser Tabelle zugrunde liegen;

Punkt 3.4.2

Angaben über die Verbesserung der Kreditwürdigkeit der Anleiheemission; Angabe, wo potenziell bedeutende Liquiditätsdefizite auftreten könnten und Verfügbarkeit etwaiger Liquiditätshilfen; Angabe der Bestimmungen, die die Zinsrisiken bzw. Hauptausfallrisiken auffangen sollen;

Punkt 3.4.3

a) der auf die Transkation anzuwendenden Anforderung an Risikorückbehalte, sofern zutreffend;

b) des materiellen Nettoanteils, den der Originator, Sponsor oder ursprüngliche Kreditgeber zurückbehält[1].

Punkt 3.4.4

unbeschadet des in 3.4.2 Gesagten, Einzelheiten zu etwaigen Finanzierungen von nachgeordneten Verbindlichkeiten;

Punkt 3.4.5

Angabe von Anlageparametern für die Anlage von zeitweiligen Liquiditätsüberschüssen und Beschreibung der für eine solche Anlage zuständigen Parteien;

Punkt 3.4.6

Beschreibung der Art und Weise, wie Zahlungen in Bezug auf die Aktiva zusammengefasst werden;

Punkt 3.4.7

Rangordnung der Zahlungen, die vom Emittenten an die Inhaber der entsprechenden Wertpapiergattungen geleistet werden, und

Punkt 3.4.8

detaillierte Angaben zu Vereinbarungen, die den Zins- und Kapitalzahlungen an die Anleger zugrunde liegen;

Punkt 3.5

Name, Anschrift und wesentliche Geschäftätigkeiten der ursprünglichen Besitzer der verbrieften Aktiva.

Punkt 3.6

Ist die Rendite und/oder Rückzahlung des Wertpapiers an die Leistung oder Kreditwürdigkeit anderer Aktiva oder Basiswerte geknüpft, die keine Aktiva des Emittenten sind, für jedes Referenzaktivum oder jeden Basiswert eine der folgenden Angaben;

a) Offenlegung gemäß den Punkten 2.2 und 2.3;

b) Ist das Grundkapital nicht gefährdet, der Name des Emittenten des Referenzaktivums, die internationale Wertpapier-Identifikationsnummer (ISIN) und Angaben dazu, wo Informationen über die vergangene und künftige Wertentwicklung des Referenzaktivums eingeholt werden können;

c) handelt es sich bei dem Referenzaktivum um einen Index, Anhang 17 Teile 1 und 2.

Punkt 3.7

Name, Anschrift und wesentliche Geschäftätigkeiten des Verwalters, der Berechnungsstelle oder einer gleichwertigen Person, zusammen mit einer Zusammenfassung der Zuständigkeiten des Verwalters bzw. der Berechnungsstelle; ihr Verhältnis zum ursprünglichen Besitzer oder

---

1 Dies kann sich jedoch abhängig von den Anforderungen der endgültigen Verbriefungsverordnung noch ändern.

"Schaffer" der Aktiva und eine Zusammenfassung der Bestimmungen, die das Ende der Bestellung des Verwalters/der Berechnungsstelle und die Bestellung eines anderen Verwalters/Berechnungsstelle regeln;

Punkt 3.8

Namen und Anschriften sowie eine kurze Beschreibung

a) etwaiger Swap-Vertragsparteien und Beschaffer anderer wesentlicher Formen von Bonitäts- oder Liquiditätsverbesserungen;

b) der Banken, bei denen die Hauptkonten in Bezug auf die Transaktion geführt werden.

Abschnitt 4
„EX POST"-Angaben

Punkt 4.1

Im Prospekt ist anzugeben, an welchem Ort der Emittent verpflichtet ist oder beabsichtigt, in Bezug auf die zum Handel zuzulassenden Wertpapiere und die Wertentwicklung der zugrunde liegenden Sicherheiten nach erfolgter Emission Transaktionsinformationen zu veröffentlichen. Der Emittent gibt an, welche Informationen veröffentlicht werden, wo sie erhalten werden können und wie häufig sie veröffentlicht werden.

(nicht kommentiert)

Anhang 20 VO (EU) 2019/980
Pro-Forma-Informationen

Abschnitt 1
Inhalt der Pro-Forma-Finanzinformationen

Punkt 1.1

Pro-forma-Finanzinformationen bestehen aus:

a) einer Einleitung, in der Folgendes festgehalten wird:
   i) der Zweck, zu dem die Pro-forma-Finanzinformationen erstellt wurden, einschließlich einer Beschreibung der Transaktion oder der wesentlichen Verpflichtung und der daran beteiligten Unternehmen oder Einheiten;
   ii) der Zeitraum oder das Datum, auf den bzw. das sich die Pro-forma-Finanzinformationen beziehen;
   iii) die Tatsache, dass die Pro-forma-Finanzinformation lediglich zur Veranschaulichung erstellt wurde;
   iv) eine Erläuterung, dass
      i) die Pro-forma-Finanzinformation die Auswirkung der Transaktion veranschaulicht, so als wäre diese zu einem früheren Zeitpunkt durchgeführt worden;
      ii) die hypothetische Finanzlage oder die hypothetischen Finanzergebnisse von der tatsächlichen Finanzlage oder den tatsächlichen Finanzergebnissen des Unternehmens abweichen können;

b) je nach Umständen einer Gewinn- und Verlustrechnung, einer Bilanz oder beidem, wobei folgende Angaben in Spaltenform zu liefern sind:
   i) historische unberichtete Informationen;
   ii) Anpassungen an der Rechnungslegungsmethode, falls erforderlich;
   iii) Pro-forma-Bereinigungen;
   iv) die Ergebnisse der Pro-forma-Finanzinformationen in der letzten Spalte;

c) Begleitende Anhangangaben, in denen Folgendes dargelegt wird:
   i) die Quellen, aus denen die unberichteten Finanzinformationen stammen und ob ein Prüfungsvermerk zur Quelle veröffentlicht wurde;
   ii) die Basis, auf der die Pro-forma-Finanzinformationen erstellt wurden;
   iii) Quelle und Erläuterung jeder Bereinigung;
   iv) Angaben darüber, ob jede Bereinigung hinsichtlich einer Pro-forma-Gewinn- und Verlustrechnung voraussichtlich eine anhaltende Auswirkung auf den Emittenten haben wird;

d) gegebenenfalls sind Finanzinformationen und Zwischenfinanzinformationen der erworbenen oder zu erwerbenden Unternehmen oder Einheiten, die zur Erstellung der Pro-forma-Finanzinformationen verwendet wurden, in den Prospekt aufzunehmen.

Abschnitt 2
Grundsätze für die Erstellung und Darstellung von Pro-Forma-Finanzinformationen

Punkt 2.1

Pro-forma-Finanzinformationen sind als solche zu kennzeichnen, um sie von historischen Finanzinformationen zu unterscheiden.

Pro-forma-Finanzinformationen sind so zu erstellen, dass sie mit den vom Emittenten bei den letzten oder nächsten Jahresabschlüssen zugrunde gelegten Rechnungslegungsmethoden konsistent sind.

Punkt 2.2

Pro-forma-Informationen dürfen lediglich in folgendem Zusammenhang veröffentlicht werden:

a) für den letzten abgeschlossenen Berichtszeitraum und/oder

b) für den letzten Zwischenberichtszeitraum, für den einschlägige unberichtete Informationen veröffentlicht wurden oder in das Registrierungsformular bzw. den Prospekt aufgenommen werden.

Punkt 2.3

Pro-forma-Bereinigungen müssen

a) klar ausgewiesen und erläutert werden;

b) alle wesentlichen Auswirkungen, die direkt der jeweiligen Transaktion zugeordnet werden können, darstellen;

c) mit Tatsachen unterlegt werden können.

Abschnitt 3
Anforderungen an den Bestätigungsvermerk eines Wirtschaftsprüfers/Abschlussprüfers

Der Prospekt muss einen von unabhängigen Wirtschafts- oder Abschlussprüfern erstellten Vermerk enthalten, in dem festgehalten wird, dass nach Meinung der Prüfer:

a) die Pro-forma-Finanzinformationen ordnungsgemäß auf der angegebenen Basis erstellt wurden; und

b) dass die unter Buchstabe a genannte Basis mit den Rechnungslegungsmethoden des Emittenten konsistent ist.

Übersicht

	Rn.		Rn.
I. Überblick	1	2. Pro-forma-Anpassungen	26
II. Allgemeine Anforderungen	2	3. Pro-forma-Finanzinformationen	27
1. Einleitung (Punkt 1.1. lit. a)	3	V. Art der Erstellung von Pro-forma-Finanzinformationen (Abschnitt 2)	29
III. Bestandteile von Pro-forma-Finanzinformationen (Punkt 1.1 lit. b)	9	1. Bilanzkontinuität und Methodenstetigkeit	29
1. Pro-forma-Bilanz	10	2. Angaben zu den Grundlagen der Erstellung der Pro-forma-Finanzinformationen	32
2. Pro-forma-Gewinn- und Verlustrechnung	11		
3. Pro-forma-Kapitalflussrechnung	14	VI. Von Pro-forma-Finanzinformationen darzustellende Zeiträume (Punkt 2.2)	33
4. Pro-forma-Ergebnis pro Aktie	15		
5. Pro-forma-Erläuterungen	16		
a) Einleitender Abschnitt	17	1. Letzter abgeschlossener Berichtszeitraum	34
b) Grundlagen der Erstellung	20		
c) Erläuterung der Pro-forma-Anpassungen	21	2. Letzter Zwischenberichtszeitraum	35
IV. Darstellung von Pro-forma-Finanzinformationen (Punkt 1.1 lit. b)	22	VII. Pro-forma-Anpassungen (Punkt 2.3)	38
		VIII. Bescheinigung (Abschnitt 3)	43
1. Zugrunde liegende historische Finanzinformationen bzw. Ausgangszahlen	24	1. Inhalt der Bescheinigung	43
		2. Erforderliche Prüfungshandlungen	45

I. Überblick

Anhang 20 der VO (EU) 2019/980 konkretisiert die Anforderungen an Pro-forma-Finanzinformationen in zweifacher Hinsicht. Zum einen werden Mindestanforderungen an Art und Umfang der Darstellung festgelegt. Zum anderen wird aber auch die Reichweite von Pro-forma-Finanzinformationen begrenzt und zwar in Bezug auf die Bestandteile von Pro-forma-Finanzinformationen sowie auf die zeitliche Reichweite einer Pro-forma-Betrachtung. In Deutschland sind bei der Auslegung dieser Anforderungen ferner die hierzu noch zur früher geltenden VO (EG) 809/2004 vom Institut der Wirtschaftsprüfer in Deutschland erlassenen Berufsstandards zur Erstellung[1] und zur Prüfung[2] von Pro-forma-Finanzinformationen zu berücksichtigen. Eine Aktualisierung dieser Standards anhand der neuen ProspektVO bzw. VO (EU) 2019/980 ist bislang nicht erfolgt, sodass diese Standards weiterhin für Wirtschaftsprüfer maßgeblich sind. Dem IDW kommt als privater berufsständischer Organisation der Wirtschaftsprüfer zwar keine unmittelbare rechtliche Legitimation zur Ausgestaltung des Prospektrechts zu. Faktisch strahlen seine Standards jedoch durch die berufsständischen Sorgfaltsanforderungen dennoch auf die Auslegung der VO (EU) 2019/980 jedenfalls in Deutschland aus, da Wirtschaftsprüfer die nach Anhang 20 Abschnitt 3 der VO (EU) 2019/980 erforderliche Bescheinigung nur bei Einhaltung ihrer berufsständischen Vorgaben erteilen.[3] Die BaFin akzeptiert jedenfalls Pro-forma-Finanzinformationen, die nach dem diesbezüglichen IDW-Rechnungslegungshinweis erstellt wurden, sowie Bescheinigungen, die auf der Grundlage des dafür erlassenen IDW-Prüfungshinweises erteilt worden sind.[4]

II. Allgemeine Anforderungen

Pro-forma-Finanzinformationen dürfen sich nicht nur auf die reine **Darstellung von Finanzangaben** beschränken. Vielmehr sind sie zu ihrem besseren Verständnis und zur Vermeidung von Missverständnissen über ihren Aussagegehalt in den Kontext des von ihnen dargestellten fiktiven Sachverhalts zu setzen und mit diesbezüglichen **Warnhinweisen** zu versehen. Im Einzelnen sind dazu nach Anhang 20 die folgenden Angaben zu machen.

1. Einleitung (Punkt 1.1. lit. a)

Die Pro-forma-Finanzinformationen müssen zunächst gem. Punkt 1.1 lit. a Ziff. i die **Transaktion** beschreiben, deren Folgen sie **fiktiv auf den jeweiligen Berichtszeitraum projizieren**. Dazu gehört insbesondere eine Bezeichnung der beteiligten Unternehmen

---

1 IDW Rechnungslegungshinweis: Erstellung von Pro-forma-Finanzinformationen (IDW RH HFA 1.004) (Stand: 12.7.2017), veröffentlicht in IDW Life 2017, 1088 ff.
2 IDW Prüfungshinweis: Prüfung von Pro-forma-Finanzinformationen (IDW PH 9.960.1) (Stand: 12.7.2017), veröffentlicht in IDW Life 2017, 1094 ff.
3 Darauf weist zu Recht auch *Fingerhut*, in: Just/Voß/Ritz/Zeising, WpPG, 2009, Anhang II ProspektVO Rn. 6, hin; zur Entstehungsgeschichte von IDW-Rechnungslegungshinweis und Prüfungshinweis sowie deren Bedeutung im Berufsrecht der Wirtschaftsprüfer *Kunold*, in: Assmann/Schlitt/von Kopp-Colomb, Prospektrecht Kommentar, Anhang 20 VO (EU) 2019/980 Rn. 3.
4 *Fingerhut*, in: Just/Voß/Ritz/Zeising, WpPG, 2009, Anhang II ProspektVO Rn. 6, 55; *Kunold*, in: Assmann/Schlitt/von Kopp-Colomb, Prospektrecht Kommentar, Anhang 20 VO (EU) 2019/980 Rn. 3.

oder Geschäftseinheiten. Ferner sind zum besseren Verständnis auch die Struktur der Transaktion, insbesondere der konkrete Erwerbsgegenstand und der Erwerbsvorgang (z.B. Übertragung von Geschäftsanteilen aller oder einzelner Vermögensgegenstände eines bestimmten Geschäftsbetriebs etc.) zu beschreiben. Im Falle einer „wesentlichen Verpflichtung",[5] gilt dies entsprechend.

4 In Pro-forma-Finanzinformationen ist weiterhin darzustellen, warum, also zu welchem Zweck, sie neben den historischen Finanzinformationen in den Prospekt aufgenommen werden. Hierbei ist zunächst darauf einzugehen, dass die Folgen der darin abgebildeten Transaktion so **wesentlich** sind, dass die Verhältnisse des Emittenten nach vollzogener Transaktion in dessen historischen Finanzinformationen nicht mehr zutreffend dargestellt werden, sodass sich aus diesen auch nur noch eingeschränkt Schlussfolgerungen für die Zukunftsaussichten des Emittenten ableiten lassen.

5 Ferner soll gem. Punkt 1.1 lit. a Ziff. ii der Zeitraum oder das Datum, auf den bzw. das sich die Pro-forma-Finanzinformation bezieht, genannt werden. Dies ist also der **Berichtszeitraum**, auf dessen Beginn der Vollzug der Transaktion angenommen wird.

6 Zudem hat in Abgrenzung zu den historischen Finanzinformationen gem. Punkt 1.1 lit. a Ziff. iii ein Hinweis darauf zu erfolgen, dass die Pro-forma-Finanzinformationen lediglich zur **Veranschaulichung** erstellt werden. Das bedeutet, die möglichen Folgen der Transaktion werden veranschaulicht, können aber nicht mit demselben Grad an Sicherheit beschrieben werden wie in historischen Finanzinformationen. Mit hinreichender Gewissheit lassen sich diese erst anhand der tatsächlichen Informationen des Rechnungswesens nach erfolgtem Vollzug und frühestens in der ersten Berichtsperiode, die vollständig nach dem tatsächlichen Vollzugstermin liegt, ermitteln. Hinzu kommt, dass erst nach Vollzug der Transaktion eine vollständige Anpassung der Systeme des Rechnungswesens einer Zielgesellschaft an jene des Emittenten erfolgen kann. Auch lässt sich erst dann eine konsistente Anwendung der Rechnungslegungsgrundsätze des Emittenten sicherstellen, insbesondere im Hinblick auf in den einschlägigen Rechnungslegungsstandards eingeräumte Wahlrechte.

7 Eng mit dem Vorstehenden verbunden ist die gem. Punkt 1.1 lit. a Ziff. iv Unterziff. i und ii notwendige **Erläuterung des hypothetischen Charakters** von Pro-forma-Finanzinformationen. Klarzustellen ist zunächst, dass Pro-forma-Finanzinformationen die Auswirkung der Transaktion so darstellen, als wäre sie zu einem früheren Zeitpunkt durchgeführt worden. Klarzustellen ist weiterhin, dass diese notwendigerweise eine hypothetische Situation beschreiben, denn die entsprechende Transaktion hat noch nicht stattgefunden. Sie bilden damit zwangsläufig nur eine von vielen theoretisch möglichen Fallgestaltungen ab, da die abgebildete konsolidierte Einheit tatsächlich so in dem fraglichen Zeitraum nicht bestanden hat und damit fiktive Geschäftsvorfälle unterstellt werden müssen, die sich so nie ereignet haben.[6] Folglich ist klarzustellen, dass Pro-forma-Finanzinformatio-

---

[5] Gemeint ist hier wohl mit Blick auf die englische Fassung („significant commitment") die bedeutende finanzielle Verpflichtung gem. Art. 18 Abs. 4 VO (EU) 2019/980 – so auch *Kunold*, in: Assmann/Schlitt/von Kopp-Colomb, Prospektrecht Kommentar, Anhang 20 VO (EU) 2019/980 Rn. 5. Weitere Erläuterungen siehe auch IDW RH HFA 1.004, Tz. 5.

[6] IDW RH HFA 1.004, Tz. 34; dazu auch *Kunold*, in: Assmann/Schlitt/von Kopp-Colomb, Prospektrecht Kommentar, Anhang 20 VO (EU) 2019/980 Rn. 6.

nen gerade nicht die aktuelle tatsächliche Finanz- oder Ertragslage des Unternehmens des Emittenten ausweisen und von dieser abweichen können.

Diese allgemeinen Hinweise zu Gegenstand, Zweck und Natur der Pro-forma-Finanzinformationen nach Punkt 1.1 lit. a des Anhangs 20 sind nach dem IDW Prüfungshinweis in den einleitenden Abschnitt der Pro-forma-Erläuterungen aufzunehmen (→ Rn. 17).[7]

III. Bestandteile von Pro-forma-Finanzinformationen (Punkt 1.1 lit. b)

Nach Punkt 18.4.1 des Anhangs 1 sind in den Pro-forma-Finanzinformationen die Auswirkungen der abzubildenden Transaktion auf Aktiva und Passiva sowie die Erträge des Emittenten darzustellen. Daraus ergibt sich naheliegender Weise, dass Pro-forma-Finanzinformationen eine **Bilanz** sowie eine **Gewinn- und Verlustrechnung** enthalten können, wie Punkt 1.1 lit. b des Anhangs 20 ausdrücklich erwähnt. Aus der Formulierung „je nach Umständen" ist dabei zu entnehmen, dass nicht zwingend beide Bestandteile zu erstellen sind. Welche Bestandteile im Einzelnen erforderlich sind, hängt von den Umständen des Einzelfalles, insbesondere dem Zeitpunkt des Vollzugs der abzubildenden Unternehmenstransaktion ab. Anschauliche Beispiele für die je nach Zeitpunkt der Transaktion und der Prospektveröffentlichung erforderlichen Bestandteile von Pro-forma-Finanzinformationen finden sich im IDW-Rechnungslegungshinweis.[8] Keinesfalls ist es also nach der VO (EU) 980/2019 erforderlich, dass Pro-forma-Finanzinformationen sämtliche für einen vollständigen Abschluss nach den IFRS vorgesehenen Bestandteile enthalten.[9] Daher handelt es sich in der Praxis bei Pro-forma-Finanzinformationen auch in aller Regel nicht um vollständige Abschlüsse.[10]

1. Pro-forma-Bilanz

Die **Pro-forma-Bilanz** veranschaulicht die Auswirkungen der Transaktion auf die Bilanz des Emittenten, also auf seine **Aktiva und Passiva**. In der Pro-forma-Bilanz wird unterstellt, dass die Transaktion zum Bilanzstichtag bereits vollzogen wurde. Daraus ergibt sich, dass auf eine Pro-forma-Bilanz verzichtet werden kann, wenn der Vollzug der betreffenden Transaktion bereits vor dem Stichtag des letzten (Zwischen-)Abschlusses des Emittenten erfolgte. In diesen Fällen sind nämlich die bilanziellen Auswirkungen bereits

---

7 Dazu auch IDW RH HFA 1.004, Tz. 3, 34.
8 IDW RH HFA 1.004, Tz. 9. Die in Tz. 9 dargestellten Beispiele greifen die seitens der ESMA zur früher geltenden VO (EG) 809/2004 in ESMA, Questions and Answers Prospectuses, 30th updated version (April 2019), ESMA31-62-780 v. 8.4.2019, Frage 51, dargestellten Beispiele auf. Diese Regel ist inzwischen nicht mehr verbindlich. In die ESMA-Leitlinien zu den Offenlegungspflichten nach der Prospektverordnung, ESMA32-382-1138, 4.3.2021 wurden die Beispiele nicht genauso anschaulich übertragen. Kernpunkte dieser Beispiele finden sich jedoch immer noch in den Leitlinien, bspw. in Rn. 103.
9 IAS 1.10 sieht die folgenden Bestandteile vor: Bilanz, Gesamtergebnisrechnung, Eigenkapitalveränderungsrechnung, Kapitalflussrechnung sowie Anhang („Notes"), ferner bei retrospektiv angewandten Bilanzierungsmethoden eine Eröffnungsbilanz der frühesten Vergleichsperiode.
10 *d'Arcy*, in: Holzborn, WpPG, Anhang II ProspektVO Rn. 14; *Kunold*, in: Assmann/Schlitt/von Kopp-Colomb, Prospektrecht Kommentar, Anhang 20 VO (EU) 2019/980 Rn. 7.

in der Bilanz jenes Abschlusses abgebildet.[11] Denn die Bilanz stellt als **zeitpunktbezogene Darstellung** Aktiva und Passiva (also von Bestandsgrößen) zum jeweiligen Bilanzstichtag gegenüber.[12] Die auf einen Stichtag nach Vollzug einer Transaktion aufgestellte Bilanz bildet also die Auswirkungen jener Transaktion auf die Bilanzpositionen bereits vollumfänglich ab. Der hypothetischen Betrachtung einer Pro-forma-Bilanz bedarf es daher nicht.

2. Pro-forma-Gewinn- und Verlustrechnung

11 Eine **Pro-forma-Gewinn- und Verlustrechnung** soll darstellen, wie sich die **Aufwendungen und Erträge** des Emittenten im jeweiligen Berichtszeitraum (wohl) entwickelt hätten, wenn die Unternehmenstransaktion bereits zu Beginn jenes Berichtszeitraumes vollzogen gewesen wäre.[13] Während – wie ausgeführt – bisweilen auf eine Pro-forma-Bilanz verzichtet werden kann, hat die Pro-forma-Gewinn- und Verlustrechnung einen weiteren Anwendungsbereich. Denn anders als die auf den Stichtag am Ende eines Berichtszeitraumes bezogene Bilanz ist die Gewinn- und Verlustrechnung **periodenbezogen**, das heißt, sie stellt die Entwicklung der Ertragslage des Emittenten über den gesamten Berichtszeitraum dar und berichtet nicht nur statisch über die (Vermögens-)Lage an dessen Ende.[14]

12 Wurde also eine zu einer bedeutenden Bruttoveränderung führende Transaktion vor dem Stichtag des letzten (Zwischen-)Abschlusses des Emittenten vollzogen, sodass die auf jenen Stichtag aufgestellte Bilanz bereits die Auswirkungen der Transaktion berücksichtigt und auf eine Pro-forma-Bilanz verzichtet werden kann (→ Rn. 10), gilt dies nicht für die Pro-forma-Gewinn- und Verlustrechnung. Denn die Gewinn- und Verlustrechnung jenes Abschlusses bildet die Ergebnisse eines während des Berichtszeitraumes erworbenen Unternehmens nur zeitanteilig ab dem Zeitpunkt des Vollzuges des Erwerbs ab.[15] Deshalb wird zur Darstellung der Auswirkungen der Transaktion auf die Erträge des Emittenten ggf. die Erstellung einer **Pro-forma-Gewinn- und Verlustrechnung** erforderlich. Darin wird dann unterstellt, dass die Transaktion zu Beginn des Berichtszeitraumes stattgefunden hat, d.h. es werden sämtliche Erträge eines hinzuerworbenen Unternehmens in der Periode berücksichtigt (also auch solche, die vor dem Vollzug des in die Periode fallenden Erwerbs erzielt wurden).

13 Dies hat in der Regel zur Folge, dass es keinen „Bilanzzusammenhang" zwischen der Pro-forma-Bilanz und der Pro-forma-Gewinn- und Verlustrechnung gibt, da die Pro-forma-Bilanz unterstellt, dass die bedeutende Bruttoveränderung am Bilanzstichtag selbst stattgefunden hat, während die Pro-forma-Gewinn- und Verlustrechnung annimmt, dass die bedeutende Bruttoveränderung zum Beginn der frühesten dargestellten Periode stattgefunden hat.

---

11 IDW RH HFA 1.004, Tz. 11; ebenso ESMA, Leitlinien zu den Offenlegungspflichten nach der Prospektverordnung, ESMA32-382-1138, 4.3.2021, Rn. 105 f.
12 Zum Zeitpunkt- und Bestandsbezug der Bilanz vgl. *Böcking/Gros*, in: Wiedmann/Böcking/Gros, Bilanzrecht, § 242 Rn. 12.
13 IDW RH HFA 1.004, Tz. 10.
14 Zur Natur der Gewinn- und Verlustrechnung als zeitraumbezogenes Informationsinstrument vgl. *Böcking/Gros*, in: Wiedmann/Böcking/Gros, Bilanzrecht, § 242 Rn. 13.
15 RH HFA 1.004, Tz. 6; zur Abgrenzung der Erträge erworbener Unternehmen vgl. auch *Lüdenbach/Hoffmann/Freiberg*, IFRS-Kommentar, 13. Aufl. 2015, § 31 Rn. 28.

3. Pro-forma-Kapitalflussrechnung

Zusätzlich kann auch eine **Pro-forma-Kapitalflussrechnung** erstellt werden, obwohl sie in Anhang 20 (anders in der Vorgängerbestimmung in Anhang II Nr. 6 Abs. 2 der früheren VO (EG) 809/2004) nicht erwähnt wird.[16] Daher ist sie kein Pflichtbestandteil von Pro-forma-Finanzinformationen[17] und in der Praxis auch unüblich.[18]

14

4. Pro-forma-Ergebnis pro Aktie

Über die Vorgaben des Anhangs 20 hinaus empfiehlt das IDW ferner, auch das **Pro-forma-Ergebnis pro Aktie** aufzunehmen, wenn dies nach den Rechnungslegungsstandards erforderlich ist, nach denen die den Pro-forma-Finanzangaben zugrunde liegenden Ausgangszahlen erstellt wurden.[19] Nach Punkt 18.1.3 des Anhangs I sind die in den Prospekt aufzunehmenden historischen Finanzinformationen grds. nach den in der Europäischen Union geltenden IFRS zu erstellen. Diese sehen in IAS 33 Ziff. 2(b)(i), Ziff. 9 für die Konzernabschlüsse von Unternehmen, deren Stammaktien öffentlich gehandelt werden oder die die Börsennotierung ihrer Stammaktien in die Wege geleitet haben, vor, das Ergebnis pro Aktie nach näherer Maßgabe dieses Standards auszuweisen.[20] Wird ein Pro-forma-Ergebnis pro Aktie aufgenommen, ist dies unter der Pro-forma-Gewinn- und Verlustrechnung anzugeben.[21]

15

5. Pro-forma-Erläuterungen

Nach Punkt 1.1 lit. c des Anhangs 20 sind den Pro-forma-Finanzinformationen begleitende Anhangangaben („Accompanying Notes") beizufügen. Im Gegensatz zur früher geltenden VO (EG) 809/2004 sind die Anhangangaben eindeutig Pflichtbestandteil.[22] Insbesondere müssen gemäß Punkt 1.1. lit. c des Anhangs 20 die folgenden Anhangangaben enthalten sein:

16

- Quellen, aus denen die „unberichtigten" Finanzinformationen (→ Rn. 22, 24) stammen, und ob ein Prüfungsvermerk zur Quelle veröffentlicht wurde;
- die Basis, auf der die Pro-forma-Finanzinformationen erstellt wurden;
- Quelle und Erläuterung jeder Bereinigung;
- Angaben darüber, ob jede Bereinigung hinsichtlich einer Pro-forma-Gewinn- und Verlustrechnung voraussichtlich eine anhaltende Auswirkung auf den Emittenten haben wird.

---

16 Anders noch in Anhang II Nr. 6 Abs. 2 der früher geltenden VO (EG) 809/2004, siehe *Meyer*, in: Berrar/Meyer/Müller et al., WpPG/EU-ProspektVO, 2. Aufl. 2017, Rn. 13.
17 Ebenso wohl IDW RH HFA 1.004, Tz. 9 („kann zusätzlich erstellt werden").
18 *Beine/Döpfner/Mehren*, WPg 2019, 72, 74.
19 IDW RH HFA 1.004, Tz. 9.
20 Dazu *Lüdenbach/Hoffmann/Freiberg*, IFRS-Kommentar, 20. Aufl. 2022, § 35; *Wiechmann/Scharfenberg*, in: Driesch/Riese/Schlüter/Senger, Beck'sches IFRS-Handbuch, § 16.
21 IDW RH HFA 1.004, Tz. 9.
22 *Meyer*, in: Berrar/Meyer/Müller et al., WpPG/EU-ProspektVO, 2. Aufl. 2017, Anhang II ProspektVO Rn. 15.

Auch der IDW-Rechnungslegungshinweis sieht Pro-forma-Erläuterungen als Pflichtbestandteil vor und konkretisiert somit Punkt 1.1. lit. c des Anhangs 20.[23] Der IDW-Rechnungslegungshinweis macht dabei detaillierte Vorgaben für die Gliederung von Pro-forma-Erläuterungen, die wie folgt aufgebaut werden sollen. Im Einzelnen sollen sie aus drei Abschnitten bestehen:

a) Einleitender Abschnitt

17 Im einleitenden Abschnitt soll der **Grund** für die Erstellung der Pro-forma-Finanzinformationen dargestellt werden. Ferner ist darauf hinzuweisen, dass sie nur zu **illustrativen Zwecken** erstellt wurden und sie notwendigerweise nur eine **hypothetische Situation** beschreiben und folglich nicht die tatsächliche Vermögens-, Finanz- und Ertragslage des Emittenten widerspiegeln.[24] Nach dem IDW-Rechnungslegungshinweis sind also die Pro-forma-Erläuterungen einzuleiten mit den Angaben nach Punkt 1.1 lit. a Ziff. i des Anhangs 20 (→ Rn. 3 ff.).

18 Des Weiteren soll der einleitende Abschnitt die **historischen Finanzinformationen** erläutern, die in den Ausgangszahlen (zum Begriff und zur Abgrenzung zu den historischen Finanzinformationen sogleich in diesem Absatz) enthalten sind, die den Pro-forma-Finanzinformationen zugrunde liegen. Dabei kann ggf. in Bezug auf die den Ausgangszahlen zugrunde liegenden Rechnungslegungsgrundsätze sowie die Ausweis-, Bilanzierungs- und Bewertungsmethoden auf den Anhang des letzten Jahres- bzw. Konzernabschlusses des Emittenten verwiesen werden. In Bezug auf die Ausgangszahlen des erworbenen Unternehmens ist ferner zu erläutern, wie die **Anpassung** von dessen historischen Zahlen an die Methoden des Emittenten erfolgte. Wegen dieser Anpassungen wird im IDW-Rechnungslegungshinweis der Begriff „**Ausgangszahlen**" verwendet, weil es sich in Bezug auf das einzubeziehende Unternehmen (anders als im Hinblick auf den Emittenten) insoweit nicht exakt um die Zahlen aus dem ursprünglich von der jeweiligen Gesellschaft originär erstellten Abschluss handelt. Ferner ist anzugeben, ob die Ausgangszahlen bzw. historischen Finanzinformationen **geprüft oder ungeprüft** sind und ob diese zusammen mit den Pro-forma-Finanzinformationen zuvor **veröffentlicht** wurden oder werden. Dabei stellt sich die Frage, welche Handlungen der Wirtschaftsprüfer in Bezug auf die Ausgangszahlen durchführen muss. Das Muster zur Bescheinigung in der Anlage zu IDW PH 9.960.1 stellt klar, dass die Prüfung oder prüferische Durchsicht der Ausgangszahlen einschließlich ihrer Anpassung an die Rechnungslegungsgrundsätze, Ausweis-, Bilanzierungs- und Bewertungsmethoden der Gesellschaft nicht Gegenstand der Prüfung der Pro-forma-Finanzinformationen ist. Jedoch kann in der Praxis angenommen werden, dass der Vermerk eines Wirtschaftsprüfers nach Anhang 20 Abschnitt 3 regelmäßig nur erteilt werden dürfte, wenn die Ausgangszahlen geprüft oder prüferisch durchgesehen wurden. Dies ergibt sich mittelbar aus dem vom IDW herausgegebenen Prüfungshinweis, der die für deutsche Wirtschaftsprüfer maßgeblichen berufsrechtlichen Vorgaben für die Erteilung einer solchen Bescheinigung regelt. Danach muss sich der Wirtschaftsprüfer vor Annahme des Auftrages zur Prüfung von Pro-forma-Finanzinformationen (jedenfalls aber vor Erteilung einer diesbezüglichen Bescheinigung) in ausreichendem Maße mit der Geschäftstätigkeit der Unternehmen, deren Abschlüsse Grundlage der Pro-forma-Finanzin-

---

23 Dazu auch IDW RH HFA 1.004, Tz. 12.
24 IDW RH HFA 1.004, Tz. 34.

formationen sind, sowie deren Rechnungslegungsgrundsätzen und -methoden vertraut machen.[25] Diese Kenntnisse gewinnt der Prüfer regelmäßig im Rahmen einer Prüfung oder prüferischen Durchsicht. Hat er diese nicht selbst durchgeführt, muss er eigenverantwortlich entscheiden, wie er die notwendigen Kenntnisse erlangen kann. Dafür kann der Prüfer zumindest den im Rahmen einer Prüfung erstellten Prüfungsbericht (§ 321 HGB) lesen. Bei einer prüferischen Durchsicht existiert keine Pflicht zur Erstellung eines ähnlichen Berichts.[26] Daher wird der Prüfer ggf. Auskünfte von den gesetzlichen Vertretern des betreffenden Unternehmens oder dessen Abschlussprüfer zu erfragen haben. Die BaFin versteht diese Vorgaben offenbar dahingehend, dass Ausgangsbasis für Pro-forma-Finanzinformationen grds. geprüfte oder prüferisch durchgesehene Finanzinformationen sein sollte.[27]

Im einleitenden Abschnitt der Pro-forma-Erläuterungen soll schließlich darauf hingewiesen werden, dass die Pro-forma-Finanzinformationen nur zusammen mit den jeweiligen Jahres-, Konzern- bzw. Zwischenabschlüssen des Emittenten aussagekräftig sind.[28]

b) Grundlagen der Erstellung

In einem Abschnitt „Grundlagen der Erstellung" soll die **Herleitung** der Pro-forma-Finanzinformationen aus den Ausgangszahlen beschrieben werden. Dabei ist zunächst die in den Pro-forma-Finanzinformationen abgebildete **Unternehmenstransaktion** darzustellen. Sodann ist auf deren **Auswirkungen** auf die Unternehmensstruktur des Emittenten einzugehen. Schließlich sind die **Pro-forma-Annahmen** zu beschreiben, auf deren Grundlage die Pro-forma-Anpassungen vorgenommen wurden.[29]

c) Erläuterung der Pro-forma-Anpassungen

Der nun folgende Abschnitt soll sodann im Detail die einzelnen Pro-forma-Anpassungen darstellen und zwar so umfassend, dass diese nachvollzogen werden können. Der IDW-Rechnungslegungshinweis enthält weitere detaillierte Gliederungsvorgaben, auf die an dieser Stelle verwiesen wird.[30] Die tabellarisch dargestellten Pro-forma-Finanzinformationen (→ Rn. 28) selbst sollen mittels Fußnoten, die auf den betreffenden Erläuterungsabschnitt verweisen, mit den Pro-forma-Erläuterungen verknüpft werden.[31]

IV. Darstellung von Pro-forma-Finanzinformationen (Punkt 1.1 lit. b)

Pro-forma-Finanzinformationen sind nach Punkt 1.1 lit. b des Anhangs 20 in der Regel in **Spaltenform** darzustellen. Dabei sollten die einzelnen Spalten Folgendes enthalten:

---

25 In diesem Sinne auch *Deubert/Almeling*, in: Deubert/Förschle/Störk, Sonderbilanzen, Kapitel F Rn. 77.
26 *Rulfs/Schulze-Osthoff*, in: WP Handbuch 2021, Kapitel P Rn. 173.
27 *Arnold/Lehmann*, 4. Workshop der BaFin „Praxiserfahrungen mit dem Wertpapierprospektgesetz (WpPG)", Präsentation „,Complex Financial History' und weitere Neuerungen bei den Finanzinformationen" vom 4.9.2007, S. 13.
28 IDW RH HFA 1.004, Tz. 34.
29 IDW RH HFA 1.004, Tz. 35.
30 IDW RH HFA 1.004, Tz. 20.
31 IDW RH HFA 1.004, Tz. 36.

- die zugrunde liegenden, „unberichtigten" (dazu sogleich) historischen Finanzinformationen;
- (falls erforderlich) Anpassungen an die Rechnungslegungsmethoden der Emittentin,[32]
- die Pro-forma-Bereinigungen und
- die sich daraus ergebenden Ergebnisse als Pro-forma-Finanzinformationen.

Dabei ist der Begriff „unberichtigte" historische Finanzinformationen irreführend und auf eine Ungenauigkeit der Übersetzung der englischen Sprachfassung ins Deutsche zurückzuführen. Denn dort heißt es richtigerweise „*unadjusted*" (und nicht etwa „*uncorrected*"). Gemeint sind nämlich historische Finanzinformationen ohne die für die Zwecke der Erstellung von Pro-forma-Finanzinformationen erforderlichen Anpassungen, die im deutschen Schrifttum auch anschaulich als **„Ausgangszahlen"** bezeichnet werden.[33]

23 Hinsichtlich der Einzelheiten der Spaltendarstellung ist der Emittent grds. frei. Es bietet sich jedoch an, dem IDW-Rechnungslegungshinweis folgend die Darstellung wie nachstehend erläutert aufzugliedern.

1. Zugrunde liegende historische Finanzinformationen bzw. Ausgangszahlen

24 Zunächst sind die in der deutschen Sprachfassung irreführenderweise als „unberichtigt" bezeichneten (→ Rn. 22) **Ausgangszahlen** aufzuführen, die den Pro-forma-Finanzinformationen zugrunde liegen und Grundlage der Pro-forma-Anpassungen sind. Da diese notwendigerweise aus verschiedenen Quellen stammen, sieht der IDW-Rechnungslegungshinweis auch insoweit eine Darstellung in **Spaltenform** vor. Im Einzelnen sind dabei zunächst die historischen Finanzinformationen des Emittenten aufzuführen, so wie sie nach Punkt 18.1 sowie ggf. Punkt 18.2 des Anhangs I der VO (EU) 2019/980 in den Prospekt aufgenommen werden (Spalte 1). Weiterhin ist gemäß Punkt 1.1. lit. b Ziff. i gefordert, historische Finanzinformationen für das einzubeziehende Unternehmen aufzunehmen (Spalte 2). Sofern die Rechnungslegungsgrundsätze der historischen Finanzinformationen für das einzubeziehende Unternehmen von denen der Emittentin abweichen, sind die Anpassungen an die Rechnungslegungsgrundsätze der Emittentin in Spaltenform darzustellen (Punkt 1.1. lit. b Ziff. ii). Die in Spalte 1 und Spalte 2 aufgeführten Ausgangszahlen werden sodann in einer Summen- bzw. Differenzspalte zusammengefasst (Spalte 3). Wird aus Übersichtlichkeitsgründen nur die Summenspalte (hier: Spalte 3) gezeigt, so sind die Quellen und die Methode der Ermittlung der Werte in der Summenspalte in den Pro-forma-Erläuterungen darzustellen.[34]

25 Die **Quellen der Pro-forma-Finanzinformationen** (gemeint offenbar: der diesen zugrunde liegenden historischen Finanzinformationen) sind anzugeben; ggf. sind auch die Jahresabschlüsse und Zwischenabschlüsse des erworbenen Unternehmens oder Geschäftsbetriebs dem Prospekt gem. Punkt 1.1 lit. d beizufügen.

---

32 IDW RH HFA 1.004, Tz. 18.
33 Etwa bei *Deubert/Almeling*, in: Deubert/Förschle/Störk, Sonderbilanzen, Kapitel F Rn. 77; *Beine/Döpfner/Mehren*, WPg 2019, 72, 75.
34 IDW RH HFA 1.004, Tz. 14 f.

2. Pro-forma-Anpassungen

In einer weiteren Spalte (Spalte 4) werden dann die erforderlichen **Anpassungsbuchungen** gezeigt. Wie bereits in der Vorgängerregelung in VO (EG) 809/2004 gebraucht die deutsche Sprachfassung des Verordnungstexts hierbei für die Pro-forma-Anpassungen den Begriff der Pro-forma-Bereinigungen. Der IDW-Rechnungslegungshinweis spricht dagegen von „Pro-forma-Anpassungen", was als angemessenere und damit vorzugswürdige Übersetzung des in der englischen Sprachfassung verwendeten Begriffs der „*pro forma adjustments*" erscheint und somit auch in dieser Kommentierung Verwendung findet.[35] Der IDW-Rechnungslegungshinweis schlägt dabei vor, in einer zusätzlichen Spalte einen Verweis auf den die betreffenden Anpassungen beschreibenden Absatz der Pro-forma-Erläuterungen vorzunehmen. Zwingend ist das jedoch nicht; stattdessen können die Anpassungsbuchungen in Spalte 4 mit Fußnoten versehen werden, die auf die diesbezüglichen Ausführungen in den Pro-forma-Erläuterungen verweisen.

26

3. Pro-forma-Finanzinformationen

In der abschließenden Spalte (Spalte 5) werden sodann die **eigentlichen Pro-forma-Zahlen** wiedergegeben, die sich aufgrund der Anwendung der Pro-forma-Anpassungen auf die in Spalte 3 aufgeführten zusammengefassten historischen Finanzinformationen ergeben.

27

Beispiel für die Spaltendarstellung von Pro-forma-Finanzinformationen (als darzustellende Transaktion wird dabei vom Erwerb eines Zielunternehmens bzw. dem Zugang von dessen Geschäftsbetrieb ausgegangen):

28

Spalte 1	Spalte 2			Spalte 3	Spalte 4	Spalte 5
Ausgangszahlen	Ausgangszahlen				Pro-forma-Anpassungen	Pro-forma-Angaben
Emittent (E) (Historische Finanzinformationen)	Zielunternehmen (ZU) (Historische Finanzinformationen)		[Anpassungen an die Bilanzierungs- und Bewertungsmethoden des Emittenten]	Zielunternehmen (ZU) (historische Finanzinformationen, angepasst an Methoden des Emittenten)	Summe (E+ZU)	
TEUR	TEUR		TEUR	TEUR	TEUR	TEUR	TEUR
10.000	3.500		1.500	5.000	15.000	–2.000	13.000

---

[35] Ebenso offenbar *Kunold*, in: Assmann/Schlitt/von Kopp-Colomb, Prospektrecht Kommentar, Anhang 20 VO (EU) 2019/980 Rn. 23.

V. Art der Erstellung von Pro-forma-Finanzinformationen (Abschnitt 2)

1. Bilanzkontinuität und Methodenstetigkeit

29 Die VO (EU) 2019/980 enthält auch (zumindest rudimentäre) Vorgaben für die bei der Erstellung der Pro-forma-Finanzinformationen zu beachtenden Rechnungslegungsgrundsätze und deren konkrete Anwendung. So müssen die Pro-forma-Finanzinformationen nach Anhang 20, Punkt 2.1, 2. Abs. (deutsche Sprachfassung) in einer Weise erstellt werden, die mit den vom Emittenten in den letzten oder nächsten Jahresabschlüssen zugrunde gelegten Rechnungslegungsmethoden „konsistent" ist. Das bedeutet, dass der für die Regelberichterstattung geltende **Grundsatz der Bilanzkontinuität und Methodenstetigkeit** auf die Erstellung von Pro-forma-Finanzinformationen erstreckt wird. Daher müssen sämtliche der Pro-forma-Betrachtung zugrunde liegenden Ausgangszahlen nach den gleichen Rechnungslegungsgrundsätzen erstellt sein. Folglich sind **Ausweis-, Bilanzierungs- und Bewertungsgrundsätze** einheitlich anzuwenden, **Wahlrechte** (z.B. bei der Bewertung und Abschreibung von Vermögensgegenständen) einheitlich auszuüben. Hintergrund hierfür ist, dass die Pro-forma-Finanzinformationen mit den historischen Finanzinformationen des Emittenten vergleichbar sein sollen, damit die Auswirkungen der abgebildeten Transaktion möglichst realistisch dargestellt werden.

30 Ausgangspunkt sind dabei die bei der Erstellung der **historischen Finanzinformationen des Emittenten** angewandten Grundsätze und Methoden, auch wenn dies in der VO (EU) 2019/980 nicht mehr ausdrücklich erwähnt wird.[36] Dass die VO (EU) 2019/980 Konsistenz mit den letzten oder nächsten Finanzinformationen fordert, ist in der Sache nur scheinbar ein Widerspruch. Denn nach Punkt 18.1.4 Abs. 1 des Anhangs 1 der VO (EU) 2019/980 sind die in den Prospekt aufzunehmenden geprüften historischen Finanzinformationen für das letzte Jahr konsistent mit den im folgenden Jahresabschluss angewandten Rechnungslegungsgrundsätzen und -strategien zu erstellen.

31 Bei der **Anpassung der historischen Angaben eines erworbenen Zielunternehmens** darf dabei nicht einfach im Wege der Annahme Methodenkonsistenz unterstellt werden. Vielmehr müssen die historischen Finanzinformationen des Zielunternehmens auf die Ausweis-, Bilanzierungs- und Bewertungsmethoden des Emittenten angepasst werden. Die konkret vorgenommenen Anpassungen sind in einer gesonderten Spalte der Pro-forma-Darstellung auszuweisen. Über die Anpassung an die Methoden des Emittenten hinaus sind jedoch keine weiteren nachträglichen Korrekturen der an die Methoden des Emittenten angepassten Ausgangszahlen vorzunehmen. Insbesondere bedarf es keiner Aktualisierung. Auch findet keine Verlängerung der Wertaufhellungsperiode bis zum Datum der Erstellung der Pro-forma-Finanzinformationen statt.[37] Dies wäre schon wegen

---

[36] Explizit noch Punkt 4 des Anhangs 20 der VO (EG) 809/2004.

[37] Dies ergibt sich auch aus IDW RH HFA 1.004, Tz. 14: „Für das die Pro-forma-Finanzinformationen erstellende Unternehmen sind die historischen Finanzinformationen identisch mit den historischen Zahlen des letzten Abschlusses."; ebenso *Deubert/Almeling*, in: Deubert/Förschle/Störk, Sonderbilanzen, Kapitel F Rn. 95; *Fingerhut*, in: Just/Voß/Ritz/Zeising, WpPG, 2009, Anhang II ProspektVO Rn. 31; a.A. *Kunold*, in: Assmann/Schlitt/von Kopp-Colomb, Prospektrecht Kommentar, Anhang 20 VO (EU) 2019/980 Rn. 21 mit Verweis auf das ältere Schrifttum zu Pro-forma-Abschlüssen.

des Zeitaufwandes für die Durchführung der Pro-forma-Anpassungen und die Erstellung der Pro-forma-Erläuterungen, denen ja abgeschlossene Ausgangszahlen zugrunde liegen müssen, nicht realistisch.

2. Angaben zu den Grundlagen der Erstellung der Pro-forma-Finanzinformationen

In den Pro-forma-Finanzinformationen sind nach Punkt 1.1 lit. c Ziff. ii des Anhangs 20 die Basis, also die Grundlagen, auf denen die Pro-forma-Finanzinformationen erstellt wurden, sowie die Quelle jeder berücksichtigten Information und Anpassung anzugeben. Dieses Erfordernis dürfte bei der Ausgestaltung der Pro-forma-Erläuterungen nach Maßgabe des IDW-Rechnungslegungshinweises (→ Rn. 16 ff.) erfüllt sein. 32

VI. Von Pro-forma-Finanzinformationen darzustellende Zeiträume (Punkt 2.2)

Pro-forma-Finanzinformationen dürfen nur bestimmte Perioden abbilden. Dies liegt in dem Umstand begründet, dass Pro-forma-Finanzinformationen die Folgen einer gegenwärtigen oder gar erst künftig vollzogenen Transaktion auf vergangene Zeiträume projizieren und damit zwangsläufig eine Fiktion darstellen. Je weiter diese **fiktive Betrachtungsweise** in die Vergangenheit reicht, umso unsicherer und spekulativer werden zwangsläufig die Angaben. Die Erfahrungen mit Pro-forma-Finanzinformationen im Rahmen von Börsengängen zu Zeiten des New Economy Booms um die Jahrtausendwende haben zu der Erkenntnis geführt, dass die Aussagekraft und insbesondere die Verlässlichkeit von Pro-forma-Finanzinformationen nicht überschätzt werden sollte. Aus dem Erfordernis einer vergleichenden Darstellung der Bilanzen sowie Gewinn- und Verlustrechnungen des Emittenten für die letzten drei Geschäftsjahre nach Ziff. 4.1.8 Abs. 1 Nr. 1 des Regelwerks Neuer Markt[38] war im Fall von erheblichen strukturellen Änderungen des Emittenten während des Vergleichszeitraums gefolgert worden, man müsse die aktuelle Struktur des Emittenten in Pro-forma-Abschlüssen für die letzten drei Geschäftsjahre fiktiv darstellen.[39] Dies führte zur fragwürdigen Ergebnissen, sodass auch die Deutsche Börse in ihren Going-Public-Grundsätzen (dort Tz. 4.4 unter Nr. 2) empfahl, in Anlehnung an US-amerikanische Vorgaben[40] den Berichtszeitraum von Pro-forma-Finanzinformationen auf das letzte Geschäftsjahr und die aktuellen Zwischenberichtsperiode zu be- 33

---

38 Das Regelwerk Neuer Markt schrieb in Ziff. 4.1.8 Abs. 3 Satz 2 Pro-forma-Darstellungen sogar ausdrücklich vor, sofern der Emittent nicht bereits drei Jahre als Aktiengesellschaft bestanden hat. Einen Überblick zum Neuen Markt gibt *Meyer*, in: Marsch-Barner/Schäfer, Handbuch börsennotierte AG, 2005, § 6 Rn. 54; ausführlich dazu *Potthoff/Stuhlfauth*, WM-Sonderbeilage Nr. 3/1997.
39 Dazu *D'Arcy/Leuz*, DB 2000, 385, 386; *von Keitz/Grote*, KoR 2001, 25; *Schindler/Böttcher/Roß*, WPg 2001, 22 f.
40 Regulation S-X under the U.S. Securities Act of 1933, § 210.11-02 (c); dazu *Schindler/Böttcher/Roß*, WPg 2001, 22, 31 f.; *Schindler/Böttcher/Roß*, WPg 2001, 477, 488 jeweils m.w.N.; zur Abgrenzung der Pro-forma-Abschlüsse nach Maßgabe des Regelwerkes Neuer Markt und den Pro-forma-Finanzinformationen heutiger Prägung auch *Heiden*, Pro-forma-Berichterstattung, Tz. 4.4.3.1 (S. 261).

schränken.[41] Auch die VO (EU) 2019/980 beschränkt die Reichweite der in Pro-forma-Finanzinformationen darzustellenden Berichtszeiträume auf maximal das letzte abgeschlossene Geschäftsjahr. Im Einzelnen dürfen die folgenden Perioden dargestellt werden:

1. Letzter abgeschlossener Berichtszeitraum

34 Der in Punkt 2.2 lit. a angesprochene „letzte abgeschlossene Berichtszeitraum" ist etwas unpräzise bezeichnet, wird es doch nicht auf Anhieb klar, ob es sich dabei um das **letzte abgeschlossene Geschäftsjahr** oder eine Zwischenberichtsperiode handeln soll. Letzteres kann aber in systematischer Auslegung aus einem Vergleich mit dem nachfolgenden lit. b ausgeschlossen werden, da dort der letzte Zwischenberichtszeitraum gesondert aufgeführt wird. Dieses Verständnis hat auch die ESMA in ihren Leitlinien bestätigt.[42] Mit dem „letzten abgeschlossenen Berichtszeitraum" ist also das letzte abgelaufene Geschäftsjahr des Emittenten gemeint.

2. Letzter Zwischenberichtszeitraum

35 Mit dem letzten Zwischenberichtszeitraum wird gem. Punkt 2.2 lit. b zunächst die letzte Periode bezeichnet, für die der Emittent einschlägige Informationen veröffentlicht bzw. in den Prospekt aufnimmt. Dies kann laut ESMA das letzte Halbjahr oder das letzte Quartal sein, für den der Emittent Finanzinformationen veröffentlicht hat, und/oder ein entsprechend kürzerer Zeitraum, währenddessen der Emittent tätig war. Es handelt sich somit entweder um Informationen, die der Emittent bereits veröffentlicht hat, um beispielsweise die Anforderungen an Halbjahresfinanzberichte aufgrund Art. 5 der EU-Transparenzrichtlinie[43] zu erfüllen, oder um Zwischenfinanzinformationen, die in den Prospekt aufgenommen wurden.[44] All diese Finanzinformationen sind unter Anwendung des IAS 34 zu erstellen.

36 Im Text der VO (EU) 2019/980 nicht ausdrücklich angesprochen wird die Frage, ob ggf. sämtliche in Punkt 2.2 lit. a und lit. b genannten Berichtszeiträume nicht nur von Pro-forma-Finanzinformationen abgedeckt werden „dürfen", sondern auch „müssen". Die Verknüpfung „**und/oder**" im Wortlaut von Punkt 2.2 lässt beide Interpretationen zu. Die BaFin neigte offenbar zunächst der Auffassung zu, dass im Rahmen des Zulässigen alle Zeiträume durch Pro-forma-Finanzinformationen zu erfassen sind, für die historische Finanzinformationen des Emittenten in den Prospekt aufgenommen werden. ESMA stellt nunmehr in ihren Leitlinien klar, dass in Fällen, in denen der Prospekt sowohl den Jahresabschluss für das letzte Geschäftsjahr als auch Zwischenfinanzinformationen enthält, ein Wahlrecht besteht, ob in einer Pro-forma-Gewinn- und Verlustrechnung oder Pro-forma-Bilanz nur der Zwischenberichtszeitraum, nur das gesamte Jahr oder aber sowohl der

---

41 Die mit Umsetzung der EU-ProspektRL außer Kraft getretenen Going-Public-Grundsätze der Deutsche Börse AG sind abgedruckt in NZG 2002, 767; dazu *Meyer*, WM 2002, 1864, 1870 f.; *Schlitt/Smith/Werlen*, AG 2002, 478, 485 f.

42 ESMA, Leitlinien zu den Offenlegungspflichten nach der Prospektverordnung, ESMA32-382-1138, 4.3.2021, Rn. 101.

43 Richtlinie 2004/109/EG, ABl. EU L 390 v. 31.12.2004, S. 38, v.15.12.2004, wie zuletzt geändert durch Art. 2 VO (EU) 2021/337 v. 16.2.2021.

44 ESMA, Leitlinien zu den Offenlegungspflichten nach der Prospektverordnung, ESMA32-382-1138, 4.3.2021, Rn. 102.

Zwischenberichtszeitraum als auch das gesamte Jahr abgebildet wird. Wenn eine Pro-forma-Gewinn- und Verlustrechnung nur für den Zwischenberichtszeitraum erstellt wird, müsse aber hinreichend deutlich werden, wie die Transaktion möglicherweise die Erträge des Emittenten (gemeint wohl: für das gesamte Geschäftsjahr) beeinflusst hätte. Das bedeutet bei einer saisonabhängigen Geschäftstätigkeit des Emittenten, dass Angaben nur für den Zwischenberichtszeitraum möglicherweise nicht ausreichen. In solchen Fällen müsse sich die Pro-forma-Gewinn- und Verlustrechnung auf das gesamte Jahr beziehen.[45] Dies liegt auf der Linie, die auch der IDW Prüfungshinweis vorsieht.[46] Umgekehrt wird man im Einzelfall auf die Aufnahme von Pro-forma-Finanzinformationen für ein abgeschlossenes Geschäftsjahr verzichten können, wenn der Prospekt Pro-forma-Finanzinformationen für einen jüngeren Zwischenberichtszeitraum enthält und aus den Pro-forma-Finanzinformationen für das abgelaufene Geschäftsjahr kein wesentlicher zusätzlicher Erkenntnisgewinn zu erwarten ist. Dies gilt beispielsweise für eine auf das Ende des letzten Geschäftsjahres aufgestellte Pro-forma-Bilanz, wenn der darin abgebildete Erwerb in einer auf den späteren Stichtag aufgestellten Pro-forma-Bilanz abgebildet ist. Die Beurteilung ist hier vergleichbar mit dem Fall einer zum Stichtag des letzten abgedruckten historischen Abschlusses bereits vollzogenen Transaktion (→ Rn. 10).[47]

Für die Frage, welche Bestandteile Pro-forma-Finanzinformationen für welche Perioden im Einzelfall zu enthalten haben, finden sich zudem ausführliche Beispiele im IDW-Rechnungslegungshinweis für die Erstellung von Pro-forma-Finanzinformationen.[48] Im Einzelfall mag hier aber fraglich sein, ob bei einer während eines abgeschlossenen Berichtszeitraumes durchgeführten Transaktion stets eine Pro-forma-Gewinn- und Verlustrechnung für diese Periode erforderlich ist oder ob die **nach den IFRS erforderliche Darstellung** der Auswirkungen der Transaktion ausreichen kann. Nach IFRS sind zwar grundsätzlich Gewinne und Verluste eines erworbenen Unternehmens erst ab Erwerbszeitpunkt in der Gewinn- und Verlustrechnung des Erwerbers zu berücksichtigen (→ Rn. 12). Jedoch sind nach IFRS 3.B64(q) – sofern praktisch durchführbar – zur Darstellung der Art und der finanziellen Auswirkungen eines Unternehmenszusammenschlusses, der während der Berichtsperiode erfolgte, auch Angaben dazu zu machen, welche Umsatzerlöse und welches Ergebnis sich ergeben hätten, wenn sämtliche Unternehmenszusammenschlüsse der Berichtsperiode bereits zu Beginn dieser Periode erfolgt wären.[49] Allerdings lässt sich bereits daran zweifeln, ob die bloße Angabe einzelner hypothetischer Abschlussposten eine vollständige Pro-forma-Gewinn- und Verlustrechnung ersetzen kann. Zudem fehlt es den Angaben nach IFRS 3.B64(q) an den zusätzlichen Informationen in den Pro-forma-Erläuterungen, in denen die einzelnen Pro-forma-Anpassungen beschrieben sind (→ Rn. 21 ff.). Dementsprechend wird in der deutschen Praxis auf eine Pro-for-

37

---

45 ESMA, Leitlinien zu den Offenlegungspflichten nach der Prospektverordnung, ESMA32-382-1138, 4.3.2021, Rn. 103.
46 IDW RH HFA 1.004, Tz. 13.
47 Dies war der Fall bei den im Prospekt der Fresenius Aktiengesellschaft vom 15.11.2005 abgedruckten Pro-forma-Finanzinformationen des Fresenius-Konzerns inklusive Renal Care Group, Inc. und der HELIOS Kliniken GmbH, dort S. F-247 ff.; im Ergebnis ebenso *Kunold*, in: Assmann/Schlitt/von Kopp-Colomb, Prospektrecht Kommentar, Anhang 20 VO (EU) 2019/980 Rn. 42.
48 IDW RH HFA 1.004, Tz. 13.
49 Dazu auch *Senger/Brune*, in: Driesch/Riese/Schlüter/Senger, Beck'sches IFRS-Handbuch, § 34 Rn. 269.

ma-Gewinn- und Verlustrechnung grds. nicht wegen der ergänzenden Ausführungen im IFRS-Konzernabschluss nach IFRS 3.B64(q) verzichtet.[50] Anderes mag im Einzelfall gelten, wenn der Zeitraum zwischen Beginn der Berichtsperiode und Erwerbszeitpunkt so kurz ist, dass die Gewinn- und Verlustrechnung des Emittenten das Periodenergebnis des erworbenen Unternehmens so weitgehend abbildet, dass dessen nur anteilige Berücksichtigung nicht wesentlich erscheint, insbesondere unter Berücksichtigung der ergänzenden Angaben nach IFRS 3.B64(q).[51]

VII. Pro-forma-Anpassungen (Punkt 2.3)

38 Pro-forma-Anpassungen sind **klar als solche auszuweisen und zu erläutern** (Punkt 2.3 lit. a).

39 Sie müssen insbesondere nach Punkt 2.3 lit. b des Anhangs 20 alle wesentlichen Auswirkungen darstellen, die der betreffenden Transaktion **unmittelbar zugeordnet** werden können. Das bedeutet, wie ESMA erläutert, dass nur solche Umstände berücksichtigt werden dürfen, die einen integralen Bestandteil der in Pro-forma-Finanzinformationen darzustellenden Transaktionen bilden.[52] So kann zwar die Erstkonsolidierung eines erworbenen Unternehmensteils fiktiv auf den Beginn der Berichtsperiode vorverlegt werden. Jedoch müssen tatsächliche Maßnahmen, die erst nach Vollzug der Unternehmenstransaktion geplant sind, wie z. B. Umstrukturierungen des erworbenen Unternehmens und dessen Integration in den Geschäftsbetrieb des Emittenten, unberücksichtigt bleiben.[53] Dies gilt auch, wenn diese Maßnahmen für den Emittenten und seine Motivation, die Unternehmenstransaktion abzuschließen, von zentraler Bedeutung sind bzw. waren.[54]

40 Pro-forma-Anpassungen müssen gemäß Punkt 2.3 lit. c des Anhangs 20 **auf Tatsachen gestützt** sein. Diese Tatsachen mögen sich zwar nach den Umständen des Einzelfalles unterscheiden. Sie müssen aber objektiv bestimmt werden können, d. h. inhaltlich ausrei-

---

50 Siehe z. B. (basierend auf der Vorgängerregelung IFRS 3.70) den Prospekt zum Börsengang der Versatel AG vom 11.4.2007. In dem darin enthaltenen Konzernabschluss der Versatel Holding GmbH (spätere Versatel AG) für das am 31.12.2006 endende Geschäftsjahr finden sich auf S. F-14 die Angaben nach IFRS 3.70 im Hinblick auf den im laufenden Geschäftsjahr durchgeführten Erwerb der TROPOLYS Beteiligungs GmbH. Auf S. F-131 ff. sind sodann Pro-forma-Konzerninformationen der Versatel Holding GmbH zum 31.12.2006 abgedruckt, einschließlich einer Pro-forma-Gewinn- und Verlustrechnung für das zu diesem Stichtag endende Geschäftsjahr, deren Informationen weit über die Angaben nach IFRS 3.70 hinausgehen.
51 Wertpapierprospekt der COMMERZBANK AG vom 17.6.2009. Darin werden die Auswirkungen des am 12.1.2009 vollzogenen Erwerbs der Dresdner Bank AG in Pro-forma-Finanzinformationen für das Geschäftsjahr 2008, nicht aber solchen für das erste Quartal 2009 abgebildet. Die Gewinn- und Verlustrechnung des in den Prospekt aufgenommenen Konzern-Zwischenabschlusses der COMMERZBANK AG zum 31.3.2009 enthält das Ergebnis der Dresdner Bank AG erst ab dem 13.1.2009 (dazu S. F-19, F-21 des Prospekts), jedoch wird das hypothetische Konzernergebnis für die Periode bei voller Konsolidierung der Dresdner Bank AG ebenfalls ausgewiesen (S. F-6).
52 ESMA, Leitlinien zu den Offenlegungspflichten nach der Prospektverordnung, ESMA32-382-1138, 4.3.2021, Leitlinie 24, Rn. 112; siehe auch die Beispiele bei *Beine/Döpfner/Mehren*, WPg 2019, 72, 77 f.
53 IDW RH HFA 1.004, Tz. 22 ff. mit weiteren Einzelheiten.
54 ESMA, Leitlinien zu den Offenlegungspflichten nach der Prospektverordnung, ESMA32-382-1138, 4.3.2021, Rn. 115.

chend nachvollziehbar und begründbar sein.⁵⁵ Zu ihrer Ermittlung können beispielsweise herangezogen werden: veröffentlichte Finanzinformationen, Unterlagen des internen Rechnungswesens oder von Risikomanagementsystemen sowie sonstige im Prospekt enthaltene Finanzangaben oder Bewertungen, ferner die im Zusammenhang mit der Transaktion abgeschlossenen Verträge, insbesondere ein Unternehmenskaufvertrag.⁵⁶ Keinesfalls dürfen sich Pro-forma-Anpassungen auf zukünftige Ereignisse beziehen, etwa erwartete Ersparnisse oder für die Zukunft erwartete Synergieeffekte.⁵⁷

Nach der früher geltenden VO (EG) 809/2004 waren in einer Pro-forma-Gewinn- und Verlustrechnung und einer etwaigen Pro-forma-Kapitalflussrechnung die Pro-forma-Anpassungen nach Ziff. 6 Satz 2 des Anhangs II zudem klar zu unterteilen in solche Anpassungen, die für den Emittenten einen **dauerhaften Einfluss** haben werden, und jene, bei denen dies nicht der Fall ist, es sich also um Einmaleffekte handelt. Diese Verpflichtung ist mit der neuen VO (EU) 2019/980 entfallen, jedoch ist sie weiterhin in IDW RH HFA 1.004 enthalten, sodass diese Angabe in der Praxis wohl regelmäßig noch anzutreffen ist. 41

ESMA ergänzt ferner, dass erst **künftig fällige oder aufschiebend bedingte Kaufpreiszahlungen** nicht berücksichtigt werden sollen, wenn sie nicht unmittelbar aus der abzubildenden Transaktion resultieren, sondern von künftigen Entwicklungen abhängen (z. B. eine von künftigen Gewinnen abhängige Kaufpreisanpassung) und zu einer verfälschenden Darstellung der Vermögenslage des Emittenten führen können. Etwas anderes gilt für solche Zahlungen, die nach den anwendbaren Rechnungslegungsgrundsätzen als Bestandteil der Gegenleistung für das erworbene Unternehmen gelten. Erlaubt die nachträgliche oder bedingte Gegenleistung allerdings ein hinreichendes Maß an objektiver Bestimmung, kann sie je nach Verwendung der Pro-forma-Informationen und nach Rücksprache mit der zuständigen Behörde von Fall zu Fall berücksichtigt werden.⁵⁸ 42

VIII. Bescheinigung (Abschnitt 3)

1. Inhalt der Bescheinigung

In der nach Punkt 18.4.1 Abs. 3 des Anhangs 1 i.V.m. Abschnitt 3 des Anhangs 20 beizubringenden Bescheinigung⁵⁹ muss ein Wirtschaftsprüfer bestätigen, dass die Pro-forma-Finanzinformationen **ordnungsgemäß auf der angegebenen Basis erstellt** wurden (lit. a) und dass diese Grundlage **mit den Rechnungslegungsstrategien des Emittenten konsistent** ist (lit. b). 43

---

55 IDW RH HFA 1.004, Tz. 21.
56 ESMA, Leitlinien zu den Offenlegungspflichten nach der Prospektverordnung, ESMA32-382-1138, 4.3.2021, Rn. 116.
57 IDW RH HFA 1.004, Tz. 21, 30; *Fingerhut*, in: Just/Voß/Ritz/Zeising, WpPG, 2009, Anhang II ProspektVO Rn. 39; *Beine/Döpfner/Mehren*, WPg 2019, 72, 76.
58 ESMA, Leitlinien zu den Offenlegungspflichten nach der Prospektverordnung, ESMA32-382-1138, 4.3.2021, Rn. 115.
59 „Bescheinigung" ist gem. IDW PH 9.960.1, Tz. 26 der korrekte Terminus. Die Bezeichnung als „Vermerk" (engl. *Report*) in der VO (EU) 2019/980 ist insofern untechnisch auszulegen. Die ESMA-Leitlinien sprechen sogar von einem zu erteilenden „Bestätigungsvermerk".

44 Nach Auffassung von ESMA muss das in der Bescheinigung enthaltene Prüfungsurteil dabei exakt der **Formulierung des Abschnitts 3 des Anhangs 20** entsprechen.[60] Die im IDW PH 9.960.1 abgedruckte Musterbescheinigung erfüllt genau diese Anforderung vollumfänglich.[61] Eine eingeschränkte Bescheinigung ist nicht ausreichend. Ferner sind laut ESMA keine Einschränkungen oder Hervorhebungen eines Sachverhalts gestattet, selbst wenn diese – wie bei Bestätigungsvermerken im Rahmen einer Abschlussprüfung zulässig[62] – keine Einschränkung des Prüfungsurteils bedeuten. Ein solcher Hinweis würde die Klarheit der Aussage der Bescheinigung beeinträchtigen, da aus Sicht der Investoren dadurch Unsicherheit über das Ergebnis der Prüfung entstünde. Sollten Einschränkungen oder ergänzende Hinweise in Bezug auf die Grundlage der Pro-forma-Finanzinformationen, also die historischen Ausgangszahlen, notwendig sein, sind diese in einem separaten Abschnitt des Vermerks aufzunehmen.[63]

2. Erforderliche Prüfungshandlungen

45 Damit ein Wirtschaftsprüfer die nach Punkt 18.4.1 Abs. 3 des Anhangs 1 i.V.m. Abschnitt 3 des Anhangs 20 der VO (EU) 2019/980 erforderliche Bescheinigung erteilen kann, muss dieser bestimmte Prüfungshandlungen durchführen. Für den deutschen Wirtschaftsprüferberufsstand sind diese vom **Institut der Wirtschaftsprüfer** (IDW) in einem **Prüfungshinweis** konkretisiert worden.[64] Ziel der vom IDW als „Prüfung" bezeichneten Untersuchungshandlungen ist die Feststellung, ob die Pro-forma-Finanzinformationen ordnungsgemäß auf den in den Pro-forma-Erläuterungen dargestellten Grundlagen erstellt worden sind. Die Prüfung setzt nicht zwingend voraus, dass bei der Erstellung der Pro-forma-Finanzinformationen der IDW-Rechnungslegungshinweis IDW RH HFA 1.004 befolgt wurde. Zwar wird deutschen Wirtschaftsprüfern empfohlen, einen Auftrag zur Prüfung von Pro-forma-Finanzinformationen grds. nur in diesem Fall anzunehmen; wurden sonstige Standards befolgt, hat der Prüfer im Einzelfall zu entscheiden, ob er nach dem IDW Prüfungshinweis IDW PH 9.960.1 prüft.[65] Die Befolgung anderer Standards ist also kein Prüfungshindernis, wird allerdings für die Praxis nicht zu empfehlen sein. Dies mag eine Rolle spielen, wenn bei einer Wertpapieremission Pro-forma-Finanzinformationen (auch) nach den Vorgaben der Regulation S-X zum U.S. Securities Act von 1933 für die Zwecke eines Angebots in den USA erstellt und aus Gründen der Konsistenz auch in den (deutschen bzw. europäischen) Wertpapierprospekt aufgenommen werden.[66]

---

60 ESMA, Leitlinien zu den Offenlegungspflichten nach der Prospektverordnung, ESMA32-382-1138, 4.3.2021, Leitlinie 25, Rn. 117.
61 IDW PH 9.960.1, Tz. 26.
62 IDW PS 401, 405 und 406.
63 ESMA, Leitlinien zu den Offenlegungspflichten nach der Prospektverordnung, ESMA32-382-1138, 4.3.2021, Rn. 120.
64 IDW Prüfungshinweis: Prüfung von Pro-forma-Finanzinformationen (IDW PH 9.960.1) (Stand: 12.7.2017), abgedruckt in IDW Life, 1094.
65 IDW PH 9.960.1, Tz. 6, erster Unterabsatz.
66 Dazu siehe *Greene/Silverman/Braverman/Sperber/Grabar/Fleisher*, U.S. Regulation of the International Securities and Derivatives Markets, 12th edition 2017, § 4.05[5][a] S. 4–38 ff.; Regulation S-X under the U.S. Securities Act of 1933, § 210.11-01 ff.; *Heiden*, Pro forma-Berichterstattung, Tz. 4.4.3.3.8 (S. 300).

Nicht Gegenstand der Prüfung sind dagegen die **zugrunde gelegten historischen Finanz-** 46
informationen sowie die Anpassung historischer Zahlen eines erworbenen Unternehmens
oder -teils an die Rechnungslegungsgrundsätze sowie Methoden des Emittenten. Ebenso
wenig wird die Angemessenheit der den Pro-forma-Anpassungen zugrunde gelegten Pro-
forma-Annahmen geprüft.[67] Allerdings setzt der Prüfungshinweis des IDW voraus, dass
der Wirtschaftsprüfer alle oder die wesentlichen historischen Abschlüsse, die in die Pro-
forma-Finanzinformationen Eingang gefunden haben, geprüft oder prüferisch durchgesehen hat. Ist dies nicht der Fall, muss er sich eigenverantwortlich die notwendigen Kenntnisse über die Geschäftstätigkeit sowie über die angewandten Rechnungslegungsgrundsätze und die Ausweis-, Bilanzierungs- und Bewertungsmethoden verschaffen.[68]

Im Rahmen der Prüfung beurteilt der Wirtschaftsprüfer vor allem die durch die Pro-for- 47
ma-Anpassungen vorgenommene **Konsolidierung** eines hinzuerworbenen Unternehmens,
insbesondere in Bezug auf die Kaufpreisaufteilung und die Finanzierung. Die Prüfung basiert auf dem **kritischen Lesen** der Pro-forma-Finanzinformationen und deren Erläuterungen sowie von Verträgen und anderen Unterlagen über die Unternehmenstransakti-
on(en). Ferner stützt der Prüfer seine Beurteilung auf die **Befragung** der Unternehmensleitung des Emittenten und ggf. weiterer Personen zu den Transaktion(en), den Geschäftsbeziehungen zwischen dem Emittenten und dem zugehenden/abgehenden Unternehmen
oder Unternehmensteil und zu den getroffenen Pro-forma-Annahmen.[69]

---

67 IDW PH 9.960.1, Tz. 12.
68 IDW PH 9.960.1, Tz. 5.
69 IDW PH 9.960.1, Tz. 21 ff.

Anhang 21 VO (EU) 2019/980
Garantien

Übersicht

	Rn.		Rn.
I. Einleitung	1	2. Umfang der Garantie (Abschnitt 2)	7
II. Einzelne Anforderungen von Anhang 21	2	3. Offenzulegende Angaben zum Garantiegeber (Abschnitt 3)	8
1. Art der Garantie (Abschnitt 1)	2	4. Verfügbare Dokumente (Abschnitt 4)	9

I. Einleitung

1 Zum Anwendungsbereich von Anhang 21 VO (EU) 2019/980 wird auf die Kommentierung zu Art. 22 der VO (EU) 2019/980 verwiesen (→ Art. 22 Rn. 2).

II. Einzelne Anforderungen von Anhang 21

1. Art der Garantie (Abschnitt 1)

Abschnitt 1
Art der Garantie

Beschreibung jeder Vereinbarung, mit der sichergestellt werden soll, dass jede für die Emission wesentliche Verpflichtung angemessen erfüllt wird, ob in Form einer Garantie, einer Sicherheit, einer Patronatserklärung (keep well agreement), einer „Mono-line"-Versicherungspolice oder einer gleichwertigen anderen Verpflichtung („Garantien"), wobei der Steller als „Garantiegeber" bezeichnet wird.

Solche Vereinbarungen umfassen auch Verpflichtungen, einschließlich bedingt eingegangener, zur Gewährleistung der Rückzahlung von Nichtdividendenwerten und/oder der Zahlung von Zinsen. In der Beschreibung sollte auch dargelegt werden, wie mit der Vereinbarung sichergestellt werden soll, dass die garantierten Zahlungen ordnungsgemäß geleistet werden.

2 In Anhang 21 Abschnitt 1 VO (EU) 2019/980 wird der Begriff der „Garantie" definiert. Direkt bezieht sich die Definition von „Garantie" nur auf die Garantievereinbarungen, die im Prospekt inhaltlich beschrieben werden müssen. Indirekt wird dadurch aber auch der Anwendungsbereich aller Vorgaben des Anhang 21 VO (EU) 2019/980 näher umschrieben.[1]

3 Der Begriff der Garantie ist entsprechend der Formulierung von Anhang 21 Abschnitt 1 VO (EU) 2019/980 grundsätzlich weit zu verstehen und umfasst jede Vereinbarung, mit der sichergestellt werden soll, dass jeder Verpflichtung, die für die Emission von wesentlicher Bedeutung ist, angemessen nachgekommen wird. In der Praxis relevant sind insbe-

---

[1] Vgl. inhaltlich unverändert, jedoch zur VO (EG) 809/2004 *Schlitt/Schäfer*, in: Assmann/Schlitt/von Kopp-Colomb, WpPG/VermAnlG, 3. Aufl. 2017, Anhang VI ProspektVO Rn. 5.

sondere Kapital- und Zinsgarantien.[2] Der eigentlichen Definition folgt eine Aufzählung verschiedener Vertragsformen (Sicherheit, „Keep-well"-Übereinkunft, „Mono-line"-Versicherungspolice), welche die aufgestellten Voraussetzungen grundsätzlich erfüllen.

Diese Aufzählung ist allerdings nicht abschließend, wie durch die Auffangklausel „gleichwertige andere Verpflichtung" klar zum Ausdruck kommt.[3] Das Merkmal „gleichwertig" ist dabei so zu interpretieren, dass eine wesentliche Bedeutung der Verpflichtung für die Emission erforderlich ist.[4] Die Wesentlichkeit bestimmt sich rein nach objektiven Kriterien, auf subjektive Vorstellungen kommt es nicht an.[5] Strukturell greift die Auffangklausel in all jenen Fällen, in denen durch ein weiteres Rechtsverhältnis verbindlich eine Verpflichtung abgesichert wird und das nicht einem der davor genannten spezifischen Begriffe unterfällt.[6] Hierunter fallen insbesondere die Bürgschaft[7] und die Schuldübernahme bzw. der Schuldbeitritt.[8] Aufgrund des weiten Anwendungsbereichs ist der in Anhang 21 Abschnitt 1 verwendete Begriff der „Garantie" nicht sonderlich treffend, wenn man ihn deutschrechtlich begreift.[9] „Sicherheit" wäre aus deutscher Sicht die passendere Bezeichnung.[10] Der praktische Nutzen dieser Erkenntnis ist freilich überschaubar. 4

Eine „Keep well"-Übereinkunft entspricht der Patronatserklärung im deutschen Recht: Eine Konzerngesellschaft des Emittenten verpflichtet sich als Garantiegeber dazu, den Emittenten finanziell mit den nötigen Mitteln auszustatten, damit dieser jederzeit die Ansprüche der Gläubiger befriedigen kann.[11] Bei der „Mono-line"-Versicherung gibt der Versicherer als Garantiegeber eine Ausfallgarantie für den Emittenten ab, wobei es sich allerdings nicht um eine allgemeine Absicherung handelt, sondern lediglich eine bestimmte Risikoart abgesichert wird.[12] 5

Das in der Praxis am häufigsten verwendete Sicherungsmittel ist die Garantie im engeren Sinne für Finanztochtergesellschaften oder Holdings von Konzerngesellschaften, deren 6

---

2 Inhaltlich unverändert, jedoch zur VO (EG) 809/2004 *Holzborn*, in: Holzborn, WpPG, Anhang VI ProspektVO Rn. 2.
3 Vgl. inhaltlich unverändert, jedoch zur VO (EG) 809/2004 *Holzborn*, in: Holzborn, WpPG, Anhang VI ProspektVO Rn. 2 ff.
4 Vgl. inhaltlich unverändert, jedoch zur VO (EG) 809/2004 *Holzborn*, in: Holzborn, WpPG, Anhang VI ProspektVO Rn. 9.
5 Inhaltlich unverändert, jedoch zur VO (EG) 809/2004 *Holzborn*, in: Holzborn, WpPG, Anhang VI ProspektVO Rn. 9.
6 Inhaltlich unverändert, jedoch zur VO (EG) 809/2004 *Holzborn*, in: Holzborn, WpPG, Anhang VI ProspektVO Rn. 2.
7 Inhaltlich unverändert, jedoch zur VO (EG) 809/2004 *Holzborn*, in: Holzborn, WpPG, Anhang VI ProspektVO Rn. 5.
8 Inhaltlich unverändert, jedoch zur VO (EG) 809/2004 *Holzborn*, in: Holzborn, WpPG, Anhang VI ProspektVO Rn. 6.
9 Näher dazu, jedoch zur VO (EG) 809/2004: *Holzborn*, in: Holzborn, WpPG, Anhang VI ProspektVO Rn. 3 f.
10 Inhaltlich unverändert, jedoch zur VO (EG) 809/2004 *Holzborn*, in: Holzborn, WpPG, Anhang VI ProspektVO Rn. 3.
11 Vgl. *Kaulamo*, in: Habersack/Mülbert/Schlitt, Unternehmensfinanzierung, § 16 Rn. 68; inhaltlich unverändert, jedoch zur VO (EG) 809/2004 *Holzborn*, in: Holzborn, WpPG, Anhang VI ProspektVO Rn. 2.
12 Inhaltlich unverändert, jedoch zur VO (EG) 809/2004 *Holzborn*, in: Holzborn, WpPG, Anhang VI ProspektVO Rn. 2; *Jobst*, Verbriefung und ihre Auswirkung auf die Finanzmarktstabilität, S. 13, Fn. 9.

Wertpapiere ohne eine solche Garantie der Konzernmutter bzw. der operativen Tochter nicht marktfähig wären.[13] In einer solchen Konstellation entsteht für die Gläubiger das Problem der „Strukturellen Nachrangigkeit" (structural subordination): Da der Emittent über keinen (nennenswerten) eigenen Cash-flow verfügt, ist er zur Bedienung seiner Anleihen auf Ausschüttungen oder Zahlungen der (Mutter-)Gesellschaft aus deren operativem Geschäft angewiesen. Für die Anleihegläubiger ist ein Rückgriff auf dieses Vermögen der operativ tätigen Gesellschaft nur nachrangig gegenüber originär eigenen Gläubigern dieser Gesellschaft möglich.[14] Durch von der operativen Gesellschaft gegebene Garantien wird diese strukturelle Nachrangigkeit zumindest kompensiert.[15] Indes wird mit der Garantie im Vergleich zu einer Direktemission der operativen Gesellschaft ein zusätzliches Vertragsverhältnis geschaffen. Dieses kann durch die erhöhte Komplexität dazu führen, dass die Position des Gläubigers eines von der operativen Gesellschaft garantierten Nichtdividendenwertes sich jedenfalls faktisch als geringfügig schlechter darstellt als die eines direkten Gläubigers der operativen Gesellschaft selbst.[16]

2. Umfang der Garantie (Abschnitt 2)

Abschnitt 2
Umfang der Garantie

Konditionen und Umfang der Garantie sind im Einzelnen darzulegen. Diese Angaben sollten sämtliche Auflagen für die Inanspruchnahme der Garantie bei Ausfall umfassen, die in den Wertpapierkonditionen und den wesentlichen Bestimmungen etwaiger „Mono-line"-Versicherungen oder Patronatserklärungen zwischen Emittent und Garantiegeber festgelegt sind. Auch etwaige Vetorechte des Garantiegebers in Bezug auf Änderungen bei den Wertpapierinhaberrechten, wie sie häufig in „Mono-line"-Versicherungen zu finden sind, müssen im Einzelnen dargelegt werden.

7 Bei der Darstellung von Einzelheiten zu den Konditionen und dem Umfang der Garantie im Prospekt gilt die allgemeine Vorgabe des Art. 6 Abs. 2 ProspektVO, die eine leicht analysierbare und verständliche Beschreibung fordert. In der Praxis wird in der Regel der gesamte oder der wesentliche Teil des Wortlauts der bindenden Version des Garantievertrages wiedergegeben.[17] Zu beachten ist, dass bei deutschsprachigen Prospekten grundsätzliche allein die deutsche Version des Garantietextes maßgeblicher Prospektinhalt, nicht aber notwendigerweise zivilrechtlicher Anknüpfungspunkt für die aus einer (englischsprachigen) Garantie geltend gemachten Ansprüche ist. Allerdings hat die BaFin es in be-

---

13 *R. Müller/Schmidtbleicher*, in: Kümpel/Mülbert/Früh/Seyfried, Bankrecht und Kapitalmarktrecht, 15. Teil Rn. 15.291 ff.; *Kaulamo*, in: Habersack/Mülbert/Schlitt, Unternehmensfinanzierung, § 16 Rn. 64.
14 Inhaltlich unverändert, jedoch zur VO (EG) 809/2004 *Holzborn*, in: Holzborn, WpPG, Anhang VI ProspektVO Rn. 4; näher dazu: *Schlitt/Hekmat/Kasten*, AG 2011, 429, 437; *Kusserow/Dittrich*, WM 2000, 745 ff.
15 Inhaltlich unverändert, jedoch zur VO (EG) 809/2004 *Holzborn*, in: Holzborn, WpPG, Anhang VI ProspektVO Rn. 4; *Schlitt/Hekmat/Kasten*, AG 2011, 429, 437.
16 Zum Ganzen *R. Müller/Schmidtbleicher*, in: Kümpel/Mülbert/Früh/Seyfried, Bankrecht und Kapitalmarktrecht, 15. Teil Rn. 15.291 ff. m. w. N.
17 Vgl. inhaltlich unverändert, jedoch zur VO (EG) 809/2004 *Schlitt/Schäfer*, in: Assmann/Schlitt/ von Kopp-Colomb, WpPG/VermAnlG, 3. Aufl. 2017 Anhang VI ProspektVO Rn. 7.

stimmten Einzelfällen zugelassen (darunter bei der Darstellung der Garantiebedingungen), einzelne Prospektbestandteile in einer anderen Sprache als den Restprospekt (z. B. Englisch) im Prospekt abzudrucken (sog. gebrochenes Sprachenregime).[18] Eine unverbindliche Übersetzung der Garantiebedingungen (z. B. in Deutsch) könnte dann aber lediglich als Anhang hinter dem eigentlichen Prospekt beigefügt werden, ohne dadurch formeller Prospektinhalt zu werden.[19]

3. Offenzulegende Angaben zum Garantiegeber (Abschnitt 3)

Abschnitt 3
Offenzulegende Angaben zum Garantiegeber

Der Garantiegeber muss über sich selbst die gleichen Angaben machen wie der Emittent der Art von Wertpapieren, die Gegenstand der Garantie sind.

Die von Anhang 21 Abschnitt 3 VO (EU) 2019/980 geforderten Angaben sind Bestandteil des Registrierungsformulars. Der Verweis bezieht sich nicht nur auf die „Informationen über den Emittenten", sondern auf die kompletten Anhänge 1 bis 22 VO (EU) 2019/980.[20] In welchem Umfang die Beschreibung des Garantiegebers zu erfolgen hat, richtet sich also nach der Natur des von der Garantie erfassten Wertpapiers (→ vgl. Anhang 14 Rn. 7).[21] In aller Regel kann auf die Wertpapierbeschreibung verzichtet werden, da eine entsprechende Beschreibung bereits durch den Emittenten selbst erfolgt und keine Dopplungen in den Prospekt aufgenommen werden sollen.[22] 8

4. Verfügbare Dokumente (Abschnitt 4)

Abschnitt 4
Verfügbare Dokumente

Angabe der Websites, an denen die Öffentlichkeit die wichtigen Verträge und sonstige mit der Garantie verbundene Dokumente einsehen kann.

Im Prospekt muss eine Website angegeben werden, auf der die Dokumente einsehbar sind, die ein Investor benötigt, um aus der Garantie vorgehen zu können. Es handelt sich dabei um die Garantieurkunde selbst, etwaige Verträge im Zusammenhang mit der Aufbewahrung der Garantieurkunde wie bspw. Sicherheitentreuhändervertrag oder Zahlstellenvertrag. Je nach Ausgestaltung der Garantie können noch weitere Dokumente betroffen sein, 9

---

18 Vgl. *Oulds*, in: Kümpel/Mülbert/Früh/Seyfried, Bankrecht und Kapitalmarktrecht, 15. Teil Rn. 15.751; ESMA, Questions and Answers on the Prospectus Regulation, ESMA/2019/ESMA31-62-1258, Version 12 v. 3.2.2023, Antwort auf Frage 5.1; allgemein dazu *Schlitt/Schäfer*, AG 2008, 525, 529.
19 Vgl. inhaltlich unverändert, jedoch zur VO (EG) 809/2004 *Schlitt/Schäfer*, AG 2008, 525, 529.
20 Inhaltlich unverändert, jedoch zur VO (EG) 809/2004 *Holzborn*, in: Holzborn, WpPG, Anhang VI ProspektVO Rn. 13.
21 Vgl. zur Herleitung auch inhaltlich unverändert, jedoch zur VO (EG) 809/2004 *Holzborn*, in: Holzborn, WpPG, Anhang VI ProspektVO Rn. 13; *Kullmann/Sester*, ZBB 2005, 209, 214.
22 Inhaltlich unverändert, jedoch zur VO (EG) 809/2004 *Holzborn*, in: Holzborn, WpPG, Anhang VI ProspektVO Rn. 13.

wenn etwa nach anderen Rechtsordnungen weitere Dokumente vonnöten sind, um aus der Garantie vorzugehen. Im Unterschied zur früheren Rechtslage ist eine physische Bereitstellung der Dokumente nicht mehr erforderlich bzw. nicht einmal ausreichend. Einzig zulässiges Veröffentlichungsmedium ist eine oder mehrere Websites. Die Bereithaltung der Dokumente bei der Zahlstelle oder an der Adresse des Emittenten ist mithin entbehrlich und der Verordnungsgeber setzt voraus, dass jeder Anleger Zugang zum Internet hat oder sich unproblematisch verschaffen kann.

Anhang 22 VO (EU) 2019/980
Zustimmung

Abschnitt 1
Angaben zur Zustimmung des Emittenten oder der für die Erstellung des Prospekts zuständigen Person

Punkt 1.1
Ausdrückliche Zustimmung des Emittenten oder der für die Erstellung des Prospekts verantwortlichen Person zur Verwendung des Prospekts und Erklärung, dass diese Person die Verantwortung für den Inhalt des Prospekts auch hinsichtlich der späteren Weiterveräußerung oder endgültigen Platzierung von Wertpapieren durch etwaige Finanzintermediäre übernimmt, denen die Zustimmung zur Verwendung des Prospekts erteilt wurde.

Punkt 1.2
Angabe des Zeitraums, für den die Zustimmung zur Verwendung des Prospekts erteilt wird.

Punkt 1.3
Angabe der Angebotsfrist, während deren die spätere Weiterveräußerung oder endgültige Platzierung von Wertpapieren durch Finanzintermediäre erfolgen kann.

Punkt 1.4
Angabe der Mitgliedstaaten, in denen Finanzintermediäre den Prospekt für eine spätere Weiterveräußerung oder endgültige Platzierung von Wertpapieren verwenden dürfen.

Punkt 1.5
Alle sonstigen klaren und objektiven Bedingungen, an die die Zustimmung gebunden ist und die für die Verwendung des Prospekts relevant sind.

Punkt 1.6
Deutlich hervorgehobener Hinweis für die Anleger, dass für den Fall, dass ein Finanzintermediär ein Angebot macht, dieser Finanzintermediär die Anleger zum Zeitpunkt der Angebotsvorlage über die Angebotsbedingungen unterrichtet.

Abschnitt 2A
Zusätzliche Informationen für den Fall, dass ein oder mehrere spezifische Finanzintermediäre die Zustimmung erhalten

Punkt 2A.1
Auflistung und Angabe der Identität (Name und Adresse) des Finanzintermediärs/der Finanzintermediäre, der/die den Prospekt verwenden darf/dürfen.

Punkt 2A.2
Angabe, wie etwaige neue Informationen zu Finanzintermediären, die zum Zeitpunkt der Billigung des Prospekts, des Basisprospekts oder ggfs. der Übermittlung der endgültigen Bedingungen unbekannt waren, zu veröffentlichen sind, und Angabe des Orts, an dem sie erhältlich sind.

Abschnitt 2B
Zusätzliche Informationen für den Fall, dass sämtliche Finanzintermediäre die Zustimmung erhalten

Punkt 2B.1
Deutlich hervorgehobener Hinweis für Anleger, dass jeder den Prospekt verwendende Finanzintermediär auf seiner Website anzugeben hat, dass er den Prospekt mit Zustimmung und gemäß den Bedingungen verwendet, an die die Zustimmung gebunden ist.

Übersicht

	Rn.		Rn.
I. Einführung	1	IV. Zusätzliche Informationen bei der generellen Zustimmung	11
II. Informationen über die Zustimmung des Emittenten	3	V. Angaben zur Zustimmung in der Zusammenfassung des Prospekts	12
III. Zusätzliche Informationen bei der spezifischen Zustimmung	9		

I. Einführung

1 Anhang 22 führt die Informationen auf, die in Bezug auf die Erteilung einer Zustimmung zu einer Prospektverwendung im Prospekt enthalten sein müssen. Mit der Zustimmung zur Prospektverwendung ermöglicht der Prospektverantwortliche die sogenannte **Vertriebskette** (zum Begriff ausführlich → Art. 23 Rn. 3), wonach ein Emittent bzw. die von ihm beauftragten Emissionsbanken typischerweise bei der Emission einer Schuldverschreibung diese nicht sogleich an den Endinvestor veräußern. Vielmehr gelangt die Anleihe erst über verschiedene Weiterveräußerungen der Platzeure und weiterer Finanzintermediäre zum Endinvestor, der sie tatsächlich als eigene Geldanlage betrachtet und gegebenenfalls bis zur Endfälligkeit hält. Der Prospektverantwortliche sollte dazu den Platzeuren und Finanzintermediären die Zustimmung erteilen, bei diesen grundsätzlich prospektpflichtigen Weiterveräußerungen den Prospekt zu verwenden. Andernfalls müssten die Finanzintermediäre für jede Weiterveräußerung einen neuen Prospekt erstellen (→ Art. 23 Rn. 1).

2 Die Vorschrift unterscheidet zwischen allgemeinen Angaben über die Zustimmung des Emittenten (→ Rn. 3 ff.) und analog Art. 23 Abs. 1 zwischen (i) den zusätzlichen Informationen, die erforderlich sind, wenn ein oder mehrere Finanzintermediäre die Zustimmung enthalten (unter → Rn. 9), und (ii) den Informationen für eine generelle Zustimmung der Prospektverwendung an alle Finanzintermediäre (→ Rn. 12).

II. Informationen über die Zustimmung des Emittenten

3 Punkt 1 des Anhangs 22 führt die Informationen über die Zustimmung des Emittenten bzw. über die für den Prospekt zuständige Person auf. Wesentlicher Inhalt der Zustimmung ist die Aussage, dass der Prospektverantwortliche explizit darauf hinweist, dass er der Prospektverwendung zustimmt und er die **Haftung für den Prospektinhalt** auch in

Bezug auf eine Weiterveräußerung oder endgültige Platzierung der Wertpapiere durch Finanzintermediäre übernimmt, sofern diese die Zustimmung zur Prospektverwendung erhalten haben. Diese Einschränkung bezieht sich auf die Bedingungen, die an die Zustimmung geknüpft worden sind (zu den Bedingungen in der Praxis → Art. 23 Rn. 32 ff.). Nur wenn der Finanzintermediär diese Voraussetzungen seinerseits eingehalten hat, kann von einer **einvernehmlichen Kooperation zwischen Emittent/Prospektveranlasser und dem jeweiligen Finanzintermediär** gesprochen werden und sodann die Übernahme der Prospekthaftung durch den Emittenten bzw. den Prospektveranlasser auch in Bezug auf diese Weiterveräußerungen ohne ihre direkte Beteiligung in Betracht kommen (→ Art. 23 Rn. 1).

Des Weiteren ist die Angabe des Zeitraums, für den die Zustimmung zur Prospektverwendung erteilt wird (**Consent Period**), sowie die Angabe der Angebotsfrist, während der die Weiterveräußerung oder endgültige Platzierung der Wertpapiere durch Finanzintermediäre erfolgen kann (**Offer Period**), erforderlich. Oftmals laufen die Offer Period und die Consent Period allerdings parallel (vgl. → Art. 23 Rn. 30 f.). 4

Außerdem muss der Prospekt eine **Angabe über die Mitgliedstaaten** enthalten, in denen der Prospekt von den Finanzintermediären für eine spätere Weiterveräußerung oder endgültige Platzierung verwendet werden kann. Dies sind neben dem Herkunftsstaat, in dem der Prospekt von der zuständigen Behörde gebilligt worden ist (Art. 2 lit. m ProspektVO), auch die EU-Mitgliedstaaten, an die Billigung gemäß Art. 24, 25 ProspektVO notifiziert worden ist (Europäischer Pass). 5

Anhang 22 sieht in Punkt 1.5 auch vor, dass die Zustimmung durch den Emittenten/Prospektverantwortlichen an **bestimmte Bedingungen** geknüpft werden kann. Die VO (EU) 2019/980 hat hierbei darauf verzichtet, konkrete Vorgaben zu machen, welche Bedingungen zulässig sind, sondern sieht lediglich vor, dass Bedingungen „klar und objektiv" sein müssen.[1] Eine Legaldefinition hierfür findet sich nicht, man wird aber darunter eine Bedingung zu verstehen haben, die der Finanzintermediär als eindeutige Voraussetzung für das Vorliegen der Zustimmung zur Prospektverwendung erkennen kann und die kein subjektives Element enthält, d. h. deren Einhaltung in seiner Machtsphäre liegt. Es sind damit jegliche Bedingungen als zulässig anzusehen, die transparent und durch den typischen Finanzintermediär erfüllbar sind. 6

Der Katalog an im Markt vorhandenen Bedingungen ist aufgrund der fehlenden abschließenden Aufzählung in der VO (EU) 2019/980 recht weit, auch wenn sich ein **gewisser Marktstandard** herausgebildet hat (dazu → Art. 23 Rn. 33 ff.). Im Wesentlichen wird es im Markt als angemessen angesehen, dass die in der ProspektVO und Punkt 1 des Anhangs 22 vorgesehenen Beschränkungen und Bedingungen einzuhalten sind. Darüber hinausgehende Bedingungen haben sich bislang nicht wesentlich durchgesetzt. 7

Schließlich muss nach Punkt 1.6 im Prospekt ein klarstellender Hinweis enthalten sein, dass ein Finanzintermediär bei Unterbreiten eines Angebots an einen Anleger diesem die zum Zeitpunkt des Angebots **aktuellen Informationen und Angebotsbedingungen** zur Verfügung stellen muss. Darunter fallen nicht nur eventuelle Nachträge zum Prospekt im Sinne des Art. 23 ProspektVO, sondern auch die entsprechenden Preisinformationen, weil 8

---

1 In der englischen Umsetzung heißt es entsprechend „clear and objective".

zum Beispiel der aktuelle Kurs sich vom Emissionspreis am Begebungstag aufgrund geänderter Marktverhältnisse unterscheiden kann.

III. Zusätzliche Informationen bei der spezifischen Zustimmung

9 Neben den allgemeinen Informationen zur Zustimmung sind bei einer spezifizierten Zustimmungserteilung (dazu → Art. 23 Rn. 20 ff.) nach Anhang 22 Punkt 2A.1 selbstredend die **Namen und Adressen der Finanzintermediäre**, die eine Zustimmung erhalten haben, zur genauen Identifikation anzugeben.

10 Punkt 2A.2 von Anhang 22 antizipiert richtigerweise und praxisgerecht, dass zum Zeitpunkt der Veröffentlichung des Prospekts, Basisprospekts oder der Übermittlung der endgültigen Bedingungen eventuell noch nicht alle involvierten Finanzintermediäre bekannt sind und weitere nachnominiert werden sollen (vgl. → Art. 23 Rn. 22). Im Prospekt sind daher Hinweise aufzunehmen, wie Informationen zu **neuen Finanzintermediären** (Authorised Offerors) veröffentlicht werden und wo diese Informationen erhältlich sind. In der Regel bietet sich hierfür die Website des Emittenten an, auf der Investoren im Zweifel nach solchen Informationen suchen werden. Analog Punkt 2B.1 des Anhangs 22 sind die Intermediäre aber auch aus Gründen der Transparenz dazu verpflichtet, auf ihrer eigenen Website einen Hinweis aufzunehmen, dass sie beabsichtigen, den Prospekt zu verwenden und sich dabei an die bestehenden gesetzlichen Vorgaben sowie an die vom Emittenten an die Zustimmung gestellten Bedingungen zu halten.

IV. Zusätzliche Informationen bei der generellen Zustimmung

11 Bei einer generellen Zustimmung des Emittenten bzw. Prospektverantwortlichen zur Prospektverwendung (dazu → Art. 23 Rn. 26 ff.) durch alle an einer Weiterplatzierung beteiligten Finanzintermediäre sind neben den allgemeinen Informationen zur Zustimmung nach Punkt 1 des Anhangs 22 gemäß Punkt 2B geringe Anforderungen an die zu erteilenden Informationen im Prospekt zu stellen. Danach ist nur ein deutlicher Hinweis auf der Website des Finanzintermediärs dahingehend aufzunehmen, dass er den Prospekt mit Zustimmung des Emittenten bzw. Prospektverantwortlichen verwendet und sich im Rahmen dessen an die Bedingungen hält.

V. Angaben zur Zustimmung in der Zusammenfassung des Prospekts

12 Die VO (EU) 809/2004 enthielt in ihrem Anhang 22 noch einen gesonderten Anhang zum Inhalt der Zusammenfassung, der unter anderem auch eine detaillierte Auflistung der Informationen hinsichtlich der erteilten Zustimmung zur Prospektverwendung enthielt. Die Vorgaben sind unter der ProspektVO stark gekürzt worden; nunmehr führt Art. 7 ProspektVO den Inhalt der Zusammenfassung auf. Gemäß Art. 7 Abs. 4 lit. d i.V.m. Abs. 8 lit. a ProspektVO muss die Zusammenfassung auch Informationen zum Vertrieb der angebotenen Wertpapiere enthalten, worunter man unter anderem auch die Frage der Zustimmung zur Prospektverwendung durch Finanzintermediäre verstehen kann. Es ist empfehlenswert, die Vorgaben aus Anhang 22 VO (EU) 2019/980 verkürzt auch in der Zusammenfassung zum Prospekt darzustellen.

Teil D
EU-Wachstumsprospekt

Anhang 23 VO (EU) 2019/980
Spezielle Zusammenfassung für den EU-Wachstumsprospekt

Übersicht

	Rn.		Rn.
I. Einleitung	1	3. Basisinformationen über die Wertpapiere (Abschnitt 3)	5
II. Überblick und einzelne Regelungsgegenstände	2	4. Basisinformationen über das öffentliche Angebot von Wertpapieren (Abschnitt 4)	7
1. Einführung (Abschnitt 1)	3		
2. Basisinformationen über den Emittenten (Abschnitt 2)	4		

I. Einleitung

Zum Anwendungsbereich von Anhang 23 VO (EU) 2019/980 wird zunächst auf die Kommentierung zu → Art. 15 ProspektVO Rn. 10 ff. hingewiesen. 1

II. Überblick und einzelne Regelungsgegenstände

Anhang 23 VO (EU) 2019/980 betrifft die spezielle **Zusammenfassung für den EU-Wachstumsprospekt**, die einen festgelegten Bestandteil des Prospekts darstellt (vgl. u. a. Art. 33 VO (EU) 2019/980). Sie wurde mit dem neuen Prospektrecht neu eingeführt, da eine Pflicht zur Erstellung einer besonderen Art der Zusammenfassung nach dem alten Prospektrecht für KMU und Unternehmen mit geringer Marktkapitalisierung noch nicht existierte.[1] Gleich der Zusammenfassung beim Standardprospekt ist die spezielle Zusammenfassung gesetzlich vorgeschrieben in die folgenden vier Abschnitte zu unterteilen: eine Einführung, die Warnhinweise beinhaltet,[2] Basisinformationen über den Emittenten, Basisinformationen über die Wertpapiere und Basisinformationen über das öffentliche Angebot der Wertpapiere.[3] Somit sind die inhaltlichen Anforderungen für die Erstellung der speziellen Zusammenfassung für den EU-Wachstumsprospekt größtenteils identisch mit denen für den Standardprospekt in Art. 7 ProspektVO (→ vgl. Art. 7 ProspektVO Rn. 14 ff.). 2

---

1 Vgl. Art. 26b sowie Anhänge XXV bis XXVIII VO (EG) 809/2004.
2 Vgl. Ziffer 1.5 zu Anhang 23 VO (EU) 2019/980, der konkrete Erklärungen zu den Warnungen vorsieht.
3 *Möller/Ziegltrum*, BKR 2020, 161, 163.

1. Einführung (Abschnitt 1)

Abschnitt 1
Einführung

Punkt 1.1

Bezeichnung und internationale Wertpapier-Identifikationsnummer (ISIN) der Wertpapiere.

Punkt 1.2

Identität und Kontaktdaten des Emittenten, einschließlich der Rechtsträgerkennung (LEI).

Punkt 1.3

Identität und Kontaktdaten der zuständigen Behörde, die den Prospekt gebilligt hat, und der zuständigen Behörde, die das Registrierungsformular gebilligt hat, sofern sie nicht mit der erstgenannten Behörde identisch ist.

Punkt 1.4

Datum der Billigung des EU-Wachstumsprospekts.

Punkt 1.5

Warnungen

Punkt 1.5.1

Erklärungen des Emittenten,

a) dass die Zusammenfassung als eine Einleitung zum EU-Wachstumsprospekt verstanden werden sollte und dass sich der Anleger bei jeder Entscheidung, in die Wertpapiere zu investieren, auf den EU-Wachstumsprospekt als Ganzes stützen sollte;

b) gegebenenfalls dass der Anleger das gesamte angelegte Kapital oder einen Teil davon verlieren könnte, und – wenn die Haftung des Anlegers nicht auf den Anlagebetrag beschränkt ist – dass der Anleger mehr als das angelegte Kapital verlieren könnte sowie das Ausmaß dieses potenziellen Verlusts;

c) dass ein Anleger, der wegen der in einem EU-Wachstumsprospekt enthaltenen Angaben Klage einreichen will, nach den nationalen Rechtsvorschriften seines Mitgliedstaats möglicherweise für die Übersetzung des Prospekts aufkommen muss, bevor das Verfahren eingeleitet werden kann;

d) dass zivilrechtlich nur diejenigen Personen haften, die die Zusammenfassung samt etwaiger Übersetzungen vorgelegt und übermittelt haben, und dies auch nur für den Fall, dass die Zusammenfassung, wenn sie zusammen mit den anderen Teilen des EU-Wachstumsprospekts gelesen wird, irreführend, unrichtig oder widersprüchlich ist oder dass sie, wenn sie zusammen mit den anderen Teilen des EU-Wachstumsprospekts gelesen wird, nicht die Basisinformationen vermittelt, die in Bezug auf Anlagen in die betreffenden Wertpapiere für die Anleger eine Entscheidungshilfe darstellen würden;

e) gegebenenfalls den Warnhinweis gemäß Artikel 8 Absatz 3 Buchstabe b der Verordnung (EU) Nr. 1286/2014.

3 Ziffer 1 von Anhang 23 ist weitgehend inhaltsgleich mit Art. 7 Abs. 5 ProspektVO und Abweichungen im Wortlaut sind rein redaktioneller Natur, weshalb auf die entsprechende Kommentierung dort verwiesen werden kann (→ vgl. Art. 7 ProspektVO Rn. 16 ff.). Allerdings ist nach Ziffer 1 von Anhang 23 im Rahmen der Warnungen **gesondert über die Erstellung des Prospekts als EU-Wachstumsprospekt hinzuweisen.**

2. Basisinformationen über den Emittenten (Abschnitt 2)

Abschnitt 2
Basisinformationen über den Emittenten

Punkt 2.1

Wer ist der Emittent der Wertpapiere?

Punkt 2.1.1

Angaben zum Emittenten:

a) Rechtsform des Emittenten, für ihn geltendes Recht und Land der Eintragung;

b) Haupttätigkeiten des Emittenten;

c) herrschende(r) Aktionär(e), sowohl direkt und indirekt herrschend;

d) Name des Vorstandsvorsitzenden (oder Äquivalent).

Punkt 2.2

Welches sind die wesentlichen Finanzinformationen über den Emittenten?

Punkt 2.2.1

Wesentliche Finanzinformationen für jedes Geschäftsjahr des von den historischen Finanzinformationen abgedeckten Zeitraums und, falls im Prospekt enthalten, für jeden nachfolgenden Zwischenberichtszeitraum sowie Vergleichsdaten für den gleichen Zeitraum des vorhergehenden Geschäftsjahrs. Die Anforderung der Beibringung vergleichbarer Bilanzinformationen wird durch die Vorlage der Bilanzdaten zum Jahresende erfüllt.

Die wesentlichen Finanzinformationen umfassen im Prospekt angeführte finanzielle Maßnahmen. Diese finanziellen Maßnahmen sollten Aufschluss über das Folgende geben:

a) Erlöse, Rentabilität, Aktiva, Kapitalstruktur und, sofern im Prospekt enthalten, Kapitalflüsse und

b) wesentliche Leistungsindikatoren, sofern im Prospekt enthalten.

Die wesentlichen Finanzinformationen enthalten gegebenenfalls:

c) zusammengefasste Pro-forma-Finanzinformationen und eine kurze Erläuterung dessen, was die Pro-forma-Finanzinformationen veranschaulichen, und der vorgenommenen wesentlichen Bereinigungen;

d) eine kurze Beschreibung etwaiger Einschränkungen im Bestätigungsvermerk zu den historischen Finanzinformationen.

Punkt 2.3

Welche sind die zentralen Risiken, die dem Emittenten eigen sind?

Punkt 2.3.1

Eine kurze Beschreibung der im EU-Wachstumsprospekt genannten wesentlichsten Risikofaktoren, die für den Emittenten spezifisch sind, wobei die in Artikel 33 Absatz 8 dieser Verordnung genannte Höchstzahl an Risikofaktoren nicht überschritten werden darf.

Ziffer 2 von Anhang 23 ist größtenteils inhaltsgleich mit Art. 7 Abs. 6 ProspektVO und Abweichungen im Wortlaut sind rein redaktioneller Natur, weshalb auf die entsprechende Kommentierung dort verwiesen werden kann (→ vgl. Art. 7 ProspektVO Rn. 27 ff.). Die allgemeinen Basisinformationen über den Emittenten sollen dem Anleger allgemeine Informationen wie beispielsweise Kontaktdaten, Haupttätigkeit, Finanzinformationen mit

4

wesentlichen Leistungsindikatoren und zentrale Risiken mitteilen.[4] Dennoch wird in Ziffer 2 von Anhang 23 im Gegensatz zur Zusammenfassung für den Standardprospekt **nicht auf die Identität des Abschlussprüfers Bezug genommen** (vgl. Art. 7 Abs. 6 Prospekt-VO). Anzunehmen ist, dass die EU-Gesetzgeber bewusst darauf verzichtet haben, da sich ein solcher Verweis ebenso auch im Registrierungsformular, gleich ob für Dividendenwerte oder Nichtdividendenwerte, nicht wiederfindet (vgl. Anhang 24 und Anhang 25 VO (EU) 2019/980). Die einzelnen Punkte der Ziffer 2 von Anhang 23 sind dabei mit den Überschriften, die zur Darstellung als Fragen formuliert wurden, zu kennzeichnen.

3. Basisinformationen über die Wertpapiere (Abschnitt 3)

Abschnitt 3
Basisinformationen über die Wertpapiere

Punkt 3.1

Welches sind die wichtigsten Merkmale der Wertpapiere?

Punkt 3.1.1

Informationen zu den Wertpapieren:

a) Art und Gattung;

b) gegebenenfalls Währung, Stückelung, Anzahl der begebenen Wertpapiere und Laufzeit der Wertpapiere;

c) mit den Wertpapieren verbundene Rechte;

d) relativer Rang der Wertpapiere in der Kapitalstruktur des Emittenten im Fall einer Insolvenz, gegebenenfalls mit Angaben über ihre Nachrangigkeitsstufe;

e) gegebenenfalls Angaben zur Dividenden- bzw. Ausschüttungspolitik.

Punkt 3.2

Wo werden die Wertpapiere gehandelt?

Punkt 3.2.1

Gegebenenfalls Angaben dazu, ob für die Wertpapiere die Zulassung zum Handel an einem MTF oder an einem KMU-Wachstumsmarkt beantragt wurde oder werden soll, Nennung aller Märkte, an denen die Wertpapiere gehandelt werden oder gehandelt werden sollen und Detailinformationen der Zulassung zum Handel an einem MTF oder einem KMU-Wachstumsmarkt.

Punkt 3.3

Wird für die Wertpapiere eine Garantie gestellt?

a) Eine kurze Beschreibung von Art und Umfang der Garantie;

b) kurze Angaben zum Garantiegeber einschließlich seiner Rechtsträgerkennung (LEI);

c) die einschlägigen wesentlichen Finanzinformationen zum Zwecke der Bewertung der Fähigkeit des Garantiegebers, seinen Verpflichtungen aus der Garantie nachzukommen;

d) eine kurze Beschreibung der im EU-Wachstumsprospekt gemäß Artikel 16 Absatz 3 der Verordnung (EU) 2017/1129 genannten wesentlichsten Risikofaktoren des Garantiegebers, wobei die in Artikel 33 Absatz 8 dieser Verordnung genannte Höchstzahl an Risikofaktoren nicht überschritten werden darf.

---

4 *Möller/Ziegltrum*, BKR 2020, 161, 163.

Punkt 3.4
Welche sind die zentralen Risiken, die den Wertpapieren eigen sind?
Punkt 3.4.1
Eine kurze Beschreibung der im EU-Wachstumsprospekt genannten wesentlichsten Risikofaktoren, die für die Wertpapiere spezifisch sind, wobei die in Artikel 33 Absatz 8 dieser Verordnung genannte Höchstzahl an Risikofaktoren nicht überschritten werden darf.

Ziffer 3 von Anhang 23 ist weit überwiegend inhaltsgleich mit Art. 7 Abs. 7 ProspektVO und Abweichungen im Wortlaut sind rein redaktioneller Natur, weshalb auf die entsprechende Kommentierung dort verwiesen werden kann (→ vgl. Art. 7 ProspektVO Rn. 38 ff.). Gleichwohl ergeben sich Unterschiede bei der Beschränkung der **freien Handelbarkeit der Wertpapiere und den potenziellen Auswirkungen auf die Anlagen im Fall der Abwicklung des Emittenten**, da dazu zwar im Rahmen der Zusammenfassung für den Standardprospekt Angaben gemacht werden müssen, jedoch nicht für die spezielle Zusammenfassung (vgl. Art. 7 Abs. 7 lit. a Ziff. iv und v ProspektVO). Zudem müssen wiederum in der speziellen Zusammenfassung **Detailinformationen der Zulassung zum Handel an einem MTF oder einem KMU-Wachstumsmarkt** dargestellt werden, die für die Zusammenfassung eines Standardprospekts nicht gefordert sind. Die einzelnen Punkte der Ziffer 3 von Anhang 23 sind dabei ebenfalls mit den Überschriften, die zur Darstellung als Fragen formuliert wurden, zu kennzeichnen. 5

Sowohl für den EU-Wachstumsprospekt als auch für den Standardprospekt sind im Rahmen der jeweiligen Zusammenfassung bei den Basisinformationen zum Emittenten und den Basisinformationen zu den Wertpapieren dort die jeweiligen zentralen Risiken, sowie bei Bestehen einer Garantie auch die zentralen Risiken des Garantiegebers, darzustellen.[5] Nach dem alten Prospektrecht noch ohne Beschränkung, ist die Anzahl der in der Zusammenfassung, gleich ob spezielle Zusammenfassung für den EU-Wachstumsprospekt oder Zusammenfassung für den Standardprospekt, **insgesamt dargestellten Risikofaktoren zudem auf höchstens 15 beschränkt**.[6] Diese Begrenzung auf die für den Anleger wesentlichsten Risiken zeigt die Intention des neuen Prospektrechts, den Wertpapierprospekt weniger als Enthaftungs- und mehr als Anlegerinformationsinstrument zu charakterisieren.[7] 6

4. Basisinformationen über das öffentliche Angebot von Wertpapieren (Abschnitt 4)

Abschnitt 4
Basisinformationen über das öffentliche Angebot von Wertpapieren

Punkt 4.1
Zu welchen Konditionen und nach welchem Zeitplan kann ich in dieses Wertpapier investieren?
Gegebenenfalls die allgemeinen Bedingungen, die Konditionen und den voraussichtlichen Zeitplan des Angebots, den Plan für den Vertrieb, den Betrag und Prozentanteil der sich aus dem

---
5 Vgl. *Möller/Zieglrum*, BKR 2020, 161, 163.
6 Vgl. *Geyer/Schelm*, BB, 2019, 1731, 1734.
7 *Möller/Zieglrum*, BKR 2020, 161, 163.

Angebot ergebenden unmittelbaren Verwässerung sowie eine Schätzung der Gesamtkosten der Emission und/oder des Angebots, einschließlich der geschätzten Kosten, die dem Anleger vom Emittenten oder Anbieter in Rechnung gestellt werden.

Punkt 4.2

Weshalb wird dieser EU-Wachstumsprospekt erstellt?

Punkt 4.2.1

Kurze Beschreibung der Gründe für das Angebot sowie gegebenenfalls:

a) die Zweckbestimmung der Erlöse und die geschätzten Nettoerlöse;

b) Angabe jedes nicht erfassten Teils, sofern das Angebot einem Übernahmevertrag mit fester Übernahmeverpflichtung unterliegt;

c) eine Beschreibung etwaiger wesentlicher Interessenkonflikte hinsichtlich des Angebots oder der Zulassung zum Handel, die im Prospekt beschrieben sind.

Punkt 4.3

Wer ist der Anbieter und/oder die die Zulassung zum Handel beantragende Person?

Punkt 4.3.1

Sofern der Anbieter nicht dieselbe Person wie der Emittent ist, eine kurze Beschreibung des Anbieters der Wertpapiere und/oder der die Zulassung zum Handel an einem MTF- oder KMU-Wachstumsmarkt beantragenden Person mit Sitz und Rechtsform, des für ihn/sie geltenden Rechts sowie dem Land der Eintragung.

7   Letztlich ist auch Ziffer 4 von Anhang 23 im Wesentlichen inhaltsgleich mit Art. 7 Abs. 8 ProspektVO und Abweichungen im Wortlaut sind rein redaktioneller Natur, weshalb auf die entsprechende Kommentierung dort verwiesen werden kann (→ vgl. Art. 7 Prospekt-VO Rn. 52 ff.). Auch hier sind die einzelnen Punkte der Ziffer 4 von Anhang 23 dabei mit den Überschriften, die zur Darstellung als Fragen formuliert wurden, zu kennzeichnen.

Anhang 24 VO (EU) 2019/980
Registrierungsformular beim EU-Wachstumsprospekt für Dividendenwerte

Übersicht

	Rn.		Rn.
I. Einleitung	1	3. Risikofaktoren (Abschnitt 3)	9
II. Überblick und einzelne Regelungsgegenstände	2	4. Unternehmensführung (Abschnitt 4)	10
1. Verantwortliche Personen, Angaben von Seiten Dritter, Sachverständigenberichte und Billigung durch die zuständige Behörde (Abschnitt 1)	4	5. Finanzinformationen und wesentliche Leistungsindikatoren (KPIs) (Abschnitt 5)	12
		6. Angaben zu Anteilseignern und Wertpapierinhabern (Abschnitt 6)	17
2. Strategie, Leistungsfähigkeit und Unternehmensumfeld (Abschnitt 2)	5	7. Verfügbare Dokumente (Abschnitt 7)	20

I. Einleitung

Hinsichtlich des Anwendungsbereichs von Anhang 24 VO (EU) 2019/980 wird zunächst auf die Kommentierung zu → Art. 15 ProspektVO Rn. 10 ff. hingewiesen. 1

II. Überblick und einzelne Regelungsgegenstände

Anhang 24 VO (EU) 2019/980 betrifft das spezielle **Registrierungsformular beim EU-Wachstumsprospekt für Dividendenwerte**. Das spezielle Registrierungsformular dient ebenso wie das Registrierungsformular des Standardprospekts dazu, **die für eine Anlageentscheidung erforderlichen Informationen zum Emittenten** für Anleger zur Verfügung zu stellen und verständlich zu präsentieren.[1] Es umfasst dabei u. a. die Pflichtangaben über den Emittenten sowie die Risikofaktoren betreffend den Emittenten, weshalb die inhaltlichen Anforderungen für die Erstellung des speziellen Registrierungsformulars in weiten Teilen identisch mit denen für den Standardprospekt in Anhang 1 VO (EU) 2019/980 sind, auch wenn sie mitunter im speziellen Registrierungsformular in etwas veränderter Reihenfolge dargestellt sind (→ vgl. Anhang 1). Die Anforderungen an die jeweiligen Informationen sind im speziellen Registrierungsformular allerdings vereinzelt weniger umfangreich, demzufolge sind erforderliche Angaben in bestimmten Fällen in geringerem Maße tiefgreifend und detailreich auszugestalten.[2] 2

Im Vergleich zum alten Prospektrecht und dabei insbesondere den Vorschriften zum Aktienregistrierungsformular von KMU und Emittenten mit geringer Marktkapitalisierung ist das spezielle Registrierungsformular in bestimmten Punkten **sichtbar verschlankt**. 3

---
1 Vgl. *Möller/Zieglrum*, BKR 2020, 161, 164.
2 Vgl. *Möller/Zieglrum*, BKR 2020, 161, 164.

Ähnelte das Aktienregistrierungsformular von KMU und Emittenten mit geringer Marktkapitalisierung nach dem alten Prospektrecht noch deutlich mehr dem Registrierungsformular für den Standardprospekt, grenzt sich das spezielle Registrierungsformular nach dem neuen Prospektrecht nunmehr durchaus davon ab.

1. Verantwortliche Personen, Angaben von Seiten Dritter, Sachverständigenberichte und Billigung durch die zuständige Behörde (Abschnitt 1)

Abschnitt 1
Verantwortliche Personen, Angaben von Seiten Dritter, Sachverständigenberichte und Billigung durch die zuständige Behörde

Punkt 1.1

Nennung aller Personen, die für die Angaben im Registrierungsformular bzw. für bestimmte Teile der Angaben verantwortlich sind. Im letzteren Fall sind die entsprechenden Teile anzugeben. Handelt es sich um natürliche Personen, zu denen auch Mitglieder des Verwaltungs-, Leitungs- oder Aufsichtsorgans des Emittenten gehören, sind Name und Funktion dieser Person anzugeben. Bei juristischen Personen sind Name und eingetragener Sitz der Gesellschaft anzugeben.

Punkt 1.2

Erklärung der für das Registrierungsformular verantwortlichen Personen, dass die Angaben im Registrierungsformular ihres Wissens nach richtig sind und dass das Registrierungsformular keine Auslassungen enthält, die die Aussage verzerren könnten.

Gegebenenfalls Erklärung der für bestimmte Abschnitte des Registrierungsformulars verantwortlichen Personen, dass die in den Teilen des Registrierungsformulars genannten Angaben, für die sie verantwortlich sind, ihres Wissens nach richtig sind und dass diese Teile des Registrierungsformulars keine Auslassungen enthalten, die die Aussage verzerren könnten.

Punkt 1.3

Wird in das Registrierungsformular eine Erklärung oder ein Bericht einer Person aufgenommen, die als Sachverständiger handelt, so sind folgende Angaben zu dieser Person zu machen:

a) Name,

b) Geschäftsadresse,

c) Qualifikationen,

d) das wesentliche Interesse am Emittenten, falls vorhanden.

Wurde die Erklärung oder der Bericht auf Ersuchen des Emittenten erstellt, so ist zu erklären, dass diese Erklärung oder dieser Bericht mit der Zustimmung vonseiten der Person, die den Inhalt dieses Teils des Registrierungsformulars für die Zwecke des Prospekts gebilligt hat, aufgenommen wurde.

Punkt 1.4

Wurden Angaben von Seiten Dritter übernommen, ist zu bestätigen, dass diese Angaben korrekt wiedergegeben wurden und nach Wissen des Emittenten und soweit für ihn aus den von diesem Dritten veröffentlichten Angaben ersichtlich, nicht durch Auslassungen unkorrekt oder irreführend gestaltet wurden. Darüber hinaus hat der Emittent die Quelle(n) der Angaben zu nennen.

Punkt 1.5
Eine Erklärung, dass

a) [das Registrierungsformular/der Prospekt] durch [Bezeichnung der zuständigen Behörde] als zuständiger Behörde gemäß Verordnung (EU) 2017/1129 gebilligt wurde,

b) die [Bezeichnung der zuständigen Behörde] [dieses Registrierungsformular/diesen Prospekt] nur bezüglich der Standards der Vollständigkeit, Verständlichkeit und Kohärenz gemäß der Verordnung (EU) 2017/1129 billigt,

c) eine solche Billigung nicht als Bestätigung des Emittenten, der Gegenstand [dieses Registrierungsformulars/dieses Prospekts] ist, erachtet werden sollte.

d) das [Registrierungsformular/der Prospekt] als Teil eines EU-Wachstumsprospekts gemäß Artikel 15 der Verordnung (EU) 2017/1129 erstellt wurde.

Ziffer 1 von Anhang 24 ist weitgehend inhaltsgleich mit Ziffer 1 von Anhang 1 VO (EU) 2019/980 und Abweichungen im Wortlaut sind rein redaktioneller Natur, weshalb auf die entsprechende Kommentierung dort verwiesen werden kann (→ vgl. Ziffer 1 von Anhang 1 VO (EU) 2019/980 Rn. 1 ff.). Allerdings ist nach Ziffer 1 von Anhang 24 im Rahmen der Warnungen **gesondert über die Erstellung des Prospekts als EU-Wachstumsprospekt nach Art. 15 ProspektVO hinzuweisen.**

4

2. Strategie, Leistungsfähigkeit und Unternehmensumfeld (Abschnitt 2)

Abschnitt 2
Strategie, Leistungsfähigkeit und Unternehmensumfeld

Punkt 2.1
Angaben zum Emittenten:

a) gesetzliche und kommerzielle Bezeichnung des Emittenten;

b) Ort der Registrierung des Emittenten, seine Registrierungsnummer und Rechtsträgerkennung (LEI);

c) Datum der Gründung der Gesellschaft und Existenzdauer des Emittenten, soweit diese nicht unbefristet ist.

d) Sitz und Rechtsform des Emittenten, Rechtsordnung, unter der er tätig ist, Land der Gründung der Gesellschaft; Anschrift und Telefonnummer seines eingetragenen Sitzes (oder Hauptort der Geschäftstätigkeit, falls nicht mit dem eingetragenen Sitz identisch), etwaige Website des Emittenten mit einer Erklärung, dass die Angaben auf der Website nicht Teil des Prospekts sind, sofern diese Angaben nicht mittels Verweises in den Prospekt aufgenommen wurden.

Punkt 2.1.1
Angaben zu wesentlichen Veränderungen in der Schulden- und Finanzierungsstruktur des Emittenten seit dem Ende der letzten Geschäftsperiode, für die Angaben im Registrierungsformular gemacht wurden. Enthält das Registrierungsformular Zwischenfinanzinformationen, können sich diese Angaben auf den Zeitraum seit dem Ende der letzten Zwischenberichtsperiode, für die Finanzinformationen in das Registrierungsformular aufgenommen wurden, beziehen;

Punkt 2.1.2
Beschreibung der erwarteten Finanzierung der Tätigkeiten des Emittenten.

Punkt 2.2

Überblick über die Geschäftstätigkeit

Punkt 2.2.1

Strategie und Ziele

Beschreibung der Geschäftsstrategie und der strategischen Ziele des Emittenten (sowohl in finanzieller als auch in einer etwaigen nichtfinanziellen Hinsicht). In dieser Beschreibung sind auch die zukünftigen Herausforderungen und die Aussichten des Emittenten zu berücksichtigen.

Sofern relevant, wird in dieser Beschreibung auch das Regelungsumfeld, in dem der Emittent tätig ist, berücksichtigt.

Punkt 2.2.2

Haupttätigkeitsbereiche

Beschreibung der Haupttätigkeiten des Emittenten, einschließlich:

a) der wichtigsten Arten der vertriebenen Produkte und/oder erbrachten Dienstleistungen;

b) Angaben über etwaige wichtige neue Produkte, Dienstleistungen oder Tätigkeiten, die seit der Veröffentlichung des letzten geprüften Abschlusses eingeführt wurden.

Punkt 2.2.3

Wichtigste Märkte

Beschreibung der wichtigsten Märkte, auf denen der Emittent tätig ist;

Punkt 2.3

Organisationsstruktur

Punkt 2.3.1

Ist der Emittent Teil einer Gruppe und sofern noch nicht an anderer Stelle im Registrierungsformular bereits vorgelegt und für ein Verständnis der Geschäftstätigkeit des Emittenten insgesamt nötig, ein Diagramm der Organisationsstruktur.

Der Emittent kann das Diagramm auch durch eine kurze Beschreibung der Gruppe und seiner Stellung innerhalb der Gruppe ersetzen oder ergänzen, falls dies zur Darstellung der Struktur hilfreich ist.

Punkt 2.3.2

Ist der Emittent von anderen Unternehmen der Gruppe abhängig, ist dies klar anzugeben und die Abhängigkeit zu erläutern.

Punkt 2.4

Investitionen

Punkt 2.4.1

Sofern nicht an anderer Stelle im Registrierungsformular vorgelegt, eine Beschreibung (einschließlich des Betrages) der wesentlichen Investitionen seit dem Ende des von den in den Prospekt aufgenommenen historischen Finanzinformationen abgedeckten Zeitraums bis zum Datum des Registrierungsformulars.

Punkt 2.4.2

Beschreibung aller wesentlichen laufenden oder bereits fest beschlossenen Investitionen des Emittenten, einschließlich, sofern für die Geschäftstätigkeit des Emittenten bedeutend, der Finanzierungsmethode (Eigen- oder Fremdfinanzierung).

Punkt 2.5

Angaben zur Geschäfts- und Finanzlage (nur von Emittenten mit einer Marktkapitalisierung über 200 000 000 EUR vorzulegen, falls der gemäß Artikel 19 und 29 der Richtlinie 2013/34/EU erstellte und vorgelegte Lagebericht nicht im EU-Wachstumsprospekt enthalten ist).

Punkt 2.5.1

Sofern nicht an anderer Stelle im Registrierungsformular vermerkt und sofern für das Verständnis der Geschäftstätigkeit des Emittenten insgesamt erforderlich, ist Folgendes vorzulegen:

a) eine ausgewogene und umfassende Analyse des Geschäftsverlaufs und des Geschäftsergebnisses sowie der Stellung des Emittenten entsprechend dem Umfang und der Komplexität der Geschäftstätigkeit für jedes Jahr, für das historische Finanzinformationen verlangt werden, einschließlich der Ursachen wesentlicher Veränderungen;

b) Angaben zu:
   i) der wahrscheinlichen zukünftigen Entwicklung des Emittenten;
   ii) Aktivitäten im Bereich Forschung und Entwicklung.

Soweit für das Verständnis des Geschäftsverlaufs, des Geschäftsergebnisses oder der Stellung des Emittenten nötig, umfasst die Analyse sowohl wesentliche finanzielle als auch, sofern angemessen, wesentliche nichtfinanzielle Leistungsindikatoren, die für das spezielle Unternehmen relevant sind, einschließlich Angaben zu Umwelt- und Arbeitnehmerbelangen. Diese Analyse umfasst, sofern angemessen, Verweise auf im Jahresabschluss genannte Beträge und weitere Erläuterungen dazu.

Punkt 2.6

Trendinformationen

Punkt 2.6.1

Eine Beschreibung der wichtigsten aktuellen Trends bei Produktion, Umsatz und Vorräten sowie bei Kosten und Verkaufspreisen zwischen dem Ende des letzten Geschäftsjahres und dem Datum des Registrierungsformulars.

Punkt 2.7

Gewinnprognosen oder -schätzungen

Punkt 2.7.1

Hat ein Emittent eine (noch ausstehende und gültige) Gewinnprognose oder -schätzung veröffentlicht, ist diese Prognose oder Schätzung in das Registrierungsformular aufzunehmen.

Wurde eine Gewinnprognose oder -schätzung veröffentlicht und ist diese noch ausstehend, jedoch nicht mehr gültig, ist eine entsprechende Erklärung abzugeben und ist darzulegen, warum eine solche Prognose oder Schätzung nicht mehr gültig ist. Eine solche ungültige Prognose oder Schätzung unterliegt nicht den unter den Punkten 2.7.2 und 2.7.3 genannten Anforderungen.

Punkt 2.7.2

Nimmt ein Emittent eine neue Gewinnprognose oder -schätzung oder eine bereits einmal veröffentlichte Gewinnprognose oder -schätzung gemäß Punkt 2.7.1 auf, hat die Gewinnprognose oder -schätzung klar und unmissverständlich zu sein und sie hat eine Erläuterung der wichtigsten Annahmen, auf die der Emittent seine Prognose oder Schätzung gestützt hat, zu umfassen.

Die Prognose oder Schätzung hat folgenden Grundsätzen zu entsprechen:

a) Bei den Annahmen sollte klar zwischen jenen unterschieden werden, die Faktoren betreffen, die die Mitglieder des Verwaltungs-, Leitungs- oder Aufsichtsorgans beeinflussen können, und Annahmen in Bezug auf Faktoren, die klar außerhalb des Einflussbereiches der Mitglieder des Verwaltungs-, Leitungs- oder Aufsichtsorgans liegen.

b) Die Annahmen müssen plausibel, für die Anleger leicht verständlich, spezifisch sowie präzise sein und dürfen nicht der üblichen Exaktheit der Schätzungen entsprechen, die der Prognose zugrunde liegen.

c) Die im Rahmen einer Prognose getroffenen Annahmen lenken die Aufmerksamkeit des Anlegers auf jene Unsicherheitsfaktoren, die das Ergebnis der Prognose wesentlich verändern könnten.

Punkt 2.7.3

Der Prospekt enthält eine Erklärung, dass die Gewinnprognose oder -schätzung folgende zwei Kriterien erfüllt:

a) **Vergleichbarkeit mit dem Jahresabschluss;**

b) **Konsistenz mit den Rechnungslegungsmethoden des Emittenten.**

5 Ziffer 2 von Anhang 24 ist in weiten Teilen inhaltsgleich mit Ziffer 4, Ziffer 5, Ziffer 6, Ziffer 7, Ziffer 10 und Ziffer 11 von Anhang 1 VO (EU) 2019/980 und Abweichungen im Wortlaut sind überwiegend rein redaktioneller Natur, weshalb auf die entsprechenden Kommentierungen dort verwiesen werden kann (vgl. Ziffern 4, 5, 6, 7, 10 und 11 von Anhang 1 VO (EU) 2019/980). Ziffer 2 von Anhang 24 umfasst Angaben zum Überblick über die Geschäftstätigkeit des Emittenten, die Organisationsstruktur, Investitionen, Angaben zur Geschäfts- und Finanzlage, Trendinformationen und Gewinnprognosen oder -schätzungen.

6 Dennoch finden sich in Ziffer 2 von Anhang 24 auch Unterschiede des speziellen Registrierungsformulars gegenüber dem Registrierungsformular für Standardprospekte sowie teilweise auch dem Aktienregistrierungsformular von KMU und Emittenten mit geringer Marktkapitalisierung: **Informationen zur Geschäfts- und Finanzlage** sind nach Ziffer 2.5 von Anhang 24 nur von Emittenten mit einer Marktkapitalisierung von über 200 Mio. EUR vorzulegen, falls der gemäß Art. 19 und 29 der Richtlinie 2013/34/EU über u. a. den Jahresabschluss erstellte und vorgelegte Lagebericht nicht im EU-Wachstumsprospekt enthalten ist.[3] Auch die Angaben zu den **Haupttätigkeitsbereichen des Emittenten** gemäß Ziffer 2.2.2 von Anhang 24 sind in dem speziellen Registrierungsformular nicht so umfassend aufzunehmen und Angaben zu den Produkten und Dienstleistungen müssen nur für den Zeitraum seit der Veröffentlichung des letzten geprüften Abschlusses aufgenommen werden, anstatt wie beim Registrierungsformular für den Standardprospekt für jedes Geschäftsjahr innerhalb des Zeitraums, der von den historischen Finanzinformationen abgedeckt wird.[4] Daneben sind auch die Angaben zur **Organisationsstruktur** nach Ziffer 2.3 von Anhang 24 ohne Angaben zu etwaigen Tochtergesellschaften sowie ohne kurze Beschreibung der Gruppe und der Stellung des Emittenten innerhalb dieser Gruppe,[5] die **Beschreibung der wichtigsten Märkte** nach Ziffer 2.2.3 von Anhang 24 ohne Aufschlüsselung der Gesamtumsatzerträge (vgl. Ziffer 5.2 von Anhang 1 VO (EU) 2019/980), Informationen zum **Regelungsumfeld** (vgl. Ziffer 9 von Anhang 1 VO (EU) 2019/980) nach Ziffer 2.2.1 von Anhang 24 sowie Angaben zu **Trendinformationen** nach Ziffer 2.6 von Anhang 24 ohne Nennung aller bekannten Trends, Unsicherheiten, Anfragen, Verpflichtungen oder Vorfälle, die die Aussichten des Emittenten im laufenden Geschäftsjahr wesentlich beeinflussen werden,[6] verkürzt worden.

---

3 Vgl. Ziffer 7 zu Anhang 1 VO (EU) 2019/980 sowie Anhang 25 VO (EG) 809/2004.

4 Vgl. Ziffer 5.1.1 zu Anhang 1 VO (EU) 2019/980 sowie Anhang 25 VO (EG) 809/2004.

5 Vgl. Ziffer 6 zu Anhang 1 VO (EU) 2019/980 sowie Anhang 25 VO (EG) 809/2004.

Gänzlich fehlen im speziellen Registrierungsformular verglichen mit dem Registrierungsformular für den Standardprospekt sowie dem Aktienregistrierungsformular von KMU und Emittenten mit geringer Marktkapitalisierung Angaben zum Abschlussprüfer,[7] zu wichtigen Ereignissen in der Entwicklung der Geschäftstätigkeit des Emittenten,[8] zu Patenten und Lizenzen,[9] zu Grundlagen für etwaige Angaben des Emittenten zu seiner Wettbewerbsposition[10] sowie zu Praktiken des Leitungsorgans.[11, 12]   7

Im Vergleich speziell zum alten Prospektrecht und dabei insbesondere den Vorschriften zum Aktienregistrierungsformular von KMU und Emittenten mit geringer Marktkapitalisierung muss z. B. nach dem neuen Prospektrecht keine Beschreibung etwaiger Angaben des Emittenten zu seiner Wettbewerbsposition im Rahmen der Haupttätigkeitsbereiche mehr erfolgen.[13] Auch die Angaben zum Abschlussprüfer[14] und eine Beschreibung etwaiger Umweltfragen, die die Verwendung der Sachanlagen durch den Emittenten beeinflussen könnten,[15] sind im speziellen Registrierungsformular **nach dem neuen Prospektrecht nicht mehr abzubilden.**   8

3. Risikofaktoren (Abschnitt 3)

Abschnitt 3
Risikofaktoren

Punkt 3.1
Eine Beschreibung der wesentlichen Risiken, die dem Emittenten eigen sind, in einer begrenzten Anzahl an Kategorien in einer Rubrik mit der Überschrift „Risikofaktoren". In jeder Kategorie werden die gemäß der Bewertung des Emittenten oder Anbieters wesentlichsten Risiken, unter Berücksichtigung der negativen Auswirkungen auf den Emittenten und der Wahrscheinlichkeit ihres Eintretens, zuerst angeführt. Die Risiken werden durch den Inhalt des Registrierungsformulars bestätigt.

Ziffer 3 von Anhang 24 ist weit überwiegend inhaltsgleich mit Ziffer 3 von Anhang 1 VO (EU) 2019/980 und Abweichungen im Wortlaut sind rein redaktioneller Natur, weshalb auf die entsprechende Kommentierung dort verwiesen werden kann (→ vgl. Ziffer 3 von Anhang 1 VO (EU) 2019/980 Rn. 1 ff.). Unter der Überschrift „Risikofaktoren" sind in einer begrenzten Anzahl von Kategorien die Hauptrisiken, denen der Emittent ausgesetzt ist, und deren Auswirkung auf die zukünftige Leistungsfähigkeit des Emittenten zu beschreiben. Dabei sollen die wesentlichsten Risiken, unter Berücksichtigung der negativen Auswirkungen auf den Emittenten und der Wahrscheinlichkeit ihres Eintretens, zuerst angeführt werden. Eine **zahlenmäßige Beschränkung wie in der speziellen Zusammen-**   9

---

6 Vgl. Ziffer 10.2 zu Anhang 1 VO (EU) 2019/980 sowie Anhang 25 VO (EG) 809/2004.
7 Vgl. Ziffer 2 zu Anhang 1 VO (EU) 2019/980 sowie Anhang 25 VO (EG) 809/2004.
8 Vgl. Ziffer 5.3 zu Anhang 1 VO (EU) 2019/980 sowie Anhang 25 VO (EG) 809/2004.
9 Vgl. Ziffer 5.5 zu Anhang 1 VO (EU) 2019/980 sowie Anhang 25 VO (EG) 809/2004.
10 Vgl. Ziffer 5.6 zu Anhang 1 VO (EU) 2019/980 sowie Anhang 25 VO (EG) 809/2004.
11 Vgl. Ziffer 14 zu Anhang 1 VO (EU) 2019/980 sowie Anhang 25 VO (EG) 809/2004.
12 Vgl. *Geyer/Schelm*, BB, 2019, 1731, 1737.
13 Vgl. Anhang 25 VO (EG) 809/2004.
14 Vgl. Anhang 25 VO (EG) 809/2004 sowie Rn. 7.
15 Vgl. Anhang 25 VO (EG) 809/2004.

fassung (vgl. Ziffer 2.3.1 von Anhang 23 VO (EU) 2019/980) findet sich hier nicht wieder, wobei jedoch nur solche Risikofaktoren zu nennen sind, die speziell für den konkreten Emittenten relevant sind.[16]

4. Unternehmensführung (Abschnitt 4)

Abschnitt 4
Unternehmensführung

Punkt 4.1

Verwaltungs-, Leitungs- und Aufsichtsorgan und oberes Management

4.1.1 Name und Geschäftsanschrift folgender Personen sowie Angabe ihrer Stellung beim Emittenten und der wichtigsten Tätigkeiten, die sie neben der Tätigkeit beim Emittenten ausüben, sofern diese für den Emittenten von Bedeutung sind:

a) Mitglieder des Verwaltungs-, Leitungs- und/oder Aufsichtsorgans;

b) persönlich haftende Gesellschafter bei einer Kommanditgesellschaft auf Aktien;

c) sämtliche Mitglieder des oberen Managements, die für die Feststellung relevant sind, ob der Emittent über die für die Führung der Geschäfte erforderliche Kompetenz und Erfahrung verfügt.

Art einer etwaigen verwandtschaftlichen Beziehung zwischen den unter den Buchstaben a bis c genannten Personen.

Punkt 4.1.2

Für jedes Mitglied des Verwaltungs-, Leitungs- oder Aufsichtsorgans des Emittenten und für jede der in Punkt 4.1.1 unter Buchstaben b und c genannten Personen detaillierte Angabe der einschlägigen Managementkompetenz und -erfahrung sowie folgende Angaben:

a) detaillierte Angaben zu etwaigen Schuldsprüchen in Bezug auf betrügerische Straftaten während zumindest der letzten fünf Jahre;

b) detaillierte Angaben zu etwaigen öffentlichen Anschuldigungen und/oder Sanktionen in Bezug auf die genannten Personen vonseiten der gesetzlichen Behörden oder der Regulierungsbehörden (einschließlich bestimmter Berufsverbände) und eventuell Angabe des Umstands, ob diese Personen jemals von einem Gericht für die Mitgliedschaft im Verwaltungs-, Leitungs- oder Aufsichtsorgan eines Emittenten oder für die Tätigkeit im Management oder die Führung der Geschäfte eines Emittenten während zumindest der letzten fünf Jahre als untauglich angesehen wurden.

Liegen keine der genannten Umstände vor, ist eine entsprechende Erklärung abzugeben.

Punkt 4.2

Vergütungen und sonstige Leistungen

Soweit nicht an anderer Stelle im Registrierungsformular dargelegt, für das letzte abgeschlossene Geschäftsjahr für die in Punkt 4.1.1 unter Buchstaben a und c genannten Personen.

---

16 Vgl. *Möller/Ziegltrum*, BKR 2020, 161, 164.

Punkt 4.2.1

Betrag der Vergütungen (einschließlich etwaiger erfolgsgebundener oder nachträglicher Vergütungen) und Sachleistungen, die diesen Personen vom Emittenten und seinen Tochterunternehmen für Dienstleistungen gezahlt oder gewährt wurden, die für den Emittenten oder seine Tochtergesellschaften von jeglicher Person in jeglicher Funktion erbracht wurden. Diese Angaben sind auf Einzelfallbasis beizubringen, es sei denn, eine individuelle Offenlegung ist im Herkunftsland des Emittenten nicht erforderlich oder wird vom Emittenten nicht auf eine andere Art und Weise öffentlich vorgenommen.

Punkt 4.2.2

Gesamthöhe der vom Emittenten oder seinen Tochtergesellschaften gebildeten Reserven oder Rückstellungen für Pensions- und Rentenzahlungen oder ähnliche Leistungen.

Punkt 4.3

Aktienbesitz und Aktienoptionen In Bezug auf die in Punkt 4.1.1. unter Buchstaben a und c genannten Personen sind so aktuelle Angaben wie möglich über ihren Aktienbesitz und etwaige Aktienoptionen des Emittenten beizubringen.

Auch **Ziffer 4 von Anhang 24** ist im Wesentlichen inhaltsgleich mit Ziffer 12, Ziffer 13 und Ziffer 15.2 von Anhang 1 VO (EU) 2019/980 und Abweichungen im Wortlaut sind rein redaktioneller Natur, weshalb auf die entsprechenden Kommentierungen dort verwiesen werden kann (→ vgl. Ziffern 12, 13 und 15 von Anhang 1 VO (EU) 2019/980). Ziffer 4 von Anhang 24 umfasst Angaben zur Unternehmensführung, d.h. der Verwaltung des Emittenten und der Rolle der mit der Leitung des Emittenten beauftragten Personen sowie Angaben zum Hintergrund der Mitglieder des oberen Managements, zu ihrer Vergütung und ihrem potenziellen Einfluss auf die Leistungsfähigkeit des Emittenten.

10

Im Gegensatz zum Registrierungsformular für Standardprospekte[17] sowie den Vorschriften zum Aktienregistrierungsformular von KMU und Emittenten mit geringer Marktkapitalisierung nach dem alten Prospektrecht ist es beim speziellen Registrierungsformular entsprechend Ziffer 4.1.1 von Anhang 24 nicht erforderlich, Namen und Geschäftsanschrift der **Gründer der Gesellschaft** zu nennen sowie Angaben zu ihrer Stellung beim Emittenten und der wichtigsten Tätigkeiten, die sie neben der Tätigkeit beim Emittenten ausüben, sofern diese für den Emittenten von Bedeutung sind, zu machen, wenn es sich um eine Gesellschaft handelt, die seit weniger als fünf Jahren besteht. Zudem müssen beim speziellen Registrierungsformular nach Ziffer 4.1.1 von Anhang 24 keine Auskünfte **über die Namen sämtlicher Unternehmen und Gesellschaften, bei denen die jeweilige Person während der letzten fünf Jahre Mitglied des Verwaltungs-, Leitungs- oder Aufsichtsorgans bzw. Partner war**, aufgenommen werden.[18] Ebenso müssen nach Ziffer 4.1.1 von Anhang 24 keine detaillierten Informationen über etwaige **Insolvenzen, Insolvenzverwaltungen, Liquidationen oder unter Zwangsverwaltung gestellte Unternehmen** im Zusammenhang mit den an der Unternehmensführung des Emittenten beteiligten Personen, die in diesen Funktionen zumindest in den vergangenen fünf Jahren tätig waren, gemacht werden.[19] Letztlich müssen für das spezielle Registrierungsformular gemäß Zif-

11

---

17 Vgl. Ziffer 12.1 zu Anhang 1 VO (EU) 2019/980 sowie Anhang 25 VO (EG) 809/2004.
18 Vgl. Ziffer 12.1 zu Anhang 1 VO (EU) 2019/980 sowie Anhang 25 VO (EG) 809/2004.
19 Vgl. Ziffer 12.1 zu Anhang 1 VO (EU) 2019/980 sowie Anhang 25 VO (EG) 809/2004.

fer 4 von Anhang 24 auch keine Angaben zur **Zahl der Beschäftigten** zum Ende des Berichtzeitraums oder zum Durchschnitt für jedes Geschäftsjahr in dem Zeitraum, auf den sich die historischen Finanzinformationen beziehen, einbezogen werden.[20]

5. Finanzinformationen und wesentliche Leistungsindikatoren (KPIs) (Abschnitt 5)

Abschnitt 5
Finanzinformationen und wesentliche Leistungsindikatoren (KPIs)

Punkt 5.1
Historische Finanzinformationen

Punkt 5.1.1
Beizubringen sind geprüfte historische Finanzinformationen, die die letzten zwei Geschäftsjahre abdecken (bzw. einen entsprechenden kürzeren Zeitraum, während dessen der Emittent tätig war), sowie ein Bestätigungsvermerk für jedes Geschäftsjahr.

Punkt 5.1.2
Änderung des Bilanzstichtages Hat der Emittent in der Zeit, für die historische Finanzinformationen beizubringen sind, seinen Bilanzstichtag geändert, so decken die geprüften historischen Finanzinformationen mindestens 24 Monate oder – sollte der Emittent seiner Geschäftstätigkeit noch keine 24 Monate nachgegangen sein – den gesamten Zeitraum seiner Geschäftstätigkeit ab.

Punkt 5.1.3
Rechnungslegungsstandards

Die Finanzinformationen sind gemäß der internationalen Rechnungslegungsstandards, wie sie gemäß Verordnung (EG) Nr. 1606/2002 in der Union anzuwenden sind, zu erstellen.

Falls die Verordnung (EG) Nr. 1606/2002 nicht anwendbar ist, sind die Finanzinformationen entsprechend folgender Standards zu erstellen:

a) den nationalen Rechnungslegungsstandards eines Mitgliedstaats für Emittenten aus dem EWR, wie nach Richtlinie 2013/34/EU gefordert;

b) den nationalen Rechnungslegungsstandards eines Drittlandes, die denen der Verordnung (EG) Nr. 1606/2002 gleichwertig sind, bei Emittenten aus Drittländern. Wenn solche Rechnungslegungsstandards eines Drittlandes jenen der Verordnung (EG) Nr. 1606/2002 nicht gleichwertig sind, sind die Abschlüsse in Übereinstimmung mit dieser Verordnung neu zu erstellen.

Punkt 5.1.4
Änderung des Rechnungslegungsrahmens

Die letzten geprüften historischen Finanzinformationen, die Vergleichsinformationen für das vorangegangene Jahr enthalten, müssen in einer Form dargestellt und erstellt werden, die mit den Rechnungslegungsstandards konsistent ist, gemäß denen der folgende Jahresabschluss des Emittenten erscheint, wobei die Rechnungslegungsstandards und -strategien sowie die Rechtsvorschriften zu berücksichtigen sind, die auf derlei Jahresabschlüsse Anwendung finden.

---

20 Vgl. Ziffer 15.1 zu Anhang 1 VO (EU) 2019/980 sowie Anhang 25 VO (EG) 809/2004.

Änderungen innerhalb des auf den Emittenten anwendbaren Rechnungslegungsrahmens machen keine Neuerstellung des geprüften Abschlusses erforderlich. Beabsichtigt der Emittent jedoch die Anwendung neuer Rechnungslegungsstandards in seinem nächsten veröffentlichten Abschluss, muss zumindest ein vollständiger Abschluss (wie durch IAS 1 „Darstellung des Abschlusses" festgelegt) einschließlich Vergleichsinformationen in einer Form erstellt werden, die mit der konsistent ist, die im folgenden Jahresabschluss des Emittenten zur Anwendung gelangen wird, wobei die Rechnungslegungsstandards und -strategien sowie die Rechtsvorschriften zu berücksichtigen sind, die auf derlei Jahresabschlüsse Anwendung finden.

Punkt 5.1.5

Wurden die geprüften Finanzinformationen gemäß nationaler Rechnungslegungsgrundsätze erstellt, müssen diese zumindest Folgendes enthalten:

a) die Bilanz,

b) die Gewinn- und Verlustrechnung,

c) die Rechnungslegungsmethoden und erläuternde Anmerkungen.

Punkt 5.1.6

Konsolidierte Abschlüsse

Erstellt der Emittent sowohl einen Jahresabschluss als auch einen konsolidierten Abschluss, so ist zumindest der konsolidierte Abschluss in das Registrierungsformular aufzunehmen.

Punkt 5.1.7

Alter der Finanzinformationen

Der Bilanzstichtag des letzten Jahres geprüfter Finanzinformationen darf nicht länger zurückliegen als:

a) 18 Monate ab dem Datum des Registrierungsformulars, wenn der Emittent geprüfte Zwischenabschlüsse in sein Registrierungsformular aufnimmt; oder

b) 16 Monate ab dem Datum des Registrierungsformulars, wenn der Emittent ungeprüfte Zwischenabschlüsse in sein Registrierungsformular aufnimmt.

Enthält das Registrierungsformular keine Zwischenfinanzinformationen, darf der Bilanzstichtag des letzten geprüften Jahresabschlusses nicht länger als 16 Monate ab dem Datum des Registrierungsformulars zurückliegen.

Punkt 5.2

Zwischenfinanzinformationen und sonstige Finanzinformationen

Punkt 5.2.1

Hat der Emittent seit dem Datum des letzten geprüften Abschlusses vierteljährliche oder halbjährliche Finanzinformationen veröffentlicht, so sind diese in das Registrierungsformular aufzunehmen. Wurden diese vierteljährlichen oder halbjährlichen Finanzinformationen einer teilweisen oder vollständigen Prüfung unterworfen, so sind die entsprechenden Vermerke ebenfalls aufzunehmen. Wurden die vierteljährlichen oder halbjährlichen Finanzinformationen keiner prüferischen Durchsicht oder Prüfung unterzogen, so ist dies anzugeben.

Zwischenfinanzinformationen, erstellt je nach Fall entsprechend den Anforderungen der Richtlinie 2013/34/EU oder der Verordnung (EG) Nr. 1606/2002.

Bei Emittenten, die weder der Richtlinie 2013/34/EU noch der Verordnung (EG) Nr. 1606/2002 unterliegen, müssen diese Zwischenfinanzinformationen einen Vergleich mit dem gleichen Zeitraum des letzten Geschäftsjahres beinhalten, es sei denn, diese Anforderung ist durch Vorlage der Bilanzdaten zum Jahresende entsprechend dem maßgebenden Regelwerk der Rechnungslegung erfüllt.

Punkt 5.3
Prüfung der jährlichen Finanzinformationen
Punkt 5.3.1
Die historischen jährlichen Finanzinformationen müssen unabhängig geprüft worden sein. Der Bestätigungsvermerk wird gemäß der Richtlinie 2006/43/EG und der Verordnung (EU) Nr. 537/2014 erstellt.

Sind Richtlinie 2006/43/EG und die Verordnung (EU) Nr. 537/2014 nicht anwendbar, müssen die historischen Finanzinformationen in Übereinstimmung mit den in dem jeweiligen Mitgliedstaat anwendbaren Prüfungsstandards oder gleichwertigen Grundsätzen geprüft worden sein, oder es muss für das Registrierungsformular vermerkt werden, ob sie in Übereinstimmung mit den in dem jeweiligen Mitgliedstaat anwendbaren Prüfungsstandards oder gleichwertigen Grundsätzen ein den tatsächlichen Verhältnissen entsprechendes Bild vermitteln.

Punkt 5.3.1a
Sofern Bestätigungsvermerke des Abschlussprüfers über die historischen Finanzinformationen von den Abschlussprüfern abgelehnt wurden beziehungsweise sofern sie Vorbehalte, Meinungsänderungen oder eine Hervorhebung eines Sachverhalts enthalten oder wenn sie eingeschränkt erteilt wurden, ist der Grund dafür anzugeben und sind diese Vorbehalte, Änderungen, die eingeschränkte Erteilung oder diese Hervorhebung eines Sachverhalts in vollem Umfang wiederzugeben.

Punkt 5.3.2
Angabe sonstiger Informationen im Registrierungsformular, die von den Abschlussprüfern geprüft wurden.

Punkt 5.3.3
Wurden die Finanzinformationen im Registrierungsformular nicht dem geprüften Jahresabschluss des Emittenten entnommen, so sind die Quelle dieser Informationen und die Tatsache anzugeben, dass die Informationen ungeprüft sind.

Punkt 5.4
Wesentliche Leistungsindikatoren (KPIs)
Punkt 5.4.1

Sofern noch nicht an anderer Stelle im Registrierungsformular offengelegt und wenn ein Emittent finanzielle und/oder operative KPIs veröffentlicht hat oder diese in das Registrierungsformular aufnimmt, ist eine Beschreibung der KPIs des Emittenten für jedes Geschäftsjahr für den Zeitraum, der durch die historischen Finanzinformationen abgedeckt wird, in das Registrierungsformular aufzunehmen.

KPIs müssen auf einer vergleichbaren Grundlage berechnet werden. Wurden die KPIs von den Abschlussprüfern geprüft, ist darauf hinzuweisen.

Punkt 5.5
Wesentliche Veränderungen in der Finanzlage des Emittenten

Beschreibung jeder wesentlichen Veränderung in der Finanzlage der Gruppe, die seit dem Ende des Stichtags eingetreten ist, für den entweder geprüfte Abschlüsse oder Zwischenfinanzinformationen veröffentlicht wurden. Ansonsten ist eine negative Erklärung abzugeben.

Punkt 5.6
Dividendenpolitik

Beschreibung der Politik des Emittenten auf dem Gebiet der Dividendenausschüttungen und etwaiger diesbezüglicher Beschränkungen. Verfolgt der Emittent keine derartige Politik, ist eine negative Erklärung abzugeben.

Angabe des Betrags der Dividende pro Aktie für jedes Geschäftsjahr innerhalb des durch den Jahresabschluss abgedeckten Zeitraums. Wurde die Zahl der Aktien des Emittenten geändert, ist eine Bereinigung zu Vergleichszwecken vorzunehmen, sofern dies nicht im Abschluss offengelegt wird.

Punkt 5.7
Pro-forma-Finanzinformationen

Im Falle einer bedeutenden Brutto-Veränderung ist zu beschreiben, wie die Transaktion ggf. die Aktiva und Passiva sowie die Erträge des Emittenten beeinflusst hätte, wenn sie zu Beginn des Berichtszeitraums oder zum Berichtszeitpunkt durchgeführt worden wäre.

Dieser Anforderung wird normalerweise durch die Aufnahme von Pro-forma-Finanzinformationen Genüge getan. Diese Pro-forma-Finanzinformationen sind gemäß Anhang 20 zu erstellen und müssen die darin geforderten Angaben enthalten.

Den Pro-forma-Finanzinformationen ist ein Vermerk eines unabhängigen Wirtschafts- oder Abschlussprüfers beizufügen.

Ziffer 5 von Anhang 24 ist im Wesentlichen inhaltsgleich mit Ziffer 18 von Anhang 1 VO (EU) 2019/980 und Abweichungen im Wortlaut sind rein redaktioneller Natur, weshalb auf die entsprechende Kommentierung dort verwiesen werden kann (→ vgl. Ziffern 18.1, 18.2, 18.3, 18.4, 18.5, 18.6 und 18.7 von Anhang 1 VO (EU) 2019/980). Diese betrifft die Vorlage historischer Finanzinformationen durch die Offenlegung der Finanzinformationen und der wesentlichen Leistungsindikatoren des Emittenten sowie Angaben zur Dividendenpolitik des Emittenten und möglichen Pro-forma-Finanzinformationen. 12

Die historischen Finanzinformationen sind beim speziellen Registrierungsformular verglichen mit dem Standardprospekt nach Ziffer 5.1.1 von Anhang 24 **für die letzten zwei Geschäftsjahre** oder u. U. für einen kürzeren Zeitraum, wenn der Emittent erst seitdem tätig war, statt der letzten drei Geschäftsjahre aufzunehmen (vgl. Ziffer 18.1.1 von Anhang 1 VO (EU) 2019/980). Ferner muss der Emittent ausweislich Ziffer 5.1.2 von Anhang 24 im Falle der Änderung des Bilanzstichtages historische Finanzinformationen darlegen, die **mindestens 24 Monate abdecken**, oder u. U. den gesamten kürzeren Zeitraum, wenn der Emittent erst seitdem tätig war, statt der mindestens 36 Monate beim Standardprospekt (vgl. Ziffer 18.1.2 von Anhang 1 VO (EU) 2019/980). 13

Beim speziellen Registrierungsformular wie auch beim Registrierungsformular für den Standardprospekt (vgl. Ziffer 18.1.3 von Anhang 1 VO (EU) 2019/980) müssen die historischen Finanzinformationen gemäß Ziffer 5.1.3 von Anhang 24 grundsätzlich **nach den internationalen Rechnungslegungsstandards (IFRS) gemäß der IAS-Verordnung** erstellt werden, jedoch können die historischen Finanzinformationen grundsätzlich auch nach den nationalen Rechnungslegungsstandards angefertigt werden, sollte der Emittent nicht in den Anwendungsbereich der IAS-Verordnung fallen. Beabsichtigt der Emittent gleichwohl im Folgejahr andere Rechnungslegungsstandards anzuwenden, muss auch ein Abschluss für das letzte Geschäftsjahr einschließlich Vergleichsangaben zum Vorjahr nach den „neuen" Standards erstellt werden, was dem Normalfall der Vorgaben für Aktienprospekte (sog. Bridge Approach) entspricht, aber tatsächlich nur relevant wird, wenn die Regeln des Handelsplatzes, an dem die Wertpapiere notiert werden, eine solche Um- 14 stellung (etwa auf IFRS) erfordern.[21] Außerhalb organisierter bzw. geregelter Märkte ist dies nach europäischem Recht weder vorgeschrieben (vgl. Art. 33 MiFID II, Art. 78 VO (EU) 2017/565) noch zu erwarten, da die Abwesenheit eines „IFRS-Zwangs" eines der wesentlichen Unterscheidungsmerkmale der bisherigen „börsenregulierten" Marktsegmente (deren Anforderungen künftig unter dem Begriff „KMU-Wachstumsmarkt" in den Grundzügen harmonisiert werden sollen) und den geregelten Märkten ist.[22] Entscheidet sich ein Emittent demnach, historische Finanzinformationen, die nach nationalen Rechnungslegungsstandards aufgestellt wurden, in den EU-Wachstumsprospekt aufzunehmen, kann im Vergleich zum Standardprospekt (vgl. Ziffer 18.1.5 von Anhang 1 VO (EU) 2019/980) sowohl von einer **Kapitalflussrechnung als auch einer Übersicht, aus der entweder alle Veränderungen im Eigenkapital oder nur die Veränderungen im Eigenkapital hervorgehen**, die sich nicht aus Eigenkapitaltransaktionen mit Eigenkapitalgebern oder Ausschüttungen an diese ergeben, **abgesehen werden**.[23]

15 Weiterhin muss das Registrierungsformular nach Ziffer 5.2.1 von Anhang 24 im Rahmen der Veröffentlichung von Zwischenfinanzinformationen und sonstigen Finanzinformationen für den EU-Wachstumsprospekt, sofern es mehr als neun Monate nach Ablauf des letzten geprüften Finanzjahres erstellt wurde, im Gegensatz zum Standardprospekt (vgl. Ziffer 18.2.1 von Anhang 1 VO (EU) 2019/980) **keine Zwischenfinanzinformationen** enthalten, die sich zumindest auf die ersten sechs Monate des Geschäftsjahres beziehen sollten.

16 Andererseits wurden mit dem neuen Prospektrecht für den EU-Wachstumsprospekt mit u. a. der Darstellung der wesentlichen Leistungsindikatoren (sog. Key Performance Indicators oder KPIs) nach Ziffer 5.4 von Anhang 24 aber auch **neue Offenlegungspflichten** geschaffen.[24] Sofern ein Emittent finanzielle und/oder operative KPIs veröffentlicht hat oder diese in das Registrierungsformular aufnimmt, ist eine **Beschreibung der KPIs** des Emittenten für jedes Geschäftsjahr für den Zeitraum, der durch die historischen Finanzinformationen abgedeckt wird, entsprechend Ziffer 5.4.1 von Anhang 24 in das Registrierungsformular aufzunehmen. Dabei müssen die KPIs auf einer vergleichbaren Grundlage wie die die historischen Finanzinformationen berechnet werden und für den Fall, dass die KPIs von den Abschlussprüfern geprüft wurden, ist darauf hinzuweisen.

6. Angaben zu Anteilseignern und Wertpapierinhabern (Abschnitt 6)

Abschnitt 6
Angaben zu Anteilseignern und Wertpapierinhabern

Punkt 6.1
Hauptaktionäre
Punkt 6.1.1
Soweit dem Emittenten bekannt, Angabe jeglicher Person, die direkt oder indirekt eine Beteiligung von 5 % oder mehr am Eigenkapital des Emittenten oder den entsprechenden Stimmrech-

---
21 *Geyer/Schelm*, BB, 2019, 1731, 1737.
22 *Geyer/Schelm*, BB, 2019, 1731, 1737.
23 Vgl. *Geyer/Schelm*, BB, 2019, 1731, 1737.
24 Vgl. *Möller/Zieglrum*, BKR 2020, 161, 165.

ten hält, einschließlich des Betrags der Beteiligung dieser Person zum Datum des Registrierungsformulars. Ansonsten ist eine negative Erklärung abzugeben.

Punkt 6.1.2

Angabe, ob die Hauptaktionäre des Emittenten unterschiedliche Stimmrechte haben. Ansonsten ist eine negative Erklärung abzugeben.

Punkt 6.1.3

Soweit dem Emittenten bekannt, Angabe, ob an dem Emittenten unmittelbare oder mittelbare Beteiligungen oder Beherrschungsverhältnisse bestehen und wer diese Beteiligungen hält bzw. diese Beherrschung ausübt. Beschreibung der Art und Weise einer derartigen Beherrschung und der vorhandenen Maßnahmen zur Verhinderung des Missbrauchs einer solchen Beherrschung.

Punkt 6.1.4

Sofern dem Emittenten bekannt, Beschreibung etwaiger Vereinbarungen, deren Ausübung zu einem späteren Zeitpunkt zu einer Änderung in der Beherrschung des Emittenten führen oder diese verhindern könnte.

Punkt 6.2

Gerichts- und Schiedsgerichtsverfahren

Punkt 6.2.1

Angaben über etwaige staatliche Interventionen, Gerichts- oder Schiedsgerichtsverfahren (einschließlich derjenigen Verfahren, die nach Kenntnis des Emittenten noch anhängig sind oder eingeleitet werden könnten), die im Zeitraum der mindestens 12 letzten Monate stattfanden und die sich in jüngster Zeit erheblich auf die Finanzlage oder die Rentabilität des Emittenten und/oder der Gruppe ausgewirkt haben oder sich in Zukunft auswirken könnten. Ansonsten ist eine negative Erklärung abzugeben.

Punkt 6.3

Verwaltungs-, Leitungs- und Aufsichtsorgan und oberes Management – Interessenkonflikte

Punkt 6.3.1

Potenzielle Interessenkonflikte zwischen den Verpflichtungen der unter Punkt 4.1.1 genannten Personen gegenüber dem Emittenten und ihren privaten Interessen und/oder sonstigen Verpflichtungen sind klar anzugeben. Falls keine derartigen Konflikte bestehen, ist eine entsprechende Erklärung abzugeben.

Ferner ist jegliche Vereinbarung oder Abmachung mit den Hauptaktionären, Kunden, Lieferanten oder sonstigen Personen zu nennen, aufgrund deren eine unter Punkt 4.1.1 genannte Person zum Mitglied eines Verwaltungs-, Leitungs- oder Aufsichtsorgans bzw. zum Mitglied des oberen Managements bestellt wurde.

Zudem sind die Einzelheiten aller Veräußerungsbeschränkungen anzugeben, die die unter Punkt 4.1.1 genannten Personen für die von ihnen gehaltenen Wertpapiere des Emittenten für einen bestimmten Zeitraum vereinbart haben.

Punkt 6.4

Geschäfte mit verbundenen Parteien

Punkt 6.4.1

Soweit die gemäß der Verordnung (EG) nr. 1606/2002 übernommenen internationalen Rechnungslegungsstandards auf den Emittenten keine Anwendung finden, sind folgende Angaben für den Zeitraum, auf den sich die historischen Finanzinformationen beziehen, bis zum Datum des Registrierungsformulars vorzulegen:

a) Art und Umfang der Geschäfte (1), die als einzelnes Geschäft oder insgesamt für den Emittenten von wesentlicher Bedeutung sind. Erfolgt der Abschluss derartiger Geschäfte mit verbundenen Parteien nicht auf marktkonforme Weise, ist zu erläutern, weshalb. Im Falle ausstehender Darlehen einschließlich Garantien jeglicher Art ist der ausstehende Betrag anzugeben;

b) Betrag oder Prozentsatz, zu dem die Geschäfte mit verbundenen Parteien Bestandteil des Umsatzes des Unternehmens sind.

Finden gemäß der Verordnung (EG) nr. 1606/2002 übernommene internationale Rechnungslegungsstandards auf den Emittenten Anwendung, so sind die unter Buchstaben a und b genannten Informationen nur für diejenigen Geschäfte anzugeben, die seit dem Ende des letzten Berichtszeitraums, für den geprüfte Finanzinformationen veröffentlicht wurden, getätigt wurden.

Punkt 6.5

Aktienkapital

Punkt 6.5.1

Aufzunehmen sind die folgenden Angaben unter den Punkten 6.5.2 bis 6.5.7 im Jahresabschluss zum Stichtag der jüngsten Bilanz:

Punkt 6.5.2

Höhe des ausgegebenen Kapitals und für jede Gattung des Aktienkapitals:

a) der Gesamtbetrag des genehmigten Aktienkapitals des Emittenten;

b) Zahl der ausgegebenen und voll eingezahlten Aktien und Zahl der ausgegebenen und nicht voll eingezahlten Aktien;

c) Nennwert pro Aktie bzw. Angabe, dass die Aktien keinen Nennwert haben, und

d) Abgleich zwischen der Zahl der ausstehenden Aktien zu Beginn und zum Ende des Geschäftsjahres.

Wurde mehr als 10 % des Kapitals während des Zeitraums, auf den sich der Jahresabschluss bezieht, mit anderen Aktiva als Barmitteln eingezahlt, so ist dies anzugeben.

Punkt 6.5.3

Sollten Aktien vorhanden sein, die nicht Bestandteil des Eigenkapitals sind, so sind die Anzahl und die wesentlichen Merkmale dieser Aktien anzugeben.

Punkt 6.5.4

Angabe der Anzahl, des Buchwertes sowie des Nennbetrags der Aktien, die Bestandteil des Eigenkapitals des Emittenten sind und die vom Emittenten selbst oder in seinem Namen oder von Tochtergesellschaften des Emittenten gehalten werden.

Punkt 6.5.5

Angabe etwaiger wandelbarer Wertpapiere, umtauschbarer Wertpapiere oder etwaiger Wertpapieren mit Optionsscheinen, wobei die geltenden Bedingungen und Verfahren für die Wandlung, den Umtausch oder die Zeichnung darzulegen sind.

Punkt 6.5.6

Angaben über eventuelle Akquisitionsrechte und deren Bedingungen und/oder über Verpflichtungen in Bezug auf genehmigtes, aber noch nicht ausgegebenes Kapital oder in Bezug auf eine Kapitalerhöhung.

Punkt 6.5.7

Angaben, ob auf den Anteil eines Mitglieds der Gruppe ein Optionsrecht besteht oder ob bedingt oder bedingungslos vereinbart wurde, einen Anteil an ein Optionsrecht zu knüpfen, sowie

Einzelheiten über solche Optionen, die auch jene Personen betreffen, die diese Optionsrechte erhalten haben.

Punkt 6.6
Satzung und Statuten der Gesellschaft
Punkt 6.6.1
Kurze Beschreibung etwaiger Bestimmungen der Satzung und der Statuten des Emittenten sowie der Gründungsurkunde oder sonstiger Satzungen, die eine Verzögerung, einen Aufschub oder die Verhinderung eines Wechsels in der Beherrschung des Emittenten bewirken könnten.

Punkt 6.7
Wichtige Verträge
Punkt 6.7.1
Kurze Zusammenfassung jedes im letzten Jahr vor der Veröffentlichung des Registrierungsformulars abgeschlossenen wesentlichen Vertrags (mit Ausnahme von Verträgen, die im Rahmen der normalen Geschäftstätigkeit abgeschlossen wurden), bei dem der Emittent oder ein sonstiges Mitglied der Gruppe eine Vertragspartei ist.

Ziffer 6 von Anhang 24 ist in den meisten Teilen inhaltsgleich mit Ziffer 16, Ziffer 18.6, Ziffer 17, Ziffer 19 und Ziffer 20 von Anhang 1 VO (EU) 2019/980 und Abweichungen im Wortlaut sind rein redaktioneller Natur, weshalb auf die entsprechenden Kommentierungen dort verwiesen werden kann (→ vgl. Ziffern 16, 17, 18.6, 19 und 20 von Anhang 1 VO (EU) 2019/980). Ausweislich Ziffer 6 von Anhang 24 müssen im speziellen Registrierungsformular Angaben zu den Hauptanteilseignern, zu möglichen Interessenkonflikten zwischen dem oberen Management und dem Emittenten, zum Aktienkapital des Emittenten sowie Angaben zu Geschäften mit verbundenen Parteien, zu Gerichts- und Schiedsgerichtsverfahren und zu wesentlichen Verträgen dargestellt werden. 17

Verglichen mit dem Registrierungsformular für den Standardprospekt und auch dem Aktienregistrierungsformular von KMU und Emittenten mit geringer Marktkapitalisierung nach dem alten Prospektrecht, für die es keine bestimmten Schwellenwerte gibt bzw. gab,[25] ist es nach Ziffer 6.1.1 von Anhang 24 nur geboten, im EU-Wachstumsprospekt Angaben über jegliche Personen zu machen, die direkt oder indirekt eine **Beteiligung von 5 % oder mehr** am Eigenkapital des Emittenten oder den entsprechenden Stimmrechten halten. Bestimmte Informationen über **Geschäfte mit verbundenen Parteien** gemäß Ziffer 6.4.1 von Anhang 24 müssen überdies, falls IFRS auf den Emittenten Anwendung finden, beim EU-Wachstumsprospekt nur für diejenigen Geschäfte angegeben werden, die seit dem Ende des letzten Berichtszeitraums, für den geprüfte Finanzinformationen veröffentlicht wurden, getätigt wurden, statt, wie beim Standardprospekt und auch dem Aktienregistrierungsformular von KMU und Emittenten mit geringer Marktkapitalisierung nach dem alten Prospektrecht, für den gesamten Zeitraum, der von den historischen Finanzinformationen abgedeckt wird.[26] 18

Darüber hinaus sind auch die erforderlichen Angaben im Rahmen der Beschreibung **der Satzung und Statuten** des Emittenten nach Ziffer 6.6 von Anhang 24 im Gegensatz zum Standardprospekt etwas verschlankt. Beim speziellen Registrierungsformular ist nach Zif- 19

---

25 Vgl. Ziffer 16.1 zu Anhang 1 VO (EU) 2019/980 sowie Anhang 25 VO (EG) 809/2004.
26 Vgl. Ziffer 17.1 zu Anhang 1 VO (EU) 2019/980 sowie Anhang 25 VO (EG) 809/2004.

fer 6.6.1 von Anhang 24 eine kurze Beschreibung etwaiger Bestimmungen der Satzung und der Statuten des Emittenten sowie der Gründungsurkunde oder sonstiger Satzungen, die eine Verzögerung, einen Aufschub oder die Verhinderung eines Wechsels in der Beherrschung des Emittenten bewirken könnten, ausreichend, während beim Standardprospekt auch beispielsweise Informationen zum Register, in das der Emittent eingetragen ist, oder zu den Zielsetzungen des Emittenten darzustellen sind.[27] Weniger umfassend muss auch die Beschreibung der **wichtigen Verträge** nach Ziffer 6.7.1 von Anhang 24 für den EU-Wachstumsprospekt vorgenommen werden, da hier lediglich der Zeitraum im letzten Jahr vor der Veröffentlichung des Registrierungsformulars maßgeblich ist – im Vergleich zum Standardprospekt und zum Prospekt von KMU und Emittenten mit geringer Marktkapitalisierung nach dem alten Prospektrecht, die u. a. eine Zusammenfassung jedes in den letzten beiden Jahren vor der Veröffentlichung des Registrierungsformulars abgeschlossenen wesentlichen Vertrags zu enthalten haben bzw. hatten.[28]

7. Verfügbare Dokumente (Abschnitt 7)

Abschnitt 7
Verfügbare Dokumente

Punkt 7.1

Abzugeben ist eine Erklärung, dass während der Gültigkeitsdauer des Registrierungsformulars ggf. die folgenden Dokumente eingesehen werden können:

a) die aktuelle Satzung und die aktuellen Statuten des Emittenten;

b) sämtliche Berichte, Schreiben und sonstigen Dokumente, Bewertungen und Erklärungen, die von einem Sachverständigen auf Ersuchen des Emittenten erstellt bzw. abgegeben wurden, sofern Teile davon in das Registrierungsformular eingeflossen sind oder in ihm darauf verwiesen wird.

Die Website, auf der die Dokumente eingesehen werden können, ist anzugeben.

20 Ziffer 7 von Anhang 24 ist inhaltsgleich mit Ziffer 21 von Anhang 1 VO (EU) 2019/980 und Abweichungen im Wortlaut sind rein redaktioneller Natur, weshalb auf die entsprechende Kommentierung dort verwiesen werden kann (→ vgl. Ziffer 21 von Anhang 1 VO (EU) 2019/980 Rn. 1 ff.).

---

27 Vgl. Ziffer 19 und 19.2 zu Anhang 1 VO (EU) 2019/980 sowie Anhang 25 VO (EG) 809/2004.
28 Vgl. Ziffer 20 zu Anhang 1 VO (EU) 2019/980 sowie Anhang 25 VO (EG) 809/2004.

Anhang 25 VO (EU) 2019/980
Registrierungsformular beim EU-Wachstumsprospekt für Nichtdividendenwerte

Abschnitt 1
Verantwortliche Personen, Angaben von Seiten Dritter, Sachverständigenberichte und Billigung durch die zuständige Behörde

Punkt 1.1

Nennung aller Personen, die für die Angaben im Registrierungsformular bzw. für bestimmte Teile der Angaben verantwortlich sind. Im letzteren Fall sind die entsprechenden Teile anzugeben. Handelt es sich um natürliche Personen, zu denen auch Mitglieder des Verwaltungs-, Leitungs- oder Aufsichtsorgans des Emittenten gehören, sind Name und Funktion dieser Person anzugeben. Bei juristischen Personen sind Name und eingetragener Sitz der Gesellschaft anzugeben.

Punkt 1.2

Erklärung der für das Registrierungsformular verantwortlichen Personen, dass die Angaben im Registrierungsformular ihres Wissens nach richtig sind und dass das Registrierungsformular keine Auslassungen enthält, die die Aussage verzerren könnten.

Gegebenenfalls Erklärung der für bestimmte Abschnitte des Registrierungsformulars verantwortlichen Personen, dass die in den Teilen des Registrierungsformulars genannten Angaben, für die sie verantwortlich sind, ihres Wissens nach richtig sind und dass diese Teile des Registrierungsformulars keine Auslassungen enthalten, die die Aussage verzerren könnten.

Punkt 1.3

Wird in das Registrierungsformular eine Erklärung oder ein Bericht einer Person aufgenommen, die als Sachverständiger handelt, so sind folgende Angaben zu dieser Person zu machen:

a) Name,

b) Geschäftsadresse,

c) Qualifikationen,

d) das wesentliche Interesse am Emittenten, falls vorhanden.

Wurde der Bericht auf Ersuchen des Emittenten erstellt, so ist zu erklären, dass er mit Zustimmung der Person, die den Inhalt dieses Teils des Registrierungsformulars für die Zwecke des Prospekts gebilligt hat, aufgenommen wurde.

Punkt 1.4

Wurden Angaben von Seiten Dritter übernommen, ist zu bestätigen, dass diese Angaben korrekt wiedergegeben wurden und nach Wissen des Emittenten und soweit für ihn aus den von diesem Dritten veröffentlichten Angaben ersichtlich, nicht durch Auslassungen unkorrekt oder irreführend gestaltet wurden. Darüber hinaus hat der Emittent die Quelle(n) der Angaben zu nennen.

Punkt 1.5

Eine Erklärung, dass

a) [das Registrierungsformular/der Prospekt] durch [Bezeichnung der zuständigen Behörde] als zuständiger Behörde gemäß Verordnung (EU) 2017/1129 gebilligt wurde,

b) die [Bezeichnung der zuständigen Behörde] [dieses Registrierungsformular/diesen Prospekt] nur bezüglich der Standards der Vollständigkeit, Verständlichkeit und Kohärenz gemäß der Verordnung (EU) 2017/1129 billigt,

c) eine solche Billigung nicht als Bestätigung des Emittenten, der Gegenstand [dieses Registrierungsformulars/dieses Prospekts] ist, erachtet werden sollte.

d) das [Registrierungsformular/der Prospekt] als Teil eines EU-Wachstumsprospekts gemäß Artikel 15 der Verordnung (EU) 2017/1129 erstellt wurde.

Abschnitt 2
Strategie, Leistungsfähigkeit und Unternehmensumfeld

Punkt 2.1

Angaben zum Emittenten:

a) gesetzliche und kommerzielle Bezeichnung des Emittenten;

b) Ort der Registrierung des Emittenten, seine Registrierungsnummer und Rechtsträgerkennung (LEI);

c) Datum der Gründung der Gesellschaft und Existenzdauer des Emittenten, soweit diese nicht unbefristet ist.

d) Sitz und Rechtsform des Emittenten, Rechtsordnung, unter der er tätig ist, Land der Gründung der Gesellschaft; Anschrift und Telefonnummer seines eingetragenen Sitzes (oder Hauptort der Geschäftstätigkeit, falls nicht mit dem eingetragenen Sitz identisch), etwaige Website des Emittenten mit einer Erklärung, dass die Angaben auf der Website nicht Teil des Prospekts sind, sofern diese Angaben nicht mittels Verweises in den Prospekt aufgenommen wurden;

e) jüngste Ereignisse, die für den Emittenten eine besondere Bedeutung haben und die in hohem Maße für eine Bewertung der Solvenz des Emittenten relevant sind;

f) Angabe der Ratings, die für einen Emittenten in dessen Auftrag oder in Zusammenarbeit mit ihm beim Ratingverfahren erstellt wurden.

Punkt 2.1.1

Angaben zu wesentlichen Veränderungen in der Schulden- und Finanzierungsstruktur des Emittenten seit dem Ende der letzten Geschäftsperiode, für die Angaben im Registrierungsformular gemacht wurden. Enthält das Registrierungsformular Zwischenfinanzinformationen, können sich diese Angaben auf den Zeitraum seit dem Ende der letzten Zwischenberichtsperiode, für die Finanzinformationen in das Registrierungsformular aufgenommen wurden, beziehen;

Punkt 2.1.2

Beschreibung der erwarteten Finanzierung der Tätigkeiten des Emittenten.

Punkt 2.2

Überblick über die Geschäftstätigkeit

Punkt 2.2.1

Haupttätigkeitsbereiche

Beschreibung der Haupttätigkeiten des Emittenten, einschließlich:

a) der wichtigsten Arten der vertriebenen Produkte und/oder erbrachten Dienstleistungen;

b) Angaben über etwaige wichtige neue Produkte, Dienstleistungen oder Tätigkeiten, die seit der Veröffentlichung des letzten geprüften Abschlusses eingeführt wurden.

Punkt 2.2.2

Wichtigste Märkte

Beschreibung der wichtigsten Märkte, auf denen der Emittent tätig ist;

Punkt 2.3

Organisationsstruktur

Punkt 2.3.1

Ist der Emittent Teil einer Gruppe und sofern noch nicht an anderer Stelle im Registrierungsformular bereits vorgelegt und für ein Verständnis der Geschäftstätigkeit des Emittenten insgesamt nötig, ein Diagramm der Organisationsstruktur.

Der Emittent kann das Diagramm auch durch eine kurze Beschreibung der Gruppe und seiner Stellung innerhalb der Gruppe ersetzen oder ergänzen, falls dies zur Darstellung der Struktur hilfreich ist.

Punkt 2.3.2

Ist der Emittent von anderen Unternehmen der Gruppe abhängig, ist dies klar anzugeben und die Abhängigkeit zu erläutern.

Punkt 2.4

Trendinformationen

Punkt 2.4.1

Eine Beschreibung

a) jeder wesentlichen Verschlechterung der Aussichten des Emittenten seit dem Datum des letzten veröffentlichten geprüften Abschlusses;

b) jeder wesentlichen Änderung der Finanz- und Ertragslage der Gruppe seit dem Ende des letzten Berichtszeitraums, für den bis zum Datum des Registrierungsformulars Finanzinformationen veröffentlicht wurden.

Falls weder Buchstabe a noch Buchstabe b zutreffen, sollte der Emittent (eine) entsprechende negative Erklärung(en) abgeben.

Punkt 2.5

Gewinnprognosen oder -schätzungen

Punkt 2.5.1

Nimmt ein Emittent freiwillig eine Gewinnprognose oder -schätzung in den Prospekt auf, muss diese Prognose oder Schätzung klar und unmissverständlich sein und hat sie eine Erläuterung der wichtigsten Annahmen, auf die der Emittent seine Prognose oder Schätzung gestützt hat, zu umfassen.

Die Prognose oder Schätzung hat folgenden Grundsätzen zu entsprechen:

a) Bei den Annahmen sollte klar zwischen jenen unterschieden werden, die Faktoren betreffen, die die Mitglieder des Verwaltungs-, Leitungs- oder Aufsichtsorgans beeinflussen können, und Annahmen in Bezug auf Faktoren, die klar außerhalb des Einflussbereiches der Mitglieder des Verwaltungs-, Leitungs- oder Aufsichtsorgans liegen.

b) Die Annahmen müssen plausibel, für die Anleger leicht verständlich, spezifisch sowie präzise sein und dürfen nicht der üblichen Exaktheit der Schätzungen entsprechen, die der Prognose zugrunde liegen.

c) Die im Rahmen einer Prognose getroffenen Annahmen lenken die Aufmerksamkeit des Anlegers auf jene Unsicherheitsfaktoren, die das Ergebnis der Prognose wesentlich verändern könnten.

Punkt 2.5.2

Der Prospekt enthält eine Erklärung, dass die Gewinnprognose oder -schätzung folgende zwei Kriterien erfüllt:

a) Vergleichbarkeit mit dem Jahresabschluss;

b) Konsistenz mit den Rechnungslegungsmethoden des Emittenten.

Abschnitt 3
Risikofaktoren

Punkt 3.1

Eine Beschreibung der wesentlichen Risiken, die dem Emittenten eigen sind und die die Fähigkeit des Emittenten beeinflussen können, seinen sich aus den Wertpapieren ergebenden Verpflichtungen nachzukommen, in einer begrenzten Anzahl an Kategorien in einer Rubrik mit der Überschrift „Risikofaktoren".

In jeder Kategorie werden die gemäß der Bewertung des Emittenten oder Anbieters wesentlichsten Risiken, unter Berücksichtigung der negativen Auswirkungen auf den Emittenten und der Wahrscheinlichkeit ihres Eintretens, zuerst angeführt. Die Risiken werden durch den Inhalt des Registrierungsformulars bestätigt.

Abschnitt 4
Unternehmensführung

Punkt 4.1

Verwaltungs-, Leitungs- und Aufsichtsorgan und oberes Management

Punkt 4.1.1

Name und Geschäftsanschrift folgender Personen sowie Angabe ihrer Stellung beim Emittenten und der wichtigsten Tätigkeiten, die sie neben der Tätigkeit beim Emittenten ausüben, sofern diese für den Emittenten von Bedeutung sind:

a) Mitglieder des Verwaltungs-, Leitungs- und/oder Aufsichtsorgans;

b) persönlich haftende Gesellschafter bei einer Kommanditgesellschaft auf Aktien.

Abschnitt 5
Finanzinformationen und wesentliche Leistungsindikatoren

Punkt 5.1
Historische Finanzinformationen

Punkt 5.1.1

Beizubringen sind geprüfte historische Finanzinformationen, die das letzte Geschäftsjahr abdecken (bzw. einen entsprechenden kürzeren Zeitraum, in dem der Emittent tätig war), sowie der Bestätigungsvermerk für dieses Geschäftsjahr.

Punkt 5.1.2

Änderung des Bilanzstichtages

Hat der Emittent in der Zeit, für die historische Finanzinformationen beizubringen sind, seinen Bilanzstichtag geändert, so decken die geprüften historischen Finanzinformationen mindestens

12 Monate oder – sollte der Emittent seiner Geschäftstätigkeit noch keine 12 Monate nachgegangen sein – den gesamten Zeitraum seiner Geschäftstätigkeit ab.

Punkt 5.1.3

Rechnungslegungsstandards

Die Finanzinformationen sind gemäß der internationalen Rechnungslegungsstandards, wie sie gemäß Verordnung (EG) Nr. 1606/2002 in der Union anzuwenden sind, zu erstellen.

Falls die Verordnung (EG) Nr. 1606/2002 nicht anwendbar ist, sind die Finanzinformationen entsprechend folgender Standards zu erstellen:

a) den nationalen Rechnungslegungsstandards eines Mitgliedstaats bei Emittenten aus dem EWR, wie in der Richtlinie 2013/34/EU gefordert;

b) den nationalen Rechnungslegungsstandards eines Drittlandes, die denen der Verordnung (EG) Nr. 1606/2002 gleichwertig sind, bei Emittenten aus Drittländern. Wenn solche Rechnungslegungsstandards eines Drittlandes jenen der Verordnung (EG) Nr. 1606/2002 nicht gleichwertig sind, sind die Abschlüsse in Übereinstimmung mit dieser Verordnung neu zu erstellen.

Punkt 5.1.4

Änderung des Rechnungslegungsrahmens

Die letzten geprüften historischen Finanzinformationen müssen in einer Form dargestellt und erstellt werden, die mit dem Rechnungslegungsrahmen konsistent ist, der beim folgenden Jahresabschluss des Emittenten zugrunde gelegt wird.

Änderungen innerhalb des bestehenden Rechnungslegungsrahmens des Emittenten erfordern keine Anpassung des geprüften Abschlusses. Beabsichtigt der Emittent jedoch die Anwendung neuer Rechnungslegungsstandards in seinem nächsten veröffentlichten Abschluss, muss das letzte Abschlussjahr gemäß den neuen Standards aufbereitet und geprüft werden.

Punkt 5.1.5

Wurden die geprüften Finanzinformationen gemäß nationaler Rechnungslegungsgrundsätze erstellt, müssen diese zumindest Folgendes enthalten:

a) die Bilanz,

b) die Gewinn- und Verlustrechnung,

c) die Rechnungslegungsmethoden und erläuternde Anmerkungen.

Punkt 5.1.6

Konsolidierte Abschlüsse

Erstellt der Emittent sowohl einen Jahresabschluss als auch einen konsolidierten Abschluss, so ist zumindest der konsolidierte Abschluss in das Registrierungsformular aufzunehmen.

Punkt 5.1.7

Alter der Finanzinformationen

Die Bilanz des letzten Jahres geprüfter Finanzinformationen darf nicht älter als 18 Monate sein, gerechnet ab dem Datum des Registrierungsformulars.

Punkt 5.2

Zwischenfinanzinformationen und sonstige Finanzinformationen

Punkt 5.2.1

Hat der Emittent seit dem Datum des letzten geprüften Abschlusses vierteljährliche oder halbjährliche Finanzinformationen veröffentlicht, so sind diese in das Registrierungsformular aufzunehmen. Wurden diese vierteljährlichen oder halbjährlichen Finanzinformationen einer teilweisen oder vollständigen Prüfung unterworfen, so sind die entsprechenden Vermerke ebenfalls aufzunehmen. Wurden die vierteljährlichen oder halbjährlichen Finanzinformationen keiner prüferischen Durchsicht oder Prüfung unterzogen, so ist dies anzugeben.

Zwischenfinanzinformationen, erstellt je nach Fall entsprechend den Anforderungen der Richtlinie 2013/34/EU oder der Verordnung (EG) Nr. 1606/2002.

Bei Emittenten, die weder der Richtlinie 2013/34/EU noch der Verordnung (EG) Nr. 1606/2002 unterliegen, müssen diese Zwischenfinanzinformationen einen Vergleich mit dem gleichen Zeitraum des letzten Geschäftsjahres beinhalten, es sei denn, diese Anforderung ist durch Vorlage der Bilanzdaten zum Jahresende entsprechend dem maßgebenden Regelwerk der Rechnungslegung erfüllt.

Punkt 5.3

Prüfung der historischen jährlichen Finanzinformationen

Punkt 5.3.1

Die historischen jährlichen Finanzinformationen müssen unabhängig geprüft worden sein. Der Bestätigungsvermerk wird in Übereinstimmung mit der Richtlinie 2006/43/EG und der Verordnung (EU) Nr. 537/2014 erstellt.

Sind die Richtlinie 2006/43/EG und die Verordnung (EU) Nr. 537/2014 nicht anwendbar, müssen die historischen Finanzinformationen in Übereinstimmung mit den in dem jeweiligen Mitgliedstaat anwendbaren Prüfungsstandards oder gleichwertigen Grundsätzen geprüft worden sein, oder es muss für das Registrierungsformular vermerkt werden, ob sie in Übereinstimmung mit den in dem jeweiligen Mitgliedstaat anwendbaren Prüfungsstandards oder gleichwertigen Grundsätzen ein den tatsächlichen Verhältnissen entsprechendes Bild vermitteln;

Punkt 5.3.1a

Sofern Bestätigungsvermerke des Abschlussprüfers über die historischen Finanzinformationen von den Abschlussprüfern abgelehnt wurden beziehungsweise sofern sie Vorbehalte, Meinungsänderungen oder eine Hervorhebung eines Sachverhalts enthalten oder wenn sie eingeschränkt erteilt wurden, ist der Grund dafür anzugeben und sind diese Vorbehalte, Änderungen, die eingeschränkte Erteilung oder diese Hervorhebung eines Sachverhalts in vollem Umfang wiederzugeben

Punkt 5.3.2

Angabe sonstiger Informationen im Registrierungsformular, die von den Abschlussprüfern geprüft wurden.

Punkt 5.3.3

Wurden die Finanzinformationen im Registrierungsformular nicht dem geprüften Jahresabschluss des Emittenten entnommen, so sind die Quelle dieser Informationen und die Tatsache anzugeben, dass die Informationen ungeprüft sind.

Punkt 5.4

Wesentliche Leistungsindikatoren („KPIs")

Punkt 5.4.1

Sofern noch nicht an anderer Stelle im Registrierungsformular offengelegt und wenn ein Emittent finanzielle und/oder operative KPIs veröffentlicht hat oder diese in das Registrierungsformular aufnimmt, wird eine Beschreibung der wesentlichen Leistungsindikatoren des Emittenten für jedes Geschäftsjahr für den Zeitraum, der durch die historischen Finanzinformationen abgedeckt wird, in das Registrierungsformular aufgenommen.

KPIs müssen auf einer vergleichbaren Grundlage berechnet werden. Wurden die KPIs von den Abschlussprüfern geprüft, ist darauf hinzuweisen.

Punkt 5.5

Wesentliche Veränderungen in der Finanzlage des Emittenten

Beschreibung jeder wesentlichen Veränderung in der Finanzlage der Gruppe, die seit dem Ende des Stichtags eingetreten ist, für den entweder geprüfte Abschlüsse oder Zwischenfinanzinformationen veröffentlicht wurden. Ansonsten ist eine negative Erklärung abzugeben.

Abschnitt 6
Angaben zu Anteilseignern und Wertpapierinhabern

Punkt 6.1

Hauptaktionäre

Punkt 6.1.1

Soweit dem Emittenten bekannt, Angabe, ob an dem Emittenten unmittelbare oder mittelbare Beteiligungen oder Beherrschungsverhältnisse bestehen und wer diese Beteiligungen hält bzw. diese Beherrschung ausübt. Beschreibung der Art und Weise einer derartigen Beherrschung und der vorhandenen Maßnahmen zur Verhinderung des Missbrauchs einer solchen Beherrschung.

Punkt 6.1.2

Sofern dem Emittenten bekannt, Beschreibung etwaiger Vereinbarungen, deren Ausübung zu einem späteren Zeitpunkt zu einer Änderung in der Beherrschung des Emittenten führen oder diese verhindern könnte.

Punkt 6.2

Gerichts- und Schiedsgerichtsverfahren

Punkt 6.2.1

Angaben über etwaige staatliche Interventionen, Gerichts- oder Schiedsgerichtsverfahren (einschließlich derjenigen Verfahren, die nach Kenntnis des Emittenten noch anhängig sind oder eingeleitet werden könnten), die im Zeitraum der mindestens 12 letzten Monate stattfanden und die sich in jüngster Zeit erheblich auf die Finanzlage oder die Rentabilität des Emittenten und/oder der Gruppe ausgewirkt haben oder sich in Zukunft auswirken könnten. Ansonsten ist eine negative Erklärung abzugeben.

Punkt 6.3

Verwaltungs-, Leitungs- und Aufsichtsorgan und oberes Management – Interessenkonflikte

Punkt 6.3.1

Potenzielle Interessenkonflikte zwischen den Verpflichtungen der unter Punkt 4.1.1 genannten Personen gegenüber dem Emittenten und ihren privaten Interessen und/oder sonstigen Verpflichtungen sind klar anzugeben. Falls keine derartigen Interessenkonflikte bestehen, ist eine entsprechende Erklärung abzugeben.

Punkt 6.4

Wichtige Verträge

Punkt 6.4.1

Kurze Zusammenfassung jedes nicht im Rahmen der normalen Geschäftstätigkeit geschlossenen wichtigen Vertrags, der dazu führen könnte, dass ein Mitglied der Gruppe eine Verpflichtung oder ein Recht erlangt, die bzw. das für die Fähigkeit des Emittenten, seinen Verpflichtungen gegenüber den Wertpapierinhabern in Bezug auf die ausgegebenen Wertpapiere nachzukommen, von wesentlicher Bedeutung ist.

Abschnitt 7
Verfügbare Dokumente

Punkt 7.1
Abzugeben ist eine Erklärung, dass während der Gültigkeitsdauer des Registrierungsformulars ggf. die folgenden Dokumente eingesehen werden können:

a) die aktuelle Satzung und die aktuellen Statuten des Emittenten;

b) sämtliche Berichte, Schreiben und sonstigen Dokumente, Bewertungen und Erklärungen, die von einem Sachverständigen auf Ersuchen des Emittenten erstellt bzw. abgegeben wurden, sofern Teile davon in das Registrierungsformular eingeflossen sind oder in ihm darauf verwiesen wird.

Die Website, auf der die Dokumente eingesehen werden können, ist anzugeben.

Übersicht

	Rn.		Rn.
I. Einleitung	1	3. Unternehmensführung	6
II. Überblick	2	4. Finanzinformationen und wesentliche Leistungsindikatoren	7
1. Strategie, Leistungsfähigkeit und Unternehmensumfeld	3	5. Angaben zu Anteilseignern und Wertpapierinhabern	9
2. Risikofaktoren	5		

I. Einleitung

1 Hinsichtlich des Anwendungsbereichs von Anhang 25 VO (EU) 2019/980 wird zunächst auf die Kommentierung zu → Art. 15 ProspektVO Rn. 1 ff. hingewiesen.

II. Überblick

2 Anhang 25 VO (EU) 2019/980 betrifft das spezielle **Registrierungsformular beim EU-Wachstumsprospekt für Nichtdividendenwerte**. Das spezielle Registrierungsformular dient ebenso wie das Registrierungsformular des Standardprospekts dazu, **die für eine Anlageentscheidung erforderlichen Informationen zum Emittenten** für Anleger zur Verfügung zu stellen und verständlich zu präsentieren.[1] Die inhaltlichen Anforderungen von Anhang 25 sind weit überwiegend **mit den Anforderungen von Anhang 24 identisch**, mit **Ausnahme** der folgen Angaben, bei denen auf die **Unterschiede** zu Anhang 24 hinzuweisen ist.

1. Strategie, Leistungsfähigkeit und Unternehmensumfeld

3 Im Rahmen der Angaben zum Emittenten in Ziffer 2.1 lit. e und f von Anhang 25 müssen beim speziellen Registrierungsformular für Nichtdividendenwerte im Gegensatz zu Anhang 24 auch Angaben über **jüngste Ereignisse**, die für den Emittenten eine besondere

---

1 Vgl. *Möller/Ziegltrum*, BKR 2020, 161, 164.

Bedeutung haben und die in hohem Maße für eine Bewertung der Solvenz des Emittenten relevant sind sowie Angaben zu den **Ratings**, die für einen Emittenten in dessen Auftrag oder in Zusammenarbeit mit ihm beim Ratingverfahren erstellt wurden, dargestellt werden. Darüber hinaus haben Emittenten ausweislich Ziffer 2.4 von Anhang 25 eine Beschreibung jeder **wesentlichen Verschlechterung der Aussichten des Emittenten** seit dem Datum des letzten veröffentlichten geprüften Abschlusses sowie jeder wesentlichen **Änderung der Finanz- und Ertragslage der Gruppe** seit dem Ende des letzten Berichtszeitraums, für den bis zum Datum des Registrierungsformulars Finanzinformationen veröffentlicht wurden, im EU-Wachstumsprospekt aufzunehmen. Falls dies nicht zutreffend ist, sollte nach Ziffer 2.4 von Anhang 25 eine entsprechende Negativerklärung des Emittenten abgegeben werden.

Nicht aufzunehmen sind im EU-Wachstumsprospekt für Nichtdividendenwerte im Vergleich zum EU-Wachstumsprospekt für Dividendenwerte Informationen über die **Strategie und Ziele des Emittenten** (vgl. Ziffer 2.2.1 zu Anhang 24 VO (EU) 2019/980) und auch über **Investitionen des Emittenten** (vgl. Ziffer 2.4 zu Anhang 24 VO (EU) 2019/980), d. h. es muss u. a. keine Beschreibung der wesentlichen Investitionen seit dem Ende des von den in den Prospekt aufgnommenen historischen Finanzinformationen abgedeckten Zeitraums sowie aller wesentlichen laufenden oder bereits fest beschlossenen Investitionen des Emittenten erfolgen. Ebenso fehlen beim speziellen Registrierungsformular für Nichtdividendenwerte Angaben zur **Geschäfts- und Finanzlage des Emittenten**, die u. U. von Emittenten mit einer Marktkapitalisierung von über 200 Mio. EUR vorzulegen sind (vgl. Ziffer 2.5 zu Anhang 24 VO (EU) 2019/980). Im Rahmen der Angaben zu **Gewinnprognosen oder -schätzungen** ist es für Emittenten, falls diese eine Gewinnprognose oder -schätzung veröffentlicht haben, gemäß Anhang 25 nicht erforderlich, diese Prognose oder Schätzung in das spezielle Registrierungsformular für den EU-Wachstumsprospekt aufzunehmen (vgl. Ziffer 2.7.1 zu Anhang 24 VO (EU) 2019/980). 4

2. Risikofaktoren

Für die Beschreibung der **Risikofaktoren** muss beim speziellen Registrierungsformular für Nichtdividendenwerte nach Ziffer 3.1 von Anhang 25 zusätzlich (vgl. Ziffer 3 zu Anhang 24 VO (EU) 2019/980) noch die Beschreibung der wesentlichen Risiken aufgenommen werden, die die **Fähigkeit des Emittenten beeinflussen können, seinen sich aus den Wertpapieren ergebenden Verpflichtungen nachzukommen**. 5

3. Unternehmensführung

Zu den **Personen im Verwaltungs-, Leitungs- und Aufsichtsorgan und dem oberen Management** von Emittenten müssen nach Ziffer 4.1 von Anhang 25 ebenfalls Einzelheiten bezüglich ihres Namens und ihrer Geschäftsanschrift sowie zu ihrer Stellung beim Emittenten und der wichtigsten Tätigkeiten, die sie neben der Tätigkeit beim Emittenten ausüben, sofern diese für den Emittenten von Bedeutung sind, dargestellt werden. Gleichwohl ist es nach Anhang 25 beim speziellen Registrierungsformular für Nichtdividendenwerte verglichen mit dem für Dividendenwerte **nicht notwendig**, detaillierte Angaben zur einschlägigen **Managementkompetenz und -erfahrung** der Mitglieder des Verwaltungs-, Leitungs- oder Aufsichtsorgans des Emittenten, zu etwaigen **Schuldsprüchen** in 6

Bezug auf betrügerische Straftaten während zumindest der letzten fünf Jahre und auch zu etwaigen **öffentlichen Anschuldigungen und/oder Sanktionen** vonseiten der gesetzlichen Behörden oder der Regulierungsbehörden betreffend die Mitglieder des Verwaltungs-, Leitungs- oder Aufsichtsorgans des Emittenten zu machen (vgl. Ziffer 4.1.2 zu Anhang 24 VO (EU) 2019/980). Gleichermaßen **entfällt** entsprechend Anhang 25 die Pflicht, **Informationen zu Vergütungen und sonstigen Leistungen**, d. h. zum Betrag der Vergütungen und Sachleistungen, die Mitgliedern des Verwaltungs-, Leitungs- oder Aufsichtsorgans des Emittenten vom Emittenten und seinen Tochterunternehmen für Dienstleistungen gezahlt oder gewährt wurden (vgl. 4.2.1 zu Anhang 24 VO (EU) 2019/980) und zur Gesamthöhe der vom Emittenten oder seinen Tochtergesellschaften gebildeten Reserven oder Rückstellungen für Pensions- und Rentenzahlungen oder ähnliche Leistungen (vgl. Ziffer 4.2.2 zu Anhang 24 VO (EU) 2019/980), aufzunehmen. Letztlich ist es für das spezielle Registrierungsformular für den EU-Wachstumsprospekt für Nichtdividendenwerte ebenso **entbehrlich**, Angaben zum **Aktienbesitz und Aktienoptionen** der Mitglieder des Verwaltungs-, Leitungs- oder Aufsichtsorgans des Emittenten (vgl. Ziffer 4.3 zu Anhang 24 VO (EU) 2019/980) zu machen.

4. Finanzinformationen und wesentliche Leistungsindikatoren

7   Hinsichtlich der Finanzinformationen sind die **geprüften historischen Finanzinformationen** sowie auch der Bestätigungsvermerk nach Ziffer 5.1.1 von Anhang 25 lediglich für das **letzte Geschäftsjahr** des Emittenten bzw. einen entsprechenden kürzeren Zeitraum, in dem der Emittent tätig war, beizubringen (vgl. Ziffer 5.1.1 zu Anhang 24 VO (EU) 2019/980). Der Zeitraum im Falle der **Änderung des Bilanzstichtages**, den die geprüften historischen Finanzinformationen abdecken müssen, verkürzt sich gemäß Ziffer 5.1.2 von Anhang 25 ebenfalls auf **12 Monate** (vgl. Ziffer 5.1.2 zu Anhang 24 VO (EU) 2019/980). Weiterhin sind die Anforderungen an die Angaben bei **Änderung des Rechnungslegungsrahmens** nach Ziffer 5.1.4 von Anhang 25 etwas **weniger umfangreich**, d. h. es müssen in diesem Falle beispielsweise keine Vergleichsinformationen für das vorangegangene Jahr im EU-Wachstumsprospekt enthalten sein und Emittenten müssen im Falle der Anwendung neuer Rechnungslegungsstandards in ihrem nächsten veröffentlichten Abschluss zumindest keinen vollständigen Abschluss (wie durch IAS 1 „Darstellung des Abschlusses" festgelegt) einschließlich Vergleichsinformationen in einer Form erstellen, die mit der konsistent ist, die im folgenden Jahresabschluss der Emittenten zur Anwendung gelangen wird (vgl. Ziffer 5.1.4 zu Anhang 24 VO (EU) 2019/980). Ferner gibt es beim speziellen Registrierungsformular für Nichtdividendenwerte ausweislich Ziffer 5.1.7 von Anhang 25 keine Differenzierung beim **Alter der Finanzinformationen**, d. h. die Bilanz des letzten Jahres geprüfter Finanzinformationen darf grundsätzlich nicht älter als 18 Monate sein, gerechnet ab dem Datum des Registrierungsformulars (vgl. Ziffer 5.1.7 zu Anhang 24 VO (EU) 2019/980).

8   **Gänzlich ausgelassen** werden können beim speziellen Registrierungsformular für Nichtdividendenwerte, aufgrund ihrer Natur als Fremdkapitalinstrument, Angaben zur **Dividendenpolitik** (vgl. Ziffer 5.6 zu Anhang 24 VO (EU) 2019/980) sowie die etwaige Pflicht zur Aufnahme von **Pro-forma-Finanzinformationen** im Falle einer bedeutenden Brutto-Veränderung (vgl. Ziffer 5.7 zu Anhang 24 VO (EU) 2019/980).

5. Angaben zu Anteilseignern und Wertpapierinhabern

Im Rahmen der zu den **Hauptaktionären** zu machenden Angaben ist es bei der Erstellung des EU-Wachstumsprospekts für Nichtdividendenwerte im Vergleich zu dem für Dividendenwerte **nicht nötig**, jegliche **Personen zu benennen, die direkt oder indirekt eine Beteiligung von 5 % oder mehr am Eigenkapital des Emittenten** oder den entsprechenden Stimmrechten halten, einschließlich des Betrags der Beteiligung dieser Personen zum Datum des Registrierungsformulars (vgl. Ziffer 6.1.1 zu Anhang 24 VO (EU) 2019/980). Es ist auch nicht anzugeben, ob die Hauptaktionäre des Emittenten **unterschiedliche Stimmrechte** haben (vgl. Ziffer 6.1.2 zu Anhang 24 VO (EU) 2019/980). Des Weiteren sind **lediglich etwaige Interessenkonflikte zwischen den Verpflichtungen des Verwaltungs-, Leitungs- und Aufsichtsorgans und des oberen Managements und ihren privaten Interessen und/oder sonstigen Verpflichtungen** nach Ziffer 6.3.1 von Anhang 25 klar anzugeben. Nicht zu nennen sind jegliche Vereinbarungen oder Abmachungen mit den Hauptaktionären, Kunden, Lieferanten oder sonstigen Personen, aufgrund derer ein Mitglied eines Verwaltungs-, Leitungs- oder Aufsichtsorgans bzw. zum Mitglied des oberen Managements bestellt wurde (vgl. Ziffer 6.3.1 zu Anhang 24 VO (EU) 2019/980), und es sind keine Einzelheiten aller Veräußerungsbeschränkungen anzugeben (vgl. Ziffer 6.3.1 zu Anhang 24 VO (EU) 2019/980). Die **wichtigen Verträge** müssen, im Gegensatz zum speziellen Registrierungsformular für Dividendenwerte (vgl. Ziffer 6.7.1 zu Anhang 24 VO (EU) 2019/980), für jeden nicht im Rahmen der normalen Geschäftstätigkeit geschlossenen wichtigen Vertrag, der dazu führen könnte, dass ein Mitglied der Gruppe eine Verpflichtung oder ein Recht erlangt, die bzw. das für die Fähigkeit des Emittenten, seinen Verpflichtungen gegenüber den Wertpapierinhabern in Bezug auf die ausgegebenen Wertpapiere nachzukommen, von wesentlicher Bedeutung ist, kurz zusammengefasst werden.

Gänzlich entbehrlich sind beim speziellen Registrierungsformular für Nichtdividendenwerte Angaben zu **Geschäften mit verbundenen Parteien** (vgl. Ziffer 6.4 zu Anhang 24 VO (EU) 2019/980), zum **Aktienkapital** des Emittenten (vgl. Ziffer 6.5 zu Anhang 24 VO (EU) 2019/980) sowie zu dessen **Satzung und** Statuten (vgl. Ziffer 6.6 zu Anhang 24 VO (EU) 2019/980).

Anhang 26 VO (EU) 2019/980
Wertpapierbeschreibung beim EU-Wachstumsprospekt für Dividendenwerte

Abschnitt 1
Zweck, Verantwortliche Personen, Angaben von Seiten Dritter, Sachverständigenberichte und Billigung durch die zuständige Behörde

Punkt 1.1

Nennung aller Personen, die für die Angaben in der Wertpapierbeschreibung bzw. für bestimmte Teile der Angaben verantwortlich sind. Im letzteren Fall sind die entsprechenden Teile anzugeben. Handelt es sich um natürliche Personen, zu denen auch Mitglieder des Verwaltungs-, Leitungs- oder Aufsichtsorgans des Emittenten gehören, sind Name und Funktion dieser Person anzugeben. Bei juristischen Personen sind Name und eingetragener Sitz der Gesellschaft anzugeben.

Punkt 1.2

Erklärung der für die Wertpapierbeschreibung verantwortlichen Personen, dass die Angaben in der Wertpapierbeschreibung ihres Wissens nach richtig sind und dass die Wertpapierbeschreibung keine Auslassungen enthält, die die Aussage verzerren könnten.

Gegebenenfalls Erklärung der für bestimmte Abschnitte der Wertpapierbeschreibung verantwortlichen Personen, dass die in den Teilen der Wertpapierbeschreibung genannten Angaben, für die sie verantwortlich sind, ihres Wissens nach richtig sind und diese Teile der Wertpapierbeschreibung keine Auslassungen enthalten, die die Aussage verzerren könnten.

Punkt 1.3

Wird in die Wertpapierbeschreibung eine Erklärung oder ein Bericht einer Person aufgenommen, die als Sachverständiger handelt, so sind folgende Angaben zu dieser Person zu machen:

a) Name,

b) Geschäftsadresse,

c) Qualifikationen,

d) das wesentliche Interesse am Emittenten, falls vorhanden.

Wurde die Erklärung oder der Bericht auf Ersuchen des Emittenten erstellt, so ist zu erklären, dass diese Erklärung oder dieser Bericht mit Zustimmung der Person, die den Inhalt dieses Teils der Wertpapierbeschreibung für die Zwecke des Prospekts gebilligt hat, aufgenommen wurde.

Punkt 1.4

Wurden Angaben von Seiten Dritter übernommen, ist zu bestätigen, dass diese Angaben korrekt wiedergegeben wurden und nach Wissen des Emittenten und soweit für ihn aus den von diesem Dritten veröffentlichten Angaben ersichtlich, nicht durch Auslassungen unkorrekt oder irreführend gestaltet wurden. Darüber hinaus hat der Emittent die Quelle(n) der Angaben zu nennen.

Punkt 1.5

Eine Erklärung, dass

a) [diese Wertpapierbeschreibung/dieser Prospekt] durch [Bezeichnung der zuständigen Behörde einfügen] als zuständiger Behörde gemäß Verordnung (EU) 2017/1129 gebilligt wurde,

b) [Bezeichnung der zuständigen Behörde] [diese Wertpapierbeschreibung/diesen Prospekt] nur bezüglich der Standards der Vollständigkeit, Verständlichkeit und Kohärenz gemäß der Verordnung (EU) 2017/1129 billigt,

c) eine solche Billigung nicht als Bestätigung der Qualität der Wertpapiere, die Gegenstand [dieser Wertpapierbeschreibung/dieses Prospekts] sind, erachtet werden sollte,

d) Anleger ihre eigene Bewertung der Eignung dieser Wertpapiere für die Anlage vornehmen sollten und

e) [die Wertpapierbeschreibung/der Prospekt] als Teil eines EU-Wachstumsprospekts gemäß Artikel 15 der Verordnung (EU) 2017/1129 erstellt wurde.

Punkt 1.6

Interessen natürlicher und juristischer Personen, die an der Emission/dem Angebot beteiligt sind.

Beschreibung aller für die Emission wesentlichen Interessen, einschließlich Interessenskonflikten, unter Angabe der betreffenden Personen und der Art der Interessen.

Punkt 1.7

Gründe für das Angebot, Verwendung der Erlöse und Kosten der Emission/des Angebots

Punkt 1.7.1

Angabe der Gründe für das Angebot und ggf. des geschätzten Nettobetrages der Erträge, aufgegliedert nach den wichtigsten Verwendungszwecken und dargestellt nach Priorität dieser Verwendungszwecke. Wenn der Emittent weiß, dass die voraussichtlichen Erträge nicht ausreichen werden, um alle vorgeschlagenen Verwendungszwecke zu finanzieren, sind der Betrag und die Quellen anderer Mittel anzugeben. Auch muss die Verwendung der Erträge im Detail dargelegt werden, insbesondere wenn sie außerhalb der normalen Geschäftstätigkeit zum Erwerb von Aktiva verwendet, zur Finanzierung des angekündigten Erwerbs anderer Unternehmen oder zur Begleichung, Reduzierung oder vollständigen Tilgung der Schulden eingesetzt werden. Angabe der Gesamtnettoerträge und Schätzung der Gesamtkosten der Emission/des Angebots.

Punkt 1.7.2

Erläuterung, wie die Erlöse aus diesem Angebot der Geschäftsstrategie und den strategischen Zielen, wie sie im Registrierungsformular beschrieben werden, entsprechen.

Punkt 1.8

Weitere Angaben

Punkt 1.8.1

Werden an einer Emission beteiligte Berater in der Wertpapierbeschreibung genannt, ist anzugeben, in welcher Funktion sie gehandelt haben.

Punkt 1.8.2

Es ist anzugeben, welche anderen in der Wertpapierbeschreibung enthaltenen Angaben von Abschlussprüfern geprüft oder durchgesehen wurden, über die die Abschlussprüfer einen Vermerk erstellt haben. Der Vermerk ist wiederzugeben oder bei entsprechender Erlaubnis der zuständigen Behörden zusammenzufassen.

Abschnitt 2
Erklärung zum Geschäftskapital und Erklärung zur Kapitalausstattung und Verschuldung

Punkt 2.1

Erklärung zum Geschäftskapital

Erklärung des Emittenten, dass das Geschäftskapital seiner Meinung nach seine derzeitigen Anforderungen deckt. Ansonsten ist darzulegen, wie das zusätzlich erforderliche Geschäftskapital beschafft werden soll.

Punkt 2.2

(Nur Emittenten mit einer Marktkapitalisierung über 200 000 000 EUR) Kapitalausstattung und Verschuldung

Aufzunehmen ist eine Übersicht über Kapitalausstattung und Verschuldung (wobei zwischen garantierten und nicht garantierten, besicherten und unbesicherten Verbindlichkeiten zu unterscheiden ist) zu einem Zeitpunkt, der höchstens 90 Tage vor dem Datum des Dokuments liegt. Der Begriff „Verschuldung" bezieht sich auch auf indirekte Verbindlichkeiten und Eventualverbindlichkeiten.

Im Falle wesentlicher Änderungen bei der Kapitalausstattung und Verschuldung des Emittenten innerhalb der Periode von 90 Tagen sind mittels einer ausführlichen Darstellung solcher Änderungen oder einer Aktualisierung dieser Zahlen zusätzliche Angaben zu machen.

Abschnitt 3
Risikofaktoren

Punkt 3.1

Eine Beschreibung der wesentlichen Risiken, die den anzubietenden Wertpapieren eigen sind, in einer begrenzten Anzahl an Kategorien in einer Rubrik mit der Überschrift „Risikofaktoren".

In jeder Kategorie werden die gemäß der Bewertung des Emittenten oder Anbieters wesentlichsten Risiken, unter Berücksichtigung ihrer Auswirkungen auf den Emittenten und die Wertpapiere und der Wahrscheinlichkeit ihres Eintretens, zuerst angeführt. Die Risiken werden durch den Inhalt der Wertpapierbeschreibung bestätigt.

Abschnitt 4
Modalitäten und Bedingungen der Wertpapiere

Punkt 4.1

Angaben zu den anzubietenden Wertpapieren

Punkt 4.1.1

Beschreibung von Art und Gattung der angebotenen Wertpapiere, einschließlich der internationalen Wertpapier-Identifikationsnummer (ISIN).

Punkt 4.1.2

Rechtsvorschriften, auf deren Grundlage die Wertpapiere geschaffen wurden.

Punkt 4.1.3

Angabe, ob es sich bei den Wertpapieren um Namens- oder Inhaberpapiere handelt und ob sie in Stückeform oder stückelos vorliegen.

Im Falle von stückelos vorliegenden Wertpapieren, Name und Anschrift des die Buchungsunterlagen führenden Instituts.

Punkt 4.1.4

Währung der Wertpapieremission.

Punkt 4.1.5

Beschreibung der mit den Wertpapieren verbundenen Rechte einschließlich etwaiger Beschränkungen und des Verfahrens zur Ausübung dieser Rechte.

a) Dividendenrechte:
  i) feste(r) Termin(e), zu dem/denen der Anspruch entsteht;
  ii) Verjährungsfrist für den Verfall der Dividendenberechtigung und Angabe des entsprechenden Begünstigten;
  iii) Dividendenbeschränkungen und Verfahren für gebietsfremde Wertpapierinhaber;
  iv) Dividendensatz bzw. Methode zu dessen Berechnung, Häufigkeit und Art der Zahlungen (kumulativ oder nichtkumulativ);

b) Stimmrechte;

c) Bezugsrechte bei Angeboten zur Zeichnung von Wertpapieren derselben Gattung;

d) Recht auf Beteiligung am Gewinn des Emittenten;

e) Recht auf Beteiligung am Liquidationserlös;

f) Tilgungsklauseln;

g) Wandelbedingungen.

Punkt 4.1.6

Bei Neuemissionen Angabe der Beschlüsse, Ermächtigungen und Billigungen, aufgrund deren die Wertpapiere geschaffen und/oder emittiert wurden oder werden sollen.

Punkt 4.1.7

Angabe des Emissionstermins (bei Nichtdividendenwerten) oder bei Neuemissionen des voraussichtlichen Emissionstermins.

Punkt 4.1.8

Beschreibung aller etwaigen Beschränkungen für die Übertragbarkeit der Wertpapiere.

Punkt 4.1.9

Warnhinweis, dass sich die Steuergesetzgebung des Mitgliedstaats des Anlegers und des Gründungsstaats des Emittenten auf die Erträge aus den Wertpapieren auswirken könnten.

Angaben zur steuerlichen Behandlung der Wertpapiere, wenn die angebotene Anlage eine für diese Art von Anlagen gedachte Steuerregelung nach sich zieht.

Punkt 4.1.10

Sofern der Anbieter nicht dieselbe Person wie der Emittent ist, Angabe der Identität und der Kontaktdaten des Anbieters der Wertpapiere und/oder der die Zulassung zum Handel beantragenden Person einschließlich der Rechtsträgerkennung (LEI), falls der Anbieter Rechtspersönlichkeit hat.

Punkt 4.1.11

a) Erklärung zur Existenz etwaiger auf den Emittenten anzuwendender nationaler Rechtsvorschriften oder Regelungen zu Übernahmen und zur Möglichkeit etwaiger hemmender Maßnahmen;

b) kurze Beschreibung der Rechte und Verpflichtungen des Aktionärs im Falle obligatorischer Übernahmeangebote und/oder von Ausschluss- oder Andienungsregeln in Bezug auf die Wertpapiere.

c) Angabe öffentlicher Übernahmeangebote von Seiten Dritter in Bezug auf das Eigenkapital des Emittenten, die während des letzten oder im Verlauf des derzeitigen Geschäftsjahres erfolgten. Zu nennen sind dabei auch der Kurs oder die Wandelbedingungen für derlei Angebote sowie das Resultat.

Punkt 4.1.12

Gegebenenfalls die potenzielle Auswirkung auf die Anlagen im Fall der Abwicklung nach Maßgabe der Richtlinie 2014/59/EU.

Punkt 4.2

Im Falle der Ausgabe von Aktien mit Optionsscheinen die in Artikel 20 Absatz 2 genannten Angaben.

Abschnitt 5
Einzelheiten zum Wertpapierangebot/zur Zulassung zum Handel

Punkt 5.1

Konditionen des öffentlichen Angebots von Wertpapieren.

Konditionen, Angebotsstatistiken, erwarteter Zeitplan und erforderliche Maßnahmen für die Antragstellung.

Punkt 5.1.1

Angebotskonditionen.

Punkt 5.1.2

Gesamtsumme der Emission/des Angebots, wobei zwischen den zum Verkauf und den zur Zeichnung angebotenen Wertpapieren zu unterscheiden ist; ist der Betrag nicht festgelegt, Angabe des maximalen Emissionsvolumens der anzubietenden Wertpapiere (sofern verfügbar) und Beschreibung der Vereinbarungen und des Zeitraums für die Ankündigung des endgültigen Volumens des öffentlichen Angebots.

Ist eine Angabe des maximalen Emissionsvolumens der Wertpapiere im Prospekt nicht möglich, wird im Prospekt angeführt, dass eine Zusage zum Erwerb oder zur Zeichnung der Wertpapiere innerhalb von mindestens zwei Arbeitstagen nach Hinterlegung des Emissionsvolumens der öffentlich anzubietenden Wertpapiere widerrufen werden kann.

Punkt 5.1.3

Frist – einschließlich etwaiger Änderungen – innerhalb derer das Angebot gilt, und Beschreibung des Antragsverfahrens.

Punkt 5.1.4

Zeitpunkt und Umstände, zu dem bzw. unter denen das Angebot widerrufen oder ausgesetzt werden kann, und Angabe, ob der Widerruf nach Beginn des Handels erfolgen kann.

Punkt 5.1.5

Beschreibung einer etwaigen Möglichkeit zur Reduzierung der Zeichnungen und der Art und Weise der Erstattung des zu viel gezahlten Betrags an die Zeichner.

Punkt 5.1.6

Einzelheiten zum Mindest- und/oder Höchstbetrag der Zeichnung (entweder in Form der Anzahl der Wertpapiere oder des aggregierten zu investierenden Betrags).

Punkt 5.1.7

Angabe des Zeitraums, während dessen ein Antrag zurückgezogen werden kann, sofern dies den Anlegern gestattet ist.

Punkt 5.1.8

Methode und Fristen für die Bedienung der Wertpapiere und ihre Lieferung.

Punkt 5.1.9

Umfassende Beschreibung der Modalitäten und des Termins für die öffentliche Bekanntgabe der Angebotsergebnisse.

Punkt 5.1.10

Verfahren für die Ausübung eines etwaigen Vorzugszeichnungsrechts, die Verhandelbarkeit der Zeichnungsrechte und die Behandlung der nicht ausgeübten Zeichnungsrechte.

Punkt 5.2

Verteilungs- und Zuteilungsplan

Punkt 5.2.1

Angabe der verschiedenen Kategorien der potenziellen Investoren, denen die Wertpapiere angeboten werden. Werden die Papiere gleichzeitig an den Märkten zweier oder mehrerer Staaten angeboten und ist eine bestimmte Tranche einigen dieser Märkte vorbehalten, so ist diese Tranche anzugeben.

Punkt 5.2.2

Soweit dem Emittenten bekannt, Angabe, ob Hauptaktionäre oder Mitglieder des Leitungs-, Aufsichts- oder Verwaltungsorgans des Emittenten an der Zeichnung teilnehmen wollen oder ob Personen mehr als 5 % des Angebots zeichnen wollen.

Punkt 5.2.3

Offenlegung vor der Zuteilung

a) Aufteilung des Angebots in Tranchen, einschließlich der institutionellen Tranche, der Privatkundentranche und der Tranche für die Beschäftigten des Emittenten und sonstige Tranchen;

b) Bedingungen, zu denen eine Rückforderung eingesetzt werden kann, Höchstgrenze einer solchen Rückforderung und alle eventuell anwendbaren Mindestprozentsätze für einzelne Tranchen;

c) zu verwendende Zuteilungsmethode oder -methoden für die Privatkundentranche und die Tranche für die Beschäftigten des Emittenten im Falle der Mehrzuteilung dieser Tranchen;

d) Beschreibung einer etwaigen vorher festgelegten Vorzugsbehandlung, die bestimmten Kategorien von Anlegern oder bestimmten Gruppen Nahestehender (einschließlich friends and family- Programme) bei der Zuteilung vorbehalten wird, des Prozentsatzes des für die Vorzugsbehandlung vorgesehenen Angebots und der Kriterien für die Aufnahme in derlei Kategorien oder Gruppen;

e) Angabe des Umstands, ob die Behandlung der Zeichnungen oder der bei der Zuteilung zu zeichnenden Angebote eventuell von der Gesellschaft abhängig gemacht werden kann, durch die oder mittels deren sie vorgenommen werden;

f) Angestrebte Mindesteinzelzuteilung, falls vorhanden, innerhalb der Privatkundentranche;

g) Bedingungen für das Schließen des Angebots sowie der Termin, zu dem das Angebot frühestens geschlossen werden darf;

h) Angabe der Tatsache, ob Mehrfachzeichnungen zulässig sind und wenn nicht, wie trotzdem auftauchende Mehrfachzeichnungen behandelt werden.

Punkt 5.3

Verfahren zur Meldung gegenüber den Zeichnern über den zugeteilten Betrag und Angabe, ob eine Aufnahme des Handels vor der Meldung möglich ist.

Punkt 5.4

Preisfestsetzung

Punkt 5.4.1

Angabe des Preises, zu dem die Wertpapiere voraussichtlich angeboten werden, und etwaiger Kosten und Steuern, die dem Zeichner oder Käufer in Rechnung gestellt werden.

Punkt 5.4.2

Ist der Preis nicht bekannt, dann gemäß Artikel 17 der Verordnung (EU) 2017/1129 Angabe entweder:

a) des Höchstkurses, soweit vorhanden;

b) der Bewertungsmethoden und -kriterien und/oder der Bedingungen, nach denen der endgültige Emissionskurs festgelegt wurde oder wird, und eine Erläuterung etwaiger Bewertungsmethoden.

Können weder a) noch b) in der Wertpapierbeschreibung angegeben werden, wird in Wertpapierbeschreibung angeführt, dass eine Zusage zum Erwerb oder zur Zeichnung der Wertpapiere innerhalb von bis zu zwei Arbeitstagen nach Hinterlegung des endgültigen Emissionskurses der öffentlich anzubietenden Wertpapiere widerrufen werden kann.

Punkt 5.4.3

Verfahren für die Offenlegung des Angebotspreises.

Verfügen die Aktionäre des Emittenten über Vorkaufsrechte und werden diese Rechte eingeschränkt oder entzogen, ist die Basis des Emissionspreises anzugeben, wenn die Emission in bar erfolgt, zusammen mit den Gründen und den Begünstigten einer solchen Beschränkung oder eines solchen Entzugs.

Besteht tatsächlich oder potenziell ein wesentlicher Unterschied zwischen dem öffentlichen Angebotspreis und den effektiven Barkosten der von Mitgliedern des Verwaltungs-, Leitungs- oder Aufsichtsorgans oder des oberen Managements sowie von nahe stehenden Personen bei Transaktionen im letzten Jahr erworbenen Wertpapiere oder deren Recht darauf, ist ein Vergleich des öffentlichen Beitrags zum vorgeschlagenen öffentlichen Angebot und der effektiven Bar-Beiträge dieser Personen einzufügen.

Punkt 5.5

Platzierung und Übernahme (Underwriting)

Punkt 5.5.1

Name und Anschrift des Koordinators/der Koordinatoren des gesamten Angebots oder einzelner Teile des Angebots und – sofern dem Emittenten oder dem Bieter bekannt – Angaben zu den Platzierern in den einzelnen Ländern des Angebots.

Punkt 5.5.2

Name und Anschrift etwaiger Zahlstellen und Verwahrstellen in jedem Land.

Punkt 5.5.3

Name und Anschrift der Institute, die bereit sind, eine Emission aufgrund einer festen Zusage zu zeichnen, und Name und Anschrift der Institute, die bereit sind, eine Emission ohne feste Zusage oder „zu den bestmöglichen Bedingungen" zu platzieren. Angabe der Hauptmerkmale der Vereinbarungen, einschließlich der Quoten. Wird die Emission nicht zur Gänze übernommen, ist eine Erklärung zum verbleibenden Teil einzufügen. Angabe des Gesamtbetrags der Übernahmeprovision und der Platzierungsprovision.

Punkt 5.5.4

Datum, zu dem der Emissionsübernahmevertrag geschlossen wurde oder wird.

Punkt 5.6

Zulassung zum Handel und Handelsmodalitäten

Punkt 5.6.1

Angabe, ob die angebotenen Wertpapiere Gegenstand eines Antrags auf Zulassung zum Handel an einem KMU-Wachstumsmarkt oder MTF sind oder sein werden und auf einem KMU-Wachstumsmarkt oder MTF platziert werden sollen, wobei die jeweiligen Märkte zu nennen sind. Dieser Umstand ist anzugeben, ohne den Eindruck zu erwecken, dass die Zulassung zum Handel auf jeden Fall erteilt wird. Falls bekannt, sollten die ersten Termine angegeben werden, zu denen die Wertpapiere zum Handel zugelassen sind.

Punkt 5.6.2

Anzugeben sind alle KMU-Wachstumsmärkte oder MTFs, an denen nach Kenntnis des Emittenten bereits Wertpapiere derselben Gattung wie die angebotenen oder zum Handel zuzulassenden Wertpapiere zum Handel zugelassen sind.

Punkt 5.6.3

Falls gleichzeitig oder fast gleichzeitig zur Schaffung von Wertpapieren, für die eine Zulassung zum Handel an einem KMU-Wachstumsmarkt oder MTF beantragt werden soll oder die öffentlich angeboten werden, Wertpapiere der gleichen Gattung privat gezeichnet oder platziert werden, oder falls Wertpapiere anderer Gattungen für eine öffentliche oder private Platzierung geschaffen werden, sind Einzelheiten zur Natur dieser Geschäfte sowie zur Zahl und den Merkmalen der Wertpapiere anzugeben, auf die sie sich beziehen.

Punkt 5.6.4

Im Falle der Zulassung zum Handel an einem KMU-Wachstumsmarkt oder MTF, detaillierte Angaben zu den Instituten, die aufgrund einer festen Zusage als Intermediäre im Sekundärhandel tätig sind und über An- und Verkaufskurse Liquidität zur Verfügung stellen, sowie Beschreibung der Hauptbedingungen ihrer Zusage.

Punkt 5.6.5

Detailangaben zu einer Stabilisierung gemäß den Punkten 5.6.5.1 bis 5.6.5.6 im Falle einer Zulassung zum Handel an einem KMU-Wachstumsmarkt oder MTF, wenn ein Emittent oder ein Aktionär mit einer Verkaufsoption eine Mehrzuteilungsoption erteilt hat oder ansonsten vorgeschlagen wird, dass Kursstabilisierungsmaßnahmen mit einem Angebot zu ergreifen sind:

Punkt 5.6.5.1

die Tatsache, dass die Stabilisierung eingeleitet werden kann, dass es keine Gewissheit dafür gibt, dass sie eingeleitet wird und jederzeit gestoppt werden kann;

Punkt 5.6.5.2

die Tatsache, dass die Stabilisierungstransaktionen auf eine Stützung des Marktpreises der Wertpapiere während des Stabilisierungszeitraums abzielen;

Punkt 5.6.5.3

Beginn und Ende des Zeitraums, während dessen die Stabilisierung erfolgen kann;

Punkt 5.6.5.4

die Identität der für die Stabilisierungsmaßnahmen nach jeder Rechtsordnung verantwortlichen Person, es sei denn, sie ist zum Zeitpunkt der Veröffentlichung nicht bekannt;

Punkt 5.6.5.5

die Tatsache, dass die Stabilisierungstransaktionen zu einem Marktpreis führen können, der über dem liegt, der sich sonst ergäbe, und

Punkt 5.6.5.6

der Ort, an dem die Stabilisierung vorgenommen werden kann einschließlich, sofern relevant, der Bezeichnung des Handelsplatzes bzw. der Handelsplätze.

Punkt 5.6.6

Mehrzuteilung und Greenshoe-Option

Im Falle der Zulassung zum Handel an einem KMU-Wachstumsmarkt oder MTF:

a) Existenz und Umfang einer etwaigen Mehrzuteilungsmöglichkeit und/oder Greenshoe-Option;

b) Dauer einer etwaigen Mehrzuteilungsmöglichkeit und/oder Greenshoe-Option; und

c) etwaige Bedingungen für die Inanspruchnahme einer etwaigen Mehrzuteilungsmöglichkeit oder Ausübung der Greenshoe-Option.

Punkt 5.7

Wertpapierinhaber mit Verkaufsoption

Punkt 5.7.1

Name und Anschrift der Person oder des Instituts, die/das Wertpapiere zum Verkauf anbietet; Wesensart etwaiger Positionen oder sonstiger wesentlicher Verbindungen, die die Personen mit Verkaufspositionen in den letzten drei Jahren bei dem Emittenten oder etwaigen Vorgängern oder verbundenen Unternehmen innehatte oder mit diesen unterhielt.

Punkt 5.7.2

Zahl und Gattung der von jedem Wertpapierinhaber mit Verkaufsposition angebotenen Wertpapiere.

Punkt 5.7.3

Im Zusammenhang mit Lock-up-Vereinbarungen ist Folgendes anzugeben:

a) beteiligte Parteien,

b) Inhalt und Ausnahmen der Vereinbarung,

c) der Zeitraum des „Lock-up".

Punkt 5.8

Verwässerung

Punkt 5.8.1

Ein Vergleich des Anteils am Aktienkapital und an den Stimmrechten für bestehende Aktionäre vor und nach der aus dem öffentlichen Angebot resultierenden Kapitalerhöhung unter der Annahme, dass existierende Aktionäre die neuen Aktien nicht zeichnen.

Punkt 5.8.2
Kommt es für existierende Aktionäre unabhängig von einer Ausübung ihres Bezugsrechts zu einer Verwässerung, da ein Teil der relevanten Aktienemission bestimmten Anlegern vorbehalten ist (z. B. bei einer Platzierung bei institutionellen Anlegern in Kombination mit einem Angebot an Aktionäre), sollte die Verwässerung angegeben werden, zu der es für existierende Aktionäre kommen wird, auch wenn sie ihr Bezugsrecht ausüben (zusätzlich zu der unter Punkt 5.8.1 beschriebenen Situation, wenn sie dies nicht tun).

Abschnitt 6
Angaben zur zugrunde liegenden Aktie (sofern anwendbar)

Punkt 6.1
Sofern anwendbar, die in Anhang 18 genannten Angaben.

Abschnitt 7
Angaben zur Zustimmung (sofern anwendbar)

Punkt 7.1
Stimmt der Emittent oder die für die Erstellung eines Prospekts verantwortliche Person der in Artikel 5 Absatz 1 der Verordnung (EU) 2017/1129 genannten Verwendung zu, die folgenden zusätzlichen Angaben:

a) wenn diese Zustimmung einem oder mehreren spezifischen Finanzintermediär(en) erteilt wird, die in Anhang 22 Abschnitte 1 und 2A genannten Angaben;

b) wenn diese Zustimmung allen Finanzintermediären erteilt wird, die in Anhang 22 Abschnitte 1 und 2B genannten Angaben.

I. Einleitung

Hinsichtlich des Anwendungsbereichs von Anhang 26 VO (EU) 2019/980 wird zunächst auf die Kommentierung zu Art. 15 ProspektVO Rn. 1 ff. hingewiesen. 1

II. Überblick

Anhang 26 VO (EU) 2019/980 betrifft die spezielle **Wertpapierbeschreibung beim EU-Wachstumsprospekt für Dividendenwerte**. Die spezielle Wertpapierbeschreibung dient ebenso wie die Wertpapierbeschreibung des Standardprospekts dazu, **die für eine Anlageentscheidung erforderlichen Informationen zu den Wertpapieren** für Anleger zur Verfügung zu stellen und verständlich zu präsentieren. Sie umfasst u. a. Angaben zum Zweck, zu den Modalitäten und Bedingungen der Wertpapiere sowie Einzelheiten zum Wertpapierangebot bzw. der Zulassung zum Handel, weshalb die inhaltlichen Anforderungen für die Erstellung der speziellen Wertpapierbeschreibung nach Anhang 26 **fast überwiegend identisch** mit den Anforderungen für den Standardprospekt nach den Anhängen 11 ff. VO (EU) 2019/980 sind, auf deren Kommentierungen (insbesondere auf die Kommentierung zu → Anhang 11 Rn. 1 ff.) daher verwiesen werden kann. Das **alte Prospektrecht** kannte 2 zwar bereits Registrierungsformulare für KMU und Emittenten mit geringer Marktkapitalisierung, jedoch enthielt es keine speziellen Anforderungen an die Wertpapierbeschreibungen für solche Emissionen, weshalb dort zumindest für die Wertpapierbeschreibung den Anforderungen an den Standardprospekt entsprochen werden musste.[1]

3 Dennoch ergeben sich **geringfügige Abweichungen** der speziellen Wertpapierbeschreibung zur Wertpapierbeschreibung für Standardprospekte von Dividendenwerten: Zunächst ist der EU-Wachstumsprospekt nach Ziffer 1.5 lit. e von Anhang 26 klar als ein solcher zu bezeichnen. Gemäß Ziffer 1.7.2 von Anhang 26 ist für den EU-Wachstumsprospekt für Dividendenwerte eine Erläuterung erforderlich, wie die **Erlöse aus dem Angebot der Geschäftsstrategie und den strategischen Zielen**, wie sie im Registrierungsformular beschrieben werden, entsprechen. Erklärungen zur **Kapitalausstattung und Verschuldung** nach Ziffer 2.2 von Anhang 26 müssen bei der speziellen Wertpapierbeschreibung im Gegensatz zur Wertpapierbeschreibung für Standardprospekte (vgl. Ziffer 3.1 und Ziffer 3.2 zu Anhang 11 VO (EU) 2019/980) **nur für Emittenten mit einer Marktkapitalisierung von über 200 Mio. EUR** aufgenommen werden. Letztlich müssen Emittenten bei der Erstellung des EU-Wachstumsprospekts für Dividendenwerte verglichen mit dem Standardprospekt für Dividendenwerte (vgl. Ziffer 9.1 lit. b zu Anhang 11 VO (EU) 2019/980) bei den Erläuterungen zur Verwässerung **keinen Vergleich des Nettovermögenswertes** pro Aktie zum Datum der letzten Bilanz vor dem öffentlichen Angebot (Verkaufsangebot und/oder Kapitalerhöhung) und des Ausgabekurses im Rahmen des öffentlichen Angebots darstellen.

---

1 Vgl. Anhang 3 sowie Anhang 25 ff. VO (EG) 809/2004.

Anhang 27 VO (EU) 2019/980
Wertpapierbeschreibung beim EU-Wachstumsprospekt für Nichtdividendenwerte

Abschnitt 1
Zweck, Verantwortliche Personen, Angaben von Seiten Dritter, Sachverständigenberichte und Billigung durch die zuständige Behörde

Punkt 1.1

Nennung aller Personen, die für die Angaben in der Wertpapierbeschreibung bzw. für bestimmte Teile der Angaben verantwortlich sind. Im letzteren Fall sind die entsprechenden Teile anzugeben. Handelt es sich um natürliche Personen, zu denen auch Mitglieder des Verwaltungs-, Leitungs- oder Aufsichtsorgans des Emittenten gehören, sind Name und Funktion dieser Person anzugeben. Bei juristischen Personen sind Name und eingetragener Sitz der Gesellschaft anzugeben.

Punkt 1.2

Erklärung der für die Wertpapierbeschreibung verantwortlichen Personen, dass die Angaben in der Wertpapierbeschreibung ihres Wissens nach richtig sind und dass die Wertpapierbeschreibung keine Auslassungen enthält, die die Aussage verzerren könnten.

Gegebenenfalls Erklärung der für bestimmte Abschnitte der Wertpapierbeschreibung verantwortlichen Personen, dass die in den Teilen der Wertpapierbeschreibung genannten Angaben, für die sie verantwortlich sind, ihres Wissens nach richtig sind und diese Teile der Wertpapierbeschreibung keine Auslassungen enthalten, die die Aussage verzerren könnten.

Punkt 1.3

Wird in die Wertpapierbeschreibung eine Erklärung oder ein Bericht einer Person aufgenommen, die als Sachverständiger handelt, so sind folgende Angaben zu dieser Person zu machen:

a) Name,

b) Geschäftsadresse,

c) Qualifikationen,

d) das wesentliche Interesse am Emittenten, falls vorhanden.

Wurde die Erklärung oder der Bericht auf Ersuchen des Emittenten erstellt, so ist zu erklären, dass diese Erklärung oder dieser Bericht mit Zustimmung der Person, die den Inhalt dieses Teils der Wertpapierbeschreibung für die Zwecke des Prospekts gebilligt hat, aufgenommen wurde.

Punkt 1.4

Wurden Angaben von Seiten Dritter übernommen, ist zu bestätigen, dass diese Angaben korrekt wiedergegeben wurden und nach Wissen des Emittenten und soweit für ihn aus den von diesem Dritten veröffentlichten Angaben ersichtlich, nicht durch Auslassungen unkorrekt oder irreführend gestaltet wurden. Darüber hinaus hat der Emittent die Quelle(n) der Angaben zu nennen.

Punkt 1.5

Eine Erklärung, dass

a) [diese Wertpapierbeschreibung/dieser Prospekt] durch [Bezeichnung der zuständigen Behörde einfügen] als zuständiger Behörde gemäß Verordnung (EU) 2017/1129 gebilligt wurde,

b) [Bezeichnung der zuständigen Behörde] [diese Wertpapierbeschreibung/diesen Prospekt] nur bezüglich der Standards der Vollständigkeit, Verständlichkeit und Kohärenz gemäß der Verordnung (EU) 2017/1129 billigt,

c) eine solche Billigung nicht als Bestätigung der Qualität der Wertpapiere, die Gegenstand [dieser Wertpapierbeschreibung/dieses Prospekts] sind, erachtet werden sollte,

d) Anleger ihre eigene Bewertung der Eignung dieser Wertpapiere für die Anlage vornehmen sollten und

e) [die Wertpapierbeschreibung/der Prospekt] als EU-Wachstumsprospekt gemäß Artikel 15 der Verordnung (EU) 2017/1129 erstellt wurde.

Punkt 1.6

Interessen natürlicher und juristischer Personen, die an der Emission/dem Angebot beteiligt sind.

Beschreibung aller für die Emission wesentlichen Interessen, einschließlich Interessenskonflikten, unter Angabe der betreffenden Personen und der Art der Interessen.

Punkt 1.7

Gründe für das Angebot, Verwendung der Erlöse und Kosten der Emission/des Angebots

Gründe für das öffentliche Angebot oder die Zulassung zum Handel. Gegebenenfalls Angabe der geschätzten Gesamtkosten der Emission/des Angebots und der geschätzten Nettoerlöse. Die Kosten und Erlöse sind jeweils nach den einzelnen wichtigsten Zweckbestimmungen aufzuschlüsseln und nach Priorität dieser Zweckbestimmungen darzustellen. Wenn der Emittent weiß, dass die voraussichtlichen Erträge nicht ausreichen werden, um alle vorgeschlagenen Verwendungszwecke zu finanzieren, sind der Betrag und die Quellen anderer Mittel anzugeben.

Punkt 1.8

Weitere Angaben

Punkt 1.8.1

Werden an einer Emission beteiligte Berater in der Wertpapierbeschreibung genannt, ist anzugeben, in welcher Funktion sie gehandelt haben.

Punkt 1.8.2

Es ist anzugeben, welche anderen in der Wertpapierbeschreibung enthaltenen Angaben von Abschlussprüfern geprüft oder durchgesehen wurden, über die die Abschlussprüfer einen Vermerk erstellt haben. Der Vermerk ist wiederzugeben oder bei entsprechender Erlaubnis der zuständigen Behörden zusammenzufassen.

Punkt 1.8.3

Angabe der Ratings, die im Auftrag des Emittenten oder in Zusammenarbeit mit ihm beim Ratingverfahren für Wertpapiere erstellt wurden. Kurze Erläuterung der Bedeutung der Ratings, wenn sie erst unlängst von der Ratingagentur erstellt wurden.

Punkt 1.8.4

Wird die Zusammenfassung teilweise durch die in Artikel 8 Absatz 3 unter den Buchstaben c bis i der Verordnung (EU) Nr. 1286/2014 genannten Angaben ersetzt, all diese Angaben, soweit diese noch nicht an anderer Stelle in der Wertpapierbeschreibung offengelegt wurden.

Abschnitt 2
Risikofaktoren

Punkt 2.1

Eine Beschreibung der wesentlichen Risiken, die den anzubietenden Wertpapieren eigen sind, in einer begrenzten Anzahl an Kategorien in einer Rubrik mit der Überschrift „Risikofaktoren". Offenzulegende Risiken umfassen

a) jene, die sich aus dem Grad der Nachrangigkeit eines Wertpapiers ergeben, sowie die Auswirkungen auf die voraussichtliche Höhe oder den voraussichtlichen Zeitpunkt der Zahlungen an die Inhaber von Wertpapieren im Rahmen eines Insolvenzverfahrens oder eines vergleichbaren Verfahrens, einschließlich, soweit relevant, der Insolvenz eines Kreditinstituts oder dessen Abwicklung oder Umstrukturierung gemäß der Richtlinie 2014/59/EU und,

b) werden die Wertpapiere garantiert, die spezifischen und wesentlichen Risiken bezüglich des Garantiegebers, soweit diese für seine Fähigkeit, seinen Verpflichtungen aus der Garantie nachzukommen, relevant sind.

In jeder Kategorie werden die gemäß der Bewertung des Emittenten oder Anbieters wesentlichsten Risiken, unter Berücksichtigung ihrer Auswirkungen auf den Emittenten und die Wertpapiere und der Wahrscheinlichkeit ihres Eintretens, zuerst angeführt. Die Risiken werden durch den Inhalt der Wertpapierbeschreibung bestätigt.

Abschnitt 3
Modalitäten und Bedingungen der Wertpapiere

Punkt 3.1

Angaben zu den anzubietenden Wertpapieren

Punkt 3.1.1

Beschreibung von Art und Gattung der angebotenen Wertpapiere.

Internationale Wertpapier-Identifikationsnummer (ISIN) der angebotenen Wertpapiere.

Punkt 3.1.2

Rechtsvorschriften, auf deren Grundlage die Wertpapiere geschaffen wurden.

Punkt 3.1.3

Angabe, ob es sich bei den Wertpapieren um Namens- oder Inhaberpapiere handelt und ob sie in Stückeform oder stückelos vorliegen.

Im Falle von stückelos vorliegenden Wertpapieren, Name und Anschrift des die Buchungsunterlagen führenden Instituts.

Punkt 3.1.4

Währung der Wertpapieremission.

Punkt 3.1.5

Relativer Rang der Wertpapiere in der Kapitalstruktur des Emittenten im Fall einer Insolvenz, gegebenenfalls mit Angaben über ihre Nachrangigkeitsstufe und die potenziellen Auswirkungen auf die Anlagen im Fall der Abwicklung nach Maßgabe der Richtlinie 2014/59/EU.

Punkt 3.1.6

Beschreibung der mit den Wertpapieren verbundenen Rechte einschließlich etwaiger Beschränkungen und des Verfahrens zur Ausübung dieser Rechte.

Punkt 3.1.7

a) Nominaler Zinssatz;

b) Bestimmungen zur Zinsschuld;

c) Datum, ab dem die Zinsen fällig werden;

d) Zinsfälligkeitstermine;

e) Gültigkeitsdauer der Ansprüche auf Zins- und Kapitalrückzahlungen.

Ist der Zinssatz nicht festgelegt,

a) Angabe der Art des Basiswerts;

b) Beschreibung des Basiswerts, auf den sich der Zinssatz stützt;

c) der Methode, die zur Verknüpfung des Zinssatzes mit dem Basiswert verwendet wird;

d) Angaben darüber, wo Angaben über die vergangene und künftige Wertentwicklung des Basiswertes und seine Volatilität auf elektronischem Wege eingeholt werden können und ob dies mit Kosten verbunden ist;

e) Beschreibung aller etwaigen Ereignisse, die eine Störung des Marktes oder der Abrechnung bewirken und den Basiswert beeinflussen;

f) alle Anpassungsregeln in Bezug auf Ereignisse, die den Basiswert betreffen;

g) Name der Berechnungsstelle;

h) wenn das Wertpapier eine derivative Komponente bei der Zinszahlung hat, eine klare und umfassende Erläuterung, die den Anlegern verständlich macht, wie der Wert ihrer Anlage durch den Wert des Basisinstruments/der Basisinstrumente beeinflusst wird, insbesondere in Fällen, in denen die Risiken am offensichtlichsten sind.

Punkt 3.1.8

a) Fälligkeitstermin.

b) Detailangaben zu den Tilgungsmodalitäten, einschließlich der Rückzahlungsverfahren. Wird auf Initiative des Emittenten oder des Wertpapierinhabers eine vorzeitige Tilgung ins Auge gefasst, so ist diese unter Angabe der Tilgungskonditionen zu beschreiben.

Punkt 3.1.9

a) Angabe der Rendite.

b) Beschreibung der Methode zur Berechnung der Rendite in Kurzform.

Punkt 3.1.10

Vertretung der Inhaber von Nichtdividendenwerten unter Angabe der die Anleger vertretenden Organisation und der für diese Vertretung geltenden Bestimmungen. Angabe der Website, auf der die Öffentlichkeit die Verträge, die diese Repräsentationsformen regeln, kostenlos einsehen kann.

Punkt 3.1.11

Bei Neuemissionen Angabe der Beschlüsse, Ermächtigungen und Billigungen, aufgrund deren die Wertpapiere geschaffen und/oder emittiert wurden oder werden sollen.

Punkt 3.1.12

Angabe des Emissionstermins oder bei Neuemissionen des voraussichtlichen Emissionstermins.

Punkt 3.1.13

Beschreibung aller etwaigen Beschränkungen für die Übertragbarkeit der Wertpapiere.

Punkt 3.1.14

Warnhinweis, dass sich die Steuergesetzgebung des Mitgliedstaats des Anlegers und des Gründungsstaats des Emittenten auf die Erträge aus den Wertpapieren auswirken könnten.

Angaben zur steuerlichen Behandlung der Wertpapiere, wenn die angebotene Anlage eine für diese Art von Anlagen gedachte Steuerregelung nach sich zieht.

Punkt 3.1.15

Sofern der Anbieter nicht dieselbe Person wie der Emittent ist, Angabe der Identität und der Kontaktdaten des Anbieters der Wertpapiere und/oder der die Zulassung zum Handel beantragenden Person einschließlich der Rechtsträgerkennung (LEI), falls der Anbieter Rechtspersönlichkeit hat.

Punkt 3.1.16

Gegebenenfalls die potenzielle Auswirkung auf die Anlagen im Fall der Abwicklung nach Maßgabe der Richtlinie 2014/59/EU.

Punkt 3.2

Angaben zu derivativen Wertpapieren

Im Falle der Ausgabe derivativer Wertpapiere die folgenden Angaben:

a) bei den in Artikel 20 Absatz 1 genannten derivativen Wertpapieren die in jenem Absatz genannten Angaben;

b) bei den in Artikel 20 Absatz 2 genannten derivativen Wertpapieren die in jenem Absatz genannten Angaben;

c) bei den in Artikel 20 Absatz 3 genannten derivativen Wertpapieren die in jenem Absatz genannten Angaben.

Abschnitt 4
Einzelheiten zum Wertpapierangebot/zur Zulassung zum Handel

Punkt 4.1

Konditionen des öffentlichen Angebots von Wertpapieren (Konditionen, Angebotsstatistiken, erwarteter Zeitplan und erforderliche Maßnahmen für die Antragstellung)

Punkt 4.1.1

Angebotskonditionen

Punkt 4.1.2

Gesamtemissionsvolumen der öffentlich angebotenen Wertpapiere. Ist das Emissionsvolumen nicht festgelegt, Angabe des maximalen Emissionsvolumens der anzubietenden Wertpapiere (sofern verfügbar) und Beschreibung der Vereinbarungen und des Zeitraums für die Ankündigung des endgültigen Angebotsbetrags an das Publikum

Ist eine Angabe des maximalen Emissionsvolumens der anzubietenden Wertpapiere im Prospekt nicht möglich, wird im Prospekt angeführt, dass eine Zusage zum Erwerb oder zur Zeichnung der Wertpapiere innerhalb von mindestens zwei Arbeitstagen nach Hinterlegung des Emissionsvolumens der öffentlich anzubietenden Wertpapiere widerrufen werden kann.

Punkt 4.1.3

Frist – einschließlich etwaiger Änderungen – innerhalb derer das Angebot gilt, und Beschreibung des Antragsverfahrens.

Punkt 4.1.4

Beschreibung einer etwaigen Möglichkeit zur Reduzierung der Zeichnungen und der Art und Weise der Erstattung des zu viel gezahlten Betrags an die *Punkt 4.1.5*

Einzelheiten zum Mindest- und/oder Höchstbetrag der Zeichnung (entweder in Form der Anzahl der Wertpapiere oder des aggregierten zu investierenden Betrags).

Punkt 4.1.6

Methode und Fristen für die Bedienung der Wertpapiere und ihre Lieferung.

Punkt 4.1.7

Umfassende Beschreibung der Modalitäten und des Termins für die öffentliche Bekanntgabe der Angebotsergebnisse.

Punkt 4.1.8

Verfahren für die Ausübung eines etwaigen Vorzugszeichnungsrechts, die Verhandelbarkeit der Zeichnungsrechte und die Behandlung der nicht ausgeübten Zeichnungsrechte.

Punkt 4.2

Verteilungs- und Zuteilungsplan

Punkt 4.2.1

Angabe der verschiedenen Kategorien der potenziellen Investoren, denen die Wertpapiere angeboten werden.

Werden die Papiere gleichzeitig an den Märkten zweier oder mehrerer Staaten angeboten und ist eine bestimmte Tranche einigen dieser Märkte vorbehalten, so ist diese Tranche anzugeben.

Punkt 4.3

Verfahren zur Meldung gegenüber den Zeichnern über den zugeteilten Betrag und Angabe, ob eine Aufnahme des Handels vor der Meldung möglich ist.

Punkt 4.4

Preisfestsetzung

Punkt 4.4.1

Angabe des Preises, zu dem die Wertpapiere voraussichtlich angeboten werden;

Punkt 4.4.2

Alternativ zu Punkt 4.4.1, Beschreibung der Methode zur Preisfestsetzung gemäß Artikel 17 der Verordnung (EU) 2017/1129 und des Verfahrens für seine Veröffentlichung.

Punkt 4.4.3

Angabe der Kosten und Steuern, die dem Zeichner oder Käufer in Rechnung gestellt werden. Unterliegt der Emittent der Verordnung (EU) Nr. 1286/2014 und/oder der Richtlinie 2014/65/EU, Aufnahme der im Preis enthaltenen Kosten, soweit bekannt.

Punkt 4.5

Platzierung und Übernahme (Underwriting)

Punkt 4.5.1

Name und Anschrift des Koordinators/der Koordinatoren des gesamten Angebots oder einzelner Teile des Angebots und – sofern dem Emittenten oder dem Bieter bekannt – Angaben zu den Platzierern in den einzelnen Ländern des Angebots.

Punkt 4.5.2

Name und Anschrift etwaiger Zahlstellen und Verwahrstellen in jedem Land.

Punkt 4.5.3

Name und Anschrift der Institute, die bereit sind, eine Emission aufgrund einer festen Zusage zu zeichnen, und Name und Anschrift der Institute, die bereit sind, eine Emission ohne feste Zusage oder „zu den bestmöglichen Bedingungen" zu platzieren. Angabe der Hauptmerkmale der Vereinbarungen, einschließlich der Quoten. Wird die Emission nicht zur Gänze übernommen, ist eine Erklärung zum verbleibenden Teil einzufügen. Angabe des Gesamtbetrags der Übernahmeprovision und der Platzierungsprovision.

Punkt 4.5.4

Datum, zu dem der Emissionsübernahmevertrag geschlossen wurde oder wird.

Punkt 4.6

Zulassung zum Handel und Handelsmodalitäten

Punkt 4.6.1

Angabe, ob die angebotenen Wertpapiere Gegenstand eines Antrags auf Zulassung zum Handel an einem KMU-Wachstumsmarkt oder MTF sind oder sein werden und auf einem KMU-Wachstumsmarkt oder MTF platziert werden sollen, wobei die jeweiligen Märkte zu nennen sind. Dieser Umstand ist anzugeben, ohne den Eindruck zu erwecken, dass die Zulassung zum Handel auf jeden Fall erteilt wird. Falls bekannt, sollten die ersten Termine angegeben werden, zu denen die Wertpapiere zum Handel zugelassen sind.

Punkt 4.6.2

Anzugeben sind alle KMU-Wachstumsmärkte oder MTFs, an denen nach Kenntnis des Emittenten bereits Wertpapiere derselben Gattung wie die angebotenen oder zum Handel zuzulassenden Wertpapiere zum Handel zugelassen sind.

Punkt 4.6.3

Im Falle der Zulassung zum Handel an einem KMU-Wachstumsmarkt oder MTF, detaillierte Angaben zu den Instituten, die aufgrund einer festen Zusage als Intermediäre im Sekundärhandel tätig sind und über An- und Verkaufskurse Liquidität zur Verfügung stellen, sowie Beschreibung der Hauptbedingungen ihrer Zusage.

Punkt 4.6.4

Emissionspreis der Wertpapiere

Abschnitt 5
Angaben zum Garantiegeber (falls zutreffend)

Punkt 5.1

Wird für die Wertpapiere eine Garantie gestellt, die in Anhang 21 verlangten Angaben.

Abschnitt 6
Angaben zur zugrunde liegenden Aktie (sofern anwendbar)

Punkt 6.1

a) sofern anwendbar, die in Anhang 26 Punkt 2.1 und 2.2 genannten Angaben zum Emittenten der zugrunde liegenden Aktie.

b) Sofern anwendbar, die in Anhang 18 genannten Angaben.

Abschnitt 7
Angaben zur Zustimmung (sofern anwendbar)

Punkt 7.1
Stimmt der Emittent oder die für die Erstellung eines Prospekts verantwortliche Person der in Artikel 5 Absatz 1 der Verordnung (EU) 2017/1129 genannten Verwendung zu, die folgenden zusätzlichen Angaben:

a) wenn diese Zustimmung einem oder mehreren spezifischen Finanzintermediär(en) erteilt wird, die in Anhang 22 Abschnitte 1 und 2A genannten Angaben;

b) wenn diese Zustimmung allen Finanzintermediären erteilt wird, die in Anhang 22 Abschnitte 1 und 2B genannten Angaben.

I. Einleitung

1 Hinsichtlich des Anwendungsbereichs von Anhang 27 VO (EU) 2019/980 wird zunächst auf die Kommentierung zu → Art. 15 ProspektVO Rn. 1 ff. hingewiesen.

II. Überblick

2 Anhang 27 VO (EU) 2019/980 betrifft die spezielle **Wertpapierbeschreibung beim EU-Wachstumsprospekt für Nichtdividendenwerte**. Die spezielle Wertpapierbeschreibung dient ebenso wie die Wertpapierbeschreibung des Standardprospekts dazu, **die für eine Anlageentscheidung erforderlichen Informationen zu den Wertpapieren** für Anleger zur Verfügung zu stellen und verständlich zu präsentieren. Sie umfasst u. a. Angaben zum Zweck, zu den Modalitäten und Bedingungen der Wertpapiere sowie Einzelheiten zum Wertpapierangebot bzw. der Zulassung zum Handel, weshalb die inhaltlichen Anforderungen für die Erstellung der speziellen Wertpapierbeschreibung nach Anhang 27 **fast überwiegend identisch** mit den Anforderungen für den Standardprospekt nach den Anhängen 14 f. VO (EU) 2019/980 sind, auf deren Kommentierungen (insbesondere auf die Kommentierung zu → Anhang 14 Rn. 1 ff.) daher verwiesen werden kann. Nach den Vorschriften des **alten Prospektrecht** gab es zwar bereits Registrierungsformulare für KMU und Emittenten mit geringer Marktkapitalisierung, jedoch mangelte es an speziellen Anforderungen an die Wertpapierbeschreibungen für solche Emissionen, weshalb dort zumindest für die Wertpapierbeschreibung die Anforderungen für den Standardprospekt Anwendung fanden.[1]

3 Ungehindert dessen kennzeichnet die spezielle Wertpapierbeschreibung beim EU-Wachstumsprospekt für Nichtdividendenwerte auch **marginale Unterschiede** zur Wertpapierbeschreibung für Standardprospekte von Nichtdividendenwerten: Zunächst ist der EU-Wachstumsprospekt nach Ziffer 1.5 lit. e von Anhang 26 klar **als ein solcher zu bezeichnen**. Gleiches gilt ebenfalls wenn für die Wertpapiere eine **Garantie** gestellt wird. Dann sind ausweislich Ziffer 5.1 von Anhang 27 die in **Anhang 21 verlangten Angaben darzustellen**. Die explizite Nennung der Anwendbarkeit der beiden Anhänge folgt im Gegen-

---
[1] Vgl. Anhang 5 sowie Anhang 25 ff. VO (EG) 809/2004.

satz zum Standardprospekt daraus, dass die nach Teil C VO (EU) 2019/980 in einen Prospekt aufzunehmenden weiteren Angaben, falls einschlägig, so erst einmal nur für den Standardprospekt gelten.

Teil E
Andere Angabekategorien

Anhang 28 VO (EU) 2019/980
Weitere Angaben in den endgültigen Bedingungen

1. Beispiel(e) in Bezug auf komplexe derivative Wertpapiere, um zu erklären, wie der Wert der Anlage durch den Wert des Basiswertes und durch die Wesensart dieser Wertpapiere beeinflusst wird.
2. Im Anhang zu den jeweiligen Wertpapieren nicht verlangte zusätzliche Bestimmungen zum Basiswert.
3. Land/Länder, in dem/denen das Wertpapier öffentlich angeboten wird.
4. Land/Länder, in dem/denen die Zulassung zum Handel am geregelten Markt/an den geregelten Märkten beantragt wird.
5. Land/Länder, dem/denen die Billigung des betreffenden Basisprospekts mitgeteilt wurde.
6. EZB-Fähigkeit
7. Seriennummer
8. Tranchennummer

I. Regelungsgegenstand von Anhang 28

1 Anhang 28 ist in **Art. 26 Abs. 4 Satz 1** verankert und zählt im Zusammenspiel mit diesem Artikel acht **zusätzliche, freiwillige Angaben** auf, die in **endgültigen Bedingungen** enthalten sein dürfen. Diese Liste zusätzlicher wertpapierbeschreibender Angaben trägt dem Umstand Rechnung, dass die endgültigen Bedingungen den Investoren traditionell weitergehende, als nützlich erachtete[1] Informationen zur Verfügung gestellt haben, die in den wertpapierbeschreibenden Anhängen nicht gefordert sind. Diese sinnvolle Praxis wird durch Anhang 28 in eingeschränktem Umfang weiterhin ermöglicht. Art. 26 Abs. 4 Satz 2 schränkt darüber hinaus ein, dass nur jene Angaben aus der Liste in die endgültigen Bedingungen einer konkreten Emission aufgenommen werden dürfen, die bereits im Formular für die endgültigen Bedingungen nach Art. 8 Abs. 2 lit. a ProspektVO angelegt wurden.

2 Die Liste von Anhang 28 ist **abschließend**: Weitere Angaben auf freiwilliger Basis – in Abgrenzung zu den in den wertpapierbeschreibenden Anhängen enthaltenen Pflichtangaben – sind in endgültigen Bedingungen nicht zulässig. In der Praxis sind hier selten Beanstandungen der zuständigen Behörden zu vermelden. Zum einen, weil sich die beteiligten Emittenten und Banken im Wesentlichen an die strengen Vorgaben der ProspektVO zum Inhalt der endgültigen Bedingungen halten, sowohl im mitgebilligten Formular als auch

---
[1] Unter neuem Recht weiterhin zutreffend: *Glismann*, in: Holzborn, WpPG, Anh. XXI ProspektVO Rn. 1.

dann in den ausgefertigten und hinterlegten endgültigen Bedingungen. Zum anderen vielleicht auch, weil die zuständigen Behörden für die bei ihnen hinterlegten endgültigen Bedingungen keinen fortlaufenden Prüfungsauftrag haben und sich nur im Rahmen von Stichproben von der Orientierung am gebilligten Formular und generell der Einhaltung der anwendbaren Regeln überzeugen.

II. Einzelheiten

Anhang 28 hat seinen Vorläufer in **Anhang XXI** der früheren VO (EG) 809/2004 und folgt diesem weitgehend. Einzige inhaltliche Neuerung ist die Aufnahme der Angabe der EZB-Fähigkeit in die Liste. 3

Die **Beispiele in Bezug auf komplexe derivative Wertpapiere** sollen den Anlegern dabei helfen, zu verstehen, wie der Wert ihrer Anlage durch den Wert des Basisinstruments beeinflusst wird. Diese zuvor in den Erwägungsgründen enthaltene Begründung wurde nun direkt in den Anhang verlagert. Die freiwilligen Beispiele spielen eine Rolle im Rahmen der Wertpapierbeschreibung in Anhang 17 für Wertpapiere, die zu an einen Basiswert gekoppelten Zahlungs- oder Lieferverpflichtungen führen. 4

Des Weiteren sind **im Anhang zu den jeweiligen Wertpapieren nicht verlangte zusätzliche Bestimmungen zum Basiswert** in den endgültigen Bedingungen erlaubt. Hier hat der Verordnungsgeber das Interesse der Investoren an möglichst umfassender Information über das Interesse an Vorabkenntnis und -prüfung gestellt und damit die Bestimmung des Basiswerts erst in den endgültigen Bedingungen weiter ermöglicht. 5

Die **Länder**, in denen das Wertpapier **öffentlich angeboten** wird, die Länder, in denen die **Zulassung zum Handel am geregelten Markt beantragt** wird und die Länder, denen die **Billigung des betreffenden Basisprospekts mitgeteilt**[2] wurde sind relevante Angaben für die Emissionsbeteiligten, einschließlich der zuständigen Behörden, und werden häufig erst im Rahmen der einzelnen Emission bestimmt. Sie sind allerdings in den wertpapierbeschreibenden Anhängen, auf die Art. 26 Abs. 4 Satz 1 verweist, nicht erwähnt. Wären sie nicht ausdrücklich in Anhang 28 genannt, dürften sie in endgültigen Bedingungen nicht enthalten sein. 6

Die Angabe zur **EZB-Fähigkeit** bezieht sich auf die Frage, ob im Fall der Verwendung von New Global Notes[3] die unmittelbare Verwahrung der Urkunde bei den internationalen Clearingsystemen oder bei einer Geschäftsbank im Auftrag der Clearingsysteme erfolgen soll. Nur die Verwahrung direkt bei den Clearingsystemen erfüllt die Anforderungen an die EZB-Fähigkeit. Es geht also nicht direkt um die Feststellung der EZB-Fähigkeit, da diese an weitere Voraussetzungen geknüpft ist und nicht in der Hand des Emittenten liegt. Der an dieser Stelle verwendete Standardtext wurde auch schon vor dieser Ergänzung der Liste in endgültigen Bedingungen genutzt und geduldet. 7

Die endgültigen Bedingungen dürfen auch die **Seriennummer** und **Tranchennummer** der jeweiligen Ziehung unter dem Emissionsprogramm enthalten. Diese rein organisatori- 8

---

2 Gemeint ist mit „mitgeteilt" offensichtlich „notifiziert" i. S. v. Art. 25 ProspektVO – wie ein Vergleich mit der englischen Sprachfassung zeigt, die hier den Begriff „notified" verwendet.
3 Zur „New Global Note" *Oulds*, in: Hopt/Seibt, Schuldverschreibungsrecht, 2. Aufl. 2023, Teil 5 Kap. 4 Rn. 4.21 f.

sche Angabe hilft allen Beteiligten, die Transaktion eindeutig zu identifizieren und sollte eigentlich selbstverständlich erlaubt sein. Die ausdrückliche Nennung verdeutlicht aber eindringlich, wie ernst es dem Verordnungsgeber mit der abschließenden Natur der aufgezählten zulässigen Elemente in endgültigen Bedingungen ist.

9 Insgesamt überschießt der Verordnungsgeber mit der sehr restriktiven Liste der zusätzlich zulässigen freiwilligen Angaben weiterhin das Ziel. Um die zuvor praktizierte Übung einzudämmen, ganze Auszahlungsstrukturen über die endgültigen Bedingungen nachzuschieben, hätte auch ein deutlich grobmaschigeres Netz genügt und die letzten sechs Punkte der Liste des Anhangs 28 bedürften keiner Erwähnung.[4]

Anhang 29 VO (EU) 2019/980
Verzeichnis bestimmer Kategorien von Emittenten

a) **Immobiliengesellschaften**

b) **Bergbaugesellschaften**

c) **Investmentgesellschaften**

d) **In der wissenschaftlichen Forschung tätige Gesellschaften**

e) **Start-up-Unternehmen**

f) **Schifffahrtsgesellschaften**

(nicht kommentiert)

---

4 Den Mehrwert des diesbezüglich unveränderten Konzepts ebenso in Frage stellend: *von Kopp-Colomb/Seitz*, WM 2012, 1220, 1223.

Sachregister

Fette Zahlen verweisen auf die Paragrafen des WpPG bzw. die Artikel der ProspektVO, der VO (EU) 2019/979 und der VO (EU) 2019/980 sowie deren Anhänge, magere auf die Randnummern.

§ 130 OWiG als Auffangtatbestand WpPG 24 106
Abrechnungsverfahren VO (EU) 2019/980 Anh. 17 32 ff.
Abschlussprüfer VO (EU) 2019/980 Anh. 1 Abschn. 2 2 ff.; Anh. 6 4
– Geschäftsanschrift VO (EU) 2019/980 Anh. 1 Abschn. 2 4
– mehrere VO (EU) 2019/980 Anh. 1 Abschn. 2 2
– Wechsel VO (EU) 2019/980 Anh. 1 Abschn. 2 8
– Wirtschaftsprüfungsgesellschaft VO (EU) 2019/980 Anh. 1 Abschn. 2 4 f.
Absicherungsgeschäft VO (EU) 2019/980 20 32 ff.
Abspaltung
– Spin-Off WpPG 9 26
Abtretung
– Wertpapierbegriff WpPG 2 2 ff.
ADR-Emission VO (EU) 2019/980 6 3
Adressatenkreis WpPG 9 36 ff.
– Adressatenerklärung ProspektVO 3 6
– Angebotshandlung ProspektVO 3 5
– begrenzter ProspektVO 2 46 ff.
– Disclaimer ProspektVO 3 6
– durchschnittlicher Anleger WpPG 9 36
– in der Union ProspektVO 3 5 f.
– Internet ProspektVO 3 6
– öffentliches Angebot ProspektVO 2 46 ff.
– Telekom III WpPG 8 11; 9 36, 45
Ahndung des Bußgeldverfahrens WpPG 24 99
Aktien
– Namensaktien ProspektVO 2 13 ff.
– Verbriefung ProspektVO 2 14
Aktienkorb VO (EU) 2019/980 20 35 ff.
Aktienoptionen ProspektVO 2 28
Aktienvertretende Zertifikate VO (EU) 2019/980 6 1 ff.; Anh. 5 2; Anh. 13 1 ff.

Aktualisierung ProspektVO 2 10, 127; WpPG 2 10
Akzessorietät ProspektVO 1 50
(Allgemeiner) Wesentlichkeitsgrundsatz ProspektVO 16 16; VO (EU) 2019/980 Anh. I Abschn. 5 24, 40
Alternative Leistungskennzahlen (APMs) VO (EU) 2019/979 1 12
American Depositary Receipts (ADR) ProspektVO 2 25, 33, 124; VO (EU) 2019/980 6 1 ff.
Amtshaftung der BaFin ProspektVO 20 76 ff.
– gegenüber dem Emittenten, Anbieter bzw. Zulassungsantragsteller ProspektVO 20 80 ff.
– gegenüber dem Anleger ProspektVO 20 78 f.
Amtshilfe ProspektVO 33 15 ff.
Analystenpräsentation ProspektVO 2 63
Anbieter
– Abgrenzung zum Emittent ProspektVO 2 130 ff.
– Begriff ProspektVO 2 125 ff.; WpPG 2 10
– Garantiegeber ProspektVO 2 142
– gesamtschuldnerische Haftung ProspektVO 2 128
– Hilfspersonen ProspektVO 2 144
– mehrere ProspektVO 2 128 f.
– Umplatzierung ProspektVO 2 138
– Zusammenwirken mit Emittent VO (EU) 2019/980 23 13 f., 43; Anh. 22 3 ff.
Änderungsrichtlinie ProspektVO 1 93
– 2010/73/EU ProspektVO 23 75, 89, 155, 176
Anerkannte Sprache d. Art. 27 Abs. 1 ProspektVO 27 6
Anerkannte Sprache d. Art. 27 Abs. 2
– Sprachwahl ProspektVO 27 10

2007

Sachregister

Angaben s. Mindestangaben
Angebot
- Abwicklung Bezugsangebot im Inland **ProspektVO 2** 90, 85 ff.
- aufschiebende, auflösende Bedingung **ProspektVO 2** 58, 103
- befristeter Vertrag **ProspektVO 2** 58
- Begriff **ProspektVO 2** 55
- Bezugsrechtsangebot **ProspektVO 2** 85 ff.
- Disclaimer **ProspektVO 2** 51, 108
- Einbeziehung in den Freiverkehr **ProspektVO 2** 70, 73, 80
- Gesellschafter verbundener Unternehmen **ProspektVO 2** 99
- Gratisangebot **ProspektVO 2** 106
- Informationsanbieter **ProspektVO 2** 108, 143
- Invitatio ad offerendum **ProspektVO 2** 57
- Konkretisierung **ProspektVO 2** 61
- Mitarbeiterbeteiligungsprogramm **ProspektVO 2** 106
- öffentliches **VO (EU) 2019/980 23** 6
- Privatplatzierung **ProspektVO 2** 46 ff.
- prospektfreies öffentliches **ProspektVO Vor 1 ff.** 43 ff.
- Prospektpflicht **ProspektVO 2** 83
- Tombstone **ProspektVO 2** 68
- Underlying **ProspektVO 2** 101 ff., 141
- Werbung **ProspektVO 2** 62
- Wertpapierkennnummern **ProspektVO 2** 81
- Zeichnungsmöglichkeit **ProspektVO 2** 65 ff.
- Zeichnungsvertrag **ProspektVO 2** 57
- zielgerichtete Ansprache **ProspektVO 2** 71

Angebotsbedingungen ProspektVO 1 71; **2** 61 ff,
Angebotsfrist ProspektVO 2 199 f.
Angebotsprogramm VO (EU) 2019/980 25 7
Anh. VII der VO (EU) 2019/979 ProspektVO 25 8
Anhang 22 ProspektVO ProspektVO 5 21 f.

Anhang 28 VO (EU) 2019/980 26 15
Anhörungsschreiben WpPG 18 11 ff.
Anleger
- kleinere und mittlere Unternehmen (KMU) **ProspektVO 2** 114 ff.
- qualifizierte **ProspektVO 2** 87, 109 ff.; **WpPG 2** 6

Anlegerschutz ProspektVO Vor 1 ff. 25; **2** 107, 13; **3** 14; **20** 79; **24** 1; **29** 10
Anleiheemissionsprogramm ProspektVO 8 4
Anleihen
- Nullkuponanleihen **VO (EU) 2019/980 Anh. 14** 34
- Stufenzins-Anleihen **VO (EU) 2019/980 Anh. 14** 34

Anpassungsregeln VO (EU) 2019/980 Anh. 17 58 ff.
Anteil an Personengesellschaft
- als Wertpapier **ProspektVO 2** 5

Anteile an Organismen für gemeinsame Anlagen ProspektVO 2 175
Antrag auf Zulassung WpPG 2 12 f.
Antragsberechtigung ProspektVO 25 5
Anwendung eines in einem anderen EWR-Staat gebilligten und in DE notifizierten Prospekts in Deutschland ProspektVO 29 13
Anwendungsbereich ProspektVO 1 14; **WpPG 1** 1 ff.
- Abgrenzung zur Anwendbarkeit des Kapitalanlagegesetzbuchs **ProspektVO 1** 36 f.
- Ausnahmen vom Anwendungsbereich **ProspektVO 1** 6 ff.
- Prospektpflicht bei einem öffentlichen Angebot in der Union **ProspektVO 3** 1 f., 3 f.
- Prospektpflicht für Zulassungen zu einem geregelten Markt in der Union **ProspektVO 3** 1 f., 8
- staatlich garantierte Wertpapiere **ProspektVO 1** 46 ff.
- staatlich/von staatlichen Organisationen ausgegebene Nichtdividendenwerte **ProspektVO 1** 40 ff.

Arbeitstag (Art. 2 lit. t ProspektVO)
ProspektVO 2 179; 25 13
Arms-lengths-Konditionen VO (EU)
2019/980 Anh. 1 Abschn. 17 3 ff.
Aufnahmemitgliedstaat ProspektVO 2
166; 24 8, 10
Aufsichts- und Sanktionsbefugnisse,
Wahrnehmung der
– Kooperationspflicht der zuständigen
 Behörden ProspektVO 39 7
– Regelungsinhalt ProspektVO 39 1
– Strafbemessungskriterien ProspektVO
 39 5 f.
– Wahl des verwaltungsrechtlichen Instruments ProspektVO 39 3
Aufsichtsbehörden
– Befugnisse ProspektVO 32 1 ff.
– Delegation von Aufgaben ProspektVO
 31 13 ff.
– Unabhängigkeit ProspektVO 31 8
– Zusammenarbeit ProspektVO 30
 2 ff.
– Zusammenarbeit mit EFTA-Aufsichtsbehörde ProspektVO 34 6 ff.
– Zusammenarbeit mit ESMA
 ProspektVO 34 6 ff.
– zuständige Behörde ProspektVO 31
 7 ff.
Aufstockung bei bereits vorliegendem
Prospekt ProspektVO 5 29 ff.
Auskunftspflicht WpPG 18 37
Auskunftsverlangen
– Auskunftsverweigerungsrecht WpPG
 18 4, 28, 40 ff.
Auskunftsverweigerungsrecht WpPG
18 4, 28, 40 ff.
Auslegung
– autonome VO (EU) 2019/980 20 41 ff.
Ausnahmen von der Prospektpflicht
WpPG 3 1 f.
– für Kleinemissionen ProspektVO 3 2,
 7
– für spezielle Gattungen von Wertpapieren ProspektVO 3 2, 8
– staatlich garantierte Wertpapiere
 ProspektVO 1 46 ff.
Ausschussverfahren ProspektVO 45 1

Ausschüttungsbeschränkungen
– aktienrechtliche VO (EU) 2019/980
 Anh. 1 Abschn. 18.5 3
– aufsichtsrechtliche VO (EU) 2019/980
 Anh. 1 Abschn. 18.5 3
Ausübungs- und Referenzpreis
VO (EU) 2019/980 Anh. 17 35 ff.
Ausübungstermin VO (EU) 2019/980
Anh. 17 25 ff.

BaFin
– als zuständige Behörde für Ahndung,
 Einstellung WpPG 24 99
– als zuständige Verfolgungsbehörde nach
 § 35 Abs. 1 OWiG WpPG 24 98
– als zuständige Verwaltungsbehörde i. S. d.
 § 36 I Nr. 1 WpPG 24 2
– als zuständige Verwaltungsbehörde nach
 § 24 Abs. 9 WpPG 24 94
– anerkannte Sprachen der BaFin WpPG
 21 1
– Aufsichts- und Ermittlungsbefugnisse
 WpPG 18 1 ff.
– Begriff WpPG 2 17
– schlicht-hoheitliches Handeln WpPG
 20 7
– Verschwiegenheitspflicht WpPG 19
 1 ff.
– zuständige Behörde WpPG 17 1 ff.
– Zuständigkeit ProspektVO 29 2
Barausgleich VO (EU) 2019/980 20
35 ff.
Basisinstrument VO (EU) 2019/980
Anh. 17 14 ff.
Basisprospekt ProspektVO 8 2 ff.;
VO (EU) 2019/980 25 1 ff.; Anh. 6 3
– Begriff ProspektVO 2 178
– Optionen ProspektVO 8 21
Basiswert ProspektVO 2 36; VO (EU)
2019/980 15 2; 20 1 ff.; Anh. 14 32
– Korb von ~en VO (EU) 2019/980 20 1 ff.
Bedeutende finanzielle Verpflichtung
VO (EU) 2019/980 18 6, 9
Befugnisse der BaFin
– Anordnung der Bekanntmachung wesentlicher Informationen WpPG 18 111,
 113 f.

2009

- Aufnahme zusätzlicher Angaben WpPG 18 2, 22
- Auskunftsverlangen WpPG 18 2, 28 ff.
- Aussetzung des öffentlichen Angebots WpPG 18 61, 72 ff.
- Aussetzung von Werbung WpPG 18 81, 85 ff.
- Bekanntmachungspflicht WpPG 18 111 ff.
- Datenübermittlung WpPG 18 91 ff.
- Ergänzungs- bzw. Abänderungsverlangen WpPG 18 2, 10, 26
- Geschäftsräume, Durchsuchung WpPG 18 115, 120 ff., 127 f.
- öffentliche Bekanntmachung von Pflichtverletzungen WpPG 18 46
- Selbstvornahme der Bekanntmachung wesentlicher Informationen WpPG 18 111
- Sicherstellung/Beschlagnahme WpPG 18 115, 124 ff.
- sofortige Vollziehung der Maßnahmen WpPG 20 3 f.
- Untersagung des öffentlichen Angebots WpPG 18 61, 64
- Untersagung von Werbung WpPG 18 81, 82 ff.
- Verwaltungszwang WpPG 18 45, 71, 76, 89
- Verweigerung Billigungs-/Gestattungsverfahren WpPG 18 105 ff.
- Vorlagepflicht WpPG 18 39

Begleitdokumente VO (EU) 2019/980 42 7 ff.

Beherrschungsverhältnisse i. S. d. Konzernrechts VO (EU) 2019/980 Anh. 1 Abschn. 16 12

Bergbaugesellschaften
- Begriff VO (EU) 2019/980 39 33 ff.

Berichtigung WpPG 12 38 ff.; 13 14 ff.

Berufsgeheimnis ProspektVO 35 1 ff.

Bestandteile des Eigenkapitals und des Fremdkapitals VO (EU) 2019/980 Anh. 1 Abschn. 8 7

Bestätigungskriterium ProspektVO 16 49 ff.

Bestätigungsvermerk
- Anforderungen VO (EU) 2019/980 Anh. 1 Abschn. 18.3 8 ff.
- eingeschränkter VO (EU) 2019/980 Anh. 1 Abschn. 18.3 27
- Prüfungsbescheinigung zur Prüfung zusätzlicher Abschlusselemente VO (EU) 2019/980 Anh. 1 Abschn. 18.3 23
- uneingeschränkter VO (EU) 2019/980 Anh. 1 Abschn. 18.3 24
- Versagungsvermerk VO (EU) 2019/980 Anh. 1 Abschn. 18.3 28

Besteuerung VO (EU) 2019/980 Anh. 11 82 ff.

Beteiligungsverhältnisse VO (EU) 2019/980 Anh. 1 Abschn. 16 3 ff., 16

Beweislastumkehr WpPG 9 103; 12 4, 48; 13 18; 14 13

Bezugsgröße VO (EU) 2019/980 20 33 ff.

Bezugsrechte VO (EU) 2019/980 Anh. 11 68; Anh. 11 102 f., 106, 109; Anh. 11 161

Bezugsrechtsangebot
- Abwicklung durch Depotbanken ProspektVO 2 85 ff.

Billigung
- Begriff ProspektVO 2 176 f.
- d. Prospekte von Emittenten aus nicht EWR-Staaten ProspektVO 28 1

Blanketttatbestände
- echte Unterlassungsordnungswidrigkeiten; abstrakte Gefährdungsdelikte WpPG 24 9

Blankoklausel ProspektVO 25 21

Bonds
- Use of Proceeds Bonds VO (EU) 2019/980 Anh. 14 17
- Sustainability Linked Bonds VO (EU) 2019/980 Anh. 14 17

Bookbuilding ProspektVO 2 64; 17 10 ff.

Börsensegmente VO (EU) 2019/980 15 3

Börsentermingeschäft VO (EU) 2019/980 20 37 ff.

Börsenzulassungen von Wertpapieren VO (EU) 2019/980 11 18
Bucheffekte VO (EU) 2019/980 Anh. 14 25
Building-Block VO (EU) 2019/980 20 14 ff.
Bundesschuldbuch VO (EU) 2019/980 Anh. 14 25
Bürgerlich-rechtliche Prospekthaftung WpPG 9 14, 78, 110; 12 5; 16 6 ff., 15 f., 22
– im engeren Sinne WpPG 16 6 ff.
– im weiteren Sinne WpPG 16 22 ff.
Bußgeldrahmen für Verstöße gegen die ProspektVO (§ 24 Abs. 6-8) WpPG 24 91 ff.
Bußgeldrahmen für Verstöße gegen die ProspektVO durch jur. Personen (§ 24 Abs. 6 Satz 2) WpPG 24 92
Bußgeldrahmen für Verstöße gegen nationale Gebots- und Verbotsnormen (§ 24 Abs. 5) WpPG 24 90
Carve-out-Abschluss s. Kombinierte Finanzinformationen

Certificate of Approval ProspektVO 24 13; 25 9 f., 20
Combined Finanical Statements s. Kombinierte Finanzinformationen
Comfort Letter VO (EU) 2019/980 Anh. 1 Abschn. 18.2 13 ff.; Anh. 11 43 ff.
– negative Assurance VO (EU) 2019/980 Anh. 1 Abschn. 18.2 14
– 135-Tage-Regel VO (EU) 2019/980 Anh. 1 Abschn. 18.2 14
Commercial Paper ProspektVO 2 4; WpPG 2 2
Common Control s. Gemeinsame Beherrschung
Common Management s. Gemeinsame Beherrschung; s. Gemeinsame Führung
Complex Financial History s. Komplexe finanztechnische Vorgeschichte
Covered Warrants VO (EU) 2019/980 2 6
Credit-linked note VO (EU) 2019/980 20 45 ff.

CRR-Kreditinstitut ProspektVO 2 116; WpPG 2 7
Custodian VO (EU) 2019/980 Anh. 13 17 f.

Datenschutz ProspektVO 36 1 ff.
Daueremission ProspektVO 1 202 ff.; 2 41
Dauerhafte Datenträger
– Begriff ProspektVO 2 201 ff.
Delegierte Rechtsakte, Wahrnehmung der Befugnisübertragung
– Inhalt der delegierten Rechtsakte ProspektVO 43 3
– prozedurale Vorgaben ProspektVO 43 5
– Regelungsinhalt ProspektVO 43 1
– Widerruf der Delegation ProspektVO 43 7
Delegierte Verordnungen
– zur Zusammenarbeit mit Drittländern ProspektVO 30 19 ff.; 33 19 ff.; 34 11 ff.
Deposit Agreement VO (EU) 2019/980 6 19; Anh. 13 17 ff.
Depositary VO (EU) 2019/980 6 1 ff.; Anh. 5 1; Anh. 13 1 ff.
Depositary Receipts (DR)
– ADR, DR, American Depositary Receipts, Global Depositary Receipts, Hinterlegungsscheine VO (EU) 2019/980 6 1 ff.; Anh. 5 1; Anh. 13 1 ff.
– ADR-Emissionen VO (EU) 2019/980 6 4
– aktienvertretende Zertifikate VO (EU) 2019/980 6 2, 11
– American Depositary Receipts (ADR) VO (EU) 2019/980 6 3
– Deposit Agreement VO (EU) 2019/980 6 4, 19, 22; Anh. 5 1; Anh. 13 17 ff.
– Depositary als „Emittent" VO (EU) 2019/980 6 12; Anh. 5 1
– Offenlegungsanforderungen VO (EU) 2019/980 6 1, 20 ff.; Anh. 13 1, 8, 13
– Regelungen zum Insiderrecht VO (EU) 2019/980 6 18
– Risiken VO (EU) 2019/980 Anh. 13 4 f., 26

– Schwerpunkte der Prospektdarstellung **VO (EU) 2019/980 Anh. 13** 2, 19
– verantwortliche Person **VO (EU) 2019/980 Anh. 5** 1
– Zulassungsfolgepflichten **VO (EU) 2019/980 6** 16
Depotbank **VO (EU) 2019/980** 1 ff.; **Anh. 5** 1; **Anh. 13** 1 ff.
Depotbank/Depositary **VO (EU) 2019/980 6** 3, 18; **Anh. 5** 2
Derivate **ProspektVO 1** 216 ff.; **2** 141, 161
Deutsche Sprache
– als anerkannte Sprache der BaFin **WpPG 21** 1
– als zulässige Sprache d. notifizierten Prospekts **ProspektVO 24** 14
Deutscher Corporate Governance Kodex **VO (EU) 2019/980 Anh. 14** 14
Deutschland als Herkunftsstaat **ProspektVO 29** 2
Director and Officer Questionnaires (D&Q Questionnaires) **VO (EU) 2019/980 Anh. 1 Abschn. 12** 24; **Anh. 1 Abschn. 15** 7
Direktanlage **VO (EU) 2019/980 20** 31 ff.
Direktinvestment **VO (EU) 2019/980 20** 33 ff.
Disclaimer **ProspektVO 2** 51, 108
Disclosure Letters **ProspektVO 14** 66, 72, 73
Dividende **VO (EU) 2019/980 Anh. 11** 61 ff., 69
Dividendenwerte
– Abgrenzung zum Nichtdividendenwert **ProspektVO 2** 31
– Begriff **ProspektVO 2** 30 ff.
Doppelmandate **VO (EU) 2019/980 Anh. 1 Abschn. 12** 19
Drittländer
– Hochrisikodrittländer **ProspektVO 30** 7
– Zusammenarbeit **ProspektVO 30** 1 ff.
Drittvergleich **VO (EU) 2019/980 Anh. 1 Abschn. 17** 1, 4 f.

EFTA-Aufsichtsbehörde **ProspektVO 33** 15 ff.; **34** 4 ff.; **37** 10 ff.
Einbeziehung **ProspektVO 3** 17
– in den Freiverkehr **ProspektVO 2** 80 ff.
– mittels Verweises s. Verweis
Einheitlicher Binnenmarkt **ProspektVO 24** 4
Einheitliches Registrierungsformular
– § 24 Abs. 3 Nr. 4–7 **WpPG 24** 76
– Abgrenzung zu Registrierungsformular **ProspektVO 9** 4
– Änderungen **ProspektVO 9** 26 ff.
– Anwendungsbereich **ProspektVO 9** 11
– Billigung **ProspektVO 9** 15 ff.
– Daueremittentenstatus **ProspektVO 9** 16, 31 f.
– delegierte Rechtsakte **ProspektVO 9** 37
– EU Listing Act **ProspektVO 9** 9, 18, 22
– Hinterlegung **ProspektVO 9** 18 f.
– inhaltliche Anforderungen **ProspektVO 9** 12 f.; **VO (EU) 2019/980 3** 1 ff.
– Nachträge **ProspektVO 9** 29 f.
– Notifizierung **ProspektVO 9** 20
– offenzulegende Angaben **VO (EU) 2019/980 Anh. 2** 4 ff.
– praktische Bedeutung **ProspektVO 9** 7
– Prüfungs- und Billigungsfrist **ProspektVO 9** 2, 32 f.
– Regelberichterstattung **ProspektVO 9** 34 ff.
– Regelungsgegenstand **ProspektVO 9** 1; **VO (EU) 2019/980 Anh. 2** 1
– Regelungshintergrund **ProspektVO 9** 5 f.
– Risikofaktoren, Erleichterung der Darstellung **VO (EU) 2019/980 Anh. 2** 9 f.
– sprachliche Anforderungen **ProspektVO 9** 22 ff.
– Überprüfung **ProspektVO 9** 27
– Veröffentlichung **ProspektVO 9** 21
– Verweise **ProspektVO 9** 25
– zusätzliche Erklärungen **ProspektVO 9** 13; **VO (EU) 2019/980 Anh. 2** 12 f.

Einheitstäterbegriff WpPG 24 100 f.
Einspruch gegen den Bußgeldbescheid
– Einstellung des Verfahrens, gerichtliches Verfahren WpPG 24 99
Einstellung des Bußgeldverfahrens WpPG 24 99
Einteiliger Prospekt
– Aufbau VO (EU) 2019/980 24 2 ff.
– Darstellung Informationsbestandteile ProspektVO 6 66 ff.; VO (EU) 2019/980 24 12 ff.
– Inhaltsverzeichnis VO (EU) 2019/980 24 3, 13
– Risikofaktoren VO (EU) 2019/980 24 6 ff.
– Zusammenfassung VO (EU) 2019/980 24 4 f.
Einzelanlageschwellen WpPG 6 5
Elektronisch durchsuchbares Dokument VO (EU) 2019/980 42 3 f.
Emissionskurs, endgültiger s. auch Nichtaufnahme von endgültigem Emissionskurs/endgültigem Emissionsvolumen
Emissionsprogramm VO (EU) 2019/980 23 20, 26, 37
Emissionsvolumen, endgültiges s. auch Nichtaufnahme von endgültigem Emissionskurs/endgültigem Emissionsvolumen
Emittent
– Angaben über VO (EU) 2019/980 11 1 ff.; **Anh. 10** 21 ff.
– Begriff **ProspektVO 2** 122 ff.; **WpPG 2** 9
– Drittstaatemittent **ProspektVO 2** 196 ff.
– Drittstaaten VO (EU) 2019/980 11 7 ff.
– (EU-)Mitgliedstaaten VO (EU) 2019/980 11 4 ff., 14 ff.
– Immunität VO (EU) 2019/980 **Anh. 10** 19, 41
– Rating VO (EU) 2019/980 **Anh. 10** 35
– Specialist Issuer VO (EU) 2019/980 39 1 ff.
– Staatsemittenten VO (EU) 2019/980 11 1 ff.; **Anh. 10** 1 ff.
Endgültige Bedingungen ProspektVO 8 3 ff.; VO (EU) 2019/980 26 2 ff.
– Veröffentlichung ProspektVO 8 44
Englische Prospektversion ProspektVO 25 15; 27 3
Englische Sprache
– als anerkannte Sprache der BaFin ProspektVO 24 14; 25 9, 25 15, 18, 27 3; **WpPG 21** 1
Entscheidungen, Veröffentlichung s. Veröffentlichung von Entscheidungen
Erfolgsort WpPG **Vor 8 ff.** 22
– Kolassa WpPG **Vor 8 ff.** 16, 22, 27
– Löber WpPG **Vor 8 ff.** 22 ff., 27
Erforderlichkeit und Zumutbarkeit der Aufsichtsmaßnahmen WpPG 24 104
Erklärung zum Geschäftskapital
– qualifizierte Erklärung VO (EU) 2019/980 **Anh. 11** 13, 16 ff.
– unqualifizierte Erklärung VO (EU) 2019/980 **Anh. 11** 13, 16 ff.
Erkundigungsobliegenheit WpPG 24 109
Erlass von delegierten Rechtsakten
– nach Art. 29 Abs. 3 ProspektVO 29 15
Erlass von Durchführungsbeschlüssen
– nach Art. 29 Abs. 3 ProspektVO 29 15
Ermessensentscheidung ProspektVO 29 4
Erstattung des Erwerbspreises WpPG 11 13
Ertragsmodalitäten VO (EU) 2019/980 **Anh. 17** 33 ff.
Erwerb
– entgeltlich WpPG 9 24, 91; 11 10
– unentgeltlich WpPG 9 25, 92
ESG VO (EU) 2019/980 **Anh. 6** 7
ESMA ProspektVO 30 1 f.; 33 15 f.; 34 4 ff.; 35 19 f.; 36 5 ff.; 37 10 ff.
– Berichte ProspektVO 47 1 f.
– Meldung von Sanktionen an die s. Sanktionen, Meldung an die ESMA
ESMA-Notifizierungsportal
– als zentrale Stelle (Art. 25 Abs. 6 ProspektVO) ProspektVO 25 1
EU Listing Act ProspektVO 15 20 f.
Europäische Durchführungsregeln
– zum Notifizierungsverfahren ProspektVO 25 1

2013

Europäischer Pass ProspektVO 1 34 f.; 24 1, 9; 27 19
– Staat des EWR ProspektVO 2 120, 166
Europaweite Anwendung
– eines in einem EWR-Staat gebilligten Prospekts ProspektVO 29 13
EU-Wachstums-Emissionsdokument ProspektVO 15 21
EU-Wachstumsprospekt ProspektVO 15 1 ff.; VO (EU) 2019/980 28 1 ff.; 29 1 ff.; 30 1 ff.; 31 1 ff.; 32 1 ff.; 33 1 ff.; 34 1 ff.; Anh. 23 1 ff.; Anh. 24 1 ff.; Anh. 25 1 ff.; Anh. 26 1 ff.; Anh. 27 1 ff.
EU-Wiederaufbauprospekt
– Übergangsregelung ProspektVO 47a 3
– zeitlicher Geltungsbereich ProspektVO 47a 2
Evaluierungsklausel ProspektVO 48 1 ff.
EWR ProspektVO 24 1
EWR-Staaten ProspektVO 25 3
Exzesstaten WpPG 24 105

Fahrlässigkeit WpPG 24 14, 41
Fehlerhaftigkeit des Prospekts
– Angaben, unrichtig oder unvollständig WpPG 9 34, 42, 57
– Gesamteindruck WpPG 9 34, 44, 59 f.
Finanzinformationen ProspektVO Vor 1 ff. 6
– historische VO (EU) 2019/980 Anh. 24 12 ff.; Anh. 25 7
– sonstige VO (EU) 2019/980 Anh. 1 Abschn. 18.3 31
Finanzintermediär VO (EU) 2019/980 23 9 ff., 20 ff., 26 ff.; Anh. 22 3 ff.
Formelle Mängel ProspektVO 25 11
Formwechsel
– grenzüberschreitender ProspektVO 3 15
– Niederlassungsfreiheit ProspektVO 3 15
Freiverkehr ProspektVO 2 70, 80, 84
Freiwillige Angaben im Prospekt ProspektVO 14 50 ff.
Freiwillige Prospekterstellung ProspektVO 4 2, 6, 7 ff.; 22 9

– keine freiwillige Erstellung eines Prospekts ProspektVO 1 24 ff.
Fremdkapitalausstattung VO (EU) 2019/980 Anh. 1 Abschn. 8 1, 6, 15
Fristen
– Verjährungsfristen VO (EU) 2019/980 Anh. 14 30
– Vorlegungsfristen VO (EU) 2019/980 Anh. 14 30
Fungibilität ProspektVO 2 11, 14; 5 26

Garantie ProspektVO 2 142; VO (EU) 2019/980 22 1
– staatlich garantierte Wertpapiere ProspektVO 1 46 ff.; VO (EU) 2019/980 11 10 ff.
Garantiegeber VO (EU) 2019/980 Anh. 14 7
Gattung ProspektVO 3 2
Gebietskörperschaften VO (EU) 2019/980 11 1, 8 f.; Anh. 10 1 ff.
Gebühren WpPG 23 1 ff.
Gebührenfreiheit
– für das Notifizierungsverfahren (Art. 25 Abs. 5 ProspektVO) ProspektVO 25 1, 23
Geheimhaltungspflicht ProspektVO 35 1 ff.
Geldmarktinstrumente ProspektVO 2 4, 26; WpPG 2 2 f.
Gemeinsame Beherrschung VO (EU) 2019/980 18 27, 29
Gemeinsame Führung VO (EU) 2019/980 18 29
Gemeinschaftlich determinierte Ordnungswidrigkeitentatbestände
– § 24 Abs. 2, 3, 4 WpPG 24 110
Gemeinschaftsrechtliches Äquivalenzprinzip ProspektVO 24 17
Gemeinschaftsunternehmen (Joint Ventures) VO (EU) 2019/980 Anh. 1 Abschn. 5 1, 19, 29; Anh. 1 Abschn. 6 1, 5; Anh. 1 Abschn. 15 4; Anh. 1 Abschn. 17 6
Genossenschaften ProspektVO 2 26
Genossenschaftliche Prüfungsverbände VO (EU) 2019/980 Anh. 6 4

Genussschein ProspektVO 2 25;
  VO (EU) 2019/980 7 2
Geregelter Markt
– Begriff ProspektVO 2 145 ff.; WpPG
  2 14
Gesamtdokument VO (EU) 2019/980
  32 2
Gesamtemissionsbetrag VO (EU)
  2019/980 Anh. 11 91 ff.
Gesamtgegenwert
– Emissions-, Ausgabepreis WpPG 3 8
– erster Börsenkurs WpPG 3 8
– Nominalwert WpPG 3 8
– Wandelanleihe WpPG 3 9
Geschäftskapital VO (EU) 2019/980
  Anh. 11 19 ff.
Gesetzliches Höchstmaß der Geldbuße
  WpPG 24 111
Gewinnabschöpfung WpPG 24 111
Gewinnprognose oder -schätzung
  WpPG 9 53
– Ableitung VO (EU) 2019/980 Anh. 1
  Abschn. 11 41
– Alternative Performance Measures
  (APM) WpPG 9 55
– Anforderungen VO (EU) 2019/980
  Anh. 1 Abschn. 11 22 ff.
– ausstehende Gewinnprognose VO (EU)
  2019/980 Anh. 1 Abschn. 11 14
– Bericht eines Wirtschaftsprüfers
  VO (EU) 2019/980 Anh. 1 Abschn. 11
  43
– Darstellung der IRR WpPG 9 56
– Erklärung seitens des Emittenten VO
  (EU) 2019/980 Anh. 1 Abschn. 11 42
– Ermittlung der Gewinnprognose VO
  (EU) 2019/980 Anh. 1 Abschn. 11 31
– Freiwilligkeit oder Aufnahmepflicht
  VO (EU) 2019/980 Anh. 1 Abschn. 11
  11 ff.
– Gewinnprognose VO (EU) 2019/980
  Anh. 1 Abschn. 11 4
– Gewinnprognose (erworbenes Unternehmen) VO (EU) 2019/980 Anh. 1
  Abschn. 11 21
– Gewinnschätzung VO (EU) 2019/980
  Anh. 1 Abschn. 11 8

– Gültigkeit einer ausstehenden
  Gewinnprognose VO (EU) 2019/980
  Anh. 1 Abschn. 11 19
– Headline Figures VO (EU) 2019/980
  Anh. 1 Abschn. 11 8
– negative Mitteilungen Dritter WpPG 9
  54
– Trendinformation VO (EU) 2019/980
  Anh. 1 Abschn. 11 6
Glattstellungsgeschäft VO (EU) 2019/
  980 20 37 ff.
Gleichwertigkeit der Finanzinformationen ProspektVO 29 9
Global Depositary Receipts (GDR) VO
  (EU) 2019/980 6 1 ff.
Greenshoe-Option ProspektVO 14 49;
  23 40
Grenzüberschreitende Sitzverlegung
  ProspektVO 3 13 f.
Grundrechtecharta ProspektVO 32 3
Gültigkeit des Prospekts
– Ablauf ProspektVO 12 22 ff.
– Aktualisierungspflicht ProspektVO 12
  19
– einheitliches Registrierungsformular
  ProspektVO 12 21
– Frist ProspektVO 12 9 ff., 18
– mehrteiliger Prospekt ProspektVO 12
  17, 20
– Nachtragspflicht ProspektVO
  12 12 ff.
– Registrierungsformular ProspektVO
  12 18 ff.
– Verstoß ProspektVO 12 23 f.
– Wirkungen ProspektVO 12 15

Haftung
– für fehlende Prospekte WpPG 27 5 f.
– für fehlerhafte Prospekte WpPG
  27 3 f.
Haftungsadressat WpPG 9 62 ff.
– Konsortialmitglieder WpPG 9 65 ff.
– Organmitglied WpPG 9 73 ff.
– Verantwortungsübernahme WpPG 9
  63 f.
– Wirtschaftsprüfer, Sachverständige
  WpPG 9 75 ff.; 12 19 ff.

2015

Haftungsbegründende Kausalität
WpPG 9 29; 11 6, 8; 12 28 ff., 37, 40; 13 10 f.; 14 3, 5
Haftungsfreistellung WpPG 9 97 f.
Hebel VO (EU) 2019/980 20 46 ff.
Hebelwirkung VO (EU) 2019/980 20 37 ff.
Herkunftsmitgliedstaat ProspektVO 24 21
Herkunftsstaat
– Begriff ProspektVO 2 156 ff.
– Drittstaatemittent ProspektVO 2 196 ff.
– Mindeststückelung ProspektVO 2 160
– Nichtdividendenwert ProspektVO 2 159 ff.
– Sitzstaat ProspektVO 2 157 f.
– Wahlrecht ProspektVO 2 159 ff.
Herkunftsstaatsprinzip ProspektVO 24 3, 9, 17, 23
Hinterlegungsscheine
– Depositary Receipts VO (EU) 2019/980 6 1 ff.
Historische Finanzinformationen VO (EU) 2019/980 Anh. 6 4
– Abschluss, Aufstellung VO (EU) 2019/980 Anh. 1 Abschn. 18.1 8
– Abschluss, Feststellung VO (EU) 2019/980 Anh. 1 Abschn. 18.1 8
– Abschluss, Offenlegung VO (EU) 2019/980 Anh. 1 Abschn. 18.1 8
– Alter VO (EU) 2019/980 Anh. 1 Abschn. 18.1 65
– Begriff VO (EU) 2019/980 Anh. 1 Abschn. 18.1 5
– bridge approach VO (EU) 2019/980 Anh. 1 Abschn. 18.1 47
– Drittstaatemittent VO (EU) 2019/980 Anh. 1 Abschn. 18.1 34
– Einzelabschlüsse VO (EU) 2019/980 Anh. 1 Abschn. 18.1 32, 45, 49, 61
– Emittenten mit Sitz im EWR VO (EU) 2019/980 Anh. 1 Abschn. 18.1 25 ff.
– F-Pages VO (EU) 2019/980 Anh. 1 Abschn. 18.1 18, 50
– freiwillige Abschlüsse VO (EU) 2019/980 Anh. 1 Abschn. 18.1 33, 42
– Geschäftsjahr VO (EU) 2019/980 Anh. 1 Abschn. 18.1 8, 15, 19
– handelsrechtliche Rechnungslegungsgrundsätze VO (EU) 2019/980 Anh. 1 Abschn. 18.1 18
– IAS-Verordnung VO (EU) 2019/980 Anh. 1 Abschn. 18.1 25, 29
– IFRS VO (EU) 2019/980 Anh. 1 Abschn. 18.1 4, 15, 25 ff., 29 ff., 46
– IFRS (IASB) VO (EU) 2019/980 Anh. 1 Abschn. 18.1 25
– IFRS (EU) VO (EU) 2019/980 Anh. 1 Abschn. 18.1 25; s. auch IFRS
– komplexe finanztechnische Vorgeschichte VO (EU) 2019/980 Anh. 1 Abschn. 18.1 13 ff.
– Konsistenzerfordernis VO (EU) 2019/980 Anh. 1 Abschn. 18.1 44
– Konzernabschlüsse VO (EU) 2019/980 Anh. 1 Abschn. 18.1 6, 29 ff., 59 ff.
– Lagebericht VO (EU) 2019/980 Anh. 1 Abschn. 18.1 9 ff.
– Management's Discussion and Analysis (MD&A) VO (EU) 2019/980 Anh. 1 Abschn. 18.1 3
– Mindestbestandteile VO (EU) 2019/980 Anh. 1 Abschn. 18.1 54 ff.
– nationale Rechnungslegungsstandards VO (EU) 2019/980 Anh. 1 Abschn. 18.1 32 ff.
– Pro-Forma-Finanzinformationen VO (EU) 2019/980 Anh. 1 Abschn. 18.1 17
– Rechnungslegungsstandards von Drittstaaten VO (EU) 2019/980 Anh. 1 Abschn. 18.1 34
– Rumpfgeschäftsjahr VO (EU) 2019/980 Anh. 1 Abschn. 18.1 22
– Start-up Companies VO (EU) 2019/980 Anh. 1 Abschn. 18.1 23
– Zeitraum (abzudeckender) VO (EU) 2019/980 Anh. 1 Abschn. 18.1 19
– Zwischenfinanzinformationen s. Zwischenfinanzinformationen
Horizontale Delegation WpPG 24 104
Hybridanleihen VO (EU) 2019/980 Anh. 14 6
Hyperlink ProspektVO 2 59

IFRS ProspektVO 29 9
Immobiliengesellschaften
– Begriff VO (EU) 2019/980 39 11 ff.
In internationalen Finanzkreisen gebräuchliche Sprache
– Englisch ProspektVO 27 12
Incorporation by Reference ProspektVO 14 47, 73; 19 1; s. auch Verweis
Index VO (EU) 2019/980 Anh. 17 48 ff.
Informationen
– Pro-forma-Finanzinformationen VO (EU) 2019/980 39 31
– vorgeschriebene ProspektVO 2 153 ff.
Informationen, Nichtaufnahme von s. Nichtaufnahme von Informationen
Inhaberschuldverschreibungen VO (EU) 2019/980 15 2
Inhaberverantwortlichkeit
– Risikoerhöhungslehre WpPG 24 105
Inhalt des Prospekts s. Prospektinhalt
Inkrafttreten ProspektVO 49 1 ff.
Inlandsbezug WpPG 9 33
Institut der Wirtschaftsprüfer VO (EU) 2019/980 Anh. 1 Abschn. 2 6
Interessenskonflikte VO (EU) 2019/980 Anh. 6 41
Intermediär ProspektVO 5 32 ff.; VO (EU) 2019/980 20 32 ff.
Intervallprognose ProspektVO 6 35
Investmentgesellschaften
– Begriff VO (EU) 2019/980 39 45 ff.
IOSCO ProspektVO 29 7; 30 22 f.
Irreführung WpPG 4 67

Jahresabschluss
– ausländische Emittenten VO (EU) 2019/980 Anh. 1 Abschn. 18.1 62
– Aufnahme VO (EU) 2019/980 Anh. 1 Abschn. 18.1 61
– Mindestbestandteile VO (EU) 2019/980 Anh. 1 Abschn. 18.1 63
– Prüfung VO (EU) 2019/980 Anh. 1 Abschn. 18.1 64

– Prüfung nachträglich erstellter Abschlusselemente VO (EU) 2019/980 Anh. 1 Abschn. 18.3 20 f.
– zusätzliche Abschlusselemente VO (EU) 2019/980 Anh. 1 Abschn. 18.3 23

Kapitalanlagebetrug ProspektVO 23 113
Kapitalanlagegesetzbuch ProspektVO 1 36 f.
Kapitalbildung und Verschuldung VO (EU) 2019/980 Anh. 11 26 ff., 31 f.
Kapitalerhöhung aus Gesellschaftsmitteln ProspektVO 3 16
Kapitalflussrechnung VO (EU) 2019/980 Anh. 1 Abschn. 5 20, 25; Anh. 1 Abschn. 8 9, 24; Anh. 1 Abschn. 18.7 3
Kapitalmarktunion VO (EU) 2019/980 15 4
Kassageschäft VO (EU) 2019/980 20 37 ff.
Kategorie
– A ProspektVO 8 22; VO (EU) 2019/980 26 6 ff.; Anh. 14 1
– B ProspektVO 8 22; VO (EU) 2019/980 26 8 ff.; Anh. 14 1
– C ProspektVO 8 22; VO (EU) 2019/980 26 11 ff.; Anh. 14 1
KfW s. Kreditanstalt für Wiederaufbau
Kleinere und mittlere Unternehmen (KMU) s. KMU
Kleinstemission WpPG 3 7; 4 8
KMU ProspektVO 2 115; 15 1 ff.
KMU-Wachstumsmarkt ProspektVO 14 18; 15 4, 14 f., 21; VO (EU) 2019/980 17 2; Anh. 23 5
– Begriff ProspektVO 2 192 ff.
Kohärenz
– Nachträge VO (EU) 2019/980 38 3
– per Verweis einbezogener Angaben VO (EU) 2019/980 38 3
– weitere Informationen VO (EU) 2019/980 38 3
Kohärenzprüfung ProspektVO 16 51

2017

Kombination der Ausnahmetatbestände
– Backstop-Vereinbarung **WpPG 3** 15
– Direktplatzierung **WpPG 3** 14
– rump placement **WpPG 3** 15
– rump shares **WpPG 3** 15
Kombinierte Finanzinformationen **VO (EU) 2019/980 18** 2, 5, 27 ff.
Komplexe finanztechnische Vorgeschichte **VO (EU) 2019/980 18** 7 f.
Konsistenzerfordernis **ProspektVO 22** 39 ff.; **VO (EU) 2019/979 16** 1
Kontaktstelle **VO (EU) 2019/980 42** 6
Kooperationsvereinbarungen
– Abschlussvoraussetzungen **ProspektVO 30** 7 ff.
– Inhalt **ProspektVO 30** 10 ff.
– Notwendigkeit **ProspektVO 30** 3 ff.
Kopplung des Wertpapiers an einen Basiswert **VO (EU) 2019/980 20** 14 ff.
Kreditanstalt für Wiederaufbau (KfW) **ProspektVO 1** 51
Kreditinstitut
– Begriff **ProspektVO 2** 116 ff.

Laufzeit **VO (EU) 2019/980 20** 37 ff.
Legalitätsprinzip **WpPG 24** 97
Leichtfertigkeit
– gesteigerte Form der Fahrlässigkeit **WpPG 24** 14, 46, 67
Level-3-Programm (ADR) **VO (EU) 2019/980 6** 4
Leverage **VO (EU) 2019/980 Anh. 6** 23
Liquidationserlös **VO (EU) 2019/980 Anh. 11 Abschn. 4** 69 f.
Liste mit Querverweisen **VO (EU) 2019/980 25** 15
Lock-up-Vereinbarungen **VO (EU) 2019/980 Anh. 1 Abschn. 12** 22; **Anh. 13** 9

Markteffizienz **ProspektVO 24** 1
Marktmissbrauchsverordnung **ProspektVO 14** 4, 48; **23** 96, 181 ff.
Marktortprinzip **WpPG Vor 8** ff. 21, 25 ff.

Marktrisiko **VO (EU) 2019/980 Anh. 17** 7 ff.
Marktsegmente **VO (EU) 2019/980 8** 1
Marktstörungen **VO (EU) 2019/980 Anh. 17** 57 ff.
Maßgebliches Sprachregime
– nach Art. 27 ProspektVO i. V. m. § 21 WpPG **ProspektVO 24** 21
Maßnahmen, verwaltungsrechtliche s. Sanktionen, verwaltungsrechtliche
Mehrteiliger Prospekt
– Aufbau **VO (EU) 2019/980 24** 9
– aufgeteilte Billigungszuständigkeit **ProspektVO 10** 8
– Basisprospekt **ProspektVO 6** 68
– Bestandteile **ProspektVO 6** 66, 69 ff.
– einheitliches Registrierungsformular **ProspektVO 6** 69 f.; s. auch Registrierungsformular, einheitliches
– Entstehung **ProspektVO 10** 15, 21; s. auch Gültigkeit des Prospekts
– Erstellung und Billigung anderer Bestandteile **ProspektVO 10** 7 ff.
– Inhaltsverzeichnis **VO (EU) 2019/980 24** 14
– Gestaltungsmöglichkeiten **ProspektVO 6** 66 ff.; **VO (EU) 2019/980 24** 12 ff.
– Registrierungsformular **ProspektVO 6** 69 f.; s. auch Registrierungsformular, gebilligtes
– Sprache **ProspektVO 10** 9
– Wertpapierbeschreibung **ProspektVO 6** 72 f.
– Zusammenfassung **ProspektVO 6** 74
Melde- und Veröffentlichungssystem **WpPG 5** 2
Memorandum of Understanding **ProspektVO 30** 10 ff.
MiCa **VO (EU) 2019/980 7** 3
Mindestangaben
– Aufmachung **ProspektVO 13** 10
– Basisprospekte **ProspektVO 13** 26
– Börsenzulassung **ProspektVO 13** 45 ff.
– Dividendenwerte **ProspektVO 13** 15 f.
– Dreiteiligkeit **ProspektVO 13** 12

- einheitliches Registrierungsformular ProspektVO 13 29
- Emittenten, Differenzierung ProspektVO 13 23 ff.
- Erläuterungen, aufsichtliche ProspektVO 13 34
- nicht relevante ProspektVO 13 42
- Nichtdividendenwerte ProspektVO 13 15 f., 17 ff.
- Rating ProspektVO 13 49
- Regelungsgegenstand ProspektVO 13 1 ff.
- Schemata ProspektVO 13 14
- Schemata, Übersicht ProspektVO 13 31
- Systematik ProspektVO 13 12 ff.
- VO (EU) 2019/980, Wirkungsweise ProspektVO 13 5 ff.
- Wertpapiere und Erläuterungen, nicht von ~ erfasste ProspektVO 13 41

Mindesthöhe der Geldbuße WpPG 24 110

Mitarbeiterbeteiligungsprogramm ProspektVO 2 106

Mitigation factors VO (EU) 2019/980 Anh. 6 16

Mitwirkungsverpflichtung des Emittenten bei Umplatzierungen im Wege eines öffentlichen Angebots ProspektVO 5 9 f.

Multilaterales Handelssystem
- Begriff ProspektVO 2 180 ff.

MVP-Portal ProspektVO 25 5, 8

Nachfolge-Basisprospekt ProspektVO 8 63

Nachhaltigkeitsberichterstattung VO (EU) 2019/980 Anh. 1 Abschn. 5 43

Nachhaltigkeitsgesichtspunkte ProspektVO 6 46 ff.

Nachhaltigkeitsoffenlegung in Prospekten ProspektVO 16 73; VO (EU) 2019/980 Anh. 1 Abschn. 5 40

Nachtrag WpPG 9 61; 11 11; 12 38; 14 9 f.

Nachtrag gem. § 24 Abs. 2 Satz 1 ProspektVO ProspektVO 24 25

Nachtrag zum Prospekt
- Ad-hoc-Mitteilung ProspektVO 23 27
- Adressat der Nachtragspflicht ProspektVO 23 105
- Aktualisierung ProspektVO 5 28
- Aktualisierungs- und Berichtigungspflicht ProspektVO 23 2, 18, 31 f.
- Änderung von endgültigen Bedingungen per Nachtrag ProspektVO 23 54
- Aufnahme eines neuen Anbieters oder Zulassungsantragstellers per Nachtrag ProspektVO 23 46 ff.
- Aufstockung des Emissionsvolumens per Nachtrag ProspektVO 23 40 ff., 69
- Ausübung und Rechtsfolgen des Widerrufs ProspektVO 23 166 ff.
- Beginn der Nachtragspflicht ProspektVO 23 82 ff.
- Belehrung über Widerrufsrecht im Nachtrag ProspektVO 23 173 ff.
- Bezugspreis ProspektVO 23 28
- Billigungsentscheidung ProspektVO 23 125 ff.
- Billigungsverfahren ProspektVO 23 105 ff.
- Decoupled-Approach ProspektVO 23 8 ff., 43
- Einreichungsfrist ProspektVO 23 108
- Ende der Nachtragspflicht ProspektVO 23 85 ff.
- Ende der Widerrufsmöglichkeit mit Erfüllung ProspektVO 23 158
- endgültiger Schluss des öffentlichen Angebots ProspektVO 23 15, 86 f.
- Ergänzung der Zusammenfassung und von Übersetzungen ProspektVO 23 135 f.
- europäische Grundlagen und Entstehungsgeschichte ProspektVO 23 13 ff.
- Form und Inhalt des Nachtrags ProspektVO 23 97 ff.
- Fristen für die BaFin ProspektVO 23 123 f.
- Inhalt der Nachtragspflicht ProspektVO 23 17 ff.

- Integrations- und Trennungslösung **ProspektVO 23** 100
- Korrektur unwesentlicher Prospektmängel **ProspektVO 23** 32
- mehrere Angebote **ProspektVO 23** 4, 42
- Möglichkeit zur Beeinflussung der Beurteilung **ProspektVO 23** 29 f.
- Muster **ProspektVO 23** 103
- Nachtrag zum Basisprospekt **ProspektVO 23** 40, 51 ff., 153
- Nachträge bei Schuldverschreibungen **ProspektVO 23** 50
- Nachtragspflicht **ProspektVO 23** 17 ff.
- Nachtragspflicht bei Veränderung der Preisspanne/des Emissionsvolumens **ProspektVO 23** 61 ff.
- Nachtragspflicht bei Veränderungen von Angebotsbedingungen **ProspektVO 23** 61 ff.
- Notifizierungsverfahren **ProspektVO 23** 7
- Ordnungswidrigkeit **ProspektVO 21** 4; **23** 112, 131
- Prospekthaftung **ProspektVO 23** 168 ff.
- Rechtscharakter des Nachtrags **ProspektVO 23** 97 ff.
- Rechtsfolgen bei Verstoß **ProspektVO 23** 109 ff.
- Rechtsfolgen des unterbliebenen Widerrufs im Hinblick auf Prospekthaftung **ProspektVO 23** 168 ff.
- Registrierungsformulare **ProspektVO 23** 75 ff.
- sonstige und verwandte Vorschriften **ProspektVO 23** 11 f.
- spezielle Einzelfälle **ProspektVO 23** 55 ff.
- Verhältnis Berichtigungsmöglichkeit zu Nachtragspflicht **ProspektVO 23** 31 ff.
- Verhältnis Nachtragspflicht zur Ad-hoc-Publizität **ProspektVO 23** 181 ff.
- Verkürzung bzw. Verlängerung der Angebotsfrist **ProspektVO 23** 71 ff.
- Veröffentlichung des Nachtrags **ProspektVO 23** 129 ff.
- wichtiger neuer Umstand bzw. wesentliche Unrichtigkeit in Bezug auf Prospektangaben **ProspektVO 23** 18 ff.
- widerrufsberechtigte Anleger **ProspektVO 23** 139 ff.
- Widerrufsfrist **ProspektVO 23** 154 ff.
- Widerrufsrecht **ProspektVO 23** 137 ff.
- Willenserklärung beim Widerruf **ProspektVO 23** 139

Namenspapiere VO (EU) 2019/980 Anh. 14 23

Negativerklärung VO (EU) 2019/980 Anh. 1 Abschn. 12 16, 20; **Anh. 1 Abschn. 18.5** 4; **Anh. 1 Abschn. 18.6** 5; **Anh. 1 Abschn. 18.7** 5; **Anh. 6** 33

Nettoprinzip WpPG 24 111

Nicht bindende Übersetzung ProspektVO 25 16

Nicht qualifizierte Anleger WpPG 6 4

Nichtaufnahme von Angaben
- begründeter Antrag **VO (EU) 2019/980 42** 10
- gem. Art. 18 Abs. 1 ProspektVO **ProspektVO 25** 20

Nichtaufnahme von endgültigem Emissionskurs/endgültigem Emissionsvolumen
- Bezugsrechtskapitalerhöhungen **ProspektVO 17** 15
- Bookbuilding **ProspektVO 17** 10 ff.
- Decoupled Bookbuilding **ProspektVO 17** 14
- Emissionskurs, Begriff **ProspektVO 17** 4 ff.
- Emissionsvolumen, Begriff **ProspektVO 17** 7
- Ermittlung Angebotspreis **ProspektVO 17** 25 ff.
- Hinterlegung **ProspektVO 17** 48
- Höchstpreis, Angabe **ProspektVO 17** 33
- keine Aufnahme in den Prospekt **ProspektVO 17** 16
- Nachtrag, Verhältnis zum **ProspektVO 17** 49
- Nennung im Prospekt, Unmöglichkeit **ProspektVO 17** 8

– Regelungsgegenstand **ProspektVO 17** 1 ff.
– Unmöglichkeit der Nennung im Prospekt **ProspektVO 17** 8
– Veröffentlichung des endgültigen Emissionspreises/-volumens **ProspektVO 17** 44 ff.
– Widerrufsrecht **ProspektVO 17** 34 ff.
Nichtaufnahme von Informationen
– Anforderungen an die Nichtaufnahme **ProspektVO 18** 6 ff.
– BaFin, Gestattung der Nichtaufnahme durch **ProspektVO 18** 7 ff.
– Ersatzangaben **ProspektVO 18** 15 ff.
– EWR-Staat als Garantiegeber, Entfall der Angaben bei **ProspektVO 18** 21 ff.
– Regelungsgegenstand **ProspektVO 18** 1 ff.
– technische Regulierungsstandards, Erlass zur Ermächtigung von **ProspektVO 18** 23
– Verhältnis zu Art. 6 **ProspektVO 18** 4
– Verhältnis zu Art. 13 **ProspektVO 18** 5
– Voraussetzungen der Nichtaufnahme **ProspektVO 18** 11 ff.
Nichtdividendenwerte VO (EU) 2019/980 7 1; **11** 1 ff.
– Ausnahme vom Anwendungsbereich bei Staatsemissionen **ProspektVO 1** 40 ff.
– Begriff **ProspektVO 2** 40 ff.
– Wahlrecht **ProspektVO 2** 159 ff.
Non Financial Reporting Directive VO (EU) 2019/980 Anh. 1 Abschn. 5 41
Notifizierung WpPG 3 16; **ProspektVO 3** 7; **24** 8, 13; **25** 10
Notifizierungsfähigkeit ProspektVO 25 7
Notifizierungsportal
– als öffentl. zugängliche, zentrale Fundstelle nach Art. 25 Abs. 6 **ProspektVO 25** 21
– Bereitstellung zum Abruf **VO (EU) 2019/979 21** 1
– Bescheinigung der Billigung **VO (EU) 2019/979 19** 3

– Metadaten/Daten für eine Klassifizierung **VO (EU) 2019/979 19** 3; **Anh. VII** 1 ff.
– technische Modalitäten **VO (EU) 2019/979 19** 2
– Übermittlung eingehender Meldungen **VO (EU) 2019/979 20** 2
– Überprüfung übermittelter Daten/Dokumente **VO (EU) 2019/979 20** 1
– Verarbeitung von Daten **VO (EU) 2019/979 20** 1
Notifizierungsverfahren ProspektVO 24 2; **25** 3
Notifizierungsverfahren und Sprachregime
– nach Art. 27; deutsch u. englisch **ProspektVO 29** 14

Offenlegungspflicht VO (EU) 2019/980 Anh. 1 Abschn. 5 41; **Anh. 1 Abschn. 16** 2; **Anh. 1 Abschn. 17** 8; **Anh. 1 Abschn. 21** 2; **Anh. 5** 1
Öffentliches Angebot ProspektVO 3 1, 3 ff.
– Aussetzung bei Produktintervention **WpPG 18** 99 ff.
– (befristete) Aussetzung **WpPG 18** 61, 72 ff.
– Beschränkung bei Produktintervention **WpPG 18** 99 ff.
– Untersagungspflicht/-befugnis **WpPG 18** 61, 64
Öffentliches Angebot von Wertpapieren
– Abgrenzung zur Privatplatzierung **ProspektVO 2** 46 ff.
– Form des Angebots **ProspektVO 2** 55 ff.
– Inhalt des Angebots **ProspektVO 2** 61 ff.
– Mitteilung aufgrund des Handels **ProspektVO 2** 70 ff.
– Praxisfälle **ProspektVO 2** 80 ff.
– Umplatzierung **ProspektVO 5** 9 f.
– wiederholtes öffentliches Angebot von Wertpapieren **ProspektVO 5** 1 ff.
Operating and financial review (OFR) VO (EU) 2019/980 Anh. 1 Abschn. 7 1 ff.

2021

- Alternative Performance Measures (APM) VO (EU) 2019/980 Anh. 1 Abschn. 7 8 ff.
- Non-GAAP Financial Measures VO (EU) 2019/980 Anh. 1 Abschn. 7 8 ff.
- Verlässlichkeit VO (EU) 2019/980 Anh. 1 Abschn. 7 6

Opportunitätsprinzip WpPG 24 97

Opt-in s. Freiwillige Erstellung eines Prospekts

Option VO (EU) 2019/980 20 46 ff.

Optionsanleihe ProspektVO 2 25, 36 f., 95

Optionsschein ProspektVO 2 25, 40, 141, 161, 178; VO (EU) 2019/980 20 35 ff.

Ordnungswidrigkeit ProspektVO 3 18

Organ- und Vertreterhaftung
- § 9 OWiG WpPG 24 102 f.

Organisiertes Handelssystem ProspektVO 2 186 f.
- Begriff ProspektVO 2 186

Organismen für gemeinsame Anlagen eines anderen als des geschlossenen Typs
- Begriff ProspektVO 2 168 ff.

OTC-Derivate VO (EU) 2019/980 20 49 ff.

Physische Urkunde VO (EU) 2019/980 Anh. 14 23

PIE s. Unternehmen von öffentlichem Interesse

Plausibilitätskontrolle WpPG 12 13 ff., 22; 13 6 ff.

Primärmarktplatzierung VO (EU) 2019/980 23 3 f., 7 f., 14

Privatplatzierung ProspektVO 2 46 ff.; VO (EU) 2019/980 Anh. 11 130 ff.

Produktspezifische vorvertragliche Informationen VO (EU) 2019/980 Anh. 1 Abschn. 5 41

Pro-Forma-Finanzinformationen VO (EU) 2019/980 18 5, 13, 16, 25
- Alternativkriterien VO (EU) 2019/980 Anh. 1 Abschn. 18.4 11
- Ausnahmen VO (EU) 2019/980 Anh. 1 Abschn. 18.4 16
- Ausgangszahlen VO (EU) 2019/980 Anh. 20 24 f.
- bedeutende Bruttoveränderung VO (EU) 2019/980 Anh. 1 Abschn. 18.4 5 ff.
- Bescheinigung eines Wirtschaftsprüfers VO (EU) 2019/980 Anh. 20 43
- Bestandteile VO (EU) 2019/980 Anh. 20 9 ff.
- freiwillige Aufnahme VO (EU) 2019/980 Anh. 1 Abschn. 18.4 21
- Größenindikatoren VO (EU) 2019/980 Anh. 1 Abschn. 18.4 8 ff.
- mehrere Unternehmenstransaktionen VO (EU) 2019/980 Anh. 1 Abschn. 18.4 14
- noch nicht vollzogene Transaktion VO (EU) 2019/980 Anh. 1 Abschn. 18.4 12 f.
- Pflicht zur Aufnahme VO (EU) 2019/980 Anh. 1 Abschn. 18.4 15 f.
- strukturverändernde Transaktion VO (EU) 2019/980 Anh. 1 Abschn. 18.4 6
- Zeiträume VO (EU) 2019/980 Anh. 1 Abschn. 18.4 18; Anh. 20 33 ff.

Prospekt
- Abgrenzung der Werbung von einem Prospekt ProspektVO 22 16 ff.
- Alleviated (Vereinfachter) ~ in Luxemburg VO (EU) 2019/980 Anh. 10 43 ff.
- allgemeine Anforderungen ProspektVO 6 4 ff.
- Bedeutung und systematische Stellung des 2. Abschnitts ProspektVO 6 1 ff.
- EU-Wachstumsprospekt VO (EU) 2019/980 15 4
- Inhalt s. Prospektinhalt
- Nachtragspflicht VO (EU) 2019/980 23 14, 17 ff., 34
- Opt-in ProspektVO 1 24 ff.
- Prospekthaftung VO (EU) 2019/980 23 13, 15 f., 17 ff., 24; Anh. 10 5 ff.
- Risikofaktoren VO (EU) 2019/980 Anh. 10 13 ff.

- vereinfachter **VO (EU) 2019/980 9** 1
- Wachstumsprospekte **VO (EU) 2019/980 7** 1
- zuständige Behörde **WpPG 17** 1 ff.
- Zustimmung zur Prospektverwendung **VO (EU) 2019/980 23** 1 ff.; **Anh. 22** 1 ff.

Prospektähnliche Dokumente
- Informationsmemoranda **WpPG 9** 15

Prospektbilligung
- Anfechtungs- und Verpflichtungsklage **ProspektVO 20** 71 ff.
- Antrag **VO (EU) 2019/980 44** 1 f.
- Antragsberechtigter im Billigungsverfahren **ProspektVO 20** 23 f.
- Bescheinigung der Billigung **ProspektVO 20** 31, 33, 87
- Billigungsvorbehalt **ProspektVO 20** 8 f.
- dreiteiliger Prospekt **ProspektVO 20** 17
- Emissionsbegleiter **ProspektVO 20** 90 f.
- Final Offering Circular **ProspektVO 20** 60
- Gebühren **WpPG 23** 1 ff.
- Haftungsansprüche gegen die BaFin **ProspektVO 20** 76 ff.
- Hinterlegung und Veröffentlichung **ProspektVO 20** 58
- Kosten des Billigungsverfahrens **ProspektVO 20** 58 f.
- Negativbescheinigung **ProspektVO 20** 87
- Preliminary Offering Circular **ProspektVO 20** 60
- Prospektbilligungsverfahren **ProspektVO 20** 21 ff.
- Prospekthaftung **ProspektVO 20** 62 f.
- Prüfungsfristen **ProspektVO 20** 40 ff.
- Rechtsnatur der Billigung **ProspektVO 20** 10 f.
- Rechtsschutz im Billigungsverfahren **ProspektVO 20** 69 ff.
- Verwendung nicht gebilligter Entwurfsfassungen **ProspektVO 20** 56 f.
- Zulassungsverfahren nach §§ 32, 34 BörsG **ProspektVO 20** 83 ff.

Prospekteinreichung WpPG 22 1 ff.
- Anträge auf Notifizierung **VO (EU) 2019/980 42** 11
- Begleitdokumente **VO (EU) 2019/980 4** 27 ff.
- elektronisch durchsuchbares Dokument **VO (EU) 2019/980 42** 3, 7
- Kontaktstelle **VO (EU) 2019/980 42** 6
- Melde- und Veröffentlichungsportal **VO (EU) 2019/979 Anh. VII** 1 ff.
- Metadaten/Daten für eine Klassifizierung **VO (EU) 2019/979 Anh. VII** 1 ff.
- MVP-Portal **WpPG 22** 2 f.
- Nichtaufnahme von Angaben **VO (EU) 2019/980 42** 8, 10
- Überkreuz-Checkliste/Querverweisliste **VO (EU) 2019/980 42** 8

Prospektersetzende Dokumente WpPG 9 8 ff.

Prospekthaftung
- Billigung des Prospekts durch die BaFin **ProspektVO 20** 8 ff.
- grundsätzliche Verpflichtung **ProspektVO 11** 1 f.

Prospektinhalt
- Ad-hoc-Publizität **ProspektVO 6** 10
- Aussichten **ProspektVO 6** 27 ff.
- Emittent **ProspektVO 6** 14 ff.
- emittentenbezogene Kriterien **ProspektVO 6** 22
- Finanzlage **ProspektVO 6** 26
- Garantiegeber **ProspektVO 6** 17 f.
- Gegenstand **ProspektVO 6** 13
- Gewinne und Verluste **ProspektVO 6** 23
- Intervallprognose **ProspektVO 6** 35
- Maßstab **ProspektVO 6** 6
- Mindestangaben **ProspektVO 6** 11
- Nachhaltigkeitsgesichtspunkte **ProspektVO 6** 46 ff.
- Prognosen **ProspektVO 6** 35 ff.
- Prospektklarheit s. Prospektklarheit
- Prospektwahrheit **ProspektVO 6** 7 f.
- Punktprognose **ProspektVO 6** 35
- qualifiziert komparative Prognose **ProspektVO 6** 35

Sachregister

– Richtigkeit **ProspektVO 6** 7 f.
– Vermögenswerte **ProspektVO 6** 22
– Vollständigkeit **ProspektVO 6** 9
– wertpapierbezogene Kriterien **ProspektVO 6** 42
– Wertpapiere, Information über **ProspektVO 6** 19 ff.
– Wesentlichkeit **ProspektVO 6** 9
Prospektklarheit
– knappe Form **ProspektVO 6** 62
– leichte Analysierbarkeit **ProspektVO 6** 47 ff.
– Verständlichkeit **ProspektVO 6** 54 ff.
Prospektpflicht
– Ausnahmen **ProspektVO Vor 1 ff.** 29 ff.; **4** 1, 5; s. auch Ausnahmen von der Prospektpflicht
– bei endgültiger Platzierung **ProspektVO 5** 11 ff.
– bei Platzierung durch Intermediäre **ProspektVO 5** 32 ff.
– bei Weiterveräußerung **ProspektVO 5** 5 ff.
– Besonderheiten bei bestimmten gesellschaftsrechtlichen Maßnahmen **ProspektVO 3** 9 ff.
– Kapitalerhöhung aus Gesellschaftsmitteln **ProspektVO 3** 16
– öffentliches Angebot in der Union **ProspektVO 3** 1 f., 3 f.
– Unionsbezug **ProspektVO 3** 1, 3 ff., 8
Prospektprüfung
– Aussetzung bei Produktintervention **WpPG 18** 99
– Verweigerung Prospektbilligung **WpPG 18** 105
Prospektrechtliche Pflichtverstöße
– Regelbeispiele **WpPG 18** 50
ProspektRL 2003/71, Aufhebung der
– Referenzen auf die ProspektRL 2003/71 **ProspektVO 46** 3
– Regelungsinhalt **ProspektVO 46** 1
– Übergangsregelung **ProspektVO 46** 4
– zeitliche Abweichungen **ProspektVO 46** 2
Prospektverantwortliche WpPG 8 1, 5 ff.

– Anbieter **WpPG 8** 5, 6; **11** 12
– Garantiegeber **WpPG 8** 8
– Prospektveranlasser **WpPG 8** 9, 16; **9** 68 ff., 73; **12** 25 f.
– Zulassungsantragsteller **WpPG 8** 10 ff.
Prospektveröffentlichung ProspektVO 2 123; **WpPG 1** 2
ProspektVO
– Auslegung und weitere Regelungsrahmen **ProspektVO Vor 1 ff.** 6
– Rechtsentwicklung **ProspektVO Vor 1 ff.** 8 ff.
– Verhältnis zum WpPG **ProspektVO Vor 1 ff.** 4 f.; **WpPG 2** 1, 5; **28** 1
Prospektzusammenfassung ProspektVO 7 1 ff.; **VO (EU) 2019/980 27** 1 ff.
– alternative Leistungskennzahlen **VO (EU) 2019/979 Art. 1** 12
– Anforderungen **ProspektVO 7** 8 ff.; **VO (EU) 2019/980 27** 1 f.
– Basisinformationen über den Emittenten **ProspektVO 7** 27
– Basisinformationen über das Angebot/die Zulassung **ProspektVO 7** 52 ff.
– Basisinformationen über die Wertpapiere **ProspektVO 7** 38 ff.
– Basisinformationsblatt, Verhältnis zum **ProspektVO 7** 68
– Basisprospekte **ProspektVO 7** 61 ff.
– Begriff **VO (EU) 2019/980 27** 1 ff.
– Darstellung, Art der **ProspektVO 7** 8
– Darstellungsweise **ProspektVO 7** 12
– Einleitung mit Warnhinweisen **ProspektVO 7** 16 ff.
– EU-Wachstumsprospekt **ProspektVO 7** 70
– EU-Wiederaufbauprospekt **ProspektVO 7** 69
– formale Vorgaben **ProspektVO 7** 64 ff.
– Format **ProspektVO 7** 11
– Funktion der Zusammenfassung **ProspektVO 7** 1 ff.
– Gliederung **ProspektVO 7** 14 f.
– komplexe finanztechnische Vorgeschichte **VO (EU) 2019/979 1** 13

- Nachtrag zur Zusammenfassung **VO (EU) 2019/980** 27 3 ff.
- Pro-Forma-Finanzinformationen **VO (EU) 2019/979** 1 13
- Regelungsgegenstand **ProspektVO 7** 1 ff.
- Risikofaktoren **ProspektVO 7** 65
- Technische Regulierungsstandards **ProspektVO 7** 71
- Umfang **ProspektVO 7** 11
- Unterüberschriften **ProspektVO 7** 64
- Verweisverbot **ProspektVO 7** 67
- Verzicht auf **ProspektVO 7** 4 ff.
- Warnhinweise **ProspektVO 7** 16 ff.
- wesentliche Finanzinformationen **VO (EU) 2019/979** 1 8 ff.

Prüfung **ProspektVO 48** 1 ff.

Prüfung der historischen Finanzinformationen
- Abschlussprüfung (gesetzliche) **VO (EU) 2019/980 Anh. 1 Abschn. 18.3** 14
- Bestätigungsvermerk s. Bestätigungsvermerk
- Prüfungsstandards **VO (EU) 2019/980 Anh. 1 Abschn. 18.3** 14 ff., 16 ff.
- unabhängige **VO (EU) 2019/980 Anh. 1 Abschn. 18.3** 5

Prüfungsmaßstab
- Anwendung zusätzlicher Kriterien **VO (EU) 2019/980 40** 1 ff.
- Kohärenz **VO (EU) 2019/980 38** 1 ff.
- Verständlichkeit **VO (EU) 2019/980 37** 1 ff.
- Vollständigkeit **VO (EU) 2019/980 36** 4 ff.

Prüfungsstellen der Sparkassen- und Giroverbände **VO (EU) 2019/980 Anh. 6** 4

Prüfungsumfang der BaFin
- im Billigungsverfahren **ProspektVO 20** 32 ff.

Publikum **ProspektVO 2** 59, 102, 169

Punktprognose **ProspektVO 6** 35

Qualifiziert komparative Prognose **ProspektVO 6** 35

Qualifizierte Anleger
- Begriff **ProspektVO 2** 109 ff.

Qualifizierte Emittenten
- geregelter Markt **WpPG 3** 5
- Kreditinstitut **WpPG 3** 6

Qualitätseinteilung **VO (EU) 2019/980 Anh. 6** 13

Querverweisliste **VO (EU) 2019/980 24** 15 ff.

Randverweise **VO (EU) 2019/980 24** 19 f.

Rating **VO (EU) 2019/980 Anh. 6** 21
- Ratingagenturen **VO (EU) 2019/980 Anh. 6** 21
- unsolicited ratings **VO (EU) 2019/980 Anh. 6** 21

Rechtsmittel
- behördliche Entscheidung, Begründungspflicht **ProspektVO 40** 2
- behördliche Entscheidung, ~ gegen **ProspektVO 40** 3
- Regelungsinhalt **ProspektVO 40** 1
- Untätigkeit, ~ gegen **ProspektVO 40** 3

Rechtsschutz
- sofortige Vollziehung **WpPG 20** 4 ff.

Rechtswidrige Anordnungen **WpPG 24** 45

Redlichkeit **WpPG 4** 67

Referenzperiode
- Gratisemissionen **WpPG 3** 11
- Rückrechnung **WpPG 3** 10
- Schwellenwert **WpPG 3** 1, 10
- unterschiedliche Wertpapiergattungen **WpPG 3** 12

Referenztermin **VO (EU) 2019/980 Anh. 17** 25 ff.

Registrierungsformular **VO (EU) 2019/980 11** 1; **Anh. 10** 5 ff.
- Dividendenwerte **VO (EU) 2019/980 Anh. 24** 2 ff.
- für Zertifikate, die Aktien vertreten **VO (EU) 2019/980 6** 1 ff.; **Anh. 5** 1; **Anh. 13** 1 ff.
- Nichtdividendenwerte **VO (EU) 2019/980 Anh. 25** 2 ff.

– spezielles **VO (EU) 2019/980 Anh. 24** 2 ff.; **Anh. 25** 2 ff.
Registrierungsformular, einheitliches
– Prospekthaftung **ProspektVO 11** 3
– Regelberichterstattung **VO (EU) 2019/980 24** 11
– Verwendung **ProspektVO 10** 17 ff.; **24** 10 f.
Registrierungsformular, gebilligtes
– Aktualisierung **ProspektVO 10** 10 ff.
– Billigung und Veröffentlichung **ProspektVO 10** 5 f.
– Nachtrag **ProspektVO 10** 10 ff.
– Verwendung **ProspektVO 10** 5 ff.
Retail-Kaskade (retail cascade) ProspektVO 2 137; **5** 32 ff.; **VO (EU) 2019/980 23** 1, 3, 7 ff., 11 ff.; **Anh. 22** 1; s. auch Vertriebskette
Reverse Convertibles VO (EU) 2019/980 2 6
Risiko
– Ausfallrisiko **VO (EU) 2019/980 Anh. 14** 9
– Liquiditätsrisiko **VO (EU) 2019/980 Anh. 14** 9
– Marktpreisrisiko **VO (EU) 2019/980 Anh. 14** 9
– Renditerisiken **VO (EU) 2019/980 Anh. 14** 9
– Währungsrisiken **VO (EU) 2019/980 Anh. 14** 9
– Wiederanlagerisiken **VO (EU) 2019/980 Anh. 14** 9
Risikoerhöhungslehre WpPG 24 105
Risikofaktoren VO (EU) 2019/980 Anh. 11 3 ff., 7 ff.; **Anh. 24** 9; **Anh. 25** 5
– allgemeine Grundsätze **ProspektVO 16** 13 ff.
– Begriff **ProspektVO 16** 10
– Eigenschaft des Wertpapiers **ProspektVO 16** 31
– Eintrittswahrscheinlichkeit **ProspektVO 16** 36
– emittentenbezogene Risiken **ProspektVO 16** 16 f.; **VO (EU) 2019/980 Anh. 1 Abschn. 3** 3

– wertpapierbezogene Risiken **ProspektVO 16** 17, 55, 58; **VO (EU) 2019/980 Anh. 1 Abschn. 3** 3
– Garantie **ProspektVO 16** 57
– Kategorisierung **ProspektVO 16** 16 ff.
– Qualitätseinteilungen **ProspektVO 16** 42 ff.
Roadshowpräsentation VO (EU) 2019/980 Anh. 6 38
Rohstoffe VO (EU) 2019/980 20 35 ff.
Rückzahlungsbetrag VO (EU) 2019/980 15 2

Sachnorm WpPG Vor 8 ff. 13; **9** 32
Sanktionen s. auch Sanktionen, verwaltungsrechtliche
Sanktionen, Meldung an die ESMA
– aggregierte Jahresmeldungen **ProspektVO 43** 2
– Meldepflicht, individuelle **ProspektVO 43** 3
– Regelungsinhalt **ProspektVO 43** 1
Sanktionen, verwaltungsrechtliche
– Auslösungstatbestände **ProspektVO 38** 3
– Berichtspflichten **ProspektVO 38** 5
– Mitgliedstaatenwahlrechte **ProspektVO 38** 5
– Regelungsinhalt **ProspektVO 38** 1
– Sanktionen- und Maßnahmenkatalog **ProspektVO 38** 7
– Zwangsmittel **ProspektVO 38** 4
Sanktionsbefugnisse s. Aufsichts- und Sanktionsbefugnisse, Wahrnehmung der
Schatzanweisung ProspektVO 2 4, 26; **WpPG 2** 2
Schifffahrtsgesellschaften
– Begriff **VO (EU) 2019/980 39** 75 ff.
Schlichtungsverfahren ProspektVO 33 15 ff.; **37** 10 ff.
Schuldtitel ProspektVO 2 5
Schuldverschreibungen ProspektVO 1 218; **2** 5, 25, 96
Schutznormen i. S. v. § 823 II BGB
– individualschützend **WpPG 24** 7
Sechsmonatsfrist WpPG 9 21, 28 f., 83; **10** 6; **12** 39 f; **14** 16

Security Token VO (EU) 2019/980 7 3;
  Anh. 14 17
Sekundäremissionen ProspektVO 14
  1 ff.; VO (EU) 2019/980 7 1; 9 1; 17 1
Selbstauskunft WpPG 6 8
Sitzstaat ProspektVO 2 157 f., 162;
  20 26
Small Caps VO (EU) 2019/980 32 1
Sofortige Vollziehbarkeit
– § 18 WpPG WpPG 24 41
Solitärprinzip WpPG 4 71
Solvenz VO (EU) 2019/980 Anh. 6 19
Sparbrief ProspektVO 2 26
Special Acquisition Purpose Companies
  (SPACs) VO (EU) 2019/980 Anh. 1
  Abschn. 12 19
Speichermechanismus VO (EU) 2019/
  979 19 1
Spekulation VO (EU) 2019/980 20
  37 ff.
Spezifitätskriterium ProspektVO 16
  26 ff., 32, 54
Sponsored ADR-Programm VO (EU)
  2019/980 6 4
Sprachanforderungen
– nach Art. 27 ProspektVO ProspektVO
  24 14
Sprachregime
– nach Art. 27 ProspektVO i. V. m. § 21
  WpPG ProspektVO 27 1
Sprachwahl d. Prospekterstellers i. S. v.
  Art. 27 Abs. 5
– zw. deutsch u. englisch ProspektVO 27
  24
Start-up-Unternehmen
– Begriff VO (EU) 2019/980
  39 55 ff.
– Special Purpose Acquisition Companies
  (SPACs) VO (EU) 2019/980 39 68 ff.
Stimmrechte VO (EU) 2019/980
  Anh. 11 67
Strukturierte Produkte VO (EU) 2019/
  980 15 2
Subsidiäre Notmaßnahmen nach Art. 37
  ProspektVO ProspektVO 24 20

Tatbestandsirrtum WpPG 24 107

TaxonomieVO ProspektVO 16 73; VO
  (EU) 2019/980 Anh. 1 Abschn. 5 41
Terminbörsen VO (EU) 2019/980 20
  49 ff.
Termingeschäft VO (EU) 2019/980 20
  37 ff.
Territorialitätsprinzip WpPG 24 94
Token VO (EU) 2019/980 7 3
– Security Token VO (EU) 2019/980 7 3;
  Anh. 14 17
Totalverlust VO (EU) 2019/980 20 37 ff.
Trendinformationen VO (EU) 2019/
  980 Anh. 1 Abschn. 10 1 ff.
– endogene Trends bis zum Prospektda-
  tum VO (EU) 2019/980 Anh. 1
  Abschn. 10 5 f.
– exogene Trends mit Auswirkungen auf
  das laufende Geschäftsjahr VO (EU)
  2019/980 Anh. 1 Abschn. 10 7

Übergangsregelungen WpPG 27 1 ff.;
  28 1 ff.
Überkreuz-Checkliste VO (EU) 2019/
  980 42 8; Anh. 6 26; s. auch Querverweis-
  liste
Übermittlung auf elektronischem Weg
  VO (EU) 2019/980 42 5; 44 2
Übersetzung in die deutsche Sprache
  ProspektVO 24 10
Umgestaltung des WpPG WpPG 27
  1 ff.
Umplatzierung
– im Wege eines öffentlichen Angebots
  ProspektVO 5 9 f.
– prospektpflichtige und prospektfreie
  ProspektVO 2 138
Umschuldungsklauseln (Collective
  action clauses) VO (EU) 2019/980 10
  20
Umtauschanleihe ProspektVO 2 39
Underlying VO (EU) 2019/980 20 42 ff.
Underwriting ProspektVO 2 136
Unionsrecht VO (EU) 2019/980 20 6 ff.
Unrichtigkeit des Prospekts WpPG 9
  45
– Bewertung von Immobilien WpPG 9
  47

Unsponsored ADR-Programm VO (EU) 2019/980 6 4
Unternehmen von öffentlichem Interesse VO (EU) 2019/980 Anh. 1 Abschn. 2 10; Anh. 1 Abschn. 18.3 11
Uplisting ProspektVO 14 2, 32 ff.

Verantwortlichkeit VO (EU) 2019/980 Anh. 6 3
– Gesamtverantwortlichkeit VO (EU) 2019/980 Anh. 6 3
Verbotsirrtum WpPG 24 107
Verfahrensrechtliche Mitwirkungspflicht ProspektVO 25 8
Verfall des Geldbetrages WpPG 24 113
Verfallstag VO (EU) 2019/980 Anh. 17 25 ff.
(Verfolgungs-)Verjährung WpPG 24 116
Verknüpfung
– lineare VO (EU) 2019/980 20 35 ff.
– Modifikation der ~ mit dem Basiswert VO (EU) 2019/980 20 35 ff.
Vermarktungsmaterialien VO (EU) 2019/980 Anh. 6 38
Verminderung von Prospekthaftungsrisiken ProspektVO 16 24, 29
Veröffentlichung ProspektVO 2 5, 10, 13
– Bezugsrechtshandel ProspektVO 21 18
– Ende des Angebots ProspektVO 21 22
– Filter ProspektVO 21 31, 34; VO (EU) 2019/979 10 6
– Fristberechnung ProspektVO 21 20
– Internetpublizität ProspektVO 21 25 ff.
– Modalitäten der Internetveröffentlichung ProspektVO 21 31 ff.
– nicht angesprochene Anleger VO (EU) 2019/979 10 5 ff.
– öffentliches Erstangebot von Aktien einer Gattung ProspektVO 21 19
– Pflicht ProspektVO 21 6 ff.
– rechtzeitige ProspektVO 21 8 ff.
– unverzügliche ProspektVO 21 41, 45

– in mehreren Einzeldokumenten ProspektVO 21 44 ff.
– Veröffentlichungs- und Übermittlungspflicht der zuständigen Behörde ProspektVO 21 36 ff.
– Veröffentlichungsfristen ProspektVO 21 8 ff.
– Verzicht auf die Prospektbilligung ProspektVO 21 17
– Warnhinweis ProspektVO 21 43; VO (EU) 2019/979 10 2 ff.
Veröffentlichung der eingegangenen Notifizierung ProspektVO 25 4
Veröffentlichung von Entscheidungen
– Rechtsmittelverfahren ProspektVO 42 7
– Regelfall der unverzüglichen Veröffentlichung ProspektVO 42 2
– Regelfall, Ausnahmen und Abweichungen vom ProspektVO 42 4
– Regelungsinhalt ProspektVO 42 1
– Veröffentlichungsdauer ProspektVO 42 8
Verschulden
– grob fahrlässig WpPG 9 84; 11 7 ff.
– Vorsatz WpPG 9 84; 12 5 f.
Verschuldungsgrad WpPG 4 38; VO (EU) 2019/980 Anh. 6 23
Verschwiegenheitspflicht
– Adressaten WpPG 19 11 ff.
– Auskünfte gegenüber Finanzbehörden WpPG 19 36 f.
– Ausnahmen WpPG 19 30 ff
– Geheimhaltungsinteresse WpPG 19 19 ff.
– Umfang WpPG 19 15 ff.
Verständlichkeit WpPG 4 66
Verstöße, Meldung gegen
– Mitgliedstaatenwahlrecht für finanzielle Anreize ProspektVO 41 6
– Regelungsinhalt ProspektVO 41 1
– Whistleblowing, externes an die Behörde ProspektVO 41 3
– Whistleblowing, internes in Finanzdienstleistungsunternehmen ProspektVO 41 7

Vertikale Delegation WpPG 24 104
Vertrauenshaftung WpPG Vor 8 ff. 14, 16; 9 100; 14 4, 8, 15; 15 2
Vertriebskaskade ProspektVO 5 32 ff.; s. auch Retail-Kaskade
Vertriebskette ProspektVO 2 137; s. auch Retail-Kaskade
Verwaltungsakzessorische Tatbestände WpPG 24 41
Verwässerung VO (EU) 2019/980 Anh. 11 157 ff., 161 f.
Verweis
– Aktualität ProspektVO 19 24 ff.
– elektronische Verknüpfung ProspektVO 19 10, 43
– Finanzinformationen ProspektVO 19 18 ff.
– geeignete Dokumente ProspektVO 19 11 ff.
– Hyperlink s. elektronische Verknüpfung
– inhaltliche Anforderungen ProspektVO 19 34 ff.
– Kettenverweis ProspektVO 19 37
– Negativerklärung ProspektVO 19 12
– Prospekthaftung ProspektVO 19 47
– Rechtswirkungen ProspektVO 19 46
– Sprache ProspektVO 19 30 ff.
– technische Regulierungsstandards ProspektVO 19 6, 45
– Teilverweis ProspektVO 19 28
– Unzulässigkeit in Prospektzusammenfassung und Risikofaktoren ProspektVO 19 38 f.
– Verweisliste ProspektVO 19 29, 41 f.
– Vorlagepflicht ProspektVO 19 44
– Zulässigkeit ProspektVO 19 8 ff.
– Zugänglichkeit der Informationen ProspektVO 19 40 ff.
– zuvor oder gleichzeitig elektronisch veröffentlichte Dokumente ProspektVO 19 9 f.
Verwendung eines bereits vorliegenden Prospekts
– Fungibilität ProspektVO 5 26
– Generalkonsens ProspektVO 5 18, 21, 23

– Gültigkeit ProspektVO 5 27
– Individualkonsens ProspektVO 5 17, 18, 21 ff.
– Zustimmung ProspektVO 5 16 ff.
Vollständigkeit
– bedeutende finanzielle Verpflichtung VO (EU) 2019/980 37 7 f.
– komplexe finanztechnische Vorgeschichte VO (EU) 2019/980 37 7 f.
Vollstreckungsverjährung WpPG 24 116
Vorsatz WpPG 24 14, 46, 67
Vorschlag COM (2015) 583 ProspektVO 14 6 ff.
Vorsichtsmaßnahmen ProspektVO 37 7 ff.

Wandel- und Optionsanleihen VO (EU) 2019/980 Anh. 1 Abschn. 19 13 ff.
Wandelanleihe ProspektVO 1 70, 113; 2 36 ff.
Warnhinweis ProspektVO 16 11, 33, 48; WpPG 4 57; s. auch Prospektzusammenfassung
Wegfall des Erfordernisses der Hinweisbekanntmachung
– nach § 14 Abs. 3 Satz 2 ProspektVO 24 17
Weiterveräußerung ProspektVO 5 5 ff.
Werbende Aussage WpPG 4 72
Werbung WpPG 7 2 ff.
– Abgrenzung der ~ von einem Prospekt ProspektVO 22 16 ff.
– Amtshilfeersuchen VO (EU) 2019/979 17 3
– Aussetzung WpPG 18 81, 85 ff.
– Befugnisse der BaFin ProspektVO 22 37, 51 ff.
– Begriff ProspektVO 2 148 ff.; 22 11 ff.; WpPG 2 16
– Directed Selling Efforts ProspektVO 22 12
– Flyer ProspektVO 22 20 f.
– Gleichbehandlungspflicht ProspektVO 22 42 ff.
– Hinweis auf Prospekt ProspektVO 22 22 ff.

- inhaltliche Anforderungen an sonstige Informationen ProspektVO 22 39 ff.
- Kontrollbefugnis WpPG 18 78 f.; VO (EU) 2019/979 17 1
- „Mini-Prospekt" ProspektVO 22 18, 20
- Normadressat ProspektVO 22 8 f., 44
- Prospekthaftung ProspektVO 22 19, 37
- Selective Disclosure ProspektVO 22 45, 47
- Solicitation of Interest ProspektVO 22 12
- Untersagung WpPG 18 81 ff.
- Verbreitung von VO (EU) 2019/979 15 1 ff.
- Verfahren für die Zusammenarbeit VO (EU) 2019/979 17 2
- Verstöße ProspektVO 22 51 ff.
- zeitlicher Anwendungsbereich ProspektVO 22 9

Wertbeeinflussung VO (EU) 2019/980 Anh. 17 19 ff.

Wertpapierbeschreibung
- Dividendenwerte VO (EU) 2019/980 Anh. 26 2 ff.
- Nichtdividendenwerte VO (EU) 2019/980 Anh. 27 2 ff.
- spezielle VO (EU) 2019/980 Anh. 26 2 ff.; Anh. 27 2 ff.

Wertpapiere VO (EU) 2019/980 Anh. 11 130 ff.
- Aktien s. Aktien
- Ausgabe durch Konzernunternehmen ProspektVO 2 28
- ausländische ProspektVO 2 4 ff.
- Begriff ProspektVO 2 4 ff.; WpPG 2 2
- derivative Wertpapiere ProspektVO 2 141, 161; VO (EU) 2019/980 20 26 ff.; Anh. 17 1 ff.
- eigenkapitalähnliche ProspektVO 2 32, 34, 95
- dauernde und wiederholte Ausgabe von Wertpapieren ProspektVO 1 210 ff.
- durch hoheitliche Emittenten garantierte Wertpapiere ProspektVO 1 46 ff.
- elektronische ProspektVO 2 22 ff.; VO (EU) 2019/980 Anh. 14 23
- Handelbarkeit ProspektVO 2 9 f.
- Kleinstemissionen ProspektVO 1 61 ff.
- kreditgebundene VO (EU) 2019/980 20 45 ff.; Anh. 17 41 ff.
- Kryptowertpapiere VO (EU) 2019/980 7 3
- ohne Nennwert VO (EU) 2019/980 7 1
- stückelos registrierte VO (EU) 2019/980 Anh. 14 23
- wandelbare ProspektVO 2 35 ff.
- Wertpapier-Informationsblätter WpPG 28 6 ff.; s. auch Wertpapier-Informationsblatt

Wertpapier-Informationsblatt
- Aktualisierung WpPG 5 4
- Aktualisierungspflicht WpPG 4 73
- Aussetzung der Prüfung WpPG 18 99
- Befreiung von der Pflicht zur Veröffentlichung WpPG 6 1 ff.
- Grundlagen WpPG 4 1
- Hinweise WpPG 4 58 ff.
- Pflicht zur Veröffentlichung WpPG 4 4 ff.
- Schwellenwerte für Ausnahmen WpPG 4 4 ff.
- Übermittlung an die BaFin WpPG 5 1 ff.
- Umfang und Inhalt WpPG 4 20 ff.
- Veröffentlichung WpPG 5 5 ff.
- Verweigerung des Gestattungsverfahrens WpPG 18 105 ff.
- Werbung WpPG 7 1 ff.

Wesentliche Informationen WpPG 4 23

Wesentlichkeitskriterium ProspektVO 16 33, 38, 43, 54

Wesentlichkeitsschwelle VO (EU) 2019/980 Anh. 6 53

Wettbewerbsposition VO (EU) 2019/980 Anh. 6 26

Whistleblowing ProspektVO 32 27; s. auch Verstöße, Meldung gegen

Widerrufsrecht ProspektVO 22 137 ff.

Wiederaufbauprospekt s. EU-Wiederaufbauprospekt

Wirtschaftsprüferkammer VO (EU) 2019/980 Anh. 1 Abschn. 2 5; Anh. 6 4

Zahlungs- und Lieferverpflichtungen VO (EU) 2019/980 Anh. 17 1 ff.
Zeitpunkt der Billigung WpPG 9 40
Zertifikate VO (EU) 2019/980 6 1 ff.; 15 2; Anh. 5 1; Anh. 13 1 ff.
– aktienvertretende ProspektVO 2 25
Zulassung
– zum Handel an einem geregelten Markt ProspektVO 3 1, 8
– Zulassungspraxis der Frankfurter Wertpapierbörse ProspektVO 3 10
Zulassung von Nichtdividendenwerten ProspektVO 27 24
Zulassungsantragsteller WpPG 2 12 f.
Zumessung der jeweils konkreten Geldbuße WpPG 24 93
Zusammenarbeit mit zuständigen Stellen
– Bundesanstalt ProspektVO Vor 1 ff. 25
– CESR ProspektVO Vor 1 ff. 6, 9 f.
– ESMA ProspektVO Vor 1 ff. 6, 11, 16 f.; VO (EU) 2019/980 39 7 ff.
– zuständige Behörde ProspektVO 2 156, 167, 176
Zusammenfassung
– des Prospekts s. Prospektzusammenfassung
– für die einzelne Emission ProspektVO 8 56

– spezielle ProspektVO 15 12; VO (EU) 2019/980 33 1 ff.; 34 1 ff.; Anh. 23 2, 5
Zusatzdokument ProspektVO 29 11
Zuständige Behörde des Herkunftsstaats ProspektVO 25 3
Zuständige Behörden
– ESMA-Liste WpPG 17 6
Zuteilung
– Mehrzuteilung VO (EU) 2019/980 Anh. 11 110; Anh. 11 134 f.; Anh. 11 139
– Vorzugsbehandlung VO (EU) 2019/980 Anh. 11 112 ff.
Zwischenbehördliches Verfahren ProspektVO 24 18
Zwischenfinanzinformationen
– Bestandteile VO (EU) 2019/980 Anh. 1 Abschn. 18.2 18
– IAS 34 VO (EU) 2019/980 Anh. 1 Abschn. 18.2 17
– Pflicht zur Aufnahme VO (EU) 2019/980 Anh. 1 Abschn. 18.2 3 ff., 10 ff.
– prüferische Durchsicht VO (EU) 2019/980 Anh. 1 Abschn. 18.2 4 ff., 11
– Quartals- oder Halbjahresfinanzbericht VO (EU) 2019/980 Anh. 1 Abschn. 18.2 6, 21
– Quartalsmitteilung VO (EU) 2019/980 Anh. 1 Abschn. 18.2 7

Chancen und Risiken für Unternehmen

Andrejewski/Krause/von Hesberg (Hrsg.)
Praxishandbuch ESG
Grundlagen, Bedeutung und Umsetzung in Unternehmen

1. Aufl. 2023 | Recht Wirtschaft Steuern
Praxishandbuch | 672 Seiten | Hardcover
€ 149,- | ISBN: 978-3-8005-1826-5

Weitere Informationen
shop.ruw.de

Aus den Themen
- Definition und Herleitung von ESG
- Historische Entwicklung und Rechtsgrundlagen von ESG
- Politische und wirtschaftliche Bedeutung von ESG für Unternehmen
- Bedeutung von ESG für Unternehmensorgane (Aufsichtsrat, CFO, COO, CSO)
- Rolle von ESG für diverse Unternehmensbereiche/Abteilungen
- Stellenwert von ESG für Stakeholder*innen eines Unternehmens

Herausgeber und Autoren

Prof. **Dr. Kai C. Andrejewski** verantwortet als CFO/CSO bei der Sixt AG den Bereich Global Finance Performance, Corporate Finance, Sustainability, Steuern, Recht sowie Governance & Controls.

Dr. **Nils Krause**, LL.M, berät Unternehmen/Investoren bei nationalen und grenzüberschreitenden M&A-Transaktionen sowie bei gesellschaftsrechtlichen Fragen zu ESG-Themen.

Dr. **Moritz von Hesberg**, MBA (UCT), berät Mandanten zu sämtlichen Corporate- und M&A-Themen sowie in Bezug auf Corporate Governance und Compliance und außerdem Unternehmen sowie Geschäftsleiter*innen zu Corporate Compliance und ESG-Themen.

dfv Mediengruppe
www.shop.ruw.de
info@suedost-service.de
R&W Fachmedien Recht und Wirtschaft

Der Ratgeber für die Kryptowelt

Omlor/Link (Hrsg.)
Kryptowährungen und Token

2. Auflage 2023 | Handbuch | Recht
Wirtschaft Steuern
1.179 Seiten | Hardcover | € 209,-
ISBN: 978-3-8005-1841-8

Weitere Informationen
shop.ruw.de

Die Neuauflage umfasst:

- Einbeziehung aktueller Entwicklungen der deutschen wie europäischen Gesetzgebung (z.B. eWpG, MiCAR, 6. EU-Geldwäscherichtlinie)
- Miterfassung technologischer Neuerungen (z.B. NFT)
- Aufbereitung und Einordnung der europäischen wie internationalen Debatte um digitales Zentralbankgeld (CBDC)
- Ausblick auf Web3 und Decentralized Finance (DeFi)
- Berücksichtigung der steuerlichen und bilanziellen Aussagen im BMF-Schreiben vom 10. Mai 2022

Herausgeber und Autoren

Prof. Dr. **Sebastian Omlor**, LL.M. (NYU), LL.M. Eur., ist Direktor des Instituts für das Recht der Digitalisierung (Professur für Bürgerliches Recht, Handels- und Wirtschaftsrecht, Bankrecht sowie Rechtsvergleichung) an der Philipps-Universität Marburg (www.irdi.institute). Unter anderem leitet er das BMJ-Forschungsprojekt „Blockchain und Recht".

Dr. **Mathias Link**, LL.M. (Columbia), ist Partner bei der PricewaterhouseCoopers GmbH in Frankfurt/Main und Düsseldorf. Er ist spezialisiert auf die steuerliche Strukturierung und Umsetzung von inländischen und grenzüberschreitenden Transaktionen sowie von Blockchain-basierten Geschäftsmodellen. Er ist Autor zahlreicher Fachveröffentlichungen.

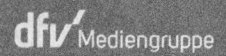

www.shop.ruw.de
info@suedost-service.de

dfv Mediengruppe

R&W Fachmedien Recht und Wirtschaft